비전성구사전

THE VISION BIBLE CONCORDANCE

하나님께서 사랑하시는 _____ 님께 드립니다

비전성구사전

THE VISION BIBLE CONCORDANCE

편찬 | 하용조 목사

두란노

발 간 사

주님의 은혜 가운데 비전성구사전을 출간하게 해 주신 하나님께 감사와 영광을 올려드립니다. 성경 연구에 꼭 필요한 비전성경사전이 이미 출간되어 많은 사랑을 받고 있습니다. 이제 성경 연구나 설교에 참조 자료를 제공하는 비전성구사전을 발간할 수 있게 되어 너무 감사합니다.

두란노에서 심혈을 기울여 만든 비전성구사전은 아래와 같은 특징이 있습니다.
첫째, 개역개정판 성경을 본문으로 한 한국 최초의 성구사전입니다.
둘째, 성경에 나오는 단어를 최대한 다루었습니다. 어휘의 누락을 방지하고자 국어사전을 참조하고 성경을 꼼꼼히 살펴 모든 어휘를 다루었습니다.
셋째, 개별 어휘에 해당되는 성구 본문을 최대한 실었습니다. 지면의 한계와 편집상 부득이한 경우, 기타 본문으로 처리하여 해당 성구를 참조하도록 했습니다.
넷째, 성경에 나오는 인명, 지명에는 명료한 설명을 곁들여 성경사전의 기능도 갖추었습니다.
다섯째, 설교와 성경 연구에 도움이 되는 내용을 박스로 정리했습니다.
여섯째, 단어에 지도, 삽화, 한자, 영어를 함께 수록해 단어의 이해를 도왔습니다.
일곱째, 주요 성구는 발문 처리하여 암송에 활용하도록 도왔습니다.
여덟째, 표제어와 설명 등은 별색을 사용하고 본문에 수록된 해당 어휘는 고딕으로 처리하여 가독성을 높였습니다.
아홉째, 가독성을 높이고 시원한 레이아웃을 위해 큰 글자로 만들었습니다.

하나님을 사랑하고 말씀을 사랑하는 모든 분들께 비전성경사전과 함께 좋은 도우미가 되기를 기도합니다.

2005년 12월

하용조 목사

일러두기

I. 비전성구사전 편집 원칙
1. 비전성구사전의 성경본문은 대한성서공회의 개역개정판 성경을 사용한다.
   (성경전서 개역개정판, 서울: 대한성서공회, 2004년 3판 5쇄)
2. 개역개정판에 나오는 어휘를 빠짐없이 표제어로 정리한다.
3. 표제어 구분은 국어사전의 원칙을 따른다.
   (동아 새국어사전, 서울: 두산동아, 2005년 5판)
4. 국어사전에 나오지 않는 성경의 독특한 어휘는 개별 표제어로 처리한다.

II. 표제어 정리 원칙
1. 표제어 배열 순서는 국어사전 순서를 따르되 품사의 기본형으로 한다.
   - 명사를 기본형으로 하고 다른 품사의 활용형들은 '/-' 로 나타낸다.
     예)사랑/-하다
   - 명사가 없는 경우에는 동사로 표제어를 정리한다.
     예)결합하다/결합되다
   - 성구의 분량이 많거나 편집 상황에 따라 개별 품사를 표제어로 따로 정리한다.
     예)가까이
     예)가깝다
2. 표제어의 명확한 이해를 돕기 위해 한자와 영어를 지원한다.
   예)기상(氣象, appearance)
   - 표제어가 한글이거나 원어를 음역한 것은 한자를 지원하지 않는다.
     예)허리, 하갈 등
   - 영어지원은 NIV의 어휘를 단어의 빈도수에 따라 지원하되 관사는 생략한다.
     예)서열(序列, order, subdivision, division)
   - 개역개정판과 NIV의 어휘가 다른 경우 다른 성경의 어휘도 지원한다.
     예)도다님(Rodanim-NIV, Dodanim-KJV)
   - 개역개정판 어휘가 NIV에 없거나 어색할 경우 다른 영어 성경의 어휘를 지원한다.
     예)감돌다(turn into-KJV, leap-NASB)
3. 독자의 이해를 돕기 위해 고유명사는 간략한 설명을 제시한다.
   예)갓삼(Gazzam) 포로지에서 귀환한 느디님 사람
4. 같은 표제어지만 내용이 다른 경우 개별 항목으로 처리한다.
   예)세벨(Shepher)

1. 지명 : 아라비아 광야에 있는 산
2. 인명 : 갈렙의 아들

- 한글 표기는 같지만 영어 표기가 다른 표제어는 아래와 같이 처리한다.
  예)소배 1(Zophar) 바벨론에서 돌아온 소배 자손의 조상
  　　소배 2(Zohpai) 엘가나의 아들로 나핫의 아버지
- 한글과 영어 표기가 같고 내용이 다를 때는 아래와 같이 소항목으로 처리한다.
  예)아달랴(Athaliah)
  　1. 아합의 딸
  　2. 여로함의 아들로 베냐민의 족장
- 동사는 의미에 따라 소항목으로 구분해 사전적으로 분류한다.
  예)연하다(continue, touch, tender, new)
  　1. 잇다, 잇닿다(continue, touch, new)
  　2. 무르고 옅고 산뜻하다(tender, new)

5. 복합어는 하나의 표제어로 정리한다.
  예) '기슬롯 다볼'은 'ㄱ' 항목에서 '기슬롯 다볼'로 다루고 'ㄷ' 항목에서는 다루지 않는다. 그러나 '다볼'이 독립적으로 사용되었을 경우에는 'ㄷ' 항목에서도 다룬다.

6. 기타원칙
- 성경 각권은 약칭을 표시한다 – 창세기 → 창
- 장과 절 사이는 콜론으로 표시한다 – 창 45:19
- 장과 장 사이는 세미콜론으로, 절과 절 사이는 쉼표로 표시한다 – 민 2:12; 7:26, 27

III. 참고 자료

1. 도서
- 성경전서 개역개정판. 서울: 대한성서공회, 2004년 3판 5쇄.
- 이성호 새성구대사전. 서울: 성지사, 1985.
- 비전성경사전. 서울: 두란노서원, 2004년.
- 동아 새국어사전. 서울: 두산동아, 2005(5판).

2. 인터넷 사이트
- 대한성서공회 홈페이지 http://www.bskorea.or.kr
- 두산동아 홈페이지 http://www.dong-a.com/business/dictionary.jsp
- 두란노서원 홈페이지 http://www.duranno.com

3. 외국 성경
- KJV – King James Version
- NASB – New American Standard Bible
- NIV – New International Version
- RSV – Revised Standard Version

활용법

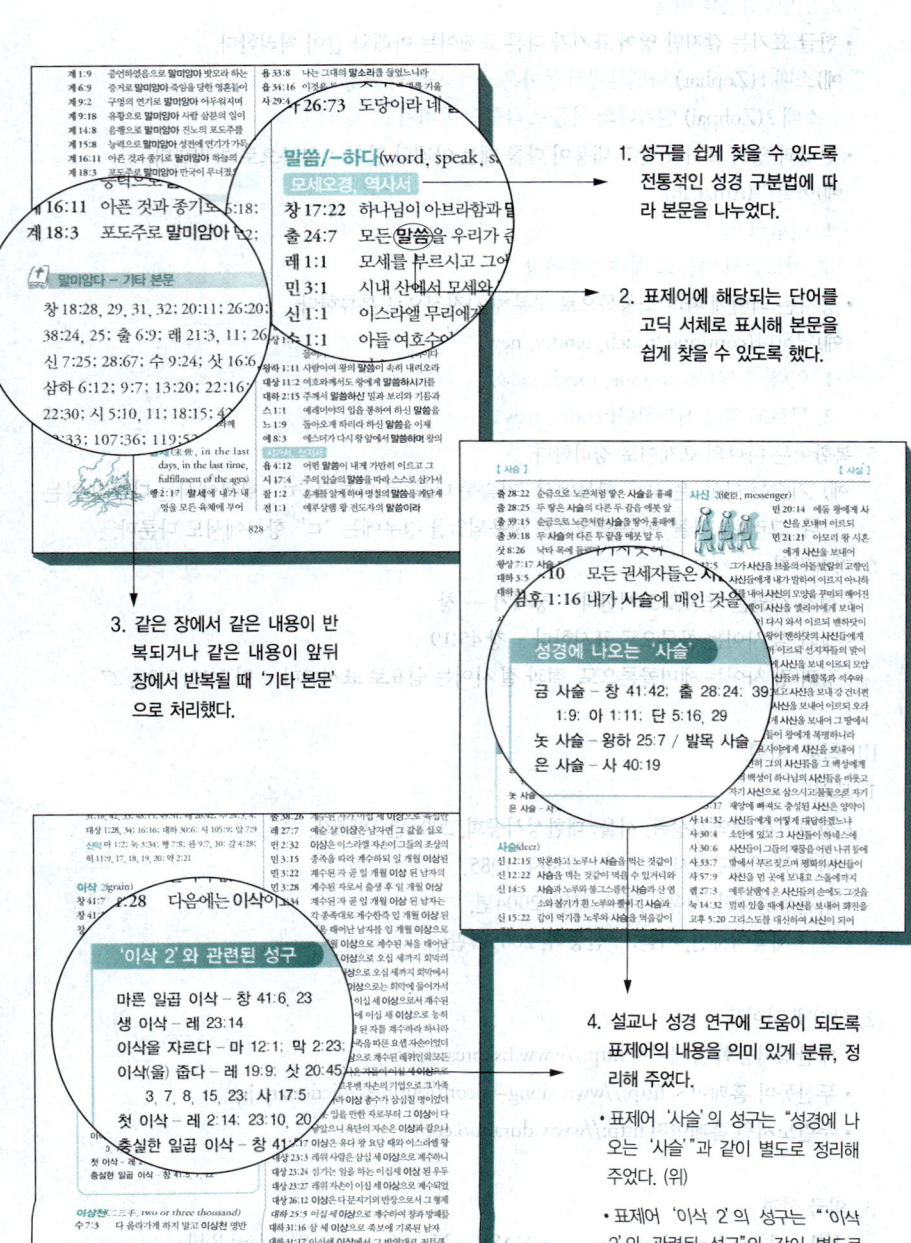

1. 성구를 쉽게 찾을 수 있도록 전통적인 성경 구분법에 따라 본문을 나누었다.

2. 표제어에 해당되는 단어를 고딕 서체로 표시해 본문을 쉽게 찾을 수 있도록 했다.

3. 같은 장에서 같은 내용이 반복되거나 같은 내용이 앞뒤 장에서 반복될 때 '기타 본문'으로 처리했다.

4. 설교나 성경 연구에 도움이 되도록 표제어의 내용을 의미 있게 분류, 정리해 주었다.

 • 표제어 '사슬'의 성구는 "성경에 나오는 '사슬'"과 같이 별도로 정리해 주었다. (위)

 • 표제어 '이삭 2'의 성구는 "'이삭 2'와 관련된 성구"와 같이 별도로 정리해 주었다. (옆)

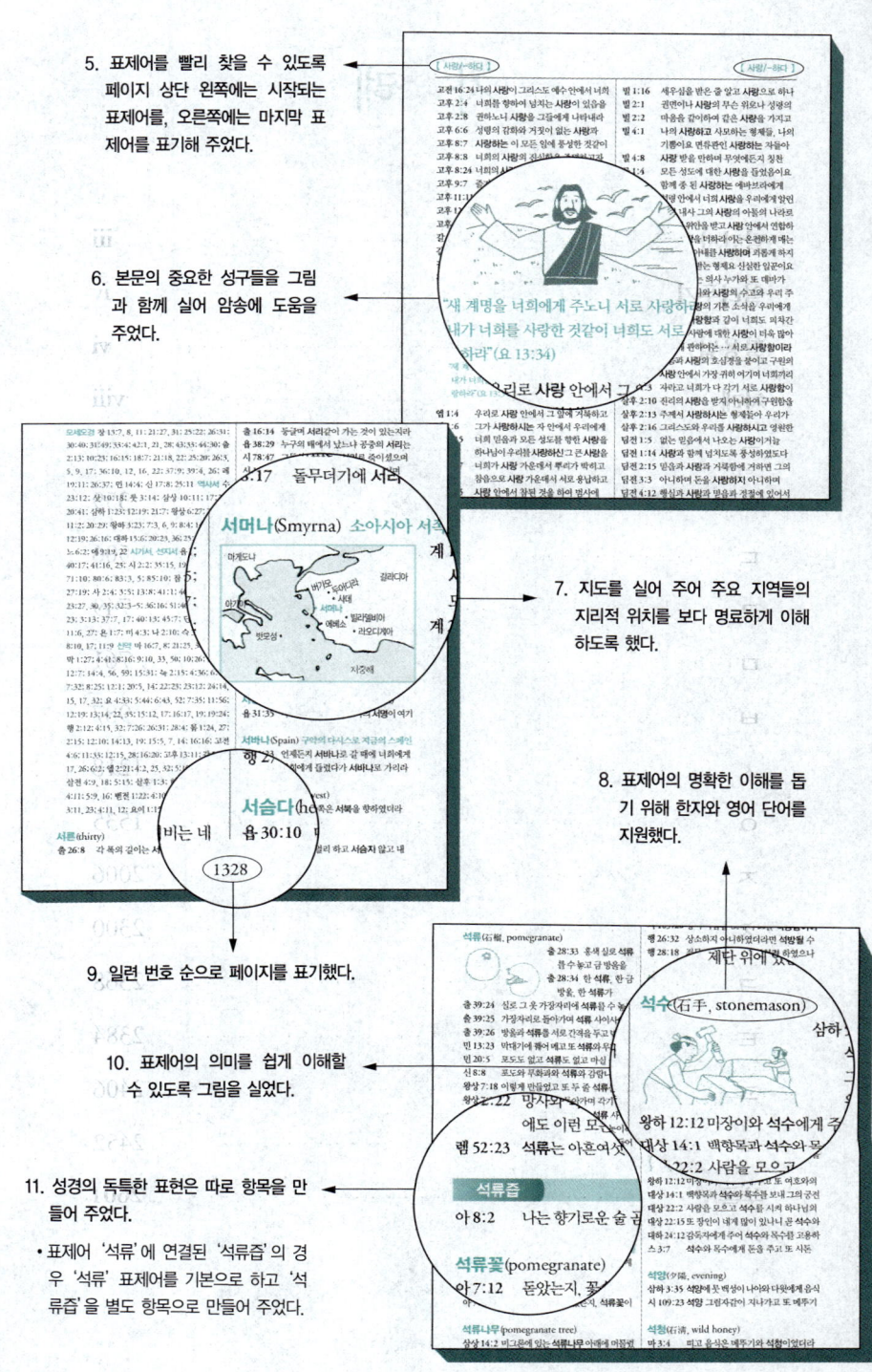

5. 표제어를 빨리 찾을 수 있도록 페이지 상단 왼쪽에는 시작되는 표제어를, 오른쪽에는 마지막 표제어를 표기해 주었다.

6. 본문의 중요한 성구들을 그림과 함께 실어 암송에 도움을 주었다.

7. 지도를 실어 주어 주요 지역들의 지리적 위치를 보다 명료하게 이해하도록 했다.

8. 표제어의 명확한 이해를 돕기 위해 한자와 영어 단어를 지원했다.

9. 일련 번호 순으로 페이지를 표기했다.

10. 표제어의 의미를 쉽게 이해할 수 있도록 그림을 실었다.

11. 성경의 독특한 표현은 따로 항목을 만들어 주었다.
 - 표제어 '석류'에 연결된 '석류즙'의 경우 '석류' 표제어를 기본으로 하고 '석류즙'을 별도 항목으로 만들어 주었다.

차 례

발간사	iii
일러두기	iv
활용법	vi
차례	viii
ㄱ	1
ㄴ	359
ㄷ	506
ㄹ	749
ㅁ	761
ㅂ	987
ㅅ	1218
ㅇ	1535
ㅈ	2006
ㅊ	2300
ㅋ	2368
ㅌ	2384
ㅍ	2406
ㅎ	2452
부록	2601

ㄱ

가(bank, edge, across)
출 2:5 시녀들은 나일 강 가를 거닐 때에 그가
출 26:4 그 휘장을 이을 끝폭 가에 청색 고를 만들며 이어질 다른 끝폭 가에도 그와
출 26:5 끝폭 가에 고 쉰 개를 … 끝폭 가에도
출 26:10 휘장을 이을 끝폭 가에 고 쉰 개를 달며 다른 이을 끝폭 가에도 고 쉰 개를
출 28:26 흉패 아래 양쪽 가 안쪽 곧 에봇에
출 36:11 연결할 끝폭 가에 … 끝폭 가에도 고를
출 36:12 다른 연결할 한 폭의 가에도 고리 쉰
출 36:17 휘장을 연결할 끝폭 가에 고리 쉰 개를 달며 다른 연결할 끝폭 가에도 고리
레 19:27 머리 가를 둥글게 깎지 말며 수염 끝을
민 13:29 가나안인은 해변과 요단 가에 거주하
민 22:36 모압 변경의 끝 아르논 가에 있는 성읍
민 26:3 여리고 맞은편 요단 가 모압 평지에서
민 26:63 그들이 여리고 맞은편 요단 가 모압 평지
민 33:10 엘림을 떠나 홍해 가에 진을 치고
민 33:11 홍해 가를 떠나 신 광야에 진을 치고
민 36:13 이는 여리고 맞은편 요단 가 모압 평지
수 12:2 아르논 골짜기 가에 있는 아로엘에서
수 13:9 골짜기 가에 있는 아로엘에서부터
수 13:16 아르논 골짜기 가에 있는 아로엘에서
수 22:10 요단 언덕 가에 … 요단 가에 제단을
수 22:11 맨 앞쪽 요단 언덕 가 이스라엘 자손
삼하 17:17 성에 들어가지 못하고 에느로겔 가에
왕상 4:12 이스르엘 아래 사르단 가에 있는 벧스안
왕하 2:7 바라보매 그 두 사람이 요단 가에 서
시 104:12 공중의 새들도 그 가에서 깃들이며
사 28:25 심으며 귀리를 그 가에 심지 아니하겠
렘 48:20 울면서 부르짖으며 아르논 가에서
겔 40:13 이 방 지붕 가에도 저 방 지붕 가까지
겔 43:13 너비는 한 척이며 그 가로 둘린 턱이
겔 47:12 강 좌우 가에는 각종 먹을 과실나무가
마 9:20 예수의 뒤로 와서 그 겉옷 가를 만지
막 6:56 예수께 그의 옷 가에라도 손을 대게
눅 8:44 예수의 뒤로 와서 그의 옷 가에 손을
눅 14:23 길과 산울타리 가로 나가서 사람을
계 15:2 벗어난 자들이 유리 바다 가에 서서

가감하다(加減, add ~ subtract)
신 4:2 명령하는 말을 너희는 가감하지 말고
신 12:32 지켜 행하고 그것에 가감하지 말지니

가격(價格, price)
마 27:9 그들이 그 가격 매겨진 자 곧 이스라엘 자손 중에서 가격 매긴 자의 가격 곧 은 삼십을 가지고

가계(家系, family)
렘 33:24 택하신 그들 중에 두 가계를 버리셨다

가공하다(加工, setting, wrought)
대상 29:2 철과 나무와 또 마노와 가공할 검은
겔 27:19 가공한 쇠와 계피와 대나무 제품이 네

가까워지다(bring near)
욥 33:22 생명은 멸하는 자에게 가까워지느니라

【 가까이 】　　　　　　　　　　　　　　　　　　　　　　　【 가까이 】

겔 41:7	방이 높아질수록 성전에 **가까워졌으나**	신 20:2	너희가 싸울 곳에 **가까이** 가면 제사장
암 6:3	멀다 하여 포악한 자리로 **가까워지게**	신 25:11	그의 남편을 구하려 하여 **가까이** 가서
행 27:27	사공들이 어느 육지에 **가까워지는** 줄		
엡 2:13	그리스도의 피로 **가까워졌느니라**		

가까이(near, close, approaching)

1. 거 리

🟦 **모세오경**　　　　　　　　　　　🟦 **역사서**

창 12:11	그가 애굽에 **가까이** 이르렀을 때에	수 5:13	여호수아가 여리고에 **가까이** 이르렀을
창 18:23	아브라함이 **가까이** 나아가 이르되 주	수 7:14	**가까이** 나아오라 … 족속대로 **가까이**
창 19:9	롯을 밀치며 **가까이** 가서 그 문을		… 가족대로 **가까이** … **가까이** 나아올
창 27:21	야곱에게 이르되 내 아들아 **가까이** 오라	수 7:16	이스라엘을 그의 지파대로 **가까이** 나아
창 27:22	야곱이 그 아버지 이삭에게 **가까이** 가니	수 7:17	유다 족속을 **가까이** … 남자를 **가까이**
창 27:26	내 아들아 **가까이** 와서 내게 입맞추라	수 7:18	삽디의 가족 각 남자를 **가까이** 나아오
창 27:27	**가까이** 가서 그에게 입맞추니 아버지	수 8:5	모든 백성은 다 성읍으로 **가까이** 가리
창 33:3	땅에 굽히며 그의 형 에서에게 **가까이**	수 8:11	성읍 앞에 **가까이** 이르러 아이 북쪽에
창 37:18	요셉이 그들에게 **가까이** 오기 전에	수 10:24	이르되 **가까이** 와서 … 그들이 **가까이**
창 43:19	요셉의 집 청지기에게 **가까이** 나아가	삿 9:52	망대의 문에 **가까이** 나아가서 그것을
창 44:18	유다가 그에게 **가까이** 가서 이르되	삿 19:11	그들이 여부스에 **가까이** 갔을 때에
창 45:4	내게로 **가까이** 오소서 그들이 **가까이**	삿 19:14	베냐민에 속한 기브아에 **가까이** 이르러
창 48:13	이끌어 그에게 **가까이** 나아가매	룻 2:21	너는 내 소년들에게 **가까이** 있으라
출 3:5	하나님이 이르시되 이리로 **가까이** 오지	룻 2:23	룻이 보아스의 소녀들에게 **가까이**
출 14:10	바로가 **가까이** 올 때에 이스라엘 자손	삼상 7:10	이스라엘과 싸우려고 **가까이** 오매
출 14:20	밤새도록 저쪽이 이쪽에 **가까이** 못할	삼상 10:20	이스라엘 모든 지파를 **가까이** 오게
출 20:21	모세는 하나님이 계신 흑암으로 **가까이**	삼상 10:21	가족별로 **가까이** 오게 하였더니
출 24:2	**가까이** 나아오고 … **가까이** 나아오지	삼상 17:41	앞세우고 다윗에게로 점점 **가까이**
출 30:20	제단에 **가까이** 가서 그 직분을 행하여	삼상 17:48	다윗에게로 마주 **가까이** 올 때에 다윗
출 32:19	진에 **가까이** 이르러 그 송아지와 그 춤	삼상 21:4	소년들이 여자를 **가까이**만 하지 아니
출 34:32	이스라엘 자손이 **가까이** 오는지라	삼하 1:15	한 사람을 불러 이르되 **가까이** 가서
출 40:32	제단에 **가까이** 갈 때에 씻었으니 여호	삼하 11:20	성에 그처럼 **가까이** 가서 싸웠느냐
레 21:17	하나님의 음식을 드리려고 **가까이** 오지	삼하 11:21	어찌하여 성에 **가까이** 갔더냐 하시거든
민 1:51	그것을 세울 것이요 외인이 **가까이** 오면	삼하 13:11	그에게 먹이려고 **가까이** 가지고 갈 때
민 5:16	제사장은 그 여인을 **가까이** 오게 하여	삼하 15:5	사람이 **가까이** 와서 그에게 절하려 하면
민 6:6	드리는 모든 날 동안은 시체를 **가까이**	삼하 18:25	있으리라 할 때에 그가 점점 **가까이**
민 16:5	**가까이** 나아오게 … 자기에게 **가까이**	삼하 20:16	요압에게 이르기를 이리로 **가까이**
민 16:10	레위 자손으로 너와 함께 **가까이** 오게	삼하 20:17	요압이 그 여인에게 **가까이** 가니 여인
민 16:40	여호와 앞에 분향하러 **가까이** 오지	왕상 18:21	엘리야가 모든 백성에게 **가까이** 나아가
민 17:13	**가까이** 나아가는 자 … 성막에 **가까이**	왕상 18:30	**가까이** 오라 백성이 다 그에게 **가까이**
민 32:16	모세에게 **가까이** 나아와 이르되 우리	왕상 21:2	내 왕궁 곁에 **가까이** 있으니 내게 주어
신 2:19	암몬 족속에게 **가까이** 이르거든 그들	왕상 22:24	그나아나의 아들 시드기야가 **가까이**
신 2:37	가기를 금하신 모든 곳이 네가 **가까이**	왕하 4:27	계하시가 **가까이** 와서 그를 물리치고자
신 4:11	너희가 **가까이** 나아와서 산 아래에	왕하 9:27	이블르암 **가까운** 구르 비탈에서 치니
신 5:27	당신은 **가까이** 나아가서 우리 하나님	대하 18:23	그나아나의 아들 시드기야가 **가까이**
		에 4:5	왕의 어명으로 자기에게 **가까이** 있는
		에 5:2	그에게 내미니 에스더가 **가까이** 가서

🟦 **시가서**

시 32:9	너희에게 **가까이** 가지 아니하리로다
시 91:10	못하며 재앙이 네 장막에 **가까이** 오지

【 가까이 】   【 가까이하다 】

시 119:150	악을 따르는 자들이 **가까이** 왔사오니
시 119:151	여호와여 주께서 **가까이** 계시오니 주
잠 5:8	멀리 하라 그의 집 문에도 **가까이** 가지

선지서

사 33:13	너희 **가까이**에 있는 자들아 나의 권능
사 37:33	성에 **가까이** 오지도 못하며 흉벽을 쌓고
사 41:1	**가까이** 나아오라…재판 자리에 **가까이**
사 45:20	함께 **가까이** 나아오라 나무 우상을
사 48:16	내게 **가까이** 나아와 이것을 들으라 내
사 50:8	**가까이** 계시니 나와 다툴 자가 누구냐
	… 나의 대적이 누구냐 내게 **가까이**
사 55:6	만날 만한 때에 찾으라 **가까이** 계실
사 56:1	나의 구원이 **가까이** 왔고 나의 공의가
사 57:3	음녀의 자식들아 너희는 **가까이** 오라
사 58:2	판단을 내게 구하며 하나님과 **가까이**
렘 30:21	내가 그를 **가까이** 오게 … 내게 **가까이** 오리라 … 마음으로 내게 **가까이** 올
겔 24:2	바벨론 왕이 오늘 예루살렘에 **가까이**
겔 40:46	사독의 자손으로서 여호와께 **가까이**
겔 44:13	내게 **가까이** 나아와 제사장의 직분을 행하지 못하며 … 지성물에 **가까이** 오지
겔 44:15	내게 **가까이** 나아와 수종을 들되 내
겔 44:16	성소에 들어오며 또 내 상에 **가까이**
겔 45:4	하나님께 **가까이** 나아가서 수종드는
단 3:26	맹렬히 타는 풀무불 아귀 **가까이** 가서
단 6:20	다니엘이 든 굴에 **가까이** 이르러서 슬피
단 8:7	내가 본즉 그것이 숫양에게로 **가까이**
호 7:6	그들이 **가까이** 올 때에 그들의 마음은
욜 3:9	용사를 격려하고 병사로 다 **가까이**
습 3:2	자기 하나님에게 **가까이** 나아가지

신약

마 21:1	그들이 예루살렘에 **가까이** 가서 감람
마 26:46	보라 나를 파는 자가 **가까이** 왔느니라
막 11:1	그들이 예루살렘에 **가까이** 와서 감람
막 14:42	보라 나를 파는 자가 **가까이** 왔느니라
눅 4:39	예수께서 **가까이** 서서 열병을 꾸짖으신
눅 7:12	성문에 **가까이** 이르실 때에 사람들이
눅 7:14	**가까이** 가서 그 관에 손을 대시니 멘
눅 10:34	**가까이** 가서 기름과 포도주를 그 상처
눅 15:1	세리와 죄인들이 말씀을 들으러 **가까이**
눅 15:25	밭에 있다가 돌아와 집에 **가까이** 왔을
눅 18:35	여리고에 **가까이** 가셨을 때에 한 맹인
눅 18:40	데려오라 하셨더니 그가 **가까이** 오매
눅 19:11	예루살렘에 **가까이** 오셨고 그들은
눅 19:29	벳바게와 베다니에 **가까이** 가셨을 때
눅 19:37	이미 감람 산 내리막길에 **가까이** 오시매
눅 19:41	**가까이** 오사 성을 보시고 우시며
눅 20:1	서기관들이 장로들과 함께 **가까이** 와서
눅 24:15	예수께서 **가까이** 이르러 그들과 동행
눅 24:28	그들이 가는 마을에 **가까이** 가매 예수
요 6:19	예수께서 바다 위로 걸어 배에 **가까이**
요 6:23	여럿이 떡 먹던 그 곳에 **가까이** 왔더라
행 7:31	놀랍게 여겨 알아보려고 **가까이** 가니
행 8:29	빌립더러 이르시되 이 수레로 **가까이**
행 9:3	사울이 길을 가다가 다메섹에 **가까이**
행 10:9	그들이 길을 가다가 그 성에 **가까이**
행 21:33	이에 천부장이 **가까이** 가서 바울을 잡아
행 22:6	가는 중 다메섹에 **가까이** 갔을 때에
행 23:15	우리는 그가 **가까이** 오기 전에 죽이기로
딤전 6:16	**가까이** 가지 못할 빛에 거하시고 어떤

2. 관 계

출 16:9	회중에게 말하기를 여호와께 **가까이**
왕상 8:59	우리 하나님 여호와께 **가까이** 있게
시 63:8	나의 영혼이 주를 **가까이** 따르니 주의
시 65:4	주께서 택하시고 **가까이** 오게 하사 주
고전 7:1	말하면 남자가 여자를 **가까이** 아니함
히 7:19	우리가 하나님께 **가까이** 가느니라

3. 시 간

신 15:9	일곱째 해 면제년이 **가까이** 왔다 하고
겔 36:8	그들이 올 때가 **가까이** 이르렀음이라
마 3:2	회개하라 천국이 **가까이** 왔느니라
마 4:17	회개하라 천국이 **가까이** 왔느니라
마 10:7	전파하여 말하되 천국이 **가까이** 왔다
마 24:33	일을 보거든 인자가 **가까이** 곧 문 앞
마 26:18	때가 **가까이** 왔으니 내 제자들과 함께
마 26:45	자고 쉬라 보라 때가 **가까이** 왔으니
막 1:15	때가 찼고 하나님의 나라가 **가까이**
막 13:29	일어나는 것을 보거든 인자가 **가까이**
눅 10:9	하나님의 나라가 너희에게 **가까이** 왔다
눅 10:11	그러나 하나님의 나라가 **가까이** 온 줄
눅 21:8	내가 그라 하며 때가 **가까이** 왔다
눅 21:31	보거든 하나님의 나라가 **가까이** 온 줄
벧전 4:7	만물의 마지막이 **가까이** 왔으니

가까이하다 (approach, have slept with)

| 창 19:8 | 내게 남자를 **가까이하지** 아니한 두 |

【 가까이하다 】 　　　　　　　　　　　　　　　　　　　　　【 가깝다 】

창 20:4	아비멜렉이 그 여인을 **가까이하지**	사 8:3	내가 내 아내를 **가까이하매** 그가 임신
창 20:6	여인에게 **가까이하지** 못하게 함이 이	사 29:13	입으로는 나를 **가까이하며** 입술로는
창 24:16	지금까지 남자가 **가까이하지** 아니한	사 54:14	공포도 네게 **가까이하지** 못할 것이라
창 38:1	아둘람 사람 히라와 **가까이하니라**	사 65:5	내게 **가까이하지** 말라 나는 너보다
창 38:26	다시는 그를 **가까이하지** 아니하였더라	애 3:57	주께 아뢴 날에 주께서 내게 **가까이하여**
출 12:48	남자는 할례를 받은 후에야 **가까이하여**	겔 9:6	이마에 표 있는 자에게는 **가까이하지**
출 19:15	셋째 날을 기다리고 여인을 **가까이하지**	겔 18:6	월경 중에 있는 여인을 **가까이하지**
출 19:22	여호와에게 **가까이하는** 제사장들에게	겔 42:13	여호와를 **가까이하는** 제사장들이
출 28:43	제단에 **가까이하여** 거룩한 곳에서	겔 43:19	여호와의 말씀이니라 나를 **가까이하여**
출 34:30	광채가 남을 보고 그에게 **가까이하기를**	겔 44:25	시체를 **가까이하여** 스스로 더럽히지
레 10:3	나를 **가까이하는** 자 중에서 내 거룩	눅 8:19	무리로 인하여 **가까이하지** 못하니
레 18:6	사람은 자기의 살붙이를 **가까이하여**	눅 12:33	도둑도 **가까이하는** 일이 없고 좀도
레 18:14	네 아버지 형제의 아내를 **가까이하여**	눅 18:16	그 어린 아이들을 불러 **가까이하시고**
레 18:19	불결한 동안에 그에게 **가까이하여** 그	눅 22:48	예수께 입을 맞추려고 **가까이하는지라**
레 20:16	여자가 짐승에게 **가까이하여** 교합하면	행 10:28	교제하며 **가까이하는** 것이 위법인 줄
레 21:11	시체에든지 **가까이하지** 말지니 그의	행 17:34	몇 사람이 그를 **가까이하여** 믿으니 그
레 21:18	누구든지 흠이 있는 자는 **가까이하지**	약 4:8	**가까이하라** … 너희를 **가까이하시리라**
레 21:23	제단에 **가까이하지** 못할지니 이는 그		
레 22:3	여호와께 드리는 성물에 **가까이하는**		

가깝다(near, at hand, close)

1. 거 리

구약

민 3:10	직무를 행하게 하라 외인이 **가까이하면**	창 19:20	저 성읍은 도망하기에 **가깝고** 작기도
민 3:38	수행할 것이며 외인이 **가까이하면**	창 45:10	고센 땅에 머물며 나와 **가깝게** 하소서
민 8:19	이스라엘 자손이 성소에 **가까이할** 때	출 13:17	블레셋 사람의 땅의 길은 **가까울지라도**
민 16:9	자기에게 **가까이하게** 하사 여호와의	출 28:27	앞 두 어깨받이 아래 매는 자리 **가까운**
민 18:3	성소의 기구와 제단에는 **가까이하지**	출 39:20	어깨받이 아래 매는 자리 **가까운** 쪽
민 18:4	다른 사람은 너희에게 **가까이하지**	민 21:30	메드바에 **가까운** 노바까지 황폐하게
민 18:7	선물로 주었은즉 거기 **가까이하는**	신 13:7	민족 혹 네게서 **가깝든지** 네게서 멀든지
민 18:22	회막에 **가까이하지** 말 것이라 죄값으로	신 21:3	그 피살된 곳에서 제일 **가까운** 성읍의
신 4:7	**가까이하심과** 같이 그 신이 **가까이함을**	신 21:6	피살된 곳에서 제일 **가까운** 성읍의
수 3:4	규빗쯤 되게 하고 그것에 **가까이하지는**	신 30:14	오직 그 말씀이 네게 매우 **가까워서** 네
수 23:8	너희의 하나님 여호와께 **가까이하기를**	수 3:16	사르단에 **가까운** 매우 멀리 있는 아담
수 23:12	남아 있는 이 민족들을 **가까이하여**	삿 4:11	헤벨이 떠나 게데스에 **가까운** 사아난님
삼상 21:5	삼 일 동안이나 여자를 **가까이하지**	삿 7:22	또 답밧에 **가까운** 아벨므홀라의 경계
에 1:14	그 때에 왕에게 **가까이하여** 왕의 기색	삿 18:28	그 성읍이 베드르홉 **가까운** 골짜기에
욥 31:37	왕족처럼 그를 **가까이하였으리라**	왕상 21:1	사마리아의 왕 아합의 왕궁에 **가깝더니**
시 34:18	마음이 상한 자를 **가까이하시고**	왕하 9:27	이블르암 **가까운** 구르 비탈에서 치니
시 45:9	왕이 **가까이하는** 여인들 중에는 왕들	대상 7:29	므낫세 자손의 지계에 **가까운** 벧스안
시 69:18	내 영혼에 **가까이하사** 구원하시며	대하 21:16	블레셋 사람들과 구스에서 **가까운**
시 73:28	하나님께 **가까이함이** 내게 복이라 내	대하 31:19	성읍 **가까운** 들에 사는 아론 자손
시 91:7	엎드러지나 이 재앙이 네게 **가까이하지**	느 3:23	아사랴가 자기 집에 **가까운** 부분을
시 145:18	간구하는 모든 자에게 **가까이하시는**	느 3:25	시위청에서 **가까운** 부분을 중수하였고
시 148:14	그를 **가까이하는** 백성 이스라엘 자손	시 88:3	나의 생명은 스올에 **가까웠사오니**
잠 7:8	음녀의 골목 모퉁이로 **가까이하여** 그		
전 5:1	**가까이하여** 말씀을 듣는 것이 우매한		

【 가깝다 】   【 가깝다 】

잠 27:10	**가까운** 이웃이 먼 형제보다 나으니라	삼상 4:19	임신하여 해산 때가 **가까웠더니** 하나님
사 19:7	나일 **가까운** 곳 나일 언덕의 초장과 나	욥 15:23	있느냐 하며 흑암의 날이 **가까운** 줄을
	일 강 **가까운** 곡식 밭이 다 말라서	욥 17:12	낮을 삼고 빛 앞에서 어둠이 **가깝다**
사 46:13	나의 공의를 **가깝게** 할 것인즉 그것이	시 22:11	멀리 하지 마옵소서 환난이 **가까우나**
사 51:5	내 공의가 **가깝고** 내 구원이 나갔은즉	시 75:1	주의 이름이 **가까움이라** 사람들이 주
사 57:19	먼 데 있는 자에게든지 **가까운** 데 있	시 85:9	구원이 그를 경외하는 자에게 **가까우니**
렘 12:2	그들의 입은 주께 **가까우나** 그들의	잠 10:14	미련한 자의 입은 멸망에 **가까우니라**
렘 23:23	여호와의 말씀이니라 나는 **가까운** 데에	전 12:1	아무 낙이 없다고 할 해들이 **가깝기** 전
겔 6:12	먼 데 있는 자는 전염병에 죽고 **가까운**	사 13:6	애곡할지어다 여호와의 날이 **가까웠으니**
겔 22:5	어지러움이 많은 자여 **가까운** 자나 먼	사 13:22	그의 때가 **가까우며** 그의 날이 오래지
단 9:7	이스라엘이 **가까운** 곳에 있는 자들이나	렘 48:16	모압의 재난이 **가까웠고** 그 고난이
신약		애 4:18	우리의 끝이 **가깝고** 우리의 날들이
막 1:38	우리가 다른 **가까운** 마을들로 가자	겔 7:7	날이 **가까웠으니** 요란한 날이요 산에
요 3:23	요한도 살렘 **가까운** 애논에서 세례를	겔 7:12	때가 이르렀고 날이 **가까웠으니** 사는
요 4:5	야곱이 그 아들 요셉에게 준 땅이 **가깝고**	겔 11:3	그들의 말이 집 건축할 때가 **가깝지**
요 11:18	베다니는 예루살렘에서 **가깝기**가 한	겔 12:23	날과 모든 묵시의 응함이 **가까우니**
요 11:54	들 **가까운** 곳인 에브라임이라는 동네	겔 22:4	네 날이 **가까웠고** 네 연한이 찼도다
요 19:20	못 박히신 곳이 성전에서 **가까운** 고로	겔 30:3	날이 **가깝도다** 여호와의 날이 **가깝도다**
요 19:42	무덤이 **가까운** 고로 예수를 거기 두니라	욜 1:15	그 날이여 여호와의 날이 **가까웠나니**
행 1:12	예루살렘에서 **가까워** 안식일에 가기	욜 3:14	골짜기에 여호와의 날이 **가까움이로다**
행 2:10	구레네에 **가까운** 리비야 여러 지방에	옵 1:15	여호와께서 만국을 벌할 날이 **가까웠나니**
행 9:38	룻다가 욥바에서 **가까운지라** 제자들	습 1:7	여호와의 날이 **가까웠으므로** 여호와
행 27:8	미항이라는 … 라새아 시에서 **가깝더라**	습 1:14	여호와의 큰 날이 **가깝도다 가깝고도**
롬 10:8	말씀이 네게 **가까워** 네 입에 있으며	**신약**	
엡 2:17	평안을 전하시고 **가까운** 데 있는 자들	마 21:34	열매 거둘 때가 **가까우매** 그 열매를
2. 관 계		마 24:32	잎사귀를 내면 여름이 **가까운** 줄을
레 25:25	그에게 **가까운** 기업 무를 자가 와서	막 13:28	잎사귀를 내면 여름이 **가까운** 줄을
민 27:11	그의 기업을 가장 **가까운** 친족에게	눅 21:20	보거든 그 멸망이 **가까운** 줄을 알라
룻 2:20	그 사람은 우리와 **가까우니** 우리 기업	눅 21:28	머리를 들라 너희 속량이 **가까웠느니라**
룻 3:12	기업 무를 자로서 나보다 더 **가까운**	눅 21:30	싹이 나면 너희가 보고 여름이 **가까운**
대상 11:1	우리는 왕의 **가까운** 혈족이니이다	요 2:13	유대인의 유월절이 **가까운지라** 예수
욥 19:14	내 친척은 나를 버렸으며 **가까운** 친지	요 6:4	유대인의 명절인 유월절이 **가까운지라**
욥 19:19	나의 **가까운** 친구들이 나를 미워하며	요 7:2	유대인의 명절인 초막절이 **가까운지라**
시 41:9	내 떡을 나눠 먹던 나의 **가까운** 친구	요 11:55	유대인의 유월절이 **가까우매** 많은
시 55:13	나의 친구요 나의 **가까운** 친우로다	행 7:17	아브라함에게 약속하신 때가 **가까우매**
행 10:24	고넬료가 그의 친척과 **가까운** 친구들	롬 13:11	구원이 처음 믿을 때보다 **가까웠음이라**
3. 시 간		롬 13:12	밤이 깊고 낮이 **가까웠으니** 그러므로
구약		빌 4:5	모든 사람에게 … 주께서 **가까우시니라**
창 27:41	아버지를 곡할 때가 **가까웠은즉** 내가	딤후 4:6	부어지고 나의 떠날 시각이 **가까웠도다**
창 47:29	이스라엘이 죽을 날이 **가까우매** 그의	히 6:8	저주함에 **가까워** 그 마지막은 불사름
민 24:17	그를 바라보아도 **가까운** 일이 아니로다	히 10:25	권하여 그 날이 **가까움**을 볼수록 더욱
신 31:14	네가 죽을 기한이 **가까웠으니** 여호수아	약 5:8	굳건하게 하라 주의 강림이 **가까우니라**
신 32:35	그들의 환난날이 **가까우니** 그들에게	계 1:3	지키는 자는 복이 있나니 때가 **가까움**

| 가꾸다 | 가나안 |

계 22:10 말씀을 인봉하지 말라 때가 **가까우니라**

가꾸다(plant)
레 25:3 육 년 동안 그 포도원을 **가꾸어** 그 소출
레 25:4 밭에 파종하거나 포도원을 **가꾸지** 말며
레 25:5 거두지 말고 **가꾸지** 아니한 포도나무
레 25:11 **가꾸지** 아니한 포도를 거두지 말라
시 80:9 주께서 그 앞서 **가꾸셨으므로** 그 뿌리
욜 1:11 포도원을 **가꾸는** 자들아 곡할지어다
암 5:11 아름다운 포도원을 **가꾸었으나** 그
암 9:14 포도원을 **가꾸고** 그 포도주를 마시며
습 1:13 포도원을 **가꾸나** 그 포도주를 마시지

가끔(many times, often)
전 7:22 너도 **가끔** 사람을 저주하였다는 것을
눅 8:29 귀신이 **가끔** 그 사람을 붙잡으므로
요 5:4 천사가 **가끔** 못에 내려와 물을 움직이
요 18:2 그 곳은 **가끔** 예수께서 제자들과 모이

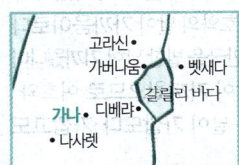

가나 1(Cana)
갈릴리의 한 마을
요 2:1 사흘째 되던 날 갈릴리 **가나**에 혼례가 있어 예수
요 2:11 이 첫 표적을 갈릴리 **가나**에서 행하여
요 4:46 예수께서 다시 갈릴리 **가나**에 이르시니
요 21:2 디두모라 하는 도마와 갈릴리 **가나**

가나 2(Kanah)
1. 세겜 남쪽에서 지중해로 흘러가는 강
수 16:8 답부아에서부터 서쪽으로 … **가나** 시내
수 17:9 그 경계가 **가나** 시내로 내려가서 그
2. 아셀 지파 성읍
수 19:28 에브론과 르홉과 함몬과 **가나**를 지나

가나나인(Zealot)
마 10:4 **가나나인** 시몬 및 가룟 유다 곧 예수
막 3:18 야고보 및 다대오와 **가나나인** 시몬

가나안(Canaan)
1. 인명 : 함의 아들
창 9:18 셈과 함과 야벳이며 함은 **가나안**의 아
창 9:22 **가나안**의 아버지 함이 그의 아버지
창 9:25 이에 이르되 **가나안**은 저주를 받아 그
창 9:26 여호와를 찬송하리로다 **가나안**은 셈
창 9:27 **가나안**은 그의 종이 되게 하시기를
창 10:6 구스와 미스라임과 붓과 **가나안**이요
창 10:15 **가나안**은 장자 시돈과 헷을 낳고
대상 1:8 구스와 미스라임과 붓과 **가나안**이요
대상 1:13 **가나안**은 맏아들 시돈과 헷을 낳고
2. 지명 : 요단 강 서쪽 팔레스타인
창 10:18 이 후로 **가나안** 자손의 족속이 흩어져
창 10:19 **가나안**의 경계는 시돈에서부터 그랄
창 11:31 갈대아인의 우르를 떠나 **가나안** 땅으
창 12:5 아브람이 … 사람들을 이끌고 **가나안** 땅으로 가려고 떠나서 마침내 **가나안**
창 13:12 아브람은 **가나안** 땅에 거주하였고 롯
창 16:3 아브람이 **가나안** 땅에 거주한 지 십
창 17:8 이 땅 곧 **가나안** 온 땅을 주어 영원한
창 23:2 사라가 **가나안** 땅 헤브론 곧 기럇아르바
창 23:19 아브라함이 그 아내 사라를 **가나안**
창 31:18 가축을 이끌고 **가나안** 땅에 있는 그의
창 33:18 밧단아람에서부터 평안히 **가나안** 땅
창 35:6 그와 함께 한 모든 사람이 **가나안** 땅
창 36:2 에서가 **가나안** 여인 중 헷 족속 엘론
창 36:5 이들은 에서의 아들들이요 **가나안** 땅
창 36:6 모든 짐승과 자기가 **가나안** 땅에서
창 37:1 야곱이 **가나안** 땅 곧 그의 아버지가
창 42:5 사러 간 자 중에 있으니 **가나안** 땅에
창 42:7 이르되 곡물을 사려고 **가나안**에서
창 42:13 열두 형제로서 **가나안** 땅 한 사람의
창 42:29 그들이 **가나안** 땅에 돌아와 그들의
창 42:32 오늘 우리 아버지와 함께 **가나안** 땅에
창 44:8 자루에 있던 돈도 우리가 **가나안** 땅에
창 45:17 너희 양식을 싣고 가서 **가나안** 땅에
창 45:25 **가나안** 땅으로 들어가서 아버지 야곱
창 46:6 그들의 가축과 **가나안** 땅에서 얻은
창 46:10 오핫과 야긴과 스할과 **가나안** 여인의
창 46:12 오난은 **가나안** 땅에서 죽었고 베레스
창 46:31 바로에게 아뢰어 이르기를 **가나안** 땅
창 47:1 모든 소유가 **가나안** 땅에서 와서 고센
창 47:4 그들이 또 바로에게 고하되 **가나안** 땅
창 47:13 먹을 것이 없고 애굽 땅과 **가나안** 땅
창 47:14 요셉이 곡식을 팔아 애굽 땅과 **가나안**
창 47:15 애굽 땅과 **가나안** 땅에 돈이 떨어진지라
창 48:3 요셉에게 이르되 이전에 **가나안** 땅

【 가나안 】

창 48:7	라헬이 나를 따르는 도중 **가나안** 땅에
창 49:30	이 굴은 **가나안** 땅 마므레 앞 막벨라
창 50:5	내가 죽거든 **가나안** 땅에 내가 파 놓은
창 50:11	그 땅 거민 **가나안** 백성들이 아닷
창 50:13	그를 **가나안** 땅으로 메어다가 마므레
출 6:4	**가나안** 땅 곧 그들이 거류하는 땅을
출 6:15	야긴과 소할과 **가나안** 여인의 아들
출 15:15	모압 영웅이 떨림에 잡히며 **가나안**

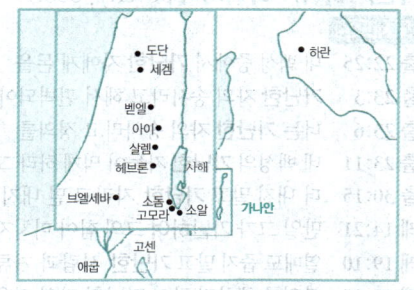

출 16:35	곧 **가나안** 땅 접경에 이르기까지 그들
레 14:34	내가 네게 기업으로 주는 **가나안** 땅에
레 18:3	내가 너희를 인도할 **가나안** 땅의 풍속
레 25:38	나는 너희의 하나님이 되며 또 **가나안**
민 13:2	이스라엘 자손에게 주는 **가나안** 땅을
민 13:17	모세가 **가나안** 땅을 정탐하러 그들을
민 26:19	오난이라 이 에르와 오난은 **가나안** 땅
민 32:30	그들은 **가나안** 땅에서 너희와 함께 땅
민 32:32	무장하고 여호와 앞에서 **가나안** 땅에
민 33:51	너희가 요단 강을 건너 **가나안** 땅에
민 34:2	너희가 **가나안** 땅에 들어가는 때에 그 땅은 … 곧 **가나안** 사방 지경이라
민 34:29	여호와께서 명령하사 **가나안** 땅에서
민 35:10	너희가 요단 강을 건너 **가나안** 땅에
민 35:14	요단 이쪽에 두고 세 성읍은 **가나안**
신 32:49	자손에게 기업으로 주는 **가나안** 땅을
수 5:12	그 해에 **가나안** 땅의 소출을 먹었더라
수 14:1	이스라엘 자손이 **가나안** 땅에서 받은
수 21:2	**가나안** 땅 실로에서 그들에게 말하여
수 22:9	므낫세 반 지파가 **가나안** 땅 실로에서
수 22:10	자손과 므낫세 반 지파가 **가나안** 땅
수 22:11	므낫세 반 지파가 **가나안** 땅의 맨 앞
수 22:32	길르앗 땅에서 **가나안** 땅 이스라엘
수 24:3	강 저쪽에서 이끌어 내어 **가나안** 온
삿 3:1	여호와께서 **가나안**의 모든 전쟁들을
삿 4:2	여호와께서 하솔에서 통치하는 **가나안**
삿 4:23	이와 같이 이 날에 하나님이 **가나안** 왕
삿 4:24	이스라엘 자손의 손이 **가나안** 왕 야빈을 점점 더 눌러서 마침내 **가나안** 왕
삿 5:19	왕들이 와서 싸울 때에 **가나안** 왕들이
삿 21:12	진영으로 데려오니 이 곳은 **가나안** 땅
대상 16:18	이르시기를 내가 **가나안** 땅을 네게
시 105:11	이르시기를 내가 **가나안** 땅을 네게
시 106:38	자녀의 피를 흘려 **가나안**의 우상들에
시 135:11	시혼과 바산 왕 옥과 **가나안**의 모든
사 19:18	그 날에 애굽 땅에 **가나안** 방언을
사 23:11	여호와께서 **가나안**에 대하여 명령을
겔 16:3	네 근본과 난 땅은 **가나안**이요 네
습 1:11	주민들아 너희는 슬피 울라 **가나안**
습 2:5	블레셋 사람의 땅 **가나안**아 여호와의
마 15:22	**가나안** 여자 하나가 그 지경에서 나와서
행 7:11	그 때에 애굽과 **가나안** 온 땅에 흉년
행 13:19	**가나안** 땅 일곱 족속을 멸하사 그 땅

【 가나안 사람/가나안 주민 】 (Canaanite)

창 12:6	그 때에 **가나안 사람**이 그 땅에 거주
창 13:7	또 **가나안 사람**과 브리스 사람도 그
창 28:1	너는 **가나안 사람**의 딸들 중에서
창 28:6	너는 **가나안 사람**의 딸들 중에서
창 28:8	에서가 또 본즉 **가나안 사람**의 딸들
창 38:2	유다가 거기서 **가나안 사람** 수아라
출 13:5	**가나안 사람**과 헷 사람과 아모리
출 13:11	너를 **가나안 사람**의 땅에 인도하시고
출 23:23	브리스 사람과 **가나안 사람**과 히위
출 33:2	사자를 너보다 앞서 보내어 **가나안 사람**
출 34:11	네 앞에서 아모리 사람과 **가나안 사람**
민 21:1	네겝에 거주하는 **가나안 사람** 곧
민 21:3	목소리를 들으시고 **가나안 사람**을 그
민 33:40	가나안 땅 남방에 살고 있는 **가나안 사람**
수 5:1	해변의 **가나안 사람**의 모든 왕들이
수 7:9	**가나안 사람**과 이 땅의 모든 사람들이
수 9:1	아모리 사람과 **가나안 사람**과 브리스
수 13:3	시홀 시내에서부터 **가나안 사람**에게
삼하 24:7	히위 사람과 **가나안 사람**의 모든 성읍
왕상 9:16	그 성읍에 사는 **가나안 사람**을 죽이고
대상 2:3	이 세 사람은 **가나안 사람** 수아의 딸이
스 9:1	**가나안 사람들**과 헷 사람들과 브리스
느 9:24	**가나안 주민들**이 그들 앞에 복종하게

【 가나안인 】

	하실 때에 **가나안 사람**들과 그들의 왕
욥 1:20	이스라엘의 많은 자손은 **가나안 사람**
슥 14:21	만군의 여호와의 전에 **가나안 사람**이

가나안인(Canaanite)

민 13:29	**가나안인**은 해변과 요단 가에 거주하
민 14:25	아말렉인과 **가나안인**이 골짜기에
민 14:43	아말렉인과 **가나안인**이 너희 앞에
민 14:45	산간지대에 거주하는 **가나안인**이

가나안 족속(Canaanite)

창 15:21	아모리 족속과 **가나안 족속**과 기르가스
창 24:3	거주하는 이 지방 **가나안 족속**의 딸
창 24:37	내가 사는 땅 **가나안 족속**의 딸들 중
창 34:30	이 땅의 주민 곧 **가나안 족속**과 브리스
출 3:8	젖과 꿀이 흐르는 땅 곧 **가나안 족속**,
출 3:17	젖과 꿀이 흐르는 땅 곧 **가나안 족속**,
출 23:28	벌이 히위 족속과 **가나안 족속**과 헷 족
신 1:7	네겝과 해변과 **가나안 족속**의 땅과
신 7:1	아모리 족속과 **가나안 족속**과 브리스
신 11:30	아라바에 거주하는 **가나안 족속**의 땅
신 20:17	헷 족속과 아모리 족속과 **가나안 족속**
수 3:10	**가나안 족속**과 헷 족속과 히위 족속과
수 11:3	동쪽과 서쪽의 **가나안 족속**과 아모리
수 12:8	아모리 족속과 **가나안 족속**과 브리스
수 13:4	또 **가나안 족속**의 모든 땅과 시돈 사람
수 16:10	**가나안 족속**을 쫓아내지 아니하였으므
	로 **가나안 족속**이 오늘까지 에브라임
수 17:12	주민을 쫓아내지 못하매 **가나안 족속**
수 17:13	자손이 강성한 후에야 **가나안 족속**에게
수 17:16	모든 **가나안 족속**에게는 벧 스안과 그
수 17:18	그 끝까지 네 것이 되리라 **가나안 족속**
수 24:11	족속과 브리스 족속과 **가나안 족속**과
삿 1:1	먼저 올라가서 **가나안 족속**과 싸우리
삿 1:3	나와 함께 올라가서 **가나안 족속**과
삿 1:4	여호와께서 **가나안 족속**과 브리스
삿 1:5	베섹을 만나 그와 싸워서 **가나안 족속**
삿 1:9	남방과 평지에 거주하는 **가나안 족속**
삿 1:10	가서 헤브론에 거주하는 **가나안 족속**
삿 1:17	가서 스밧에 거주하는 **가나안 족속**을
삿 1:27	주민들을 쫓아내지 못하매 **가나안 족속**
삿 1:28	이스라엘이 강성한 후에야 **가나안 족속**
삿 1:29	에브라임이 게셀에 거주하는 **가나안**

【 가난/-하다/-하여지다 】

	족속을 쫓아내지 못하매 **가나안 족속**
삿 1:30	**가나안 족속**이 그들 중에 거주하면서
삿 1:32	아셀 족속이 그 땅의 주민 **가나안 족속**
삿 1:33	그 땅의 주민 **가나안 족속** 가운데
삿 3:3	다섯 군주들과 모든 **가나안 족속**과
삿 3:5	그러므로 이스라엘 자손은 **가나안 족속**
느 9:8	**가나안 족속**과 헷 족속과 아모리 족속

가난/-하다/-하여지다(poverty, poor)

모세오경

출 22:25	내 백성 중에서 **가난한** 자에게 돈을
출 23:3	**가난한** 자의 송사라고 해서 편벽되이
출 23:6	너는 **가난한** 자의 송사라고 정의를
출 23:11	네 백성의 **가난한** 자들이 먹게 하라 그
출 30:15	더 내지 말고 **가난한** 자라고 덜 내지
레 14:21	만일 그가 **가난하여** 그의 힘이 미치지
레 19:10	열매도 줍지 말고 **가난한** 사람과 거류
레 19:15	불의를 행하지 말며 **가난한** 자의 편을
레 23:22	그것을 **가난한** 자와 거류민을 위하여
레 25:25	만일 네 형제가 **가난하여** 그의 기업
레 25:35	네 형제가 **가난하게** 되어 빈 손으로
레 25:39	함께 있는 네 형제가 **가난하게** 되어
레 25:47	그와 함께 있는 네 형제는 **가난하게**
레 27:8	서원자가 **가난하여** 네가 정한 값을
신 15:4-5	복을 받으리니 너희 중에 **가난한** 자가
신 15:7	**가난한** 형제가 너와 함께 거주하거든 그
	가난한 형제에게 네 마음을 완악하게
신 15:11	땅에는 언제든지 **가난한** 자가 그치지
신 24:12	그가 **가난한** 자이면 너는 그의 전당물
신 24:15	그가 **가난하므로** 그 품삯을 간절히

역사서

룻 3:10	네가 **가난하건** 부하건 젊은 자를 따르지
삼상 2:7	여호와는 **가난하게도** 하시고 부하게도
삼상 2:8	**가난한** 자를 진토에서 일으키시며
삼상 18:23	나는 **가난하고** 천한 사람이라 한지라
삼하 12:1	한 사람은 부하고 한 사람은 **가난하니**
삼하 12:3	**가난한** 사람은 아무것도 없고 자기가
삼하 12:4	소를 아껴 잡지 아니하고 **가난한** 사람
에 9:22	서로 예물을 주며 **가난한** 자를 구제하라

시가서

욥 5:15	하나님은 **가난한** 자를 강한 자의 칼과
욥 5:16	**가난한** 자가 희망이 있고 악행이 스스로
욥 20:10	그의 아들들은 **가난한** 자에게 은혜를

【 가난/-하다/-하여지다 】

욥 20:19	이는 그가 **가난한** 자를 학대하고 버렸
욥 24:4	**가난한** 자를 길에서 몰아내니 세상
욥 24:9	어머니의 품에서 빼앗으며 **가난한** 자
욥 24:14	**가난한** 자를 죽이고 밤에는 도둑같이
욥 31:16	내가 언제 **가난한** 자의 소원을 막았거
욥 31:19	**가난한** 자가 덮을 것이 없는 것을 못
욥 34:19	**가난한** 자들 앞에서 부자의 낯을 세워
욥 34:28	이와 같이 하여 **가난한** 자의 부르짖음
시 9:12	**가난한** 자의 부르짖음을 잊지 아니하
시 9:18	**가난한** 자들이 영원히 실망하지 아니
시 10:12	손을 드옵소서 **가난한** 자들을 잊지
시 14:6	너희가 **가난한** 자의 계획을 부끄럽게
시 35:10	그는 **가난한** 자를 그보다 강한 자에게 서 건지시고 **가난하고** 궁핍한 자를
시 37:14	악인이 칼을 빼고 활을 당겨 **가난하고**
시 40:17	나는 **가난하고** 궁핍하오나 주께서는
시 41:1	**가난한** 자를 보살피는 자에게 복이
시 68:10	하나님이여 주께서 **가난한** 자를 위하여
시 69:29	오직 나는 **가난하고** 슬프오니 하나님
시 70:5	나는 **가난하고** 궁핍하오니 하나님이여

가난하게 되는 이유

가난한 자를 학대 - 잠 22:16	게으름 - 잠 6:6, 9-11; 10:4
눈이 악함 - 잠 28:22	방탕함 - 잠 28:19
연락 - 잠 21:17	인색 - 잠 11:24
일하지 아니함 - 엡 4:28	잠자기를 좋아함 - 잠 20:13
탐식과 술 취함 - 잠 23:21	하나님의 주권 - 삼상 2:7
훈계를 저버림 - 잠 13:18	

시 72:2	공의로 재판하며 주의 **가난한** 자를
시 72:4	그가 **가난한** 백성의 억울함을 풀어
시 72:12	때에 건지며 도움이 없는 **가난한** 자도
시 72:13	그는 **가난한** 자와 궁핍한 자를 불쌍히
시 74:19	주의 **가난한** 자의 목숨을 영원히 잊지
시 74:21	**가난한** 자와 궁핍한 자가 주의 이름을
시 82:3	**가난한** 자와 고아를 위하여 판단하며
시 82:4	**가난한** 자와 궁핍한 자를 구원하여
시 86:1	여호와여 나는 **가난하고** 궁핍하오니
시 109:16	**가난하고** 궁핍한 자와 마음이 상한 자
시 109:22	나는 **가난하고** 궁핍하여 나의 중심이
시 113:7	**가난한** 자를 먼지 더미에서 일으키시
잠 10:4	손을 게으르게 놀리는 자는 **가난하게**
잠 10:15	**가난한** 자의 궁핍은 그의 멸망이니라
잠 11:24	과도히 아껴도 **가난하게** 될 뿐이니라
잠 13:7	스스로 **가난한** 체하여도 재물이 많은
잠 13:8	**가난한** 자는 협박을 받을 일이 없느니
잠 13:23	**가난한** 자는 밭을 경작함으로 양식이
잠 14:20	**가난한** 자는 이웃에게도 미움을 받게
잠 14:31	**가난한** 사람을 학대하는 자는 그를
잠 17:5	**가난한** 자를 조롱하는 자는 그를 지으
잠 18:23	**가난한** 자는 간절한 말로 구하여도
잠 19:1	**가난하여도** 성실하게 행하는 자는
잠 19:4	친구를 더하게 하나 **가난한즉** 친구가
잠 19:7	**가난한** 자는 그의 형제들에게도 미움
잠 19:17	**가난한** 자를 불쌍히 여기는 것은
잠 19:22	**가난한** 자는 거짓말하는 자보다
잠 21:13	귀를 막고 **가난한** 자가 부르짖는 소리
잠 21:17	연락을 좋아하는 자는 **가난하게** 되고
잠 22:2	**가난한** 자와 부한 자가 함께 살거니와
잠 22:7	부자는 **가난한** 자를 주관하고 빚진
잠 22:9	이는 양식을 **가난한** 자에게 줌이니라
잠 22:16	이익을 얻으려고 **가난한** 자를 학대하 는 … 부자에게 주는 자는 **가난하여질**
잠 23:21	음식을 탐하는 자는 **가난하여질** 것이요
잠 28:3	**가난한** 자를 학대하는 **가난한** 자는
잠 28:6	**가난하여도** 성실하게 행하는 자는
잠 28:8	**가난한** 사람을 불쌍히 여기는 자를
잠 28:11	**가난해도** 명철한 자는 자기를 살펴
잠 28:15	**가난한** 백성을 압제하는 악한 관원은
잠 28:27	**가난한** 자를 구제하는 자는 궁핍하지
잠 29:7	의인은 **가난한** 자의 사정을 알아 주나
잠 29:13	**가난한** 자와 포학한 자가 섞여 살거니
잠 29:14	왕이 **가난한** 자를 성실히 신원하면 그
잠 30:8	나를 **가난하게도** 마옵시고 부하게도
잠 30:9	내가 **가난하여** 도둑질하고 내 하나님
잠 30:14	군도 같아서 **가난한** 자를 땅에서 삼키
전 4:13	**가난하여도** 지혜로운 젊은이가 늙고
전 4:14	자기의 나라에서 **가난하게** 태어났을
전 6:8	행할 줄을 아는 **가난한** 자에게는 무슨
전 9:15	그 성읍 가운데에 **가난한** 지혜자가 있 어서 … 그 **가난한** 자를 기억하는
전 9:16	**가난한** 자의 지혜가 멸시를 받고 그의

대선지서

사 3:14	**가난한** 자에게서 탈취한 물건이 너희
사 3:15	짓밟으며 **가난한** 자의 얼굴에 맷돌질
사 10:2	**가난한** 자를 불공평하게 판결하여 가

{ 가난/-하다/-하여지다 }　　　　　　　　　　　　　　　　　　　　**{ 가늘다 }**

	난한 내 백성의 권리를 박탈하며 과부		눅 14:21	나가서 **가난한** 자들과 몸 불편한 자들
사 11:4	공의로 **가난한** 자를 심판하며 정직으로		눅 18:22	다 팔아 **가난한** 자들에게 나눠 주라
사 14:30	**가난한** 자의 장자는 먹겠고 궁핍한 자		눅 19:8	내 소유의 절반을 **가난한** 자들에게
사 25:4	환난 당한 **가난한** 자의 요새이시며		눅 21:2	또 어떤 **가난한** 과부가 두 렙돈 넣는
사 29:19	**가난한** 자가 이스라엘의 거룩하신		눅 21:3	이 **가난한** 과부가 다른 모든 사람보다
사 32:7	**가난한** 자가 말을 바르게 할지라도		눅 21:4	이 과부는 그 **가난한** 중에서 자기가
사 41:17	가련하고 **가난한** 자가 물을 구하되 물		요 12:5	팔아 **가난한** 자들에게 주지 아니하였
사 61:1	내게 기름을 부으사 **가난한** 자에게		요 12:6	이렇게 말함은 **가난한** 자들을 생각함
사 66:2	마음이 **가난하고** 심령에 통회하며 내		요 12:8	**가난한** 자들은 항상 너희와 함께 있거
렘 2:34	네 옷단에는 죄 없는 **가난한** 자를 죽인		요 13:29	혹은 **가난한** 자들에게 무엇을 주라
렘 20:13	**가난한** 자의 생명을 행악자의 손에서		**역사서 - 예언서**	
렘 22:16	그는 **가난한** 자와 궁핍한 자를 변호하		행 4:34	그 중에 **가난한** 사람이 없으니 이는
렘 52:15	백성 중 **가난한** 자와 성중에 남아 있는		롬 15:26	예루살렘 성도 중 **가난한** 자들을 위하
렘 52:16	**가난한** 백성은 남겨 두어 포도원을		고후 6:10	**가난한** 자 같으나 많은 사람을 부요하
겔 16:49	그가 **가난하고** 궁핍한 자를 도와주지		고후 8:2	극심한 **가난이** 그들의 풍성한 연보를
겔 18:12	**가난하고** 궁핍한 자를 학대하거나		고후 8:9	너희를 위하여 **가난하게** 되심은 그의
겔 18:17	손을 금하여 **가난한** 자를 압제하지			**가난함으로** 말미암아 너희를 부요하
겔 22:29	강탈을 일삼고 **가난하고** 궁핍한 자를		고후 9:9	그가 흩어 **가난한** 자들에게 주었으니
단 4:27	죄를 사하고 **가난한** 자를 긍휼히 여김		갈 2:10	우리에게 **가난한** 자들을 기억하도록
소선지서			엡 4:28	돌이켜 **가난한** 자에게 구제할 수 있도
암 2:6	팔며 신 한 켤레를 받고 **가난한** 자를		약 2:2	남루한 옷을 입은 **가난한** 사람이 들어
암 4:1	**가난한** 자를 압제하며 가장에게 이르		약 2:3	또 **가난한** 자에게 말하되 너는 거기
암 5:12	성문에서 **가난한** 자를 억울하게 하는		약 2:5	세상에서 **가난한** 자를 택하사 믿음에
암 8:4	**가난한** 자를 삼키며 땅의 힘없는 자를		약 2:6	너희는 도리어 **가난한** 자를 업신여겼
암 8:6	**가난한** 자를 사며 찌꺼기 밀을 팔자		계 3:17	가련한 것과 **가난한** 것과 눈 먼 것과
합 3:14	가만히 **가난한** 자 삼키기를 즐거워하		계 13:16	큰 자나 부자나 **가난한** 자나 자유인이
습 3:12	내가 곤고하고 **가난한** 백성을 네 가운			
복음서			**가늘다** (細, thin, fine)	
마 5:3	심령이 **가난한** 자는 복이 있나니 천국		창 41:6	후에 또 **가늘고** 동풍에 마른 일곱 이삭
마 11:5	살아나며 **가난한** 자에게 복음이 전파		창 41:7	그 **가는** 일곱 이삭이 무성하고 충실한
마 19:21	네 소유를 팔아 **가난한** 자들에게 주라		창 41:23	그 후에 또 **가늘고** 동풍에 마른 일곱
마 26:9	이것을 비싼 값에 팔아 **가난한** 자들에		창 41:24	그 **가는** 이삭이 좋은 일곱 이삭을
마 26:11	**가난한** 자들은 항상 너희와 함께 있거		출 16:14	작고 둥글며 서리같이 **가는** 것이
막 10:21	네게 있는 것을 다 팔아 **가난한** 자들		출 25:4	청색 자색 홍색 실과 **가는** 베 실과
막 12:42	한 **가난한** 과부는 와서 두 렙돈 곧 한		출 26:1	너는 성막을 만들되 **가늘게** 꼰 베 실
막 12:43	이 **가난한** 과부는 헌금함에 넣는 모든		출 26:31	청색 자색 홍색 실과 **가늘게** 꼰 베 실
막 12:44	이 과부는 그 **가난한** 중에서 자기의		출 26:36	청색 자색 홍색 실과 **가늘게** 꼰 베 실
막 14:5	**가난한** 자들에게 줄 수 있었겠도		출 27:16	자색 홍색 실과 **가늘게** 꼰 베 실로
막 14:7	**가난한** 자들은 항상 너희와 함께 있으		출 28:5	청색 자색 홍색 실과 **가늘게** 꼰 베 실
눅 4:18	이는 **가난한** 자에게 복음을 전하게		출 28:6	청색 자색 홍색 실과 **가늘게** 꼰 베 실
눅 6:20	너희 **가난한** 자는 복이 있나니 하나님		출 28:8	자색 홍색 실과 **가늘게** 꼰 베 실로
눅 7:22	**가난한** 자에게 복음이 전파된다 하라		출 28:15	자색 홍색 실과 **가늘게** 꼰 베 실로
눅 14:13	차라리 **가난한** 자들과 몸 불편한 자들		출 28:39	너는 **가는** 베 실로 … 짜고 **가는** 베 실

【 가늘다 】　　　　　　　　　　　　　　　　　　　　　　【 가다 】

출 35:6	청색 자색 홍색 실과 **가는** 베 실과	겔 9:2	한 사람은 **가는** 베 옷을 입고 허리에
출 35:23	청색 자색 홍색 실과 **가는** 베 실과	겔 9:3	여호와께서 그 **가는** 베 옷을 입고
출 35:25	자색 홍색 실과 **가는** 베 실을 가져왔	겔 9:11	보라 **가는** 베 옷을 입고 허리에 먹 그릇
출 35:35	청색 자색 홍색 실과 **가는** 베 실로	겔 10:2	하나님이 **가는** 베 옷을 입은 사람에게
출 36:8	성막을 지었으니 곧 **가늘게** 꼰 베 실	겔 10:6	하나님이 **가는** 베 옷을 입은 자에게
출 36:35	청색 자색 홍색 실과 **가늘게** 꼰 베 실	겔 10:7	불을 집어 **가는** 베 옷을 입은 자의 손
출 36:37	청색 자색 홍색 실과 **가늘게** 꼰 베 실	겔 16:10	물돼지 가죽신을 신기고 **가는** 베로
출 38:18	홍색 실과 **가늘게** 꼰 베 실로 수 놓아	겔 16:13	장식하고 **가는** 베와 모시와 수 놓은
출 38:23	청색 자색 홍색 실과 **가는** 베 실로	겔 17:6	굵은 가지와 **가는** 가지가 난 포도나무
출 39:2	자색 홍색 실과 **가늘게** 꼰 베 실로	겔 27:7	애굽의 수놓은 **가는** 베로 돛을 만들어
출 39:3	홍색 실과 **가는** 베 실에 섞어 정교하게	겔 27:16	자색 베와 수놓은 것과 **가는** 베와 산호
출 39:5	청색 자색 홍색 실과 **가늘게** 꼰 베 실로	겔 31:5	굵은 가지가 번성하며 **가는** 가지가
출 39:8	청색 자색 홍색 실과 **가늘게** 꼰 베 실	겔 31:6	짐승이 그 **가는** 가지 밑에 새끼를
출 39:24	청색 자색 홍색 실과 **가는** 베 실로 그	겔 31:8	단풍나무가 그 **가는** 가지만 못하며
출 39:27	그들이 또 직조한 **가는** 베로 아론과	겔 31:12	그 **가는** 가지가 산과 모든 골짜기에
출 39:28	관을 만들고 **가는** 베 실로 짜서 세마포	겔 44:18	**가는** 베 관을 머리에 쓰며 **가는** 베
출 39:29	**가는** 베 실과 청색 자색 홍색 실로 수		
레 13:30	누르스름하고 **가는** 털이 있으면 그가		
신 9:21	티끌같이 **가늘게** 갈아 그 가루를 산	**가능하다**(可能, possible)	
신 32:2	연한 풀 위의 **가는** 비 같고 채소 위에	막 14:36	아버지께서는 모든 것이 **가능하오니** 이
왕상 4:22	하루의 음식물은 **가는** 밀가루가 삼십		
대하 2:14	청색 홍색 실과 **가는** 베로 일을 잘하며	**가다**(go)	
에 1:6	백색, 녹색, 청색 휘장을 자색 **가는** 베	창 12:1	떠나 내가 네게 보여 줄 땅으로 **가라**
에 8:15	자색 **가는** 베 겉옷을 입고 왕 앞에서	창 16:8	네가 어디서 왔으며 어디로 **가느냐** 그
욥 36:27	그가 물방울을 **가늘게** 하시며 빗방울	창 22:2	이삭을 데리고 모리아 땅으로 **가서** 내
		창 24:4	내 고향 내 족속에게로 **가서** 내 아들

가다 - 기타 본문

모세오경 창 2:19; 10:30; 11:31; 12:4, 5; 14:11; 18:6, 22, 33; 19:2, 9, 19; 20:13; 21:14, 19; 22:3, 5, 13; 24:8, 10, 38, 51, 55, 58, 61; 25:6; 26:29, 31; 27:9, 13, 22, 27, 31, 43; 28:2, 5, 7, 9, 10, 20; 29:7; 30:25, 26; 31:16, 18, 19, 52; 32:1, 17, 26; 33:3, 14; 34:17, 25, 27; 35:22, 27; 36:6; 37:10, 12, 14, 17, 28, 30, 32, 35; 38:11; 41:55; 42:5, 19, 33, 38; 43:2, 8, 10, 12, 13; 44:4, 6, 18, 25, 26, 30, 34; 45:4, 17, 28; 46:6; 47:1, 18; 출 2:1, 7, 8; 3:5, 11, 13, 16, 19, 21; 4:12, 18, 24, 27, 29; 5:1, 4, 7, 8, 11, 15, 17, 18; 7:10, 15; 8:1, 25, 28; 10:8, 11, 24, 26; 12:31; 14:6, 19; 18:20, 23, 27; 19:10, 24; 20:21; 21:6; 30:20; 32:26, 34; 33:15; 레 14:35, 36, 39, 44; 15:14; 17:4, 5; 민 5:25; 10:12, 30, 33; 11:12; 13:27; 14:38; 16:25, 46; 22:12, 13, 14, 20, 21, 35; 23:3, 17, 33; 24:25; 32:6, 9, 17, 20, 39, 42; 33:8; 신 1:7, 28, 33; 3:21; 7:1; 9:5; 11:19, 30; 12:11, 26; 13:7, 13; 14:25; 15:13; 19:6; 20:2; 21:4, 5, 14; 22:2, 6, 15; 25:11; 26:2; 28:36, 37, 68; 29:18; 30:16; 31:1, 6, 8 **역사서** 수 1:2, 16; 2:1, 5, 16, 19, 21, 22; 7:24; 8:4, 5, 9; 9:6, 11; 10:24; 11:7, 21; 17:7; 18:8, 9; 22:4, 6, 9, 12, 33; 23:16; 삿 1:3, 10, 17, 26; 2:6; 3:27; 4:6, 8, 9, 21; 6:19; 7:4; 9:1, 5, 7, 9, 11, 13, 21, 27, 50; 11:5, 8, 11, 37, 38, 40; 12:1; 13:6; 15:1, 4; 16:1, 3; 17:8, 9; 18:2, 5, 6, 10, 14, 17, 19; 19:3, 5, 7, 9, 11, 13, 15, 17, 18; 20:4, 10, 18, 31; 21:10, 20; 룻 1:1, 7, 11, 18, 19; 2:2, 3, 8, 9; 3:7, 16; 삼상 1:18, 22, 25; 3:5, 6, 8, 9; 4:14; 5:8; 6:6, 9, 21; 8:17; 9:3, 5, 6, 7, 9, 10, 12; 10:5, 8, 13, 14, 26; 11:14, 15; 14:3, 7, 9, 20; 15:3, 18, 20, 27, 34, 35; 16:1, 2, 13; 17:20, 33, 37, 39; 18:5,

【 가다 】

창 25:22	경우에는 내가 어찌할꼬 하고 **가서**	레 24:11	무리가 끌고 모세에게로 **가니라** 그의
창 25:34	에서가 먹으며 마시고 일어나 **갔으니**	민 5:15	아내를 데리고 제사장에게로 **가서**
창 26:1	또 흉년이 들매 이삭이 그랄로 **가서**	민 14:24	온전히 따랐은즉 그가 **갔던** 땅으로 내
창 28:15	너와 함께 있어 네가 어디로 **가든지**	민 23:13	함께 그들을 달리 볼 곳으로 **가자**
창 35:3	내가 **가는** 길에서 나와 함께하신	민 32:41	므낫세의 아들 야일은 **가서** 그 촌락들
창 42:2	너희는 그리로 **가서** 거기서 우리를	신 1:30	먼저 **가시는** 너희의 하나님 여호와께서
창 46:7	모든 자손을 데리고 애굽으로 **갔더라**	신 6:7	집에 앉았을 때에든지 길을 **갈** 때에든지
출 3:9	**가라** 이스라엘 자손의 부르짖음이	신 11:29	네 하나님 여호와께서 네가 **가서** 차지할
출 3:18	사흘길쯤 광야로 **가도록** 허락하소서	신 24:19	한 뭇을 밭에 잊어버렸거든 다시 **가서**
출 5:3	우리가 광야로 사흘길쯤 **가서** 우리 하나님 … 하오니 **가도록** 허락하소서	수 1:7	치우치지 말라 그리하면 어디로 **가든지**
출 10:9	노소와 양과 소를 데리고 **가겠나이다**	수 1:9	어디로 **가든지** 네 하나님 여호와가
출 13:21	여호와께서 그들 앞에서 **가시며** 낮에	수 18:3	너희에게 주신 땅을 점령하러 **가기를**
출 17:5	강을 치던 네 지팡이를 손에 잡고 **가라**	수 23:14	오늘 온 세상이 **가는** 길로 **가려니와**
출 23:23	사자가 네 앞서 **가서** 너를 아모리 사람	삿 2:15	그들이 어디로 **가든지** 여호와의 손이
출 33:14	여호와께서 이르시되 내가 친히 **가리라**	삿 6:14	**가서** 이 너의 힘으로 이스라엘을
레 13:16	다시 희어지면 제사장에게로 **갈** 것이요	삿 14:8	그 여자를 맞이하려고 다시 **가다가**
		룻 1:16	어머니께서 **가시는** 곳에 나도 가고

✝ 가다 - 기타 본문

27; 19:18, 22, 23; 20:6, 11, 13, 21, 22, 28, 29, 40, 41, 42; 21:10; 22:3, 20; 23:2, 5, 13, 22, 23, 24, 26, 28; 24:2, 7; 25:9, 19, 40; 26:6, 11, 13, 19, 25; 28:7, 8, 22, 25; 29:4, 8; 30:2, 9, 22; 삼하 1:15; 2:1, 21; 3:19, 21, 22, 23, 24; 4:7; 5:6, 10; 6:2, 4, 10, 13; 8:3, 6, 14; 10:11; 11:8, 10, 11, 20, 21, 22; 12:1, 29; 13:4, 7, 13, 15, 19, 24, 25, 26, 37, 38; 14:8, 21, 23, 30, 31; 15:9, 19, 20, 25, 30; 16:13, 17; 17:17, 21; 18:14, 19, 21; 19:25, 26; 20:5, 15, 17, 18; 21:12; 24:1, 12; 왕상 1:38, 49, 50, 53; 2:2, 3, 8, 26, 29, 39, 40, 41, 42; 9:6; 11:15, 17, 18, 21, 22, 24; 12:1, 5, 30; 13:7, 10, 12, 15, 24, 25, 28; 14:2, 3, 4, 9, 12; 16:31; 17:3, 5, 10, 13, 15; 18:1, 2, 5, 6, 8, 11, 12, 14, 16, 43; 45; 19:4, 8, 15; 20:22, 33, 38; 22:4, 6, 15, 24, 36, 48, 49; 왕하 1:2, 3, 4; 2:6, 7, 11, 15, 16, 18, 25; 3:7, 9, 13, 23; 4:24, 25, 29, 31, 36; 5:5, 19, 23, 24, 25, 26; 6:2, 3, 4, 13, 14; 7:4, 5, 8, 9, 14; 8:2, 7, 8, 9, 10, 18, 21, 28; 9:4, 15, 16, 18, 19, 20, 21, 34; 10:12, 16, 26; 11:16, 18; 16:10; 17:23, 27; 18:17; 19:8; 22:13; 24:14, 15; 16; 25:4, 6, 11, 23, 26; 대상 4:41, 42; 5:9; 6:15; 7:22; 8:6; 12:19, 20; 17:6, 8; 18:6, 13; 19:5; 21:2, 30; 대하 1:3; 7:19; 8:3; 10:1, 5; 11:4;

12:11; 15:25; 17:7; 18:2, 3, 12, 14, 23, 25; 20:37; 22:5, 7; 24:5, 11, 25; 25:7, 8; 34:21; 스 4:23; 5:8, 15; 7:13; 9:11; 느 4:8; 6:10; 8:12, 15; 9:19; 12:31, 38; 에 2:8, 13; 4:5, 15; 5:2, 5, 14; 7:1 **시가서** 욥 4:11; 10:21; 12:19; 16:22; 17:9; 18:2; 21:29, 32, 33; 23:8; 29:19; 36:18; 38:19, 20, 35; 42:9; 시 17:4; 32:9; 55:8; 58:8, 9; 66:12; 68:2; 78:39; 83:4; 85:13; 90:10; 104:7; 109:23; 139:7, 9; 142:3; 잠 1:11; 2:19; 3:28; 5:8; 6:3; 7:19, 22; 9:15; 14:22; 15:12; 19:2; 전 1:4; 3:20; 5:15, 16; 6:4; 9:7; 10:3; 아 2:10, 13; 3:4; 4:6, 8; 7:11, 12 **대선지서** 사 2:3; 6:9; 7:24; 8:11; 18:2; 19:13, 23; 20:2; 21:6; 22:15; 23:7; 26:20; 28:1, 4; 29:5; 30:6, 8, 21, 29; 36:2; 37:1; 38:5; 45:2; 57:13; 60:15; 렘 1:3; 2:5, 25, 31; 3:6, 8, 12, 13; 5:5, 23; 6:16; 7:12; 11:12, 19; 12:9; 13:1, 4, 5, 6; 16:5; 17:19; 19:1, 2, 10; 22:22; 28:4, 11, 13; 29:3, 4, 7, 16; 31:2, 9, 21; 34:2, 3; 35:2, 11, 13, 19; 38:10; 39:4, 16; 40:1, 4, 5, 6, 8, 15; 41:1, 6, 10, 12, 15, 17; 42:19, 22; 43:2; 44:8; 45:5; 48:2, 7; 49:30, 36; 50:4, 6; 51:40, 59; 52:7, 8, 9, 11, 15; 애 1:20; 4:22; 겔 1:9, 12, 17, 20, 21, 24; 3:1, 4, 11, 24; 5:12; 12:4, 11; 14:4; 16:20; 17:20; 19:4; 20:39; 21:1, 22; 33:30; 37:1; 38:13;

【 가다 】　　　　　　　　　　　　　　　　　　　　【 가다 】

룻 3:17　빈손으로 네 시어머니에게 **가지** 말라
삼상 1:17　평안히 **가라** 이스라엘의 하나님이 네
삼상 6:12　길로 바로 행하여 대로로 **가며** 갈 때
삼상 17:32　낙담하지 말 것이라 주의 종이 **가서**
삼상 24:19　원수를 만나면 그를 평안히 **가게** 하겠
삼하 3:1　다윗은 점점 강하여 **가고** 사울의 집은
삼하 6:12　다윗이 **가서** 하나님의 궤를 기쁨으로
삼하 7:9　네가 **가는** 모든 곳에서 내가 너와
삼하 12:23　나는 그에게로 **가려니와** 그는 내게로
삼하 16:7　흘린 자여 사악한 자여 **가거라 가거라**
삼하 23:17　이는 목숨을 걸고 **갔던** 사람들의 피가
왕상 3:4　왕이 제사하러 기브온으로 **가니** 거기
왕상 17:9　일어나 시돈에 속한 사르밧으로 **가서**
왕상 19:7　먹으라 네가 **갈** 길을 다 **가지** 못할까
왕하 4:7　너는 **가서** 기름을 팔아 빚을 갚고 남은
왕하 5:10　너는 **가서** 요단 강에 몸을 일곱 번
왕하 18:7　그가 어디로 **가든지** 형통하였더라 저

대상 11:9　계시니 다윗이 점점 강성하여 **가니라**
대상 11:19　생명을 돌아보지 아니하고 **갔던** 이
대하 18:5　길르앗 라못에 **가서** 싸우랴 말랴 하니
대하 23:17　온 국민이 바알의 신당으로 **가서** 그
대하 28:5　무리를 사로잡아 다메섹으로 **갔으며**
스 8:31　아하와 강을 떠나 예루살렘으로 **갈새**
느 2:16　내가 어디 **갔었으며** 무엇을 하였는지
에 4:16　당신은 **가서** 수산에 있는 유다인을 다
욥 23:10　그러나 내가 **가는** 길을 그가 아시나니
시 32:8　네 갈 길을 가르쳐 보이고 너를 주목
시 119:101　발을 금하여 모든 악한 길로 **가지**
잠 6:6　게으른 자여 개미에게 **가서** 그가 하는
전 7:2　초상집에 **가는** 것이 잔칫집에 **가는** 것
아 6:1　네 사랑하는 자가 어디로 **갔는가** 네
사 6:8　보내며 누가 우리를 위하여 **갈꼬**
사 28:13　그들이 **가다가** 뒤로 넘어져 부러지며
사 53:6　그릇 행하여 각기 제 길로 **갔거늘**

가다 - 기타 본문

39:23; 40:1, 24, 32; 42:1, 14; 단 1:18; 2:24; 3:26; 6:19; 8:8; 9:11; 12:13 **소선지서** 호 1:2, 3, 14; 3:1; 5:6, 13; 7:12; 8:9, 13; 9:3, 10; 암 1:15; 4:8; 5:26, 27; 6:2; 7:12, 15; 욥 1:11; 욘 1:3, 6; 3:2, 3; 4:3; 미 2:13; 슥 2:2; 5:11; 7:14; 8:21, 23; 9:14; 10:10 **복음서** 마 2:8, 9, 20, 22, 23; 4:8, 13, 21; 5:41; 8:4, 7, 9, 13, 18, 19, 21, 28, 32; 9:6, 19, 23; 10:5, 6; 11:4; 12:1, 45; 13:25, 28, 46; 14:12, 13, 16, 22, 29, 30; 15:39; 16:5; 18:12, 15, 16, 30, 31; 19:21, 22; 20:4, 14; 21:1, 2, 6, 9, 17, 19, 28, 29, 30, 33; 22:5, 9, 15; 24:1; 25:9, 10, 14, 16, 18, 39; 26:14, 18, 24, 32, 36, 57, 58; 27:2, 32, 58, 60, 64, 65, 66; 28:1, 7, 10, 11, 16; 막 1:19, 35, 38, 44; 2:11; 4:36; 5:20, 24, 38; 6:1, 31, 32, 33, 36, 37, 45, 46, 51; 7:24; 8:10, 13; 10:1, 22, 32, 52; 11:2, 4, 13; 12:1, 12; 13:34; 14:12, 13, 17, 21, 28, 32, 53; 15:1, 21; 16:1, 2, 7, 10, 12, 13; 눅 1:26, 39, 76; 2:12, 15, 16, 41, 44, 52; 4:9, 29, 30, 42; 5:14, 24; 6:12; 7:6, 8, 11, 14, 22, 50; 8:12, 39, 42, 48; 9:12, 52, 53, 56, 57, 59, 60; 10:1, 3, 30, 34, 37, 38; 11:5, 26; 12:11, 58; 13:15, 32; 14:9, 10, 19, 20, 25, 31; 15:13, 18; 16:26, 30; 17:11, 14, 19, 23; 18:3, 35, 39; 19:12, 28, 29, 30, 32; 20:9, 34; 21:24;

22:4, 8, 10, 22, 33, 39, 41, 45; 23:1, 52; 24:1, 13, 17, 22, 24, 28; 요 1:29, 39; 3:8, 22, 26; 4:3, 6, 16, 43, 47, 50; 5:7, 15; 6:1, 15, 17, 19, 21, 22, 24, 67, 68; 7:3, 10, 35; 8:1, 11, 14, 21, 22; 9:1, 7, 11, 13; 10:4, 12, 40; 11:7, 8, 11, 15, 16, 31, 32, 38, 46, 48, 54; 12:11, 21, 22, 35; 13:33, 36; 14:2, 4, 23, 28; 16:5, 7, 10, 28; 17:11; 18:8, 13, 28; 19:3, 32, 38; 20:3, 8, 18; 21:3, 13 **역사서** 행 1:12, 21, 25; 4:23; 5:22, 26; 7:3, 31; 8:26, 27, 32, 36, 39; 9:1, 3, 7, 11, 15, 26, 27, 39; 10:9, 16, 20, 23; 11:12, 25; 12:12, 17; 13:4, 51; 14:6, 16, 20; 15:33, 36, 37, 38, 39; 16:7, 11, 16, 20, 36, 40; 17:6, 13, 14; 18:2, 6, 12; 19:21; 20:1, 3, 4, 5, 6, 12, 13, 14, 16, 22; 21:1, 2, 16, 33, 38; 22:5, 23:14, 18, 23, 27; 24:25; 25:12; 26:11, 12; 27:1, 2, 3, 6, 7, 12, 15, 33, 41; 28:14, 26 **서신서** 롬 1:13; 7:4; 15:22, 23, 25, 28, 29; 고전 10:27; 11:34; 16:2, 3, 4, 5, 6, 12; 고후 1:15, 16, 23; 2:3, 13; 9:4, 5; 11:4; 12:4, 14, 20, 21; 13:1, 2; 갈 1:17; 2:9; 엡 2:21; 4:22; 빌 1:27; 2:24; 살전 2:18; 3:11; 딤전 1:3; 3:14; 6:16; 딤후 4:10; 히 6:20; 8:13; 13:23; 약 1:24; 2:6, 16; 3:19; 요일 2:11; 요이 1:12; 유 1:7 **예언서** 계 2:5, 16; 10:8; 12:15; 16:1, 2, 14

가다라

렘 1:7	너를 누구에게 보내든지 너는 **가며** 내
렘 42:3	여호와께서 우리가 마땅히 **갈** 길과 할
애 4:15	**가라** 부정하다, 저리 **가라**, 저리 **가라**,
겔 1:19	**갈** 때에 바퀴들도 그 곁에서 **가고** 그
겔 3:14	주의 영이 … 데리고 **가시는데** 내가
	근심하고 분한 마음으로 **가니** 여호
단 11:6	남방 왕의 딸이 북방 왕에게 **가서**
호 4:15	너희는 길갈로 **가지** 말며 벧아웬으로
암 4:4	벧엘에 **가서** 범죄하며 길갈에 **가서** 죄
욘 1:2	일어나 저 큰 성읍 니느웨로 **가서** 그
슥 5:10	그들이 에바를 어디로 옮겨 **가나이까**
마 4:1	마귀에게 시험을 받으러 광야로 **가사**
마 5:24	앞에 두고 먼저 **가서** 형제와 화목하고
마 9:13	너희는 **가서** 내가 긍휼을 원하고 제사
마 22:30	부활 때에는 장가도 아니 **가고** 시집도
	아니 **가고** 하늘에 있는 천사들과 같으
마 26:37	두 아들을 데리고 **가실새** 고민하고
마 28:19	너희는 **가서** 모든 민족을 제자로 삼아
막 5:34	믿음이 너를 구원하였으니 평안히 **가라**
막 14:26	그들이 찬미하고 감람산으로 **가니라**
눅 5:4	시몬에게 이르시되 깊은 데로 **가서**
눅 13:33	내일과 모레는 내가 갈 길을 **가야**
요 5:10	안식일인데 네가 자리를 들고 **가는** 것
요 6:68	우리가 누구에게로 **가오리이까**
요 14:5	주여 주께서 어디로 **가시는지** 우리가
요 15:16	이는 너희로 **가서** 열매를 맺게 하고
행 1:11	예수는 하늘로 **가심**을 본 그대로 오시
행 9:31	교회가 평안하여 든든히 서 **가고** 주를
롬 7:3	남편 생전에 다른 남자에게 **가면** 음녀
	라 … 다른 남자에게 **갈지라도** 음녀가
엡 2:22	예수 안에서 함께 지어져 **가느니라**
딤전 6:7	또한 아무것도 가지고 **가지** 못하리니
벧후 3:18	은혜와 그를 아는 지식에서 자라 **가라**
요삼 1:10	내가 **가면** 그 행한 일을 잊지 아니하
계 17:3	성령으로 나를 데리고 광야로 **가니라**

가 보다

사 41:3	쫓아가서 그의 발로 **가** 보지 못한
빌 1:27	내가 너희에게 **가** 보나 떠나 있으나

가다라 (Gadarenes) 데가볼리 지방의 갈릴리 바다 남동쪽 한 성읍

마 8:28	예수께서 건너편 **가다라** 지방에 가시

가데스

가닥 (thread, braid)

창 14:23	실 한 오라기나 들메끈 한 **가닥**도 내
삿 16:13	만일 나의 머리털 일곱 **가닥**을 베틀의
삿 16:19	그의 머리털 일곱 **가닥**을 밀고 괴롭게

가담 (Gatam) 에서의 손자로 에돔 족속의 족장

창 36:11	아들들은 데만과 오말과 스보와 **가담**
창 36:16	고라 족장, **가담** 족장, 아말렉 족장이
대상 1:36	데만과 오말과 스비와 **가담**과 그나스

가담하다 (加擔, join)

민 25:3	바알브올에게 **가담한지라** 여호와께
민 25:5	너희는 각각 바알브올에게 **가담한**
렘 34:10	이 계약에 **가담한** 고관들과 모든 백성

가데스 (Kadesh) 가데스 바네아와 같은 지명

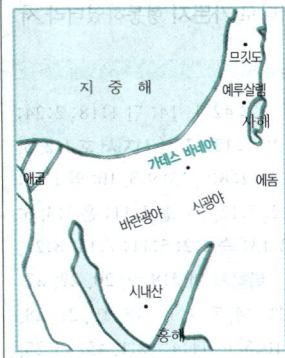

창 14:7	엔미스밧 곧 **가데스**에 이르러
창 16:14	불렀으며 그것은 **가데스**와 베렛 사이에 있더라
창 20:1	네게브 땅으로 옮겨가 **가데스**와 술
민 13:26	바란 광야 **가데스**에 이르러 모세와
민 20:1	신 광야에 이르러 백성이 **가데스**에
민 20:14	모세가 **가데스**에서 에돔 왕에게 사신
민 20:16	당신의 변방 모퉁이 한 성읍 **가데스**
민 20:22	온 회중이 **가데스**를 떠나 호르 산에
민 27:14	이 물은 신 광야 **가데스**의 므리바 물
민 33:36	에시온게벨을 떠나 신 광야 곧 **가데스**
민 33:37	**가데스**를 떠나 에돔 땅 변경의 호르
신 1:46	**가데스**에 여러 날 동안 머물렀나니
신 32:51	이는 너희가 신 광야 **가데스**의 므리바
삿 11:16	광야로 행하여 홍해에 이르고 **가데스**
삿 11:17	이스라엘이 **가데스**에 머물렀더니
시 29:8	여호와께서 **가데스** 광야를 진동시키
겔 47:19	다말에서부터 므리봇 **가데스** 물에
겔 48:28	다말에서부터 므리바 **가데스** 샘에

【 가데스 바네아 】　　　　　　　　　　　　　　　　　【 가드 】

가데스 바네아(Kadesh Barnea) **12명의 정탐꾼을 보낸 곳**
민 32:8　너희 조상들도 내가 **가데스 바네아**에서
민 34:4　신을 지나 **가데스 바네아** 남쪽에
신 1:2　호렙 산을 지나 **가데스 바네아**까지
신 1:19　족속의 산지 길로 **가데스 바네아**에
신 2:14　**가데스 바네아**에서 떠나 세렛 시내를
신 9:23　여호와께서 너희를 **가데스 바네아**에
수 10:41　여호수아가 또 **가데스 바네아**에서
수 14:6　여호와께서 **가데스 바네아**에서 나와
수 14:7　여호와의 종 모세가 **가데스 바네아**에서
수 15:3　**가데스 바네아** 남쪽으로 올라가서

가두다(put in custody, confine)
창 39:20　요셉의 주인이 그를 잡아 옥에 **가두니**
　　　　　그 옥은 왕의 죄수를 **가두는** 곳이었더라
창 40:3　친위대장의 집 안에 있는 옥에 **가두니**
창 41:10　관원장을 친위대장의 집에 **가두셨을**
창 42:17　그들을 다 함께 삼 일을 **가두었더라**
레 13:4　제사장은 그 환자를 이레 동안 **가두어**
레 13:5　제사장이 그를 또 이레 동안을 **가두어**
레 13:11　그가 이미 부정하였은즉 **가두어** 두지
레 13:21　제사장은 그를 이레 동안 **가두어** 둘
레 13:26　엷으면 그는 그를 이레 동안 **가두어**
레 13:31　옴 환자를 이레 동안 **가두어** 둘 것이며
레 13:33　옴 환자를 또 이레 동안 **가두어** 둘 것
레 24:12　그들이 그를 **가두고** 여호와의 명령을
민 12:14　진영 밖에 이레 동안 **가두고** 그 후에
민 15:34　지시하심을 받지 못한 고로 **가두었더니**
삼상 6:10　수레를 메우고 송아지들은 집에 **가두고**
삼하 20:3　후궁 열 명을 잡아 별실에 **가두고** 먹을
왕상 22:27　이 놈을 옥에 **가두고** 내가 평안히
왕하 23:33　그를 하맛 땅 립나에 **가두어** 예루살렘
대하 16:10　노하여 선견자를 옥에 **가두었으니** 이
대하 18:26　이 놈을 옥에 **가두고** 내가 평안히
스 7:26　가산을 몰수하거나 옥에 **가둘지니라**
욥 9:7　뜨지 못하게 하시며 별들을 **가두시도다**
욥 11:10　두루 다니시며 사람을 잡아 **가두시고**
욥 12:14　다시 세울 수 없고 사람을 **가두신즉**
욥 38:8　터져 나올 때에 문으로 그것을 **가둔**
시 31:8　나를 원수의 수중에 **가두지** 아니하셨고
사 43:6　남쪽에게 이르기를 **가두어** 두지 말라
렘 2:13　그것은 그 물을 **가두지** 못할 터진

렘 32:3-5　예언하였느라 하고 그를 **가두었음**
렘 37:15　서기관 요나단의 집에 **가두었으니**
렘 37:18　범하였기에 나를 옥에 **가두었나이까**
렘 52:11　그가 죽는 날까지 옥에 **가두었더라**
겔 19:9　옥에 **가두어** 그 소리가 다시 이스라엘
마 5:25　옥리에게 내어 주어 옥에 **가둘까** 염려하
마 14:3　요한을 잡아 결박하여 옥에 **가두었으니**
마 18:30　가서 그가 빚을 갚도록 옥에 **가두거늘**
막 6:17　보내어 요한을 잡아 옥에 **가두었으니**
눅 3:20　악을 더하여 요한을 옥에 **가두니라**
눅 12:58　옥졸에게 넘겨 주어 옥졸이 옥에 **가둘까**
눅 19:43　쌓고 너를 둘러 사면으로 **가두고**
행 4:3　저물었으므로 이튿날까지 **가두었으나**
행 5:18　사도들을 잡아다가 옥에 **가두었더니**
행 5:25　와서 알리되 보소서 옥에 **가두었던**
행 12:4　잡으매 옥에 **가두어** 군인 넷씩인 네
행 16:23　많이 친 후에 옥에 **가두고** 간수에게
행 16:24　그들을 깊은 옥에 **가두고** 그 발을
행 16:37　공중 앞에서 때리고 옥에 **가두었다가**
행 22:19　주를 믿는 사람들을 **가두고** 또 각
행 26:10　많은 성도를 옥에 **가두며** 또 죽일 때
롬 11:32　가운데 **가두어** 두심은 모든 사람에게
갈 3:22　모든 것을 죄 아래에 **가두었으니** 이는
유 1:6　영원한 결박으로 흑암에 **가두셨으며**

가드(Gath) **블레셋 성읍으로 골리앗의 고향**
수 11:22　하나도 남지 아니하였고 가사와 **가드**와
수 13:3　아스글론 족속과 **가드** 족속과
삼상 5:8　이스라엘 신의 궤를 **가드**로 옮겨 가라
삼상 6:17　**가드**를 위하여 하나요 에그론을 위하여
삼상 7:14　에그론부터 **가드**까지 이스라엘에게
삼상 17:4　이름은 골리앗이요 **가드** 사람이라 그
삼상 17:23　싸움 돋우는 **가드** 사람 골리앗이라
삼상 17:52　가는 길에서부터 **가드**와 에그론까지
삼상 21:10　일어나 도망하여 **가드** 왕 아기스에게로
삼상 21:12　그의 마음에 두어 **가드** 왕 아기스를

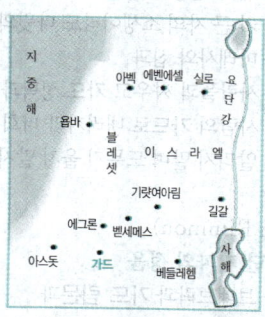

【 가드 림몬 】　　　　　　　　　　　　　　　　　　　　　【 가득하다/가득히 】

삼상 27:2	육백 명과 더불어 **가드** 왕 마옥에	수 19:13	또 거기서부터 동쪽으로 **가드** 헤벨을
삼상 27:3	가족을 거느리고 **가드**에서 아기스와	왕하 14:25	**가드** 헤벨 아밋대의 아들 선지자 요나
삼상 27:4	다윗이 **가드**에 도망한 것을 어떤 사람		
삼상 27:11	다윗이 그 남녀를 살려서 **가드**로	**가득하다/가득히** (full, be filled with)	
삼하 1:20	일을 **가드**에도 알리지 말며 아스글론	**모세오경**	
삼하 6:10	아니하고 **가드** 사람 오벧에돔의 집으	창 6:5	사람의 죄악이 세상에 **가득함**과 그의
삼하 6:11	여호와의 궤가 **가드** 사람 오벧에돔의	창 6:11	부패하여 포악함이 땅에 **가득한지라**
삼하 15:18	따라 **가드**에서 온 모든 **가드** 사람	창 6:13	포악함이 땅에 **가득하므로** 그 끝 날이
삼하 15:19	때에 왕이 **가드** 사람 잇대에게 이르러	창 9:7	생육하고 번성하며 땅에 **가득하여** 그
삼하 15:22	건너가라 하매 **가드** 사람 잇대와 그	출 1:7	매우 강하여 온 땅에 **가득하게** 되었더라
삼하 18:2	삼분의 일은 **가드** 사람 잇대의 휘하에	출 8:21	집집에 파리 떼가 **가득할** 것이며 그들
삼하 21:19	아들 엘하난은 **가드** 골리앗의 아우	출 10:6	애굽 사람의 집들에 **가득하리니** 이는
삼하 21:20	**가드**에서 전쟁할 때에 그 곳에 키가	레 19:29	음행이 전국에 퍼져 죄악이 **가득할까**
삼하 21:22	이 네 사람 **가드**의 거인족의 소생이	민 22:18	발락이 그 집에 **가득한** 은금을 내게
왕상 2:39	삼 년 후에 시므이의 두 종이 **가드** 왕	민 24:13	가령 발락이 그 집에 **가득한** 은금을
왕상 2:40	나귀에 안장을 지우고 **가드**로 가서 아 기스에게 나아가 그의 종을 **가드**에서	신 6:11	아름다운 물건이 **가득한** 집을 얻게
		신 33:23	여호와의 복이 **가득한** 납달리여 너는
왕상 2:41	시므이가 예루살렘에서부터 **가드**에	**역사서**	
왕하 12:17	하사엘이 올라와서 **가드**를 쳐서 점령	삿 6:38	이슬을 짜니 물이 그릇에 **가득하더라**
대상 7:21	그들이 **가드** 원주민에게 죽임을 당하	삿 15:9	유다에 진을 치고 레히에 **가득한지라**
대상 8:13	우두머리가 되었으며 그들이 **가드** 주민을	삿 16:27	집에는 남녀가 **가득하니** 블레셋 모든
대상 13:13	그 대신 **가드** 사람 오벧에돔의 집으로	삼하 5:18	이르러 르바임 골짜기에 **가득한지라**
대상 18:1	블레셋 사람들의 손에서 **가드**와 그	삼하 5:22	올라와서 르바임 골짜기에 **가득한지라**
대상 20:5	야일의 아들 엘하난이 **가드** 사람 골리앗	삼하 23:11	거기 녹두나무가 **가득한** 한쪽 밭에
대상 20:6	또 **가드**에서 전쟁할 때에 그 곳에 키	왕상 8:10	구름이 여호와의 성전에 **가득하매**
대상 20:8	**가드**의 키 큰 자의 소생이라도 다윗의	왕상 8:11	영광이 여호와의 성전에 **가득함이었**
대하 11:8	**가드**와 마레사와 십과	왕상 20:27	아람 사람은 그 땅에 **가득하였더라**
대하 26:6	블레셋 사람들과 싸우고 **가드** 성벽과	왕하 3:17	골짜기에 물이 **가득하여** 너희와 너희
암 6:2	블레셋 사람의 **가드**로 내려가라 너희	왕하 3:20	흘러와 그 땅에 **가득하였더라**
미 1:10	**가드**에 알리지 말며 도무지 울지 말지	왕하 3:25	모든 좋은 밭에 **가득하게** 하고 모든
		왕하 6:17	불병거가 산에 **가득하여** 엘리사를
가드 림몬(Gath Rimmon)		왕하 7:15	의복과 병기가 길에 **가득하였더라**
1. 단 지파의 성읍		왕하 10:21	신당 이쪽부터 저쪽까지 **가득하였더라**
수 19:45	여훗과 브네브락과 **가드 림몬**과	왕하 21:16	이 끝에서 저 끝까지 **가득하게** 하였
수 21:24	아얄론과 그 목초지와 **가드 림몬**과	왕하 24:4	예루살렘에 **가득하게** 하였음이라
대상 6:69	아얄론과 그 초원과 **가드 림몬**과	대하 5:13	여호와의 전에 구름이 **가득한지라**
2. 므낫세 지파의 성읍		대하 5:14	영광이 하나님의 전에 **가득함이었더라**
수 21:25	다아낙과 그 목초지와 **가드 림몬**과	대하 7:1	여호와의 영광이 그 성전에 **가득하니**
		대하 7:2	영광이 여호와의 전에 **가득하므로**
가드 모레셋(Moresheth Gath) **미가의 고향**		느 9:25	아름다운 물건이 **가득한** 집과 판 우물
미 1:14	너는 **가드 모레셋**에 작별하는 예물을	**시가서**	
		욥 10:15	내 속에 부끄러움이 **가득하고** 내 환난
가드 헤벨(Gath Hepher) **요나의 고향**		욥 14:1	사람은 생애가 짧고 걱정이 **가득하며**

【 가득하다/가득히 】　　　　　　　　　　　　　　　　　　　　　【 가득하다/가득히 】

욥 21:24	그의 그릇에는 젖이 **가득하며** 그의 골수
욥 32:18	내 속에는 말이 **가득하니** 내 영이 나
욥 35:6	그대의 악행이 **가득한들** 하나님께
욥 36:17	악인의 받을 벌이 그대에게 **가득하였고**
시 26:10	그들의 오른손에 뇌물이 **가득하오나**
시 38:7	내 허리에 열기가 **가득하고** 내 살에
시 65:9	하나님의 강에 물이 **가득하게** 하시고
시 71:8	돌림이 종일토록 내 입에 **가득하리이다**
시 73:10	이리로 돌아와서 잔에 **가득한** 물을 다
시 74:20	포악한 자의 처소가 **가득하나이다**
시 75:8	속에 섞은 것이 **가득한** 그 잔을 하나님
시 80:9	그 뿌리가 깊이 박혀서 땅에 **가득하며**
시 83:16	그들의 얼굴에 수치가 **가득하게** 하사
시 88:3	무릇 나의 영혼에는 재난이 **가득하며**
시 104:24	지으신 것들이 땅에 **가득하니이다**
시 110:6	심판하여 시체로 **가득하게** 하시고
시 126:2	그 때에 우리 입에는 웃음이 **가득하고**
시 127:5	그의 화살통에 **가득한** 자는 복되도다
시 144:13	우리의 곳간에는 백곡이 **가득하며**
잠 12:21	악인에게는 앙화가 **가득하리라**
잠 14:14	자기 행위로 보응이 **가득하겠고** 선한
잠 17:1	제육이 집에 **가득하고도** 다투는 것보다
잠 20:17	그의 입에 모래가 **가득하게** 되리라
전 4:6	두 손에 **가득하고** 수고하며 … 한 손 에만 **가득하고** 평온함이 더 나으니라
전 9:3	인생의 마음에는 악이 **가득하여** 그들
전 11:3	구름에 비가 **가득하면** 땅에 쏟아지며
아 5:2	내 머리털에는 밤이슬이 **가득하였다**
아 7:2	배꼽은 섞은 포도주를 **가득히** 부은

대선지서

사 1:15	이는 너희의 손에 피가 **가득함이라**
사 2:6	그들에게 동방 풍속이 **가득하며** 그들
사 2:7	은금이 **가득하고** 보화가 무한하며 그 땅에는 마필이 **가득하고** 병거가 무수
사 2:8	땅에는 우상도 **가득하므로** 그들이
사 6:1	그의 옷자락은 성전에 **가득하였고**
사 8:8	흘러 유다에 들어와서 **가득하여** 목에까지 … 네 땅에 **가득하리라** 하셨느니라
사 13:21	짐승이 그들의 가옥에 **가득하며** 타조
사 14:21	성읍들로 세상에 **가득하게** 하지 못하
사 15:9	디몬 물에는 피가 **가득함이로다** 그럴
사 22:7	네 아름다운 골짜기에 **가득하였고**
사 25:6	골수가 **가득한** 기름진 것과 오래 저장

사 28:8	토한 것, 더러운 것이 **가득하고** 깨끗한
사 51:20	분노와 네 하나님의 견책이 **가득하도다**
사 60:6	가운데에 **가득할** 것이며 스바 사람들
사 65:11	므니에게 섞은 술을 **가득히** 붓는 너희
렘 5:27	속임이 **가득하도다** 그러므로 너희가
렘 6:11	여호와의 분노가 내게 **가득하여** 참기
렘 16:18	가증한 것으로 내 기업에 **가득하게**
렘 23:10	이 땅에 간음하는 자가 **가득하도다**
렘 35:5	후손들 앞에 포도주가 **가득한** 종지와
렘 46:12	땅에 **가득하였나니** 용사가 용사에게
렘 51:5	죄과가 땅에 **가득하나** 그의 하나님
렘 51:14	사람을 메뚜기같이 네게 **가득하게**
겔 1:18	네 둘레로 돌아가면서 눈이 **가득하며**
겔 7:23	그 땅에 **가득하고** 포악이 그 성읍에
겔 9:9	그 땅에 피가 **가득하며** 그 성읍에
겔 10:2	숯불을 두 손에 **가득히** 움켜 가지고
겔 10:3	서 있고 구름은 안뜰에 **가득하며**
겔 10:4	구름이 성전에 **가득하며** 여호와의
겔 10:12	바퀴의 둘레에 다 눈이 **가득하더라**
겔 12:19	포악으로 말미암아 땅에 **가득한** 것이
겔 19:7	땅과 그 안에 **가득한** 것이 황폐한지라
겔 23:32	깊고 크고 **가득히** 담긴 네 형의 잔을
겔 24:4-5	고른 뼈를 **가득히** 담고 그 뼈를 위하여
겔 27:35	두려워하여 얼굴에 근심이 **가득하도다**
겔 28:16	강포가 **가득하여** 네가 범죄하였도다
겔 30:11	죽임 당한 자로 땅에 **가득하게** 하리라
겔 37:1	가운데 두셨는데 거기 뼈가 **가득하더라**
겔 43:5	여호와의 영광이 성전에 **가득하더라**
겔 44:4	영광이 여호와의 성전에 **가득한지라**
겔 47:5	그 물이 **가득하여** 헤엄칠 만한 물이요
단 2:35	이루어 온 세계에 **가득하였나이다**
단 3:19	느부갓네살이 분이 **가득하여** 사드락
단 8:23	마지막 때에 반역자들이 **가득할** 즈음

소선지서

욜 2:24	마당에는 밀이 **가득하고** 독에는 새
암 2:13	보라 곡식 단을 **가득히** 실은 수레가
암 6:8	성읍과 거기에 **가득한** 것을 원수에게
미 6:12	그 부자들은 강포가 **가득하였고** 그
나 3:1	거짓이 가득하고 포악이 **가득하며**
합 2:14	인정하는 것이 세상에 **가득함이니라**
합 2:16	네게 영광이 아니요 수치가 **가득한즉**
합 3:3	그의 찬송이 세계에 **가득하도다**
슥 8:5	소년과 소녀들이 **가득하여** 거기에서

【 가득하다/가득히 】　　　　　　　　　　　　　　【 가락 2 】

슥 9:15　피가 **가득한** 동이와도 같고 피 묻은
복음서
마 12:34　마음에 **가득한** 것을 입으로 말함이라
마 13:48　그물에 **가득하매** 물가로 끌어 내고
마 22:10　혼인 잔치에 손님들이 **가득한지라**
마 23:25　안에는 탐욕과 방탕으로 **가득하게**
마 23:27　뼈와 모든 더러운 것이 **가득하도다**
마 23:28　안으로는 외식과 불법이 **가득하도다**
막 4:37　부딪쳐 들어와 배에 **가득하게** 되었더
눅 6:11　그들은 노기가 **가득하여** 예수를 어떻게
눅 6:45　이는 마음에 **가득한** 것을 입으로
눅 8:23　배에 물이 **가득하게** 되어 위태한지라
눅 11:39　너희 속에는 탐욕과 악독이 **가득하도다**
요 12:3　닦으니 향유 냄새가 집에 **가득하더라**
요 16:6　너희 마음에 근심이 **가득하였도다**
요 19:29　거기 신 포도주가 **가득히** 담긴 그릇이
역사서
행 2:2　있어 그들이 앉은 온 집에 **가득하며**
행 5:3　사탄이 네 마음에 **가득하여** 네가 성령
행 5:17　당파가 다 마음에 시기가 **가득하여**
행 5:28　가르침을 예루살렘에 **가득하게** 하니
행 8:23　너는 악독이 **가득하며** 불의에 매인 바
행 13:10　이르되 모든 거짓과 악행이 **가득한** 자
행 13:45　무리를 보고 시기가 **가득하여** 바울이
행 17:16　그 성에 우상이 **가득한** 것을 보고 마음
행 19:28　그들이 이 말을 듣고 분노가 **가득하여**
서신서
롬 1:29　곧 모든 불의, 추악, 탐욕, 악의가 **가득**
　　　　한 자요 시기, 살인, 분쟁, 사기, 악독
　　　　이 **가득한** 자요 수군수군하는 자요
롬 3:14　그 입에는 저주와 악독이 **가득하고**
롬 15:14　스스로 선함이 **가득하고** 모든 지식이
고후 7:4　환난 가운데서도 위로가 **가득하고**
빌 1:11　의의 열매가 **가득하여** 하나님의 영광
딤후 1:4　너 보기를 원함은 내 기쁨이 **가득하게**
약 3:8　아니하는 악이요 죽이는 독이 **가득한**
약 3:17　선한 열매가 **가득하고** 편견과 거짓이
벧후 2:14　음심이 **가득한** 눈을 가지고 범죄하기를
예언서
계 4:6　생물이 있는데 앞뒤에 눈들이 **가득하더라**
계 4:8　그 안과 주위에는 눈들이 **가득하더라**
계 5:8　각각 거문고와 향이 **가득한** 금 대접을
계 15:7　하나님의 진노를 **가득히** 담은 금 대접

계 17:3　하나님을 모독하는 이름들이 **가득하고**
계 17:4　그의 음행의 더러운 것들이 **가득하더라**

가득 차다/가득히 차다

창 15:16　죄악이 아직 **가득** 차지 아니함이니라
왕상 18:35　흐르고 도랑에도 물이 **가득** 찼더라
대하 16:14　각양 향 재료를 **가득히** 채운 상에
잠 3:10　창고가 **가득히** 차고 네 포도즙 틀에
전 1:8　귀는 들어도 **가득** 차지 아니하도다
호 6:8　고을이라 피 발자국으로 **가득** 찼도다
욜 3:13　포도주 틀이 **가득히** 차고 포도주 독이
요 21:11　그물을 육지에 끌어 올리니 **가득히** 찬
계 15:8　성전에 연기가 **가득** 차매 일곱 천사

가디(Gadi) 북이스라엘의 왕 므나헴의 아
　　　　버지
왕하 15:14　**가디**의 아들 므나헴이 디르사에서부터
왕하 15:17　유다 왕 아사랴 제삼십구년에 **가디**의

가라앉다(sink)
출 15:5　그들이 돌처럼 깊음 속에 **가라앉았도다**
겔 5:13　내 마음이 **가라앉으리라** 내 분이 그들
습 1:12　찌꺼기같이 **가라앉아서** 마음속에

가라지(weed)

마 13:25　그 원수가 와서 곡식 가운
　　　　데 **가라지**를 덧뿌리고 갔더니
마 13:26　싹이 나고 결실할 때에 **가**
　　　　라지도 보이거늘
마 13:27　뿌리지 아니하였나이까 그
　　　　런데 **가라지**가 어디서 생겼나이까
마 13:29　가만 두라 **가라지**를 뽑다가 곡식까지
마 13:30　추수꾼들에게 말하기를 **가라지**는 먼저
마 13:36　밭의 **가라지**의 비유를 우리에게 설명
마 13:38　천국의 아들들이요 **가라지**는 악한 자
마 13:39　**가라지**를 뿌린 원수는 마귀요 추수 때
마 13:40　**가라지**를 거두어 불에 사르는 것 같이

가락 1(finger, toe)
대상 20:6　손과 발에 **가락**이 여섯씩 모두 스물넷

가락 2(spindle)
잠 31:19　솜뭉치를 들고 손가락으로 **가락**을

【 가락지 】　　　　　　　　　　　　　　　　　　　　　　　　　　　　　　【 가령 】

가락지(ring)
출 35:22　팔찌와 귀고리와 **가락지**와 목걸이와
눅 15:22　입히고 손에 **가락지**를 끼우고 발에 신
약 2:2　너희 회당에 금 **가락지**를 끼고 아름다운

가량(假量, about)
출 12:37　외에 보행하는 장정이 육십만 **가량**이
출 32:28　이 날에 백성 중에 삼천 명 **가량**이
수 4:13　무장한 사만 명 **가량**이 여호와 앞에
삿 8:10　남은 만 오천 명 **가량**은 그들을 따라
삿 16:27　지붕에 있는 남녀도 삼천 명 **가량**이라
삿 20:31　이스라엘 사람 삼십 명 **가량**을 죽이기
삿 20:39　이스라엘 사람 삼십 명 **가량**을
삼상 4:2　죽임을 당한 군사가 사천 명 **가량**이라
삼상 9:22　앉게 하였는데 객은 삼십 명 **가량**이었
삼상 13:15　수를 세어 보니 육백 명 **가량**이라
삼상 14:2　함께 한 백성은 육백 명 **가량**이며
삼상 14:14　처음으로 쳐죽인 자가 이십 명 **가량**이라
삼상 22:2　함께 한 자가 사백 명 **가량**이었더라
삼상 23:13　다윗과 그의 사람 육백 명 **가량**이
삼상 25:13　자기 칼을 차고 사백 명 **가량**은 데리고

가레아(Kareah) 요하난과 요나단의 아버지
왕하 25:23　이스마엘과 **가레아**의 아들 요하난과
렘 40:8　이스마엘과 **가레아**의 두 아들 요하난
렘 40:13　**가레아**의 아들 요하난과 들에 있던
렘 40:15　**가레아**의 아들 요하난이 미스바에서
렘 40:16　아히감의 아들 그다랴가 **가레아**의
렘 41:11　**가레아**의 아들 요하난과 그와 함께 있는
렘 41:13　모든 백성이 **가레아**의 아들 요하난과
렘 41:14　**가레아**의 아들 요하난에게로 돌아가니
렘 41:16　**가레아**의 아들 요하난과 그와 함께 있던
렘 42:1　군대의 지휘관과 **가레아**의 아들 요하난
렘 42:8　그가 **가레아**의 아들 요하난과 그와
렘 43:2　**가레아**의 아들 요하난과 모든 오만한
렘 43:4　**가레아**의 아들 요하난과 모든 군 지휘
렘 43:5　**가레아**의 아들 요하난과 모든 군 지휘

가렙 1(Gareb) 다윗의 용사
삼하 23:38　이델 사람 이라와 이델 사람 **가렙**과
대상 11:40　이델 사람 이라와 이델 사람 **가렙**과

가렙 2(Gareb) 예루살렘 남서쪽에 위치한 산

렘 31:39　측량줄이 곧게 **가렙** 언덕 밑에 이르고

가려내다(separate, discern)
창 30:32　검은 것을 **가려내며** 또 염소 중에 점
있는 것과 아롱진 것을 **가려내리니**
욥 34:4　우리가 정의를 **가려내고** 무엇이 선한가

가련하다(可憐, weak, poor)
욥 19:17　허리의 자식들도 나를 **가련하게** 여기
시 10:2　교만하여 **가련한** 자를 심히 압박하오
시 10:8　무죄한 자를 죽이며 그의 눈은 **가련한**
시 10:9　은밀한 곳에 엎드려 **가련한** 자를 …
그물을 끌어당겨 **가련한** 자를 잡나이
시 10:10　그의 포악으로 말미암아 **가련한** 자들이
시 12:5　여호와의 말씀에 **가련한** 자들의 눌림
시 79:8　영접하소서 우리가 매우 **가련하게**
사 10:30　라이사야 자세히 들을지어다 **가련하다**
사 32:7　거짓말로 **가련한** 자를 멸하며 가난한
사 41:17　**가련하고** 가난한 자가 물을 구하되 물
렘 22:23　고통이 네게 임할 때에 너의 **가련함**이
슥 11:7　양 떼를 먹이니 참으로 **가련한** 양들이
슥 11:11　내 말을 지키던 **가련한** 양들은 이것이
계 3:17　네 곤고한 것과 **가련한** 것과 가난한

가렵다(itch)
딤후 4:3　귀가 **가려워서** 자기의 사욕을 따를

가령(假令, if, even if)
민 24:13　**가령** 발락이 그 집에 가득한 은금을
신 19:5　**가령** 사람이 그 이웃과 함께 벌목하러
룻 1:12　남편을 두지 못할지라 **가령** 내가 소망
욥 9:15　**가령** 내가 의로울지라도 대답하지
욥 9:16　**가령** 내가 그를 부르므로 그가 내게
욥 9:20　**가령** 내가 의로울지라도 … 정죄하리
니 **가령** 내가 온전할지라도 나를 정죄
욥 9:27　**가령** 내가 말하기를 내 불평을 잊고
욥 16:4　말할 수 있나니 **가령** 너희 마음이 내
욥 24:25　**가령** 그렇지 않을지라도 능히 내 말을
시 50:12　내가 **가령** 주려도 네게 이르지 아니하
렘 3:1　그들이 말하기를 **가령** 사람이 그
렘 37:10　**가령** 너희가 너희를 치는 갈대아인의
렘 38:15　**가령** 내가 왕을 권한다 할지라도 왕이
렘 51:53　**가령** 바벨론이 하늘까지 솟아오른다

겔 3:18	가령 내가 악인에게 말하기를 너는 꼭
겔 14:13	가령 어떤 나라가 불법을 행하여
겔 14:15	가령 내가 사나운 짐승을 그 땅에
겔 14:17	가령 내가 칼이 그 땅에 임하게 하고
겔 14:19	가령 내가 그 땅에 전염병을 내려
겔 18:10	가령 그가 아들을 낳았다 하자 그
겔 18:14	가령 그가 아들을 낳았다 하자 그
겔 33:2	가령 내가 칼을 한 땅에 임하게 한다
겔 33:8	가령 내가 악인에게 이르기를 악인아
겔 33:13	가령 내가 의인에게 말하기를 너는
겔 33:14	가령 내가 악인에게 말하기를 너는
막 13:34	가령 사람이 집을 떠나 타국으로 갈

가로막다(partition)

왕상 6:16	천장까지 백향목 널판으로 **가로막아**

가룟(Iscariot) 유다의 출신지

요 6:71	이 말씀은 **가룟** 시몬의 아들 유다를
요 13:26	조각을 적셔서 **가룟** 시몬의 아들 유다

가룟 유다(Judas Iscariot) 예수님을 배반한 제자

마 10:4	가나나인 시몬 및 **가룟 유다** 곧 예수
마 26:14	그 때에 열둘 중의 하나인 **가룟 유다**
막 3:19	또 **가룟 유다**니 이는 예수를 판 자더라
막 14:10	열둘 중의 하나인 **가룟 유다**가 예수
눅 6:16	유다와 예수를 파는 자 될 **가룟 유다**
눅 22:3	하나인 **가룟**인이라 부르는 유다에게
요 12:4	예수를 잡아 줄 **가룟 유다**가 말하되
요 13:2	마귀가 벌써 시몬의 아들 **가룟 유다**
요 13:26	조각을 적셔서 **가룟** 시몬의 아들 유다

> '**가룟 유다**'에 대한 예언 구절
>
> 시 41:9; 109:8; 슥 11:12–13

가룟인(Iscariot) 유다의 별명

눅 22:3	하나인 **가룟인**이라 부르는 유다에게
요 14:22	**가룟인** 아닌 유다가 이르되 주여 어찌

가루(powder, flour)

출 32:20	불살라 부수어 **가루**를 만들어 물에
민 5:15	그를 위하여 보리 **가루** 십분의 일
신 9:21	티끌같이 가늘게 갈아 그 **가루**를
삿 6:19	**가루** 한 에바로 무교병을 만들고 고기
삼상 28:24	그것을 급히 잡고 **가루**를 가져다가
왕상 17:12	다만 통에 **가루** 한 움큼과 병에 기름
왕상 17:14	그 통의 **가루**가 떨어지지 아니하고 그
왕상 17:16	**가루**가 떨어지지 아니하고 그 병의
왕하 4:41	엘리사가 이르되 그러면 **가루**를 가져
왕하 23:6	빻아서 **가루**를 만들어 그 **가루**를 평민
왕하 23:12	그것들을 **가루**를 기드론 시내에 쏟아
왕하 23:15	빻아서 **가루**를 만들며 또 아세라 목상
대하 34:4	우상들을 빻아 **가루**를 만들어 제사하
대하 34:7	아로새긴 우상들을 빻아 **가루**를 만들
느 10:37	처음 익은 밀의 **가루**와 거제물과 각종
욥 4:20	저녁 사이에 부스러져 **가루**가 되며
사 47:2	맷돌을 가지고 **가루**를 갈고 너울을
렘 7:18	불을 피우며 부녀들은 **가루**를 반죽하
마 13:33	천국은 마치 여자가 **가루** 서 말 속에
마 21:44	돌이 사람 위에 떨어지면 그를 **가루**로
눅 13:21	마치 여자가 **가루** 서 말 속에 갖다 넣어
눅 20:18	돌이 사람 위에 떨어지면 그를 **가루**로

> 📖 **가루 – 기타 본문**
>
> 창 18:6; 출 29:2, 40; 레 2:1, 2, 4, 5, 7; 5:11; 6:15, 20; 7:12; 14:10, 21; 23:13, 17; 24:5; 민 6:15; 7:13, 19, 25, 31, 37, 43, 49, 55, 61, 67, 73, 79; 8:8; 15:4, 6, 9, 20, 21; 28:5, 9, 12, 13, 20, 28; 29:3, 9, 14; 대상 9:29; 23:29; 롬 11:16

가르가스(Carcas) 아하수에로 왕을 섬기던 내시

에 1:10	빅다와 아박다와 세달과 **가르가스**

가르다 1(Kartah) 므라리 자손에게 분배된 성읍

수 21:34	욕느암과 그 목초지와 **가르다**와 그

가르다 2(rip, tear)

왕상 19:11	크고 강한 바람이 산을 **가르고** 바위를
왕하 8:12	메치며 아이 밴 부녀를 **가르리라** 하니
왕하 15:16	그 가운데에 아이 밴 부녀를 **갈랐더라**
시 29:7	여호와의 소리가 화염을 **가르시도다**
시 78:13	바다를 **갈라** 물을 무더기같이 서게
시 136:13	홍해를 **가르신** 이에게 감사하라 그
사 64:1	주는 하늘을 **가르고** 강림하시고 주
암 1:13	길르앗의 아이 밴 여인의 배를 **갈랐음**

【 가르단 】　　　　　　　　　　　　　　　　　　　　　　　　　【 가르치다 】

가르단(Kartan) 게르손 자손에게 분배된 성읍
수 21:32　그 목초지와 **가르단**과 그 목초지를

가르스나(Garshena) 아하수에로 왕의 방백
에 1:14　메대의 일곱 지방관 곧 **가르스나**와

가르치다(teach, tell)
모세오경
창 37:16　그들이 양치는 곳을 내게 **가르쳐** 주소서
출 4:12　입과 함께 있어서 할 말을 **가르치리라**
출 4:15　있어서 너희들이 행할 일을 **가르치리라**
출 18:19　내가 네게 방침을 **가르치니** 하나님
출 18:20　그들에게 율례와 법도를 **가르쳐서**
출 24:12　그들을 **가르치도록** 내가 율법과 계명
출 35:34　오홀리압을 감동시키사 **가르치며**
레 10:11　규례를 이스라엘 자손에게 **가르치리라**
레 14:57　어느 때는 정함을 **가르치는** 것이니
신 4:1　내가 너희에게 **가르치는** 규례와 법도
신 4:5　규례와 법도를 너희에게 **가르쳤나니**
신 4:10　배우게 하며 그 자녀에게 **가르치게**
신 5:31　너는 그것을 그들에게 **가르쳐서** 내가
신 6:1　여호와께서 너희에게 **가르치라고**
신 6:7　네 자녀에게 부지런히 **가르치며** 집에
신 11:19　너희의 자녀에게 **가르치며** 집에 앉아
신 17:9　어떻게 판결할지를 네게 **가르치리니**
신 17:10　네가 행하되 그들이 네게 **가르치는**
신 17:11　그들이 네게 **가르치는** 율법의 뜻대로
신 20:18　모든 가증한 일을 너희에게 **가르쳐**
신 24:8　제사장들이 너희에게 **가르치는** 대로
신 31:19　이스라엘 자손들에게 **가르쳐** 그들의
신 31:22　써서 이스라엘 자손들에게 **가르쳤더라**
신 33:10　주의 율법을 이스라엘에게 **가르치며**
역사서
삿 3:2　못하는 자들에게 그것을 **가르쳐** 알게
삿 13:8　어떻게 행할지를 우리에게 **가르치게**
삼상 6:2　곧 보낼 것인지 우리에게 **가르치라**
삼상 8:9　그들을 다스릴 왕의 제도를 **가르치라**
삼상 9:6　혹 우리가 갈 길을 **가르쳐** 줄까 하나
삼상 9:8　우리 길을 **가르쳐** 달라 하겠나이다
삼상 9:18　어디인지 청하건대 내게 **가르치소서**
삼상 10:8　네게 가서 네가 행할 것을 **가르칠** 때
삼상 12:23　의로운 길을 너희에게 **가르칠** 것인즉
삼상 16:3　내가 네게 행할 일을 **가르치니** 내가

삼하 1:18　유다 족속에게 **가르치라** 하였으니 곧
삼하 16:20　어떻게 할 계략을 우리에게 **가르치라**
삼하 22:35　내 손을 **가르쳐** 싸우게 하시니 내 팔
왕상 8:36　마땅히 행할 선한 길을 **가르쳐** 주시오며
왕하 17:27　그 땅 신의 법을 무리에게 **가르치게**
왕하 17:28　어떻게 여호와 경외할지를 **가르쳤더라**
대상 10:13　아니하고 또 신접한 자에게 **가르치기**를
대하 6:27　마땅히 행할 선한 길을 **가르쳐** 주시오
대하 10:8　왕은 원로들이 **가르치는** 것을 버리고
대하 15:3　참 신이 없고 **가르치는** 제사장도 없고
대하 17:7　유다 여러 성읍에 가서 **가르치게** 하고
대하 17:9　유다에서 **가르치되** 그 모든 유다 성읍
　　　　　들로 … 다니며 백성들을 **가르쳤더라**
대하 35:3　온 이스라엘을 **가르치는** 레위 사람에게
스 7:10　규례를 이스라엘에게 **가르치기**로
스 7:25　알지 못하는 자는 너희가 **가르치라**
느 8:9　에스라와 백성을 **가르치는** 레위 사람
느 9:20　주의 선한 영을 주사 그들을 **가르치시며**
시가서
욥 6:24　내게 **가르쳐서** 나의 허물된 것을 깨닫게
욥 8:10　네게 **가르쳐** 이르지 아니하겠느냐
욥 12:7　네게 **가르치리라** 공중의 새에게 물어
욥 12:8　땅에게 말하라 네게 **가르치리라** 바다
욥 15:5　네 죄악이 네 입을 **가르치나니** 네가
욥 21:22　능히 하나님께 지식을 **가르치겠느냐**
욥 26:3　지혜 없는 자를 참 잘도 **가르치는구나**
욥 27:11　하나님의 솜씨를 내가 너희에게 **가르칠**
욥 29:21　희망을 걸었으며 내가 **가르칠** 때에
욥 32:7　연륜이 많은 자가 지혜를 **가르칠** 것이라
욥 33:33　내가 지혜로 그대를 **가르치리라**
욥 34:32　깨닫지 못하는 것을 내게 **가르치소서**
욥 35:11　우리를 더욱 **가르치시고** 하늘의 새들
욥 37:19　그대는 우리에게 **가르치라** 우리는
시 18:34　내 손을 **가르쳐** 싸우게 하시니 내 팔
시 25:4　보이시고 주의 길을 내게 **가르치소서**
시 25:9　온유한 자에게 … **가르치시리로다**
시 25:12　그가 택할 길을 그에게 **가르치시리로다**
시 27:11　여호와여 주의 도를 내게 **가르치시고**
시 32:8　네 갈 길을 **가르쳐** 보이고 너를 주목
시 34:11　경외하는 법을 너희에게 **가르치리로다**
시 45:4　왕에게 놀라운 일을 **가르치리이다**
시 51:6　내게 지혜를 은밀히 **가르치시리이다**
시 51:13　범죄자에게 주의 도를 **가르치리니**

【 가르치다 】　　　　　　　　　　　　　　　　　　　　　　　　　　　【 가르치다 】

시 86:11	여호와여 주의 도를 내게 **가르치소서**		미 4:2	그의 도를 가지고 우리에게 **가르치실**
시 90:12	우리 날 계수함을 **가르치사** 지혜로운		**복음서**	
시 119:12	주의 율례들을 내게 **가르치소서**		마 3:7	독사의 자식들아 누가 너희를 **가르쳐**
시 119:26	주의 율례들을 내게 **가르치소서**		마 4:23	그들의 회당에서 **가르치시며** 천국
시 119:33	주의 율례들의 도를 내게 **가르치소서**		마 5:2	입을 열어 **가르쳐** 이르시되
시 119:64	주의 율례들로 나를 **가르치소서**		마 5:19	그같이 사람을 **가르치는** 자는 천국에
시 119:66	좋은 명철과 지식을 내게 **가르치소서**			서 지극히 … 행하며 **가르치는** 자는
시 119:68	주의 율례들로 나를 **가르치소서**		마 7:28	마치시매 무리들이 그의 **가르치심에**
시 119:102	주께서 나를 **가르치셨으므로** 내가 주		마 7:29	이는 그 **가르치시는** 것이 권위 있는
시 119:108	받으시고 주의 공의를 내게 **가르치소서**		마 9:35	다니사 그들의 회당에서 **가르치시며**
시 119:124	내게 주의 율례들을 **가르치소서**		마 11:1	그들의 여러 동네에서 **가르치시며**
시 119:135	비추시고 주의 율례로 나를 **가르치소서**		마 13:54	그들의 회당에서 **가르치시니** 그들이
시 119:171	주께서 율례를 내게 **가르치시므로** 내		마 15:9	사람의 계명으로 교훈을 삼아 **가르치니**
시 143:10	나를 **가르쳐** 주의 뜻을 행하게 하소서		마 21:23	성전에 들어가 **가르치실새** 대제사장
시 144:1	그가 내 손을 **가르쳐** 싸우게 하시며 손		마 22:16	진리로 하나님의 도를 **가르치시며**
	가락을 **가르쳐** 전쟁하게 하시는도다		마 22:33	무리가 듣고 그의 **가르치심에** 놀라더라
잠 4:4	아버지가 내게 **가르쳐** 이르기를 내 말		마 26:55	성전에 앉아 **가르쳤으되** 너희가 나를
잠 4:11	지혜로운 길을 네게 **가르쳤으며** 정직		마 28:15	군인들이 돈을 받고 **가르친** 대로
잠 5:13	나를 **가르치는** 이에게 귀를 기울이지		마 28:20	너희에게 분부한 모든 것을 **가르쳐**
잠 9:9	의로운 사람을 **가르치라** 그의 학식이		막 1:21	안식일에 회당에 들어가 **가르치시매**
잠 22:6	마땅히 행할 길을 아이에게 **가르치라**		막 1:22	이는 그가 **가르치시는** 것이 권위 있는
전 8:7	일을 알지 못하나니 장래 일을 **가르칠**		막 2:13	예수께서 그들을 **가르치시니라**
전 12:9	백성에게 지식을 **가르쳤고** 또 깊이		막 4:1	예수께서 다시 바닷가에서 **가르치시니**
선지서			막 4:2	비유로 **가르치시니** 그 **가르치시는** 중
사 2:3	그가 그의 길을 우리에게 **가르치실** 것		막 4:33	들을 수 있는 대로 말씀을 **가르치시되**
사 9:15	꼬리는 곧 거짓말을 **가르치는** 선지자		막 6:2	안식일이 되어 회당에서 **가르치시니**
사 28:9	누구에게 지식을 **가르치며** 누구에게		막 6:6	모든 촌에 두루 다니시며 **가르치시더라**
사 28:26	적당한 방법을 보이사 **가르치셨음이며**		막 6:30	모여 자기들이 행한 것과 **가르친** 것을
사 40:13	그의 모사가 되어 그를 **가르쳤으랴**		막 6:34	여기사 이에 여러 가지로 **가르치시더라**
사 40:14	그에게 정의의 길로 **가르쳤으며** 지식		막 7:7	계명으로 교훈을 삼아 **가르치니** 나를
	을 **가르쳤으며** 통달의 도를 보여 주었		막 8:31	할 것을 비로소 그들에게 **가르치시되**
사 48:17	네게 유익하도록 **가르치고** 너를 마땅히		막 9:31	제자들을 **가르치시며** 또 인자가 사람
렘 2:33	악한 여자에게까지 **가르쳤으며**		막 10:1	예수께서 다시 전례대로 **가르치시더니**
렘 9:5	혀로 거짓말하기를 **가르치며** 악을		막 11:17	이에 **가르쳐** 이르시되 기록된 바 내
렘 9:14	그 조상들이 자기에게 **가르친** 바알들		막 12:14	진리로써 하나님의 도를 **가르치심이**
렘 9:20	각기 이웃에게 슬픈 노래를 **가르치라**		막 12:35	예수께서 성전에서 **가르치실새** 대답
렘 23:16	그들이 너희에게 헛된 것을 **가르치나니**		막 12:38	예수께서 **가르치실** 때에 이르시되 긴
렘 32:33	**가르치되** 끊임없이 **가르치는데도**		막 14:49	성전에 있으면서 **가르쳤으되** 너희가
겔 44:23	속된 것의 구별을 **가르치며** 부정한 것		눅 3:23	예수께서 **가르치심을** 시작하실 때에
단 1:4	갈대아 사람의 학문과 언어를 **가르치게**		눅 4:15	그 여러 회당에서 **가르치시매** 뭇 사람
단 9:22	내게 **가르치며** 내게 말하여 이르되		눅 4:31	동네에 내려오사 안식일에 **가르치시매**
단 11:33	많은 사람을 **가르칠** 것이나 그들이		눅 4:32	그 **가르치심에** 놀라니 이는 그 말씀이
호 11:3	내가 에브라임에게 걸음을 **가르치고**		눅 5:3	앉으사 배에서 무리를 **가르치시더니**

{ 가르치다 }

가르치다

	는 가르치실 때에 갈릴리의 각 마을
	서 회당에 들어가사 **가르치실새**
눅 5:	자기 제자들에게 기도를 가르
요	친 같이 우리에게도 **가르쳐** 주옵
	때에 너희에게 **가르치시리라**
12:12	
눅 13:10	일 한 회당에서 **가르치실** 때에
눅 13:2	을로 다니사 **가르치시며** 예루살렘
눅 1	를 길거리에서 **가르치셨나이다**
눅 1	께서 날마다 성전에서 **가르치시니**
	께서 성전에서 백성을 **가르치시며**
	하시고 **가르치시며** 사람을 외모
	… 하나님의 도를 **가르치시나이다**
	께서 낮에는 성전에서 **가르치시고**
	가 온 유대에서 **가르치고** 갈릴리에
	나님의 **가르치심을** 받으리라 기록
	수께서 가버나움 회당에서 **가르치실**
	수께서 성전에 올라가사 **가르치시니**
	수께서 성전에서 **가르치시며** 외쳐
	자들에게로 가서 헬라인을 **가르칠**
	앉으사 그들을 **가르치시더니**
:20	이 말씀은 성전에서 **가르치실** 때에
8:28	오직 아버지께서 **가르치신** 대로 이런
요 9:34	우리를 **가르치느냐** 하고 이에 쫓아내
요 14:26	너희에게 모든 것을 **가르치고** 내가 너희
요 18:20	모이는 회당과 성전에서 항상 **가르쳤고**

역사서 - 예언서

행 1:1	예수께서 행하시며 **가르치시기를**
행 4:2	부활이 있다고 백성을 **가르치고** 전함을
행 4:18	이름으로 말하지도 말고 **가르치지도**
행 5:21	성전에 들어가서 **가르치더니** 대제사장
행 5:25	성전에 서서 백성을 **가르치더이다**
행 5:42	예수는 그리스도라고 **가르치기와**
행 8:35	글에서 시작하여 예수를 **가르쳐** 복음
행 11:26	일 년간 모여 있어 큰 무리를 **가르쳤고**
행 13:12	보고 믿으며 주의 **가르치심을** 놀랍게
행 13:34	썩음을 당하지 않게 하실 것을 **가르쳐**
행 15:1	내려와서 형제들을 **가르치되**
행 15:35	사람들과 함께 주의 말씀을 **가르치며**
행 18:11	가운데서 하나님의 말씀을 **가르치니라**
행 18:25	자세히 말하며 **가르치나** 요한의 세례
행 20:20	여러분에게 전하여 **가르치고**
행 21:21	이방에 있는 모든 유대인을 **가르치되**
행 21:28	비방하여 모든 사람을 **가르치는** 그

행 28:31	담대하게 거침없이 **가르치더라**
롬 2:21	그러면 다른 사람을 **가르치는** 네가 네
	자신은 **가르치지** 아니하느냐 도둑질
롬 12:7	혹 **가르치는** 자면 **가르치는** 일로
고전 2:13	사람의 지혜가 **가르친** 말로 아니하고
	오직 성령께서 **가르치신** 것으로 하니
고전 2:16	주의 마음을 알아서 주를 **가르치겠느냐**
고전 4:17	내가 각처 각 교회에서 **가르치는** 것을
고전 11:14	본성이 너희에게 **가르치지** 아니하느냐

"네 자녀에게 부지런히 가르치며 집에 앉았을 때에든지 길을 갈 때에든지 누워 있을 때에든지 일어날 때에든지 이 말씀을 강론할 것이며"(신 6:7)

고전 14:6	지식이나 예언이나 **가르치는** 것으로
고전 14:19	교회에서 네가 남을 **가르치기** 위하여
고전 14:26	찬송시도 있으며 **가르치는** 말씀도
골 3:16	모든 지혜로 피차 **가르치며** 권면하고
살전 4:9	너희들 자신이 하나님의 **가르치심을**
딤전 1:3	사람들을 명하여 다른 교훈을 **가르치지**
딤전 2:12	여자가 **가르치는** 것과 남자를 주관하는
딤전 3:2	단정하며 나그네를 대접하며 **가르치기를**
딤전 4:11	너는 이것들을 명하고 **가르치라**
딤전 4:13	읽는 것과 권하는 것과 **가르치는** 것에
딤전 6:2	너는 이것들을 **가르치고** 권하라
딤후 2:2	그들이 또 다른 사람들을 **가르칠** 수
딤후 2:24	사람에 대하여 온유하며 **가르치기를**
딛 1:11	마땅하지 아니한 것을 **가르쳐** 가정들을
딛 2:3	선한 것을 **가르치는** 자들이 되고
히 8:11	자기 형제를 **가르쳐** 이르기를 주를
요일 2:27	너희를 **가르칠** 필요가 없고…너희에게
	가르치며…너희를 **가르치신** 그대로
계 2:14	발람이 발락을 **가르쳐** 이스라엘 자손
계 2:20	그가 내 종들을 **가르쳐** 꾀어 행음하게

가르침

대하 10:13	르호보암이 원로들의 **가르침을** 버리고

【 가름대 】

대하 10:14	젊은 신하들의 **가르침**을 따라 그들에게
대하 22:4	아합의 집의 **가르침**을 따라 여호와
대하 22:5	아하시야가 아합의 집의 **가르침**을
스 10:3	준행하는 자의 **가르침**을 따라 이 모든
시 106:13	잊어버리며 그의 **가르침**을 기다리지
사 29:13	경외함은 사람의 계명으로 **가르침**을
렘 10:8	어리석은 것이니 우상의 **가르침**은
행 2:42	그들이 사도의 **가르침**을 받아 서로
행 5:28	너희 **가르침**을 예루살렘에 가득하게
행 17:19	이 새로운 **가르침**이 무엇인지 우리가
갈 6:6	**가르침**을 받는 자는 말씀을 가르치는
엡 4:21	또한 그 안에서 **가르침**을 받았을진대
골 1:28	모든 지혜로 각 사람을 **가르침**은 각
골 2:22	사람의 명령과 **가르침**을 따르느냐
살후 2:15	우리의 편지로 **가르침**을 받은 전통을
딤전 4:1	미혹하는 영과 귀신의 **가르침**을 따르
딤전 4:16	네가 네 자신과 **가르침**을 살펴 이 일을
딤전 5:17	말씀과 **가르침**에 수고하는 이들에게
딤후 4:2	범사에 오래 참음과 **가르침**으로 경책
딛 1:9	미쁜 말씀의 **가르침**을 그대로 지켜야
히 5:12	초보에 대하여 누구에게서 **가르침**을

가름대(band)

출 27:10	그 기둥의 갈고리와 **가름대**는 은으로
출 27:11	그 기둥의 갈고리와 **가름대**는 은으로
출 27:17	뜰 주위 모든 기둥의 **가름대**와 갈고리
출 36:38	기둥 머리와 그 **가름대**를 금으로 쌌으
출 38:10	기둥의 갈고리와 **가름대**는 은이며
출 38:11	높이요 기둥의 갈고리와 **가름대**는
출 38:12	열이며 기둥의 갈고리와 **가름대**는
출 38:17	기둥의 갈고리와 **가름대**는 은이요 기둥머리 … 기둥에 은 **가름대**를 꿰었으
출 38:19	갈고리는 은이요 그 머리 싸개와 **가름대**
출 38:28	기둥 머리를 싸고 기둥 **가름대**를 만들

가리개(shroud)

출 40:21	궤를 성막에 들여놓고 **가리개** 휘장을
사 3:19	귀 고리와 팔목 고리와 얼굴 **가리개**와
사 25:7	모든 민족의 얼굴을 가린 **가리개**와

가리다/가리우다(remove, pick out, cover)

1. 골라내거나 구별해 내다(remove, pick out)

창 30:35	점 있는 것을 **가리고** 암염소 … 점 있
레 27:33	그 우열을 **가리거**

2. 막다(cover, hi…)

창 20:16	사람 앞에서 네 수치를
창 24:65	너울을 가지고 자기의 얼
창 38:14	너울로 얼굴을 **가리고**
창 38:15	그가 얼굴을 **가리었으**
출 3:6	뵈옵기를 두려워하여 얼굴
출 22:27	그의 알몸을 **가릴** 옷인즉
출 24:15	모세가 산에 오르매 구름이 산
출 24:16	구름이 엿새 동안 산을 **가리**
출 28:42	넓적다리까지 이르게 하여 하체를
출 35:12	증거궤와 그 채와 속죄소와 그
출 39:34	가죽 덮개와 해달의 가죽 덮개와
출 40:3	들여놓고 또 휘장으로 그 궤를 **가리**
출 40:21	휘장을 늘어뜨려 그 증거궤를 **가리**
레 6:10	세마포 속바지로 하체를 **가리고** 제
레 13:45	윗입술을 **가리고** 외치기를 부정하다
레 16:13	증거궤 위 속죄소를 **가리게** 할지니
삿 3:24	서늘한 방에서 그의 발을 **가리우신다**
삼하 19:4	왕이 그의 얼굴을 **가리고** 큰 소리로
왕상 7:41	기둥 꼭대기의 공 같은 머리를 **가리는**
왕상 7:42	기둥 위의 공 같은 두 머리를 **가리게**
왕상 19:13	엘리야가 듣고 겉옷으로 얼굴을 **가리고**
왕상 20:38	수건으로 자기의 눈을 **가리어** 변장하고
왕상 20:41	자기의 눈을 **가린** 수건을 벗으니
대하 4:12	꼭대기의 공 같은 기둥머리를 **가리는**
대하 4:13	공 같은 두 머리를 **가리는** 석류 사백
욥 9:24	재판관의 얼굴도 **가려졌나니** 그렇게
욥 13:24	주께서 어찌하여 얼굴을 **가리시고** 나
욥 16:18	내 피를 **가리지** 말라 나의 부르짖음
욥 17:4	주께서 그들의 마음을 **가리어** 깨닫지
욥 21:5	보면 놀라리라 손으로 입을 **가리리라**
욥 22:14	구름이 그를 **가린즉** 그가 보지 못하시고
욥 24:8	산중에서 만난 소나기에 젖으며 **가릴**
욥 24:15	보지 못하리라 하고 얼굴을 **가리며**
욥 26:6	벗은 몸으로 드러나며 멸망도 **가림이**
욥 26:9	그는 보름달을 **가리시고** 자기의 구름
욥 28:21	숨겨졌고 공중의 새에게 **가려졌으며**
욥 29:9	말을 삼가고 손으로 입을 **가리며**
욥 34:29	그가 얼굴을 **가리신다면** 누가 그를
욥 40:4	대답하리이까 손으로 내 입을 **가릴** 뿐
욥 42:3	무지한 말로 이치를 **가리는** 자가 누구

【 가리다 2/가리우다 】 　　　　　　　　　　　　　　　　　　　　　　　　【 가리키다 】

시 10:11	그의 얼굴을 **가리셨으니** 영원히 보지		미 3:7	다 입술을 **가릴** 것은 하나님이 응답하지
시 30:7	주의 얼굴을 **가리시매** 내가 근심하였		합 2:16	더러운 욕이 네 영광을 **가리리라**
시 32:1	자신의 죄가 **가려진** 자는 복이 있도다		말 2:16	옷으로 학대를 **가리는** 자를 미워하노라
시 44:24	어찌하여 주의 얼굴을 **가리시고** 우리		막 14:65	그의 얼굴을 **가리고** 주먹으로 치며
시 80:10	그늘이 산들을 **가리고** 그 가지는 하나님		눅 22:64	그의 눈을 **가리고** 물어 이르되 선지자
시 140:7	주께서 내 머리를 **가려** 주셨나이다		눅 24:16	그들의 눈이 **가리어져서** 그인 줄 알아
잠 10:12	일으켜도 사랑은 모든 허물을 **가리느니라**		행 1:9	구름이 그를 **가리어** 보이지 않게
아 1:7	양 떼 곁에서 어찌 얼굴을 **가린** 자같이		롬 4:7	불법이 사함을 받고 죄가 **가리어짐이**
사 1:15	내가 내 눈을 너희에게서 **가리고** 너희		고전 11:6	머리를 **가리지** 않거든 … **가릴지니라**
사 5:30	고난이 있고 빛은 구름에 **가려서** 어두		고전 11:7	그 머리를 마땅히 **가리지** 않거니와
사 8:17	야곱의 집에 대하여 얼굴을 **가리시는**		고전 11:13	판단하라 여자가 머리를 **가리지** 않고
사 25:5	폭양을 구름으로 **가림같이** 포학한 자		고전 11:15	긴 머리는 **가리는** 것을 대신하여 주셨기
사 25:7	모든 민족의 얼굴을 **가린** 가리개와		고후 4:3	만일 우리의 복음이 **가리었으면** 망하
사 29:14	없어지고 명철자의 총명이 **가려지리라**			는 자들에게 **가리어진** 것이라
사 32:2	폭우를 **가리는** 곳 같을 것이며 마른		벧전 2:16	그 자유로 악을 **가리는** 데 쓰지 말고
사 44:18	그들의 눈이 **가려서** 보지 못하며 그들		계 6:16	그 어린 양의 진노에서 우리를 **가리라**
사 50:6	내 얼굴을 **가리지** 아니하였느니라			
사 53:3	사람들이 그에게서 얼굴을 **가리는** 것		가리다 2/가리우다 – 기타 본문	
사 57:17	내 얼굴을 **가리고** 노하였으나 그가		삼하 15:30; 사 6:2; 겔 32:7; 말 2:13	
사 59:2	너희 죄가 그의 얼굴을 **가리어서** 너희			
사 59:6	그 행위로는 자기를 **가릴** 수 없을 것		**가리 사람**(Carites) 이방인의 용병	
사 60:2	캄캄함이 만민을 **가리려니와** 오직		왕하 11:4	여호야다가 사람을 보내 **가리 사람**의
렘 14:3	부끄럽고 근심하여 그들의 머리를 **가리며**		왕하 11:19	백부장들과 **가리 사람**과 호위병과 온
렘 14:4	부끄러워서 그의 머리를 **가리는도다**			
렘 33:5	악행으로 말미암아 나의 얼굴을 **가리어**		**가리키다**(show, hold out toward)	
애 3:43	진노로 자신을 **가리시고** 우리를 추격		구약	
애 3:44	주께서 구름으로 자신을 **가리사** 기도		창 21:23	여기서 하나님을 **가리켜** 내게 맹세하라
애 3:56	부르짖음에 주의 귀를 **가리지** 마옵소서		창 22:16	내가 나를 **가리켜** 맹세하노니 네가 이
겔 12:6	얼굴을 **가리고** 땅을 보지 말지어다 이		창 24:3	땅의 하나님이신 여호와를 **가리켜**
겔 12:12	보지 아니하려고 자기 얼굴을 **가리리라**		창 31:53	아버지 이삭이 경외하는 이를 **가리켜**
겔 16:8	너를 덮어 벌거벗은 것을 **가리고** 네게		출 15:25	그에게 한 나무를 **가리키시니** 그가 물
겔 22:26	그의 눈을 **가리어** 나의 안식일을 보지		출 32:13	주께서 그들을 위하여 주를 **가리켜**
겔 24:17	발에 신을 신고 입술을 **가리지** 말고		수 8:18	아이를 **가리키라** … 성읍을 **가리키니**
겔 24:22	입술을 **가리지** 아니하며 사람의 음식		수 23:7	그것들을 **가리켜** 맹세하지 말라 또 그
겔 26:10	많으므로 그 티끌이 너를 **가릴** 것이며		삿 1:25	그 사람이 성읍의 입구를 **가리킨지라**
겔 31:8	동산의 백향목이 능히 그를 **가리지** 못		삿 9:54	사람들이 나를 **가리켜** 이르기를 여자
겔 39:23	내 얼굴을 그들에게 **가리고** 그들을 그		왕상 1:17	왕의 하나님 여호와를 **가리켜** 여종에
겔 39:24	그들에게 내 얼굴을 **가리었었느니라**		왕상 1:30	하나님 여호와를 **가리켜** 네게 맹세하
겔 39:29	다시는 내 얼굴을 그들에게 **가리지**		왕하 9:37	이것이 이세벨이라고 **가리켜** 말하지
호 2:9	그들의 벌거벗은 몸을 **가릴** 내 양털과		왕하 19:32	여호와께서 앗수르 왕을 **가리켜** 이르
호 10:8	그들이 산더러 우리를 **가리라** 할 것이요		대하 34:27	내가 이 곳과 그 주민을 **가리켜** 말한
욘 4:6	요나를 **가리게** 하셨으니 이는 그의		대하 36:13	그를 그의 하나님을 **가리켜** 맹세하게
미 3:4	그들 앞에서 얼굴을 **가리시리라**		느 13:25	아니하겠다고 하나님을 **가리켜** 맹세

가리키다

욥 42:7	이는 너희가 나를 **가리켜** 말한 것이
욥 42:8	너희가 나를 **가리켜** 말한 것이 내 종
시 40:7	나를 **가리켜** 기록한 것이 두루마리 책
시 87:3	하나님의 성이여 너를 **가리켜** 영광스
시 102:8	날뛰는 자들이 나를 **가리켜** 맹세하나
전 1:10	무엇을 **가리켜** 이르기를 보라 이것이
전 8:2	명령을 지키라 이미 하나님을 **가리켜**
사 19:18	만군의 여호와를 **가리켜** 맹세하는
렘 12:16	내 백성을 **가리켜** 바알로 맹세하게 한
렘 31:34	다시는 각기 이웃과 형제를 **가리켜**
렘 33:10-11	너희가 **가리켜** 말하기를 황폐하여
애 4:20	빠졌음이여 우리가 그를 **가리키며**
겔 20:49	여호와여 그들이 나를 **가리켜** 말하기를
겔 23:43	내가 음행으로 쇠한 여인을 **가리켜**
겔 35:12	네가 이스라엘 산들을 **가리켜** 말하기를
겔 36:20	사람들이 그들을 **가리켜** 이르기를
단 12:7	영원히 살아 계시는 이를 **가리켜** 맹세
습 1:5	여호와께 맹세하면서 말감을 **가리켜**
슥 5:4	내 이름을 **가리켜** 망령되이 맹세하는

신약

마 12:49	손을 내밀어 제자들을 **가리켜** 이르시
마 21:45	듣고 자기들을 **가리켜** 말씀하심인 줄
마 24:1	제자들이 성전 건물들을 **가리켜** 보이
막 4:15	이들을 **가리킴이니** 곧 말씀을 들었을
막 4:16	이들을 **가리킴이니** 곧 말씀을 들을 때
막 12:12	예수의 이 비유가 자기들을 **가리켜**
눅 20:19	예수의 이 비유는 자기들을 **가리켜**
눅 21:5	어떤 사람들이 성전을 **가리켜** 그 아름
눅 24:44	시편에 나를 **가리켜** 기록된 모든 것이
요 1:15	계심이라 한 것이 이 사람을 **가리킴이**
요 1:30	계심이라 한 것이 이 사람을 **가리킴이**
요 1:47	오는 것을 보시고 그를 **가리켜** 이르시
요 2:21	예수는 성전된 자기 육체를 **가리키심**
요 6:71	가룟 시몬의 아들 유다를 **가리키심이**
요 7:39	믿는 자들이 받을 성령을 **가리켜** 말씀
요 8:27	그들은 아버지를 **가리켜** 말씀하신 줄
요 10:41	요한이 이 사람을 **가리켜** 말한 것은
요 11:13	그들은 잠들어 쉬는 것을 **가리켜** 말씀
요 12:41	주의 영광을 보고 주를 **가리켜** 말한
요 13:18	내가 너희 모두를 **가리켜** 말하는 것이
요 18:32	어떠한 죽음으로 죽을 것을 **가리켜**
요 21:19	하나님께 영광을 돌릴 것을 **가리키심**
행 1:16	길잡이 된 유다를 **가리켜** 미리 말씀

가만두다

행 2:25	다윗이 그를 **가리켜** 이르되 내가 항상
행 3:24	모든 선지자도 이 때를 **가리켜** 말하
행 8:34	이 말한 것이 누구를 **가리킴이냐** 자기
	를 **가리킴이냐** 타인을 **가리킴이냐**
행 13:29	성경에 그를 **가리켜** 기록한 말씀을 다
롬 11:2	성경이 엘리야를 **가리켜** 말한 것을
갈 3:16	여럿을 **가리켜** 그 자손들이라 하지 아
	니하시고 오직 한 사람을 **가리켜** 네
히 6:13	큰 이가 없으므로 자기를 **가리켜** 맹세
히 6:16	자기보다 더 큰 자를 **가리켜** 맹세하나니
히 7:13	다른 지파에 속한 자를 **가리켜** 말한
히 10:7	두루마리 책에 나를 **가리켜** 기록된 것
계 10:6	물건을 창조하신 이를 **가리켜** 맹세하여

가마 (pot)

창 19:28	눈을 들어 연기가 옹기 **가마의** 연기같이
출 16:3	애굽 땅에서 고기 **가마** 곁에 앉아 있던
출 19:18	그 연기가 옹기 **가마** 연기같이 떠오르고
민 11:8	절구에 찧기도 하고 **가마에** 삶기도 하여
삼상 2:14	큰 솥에나 **가마에** 찔러 넣어 갈고리에
왕하 25:14	**가마들과** 부삽들과 부집게들과 숟가락
대하 35:13	그 나머지 성물은 솥과 **가마와** 냄비에
시 58:9	가시나무 불이 **가마를** 뜨겁게 하기 전에
아 3:7	볼지어다 솔로몬의 **가마라** 이스라엘
아 3:9	솔로몬 왕이 레바논 나무로 자기의 **가마**
렘 1:13	대답하되 끓는 **가마를** 보나이다 그
렘 52:18	**가마들과** 부삽들과 부집게들과 주발
겔 11:3	이 성읍은 **가마가** 되고 우리는 고기가
겔 11:7	이 성읍은 그 **가마인데** 너희는 그 가
겔 11:11	이 성읍은 너희 **가마가** 되지 아니하고
겔 24:3	여호와께서 이같이 말씀하시기를 **가마**
겔 24:4-5	그 뼈를 위하여 **가마** 밑에 나무를 쌓
	아 넣고 잘 삶되 **가마** 속의 뼈가 무르
겔 24:6	녹슨 **가마** 곧 … **가마여** 화 있을진저
겔 24:11	**가마가** 빈 후에는 숯불 위에 놓아 뜨
	겁게 하며 그 **가마의** 놋을 달궈서 그
나 3:14	진흙에 들어가서 흙을 밟아 벽돌 **가마**

가마우지 (cormorant)

레 11:17	올빼미와 **가마우지와** 부엉이와

가만두다 (leave alone)

왕하 4:27	하나님의 사람이 이르되 **가만두라** 그

【 가만히 】 【 가문 】

마 13:29	주인이 이르되 **가만두라** 가라지를 뽑
마 27:49	남은 사람들이 이르되 **가만두라** 엘리
막 14:6	예수께서 이르시되 **가만두라** 너희가
막 15:36	이르되 **가만두라** 엘리야가 와서 그를
요 12:7	예수께서 이르시되 그를 **가만두어** 나

가만히 (secretly, quietly, still)

창 31:20	라반에게 말하지 아니하고 **가만히**
창 31:27	네가 나를 속이고 **가만히** 도망하고
출 14:13	두려워하지 말고 **가만히** 서서 여호와
출 14:14	위하여 싸우시리니 너희는 **가만히** 있을
신 13:6	생명을 함께 하는 친구가 **가만히** 너를
삿 4:21	방망이를 들고 그에게로 **가만히** 가서
삿 9:31	사자들을 아비멜렉에게 **가만히** 보내어
삿 18:9	너희는 **가만히** 있느냐 나아가서 그 땅
룻 3:7	더미의 끝에 눕는지라 룻이 **가만히**
삼상 12:7	그런즉 **가만히** 서 있으라 여호와께서
삼상 12:16	너희는 이제 **가만히** 서서 여호와께서
삼상 14:9	우리가 있는 곳에 **가만히** 서서 그들에
삼상 15:16	사울에게 이르되 **가만히** 계시옵소서
삼상 24:4	사울의 겉옷 자락을 **가만히** 베니라
삼하 19:3	부끄러워 도망함같이 **가만히** 성읍으
삼하 21:12	거리에 매단 것을 그들이 **가만히** 가져
욥 4:12	말씀이 내게 **가만히** 이르고 그 가느다
욥 32:16	당신들이 말 없이 **가만히** 서서 다시
욥 37:14	욥이여 이것을 듣고 **가만히** 서서
시 46:10	너희는 **가만히** 있어 내가 하나님 됨을
잠 1:11	우리가 **가만히** 엎드렸다가 사람의 피
잠 1:18	그들이 **가만히** 엎드림은 자기의 피를
사 30:7	내가 애굽을 **가만히** 앉은 라합이라
사 64:12	아직도 **가만히** 계시려 하시나이다
렘 8:14	우리가 어찌 **가만히** 앉았으랴 모일지
렘 47:6	네 칼집에 들어가서 **가만히** 쉴지어다
겔 32:21	죽임을 당한 자들이 내려와서 **가만히**
합 2:5	거짓되고 교만하여 **가만히** 있지 아니
합 3:14	나를 흩으려 하며 **가만히** 가난한 자
마 1:19	그를 드러내지 아니하고 **가만히** 끊고
마 2:7	이에 헤롯이 **가만히** 박사들을 불러
요 11:28	이 말을 하고 돌아가서 **가만히** 그 자매
행 15:12	온 무리가 **가만히** 있어 바나바와 바울
행 16:37	이제는 **가만히** 내보내고자 하느냐
행 19:36	너희가 **가만히** 있어서 무엇이든지
갈 2:4	**가만히** 들어온… 그들이 **가만히** 들어온

딤후 3:6	남의 집에 **가만히** 들어가 어리석은
벧후 2:1	그들을 멸망하게 할 이단을 **가만히**
유 1:4	이는 **가만히** 들어온 사람 몇이 있음이

가말리엘 (Gamaliel)

1. 므낫세 지파 브다술의 아들

민 1:10	지파에서는 브다술의 아들 **가말리엘**
민 2:20	지휘관은 브다술의 아들 **가말리엘**이요
민 7:54	지휘관 브다술의 아들 **가말리엘**이
민 7:59	이는 브다술의 아들 **가말리엘**의 헌물
민 10:23	군대는 브다술의 아들 **가말리엘**이

2. 랍비 힐렐의 손자 랍반 가말리엘 1세

| 행 5:34 | 바리새인 **가말리엘**은 율법교사로 |
| 행 22:3 | 성에서 자라 **가말리엘**의 문하에서 |

가몬 (Kamon) 사사 야일이 장사된 곳

| 삿 10:5 | 야일이 죽으매 **가몬**에 장사되었더라 |

가문 (家門, family)

민 1:2	종족과 조상의 **가문**에 따라 그 명수대로
민 1:4	각 지파의 각 조상의 **가문**의 우두머리
민 1:18	각 종족과 조상의 **가문**에 따라 이십
민 1:20	그들의 종족과 조상의 **가문**에 따라
민 1:22	조상의 **가문**에 따라 이십 세 이상으로
민 1:24	그들의 종족과 조상의 **가문**에 따라
민 1:38	단의 아들들에게서 … 조상의 **가문**의
민 1:40	아셀의 아들들에게서 … 조상의 **가문**
민 1:42	납달리의 아들들에게서 … **가문**에
민 1:44	이스라엘 조상의 **가문**을 대표한 열두
민 1:45	이스라엘 자손이 그 조상의 **가문**을
민 2:2	자기의 조상의 **가문**의 기호 곁에 진을
민 4:46	레위인을 그 종족과 조상의 **가문**에
민 7:2	그들의 조상의 **가문**의 우두머리들이
민 13:2	조상의 **가문** 각 지파 중에서 지휘관
민 17:2	각 조상의 **가문**을 따라 지팡이 … 조상 의 **가문**대로 그 모든 지휘관에게서
민 17:3	그들의 조상의 **가문**의 각 수령이 지팡이
민 18:1	아들들과 네 조상의 **가문**은 성소에
민 25:14	시므온인의 조상의 **가문** 중 한 지도자
민 25:15	미디안 백성의 한 조상의 **가문**의 수령
민 26:2	조상의 **가문**을 따라 조사하되 이스라
민 34:14	그들의 조상의 **가문**에 따라 그들의
수 22:14	각기 그들의 조상들의 **가문**의 수령으

【 가물 1 】   【 가볍다/가벼이 】

삿 1:22	요셉 **가문**도 벧엘을 치러 올라가니		시 32:4	진액이 빠져서 여름 **가뭄**에 마름같이
삿 1:23	요셉 **가문**이 벧엘을 정탐하게 하였는데		렘 14:1	**가뭄**에 대하여 예레미야에게 임한
삿 1:35	요셉의 **가문**의 힘이 강성하매 아모리		렘 17:8	그 잎이 청청하며 **가무는** 해에도 걱정
삿 6:27	그의 아버지의 **가문**과 그 성읍 사람들		렘 50:38	**가뭄**이 물 위에 내리어 그것을 말리리
대상 2:55	이는 다 레갑 **가문**의 조상 함맛에게서			
대상 4:38	그들의 **가문**의 지도자들의 이름이라		**가미 사람**(Garmite) '뼈대가 굵은 사람' 이란 뜻	
대상 5:13	그 조상의 **가문**의 형제들은 미가엘과			
대상 8:28	그들은 다 **가문**의 우두머리이며 그들		대상 4:19	**가미 사람** 그일라의 아버지와 마아가
대상 9:9	다 종족의 **가문**의 우두머리들 이더라			
대상 9:13	형제들이니 종족의 **가문**의 우두머리라		**가바다**(Gabbatha) 예수님이 재판받은 곳	
대상 9:34	그들은 다 레위 **가문**의 우두머리이며		요 19:13	돌을 깐 뜰(히브리 말로 **가바다**)에 있는
대상 12:28	그의 **가문**의 지휘관이 이십 명이요			
대상 23:11	그들과 한 조상의 **가문**으로 계수되었		**가버나움**(Capernaum) 갈릴리 서북안에 위치한 도시	
대상 23:24	그 조상의 **가문**을 따라 계수된 이름이			
대상 24:4	이다말 자손은 그 조상들의 **가문**을		마 4:13	납달리 지경 해변에 있는 **가버나움**에
대상 24:30	이는 다 그 조상의 **가문**에 따라 기록		마 8:5	예수께서 **가버나움**에 들어가시니 한
대상 24:31	장자의 **가문**과 막내 동생의 **가문**이		마 11:23	**가버나움**아 네가 하늘에까지 높아지
대상 26:1	아삽의 **가문** 중 고레의 아들 므셀레먀		마 17:24	**가버나움**에 이르니 반 세겔 받는 자들
대상 26:6	그들의 조상의 **가문**을 다스리는 자요		막 1:21	그들이 **가버나움**에 들어가니라 예수
대상 26:13	그 조상의 **가문**을 따라 대소를 막론		막 2:1	예수께서 다시 **가버나움**에 들어가시니
대상 26:21	게르손 사람 라단에게 속한 **가문**의		막 9:33	**가버나움**에 이르러 집에 계실새 제자
대상 26:26	다윗 왕과 **가문**의 우두머리와 천부장		눅 4:23	우리가 들은 바 **가버나움**에서 행한 일
대상 27:1	이스라엘 자손의 모든 **가문**의 우두머리		눅 4:31	**가버나움** 동네에 내려오사 안식일에
대상 28:4	유다의 **가문**에서 내 부친의 집을 택하		눅 7:1	들려주시기를 마치신 후에 **가버나움**
대상 29:6	모든 **가문**의 지도자들과 이스라엘		눅 10:15	**가버나움**아 네가 하늘에까지 높아지
대하 18:1	아합 **가문**과 혼인함으로 인척 관계를		요 2:12	제자들과 함께 **가버나움**으로 내려가
스 2:59	그들의 조상의 **가문**과 선조가 이스라엘		요 4:46	신하가 있어 그의 아들이 **가버나움**에
렘 35:18	예레미야가 레갑 사람의 **가문**에게		요 6:17	배를 타고 바다를 건너 **가버나움**으로
렘 36:3	유다 **가문**이 내가 그들에게 내리려 한		요 6:24	배들을 타고 예수를 찾으러 **가버나움**
			요 6:59	이 말씀은 예수께서 **가버나움** 회당에

가문 – 기타 본문

민 1:26, 28, 30, 32, 34, 36; 2:32, 34; 3:15, 20, 21, 24, 30, 35; 4:2, 22, 29, 34, 38, 40, 42

가물 1(Gamul) 레위 족장이며 다윗 시대 제사장

대상 24:17 야긴이요 스물두째는 **가물**이요

가물 2(thirsty)

겔 19:13 이제는 광야, 메마르고 **가물**이 든 땅

가물다/가뭄(heat, drought)

욥 24:19 **가뭄**과 더위가 눈 녹은 물을 곧 빼앗

가볍다/가벼이(trivial, not serious)

창 25:34	에서가 장자의 명분을 **가볍게** 여김이
삼상 6:5	너희의 신들과 너희 땅에서 **가볍게**
왕상 12:4	메운 무거운 멍에를 **가볍게** 하소서
왕상 12:9	우리에게 메운 멍에를 **가볍게** 하라
왕상 12:10	왕은 우리를 위하여 **가볍게** 하라
왕상 16:31	오히려 **가볍게** 여기며 시돈 사람의 왕
대하 10:4	메운 무거운 멍에를 **가볍게** 하소서
대하 10:9	우리에게 메운 멍에를 **가볍게** 하라
대하 10:10	왕은 우리를 위하여 **가볍게** 하라
스 9:13	우리 죄악보다 형벌을 **가볍게** 하시고
시 62:9	달면 그들은 입김보다 **가벼우리로다**

【 가보 】 　　　　　　　　　　　　　　　　【 가슴 】

잠 5:12	내 마음이 꾸지람을 **가벼이** 여기고	왕하 18:8	블레셋 사람들을 쳐서 **가사**와 그 사방
잠 27:3	돌은 무겁고 모래도 **가볍지** 아니하거	렘 25:20	모든 왕과 아스글론과 **가사**와 에그론
렘 3:9	나무와 더불어 행음함을 **가볍게** 여기고	렘 47:1	바로가 **가사**를 치기 전에 블레셋 사람
렘 6:14	내 백성의 상처를 **가볍게** 여기면서	렘 47:5	**가사**는 대머리가 되었고 아스글론과
렘 8:11	딸 내 백성의 상처를 **가볍게** 여기면서	암 1:6	말씀하시되 **가사**의 서너 가지 죄로
욘 1:5	또 배를 **가볍게** 하려고 그 가운데 물건	암 1:7	내가 **가사** 성에 불을 보내리니 그 궁궐
마 11:30	내 멍에는 쉽고 내 짐은 **가벼움**이라	습 2:4	**가사**는 버림을 당하며 아스글론은
행 27:38	밀을 바다에 버려 배를 **가볍게** 하였더니	슥 9:5	아스글론이 보고 무서워하며 **가사**도
딤전 4:14	예언을 통하여 받은 것을 **가볍게** 여기지	…	**가사**에는 임금이 끊어질 것이며
딤전 6:2	상전을 형제라고 **가볍게** 여기지 말고	행 8:26	예루살렘에서 **가사**로 내려가는 길까지

가보(Carpus) 드로아 사람으로 바울의 친구
딤후 4:13　네가 올 때에 내가 드로아 **가보**의 집

가부(可否, one way or the other)
창 24:50　우리는 **가부**를 말할 수 없노라

가불(Cabul)
　　1. 아셀 지파에게 분배된 성읍
수 19:27　느이엘에 이르고 **가불** 왼쪽으로 나아
　　2. 갈릴리의 성읍
왕상 9:13　이러한가 하고 이름하여 **가불** 땅이라

가브리엘(Gabriel) 하늘 천사장 중 하나
단 8:16　**가브리엘**아 이 환상을 이 사람에게
단 9:21　환상 중에 본 그 사람 **가브리엘**이 빨리
눅 1:19　하나님 앞에 서 있는 **가브리엘**이라 이
눅 1:26　천사 **가브리엘**이 하나님의 보내심을

가사　1(Gaza) 블레셋의 5대 도시 중 하나
창 10:19　시돈에서부터 그랄을 지나 **가사**까지와
신 2:23　갑돌 사람이 **가사**까지 각 촌에 거주하는
수 10:41　가데스 바네아에서 **가사**까지와 온 고센
수 11:22　하나도 남지 아니하였고 **가사**와 가드
수 13:3　다섯 통치자들의 땅 곧 **가사** 족속과
수 15:47　마을들과 **가사**와 그 촌락들과 그 마을
삿 1:18　유다가 또 **가사** 및 그 지역과 아스글론
삿 6:4　진을 치고 **가사**에 이르도록 토지 소산
삿 16:1　삼손이 **가사**에 가서 거기서 한 기생을
삿 16:2　**가사** 사람들에게 삼손이 왔다고 알려
삿 16:21　눈을 빼고 끌고 **가사**에 내려가 놋줄로
삼상 6:17　아스돗을 위하여 하나요 **가사**를 위하여
왕상 4:24　강 건너편을 딥사에서부터 **가사**까지

가사　2(lyrics, tradition–NIV, written in–KJV)
대하 35:25　오늘까지 이르렀으며 그 **가사**는 애가 중

가산(家産, property, house)
스 7:26　귀양 보내거나 **가산**을 몰수하거나 옥
욥 20:28　그의 **가산**이 떠나가며 하나님의 진노
잠 13:23　불의로 말미암아 **가산**을 탕진하는 자
잠 15:16　**가산**이 적어도 여호와를 경외하는 것
아 8:7　그의 온 **가산**을 다 주고 사랑과 바꾸려
막 12:40　그들은 과부의 **가산**을 삼키며 외식으로
눅 20:47　그들은 과부의 **가산**을 삼키며 외식으로

가세스(Gazez)
　　1. 갈렙의 첩 에바에게서 난 아들
대상 2:46　에바는 하란과 모사와 **가세스**를 낳았
　　2. 갈렙의 손자며 하란의 아들
대상 2:46　하란은 **가세스**를 낳았으며

가스무(Geshem) 느헤미야를 대적한 아라비아 사람
느 6:6　이방 중에도 소문이 있고 **가스무**도

가슬루힘(Casluhite) 함의 자손으로 블레셋 족속의 조상
창 10:14　**가슬루힘**과 갑도림을 낳았더라 (**가슬루힘**에게서 블레셋이 나왔더라)
대상 1:12　바드루심과 **가슬루힘**과 갑도림을 낳았으니 블레셋 종족은 **가슬루힘**에게서

가슴(breast, chest)
출 28:29　이 판결 흉패를 **가슴**에 붙여 여호와
출 28:30　여호와 앞에 들어갈 때에 그의 **가슴**에

【 가시 】

	…항상 그의 **가슴**에 붙일지니라
출 29:26	아론의 위임식 숫양의 **가슴**을 가져다가
출 29:27	위임식 숫양의 **가슴**과 넓적다리를
레 7:30	제사장은 그 **가슴**을 여호와 앞에 흔들
레 7:31	제단 위에서 불사를 것이며 **가슴**은
레 7:34	흔든 **가슴**과 든 뒷다리를 가져다가
레 8:29	이에 모세가 그 **가슴**을 가져다가 여호와
레 9:20	그 기름을 **가슴**들 위에 놓으매 아론이
레 9:21	**가슴**들과 오른쪽 뒷다리를 그가 여호와
레 10:14	흔든 **가슴**과 들어올린 뒷다리는 너와
레 10:15	들어올린 뒷다리와 흔든 **가슴**을 화제
민 6:20	흔든 **가슴**과 받들어 올린 넓적다리는
민 18:18	그 고기는 네게 돌릴지니 흔든 **가슴**과
욥 38:36	**가슴** 속의 지혜는 누가 준 것이냐 수탉
욥 41:24	그것의 **가슴**은 돌처럼 튼튼하며 맷돌
잠 5:20	어찌하여 이방 계집의 **가슴**을 안겠느냐
사 32:12	열매 많은 포도나무로 인하여 **가슴**을
겔 23:3	유방이 눌리며 그 처녀의 **가슴**이 어루
겔 23:8	그 처녀의 **가슴**이 어루만져졌으며 그
겔 23:21	애굽 사람에게 네 **가슴**과 유방이 어루
단 2:32	그 우상의 머리는 순금이요 **가슴**과
나 2:7	그 모든 시녀들이 **가슴**을 치며 비둘기
마 11:17	우리가 슬피 울어도 너희가 **가슴**을 치지
눅 18:13	**가슴**을 치며 이르되 하나님이여 불쌍
눅 23:27	또 백성과 및 그를 위하여 **가슴**을 치며
눅 23:48	무리도 그 된 일을 보고 다 **가슴**을 치며
요 13:25	예수의 **가슴**에 그대로 의지하여 말하되
계 1:13	발에 끌리는 옷을 입고 **가슴**에 금띠를
계 15:6	빛난 세마포 옷을 입고 **가슴**에 금 띠를
계 18:9	불타는 연기를 보고 위하여 울고 **가슴**

가시(thorn, barb)

민 33:55	눈에 **가시**와 너희의 옆구리에 찌르는
수 23:13	너희의 눈에 **가시**가 되어서 너희
삿 2:3	그들이 너희 옆구리에 **가시**가 될 것이며
삿 8:7	내가 들 **가시**와 찔레로 너희 살을
삿 8:16	그 성읍의 장로들을 붙잡아 들 **가시**와
잠 22:5	패역한 자의 길에는 **가시**와 올무가
사 5:6	찔레와 **가시**가 날 것이며 내가 또 구름
사 7:23	포도나무가 있던 곳마다 찔레와 **가시**
사 7:24	온 땅에 찔레와 **가시**가 있으므로 화살
사 7:25	모든 산에도 찔레와 **가시** 때문에 두려
사 9:18	찔레와 **가시**를 삼키며 빽빽한 수풀을
사 10:17	하루 사이에 그의 **가시**와 찔레가 소멸
사 27:4	찔레와 **가시**가 나를 대적하여 싸운다
사 32:13	백성의 땅에 **가시**와 찔레가 나며 희락
렘 12:13	무리가 밀을 심어도 **가시**를 거두며
겔 2:6	너는 비록 **가시**와 찔레와 함께 있으며
겔 28:24	찌르는 **가시**와 아프게 하는 가시가
호 2:6	내가 **가시**로 그 길을 막으며 담을 쌓아
호 10:8	아웬의 산당은 파괴되어 **가시**와 찔레
미 7:4	선한 자라도 **가시** 같고 가장 정직한
고후 12:7	내 육체에 **가시** 곧 사탄의 사자를
히 6:8	만일 **가시**와 엉겅퀴를 내면 버림을

가시 울타리

잠 15:19	게으른 자의 길은 **가시 울타리** 같으

가시관(crown of thorn)

마 27:29	**가시관**을 엮어 그 머리에 씌우고 갈대
막 15:17	예수에게 자색 옷을 입히고 **가시관**을
요 19:5	이에 예수께서 **가시관**을 쓰고 자색 옷

가시나무(thornbush, thorn)

출 22:6	불이 나서 **가시나무**에 댕겨 낟가리나
삿 9:14	이에 모든 나무가 **가시나무**에게 이르되
삿 9:15	**가시나무**가 나무들에게 이르되 … 그 리하지 아니하면 불이 **가시나무**에서
삼하 23:6	사악한 자는 다 내버려질 **가시나무**
왕하 14:9	레바논 **가시나무**가 … 레바논 들짐승 이 지나가다가 그 **가시나무**를 짓밟았
대하 25:18	레바논 **가시나무**가 레바논 백향목에 게 … 지나가다가 그 **가시나무**를 짓밟
욥 30:7	**가시나무** 아래에 모여 있느니라
욥 31:40	밀 대신에 **가시나무**가 나고 보리 대신
시 58:9	**가시나무** 불이 가마를 뜨겁게 하기
잠 26:9	술 취한 자가 손에 든 **가시나무** 같으니
전 7:6	솥밑에서 **가시나무**가 타는 소리 같으니
아 2:2	여자들 중에 내 사랑은 **가시나무** 가운데
사 7:19	거친 골짜기와 바위틈과 **가시나무**
사 33:12	불에 사르는 **가시나무** 같으리로다
사 34:13	그 궁궐에는 **가시나무**가 나며 그 견고한
사 55:13	잣나무는 **가시나무**를 대신하여 나며
마 7:16	그들을 알지니 **가시나무**에서 포도를,
눅 6:44	각각 그 열매로 아나니 **가시나무**에서

【 가시나무 떨기 】　　　　　　　　　　　　　　　　【 가우다 】

요 19:2　군인들이 **가시나무**로 관을 엮어 그의

가시나무 떨기(bush, burning bush)
막 12:26　너희가 모세의 책 중 **가시나무 떨기**에
눅 20:37　모세도 **가시나무 떨기**에 관한 글에서
행 7:30　천사가 시내 산 광야 **가시나무 떨기**
행 7:35　그 모세를 하나님이 **가시나무 떨기**

가시덤불(thorns)
창 3:18　땅이 네게 **가시덤불**과 엉겅퀴를 낼 것
시 118:12　나를 에워쌌으나 **가시덤불**의 불같이
잠 24:31　**가시덤불**이 그 전부에 퍼졌으며 그
렘 4:3　너희 묵은 땅을 갈고 **가시덤불**에 파종
나 1:10　**가시덤불**같이 엉크러졌고 술을 마신

가시덩굴(thorns)
호 9:6　그들의 장막 안에는 **가시덩굴**이 퍼지

가시떨기(thorns)
마 13:7　더러는 **가시떨기** 위에 떨어지매 가시
마 13:22　**가시떨기**에 뿌려졌다는 것은 말씀을
막 4:7　더러는 **가시떨기**에 떨어지매 가시가
막 4:18　어떤 이는 **가시떨기**에 뿌려진 자니
눅 8:7　더러는 **가시떨기** 속에 떨어지매 가시
눅 8:14　**가시떨기**에 떨어졌다는 것은 말씀을

가시떨기나무(burning bush)
신 33:16　거기 충만한 것과 **가시떨기나무**

가시뱌(Casiphia)　북부 바벨론의 성읍
스 8:17　**가시뱌** 지방으로 보내어 그 곳 족장

가시채(goad)
행 26:14　나를 박해하느냐 **가시채**를 뒷발질하기

가신(家臣, man-NIV, servant-KJV)
창 14:15　그와 그의 **가신**들이 나뉘어 밤에 그들

가아스(Gaash)　다윗의 용사인 핫대의 고향
수 24:30　딤낫 세라는 에브라임 산지 **가아스** 산
삿 2:9　에브라임 산지 **가아스** 산 북쪽 딤낫
삼하 23:30　비라돈 사람 브나야와 **가아스** 시냇가
대상 11:32　**가아스** 시냇가에 사는 후래와 아르바

가알(Gaal)　사사 시대 에벳의 아들
삿 9:26　에벳의 아들 **가알**이 그의 형제와 더불
삿 9:28　에벳의 아들 **가알**이 이르되 아비멜렉
삿 9:30　성읍의 방백 스불이 에벳의 아들 **가알**
삿 9:31　에벳의 아들 **가알**과 그의 형제들이
삿 9:33　성읍을 엄습하면 **가알** 및 그와 함께
삿 9:35　에벳의 아들 **가알**이 나와서 성읍 문
삿 9:36　**가알**이 그 백성을 보고 스불에게
삿 9:37　**가알**이 다시 말하여 이르되 보라 백성
삿 9:39　**가알**이 세겜 사람들보다 앞에 서서
삿 9:41　아루마에 거주하고 스불은 **가알**과 그

가야바(Caiaphas)　안나스의 사위, 대제사장
마 26:3　백성의 장로들이 **가야바**라 하는
마 26:57　그를 끌고 대제사장 **가야바**에게로
눅 3:2　안나스와 **가야바**가 대제사장으로
요 11:49　그 해의 대제사장인 **가야바**가 그들에
요 18:13　안나스는 그 해의 대제사장인 **가야바**
요 18:14　**가야바**는 유대인들에게 한 사람이
요 18:24　결박한 그대로 대제사장 **가야바**에게
요 18:28　그들이 예수를 **가야바**에게서 관정으
행 4:6　안나스와 **가야바**와 요한과 알렉산더

가옥(家屋, house)
레 14:55　의복과 **가옥**의 나병과
레 25:29　성벽 있는 성 내의 **가옥**을 팔았으면
레 25:30　그 성 안의 **가옥**은 산 자의 소유로
레 25:31　촌락의 **가옥**은 나라의 전토와 같이
레 25:32　그들의 소유의 성읍의 **가옥**은 레위
레 25:33　판 **가옥**은 희년에 … 성읍의 **가옥**
신 19:1　그것을 받고 그들의 성읍과 **가옥**에
느 7:4　그 주민은 적으며 **가옥**은 미처 건축하
사 5:8　**가옥**에 **가옥**을 이으며 전토에 전토를
사 5:9　허다한 **가옥**이 황폐하리니 크고
사 6:11　주민이 없으며 **가옥**들에는 사람이
사 13:21　부르짖는 짐승이 그들의 **가옥**에 가득
사 22:10　예루살렘의 **가옥**을 계수하며 그 **가옥**
사 65:21　그들이 **가옥**을 건축하고 그 안에 살겠
렘 33:4　성읍의 **가옥**과 유다 왕궁을 헐어서
슥 14:2　성읍이 함락되며 **가옥**이 약탈되며

가우다(Cauda)　그레데 서남쪽에 위치한 섬
행 27:16　**가우다**라는 작은 섬 아래로 지나 간신

【 가운데 】　　　　　　　　　　　　　　　　　　　【 가운데 】

가운데 (middle, between, in, from)
모세 오경

창 1:6	하나님이 이르시되 물 **가운데**에 궁창		신 4:3	하나님 여호와께서 너희 **가운데**서
창 2:9	동산 **가운데**에는 생명 나무와 선악을		신 4:33	어떤 국민이 불 **가운데**에서 말씀하시
창 18:26	소돔 성읍 **가운데**에서 의인 오십 명을		신 4:36	네가 불 **가운데**서 나오는 그의 말씀을
창 23:6	당신은 우리 **가운데** 있는 하나님이		신 5:24	불 **가운데**에서 나오는 음성을 우리가
창 32:21	그에 앞서 보내고 그는 무리 **가운데**서		신 9:10	여호와께서 산상 불 **가운데**서 너희에
출 3:2	여호와의 사자가 떨기나무 **가운데**로		신 10:17	너희의 하나님 여호와는 신 **가운데** 신
출 3:4	하나님이 떨기나무 **가운데**서 그를			이시며 주 **가운데** 주시요 크고 능하
출 10:2	곧 내가 그들 **가운데**에서 행한 표징을		신 13:13	너희 **가운데**서 어떤 불량배가 일어나
출 11:4	밤중에 내가 애굽 **가운데**로 들어가리니		신 13:14	이런 가증한 일이 너희 **가운데**에 있다
출 12:31	일어나 내 백성 **가운데**에서 떠나 너희		신 13:15	그 성읍과 그 **가운데**에 거주하는 모든
출 13:15	여호와께서 애굽 나라 **가운데** 처음 난		신 16:4	네 모든 지경 **가운데**에 누룩이 보이지
출 14:16	이스라엘 자손이 바다 **가운데**서 마른		신 16:16	너의 **가운데** 모든 남자는 일 년에 세
출 15:8	언덕같이 일어서고 큰물이 바다 **가운데**		신 17:2	어느 성중에서든지 너희 **가운데**에
출 18:21	온 백성 **가운데**서 능력 있는 사람들		신 18:10	아들이나 딸을 불 **가운데**로 지나게
출 19:9	내가 빽빽한 구름 **가운데**서 네게 임함은		신 18:11	박수나 초혼자를 너희 **가운데**에 용납
출 20:11	땅과 바다와 그 **가운데** 모든 것을		신 18:15	너희 **가운데** 네 형제 중에서 너를
출 24:16	여호와께서 구름 **가운데**서 모세를		신 19:2	기업으로 주신 땅 **가운데**에서 세 성읍
출 26:28	널판 **가운데**에 있는 중간 띠는 이 끝		신 20:14	가축들과 성읍 **가운데** 있는 모든 것
출 33:5	너희 **가운데**에 이르면 너희를 진멸하		신 22:24	이같이 하여 너희 **가운데**에서 악을
출 34:5	여호와께서 구름 **가운데**에 강림하사		신 23:16	너와 함께 네 **가운데**에 거주하게 하고
출 40:38	밤에는 불이 그 구름 **가운데**에 있음을		신 26:11	너는 레위인과 너희 **가운데**에 거류하는
레 15:31	부정에서 떠나게 하여 그들 **가운데**에		신 30:1	나라 **가운데**서 이 일이 마음에서 기억
레 16:2	내가 구름 **가운데**에서 속죄소 위에		신 31:15	여호와께서 구름 기둥 **가운데**에서
레 22:9	죄를 짓고 그 **가운데**에서 죽을까 하노		신 31:17	하나님이 우리 **가운데**에 계시지 않은
민 5:3	내가 그 진영 **가운데**에 거하느니라		신 33:2	일만 성도 **가운데**에 강림하셨고 그의
민 6:19	광주리 **가운데** 무교병 하나와 무교전병		신 33:16	가시떨기나무 **가운데**에 계시던 이의
민 11:25	여호와께서 구름 **가운데** 강림하사		### 역사서	
민 14:14	주께서 낮에는 구름 기둥 **가운데**에서, 밤에는 불 기둥 **가운데**에서 그들 앞에		수 3:5	여호와께서 내일 너희 **가운데**에 기이
민 16:2	택함을 받은 자 곧 회중 **가운데**에서		수 3:10	살아 계신 하나님이 너희 **가운데**에
민 16:33	그 위에 덮이니 그들이 회중 **가운데**서		수 3:17	제사장들은 요단 **가운데** 마른 땅에
민 16:37	붙는 불 **가운데**에서 향로를 가져다가		수 4:3	요단 **가운데** 제사장들의 발이 굳게 선
민 19:6	암송아지를 사르는 불 **가운데**에 던질		수 6:17	성과 그 **가운데**에 있는 모든 것은
민 19:20	회중 **가운데**에서 끊어질 것이니라 그		수 7:11	그것을 그들의 물건들 **가운데**에 두었
민 20:18	너는 우리 **가운데**로 지나가지 못하리		수 7:13	이스라엘아 너희 **가운데**에 온전히 바친 물건이 … 너희 **가운데**에서 제하기
민 25:7	비느하스가 보고 회중 **가운데**에서		수 7:21	물건들을 내 장막 **가운데** 땅 속에
민 26:9	다단과 아비람은 회중 **가운데**서 부름		수 8:9	여호수아는 그 밤에 백성 **가운데**에서
민 31:3	너와 함께 있는 사람들 **가운데**서 전쟁		수 8:13	여호수아가 그 밤에 골짜기 **가운데**로
민 31:16	여호와의 회중 **가운데**에 염병이 일어		수 9:7	우리 **가운데**에 거주하는 듯하니 우리
민 33:8	광야를 바라보고 바다 **가운데**를 지나		수 11:11	그 **가운데** 모든 사람을 칼날로 쳐서
신 2:36	아로엘과 골짜기 **가운데**에 있는 성읍		수 13:13	마아갓이 … 이스라엘 **가운데**에서
			수 13:16	아로엘에서부터 골짜기 **가운데** 있는
			수 14:3	레위 자손에게는 그들 **가운데**에서

【 가운데 】   【 가운데 】

수 14:15	아르바는 아낙 사람 **가운데**에서 가장	삼하 23:12	그는 그 밭 **가운데** 서서 막아 블레셋
수 16:10	오늘까지 에브라임 **가운데**에 거주하여	삼하 24:2	이스라엘 모든 지파 **가운데**로 다니며
수 24:5	내가 그들 **가운데** 행한 것과 같고 그	삼하 24:5	갓 골짜기 **가운데** 성읍 아로엘 오른쪽
수 24:13	너희가 그 **가운데**에 거주하며 너희는	왕상 1:39	제사장 사독이 성막 **가운데**에서 기름
삿 1:1	우리 **가운데** 누가 먼저 올라가서 가나안	왕상 2:9	그의 백발이 피 **가운데** 스올에 내려가
삿 1:32	가나안 족속 **가운데** 거주하였으니 이	왕상 3:8	택하신 백성 **가운데** 있나이다 그들은
삿 5:16	양의 우리 **가운데** 앉아서 목자의	왕상 5:13	솔로몬 왕이 온 이스라엘 **가운데**서
삿 6:4	토지 소산을 멸하여 이스라엘 **가운데**에	왕상 6:13	이스라엘 자손 **가운데** 거하며 내
삿 7:8	미디안 진영은 그 아래 골짜기 **가운데**에	왕상 6:27	솔로몬이 내소 **가운데** 그룹을 두었
삿 8:25	각기 탈취한 귀고리를 그 **가운데**에	왕상 7:28	사면 옆 가장자리 **가운데**에는 판이
삿 9:37	백성이 밭 **가운데**를 따라 내려오고 또	왕상 7:29	가장자리 **가운데** 판에는 사자와 소와
삿 10:16	자기 **가운데**에서 이방 신들을 제하여	왕상 8:16	이스라엘 모든 지파 **가운데**에서 아무
삿 11:17	나를 네 땅 **가운데**로 지나게 하라	왕상 8:53	주께서 세상 만민 **가운데**에서 그들을
삿 16:29	삼손이 집을 버틴 두 기둥 **가운데** 하나	왕상 8:64	여호와의 성전 앞뜰 **가운데**를 거룩히
삿 18:2	그들의 가족 **가운데** 용맹스런 다섯	왕상 9:7	이스라엘은 모든 민족 **가운데**에서
삿 18:20	우상을 받아 가지고 그 백성 **가운데**로	왕상 11:20	바로의 궁에서 바로의 아들 **가운데**
삿 20:40	연기 구름이 기둥같이 성읍 **가운데**에서	왕상 14:10	이스라엘 **가운데** 매인 자나 놓인 자나
삿 20:42	성읍에서 나온 자를 그 **가운데**에서	왕상 14:13	여로보암의 집 **가운데**에서 그가 이스
삼상 25:14	하인들 **가운데** 하나가 나발의 아내	왕상 16:18	왕궁에 불을 지르고 그 **가운데**에서
삼상 25:22	속한 모든 남자 **가운데** 한 사람이라도	왕상 19:11	바위를 부수나 바람 **가운데**에 여호와
삼상 26:5	사울이 진영 **가운데** 누웠고 백성은		께서 … 지진이 있으나 지진 **가운데**
삼상 26:15	이스라엘 **가운데**에 너 같은 자가 누구	왕상 19:18	내가 이스라엘 **가운데**에 칠천 명을
	냐 … 아니하느냐 백성 **가운데** 한	왕상 20:39	종이 전장 **가운데**에 나갔더니 한 사람
삼상 27:5	지방 성읍 **가운데** 한 곳을 내게 주어	왕상 21:9	나봇을 백성 **가운데**에 높이 앉힌 후에
삼상 30:22	다윗과 함께 갔던 자들 **가운데** 악한	왕상 21:21	네게 속한 남자는 이스라엘 **가운데**
삼하 1:4	무리 **가운데** 엎드러져 죽은 자도	왕상 22:35	왕이 병거 **가운데** 붙들려 서서 아람
삼하 4:6	밀을 가지러 온 체하고 집 **가운데**로	왕하 2:21	소금을 그 **가운데**에 던지며 이르되 여
삼하 4:9	내 생명을 여러 환난 **가운데**서 건지신	왕하 6:20	자기들이 사마리아 **가운데** 있더라
삼하 6:17	그것을 위하여 친 장막 **가운데** 그	왕하 9:24	꿰뚫고 나오매 그가 병거 **가운데**에
삼하 7:2	하나님의 궤는 휘장 **가운데** 있도다	왕하 12:10	그 궤 **가운데** 은이 많은 것을 보면
삼하 7:7	이스라엘 어느 지파들 **가운데** 하나에	왕하 13:11	죄에서 떠나지 아니하고 그 **가운데**
삼하 14:25	온 이스라엘 **가운데**에서 압살롬같이	왕하 15:16	그 곳을 치고 그 **가운데**에 아이 밴
삼하 15:10	모든 지파 **가운데**에 두루 보내 이르기	왕하 16:3	자기 아들을 불 **가운데**로 지나가게
삼하 15:31	함께 모반한 자들 **가운데** 아히도벨이	왕하 17:26	신이 사자들을 그들 **가운데**에 보내매
삼하 16:7	시므이가 저주하는 **가운데** 이와 같이	왕하 20:4	이사야가 성읍 **가운데**까지도 이르기
삼하 17:9	압살롬을 따르는 자 **가운데**에서 패함	왕하 23:7	또 여호와의 성전 **가운데** 남창의 집을
삼하 18:14	상수리나무 **가운데**서 아직 살아 있는	대상 4:23	수풀과 산울 **가운데** 거주하는 자로
삼하 19:22	이스라엘 **가운데**에서 사람을 죽이겠	대상 11:20	삼백 명을 죽이고 그 세 명 **가운데**에
삼하 19:28	음식 먹는 자 **가운데** 두셨사오니	대상 12:40	이는 이스라엘 **가운데** 기쁨이 있음
삼하 20:12	아마사가 길 **가운데** 피 속에 놓여	대상 16:1	친 장막 **가운데** 두고 번제와 화목제
삼하 20:14	세바가 이스라엘 모든 지파 **가운데**	대상 16:32	밭과 그 **가운데** 모든 것은 즐거워할지
삼하 20:19	당신이 이스라엘 **가운데** 어머니 같은	대상 16:35	구원하여 만국 **가운데**에서 건져내시고
삼하 21:4	이스라엘 **가운데**에서 사람을 죽이는	대상 20:3	**가운데** 백성을 끌어내어 톱과 쇠도끼

33

【 가운데 】

대상 23:26	레위 사람이 … 성막과 그 **가운데**를	욥 30:4	떨기나무 **가운데**서 짠 나물을 꺾으
대하 6:13	높이가 세 규빗이라 뜰 **가운데**에 두었	욥 30:5	도둑같이 사람들 **가운데**서 쫓겨나서
대하 7:7	솔로몬이 또 여호와의 전 앞뜰 **가운데**	욥 30:19	하나님이 나를 진흙 **가운데** 던지셨고
대하 11:11	지휘관들을 그 **가운데**에 두고 양식과	욥 30:28	피부를 가지고 걸으며 회중 **가운데**
대하 11:22	그의 형제들 **가운데** 지도자로 삼아 왕	욥 32:12	내가 자세히 들은즉 당신들 **가운데** 욥
대하 14:14	모든 성읍을 치고 그 **가운데**에 있는	욥 33:23	천사 **가운데** 하나가 그 사람의 중보자
대하 15:9	므낫세와 시므온 **가운데**에서 나와서	욥 38:1	그 때에 여호와께서 폭풍우 **가운데**에서
대하 20:9	이 환난 **가운데**에서 주께 부르짖은즉	욥 42:6	거두어들이고 티끌과 재 **가운데**에서
대하 20:14	여호와의 영이 회중 **가운데**에서 레위	시 22:22	선포하고 회중 **가운데**에서 주를 찬송
대하 20:25	물건을 탈취할새 본즉 그 **가운데**에	시 24:1	충만한 것과 세계와 그 **가운데**에 사는
대하 26:6	아스돗 땅과 블레셋 사람들 **가운데**에	시 26:12	무리 **가운데**에서 여호와를 송축하리
대하 30:17	회중 **가운데** 많은 사람이 자신들을	시 46:2	산이 흔들려 바다 **가운데**에 빠지든지
대하 35:3	솔로몬이 건축한 전 **가운데** 두고 다시	시 48:9	우리가 주의 전 **가운데**에서 주의 인자
대하 35:18	이스라엘 **가운데**서 유월절을 이같이	시 55:15	그들의 거처에 있고 그들 **가운데**에
느 1:2	내 형제들 **가운데** 하나인 하나니가	시 57:4	내 영혼이 사자들 **가운데**에서 살며
느 1:8	내가 너희를 여러 나라 **가운데**에	시 74:4	주의 대적이 주의 회중 **가운데**에서
느 3:18	그 다음은 그들의 형제들 **가운데**	시 74:13	바다를 나누시고 물 **가운데** 용들의
느 4:11	우리가 그들 **가운데** 달려 들어가서	시 78:60	사람 **가운데** 세우신 장막 곧 실로의
느 5:9	우리 하나님을 경외하는 **가운데** 행할	시 82:1	하나님은 그들 **가운데**에서 재판하시
느 9:6	그 **가운데** 모든 것을 지으시고 다	시 89:5	거룩한 자들의 모임 **가운데**에서 찬양
느 9:17	주께서 그들 **가운데**에서 행하신 기사	시 90:8	은밀한 죄를 주의 얼굴 빛 **가운데**에
느 9:29	사람이 준행하면 그 **가운데**에서 삶을	시 96:3	영광을 백성들 **가운데**에, 그의 기이한
느 13:3	섞인 무리를 이스라엘 **가운데**에서		행적을 만민 **가운데**에 선포할지어다
시가서		시 99:7	여호와께서 구름 기둥 **가운데**서 그들
욥 1:6	여호와 앞에 섰고 사탄도 그들 **가운데**	시 106:23	모세가 그 어려움 **가운데**에서 그의
욥 2:8	욥이 재 **가운데** 앉아서 질그릇 조각을	시 111:1	회중 **가운데**에서 전심으로 여호와께
욥 6:10	그칠 줄 모르는 고통 **가운데**서도 기뻐	시 122:8	이제 말하리니 네 **가운데**에 평안이
욥 12:22	어두운 **가운데**에서 은밀한 것을 드러	시 126:2	그 때에 뭇 나라 **가운데**에서 말하기를
욥 14:4	깨끗한 것을 더러운 것 **가운데**에서 낼	시 136:14	이스라엘을 그 **가운데**로 통과하게
욥 18:19	그의 백성 **가운데** 후손도 없고 후예도	시 136:23	비천한 **가운데**에서도 기억해 주신

가운데 – 기타 본문

구약 출 14:22, 23, 24, 27, 29; 15:19; 19:18; 민 12:5; 신 5:4, 22, 23, 26; 10:4; 22:21; 수 4:5, 8, 9, 10, 18; 6:24; 7:15, 23; 9:22; 12:2; 13:9; 삿 1:33; 3:5; 삼상 26:7; 삼하 18:17; 왕상 14:21; 19:12; 21:12; 왕하 4:41; 9:27; 17:17, 25; 21:6; 대상 11:14, 21; 대하 6:5; 7:13; 20:5; 27:4; 33:6; 느 9:11; 욥 2:1; 8:17; 30:7, 14; 36:19; 40:6; 시 22:25; 40:9, 10; 68:10; 89:7; 96:10; 아 6:1, 2, 3; 사 29:23; 41:28; 42:10; 52:11; 56:9; 57:5; 66:21; 렘 5:26; 6:1; 8:19; 9:16; 10:17; 11:12; 12:16; 15:17; 18:13; 19:12; 21:4; 23:12, 14; 24:9, 10; 25:27; 34:17; 39:14; 40:6; 44:8, 28; 48:45; 49:14, 15, 33; 50:2, 3, 12, 23, 40, 46; 51:6, 47; 겔 1:13, 21; 2:6; 3:25; 5:5, 10, 12; 11:9, 11, 16, 17, 18; 12:15, 16, 23; 13:14, 19; 14:9, 22; 15:2, 4; 16:21; 18:3; 19:6, 11; 20:23, 31, 38, 47; 21:32; 22:6, 7, 9, 11, 12, 13, 15, 19, 21, 22, 25, 26, 27; 23:39; 24:4-5, 7; 25:4, 7; 26:12, 17, 18; 27:4, 8, 9, 27, 30, 32; 28:2, 8, 16, 18, 23, 25, 26; 29:4, 11, 12, 15; 30:11, 12, 13, 18, 23, 26; 31:14, 17; 32:15, 20, 21, 25, 27; 33:10; 34:13; 36:23, 24; 37:28; 39:7,

가운데

시 140:10	불 **가운데**와 깊은 웅덩이에 그들로
시 147:13	네 **가운데**에 있는 너의 자녀들에게
시 149:1	노래하며 성도의 모임 **가운데**에서
잠 7:7	어리석은 자 중에, 젊은이 **가운데**에
잠 8:8	내 입의 말은 다 의로운즉 그 **가운데**에
잠 8:20	길로 행하며 공의로운 길 **가운데**로
잠 15:31	듣는 귀는 지혜로운 자 **가운데**에 있느니
잠 23:34	너는 바다 **가운데**에 누운 자 같을 것
전 2:5	동산과 과원을 만들고 그 **가운데**에
전 7:19	지혜자를 성읍 **가운데**에 있는 열 명의
전 7:28	천 사람 **가운데**서 한 사람을 내가
전 9:15	성읍 **가운데**에 가난한 지혜자가 있어
아 1:13	나의 사랑하는 자는 내 품 **가운데**
아 2:2	내 사랑은 가시나무 **가운데** 백합화
아 2:3	나의 사랑하는 자는 수풀 **가운데**
아 2:16	그가 백합화 **가운데**에서 양 떼를
아 4:5	네 두 유방은 백합화 **가운데**서 꼴을
아 5:9	여자들 **가운데**에 어여쁜 자야 너의
아 5:10	희고도 붉어 많은 사람 **가운데**에 뛰어
아 6:12	내 귀한 백성의 수레 **가운데**에 이르게

대선지서

사 1:21	공의가 그 **가운데**에 거하였더니 이제
사 5:8	이 땅 **가운데**에서 홀로 거주하려 하는
사 5:25	그들의 시체는 거리 **가운데**에 분토
사 6:12	멀리 옮겨서서 이 땅 **가운데**에 황폐한
사 7:22	땅 **가운데**에 남아 있는 자는 엉긴 젖
사 8:16	율법을 내 제자들 **가운데**에서 봉함하라
사 8:22	그들이 심한 흑암 **가운데**로 쫓겨 들어
사 19:14	여호와께서 그 **가운데** 어지러운 마음
사 33:17	왕을 그의 아름다운 **가운데**에서 보며
사 34:16	찾아 읽어보라 이것들 **가운데**서 빠진
사 36:9	내 주의 종 **가운데** 극히 작은 총독 한
사 41:18	골짜기 **가운데**에 샘이 나게 하며 광야
사 43:2	네가 물 **가운데**로 지날 때에 내가 너와 함께 … 네가 불 **가운데**로 지날
사 43:16	바다 **가운데**에 길을, 큰물 **가운데**에
사 44:4	풀 **가운데**에서 솟아나기를 시냇가의
사 44:14	숲의 나무들 **가운데**에서 자기를 위하여
사 44:23	산들아 숲과 그 **가운데**의 모든 나무들
사 50:11	너희의 불꽃 **가운데**로 걸어가며 너희가 피운 횃불 **가운데**로 걸어갈지어다
사 51:3	동산 같게 하였나니 그 **가운데**에 기쁨
사 57:6	골짜기 **가운데** 매끄러운 돌들 중에 네
사 59:9	밝은 것을 바라나 캄캄한 **가운데**에
사 59:20	야곱의 자손 **가운데**에서 죄과를 떠나
사 60:6	어린 낙타가 네 **가운데**에 가득할 것이
사 61:9	그들의 자손을 뭇 나라 **가운데**에, 그들의 후손을 만민 **가운데**에 알리리니
사 63:3	만민 **가운데** 나와 함께 한 자가 없이
사 63:11	그들 **가운데**에 성령을 두신 이가 이제
사 65:19	부르짖는 소리가 그 **가운데**에서 다시
사 66:17	동산에 들어가서 그 **가운데**에 있는 자
사 66:19	내가 그들 **가운데**에서 징조를 세워서 그들 **가운데**에서 도피한 자를 여러
렘 8:17	뱀과 독사를 너희 **가운데** 보내리니
렘 9:6	네가 사는 곳이 속이는 일 **가운데**
렘 10:7	여러 왕국들의 지혜로운 자들 **가운데**
렘 12:14	유다 집을 그들 **가운데**서 뽑아 내리라
렘 14:9	여호와여 주는 그래도 우리 **가운데**
렘 14:22	이방인의 우상 **가운데** 능히 비를 내리

📖 **가운데 - 기타 본문**

21; 42:6; 43:9, 25; 48:19; 단 3:15, 17, 20, 21, 23, 25, 26; 4:23; 8:22; 호 8:8; 9:17; 욜 3:2, 17; 암 4:11; 5:17; 8:8; 옵 1:2; 미 5:8, 13, 14; 7:4; 나 3:13; 습 3:3, 11, 15; 슥 2:11; 3:7; 8:8, 13; 10:9; 12:6; 13:9; 14:1, 4, 11 **신약** 마 17:9; 막 5:27, 30; 6:14; 9:9, 10, 36; 12:25; 14:60; 눅 4:30; 9:7; 10:3; 16:31; 19:44; 20:35; 24:5, 46; 요 2:22; 8:9, 21, 24; 9:34; 11:54; 12:9, 17; 16:13; 19:18; 20:9, 19; 21:14; 행 1:17, 21; 2:22; 3:15; 4:7, 10, 24; 7:30, 37; 10:41; 13:6, 30, 34; 14:14, 15; 15:7, 24; 17:3, 22, 24, 31, 33; 19:30, 33; 20:18, 32; 21:19, 34; 25:6; 26:18, 23; 27:21; 28:9; 롬 1:12; 6:4, 9; 7:4; 8:11; 10:7; 11:15; 고전 1:11; 2:3; 3:15; 6:5, 7; 10:7, 9, 10; 15:1, 12; 16:10; 고후 3:11; 6:5, 16; 8:2, 6; 11:6; 갈 2:5; 엡 2:3, 10; 3:17, 20; 4:18; 골 1:18, 27; 3:7; 4:12; 살전 1:5, 9, 10; 2:1, 7; 3:7; 5:12; 살후 1:12; 3:1, 7, 11; 딤전 1:20; 3:16; 딤후 2:8; 3:11; 히 7:5; 11:34; 13:20, 21; 벧전 1:21; 4:19; 벧후 2:10, 12; 요일 2:10; 계 2:10, 13, 22; 5:13; 7:17; 8:9; 9:3, 17; 10:6; 12:12; 16:3; 20:13

【 가운데 】　　　　　　　　　　　　　　　　【 가운데 】

렘 15:4	내가 그들을 세계 여러 민족 **가운데**		희가 흩어진 여러 민족 **가운데**에서
렘 23:13	사마리아 선지자들 **가운데** 우매함을	겔 22:3	자기 **가운데**에 피를 흘려 벌 받을 때
렘 29:18	그들을 세계 여러 나라 **가운데**에 흩어	겔 22:10	네 **가운데**에 자기 아버지의 하체를 드
	학대를 … 쫓아낸 나라들 **가운데**에서		러내는 자도 있었으며 네 **가운데**에
렘 32:20	이스라엘과 인류 **가운데** 그와 같이	겔 22:18	풀무 불 **가운데**에 있는 놋이나 주석이
렘 37:4	갇히지 아니하였으므로 백성 **가운데**	겔 22:30	사람을 내가 그 **가운데**에서 찾다가
렘 37:12	베냐민 땅에서 백성 **가운데** 분깃을	겔 23:7	그가 앗수르 사람들 **가운데**에 잘 생긴
렘 40:5	그와 함께 백성 **가운데** 살거나 네가	겔 25:10	암몬 족속이 다시는 이방 **가운데**에서
렘 41:7	그들을 죽여 구덩이 **가운데**에 던지니라	겔 25:13	사람과 짐승을 그 **가운데**에서 끊을
렘 42:5	여호와께서는 우리 **가운데**에 진실하고	겔 26:5	바다 **가운데**에 그물 치는 곳이 되게
렘 43:5	쫓겨났던 여러 나라 **가운데**에서 유다	겔 26:15	너희 **가운데**에 상한 자가 부르짖으며
렘 44:7	유다 **가운데**에서 너희의 남자와 여자	겔 27:10	바사와 룻과 붓이 네 군대 **가운데**에서
렘 48:27	그가 도둑 **가운데**에서 발견되었느냐		병정이 되었음이여 네 **가운데**에서
렘 49:3	애통하며 울타리 **가운데**에서 허둥지둥		
렘 49:18	그 **가운데**에 머물러 살 사람이 아무도		
렘 50:8	너희는 바벨론 **가운데**에서 도망하라		"너의 하나님 여호와
렘 50:39	타조도 그 **가운데**에 살 것이요 영원히		가 너의 가운데에 계시
렘 51:27	나라들 **가운데**에 나팔을 불어서 나라		니 그는 구원을 베푸실
렘 51:41	슬프다 바벨론이 나라들 **가운데**에 황		전능자이시라 그가 너
애 1:3	유다는 환난과 많은 고난 **가운데** 사		로 말미암아 기쁨을 이기지 못하시며 너를
	로잡혀 갔도다 그가 열국 **가운데**		잠잠히 사랑하시며 너로 말미암아 즐거이
애 1:17	예루살렘은 그들 **가운데** 있는 불결		부르며 기뻐하시리라 하리라" (습 3:17)
애 1:19	양식을 구하다가 성 **가운데**에서 기절		
애 2:9	율법 없는 이방인들 **가운데** 있으며	겔 28:22	시돈아 내가 너를 대적하나니 네 **가운**
애 3:45	뭇 나라 **가운데**에서 쓰레기와 폐물로		**데**에서 내 영광이 … 그 **가운데**에서
겔 1:4	그 불 **가운데** 단 쇠 같은 것이 나타나	겔 29:3	너는 자기의 강들 **가운데**에 누운 큰
겔 1:20	생물의 영이 그 바퀴들 **가운데**에 있음	겔 29:21	네가 그들 **가운데**에서 입을 열게 하리
겔 2:5	아니 듣든지 그들 **가운데**에 선지자가	겔 30:6	수에네까지 무리가 그 **가운데**에서
겔 5:4	또 그 **가운데**에서 얼마를 불에 던져	겔 31:18	칼에 죽임을 당한 자 **가운데**에 누우리라
겔 5:17	너희 **가운데**에 전염병과 살륙이 일어	겔 32:2	바다 **가운데**의 큰 악어라 강에서 튀어
겔 8:3	하나님의 환상 **가운데**에 나를 이끌어	겔 33:2	백성이 자기들 **가운데**의 하나를
겔 8:11	사반의 아들 야아사냐도 그 **가운데**	겔 33:18	죄악을 범하면 그가 그 **가운데**에서
겔 8:12	우상의 방안 어두운 **가운데**에서 행하	겔 33:33	한 선지자가 자기 **가운데**에 있었음을
겔 9:4	성읍 중에 순행하여 그 **가운데**에서	겔 34:12	목자가 양 **가운데**에 있는 날에 양이
겔 10:17	생물의 영이 바퀴 **가운데**에 있음이더	겔 34:25	빈들에 평안히 거하며 수풀 **가운데**에서
겔 11:7	가마인데 너희는 그 **가운데**에서 끌려	겔 37:1	나를 데리고 가서 골짜기 **가운데** 두셨
겔 11:23	여호와의 영광이 성읍 **가운데**에서부터	겔 37:26	내 성소를 그 **가운데**에 세워서 영원히
겔 12:10	예루살렘 왕과 그 **가운데**에 있는	겔 37:27	내 처소가 그들 **가운데**에 있을 것이며
겔 14:7	이스라엘 족속과 이스라엘 **가운데**에	겔 42:5	아래층과 **가운데** 층보다 위층이 더
겔 14:8	내 백성 **가운데**에서 끊으리니 내가	겔 43:7	내가 이스라엘 족속과 **가운데**에 영원히
겔 15:6	내가 수풀 **가운데**에 있는 포도나무를	겔 43:23	떼 **가운데**에서 흠 없는 숫양 한 마리
겔 19:2	그가 사자들 **가운데**에 엎드려 젊은	겔 44:14	모든 수종드는 일과 그 **가운데**에서
겔 20:41	여러 나라 **가운데**에서 나오게 하고 너	겔 44:28	너희는 이스라엘 **가운데**에서 그들에

겔 45:3	측량한 **가운데**에서 길이는 이만 오천	슥 2:4	예루살렘은 그 **가운데** 사람과 가축이
겔 45:8	왕에게 돌려 이스라엘 **가운데**에 기업	슥 2:5	성곽이 되며 그 **가운데**에서 영광이
겔 46:10	군주가 무리 **가운데**에 있어서 그들이	슥 2:10	이는 내가 와서 네 **가운데**에 머물
겔 47:22	너희 **가운데**에 머물러 사는 타국인 곧	슥 5:7	이 에바 **가운데**에는 한 여인이 앉았
	너희 **가운데**에서 자녀를 낳은 자의	슥 6:10	사로잡힌 자 **가운데** 바벨론에서부터
단 1:6	그들 **가운데**는 유다 자손 곧 다니엘과	슥 8:3	시온에 돌아와 예루살렘 **가운데**에
단 3:11	맹렬히 타는 풀무불 **가운데**에 던져	말 1:14	짐승 떼 **가운데**에 수컷이 있거늘
단 3:24	불 **가운데**에 던진 자는 세 사람이	말 2:12	여호와께서 야곱의 장막 **가운데**에서
단 4:13	환상 **가운데**에 또 본즉 한 순찰자, 한	복음서, 역사서	
단 4:15	그것을 들 풀 **가운데**에 두어라 그것이	마 9:33	이스라엘 **가운데**서 이런 일을 본 적이
	하늘 이슬에 젖고 땅의 풀 **가운데**에서	마 10:16	양을 이리 **가운데**로 보냄과 같도다
단 7:7	내가 밤 환상 **가운데**에 그 다음에 본	마 13:25	원수가 와서 곡식 **가운데** 가라지를
단 12:2	땅의 티끌 **가운데**에서 자는 자 중에서	마 14:2	그가 죽은 자 **가운데**서 살아났으니
소선지서		마 14:6	헤로디아의 딸이 연석 **가운데**서 춤을
호 7:8	에브라임이 여러 민족 **가운데**에 혼합	마 18:2	한 어린 아이를 불러 그들 **가운데**
호 11:9	사람이 아니라 네 **가운데** 있는	마 27:64	그가 죽은 자 **가운데**서 살아났다 하면
욜 2:19	다시는 너희가 나라들 **가운데**에서	마 28:7	그가 죽은 자 **가운데**서 살아나셨고
욜 2:27	이스라엘 **가운데**에 있어 너희 하나님	마 28:15	이 말이 오늘날까지 유대인 **가운데**
욜 3:1	유다와 예루살렘 **가운데**에서 사로잡	막 3:3	손 마른 사람에게 이르시되 한 **가운데**
암 2:16	용사 **가운데** 그 마음이 굳센 자도 그	막 6:47	저물매 배는 바다 **가운데** 있고 예수
암 3:2	땅의 모든 족속 **가운데** 너희만을 알았	막 9:30	갈릴리 **가운데**로 지날새 예수께서
암 7:8	다림줄을 내 백성 이스라엘 **가운데**	눅 5:19	병자를 침상째 무리 **가운데**로 예수 앞
암 7:17	아내는 성읍 **가운데**서 창녀가 될 것이	눅 7:16	큰 선지자가 우리 **가운데** 일어나셨다
옵 1:1	사자가 나라들 **가운데**에 보내심을	눅 16:24	내가 이 불꽃 **가운데**서 괴로워하나이다
욘 1:4	바다 **가운데**에 큰 폭풍이 일어나 배가	눅 22:55	사람들이 뜰 **가운데** 불을 피우고 함께
욘 1:5	그 **가운데** 물건들을 바다에 던지니라	눅 24:36	예수께서 친히 그들 **가운데** 서서
욘 2:3	주께서 나를 깊음 속 바다 **가운데**에	요 1:14	말씀이 육신이 되어 우리 **가운데** 거하
미 3:3	냄비와 솥 **가운데** 담을 고기처럼	요 1:26	세례를 베풀거니와 너희 **가운데** 너희
미 5:3	후에는 그의 형제 **가운데** 남은 자가	요 8:3	잡힌 여자를 끌고 와서 **가운데** 세우고
미 5:7	남은 자는 많은 백성 **가운데** 있으리니	요 12:1	예수께서 죽은 자 **가운데**서 살리신
미 5:10	내가 네 군마를 네 **가운데**에서 멸절하며	요 20:26	예수께서 오사 **가운데** 서서 이르시되
미 7:2	정직한 자가 사람들 **가운데** 없도다	행 1:11	너희 **가운데**서 하늘로 올려지신 이
나 1:5	땅 곧 세계와 그 **가운데**에 있는 모든	행 1:15	베드로가 그 형제들 **가운데** 일어서서
나 1:15	그가 다시는 네 **가운데**로 통행하지	행 3:22	너희 형제 **가운데**서 나 같은 선지자
습 2:14	각종 짐승이 그 **가운데**에 떼로 누울	행 6:3	너희 **가운데**서 성령과 지혜가 충만한
습 3:5	그 **가운데**에 계시는 여호와는 의로우사	행 10:7	고넬료가 집안 하인 둘과 부하 **가운데**
습 3:12	가난한 백성을 네 **가운데**에 남겨 두리	행 13:43	항상 하나님의 은혜 **가운데** 있으라
습 3:17	하나님 여호와가 너의 **가운데**에 계시	행 14:11	사람의 형상으로 우리 **가운데** 내려와
습 3:20	천하 만민 **가운데**서 명성과 칭찬을	행 14:24	비시디아 **가운데**로 지나서 밤빌리아
학 2:3	너희 **가운데**에 남아 있는 자 중에서	행 18:9	밤에 주께서 환상 **가운데** 바울에게
학 2:5	너희 **가운데**에 머물러 있나니 너희는	행 18:11	그들 **가운데**서 하나님의 말씀을 가르
학 2:13	그것들 **가운데** 하나를 만지면 그것이	행 20:28	성령이 그들 **가운데** 여러분을 감독자
슥 1:16	내 집이 그 **가운데**에 건축되리니	행 23:10	군인을 명하여 내려가 무리 **가운데**서

【 가운데 】   【 가이난 】

| 행 24:21 | 오직 내가 그들 **가운데** 서서 외치기를 |
| 행 27:14 | 섬 **가운데**로부터 유라굴로라는 광풍 |

서신서, 예언서

롬 1:4	성결의 영으로는 죽은 자들 **가운데서**
롬 4:24	예수 우리 주를 죽은 자 **가운데서**
롬 6:2	대하여 죽은 우리가 어찌 그 **가운데**
롬 6:13	너희 자신을 죽은 자 **가운데서** 다시
롬 10:9	하나님께서 그를 죽은 자 **가운데서**
롬 11:32	사람을 순종하지 아니하는 **가운데**
롬 13:9	사랑하라 하신 그 말씀 **가운데** 다
고전 1:10	너희 **가운데** 분쟁이 없이 같은 마음
고전 2:7	오직 은밀한 **가운데** 있는 하나님의
고전 3:3	너희 **가운데** 시기와 분쟁이 있으니
고전 6:19	너희 **가운데** 계신 성령의 전인 줄을
고전 10:1	구름 아래에 있고 바다 **가운데로** 지나
고전 12:6	모든 사람 **가운데서** 이루시는 하나님
고전 12:25	몸 **가운데서** 분쟁이 없고 오직 여러
고전 14:25	하나님이 참으로 너희 **가운데** 계신다
고전 15:17	헛되고 너희가 여전히 죄 **가운데** 있을
고전 15:19	모든 사람 **가운데** 우리가 더욱 불쌍한
고전 15:20	그리스도께서 죽은 자 **가운데서** 다시
고후 1:19	디모데로 말미암아 너희 가운데 전파
고후 7:1	하나님을 두려워하는 **가운데서** 거룩
고후 7:4	내가 우리의 모든 환난 **가운데서도**
고후 10:15	규범을 따라 너희 **가운데서** 더욱 풍성
고후 12:12	내가 너희 **가운데서** 모든 참음과 표적
갈 1:1	그리스도와 그를 죽은 자 **가운데서**
갈 2:2	내가 이방 **가운데서** 전파하는 복음을
갈 2:20	내가 육체 **가운데** 사는 것은 나를
갈 3:5	성령을 주시고 너희 **가운데서** 능력을
갈 3:12	율법을 행하는 자는 그 **가운데서** 살리
갈 4:6	아들의 영을 우리 마음 **가운데** 보내사
엡 1:20	죽은 자들 **가운데서** 다시 살리시고
엡 2:2	너희는 그 **가운데서** 행하여 이 세상 풍조를… 불순종의 아들들 **가운데서**
엡 4:2	오래 참음으로 사랑 **가운데서** 서로
엡 4:6	만유를 통일하시고 만유 **가운데** 계시
엡 5:2	너희도 사랑 **가운데서** 행하라 그는
엡 5:14	죽은 자들 **가운데서** 일어나라 그리스도
빌 2:15	거스르는 세대 **가운데서** 하나님의 흠
빌 3:11	어떻게 해서든지 죽은 자 **가운데서**
빌 4:19	예수 안에서 영광 **가운데** 그 풍성한
골 1:12	우리로 하여금 빛 **가운데서** 성도의
골 2:12	죽은 자들 **가운데서** 그를 일으키신
골 4:6	너희 말을 항상 은혜 **가운데서** 소금
살전 1:6	또 너희는 많은 환난 **가운데서** 성령의
살전 2:13	말씀이 또한 너희 믿는 자 **가운데서**
살후 1:7	하늘로부터 불꽃 **가운데** 나타나실
딤후 1:3	내가 밤낮 간구하는 **가운데** 쉬지
딤후 2:1	예수 안에 있는 은혜 **가운데서** 강하고
딛 1:10	속이는 자가 많은 중 할례파 **가운데**
몬 1:6	믿음의 교제가 우리 **가운데** 있는 선
히 5:1	대제사장마다 사람 **가운데서** 택한 자
히 10:20	휘장 **가운데로** 열어 놓으신 새로운
히 11:19	이삭을 죽은 자 **가운데서** 다시 살리실 줄로… 죽은 자 **가운데서** 도로 받은
벧전 1:3	예수 그리스도를 죽은 자 **가운데서**
벧후 2:1	백성 **가운데** 또한 거짓 선지자들이
벧후 3:14	점도 없고 흠도 없이 평강 **가운데서**
요일 1:7	그가 빛 **가운데** 계신 것 같이 우리도 빛 **가운데** 행하면 우리가 서로 사귐이
요일 2:9	빛 **가운데** 있다 하면서 그 형제를
요이 1:3	그리스도께로부터 … 사랑 **가운데서**
요이 1:6	들은 바와 같이 그 **가운데서** 행하라
계 1:3	듣는 자와 그 **가운데에** 기록한 것을
계 1:5	증인으로 죽은 자들 **가운데에서** 먼저
계 4:6	보좌 **가운데와** 보좌 주위에 네 생물이
계 5:9	방언과 백성과 나라 **가운데에서** 사람
계 14:4	따라가는 자며 사람 **가운데에서** 속량
계 21:24	만국이 그 빛 **가운데로** 다니고 땅의
계 22:2	길 **가운데로** 흐르더라 강 좌우에 생명
계 22:3	어린 양의 보좌가 그 **가운데에** 있으리

가을(harvest, autumn)

잠 20:4	게으른 자는 **가을**에 밭 갈지 아니하나
사 18:4	감찰함이 쬐이는 일광 같고 **가을** 더위
유 1:12	죽어 뿌리까지 뽑힌 열매 없는 **가을**

가이(Gath) 블레셋 성읍

| 삼상 17:52 | 블레셋 사람들을 쫓아 **가이**와 에그론 |

가이난(Cainan)

1. 아박삿의 아들

| 눅 3:36 | 그 위는 **가이난**이요 그 위는 아박삿이 |

2. 에노스의 아들(게난)

| 눅 3:37 | 그 위는 마할랄렐이요 그 위는 **가이난** |

가이사(Caesar) 로마 황제를 이르는 칭호
마 22:17 **가이사**에게 세금을 바치는 것이 옳으니
마 22:21 **가이사**의 것이니이다 이에 이르시되
         그런즉 **가이사**의 것은 **가이사**에게,
막 12:14 **가이사**에게 세금을 바치는 것이 옳으
막 12:16 이 글이 누구의 것이냐 이르되 **가이사**
막 12:17 이르시되 **가이사**의 것은 **가이사**에게,
눅 2:1   때에 **가이사** 아구스도가 영을 내려
눅 20:22 우리가 **가이사**에게 세를 바치는 것이
눅 20:24 글이 여기 있느냐 대답하되 **가이사**의
눅 20:25 그런즉 **가이사**의 것은 **가이사**에게,
눅 23:2   우리 백성을 미혹하고 **가이사**에게
요 19:12 놓으면 **가이사**의 충신이 아니니이다…
         왕이라 하는 자는 **가이사**를 반역하는
요 19:15 대제사장들이 대답하되 **가이사** 외에는
행 17:7   이 사람들이 다 **가이사**의 명을 거역하여
행 25:8   성전이나 **가이사**에게나 내가 도무지
행 25:10 바울이 이르되 내가 **가이사**의 재판
행 25:11 내줄 수 없나이다 내가 **가이사**께 상소
행 25:12 **가이사**에게 상소하였으니 **가이사**에게
행 25:21 내가 그를 **가이사**에게 보내기까지
행 26:32 이 사람이 만일 **가이사**에게 상소하지
행 27:24 두려워하지 말라 네가 **가이사** 앞에
행 28:19 내가 마지 못하여 **가이사**에게 상소함
빌 4:22   너희에게 문안하되 특히 **가이사**의 집

가이사랴(Caesarea) 헤롯에 의해 건설된 지중해 연안의 항구 도시
행 8:40   지나 다니며 복음을 전하고 **가이사랴**
행 9:30   형제들이 알고 **가이사랴**로 데리고
행 10:1   **가이사랴**에 고넬료라 하는 사람이
행 10:24 이튿날 **가이사랴**에 들어가니 고넬료
행 11:11 유숙한 집 앞에 서 있으니 **가이사랴**에서
행 12:19 헤롯이 유대를 떠나 **가이사랴**로 내려
행 18:22 **가이사랴**에 상륙하여 올라가 교회의
행 21:8   이튿날 떠나 **가이사랴**에 이르러 일곱
행 21:16 **가이사랴**의 몇 제자가 함께 가며 한
행 23:23 밤 제 삼 시에 **가이사랴**까지 갈 보병
행 23:33 그들이 **가이사랴**에 들어가서 편지를
행 25:1   삼 일 후에 **가이사랴**에서 예루살렘
행 25:4   바울이 **가이사랴**에 구류된 것과 자기
행 25:6   십 일을 지낸 후 **가이사랴**로 내려가서
행 25:13 베스도에게 문안하러 **가이사랴**에

가이오(Gaius)
1. 마게도냐 사람
행 19:29 마게도냐 사람 **가이오**와 아리스다고
2. 더베 사람
행 20:4   더베 사람 **가이오**와 및 디모데와 아시
3. 고린도 교회의 세례 교인
롬 16:23 나와 온 교회를 돌보아 주는 **가이오**도
고전 1:14 나는 그리스보와 **가이오** 외에는 너희
4. 사도 요한의 서신에 나오는 사람
요삼 1:1 장로인 나는 사랑하는 **가이오** 곧 내가

가인 1(Cain)
1. 인명 : 아담의 첫째 아들
창 4:1   하와가 임신하여 **가인**을 낳고 이르되
창 4:2   또 **가인**의 아우 아벨을 낳았는데 아벨
창 4:3   세월이 지난 후에 **가인**은 땅의 소산으
창 4:5   **가인**과 그의 제물은 받지 아니하신지
         라 **가인**이 몹시 분하여 안색이 변하니
창 4:6   여호와께서 **가인**에게 이르시되 네가
창 4:8   **가인**이 그의 아우 아벨에게 말하고 그
         들이 들에 있을 때에 **가인**이 그의 아우
창 4:9   **가인**에게 이르시되 네 아우 아벨이
창 4:13   **가인**이 여호와께 아뢰되 내 죄짐을
창 4:15   그렇지 아니하다 **가인**을 죽이는 자는 벌
         을 칠 배나 받으리라 하시고 **가인**에게
창 4:16   **가인**이 여호와 앞을 떠나서 에덴 동쪽
창 4:17   에녹을 낳은지라 **가인**이 성을 쌓고 그
창 4:24   **가인**을 위하여는 벌이 칠 배일진대
창 4:25   하나님이 내게 **가인**이 죽인 아벨 대신
히 11:4   믿음으로 아벨은 **가인**보다 더 나은
요일 3:12 **가인**같이 하지 말라 그는 악한 자에게
유 1:11   화 있을진저 이 사람들이여, **가인**의
2. 지명 : 유다 산지의 성읍
수 15:57 **가인**과 기브아와 딤나니 열 성읍과 그

가인 2(Kenite) 가나안 땅에 살던 부족
민 24:22 그러나 **가인**이 쇠약하리니 나중에는

가장 1(家長, husband)
암 4:1   가난한 자를 압제하며 **가장**에게 이르

가장 2(most)
창 3:1   지으신 들짐승 중에 **가장** 간교하니라

【 가장 2 】　　　　　　　　　　　　　　　　　　　　　　　【 가정 】

창 34:19	그의 아버지 집에서 **가장** 존귀하였더라	행 17:21	외국인들이 **가장** 새로운 것을 말하고
출 22:5	자기 밭의 **가장** 좋은 것과 자기 포도	행 26:5	내가 우리 종교의 **가장** 엄한 파를
	원의 **가장** 좋은 것으로 배상할지니라	행 28:7	이 섬에서 **가장** 높은 사람 보블리오라
출 23:19	처음 거둔 열매의 **가장** 좋은 것을	고전 12:31	사모하라 내가 또한 **가장** 좋은 길을
민 27:11	그의 기업을 **가장** 가까운 친족에게	고전 15:9	나는 사도 중에 **가장** 작은 자라 나는
신 7:7	너희는 오히려 모든 민족 중에 **가장**	빌 3:8	그리스도 예수를 아는 지식이 **가장**
수 14:15	아낙 사람 가운데에서 **가장** 큰 사람이	살전 5:13	사랑 안에서 **가장** 귀히 여기며 너희끼
삿 6:15	내 아버지 집에서 **가장** 작은 자니이다	약 5:11	주는 **가장** 자비하시고 긍휼히 여기시
삼상 2:29	내 백성 이스라엘이 드리는 **가장** 좋은		
삼상 8:16	너희의 노비와 **가장** 아름다운 소년과	**가장자리**(around, hem)	
삼상 9:21	나는 이스라엘 지파의 **가장** 작은 지파	출 25:11	그 안팎을 싸고 위쪽 **가장자리**로 돌아
	… 모든 가족 중에 **가장** 미약하지 아니	출 27:5	그물은 제단 주위 **가장자리** 아래 곧
삼상 15:9	아각과 그의 양과 소의 **가장** 좋은 것	출 28:33	그 옷 **가장자리**로 돌아가며 청색 자색
삼상 15:15	양들과 소들 중에 **가장** 좋은 것을	출 28:34	그 옷 **가장자리**로 돌아가며 한 금 방
삼상 15:21	그 마땅히 멸할 것 중에서 **가장** 좋은	출 37:2	순금으로 안팎을 싸고 위쪽 **가장자리**
삼하 23:19	그는 세 사람 중에 **가장** 존귀한 자가	출 37:11	순금으로 싸고 위쪽 **가장자리**로 돌아
왕하 10:3	너희 주의 아들들 중에서 **가장** 어질고	출 38:4	제단 주위 **가장자리** 아래에 두되 제단
왕하 19:23	내가 그 **가장** 먼 곳에 들어가며 그의	출 39:19	에봇을 마주한 안쪽 **가장자리**에 달았
대상 11:21	둘째 세 명 가운데서 **가장** 뛰어나 그	출 39:24	가는 베 실로 그 옷 **가장자리**에 석류
에 6:9	그 왕복과 말을 왕의 신하 중 **가장** 존귀	출 39:25	방울을 만들어 그 옷 **가장자리**로 돌아
욥 1:3	이 사람은 동방 사람 중에 **가장** 훌륭한	출 39:26	번갈아 그 옷 **가장자리**로 돌아가며 달
시 137:6	내가 **가장** 즐거워하는 것보다 더 즐거	신 2:36	아르논 골짜기 **가장자리**에 있는 아로
잠 8:6	너희는 들을지어다 내가 **가장** 선한 것	신 4:48	땅은 아르논 골짜기 **가장자리**의 아로
잠 30:24	땅에 작고도 **가장** 지혜로운 것 넷이	왕상 7:24	그 **가장자리** 아래에는 돌아가며 박이
잠 30:30	곧 짐승 중에 **가장** 강하여 아무 짐승	왕상 7:28	사면 옆 **가장자리** 가운데에는 판이
사 14:14	**가장** 높은 구름에 올라가 지극히 높은	왕상 7:29	**가장자리** 가운데 … **가장자리** 위에는
사 17:6	감람나무를 흔들 때에 **가장** 높은 가지	대하 4:3	그 **가장자리** 아래에는 돌아가며 소
사 19:11	바로의 **가장** 지혜로운 모사의 책략은	렘 48:28	출입문 어귀 **가장자리**에 깃들이는
사 29:14	곧 기이하고 **가장** 기이한 일을	겔 43:13	그 사방 **가장자리**의 너비는 한 척이며
렘 6:13	이는 그들이 **가장** 작은 자로부터 큰	겔 43:14	그 **가장자리**의 너비는 한 척이며 …
렘 8:10	그들은 **가장** 작은 자로부터 큰 자까지		높이는 네 척이요 그 **가장자리**의 너비
겔 42:5	그 위층의 방은 **가장** 좁으니 이는	겔 43:17	그 **가장자리**의 너비는 한 척이니라 그
겔 48:12	레위인의 접경지에 관한 **가장** 거룩한	겔 43:20	사방 **가장자리**에 발라 속죄하여 제단
단 10:13	함께 머물러 있더니 **가장** 높은 군주		
단 11:24	그가 평안한 때에 그 지방의 **가장**	**가장하다**(假裝, masquerade)	
미 7:4	**가장** 선한 자라도 가시 같고 가장	고후 11:13	자기를 그리스도의 사도로 **가장하**
마 2:6	유대 고을 중에서 **가장** 작지 아니하도다	고후 11:14	사탄도 자기를 광명의 천사로 **가장하**
마 11:20	예수께서 권능을 **가장** 많이 행하신	고후 11:15	자기를 의의 일꾼으로 **가장하**는 것이
마 21:9	주의 이름으로 오시는 이여 **가장** 높은		
막 11:10	우리 조상 다윗의 나라여 **가장** 높은	**가정**(家庭, family, household)	
눅 9:48	모든 사람 중에 **가장** 작은 그가 큰 자	레 25:45	너희 땅에서 **가정**을 이룬 자들 중에서
눅 12:26	그런즉 **가장** 작은 일도 하지 못하면서	갈 6:10	착한 일을 하되 더욱 믿음의 **가정**들에게
눅 19:38	하늘에는 평화요 **가장** 높은 곳에는	딛 1:11	마땅하지 아니한 것을 가르쳐 **가정**들을

【 가져가다 】

가정 총무

창 39:4　그가 요셉을 **가정 총무**로 삼고 자기의

가져가다
(bring, take)

창 27:25　그에게로 **가져가매** 그가 먹고 또 포도주를 **가져가매**
창 31:32　외삼촌에게로 **가져가소서** 하니 야곱
창 31:39　찢긴 것은 내가 외삼촌에게로 **가져가지**
창 47:14　들이고 그 돈을 바로의 궁으로 **가져가니**
출 18:22　큰 일은 모두 네게 **가져갈** 것이요 작은
출 32:3　금 고리를 빼어 아론에게로 **가져가매**
레 2:2　제사장들에게로 **가져갈** 것이요 제사
레 2:8　제사장은 그것을 제단으로 **가져가서**
레 5:7　두 마리를 여호와께로 **가져가되** 하나
레 5:8　제사장에게로 **가져갈** 것이요 제사장
레 5:12　제사장에게로 **가져갈** 것이요 제사장
레 5:18　속건제물로 제사장에게로 **가져갈** 것
레 6:6　속건제물을 여호와께 **가져갈지니** 곧
레 6:11　진영 바깥 정결한 곳으로 **가져갈** 것
레 12:6　어린 양을 **가져가고** 속죄제를 위하여…회막 문 제사장에게로 **가져갈** 것이요
레 14:23　여호와 앞 제사장에게로 **가져갈** 것
레 15:29　두 마리를 자기를 위하여 **가져다가**…제사장에게로 **가져갈** 것이요
레 16:5　숫양 한 마리를 **가져갈지니라**
레 23:10　첫 이삭 한 단을 제사장에게로 **가져갈**
신 12:11　모든 아름다운 서원물을 **가져가고**
수 7:11　온전히 바친 물건을 **가져가고** 도둑질
삿 18:17　드라빔과 부어 만든 신상을 **가져갈** 때
삼상 17:54　머리를 예루살렘으로 **가져가고** 갑주
삼상 26:22　보소서 한 소년을 보내어 **가져가게**
삼상 30:7　아비아달이 에봇을 다윗에게로 **가져가매**
삼하 21:12　길르앗 야베스 사람에게서 **가져가니**
왕상 14:28　들고 갔다가 시위소로 도로 **가져갔더라**
왕하 23:4　그것들의 재를 벧엘로 **가져가게** 하고
왕하 25:13　깨뜨려 그 놋을 바벨론으로 **가져가고**
왕하 25:14　쓰는 모든 놋그릇을 다 **가져갔으며**
왕하 25:15　은으로 만든 것이나 모두 **가져갔으며**
왕하 25:16　기둥과 한 바다와 받침들을 **가져갔는데**
대하 12:11　들고 갔다가 경호실로 도로 **가져갔더라**
대하 20:25　물건이 너무 많아 능히 **가져갈** 수 없을

【 가져오다 】

대하 28:8　많이 노략하여 사마리아로 **가져가니**
대하 29:16　받아 바깥 기드론 시내로 **가져갔더라**
대하 36:10　전의 귀한 그릇들도 함께 **가져가고**
대하 36:18　보물을 다 바벨론으로 **가져가고**
스 7:15　성심으로 드리는 은금을 **가져가고**
스 8:30　우리 하나님의 성전으로 **가져가려**
시 49:17　그가 죽으매 **가져가는** 것이 없고 그의
시 50:9　네 우리에서 숫염소를 **가져가지**
렘 20:5　탈취하여 바벨론으로 **가져가리라**
렘 27:20　사로잡아 옮길 때에 **가져가지** 아니
렘 52:17　깨뜨려 그 놋을 바벨론으로 **가져갔고**
렘 52:18　쓰는 모든 놋그릇을 다 **가져갔고**
렘 52:19　은으로 만든 물건의 은을 **가져갔더라**
겔 10:6　사이에서 불을 **가져가라** 하셨으므로
단 11:8　노략하여 애굽으로 **가져갈** 것이요 몇
욜 3:5　보물을 너희 신전으로 **가져갔으며**
암 6:10　그 뼈를 집 밖으로 **가져갈** 때에 그 집
학 1:9　너희가 그것을 집으로 **가져갔으나** 내
마 14:11　그가 자기 어머니에게로 **가져가니라**
마 16:5　제자들이 건너편으로 갈새 떡 **가져가기**를
마 25:4　기름을 담아 등과 함께 **가져갔더니**
눅 6:30　구하는 자에게 주며 네 것을 **가져가는**
눅 11:52　너희가 지식의 열쇠를 **가져가서** 너희
요 2:16　이것을 여기서 **가져가라** 내 아버지의
요 19:38　예수의 시체를 **가져가기**를 구하매…이에 가서 예수의 시체를 **가져가니라**
요 20:15　이르소서 그리하면 내가 **가져가리이다**
행 9:2　다메섹 여러 회당에 **가져갈** 공문을

가져다주다(give-NIV, bring onto-KJV)

벧전 1:13　나타나실 때에 너희에게 **가져다주실**

가져오다(bring, get)

창 15:9　집비둘기 새끼를 **가져올지니라**
창 18:4　물을 조금 **가져오게** 하사 당신들
창 18:5　떡을 조금 **가져오리니** 당신들의 마음
창 27:4　즐기는 별미를 만들어 내게로 **가져와서**
창 27:9　염소 새끼 두 마리를 내게로 **가져오면**
창 27:13　돌리리니 내 말만 따르고 가서 **가져오라**
창 27:14　가서 끌어다가 어머니에게로 **가져왔더**
창 27:25　이삭이 이르되 내게로 **가져오라** 내

【 가져오다 】　　　　　　　　　　　　　【 가져오다 】

창 27:33	사냥한 고기를 내게 **가져온** 자가 누구
창 43:2	그들이 애굽에서 **가져온** 곡식을 다
창 43:21	아귀에 있기로 우리가 도로 **가져왔고**
창 44:8	땅에서부터 당신에게로 **가져왔거늘**
출 18:12	희생제물들을 하나님께 **가져오매**
출 18:19	위하여 그 사건들을 하나님께 **가져오며**
출 18:26	어려운 일은 모세에게 **가져오고** 모든
출 25:2	내게 예물을 **가져오라** 하고 기쁜 마음
출 27:20	기름을 등불을 위하여 네게로 **가져오게**
출 29:3	그 송아지와 두 양과 함께 **가져오라**
출 32:2	귀에서 금 고리를 빼어 내게로 **가져오라**
출 32:24	그들이 그것을 내게로 **가져왔기로** 내
출 35:23	해달의 가죽이 있는 자도 **가져왔으며**
출 35:24	조각목이 있는 모든 자는 **가져왔으며**
출 35:25	홍색 실과 가는 베 실을 **가져왔으며**
출 35:27	에봇과 흉패에 물릴 보석을 **가져왔으며**
출 35:28	소용되는 기름과 향품을 **가져왔으니**
출 36:3	성소의 모든 것을 만들기 위하여 **가져온** 예물을 … 연하여 **가져왔으므로**
출 36:5	백성이 너무 많이 **가져오므로** 여호와
출 36:6	만들지 말라 하매 백성이 **가져오기를**
출 39:33	그들이 성막을 모세에게로 **가져왔으니**
레 4:32	어린 양을 속죄제물로 **가져오려거든**
레 7:29	중에서 그의 예물을 여호와께 **가져오되**
레 7:30	자기 손으로 **가져올지니** 곧 그 제물의 기름과 가슴을 **가져올** 것이요 제사장
레 9:2	흠 없는 송아지를 **가져오고** 번제를
레 9:3	속죄제를 위하여 숫염소를 **가져오고** … 없는 송아지와 어린 양을 **가져오고**
레 9:4	여호와 앞에 드릴 수소와 숫양을 **가져오고** 또 기름 섞은 소제물을 **가져오라**
레 9:5	명령한 모든 것을 회막 앞으로 **가져오니**
레 9:9	그 피를 아론에게 **가져오니** 아론이
레 9:12	그 피를 그에게로 **가져오니** 그가
레 9:13	그의 각과 머리를 그에게로 **가져오매**
레 9:18	그 피를 그에게로 **가져오니** 그가 제단
레 14:4	백향목과 홍색 실과 우슬초를 **가져오게**
레 23:14	하나님께 예물을 **가져오는** 그 날까지
레 23:15	요제로 곡식단을 **가져온** 날부터 세어
레 24:2	찧어낸 순결한 기름을 네게로 **가져오게**
민 5:9	거제로 제사장에게 **가져오는** 모든
민 8:8	고운 가루를 그 소제물로 **가져오게** 하고 … 한 마리를 속죄제물로 **가져오게**

민 13:20	그 땅의 실과를 **가져오라** 하니 그 때
민 16:17	앞으로 **가져오라** 향로는 모두 이백오
민 17:9	모든 자손에게로 **가져오매** 그들이
민 31:50	여호와 앞에 속죄하려고 **가져왔나이다**
신 23:18	하나님 여호와의 전에 **가져오지** 말라
신 24:19	밭에 잊어버렸거든 다시 가서 **가져오지**
신 26:10	토지 소산의 맏물을 **가져왔나이다**
수 4:20	요단에서 **가져온** 그 열두 돌을 길갈에
수 18:6	그려서 이 곳 내게로 **가져오라** 그러면
수 24:32	애굽에서 **가져온** 요셉의 뼈를 세겜에
삿 7:25	건너편에서 기드온에게 **가져왔더라**
삿 16:8	활줄 일곱을 여인에게로 **가져오매** 그
삼상 4:4	언약궤를 거기서 **가져왔고** 엘리의
삼상 6:21	여호와의 궤를 도로 **가져왔으니** 너희
삼상 9:23	네게 두라고 말한 그 부분을 **가져오라**
삼상 13:9	번제와 화목제물을 이리로 **가져오라**
삼상 14:18	하나님의 궤를 이리로 **가져오라** 하니
삼상 17:18	형들의 안부를 살피고 증표를 **가져오라**
삼상 20:21	화살이 네 이쪽에 있으니 **가져오라**
삼상 23:9	이르되 에봇을 이리로 **가져오라** 하고
삼상 25:27	여종이 내 주께 **가져온** 이 예물을 내
삼상 25:35	다윗이 그가 **가져온** 것을 그의 손에
삼상 30:7	에봇을 내게로 **가져오라** 아비아달이
삼하 1:10	고리를 벗겨서 내 주께 **가져왔나이다**
삼하 8:7	방패를 빼앗아 예루살렘으로 **가져오고**
삼하 12:30	보석 박힌 왕관을 **가져오니** 그 중량
삼하 16:2	네가 무슨 뜻으로 이것을 **가져왔느냐**
삼하 18:26	왕이 이르되 그도 소식을 **가져오느니라**
삼하 18:27	좋은 소식을 **가져오느니라** 하니라
삼하 21:12	매단 것을 그들이 가만히 **가져온** 것이라
왕상 1:42	용사라 아름다운 소식을 **가져오는도다**
왕상 3:24	또 이르되 칼을 내게로 **가져오라** 하니
왕상 4:28	그 말들이 있는 곳으로 **가져왔더라**
왕상 9:28	얻고 솔로몬 왕에게로 **가져왔더라**
왕상 10:15	나라의 고관들에게서도 **가져온지라**
왕상 15:22	건축하던 돌과 재목을 **가져오게** 하고
왕상 17:6	저녁에도 떡과 고기를 **가져왔고** 그가
왕상 17:11	네 손의 떡 한 조각을 내게로 **가져오라**
왕상 17:13	떡 한 개를 만들어 내게로 **가져오고**
왕상 18:23	송아지 둘을 우리에게 **가져오게** 하고
왕하 2:20	내게로 **가져오라** 하매 곧 **가져온지라**
왕하 4:5	그들은 그릇을 그에게로 **가져오고** 그
왕하 4:6	또 그릇을 내게 **가져오라** 하니 아들

【 가져오다 】　　　　　　　　　　　　　　　　　　　　　　　　　　　　　【 가족 】

왕하 4:41	그러면 가루를 **가져오라** 하여 솥에	단 5:2	탈취하여 온 금, 은 그릇을 **가져오라**고
왕하 10:22	그들에게로 예복을 **가져온지라**	단 5:3	그릇을 **가져오매** 왕이 그 귀족들과
왕하 12:9	여호와의 성전에 **가져오는** 모든 은을	말 1:13	너희가 이같이 봉헌물을 **가져오니** 내
왕하 13:15	활과 화살들을 **가져오소서** 하는지라 활과 화살들을 그에게 **가져오매**	마 14:18	이르시되 그것을 내게 **가져오라** 하시고
		마 16:7	우리가 떡을 **가져오지** 아니하였도다
왕하 20:7	이르되 무화과 반죽을 **가져오라** 하매	마 22:19	하시니 데나리온 하나를 **가져왔거늘**
대상 11:19	돌보지 아니하고 이것을 **가져왔으므로**	막 4:21	사람이 등불을 **가져오는** 것은 말 아래
대상 12:40	양도 많이 **가져왔으니** 이는 이스라엘	막 6:27	요한의 머리를 **가져오라** 명하니 그
대상 18:7	방패를 빼앗아 예루살렘으로 **가져오고**	막 8:14	제자들이 떡 **가져오기를** 잊었으매 배
대상 18:10	은과 놋의 여러 가지 그릇을 **가져온지라**	막 12:16	**가져왔거늘** 예수께서 이르시되 이
대하 8:18	얻어 솔로몬 왕에게로 **가져왔더라**	요 21:10	지금 잡은 생선을 좀 **가져오라** 하시니
대하 9:10	올 때에 백단목과 보석을 **가져온지라**	딤후 4:13	특별히 가죽 종이에 쓴 것을 **가져오라**
대하 9:12	솔로몬 왕이 스바 여왕이 **가져온** 대로		
대하 9:14	무역상과 객상들이 **가져온** 것이 있고 … 금과 은을 솔로몬에게 **가져온지라**	**가족**(家族, house, household)	
		창 45:11	아버지와 아버지의 **가족**과 아버지께
대하 9:28	애굽과 각국에서 말들을 **가져왔더라**	창 45:18	너희 아버지와 너희 **가족**을 이끌고
대하 24:14	왕과 여호야다 앞으로 **가져왔으므로**	창 46:8	애굽으로 내려간 이스라엘 **가족**의
대하 25:14	세일 자손의 신들을 **가져와서** 자기의	창 46:31	그의 형들과 아버지의 **가족**에게 이르되 … 내 아버지의 **가족**이 내게로 왔는
대하 29:31	여호와의 전으로 **가져오라** 하니 회중이 제물과 감사제물을 **가져오되** 무릇 마음에 … 또한 번제물도 **가져오니**	창 47:24	너희의 양식으로도 삼고 너희 **가족**과
		창 50:22	아버지의 **가족**과 함께 애굽에 거주하
대하 29:32	회중이 **가져온** 번제물의 수효는 수소	출 1:1	야곱과 함께 각각 자기 **가족**을 데리고
대하 31:5	모든 것의 십일조를 많이 **가져왔으며**	출 2:1	레위 **가족** 중 한 사람이 가서 레위
대하 31:6	소와 양의 십일조를 **가져왔고** 또 그들의 하나님 여호와께 … **가져왔으며**	출 6:15	아들 사울이니 이들은 시므온의 **가족**
		출 6:17	게르손의 아들들은 그들의 **가족**대로
느 8:1	모세의 율법책을 **가져오기를** 청하매	출 6:25	레위 사람의 조상을 따라 **가족**의 어른
욥 40:19	지으신 이가 자기의 칼을 **가져오기를**	출 12:3	각자가 어린 양을 잡을지니 각 **가족**대로
시 105:40	그들이 구한즉 메추라기를 **가져오시고**	출 12:21	너희는 나가서 너희 **가족**대로 어린
잠 31:14	배와 같아서 먼 데서 양식을 **가져 오며**	레 25:10	돌아가며 각각 자기 **가족**에게로
사 1:13	헛된 제물을 다시 **가져오지** 말라 분향	레 25:41	네게서 떠나 그의 **가족**과 그의 조상의
사 43:23	네 번제의 양을 내게로 **가져오지** 아니	레 25:47	또는 거류민의 **가족**의 후손에게
사 52:7	복된 좋은 소식을 **가져오며** 구원을	레 25:49	그의 **가족** 중 그의 살붙이 중에서 그
사 56:12	오라 내가 포도주를 **가져오리라** 우리	신 11:6	땅이 입을 벌려서 그들과 그들의 **가족**
사 60:11	이방 나라들의 재물을 **가져오며** 그들	신 12:7	너희와 너희의 **가족**이 즐거워할지니라
렘 4:6	북방에서 재난과 큰 멸망을 **가져오리라**	신 15:20	너와 네 **가족**은 매년 여호와께서 택하신
렘 6:20	먼 곳에서 향품을 내게로 **가져옴은**	신 29:18	남자나 여자나 **가족**이나 지파도 오늘
렘 10:9	다시스에서 **가져온** 은박과 우바스에서 **가져온** 금으로 꾸미되 기술공과	수 2:18	부모와 형제와 네 아버지의 **가족**을 다
		수 6:25	라합과 그의 아버지의 **가족**과 그에게
렘 13:6	명령하여 거기 감추게 한 띠를 **가져오라**	수 7:14	뽑히는 족속은 그 **가족**대로 가까이 나아올 것이요 … 그 **가족**은 그 남자들이
렘 13:7	그 감추었던 곳을 파고 띠를 **가져오니**		
렘 17:26	제물을 여호와의 성전에 **가져오려니와**	수 7:18	삽다 **가족** 각 남자를 … 나아오게
렘 36:21	여후디를 보내어 두루마리를 **가져오게**	수 13:15	르우벤 자손의 지파에게 그들의 **가족**
애 5:4	마시며 값을 주고 나무들을 **가져오며**	수 13:23	르우벤 자손의 기업으로 그 **가족**대로

43

【 가족 】　　　　　　　　　　　　　　　　　　　　　　　　　　　　【 가죽 】

수 13:24	갓 자손에게도 그들의 **가족**을 따라서	삿 18:25	너희를 쳐서 네 생명과 네 **가족**이
수 13:28	갓 자손의 기업으로 그들의 **가족**대로	삿 21:24	자기의 **가족**에게로 돌아갔으니 곧
수 13:29	반 지파에게 그들의 **가족**대로 주었으니	삼상 9:21	나의 **가족**은 베냐민 지파 모든 **가족**
수 13:31	마길 자손의 절반이 그들의 **가족**대로	삼상 10:21	그들의 **가족**별로 … 마드리의 **가족**이
수 15:1	또 유다 자손의 지파가 그들의 **가족**대로	삼상 20:6	이는 온 **가족**을 위하여 거기서 매년제
수 15:12	유다 자손이 그들의 **가족**대로 받은	삼상 20:29	가게 하라 우리 **가족**이 그 성읍에서
수 15:20	유다 자손의 지파가 그들의 **가족**대로	삼상 27:3	다윗과 그의 사람들이 저마다 **가족**을
수 16:5	에브라임 자손이 그들의 **가족**대로	삼하 2:3	추종자들과 그들의 **가족**들을 다윗이
수 16:8	에브라임 자손의 지파가 … **가족**대로	삼하 6:20	자기의 **가족**에게 축복하러 돌아오매
수 17:2	**가족**대로 … 그들의 **가족**대로 요셉의	삼하 15:16	왕이 나갈 때에 그의 **가족**을 다 따르게
수 18:11	그들의 **가족**대로 제비를 뽑았으니	삼하 16:2	나귀는 왕의 **가족**들이 타게 하고 떡과
수 18:20	이는 베냐민 자손이 그들의 **가족**대로	삼하 19:18	왕의 **가족**을 건너가게 하며 왕이 좋게
수 18:21	베냐민 자손의 지파가 그들의 **가족**대로	왕하 8:1	너는 일어나서 네 **가족**과 함께 거주할
수 18:28	베냐민 자손이 그들의 **가족**대로 받은	왕하 8:2	그의 **가족**과 함께 가서 블레셋 사람들
수 19:1	그들의 **가족**대로 제비를 뽑았으니 그	대상 12:30	에브라임 자손 중에서 **가족**으로서
수 19:8	시므온 자손의 지파가 그들의 **가족**대로	대상 13:14	오벧에돔의 집에서 그의 **가족**과 함께
수 19:10	스불론 자손을 위하여 그들의 **가족**대로	시 68:6	고독한 자들은 **가족**과 함께 살게 하시며
수 19:16	스불론 자손이 그들의 **가족**대로 받은	시 107:41	그의 **가족**을 양 떼같이 지켜 주시나니
수 19:17	잇사갈 자손을 위하여 그들의 **가족**대로	렘 38:17	아니하겠고 너와 네 **가족**이 살려니와
수 19:23	잇사갈 자손 지파가 그 **가족**대로 받은	막 5:19	불쌍히 여기신 것을 네 **가족**에게 알리라
수 19:24	아셀 자손의 지파를 위하여 그 **가족**대로	눅 9:61	나로 먼저 내 **가족**을 작별하게 허락하
수 19:31	아셀 자손의 지파가 그 **가족**대로 받은	행 16:33	자기와 그 온 **가족**이 다 세례를 받은
수 19:32	납달리 자손의 **가족**대로 제비를 뽑았	롬 16:11	나깃수의 **가족** 중 주 안에 있는 자들
수 19:39	납달리 자손의 지파가 그 **가족**대로	딤전 5:8	누구든지 자기 친족 특히 자기 **가족**을
수 19:40	지파를 위하여 그들의 **가족**대로 제비		
수 19:48	단 자손의 지파가 그에 딸린 **가족**대로	**가죽**(skin, hide, leather)	
수 21:4	그핫 **가족**을 위하여 제비를 뽑았는데	창 27:16	또 염소 새끼의 **가죽**을 그의 손과 목의
수 21:5	에브라임 지파와 단 **가족**과 단 지파와	출 25:5	물 들인 숫양의 **가죽**과 해달의 **가죽**
수 21:6	잇사갈 지파의 **가족**들과 아셀 지파와	출 26:14	붉은 물 들인 숫양의 **가죽**으로 막의
수 21:7	므라리 자손들은 그 **가족**대로 르우벤		덮개를 만들고 해달의 **가죽**으로 그
수 21:10	그핫 **가족**들에 속한 아론 자손이 첫째	출 29:14	그 수소의 고기와 **가죽**과 똥을 진 밖
수 21:20	그핫 자손 중에 남은 자들의 **가족**들	출 35:7	물 들인 숫양의 **가죽**과 해달의 **가죽**과
수 21:26	그핫 자손의 남은 **가족**들을 위한 성읍	출 35:23	물 들인 숫양의 **가죽**과 해달의 **가죽**
수 21:27	레위 **가족**의 게르손 자손에게는	출 36:19	붉은 물 들인 숫양의 **가죽**으로 막의
수 21:33	게르손 사람이 그 **가족**대로 받은 성읍		덮개를 만들고 해달의 **가죽**으로 그
수 21:34	레위 사람 므라리 자손의 **가족**들에게	레 1:6	그는 또 그 번제물의 **가죽**을 벗기고
수 21:40	이는 레위 **가족**의 … 그들의 **가족**대로	레 4:11	그 수송아지의 **가죽**과 그 모든 고기와
삿 1:25	오직 그 사람과 그의 **가족**을 놓아	레 7:8	제사장은 그 드린 번제물의 **가죽**을
삿 9:1	외조부의 집의 온 **가족**에게 말하여	레 8:17	그 수송아지 곧 그 **가죽**과 고기와 똥
삿 13:2	소라 땅에 단 지파의 **가족** 중에	레 9:11	그 고기와 **가죽**은 진영 밖에서 불살르
삿 17:7	유다 **가족**에 속한 유다 베들레헴에 한	레 11:32	나무 그릇에든지 의복에든지 **가죽**에
삿 18:2	에스다올에서부터 그들의 **가족** 가운데	레 13:48	혹 **가죽**에나 **가죽**으로 만든 모든 것에
삿 18:11	단 지파의 **가족** 중 육백 명이 무기를	레 13:49	**가죽**에나 그 날에나 씨에나 **가죽**으로

【 가죽 】　　　　　　　　　　　　　　　　【 가증하다/가증스럽다/가증하여지다 】

레 13:51	씨에나 **가죽**이나 **가죽**으로 만든 것이
레 13:52	씨나 모든 **가죽**으로 만든 것을 불사를
레 13:53	씨에나 모든 **가죽**으로 만든 것에 퍼지
레 13:56	그 의복에서나 **가죽**에서나 그 날에서
레 13:57	의복의 날에나 씨에나 **가죽**으로 만든
레 13:58	의복의 날에나 씨에나 **가죽**으로 만든
레 13:59	그 날에나 씨에나 **가죽**으로 만든 모든
레 15:17	정수가 묻은 모든 옷과 **가죽**은 물에
레 16:27	속죄하였은즉 그 **가죽**과 고기와 똥을
민 4:6	그 위를 해달의 **가죽**으로 덮고 그 위에
민 19:5	불사르게 하되 그 **가죽**과 고기와 피와
민 31:20	모든 의복과 **가죽**으로 만든 모든 것과
대하 29:34	그 모든 번제 짐승들의 **가죽**을 능히
대하 35:11	레위 사람들은 잡은 짐승의 **가죽**을
욥 2:4	대답하여 이르되 **가죽**으로 **가죽**을
욥 19:26	**가죽**이 벗김을 당한 뒤에도 내가 육체
욥 41:7	능히 많은 창으로 그 **가죽**을 찌르거나
렘 4:4	너희 마음 **가죽**을 베고 나 여호와께
애 3:4	나의 살과 **가죽**을 쇠하게 하시며 나의
애 4:8	얼굴이 숯보다 검고 그들의 **가죽**이
겔 37:6	힘줄을 두고 살을 입히고 **가죽**으로
겔 37:8	살이 오르며 그 위에 **가죽**이 덮이나
미 3:2	악을 기뻐하여 내 백성의 **가죽**을 벗기
미 3:3	그들의 살을 먹으며 그 **가죽**을 벗기며
히 11:37	양과 염소의 **가죽**을 입고 유리하여

성경에 나오는 '가죽' 제품

가죽덮개	출 39:34; 민 4:8, 10, 11, 12, 14, 25
가죽띠	왕하 1:8; 마 3:4; 막 1:6
가죽부대	창 21:14, 15, 19; 수 9:13; 삼상 1:24; 10:3; 16:20; 25:18; 삼하 16:1; 욥 32: 19; 시 119:83; 렘 13:12; 마 9:17; 막 2:22; 눅 5:37
가죽신	겔 16:10
가죽옷	창 3:21
가죽 종이	딤후 4:13
가죽 줄	행 22:25
가죽 채찍	대하 10:11
가죽 포도주 부대	수 9:4

가증하다/가증스럽다/가증하여지다
(可憎, detest, abhor, impure)

레 7:18	도리어 **가증한** 것이 될 것이며 그것을
레 7:21	부정한 짐승이나 부정하고 **가증한**
레 11:10	비늘 없는 모든 것은 너희에게 **가증한**
레 11:13	이것들이 **가증한즉** 먹지 말지니 곧
레 11:41	기어 다니는 모든 길짐승은 **가증한즉**
레 11:42	너희가 먹지 말지니 이것들은 **가증함**
레 11:43	자기를 **가증하게** 되게 하지 말며 또한
레 18:26	이런 **가증한** 일의 하나라도 행하지
레 18:27	그 땅 주민이 이 모든 **가증한** 일을
레 18:29	이 **가증한** 모든 일을 행하는 자는 그
레 18:30	들어가기 전에 행하던 **가증한** 풍속을
레 19:7	셋째 날에 조금이라도 먹으면 **가증한**
신 7:26	너는 **가증한** 것을 네 집에 들이지
신 13:14	묻고 살펴 보아서 이런 **가증한** 일이
신 14:3	너는 **가증한** 것은 무엇이든지 먹지
신 17:1	네 하나님 여호와께 **가증한** 것이
신 17:4	이스라엘 중에 이런 **가증한** 일을 행함
신 18:9	너는 그 민족들의 **가증한** 행위를
신 18:12	이런 **가증한** 일로 말미암아 네 하나님
신 20:18	그 신들에게 행하는 모든 **가증한** 일
신 22:5	네 하나님 여호와께 **가증한** 자이니라
신 23:18	네 하나님 여호와께 **가증한** 것임이니라
신 24:4	일은 여호와 앞에 **가증한** 것이라 너는
신 25:16	네 하나님 여호와께 **가증하니라**
신 27:15	부어 만든 우상은 여호와께 **가증하니**
신 29:17	너희가 또 그들 중에 있는 **가증한** 것
신 32:16	그의 질투를 일으키며 **가증한** 것으로
왕상 11:5	암몬 사람의 **가증한** 밀곰을 따름이라
왕상 11:7	모압의 **가증한** 그모스를 위하여 … 또 암몬 자손의 **가증한** 몰록을 위하여
왕상 14:24	쫓아내신 국민의 모든 **가증한** 일을
왕상 21:26	우상에게 복종하여 심히 **가증하게**
왕하 21:2	쫓아내신 이방 사람의 **가증한** 일을 따라
왕하 21:11	유다 왕 므낫세가 이 **가증한** 일과 악
왕하 23:13	**가증한** 아스다롯과 모압 사람의 **가증한** 그모스와 암몬 자손의 **가증한** 밀곰
왕하 23:24	우상과 모든 **가증한** 것을 다 제거하
대하 15:8	마음을 강하게 하여 **가증한** 물건들을
대하 15:16	마아가가 아세라의 **가증한** 목상을
대하 33:2	쫓아내신 이방 사람들의 **가증한** 일을
대하 34:33	땅에서 **가증한** 것들을 다 제거하여

【 가증하다/가증스럽다/가증하여지다 】　　　　　【 가증하다/가증스럽다/가증하여지다 】

대하 36:8	그가 행한 모든 **가증한** 일들과 그에	겔 5:9	네 모든 **가증한** 일로 말미암아 내가
대하 36:14	범죄하여 이방 모든 **가증한** 일을	겔 5:11	네가 모든 미운 물건과 모든 **가증한**
스 9:1	사람들과 아모리 사람들의 **가증한** 일	겔 6:11	이스라엘 족속이 모든 **가증한** 악을
스 9:11	이는 이방 백성들이 더럽고 **가증한** 일	겔 7:3	네 행위를 심판하고 네 모든 **가증한**
스 9:14	주의 계명을 거역하고 이 **가증한**	겔 7:4	네 행위대로 너를 벌하여 네 **가증한**
욥 15:16	물 마심같이 하는 **가증하고** 부패한	겔 7:8	너를 심판하여 네 모든 **가증한** 일을
시 14:1	그들은 부패하고 그 행실이 **가증하니**	겔 7:9	너를 벌하여 너의 **가증한** 일이 너희
시 53:1	그들은 부패하며 **가증한** 악을 행함이	겔 7:20	또 그것으로 **가증한** 우상과 미운
시 88:8	나를 그들에게 **가증한** 것이 되게	겔 8:6	크게 **가증한** … 다른 큰 **가증한** 일을
잠 21:27	악인의 제물은 본래 **가증하거든** 하물며	겔 8:9	그들이 거기에서 행하는 **가증하고** 악
잠 26:25	마음에 일곱 가지 **가증한** 것이 있음	겔 8:10	들어가 보니 각양 곤충과 **가증한** 짐승
잠 28:9	아니하면 그의 기도도 **가증하니라**	겔 8:13	그들이 행하는 바 다른 큰 **가증한** 일
사 14:19	무덤에서 내쫓겼으니 **가증한** 나무 가지	겔 8:15	이보다 더 큰 **가증한** 일을 보리라
사 41:24	허망하며 너희를 택한 자는 **가증하니라**	겔 9:4	그 가운데에서 행하는 모든 **가증한** 일
사 44:19	그 나머지로 **가증한** 물건을 만들겠으	겔 11:18	미운 물건과 모든 **가증한** 것을 제거하
사 65:4	돼지고기를 먹으며 **가증한** 것들의 국	겔 11:21	미운 것과 **가증한** 것을 마음으로
사 66:3	길을 택하며 그들의 마음은 **가증한** 것	겔 12:16	이방인 가운데에서 자기의 모든 **가증한**
사 66:17	돼지 고기와 **가증한** 물건과 쥐를 먹는	겔 14:6	떠나 얼굴을 돌려 모든 **가증한** 것을
사 66:24	아니하여 모든 혈육에게 **가증함이**	겔 16:2	인자야 예루살렘으로 그 **가증한** 일을
렘 4:1	나의 목전에서 **가증한** 것을 버리고	겔 16:22	모든 **가증한** 일과 음란을 행하였느니라
렘 6:15	그들이 **가증한** 일을 행할 때에 부끄	겔 16:25	네 아름다움을 **가증하게** 하여 모든
렘 7:10	이는 이 모든 **가증한** 일을 행하려 함	겔 16:36	벗은 몸을 드러내며 또 **가증한** 우상을
렘 7:30	그들의 **가증한** 것을 두어 집을 더렵	겔 16:43	네가 이 음란과 네 모든 **가증한** 일을
렘 8:12	그들이 **가증한** 일을 행할 때에 부끄러	겔 16:47	그 **가증한** 대로만 행하지 아니하고
렘 13:27	네가 행한 음란과 음행과 **가증한** 것을	겔 16:50	거만하여 **가증한** 일을 내 앞에서
렘 16:18	내 땅을 더럽히며 그들의 **가증한** 것	겔 16:51	그들보다 **가증한** 일을 … 모든 **가증한**
렘 18:13	처녀 이스라엘이 심히 **가증한** 일을	겔 16:52	네가 그들보다 더욱 **가증한** 죄를 범하
렘 32:34	집에 자기들의 **가증한** 물건들을 세워	겔 16:58	네 음란과 네 **가증한** 일을 네가 담당
렘 42:18	너희가 **가증함과** 놀램과 저주와 치욕	겔 18:12	우상에게 눈을 들거나 **가증한** 일을
렘 44:4	내가 미워하는 이 **가증한** 일을 행하지	겔 18:24	악인이 행하는 모든 **가증한** 일대로
렘 44:22	여호와께서 너희 악행과 **가증한** 행위	겔 20:4	그들에게 그들의 조상들의 **가증한** 일
겔 4:14	**가증한** 고기를 입에 넣지 아니하였나	겔 20:7	너희는 눈을 끄는 바 **가증한** 것을

'가증한 일'과 관련된 성구

간음을 행하며 거짓을 말하는 것 - 렘 23:14　　　　- 겔 18:13
남자가 남자와 동침하는 것 - 레 18:22; 20:13　　아들을 불 가운데 지나가게 하는 것
땅을 폭행으로 채우는 것 - 겔 8:17　　　　　　　　- 왕하 16:3; 대하 28:3; 렘 32:35
마음과 몸에 할례 받지 아니한 이방인을 데려와　　아버지의 딸과 관계하는 것 - 겔 22:11
성전을 더럽히고 여호와의 언약을 위반하게　　악을 행하는 사람에게 돌이킴이 없게 하는 것
하는 것 - 겔 44:7　　　　　　　　　　　　　　　- 렘 23:14
며느리와 동침하는 것 - 레 20:12; 겔 22:11　　음란한 마음으로 하나님을 떠나고 음란한 눈으
변리를 위하여 꾸어 주거나 이자를 받는 것　　　　로 우상을 섬긴 것 - 겔 6:9

【 가지 】　　　　　　　　　　　　　　　　　　　　　　　　　　　　【 가지 】

겔 20:8	그들의 눈을 끄는 바 **가증한** 것을	창 30:37	신풍나무의 푸른 **가지**를 가져다가 그
겔 20:30	자신을 더럽히며 그 모든 **가증한** 것을	창 30:38	그 껍질 벗긴 **가지**를 양 떼가 와서
겔 22:2	자기의 모든 **가증한** 일을 그들이 알게	창 30:39	**가지** 앞에서 새끼를 배므로 얼룩얼룩한
겔 23:36	그러면 그 **가증한** 일을 그들에게	창 30:41	양 떼의 눈 앞에 그 **가지**를 두어 양이
겔 33:26	너희가 칼을 믿어 **가증한** 일을 행하며		그 **가지** 곁에서 새끼를 배게 하고
겔 33:29	그들이 행한 모든 **가증한** 일로	창 30:42	약한 양이면 그 **가지**를 두지 아니하니
겔 36:31	너희 모든 죄악과 **가증한** 일로 말미암아	창 40:10	그 나무에 세 **가지**가 있고 싹이 나서
겔 37:23	우상들과 **가증한** 물건과 그 모든 죄악	창 40:12	그 해석이 이러하니 세 **가지**는 사흘이
겔 43:8	그 행하는 **가증한** 일로 내 거룩한	창 49:22	요셉은 무성한 **가지** 곧 샘 곁의 무성
겔 44:6	이스라엘 족속아 너희의 모든 **가증한**		한 가지라 그 **가지**가 담을 넘었도다
겔 44:13	자기의 수치와 그 행한 바 **가증한** 일	출 25:32	**가지** 여섯이 … 다른 세 **가지**는 이쪽
단 9:27	**가증한** 것이 날개를 의지하여 설 것이		으로 나오고 다른 세 **가지**는 저쪽으로
단 11:31	멸망하게 하는 **가증한** 것을 세울 것이며	출 25:33	이쪽 **가지**에 살구꽃 형상의 … 저쪽 **가**
단 12:11	멸망하게 할 **가증한** 것을 세울 때부터		**지**에도 … 등잔대에서 나온 **가지** 여섯
호 6:10	이스라엘 집에서 **가증한** 일을 보았나니	출 25:35	등잔대에서 나온 **가지** 여섯을 … 두 **가**
호 9:10	사랑하는 우상같이 **가증하여졌도다**		**지** 아래에 한 꽃받침이 … 또 두 **가지**
미 6:10	재물이 있느냐 축소시킨 **가증한** 에바		아래에 … 연결하며 또 두 가지 아래
나 3:6	내가 또 **가증하고** 더러운 것을 네	출 25:36	그 꽃받침과 **가지**를 줄기와 연결하여
슥 9:7	그의 잇사이에서 그 **가증한** 것을	출 37:18	**가지** 여섯이 그 곁에서 … 세 **가지**는
말 2:11	예루살렘 중에서는 **가증한** 일을 행하		저쪽으로 나왔고 등잔대의 세 **가지**는
마 24:15	다니엘이 말한 바 멸망의 **가증한** 것이	출 37:19	이쪽 **가지**에 살구꽃 형상의 … 저쪽
막 13:14	멸망의 **가증한** 것이 서지 못할 곳에		**가지**에 … 나온 **가지** 여섯이 그러하며
딛 1:16	행위로는 부인하니 **가증한** 자요 복종	출 37:21	등잔대에서 나온 **가지** 여섯을 … 두 **가**
딛 3:3	투기를 일삼은 자요 **가증스러운** 자		**지** 아래에 … 두 **가지** 아래에 … 두 **가지**
계 17:4	손에 금 잔을 가졌는데 **가증한** 물건	출 37:22	이 꽃받침과 **가지**들을 줄기와 연결하
계 17:5	땅의 음녀들과 **가증한** 것들의 어미라	레 23:40	종려나무 **가지**와 무성한 나무 **가지**와
계 18:2	각종 더럽고 **가증한** 새들이 모이는 곳	민 13:23	거기서 포도송이가 달린 **가지**를 베어
계 21:27	속된 것이나 **가증한** 일 또는 거짓말	신 24:20	네 감람나무를 떤 후에 그 **가지**를

역사서

삿 9:48	손에 도끼를 들고 나뭇**가지**를 찍어 그
삿 9:49	모든 백성도 각각 나뭇**가지**를 찍어
삼하 18:9	상수리나무 번성한 **가지** 아래로 지날
왕상 17:10	과부가 그 곳에서 나뭇**가지**를 줍는지
왕상 17:12	내가 나뭇**가지** 둘을 주워다가 나와
왕하 6:6	엘리사가 나뭇**가지**를 베어 물에 던져
느 8:15	감람나무 **가지**와 들감람나무 **가지**와
	화석류나무 **가지**와 종려나무 **가지**와
	기타 무성한 나무 **가지**를 가져다가
느 8:16	백성이 이에 나가서 나뭇**가지**를 가져

가증히 여기다

창 46:34	애굽 사람은 다 목축을 **가증히 여기나니**
레 11:11	먹지 말고 그 주검을 **가증히 여기라**
레 11:13	새 중에 너희가 **가증히 여길** 것은 이
레 20:23	행하므로 내가 그들을 **가증히 여기노라**
신 7:25	여호와께서 **가증히 여기시는** 것임
신 12:31	여호와께서 꺼리시며 **가증히 여기시는**
신 18:12	여호와께서 **가증히 여기시나니** 이런
사 1:13	분향은 내가 **가증히 여기는** 바요
사 33:15	토색한 재물을 **가증히 여기는** 자, 손
롬 2:22	우상을 **가증히 여기는** 네가 신전 물건

시가서

욥 8:16	햇빛을 받고 물이 올라 그 **가지**가 동산
욥 14:7	움이 나서 연한 **가지**가 끊이지 아니하
욥 14:9	기운에 움이 돋고 **가지**가 뻗어서 새로

가지(branch)
모세오경

【 가지 】   【 가지 】

욥 15:30	불꽃이 그의 **가지**를 말릴 것이라 하나		고 열매를 맺어서 … 그 **가지** 그늘에
욥 15:32	그 일이 이루어질 것인즉 그의 **가지**가	겔 19:10	물이 많으므로 열매가 많고 **가지**가
욥 18:16	마르고 위로는 그의 **가지**가 시들 것이	겔 19:11	그 **가지**들은 강하여 … 키가 굵은 **가지**
욥 29:19	이슬이 내 **가지**에서 밤을 지내고 갈		가운데에서 높았으며 많은 **가지**
시 80:10	그늘이 산들을 가리고 그 **가지**는 하나	겔 19:12	강한 **가지**들은 꺾이고 말라 불에 탔더
시 80:11	그 **가지**가 바다까지 뻗고 넝쿨이 강까	겔 19:14	불이 그 **가지** 중 하나에서부터 나와
시 80:15	주를 위하여 힘있게 하신 **가지**니이다		… 규가 될 만한 강한 **가지**가 없도다
시 104:12	그 가에서 깃들이며 나뭇**가지** 사이에서	겔 31:3	앗수르 사람은 **가지**가 아름답고 그늘
아 7:8	종려나무에 올라가서 그 **가지**를 잡으	겔 31:5	굵은 **가지**가 번성하며 가는 **가지**가
선지서		겔 31:6	공중의 모든 새가 큰 **가지**에 깃들이
사 5:6	다시는 **가지**를 자름이나 북을 돋우지		며 들의 모든 짐승이 그 가는 **가지**
사 9:14	머리와 꼬리와 종려나무 **가지**와 갈대	겔 31:7	나무가 크고 **가지**가 길어 모양이 아름
사 10:33	혁혁한 위력으로 그 **가지**를 꺾으시리	겔 31:8	잣나무가 그 굵은 **가지**만 못하며 단풍
사 11:1	그 뿌리에서 한 **가지**가 나서 결실할		나무가 그 가는 **가지**만 못하며 하나님
사 14:19	가증한 나무 **가지** 같고 칼에 찔려 돌구	겔 31:9	내가 그 **가지**를 많게 하여 모양이 아름
사 16:8	전에는 그 **가지**가 야셀에 미쳐 광야에	겔 31:12	그 가는 **가지**가 산과 모든 골짜기에
	이르고 그 싹이 … 그 좋은 **가지**를		떨어졌고 그 굵은 **가지**가 그 땅 모든
사 17:6	가장 높은 **가지** 꼭대기에 과일 두세	겔 31:13	거주하며 들의 모든 짐승이 그 **가지**에
사 17:10	심으며 이방의 나무 **가지**도 이종하는	겔 36:8	너희는 **가지**를 내고 내 백성 이스라엘
사 18:5	그 연한 가지를 베며 퍼진 **가지**를	단 4:12	공중에 나는 새는 그 **가지**에 깃들이고
사 19:15	머리나 꼬리며 종려나무 **가지**나 갈대	단 4:14	그 나무를 베고 그 **가지**를 자르고 그
사 27:10	누우며 그 나무 **가지**를 먹어 없이하리		잎사귀를 떨고 … 새들을 그 **가지**에서
사 27:11	**가지**가 마르면 꺾이나니 여인들이	단 4:21	공중에 나는 새는 그 **가지**에 깃들었으
사 60:21	그들은 내가 심은 **가지**요 내가 손으로	호 14:6	그의 **가지**는 퍼지며 그의 아름다움은
렘 1:11	대답하되 내가 살구나무 **가지**를 보나	욜 1:7	벗겨서 버리니 그 모든 **가지**가 하얗게
렘 2:21	이방 포도나무의 악한 **가지**가 됨은	나 2:2	또 그들의 포도나무 **가지**를 없이 하였음
렘 5:10	그 **가지**만 꺾어 버리라 여호와의 것이	말 4:1	그 뿌리와 **가지**를 남기지 아니할 것
렘 11:16	그 위에 불을 피웠고 그 **가지**는 꺾였	**복음서**	
렘 23:5	내가 다윗에게 한 의로운 **가지**를 일으	마 13:32	공중의 새들이 와서 그 **가지**에 깃들이
렘 33:15	다윗에게서 한 공의로운 **가지**가 나게	마 24:32	무화과나무의 비유를 배우라 그 **가지**
렘 48:32	십마의 포도나무여 너의 **가지**가 바다	막 4:32	모든 풀보다 커지며 큰 **가지**를 내나니
겔 8:17	노여움을 일으키며 심지어 나뭇**가지**를	막 13:28	무화과나무의 비유를 배우라 그 **가지**
겔 15:2	그 포도나무 **가지**가 나은 것이 무엇이	눅 13:19	나무가 되어 공중의 새들이 그 **가지**에
겔 17:3	레바논에 이르러 백향목 높은 **가지**를	요 12:13	종려나무 **가지**를 가지고 맞으러 나가
겔 17:4	그 연한 **가지** 끝을 꺾어 가지고 장사하	요 15:2	열매를 맺지 아니하는 **가지**는 아버지
겔 17:5	옥토에 심되 수양버들 **가지**처럼 큰 물		께서 … 무릇 열매를 맺는 **가지**는 더
겔 17:6	굵은 가지와 가는 **가지**가 난 포도나무	요 15:4	너희 안에 거하리라 **가지**가 포도나무
	가 되어 그 **가지**는 독수리를 향하였고	요 15:5	포도나무요 너희는 **가지**라 그가 내 안
겔 17:7	그를 향하여 뿌리가 뻗고 **가지**가 퍼졌	요 15:6	내 안에 거하지 아니하면 **가지**처럼
겔 17:8	큰 물 가 옥토에 심은 것은 **가지**를	**서신서, 예언서**	
겔 17:22	백향목 꼭대기에서 높은 **가지**를 꺾어	롬 11:16	뿌리가 거룩한즉 **가지**도 그러하니라
	다가 … 높은 새 **가지** 끝에 연한 **가지**	롬 11:17	또한 **가지** 얼마가 꺾이었는데 돌감람
겔 17:23	높은 산에 심으리니 그 **가지**가 무성하	롬 11:18	**가지**들을 향하여 자랑하지 말라 자랑

【 가지다 】			【 가지다 】	
롬 11:19	네 말이 **가지들**이 꺾인 것은 나로		출 30:23	향품을 **가지되** 액체 몰약 오백 세겔과
롬 11:21	하나님이 원 **가지들**도 아끼지 아니하		출 32:20	모세가 그들이 만든 송아지를 **가져다가**
롬 11:24	접붙임을 받았으니 원 **가지**인 이 사람		출 34:26	토지 소산의 처음 익은 것을 **가져다가**
계 7:9	흰 옷을 입고 손에 종려 **가지**를 들고		출 35:22	목걸이와 여러 가지 금품을 **가져다가**
			출 40:9	관유를 **가져다가** 성막과 그 안에 있는

가지다(have, bear, take, bring)
🟩 모세오경

창 6:21	먹을 모든 양식을 네게로 **가져다가**		레 1:5	자손 제사장들은 그 피를 **가져다가**
창 9:23	셈과 야벳이 옷을 **가져다가** 자기들의		레 2:8	소제물을 여호와께로 **가져다가** 제사
창 14:18	멜기세덱이 떡과 포도주를 **가지고**		레 3:14	그는 그 중에서 예물을 **가져다가**
창 18:6	고운 가루 세 스아를 **가져다가** 반죽하		레 4:5	제사장은 그 수송아지의 피를 **가지고**
창 21:14	물 한 가죽부대를 **가져다가** 하갈의		레 4:23	그는 흠 없는 숫염소를 예물로 **가져다가**
창 21:27	양과 소를 **가져다가** 아비멜렉에게		레 5:11	십분의 일 에바를 예물로 **가져다가**
창 22:3	번제에 쓸 나무를 쪼개어 **가지고** 떠나		레 6:10	불탄운 번제의 재를 **가져다가** 제단
창 24:10	주인의 모든 좋은 것을 **가지고** 떠나		레 7:34	그 흔든 가슴과 든 뒷다리를 **가져다가**
창 24:65	리브가가 너울을 **가지고** 자기의 얼굴		레 8:2	두 마리와 무교병 한 광주리를 **가지고**
창 27:3	네 기구 곧 화살통과 활을 **가지고** 들에		레 8:10	모세가 관유를 **가져다가** 성막과 그
창 28:11	유숙하려고 그 곳의 한 돌을 **가져다가**		레 9:2	숫양을 여호와 앞에 **가져다** 드리고
창 30:37	신풍나무의 푸른 가지를 **가져다가**		레 10:1	나답과 아비후가 각기 향로를 **가져다가**
창 31:34	라헬이 그 드라빔을 **가져** 낙타 안장		레 12:8	집비둘기 새끼 두 마리를 **가져다가**
창 31:46	그들이 돌을 **가져다가** 무더기를 이루		레 15:14	두 마리를 자기를 위하여 **가져다가**
창 32:10	내 지팡이만 **가지고** 이 요단을 건넜더		레 16:5	그 두 염소를 **가지고** 회막 문 여호와
창 37:31	그들이 요셉의 옷을 **가져다가** 숫염소		레 16:12	향로를 **가져다가** 여호와 앞 제단 위에
창 38:28	홍색 실을 **가져다가** 그 손에 매었더			서 … 향을 두 손에 채워 **가지고** 휘장
창 43:12	갑절의 돈을 **가지고** 너희 자루 아귀에		레 23:17	에바로 만든 떡 두 개를 **가져다가**
창 44:5	주인이 **가지고** 마시며 늘 점치는 데에		레 24:5	너는 고운 가루를 **가져다가** 떡 열두
창 45:19	너희는 애굽 땅에서 수레를 **가져다가**		레 26:25	내가 칼을 너희에게로 **가져다가** 언약
창 47:24	오분의 사는 너희가 **가져서** 토지의		민 6:10	집비둘기 새끼 두 마리를 **가지고** 회막
창 49:23	학대하며 적개심을 **가지고** 그를 쏘았		민 7:10	제단의 봉헌을 위하여 헌물을 **가져다가**
출 2:3	그를 위하여 갈대 상자를 **가져다가**		민 16:6	고라와 네 모든 무리는 향로를 **가져다가**
출 4:25	십보라가 돌칼을 **가져다가** 그의 아들		민 17:10	증거궤 앞으로 도로 **가져다가** 거기
출 7:23	들어가고 그 일에 관심을 **가지지도**		민 18:29	거룩하게 한 부분을 **가져다가** 여호와
출 9:8	화덕의 재 두 움큼을 **가지고** 모세는		민 19:6	우슬초와 홍색 실을 **가져다가** 암송아
출 12:22	우슬초 묶음을 **가져다가** 그릇에 담은		민 20:8	지팡이를 **가지고** 네 형 아론과 함께
출 12:39	그들이 애굽으로부터 **가지고** 나온		민 22:7	손에 복채를 **가지고** 떠나 발람에게
출 13:19	내 유골을 여기서 **가지고** 나가라		민 31:12	노략한 것과 탈취한 것을 **가지고** 여러
출 16:33	아론에게 이르되 항아리를 **가져다가**		민 31:30	짐승 오십분의 일을 **가져다가** 여호와
출 17:12	피곤하매 그들이 돌을 **가져다가** 모세		민 32:1	자손은 심히 많은 가축 떼를 **가졌더라**
출 24:6	모세가 피를 **가지고** 반은 여러 양푼에		민 35:21	악의를 **가지고** 손으로 쳐죽이면 그 친
출 24:7	언약서를 **가져다가** 백성에게 낭독하여		신 1:25	그 땅의 열매를 손에 **가지고** 우리에게
출 28:9	호마노 두 개를 **가져다가** 그 위에		신 1:41	너희가 각각 무기를 **가지고** 경솔히
출 29:5	의복을 **가져다가** 아론에게 속옷과		신 9:21	곧 너희가 만든 송아지를 **가져다가**
출 29:7	관유를 **가져다가** 그의 머리에 부어		신 10:1	처음과 같은 두 돌판을 다듬어 **가지고**
			신 12:6	처음 난 것들을 너희는 그리로 **가져다가**
			신 14:25	그 돈을 싸 **가지고** 네 하나님 여호와

【 가지다 】   【 가지다 】

신 15:17	송곳을 **가져다가** 그의 귀를 문에 대고	삼상 19:9	사울이 손에 단창을 **가지고** 그의 집에
신 18:2	그들의 형제 중에서 기업을 **가지지**	삼상 19:13	미갈이 우상을 **가져다가** 침상에
신 24:11	전당물을 밖으로 **가지고** 나와서 네게	삼상 20:38	요나단의 아이가 화살을 주워 **가지고**
신 26:2	만물을 거둔 후에 그것을 **가져다가**	삼상 21:8	칼과 무기를 **가지지** 못하였나이다
신 28:60	애굽의 모든 질병을 네게로 **가져다가**	삼상 23:6	도망할 때에 손에 에봇을 **가지고** 내려
신 31:26	이 율법책을 **가져다가** 너희 하나님	삼상 25:11	잡은 고기를 **가져다가** 어디로 왔는지
역사서		삼상 25:18	무화과뭉치 이백 개를 **가져다가** 나귀
수 4:3	돌 열둘을 택하여 그것을 **가져다가**	삼상 26:11	곁에 있는 창과 물병만 **가지고** 가자
수 7:1	온전히 바친 물건을 **가졌음이라**	삼상 27:9	낙타와 의복을 빼앗아 **가지고** 돌아와
수 8:2	탈취할 물건과 가축은 스스로 **가지라**	삼상 28:24	그것을 급히 잡고 가루를 **가져다가**
수 17:18	가나안 족속이 비록 철 병거를 **가졌고**	삼상 31:13	그의 뼈를 **가져다가** 야베스 에셀나무
수 18:4	기업에 따라 그 땅을 그려 **가지고**	삼하 3:22	크게 노략한 물건을 **가지고** 돌아오니
수 22:8	쇠와 심히 많은 의복을 **가지고** 너희의	삼하 4:6	그의 형제 바아나가 밀을 **가지러** 온
수 24:26	율법책에 기록하고 큰 돌을 **가져다가**	삼하 13:8	밀가루를 **가지고** 반죽하여 그가 보는
삿 3:25	열지 아니하는지라 열쇠를 **가지고**	삼하 17:13	이스라엘이 밧줄을 **가져다가** 그 성을
삿 4:21	야엘이 장막 말뚝을 **가지고** 손에	삼하 18:14	손에 작은 창 셋을 **가지고** 가서
삿 6:5	그들이 그들의 짐승과 장막을 **가지고**	삼하 19:43	왕에 대하여 열 몫을 **가졌으니** 다윗
삿 6:18	내가 예물을 **가지고** 다시 주께로 와서	삼하 20:22	그의 지혜를 **가지고** 모든 백성에게
삿 6:38	양털을 **가져다가** 그 양털에서 이슬을	삼하 21:10	리스바가 굵은 베를 **가져다가** 자기를
삿 7:19	그들이 나팔을 불며 손에 **가졌던**	삼하 23:7	철과 창자루를 **가져야** 하리니 그것들
삿 8:21	있던 초승달 장식들을 떼어서 **가지니라**	삼하 23:16	성문 곁 우물 물을 길어 **가지고** 다윗
삿 10:4	성읍 삼십을 **가졌는데** 그 성읍들은	삼하 23:21	그가 막대기를 **가지고** 내려가 그 애굽
삿 13:19	염소 새끼와 소제물을 **가져다가** 바위	왕상 1:39	기름 담은 뿔을 **가져다가** 솔로몬에게
삿 15:1	삼손이 염소 새끼를 **가지고** 그의 아내	왕상 3:20	내 아들을 내 곁에서 **가져다가** 자기의
삿 16:3	문설주와 문빗장을 빼어 **가지고** 그것	왕상 11:36	다윗이 항상 내 앞에 등불을 **가지고**
삿 17:4	어머니가 그 은 이백을 **가져다** 은장색	왕상 13:29	시체를 들어 나귀에 실어 **가지고** 돌아
삿 18:18	드라빔과 부어 만든 신상을 **가지고**	왕상 14:3	떡 열 개와 과자와 꿀 한 병을 **가지고**
삿 19:29	그 집에 이르러서는 칼을 **가지고** 자기	왕상 15:18	남은 은금을 모두 **가져다가** 그 신하
삿 21:21	딸 중에서 각각 하나를 붙들어 **가지고**	왕상 17:10	물을 조금 **가져다가** 내가 마시게
룻 2:18	그것을 **가지고** 성읍에 들어가서	왕상 18:26	그들이 받은 송아지를 **가져다가** 잡고
룻 3:15	보아스가 이르되 네 겉옷을 **가져다가**	왕상 19:21	돌아가서 한 겨릿소를 **가져다가** 잡고
삼상 1:24	에바와 포도주 한 가죽부대를 **가지고**	왕상 20:6	그들의 손으로 잡아 **가져가리라** 한지
삼상 2:13	사환이 손에 세 살 갈고리를 **가지고**	왕상 22:11	철로 뿔들을 만들어 **가지고** 말하되
삼상 4:3	실로에서 우리에게로 **가져다가**	왕하 2:8	엘리야가 겉옷을 **가지고** 말아 물을
삼상 5:1	하나님의 궤를 빼앗아 **가지고**	왕하 6:2	각각 한 재목을 **가져다가** 그 곳에
삼상 7:9	젖 먹는 어린 양 하나를 **가져다가**	왕하 7:8	은과 금과 의복을 **가지고** 가서 감추고
삼상 8:14	감람원에서 제일 좋은 것을 **가져다가**		다시 와서 … 거기서도 **가지고** 가서
삼상 9:24	넓적다리와 그것에 붙은 것을 **가져다가**	왕하 8:9	모든 좋은 물품으로 예물을 삼아 **가지고**
삼상 10:1	사무엘이 기름병을 **가져다가** 사울의	왕하 9:1	기름병을 손에 **가지고** 길르앗 라못으
삼상 10:3	한 사람은 떡 세 덩이를 **가졌고** 한	왕하 10:6	사람들의 머리를 **가지고** 내일 이맘때
삼상 17:17	한 에바와 이 떡 열 덩이를 **가지고**	왕하 10:26	바알의 신당에서 목상들을 **가져다가**
삼상 18:6	춤추며 소고와 경쇠를 **가지고** 왕 사울	왕하 12:9	제사장 여호야다가 한 궤를 **가져다가**
삼상 18:27	그들의 포피를 **가져다가** 수대로 왕께	왕하 20:7	무화과를 가져오라 하매 무리가 **가져다가**

50

【 가지다 】   【 가지다 】

왕하 23:6	기드론 시내로 **가져다** 거기서	시 126:6	반드시 기쁨으로 그 곡식 단을 가지고
왕하 25:20	그들을 사로잡아 **가지고** 립나 바벨론	잠 4:7	네가 얻은 모든 것을 **가지고** 명철을
대상 2:22	길르앗 땅에서 스물세 성읍을 **가졌더니**	잠 7:20	은 주머니를 **가졌은즉** 보름 날에나 집
대상 10:9	그의 머리와 갑옷을 **가져다가** 사람을	잠 8:22	태초에 일하시기 전에 나를 **가지셨으며**
대상 11:18	성문 곁 우물 물을 길어 **가지고** 다윗		
대상 12:2	그들은 활을 **가지며** 좌우 손을 놀려		
대상 22:19	하나님 성전의 기물을 **가져다가**		
대하 7:6	여호와의 악기를 **가지고** 섰으니 이		
대하 17:9	여호와의 율법책을 **가지고** 유다에서		
대하 18:10	철로 뿔들을 만들어 **가지고** 말하되		
대하 24:10	기뻐하여 마치기까지 돈을 **가져다가**		
대하 25:12	만 명을 사로잡아 **가지고** 바위 꼭대기		
대하 30:6	방백들의 편지를 받아 **가지고** 왕의		

"울며 씨를 뿌리러 나가는 자는 반드시 기쁨
으로 그 곡식 단을 가지고 돌아오리로다"
(시 126:6)

대하 30:15	번제물을 **가지고** 여호와의 전에 이르	잠 17:16	무지하거늘 손에 값을 **가지고** 지혜를
대하 32:23	여러 사람이 예물을 **가지고** 예루살렘	잠 31:16	자기의 손으로 번 것을 **가지고** 포도원
대하 34:16	사반이 책을 **가지고** 왕에게 나아가서	전 2:7	소와 양 떼의 소유를 더 많이 **가졌으며**
대하 36:7	기구들을 바벨론으로 **가져다가** 바벨론	아 5:7	자들이 나의 겉옷을 벗겨 **가졌도다**
스 6:5	예루살렘 성전에 **가져다가** 하나님	아 6:6	쌍태를 **가졌으며** 새끼 없는 것은 하나
스 7:16	위하여 기쁘게 드릴 예물을 **가져다가**	**대선지서**	
느 4:16	갑옷을 입고 창과 방패와 활을 **가졌고**	사 5:29	부르짖으며 먹이를 움켜 **가져가** 버려
느 8:2	제사장 에스라가 율법책을 **가지고**	사 6:6	집은 바 핀 숯을 손에 **가지고** 내게로
느 8:15	무성한 나무 가지를 **가져다가** 기록한	사 7:24	가시가 있으므로 화살과 활을 **가지고**
느 10:31	물품이나 온갖 곡물을 **가져다가** 팔려고	사 8:1	너는 큰 서판을 **가지고** 그 위에 통용
느 10:38	십일조의 십분의 일을 **가져다가** 우리	사 15:7	얻은 재물과 쌓았던 것을 **가지고**
느 13:16	물고기와 각양 물건을 **가져다가** 안식	사 17:5	곡식을 거두어 **가지고** 그의 손으로
에 6:1	명령하여 역대 일기를 **가져다가** 자기	사 18:7	만군의 여호와께 드릴 예물을 **가지고**
에 6:8	말과 머리에 쓰시는 왕관을 **가져다가**	사 21:14	데마 땅의 주민들아 물을 **가져다가** 목
에 8:11	각 지방의 백성 중 세력을 **가지고** 그들		마른 자에게 주고 떡을 **가지고** 도피하
시가서		사 23:16	너 음녀여 수금을 **가지고** 성읍에 두루
욥 2:8	질그릇 조각을 **가져다가** 몸을 긁고	사 37:33	쏘지 못하며 방패를 **가지고** 성에 가까
욥 3:15	혹시 금을 **가지며** 은으로 집을 채운	사 38:21	뭉치 무화과를 **가져다가** 종처에 붙이
욥 23:6	그가 큰 권능을 **가지시고** 나와 더불어	사 44:12	숯불로 일하며 망치를 **가지고** 그것을
욥 25:2	하나님은 주권과 위엄을 **가지셨고**	사 45:20	나무 우상을 **가지고** 다니며 구원하지
욥 30:28	검어진 피부를 **가지고** 걸으며 회중	사 47:12	주문과 많은 주술을 **가지고** 맞서 보라
욥 41:5	어찌 그것을 새를 **가지고** 놀 듯 하겠	사 57:9	네가 기름을 **가지고** 몰렉에게 나아가
시 56:4	아니하리니 혈육을 **가진** 사람이 내게	사 60:17	금을 **가지고** 놋을 … 은을 **가지고** 철
시 66:13	내가 번제물을 **가지고** 주의 집에 들어	렘 3:3	네가 창녀의 낯을 **가졌으므로** 수치를
시 76:5	마음이 강한 자도 **가진** 것을 빼앗기고	렘 13:4	네 허리에 띤 띠를 **가지고** 일어나
시 78:9	무기를 갖추며 활을 **가졌으나** 전쟁의	렘 22:7	각기 손에 무기를 **가지고** 네 아름다운
시 80:8	한 포도나무를 애굽에서 **가져다가**	렘 25:15	손에서 이 진노의 술잔을 받아 **가지고**
시 105:37	그들을 인도하여 은 금을 **가지고**	렘 27:18	여호와의 말씀을 **가지고** 있다면 그들
시 106:5	주의 나라의 기쁨을 나누어 **가지게**	렘 32:11	아니한 매매 증서를 내가 **가지고**
시 119:49	주께서 내게 소망을 **가지게** 하셨나이다		

51

가지다

렘 32:30	손으로 만든 것을 **가지고** 나를 격노하
렘 35:9	포도원이나 밭이나 종자도 **가지지**
렘 36:2	너는 두루마리 책을 **가져다가** 내가 네
렘 36:21	엘리사마의 방에서 **가져다가** 왕과 왕
렘 38:11	거기서 헝겊과 낡은 옷을 **가져다가**
렘 41:5	소제물과 유향을 **가지고** 세겜과 실로
렘 43:9	큰 돌 여러 개를 **가져다가** 다바네스에
겔 1:16	그 넷이 똑같은 모양을 **가지고** 있으며
겔 4:1	인자야 토판을 **가져다가** 그것을 네 앞
겔 4:3	또 철판을 **가져다가** 너와 성읍 사이에
겔 4:9	콩과 팥과 조와 귀리를 **가져다가** 한
겔 5:1	인자야 너는 날카로운 칼을 **가져다가**
겔 10:2	숯불을 두 손에 가득히 움켜 **가지고**
겔 12:12	행장을 그리로 **가지고** 나가고 그 중
겔 15:3	그 나무를 **가지고** 무엇을 제조할 수
겔 16:15	네 명성을 **가지고** 행음하되 지나가는
겔 26:9	공성퇴를 **가지고** 네 성을 치며 도끼로
겔 27:5	레바논의 백향목을 **가져다** 돛대를
겔 27:13	놋그릇을 **가지고** 네 상품을 바꾸어
겔 27:24	노끈으로 묶어 **가지고** 너와 거래하여
겔 32:27	이 용사들은 다 무기를 **가지고** 스올에
겔 38:4	큰 방패와 작은 방패를 **가지며** 칼을
겔 39:9	활과 화살과 몽둥이와 창을 **가지고**
겔 40:3	손에 삼줄과 측량하는 장대를 **가지고**
겔 43:21	속죄제물의 수송아지를 **가져다가**
겔 45:18	흠 없는 수송아지 한 마리를 **가져다가**
겔 46:20	성물을 **가지고** 바깥뜰에 나가면 백성
단 5:17	왕의 예물은 왕이 친히 **가지시며** 왕의
단 11:23	소수의 백성을 **가지고** 세력을 얻을

소선지서

호 12:7	상인이라 손에 거짓 저울을 **가지고**
호 14:2	너는 말씀을 **가지고** 여호와께로 돌아
암 4:1	가장에게 이르기를 술을 **가져다가**
암 7:7	다림줄을 **가지고** 쌓은 담 곁에 주께서
미 4:2	그가 그의 도를 **가지고** 우리에게 가르
미 6:6	내가 무엇을 **가지고** 여호와 앞에 나아 가며 … 송아지를 **가지고** 그 앞에
학 1:8	산에 올라가서 나무를 **가져다가** 성전
슥 14:21	솥을 **가져다가** 그것으로 고기를 삶으
말 2:10	*우리는 한 아버지를 가지지 아니하였*

복음서

마 5:40	또 너를 고발하여 속옷을 **가지고자** 하는 자에게 겉옷까지도 **가지게** 하며
마 9:6	말씀하시되 일어나 네 침상을 **가지고**
마 10:9	전대에 금이나 은이나 동을 **가지지**
마 14:12	요한의 제자들이 와서 시체를 **가져다가**
마 14:19	떡 다섯 개와 물고기 두 마리를 **가지사**
마 18:8	두 손과 두 발을 **가지고** 영원한 불에
마 20:15	내 것을 **가지고** 내 뜻대로 할 것이
마 24:17	집 안에 있는 물건을 **가지러** 내려
마 25:3	등을 **가지되** 기름을 **가지지** 아니하고
마 25:25	보소서 당신의 것을 **가지셨나이다**
마 26:7	귀한 향유 한 옥합을 **가지고** 나아와서
마 26:26	먹을 때에 예수께서 떡을 **가지사** 축복
마 26:47	무리가 칼과 몽치를 **가지고** 그와 함께
마 27:9	매긴 자의 가격 곧 은 삼십을 **가지고**
마 27:24	민란이 나려는 것을 보고 물을 **가져다가**
마 27:48	달려가서 해면을 **가져다가** 신 포도주
마 27:59	요셉이 시체를 **가져다가** 깨끗한
막 2:3	중풍병자를 네 사람에게 메워 **가지고**
막 2:9	일어나 네 상을 **가지고** 걸어가라 하는
막 2:11	이르노니 일어나 네 상을 **가지고** 집으로
막 2:12	그가 일어나 곧 상을 **가지고** 모든
막 3:15	귀신을 내쫓는 권능도 **가지게** 하려
막 6:29	제자들이 듣고 와서 시체를 **가져다가**
막 11:16	물건을 **가지고** 성전 안으로 지나다님
막 12:15	데나리온 하나를 **가져다가** 내게 보이
막 13:16	겉옷을 **가지러** 뒤로 돌이키지 말지어다
막 14:22	먹을 때에 예수께서 떡을 **가지사** 축복
막 14:43	무리가 검과 몽치를 **가지고** 그와 함께
눅 5:24	일어나 네 침상을 **가지고** 집으로 가라
눅 9:3	아무 것도 **가지지** … 옷을 **가지지** 말며
눅 9:16	떡 다섯 개와 물고기 두 마리를 **가지사**
눅 10:4	전대나 배낭이나 신발을 **가지지** 말며
눅 15:13	재물을 다 모아 **가지고** 먼 나라에
눅 16:6	여기 네 증서를 **가지고** 빨리 앉아
눅 17:31	그 집 안에 있으면 그것을 **가지러**
눅 19:12	어떤 귀인이 왕위를 받아 **가지고** 오려
눅 21:4	과부는 그 가난한 중에서 자기가 **가지고**
눅 22:10	물 한 동이를 **가지고** 가는 사람을 만나
눅 22:52	잡는 것 같이 검과 몽치를 **가지고**
눅 24:1	여자들이 그 준비한 향품을 **가지고**
눅 24:30	음식 잡수실 때에 떡을 **가지사** 축사
요 6:9	물고기 두 마리를 **가지고** 있나이다
요 6:47	이르노니 믿는 자는 영생을 **가졌나니**
요 12:3	순전한 나드 한 근을 **가져다가** 예수의

【 가지다 】　　　　　　　　　　　　【 가지다 】

요 13:4	겉옷을 벗고 수건을 **가져다가** 허리에	롬 4:12	아브라함이 무할례시에 **가졌던** 믿음
요 16:14	내 영광을 나타내리니 내 것을 **가지고**	롬 13:4	그가 공연히 칼을 **가지지** 아니하였으니
요 17:5	내가 아버지와 함께 **가졌던** 영화로써	롬 15:4	또는 성경의 위로로 소망을 **가지게**
요 17:13	기쁨을 그들 안에 충만히 **가지게** 하려	롬 15:27	영적인 것을 나눠 **가졌으면** 육적인 것
요 18:3	등과 횃불과 무기를 **가지고** 그리로	고전 2:16	우리가 그리스도의 마음을 **가졌느니라**
요 18:10	시몬 베드로가 칼을 **가졌는데** 그것을	고전 4:21	내가 매를 **가지고** 너희에게 나아가랴
요 19:39	침향 섞은 것을 백 리트라쯤 **가지고**	고전 6:15	내가 그리스도의 지체를 **가지고** 창녀
요 21:13	예수께서 가셔서 떡을 **가져다가** 그들	고전 9:10	소망을 **가지고** 갈며 … 소망을 **가지고**
역사서, 서신서		고전 9:12	너희에게 이런 권리를 **가졌거든**
행 4:34	팔아 그 판 것의 값을 **가져다가**	고전 16:3	너희의 은혜를 예루살렘으로 **가지고**
행 5:2	그 아내도 알더라 얼마만 **가져다가**	고후 1:15	내가 이 확신을 **가지고** 너희로 두 번
행 7:45	여호수아와 함께 **가지고** 들어가서	고후 4:7	이 보배를 질그릇에 **가졌으니** 이는
행 14:13	소와 화환들을 **가지고** 대문 앞에 와서	고후 4:13	우리가 같은 믿음의 마음을 **가졌으니**
행 17:2	들어가서 세 안식일에 성경을 **가지고**	고후 8:8	오직 다른 이들의 간절함을 **가지고**
행 19:12	앞치마를 **가져다가** 병든 사람에게	고후 10:15	우리는 남의 수고를 **가지고** 분수 이상
행 19:19	많은 사람이 그 책을 모아 **가지고** 와서	엡 3:12	담대함과 확신을 **가지고** 하나님께
행 21:11	우리에게 와서 바울의 띠를 **가져다가**	엡 6:16	믿음의 방패를 **가지고** 이로써 능히
행 22:5	공문을 받아 **가지고** 거기 있는 자들도	빌 2:7	오히려 자기를 비워 종의 형체를 **가지사**
행 24:15	하나님께 향한 소망을 나도 **가졌으니**	딤전 1:19	믿음과 착한 양심을 **가지라** 어떤 이들
행 26:10	권한을 받아 **가지고** 많은 성도를 옥에	히 6:19	이 소망을 **가지고** 있는 것은 영혼의 닻
행 27:17	끌어 올리고 줄을 **가지고** 선체를 둘러	히 13:3	너희도 몸을 **가졌은즉** 학대받는 자를
행 27:35	떡을 **가져다가** 모든 사람 앞에서	히 13:11	짐승의 피는 대제사장이 **가지고** 성소
행 28:23	모세의 율법과 선지자의 말을 **가지고**	약 2:1	그리스도에 대한 믿음을 … **가졌으니**
롬 2:27	율법 조문과 할례를 **가지고** 율법을	벧전 2:12	행실을 선하게 **가져** 너희를 악행한다

🔖 **가지다 - 기타 본문**

구약 창 1:11, 12, 29; 9:15, 16; 14:21, 23; 15:10; 18:8; 22:6, 13; 27:7, 10, 15; 28:18; 31:45; 38:23; 43:15, 22; 출 2:5; 9:10; 10:26; 22:13; 23:19; 24:8; 29:13, 16, 20, 21, 22, 23, 25, 26, 31; 30:24, 34; 35:5, 21, 24; 레 1:13, 15; 2:9; 4:12, 16, 21; 5:12; 6:15, 30; 8:15, 16, 23, 26, 28, 29, 30; 9:15, 19; 10:15; 11:42; 14:6, 12, 22, 24, 25, 49, 51; 15:29; 16:14, 15, 18; 17:9; 민 6:12, 16; 16:18, 37, 39, 46, 47; 18:30; 19:17, *18: 31:29*; 신 4:17; 5:26; 24:12; 수 4:5, 8; 7:15, 21; 18:8; 삿 6:19, 20; 15:4; 16:12, 18, 31; 17:2; 18:20; 삼상 2:14, 16; 5:2, 10; 6:8; 10:3; 14:27, 43; 16:13; 17:18, 40, 43, 49; 20:40; 21:9; 26:12; 삼하 4:7, 12; 8:7; 13:9, 10; 17:10, 19, 29; 21:13; 왕상 6:7; 7:51; 17:11; 왕하 2:13, 14; 9:3, 13, 25, 26; 12:18; 23:16; 대상 10:4, 5, 12; 11:23; 12:33, 34; 15:7; 18:7; 25:5; 29:8; 대하 5:1; 24:11; 25:24; 28:14, 15, 21; 스 2:63; 느 4:13; 7:65; 8:16; 10:36, 37, 39; 13:12; 에 6:10, 11; 욥 15:8; 36:4; 41:6; 42:8; 시 105:44; 110:10; 149:6; 잠 3:18; 5:4; 10:18; 22:9; 사 21:17; 44:15; 47:2; 63:1; 렘 32:14; 36:28, 32; 41:16; 50:42; 겔 10:7; 16:16, 37:16, 19; 43:20; 45:19; 단 1:2; 4:12; 5:23; 8:3, 6, 20; 11:28; 암 2:15 **신약** 마 10:10; 15:36; 17:27; 18:9; 24:18; 25:28; 26:27, 52, 55; 막 5:26; 6:8, 41; 8:6; 9:43, 45, 47; 14:23, 48; 눅 5:25; 14:28; 16:7; 19:15; 22:19; 요 6:11, 54; 16:15; 19:40; 20:2; 행 4:37; 10:12; 11:6; 14:15; 21:20; 23:10; 롬 2:20; 12:4; 14:22; 15:24; 고전 11:16, 23, 25; 12:30; 15:31; 고후 6:7; 갈 2:4; 5:3; 엡 6:17; 빌 2:2; 3:9; 딤전 3:9; 히 7:28; 10:39; 벧후 2:11, 14; 요일 2:7; 3:3; 5:14; 요이 1:5; 계 3:11; 6:5, 9; 8:5, 6; 9:14; 12:17; 13:17; 14:17, 18; 15:6; 17:1, 7, 13; 21:9, 26

【 가책 】　　　　　　　　　　　　　　　　　　　　　　　　　　　　　　　　　　【 가축 】

벧전 3:16	선한 양심을 **가지라** 이는 그리스도
벧후 2:3	그들이 탐심으로써 지어낸 말을 **가지고**
벧후 2:14	음심이 가득한 눈을 **가지고** 범죄하기
요일 3:17	누가 이 세상의 재물을 **가지고** 형제의
요일 4:17	심판 날에 담대함을 **가지게** 하려 함이
요이 1:10	누구든지 이 교훈을 **가지지** 않고 너희

예언서

계 1:18	사망과 음부의 열쇠를 **가졌노니**
계 2:5	회개하여 처음 행위를 **가지라** 만일
계 2:12	편지하라 좌우에 날선 검을 **가지신** 이
계 2:27	그가 철장을 **가지고** 그들을 다스려
계 3:1	별을 **가지신** 이가 이르시되 … 네가 살았다하는 이름은 **가졌으나**
계 3:7	진실하사 다윗의 열쇠를 **가지신** 이 곧
계 3:8	작은 능력을 **가지고서도** 내 말을 지키
계 4:8	네 생물은 각각 여섯 날개를 **가졌고**
계 5:8	향이 가득한 금 대접을 **가졌으니** 이
계 5:9	불러 이르되 두루마리를 **가지시고**
계 6:2	그 탄 자가 활을 **가졌고** 면류관을 받고
계 7:2	살아 계신 하나님의 인을 **가지고** 해
계 8:3	제단 곁에 서서 금 향로를 **가지고** 많은
계 10:8	천사의 손에 펴 놓인 두루마리를 **가지라**
계 11:6	그들이 권능을 **가지고** 하늘을 닫아 … 또 권능을 **가지고** 물을 피로 변하게
계 14:6	백성에게 전할 영원한 복음을 **가졌더라**
계 14:14	있고 그 손에는 예리한 낫을 **가졌더라**
계 15:1	일곱 천사가 일곱 재앙을 **가졌으니** 곧
계 15:2	가에 서서 하나님의 거문고를 **가지고**
계 16:9	권세를 **가지신** 하나님의 이름을 비방
계 17:4	진주로 꾸미고 손에 금 잔을 **가졌는데**
계 18:1	보니 큰 권세를 **가졌는데** 그의 영광으로
계 20:1	큰 쇠사슬을 그의 손에 **가지고** 하늘로
계 21:15	측량하려고 금 갈대 자를 **가졌더라**
계 21:24	땅의 왕들이 자기 영광을 **가지고**

가책(苛責, convicted-KJV)

요 8:9	이 말씀을 듣고 양심에 **가책**을 느껴

가축(livestock)

창 1:24	그 종류대로 내되 **가축**과
창 1:25	짐승을 그 종류대로, **가축**을
창 2:20	아담이 모든 **가축**과 공중의 새와 들의
창 3:14	네가 모든 **가축**과 들의 모든 짐승보다
창 4:20	그는 장막에 거주하며 **가축**을 치는 자
창 6:7	쓸어버리되 사람으로부터 **가축**과
창 6:20	새가 그 종류대로, **가축**이 그 종류대로
창 7:14	들짐승이 그 종류대로, 모든 **가축**이
창 7:21	곧 새와 **가축**과 들짐승과 땅에 기는
창 7:23	사람과 **가축**과 기는 것과 공중의 새까
창 8:1	방주에 있는 모든 들짐승과 **가축**을
창 8:17	모든 혈육 있는 생물 곧 새와 **가축**과
창 9:10	너희와 함께 한 새와 **가축**과 땅의
창 13:2	아브람에게 **가축**과 은과 금이 풍부하
창 13:7	아브람의 **가축**의 목자와 롯의 **가축**의
창 18:7	또 **가축** 떼 있는 곳으로 달려가서
창 29:7	해가 아직 높은즉 **가축** 모일 때가
창 30:29	어떻게 외삼촌의 **가축**을 쳤는지
창 31:9	그대들의 아버지의 **가축**을 빼앗아 내
창 31:18	그가 밧단아람에서 모은 **가축**을
창 33:14	나는 앞에 가는 **가축**과 자식들의 걸음
창 33:17	그의 **가축**을 위하여 우릿간을 지었으
창 34:23	그러면 그들의 **가축**과 재산과 그들의
창 36:6	자기 집의 모든 사람과 자기의 **가축**과
창 36:7	그들이 거주하는 땅이 그들의 **가축**
창 46:6	그들의 **가축**과 가나안 땅에서 얻은
창 47:6	능력 있는 자가 있거든 그들로 내 **가축**
창 47:16	요셉이 이르되 너희의 **가축**을 내라 … 내가 너희의 **가축**과 바꾸어 주리라
창 47:17	그들의 **가축**을 요셉에게 끌어오는지라 … 먹을 것을 주되 곧 그 모든 **가축**
창 47:18	우리의 돈이 다하였고 우리의 **가축** 떼
출 8:17	티끌이 다 이가 되어 사람과 **가축**에게
출 8:18	이가 사람과 **가축**에게 생긴지라
출 9:3	여호와의 손이 들에 있는 네 **가축** 곧 말
출 9:4	이스라엘의 **가축**과 애굽의 **가축**을
출 9:6	이 일을 행하시니 애굽의 모든 **가축**은 죽었으나 이스라엘 자손의 **가축**은
출 9:7	이스라엘의 **가축**은 하나도 죽지 아니
출 9:19	이제 사람을 보내어 너의 **가축**과 네 들
출 9:20	두려워하는 자들은 그 종들과 **가축**을
출 9:21	그의 종들과 **가축**을 들에 그대로 두었
출 10:26	우리의 **가축**도 우리와 함께 가고
출 11:5	몸종의 장자와 모든 **가축**의 처음 난
출 12:29	옥에 갇힌 사람의 장자까지와 **가축**의

【 가축 】   【 가하다 】

출 12:38	양과 소와 심히 많은 **가축**이 그들과	수 22:8	너희는 많은 재산과 심히 많은 **가축**과
출 13:12	네게 있는 **가축**의 태에서 처음 난 것을	삿 18:21	그들이 돌이켜서 어린 아이들과 **가축**
출 13:15	사람의 장자로부터 **가축**의 처음 난 것	삿 20:48	온 성읍과 **가축**과 만나는 자를 다
출 17:3	우리와 우리 자녀와 우리 **가축**이	삼상 23:5	그들의 **가축**을 끌어 오니라 다윗이
출 20:10	네 남종이나 네 여종이나 네 **가축**이나	삼상 30:20	무리가 그 **가축**들을 앞에 몰고 가며
출 34:19	네 **가축**의 모든 처음 난 수컷인 소와	왕하 3:9	군사와 따라가는 **가축**을 먹일 물이
레 1:2	여호와께 예물을 드리려거든 **가축** 중	왕하 3:17	너희와 너희 **가축**과 짐승이 마시리라
레 1:10	만일 그 예물이 **가축** 떼의 양이나 염소	대상 5:9	이는 길르앗 땅에서 그 **가축**이 번식
레 5:2	들짐승의 사체나 부정한 **가축**의 사체	대상 28:1	왕과 왕자의 모든 소유와 **가축**의 감독
레 19:19	내 규례를 지킬지어다 네 **가축**을 다른	대하 26:10	고원과 평지에 **가축**을 많이 길렀으며
레 25:7	네 **가축**과 네 땅에 있는 들짐승들이	느 9:37	우리의 몸과 **가축**을 임의로 관할하오니
레 26:22	너희의 자녀를 움키고 너희 **가축**을	느 10:36	우리의 맏아들들과 **가축**의 처음 난
레 27:9	예물로 여호와께 드리는 것이 **가축**이면	욥 36:33	풍우를 알려 주니 **가축**들도 그 다가옴
레 27:10	혹 **가축**으로 **가축**을 바꾸면 둘 다	시 50:10	이는 삼림의 짐승들과 뭇 산의 **가축**이
레 27:11	예물로 드리지 못할 **가축**이면 그 **가축**	시 78:48	그들의 **가축**을 우박에, 그들의 양 떼
레 27:26	오직 **가축** 중의 처음 난 것은 여호와	시 104:14	그가 **가축**을 위한 풀과 사람을 위한
레 27:28	바친 모든 것은 사람이든지 **가축**이든지	시 107:38	그의 **가축**이 감소하지 아니하게 하실
민 3:41	또 이스라엘 자손의 **가축** 중 모든 처	시 148:10	짐승과 모든 **가축**과 기는 것과 나는
	음 태어난 것 대신에 레위인의 **가축**을	잠 12:10	의인은 자기의 **가축**의 생명을 돌보나
민 3:45	그들의 **가축** 대신에 레위인의 **가축**을	사 30:23	그 날에 네 **가축**이 광활한 목장에서
민 31:9	그들의 **가축**과 양 떼와 재물을 다	사 46:1	그들의 우상들은 짐승과 **가축**에게
민 32:1	갓 자손은 심히 많은 **가축** 떼를 가졌	사 63:14	그들을 골짜기로 내려가는 **가축**같이
민 32:4	당신의 종들에게는 **가축**이 있나이다	렘 9:10	지나는 자가 없으며 거기서 **가축**의
민 32:16	이 곳에 우리 **가축**을 위하여 우리를	렘 49:32	그들의 많은 **가축**은 탈취를 당할 것이라
민 32:26	양 떼와 모든 **가축**은 이곳 길르앗 성읍	겔 44:31	새나 **가축**이 저절로 죽은 것이나 찢겨
민 35:3	초장은 그들의 재산인 **가축**과 짐승들	겔 45:15	또 이스라엘의 윤택한 초장에서 **가축** 떼
신 2:35	다만 그 **가축**과 성읍에서 탈취한 것은	욜 1:18	**가축**이 울부짖고 소 떼가 소란하니
신 3:7	다만 모든 **가축**과 그 성읍들에서 탈취	욘 4:11	**가축**도 많이 있나니 내가 어찌 아끼지
신 3:19	너희에게 **가축**이 많은 줄… **가축**은 내	학 1:11	땅의 모든 소산과 사람과 **가축**과 손으
신 5:14	네 나귀나 네 모든 **가축**이나 네 문 안	슥 2:4	예루살렘은 그 가운데 사람과 **가축**이
신 11:15	또 **가축**을 위하여 들에 풀이 나게	슥 14:15	그 진에 있는 모든 **가축**에게 미칠
신 12:15	네 마음에 원하는 대로 **가축**을 잡아		
신 13:15	거주하는 모든 것과 그 **가축**을 칼날로	**가치**(價値, value)	
신 20:14	너는 오직 여자들과 유아들과 **가축**들	레 5:15	네가 지정한 **가치**를 따라 성소의 세겔
신 28:11	네 몸의 소생과 **가축**의 새끼와 토지의	레 5:18	그는 네가 지정한 **가치**대로 양 떼 중
신 28:51	네 **가축**의 새끼와 네 토지의 소산을	레 6:6	네가 지정한 **가치**대로 양 떼 중 흠
신 30:9-10	네 몸의 소생과 네 **가축**의 새끼와 네	삼상 15:9	진멸하기를 즐겨 아니하고 **가치** 없고
수 1:14	너희의 처자와 **가축**은 모세가 너희에	잠 10:20	순은과 같거니와 악인의 마음은 **가치**
수 8:2	오직 거기서 탈취할 물건과 **가축**은	사 2:22	호흡은 코에 있나니 셈할 **가치**가 어디
수 8:27	그 성읍의 **가축**과 노략한 것은 여호와	사 7:23	천 그루에 은 천 개의 **가치**가 있는
수 11:14	이 성읍들의 모든 재물과 **가축**은		
수 14:4	다만 거주할 성읍들과 **가축**과 재산을	**가하다**(可, permit, may)	
수 21:2	우리가 거주할 성읍들과 우리 **가축**을	신 14:21	이방인에게 파는 것은 **가하니라** 너는

【 가할 】　　　　　　　　　　　　　　　　　　　　　　　【 각각 】

삼상 18:22　왕의 사위가 되는 것이 **가하니라** 하라
고전 6:12　모든 것이 내게 **가하나** 다 유익한 것
　　　　　이 아니요 모든 것이 내게 **가하나** 내
고전 10:23　모든 것이 **가하나** 모든 것이 유익한 것
　　　　　은 아니요 모든 것이 **가하나** 모든 것

가할(Gahar) 느디님 사람들 선조
스 2:47　깃델 자손과 **가할** 자손과 르아야 자손
느 7:49　하난 자손과 깃델 자손과 **가할** 자손과

가함(Gaham) 나홀의 첩 르우마가 낳은 아들
창 22:24　데바와 **가함**과 다하스와 마아가를

가혹하다(苛酷, cruel)
출 6:9　마음의 상함과 **가혹한** 노역으로 말미

가히(possibly, be permitted to)
고후 12:4　사람이 **가히** 이르지 못할 말이로다

각(脚, piece)
출 29:17　그 숫양의 **각**을 뜨고 그 장부와 다리
　　　　　는 씻어 **각**을 뜬 고기와 그 머리와
레 1:6　그 번제물의 가죽을 벗기고 **각**을 뜰
레 1:8　아론의 자손 제사장들은 그 뜬 **각**과
레 1:12　그는 그것의 **각**을 뜨고 그것의 머리와
레 8:20　**각**을 뜨고 모세가 그 머리와 **각** 뜬
레 9:13　번제의 제물 곧 그의 **각**과 머리를

삼상 11:7　한 겨리의 소를 잡아 **각**을 뜨고 전령
왕상 18:23　송아지 한 마리를 택하여 **각**을 떠서
왕상 18:33　나무를 벌이고 송아지의 **각**을 떠서
겔 24:4-5　양 떼에서 한 마리를 골라 **각**을 뜨고

각각(各各, one another)
모세오경
창 32:16　그것을 **각각** 떼로 나누어 종들의 손에
창 44:11　그들이 **각각** 급히 자루를 땅에 내려
출 1:1　야곱과 함께 **각각** 자기 가족을 데리고
출 32:27　말씀하시기를 너희는 **각각** 허리에 칼
레 23:37　희생제물과 전제를 **각각** 그 날에 드릴
레 25:10　너희는 **각각** 자기의 ⋯ **각각** 자기의
민 1:52　막사를 치되 그 진영별로 **각각** 그
민 2:2　이스라엘 자손은 **각각** 자기의 진영이
민 7:85　은 쟁반은 **각각** 백삼십 세겔 무게요
　　　　은 바리는 **각각** 칠십 세겔 무게라
민 7:86　성소의 세겔로 **각각** 열 세겔 무게라
민 16:3　회중이 다 **각각** 거룩하고 여호와께서도
민 17:2　사람들의 이름을 **각각** 그 지팡이에
민 17:9　그들이 보고 **각각** 자기 지팡이를 집어
민 25:5　너희는 **각각** 바알브올에게 가담한
민 32:29　갓 자손과 르우벤 자손이 만일 **각각**
민 36:9　이스라엘 자손 지파가 **각각** 자기 기업
신 1:41　너희가 **각각** 무기를 가지고 경솔히

역사서
삿 7:7　남은 백성은 **각각** 자기의 처소로 돌아

각각 – 기타 본문

창 2:19; 32:16, 19; 41:12, 35, 48; 42:25, 35; 43:21; 49:28; 출 12:3, 4; 16:16, 18, 21, 22; 26:2; 30:12; 32:27, 29; 36:9, 30; 38:26, 27; 39:14; 레 19:3; 24:5, 7; 25:14, 17; 민 1:2, 4, 18, 20, 22; 2:17; 3:39; 4:19; 13:2; 16:17; 17:2, 3, 6; 23:4, 14, 30; 31:4, 6, 50; 34:18; 신 1:13, 15, 23; 2:23, 34; 3:6; 12:15, 17, 21; 16:5, 18; 24:16; 수 3:12; 4:2, 4; 5:8; 7:17, 18; 18:4; 21:42; 22:14; 삿 7:16; 20:42; 21:22; 삼하 2:3; 왕상 8:39; 20:14, 15; 왕하 12:4; 15:20; 17:13, 29; 23:8, 19, 35; 대상 16:3; 23:6; 27:1; 28:1, 15, 16, 17; 대하 3:15; 4:3, 13; 6:30; 8:14; 25:4; 28:25; 29:35; 30:10; 35:15; 스 4:15; 10:14; 13:24; 에 1:3, 8, 16, 22; 2:3, 13; 3:8, 12, 13, 14; 4:3, 11; 8:5, 9, 11, 12,

13, 17; 9:2, 4, 16, 20, 28; 시 39:6; 62:12; 64:6; 107:3; 잠 24:12; 전 10:3; 사 13:7; 22:24; 31:7; 렘 4:29; 12:15; 23:36; 48:8; 49:5; 애 2:19; 5:11; 겔 6:13; 9:2; 18:30; 21:7; 22:15; 38:21; 40:16, 18; 41:18; 단 3:2, 3, 4, 7, 29; 4:1; 호 9:1; 암 4:6; 슥 10:1; 12:12; 말 2:10; 마 16:27; 눅 5:17; 8:1, 4; 9:6; 10:1; 13:22; 요 1:9; 6:7; 행 2:3, 8, 11, 45; 4:35; 8:3; 9:20; 15:21, 36; 17:27; 20:20, 23, 31; 21:26; 22:19; 롬 2:6, 9, 10; 12:3; 14:12; 15:2; 고전 3:13; 4:5, 17; 7:17; 11:3; 12:11, 27; 15:38; 16:2; 고후 4:2; 갈 5:3; 엡 3:14; 4:7, 16; 6:8; 골 1:28; 4:6; 살전 2:11; 딛 1:5; 히 6:11; 11:21; 약 1:14; 벧전 1:17; 계 1:7; 2:23; 5:9; 6:14; 7:4, 9; 13:7; 20:13; 21:21; 22:12

【 각각 】 　　　　　　　　　　　　　　　　　　　　　【 각각 】

삿 7:8	기드온이 이스라엘 모든 백성을 **각각**	느 4:15	우리가 다 성에 돌아와서 **각각** 일하였
삿 9:49	모든 백성들도 **각각** 나뭇가지를 찍어	느 4:17	짐을 나르는 자는 다 **각각** 한 손으로
삿 9:55	아비멜렉이 죽은 것을 보고 **각각** 자기	느 4:18	건축하는 자는 **각각** 허리에 칼을 차고
삿 16:5	그리하면 우리가 **각각** 은 천백 개씩을	느 4:23	물을 길으러 갈 때에도 **각각** 병기를
삿 21:21	실로의 딸 중에서 **각각** 하나를 붙들어	느 7:3	예루살렘 주민이 **각각** 자기가 지키는
삼상 14:20	블레셋 사람들이 **각각** 칼로 자기의	느 9:22	족속들을 그들에게 **각각** 나누어 주시
삼상 14:34	그 밤에 모든 백성이 **각각** 자기의 소를	느 11:3	유다 여러 성읍에서 **각각** 자기 성읍
삼하 2:27	무리가 아침에 **각각** 다 돌아갔을 것이	느 11:20	성읍에 흩어져 **각각** 자기 기업에 살았
삼하 15:30	모든 백성들도 **각각** 자기의 머리를	느 13:10	노래하는 자들이 **각각** 자기 밭으로
삼하 20:1	이스라엘아 **각각** 장막으로 돌아가라	느 13:30	레위 사람의 반열을 세워 **각각** 자기의
왕상 4:27	그 지방 관장들은 **각각** 자기가 맡은	**시가서, 선지서**	
왕상 6:23	그룹을 만들었는데 그 높이가 **각각**	욥 1:4	그의 아들들이 자기 생일에 **각각** 자기
왕상 7:15	높이는 **각각** 십팔 규빗이라 **각각** 십이	욥 2:11	**각각** 자기 지역에서부터 이르렀으니
왕상 7:30	받침 수레에 **각각** 네 놋바퀴와 놋축이	욥 2:12	일제히 소리 질러 울며 **각각** 자기의
	있고 … 화환은 **각각** 그 옆에 있으며	욥 34:11	사람의 행위를 따라 갚으사 **각각** 그의
왕상 7:32	연결되었는데 바퀴의 높이는 **각각** 한	욥 38:32	너는 별자리들을 **각각** 제 때에 이끌어
왕상 7:36	버팀대 판과 옆판에는 **각각** 빈 곳을	욥 42:11	슬퍼하며 위로하고 **각각** 케쉬타 하나
왕상 7:38	물두멍마다 **각각** 사십 밧을 … 열 받	아 4:2	새끼 없는 것은 하나도 없이 **각각** 쌍태
	침 수레 위에 **각각** 물두멍이 하나씩	사 9:20	배부르지 못하여 **각각** 자기 팔의 고기
왕상 8:38	다 **각각** 자기의 마음에 재앙을 깨닫고	사 14:18	열방의 모든 왕들은 모두 **각각** 자기
왕상 20:20	**각각** 적군을 쳐죽이매 아람 사람이	사 15:2	그들이 **각각** 머리카락을 밀고 **각각**
왕상 20:24	왕들을 제하여 **각각** 그 곳에서 떠나게	사 34:15	그늘에 모으며 솔개들도 **각각** 제 짝과
왕상 22:17	주인이 없으니 **각각** 평안히 자기의	사 36:16	**각각** 자기의 포도와 … **각각** 자기의
왕하 6:2	요단으로 가서 거기서 **각각** 한 재목을	렘 8:6	전쟁터로 향하여 달리는 말같이 **각각**
왕하 8:21	백성이 도망하여 **각각** 그들의 장막들	렘 11:8	귀를 기울이지도 아니하고 **각각** 그
왕하 9:13	무리가 **각각** 자기의 옷을 급히 가져다가	렘 17:10	폐부를 시험하고 **각각** 그의 행위와 그
왕하 9:21	유다 왕 아하시야가 **각각** 그의 병거를	렘 26:3	그들이 듣고 혹시 **각각** 그 악한 길에서
왕하 11:8	너희는 **각각** 손에 무기를 잡고 왕을	겔 1:6	그들에게 **각각** 네 얼굴과 네 날개가
왕하 11:11	호위병이 **각각** 손에 무기를 잡고 왕을	겔 1:8	사방 날개 밑에는 **각각** 사람의 손이
왕하 12:5	제사장들이 **각각** 아는 자에게서 받아	겔 8:12	이스라엘 족속의 장로들이 **각각** 그
왕하 18:31	너희는 **각각** 그의 포도와 … **각각** 자기	겔 14:10	죄악이 같은즉 **각각** 자기의 죄악을
대상 16:43	뭇 백성은 **각각** 그 집으로 돌아가고	겔 20:39	가서 **각각** 그 우상을 섬기라 그렇게
대상 24:3	그들을 나누어 **각각** 그 섬기는 직무를	겔 32:10	그들이 **각각** 자기 생명을 위하여
대하 6:29	다 **각각** 자기의 마음에 재앙과 고통을	겔 33:30	**각각** 그 형제와 더불어 말하여 이르기
대하 10:16	이스라엘아 **각각** 너희의 장막으로	겔 40:10	그 셋이 **각각** 같은 크기요 그 좌우편
대하 18:16	주인이 없으니 **각각** 평안히 자기들의	겔 40:16	문지기 방에는 **각각** 닫힌 창이 있고
대하 23:7	레위 사람들은 **각각** 손에 무기를 잡고	겔 46:18	백성이 **각각** 그 산업을 떠나 흩어지지
대하 23:10	백성들에게 **각각** 손에 무기를 잡고	단 7:3	바다에서 나왔는데 그 모양이 **각각**
대하 30:16	규례대로 **각각** 자기들의 처소에 서고	욘 1:5	사공들이 두려워하여 **각각** 자기의 신
대하 31:1	이스라엘 모든 자손이 **각각** 자기들의	미 4:5	만민이 **각각** 자기의 신의 이름을 의지
대하 31:2	그들의 반열에 따라 **각각** 그들의 직임	습 2:11	이방의 모든 해변 사람들이 **각각** 자기
스 10:16	에스라가 그 종족을 따라 **각각** 지명된	학 1:9	내 집은 황폐하였으되 너희는 **각각**
느 3:28	마문 위로부터는 제사장들이 **각각**	학 2:22	말과 그 탄 자가 **각각** 그의 동료의 칼

{ 각각 }   { 각기 }

슥 3:10	그 날에 너희가 **각각** 포도나무와
슥 11:6	그 사람들을 **각각** 그 이웃의 손과

신약

마 18:35	너희가 **각각** 마음으로부터 형제를
마 25:15	**각각** 그 재능대로 한 사람에게는 금
마 25:32	모든 민족을 그 앞에 모으고 **각각**
마 26:22	그들이 몹시 근심하여 **각각** 여쭈오되
막 13:34	그 종들에게 권한을 주어 **각각** 사무를
눅 2:3	모든 사람이 호적하러 **각각** 고향으로
눅 6:44	나무는 **각각** 그 열매로 아나니 가시나
눅 15:12	아버지가 그 살림을 **각각** 나눠 주었더
눅 19:15	은화를 준 종들이 **각각** 어떻게 장사하
요 7:53	다 **각각** 집으로 돌아가고
요 10:3	그가 자기 양의 이름을 **각각** 불러
요 16:32	보라 너희가 다 **각각** 제 곳으로 흩어
요 19:23	네 깃에 나눠 **각각** 한 깃씩 얻고 속옷
행 2:6	이 소리가 나매 큰 무리가 모여 **각각**
행 2:38	너희가 회개하여 **각각** 예수 그리스도
행 3:26	너희로 하여금 돌이켜 **각각** 그 악함을
행 11:29	제자들이 **각각** 그 힘대로 유대에 사는
롬 12:6	주신 은혜대로 받은 은사가 **각각** 다르니
롬 14:5	날을 같게 여기나니 **각각** 자기 마음으

"베드로가 이르되
너희가 회개하여 각각
예수 그리스도의 이름으로 세례를 받고 죄
사함을 받으라 그리하면 성령의 선물을 받
으리니"(행 2:38)

고전 1:12	너희가 **각각** 이르되 나는 바울에게,
고전 3:5	그들은 주께서 **각각** 주신 대로 너희로
고전 3:8	물 주는 이는 한가지이나 **각각** 자기가
고전 3:10	그러나 **각각** 어떻게 그 위에 세울까를
고전 7:7	그러나 **각각** 하나님께 받은 자기의
고전 7:24	형제들아 너희는 **각각** 부르심을 받은
고전 11:21	이는 먹을 때에 **각각** 자기의 만찬을
고전 12:18	그 원하시는 대로 지체를 **각각** 몸에
고전 14:26	너희가 모일 때에 **각각** 찬송시도 있고
고전 15:23	그러나 **각각** 자기 차례대로 되리니
고후 5:10	심판대 앞에 나타나게 되어 **각각** 선악

고후 9:7	**각각** 그 마음에 정한 대로 할 것이요
갈 6:4	**각각** 자기의 일을 살피라 그리하면
갈 6:5	**각각** 자기의 짐을 질 것이라
엡 4:25	그런즉 거짓을 버리고 **각각** 그 이웃과
엡 5:33	그러나 너희도 **각각** 자기의 아내 사랑
빌 2:3	겸손한 마음으로 **각각** 자기보다 남을
빌 2:4	**각각** 자기 일을 돌볼뿐더러 또한 **각각**
빌 4:21	예수 안에 있는 성도에게 **각각** 문안하
살전 4:4	**각각** 거룩함과 존귀함으로 자기의
히 8:11	또 **각각** 자기 나라 사람과 **각각** 자기
벧전 4:10	**각각** 은사를 받은 대로 하나님의 여러
계 4:8	네 생물은 **각각** 여섯 날개를 가졌고
계 5:8	어린 양 앞에 엎드려 **각각** 거문고와
계 6:11	**각각** 그들에게 흰 두루마기를 주시며

각국(各國, other land, all other country)

창 41:54	일곱 해 흉년이 들기 시작하매 **각국**에는
창 41:57	**각국** 백성도 양식을 사려고 애굽으로
대하 9:28	솔로몬을 위하여 애굽과 **각국**에서 말
겔 29:12	애굽 사람들을 **각국** 가운데로 흩으며
겔 36:19	그들을 그 행위대로 심판하여 **각국**에
단 9:7	다 주께서 쫓아내신 **각국**에서 수치를
행 2:5	그 때에 경건한 유대인들이 천하 **각국**

각기(各其, various, each)

창 1:11	땅은 풀과 씨 맺는 채소와 **각기** 종류
창 6:19	혈육 있는 모든 생물을 너는 **각기** 암수
창 10:5	여러 나라 백성으로 나뉘어서 **각기**
창 10:20	이들은 함의 자손이라 **각기** 족속과
창 34:25	시므온과 레위가 **각기** 칼을 가지고
창 40:5	두 사람이 하룻밤에 꿈을 꾸니 **각기**
창 42:35	**각기** 자루를 쏟고 본즉 각 사람의 돈
창 45:22	그들에게 다 **각기** 옷 한 벌씩을 주되
창 47:20	사람들이 기근에 시달려 **각기** 토지를
출 11:2	백성에게 말하여 사람들에게 **각기**
출 16:29	너희는 **각기** 처소에 있고 일곱째 날에
출 30:34	그 향품을 유향에 섞되 **각기** 같은
출 33:10	다 일어나 **각기** 장막 문에 서서 예배
레 10:1	아론의 아들 나답과 아비후가 **각기**
레 25:13	희년에는 너희가 **각기** 자기의 소유로
민 1:44	모세와 아론과 **각기** 이스라엘 조상의
민 2:34	명령하신 대로 다 준행하여 **각기** 종족
민 7:5	레위인에게 주어 **각기** 직임대로 회막

【 각기 】　　　　　　　　　　　　　　　　　【 각기 】

민 11:10	종족들이 **각기** 자기 장막 문에서 우는	대하 20:25	보물이 많이 있으므로 **각기** 탈취하는
민 29:15	어린 양 열네 마리에는 **각기** 십분의	대하 23:8	명령한 모든 것을 준행하여 **각기** 수하
민 31:53	군인들이 **각기** 자기를 위하여 탈취한	스 2:1	유다 도로 돌아와 **각기** 각자의 성읍으
민 36:7	이스라엘 자손이 다 **각기** 조상 지파의	스 6:5	하나님의 성전 안 **각기** 제자리에 둘지
신 3:20	너희는 **각기** 내가 준 기업으로 돌아갈	느 7:6	예루살렘과 유다에 돌아와 **각기** 자기
신 5:30	가서 그들에게 **각기** 장막으로 돌아가	느 10:32	규례를 정하기를 해마다 **각기** 세겔의
신 12:8	우리가 오늘 여기에서는 **각기** 소견대	에 1:7	잔의 모양이 **각기** 다르고 왕이 풍부하
수 4:5	지파 수대로 **각기** 돌 한 개씩 가져다	시 12:2	그들이 이웃에게 **각기** 거짓을 말함이
수 6:20	성벽이 무너져 내린지라 백성이 **각기**	시 53:3	**각기** 물러가 함께 더러운 자가 되고
수 24:28	백성을 보내어 **각기** 기업으로 돌아가	시 84:7	시온에서 하나님 앞에 **각기** 나타나리
삿 2:6	이스라엘 자손이 **각기** 그들의 기업으로	잠 20:6	많은 사람이 **각기** 자기의 인자함을
삿 7:21	**각기** 제자리에 서서 그 진영을 에워싸	아 3:8	밤의 두려움으로 말미암아 **각기** 허리
삿 8:24	너희는 **각기** 탈취한 귀고리를 내게	아 8:11	그들로 **각기** 그 열매로 말미암아 은
룻 1:8	두 며느리에게 이르되 너희는 **각기**	사 3:5	백성이 서로 학대하며 **각기** 이웃을
룻 1:9	여호와께서 너희에게 허락하사 **각기**	사 6:2	스랍들이 모시고 섰는데 **각기** 여섯
삼상 2:36	남은 사람이 **각기** 와서 은 한 조각과	사 15:3	넓은 곳에서는 **각기** 애통하여 심히
삼상 4:10	이스라엘이 패하여 **각기** 장막으로	사 19:2	그들이 **각기** 형제를 치며 **각기** 이웃을
삼상 8:22	너희는 **각기** 성읍으로 돌아가라 하니라	사 41:6	**각기** 이웃을 도우며 그 형제에게 이르
삼상 10:25	모든 백성을 **각기** 집으로 보내매	사 47:15	너와 함께 장사하던 자들이 **각기** 제
삼상 13:20	온 이스라엘 사람들이 **각기** 보습이나	사 53:6	양 같아서 그릇 행하여 **각기** 제 길로
삼상 14:34	그들에게 이르기를 사람은 **각기** 소와	렘 1:15	예루살렘 성문 어귀에 **각기** 자리를
삼상 22:7	이새의 아들이 너희에게 **각기** 밭과	렘 5:8	두루 다니는 살진 수말같이 **각기**
삼상 25:10	요즈음에 **각기** 주인에게서 억지로	렘 6:3	주위에 자기 장막을 치고 **각기** 그
삼하 2:16	**각기** 상대방의 머리를 잡고 칼로	렘 9:4	너희는 **각기** 이웃을 조심하며 어떤
삼하 13:29	아들들이 일어나 **각기** 노새를 타고	렘 16:12	보라 너희가 **각기** 악한 마음의 완악함
삼하 18:17	온 이스라엘 무리가 **각기** 장막으로	렘 18:11	너희는 **각기** 악한 길에서 돌이키며
삼하 21:20	손가락과 발가락이 **각기** 여섯 개씩	렘 19:9	또 **각기** 친구의 살을 먹게 하리라
왕상 1:49	손님들이 다 놀라 일어나 **각기** 갈 길	렘 22:7	파멸할 자를 준비하리니 그들이 **각기**
왕상 4:7	양식을 공급하되 **각기** 일 년에 한 달	렘 31:34	**각기** 이웃과 형제를 가리켜 이르기를
왕상 4:25	브엘세바에 이르기까지 **각기** 포도나	렘 34:9	그 계약은 사람마다 **각기** 히브리 남녀
왕상 7:20	둥근 곳으로 돌아가며 **각기** 석류 이백	렘 36:7	여호와 앞에 기도를 드리며 **각기** 악한
왕상 10:25	그들이 **각기** 예물을 가지고 왔으니	렘 37:10	그들이 **각기** 장막에서 일어나 이 성을
왕상 12:24	싸우지 말고 **각기** 집으로 돌아가라	렘 50:16	압박하는 칼을 두려워하여 **각기** 동족
왕상 22:10	성문 어귀 광장에서 **각기** 왕좌에 앉아	렘 51:9	**각기** 고향으로 돌아가자 그 화가 하늘
왕하 3:25	성읍들을 쳐서 헐고 **각기** 돌을 던져	겔 1:11	날개는 들어 펴서 **각기** 둘씩 서로
왕하 11:9	모든 명령대로 행하여 **각기** 관할하는	겔 7:16	**각기** 자기 죄악 때문에 골짜기의
왕하 14:12	이스라엘 앞에서 패하여 **각기** 장막으	겔 8:11	가운데에 섰고 **각기** 손에 향로를 들었
왕하 17:29	민족이 **각기** 자기의 신상들을 만들어	겔 9:1	이 성읍을 관할하는 자들이 **각기** 죽이
대상 4:33	거주지가 이러하고 **각기** 계보가 있더라	겔 10:14	그룹들에게는 **각기** 네 면이 있는데
대상 28:15	등잔을 만들 은의 무게를 **각기** 그 기구	겔 20:7	가증한 것을 **각기** 버리고 애굽의 우상
대하 9:24	**각기** 예물을 가지고 왔으니 곧 은	겔 22:6	이스라엘 모든 고관은 **각기** 권세대로
대하 11:4	너희 형제와 싸우지 말고 **각기** 집으로	겔 33:26	가증한 일을 행하며 **각기** 이웃의 아내
대하 18:9	성문 어귀 광장에서 **각기** 보좌에 앉아	겔 40:7	문지기 방들이 있는데 **각기** 길이가 한

【 각반 】　　　　　　　　　　　　　　　　　　**【 각종 】**

겔 47:10	그 고기가 **각기** 종류를 따라 큰 바다		출 12:16	아무 일도 하지 말고 **각자**의 먹을
겔 48:13	이만 오천 척이요 너비가 **각기** 만 척		삼상 30:22	**각자**의 처자만 데리고 떠나가게 하라
욜 2:7	무사같이 성을 기어 오르며 **각기**		스 2:1	유다 도로 돌아와 각기 **각자**의 성읍으
암 4:3	성 무너진 데를 통하여 **각기** 앞으로		스 2:70	문지기들과 느디님 사람들이 **각자**의
욘 3:8	힘써 하나님께 부르짖을 것이며 **각기**			성읍에 살았고 … **각자**의 성읍에 살았
미 7:2	다 피를 흘리려고 매복하며 **각기** 그물		스 3:1	이스라엘 자손이 **각자**의 성읍에 살았
슥 13:4	그 환상을 **각기** 부끄러워할 것이며		렘 25:5	너희는 **각자**의 악한 길과 악행을 버리
살후 1:3	너희가 다 **각기** 서로 사랑함이 풍성함			

각기 - 기타 본문

창 1:12; 6:20; 41:11; 44:11, 13; 출 26:24; 36:4, 29; 민 11:31; 15:12; 26:54; 29:14; 32:18; 33:54; 35:8; 36:8; 수 22:14; 삿 8:25; 21:24, 25; 삼상 13:2; 25:13; 삼하 19:8; 20:22; 왕상 4:28; 22:36; 왕하 3:27; 대하 25:22; 느 10:34; 사 13:14; 렘 9:5, 20; 18:12; 34:10, 15, 16, 17; 35:15; 36:3; 50:42; 51:6, 45; 겔 10:21, 22; 20:8; 33:20; 41:3, 5, 23, 24; 욜 2:8; 슥 12:14

각반(脚絆, greave)
삼상 17:6　그의 다리에는 놋 **각반**을 쳤고 어깨

각방(各房, alcoves)
겔 40:7　너비가 한 장대요 **각방** 사이 벽이 다섯

각색(各色, every kind)
겔 16:16　의복을 가지고 너를 위하여 **각색**으
계 21:19　성의 성곽의 기초석은 **각색** 보석으로

각양(各樣, various, all kind)
대하 16:14　시체를 법대로 만든 **각양** 향 재료를
느 13:16　물고기와 **각양** 물건을 가져다가
느 13:20　장사꾼들과 **각양** 물건 파는 자들이
아 4:10　네 기름의 향기는 **각양** 향품보다 향기
겔 8:10　내가 들어가 보니 **각양** 곤충과 가증한

각오하다(覺悟, be ready to)
눅 22:33　죽는 데에도 가기를 **각오**하였나이다
행 21:13　예루살렘에서 죽을 것도 **각오**하였노라

각자(各自, each man)
창 44:1　양식을 **각자**의 자루에 … 채우고 **각자**
출 12:3　이 달 열흘에 너희 **각자**가 어린 양을

각종(各種, all)
창 2:16　이르시되 동산 **각종** 나무의 열매는 네
창 2:19　여호와 하나님이 흙으로 **각종** 들짐승
　　　　과 공중의 **각종** 새를 지으시고 아담
창 40:17　바로를 위하여 만든 **각종** 구운 음식이
레 14:54　이는 **각종** 나병 환부에 대한 규례니
레 19:23　그 땅에 들어가 **각종** 과목을 심거든 그
민 31:30　소나 나귀나 양 떼나 **각종** 짐승 오십분
느 5:18　열흘에 한 번씩은 **각종** 포도주를 갖추
느 10:35　우리 토지 소산의 맏물과 **각종** 과목의
느 10:37　거제물과 **각종** 과목의 열매와 새 포도
욥 28:10　반석에 수로를 터서 **각종** 보물을 눈
시 104:11　**각종** 들짐승에게 마시게 하시니
잠 24:4　또 방들은 지식으로 말미암아 **각종**
전 2:5　과원을 만들고 그 가운데에 **각종** 과목
아 4:13　석류나무와 **각종** 아름다운 과수와
아 4:14　번홍화와 창포와 계수와 **각종** 유향목
겔 17:23　백향목이 될 것이요 **각종** 새가 그 아래
겔 27:12　다시스는 **각종** 보화가 풍부하므로 너
겔 27:18　제품이 많고 **각종** 보화가 풍부하므로
겔 27:22　**각종** 극상품 향 재료와 **각종** 보석과
겔 28:13　에덴에 있어서 **각종** 보석 곧 홍보석과
겔 39:4　내가 너를 **각종** 사나운 새와 들짐승에
겔 39:17　너는 **각종** 새와 들의 **각종** 짐승에게
겔 44:30　또 **각종** 처음 익은 열매와 … **각종** 거제
겔 47:12　강 좌우 가에는 **각종** 먹을 과실나무가
습 2:14　**각종** 짐승이 그 가운데에 떼로 누울
마 4:24　모든 앓는 자 곧 **각종** 병에 걸려서 고통
마 13:47　천국은 마치 바다에 치고 **각종** 물고기
막 1:34　예수께서 **각종** 병이 든 많은 사람을
행 10:12　그 안에는 땅에 있는 **각종** 네 발 가진
고전 12:10　다른 사람에게는 **각종** 방언 말함을,
고전 12:28　다스리는 것과 **각종** 방언을 말하는
엡 3:10　권세들에게 하나님의 **각종** 지혜를 알게
계 7:1　땅에나 바다에나 **각종** 나무에 불지

【 각처 】　　　　　　　　　　　　　　　　　　　　　　　　　　【 간구/-하다 】

계 8:7	수목의 삼분의 일도 타 버리고 **각종**		레 8:16	또 내장에 덮인 모든 기름과 **간** 꺼풀
계 9:4	풀이나 푸른 것이나 **각종** 수목은 해하		레 8:25	내장에 덮인 모든 기름과 **간** 꺼풀과
계 18:2	귀신의 처소와 **각종** 더러운 … **각종**		레 9:10	그 속죄제물의 기름과 콩팥과 **간** 꺼풀
계 18:12	비단과 붉은 옷감이요 **각종** 향목과 **각종**		레 9:19	내장에 덮인 것과 콩팥과 **간** 꺼풀을
	상아 그릇이요 … 만든 **각종** 그릇이요		잠 7:23	필경은 화살이 그 **간**을 뚫고 되리라
			애 2:11	내 창자가 끊어지며 내 **간**이 땅에 쏟아
각처(各處, everywhere)			겔 21:21	우상에게 묻고 희생제물의 **간**을 살펴
레 23:3	너희가 거주하는 **각처**에서 지킬 여호와			
레 23:14	너희가 거주하는 **각처**에서 대대로 지킬		**간격**(間隔, between, alternate)	
레 23:21	너희가 그 거주하는 **각처**에서 대대로		출 28:33	석류를 수놓고 금 방울을 **간격**을 두어
레 23:31	너희가 거주하는 **각처**에서 대대로 지킬		출 39:26	방울과 석류를 서로 **간격**을 두고 번갈
느 4:12	유다 사람들도 그 **각처**에서 와서 열 번			
느 12:27	봉헌하게 되니 **각처**에서 레위 사람을		**간계**(奸計, cunning, devil's scheme)	
렘 8:3	무릇 내게 쫓겨나서 **각처**에 남아 있는		시 83:3	주의 백성을 치려 하여 **간계**를 꾀하며
렘 40:12	모든 유다 사람이 쫓겨났던 **각처**에서		눅 20:23	예수께서 그 **간계**를 아시고 이르시되
렘 48:38	지붕과 거리 **각처**에서 슬피 우는 소리		행 20:19	유대인의 **간계**로 말미암아 당한 시험
겔 47:9	이 강이 이르는 **각처**에 모든 것이 살 것		행 23:30	이 사람을 해하려는 **간계**가 있다고
말 1:11	내 이름이 크게 될 것이라 **각처**에서		고후 11:3	뱀이 그 **간계**로 하와를 미혹한 것 같이
눅 3:3	요한이 요단 강 부근 **각처**에 와서 죄		엡 6:11	마귀의 **간계**를 능히 대적하기 위하여
행 21:28	도우라 이 사람은 **각처**에서 우리 백성			
행 27:2	아시아 해변 **각처**로 가려 하는		**간고**(艱苦, sorrow)	
고전 1:2	또 **각처**에서 우리의 주 곧 그들과 우리		사 53:3	사람들에게 버림 받았으며 **간고**를 많이
고전 4:17	나의 행사 곧 내가 **각처** 각 교회에서			
고후 2:14	우리로 말미암아 **각처**에서 그리스도		**간곡하다/간곡히**(懇曲, kindly, earnestly)	
살전 1:8	너희 믿음의 소문이 **각처**에 퍼졌으므로		창 50:21	그들을 **간곡한** 말로 위로하였더라
딤전 2:8	그러므로 **각처**에서 남자들이 분노와		사 63:15	주께서 베푸시던 **간곡한** 자비와 사랑
계 18:17	모든 선장과 **각처**를 다니는 선객들과		막 5:23	**간곡히** 구하여 이르되 내 어린 딸이

각하(閣下, most excellent)
눅 1:3	나도 데오빌로 **각하**에게 차례대로 써
눅 1:4	이는 **각하**가 알고 있는 바를 더 확실하게
행 23:26	루시아는 총독 벨릭스 **각하**께 문안
행 24:3	벨릭스 **각하**여 우리가 당신을 힘입어
행 26:25	베스도 **각하**여 내가 미친 것이 아니요

간과하다(看過, overlook, leave)
| 행 17:30 | 하나님이 **간과하셨거니와** 이제는 어디 |
| 롬 3:25 | 전에 지은 죄를 **간과하심**으로 자기의 |

간교하다(奸巧, crafty, deceitful, delusion)
창 3:1	들짐승 중에 가장 **간교하니라** 뱀이 여자
삼하 13:3	형 시므아의 아들이요 심히 **간교한** 자
욥 5:13	계략에 빠지게 하시며 **간교한** 자의
잠 7:10	그 때에 기생의 옷을 입은 **간교한** 여인
렘 23:26	그들은 그 마음의 **간교한** 것을 예언하
호 7:6	가까이 올 때에 그들의 마음은 **간교하여**

간(肝, liver)
출 29:13	내장에 덮인 모든 기름과 **간** 위에 있는
출 29:22	내장에 덮인 기름과 **간** 위의 꺼풀과
레 3:4	곧 허리 쪽에 있는 것과 **간**에 덮인 꺼풀
레 3:10	곧 허리 쪽에 있는 것과 **간**에 덮인 꺼풀
레 3:15	곧 허리 쪽에 있는 것과 **간**에 덮인 꺼풀
레 4:9	곧 허리 쪽에 있는 것과 **간**에 덮인 꺼풀
레 7:4	곧 허리 쪽에 있는 것과 **간**에 덮인 꺼풀

간구/-하다(懇求, plead with, beg, pray)
| 창 25:21 | 여호와께 **간구하매** … 그의 **간구**를 |
| 창 32:11 | 내가 주께 **간구하오니** 내 형의 손에서 |

【 간구/-하다 】   【 간구/-하다 】

출 8:9	나일 강에만 있도록 언제 간구하는 것		대하 6:24	이 성전에서 주께 빌며 간구하거든
출 8:12	모세가 여호와께 간구하매		대하 6:29	손을 펴고 무슨 기도나 무슨 간구를
출 8:28	그런즉 너희는 나를 위하여 간구하라		대하 6:37	돌이켜 주께 간구하기를 우리가 범죄
출 8:29	왕을 떠나가서 여호와께 간구하리니		대하 20:3	여호와께로 낯을 향하여 간구하고 온
출 8:30	바로를 떠나 나와서 여호와께 간구하니		대하 20:4	모여와서 여호와께 간구하더라
신 3:23	그 때에 내가 여호와께 간구하기를		대하 33:12	하나님 여호와께 간구하고 그의 조상
신 9:26	여호와께 간구하여 이르되 주 여호와		대하 33:13	기도를 받으시며 그의 간구를 들으시
삼상 2:20	후사를 주사 이가 여호와께 간구하여		스 8:21	평탄한 길을 그에게 간구하였으니
삼상 2:25	누가 그를 위하여 간구하겠느냐 하되		스 8:23	금식하며 우리 하나님께 간구하였더니
삼상 13:12	여호와께 은혜를 간구하지 못하였다		느 1:5	긍휼을 베푸시는 주여 간구하나이다
삼하 7:27	종이 이 기도로 주께 간구할 마음이		욥 6:8	나의 간구를 누가 들어 줄 것이며 나의
삼하 12:16	그 아이를 위하여 하나님께 간구하되		욥 8:5	찾으며 전능하신 이에게 간구하고
삼하 21:1	다윗이 여호와 앞에 간구하매 여호와		욥 9:15	나를 심판하실 그에게 간구할 뿐이며
삼하 24:10	여호와여 이제 간구하옵나니 종의 죄		욥 19:7	응답이 없고 도움을 간구하였으나 정의
			시 6:9	여호와께서 내 간구를 들으셨음이여
			시 28:2	부르짖을 때에 나의 간구하는 소리를

'간구할 때의 여러 자세'와 관련된 성구

마음으로 – 시 77:6
말할 수 없는 탄식으로 – 롬 8:26
밤낮 – 딤후 1:3
사랑으로 – 몬 1:9
세 번(횟수) – 고후 12:8
소리 내어 – 시 142:1
심한 통곡과 눈물로 – 히 5:7
애곡하며 – 렘 3:21
엎드려 – 왕하 1:13; 마 18:29;
　　　　 막 1:40; 눅 8:41
울며 – 호 12:4
전심으로 – 시 119:58
주야로 심히 – 살전 3:10
주야로 항상 – 딤전 5:5
진실하게 – 시 145:18

			시 28:6	여호와를 찬송함이여 내 간구하는 소리
			시 30:8	주께 부르짖고 여호와께 간구하기를
			시 31:22	부르짖을 때에 주께서 나의 간구하는
			시 34:4	여호와께 간구하매 내게 응답하시고
			시 55:1	기도에 귀를 기울이시고 내가 간구할
			시 86:6	기도에 귀를 기울이시고 내가 간구하는
			시 91:15	내게 간구하리니 내가 그에게 응답하
			시 99:6	그들이 여호와께 간구하매 응답하셨
			시 116:1	내 음성과 내 간구를 들으시므로 내가
			시 119:170	나의 간구가 주의 앞에 이르게 하시고
			시 138:3	내가 간구하는 날에 주께서 응답하시
			시 140:6	여호와여 나의 간구하는 소리에 귀를
			시 143:1	기도를 들으시며 내 간구에 귀를 기울
			시 145:18	여호와께서는 자기에게 간구하는 모든
			잠 6:3	겸손히 네 이웃에게 간구하여 스스로
왕상 8:30	기도할 때에 주는 그 간구함을 들으시되		사 19:22	여호와께서 그들의 간구함을 들으시고
왕상 8:33	성전에서 주께 기도하며 간구하거든		사 45:14	네게 굴복하고 간구하기를 하나님이
왕상 8:38	펴고 무슨 기도나 무슨 간구를 하거든		렘 7:16	내게 간구하지 말라 내가 네게 듣지
왕상 8:47	돌이켜 주께 간구하기를 우리가 범죄		렘 15:11	재앙과 환난의 때에 네게 간구하게
왕상 8:52	종의 간구함과 주의 백성 … 간구함을		렘 21:2	우리를 위하여 여호와께 간구하라
왕상 8:59	여호와 앞에서 내가 간구한 이 말씀이		렘 26:19	두려워하여 여호와께 간구하매 여호와
왕상 9:3	네 기도와 네가 내 앞에서 간구한 바를		렘 31:9	나의 인도함을 받고 간구할 때에 내가
왕하 13:4	여호아하스가 여호와께 간구하매		렘 38:26	내가 왕 앞에 간구하기를 나를 요나단
왕하 20:11	이사야가 여호와께 간구하매 아하스의		렘 42:9	너를 보내어 너희의 간구를 이스라엘
대상 17:25	주 앞에서 이 기도로 간구할 마음이		단 6:11	자기 하나님 앞에 기도하며 간구하는
대상 21:8	이제 간구하옵나니 종의 죄를 용서하여		단 9:3	주 하나님께 기도하며 간구하기를 결심
대하 6:21	기도할 때에 주는 그 간구함을 들으시며		단 9:18	우리가 주 앞에 간구하옵는 것은 우리

단9:20	내 하나님 여호와 앞에 **간구할** 때
슥12:10	주민에게 은총과 **간구하는** 심령을 부어
마8:5	가시니 한 백부장이 나아와 **간구하여**
마8:31	귀신들이 예수께 **간구하여** 이르되 만일
마8:34	그 지방에서 떠나시기를 **간구하더라**
마14:36	손을 대게 하시기를 **간구하니** 손을
막5:10	내보내지 마시기를 **간구하더니**
막5:12	이에 **간구하여** 이르되 우리를 돼지에게
막5:17	지방에서 떠나시기를 **간구하더라**
막5:18	사람이 함께 있기를 **간구하였으나**
막6:56	손을 대게 하시기를 **간구하니** 손을
막7:26	귀신 쫓아내 주시기를 **간구하거늘**
막7:32	나아와 안수하여 주시기를 **간구하거늘**
눅1:13	무서워하지 말라 너의 **간구함이** 들린
눅8:31	들어가라 하지 마시기를 **간구하더니**
눅8:32	들어가게 허락하심을 **간구하니**
롬8:27	뜻대로 성도를 위하여 **간구하심이니라**
롬8:34	우리를 위하여 **간구하시는** 자시니라
고후1:11	너희도 우리를 위하여 **간구함으로** 도우
고후9:14	그들이 너희를 위하여 **간구하며** 하나님
빌1:4	**간구할** 때마다…기쁨으로 항상 **간구함**
빌1:19	이것이 너희의 **간구와** 예수 그리스도
딤전2:1	사람을 위하여 **간구와** 기도와 도고
몬1:10	오네시모를 위하여 네게 **간구하노라**
히7:25	살아 계셔서 그들을 위하여 **간구하심**
약5:16	기도하라 의인의 **간구는** 역사하는 힘
벧전3:12	그의 귀는 의인의 **간구에** 기울이시되
벧전3:21	하나님을 향한 선한 양심의 **간구니라**
요삼1:2	잘되고 강건하기를 내가 **간구하노라**

간권하다 (諫勸, urge)
왕하4:8	한 귀한 여인이 그를 **간권하여** 음식을

간네 (Canneh, 앗수르의 한 성읍)
겔27:23	하란과 **간네와** 에덴과 스바와 앗수르

간다게 (Candace, 에디오피아 여왕의 공식 칭호)
행8:27	에디오피아 여왕 **간다게의** 모든 국고

간단히 (簡單, briefly)
엡3:3	알게 하신 것은 내가 먼저 **간단히** 기록
히13:22	말을 용납하라 내가 **간단히** 너희에게

벧전5:12	너희에게 **간단히** 써서 권하고 이것이

간담 (肝膽, melt with fear, gut)
수2:9	땅 주민들이 다 너희 앞에서 **간담이**
수2:24	모든 주민이 우리 앞에서 **간담이** 녹더
수14:8	내 형제들은 백성의 **간담을** 녹게 하였

간막이 (wall)
겔40:12	방 앞에 **간막이** 벽이 있는데 이쪽 **간막이** 벽도 한 척이요 저쪽 **간막이** 벽

간밤 (last night)
삼상15:16	가만히 계시옵소서 **간밤에** 여호와께서

간부 (姦婦, adulterer)
레20:10	간음하는 자는 그 **간부와** 음부를 반드
겔23:20	정수는 말 같은 음란한 **간부를** 사랑하

간사/~하다 (奸詐, deceit, crafty)
욥15:5	네 입을 가르치나니 네가 **간사한** 자의
시26:4	같이 앉지 아니하였사오니 **간사한** 자
시32:2	마음에 **간사함이** 없고 여호와께 정죄
시43:1	**간사하고** 불의한 자에게서 나를
시52:2	꾀하여 날카로운 삭도같이 **간사를**
시52:4	**간사한** 혀여 너는 남을 해치는 모든
잠2:22	악인은 땅에서 끊어지겠고 **간사한** 자
사32:6	그 마음에 불의를 품어 **간사를** 행하며
습3:4	선지자들은 경솔하고 **간사한** 사람들
요1:47	이스라엘 사람이라 그 속에 **간사한** 것
엡4:14	속임수와 **간사한** 유혹에 빠져 온갖
살전2:3	우리의 권면은 **간사함이나** 부정에서

간섭하다 (干涉, concern, meddle)
창39:6	먹는 음식 외에는 **간섭하지** 아니하였
창39:8	집안의 모든 소유를 **간섭하지** 아니하
잠26:17	자기와 상관없는 다툼을 **간섭하는** 자
딤전5:22	다른 사람의 죄에 **간섭하지** 말며 네
벧전4:15	남의 일을 **간섭하는** 자로 고난을 받지

간수 (看守, jailer)
행16:23	옥에 가두고 **간수에게** 명하여 든든히
행16:27	**간수가** 자다가 깨어 옥문들이 열린 것
행16:29	**간수가** 등불을 달라고 하며 뛰어 들어가

간수장

행 16:33　그 밤 그 시각에 **간수**가 그들을 데려
행 16:36　**간수**가 그 말대로 바울에게 말하되

간수장(看守長, warden of prison)

창 39:21　인자를 더하사 **간수장**에게 은혜를
창 39:22　**간수장**이 옥중 죄수를 다 요셉의 손에
창 39:23　**간수장**은 그의 손에 맡긴 것을 무엇이

간수하다(看守, keep, save)

출 16:23　다 너희를 위하여 아침까지 **간수하라**
출 16:24　명령대로 아침까지 **간수하였으나** 냄새
출 16:32　너희의 대대 후손을 위하여 **간수하라**
출 16:33　여호와 앞에 두어 너희 대대로 **간수하라**
출 16:34　증거판 앞에 두어 **간수하게** 하였고
사 27:3　물을 주며 밤낮으로 **간수하여** 아무든지
단 12:4　마지막 때까지 이 말을 **간수하고** 이 글
단 12:9　이 말은 마지막 때까지 **간수하고** 봉함

간신히(艱辛, with difficulty, hardly)

사 5:10　호멜의 종자를 뿌려도 **간신히** 한 에바
행 27:7　여러 날 만에 **간신히** 니도 맞은편에
행 27:8　**간신히** 그 연안을 지나 미항이라는 곳
행 27:16　작은 섬 아래로 지나 **간신히** 거루를

간음/-하다/-자(姦淫, adultery)

출 20:14　**간음하지** 말라
레 20:10　남의 아내와 **간음하는** 자 곧 그의 이
　　　　웃의 아내와 **간음하는** 자는 그 간부와
신 5:18　**간음하지** 말지니라
대상 5:25　그 땅 백성의 신들을 **간음하듯** 섬긴지
욥 24:15　**간음하는** 자의 눈은 저물기를 바라며
시 50:18　도둑을 본즉 그와 연합하고 **간음하는**
잠 6:32　여인과 **간음하는** 자는 무지한 자라
사 57:3　무당의 자식, **간음자**와 음녀의 자식들
렘 3:8　내게 배역한 이스라엘이 **간음**을 행하
렘 5:7　배불리 먹인즉 그들이 **간음하며** 창기
렘 7:9　도둑질하며 살인하며 **간음하며** 거짓
렘 9:2　떠나 가리니 그들은 다 **간음하는** 자요
렘 13:27　내가 너의 **간음**과 사악한 소리와 들의
렘 23:10　땅에 **간음하는** 자가 가득하도다 저주
렘 23:14　그들은 **간음**을 행하며 거짓을 말하며
렘 29:23　이웃의 아내와 **간음하며** 내가 그들에
겔 16:32　다른 남자들과 내통하여 **간음하는** 아내

간절하다/간절히

겔 16:38　내가 또 **간음하고** 사람의 피를 흘리는
겔 23:11　그의 형의 **간음함**보다 그 **간음**이 더
호 4:2　속임과 살인과 도둑질과 **간음**뿐이요
호 4:13　음행하며 너희 며느리들은 **간음**을
호 4:14　음행하며 너희 며느리들이 **간음하여도**
호 7:4　그들은 다 **간음하는** 자라 과자 만드는
말 3:5　점치는 자에게와 **간음하는** 자에게와
마 5:27　또 **간음하지** 말라 하였다는 것을 너희
마 5:28　자마다 마음에 이미 **간음하였느니라**
마 5:32　아내를 버리면 이는 그로 **간음하게** 함
　　　　이요 … 장가드는 자도 **간음함**이니라
마 15:19　악한 생각과 살인과 **간음**과 음란과
마 19:9　다른 데 장가 드는 자는 **간음함이니라**
마 19:18　살인하지 말라, **간음하지** 말라, 도둑질
막 7:22　**간음**과 탐욕과 악독과 속임과 음탕과
막 10:11　장가 드는 자는 본처에게 **간음**을 행함
막 10:12　다른 데로 시집 가면 **간음**을 행함이니라
막 10:19　살인하지 말라, **간음하지** 말라, 도둑질
눅 16:18　다른 데 장가 드는 자도 **간음함**이요
　　　　무릇 … 장가드는 자도 **간음함이니라**
눅 18:11　토색, 불의, **간음**을 하는 자들과 같지
눅 18:20　계명을 아나니 **간음하지** 말라, 살인하
요 8:4　선생이여 이 여자가 **간음하다가** 현장
롬 2:22　**간음하지** 말라 말하는 네가 **간음하느냐**
롬 13:9　**간음하지** 말라, 살인하지 말라, 도둑질
고전 6:9　우상 숭배하는 자나 **간음하는** 자나
히 13:4　음행하는 자들과 **간음하는** 자들을
약 2:11　**간음하지** 말라 하신 이가 또한 살인하
　　　　지 말라 … 네가 비록 **간음하지** 아니하
약 4:4　**간음한** 여인들아 세상과 벗된 것이
계 2:22　또 그와 더불어 **간음하는** 자들도 만일

간절하다/간절히(懇切, earnest, long for)

신 18:6　레위인이 **간절한** 소원이 있어 그가
신 24:15　가난하므로 그 품삯을 **간절히** 바람이라
삼하 13:39　압살롬을 향하여 **간절하니** 암논은
에 4:8　자기 민족을 위하여 **간절히** 구하라
시 63:1　**간절히** 주를 찾되 물이 없어 마르고
시 78:34　구하며 돌이켜 하나님을 **간절히** 찾았으
잠 8:17　나를 **간절히** 찾는 자가 나를 만날 것
잠 11:27　선을 **간절히** 구하는 자는 은총을 얻고
잠 18:23　가난한 자는 **간절한** 말로 구하여도 부자
사 26:9　중심이 주를 **간절히** 구하오리니 이는

【 간조하다 】   【 갇히다 】

사 26:16 그들에게 임할 때에 그들이 **간절히** 주께
렘 11:7   오늘까지 **간절히** 경계하며 끊임없이
겔 24:25 그 마음이 **간절하게** 생각하는 자녀를
호 5:15   그들이 고난 받을 때에 나를 **간절히**
눅 7:4   그들이 예수께 나아와 **간절히** 구하여
눅 22:44 힘쓰고 애써 더욱 **간절히** 기도하시니
행 12:5   교회는 그를 위하여 **간절히** 하나님께
행 17:11 더 너그러워서 **간절한** 마음으로 말씀
행 26:7   열두 지파가 밤낮으로 **간절히** 하나님
롬 1:11   내가 너희 보기를 **간절히** 원하는 것은
고전 16:19 주 안에서 너희에게 **간절히** 문안하고
고후 5:2 우리 처소로 덧입기를 **간절히** 사모하
고후 7:11 근심이 너희로 얼마나 **간절하게** 하며
고후 7:12 우리를 위한 너희의 **간절함이** 하나님
고후 8:4 참여함에 대하여 우리에게 **간절히** 구하니
고후 8:7 말과 지식과 모든 **간절함과** 우리를 사랑
고후 8:8 다른 이들의 **간절함을** 가지고 너희의
고후 8:16 너희를 위하여 같은 **간절함을** 디도
고후 8:17 권함을 받고 더욱 **간절함으로** 자원하
고후 8:22 여러 가지 일에 **간절한** 것을 여러 번
         확인하였거니와 … 더욱 **간절하니라**

출 12:6   이 달 열나흗날까지 **간직하였다가**
레 13:50 그것을 이레 동안 **간직하였다가**
레 13:54 빨게 하고 또 이레 동안 **간직하였다가**
민 17:10 도로 가져다가 거기 **간직하여** 반역한
민 19:9   **간직하였다가** 부정을 씻는 물을 위해
         간직할지니 그것은 속죄제니라
잠 2:1   받으며 나의 계명을 네게 **간직하며**
잠 7:1   내 말을 지키며 내 계명을 **간직하라**
잠 10:14 지혜로운 자는 지식을 **간직하거니와**
사 23:18 여호와께 돌리고 **간직하거나** 쌓아 두지
단 7:28   내가 이 일을 마음에 **간직하였느니라**
단 8:26   너는 그 환상을 **간직하라** 이는 여러
단 9:14   여호와께서 이 재앙을 **간직하여** 두셨
요 12:7   장례할 날을 위하여 그것을 **간직하게**
벧전 1:4 곧 너희를 위하여 하늘에 **간직하신** 것

간질/-하다(癎疾, seizure)

마 4:24   귀신 들린 자, **간질하는** 자, 중풍병자
마 17:15 그가 **간질로** 심히 고생하여 자주 불에

간청/-하다(懇請, urge, ask earnestly)

창 19:3   롯이 **간청하매** 그제서야 돌이켜 그 집
삿 19:7   장인의 **간청으로** 거기서 다시 유숙하
삼상 20:6 가기를 내게 허락하라 **간청하였사오니**
삼상 20:28 내게 베들레헴으로 가기를 **간청하여**
삼하 13:25 압살롬이 그에게 **간청하였으나** 그가
삼하 13:27 압살롬이 **간청하매** 왕이 암논과 왕의
욥 19:16 내 입으로 그에게 **간청하여야** 하겠구
욥 41:3   어찌 네게 계속하여 **간청하겠느냐**
눅 11:8   주지 아니할지라도 그 **간청함을** 인하여
행 9:38   보내어 지체 말고 와 달라고 **간청하여**
고후 5:20 그리스도를 대신하여 **간청하노니** 너희

간통하다(姦通, commit adultery)

겔 23:45 그들은 **간통한** 여자들이요 또 피가 그

"이에 베드로는 옥에 갇혔
고 교회는 그를 위하여 간
절히 하나님께 기도하더
라"(행 12:5)

빌 1:20   나의 **간절한** 기대와 소망을 따라 아무
빌 2:26   그가 너희 무리를 **간절히** 사모하고 자기
살전 3:6 우리가 너희를 **간절히** 보고자 함과 같
         이 너희도 우리를 **간절히** 보고자 한다
히 6:11   우리가 **간절히** 원하는 것은 너희 각
약 5:17   그가 비가 오지 않기를 **간절히** 기도한
벧후 3:12 임하기를 바라보고 **간절히** 사모하라
유 1:3   편지하려는 생각이 **간절하던** 차에

간조하다(乾燥, waterless, parch)

신 8:15   물이 없는 **간조한** 땅을 지나게 하셨으
렘 17:6   광야 **간조한** 곳, 건조한 땅, 사람이 살지

간직하다(keep, store up)

창 37:11 그의 아버지는 그 말을 **간직해** 두었더라

갇히다(confine, put in a dungeon)

창 39:20 곳이었더라 요셉이 옥에 **갇혔으나**
창 40:3   옥에 가두니 곧 요셉이 **갇힌** 곳이라
창 40:4   그들을 섬겼더라 그들이 **갇힌** 지 여러
창 40:5   옥에 **갇힌** 애굽 왕의 술 맡은 자와 떡
창 40:7   자기와 함께 **갇힌** 바로의 신하들에게
창 40:15 여기서도 옥에 **갇힐** 일은 행하지 아니

【 갇히다 】   【 갈고리 】

창 42:16   아우를 데려오게 하고 너희는 **갇히어**
창 42:19   형제 중 한 사람만 그 옥에 **갇히게**
출 12:29   바로의 장자로부터 옥에 **갇힌** 사람의
출 14:3   멀리 떠나 광야에 **갇힌** 바 되었다 하리
민 12:15   진영 밖에 이레 동안 **갇혀** 있었고 백성
신 32:36   그들의 무력함과 **갇힌** 자나 놓인 자가
삼상 23:7 있는 성읍에 들어갔으니 **갇혔도다**
삼하 20:3 그들이 죽는 날까지 **갇혀서** 생과부로
욥 3:18   거기서는 **갇힌** 자가 다 함께 평안히
시 68:6   **갇힌** 자들은 이끌어 내사 형통하게
시 69:33   자기로 말미암아 **갇힌** 자를 멸시하지
시 79:11   **갇힌** 자의 탄식을 주의 앞에 이르게
시 88:8   하셨사오니 나는 **갇혀서** 나갈 수 없게
시 102:20 이는 **갇힌** 자의 탄식을 들으시며 죽이
시 146:7   여호와께서는 **갇힌** 자들에게 자유를
사 24:22   옥에 **갇혔다가** 여러 날 후에 형벌을

"네가 눈먼 자들의 눈을 밝히며 갇힌 자를 감옥에서 이끌어 내며 흑암에 앉은 자를 감방에서 나오게 하리라" (사 42:7)

사 42:7   눈을 밝히며 **갇힌** 자를 감옥에서 이끌
사 42:22   굴 속에 잡히며 옥에 **갇히도다** 노략
사 61:1   포로된 자에게 자유를, **갇힌** 자에게
렘 32:2   궁중에 있는 시위대 뜰에 **갇혔으니**
렘 33:1   예레미야가 아직 시위대 뜰에 **갇혀**
렘 37:4   그 때에 예레미야가 **갇히지** 아니하였
렘 39:15   감옥 뜰에 **갇혔을** 때에 여호와의 말씀
애 3:34   세상에 있는 모든 **갇힌** 자들을 발로
슥 9:11   내가 네 **갇힌** 자들을 물 없는 구덩이
슥 9:12   **갇혀** 있으나 소망을 품은 자들아 너희
마 25:36   돌보았고 옥에 **갇혔을** 때에 와서 보았
마 25:39   병드신 것이나 옥에 **갇히신** 것을 보고
마 25:43   병들었을 때와 옥에 **갇혔을** 때에 돌보
마 25:44   병드신 것이나 옥에 **갇히신** 것을 보고
눅 23:19   살인으로 말미암아 옥에 **갇힌** 자러라
눅 23:25   살인으로 말미암아 옥에 **갇힌** 자를
요 3:24   요한이 아직 옥에 **갇히지** 아니하였더라

행 12:5   베드로는 옥에 **갇혔고** 교회는 그를
롬 16:7   나와 함께 **갇혔던** 안드로니고와
고후 6:5   매 맞음과 **갇힘**과 난동과 수고로움과
고후 11:23 수고를 넘치도록 하고 옥에 **갇히기도**
갈 3:23   계시될 믿음의 때까지 **갇혔느니라**
엡 3:1   이방인을 위하여 **갇힌** 자 된 나 바울
엡 4:1   그러므로 주 안에서 **갇힌** 내가 너희를
골 4:10   나와 함께 **갇힌** 아리스다고와 바나바
딤후 1:8   주를 위하여 **갇힌** 자 된 나를 부끄러워
몬 1:1   그리스도 예수를 위하여 **갇힌** 자 된
몬 1:9   또 예수 그리스도를 위하여 **갇힌** 자
몬 1:10   **갇힌** 중에서 낳은 아들 오네시모를
몬 1:13   복음을 위하여 **갇힌** 중에서 네 대신
몬 1:23   안에서 나와 함께 **갇힌** 자 에바브라와
히 10:34   너희가 **갇힌** 자를 동정하고 너희 소유
히 11:36   채찍질뿐 아니라 결박과 옥에 **갇히는**
히 13:3   너희도 함께 **갇힌** 것 같이 **갇힌** 자를

갈가(Karka) 유다 남단 가데스바네아의 근처 성읍
수 15:3   아달로 올라가서 돌이켜 **갈가**에 이르

갈고리(hook)
출 26:6   금 **갈고리** 쉰 개를 만들고 그 **갈고리**로
출 26:11   놋 **갈고리** 쉰 개를 만들고 그 **갈고리**로
출 26:32   금 **갈고리**를 네 기둥 위에 늘어뜨리되
출 26:33   그 휘장을 **갈고리** 아래에 늘어뜨린 후
출 26:37   금으로 싸고 그 **갈고리**도 금으로 만들
출 27:3   부삽과 대야와 고기 **갈고리**와 불 옮기
출 27:10   그 기둥의 **갈고리**와 가름대는 은으로
출 27:11   그 기둥의 **갈고리**와 가름대는 은으로
출 27:17   가름대와 **갈고리**는 은이요 그 받침은
출 35:11   성막과 천막과 그 덮개와 **갈고리**와
출 36:13   금 **갈고리** 쉰 개를 만들어 그 **갈고리**
출 36:18   놋 **갈고리** 쉰 개를 만들어 그 휘장을
출 36:36   그 **갈고리**는 금으로 기둥의 네 받침을
출 36:38   기둥 다섯과 그 **갈고리**를 만들고 기둥
출 38:3   부삽과 대야와 고기 **갈고리**와 불 옮기
출 38:10   놋이요 기둥의 **갈고리**와 가름대는 은이
출 38:11   놋이요 기둥의 **갈고리**와 가름대는 은
출 38:12   받침이 열이며 기둥의 **갈고리**와 가름대
출 38:17   기둥 받침은 놋이요 기둥의 **갈고리**와
출 38:19   받침 넷은 놋이요 그 **갈고리**는 은이요

【 갈골 1 】　　　　　　　　　　　　　　　　　【 갈다 】

출 38:28　천칠백칠십오 세겔로 기둥 **갈고리**를
출 39:33　모든 기구와 그 **갈고리**들과 그 널판
민 4:14　곧 불 옮기는 그릇들과 고기 **갈고리**들
삼상 2:13　사환이 손에 세 살 **갈고리**를 가지고
삼상 2:14　가마에 찔러 넣어 **갈고리**에 걸려 나오
왕하 19:28　그러므로 내가 **갈고리**를 네 코에 꿰고
대상 28:17　**갈고리**와 대접과 종지를 만들 순금과
대하 4:16　솥과 부삽과 고기 **갈고리**와 여호와의
욥 40:24　누가 능히 잡을 수 있겠으며 **갈고리**로
욥 41:2　**갈고리**로 그 아가미를 꿸 수 있겠느냐
사 37:29　내가 **갈고리**로 네 코를 꿰며 재갈을
겔 19:4　함정으로 그를 잡아 **갈고리**로 꿰어
겔 19:9　우리에 넣고 **갈고리**를 꿰어 끌고 바벨론
겔 29:4　내가 **갈고리**로 네 아가미를 꿰고 너의
겔 38:4　너를 돌이켜 **갈고리**로 네 아가리를 꿰고
겔 40:43　길이가 손바닥 넓이만한 **갈고리**가 사방
암 4:2　사람이 **갈고리**로 너희를 끌어 가며 낚시

갈골 1 (Karkor) 요단 강 동편의 성읍
삿 8:10　이 때에 세바와 살문나가 **갈골**에 있는

갈골 2 (Calcol) 솔로몬 시대의 현인
왕상 4:31　마홀의 아들 헤만과 **갈골**과 다르다
대상 2:6　시므리와 에단과 헤만과 **갈골**과

갈그미스 (Carchemish) 유브라데 상류에 위치한 성읍

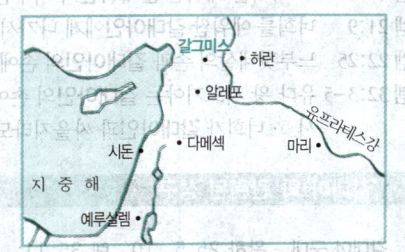

대하 35:20　느고가 유브라데 강 가의 **갈그미스**를
사 10:9　갈로는 **갈그미스**와 같지 아니하며 하맛
렘 46:2　유브라데 강 가 **갈그미스**에서 바벨론

갈급하다 (渴急, pant)
시 42:1　사슴이 시냇물을 찾기에 **갈급함**같이
　　　　내 영혼이 주를 찾기에 **갈급하니이다**

갈기 (mane)
욥 39:19　그 목에 흩날리는 **갈기**를 네가 입혔느냐

갈다 (plow, grind, sharpen)
　　1. 땅을 경작하다 (plow, furrow)
창 2:5　비를 내리지 아니하셨고 땅을 갈 사람
창 3:23　그의 근원이 된 땅을 **갈게** 하시니라
창 4:12　네가 밭을 **갈아도** 땅이 다시는 그 효력
출 23:11　일곱째 해에는 **갈지** 말고 묵혀두어서
출 34:21　일곱째 날에는 쉴지니 밭 갈 때에나
신 21:4　물이 항상 흐르고 **갈지도** 않고 씨를
신 22:10　너는 소와 나귀를 겨리하여 **갈지** 말며
삿 14:18　내 암송아지로 밭 **갈지** 아니하였더라
삼상 8:12　자기 밭을 **갈게** 하고 자기 추수를 하게
삼하 9:10　종들은 그를 위하여 땅을 갈고 거두어
왕상 19:19　열두 겨릿소를 앞세우고 밭을 **가는데**
욥 1:14　소는 밭을 갈고 나귀는 그 곁에서 풀을
욥 4:8　내가 보건대 악을 밭 갈고 독을 뿌리는
시 129:3　밭 가는 자들이 내 등을 갈아 그 고랑
시 141:7　사람이 밭 **갈아** 흙을 부스러드림같이
잠 20:4　게으른 자는 가을에 밭 **갈지** 아니하나
사 7:25　보습으로 **갈던** 모든 산에도 찔레와 가시
사 28:24　어찌 쉬지 않고 **갈기만** 하겠느냐 자기
렘 4:3　너희 묵은 땅을 갈고 가시덤불에 파종
렘 14:4　밭 **가는** 자가 부끄러워서 그의 머리를
렘 27:11　그 땅에 머물러 밭을 **갈며** 거기서 살게
겔 36:9　함께 하리니 사람이 너희를 **갈고** 심을
호 10:11　유다가 밭을 갈고 야곱이 흙덩이를
호 10:13　너희는 악을 밭 **갈아** 죄를 거두고 거짓
암 6:12　소가 어찌 거기서 밭 **갈겠느냐** 그런데
눅 17:7　너희 중 누구에게 밭을 **갈거나** 양을
고전 9:10　밭 **가는** 자는 소망을 가지고 **갈며**
히 6:7　자주 내리는 비를 흡수하여 밭 **가는**

　　2. 이를 갈다 (gnash)
욥 16:9　나를 향하여 이를 갈고 원수가 되어
시 35:16　같이 나를 향하여 그들의 이를 **갈도다**
시 37:12　꾀하고 그를 향하여 그의 이를 **가는도다**
시 112:10　한탄하여 이를 **갈면서** 소멸되리니 악인
애 2:16　그들의 입을 벌리며 비웃고 이를 **갈며**
마 8:12　쫓겨나 거기서 울며 이를 **갈게** 되리라
마 13:42　던져 넣으리니 거기서 울며 이를 **갈게**
마 22:13　거기서 슬피 울며 이를 **갈게** 되리라
마 24:51　거기서 슬피 울며 이를 **갈리라**

67

【 갈대 】   【 갈대아/-인/-사람/-주민 】

막 9:18   거품을 흘리며 이를 **갈며** 그리고 파리   계 11:1   또 내게 지팡이 같은 **갈대**를 주며
눅 13:28 볼 때에 거기서 슬피 울며 이를 **갈리라** 계 21:15 성곽을 측량하려고 금 **갈대** 자를
행 7:54   마음에 찔려 그를 향하여 이를 **갈거늘**   계 21:16 길이와 너비가 같은지라 그 **갈대** 자로
          3. 맷돌로 갈다(grind)

민 11:8   그것을 거두어 맷돌에 **갈기도** 하며 절구 **갈대밭**(marsh)
신 9:21   티끌같이 가늘게 **갈아** 그 가루를   렘 51:32 모든 나루는 빼앗겼으며 **갈대밭**이
사 47:2   맷돌을 가지고 가루를 **갈고** 너울을
눅 17:35 두 여자가 함께 맷돌을 **갈고** 있으매   **갈대아/-인/-사람/-주민**(Chaldea, Chaldean)
          4. 갈고 닦다(sharpen)   바벨론과 페르시아 만 사이 지역과 그 주민

신 32:41 내가 내 번쩍이는 칼을 **갈며** 내 손이   창 11:28 데라보다 먼저 고향 **갈대아인의** 우르
시 7:12   그가 그의 칼을 **가심이여** 그의 활을   창 11:31 사래를 데리고 **갈대아인의** 우르를 떠나
전 10:10 연장이 무디어졌는데도 날을 **갈지** 아니 창 15:7   너를 **갈대아인의** 우르에서 이끌어 낸
사 49:2   나를 **갈고** 닦은 화살로 만드사 그의   왕하 24:2 말씀과 같이 **갈대아의** 부대와 아람의
렘 46:4   투구를 쓰고 나서며 창을 **갈며** 갑옷을   왕하 25:4 **갈대아인들이** 그 성읍을 에워쌌으므
렘 51:11 화살을 **갈며** 둥근 방패를 준비하라   왕하 25:13 **갈대아 사람이** 또 여호와의 성전의
애 4:7   붉어 그들의 윤택함이 **갈아서** 빛낸   왕하 25:24 너희는 **갈대아인을** 섬기기를 두려워
                                                    왕하 25:25 유다 사람과 **갈대아 사람을** 죽인지라
갈대(reed)   왕하 25:26 애굽으로 갔으니 이는 **갈대아 사람을**
                                                    스 5:12   하나님이 그들을 **갈대아 사람** 바벨론
출 2:3   그를 위하여 **갈대** 상자를 가져다가 역   느 9:7   옛적에 아브람을 택하시고 **갈대아** 우르
          청과 … 나일 강 가 **갈대** 사이에 두고   욥 1:17   아뢰되 **갈대아 사람이** 세 무리를 지어
출 2:5   나일 강 가를 거닐 때에 그가 **갈대** 사이 사 13:19 열국의 영광이요 **갈대아 사람의** 자랑
왕상 14:15 물에서 흔들리는 **갈대같이** 되게   사 43:14 사람을 보내어 모든 **갈대아 사람에게**
왕하 18:21 네가 너를 위하여 저 상한 **갈대** 지팡이 사 47:1   딸 **갈대아여** 보좌가 없어졌으니 땅에
욥 8:11   크게 자라겠으며 **갈대가** 물 없는 데서 사 47:5   딸 **갈대아여** 잠잠히 앉으라 흑암으로
욥 40:21 그것이 연 잎 아래에나 **갈대** 그늘에서 사 48:14 그의 팔이 **갈대아인에게** 임할 것이라
욥 41:20 **갈대를** 태울 때에 솥이 끓는 것과 같으 사 48:20 너희는 바벨론에서 나와서 **갈대아인**
사 9:14   꼬리와 종려나무 가지와 **갈대를** 끊으   렘 21:4   또 너희를 에워싼 **갈대아인과** 싸우는
사 18:2   **갈대** 배를 물에 띄우고 그 사자를 수로 렘 21:9   너희를 에워싼 **갈대아인에게** 나가서
사 19:6   줄어들고 마르므로 **갈대와** 부들이 시들 렘 22:25 느부갓네살의 손과 **갈대아인의** 손에
사 19:15 꼬리며 종려나무 가지나 **갈대가** 아무   렘 32:3-5 유다 왕 시드기야는 **갈대아인의** 손에
사 35:7   승냥이의 눕던 곳에 풀과 **갈대와** 부들   서 … 너희가 **갈대아인과** 싸울지라도
사 36:6   믿는도다 그것은 상한 **갈대** 지팡이
사 42:3   상한 **갈대를** 꺾지 아니하며 꺼져가는   ┌─────────────────────────────┐
사 58:5   그의 머리를 **갈대같이** 숙이고 굵은   │ '갈대아' 와 관련된 성구   │
겔 29:6   본래 이스라엘 족속에게 **갈대** 지팡이라 │   │
마 11:7   광야에 나갔더냐 바람에 흔들리는 **갈대** │ 갈대아 군대 – 왕하 25:5, 10; 렘 35:11; │
마 12:20 상한 **갈대를** 꺾지 아니하며 꺼져가는   │   37:10, 11; 39:5; 41:3;   │
마 27:29 그 머리에 씌우고 **갈대를** 그 오른손에   │   52:8, 14   │
마 27:30 그에게 침 뱉고 **갈대를** 빼앗아 그의   │   │
마 27:48 신 포도주 적시어 **갈대에** 꿰어 마시   │ 갈대아 땅 – 사 23:13; 렘 24:5; 25:12; │
막 15:19 **갈대로** 그의 머리를 치며 침을 뱉으며 │   50:1, 8, 25, 45; 51:4, 54;   │
막 15:36 해면에 신 포도주를 적시어 **갈대에** 꿰어 │   겔 1:3; 12:13; 행 7:4   │
눅 7:24   나갔더냐 바람에 흔들리는 **갈대냐**   │   │
                                                    │ 갈대아 술사 – 단 2:2, 4; 4:7; 5:7, 11 │
                                                    │ 갈대아 왕 – 대하 36:17, 20; 단 5:30; 9:1 │
                                                    └─────────────────────────────┘

갈라

렘 32:24	성이 이를 치는 **갈대아인**의 손에 넘긴
렘 32:25	이 성은 **갈대아인**의 손에 넘기신 바
렘 32:28	내가 이 성을 **갈대아인**의 손과 바벨론
렘 32:29	이 성을 치는 **갈대아인**이 와서 이 성읍
렘 32:43	짐승이 없으며 **갈대아인**의 손에 넘긴
렘 33:4	유다 왕궁을 헐어서 **갈대아인**의 참호
렘 37:5	예루살렘을 에워쌌던 **갈대아인**이 그
렘 37:8	**갈대아인**이 다시 와서 이 성을 쳐서
렘 37:9	속여 말하기를 **갈대아인**이 반드시 우리
렘 37:13	네가 **갈대아인**에게 항복하려 하는도다
렘 37:14	나는 **갈대아인**에게 항복하려 하지 아니
렘 38:2	그러나 **갈대아인**에게 항복하는 자는
렘 38:18	이 성이 **갈대아인**의 손에 넘겨가리니
렘 38:19	나는 **갈대아인**에게 항복한 유다인을 두려워하노라 염려하건대 **갈대아인**이
렘 38:23	아내들과 자녀는 **갈대아인**에게로 끌려
렘 39:8	**갈대아인**들이 왕궁과 백성의 집을 불사
렘 40:9	너희는 **갈대아 사람**을 섬기기를 두려워
렘 40:10	우리에게로 오는 **갈대아 사람**을 섬기
렘 41:18	그들이 **갈대아 사람**을 두려워함이었
렘 43:3	우리를 대적하여 **갈대아 사람**의 손에
렘 50:10	**갈대아**가 약탈을 당할 것이라 그를
렘 50:35	여호와의 말씀이니라 칼이 **갈대아인**의
렘 51:24	내가 바벨론과 **갈대아** 모든 주민에게
렘 51:35	피 흘린 죄가 **갈대아 주민**에게로 돌아
렘 52:7	**갈대아인**들이 그 성읍을 에워쌌으므로
렘 52:17	**갈대아 사람**은 또 여호와의 성전의 두
겔 11:24	환상 중에 데리고 **갈대아**에 있는 사로
겔 16:29	장사하는 땅 **갈대아**에까지 심히 행음
겔 23:14	사람의 형상 곧 **갈대아 사람**의 형상을
겔 23:15	그의 고향 **갈대아** 바벨론 사람 같은
겔 23:16	사랑하게 되어 사절을 **갈대아** 그들에
겔 23:23	그들은 바벨론 사람과 **갈대아** 모든
단 1:4	그들에게 **갈대아 사람**의 학문과 언어
단 2:5	왕이 **갈대아인**들에게 대답하여 이르되
단 2:10	**갈대아인**들이 왕 앞에 … 박수에게나 술객에게나 **갈대아인**들에게 물은 자
단 3:8	그 때에 어떤 **갈대아 사람**들이 나아와
합 1:6	거처들을 점령하는 **갈대아 사람**을

갈라(Calah) 고대 앗수르의 한 도시

창 10:11	나아가 니느웨와 르호보딜과 **갈라**와
창 10:12	니느웨와 **갈라** 사이의 레센을 건설

갈라내다(exclude, separate)

사 56:3	그의 백성 중에서 반드시 **갈라내시리라**
마 13:49	와서 의인 중에서 악인을 **갈라내어**

갈라놓다(separate)

왕하 2:11	불수레와 불말들이 두 사람을 **갈라놓고**
사 59:2	너희와 너희 하나님 사이를 **갈라놓았고**

갈라디아(Galatia) 소아시아 로마의 주

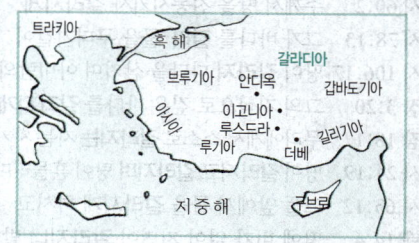

행 16:6	그들이 브루기아와 **갈라디아** 땅으로
행 18:23	얼마 있다가 떠나 **갈라디아**와 브루기아
고전 16:1	연보에 관하여는 내가 **갈라디아** 교회
갈 1:2	형제와 더불어 **갈라디아** 여러 교회들
갈 3:1	어리석도다 **갈라디아** 사람들아 예수
딤후 4:10	그레스게는 **갈라디아**로, 디도는
벧전 1:1	베드로는 본도, **갈라디아**, 갑바도기아

갈라서다(part, separate)

행 15:39	심히 다투어 피차 **갈라서니** 바나바는
고전 7:10	여자는 남편에게서 **갈라서지** 말고
고전 7:11	만일 **갈라섰으면** 그대로 지내든지

갈라지다(divide, split)

창 2:10	동산을 적시고 거기서부터 **갈라져** 네
출 14:16	내밀어 그것이 **갈라지게** 하라 이스라엘
출 14:21	물이 **갈라져** 바다가 마른 땅이 된지라
레 11:3	모든 짐승 중 굽이 **갈라져** 쪽발이 되고
레 11:4	새김질하는 것이나 굽이 **갈라진** 짐승 중에도 … 굽이 **갈라지지** 아니하였으
레 11:5	사반도 새김질은 하되 굽이 **갈라지지**
레 11:6	토끼도 새김질은 하되 굽이 **갈라지지**
레 11:7	돼지는 굽이 **갈라져** 쪽발이로되 새김질
레 11:26	굽이 **갈라진** 모든 짐승 중에 쪽발이
민 16:31	그들이 섰던 땅바닥이 **갈라지니라**
신 14:6	짐승 중에 굽이 **갈라져** 쪽발도 되고

【 갈랄 】 　　　　　　　　　　　　　　　　　　　【 갈렙 】

신 14:7　새김질을 하거나 굽이 갈라진 짐승 중
　　　　　에도 … 새김질은 하나 굽이 갈라지지
신 14:8　돼지는 굽은 갈라졌으나 새김질을
왕상 1:40　그들의 소리로 말미암아 갈라질 듯하니
왕상 13:3　제단이 갈라지며 그 위에 있는 재가
왕상 13:5　제단이 갈라지며 재가 제단에서
왕하 2:8　물을 치매 물이 이리 저리 갈라지고
왕하 2:14　물을 치매 물이 이리 저리 갈라지고
느 9:11　우리 조상들 앞에서 바다를 갈라지게
시 60:2　주께서 땅을 진동시키사 갈라지게
시 78:13　그가 바다를 갈라 물을 무더기같이
시 106:17　땅이 갈라져 다단을 삼키며 아비람의
잠 3:20　그의 지식으로 깊은 바다를 갈라지게
잠 18:1　무리에게서 스스로 갈라지는 자는 자기
사 24:19　땅이 갈라지고 갈라지며 땅이 흔들리며
사 63:12　그들 앞에서 물을 갈라지게 하시고
렘 14:4　땅에 비가 없어 지면이 갈라지니 밭
단 11:4　그의 나라가 갈라져 천하 사방에 나누
호 13:16　아이 밴 여인은 배가 갈라지리라
암 6:11　타격을 받아 큰 집은 갈라지고 작은
미 1:4　산들이 녹고 골짜기들이 갈라지기를
슥 14:4　그 한 가운데가 동서로 갈라져 매우
막 1:10　곧 물에서 올라오실새 하늘이 갈라짐
행 2:3　마치 불의 혀처럼 갈라지는 것들이
고전 7:34　마음이 갈라지며 시집 가지 않은 자와
계 16:19　큰 성이 세 갈래로 갈라지고 만국의

갈랄(Galal)
　　1. 바벨론 포로에서 돌아온 레위인
대상 9:15　또 박박갈과 헤레스와 갈랄과 맛다냐
　　2. 여두둔의 아들
대상 9:16　그는 스마야의 아들이요 갈랄의 손자
느 11:17　또 여두둔의 증손 갈랄의 손자 삼무아

갈래 1(Kallai) 살래 족속 제사장으로 족장
느 12:20　살래 족속에는 갈래요 아목 족속에는

갈래 2(part)
사 11:15　그 하수를 쳐 일곱 갈래로 나누어 신을
계 16:19　큰 성이 세 갈래로 갈라지고 만국의

갈랫길(fork)
겔 21:21　바벨론 왕이 갈랫길 곧 두 길 어귀에

갈레(Calneh) 바벨론의 도시
창 10:10　바벨과 에렉과 악갓과 갈레에서 시작
암 6:2　너희는 갈레로 건너가 보고 거기에서

갈렙(Caleb)

1. 유다 지파 여분네의 아들

민 13:6　유다 지파에서는
　　　　　여분네의 아들 갈렙이요
민 13:30　갈렙이 모세 앞
　　　　　에서 백성을 조용하
민 14:6　여분네의 아들 갈렙이 자기들의 옷을
민 14:24　그러나 내 종 갈렙은 그 마음이 그들
민 14:30　갈렙과 눈의 아들 여호수아 외에는 내
민 14:38　여호수아와 여분네의 아들 갈렙은 생존
민 26:65　여분네의 아들 갈렙과 눈의 아들
민 32:12　여분네의 아들 갈렙과 눈의 아들
민 34:19　유다 지파에서는 여분네의 아들 갈렙
신 1:36　갈렙은 온전히 여호와께 순종하였은
수 14:6　갈렙이 여호수아에게 말하되 여호와
수 14:13　여호수아가 여분네의 아들 갈렙을 위하
수 14:14　갈렙의 기업이 되어 오늘까지 이르렀
수 15:13　분깃으로 여분네의 아들 갈렙에게 주었
수 15:14　갈렙이 거기서 아낙의 소생 그 세 아들
수 15:16　갈렙이 말하기를 기럇 세벨을 쳐서 그
수 15:17　갈렙의 아우 그나스의 아들인 옷니엘
　　　　　이 그것을 점령함으로 갈렙이 자기 딸
수 15:18　나귀에서 내리매 갈렙이 그에게 묻되
수 15:19　갈렙이 윗샘과 아랫샘을 그에게 주었
수 21:12　촌락들은 여분네의 아들 갈렙에게 주어
삿 1:12　갈렙이 말하기를 기럇 세벨을 쳐서 그것
삿 1:13　갈렙의 아우 그나스의 아들인 옷니엘
　　　　　이 그것을 점령하였으므로 갈렙이 그
삿 1:14　나귀에서 내리매 갈렙이 묻되 네가 무엇
삿 1:15　샘물도 내게 주소서 하매 갈렙이 윗샘
삿 1:20　헤브론을 갈렙에게 주었더니 그가 거기
삿 3:9　곧 갈렙의 아우 그나스의 아들 옷니엘
삼상 25:3　행실이 악하며 그는 갈렙 족속이었더
삼상 30:14　유다에 속한 지방과 갈렙 남방을 침노
대상 2:42　여라므엘의 아우 갈렙의 아들 곧 맏아들
대상 2:46　갈렙의 소실 에바는 하란과 모사와
대상 2:48　갈렙의 소실 마아가는 세벨과
대상 2:49　스와를 낳았으며 갈렙의 딸은 악사더라
대상 2:50　갈렙의 자손 곧 에브라다의 맏아들 훌

【 갈렙 에브라다 】   【 갈릴리 】

대상 4:15 여분네의 아들 **갈렙**의 자손은 이루와
대상 6:56 마을은 여분네의 아들 **갈렙**에게 주었
2. 헤스론의 아들
대상 2:18 헤스론의 아들 **갈렙**이 그의 아내
대상 2:19 아수바가 죽은 후에 **갈렙**이 또 에브랏

갈렙 에브라다(Caleb Ephrathah) 헤스론과 아비야가 살았던 베들레헴 근처
대상 2:24 헤스론이 **갈렙 에브라다**에서 죽은 후

갈로(Calno) 시리아의 성읍
사 10:9 **갈로**는 갈그미스와 같지 아니하며 하맛

갈르엣(Galeed) '증거의 무더기' 란 뜻
창 31:47 야곱은 그것을 **갈르엣**이라 불렀으니
창 31:48 그 이름을 **갈르엣**이라 불렀으며

갈리다(leave, change)
1. 갈라져 나가다(leave-NIV, depart-KJV)
고전 7:15 믿지 아니하는 자가 **갈리거든 갈리게**
2. 교체되다(change-KJV)
히 7:24 제사장 직분도 **갈리지** 아니하느니라

갈리오(Gallio) 아가야의 로마 총독
행 18:12 **갈리오**가 아가야 총독 되었을 때에
행 18:14 바울이 입을 열고자 할 때에 **갈리오**가
행 18:17 **갈리오**가 이 일을 상관하지 아니하니라

갈릴리(Galilee)
1. 구약 시대 팔레스타인 북부 지역

수 20:7 그들이 납달리의 산지 **갈릴리** 게데스를
수 21:32 살인자의 도피성 **갈릴리** 게데스와 그
왕상 9:11 **갈릴리** 땅의 성읍 스무 곳을 히람에게
왕하 15:29 길르앗과 **갈릴리**와 납달리 온 땅을
대상 6:76 납달리 지파 중에서 **갈릴리**의 게데스
사 9:1 요단 저쪽 이방의 **갈릴리**를 영화롭게

2. 신약시대 팔레스타인 북부 지역
마 2:22 꿈에 지시하심을 받아 **갈릴리** 지방으
마 3:13 이 때에 예수께서 **갈릴리**로부터 요단
마 4:12 요한이 잡혔음을 들으시고 **갈릴리**로
마 4:15 요단 강 저편 해변 길과 이방의 **갈릴리**
마 4:18 **갈릴리** 해변에 다니시다가 두 형제 곧
마 4:23 예수께서 온 **갈릴리**에 두루 다니사
마 4:25 **갈릴리**와 데가볼리와 예루살렘과 유대
마 15:29 예수께서 거기서 떠나사 **갈릴리**
마 17:22 **갈릴리**에 모일 때에 예수께서 제자들
마 19:1 말씀을 마치시고 **갈릴리**를 떠나 요단
마 21:11 무리가 이르되 **갈릴리** 나사렛에서 나온
마 26:32 살아난 후에 너희보다 먼저 **갈릴리**로
마 27:55 예수를 섬기며 **갈릴리**에서부터 따라
마 28:7 너희보다 먼저 **갈릴리**로 가시나니 거기
마 28:10 내 형제들에게 **갈릴리**로 가라 하라
마 28:16 열한 제자가 **갈릴리**에 가서 예수께서
막 1:9 그 때에 예수께서 **갈릴리** 나사렛으로
막 1:14 요한이 잡힌 후 예수께서 **갈릴리**에 오셔
막 1:16 **갈릴리** 해변으로 지나가시다가 시몬
막 1:28 예수의 소문이 곧 온 **갈릴리** 사방에
막 1:39 이에 온 **갈릴리**에 다니시며 그들의 여러
막 3:7 바다로 물러가시니 **갈릴리**에서 큰 무리
막 6:21 대신들과 천부장들과 **갈릴리**의 귀인
막 7:31 데가볼리 지방을 통과하여 **갈릴리** 호수
막 9:30 그 곳을 떠나 **갈릴리** 가운데로 지날새
막 14:28 살아난 후에 너희보다 먼저 **갈릴리**로
막 15:41 이들은 예수께서 **갈릴리**에 계실 때에
막 16:7 예수께서 너희보다 먼저 **갈릴리**로 가시
눅 1:26 하나님의 보내심을 받아 **갈릴리** 나사렛
눅 2:4 요셉도 다윗의 집 족속이므로 **갈릴리**
눅 2:39 모든 일을 마치고 **갈릴리**로 돌아가 본
눅 3:1 헤롯이 **갈릴리**의 분봉 왕으로, 그 동생
눅 4:14 성령의 능력으로 **갈릴리**에 돌아가시
눅 4:31 **갈릴리**의 가버나움 동네에 내려오사
눅 4:44 **갈릴리** 여러 회당에서 전도하시더라
눅 5:17 하루는 가르치실 때에 **갈릴리**의 각 마을
눅 8:26 그들이 **갈릴리** 맞은편 거라사인의 땅
눅 17:11 사마리아와 **갈릴리** 사이로 지나가시
눅 23:5 그가 온 유대에서 가르치고 **갈릴리**에
눅 23:49 예수를 아는 자들과 **갈릴리**로부터 따라
눅 23:55 **갈릴리**에서 예수와 함께 온 여자들이
눅 24:6 살아나셨느니라 **갈릴리**에 계실 때에

【 갈림 】　　　　　　　　　　　　　　　　　　【 갈미 】

요 1:43	이튿날 예수께서 **갈릴**리로 나가려 하시
요 2:1	사흘째 되던 날 **갈릴**리 가나에 혼례가
요 2:11	예수께서 이 첫 표적을 **갈릴**리 가나에
요 4:3	유대를 떠나사 다시 **갈릴**리로 가실새
요 4:43	예수께서 거기를 떠나 **갈릴**리로 가시
요 4:46	예수께서 다시 **갈릴**리 가나에 이르시
요 4:47	예수께서 유대로부터 **갈릴**리로 오셨
요 4:54	예수께서 유대에서 **갈릴**리로 오신 후
요 6:1	그 후에 예수께서 디베랴의 **갈릴**리 바다
요 7:1	예수께서 **갈릴**리에서 다니시고 유대
요 7:9	말씀을 하시고 **갈릴**리에 머물러 계시
요 7:41	어떤 이들은 그리스도가 어찌 **갈릴**리
요 7:52	너도 **갈릴**리에서 … **갈릴**리에서는
요 12:21	그들이 **갈릴**리 벳새다 사람 빌립에게
요 21:2	디두모라 하는 도마와 **갈릴**리 가나 사람
행 5:37	그 후 호적할 때에 **갈릴**리의 유다가
행 9:31	그리하여 온 유대와 **갈릴**리와
행 10:37	세례를 반포한 후에 **갈릴**리에서 시작
행 13:31	**갈릴**리로부터 예루살렘에 함께 올라

┌──────────────────────────────┐
│ '**갈릴리 사람**'과 관련된 성구 │
│ 마 26:69; 막 14:70; 눅 13:1, 2; │
│ 22:59; 23:6; 요 4:45; 행 1:11; 2:7 │
└──────────────────────────────┘

갈림(Gallim) 미갈의 남편 발디의 고향
삼상 25:44	미갈을 **갈림**에 사는 라이스의 아들
사 10:30	딸 **갈림**아 큰 소리로 외칠지어다

갈망하다(渴望, thirst)
대상 11:17	다윗이 **갈망**하여 이르되 베들레헴 성
시 42:2	살아 계시는 하나님을 **갈망**하나니 내가
시 63:1	내 영혼이 주를 **갈망**하며 내 육체가

갈매기(gull)
레 11:16	타조와 타흐마스와 **갈매기**와 새매 종류
신 14:15	타조와 타흐마스와 **갈매기**와 새매 종류

갈멜(Carmel)
1. 지중해 연안에 위치한 산악 지대
수 12:22	게데스 왕이요 하나는 **갈멜**의 욕느암
수 19:26	경계의 서쪽이 **갈멜**을 만나 시홀 림낫
왕상 18:19	아세라의 선지자 사백 명을 **갈멜** 산

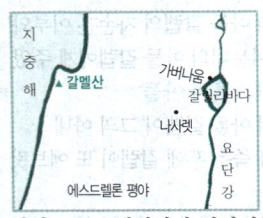

왕상 18:20	사람을 보내 선지자들을 **갈멜** 산
왕상 18:42	엘리야가 **갈멜** 산 꼭대기로 올라
왕하 2:25	엘리사가 거기서부터 **갈멜** 산으로
왕하 4:25	드디어 **갈멜** 산으로 가서 하나님의
아 7:5	머리는 **갈멜** 산 같고 드리운 머리털은
사 33:9	바산과 **갈멜**은 나뭇잎을 떨어뜨리는
사 35:2	레바논의 영광과 **갈멜**과 사론의 아름
렘 46:18	산들 중의 다볼같이, 해변의 **갈멜**같
렘 50:19	그가 **갈멜**과 바산에서 양을 기를 것이
암 1:2	목자의 초장이 마르고 **갈멜** 산 꼭대기
암 9:3	**갈멜** 산 꼭대기에 숨을지라도 내가
미 7:14	지팡이로 주의 백성 곧 **갈멜** 속 삼림
나 1:4	바산과 **갈멜**이 쇠하며 레바논의 꽃이

2. 헤브론 남쪽의 성읍
수 15:55	마온과 **갈멜**과 십과 윳다와
삼상 15:12	사울이 **갈멜**에 이르러 자기를 위하여
삼상 25:2	그의 생업이 **갈멜**에 있고 심히 부하여 양이 삼천 마리요 … 그가 **갈멜**에서
삼상 25:5	너희는 **갈멜**로 올라가 나발에게 이르
삼상 25:7	그들이 **갈멜**에 있는 동안에 그들의 것
삼상 25:40	다윗의 전령들이 **갈멜**에 가서

3. 갈멜 사람(여인, 여자)
삼상 27:3	나발의 아내였던 **갈멜** 여자 아비가일
삼상 30:5	아히노암과 **갈멜** 사람 나발의 아내였
삼하 2:2	아히노암과 **갈멜** 사람 나발의 아내였
삼하 3:3	둘째는 길르압이라 **갈멜** 사람 나발의
삼하 23:35	**갈멜** 사람 헤스래와 아랍 사람 바아래
대상 3:1	둘째는 다니엘이라 **갈멜** 여인 아비가일
대상 11:37	**갈멜** 사람 헤스로와 에스배의 아들

갈미(Carmi)
1. 르우벤의 아들
창 46:9	아들 하녹과 발루와 헤스론과 **갈미**요
출 6:14	하녹과 발루와 헤스론과 **갈미**니 이들
대상 5:3	아들들은 하녹과 발루와 헤스론과 **갈미**

2. 갈미 족속
민 26:6	헤스론 종족과 **갈미**에게서 난 **갈미**

3. 유다 자손 아간의 아버지 가르미와 동일인
수 7:1	삽디의 손자 **갈미**의 아들 아간이 온전

갈밭 / 감당하다

수 7:18　삽디의 손자요 **갈미**의 아들인 아간이
대상 2:7　**갈미**의 아들은 아갈이니 그는 진멸시
대상 4:1　베레스와 헤스론과 **갈미**와 훌과 소발

갈밭 (reed)
창 41:2　암소가 강 가에서 올라와 **갈밭**에서
창 41:18　암소가 나일 강 가에 올라와 **갈밭**에서
시 68:30　**갈밭**의 들짐승과 수소의 무리와 만민

갈빗대 (rib)
창 2:21　잠들매 그가 그 **갈빗대** 하나를 취하고
창 2:22　아담에게서 취하신 그 **갈빗대**로 여자
단 7:5　그 입의 잇사이에는 세 **갈빗대**가 물렸

갈아엎다 (plow)
미 3:12　너희로 말미암아 시온은 **갈아엎은** 밭

갈아입다/갈아입히다 (change one's clothes)
창 41:14　수염을 깎고 그의 옷을 **갈아입고**
삼하 12:20　의복을 **갈아입고** 여호와의 전에
렘 52:33　죄수의 의복을 **갈아입혔고** 그의 평생
히 1:12　의복처럼 **갈아입을** 것이요 그것들은

갈이
삼상 14:14　무기를 든 자가 반나절 **갈이** 땅 안에
사 5:10　열흘 **갈이** 포도원에 겨우 포도주 한

갈증 (渴症, thirst)
사 29:8　그 속에 **갈증**이 있는 것 같이 시온 산
사 41:17　물이 없어서 **갈증**으로 그들의 혀가

갈하다 (渴, thirst)
사 50:2　물고기들이 악취를 내며 **갈하여** 죽을
사 65:13　너희는 **갈할** 것이니라 보라 나의 종들
렘 2:25　벗은 발이 되게 하지 말며 목을 **갈하게**
암 8:13　아름다운 처녀와 젊은 남자가 다 **갈하여**

갉아먹다 (chew)
욘 4:7　이튿날 새벽에 그 박넝쿨을 **갉아먹게**

감각 (感覺, sensitivity)
잠 23:35　나를 상하게 하여도 내게 **감각**이 없도
엡 4:19　그들이 **감각** 없는 자가 되어 자신을

감금하다 (監禁, put in)
왕하 17:4　배반함을 보고 그를 옥에 **감금하여** 두고

감기다 (be closed)
창 46:4　요셉이 그의 손으로 네 눈을 **감기리라**
잠 6:4　잠들게 하지 말며 눈꺼풀을 **감기게** 하지
사 6:10　그들의 눈이 **감기게** 하라 염려하건대
사 29:10　너희의 눈을 **감기셨음**이니 그가 선지자
사 32:3　보는 자의 눈이 **감기지** 아니할 것이요

감다 (close one's eyes, put on)
1. 눈을 감다 (close one's eyes)
민 24:3　발람이 말하며 눈을 **감았던** 자가
민 24:15　발람이 말하며 눈을 **감았던** 자가 말하
사 33:15　눈을 **감아** 악을 보지 아니하는 자,
마 13:15　그 귀는 듣기에 둔하고 눈은 **감았으니**
2. 베(닻)를 감다 (put on, weigh anchor)
렘 49:3　굵은 베를 **감고** 애통하며 울타리 가운
행 27:13　닻을 **감아** 그레데 해변을 끼고 항해

감당하다 (堪當, withstand)
창 32:10　모든 진실하심을 조금도 **감당할** 수
출 18:23　네가 이 일을 **감당하고** 이 모든 백성
레 27:8　네가 정한 값을 **감당하지** 못하겠으면
민 11:14　혼자는 이 모든 백성을 **감당할** 수
수 14:11　같아서 싸움에나 출입에 **감당할** 수
시 38:4　무거운 짐 같으니 내가 **감당할** 수
시 131:1　내가 큰 일과 **감당하지** 못할 놀라운
시 147:17　누가 능히 그의 추위를 **감당하리요**
애 1:14　내가 **감당할** 수 없는 자의 손에 주셨
나 1:6　누가 능히 그의 진노를 **감당하랴** 그의
마 3:11　그의 신을 들기도 **감당하지** 못하겠노라
마 8:8　내 집에 들어오심을 나는 **감당하지** 못하
막 1:7　그의 신발끈을 풀기도 **감당하지** 못하
눅 3:16　신발끈을 풀기도 **감당하지** 못하겠노
눅 7:6　내 집에 들어오심을 나는 **감당하지**
눅 7:7　내가 주께 나아가기도 **감당하지** 못할
눅 15:19　아버지의 아들이라 일컬음을 **감당하지**
눅 15:21　아버지의 아들이라 일컬음을 **감당하기**
요 1:27　신발끈을 풀기도 **감당하지** 못하겠노
요 16:12　많으나 지금은 너희가 **감당하지** 못하리
행 13:25　발의 신발끈을 풀기도 **감당하지** 못하
고전 3:2　이는 너희가 **감당하지** 못하였음이거니

【 감독/-관/-자 】　　　　　　　　　　　　　　　　【 감동/-하다/-되다/-시키다 】

고전 6:2	작은 일 판단하기를 **감당하지** 못하겠	딛 1:7	**감독**은 하나님의 청지기로서 책망할
고전 10:13	사람이 **감당할** 시험 밖에는 … 하나님	벧전 2:25	너희 영혼의 목자와 **감독** 되신 이에게
	은 미쁘사 너희가 **감당하지** 못할 시험		
	당함을 … 능히 **감당하게** 하시느니라	**감독하다**(監督, supervise)	
고전 15:9	사도라 칭함 받기를 **감당하지** 못할 자	민 4:28	아론의 아들 이다말이 **감독할지니라**
고후 2:16	이르는 냄새라 누가 이 일을 **감당하리요**	민 7:8	아론의 아들 이다말에게 **감독하게**
히 11:38	이런 사람은 세상이 **감당하지** 못하는	왕상 5:16	이 외에 그 사역을 **감독하는** 관리가
		왕상 9:23	솔로몬에게 일을 **감독하는** 우두머리
감독/-관/-자(監督, overseer)		왕상 11:28	요셉 족속의 일을 **감독하게** 하였더니
창 41:34	나라 안에 **감독관들을** 두어 그 일곱	대하 2:2	돌을 떠낼 자 팔만 명과 일을 **감독할**
출 1:11	**감독들을** 그들 위에 세우고 그들에게	대하 8:10	솔로몬 왕의 공장을 **감독하는** 자들이
출 3:7	그들이 그들의 **감독자로** 말미암아 부르	대하 34:10	돈을 여호와의 전 공사를 **감독하는**
출 5:6	바로가 그 날에 백성의 **감독들과** 기록	대하 34:12	다 그 일을 **감독하고** 또 악기에 익숙한
출 5:10	백성의 **감독들과** 기록원들이 나가서	대하 34:13	그들은 또 목도꾼을 **감독하며** 모든 공
출 5:13	**감독들이** 그들을 독촉하여 이르되 너희		사 담당자를 **감독하고** 어떤 레위 사람
출 5:14	바로의 **감독들이** 자기들이 세운 바	스 3:8	여호와의 성전 공사를 **감독하게** 하매
민 7:2	계수함을 받은 자의 **감독** 된 자들이 헌물	스 3:9	하나님의 성전 일꾼들을 **감독하니라**
왕상 4:6	아들 아도니람은 노동 **감독관이더라**	렘 52:25	내시 칠 명과 군인을 **감독하는** 군 지휘
왕상 5:14	집에 있으며 아도니람은 **감독이** 되었	단 1:11	미사엘과 아사랴를 **감독하게** 한 자
왕상 12:18	르호보암 왕이 역꾼의 **감독** 아도람을	단 1:16	그리하여 **감독하는** 자가 그들에게
왕하 22:5	여호와의 성전을 맡은 **감독자의** 손에		
왕하 22:9	성전을 맡은 **감독자의** 손에 맡겼나이	**감돌다**(turn into-KJV, leap-NASV)	
대상 28:1	왕자의 모든 소유와 가축의 **감독과**	욥 41:22	그 앞에서는 절망만 **감돌** 뿐이구나
대하 2:18	삼천 육백 명은 **감독으로** 삼아 백성들		
대하 10:18	르호보암 왕이 역꾼의 **감독** 하도람을	**감동/-하다/-되다/-시키다**(感動, move)	
대하 24:12	돈을 여호와의 전 **감독자에게** 주어	창 41:38	하나님의 영에 **감동된** 사람을 우리가
대하 34:17	돈을 쏟아서 **감독자들과** 일꾼들에게	출 35:21	마음이 **감동된** 모든 자와 자원하는 모든
느 2:8	왕의 삼림 **감독** 아삽에게 조서를 내리	출 35:26	마음에 **감동을** 받아 슬기로운 모든
느 11:9	시그리의 아들 요엘이 그들의 **감독이**	출 35:34	오홀리압을 **감동시키사** 가르치게 하시
느 11:14	아들 삽디엘이 그들의 **감독이** 되었느	삼상 10:26	마음이 하나님께 **감동된** 유력한 자들
느 11:22	레위 사람의 **감독이** 되어 하나님의 전	삼상 11:6	하나님의 영에게 크게 **감동되매** 그의
느 12:42	크게 찬양하였는데 그 **감독은** 예스라	삼상 16:13	여호와의 영에게 크게 **감동되니라**
욥 3:18	함께 평안히 있어 **감독자의** 호통 소리	왕상 10:5	올라가는 층계를 보고 크게 **감동되어**
잠 6:7	개미는 두령도 없고 **감독자도** 없고 통치	대하 18:31	도우시며 하나님이 그들을 **감동시키사**
사 60:17	삼으며 공의를 세워 **감독으로** 삼으리	대하 24:20	스가랴를 **감동시키시매** 그가 백성 앞에
렘 29:26	여호와의 성전 **감독자로** 세우심은 모든	대하 30:12	유다 사람들을 **감동시키사** 그들에게
겔 23:6	자색 옷을 입은 고관과 **감독이요** 준수	대하 36:22	고레스 왕의 마음을 **감동시키시매**
겔 23:12	화려한 의복을 입은 고관과 **감독이요**	스 1:1	고레스의 마음이 **감동시키시매** 그가
겔 23:23	준수한 청년이며 다 고관과 **감독이며**	스 1:5	그 마음이 하나님께 **감동을** 받고 올라
행 20:28	*성령이 그들 가운데 여러분을 **감독자***	느 7:5	내 하나님이 내 마음을 **감동하사** 귀족
빌 1:1	빌립보에 사는 모든 성도와 또한 **감독들**	겔 3:14	권능이 힘 있게 나를 **감동시키더라**
딤전 3:1	미쁘다 이 말이여, 곧 사람이 **감독의**	호 9:7	선지자가 어리석었고 신에 **감동하는**
딤전 3:2	그러므로 **감독은** 책망할 것이 없으며	학 1:14	모든 백성의 마음을 **감동시키시매**

【 감람 】   【 감복숭아 】

마 22:43	그러면 다윗이 성령에 **감동되어** 어찌
막 12:36	다윗이 성령에 **감동되어** 친히 말하되
눅 2:27	성령의 **감동**으로 성전에 들어가매 마침
행 21:4	제자들이 성령의 **감동**으로 바울더러
딤후 3:16	모든 성경은 하나님의 **감동**으로 된 것
벧후 1:21	오직 성령의 **감동하심**을 받은 사람들
계 1:10	주의 날에 내가 성령에 **감동되어** 내 뒤
계 4:2	곧 성령에 **감동되었더니** 보라 하늘에

감람(橄欖, olive)

출 27:20	**감람**으로 짠 순수한 기름을 등불을
레 24:2	불을 켜기 위하여 **감람**을 찧어낸 순결
왕하 18:32	기름 나는 **감람**과 꿀이 있는 지방이라
욥 15:33	익기 전에 떨어짐 같고 **감람** 꽃이 곧
미 6:15	**감람** 열매를 밟아도 기름을 네 몸에
약 3:12	형제들아 어찌 무화과나무가 **감람** 열매

감람나무(橄欖, olive tree)

창 8:11	그 입에 **감람나무** 새 잎사귀가 있는지
신 6:11	네가 심지 아니한 포도원과 **감람나무**
신 8:8	무화과와 석류와 **감람나무**와 꿀의 소산
신 24:20	네가 네 **감람나무**를 떤 후에 그 가지
신 28:40	네 모든 경내에 **감람나무**가 있을지라
삿 9:8	왕으로 삼으려 하여 **감람나무**에게 이르
삿 9:9	**감람나무**가 그들에게 이르되 내게 있는
삿 15:5	곡식과 포도원과 **감람나무**들을 사른
왕상 6:23	내소 안에 **감람나무**로 두 그룹을 만들
왕상 6:31	내소에 들어가는 곳에는 **감람나무**로
왕상 6:32	**감람나무**로 만든 그 두 문짝에 그룹과
왕상 6:33	외소의 문을 위하여 **감람나무**로 문설
대상 27:28	바알하난은 평야의 **감람나무**와 뽕나무
느 8:15	산에 가서 **감람나무** 가지와 들 **감람나무**
시 52:8	하나님의 집에 있는 푸른 **감람나무** 같음
시 128:3	둘러 앉은 자식들은 어린 **감람나무** 같으
사 17:6	주울 것이 남으리니 **감람나무**를 흔들
사 24:13	곧 **감람나무**를 흔듦 같고 포도를 거둔
사 41:19	화석류와 들 **감람나무**를 심고 사막에
렘 11:16	열매 맺는 아름다운 푸른 **감람나무**라
호 14:6	그의 아름다움은 **감람나무**와 같고 그의
암 4:9	무화과나무와 **감람나무**를 다 먹게
합 3:17	포도나무에 열매가 없으며 **감람나무**
학 2:19	무화과나무, 석류나무, **감람나무**에
슥 4:3	등잔대 곁에 두 **감람나무**가 있는데

슥 4:11	등잔대 좌우의 두 **감람나무**는 무슨 뜻
슥 4:12	금관 옆에 있는 이 **감람나무** 두 가지
롬 11:17	얼마가 꺾이었는데 돌 **감람나무**인 네
	가 그들 중에 … 참 **감람나무** 뿌리의
롬 11:24	네가 원 돌 **감람나무**에서 … 좋은 **감람**
	나무에 접붙임을 … 자기 **감람나무**에
계 11:4	주 앞에 서 있는 두 **감람나무**와 두 촛대

감람산(橄欖山, Mount of Olives)

삼하 15:30	다윗이 **감람산** 길로 올라갈 때에 그의
슥 14:4	동쪽 **감람산**에 서실 것이요 **감람산**은
마 21:1	예루살렘에 가까이 가서 **감람산** 벳바
마 24:3	예수께서 **감람산** 위에 앉으셨을 때
마 26:30	그들이 찬미하고 **감람산**으로 나아가
막 11:1	예루살렘에 가까이 와서 **감람산**
막 13:3	예수께서 **감람산**에서 성전을 마주
막 14:26	이에 그들이 찬미하고 **감람산**으로
눅 19:37	이미 **감람산** 내리막길에 가까이 오시
눅 22:39	나가사 습관을 따라 **감람산**에 가시매
요 8:1	예수는 **감람산**으로 가시니라

감람원(橄欖園, olive grove)

출 23:11	네 포도원과 **감람원**도 그리할지니라
수 24:13	포도원과 **감람원**의 열매를 먹는다 하였
삼상 8:14	밭과 포도원과 **감람원**에서 제일 좋은
왕하 5:26	옷을 받으며 **감람원**이나 포도원이나
느 5:11	포도원과 **감람원**과 집이며 너희가 꾸어
느 9:25	우물과 포도원과 **감람원**과 허다한 과목
눅 19:29	**감람원**이라 불리는 산쪽에 있는 벳바게
눅 21:37	밤에는 나가 **감람원**이라 하는 산에서
행 1:12	제자들이 **감람원**이라 하는 산으로부터

감람유/감람 기름(橄欖油, olive oil)

출 30:24	성소의 세겔로 하고 **감람 기름** 한 힌을
눅 7:46	너는 내 머리에 **감람유**도 붓지 아니하였
계 6:6	**감람유**와 포도주는 해치지 말라 하더라
계 18:13	향과 향유와 유향과 포도주와 **감람유**

감방(監房, dungeon)

| 사 42:7 | 흑암에 앉은 자를 **감방**에서 나오게 하리 |

감복숭아(almond)

| 창 43:11 | 몰약과 유향나무 열매와 **감복숭아**이 |

감사/-하다 (感謝, praise, thank)

레 7:12	만일 그것을 **감사함**으로 드리려면 기름	잠 31:28	그의 자식들은 일어나 **감사하며**
레 7:15	**감사함**으로 드리는 화목제물의 고기	사 12:1	내가 주께 **감사하겠나이다**
삼하 22:50	주께 **감사하며** 주의 이름을 찬양하리	사 38:18	스올이 주께 **감사하지** 못하며 사망이
왕상 3:15	언약궤 앞에 서서 번제와 감사의 제물	사 51:3	기뻐함과 즐거워함과 **감사함**과 창화
대상 16:4	여호와를 칭송하고 **감사하며** 찬양하	렘 33:10-11	만군의 여호와께 **감사하라**, 여호와는
대상 23:30	저녁마다 서서 여호와께 **감사하고** 찬송	단 2:23	내가 주께 **감사하고** 주를 찬양하나이
대상 25:3	신령한 노래를 하며 여호와께 **감사하며**	단 4:34	지극히 높으신 이에게 **감사하며** 영생
대상 29:13	우리가 주께 **감사하오며** 주의 영화로	욘 2:9	나는 **감사하는** 목소리로 주께 제사를
대하 5:13	여호와를 찬송하며 **감사하는데** 나팔	마 11:25	아이들에게는 … **감사하나이다**
대하 7:3	여호와께 **감사하여** 이르되 선하시도	마 26:27	잔을 가지사 **감사** 기도 하시고 그들
대하 20:21	여호와께 **감사하세** 그의 인자하심이	눅 2:38	하나님께 **감사하고** 예루살렘의 속량
대하 30:22	하나님 여호와께 **감사하였더라**	눅 17:9	대로 하였다고 종에게 **감사하겠느냐**
대하 31:2	휘장 문에서 섬기며 **감사하며** 찬송하게	눅 17:16	예수의 발 아래에 엎드리어 **감사하니**
스 3:11	여호와께 **감사하여** 이르되 주는 지극	눅 18:11	세리와도 같지 아니함을 **감사하나이다**
느 11:17	기도할 때에 **감사하는** 말씀을 인도하는	행 28:15	하나님께 **감사하고** 담대한 마음을 얻
느 12:27	예루살렘으로 데려다가 **감사하며** 노래	롬 1:8	하나님께 **감사함**은 너희 믿음이 온세상
시 6:5	스올에서 주께 **감사할** 자 누구리이까	롬 1:21	영화롭게도 아니하며 **감사하지도**
시 7:17	여호와께 그의 의를 따라 **감사함이여**	고전 1:14	세례를 베풀지 아니한 것을 **감사하노니**
시 26:7	**감사**의 소리를 들려 주고 주의 기이한	고전 10:30	**감사함**으로 … 내가 **감사하는** 것에 대
시 30:12	내가 주께 영원히 **감사하리이다**	고전 14:16	알지 못하고 네 **감사**에 어찌 아멘 하리
시 33:2	수금으로 여호와께 **감사하고** 열 줄	고후 2:14	나타내시는 하나님께 **감사하노라**
시 35:18	내가 대회 중에서 주께 **감사하며** 많은	고후 4:15	많은 사람의 **감사**로 말미암아 은혜가
시 42:4	동행하여 기쁨과 **감사**의 소리를 내며	고후 8:16	마음에도 주시는 하나님께 **감사하노니**
시 50:14	**감사**로 하나님께 제사를 드리며 지존	고후 9:15	은사로 말미암아 하나님께 **감사하노라**
시 52:9	내가 영원히 주께 **감사하고** 주의 이름	엡 1:16	기억하며 너희로 말미암아 **감사하기**를
시 54:6	주의 이름에 **감사하오리니** 주의 이름	엡 5:4	마땅치 아니하니 오히려 **감사하는** 말을
시 57:9	내가 만민 중에서 주께 **감사하오며**	빌 1:3	생각할 때마다 나의 하나님께 **감사하며**
시 69:30	하나님의 이름을 찬송하며 **감사함**으로	빌 4:6	너희 구할 것을 **감사함**으로 하나님께
시 79:13	우리는 영원히 주께 **감사하며** 주의	골 2:7	믿음에 굳게 서서 **감사함**을 넘치게
시 95:2	우리가 **감사함**으로 그 앞에 나아가며	골 3:16	신령한 노래를 부르며 **감사하는** 마음
시 108:3	내가 만민 중에서 주께 **감사하고** 뭇	골 4:2	기도를 계속하고 기도에 **감사함**으로
시 109:30	내가 입으로 여호와께 크게 **감사하며**	살전 1:2	하나님께 **감사하며** 기도할 때에 너희
시 118:1	여호와께 **감사하라** 그는 선하시며 그	살전 2:13	우리가 하나님께 끊임없이 **감사함**은
시 122:4	여호와의 이름에 **감사하려고**	살전 5:18	범사에 **감사하라** 이것이 그리스도 예수
시 138:1	내가 전심으로 주께 **감사하며** 신들 앞	딤전 1:12	주께 내가 **감사함**은 나를 충성되이
시 138:2	주의 이름에 **감사하오리니** 이는 주께	딤전 4:3	진리를 아는 자들이 **감사함**으로 받을
시 138:4	세상의 모든 왕들이 주께 **감사할** 것은	딤전 4:4	모든 것이 선하매 **감사함**으로 받으면
시 139:14	내가 주께 **감사하옴**은 나를 지으심이	딤후 1:3	부터 섬겨 오는 하나님께 **감사하고**
시 140:13	의인들이 주의 이름에 **감사하며** 정직	딤후 3:2	거역하며 **감사하지** 아니하며 거룩하지
시 142:7	주의 이름을 **감사하게** 하소서 주께서	몬 1:4	내가 항상 내 하나님께 **감사하고** 기도
시 145:10	지으신 모든 것들이 주께 **감사하며** 주	계 4:9	살아 계시는 이에게 영광과 존귀와 감사
시 147:7	**감사함**으로 여호와께 노래하며 수금	계 7:12	아멘 찬송과 영광과 지혜와 **감사**와 존귀
		계 11:17	이르되 **감사하옵나니** 옛적에도 계셨

【 감사제 】   【 감찰하다 】

감사/-하다 – 기타 본문
왕상 9:25; 대상 16:7, 8, 34, 35, 41; 대하 7:6; 느
12:24, 31, 38, 40, 46; 시 9:1; 18:49; 30:4; 44:8;
50:23; 75:1; 92:1–3; 97:12; 100:4; 105:1;
106:1, 47; 107:1; 111:1; 118:19, 21, 28, 29;
119:7, 62; 136편; 사 12:4; 38:19; 렘 30:19; 단
6:10; 막 14:23; 눅 10:21; 22:17, 19; 요 11:41;
행 24:3; 롬 6:17; 7:25; 14:6; 15:9; 16:4; 고전
1:4; 14:17, 18; 15:57; 고후 1:11; 9:11, 12; 엡
5:20; 골 1:3, 12; 3:15, 17; 살전 3:9; 살후 1:3;
2:13; 딤전 2:1

감사제 (感謝祭, thank offering)
대하 33:16 제단을 보수하고 화목제와 **감사제**를
시 56:12 서원함이 있사온즉 내가 **감사제**를
시 107:22 **감사제**를 드리며 노래하여 그가 행하
시 116:17 내가 주께 **감사제**를 드리고 여호와의
렘 33:10-11 여호와의 성전에 **감사제**를 드리는 자
겔 43:27 번제와 **감사제**를 드릴 것이라 그리하
겔 46:2 제사장은 그를 위하여 번제와 **감사제**
겔 46:12 자원하여 **감사제**를 준비하여 … 그가
번제와 **감사제**를 안식일에 드림같이

감사제물 (感謝祭物, thank offering, offering of thanksgiving)
레 7:13 유교병을 화목제의 **감사제물**과 함께
레 22:29 너희가 여호와께 **감사제물**을 드리려
왕상 8:64 소제와 **감사제물**의 기름을 드렸으니
대하 29:31 제물과 **감사제물**을 여호와의 전으로
… 회중이 제물과 **감사제물**을 가져오
렘 17:26 유향과 **감사제물**을 여호와의 성전에
겔 45:15 소제와 번제와 **감사제물**로 삼을지니
겔 45:17 소제와 번제와 **감사제물**을 갖출지니

감소하다 (減少, diminish)
시 107:38 가축이 **감소하지** 아니하게 하실지라

감시하다 (監視, watch)
욥 33:11 나의 모든 길을 **감시하신다** 하였으니

감싸다/감싸이다 (surround)
대상 12:18 아마새를 **감싸시니** 이르되 다윗이여
욥 37:12 그는 **감싸고** 도시며 그들의 할 일을

욥 40:22 덮으며 시내 버들이 그를 **감싸는도다**
시 31:13 사방이 두려움으로 **감싸였나이다** 그들
사 22:18 반드시 너를 모질게 **감싸서** 공같이

감역관 (監役官, charge of forced labor)
삼하 20:24 아도람은 **감역관**이 되고 아힐룻의

감옥 (監獄, prison)
느 12:39 망대를 지나 양문에 이르러 **감옥** 문에
전 4:14 가난하게 태어났을지라도 **감옥**에서
렘 37:21 예레미야를 **감옥** 뜰에 두고 떡 만드는
자의 … 예레미야가 **감옥** 뜰에 머무니
렘 38:6 그들이 예레미야를 끌어다가 **감옥** 뜰
렘 38:28 예루살렘이 함락되는 날까지 **감옥** 뜰
렘 39:14 사람을 보내어 예레미야를 **감옥** 뜰에
렘 39:15 **감옥** 뜰에 갇혔을 때에 여호와의 말씀
렘 52:31 왕의 머리를 들어 주었고 **감옥**에서

감정을 풀다 (感情, pacify)
창 32:20 보내는 예물로 형의 **감정**을 **푼** 후에

감찰하다 (鑑察, keep watching, examine, test)
삼하 16:12 나의 원통함을 **감찰하시리니**
대상 12:17 우리 조상들의 하나님이 **감찰하시고**
대상 28:9 여호와께서는 모든 마음을 **감찰하사**
대상 29:17 하나님이여 주께서 마음을 **감찰하시고**
대하 16:9 여호와의 눈은 온 땅을 두루 **감찰하사**
대하 24:22 여호와는 **감찰하시고** 신원하여 주옵
느 9:9 애굽에서 고난 받는 것을 **감찰하시며**
욥 7:20 사람을 **감찰하시는** 이여 내가 범죄하
욥 13:9 하나님이 너희를 **감찰하시면** 좋겠느
욥 14:16 걸음을 세시오니 나의 죄를 **감찰하지**
욥 28:24 그가 땅 끝까지 **감찰하시며** 온 천하를
욥 34:21 사람의 모든 걸음을 **감찰하시나니**
시 7:9 사람의 마음과 양심을 **감찰하시나이다**
시 10:4 여호와께서 이를 **감찰하지** 아니하신
시 10:13 마음에 이르기를 주는 **감찰하지** 아니
시 10:14 주는 재앙과 원한을 **감찰하시고** 주의
시 11:4 그의 안목이 그들을 **감찰하시도다**
시 11:5 여호와는 의인을 **감찰하시고** 악인과
시 17:3 밤에 내게 오시어서 나를 **감찰하셨으나**
잠 15:3 악인과 선인을 **감찰하시느니라**
잠 16:2 여호와는 심령을 **감찰하시느니라**

잠 21:2	여호와는 마음을 **감찰하시느니라**	미 6:14	네가 **감추어도** 보존되지 못하겠고 보존
잠 21:12	의로우신 자는 악인의 집을 **감찰하시고**	합 3:4	그의 권능이 그 속에 **감추어졌도다**
전 5:8	높은 자는 더 높은 자가 **감찰하고** 또	마 10:26	**감추인** 것이 드러나지 않을 것이 없고
사 18:4	처소에서 조용히 **감찰함이** 쬐이는	마 13:35	비유로 말하고 창세부터 **감추인** 것들
렘 11:20	마음을 **감찰하시는** 만군의 여호와	마 13:44	천국은 마치 밭에 **감추인** 보화와 같으
렘 12:3	주를 향하여 어떠함을 **감찰하시오니**	마 25:18	땅을 파고 그 주인의 돈을 **감추어** 두었
애 1:9	큰 체하오니 나의 환난을 **감찰하소서**	마 25:25	당신의 달란트를 땅에 **감추어** 두었었
살전 2:4	오직 우리 마음을 **감찰하시는** 하나님	막 4:22	나타내려 하지 않고는 **감추인** 것이
		눅 8:17	드러나지 아니할 것이 없고 **감추인** 것
감추다/감추어지다(hide, conceal, keep safe)		눅 12:2	**감추인** 것이 드러나지 않을 것이 없고
출 2:12	애굽 사람을 쳐죽여 모래 속에 **감추니라**	눅 18:34	말씀이 **감추였으므로** 그들이 그 이르
신 29:29	**감추어진** 일은 우리 하나님 여호와께	행 5:2	그 값에서 얼마를 **감추매** 그 아내도
신 33:19	바다의 풍부한 것과 모래에 **감추어진**	행 5:3	성령을 속이고 땅값 얼마를 **감추었느냐**
수 7:21	장막 가운데 땅 속에 **감추었는데** 은은	롬 16:25	전파함은 영세 전부터 **감추어졌다가**
수 7:22	물건이 그의 장막 안에 **감추어져** 있는	고전 2:7	**감추어졌던** 것인데 하나님이 우리의
삿 7:16	들리고 항아리 안에는 횃불을 **감추게**	고전 4:5	그가 어둠에 **감추인** 것들을 드러내고
왕하 5:24	사환의 손에서 받아 집에 **감추고** 그들	엡 3:9	창조하신 하나님 속에 **감추어졌던**
왕하 7:8	가지고 가서 **감추고** … 가서 **감추니라**	골 1:26	만세와 만대로부터 **감추어졌던** 것인
욥 6:16	물이 검어지며 눈이 그 속에 **감추어질**	골 2:3	지혜와 지식의 모든 보화가 **감추어져**
욥 14:13	주는 나를 스올에 **감추시며** 주의 진노	골 3:3	하나님 안에 **감추어졌음이라**
욥 20:12	비록 악을 달게 여겨 혀 밑에 **감추며**	계 2:17	이기는 그에게는 내가 **감추었던** 만나
욥 28:11	**감추어져** 있던 것을 밝은 데로 끌어내		
욥 31:33	나의 죄악을 나의 품에 **감추었으며**	**감하다**(減, reduce, cut short)	
시 17:8	지키시고 주의 날개 그늘 아래에 **감추사**	출 5:8	그들에게 만들게 하고 **감하지** 말라
시 31:20	비밀히 장막에 **감추사** 말 다툼에서 면하	출 5:11	그러나 너희 일은 조금도 **감하지** 아니
시 38:9	나의 탄식이 주 앞에 **감추이지** 아니하	출 5:19	매일 만드는 벽돌을 조금도 **감하지**
시 40:10	진리를 많은 회중 가운데에서 **감추지**	레 27:18	정한 값에서 그 값에 상당하게 **감할** 것
시 64:2	행하는 자들의 소동에서 나를 **감추어**	렘 26:2	모든 말을 전하되 한 마디도 **감하지**
시 78:2	비유로 말하며 예로부터 **감추어졌던**	겔 16:27	일용할 양식을 **감하고** 너를 미워하는
잠 2:4	그것을 구하며 **감추어진** 보배를 찾는	겔 29:15	내가 그들을 **감하여** 다시는 나라들을
잠 10:18	미움을 **감추는** 자는 거짓된 입술을 가진	마 24:22	그 날들을 **감하지** 아니하면 … 택하신
잠 12:23	슬기로운 자는 지식을 **감추어도** 미련		자들을 위하여 그 날들을 **감하시리라**
잠 26:26	속임으로 그 미움을 **감출지라도** 그의	막 13:20	주께서 그 날들을 **감하지** 아니하셨더라
사 45:19	나는 **감추어진** 곳과 캄캄한 땅에서		면 … 위하여 그 날들을 **감하셨느니라**
사 49:2	화살로 만드사 그의 화살통에 **감추시고**	고후 11:24	유대인들에게 사십에서 하나 **감한** 매를
렘 13:4	거기서 그것을 바위 틈에 **감추라** 하시		
렘 13:5	가서 그것을 유브라데 물 가에 **감추니라**	**감화**(感化, inspiration)	
렘 13:6	내가 네게 명령하여 거기 **감추게** 한	고후 6:6	자비함과 성령의 **감화와** 거짓이 없는
렘 13:7	내가 유브라데로 가서 그 **감추었던** 곳		
렘 41:8	보리와 기름과 꿀을 밭에 **감추었으니**	**감히**(敢, boldly, dare to)	
렘 43:9	벽돌로 쌓은 축대에 진흙으로 **감추라**	창 18:27	나는 티끌이나 재와 같사오나 **감히** 주께
렘 43:10	그의 왕좌를 내가 **감추게** 한 이 돌들	창 18:31	아브라함이 또 이르되 내가 **감히** 내
욥 1:6	어찌 그리 수탈되었으며 그 **감춘** 보물이	삿 6:27	이 일을 **감히** 낮에 행하지 못하고 밤에

【갑】

삼상 31:4	두려워하여 **감히** 행하지 아니하는지라
삼하 3:11	아브넬을 두려워하여 **감히** 한 마디도
삼하 17:17	사람이 볼까 두려워하여 **감히** 성에
대상 21:30	천사의 칼을 두려워하여 **감히** 그 앞에
스 4:16	이제 **감히** 왕에게 아뢰오니 이 성읍이
스 9:6	부끄럽고 낯이 뜨거워서 **감히** 나의
스 9:15	주 앞에 한 사람도 **감히** 서지 못하겠
에 7:5	에스더에게 말하여 이르되 **감히** 이런
욥 9:14	하물며 내가 **감히** 대답하겠으며 그 앞에
욥 32:6	나의 의견을 **감히** 내놓지 못하였노라
욥 41:10	못하거든 누가 내게 **감히** 대항할 수
마 22:46	그날부터 **감히** 그에게 묻는 자도 없더라
막 12:34	그 후에 **감히** 묻는 자가 없더라
눅 18:13	세리는 멀리 서서 **감히** 눈을 들어 하늘
눅 20:40	그들은 아무 것도 **감히** 더 물을 수
요 21:12	아는 고로 당신이 누구냐 **감히** 묻는
행 5:13	그 나머지는 **감히** 그들과 상종하는 사람
행 7:32	모세가 무서워 **감히** 바라보지 못하더라
롬 9:20	사람아 네가 누구이기에 **감히** 하나님
롬 15:18	역사하신 것 외에는 내가 **감히** 말하지
고후 10:12	더불어 **감히** 짝하며 비교할 수 없노라
유 1:9	마귀와 다투어 변론할 때에 **감히** 비방

갑(cab) 용량을 재는 가장 작은 단위로 약 1.27ℓ
왕하 6:25	비둘기 똥 사분의 일 **갑**에 은 다섯 세겔

갑도림(Caphtorites) 함의 손자
창 10:14	바드루심과 가슬루힘과 **갑도림**을 낳았
대상 1:12	바드루심과 가슬루힘과 **갑도림**을 낳았

갑돌(Caphtor) 지중해 연안의 그레데 섬

신 2:23	**갑돌**에서 나온 **갑돌** 사람이 가사까지
렘 47:4	여호와께서 **갑돌** 섬에 남아 있는 블레셋
암 9:7	블레셋 사람을 **갑돌**에서, 아람 사람을

【갑자기】

갑바도기아(Cappadocia) 소아시아(현재의 터키) 동쪽 로마의 행정구역
행 2:9	메소보다미아, 유대와 **갑바도기아**,
벧전 1:1	베드로는 본도, 갈라디아, **갑바도기아**,

갑배(Gabbai) 바벨론에서 귀환한 베냐민 지파 사람
느 11:8	다음은 **갑배**와 살래 등이니 모두 구백

갑본(Cabbon) 유다 성읍
수 15:40	**갑본**과 라맘과 기들리스와

갑스엘(Kabzeel) 유다 지파 남쪽 성읍
수 15:21	에돔 경계에 접근한 성읍들은 **갑스엘**
삼하 23:20	또 **갑스엘** 용사의 손자 여호야다의
대상 11:22	**갑스엘** 용사의 손자 여호야다의 아들

갑옷(coat of armor)
출 28:32	주위에 **갑옷** 깃같이 깃을 짜서 찢어
출 39:23	어깨 사이에 구멍을 내고 **갑옷** 깃같이
삼상 17:5	몸에는 비늘 **갑옷**을 입었으니 그 **갑옷**
삼상 17:38	머리에 씌우고 또 그에게 **갑옷**을 입히
삼상 31:9	사울의 머리를 베고 그 **갑옷**을 벗기
삼상 31:10	그의 **갑옷**은 아스다롯의 집에 두고
왕상 10:25	금 그릇과 의복과 **갑옷**과 향품과 말과
왕상 20:11	이르되 **갑옷** 입는 자가 **갑옷** 벗는 자
왕상 22:34	이스라엘 왕의 **갑옷** 솔기를 맞힌지라
왕하 3:21	**갑옷** 입을 만한 자로부터 그 이상이
대상 10:9	그의 머리와 **갑옷**을 가져다가 사람을
대상 10:10	사울의 **갑옷**을 그들의 신전에 두고
대하 9:24	금 그릇과 의복과 **갑옷**과 향품과 말과
대하 18:33	이스라엘 왕의 **갑옷** 솔기를 쏜지라
대하 26:14	창과 투구와 **갑옷**과 활과 물매 돌을
느 4:16	절반은 일하고 절반은 **갑옷**을 입고 창과
사 59:17	공의를 **갑옷**으로 삼으시며 구원을 자기
렘 46:4	투구를 쓰고 나서며 창을 갈며 **갑옷**을
렘 51:3	활을 당기는 자를 향하며 **갑옷**을 입고
겔 38:4	완전한 **갑옷**을 입고 큰 방패와 작은
롬 13:12	우리가 어둠의 일을 벗고 빛의 **갑옷**을
벧전 4:1	마음으로 **갑옷**을 삼으라 이는 육체

갑자기(suddenly, in an instant)
민 6:9	누가 **갑자기** 그 곁에서 죽어서 스스로

【 갑작스럽다 】　　　　　　　　　　　　　　　　　　　　　　　　　　　　　【 값 】

민 12:4	여호와께서 **갑자기** 모세와 아론과	출 16:22	여섯째 날에는 각 사람이 **갑절**의 식물
신 7:4	너희에게 진노하사 **갑자기** 너희를 멸하	출 22:4	나귀나 양을 막론하고 **갑절**을 배상할
수 10:9	밤새도록 올라가 **갑자기** 그들에게 이르	출 22:7	그 도둑이 잡히면 **갑절**을 배상할 것이
수 11:7	함께 메롬 물 가로 가서 **갑자기** 습격할	출 22:9	자가 그 상대편에게 **갑절**을 배상할지
삿 14:19	여호와의 영이 삼손에게 **갑자기** 임하매	삼상 1:5	한나에게는 **갑절**을 주니 이는 그를 사랑
삿 15:14	여호와의 영이 삼손에게 **갑자기** 임하	왕하 2:9	성령이 하시는 역사가 **갑절**이나
삼상 4:19	남편이 죽은 소식을 듣고 **갑자기** 아파서	욥 42:10	욥에게 이전 모든 소유보다 **갑절**이나
삼상 28:20	사울이 **갑자기** 땅에 완전히 엎드러지	전 6:6	그가 비록 천 년의 **갑절**을 산다 할지
대하 29:36	이 일이 **갑자기** 되었으나 하나님께서	사 61:7	그들의 땅에서 **갑절**이나 얻고 영원한
욥 1:15	스바 사람이 **갑자기** 이르러 그것들을	슥 9:12	오늘도 이르노라 내가 네게 **갑절**이나
욥 1:17	세 무리를 지어 **갑자기** 낙타에게 달려	눅 19:8	빼앗은 일이 있으면 네 **갑절**이나 갚겠
욥 9:23	**갑자기** 재난이 닥쳐 죽을지라도 무죄	계 18:6	그의 행위대로 **갑절**을 갚아 주고 그가
욥 22:10	둘러 있고 두려움이 **갑자기** 너를 엄습		섞은 잔에도 **갑절**이나 섞어 그에게
시 6:10	심히 떨이여 **갑자기** 부끄러워 물러가		
시 55:15	사망이 **갑자기** 그들에게 임하여 산 채	**갑주**(甲冑, weapon, armor)	
시 64:4	온전한 자를 쏘며 **갑자기** 쏘고 두려워	삼상 17:54	예루살렘으로 가져가고 **갑주**는 자기
시 64:7	그들을 쏘시리니 그들이 **갑자기** 화살	엡 6:11	대적하기 위하여 하나님의 전신 **갑주**
시 73:19	그들이 어찌하여 그리 **갑자기** 황폐되	엡 6:13	그러므로 하나님의 전신 **갑주**를 취하라
잠 6:15	그의 재앙이 **갑자기** 내려 당장에 멸망		
잠 29:1	목이 곧은 사람은 **갑자기** 패망을 당하	**갑판**(甲板, deck)	
사 29:5	그 일이 순식간에 **갑자기** 일어날 것이	겔 27:6	황양목에 상아로 꾸며 **갑판**을 만들었
사 47:9	한 날에 **갑자기** 자녀를 잃으며 과부가		
렘 4:20	나의 장막과 휘장이 **갑자기** 파멸되도다	**값**(price, value)	
렘 6:26	멸망시킬 자가 **갑자기** 우리에게 올 것	창 23:13	내가 그 밭 **값**을 당신에게 주리니 당신
렘 15:8	두려움을 그들에게 **갑자기** 닥치게 하였	창 30:18	내게 그 **값**을 주셨다 하고 그의 이름
렘 18:22	주께서 군대로 **갑자기** 그들에게 이르	창 44:2	아귀에 넣고 그 양식 **값** 돈도 함께 넣으
렘 51:8	바벨론이 **갑자기** 넘어져 파멸되니 이로	출 21:35	살아 있는 소를 팔아 그 **값**을 반으로
암 5:9	그가 강한 자에게 **갑자기** 패망이 이르	레 25:16	그것의 **값**을 많이 매기고 … **값**을 적게
합 2:7	너를 억누를 자들이 **갑자기** 일어나지	레 27:2	만일 어떤 사람이 사람의 **값**을 여호와
말 3:1	너희가 구하는 바 주가 **갑자기** 그의		께 드리기로 … 너는 그 **값**을 정할지니
눅 9:39	귀신이 그를 잡아 **갑자기** 부르짖게 하고	민 5:7	지은 죄를 자복하고 그 죄 **값**을 온전히
행 10:30	제 구 시 기도를 하는데 **갑자기** 한 사람	민 5:8	만일 죄 **값**을 받을 만한 … 그 죄 **값**을
행 16:26	이에 **갑자기** 큰 지진이 나서 옥터가	민 20:19	당신의 물을 마시면 그 **값**을 낼 것이라
행 28:6	그들은 그가 붓든지 혹은 **갑자기** 쓰러져	삼하 24:24	**값**을 주고 네게서 사리라 **값** 없이는
살전 5:3	멸망이 **갑자기** 그들에게 이르리니 결코	왕상 10:28	들여왔으니 왕의 상인들이 **값**주고 산
		왕상 21:2	만일 네가 좋게 여기면 그 **값**을 돈으로
갑작스럽다(sudden)		왕하 7:6	헷 사람의 왕들과 애굽 왕들에게 **값**을
잠 3:25	너는 **갑작스러운** 두려움도 악인에게	대상 21:22	너는 상당한 **값**으로 내게 넘기라 내가
		대하 1:16	무역상들이 떼로 **값**을 정하여 산 것이
갑절(double, twice)		욥 28:15	은을 달아도 그 **값**을 당하지 못하리니
창 43:12	너희 손에 **갑절**의 돈을 가지고 너희	욥 31:39	만일 내가 **값**을 내지 않고 그 소출을
창 43:15	형제들이 예물을 마련하고 **갑절**의 돈	시 44:12	판 **값**으로 이익을 얻지 못하셨나이다
출 16:5	준비할지니 날마다 거두던 것의 **갑절**이	시 49:8	그들의 생명을 속량하는 **값**이 너무

【 값없이 】 【 갓 2 】

잠 17:16	무지하거늘 손에 **값**을 가지고 지혜를
잠 27:26	옷이 되며 염소는 밭을 사는 **값**이 되며
잠 31:10	얻겠느냐 그의 **값**은 진주보다 더 하니라
사 23:17	그가 다시 **값**을 받고 지면에 있는 열방
사 45:13	사로잡힌 내 백성을 **값**이나 갚음이 없이
애 5:4	우리가 은을 주고 물을 마시며 **값**을
겔 3:18	내가 그의 피 **값**을 네 손에서 찾을 것
겔 3:20	그의 피 **값**은 내가 네 손에서 찾으리라
겔 16:31	모든 거리에 쌓고도 **값**을 싫어하니 창기
겔 16:33	정든 자에게 선물을 주며 **값**을 주어서
호 2:12	나를 사랑하는 자들이 내게 준 **값**이라
호 8:9	에브라임이 **값** 주고 사랑하는 자들을
호 9:1	타작 마당에서 음행의 **값**을 좋아하였
미 1:7	그 음행의 **값**은 다 불살라지며 … 기
	생의 **값**으로 … **값**으로 돌아가리라
마 26:9	이것을 비싼 **값**에 팔아 가난한 자들에
마 27:10	토기장이의 밭 **값**으로 주었으니 이는
행 4:34	있는 자는 팔아 그 판 것의 **값**을 가져
행 5:2	그 **값**에서 얼마를 감추매 그 아내도
행 7:16	세겜 하몰의 자손에게서 은으로 **값** 주고
행 19:19	불사르니 그 책 **값**을 계산한즉 은 오만
고전 7:23	너희는 **값**으로 사신 것이니 사람들의
벧후 2:13	불의의 **값**으로 불의를 당하며 낮에 즐기

📖 **값 ~ 기타 본문**

창 23:15; 레 25:27, 50, 51, 52; 27:3, 4, 5, 6, 7, 8, 12, 13, 14, 15, 16, 17, 18, 19, 23, 25, 27; 대상 21:24, 25; 욥 28:16, 18, 19; 겔 16:34, 41; 호 8:10; 행 4:37; 5:3, 8

값없이(without cost, no cost, freely)

민 11:5	우리가 애굽에 있을 때에는 **값없이** 생선
삼하 24:24	값을 주고 네게서 사리라 **값없이**는
대상 21:24	**값없이**는 번제를 드리지도 아니하리라
사 52:3	너희가 **값없이** 팔렸으니 돈 없이 속량
사 55:1	사 먹되 돈 없이, **값없이** 와서 포도주
렘 15:13	보물로 **값없이** 탈취를 당하게 할 것이니
롬 3:24	하나님의 은혜로 **값없이** 의롭다 하심
고전 9:18	내가 복음을 전할 때에 **값없이** 전하고
고후 11:7	복음을 **값없이** 너희에게 전하여 죄를
살후 3:8	누구에게서든지 음식을 **값없이** 먹지
계 21:6	생명수 샘물을 목마른 자에게 **값없이**
계 22:17	원하는 자는 **값없이** 생명수를 받으라

값지다(valuable, great worthy)

삿 18:21	어린 아이들과 가축과 **값진** 물건들을
마 13:46	극히 **값진** 진주 하나를 발견하매 가서
막 14:3	한 여자가 매우 **값진** 향유 곧 순전한
딤전 2:9	땋은 머리와 금이나 진주나 **값진** 옷으로
벧전 3:4	하라 이는 하나님 앞에 **값진** 것이니라
계 18:12	향목과 각종 상아 그릇이요 **값진** 나무

갓 1(Fortune) 이방 우상의 이름

| 사 65:11 | 나의 성산을 잊고 **갓**에게 상을 베풀며 |

갓 2(Gad)

1. 실바의 아들

창 30:11	복되도다 하고 그의 이름을 **갓**이라
창 35:26	실바의 아들들은 **갓**과 아셀이니 이들
창 46:16	**갓**의 아들은 시본과 학기와 수니와
창 49:19	**갓**은 군대의 추격을 받으나 도리어
출 1:4	단과 납달리와 **갓**과 아셀이요
대상 2:2	요셉과 베냐민과 납달리와 **갓**과 아셀

2. 갓 지파(자손)

민 1:14	**갓** 지파에서는 드우엘의 아들 엘리아삽
민 1:24	**갓**의 아들들에게서 난 자를 그들의 종족
민 1:25	**갓** 지파에서 계수된 자는 사만 오천육백
민 7:42	여섯째 날에는 **갓** 자손의 지휘관 드우엘
민 26:15	**갓** 자손의 종족들은 이러하니 스본에
민 26:18	이는 **갓** 자손의 종족들이니 계수된 자가
민 32:1	르우벤 자손과 **갓** 자손은 심히 많은
민 32:34	**갓** 자손은 디본과 아다롯과 아로엘과
민 34:14	이는 르우벤 자손의 지파와 **갓** 자손의
신 3:12	성읍들을 내가 르우벤 자손과 **갓** 자손
신 4:43	하나는 길르앗 라못이라 **갓** 지파를 위한
신 27:13	르우벤과 **갓**과 아셀과 스불론과 단과
신 29:8	그 땅을 차지하여 르우벤과 **갓**과 므낫세
신 33:20	**갓**에 대하여는 일렀으되 **갓**을 광대하게 … 찬송을 부를지어다 **갓**이 암사자
수 1:12	여호수아가 또 르우벤 지파와 **갓** 지파
수 4:12	르우벤 자손과 **갓** 자손과 므낫세 반 지파
수 13:24	모세가 **갓** 지파 곧 **갓** 자손에게도 그들
수 18:7	**갓**과 르우벤과 므낫세 반 지파는 요단
수 20:8	광야의 베셀과 **갓** 지파 중에서 길르앗
수 21:7	르우벤 지파와 **갓** 지파와 스불론 지파
수 22:1	여호수아가 르우벤 사람과 **갓** 사람과
삼상 13:7	요단을 건너 **갓**과 길르앗 땅으로 가되

[갓난아기]   [강]

삼하 23:36	소바 사람 나단의 아들 이갈과 **갓** 사람	

삼하 23:36 소바 사람 나단의 아들 이갈과 **갓** 사람
삼하 24:5 요단을 건너 **갓** 골짜기 가운데 성읍
왕하 10:33 요단 동쪽 길르앗 온 땅 곧 **갓** 사람
대상 5:11 **갓** 자손은 르우벤 사람을 마주 대하여
대상 6:63 르우벤 지파와 **갓** 지파와 스불론 지파
대상 12:8 **갓** 사람 중에서 광야에 있는 요새에
대상 12:14 이 **갓** 자손이 군대 지휘관이 되어 그
대상 12:37 요단 저편 르우벤 자손과 **갓** 자손과
렘 49:1 상속자가 없느냐 말감이 **갓**을 점령하며
겔 48:27 다음으로 동쪽에서 서쪽까지는 **갓**의
겔 48:34 문이 셋이라 하나는 **갓** 문이요 하나는
계 7:5 르우벤 지파 중에 일만 이천이요 **갓** 지파

2 - 기타 목록

민 2:14; 10:20; 13:15; 32:2, 6, 25, 29, 31, 33; 신
3:16; 수 12:6; 13:8, 28; 21:38; 22:9, 11, 13, 15,
21, 25, 30, 31, 32, 33, 34; 대상 5:18, 26; 6:80;
26:32; 겔 48:28

3. 다윗 시대의 선지자

삼상 22:5 선지자 **갓**이 다윗에게 이르되 너는 이
삼하 24:11 다윗의 선견자 된 선지자 **갓**에게 임하
삼하 24:13 **갓**이 다윗에게 이르러 아뢰어 이르되
삼하 24:14 **갓**이 다윗에게 이르되 내가 고통 중에
삼하 24:18 이 날에 **갓**이 다윗에게 이르러 그에게
삼하 24:19 여호와께서 명령하신 바 **갓**의 말대로
대상 21:9 다윗의 선견자 **갓**에게 말씀하여 이르
대상 21:11 **갓**이 다윗에게 나아가 그에게 말하되
대상 21:13 다윗이 **갓**에게 이르되 내가 곤경에
대상 21:18 여호와의 천사가 **갓**에게 명령하여 다윗
대상 21:19 이에 **갓**이 여호와의 이름으로 이른
대상 29:29 선지자 나단의 글과 선견자 **갓**의 글에
대하 29:25 선견자 **갓**과 선지자 나단이 명령한

갓난아기 (newborn baby)

벧전 2:2 **갓난아기**들같이 순전하고 신령한

갓닷 (Kattath) 스불론 지파의 성읍

수 19:15 또 **갓닷**과 나할랄과 시므론과 이달라

갓디 (Gaddi) 가나안 정탐꾼 중 므낫세 지파 대표

민 13:11 므낫세 지파에서는 수시의 아들 **갓디**

갓디엘 (Gaddiel) 가나안 정탐꾼 중 스불론 지파 대표

민 13:10 스불론 지파에서는 소디의 아들 **갓디엘**

갓몬 족속 (Kadmonites) 가나안에 거주하던 족속

창 15:19 겐 족속과 그니스 족속과 **갓몬** 족속과

갓미엘 (Kadmiel) 바벨론에서 귀환한 레위 지파 족장

스 2:40 곧 예수아와 **갓미엘** 자손이 칠십사 명
스 3:9 형제들과 **갓미엘**과 그의 아들들과 유다
느 7:43 호드야 자손 곧 예수아와 **갓미엘** 자손
느 9:4 예수아와 바니와 **갓미엘**과 스바냐와
느 9:5 또 레위 사람 예수아와 **갓미엘**과 바니
느 10:9 헤나닷의 자손 중 빈누이, **갓미엘**과
느 12:8 예수아와 빈누이와 **갓미엘**과 세레뱌
느 12:24 하사뱌와 세레뱌와 **갓미엘**의 아들

갓삼 (Gazzam) 포로지에서 귀환한 느디님 사람

스 2:48 르신 자손과 느고다 자손과 **갓삼** 자손
느 7:51 **갓삼** 자손과 웃사 자손과 바세아 자손

강 (江, river)

창 2:10 **강**이 에덴에서 흘러 나와 동산을 적시고
창 15:18 애굽 **강**에서부터 그 큰 **강** 유브라데까지 네
창 31:21 모든 소유를 이끌고 **강**을 건너 길르앗
출 7:19 네 팔을 애굽의 물들과 **강**들과 운하와
출 23:31 광야에서부터 **강**까지 정하고 그 땅
레 11:9 먹을 만한 것은 이것이니 **강**과 바다에
신 1:7 족속의 땅과 레바논과 큰 **강** 유브라데
수 1:4 레바논에서부터 큰 **강** 곧 유브라데 **강**
수 2:23 **강**을 건너 눈의 아들 여호수아에게 나아
수 15:7 북쪽으로 올라가서 그 **강** 남쪽에 있는
수 24:2 나홀의 아버지 데라가 **강** 저쪽에 거주
삼하 10:16 하닷에셀이 사람을 보내 **강** 건너쪽에
삼하 17:13 밧줄을 가져다가 그 성을 **강**으로 끌어
왕상 4:21 솔로몬이 그 **강**에서부터 블레셋 사람
왕상 14:15 땅에서 뽑아 그들을 **강** 너머로 흩으시
왕하 19:24 애굽의 모든 **강**들을 말렸노라 하였도

【강】

스 4:11	글의 초본은 이러하니 **강** 건너편에 있는
스 7:25	재판관을 삼아 **강** 건너편 모든 백성을
느 2:7	왕이 만일 좋게 여기시거든 **강** 서쪽
느 3:7	메로놋 사람 야돈이 **강** 서쪽 총독의
욥 20:17	그는 **강** 곧 꿀과 엉긴 젖이 흐르는 **강**
시 24:2	그 터를 바다 위에 세우심이여 **강**들
시 66:6	무리가 걸어서 **강**을 건너고 우리가 거기
시 72:8	그가 바다에서부터 바다까지와 **강**에
시 74:15	주께서 늘 흐르는 **강**들을 마르게 하셨
시 78:16	또 바위에서 시내를 내사 물이 **강**같이
시 80:11	가지가 바다까지 뻗고 넝쿨이 **강**까지
시 105:41	흘러나와 마른 땅에 **강**같이 흘렀으니
시 107:33	여호와께서는 **강**이 변하여 광야가 되게
사 18:1	슬프다 구스의 **강** 건너편 날개 치는
사 19:5	바닷물이 없어지겠고 **강**이 잦아서
사 19:6	**강**들에서는 악취가 나겠고 애굽의 **강**물
사 33:21	그 곳에는 여러 **강**과 큰 호수가 있으나
사 41:18	내가 헐벗은 산에 **강**을 내며 골짜기
사 42:15	**강**들이 섬이 되게 하며 못들을 마르게
사 43:2	**강**을 건널 때에 물이 너를 침몰하지
사 43:19	반드시 내가 광야에 길을 사막에 **강**
사 47:2	치마를 걷어 다리를 드러내고 **강**을 건너
사 48:18	네 평강이 **강**과 같았겠고 네 공의가
사 50:2	꾸짖어 바다를 마르게 하며 **강**들을 사막
애 2:18	밤낮으로 눈물을 **강**처럼 흘릴지어다
겔 29:3	너는 자기의 **강**들 가운데에 누운 큰 악어라 … 나의 이 **강**은 내 것이라
겔 29:4	너의 **강**의 고기가 네 비늘에 … 붙은 **강**의 모든 고기와 … 너의 **강**들 가운데
겔 30:12	내가 그 모든 **강**을 마르게 하고 그 땅
겔 31:15	바다를 덮으며 모든 **강**을 쉬게 하며
겔 32:2	바다 가운데의 큰 악어라 **강**에서 뛰어 일어나 발로 물을 휘저어 그 **강**을 더럽
겔 47:5	건너지 못할 **강**이 … 건너지 못할 **강**이
단 7:10	불이 **강**처럼 흘러 그의 앞에서 나오며
단 12:5	하나는 **강** 이쪽 언덕에 섰고 하나는 **강**
암 5:24	공의를 마르지 않는 **강**같이 흐르게
미 7:12	애굽에서 **강**까지, 이 바다에서 저 바다
나 1:4	모든 **강**을 말리시나니 바산과 갈멜이
나 2:6	**강**들의 수문이 열리고 왕궁이 소멸되며
나 3:8	**강**들 사이에 있으므로 물이 둘렀으니
합 3:8	구원의 병거를 모시오니 **강**들을 분히 여기심이니이까 **강**들을 노여워하심이

요 7:38	그 배에서 생수의 **강**이 흘러나오리라
고후 11:26	여행하면서 **강**의 위험과 강도의 위험
계 9:14	천사에게 말하기를 큰 **강** 유브라데
계 12:15	뱀이 그 입으로 물을 **강**같이 토하여
계 16:4	셋째 천사가 그 대접을 **강**과 물 근원
계 22:1	수정같이 맑은 생명수의 **강**을 내게

📖 **강 기타 본문**

창 2:13, 14; 출 8:5; 레 11:10; 수 24:3, 14, 15; 왕상 4:24; 스 4:16, 17, 20; 느 2:9; 시 65:9; 78:44; 89:25; 사 18:2, 7; 43:20; 66:12; 겔 29:5, 9, 10; 32:14; 47:7, 9, 12; 계 22:2

강가(beside a river)

창 41:2	아름답고 살진 일곱 암소가 **강가**에서
민 22:5	브올의 아들 발람의 고향인 **강가** 브돌에
민 24:6	그 벌어짐이 골짜기 같고 **강가**의 동산
수 13:23	서쪽 경계는 요단과 그 **강가**라 이상은
수 13:27	남은 땅 요단과 그 **강가**에서부터 요단
왕하 17:6	앗수르로 끌어다가 고산 **강가**에 있는
왕하 18:11	앗수르에 이르러 고산 **강가**에 있는
대상 1:48	사믈라가 죽으매 **강가**의 르호봇 사울
대상 5:26	할라와 하볼과 하라와 고산 **강가**에
스 8:15	무리를 아하와로 흐르는 **강가**에 모으고
겔 47:6	나를 인도하여 **강가**로 돌아가게 하시
겔 47:10	또 이 **강가**에 어부가 설 것이니 엔게디
단 8:3	내가 눈을 들어 본즉 **강가**에 두 뿔 가진
단 8:6	두 뿔 가진 숫양 곧 내가 본 바 **강가**에
단 10:4	내가 힛데겔이라 하는 큰 **강가**에 있었
행 16:13	문 밖 **강가**에 나가 거기 앉아서 모인

강간/-하다(強姦, molest, violate)

창 34:2	세겜이 그를 보고 끌어들여 **강간하여**
창 34:7	세겜이 야곱의 딸을 **강간하여** 이스라엘
신 22:25	들에서 만나서 **강간하였으면** 그 **강간한**
에 7:8	궁중 내 앞에서 왕후를 **강간**까지 하고

강건하다/강건하여지다(強健, strong, good health)

수 14:11	오늘도 내가 여전히 **강건하니** 내 힘이
시 73:4	때에도 고통이 없고 그 힘이 **강건하며**
시 90:10	우리의 연수가 칠십이요 **강건하면** 팔십
단 10:18	하나가 나를 만지며 나를 **강건하게**

【 강경하다 】　　　　　　　　　　　　　　　　　　　　　　【 강림/-하다 】

단 10:19　평안하라 **강건하라 강건하라** … 내 주
　　　　　께서 나를 **강건하게** 하셨사오니 말씀
슥 9:17　새 포도주는 처녀를 **강건하게** 하리라
슥 11:16　고치지 아니하며 **강건한** 자를 먹이지
행 9:19　음식을 먹으매 **강건하여**지니라 사울
고전 16:13　믿음에 굳게 서서 남자답게 **강건하라**
엡 3:16　너희 속사람을 능력으로 **강건하게**
엡 6:10　그 힘의 능력으로 **강건하여지고**
요삼 1:2　범사에 잘되고 **강건하기**를 내가 간구

강경하다(強硬, harshly)
삼하 19:43　사람의 말보다 더 **강경하였더라**

강국(強國, mighty nation)
사 60:22　그 약한 자가 **강국**을 이룰 것이라 때가

강권하다(強勸, compel, urge)
창 33:11　예물을 받으소서 하고 그에게 **강권하매**
룻 1:16　돌아가라 **강권하지** 마옵소서 어머니
삼상 28:23　그의 신하들과 여인이 **강권하매** 그들
왕하 5:16　나아만이 받으라고 **강권하되** 그가 거절
왕하 5:23　두 달란트를 받으라 하고 그를 **강권하여**
눅 14:23　산울타리 가로 나가서 사람을 **강권하여**
눅 24:29　그들이 **강권하여** 이르되 우리와 함께
행 16:15　내 집에 들어와 유하라 하고 **강권하여**
고후 5:14　그리스도의 사랑이 … **강권하시는도다**

강단(講壇, platform)
느 8:4　에스라가 특별히 지은 나무 **강단**에 서고

강대하다(強大, powerful, great)
창 18:18　아브라함은 **강대한** 나라가 되고 천하
신 4:38　너보다 **강대한** 여러 민족을 네 앞에서
신 9:1　오늘 요단을 건너 너보다 **강대한** 나라
신 9:14　그들보다 **강대한** 나라가 되게 하리라
신 11:23　너희가 너희보다 **강대한** 나라들을 차지
수 23:9　이는 여호와께서 **강대한** 나라들을 너희
대하 17:12　여호사밧이 점점 **강대하여** 유다에 견고
단 8:8　숫염소가 스스로 심히 **강대하여** 가더니
슥 8:22　많은 백성과 **강대한** 나라들이 예루살렘

강도(強盜, bandit, robber)
욥 12:6　**강도**의 장막은 형통하고 하나님을 진노

잠 6:11　네 빈궁이 **강도**같이 오며 네 곤핍이
잠 23:28　참으로 그는 **강도**같이 매복하며 사람
잠 24:34　네 빈궁이 **강도**같이 오며 네 곤핍이
호 6:9　**강도** 떼가 사람을 기다림같이 제사장
옵 1:5　혹시 도둑이 네게 이르렀으며 **강도**가
마 21:13　**강도**의 소굴을 만드는도다 하시니라
마 26:55　너희가 **강도**를 잡는 것 같이 칼과 몽치
마 27:38　이 때에 예수와 함께 **강도** 둘이 십자가
마 27:44　함께 십자가에 못 박힌 **강도들**도 이와
막 11:17　너희는 **강도**의 소굴을 만들었도다 하시
막 14:48　너희가 **강도**를 잡는 것 같이 검과 몽치
막 15:27　**강도** 둘을 예수와 함께 십자가에 못 박
눅 10:30　내려가다가 **강도**를 만나매 **강도들**이
눅 10:36　이 세 사람 중에 누가 **강도** 만난 자의
눅 19:46　**강도**의 소굴을 만들었도다 하시니라
눅 22:52　너희가 **강도**를 잡는 것 같이 검과 몽치
요 10:1　다른 데로 넘어가는 자는 절도며 **강도**
요 10:8　나보다 먼저 온 자는 다 절도요 **강도**
요 18:40　바라바라 하니 바라바는 **강도**였더라
고후 11:26　강의 위험과 **강도**의 위험과 동족의

강렬하다(強烈, strong)
출 10:19　여호와께서 돌이켜 **강렬한** 서풍을 불게

강령(綱領, principle, sum-NASB)
시 119:160　주의 말씀의 **강령**은 진리이오니 주의
마 22:40　계명이 온 율법과 선지자의 **강령**이니

강론하다(講論, talk, speak)
신 6:7　일어날 때에든지 이 말씀을 **강론할** 것
신 11:19　일어날 때에든지 이 말씀을 **강론하고**
행 17:2　세 안식일에 성경을 가지고 **강론하며**
행 18:4　안식일마다 바울이 회당에서 **강론하고**
행 19:8　담대히 하나님 나라에 관하여 **강론하며**
행 19:9　두란노 서원에서 날마다 **강론하니라**
행 20:7　그들에게 **강론할새** 말을 밤중까지 계속
행 20:9　깊이 졸더니 바울이 **강론하기**를 더
행 24:25　의와 절제와 장차 오는 심판을 **강론하니**
행 28:23　아침부터 저녁까지 **강론하여** 하나님

강림/-하다(降臨, come down, descend)
출 19:11　백성의 목전에서 시내 산에 **강림할** 것
출 19:18　여호와께서 불 가운데서 거기 **강림하심**

【 강물 】　　　　　　　　　　　　　　　　　　　　　　　　　【 강성하다/강성하여지다 】

출 19:20	시내 산 곧 그 산 꼭대기에 **강림하시고**
출 34:5	여호와께서 구름 가운데 **강림하사**
민 11:17	내가 **강림하여** 거기서 너와 말하고
민 11:25	여호와께서 구름 가운데 **강림하사**
민 12:5	구름 기둥 가운데로부터 **강림하사**
신 33:2	성도 가운데에 **강림하셨고** 그의 오른손
삼하 22:10	그가 또 하늘을 드리우고 **강림하시니**
느 9:13	또 시내 산에 **강림하시고** 하늘에서
시 18:9	또 하늘을 드리우시고 **강림하시니**
시 144:5	주의 하늘을 드리우고 **강림하시며** 산
사 11:2	여호와를 경외하는 영이 **강림하시리니**
사 31:4	여호와가 **강림하여** 시온 산과 그 언덕
사 64:1	주는 하늘을 가르고 **강림하시고**
사 64:3	주께서 **강림하사** 우리가 생각하지
사 66:15	여호와께서 불에 … **강림하시리니**
미 1:3	나오시고 **강림하사** 땅의 높은 곳을
눅 3:22	비둘기 같은 형체로 … **강림하시더니**
고전 15:23	다음에는 그가 **강림하실** 때에 그리스도
살전 1:10	그의 아들이 하늘로부터 **강림하실** 것
살전 2:19	그가 **강림하실** 때 우리 주 예수 앞에
살전 3:13	그의 모든 성도와 함께 **강림하실** 때
살전 4:15	주께서 **강림하실** 때까지 우리 살아남
살전 4:16	하늘로부터 **강림하시리니** 그리스도
살전 5:23	그리스도께서 **강림하실** 때에 흠 없게
살후 1:10	그 날에 그가 **강림하사** 그의 성도들
살후 2:1	그리스도의 **강림하심과** 우리가 그 앞
살후 2:8	입의 기운으로 그를 죽이시고 **강림하여**
약 5:7	형제들아 주께서 **강림하시기까지**
약 5:8	마음을 굳건하게 하라 주의 **강림이** 가까
벧후 1:16	그리스도의 능력과 **강림하심을** 너희
벧후 3:4	주께서 **강림하신다는** 약속이 어디 있느
요일 2:28	그가 **강림하실** 때에 우리로 담대함을

강물(river, stream)

왕하 5:12	이스라엘 모든 **강물**보다 낫지 아니하
대상 12:15	정월에 요단 **강물이** 모든 언덕에 넘칠
	때에 이 무리가 **강물을** 건너서 골짜기
욥 14:11	물이 바다에서 줄어들고 **강물이** 잦아
욥 22:16	그들의 터는 **강물로** 말미암아 함몰되
욥 40:23	**강물이** 소용돌이칠지라도 그것이 놀
	라지 않고 요단 **강물이** 쏟아져 그 입
시 36:8	주의 복락의 **강물을** 마시게 하시리
전 1:7	모든 **강물은** 다 바다로 흐르되 … 못

	하며 **강물은** 어느 곳으로 흐르든지
사 19:6	애굽의 **강물은** 줄어들고 마르므로 갈대
사 44:27	마르라 내가 네 **강물들을** 마르게 하리
사 59:19	급히 흐르는 **강물같이** 오실 것임이로
렘 2:18	그 **강물을** 마시려고 앗수르로 가는
렘 46:8	애굽은 나일 강이 불어남 같고 **강물이**
겔 47:9	**강물이** 이르는 곳마다 번성하는 모든
단 12:6	세마포 옷을 입은 자 곧 **강물** 위쪽에
단 12:7	세마포 옷을 입고 **강물** 위쪽에 있는
미 6:7	숫양이나 만만의 **강물** 같은 기름을
계 12:16	입을 벌려 용의 입에서 토한 **강물을**
계 16:12	유브라데에 쏟으매 **강물이** 말라서 동방

강변(江邊, by the river)

창 36:37	삼라가 죽고 유브라데 **강변** 르호봇이
시 137:1	우리가 바벨론의 여러 **강변** 거기에 앉아
렘 17:8	뿌리를 **강변에** 뻗치고 더위가 올지라
단 8:2	환상을 보기는 을래 **강변에서이니라**

강보(襁褓, cloth)

욥 38:9	옷을 만들고 흑암
	으로 그 **강보를** 만들고
겔 16:4	너를 **강보로** 싸지도
	아니하였더니
눅 2:7	첫아들을 낳아 **강보로** 싸서 구유에 뉘
눅 2:12	너희가 가서 **강보에** 싸여 구유에 뉘어

강성하다/강성하여지다(强盛, powerful)

창 26:16	네가 우리보다 크게 **강성한즉** 우리를
신 11:8	명령을 지키라 그리하면 너희가 **강성할**
수 17:13	이스라엘 자손이 **강성한** 후에야 가나안
삿 1:28	이스라엘이 **강성한** 후에야 가나안 족속
삿 1:35	요셉의 가문의 힘이 **강성하매** 아모리
삿 3:12	여호와께서 모압 왕 에글론을 **강성하게**
삼하 5:10	함께 계시니 다윗이 점점 **강성하여**
대상 11:9	함께 계시니 다윗이 점점 **강성하여**
대하 11:17	르호보암을 **강성하게** 하였으니 이는
대하 13:20	아비야 때에 여로보암이 다시 **강성하지**
대하 13:21	아비야는 점점 **강성하며** 아내 열넷을
대하 26:8	웃시야가 매우 **강성하여** 이름이 애굽
대하 26:15	도우심을 얻어 **강성하여짐이었더라**
대하 26:16	그가 **강성하여지매** 그의 마음이 교만
시 112:2	그의 후손이 땅에서 **강성함이여** 정직

【 강요하다 】　　　　　　　　　　　　　　【 강하다/강하여지다 】

사 18:2	시초부터 두려움이 되며 **강성하여**	시 72:14	그들의 생명을 압박과 **강포**에서 구원
사 18:7	시초부터 두려움이 되며 **강성하여**	시 73:6	교만이 그들의 목걸이요 **강포**가 그들의
렘 9:3	그들이 이 땅에서 **강성하나** 진실하지	잠 4:17	불의의 떡을 먹으며 **강포**의 술을 마심
겔 32:29	그들이 **강성하였었으나** 칼에 죽임을	잠 13:2	마음이 궤사한 자는 **강포**를 당하느니라
겔 32:30	그들이 본래는 **강성하였으므로** 두렵	잠 21:7	악인의 **강포**는 자기를 소멸하나니 이는
단 8:8	강대하여 가더니 **강성할** 때에 그 큰 뿔	잠 24:2	그들의 마음은 **강포**를 품고 그들의 입술
단 11:4	그러나 그가 **강성할** 때에 그의 나라가	사 14:4	**강포한** 성이 어찌 그리 폐하였는고
		사 33:19	네가 **강포한** 백성을 보지 아니하리라

강요하다 (强要, press)
삿 14:17　앞에서 울며 그에게 **강요함으로** 일곱

		사 53:9	그는 **강포**를 행하지 아니하였고 그의
		사 60:18	다시는 **강포한** 일이 네 땅에 들리지
		렘 51:46	그 땅에는 **강포함**이 있어 다스리는 자

강장하다 (强壯, vigor, strong)
욥 20:11	기골이 청년같이 **강장하나** 그 기세가
사 59:10	우리는 **강장한** 자 중에서도 죽은 자

		겔 18:10	이 죄악 중 하나를 범하여 **강포하거나**
		겔 28:16	무역이 많으므로 네 가운데에 **강포가**
		욘 3:8	악한 길과 손으로 행한 **강포**에서 떠날
		미 6:12	부자들은 **강포**가 가득하였고 그 주민
		합 1:2	어느 때까지리이까 내가 **강포**로 말미암
		합 1:3	겁탈과 **강포**가 내 앞에 있고 변론과
		합 1:9	그들은 다 **강포**를 행하러 오는데 앞을
		합 2:8	모든 주민에게 **강포**를 행하였음이니
		합 2:17	이는 네가 레바논에 **강포**를 행한 것과
			…그 안의 모든 주민에게 **강포**를 행한

강제 (强制, forcefully)
애 1:1	열방 중에 공주됐던 자가 이제는 **강제**
행 5:26	그들을 잡아왔으나 **강제**로 못함은 백성
행 26:11	여러 번 형벌하여 **강제**로 모독하는 말을

강청하다 (强請, persist)
왕하 2:17　무리가 그로 부끄러워하도록 **강청하매**

> **'강포한 사람/강포한 자'와 관련된 성구**
> 삼하 22:49; 욥 24:22; 잠 16:29;
> 사 29:5, 20; 겔 28:7

강탈/-하다 (强奪, rob, loot, defraud)
삿 9:25	그 길로 지나는 모든 자를 다 **강탈하게**
왕하 15:20	큰 부자에게서 **강탈하여** 각 사람에게
시 89:22	원수가 그에게서 **강탈하지** 못하며 악한
사 17:14	노략한 자들의 몫이요 우리를 **강탈한**
사 61:8	불의의 **강탈**을 미워하여 성실히 그들
겔 18:7	빚진 자의 저당물을 돌려 주며 **강탈하지**
겔 18:12	궁핍한 자를 학대하거나 **강탈하거나**
겔 18:16	저당을 잡지도 아니하며 **강탈하지도**
겔 18:18	포학하여 그 동족을 **강탈하고** 백성들
겔 22:29	이 땅 백성은 포악하고 **강탈**을 일삼고
겔 33:15	저당물을 도로 주며 **강탈한** 물건을
미 2:2	집과 사람과 그의 산업을 **강탈하도다**
마 12:29	**강탈하겠느냐** … 그 집을 **강탈하리라**
막 3:27	집에 들어가 세간을 **강탈하지** 못하리 니 결박한 후에야 그 집을 **강탈하리라**
눅 3:14	사람에게서 **강탈하지** 말며 거짓으로

강하다/강하여지다 (强, strong, powerful)
창 25:23	이 족속이 저 족속보다 **강하겠고** 큰 자
출 1:7	번성하고 매우 **강하여** 온 땅에 가득하게
출 1:9	자손이 우리보다 많고 **강하도다**
출 1:20	그 백성은 번성하고 매우 **강해지니라**
민 13:18	곧 그 땅 거민이 **강한지** 약한지 많은지
민 13:28	그러나 그 땅 거주민은 **강하고** 성읍은
민 13:31	못하리라 그들은 우리보다 **강하니라**
민 22:6	우리보다 **강하니** 청하건대 와서 나를
신 2:10	아낙 족속같이 **강하고** 많고 키가 크므로
신 2:21	아낙 족속과 같이 **강하고** 많고 키가
신 3:28	그를 담대하게 하며 그를 **강하게** 하라
신 26:5	거기에서 크고 **강하고** 번성한 민족이
수 4:24	여호와의 손이 **강하신** 것을 알게 하며
수 10:2	아이보다 크고 그 사람들은 다 **강함이라**
수 17:18	철 병거를 가졌고 **강할지라도** 네가

강포/-하다 (强暴, violence)
시 55:9　내가 성내에서 **강포**와 분쟁을 보았사오

【 강하다/강하여지다 】　　　　　　　　　**【 강하다/강하여지다 】**

삿 7:11	그 후에 네 손이 **강하여져서** 그 진영	욥 39:4	새끼는 **강하여져서** 빈 들에서 크다가
삿 14:6	여호와의 영이 삼손에게 **강하게**	시 24:8	왕이 누구시냐 **강하고** 능한 여호와
삿 14:18	무엇이 사자보다 **강하겠느냐** 한지라	시 27:14	기다릴지어다 **강하고** 담대하며 여호와
삿 16:28	구하옵나니 이번만 나를 **강하게** 하사	시 31:24	바라는 너희들아 **강하고** 담대하라
삿 18:26	미가가 단 자손이 자기보다 **강한** 것을	시 38:19	내 원수가 활발하며 **강하고** 부당하게
삼상 4:9	블레셋 사람들아 **강하게** 되며 대장부	시 69:4	나를 끊으려 하는 자가 **강하였으니**
삼하 1:23	독수리보다 … 사자보다 **강하였도다**	시 89:13	주의 손은 **강하고** 주의 오른손은 높이
삼하 3:1	다윗은 점점 **강하여** 가고 사울의 집은	시 105:24	그의 대적들보다 **강하게** 하셨으며
삼하 10:11	만일 아람 사람이 나보다 **강하면** 네	시 138:3	내 영혼에 힘을 주어 나를 **강하게** 하셨
	가 나를 돕고 만일 … 너보다 **강하면**	시 142:6	건지소서 그들은 나보다 **강하니이다**
삼하 16:21	모든 사람의 힘이 더욱 **강하여지리이다**	잠 23:11	대저 그들의 구속자는 **강하시니** 그가
왕상 20:23	그들이 우리보다 **강하였거니와** 우리가	잠 24:5	지혜 있는 자는 **강하고** 지식 있는 자
	만일 평지에서 … 그들보다 **강할지라**	잠 30:30	짐승 중에 가장 **강하여** 아무 짐승 앞
왕상 20:25	싸우면 반드시 그들보다 **강하리이다**	잠 31:17	허리를 묶으며 자기의 팔을 **강하게** 하며
대상 19:12	아람 사람이 나보다 **강하면** 네가 나를	아 8:6	사랑은 죽음같이 **강하고** 질투는 스올
	돕고 만일 암몬 자손이 너보다 **강하면**	사 28:2	주께 있는 **강하고** 힘 있는 자가 쏟아지
대상 29:12	사람을 크게 하심과 **강하게** 하심이	사 30:2	바로의 세력 안에서 스스로 **강하려** 하며
대하 11:12	방패와 창을 두어 매우 **강하게** 하니라	사 31:1	병거의 많음과 마병의 심히 **강함을** 의지
대하 12:1	나라가 견고하고 세력이 **강해지매** 그가	사 35:3	너희는 약한 손을 **강하게** 하며 떨리는
대하 13:7	잡배가 모여 따르므로 스스로 **강하게**	사 40:26	그의 능력이 **강하므로** 하나도 빠짐이
대하 15:7	그런즉 너희는 **강하게** 하라 너희의 손	렘 5:15	곧 **강하고** 오랜 민족이라 그 나라 말
대하 15:8	오뎃의 예언을 듣고 마음을 **강하게** 하여	렘 15:11	너를 **강하게** 할 것이요 너에게 복을
대하 17:1	왕이 되어 스스로 **강하게** 하여 이스라엘	렘 20:7	주께서 나보다 **강하사** 이기셨으므로
대하 27:6	길을 걸었으므로 점점 **강하여졌더라**	렘 23:14	악을 행하는 자의 손을 **강하게** 하여
욥 4:3	훈계하였고 손이 늘어진 자를 **강하게**	렘 50:34	그들의 구원자는 **강하니** 그의 이름은
욥 4:4	붙들어 주었고 무릎이 약한 자를 **강하게**	겔 19:11	가지들은 **강하여** 권세 잡은 자의 규가
욥 9:4	마음이 지혜로우시고 힘이 **강하시니**	겔 34:4	너희가 그 연약한 자를 **강하게** 아니하
욥 9:19	힘으로 말하면 그가 **강하시고** 심판으로	겔 34:16	병든 자를 내가 **강하게** 하려니와 살진
욥 16:5	그래도 입으로 너희를 **강하게** 하며 입술	단 2:40	넷째 나라는 **강하기**가 쇠 같으리니 쇠는
욥 21:7	생존하고 장수하며 세력이 **강하냐**	단 7:7	무섭고 놀라우며 또 매우 **강하며** 또

성경에 나오는 '강한' 것

강한 가지 - 겔 19:12, 14

강한 군대 - 단 11:25 / 강한 군사 - 욜 2:5

강한 나라 - 민 14:12; 미 4:7

강한 막대기 - 렘 48:17 / 강한 민족 - 사 25:3

강한 바람 - 왕상 19:11; 시 58:9; 렘 4:12; 행 2:2

강한 백성 - 욜 2:2

강한 손 - 출 3:19; 6:1; 13:9; 32:11; 민 20:20; 신 4:34; 5:15; 7:19; 9:26; 11:2; 26:8; 느 1:10; 시 136:12; 사 8:11; 렘 9:15; 32:21

강한 신 - 단 11:38 / 강한 왕 - 시 135:10

강한 원수 - 삼하 22:18; 시 18:17

강한 이방 - 미 4:3

강한 자 - 삿 14:14; 대하 14:11; 욥 5:15; 12:21; 시 35:10; 59:3; 76:5; 78:31; 잠 18:18; 전 6:10; 사 1:31; 53:12; 렘 31:11; 겔 7:24; 32:21; 34:16; 단 8:24; 암 2:14; 5:9; 마 12:29; 막 3:27; 눅 11:21, 22; 고전 10:22; 계 6:15; 18:8

강한 칼 - 사 27:1 / 강한 팔 - 렘 21:5; 겔 17:9

[갖다] | [같다]

단 8:4	원하는 대로 행하고 **강하여졌더라**
단 8:24	그 권세가 **강할** 것이나 자기의 힘으로
단 11:1	도와서 그를 **강하게** 한 일이 있었느니라
단 11:2	부요함으로 **강하여진** 후에는 모든
단 11:5	남방의 왕들은 **강할** 것이나 그 군주들 중 하나는 그보다 **강하여** 권세를 떨치
단 11:32	하나님을 아는 백성은 **강하여** 용맹을
욜 1:6	그들은 **강하고** 수가 많으며 그 이빨은
욜 2:11	명령을 행하는 자는 **강하니** 여호와의
욜 3:10	약한 자도 이르기를 나는 **강하다** 할지
암 2:9	백향목 높이와 같고 **강하기는** 상수리
나 1:12	그들이 비록 **강하고** 많을지라도 반드시
나 3:9	애굽은 그의 힘이 **강하여** 끝이 없었고
눅 1:80	자라며 심령이 **강하여지며** 이스라엘
눅 2:40	아기가 자라며 **강하여지고** 지혜가 충만
눅 23:5	무리가 더욱 **강하게** 말하되 그가 온
롬 15:1	믿음이 **강한** 우리는 마땅히 믿음이 약한
고전 1:25	하나님의 약하심이 사람보다 **강하니라**
고전 1:27	세상의 약한 것들을 택하사 **강한** 것들
고전 4:10	우리는 약하나 너희는 **강하고** 너희는
고전 15:43	약한 것으로 심고 **강한** 것으로 다시
고후 12:10	이는 내가 약한 그 때에 **강함이라**
고후 13:3	도리어 너희 안에서 **강하시니라**
고후 13:9	우리가 약할 때에 너희가 **강한** 것을
딤후 2:1	예수 안에 있는 은혜 가운데서 **강하고**
히 11:34	연약한 가운데서 **강하게** 되기도 하며
벧전 5:10	굳건하게 하시며 **강하게** 하시며 터를
요일 2:14	너희에게 쓴 것은 너희가 **강하고** 하나님

'강하고 담대하다' 와 관련된 성구

신 31:6, 7, 23; 수 1:6, 7, 9, 18; 10:25; 삼하 2:7; 대상 22:13; 28:20; 대하 32:7

갖다(bring, bring to the birth, take)

출 4:25	포피를 베어 그의 발에 **갖다** 대며
대하 31:12	십일조와 구별한 물건들을 **갖다** 두고
사 66:9	내가 아이를 **갖도록** 하였은즉 해산하게
마 13:31	사람이 자기 밭에 **갖다** 심은 겨자씨
마 13:33	가루 서 말 속에 **갖다** 넣어 전부 부풀게
마 27:3	대제사장들과 장로들에게 도로 **갖다**
눅 13:19	사람이 자기 채소밭에 **갖다** 심은 겨자씨

눅 13:21	여자가 가루 서 말 속에 **갖다** 넣어 전부
눅 22:17	이르시되 이것을 **갖다가** 너희끼리 나누
요 2:8	연회장에게 **갖다** 주라 하시매 **갖다**
요 4:33	말하되 누가 잡수실 것을 **갖다** 드렸는가
고전 11:21	자기의 만찬을 먼저 **갖다** 먹으므로
계 10:9	천사가 이르되 **갖다** 먹어 버리라 네
계 10:10	작은 두루마리를 **갖다** 먹어 버리니 내

갖추다/갖추어지다(get ready, prepare, equip)

창 46:29	요셉이 그의 수레를 **갖추고** 고센으로
출 12:16	하지 말고 각자의 먹을 것만 **갖출** 것
출 14:6	바로가 곧 그의 병거를 **갖추고** 그의
민 33:1	모세와 아론의 인도로 대오를 **갖추어**
삿 20:20	베냐민과 싸우려고 전열을 **갖추고**
왕상 5:18	위하여 재목과 돌들을 **갖추니라**
왕상 18:44	마차를 **갖추고** 내려가소서 하라 하니
대상 12:33	모든 무기를 가지고 전열을 **갖추고**
대하 14:10	스바다 골짜기에 전열을 **갖추고**
대하 29:35	섬기는 일이 순서대로 **갖추어지니라**
대하 32:28	외양간을 세우며 양 떼의 우리를 **갖추며**
느 3:3	문짝을 달고 자물쇠와 빗장을 **갖추었고**
느 5:18	한 번씩은 각종 포도주를 **갖추었나니**
시 78:9	에브라임 자손은 무기를 **갖추며** 활을
잠 9:2	잡으며 포도주를 혼합하여 상을 **갖추고**
사 5:12	소고와 피리와 포도주를 **갖추었어도**
렘 50:42	각기 네 앞에서 대열을 **갖추었도다**
겔 26:8	토성을 쌓으며 방패를 **갖출** 것이며
겔 38:5	방패와 투구를 **갖춘** 바사와 구스와 붓
겔 43:25	한 마리를 **갖추어** …것으로 **갖출** 것이며
겔 45:22	송아지 한 마리를 **갖추어** 속죄제를 드릴
겔 46:13	양 한 마리를 번제로 **갖추어** 나 여호와
마 22:4	살진 짐승을 잡고 모든 것을 **갖추었으니**
행 25:23	버니게가 크게 위엄을 **갖추고** 와서
딤후 3:17	선한 일을 행할 능력을 **갖추게** 하려

갖추다/갖추어지다 - 기타 본문

민 1:20, 22, 24, 26, 28, 30, 32, 34, 36; 2:32, 34; 3:15, 20, 21, 24, 30, 35; 4:2, 22, 29, 34, 38, 40, 42

같다(be like, same, similar)

모세오경

| 창 5:3 | 자기의 모양 곧 자기의 형상과 **같은** |

【 같다 】   【 같다 】

창 13:10	여호와의 동산 같고 애굽 땅과 **같았더라**
창 25:25	붉고 전신이 털옷 **같아서** 이름을 에서
창 49:4	물의 끓음 **같은즉** 너는 탁월하지 못하
출 9:14	천하에 나와 **같은** 자가 없음을 네가
출 30:34	향품을 유향에 섞되 각기 **같은** 분량으로
출 39:5	에봇을 매는 띠를 에봇과 **같은** 모양으로
레 7:7	속죄제와 속건제는 규례가 **같으니** 그
레 12:5	월경할 때와 **같을** 것이며 산혈이 깨끗
레 13:2	피부에 나병 **같은** 것이 생기거든 그를
레 15:26	불결한 때의 침상과 **같고** 그가 앉는 모든 … 불결한 때의 부정과 **같으니**
레 22:13	친정에 돌아와서 젊었을 때와 **같으면**
레 22:28	어미와 새끼를 **같은** 날에 잡지 말지니
민 9:15	성막 위에 불 모양 **같은** 것이 나타나
민 11:7	깟씨와 같고 모양은 진주와 **같은** 것이
민 12:10	미리암은 나병에 걸려 눈과 **같더라**
민 13:33	우리는 스스로 보기에도 메뚜기 **같으니**
민 15:15	거류하는 타국인에게나 **같은** 율례이
신 10:1	이르시기를 너는 처음과 **같은** 두 돌판
신 18:15	너를 위하여 나와 **같은** 선지자 하나를
신 23:18	창기가 번 돈과 개 **같은** 자의 소득은
신 29:23	스보임의 무너짐과 **같음을** 보고 물을
신 32:2	가는 비 같고 채소 위의 단비 **같도다**
신 33:17	뿔이 들소의 뿔 **같도다** 이것으로 민족
신 34:10	이스라엘에 모세와 **같은** 선지자가 일어

역사서

수 6:15	그들이 일찍이 일어나서 전과 **같은** 방식
수 10:2	이는 기브온은 왕도와 **같은** 큰 성임이
수 11:4	백성이 많아 해변의 수많은 모래 **같고**
삿 7:12	메뚜기의 많은 수와 **같고** 그들의 낙타 의 수가 많아 … 모래가 많음 **같은지라**
삿 13:6	하나님의 사자의 용모 **같아서** 심히 두려
삼상 6:4	통치자에게 내린 재앙과 **같음이니라**
삼상 15:23	거역하는 것은 점치는 죄와 **같고** 완고한 것은 … 절하는 죄와 **같음이라**
삼상 17:7	그 창 자루는 베틀 채 **같고** 창 날은
삼상 25:36	왕의 잔치와 **같은** 잔치를 그의 집에
삼하 9:8	왕께서 죽은 개 **같은** 나를 돌아보시나
삼하 14:14	쏟아진 물을 다시 담지 못할 **같을** 것
삼하 17:10	그가 사자 **같은** 마음을 가진 용사라
삼하 18:27	아히마아스의 달음질과 **같으니이다**
삼하 19:27	왕께서는 하나님의 사자와 **같으시니**
삼하 20:19	이스라엘 가운데 어머니 **같은** 성을

삼하 21:19	그 자의 창 자루는 베틀 채 **같았더라**
삼하 23:4	그는 돋는 해의 아침 빛 **같고** 구름 없는 아침 같고 비 내린 후의 광선으로 땅에서 움이 돋는 새 풀 **같으니라** 하시
삼하 23:6	내버려질 가시나무 **같으니** 이는 손으로
왕상 3:12	네 앞에도 너와 **같은** 자가 없었거니와 네 뒤에도 너와 **같은** 자가 일어남이
왕상 6:26	높이가 십 규빗이요 저 그룹도 **같았더라**
왕상 8:51	그들은 주께서 철 풀무 **같은** 애굽에서
왕상 13:18	나도 그대와 **같은** 선지자라 천사가
왕상 20:27	두 무리의 적은 염소 떼와 **같고** 아람
왕하 7:13	멸망한 이스라엘 온 무리와 **같으니이다**
왕하 8:13	하사엘이 이르되 당신의 개 **같은** 종이
왕하 18:32	그 곳은 너희 본토와 **같은** 지방 곧
대상 6:54	그들의 마을은 아래와 **같으니라** 아론
대상 11:23	창이 베틀채 **같으나** 그가 막대기를
대상 12:8	사자 **같고** 빠르기는 산의 사슴 **같으니**
대상 12:22	이루어 하나님의 군대와 **같았더라**
대상 17:8	존귀한 자들의 이름 **같은** 이름을 네게
대상 29:15	세상에 있는 날이 그림자 **같아서** 희망
대하 4:12	기둥 둘과 그 기둥 꼭대기의 공 **같은** 머리 둘과 또 기둥 꼭대기의 공 **같은**
대하 9:9	솔로몬 왕께 드린 향품 **같은** 것이 전에
스 7:11	내린 조서의 초본은 아래와 **같으니라**
느 5:5	우리 육체도 우리 형제의 육체와 **같고** 우리 자녀도 그들의 자녀와 **같거늘**
느 6:11	내가 이르기를 나 **같은** 자가 어찌 도 망하며 나 **같은** 몸이면 누가 외소에

시가서

욥 2:10	여자의 말 **같도다** 우리가 하나님께
욥 5:26	곡식단을 제 때에 들어올림 **같으니라**
욥 7:7	내 생명이 한낱 바람 **같음을** 생각하옵
욥 9:26	그 지나가는 것이 빠른 배 같고 먹이 에 날아 내리는 독수리와도 **같구나**
욥 10:5	주의 날이 어찌 사람의 날과 **같으며** 주의 해가 어찌 인생의 해와 **같기로**
욥 24:5	거친 광야의 들나귀 **같아서** 나가서
욥 25:6	구더기 **같은** 사람, 벌레 **같은** 인생이랴
욥 27:18	좀의 집 **같고** 파수꾼의 초막 **같을** 것
욥 29:14	나의 정의는 겉옷과 모자 **같았느니라**
욥 34:7	어떤 사람이 욥과 **같으랴** 욥이 비방하
욥 40:17	백향목이 흔들리는 것 **같고** 그 넓적다리
욥 41:18	그것의 눈은 새벽의 눈꺼풀 빛 **같으며**

【 같다 】　　　　　　　　　　　　　　　　　　　　　　　　　　　　　【 같다 】

시 1:3	잎사귀가 마르지 아니함 **같으니** 그가		이요 돛대 위에 누운 자 **같을** 것이며
시 5:9	그들의 목구멍은 열린 무덤 **같고** 그들	잠 24:26	말로 대답함은 입맞춤과 **같으니라**
시 12:6	흙 도가니에 일곱 번 단련한 은 **같도다**	잠 25:13	마치 추수하는 날에 얼음 냉수 **같아서**
시 19:5	그의 신방에서 나오는 신랑과 **같고** 그	잠 27:8	보금자리를 떠나 떠도는 새와 **같으니라**
	의 길을 달리기 기뻐하는 장사 **같아서**	잠 30:14	앞니는 장검 **같고** 어금니는 군도 **같아서**
시 28:1	무덤에 내려가는 자와 **같을까** 하나이다	잠 31:14	상인의 배와 **같아서** 먼 데서 양식을
시 36:6	주의 의는 하나님의 산들과 **같고** 주의	전 7:6	솥 밑에서 가시나무가 타는 소리 **같으니**
	심판은 큰 바다와 **같으니이다** 여호와	전 8:1	지혜자와 **같으며** 누가 사물의 이치를
시 37:35	서 있는 나무 잎이 무성함과 **같으나**	전 12:11	말씀들은 찌르는 채찍들 **같고** 회중의
시 45:1	뛰어난 서기관의 붓끝과 **같도다**		스승들의 말씀들은 잘 박힌 못 **같으니**
시 49:12	못함이여 멸망하는 짐승 **같도다**	아 1:3	네 이름이 쏟은 향기름 **같으므로** 처녀
시 50:21	네가 나를 너와 **같은** 줄로 생각하였도다	아 2:9	내 사랑하는 자는 노루와도 **같고** 어린
시 52:8	푸른 감람나무 **같음이여** 하나님의 인자		사슴과도 **같아서** 우리 벽 뒤에 서서
시 57:4	그들의 혀는 날카로운 칼 **같도다**	아 4:1	네 눈이 비둘기 **같고** 네 머리털은 길
시 58:4	그들의 독은 뱀의 독 **같으며** 그들은		르앗 산 기슭에 누운 염소 떼 **같구나**
	귀를 막은 귀머거리 독사 **같으니**	아 6:6	이는 목욕하고 나오는 암양 떼 **같으니**
시 68:13	그 깃을 황금으로 입힌 비둘기 **같도다**	아 8:1	어머니의 젖을 먹은 오라비 **같았더라면**
시 74:5	도끼를 들어 … 베는 사람 **같으니이다**	**대선지서**	
시 86:8	주의 행하심과 **같은** 일도 없나이다	사 1:9	우리가 소돔 **같고** 고모라 **같았으리로다**
시 90:4	어제 **같으며** 밤의 한 순간 **같을** 뿐임	사 1:18	너희의 죄가 주홍 **같을지라도** 눈과 같이
시 102:6	나는 광야의 올빼미 **같고** 황폐한 곳의	사 3:9	숨기지 못함이 소돔과 **같으니** 그들의
시 110:3	즐거이 헌신하니 새벽 이슬 **같은** 주의	사 9:19	백성은 불에 섶과 **같을** 것이라 사람이
시 119:70	마음은 살져서 기름덩이 **같으나** 나는	사 10:14	새의 보금자리를 얻음 **같고** 온 세계를
시 128:3	아내는 결실한 포도나무 **같으며** 네 식		얻은 것은 내버린 알을 주움 **같았으나**
	탁에 … 어린 감람나무 **같으리로다**	사 13:4	많은 백성의 소리 **같으니** 곧 열국 민족
시 129:6	그들은 지붕의 풀과 **같을지어다** 그것	사 18:4	일광 **같고** 가을 더위에 운무 **같도다**
시 135:18	의지하는 자가 다 그것과 **같으리로다**	사 21:3	해산이 임박한 여인의 고통 **같은** 고통
시 143:7	내가 무덤에 내려가는 자 **같을까** 두려워	사 25:4	성벽을 치는 폭풍과 **같을** 때에 빈궁한
시 144:4	헛것 **같고** … 그림자 **같으니이다**	사 29:5	무리는 세미한 티끌 **같겠고** 강포한 자
잠 4:18	의인의 길은 돋는 햇살 **같아서** 크게		의 무리는 날려 가는 겨 **같으리니** 그 일
잠 5:19	그는 사랑스러운 암사슴 **같고** 아름	사 33:9	사론은 사막과 **같고** 바산과 갈멜은 나뭇
	다운 암노루 **같으니** 너는 그의 품을 항상	사 36:6	그것은 상한 갈대 지팡이와 **같은** 것이라
잠 12:1	징계를 싫어하는 자는 짐승과 **같으니라**	사 40:6	그의 모든 아름다움은 들의 꽃과 **같으니**
잠 15:19	게으른 자의 길은 가시 울타리 **같으나**	사 45:9	질그릇 조각 중 한 조각 **같은** 자가 자기
잠 16:14	왕의 진노는 죽음의 사자들과 **같아도**	사 47:14	보라 그들은 초개 **같아서** 불에 타리니
잠 17:8	뇌물은 그 임자가 보기에 보석 **같은즉**	사 53:2	연한 순 **같고** 마른 … 뿌리 **같아서** 고운
잠 18:4	명철한 사람의 … 깊은 물과 **같고** 지혜	사 58:2	규례를 저버리지 아니하는 나라 **같아서**
	의 샘은 솟구쳐 흐르는 내와 **같으니라**	사 66:14	너희 뼈가 연한 풀의 무성함 **같으리라**
잠 19:12	왕의 노함은 사자의 부르짖음 **같고** 그	렘 2:23	길을 어지러이 달리는 것과 **같았으며**
	의 은택은 풀 위의 이슬 **같으니라**	렘 3:2	광야에 있는 아라바 사람 **같아서** 음란
잠 20:2	왕의 진노는 사자의 부르짖음 **같으니**	렘 4:13	병거는 회오리바람 **같고** 그의 말들은
잠 21:1	봇물과 **같아서** 그가 임의로 인도하시	렘 8:2	묻지 못하여 지면에서 분토 **같을** 것
잠 23:34	너는 바다 가운데에 누운 자 **같을** 것	렘 10:5	그것이 둥근 기둥 **같아서** 말도 못하며

90

【 같다 】   【 같다 】

렘 11:13	신들이 네 성읍의 수와 **같도다** 너희가
렘 15:18	물이 말라서 속이는 시내 **같으시리이까**
렘 16:4	지면의 분토와 **같을** 것이며 칼과 기근
렘 17:6	그는 사막의 떨기나무 **같아서** 좋은 일
렘 20:9	나의 마음이 불붙는 것 **같아서** 골수에
렘 23:9	내가 취한 사람 **같으며** 포도주에 잡힌 사람 **같으니** 이는 여호와와 그 거룩한
렘 31:18	멍에에 익숙하지 못한 송아지 **같은** 내가
렘 48:41	마음이 산고를 당하는 여인 **같을** 것이
렘 49:19	그 위에 세우리니 나와 **같은** 자 누구
렘 50:9	화살은 노련한 용사의 화살 **같아서**
렘 51:33	때가 이른 타작 마당과 **같은지라** 멀지
애 1:12	고통과 **같은** 고통이 있는가 볼지어다
애 4:3	잔인하여 마치 광야의 타조 **같도다**
겔 1:4	불 가운데 단 쇠 **같은** 것이 나타나
겔 3:3	그것이 내 입에서 달기가 꿀 **같더라**
겔 3:23	그발 강 가에서 보던 영광과 **같은지라**
겔 10:1	머리 위 궁창에 남보석 **같은** 것이 … 위에 보좌의 형상이 있는 것 **같더라**
겔 11:19	새 영을 주며 그 몸에서 돌 **같은** 마음
겔 13:4	황무지에 있는 여우 **같으니라**
겔 14:10	그에게 묻는 자의 죄악이 **같은즉** 각각
겔 19:10	물 가에 심겨진 포도나무 **같아서** 물이
겔 21:15	칼이 번개 **같고** 죽이기 위하여 날카로
겔 22:25	우는 사자가 음식물을 움킴 **같았도다**
겔 23:15	그의 고향 갈대아 바벨론 사람 **같은**
겔 36:17	중에 있는 여인의 부정함과 **같았느니라**
겔 40:2	남으로 향하여 성읍 형상 **같은** 것이
겔 41:7	성전의 넓이는 아래 위가 **같으며** 골방
겔 42:6	방은 삼층인데도 뜰의 기둥 **같은** 기둥
겔 43:2	하나님의 음성이 많은 물 소리 **같고**
겔 45:7	길이가 구역 하나와 서로 **같을지니라**
겔 48:8	다른 몫의 동쪽에서 서쪽까지와 **같고**
단 1:10	얼굴이 초췌하여 **같은** 또래의 소년들
단 2:39	셋째로 또 놋 **같은** 나라가 일어나서
단 3:25	넷째의 모양은 신들의 아들과 **같도다**
단 5:11	총명과 지혜가 신들의 지혜와 **같은** 자
단 7:4	첫째는 사자와 **같은데** 독수리의 날개
단 8:15	뜻을 알고자 할 때에 사람 모양 **같은**
단 9:12	천하에 예루살렘에서 일어난 일 **같은**
단 10:6	또 그의 몸은 황옥 **같고** 그의 얼굴은 번갯빛 **같고** 그의 눈은 횃불 **같고** 그의 팔과 발은 빛난 놋과 **같고** 그의 말 소리는 무리의 소리와 **같더라**
단 11:22	넘치는 물 **같은** 군대가 그에게 넘침

소선지서

호 5:10	지도자들은 경계표를 옮기는 자 **같으니**
호 7:4	화덕과 **같도다** 그가 반죽을 뭉침으로
호 9:4	제물은 애곡하는 자의 떡과 **같아서**
호 10:4	재판이 밭이랑에 돋는 독초 **같으리로다**
호 12:11	제단은 밭이랑에 쌓인 돌무더기 **같도다**
호 14:5	내가 이스라엘에게 이슬과 **같으리니**
욜 2:2	빛이 산 꼭대기에 덮인 것과 **같으니**
암 2:9	백향목 높이와 **같고** … **같으나** 내가

📖 **같다 – 기타 본문**

모세오경, 역사서 창 15:5; 18:21; 22:17; 27:46; 44:15, 18; 48:20; 49:9; 출 9:34; 10:10; 16:31; 39:8; 레 13:43; 민 11:8; 15:16; 16:29; 23:22; 24:6, 8, 9; 신 2:12, 22; 10:3; 11:21; 18:2, 8, 18; 19:5; 22:26; 32:24; 수 4:23; 10:28, 30, 32, 35, 37, 39; 14:11; 24:5; 삿 2:15; 8:8, 18; 16:7, 11, 17; 삼상 17:23; 26:15; 삼하 3:33; 7:23; 12:8; 14:20; 왕상 3:13, 26; 6:25; 7:8, 12, 30, 33, 34, 41, 42; 20:10, 25; 22:4; 왕하 3:7, 22; 7:18; 23:25; 대상 1:23; 6:31; 17:21; 20:5; 대하 4:13

시가서 욥 3:16; 5:7; 8:9, 14; 9:22; 10:17, 22; 11:12, 16; 13:12, 28; 15:33; 29:25; 32:19; 34:36; 35:8; 37:22; 40:18; 41:30; 시 1:4; 5:12; 17:12; 22:13, 14, 15; 31:12; 38:4, 14; 48:6; 49:20; 68:14, 17; 71:19; 80:10; 88:4, 5; 90:5; 102:7, 11; 103:15; 109:19; 125:1; 126:1; 127:4; 131:2; 133:2, 3; 139:12; 144:12; 잠 4:19; 7:22, 23; 10:25, 26; 11:22, 28; 12:18; 16:15, 24, 27; 17:14; 18:8, 17, 19; 20:5; 25:14, 19, 20, 25, 26, 28; 26:1, 6, 8, 9, 10, 17, 22; 27:16, 19; 28:3, 15; 전 2:13, 14; 7:12, 26; 8:13; 아 1:5; 2:2, 17; 4:3, 4; 5:11, 12, 13, 14, 15; 6:5; 7:2, 3, 4, 5, 7, 8, 9; 8:6, 10, 14 **선지서** 사 1:30, 31; 5:28, 29; 9:18; 10:15, 14, 18, 22; 13:8; 14:19; 16:2; 17:5, 6, 9, 13; 19:16; 24:2, 13; 26:17, 18; 27:7, 10; 28:1, 4, 20; 29:8; 30:13, 17, 26, 28, 33; 32:2; 33:12; 34:4; 37:3; 40:15, 18, 22, 24, 31; 41:12, 14; 46:5; 48:18,

{ 같다 }   { 같다 }

암 5:19	손을 벽에 대었다가 뱀에게 물림 **같도다**
미 1:4	밀초 **같고** 비탈로 쏟아지는 물 **같을**
미 5:7	내리는 이슬 **같고** … 단비 **같아서** 사람
미 6:7	천천의 숫양이나 만만의 강물 **같은** 기름
미 7:1	포도를 거둔 후 **같아서** 먹을 포도송이
나 2:4	횃불 **같고** 빠르기가 번개 **같도다**
나 3:3	번쩍이는 칼, 번개 **같은** 창, 죽임 당한
합 1:8	움키려 하는 독수리의 날음과 **같으니라**
합 2:5	그는 사망 **같아서** 족한 줄을 모르고
합 3:4	그의 광명이 햇빛 **같고** 광선이 그의
습 2:9	모압은 소돔 **같으며** … 고모라 **같을**
슥 4:1	자는 사람이 잠에서 깨어난 것 **같더라**
슥 5:9	두 여인이 나오는데 학의 날개 **같은**
슥 13:3	사람이 아직도 예언할 것 **같으면** 그
말 4:1	용광로 불 **같은** 날이 … 지푸라기 **같을**

복음서, 역사서

마 7:24	반석 위에 지은 지혜로운 사람 **같으리니**
마 13:24	좋은 씨를 제 밭에 뿌린 사람과 **같으니**
마 23:27	회칠한 무덤 **같으니** 겉으로는 아름답게
마 26:44	그들을 두시고 나아가 세 번째 **같은**
마 28:3	형상이 번개 **같고** 그 옷은 눈같이 희게
막 1:22	권위 있는 자와 **같고** 서기관들과 같지
막 6:15	선지자나 옛 선지자 중의 하나와 **같다**
막 8:24	사람들이 보이나이다 나무 **같은** 것들
막 13:34	문지기에게 깨어 있으라 명함과 **같으니**
눅 3:22	성령이 비둘기 **같은** 형체로 그의 위에
눅 6:40	온전하게 된 자는 그 선생과 **같으리라**

눅 10:3	어린 양을 이리 가운데로 보냄과 **같도다**
눅 11:44	너희는 평토장한 무덤 **같아서** 그 위를
눅 13:18	하나님의 나라가 무엇과 **같을까** 내가
눅 17:28	또 롯의 때와 **같으리니** 사람들이 먹고
눅 24:24	여자들이 말한 바와 **같음을** 보았으나
요 10:15	내가 아버지를 아는 것 **같으니** 나는
행 2:2	하늘로부터 급하고 강한 바람 **같은** 소리
행 3:22	형제 가운데서 나 **같은** 선지자 하나를
행 9:18	사울의 눈에서 비늘 **같은** 것이 벗어져
행 11:5	환상을 보니 큰 보자기 **같은** 그릇이
행 11:17	그리스도를 믿을 때에 주신 것과 **같은**
행 14:15	우리도 여러분과 **같은** 성정을 가진 사람
행 18:3	생업이 **같으므로** 함께 살며 일을 하니
행 24:5	우리가 보니 이 사람은 전염병 **같은**
행 25:18	내가 짐작하던 것 **같은** 악행의 혐의는

서신서, 예언서

롬 5:14	아담의 범죄와 **같은** 죄를 짓지 아니한
롬 6:5	죽으심과 **같은** 모양으로 … 부활과 **같은**
롬 12:4	지체를 가졌으나 모든 지체가 **같은** 기능
롬 14:5	어떤 사람은 모든 날을 **같게** 여기나니
고전 1:10	모두가 **같은** 말을 하고 너희 가운데 분쟁이 없이 **같은** 마음과 **같은** 뜻으로
고전 12:4	은사는 여러 가지나 성령은 **같고**
고전 13:11	어린 아이와 **같고** 깨닫는 것이 … **같고** 생각하는 것이 … **같다가** 장성한
고전 15:8	만삭되지 못하여 난 자 **같은** 내게도
고후 1:6	우리가 받는 것 **같은** 고난을 너희도

같다 – 기타 본문

19; 53:6; 54:9; 57:20; 58:11; 59:10; 63:2, 19; 64:6; 65:23; 66:15; 렘 2:24, 28; 4:31; 6:24; 11:19; 14:9; 17:8, 11; 20:11; 22:6, 23; 36:32; 44:19; 46:7, 8, 21, 22; 48:11; 50:42, 44; 애 1:20; 3:10; 4:7; 5:3; 겔 1:7, 13, 16, 22, 24, 26, 27, 28; 8:3, 4; 10:4, 8, 9, 10; 21:31; 22:17; 23:20; 28:2, 6; 31:3, 18; 40:10, 18, 19, 21, 22, 24, 25, 29, 33; 41:25; 42:11; 43:3; 46:22; 단 1:19; 2:40, 41, 43; 5:21; 7:5, 6, 8, 9; 9:26; 10:18; 호 2:3; 5:12, 14; 6:4; 7:6, 16; 8:8; 9:8, 13; 10:11; 13:3, 7; 14:6, 8; 욜 1:6; 2:3, 4, 5, 23; 옵 1:11; 미 2:11; 5:8; 7:4; 나 2:8; 3:12, 13, 16, 17; 슥 9:15; 10:7; 12:8, 11; 14:15; 말 3:2; 4:3 **복음서, 역사서** 마 7:26, 29; 10:6, 25; 11:17;

13:33, 44, 45, 47, 52; 18:23; 20:1; 22:2, 30, 39; 25:1, 14; 막 4:26, 31; 6:34; 7:13; 12:25; 눅 3:6; 6:47, 48, 49; 7:31, 32; 13:19, 21; 22:26; 요 12:15; 행 6:15; 7:37, 43, 50; 10:11; 15:18 **서신서, 예언서** 롬 1:17, 32; 2:1, 3; 3:4, 18; 4:8, 17, 18, 19; 8:36; 9:13, 26, 27, 29, 33; 10:15; 11:8, 27; 15:3, 9, 21; 16:18; 고전 1:31; 2:9; 3:15; 10:3, 4, 7; 12:5, 6, 8, 9, 11; 15:39, 48; 16:16; 고후 3:4, 12, 18; 6:8, 9, 10; 갈 5:21, 23; 엡 3:3; 살전 1:5; 딤후 3:5; 히 4:3; 8:5; 10:11; 13:16; 약 1:23; 벧전 1:24; 2:11; 요삼 1:8; 계 1:15, 16; 2:18; 4:3, 6, 7; 5:6; 9:3, 5, 7, 8, 9, 10, 17, 19; 10:1; 13:2, 3, 4; 14:2; 18:21; 19:6, 12; 20:8; 21:11, 16, 18, 21

【 같다 】

고후 4:13	우리가 **같은** 믿음의 마음을 가졌으니
고후 8:16	너희를 위하여 **같은** 간절함을 디도의
고후 9:9	의가 영원토록 있느니라 함과 **같으니라**
고후 10:11	함께 있을 때에 행하는 일이 **같은** 것
고후 13:7	오직 우리는 버림 받은 자 **같을지라도**
갈 2:7	베드로가 할례자에게 맡음과 **같은** 것
갈 3:6	그에게 의로 정하셨다 함과 **같으니라**
갈 4:25	지금 있는 예루살렘과 **같은** 곳이니 그
엡 5:23	그리스도께서 … 머리 됨과 **같음이니**
빌 2:2	마음을 같이하여 **같은** 사랑을 가지고
빌 3:1	너희에게 **같은** 말을 쓰는 것이 내게는
빌 4:2	순게를 권하노니 주 안에서 **같은** 마음
딤후 2:17	말은 악성 종양이 퍼져나감과 **같은데**
딛 1:4	**같은** 믿음을 따라 나의 참 아들 된 디도
히 2:14	그도 또한 **같은** 모양으로 혈과 육을
히 3:3	자가 그 집보다 더욱 존귀함 **같으니라**
히 6:19	영혼의 닻 **같아서** 튼튼하고 견고하여
히 7:15	멜기세덱과 **같은** 별다른 한 제사장이
히 10:1	해마다 늘 드리는 **같은** 제사로는 나아
히 11:12	이러므로 죽은 자와 **같은** 한 사람으로
약 1:6	바람에 밀려 요동하는 바다 물결 **같으니**
약 5:17	엘리야는 우리와 성정이 **같은** 사람이
벧전 1:19	흠 없고 점 없는 어린 양 **같은** 그리스도
벧전 2:9	너희는 택하신 족속이요 왕 **같은** 제사장
벧전 4:1	고난을 받으셨으니 너희도 **같은** 마음
벧후 1:19	어두운 데를 비추는 등불과 **같으니** 날이
벧후 2:12	이성 없는 짐승 **같아서** 그 알지 못하는
벧후 3:8	하루가 천 년 같고 천 년이 하루 **같다는**
유 1:7	이웃 도시들도 그들과 **같은** 행동으로
계 1:10	뒤에서 나는 나팔 소리 **같은** 큰 음성
계 1:14	그의 머리와 털의 희기가 흰 양털 **같고** 눈 **같으며** 그의 눈은 불꽃 **같고**
계 4:1	나팔 소리 **같은** 그 음성이 이르되 이리
계 8:8	불 붙는 큰 산과 **같은** 것이 바다에 던져
계 9:2	구멍에서 큰 화덕의 연기 **같은** 연기가
계 10:1	얼굴은 해 **같고** 그 발은 불기둥 **같으며**
계 11:1	내게 지팡이 **같은** 갈대를 주며 말하기를
계 13:2	곰의 발 **같고** 그 입은 사자의 입 **같은데**
계 15:2	내가 보니 불이 섞인 유리 바다 **같은**
계 16:13	또 내가 보매 개구리 **같은** 세 더러운
계 18:18	큰 성과 **같은** 성이 어디 있느냐 하며
계 19:1	허다한 무리의 큰 음성 **같은** 것이 있어
계 21:2	신부가 남편을 위하여 단장한 것 **같더라**

【 같다 】

'같다'의 여러 표현들

같게 하다 – 창 13:16; 출 25:33; 26:2, 8; 36:9, 15; 레 21:5; 26:19; 삿 5:31; 룻 4:11, 12; 삼하 22:34; 왕상 19:2; 왕하 9:9; 스 9:8; 욥 30:19; 41:31; 시 18:33; 21:9; 35:5; 58:7, 8; 83:11, 13; 89:29; 106:9; 109:19; 131:2; 잠 12:4; 사 11:16; 19:14; 27:9; 41:2; 43:17; 51:3, 23; 61:10; 64:2; 렘 19:12; 29:17, 22; 51:40; 애 3:6; 5:21; 호 2:3; 12:9; 암 8:10; 미 1:16; 4:13; 나 2:2; 합 1:14; 3:19; 슥 7:12; 9:13; 10:3; 12:6; 마 20:12; 롬 15:5

그와 같다 – 출 7:22; 9:18, 24; 38:15; 민 13:33; 삼하 16:23; 왕하 23:25; 시 115:8; 잠 26:4; 사 26:17; 29:8; 44:11; 렘 20:6; 겔 41:1; 42:11; 마 22:39; 고전 15:42; 고후 3:18; 갈 5:21; 빌 1:30; 요일 3:2

말씀(하심)과 같다 – 출 7:13, 22; 8:15, 19; 9:12, 35; 신 6:18–19; 삿 2:15; 렘 48:8

명령하심과 같다 – 레 8:9, 13, 17, 21, 29; 9:10, 21; 민 2:33; 3:51; 8:3; 31:41, 47; 수 10:40; 마 27:10

오늘(날)과 같다 – 신 2:30; 4:20, 38; 10:15; 29:28; 왕상 8:24; 대하 6:15; 스 9:7; 렘 25:18; 단 9:7

이와 같다 – 창 25:13; 출 30:32, 33; 신 28:14; 수 10:40; 삿 5:31; 삼하 15:6; 왕하 18:21; 25:17; 대상 24:19; 욥 5:27; 8:13, 19; 14:3; 잠 6:29; 24:14; 사 14:14; 36:6; 렘 29:17; 51:33; 겔 33:7; 48:1; 욜 2:2; 마 24:39; 눅 12:21; 고전 6:11; 15:48; 빌 2:29

하나님/여호와/주/인자 같은 이/자/신 – 출 8:10; 15:11; 신 33:26; 삼하 7:22; 왕상 8:23; 대상 17:20; 대하 6:14; 시 35:10; 86:8; 89:6; 113:5; 사 46:9; 렘 10:6, 7; 단 7:13; 10:16; 미 7:18; 계 1:13; 14:14

【 같이 】　　　　　　　　　　　　　　　【 같이 】

같이(like, with, along with)
창 3:5　너희 눈이 밝아져 하나님과 **같이** 되어

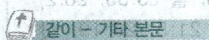
같이 - 기타 본문

모세오경 창 8:21;9:3; 10:9; 16:12; 19:24, 28; 26:4; 27:23; 28:14; 29:20; 31:26; 32:12; 34:22, 31; 38:11; 40:13, 22; 41:39, 49, 54; 43:32; 44:10; 49:16, 26; 50:20; 출 4:6, 16; 5:7, 13, 14; 7:1; 12:48; 15:7, 8, 10, 11, 16; 16:4, 14, 23, 31; 19:18; 20:22; 21:7, 9; 22:25; 24:10, 17; 28:11, 32; 29:9; 33:11; 34:1, 4; 38:18; 39:6, 14, 23, 30; 40:15; 레 4:10, 20, 21, 26, 31, 35; 5:13; 6:17; 9:15; 12:2; 15:25; 16:15; 18:22, 28; 19:18, 34; 22:27; 25:31, 40, 53; 26:37, 39; 27:21; 민 12:12; 14:15, 19; 15:11, 20; 16:40; 17:11; 18:18, 27, 30; 21:34; 22:4; 23:24; 24:1; 27:13, 17; 28:8; 신 1:10, 11, 30, 31, 44; 2:10, 11, 21, 29; 3:2, 6, 20, 24; 4:7, 8; 5:14; 6:3, 16, 24; 7:26; 8:5, 20; 9:3, 18, 21; 10:4, 9, 10, 22; 11:10; 12:15, 16, 22, 24; 13:17; 15:22, 23; 17:14; 18:7; 19:17; 20:8; 28:29, 30, 49, 62, 63; 30:9-10; 31:3, 4; 32:10, 11, 50; 33:17, 20, 29

역사서 수 1:3, 5, 15, 17; 3:7; 4:12, 14, 18; 7:5; 8:2, 5, 6; 10:1; 11:12; 13:14, 33; 14:5, 11; 23:8, 10, 15; 삿 2:22; 5:15; 6:5, 36, 37; 7:5; 8:18; 9:48; 14:6; 15:14; 16:9, 12, 20; 17:11; 20:11, 30, 31, 32, 39, 40; 룻 1:8; 삼상 2:2; 3:10; 4:9; 6:6; 8:5, 8, 20; 11:7; 12:15; 13:5; 14:7; 15:22, 33; 17:27, 30, 36; 18:1, 3, 10; 19:7; 20:13, 17, 20, 25, 41; 22:14; 25:26, 37; 26:20, 24; 29:9; 30:24; 삼하 1:21; 2:18; 3:34; 5:20; 7:9, 10; 8:12; 10:2; 11:11; 14:2, 13, 17, 25; 16:19, 23; 17:8, 11, 12; 18:14, 32; 19:3, 14; 22:43; 왕상 1:4, 8, 37; 2:31; 3:6, 14; 4:20, 29; 6:3; 7:20, 26; 8:25, 53, 57, 61; 9:2, 4; 10:27; 11:6, 38; 13:6, 26; 14:10, 15, 18; 15:11, 29; 16:3, 7, 12, 34; 17:5, 16; 20:4, 11, 34; 21:25, 26; 22:13, 38, 53; 왕하 2:19, 22; 3:2; 5:14, 27; 7:16; 8:18, 27; 9:20, 37; 10:15, 17; 13:5, 7; 14:25; 17:2, 11, 14; 18:3; 19:26; 21:13, 20; 23:25, 27; 24:2, 13; 대상 14:11; 17:9, 13, 17; 25:8; 27:23; 28:7; 29:15; 대하 1:9, 12; 2:3; 3:4, 16; 4:5; 6:16; 7:17; 9:27; 16:3; 18:12, 16;

21:6, 19; 22:4; 29:2; 30:7, 8; 32:17; 33:22, 23; 36:21; 스 4:2; 8:27; 느 6:4, 6; 9:10, 11, 23; 에 2:7, 15, 20 **시가서** 욥 5:14, 25; 6:7, 15; 7:9; 10:10, 19; 11:17; 12:3, 11, 25; 13:9; 14:2, 6; 15:16; 16:14; 19:11; 20:8, 11, 23; 21:11, 18; 23:10; 24:14, 17; 27:7, 16, 20; 29:4, 18; 30:5, 14, 15; 34:3; 37:18; 38:14, 30; 40:15; 41:24, 27, 28, 29, 31; 42:7, 8; 시 2:9; 7:2; 10:9; 11:1; 17:8; 18:11, 42; 22:14; 26:4, 5; 29:6; 30:7; 32:4, 9; 33:7; 35:14, 16; 37:2, 6, 20; 38:13; 39:6, 11; 41:7; 42:1, 10; 44:22; 48:10; 49:14; 52:2; 55:6, 14; 56:6; 58:7; 62:3; 63:5; 64:3; 66:10; 68:2; 71:7; 72:6, 16, 17; 73:20, 27; 77:13, 20; 78:8, 13, 16, 21, 24, 27, 52, 57, 69; 79:3; 80:1; 82:7; 83:9; 85:10; 88:4, 17; 89:8, 10, 36, 37; 92:7, 10, 12; 95:8; 97:5; 102:3, 4, 9, 26; 103:5, 11, 12, 13; 104:2, 6; 105:41; 107:27, 41; 109:18, 23, 29; 114:4, 6; 118:12; 119:14, 83, 119, 136, 176; 122:3; 123:2; 124:7; 125:2; 126:4; 139:12; 140:3; 141:2, 5, 7; 143:3, 6; 147:16, 17; 잠 1:12, 27; 2:4; 3:12; 5:4; 6:5, 11; 10:23; 12:18; 18:11; 23:28, 32; 24:29, 34; 25:3, 23; 26:2, 11, 14, 21; 27:14, 17, 19; 28:1; 30:20, 33; 전 3:19; 6:12; 7:11; 9:12; 10:1; 11:5; 아 1:7; 5:11; 6:4, 10; 8:6 **대선지서** 사 1:7, 8, 18, 26; 2:6; 5:17, 18, 24, 25, 30; 6:13; 7:2; 9:3, 4, 5; 10:6, 11, 16, 26; 11:9; 13:8, 14, 19; 14:10; 16:3, 11, 14; 17:3, 12, 13; 21:1, 8, 16; 22:17, 18, 23; 23:10, 15; 24:20, 22; 25:5, 10, 11; 26:17; 27:12; 28:1, 2, 21; 29:2, 4, 7, 8, 16; 30:14, 22, 29; 31:5; 33:4; 34:4; 35:1, 6; 36:17; 37:27; 38:12, 13, 14, 19; 40:11, 17, 22; 41:11, 12, 15; 42:13, 14, 19; 44:4, 22; 47:15; 49:2, 26; 50:4, 7, 9; 51:6, 8, 9, 12, 20; 53:3, 7; 54:6, 9; 55:9; 56:12; 58:1, 5, 8, 10; 59:10, 11, 19; 60:8; 61:11; 62:1, 5; 63:13, 14, 19; 64:6; 66:11, 12, 13, 20, 22; 렘 2:26, 30, 36; 3:20; 4:4, 13, 17; 5:8, 26, 27; 6:7, 23, 26; 7:14, 15; 8:6; 9:3, 12, 22; 12:3, 8, 16; 13:1, 10, 11, 24; 14:6, 8; 17:22; 18:6, 17; 20:16; 21:9, 12; 22:6, 19; 23:12, 27; 24:5, 8; 25:30, 34, 38; 26:6, 9, 11, 18, 20; 27:13; 29:17; 30:6; 31:10, 28, 30; 32:8, 20, 42; 33:7; 34:5; 38:2; 39:18; 42:2, 18; 43:12; 44:6, 13, 22, 23, 30; 46:18, 22, 26; 48:6,

94

【 같이 】

13, 28, 36, 38, 40; 49:16, 18, 22, 24; 50:8, 11, 18, 33, 37, 42; 51:14, 27, 30, 33, 34, 38, 49, 55; 애 2:22; 4:2, 8, 14; 겔 1:7, 14, 16; 2:8; 3:9; 7:17, 19; 8:11; 12:4, 7; 16:7, 38, 48; 18:4; 20:32, 36; 21:7, 10, 28, 32; 22:20, 22; 23:18, 44, 45; 24:22; 26:3, 10, 19; 27:32; 28:8, 10; 29:12; 30:7, 9; 32:14; 33:31, 32; 34:12; 35:15; 36:35, 38; 38:9, 16; 40:3; 43:22; 46:12; 47:10, 22; 단 2:35, 40; 4:33, 35; 9:15; 11:10, 40; 12:3 **소선지서** 호 1:10; 2:3, 15; 4:16; 5:10; 6:3, 9; 7:7, 11; 9:9, 10, 11; 10:7, 14; 11:4, 8, 11; 13:8; 14:5, 7; 욜 1:8; 15; 2:7, 9, 31; 암 2:13; 3:12; 4:11; 5:6, 14, 24; 8:8; 9:5, 9, 11; 옵 1:16; 미 1:8; 2:8, 12; 4:12; 7:10, 14, 15; 나 1:10; 2:7; 3:15; 합 1:9, 11; 2:14; 습 1:12, 17; 2:2, 13; 슥 2:6; 8:11; 9:3, 7, 14, 15, 16; 10:2, 5, 6, 7, 8; 13:9; 14:3, 5, 10; 말 3:3, 4, 17; 4:2 **복음서, 역사서** 마 3:16; 5:48; 6:2, 5, 7, 10, 12, 16; 9:36; 10:16; 12:13, 40; 13:40, 43; 17:2; 18:3, 4, 17, 33; 19:19; 20:14; 22:39; 23:37; 24:27, 37; 25:32; 26:2, 55; 28:3, 4; 막 1:10; 9:13, 26; 10:15; 12:31, 33; 14:48; 15:21; 눅 1:55; 2:20; 6:36; 10:18, 27; 11:1, 30, 36; 12:36; 13:34; 15:2; 17:24, 26; 18:17; 21:34; 22:29, 44, 52; 24:28, 39; 요 1:23, 32; 3:14; 5:21, 23, 26; 6:31, 57; 7:38; 8:55; 13:15, 33, 34; 14:18; 15:4, 9, 10, 12; 17:11, 14, 16, 18, 21, 22, 23; 18:37; 20:4, 21; 행 2:1, 15, 22; 5:26; 7:28, 51; 8:31, 32; 9:7; 10:47; 11:15; 13:33; 15:8; 17:28, 29; 19:29; 20:34, 35; 23:11, 25; 24:11, 26; 25:10, 24; 26:29 **서신서, 예언서** 롬 1:13; 2:16, 24, 26; 5:18, 19, 21; 6:4, 13, 19; 8:36; 9:29; 13:9, 13; 15:7; 고전 3:1, 10; 4:7, 9, 13, 14, 18; 5:3; 7:8, 9, 29, 30, 31; 9:5, 20, 21, 22, 26; 10:6, 7, 8, 9, 10, 15, 33; 11:1, 12; 12:12, 25; 13:12; 14:7, 34; 15:22, 45, 49; 16:1, 10; 고후 1:5, 7; 2:17; 3:5, 13, 18; 4:13; 5:4, 20; 7:14; 8:7, 11, 15; 9:3; 10:2, 7, 9; 11:3, 12, 17, 21; 12:20; 13:2; 갈 2:9; 4:12, 14, 28, 29; 5:14, 21; 엡 2:3; 3:5; 4:17, 21, 32; 5:1, 2, 15, 25, 28, 29, 33; 빌 1:20, 26; 2:7, 22; 3:21; 골 1:6; 2:20; 3:13, 22; 4:6; 살전 2:2, 7, 11, 14; 3:6, 12; 4:5, 6, 11; 5:2, 3, 4, 6, 11; 살후 3:1, 15; 딤후 2:9; 3:8, 9; 4:6; 딛 3:11; 몬 1:14, 16; 히 1:11, 12; 2:17; 3:2,

【 갚다 】

7, 8, 11, 15; 4:2, 3, 10, 13, 15; 5:3, 4; 7:27; 9:25; 10:7, 25; 11:9, 12, 27, 29; 12:1, 5, 7, 16, 17; 13:3, 17; 약 1:10; 2:8, 26; 5:3; 벧전 1:18; 2:2, 5, 16, 25; 3:6; 4:10, 11, 12; 5:8; 벧후 1:14; 3:4, 9, 10, 16; 요일 1:7; 2:18; 3:3, 7, 12; 4:17; 요이 1:5, 6; 요삼 1:2; 유 1:10; 계 1:17; 2:27; 3:3, 21; 6:1, 12, 13, 14; 8:10; 10:3, 7, 9, 10; 12:15; 13:11; 16:3, 15; 19:10; 21:11; 22:1

같이하다 (fellow, fellow with)

행 1:14 마음을 **같이하여** 오로지 기도에 힘쓰
행 2:46 마음을 **같이하여** 성전에 모이기를
행 5:12 다 마음을 **같이하여** 솔로몬 행각에
롬 12:16 서로 마음을 **같이하며** 높은 데 마음을
롬 15:30 너희 기도에 나와 힘을 **같이하여** 나를
고후 13:11 위로를 받으며 마음을 **같이하며** 평안
빌 2:2 마음을 **같이하여** 같은 사랑을 가지고
빌 2:20 **같이하여** 너희 사정을 진실히 생각할
빌 4:3 멍에를 **같이한** 네게 구하노니 복음
벧전 3:8 너희가 다 마음을 **같이하여** 동정하며

갚다 (pay, repay)

창 50:15 행한 모든 악을 다 **갚지나** 아니할까
출 21:23 다른 해가 있으면 **갚되** 생명은 생명으
출 21:25 때린 것은 때림으로 **갚을지니라**
출 21:36 그는 소로 소를 **갚을** 것이요 죽은 것
출 22:1 다섯 마리로 **갚고** … 마리로 **갚을지니**
레 24:18 쳐죽인 자는 짐승으로 짐승을 **갚을** 것이
레 24:20 눈에는 눈으로, 이에는 이로 **갚을지라**
민 14:18 아버지의 죄악을 자식에게 **갚아** 삼사대
민 18:21 하는 일 곧 회막에서 하는 일을 **갚나니**
삿 9:24 칠십 명에게 저지른 포학한 일을 **갚되**
삿 9:56 행한 악행을 하나님이 이같이 **갚으셨고**
삼상 12:3 내가 그것을 너희에게 **갚으리라** 하니
삼상 24:19 여호와께서 네게 선으로 **갚으시기를**
삼상 25:39 나발에게 당한 나의 모욕을 **갚아** 주사
삼상 26:23 그의 공의와 신실을 따라 **갚으시리니**
삼하 2:6 나도 이 선한 일을 너희에게 **갚으리니**
삼하 12:6 양 새끼를 네 배나 **갚아** 주어야 하리라
삼하 16:12 여호와께서 선으로 내게 **갚아** 주시리
삼하 19:36 어찌하여 이같은 상으로 내게 **갚으려**
삼하 22:21 내 손의 깨끗함을 따라 **갚으셨으니**
삼하 22:25 앞에서 내 깨끗한 대로 내게 **갚으셨도다**

【 갚다 】   【 갚음 】

왕상 8:32 그의 의로운 바대로 **갚으시옵소서**
왕상 8:39 모든 행위대로 행하사 **갚으시옵소서**
왕하 9:7   종들의 피를 이세벨에게 **갚아** 주리라
왕하 9:26 이 토지에서 네게 **갚으리라** 하셨으니
대하 6:23 하사 그 의로운 대로 **갚으시옵소서**
대하 20:11 그들이 우리에게 **갚는** 것을 보옵소서
욥 21:19   그에게 **갚으실** 것을 알게 하시기를 원하
욥 34:11   행위를 따라 **갚으사** 각각 그의 행위대로
욥 41:11   내게 주고 나로 하여금 **갚게** 하겠느냐
시 10:14   감찰하시고 주의 손으로 **갚으려** 하시
시 18:20   손의 깨끗함을 따라 내게 **갚으셨으니**
시 18:24   여호와께서 내 의를 따라 **갚으시되**
시 31:23   행하는 자에게 엄중히 **갚으시느니라**
시 79:12   비방을 그들의 품에 칠 배나 **갚으소서**
시 109:5   미워함으로 나의 사랑을 **갚았사오니**
시 137:8   대로 네게 **갚는** 자가 복이 있으리로다
시 142:7   주께서 나에게 **갚아** 주시리니 의인들
잠 6:31   들키면 칠 배를 **갚아야** 하리니 심지어

'갚다'와 관련된 성구

갚지 아니하다 – 욥 42:8; 시 37:21; 103:10; 전 5:5; 눅 12:59

머리에 갚다 – 삿 9:57; 겔 9:10; 11:21

빚을 갚다 – 왕하 4:7; 마 18:28, 30

서원(한 것)을 (주께) 갚다 – 레 22:21; 민 15:3, 8; 신 12:17; 시 22:25; 50:14; 66:13; 전 5:4; 욘 2:9; 나 1:15

아버지께서 갚으시다 – 마 6:4, 6, 18

악으로 갚다 – 창 44:4; 시 7:4; 35:12; 54:5; 롬 12:17

악으로 선을 갚다 – 삼상 25:21; 시 109:5; 잠 17:13; 렘 18:20

악한 대로 갚다 – 삼하 3:39; 시 28:4

원수를 갚다 – 레 19:18; 26:25; 민 31:3; 수 10:13; 삿 11:36; 15:7; 삼하 18:31; 에 8:13; 렘 20:10; 겔 25:12, 14, 15, 17; 행 7:24; 롬 12:19

죄를 갚다 – 출 20:5; 신 5:9; 삼하 14:7

피를 갚다 – 신 32:43; 계 6:10

행위대로 갚다 – 대하 6:30; 사 59:18; 호 4:9; 계 2:23

행한 대로 갚다 – 삿 1:7; 시 62:12; 99:8; 잠 24:29; 렘 25:14; 50:15, 29; 마 16:27; 딤후 4:14; 계 22:12

잠 19:17   그의 선행을 그에게 **갚아** 주시리라
잠 20:22   너는 악을 **갚겠다** 말하지 말고 여호와
잠 22:27   만일 **갚을** 것이 네게 없으면 네 누운
잠 25:22   일반이요 여호와께서 네게 **갚아** 주시
사 35:4   하나님이 오사 보복하시며 **갚아** 주실
사 61:8   강탈을 미워하여 성실히 그들에게 **갚아**
렘 32:18   죄악을 그 후손의 품에 **갚으시오니**
렘 50:29   그가 일한 대로 **갚고** … 그에게 **갚으라**
렘 51:24   갈대아 모든 주민에게 **갚으리라**
겔 7:27   행위대로 그들에게 **갚고** 그 죄악대로
겔 8:18   분노로 **갚아** 불쌍히 여기지 아니하며
호 1:4   이스르엘의 피를 예후의 집에 **갚으며**
욜 2:25   먹은 햇수대로 너희에게 **갚아** 주리니
욜 3:21   당한 것을 **갚아** 주지 … 이제는 **갚아**
미 5:15   순종하지 아니한 나라에 **갚으리라**
슥 9:12   이르노라 내가 네게 갑절이나 **갚을** 것이
마 5:26   푼이라도 남김이 없이 다 **갚기** 전에는
마 5:38   눈은 눈으로, 이는 이로 **갚으라** 하였
마 18:25   **갚을** 것이 없는지라 주인이 명하여
마 18:26   내게 참으소서 다 **갚으리이다** 하거늘
마 18:29   나에게 참아 주소서 **갚으리이다** 하되
마 18:34   주인이 노하여 그 빚을 다 **갚도록** 그를
눅 7:42   **갚을** 것이 없으므로 둘 다 탕감하여
눅 10:35   더 들면 내가 돌아올 때에 **갚으리라**
눅 14:14   그리하면 그들이 **갚을** 것이 없으므로
눅 19:8   일이 있으면 네 갑절이나 **갚겠나이다**
롬 11:35   주께 먼저 드려서 **갚으심**을 받겠느냐
살전 5:15 누구에게든지 악으로 악을 **갚지** 말고
살후 1:6   하는 자들에게는 환난으로 **갚으시고**
살후 1:7   안식으로 **갚으시는** 것이 하나님의 공의
몬 1:19   바울이 친필로 쓰노니 내가 **갚으려니와**
벧전 3:9   욕을 욕으로 **갚지** 말고 도리어 복을
계 18:6   그의 행위대로 갑절을 **갚아** 주고 그가
계 18:7   그만큼 고통과 애통함으로 **갚아** 주라
계 19:2   피를 그 음녀의 손에 **갚으셨도다**

갚음(reward, repay)

삼하 4:10 그것을 그 소식을 전한 **갚음**으로 삼았
시 58:11   사람의 말이 진실로 의인에게 **갚음**이
사 45:13   사로잡힌 내 백성을 값이나 **갚음**이 없이
겔 25:12   원수를 갚았고 원수를 **갚음**으로 심히
겔 25:14   에돔에 행한즉 내가 원수를 **갚음**인 줄을
눅 14:12   도로 청하여 네게 **갚음**이 될까 하노라

개(dog, mere dog)

- 신 23:18 창기가 번 돈과 **개** 같은 자의 소득은
- 삿 7:5 **개**가 핥는 것 같이 혀로 물을 핥는
- 삼하 9:8 왕께서 죽은 **개** 같은 나를 돌아보시나
- 삼하 16:9 죽은 **개**가 어찌 내 주 왕을 저주하리이
- 왕상 14:11 성읍에서 죽은즉 **개**가 먹고 들에서 죽은
- 왕상 16:4 속한 자가 성읍에서 죽은즉 **개**가 먹고
- 왕상 21:19 여호와의 말씀이 **개**들이 나봇의 피를 핥은 곳에서 **개**들이 네 피 곧 네 몸의
- 왕상 21:23 말씀하여 이르시되 **개**들이 이스르엘
- 왕상 21:24 성읍에서 죽은 자는 **개**들이 먹고 들에서
- 왕상 22:38 사마리아 못에서 씻으매 **개**들이 그의
- 왕하 8:13 하사엘이 이르되 당신의 **개** 같은 종이
- 왕하 9:10 이스르엘 지방에서 **개**들이 이세벨을
- 왕하 9:36 이스르엘 토지에서 **개**들이 이세벨의
- 전 9:4 소망이 있음은 산 **개**가 죽은 사자보다
- 사 56:10 무지하며 벙어리 **개**들이라 짖지 못하며
- 사 56:11 이 **개**들은 탐욕이 심하여 족한 줄을 알지
- 마 15:26 자녀의 떡을 취하여 **개**들에게 던짐이
- 마 15:27 옳소이다마는 **개**들도 제 주인의 상에
- 막 7:27 자녀의 떡을 취하여 **개**들에게 던짐이
- 막 7:28 옳소이다마는 상 아래 **개**들도 아이들이
- 눅 16:21 배불리려 하매 심지어 **개**들이 와서 그
- 벧후 2:22 참된 속담에 이르기를 **개**가 그 토하였던

개가(凱歌, joy)

- 삼하 1:20 자의 딸들이 **개가**를 부를까 염려로다
- 시 20:5 너의 승리로 말미암아 **개가**를 부르리며
- 시 25:2 이겨 **개가**를 부르지 못하게 하소서
- 시 94:3 악인이 언제까지 **개가**를 부르리이까

개간하다(開墾, break up)

- 사 28:24 자기 땅을 **개간하며** 고르게만 하겠느냐

개구리(frog)

- 출 8:2 **개구리**로 너의 온 땅을
- 출 8:3 **개구리**가 나일 강에서
- 출 8:4 **개구리**가 너와 네 백성과
- 출 8:5 **개구리**들이 애굽 땅에 올라오게 하라
- 출 8:6 손을 내밀매 **개구리**가 올라와서 애굽
- 출 8:7 **개구리**가 애굽 땅에 올라오게 하였더라
- 출 8:8 나와 내 백성에게서 **개구리**를 떠나게
- 출 8:9 이 **개구리**를 왕과 왕궁에서 끊으며 나일
- 출 8:11 **개구리**가 왕과 왕궁과 왕의 신하와 왕의
- 출 8:12 **개구리**에 대하여 모세가 여호와께 간구
- 출 8:13 **개구리**가 집과 마당과 밭에서부터 나와
- 시 78:45 **개구리**를 보내어 해하게 하셨으며
- 시 105:30 그 땅에 **개구리**가 많아져서 왕의 궁실
- 계 16:13 또 내가 보매 **개구리** 같은 세 더러운

개국(開國, beginning of a nation)

- 단 12:1 또 환난이 있으리니 이는 **개국** 이래로

개미(ant)

- 잠 6:6 게으른 자여 **개미**에게
- 잠 6:7 **개미**는 두령도 없고
- 잠 30:25 준비하는 **개미**와

개선되다(改善, reform)

- 행 24:3 선견으로 말미암아 여러 가지로 **개선된**

개수하다(改修, repair)

- 대상 26:27 드려 여호와의 성전을 **개수한** 일과

개울(intermittent stream)

- 욥 6:15 내 형제들은 **개울**과 같이 변덕스럽고 그들은 **개울**의 물살같이 지나가누나
- 사 30:25 그 뒤에 **개울**과 시냇물이 흐를 것이며

개월(個月, month)

- 출 19:1 애굽 땅을 떠난 지 삼 **개월**이 되던 날
- 레 27:6 일 **개월**로부터 다섯 살까지는 남자면
- 민 3:15 일 **개월** 이상된 남자를 다 계수하라
- 민 3:22 계수된 자 곧 일 **개월** 이상 된 남자의
- 민 3:28 계수된 자로서 출생 후 일 **개월** 이상
- 민 3:34 계수된 자 곧 일 **개월** 이상 된 남자는
- 민 3:39 계수한즉 일 **개월** 이상 된 남자는 모두
- 민 3:40 남자를 일 **개월** 이상으로 다 계수하여
- 민 3:43 일 **개월** 이상으로 계수된 처음 태어난
- 민 26:62 일 **개월** 이상으로 계수된 레위인의 모든
- 삼상 27:7 산 날 수는 일 년 사 **개월**이었더라
- 삼하 2:11 왕이 된 날 수는 칠 년 육 **개월**이더라
- 삼하 5:5 칠 년 육 **개월** 동안 유다를 다스렸고
- 대상 3:4 다윗이 거기서 칠 년 육 **개월** 다스렸고
- 눅 4:25 하늘이 삼 년 육 **개월**간 닫히어 온 땅에
- 행 18:11 일 년 육 **개월**을 머물며 그들 가운데서

【 개의하다 】　　　　　　　　　　　　　　　　　　　【 거기 】

약 5:17　삼 년 육 **개월** 동안 땅에 비가 오지 아니

개의하다(介意, pay attention)
삼상 25:25　이 불량한 사람 나발을 **개의치** 마옵소서
히 12:2　십자가를 참으사 부끄러움을 **개의치**

개인(個人, own)
행 3:12　우리 **개인**의 권능과 경건으로 이 사람

개척하다(開拓, clear land)
수 17:15　삼림에 올라가서 스스로 **개척하라**
수 17:18　비록 삼림이라도 네가 **개척하라**

개천(開川, watering trough)
창 30:38　양 떼가 와서 먹는 **개천**의 물 구유에
창 30:41　야곱이 **개천**에다가 양 떼의 눈 앞에
왕하 3:16　골짜기에 **개천**을 많이 파라 하셨나이다
욥 9:31　주께서 나를 **개천**에 빠지게 하시리니
사 30:33　여호와의 호흡이 유황 **개천** 같아서
겔 32:6　그 모든 **개천**을 채우리로다

개펄(marsh)
겔 47:11　그 진펄과 **개펄**은 되살아나지 못하고

개혁하다(改革, new order)
히 9:10　**개혁할** 때까지 맡겨 둔 것이니라

객(客, stranger, alien)
창 15:13　이방에서 **객**이 되어 그들을 섬기겠고
출 20:10　네 문안에 머무는 **객**이라도 아무 일도
레 22:10　제사장의 **객**이나 품꾼도 다 성물을 먹지
신 5:14　네 문 안에 유하는 **객**이라도 아무 일도
신 14:21　성중에 거류하는 **객**에게 주어 먹게 하거
신 14:29　네 성중에 거류하는 **객**과 및 고아와
신 16:11　너희 중에 있는 **객**과 고아와 과부가
신 16:14　성중에 거주하는 레위인과 **객**과 고아
신 23:7　네가 그의 땅에서 **객**이 되었음이니라
신 24:14　네 땅 성문 안에 우거하는 **객**이든지
신 24:17　너는 **객**이나 고아의 송사를 억울하게
신 24:20　남은 것은 **객**과 고아와 과부를 위하여
신 24:21　**객**과 고아와 과부를 위하여 남겨두라
신 26:11　거류하는 **객**과 함께 즐거워 할지니라
신 26:12　그것을 레위인과 **객**과 고아와 과부에게

신 26:13　레위인과 **객**과 고아와 과부에게 주기를
신 27:19　**객**이나 고아나 과부의 송사를 억울하게
신 29:11　너희의 아내와 및 네 진중에 있는 **객**과
신 29:22　자손과 멀리서 오는 **객**이 그 땅의
대상 16:19　적어서 보잘것없으며 그 땅에 **객**이 되어
시 69:8　내가 나의 형제에게는 **객**이 되고
잠 9:18　그의 **객**들이 스올 깊은 곳에 있는 것을

객상(客商, trader)
왕상 10:15　그 외에 또 상인들과 무역하는 **객상**과
대하 9:14　무역상과 **객상**들이 가져온 것이 있고

객실(客室, hall, guest room)
삼상 9:22　그의 사환을 인도하여 **객실**로 들어가
막 14:14　유월절 음식을 먹을 나의 **객실**이 어디
눅 22:11　유월절을 먹을 **객실**이 어디 있느냐

갱도(坑道, shaft)
욥 28:4　사람이 사는 곳에서 멀리 떠나 **갱도**를

거기(there)
창 2:8　창설하시고 그 지으신 사람을 **거기** 두시

■ 거기 - 기타 본문

모세오경 창 2:10; 6:16; 11:2, 7, 8, 9, 31; 12:8; 13:4, 18; 14:10; 18:16, 22, 28, 29, 30, 31, 32; 19:22; 20:1; 21:31, 33; 22:2; 23:13, 17, 20; 24:7; 25:10; 26:8, 17, 22, 23, 25; 27:9, 45; 28:2, 6, 11; 31:13, 46; 32:13, 29; 33:20; 35:1, 3, 7; 37:29; 38:2, 22; 39:11; 42:2; 43:25; 45:11; 46:3; 47:27; 48:7; 49:31, 32; 50:10; 출 2:3; 10:26; 15:22, 25, 27; 17:3, 6; 19:2, 18; 21:33; 24:12; 25:22; 29:42, 43; 34:5, 28; 40:30, 31; 레 11:34; 13:10; 16:23; 25:19; 26:32; 민 1:50; 11:16, 17, 34, 35; 13:23, 24, 28, 32, 33; 14:35; 17:10; 18:7; 19:18; 20:1, 26; 21:12, 13, 16; 22:41; 23:1, 13, 27, 29; 32:39, 40; 33:9, 14, 38, 53; 35:25; 신 1:28; 2:10, 20, 22, 23; 4:14, 26, 28, 29; 5:15; 6:23; 10:6, 7; 11:10, 31; 12:7, 8, 14, 29; 14:26; 19:12; 24:18; 26:1, 5; 27:5, 7; 28:30, 36, 65, 68; 29:23; 30:4; 33:16, 19 **역사서** 수 2:1, 16, 22; 3:1; 4:8, 9; 8:2, 32; 15:4, 14, 15; 18:1, 10, 13; 19:3, 47, 50; 21:43; 22:10; 24:26; 삿 1:7, 11, 20;

98

【 거기 】　　　　　　　　　　　　　　　　　　　　　　　　【 거느리다 】

2:5; 6:24; 7:4; 8:8, 10; 9:21, 45; 14:1, 10; 15:19; 16:1, 27; 17:7; 18:2, 7, 13, 28; 19:2, 4, 7, 13, 26; 20:26, 27, 47; 21:2, 4, 9, 23; 룻 1:2, 4, 17; 3:4, 7; 4:1; 삼상 1:3, 22, 28; 2:6; 4:4; 5:11; 7:6, 17; 10:3, 23; 11:15; 14:3, 34; 20:6; 21:6; 22:3, 22; 23:22, 29; 30:2, 9; 31:7, 12; 삼하 1:21; 2:4; 3:27; 4:3; 5:20, 21; 6:2, 7; 10:18; 13:38; 14:2, 30, 32; 15:29, 35, 36; 16:5, 14; 18:7, 30; 20:1, 12; 23:9, 11; 왕상 1:14, 34; 2:36; 3:4; 5:9; 8:29, 64; 9:3, 28; 11:18, 24, 36; 12:25; 13:17; 14:2; 17:4, 9; 18:40; 19:9, 19; 22:38; 왕하 2:23, 25; 4:8, 10, 11; 5:12, 18; 6:2; 7:4, 8, 10; 9:2, 16, 27; 10:15, 17; 11:16; 13:2; 14:19; 15:14; 16:6, 10; 17:22, 25; 19:8, 26; 23:6, 12, 20, 27, 34; 대상 3:4; 4:23, 40, 41, 43; 5:26; 10:7; 11:4, 13; 12:39; 13:10; 14:11; 16:32; 21:26, 28; 대하 1:3; 4:6; 6:6, 20; 7:7; 8:2, 18; 20:26; 23:15; 25:12, 27; 28:18; 31:1; 32:21; 36:20; 스 6:2; 8:15, 32; 느 1:3, 9; 7:5 **시가서** 욥 3:17, 18, 19; 6:20; 22:8; 23:7; 35:12; 39:29; 시 14:5; 24:1; 36:12; 37:29; 48:6; 50:12; 62:10; 66:6; 68:27; 69:35; 76:3; 81:5; 87:4, 5, 6; 96:11; 98:7; 104:25; 107:36; 122:5; 132:17; 133:3; 137:1, 3; 139:8, 10; 잠 8:27; 9:18; 22:14; 전 3:16; 9:12; 10:8; 아 7:12 **선지서** 사 1:21; 5:14; 13:20, 21; 22:18; 23:12; 27:10; 30:33; 33:21, 24; 34:11, 14, 15, 17; 35:8, 9; 37:30; 38:16; 42:10, 11; 44:26; 46:7; 48:19; 51:6; 52:4, 11; 57:7; 61:11; 65:8, 9, 20; 렘 2:37; 3:6; 4:28, 29; 6:7, 21; 8:14; 9:10; 13:4, 6; 16:13; 18:2; 19:2; 20:6; 22:1, 12, 26; 27:11, 22; 29:5, 6; 31:24; 32:3–5; 36:2, 12; 37:20; 38:9, 11, 26; 41:3, 9; 42:15, 16, 17; 44:14, 28; 47:2; 48:9; 49:18, 19, 33; 50:39, 40, 44; 겔 3:2, 23; 4:13; 7:22; 8:1, 3, 4, 9, 14; 12:13; 14:16, 17, 18, 19, 20; 16:16; 17:20; 20:28, 35, 40, 43; 22:20; 29:14; 31:18; 32:15, 22, 24, 26, 29, 30; 35:10; 37:1, 12, 13, 25; 39:11; 40:2, 3; 42:13; 44:3; 단 4:12; 10:13; 호 2:15; 4:3; 6:7, 10; 9:15; 12:4; 13:8; 욜 3:2, 12; 암 3:5; 5:11; 6:2, 8, 12; 7:12; 9:2, 3, 4, 5; 옵 1:4; 욘 4:5; 미 1:2; 4:10; 나 2:11; 3:15; 습 1:13, 14; 2:6, 7, 14; 슥 3:9; 8:5; 9:8; 13:8 **신약** 마 2:13, 15, 22; 4:21; 5:23, 26; 6:19, 20; 8:12; 9:27; 10:11; 13; 11:1; 12:9, 15; 13:42, 50, 58; 14:23; 15:21, 29; 19:2, 15; 21:17, 33; 22:11, 13; 24:51; 25:30; 26:57, 71; 27:36, 47, 55, 61; 28:7, 10; 막 1:35, 38; 2:6; 3:1; 5:11; 6:1, 5, 10, 11; 7:24; 9:48; 10:1; 11:5; 14:15; 16:7; 눅 2:6; 6:6; 9:4; 10:6, 9, 33; 11:53; 12:18, 33, 59; 13:28; 15:13; 16:26; 18:17; 22:12; 23:33; 24:18; 요 2:1, 6, 12; 3:22, 23; 4:6, 40, 43; 5:2, 5, 13; 6:3, 22, 24; 10:40, 42; 11:15, 54; 12:2, 6, 26; 19:18, 29, 42; 행 1:13, 20; 7:4, 15, 29; 9:33, 38; 12:12; 13:4; 14:7, 26; 16:1, 12, 13; 17:1, 13, 14, 21; 18:7, 19; 19:21; 20:3, 15, 22; 21:1, 3, 4; 22:5, 10, 12; 25:10; 27:4, 6, 12, 39; 28:13, 14; 고전 5:3; 10:26; 빌 3:20; 골 3:1, 11; 딛 3:12; 히 3:9; 4:5, 6; 약 2:3; 4:13; 계 2:13, 14; 12:6, 14; 18:4; 20:4, 10; 21:25

거꾸러뜨리다/거꾸러지다(throw to the ground, be brought down)

렘 6:15	그 때에 그들이 **거꾸러지리라** 여호와
렘 8:12	그들을 벌할 때에 그들이 **거꾸러지리라**
막 9:18	그를 잡으면 **거꾸러져** 거품을 흘리며
눅 9:42	올 때에 귀신이 그를 **거꾸러뜨리고** 심한
고후 4:9	버린 바 되지 아니하며 **거꾸러뜨림을**

거느리다(go along with)

창 14:14	훈련된 자 삼백십팔 명을 **거느리고**
창 31:23	그의 형제를 **거느리고** 칠 일 길을
창 32:6	사백 명을 **거느리고** 주인을 만나려고
창 33:1	에서가 사백 명의 장정을 **거느리고** 오고
출 14:7	동원하니 지휘관들이 다 **거느렸더라**
출 19:17	하나님을 맞으려고 백성을 **거느리고**
민 20:20	에돔 왕이 많은 백성을 **거느리고** 나와
민 21:33	바산 왕 옥이 그의 백성을 다 **거느리고**
신 2:32	그의 모든 백성을 **거느리고** 나와서
신 3:1	왕 옥이 그의 모든 백성을 **거느리고**
신 3:28	그는 이 백성을 **거느리고** 건너가서 네가
신 20:9	지휘관들을 세워 무리를 **거느리게** 할지
신 31:7	백성을 **거느리고** 여호와께서 그들의
수 8:1	군사를 다 **거느리고** 일어나 아이로 올라
수 10:5	자기들의 모든 군대를 **거느리고** 올라
수 11:4	그들이 그 모든 군대를 **거느리고** 나왔
수 24:6	병거와 마병을 **거느리고** 너희의 조상
삿 4:6	스불론 자손 만 명을 **거느리고** 다볼

【 거느리다 】　　　　　　　　　　　　　　　　【 거두다 】

삿 4:14	바락이 만 명을 **거느리고** 다볼 산에서	대하 32:9	왕 산헤립이 그의 온 군대를 **거느리고**
룻 2:5	보아스가 베는 자들을 **거느린** 사환에게	사 36:2	대군을 **거느리고** 히스기야 왕에게로
룻 2:6	베는 자를 **거느린** 사환이 대답하여 이르	사 37:24	나의 허다한 병거를 **거느리고** 산들의
삼상 24:2	택한 사람 삼천 명을 **거느리고** 다윗과	렘 43:6	네리야의 아들 바룩을 **거느리고**
삼상 27:3	사람들이 저마다 가족을 **거느리고** 가드	렘 52:4	군대를 **거느리고** 예루살렘을 치러 올라
삼상 30:10	다윗은 사백 명을 **거느리고** 쫓아가니라	렘 52:25	**거느린** 지휘관 한 사람과 또 성중
삼하 5:2	이스라엘을 **거느려** 출입하게 하신 분은	겔 23:24	투구 쓴 군대를 **거느리고** 치러 와서
삼하 10:16	군사령관 소박이 그들을 **거느린지라**	겔 26:7	군대와 백성의 큰 무리를 **거느리고**
왕상 5:16	그들이 일하는 백성을 **거느렸더라**	겔 28:7	여러 나라의 강포한 자를 **거느리고**
왕상 16:17	이스라엘의 무리를 **거느리고** 깁브돈	겔 30:11	강포한 자기 군대를 **거느리고** 와서
왕하 3:26	칼찬 군사 칠백 명을 **거느리고** 돌파하	겔 32:3	많은 백성의 무리를 **거느리고** 내 그물
왕하 5:9	이에 말들과 병거들을 **거느리고** 이르러	단 11:13	해 후에 대군과 많은 물건을 **거느리고**
왕하 8:21	여호람이 모든 병거를 **거느리고** 사일	단 11:25	군대를 **거느리고** … 군대를 **거느리고**
왕하 11:9	안식일에 나가는 자를 **거느리고** 제사장	눅 14:31	일만 명으로써 저 이만 명을 **거느리고**
왕하 11:15	여호야다가 군대를 **거느린** 백부장들	행 21:32	군인들과 백부장들을 **거느리고** 달려
왕하 11:19	호위병과 온 백성을 **거느리고** 왕을	행 21:38	자객 사천 명을 **거느리고** 광야로 가던
왕하 18:17	랍사게로 하여금 대군을 **거느리고**	행 23:27	사람인 줄 들어 알고 군대를 **거느리고**
왕하 19:23	내가 많은 병거를 **거느리고** 여러		
왕하 25:1	모든 군대를 **거느리고** 예루살렘을 치러	**거닐다**(walk around)	
왕하 25:19	곧 군사를 **거느린** 내시 한 사람과	창 3:8	그 날 바람이 불 때 동산에 **거니시는**
왕하 25:25	이스마엘이 부하 열 명을 **거느리고**	출 2:5	시녀들은 나일 강 가를 **거닐** 때에
대상 9:20	옛적에 그의 무리를 **거느렸고**	삼하 11:2	왕궁 옥상에서 **거닐다가** 그 곳에서
대상 11:2	이스라엘을 **거느리고** 출입하게 한 자가	욥 22:14	보지 못하시고 둥근 하늘을 **거니실** 뿐
대상 13:6	다윗이 온 이스라엘을 **거느리고** 바알라	단 4:29	내가 바벨론 왕궁 지붕에서 **거닐새**
대상 19:16	군대사령관 소박이 그들을 **거느린지라**	막 11:27	성전에서 **거니실** 때에 대제사장
대상 20:1	요압이 그 군대를 **거느리고** 나가서 암몬	요 1:36	예수께서 **거니심을** 보고 말하되 보라
대상 27:26	에스리는 밭 가는 농민을 **거느렸고**	요 10:23	성전 안 솔로몬 행각에서 **거니시니**
대하 9:1	많은 시종들을 **거느리고** 향품과 많은	계 2:1	일곱 금 촛대 사이를 **거니시는** 이가
대하 11:21	첩 예순 명을 **거느려** 아들 스물여덟		
대하 13:21	아내 열넷을 **거느려** 아들 스물둘과	**거두다**(gather, harvest, reap, set aside)	
대하 14:9	백만 명과 병거 삼백 대를 **거느리고**	창 8:22	땅이 있을 동안에는 심음과 **거둠과** 추위
대하 16:6	아사 왕이 온 유다 무리를 **거느리고**	창 41:34	풍년에 애굽 땅의 오분의 일을 **거두되**
대하 17:14	되어 큰 용사 삼십만 명을 **거느렸고**	출 5:12	곡초 그루터기를 **거두어다가** 짚을 대신
대하 17:15	여호하난이니 이십팔만 명을 **거느렸고**	출 16:4	일용할 것을 날마다 **거둘** 것이라 이같이
대하 17:16	큰 용사 이십만 명을 **거느렸고**	출 16:5	여섯째 날에는 그들이 그 **거둔** 것을 준
대하 17:17	방패를 잡은 자 이십만 명을 **거느렸고**		비할지니 날마다 **거두던** 것의 갑절이
대하 17:18	준비한 자 십팔만 명을 **거느렸으니**	출 16:16	이것을 **거둘지니** 곧 너희 … 한 오멜씩
대하 21:9	모든 병거를 **거느리고** 출정하였더니		**거두되** 각 사람이 … 장막에 있는 자들
대하 23:8	안식일에 비번인 자들을 **거느리고** 있었		을 위하여 **거둘지니라** 하셨느니라
대하 23:14	여호야다가 군대를 **거느린** 백부장들	출 16:17	그 **거둔** 것이 많기도 하고 적기도 하나
대하 23:20	모든 백성을 **거느리고** 왕을 인도하여	출 16:18	오멜로 되어 본즉 많이 **거둔** 자도 남음
대하 25:11	백성을 **거느리고** 소금 골짜기에 이르러		이 없고 적게 **거둔** 자도 부족함이 없이
대하 32:6	지휘관들을 세워 백성을 **거느리게** 하고		각 사람은 먹을 만큼만 **거두었더라**

| 거두다 | **| 거두다 |**

출 16:21	각 사람은 먹을 만큼만 **거두었**고 햇볕
출 16:22	곧 하나에 두 오멜씩 **거둔지라** 회중의
출 16:26	엿새 동안은 너희가 그것을 **거두되** 일곱
출 16:27	백성 중 어떤 사람들이 **거두러** 나갔다
출 22:6	가시나무에 댕겨 낟가리나 **거두지** 못한
출 23:10	너의 땅에 파종하여 그 소산을 **거두고**
출 23:16	밭에 뿌린 것의 첫 열매를 **거둠**이니라 수장절을 지키라 … **거두어** 저장함이
출 23:19	토지에서 처음 **거둔** 열매의 가장 좋은
출 33:23	손을 **거두리니** 네가 내 등을 볼 것이요
출 34:21	쉴지니 밭 갈 때에나 **거둘** 때에도 쉴지
레 23:39	너희가 토지 소산 **거두기를** 마치거든
레 25:11	파종하지 말며 스스로 난 것을 **거두지**
레 25:20	심지도 못하고 소출을 **거두지도** 못하면
민 11:8	백성이 두루 다니며 그것을 **거두어** 맷돌
민 19:9	암송아지의 재를 **거두어** 진영 밖 정한
민 19:10	암송아지의 재를 **거둔** 자도 자기의 옷
신 26:2	그 토지의 모든 소산의 맏물을 **거둔** 후
신 28:38	메뚜기가 먹으므로 **거둘** 것이 적을 것이
수 8:26	단창을 잡아 든 손을 **거두지** 아니하였
삼상 14:19	제사장에게 이르되 네 손을 **거두라**
삼하 9:10	땅을 갈고 **거두어** 네 주인의 아들에게
삼하 21:13	그 달려 죽은 자들의 뼈를 **거두어다가**
삼하 24:16	족하다 이제는 네 손을 **거두라** 하시니
왕상 13:4	그를 향하여 편 손이 말라 다시 **거두지**
왕상 19:4	지금 내 생명을 **거두시옵소서** 나는 내
왕하 19:29	제삼년에는 심고 **거두며** 포도원을 심고
대상 21:15	족하다 이제는 네 손을 **거두라** 하시니
대하 18:11	올라가서 승리를 **거두소서** 여호와께서
대하 18:14	올라가서 승리를 **거두소서** 그들이 왕의
대하 24:5	하나님의 전을 수리할 돈을 **거두되** 그
대하 24:6	세를 유다와 예루살렘에서 **거두게** 하지
대하 24:11	때때로 이렇게 하여 돈을 많이 **거두매**
대하 34:9	베냐민과 예루살렘 주민들에게서 **거둔**
스 6:8	유브라데 강 건너편에서 **거둔** 세금 중
에 8:2	하만에게서 **거둔** 반지를 빼어 모르드개
욥 1:21	이도 여호와시요 **거두신** 이도 여호와
욥 4:8	갈고 독을 뿌리는 자는 그대로 **거두나니**
욥 19:9	나의 영광을 **거두어**가시며 나의 관모
욥 27:8	하나님이 그의 영혼을 **거두실** 때에는
시 26:9	생명을 살인자와 함께 **거두지** 마소서
시 39:6	소란하며 재물을 쌓으나 누가 **거둘는지**
시 40:11	여호와여 주의 긍휼을 내게서 **거두지**
시 51:11	주의 성령을 내게서 **거두지** 마소서
시 66:20	그의 인자하심을 내게서 **거두지도** 아니
시 74:11	오른손을 **거두시나이까** 주의 품에서
시 77:2	밤에는 내 손을 들고 **거두지** 아니하였
시 85:3	주의 모든 분노를 **거두시며** 주의 진노
시 85:4	우리에게 향하신 주의 분노를 **거두소서**
시 89:33	나의 인자함을 그에게서 다 **거두지는**
시 107:37	재배하여 풍성한 소출을 **거두게** 하시
시 126:5	씨를 뿌리는 자는 기쁨으로 **거두리로다**
잠 10:5	여름에 **거두는** 자는 지혜로운 아들이
잠 20:4	그러므로 **거둘** 때에는 구걸할지라도
잠 22:8	악을 뿌리는 자는 재앙을 **거두리니**
잠 27:25	새로 움이 돋나니 산에서 꼴을 **거둘**
전 3:5	던져 버릴 때가 있고 돌을 **거둘** 때가
전 11:4	구름만 바라보는 자는 **거두지** 못하리라

'거두는 것'과 관련된 성구

곡식/곡물 – 창 41:35, 48; 레 19:9; 23:10; 신 18:4; 수 3:15; 사 17:5; 계 14:15, 16

밀 – 창 30:14; 삿 15:1

(목)숨/호흡 – 창 49:33; 욥 11:20; 14:10; 29:18; 34:14; 시 104:29

시체 – 삿 19:29; 20:6; 대상 10:12

십일조 – 삼상 8:15, 17; 느 12:44

포도(송이) – 레 25:3, 5, 11; 삿 9:27; 사 24:13; 렘 49:9; 미 7:1; 계 14:18, 19

아 5:1	나의 몰약과 향 재료를 **거두고** 나의
사 32:10	포도 수확이 없으며 열매 **거두는** 일이
사 37:30	셋째 해에는 심고 **거두며** 포도나무를
사 51:22	분노의 큰 잔을 네 손에서 **거두어서**
사 57:1	진실한 이들이 **거두어** 감을 당할지라
사 62:9	나 여호와를 찬송할 것이요 **거둔** 자가
렘 8:2	뼈가 **거두이거나** 묻히지 못하여 지면
렘 9:22	추수하는 자의 뒤에 버려져 **거두지** 못한
렘 12:13	밀을 심어도 가시를 **거두며** 수고하여
렘 25:33	시신을 **거두어** 주는 자도 없고 매장하여
애 2:8	무너뜨리는 일에서 손을 **거두지** 아니
겔 29:5	지면에 떨어지고 다시는 **거두거나** 모으
호 8:7	그들이 바람을 심고 광풍을 **거둘** 것이라
호 10:12	공의를 심고 인애를 **거두라** 너희 묵은
호 10:13	너희는 악을 밭 갈아 죄를 **거두고** 거짓

101

거두어들이다

욜 2:10	달이 캄캄하며 별들이 빛을 **거두도**다
욜 3:15	달이 캄캄하며 별들이 그 빛을 **거두도**다
암 5:11	그에게서 밀의 부당한 세를 **거두었은**즉
욘 4:3	원하건대 이제 내 생명을 **거두어** 가소서
마 6:26	공중의 새를 보라 심지도 않고 **거두지**도
마 13:30	가라지는 먼저 **거두어** 불사르게 단으로
마 13:40	그런즉 가라지를 **거두어** 불에 사르는
마 13:41	또 불법을 행하는 자들을 **거두어** 내어
마 14:20	조각을 열두 바구니에 차게 **거두었으**며
마 15:37	조각을 일곱 광주리에 차게 **거두었으**며
마 21:34	열매 거둘 때가 가까우매 그 열매를
마 25:24	심지 않은 데서 **거두고** 헤치지 않은
마 25:26	나는 심지 않은 데서 **거두고** 헤치지
마 27:6	대제사장들이 그 은을 **거두며** 이르되
막 6:43	열두 바구니에 차게 **거두었으**며
막 8:8	남은 조각 일곱 광주리를 **거두었으**며
막 8:19	조각 몇 바구니를 **거두었더**냐 이르되
막 8:20	조각 몇 광주리를 **거두었더**냐 이르되
눅 3:13	이르되 부과된 것 외에는 **거두지** 말라
눅 9:17	남은 조각을 열두 바구니에 **거두니**라
눅 12:24	심지도 아니하고 **거두지**도 아니하며
눅 19:21	취하고 심지 않은 것을 **거두나이**다
눅 19:22	심지 않은 것을 **거두는** 엄한 사람인
요 4:36	**거두는** 자가 이미 삯도 받고 영생에 이르는 … 이는 뿌리는 자와 **거두는** 자
요 4:37	사람이 심고 다른 사람이 **거둔다** 하는
요 4:38	노력하지 아니한 것을 **거두러** 보내었
요 6:12	남은 조각을 **거두고** 버리는 것이 없게
요 6:13	이에 **거두니** 보리떡 다섯 개로 먹고
행 28:3	바울이 나무 한 묶음을 **거두어** 불에
고전 9:11	너희의 육적인 것을 **거두기**로 과하냐
고후 8:15	기록된 것 같이 많이 **거둔** 자도 남지 아니하였고 적게 **거둔** 자도 모자라지
고후 9:6	이것이 곧 적게 심는 자는 적게 **거두고** 많이 심는 자는 많이 **거둔다** 하는 말이
갈 6:7	무엇으로 심든지 그대로 **거두리**라
갈 6:8	육체로부터 썩어질 것을 **거두고** 성령을 위하여 심는 자는 … 영생을 **거두리**라
갈 6:9	아니하면 때가 이르매 **거두리**라
약 3:18	화평으로 심어 의의 열매를 **거두느니**라

거두어들이다 (collect, gather)

창 47:14	돈을 모두 **거두어들이고** 그 돈을 바로에
신 16:13	포도주 틀의 소출을 **거두어들인** 후에
대하 20:25	많으므로 사흘 동안에 **거두어들이**고
욥 42:6	스스로 **거두어들이고** 티끌과 재 가운
애 2:3	그의 오른손을 뒤로 **거두어들이시**고

거듭/-하다 (more, repeat)

삿 5:23	너희는 **거듭거듭** 그 주민들을 저주할
삼하 21:1	시대에 해를 **거듭하여** 삼 년 기근이
욥 29:22	그들이 말을 **거듭하지** 못하였나니
시 78:41	그들이 돌이켜 하나님을 **거듭거듭** 시험
잠 17:9	**거듭** 말하는 자는 친한 벗을 이간하는
잠 26:11	자는 그 미련한 것을 **거듭** 행하느니라
사 1:5	매를 더 맞으려고 패역을 **거듭하느**냐
겔 21:14	칼로 두세 번 **거듭** 쓰이게 하라 이 칼은

거듭나다 (born again)

요 3:3	사람이 **거듭나지** 아니하면 하나님의
요 3:7	내가 네게 **거듭나야** 하겠다 하는 말을
벧전 1:3	우리를 **거듭나게** 하사 산 소망이 있게
벧전 1:23	**거듭난** 것은 썩어질 씨로 된 것이

거라사인 (Gerasenes) 데가볼리에 있는 한 성읍의 주민

막 5:1	예수께서 바다 건너편 **거라사인**의 지방
눅 8:26	그들이 갈릴리 맞은편 **거라사인**의 땅에
눅 8:37	**거라사인**의 땅 근방 모든 백성이 크게

거래하다 (去來, barter, do business with, trade)

욥 41:6	장사꾼들이 그것을 놓고 **거래하겠으**며
겔 27:3	섬 백성과 거래하는 자여 주 여호와
겔 27:12	풍부하므로 너와 **거래하였음이**여
겔 27:15	여러 섬이 너와 **거래하여** 상아와 박달
겔 27:16	아람은 너와 **거래하였음이**여 남보석과
겔 27:18	다메섹이 너와 **거래하였음이**여 헬본 포도주와 흰 양털을 너와 **거래하였도**다
겔 27:19	실로 네 물품을 **거래하였음이**여 가공한
겔 27:20	탈 때 까는 천을 너와 **거래하였도**다
겔 27:21	염소들, 그것으로 너와 **거래하였도**다
겔 27:24	노끈으로 묶어 가지고 너와 **거래하여**
습 1:11	패망하고 은을 **거래하는** 자들이 끊어졌

거루 (lifeboat)

행 27:16	작은 섬 아래로 지나 간신히 **거루**를

【 거룩/-하다/-히 】　　　　　　　　　　　　　　【 거룩/-하다/-히 】

거룩/-하다/-히 (holy)

창 2:3	일곱째 날을 복되게 하사 **거룩**하게	삼상 21:6	제사장이 그 **거룩**한 떡을 주었으니 거기
출 3:5	네가 선 곳은 **거룩**한 땅이니 네 발에서	왕상 8:4	성막 안의 모든 **거룩**한 기구들을 메고
출 13:2	처음 난 모든 것은 다 **거룩**히 구별하여	왕상 8:64	성전 앞뜰 가운데를 **거룩**히 구별하고
출 15:11	주와 같이 **거룩**함으로 영광스러우며	왕상 9:3	성전을 **거룩**하게 구별하여 내 이름을
출 20:11	안식일을 복되게 하여 그 날을 **거룩**하게	왕하 12:4	여호와의 성전에 **거룩**하게 하여 드리는
출 22:31	너희는 내게 **거룩**한 사람이 될지니 들에	왕하 19:22	이스라엘의 **거룩**한 자에게 그리하였
출 28:2	형 아론을 위하여 **거룩**한 옷을 지어	대상 16:29	**거룩**한 것으로 여호와께 경배할지어다
출 29:43	영광으로 말미암아 회막이 **거룩**하게	대하 7:7	여호와의 전 앞뜰 가운데를 **거룩**하게
출 29:44	내가 그 회막과 제단을 **거룩**하게 하며	대하 30:8	여호와께 돌아와 영원히 **거룩**하게 하신
출 30:10	제단은 여호와께 지극히 **거룩**하니라	대하 30:27	기도가 여호와의 **거룩**한 처소 하늘에
출 35:21	**거룩**한 옷을 위하여 예물을 가져다가	대하 35:3	**거룩**한 궤를 이스라엘 왕 다윗의 아들
출 37:29	**거룩**한 관유와 향품으로 정결한 향을	느 9:14	**거룩**한 안식일을 그들에게 알리시며
출 39:1	아론을 위해 **거룩**한 옷을 만들었더라	느 11:1	십분의 일은 **거룩**한 성 예루살렘에서
출 40:13	아론에게 **거룩**한 옷을 입히고 그에게	욥 15:15	하나님은 **거룩**한 자들을 믿지 아니하시
레 2:3	화제물 중에 지극히 **거룩**한 것이니라	시 2:6	나의 왕을 내 **거룩**한 산 시온에 세웠다
레 2:10	화제물 중에 지극히 **거룩**한 것이니라	시 16:10	**거룩**한 자를 멸망시키지 않으실 것임
레 6:29	먹을지니 그것은 지극히 **거룩**하니라	시 20:6	**거룩**한 하늘에서 그에게 응답하시리
레 7:1	이러하니라 이는 지극히 **거룩**하니	시 71:22	이스라엘의 **거룩**하신 주여 내가 수금
레 10:18	명령한 대로 **거룩**한 곳에서 먹었어야	시 77:13	주의 도는 극히 **거룩**하시오니 하나님
레 11:44	내가 **거룩**하니 너희도 몸을 구별하여	시 78:41	이스라엘의 **거룩**하신 이를 노엽게 하였
레 16:32	속죄하되 세마포 옷 곧 **거룩**한 옷을	시 89:5	주의 성실도 **거룩**한 자들의 모임 가운데
레 19:2	여호와 너희 하나님이 **거룩**함이니라	시 99:9	여호와 우리 하나님은 **거룩**하심이로다
레 21:23	그들을 **거룩**하게 하는 여호와임이니라	시 103:1	것들아 다 그의 **거룩**한 이름을 송축하라
레 22:9	그들을 **거룩**하게 하는 여호와이니라	시 105:3	그의 **거룩**한 이름을 자랑하라 여호와
레 27:33	바꾸면 둘 다 **거룩**하리니 무르지 못하	시 111:9	세우셨으니 그의 이름이 **거룩**하고 지존
민 3:3	기름 부음을 받고 **거룩**하게 구별되어	시 145:21	**거룩**하신 이름을 영원히 송축할지로다
민 6:8	날 동안 그는 여호와께 **거룩**한 자니라	잠 9:10	근본이요 **거룩**하신 자를 아는 것이 명철
민 7:1	그것에 기름을 발라 **거룩**히 구별하고	전 8:10	악인들은 장사지낸 바 되어 **거룩**한 곳을
민 11:18	너희의 몸을 **거룩**히 하여 내일 고기	사 1:4	이스라엘의 **거룩**하신 이를 만홀히 여겨
민 15:40	행하면 너희의 하나님 앞에 **거룩**하리라	사 6:13	**거룩**한 씨가 이 땅의 그루터기니라 하시
민 16:3	회중이 다 각각 **거룩**하고 여호와께서	사 8:13	만군의 여호와 그를 너희가 **거룩**하다
민 18:29	**거룩**하게 한 부분을 가져다가 여호와	사 10:17	**거룩**하신 이는 불꽃이 되실 것이니라
민 20:12	**거룩**함을 나타내지 아니한 고로 너희	사 29:23	이름을 **거룩**하다 하며 야곱의 **거룩**한
민 35:25	**거룩**한 기름 부음을 받은 대제사장이	사 30:11	이스라엘의 **거룩**하신 이를 우리 앞에서
신 5:12	명령한 대로 안식일을 지켜 **거룩**하게	사 35:8	거기에 대로가 있어 그 길을 **거룩**한
신 23:14	진영을 **거룩**히 하라 그리하면 네게서	사 47:4	만군의 여호와 이스라엘의 **거룩**한 이시
신 26:15	원하건대 주의 **거룩**한 처소 하늘에서	사 48:2	그들은 **거룩**한 성 출신이라고 스스로
신 32:51	**거룩**함을 이스라엘 자손 중에서 나타	사 57:15	영원히 거하시며 **거룩**하다 이름하는
수 5:15	선 곳은 **거룩**하니라 하니 여호수아가	사 60:9	이스라엘의 **거룩**한 이에게 드리려 하는
삿 17:12	미가가 그 레위인을 **거룩**하게 구별하	렘 11:15	**거룩**한 제물 고기로 네 재난을 피할
삼상 2:2	여호와와 같이 **거룩**하신 이가 없으시니	렘 17:22	명령함같이 안식일을 **거룩**히 할지어다
삼상 2:9	그가 그의 **거룩**한 자들의 발을 지키실	렘 31:40	여호와의 **거룩**한 곳이니라 영원히 다시
		렘 50:29	그가 이스라엘의 **거룩**한 자 여호와를

【 거룩/-하다/-히 】

겔 20:41	거룩함을 여러 나라의 목전에서 나타
겔 22:26	거룩함과 속된 것을 구별하지 아니하였
겔 28:22	내 거룩함을 나타낼 때에 무리가 나를
겔 37:28	내가 이스라엘을 거룩하게 하는 여호와
겔 42:20	담은 거룩한 것과 속된 것을 구별하는
겔 43:7	거룩한 이름을 더럽히지 아니하리라
겔 45:7	거룩한 구역과 성읍의 기지 된 땅이
겔 46:19	제사장의 거룩한 방에 들어가시니
겔 48:21	거룩하게 구별할 땅과 성전의 성소가
단 4:8	안에는 거룩한 신들의 영이 있는 자라
단 7:27	지극히 높으신 이의 거룩한 백성에게
단 8:13	거룩한 이가 그 말하는 이에게 묻되
단 11:30	맺은 거룩한 언약을 배반하는 자들을
호 11:12	거룩하신 자에게 대하여 정함이 없도다
욜 2:1	시온에서 나팔을 불며 나의 거룩한 산에
욜 2:15	너희는 시온에서 나팔을 불어 거룩한
암 2:7	여인에게 다녀서 내 거룩한 이름을 더럽
옵 1:17	그 산이 거룩할 것이요 야곱 족속은
합 1:12	하나님, 나의 거룩한 이시여 주께서는
슥 14:5	여호와께서 임하실 것이요 모든 거룩한
마 4:5	거룩한 성으로 데려다가 성전 꼭대기
막 8:38	아버지의 영광으로 거룩한 천사들과
눅 1:35	나실 바 거룩한 이는 하나님의 아들이라
요 17:11	거룩하신 아버지여 내게 주신 아버지의
행 4:30	거룩한 종 예수의 이름으로 이루어지게
행 6:13	사람이 이 거룩한 곳과 율법을 거슬러
행 26:18	나를 믿어 거룩하게 된 무리 가운데서
롬 6:19	지체를 의에게 종으로 내주어 거룩함에
롬 16:16	너희가 거룩하게 입맞춤으로 서로 문안
고전 1:2	안에서 거룩하여지고 성도라 부르심을
고전 7:34	몸과 영을 다 거룩하게 하려 하되 시집
고후 13:11	거룩하게 입맞춤으로 서로 문안하라
엡 1:4	안에서 그 앞에 거룩하고 흠이 없게
골 3:12	너희는 하나님이 택하사 거룩하고 사랑
살전 2:10	거룩하고 옳고 흠 없이 행하였는지에
살후 2:13	너희를 택하사 성령의 거룩하게 하심과
딤전 1:9	죄인과 거룩하지 아니한 자와 망령된
딤후 3:2	감사하지 아니하며 거룩하지 아니하며
딛 1:8	좋아하며 신중하며 의로우며 거룩하며
히 13:12	거룩하게 하려고 성문 밖에서 고난을
벧전 1:2	성령이 거룩하게 하심으로 순종함과
벧전 1:15	너희를 부르신 거룩한 이처럼 너희도
벧후 1:18	거룩한 산에 있을 때에 하늘로부터
요일 2:20	너희는 거룩하신 자에게서 기름 부음을
유 1:14	주께서 그 수만의 거룩한 자와 함께
계 22:19	거룩한 성에 참여함을 제하여 버리시

【 거룩/-하다/-히 – 기타 본문 】

모세오경 출 15:13; 16:23; 19:6, 23; 28:3, 4, 38, 41, 43; 29:1, 6, 9, 21, 27, 31, 33, 34, 36, 37; 30:25, 29, 30, 31, 32, 36, 37; 31:13, 14, 15; 35:2, 19; 39:30, 41; 40:9, 10, 11; 레 6:16, 17,

---

성경에 나오는 '거룩한' 것

거룩한 곳 – 출 28:43; 29:31; 레 6:16, 26, 27; 7:6; 10:13, 17, 18; 16:24; 24:9; 민 28:7; 시 24:3; 전 8:10; 사 57:15; 60:13; 렘 31:40; 겔 42:13; 45:3, 4; 마 24:15; 행 6:13; 21:28

거룩한 구역 – 겔 45:6, 7

거룩한 땅 – 출 3:5; 겔 45:1, 4; 48:10; 슥 2:12; 행 7:33

거룩한 산 – 시 2:6; 43:3; 48:1; 사 11:9; 57:13; 렘 31:23; 겔 20:40; 단 9:16, 20; 11:45; 욜 2:1; 벧후 1:18

거룩한 성/거룩한 성읍 – 느 11:1, 18; 사 48:2; 52:1; 64:10; 렘 51:51; 단 9:24; 마 4:5; 27:53; 계 11:2; 21:2, 10; 22:19

거룩한 안식일 – 출 16:23; 느 9:14

거룩한 자 1 – 왕하 19:22; 욥 5:1; 렘 50:29; 겔 39:7; 단 4:13, 17, 23; 합 3:3; 막 1:24; 눅 4:34

거룩한 자 2 – 민 6:8, 5; 삼상 2:9; 대상 23:13; 스 8:28; 욥 15:15; 시 16:10; 89:5, 7; 106:16; 슥 14:5; 눅 2:23; 행 2:27; 13:35; 벧전 1:15; 유 1:14; 계 22:11

거룩한 자손 – 스 9:2

거룩한 처소 – 출 15:13; 신 26:15; 대하 30:27; 스 9:8; 시 68:5; 렘 25:30; 슥 2:13

거룩히 구별하다 – 출 13:2; 민 7:1; 왕상 8:64; 겔 48:14, 18, 20

【 거룻배 】　　　　　　　　　　　　　　　　　　【 거류하다 】

18, 25, 26, 27; 7:6; 8:9, 10, 11, 12, 15, 30; 10:3, 10, 12, 13, 17; 11:45; 14:13; 16:4, 24; 19:24; 20:7, 8, 26; 21:6, 7, 8, 15; 22:16, 32, 36; 24:9; 25:10, 12; 27:9, 10, 28; 민 3:13; 5:17; 6:5; 16:5, 7, 37, 38; 18:8, 9, 10, 17; 20:13; 27:14; 28:7 **역사서** 수 7:13; 24:19; 삿 17:3; 삼상 6:20; 7:1; 21:4; 왕상 9:7; 왕하 4:9; 10:20; 대상 16:35; 23:13; 29:16; 대하 5:5; 7:16, 20; 8:11; 20:21; 23:6; 36:14; 스 3:5; 8:28; 9:2, 8; 느 11:18; 13:22 **시가서** 욥 5:1; 6:10; 시 22:3; 24:3; 29:2; 30:4; 43:3; 47:8; 48:1; 60:6; 68:5; 89:7, 18, 20, 35; 93:5; 96:9; 97:12; 98:1; 99:3, 5; 105:42; 106:16, 47; 110:3; 잠 20:25; 30:3 **선지서** 사 4:3; 5:16, 19, 24; 6:3; 10:20; 11:9; 12:6; 13:3; 17:7; 23:18; 29:19; 30:12, 15, 29; 31:1; 37:23; 40:25; 41:14, 16, 20; 43:3, 14, 15; 45:11; 48:17; 49:7; 52:1, 10; 54:5; 55:5; 57:13; 60:13, 14; 62:12; 63:15, 18; 64:10, 11; 65:5; 66:17; 렘 17:24, 27; 23:9; 25:30; 31:23; 51:5, 51; 겔 20:12, 20, 39, 40; 28:25; 36:20, 21, 22, 23; 38:16, 23; 39:7, 25, 27; 42:13, 14; 43:8, 12; 44:19, 23, 24; 45:1, 3, 4, 6; 46:20; 48:10, 11, 12, 14, 18, 20; 단 4:9, 13, 17, 18, 23; 5:11; 8:24; 9:16, 20, 24; 11:28, 45; 호 11:9; 욜 2:16; 3:17; 암 4:2; 합 3:3; 학 2:12; 슥 2:12, 13 **복음서, 역사서** 마 6:9; 7:6; 23:17, 19; 24:15; 27:53; 막 1:24; 6:20; 눅 1:49, 70, 72; 2:23; 4:34; 9:26; 11:2; 요 6:69; 10:36; 17:17, 19; 행 2:27; 3:14, 21; 4:27; 7:33; 10:22; 13:34, 35; 20:32; 21:28 **서신서, 예언서** 롬 6:22; 7:12; 11:16; 12:1; 15:16; 고전 1:30; 3:17; 6:11; 7:14; 16:20; 고후 1:12; 7:1; 엡 3:5; 4:24; 5:26, 27; 골 1:22; 살전 3:13; 4:3, 4, 7; 5:23, 26; 딤전 2:8, 15; 4:5; 딤후 1:9; 2:21; 딛 3:7; 히 2:11; 3:1; 7:26; 9:13; 10:10, 14, 29; 12:10, 14; 벧전 1:16; 2:5, 9; 3:5, 15; 벧후 2:21; 3:2, 11; 유 1:20; 계 3:7; 4:8; 6:10; 11:2; 14:10; 15:4; 16:5; 20:6; 21:2, 10; 22:11

거룻배(lifeboat)
행 27:30　닻을 내리는 체하고 **거룻배**를 바다에

거룻줄(rope of the boat)
행 27:32　군인들이 **거룻줄**을 끊어 떼어 버리니라

거류민/거류인(居留民, temporary resident, alien)
출 12:45　**거류인**과 타국 품꾼은 먹지 못하리라
레 16:29　중에 **거류**하는 **거류민**이든지 그리하라
레 17:8　**거류**하는 **거류민**이 번제나 제물을 드리
레 17:10　그들 중에 **거류**하는 **거류민** 중에 무슨
레 17:12　**거류**하는 **거류민**이라도 피를 먹지 말라
레 17:13　그들 중에 **거류**하는 **거류민**이 먹을 만한
레 17:15　본토인이거나 **거류민**이거나 그의 옷을
레 18:26　너희 중에 **거류**하는 **거류민**이나 내 규례
레 19:10　가난한 사람과 **거류민**을 위하여 버려
레 19:33　**거류민**이 너희의 땅에 **거류**하여 함께
레 19:34　너희와 함께 있는 **거류민**을 너희 중에
레 20:2　이스라엘에 **거류**하는 **거류민**이든지
레 23:22　가난한 자와 **거류민**을 위하여 남겨두라
레 24:16　**거류민**이든지 본토인이든지 여호와의
레 24:22　**거류민**에게든지 본토인에게든지
레 25:23　너희는 **거류민**이요 동거하는 자로서
레 25:35　너는 그를 도와 **거류민**이나 동거인처럼
레 25:47　너와 함께 있는 **거류민**이나 동거인은
민 9:14　**거류민**에게나 본토인에게나 그 율례
수 8:35　**거류민**들 앞에서 낭독하지 아니한 말이
수 20:9　그들 중에 **거류**하는 **거류민**을 위하여
대상 29:15　이방 나그네와 **거류민**들이라 세상에
벧전 2:11　사랑하는 자들아 **거류민**과 나그네 같은

거류하다(居留, live)
창 11:2　시날 평지를 만나 거기 **거류**하며
창 11:31　하란에 이르러 거기 **거류**하였으며
창 12:10　아브람이 애굽에 **거류**하려고 그리로
창 17:8　네가 **거류**하는 이 땅 곧 가나안 온 땅을
창 19:9　이 자가 들어와서 **거류**하면서 우리의
창 20:1　가데스와 술 사이 그랄에 **거류**하며
창 23:4　나는 당신들 중에 나그네요 **거류**하는
창 26:3　이 땅에 **거류**하면 내가 너와 함께 있어
창 26:17　골짜기에 장막을 치고 거기 **거류**하며
창 28:4　곧 네가 **거류**하는 땅을 네가 차지하게
창 32:4　내가 라반과 함께 **거류**하며 지금까지
창 35:27　아브라함과 이삭이 **거류**하던 헤브론
창 37:1　아버지가 **거류**하던 땅에 거주하였으니
창 47:4　종들이 이 곳에 **거류**하고자 왔사오니
출 3:22　자기 집에 **거류**하는 여인에게 은 패물
출 6:4　가나안 땅 곧 그들이 **거류**하는 땅을

105

【 거름 】

출 12:48	너희와 함께 **거류하는** 타국인이 여호와
출 12:49	본토인에게나 너희 중에 **거류하는**
레 16:29	너희 중에 **거류하는** 거류민이든지
레 17:8	**거류하는** 거류민이 번제나 제물을 드리
레 17:10	그들 중에 **거류하는** 거류민 중에 무슨
레 17:12	너희 중에 **거류하는** 거류민이라도 피를
레 17:13	그들 중에 **거류하는** 거류민이 먹을 만한
레 18:26	너희 중에 **거류하는** 거류민이나 내 규례
레 19:33	너희의 땅에 **거류하여** 함께 있거든
레 20:2	이스라엘에 **거류하는** 거류민이든지
레 22:18	**거류하는** 자가 서원제물이나 자원제물
레 25:6	여종과 네 품꾼과 너와 함께 **거류하는**
레 25:45	너희 중에 **거류하는** 동거인들의 자녀
민 9:14	타국인이 너희 중에 **거류하여** 여호와
민 15:14	너희 중에 **거류하는** 타국인이나 너희
민 15:15	회중 곧 너희에게나 **거류하는** 타국인
민 15:16	너희에게나 너희 중에 **거류하는** 타국인
민 15:26	그들 중에 **거류하는** 타국인도 사함을
민 15:29	중에 **거류하는** 타국인이든지 누구든
민 19:10	그중에 **거류하는** 외인에게 영원한 율례
민 35:15	이스라엘 중에 **거류하는** 자의 도피성
신 14:21	그것을 성중에 **거류하는** 객에게 주어
신 14:29	네 성중에 **거류하는** 객과 및 고아와
신 26:5	거기에서 소수로 **거류하였더니** 거기
신 26:11	가운데 **거류하는** 객과 함께 즐거워
신 31:12	성읍 안에 **거류하는** 타국인을 모으고
수 20:9	그들 중에 **거류하는** 거류민을 위하여
삿 17:7	레위인으로서 거기서 **거류하였더라**
삿 19:1	에브라임 산지 구석에 **거류하는** 어떤
삿 19:16	기브아에 **거류하는** 자요 그곳 사람들은
룻 1:1	데리고 모압 지방에 가서 **거류하였는데**
대상 22:2	이스라엘 땅에 **거류하는** 이방 사람을
사 52:4	거기 **거류하였고** 앗수르인은 공연히
렘 14:8	이 땅에서 **거류하는** 자같이, 하룻밤을
겔 14:7	이스라엘 가운데 **거류하는** 외국인
히 11:9	약속의 땅에 **거류하여** 동일한 약속을

거름 (refuse)

왕하 9:37	**거름**같이 밭에 있으리니 이것이 이세벨
시 83:10	엔돌에서 패망하여 땅을 위한 **거름**이 되었
눅 13:8	그대로 두소서 내가 두루 파고 **거름**을
눅 14:35	**거름**에도 쓸 데 없어 내버리느니라

거름더미

삼상 2:8	빈궁한 자를 **거름더미**에서 올리사 귀족
왕상 14:10	**거름더미**를 쓸어 버림같이 여로보암
스 6:11	그의 집은 이로 말미암아 **거름더미**가
시 113:7	궁핍한 자를 **거름더미**에서 들어 세워
애 4:5	자들이 이제는 **거름더미**를 안았도다
단 2:5	너희의 집을 **거름더미**로 만들 것이요

거름물

사 25:10	모압이 **거름물** 속에서 초개가 밟힘같이

거름터

단 3:29	그 몸을 쪼개고 그 집을 **거름터**로 삼을

거리 (distance, road, street)

1. 두 곳 사이의 길이 (距離, distance)

창 21:16	화살 한 바탕 **거리** 떨어져 마주 앉아
창 32:16	건너가서 각 떼로 **거리**를 두게 하라
창 35:16	얼마간 **거리**를 둔 곳에서 라헬이 해산
수 3:4	너희와 그 사이 **거리**가 이천 규빗쯤
삿 18:7	시돈 사람들과 **거리**가 멀고 어떤 사람
삿 18:28	시돈과 **거리**가 멀고 상종하는 사람도
삼상 26:13	멀리 산 꼭대기에 서니 **거리**가 멀더라
느 4:19	넓으므로 우리가 성에서 떨어져 **거리**가
눅 15:20	아직도 **거리**가 먼데 아버지가 그를 보고
요 21:8	다른 제자들은 육지에서 **거리**가 불과

2. 내용이 될 만한 재료

왕하 21:14	원수에게 노략 **거리**와 겁탈 **거리**가

3. 길거리 (road, street)

창 19:2	아니라 우리가 **거리**에서 밤을 새우리라
신 13:16	물건을 다 **거리**에 모아 놓고 그 성읍과
수 2:19	누구든지 네 집 문을 나가서 **거리**로
삿 19:15	성읍 넓은 **거리**에 앉아 있으나 그를
삿 19:17	노인이 눈을 들어 성읍 넓은 **거리**에
삿 19:20	것이니 **거리**에서는 유숙하지 말라 하고
삼하 1:20	아스글론 **거리**에도 전파하지 말지어다
삼하 21:12	벧산 **거리**에 매단 것을 그들이 가만히
삼하 22:43	부스러뜨리고 **거리**의 진흙같이 밟아
왕상 20:34	다메섹에서 당신을 위하여 **거리**를 만드
에 6:9	성 중 **거리**로 다니며 그 앞에서 반포하
에 6:11	성 중 **거리**로 다니며 그 앞에서 반포하
욥 18:17	기념함이 땅에서 사라지고 **거리**에서
욥 29:7	자리를 **거리**에 마련하기도 하였느니라

【 거리 】 　　　　　　　　　　　　　　　　　　　　　　　　　　　　　　　　　　　　　　　【 거리 】

욥 31:32	실상은 나그네가 **거리**에서 자지 아니
시 18:42	부숴뜨리고 **거리**의 진흙같이 쏟아 버렸
시 55:11	압박과 속임수가 그 **거리**를 떠나지 아니
시 144:14	우리 **거리**에는 슬피 부르짖음이 없을
잠 5:16	도랑물을 **거리**로 흘러가게 하겠느냐
잠 7:8	그가 **거리**를 지나 음녀의 골목 모퉁이
잠 7:12	어떤 때에는 **거리**, 어떤 때에는 광장
잠 22:13	나가면 **거리**에서 찢기겠다 하느니라
잠 26:13	게으른 자는 길에 사자가 있다 **거리**에
전 12:5	돌아가고 조문객들이 **거리**로 왕래하게
아 3:2	사랑하는 자를 **거리**에서나 큰 길에서나
사 5:25	그들의 시체는 **거리** 가운데에 분토같이
사 15:3	**거리**에서는 굵은 베로 몸을 동였으며
사 24:11	포도주가 없으므로 **거리**에서 부르짖으
사 42:2	소리를 **거리**에 들리게 하지 아니하며
사 51:20	그물에 걸린 영양같이 온 **거리** 모퉁이
사 59:14	성실이 **거리**에 엎드러지고 정직이 나타
렘 5:1	너희는 예루살렘 **거리**로 빨리 다니며
렘 6:11	그것을 **거리**에 있는 아이들과 모인 청년
렘 7:17	유다 성읍들과 예루살렘 **거리**에서 행하
렘 7:34	유다 성읍들과 예루살렘 **거리**에 기뻐
렘 9:21	밖에서는 자녀들을 **거리**에서는 청년
렘 11:6	유다 성읍들과 예루살렘 **거리**에서 선포
렘 11:13	예루살렘 **거리**의 수대로 그 수치스러운
렘 14:16	예루살렘 **거리**에 던짐을 당할 것인즉
렘 33:10-11	유다 성읍들과 예루살렘 **거리**에서
렘 37:21	만드는 자의 **거리**에서 매일 떡 한 개씩
렘 44:6	성읍들과 예루살렘 **거리**를 불살랐더니
렘 44:9	너희가 유다 땅과 예루살렘 **거리**에서
렘 44:17	유다 성읍들과 예루살렘 **거리**에서 하던
렘 44:21	유다 성읍들과 예루살렘 **거리**에서 분향
렘 48:38	모압의 모든 지붕과 **거리** 각처에서 슬피
렘 49:26	**거리**에 엎드러지겠고 모든 군사는 멸절
렘 50:30	날에 장정들이 그 **거리**에 엎드러지겠고
렘 51:4	관통상을 당한 자가 **거리**에 있으리라
애 4:1	성소의 돌들이 **거리** 어귀마다 쏟아졌
애 4:5	외롭게 **거리 거리**에 있으며 이전에는
애 4:8	**거리**에서든지 알아볼 사람이 없도다
애 4:14	그들이 **거리 거리**에서 맹인같이 방황
애 4:18	우리가 **거리**마다 다 다닐 수 없음이여
겔 7:19	그들이 그 은을 **거리**에 던지며 그 금을
겔 11:6	성읍에서 많이 죽여 그 **거리**를 시체로
겔 16:24	건축하며 모든 **거리**에 높은 대를 쌓았
겔 16:31	모든 **거리**에 쌓고도 값을 싫어하니 창기
겔 26:11	그가 그 말굽으로 네 모든 **거리**를 밟을
겔 28:23	**거리**에 피가 흐르게 하리니 사방에서

'거리 2'와 관련된 성구

구경거리 – 겔 28:17; 나 3:6; 고전 4:9; 골 2:15; 히 10:33

노랫거리 – 애 3:14

노략 거리 – 느 4:4; 겔 26:5; 34:8, 22, 28; 36:4; 슥 2:9

놀라움과 표징과 속담 거리 – 겔 14:8

놀람과 비웃음 거리 – 대하 29:8; 렘 25:9

놀람과 조롱 거리 – 렘 19:8

놀램과 저주와 치욕 거리 – 렘 42:18

놀램과 치욕 거리 – 렘 49:13

놀림거리 – 욥 30:9

다툼 거리 – 시 80:6

말거리 – 시 69:11; 렘 24:9; 36:3

맹셋거리 – 민 5:21

먹을거리 – 창 1:29, 30; 47:15; 욥 30:4; 시 37:3

모욕 거리 – 겔 5:14

비방 거리 – 신 22:14, 17; 28:37; 삼하 12:14; 시 22:6; 79:4; 109:25; 사 43:28; 겔 36:3

속담 거리 – 욥 17:6

속담 거리와 이야깃거리 – 왕상 9:7; 대하 7:20

수치와 조롱거리 – 겔 5:15

웃음거리 – 욥 12:4; 렘 18:16

이야기 거리 – 시 44:14; 겔 23:10

저주와 수치 거리 – 렘 44:8

저줏거리 – 민 5:21, 27; 사 65:15; 렘 26:6; 29:22; 44:22; 49:13

조롱 거리 – 출 32:25; 시 22:6; 렘 20:7; 48:26, 39; 51:18; 겔 22:4; 36:4; 호 7:16

조소 거리 – 애 1:8; 미 6:16

치욕과 모욕 거리 – 렘 20:8

탄식 거리 – 렘 51:37

【 거리끼다 】   【 거민 】

단 9:25	성이 중건되어 광장과 **거리**가 세워질
암 5:16	**거리**에서 슬프도다 슬프도다 하겠으며
미 7:10	그가 **거리**의 진흙같이 밟히리니 그것
나 2:4	병거는 미친 듯이 **거리**를 달리며 대로
습 3:6	내가 그들의 **거리**를 비게 하여 지나는
슥 8:5	성읍 **거리**에 소년과 소녀들이 가득하여
슥 9:3	티끌같이, 금을 **거리**의 진흙같이 쌓았
슥 10:5	싸울 때에 용사같이 **거리**의 진흙 중에
마 6:2	회당과 **거리**에서 하는 것 같이 너희
마 6:5	회당과 큰 **거리** 어귀에 서서 기도하기를
막 11:4	앞 **거리**에 매여 있는지라 그것을 푸니
눅 10:10	영접하지 아니하거든 그 **거리**로 나와서
눅 14:21	빨리 시내의 **거리**와 골목으로 나가서
행 5:15	심지어 병든 사람을 메고 **거리**에 나가
행 9:11	일어나 직가라 하는 **거리**로 가서 유다
행 12:10	한 **거리**를 지나매 천사가 곧 떠나더라

거리끼다(stumble, discredit, hesitate)

민 22:16	아무것에도 **거리끼**지 말고 내게로 오라
행 8:36	세례를 받음에 무슨 **거리낌**이 있느냐
롬 14:20	깨끗하되 **거리낌**으로 먹는 사람에게
롬 14:21	형제로 **거리끼게** 하는 일을 아니함이
고전 1:23	유대인에게는 **거리끼는** 것이요 이방인
고후 6:3	무엇에든지 아무에게도 **거리끼지** 않게

'**거리낌이 없다**' 와 관련된 성구
신 1:43; 행 20:20; 24:16; 요일 2:10

거만/-**하다**(倨慢, arrogance)

시 73:8	악하게 말하며 높은 데서 **거만하게** 말하
잠 1:22	좋아하며 **거만한** 자들은 **거만**을
잠 3:34	진실로 그는 **거만한** 자를 비웃으시며
잠 8:13	나는 교만과 **거만**과 악한 행실과 패역
잠 9:7	**거만한** 자를 징계하는 자는 도리어
잠 9:8	**거만한** 자를 책망하지 말라 그가 너를
잠 9:12	네가 만일 **거만하면** 너 홀로 해를 당하
잠 13:1	**거만한** 자는 꾸지람을 즐겨 듣지 아니
잠 14:6	**거만한** 자는 지혜를 구하여도 얻지
잠 15:12	**거만한** 자는 견책 받기를 좋아하지
잠 16:18	교만은 패망의 선봉이요 **거만한** 마음
잠 19:25	**거만한** 자를 때리라 그리하면 어리석은
잠 19:29	심판은 **거만한** 자를 위하여 예비된

잠 20:1	포도주는 **거만하게** 하는 것이요 독주
잠 21:11	**거만한** 자가 벌을 받으면 어리석은
잠 22:10	**거만한** 자를 쫓아내면 다툼이 쉬고
잠 24:9	**거만한** 자는 사람에게 미움을 받느니라
잠 29:8	**거만한** 자는 성읍을 요란하게 하여도
사 2:12	**거만한** 자와 자고한 자에게 임하리니
사 13:11	끊으며 강포한 자의 **거만**을 낮출 것이
사 16:6	**거만하며** 교만하며 분노함도 들었거니
렘 48:29	자고와 오만과 자랑과 그 마음의 **거만**
애 3:65	그들에게 **거만한** 마음을 주시고 그들
겔 16:50	**거만하여** 가증한 일을 내 앞에서 행하
고후 12:20	비방과 수군거림과 **거만함**과 혼란이

거머리(leech)
| 잠 30:15 | **거머리**에게는 두 딸이 있어 다오 다오 |

거멀못(nail for the fitting)
| 대상 22:3 | 다윗이 또 문짝 못과 **거멀못**에 쓸 철을 |

거무스름하다(dark)
| 아 1:6 | 내가 햇볕에 쬐어서 **거무스름할지라도** |

거문고(harp)
왕상 3:15	**거문고** 타는 자가 **거문고**를 탈 때에
고전 14:7	혹 피리나 **거문고**와 같이 생명 없는
계 5:8	각각 **거문고**와 향이 가득한 금 대접을
계 14:2	내가 들은 소리는 **거문고** 타는 자들이
계 15:2	유리 바다 가에 서서 하나님의 **거문고**
계 18:22	또 **거문고** 타는 자와 풍류하는 자와

거미줄(spider's web)
| 욥 8:14 | 끊어지고 그가 의지하는 것이 **거미줄** |
| 사 59:5 | 독사의 알을 품으며 **거미줄**을 짜나니 |

거민(居民, people, who live)
창 50:11	그 땅 **거민** 가나안 백성들이 아닷 마당
민 13:18	땅 **거민**이 강한지 약한지 많은지 적은
시 33:8	세상의 모든 **거민**들은 그를 경외할지
시 33:14	세상의 모든 **거민**들을 굽어살피시는
시 49:1	들으라 세상의 **거민**들아 모두 귀를 기울
사 18:3	세상의 모든 **거민**, 지상에 사는 너희
사 26:9	때에 세계의 **거민**이 의를 배움이니이다
사 26:18	세계의 **거민**을 출산하지 못하였나이다

108

【 거부 】   【 거역하다 】

사 26:21	땅의 **거민**의 죄악을 벌하실 것이라 땅이
사 38:11	세상의 **거민** 중에서 한 사람도 다시는
단 9:7	사람들과 예루살렘 **거민**들과 이스라엘

거부(巨富, wealthy, powerful)
창 26:13	창대하고 왕성하여 마침내 **거부**가 되어
렘 5:27	그러므로 너희가 번창하고 **거부**가 되어

거부하다(拒否, refuse, disown)
신 20:12	너와 화평하기를 **거부하고** 너를 대적
행 3:13	것을 너희가 그 앞에서 **거부하였으니**
행 3:14	거룩하고 의로운 이를 **거부하고** 도리어

거세다(fiercely, blustering, roaring)
출 15:10	바다가 그들을 덮으니 그들이 **거센** 물에
욥 8:2	어느 때까지 네 입의 말이 **거센** 바람과
렘 5:22	파도가 **거세게** 이나 그것을 이기지 못하
눅 11:53	서기관과 바리새인들이 **거세게** 달려

거스르다(displease, hostile, oppose against)
출 14:27	회복된지라 애굽 사람들이 물을 **거슬러**
출 15:7	**거스르는** 자를 엎으시니이다 주께서
레 26:21	나를 **거슬러** 내게 청종하지 아니할진대
레 26:40	그들이 나를 **거스른** 잘못으로 자기의
민 16:2	명과 함께 일어나서 모세를 **거스르니라**
민 16:3	그들이 모여서 모세와 아론을 **거슬러**
민 16:11	다 모여서 여호와를 **거스르는도다**
민 26:9	모세와 아론을 **거슬러** 여호와께 반역
민 27:3	여호와를 **거슬러** 모인 고라의 무리에
삿 7:2	이스라엘이 나를 **거슬러** 스스로 자랑
삼상 29:7	블레셋 사람들의 수령들에게 **거슬러**
삼하 22:27	자에게는 주의 **거스르심**을 보이시리
대하 35:21	그대는 하나님을 **거스르지** 말라 그대
욥 9:4	그를 **거슬러** 스스로 완악하게 행하고
시 18:26	사악한 자에게는 주의 **거스르심**을 보이
잠 8:29	물이 명령을 **거스르지** 못하게 하시며
사 32:6	여호와를 **거스르며** 주린 자의 속을
사 37:28	네가 나를 **거슬러** 분노함을 내가 아노라
사 37:29	네가 나를 **거슬러** 분노함과 네 오만함
렘 38:5	조금도 너희를 **거스를** 수 없느니라
렘 48:42	모압이 여호와를 **거슬러** 자만하였으므
겔 5:6	그가 내 규례를 **거슬러서** 이방인보다
단 11:28	그는 마음으로 거룩한 언약을 **거스르며**
호 7:13	건져 주려 하나 그들이 나를 **거슬러**
나 1:2	자기를 **거스르는** 자에게 여호와는 보복
말 2:8	많은 사람을 율법에 **거스르게** 하는도다
마 5:11	박해하고 거짓으로 너희를 **거슬러** 모든
마 14:24	바람이 **거스르므로** 물결로 말미암아
막 3:26	사탄이 자기를 **거슬러** 일어나 분쟁하면
막 6:48	바람이 **거스르므로** 제자들이 힘겹게
눅 1:17	아버지의 마음을 자식에게, **거스르는**
행 4:27	기름 부으신 거룩한 종 예수를 **거슬러**
행 6:13	율법을 **거슬러** 말하기를 마지 아니하
행 7:51	조상과 같이 항상 성령을 **거스르는도다**
행 26:19	하늘에서 보이신 것을 내가 **거슬러지**
롬 10:21	순종하지 아니하고 **거슬러** 말하는 백성
롬 11:24	본성을 **거슬러** 좋은 감람나무에 접붙임
롬 13:2	그러므로 권세를 **거스르는** 자는 하나님
	의 명을 **거스름**이니 **거스르는** 자들은
롬 16:17	너희가 배운 교훈을 **거슬러** 분쟁을 일으
고후 13:8	우리는 진리를 **거슬러** 아무 것도 할 수
갈 5:17	육체의 소욕은 성령을 **거스르고** 성령은
빌 2:15	어그러지고 **거스르는** 세대 가운데서
골 2:14	우리를 **거스르고** 불리하게 하는 법조문
딤전 1:10	기타 바른 교훈을 **거스르는** 자를 위함
딛 1:9	바른 교훈으로 권면하고 **거슬러** 말하는
딛 2:9	순종하여 기쁘게 하고 **거슬러** 말하지
약 3:14	자랑하지 말라 진리를 **거슬러** 거짓말
벧전 2:11	**거슬러** 싸우는 육체의 정욕을 제어하라
벧후 2:11	**거슬러** 비방하는 고발을 하지 아니하
유 1:15	죄인들이 주를 **거슬러** 한 모든 완악한

거십(Kezib) 수아의 딸이 셀라를 낳은 곳
창 38:5	셀라를 낳을 때에 유다는 **거십**에 있었

거액(巨額, liberal)
고후 8:20	우리가 맡은 이 **거액**의 연보에 대하여

거역하다(拒逆, refuse, rebel against)
민 5:6	죄를 범하여 여호와께 **거역함**으로 죄를
민 14:9	다만 여호와를 **거역하지는** 말라
민 14:35	나를 **거역하는** 이 악한 온 회중에게
민 20:24	므리바 물에서 내 말을 **거역한** 까닭이
민 22:29	네가 나를 **거역하기** 때문이니 내 손에
민 27:14	내 명령을 **거역하고** 그 물 가에서
신 1:26	하나님 여호와의 명령을 **거역하여**

{ 거역하다 }   { 거저 }

신 1:43	여호와의 명령을 **거역하고** 거리낌 없이
신 9:7	이르기까지 늘 여호와를 **거역하였으되**
신 9:23	하나님 여호와의 명령을 **거역하여** 믿지
신 9:24	너희가 항상 여호와를 **거역하여** 왔느
신 31:27	너희가 여호와를 **거역하였거든** 하물며
수 1:18	당신의 명령을 **거역하며** 당신의 말씀
수 22:16	너희가 오늘 여호와께 **거역하고자** 하느
수 22:19	**거역하지** 말며 우리에게도 **거역하지**
수 22:22	여호와를 **거역함**이거나 범죄함이거든
수 22:29	우제단을 쌓음으로 여호와를 **거역하고**
삼상 12:14	여호와의 명령을 **거역하지** 아니하며
삼상 12:15	여호와의 명령을 **거역하면** 여호와의
삼상 15:23	이는 **거역하는** 것은 점치는 죄와 같고
삼하 18:13	**거역하여** 그의 생명을 해하였더라면
대하 24:20	어찌하여 여호와의 명령을 **거역하여**
스 4:19	예로부터 왕들을 **거역하며** 그 중에서
스 9:14	우리가 어찌 다시 주의 계명을 **거역하고**
느 9:17	**거역하며** 주께서 그들 가운데에서 행
느 9:26	순종하지 아니하고 주를 **거역하며**
에 3:3	너는 어찌하여 왕의 명령을 **거역하느냐**
욥 6:10	이의 말씀을 **거역하지** 아니하였음이라
욥 34:37	하나님을 **거역하는** 말을 많이 하는구나
시 66:7	**거역하는** 자들은 교만하지 말지어다
시 68:6	**거역하는** 자들의 거처는 메마른 땅이
시 106:7	바다 곧 홍해에서 **거역하였나이다**
시 106:33	그들이 그의 뜻을 **거역함**으로 말미암
시 106:43	그들은 교묘하게 **거역하며** 자기 죄악
시 107:11	하나님의 말씀을 **거역하며** 지존자의
사 1:2	그들이 나를 **거역하였도다**
사 3:8	언어와 행위가 여호와를 **거역하여**
사 31:6	심히 **거역하던** 자에게로 돌아오라
사 50:5	내가 **거역하지도** 아니하며 뒤로 물러
렘 4:17	나를 **거역했기** 때문이니라 여호와
렘 51:5	거룩하신 이를 **거역하므로** 죄과가 땅에
애 1:18	내가 그의 명령을 **거역하였도다** 너희
단 3:28	왕의 명령을 **거역하고** 그 하나님 밖에
호 7:14	말미암아 모이며 나를 **거역하는도다**
마 12:32	누구든지 말로 인자를 **거역하면** 사하심
눅 12:10	누구든지 말로 인자를 **거역하면** 사하심
행 17:7	가이사의 명을 **거역하여** 말하되 다른
롬 1:30	악을 도모하는 자요 부모를 **거역하는**
딤후 2:25	**거역하는** 자를 온유함으로 훈계할지니
딤후 3:2	부모를 **거역하며** 감사하지 아니하며
히 3:8	시험하던 날에 **거역하던** 것 같이
히 12:3	자기에게 **거역한** 일을 참으신 이를 생각
히 12:25	너희는 삼가 말씀하신 이를 **거역하지**

거울(mirror)

출 38:8	회막 문에서 수종드는 여인들의 **거울**로 만들었더라
욥 37:18	**거울**같이 단단하게 할 수 있겠느냐
사 3:23	**거울**과 세마포 옷과 머리 수건과 너울
고전 13:12	우리가 지금은 **거울**로 보는 것 같이
고후 3:18	우리가 다 수건을 벗은 얼굴로 **거울**을
약 1:23	그는 **거울**로 자기의 생긴 얼굴을 보는
유 1:7	영원한 불의 형벌을 받음으로 **거울**이

거의(almost, nearly, mostly)

수 10:13	태양이 중천에 머물러서 **거의** 종일토록
수 10:20	그들을 크게 살륙하여 **거의** 멸하였고
시 73:2	나는 **거의** 넘어질 뻔하였고 나의 걸음이
시 119:87	그들이 나를 세상에서 **거의** 멸하였으나
욘 1:4	폭풍이 일어나 배가 **거의** 깨지게 된지라
막 5:13	**거의** 이천 마리 되는 떼가 바다를 향하
눅 10:30	강도들이 그 옷을 벗기고 때려 **거의**
눅 23:54	날은 준비일이요 안식일이 **거의** 되었
요 4:47	고쳐 주소서 하니 **거의** 죽게 되었음이라
행 13:44	그 다음 안식일에는 온 시민이 **거의**
행 19:26	바울이 에베소뿐아니라 **거의** 전 아시아
행 21:27	그 이레가 **거의** 차매 아시아로부터
히 9:22	율법을 따라 **거의** 모든 물건이 피로써

거인(巨人, rapha–NIV, giant–KJV)

민 13:33	네피림 후손인 아낙 자손의 **거인들**을
삼하 21:18	후사 사람 십브개는 **거인족**의 아들
삼하 21:20	스물 네 개가 있는데 그도 **거인족**의
삼하 21:22	이 네 사람 가드의 **거인족**의 소생이

거저(freely, empty–handed)

출 21:11	여자는 속전을 내지 않고 **거저** 나가게
삼상 6:3	이스라엘 신의 궤를 보내려거든 **거저**
마 10:8	귀신을 쫓아내되 너희가 **거저** 받았으니
막 12:3	종을 잡아 심히 때리고 **거저** 보내었거늘
눅 20:10	농부들이 종을 몹시 때리고 **거저** 보내
눅 20:11	그도 몹시 때리고 능욕하고 **거저** 보내

【 거절하다 】　　　　　　　　　　　　　　　　　　　　　　　　　　　　　　　　　【 거주지 】

엡 1:6	우리에게 **거저** 주시는 바 그의 은혜의	

거절하다(拒絶, refuse, resist, reject)

창 39:8	요셉이 **거절**하며 자기 주인의 아내에게
출 4:23	네가 보내 주기를 **거절**하니 내가
출 7:14	완강하여 백성 보내기를 **거절**하는도다
출 8:2	만일 보내기를 **거절**하면 내가 개구리
출 9:2	네가 만일 보내기를 **거절**하고 억지로
출 10:4	내 백성 보내기를 **거절**하면 내일 내가
출 22:17	아버지가 딸을 그에게 주기를 **거절**하면
민 22:14	우리와 함께 오기를 **거절**하더이다
삼상 8:19	백성이 사무엘의 말 듣기를 **거절**하여
삼상 28:23	사울이 **거절**하여 이르되 내가 먹지
삼하 2:23	그가 물러가기를 **거절**하매 아브넬이
삼하 13:9	암논이 먹기를 **거절**하고 암논이 이르
삼하 13:13	그가 나를 네게 주기를 **거절**하지 아
왕상 2:16	내 청을 **거절**하지 마옵소서 밧세바가
왕상 2:17	왕이 당신의 청을 **거절**하지 아니하리
왕상 2:20	왕께 구하오니 내 청을 **거절**하지 마소
왕상 20:7	사람을 내게 보냈으나 내가 **거절**하지
왕하 5:16	받으라고 강권하되 그가 **거절**하니라
욥 34:33	하나님께서 그대가 **거절**한다고 하여
시 21:2	요구를 **거절**하지 아니하셨나이다
시 36:4	악한 길에 서고 악을 **거절**하지 아니하는
시 77:2	내 영혼이 위로 받기를 **거절**하였도다
시 78:10	아니하고 그의 율법 준행을 **거절**하며
시 141:5	내 머리가 이를 **거절**하지 아니할지라
잠 30:7	내가 죽기 전에 내게 **거절**하지 마시옵
사 1:20	너희가 **거절**하여 배반하면 칼에 삼켜
렘 6:19	듣지 아니하며 내 율법을 **거절**하였음
렘 8:5	고집하고 돌아오기를 **거절**하도다
렘 11:10	그들이 내 말 듣기를 **거절**한 자기들의
렘 13:10	악한 백성이 내 말 듣기를 **거절**하고
렘 25:28	손에서 잔을 받아 마시기를 **거절**하거든
렘 31:15	없어져서 위로 받기를 **거절**하는도다
렘 38:21	만일 항복하기를 **거절**하시면 여호와
마 2:18	없으므로 위로 받기를 **거절**하였도다
마 5:42	네게 꾸고자 하는 자에게 **거절**하지 말라
막 6:26	그 앉은 자들로 인하여 그를 **거절**할
눅 6:29	겉옷을 빼앗는 자에게 속옷도 **거절**하지
행 7:35	재판장으로 세웠느냐 하며 **거절**하던
행 7:39	복종하지 아니하고자 하여 **거절**하며
히 11:24	공주의 아들이라 칭함 받기를 **거절**하고

거제/-물(擧祭, offering)

출 29:28	화목제의 제물 중에서 취한 **거제**물로 서 여호와께 드리는 **거제**물이니라
레 7:14	여호와께 **거제**로 드리고 그것을 화목제
레 7:32	뒷다리를 제사장에게 주어 **거제**를 삼을
레 22:12	일반인에게 출가하였으면 **거제**의 성물
민 5:9	이스라엘 자손이 **거제**로 제사장에게
민 15:19	땅의 양식을 먹을 때에 여호와께 **거제**
민 15:20	너희의 처음 익은 곡식 가루 떡을 **거제**
민 15:21	곡식 가루 떡을 대대에 여호와께 **거제**
민 18:8	보라 내가 내 **거제**물 곧 이스라엘 자손
민 18:11	이스라엘 자손이 드리는 **거제**물과 모든
민 18:19	이스라엘 자손이 여호와께 **거제**로 드리
민 18:24	이스라엘 자손이 여호와께 **거제**로 드리
민 18:26	십일조의 십일조를 **거제**로 여호와께
민 18:27	내가 너희의 **거제**물을 타작 마당에서
민 18:28	십일조 중에서 여호와께 **거제**로 드리 고 여호와께 드린 그 **거제**물은 제사장
민 18:29	가져다가 여호와께 **거제**로 드릴지니라
민 31:29	여호와의 **거제**로 제사장 엘르아살에게
민 31:41	여호와께 **거제**의 공물로 드린 것을
민 31:52	백부장들이 여호와께 드린 **거제**의 금으
신 12:6	너희 손의 **거제**와 너희의 서원제와 낙헌
신 12:11	너희의 십일조와 너희 손의 **거제**와
신 12:17	네 낙헌 예물과 네 손의 **거제**물은
느 10:37	또 처음 익은 밀의 가루와 **거제**물과
느 10:39	곧 이스라엘 자손과 레위 자손이 **거제**
느 12:44	곧 율법에 정한 대로 **거제**물과 처음
느 13:5	제사장들에게 주는 **거제**물을 두는 곳이
사 40:20	궁핍한 자는 **거제**를 드릴 때에 썩지
겔 44:30	너희 모든 예물 중에 각종 **거제** 제물을

거주민(居住民, inhabitant)

민 13:28	그러나 그 땅 **거주민**은 강하고 성읍은
민 13:32	그 **거주민**을 삼키는 땅이요 거기서
민 14:14	이 땅 **거주민**에게 전하리이다 주 여호
사 33:24	그 **거주민**은 내가 병들었노라 하지 아

거주지(居住地, settlement, village)

대상 4:33	시므온 자손의 **거주지**가 이러하고
대상 7:28	에브라임 자손의 토지와 **거주지**는
겔 34:13	시냇가에와 그 땅 모든 **거주지**에서 먹이
겔 45:5	레위 사람에게 돌려 그들의 **거주지**를

거주/-하다 (居住, live, settle in)

모세오경

창 10:30	그들이 **거주하는** 곳은 메사에서부터
창 12:6	가나안 사람이 그 땅에 **거주하였더라**
창 13:7	브리스 사람도 그 땅에 **거주하였는지라**
창 19:25	성들과 온 들과 성에 **거주하는** 모든
창 19:29	롯이 **거주하는** 성을 엎으실 때에 하나님
창 20:15	네가 보기에 좋은 대로 **거주하라** 하고
창 24:3	너는 내가 **거주하는** 이 지방 가나안
창 25:18	모든 형제의 맞은편에 **거주하였더라**
창 26:2	말고 내가 네게 지시하는 땅에 **거주하라**
창 26:8	이삭이 거기 오래 **거주하였더니** 이삭
창 27:44	몇 날 동안 그와 함께 **거주하라**
창 29:14	야곱이 한 달을 그와 함께 **거주하더니**
창 34:10	너희가 우리와 함께 **거주하되** 땅이 너희
창 34:16	우리가 데려오며 너희와 함께 **거주하여**
창 34:21	그들이 여기서 **거주하며** 매매하게 하고
창 34:22	그 사람들이 우리와 함께 **거주하여** 한
창 34:23	그러면 그들이 우리와 함께 **거주하리라**
창 35:22	이스라엘이 그 땅에 **거주할** 때에 르우벤
창 36:7	사람의 소유가 풍부하여 함께 **거주할**
창 47:6	곳에 네 아버지와 네 형들이 **거주하게**
창 47:11	아버지와 그의 형들에게 **거주할** 곳을
출 10:23	온 이스라엘 자손이 **거주하는** 곳에
레 20:22	내가 너희를 인도하여 **거주하게** 하는
레 23:3	너희가 **거주하는** 각처에서 지킬 여호와

성경에 나오는 '거주' 방법

- 안전하게 – 레 25:18, 19; 26:5
- 안전히 – 시 102:28
- 염려 없이 – 삿 18:7; 습 2:15
- 평안히 – 신 12:10; 겔 34:28; 38:8, 11, 14; 39:6, 26
- 홀로 – 사 5:8

레 23:14	너희가 **거주하는** 각처에서 대대로 지킬
레 23:21	너희가 그 **거주하는** 각처에서 대대로
레 23:31	너희가 **거주하는** 각처에서 대대로
레 26:32	땅을 황무하게 하리니 거기 **거주하는**
레 26:35	너희가 그 땅에 **거주하는** 동안 너희가
민 21:31	이 아모리인의 땅에 **거주하였더니**
민 22:5	덮여서 우리 맞은편에 **거주하였고**
민 32:17	견고한 성읍에 **거주하게** 한 후에 우리
민 33:53	그 땅을 점령하여 거기 **거주하라** 내가
민 33:55	너희가 **거주하는** 땅에서 너희를 괴롭게
민 35:2	레위인에게 **거주할** 성읍들을 주게 하고
민 35:25	대제사장이 죽기까지 거기 **거주할** 것이
민 35:29	이는 너희의 대대로 **거주하는** 곳에서
민 35:32	그의 땅으로 돌아가 **거주하게** 하지
민 35:33	너희는 너희가 **거주하는** 땅을 더럽히지
민 35:34	내가 **거주하는** 땅을 더럽히지 말라
신 2:10	(이전에는 에밈 사람이 … **거주하였는데**
신 2:20	전에 르바임이 거기 **거주하였음이요**
신 2:21	족속이 대신하여 그 땅에 **거주하였으니**
신 2:22	대신하여 오늘까지 거기에 **거주하였으며**
신 2:23	대신하여 거기에 **거주하였느니라**)
신 8:12	배부르고 아름다운 집을 짓고 **거주하게**
신 11:31	그것을 차지하여 거기 **거주할지라**
신 12:10	기업으로 주시는 땅에 **거주하게** 될 때
신 12:18	너는 네 자녀와 노비와 성중에 **거주하는**
신 12:19	너는 삼가 네 땅에 **거주하는** 동안에
신 12:29	땅을 차지하여 거기에 **거주하게** 하실
신 13:12	여호와께서 네게 주어 **거주하게** 하시는
신 13:15	성읍과 그 가운데 **거주하는** 모든 것
신 14:27	네 성읍에 **거주하는** 레위인은 너희 중
신 15:7	가난한 형제가 너와 함께 **거주하거든**
신 16:14	네 자녀와 노비와 네 성중에 **거주하는**
신 17:14	땅을 차지하고 **거주할** 때에 만일 우리
신 18:6	온 땅 어떤 성읍에든지 **거주하는** 레위
신 19:1	받고 그들의 성읍과 가옥에 **거주할** 때에
신 23:16	네 가운데에 **거주하게** 하고 그를 압제
신 26:1	땅에 네가 들어가서 거기 **거주할** 때에
신 28:30	집을 건축하였으나 거기에 **거주하지**
신 30:20	라고 맹세하신 땅에 네가 **거주하리라**
신 31:13	요단을 건너가서 차지할 땅에 **거주할**

역사서

수 6:25	오늘까지 이스라엘 중에 **거주하였으니**
수 7:7	저쪽을 만족하게 여겨 **거주하였더면**
수 9:7	너희가 우리 가운데에 **거주하는** 듯하니
수 9:16	이웃에서 자기들 중에 **거주하는** 자들
수 9:22	너희가 우리 가운데 **거주하면서** 어찌
수 13:13	이스라엘 가운데에서 **거주하니라**
수 13:21	땅에 **거주하는** 시혼의 군주들 곧 미디안
수 14:4	다만 **거주할** 성읍들과 가축과 재산과
수 16:10	에브라임 가운데 **거주하며** 노역하는
수 17:12	족속이 결심하고 그 땅에 **거주하였더니**

【 거주/-하다 】　　　　　　　　　　　　　　　【 거주/-하다 】

수 19:47	그것을 차지하여 거기 **거주하였음**이라	삿 17:8	그 사람이 **거주할** 곳을 찾고자 하여
수 19:50	성읍을 건설하고 거기 **거주하였더라**	삿 17:10	네가 나와 함께 **거주하며** 나를 위하여
수 20:4	한 곳을 주어 자기들 중에 **거주하게** 그	삿 17:11	그 레위인이 그 사람과 함께 **거주하기**
수 20:6	죽기까지 그 성읍에 **거주하다가** 그 후	삿 18:1	그 때에 **거주할** 기업의 땅을 구하는
수 21:2	모세에게 명령하사 우리가 **거주할** 성읍	삿 18:28	자손이 성읍을 세우고 거기 **거주하면서**
수 21:43	그것을 차지하여 거기에 **거주하였으니**	삿 21:23	건축하고 거기에 **거주하였더라**
수 22:33	르우벤 자손과 갓 자손이 **거주하는** 땅	룻 1:4	이름은 룻이더라 그들이 거기에 **거주한**
수 24:2	데라가 강 저쪽에 **거주하여** 다른 신들	룻 2:23	그의 시어머니와 함께 **거주하니라**
수 24:13	너희가 그 가운데에 **거주하며** 너희는	삼상 27:11	블레셋 사람들의 지방에 **거주하는**
수 24:15	너희가 **거주하는** 땅에 있는 아모리 족속	삼하 7:10	곳을 정하여 그를 심고 그를 **거주하게**
수 24:18	이 땅에 **거주하던** 아모리 족속을 우리	왕하 4:13	나는 내 백성 중에 **거주하나이다** 하니라
삿 1:9	남방과 평지에 **거주하는** 가나안 족속	왕하 6:1	보소서 우리가 당신과 함께 **거주하는**
삿 1:27	족속이 결심하고 그 땅에 **거주하였더니**	왕하 6:2	그 곳에 우리가 **거주할** 처소를 세우사
삿 1:30	가나안 족속이 그들 중에 **거주하면서**	왕하 8:1	함께 **거주할** 만한 곳으로 가서 거주하라
삿 1:32	주민 가나안 족속 가운데 **거주하였으니**	왕하 17:25	그들이 처음으로 거기 **거주할** 때에
삿 1:33	주민 가나안 족속 가운데 **거주하였으나**	왕하 17:27	그가 그 곳에 가서 **거주하며** 그 땅
삿 3:5	여부스 족속 가운데에 **거주하면서**	왕하 17:29	각 민족이 자기들이 **거주한** 성읍에서
삿 6:10	너희가 **거주하는** 아모리 사람의 땅의	왕하 19:26	그러므로 거기에 **거주하는** 백성의 힘
삿 8:29	돌아가서 자기 집에 **거주하였는데**	대상 4:23	거기서 왕과 함께 **거주하면서** 왕의 일
삿 11:26	모든 성읍에 **거주한지** 삼백 년이거늘	대상 4:40	거기에 거주해 온 사람은 함의 자손인

성경에 나오는 '거주' 지역 1

가나안 – 창 13:12; 16:3; 37:1
게셀 – 삿 1:29
고센 – 창 47:6, 27; 출 8:22
구르바알 – 대하 26:7
그랄 – 창 26:6
그발 강 가 – 겔 3:15
기브온 – 대상 8:29; 9:35
길르앗 – 민 32:40
네게브/네겝/남방 – 창 24:62; 민 13:29; 21:1; 삿 1:9; 슥 7:7
니느웨 – 왕하 19:36; 사 37:37
다메섹 – 왕상 15:18
돕 – 삿 11:3
디르사 – 왕상 15:21
마므레 상수리 수풀 – 창 13:18; 14:13
므고나 – 느 11:28
바란 광야 – 창 21:21
바벨론 – 겔 17:16; 슥 2:7
바산 – 대상 5:11

벧엘 – 창 35:1; 삿 4:5; 느 11:31
브엘 – 삿 9:21
브엘라해로이 – 창 25:11
브엘세바 – 창 22:19; 왕상 4:25; 느 11:27
사마리아 – 왕하 17:24, 26; 스 4:17
세겜 – 삿 9:41
세일(산) – 창 36:8; 신 2:4, 8, 12, 22, 29
소돔 – 창 14:12; 겔 16:46
소알 – 창 19:30
스밧 – 삿 1:17
시온 – 사 10:24; 30:19
아라바 – 신 11:30
아루마 – 삿 9:41
아르 – 신 2:29
아스다롯과 에드레이 – 수 12:4
아스돗 – 슥 9:6
애굽 – 창 47:28; 50:22; 출

12:40; 18:3; 민 20:15
에느림몬과 소라와 야르뭇 – 느 11:29
에덴 놋 땅 – 창 4:16
엘랏 – 왕하 16:6
여갑스엘 – 느 11:25
예루살렘 – 수 15:63; 삿 1:21; 왕하 22:14; 대상 8:28, 32; 9:3, 34, 38; 스 5:1; 느 11:1, 2, 3, 4, 6, 22; 사 30:19; 슥 7:7; 8:8
오벨 – 느 3:26; 11:21
요단 가 – 민 13:29; 수 24:8; 삿 5:17
유다 – 스 5:1
하로셋 학고임 – 삿 4:2
헤레스 산과 아얄론과 사알빔 – 삿 1:35
헤브론 – 삿 1:10
헤스본 – 민 21:25, 34; 신 1:4; 3:2; 수 12:2

【 거주/-하다 】

대상 4:43	치고 오늘까지 거기에 **거주하고** 있더라
대상 5:9	동으로 가서 **거주하면서** 유브라데 강
대상 5:16	모든 들에 **거주하여** 그 사방 변두리에
대상 5:22	그들이 그들의 땅에 **거주하여** 사로잡
대상 5:23	반 지파 자손들이 그 땅에 **거주하면서**
대상 6:54	그들의 **거주한** 곳은 사방 지계 안에
대상 9:2	처음으로 **거주한** 이스라엘 사람들은
대상 9:16	느도바 사람의 마을에 **거주하였더라**
대상 10:7	사람들이 와서 거기에 **거주하니라**
대상 11:4	땅의 주민들이 거기에 **거주하였더라**
대상 17:9	그들을 심고 그들이 그 곳에 **거주하면서**
대하 2:3	그가 **거주하실** 궁궐을 건축하게 한 것
대하 8:2	이스라엘 자손에게 거기에 **거주하게**
느 4:12	그 원수들의 근처에 **거주하는** 유다 사람
느 7:73	다 자기들의 성읍에 **거주하였느니라**
느 8:1	자손이 자기들의 성읍에 **거주하였더니**
느 11:3	자기 성읍 자기 기업에 **거주하였느니라**

시가서 – 신약

시 61:7	그가 영원히 하나님 앞에서 **거주하리니**
시 91:1	지존자의 은밀한 곳에 **거주하며** 전능자
시 98:7	그 중에 **거주하는** 자는 다 외칠지어다
시 101:7	행하는 자는 내 집 안에 **거주하지** 못하
시 107:4	광야 사막 길에서 방황하며 **거주할** 성
시 107:7	또 바른 길로 인도하사 **거주할** 성읍에
시 107:36	그들이 **거주할** 성읍을 준비하게 하시
시 120:6	하는 자들과 함께 오래 **거주하였도다**
시 132:14	내가 여기 **거주할** 것은 이를 원하였음
시 139:9	치며 바다 끝에 가서 **거주할지라도**
사 5:9	크고 아름다울지라도 **거주할** 자가 없을
사 6:5	입술이 부정한 백성 중에 **거주하면서**
사 10:13	또 용감한 자처럼 위에 **거주한** 자들을
사 13:20	그 곳에 **거주할** 자가 없겠고 거처할
사 26:5	높은 데에 **거주하는** 자를 낮추시며 솟은
사 40:22	하늘을 차일같이 펴셨으며 **거주할** 천막
사 45:18	사람이 **거주하게** 그것을 지으셨으니
사 49:20	내게 좁으니 넓혀서 내가 **거주하게**
렘 2:6	그곳에 사람이 **거주하지** 아니하는 땅을
겔 6:6	내가 너희가 **거주하는** 모든 성읍이 사막
겔 12:2	네가 반역하는 족속 중에 **거주하는도다**
겔 12:20	사람이 **거주하는** 성읍들이 황폐하며
겔 16:46	함께 네 왼쪽에 **거주하는** 사마리아요
겔 20:9	그러나 내가 그들이 **거주하는** 이방인
겔 26:20	네가 다시는 사람이 **거주하는** 곳이 되지
겔 28:25	내 종 야곱에게 준 땅에 **거주할지라**
겔 29:11	**거주하는** 사람이 없이 사십 년이 지날
겔 31:6	나라가 그 그늘 아래에 **거주하였느니라**
겔 31:13	모든 새가 그 넘어진 나무에 **거주하며**
겔 31:17	그 그늘 아래에 **거주하던** 자니라
겔 35:9	성읍들에 다시는 **거주하는** 자가 없게
겔 36:10	그들을 성읍들에 **거주하게** 하며
겔 36:11	너희 전 지위대로 사람이 **거주하게** 하여
겔 36:17	그들의 고국 땅에 **거주할** 때에
겔 36:28	준 땅에서 너희가 **거주하면서** 내 백성
겔 36:33	성읍들에 사람이 **거주하게** 하며 황폐한
겔 37:25	조상들이 **거주하던** 땅에 그들이 **거주**하되 그들과 … 거기에 **거주할** 것이요
겔 38:12	지금 사람이 **거주하는** 땅과 여러 나라
겔 39:9	이스라엘 성읍들에 **거주하는** 자가 나가
겔 48:15	성읍을 세우며 **거주하는** 곳과 전원을
단 4:1	느부갓네살 왕은 천하에 **거주하는** 모든
호 9:3	그들은 여호와의 땅에 **거주하지** 못하며
호 14:7	그 그늘 아래에 **거주하는** 자가 돌아올
암 5:11	돌로 집을 건축하였으나 거기 **거주하지**
암 9:5	거기 **거주하는** 자가 애통하게 하시며

성경에 나오는 '거주' 지역 2

골방 – 대상 9:33
골짜기 – 민 14:25; 신 3:29; 수 17:16; 느 11:35
광야 – 창 21:20; 수 24:7
궁전 – 대상 17:1
돌무더기가 될 곳 – 욥 15:28
바다 어귀 – 겔 27:3
바위 틈 – 욥 1:3
사망의 그늘진 땅 – 사 9:2
산/산지/산간지대 – 민 13:29; 14:45; 신 1:6, 44; 수 10:6; 삿 3:3; 10:1; 아 8:13
삼림 – 미 7:14
성벽 위 – 수 2:15
열국 가운데 – 애 1:3
장막 – 창 4:20; 대상 5:10;
25:27; 삿 8:11; 호 12:9
전갈 가운데 – 겔 2:6
초막 – 레 23:42, 43
판벽한 집 – 학 1:4
해변 – 창 49:13; 민 13:29; 삿 5:17
황무지 – 삿 1:16
황폐한 땅 – 겔 33:24

【 거주 】   【 거짓 】

암 9:14	황폐한 성읍을 건축하여 **거주하며**		시 4:2	헛된 일을 좋아하고 **거짓**을 구하려는가
미 4:10	네가 성읍에서 나가서 들에 **거주하며**		시 7:14	죄악을 낳음이여 재앙을 배어 **거짓**을
미 5:4	그들이 **거주**할 것이라 이제 그가 창대		시 10:7	그의 입에는 저주와 **거짓**과 포악이 충만
습 3:6	사람이 없으며 **거주**할 자가 없게 되었		시 12:2	그들이 이웃에게 각기 **거짓**을 말함이여
슥 7:7	평원에 사람이 **거주**할 때에 여호와가		시 31:6	내가 허탄한 **거짓**을 숭상하는 자들을
행 17:26	그들의 연대를 정하시며 **거주**의 경계		시 40:4	여호와를 의지하고 교만한 자와 **거짓**에
계 14:6	땅에 **거주하는** 자들 곧 모든 민족과		시 41:6	나를 보러 와서는 **거짓**을 말하고 그의

거죽(surface)
레 13:55 이는 **거죽**에 있든지 속에 있든지 악성

거지(beggar)

막 10:46 디메오의 아들인 맹인 **거지** 바디매오가 길 가에
눅 16:20 그런데 나사로라 이름 하는 한 **거지**가 헌데 투성이
눅 16:22 이에 그 **거지**가 죽어 천사들에게 받들려

거짓(lie, falsehood)
출 8:29 여호와께 제사를 드리는 일에 다시 **거짓**
신 32:4 모든 길이 정의롭고 진실하고 **거짓**이
수 8:15 **거짓**으로 패한 척하여 광야 길로 도망
삼상 15:29 이스라엘의 지존자는 **거짓**이나 변개
욥 21:34 하려느냐 너희 대답은 **거짓**일 뿐이니라
욥 27:4 내 혀가 **거짓**을 말하지 아니하리라
욥 36:4 진실로 내 말은 **거짓**이 아니라 온전한

시 50:19 악에게 내어 주고 네 혀로 **거짓**을 꾸미
시 52:3 악을 사랑하며 의를 말함보다 **거짓**을
시 58:3 나면서부터 곁길로 나아가 **거짓**을 말하
시 62:4 **거짓**을 즐겨 하니 입으로는 축복이요
시 78:36 자기 혀로 그에게 **거짓**을 말하였으니
시 78:57 그들의 조상들같이 배반하고 **거짓**을
시 119:69 교만한 자들이 **거짓**을 지어 나를 치려
시 119:78 교만한 자들이 **거짓**으로 나를 엎드러
시 119:161 고관들이 **거짓**으로 나를 핍박하오나
시 119:163 나는 **거짓**을 미워하며 싫어하고 주의
잠 6:19 **거짓**을 말하는 망령된 증인과 및 형제
잠 27:6 원수의 잦은 입맞춤은 **거짓**에서 난 것이
사 5:18 **거짓**으로 끈을 삼아 죄악을 끌며 수레
사 28:15 우리는 **거짓**을 우리의 피난처로 삼았
사 53:9 그의 입에 **거짓**이 없었으나 그의 무덤
사 57:11 누구로 말미암아 놀랐기에 **거짓**을 말하
사 59:3 너희 입술은 **거짓**을 말하며 너희 혀는
사 59:4 **거짓**을 말하며 악행을 잉태하여 죄악
사 63:8 나의 백성이요 **거짓**을 행하지 아니하는

성경에 나오는 '거짓'

거짓 것-사 44:20; 렘 10:14; 겔 13:9; 암 2:4; 롬 1:25; 살후 2:11
거짓 경고-애 2:14
거짓 계시-렘 14:14
거짓 그리스도-마 24:24; 막 13:22
거짓 기적-살후 2:9
거짓 꿈-렘 23:32; 슥 10:2
거짓 맹세-레 6:3, 5; 19:12; 시 24:4; 렘 5:2; 7:9; 호 10:4; 슥 8:17; 말 3:5; 딤전 1:10
거짓 복술-겔 21:29; 22:28

거짓 사도-고후 11:13
거짓 선생-벧후 2:1
거짓 선지자-슥 13:2; 마 7:15; 24:11, 24; 막 13:22; 눅 6:26; 행 13:6; 벧후 2:1; 요일 4:1; 계 16:13; 19:20; 20:10
거짓 예언-렘 14:14; 20:6
거짓 붓-렘 8:8
거짓의 오른손-시 144:8, 11
거짓의 피난처-사 28:17
거짓의 후손-사 57:4
거짓 일-출 23:7
거짓 입술-시 31:18

거짓 자랑하는 자-잠 25:14
거짓 증거-신 5:20; 19:18; 마 26:59
거짓 증거하는 사람-잠 25:18
거짓 증언-마 15:19; 19:18; 막 10:19; 14:56, 57; 눅 18:20
거짓 증인-잠 12:17; 14:5; 19:5, 9; 21:28; 마 26:60; 행 6:13; 고전 15:15
거짓 행위-시 119:29, 104, 128
거짓 형제-고후 11:26; 갈 2:4

【 거짓 】

렘 3:10	내게 돌아오지 아니하고 **거짓**으로
렘 5:31	선지자들은 **거짓**을 예언하며 제사장
렘 6:13	선지자로부터 제사장까지 다 **거짓**
렘 8:5	그들이 **거짓**을 고집하고 돌아오기를
렘 8:10	선지자로부터 제사장까지 다 **거짓**
렘 9:3	그들의 혀를 놀려 **거짓**을 말하며 그들
렘 9:8	그들의 혀는 죽이는 화살이라 **거짓**을
렘 13:25	네가 나를 잊어버리고 **거짓**을 신뢰하는
렘 23:14	그들은 간음을 행하며 **거짓**을 말하며
렘 23:25	내 이름으로 **거짓**을 예언하는 선지자
렘 23:26	**거짓**을 예언하는 선지자들이 언제까지
렘 23:32	여호와의 말씀이니라 보라 **거짓** 꿈을
렘 27:10	그들은 너희에게 **거짓**을 예언하여 너희
렘 27:14	선지자의 말을 듣지 마소서 그들은 **거짓**
렘 27:15	그들이 내 이름으로 **거짓**을 예언하니
렘 27:16	그들이 **거짓**을 예언함이니라 하셨나니
렘 28:15	네가 이 백성에게 **거짓**을 믿게 하는도다
렘 29:9	그들이 내 이름으로 **거짓**을 예언함이라
렘 29:21	그들은 내 이름으로 너희에게 **거짓**을
렘 29:23	내가 그들에게 명령하지 아니한 **거짓**
렘 29:31	너희에게 예언하고 너희에게 **거짓**을
렘 37:14	예레미야가 이르되 **거짓**이다 나는
렘 43:2	예레미야에게 말하기를 네가 **거짓**을
렘 51:17	이는 그 부어 만든 우상은 **거짓**이요
단 11:23	그와 약조한 후에 그는 **거짓**을 행하여
호 7:1	그들은 **거짓**을 행하며 안으로 들어가
호 7:13	그들이 나를 거슬러 **거짓**을 말하고
호 10:13	악을 밭 갈아 죄를 거두고 **거짓** 열매를
호 11:12	에브라임은 **거짓**으로, 이스라엘 족속
호 12:1	종일토록 **거짓**과 포학을 더하여 앗수르
호 12:7	그는 상인이라 손에 **거짓** 저울을 가지고
암 8:5	세겔을 크게 하여 **거짓** 저울로 속이며
미 6:11	주머니에 **거짓** 저울추를 두었으면 깨끗
미 6:12	그 주민들은 **거짓**을 말하니 그 혀가 입
나 3:1	피의 성이여 그 안에는 **거짓**이 가득하고
합 2:5	그는 술을 즐기며 **거짓**되고 교만하여
합 2:18	부어 만든 우상은 **거짓** 스승이라 만든
습 1:9	날에 문턱을 뛰어넘어서 포악과 **거짓**을
습 3:13	남은 자는 악을 행하지 아니하며 **거짓**을
말 2:10	사람이 자기 형제에게 **거짓**을 행하여
말 2:11	유다는 **거짓**을 행하였고 이스라엘과
말 2:14	서약한 아내로서 네가 그에게 **거짓**을
말 2:15	어려서 맞이한 아내에게 **거짓**을 행하지

【 거짓되다 】

말 2:16	그러므로 너희 심령을 삼가 지켜 **거짓**
마 5:11	너희를 욕하고 박해하고 **거짓**으로 너희
눅 3:14	**거짓**으로 고발하지 말고 받는 급료를
요 8:44	진리에 서지 못하고 **거짓**을 말할 때마 다 제 것으로 말하니니 … **거짓**의 아비
행 13:10	이르되 모든 **거짓**과 악행이 가득한 자요
롬 12:9	사랑에는 **거짓**이 없나니 악을 미워하고
고후 6:6	자비함과 성령의 감화와 **거짓**이 없는
엡 4:25	그런즉 **거짓**을 버리고 각각 그 이웃과
딤전 1:5	청결한 마음과 선한 양심과 **거짓**이 없는
딤후 1:5	이는 네 속에 **거짓**이 없는 믿음이 있음
딛 1:2	위함이라 이 영생은 **거짓**이 없으신
약 3:17	선한 열매가 가득하고 편견과 **거짓**이
벧전 1:22	너희 영혼을 깨끗하게 하여 **거짓**이 없이
벧전 2:22	아니하시고 그 입에 **거짓**도 없으시며
벧전 3:10	그 입술로 **거짓**을 말하지 말고
요일 2:21	모든 **거짓**은 진리에서 나지 않기 때문
요일 2:27	너희에게 가르치며 또 참되고 **거짓**이

거짓되다 (deceitful, falsely)

창 21:23	나와 내 아들과 내 손자에게 **거짓되이**
욥 24:25	능히 내 말을 **거짓되다**고 지적하거나
시 17:1	**거짓되지** 아니한 입술에서 나오는
잠 31:30	고운 것도 **거짓되고** 아름다운 것도
렘 8:8	참으로 서기관의 거짓의 붓이 **거짓되게**
렘 16:19	계승한 바는 허망하고 **거짓되고**
렘 17:9	만물보다 **거짓되고** 심히 부패한 것은
호 12:11	그들은 **거짓되도다** 길갈에서는 무리

'거짓된'과 관련된 성구

거짓된 것 – 사 30:10; 겔 13:8; 계 2:2
거짓된 입 – 시 109:2
거짓된 입술 – 시 120:2; 잠 10:18; 12:22
거짓된 자 – 시 119:158; 합 1:13
거짓된 점괘 – 겔 13:6, 7; 21:23
거짓된 지식 – 딤전 6:20
거짓된 풍설 – 출 23:1
거짓된 혀 – 잠 6:17; 12:19; 습 3:13

욘 2:8	**거짓되고** 헛된 것을 숭상하는 모든 자는
미 6:12	말하니 그 혀가 입에서 **거짓되도다**
합 2:3	종말이 속히 이르겠고 결코 **거짓되지**
합 2:5	그는 술을 즐기며 **거짓되고** 교만하여

【 거짓말/-하다 】　　　　　　　　　　　　　　　【 거처/-하다 】

롬 3:4　　그럴 수 없느니라 사람은 다 **거짓되되**

거짓말/-하다(lie)
레 19:11　속이지 말며 서로 **거짓말하지** 말며
민 23:19　하나님은 사람이 아니시니 **거짓말**을
삿 16:10　당신이 나를 희롱하여 내게 **거짓말**을
삿 16:13　이 때까지 나를 희롱하여 내게 **거짓말**
욥 6:28　 내가 너희를 대면하여 결코 **거짓말하지**
욥 13:4　 너희는 **거짓말**을 지어내는 자요 다 쓸모

'거짓말'과 관련된 성구
거짓말을 가르치는 선지자 - 사 9:15
거짓말을 뱉는 자 - 잠 19:9
거짓말을 하는 것 - 잠 17:7
거짓말쟁이 - 욥 34:6; 시 116:11; 요 8:44, 55; 딛 1:12
거짓말하는 영 - 왕상 22:22, 23; 대하 18:21, 22
거짓말하는 자 - 시 5:6; 63:11; 101:7; 잠 17:4; 19:5, 22; 26:28; 30:6; 딤전 1:10; 요일 2:22; 4:20; 5:10; 계 21:27

시 34:13　혀를 악에서 금하며 네 입술을 **거짓말**
시 35:20　평안히 땅에 사는 자들을 **거짓말**로 모략
시 59:12　말하는 저주와 **거짓말**로 말미암아
시 89:35　다윗에게 **거짓말**을 하지 아니할 것이라
잠 13:5　 의인은 **거짓말**을 미워하나 악인은 행위
잠 14:5　 신실한 증인은 **거짓말**을 … **거짓말**을
잠 14:25　**거짓말**을 뱉는 사람은 속이느니라
잠 29:12　관원이 **거짓말**을 들으면 그의 하인들
잠 30:8　 곧 헛된 것과 **거짓말**을 내게서 멀리
사 30:9　 대저 이는 패역한 백성이요 **거짓말하는**
사 32:7　 악한 계획을 세워 **거짓말**로 가련한 자를
사 59:13　우포학과 패역을 말하며 **거짓말**을
렘 7:4　　여호와의 성전이라 하는 **거짓말**을 믿지
렘 7:8　　보라 너희가 무익한 **거짓말**을 의존하는
렘 9:5　　그들의 혀로 **거짓말하기**를 가르치며
겔 13:19　욕되게 하여 **거짓말**을 곧이 듣는 내 백성에게 너희가 **거짓말**을 지어내어
겔 13:22　의인의 마음을 너희가 **거짓말**로 근심
단 2:9　　이는 너희가 **거짓말**과 망령된 말을
단 11:27　밥상에 앉았을 때에 **거짓말**을 할 것이라
호 7:3　　그들이 그 악으로 왕을, 그 **거짓말**로
미 2:11　 사람이 만일 허망하게 행하며 **거짓말**로

슥 13:3　 네가 여호와의 이름을 빙자하여 **거짓말**
행 5:4　　사람에게 **거짓말한** 것이 아니요 하나님
롬 3:7　　그러나 나의 **거짓말**로 하나님의 참되심
롬 9:1-2　그리스도 안에서 참말을 하고 **거짓말**
고후 11:31 하나님이 내가 **거짓말** 아니하는 것을
갈 1:20　 것은 하나님 앞에서 **거짓말**이 아니로다
골 3:9　　서로 **거짓말**을 하지 말라 옛 사람
딤전 2:7　입은 것은 참말이요 **거짓말**이 아니니
딤전 4:2　화인을 맞아서 외식함으로 **거짓말하는**
히 6:18　 이는 하나님이 **거짓말**을 하실 수 없는
계 21:8　 우상 숭배자들과 **거짓말하는** 모든 자들

거처/-하다(居處, dwell, homeland)
창 36:40　그 종족과 **거처**와 이름을 따라 나누면
창 36:43　구역과 **거처**를 따른 에돔 족장들이며
민 24:5　 네 **거처**들이 어찌 그리 아름다운고
민 24:21　**거처**가 견고하고 네 보금자리는 바위에
민 31:10　그들이 **거처하는** 성읍들과 촌락을
민 35:3　 성읍은 그들의 **거처**가 되게 하고 초장
왕상 7:8　솔로몬이 **거처할** 왕궁은 그 주랑 뒤
왕상 17:19 자기가 **거처하는** 다락에 올라가서 자기
왕하 19:27 네 **거처**와 네 출입과 네가 내게 향한
시 49:11　그들의 **거처**는 대대에 이르리라 하여
시 49:14　소멸하고 스올이 그들의 **거처**가 되리라
시 55:15　악독이 그들의 **거처**에 있고 그들 가운데
시 68:6　 오직 거역하는 자들의 **거처**는 메마른
시 69:25　그들의 **거처**가 황폐하게 하시며 그들
시 78:28　진중에 떨어지게 하사 그들의 **거처**에
시 79:7　 야곱을 삼키고 그의 **거처**를 황폐하게
시 87:2　 여호와께서 야곱의 모든 **거처**보다 시온
시 90:1　 주여 주는 대대에 우리의 **거처**가 되셨
시 91:9　 지존자를 너의 **거처**로 삼았으므로
시 132:13　시온을 택하시고 자기 **거처**를 삼고자
잠 8:31　 사람이 **거처할** 땅에서 즐거워하며 인자
사 13:20　그 곳에 거주할 자가 없겠고 **거처할**
사 27:10　대저 견고한 성읍은 적막하고 **거처**가
사 32:18　내 백성이 화평한 집과 안전한 **거처**와
사 37:28　네 **거처**와 네 출입과 네가 나를 거슬러
사 38:12　나의 **거처**는 목자의 장막을 걷음같이
렘 9:19　 그들이 우리 **거처**를 헐었음이로다
렘 10:22　승냥이의 **거처**가 되게 하리로다
렘 10:25　**거처**를 황폐하게 하였나이다 하니라
렘 21:13　누가 우리의 **거처**에 들어오리요 하거니

【 거취 】   【 거하다 】

렘 30:18	그 **거처**들에 사랑을 베풀 것이라 성읍
렘 49:33	하솔은 큰 뱀의 **거처**가 되어 영원히
렘 51:30	그들의 **거처**는 불타고 그 문빗장은
렘 51:37	승냥이의 **거처**와 혐오의 대상과 탄식
애 2:2	주께서 야곱의 모든 **거처**들을 삼키시고
겔 25:4	네 가운데에 그 **거처**를 베풀며 네 열매
합 1:6	자기의 소유가 아닌 **거처**들을 점령하는
습 3:7	너의 **거처**가 끊어지지 아니하리라
마 8:20	공중의 새도 **거처**가 있으되 인자는
막 5:3	사람은 무덤 사이에 **거처하는**데 이제는
요 14:2	내가 너희를 위하여 **거처**를 예비하러
요 14:3	가서 너희를 위하여 **거처**를 예비하면
요 14:23	우리가 그에게 가서 **거처**를 그와 함께
행 1:20	시편에 기록하였으되 그의 **거처**를 황폐

성경에 나오는 '거친' 것

거친 계곡 - 렘 50:12   거친 땅 - 삼하 2:24
거친 골짜기 - 사 7:19   거친 말 - 호 7:16
거친 광야 - 욥 24:5   거친 물결 - 유 1:13
거친 들 - 욥 1:19; 12:24; 거친 풀 - 잠 24:31
  아 3:6; 8:5; 호 2:14

거품(foam)

시 75:8	여호와의 손에 잔이 있어 술 **거품**이
호 10:7	사마리아 왕은 물 위에 있는 **거품**같이
막 9:18	그를 잡으면 거꾸러져 **거품**을 흘리며
막 9:20	땅에 엎드러져 구르며 **거품**을 흘리더라
눅 9:39	경련을 일으켜 **거품**을 흘리게 하며 몹시
유 1:13	자기 수치의 **거품**을 뿜는 바다의 거친

거취 (去就, course of action)

| 창 31:20 | 야곱은 그 **거취**를 아람 사람 라반에게 |

거치다 (obstacle, fall, pass)

1. 무엇에 걸리거나 막히다(obstacle, stumble, fall)

잠 3:23	평안히 행하겠고 네 발이 **거치지** 아니
사 57:14	내 백성의 길에서 **거치는** 것을 제하여
렘 13:16	너희 발이 어두운 산에 **거치기** 전, 너희
겔 3:20	내가 그 앞에 **거치는** 것을 두면 그가
단 11:19	자기 땅 산성들로 향할 것이나 **거쳐**
습 1:3	공중의 새와 바다의 고기와 **거치게** 하는
롬 9:33	기록된 바 보라 내가 걸림돌과 **거치는**
롬 11:9	그들의 밥상이 올무와 덫과 **거치는** 것과
롬 14:13	도리어 부딪칠 것이나 **거칠** 것을 형제
롬 16:17	**거치게** 하는 자들을 살피고 그들에게
고전 10:32	하나님의 교회에나 **거치는** 자가 되지
유 1:24	너희를 보호하사 **거침**이 없게 하시고

2. 지나거나 들르다(pass, go through)

겔 47:15	북쪽은 대해에서 헤들론 길을 **거쳐** 스닷
겔 48:1	북쪽 끝에서부터 헤들론 길을 **거쳐** 하맛
행 19:21	마게도냐와 아가야를 **거쳐** 예루살렘
행 20:3	마게도냐로 **거쳐** 돌아가기로 작정하니

거침없다 (without hindrance)

| 행 28:31 | 것을 담대하게 **거침없이** 가르치더라 |

거칠다 (wild, harsh)

| 호 2:12 | 포도나무와 무화과나무를 **거칠게** 하여 |

거하다 (居, live, dwell)

구약

출 29:45	내가 이스라엘 자손 중에 **거하여** 그들
출 29:46	하나님 여호와로서 그들 중에 **거하려고**
민 11:35	하세롯에 이르러 거기 **거하니라**
신 33:28	이스라엘이 안전히 **거하며** 야곱의 샘은
왕상 6:13	이스라엘 자손 가운데 **거하며** 내 백성
왕상 8:27	하나님이 참으로 땅에 **거하시리이까**
왕상 11:14	왕의 자손으로서 에돔에 **거하였더라**
대상 7:29	요셉의 자손이 이 여러 곳에 **거하였더라**
대상 23:25	주시고 예루살렘에 영원히 **거하시나니**
대하 36:15	그의 백성과 그 **거하시는** 곳을 아끼
스 7:15	예루살렘에 **거하시는** 이스라엘
에 3:8	각 지방 백성 중에 흩어져 **거하는데**
시 33:14	곧 그가 **거하시는** 곳에서 세상의 모든
잠 2:21	대저 정직한 자는 땅에 **거하며** 완전한
잠 10:30	악인은 땅에 **거하지** 못하게 되느니라
잠 21:16	떠난 사람은 사망의 회중에 **거하리라**
사 1:21	공의가 그 가운데 **거하였더니**
사 4:5	여호와께서 **거하시는** 온 시온 산과 모든
사 32:16	그 때에 정의가 광야에 **거하며** 공의가
사 33:5	그는 높은 곳에 **거하심**이요 정의와 공의
사 33:14	누가 삼키는 불과 함께 **거하겠으며** 우리 중에 누가 영영히 … 함께 **거하리요**
사 33:16	그는 높은 곳에 **거하리니** 견고한 바위
사 57:15	지극히 존귀하며 영원히 **거하시며** 거룩
겔 34:25	그들이 빈 들에 평안히 **거하며** 수풀

【 거하다 】

욜 3:21 이는 여호와께서 시온에 **거하심**이니라
슥 8:3 예루살렘 가운데에 **거하리니** 예루살렘

신약

마 12:45 귀신 일곱을 데리고 들어가서 **거하니**
눅 8:27 **거하지도** 아니하고 무덤 사이에 **거하는**
눅 11:26 귀신 일곱을 데리고 들어가서 **거하니**
눅 13:4 예루살렘에 **거한** 다른 모든 사람보다
눅 21:35 이 날은 온 지구상에 **거하는** 모든 사람
요 1:14 육신이 되어 우리 가운데 **거하시매**
요 1:39 그 날 함께 **거하니** 때가 열 시쯤 되었
요 5:38 그 말씀이 너희 속에 **거하지** 아니하니
요 6:56 안에 거하고 나도 그의 안에 **거하나니**
요 8:31 너희가 내 말에 **거하면** 참으로 내 제자
요 10:40 세례 베풀던 곳에 가사 거기 **거하시니**
요 12:46 나를 믿는 자로 어둠에 **거하지** 않게
요 14:10 아버지 안에 **거하고** 아버지는 내 안에
요 14:11 내가 아버지 안에 **거하고** 아버지께서
요 14:17 그는 너희와 함께 **거하심**이요 또 너희
요 15:4 안에 거하라 나도 너희 안에 **거하리라**
요 15:5 그가 내 안에, 내가 그 안에 **거하면** 사람
요 15:6 사람이 내 안에 **거하지** 아니하면 가지
요 15:7 너희가 내 안에 **거하고** 내 말이 너희 안에 **거하면** 무엇이든지 원하는 대로
요 15:9 사랑하였으니 나의 사랑 안에 **거하라**
요 15:10 그의 사랑 안에 **거하는** 것같이 너희도 내 계명을 지키면 … 안에 **거하리라**
행 1:20 거처를 황폐하게 하시며 거기 **거하는**
행 2:26 육체도 희망에 **거하리니**
행 7:4 사람의 땅을 떠나 하란에 **거하다가**

'거한/거할 곳' 과 관련된 성구

거하던 곳 – 욥 18:19
거한 곳 – 사 11:26
거할 곳 – 사 58:12; 슥 10:10; 요 14:2

롬 6:1 은혜를 더하게 하려고 죄에 **거하겠느냐**
롬 7:17 자가 내가 아니요 내 속에 **거하는** 죄니
롬 7:18 내 육신에 선한 것이 **거하지** 아니하는
롬 7:20 자가 내가 아니요 내 속에 **거하는**
롬 8:9 만일 너희 속에 하나님의 영이 **거하시면**
롬 8:11 너희 안에 **거하시면** 그리스도 예수를 … 너희 안에 **거하시는** 그의 영으로

【 거하다 】

고전 2:3 내가 너희 가운데 **거할** 때에 약하고
고전 7:24 받은 그대로 하나님과 함께 **거하라**
고후 6:16 내가 그들 가운데 **거하며** 두루 행하여
엡 2:22 너희도 성령 안에서 하나님이 **거하실**
빌 1:25 너희 무리와 함께 **거할** 이것을 확실히
골 1:19 모든 충만으로 예수 안에 **거하게** 하시고
골 1:23 만일 너희가 믿음에 **거하고** 터 위에
골 2:9 신성의 모든 충만이 육체로 **거하시고**
골 3:16 말씀이 너희 속에 풍성히 **거하여**
딤전 2:15 믿음과 사랑과 거룩함에 **거하면** 그의
딤전 6:16 가까이 가지 못할 빛에 **거하시고** 어떤
딤후 1:14 우리 안에 **거하시는** 성령으로 말미암아

성경에 나오는 '거하는' 곳

별궁 – 왕하 15:5   13:5; 욥 18:15
성소 – 출 25:8   진영 – 민 5:3
성전 – 대하 6:2   집 – 대상 17:4; 요 8:35
장막 – 창 9:27; 왕하   초막 – 느 8:14, 17

딤후 3:14 너는 배우고 확신한 일에 **거하라** 너는
히 11:9 및 야곱과 더불어 장막에 **거하였으니**
약 4:5 너희는 하나님이 우리 속에 **거하게** 하신
벧후 2:8 (이는 이 의인이 그들 중에 **거하여**
요일 2:10 형제를 사랑하는 자는 빛 가운데 **거하여**
요일 2:14 하나님의 말씀이 너희 안에 **거하시며**
요일 2:17 뜻을 행하는 자는 영원히 **거하느니라**
요일 2:19 우리와 함께 **거하였으려니와**
요일 2:24 너희 안에 **거하게** 하라 … 너희 안에 **거하면** … 아버지 안에 **거하리라**
요일 2:27 기름 부음이 너희 안에 **거하나니** 아무도 … 가르치신 그대로 주 안에 **거하라**
요일 2:28 자녀들아 이제 그의 안에 **거하라** 이는
요일 3:6 그 안에 **거하는** 자마다 범죄하지 아니
요일 3:9 이는 하나님의 씨가 그의 속에 **거함이요**
요일 3:15 영생이 그 속에 **거하지** 아니하는 것을
요일 3:17 사랑이 어찌 그 속에 **거하겠느냐**
요일 3:24 주 안에 **거하고** 주는 그의 안에 **거하시나니** 우리에게 … 안에 **거하시는** 줄을
요일 4:12 사랑하면 하나님이 우리 안에 **거하시고**
요일 4:13 안에 **거하고** 그가 우리 안에 **거하시는**
요일 4:15 시인하면 하나님이 그의 안에 **거하시고** 그도 하나님 안에 **거하느니라**

【 걱정/-하다 】　　　　　　　　　　　　　　　【 건너가다 】

요일 4:16	안에 **거하는** 자는 하나님 안에 **거하고** 하나님도 그의 안에 **거하시느니라**	민 32:27	여호와 앞에서 다 **건너가서** 싸우리이
요이 1:2	우리 안에 **거하여** 영원히 우리와 함께	민 32:32	여호와 앞에서 가나안 땅에 **건너가서**
요이 1:9	그리스도의 교훈 안에 **거하지** 아니하는	신 3:18	이스라엘 자손의 선봉이 되어 **건너가되**
계 3:10	장차 온 세상에 임하여 땅에 **거하는**	신 3:25	구하옵나니 나를 **건너가게** 하사 요단
계 6:10	땅에 **거하는** 자들을 심판하여 우리 피를	신 3:28	그는 이 백성을 거느리고 **건너가서** 네가
계 12:12	하늘과 그 가운데에 **거하는** 자들은	신 4:14	이는 너희가 거기로 **건너가** 받을 땅에
계 13:14	**거하는** 자들을 미혹하며 땅에 **거하는**	신 6:1	너희가 **건너가서** 차지할 땅에서 행할
		신 11:8	너희가 **건너가** 차지할 땅에 들어가서
걱정/-하다(fear)		신 11:11	너희가 **건너가서** 차지할 땅은 산과
신 32:27	원수가 잘못 생각할까 **걱정하였으니**	신 30:13	바다를 **건너가서** 그의 명령을 우리에
삿 18:27	라이스에 이르러 한가하고 **걱정** 없이	신 31:3	여호와께서 너보다 먼저 **건너가사**
삼상 9:5	우리를 위하여 **걱정하실까** 두려워하	신 34:4	너는 그리로 **건너가지** 못하리라 하시매
삼상 10:2	너희로 말미암아 **걱정하여** 이르되	수 1:14	너희의 형제보다 앞서 **건너가서** 그들
삼하 11:25	이 일로 **걱정하지** 말라 칼은 이 사람		
욥 14:1	사람은 생애가 짧고 **걱정**이 가득하며		
전 5:3	**걱정**이 많으면 꿈이 생기고 말이 많으면	**사람들이 '건너간' 물**	
렘 17:8	해에도 **걱정**이 없고 결실이 그치지	바다 - 시 106:9	
렘 46:27	야곱이 돌아와서 평안하며 **걱정** 없이	세렛 시내 - 신 2:13	
고후 2:4	마음에 큰 눌림과 **걱정**이 있어 많은	요단 - 민 32:21, 29; 신 4:26; 30:18; 31:2, 13; 32:47; 수 3:1, 11; 4:1; 삼하 2:29; 10: 17; 19:15, 18, 31, 39, 41	
건강/-하다(健康, health)		하수 - 사 11:15	
시 39:13	내가 떠나 없어지기 전에 나의 **건강**을	호수 - 눅 8:22	
잠 4:22	되며 그의 온 육체의 **건강**이 됨이니라		
마 9:12	예수께서 들으시고 이르시되 **건강한**	수 4:12	이스라엘 자손들보다 앞서 **건너갔으니**
막 2:17	**건강한** 자에게는 의사가 쓸 데 없고	수 4:13	여호와 앞에서 **건너가** 싸우려고 여리
막 5:34	가라 네 병에서 놓여 **건강할지어다**	삿 12:1	네가 암몬 자손과 싸우러 **건너갈** 때에
눅 5:31	예수께서 대답하여 이르시되 **건강한**	삿 12:3	내 목숨을 돌보지 아니하고 **건너가서**
눅 15:27	당신의 아버지가 **건강한** 그를 다시 맞아	삿 12:5	나를 **건너가게** 하라 하면 길르앗 사람
행 4:10	이 사람이 **건강하게** 되어 너희 앞에	삼상 14:1	블레셋 사람들의 부대로 **건너가자**
		삼상 14:6	할례 받지 않은 자들에게로 **건너가자**
건건하다(乾乾, salty)		삼상 14:8	사람들에게로 **건너가서** 그들에게 보이
렘 17:6	광야 간조한 곳, **건건한** 땅, 사람이 살지	삼상 27:2	마옥의 아들 아기스에게로 **건너가니라**
		삼하 2:8	데리고 마하나임으로 **건너가**
건너(cross, other side)		삼하 15:22	다윗이 잇대에게 이르되 앞서 **건너가**
대상 6:78	또 요단 **건너** 동쪽 곧 여리고 맞은편	삼하 15:23	백성이 앞서 **건너가매** 왕도 기드론
렘 25:22	시돈의 모든 왕과 바다 **건너** 쪽 섬의	삼하 16:9	내가 **건너가서** 그의 머리를 베게 하소서
마 19:1	갈릴리를 떠나 요단 강 **건너** 유대 지경	삼하 17:16	아무쪼록 **건너가소서** 하라 혹시 왕은
		삼하 17:20	그들이 시내를 **건너가더라** 하니 그들
건너가다(go over)		삼하 17:21	당신들은 일어나 빨리 물을 **건너가소서**
창 32:16	나보다 앞서 **건너가서** 각 떼로 거리를	삼하 19:18	가족을 **건너가게** 하며 왕이 좋게 여기는 대로 쓰게 … 나룻배로 **건너가니**
창 32:23	그들을 인도하여 시내를 **건너가게** 하며	삼하 19:33	이르되 너는 나와 함께 **건너가자**
민 32:7	그들에게 주신 땅에 **건너갈** 수 없게	삼하 19:37	내 주 왕과 함께 **건너가게** 하시옵고

【 건너다 】　　　　　　　　　　　　　　　　　　　　　　　　【 건너오다 】

삼하 19:38	대답하되 김함이 나와 함께 **건너가리니**	수 4:11	모든 백성이 **건너기**를 마친 후에 여호와
왕상 19:19	엘리야가 그리로 **건너가서** 겉옷을	수 4:23	너희를 **건너게** 하신 것이 너희의 하나님
사 23:6	너희는 다시스로 **건너갈지어다** 해변	수 5:1	우리를 **건너게** 하셨음을 듣고 마음이
사 23:12	일어나 깃딤으로 **건너가라** 거기에서	수 7:7	백성을 인도하여 요단을 **건너게** 하시고
렘 2:10	너희는 깃딤 섬들에 **건너가** 보며 게달	수 24:11	너희가 요단을 **건너** 여리고에 이른즉
암 6:2	너희는 갈레로 **건너가** 보고 거기에서	삿 3:28	장악하여 한 사람도 **건너지** 못하게
마 9:1	예수께서 배에 오르사 **건너가** 본 동네	삿 8:4	요단 강에 이르러 **건너고** 비록 피곤하나
마 14:34	그들이 **건너가** 게네사렛 땅에 이르니	삿 10:9	암몬 자손이 또 요단을 **건너서** 유다와
막 4:35	이르시되 우리가 저편으로 **건너가자**	삼상 13:7	어떤 히브리 사람들은 요단을 **건너**
막 5:21	타시고 다시 맞은편으로 **건너가시니**	삼상 30:10	곧 피곤하여 브솔 시내를 **건너지**
막 6:53	**건너가** 게네사렛 땅에 이르러 대고	삼하 17:22	요단을 **건널새** … 요단을 **건너지** 못한
눅 16:26	여기서 너희에게 **건너가고자** 하되	삼하 17:24	이스라엘 사람과 함께 요단을 **건너니라**
행 18:27	아볼로가 아가야로 **건너가고자** 함으로	삼하 19:17	요단 강을 밟고 **건너** 왕 앞으로 나아
행 21:2	베니게로 **건너가는** 배를 만나서 타고	삼하 19:36	모시고 요단을 **건너려는** 것뿐이거늘
		삼하 24:5	요단을 **건너** 갓 골짜기 가운데 성읍
건너다(cross)		왕상 2:37	네가 나가서 기드론 시내를 **건너는** 날
창 31:21	그의 모든 소유를 이끌고 강을 **건너** 길	왕하 2:8	두 사람이 마른 땅 위로 **건너더라**
창 32:22	아들을 인도하여 얍복 나루를 **건널새**	왕하 2:9	**건너매** 엘리야가 엘리사에게 이르되
민 32:5	우리에게 요단 강을 **건너지** 않게 하소서	왕하 2:14	이리 저리 갈라지고 엘리사가 **건너니라**
민 32:30	너희와 함께 무장하고 **건너지** 아니하면	대상 12:15	무리가 강물을 **건너서** 골짜기에 있는
민 33:51	너희가 요단 강을 **건너** 가나안 땅에 들	대상 19:17	이스라엘을 모으고 요단을 **건너** 아람
민 35:10	너희가 요단 강을 **건너** 가나안 땅에 들	시 66:6	걸어서 강을 **건너고** 우리가 거기서
신 2:14	세렛 시내를 **건너기**까지 삼십팔 년 동안	사 15:7	가지고 버드나무 시내를 **건너리니**
신 2:24	아르논 골짜기를 **건너라** 내가 헤스본	사 43:2	**건널** 때에 물이 너를 침몰하지 못할
신 2:29	그리하면 내가 요단을 **건너서** 우리	사 47:2	걸어 다리를 드러내고 강을 **건너라**
신 3:27	너는 이 요단을 **건너지** 못할 것임이니라	사 51:10	받은 자들을 **건너게** 하신 이가 어찌
신 4:21	내게 요단을 **건너지** 못하며 네 하나님	겔 47:3	내게 그 물을 **건너게** 하시니 물이 발목
신 4:22	나는 이 땅에서 죽고 요단을 **건너지**	겔 47:4	내게 물을 **건너게** 하시니 물이 무릎에
신 9:1	들으라 네가 오늘 요단을 **건너**		오르고 … 내게 물을 **건너게** 하시니
신 11:31	너희가 요단을 **건너** 너희의 하나님	겔 47:5	물이 내가 **건너지** 못할 강이 된지라
신 12:10	너희가 요단을 **건너** 너희 하나님		그 물이 … 사람이 능히 **건너지** 못할
신 27:2	너희가 요단을 **건너** 네 하나님 여호와	요 6:17	배를 타고 바다를 **건너** 가버나움으로
신 27:3	요단을 **건넌** 후에 이 율법의 모든 말씀	행 27:5	길리기아와 밤빌리아 바다를 **건너**
신 27:4	너희가 요단을 **건너거든** 내가 오늘		
신 27:12	너희가 요단을 **건넌** 후에 시므온과 레위	**건너오다**(come over, cross over)	
수 1:2	이 요단을 **건너** 내가 그들 곧 이스라엘	수 22:19	여호와의 소유지로 **건너와** 우리 중에서
수 1:11	사흘 안에 너희가 이 요단을 **건너** 너희	삿 6:33	요단 강을 **건너와서** 이스르엘 골짜기
수 2:23	산에서 내려와 강을 **건너** 눈의 아들	삼하 19:40	왕이 길갈로 **건너오고** 김함도 함께 건
수 3:6	언약궤를 메고 백성에 앞서 **건너라** 하매		**너오니** 온 유다 백성과 이스라엘 백성
수 3:14	백성이 요단을 **건너려고** 자기들의 장막	삼하 24:20	자기를 향하여 **건너옴**을 보고 나가서
수 3:16	백성이 여리고 앞으로 바로 **건널새**	사 45:14	장대한 남자들이 네게로 **건너와서**
수 3:17	그 모든 백성이 요단을 **건너기**를 마칠	눅 16:26	거기서 우리에게 **건너올** 수도 없게
수 4:7	언약궤가 요단을 **건널** 때에 요단 물이	행 16:9	청하여 이르되 마게도냐로 **건너와서**

【 건너지르다 】　　　　　　　　　　　　　　　　　　　　　　　【 건설하다/건설되다 】

건너지르다 (extend)
왕상 6:21　금사슬로 **건너지르고** 내소를 금하여

건너쪽/건너편 (alongside)
창 50:10　그들이 요단 강 **건너편** 아닷 타작 마당
창 50:11　하였으니 곧 요단 강 **건너편**이더라
민 21:13　아르논 강 **건너편**에 진을 쳤으니 아르논
민 22:1　요단 **건너편** 곧 여리고 맞은편이더라
민 34:15　여리고 맞은편 요단 **건너편** 곧 해 돋는
삿 7:25　요단 강 **건너편**에서 기드온에게 가져
삼상 26:13　이에 다윗이 **건너편**으로 가서 멀리
삼상 31:7　이스라엘 사람과 요단 **건너쪽**에 있는
삼하 10:16　하닷에셀이 사람을 보내 강 **건너쪽**에
왕상 4:24　솔로몬이 그 강 **건너편**을 딥사에서부
　　　　　터 가사까지 모두, 그 강 **건너편**의 왕을
대상 19:16　사신을 보내 강 **건너편**에 있는 아람
스 4:10　유브라데 강 **건너편** 다른 땅에 옮겨
스 4:11　아닥사스다 왕에게 올린 그 글의 초본
　　　　은 이러하니 강 **건너편**에 있는 신하들
스 4:16　이로 말미암아 왕의 강 **건너편** 영지가
스 4:17　강 **건너편** 다른 땅 백성에게 조서를
스 4:20　강 **건너편** 모든 땅이 그들에게 조공과
스 5:3　유브라데 강 **건너편** 총독 닷드내와
스 5:6　유브라데 강 **건너편** 총독 닷드내와
스 6:6　이제 유브라데 강 **건너편** 총독 닷드내와
스 6:8　곧 유브라데 강 **건너편**에서 거둔 세금
스 6:13　유브라데 강 **건너편** 총독 닷드내와
스 7:21　아닥사스다 왕이 유브라데 강 **건너편**
스 7:25　강 **건너편** 모든 백성을 재판하게 하고
스 8:36　왕의 총독들과 유브라데 강 **건너편** 총독
사 18:1　슬프다 구스의 강 **건너편** 날개 치는
습 3:10　구스 강 **건너편**에서부터 예물을 가지고
마 4:25　요단 강 **건너편**에서 수많은 무리가
마 8:18　보시고 **건너편**으로 가기를 명하시니라
마 8:28　예수께서 **건너편** 가다라 지방에 가시매
마 14:22　배를 타고 앞서 **건너편**으로 가게 하시고
마 16:5　제자들이 **건너편**으로 갈새 떡 가져가기
막 3:8　요단 강 **건너편**과 또 두로와 시돈 근처
막 5:1　예수께서 바다 **건너편** 거라사인의 지방
막 6:45　배 타고 앞서 **건너편** 벳새다로 가게
막 8:13　그들을 떠나 다시 배에 올라 **건너편**으로
막 10:1　유대 지경과 요단 강 **건너편**으로 가시니
요 1:28　요한이 세례 베풀던 곳 요단 강 **건너편**

요 6:1　디베랴의 갈릴리 바다 **건너편**으로
요 6:22　이튿날 바다 **건너편**에 서 있던 무리가
요 6:25　바다 **건너편**에서 만나 랍비여 언제 여기
요 18:1　기드론 시내 **건너편**으로 나가시니

건드리다 (touch, bother)
수 9:19　맹세하였은즉 이제 그들을 **건드리지**
룻 2:9　소년들에게 명령하여 너를 **건드리지**
삼하 14:10　그가 다시는 너를 **건드리지**도 못하리라
히 11:28　장자를 멸하는 자로 그들을 **건드리지**

건물 (建物, building, structure)
대상 28:10　너를 택하여 성전의 **건물**을 건축하게
겔 41:12　서쪽 뜰 뒤에 **건물**이 있는데 너비는
겔 41:13　서쪽 뜰과 그 **건물**과 그 벽을 합하여
겔 41:15　그가 뒤뜰 너머 있는 **건물**을 측량하니
겔 42:1　다른 하나는 북쪽 **건물**을 향하였는데
겔 42:10　남쪽 골방 뜰 맞은쪽과 남쪽 **건물** 맞은
마 24:1　제자들이 성전 **건물들**을 가리켜 보이
막 13:1　이 돌들이 어떠하며 이 **건물들**이 어떠하
막 13:2　예수께서 이르시되 네가 이 큰 **건물들**
엡 2:21　그의 안에서 **건물**마다 서로 연결하여

건설하다/건설되다 (建設, build, establish)
창 10:12　갈라 사이의 레센을 **건설하였으니**
창 11:4　또 말하되 자, 성읍과 탑을 **건설하여**
창 11:5　여호와께서 사람들이 **건설하는** 그 성읍
창 11:8　그들이 그 도시를 **건설하기**를 그쳤더라
수 19:50　여호수아가 그 성읍을 **건설하고** 거기
수 24:13　너희가 **건설하지** 아니한 성읍들을 너희
대상 7:24　벧호론과 우센세에라를 **건설하였더라**
시 24:2　세우심이여 강들 위에 **건설하셨도다**
시 28:5　파괴하고 **건설하지** 아니하시리로다
시 69:35　유다 성읍들을 **건설하시리니** 무리가
시 89:11　충만한 것을 주께서 **건설하셨나이다**
시 102:16　여호와께서 시온을 **건설하시고** 그의
시 122:3　잘 짜여진 성읍과 같이 **건설되었도다**
사 23:7　이것이 옛날에 **건설된** 너희 희락의
사 25:2　영원히 **건설되지** 못하게 하셨으므로
렘 1:10　파멸하고 넘어뜨리며 **건설하고**
렘 18:9　어느 민족이나 국가를 **건설하거나**
렘 32:31　이 성이 **건설된** 날부터 오늘까지 나의
단 4:30　바벨론은 내가 능력과 권세로 **건설하여**

【 건장하다 】　　　　　　　　　　　　　　　　　　　　　　　　　【 건지다 】

합 2:12　피로 성읍을 **건설**하며 불의로 성을 건축
눅 4:29　동네가 **건설**된 산 낭떠러지까지 끌고

건장하다(健壯, vigorous, powerful)
창 49:14　우리 사이에 꿇어앉은 **건장한** 나귀로다
출 1:19　애굽 여인과 같지 아니하고 **건장하여**
대하 26:13　**건장하고** 싸움에 능하여 왕을 도와
슥 6:3　넷째 병거는 어룽지고 **건장한** 말들이
슥 6:7　**건장한** 말은 나가서 땅에 두루 다니고자

건재하다(健在, doing well)
욥 6:29　아직도 나의 의가 **건재하니** 돌아오라

건전하다(健全, healthiness)
요 7:23　사람의 전신을 **건전하게** 한 것으로

건져내다(save, draw, rescue)
창 32:11　에서의 손에서 나를 **건져내시옵소서**
출 2:10　이는 내가 그를 물에서 **건져내었음이라**
출 2:19　우리를 목자들의 손에서 **건져내고** 우리
출 3:8　그들을 애굽인의 손에서 **건져내고**
출 18:10　손에서와 바로의 손에서 **건져내시고**
민 35:25　살인자를 **건져내어** 그가 피하였던
수 2:13　주어 우리 목숨을 죽음에서 **건져내라**
수 22:31　여호와의 손에서 **건져내었느니라**
수 24:10　나는 너희를 그의 손에서 **건져내었으며**
삿 6:9　너희를 **건져내고** 그들을 너희 앞에서
삿 8:34　자기들을 **건져내신** 여호와 자기들의
삿 9:17　미디안의 손에서 너희를 **건져냈거늘**
삿 10:15　무엇하나니 오늘 우리를 **건져내옵소서**
삼상 7:3　블레셋 사람의 손에서 **건져내시리라**
삼상 10:18　모든 나라의 손에서 **건져내었느니라**
삼상 12:10　우리를 원수들의 손에서 **건져내소서**
삼상 12:11　너희 사방 원수의 손에서 **건져내사**
삼상 17:35　그 입에서 새끼를 **건져내었고** 그것이
삼상 17:37　곰의 발톱에서 **건져내셨은즉** 나를 이 블레셋 … 손에서도 **건져내시리이다**
삼하 22:17　많은 물에서 나를 **건져내셨도다**
왕하 17:39　너희를 모든 원수의 손에서 **건져내리라**
왕하 18:29　너희를 내 손에서 **건져내지** 못하리라
대상 16:35　만국 가운데서 **건져내시고** 모으사
대하 32:11　앗수르 왕의 손에서 **건져내시리라**
대하 32:13　땅을 내 손에서 **건져낼** 수 있느냐

대하 32:14　그의 백성을 내 손에서 **건져내었기에**
대하 32:15　조상들의 손에서 **건져내지** 못하였나니 하물며 … 내 손에서 **건져내겠느냐**
느 9:28　여러 번 주의 긍휼로 **건져내시고**
시 7:2　**건져낼** 자가 없으면 그들이 사자같이
시 18:16　많은 물에서 나를 **건져내셨도다**
시 49:15　스올의 권세에서 **건져내시리로다**
잠 2:12　패역을 말하는 자에게서 **건져내리라**
전 8:8　그의 주민들을 **건져낼** 수는 없느니라
사 36:20　자기의 나라를 내 손에서 **건져냈기에**
사 38:6　앗수르 왕의 손에서 **건져내겠고** 내가
사 49:24　사로잡힌 자를 어떻게 **건져낼** 수있으랴
사 49:25　두려운 자의 빼앗은 것도 **건져낼** 것이니
애 5:8　그들의 손에서 **건져낼** 자가 없나이다
겔 13:23　내가 내 백성을 너희 손에서 **건져내리니**
겔 34:10　내가 내 양을 그들의 입에서 **건져내어서**
겔 34:12　모든 곳에서 그것들을 **건져낼지라**
겔 34:27　그들을 **건져낸** 후에 내가 여호와인 줄을
단 3:15　능히 너희를 내 손에서 **건져낼** 신이
단 3:17　타는 풀무불 가운데서 능히 **건져내시겠고** 왕의 손에서도 **건져내시리이다**
단 6:14　마음을 쓰며 그를 **건져내려고** 힘을
단 6:27　그는 구원도 하시며 **건져내기도** 하시며
호 2:10　그를 내 손에서 **건져낼** 사람이 없으리라
호 5:14　탈취하여 갈지라도 **건져낼** 자가 없으
암 3:12　두 다리나 귀 조각을 **건져냄과** 같이 … 이스라엘 자손도 **건져냄을** 입으리라
미 5:6　그가 우리를 그에게서 **건져내리라**
슥 11:6　그들의 손에서 **건져내지** 아니하리라
행 7:10　모든 환난에서 **건져내사** 애굽 왕 바로
롬 7:24　이 사망의 몸에서 누가 나를 **건져내랴**
골 1:13　그가 우리를 흑암의 권세에서 **건져내사**
딤후 4:18　나를 모든 악한 일에서 **건져내시고**

건조하다(乾燥, drought)
렘 2:6　사막과 구덩이 땅, **건조하고** 사망의

건지다(deliver)
창 40:14　아뢰어 이 집에서 나를 **건져** 주소서
출 18:10　애굽 사람의 손 아래에서 **건지셨도다**
수 9:26　그들을 이스라엘 자손의 손에서 **건져서**
삼상 4:8　우리를 이 능한 신들의 손에서 **건지리요**
삼상 14:48　그 약탈하는 자들의 손에서 **건졌더라**

【 건지다 】   【 건지다 】

삼상 24:15	왕의 손에서 **건지시기를** 원하나이다
삼하 22:2	요새시요 나를 위하여 나를 **건지시는**
삼하 22:49	나를 강포한 자에게서 **건지시는도다**
왕하 18:30	여호와께서 반드시 우리를 **건지실지라**
왕하 18:32	여호와께서 우리를 **건지시리라** 하여
왕하 18:34	그들이 사마리아를 내 손에서 **건졌느냐**
왕하 18:35	그의 땅을 내 손에서 **건졌기에** 여호와가 예루살렘을 내 손에서 **건지겠느냐**
왕하 19:12	족속을 그 나라들의 신들이 **건졌느냐**
대하 32:14	능히 너희를 내 손에서 **건지겠느냐**
스 8:31	길에 매복한 자의 손에서 **건지신지라**
에 4:13	모든 유다인 중에 홀로 목숨을 **건지리라**
욥 22:30	죄 없는 자가 아니라도 **건지시리니** 네 손이 깨끗함으로 말미암아 **건지심을**
욥 29:12	줄 자 없는 고아를 내가 **건졌음이라**
욥 33:24	그 사람을 불쌍히 여기사 그를 **건져서**
시 18:2	**건지시는** 이시요 나의 하나님이시요
시 18:48	나를 포악한 자에게서 **건지시나이다**
시 22:4	의뢰하였으므로 그들을 **건지셨나이다**
시 22:8	구원하실 걸, 그를 기뻐하시니 **건지실**
시 31:1	하지 마시고 주의 공의로 나를 **건지소서**
시 31:2	내게 귀를 기울여 속히 **건지시고** 내게
시 34:4	내 모든 두려움에서 나를 **건지셨도다**
시 34:7	자를 둘러 진 치고 그들을 **건지시는도다**
시 35:10	강한 자에게서 **건지시고** 가난하고 궁핍한 자를 노략하는 자에게서 **건지시는**
시 35:17	유일한 것을 사자들에게서 **건지소서**
시 37:40	여호와께서 그들을 도와 **건지시되**
시 39:8	나를 모든 죄에서 **건지시며** 우매한 자에
시 40:17	주는 나의 도움이시요 나를 **건지시는**
시 41:1	날에 여호와께서 그를 **건지시리로다**
시 43:1	불의한 자에게서 나를 **건지소서**
시 51:14	피 흘린 죄에서 나를 **건지소서** 내 혀가
시 59:2	악을 행하는 자에게서 나를 **건지시고**
시 60:5	사랑하시는 자를 **건지시기** 위하여
시 69:14	나를 수렁에서 **건지사** 빠지지 말게 하시고 나를 미워하는… 물에서 **건지소서**
시 70:1	하나님이여 나를 **건지소서** 여호와여
시 70:5	주는 나의 도움이시요 나를 **건지시는**
시 71:2	주의 의로 나를 **건지시며** 나를 풀어
시 72:12	그는 궁핍한 자가 부르짖을 때에 **건지며** 도움이 없는 가난한 자도 **건지며**
시 79:9	증거하기 위하여 우리를 **건지시며**
시 81:7	부르짖으매 내가 너를 **건졌고** 우렛소리
시 86:13	깊은 스올에서 **건지셨음이니이다**
시 89:48	영혼을 스올의 권세에서 **건지리이까**
시 91:3	올무에서와 심한 전염병에서 **건지실**
시 91:14	그가 나를 사랑한즉 내가 그를 **건지리라**
시 91:15	내가 그와 함께 하여 그를 **건지고** 영화
시 106:43	여호와께서 여러 번 그들을 **건지시나**
시 107:20	위험한 지경에서 **건지시는도다**
시 108:6	주께서 사랑하시는 자들을 **건지시기**
시 109:21	인자하심이 선하시오니 나를 **건지소서**
시 116:4	구하오니 내 영혼을 **건지소서** 하였도다
시 116:8	내 발을 넘어짐에서 **건지셨나이다**
시 119:170	하시고 주의 말씀대로 나를 **건지소서**
시 136:24	우리를 우리의 대적에게서 **건지신** 이
시 142:6	핍박하는 자들에게서 나를 **건지소서**
시 144:2	나의 산성이시요 나를 **건지시는** 이시요
잠 10:2	공의는 죽음에서 **건지느니라**
잠 11:4	무익하나 공의는 죽음에서 **건지느니라**
잠 11:6	정직한 자의 공의는 자기를 **건지려니와**
잠 19:19	그를 **건져** 주면 다시 그런 일이 생기리라
전 9:15	그의 지혜로 그 성읍을 **건진** 그것이라
사 19:20	보호자를 보내사 그들을 **건지실** 것임
사 31:5	그것을 호위하며 **건지며** 뛰어넘어 구원
사 36:14	그가 능히 너희를 **건지지** 못할 것이니라
사 36:15	여호와께서 반드시 우리를 **건지시리니**

> **'건지다'와 관련된 성구**
>
> 강한 원수와 미워하는 자에게서 건지다 –
>   삼하 22:18; 시 18:17
> 생명을 건지다 – 시 120:2
> 악인에게서 건지다 – 시 140:1
> 악인의 손에서 건지다 – 시 82:4; 97:10
> 압박자의 손에서 건지다 – 렘 21:12 22:3
> 앗수르 왕의 손에서 건지다 – 왕하 18:33;
>   대하 32:11; 사 36:18; 38:6
> 영혼을 건지다 – 욥 33:28; 시 6:4; 116:4
> 원수의 손에서 건지다 – 삿 8:34; 삼상
>   12:10, 11; 왕하 17:39; 시 31:15; 눅
>   1:74
> 이방인의 손에서 구하여 건지다 – 시
>   144:7, 11
> 자녀는 건지지 못하고 자기만 건지다 – 겔
>   14:16, 18, 20

【 건축/-하다/-되다 】　　　　　　　　　　　　　　　　　　　【 건축/-하다/-되다 】

사 36:19	그들이 사마리아를 내 손에서 **건졌느냐**
사 36:20	능히 예루살렘을 내 손에서 **건지겠느냐**
사 37:12	자손을 그 나라들의 신들이 **건졌더냐**
렘 15:20	너와 함께 하여 너를 구하여 **건짐이라**
렘 15:21	내가 너를 악한 자의 손에서 **건지며**
렘 38:2	얻음같이 자기의 목숨을 **건지리라**
렘 42:11	손에서 너희를 **건지리니** 두려워하지
겔 7:19	그들의 은과 금이 능히 그들을 **건지지**
겔 13:21	내 백성을 너희 손에서 **건지고** 다시는
겔 14:14	자기의 공의로 자기의 생명만 **건지리라**
호 7:13	내가 그들을 **건져** 주려 하나 그들이 나
습 1:18	능히 그들을 **건지지** 못할 것이며

┌─ 사람이 '건짐받는' 여러 상황 ─┐

고난 – 시 34:19; 119:153
고통 – 시 107:6, 41; 벧후 2:7
구덩이 – 사 38:17; 욘 2:6 / 노역 – 출 6:6
다툼 – 삼하 22:44; 시 18:43
사망 – 시 33:19; 56:13; 고후 1:10
시험 – 벧후 2:9
원수 – 삼하 22:18; 시 59:1; 143:9; 눅 1:74
칼 – 시 22:20
환난 – 창 48:16; 삼하 4:9; 시 34:17; 50:15; 54:7

롬 15:31	순종하지 아니하는 자들로부터 **건짐을**
갈 1:4	이 악한 세대에서 우리를 **건지시려고**
살전 1:10	장래의 노하심에서 우리를 **건지시는**
딤후 3:11	모든 것 가운데서 나를 **건지셨느니라**
딤후 4:17	사자의 입에서 **건짐을** 받았느니라

건축/-하다/-되다 (建築, construction, build)

모세오경, 역사서

민 32:16	어린 아이들을 위하여 성읍을 **건축하고**
민 32:24	어린 아이들을 위하여 성읍을 **건축하고**
민 32:36	벧하란들의 견고한 성읍을 **건축하였고**
신 6:10	네가 **건축하지** 아니한 크고 아름다운
신 13:16	영구히 폐허가 되어 다시는 **건축되는**
신 20:5	말하여 이르기를 새 집을 **건축하고**
신 28:30	집을 **건축하였으나** 거기에 거주하지
삿 1:26	사람들의 땅에 가서 성읍을 **건축하고**
삿 21:23	기업에 돌아가서 성읍들을 **건축하고**
삼하 7:5	나를 위하여 내가 살 집을 **건축하겠느냐**
삼하 7:7	나를 위하여 백향목 집을 **건축하지** 아니
삼하 7:13	내 이름을 위하여 집을 **건축할** 것이요
왕상 6:5	연접하여 돌아가며 다락들을 **건축하되**
왕상 6:10	다섯 규빗 되는 다락방을 **건축하되**
왕상 8:16	이름을 둘 만한 집을 **건축하기** 위하여
왕상 9:24	솔로몬이 그를 위하여 **건축한** 궁에 이르
왕상 15:23	그가 행한 모든 일과 성읍을 **건축한**
왕상 22:39	그가 **건축한** 모든 성읍은 이스라엘
왕하 12:11	성전을 수리하는 목수와 **건축하는** 자들
왕하 15:35	여호와의 성전의 윗문을 **건축하니라**
대상 17:4	말씀이 너는 내가 거할 집을 **건축하지**
대상 17:6	백향목 집을 **건축하지** 아니하였느냐
대상 17:12	그는 나를 위하여 집을 **건축할** 것이요
대하 2:9	많이 준비하게 하소서 내가 **건축하려**
대하 3:2	넷째 해 둘째 달 둘째 날 **건축을** 시작
대하 6:5	이름을 둘 만한 집을 **건축하기** 위하여
대하 8:2	성읍들을 솔로몬이 **건축하여** 이스라엘
대하 9:3	여왕이 솔로몬의 지혜와 그가 **건축한**
대하 11:5	땅에 방비하는 성읍들을 **건축하였으니**
대하 14:6	견고한 성읍들을 유다에 **건축하니라**
대하 14:7	우리가 이 성읍들을 **건축하고** 그 주위 에 성곽과 … 형통하게 **건축하였더라**

┌─ 성경에 나오는 '건축지' ─┐

게바 – 왕상 15:22; 대하 16:6
게셀 – 왕상 9:15, 17
느보 – 민 32:38
라마 – 왕상 15:17, 21, 22; 대하 16:1, 5, 6
레바논 – 대하 8:6
므깃도 – 왕상 9:15
미스바 – 왕상 15:22; 대하 16:6
바알므온 – 민 32:38
벧호론 – 왕상 9:15; 대하 8:5
부느엘 – 왕상 12:25
사마리아 – 왕상 16:24, 32
세겜 – 왕상 12:25
십마 – 민 32:38
여리고 – 수 6:26; 왕상 16:34
엘랏 – 왕하 14:22
엘롯 – 대하 26:2
예루살렘 – 왕상 9:15; 대하 8:6; 느 2:17; 미 3:10

【 건축/-하다/-되다 】　　　　　　　　　　　　　　　　　【 건축/-하다/-되다 】

대하 26:6	사람들 가운데에 성읍들을 **건축하매**
대하 27:3	그가 여호와의 전 윗문을 **건축하고**
대하 27:4	유다 산중에 성읍들을 **건축하며** 수풀 … 견고한 진영들과 망대를 **건축하고**
대하 34:11	곧 목수들과 **건축하는** 자들에게 주어
대하 35:3	다윗의 아들 솔로몬이 **건축한** 전 가운데
스 4:2	우리도 너희와 함께 **건축하게** 하라
스 4:3	여호와를 위하여 홀로 **건축하리라**
스 4:4	유다 백성의 손을 약하게 하여 그 **건축**
스 4:12	패역하고 악한 성읍을 **건축하는데** … 기초를 수축하고 성곽을 **건축하오니**
스 4:13	아시옵소서 만일 이 성읍을 **건축하고**
스 4:21	그 성을 **건축하지** 못하게 하고 내가
스 5:4	이 **건축하는** 자의 이름을 아뢰었으나
스 5:16	그 때로부터 지금까지 **건축하여** 오나
느 2:18	그들의 말이 일어나 **건축하자** 하고
느 2:20	그의 종들인 우리가 일어나 **건축하려니**
느 3:1	양문을 **건축하여** 성별하고 문짝을 달고 또 성벽을 **건축하여** 함메아 망대에
느 3:2	사람들이 **건축하였고** 또 그 다음은 이 므리의 아들 삭굴이 **건축하였으며**
느 3:3	어문은 하스나아의 자손들이 **건축하여**
느 4:1	산발랏이 우리가 성을 **건축한다** 함을
느 4:3	그들이 **건축하는** 돌 성벽은 여우가
느 4:5	그들이 **건축하는** 자 앞에서 주를 노하
느 4:6	이에 우리가 성을 **건축하여** 전부가 연결
느 4:10	우리가 성을 **건축하지** 못하리라 하고
느 4:17	성을 **건축하는** 자와 짐을 나르는 자는
느 4:18	**건축하는** 자는 각각 허리에 칼을 차고 **건축하며** 나팔 부는 자는 내 곁에 섰으
느 6:1	우리의 원수들이 내가 성벽을 **건축하여**
느 6:6	모반하려 하여 성벽을 **건축한다**
느 7:1	성벽이 **건축되매** 문짝을 달고 문지기
느 7:4	주민은 적으며 가옥은 미처 **건축하지**

시가서 – 신약

잠 24:3	집은 지혜로 말미암아 **건축되고** 명철로
아 4:4	네 목은 무기를 두려고 **건축한** 다윗의
사 45:13	나의 성읍을 **건축할** 것이며 사로잡힌
사 65:21	그들이 가옥을 **건축하고** 그 안에 살겠으
사 65:22	그들이 **건축한** 데에 타인이 살지 아니
렘 30:18	성읍은 그 폐허가 된 언덕 위에 **건축될**
렘 31:38	여호와를 위하여 **건축될** 것이라 여호와
겔 11:3	그들의 말이 집 **건축할** 때가 가깝지
겔 16:24	너를 위하여 누각을 **건축하며** 모든 거리
겔 16:31	네가 누각을 모든 길 어귀에 **건축하며**
겔 26:14	그물 말리는 곳이 되고 다시는 **건축되지**
겔 28:26	가운데에 평안히 살면서 집을 **건축하며**
겔 36:10	거주하게 하며 빈 땅에 **건축하게** 하리라
겔 36:33	거주하게 하며 황폐한 것이 **건축되게**
겔 36:36	여호와가 무너진 곳을 **건축하며** 황폐
암 5:11	비록 다듬은 돌로 집을 **건축하였으나**
암 9:14	그들이 황폐한 성읍을 **건축하여** 거주
미 7:11	네 성벽을 **건축하는** 날 곧 그 날에는
합 2:12	불의로 성을 **건축하는** 자에게 화 있을
습 1:13	그들이 집을 **건축하나** 거기에 살지 못하
슥 1:16	그 가운데에 **건축되리니** 예루살렘

성경에 나오는 '건축물'

국고성 – 출 1:11; 왕상 9:19; 대하 8:4, 6; 17:12
궁궐 – 대하 2:1, 3, 12; 8:1
궁전 – 대상 14:1
견고한 요새 – 대하 17:12; 슥 9:3
도벳 사당 – 렘 7:31
마병의 성 – 왕상 9:19; 대하 8:6
밀로 – 왕상 9:15, 24; 11:27
바알 산당 – 렘 19:5; 32:35
병거성 – 왕상 9:19; 대하 8:6
상아궁 – 왕상 22:39
성소 – 출 38:24; 대하 20:8
성전 – 왕상 3:2; 5:3, 5; 6:1, 2, 7, 9, 12, 14, 38; 8:13, 17, 18, 19, 20, 27, 43, 44, 48; 9:1, 3, 10, 15; 왕하 16:18; 대상 22:2, 5, 6, 7, 8, 10, 11, 19; 28:2, 3, 6, 10; 29:16, 19; 대하 2:1, 4, 5, 6:2, 7, 8, 9, 10, 18, 33, 34, 38; 36:23; 스 1:2, 3, 5; 4:1, 3; 5:2, 3, 9, 11, 13, 17; 6:3, 7, 8, 14, 22; 느 2:5; 학 1:8; 슥 8:9
여호와의 전 – 대하 3:1; 8:1; 33:15; 학 1:2; 슥 6:12, 13, 15
왕궁 – 왕상 7:1; 9:1, 10, 15; 10:4; 대하 7:11; 8:11
하나님의 전 – 스 2:68; 5:15

[건축자] [걷히다]

롬 15:20 이는 남의 터 위에 **건축하지** 아니하려

사 38:12 거처는 목자의 장막을 **걷음**같이 나를 떠나 옮겨졌고 직공이 베를 **걷어** 말음
사 47:2 너울을 벗으며 치마를 **걷어** 다리를 드러
겔 4:7 예루살렘 쪽으로 향하고 팔을 **걷어** 올리
나 3:5 네 치마를 **걷어** 올려 네 얼굴에 이르게

건축하는 자

수 6:26 이 여리고 성을 **건축하는** 자는 여호와
왕하 12:11 성전을 수리하는 목수와 **건축하는** 자들
대하 34:11 곧 목수들과 **건축하는** 자들에게 주어
스 5:4 이 **건축하는** 자의 이름을 아뢰었으나
느 4:5 그들이 **건축하는** 자 앞에서 주를 노하
느 4:17 성을 **건축하는** 자와 짐을 나르는 자는
느 4:18 **건축하는** 자는 각각 허리에 칼을 차고
합 2:12 건설하며 불의로 성을 **건축하는** 자에게

2. 발을 떼면서 나아가다 (walk)
레 11:42 네 발로 **걷는** 것이나 여러 발을 가진
레 26:13 너희를 바로 서서 **걷게** 하였느니라
신 2:28 내가 마시게 하라 나는 **걸어서** 지날
신 8:2 광야 길을 **걷게** 하신 것을 기억하라
삿 4:15 시스라가 병거에서 내려 **걸어서** 도망
삿 4:17 시스라가 **걸어서** 도망하여 겐 사람 헤벨
삼하 2:29 그의 부하들이 밤새도록 **걸어서** 아라바
삼하 2:32 요압과 그의 부하들이 밤새도록 **걸어서**
삼하 5:24 뽕나무 꼭대기에서 걸음 **걷는** 소리가
대상 14:15 뽕나무 꼭대기에서 걸음 **걷는** 소리가
대하 17:6 그가 전심으로 여호와의 길을 **걸어** 산당
시 66:6 무리가 **걸어서** 강을 건너고 우리가
시 115:7 만지지 못하며 발이 있어도 **걷지** 못하며
시 128:1 여호와를 경외하며 그의 길을 **걷는**
사 63:1 화려한 의복 큰 능력으로 **걷는** 이가
렘 10:23 지도함이 **걷는** 자에게 있지 아니하니이
마 11:5 보며 못 **걷는** 사람이 걸으며 나병환자
마 14:13 무리가 듣고 여러 고을로부터 **걸어서**
마 14:25 밤 사경에 예수께서 바다 위로 **걸어서**
마 14:29 베드로가 배에서 내려 물 위로 **걷어**
막 6:48 사경쯤에 바다 위로 **걸어서** 그들에게
막 16:12 후에 그들 중 두 사람이 **걸어서** 시골로
눅 7:22 맹인이 보며 못 **걷는** 사람이 **걸으며**
요 6:19 예수께서 바다 위로 **걸어** 배에 가까이
행 3:2 나면서 못 **걷게** 된 이를 사람들이 메고
행 3:8 뛰어 서서 **걸으며** 그들과 함께 성전으로 들어가면서 **걷기도** 하고 뛰기도 하며
행 3:9 모든 백성이 그 **걷는** 것과 하나님을
행 3:12 이 사람을 **걷게** 한 것처럼 왜 우리를
행 8:7 많은 중풍병자와 못 **걷는** 사람이 나으니
행 14:8 나면서 **걷지** 못하게 되어 걸어 본 적이
행 14:10 하니 그 사람이 일어나 **걷는지라**
행 20:13 이는 바울이 **걸어서** 가고자 하여 그렇게

건축자(建築者, builder)
왕상 5:18 솔로몬의 **건축자**와 히람의 **건축자**가
왕하 22:6 곧 목수와 **건축자**와 미장이에게 주게
스 3:10 **건축자**가 여호와의 성전의 기초를 놓을
시 118:22 **건축자**가 버린 돌이 집 모퉁이의 머릿돌
마 21:42 이르시되 너희가 성경에 **건축자들이**
막 12:10 너희가 성경에 **건축자들이** 버린 돌이
눅 20:17 그러면 기록된 바 **건축자들의** 버린
행 4:11 예수는 너희 **건축자들의** 버린 돌로서
고전 3:10 내가 지혜로운 **건축자와** 같이 터를 닦아
벧전 2:7 **건축자들이** 버린 그 돌이 모퉁이의

건포도(乾葡萄, raisin)
민 6:3 생포도나 **건포도** 먹지 말지니
삼상 25:18 볶은 곡식 다섯 세아와 **건포도** 백 송이
삼상 30:12 **건포도** 두 송이를 주었으니 그가 밤낮
삼하 6:19 떡 한 개와 고기 한 조각과 **건포도** 떡
삼하 16:1 떡 이백 개와 **건포도** 백 송이와 여름
대상 12:40 밀가루 과자와 무화과 과자와 **건포도**
대상 16:3 야자열매로 만든 과자와 **건포도로** 만든
아 2:5 너희는 **건포도로** 내 힘을 돕고 사과로
사 16:7 길하레셋 **건포도** 떡을 위하여 그들이
호 3:1 **건포도** 과자를 즐길지라도 여호와가

걷다(lift, walk)
1. 감아서 올리거나 치우다 (lift, remove)
민 1:51 레위인이 그것을 **걷고** 성막을 세울 때에
민 4:5 아들들이 들어가서 칸 막는 휘장을 **걷어**
민 10:17 성막을 **걷으매** 게르손 자손과 므라리
사 5:5 울타리를 **걷어** 먹힘을 당하게 하며
사 10:13 열국의 경계선을 **걷어**치웠고 그들을

걷히다(dry)
창 8:13 물이 **걷힌지라** 노아가 방주 뚜껑을 제치고 본즉 지면에서 물이 **걷혔더니**

【 걸다 】　　　　　　　　　　　　　　　　　　　　【 걸어가다 】

걸다(hang, put)

창 41:42　옷을 입히고 금 사슬을 목에 **걸고**
삼하 23:17　이는 목숨을 **걸고** 갔던 사람들의 피가
왕하 4:38　솥을 **걸고** 선지자의 제자들을 위하여
시 137:2　우리가 우리의 수금을 **걸었나니**
렘 27:2　너는 줄과 멍에를 만들어 네 목에 **걸고**
겔 15:3　그것으로 무슨 그릇을 **걸** 못을 만들 수
겔 16:11　손목에 끼우고 목걸이를 목에 **걸고**
겔 20:3　내가 나의 목숨을 **걸고** 맹세하거니와
겔 24:3　이같이 말씀하시기를 가마 하나를 **걸라**
행 27:41　합하여 흐르는 곳을 만나 배를 **걸매**
고후 1:23　내가 내 목숨을 **걸고** 하나님을 불러

걸러내다(strain)

마 23:24　하루살이는 **걸러내고** 낙타는 삼키는

걸려들다(wander)

욥 18:8　그물에 빠지고 올가미에 **걸려들며**

걸리다(be ensnared, bring out, stumble)

창 22:13　뿔이 수풀에 **걸려** 있는지라 아브라함이
창 50:3　사십 일이 **걸렸으니** 향으로 처리하는
민 12:10　미리암은 나병에 **걸려** 눈과 같더라 아론이 미리암을 본즉 나병에 **걸렸는지라**
신 7:15　애굽의 악질에 **걸리지** 않게 하시고 너를 미워하는 모든 자에게 **걸리게** 하실
신 12:30　그들의 자취를 밟아 올무에 **걸리지** 말라
삼상 2:14　갈고리에 **걸려** 나오는 것은 제사장이
삼상 25:31　주의 마음에 **걸리는** 것도 없으시니
삼하 18:9　머리가 그 상수리나무에 **걸리매** 그가
시 66:11　끌어 그물에 **걸리게** 하시며 어려운
시 141:10　악인은 자기 그물에 **걸리게** 하시고

> ‘걸려 넘어지다’ 와 관련된 성구
> 사 8:14, 15; 렘 6:21; 46:12; 50:32; 겔 44:12; 단 11:14; 호 14:9; 나 3:3; 고전 8:9; 벧전 2:8

잠 3:26　네 발을 지켜 **걸리지** 않게 하시리라
잠 4:19　악인의 길은 어둠 같아서 그가 **걸려**
잠 5:22　악인은 자기의 악에 **걸리며** 그 죄에
잠 12:13　입술의 허물로 말미암아 그물에 **걸려도**

잠 29:25　사람을 두려워하면 올무에 **걸리게**
전 9:12　재난의 그물에 **걸리고** 새들이 올무에 **걸림같이** … 거기에 **걸리느니라**
사 22:24　집의 모든 영광이 그 위에 **걸리리니**
사 24:18　속에서 올라오는 자는 올무에 **걸리리니**
사 28:13　가다가 뒤로 넘어져 부러지며 **걸리며**
렘 48:44　함정에서 나오는 자는 올무에 **걸리리니**
겔 12:13　올무에 **걸리게** 하여 그를 끌고 갈대아
겔 17:20　위에 내 그물을 치며 내 올무에 **걸리게**
마 4:24　각종 병에 **걸려서** 고통 당하는 자, 귀신
마 15:12　바리새인들이 이 말씀을 듣고 **걸림이**
마 22:15　어떻게 하면 예수를 말의 올무에 **걸리게**
요 5:4　먼저 들어가는 자는 어떤 병에 **걸렸든지**
요 6:61　이르시되 이 말이 너희에게 **걸림이**
행 27:9　여러 날이 **걸려** 금식하는 절기가 이미
행 27:26　우리가 반드시 한 섬에 **걸리리라** 하더라
행 28:8　보블리오의 부친이 열병과 이질에 **걸려**

걸림돌(stumbling block)

사 8:14　그러나 이스라엘의 두 집에는 **걸림돌**
겔 7:19　채우지 못하고 오직 죄악의 **걸림돌이**
겔 14:3　죄악의 **걸림돌을** 자기 앞에 두었으니
겔 14:4　우상을 마음에 들이며 죄악의 **걸림돌**
겔 14:7　우상을 마음에 들이며 죄악의 **걸림돌**
겔 18:30　그것이 너희에게 죄악의 **걸림돌이** 되지
롬 9:33　기록된 바 보라 내가 **걸림돌과** 거치는
갈 5:11　그리하였으면 십자가의 **걸림돌이** 제거
계 2:14　이스라엘 자손 앞에 **걸림돌을** 놓아 우상

걸상(couch)

에 1:6　금과 은으로 만든 **걸상을** 화반석, 백석
에 7:8　에스더가 앉은 **걸상** 위에 엎드렸거늘
암 3:12　사마리아에서 침상 모서리나 **걸상**

걸식하다(乞食, beg)

시 37:25　그의 자손이 **걸식함을** 보지 못하였도다

걸어가다(go, walk)

출 14:22　자손이 바다 가운데를 육지로 **걸어가고**
삿 14:9　손으로 그 꿀을 떠서 **걸어가며** 먹고
삼상 19:23　그가 라마 나욧에 이르기까지 **걸어가며**
대하 6:31　주를 경외하며 주의 길로 **걸어가리이다**
시 17:11　우리가 **걸어가는** 것을 그들이 에워싸서

【 걸어오다 】   【 검 】

시 119:45 구하였사오니 자유롭게 **걸어갈** 것이
사 40:31 **걸어가도** 피곤하지 아니하리로다
사 50:11 너희의 불꽃 가운데로 **걸어가며** 너희가 피운 횃불 가운데로 **걸어갈지어다**
사 57:17 패역하여 자기 마음의 길로 **걸어가도다**
사 65:2 옳지 않은 길을 **걸어가는** 패역한 백성
렘 7:23 너희는 내가 명령한 모든 길로 **걸어가라**
렘 51:50 피한 자들이여 멈추지 말고 **걸어가라**
애 3:2 이끌어 어둠 안에서 **걸어가게** 하시고 빛 안에서 **걸어가지** 못하게 하셨으며
마 9:5 일어나 **걸어가라** 하는 말 중에 어느
막 2:9 일어나 네 상을 가지고 **걸어가라** 하는
막 8:24 나무 같은 것들이 **걸어가는** 것을 보나
눅 5:23 일어나 **걸어가라** 하는 말이 어느 것이
요 5:8 일어나 네 자리를 들고 **걸어가라**
요 5:9 나아서 자리를 들고 **걸어가니라** 이 날은
요 5:11 낫게 한 그가 자리를 들고 **걸어가라**
요 5:12 묻되 너에게 자리를 들고 **걸어가라**

걸어 다니다

욥 29:3 힘입어 암흑에서도 **걸어 다녔느니라**
욥 38:16 깊은 물 밑으로 **걸어 다녀** 보았느냐
전 10:7 고관들은 종들처럼 땅에 **걸어 다니는**
렘 10:5 말도 못하며 **걸어 다니지도** 못하므로

걸어 보다

삼상 17:39 시험적으로 **걸어 보다가** 사울에게 말
행 14:8 걷지 못하게 되어 **걸어 본** 적이 없는

걸어오다(go, walk)

신 1:31 너희가 **걸어온** 길에서 너희를 안으사
마 14:26 제자들이 그가 바다 위로 **걸어오심을**
막 6:49 제자들이 그가 바다 위로 **걸어오심을**

걸음(step, foothold)

창 33:14 나는 앞에 가는 가축과 자식들의 **걸음**
삿 5:28 병거들의 **걸음**이 어찌하여 늦어지는가
삼상 20:3 나와 죽음의 사이는 한 **걸음**뿐이니라
삼하 5:24 뽕나무 꼭대기에서 **걸음** 걷는 소리가
삼하 6:13 여호와의 궤를 멘 사람들이 여섯 **걸음**
삼하 22:37 내 **걸음**을 넓게 하셨으며 내 발이 미끄
대상 14:15 뽕나무 꼭대기에서 **걸음** 걷는 소리가
욥 14:16 그러하온데 이제 주께서 나의 **걸음**을

욥 18:7 그의 활기찬 **걸음**이 피곤하여지고 그가
욥 23:11 발이 그의 **걸음**을 바로 따랐으며 내가
욥 31:4 내 길을 살피지 아니하시느냐 내 **걸음**
욥 31:7 내 **걸음**이 길에서 떠났거나 내 마음이
욥 31:37 내 **걸음**의 수효를 그에게 알리고 왕족
욥 34:21 사람의 모든 **걸음**을 감찰하시나니
시 17:5 **걸음**이 주의 길을 굳게 지키고 실족
시 18:36 내 **걸음**을 넓게 하셨고 나를 실족하지
시 37:23 여호와께서 사람의 **걸음**을 정하시고
시 37:31 그의 **걸음**은 실족함이 없으리로다
시 40:2 발을 반석 위에 두사 내 **걸음**을 견고하
시 44:18 **걸음**도 주의 길을 떠나지 아니하였으나
시 57:6 그들이 내 **걸음**을 막으려고 그물을 준비
시 73:2 나는 거의 넘어질 뻔하였고 나의 **걸음**
시 140:4 그들은 나의 **걸음**을 밀치려 하나이다
잠 4:12 때에 네 **걸음**이 곤고하지 아니하겠고
잠 5:5 그의 발은 사지로 내려가며 그의 **걸음**
잠 10:9 길로 행하는 자는 **걸음**이 평안하려니와
잠 16:9 그의 **걸음**을 인도하시는 이는 여호와
잠 20:24 사람의 **걸음**은 여호와로 말미암나니
사 26:6 자의 발과 곤핍한 자의 **걸음**이로다
사 28:7 옆 **걸음** 치며 … 말미암아 옆 **걸음** 치며
렘 10:23 **걸음**을 지도함이 걷는 자에게 있지 아니
애 4:18 그들이 우리의 **걸음**을 엿보니 우리가
호 11:3 내가 에브라임에게 **걸음**을 가르치고

걸인(乞人, beggar)

요 9:8 이웃 사람들과 전에 그가 **걸인**인 것을

걸치다(put on, for)

레 8:7 에봇을 **걸쳐** 입히고 에봇의 장식 띠를
시 105:8 언약 곧 천 대에 **걸쳐** 명령하신 말씀을
눅 19:35 겉옷을 나귀 새끼 위에 **걸쳐** 놓고 예수

걸터앉다(seat)

행 20:9 유두고라 하는 청년이 창에 **걸터앉아**

검(劍, sword)

마 10:34 말라 화평이 아니요 **검**을 주러 왔노라
막 14:43 장로들에게서 파송된 무리가 **검**과 몽치
막 14:48 강도를 잡는 것 같이 **검**과 몽치를 가지
눅 22:36 배낭도 그리고 **검** 없는 자는 겉옷을

【 검다/검어지다 】　　　　　　　　　　　　　　　　　【 겉옷 】

눅 22:38　보소서 여기 검 둘이 있나이다 대답하시
눅 22:52　너희가 강도를 잡는 것같이 검과 몽치
엡 6:17　구원의 투구와 성령의 검 곧 하나님의
히 4:12　좌우에 날선 어떤 검보다도 예리하여
계 1:16　그의 입에서 좌우에 날선 검이 나오고
계 2:12　좌우에 날선 검을 가지신 이가 이르시되
계 2:16　네게 속히 가서 내 입의 검으로 그들과
계 6:8　땅 사분의 일의 권세를 얻어 검과 흉년
계 19:15　그의 입에서 예리한 검이 나오니 그것
계 19:21　탄자의 입으로부터 나오는 검에 죽으매

검다/검어지다(black, darken)
창 30:32　아롱진 것과 점 있는 것과 검은 것을
창 30:33　점이 없는 것이나 양 중에 검지 아니한
창 30:35　점 있는 것을 가리고 양 중의 검은 것
창 30:40　얼룩무늬와 검은 빛 있는 것을 라반의
레 13:31　그 자리에 검은 털이 없으면 제사장은
레 13:37　그 자리에 검은 털이 났으면 그 옴은
대상 29:2　또 마노와 가공할 검은 보석과 채색과
욥 6:16　얼음이 녹으면 물이 검어지며 눈이
욥 30:28　나는 햇볕에 쬐지 않고도 검어진 피부
욥 30:30　덮고 있는 피부는 검어졌고 내 뼈는
전 11:10　때와 검은 머리의 시절이 다 헛되니라
아 1:5　내가 비록 검으나 아름다우니 게달의
아 5:11　고불고불하고 까마귀처럼 검구나
애 4:8　이제는 그들의 얼굴이 숯보다 검고
애 5:10　우리의 피부가 아궁이처럼 검으니이다
슥 6:2　붉은 말들이, 둘째 병거는 검은 말들
슥 6:6　검은 말은 북쪽 땅으로 나가고 흰 말은
마 5:36　한 터럭도 희고 검게 할 수 없음이라
계 6:5　보니 검은 말이 나오는데 그 탄 자가
계 6:12　큰 지진이 나며 해가 검은 털로 짠 상
　　　　복같이 검어지고 달은 온통 피같이

검불(chaff, straw)
욥 13:25　낙엽을 놀라게 하시며 마른 검불을
욥 21:18　그들이 바람 앞에 검불같이, 폭풍에
시 83:13　하나님이여 그들이 굴러가는 검불 같게
렘 13:24　바람에 불려가는 검불같이 흩으리로다
욜 2:5　불꽃이 검불을 사르는 소리와도 같으며

검열하다(檢閱, muster)
사 13:4　싸움을 위하여 군대를 검열하심이로다

겁(怯, fear)
창 32:11　나와 내 처자들을 칠까 겁이 나기 때문
렘 30:6　자기 허리에 대고 모든 얼굴이 겁에
렘 51:32　갈대밭이 불탔으며 군사들이 겁에 질렸

겁 없이
빌 1:14　주 안에서 신뢰함으로 겁 없이 하나님의

겁내다(怯, afraid, dread, faintheart)
신 20:3　마음에 겁내지 말며 두려워하지 말며
욥 6:21　너희가 두려운 일을 본즉 겁내는구나
욥 39:22　두려움을 모르고 겁내지 아니하며 칼을
사 35:4　겁내는 자들에게 이르기를 굳세어라,
사 44:8　너희는 두려워하지 말며 겁내지 말라
렘 42:11　바벨론의 왕을 겁내지 말라 내가 너희

겁탈/-하다(劫奪, plunder, destruction)
왕하 21:14　모든 원수에게 노략 거리와 겁탈 거리
겔 38:12　물건을 겁탈하며 노략하리라 하고
겔 45:9　너희는 포악과 겁탈을 제거하여 버리고
암 3:10　자기 궁궐에서 포학과 겁탈을 쌓는 자들
합 1:3　겁탈과 강포가 내 앞에 있고 변론과

겉(outside)
마 23:25　잔과 대접의 겉은 깨끗이 하되 그 안에
마 23:26　먼저 안을 깨끗이 하라 그리하면 겉도
마 23:27　겉으로는 아름답게 보이나 그 안에는
마 23:28　이와 같이 너희도 겉으로는 사람에게
눅 11:39　지금 잔과 대접의 겉은 깨끗이 하나
눅 11:40　어리석은 자들아 겉을 만드신 이가 속도

겉가죽(outer coat)
욥 41:13　누가 그것의 겉가죽을 벗기겠으며

겉사람(outwardly)
고후 4:16　겉사람은 낡아지나 우리의 속사람은

겉옷(cloak, robe)

출 28:4　곧 흉패와 에봇과 겉옷
출 28:31　너는 에봇 받침 겉옷을
출 29:5　속옷과 에봇 받침 겉옷을
출 40:14　너는 또 그 아들들을 데
　　　　려다가 그들에게 겉옷을 입히고

130

【 겉옷 】 　　　　　　　　　　　　　　　　　　　　　　　　　　　　【 게달 】

레 8:7	속옷을 입히며 띠를 띠우고 **겉옷**을 입히	눅 19:35	예수께로 끌고 와서 자기들의 **겉옷**을
신 22:12	너희는 너희가 입는 **겉옷**의 네 귀에	눅 19:36	가실 때에 그들이 자기의 **겉옷**을 길에
삿 8:25	우리가 즐거이 드리리이다 하고 **겉옷**	눅 22:36	검 없는 자는 **겉옷**을 팔아 살지어다
삿 14:12	내가 베옷 삼십 벌과 **겉옷** 삼십 벌을	요 13:4	저녁 잡수시던 자리에서 일어나 **겉옷**을
삿 14:13	너희가 내게 베옷 삼십 벌과 **겉옷** 삼십	요 21:7	**겉옷**을 두른 후에 바다로 뛰어 내리더라
룻 3:15	보아스가 이르되 네 **겉옷**을 가져다가	행 9:39	함께 있을 때에 지은 속옷과 **겉옷**을
삼상 2:19	작은 **겉옷**을 지어다가 그에게 주었더니	행 12:8	천사가 또 이르되 **겉옷**을 입고 따라오라
삼상 18:4	요나단이 자기가 입었던 **겉옷**을 벗어	딤후 4:13	내가 드로아 가보의 집에 둔 **겉옷**을
삼상 28:14	그가 **겉옷**을 입었나이다 하더라 사울		
왕상 19:13	엘리야가 듣고 **겉옷**으로 얼굴을 가리고	**겉옷 자락**	
왕상 19:19	엘리야가 그리로 건너가서 **겉옷**을 그의	삼상 15:27	사울이 그의 **겉옷 자락**을 붙잡으매
왕하 2:8	엘리야가 **겉옷**을 가지고 말아 물을 치매	삼상 24:4	다윗이 일어나서 사울의 **겉옷 자락**을
왕하 2:13	엘리야의 몸에서 떨어진 **겉옷**을 주워	삼상 24:11	죽이지 아니하고 **겉옷 자락**만 베었은즉
왕하 2:14	엘리야의 몸에서 떨어진 그의 **겉옷**을		
대상 15:27	모든 노래하는 자도 다 세마포 **겉옷**	**겉치레**(false motive)	
스 9:3	내가 이 일을 듣고 속옷과 **겉옷**을 찢고	빌 1:18	그러면 무엇이냐 **겉치레**로 하나 참으로
스 9:5	내가 근심 중에 일어나서 속옷과 **겉옷**		
에 8:15	큰 금관을 쓰고 자색 가는 베 **겉옷**	**게난**(Kenan) 에노스가 낳은 아들	
욥 1:20	욥이 일어나 **겉옷**을 찢고 머리털을 밀고	창 5:9	에노스는 구십 세에 **게난**을 낳았고
욥 2:12	각각 자기의 **겉옷**을 찢고 하늘을 향하여	창 5:10	**게난**을 낳은 후 팔백십오 년을 지내며
욥 29:14	나의 정의는 **겉옷**과 모자 같았느니라	창 5:12	**게난**은 칠십 세에 마할랄렐을 낳았고
시 22:18	**겉옷**을 나누며 속옷을 제비 뽑나이다	대상 1:2	**게난**, 마할랄렐, 야렛,
시 109:29	자기 수치를 **겉옷**같이 입게 하소서		
아 5:7	파수하는 자들이 나의 **겉옷**을 벗겨	**게네사렛**(Gennesaret) 갈릴리 호수의 북서	
사 3:6	말하기를 네게는 **겉옷**이 있으니 너는	쪽에 위치한 비옥한 평야	
사 3:22	예복과 **겉옷**과 목도리와 손 주머니와	마 14:34	그들이 건너가 **게네사렛** 땅에 이르니
사 9:5	군인들의 신과 피 묻은 **겉옷**이 불에	막 6:53	건너가 **게네사렛** 땅에 이르러 대고
사 59:17	속옷으로 삼으시며 열심을 입어 **겉옷**	눅 5:1	말씀을 들을새 예수는 **게네사렛** 호숫가
사 61:10	공의의 **겉옷**을 내게 더하심이 신랑이		
단 3:21	사람들을 **겉옷**과 속옷과 모자와 다른	**게달**(Kedar)	
단 3:27	**겉옷** 빛도 변하지 아니하였고 불 탄 냄새	1. 인명 : 하갈이 낳은 이스마엘의 둘째 아들	
미 2:8	지나가는 자들의 의복에서 **겉옷**을 벗기	창 25:13	그 다음은 **게달**과 앗브엘과 밉삼과
마 5:40	속옷을 가지고자 하는 자에게 **겉옷**까지	대상 1:29	다음은 **게달**과 앗브엘과 밉삼과
마 9:20	여자가 예수의 뒤로 와서 **겉옷** 가를	2. 지명 : 팔레스타인 동쪽의 사막 지역	
마 9:21	이는 제 마음에 그 **겉옷**만 만져도 구원	시 120:5	메섹에 머물며 **게달**의 장막 중에 머무
마 21:7	자기들의 **겉옷**을 그 위에 얹으매 예수	아 1:5	**게달**의 장막 같을지라도 솔로몬의 휘장
마 21:8	무리의 대다수는 그들의 **겉옷**을 길에	사 21:16	일 년 내에 **게달**의 영광이 다 쇠멸하리
마 24:18	있는 자는 **겉옷**을 가지러 뒤로 돌이키지	사 21:17	**게달** 자손 중 활 가진 용사의 남은 수가
막 10:50	맹인이 **겉옷**을 내버리고 뛰어 일어나	사 42:11	성읍들과 **게달** 사람이 사는 마을들이
막 11:7	예수께로 끌고 와서 자기들의 **겉옷**을	사 60:7	**게달**의 양 무리는 다 네게로 모일 것이
막 11:8	사람들은 자기들의 **겉옷**을, 또 다른	렘 2:10	너희는 깃딤 섬들에 건너가 보며 **게달**
막 13:16	있는 자는 **겉옷**을 가지러 뒤로 돌이키지	렘 49:28	느부갓네살 왕에게 공격을 받은 **게달**
눅 6:29	네 **겉옷**을 빼앗는 자에게 속옷도 거절	겔 27:21	**게달**의 모든 고관은 네 손아래 상인이

【 게데스 】　　　　　　　　　　　　【 게르손 】

게데스(Kedesh)
1. 유다 최남단의 성읍
수 15:23　게데스와 하솔과 잇난과
2. 갈릴리 동쪽 가나안인의 성읍
수 12:22　하나는 게데스 왕이요 하나는 갈멜과
수 19:37　게데스와 에드레이와 엔 하솔과
수 20:7　그들이 납달리의 산지 갈릴리 게데스
수 21:32　갈릴리 게데스와 그 목초지를 주었고
삿 4:6　바락을 납달리 게데스에서 불러다가
삿 4:9　드보라가 일어나 바락과 함께 게데스로
삿 4:10　바락이 스불론과 납달리를 게데스로
삿 4:11　겐 사람 헤벨이 떠나 게데스에 가까운
왕하 15:29　야노아와 게데스와 하솔과 길르앗과
3. 잇사갈 지파의 성읍
대상 6:72　또 잇사갈 지파 중에서 게데스와
대상 6:76　납달리 지파 중에서 갈릴리의 게데스와

게델(Keder)
1. 인명 : 셈의 손자이며 아람의 셋째 아들
창 10:23　아들은 우스와 훌과 게델과 마스며
대상 1:17　아람과 우스와 훌과 게델과 메섹이라
2. 지명 : 유다 남부의 가나안 성읍
수 12:13　하나는 드빌 왕이요 하나는 게델 왕이
대상 27:28　게델 사람 바알하난은 평야의 감람나무

게드마(Kedemah) 이스마엘의 아들과 그 후손들
창 25:15　데마와 여둘과 나비스와 게드마니
대상 1:31　나비스와 게드마 이들은 이스마엘

게라 1(Gera)
1. 베냐민의 아들
창 46:21　벨라와 베겔과 아스벨과 게라와 나아만
2. 베냐민의 장남
대상 8:3　아들들이 있으니 곧 앗달과 게라와
대상 8:5　게라와 스부반과 후람이라
대상 8:7　나아만과 아히야와 게라이며 게라는
3. 왼손잡이 에훗의 아버지
삿 3:15　곧 베냐민 사람 게라의 아들 왼손잡이
4. 다윗을 저주한 시므이의 아버지
삼하 16:5　게라의 아들이요 이름은 시므이라
삼하 19:16　바후림에 있는 베냐민 사람 게라의
삼하 19:18　게라의 아들 시므이가 왕 앞에 엎드려
왕상 2:8　바후림 베냐민 사람 게라의 아들 시므이

게라 2(Gerah) 무게를 나타내는 최소 단위
출 30:13　한 세겔은 이십 게라라 그 반 세겔을
레 27:25　세겔로 하되 이십 게라를 한 세겔
민 3:47　세겔로 받으라 한 세겔은 이십 게라니라
민 18:16　세겔로 대속하라 한 세겔은 이십 게라
겔 45:12　세겔은 이십 게라니 이십 세겔과 이십오

게렌합북(Keren-Happuch) 욥의 셋째 딸
욥 42:14　셋째 딸은 게렌합북이라 이름하였으니

게로스(Keros) 바벨론에서 돌아온 느디님 사람
스 2:44　게로스 자손과 시아하 자손과 바돈 자손
느 7:47　게로스 자손과 시아 자손과 바돈 자손

게룻김함(Geruth Kimham) 베들레헴 근처의 장소
렘 41:17　베들레헴 근처에 있는 게룻김함에 머물

게르손(Gershon)
1. 인명 : 레위의 아들
창 46:11　레위의 아들은 게르손과 그핫과 므라리요
출 6:16　게르손과 고핫과 므라리요 레위의 나이
출 6:17　게르손의 아들들은 그들의 가족대로
민 3:17　이러하니 게르손과 고핫과 므라리요
민 3:18　게르손의 아들들의 이름은 그들의 종족
민 3:25　게르손 자손이 회막에서 맡을 일은 성막
민 4:22　게르손 자손도 그 조상의 가문과 종족
민 4:24　게르손 종족의 할 일과 멜 것은 이러
민 4:38　게르손 자손 중 그 종족과 조상의 가문
민 4:41　게르손 자손의 모든 종족 중 계수된
민 7:7　곧 게르손 자손들에게는 그들의 직임
민 10:17　성막을 걷으매 게르손 자손과 므라리
민 26:57　게르손에게서 난 게르손 종족과 고핫
수 21:6　게르손 자손들은 잇사갈 지파의 가족
수 21:27　레위 가족의 게르손 자손에게는 므낫세
대상 6:1　레위의 아들들은 게르손과 그핫과
대상 6:16　아들들은 게르손과 그핫과 므라리이며
대상 6:17　게르손의 아들들의 이름은 이러하니
대상 6:20　게르손에게서 난 자는 곧 그의 아들
대상 6:43　야핫은 게르손의 아들이요 게르손은
대상 6:62　게르손 자손에게는 그들의 종족대로
대상 6:71　게르손 자손에게는 므낫세 반 지파
대상 23:6　다윗이 레위의 아들들을 게르손과 그핫

대상 23:7 **게르손** 자손은 라단과 시므이라
　　2. 지명 : 게르손 사람들이 살던 지역
민 3:21 **게르손**에게서는 립니 종족과 시므이 종
　　　　족이 났으니 이들이 곧 **게르손**의 조상
민 3:23 **게르손** 종족들은 성막 뒤 곧 서쪽에
민 3:24 엘리아삽은 **게르손** 사람의 조상의 가문
민 4:27 **게르손** 자손은 그들의 모든 일 곧 멜 것
민 4:28 **게르손** 자손의 종족들이 회막에서
수 21:33 **게르손** 사람이 그 가족대로 받은 성읍
대상 26:21 라단에게 속한 **게르손** 사람의 자손이
　　　　니 **게르손** 사람 라단에게 속한 가문의
대상 29:8 보석을 가진 모든 사람은 **게르손** 사람
대하 29:12 **게르손** 사람 중 심마의 아들 요아와

게르솜(Gershom)
　　1. 모세와 십보라의 맏아들
출 2:22 모세가 그의 이름을 **게르솜**이라 하여
출 18:3 하나의 이름은 **게르솜**이라 이는 모세가
삿 18:30 모세의 손자요 **게르솜**의 아들인 요나단
대상 23:15 모세의 아들은 **게르솜**과 엘리에셀이라
대상 23:16 **게르솜**의 아들중에 스브엘이 우두머리
대상 26:24 모세의 아들 **게르솜**의 자손 스브엘은
　　2. 포로 후 돌아온 족장
스 8:2 비느하스 자손 중에서는 **게르솜**이요

게바(Geba)
　　1. 인 명
　　(1) 예수님께서 베드로에게 주신 별명
요 1:42 장차 **게바**라 하리라 하시니라 (**게바**는
고전 1:12 나는 아볼로에게, 나는 **게바**에게, 나는
고전 3:22 바울이나 아볼로나 **게바**나 세계나 생명
고전 9:5 다른 사도들과 주의 형제들과 **게바**와
고전 15:5 **게바**에게 보이시고 후에 열두 제자에
갈 1:18 그 후 삼 년 만에 내가 **게바**를 방문하려
갈 2:9 기둥같이 여기는 야고보와 **게바**와 요한
갈 2:11 **게바**가 안디옥에 이르렀을 때에 책망
갈 2:12 **게바**가 이방인과 함께 먹다가 그들이
갈 2:14 **게바**에게 이르되 네가 유대인으로서
　　(2) 스룹바벨을 따라 유대에 돌아온 자의 조상
스 2:26 라마와 **게바** 자손이 육백이십일 명이요
　　2. 지명 : 레위 지파에게 내어 준 성읍
수 18:24 그발 암모니와 오브니와 **게바**이니 열두
수 21:17 기브온과 그 목초지와 **게바**와 그 목초지

삼상 13:3 요나단이 **게바**에 있는 블레셋 사람의
삼상 13:16 그들과 함께 한 백성은 베냐민 **게바**에
삼상 14:5 하나는 남쪽으로 **게바** 앞에 일어섰더라
삼하 5:25 블레셋 사람을 쳐서 **게바**에서 게셀까
왕상 15:22 그것으로 베냐민의 **게바**와 미스바를
왕하 23:8 제사장이 분향하던 산당을 **게바**에서
대상 6:60 또 베냐민 지파 중에서는 **게바**와
대상 8:6 그들은 **게바** 주민의 우두머리로서
대하 16:6 **게바**와 미스바를 건축하였더라
스 2:26 라마와 **게바** 자손이 육백이십일 명이요
느 7:30 라마와 **게바** 사람이 육백이십일 명이요
느 11:31 베냐민 자손은 **게바**에서부터 믹마스와
느 12:29 벧길갈과 **게바**와 아스마웨스들에서
사 10:29 산을 넘어 **게바**에서 유숙하매 라마는
슥 14:10 온 땅이 아라바같이 되되 **게바**에서

게벨(Geber) 솔로몬의 양식을 관리한 관장
왕상 4:19 길르앗 땅에는 우리의 아들 **게벨**이니

게빔(Gebim) 예루살렘 북쪽 베냐민 지파의 성읍
사 10:31 맛메나는 피난하며 **게빔** 주민은 도망

게산(Geshan) 갈렙의 후손으로 야대의 셋째 아들
대상 2:47 야대의 아들은 레겜과 요단과 **게산**과

게셀(Gezer) 예루살렘과 욥바 중간의 성읍
수 10:33 그 때에 **게셀** 왕 호람이 라기스를 도우
수 12:12 에글론 왕이요 하나는 **게셀** 왕이요
수 16:3 벧호론과 **게셀**에까지 이르고 그 끝은
수 16:10 그들이 **게셀**에 거주하는 가나안 족속
수 21:21 그 목초지요 또 **게셀**과 그 목초지와
삿 1:29 에브라임이 **게셀**… 이 **게셀**에서 그들
삼하 5:25 블레셋 사람을 쳐서 게바에서 **게셀**까지
왕상 9:15 예루살렘 성과 하솔과 므깃도와 **게셀**
왕상 9:16 전에 애굽 왕 바로가 올라와서 **게셀**을
왕상 9:17 솔로몬이 **게셀**과 아래 벧호론을 건축
대상 6:67 에브라임 산중 세겜과 그 초원과 **게셀**
대상 7:28 서쪽에는 **게셀**과 그 주변 마을이며
대상 14:16 기브온에서부터 **게셀**까지 이르렀더니
대상 20:4 이 후에 블레셋 사람들과 **게셀**에서

게셈(Geshem) 느헤미야를 대적한 아라비아 사람
느 2:19 사람 도비야와 아라비아 사람 **게셈**이

【 게셋 】 　　　　　　　　　　　　　　　　　【 겨를 】

느 6:1 　산발랏과 도비야와 아라비아 사람 **게셈**
느 6:2 　산발랏과 **게셈**이 내게 사람을 보내어

게셋(Kesed) 나홀의 아내 밀가의 넷째 아들
창 22:22 　**게셋**과 하소와 빌다스와 이들랍과

게으르다/게으름(idle, lazy, ineffective)
출 5:8 　그들이 **게으르므로** 소리 질러 이르기를
출 5:17 　너희가 **게으르다 게으르다** 그러므로
대하 29:11 　이제는 **게으르지** 말라 여호와께서
스 4:22 　너희는 삼가서 이 일에 **게으르지** 말라
잠 10:4 　손을 **게으르게** 놀리는 자는 가난하게
잠 19:15 　**게으름**이 사람으로 깊이 잠들게 하나니
전 10:18 　**게으른즉** 서까래가 내려앉고 손을 놓은
롬 12:11 　부지런하여 **게으르지** 말고 열심을 품고
살후 3:6 　너희를 명하노니 **게으르게** 행하고 우리
살후 3:11 　너희 가운데 **게으르게** 행하여 도무지
딤전 5:13 　그들은 **게으름**을 익혀 집집으로 돌아
히 6:12 　**게으르지** 아니하고 믿음과 오래 참음
벧후 1:8 　예수 그리스도를 알기에 **게으르지** 않고
계 2:3 　이름을 위하여 견디고 **게으르지** 아니한

　'**게으르다**' 와 관련된 성구
　게으르게 행하다 – 살후 3:6; 살후 3:11
　게으른 자 – 잠 6:6, 9; 10:26; 12:24, 27;
　　　13:4; 15:19; 19:24; 20:4; 21:25;
　　　22:13; 24:30; 26:13, 14, 15, 16; 살전
　　　5:14
　게으른 종 – 마 25:26
　게으름뱅이 – 딛 1:12
　게을리 – 삿 18:9; 잠 18:9; 31:27; 렘 48:10

게하라심(Ge Harashim) 요압의 후손 수공업가들
대상 4:14 　요압은 **게하라심**의 조상이라 그들은

게하시(Gehazi) 엘리사의 사환
왕하 4:12 　자기 사환 **게하시**에게 이르되 이 수넴
왕하 4:14 　**게하시**가 대답하되 참으로 이 여인은
왕하 5:20 　하나님의 사람 엘리사의 사환 **게하시**가
왕하 8:4 　왕이 하나님의 사람의 사환 **게하시**와

　게하시 – 기타 본문
　왕하 4:25, 27, 29, 31, 36; 5:23, 24, 25, 27; 8:5

겐그레아(Cenchrea) 고린도 항구
행 18:18 　서원이 있었으므로 **겐그레아**에서 머리
롬 16:1 　내가 **겐그레아** 교회의 일꾼으로 있는

겐 사람/겐 족속/겐 종족(Kenites) 가나안 족속
대상 2:55 　가문의 조상 함맛에게서 나온 **겐 종족**

　'**겐**' 과 관련된 성구
　겐 족속 – 창 15:19; 민 24:21
　겐 사람 – 삿 1:16; 4:11, 17; 5:24; 삼상
　　　15:6; 27:10; 30:29

겟세마네(Gethsemane) 예수님이 기도하셨던 곳
마 26:36 　예수께서 제자들과 함께 **겟세마네**라
막 14:32 　그들이 **겟세마네**라 하는 곳에 이르매

겨(straw, chaff)
욥 21:18 　폭풍에 날려가는 **겨**같이 되었도다
욥 41:28 　물맷돌도 그것에게는 **겨**같이 되는구나
사 29:5 　강포한 자의 무리는 날려 가는 **겨** 같으
사 33:11 　너희가 **겨**를 잉태하고 짚을 해산할
사 41:15 　이며 작은 산들을 **겨**같이 만들 것이라
단 2:35 　다 부서져 여름 타작 마당의 **겨**같이
습 2:2 　명령이 시행되어 날이 **겨**같이 지나가기

겨누다(aim)
시 58:7 　물같이 사라지게 하시며 **겨누는** 화살
시 64:3 　연마하며 화살같이 독한 말로 **겨누고**

겨드랑이(armhole)
렘 38:12 　이 헝겊과 낡은 옷을 당신의 **겨드랑이**

겨루다(compete)
창 32:28 　네가 하나님과 및 사람들과 **겨루어**
삼하 2:14 　우리 앞에서 **겨루게** 하자 요압이 이르
호 12:3 　잡았고 또 힘으로는 하나님과 **겨루되**
호 12:4 　천사와 **겨루어** 이기고 울며 그에게 간구

겨를(chance)
창 31:40 　무릅쓰고 눈 붙일 **겨를**도 없이 지냈나이
막 3:20 　무리가 다시 모이므로 식사할 **겨를**도
막 6:31 　오고 가는 사람이 많아 음식 먹을 **겨를**

【 겨리/-하다 】　　　　　　　　　　　【 격발하다 】

겨리/-하다(yoke)
신 22:10　너는 소와 나귀를 **겨리**하여 갈지 말며
삼상 11:7　한 **겨리**의 소를 잡아 각을 뜨고 전령
욥 1:3　낙타가 삼천 마리요 소가 오백 **겨리**요
욥 42:12　양 만 사천과 낙타 육천과 소 천 **겨리**
눅 14:19　한 사람은 이르되 나는 소 다섯 **겨리**

겨우(barely, merely)
신 10:22　애굽에 내려간 네 조상들이 **겨우** 칠십
눅 9:39　몹시 상하게 하고야 **겨우** 떠나 가나이다
벧후 2:18　그릇되게 행하는 사람들에게서 **겨우**

겨우 - 기타 본문
대하 18:34; 욥 19:20; 사 1:8; 5:10; 30:17; 40:24;
겔 43:8; 행 14:18; 벧전 3:20; 4:18

겨울(winter)
창 8:22　더위와 여름과 **겨울**과 낮과 밤이 쉬지
시 74:17　경계를 정하시며 주께서 여름과 **겨울**
아 2:11　**겨울**도 지나고 비도 그쳤고
사 18:6　땅의 들짐승들이 다 그것으로 **겨울**을
렘 36:22　그 때는 아홉째 달이라 왕이 **겨울** 궁전
암 3:15　**겨울** 궁과 여름 궁을 치리니 상아 궁들
슥 14:8　서해로 흐를 것이라 여름에도 **겨울**에
마 24:20　너희가 도망하는 일이 **겨울**에나 안식일
막 13:18　이 일이 **겨울**에 일어나지 않도록 기도
요 10:22　수전절이 이르니 때는 **겨울**이라
행 27:12　항구가 **겨울**을 지내기에 불편하므로
행 28:11　석 달 후에 우리가 그 섬에서 **겨울**을
고전 16:6　혹 너희와 함께 머물며 **겨울**을 지낼
딤후 4:21　너는 **겨울** 전에 어서 오라 으불로와
딛 3:12　거기서 **겨울**을 지내기로 작정하였노라

겨자씨(mustard seed)
마 13:31　사람이 자기 밭에 갖다 심은 **겨자씨**
마 17:20　너희에게 믿음이 **겨자씨** 한 알 만큼만
막 4:31　**겨자씨** 한 알과 같으니 땅에 심길 때에
눅 13:19　채소밭에 갖다 심은 **겨자씨** 한 알 같으
눅 17:6　너희에게 **겨자씨** 한 알만한 믿음이 있

격노하다(激怒, get angry, provoke)
신 9:7　광야에서 네 하나님 여호와를 **격노하게**
신 9:8　호렙 산에서 너희가 여호와를 **격노하게**
신 9:18　**격노하게** 하여 크게 죄를 지었음이라
신 9:22　핫다아와에서도 여호와를 **격노하게**
신 31:29　너희의 손으로 하는 일로 그를 **격노하게**
신 32:19　미워하셨으니 그 자녀가 그를 **격노하게**
왕하 3:27　이스라엘에게 크게 **격노함**이 임하매
왕하 17:11　행하여 여호와를 **격노하게** 하였으며
왕하 17:17　악을 행하여 그를 **격노하게** 하였으므
왕하 22:17　그들의 손의 모든 행위로 나를 **격노하게**
왕하 23:19　여호와를 **격노하게** 한 산당을 요시야
왕하 23:26　이는 므낫세가 여호와를 **격노하게**
시 106:29　행위로 주를 **격노하게** 함으로써 재앙
렘 7:19　그들이 나를 **격노하게** 함이냐 자기 얼굴
렘 8:19　이방의 헛된 것들로 나를 **격노하게** 하였
렘 32:29　전제를 드려 나를 **격노하게** 한 집들을
렘 32:30　손으로 만든 것을 가지고 나를 **격노하게**
호 12:14　에브라임이 **격노하게** 함이 극심하였
슥 8:14　너희 조상들이 나를 **격노하게** 하였을
히 3:15　그의 음성을 듣거든 **격노하시게** 하던
히 3:16　듣고 **격노하시게** 하던 자가 누구냐

격동하다/격동시키다(激動, stir up, spur)
삼하 24:1　다윗을 **격동시키사** 가서 이스라엘과
대하 21:16　아라비아 사람들의 마음을 **격동시키사**
욥 3:8　자들 곧 리워야단을 **격동시키기**에 익
욥 41:10　아무도 그것을 **격동시킬** 만큼 담대하지
잠 15:1　여도 과격한 말은 노를 **격동하느니라**
잠 30:33　노를 것같이 노를 **격동하면** 다툼이
사 9:11　치게 하시며 그의 원수들을 **격동시키**
사 19:2　애굽인을 **격동하여** 애굽인을 치리니

격려하다(激勵, encourage, rouse, spur)
대하 35:2　직분을 맡기고 **격려하여** 여호와의
시 64:5　서로 **격려하며** 남몰래 올무 놓기를 함께
사 41:7　금장색을 **격려하며** 망치로 고르게 하는
　자는 메질꾼을 **격려하며** 이르되 땜질이
욜 3:9　전쟁을 준비하고 용사를 **격려하고**
행 18:27　형제들이 그를 **격려하며** 제자들에게
살전 5:14　마음이 약한 자들을 **격려하고** 힘이 없
딤후 1:16　나를 자주 **격려해** 주고 내가 사슬에
히 10:24　서로 돌아보아 사랑과 선행을 **격려하며**

격발하다(激發, anger-NIV, provoke-KJV)
신 32:16　것으로 그의 진노를 **격발하였도다**

격분/-하다/-되다/-시키다 (激忿, furious anger, irritate)

신 29:23 옛적에 여호와께서 진노와 **격분**에
신 29:28 여호와께서 또 진노와 **격분**과 크게 통한
삼상 1:6 적수인 브닌나가 그를 심히 **격분**하게
삼상 1:7 브닌나가 그를 **격분시키므로** 그가 울고
삼상 1:16 나의 원통함과 **격분됨**이 많기 때문에
삼하 17:8 곰이 새끼를 빼앗긴 것같이 **격분하였고**
사 8:21 그가 굶주릴 때에 **격분하여** 자기의 왕과
행 17:16 가득한 것을 보고 마음에 **격분하여**
행 26:11 그들에 대하여 심히 **격분하여** 외국 성에

격언 (格言, proverb)

욥 13:12 너희의 **격언**은 재 같은 속담이요 너희

격파하다 (擊破, defeat)

수 11:8 넘겨주셨기 때문에 그들을 **격파하고**
삿 8:12 사로잡고 그 온 진영을 **격파하니라**
대상 20:1 암몬 자손의 땅을 **격파하고** 들어가 랍바

겪다 (go through, labor)

수 2:23 여호수아에게 나아가서 그들이 **겪은**
욥 7:15 마음이 뼈를 깎는 고통을 **겪느니** 차라리
사 23:4 나는 산고를 **겪지** 못하였으며 출산하지
사 26:17 임박하여 산고를 **겪으며** 부르짖음같이
사 53:3 간고를 많이 **겪었으며** 질고를 아는 자라
사 54:1 **겪지** 못한 너는 외쳐 노래할지어다
렘 13:21 고통에 사로잡힘이 산고를 **겪는** 여인
행 14:22 들어가려면 많은 환난을 **겪어야** 할 것이
롬 8:22 함께 탄식하며 함께 고통을 **겪고** 있는

견고하다/견고히 (堅固, secure, solid)

모세오경, 역사서

창 11:3 벽돌을 만들어 **견고히** 굽자 하고 이에
민 21:24 미치니 암몬 자손의 경계는 **견고하더라**
민 21:27 시혼의 성을 세워 **견고히** 할지어다
민 24:21 거처가 **견고하고** 네 보금자리는 바위에
삼상 24:20 나라가 네 손에 **견고히** 설 것을 아노니
삼하 7:12 네 뒤에 세워 그 나라를 **견고하게**
삼하 7:13 나라 왕위를 영원히 **견고하게** 하리라
삼하 7:16 네 왕위가 영원히 **견고하리라** 하셨으
삼하 7:26 다윗의 집이 주 앞에서 **견고하게** 하옵소서
삼하 22:46 그들의 **견고한** 곳에서 떨며 나오리로다
삼하 23:5 만사에 구비하고 **견고하게** 하셨으니
왕상 2:12 앉으니 그의 나라가 심히 **견고하니라**
왕상 2:45 영원히 여호와 앞에서 **견고히** 서리라
왕상 2:46 나라가 솔로몬의 손에 **견고하여지니라**
왕상 9:5 이스라엘의 왕위를 영원히 **견고하게**
왕상 15:4 뒤를 잇게 하사 예루살렘을 **견고하게**
대상 17:11 하나를 세우고 그 나라를 **견고하게**
대상 17:12 그의 왕위를 영원히 **견고하게** 하리라
대상 17:14 왕위가 영원히 **견고하리라** 하셨다 하라
대상 17:23 말씀하신 것을 영원히 **견고하게** 하시며
대상 17:24 **견고하게** 하시고 사람에게 영원히 … 주의 종 다윗의 왕조가 주 앞에서 **견고히**
대상 28:7 그의 나라를 영원히 **견고하게** 하리라
대하 1:1 솔로몬의 왕위가 **견고하여** 가며 그의
대하 7:18 내가 네 나라 왕위를 **견고하게** 하되
대하 9:8 이스라엘을 사랑하사 영원히 **견고하게**
대하 11:11 성읍들을 더욱 **견고하게** 하고 지휘관
대하 12:1 르호보암의 나라가 **견고하고** 세력이
대하 17:5 나라를 그의 손에서 **견고하게** 하시매
대하 20:20 여호와를 신뢰하라 그리하면 **견고히**
대하 24:13 전을 이전 모양대로 **견고하게** 하니라
대하 26:9 문과 성굽이에 망대를 세워 **견고하게**
대하 32:5 다윗 성의 밀로를 **견고하게** 하고 무기
스 6:3 지대를 **견고히** 쌓고 그 성전의 높이는
느 4:2 스스로 **견고하게** 하려는가, 제사를 드리
에 9:32 이 부림에 대한 일을 **견고하게** 하였고

시가서

시 10:5 그의 길은 언제든지 **견고하고** 주의 심판
시 18:45 이방 자손들이 쇠잔하여 그 **견고한** 곳
시 33:9 이루어졌으며 명령하시매 **견고히** 섰도
시 40:2 반석 위에 두사 내 걸음을 **견고하게**
시 48:8 하나님이 이를 영원히 **견고하게** 하시리
시 68:9 곤핍할 때에 주께서 그것을 **견고하게**
시 68:28 우리를 위하여 행하신 것을 **견고하게**
시 89:2 성실하심을 하늘에서 **견고히** 하시리라
시 89:4 네 자손을 영원히 **견고히** 하며 네 왕위
시 89:21 손이 그와 함께 하여 **견고하게** 하고
시 89:37 증인인 달같이 영원히 **견고하게** 되리라
시 90:17 행한 일을 우리에게 **견고하게** 하소서 우리의 손이 행한 일을 **견고하게** 하소서
시 93:1 **견고히** 서서 흔들리지 아니하는도다
시 93:2 주의 보좌는 예로부터 **견고히** 섰으며
시 99:4 주께서 공의를 **견고하게** 세우시고 주께

【 견고하다/견고히 】

시 112:8	마음이 **견고하여** 두려워하지 아니할
시 147:13	그가 네 문빗장을 **견고히** 하시고
잠 3:19	터를 놓으셨으며 명철로 하늘을 **견고히**
잠 8:28	위로 구름 하늘을 **견고하게** 하시며
잠 20:28	인자함으로 말미암아 **견고하니라**
잠 24:3	건축되고 명철로 말미암아 **견고하게**
잠 25:5	왕위가 의로 말미암아 **견고히** 서리라
잠 29:4	왕은 정의로 나라를 **견고하게** 하나 뇌물
잠 29:14	그의 왕위가 영원히 **견고하리라**
사 22:10	가옥을 헐어 성벽을 **견고하게도** 하며
사 22:23	단단한 곳에 박힘같이 그를 **견고하게**
사 26:3	주께서 심지가 **견고한** 자를 평강하고
사 27:1	여호와께서 그의 **견고하고** 크고 강한
사 39:8	생전에는 평안과 **견고함이** 있으리로다
사 45:18	그것을 **견고하게** 하시되 혼돈하게 창조
사 54:2	길게 하며 너의 말뚝을 **견고히** 할지어다
사 58:11	네 뼈를 **견고하게** 하리니 너는 물 댄
겔 26:17	바다 가운데에 있어 **견고하였도다**
겔 30:24	내가 바벨론 왕의 팔을 **견고하게** 하고
겔 37:26	그들을 **견고하고** 번성하게 하며 내 성소
단 4:11	나무가 자라서 **견고하여지고** 그 높이
단 4:20	나무가 자라서 **견고하여지고** 그 높이
단 4:22	이는 왕이 자라서 **견고하여지고** 창대
단 4:26	후에야 왕의 나라가 **견고하리이다**
단 11:31	그의 편에 서서 성소 곧 **견고한** 곳을
나 2:1	네 허리를 **견고히** 묶고 네 힘을 크게
나 3:14	산성들을 **견고하게** 하며 진흙에 들어
슥 8:9	이 날에 듣는 너희는 손을 **견고히** 할지
슥 8:13	두려워하지 말지니라 손을 **견고히** 할지
슥 10:6	내가 유다 족속을 **견고하게** 하며 요셉
슥 10:12	나 여호와를 의지하여 **견고하게** 하리니

신약

행 15:41	길리기아로 다니며 교회들을 **견고하게**
롬 1:11	주어 너희를 **견고하게** 하려 함이니
롬 4:20	의심하지 않고 믿음으로 **견고하여져서**
롬 15:8	조상들에게 주신 약속들을 **견고하게**
롬 16:26	복음으로 너희를 능히 **견고하게** 하실
고전 1:6	그리스도의 증거가 너희 중에 **견고하게**
고전 1:8	책망할 것이 없는 자로 끝까지 **견고하게**
고후 1:7	우리의 소망이 **견고함은** 너희가 고난
히 2:2	천사들을 통하여 하신 말씀이 **견고하게**
히 3:14	확신한 것을 끝까지 **견고히** 잡고 있으면
히 6:19	영혼의 닻 같아서 튼튼하고 **견고하여**

벧전 5:10 강하게 하시며 터를 **견고하게** 하시리라

성경에 나오는 '견고한' 것

국고성 – 대하 17:12
기초돌 – 사 28:16
망대 – 삿 9:51; 대하 27:4; 시 61:3; 잠 18:10
무기 – 왕하 10:2
바위 – 시 31:2; 사 33:16
산성 – 단 11:39
석상 – 겔 26:11
성 – 수 10:20; 삼하 24:7; 왕하 10:2; 17:9; 18:8; 19:25; 시 31:21; 60:9; 잠 10:15; 18:11, 19; 사 23:11, 14; 34:13; 36:1; 렘 4:5; 5:17; 애 2:5; 겔 21:20; 단 11:10; 미 5:11; 합 1:10; 계 18:10
성벽 – 신 28:52; 사 2:15; 렘 1:18; 15:20
성읍 – 민 13:28; 32:17, 36; 신 3:5; 수 14:12; 19:29, 35; 삼상 6:18; 삼하 20:6; 왕하 3:19; 18:13; 대하 8:5; 11:10, 23; 12:4; 14:6; 17:2, 19; 19:5; 21:3; 32:1; 33:14; 느 9:25; 시 108:10; 사 17:9; 25:2; 26:1; 27:10; 37:26; 렘 1:18; 8:14; 34:7; 겔 30:15; 단 11:15; 호 8:14; 습 1:16
성채 – 애 2:2
언약 – 느 9:38
요새 – 삼하 22:33; 대하 17:12
의뢰 – 잠 14:26
지대 – 미 6:2
진 – 고후 10:4
진영 – 대하 27:4
집 – 삼상 2:35; 왕상 11:38
처소 – 렘 49:19; 50:44
터 – 딤후 2:19
피난처 – 시 71:7

【 견디다 】

견디다 (stand, endurance, persevere)

민 31:23	불에 **견딜** 만한 모든 물건은 불을 지나
사 38:13	내가 아침까지 **견디었사오나** 주께서
렘 20:9	골수에 사무치며 답답하여 **견딜** 수 없나
잠 30:21	세상을 진동시키며 세상을 **견딜** 수 없
겔 13:5	여호와의 날에 전쟁에서 **견디게** 하려고
겔 22:14	네 마음이 **견디겠느냐** 네 손이 힘이
암 7:10	모든 말을 이 땅이 **견딜** 수 없나이다

【 견실하다 】   【 결말 】

마 10:22	나중까지 **견디는** 자는 구원을 얻으리
마 13:21	그 속에 뿌리가 없어 잠시 **견디다가**
마 20:12	그들을 종일 수고하며 더위를 **견딘** 우
마 24:13	그러나 끝까지 **견디는** 자는 구원을 얻
막 4:17	그 속에 뿌리가 없어 잠깐 **견디다가**
막 13:13	미움을 받을 것이나 끝까지 **견디는** 자
고전 13:7	모든 것을 바라며 모든 것을 **견디느니라**
고후 1:6	받는 것 같은 고난을 너희도 **견디게**
고후 6:4	일꾼으로 자천하여 많이 **견디는** 것과

> '**견디다**' 와 관련된 성구
>
> **견디기 쉽다** – 마 10:15; 11:22, 24; 눅 10:12, 14
>
> **견디지 못하다** – 민 31:23; 시 1:5; 사 1:13; 히 12:20

골 1:11	기쁨으로 모든 견딤과 오래 참음에
살후 1:4	그러므로 너희가 **견디고** 있는 모든 박해
히 10:32	고난의 큰 싸움을 **견디어** 낸 것을 생각
약 1:12	시련을 **견디어** 낸 자가 주께서 자기를
계 2:3	또 네가 참고 내 이름을 위하여 **견디고**

견실하다 (堅實, firm)

고전 15:58	내 사랑하는 형제들아 **견실하며** 흔들

견주다 (recount)

시 40:5	생각도 많아 누구도 주와 **견줄** 수가

견책/–하다 (譴責, correction, rebuke)

레 19:17	네 이웃을 반드시 **견책하라** 그러면
대하 20:9	만일 재앙이나 난리나 **견책이나** 전염
잠 15:10	징계를 받을 것이요 **견책**을 싫어하는
잠 15:12	거만한 자는 **견책** 받기를 좋아하지
잠 15:32	**견책**을 달게 받는 자는 지식을 얻으니
잠 19:25	명철한 자를 **견책하라** 그리하면 그가
잠 24:25	오직 그를 **견책하는** 자는 기쁨을 얻을
사 27:8	주께서 백성을 적당하게 **견책하사** 쫓아
사 37:4	그 말로 말미암아 **견책하실까** 하노라
사 51:20	여호와의 분노와 네 하나님의 **견책**이

결과 (結果, fruitage, effect, fruit)

전 2:19	지혜를 다하여 수고한 모든 **결과**를 가
사 27:9	그의 죄 없이함을 받을 **결과**는 이로
사 32:17	공의의 열매는 화평이요 공의의 **결과**
렘 6:19	이것이 그들의 생각의 **결과**라 그들이

결국 (結局, goal, outcome, conclusion)

스 4:13	바치지 아니하리니 **결국** 왕들에게 손해
시 135:15	**결국**의 우상은 은 금이요 사람의 손으
전 9:3	모든 사람의 **결국**은 일반이라 이것은
전 12:13	일의 **결국**을 다 들었으니 하나님을
겔 26:18	섬들이 네 **결국**을 보고 놀라리로다
단 12:8	내 주여 이 모든 일의 **결국**이 어떠하겠
호 8:4	우상을 만들었나니 **결국**은 파괴되고
암 8:10	애통하듯 하게 하며 **결국**은 곤고한 날과
고후 3:13	장차 없어질 것의 **결국**을 주목하지
벧전 1:9	믿음의 **결국** 곧 영혼의 구원을 받음이라

결단코 (must not, will not, do not)

창 44:7	당신의 종들이 이런 일은 **결단코** 아니하
레 7:24	다른 데는 쓰려니와 **결단코** 먹지는
레 18:21	너는 **결단코** 자녀를 몰렉에게 주어

> **결단코** – 기타 본문
>
> 민 14:18, 23, 30; 수 22:29; 24:16; 삿 15:13; 삼상 2:30; 12:23; 14:45; 20:2; 22:15; 삼하 20:20; 23:17; 대상 11:19; 마 10:42; 18:3; 막 10:15; 눅 18:17; 계 18:7

결단하다 (決斷, judge)

신 1:17	스스로 **결단하기** 어려운 일이 있거든

결례 (潔禮, purification, sanctuary)

레 14:23	여덟째 날에 그 **결례**를 위하여 그것들
대하 30:19	성소의 **결례**대로 스스로 깨끗하게
느 12:45	그들은 하나님을 섬기는 일과 **결례**의
행 21:24	그들을 데리고 함께 **결례**를 행하고
행 21:26	이튿날 그들과 함께 **결례**를 행하고 성 전 … 제사 드릴 때까지의 **결례** 기간이
행 24:18	드리는 중에 내가 **결례**를 행하였고 모임

결말 (結末, end, final)

전 10:13	시작은 우매요 그의 입의 **결말**들은
사 41:22	우리가 마음에 두고 그 **결말**을 알아보
마 26:58	뜰에까지 가서 그 **결말**을 보려고 안에
히 13:7	생각하며 그들의 행실의 **결말**을 주의

【 결박/-하다/-되다 】　　　　　　　　　　　　　　　　【 결실/-하다 】

약 5:11	욥의 인내를 들었고 주께서 주신 **결말**을	행 22:4	죽이기까지 하고 남녀를 **결박하여**

결박/-하다/-되다 (結縛, bond, take hold of)

		행 22:5	**결박하여** 예루살렘으로 끌어다가 형벌
창 22:9	그의 아들 이삭을 **결박하여** 제단 나무	행 22:29	로마 시민인 줄 알고 또 그 **결박한**
창 42:24	끌어내어 그들의 눈 앞에서 **결박하고**	행 23:29	한 가지도 죽이거나 **결박할** 사유가
삿 15:12	삼손에게 이르되 우리가 너를 **결박하여**	행 26:29	**결박된** 것 외에는 나와 같이 되기를
삿 15:14	불탄 삼과 같이 그의 **결박되었던** 손에	행 26:31	사형이나 **결박**을 당할 만한 행위가
삿 16:5	능히 그를 **결박하여** 굴복하게 할 수	히 11:36	채찍질뿐 아니라 **결박**과 옥에 갇히는
삿 16:6	어떻게 하면 능히 당신을 **결박하여** 굴복	유 1:6	심판까지 영원한 **결박**으로 흑암에 가두
삿 16:7	새 활줄 일곱으로 나를 **결박하면** 내가	계 9:14	큰 강 유브라데에 **결박한** 네 천사를
삿 16:10	무엇으로 당신을 **결박할** 수 있을는지	계 20:2	사탄이라 잡아서 천 년 동안 **결박하여**
삿 16:11	새 밧줄들로 나를 **결박하면** 내가 약해		
삿 16:12	그를 **결박하고** 그에게 이르되 삼손이		
삿 16:13	당신을 **결박할** 수 있을는지 내게 말하		

> **'결박하다'와 관련된 성구**
>
> 결박을 끊다 – 렘 2:20; 5:5; 나 1:13
> 결박을 풀다 – 사 58:6; 행 22:30
> 단단히 결박하다 – 삿 15:13; 사 22:17
> 삼손을 결박하다 – 삿 15:10; 16:8
> (쇠)사슬로 결박하다 – 대하 33:11; 36:6; 렘 39:7; 40:1; 행 21:33
> 예수를 결박하다 – 막 15:1; 요 18:24

삼하 3:34	네 손이 **결박되지** 아니하였고 네 발이		
왕하 25:7	놋 사슬로 그를 **결박하여** 바벨론으로		
시 2:3	우리가 그들의 맨 것을 끊고 그의 **결박**을		
시 116:16	주의 종이라 주께서 나의 **결박**을 푸셨		
시 149:8	그들의 귀인은 철고랑으로 **결박하고**		
사 22:3	버리고 **결박**을 당하였고 너의 멀리 도		
	망한 자들도 발견되어 다함께 **결박**을		

결산/-하다 (決算, settle account)

마 18:23	그러므로 천국은 그 종들과 **결산하려**
마 18:24	**결산할** 때에 만 달란트 빚진 자 하나를
마 25:19	들의 주인이 돌아와 그들과 **결산할새**
히 4:13	없고 우리의 **결산**을 받으실 이의 눈앞

사 28:22	오만한 자가 되지 말라 너희 **결박**이		
사 51:14	**결박된** 포로가 속히 놓일 것이니 죽지		
렘 52:11	놋사슬로 그를 **결박하여** 바벨론 왕이		

결실/-하다 (結實, thrive, fruit, produce)

신 29:23	불에 타서 심지도 못하며 **결실함**도 없
신 33:14	태양이 **결실하게** 하는 선물과 태음이
시 92:14	그는 늙어도 여전히 **결실하며** 진액이
시 104:13	주께서 하시는 일의 **결실**이 땅을 만족
시 128:3	네 아내는 **결실한** 포도나무 같으며 네
잠 12:12	의인은 그 뿌리로 … **결실하느니라**

단 3:20	사드락과 메삭과 아벳느고를 **결박하여**		
단 3:21	옷을 입은 채 **결박하여** 맹렬히 타는		
단 3:23	사드락과 메삭과 아벳느고는 **결박된**		
단 3:24	우리가 **결박하여** 불 가운데 던진 자는		
단 3:25	내가 보니 **결박되지** 아니한 네 사람이		
나 3:10	모든 권세자들은 사슬에 **결박되었나니**		
마 12:29	강한 자를 **결박하지** 않고서야 어떻게 …		
	강탈하겠느냐 **결박한** 후에야 그 집을		
마 14:3	헤로디아의 일로 요한을 잡아 **결박하여**		
마 27:2	**결박하여** 끌고 가서 총독 빌라도에게		
막 3:27	강한 자를 **결박하지** 않고는 … 강탈하		
	지 못하리니 **결박한** 후에야 그 집을		
요 18:12	아랫사람들이 예수를 잡아 **결박하여**		
행 9:2	남녀를 막론하고 **결박하여** 예루살렘		
행 9:14	사람을 **결박할** 권한을 대제사장들에게		
행 9:21	그들을 **결박하여** 대제사장들에게 끌어		
행 20:23	내게 증언하여 **결박**과 환난이 나를		
행 21:11	이 띠 임자를 **결박하여** 이방인의 손에		
행 21:13	주 예수의 이름을 위하여 **결박** 당할		

> **'결실'과 관련된 성구**
>
> 결실기 – 행 14:17
> 결실치 못하다 – 마 13:22; 막 4:7, 19; 눅 8:14

사 11:1	뿌리에서 한 가지가 나서 **결실할** 것이요
사 27:6	그들이 그의 **결실**로 지면에 채우리로다
렘 17:8	걱정이 없고 **결실**이 그치지 아니함 같으
호 13:15	그가 비록 형제 중에서 **결실하나** 동풍

139

【 결심/-하다 】   【 결합하다/결합되다 】

마 13:8	육십 배, 어떤 것은 삼십 배의 **결실**을
마 13:23	말씀을 듣고 깨닫는 자니 **결실하여**
마 13:26	싹이 나고 **결실**할 때에 가라지도 보이
막 4:8	**결실하였으니** 삼십 배나 육십 배나
막 4:20	삼십 배나 육십 배나 백 배의 **결실**을
눅 8:8	좋은 땅에 떨어지매 나서 백 배의 **결실**
눅 8:15	말씀을 듣고 지키어 인내로 **결실하는**

결심/-하다(決心, vow, determine)
민 30:2	서원하였거나 **결심하고** 서약하였으면
민 30:3	서원한 일이나 스스로 **결심하려고**
민 30:4	그가 **결심한** 서약을 듣고도 그에게 아무
민 30:5	그의 서원과 **결심한** 서약을 이루지 못할
민 30:6	**결심한** 서약을 경솔하게 그의 입술로
민 30:7	서원을 이행할 것이요 그가 **결심한** 서약
민 30:8	서원과 **결심하려고** 경솔하게 입술로
민 30:9	서원이나 그가 **결심한** 모든 서약은 지킬
민 30:10	서원을 하였다든지 **결심하고** 서약을
민 30:11	그가 **결심한** 서약은 다 지킬 것이니라
민 30:12	그 서원과 **결심한** 일에 대하여 입술로
민 30:14	스스로 **결심한** 일을 지키게 하는 것이
수 17:12	가나안 족속이 **결심하고** 그 땅에 거주
삿 1:27	가나안 족속이 **결심하고** 그 땅에 거주
삿 1:35	**결심하고** 헤레스 산과 아얄론과 사알빔
삿 5:15	르우벤 시냇가에서 큰 **결심**이 있었도다
삿 5:16	르우벤 시냇가에서 큰 **결심**이 있었도다
룻 1:13	남편 없이 지내겠다고 **결심하겠느냐**
룻 1:18	룻이 자기와 함께 가기로 굳게 **결심함**
삼상 20:7	만일 노하면 나를 해하려고 **결심한**
삼상 20:9	너를 해치려 확실히 **결심한** 줄 알면
삼상 20:33	아버지가 다윗을 죽이기로 **결심한**
삼하 13:32	욕되게 한 날부터 압살롬이 **결심한**
대하 2:1	위하여 궁궐 건축하기를 **결심하니라**
대하 30:19	**결심하고** 하나님 곧 그의 조상들의
스 7:10	가르치기로 **결심하였었더라**
에 7:7	왕이 자기에게 벌을 내리기로 **결심한**
시 17:3	내가 **결심하고** 입으로 범죄하지 아니
렘 49:20	**결심하신** 여호와의 계획을 들으라
애 2:8	시온의 성벽을 헐기로 **결심하시고** 줄을
단 9:3	기도하며 간구하기를 **결심하고**
단 10:12	스스로 겸비하게 하기로 **결심하던** 첫날
단 11:17	그가 **결심하고** 전국의 힘을 다하여
눅 9:51	향하여 올라가기로 굳게 **결심하시고**

| 고후 2:1 | 아니하기로 스스로 **결심하였노니** |

결의/-하다(決議, agreed, decision)
대하 30:23	칠 일을 지키기로 **결의하고** 이에 또
마 20:18	넘겨지매 그들이 죽이기로 **결의하고**
막 10:33	그들이 죽이기로 **결의하고** 이방인들에
눅 23:51	(그들의 **결의**와 행사에 찬성하지 아니
요 9:22	자는 출교하기로 **결의하였으므로**
행 3:13	빌라도가 놓아 주기로 **결의한** 것을 너희
행 21:25	음행을 피할 것을 **결의하고** 편지하였

결점(缺點, defect)
| 레 22:25 | **결점**이 있고 흠이 있는 것인즉 너희를 |
| 대하 8:16 | 여호와의 전 공사가 **결점** 없이 끝나니 |

결정/-하다(決定, sentence, decide)
삼상 25:17	집을 해하기로 **결정하였음이니이다**
왕상 20:40	네가 스스로 **결정하였으니** 그대로
대상 21:12	대답할 것을 **결정하소서** 하니
욥 22:28	네가 무엇을 **결정하면** 이루어질 것이요
행 15:22	안디옥으로 보내기를 **결정하니** 곧 형제
행 15:25	보내기를 만장일치로 **결정하였노라**
행 19:39	원하면 정식으로 민회에서 **결정할지라**
행 25:25	상소한 고로 보내기로 **결정하였나이다**
엡 1:11	모든 일을 그의 뜻의 **결정대로** 일하시는

결코(決, surely, never)
| 창 3:4 | 뱀이 여자에게 이르되 너희가 **결코** 죽지 |

📖 **결코 – 기타 본문**
창 44:17; 민 32:11; 신 21:14; 31:6; 삼상 15:29; 20:9; 삼하 5:6; 왕상 3:27; 욥 6:28; 27:4, 5; 32:21; 34:10; 35:13; 렘 30:11; 38:15; 46:28; 겔 18:13; 20:32; 암 3:7; 나 1:3; 합 2:3; 마 5:18, 20, 26; 16:22; 26:33; 막 9:41; 눅 10:19; 12:59; 요 6:35, 37; 행 10:14; 11:8; 롬 3:6, 9; 8:1; 고전 6:15; 갈 2:17; 3:21; 6:14; 살전 4:15; 5:3; 히 13:5; 계 3:5, 12; 18:14, 21, 22, 23; 21:27

결합하다/결합되다(結合, join, hold together)
단 11:34	사람들이 속임수로 그들과 **결합할** 것이
미 7:3	욕심을 말하며 그들이 서로 **결합하니**
엡 4:16	도움을 받음으로 연결되고 **결합되어**

결혼/-하다 (結婚, marry)

창 19:14	롯이 나가서 그 딸들과 **결혼**할 사위들
신 20:7	여자와 약혼하고 그와 **결혼**하지 못한
삼상 18:26	좋게 여기므로 **결혼**할 날이 차기 전에
사 62:4	너를 기뻐하실 것이며 네 땅이 **결혼**한
사 62:5	청년이 처녀와 **결혼함**같이 네 아들이
말 2:11	하여 이방 신의 딸과 **결혼**하였으니
눅 2:36	그가 **결혼**한 후 일곱 해 동안 남편과
고전 7:8	내가 **결혼**하지 아니한 자들과 과부들
고전 7:9	만일 절제할 수 없거든 **결혼**하라 정욕이 불같이 타는 것보다 **결혼**하는 것이
고전 7:10	**결혼**한 자들에게 내가 명하노니 (명하
고전 7:36	죄 짓는 것이 아니니 그들로 **결혼**하게
고전 7:38	그러므로 **결혼**하는 자도 잘하거니와 결**혼하지** 아니하는 자는 더 잘하는 것이
히 13:4	모든 사람은 **결혼**을 귀히 여기고 침소

겸비하다 (謙卑, humble)

출 10:3	때까지 내 앞에 **겸비하지** 아니하겠느냐
왕상 21:29	아합이 내 앞에서 **겸비함**을 네가 보느냐 그가 내 앞에서 **겸비하므로** 내가
왕하 22:19	내 앞에서 **겸비하여** 옷을 찢고 통곡
대하 12:6	방백들과 왕이 스스로 **겸비하여** 이르되
대하 12:7	여호와께서 그들이 스스로 **겸비함**을 보신지라 … 스스로 **겸비하였으니** 내가
대하 12:12	르호보암이 스스로 **겸비하였고** 유다
스 8:21	하나님 앞에서 스스로 **겸비하여** 우리와
단 10:12	하나님 앞에서 스스로 **겸비하게** 하기로

겸손/-하다/-히 (謙遜, humility, poor, gentle)

대하 30:11	몇 사람은 스스로 **겸손한** 마음으로
대하 33:12	조상들의 하나님 앞에 크게 **겸손하여**
대하 33:19	그의 모든 죄와 허물과 **겸손하기** 전에
대하 33:23	스스로 **겸손함**같이 여호와 앞에서 스스로 **겸손하지** 아니하고 더욱 범죄하더니
대하 34:27	내 앞에서 **겸손하여** 옷을 찢고 통곡
대하 36:12	일러도 그 앞에서 **겸손하지** 아니하였
욥 22:29	하나님은 **겸손한** 자를 구원하시리라
시 10:17	여호와여 주는 **겸손한** 자의 소원을
시 22:26	**겸손한** 자는 먹고 배부를 것이며
시 107:12	고통을 주어 그들의 마음을 **겸손하게**
시 132:1	다윗을 위하여 그의 모든 **겸손**을 기억
시 147:6	여호와께서 **겸손한** 자들은 붙드시고
시 149:4	백성을 기뻐하시며 **겸손한** 자를 구원
잠 3:34	비웃으시며 **겸손한** 자에게 은혜를 베푸
잠 6:3	너는 곧 가서 **겸손히** 네 이웃에게 간구
잠 11:2	오거니와 **겸손한** 자에게는 지혜가 있느
잠 15:33	지혜의 훈계라 **겸손**은 존귀의 길잡이
잠 16:19	**겸손한** 자와 함께 하여 마음을 낮추는
잠 18:12	멸망의 선봉이요 **겸손**은 존귀의 앞잡이
잠 22:4	**겸손**과 여호와를 경외함의 보상은 재물
잠 29:23	되겠고 마음이 **겸손하면** 영예를 얻으리
사 11:4	정직으로 세상의 **겸손한** 자를 판단할
사 29:19	**겸손한** 자에게 여호와로 말미암아 기쁨
사 57:15	통회하고 마음이 **겸손한** 자와 함께
렘 44:10	그들이 오늘까지 **겸손하지** 아니하며
미 6:8	사랑하며 **겸손하게** 네 하나님과 함께
습 2:3	여호와를 찾으며 공의와 **겸손**을 구하라
슥 9:9	구원을 베푸시며 **겸손하여서** 나귀를
마 11:29	나는 마음이 온유하고 **겸손하니** 나의
마 21:5	그는 **겸손하여** 나귀, 곧 멍에 메는 짐승
행 20:19	곧 모든 **겸손**과 눈물이며 유대인의
엡 4:2	모든 **겸손**과 온유로 하고 오래 참음으
빌 2:3	오직 **겸손한** 마음으로 각각 자기보다
골 2:18	아무도 꾸며낸 **겸손**과 천사 숭배를 이유
골 2:23	이런 것들은 자의적 숭배와 **겸손**과 몸을
골 3:12	긍휼과 자비와 **겸손**과 온유와 오래 참음
약 4:6	물리치시고 **겸손한** 자에게 은혜를 주신
벧전 3:8	사랑하며 불쌍히 여기며 **겸손하며**
벧전 5:5	서로 **겸손**으로 허리를 동이라 하나님
벧전 5:6	**겸손하라** 때가 되면 너희를 높이시리라

겸하다 (兼, add to, with, and)

잠 10:22	부하게 하고 근심을 **겸하여** 주지 아니
잠 16:8	적은 소득이 공의를 **겸하면** 많은 소득이 불의를 **겸한** 것보다 나으니라
마 6:24	하나님과 재물을 **겸하여** 섬기지 못하느
막 10:30	박해를 **겸하여** 받고 내세에 영생을
눅 16:13	하나님과 재물을 **겸하여** 섬길 수 없느
고전 10:21	너희가 주의 잔과 귀신의 잔을 **겸하여** 마시지 못하고 … 식탁에 **겸하여** 참여
엡 6:23	평안과 믿음을 **겸한** 사랑이 형제들에게

겹 (fold)

출 26:24	각기 두 **겹** 두께로 하여 윗고리에 이르
출 28:16	길이와 너비가 한 뼘씩 두 **겹**으로 네모

겹겹이 | 경건/-하다

출 36:29	아래에서부터 위까지 각기 두 **겹** 두께	딤전 4:7	신화를 버리고 **경건**에 이르도록 네 자신
출 39:9	한 뼘으로 네모가 반듯하고 두 **겹**이며	딤전 4:8	**경건**은 범사에 유익하니 금생과 내생에
욥 41:13	벗기겠으며 그것에게 **겹** 재갈을 물릴	딤전 6:3	그리스도의 말씀과 **경건**에 관한 교훈
전 4:12	세 **겹** 줄은 쉽게 끊어지지 아니하느니라	딤전 6:5	진리를 잃어 버려 **경건**을 이익의 방도로
		딤전 6:6	자족하는 마음이 있으면 **경건**은 큰 이익
겹겹이(spreadingly)		딤전 6:11	이것들을 피하고 의와 **경건**과 믿음과
욥 36:29	**겹겹이** 쌓인 구름과 그의 장막이	딤후 3:5	**경건**의 모양은 있으나 **경건**의 능력은
욥 37:16	그대는 **겹겹이** 쌓인 구름과 완전한	딤후 3:12	예수 안에서 **경건하게** 살고자 하는
		딛 1:1	택하신 자들의 믿음과 **경건함**에 속한
겹다(beyond)		딛 2:2	늙은 남자로는 절제하며 **경건하며** 신중
고후 1:8	힘에 **겹도록** 심한 고생을 당하여	딛 2:12	신중함과 의로움과 **경건함**으로 이 세상
		히 5:7	소원을 올렸고 그의 **경건하심**으로
겹치다(be doubled)		히 12:28	**경건함**과 두려움으로 하나님을 기쁘
창 41:32	바로께서 꿈을 두 번 **겹쳐** 꾸신 것은	약 1:26	스스로 **경건하다** 생각하며 자기 혀를
		벧후 1:3	능력으로 생명과 **경건**에 속한 모든 것을
경(更, watch of the night)		벧후 1:6	절제를, 절제에 인내를, 인내에 **경건**을
삿 7:19	그와 함께 한 백 명이 이 **경** 초에 진영	벧후 1:7	**경건**에 형제 우애를, 형제 우애에 사랑
마 14:25	밤 사 **경**에 예수께서 바다 위로 걸어서	벧후 2:9	주께서 **경건한** 자는 시험에서 건지실
막 6:48	사 **경**쯤에 바다 위로 걸어서 그들에게	벧후 3:11	마땅하냐 거룩한 행실과 **경건함**으로
눅 12:38	주인이 혹 이 **경**에나 혹 삼 **경**에 이르러서		
		경건하지 않다/경건하지 못하다/불경건하다	
경건/-하다 (敬虔, godly, devout, God-fearing)		욥 13:16	**경건하지 않은** 자는 그 앞에 이르지
신 33:8	둠밈과 우림이 주의 **경건한** 자에게 있도	욥 15:34	**경건하지 못한** 무리는 자식을 낳지
욥 22:4	너를 심문하심이 너의 **경건함** 때문이냐	욥 17:8	죄 없는 자는 **경건하지 못한** 자 때문에
시 4:3	여호와께서 자기를 위하여 **경건한** 자를	욥 20:5	잠시요 **경건치 못한** 자의 즐거움도
시 12:1	여호와여 도우소서 **경건한** 자가 끊어	욥 27:8	**불경건한** 자가 이익을 얻었으나 하나님
시 86:2	나는 **경건하오니** 내 영혼을 보존하소서	욥 34:30	이는 **경건하지 못한** 자가 권세를 잡아
시 116:15	그의 **경건한** 자들의 죽음은 여호와께	시 43:1	**경건하지 아니한** 나라에 대하여
미 7:2	**경건한** 자가 세상에서 끊어졌고 정직한	사 9:17	이 백성이 모두 **경건하지 아니하며**
말 2:15	이는 **경건한** 자손을 얻고자 하심이라	사 10:6	내가 그를 보내어 **경건하지 아니한**
눅 2:25	사람은 의롭고 **경건하여** 이스라엘의	사 33:14	**경건하지 아니한** 자들이 떨며 이르기를
요 9:31	**경건하여** 그의 뜻대로 행하는 자의 말은	롬 1:18	모든 **경건하지 않음**과 불의에 대하여
행 2:5	그 때에 **경건한** 유대인들이 천하 각국	롬 4:5	아니할지라도 **경건하지 아니한** 자를
행 3:12	개인의 권능과 **경건**으로 이 사람을 걷게	롬 5:6	그리스도께서 **경건하지 않은** 자를 위하
행 8:2	**경건한** 사람들이 스데반을 장사하고	롬 11:26	야곱에게서 **경건하지 않은** 것을 돌이키
행 10:2	그가 **경건하여** 온 집안과 더불어 하나님	딤전 1:9	**경건하지 아니한** 자와 죄인과 거룩하지
행 10:7	하인 둘과 부하 가운데 **경건한** 사람	딤후 2:16	그들은 **경건하지 아니함**에 점점 나아
행 13:50	이에 유대인들이 **경건한** 귀부인들과	딛 2:12	우리를 양육하시되 **경건하지 않은** 것과
행 17:4	그 중의 어떤 사람 곧 **경건한** 헬라인과	벧전 4:18	**경건치 아니한** 자와 죄인은 어디에
행 22:12	율법에 따라 **경건한** 사람으로 거기	벧후 2:5	**경건하지 아니한** 자들의 세상에 홍수
빌 4:8	무엇에든지 **경건하며** 무엇에든지 옳으	벧후 2:6	후세에 **경건하지 아니할** 자들에게 본을
딤전 2:2	우리가 모든 **경건**과 단정함으로 고요	벧후 3:7	**경건하지 아니한** 사람들의 심판과 멸망
딤전 3:16	크도다 **경건**의 비밀이여, 그렇지 않다	유 1:4	미리 기록된 자니 **경건하지 아니하여**

【 경계 1 】 　　　　　　　　　　　　　　【 경계 2/-하다 】

유 1:15	모든 **경건하지 않은** 자가 **경건하지 않**게 행한 모든 **경건하지 않은** 일과 또 **경건하지 않은** 죄인들이 주를 거슬러	수 15:21	자손이 그들의 가족대로 받은 사방 **경계** 에돔 **경계**에 접근한 성읍들은 갑스엘과
유 1:18	마지막 때에 자기의 **경건하지 않은**	수 15:47	애굽 시내와 대해의 **경계**에까지 이르렀
		수 16:2	아렉 족속의 **경계**를 지나 아다롯에 이르
		수 16:3	야블렛 족속의 **경계**와 아래 벧 호론과

경계 1(境界, border, limit)

창 10:19	가나안의 **경계**는 시돈에서부터 그랄을
창 49:13	해변이라 그의 **경계**가 시돈까지리로다
출 19:12	백성을 위하여 주위에 **경계**를 정하고 … 그 **경계**를 침범하지 말지니 산을 침범하
출 19:23	산 주위에 **경계**를 세워 산을 거룩하게
출 19:24	**경계**를 넘어 나 여호와에게로 올라오지
출 23:31	내가 네 **경계**를 홍해에서부터 블레셋
민 21:13	아모리 사이에서 모압의 **경계**가 된
민 21:15	향하여 기울어지고 모압의 **경계**에
민 21:24	미치니 암몬 자손의 **경계**는 견고하더라
민 34:3	너희의 남쪽 **경계**는 동쪽으로 염해 끝에
민 34:6	서쪽 **경계**는 대해가 **경계**가 되나니 이는 너희의 서쪽 **경계**니라
민 34:7	북쪽 **경계**는 이러하니 대해에서부터
민 34:9	그 **경계**가 또 시브론을 지나 하살에난에 이르나니 이는 너희의 북쪽 **경계**니라
민 34:10	너희의 동쪽 **경계**는 하살에난에서 그어
민 34:11	그 **경계**가 또 스밤에서 리블라로 내려
민 34:12	그 **경계**가 또 요단으로 내려가서 염해에 이르나니 너희 땅의 사방 **경계**가 이러하
신 3:14	족속의 **경계**까지의 아르곱 온 지방을
신 11:24	너희의 **경계**는 곧 광야에서부터 레바논
신 32:8	수효대로 백성들의 **경계**를 정하셨도다
수 4:19	올라와 여리고 동쪽 **경계** 길갈에 진
수 12:2	길르앗 절반 곧 암몬 자손의 **경계** 얍복
수 12:5	마아가 사람의 **경계**까지의 길르앗 절반이니 헤스본 왕 시혼의 **경계**에 접한
수 13:3	북쪽 에그론 **경계**까지와 블레셋 사람
수 13:4	므아라와 아모리 족속의 **경계** 아벡까지
수 13:10	모든 성읍 곧 암몬 자손의 **경계**까지와
수 13:23	르우벤 자손의 서쪽 **경계**는 요단과
수 15:1	에돔 **경계**에 이르고 또 남쪽 끝은 신
수 15:2	그들의 남쪽 **경계**는 염해의 끝 곧 남향
수 15:4	**경계**의 끝이 되나니 … 남쪽 **경계**가
수 15:5	동쪽 **경계**는 염해이니 요단 끝까지요 그 북쪽 **경계**는 요단 끝에 있는 해만에
수 15:12	서쪽 **경계**는 대해와 그 해안이니 유다
수 16:5	기업의 **경계**는 동쪽으로 아다롯 앗달에
수 17:7	므낫세의 **경계**는 아셀에서부터 세겜 앞 … 엔답부아 주민의 **경계**에 이르나
수 17:8	므낫세에 있는 답부아는 에브라임
수 17:9	**경계**가 가나 시내로 내려가서 … 므낫세의 **경계**는 그 시내 북쪽이요 그 끝은
수 17:10	바다가 그 **경계**가 되었으며 그들의
수 18:11	제비 뽑은 땅의 **경계**는 유다 자손과
수 18:12	그들의 북방 **경계**는 요단에서부터
수 18:13	또 그 **경계**가 거기서부터 루스로 나아
수 18:14	이르러 끝이 되나니 이는 서쪽 **경계**며
수 18:15	남쪽 **경계**는 기럇 여아림 끝에서부터
수 18:19	**경계**의 끝이 되나니 이는 남쪽 **경계**며
수 18:20	동쪽 **경계**는 요단이니 이는 베냐민 자손이 … 받은 기업의 사방 **경계**였더라
수 19:10	그들의 기업의 **경계**는 사릿까지이며
수 19:12	기슬롯 다볼의 **경계**에 이르고 다브랏으
수 19:22	**경계**는 다볼과 사하수마와 벧 세메스
수 19:26	**경계**의 서쪽은 갈멜을 만나 시홀 림낫
수 19:46	메얄곤과 락곤과 욥바 맞은편 **경계**까지
수 19:47	그런데 단 자손의 **경계**는 더욱 확장되
수 19:49	이스라엘 자손이 그들의 **경계**를 따라서
수 22:25	요단으로 **경계**를 삼으셨나니 너희는
삿 1:36	아모리 족속의 **경계**는 아그랍빔 비탈의
삿 7:22	답밧에 가까운 아벨므홀라의 **경계**에
삿 11:18	아르논은 모압의 **경계**이므로 모압 지역
삼상 10:2	베냐민 **경계** 셀사에 있는 라헬의 묘실
왕하 3:21	이상이 다 모여 그 **경계**에 서 있더라
왕하 6:10	자기에게 말하여 **경계**한 곳으로 사람
대상 4:33	주민들의 **경계**가 바알까지 다다랐으니
욥 26:10	수면에 **경계**를 그으시니 빛과 어둠이
시 74:17	주께서 땅의 **경계**를 정하시며 주께서
시 104:9	주께서 물의 **경계**를 정하여 넘치지
사 26:15	이 땅의 모든 **경계**를 확장하셨나이다
행 17:26	연대를 정하시며 거주의 **경계**를 한정

경계 2/-하다(警戒, warn, caution)

삼상 14:24	백성에게 맹세시켜 **경계하여** 이르기

【 경계선 】

왕하 17:15	세우신 언약과 **경계하신** 말씀을 버리
느 9:29	그들에게 **경계하셨으나** 그들이 교만
느 9:30	주의 영으로 그들을 **경계하시되** 그들이
느 9:34	그들에게 **경계하신** 말씀을 순종하지
느 13:15	팔기로 그 날에 내가 **경계하였고**
느 13:21	내가 그들에게 **경계하여** 이르기를 너희
잠 13:18	**경계를** 받는 자는 존영을 받느니라
잠 15:31	생명의 **경계를** 듣는 귀는 지혜로운
전 12:12	내 아들아 또 이것들로부터 **경계를**
사 28:10	대저 경계에 경계를 더하며 **경계에**
사 28:13	경계에 경계를 더하며 경계에 **경계를**
렘 11:7	간절히 경계하며 끊임없이 **경계하기를**
합 1:12	주께서 **경계하기** 위하여 그들을 세우
습 2:8	비방하고 자기들의 **경계에** 대하여 교만
막 5:43	그들을 많이 **경계하시고** 이에 소녀에
행 23:22	청년을 보내며 **경계하되** 이 일을 내게
갈 5:21	너희에게 경계한 것 같이 **경계하노니**
살전 2:11	하듯 권면하고 위로하고 **경계하노니**
딤후 4:2	참음과 가르침으로 경책하며 **경계하며**

경계선(境界線, boundary, border)

삼상 6:12	방백들은 벧세메스 **경계선까지** 따라
사 10:13	열국의 **경계선을** 걷어치웠고 그들의
겔 47:13	너희는 이 **경계선대로** 이스라엘 열두
겔 47:15	이 땅 **경계선은** 이러하니라 북쪽은
겔 47:16	다메섹 **경계선과** 하맛 **경계선** 사이에 있는 시브라임과 하우란 **경계선** 곁에
겔 47:17	**경계선이** … 다메섹 **경계선에** 있는 … 그 **경계선이** … 있는 하맛 **경계선에**
겔 47:18	북쪽 **경계선에서부터** 동쪽 바다까지
겔 47:20	서쪽은 대해라 남쪽 **경계선에서부터**
겔 48:1	다메섹 **경계선에** 있는 하살에논까지 곧 북쪽으로 하맛 **경계선에** 미치는
겔 48:2	**경계선** 다음으로 동쪽에서 서쪽까지
겔 48:3	아셀 **경계선** 다음으로 동쪽에서 서쪽
겔 48:4	납달리 **경계선** 다음으로 동쪽에서 서쪽
겔 48:5	므낫세 **경계선** 다음으로 동쪽에서 서쪽
겔 48:6	에브라임 **경계선** 다음으로 동쪽에서
겔 48:7	르우벤 **경계선** 다음으로 동쪽에서 서쪽
겔 48:8	유다 **경계선** 다음으로 동쪽에서 서쪽
겔 48:13	제사장의 **경계선을** 따라 레위 사람의
겔 48:21	그 **경계선** … 서쪽을 향하고 그 **경계선**
겔 48:24	베냐민 **경계선** 다음으로 동쪽에서 서쪽
겔 48:25	시므온 **경계선** 다음으로 동쪽에서 서쪽
겔 48:26	잇사갈 **경계선** 다음으로 동쪽에서 서쪽
겔 48:27	스불론 **경계선** 다음으로 동쪽에서 서쪽
겔 48:28	갓 **경계선** 다음으로 남쪽 경계선은

경계표(境界標, boundary stone)

신 19:14	조상이 정한 네 이웃의 **경계표를** 옮기
신 27:17	그의 이웃의 **경계표를** 옮기는 자는
욥 24:2	어떤 사람은 땅의 **경계표를** 옮기며
호 5:10	유다 지도자들은 **경계표를** 옮기는

경고/-하다(警告, oracle, warn)

창 43:3	사람이 우리에게 엄히 **경고하여** 이르되
출 19:21	내려가서 백성을 **경고하라** 백성이 밀고
출 21:29	임자는 그로 말미암아 **경고를** 받았으되
삼상 8:9	말을 듣을 너는 그들에게 엄히 **경고하고**
왕상 2:42	여호와를 두고 맹세하게 하고 **경고하여**
대하 19:10	그들에게 **경고하여** 여호와께 죄를 범하
대하 24:19	선지자들이 그들에게 **경고하였으나**
대하 25:16	왕이 이 일을 행하고 나의 **경고를** 듣지
욥 33:16	사람의 귀를 여시고 **경고로써** 두렵게
시 19:11	주의 종이 이것으로 **경고를** 받고 이것
전 4:13	지혜로운 젊은이가 늙고 둔하여 **경고를**
사 13:1	이사야가 바벨론에 대하여 받은 **경고라**
사 14:28	아하스 왕이 죽던 해에 이 **경고가** 임하
사 15:1	모압에 관한 **경고라** 하룻밤에 모압 알이
사 17:1	다메섹에 관한 **경고라** 보라 다메섹이
사 19:1	애굽에 관한 **경고라** 보라 여호와께서
사 21:1	해변 광야에 관한 **경고라** 적병이 광야
사 21:11	두마에 관한 **경고라** 사람이 세일에서
사 21:13	아라비아에 관한 **경고라** 드단 대상들
사 22:1	환상의 골짜기에 관한 **경고라** 네가 지붕
사 23:1	두로에 관한 **경고라** 다시스의 배들아
사 30:6	네겝 짐승들에 관한 **경고라** 사신들이
렘 26:20	이 성과 이 땅에 **경고하여** 예언하매
렘 42:19	나도 오늘 너희에게 **경고한** 것을 너희
애 2:14	그들이 거짓 **경고와** 미혹하게 할 것만
겔 5:15	조롱 거리가 되고 두려움과 **경고가** 되리
겔 13:2	선지자들에게 **경고하여** 예언하되 자기
겔 13:17	예언하는 여자들에게 **경고하며** 예언
겔 33:3	보고 나팔을 불어 백성에게 **경고하되**
겔 33:5	그가 **경고를** 받았던들 자기 생명을 보전 하였을 것이나 … 듣고도 **경고를** 받지

【 경기하다 】　　　　　　　　　　　　　　　　　　　【 경배하다 】

겔 33:6	백성에게 **경고하지** 아니하므로 그 중에	막 9:20	아이로 심히 **경련**을 일으키게 하는지라
겔 33:7	대신하여 그들에게 **경고할지어다**	막 9:26	아이로 심히 **경련**을 일으키게 하고
겔 33:8	네가 그 악인에게 말로 **경고하여** 그의	눅 9:39	갑자기 부르짖게 하고 **경련**을 일으켜
겔 33:9	너는 악인에게 **경고하여** 돌이켜 그의	눅 9:42	거꾸러뜨리고 심한 **경련**을 일으키게
욜 2:1	나의 거룩한 산에서 **경고**의 소리를 질러		
암 7:16	이삭의 집을 향하여 **경고하지** 말라 하	**경례하다**(敬禮, salute)	
나 1:1	니느웨에 대한 **경고** 곧 엘고스 사람	막 15:18	**경례하여** 이르되 유대인의 왕이여 평안
합 1:1	선지자 하박국이 묵시로 받은 **경고**라		
습 1:16	나팔을 불어 **경고하며** 견고한 성읍들	**경륜**(經綸, administration)	
슥 12:1	이스라엘에 관한 여호와의 **경고**의 말씀	엡 1:9	그리스도 안에서 때가 찬 **경륜**을 위하여
말 1:1	통하여 이스라엘에게 말씀하신 **경고**라	엡 3:2	하나님의 그 은혜의 **경륜**을 너희가 들었
마 9:30	예수께서 엄히 **경고하시되** 삼가 아무에	엡 3:9	비밀의 **경륜**이 어떠한 것을 드러내게
마 12:16	자기를 나타내지 말라 **경고하셨으니**	딤전 1:4	하나님의 **경륜**을 이룸보다 도리어 변론
마 16:20	제자들에게 **경고하사** 자기가 그리스도		
막 1:43	곧 보내시며 엄히 **경고하사**	**경멸하다/경멸히**(輕蔑, despise)	
막 3:12	나타내지 말라고 많이 **경고하시니라**	삼상 2:30	나를 멸시하는 자를 내가 **경멸하리라**
막 7:36	그들에게 **경고하사** 아무에게도 이르	잠 14:2	행하는 자는 여호와를 **경멸하느니라**
	지 말라 하시되 **경고하실수록** 그들이	말 1:7	여호와의 식탁은 **경멸히** 여길 것이라
막 8:15	예수께서 **경고하여** 이르시되 삼가	말 1:12	과일 곧 먹을 것은 **경멸히** 여길 것이라
막 8:30	아무에게도 말하지 말라 **경고하시고**		
막 9:9	내려올 때에 예수께서 **경고하시되**	**경문**(經文, phylactery)	
눅 5:14	예수께서 그를 **경고하시되** 아무에게	마 23:5	그 **경문** 띠를 넓게 하며 옷술을 길게
눅 8:56	부모가 놀라는지라 예수께서 **경고하사**		
눅 9:21	**경고하사** 이 말을 아무에게도 이르지	**경박한 사람**(輕薄, reckless adventurer)	
눅 17:3	네 형제가 죄를 범하거든 **경고하고**	삿 9:4	방탕하고 **경박한 사람**들을 사서 자기를
행 4:18	그들을 불러 **경고하여** 도무지 예수의		
히 11:7	아직 보이지 않는 일에 **경고하심**을 받아	**경배하다**(敬拜, bow down, worship)	
히 12:25	땅에서 **경고하신** 이를 거역한 그들이	<u>모세오경, 역사서</u>	
	피하지 … 하늘로부터 **경고하신** 이를	창 24:26	사람이 머리를 숙여 여호와께 **경배하고**
		창 24:48	머리를 숙여 그에게 **경배하고** 찬송하였
경기하다(競技, compete)		창 47:31	침상 머리에서 하나님께 **경배하니라**
딤후 2:5	**경기하는** 자가 법대로 **경기하지** 아니	출 4:31	함을 듣고 머리 숙여 **경배하였더라**
		출 12:27	하매 백성이 머리 숙여 **경배하니라**
경내(境內, country, land, border)		출 23:24	너는 그들의 신을 **경배하지** 말며 섬기
출 10:4	내가 메뚜기를 네 **경내**에 들어가게 하리	출 24:1	여호와께로 올라가 멀리서 **경배하고**
민 32:33	그 땅과 **경내**의 성읍들과 그 성읍들	출 34:8	모세가 급히 땅에 엎드려 **경배하며**
신 28:40	모든 **경내**에 감람나무가 있을지라도	레 26:1	그에게 **경배하지** 말라 나는 너희의
수 24:30	그들이 그를 그의 기업의 **경내** 딤낫	신 4:19	미혹하여 그것을 **경배하며** 섬기지 말라
삿 2:9	무리가 그의 기업의 **경내** 에브라임 산지	신 26:10	네 하나님 여호와 앞에 **경배할** 것이며
시 147:14	네 **경내**를 평안하게 하시고 아름다운	삿 7:15	꿈과 해몽하는 말을 듣고 **경배하며**
		삼상 1:19	일어나 여호와 앞에 **경배하고** 돌아가
경련(痙攣, shake)		삼상 1:28	그가 거기서 여호와께 **경배하니라**
막 1:26	귀신이 그 사람에게 **경련**을 일으키고	삼상 15:25	나로 하여금 여호와께 **경배하게** 하소서

145

【 경배하다 】 　　　　　　　　　　　　　　　　【 경배하다 】

삼상 15:30	당신의 하나님 여호와께 **경배하게** 하소
삼상 15:31	따라가매 사울이 여호와께 **경배하니라**
삼하 12:20	여호와의 전에 들어가서 **경배하고**
삼하 15:32	다윗이 하나님을 **경배하는** 마루턱에
왕상 9:6	가서 다른 신을 섬겨 그것을 **경배하면**
왕상 9:9	다른 신을 따라가서 그를 **경배하여** 섬기
왕상 11:33	암몬 자손의 신 밀곰을 **경배하며**
왕상 12:30	단까지 가서 그 하나에게 **경배함이더라**
왕하 2:15	나아가 땅에 엎드려 그에게 **경배하고**
왕하 5:18	거기서 **경배하며** 그가 내 손을 의지하
왕하 17:16	일월성신을 **경배하며** 또 바알을 섬기고
왕하 17:35	그를 **경배하지** 말며 그를 섬기지 말며
왕하 19:37	신전에서 **경배할** 때에 아드람멜렉과
왕하 21:3	하늘의 일월 성신을 **경배하여** 섬기며
왕하 21:21	우상을 섬겨 그것들에게 **경배하고**
대상 16:29	거룩한 것으로 여호와께 **경배할지어다**
대하 7:3	땅에 엎드려 **경배하며** 여호와께 감사
대하 7:19	다른 신들을 섬겨 그들을 **경배하면**
대하 7:22	그것들을 **경배하여** 섬기므로 여호와
대하 20:18	여호와 앞에 엎드려 여호와께 **경배하고**
대하 25:14	그것들 앞에서 **경배하며** 분향한지라
대하 29:28	온 회중이 **경배하며** 노래하는 자들은
대하 29:29	함께 있는 자들이 다 엎드려 **경배하니라**
대하 33:3	하늘의 모든 일월성신을 **경배하여** 섬기
느 8:6	얼굴을 땅에 대고 여호와께 **경배하니라**
느 9:3	그들의 하나님 여호와께 **경배하는데**
느 9:6	모든 천군이 주께 **경배하나이다**

시가서, 선지서

시 22:29	풍성한 자가 먹고 **경배할** 것이요 진토
시 45:11	주인이시니 너는 그를 **경배할지어다**
시 66:4	온 땅이 주께 **경배하고** 주를 노래하며
시 86:9	모든 민족이 와서 주의 앞에 **경배하며**
시 95:6	우리가 굽혀 **경배하며** 우리를 지으신
시 97:7	너희 신들아 여호와께 **경배할지어다**
시 99:5	그의 발등상 앞에서 **경배할지어다**
시 106:19	만들고 부어 만든 우상을 **경배하여**
사 2:8	자기 손가락으로 만든 것을 **경배하여**
사 2:20	사람이 자기를 위하여 **경배하려고** 만들
사 19:21	예물을 그에게 드리고 **경배할** 것이요
사 19:23	*사람이 앗수르 사람과 함께 **경배하리라***
사 37:38	자기 신 니스록의 신전에서 **경배할**
사 44:15	신상을 만들어 **경배하며** 우상을 만들
사 44:17	우상을 만들고 그 앞에 엎드려 **경배하며**

사 46:6	만들게 하고 그것에게 엎드려 **경배하며**
사 49:7	고관들이 **경배하리니** 이는 이스라엘
렘 8:2	뒤따르며 구하며 **경배하던** 해와 달과
렘 25:6	섬기거나 **경배하지** 말며 너희 손으로
겔 20:32	목석을 **경배하리라** 하거니와 너희 마음
겔 46:9	북문으로 들어와서 **경배하는** 자는 남문
단 4:34	이를 찬양하고 **경배하였나니** 그 권세는
단 4:37	왕을 찬양하며 칭송하며 **경배하노니**
미 6:6	하나님께 **경배할까** 내가 번제물로
습 1:5	하늘의 뭇 별에게 **경배하는** 자들과
습 2:11	자기 처소에서 여호와께 **경배하리라**
슥 14:16	그 왕 만군의 여호와께 **경배하며** 초막
슥 14:17	만군의 여호와께 **경배하러** 예루살렘

신약

마 2:2	그의 별을 보고 그에게 **경배하러** 왔노라
마 2:8	고하여 나도 가서 그에게 **경배하게** 하라
마 2:11	엎드려 아기께 **경배하고** 보배합을 열어
마 4:9	만일 내게 엎드려 **경배하면** 이 모든
마 4:10	하나님께 **경배하고** 다만 그를 섬기라
마 15:9	나를 헛되이 **경배하는도다** 하였느니라
마 28:9	나아가 그 발을 붙잡고 **경배하니**
마 28:17	예수를 뵈옵고 **경배하나** 아직도 의심
막 7:7	나를 헛되이 **경배하는도다** 하였느니라
눅 4:8	하나님께 **경배하고** 다만 그를 섬기라
눅 24:52	그들이 (그에게 **경배하고**) 큰 기쁨으로
롬 1:25	피조물을 조물주보다 더 **경배하고** 섬김
고전 14:25	엎드리어 하나님께 **경배하며** 하나님
히 1:6	모든 천사들은 그에게 **경배할지어다**
히 11:21	지팡이 머리에 의지하여 **경배하였으며**
계 4:10	살아 계시는 이에게 **경배하고** 자기의
계 5:14	아멘 하고 장로들은 엎드려 **경배하더라**
계 7:11	엎드려 얼굴을 대고 하나님께 **경배하여**
계 11:1	그 안에서 **경배하는** 자들을 측량하되
계 11:16	얼굴을 땅에 대고 하나님께 **경배하여**
계 13:4	용에게 **경배하며** 짐승에게 **경배하여**
계 13:8	사는 자들은 다 그 짐승에게 **경배하리라**
계 13:12	처음 짐승에게 **경배하게** 하니 곧 죽게
계 13:15	짐승의 우상에게 **경배하지** 아니하는
계 14:7	물들의 근원을 만드신 이를 **경배하라**
계 14:9	짐승과 그의 우상에게 **경배하고** 이마에
계 14:11	우상에게 **경배하고** 그의 이름 표를
계 15:4	만국이 와서 주께 **경배하리이다** 하더라
계 16:2	우상에게 **경배하는** 자들에게 악하고

【 경보 】 　　　　　　　　　　　　　　　　　　　　　　　　　　　　　【 경외/~하다 】

계 19:4	보좌에 앉으신 하나님께 **경배하여** 이르
계 19:10	엎드려 **경배하려** 하니 … 하나님께 **경배하라** 예수의 증언은 예언의 영이라
계 19:20	우상에게 **경배하던** 자들을 표적으로
계 20:4	우상에게 **경배하지** 아니하고 그들의
계 22:8	천사의 발 앞에 **경배하려고** 엎드렸더니
계 22:9	그리하지 말고 하나님께 **경배하라**

경보(警報, cry)
| 렘 4:19 | 나팔소리와 전쟁의 **경보**를 들음이로다 |

경비(經費, cost, expense)
| 스 6:4 | 켜를 놓으라 그 **경비**는 다 왕실에서 |
| 스 6:8 | 거둔 세금 중에서 그 **경비**를 이 사람들 |

경비대장(警備大將, officer of guard)
| 눅 22:4 | 성전 **경비대장**들에게 가서 예수를 넘겨 |
| 눅 22:52 | 성전의 **경비대장**과 장로들에게 이르 |

경비병(警備兵, guard)
마 27:65	너희에게 **경비병**이 있으니 가서 힘대로
마 27:66	그들이 **경비병**과 함께 가서 돌을 인봉
마 28:11	여자들이 갈 때 **경비병** 중 몇이 성에

경사지(傾斜地, slope)
| 수 10:40 | 네겝과 평지와 **경사지**와 그 모든 왕을 |
| 수 12:8 | 평지와 아라바와 **경사지**와 광야와 네겝 |

경사진 해안(傾斜, sandy beach)
| 행 27:39 | 알지 못하나 **경사진 해안**으로 된 항만 |

경성하다(警醒, keep watch)
| 히 13:17 | 너희 영혼을 위하여 **경성하기**를 자신 |

경솔하다/경솔히(輕率, impetuous, rash)
민 30:6	서원이나 결심한 서약을 **경솔하게** 그의
민 30:8	서원과 결심하려고 **경솔하게** 입으로
신 1:41	각각 무기를 가지고 **경솔히** 산지로 올라
욥 6:3	그러므로 나의 말이 **경솔하였구나**
단 3:29	하나님께 **경솔히** 말하거든 그 몸을 쪼개
습 3:4	선지자들은 **경솔하고** 간사한 사람들
행 19:36	있어서 무엇이든지 **경솔히** 아니하여야
고후 1:17	이렇게 계획할 때에 어찌 **경솔히** 하였

| 딤전 5:22 | 아무에게나 **경솔히** 안수하지 말고 다른 |

경쇠(磬, lute)
| 삼상 18:6 | 소고와 **경쇠**를 가지고 왕 사울을 환영 |

경악(驚愕, horror)
| 렘 29:18 | 저주와 **경악**과 조소와 수모의 대상이 |

경영/~하다(經營, plan, plot, purpose)
잠 15:22	**경영**이 무너지고 지략이 많으면 **경영**이
잠 16:1	마음의 **경영**은 사람에게 있어도 말의
잠 16:3	그리하면 네가 **경영하는** 것이 이루어
잠 20:18	**경영**은 의논함으로 성취하나니 지략을
잠 21:5	부지런한 자의 **경영**은 풍부함에 이를
사 14:24	반드시 되며 내가 **경영한** 것을 반드시
사 14:26	이것이 온 세계를 향하여 정한 **경영**이며
사 14:27	만군의 여호와께서 **경영하셨은즉** 누가
사 22:11	이 일을 옛적부터 **경영하신** 이를 공경
사 28:29	**경영**은 기묘하며 지혜는 광대하니라
행 4:25	족속들이 허사를 **경영하였는고**

경외/~하다(敬畏, fear)
모세오경
창 22:12	이제야 네가 하나님을 **경외하는** 줄을
창 31:42	이삭이 **경외하는** 이가 나와 함께 계시지
창 31:53	아버지 이삭이 **경외하는** 이를 가리켜
창 42:18	하나님을 **경외하노니** 너희는 이같이
출 1:21	산파들은 하나님을 **경외하였으므로**
출 14:31	백성이 여호와를 **경외하며** 여호와와
출 20:20	너희를 시험하고 너희로 **경외하여** 범죄
레 19:3	사람은 부모를 **경외하고** 나의 안식일
레 25:36	네 하나님을 **경외하여** 네 형제로 너와
레 26:2	안식일을 지키며 내 성소를 **경외하라**
신 4:10	세상에 사는 날 동안 나를 **경외함**을
신 5:29	항상 이같은 마음을 품어 나를 **경외하며**
신 6:2	평생에 네 하나님 여호와를 **경외하며**
신 6:13	하나님 여호와를 **경외하며** 그를 섬기며
신 6:24	우리가 우리 하나님 여호와를 **경외하여**
신 8:6	그의 길을 따라가며 그를 **경외할지니라**
신 10:12	여호와를 **경외하여** 그의 모든 도를 행하
신 10:20	여호와를 **경외하여** 그를 섬기며 그에게
신 13:4	여호와를 따르며 그를 **경외하며** 그의
신 14:23	하나님 여호와 **경외하기**를 항상 배울

【 경외/-하다 】　　　　　　　　　　　　　　　　　　　　　　　　【 경외/-하다 】

신 17:19	그의 하나님 여호와 **경외하기**를 배우며		욥 37:24	사람들은 그를 **경외하고** 그는 스스로
신 28:58	두려운 이름을 **경외하지** 아니하면		시 2:11	**경외함**으로 섬기고 떨며 즐거워할지어
신 31:12	여호와를 **경외하며** 이 율법의 모든 말씀		시 5:7	집에 들어가 주를 **경외함**으로 성전을
신 31:13	네 하나님 여호와 **경외하기**를 배우게		시 19:9	여호와를 **경외하는** 도는 정결하여 영원
역사서			시 22:23	모든 자손이여 그를 **경외할지어다**
수 4:24	여호와를 항상 **경외하게** 하려 하심이라		시 22:25	주를 **경외하는** 자 앞에서 나의 서원을
수 22:25	자손에게 여호와 **경외하기**를 그치게		시 25:12	여호와를 **경외하는** 자 누구냐 그가 택할
수 24:14	여호와를 **경외하며** 온전함과 진실함		시 25:14	여호와의 친밀하심이 그를 **경외하는**
삼상 12:14	만일 여호와를 **경외하여** 그를 섬기며		시 33:8	모든 거민들은 그를 **경외할지어다**
삼상 12:24	그를 **경외하며** 너희의 마음을 다하여		시 33:18	여호와는 그를 **경외하는** 자 곧 그의
삼하 23:3	다스리는 자, 하나님을 **경외함**으로		시 34:7	여호와의 천사가 주를 **경외하는** 자를
왕상 8:40	사는 동안에 항상 주를 **경외하리이다**		시 34:9	여호와를 **경외하라** 그를 **경외하는** 자에
왕상 8:43	이스라엘처럼 **경외하게** 하시오며		시 34:11	내가 여호와를 **경외하는** 법을 너희에게
왕상 18:3	오바댜는 여호와를 지극히 **경외하는**		시 55:19	변하지 아니하며 하나님을 **경외하지**
왕상 18:12	종은 어려서부터 여호와를 **경외하는**		시 60:4	주를 **경외하는** 자에게 깃발을 주시고
왕하 4:1	당신의 종이 여호와를 **경외한** 줄은		시 61:5	주의 이름을 **경외하는** 자가 얻을 기업
왕하 17:7	죄를 범하고 또 다른 신들을 **경외하며**		시 67:7	땅의 모든 끝이 하나님을 **경외하리로다**
왕하 17:25	여호와를 **경외하지** 아니하므로 여호		시 76:7	주께서는 **경외** 받을 이시니 주께서
왕하 17:28	어떻게 여호와 **경외할지**를 가르쳤더라		시 76:11	모든 사람도 마땅히 **경외할** 이에게 예물
왕하 17:32	여호와를 **경외하여** 자기 중에서 사람을		시 85:9	진실로 그의 구원이 그를 **경외하는** 자에
왕하 17:33	여호와도 **경외하고** 또한 어디서부터		시 86:11	일심으로 주의 이름을 **경외하게** 하소서
왕하 17:34	풍속대로 행하여 여호와를 **경외하지**		시 96:4	찬양할 것이요 모든 신들보다 **경외할**
왕하 17:35	너희는 다른 신을 **경외하지** 말며 그		시 102:15	여호와의 이름을 **경외하며** 이 땅의 모
왕하 17:36	여호와만 **경외하여** 그를 예배하며 그에			든 왕들이 주의 영광을 **경외하리니**
왕하 17:37	영원히 행하고 다른 신들을 **경외하지**		시 103:11	그를 **경외하는** 자에게 그의 인자하심
왕하 17:38	잊지 말며 다른 신들을 **경외하지** 말고		시 103:13	여호와께서는 자기를 **경외하는** 자를
왕하 17:41	여호와를 **경외하고** 또 그 아로새긴		시 103:17	인자하심은 자기를 **경외하는** 자에게
대상 16:25	찬양할 것이요 모든 신보다 **경외할**		시 111:5	여호와께서 자기를 **경외하는** 자들에게
대하 6:31	사는 동안에 항상 주를 **경외하며** 주의		시 111:10	여호와를 **경외함**이 지혜의 근본이라
대하 6:33	이스라엘처럼 **경외하게** 하시오며		시 112:1	할렐루야, 여호와를 **경외하며** 그의 계명
느 1:11	기도와 주의 이름을 **경외하기**를 기뻐		시 115:11	여호와를 **경외하는** 자들아 너희는
느 5:9	우리 하나님을 **경외하는** 가운데 행할		시 115:13	**경외하는** 자들에게 복을 주시리로다
느 5:15	하나님을 **경외하므로** 이같이 행하지		시 118:4	이제 여호와를 **경외하는** 자는 말하기를
느 7:2	하나님을 **경외함**이 무리 중에서 뛰어		시 119:38	주를 **경외하게** 하는 주의 말씀을 주의
시가서			시 119:63	나는 주를 **경외하는** 모든 자들과 주의
욥 1:1	온전하고 정직하여 하나님을 **경외하며**		시 119:74	**경외하는** 자들이 나를 보고 기뻐하는
욥 1:8	온전하고 정직하여 하나님을 **경외하며**		시 119:79	주를 **경외하는** 자들이 내게 돌아오게
욥 1:9	어찌 까닭 없이 하나님을 **경외하리이까**		시 119:161	나의 마음은 주의 말씀만 **경외하나이다**
욥 2:3	온전하고 정직하여 하나님을 **경외하며**		시 128:1	여호와를 **경외하며** 그의 길을 걷는 자마
욥 4:6	네 **경외함**이 네 자랑이 아니냐 네 소망		시 128:4	여호와를 **경외하는** 자는 이같이 복을
욥 6:14	낙심한 자가 비록 전능자를 **경외하기**를		시 130:4	사유하심이 주께 있음은 주를 **경외하게**
욥 15:4	참으로 네가 하나님 **경외하는** 일을 그만		시 135:20	여호와를 **경외하는** 너희들아 여호와를
욥 28:28	보라 주를 **경외함**이 지혜요 악을 떠남		시 145:19	그는 자기를 **경외하는** 자들의 소원을

【 경외/-하다 】　　　　　　　　　　　　　　　　　　　　　　　　　　　【 경작/-하다 】

시 147:11	여호와는 자기를 **경외하는** 자들과 그의	렘 32:40	언약을 그들에게 세우고 나를 **경외함**을
잠 1:29	여호와 **경외하기**를 즐거워하지 아니	호 3:5	마지막 날에는 여호와를 **경외하므로**
잠 2:5	여호와 **경외하기**를 깨달으며 하나님	욘 1:9	하나님 여호와를 **경외하는** 자로라
잠 3:7	여호와를 **경외하며** 악을 떠날지어다	미 6:9	지혜는 주의 이름을 **경외함**이니라
잠 10:27	여호와를 **경외하면** 장수하느니라	습 3:7	너는 오직 나를 **경외하고** 교훈을 받으라
잠 14:2	행하는 자는 여호와를 **경외하여도**	학 1:12	백성이 다 여호와를 **경외하매**
잠 14:26	여호와를 **경외하는** 자에게는 견고한	말 2:5	그가 나를 **경외하고** 내 이름을 두려워
잠 15:16	가산이 적어도 여호와를 **경외하는** 것이	말 3:5	억울하게 하며 나를 **경외하지** 아니하는
잠 16:6	여호와를 **경외함**으로 말미암아 악에서	말 3:16	**경외하는** 자들이 … 여호와를 **경외하는**
잠 22:4	겸손과 여호와를 **경외함**의 보상은 재물	말 4:2	이름을 **경외하는** 너희에게는 공의로운
잠 24:21	여호와와 왕을 **경외하고** 반역자와	〔신약〕	
잠 28:14	항상 **경외하는** 자는 복되거니와 마음이	행 9:31	주를 **경외함**과 성령의 위로로 진행하여
잠 31:30	오직 여호와를 **경외하는** 여자는 칭찬을	행 10:2	하나님을 **경외하며** 백성을 많이 구제

〔 '여호와를 경외하는 것' 에 대한 성경의 정의 〕

　사람으로 생명에 이르게 하는 것 - 잠 19:23
　생명의 샘 - 잠 14:27
　악을 미워하는 것 - 잠 8:13
　족하게 지내고 재앙을 당하지 아니함 - 잠 19:23
　지식의 근본 - 잠 1:7
　지혜의 근본 - 잠 9:10
　지혜의 훈계 - 잠 15:33

		행 10:22	고넬료는 의인이요 하나님을 **경외하는**
		행 10:35	각 나라 중 하나님을 **경외하며** 의를
		행 13:16	사람들과 및 하나님을 **경외하는** 사람
		행 13:26	너희 중 하나님을 **경외하는** 사람들아
		행 18:7	하나님을 **경외하는** 디도 유스도라 하는
		엡 5:21	그리스도를 **경외함**으로 피차 복종하라
		딤전 2:10	이것이 하나님을 **경외한다** 하는 자들
		히 11:7	경고하심을 받아 **경외함**으로 방주를
		계 11:18	이름을 **경외하는** 자들에게 상 주시며
		계 19:5	**경외하는** 너희들아 작은 자나 큰 자나
전 3:14	그의 앞에서 **경외하게** 하려 하심인 줄을		
전 5:7	오직 너는 하나님을 **경외할지니라**		
전 7:18	하나님을 **경외하는** 자는 이 모든 일에서		
전 8:12	하나님을 **경외하여** 그를 **경외하는** 자들		
전 8:13	이는 하나님을 **경외하지** 아니함이니라		
전 12:13	결국을 다 들었으니 하나님을 **경외하고**		

〔 '하나님/여호와를 경외하라' 와 관련된 성구 〕

　레 19:14, 32; 25:17, 43; 왕하 17:39;
　대하 19:9; 시 34:9; 잠 23:17; 행 18:13

〔선지서〕

사 11:2	지식과 여호와를 **경외하는** 영이 강림
사 11:3	여호와를 **경외함**으로 즐거움을 삼을
사 25:3	나라들의 성읍이 주를 **경외하리이다**
사 29:13	그들이 나를 **경외함**은 사람의 계명으로
사 29:23	이스라엘의 하나님을 **경외할** 것이며
사 33:6	풍성할 것이니 여호와를 **경외함**이
사 50:10	여호와를 **경외하며** 그의 종의 목소리를
사 57:11	나를 **경외하지** 아니함은 내가 오랫동안
사 63:17	**경외하지** 않게 하시나이까 원하건대
렘 2:19	속에 나를 **경외함**이 없는 것이 악이요
렘 5:24	하나님 여호와를 **경외하자** 말하지도
렘 10:7	사람들의 왕이시여 주를 **경외하지**
렘 32:39	후손의 복을 위하여 항상 나를 **경외하게**

경우(境遇, in the case-KJV)

창 25:22	이럴 **경우**에는 내가 어찌 할꼬 하고
신 19:4	그리로 도피하여 살만한 **경우**는 이러하
잠 25:11	**경우**에 합당한 말은 아로새긴 은 쟁반
눅 14:8	더 높은 사람이 청함을 받은 **경우**에

경의(敬意, honor)

대하32:33	그의 죽음에 그에게 **경의**를 표하였더라

경이롭다(驚異, wonder)

욥 37:16	구름과 완전한 지식의 **경이로움**을 아는

경작/-하다(耕作, work, farm)

창 2:15	에덴 동산에 두어 그것을 **경작하며** 지키

149

【 경작지 】　　　　　　　　　　　　　　　　　　　　　　　　　　　　　　　【 곁 】

잠 12:11　자기의 토지를 **경작하는** 자는 먹을 것이
잠 13:23　밭을 **경작함**으로 양식이 많아지거니와
잠 28:19　**경작하는** 자는 먹을 것이 많으려니와
겔 36:34　그 황폐한 땅이 장차 **경작**이 될지라
겔 48:19　일하는 자는 그 땅을 **경작할지니라**

경작지(耕作地, plowed field)
렘 26:18　밭같이 **경작지**가 될 것이며 예루살렘

경쟁하다(競爭, struggle)
창 30:8　내가 언니와 크게 **경쟁하여** 이겼다 하고

경주/-하다(競走, compete, race)
렘 12:5　능히 말과 **경주하겠느냐** 네가 평안한
히 12:1　버리고 인내로써 우리 앞에 당한 **경주**를

경주자(競走者, runner)
욥 9:25　날이 **경주자**보다 빨리 사라져 버리니
전 9:11　아래에서 보니 빠른 **경주자**들이라고

경책/-하다(警責, accuse, chasten)
대하 24:27　요아스가 중대한 **경책**을 받은 것과
시 103:9　자주 **경책하지** 아니하시며 노를 영원히
시 118:18　여호와께서 나를 심히 **경책하셨어도**
잠 28:23　사람을 **경책하는** 자는 혀로 아첨하는
렘 6:10　누구에게 말하며 누구에게 **경책하여**
딤후 4:2　오래 참음과 가르침으로 **경책하며**

경하다(輕, light)
고후 4:17　환난의 **경한** 것이 지극히 크고 영원한

경히 여기다
신 25:3　형제를 **경히** 여기는 것이 될까 하노라
잠 3:11　**경히 여기지** 말라 그 꾸지람을 싫어하
잠 15:32　영혼을 **경히 여김**이라 견책을 달게
잠 23:22　네 늙은 어미를 **경히 여기지** 말지니라
마 6:24　이를 중히 여기고 저를 **경히 여김**이라
눅 16:13　이를 중히 여기고 저를 **경히 여길** 것임
고전 6:4　**경히 여김**을 받는 자들을 세우느냐
히 12:5　징계하심을 **경히 여기지** 말며 그에게

경험하다(經驗, acquaint)
히 5:13　아이니 의의 말씀을 **경험하지** 못한 자요

경호/-하다(警護, guard, stay close to)
대하 12:10　궁문을 지키는 **경호** 책임자들의 손에
대하 12:11　들어갈 때마다 **경호하는** 자가 그 방패를
대하 23:7　죽이고 왕이 출입할 때에 **경호할지니라**

경홀히(輕忽, dishonor)
신 27:16　부모를 **경홀히** 여기는 자는 저주를 받는

곁(near, beside, next to)
창 16:7　광야의 샘물 **곁** 곧 술 길 샘 **곁**에서 그를

'곁'과 관련된 성구

1. 곁에 서다
　창 24:13, 30, 43; 출 18:13, 14; 민 23:3, 6, 15, 17; 신 5:31; 삼상 1:26; 4:20; 17:26; 19:3; 22:6, 7; 삼하 1:9, 10; 20:11; 왕상 13:1, 24, 25, 28; 왕하 11:11; 대상 21:15; 대하 23:10, 13; 26:18; 느 4:18; 렘 36:21; 44:15; 48:19; 겔 9:2; 43:6; 46:2; 암 9:1; 슥 3:5; 마 26:73; 막 14:47, 69, 70; 15:35; 눅 2:9; 7:38; 9:47; 19:24; 24:4; 요 12:29; 18:22; 19:26; 행 1:10; 9:39; 22:13, 20, 25; 23:2, 4, 11; 27:23; 딤후 4:17; 계 8:3

2. 곁에 앉다
　출 2:15; 16:3; 룻 2:14; 삼상 20:25; 요 4:6; 고전 14:30

곁 - 기타 본문

모세오경　창 29:2; 30:41; 31:46; 38:14, 16, 21; 39:16; 49:22; 출 14:9; 15:27; 25:27, 32; 33:21; 37:14, 18; 레 1:15; 5:9; 6:10; 10:12; 25:35; 민 1:52; 2:2, 5, 12, 20, 27; 6:9; 11:31; 34:3; 신 2:8; 3:12; 11:30; 16:21; 31:26; 33:12　**역사서** 수 7:2; 10:18; 12:9; 13:16; 15:10, 46; 16:1; 18:13, 19; 19:29; 24:26; 삿 4:11; 6:25, 28, 30; 7:1; 9:6; 삼상 1:9; 4:1, 18; 5:2; 6:8; 10:2; 18:13; 20:19, 20, 25:13; 26:7, 11, 12, 16; 29:1; 30:24; 삼하 6:7; 12:17; 13:23; 15:2, 18; 18:4; 19:37; 20:8; 23:15, 16; 24:2, 16; 왕상 1:9; 2:29; 3:20; 7:20; 10:19; 13:31; 20:36; 21:2, 23; 왕하 10:14;

【 곁길 】　　　　　　　　　　　　　　　　　　　【 계명 】

11:14; 18:17; 23:11; 대상 11:17, 18; 26:16; 대하 9:18; 26:19, 23; 느 2:6; 4:3; 8:4 **시가서** 욥 1:14; 18:12; 시 140:5; 141:6; 잠 3:29; 8:3, 30, 34; 전 12:6; 아 1:7, 8; 7:4 **선지서** 사 36:2; 렘 17:2; 19:2; 35:4; 36:10; 겔 1:15, 19, 20, 21; 3:13; 10:9, 16, 19; 11:22; 16:6, 8; 33:30; 39:15; 40:38, 41, 44, 49; 43:8; 46:19; 47:16; 단 7:16; 암 7:7; 슥 4:3 **신약** 요 5:2; 19:26; 행 5:10; 9:39; 22:13

곁길(wayward, bypath)
시 58:3 멀어졌음이여 나면서부터 **곁길**로 나아
렘 18:15 넘어지게 하며 **곁길** 곧 닦지 아니한
렘 50:6 목자들이 그들을 **곁길**로 가게 하여 산으

곁문(gate)
왕하 25:4 성벽 사이 왕의 동산 **곁문** 길로 도망하
렘 52:7 성벽 사이 왕의 동산 **곁문** 길로 도망하

계곡(溪谷, ravine)
욥 22:24 티끌로 여기고 오빌의 금을 **계곡**의 돌로
렘 31:9 물 있는 **계곡**의 곧은 길로 가게 하리라
렘 50:12 광야와 마른 땅과 거친 **계곡**이 될 것임

계교(計巧, strategy, scheme)
왕하 18:20 네가 싸울 만한 **계교**와 용력이 있다
욥 5:12 하나님은 교활한 자의 **계교**를 꺾으사
잠 6:18 악한 **계교**를 꾀하는 마음과 빨리 악으
잠 14:17 **계교**를 꾀하는 자는 미움을 받느니라
사 30:1 화 있을진저 그들이 **계교**를 베푸나 나로
행 9:24 그 **계교**가 사울에게 알려지니라 그들이

계략(計略, advice, wise, plot)
삼하 16:20 어떻게 행할 **계략**을 우리에게 가르치라
삼하 16:23 아히도벨이 베푸는 **계략**은 사람이 하나 님께 … 아히도벨의 모든 **계략**은 다윗
삼하 17:7 아히도벨이 베푼 **계략**이 좋지 아니하니
삼하 17:11 나는 이렇게 **계략**을 세웠나이다
삼하 17:14 후새의 **계략**은 아히도벨의 **계략**보다 낫 다 … 아히도벨의 좋은 **계략**을 물리치라
삼하 17:15 장로들에게 이러이러하게 **계략**을 세 웠고 나도 이러이러하게 **계략**을 세웠
삼하 17:21 이러이러하게 **계략**을 세웠나이다

삼하 17:23 아히도벨이 자기 **계략**이 시행되지 못함
욥 5:13 지혜로운 자가 자기의 **계략**에 빠지게 하시며 간교한 자의 **계략**을 무너뜨리
욥 12:13 지혜와 권능이 하나님께 있고 **계략**과
잠 8:14 내게는 **계략**과 참 지식이 있으며 나는
사 36:5 네가 족히 싸울 **계략**과 용맹이 있노라
사 47:13 네가 많은 **계략**으로 말미암아 피곤하게
렘 18:23 그들이 나를 죽이려 하는 **계략**을 주께서
단 11:24 재물을 무리에게 흩어 주며 **계략**을 세워
단 11:25 이는 그들이 **계략**을 세워 그를 침이니라

계량하다(計量, take-NIV, receive-KJV)
사 33:18 공세를 **계량하던** 자가 어디 있느냐 망대

계명(誡命, command, commandment)
창 26:5 명령과 내 **계명**과 내 율례와 내 법도
출 15:26 의를 행하며 내 **계명**에 귀를 기울이며
출 16:28 어느 때까지 너희가 내 **계명**과 내 율법
출 24:12 내가 율법과 **계명**을 친히 기록한 돌판
레 4:2 누구든지 여호와의 **계명** 중 하나라도
레 4:13 여호와의 **계명** 중 하나라도 부지중에
레 4:22 하나님 여호와의 **계명** 중 하나라도 부지
레 4:27 사람이 여호와의 **계명** 중 하나라도 부지
레 5:17 누구든지 여호와의 **계명** 중 하나를 부지
레 22:31 너희는 내 **계명**을 지키며 행하라 나는
레 26:3 너희가 내 규례와 **계명**을 준행하면
레 26:15 내 모든 **계명**을 준행하지 아니하며
레 27:34 위하여 모세에게 명령하신 **계명**이니라
민 15:39 여호와의 모든 **계명**을 기억하여 준행
민 15:40 너희가 내 모든 **계명**을 기억하고 행하면
민 36:13 이스라엘 자손에게 명령하신 **계명**과
수 22:5 모든 길로 행하며 그의 **계명**을 지켜
왕상 2:3 법률과 **계명**과 율례와 증거를 모세의
왕상 6:12 내 모든 **계명**을 지켜 그대로 행하면
왕상 8:58 조상들에게 명령하신 **계명**과 법도와
왕상 8:61 법도를 행하며 그의 **계명**을 지킬지어다
왕상 9:6 내가 너희 앞에 둔 바의 **계명**과 법도를
왕하 17:34 율례와 법도와 율법과 **계명**을 준행하지
왕하 17:37 율례와 법도와 율법과 **계명**을 지켜
왕하 18:6 여호와께서 모세에게 명령하신 **계명**을
왕하 23:3 여호와께 순종하고 그의 **계명**과 법도와
대상 28:7 그가 만일 나의 **계명**과 법도를 힘써
대상 28:8 여호와의 모든 **계명**을 구하여 지키기로

{ 계명 }　　　　　　　　　　　　　　　　　　　　　　　{ 계명 }

대상 29:19	정성된 마음을 주사 주의 **계명**과 권면
대하 13:11	여호와의 **계명**을 지키나 너희는 그를
대하 17:4	그의 **계명**을 행하고 이스라엘의 행위를
대하 19:10	혹 율법이나 **계명**이나 율례나 규례로
대하 31:21	수종드는 일이나 율법에나 **계명**에나
대하 34:31	여호와를 순종하고 그의 **계명**과 법도와
스 7:11	여호와의 **계명**의 말씀과 이스라엘에게
스 9:10	우리가 주의 **계명**을 저버렸사오니 이제
스 9:14	우리가 어찌 다시 주의 **계명**을 거역하고
느 1:7	모세에게 명령하신 **계명**과 율례와 규례
느 1:9	내게로 돌아와 내 **계명**을 지켜 행하면
느 9:13	진정한 율법과 선한 율례와 **계명**을
느 9:14	주의 종 모세를 통하여 **계명**과 율례와
느 9:29	삶을 얻는 주의 **계명**을 듣지 아니하며
느 10:29	여호와의 모든 **계명**과 규례와 율례를

'계명을 지키는 자'에 대한 별칭

자기의 영혼을 지키는 자 – 잠 19:16
주님 안에 거하는 자 – 요일 3:24
주님을 사랑하는 자 – 요 14:21
훌륭한 지각을 가진 자 – 시 111:10

시 19:8	여호와의 **계명**은 순결하여 눈을 밝게
시 78:7	잊지 아니하고 오직 그의 **계명**을 지켜서
시 89:31	내 율례를 깨뜨리며 내 **계명**을 지키지
시 112:1	여호와를 경외하며 그의 **계명**을 크게
시 119:6	내가 주의 모든 **계명**에 주의할 때에는
시 119:10	주를 찾았사오니 주의 **계명**에서 떠나지
시 119:19	나그네가 되었사오니 주의 **계명**들을
시 119:21	교만하여 저주를 받으며 주의 **계명**들
시 119:32	내가 주의 **계명**들의 길로 달려가리이다
시 119:35	나로 하여금 주의 **계명**들의 길로 행하게
시 119:47	내가 사랑하는 주의 **계명**들을 스스로
시 119:48	내가 사랑하는 주의 **계명**들을 향하여
시 119:60	주의 **계명**들을 지키기에 신속히 하고
시 119:66	내가 주의 **계명**들을 믿었사오니 좋은
시 119:73	깨달아 주의 **계명**들을 배우게 하소서
시 119:86	모든 **계명**들은 신실하니이다 그들이
시 119:96	다 끝이 있어도 주의 **계명**들은 심히
시 119:98	주의 **계명**들이 항상 나와 함께 하므로
시 119:115	나는 내 하나님의 **계명**들을 지키리로다
시 119:127	내가 주의 **계명**들을 금 곧 순금보다
시 119:131	내가 주의 **계명**들을 사모하므로 내가
시 119:143	우환이 내게 미쳤으나 주의 **계명**은
시 119:151	가까이 계시오니 주의 모든 **계명**들은
시 119:172	주의 모든 **계명**들이 의로우므로
시 119:176	주의 **계명**들을 잊지 아니함이니이다
잠 2:1	말을 받으며 나의 **계명**을 네게 간직하며
잠 7:2	내 **계명**을 지켜 살며 내 법을 네 눈동자
잠 10:8	마음이 지혜로운 자는 **계명**을 받거니와
잠 13:13	**계명**을 두려워하는 자는 상을 받느니라
사 29:13	그들이 나를 경외함은 사람의 **계명**으로
마 5:19	누구든지 이 **계명** 중의 지극히 작은
마 15:3	너희의 전통으로 하나님의 **계명**을 범하
마 15:9	사람의 **계명**으로 교훈을 삼아 가르치니
마 19:17	생명에 들어가려면 **계명**들을 지키라
마 19:18	이르되 어느 **계명**이오니이까 예수께서
마 22:36	선생님 율법 중에서 어느 **계명**이 크니
마 22:38	이것이 크고 첫째 되는 **계명**이요
마 22:40	두 **계명**이 온 율법과 선지자의 강령이니
막 7:7	사람의 **계명**으로 교훈을 삼아 가르치니
막 7:8	하나님의 **계명**은 버리고 사람의 전통을
막 7:9	하나님의 **계명**을 잘 저버리는도다
막 10:19	네가 **계명**을 아나니 살인하지 말라
막 12:28	모든 **계명** 중에 첫째가 무엇이니이까
막 12:31	이보다 더 큰 **계명**이 없느니라
눅 1:6	**계명**과 규례대로 흠이 없이 행하더라
눅 18:20	네가 **계명**을 아나니 간음하지 말라
눅 23:56	향품과 향유를 준비하더라 **계명**을 따라
요 10:18	다시 얻을 권세도 있으니 이 **계명**은
요 13:34	**계명**을 너희에게 주노니 서로 사랑하라
요 14:15	나를 사랑하면 나의 **계명**을 지키리라
요 15:10	내가 아버지의 **계명**을 지켜 그의 사랑 안에 거하는 것 같이 너희도 내
요 15:12	내 **계명**은 곧 내가 너희를 사랑한
롬 7:8	죄가 기회를 타서 **계명**으로 말미암아
롬 7:9	살았더니 **계명**이 이르매 죄는 살아나고
롬 7:10	생명에 이르게할 그 **계명**이 내게 대하여
롬 7:11	죄가 기회를 타서 **계명**으로 말미암아
롬 7:12	거룩하고 **계명**도 거룩하고 의로우며
롬 7:13	**계명**으로 말미암아 죄로 심히 죄 되게
롬 13:9	다른 **계명**이 있을지라도 네 이웃을
고전 7:19	오직 하나님의 **계명**을 지킬 따름이니라
고전 7:25	처녀에 대하여는 내가 주께 받은 **계명**이
엡 2:15	법조문으로 된 **계명**의 율법을 폐하셨으

계명성

엡 6:2	공경하라 이것은 약속이 있는 첫 **계명**
히 7:16	그는 육신에 속한 한 **계명**의 법을 따르
히 7:18	전에 있던 **계명**은 연약하고 무익하므로
히 9:19	모세가 율법대로 모든 **계명**을 온 백성
요일 2:3	그의 **계명**을 지키면 이로써 우리가
요일 2:4	그를 아노라 하고 그의 **계명**을 지키지
요일 2:7	옛 **계명**이니 이 옛 **계명**은 너희가 들은
요일 2:8	다시 내가 너희에게 새 **계명**을 쓰노니
요일 3:22	우리가 그의 **계명**을 지키고 그 앞에서
요일 3:23	그의 **계명**은 이것이니 … **계명**대로 서로
요일 4:21	우리가 이 **계명**을 주께 받았나니 하나님
요일 5:2	하나님을 사랑하고 그의 **계명**들을 지킬
요일 5:3	우리가 그의 **계명**들을 지키는 것이라
	그의 **계명**들은 무거운 것이 아니로다
요이 1:4	우리가 아버지께 받은 **계명**대로 진리를

'계명을 지키는 자'에게 주시는 복

언약을 이행하시며 긍휼을 베푸심 - 신 7:9; 느 1:5
언약을 지키시며 인자를 베푸심 - 단 9:4
천 대까지 은혜를 베푸심 - 출 20:6; 신 5:10

요이 1:5	서로 사랑하자 이는 새 **계명**같이 네게
요이 1:6	그 **계명**을 따라 행하는 것이요 **계명**은
계 12:17	하나님의 **계명**을 지키며 예수의 증거를
계 14:12	그들은 하나님의 **계명**과 예수에 대한

계명성(啓明星, Morning star-NIV, Lucifer-KJV)

사 14:12	너 아침의 아들 **계명성**이여 어찌 그리

계보(系譜, family fine, genealogical record)

창 5:1	이것은 아담의 **계보**를 적은 책이니라
룻 4:18	베레스의 **계보**는 이러하니라 베레스는
대상 4:33	거주지가 이러하고 각기 **계보**가 있더라
대상 5:7	그의 형제가 종족과 **계보**대로 우두머리
대상 7:4	그들과 함께 있는 자는 그 **계보**와 종족
대상 7:7	우두머리요 큰 용사라 그 **계보**대로 계수
대상 7:9	그 자손을 **계보**에 의해 계수하면 이만
대상 7:40	그들의 **계보**대로 계수 하면 이만 육천
대상 9:1	온 이스라엘이 그 **계보**대로 계수되어
대상 9:9	그들의 **계보**대로 계수하면 구백 오십
대상 9:22	그들의 마을에서 그들의 **계보**대로 계수
스 2:62	이 사람들은 **계보** 중에서 자기 이름을
스 8:1	족장들과 그들의 **계보**는 이러하니라
느 7:5	모아 그 **계보**대로 등록하게 하시므로 내
	가 처음으로 돌아온 자의 **계보**를 얻었는
느 7:61	종족이나 **계보**가 이스라엘에 속하였는
느 7:64	이 사람들은 **계보** 중에서 자기 이름을
마 1:1	다윗의 자손 예수 그리스도의 **계보**라

계산하다(計算, amount, compute, charge)

출 12:4	분량에 따라서 너희 어린 양을 **계산**할
출 38:21	모세의 명령대로 **계산**하였으며
레 25:50	산 자와 **계산**하여 그 연수를 따라서
레 25:52	사람과 **계산**하여 그 연수대로 속량하
레 27:16	은 오십 세겔로 **계산**할지며
레 27:18	연수를 따라 그 값을 **계산**하고 정한
레 27:23	그를 위하여 희년까지 **계산**하고
왕하 12:10	성전에 있는 대로 그 은을 **계산**하여
왕하 22:4	문 지킨 자가 수납한 은을 **계산**하여
사 33:18	생각해 내리라 **계산**하던 자가 어디
눅 14:28	그 비용을 **계산**하지 아니하겠느냐
행 19:19	값을 **계산**한 즉 은 오만이나 되더라
몬 1:18	있으면 그것을 내 앞으로 **계산**하라

계속/-하다/-되다(繼續, still, continue, keep)

창 7:17	홍수가 땅에 사십 일 동안 **계속**된지라
레 15:25	유출이 그의 불결기를 지나도 **계속**되면
레 24:2	기름을 네게로 가져오게 하여 **계속**해서
수 6:13	여호와의 궤 앞에서 **계속** 행진하며
룻 2:7	잠시 집에서 쉰 외에 지금까지 **계속**하는
삼하 16:5	시므이 그가 나오면서 **계속**하여
에 9:23	모르드개가 보낼 글대로 **계속**하여
에 9:28	그들의 후손들이 **계속**해서 기념하게
욥 41:3	어찌 네게 **계속**하여 간청하겠느냐
시 36:10	주의 인자하심을 **계속** 베푸시며 마음이
시 78:17	그들은 **계속**해서 하나님께 범죄하여
시 81:15	그들의 시대는 영원히 **계속**되리라
시 104:31	여호와의 영광이 영원히 **계속**할지며
시 111:10	찬양함이 영원히 **계속**되리로다
전 7:28	내 마음이 **계속** 찾아보았으나 아직도
사 62:6	그들로 하여금 주야로 **계속** 잠잠하지
렘 3:5	노여움을 한없이 **계속**하시겠으며 끝까
렘 6:7	질병과 살상이 내 앞에 **계속**하느니라
렘 15:18	나의 고통이 **계속**하며 상처가 중하여

【 계수 1 】　　　　　　　　　　　　　　　【 계수 2/-하다/-되다 】

합 1:17	그가 그물을 떨고는 **계속하여** 여러 나라	민 3:42	중 모든 처음 태어난 자를 **계수하니**
학 2:5	너희와 언약한 말과 나의 영이 **계속하여**	민 4:22	조상의 가문과 종족에 따라 **계수하되**
마 27:45	어둠이 임하여 제구시까지 **계속되더니**	민 4:29	조상의 가문과 종족에 따라 **계수하되**
막 15:33	어둠이 임하여 제구시까지 **계속하더니**	민 4:34	종족과 조상의 가문에 따라 **계수하니**
눅 16:2	셈하라 청지기 직무를 **계속하지** 못하리	민 4:36	종족대로 **계수된** 자가 이천칠백오십
눅 23:44	어둠이 임하여 제구시까지 **계속하며**	민 4:37	고핫인의 모든 종족 중 **계수된** 자이니라
행 20:7	강론할새 말을 밤중까지 **계속하매**	민 4:38	종족과 조상의 가문을 따라 **계수된** 자는
골 4:2	기도를 **계속하고** 기도의 감사함으로	민 4:40	종족과 조상의 가문을 따라 **계수된** 자는
딤전 4:16	가르침을 살피어 이 일을 **계속하라** 이것을	민 4:41	자손의 모든 종족 중 **계수된** 자니라
히 13:1	형제 사랑하기를 **계속하고**	민 4:42	종족과 조상의 가문을 따라 **계수된** 자는
		민 4:44	따라 **계수된** 자는 삼천이백 명이니
계수 1(桂樹, cinnamon)		민 4:45	므라리 자손들의 종족 중 **계수된** 자니라
아 4:14	번홍화와 창포와 **계수**와 각종 유향목과	민 4:46	종족과 조상의 가문에 따라 **계수하니**
		민 4:48	그 **계수된** 자는 팔천오백팔십 명이라
계수 2/-하다/-되다(計數, count, number)		민 4:49	따라 모세에게 **계수되었으되** 여호와께
출 30:12	각 사람은 그들을 **계수할** 때에 자기의		서 모세에게 … 그들이 **계수되었더라**
	… 드릴지니 이는 그것을 **계수할** 때에	민 7:2	지파의 지휘관으로서 그 **계수함을** 받은
출 30:13	무릇 **계수** 중에 드는 자마다 성소의	민 26:7	르우벤 종족들이라 **계수된** 자가 사만
출 38:25	**계수된** 회중이 드린 은은 성소의 세겔	민 26:14	시므온의 종족들이니 **계수된** 자가 이만
레 23:16	오십 일을 **계수하여** 새 소제를 여호와	민 26:18	자손의 종족들이니 **계수된** 자가 사만
레 25:8	일곱 안식년을 **계수할지니** 이는 칠 년이	민 26:22	종족들이니 **계수된** 자가 칠만 육천오백
레 25:27	그 판 해를 **계수하여** 그 남은 값을	민 26:25	잇사갈 종족들이니 **계수된** 자가 육만
민 1:2	가문에 따라 그 명수대로 **계수할지니**	민 26:27	스불론 종족들이니 **계수된** 자가 육만
민 1:19	시내 광야에서 그들을 **계수하였더라**	민 26:34	므낫세의 종족들이라 **계수된** 자가 오만
민 1:21	지파에서 **계수된** 자는 사만 육천오백	민 26:37	에브라임 자손의 종족들이니 **계수된**
민 1:23	지파에서 **계수된** 자는 오만 구천삼백	민 26:41	종족을 따른 베냐민 자손이라 **계수된**
민 1:25	갓 지파에서 **계수된** 자는 사만 오천육	민 26:43	수함 모든 종족의 **계수된** 자가 육만
민 1:27	유다 지파에서 **계수된** 자는 칠만 사천	민 26:47	아셀 자손의 종족들이니 **계수된** 자가
민 1:29	지파에서 **계수된** 자는 오만 사천사백	민 26:50	납달리 종족들이니 **계수된** 자가 사만
민 1:31	지파에서 **계수된** 자는 오만 칠천사백	민 26:51	이스라엘 자손의 **계수된** 자가 육십만
민 1:33	에브라임 지파에서 **계수된** 자는 사만	민 26:54	그들이 **계수된** 수대로 각기 기업을 주되
민 1:35	지파에서 **계수된** 자는 삼만 이천이백	민 26:57	레위인으로 **계수된** 자들의 종족들은
민 1:37	지파에서 **계수된** 자는 삼만 오천사백	민 26:63	모세와 제사장 엘르아살이 **계수한** 자
민 1:39	지파에서 **계수된** 자는 육만 이천칠백		라 … 이스라엘 자손을 **계수한** 중에는
민 1:41	아셀 지파에서 **계수된** 자는 사만 천오백	민 26:64	시내 광야에서 **계수한** 이스라엘 자손은
민 1:43	지파에서 **계수된** 자는 오 만 삼천사백	민 31:26	사로잡은 사람들과 짐승들을 **계수하고**
민 1:46	**계수된** 자의 총계는 육십만 삼천 오백		
민 1:47	지파대로 그 **계수**에 들지 아니하였으니	**'군대/군인 계수'와 관련된 성구**	
민 1:49	너는 레위 지파만은 **계수하지** 말며 그들	민 2:4, 6, 8, 9, 11, 13, 15, 16, 19, 21,	
	을 이스라엘 자손 **계수** 중에 넣지 말고	23, 24, 26, 28, 30, 31; 31:49; 욥 25:3	
민 2:32	조상의 가문을 따라 **계수된** 자의 총계는		
민 2:33	이스라엘 자손과 함께 **계수되지** 아니		
민 3:16	말씀을 따라 그 명령하신 대로 **계수하니**	삿 21:9	백성을 **계수할** 때에 야베스 길르앗 주민

【 계승하다 】   【 계시다 】

왕상 20:15 청년들을 **계수하니** 이백삼십이 명이
요 … 자손을 **계수하니** 칠 천 명이더라
대상 7:5 전체를 **계수하면** 팔만 칠천 명이었더라
대상 7:7 계보대로 **계수하면** 이만 이천삼십사
대상 7:9 자손을 계보에 의해 **계수하면** 이만 이백
대상 7:40 그들의 계보대로 **계수하면** 이만 육천
대상 9:1 이스라엘이 그 계보대로 **계수되어** 그들
대상 9:9 그들의 계보대로 **계수하면** 구백 오십육
대상 9:22 그들의 계보대로 **계수된** 자요 다윗과
대상 21:1 다윗을 충동하여 이스라엘을 **계수하게**
대상 21:2 단까지 이스라엘을 **계수하고** 돌아와
대상 21:6 베냐민 사람은 **계수하지** 아니하였더라
대상 21:17 명령하여 백성을 **계수하게** 한 자가
대상 23:11 한 조상의 가문으로 **계수되었더라**

┌─ 성경에 나오는 연령에 따른 '계수' ─┐
│ 삼십 세 이상 (으로 오십 세까지) – 민 4:3, │
│   23, 30; 대상 23:3 │
│ 이십 세 이상 – 출 30:14; 38:26; 민 1:3, │
│   20, 22, 24, 26, 28, 30, 32, 34, 35, │
│   38, 40, 42, 44, 45; 14:29; 26:2, 4; │
│   대상 23:24, 27; 대하 25:5 │
│ 일 개월 이상 – 민 3:15, 22, 28, 34, 39, │
│   40, 43; 26:62 │
└────────────────────────────┘

시 56:8 나의 유리함을 주께서 **계수하셨사오니**
시 90:12 우리에게 우리 날 **계수함을** 가르치사
사 10:19 희소하여 아이라도 능히 **계수할** 수 있을
사 22:10 예루살렘의 가옥을 **계수하며** 그 가옥을
사 33:18 망대를 **계수하던** 자가 어디 있느냐
렘 33:13 성읍들에서 양 떼가 다시 **계수하는** 자의

계승하다(繼承, take the place of, possess)
대하 22:1 아하시야에게 왕위를 **계승하게** 하였
시 45:16 조상들을 **계승할** 것이라 왕이 그들로
렘 16:19 조상들의 **계승한** 바는 허망하고 거짓

계시/-되다(啓示, revelation)
삼하 7:17 모든 말씀들과 이 모든 **계시대로** 다윗
대상 17:15 모든 말씀과 이 모든 **계시대로** 다윗에
사 1:1 유다와 예루살렘에 관하여 본 **계시라**
사 29:11 모든 **계시가** 너희에게는 봉한 책의 말

렘 14:14 그들이 거짓 **계시와** 점술과 헛된 것과
마 11:27 아들의 소원대로 **계시를** 받는 자 외에
눅 10:22 아들의 소원대로 **계시를** 받는 자 외에
롬 16:26 알게 하신 바 그 신비의 **계시를** 따라
고전 14:6 방언으로 말하고 **계시나** 지식이나 예언
고전 14:26 말씀도 있으며 **계시도** 있으며 방언도
고전 14:30 다른 이에게 **계시가** 있으면 먼저 하던
고후 12:1 자랑하노니 주의 환상과 **계시를** 말하
고후 12:7 여러 **계시를** 받은 것이 지극히 크므로
갈 1:12 오직 예수 그리스도의 **계시로** 말미암은
갈 2:2 **계시를** 따라 올라가 내가 이방 가운데
갈 3:23 율법 아래에 매인 바 되고 **계시될** 믿음
엡 1:17 영광의 아버지께서 지혜와 **계시의** 영
엡 3:3 곧 **계시로** 내게 비밀을 알게 하신 것은
벧전 1:12 너희를 위한 것임이 **계시로** 알게 되었
계 1:1 예수 그리스도의 **계시라** 이는 하나님이

계시다(live, be with)
〖구약〗
창 28:16 이르되 여호와께서 과연 여기 **계시거늘**
출 17:7 여호와께서 우리 중에 **계신가** 안 **계신가**
출 20:21 모세는 하나님이 **계신** 흑암으로 가까이
민 11:20 너희 중에 **계시는** 여호와를 멸시하고
민 14:14 주 여호와께서 백성 중에 **계심을** 그들
민 14:42 여호와께서 너희 중에 **계시지** 아니하니
민 16:3 여호와께서도 그들 중에 **계시거늘** 너희
신 6:15 너희 중에 **계신** 너희의 하나님 여호와
신 7:21 두려운 하나님이 너희 중에 **계심이니**
신 12:5 지파 중에서 택하신 곳이 그 **계실** 곳
신 31:17 가운데 **계시지** 않은 까닭이 아니냐
신 33:16 가시떨기나무 가운데 **계시던** 이의
수 3:10 하나님이 너희 가운데 **계시사** 가나안
수 22:31 여호와께서 우리 중에 **계신** 줄을 아노니
삼상 4:4 사람을 보내어 그룹 사이에 **계신** 만군
삼상 15:16 사울에게 이르되 가만히 **계시옵소서**
삼상 17:46 땅으로 이스라엘에 하나님이 **계신** 줄
삼상 20:23 너와 나 사이에 영원토록 **계시느니라**
삼상 20:42 사이에 **계시고** … 자손 사이에 **계시리라**
삼하 14:17 여호와께서 왕과 같이 **계시옵소서**
삼하 15:21 진실로 내 주 왕께서 어느 곳에 **계시든지**
삼하 15:25 인도하사 내게 그 궤와 그 **계신** 데를
삼하 18:3 왕은 성읍에 **계시다가** 우리를 도우심
왕상 8:12 이르되 여호와께서 캄캄한데 **계시겠다**

계시다

왕상 8:13	계실 성전을 … 영원히 계실 처소로소이
왕상 8:57	계시던 것같이 우리와 함께 계시옵고
왕상 19:11	여호와께서 계시지 … 계시지 아니하며
왕상 19:12	여호와께서 계시지 아니하더니 불 후
왕하 1:16	말을 물을 만한 하나님이 안 계심이냐
왕하 2:14	어디 계시니이까 하고 그도 물을 치매
왕하 5:3	사마리아에 계신 선지자 앞에 계셨으면
대상 13:6	두 그룹 사이에 계시므로 그러한 이름
대상 22:16	여호와께서 너와 함께 계실지로다
대하 6:1	이르되 여호와께서 캄캄한 데 계시겠다
대하 6:2	주께서 영원히 계실 처소로소이다 하고
대하 6:18	참으로 사람과 함께 땅에 계시리이까
대하 6:41	주의 평안한 처소에 계시옵소서 여호와
스 1:3	건축하라 그는 예루살렘에 계신 하나님
느 9:5	영원부터 영원까지 계신 너희 하나님
욥 16:19	하늘에 계시고 … 높은데 계시니라
욥 23:8	앞으로 가도 그가 아니 계시고 뒤로
욥 35:10	하나님은 어디 계시냐고 하며 밤에 노래를 주시는 자가 어디 계시냐고 말하는
욥 35:11	어디 계시냐고 말하는 이도 없구나
시 9:11	너희는 시온에 계신 여호와를 찬송하며
시 11:4	그의 성전에 계시고 여호와의 보좌는
시 14:5	하나님이 의인의 세대에 계심이로다
시 22:3	이스라엘의 찬송 중에 계시는 주여 주
시 26:8	내가 주께 계신 집과 주의 영광이 머무는
시 43:3	거룩한 산과 주께서 계시는 곳에 이르게
시 46:5	하나님이 그 성 중에 계시매 성이 흔들
시 55:19	옛부터 계시는 하나님이 들으시고 그들
시 58:11	심판하시는 하나님이 계시다 하리로다
시 68:5	처소에 계신 하나님은 고아의 아버지
시 68:16	하나님이 계시려 하는 산을 시기하여
시 68:17	계심이 시내 산 성소에 계심 같도다
시 74:2	주의 회중을 기억하시며 주께서 계시던
시 93:2	섰으며 주는 영원부터 계셨나이다
시 99:2	시온에 계시는 여호와는 위대하시고
시 118:7	편이 되사 나를 돕는 자들 중에 계시니
시 124:1	말하기를 여호와께서 우리 편에 계시지
시 124:2	여호와께서 우리 편에 계시지 아니하시

'주께서 계신 곳'과 관련된 성구
대하 6:21, 30, 33, 39; 시 74:7; 132:7;
막 2:4; 요 11:32; 고후 3:17

시 135:21	예루살렘에 계시는 여호와는 시온에
시 139:8	내가 하늘에 올라갈지라도 거기 계시며 스올에 … 펼지라도 거기 계시니이다
사 8:18	이는 시온 산에 계신 만군의 여호와께
사 37:16	그룹 사이에 계신 이스라엘 하나님 만군
사 45:14	하나님이 과연 네게 계시고 그 외에는
사 55:6	만날 만한 때에 찾으라 가까이 계실 때
사 63:11	어디 계시냐 … 이제 어디 계시냐
사 63:13	않게 하신 이가 이제 어디 계시냐
사 64:12	아직도 가만히 계시려 하시나이까
렘 2:6	여호와께서 어디 계시냐 하고 말하지
렘 2:8	어디 계시냐 말하지 아니하였으며 율법
렘 5:12	말하기를 여호와께서는 계시지 아니
렘 8:19	여호와께서 시온에 계시지 아니한가, 그의 왕이 그 가운데 계시지 아니한가
렘 14:9	주는 그래도 우리 가운데 계시고 우리는
겔 35:10	그러나 여호와께서 거기에 계셨느니라
단 3:17	우리가 섬기는 하나님이 계시다면 우리
단 7:9	옛적부터 항상 계신 이가 좌정하셨는데
단 7:13	와서 옛적부터 항상 계신 이에게 나아가
단 7:22	항상 계신 이가 와서 지극히 높으신 이
미 3:11	여호와께서 우리 중에 계시지 아니하냐
합 1:12	만세 전부터 계시지 아니하시니이까
합 2:20	여호와는 그 성전에 계시니 온 땅은
습 3:5	가운데 계시는 여호와는 의로우사 불의
습 3:15	이스라엘 왕 여호와가 네 가운데 계시니
습 3:17	여호와가 너의 가운데에 계시니 그는
말 2:17	말하기를 정의의 하나님이 어디 계시냐

신약

마 2:2	유대인의 왕으로 나신 이가 어디 계시냐
마 6:6	은밀한 중에 계신 네 아버지께 기도하라
마 6:18	은밀한 중에 계신 네 아버지께 보이게
마 14:23	가시니라 저물매 거기 혼자 계시더니
마 26:6	베다니 나병환자 시몬의 집에 계실 때
마 28:6	그가 여기 계시지 않고 그가 말씀하시던
막 1:13	광야에서 사십 일을 계시면서 사탄에게
막 1:45	바깥 한적한 곳에 계셨으나 사방에서
막 2:1	가버나움에 들어가시니 집에 계시다는
막 4:10	예수께서 홀로 계실 때에 함께 한 사람
막 4:34	다만 혼자 계실 때에 그 제자들에게
막 4:36	예수를 배에 계신 그대로 모시고 가매
막 5:21	모이거늘 이에 바닷가에 계시더니
막 6:47	예수께서는 홀로 뭍에 계시다가

【 계시다 】　　　　　　　　　　　　　　　　　　　　　【 계시다 】

막 6:55	예수께서 어디 **계시다는** 말을 듣는 대로
막 9:33	가버나움에 이르러 집에 **계실새** 제자
막 15:41	예수께서 갈릴리에 **계실** 때에 따르며
막 16:6	살아나셨고 여기 **계시지** 아니하니라
눅 5:12	예수께서 한 동네에 **계실** 때에 온 몸에
눅 24:6	여기 **계시지** 않고 … 갈릴리에 **계실** 때
요 1:1	태초에 말씀이 **계시니라** 이 말씀이
요 1:10	세상에 **계셨으며** 세상은 그로 말미암아
요 1:15	나보다 앞선 것은 나보다 먼저 **계심이라**
요 1:30	그가 나보다 먼저 **계심이라** 한 것이
요 1:38	이르되 랍비여 어디 **계시오니이까** 하니
요 1:39	그들이 가서 **계신** 데를 보고 그 날 함께
요 2:1	예수의 어머니도 거기 **계시고**
요 2:12	내려가셨으나 거기에 여러 날 **계시지**
요 2:23	예수께서 예루살렘에 **계시니** 많은 사람
요 6:24	예수도 안 **계시고** 제자들도 없음을 보고
요 7:9	말씀을 하시고 갈릴리에 머물러 **계시니**
요 7:39	성령이 아직 그들에게 **계시지** 아니하
요 8:50	구하고 판단하시는 이가 **계시니라**
요 11:6	그 **계시던** 곳에 이틀을 더 유하시고
요 11:21	여짜오되 주께서 여기 **계셨더라면**
요 11:30	맞이했던 곳에 그대로 **계시더라**
요 11:32	이르되 주께서 여기 **계셨더라면**
요 12:9	무리가 예수께서 여기 **계신** 줄을 알고
요 14:10	**계신** 것을 네가 믿지 아니하느냐 내가
행 2:25	내 앞에 **계신** 주를 … 우편에 **계시도다**
행 7:48	지은 곳에 **계시지** 아니하시나니 선지자

행 17:24	손으로 지은 전에 **계시지** 아니하시고
행 17:27	각 사람에게서 멀리 **계시지** 아니하도다
행 19:2	우리는 성령이 **계심도** 듣지 못하였노라
롬 8:34	예수시니 그는 하나님 우편에 **계신** 자
고전 6:13	있으며 주는 몸을 위하여 **계시느니라**
고전 6:19	받은 바 너희 가운데 **계신** 성령의 전인
고전 8:6	아버지가 **계시니** 만물이 그에게서 났
	고 … 주 예수 그리스도께서 **계시니**
고전 14:25	참으로 너희 가운데 **계신다** 전파하리라
엡 3:17	너희 마음에 **계시게** 하시옵고 너희가
골 1:17	또한 그가 만물보다 먼저 **계시고** 만물
히 1:3	높은 곳에 **계신** 지극히 크신 이의 우편
히 4:14	우리에게 큰 대제사장이 **계시니** 승천
히 5:7	그는 육체에 **계실** 때에 자기를 죽음에
히 8:4	예수께서 만일 땅에 **계셨더라면** 제사장
히 10:21	집 다스리는 큰 제사장이 **계시매**
히 11:6	반드시 그가 **계신** 것과 또한 그가 자기
약 5:9	보라 심판주가 문 밖에 서 **계시니라**
벧전 3:22	하늘에 오르사 하나님 우편에 **계시니**
요일 1:7	그가 빛 가운데 **계신** 것같이 우리도
요일 2:13	너희가 태초부터 **계신** 이를 알았음이요
요일 2:14	너희가 태초부터 **계신** 이를 알았음이요
계 1:4	이제도 **계시고** 전에도 계셨고 장차 오실
계 4:8	전에도 계셨고 이제도 **계시고** 장차 오실
계 7:17	보좌 가운데 **계신** 어린 양이 그들의
계 11:17	옛적에도 계셨고 지금도 **계신** 주 하나님
계 16:5	전에도 계셨고 지금도 **계신** 거룩하신

'계시다' 와 관련된 성구

가까이 계시다 – 시 119:151; 사 50:8
높이 계시다 – 욥 36:22; 시 93:4; 138:6; 렘 17:12
속에 계시다 – 요 14:17; 벧전 1:11
안에 계시다 – 마 23:21; 요 10:38; 14:10, 11; 17:23; 롬 8:10; 고전 3:16; 15:28; 고후 5:19; 13:5; 골 1:27; 3:11; 요일 4:4
영원히 계시다 – 시 68:16; 102:12; 애 5:19; 요 12:34; 히 7:24
오른쪽에 계시다 – 시 16:8; 110:5
위에 계시다 – 왕하 19:15; 욥 31:2, 28; 시 29:3; 97:9; 호 11:7; 눅 2:25; 요 3:31; 롬 9:5; 엡 4:6; 벧전 4:14
하늘에 계시다 – 스 5:12; 욥 16:19; 22:12; 시 2:4; 115:3; 123:1; 전 5:2; 애 3:41; 단 2:18, 19, 28; 마 5:16, 45, 48; 6:1, 9; 7:11, 21; 10:32, 33; 12:50; 16:17; 18:10, 14, 19; 23:9; 막 11:25; 엡 6:9; 골 4:1
함께 계시다 – 창 21:20, 22; 26:28; 28:20; 31:5, 42; 48:21; 출 18:19; 민 23:21; 수 1:17; 삿 1:19; 6:12, 13; 삼상 3:19; 16:18; 17:37; 18:12, 14, 28; 삼하 5:10; 7:3; 왕상 1:37; 8:57; 대상 11:9; 17:2; 22:11, 18; 28:20; 대하 35:21; 욥 29:5; 시 68:18; 사 8:10; 33:21; 마 1:23; 막 1:13; 요 1:1, 2; 8:16; 16:32; 행 15:4; 롬 15:33; 고후 13:11; 빌 4:9; 딤후 4:22; 요일 1:2; 계 21:3

【 계약 】 　　　　　　　　　　　　　　　　　　　　　　　　　　　　【 계획/-하다 】

계약(契約, agreement, covenant)
창 26:28　너와 **계약**을 맺으리라 말하였노라
욥 41:4　그것이 너와 **계약**을 맺고 너는 그를
렘 34:8　한 가지로 하나님 앞에서 **계약**을 맺고
렘 34:9　그 **계약**은 사람마다 각기 히브리 남녀
렘 34:10　이 **계약**에 가담한 고관들과 모든 백성
렘 34:15　일컬음을 받는 집에서 내 앞에서 **계약**을
렘 34:18　그 말을 실행하지 아니하여 내 **계약**을
호 12:1　앗수르와 **계약**을 맺고 기름을 애굽에
암 1:9　그 형제의 **계약**을 기억하지 아니하고

계열(系列, division)
대상 6:32　찬송하는 일을 행하되 그 **계열**대로 직무
대상 24:1　아론 자손의 **계열**들이 이러하니라

계절(季節, season)
창 1:14　그것들로 징조와 **계절**과 날과 해를 이루
단 2:21　때와 **계절**을 바꾸시며 왕들을 폐하시고
호 2:9　곡식을 그것이 익을 **계절**에 도로 찾으며

계집(woman)
삼상 20:30　이르되 패역무도한 **계집**의 소생아 네가
삼하 13:17　이르되 이 **계집**을 내게서 이제 내보내고
잠 2:16　말로 호리는 이방 **계집**에게서 구원하
잠 5:20　연모하겠으며 어찌하여 이방 **계집**을

계집종(slave girl)
삼하 6:20　그의 신복의 **계집종**의 눈앞에서 몸을
삼하 6:22　네가 말한 바 **계집종**에게는 내가 높임을
왕하 4:2　내게 말하라 그가 이르되 **계집종**의 집
왕하 4:16　사람이여 당신의 **계집종**을 속이지 마옵

계책(計策, advise, plot)
왕상 1:12　솔로몬의 생명을 구할 **계책**을 말하도록
왕하 10:19　섬기는 자를 멸하려 하여 **계책**을 씀이라
렘 18:11　재앙을 내리며 **계책**을 세워 너희를 치려
렘 49:30　너를 칠 모략과 너를 칠 **계책**을 세웠음
호 10:6　이스라엘은 자기들의 **계책**을 부끄러워
호 11:6　깨뜨려 없이하리니 이는 그들의 **계책**
고후 2:11　그 **계책**을 알지 못하는 바가 아니로라

계통(系統, lineage)
민 1:18　이상인 남자의 이름을 자기 **계통**별로

히 7:11　레위 **계통**의 제사 직분으로 말미암아

계피(桂皮, cinnamon)
출 30:24　**계피** 오백 세겔을 성소의 세겔로 하고
잠 7:17　몰약과 침향과 **계피**를 뿌렸노라
겔 27:19　가공한 쇠와 **계피**와 대나무 제품이 네
계 18:13　**계피**와 향료와 향과 향유와 유향과

계획/-하다(計劃, heart, plan)
창 6:5　생각하는 모든 **계획**이 항상 악할 뿐임
창 8:21　사람의 마음이 **계획하는** 바가 어려서
왕상 12:28　이에 **계획하고** 두 금송아지를 만들고
스 4:5　관리들에게 뇌물을 주어 그 **계획**을
욥 17:11　나의 날이 지나갔고 내 **계획**, 내 마음
욥 21:16　있지 아니하니 악인의 **계획**은 나에게
욥 22:18　채우셨느니라 악인의 **계획**은 나에게
욥 42:2　못하실 일이 없사오며 무슨 **계획**이든지
시 14:6　너희가 가난한 자의 **계획**을 부끄럽게
시 20:4　네 모든 **계획**을 이루어 주시기를 원하
시 33:10　여호와께서 나라들의 **계획**을 폐하시며
시 33:11　여호와의 **계획**은 영원히 서고 그의 생각
시 52:1　어찌하여 악한 **계획**을 스스로 자랑하는
잠 16:9　사람이 마음으로 자기의 길을 **계획할**
잠 19:21　많은 **계획**이 있어도 오직 여호와의 뜻
전 9:10　장차 들어갈 스올에는 일도 없고 **계획**도
사 5:19　거룩한 자는 자기의 **계획**을 속히 이루어
사 8:10　너희는 함께 **계획하라** 그러나 끝내 이루
사 19:3　속에서 쇠약할 것이요 그 **계획**을 내가
사 19:17　애굽에 대하여 정하신 **계획**으로 말미암
사 29:15　자기의 **계획**을 여호와께 깊이 숨기려
사 32:7　그릇이 악하여 악한 **계획**을 세워 거짓
사 32:8　존귀한 일을 **계획하나니** 그는 항상
사 44:26　**계획**을 성취하게 하며 예루살렘에
사 46:11　이룰 것이요 **계획하였은즉** 반드시
렘 18:12　헛되니 우리는 우리의 **계획**대로 행하여
렘 19:7　유다와 예루살렘의 **계획**을 무너뜨려
렘 49:20　여호와의 **계획**을 들으라 양 떼의 어린
렘 50:45　바벨론에 대한 여호와의 **계획**과 갈대아
렘 51:12　말씀하신 대로 **계획하시고** 행하심이
렘 51:29　황폐하여 주민이 없게 할 **계획**이 있음
미 2:3　내가 이 족속에게 재앙을 **계획하나니**
미 4:12　그의 **계획**을 깨닫지 못한 것이라 여호와
고후 1:16　도움으로 유대로 가기를 **계획하였으니**

158

【 고 】   【 고관 】

고후 1:17	계획할 때에 어찌 경솔히 하였으리요 혹 **계획하기**를 육체를 따라 **계획하여**	사 1:23	네 **고관**들은 패역하여 도둑과 짝하며
엡 1:11	일하시는 이의 **계획**을 따라 우리가 예정	사 3:4	소년들을 그들의 **고관**으로 삼으시며
히 11:10	그가 하나님이 **계획하시고** 지으실 터가	사 3:14	자기 백성의 장로들과 **고관**들을 심문
		사 10:8	이르기를 내 **고관**들은 다 왕들이 아니냐

고(loop)

출 26:4	끝폭 가에 청색 **고**를 만들며 이어질
출 26:5	**고** 쉰 개를 달며 … 끝폭 가에도 **고** 쉰 개를 달고 그 **고**들을 서로 마주 보게
출 26:10	**고** 쉰 개를 달며 … 끝폭 가에도 **고** 쉰 개
출 26:11	갈고리로 그 **고**를 꿰어 연결하여 한 막
출 36:11	청색 **고**를 만들며 … 끝폭 가에도 **고**를
출 36:12	쉰 개를 달아 그 **고**들이 서로 대하게

사 21:5	**고관**들아 일어나 방패에 기름을 바를
사 23:8	그 상인들은 **고관**이요 그 무역상들
사 30:4	**고관**들이 소안에 있고 그 사신들이
사 31:9	물러가겠으며 그의 **고관**들은 기치로
사 41:25	이르러 **고관**들을 석회같이, 토기장이가
사 49:7	보고 일어서며 **고관**들이 경배하리니

고개(hill)

대하 20:16	내려가라 그들이 시스 **고개**로 올라올
겔 6:13	제단 사방에, 각 높은 **고개** 위에, 모든

┌─────────────────────────────────────┐
│ **여러 나라(왕)의 '고관'들**   │
│   │
│ 게달의 고관 – 겔 27:21   │
│ 모압(발락)의 고관 – 민 22:21, 35, 40; 23:6, 17 │
│ 바로의 고관 – 창 12:15   │
│ 바벨론 왕의 고관 – 렘 38:17, 18, 22; 39:3 │
└─────────────────────────────────────┘

고관(高官, official, prince)

민 22:15	그들보다 더 높은 **고관**들을 더 많이	렘 17:25	왕들과 **고관**들이 병거와 말을 타고 이
왕상 9:22	신하와 **고관**과 대장이며 병거와 마병	렘 24:1	여고냐와 유다 **고관**들과 목공들과 철공
왕상 10:15	나라의 **고관**들에게서도 가져온지라	렘 24:8	내가 유다의 왕 시드기야와 그 **고관**들
왕상 20:14	말씀이 각 지방 **고관**의 청년들로 하리라	렘 25:18	왕들과 그 **고관**들로 마시게 하였더니
왕상 20:15	아합이 이에 각 지방 **고관**의 청년들을	렘 25:19	그의 신하들과 그의 **고관**들과 그의 모든
왕상 20:17	지방의 **고관**의 청년들이 먼저 나갔더라	렘 26:10	유다의 **고관**들이 이 말을 듣고 왕궁에
왕상 20:19	각 지방 **고관**의 청년들과 그들을 따르	렘 26:11	제사장들과 선지자들이 **고관**들과 모든
대상 28:1	모든 **고관** 곧 각 지파의 어른과 왕을	렘 26:12	예레미야가 모든 **고관**과 백성에게 말하
스 9:2	서로 섞이게 하는데 방백들과 **고관**들	렘 26:16	**고관**들과 모든 백성이 제사장들과
욥 3:15	가지며 은으로 집을 채운 **고관**들과 함께	렘 26:21	용사와 모든 **고관**이 그의 말을 듣고서
욥 34:19	**고관**을 외모로 대하지 아니하시며 가난	렘 29:2	예루살렘의 **고관**들과 기능공과 토공들
시 47:9	뭇 나라의 **고관**들이 모임이여 아브라함	렘 32:32	왕들과 그의 **고관**들과 그의 제사장들
시 68:27	유다의 **고관**과 그들의 무리와 스불론의 **고관**과 납달리의 **고관**이 있도다	렘 34:10	가담한 **고관**들과 모든 백성이 각기 노비
		렘 34:19	지난 유다 **고관**들과 예루살렘 **고관**들
시 68:31	**고관**들은 애굽에서 나오고 구스인은	렘 34:21	시드기야 왕과 그의 **고관**들을 그의 원수
시 76:12	그가 **고관**들의 기를 꺾으시리니 그는	렘 35:4	방에 들였는데 그 방은 **고관**들의 방 곁
시 82:7	너희는 사람처럼 죽으며 **고관**의 하나	렘 36:12	**고관** 곧 서기관 엘리사마와 스마야의 아들 … 아들 시드기야와 모든 **고관**이
시 83:11	그들의 모든 **고관**들은 세바와 살문나		
시 107:40	여호와께서 **고관**들에게는 능욕을	렘 36:14	모든 **고관**이 구시의 증손 셀레먀의 손자
시 118:9	여호와께 피하는 것이 **고관**들을 의	렘 36:19	이에 **고관**들이 바룩에게 이르되 너는
시 119:23	**고관**들도 앉아서 나를 비방하였사	렘 36:21	곁에 선 모든 **고관**의 귀에 낭독하니
시 119:161	**고관**들이 거짓으로 나를 핍박하오	렘 37:14	예레미야를 잡아 **고관**들에게로 끌어
시 148:11	왕들과 모든 백성과 **고관**들과 땅	렘 37:15	**고관**들이 노여워하여 예레미야를 때려
전 10:7	종들은 말을 타고 **고관**들은 종들처	렘 38:4	**고관**들이 왕께 아뢰되 이 사람이 백성의
		렘 38:25	만일 **고관**들이 내가 너와 말하였다 함을

【 고국 】　　　　　　　　　　　　　　　　　　　　　　　　　　　　　　　　　【 고기 1 】

렘 38:27	모든 **고관**이 예레미야에게 와서 물으매	겔 29:14	바드로스 땅 곧 그 **고국** 땅으로 돌아가
렘 39:3	모든 **고관**이 나타나 중문에 앉으니	겔 36:17	그들이 **고국** 땅에 거주할 때에 그들의
렘 44:17	우리 왕들과 우리 **고관**들이 유다 성읍	겔 36:24	가운데에서 모아 데리고 **고국** 땅에 들어
렘 44:21	선조와 너희 왕들과 **고관**들과 유다	겔 37:14	내가 또 너희를 너희 **고국** 땅에 두리니
렘 48:7	제사장들과 **고관**들과 함께 포로되어	겔 37:21	사방에서 모아서 그 **고국** 땅으로 돌아
렘 49:3	제사장들과 그 **고관**들이 다 사로잡혀	겔 38:15	네가 네 **고국** 땅 북쪽 끝에서 많은 백성
렘 49:38	엘람에 주고 왕과 **고관**들을 그 곳에서	겔 39:28	그들을 모아 **고국**으로 돌아오게 하고
렘 50:35	주민의 위에와 그 **고관**들과 지혜로운	욘 4:2	내가 **고국**에 있을 때에 이러하겠다고
렘 51:57	말씀하시되 내가 그 **고관**들과 지혜 있는	마 2:12	지시하심을 받아 다른 길로 **고국**에 돌아
렘 52:10	리블라에서 유다의 모든 **고관**을 죽이며		
렘 52:13	예루살렘의 모든 집과 **고관**들의 집까지	**고귀하다**(高貴, choicest)	
겔 7:27	왕은 애통하고 **고관**은 놀람을 옷 입듯	욥 22:25	보화가 되시며 네게 **고귀**한 은이 되시
겔 11:1	블라댜를 보았으니 그들은 백성의 **고관**		
겔 17:12	예루살렘에 이르러 왕과 **고관**을 사로	**고기** 1(meat, flesh)	
겔 19:1	이스라엘 **고관**들을 위하여 애가를 지어	창 9:4	**고기**를 그 생명 되는 피째 먹지 말 것이
겔 21:12	이스라엘 모든 **고관**에게 임함이로다	창 15:17	타는 횃불이 쪼갠 **고기** 사이로 지나더라
겔 22:6	이스라엘 모든 **고관**은 각기 권세대로	창 25:28	이삭은 에서가 사냥한 **고기**를 좋아하므
겔 22:27	가운데에 그 **고관**들은 음식물을 삼키는	창 27:19	사냥한 **고기**를 잡수시고 아버지 마음껏
겔 23:6	그들은 다 자색 옷을 입은 **고관**과 감독	창 27:25	아들이 사냥한 **고기**를 먹고 내 마음껏
겔 23:12	의복을 입은 **고관**과 감독이요 말 타는	창 27:31	아들이 사냥한 **고기**를 잡수시고 마음껏
겔 23:23	준수한 청년이며 다 **고관**과 감독이며	창 27:33	사냥한 **고기**를 내게 가져온 자가 누구냐
겔 32:29	왕들과 그 모든 **고관**이 있음이여 그들은	창 40:19	새들이 당신의 **고기**를 뜯어 먹으리이다
단 6:1	다리오가 자기의 뜻대로 **고관** 백이십	출 12:8	**고기**를 불에 구워 무교병과 쓴 나물과
단 6:2	그 중의 하나이라 이는 **고관**들로 총리	출 12:46	그 **고기**를 조금도 집 밖으로 내지 말고
단 6:3	민첩하여 총리들과 **고관**들 위에 뛰어나	출 16:8	저녁에는 너희에게 **고기**를 주어 먹이시
단 6:4	총리들과 **고관**들이 국사에 대하여	출 16:12	너희가 해 질 때에는 **고기**를 먹고 아침
단 6:6	총리들과 **고관**들이 모여 왕에게 나아가	출 21:28	죽일 것이요 그 **고기**는 먹지 말 것이며
단 9:6	우리 왕들과 우리의 **고관**과 조상들과	출 22:31	짐승에게 찢긴 동물의 **고기**를 먹지 말고
단 9:8	우리의 왕들과 우리의 **고관**과 조상들	출 27:3	부삽과 대야와 **고기** 갈고리와 불 옮기는
마 20:25	임의로 주관하고 그 **고관**들이 그들에게	출 29:14	수소의 **고기**와 가죽과 똥을 진 밖에서
막 10:42	임의로 주관하고 그 **고관**들이 그들에게	출 29:17	씻어 각을 뜬 **고기**와 그 머리와 함께
고후 11:32	왕의 **고관**이 나를 잡으려고 다메섹 성을	출 29:31	가져다가 거룩한 곳에서 그 **고기**를 삶고
		출 29:32	회막 문에서 그 숫양의 **고기**와 광주리에
고국(故國, own country, own land)		출 29:34	위임식 **고기**나 떡이 아침까지 남아 있으
룻 2:11	부모와 **고국**을 떠나 전에 알지 못하던	출 38:3	부삽과 대야와 **고기** 갈고리와 불 옮기는
왕상 11:21	아뢰되 나를 보내어 내 **고국**으로 가게	레 4:1	수송아지의 가죽과 그 모든 **고기**와 그것
왕상 11:22	부족함이 있기에 네 **고국**으로 가기를	레 6:7	**고기**에 접촉하는 모든 자는 거룩할 것이
왕하 3:27	그들이 떠나 각기 **고국**으로 돌아갔더라	레 6:8	**고기**를 토기에 삶았으면 그 그릇을 깨뜨
대하 32:21	낯이 뜨거워 그의 **고국**으로 돌아갔더니	레 60	**고기**는 먹지 못할지니 불사를지니라
사 37:7	소문을 듣고 그의 **고국**으로 돌아갈 것	레 15	화목제물의 **고기**는 드리는 그 날에 먹을
	이며 또 내가 그를 **고국**에서 칼에	레 7	제물의 **고기**가 셋째 날까지 남았으면
렘 22:10	그는 다시 돌아와 **고국**을 보지 못할	레 8	화목제물의 **고기**를 셋째 날에 조금이라
겔 28:25	그들이 **고국** 땅 곧 내 종 야곱에게 준	레 9	**고기**가 부정한 물건에 접촉되었으면 먹

160

고기 1

레 7:20	지 말고 불사를 것이라 그 **고기**는 깨끗지 말고 여호와께 속한 화목제물의 **고기**를 먹으
레 7:21	여호와께 속한 화목제물의 **고기**를 먹으
레 8:17	수송아지 곧 그 가죽과 **고기**와 똥은 진영
레 8:31	회막 문에서 그 **고기**를 삶아 위임식
레 8:32	**고기**와 떡의 나머지는 불사르지며
레 9:11	**고기**와 가죽은 진영 밖에서 불사르니라
레 11:8	이러한 **고기**를 먹지 말고 그 주검도
레 11:11	가증한 것이니 너희는 그 **고기**를 먹지
레 16:27	**고기**와 똥을 밖으로 내다가 불사를
민 4:14	불 옮기는 그릇들과 **고기** 갈고리들과
민 11:4	이르되 누가 우리에게 **고기**를 주어 먹게
민 11:13	**고기**를 내가 어디서… 우리에게 **고기**를
민 11:18	내일 **고기** 먹기를… 누가 우리에게 고기를 주어 먹게 하랴… 너희에게 **고기**
민 11:21	한 달 동안 **고기**를 주어 먹게 하겠다
민 11:33	**고기**가 아직 이 사이에 있어 씹히기
민 18:18	**고기**는 네게 돌릴지니 흔든 가슴과
민 19:5	가죽과 **고기**와 피와 똥을 불사르게 하고
신 12:15	가축을 잡아 그 **고기**를 먹을 수 있나니

'고기'와 관련된 성구

고기 가마 - 출 16:3
고기 갈고리 - 출 27:3; 38:3; 민 4:14; 대하 4:16

신 12:20	마음에 **고기**를 먹고자 하여 이르기를 내가 **고기**를 먹으리라… 만큼 **고기**를
신 12:23	그 생명을 **고기**와 함께 먹지 못하리니
신 12:27	때에는 그 **고기**와 피를 네 하나님… 여호와의 제단 위에 붓고 그 **고기**는 먹을
신 14:8	부정하니 너희는 이런 것의 **고기**를 먹지
신 16:4	해 질 때에 제사드린 **고기**를 밤을 지내
신 16:7	**고기**를 구워 먹고 아침에 네 장막으로
신 32:42	취하게 하고 내 칼이 그 **고기**를 삼키게
삿 6:19	만들고 **고기**를 소쿠리에 담고 국을 양푼
삿 6:20	**고기**와 무교병을 가져다가 이 바위
삿 6:21	잡은 지팡이 끝을 내밀어 **고기**와 무교병에 대니 불이 바위에서 나와 **고기**
삼상 2:13	드리고 그 **고기**를 삶을 때에 제사장의
삼상 2:15	드릴 **고기**를 내라 그가 네게 삶은 **고기**
삼상 14:33	백성이 **고기**를 피째 먹어 여호와께
삼상 25:11	잡은 **고기**를 가져다가 어디서 왔는지

고기 2

삼하 6:19	떡 한 개와 **고기** 한 조각과 건포도 떡
왕상 17:6	떡과 **고기**를, 저녁에도 떡과 **고기**를
왕상 19:21	기구를 불살라 그 **고기**를 삶아 백성에게
대하 4:16	솥과 부삽과 **고기** 갈고리와 여호와의
욥 31:31	주인의 **고기**에 배부르지 않은 자가 어디
시 50:13	내가 수소의 **고기**를 먹으며 염소의 피를
시 78:20	자기 백성을 위하여 **고기**도 예비하시랴
시 78:27	먼지처럼 많은 **고기**를 비같이 내리시고
잠 23:20	즐겨 하는 자들과 **고기**를 탐하는 자들
사 9:20	못하여 각각 자기 팔의 **고기**를 먹을 것이
사 22:13	죽이고 양을 잡아 **고기**를 먹고 포도주를
사 44:16	절반으로는 **고기**를 구워 먹고 배불리며
사 44:19	그 숯불 위에서 떡도 굽고 **고기**도 구워
사 66:17	돼지 **고기**와 가증한 물건과 쥐를 먹는
렘 7:21	희생제물과 번제물의 **고기**를 아울러
렘 11:15	거룩한 제물 **고기**로 네 재난을 피할
겔 4:14	먹지 아니하였고 가증한 **고기**를 입에
겔 11:3	성읍은 가마가 되고 우리는 **고기**가 된다
겔 11:7	너희가 죽인 시체는 그 **고기**요 이 성읍
겔 11:11	가운데서 **고기**가 되지 아니할지라 내가
겔 24:4-5	넓적다리와 어깨 **고기**의 모든 좋은 덩이
겔 24:10	쌓고 불을 피워 그 **고기**를 삶아 녹이고
겔 33:25	말씀하시되 너희가 **고기**를 피째 먹으며
겔 40:43	박혔으며 상들에는 희생제물의 **고기**가
단 7:5	이르기를 일어나서 많은 **고기**를 먹으라
단 10:3	좋은 떡을 먹지 아니하며 **고기**와 포도주
호 8:13	내게 **고기**를 제물로 드리고 먹을지라도
미 3:3	솥 가운데에 담을 **고기**처럼 하는도다
학 2:12	사람이 옷자락에 거룩한 **고기**를 쌌는데
슥 11:16	오히려 살진 자의 **고기**를 먹으며 또
슥 14:21	가져다가 그것으로 **고기**를 삶으리라
롬 14:21	**고기**도 먹지 아니하고 포도주도 마시지
고전 8:13	나는 영원히 **고기**를 먹지 아니하여

고기 2(fish)

출 7:18	나일 강의 **고기**가 죽고 그 물에서는
출 7:21	나일 강의 **고기**가 죽고 그 물에서는
민 11:22	모든 **고기**를 모은들 족하오리이까
욥 12:8	가르치리라 바다의 **고기**도 네게 설명하
겔 29:4	너의 강의 **고기**가 네 비늘에 붙게 하고 네 비늘에 붙은 강의 모든 **고기**와 함께
겔 29:5	너의 강의 모든 **고기**를 들에 던지리니
겔 38:20	바다의 **고기**들과 공중의 새들과 들의

겔 47:9	생물이 살고 또 고기가 심히 많으리니	시 119:107	나의 고난이 매우 심하오니 여호와여
겔 47:10	치는 곳이 될 것이라 그 고기가 각기 종류를 따라 큰 바다의 고기같이 심히	시 119:153	나의 고난을 보시고 나를 건지소서
호 4:3	쇠잔할 것이요 바다의 고기도 없어지리	사 5:30	바라보면 흑암과 고난이 있고 빛은 구름
합 1:14	어찌하여 사람을 바다의 고기 같게 하시	사 46:7	응답하지 못하며 고난에서 구하여 내지
습 1:3	공중의 새와 바다의 고기와 거치게 하는	사 48:10	하지 아니하고 너를 고난의 풀무 불에서
마 17:27	먼저 오르는 고기를 가져 입을 열면	렘 10:19	참으로 고난이라 내가 참아야 하리로다
요 21:5	애들아 너희에게 고기가 있느냐 대답	렘 11:12	그 고난 가운데에서 절대로 그들을
		렘 11:14	말라 그들이 그 고난으로 말미암아 내게
		렘 30:14	나는 네 원수가 당할 고난을 네가 받게
		렘 48:16	모압의 재난이 가까웠고 그 고난이 속히

'고기를 잡다' 와 관련된 성구
눅 5:4, 6, 9; 요 21:3

		애 1:3	환난과 많은 고난 가운데에 사로잡혀
		욥 1:12	것이 아니며 그 고난의 날에 네가 입을
		욥 1:13	네가 그 고난을 방관하지 않을 것이며
		욥 1:14	도망하는 자를 막지 않을 것이며 고난의

고나냐(Conaniah)
1. 십일조와 예물을 관리한 사람
대하 31:12	레위 사람 고나냐가 그 일의 책임자가
대하 31:13	마핫과 브나야는 고나냐와 그의 아우

2. 레위인의 두목
대하 35:9	레위 사람들의 우두머리들 곧 고나냐

고난(苦難, misery, anguish, trouble)
창 31:42	하나님이 내 고난과 내 손의 수고를	욘 2:2	내가 받는 고난으로 말미암아 여호와께
창 41:51	모든 고난과 내 아버지의 온 집 일을	습 1:17	내가 사람들에게 고난을 내려 맹인같이
출 3:17	애굽의 고난 중에서 인도하여 내어 젖과	슥 1:15	그들은 힘을 내어 고난을 더하였음이라
출 4:31	자손을 찾으시고 그들의 고난을 살피	슥 10:11	그들이 고난의 바다를 지나갈 때에 바다
출 18:8	길에서 그들이 당한 모든 고난과 여호와	롬 8:17	영광을 받기 위하여 고난도 함께 받아야
민 20:14	당한 모든 고난을 당신도 아시거니와	롬 8:18	생각하건대 현재의 고난은 장차 우리
신 16:3	동안은 무교병 곧 고난의 떡을 그것과	고전 7:28	육신에 고난이 있으리니 나는 너희를
왕하 14:26	이스라엘의 고난이 심히 매인 자도	고후 1:5	그리스도의 고난이 우리에게 넘친 것
대하 15:6	하나님이 여러 가지 고난으로 요란하게	고후 1:6	같은 고난을 너희도 견디게 하느니라
대하 18:26	고난의 떡과 고난의 물을 먹게 하라	고후 1:7	견고함은 너희가 고난에 참여하는 자가
욥 14:14	나의 모든 고난의 날 동안을 참으면서	고후 6:4	많이 견디는 것과 환난과 궁핍과 고난과
시 25:17	근심이 많사오니 나를 고난에서 끌어	빌 1:29	그를 위하여 고난도 받게 하심이라
시 31:7	주께서 나의 고난을 보시고 환난 중에	빌 3:10	권능과 그 고난에 참여함을 알고자 하여
시 34:19	의인은 고난이 많으나 여호와께서 그 의 모든 고난에서 건지시는도다	골 1:24	그리스도의 남은 고난을 그의 몸된 교회
시 44:24	얼굴을 가리시고 우리의 고난과 압제를	살전 2:2	우리가 먼저 빌립보에서 고난과 능욕을
시 71:20	가지 심한 고난을 보이신 주께서 우리를	딤후 3:11	박해를 받음과 고난과 또한 안디옥과
시 73:5	사람들이 당하는 고난이 그들에게는	히 2:10	그들의 구원의 창시자를 고난을 통하여
시 78:49	분노와 고난 곧 재앙의 천사들을 그들	히 5:8	아들이시면서도 받으신 고난으로 순종
시 81:7	네가 고난 중에 부르짖으매 내가 너를	히 10:32	받은 후에 고난의 큰 싸움을 견디어
시 119:50	말씀은 나의 고난 중의 위로라 주의	약 5:10	선지자들을 고난과 오래 참음의 본으로
시 119:92	되지 아니하였더면 내가 내 고난 중에	벧전 1:11	그 받으실 고난과 후에 받으실 영광을
		벧전 4:13	고난에 참여하는 것으로 즐거워하라
		벧전 5:1	그리스도의 고난의 증인이요 나타날
		계 2:10	너는 장차 받을 고난을 두려워하지 말라
		계 14:11	고난의 연기가 세세토록 올라가리로다

고난(을) 당하다
민 11:15	죽여 내가 고난당함을 내가 보지 않게
욥 3:20	어찌하여 고난당하는 자에게 빛을 주셨

【 고난 】 　　　　　　　　　　　　　　　　　　　　　　　　　　　　　　【 고대 】

시 88:15	내가 어릴 적부터 고난을 당하여 죽게		딤후 4:5	일에 신중하여 고난을 받으며 전도자의
시 119:67	고난당하기 전에는 내가 그릇 행하였		히 2:9	죽음의 고난받으심으로 말미암아 영광
시 119:71	고난당한 것이 내게 유익이라 이로		히 9:26	자주 고난을 받았어야 할 것이로되
시 140:12	여호와는 고난당하는 자를 변호해 주시		히 11:25	백성과 함께 고난받기를 잠시 죄악의
사 49:13	그의 고난당한 자를 긍휼히 여기실 것임		히 13:12	성문 밖에서 고난을 받으셨느니라
사 53:4	하나님께 맞으며 고난을 당한다 하였		벧전 2:19	고난을 받아도 하나님을 생각함으로
렘 14:8	고난당한 때의 구원자시여 어찌하여		벧전 2:20	선을 행함으로 고난을 받고 참으면
애 3:1	분노의 매로 말미암아 고난당한 자는		벧전 2:21	너희를 위하여 고난을 받으사 너희에게
마 14:24	물결로 말미암아 고난을 당하더라		벧전 3:14	의를 위하여 고난을 받으면 복 있는
고후 1:8	겹도록 심한 고난을 당하여 살 소망까		벧전 3:17	선을 행함으로 고난받는 것이 하나님
히 2:18	시험을 받아 고난을 당하셨은즉 시험			의 뜻일진대 악을 행함으로 고난받는
약 5:13	너희 중에 고난당하는 자가 있느냐		벧전 4:1	육체의 고난을 받으셨으니 너희도 같
벧전 2:23	아니하시고 고난을 당하시되 위협하지			은 마음으로 … 육체의 고난을 받은
벧전 5:9	형제들도 동일한 고난을 당하는 줄을		벧전 4:15	일을 간섭하는 자로 고난을 받지 말려
벧전 5:10	고난을 당한 너희를 친히 온전하게		벧전 4:16	그리스도인으로 고난을 받으면 부끄러
			벧전 4:19	하나님의 뜻대로 고난을 받는 자들은
			계 14:10	앞에서 불과 유황으로 고난을 받으리니

고난(을) 받다

느 9:9	애굽에서 고난받는 것을 감찰하시며		**고넬료**(Cornelius) 로마 군대의 백부장	
욥 36:6	살려두지 아니하시며 고난받는 자에게		행 10:1	가이사랴에 고넬료라 하는 사람이 있으
시 107:17	악을 범하기 때문에 고난을 받아		행 10:3	하나님의 사자가 들어와 이르되 고넬료
잠 15:15	고난받는 자는 그 날이 다 험악하나		행 10:4	고넬료가 주목하여 보고 두려워 이르되
마 16:21	서기관들에게 많은 고난을 받고 죽임을		행 10:7	천사가 떠나매 고넬료가 집안 하인 둘과
마 17:12	같이 그들에게 고난을 받으리라 하시니		행 10:17	마침 고넬료가 보낸 사람들이 시몬의
막 8:31	많은 고난을 받고 장로들과 대제사장들		행 10:22	그들이 대답하되 백부장 고넬료는 의인
막 9:12	고난을 받고 멸시를 당하리라 하였느냐		행 10:24	이튿날 가이사랴에 들어가니 고넬료가
눅 6:18	더러운 귀신에게 고난받는 자들도 고침		행 10:25	베드로가 들어올 때에 고넬료가 맞아
눅 9:22	많은 고난을 받고 장로들과 대제사장		행 10:30	고넬료가 이르되 내가 나흘 전 이맘때
눅 16:25	나사로는 고난을 받았으니 이것을 기억		행 10:31	말하되 고넬료야 하나님이 네 기도를
눅 17:25	그러나 그가 먼저 많은 고난을 받으며			
눅 22:15	내가 고난을 받기 전에 너희와 함께		**고니야**(Jehoiachin-NIV, Coniah-KJV)	
눅 24:26	그리스도가 이런 고난을 받고 자기의		남유다 왕으로 여호야김 왕의 아들	
눅 24:46	그리스도가 고난을 받고 제삼일에 죽을		렘 22:24	유다 왕 여호야김의 아들 고니야가 나의
행 1:3	고난받으신 후에 또한 그들에게 확실		렘 22:28	사람 고니야는 천하고 깨진 그릇이냐
행 3:18	자기의 그리스도께서 고난받으실 일을		렘 37:1	여호야김의 아들 고니야의 뒤를 이어
행 9:16	얼마나 고난을 받아야 할 것을 내가			
행 26:23	그리스도가 고난을 받으실 것과 죽은		**고달프다**(crush, misery)	
살전 2:14	유대인들에게 고난을 받음과 같이 너희		욥 7:3	내가 여러 달째 고통을 받으니 고달픈
	도 너희 … 동일한 고난을 받았느니라		시 44:2	주께서 다른 민족들은 고달프게 하시고
살후 1:5	위하여 너희 또한 고난을 받느니라			
딤후 1:8	따라 복음과 함께 고난을 받으라		**고대**(古代, old, former years)	
딤후 1:12	내가 또 이 고난을 받되 부끄러워하지		창 6:4	낳았으니 그들은 용사라 고대에 명성이
딤후 2:3	좋은 병사로 나와 함께 고난을 받으라		말 3:4	봉헌물이 옛날과 고대와 같이 나 여호와
딤후 2:9	매이는데까지 고난을 받았으나 하나			

【 고대하다 】 　　　　　　　　　　　　　　　　　　【 고레스 】

고대하다(苦待, eagerly wait–NIV, wish–KJV)
행 27:29 　 닻을 내리고 날이 새기를 **고대하니라**
롬 8:19 　 피조물이 **고대하는** 바는 하나님의 아들

고독하다(孤獨, lonely, destitute)
시 68:6 　 하나님이 **고독한** 자들은 가족과 함께
잠 31:8 　 못하는 자와 모든 **고독한** 자의 송사를

고되다(bondage, hard)
출 2:11 　 나가서 그들이 **고되게** 노동하는 것을
출 2:23 　 **고된** 노동으로 … 부르짖으니 그 **고된**
잠 16:26 　 **고되게** 일하는 자는 식욕으로 말미암아

고드란트(penny–NIV, farthing–KJV) 로마의 청동화폐
막 12:42 　 두 렙돈 곧 한 **고드란트**를 넣는지라

고라(Korah)
　　　1. 이스할의 아들과 그 후손
출 6:21 　 이스할의 아들들은 **고라**와 네벡과
출 6:24 　 **고라**의 아들들은 … **고라** 사람의 족장
민 16:1 　 이스라엘의 아들 **고라**와 르우벤 자손
민 16:8 　 **고라**에게 이르되 너희 레위 자손들아
민 16:32 　 그들과 그들의 집과 **고라**에게 속한 모든
민 16:49 　 **고라**의 일로 죽은 자 외에 염병에 죽은
민 26:9 　 **고라**의 무리에 들어가서 모세와 아론을
민 26:10 　 무리와 **고라**를 삼키매 그들이 죽었고
민 26:11 　 **고라**의 아들들은 죽지 아니하였더라
민 26:58 　 종족과 **고라** 족족이라 고핫은 아므람을
민 27:3 　 여호와를 거슬러 모인 **고라**의 무리에
대상 6:22 　 암미나답이요 그의 아들은 **고라**요 그의
대상 6:37 　 아들이요 에비아삽은 **고라**의 아들이요
대상 6:38 　 **고라**는 이스할의 아들이요 이스할은
대상 9:19 　 **고라**의 증손 … 족속 형제 곧 **고라**의
대상 9:31 　 **고라** 자손 살룸의 맏아들 맛디댜라 하는
대상 12:6 　 **고라** 사람들 엘가나와 잇시야와 아사렐
대상 26:1 　 **고라** 사람들의 문지기 반들은 이러하니
대상 26:19 　 **고라**와 므라리 자손의 문지기의 직책
대하 20:19 　 그핫 자손과 **고라** 자손에게 속한 레위
유 1:11 　 몰려 갔으며 **고라**의 패역을 따라 멸망을

🔼 **고라 1 – 기타 본문**
민 16:5, 6, 16, 19, 24, 27, 40

　　　2. 에서와 오홀리바마 사이에 태어난 에돔 사람
창 36:5 　 여우스와 얄람과 **고라**를 낳았으니
창 36:14 　 이러하니 그가 여우스와 얄람과 **고라**를
창 36:18 　 **고라** 족장이니 이들은 아나의 딸이요
대상 1:35 　 르우엘과 여우스와 얄람과 **고라**요
　　　3. 에서의 손자로 엘리바스의 아들
창 36:16 　 **고라** 족장, 가담 족장, 아말렉 족장이니
　　　4. 갈렙의 증손으로 헤브론의 아들
대상 2:43 　 헤브론의 아들들은 **고라**와 답부아와

고라산(Bor Ashan–NIV, Chorashan–KJV)
　다윗이 탈취한 물건을 보냈던 성읍 중의 하나
삼상 30:30 　 홀마에 있는 자와 **고라산**에 있는 자와

고라신(Korazin) 가버나움 북쪽 구릉지대의 마을
마 11:21 　 **고라신**아 화 있을진저 벳새다야
눅 10:13 　 **고라신**아, 화 있을진저 벳새다야

고랑 1(furrow)
시 129:3 　 내 등을 갈아 그 **고랑**을 길게 지었도다

고랑 2(shackle, stock)
시 149:8 　 사슬로, 그들의 귀인은 철 **고랑**으로
렘 20:2 　 위층에 목에 씌우는 나무 **고랑**으로 채워
렘 20:3 　 예레미야를 목에 씌우는 나무 **고랑**에서
렘 29:26 　 나무 **고랑**과 목에 씌우는 쇠 **고랑**으로
막 5:4 　 여러 번 **고랑**과 … **고랑**을 깨뜨렸음이
눅 8:29 　 붙잡으므로 그를 쇠사슬과 **고랑**에 매어

고레(Kore)
　　　1. 고라의 증손자 레위인 에비아삽의 아들
대상 9:19 　 에비아삽의 손자 **고레**의 아들 살룸과
대상 26:1 　 아삽의 가문 중 **고레**의 아들 므셀레마
　　　2. 레위 사람 임나의 아들
대하 31:14 　 임나의 아들 **고레**는 즐거이 하나님께

고레스(Cyrus) 유다의 귀환과 성전 재건을 허락한 왕
대하 36:22 　 바사의 **고레스** 왕 … **고레스** 왕의 마음
대하 36:23 　 바사 왕 **고레스**가 이같이 말하노니
스 1:1 　 바사 왕 **고레스** 원년에 여호와께서 예
　　　 레미야의 입을 … 바사 왕 **고레스**의
스 1:2 　 왕 **고레스**는 말하노니 하늘의 하나님
스 1:7 　 **고레스** 왕이 또 여호와의 성전 그릇을

【 고로 】   【 고리 】

스 1:8 　고레스가 창고지기 미드르닷에게 명령
스 3:7 　고레스의 명령대로 백향목을 레바논
스 4:3 　바사 왕 고레스가 우리에게 명령하신
스 4:5 　고레스의 시대부터 바사 왕 다리오가
스 5:13 고레스 원년에 고레스 왕이 조서를 내려
스 5:14 바벨론 신당에 두었던 것을 고레스 왕이
스 5:17 조사하사 과연 고레스 왕이 조서를 내려
스 6:3 　고레스 왕 원년에 조서를 내려 이르기를
스 6:14 왕 고레스와 다리오와 아닥사스다의
사 44:28 고레스에 대하여는 이르기를 내 목자라
사 45:1 　부음을 받은 고레스에게 이같이 말씀
단 1:21 다니엘이 고레스 왕 원년까지 있으니라
단 6:28 사람 고레스 왕의 시대에 형통하였더라
단 10:1 왕 고레스 제삼년에 한 일이 벨드사살

고로(because, so, and)
출 9:32 아니한 고로 상하지 아니하였더라
계 11:10 괴롭게 한 고로 땅에 사는 자들이 그들

> 고로 – 기타 본문
> 민 15:34; 20:12; 신 2:15; 4:37; 수 10:20; 삿 12:2;
> 왕상 5:12; 왕하 8:20; 14:19; 대하 29:34; 마 22:29;
> 막 6:17; 10:22; 눅 8:53; 요 10:4, 5; 11:10; 18:18;
> 19:20, 42; 20:29; 21:12; 행 2:31; 18:2; 24:22, 26;
> 25:25; 고전 7:29; 8:7; 빌 1:19; 요일 4:5

고르(cor) 액체량을 재는 단위로 약 220ℓ
왕상 4:22 삼십 고르요 굵은 밀가루가 육십 고르요

> 고르 – 기타 본문
> 왕상 5:11; 대하 2:10; 27:5; 스 7:22; 겔 45:14; 학 2:16

고르다(choose, take, smooth, break up)
1. 여럿 중에서 가려내다(choice, choose, take)
삼상 17:40 돌 다섯을 골라서 자기 목자의 제구
겔 19:5 　하나를 또 골라 젊은 사자로 키웠더니
겔 24:4-5 양 떼에서 한 마리를 골라 각을 뜨고
2. 평평하게 하다(smooth, break up)
사 28:24 자기 땅을 개간하며 고르게만 하겠느냐
사 40:4 　언덕마다 낮아지며 고르지 아니한 곳이
사 41:7 　격려하며 망치로 고르게 하는 자는
고전 12:24 오직 하나님이 몸을 고르게 하여 부족

고르반(Corban)
막 7:11 것이 고르반 곧 하나님께 드림이 되었

고리(ring)
출 25:12 금 고리 넷을 부어 만들어 그 네 발에 달되 이쪽에 두 고리 저쪽에 두 고리를
출 25:14 채를 궤 양쪽 고리에 꿰어서 궤를 메게
출 25:15 채를 궤의 고리에 꿴 대로 두고 빼내지
출 25:26 그것을 위하여 금 고리 넷을 만들어
출 26:24 두께로 하여 윗 고리에 이르게 하고
출 26:29 그 널판들의 띠를 꿸 금 고리를 만들고
출 27:4 　만들고 그 위 네 모퉁이에 놋 고리 넷을
출 27:7 　제단 양쪽 고리에 그 채를 꿰어 제단을
출 28:23 금 고리 둘을 만들어 … 그 두 고리를
출 28:24 시슬로 흉패 두 끝 두 고리에 꿰어 매고
출 28:26 금 고리 둘을 만들어 흉패 아래 양쪽
출 28:27 또 금 고리 둘을 만들어 에봇 앞에
출 28:28 청색 끈으로 흉패 고리와 에봇 고리에
출 30:4 　금 테 아래 양쪽에 금 고리 둘을 만들되
출 32:2 　너희의 아내와 자녀의 귀에서 금 고리를
출 32:3 　백성이 그 귀에서 금 고리를 빼어 아론
출 32:4 　손에서 금 고리를 받아 부어서 조각칼로
출 36:12 연결할 폭에 고리 쉰 개를 달고 다른 연결할 한 폭의 가에도 고리 쉰 개를
출 36:17 고리 쉰 개를 달며 … 끝폭 가에도 고리
출 36:29 두 겹 두께로 하여 윗 고리에 이르게

> **성경에 나오는 '고리'**
> 발목 고리 – 민 31:50; 사 3:18
> 손목 고리 – 창 24:22, 30, 47; 민 31:50
> 코 고리 – 사 3:21; 겔 16:12
> 팔 고리 – 겔 16:11
> 팔목 고리 – 사 3:19

출 36:34 그 널판에 띠를 꿸 금 고리를 만들고
출 37:3 　고리 넷을 부어 만들어 네 발에 달았으니 곧 이쪽에 두 고리요 저쪽에 두 고리
출 37:5 　채를 궤 양쪽 고리에 꿰어 궤를 메게
출 37:13 상을 위하여 금 고리 넷을 부어 만들어
출 37:14 고리가 턱 곁에 있어서 상을 메는 채를
출 37:27 아래 양쪽에 금 고리 둘을 만들었으되
출 38:5 　그물 네 모퉁이에 채를 꿸 고리 넷을

【 고리대금하다 】   【 고발/-하다 】

출 38:7	고리에 그 채를 꿰어 메게 하였으며	창 13:10	여호와께서 소돔과 **고모라**를 멸하시기
출 39:16	**고리** 둘을 만들어 그 두 **고리**를 흉패	창 14:2	소돔 왕 베라와 **고모라** 왕 비르사와
출 39:17	땋은 두 금 사슬을 흉패 끝 두 **고리**에	창 14:8	소돔 왕과 **고모라** 왕과 아드마 왕과
출 39:19	또 금 **고리** 둘을 만들어 흉패 두 끝에	창 14:10	많은지라 소돔 왕과 **고모라** 왕이 달아나
출 39:20	**고리** 둘을 만들어 에봇 앞 두 어깨받이	창 14:11	소돔과 **고모라**의 모든 재물과 양식을
출 39:21	청색 끈으로 흉패 **고리**와 에봇 **고리**에	창 18:20	소돔과 **고모라**에 대한 부르짖음이
삼하 1:10	있는 왕관과 팔에 있는 **고리**를 벗겨서	창 19:24	유황과 불을 소돔과 **고모라**에 비같이
에 1:6	가는 베 줄로 대리석 기둥 은 **고리**에	창 19:28	소돔과 **고모라**와 그 온 지역을 향하여
욥 42:11	하나씩과 금 **고리** 하나씩을 주었더라	신 29:23	격분으로 멸하신 소돔과 **고모라**와
잠 11:22	것은 마치 돼지 코에 금 **고리** 같으니라	신 32:32	소돔의 포도나무요 **고모라**의 밭의 소산
잠 25:12	청종하는 귀에 금 **고리**와 정금 장식이니	사 1:9	우리가 소돔 같고 **고모라** 같았으리로다
		사 1:10	너희 **고모라**의 백성아 우리 하나님의
고리대금하다(高利貸金, creditor)		사 13:19	하나님께 멸망당한 소돔과 **고모라**같이
시 109:11	**고리대금하는** 자가 그의 소유를 다 빼앗	렘 23:14	다름이 없고 그 주민은 **고모라**와 다름이
		렘 49:18	말씀하시니라 소돔과 **고모라**와 그 이웃
고린도/-인/-사람(Corinth) 그리스의 항구 도시		렘 50:40	**고모라**와 그 이웃 성읍들을 뒤덮었듯이
		암 4:11	**고모라**를 무너뜨림같이 하였으므로
		습 2:9	소돔 같으며 암몬 자손은 **고모라** 같을
		마 10:15	날에 소돔과 **고모라** 땅이 그 성보다
		롬 9:29	같이 되고 **고모라**와 같았으리로다
		벧후 2:6	소돔과 **고모라** 성을 멸망하기로 정하여
		유 1:7	소돔과 **고모라**와 그 이웃 도시들도 그들

행 18:1	**고린도**에 이르
행 18:8	**고린도** 사람
행 19:1	**고린도**에 있을
고전 1:2	**고린도**에 있는
고후 1:1	**고린도**에 있는
고후 1:23	하노니 내가 다시 **고린도**에 가지 아니
고후 6:11	**고린도인**들이여 너희를 향하여 우리의
딤후 4:20	**고린도**에 머물러 있고 드로비모는

고문(拷問, torture)

히 11:35	좋은 부활을 얻고자 하여 심한 **고문**을

고물(stern)

막 4:38	**고물**에서 베개를 베고 주무시더니 제자
행 27:29	걸릴까 하여 **고물**로 닻 넷을 내리고
행 27:41	움직일 수 없이 붙고 **고물**은 큰 물결에

고멜(Gomer)

1. 노아의 손자이자 야벳의 아들

창 10:2	야벳의 아들은 **고멜**과 마곡과 마대와
창 10:3	**고멜**의 아들은 아스그나스와 리밧과
대상 1:5	야벳의 자손은 **고멜**과 마곡과 마대와
대상 1:6	**고멜**의 자손은 아스그나스와 디밧과
겔 38:6	**고멜**과 그 모든 떼와 북쪽 끝의 도갈마

고민하다(苦悶, trouble, sorrow)

마 26:37	아들을 데리고 가실새 **고민하고** 슬퍼
마 26:38	마음이 매우 **고민하여** 죽게 되었으니
막 14:34	마음이 심히 **고민하여** 죽게 되었으니

2. 호세아 선지자의 아내

호 1:3	딸 **고멜**을 맞이하였더니 **고멜**이 임신
호 1:6	**고멜**이 또 임신하여 딸을 낳으매 여호와
호 1:8	**고멜**이 로루하마를 젖뗀 후에 또 임신

고발/-하다(告發, accusation, accuse against)

삼상 22:8	맹약하였으되 내게 **고발하는** 자가 하나
스 4:6	유다와 예루살렘 주민을 **고발하니라**
스 4:8	왕에게 올려 예루살렘 백성을 **고발하였**
스 4:10	옮겨 둔 자들과 함께 **고발한다** 하였더라
에 6:2	음모를 모르드개가 **고발하였다** 하였는
에 7:9	충성된 말로 **고발한** 모르드개를 달고자

고모(姑母, father's sister)

레 18:12	네 **고모**의 하체를 범하지 말라 그는
레 20:19	이모나 **고모**의 하체를 범하지 말지니

고모라(Gomorrah) 요단 저지대의 성읍

창 10:19	가사까지와 소돔과 고모라와 아드마

【 고발/-하다 】   【 고생/-하다 】

욥 31:35	바라노라 나를 **고발하는** 자가 있다면	고전 6:1	자들 앞에서 **고발하고** 성도 앞에서 하지
단 6:4	다니엘을 **고발할** 근거를 찾고자 하였으	고전 6:7	너희가 피차 **고발함으로** 너희 가운데
단 6:5	찾지 못하면 그를 **고발할** 수 없으리라	딤전 5:19	장로에 대한 **고발은** 두세 증인이 없으
마 5:25	너를 **고발하는** 자와 함께 길에 있을	벧후 2:11	그들을 거슬러 비방하는 **고발을** 하지
마 5:40	너를 **고발하여** 속옷을 가지고자 하는		
마 12:10	사람들이 예수를 **고발하려** 하여 물어	**고백하다** (告白, agree, confess)	
마 27:12	대제사장들과 장로들에게 **고발을** 당하	행 24:14	이것을 당신께 **고백하리이다** 나는 그들
막 3:2	사람들이 예수를 **고발하려** 하여 안식일	약 5:16	너희 죄를 서로 **고백하며** 병 낫기를
막 15:3	여러 가지로 **고발하는지라**		
막 15:4	많은 것으로 너를 **고발하는가** 보라 하되	**고벨화** (henna blossom, henna)	
눅 3:14	강탈하지 말며 거짓으로 **고발하지** 말고	아 1:14	엔게디 포도원의 **고벨화** 송이로구나
눅 6:7	**고발할** 증거를 찾으려 하여 안식일에	아 4:13	아름다운 과수와 **고벨화와** 나도풀과
눅 12:58	네가 너를 **고발하는** 자와 함께 법관에게		
눅 23:2	**고발하여** 이르되 우리가 이 사람을 보매	**고불고불하다** (wavy)	
눅 23:10	서기관들이 서서 힘써 **고발하더라**	아 5:11	같고 머리털은 **고불고불하고** 까마귀
눅 23:14	심문하였으되 너희가 **고발하는** 일에		
요 5:45	내가 너희를 아버지께 **고발할까** 생각하	**고사하다** (姑捨, beside, rather than)	
	지 말라 너희를 **고발하는** 이가 있으니	창 27:12	복은 **고사하고** 저주를 받을까 하나이다
요 8:6	이렇게 말함은 **고발할** 조건을 얻고자	삼상 9:5	아버지께서 암나귀 생각은 **고사하고**
요 8:10	너를 **고발하던** 그들이 어디 있느냐	고후 9:4	아니한 것을 보면 너희는 **고사하고** 우리
요 18:29	너희가 무슨 일로 이 사람을 **고발하느냐**	고후 11:28	이 외의 일은 **고사하고** 아직도 날마다
행 16:22	일제히 일어나 **고발하니** 상관들이 옷을		
행 19:38	직공들이 누구에게 **고발할** 것이 있으면	**고산** 1 (Gozan) 유프라테스 강가의 도시	
행 22:30	유대인들이 무슨 일로 그를 **고발하는지**	왕하 17:6	앗수르로 끌어다가 **고산** 강 가에 있는
행 23:28	유대인들이 무슨 일로 그를 **고발하는지**	왕하 18:11	앗수르에 이르러 **고산** 강가에 있는
행 23:29	**고발하는** 것이 그들의 율법 문제에 관한	왕하 19:12	민족 곧 **고산과** 하란과 레셉과 들라살
행 23:30	**고발하는** 사람들도 당신 앞에서 그에	대상 5:26	하볼과 하라와 **고산** 강 가에 옮긴지라
행 23:35	이르되 너를 **고발하는** 사람들이 오거든	사 37:12	멸하신 열방 **고산과** 하란과 레셉과
행 24:1	총독 앞에서 바울을 **고발하니라**		
행 24:2	바울을 부르매 더둘로가 **고발하여**	**고산** 2 (高山, high mountain)	
행 24:8	우리가 **고발하는** 이 모든 일을 아실	사 30:25	무너질 때에 **고산마다** 준령마다 그 뒤에
행 24:13	이제 나를 **고발하는** 모든 일에 대하여		
행 24:19	당신 앞에 와서 **고발하였을** 것이요	**고삼** (Cosam) 요셉의 족보 중에 나오는 사람	
행 25:5	아니한 일이 있거든 **고발하라** 하니라	눅 3:28	위는 앗디요 그 위는 **고삼이요** 그 위는
행 25:7	중대한 사건으로 **고발하되** 능히 증거를		
행 25:11	사람들이 나를 **고발하는** 것이 다 사실이	**고상하다** (高尚, great)	
행 25:19	일에 관한 문제로 **고발하는** 것 뿐이라	빌 3:8	예수를 아는 지식이 가장 **고상하기** 때문
행 26:2	아그립바 왕이여 유대인이 **고발하는**		
행 28:19	상소함이요 내 민족을 **고발하려는** 것이	**고생/-하다** (苦生, trouble, harass, misery)	
롬 2:15	혹은 **고발하며** 혹은 변명하여 그 마음	창 35:16	라헬이 해산하게 되어 심히 **고생하여**
롬 8:33	택하신 자들을 **고발하리요** 의롭다 하신	왕상 22:27	**고생의** 떡과 **고생의** 물을 먹이라 하였고
롬 11:2	그가 이스라엘을 하나님께 **고발하되**	욥 5:6	일어나는 것이 아니며 **고생은** 흙에서
		욥 5:7	사람은 **고생을** 위하여 났으니 불꽃이

【 고세바 】 　　　　　　　　　　　　　　　　　　　　　　　　　　　　【 고아 1 】

욥 30:25　고생의 날을 보내는 자를 위하여 내가
욥 39:16　하며 그 고생한 것이 헛되게 될지라도
아 8:5　어머니가 고생한 곳 너를 낳은 자가
사 30:20　떡과 고생의 물을 주시나 네 스승은
렘 20:18　내가 태에서 나와서 고생과 슬픔을 보며
애 3:33　인생으로 고생하게 하시며 근심하게
마 9:36　목자 없는 양과 같이 고생하며 기진함
마 17:15　그가 간질로 심히 고생하여 자주 불에도
막 3:10　병으로 고생하는 자들이 예수를 만지고
행 26:14　가시채를 뒷발질하기가 네게 고생이니
롬 3:16　파멸과 고생이 그 길에 있어
약 5:1　너희에게 임할 고생으로 말미암아

고세바(Cozeba)　셀라의 후손들이 살던 곳
대상 4:22　또 요김과 고세바 사람들과 요아스라

고센(Goshen)
1. 애굽에서 야곱과 그 아들들이 거주했던 땅
창 45:10　소유가 고센 땅에 머물며 나와 가깝게
창 46:28　고센으로 인도하게 하고 다 고센 땅에
창 46:29　그의 수레를 갖추고 고센으로 올라가서
창 46:34　당신들이 고센 땅에 살게 되리이다
창 47:1　가나안 땅에서 와서 고센 땅에 있나이다
창 47:4　왔사오니 원하건대 종들로 고센 땅에
창 47:6　거주하게 하되 그들이 고센 땅에 거주
창 47:27　애굽 고센 땅에 거주하며 거기서 생업을
창 50:8　양 떼와 소 떼만 고센 땅에 남겼으며
출 8:22　백성이 거주하는 고센 땅을 구별하여
출 9:26　그 곳 고센 땅에는 우박이 없었더라
2. 여호수아가 점령한 가나안 남족 지역
수 10:41　온 고센 땅을 기브온에 이르기까지 치매
수 11:16　산지와 온 네겝과 고센 온 땅과 평지와
3. 유다 지파가 살던 지역 헤브론 남서쪽
수 15:51　고센와 홀론과 길로이니 열한 성읍과

고소/-하다(告訴, charge, report)
신 17:8　서로 간에 고소하여 네가 판결하기
렘 20:10　이르기를 고소하라 우리도 고소하리라
행 19:38　총독들도 있으니 피차 고소할 것이요
행 25:2　높은 사람들이 바울을 고소할새
행 25:15　대제사장들과 장로들이 그를 고소하여
행 25:16　앞에서 고소 사건에 대하여 변명할 기회
행 26:7　내가 유대인들에게 고소를 당하는 것이

고소장(告訴狀, indictment)
욥 31:35　자가 있다면 그에게 고소장을 쓰게 하라

고스 1(Koz)　유다 자손
대상 4:8　고스는 아눕과 소베바와 하룸의 아들

고스 2(Cos)　바울이 3차 여행 중 잠시 머물렀던 곳
행 21:1　바로 고스로 가서 이튿날 로도에 이르러

고스비(Cozbi)　미디안 종족의 두령인 수르의 딸
민 25:15　이름은 고스비니 수르의 딸이라
민 25:18　당한 그들의 자매 고스비의 사건으로

고슴도치(hedgehog)
사 14:23　그것이 고슴도치의 굴혈과 물 웅덩이가
사 34:11　당아새와 고슴도치가 그 땅을 차지하며
습 2:14　떼로 누울 것이며 당아와 고슴도치가

고아 1(孤兒, orphan, fatherless)
출 22:22　너는 과부나 고아를 해롭게 하지 말라
출 22:24　과부가 되고 너희 자녀는 고아가 되리라
신 10:18　고아와 과부를 위하여 정의를 행하시며
신 14:29　거류하는 객과 및 고아와 과부들이 와서
신 16:11　및 너희 중에 있는 객과 고아와 과부가
신 16:14　성중에 거주하는 레위인과 객과 고아와
신 24:17　객이나 고아의 송사를 억울하게 하지
신 24:19　가져오지 말고 나그네와 고아와 과부를
신 24:20　남은 것은 객과 고아와 과부를 위하여
신 24:21　따지 말고 객과 고아와 과부를 위하여
신 26:12　그것을 레위인과 객과 고아와 과부에게
신 26:13　레위인과 객과 고아와 과부에게 주기를
신 27:19　객이나 고아나 과부의 송사를 억울하게
욥 6:27　너희는 고아를 제비 뽑으며 너희 친구를
욥 22:9　돌려보내며 고아의 팔을 꺾는구나
욥 24:3　고아의 나귀를 몰아 가며 과부의 소를
욥 24:9　사람은 고아를 어머니의 품에서 빼앗
욥 29:12　도와줄 자 없는 고아를 내가 건졌음이
욥 31:17　내 떡덩이를 먹고 고아에게 그 조각을
욥 31:18　내가 젊었을 때부터 고아 기르기를 그의
욥 31:21　주먹을 들어 고아를 향하여 휘둘렀다면
시 10:14　벌써부터 고아를 도우시는 이시니이다
시 10:18　고아와 압제당하는 자를 위하여 심판
시 68:5　처소에 계신 하나님은 고아의 아버지

【 고아 2 】　　　　　　　　　　　　　　　　　　　　　　　　　　　　【 고을 】

시 82:3　가난한 자와 **고아**를 위하여 판단하며
시 94:6　과부와 나그네를 죽이며 **고아**들을 살해
시 109:9　자녀는 **고아**가 되고 그의 아내는 과부가
시 109:12　하시며 그의 **고아**에게 은혜를 베풀 자도
시 146:9　보호하시며 **고아**와 과부를 붙드시고
잠 23:10　지계석을 옮기지 말며 **고아**들의 밭에
사 1:17　도와주며 **고아**를 위하여 신원하며 과부
사 1:23　구하며 **고아**를 위하여 신원하지 아니하
사 9:17　아니하시며 그들의 **고아**와 과부를 긍휼
사 10:2　박탈하며 과부에게 토색하고 **고아**의
렘 5:28　이익을 얻으려고 송사 곧 **고아**의 송사
렘 7:6　이방인과 **고아**와 과부를 압제하지 아니
렘 22:3　건지고 이방인과 **고아**와 과부를 압제
렘 49:11　**고아**들을 버려도 내가 그들을 살리리라
애 5:3　없는 **고아**들이오며 우리의 어머니는
겔 22:7　가운데에서 **고아**와 과부를 해하였도다
호 14:3　하지 아니하오리니 이는 **고아**가 주로
슥 7:10　과부와 **고아**와 나그네와 궁핍한 자를
말 3:5　삯에 대하여 억울하게 하며 과부와 **고아**
요 14:18　너희를 **고아**와 같이 버려두지 아니하고
약 1:27　더러움이 없는 경건은 곧 **고아**와 과부를

고아 2(Goah) 예레미야가 예루살렘 회복에 관해 말한 곳
렘 31:39　곧게 가렙 언덕 밑에 이르러 **고아**로

고아 3(Koa) 바벨론의 한 지역
겔 23:23　브곳과 소아와 **고아** 사람과 또 그와

고안/-하다(考案, design)
출 35:32　놋으로 제작하는 기술을 **고안하게** 하시
출 35:35　일을 하게 하시고 정교한 일을 **고안하게**
대하 26:15　사람들에게 무기를 **고안하게** 하여 망대
행 17:29　기술과 **고안**으로 새긴 것들과 같이 여길

고역(苦役, harsh labor, cruel bondage)
왕상 12:4　시킨 **고역**과 메운 무거운 멍에를 가볍게
대하 10:4　시킨 **고역**과 메운 무거운 멍에를 가볍게
사 14:3　네가 수고하는 **고역**에서 놓으시고 안식

고요하다(hush, silent)
욥 30:27　마음이 들끓어 **고요함**이 없구나 환난
욥 37:17　땅이 **고요할** 때에 남풍으로 말미암아

시 107:29　광풍을 **고요하게** 하사 물결도 잔잔하게
시 131:2　실로 내가 내 영혼으로 **고요하고** 평온
렘 49:31　말씀이니라 너는 일어나 **고요하고도**
막 4:39　이르시되 잠잠하라 **고요하라** 하시니
딤전 2:2　단정함으로 **고요하고** 평안한 생활을
계 8:1　떼실 때에 하늘이 반 시간쯤 **고요하더니**

고용하다/고용되다(雇用, hire)
레 25:50　섬긴 날을 그 사람에게 **고용된** 날로
삿 18:4　나를 대접하고 나를 **고용하여** 나를 자기
삼하 10:6　명과 돕 사람 만 이천 명을 **고용한지라**
대상 19:7　그의 군대를 **고용하였더니** 그들이 와서
대하 24:12　석수와 목수를 **고용하여** 여호와의 전
　　　　　을 … 놋쇠공을 **고용하여** 여호와의
대하 25:6　큰 용사 십만 명을 **고용하였더니**
잠 26:10　**고용하는** 것은 지나가는 행인을 **고용함**
렘 22:13　자기의 이웃을 **고용하고** 그의 품삯을

고용꾼(雇用, mercenary)
렘 46:21　중의 **고용꾼**은 살진 수송아지 같아서

고원(高原, foothill)
대하 26:10　물 웅덩이를 많이 파고 **고원**과 평지에

고을(town, village, city)
창 35:5　하나님이 그 사면 **고을**들로 크게 두려워
민 21:15　비탈은 아르 **고을**을 향하여 기울어지고
신 3:5　외에 성벽 없는 **고을**이 심히 많았느니라
수 13:30　바산에 있는 야일의 모든 **고을** 육십
삼하 8:8　또 다윗 왕이 하닷에셀의 **고을** 베다와
삼하 21:6　택하신 사울의 **고을** 기브아에서 우리가
왕하 17:6　하볼과 메대 사람의 여러 **고을**에 두었
대하 23:2　모든 **고을**에서 레위 사람들과 이스라엘
스 10:14　기한에 각 **고을**의 장로들과 재판장과
에 8:11　왕이 여러 **고을**에 있는 유대인에게 허락
에 9:19　없는 **고을고을**에 사는 자들이 아달월
사 1:26　성읍이라, 신실한 **고을**이라 불리리라
사 22:2　떠들던 성, 즐거워하던 **고을**이여 너의
겔 38:11　내가 평원의 **고을**들로 올라가리라
호 6:8　악을 행하는 자의 **고을**이라 피 발자국
마 2:6　유대 **고을** 중에서 가장 작지 아니하도다
마 10:5　가지 말고 사마리아인의 **고을**에도
마 11:20　행하신 **고을**들이 회개하지 아니하므로

【 고의 】

마 14:13	듣고 여러 **고을**로부터 걸어서 따라간
막 6:33	그들인 줄 안지라 모든 **고을**로부터 도보
눅 9:10	데리시고 따로 벳새다라는 **고을**로 떠나
눅 19:17	충성하였으니 열 **고을** 권세를 차지하라
눅 19:19	이르되 너도 다섯 **고을**을 차지하라 하고

고의(故意, willful, deliberately)

출 21:13	만일 사람이 **고의**적으로 한 것이 아니라
출 21:14	사람이 그의 이웃을 **고의**로 죽였으면
민 15:30	타국인이든지 **고의**로 무엇을 범하면
민 35:31	**고의**로 살인죄를 범한 살인자는 생명의
시 19:13	주의 종에게 **고의**로 죄를 짓지 말게

고이다(run onto, under)

1. 우묵한 곳에 모이다(run onto, collect)

레 11:36	샘물이나 물이 **고인** 웅덩이는 부정하여
왕상 22:35	상처의 피가 흘러 병거 바닥에 **고였더라**

2. 밑을 바치어 안정시키다(under)

아 2:6	그가 왼팔로 내 머리를 **고이고** 오른팔로
아 8:3	왼팔로는 내 머리를 **고이고** 오른손으로

고임(Goiim)

1. 디달이 다스렸던 동방의 백성들

창 14:1	아리옥과 엘람 왕 그돌라오멜과 **고임**
창 14:9	엘람 왕 그돌라오멜과 **고임** 왕 디달과

2. 길갈에 속한 곳

수 12:23	돌 왕이요 하나는 길갈의 **고임** 왕이요

고자(鼓子, eunuch)

사 56:3	**고자**도 말하기를 나는 마른 나무라 하지
사 56:4	선택하며 나의 언약을 굳게 잡는 **고자**들
마 19:12	**고자**도 있고 … **고자**도 … **고자**도 있도

고지(高地, terrace)

렘 31:40	시내에 이르는 모든 **고지** 곧 동쪽 마문

고집/-하다(固執, cling, stubbornness, overbearing)

느 9:29	주의 규례를 범하여 **고집하는** 어깨를
렘 8:5	그들이 거짓을 **고집하고** 돌아오기를
렘 42:15	들어가서 거기에 살기로 **고집하면**
렘 42:17	거기에 머물러 살기로 **고집하는** 모든
렘 44:12	땅에 머물러 살기로 **고집하고** 그리로

【 고치다/고쳐지다 】

롬 2:5	다만 네 **고집**과 회개하지 아니한 마음을
딛 1:7	청지기로서 책망할 것이 없고 제 **고집**

고초(苦楚, affliction)

애 3:19	**고초**와 재난 곧 쑥과 담즙을 기억하소서

고치다/고쳐지다(heal, cure, correct, plaster)

구약

레 14:43	돌을 빼내며 집을 긁고 **고쳐** 바른 후에
레 14:48	집을 **고쳐** 바른 후에 제사장이 들어가
민 12:13	하나님이여 원하건대 그를 **고쳐** 주옵소
신 28:35	무릎과 다리를 쳐서 **고치지** 못할 심한
왕하 2:21	이 물을 **고쳤으니** 이로부터 다시는
왕하 2:22	물이 엘리사가 한 말과 같이 **고쳐져서**
대하 7:14	죄를 사하고 그들의 땅을 **고칠지라**
대하 21:18	여호람을 치사 능히 **고치지** 못할 병이
대하 30:20	기도를 들으시고 백성을 **고치셨더라**
욥 5:18	하시다가 그의 손으로 **고치시나니**
욥 9:27	얼굴 빛을 **고쳐** 즐거운 모양을 하자
시 6:2	나의 뼈가 떨리오니 나를 **고치소서**
시 30:2	주께 부르짖으매 나를 **고치셨나이다**
시 41:3	있을 때마다 그의 병을 **고쳐** 주시나이다
시 41:4	주께 범죄하였사오니 나를 **고치소서**
시 103:3	죄악을 사하시며 네 모든 병을 **고치시며**
시 107:20	그의 말씀을 보내어 그들을 **고치시고**
시 147:3	상심한 자들을 **고치시며** 그들의 상처를
잠 29:19	종은 말로만 하면 **고치지** 아니하나니

'병을 고치는 것'과 관련된 성구

1. 고치신 병들
   - 나병 – 왕하 5:3, 6, 7, 11
   - 중풍병 – 마 4:24
2. 병을 고치는 방법
   - 안수 – 막 6:5
   - 기름을 바름 – 막 6:13
   - 손을 얹음 – 눅 4:40
3. 안식일에 고치신 것
   - 마 12:10; 막 3:2; 눅 6:7; 13:14; 14:3
4. 병 고치는 은사 – 고전 12:9, 28, 30

사 3:7	이르기를 나는 **고치는** 자가 되지 아니
사 6:10	다시 돌아와 **고침**을 받을까 하노라
사 19:22	치실지라도 치시고는 **고치실** 것이므로

【 고치다/고쳐지다 】　　　　　　　　　　【 고통/-하다/-받다/-스럽다/-당하다 】

사 30:26	싸매시며 그들의 맞은 자리를 **고치시**는		눅 5:15	듣고 자기 병도 **고침**을 받고자 하여
사 57:18	내가 그의 길을 보았은즉 그를 **고쳐**		눅 5:17	앉았는데 병을 **고치**는 주의 능력이 예수
사 57:19	평강이 있을지어다 내가 그를 **고치리라**		눅 6:17	예수의 말씀도 듣고 병 **고침**을 받으려고
사 61:1	마음이 상한 자를 **고치며** 포로된 자에게		눅 6:18	귀신에게 고난 받는 자들도 **고침**을 받은
렘 3:22	너희의 배역함을 **고치리라** 하시니라		눅 7:21	들린 자를 많이 **고치시며** 또 많은 맹인

이름을 '고치다'와 관련된 성구
왕하 23:34; 24:17; 대하 36:4; 단 1:7

렘 8:15	좋은 것이 없으며 **고침**을 입을 때를		눅 8:2	악귀를 쫓아내심과 병 **고침**을 받은 어떤
렘 17:14	찬송이시오니 나를 **고치소서** 그리하시		눅 8:43	중에 아무에게도 **고침**을 받지 못하던
렘 26:13	너희 길과 행위를 **고치고** 너희 하나님		눅 9:1	모든 귀신을 제어하며 병을 **고치**는 능력
렘 30:12	상처는 **고칠** 수 없고 네 부상은 중하도		눅 9:2	나라를 전파하며 앓는 자를 **고치게** 하려
렘 30:17	살이 돋아나게 하여 너를 **고쳐** 주리라		눅 9:6	곳곳에 복음을 전하며 병을 **고치더라**
렘 33:6	성읍을 치료하며 **고쳐** 낫게 하고 평안과		눅 9:11	병 **고칠** 자들은 **고치시더라**
렘 35:15	길에서 돌이켜 행위를 **고치고** 다른 신을		눅 10:9	거기 있는 병자들을 **고치고** 또 말하기를
애 2:13	바다같이 크니 누가 너를 **고쳐** 줄소냐		눅 13:32	귀신을 쫓아내며 병을 **고치다가** 제삼일
겔 34:4	아니하며 병든 자를 **고치지** 아니하며		눅 14:4	예수께서 그 사람을 데려다가 **고쳐** 보내
호 5:13	그가 능히 너희를 **고치지** 못하겠고 너희		요 4:47	내려오셔서 내 아들의 병을 **고쳐** 주소서

규례 등을 '고치다'와 관련된 성구
단 6:8, 12, 15, 17; 7:25; 행 6:14

호 11:3	내가 그들을 **고치**는 줄을 그들은 알지		요 5:13	**고침**을 받은 사람은 그가 누구인지 알지
호 14:4	그들의 반역을 **고치고** 기쁘게 그들을		요 5:15	유대인들에게 가서 자기를 **고친** 이는
미 1:9	상처는 **고칠** 수 없고 그것이 유다까지도		요 12:40	깨닫고 돌이켜 내게 **고침**을 받지 못하게
나 3:19	상처는 **고칠** 수 없고 네 부상은 중하도		행 10:38	모든 사람을 **고치셨으니** 이는 하나님이
슥 11:16	상한 자를 **고치지** 아니하며 강건한 자를		행 28:9	가운데 다른 병든 사람들이 와서 **고침**을

신약

마 4:23	모든 병과 모든 약한 것을 **고치시니**		행 28:27	돌아오면 내가 **고쳐** 줄까 함이라 하였으
마 8:7	이르시되 내가 가서 **고쳐** 주리라		히 12:13	다리로 하여금 어그러지지 않고 **고침**을
마 8:16	쫓아 내시고 병든 자들을 다 **고치시니**			

고토 (故土, land)
욥 30:8　자식으로서 **고토**에서 쫓겨난 자들이

마 9:35	모든 병과 모든 약한 것을 **고치시니라**
마 10:1	모든 약한 것을 **고치**는 권능을 주시니라
마 10:8	병든 자를 **고치며** 죽은 자를 살리며

고통/-하다/-받다/-스럽다/-당하다 (苦痛, pain, misery)

구약

마 12:15	예수께서 그들의 병을 다 **고치시고**		창 16:11	여호와께서 네 **고통**을 들으셨음이니라
마 12:22	예수께서 **고쳐** 주시매 그 말 못하는		출 2:24	그들의 **고통** 소리를 들으시고 하나님이
마 13:15	돌이켜 내게 **고침**을 받을까 두려워함이		출 3:7	내 백성의 **고통**을 분명히 보고 그들의
마 14:14	그 중에 있는 병자를 **고쳐** 주시니라		신 26:7	음성을 들으시고 우리의 **고통**과 신고와
마 15:30	예수의 발 앞에 앉히매 **고쳐** 주시니		수 6:18	하여 **고통**을 당하게 되지 아니하도록
마 17:16	데리고 왔으나 능히 **고치지** 못하더이다		삼상 1:11	만일 주의 여종의 **고통**을 돌보시고 나를
마 19:2	거기서 그들의 병을 **고치시더라**		삼상 10:19	모든 재난과 **고통** 중에서 친히 구원하여
마 21:14	성전에서 예수께 나아오매 **고쳐** 주시니		삼상 28:21	이르러 그가 심히 **고통당함**을 보고
막 1:34	각종 병이 든 많은 사람을 **고치시며**		삼하 1:9	있으므로 내가 **고통** 중에 있나니 청하건
막 3:10	이는 많은 사람을 **고치셨으므로** 병으로			
눅 4:23	의사야 너 자신을 **고치라** 하는 속담에			

【 고통/-하다/-받다/-스럽다/-당하다 】　　【 고하다 】

삼하 24:14	이르되 내가 **고통** 중에 있도다 청하건대	사 50:11	것이 이것이라 너희가 **고통** 있는 곳에
대하 6:29	마음에 재앙과 **고통**을 깨닫고 이 성전을	렘 2:19	없는 것이 악이요 **고통**인 줄 알라 주
욥 2:13	앉았으나 욥의 **고통**이 심함을 보므로	렘 4:18	네가 악함이라 그 **고통**이 네 마음에까지
욥 6:10	줄 모르는 **고통** 가운데서도 기뻐하는	렘 4:31	소리 같고 초산하는 자의 **고통하는** 소리
욥 6:25	옳은 말이 어찌 그리 **고통스러운고**,	렘 6:24	약하여졌고 **고통**이 우리를 잡았으므로
욥 7:3	같이 내가 여러 달째 **고통**을 받으니	렘 13:21	네가 무슨 말을 하겠느냐 네가 **고통**
욥 7:15	마음이 뼈를 깎는 **고통**을 겪으니 차라리	렘 15:18	나의 **고통**이 계속하며 상처가 중하여
욥 9:28	내 모든 **고통**을 두려워하오니 주께서	렘 30:15	때문에 부르짖느냐 네 **고통**이 심하도다
욥 15:20	그의 일평생에 **고통**을 당하며 포악자의	렘 45:3	화로다 여호와께서 나의 **고통**에 슬픔을
욥 21:25	사람은 마음에 **고통**을 품고 죽으므로	렘 48:5	내리막길에서 … **고통스런** 울부짖음
욥 33:19	사람이 병상의 **고통**과 뼈가 늘 쑤심으로	렘 50:43	듣고 손이 약하여지며 **고통**에 사로잡혀
		애 1:7	예루살렘이 환난과 유리하는 **고통**을
	'해산/임신의 고통' 과 관련된 성구	애 1:12	관계가 없는가 나의 **고통**과 같은 **고통**이
	창 3:16; 시 48:6; 사 21:3; 66:7; 렘	애 1:18	**고통**을 볼지어다 나의 처녀들과 나의
	22:23; 49:24; 미 4:9; 살전 5:3	애 3:5	**고통**과 수고를 쌓아 나를 에우셨으며
		겔 30:24	**고통하기를** 죽게 상한 자의 **고통하듯**
		습 1:15	환난과 **고통**의 날이요 황폐와 패망의
시 9:13	미워하는 자에게서 받는 나의 **고통**을		**신약**
시 31:9	여호와여 내가 **고통** 중에 있사오니 내게	마 4:24	각종 병에 걸려서 **고통당하는** 자, 귀신
시 73:4	그들은 죽을 때에도 **고통**이 없고	눅 7:21	때에 예수께서 질병과 **고통** 및 악귀
시 73:16	생각한즉 그것이 내게 심한 **고통**이 되었	눅 16:23	그가 음부에서 **고통** 중에 눈을 들어
시 106:44	들으실 때에 그들의 **고통**을 돌보시며	눅 16:28	증언하게 하여 그들로 이 **고통받는**
시 107:6	부르짖으매 그들의 **고통**에서 건지시고	요 16:21	기쁨으로 말미암아 그 **고통**을 다시 기억
시 107:12	그러므로 그가 **고통**을 주어 그들의 마음	행 2:24	하나님께서 그를 사망의 **고통**에서 풀어
시 107:13	여호와께 부르짖으매 그들의 **고통**에서	롬 8:22	이제까지 함께 탄식하며 함께 **고통**을
시 107:19	그들이 그들의 **고통** 때문에 여호와께	롬 9:1-2	마음에 그치지 않는 **고통**이 있는 것을
	부르짖으매 그가 그들의 **고통**에서 그들	고전 12:26	**고통**을 받으면 모든 지체가 함께 **고통**을
시 107:28	그들의 **고통** 때문에 여호와께 부르짖으	딤후 3:1	너는 이것을 알라 말세에 **고통하는** 때가
	매 그가 그들의 **고통**에서 그들을 인도	벧후 2:7	행실로 말미암아 **고통당하는** 의로운
시 107:41	자는 그의 **고통**으로부터 건져 주시고	계 18:7	사치하였든지 그만큼 **고통**과 애통함
시 116:3	사망의 줄이 나를 두르고 스올의 **고통**이	계 18:10	그의 **고통**을 무서워하여 멀리 서서
시 116:10	크게 **고통**을 당하였다고 말할 때에도	계 18:15	상인들이 그의 **고통**을 무서워하여 멀리
시 118:5	내가 **고통** 중에 여호와께 부르짖었더니		
잠 14:10	**고통**은 자기가 알고 마음의 즐거움을	**고프다**(get hungry)	
잠 15:6	보물이 있어도 악인의 소득은 **고통**이	사 44:12	일을 하나 배가 **고프면** 기운이 없고
잠 17:25	근심이 되고 그 어미의 **고통**이 되느니라		
잠 31:7	잊어버리겠고 다시 자기의 **고통**을 기억	**고하다**(告, tell, speak)	
사 8:22	환난과 흑암과 **고통**의 흑암뿐이리니	창 47:1	요셉이 바로에게 가서 **고하여** 이르되
사 9:1	**고통받던** 자들에게는 흑암이 없으리로	창 47:4	그들이 또 바로에게 **고하되** 가나안 땅에
사 13:8	임박한 여자같이 **고통하며** 서로 보고	신 20:2	제사장은 백성에게 나아가서 **고하여**
사 23:5	소식으로 말미암아 **고통받으리로다**	수 2:23	나아가서 그들이 겪은 모든 일을 **고하고**
사 38:15	**고통**으로 말미암아 내가 종신토록	수 10:17	사람이 여호수아에게 **고하여** 이르되
사 38:17	보옵소서 내게 큰 **고통**을 더하신 것은	룻 4:4	무르지 아니하려거든 내게 **고하여** 알게

【 고함/-치다 】　　　　　　　　　　　　　　　　　　　　　　【 곡 】

왕하 1:6	돌아가서 그에게 **고하기**를 여호와께		**고향**(故鄕, country, hometown)	
왕하 6:12	이스라엘의 왕에게 **고하니이다** 하는	창 11:28	그 아비 데라보다 먼저 **고향** 갈대아인
욥 37:20	어찌 그에게 **고할** 수 있으랴 삼키지를	창 12:1	너는 너의 **고향**과 친척과 아버지의 집을
전 6:12	있을 것을 누가 능히 그에게 **고하리요**	창 24:4	내 **고향** 내 족속에게로 가서 내 아들
겔 2:7	아니 듣든지 너는 내 말로 **고할지어다**	창 24:7	아버지의 집과 내 **고향** 땅에서 떠나게
겔 3:4	족속에게 가서 내 말로 그들에게 **고하라**	창 30:25	보내어 내 **고향** 나의 땅으로 가게 하시
겔 3:11	아니 듣든지 그들에게 **고하여** 이르기를	창 31:55	축복하고 떠나 **고향**으로 돌아갔더라
호 4:12	그 막대기는 그들에게 **고하나니** 이는	창 32:9	명하시기를 네 **고향**, 네 족속에게로
마 2:8	내게 **고하여** 나도 가서 그에게 경배하게	민 10:30	가지 아니하고 내 **고향** 내 친족에게로
마 8:33	모든 일과 귀신 들린 자의 일을 **고하니**	민 22:5	브올의 아들 발람의 **고향**인 강가 브돌
막 6:30	행한 것과 가르친 것을 낱낱이 **고하니**	삿 11:9	너희가 나를 데리고 **고향**으로 돌아가서
막 9:5	베드로가 예수께 **고하되** 랍비여 우리가	삼상 28:3	슬피 울며 그의 **고향** 라마에 장사하였고
눅 14:21	주인에게 그대로 **고하니** 이에 집 주인	삼하 17:23	지우고 일어나 **고향**으로 돌아가 자기
행 25:14	왕에게 **고하여** 이르되 벨릭스가 한 사람	삼하 19:37	돌려보내옵소서 내가 내 **고향** 부모의
벧전 4:5	예비하신 이에게 사실대로 **고하리라**	왕상 2:26	이르되 네 **고향** 아나돗으로 가라 너는
		왕하 17:23	이스라엘이 **고향**에서 … 사로잡혀
고함/-치다(高喊, shout)		대하 25:10	**고향**으로 돌아가게 하였더니 그 무리
삼상 17:20	전장에 나와서 싸우려고 **고함치며**		가 유다 사람에게 … 분연히 **고향**으로
시 78:65	포도주를 마시고 **고함치는** 용사처럼	잠 27:8	**고향**을 떠나 유리하는 사람은 보금자리
렘 50:15	주위에서 **고함**을 지르리로다 그가 항복	렘 46:16	피하여 우리 민족에게로, 우리 **고향**으로
		렘 50:16	동족에게로 돌아가며 **고향**으로 도망하
고핫(Kohath) 레위의 아들		렘 51:9	아니한즉 버리고 각기 **고향**으로 돌아가
출 6:16	이러하니 게르손과 **고핫**과 므라리요	겔 23:15	**고향** 갈대아 바벨론 사람 같은 것이라
출 6:18	**고핫**의 아들들은 아므람과 이스할과	마 13:54	**고향**으로 돌아가사 그들의 회당에서
	헤브론과 웃시엘이요 **고핫**의 나이는	마 13:57	선지자가 자기 **고향**과 자기 집 외에서는
민 3:17	이러하니 게르손과 **고핫**과 므라리요	막 6:1	예수께서 거기를 떠나사 **고향**으로
민 3:19	**고핫**의 아들들은 그들의 종족대로	막 6:4	선지자가 자기 **고향**과 자기 친척과
민 3:27	**고핫**에게서는 아므람 종족과 이스할	눅 2:3	사람이 호적하러 각각 **고향**으로 돌아가
	종족과 … 이들은 곧 **고핫** 종족들이라	눅 4:23	가버나움에서 행한 일을 네 **고향** 여기서
민 3:29	**고핫** 자손의 종족들은 성막 남쪽에 진을	눅 4:24	너희에게 이르노니 선지자가 **고향**에서
민 3:30	엘리사반은 **고핫** 사람의 종족과 조상의	요 4:44	증언하시기를 선지자가 **고향**에서는
민 4:2	레위 자손 중에서 **고핫** 자손을 그들의	행 7:3	이르시되 네 **고향**과 친척을 떠나 내가
민 4:4	**고핫** 자손이 회막 안의 지성물에 대하여		
민 4:15	마치거든 **고핫** 자손들이 와서 멜 것이	**고환**(睾丸, testicle)	
	니라 그러나 … **고핫** 자손이 멜 것이며	레 21:20	습진이나 버짐이 있는 자나 **고환** 상한
민 4:18	너희는 **고핫** 족속의 지파를 레위인 중에	레 22:24	너희는 **고환**이 상하였거나 치었거나
민 4:34	지도자들이 **고핫** 자손들을 그 종족과	신 23:1	**고환**이 상한 자나 음경이 잘린 자는
민 4:37	회막에서 종사하는 **고핫**인의 모든 종족		
민 7:9	**고핫** 자손에게는 주지 아니하였으니	**곡**(Gog)	
민 10:21	**고핫**인은 성물을 메고 행진하였고 그들	1. 르우벤 지파 요엘의 손자	
민 16:1	레위의 증손 **고핫**의 손자 이스할의	대상 5:4	아들은 스마야요 그의 아들은 **곡**이요
민 26:57	게르손 종족과 **고핫**에게서 난 **고핫** 종족	2. 메섹과 두발을 통치한 마곡 땅의 왕	
민 26:58	고라 종족이라 **고핫**은 아므람을 낳았고	겔 38:2	메섹과 두발 왕 곧 **곡**에게로 얼굴을

【 곡물 】   【 곡식 】

겔 38:3   메섹과 두발 왕 곡아 내가 너를 대적하
겔 38:14   너는 또 예언하여 곡에게 이르기를
겔 38:16   오리라 곡아 끝 날에 내가 너를 이끌어
겔 38:18   그 날에 곡이 이스라엘 땅을 치러 오면
겔 39:1   인자야 너는 곡에게 예언하여 이르기
           를 … 로스와 메섹과 두발 왕 곡아 내가
겔 39:11   그 날에 내가 곡을 위하여 이스라엘 땅

곡물(穀物, food, harvest)
창 41:35   모든 곡물을 거두고 그 곡물을 바로의
창 41:36   이와 같이 그 곡물을 이 땅에 저장하여
창 41:48   칠 년 곡물을 거두어 각 성에 저장하되
           각 성읍 주위의 밭의 곡물을 그 성읍
창 42:7   그들이 이르되 곡물을 사려고 가나안
창 42:10   당신의 종들은 곡물을 사러 왔나이다
창 42:25   명하여 곡물을 그 그릇에 채우게 하고
창 44:25   다시 가서 곡물을 조금 사오라 하시기로
레 23:10   너희의 곡물을 거둘 때에 너희의 곡물의
레 23:22   너희 땅의 곡물을 벨 때에 밭 모퉁이까
민 18:27   마당에서 드리는 곡물과 포도즙 틀에서
느 10:31   안식일에 물품이나 온갖 곡물을 가져다
느 13:5   십일조로 주는 곡물과 새 포도주와 기름
잠 27:22   미련한 자를 곡물과 함께 절구에 넣고
렘 5:17   추수 곡물과 양식을 먹으며 네 양 떼와
학 1:11   내가 이 땅과 산과 곡물과 새 포도주와

곡선자(曲線, outline)
사 44:13   긋고 대패로 밀고 곡선자로 그어 사람의

곡성(哭聲, outcry)
사 15:8   곡성이 모압 사방에 둘렸고 슬피부르짖

곡식(穀食, grain)
창 27:28   기름짐이며 풍성한 곡식과 포도주를
창 27:37   주었으며 곡식과 포도주를 그에게
창 41:49   둔 곡식이 바다 모래같이 심히 많아
창 42:1   때에 야곱이 애굽에 곡식이 있음을 보고
창 42:2   애굽에 곡식이 있다 하니 너희는 그리로
창 42:3   사람이 애굽에서 곡식을 사려고 내려
창 42:6 땅 모든 백성에게 곡식을 팔더니 요셉이
창 42:19   하고 너희는 곡식을 가지고 가서 너희
창 42:26   곡식을 나귀에 싣고 그곳을 떠났더니
창 43:2   애굽에서 가져온 곡식을 다 먹으매

창 45:23   길에서 드릴 곡식과 떡과 양식을 실리고
창 47:14   요셉이 곡식을 팔아 애굽 땅과 가나안
출 22:6   낟가리나 거두지 못한 곡식이나 밭을
레 2:16   제사장은 찧은 곡식과 기름을 모든 유향
레 19:9   너희가 너희의 땅에서 곡식을 거둘 때에
레 23:14   떡이든지 볶은 곡식이든지 생 이삭이든
레 26:10   오래 두었던 묵은 곡식을 먹다가 새 곡
           식으로 말미암아 묵은 곡식을 치우게
레 27:30   십분의 일 곧 그 땅의 곡식이나 나무의
민 15:20   너희의 처음 익은 곡식 가루 떡을 거제
민 15:21   너희의 처음 익은 곡식 가루 떡을 대대
민 18:12   좋은 포도주와 곡식을 네게 주었은즉
신 7:13   토지 소산과 곡식과 포도주와 기름을
신 11:14   내리시리니 너희가 곡식과 포도주와
신 12:17   너는 곡식과 포도주와 기름의 십일조와
신 14:23   택하신 곳에서 네 곡식과 포도주와 기름
신 16:9   셀지니 곡식에 낫을 대는 첫 날부터
신 18:4   네가 처음 거둔 곡식과 포도주와 기름과
신 24:19   네가 밭에서 곡식을 벨 때에 그 한 뭇을
신 25:4   곡식 떠는 소에게 망을 씌우지 말지니라
신 28:51   너를 멸망시키며 또 곡식이나 포도주나
신 33:28   거하며 야곱의 샘은 곡식과 새 포도주가
수 3:15   요단이 곡식 거두는 시기에는 항상 언덕
수 5:11   날에 무교병과 볶은 곡식을 먹었더라
룻 2:14   먹으라 하므로 룻이 곡식 베는 자 곁에
           앉으니 그가 볶은 곡식을 주매 룻이
룻 2:16   그를 위하여 곡식 다발에서 조금씩 뽑아
삼상 8:15 그가 또 너희의 곡식과 포도원 소산의
삼상 17:17 형들을 위하여 이 볶은 곡식 한 에바와
삼상 25:18 다섯 마리와 볶은 곡식 다섯 세아와
삼하 17:19 덮고 찧은 곡식을 그 위에 널매 전혀
삼하 17:28 밀가루와 볶은 곡식과 콩과 팥과 볶은
삼하 21:9 죽은 때는 곡식 베는 첫날 곧 보리를
삼하 21:10 위하여 바위 위에 펴고 곡식 베기 시작
삼하 23:13 세 사람이 곡식 벨 때에 아둘람 굴에
왕상 8:37 있거나 곡식이 시들거나 깜부기가
왕상 18:32 제단을 돌아가며 곡식 종자 두 세아를
왕하 18:32 본토와 같은 지방 곧 곡식과 포도주가
대하 6:28 있거나 곡식이 시들거나 깜부기가
대하 31:5 이스라엘 자손이 곡식과 포도주와 기름
대하 32:28 곡식과 새 포도주와 기름의 산물을
느 5:3   저당 잡히고 이 흉년에 곡식을 얻자
느 10:39   자손이 거제로 드린 곡식과 새 포도주와

174

곡식

느 13:12	곡식과 새 포도주와 기름의 십일조를
욥 24:10	벌거벗고 다니며 곡식 이삭을 나르나
욥 24:24	것이며 잘려 모아진 곡식 이삭처럼 되리
욥 39:12	그것이 네 곡식을 집으로 실어 오며 네
	타작 마당에 곡식 모으기를 그것에게

'곡식'과 관련된 성구

곡식 가루 – 롬 11:16
곡식 단 – 창 37:7; 레 23:15; 룻 2:15;
   3:7; 느 13:15; 욥 5:26; 시 126:6;
   렘 9:22; 암 2:13; 미 4:12; 슥 12:6
곡식 떠는 기계 – 대상 21:23
곡식 밭 – 신 23:25

시 4:7	기쁨은 그들의 곡식과 새 포도주가
시 65:9	예비하신 후에 그들에게 곡식을 주시나
시 65:13	입었고 골짜기는 곡식으로 덮였으매
시 72:16	땅에도 곡식이 풍성하고 그것의 열매가
잠 11:26	곡식을 내놓지 아니하는 자는 백성에게
잠 28:3	가난한 자를 곡식을 남기지 아니하는
사 17:5	추수하는 자가 곡식을 거두어 가지고
사 23:3	시홀의 곡식 곧 나일의 추수를 큰 물로
사 28:28	곡식은 부수는가, 아니라 늘 떨기만
사 30:23	땅이 먹을 것을 내며 곡식이 풍성하고
사 36:17	너희 본토와 같이 곡식과 포도주와 떡과
사 62:8	다시는 네 곡식을 네 원수들에게 양식
렘 31:12	여호와의 복 곧 곡식과 새 포도주와
렘 50:26	곳간을 열고 그것을 곡식더미처럼 쌓아
애 2:12	어머니들에게 이르기를 곡식과 포도주
겔 36:29	데에서 구원하고 곡식이 풍성하게 하여
호 2:8	곡식과 새 포도주와 기름은 내가 그에게
호 2:9	내가 내 곡식을 그것이 익을 계절에
호 2:22	땅은 곡식과 포도주와 기름에 응답하고
호 7:14	슬피 부르짖으며 곡식과 새 포도주로
호 10:11	암소 같아서 곡식 밟기를 좋아하나 내가
호 14:7	자가 돌아올지라 그들은 곡식같이 풍성
욜 1:10	마르니 곡식이 떨어지며 새 포도주가
욜 1:17	비었고 곳간이 무너졌으니 이는 곡식
욜 2:19	내가 너희에게 곡식과 새 포도주와 기름
욜 3:13	너희는 낫을 쓰라 곡식이 익었도다 와서
암 4:9	내가 곡식을 마르게 하는 재앙과 깜부기
암 8:5	언제 지나서 우리가 곡식을 팔며 안식
암 9:13	파종하는 자가 곡식 추수하는 자의 뒤를

곡하다

학 2:16	그 때에는 이십 고르 곡식 더미에 이른
학 2:17	모든 일에 곡식을 마르게 하는 재앙과
학 2:19	곡식 종자가 아직도 창고에 있느냐
슥 9:17	그리 큰지 곡식은 청년을, 새 포도주는
마 13:25	와서 곡식 가운데 가라지를 덧뿌리고
마 13:29	가라지를 뽑다가 곡식까지 뽑을까 염려
마 13:30	불사르게 단으로 묶고 곡식은 모아
막 4:28	그 다음에는 이삭에 충실한 곡식이라
눅 12:17	생각하여 이르되 내가 곡식 쌓아 둘
눅 12:18	곳간을 헐고 더 크게 짓고 내 모든 곡식
행 7:12	야곱이 애굽에 곡식이 있다는 말을 듣고
고전 9:9	율법에 곡식을 밟아 떠는 소에게 망을
고전 9:10	소망을 가지고 갈며 곡식 떠는 자는 함께
딤전 5:18	성경에 일렀으되 곡식을 밟아 떠는 소의
딤후 2:6	수고하는 농부가 곡식을 먼저 받는 것이
계 14:15	거두소서 땅의 곡식이 다 익어 거둘
계 14:16	휘두르매 땅의 곡식이 거두어지니라

곡조(曲調, melody–KJV)

사 23:16	기묘한 곡조로 많은 노래를 불러서 너를

곡초(穀草, corn)

출 5:12	애굽 온 땅에 흩어져 곡초 그루터기를
왕하 19:26	잡초와 자라기 전에 시든 곡초같이
사 37:27	지붕의 풀같이, 자라지 못한 곡초같이

곡하다(哭, mourn, weep)

창 27:41	이르기를 아버지를 곡할 때가 가까웠은
창 50:3	칠십 일 동안 그를 위하여 곡하였더라
창 50:4	곡하는 기한이 지나매 요셉이 바로의
시 35:14	굽히고 슬퍼하기를 어머니를 곡함같이
시 69:10	곡하고 금식하였더니 그것이 도리어
사 3:26	성문은 슬퍼하며 곡할 것이요 시온은
사 33:7	평화의 사신들이 슬피 곡하며
욜 1:11	포도원을 가꾸는 자들아 곡할지어다
슥 11:2	잣나무여 곡할지어다 백향목이 넘어
	졌고 … 상수리나무들아 곡할지어다
눅 7:32	춤추지 않고 우리가 곡하여도 너희가

'곡하는 것'과 관련된 성구

곡하는 부녀 – 렘 9:17
곡하는 소리 – 슥 11:3

【 곡해하다 】 　　　　　　　　　　　【 곤비하다 】

요 11:31　나가는 것을 보고 **곡하러** 무덤에 가는
요 16:20　이르노니 너희는 **곡하고** 애통하겠으나
계 21:4　없고 애통하는 것이나 **곡하는** 것이나

곡해하다(曲解, twist)
시 56:5　그들이 종일 내 말을 **곡해하며** 나를

곤경(困境, distress, stress)
대상 21:13 갓에게 이르되 내가 **곤경**에 빠졌도다
느 2:17　우리가 당한 **곤경**은 너희도 보고 있는
욥 42:10　여호와께서 욥의 **곤경**을 돌이키시고
렘 19:9　찾는 자에게 둘러싸여 **곤경**에 빠질 때에

곤고/-하다(困苦, distress, affliction, wretch)
삿 10:9　싸우므로 이스라엘의 **곤고**가 심하였더
삿 10:16　여호와께서 이스라엘의 **곤고**로
삼하 22:28 주께서 **곤고한** 백성은 구원하시고 교만
대하 28:22 아하스 왕이 **곤고할** 때에 더욱 여호와께
느 9:27　넘기사 그들이 **곤고**를 당하게 하시매
욥 21:17　하나님이 진노하사 그들을 **곤고하게**
욥 30:11　하시고 나를 **곤고하게** 하심으로 무리가
욥 36:15　하나님은 **곤고한** 자를 그 **곤고**에서 구원
욥 36:19　능히 그대가 **곤고한** 가운데에서 그대를
시 18:27　주께서 **곤고한** 백성은 구원하시고 교만
시 22:24　**곤고한** 자의 **곤고**를 멸시하거나 싫어하
시 25:18　나의 **곤고**와 환난을 보시고 내 모든
시 34:2　여호와를 자랑하리니 **곤고한** 자들이
시 34:6　**곤고한** 자가 부르짖으매 여호와께서
시 69:32　**곤고한** 자가 이를 보고 기뻐하나니
시 89:22　악한 자가 그를 **곤고하게** 못하리로다
시 94:5　백성을 짓밟으며 주의 소유를 **곤고하게**
시 107:10 그늘에 앉으며 **곤고**와 쇠사슬에 매임은
잠 4:12　때에 네 걸음이 **곤고하지** 아니하겠고
잠 22:22　약하다고 탈취하지 말며 **곤고한** 자를
잠 31:5　잊어버리고 모든 **곤고한** 자들의 송사를
잠 31:9　공의로 재판하여 **곤고한** 자와 궁핍한
잠 31:20　그는 **곤고한** 자에게 손을 펴며 궁핍한
전 7:14　기뻐하고 **곤고한** 날에는 되돌아보아라
전 12:1　창조주를 기억하라 곧 **곤고한** 날이 이르
사 8:21　땅으로 헤매며 **곤고하며** 굶주릴 때에
사 14:32　세우셨으니 그의 백성의 **곤고한** 자들이
사 29:7　그 요새를 쳐서 그를 **곤고하게** 하는
사 30:6　불뱀이 나오는 위험하고 **곤고한** 땅을

사 50:4　혀를 내게 주사 나로 **곤고한** 자를 말로
사 51:21　그러므로 너 **곤고하며** 포도주가 아니라
사 54:11　**곤고하며** 광풍에 요동하여 안위를 받지
애 1:4　처녀들이 근심하며 시온도 **곤고**를
애 1:5　여호와께서 그를 **곤고하게** 하셨음이라
암 8:10　애통하듯 하게 하며 결국은 **곤고한** 날과
습 3:12　**곤고하고** 가난한 백성을 네 가운데에
슥 10:2　같이 유리하며 목자가 없으므로 **곤고**를
눅 21:25　소리로 인하여 혼란한 중에 **곤고하리라**
롬 2:9　사람의 영에는 환난과 **곤고**가 있으리니
롬 7:24　오호라 나는 **곤고한** 사람이로다 이 사망
롬 8:35　끊으리요 환난이나 **곤고**나 박해나 기근
고후 8:13　너희는 **곤고하게** 하려는 것이 아니요
고후 12:10 능욕과 궁핍과 박해와 **곤고**를 기뻐하노
계 3:17　없다 하나 네 **곤고한** 것과 가련한 것과

곤궁하다(困窮, poor)
신 24:14　**곤궁하고** 빈한한 품꾼은 너희 형제든지

곤두박질하다(fall headlong)
행 1:18　사고 후에 몸이 **곤두박질하여** 배가 터져

곤란/-하다(困難, poor, grief, distress)
신 15:11　형제 중 **곤란한** 자와 궁핍한 자에게
신 28:53　공격을 받아 **곤란**을 당하므로 네 하나님
신 28:55　너를 쳐서 **곤란하게** 하므로 아무것도
신 28:57　맹렬히 쳐서 **곤란하게** 하므로 아무것도
삼상 14:29 아버지께서 이 땅을 **곤란하게** 하셨도다
느 9:37　관할하오니 우리의 **곤란**이 심하오며
시 4:1　응답하소서 **곤란** 중에 나를 너그럽게
시 82:3　위하여 판단하며 **곤란한** 자와 빈궁한
시 88:9　**곤란**으로 말미암아 내 눈이 쇠하였나이
단 9:25　그 때 **곤란한** 동안에 성이 중건되어

곤비하다(困憊, weary)
욥 10:1　영혼이 살기에 **곤비하니** 내 불평을 토로
사 1:14　짐이라 내가 지기에 **곤비하였느니라**
사 28:12　상쾌함이니 너희는 **곤비한** 자에게 안식
사 29:8　마셨을지라도 깨면 **곤비하며** 그 속에
사 32:2　**곤비한** 땅에 큰 바위 그늘 같으리니
사 40:28　피곤하지 않으시며 **곤비하지** 않으시며
사 40:30　소년이라도 피곤하며 **곤비하며** 장정이
사 40:31　달음박질하여도 **곤비하지** 아니하겠고

【 곤욕 】   【 곧 】

사 51:20 아들들이 **곤비하여** 그물에 걸린 영양

곤욕(困辱, oppress)
사 53:7 **곤욕**을 당하여 괴로울 때에도 그 입을
사 53:8 그가 **곤욕**과 심문을 당하고 끌려 갔으니

곤충(昆蟲, insect, crawl)

레 5:2   가축의 사체나 부정한 **곤충**의 사체를 만졌으면
레 11:20 날개가 있고 네 발로 기어다니는 **곤충**은 너희가
레 11:21 기어다니는 모든 **곤충** 중에 그 발에
레 11:23 기어다니는 **곤충**은 다 너희가 혐오할
신 4:18   **곤충**의 형상이든지, 땅 아래 물 속에
겔 8:10   들어가 보니 각양 **곤충**과 가증한 짐승과
호 2:18   공중의 새와 땅의 **곤충**과 더불어 언약을

곤핍/-하다(困乏, scarcity, poor)
시 68:9   보내사 주의 기업이 **곤핍할** 때에 주께서
잠 6:11   빈궁이 강도같이 오며 네 **곤핍**이 군사
잠 24:34 빈궁이 강도같이 오며 네 **곤핍**이 군사
사 5:27   **곤핍하여** 넘어지는 자도 없을 것이며
사 26:6   자의 발과 **곤핍한** 자의 걸음이리로다

곤하다(困, tire)
삼하 17:2   그가 **곤하고** 힘이 빠졌을 때에 기습하여
삼하 17:29 들에서 시장하고 **곤하고** 목마르겠다

곧(at once, that is)
창 1:27   하나님이 자기 형상 **곧** 하나님의 형상
수 1:2   이 요단을 건너 내가 그들 **곧** 이스라엘
렘 1:3   시드기야의 십일년 말까지 **곧** 오월에
겔 1:24   떠드는 소리 **곧** 군대의 소리와도 같더니
욥 1:12   손을 대지 말지니라 사탄이 **곧** 여호와
사 3:1   의지하는 것을 제하여 버리시되 **곧** 그가
마 3:16   예수께서 세례를 받으시고 **곧** 물에서
행 2:10   로마로부터 온 나그네 **곧** 유대인과
롬 1:4   아들로 선포되셨으니 **곧** 우리 주 예수

곧 허락하다
에 5:6   소청이 무엇이뇨 **곧** 허락하겠노라
에 7:2   소청이 무엇이냐 **곧** 허락하겠노라 그대
에 9:12   소청이 무엇이냐 **곧** 허락하겠노라

곧 - 기타 본문
모세오경 창 2:19; 5:3; 7:11, 13, 21, 23; 8:4, 5, 13, 17, 19; 9:5, 10; 11:10; 13:3; 14:2, 3, 7, 8, 9, 17; 15:19; 16:7; 17:8, 14, 23, 27; 18:2; 19:4, 24, 29; 21:3; 23:1, 2, 10, 17, 19; 24:10, 54; 25:6; 26:28; 27:3, 30, 32, 45; 28:4; 31:18, 42; 32:19; 34:7, 17, 30; 35:6, 14, 19, 27; 36:1, 8, 19, 29, 35; 37:1, 23; 38:30; 40:2, 3; 41:4, 14, 21, 50; 43:8, 11; 44:2; 46:7, 8, 12, 19, 21, 24; 47:17; 48:1, 7; 49:22, 28; 50:11; 출 1:14; 2:11; 3:8, 15, 16, 17; 4:3, 5; 6:4; 9:3, 29; 10:2, 5, 21; 12:2, 10, 29, 48; 13:3, 5, 14; 14:2, 6, 27; 15:16; 16:16, 22, 35; 18:1, 5, 21, 25; 19:20; 25:19, 22; 26:7, 12, 13, 20, 22, 27; 27:5, 12; 28:1, 3, 4, 23, 26, 27, 37; 29:1, 25, 27, 28, 33; 30:1, 4, 6, 14; 31:7, 10; 32:1, 23; 33:3, 5; 34:10, 22, 28; 35:5, 11, 19, 22; 36:1, 2, 8, 14, 24, 25, 26, 27, 31, 32; 37:3, 8, 16, 18, 27; 38:3, 8, 21, 26; 39:10, 14, 19, 20, 32, 33, 37, 40, 41; 40:2, 16, 17, 22, 24; 레 3:3, 4, 9, 10, 14, 15; 4:6, 7, 8, 9, 12; 5:2; 6:2, 5, 6, 26; 7:3, 4, 8, 21, 30, 36; 8:9, 17, 22; 9:13, 15; 11:10, 13, 22, 29, 42; 12:2; 13:2, 38; 14:2, 13, 17, 28, 31, 54; 15:3; 16:16, 18, 29, 32; 18:7, 9, 26; 19:20, 21, 23; 20:10, 17, 24, 27; 21:6, 18; 22:6; 23:15, 32; 25:8, 16, 28, 29, 32; 26:16, 24; 27:24, 30; 민 3:8, 21, 22, 23, 27, 33, 34, 38, 50; 4:3, 14, 25, 27, 31, 36, 48; 5:4, 18; 6:2, 9, 21; 7:2, 7, 84; 8:4, 7, 16, 20, 24; 9:3, 15, 17, 21, 23; 11:28, 31; 13:11, 18, 30; 14:14, 29, 37; 15:15, 23, 25, 36; 16:2, 5, 29; 17:2, 11, 13; 18:2, 8, 11, 12, 21, 29; 20:1, 22, 29; 21:1; 22:1, 29; 25:14, 18; 27:21; 28:23; 31:14, 29, 32, 36, 43, 48, 50; 32:4, 19, 33; 33:3, 36; 34:2, 15; 35:30, 34; 신 1:1, 15, 46; 3:4, 10, 13, 16, 17, 24; 4:13, 19, 20, 48, 49; 5:3; 6:1, 2, 14, 22, 25; 7:1, 13, 21; 8:15; 9:6, 9, 11, 13, 21, 26, 29; 10:12, 16; 11:4, 6, 9, 24, 30; 12:7, 11, 15; 13:6, 7; 14:4, 7, 12, 23; 15:9, 14; 16:3, 6, 16; 17:11; 18:3, 16; 19:4, 14; 20:15, 17; 21:16; 23:19; 24:7; 25:13, 14, 18; 26:9, 12; 27:3, 5, 22; 28:49, 53, 56; 29:3, 10, 21; 30:10, 16; 31:10, 12, 27; 32:17, 36, 39, 42; 33:4, 5, 17, 21, 28 **역사서** 수 1:4, 15; 2:7, 10, 11; 3:6, 13, 16; 4:7, 9, 10; 5:4, 6; 9:10, 15, 26; 10:5, 23, 40; 11:16, 17;

【곧】

12:1, 2, 3, 7, 8; 13:3, 5, 6, 9, 10, 12, 17, 21, 24, 25, 27, 30, 31; 14:1; 15:2, 8, 9, 10, 13, 14, 25, 49, 54, 60; 16:1; 17:2, 11, 17; 18:13, 14, 28; 19:1, 2, 8, 50; 20:6, 7, 9; 21:11, 18, 20, 21, 40; 22:9, 12, 24, 30; 23:2; 24:2, 5, 11, 31; 삿 2:7, 12, 13, 15; 3:9, 15; 4:13; 5:3, 25, 26, 30; 6:25, 40; 9:5; 11:19; 12:6; 16:2, 30; 18:15; 19:4, 9, 10; 20:2, 4, 9, 13, 31, 33; 21:24; 룻 4:5, 15; 삼상 2:13; 9:13; 12:17; 13:21; 14:24, 47; 15:2; 17:39, 40, 45; 18:6; 20:27, 41; 21:6; 22:11; 23:17; 25:24; 28:9; 29:10; 30:10, 19; 삼하 1:13, 15, 18, 21; 2:23; 3:10; 4:12; 5:2, 24; 6:19; 7:8; 8:12; 12:27; 13:6, 17, 18, 31; 15:10, 27, 36, 37; 19:7; 21:8, 9; 22:12, 45; 24:5, 9, 17; 왕상 1:9; 2:5, 32, 34, 44; 6:1, 5, 15, 16, 17, 32, 33, 38; 7:7, 10, 20, 41, 48, 50, 51; 8:1, 2, 6, 41, 48, 63; 9:10, 21, 27; 10:25; 11:1, 19; 12:32, 33; 13:9, 30; 14:14, 19; 15:15; 16:9, 10; 17:5; 18:40; 20:12, 15, 24; 21:10, 11, 16, 19; 22:14; 왕하 1:10, 12, 15; 2:20, 24; 4:6, 12, 20, 36, 42; 5:5, 18; 7:2, 13, 17, 20; 8:5; 9:3, 4, 6, 7, 10, 13, 14, 23; 10:1, 6, 10, 14, 33; 12:4, 9, 11; 13:17, 18; 14:6; 16:9, 14; 17:14; 18:6, 10, 14, 17, 32; 19:12, 18; 21:18; 22:4, 6, 11, 19; 23:8; 24:3, 13, 16; 25:15, 19, 22, 27; 대상 1:27; 2:42, 50, 55; 4:21; 5:18, 21, 26; 6:20, 22, 54, 78; 8:3, 7; 9:18, 19, 23, 33; 10:9; 11:2, 4, 42; 12:4, 29, 40; 13:1, 6; 14:15; 16:12, 15, 17; 17:7, 11, 24; 19:7; 21:12, 17; 22:15, 28; 23:29; 25:7; 26:21, 25, 26; 28:1, 2, 4, 8, 12, 15, 17, 18; 29:2, 4, 9; 대하 1:3, 6; 4:12, 19, 22; 5:2, 7; 8:8, 13; 9:24, 29; 11:6, 19; 12:3, 13; 13:19; 15:8, 18; 17:11; 18:13; 20:2, 23; 22:8; 23:1, 4, 14; 25:4, 7; 26:16, 23; 28:12; 29:12; 30:6, 8, 19; 31:2, 3, 5, 21; 32:30; 33:8; 34:3, 11, 12, 19, 24, 27, 32; 35:9, 20; 36:13; 스 2:2, 6, 16, 40; 4:10; 5:1; 6:1, 3, 8, 9; 7:21; 8:3, 16, 17, 24, 35; 10:3; 느 2:4; 3:25; 4:3; 5:13, 14; 6:3, 14; 7:3, 6, 11, 21, 43; 8:2, 12, 18, 22, 36; 10:9, 14, 28, 33, 39; 11:24; 12:17, 44; 13:3, 11; 에 1:4, 14; 2:7, 9, 15, 16; *3:6, 7, 10, 12, 13; 5:1; 8:9, 12; 9:1, 10, 19, 24* 시 가서 욥 2:11; 3:8; 6:9; 10:21; 11:16; 12:15; 13:21; 15:18, 33; 18:13; 19:23; 20:17; 24:19; 30:3; 33:3; 37:2; 시 5:8; 8:7; 18:11; 19:10;

【곧】

21:4; 22:29; 24:4, 10; 27:4; 31:19; 32:5; 33:12, 14, 18; 40:3; 42:2; 44:1; 45:7; 46:4; 47:4; 48:2; 50:7; 55:13; 57:2, 4; 59:12; 65:4; 67:6; 68:8, 19, 21, 24, 26; 69:31; 71:4; 72:18; 74:11; 76:9; 77:5, 11, 15, 19; 78:6, 8, 49, 51, 54, 60; 80:17; 83:6; 90:2; 94:10; 97:5; 103:18; 104:16, 25; 105:5, 8, 10, 19; 106:7, 9, 13, 38; 109:20; 113:8; 115:14; 116:16, 19; 119:56, 127; 122:4, 5; 130:5; 132:5; 133:2, 3; 135:2, 4, 11; 136:22; 145:18; 148:14; 잠 2:9, 10; 4:25; 6:3, 16, 17, 23; 7:22; 8:16, 22; 11:5; 13:12; 15:4; 18:20; 21:6, 8; 23:15; 28:18; 29:1; 30:1, 8, 16, 19, 22, 25, 30; 31:1; 전 1:15; 3:21; 5:13; 7:13, 29; 8:14; 9:3, 9, 14; 10:5; 12:1; 아 2:15; 4:2, 4; 8:2 **대선지서** 사 4:3; 7:17, 20; 8:7; 9:9, 15, 18; 10:21, 32; 11:2, 16; 13:4, 5, 9; 14:15; 18:2, 7; 19:12; 20:6; 22:24; 23:3, 4, 7, 13; 24:13; 25:6; 26:6; 27:1, 9; 28:1, 16; 29:7, 14; 34:6; 35:2; 37:23, 34; 38:7, 19; 39:2, 3; 40:24; 41:4; 42:1, 16; 43:7, 11, 20, 25; 44:17; 45:4, 11, 13; 48:6, 15; 51:12, 19, 22; 54:6; 55:3, 5; 56:7; 57:6; 59:21; 60:9, 13; 61:3, 4; 63:17; 65:3, 20; 66:19; 렘 2:2, 3, 6, 13, 21, 26; 3:17, 21; 5:15, 28; 6:16; 7:7, 11, 14, 15; 9:15, 24, 26; 11:4, 13, 23; 13:18; 15:3, 12; 17:23; 18:15; 19:15; 21:5; 22:11, 25; 25:1, 13; 26:20, 22; 28:1; 29:8, 16; 31:2, 9, 12, 21, 22; 31:23, 33, 39, 40; 32:1, 14, 29; 33:10; 34:5, 7, 19; 36:2, 10, 12; 38:22; 39:3; 40:8; 41:10, 16; 42:17; 43:1, 5, 6; 44:1, 15, 17, 20, 30; 46:2, 20, 25, 26; 48:21, 29; 49:4, 31, 37; 50:7, 31; 51:11, 13, 20, 28, 56, 60; 52:19, 20, 25, 31, 34; 애 2:20; 3:14, 19, 62; 4:20; 겔 2:3; 3:15; 3:23; 4:1, 5, 9; 5:5, 8; 6:3, 13, 14, 8:3, 16; 10:6, 12, 22; 11:1, 15; 12:9; 13:19; 14:21, 22; 16:19, 27, 41, 48, 50, 53, 57; 17:6; 20:6, 15, 32, 40, 42; 21:19, 21, 25, 29, 31; 22:11, 18; 23:5, 9, 14, 15, 16, 19, 23, 29, 33; 24:2, 6, 26, 25:9; 26:7, 15, 24; 28:2, 7, 13, 25; 29:10, 14; 30:22; 31:16; 32:9, 12, 21, 23, 29, 32; 33:13; 34:2, 11, 20, 30, 31; 35:5; 36:20, 23, 25, 38; 37:10, 16, 19, 25, 38:2, 4, 6, 8, 15; 39:7, 11, 17, 18; 40:1, 40; 41:8, 17, 24; 42:7, 9, 13, 16; 43:1, 3, 7, 21; 44:6, 13, 28; 45:4, 7, 14, 23; 46:14; 47:16, 22; 48:1, 9, 18, 21; 단 1:4, 6; 2:23,

【 곧 】   【 곧다/곧아지다 】

28, 38; 3:7; 4:5, 22, 24; 5;11, 25; 6:7, 24; 7:5, 6,   8; 살전 3:2; 4:1, 3; 살후 2:3; 딤전 1:17; 2:5;
19, 23; 8:6, 20, 21; 9:2; 11; 21; 23; 25; 10:1, 15,   3;1; 4:10, 14; 6:3, 9; 4:8; 몬 1:16; 히 1:9; 2:9,
16, 19; 11:6, 13, 31; 12:6 소선지서 호 1:1; 7:8;   14; 3:18; 4:14; 6:9; 7:2; 9:11; 10:20; 11:16, 27;
10:8, 12; 11:4; 13:10, 15; 욜 1:15; 2:2, 25, 30;   12:13, 27; 약 1:24, 27; 2:1; 3:2, 6; 4:11; 벧전
3:1, 2, 5; 암 1:1; 6:1; 6:10; 옵 1:1, 11, 12, 16, 20;   1:2, 4, 9, 25; 2:15; 3:21; 4:14; 5:10; 벧후 1:11;
욘 1:7, 15; 3:7, 10; 미 1:1, 2, 9; 3:9; 4:2, 8; 7:4,   3:2, 18; 요일 1:5; 2:1, 25; 3:23; 4:2, 3; 5:6, 20;
6, 11; 나 1:1, 5, 6; 합 2:6, 17; 3:15, 10; 학 1:1;   요삼 1:1, 5; 유 1:1, 4, 25   예언서 계 1:2, 18;
2:1, 15, 18; 슥 1:7; 3:5; 6:7; 7:1; 8:9, 12, 23;   2:13; 3:7, 9, 12; 4:2, 8; 9:18; 10:4, 6; 11:8; 15:1,
9:9; 10:1, 3; 11:11, 12, 13; 12:1; 14:4, 12, 14; 말   3; 16:3, 7, 10, 14; 17:3, 14; 18:8; 19:5, 6, 15;
1:12; 2:3, 13; 3:1, 8, 9; 4:4 복음서 마 4:18, 20,   20:2, 8, 12, 14; 21:9, 17, 22; 22:6, 16
21, 22, 24; 8:26; 10:4, 20; 11:14; 12:18; 13:5,
19, 21; 18:5; 20:34; 21:2, 5, 19, 20; 23:5, 9, 10;   ## 곧다/곧아지다(straight, stiff)
24:33; 25:40, 45; 26:28, 49, 74; 27:9, 46, 48; 막
1:3, 10, 12, 18, 20, 21, 28, 29, 30, 42, 43; 2:8,   신 10:16   할례를 행하고 다시는 목을 **곧게** 하지
12; 3:6, 17; 4:5, 15, 16, 17, 20, 29; 5:2, 15, 29,   왕하 17:14 그들의 목을 **곧게** 하기를 그들의 하나님
30, 41, 42; 6:21, 25, 27, 50, 54; 7:2, 11, 21, 25,   대하 30:8   너희 조상들같이 목을 **곧게** 하지 말고
35; 8:10; 9:15, 20, 24, 37, 43; 10:52; 11:2; 12:6,   대하 32:30 다윗 성 서쪽으로 **곧게** 끌어들였으니
23, 29, 42, 44; 13:29; 14:3, 12, 18, 20, 24, 43;   대하 36:13 왕을 배반하고 목을 **곧게** 하며 마음을
45, 47; 15:1, 42; 16:17; 눅 1:16, 64, 73; 2:11,   시 5:8   인도하시고 주의 길을 내 목전에 **곧게**
21; 3:1, 4, 5; 4:17, 39; 5:13, 25; 6:14, 38, 49;   잠 4:25   바로 보며 네 눈꺼풀은 네 앞을 **곧게**
7:39; 8:2, 21, 47, 55; 9:35, 48; 10:16; 11:51;   잠 11:5   자의 공의는 자기의 길을 **곧게** 하려니와
12:1, 5, 12, 33, 36, 54; 13:13, 31; 14:5; 17:7;   잠 21:8   구부러지고 깨끗한 자의 길은 **곧으니라**
18:11, 43; 21:9; 22:20, 60, 61, 66; 23:25; 24:33,   전 1:15   구부러진 것도 **곧게** 할 수 없고 모자란
44; 요 1:7, 9, 12, 23, 27, 33; 3:13, 19, 20, 26;   전 7:13   하신 것을 누가 능히 **곧게** 하겠느냐
4:23, 25; 5:9, 25, 36, 39, 45; 6:8, 21, 24, 48, 51;   사 42:16   되게 하며 굽은 데를 **곧게** 할 것이라
7:37, 50; 8:41, 54; 11:20, 42; 12:3, 13, 39, 48;   사 45:13   그의 모든 길을 **곧게** 하리니 그가 나의
13:23, 26, 27, 30, 32; 14:6, 26, 27; 15:12, 14;
15:26; 17:3, 23; 18:27, 37; 19:34; 20:17, 19 역   ### '곧은 것'과 관련된 성구
사서 행 2:16, 19, 39; 3:7, 13, 20; 5:10; 7:37, 51;
8:27; 9:17, 34; 10:16, 21, 33, 37, 41, 42; 12:10,   곧은 길 - 시 77:19; 렘 31:9; 히 12:13
23; 13:1, 23, 33; 14:17; 15:22; 16:10, 26; 17:3,   곧은 다리 - 겔 1:7
4, 7, 10, 14; 19:4; 20:11, 19, 24; 21:30; 22:29;   목이 곧은 것 - 신 31:27
23:6, 30; 24:15; 26:16, 23; 27:23 서신서 롬   목이 곧은 백성 - 출 33:3, 5; 신 9:6, 13
1:12, 20, 25, 26, 29; 2:5, 16; 3:22, 26; 4:12, 20;   목이 곧은 사람 - 잠 29:1
5:10, 15; 7:4, 7, 15, 18, 21; 8:3, 14, 1, 23, 28;
9:3, 8, 17, 24, 30; 10:1; 8; 13:4; 14:9; 15:6, 12,   렘 17:23   목을 **곧게** 하여 듣지 아니하며 교훈을
16; 16:13; 고전 1:2, 5, 11; 2:7; 3:1, 11; 4:5,   렘 19:15   이는 그들의 목을 **곧게** 하여 내 말을
9, 17; 5:7; 7:26; 8:6, 12; 10:4; 11:23; 16:15; 고   렘 31:39   측량줄이 **곧게** 가렙 언덕 밑에 이르고
후 1:19; 2:17; 3:18; 5:1, 5, 19; 9:6; 10:13;   겔 1:9   돌이키지 아니하고 일제히 앞으로 **곧게**
11:28; 12:7; 13:9; 갈 1:4, 16; 3:16, 29; 4:24, 26;   겔 1:12   돌이키지 아니 하고 일제히 앞으로 **곧게**
5:19; 엡 1:3, 4, 7, 13; 2:2, 14; 3:3, 11; 4:6, 10,   겔 10:22 몸도 그러하며 각기 **곧게** 앞으로 가더라
15; 5:5, 26; 6:17, 21; 빌 2:5, 8, 23; 3:3, 9, 20;   마 3:3   준비하라 그의 오실 길을 **곧게** 하라
4:12, 20; 골 1:2, 3, 5, 14, 20; 2:7; 2:11, 21; 3:5;   막 1:3   준비하라 그의 오실 길을 **곧게** 하라

【 곧이 듣다 】　　　　　　　　　　　　　　　　　　　　　【 골육 】

눅 3:4　　준비하라 그의 오실 길을 **곧게** 하라
눅 3:5　　굽은 것이 **곧아지고** 험한 길이 평탄하여
요 1:23　　같이 주의 길을 **곧게** 하라고 광야에서

곧이 듣다(listen)
렘 29:8　　말며 너희가 꾼 꿈을 **곧이** 듣고
겔 13:19　거짓말을 **곧이 듣는** 내 백성에게 너희

골고다(Golgotha) 예수님께서 십자가에 못 박히신 곳
마 27:33　**골고다** 즉 해골의 곳이라는 곳에 이르러
막 15:22　예수를 끌고 **골고다라** 하는 곳(번역하면
요 19:17　지시고 해골 (히브리 말로 **골고다)**이라

골라야(Kolaiah)
  1. 베냐민 지파 사람 살루의 조상
느 11:7　　브다야의 증손이요 **골라야의** 현손이요
  2. 예레미야 때에 활동했던 거짓 선지자
       아합의 아버지
렘 29:21　하나님께서 **골라야의** 아들 아합과

골란(Golan) 요단 동쪽 바산 지방에 있던 성읍
신 4:43　　하나는 바산 **골란이라** 므낫세 지파를
수 20:8　　지파 중에서 바산 **골란을** 구별하였으니
수 21:27　살인자의 도피성 바산 **골란과** 그 목초지
대상 6:71　종족 중에서 바산의 **골란과** 그 초원과

골로새(Colosse) 소아시아의 서남에 위치한 도시
골 1:2　　**골로새에** 있는 성도들 곧 그리스도 안에

골리앗(Goliath) 가드 출신의 블레셋 장수
삼상 17:4　그의 이름은 **골리앗이요** 가드 사람이라
삼상 17:23 돋우는 가드 사람 **골리앗이라** 하는
삼상 21:9　사람 **골리앗의** 칼이 보자기에 싸여 에봇
삼상 22:10 블레셋 사람 **골리앗의** 칼도 주더이다
삼하 21:19 엘하난은 가드 **골리앗의** 아우 라흐미를
대상 20:5　사람 **골리앗의** 아우 라흐미를 죽였는데

골목(alley)
잠 7:8　　지나 음녀의 **골목** 모퉁이로 가까이
눅 14:21　시내의 거리와 **골목으로** 나가서 가난한

골방(inner room)
왕상 6:5　다락마다 돌아가며 **골방들을** 만들었으되

왕상 6:6　　턱을 내어 **골방** 들보들로 성전의 벽에
왕상 6:8　　중층 **골방의** 문은 성전 오른쪽에 있는데
왕상 20:30 성읍에 이르러 **골방으로** 들어가니라
왕상 22:25 미가야가 이르되 네가 **골방에** 들어가서
왕하 9:2　　일어나게 하고 그를 데리고 **골방으로**
대상 9:33　우두머리라 그들은 **골방에** 거주하면서
대상 23:28 여호와의 성전과 뜰과 **골방에서** 섬기고
대상 28:11 곳간과 다락과 **골방과** 속죄소의 설계도
대하 18:24 미가야가 이르되 네가 **골방에** 들어가서
스 8:29　　여호와의 성전 **골방에** 이르러 제사장들
느 10:39　자들이 있는 **골방에** 둘 것이라 그리하여
겔 41:5　　성전 삼면에 **골방이** 있는데 너비는 각기
겔 41:6　　**골방은** 삼층인데 **골방** 위에 **골방이** 있
　　　어 모두 서른이라 그 삼면 **골방이** 성전
겔 41:7　　있는 **골방은** 그 층이 … 둘린 이 **골방**
　　　이 높아질수록 … 위가 같으며 **골방은**
겔 41:8　　모든 **골방** 밑 지대의 높이는 한 장대
겔 41:9　　성전에 붙어 있는 그 **골방** 바깥 벽 두께
겔 41:10　성전 **골방** 삼면에 너비가 스무 척 되는
겔 41:11　그 **골방** 문은 다 빈 터로 향하였는데
겔 41:26　새겨져 있고 성전의 **골방과** 디딤판도
겔 42:1　　두 방의 하나는 **골방** 앞 뜰을 향하였고
겔 42:10　남쪽 **골방** 뜰 맞은쪽과 남쪽 건물 맞은
겔 42:13　그가 내게 이르되 좌우 **골방**
마 6:6　　너는 기도할 때에 네 **골방에** 들어가
마 24:26　나가지 말고 보라 **골방에** 있다 하여도
눅 12:3　　데서 들리고 너희가 **골방에서** 귀에 대고
눅 12:24　거두지도 아니하며 **골방도** 없고 창고도

골수(骨髓, bone, marrow)
욥 21:24　그릇에는 젖이 가득하며 그의 **골수는**
시 63:5　　**골수와** 기름진 것을 먹음과 같이 나의
잠 3:8　　몸에 양약이 되어 네 **골수를** 윤택하게
사 25:6　　**골수가** 가득한 기름진 것과 오래 저장
렘 20:9　　불붙는 것 같아서 **골수에** 사무치니
애 1:13　　높은 곳에서 나의 **골수에** 불을 보내어
히 4:12　　영과 및 관절과 **골수를** 찔러 쪼개기까지

골육(骨肉, flesh and blood)
삿 9:2　　너희에게 나으냐 또 나는 너희의 **골육**임
삼하 5:1　보소서 우리는 왕의 한 **골육이니이다**
삼하 19:12 너희는 내 형제요 내 **골육이거늘** 너희는
삼하 19:13 너는 내 **골육이** 아니냐 네가 요압을

【 골짜기 】

사 58:7	골육을 피하여 스스로 숨지 아니하는
롬 9:3	나의 형제 곧 골육의 친척을 위하여
롬 11:14	이는 혹 내 골육을 아무쪼록 시기하게

골짜기 (valley)

창 26:19	이삭의 종들이 골짜기를 파서 샘 근원
민 14:25	아말렉인과 가나안인이 골짜기에 거주
민 21:15	골짜기의 비탈은 아르 고을을 향하여
민 21:20	모압 들에 있는 골짜기에 이르러 광야가
민 24:6	벌어짐이 골짜기 같고 강 가의 동산
신 2:36	가장자리에 있는 아로엘과 골짜기
신 8:7	골짜기든지 산지든지 시내와 분천과
신 11:11	건너가서 차지할 땅은 산과 골짜기가
신 21:4	씨를 뿌린 일도 없는 골짜기로 그 송아지를 끌고 가서 그 골짜기에서
신 21:6	모든 장로들은 그 골짜기에서 목을 꺾은
수 8:11	그와 아이 사이에는 한 골짜기가 있더라
수 8:13	여호수아가 그 밤에 골짜기 가운데로
수 12:2	그가 다스리던 땅은 아르논 골짜기 가에 있는 아로엘에서부터 골짜기 가운데
수 13:9	아로엘에서부터 골짜기 가운데에 있는
수 13:16	아로엘에서부터 골짜기 가운데 있는
수 13:19	기랴다임과 십마와 골짜기의 언덕에
수 13:27	골짜기에 있는 벧 하람과 벧니므라와
수 17:16	골짜기 땅에 거주하는 모든 가나안 족속
삿 1:19	골짜기의 주민들은 철 병거가 있으므로
삿 1:34	산지로 몰아넣고 골짜기에 내려오기를
삿 5:15	그의 뒤를 따라 골짜기로 달려 내려가니
삿 7:8	미디안 진영은 그 아래 골짜기 가운데에
삿 7:12	동방의 모든 사람들이 골짜기에 누웠는
삿 18:28	벧르홉 가까운 골짜기에 있어서
삼상 6:13	벧세메스 사람들이 골짜기에서 밀을
삼상 15:5	사울이 아말렉 성에 이르러 골짜기에
삼상 17:3	저쪽 산에 섰고 그 사이에는 골짜기가
삼상 31:7	골짜기 저쪽에 있는 이스라엘 사람과
왕상 20:28	여호와는 산의 신이요 골짜기의 신은
왕하 2:16	어느 산에나 어느 골짜기에 던지셨을까
왕하 3:16	여호와의 말씀이 이 골짜기에 개천을
왕하 3:17	골짜기에 물이 가득하여 너희와 너희
대상 4:39	목장을 구하고자 하여 골짜기 동쪽 그돌
대상 10:7	골짜기에 있는 모든 이스라엘 사람이
대상 12:15	무리가 강물을 건너서 골짜기에 있는
대상 14:13	블레셋 사람들이 다시 골짜기를 침범
대상 27:29	아들래의 아들 사밧은 골짜기에 있는

성경에 나오는 '골짜기'

갓 골짜기 – 삼하 24:5
그랄 골짜기 – 창 26:17
기드론 – 렘 31:40
기브온 골짜기 – 사 28:21
레바논 골짜기 – 수 11:17; 12:7
르바임 골짜기 – 수 15:8; 18:16; 삼하 5:18, 22; 23:13; 대상 11:15; 14:9; 사 17:5
마레사의 스바다 골짜기 – 대하 14:10
모레 산 앞 골짜기 – 삿 7:1
므깃도 골짜기 – 대하 35:22; 슥 12:11
미스바 골짜기 – 수 11:8
벧브올 맞은편 골짜기 – 신 3:29; 4:46; 34:6
브라가 골짜기 – 대하 20:26
사웨 골짜기(왕의 골짜기) – 창 14:17; 삼하 18:18
세렛 골짜기 – 민 21:12
소금 골짜기 – 삼하 8:13; 왕하 14:7; 대상 18:12; 대하 25:11
소렉 골짜기 – 삿 16:4
숙곳 골짜기 – 시 60:6; 108:7

스보임 골짜기 – 삼상 13:18
싯딤 골짜기 – 창 14:3, 8, 10; 욜 3:18
아골 골짜기 – 수 7:24, 26; 15:7; 사 65:10; 호 2:15
아르논 골짜기 – 민 21:14; 신 2:24, 36; 3:8, 12, 16; 4:48; 수 12:1, 2; 13:9, 16; 왕하 10:33
아얄론 골짜기 – 수 10:12
아웬 골짜기 – 암 1:5
여리고 골짜기 – 신 34:3
여호사밧 골짜기 – 욜 3:2, 12
에스골 골짜기 – 민 13:23, 24; 32:9; 신 1:24
엘라 골짜기 – 삼상 17:2, 19; 21:9
이스르엘 골짜기 – 수 17:16; 삿 6:33; 호 1:5
입다엘 골짜기 – 수 19:14, 27
하몬곡의 골짜기 – 겔 39:11, 15
헤브론 골짜기 – 창 37:14
힌놈의 (아들의) 골짜기 – 수 15:8; 18:16; 왕하 23:10; 대하 28:3; 33:6; 느 11:30; 렘 7:31, 32; 19:2, 6; 32:35

【 골짜기 】 【 곱다 】

대하 20:16	너희가 **골짜기** 어귀 여루엘 들 앞에서	겔 36:4	산들과 멧부리들과 시내들과 **골짜기들**
대하 26:9	성 모퉁이 문과 **골짜기** 문과 성굽이에	겔 36:6	산들과 멧부리들과 시내들과 **골짜기들**
대하 33:14	다윗 성 밖 기혼 서쪽 **골짜기** 안에	겔 37:1	데리고 가서 **골짜기** 가운데 두셨는데
느 2:13	밤에 **골짜기** 문으로 나가서 용정으로	겔 37:2	본즉 그 **골짜기** 지면에 뼈가 심히 많고
느 2:15	살펴본 후에 돌아서 **골짜기** 문으로	겔 39:11	바다 동쪽 사람이 통행하는 **골짜기**를
느 3:13	**골짜기** 문은 하눈과 사노아 주민이 중수	욜 3:14	사람이 많음이여, 심판의 **골짜기**에 사람
느 11:35	로드와 오노와 장인들의 **골짜기**에 거주		이 많음이여, 심판의 **골짜기**에 여호와의
욥 21:33	그는 **골짜기**의 흙덩이를 달게 여기리니	미 1:4	산들이 녹고 **골짜기들**이 갈라지기를
욥 30:6	**골짜기**와 흙 구덩이와 바위 굴에서 살며	미 1:6	그 돌들을 **골짜기**에 쏟아내리고 그 기초
욥 39:10	어찌 **골짜기**에서 너를 따라 써레를	슥 1:8	**골짜기** 속 화석류나무 사이에 섰고
욥 39:21	**골짜기**에서 발굽질하고 힘 있음을	슥 14:4	동서로 갈라져 매우 큰 **골짜기**가 되어서
시 23:4	사망의 음침한 **골짜기**로 다닐지라도	슥 14:5	그 산 **골짜기**는 아셀까지 이를지라 너
시 65:13	초장은 양 떼로 옷 입었고 **골짜기**는		희가 그 산 **골짜기**로 도망하되 유다
시 84:6	눈물 **골짜기**로 지나갈 때에 그 곳에	눅 3:5	모든 **골짜기**가 메워지고 모든 산과 작은
시 104:8	산은 오르고 **골짜기**는 내려갔나이다		
시 104:10	여호와께서 샘을 **골짜기**에서 솟아나게	**골호세**(Col-Hozeh)	
잠 30:17	**골짜기**의 까마귀에게 쪼이고 독수리	**1. 살룬의 아버지**	
아 2:1	나는 사론의 수선화요 **골짜기**의 백합화	느 3:15	미스바 지방을 다스리는 **골호세**의 아들
아 6:11	**골짜기**의 푸른 초목을 보려고 포도나무	**2. 마아세야의 할아버지**	
사 7:19	**골짜기**와 바위 틈과 가시나무 울타리와	느 11:5	그는 바룩의 아들이요 **골호세**의 손자요
사 8:7	그 모든 **골짜기**에 차고 모든 언덕에		
사 22:1	환상의 **골짜기**에 관한 경고라 네가 지붕	**곰**(bear)	
사 22:5	환상의 **골짜기**에 주 만군의 여호와께로	삼상 17:34	사자나 **곰**이 와서 양 떼에서 새끼를
사 22:7	병거는 네 아름다운 **골짜기**에 가득하였	삼상 17:36	주의 종이 사자와 **곰**도 쳤은즉 살아
사 28:1	영화로운 관같이 기름진 **골짜기** 꼭대기	삼상 17:37	나를 사자의 발톱과 **곰**의 발톱에서
사 28:4	그 기름진 **골짜기** 꼭대기에 있는 그	삼하 17:8	**곰**이 새끼를 빼앗긴 것같이 격분하였
사 40:4	**골짜기**마다 돋우어지며 산마다, 언덕	잠 28:15	관원은 부르짖는 사자와 주린 **곰** 같으니
사 41:18	헐벗은 산에 강을 내며 **골짜기** 가운데에	사 11:7	암소와 **곰**이 함께 먹으며 그것들의 새끼
사 57:5	**골짜기** 가운데 바위 틈에서 자녀를 도살	사 59:11	우리가 **곰**같이 부르짖으며 비둘기
사 57:6	**골짜기** 가운데 매끄러운 돌들 중에	애 3:10	그는 내게 대하여 엎드려 기다리는 **곰**과
사 63:14	여호와의 영이 그들을 **골짜기**로 내려		
렘 2:23	**골짜기** 속에 있는 네 길을 보라 네 행한	**곰팡이**(mold)	
렘 7:32	죽임의 **골짜기**라 말하리니 이는 도벳	수 9:5	옷을 입고 다 마르고 **곰팡이**가 난 떡을
렘 19:6	오직 죽임의 **골짜기**라 부르는 날이 이를	수 9:12	보소서 이제 말랐고 **곰팡이**가 났으며
렘 21:13	**골짜기**와 평원 바위의 주민아 보라 너희		
렘 48:8	한 성읍도 면하지 못할 것이며 **골짜기**가	**곱**(Gob) 블레셋의 한 마을	
렘 49:4	패역한 딸아 어찌하여 **골짜기** 곧 네	삼하 21:18	블레셋 사람과 **곱**에서 전쟁할 때에
	흐르는 **골짜기**를 자랑하느냐 네가	삼하 21:19	블레셋 사람과 **곱**에서 전쟁할 때에
겔 6:3	여호와께서 산과 언덕과 시내와 **골짜기**		
겔 7:16	자기 죄악 때문에 **골짜기**의 비둘기들	**곱다**(fine, tender)	
겔 31:12	가지가 산과 모든 **골짜기**에 떨어졌고	창 29:17	시력이 약하고 라헬은 **곱고** 아리따우니
겔 32:5	시체를 여러 **골짜기**에 채울 것임이여	출 30:36	향 얼마를 **곱게** 찧어 내가 너와 만날
겔 35:8	여러 멧부리와, **골짜기**와, 모든 시내	레 16:12	그것에 채우고 또 **곱게** 간 향기로운

'고운'과 관련된 성구

고운 가루 – 레 2:1, 4, 5, 7; 7:12; 23:17; 24:5; 민 6:15; 7:13, 19, 25, 31, 37, 43, 49, 55, 61, 67, 73, 79; 8:8; 28:20, 28; 29:3, 9, 14; 대상 9:29; 23:29

고운 것 – 잠 31:30

고운 말 – 잠 7:21

고운 모양 – 사 53:2

고운 밀가루 – 출 29:2; 겔 16:13, 19; 계 18:13

고운 베 – 대하 3:14; 눅 16:19

고운 음성 – 겔 33:32

에 2:7   용모가 **곱고** 아리따운 처녀라 그의 부모
잠 29:21   종을 어렸을 때부터 **곱게** 양육하면 그가
아 6:4   예루살렘같이 **곱고**, 깃발을 세운 군대
사 47:1   네가 다시는 **곱고** 아리땁다 일컬음을

'고운 가루'의 측량

고운 가루 세 스아 – 창 18:6

고운 가루 십분의 삼 에바 – 레 14:10; 민 15:9

고운 가루 십분의 이 – 민 15:6; 28:9, 12

고운 가루 십분의 이 에바 – 레 23:13

고운 가루 십분의 일 – 민 15:4; 28:13

고운 가루 십분의 일 에바 – 레 5:11; 6:20; 14:21; 민 28:5

고운 가루 한 움큼 – 레 2:2; 6:15

고운 밀가루 십분의 일 에바 – 출 29:40

고운 밀가루 한 스아 – 왕하 7:1, 16, 18

곳 (there)

창 8:9   비둘기가 발 붙일 **곳**을 찾지 못하고

곳 – 기타 본문

모세오경 창 10:30; 13:3, 4, 14; 18:1, 7, 33; 19:13, 14, 27; 20:11, 13; 22:3; 24:23, 27; 27:16; 28:17; 30:30; 31:13; 35:13, 14, 15, 16; 36:6; 37:16; 39:20; 40:3; 43:30; 45:5; 47:4, 6, 11; 49:15; 50:13; 출 3:5; 5:11; 7:15; 8:20; 10:23; 12:20; 18:5; 20:24; 23:20, 27; 25:27; 28:26, 43; 29:31; 30:4, 6; 32:34; 33:15; 레 1:16; 4:12, 24, 29, 33; 6:11, 16, 25, 26, 27; 7:2, 6, 26; 10:13, 14, 17, 18;

13:24, 55; 14:13, 28, 40, 41, 45; 16:24; 18:9; 24:9; 민 9:17; 10:29, 33; 14:40; 16:37; 17:4; 19:9; 20:5; 21:5, 13, 28; 22:26; 23:13, 27; 24:11, 25; 28:7; 32:16; 35:3, 29; 신 1:7, 31, 33; 2:37; 9:7; 11:5, 24; 12:2, 5, 13, 18, 21, 26; 14:23, 24, 25; 15:20; 16:2, 6, 7, 11, 15, 16; 17:8, 10; 18:6; 20:2; 21:2, 3, 6; 23:16; 26:2; 28:65; 29:7; 31:11; 32:13, 22, 34; 33:28, 29; 34:6 **역사서** 수 1:3, 15, 16; 3:3, 13, 16; 4:8, 9, 18; 5:15; 6:19, 24; 8:7, 9; 9:22, 27; 11:2; 12:5, 7, 23; 13:5; 18:6; 20:3, 4; 삿 3:19, 26; 5:11, 18, 27; 6:18; 9:35; 11:19; 15:19; 17:8, 9; 19:13, 28; 20:22, 43; 21:12; 룻 1:7, 16, 17; 3:1, 4; 삼상 5:11; 6:2, 14; 7:16; 12:8; 13:6; 14:9, 46, 47; 18:5; 19:2; 20:19, 37; 21:2; 22:6; 23:13, 23; 24:3; 25:20; 26:5, 20, 25; 30:31; 삼하 7:7, 9; 15:19; 17:9, 12; 19:39; 22:20, 33, 34, 46; 왕상 5:9; 6:7, 16, 31; 7:20, 36; 8:29, 30, 35, 39, 43, 49; 9:11; 13:8, 16, 22; 18:12, 46; 21:19; 22:38; 왕하 6:1, 10; 8:1; 12:5; 18:25; 19:23; 22:16, 17, 19, 20; 23:11; 대상 4:28, 32; 6:54; 7:29; 13:12; 15:1, 3, 12; 17:6; 21:22; 대하 1:4; 6:20, 21, 26, 30, 33, 39, 40; 7:12, 15; 8:11; 32:33; 33:19; 34:24, 25, 27, 28; 36:15; 느 1:9; 2:14; 3:10, 16, 26, 27; 4:13; 7:3; 12:37, 38; 13:5 **시가서** 욥 11:20; 15:28, 30; 18:19; 25:2; 26:7, 10; 28:1, 4, 12, 20, 23; 31:2; 36:16, 20; 38:19; 39:27, 30; 40:13; 시 10:8, 9; 12:8; 14:7; 16:6; 17:12; 18:11, 16, 19, 33, 45; 24:3; 26:8; 27:5; 31:8, 20; 33:14; 38:3, 7; 43:3; 53:5; 63:9; 64:4; 66:12; 68:18, 22; 69:2; 71:20; 73:18; 74:3, 7, 20; 78:15; 81:7; 84:10; 88:6; 91:1; 95:4; 102:6; 103:22; 104:8; 107:26; 113:5; 118:5; 130:1; 132:7, 8, 14; 139:15; 잠 8:2; 9:3, 14, 18; 전 1:5, 6, 7; 3:16; 6:6; 8:10; 11:3; 12:5; 아 1:7; 2:14 **선지서** 사 1:6; 4:6; 6:12; 7:18, 23, 25; 10:3; 11:9, 10; 15:3; 16:4; 17:2; 18:7; 19:7; 21:8; 22:9, 16, 23, 25; 23:1; 28:8, 17, 25; 32:2, 14, 18,; 33:5, 16; 35:7; 37:24; 40:4; 41:25; 43:6; 44:23, 26; 45:2, 3, 6, 19; 49:1, 12, 19; 50:11; 51:3, 10; 52:9; 54:3; 57:9, 15; 58:11, 12, 14; 59:8; 60:9, 13; 61:4; 64:11; 65:10; 렘 3:2; 5:15; 6:20; 7:3, 6, 7, 14, 20, 32; 9:2, 6; 13:7, 17; 14:13; 16:3, 9; 17:6, 26; 18:14; 19:3, 4, 6, 7, 12; 22:3, 11, 12; 23:12, 24; 24:5, 9; 27:22; 28:3, 4, 6;

【 곳곳 】   【 공격/-하다 】

29:10; 30:10; 31:8, 12, 40; 32:37; 33:12; 36:19; 40:2, 4, 5; 42:22; 44:29; 45:5; 46:26, 27; 49:8, 10, 30, 32; 50:6; 51:50, 53, 62; 애 1:3, 13; 3:10; 겔 1:20; 6:13; 8:3; 10:11; 12:3; 13:5; 17:16; 20:6, 15; 21:30; 23:40; 25:5; 26:5, 14, 20; 31:4; 32:23; 34:12; 36:2, 36; 40:40; 42:3, 13; 43:7, 11; 45:3; 47:9, 10; 48:15; 단 2:35, 38; 8:17; 9:7; 11:20, 24, 31; 호 5:15; 9:13; 욜 3:7; 암 6:10; 8:3; 옵 1:3; 미 1:3, 11; 2:10; 3:12; 4:3; 나 2:11; 3:5, 17; 합 1:6, 8; 2:1; 3:19; 습 2:15; 3:1; 학 2:9; 슥 6:12; 10:9, 10, 11; 12:6; 14:10; 말 1:4, 11; 3:10 **복음서** 마 2:9; 8:20; 12:43; 14:15; 18:20; 21:9; 24:7, 15, 28; 26:13, 36; 27:33; 28:6; 막 1:35, 45; 2:4; 5:40; 6:11, 31, 32, 35; 11:10; 13:8, 14; 14:9, 32; 15:22, 47; 16:6; 눅 2:7, 14; 4:16, 42; 5:16; 9:6, 58; 11:24; 12:17, 34; 16:28; 17:37; 19:38; 23:33; 요 1:28; 4:20, 46; 6:62; 7:34, 36; 8:21, 22, 37; 10:40; 11:6, 30, 32, 54, 57; 12:1, 26, 35; 13:33, 36; 14:2, 3; 16:32; 17:24; 19:17, 20, 41; 20:7, 12, 19; 21:18

역사서 - 예언서 행 1:25; 2:8; 4:31; 6:13, 14; 7:5, 33, 48; 8:36; 12:17; 14:26; 16:13, 16; 21:28; 24:3; 27:8, 41; 롬 4:15; 5:20; 15:20, 23; 고전 12:17; 16:6; 고후 3:17; 갈 4:25; 엡 4:9; 히 1:3; 12:19, 22; 약 3:16; 벧후 3:13; 요일 2:11; 계 2:13; 11:8; 12:6, 8, 14; 16:16; 18:2

곳곳 (every side)
신 1:7   그 근방 **곳곳**으로 가고 아라바와 산지
시 12:8   높임을 받는 때에 악인들이 **곳곳**에서
암 8:3   애곡으로 변할 것이며 **곳곳**에 시체가
마 24:7   나라를 대적하여 일어나겠고 **곳곳**에
막 13:8   나라를 대적하여 일어나겠고 **곳곳**에
눅 9:6   각 마을에 두루 다니며 **곳곳**에 복음을
눅 21:11 **곳곳**에 큰 지진과 기근과 전염병이 있

곳간 (vault, barn)
신 32:34 내게 쌓여 있고 내 **곳간**에 봉하여
대상 9:26 성전 모든 방과 **곳간**을 지켰음이라
대상 26:15 남쪽을 뽑았고 그의 아들들은 **곳간**
대상 26:17 남쪽 문에 매일 네 사람이요 **곳간**에는
대상 28:11 그 집들과 그 **곳간**과 다락과 골방과
느 12:25 순서대로 문안의 **곳간**을 파수하였나니
느 12:44 **곳간**을 맡기고 … 거두어 이 **곳간**에

욥 38:22 네가 눈 **곳간**에 들어갔었느냐 우박 창고
시 33:7   무더기같이 쌓으시며 깊은 물을 **곳간**에
시 135:7 번개를 만드시며 바람을 그 **곳간**에서
시 144:13 우리의 **곳간**에는 백곡이 가득하며 우리
잠 8:21   재물을 얻어서 그 **곳간**에 채우게 하려
사 22:8   네가 수풀 **곳간**의 병기를 바라보았고
렘 10:13 번개치게 하시며 그 **곳간**에서 바람을
렘 50:26 와서 그를 치고 그의 **곳간**을 열고 그것
렘 51:16 번개를 치게 하시며 그의 **곳간**에서 바람
겔 28:4   재물을 얻었으며 금과 은을 **곳간**에 저축
욜 1:17   창고가 비었고 **곳간**이 무너졌으니 이는
마 13:30 곡식은 모아 내 **곳간**에 넣으라 하리라
마 13:52 옛것을 그 **곳간**에서 내오는 집주인과
눅 12:18 이렇게 하리라 내 **곳간**을 헐고 더 크게

'곳간'과 관련된 성구
곳간에 드리다 - 대상 29:8; 느 7:70, 71
곳간에 들이다 - 느 13:12; 마 3:12; 눅 3:17
곳간을 맡다 - 대상 26:20, 22, 24, 26; 27:25, 27, 28
성물 곳간 - 대상 26:20; 28:12
여호와의 전 곳간/여호와의 집 곳간 - 수 6:19, 24; 대하 16:2
여호와의 성전 곳간 - 왕상 7:51; 15:18; 왕하 12:18; 대상 26:22; 29:8
왕궁 곳간 - 왕상 15:18; 왕하 14:14; 16:8; 18:15; 대하 16:2; 렘 38:11
하나님의 성전 곳간 - 대상 28:12
하나님의 전 곳간 - 대상 26:20; 대하 5:1; 느 10:38

공 (ball)
왕상 7:20 결 곧 그 머리의 **공**같이 둥근 곳으로
왕상 7:41 꼭대기의 **공** 같은 … 꼭대기의 **공** 같은
왕상 7:42 기둥 위의 **공** 같은 두 머리를 가리게
대하 4:12 꼭대기의 **공** 같은 … 꼭대기의 **공** 같은
대하 4:13 기둥 위의 **공** 같은 두 머리를 가리는
사 22:18 너를 모질게 감싸서 **공**같이 광막한

공격/-하다 (攻擊, inflict, throw)
신 28:53 적군에게 에워싸이고 맹렬한 **공격**을
삿 9:52   아비멜렉이 망대 앞에 이르러 **공격하며**
삼하 5:24 걸음 걷는 소리가 들리거든 곧 **공격하라**
왕하 10:32 이스라엘의 모든 영토에서 **공격하되**

| 공경하다 | | 공사/-하다 |

대하 13:12 나팔을 불어 너희를 **공격**하느니라
대하 28:20 아니하고 도리어 그를 **공격**하였더라
시 62:3 너희가 일제히 **공격**하기를 언제까지
시 109:3 까닭 없이 나를 **공격**하였음이니이다
렘 49:28 느부갓네살 왕에게 **공격**을 받은 게달과

공경하다(恭敬, honor)

레 19:32 노인의 얼굴을 **공경**하며 네 하나님을
삼하 10:3 아버지를 **공경**함인 줄로 여기시나이까
잠 3:9 처음 익은 열매로 여호와를 **공경**하라
잠 14:31 여기는 자는 주를 **공경**하는 자니라
사 22:11 옛적부터 경영하신 이를 **공경**하지 아니
사 29:13 입술로는 나를 **공경**하나 그들의 마음은
사 43:23 제물로 나를 **공경**하지 아니하였느니라
단 11:38 강한 신을 **공경**할 것이요 또 그의 조
           상들이 … 보물을 드려 **공경**할 것이며

'네 부모를 공경하라'와 관련된 성구
출 20:12; 신 5:16; 마 15:4; 19:19; 막 7:10; 10:19; 눅 18:20; 엡 6:2

말 1:6 종은 그 주인을 **공경**하나니 내가 아버
        지일진대 나를 **공경**함이 어디 있느냐
마 15:6 부모를 **공경**할 것이 없다 하여 너희의
마 15:8 입술로는 나를 **공경**하되 마음은 내게서
막 7:6 백성이 입술로는 나를 **공경**하되 마음은
요 5:23 **공경**하는 것같이 아들을 **공경**하게 …
         아들을 **공경**하지 … 아버지도 **공경**하지
요 8:49 오직 내 아버지를 **공경**함이거늘 너희가
딤전 6:1 상전들을 범사에 마땅히 **공경**할 자로
히 12:9 우리를 징계하여도 **공경**하였거든
벧전 2:17 뭇 사람을 **공경**하며 형제를 사랑하며

공궤하다(供饋, provide)

삼하 19:32 머물 때에 그가 왕을 **공궤**하였더라
삼하 19:33 예루살렘에서 내가 너를 **공궤**하리라

공급하다/공급되다(供給, supply, share with)

왕상 4:7 **공급**하되 각기 … 양식을 **공급**하였으니
왕상 4:27 모든 자를 위하여 먹을 것을 **공급**하여
사 33:16 양식은 **공급**되고 그의 물은 끊어지지
사 60:7 느바욧의 숫양은 네게 **공급**되고 내 제단
롬 12:13 성도들의 쓸 것을 **공급**하며 손 대접하기

골 2:19 마디와 힘줄로 **공급**함을 받고 연합하여
벧전 4:11 봉사하려면 하나님이 **공급**하시는

공기(空氣, sky)

계 9:2 연기가 올라오매 해와 **공기**가 그 구멍

공모하다(公募, conspire)

삼상 22:8 너희가 다 **공모**하여 나를 대적하며
삼상 22:13 어찌하여 이새의 아들과 **공모**하여 나를
행 9:23 유대인들이 사울 죽이기를 **공모**하더니
행 20:3 자기를 해하려고 **공모**하므로 마게도냐
행 23:20 유대인들이 **공모**하기를 그들이 바울에

공문(公文, letter)

행 9:2 여러 회당에 가져갈 **공문**을 청하니
행 22:5 다메섹 형제들에게 가는 **공문**을 받아

공물(貢物, tribute)

민 31:37 여호와께 **공물**로 드린 양이 육백칠십오
민 31:38 그 중에서 여호와께 **공물**로 드린 것이
민 31:39 그 중에서 여호와께 **공물**로 드린 것이
민 31:40 그 중에서 여호와께 **공물**로 드린 자가
민 31:41 여호와께 거제의 **공물**로 드린 것을 모세
삿 3:15 그를 통하여 모압 왕 에글론에게 **공물**을
삿 3:17 **공물**을 모압 왕 에글론에게 바쳤는데
삿 3:18 에훗이 **공물** 바치기를 마친 후에 **공물**을

공박하다(攻駁, speak ~ against)

시 50:20 앉아서 네 형제를 **공박**하며 네 어머니의

공복(公服, robe)

대하 9:4 **공복**과 술 관원들과 그들의 **공복**과

공부하다(工夫, study)

전 12:12 많이 **공부**하는 것은 몸을 피곤하게

공사/-하다(工事, building, work)

왕상 3:1 예루살렘 주위의 성의 **공사**가 끝나기를
왕상 7:14 솔로몬 왕에게 와서 그 모든 **공사**를
왕상 7:22 백합화 형상이 있더라 두 기둥의 **공사**가
대상 28:20 네가 여호와의 성전 **공사**의 모든 일을
대상 28:21 **공사**를 도울 것이요 또 모든 **공사**에
대상 29:1 이 **공사**는 크도다 이 성전은 사람을

| 공상하다 | | 공의 |

대상 29:7　하나님의 성전 **공사**를 위하여 금 오천
대하 8:16　여호와의 전 **공사**가 결점 없이 끝나니라
대하 16:5　라마 건축하는 일을 포기하고 그 **공사**를
대하 17:13　유다 여러 성에 **공사**를 많이 하고
대하 24:13　기술자들이 맡아서 수리하는 **공사**가
대하 24:14　**공사**를 마친 후에 그 남은 돈을 왕과
대하 34:10　그 돈을 여호와의 전 **공사**를 감독하는
대하 34:13　모든 **공사** 담당자를 감독하고 어떤
스 2:69　힘 자라는 대로 **공사하는** 금고에 들이니

공상하다(空想, roving)
전 6:9　눈으로 보는 것이 마음으로 **공상하는**

공성퇴(攻城槌, battering ram)
겔 4:2　진을 치고 그것을 향하여 **공성퇴**를 둘러
겔 21:22　점괘를 얻었으므로 **공성퇴**를 설치하며
　　　　… 성문을 향하여 **공성퇴**를 설치하고
겔 26:9　**공성퇴**를 가지고 네 성을 치며 도끼로

공세(公稅, revenue)
사 33:18　**공세**를 계량하던 자가 어디 있느냐 망대

공손하다(恭遜, calmness, proper respect)
전 10:4　**공손함**이 큰 허물을 용서 받게 하느니라
딤전 3:4　자녀들로 모든 **공손함**으로 복종하게

공양하다(供養, help)
마 25:44　것을 보고 **공양하지** 아니하더이까

공연히(公然, in vain)
사 49:4　무익하게 **공연히** 내 힘을 다하였으며
사 52:4　앗수르인은 **공연히** 그들을 압박하였도
롬 13:4　그가 **공연히** 칼을 가지지 아니하였으니

공의(公義, fairly, justice, right)
모세오경 - 시가서
창 30:33　내 품삯을 조사하실 때에 나의 **공의**가
레 19:15　두둔하지 말고 **공의**로 사람을 재판할지
신 9:5　땅을 차지함은 네 **공의**로 말미암음이
신 9:6　기업으로 주신 것이 네 **공의**로 말미암
신 16:18　그들은 **공의**로 백성을 재판할 것이니
신 16:20　너는 마땅히 **공의**만을 따르라 그리하면
신 33:21　여호와의 **공의**와 이스라엘과 세우신

삼하 19:28　내게 아직 무슨 **공의**가 있어서 다시
삼하 22:21　여호와께서 내 **공의**를 따라 상 주시며
삼하 22:25　여호와께서 내 **공의**대로, 그의 눈앞에서
삼하 23:3　사람을 **공의**로 다스리는 자, 하나님을
욥 8:3　이가 어찌 **공의**를 굽게 하시겠는가
욥 27:6　내 **공의**를 굳게 잡고 놓지 아니하리니
욥 33:26　사람에게 그의 **공의**를 회복시키시느니
욥 34:12　전능자는 **공의**를 굽히지 아니하시느니
욥 35:8　**공의**는 어떤 인생에게도 있느니라
욥 36:6　아니하시며 고난 받는 자에게 **공의**를
욥 37:23　정의나 무한한 **공의**를 굽히지 아니하심
욥 40:8　네가 내 **공의**를 부인하려느냐 네 의를
시 9:8　**공의**로 세계를 심판하심이여 정직으로
시 15:2　정직하게 행하며 **공의**를 실천하며 그의
시 22:31　그의 **공의**를 태어날 백성에게 전함이여
시 31:1　부끄럽게 하지 마시고 주의 **공의**로 나를
시 35:24　하나님이여 주의 **공의**대로 나를 판단
시 36:10　정직한 자에게 주의 **공의**를 베푸소서
시 37:6　네 의를 빛같이 나타내시며 네 **공의**를
시 40:10　주의 **공의**를 내 심중에 숨기지 아니하고
시 45:4　왕은 진리와 온유와 **공의**를 위하여 왕의
시 50:6　하늘이 그의 **공의**를 선포하리니 하나님
시 69:27　죄악을 더하사 주의 **공의**에 들어오지
시 71:16　오겠사오며 주의 **공의**만 전하겠나이다
시 72:1　판단력을 왕에게 주시고 주의 **공의**를
시 72:2　그가 주의 백성을 **공의**로 재판하며 주의
시 82:3　자와 빈궁한 자에게 **공의**를 베풀지며
시 88:12　땅에서 주의 **공의**를 알 수 있으리이까
시 89:16　주의 이름 때문에 기뻐하며 주의 **공의**로
시 98:2　그의 **공의**를 뭇 나라의 목전에서 명백히
시 99:4　정의를 사랑하느니라 주께서 **공의**를
시 106:3　정의를 지키는 자들과 항상 **공의**를 행하
시 112:3　그의 집에 있음이여 그의 **공의**가 영구히
시 119:108　자원제물을 받으시고 주의 **공의**를 내게
잠 8:15　치리하며 방백들이 **공의**를 세우며
잠 8:18　부귀가 내게 있고 장구한 재물과 **공의**도
잠 10:2　불의의 재물은 무익하여도 **공의**는 죽음
잠 11:4　진노하시는 날에 무익하나 **공의**는 죽음
잠 11:5　완전한 자의 **공의**는 자기의 길을 곧게
잠 11:6　정직한 자의 **공의**는 자기를 건지려니와
잠 11:18　악인의 삯은 허무하되 **공의**를 뿌린 자의
잠 11:19　**공의**를 굳게 지키는 자는 생명에 이르고
잠 13:6　**공의**는 행실이 정직한 자를 보호하고

[공의]   [공의]

잠 14:34	공의는 나라를 영화롭게 하고 죄는 백성	사 60:17	화평을 세워 관원으로 삼으며 공의를
잠 15:9	공의를 따라가는 자는 그가 사랑하시느	사 61:10	구원의 옷을 내게 입히시며 공의의 겉옷
잠 16:8	적은 소득이 공의를 겸하면 많은 소득이	사 62:2	이방 나라들이 네 공의를, 뭇 왕이
잠 16:12	보좌가 공의로 말미암아 굳게 섬이니라	사 63:1	나이니 공의를 말하는 이요 구원하는
잠 31:9	너는 입을 열어 공의로 재판하여 곤고한	사 64:5	주께서 기쁘게 공의를 행하는 자와 주의

선지서 – 신약

사 1:21	공의가 그 가운데에 거하였더니 이제는
사 1:27	자들은 공의로 구속함을 받으리라
사 5:7	그들에게 공의를 바라셨더니 도리어
사 5:23	의롭다 하고 의인에게서 그 공의를
사 10:22	남은 자만 돌아오리니 넘치는 공의로
사 11:4	공의로 가난한 자를 심판하며 정직으로
사 11:5	공의로 그의 허리띠를 삼으며 성실로
사 16:3	방도를 베풀며 공의로 판결하며 대낮에
사 16:5	정의를 구하며 공의를 신속히 행하리라
사 28:17	정의를 측량줄로 삼고 공의를 저울추로
사 32:1	장차 한 왕이 공의로 통치할 것이요
사 32:16	그 때에 정의가 광야에 거하며 공의가
사 32:17	공의의 열매는 화평이요 공의의 결과는
사 41:2	누가 동방에서 사람을 일깨워서 공의로
사 45:8	위로부터 공의를 뿌리며 구름이여 … 구원을 싹트게 하고 공의도 함께 움돋게
사 45:13	내가 공의로 그를 일으킨지라 그의 모든
사 45:21	나 외에 다른 신이 없나니 나는 공의를
사 46:12	마음이 완악하여 공의에서 멀리 떠난
사 46:13	나의 공의를 가깝게 할 것인즉 그것이
사 48:1	기념하면서도 진실이 없고 공의가 없도
사 48:18	평강이 강과 같았겠고 네 공의가 바다
사 51:4	내가 내 공의를 만민의 빛으로 세우리라
사 51:5	내 공의가 가깝고 내 구원이 나갔은즉
사 51:6	나의 구원은 영원히 있고 나의 공의는
사 51:8	나의 공의는 영원히 있겠고 나의 구원은
사 54:14	너는 공의로 설 것이며 학대가 네게서
사 54:17	그들이 내게서 얻은 공의니라 여호와의
사 56:1	나의 구원이 가까이 왔고 나의 공의가
사 57:12	공의를 내가 보이리라 네가 행한 일이
사 58:2	나의 길 알기를 즐거워함이 마치 공의를
사 58:8	공의가 네 앞에 행하고 여호와의 영광
사 59:4	공의대로 소송하는 자도 없고 진실하게
사 59:9	우리에게서 멀고 공의가 우리에게
사 59:14	정의가 뒤로 물리침이 되고 공의가 멀리
사 59:16	스스로 구원을 베푸시며 자기의 공의를
사 59:17	공의를 갑옷으로 삼으시며 구원을 자기

'공의'와 관련된 성구

공의와 겸손 – 습 2:3
공의와 구원 – 시 71:15
공의와 신실 – 삼상 26:23
공의와 영광 – 잠 21:21
공의와 인자 – 잠 21:21
공의와 정의 – 창 18:19; 시 33:5; 89:14; 97:2; 잠 2:9; 21:3; 호 2:19
공의와 찬송 – 사 61:11
공의와 하나님께 대한 사랑 – 눅 11:42
공의와 힘 – 사 45:24
성실과 공의와 정직한 마음 – 왕상 3:6
정의와 공의 – 삼하 8:15; 왕상 10:9 대상 18:14; 대하 9:8; 시 99:4; 119:121; 전 5:8; 사 9:7; 33:5; 렘 4:2; 9:24; 22:3, 15; 23:5; 33:15; 겔 18:5, 19, 21, 27; 33:14, 16, 19; 45:9

렘 11:20	공의로 판단하시며 사람의 마음을 감찰
렘 23:6	이름은 여호와 우리의 공의라 일컬음을
렘 51:10	여호와께서 우리 공의를 드러내셨으니
겔 3:20	의인이 그의 공의에서 돌이켜 악을 행할 때에는 이미 행한 그의 공의는 기억할
겔 14:14	그들은 자기의 공의로 자기의 생명만
겔 14:20	자기의 공의로 자기의 생명만 건지리라
겔 18:20	의인의 공의도 자기에게로 돌아가고
겔 18:22	아니하리니 그가 행한 공의로 살리라
겔 18:24	만일 의인이 돌이켜 그 공의에서 떠나
겔 18:26	의인이 그 공의를 떠나 죄악을 행하고
겔 33:12	의인이 범죄하는 날에는 그 공의가 구원
겔 33:13	그 공의를 스스로 믿고 죄악을 행하면
겔 33:18	의인이 돌이켜 그 공의에서 떠나 죄악을
단 4:27	아뢰는 것을 받으시고 공의를 행함으로
단 9:7	주여 공의는 주께로 돌아가고 수치는
단 9:16	주여 구하옵나니 주는 주의 공의를 따라
단 9:18	간구하옵는 것은 우리의 공의를 의지
호 10:12	자기를 위하여 공의를 심고 인애를 거두

| 공의롭다 | | 공중 2 |

	라 … 마침내 여호와께서 오사 **공의**를
암 5:7	**정의**를 쓴 쑥으로 바꾸며 **공의**를 땅에
암 5:24	**정의**를 물같이, **공의**를 마르지 않는
암 6:12	**정의**를 쓸개로 바꾸며 **공의**의 열매를
미 7:9	광명에 이르게 하시리니 내가 그의 **공의**
습 3:5	빠짐없이 자기의 **공의**를 비추시거늘
슥 8:8	나는 진리와 **공의**로 그들의 하나님이
행 17:31	천하를 **공의**로 심판할 날을 작정하시고
행 28:4	바다에서는 구조를 받았으나 **공의**가
살후 1:7	안식으로 갚으시는 것이 하나님의 **공의**
벧전 2:23	오직 **공의**로 심판하시는 이에게 부탁
계 19:11	충신과 진실이라 그가 **공의**로 심판하며

공의롭다(公義, right, righteous, righteously)

신 4:8	규례와 법도가 **공의로운** 큰 나라가 어디
신 9:4	네가 심중에 이르기를 내 **공의로움**으로
신 24:13	여호와 앞에서 네 **공의로움**이 되리라
신 32:4	하나님이시니 **공의로우시고** 바르시도
삿 5:11	긷는 곳에서도 여호와의 **공의로우신**
삼상 12:7	조상들에게 행하신 모든 **공의로운** 일에
왕상 8:32	**공의로운** 자를 의롭다 하사 그의 의로운
대하 6:23	그의 머리에 돌리시고 **공의로운** 자를
느 9:33	당한 모든 일에 주는 **공의로우시니**
시 103:6	여호와께서 **공의로운** 일을 행하시며
잠 1:3	지혜롭게, **공의롭게**, 정의롭게, 정직하
잠 8:20	길로 행하며 **공의로운** 길 가운데로
잠 12:28	**공의로운** 길에 생명이 있나니 그 길에는
잠 16:31	백발은 영화의 면류관이라 **공의로운**
사 5:16	거룩하신 하나님은 **공의로우시므로**
사 33:15	**공의롭게** 행하는 자, 정직히 말하는 자,
사 45:23	입에서 **공의로운** 말이 나갔은즉 돌아오
렘 33:15	다윗에게서 한 **공의로운** 가지가 나게
겔 18:24	행한 **공의로운** 일은 하나도 기억함이
미 6:5	여호와가 **공의롭게** 행한 일을 알리라
단 9:14	행하시는 모든 일이 **공의로우시나** 우리
슥 9:9	그는 **공의로우시며** 구원을 베푸시며
말 3:3	그들이 **공의로운** 제물을 나 여호와께
말 4:2	이름을 경외하는 너희에게는 **공의로운**
요 7:24	외모로 판단하지 말고 **공의롭게** 판단
살후 1:5	하나님의 **공의로운** 심판의 표요 너희로

공이(pestle)

| 잠 27:22 | 함께 절구에 넣고 **공이**로 찧을지라도 |

공작(孔雀, baboon)

왕상 10:22	원숭이와 **공작**을 실어 왔음이더라
대하 9:21	상아와 원숭이와 **공작**을 실어옴이더라

공장(工匠, craftsman)

대상 4:14	게하라심의 조상이라 그들은 **공장**이었
대하 8:10	솔로몬 왕의 **공장**을 감독하는 자들이

공적(功績, work)

고전 3:13	각 사람의 **공적**이 나타날 터인데 그 날
	이 **공적**을 밝히리니 … 사람의 **공적**이
고전 3:14	누구든지 그 위에 세운 **공적**이 그대로
고전 3:15	누구든지 그 **공적**이 불타면 해를 받으리

공정하다/공정히(公正, fairly, honest, justice)

신 1:16	송사를 들을 때에 쌍방간에 **공정히** 판결
신 25:15	**공정한** 저울추를 두며 온전하고 **공정한**
렘 5:28	곧 고아의 송사를 **공정하게** 하지 아니
	하며 빈민의 재판을 **공정하게** 판결하지
겔 45:10	**공정한** 저울과 **공정한** 에바와 **공정한**
행 8:33	그가 굴욕을 당했을 때 **공정한** 재판도
히 2:2	순종하지 아니함이 **공정한** 보응을 받았

공주(公主, daughter of the king)

삼하 13:18	출가하지 아니한 **공주**는 이런 옷으로
애 1:1	전에는 열방 중에 **공주**였던 자가 이제는
단 11:6	그 **공주**의 힘이 쇠하고 … 서지도 못하
	며 권세가 없어질 뿐 아니라 그 **공주**와
단 11:7	그 **공주**의 본 족속에게서 난 자 중의
히 11:24	모세는 장성하여 바로의 **공주**의 아들

공중 1(公衆, public)

행 16:37	정하지 아니하고 **공중** 앞에서 때리고
행 18:28	그리스도라고 증언하여 **공중** 앞에서
행 20:20	유익한 것은 무엇이든지 **공중** 앞에서

공중 2(空中, air, sky)

삼하 18:9	그 상수리나무에 걸리매 그가 **공중**과
욥 39:27	독수리가 **공중**에 떠서 높은 곳에 보금
시 36:5	하늘에 있고 주의 진실하심이 **공중**에
잠 3:20	바다를 갈라지게 하셨으며 **공중**에서
잠 30:19	**공중**에 날아다니는 독수리의 자취와
단 4:12	들짐승이 그 그늘에 있으며 **공중**에 나는

【 공판하다 】 　　　　　　　　　　　　　　【 공포하다/공포되다 】

단 4:21　들짐승은 그 아래에 살며 **공중**에 나는
호 4:3　　거기 사는 자와 들짐승과 **공중**에 나는
행 10:12　네 발 가진 짐승과 기는 것과 **공중**에
행 11:6　　들짐승과 기는 것과 **공중**에 나는 것들이
행 22:23　옷을 벗어 던지고 티끌을 **공중**에 날리니

시 96:10　 그가 만민을 **공평하게** 심판하시리라
시 98:9　　의로 세계를 판단하시며 **공평**으로 그의
시 143:10　주의 영은 선하시니 나를 **공평한** 땅에
잠 11:1　　여호와께서 미워하시나 **공평한** 추는
잠 16:11　 **공평한** 저울과 접시 저울은 여호와의
겔 47:14　 너희는 **공평하게** 나누어 기업을 삼으라
골 4:1　　 상전들아 의와 **공평**을 종들에게 베풀지
히 1:8　　 주의 나라의 규는 **공평한** 규이니이다

성경에 나오는 '공중'의 여러 존재들

공중의 각종 새 – 창 2:19
공중의 권세 잡은 자 – 엡 2:2
공중의 모든 새 – 창 9:2; 신 28:26; 겔 31:6, 13
공중의 빽빽한 구름 – 삼하 22:12; 시 18:11
공중의 새 – 창 2:20; 6:7; 7:3, 23; 삼상 17:44, 46; 삼하 21:10; 왕상 14:11; 16:4; 21:24; 욥 12:7; 28:21; 시 8:8; 79:2; 104:12; 전 10:20; 렘 4:25; 7:33; 9:10; 15:3; 16:4; 19:7; 34:20; 겔 29:5; 32:4; 38:20; 단 2:38; 호 2:18; 7:12; 습 1:3; 마 6:26; 8:20; 13:32; 막 4:32; 눅 8:5; 9:58; 13:19
공중의 서리 – 욥 38:29 / 공중의 학 – 렘 8:7

살전 4:17　구름 속으로 끌어 올려 **공중**에서 주를
계 8:13　　내가 또 보고 들으니 **공중**에 날아가는
계 14:6　　보니 다른 천사가 **공중**에 날아가는데
계 16:17　 일곱째 천사가 그 대접을 **공중**에 쏟으매
계 19:17　 한 천사가 태양 안에 서서 **공중**에 나는

공판하다 (公判, contend)

시 35:23　주여 떨치고 깨셔서 나를 **공판하시며**

공평/–하다/–히 (公平, accurate, fairm, honest)

레 19:36　**공평한** 저울과 **공평한** 추와 **공평한** 에바와 **공평한** 힌을 사용하라 나는 너희를
욥 31:6　　하나님께서 나를 **공평한** 저울에 달아
시 17:2　　나를 판단하시며 주의 눈으로 **공평함**을
시 45:6　　주의 나라의 규는 **공평한** 규이니이다
시 67:4　　민족들을 **공평히** 심판하시며 땅 위의

'공평하지 않음'과 관련된 성구

공평하지 못한 것 – 고후 12:13
공평하지 않다 – 겔 18:25, 29

공포 (恐怖, horror)

삼상 14:15　진영과 모든 백성들이 **공포**에 떨었고
욥 18:14　　장막에서 뽑히며 그는 **공포**의 왕에게로
욥 30:15　　순식간에 **공포**가 나를 에워싸고 그들이
시 55:5　　 두려움과 떨림이 내게 이르고 **공포**가
시 91:5　　 밤에 찾아오는 **공포**와 낮에 날아드는
사 54:14　　네가 두려워하지 아니할 것이며 **공포**도
렘 48:39　　모든 사람의 조롱 거리와 **공포**의 대상이
렘 49:17　　에돔이 **공포**의 대상이 되리니 그리로
겔 23:46　　무리를 올려 보내 그들이 **공포**와 약탈을
겔 27:36　　네가 **공포**의 대상이 되고 네가 영원히
겔 28:19　　네가 **공포**의 대상이 되고 네가 영원히
겔 33:28　　내가 그 땅이 황무지와 **공포**의 대상이
겔 33:29　　그 땅을 황무지와 **공포**의 대상이 되게
겔 35:3　　 황무지와 **공포**의 대상이 되게 할지라

공포하다/공포되다 (公布, announce, proclaim)

출 32:5　　아론이 **공포하여** 이르되 내일은 여호와
출 36:6　　그들이 진중에 **공포하여** 이르되 남녀
레 23:2　　너희가 성회로 **공포할** 여호와의 절기들
레 23:4　　정한 때에 성회로 **공포할** 여호와의 절기
레 23:21　 너희 중에 성회를 **공포하고** 어떤 노동도
레 23:37　 너희는 **공포하여** 성회를 열고 여호와께
레 23:44　 이스라엘 자손에게 **공포하였더라**
레 25:10　 모든 주민을 위하여 자유를 **공포하라**
삿 21:13　 사람을 보내어 평화를 **공포하게** 하였더
왕상 1:20　앉을지를 **공포하시기**를 기다리나이다
왕하 10:20　거룩히 열라 하매 드디어 **공포되었더라**
대하 20:3　온 유다 백성에게 금식하라 **공포하매**
대하 24:9　유다와 예루살렘에 **공포하여** 하나님의
대하 30:5　이스라엘에 **공포하여** 일제히 예루살렘
대하 36:22　그가 온 나라에 **공포도** 하고 조서도
스 1:1　　그가 온 나라에 **공포도** 하고 조서도
스 10:7　　자들의 자손들에게 **공포하기**를

【 공허/-하다 】 【 과부 】

느 8:15 성읍과 예루살렘에 **공포하여** 이르기를
시 68:11 소식을 **공포하는** 여자들은 큰 무리라
사 52:7 평화를 **공포하며** … 구원을 **공포하며**
렘 4:5 유다에 선포하며 예루살렘에 **공포하여**
렘 4:15 에브라임 산에서 재앙을 **공포하는도다**
렘 5:20 야곱 집에 선포하며 유다에 **공포하여**
렘 50:2 가운데 전파하라 **공포하라** 깃발을 세 우라 숨김이 없이 **공포하여** 이르라

공허/-하다(空虛, empty, waste)

창 1:2 혼돈하고 **공허하며** 흑암이 깊음 위에
사 24:1 여호와께서 땅을 **공허하게** 하시며
사 24:3 온전히 **공허하게** 되고 온전히 황무하게
사 34:11 줄과 **공허**의 추를 드리우실 것인즉
사 41:29 우상들은 바람이요 **공허한** 것뿐이니라
렘 4:23 보라 내가 땅을 본즉 혼돈하고 **공허하며**
나 2:10 니느웨가 **공허하였고** 황폐하였도다

공회(公會, Sanhedrin)

왕상 12:20 사람을 보내 그를 **공회**로 청하여
겔 13:9 그들을 쳐서 내 백성의 **공회**에 들어오지
마 5:22 형제를 대하여 라가라 하는 자는 **공회**
마 10:17 사람들을 삼가라 그들이 너희를 **공회**에
마 26:59 대제사장들과 온 **공회**가 예수를 죽이려
막 13:9 사람들이 너희를 **공회**에 넘겨 주겠고
막 14:55 대제사장들과 온 **공회**가 예수를 죽이려
막 15:1 장로들과 서기관들 곧 온 **공회**와 더불어
눅 22:66 서기관들이 모여서 예수를 그 **공회**로
요 11:47 대제사장들과 바리새인들이 **공회**를
행 4:15 **공회**에서 나가라 하고 서로 의논하여
행 5:21 그와 함께 있는 사람들이 와서 **공회**와
행 5:27 끌어다가 **공회** 앞에 세우니 대제사장이
행 5:34 **공회** 중에 일어나 명하여 사도들을 잠깐
행 5:41 여기심을 기뻐하면서 **공회** 앞을 떠나니
행 6:12 충동시켜 와서 잡아가지고 **공회**에 이르
행 6:15 **공회** 중에 앉은 사람들이 다 스데반을
행 22:30 제사장들과 온 **공회**를 모으고 바울을
행 23:1 바울이 **공회**를 주목하여 이르되 여러분
행 23:6 다른 일부는 바리새인 줄 알고 **공회**
행 23:15 자세히 물어보려는 척하면서 **공회**와
행 23:20 내일 그를 데리고 **공회**로 내려오기를
행 23:28 하여 그들의 **공회**로 데리고 내려갔더니
행 24:20 이 사람들이 내가 **공회** 앞에 섰을 때에

공회원/공회의원(公會員, 公會議員, member of the Council)

막 15:43 사람은 존경 받는 **공회원**이요 하나님의
눅 23:50 **공회의원**으로 선하고 의로운 요셉이라

과거(過去, aforethought)

신 4:42 **과거**에 원한이 없이 부지중에 살인한

과격하다(過激, harsh)

잠 15:1 분노를 쉬게 하여도 **과격한** 말은 노를

과녁(target)

삼상 20:20 내가 **과녁**을 쏘려 함같이 화살 셋을
욥 7:20 어찌하여 나를 당신의 **과녁**으로 삼으셔
욥 16:12 나를 부숴뜨리시며 나를 세워 **과녁**을
욥 36:32 번갯불을 명령하사 **과녁**을 치시도다
애 3:12 당겨 나를 화살의 **과녁**으로 삼으심이여

과도히(過度, unduly)

잠 11:24 부하게 되는 일이 있나니 **과도히** 아껴도

과목(果木, fruit tree)

레 19:23 그 땅에 들어가 각종 **과목**을 심거든
신 20:20 **과목**이 아닌 수목은 찍어내어 너희와
느 9:25 감람원과 허다한 **과목**을 차지하여
느 10:35 소산의 맏물과 각종 **과목**의 첫 열매
느 10:37 거제물과 각종 **과목**의 열매와 새 포도주
전 2:5 과원을 만들고 그 가운데에 각종 **과목**을

과부(寡婦, widow)

출 22:24 너희의 아내는 **과부**가 되고 너희 자녀는
레 21:14 **과부**나 이혼 당한 여자나 창녀 짓을
레 22:13 그가 **과부**가 되든지 이혼을 당하든지
민 30:9 **과부**나 이혼 당한 여자의 서원이나 그가
신 10:18 고아와 **과부**를 위하여 정의를 행하시며
신 26:13 레위인과 객과 고아와 **과부**에게 주기를
삼하 14:5 나는 진정으로 **과부**니이다 남편은 죽고
왕상 11:26 어머니의 이름은 스루아이니 **과부**더라
왕상 17:9 내가 그 곳 **과부**에게 명령하여 네게
왕상 17:10 성문에 이를 때에 한 **과부**가 그 곳에서
왕상 17:20 내가 우거하는 집 **과부**에게도 재앙을
욥 22:9 너는 **과부**를 빈손으로 돌려보내며 고아
욥 24:21 여자를 박대하며 **과부**를 선대하지 아니

【 과부 】   【 과실 1 】

욥 27:15	묻히리니 그들의 **과부**들이 울지 못할
욥 31:18	어렸을 때부터 **과부**를 인도하였노라
시 78:64	**과부**들은 애곡도 하지 못하였도다
시 94:6	**과부**와 나그네를 죽이며 고아들을 살해
시 109:9	고아가 되고 그의 아내는 **과부**가 되며
시 146:9	고아와 **과부**를 붙드시고 악인들의 길은
사 9:17	**과부**를 긍휼히 여기지 아니하시리라
사 10:2	백성의 권리를 박탈하며 **과부**에게 토색
사 47:8	나는 **과부**로 지내지도 아니하며 자녀를
사 47:9	자녀를 잃으며 **과부**가 되는 이 두 가지
사 54:4	젊었을 때의 수치를 잊겠고 **과부** 때의
렘 7:6	이방인과 고아와 **과부**를 압제하지
렘 15:8	그들의 **과부**가 내 앞에 바다 모래보다
렘 18:21	아내들은 자녀를 잃고 **과부**가 되며
렘 22:3	고아와 **과부**를 압제하거나 학대하지
렘 49:11	그들을 살리리라 네 **과부**들은 나를 의지
애 1:1	열국 중에 크던 자가 이제는 **과부**같이
애 5:3	고아들이오며 우리의 어머니는 **과부**들
겔 22:7	가운데에서 고아와 **과부**를 해하였도다
겔 22:25	보물을 탈취하며 **과부**를 그 가운데
겔 44:22	**과부**나 이혼한 여인에게 장가 들지 말고
	오직 … 혹시 제사장의 **과부**에게 장가
슥 7:10	**과부**와 고아와 나그네와 궁핍한 자를
말 3:5	**과부**와 고아를 압제하며 나그네를 억울
막 12:42	한 가난한 **과부**는 와서 두 렙돈

'과부'에 대한 성경의 명령

1. 해야 할 것
   먹고 배부르게 하라 – 신 14:29; 26:12
   과부를 위하여 변호하라 – 사 1:17
   참 **과부**인 **과부**를 존대하라 – 딤전 5:3
   자기가 도와주라 – 딤전 5:16
   추수 때 (곡식 뭇, 감람, 포도) 남겨두라
   – 신 24:19, 20, 21
   (절기를 지킬 때) 함께 즐거워하라 – 신 16:11, 14
   해롭게 하지 말라 – 출 22:22

2. 하지 말아야 할 것
   과부의 옷을 전당 잡지 말라 – 신 24:17

막 12:43	이 가난한 **과부**는 헌금함에 넣는 모든
막 12:44	**과부**는 그 가난한 중에서 자기의 모든
눅 2:37	**과부**가 되고 팔십사 세가 되었더라 이
눅 4:25	들었을 때에 이스라엘에 많은 **과부**가

눅 4:26	시돈 땅에 있는 사렙다의 한 **과부**에게
눅 7:12	독자요 그의 어머니는 **과부**라 그 성의
눅 7:13	주께서 **과부**를 보시고 불쌍히 여기사
눅 18:3	그 도시에 한 **과부**가 있어 자주 그에게
눅 18:5	이 **과부**가 나를 번거롭게 하니 내가
눅 21:2	어떤 가난한 **과부**가 두 렙돈 넣는 것을
눅 21:3	이 가난한 **과부**가 다른 모든 사람보다
눅 21:4	**과부**는 그 가난한 중에서 자기가 가지고
행 6:1	헬라파 유대인들이 자기의 **과부**들이

'과부'와 관련된 성구

과부의 가산 – 막 12:40; 눅 20:47
과부의 눈 – 욥 31:16
과부의 마음 – 욥 29:13
과부의 소 – 욥 24:3
과부의 송사 – 사 27:19; 사 1:23
과부의 아들 – 왕상 7:14
과부의 의복 – 창 38:14, 19
과부의 재판장 – 시 68:5
과부의 지계 – 잠 15:25

행 9:39	다락방에 올라가니 모든 **과부**가 베드로
행 9:41	성도들과 **과부**들을 불러 들여 그가 살아
고전 7:8	결혼하지 아니한 자들과 **과부**들에게
딤전 5:4	어떤 **과부**에게 자녀나 손자들이 있거든
딤전 5:5	**과부**로서 외로운 자는 하나님께 소망
딤전 5:9	**과부**로 명부에 올릴 자는 나이가 육십이
딤전 5:11	젊은 **과부**는 올리지 말지니 이는 정욕
약 1:27	곧 고아와 **과부**를 그 환난중에 돌보고
계 18:7	나는 여왕으로 앉은 자요 **과부**가 아니라

과수(果樹, fruit tree)
시 148:9 모든 작은 산과 **과수**와 모든 백향목이며
아 4:13 아름다운 **과수**와 고벨화와 나도풀과

과시하다(誇示, vaunt)
욥 15:25 전능자에게 힘을 **과시**하였음이니라

과식하다(過食, eat too much of)
잠 25:16 보거든 족하리만큼 먹으라 **과식함**으로

과실 1(過失, rebellion)
출 34:7 인자를 천대까지 베풀며 악과 **과실**과

과실 2(果實, fruit)
레 19:24 넷째 해에는 그 모든 **과실**이 거룩하니
신 20:6 **과실**을 먹지 못한 … 타인이 그 **과실**을
잠 27:18 무화과나무를 지키는 자는 그 **과실**을
사 27:12 애굽 시내까지 **과실**을 떠는 것같이

과실나무(果實, fruit tree)
겔 47:12 강 좌우 가에는 각종 먹을 **과실나무**가

과실범(過失犯, who sins unintentionally)
겔 45:20 그 달 칠일에도 모든 **과실범**과 모르고

과연(果然, really)
창 18:21 행한 것이 **과연** 내게 들린 부르짖음과
창 24:21 묵묵히 주목하며 여호와께서 **과연** 평탄
딤후 3:11 어떠한 박해를 받은 것을 네가 **과연** 보고

과연 - 기타 본문
창 27:21; 28:16; 42:16; 레 13:13, 36; 민 13:27; 14:8; 16:30; 신 4:6; 수 2:4; 삿 6:31; 9:16; 11:9, 30; 삼상 12:20; 16:6; 25:34; 26:4; 왕상 1:43; 4:17; 왕하 15:12; 19:17; 스 4:19; 5:17; 에 6:13; 사 37:18; 43:13; 44:8; 45:14; 48:8, 13; 렘 46:18; 애 2:16; 겔 16:19; 호 12:11; 암 2:11; 마 17:11; 20:23; 막 9:12; 눅 11:51; 12:54, 55; 24:24, 34; 행 4:27; 고전 9:10; 고후 9:2; 갈 3:4; 살전 3:4; 4:10

과원(果園, garden)
전 2:5 동산과 **과원**을 만들고 그 가운데에
암 9:14 포도주를 마시며 **과원**들을 만들고

과일(果, fruit)
삼하 16:2 왕의 가족들이 타게 하고 떡과 **과일**은
사 17:6 가장 높은 가지 꼭대기에 **과일** 두세 개
말 1:12 위에 있는 **과일** 곧 먹을 것은 경멸함
계 18:14 바벨론아 네 영혼이 탐하던 **과일**이 네

'과일'과 관련된 성구
그 땅의 과일 - 민 13:26, 27
여름 과일 - 삼하 16:1; 렘 40:10, 12; 48:32; 암 8:1, 2; 미 7:1

과자(菓子, bread, wafer)
출 16:31 같이 희고 맛은 꿀 섞은 **과자** 같았더라
출 29:2 무교병과 기름 섞인 무교 **과자**와 기름
출 29:23 기름 바른 **과자** 한 개와 전병 한 개를
레 7:12 고운 가루에 기름 섞어 구운 **과자**를
민 6:15 고운 가루에 기름 섞은 **과자**들과 기름
민 11:8 **과자**를 만들었으니 … 기름 섞은 **과자**
삼하 13:6 보는 데에서 **과자** 두어 개를 만들어
삼하 13:8 보는 데서 **과자**를 만들고 그 **과자**를
삼하 13:10 다말이 자기가 만든 **과자**를 가지고
왕상 14:3 손에 떡 열 개와 **과자**와 꿀 한 병을
대상 12:40 밀가루 **과자**와 무화과 **과자**와 건포도와
대상 16:3 **과자**와 건포도로 만든 **과자** 하나씩
대상 23:29 곧 무교전병이나 **과자**를 굽는 것이나
렘 7:18 하늘의 여왕을 위하여 **과자**를 만들며
렘 44:19 그의 형상과 같은 **과자**를 만들어 놓고
겔 27:17 민닛 밀과 **과자**와 꿀과 기름과 유향을
호 3:1 신을 섬기고 건포도 **과자**를 즐길지라
호 7:4 그들은 다 간음하는 자라 **과자** 만드는

과장하다/과장되다(誇張, great detail)
골 2:18 육신의 생각을 따라 헛되이 **과장하고**
계 13:5 짐승이 **과장되고** 신성 모독을 말하는

과하다(過, too much)
고전 9:11 너희의 육적인 것을 거두기로 **과하다**

관 1(冠, crown)
출 28:4 흉패와 에봇과 겉옷과 반포 속옷과 **관**과
에 1:11 와스디를 청하여 왕후의 **관**을 정제하고
시 21:3 순금 **관**을 그의 머리에 씌우셨나이다
시 89:39 그의 **관**을 땅에 던져 욕되게 하셨으며
잠 4:9 그가 아름다운 **관**을 네 머리에 두겠고
겔 23:42 손목에 끼우고 아름다운 **관**을 그 머리에

'관 1'과 관련된 성구
관을 만들다 - 출 28:39, 40; 39:28; 슥 6:11
관을 쓰다 - 레 16:4; 히 2:9
관을 씌우다 - 출 29:6, 9; 레 8:9, 13; 에 2:17; 시 8:5; 65:11; 103:4; 히 2:7
관을 얻다 - 고전 9:25; 딤후 2:5; 벧전 5:4

【관 2】　　　　　　　　　　　　　　　　　　　　　　　　　　　　　　　　　　【관리하다】

겔 44:18 가는 베 **관**을 머리에 쓰며 가는 베 바지
슥 3:5 내가 말하되 정결한 **관**을 그의 머리에
요 19:2 군인들이 가시나무로 **관**을 엮어 그의
계 2:10 그리하면 내가 생명의 **관**을 네게 주리라
계 4:10 경배하고 자기의 **관**을 보좌 앞에 드리며
계 12:1 달이 있고 그 머리에는 열두 별의 **관**을

관 2(棺, coffin)
눅 7:14 가서 그 **관**에 손을 대시니 멘 자들이

관 3(管, tube)
욥 40:18 뼈는 놋 **관** 같고 그 뼈대는 쇠 막대기
슥 4:2 위에 있는 등잔을 위해서 일곱 **관**이
슥 4:12 **관** 옆에 있는 이 감람나무 두 가지는

관계/-하다/-되다 (關係, share, have a claim on, have sex with)
삿 19:22 끌어내라 우리가 그와 **관계**하리라 하니
삿 19:25 여자와 **관계**하였고 밤새도록 그 여자를
삼하 19:43 너희보다 더욱 **관계**가 있거늘 너희가
삼하 20:3 것만 주고 그들에게 **관계**하지 아니하니
왕상 3:1 혼인 **관계**를 맺어 그의 딸을 맞이하고
왕상 12:16 다윗과 무슨 **관계**가 있느냐 이새의 아들
대하 10:16 우리가 다윗과 무슨 **관계**가 있느냐
대하 18:1 혼인함으로 인척 **관계**를 맺었더라
대하 35:21 왕이여 내가 그대와 무슨 **관계**가 있나이
에 8:1 모르드개는 자기에게 어떻게 **관계**됨을
욥 21:21 자기 집에 대하여 무슨 **관계**가 있겠느냐
사 22:16 네가 여기와 무슨 **관계**가 있느냐 여기에
애 1:12 너희에게는 **관계**가 없는가 나의 고통과
겔 22:10 부정한 여인과 **관계하는** 자도 있었으며
겔 22:11 자매 곧 아버지의 딸과 **관계**하였으며
요 14:30 그러나 그는 내게 **관계**할 것이 없으니
행 8:21 **관계**도 없고 분깃 될 것도 없느니라

관념하다 (觀念, pay attention)
삼상 4:20 대답하지도 아니하며 **관념**하지도

관련되다 (關聯, involve)
출 28:38 거룩하게 드리는 성물과 **관련**된 죄책을

관례 (慣例, custom)
눅 2:27 마침 부모가 율법의 **관례**대로 행하고자

눅 2:42 그들이 이 절기의 **관례**를 따라 올라갔다
행 17:2 바울이 자기의 **관례**대로 그들에게로
고전 11:16 하나님의 모든 교회에는 이런 **관례**가

관리 (官吏, foreman, official, steward)
신 31:28 지파 모든 장로와 **관리**들을 내 앞에
수 1:10 이에 여호수아가 그 백성의 **관리**들에게
수 3:2 후에 **관리**들이 진중으로 두루 다니며
수 8:33 온 이스라엘과 그 장로들과 **관리**들과
수 23:2 장로들과 수령들과 재판장들과 **관리**들
수 24:1 수령들과 재판장들과 **관리**들을 부르매
삼상 8:15 거두어 자기의 **관리**와 신하에게 줄 것이
삼하 10:3 자손의 **관리**들이 그들의 주 하눈에게
왕상 5:16 그 사역을 감독하는 **관리**가 삼천삼백 명
왕하 8:6 왕이 그를 위하여 한 **관리**를 임명하여
왕하 11:18 제사장이 **관리**들을 세워 여호와의 성전
대하 19:11 레위 사람들은 너희 앞에 **관리**가 되리라
대하 24:11 궤를 메고 왕의 **관리**에게 가지고 가서
대하 34:13 레위 사람은 서기와 **관리**와 문지기가 되
스 4:5 **관리**들에게 뇌물을 주어 그 계획을 막았
에 1:8 모든 궁내 **관리**에게 명령하여 각 사람이
에 1:16 아하수에로 왕의 각 지방의 **관리**들과
렘 2:8 나를 알지 못하며 **관리**들도 나에게 반역
마 9:18 예수께서 이 말씀을 하실 때에 한 **관리**
눅 18:18 **관리**가 물어 이르되 선한 선생님이여
눅 23:13 대제사장들과 **관리**들과 백성을 불러
행 3:17 그리하였으며 너희 **관리**들도 그리한
행 4:8 성령이 충만하여 이르되 백성의 **관리**
행 7:27 **관리**와 재판장으로 우리 위에 세웠느냐
행 13:27 예루살렘에 사는 자들과 그 **관리**들이
행 14:5 이방인과 유대인과 그 **관리**들이 두 사도

📖 관리 - 기타 본문
에 2:3; 3:12; 눅 23:35; 24:20; 행 4:5, 21, 26;
7:35; 16:19; 23:7

관리하다 (管理, be in charge of, rule over)
창 47:6 있거든 그들로 내 가축을 **관리**하게 하라
민 1:50 모든 부속품을 **관리**하게 하라 그들은
대하 26:21 왕궁을 **관리**하며 백성을 다스렸더라
대하 31:13 히스기야 왕과 하나님의 전을 **관리하는**
대하 34:22 **관리하는** 살룸의 아내라 예루살렘
에 8:2 모르드개에게 하만의 집을 **관리**하게

【 관망하다 】　　　　　　　　　　　　　　　　　　　　　　　　　　【 관유 】

시 105:21　삼아 그의 모든 소유를 **관리하게** 하고
전 2:19　그가 다 **관리하리니** 이것도 헛되도다
렘 52:16　남겨 두어 포도원을 **관리하는** 자와 농부

관망하다 (觀望, look on)
시 35:17　주여 어느 때까지 **관망하시려** 하나이까

관모 (冠帽, crown)
욥 19:9　영광을 거두어가시며 나의 **관모**를 머리

관목덤불 (灌木, bush)
창 21:15　물이 떨어진지라 그 자식을 **관목덤불**

관복 (官服, robe)
왕상 10:5　그들의 **관복**과 술 관원들과 여호와의

관세 (關稅, tribute, revenue)
스 4:13　다시는 조공과 **관세**와 통행세를 바치지
스 4:20　땅이 그들에게 조공과 **관세**와 통행세를
스 7:24　조공과 **관세**와 통행세를 받는 것이 옳지
마 17:25　임금들이 누구에게 **관세**와 국세를 받느
롬 13:7　**관세**를 받을 자에게 **관세**를 바치고

관습 (慣習, custom, practice)
삿 11:39　못하였더라 이것이 이스라엘에 **관습**이
삼상 2:13　백성에게 행하는 **관습**은 이러하니
왕하 17:19　이스라엘 사람들이 만든 **관습**을 행하
행 21:21　할례를 행하지 말고 또 **관습**을 지키지
행 28:17　백성이나 우리 조상의 **관습**을 배척한

관심 (關心, perceive, regard)
출 7:23　그 일에 **관심**을 가지지도 아니하였고
욥 33:14　다시 말씀하시되 사람은 **관심**이 없도다
사 5:12　여호와께서 행하시는 일에 **관심**을 두지

관용/-하다 (寬容, gentle, kind, patience)
행 24:4　**관용하여** 들으시기를 원하나이다
롬 9:22　그릇을 오래 참으심으로 **관용하시고**
고후 10:1　그리스도의 온유와 **관용**으로 친히 너희
빌 4:5　너희 **관용**을 모든 사람에게 알게 하라
딤전 3:3　오직 **관용하며** 다투지 아니하며 돈을
딛 3:2　비방하지 말며 다투지 말며 **관용하며**
약 3:17　다음에 화평하고 **관용하고** 양순하며

벧전 2:18　선하고 **관용하는** 자들에게만 아니라

관원 (官員, governor, official, ruler)
왕상 10:5　그들의 관복과 술 **관원**들과 여호와의
대상 23:4　보살피는 자요 육천 명은 **관원**과 재판관
대상 26:29　이스라엘의 일을 다스리는 **관원**과
대상 27:1　왕을 섬기는 **관원**들이 그들의 숫자대로
대하 9:4　그들의 공복과 술 **관원**들과 그들의 공복
대하 24:11　대제사장에게 속한 **관원**이 와서 그 궤들
느 1:11　때에 내가 왕의 술 **관원**이 되었느니라
느 7:2　아우 하나니와 영문의 **관원** 하나냐가
에 3:12　각 지방의 관리와 각 민족의 **관원**에게
에 8:9　유다인과 대신과 지방관과 **관원**에게
시 2:2　세상의 군왕들이 나서며 **관원**들이 서로
잠 23:1　**관원**과 함께 앉아 음식을 먹게 되거든
잠 25:15　오래 참으면 **관원**도 설득할 수 있나니
잠 28:15　**관원**은 부르짖는 사자와 주린 곰 같으니
잠 29:12　**관원**이 거짓말을 들으면 그의 하인들
사 1:10　너희 소돔의 **관원**들아 여호와의 말씀을
사 22:3　너의 **관원**들도 다 함께 도망하였다가
사 49:7　**관원**들에게 종이 된 자에게 이같이 이르
사 60:17　화평을 세워 **관원**으로 삼으며 공의를
단 3:2　각 지방 모든 **관원**을 느부갓네살 왕이
단 3:3　각 지방 모든 **관원**이 느부갓네살 왕이
단 4:36　나의 모사들과 **관원**들이 내게 찾아오니
단 6:7　총독과 법관과 **관원**이 의논하고 왕에게

관원장 (chief of officer, official)
창 40:2　바로가 그 두 **관원장** 곧 술 맡은 관
원장과 떡 굽는 **관원장**에게 노하여
창 41:9　술 맡은 **관원장**이 바로에게 말하여
창 41:10　나와 떡 굽는 **관원장**을 친위대장의 집

✝ **관원장 – 기타 본문**
　창 40:9, 16, 20, 21, 22, 23

관유 (灌油, anointing oil)
출 25:6　등유와 **관유**에 드는 향료와 분향할 향
출 29:7　**관유**를 가져다가 그의 머리에 부어
출 29:21　제단 위의 피와 **관유**를 가져다가 아론
출 30:25　거룩한 **관유**를 만들되 향을 제조하는
출 30:31　이것은 너희 대대로 내게 거룩한 **관유**니
출 31:11　**관유**와 성소의 향기로운 향이라 무릇

| 관자놀이 | | 광경 |

출 35:8	등유와 및 **관유**에 드는 향품과 분향할
출 35:15	분향단과 그 채와 **관유**와 분향할 향품과
출 35:28	등불과 **관유**와 분향할 향에 소용되는
출 37:29	거룩한 **관유**와 향품으로 정결한 향을
출 39:38	금 제단과 **관유**와 향기로운 향과 장막
출 40:9	**관유**를 가져다가 성막과 그 안에 있는
레 8:2	의복과 **관유**와 속죄제의 수송아지와
레 8:10	모세가 **관유**를 가져다가 성막과 그 안에
레 8:12	또 **관유**를 아론의 머리에 붓고 그에게
레 8:30	모세가 **관유**와 제단 위의 피를 가져다가
레 10:7	여호와의 **관유**가 너희에게 있은즉 너희
레 21:10	자기의 형제 중 **관유**로 부음을 받고
레 21:12	하나님께서 성별하신 **관유**가 그 위에
민 4:16	항상 드리는 소제물과 **관유**이며 또 장막

관자놀이(temple)

삿 4:21	가만히 가서 말뚝을 그의 **관자놀이**에
삿 4:22	엎드러져 죽었고 말뚝이 그의 **관자놀이**
삿 5:26	그의 머리를 뚫되 곧 그의 **관자놀이**를

관작(官爵, recognition)

에 6:3	존귀와 **관작**을 모르드개에게 베풀었느

관장(官長, officer)

왕상 4:5	나단의 아들 아사리아는 지방 **관장**이요
왕상 4:7	이스라엘에 열두 지방 **관장**을 두매
왕상 4:19	그 한 사람만 지방 **관장**이 되었더라
왕상 4:27	지방 **관장**들이 각각 자기가 맡은 달에

관절(關節, joint)

창 32:25	허벅지 **관절**을 치매 야곱의 허벅지
창 32:32	그 사람이 야곱의 허벅지 **관절**에 있는
히 4:12	영과 및 **관절**과 골수를 찔러 쪼개기까지

관정(官庭, palace, hall of judgement)

마 26:3	가야바라 하는 대제사장의 **관정**에 모여
마 27:27	예수를 데리고 **관정** 안으로 들어가서
요 18:28	그들이 예수를 가야바에게서 **관정**으로
요 18:33	빌라도가 다시 **관정**에 들어가 예수를
요 19:9	다시 **관정**에 들어가서 예수께 말하되

관직(官職, office)

사 22:19	너를 네 **관직**에서 쫓아내며 네 지위에서

관통상(貫通傷, wounded)

렘 51:4	엎드러질 것이요 **관통상**을 당한 자가

관하다(關, about)

창 21:25	우물을 빼앗은 일에 **관하여** 아브라함이
신 19:15	악에 **관하여** 또한 모든 죄에 **관하여는**
삼상 22:15	종은 이 모든 크고 작은 일에 **관하여**
삼하 3:8	당신이 오늘 이 여인에게 **관한** 허물을
욥 42:11	그에게 내리신 모든 재앙에 **관하여**
전 2:2	내가 웃음에 **관하여** 말하여 이르기를
전 7:12	지혜에 **관한** 지식이 더 유익함은 지혜가

▶ **관하다** → 기타 본문

전 8:11; 사 1:1; 2:1; 15:1; 17:1; 19:1; 21:1, 11, 13; 22:1; 23:1; 30:6; 37:9; 45:11; 렘 25:1; 26:11; 46:2; 48:1; 겔 7:2; 16:3; 18:2; 25:3; 26:2; 36:6; 48:12; 단 6:12; 7:19; 8:17, 19; 10:1; 미 1:1; 슥 12:1; 마 15:7; 막 12:26; 눅 19:42; 20:37; 22:37; 24:27; 행 8:12; 15:12; 18:15, 25; 19:8, 40; 23:29; 24:22; 25:19; 28:31; 롬 1:2, 3, 8; 9:27; 고전 16:1; 고후 8:10; 살전 4:9, 13; 5:1; 살후 2:1, 13; 딤전 1:19; 6:3; 딤후 2:18; 3:8; 히 1:7, 8; 4:4; 5:11; 6:2; 7:14; 9:5; 벧전 3:15; 벧후 3:16; 요일 1:1; 2:26; 5:16; 유 1:3, 9

관할/-하다(管轄, jurisdiction, be over, rule)

삼하 8:18	블렛 사람을 **관할하고** 다윗의 아들들은
왕하 11:9	각기 **관할하는** 바 안식일에 들어오는
왕하 25:22	아들 그달리야가 **관할하게** 하였더라
대상 27:16	지파를 **관할하는** 자는 이러하니라
느 3:7	서쪽 총독의 **관할**에 속한 기브온 사람들
느 9:37	우리의 몸과 가축을 임의로 **관할하오니**
사 26:13	다른 주들이 우리를 **관할하였사오나**
사 52:5	**관할하는** 자들이 떠들며 내 이름을
렘 51:28	그 모든 태수와 그 **관할하는** 모든 땅을
겔 9:1	성읍을 **관할하는** 자들이 각기 죽이는
단 6:26	내 나라 **관할** 아래에 있는 사람들은
욜 2:17	**관할하지** 못하게 하옵소서 어찌하여
눅 23:7	헤롯의 **관할**에 속한 줄을 알고 헤롯에게

광경(光景, sight)

출 3:3	큰 **광경**을 보리라 떨기나무가 어찌하여
행 7:31	그 **광경**을 보고 놀랍게 여겨 알아보려고

【 광내다 】

광내다(光, burnish)
겔 1:7　송아지 발바닥 같고 **광낸** 구리같이

광대하다(廣大, large)
출 3:8　아름답고 **광대한** 땅, 젖과 꿀이 흐르는
민 14:19　주의 인자의 **광대하심을** 따라 이 백성을
신 8:15　너를 인도하여 그 **광대하고** 위험한 광야
신 33:20　갓에 대하여는 일렀으되 갓을 **광대하게**
느 7:4　그 성읍은 **광대하고** 그 주민은 적으며
느 9:32　하나님이여 **광대하시고** 능하시고
에 1:20　왕의 조서가 이 **광대한** 전국에 반포되면
욥 11:6　그의 지식이 **광대하심이라** 하나님께서
시 34:3　나와 함께 여호와를 **광대하시다** 하며
사 2:10　여호와의 위엄과 그 **광대하심의** 영광을
사 2:19　그 **광대하심의** 영광을 피할 것이라
사 2:21　위엄과 그 **광대하심의** 영광을 피하리라
사 28:29　경영은 기묘하며 지혜는 **광대하니라**
고전 16:9　내게 **광대하고** 유효한 문이 열렸으나

광막하다(廣漠, large country)
사 22:18　너를 모질게 감싸서 공같이 **광막한**

광명/-하다/-체(光明, daylight, light)
창 1:14　하늘의 궁창에 **광명체들이** 있어 낮과
창 1:15　**광명체들이** 하늘의 궁창에 있어 땅을
창 1:16　두 큰 **광명체를** 만드사 큰 **광명체로** 낮을 주관하게 하시고 작은 **광명체로**
욥 3:9　밤이 **광명을** 바랄지라도 얻지 못하며
욥 10:22　아무 구별이 없고 **광명도** 흑암 같으니
욥 12:22　그늘을 **광명한** 데로 나오게 하시며
욥 18:18　**광명으로부터** 흑암으로 쫓겨 들어가며
욥 24:13　**광명을** 배반하는 사람들은 이러하니
욥 24:16　잠그고 있으므로 **광명을** 알지 못하나니
욥 25:3　비추는 **광명을** 받지 않은 자가 누구냐
욥 30:26　내가 복을 바랐더니 화가 왔고 **광명을**
욥 38:19　것이 **광명이** 있는 곳으로 가는 길이냐
욥 38:24　**광명이** 어느 길로 뻗치며 동풍이 어느
잠 4:18　크게 빛나 한낮의 **광명에** 이르거니와
사 5:20　흑암으로 **광명을** 삼으며 **광명으로** 흑암
사 42:16　그 앞에서 **광명이** 되게 하며 굽은 데를
사 60:3　왕들은 비치는 네 **광명으로** 나아오리라
단 4:36　위엄과 **광명이** 내게로 돌아왔고 또 나의
미 7:9　주께서 나를 인도하사 **광명에** 이르게

【 광야 】

합 3:4　**광명이** 햇빛 같고 광선이 그의 손에서
슥 14:6　그 날에는 빛이 없겠고 **광명한** 것들이
마 10:27　어두운 데서 이르는 것을 **광명한** 데서
눅 12:3　어두운 데서 말한 모든 것이 **광명한**
고후 11:14　자기를 **광명의** 천사로 가장하나니
계 22:16　자손이니 곧 **광명한** 새벽 별이라 하시더

광석(鑛石, ore)
욥 28:3　어둠과 죽음의 그늘에 있는 **광석도** 탐지

광선(光線, brightness, ray)
삼하 23:4　내린 후의 **광선으로** 땅에서 움이 돋는
합 3:4　광명이 햇빛 같고 **광선이** 그의 손에서
말 4:2　치료하는 **광선을** 비추리니 너희가

광야(曠野, desert, wilderness)
모세오경
창 14:6　세일에서 쳐서 **광야** 근방 엘바란까지
창 21:20　장성하여 **광야에서** 거주하며 활 쏘는
창 36:24　시브온의 나귀를 칠 때에 **광야에서** 온천
창 37:22　**광야** 그 구덩이에 던지고 손을 그에게
출 3:1　이드로의 양 떼를 치더니 그 떼를 **광야**
출 3:18　사흘길쯤 **광야로** 가도록 허락하소서
출 4:27　아론에게 이르시되 **광야에** 가서 모세를
출 5:1　백성을 보내라 그러면 그들이 **광야에서**
출 7:16　그들이 **광야에서** 나를 섬길 것이니라
출 8:27　우리가 사흘길쯤 **광야로** 들어가서 우리
출 8:28　여호와께 **광야에서** 제사를 드릴 것이나
출 13:20　그들이 숙곳을 떠나 **광야** 끝 에담에
출 14:3　땅에서 멀리 떠나 **광야에** 갇힌 바 되었
출 14:11　당신이 우리를 이끌어 내어 이 **광야에서**
출 14:12　애굽 사람을 섬기는 것이 **광야에서** 죽는
출 16:2　이스라엘 자손 온 회중이 그 **광야에서**
출 16:3　너희가 이 **광야로** 우리를 인도해 내어
출 16:10　그들이 **광야를** 바라보니 여호와의 영광
출 16:14　그 이슬이 마른 후에 **광야** 지면에 작고
출 16:32　애굽 땅에서 인도하여 낼 때에 **광야에서**
출 18:5　그의 아내와 더불어 **광야에** 들어와 모세
출 23:31　블레셋 바다까지, **광야에서부터** 강까지
레 16:10　아사셀을 위하여 **광야로** 보낼지니라
레 16:21　정한 사람에게 맡겨 **광야로** 보낼지니
레 16:22　땅에 이르거든 그는 그 염소를 **광야에**
민 14:2　우리가 애굽 땅에서 죽었거나 이 **광야**

【 광야 】　　　　　　　　　　　　　　　　　　　　　　　　　　　　　　【 광야 】

민 14:16	인도할 능력이 없었으므로 **광야**에서
민 14:22	영광과 애굽과 **광야**에서 행한 내 이적을
민 14:25	홍해 길을 따라 **광야**로 들어갈지니라
민 14:29	너희 시체가 이 **광야**에 엎드러질 것이라
민 14:33	**광야**에서 소멸되기까지 사십 년을 **광야**
민 14:35	그들이 이 **광야**에서 소멸되어 거기서
민 15:32	이스라엘 자손이 **광야**에 거류할 때에
민 16:13	이끌어 내어 **광야**에서 죽이려 함이 어찌
민 20:4	회중을 이 **광야**로 인도하여 우리와 우리
민 21:5	애굽에서 인도해 내어 이 **광야**에서 죽게
민 21:11	모압 앞쪽 해 돋는 쪽 **광야** 이예아바림
민 21:13	**광야**에 이른 아르논 강 건너편에 진을
민 21:20	골짜기에 이르러 **광야**가 내려다 보이는
민 21:23	이스라엘을 치러 **광야**로 나와서 야하스
민 23:28	발람을 인도하여 **광야**가 내려다 보이는
민 24:1	점술을 쓰지 아니하고 그의 낯을 **광야**로
민 26:65	반드시 **광야**에서 죽으리라 하셨음이라
민 27:3	아버지가 **광야**에서 죽었으나 여호와를
민 32:13	그들에게 사십 년 동안 **광야**에 방황하게
민 32:15	백성을 **광야**에 버리시리니 그리하면
민 33:6	숙곳을 떠나 **광야** 끝 에담에 진을 치고
민 33:8	하히롯 앞을 떠나 **광야**를 바라보고 바다
신 1:19	크고 두려운 **광야**를 지나 아모리 족속의
신 1:31	**광야**에서도 너희가 당하였거니와 사람
신 1:40	홍해 길을 따라 **광야**로 들어갈지니라
신 2:7	네가 이 큰 **광야**에 두루 다님을 알고
신 8:2	사십 년 동안에 네게 **광야** 길을 걷게
신 8:15	광대하고 위험한 **광야** 곧 불뱀과 전갈이
신 8:16	조상들도 알지 못하던 만나를 **광야**에서
신 9:7	**광야**에서 네 하나님 여호와를 격노하게
신 11:5	너희가 이 곳에 이르기까지 **광야**에서
신 11:24	너희의 경계는 곧 **광야**에서부터 레바논
신 29:5	사십 년 동안 너희를 **광야**에서 인도하게
신 32:10	짐승이 부르짖는 **광야**에서 만나시고

역사서

수 5:4	군사는 애굽에서 나온 후 **광야** 길에
수 5:5	애굽에서 나온 후 **광야** 길에서 난 자는
수 5:6	멸절하기까지 사십 년 동안을 **광야**에서
수 8:15	거짓으로 패한 척하여 **광야** 길로 도망
수 8:24	이스라엘이 자기들을 **광야**로 추격하던
수 12:8	평지와 아라바와 경사지와 **광야**와 네겝
수 14:10	이스라엘이 **광야**에서 방황한 이 사십오
수 15:61	**광야**에는 벧 아라바와 밋딘과 스가가와

수 16:1	여리고 곁 요단으로부터 **광야**로 들어가
수 24:7	많은 날을 **광야**에서 거주하였느니라
삿 11:16	애굽에서 올라올 때에 **광야**로 행하여
삿 11:18	그 후에 **광야**를 지나 에돔 땅과 모압
삿 11:22	아르논에서부터 얍복까지와 **광야**에서
삿 20:42	몸을 돌려 **광야** 길로 향하였으나 군사
삿 20:45	그들이 몸을 돌려 **광야**로 도망하였으나
삿 20:47	베냐민 사람 육백 명이 돌이켜 **광야**로
삼상 4:8	그들은 **광야**에서 여러 가지 재앙으로
삼상 13:18	한 대는 **광야**쪽으로 스보임 골짜기가
삼상 23:19	다윗이 우리와 함께 **광야** 남쪽 하길라
삼상 23:24	사람들이 **광야** 남쪽 마온 **광야** 아라바
삼상 25:4	양 털을 깎는다 함을 **광야**에서 들은지라
삼상 25:14	주인에게 문안하러 **광야**에서 전령들
삼상 25:21	내가 이 자의 소유물을 **광야**에서 지켜
삼상 26:1	**광야** 앞 하길라 산에 숨지 아니하였나이
삼하 15:23	건너간 모든 백성이 **광야** 길로 향하니라
삼하 15:28	**광야** 나루터에서 기다리리라 하니라
삼하 17:16	오늘밤 **광야** 나루터에서 자지 말고
왕상 2:34	처죽이매 그가 **광야**에 있는 자기의 집에
왕상 19:4	자기 자신은 **광야**로 들어가 하룻길쯤
왕하 3:8	그가 대답하되 에돔 **광야** 길로니이다
대상 5:9	유브라데 강에서부터 **광야** 지경까지
대상 21:29	옛적에 모세가 **광야**에서 지은 여호와의
대하 1:3	여호와의 종 모세가 **광야**에서 지은 것이
대하 8:4	**광야**에서 다드몰을 건축하고 하맛에서
대하 24:9	모세가 **광야**에서 이스라엘에게 정한
느 9:19	주의 크신 긍휼로 그들을 **광야**에 버리지

시가서

욥 24:5	그들은 거친 **광야**의 들나귀 같아서
욥 38:26	누가 사람 없는 땅에, 사람 없는 **광야**에
시 29:8	여호와의 소리가 **광야**를 진동하심이여
시 55:7	멀리 날아가서 **광야**에 머무르리로다
시 68:7	주의 백성 앞에서 앞서 나가사 **광야**에서
시 72:9	**광야**에 사는 자는 그 앞에 굽히며 그의
시 78:15	**광야**에서 반석을 쪼개시고 매우 깊은
시 78:40	그들이 **광야**에서 그에게 반항하며 사막
시 95:8	므리바에서와 같이 또 **광야**의 맛사에서
시 102:6	나는 **광야**의 올빼미 같고 황폐한 곳의
시 106:9	바다 건너가기를 마치 **광야**를 지나감
시 106:14	**광야**에서 욕심을 크게 내며 사막에서
시 106:26	그들에게 맹세하기를 그들이 **광야**에
시 107:4	그들이 **광야** 사막 길에서 방황하며 거주

197

【 광야 】　　【 광야 】

시 107:35	또 **광야**가 변하여 못이 되게 하시며	렘 50:12	그가 나라들 가운데의 마지막과 **광야**와
시 136:16	그의 백성을 인도하여 **광야**를 통과하게	애 4:3	내 백성은 잔인하여 마치 **광야**의 타조
잠 21:19	성내는 여인과 함께 사는 것보다 **광야**	애 5:9	**광야**에는 칼이 있으므로 죽기를 무릅써
		겔 19:13	이제는 **광야**, 메마르고 가물 든 땅에

선지서

사 16:8	전에는 그 가지가 야셀에 미쳐 **광야**에
사 21:1	해변 **광야**에 관한 경고라 적병이 **광야**
사 32:15	**광야**가 아름다운 밭이 되며 아름다운
사 32:16	그 때에 정의가 **광야**에 거하며 공의가
사 35:1	**광야**와 메마른 땅이 기뻐하며 사막이
사 35:6	노래하리니 이는 **광야**에서 물이 솟겠고
사 40:3	너희는 **광야**에서 여호와의 길을 예비
사 41:18	샘이 나게 하며 **광야**가 못이 되게 하며
사 41:19	내가 **광야**에는 백향목과 싯딤 나무와
사 42:11	**광야**와 거기에 있는 성읍들과 게달 사람
사 43:19	반드시 내가 **광야**에 길을 사막에 강을
사 43:20	내가 **광야**에 물을, 사막에 강들을 내어
사 64:10	**광야**가 되었으며 시온이 **광야**가 되었으
렘 2:2	씨 뿌리지 못하는 땅, 그 **광야**에서 나를
렘 2:6	**광야** 곧 사막과 구덩이 땅, 건조하고
렘 2:24	**광야**에 익숙한 들암나귀가 그들의
렘 2:31	내가 이스라엘에게 **광야**가 되었느냐
렘 3:2	사람들을 기다린 것이 **광야**에 있는
렘 4:11	뜨거운 바람이 **광야**에 있는 헐벗은 산에
렘 9:10	산들을 위하여 울며 부르짖으며 **광야**
렘 9:12	이 땅이 어찌하여 멸망하여 **광야**같이
렘 9:26	모압과 및 **광야**에 살면서 살쩍을 깎은
렘 17:6	**광야** 간조한 곳, 건조한 땅, 사람이 살지
렘 22:6	내가 반드시 너로 **광야**와 주민이 없는
렘 23:10	슬퍼하며 **광야**의 초장들이 마르나니
렘 25:24	아라비아의 모든 왕과 **광야**에서 섞여
렘 31:2	칼에서 벗어난 백성이 **광야**에서 은혜를
렘 48:6	생명을 구원하여 **광야**의 노간주나무

겔 20:10	애굽 땅에서 나와서 **광야**에 이르게 하고
겔 20:15	내가 내 손을 들어 **광야**에서 그들에게
겔 20:17	내가 그들을 아껴서 **광야**에서 멸하여
겔 20:18	**광야**에서 그들의 자손에게 이르기를
겔 20:21	**광야**에서 그들에게 내 분노를 쏟으며
겔 20:23	내가 내 손을 들어 **광야**에서 그들에게
겔 20:36	내가 애굽 땅 **광야**에서 너희 조상들과
겔 23:42	편히 지껄이고 즐겼으며 또 **광야**에서
호 2:3	그로 **광야**같이 되게 하며 마른 땅같이
호 9:10	이스라엘을 만나기를 **광야**에서 포도를
호 13:5	내가 **광야** 마른 땅에서 너를 알았거늘
호 13:15	동풍이 오리니 곧 **광야**에서 일어나는
암 2:10	사십 년 동안 **광야**에서 인도하고 아모리
암 5:25	너희가 사십 년 동안 **광야**에서 희생과
말 1:3	산업을 **광야**의 이리들에게 넘겼느니라

신약

마 3:3	말씀하신 자라 일렀으되 **광야**에 외치는
마 4:1	마귀에게 시험을 받으러 **광야**로 가사
마 11:7	너희가 무엇을 보려고 **광야**에 나갔더냐
마 15:33	제자들이 이르되 **광야**에 있어 우리가
마 24:26	보라 그리스도가 **광야**에 있다 하여도
막 1:3	**광야**에 외치는 자의 소리가 있어 이르되
막 1:4	세례 요한이 **광야**에 이르러 죄 사함을
막 1:12	성령이 곧 예수를 **광야**로 몰아내신지라
막 1:13	**광야**에서 사십 일을 계시면서 사탄에게
막 8:4	제자들이 대답하되 이 **광야** 어디서 떡을
눅 3:4	이사야의 책에 쓴 바 **광야**에서 외치는
눅 4:1	요단 강에서 돌아오사 **광야**에서 사십

성경에 나오는 '광야'

- 가데스 광야 – 시 29:8
- 그데못 광야 – 신 2:26
- 마온 광야 – 삼상 23:24
- 모압 광야 – 신 2:8
- 바란 광야 – 창 21:21; 민 10:12; 12:16; 13:3, 26; 삼상 25:1
- 브엘세바 광야 – 창 21:14
- 수르 광야 – 출 15:22
- 시내 광야 – 출 19:1, 2; 레 7:38; 민 1:1, 19; 3:4, 14; 9:1, 5; 10:12; 26:64; 33:15, 16
- 신 광야 – 출 16:1; 17:1; 민 13:21; 20:1 27:14; 33:11, 12, 36; 34:3; 신 32:51; 수 15:1
- 십 광야 – 삼상 23:14, 15; 26:2
- 아라바 광야 – 신 1:1
- 에담 광야 – 민 33:8
- 엔게디 광야 – 삼상 24:1
- 유대 광야 – 마 3:1
- 평지 광야 – 수 20:8
- 해변 광야 – 사 21:1

【 광장 】　　　　　　　　　　　　　　　　　　　　　　　　　　　　　【 광채 】

눅 7:24	너희가 무엇을 보려고 **광야**에 나갔더냐		

광주리(basket)

눅 7:24　너희가 무엇을 보려고 **광야**에 나갔더냐
눅 8:29　그 맨 것을 끊고 귀신에게 몰려 **광야**로
요 1:23　주의 길을 곧게 하라고 **광야**에서 외치는
요 3:14　모세가 **광야**에서 뱀을 든 것같이 인자
요 6:31　조상들은 **광야**에서 만나를 먹었나이다
요 6:49　조상들은 **광야**에서 만나를 먹었어도
행 7:36　애굽과 홍해와 **광야**에서 사십 년간 기사
행 7:38　우리 조상들과 함께 **광야** 교회에 있었고
행 7:42　너희가 **광야**에서 사십 년간 희생과 제물
행 7:44　**광야**에서 우리 조상들에게 증거의 장막
행 13:18　**광야**에서 약 사십 년간 그들의 소행을
행 21:38　자객 사천 명을 거느리고 **광야**로 가던
고전 10:5　그들이 **광야**에서 멸망을 받았느니라
고후 11:26　시내의 위험과 **광야**의 위험과 바다의
히 3:17　그들의 시체가 **광야**에 엎드러진 범죄한
히 11:38　그들이 **광야**와 산과 동굴과 토굴에 유리
계 12:6　여자가 **광야**로 도망하매 거기서 천이
계 12:14　날개를 받아 **광야** 자기 곳으로 날아가
계 17:3　성령으로 나를 데리고 **광야**로 가니라

광야 – 기타 본문

창 16:7; 출 3:18; 5:3; 민 10:31; 14:32; 21:18; 신 2:1; 4:43; 9:28; 수 1:4; 8:20; 삼상 23:14; 26:3; 왕상 19:15; 대상 6:78; 대하 26:10; 시 68:4; 78:19, 52; 107:35; 사 16:1; 27:10; 51:3; 63:13; 렘 3:2; 12:12; 애 4:19; 겔 6:14; 20:13, 35; 행 7:30; 8:26; 히 3:8

광장(廣場, square, forum)

왕상 22:10　사마리아 성문 어귀 **광장**에서 각기 왕좌
대하 18:9　사마리아 성문 어귀 **광장**에서 각기 보좌
대하 29:4　제사장들과 레위 사람들을 동쪽 **광장**에
대하 32:6　성문 **광장**에서 자기 앞에 무리를 모으고
스 10:9　하나님의 성전 앞 **광장**에 앉아서
느 8:1　수문 앞 **광장**에 모여 학사 에스라에게
느 8:3　수문 앞 **광장**에서 새벽부터 정오까지
느 8:16　수문 **광장**에, 혹은 에브라임 문 **광장**에
에 4:6　하닥이 대궐 문 앞 성 중 **광장**에 있는
잠 1:20　지혜가 길거리에서 부르며 **광장**에서
잠 7:12　어떤 때에는 거리, 어떤 때에는 **광장**
단 9:25　중건되어 **광장**과 거리가 세워질 것이며
암 5:16　사람이 모든 **광장**에서 울겠고 모든 거리
행 28:15　압비오 **광장**과 트레이스 타베르네까지

광주리(basket)

창 40:16　보니 흰 떡 세 **광주리**가 내 머리에 있고
창 40:17　윗**광주리**에 바로를 위하여 만든 각종
창 40:18　해석은 이러하니 세 **광주리**는 사흘이라
출 29:3　한 **광주리**에 담고 그것을 **광주리**에
출 29:23　여호와 앞에 있는 무교병 **광주리**에서
출 29:32　고기와 **광주리**에 있는 떡을 먹을지라
레 8:2　숫양 두 마리와 무교병 한 **광주리**를
레 8:26　앞 무교병 **광주리**에서 무교병 한 개와
레 8:31　**광주리** 안의 떡과 아울러 그 곳에서
민 6:15　무교병 한 **광주리**와 고운 가루에 기름
민 6:17　화목제물로 숫양에 무교병 한 **광주리**
민 6:19　제사장이 삶은 숫양의 어깨와 **광주리**
신 26:2　가져다가 **광주리**에 담고 네 하나님
신 26:4　제사장은 네 손에서 그 **광주리**를 받아서
신 28:5　**광주리**와 떡 반죽 그릇이 복을 받을
신 28:17　네 **광주리**와 떡 반죽 그릇이 저주를
왕하 10:7　그들의 머리를 **광주리**에 담아 이스르엘
시 81:6　그의 손에서 **광주리**를 놓게 하였도다
렘 6:9　손을 **광주리**에 자주자주 놀리라 하시나
렘 24:1　무화과 두 **광주리**를 내게 보이셨는데
렘 24:2　한 **광주리**에는 처음 익은 듯한 극히
암 8:1　보이셨느니라 보라 여름 과일 한 **광주리**
암 8:2　내가 이르되 여름 과일 한 **광주리**니이다
마 15:37　조각을 일곱 **광주리**에 차게 거두었으며
마 16:10　주운 것이 몇 **광주리**였는지를 기억하지
막 8:8　남은 조각 일곱 **광주리**를 거두었으며
막 8:20　**광주리**를 거두었더냐 이르되 일곱이니
행 9:25　밤에 사울을 **광주리**에 담아 성벽에서
고후 11:33　나는 **광주리**를 타고 들창문으로 성벽을

광채(光彩, radiancem, radiant)

출 34:29　피부에 **광채**가 나나 깨닫지 못하였더라
출 34:30　모세의 얼굴 피부에 **광채**가 남을 보고
출 34:35　이스라엘 자손이 모세의 얼굴의 **광채**를
삼하 22:13　있는 **광채**로 말미암아 숯불이 피었도다
시 18:12　앞에 **광채**로 말미암아 빽빽한 구름이
시 34:5　그들이 주를 앙망하고 **광채**를 내었으니
시 80:7　얼굴의 **광채**를 비추사 우리가 구원을
시 80:19　주의 얼굴의 **광채**를 우리에게 비추소서
전 8:1　사람의 지혜는 그의 얼굴에 **광채**가 나게
겔 1:13　그 불은 **광채**가 있고 그 가운데에서는
겔 1:27　모양도 불 같아서 사방으로 **광채**가 나며

199

【 광풍 】　　　　　　　　　　　　　　　　　　　　　　　　　　　　　【 괴롭다/괴롭히다 】

겔 1:28	사방 광채의 모양은 비 오는 날 구름에	창 42:21	애걸할 때에 그 마음의 괴로움을 보고도
겔 8:2	허리 위에는 광채가 나서 단 쇠 같은데	삿 2:15	같아서 그들의 괴로움이 심하였더라
겔 10:4	여호와의 영화로운 광채가 뜰에 가득	삼상 15:32	사망의 괴로움이 지났도다 하니라
단 2:31	앞에 섰는데 크고 광채가 매우 찬란하며	욥 6:2	나의 괴로움을 달아 보며 나의 파멸
합 3:11	주의 창의 광채로 말미암아 해와 달이	욥 7:11	마음의 괴로움 때문에 불평하리이다
막 9:3	옷이 광채가 나며 세상에서 빨래하는	욥 9:18	나를 숨 쉬지 못하게 하시며 괴로움을
눅 9:29	변화되고 그 옷이 희어져 광채가 나더라	욥 20:22	풍족할 때에도 괴로움이 이르리니 모든
행 12:7	주의 사자가 나타나매 옥중에 광채가	욥 39:3	구푸리고 새끼를 낳으니 그 괴로움이
행 22:11	그 빛의 광채로 말미암아 볼 수 없게	시 16:4	다른 신에게 예물을 드리는 자는 괴로움
고후 4:4	그리스도의 영광의 복음의 광채가 비치	전 2:17	아래에서 하는 일이 내게 괴로움이요
히 1:3	하나님의 영광의 광채시요 그 본체의	사 13:8	그들이 놀라며 괴로움과 슬픔에 사로
		사 64:12	우리에게 심한 괴로움을 받게 하시려는

광풍(狂風, storm, strong wind, squall, tempest)

		욘 4:6	괴로움을 면하게 하려 하심이었더라
시 50:3	불이 있고 그 사방에는 광풍이 불리로다	마 6:34	한 날의 괴로움은 그 날로 족하니라
시 55:8	가서 폭풍과 광풍을 피하리라 하였도다	막 5:26	많은 의사에게 많은 괴로움을 받았고
시 83:15	주의 광풍으로 그들을 쫓으시며 주의	눅 16:25	위로를 받고 너는 괴로움을 받느니라
시 107:25	여호와께서 명령하신즉 광풍이 일어나	행 5:16	더러운 귀신에게 괴로움 받는 사람을
시 107:29	광풍을 고요하게 하사 물결도 잔잔하게	행 7:34	백성이 애굽에서 괴로움 받음을 내가
시 148:8	안개와 그의 말씀을 따르는 광풍이며	갈 3:4	너희가 이같이 많은 괴로움을 헛되이
잠 1:27	너희의 두려움이 광풍같이 임하겠고	빌 1:17	그들은 나의 매임에 괴로움을 더하게
사 28:2	파괴하는 광풍같이, 큰 물이 넘침같이	빌 4:14	그러나 너희가 내 괴로움에 함께 참여
사 32:2	그 사람은 광풍을 피하는 곳, 폭우를	골 1:24	나는 이제 너희를 위하여 받는 괴로움을
사 54:11	너 곤고하며 광풍에 요동하여 안위를	계 20:10	있어 세세토록 밤낮 괴로움을 받으리라
겔 38:9	백성이 광풍같이 이르고 구름같이		

괴로워하다(in bitter distress, suffering, trouble)

호 8:7	그들이 바람을 심고 광풍을 거둘 것이라	왕하 4:27	가만 두라 그의 영혼이 괴로워하지마는
호 13:3	타작 마당에서 광풍에 날리는 쭉정이	잠 19:24	입으로 올리기를 괴로워하느니라
나 1:3	여호와의 길은 회오리바람과 광풍에	잠 26:15	입으로 올리기를 괴로워하느니라
막 4:37	광풍이 일어나며 물결이 배에 부딪쳐	사 58:10	심정이 동하며 괴로워하는 자의 심정을
눅 8:23	광풍이 호수로 내리치매 배에 물이 가득	마 8:6	집에 누워 몹시 괴로워하나이다
행 27:14	가운데로부터 유라굴로라는 광풍이	눅 16:24	이 불꽃 가운데서 괴로워하나이다
약 3:4	배를 보라 그렇게 크고 광풍에 밀려가는	행 16:18	바울이 심히 괴로워하여 돌이켜 그 귀신
벧후 2:17	없는 샘이요 광풍에 밀려 가는 안개니		

광활하다(廣闊, broad)

괴롭다/괴롭히다(bitterness, trouble)

사 30:23	가축이 광활한 목장에서 먹을 것이요	창 15:13	사백 년 동안 네 자손을 괴롭히리니
사 33:17	가운데에서 보며 광활한 땅을 눈으로	출 3:9	애굽 사람이 그들을 괴롭히는 학대도
		민 24:24	앗수르를 학대하며 에벨을 괴롭힐 것이

괭이(plowshare)

삼상 13:20	삽이나 도끼나 괭이를 벼리려면 블레셋	신 1:12	홀로 어찌 능히 너희의 괴로운 일과
삼상 13:21	곧 그들이 괭이나 삽이나 쇠스랑이나	신 2:9	모압을 괴롭히지 말라 그와 싸우지도
		신 2:19	그들을 괴롭히지말고 그들과 다투지도

괴로움(misery, pain, trouble)

		신 26:6	우리를 학대하며 우리를 괴롭히며 우리
창 29:32	여호와께서 나의 괴로움을 돌보셨으니	삼상 1:10	한나가 마음이 괴로워서 여호와께 기도
		대상 2:7	범하여 이스라엘을 괴롭힌 자이며

【 괴롭다/괴롭히다 】　　　　　　　　　　　　　【 괴롭다/괴롭히다 】

욥 10:1	불평을 토로하고 내 마음이 **괴로운** 대로	시 88:7	모든 파도가 나를 **괴롭게 하셨나이다**
욥 13:26	주께서 나를 대적하사 **괴로운** 일들을	시 90:15	우리를 **괴롭게 하신** 날수대로와 우리가
시 77:4	눈을 붙이지 못하게 하시니 내가 **괴로워**	시 119:75	주께서 나를 **괴롭게 하심**은 성실하심
시 102:2	나의 **괴로운** 날에 주의 얼굴을 내게서	사 11:13	유다를 **괴롭게 하던** 자들은 끊어지며
시 129:1	어릴 때부터 여러 번 나를 **괴롭혔도다**		…유다는 에브라임을 **괴롭게 하지** 아니
시 129:2	어릴 때부터 여러 번 나를 **괴롭혔으나**	사 29:2	아리엘을 **괴롭게 하리니** 그가 슬퍼하고
전 1:13	연구하며 살핀즉 이는 **괴로운** 것이니	사 43:23	유향으로 말미암아 너를 **괴롭게 하지**
사 7:13	너희가 사람을 **괴롭히고서** 그것을 작은	사 43:24	네 죄악으로 나를 **괴롭게 하였느니라**
	일로 여겨 또 나의 하나님을 **괴롭히려**	사 51:23	잔을 너를 **괴롭게 하던** 자들의 손에
사 21:3	내가 **괴로워서** 듣지 못하며 놀라서 보지	렘 10:18	**괴롭게 하여** 깨닫게 하리라 하셨느니라
사 43:22	이스라엘아 너는 나를 **괴롭게 여겼으며**	렘 31:28	전복하며 멸망시키며 **괴롭게 하던** 것과
사 60:14	너를 **괴롭히던** 자의 자손이 몸을 굽혀	애 1:12	진노하신 날에 나를 **괴롭게 하신** 것이
렘 49:20	그들이 반드시 끌고 다니며 **괴롭히고**	단 7:25	높으신 이의 성도를 **괴롭게 할** 것이며
나 1:12	**괴롭혔으나** 다시는 너를 **괴롭히지** 아니	미 6:3	무슨 일로 너를 **괴롭게 하였느냐** 너는
합 2:7	너를 **괴롭힐** 자들이 깨어나지 않겠느냐	습 3:19	내가 너를 **괴롭게 하는** 자를 다 벌하고
말 2:17	어떻게 여호와를 **괴롭혀** 드렸나이까	말 2:17	너희가 말로 여호와를 **괴롭게 하고도**
막 5:7	하나님 앞에 맹세하고 나를 **괴롭히지**	마 8:29	이르기 전에 우리를 **괴롭게 하려고**
요 13:21	이 말씀을 하시고 심령이 **괴로워** 증언	마 26:10	어찌하여 이 여자를 **괴롭게 하느냐**
		막 5:35	어찌하여 선생을 더 **괴롭게 하나이까**
	괴롭게 하다/아니하다	막 14:6	너희가 어찌하여 그를 **괴롭게 하느냐**
창 43:6	사람에게 말하여 나를 **괴롭게 하였느냐**	눅 8:28	구하노니 나를 **괴롭게 하지** 마옵소서
출 1:11	무거운 짐을 지워 **괴롭게 하여**	눅 8:49	선생님을 더 **괴롭게 하지** 마소서
출 1:14	노동으로 그들의 생활을 **괴롭게 하니**	눅 11:7	대답하여 이르되 나를 **괴롭게 하지** 말라
레 16:29	십일에 너희는 스스로 **괴롭게 하고**	눅 18:5	와서 나를 **괴롭게 하리라** 하였느니라
레 16:31	안식일인즉 너희는 스스로 **괴롭게 할**	행 7:6	사백 년 동안을 **괴롭게 하리라**
레 23:27	성회를 열고 스스로 **괴롭게 하며**	행 7:19	조상들을 **괴롭게 하여** 그 어린 아이들
레 23:29	이 날에 스스로 **괴롭게 하지** 아니하는	행 15:19	돌아오는 자들을 **괴롭게 하지** 말고
레 23:32	안식일이라 너희는 스스로 **괴롭게 하고**	행 15:24	너희를 **괴롭게 하고** 마음을 혼란하게
민 11:11	주께서 종을 **괴롭게 하시나이까**	행 24:4	당신을 더 **괴롭게 아니하려** 하여 우리
민 33:55	거주하는 땅에서 너희를 **괴롭게 할** 것이		
수 7:25	어찌하여 우리를 **괴롭게 하였느냐** 여		**'괴롭다/괴롭히다'와 관련된 성구**
	호와께서 오늘 너를 **괴롭게 하시리라**	마음을 괴롭히다 – 욥 19:2; 사 58:3, 5
삿 2:18	그들이 대적에게 압박과 **괴롭게 함을**	몸을 괴롭게 하다 – 골 2:23
삿 11:35	나를 **괴롭게 하는** 자 중의 하나로다	심령을 괴롭게 하다 – 민 29:7
삿 16:19	머리털 일곱 가닥을 밀고 **괴롭게 하여**	영혼을 괴롭게 하다 – 욥 27:2; 시 35:13;
룻 1:20	나를 심히 **괴롭게 하셨음**이니라	143:12
룻 1:21	전능자가 나를 **괴롭게 하셨거늘** 너희가		
삼상 1:6	심히 격분하게 하여 **괴롭게 하더라**	갈 6:17	누구든지 나를 **괴롭게 하지** 말라 이제
왕상 11:39	다윗의 자손을 **괴롭게 할** 것이나	골 3:19	남편들아 아내를 사랑하며 **괴롭게 하지**
왕상 18:17	이르되 이스라엘을 **괴롭게 하는** 자여	히 12:15	또 쓴 뿌리가 나서 **괴롭게 하여** 많은
왕상 18:18	…아버지의 집이 **괴롭게 하였으니**	계 9:5	**괴롭게만 하게 하시는데** 그 **괴롭게 함**
왕하 17:20	족속을 버리사 **괴롭게 하시며** 노략꾼		은 전갈이 사람을 쏠 때에 **괴롭게 함과**
대하 32:18	놀라게 하고 **괴롭게 하여** 그 성을	계 11:10	땅에 사는 자들을 **괴롭게 한** 고로

【 괴물 】

괴물(怪物, monster)
욥 7:12　내가 바다냐이까 바다 괴물이니이까

괴수(魁首, ringleader)
왕상 11:24　무리의 괴수가 되어 다메섹으로 가서
딤전 1:15　하였도다 죄인 중에 내가 괴수니라

괴악하다(怪惡, ruin)
시 38:12　나를 해하려는 자가 괴악한 일을 말하여

괴이하다(怪異, strange)
잠 23:33　네 눈에는 괴이한 것이 보일 것이요

괴혈병(壞血病, festering)
신 28:27　종기와 치질과 괴혈병과 피부병으로

교대하다(交代, change)
삿 7:19　바로 파수꾼들을 교대한 때라 그들이

교란하다(攪亂, throw into confusion, trouble)
갈 1:7　사람들이 너희를 교란하여 그리스도의

교만/-하다/-하여지다(驕慢, arrogant, pride)
출 9:17　내 백성 앞에 교만하여 그들을 보내지
출 18:11　이스라엘에게 교만하게 행하는 그들
레 26:19　너희의 세력으로 말미암은 교만을 꺾고
신 17:20　그의 마음이 그의 형제 위에 교만하지
삼상 17:28　나는 네 교만과 네 마음의 완악함을
느 9:10　우리의 조상들에게 교만하게 행함을
느 9:16　그들과 우리 조상들이 교만하고 목을
느 9:29　경계하셨으나 그들이 교만하여 사람

'교만' 과 관련된 성구

마음이 교만하다 – 신 8:14; 왕하 14:10;
　대하 25:19; 26:16; 32:25; 시 101:5;
　131:1; 잠 16:5; 21:4; 전 7:8; 겔
　28:2, 5, 7; 31:10; 호 13:6
마음의 교만 – 대하 32:26; 잠 18:12; 렘
　49:16; 옵 1:3
사람의 교만 – 욥 33:17; 슥 9:6
애굽의 교만 – 겔 30:6; 32:12
이스라엘의 교만 – 호 5:5; 7:10

【 교만/-하다/-하여지다 】

욥 15:25　손을 들어 하나님을 대적하며 교만하여
욥 22:29　너를 낮추거든 너는 교만했노라고
욥 35:12　악인의 교만으로 말미암아 거기에서
욥 41:34　높은 자를 내려다보며 모든 교만한 자
시 10:2　악한 자가 교만하여 가련한 자를 심히
시 17:10　기름에 잠겼으며 그들의 입은 교만하게
시 31:18　교만하고 완악한 말로 무례히 의인을
시 31:23　진실한 자를 보호하시고 교만하게 행하
시 36:11　교만한 자의 발이 내게 이르지 못하게
시 38:16　나를 향하여 스스로 교만할까 하였나이
시 40:4　여호와를 의지하고 교만한 자와 거짓
시 56:2　나를 삼키려 하며 나를 교만하게 치는
시 59:12　그들이 그 교만한 중에서 사로잡히게

하나님이 '교만한 자'를 다루시는 모습

걸려 넘어지게 하신다 – 렘 50:32
끊으신다 – 사 13:11
낮추신다 – 삼하 22:28; 욥 40:11, 12
대적하신다 – 렘 50:31; 벧전 5:5
물리치신다 – 약 4:6
미워하신다 – 잠 16:5
용납하지 않으신다 – 시 101:5
지푸라기 같게 하신다 – 말 4:1
집을 허신다 – 잠 15:25
화 있게 하신다 – 암 6:1
흩으신다 – 눅 1:51

시 66:7　거역하는 자들은 교만하지 말지어다
시 73:6　교만이 그들의 목걸이요 강포가 그들의
시 94:2　심판하시는 주여 일어나사 교만한 자
시 119:21　교만하여 저주를 받으며 주의 계명들
시 138:6　굽어살피시며 멀리서도 교만한 자를
잠 8:13　나는 교만과 거만과 악한 행실과 패역
잠 11:2　교만이 오면 욕도 오거니와 겸손한 자
잠 13:10　교만에서는 다툼만 일어날 뿐이라 권면
잠 14:3　미련한 자는 교만하여 입으로 매를 자청
잠 16:18　교만은 패망의 선봉이요 거만한 마음
잠 16:19　마음을 낮추는 것이 교만한 자와 함께
잠 21:24　무례하고 교만한 자를 이름하여 망령
　된 자 하나니 이는 넘치는 교만으로
잠 29:23　사람이 교만하면 낮아지게 되겠고 마음
사 2:11　눈이 높은 자가 낮아지며 교만한 자가

【 교만/-하다/-하여지다 】　　　　　　　　　　【 교인 】

사 2:12	만군의 여호와의 날이 모든 **교만한** 자		막 7:22	음탕과 질투와 비방과 **교만**과 우매함
사 2:17	자고한 자는 굴복되며 **교만한** 자는 낮아		롬 1:30	능욕하는 자요 **교만한** 자요 자랑하는
사 3:5	비천한 자가 존귀한 자에게 **교만할** 것		고전 4:18	아니할 것같이 스스로 **교만하여졌으나**
사 3:16	시온의 딸들이 **교만하여** 늘인 목, 정을		고전 4:19	너희에게 속히 나아가서 **교만한** 자들
사 9:9	**교만하고** 완악한 마음으로 말하기를		고전 5:2	너희가 오히려 **교만하여져서** 어찌하여
사 16:6	우리가 모압의 **교만**을 들었나니 심히 **교만하도다** 그가 거만하며 **교만하며**		고전 8:1	지식은 **교만하게** 하며 사랑은 덕을 세우
사 23:9	세상의 모든 **교만하던** 자가 멸시를 받게		고전 13:4	사랑은 자랑하지 아니하며 **교만하지**
사 25:11	그의 **교만**으로 인하여 그 손이 능숙함		딤전 3:6	새로 입교한 자도 말지니 **교만하여져**
렘 13:9	유다의 교만과 예루살렘의 큰 **교만**을		딤전 6:4	그는 **교만하여** 아무 것도 알지 못하고
렘 13:15	귀를 기울일지어다, **교만하지** 말지어다,		딤후 3:2	돈을 사랑하며 자랑하며 **교만하며** 비방
렘 13:17	나의 심령이 너희 **교만**으로 말미암아			
렘 48:26	이는 그가 여호와에 대하여 **교만함**이라		**교묘하다/교묘히**(巧妙, cleverly, fine-sounding)	
렘 48:29	모압의 **교만**을 들었나니 심히 **교만** 곧		시 106:43	그들은 **교묘하게** 거역하며 자기 죄악
렘 50:29	여호와를 향하여 **교만하였음이라**		골 2:4	이것을 말함은 아무도 **교묘한** 말로
겔 7:10	몽둥이가 꽃이 피며 **교만**이 싹이 났도다		벧후 1:16	너희에게 알게 한 것이 **교묘히** 만든
겔 7:20	화려한 장식으로 말미암아 **교만**을 품었			
겔 7:24	강한 자의 **교만**을 그치게 하리니 그들		**교미시키다**(交尾, mate)	
겔 16:49	그와 그의 딸들에게 **교만함**과 음식물		레 19:19	가축을 다른 종류와 **교미시키지** 말며
겔 16:56	네가 **교만하던** 때에 네 아우 소돔을			
겔 28:5	말미암아 네 마음이 **교만하였도다**		**교사**(敎師, teacher)	
겔 31:14	나무는 키가 크다고 **교만하지** 못하게		사 43:27	범죄하였고 너의 **교사들**이 나를 배반
겔 33:28	권능의 **교만**을 그치게 하리니 이스라엘		행 13:1	안디옥 교회에 선지자들과 **교사들**이
단 4:37	행하심이 의로우시므로 **교만하게** 행하		롬 2:20	어리석은 자의 **교사**요 어린 아이의 선생
단 5:20	뜻이 완악하여 **교만**을 행하므로 그의		고전 12:28	둘째는 선지자요 셋째는 **교사**요 그 다음
미 2:3	또한 **교만하게** 다니지 못할 것이라 이는		고전 12:29	다 **교사**이겠느냐 다 능력을 행하는 자
합 2:4	그의 마음은 **교만하며** 그 속에서 정직		엡 4:11	어떤 사람은 목사와 **교사**로 삼으셨으니
합 2:5	그는 술을 즐기며 거짓되고 **교만하여**		딤후 1:11	선포자와 사도와 **교사**로 세우심을 입었
습 2:8	자기들의 경계에 대하여 **교만하였느**			
습 2:10	여호와의 백성에 대하여 **교만하여졌음**		┌─ '**교사**' 와 관련된 성구 ─┐	
습 3:11	내가 네 가운데서 **교만하여** 자랑하는 자들을 … 성산에서 다시는 **교만하지**		율법교사 – 눅 5:17; 7:30; 10:25; 11:45, 46, 52; 14:3; 행 5:34; 딛 3:13	
슥 10:11	앗수르의 **교만**이 낮아지겠고 애굽의		초등교사 – 갈 3:24, 25	
말 3:15	지금 우리는 **교만한** 자가 복되다 하며			

┌─ **교만한** 자가 행하는 모습 ─┐

거짓으로 사람을 엎드러뜨린다 – 시 119:78
사람을 멸시한다 – 시 123:4
사람을 조롱한다 – 시 119:51
사람을 친다 – 시 86:14; 119:69
사람을 (박)해한다 – 시 119:85, 122; 140:5

교육하다(敎育, education, guardian, train)
왕하 10:1 아합의 여러 아들을 **교육하는** 자들에
왕하 10:5 장로들과 왕자를 **교육하는** 자들이 예후
잠 10:21 의인의 입술은 여러 사람을 **교육하나**
딤후 3:16 바르게 함과 의로 **교육하기**에 유익하니

교인(敎人, convert)
마 23:15 너희는 **교인** 한 사람을 얻기 위하여

【 교자 】

교자(轎子, wagon)
사 66:20 말과 수레와 **교자**와 노새와 낙타에 태워

교전(交戰, war)
욥 38:23 환난 때와 **교전**과 전쟁의 날을 위하여

교접하다(交接, have sexual relations with)
레 18:23 짐승 앞에 서서 그것과 **교접**하지 말라

교제/-하다(交際, fellowship, make an alliance with)
대하 20:35 이스라엘 왕 아하시야와 **교제**하였는데
대하 20:37 왕이 아하시야와 **교제**하므로 여호와
행 2:42 사도의 가르침을 받아 서로 **교제**하고
행 10:28 유대인으로서 이방인과 **교제**하며
고전 1:9 주와 더불어 **교제**하게 하시는 하나님은
고전 10:20 너희가 귀신과 **교제**하는 자가 되기를
빌 2:1 성령의 무슨 **교제**나 긍휼이나 자비가
몬 1:6 이로써 네 믿음의 **교제**가 우리 가운데

교통하다(交通, fellowship)
잠 3:32 정직한 자에게는 그의 **교통**하심이 있
고후 13:13 하나님의 사랑과 성령의 **교통**하심이

교합하다(交合, have sexual relations with, lie with)
레 18:23 너는 짐승과 **교합**하여 자기를 더럽히지
레 20:15 남자가 짐승과 **교합**하면 반드시 죽이고
레 20:16 여자가 짐승에게 가까이 하여 **교합**하면
신 27:21 짐승과 **교합**하는 모든 자는 저주를 받을

교환하다(交換, transfer)
룻 4:7 모든 것을 무르거나 **교환**하는 일을

교활하다(狡猾, crafty, smooth)
욥 5:12 하나님은 **교활**한 자의 계교를 꺾으사
시 105:25 종들에게 **교활**하게 행하게 하셨도다
행 7:19 그가 우리 족속에게 **교활**한 방법을 써서
롬 16:18 자기들의 배만 섬기나니 **교활**한 말과
고후 12:16 **교활**한 자가 되어 너희를 속임수로

교회(敎會, church)
마 16:18 내가 이 반석 위에 내 **교회**를 세우리니

【 교회 】

마 18:17 **교회**에 말하고 **교회**의 말도 듣지 않거든
행 5:11 온 **교회**와 이 일을 듣는 사람들이 다
행 8:1 그 날에 예루살렘에 있는 **교회**에 큰
행 8:3 사울이 **교회**를 잔멸할새 각 집에 들어
행 11:26 안디옥에 데리고 와서 둘이 **교회**에 일년
행 12:1 헤롯 왕이 손을 들어 **교회** 중에서 몇
행 12:5 베드로는 옥에 갇혔고 **교회**는 그를 위하
행 14:23 **교회**에서 장로들을 택하여 금식 기도
행 14:27 그들이 이르러 **교회**를 모아 하나님이
행 15:3 그들이 **교회**의 전송을 받고 베니게와
행 15:4 예루살렘에 이르러 **교회**와 사도와 장로
행 15:22 이에 사도와 장로와 온 **교회**가 그 중에
행 15:41 길리기아로 다니며 **교회**들을 견고하게
행 16:5 이에 여러 **교회**가 믿음이 더 굳건해지고
행 18:22 가이사랴에 상륙하여 올라가 **교회**의
행 20:17 사람을 에베소로 보내어 **교회** 장로들을
행 20:28 하나님이 자기 피로 사신 **교회**를 보살
롬 16:4 이방인의 모든 **교회**도 그들에게 감사
롬 16:5 또 저의 집에 있는 **교회**에도 문안하라
롬 16:16 그리스도의 모든 **교회**가 다 너희에게
롬 16:23 나와 온 **교회**를 돌보아 주는 가이오도
고전 4:17 곧 내가 각처 각 **교회**에서 가르치는

성경에 나오는 여러 지역 '교회'

갈라디아 (여러) 교회 – 고전 16:1; 갈 1:2
겐그레아 교회 – 롬 16:1
광야 교회 – 행 7:38
데살로니가인의 교회 – 살전 1:1; 살후 1:1
두아디라 교회 – 계 2:18
라오디게아(인의) 교회 – 골 4:16; 계 3:14
마게도냐 교회 – 고후 8:1
바벨론에 있는 교회 – 벧전 5:13
버가모 교회 – 계 2:12
빌라델비아 교회 – 계 3:7
사데 교회 – 계 3:1
서머나 교회 – 계 2:8
아시아에 있는 일곱 교회 – 계 1:4, 11
아시아의 교회들 – 고전 16:19
안디옥 교회 – 행 13:1
에베소 교회 – 계 2:1
예루살렘 교회 – 행 11:22
온 유대와 갈릴리와 사마리아 교회 – 행 9:31
유대의 교회들 – 갈 1:22

【 교회 】   【 교훈/-하다 】

고전 5:12 **교회** 안에 있는 사람들이야 너희가 판단
고전 6:4   세상 사건이 있을 때에 **교회**에서 경히
고전 7:17 내가 모든 **교회**에서 이와 같이 명하노라
고전 11:18 먼저 너희가 **교회**에 모일 때에 너희 중
고전 12:28 하나님이 **교회** 중에 몇을 세우셨으니
고전 14:4 예언하는 자는 **교회**의 덕을 세우나니
고전 14:5 방언을 말하는 자가 통역하여 **교회**의
고전 14:12 영적인 것을 사모하는 자인즉 **교회**의
고전 14:19 그러나 **교회**에서 네가 남을 가르치기
고전 14:23 온 **교회**가 함께 모여 다 방언으로 말하
고전 14:28 만일 통역하는 자가 없으면 **교회**에서
고전 14:33 하나님이시니라 모든 성도가 **교회**에
고전 14:34 여자는 **교회**에서 잠잠하라 그들에게
고전 14:35 여자가 **교회**에서 말하는 것은 부끄러운
고후 8:18 이 사람은 복음으로써 모든 **교회**에서
고후 8:19 여러 **교회**의 택함을 받아 우리가 맡은
고후 8:23 형제들로 말하면 여러 **교회**의 사자들
고후 8:24 너희는 여러 **교회** 앞에서 너희의 사랑
고후 11:8 다른 여러 **교회**에서 비용을 받은 것은
고후 11:28 모든 **교회**를 위하여 염려하는 것이라
고후 12:13 다른 **교회**보다 부족하게 한 것이 무

> '하나님의 교회'와 관련된 성구
>
> 고전 1:2; 10:32; 11:16, 22; 15:9; 고후 1:1;
> 갈 1:13; 살전 2:14; 살후 1:4; 딤전 3:5, 15

엡 1:22   만물 위에 **교회**의 머리로 삼으셨느니라
엡 1:23   **교회**는 그의 몸이니 만물 안에서 만물
엡 3:10   이는 이제 **교회**로 말미암아 하늘에 있는
엡 3:21   **교회** 안에서와 그리스도 예수 안에서
엡 5:23   그리스도께서 **교회**의 머리 됨과 같음
엡 5:24   **교회**가 그리스도에게 하듯 아내들도
엡 5:25   아내 사랑하기를 그리스도께서 **교회**를
          사랑하시고 그 **교회**를 위하여 자신을
엡 5:27   자기 앞에 영광스러운 **교회**로 세우사
엡 5:29   그리스도께서 **교회**에게 함과 같이 하나
엡 5:32   그리스도와 **교회**에 대하여 말하노라
빌 3:6   열심으로는 **교회**를 박해하고 율법의
빌 4:15   주고 받는 내 일에 참여한 **교회**가 너희
골 1:18   그는 몸인 **교회**의 머리시라 그가 근본
골 1:24   남은 고난을 그의 몸된 **교회**를 위하여
골 1:25   내가 **교회**의 일꾼 된 것은 하나님이
골 4:15   눔바와 그 여자의 집에 있는 **교회**에

딤전 5:16 자기가 도와 주고 **교회**가 짐지지 않게
몬 1:2   아킵보와 네 집에 있는 **교회**에 편지하노
히 2:12   주를 **교회** 중에서 찬송하리라 하셨으며
히 12:23 하늘에 기록된 장자들의 모임과 **교회**
약 5:14   **교회**의 장로들을 청할 것이요 그들은
요삼 1:6 그들이 **교회** 앞에서 너의 사랑을 증언
요삼 1:9 내가 두어 자를 **교회**에 썼으나 그들 중
요삼 1:10 맞아들이고자 하는 자를 금하여 **교회**에
계 1:20   일곱 **교회**의 사자요 … 일곱 **교회**니라
계 2:23   모든 **교회**가 나는 사람의 뜻과 마음을
계 22:16 나 예수는 **교회**들을 위하여 내 사자를

> '귀 있는 자는 성령이 교회들에게
> 하시는 말씀을 들을지어다'와 관련된 성구
>
> 계 2:7, 11, 17, 29; 3:6, 13, 22

【 **교훈/-하다** 】(教訓, counsel, precept, teaching)

신 4:14   너희에게 규례와 법도를 **교훈하게** 하셨
신 4:36   여호와께서 너를 **교훈하시려고** 하늘
신 32:2   내 **교훈**은 비처럼 내리고 내 말은 이슬
왕하 12:2 여호야다가 그를 **교훈하는** 모든 날 동안
욥 22:22 청하건대 너는 하나님의 입에서 **교훈**을
욥 36:10 그들의 귀를 열어 **교훈**을 듣게 하시며
욥 36:22 계시나니 누가 그같이 **교훈**을 베풀겠
시 2:10   재판관들아 너희는 **교훈**을 받을지어다
시 16:7   밤마다 내 양심이 나를 **교훈하도다**
시 25:5   진리로 나를 지도하시고 **교훈하소서**
시 25:8   그의 도로 죄인들을 **교훈하시리로다**
시 50:17 네가 **교훈**을 미워하고 내 말을 네 뒤로
시 71:17 나를 어려서부터 **교훈하셨으므로** 내가
시 94:10 지식으로 사람을 **교훈하시는** 이가 징벌
시 94:12 주의 법으로 **교훈하심**을 받는 자가 복이
시 105:22 지혜로 장로들을 **교훈하게** 하였도다
시 132:12 내 언약과 그들에게 **교훈하는** 내 증거
잠 1:25   도리어 나의 모든 **교훈**을 멸시하며 나의
잠 1:30   나의 **교훈**을 받지 아니하고 나의 모든
잠 9:9   지혜 있는 자에게 **교훈**을 더하라 그가
잠 13:14 지혜 있는 자의 **교훈**은 생명의 샘이니
잠 19:27 말씀에서 떠나게 하는 **교훈**을 듣지 말지
잠 21:11 지혜로운 자가 **교훈**을 받으면 지식이
아 8:2   어머니 집에 들이고 네게서 **교훈**을 받았
사 28:10 **교훈**에 **교훈**을 더하며 **교훈**에 **교훈**을

205

【 교훈/-하다 】　　　　　　　　　　　　　　　　　　　　　　　　【 구걸/-하다 】

사 28:13	교훈에 교훈을 더하며 교훈에 교훈을	딤전 1:5	이 교훈의 목적은 청결한 마음과 선한
사 29:24	원망하던 자들도 교훈을 받으리라 하셨	딤전 1:10	기타 바른 교훈을 거스르는 자를 위함
사 40:14	누가 그를 교훈하였으며 그에게 정의	딤전 1:11	교훈은 내게 맡기신 바 복되신 하나님
사 42:4	이르리니 섬들이 그 교훈을 앙망하리라	딤전 1:18	아들 디모데야 내가 네게 이 교훈으로
사 42:21	그의 의로 말미암아 기쁨으로 교훈을	딤전 4:6	따르는 좋은 교훈으로 양육을 받으리라
사 42:24	원하지 아니하며 그의 교훈을 순종하지	딤전 6:1	이는 하나님의 이름과 교훈으로 비방
렘 7:28	교훈을 받지 아니하는 민족이라 진실	딤전 6:3	누구든지 다른 교훈을 하며 바른 말 곧
렘 17:23	목을 곧게 하여 듣지 아니하며 교훈을		우리 주 예수 … 교훈을 따르지 아니하
렘 31:19	내가 교훈을 받은 후에 내 볼기를 쳤사	딤후 3:10	나의 교훈과 행실과 의향과 믿음과 오래
렘 32:33	그들이 교훈을 듣지 아니하며 받지 아니	딤후 3:16	하나님의 감동으로 된 것으로 교훈과
렘 35:13	내 말을 들으며 교훈을 받지 아니하겠	딤후 4:3	때가 이르리니 사람이 바른 교훈을 받지
미 3:11	그들의 제사장은 삯을 위하여 교훈하며	딛 1:9	능히 바른 교훈으로 권면하고 거슬러
합 2:19	그것이 교훈을 베풀겠느냐 보라 이는	딛 2:1	너는 바른 교훈에 합당한 것을 말하여
습 3:2	그가 명령을 듣지 아니하며 교훈을 받지	딛 2:4	그들로 젊은 여자들을 교훈하되 그 남편
습 3:7	너는 오직 나를 경외하고 교훈을 받으	딛 2:7	선한 일의 본을 보이며 교훈에 부패하지
마 15:9	사람의 계명으로 교훈을 삼아 가르치니	히 6:2	영원한 심판에 관한 교훈의 터를 다시
막 1:22	뭇 사람이 그의 교훈에 놀라니 이는	히 13:9	여러 가지 다른 교훈에 끌리지 말라
막 1:27	권위 있는 새 교훈이로다 더러운 귀신	요이 1:9	지나쳐 그리스도의 교훈 안에 거하지
막 7:7	사람의 계명으로 교훈을 삼아 가르치니		아니하는 자는 … 못하되 교훈 안에
막 11:18	무리가 다 그의 교훈을 놀랍게 여기므로	요이 1:10	누구든지 이 교훈을 가지지 않고 너희
요 7:16	예수께서 대답하여 이르시되 내 교훈	계 2:24	두아디라에 남아 있어 이 교훈을 받지
요 7:17	하나님의 뜻을 행하려 하면 이 교훈이		
요 18:19	그의 제자들과 그의 교훈에 대하여 물으		
행 22:3	우리 조상들의 율법의 엄한 교훈을 받		
롬 6:17	전하여 준 바 교훈의 본을 마음으로		
롬 15:4	우리의 교훈을 위하여 기록된 것이니		
롬 16:17	배운 교훈을 거슬러 분쟁을 일으키거나		
엡 4:14	간사한 유혹에 빠져 온갖 교훈의 풍조		
골 2:7	뿌리를 박으며 세움을 받아 교훈을 받은		
딤전 1:3	어떤 사람들을 명하여 다른 교훈을 가르		

성경에 나오는 여러 가지 '교훈'

구주 하나님의 교훈 – 딛 2:10
그리스도의 교훈 – 요이 1:9
니골라 당의 교훈 – 계 2:15
바리새인과 사두개인들의 교훈 – 마 16:12
발람의 교훈 – 계 2:14
율법의 교훈 – 롬 2:18
주의 교훈 – 스 10:3; 시 73:24; 119:22, 46, 145; 엡 6:4
주의 입의 교훈 – 시 119:88
하나님 여호와의 교훈 – 신 11:2; 시 19:8; 사 54:13

구(九, nine)

왕하 17:1　이스라엘 왕이 되어 구 년간 다스리며

'구'와 관련된 성구

구년(九年) – 왕하 17:6; 18:10; 25:1; 렘 39:1; 52:4
구대(九代) – 스 7:3
구시(九時) – 마 20:5; 27:45, 46; 막 15:33, 34; 눅 23:44; 행 3:1; 10:3, 30
구월(九月) – 렘 36:9
구일(九日) – 왕하 25:3; 렘 52:6

구걸/-하다 (求乞, beg, look)

시 109:10	그의 자녀들은 유리하며 구걸하고 그들
잠 20:4	거둘 때에는 구걸할지라도 얻지 못하
눅 18:35	한 맹인이 길 가에 앉아 구걸하다가
요 9:8	이는 앉아서 구걸하던 자가 아니냐
행 3:2	성전에 들어가는 사람들에게 구걸하기
행 3:3	성전에 들어가려 함을 보고 구걸하거늘
행 3:10	성전 미문에 앉아 구걸하던 사람인 줄

구경/-하다 (watch, witness this sight)
삼상 17:28 아노니 네가 전쟁을 **구경하러** 왔도다
눅 23:35 백성은 서서 **구경하는데** 관리들은 비웃
눅 23:48 이를 **구경하러** 모인 무리도 그 된 일을
계 11:11 그들이 발로 일어서니 **구경하는** 자들
계 11:12 올라가니 그들의 원수들도 **구경하더라**

구경거리 (spectacle)
고전 4:9 천사와 사람에게 **구경거리가** 되었노라
골 2:15 무력화하여 드러내어 **구경거리로**
히 10:33 사람에게 **구경거리가** 되고 혹은 이런

구니 (Guni)
1. 납달리의 둘째 아들
창 46:24 납달리의 아들 곧 야스엘과 **구니와** 예셀
민 26:48 야셀 종족과 **구니에게서** 난 **구니** 종족
대상 7:13 납달리의 아들들은 야시엘과 **구니와**
2. 갓 자손의 족장인 아히의 증조부
대상 5:15 또 **구니의** 손자 압디엘의 아들 아히가

구다 (Cuthah) 바벨론의 고대 도시 이름
왕하 17:24 앗수르 왕이 바벨론과 **구다와** 아와와

구더기 (maggot, worm)
욥 7:5 살에는 **구더기와** 흙 덩이가 의복처럼
욥 17:14 **구더기에게** 너는 내 어머니, 내 자매
욥 21:26 흙 속에 눕고 그들 위에 **구더기가** 덮이
욥 24:20 모태가 그를 잊어버리고 **구더기가** 그를
욥 25:6 하물며 **구더기** 같은 사람, 벌레 같은
사 14:11 네 비파 소리까지로다 **구더기가** 네 아래
막 9:48 거기에서는 **구더기도** 죽지 않고 불도

구덩이 (cistern, pit)
창 14:10 싯딤 골짜기에는 역청 **구덩이가** 많은
창 37:20 그를 죽여 한 **구덩이에** 던지고 우리가
창 37:22 그를 광야 한 **구덩이에** 던지고 손을
창 37:24 그를 잡아 **구덩이에** 던지니 그 **구덩이는**
창 37:28 형들이 요셉을 **구덩이에서** 끌어올리고
창 37:29 르우벤이 돌아와 **구덩이에** 이르러 본즉
출 21:33 사람이 **구덩이를** 열어두거나 **구덩이**
출 21:34 그 **구덩이** 주인이 잘 보상하여 짐승의
삼하 23:20 **구덩이에** 내려가서 사자 한 마리를 쳐
욥 30:6 침침한 골짜기와 흙 **구덩이와** 바위 굴
욥 33:18 그는 사람의 혼을 **구덩이에** 빠지지 않게
욥 33:22 그의 마음은 **구덩이에**, 그의 생명은
욥 33:24 그를 건져서 **구덩이에** 내려가지 않게
욥 33:28 하나님이 내 영혼을 건지사 **구덩이에**
욥 33:30 그들의 영혼을 **구덩이에서** 이끌어 생명
시 94:13 악인을 위하여 **구덩이를** 팔 때까지 평안
잠 23:27 대저 음녀는 깊은 **구덩이요** 이방 여인
사 14:15 그러나 이제 네가 스올 곧 **구덩이** 맨 밑
사 14:19 칼에 찔려 돌**구덩이에** 떨어진 주검들
사 38:17 내 영혼을 사랑하사 멸망의 **구덩이에**
사 38:18 **구덩이에** 들어간 자가 주의 신실을 바라
사 51:1 너희를 파낸 우묵한 **구덩이를** 생각하여
사 51:14 **구덩이로** 내려가지도 아니할 것이며
렘 2:6 광야 곧 사막과 **구덩이** 땅, 건조하고
렘 18:20 나의 생명을 해하려고 **구덩이를** 팠나
렘 18:22 그들이 나를 잡으려고 **구덩이를** 팠고
렘 38:6 왕의 아들 말기야의 **구덩이에** 던져 넣을
렘 38:7 그들이 예레미야를 **구덩이에** 던져 넣었
렘 38:9 그들이 그를 **구덩이에** 던져 넣었으니
렘 38:10 예레미야가 죽기 전에 그를 **구덩이에서**
렘 38:11 **구덩이에** 있는 예레미야에게 밧줄로
렘 38:13 그들이 줄로 예레미야를 **구덩이에서**
렘 41:7 그들을 죽여 **구덩이** 가운데에 던지니라
렘 41:9 그 시체를 던진 **구덩이는** 아사 왕이
애 3:53 나를 **구덩이에** 넣고 그 위에 돌을 던짐
애 3:55 여호와여 내가 심히 깊은 **구덩이에서**
겔 26:20 내가 너를 **구덩이에** 내려가는 자와
겔 28:8 **구덩이에** 빠뜨려서 너를 바다 가운데
겔 31:14 넘겨주어 사람들 가운데에서 **구덩이로**
겔 31:16 내가 그를 **구덩이에** 내려가는 자와 함께
겔 32:18 그와 유명한 나라의 여자들을 **구덩이에**
겔 32:23 무덤이 **구덩이** 깊은 곳에 만들어졌고
겔 32:24 이제 **구덩이에** 내려가는 자와 함께
겔 32:25 이제 **구덩이에** 내려가는 자와 함께
겔 32:29 **구덩이에** 내려간 자와 함께 누우리로다
겔 32:30 **구덩이에** 내려가는 자와 함께 수치를
욘 2:6 주께서 내 생명을 **구덩이에서** 건지셨
습 2:9 찔레가 나며 소금 **구덩이가** 되어 영원히
슥 9:11 갇힌 자들을 물 없는 **구덩이에서** 놓았
마 12:11 양 한 마리가 있어 안식일에 **구덩이에**
마 15:14 맹인이 맹인을 인도하면 둘이 다 **구덩이**
눅 6:39 둘이 다 **구덩이에** 빠지지 아니하겠느냐
벧후 2:4 어두운 **구덩이에** 두어 심판 때까지

【 구렁텅이 】   【 구름 】

벧후 2:22 돼지가 씻었다가 더러운 **구덩이**에 도로

구렁텅이(chasm)
눅 16:26 너희와 우리 사이에 큰 **구렁텅이**가 놓여

구레네/-인/-사람(Cyrene) 그리스 도시와 사람
마 27:32 나가다가 시몬이란 **구레네 사람**을 만나
막 15:21 알렉산더와 루포의 아버지인 **구레네**
눅 23:26 시몬이라는 **구레네 사람**이 시골에서
행 2:10   브루기아와 밤빌리아, 애굽과 및 **구레네**
행 6:9   자유민들 즉 **구레네인**, 알렉산드리아인
행 11:20 그 중에 구브로와 **구레네** 몇 사람이
행 13:1   니게르라 하는 시므온과 **구레네 사람**

구레뇨(Quirinius) 수리아 지역의 로마 총독
눅 2:2   이 호적은 **구레뇨**가 수리아 총독이 되었

구류하다/구류되다(拘留, left in prison, be held)
행 24:27 마음을 얻고자 하여 바울을 **구류하여**
행 25:4   바울이 가이사랴에 **구류된** 것과 자기도
행 25:14 벨릭스가 한 사람을 **구류하여** 두었는데

구르(Gur) 이블르암 근처의 비탈
왕하 9:27 이블르암 가까운 **구르** 비탈에서 치니

구르다(roll, stamp)
　1. 데굴데굴 돌면서 옮겨가다
　　　　(roll, reel, tumble)
삿 7:13   덩어리가 미디안 진영으로 **굴러** 들어
시 83:13 나의 하나님이여 그들이 **굴러가는** 검불
시 107:27 그들이 이리저리 **구르며** 취한 자같이
렘 6:26   재에서 **구르며** 독자를 잃음같이 슬퍼
미 1:10   베들레아브라에서 티끌에 **굴렀도다**
막 9:20   땅에 엎드러져 **구르며** 거품을 흘리더라
　2. 바닥이 울리도록 힘주어 내리밟다
　　　　(stamp, bellow)
렘 50:11 송아지같이 발굽을 **구르며** 군마같이
겔 6:11   너는 손뼉을 치고 발을 **구르며** 말할
겔 25:6   손뼉을 치며 발을 **구르며** 마음을 다해

구르바알(Gur baal) 아라비아인의 거주지
대하 26:7 블레셋 사람들과 **구르바알**에 거주하는

구름(cloud)
모세오경
창 9:13   내가 내 무지개를 **구름** 속에 두었나니
창 9:14   내가 **구름**으로 … 무지개가 **구름** 속에
창 9:16   무지개가 **구름** 사이에 있으리니 내가
출 16:10 여호와의 영광이 **구름** 속에 나타나더라
출 24:15 모세가 산에 오르매 **구름**이 산을 가리며
출 24:16 **구름**이 엿새 동안 … **구름** 가운데서
출 24:18 모세는 **구름** 속으로 들어가서 산 위에
출 34:5   여호와께서 **구름** 가운데 강림하사
출 40:34 **구름**이 회막에 덮이고 여호와의 영광
출 40:35 이는 **구름**이 회막 위에 덮이고 여호와
출 40:36 **구름**이 성막 위에서 떠오를 때에는
출 40:37 **구름**이 떠오르지 않을 때에는 떠오르는
출 40:38 낮에는 여호와의 **구름**이 성막 위에 있고 밤에는 불이 그 **구름** 가운데 있음
레 16:2   이는 내가 **구름** 가운데에서 속죄소 위에
민 9:15   성막을 세운 날에 **구름**이 성막 곧 증거
민 9:16   항상 그러하여 낮에는 **구름**이 그것을
민 9:17   **구름**이 성막에서 떠오르는 때에는 이스라엘 자손이 곧 행진하였고 **구름**이
민 9:18   명령을 따라 진을 쳤으며 **구름**이 성막
민 9:19   **구름**이 성막 위에 머무는 날이 오랠 때
민 9:20   혹시 **구름**이 성막 위에 머무는 날이 적을
민 9:21   혹시 **구름**이 … 아침에 그 **구름**이 떠오를 때에는 그들이 행진하였고 **구름**이
민 9:22   한 달이든지 일 년이든지 **구름**이 성막
민 10:11 둘째 해 둘째 달 스무날에 **구름**이 증거
민 10:12 자기 길을 가더니 바란 광야에 **구름**이
민 11:25 여호와께서 **구름** 가운데 강림하사 모세
민 12:10 **구름**이 장막 위에서 떠나갔고 미리암이
민 16:42 회막을 바라본즉 **구름**이 회막을 덮었
신 1:33   낮에는 **구름**으로 너희가 갈 길을 지시
신 5:22   말씀을 산 위 불 가운데, **구름** 가운데,
역사서, 시가서
삿 5:4   하늘이 물을 내리고 **구름**도 물을 내렸
삼하 23:4 돋는 해의 아침 빛 같고 **구름** 없는 아침
왕상 8:10 성소에서 나올 때에 **구름**이 여호와의
왕상 8:11 제사장이 그 **구름**으로 말미암아 능히
대하 5:13 그 때에 여호와의 전에 **구름**이 가득하
대하 5:14 제사장들이 그 **구름**으로 말미암아 능히
욥 3:5   **구름**이 그 위에 덮였더라면, 흑암이
욥 7:9   **구름**이 사라져 없어짐같이 스올로 내려

【 구름 】

욥 20:6	존귀함이 하늘에 닿고 그 머리가 **구름**에
욥 26:8	그 밑의 **구름**이 찢어지지 아니하느니라
욥 26:9	그는 보름달을 가리시고 자기의 **구름**을
욥 30:15	나의 구원은 **구름**같이 지나가 버렸구나
욥 35:5	우러러보라 그대보다 높이 뜬 **구름**을
욥 36:28	그것이 **구름**에서 내려 많은 사람에게
욥 37:11	그는 **구름**에 습기를 실으시고 그의 번개로 **구름**을 흩어지게 하시느니라
욥 37:15	그 **구름**의 번개로 번쩍거리게 하시는
욥 38:9	그 때에 내가 **구름**으로 그 옷을 만들고
욥 38:34	네가 목소리를 **구름**에까지 높여 넘치는
욥 38:37	누가 지혜로 **구름**의 수를 세겠느냐
시 68:34	이스라엘 위에 있고 그의 능력이 **구름**
시 77:17	**구름**이 물을 쏟고 궁창이 소리를 내며
시 78:14	낮에는 **구름**으로, 밤에는 불빛으로
시 89:6	무릇 **구름** 위에서 능히 여호와와 비교
시 104:3	**구름**으로 자기 수레를 삼으시고 바람
시 105:39	여호와께서 낮에는 **구름**을 펴사 덮개
시 147:8	그가 **구름**으로 하늘을 덮으시며 땅을
잠 8:28	위로 **구름** 하늘을 견고하게 하시며
전 11:3	**구름**에 비가 가득하면 땅에 쏟아지며
전 11:4	**구름**만 바라보는 자는 거두지 못하리라
전 12:2	비 뒤에 **구름**이 다시 일어나기 전에

선지서

사 5:6	내가 또 **구름**에게 명하여 그 위에 비를

성경에 나오는 '구름'

- 가장 높은 구름 – 사 14:14
- 겹겹이 쌓인 구름 – 욥 36:29; 37:16
- 늦은 비를 내리는 구름 – 잠 16:15
- 물 없는 구름 – 유 1:12
- 빛난 구름 – 마 17:5
- 빠른 구름 – 사 19:1
- 빽빽한 구름 – 출 19:9, 16; 삼하 22:12; 욥 22:14; 26:8; 시 18:11, 12; 사 44:22
- 사람의 손 만한 작은 구름 – 왕상 18:44
- 아침 구름 – 호 6:4; 13:3
- 여호와의 구름 – 민 10:34
- 연기 구름 – 삿 20:40
- 주의 구름 – 민 14:7
- 짙은 구름 – 욜 2:2 / 큰 구름 – 겔 1:4
- 하늘 구름 – 마 26:64; 막 14:62
- 흰 구름 – 계 14:14

사 5:30	흑암과 고난이 있고 빛은 **구름**에 가려
사 25:5	폭양을 **구름**으로 가림같이 포학한 자
사 45:8	**구름**이여 의를 부을지어다 땅이여 열려
사 60:8	저 **구름**같이, 비둘기들이 그 보금자리
렘 4:13	보라 그가 **구름**같이 올라오나니 그의
렘 10:13	그는 땅 끝에서 **구름**이 오르게 하시며
렘 51:16	그는 땅 끝에서 **구름**이 오르게 하시며
애 2:1	시온을 **구름**으로 덮으셨는가 이스라엘
애 3:44	주께서 **구름**으로 자신을 가리사 기도
겔 1:28	비 오는 날 **구름**에 있는 무지개 같으니
겔 8:11	손에 향로를 들었는데 향연이 **구름**같이
겔 10:3	그룹들은 성전 오른쪽에 서 있고 **구름**은
겔 10:4	성전 문지방에 이르니 **구름**이 성전에
겔 30:3	여호와의 날이 가깝도다 **구름**의 날일
겔 30:18	성읍에는 **구름**이 덮일 것이며 그 딸들
겔 31:3	키가 크고 꼭대기가 **구름**에 닿은 레바논
겔 31:10	그의 키가 크고 꼭대기가 **구름**에 닿아
겔 31:14	그 꼭대기가 **구름**에 닿지 못하게 하며
겔 32:7	해를 **구름**으로 가리며 달이 빛을 내지
겔 38:9	많은 백성이 광풍같이 이르고 **구름**
겔 38:16	**구름**이 땅을 덮음같이 내 백성 이스라엘
단 7:13	인자 같은 이가 하늘 **구름**을 타고 와서
나 1:3	회오리바람과 광풍에 있고 **구름**은 그의
슥 10:1	봄비가 올 때에 여호와 곧 **구름**을 일게

신약

마 17:5	홀연히 빛난 **구름**이 그들을 덮으며 **구름** 속에서 소리가 나서 이르시되 이는
마 24:30	그들이 인자가 **구름**을 타고 능력과 큰
막 9:7	**구름**이 와서 그들을 덮으며 **구름** 속
막 13:26	그 때에 인자가 **구름**을 타고 큰 권능을
눅 9:34	이 말할 즈음에 **구름**이 와서 그들을 덮는지라 **구름** 속으로 들어갈 때에 그들
눅 9:35	**구름** 속에서 소리가 나서 이르되 이는
눅 12:54	무리에게 이르시되 너희가 **구름**이 서쪽
눅 21:27	그 때에 사람들이 인자가 **구름**을 타고
행 1:9	그들이 보는데 올려져 가시니 **구름**이
고전 10:1	우리 조상들이 다 **구름** 아래에 있고
살전 4:17	그들과 함께 **구름** 속으로 끌어 올려
히 12:1	우리에게 **구름**같이 둘러싼 허다한 증인
계 1:7	볼지어다 그가 **구름**을 타고 오시리라
계 10:1	또 보니 힘 센 다른 천사가 **구름**을 입고
계 11:12	그들이 듣고 **구름**을 타고 하늘로 올라
계 14:14	또 내가 보니 흰 **구름**이 있고 **구름** 위에

계 14:15 천사가 성전으로부터 나와 **구름** 위에
계 14:16 **구름** 위에 앉으신 이가 낫을 땅에 휘두

'구름'과 관련된 성구

구름과 바다 – 고전 10:2
구름과 바람 – 왕상 18:45; 잠 25:14
구름과 연기 – 사 4:5
구름과 흑암 – 출 14:20; 신 4:11; 시 97:2; 습 1:15

구름 기둥

출 13:21 낮에는 **구름 기둥**으로 그들의 길을
출 13:22 낮에는 **구름 기둥**, 밤에는 불 기둥이
출 14:19 그들의 뒤로 옮겨 가매 **구름 기둥**도
출 14:24 여호와께서 불과 **구름 기둥** 가운데서
출 33:9 모세가 회막에 들어갈 때에 **구름 기둥**
출 33:10 백성이 회막 문에 **구름 기둥**이 서 있는
민 12:5 여호와께서 **구름 기둥** 가운데로부터
민 14:14 주께서 낮에는 **구름 기둥** 가운데에서,
신 31:15 **구름 기둥** 가운데에서 … **구름 기둥**은
느 9:12 낮에는 **구름 기둥**으로 인도하시고 밤에
느 9:19 낮에는 **구름 기둥**이 그들에게서 떠나지
시 99:7 여호와께서 **구름 기둥** 가운데서 그들

구름장(skies)
욥 37:18 그대는 그를 도와 **구름장**들을 두들겨

구리(bronze)
창 4:22 **구리**와 쇠로 여러 가지 기구를 만드는
수 22:8 가축과 은과 금과 **구리**와 쇠와 심히
겔 1:7 송아지 발바닥 같고 광낸 **구리**같이
단 5:4 그들이 술을 마시고는 그 금, 은, **구리**,
단 5:23 듣지도 알지도 못하는 금, 은, **구리**,
슥 6:1 산 사이에서 나오는데 그 산은 **구리** 산
고전 13:1 사랑이 없으면 소리 나는 **구리**와 울리는
계 18:12 값진 나무와 **구리**와 철과 대리석으로

구리 세공업자

딤후 4:14 **구리 세공업자** 알렉산더가 내게 해를

구멍(hole, opening, spring)
출 28:32 두 어깨 사이에 머리 들어갈 **구멍**을
출 39:23 그 옷의 두 어깨 사이에 **구멍**을 내고

삼상 14:11 히브리 사람이 그들이 숨었던 **구멍**에
삼하 18:17 큰 **구멍**에 그를 던지고 그 위에 매우
왕상 12:9 한 궤를 가져다가 그것의 뚜껑에 **구멍**
사 11:8 젖 먹는 아이가 독사의 **구멍**에서 장난
렘 2:34 그들이 담 **구멍**을 뚫었기 때문이 아니라
겔 8:7 이르시기로 내가 본즉 담 **구멍**이 있더
겔 26:10 사람이 무너진 성 **구멍**으로 들어가는
미 7:17 그 좁은 **구멍**에서 나와서 두려워하며
나 2:12 찢은 것으로 그 **구멍**을 채웠었도다
학 1:6 **구멍** 뚫어진 전대에 넣음이 되느니라
마 6:19 도둑이 **구멍**을 뚫고 도둑질하느니라
마 6:20 도둑이 **구멍**을 뚫지도 못하고 도둑질
막 2:4 지붕을 뜯어 **구멍**을 내고 중풍병자가
약 3:11 샘이 한 **구멍**으로 어찌 단 물과 쓴 물을
계 9:2 무저갱을 여니 그 **구멍**에서 큰 화덕의

구박하다(驅迫, rob)
잠 19:26 아비를 구박하고 어미를 쫓아내는 자는

구백(九百, nine hundred)
삿 4:3 야빈 왕은 철 병거 **구백** 대가 있어 이십
삿 4:13 시스라가 모든 병거 곧 철 병거 **구백** 대

'구백'과 관련된 성구

구백사십오 명 – 스 2:8
구백삼십 세 – 창 5:5
구백십 세 – 창 5:14
구백십이 세 – 창 5:8
구백오 세 – 창 5:11
구백오십 세 – 창 9:29
구백오십육 명 – 대상 9:9
구백육십구 세 – 창 5:27
구백육십이 세 – 창 5:20
구백이십팔 명 – 느 11:8
구백칠십삼 명 – 스 2:36; 느 7:39

구변(口辯, word)
삼상 16:18 용기와 무용과 **구변**이 있는 준수한 자
눅 21:15 변박할 수 없는 **구변**과 지혜를 너희에

구별/-하다/-되다(區別, deal differently with, make a distinction, ordain, separate)
출 8:22 내 백성이 거주하는 고센 땅을 **구별**하여

【 구별/-하다/-되다 】　　　　　　　　　　　　　　【 구분/-하다 】

출 8:23	내 백성과 네 백성 사이를 **구별**하리니	대하 26:18	자기가 **구별**한 물건 곧 은과 금과
출 9:4	가축과 애굽의 가축을 **구별**하리니	대하 26:18	오직 분향하기 위하여 **구별**함을 받은
출 11:7	애굽 사람과 이스라엘 사이를 **구별**하는	대하 31:12	성심으로 그 예물과 십일조를 **구별**하
출 30:29	지극히 거룩한 것으로 **구별**하라	대하 35:3	여호와 앞에 **구별**되어서 온 이스라엘
출 33:16	주의 백성을 천하 만민 중에 **구별**하심	스 6:21	스스로 **구별**한 모든 이스라엘 사람
레 20:24	나는 너희를 만민 중에서 **구별**한 너희	욥 10:22	죽음의 그늘이 져서 아무 **구별**이 없고
레 20:25	새가 정하고 부정함을 **구별**하고 내가	욥 12:11	입이 음식의 맛을 **구별**함같이 귀가
레 20:25	…부정한 것으로 **구별**한 짐승이나	사 13:3	내가 거룩하게 **구별**한 자들에게 명령
레 20:26	너희를 만민 중에서 **구별**하였음이니라	사 66:17	스스로 거룩하게 **구별**하며 스스로 정결
레 22:2	성물에 대하여 스스로 **구별**하여 내 성호	렘 12:3	죽일 날을 위하여 그들을 **구별**하옵소서
레 22:3	이스라엘 자손이 **구별**하여	겔 22:26	속된 것을 **구별**하지…사람이 **구별**하게
민 3:3	기름 부음을 받고 거룩하게 **구별**되어	겔 42:20	담은 거룩한 것과 속된 것을 **구별**하는
민 5:10	각 사람이 **구별**한 물건은 그의 것이	겔 44:23	거룩한 것과 속된 것의 **구별**을 가르치며
민 6:5	**구별**하는 모든 날…몸을 **구별**하여	겔 45:6	**구별**한 거룩한 구역 옆에 너비는 오천
민 6:9	그 곁에서 죽어서 스스로 **구별**한 자의	겔 48:11	사독의 자손 중에서 거룩하게 **구별**한
민 7:1	그것에 기름을 발라 거룩히 **구별**하고	겔 48:18	거룩히 **구별**할 땅과 연접하여…예물
	…기물에 기름을 발라 거룩하게 **구별**한		을 삼아 거룩하게 **구별**할 땅과 연접하
민 16:9	회중에서 너희를 **구별**하여 자기에게	겔 48:20	너희가 거룩히 **구별**하여 드릴 땅은 성읍
신 29:21	모든 지파 중에서 그를 **구별**하시고 이	겔 48:21	거룩하게 **구별**할 땅과…곧 거룩하게
신 33:16	그의 형제 중 **구별**한 자의 정수리에		**구별**할 땅의…거룩하게 **구별**할 땅과
수 6:19	동철 기구들은 다 여호와께 **구별**될 것	미 4:13	그들의 탈취물을 **구별**하여 여호와께
수 20:8	지파 중에서 바산 골란을 **구별**하였으니	습 1:7	그가 청할 자들을 **구별**하셨음이니라
삼상 7:1	엘리아살을 거룩하게 **구별**하여 여호와	고전 4:7	누가 너를 남달리 **구별**하였느냐 네게
왕상 8:53	만민 가운데에서 그들을 **구별**하여 주의		
왕상 8:64	성전 앞뜰 가운데를 거룩히 **구별**하고		
왕상 9:3	건축한 이 성전을 거룩하게 **구별**하여		**구부러지다**(corrupt, stoop, twist)
왕상 9:7	내 이름을 위하여 내가 거룩하게 **구별**한	시 38:6	내가 아프고 심히 **구부러졌으며** 종일
대상 23:13	아론은 그 자손들과 함께 **구별**되어	잠 2:15	그 길은 **구부러지고** 그 행위는 패역하
대상 25:1	여두둔의 자손 중에서 **구별**하여 섬기게	잠 4:24	**구부러진** 말을 네 입에서 버리며 비뚤어
대하 15:18	그가 또 그의 아버지가 **구별**한 물건과	잠 6:12	불량하고 악한 자는 **구부러진** 말을 하고
		잠 21:8	크게 범한 자의 길은 심히 **구부러지고**
		잠 23:33	네 마음은 **구부러진** 말을 할 것이며

'구별'과 관련된 성구

- **구별하여 드리다** – 왕하 12:18; 대상 26:26, 27, 28; 대하 2:4; 29:33; 31:6; 겔 44:29; 48:2
- **레위인/지파의 구별** – 민 8:14; 신 10:8; 삿 17:12
- **성읍의 구별** – 신 4:41; 19:2, 7
- **자기 몸의 구별** – 레 11:44; 민 6:2, 4, 5, 6, 7, 8, 12, 13, 18, 19, 21
- **처음 난 것의 구별** – 출 13:2, 12; 민 3:13; 8:17; 신 15:19
- **처음 익은 열매의 구별** – 겔 48:14

전 1:15	**구부러진** 것도 곧게 할 수 없고 모자란
전 12:5	힘 있는 자들이 **구부러질** 것이며 맷돌질
사 46:1	벨은 엎드러졌고 느보는 **구부러졌도다**
사 46:2	그들은 **구부러졌고** 그들은 일제히 엎드

구부리다(bend)

눅 24:12	무덤에 달려가서 **구부려** 들여다 보니
요 20:5	**구부려** 세마포 놓인 것을 보았으나
요 20:11	울고 있더니 울면서 **구부려** 무덤 안을

구분/-하다(區分, separate, set apart)

창 30:40	야곱이 새끼 양을 **구분**하고 그 얼룩무늬

구브로 / 구스

출 26:33 위하여 성소와 지성소를 **구분**하리라
수 11:23 이스라엘 지파의 **구분**에 따라 기업으
수 12:7 이스라엘의 지파들에게 **구분**에 따라
수 16:9 에브라임 자손을 위하여 **구분**한 모든
겔 48:15 오천 척은 속된 땅으로 **구분**하여 성읍
마 25:32 민족을 그 앞에 모으고 각각 **구분**하기를

구브로 (Cyprus) 지중해의 섬

행 4:36 **구브로**에서 난 레위
행 11:19 베니게와 **구브로**와
행 11:20 그 중에 **구브로**와
행 13:4 거기서 배 타고 **구브로**
행 15:39 배 타고 **구브로**로
행 21:3 **구브로**를 바라보고 이를 왼편에 두고
행 21:16 오랜 제자 **구브로** 사람 나손을 데리고
행 27:4 맞바람을 피하여 **구브로** 해안을 의지

구비하다 (具備, complete)

삼하 23:5 만사에 **구비**하고 견고하게 하셨으니
왕상 7:14 지혜와 총명과 재능을 **구비**한 자이더
대하 35:10 섬길 일이 **구비**되매 왕의 명령을 따라
약 1:4 온전하고 **구비**하여 조금도 부족함이

구사 (Cuza) 헤롯 왕의 청지기

눅 8:3 헤롯의 청지기 **구사**의 아내 요안나와

구사야 (Kushaiah) 에단의 아버지

대상 15:17 자손 중에 **구사야**의 아들 에단을 세우

구산 (Cushan) '구스에 속한 자' 라는 뜻

합 3:7 내가 본즉 **구산**의 장막이 환난을 당하고

구산 리사다임 (Cushan-Rishathaim) 메소포타미아의 왕

삿 3:8 메소보다미아 왕 **구산 리사다임**의 손
삿 3:10 메소보다미아 왕 **구산 리사다임**을 그

구석 (corner, remote area)

삿 19:1 에브라임 산지 **구석**에 거류하는 어떤
삿 19:18 유다 베들레헴에서 에브라임 산지 **구석**
대하 28:24 닫고 예루살렘 **구석**마다 제단을 쌓고
시 10:8 그가 마을 **구석**진 곳에 앉으며 그 은밀
겔 46:21 나를 뜰 네 **구석**을 지나가게 하시는데
겔 46:22 뜰의 네 **구석** 안에는 집이 있으니 길이
행 26:26 이 일은 한쪽 **구석**에서 행한 것이 아니

구속/-하다 (救贖, redeem, redemption)

출 15:13 주의 인자하심으로 주께서 **구속**하신
삼하 7:23 하나님이 가서 **구속**하사 자기 백성으
대상 17:21 하나님이 자기 백성을 **구속**하시려고
느 1:10 권능과 강한 손으로 **구속**하신 주의 종
사 1:27 시온은 정의로 **구속**함을 받고 그 돌아
사 29:22 그러므로 아브라함을 **구속**하신 여호와
사 35:8 오직 **구속**함을 입은 자들을 위하여
사 35:9 오직 **구속**함을 받은 자만 그리로 행할
사 43:1 내가 너를 **구속**하였고 내가 너를 지명
사 44:22 돌아오라 내가 너를 **구속**하였음이니라
사 44:23 여호와께서 야곱을 **구속**하셨으니
사 48:20 여호와께서 그의 종 야곱을 **구속**하셨다
사 50:2 내 손이 어찌 짧아 **구속**하지 못하겠느
사 51:10 길을 내어 **구속** 받은 자들을 건너게
사 51:11 여호와께 **구속** 받은 자들이 돌아와
사 52:9 위로하셨고 예루살렘을 **구속**하셨음이
사 62:12 여호와께서 **구속**하신 자라 하겠고 또
사 63:4 내 마음에 있고 내가 **구속**할 해가 왔으
호 13:14 속량하며 사망에서 **구속**하리니
슥 10:8 모을 것은 내가 그들을 **구속**하였음이라

구속자 (救贖者, redeemer)

시 19:14 반석이시요 나의 **구속자**이신 여호와여
시 78:35 하나님이 그들의 **구속자**이심을 기억
잠 23:11 대저 그들의 **구속자**는 강하시니 그가
사 41:14 네 **구속자**는 이스라엘의 거룩한 이이니
사 43:14 너희의 **구속자**요 이스라엘의 거룩한
사 44:24 네 **구속자**요 모태에서 너를 지은 나
사 48:17 너희의 **구속자**시요 이스라엘의 거룩
사 49:7 이스라엘의 **구속자** 이스라엘의 거룩한
사 49:26 네 **구속자**요 야곱의 전능자인 줄 알리라
사 54:5 만군의 여호와이시며 네 **구속자**는 이
사 54:8 **구속자** 여호와께서 말씀하셨느니라
사 59:20 여호와의 말씀이니라 **구속자**가 시온
사 60:16 여호와는 네 구원자, 네 **구속자**, 야곱
사 63:16 주의 이름을 우리의 **구속자**라 하셨거늘

구스 (Cush)

1. 인명 : 노아의 아들인 함의 아들

[구스]　　　　　　　　　　　　　　　　　　　　　　　　　　[구약]

창 10:6	함의 아들은 **구스**와 미스라임과 붓과	겔 30:5	**구스**와 붓과 룻과 모든 섞인 백성과 굽과
창 10:7	**구스**의 아들은 스바와 하윌라와 삽다	겔 30:9	염려 없는 **구스** 사람을 두렵게 하리니
창 10:8	**구스**가 또 니므롯을 낳았으니 그는 세상	겔 38:5	방패와 투구를 갖춘 바사와 **구스**와 붓

  2. 지명 : (1) 에덴동산의 기혼 강 유역의 땅

창 2:13	둘째 강의 이름은 기혼이라 **구스** 온 땅	단 11:43	리비아 사람과 **구스** 사람이 그의 시종
		암 9:7	너희는 내게 **구스** 족속 같지 아니하냐

  (2) 함의 아들인 구스 자손이 거하던 지역

		나 3:9	**구스**와 애굽은 그의 힘이 강하여 끝이
민 12:1	모세가 **구스** 여자를 취하였더니 그 **구스**	습 2:12	**구스** 사람들아 너희도 내 칼에 죽임을
삼하 18:21	요압이 **구스** 사람에게 이르되 네가 가서	습 3:10	내가 흩은 자의 딸이 **구스** 강 건너편에
삼하 18:22	또한 **구스** 사람의 뒤를 따라 달려가게		
삼하 18:23	달음질하여 **구스** 사람보다 앞질러가		

구슬(jewel)

아 1:10	머리털로, 네 목은 **구슬** 꿰미로 아름답
아 4:9	목의 **구슬** 한 꿰미로 내 마음을 빼앗았
아 7:1	둥글어서 숙련공의 손이 만든 **구슬** 꿰미

삼하 18:31	**구스** 사람이 이르러 말하되 내 주 왕께		
삼하 18:32	왕이 **구스** 사람에게 묻되 젊은 압살롬		
왕하 19:9	앗수르 왕은 **구스** 왕 디르하가가 당신		
대상 1:8	함의 자손은 **구스**와 미스라임과 붓과		
대상 1:9	**구스**의 자손은 스바와 하윌라와 삽다		

구습(舊習, former way of life)

엡 4:22	썩어져 가는 **구습**을 따르는 옛 사람을

대상 1:10	**구스**가 또 니므롯을 낳았으니 세상에		
대하 12:3	**구스** 사람 헤아릴 수 없이 많더라		
대하 14:9	**구스** 사람 세라가 그들을 치려 하여		

구시(Cushi)

  1. 여후디의 증조부이자 셀레먀의 아버지

렘 36:14	이에 모든 고관이 **구시**의 증손 셀레먀

  2. 스바냐의 아버지

습 1:1	증손이요 그다랴의 손자요 **구시**의 아들

대하 14:12	여호와께서 **구스** 사람들을 아사와 유다		
대하 14:13	아사와 그와 함께 한 백성이 **구스** 사람		
대하 16:8	**구스** 사람과 룹 사람의 군대가 크지 아니		
대하 21:16	여호와께서 블레셋 사람들과 **구스**에		
에 1:1	**구스**까지 백이십칠 지방을 다스리는		
에 8:9	인도로부터 **구스**까지의 백이십칠 지방		

구십(九十, ninety)

창 5:9	에노스는 **구십** 세에 게난을 낳았고
창 17:17	사라는 **구십** 세니 어찌 출산하리요 하고

'구십'과 관련된 성구

구십구 세	– 창 17:1, 24
구십오 명	– 스 2:20: 느 7:25
구십팔 명	– 스 2:16: 느 7:21
구십팔 세	– 삼상 4:15

욥 28:19	**구스**의 황옥으로도 비교할 수 없고 순금
시 68:31	고관들은 애굽에서 나오고 **구스**인은
시 87:4	블레셋과 두로와 **구스**여 이것들도 거기
사 11:11	앗수르와 애굽과 바드로스와 **구스**와
사 18:1	슬프다 **구스**의 강 건너편 날개 치는
사 20:3	애굽과 **구스**에 대하여 징조와 예표가
사 20:4	이와 같이 애굽의 포로와 **구스**의 사로
사 20:5	그들이 바라던 **구스**와 자랑하던 애굽
사 37:9	그 때에 앗수르 왕이 **구스** 왕 디르하가
사 43:3	**구스**와 스바를 너를 대신하여 주었노라
사 45:14	애굽의 소득과 **구스**가 무역한 것과 스바

구아도(Quartus) 바울과 로마 교회에 인사한 고린도 사람

롬 16:23	형제 **구아도**도 너희에게 문안하느니라

구애되다(be bound in)

고전 7:15	형제나 자매나 이런 일에 **구애될** 것이

렘 13:23	**구스**인이 그의 피부를, 표범이 그의
렘 38:7	왕궁 내시 **구스**인 에벳멜렉이 그들이
렘 38:10	왕이 **구스** 사람 에벳멜렉에게 명령하여
렘 38:12	**구스**인 에벳멜렉이 예레미야에게 이르
렘 39:16	너는 가서 **구스**인 에벳멜렉에게 말하
렘 46:9	방패 잡은 **구스** 사람과 붓 사람과 활을
겔 29:10	믹돌에서부터 수에네 곧 **구스** 지경까지
겔 30:4	**구스**에 심한 근심이 있을 것이며 애굽

구약(舊約, Old Testament)

고후 3:14	오늘까지도 **구약**을 읽을 때에 그 수건이

【 구역 】　　【 구원/-하다 】

구역(區域, district, area)
창 36:43　이람 족장이라 이들은 그 **구역**과 거처
신 19:3　기업으로 주시는 땅 전체를 세 **구역**으
왕하 22:14　살룸의 아내라 예루살렘 둘째 **구역**에
대하 34:22　살룸의 아내라 예루살렘 둘째 **구역**에
시 16:6　내게 줄로 재어 준 **구역**은 아름다운 곳
겔 45:1　한 **구역**을 거룩한 땅으로 삼아 여호와
　　　께 … 그 **구역** 안 전부가 거룩하리라
겔 45:6　구별한 거룩한 **구역** 옆에 너비는 오천
겔 45:7　거룩한 **구역**과 성읍의 기지 된 … **구역**의 옆과 … 그 길이가 **구역** 하나와
겔 48:13　너비는 만 척으로 할지니 이 **구역**의 길이
습 1:10　제이 **구역**에서는 울음 소리가, 작은

구원/-하다(救援, salvation, rescue, save)
　모세오경, 역사서
창 37:21　요셉을 그들의 손에서 **구원**하려 하여
창 45:7　하나님이 큰 **구원**으로 당신들의 생명
창 49:18　여호와여 나는 주의 **구원**을 기다리나
출 5:23　주께서도 주의 백성을 **구원**하지 아니
출 14:13　너희를 위하여 행하시는 **구원**을 보라
출 15:2　나의 힘이요 노래시며 나의 **구원**이시
출 18:8　그들을 **구원**하신 일을 다 그 장인에게
신 20:4　너희 적군과 싸우시고 **구원**하실 것이라
신 22:27　약혼한 처녀가 소리질러도 **구원**할 자
신 23:14　여호와께서 너를 **구원**하시고 적군을
신 28:29　노략을 당할 뿐이리니 너를 **구원**할 자
신 32:15　하나님을 버리고 자기를 **구원**하신 반석
신 33:29　여호와의 **구원**을 너같이 얻은 백성이
수 22:22　주께서는 오늘 우리를 **구원**하지 마시
삿 6:31　너희가 바알을 **구원**하겠느냐 그를
삿 7:2　자랑하기를 내 손이 나를 **구원**하였다
삿 7:7　삼백 명으로 너희를 **구원**하며 미디안
삿 10:13　다시는 너희를 **구원**하지 아니하리라
삿 10:14　환난 때에 그들이 너희를 **구원**하게 하라
삿 15:18　주께서 종의 손을 통하여 이 큰 **구원**을
삿 18:28　그들을 **구원**할 자가 없었으니 그 성읍
삼상 2:1　내가 주의 **구원**으로 말미암아 기뻐함
삼상 10:27　이 사람이 어떻게 우리를 **구원**하겠느냐
*삼상 11:3　만일 우리를 **구원**할 자가 없으면 네게*
삼상 11:9　내일 해가 더울 때에 너희가 **구원**을
삼상 11:13　오늘 이스라엘 중에 **구원**을 베푸셨음
삼상 12:21　유익하게도 못하며 **구원**하지도 못하는

삼상 14:6　여호와의 **구원**은 사람이 많고 적음에
삼상 14:45　이스라엘에 이 큰 **구원**을 이룬 요나단
삼상 17:47　여호와의 **구원하심**이 칼과 창에 있지
삼상 19:5　이스라엘을 위하여 큰 **구원**을 이루셨
삼상 30:18　도로 찾고 그의 두 아내를 **구원**하였고
삼하 14:16　주의 종을 **구원하시리라** 함이니이다
삼하 22:20　나를 기뻐하시므로 **구원하셨도다**
삼하 22:28　곤고한 백성은 **구원하시고** 교만한 자
삼하 22:42　그들이 도움을 구해도 **구원**할 자가
삼하 22:51　여호와께서 그의 왕에게 큰 **구원**을
삼하 23:5　나의 모든 **구원**과 나의 모든 소원을
삼하 23:12　여호와께서 큰 **구원**을 이루시니라
왕하 5:1　그에게 아람을 **구원**하게 하셨음이라
왕하 14:27　여로보암의 손으로 **구원하심**이었더라
왕하 16:7　올라와 그 손에서 나를 **구원하소서** 하고
왕하 19:11　들었나니 네가 어찌 **구원**을 얻겠느냐
왕하 19:19　이제 우리를 그의 손에서 **구원하옵소서**
왕하 19:34　성을 보호하여 **구원하리라** 하셨나이다
대상 11:14　여호와께서 큰 **구원**으로 **구원하심**이
대상 16:23　여호와께 노래하며 그의 **구원**을 날마다
대상 16:35　우리를 **구원하여** 만국 가운데에서 건져
대하 6:41　주의 제사장들에게 **구원**을 입게 하시고
대하 12:7　저희를 조금 **구원하여** 나의 노를 시삭의
대하 20:9　부르짖은즉 들으시고 **구원하시리라**
대하 20:17　여호와가 **구원하는** 것을 보라 유다와
대하 25:15　왕의 손에서 능히 **구원하지** 못하였거늘
대하 32:17　내 손에서 **구원하여** 내지 못한 것같이
　　　… 내 손에서 **구원하여** 내지 못하리라
에 4:14　다른 데로 말미암아 놓임과 **구원**을 얻으

　시가서
욥 5:4　그의 자식들은 **구원**에서 멀고 성문에서
욥 5:11　애곡하는 자를 일으키사 **구원**에 이르게
욥 13:16　이르지 못하나니 이것이 나의 **구원**이
욥 22:29　하나님은 겸손한 자를 **구원하시리라**
욥 26:2　기력 없는 팔을 참 잘도 **구원하여** 주는
욥 30:15　나의 **구원**은 구름같이 지나가 버렸구나
욥 40:14　오른손이 너를 **구원**할 수 있다고 내가
시 3:2　하나님께 **구원**을 받지 못한다 하나이다
시 3:7　나의 하나님이여 나를 **구원하소서**
시 3:8　**구원**은 여호와께 있사오니 주의 복을
시 6:4　주의 사랑으로 나를 **구원하소서**
시 7:10　마음이 정직한 자를 **구원하시는** 하나님
시 9:14　딸 시온의 문에서 주의 **구원**을 기뻐하리

【 구원/-하다 】   【 구원/-하다 】

시 13:5	나의 마음은 주의 **구원**을 기뻐하리이다
시 14:7	이스라엘의 **구원**이 시온에서 나오기를
시 17:7	오른손으로 **구원**하시는 주여 주의
시 18:19	나를 기뻐하시므로 나를 **구원하셨도다**
시 18:27	주께서 곤고한 백성은 **구원**하시고 교만
시 18:35	주께서 주의 **구원**하는 방패를 내게
시 18:41	그들이 부르짖으나 **구원**할 자가 없었
시 18:50	여호와께서 그 왕에게 큰 **구원**을 주시
시 20:6	기름 부음 받은 자를 **구원**하시는 줄
	⋯ 그의 오른손의 **구원**하는 힘으로
시 20:9	여호와여 왕을 **구원하소서** 우리가 부를
시 21:1	주의 **구원**으로 말미암아 크게 즐거워
시 21:5	주의 **구원**이 그의 영광을 크게 하시고
시 22:5	그들이 주께 부르짖어 **구원**을 얻고 주께
시 22:8	그가 여호와께 의탁하니 **구원하실** 걸,
시 25:20	내 영혼을 지켜 나를 **구원하소서** 내가
시 27:1	여호와는 나의 빛이요 나의 **구원**이시니
시 28:9	주의 백성을 **구원하시며** 주의 산업에
시 31:2	내게 견고한 바위와 **구원하는** 산성이
시 31:16	주의 사랑하심으로 나를 **구원하소서**
시 33:16	많은 군대로 **구원** 얻은 왕이 없으며 용
	사가 힘이 세어도 스스로 **구원하지** 못
시 33:17	**구원하는** 데에 군마는 헛되며 군대가
시 34:18	충심으로 통회하는 자를 **구원하시는**
시 35:3	내 영혼에게 나는 네 **구원**이라 이르소서
시 35:9	즐거워함이여 그의 **구원**을 기뻐하리
시 37:39	의인들의 **구원**은 여호와로부터 오나니
시 38:22	속히 나를 도우소서 주 나의 **구원**이시여
시 40:10	주의 성실과 **구원**을 선포하였으며 내가
시 40:13	은총을 베푸사 나를 **구원하소서**
시 40:16	**구원**을 사랑하는 자는 항상 말하기를

성경에 나오는 '구원'

그일래(주민) **구원** – 삼상 23:2, 5
생명 **구원** – 창 19:19; 45:5; 50:20; 삼하 19:5; 시 55:18; 72:13, 14; 잠 14:25; 렘 20:13; 48:6; 51:6; 겔 3:18
요나단 **구원** – 삼상 14:45
이스라엘 **구원** – 출 14:30; 18:9; 삿 3:31; 6:14, 15, 36, 37; 7:10:1; 13:5; 삼상 14:23, 39, 45; 삼하 3:18; 시 53:6
집 **구원** – 출 12:27; 행 11:14; 16:31; 히 11:7

시 44:3	그들의 팔이 그들을 **구원함**도 아니라
시 44:4	주는 나의 왕이시니 야곱에게 **구원**을
시 44:6	아니할 것이라 내 칼이 나를 **구원하지**
시 44:26	말미암아 우리를 **구원하소서**
시 49:7	아무도 자기의 형제를 **구원하지** 못하
시 50:23	자에게 내가 하나님의 **구원**을 보이리라
시 54:1	주의 이름으로 나를 **구원하시고** 주의
시 55:16	여호와께서 나를 **구원하시리로다**
시 60:5	오른손으로 **구원하시고** 응답하소서
시 60:11	대적을 치게 하소서 사람의 **구원**은 헛됨
시 62:1	잠잠히 하나님만 바람이여 나의 **구원**이
시 62:2	그만이 나의 반석이시요 나의 **구원**이
시 62:6	나의 반석이시요 나의 **구원**이시요
시 62:7	나의 **구원**과 영광이 하나님께 있음이
시 67:2	주의 도를 땅 위에, 주의 **구원**을 모든
시 68:19	우리 짐을 지시는 주 곧 우리의 **구원**
시 69:1	하나님이여 나를 **구원하소서** 물들이
시 69:18	내 영혼에게 가까이하사 **구원하시며**
시 69:29	하나님이여 주의 **구원**으로 나를 높이
시 69:35	하나님이 시온을 **구원하시고** 유다 성읍
시 70:4	주의 **구원**을 사랑하는 자들이 항상 말하
시 71:2	귀를 내게 기울이사 나를 **구원하소서**
시 71:3	바위가 되소서 주께서 나를 **구원하라**
시 71:15	측량할 수 없는 주의 공의와 **구원**을 내
시 72:4	궁핍한 자의 자손을 **구원하며** 압박하는
시 74:12	나의 왕이시라 사람에게 **구원**을 베푸
시 76:9	땅의 모든 온유한 자를 **구원하시려고**
시 78:22	하나님을 믿지 아니하며 그의 **구원**을
시 80:2	주의 능력을 나타내사 우리를 **구원하러**
시 80:3	주의 얼굴빛을 비추사 우리가 **구원**을
시 80:7	광채를 비추사 우리가 **구원**을 얻게 하소
시 80:19	우리에게 비추소서 우리가 **구원**을 얻으
시 82:4	가난한 자와 궁핍한 자를 **구원하여** 악인
시 85:7	보이시며 주의 **구원**을 우리에게 주소서
시 85:9	진실로 그의 **구원**이 그를 경외하는 자
시 86:2	주를 의지하는 종을 **구원하소서**
시 86:16	주시고 주의 여종의 아들을 **구원하소서**
시 91:16	나의 **구원**을 그에게 보이리라 하시도다
시 96:2	이름을 송축하며 그의 **구원**을 날마다
시 98:1	팔로 자기를 위하여 **구원**을 베푸셨음
시 98:2	여호와께서 그의 **구원**을 알게 하시며
시 98:3	모든 것이 우리 하나님의 **구원**을 보았
시 106:4	은혜로 나를 기억하시며 주의 **구원**으로

【 구원/-하다 】

시 106:8	이름을 위하여 그들을 **구원하셨으니**
시 106:47	**구원하사** 여러 나라로부터 모으시고
시 108:6	응답하사 오른손으로 **구원하소서**
시 108:12	대적을 치게 하소서 사람의 **구원**은
시 109:26	주의 인자하심을 따라 나를 **구원하소서**
시 116:6	내가 어려울 때에 나를 **구원하셨도다**
시 118:14	능력과 찬송이시요 또 나의 **구원**이 되셨
시 118:21	내게 응답하시고 나의 **구원**이 되셨으
시 118:25	여호와여 구하옵나니 이제 **구원하소서**
시 119:41	주의 인자하심과 주의 **구원**을 내게 임하
시 119:81	나의 영혼이 주의 **구원**을 사모하기에
시 119:94	나는 주의 것이오니 나를 **구원하소서**
시 119:117	내가 **구원**을 얻고 주의 율례들에 항상
시 119:123	내 눈이 주의 **구원**과 주의 의로운 말씀
시 119:146	나를 **구원하소서** 내가 주의 증거들을
시 119:155	**구원**이 악인들에게서 멀어짐은 그들
시 119:166	여호와여 내가 주의 **구원**을 바라며
시 119:174	여호와여 내가 주의 **구원**을 사모하였
시 132:16	그 제사장들에게 **구원**을 옷 입히리니
시 138:7	주의 오른손이 나를 **구원하시리이다**
시 144:10	주는 왕들에게 **구원**을 베푸시는 자시요
시 145:19	부르짖음을 들으사 **구원하시리로다**
시 149:4	겸손한 자를 **구원**으로 아름답게 하심
잠 6:3	네 이웃에게 간구하여 스스로 **구원하되**
잠 6:5	벗어나는 것같이 스스로 **구원하라**
잠 11:9	의인은 그의 지식으로 말미암아 **구원**을
잠 11:21	의인의 자손은 **구원**을 얻으리라
잠 12:6	정직한 자의 입은 사람을 **구원하느니라**
잠 20:22	기다리라 그가 너를 **구원하시리라**
잠 24:11	살륙을 당하게 된 자를 **구원하지** 아니
잠 28:18	성실하게 행하는 자는 **구원**을 받을 것
잠 28:26	지혜롭게 행하는 자는 **구원**을 얻을 자

대선지서

사 12:2	하나님은 나의 **구원**이시라 … 힘이시
	며 나의 노래시며 나의 **구원**이심이라
사 25:9	그가 우리를 **구원하시리로다** 이는 여
	호와시라 … 우리는 그의 **구원**을 기뻐
사 26:1	여호와께서 **구원**을 성벽과 외벽으로
사 26:18	땅에 **구원**을 베풀지 못하였고 세계의
사 30:15	돌이켜 조용히 있어야 **구원**을 얻을 것
사 31:5	호위하며 건지며 뛰어넘어 **구원하리라**
사 33:2	팔이 되시며 환난 때에 우리의 **구원**이
사 33:6	시대에 평안함이 있으며 **구원**과 지혜
사 33:22	우리의 왕이시니 그가 우리를 **구원하실**
사 37:11	네가 들었으리니 네가 **구원**을 받겠느냐
사 37:20	우리를 그의 손에서 **구원하사** 천하 만국
사 37:35	성을 보호하며 **구원하리라** 하였나이다
사 38:20	여호와께서 나를 **구원하시리니** 우리
사 43:12	알려 주었으며 **구원하였으며** 보였고
사 44:17	너는 나의 신이니 나를 **구원하라** 하는
사 44:20	미혹되어 자기의 영혼을 **구원하지** 못하
사 45:8	땅이여 열려서 **구원**을 싹트게 하고 공의
사 45:17	여호와께 **구원**을 받아 영원한 **구원**을
사 45:20	나무 우상을 가지고 다니며 **구원하지**
사 45:21	공의를 행하며 **구원**을 베푸는 하나님
사 45:22	돌이켜 **구원**을 받으라 나는 하나님이
사 46:13	나의 **구원**이 … 위하여 **구원**을 시온에
사 47:13	네게 임할 그 일에서 너를 **구원하게**
사 47:14	불꽃의 세력에서 스스로 **구원하지** 못할
사 47:15	각기 제 길로 흩어지고 너를 **구원할** 자
사 49:6	이방의 빛으로 삼아 나의 **구원**을 베풀
사 49:25	대적하고 네 자녀를 내가 **구원할** 것임
사 51:5	내 공의가 가깝고 내 **구원**이 나갔은즉
사 51:6	나의 **구원**은 영원히 있고 나의 공의는
사 51:8	나의 공의는 영원히 있겠고 나의 **구원**은
사 52:7	복된 좋은 소식을 가져오며 **구원**을 공포
사 52:10	땅 끝까지도 모두 우리 하나님의 **구원**을
사 56:1	나의 **구원**이 가까이 왔고 나의 공의가
사 57:13	네가 모은 우상들에게 너를 **구원하게**
사 59:1	여호와의 손이 짧아 **구원하지** 못하심
사 59:11	슬피 울며 정의를 바라나 없고 **구원**을
사 59:16	자기 팔로 스스로 **구원**을 베푸시며 자기
사 59:17	공의를 갑옷으로 삼으시며 **구원**을 자기
사 60:18	네가 네 성벽을 **구원**이라, 네 성문을
사 62:1	예루살렘의 **구원**이 횃불같이 나타나
사 62:11	시온에게 이르라 보라 네 **구원**이 이르
사 63:1	공의를 말하는 이요 **구원하는** 능력을
사 63:5	이상하게 여겨 내 팔이 나를 **구원하며**
사 63:9	**구원하시며** … 그들을 **구원하시고** 옛적
사 64:5	우리가 어찌 **구원**을 얻을 수 있으리이까
렘 1:8	내가 너와 함께 하여 너를 **구원하리라**
렘 1:19	내가 너와 함께 하여 너를 **구원할** 것임
렘 2:27	이르기를 일어나 우리를 **구원하소서**
렘 2:28	네가 환난을 당할 때에 **구원할** 수 있으
렘 3:23	이스라엘의 **구원**은 진실로 우리 하나님
렘 4:14	그리하면 **구원**을 얻으리라 네 악한 생각

【 구원/-하다 】

렘 7:10	우리가 **구원**을 얻었나이다 하느냐 이는
렘 8:20	여름이 다하였으나 우리는 **구원**을 얻지
렘 14:9	어찌하여 놀란 자 같으시며 **구원하지**
렘 17:14	**구원하소서** 그리하시면 내가 **구원**을
렘 23:6	유다는 **구원**을 받겠고 이스라엘은
렘 30:10	너를 먼 곳으로부터 **구원하고** 네 자손
렘 30:11	내가 너와 함께 있어 너를 **구원할** 것이
렘 31:7	이스라엘의 남은 자를 **구원하소서**
렘 31:11	여호와께서 야곱을 **구원하시되** 그들
렘 33:16	그 날에 유다가 **구원**을 받겠고 예루살렘
렘 39:17	그 날에 너를 **구원하리니** 네가 그 두려
렘 39:18	내가 반드시 너를 **구원할** 것인즉 네가
렘 42:11	너희와 함께 있어 너희를 **구원하며** 그의
애 3:26	사람이 여호와의 **구원**을 바라고 잠잠히
애 4:17	우리를 **구원하지** 못할 나라를 바라보고
겔 33:12	그 공의가 **구원하지** 못할 것이요 악인
겔 34:22	내가 내 양 떼를 **구원하여** 그들로 다시
단 3:28	절하지 아니한 종들을 **구원하셨도다**
단 3:29	이같이 사람을 **구원할** 다른 신이 없음
단 6:14	근심하여 다니엘을 **구원하려고** 마음
단 6:16	너의 하나님이 너를 **구원하시리라**
단 6:27	그는 **구원**도 하시며 … **구원하여** 사자
단 12:1	책에 기록된 모든 자가 **구원**을 받을 것

소선지서

호 1:7	그들의 하나님 여호와로 **구원하겠고** … 말과 마병으로 **구원하지** 아니하리라
호 13:10	네 모든 성읍에서 너를 **구원할** 자 곧
호 14:3	앗수르의 **구원**을 의지하지 아니하며
욜 2:32	여호와의 이름을 부르는 자는 **구원**을
옵 1:21	**구원** 받은 자들이 시온 산에 올라와서
욘 2:9	나의 서원을 주께 갚겠나이다 **구원**은
미 4:10	바벨론까지 이르러 거기서 **구원**을 얻
미 5:8	밟고 찢으리니 능히 **구원할** 자가 없을
미 7:7	여호와를 우러러보며 나를 **구원하시는**
합 1:2	말미암아 외쳐도 주께서 **구원하지**
합 3:13	주께서 주의 백성을 **구원하시려고**, 기름 부음 받은 자를 **구원하시려고** 나오
습 3:17	그는 **구원**을 베푸실 전능자이시라
습 3:19	다 벌하고 저는 자를 **구원하며** 쫓겨난
슥 8:13	너희를 **구원하여** 너희가 복이 되게
슥 9:9	그는 공의로우시며 **구원**을 베푸시며
슥 9:16	자기 백성의 양 떼같이 **구원하시리니**
슥 10:6	요셉 족속을 **구원할지라** 내가 그들을
슥 12:7	여호와가 먼저 유다 장막을 **구원하리니**

복음서

마 8:25	깨우며 이르되 주여 **구원하소서** 우리
마 9:21	마음에 그 겉옷만 만져도 **구원**을 받겠
마 9:22	딸아 안심하라 네 믿음이 너를 **구원하였** 다 하시니 여자가 그 즉시 **구원**을 받으
마 10:22	끝까지 견디는 자는 **구원**을 얻으리라
마 14:30	소리 질러 이르되 주여 나를 **구원하소서**
마 16:25	누구든지 제 목숨을 **구원하고자** 하면
마 19:25	그렇다면 누가 **구원**을 얻을 수 있으리
마 24:13	끝까지 견디는 자는 **구원**을 얻으리라
마 24:22	모든 육체가 **구원**을 얻지 못할 것이나
마 27:40	하나님의 아들이어든 자기를 **구원하고**
마 27:42	남은 **구원하였으되** 자기는 **구원할** 수
마 27:43	원하시면 이제 그를 **구원하실지라**
마 27:49	엘리야가 와서 그를 **구원하나** 보자 하더
막 5:23	그 위에 손을 얹으사 그로 **구원**을 받아
막 5:28	그의 옷에만 손을 대도도 **구원**을 받으
막 5:34	네 믿음이 너를 **구원하였으니** 평안히
막 8:35	목숨을 **구원하고자** 하면 잃을 것이요 … 자기 목숨을 잃으면 **구원하리라**
막 10:26	그런즉 누가 **구원**을 얻을 수 있는가 하니
막 10:52	가라 네 믿음이 너를 **구원하였느니라**
막 13:13	끝까지 견디는 자는 **구원**을 받으리라
막 13:20	모든 육체가 **구원**을 얻지 못할 것이거늘
막 15:30	네가 너를 **구원하여** 십자가에서 내려
막 15:31	남은 **구원하였으되** 자기는 **구원할** 수
막 16:16	믿고 세례를 받는 사람은 **구원**을 얻을
눅 1:77	그 죄 사함으로 말미암은 **구원**을 알게
눅 2:30	내 눈이 주의 **구원**을 보았사오니
눅 3:6	모든 육체가 하나님의 **구원하심**을 보리
눅 7:50	네 믿음이 너를 **구원하였으니** 평안히
눅 8:12	마귀가 가서 그들이 믿어 **구원**을 얻지
눅 8:36	귀신 들렸던 자가 어떻게 **구원** 받았는
눅 8:48	네 믿음이 너를 **구원하였으니** 평안히
눅 8:50	믿기만 하라 그리하면 딸이 **구원**을 얻으
눅 9:24	누구든지 제 목숨을 **구원하고자** 하면 잃을 것이요 … 잃으면 **구원하리라**
눅 13:23	어떤 사람이 여짜오되 주여 **구원**을 받는
눅 17:19	가라 네 믿음이 너를 **구원하였느니라**
눅 18:26	그런즉 누가 **구원**을 얻을 수 있나이까
눅 18:42	보라 네 믿음이 너를 **구원하였느니라**
눅 19:9	예수께서 이르시되 오늘 **구원**이 이 집

【 구원/-하다 】

눅 19:10	잃어버린 자를 찾아 **구원**하려 함이니		행 14:9	바울이 주목하여 **구원** 받을 만한 믿음
눅 23:35	저가 남을 **구원**하였으니 만일 하나님		행 15:1	할례를 받지 아니하면 능히 **구원**을 받지
	이 택하신 자 … **구원**할지어다 하고		행 15:11	주 예수의 은혜로 **구원** 받는 줄을 믿노
눅 23:37	유대인의 왕이면 네가 너를 **구원**하라		행 16:30	내가 어떻게 하여야 **구원**을 받으리이까
눅 23:39	아니냐 너와 우리를 **구원**하라		행 23:27	알고 군대를 거느리고 가서 **구원**하여
요 3:17	말미암아 세상이 **구원**을 받게 하려		행 27:31	배에 있지 아니하면 너희가 **구원**을 얻지
요 4:22	이는 **구원**이 유대인에게서 남이라		행 27:34	이것이 너희의 **구원**을 위하는 것이요
요 5:34	이 말을 하는 것은 너희로 **구원**을 받게		행 27:43	백부장이 바울을 **구원**하려 하여 그들
요 10:9	나로 말미암아 들어가면 **구원**을 받고		행 28:28	그런즉 하나님의 이 **구원**이 이방인에
요 12:27	아버지여 나를 **구원**하여 이 때를 면하게		롬 1:16	복음은 모든 믿는 자에게 **구원**을 주시는
요 12:47	심판하려 함이 아니요 세상을 **구원**하려		롬 5:10	살아나심으로 말미암아 **구원**을 받을
역사서 – 예언서			롬 8:24	우리가 소망으로 **구원**을 얻었으매 보이
행 2:21	주의 이름을 부르는 자는 **구원**을 받으		롬 9:27	모래 같을지라도 남은 자만 **구원**을 받으
행 2:47	주께서 **구원** 받는 사람을 날마다 더하		롬 10:1	이스라엘을 위함이니 곧 그들로 **구원**을
행 4:9	이 사람이 어떻게 **구원**을 받았느냐고		롬 10:9	살리신 것을 네 마음에 믿으면 **구원**을
행 4:12	다른 이로써는 **구원**을 받을 수 없나니		롬 10:10	의에 이르고 입으로 시인하여 **구원**에
	천하 사람 중에 **구원**을 받을 만한 다른		롬 10:13	주의 이름을 부르는 자는 **구원**을 받으
	자기의 손을 통하여 **구원**해 주시는 것		롬 11:11	그들이 넘어짐으로 **구원**이 이방인에
행 7:25			롬 11:14	그들 중에서 얼마를 **구원**하려 함이라
행 7:34	탄식하는 소리를 듣고 그들을 **구원**하려		롬 13:11	이는 이제 우리의 **구원**이 처음 믿을 때
행 13:47	너로 땅 끝까지 **구원**하게 하리라 하셨			

성경에 나오는 '구원'의 상황

고난에서 구원 – 렘 11:12	스올에서 구원 – 잠 23:14
고통에서 구원 – 삼상 10:19; 시 107:13, 19	악인들에게서 구원 – 시 17:13; 37:40
곤고에서 구원 – 욥 36:15	영혼을 심판하려 하는 자들에게서 구원 – 시 109:31
기근 때에 죽음에서 구원 – 욥 5:20	원수(의 손)에서 구원 – 삼상 4:3; 삼하 19:9;
노략자의 손에서 구원 – 삿 2:16	22:1, 4; 욥 6:23; 시 18:3; 44:7; 106:10
대적(의 손)에서 구원 – 민 10:9; 삿 2:18; 시 78:42	음녀에게서 구원 – 잠 2:16
더러운 데에서 구원 – 겔 36:29	이방 사람들의 손에서 구원 – 출 18:4; 삿 8:22; 10:11, 12; 12:2; 삼상 7:8; 9:16; 삼하 19:9; 왕하 20:6; 대하 32:22; 행 26:17; 유 1:5
들소의 뿔에서 구원 – 시 22:21	
말로 호리는 이방 계집에게서 구원 – 잠 2:16	이스라엘에게서 구원 – 행 26:17
먼 곳에서 구원 – 렘 46:27	잡혀가 있는 땅에서 구원 – 렘 30:10
멸망자에게서 구원 – 시 35:17	죄에서 구원 – 마 1:21
무서운 자의 손에서 구원 – 렘 15:21	진노하심에서 구원 – 롬 5:9
미워하는 자의 손에서 구원 – 시 106:10; 눅 1:71	쫓아오는 모든 자들에게서 구원 – 시 7:1
방주에서 물로 말미암아 구원 – 벧전 3:20	칼의 위협에서 구원 – 욥 5:20
범죄한 모든 처소에서 구원 – 겔 37:23	패역한 세대에서 구원 – 행 2:40
불에서 끌어내어 구원 – 유 1:23	포로된 땅에서 구원 – 렘 46:27
사람의 박해에서 구원 – 시 119:134	폭군의 손에서 구원 – 욥 6:23
사망(죽음)에서 구원 – 히 5:7; 약 5:20	피 흘리기를 즐기는 자에게서 구원 – 시 59:2
사울의 손에서 구원 – 삼하 12:7; 22:1	해가 뜨는 땅과 해가 지는 땅에서부터 구원 – 슥 8:7
사자에게서 구원 – 단 6:20	
삼키려는 자의 비방에서 구원 – 시 57:3	환난에서 구원 – 욥 5:19; 시 34:6; 잠 11:8

【 구원/-하다 】

고전 1:18 미련한 것이요 **구원**을 받는 우리에게
고전 1:21 미련한 것으로 믿는 자들을 **구원하시기**
고전 1:30 지혜와 의로움과 거룩함과 **구원함**이
고전 3:15 자신은 **구원**을 받되 불 가운데서 받은
고전 5:5 영은 주 예수의 날에 **구원**을 받게 하려
고전 7:16 아내 된 자여 네가 남편을 **구원할는지**
   … 네가 네 아내를 **구원할는지** 어찌
고전 9:22 아무쪼록 몇 사람이라도 **구원하고자**
고전 10:33 사람의 유익을 구하여 그들로 **구원**을
고전 15:2 아니하였으면 그로 말미암아 **구원**을
고후 1:6 너희가 위로와 **구원**을 받게 하려는 것
고후 2:15 우리는 **구원** 받는 자들에게나 망하는
고후 7:10 후회할 것이 없는 **구원**에 이르게 하는
엡 2:5 함께 살리셨고 너희는 은혜로 **구원**을
엡 2:8 믿음으로 말미암아 **구원**을 받았으니
빌 1:19 성령의 도우심으로 나를 **구원**에 이르게
빌 2:12 복종하여 두렵고 떨림으로 너희 **구원**을
빌 3:20 하늘에 있는지라 거기로부터 **구원하는**
살전 2:16 우리가 이방인에게 말하여 **구원받게**
살전 5:9 그리스도로 말미암아 **구원**을 받게 하심
살후 2:10 진리의 사랑을 받지 아니하여 **구원함**을
살후 2:13 진리를 믿음으로 **구원**을 받게 하심이
딤전 1:15 그리스도 예수께서 죄인을 **구원하시려**
딤전 2:4 하나님은 모든 사람이 **구원**을 받으며
딤전 2:15 거하면 그의 해산함으로 **구원**을 얻으
딤전 4:16 네 자신과 네게 듣는 자를 **구원하리라**
딤후 1:9 하나님이 우리를 **구원하사** 거룩하신

딤후 2:10 예수 안에 있는 **구원**을 영원한 영광과
딤후 3:15 믿음으로 말미암아 **구원**에 이르는 지혜
딤후 4:18 그의 천국에 들어가도록 **구원하시리니**
딛 2:11 모든 사람에게 **구원**을 주시는 하나님
딛 3:5 우리를 **구원하시되** 우리가 행한 바 의로
히 1:14 천사들은 섬기는 영으로서 **구원** 받을
히 2:3 이같이 큰 **구원**을 … 이 **구원**은 처음에
히 6:9 너희에게는 이보다 더 좋은 것 곧 **구원**
히 7:25 온전히 **구원하실** 수 있으니 이는 그가
히 9:28 단번에 드리신 바 되셨고 **구원**에 이르
히 10:39 오직 영혼을 **구원함**에 이르는 믿음을
약 1:21 너희 영혼을 능히 **구원할** 바 마음에
약 2:14 그 믿음이 능히 자기를 **구원하겠느냐**
약 4:12 **구원하기**도 하시며 멸하기도 하시느니
약 5:15 믿음의 기도는 병든 자를 **구원하리니**
벧전 1:5 예비하신 **구원**을 얻기 위하여 믿음으로
벧전 1:9 믿음의 결국 곧 영혼의 **구원**을 받음이
벧전 1:10 **구원**에 대하여는 너희에게 임할 은혜
벧전 2:2 그로 말미암아 너희로 **구원**에 이르도록
벧전 3:1 그 아내의 행실로 말미암아 **구원**을 받게
벧전 3:21 이제 너희를 **구원하는** 표니 곧 세례라
벧전 4:18 의인이 겨우 **구원**을 받으면 경건하지
벧후 3:15 우리 주의 오래 참으심이 **구원**이 될 줄
유 1:3 우리가 일반으로 받은 **구원**에 관하여
계 7:10 큰 소리로 외쳐 이르되 **구원하심**이
계 12:10 우리 하나님의 **구원**과 능력과 나라와
계 19:1 할렐루야 **구원**과 영광과 능력이 우리

'구원'과 관련된 성구

구원의 근원 – 히 5:9
구원의 길 – 행 16:17
구원의 날 – 사 49:8; 고후 6:2; 엡 4:30
구원의 노래 – 시 32:7
구원의 능력 – 시 140:7
구원의 말씀 – 행 13:26
구원의 바위 – 시 89:26
구원의 반석 – 삼하 22:47; 시 95:1
구원의 방패 – 삼하 22:36
구원의 병거 – 합 3:8
구원의 복음 – 엡 1:13
구원의 뿔 – 시 18:2; 눅 1:69
구원의 소리 – 시 118:15
구원의 소망 – 살전 5:8

구원의 여망 – 행 27:20
구원의 옷 – 사 61:10
구원의 요새 – 시 28:8
구원의 우물 – 사 12:3
구원의 잔 – 시 116:13
구원의 즐거움 – 시 51:12
구원의 증거 – 빌 1:28
구원의 진리 – 시 69:13
구원의 창시자 – 히 2:10
구원의 투구 – 엡 6:17
구원의 하나님 – 대상 16:35; 시 18:46;
   24:5; 25:5; 51:14; 65:5; 68:20; 79:9;
   85:4; 88:1; 사 17:10; 합 3:18
구원의 화살 – 왕하 13:17

구원자(救援者, savior, deliverer)

삿 3:9	이스라엘 자손을 위하여 한 **구원자**를
삿 3:15	여호와께서 그들을 위하여 한 **구원자**
삼하 22:3	피할 나의 피난처시요 나의 **구원자**시라
왕하 13:5	여호와께서 이에 **구원자**를 이스라엘
느 9:27	주의 크신 긍휼로 그들에게 **구원자**들
시 106:21	애굽에서 큰 일을 행하신 그의 **구원자**
사 19:20	그들에게 한 **구원자**이자 보호자를 보내
사 43:3	이스라엘의 거룩한 이요 네 **구원자**임을
사 43:11	나 곧 나는 여호와라 나 외에 **구원자**가
사 44:6	이스라엘의 **구원자**인 만군의 여호와
사 45:15	**구원자** 이스라엘의 하나님이여 진실로
사 47:4	우리의 **구원자**는 그의 이름이 만군의
사 49:26	모든 육체가 나 여호와는 네 **구원자**요
사 60:16	여호와는 네 **구원자**, 네 구속자, 야곱
사 63:8	자녀라 하시고 그들의 **구원자**가 되사
렘 14:8	고난 당한 때의 **구원자**시여 어찌하여
렘 50:34	그들의 **구원자**는 강하니 그의 이름은
호 13:4	알지 말 것이라 나 외에는 **구원자**가
롬 11:26	기록된 바 **구원자**가 시온에서 오사 야곱

구유(trough, manger)

창 24:20	급히 물동이의 물을 **구유**에 붓고 다시
창 30:38	양 떼가 와서 먹는 개천의 물 **구유**에
출 2:16	그들이 와서 물을 길어 **구유**에 채우고
잠 14:4	소가 없으면 **구유**는 깨끗하려니와 소
사 1:3	나귀는 그 주인의 **구유**를 알건마는
눅 2:7	첫아들을 낳아 강보로 싸서 **구유**에 뉘었
눅 2:12	너희가 가서 강보에 싸여 **구유**에 뉘어
눅 2:16	빨리 가서 마리아와 요셉과 **구유**에 누인

구절(句節, passage)

행 8:32	읽는 성경 **구절**은 이것이니 일렀으되

구제/-하다(救濟, give to the poor)

에 9:22	서로 예물을 주며 가난한 자를 **구제하라**
잠 11:24	흩어 **구제하여도** 더욱 부하게 되는 일
잠 11:25	**구제**를 좋아하는 자는 풍족하여질 것
잠 28:27	가난한 자를 **구제하는** 자는 궁핍하지
마 6:2	그러므로 **구제할** 때에 외식하는 자가
마 6:3	너는 **구제할** 때에 오른손이 하는 것을
마 6:4	**구제함**을 은밀하게 하라 은밀한 중에
눅 11:41	그러나 그 안에 있는 것으로 **구제하라**
눅 12:33	너희 소유를 팔아 **구제하여** 낡아지지
행 6:1	자기의 과부들이 매일의 **구제**에 빠지
행 9:36	도르가라 선행과 **구제하는** 일이 심히
행 10:2	경외하며 백성을 많이 **구제하고**
행 10:4	천사가 이르되 네 기도와 **구제**가 하나님
행 10:31	기도를 들으시고 네 **구제**를 기억하셨
행 24:17	내가 내 민족을 **구제할** 것과 제물을
롬 12:8	위로하는 일로, **구제하는** 자는 성실함
고전 13:3	내게 있는 모든 것으로 **구제하고**
엡 4:28	돌이켜 가난한 자에게 **구제할** 수 있도
딤전 5:10	환난 당한 자들을 **구제하며** 혹은 모든

구조(構造, structure)

왕상 7:28	그 받침 수레의 **구조**는 이러하니 사면
왕상 7:33	바퀴의 구조는 병거 바퀴의 **구조** 같으
왕하 16:10	아하스 왕이 그 제단의 모든 **구조**와
겔 1:16	그 **구조**는 황옥같이 보이는데 … 그들 의 모양과 **구조**는 바퀴 안에 바퀴가
겔 43:11	너는 이 성전의 제도와 **구조**와 그 출입

구조/-하다/-되다(救助, save, escape)

시 18:48	나를 내 원수들에게서 **구조하시니**
행 27:44	사람들이 다 상륙하여 **구조되니라**
행 28:1	**구조된** 후에 안즉 그 섬이 멜리데라
행 28:4	살인한 자로다 바다에서는 **구조**를 받았

구주(救主, savior)

눅 1:47	내 마음이 하나님 내 **구주**를 기뻐하였
눅 2:11	다윗의 동네에 너희를 위하여 **구주**가
요 4:42	그가 참으로 세상의 **구주**신 줄 앎이라
행 5:31	그를 오른손으로 높이사 임금과 **구주**로
행 13:23	이스라엘을 위하여 **구주**를 세우셨으
엡 5:23	같음이니 그가 바로 몸의 **구주**시니라
딤전 1:1	우리 **구주** 하나님과 우리의 소망이신
딤전 2:3	이것이 우리 **구주** 하나님 앞에 선하고
딤전 4:10	모든 사람 특히 믿는 자들의 **구주**시라
딤후 1:10	우리 **구주** 그리스도 예수의 나타나심
딛 1:3	전도는 우리 **구주** 하나님이 명하신 대로
딛 1:4	예수 우리 **구주**로부터 은혜와 평강이
딛 2:10	이는 범사에 우리 **구주** 하나님의 교훈
딛 2:13	우리의 크신 하나님 **구주** 예수 그리스도
딛 3:4	우리 **구주** 하나님의 자비와 사람 사랑
딛 3:6	우리 **구주** 예수 그리스도로 말미암아

【 구차히 】　　　　　　　　　　　　　　　　　　　　　　　　　　【 구하다 】

벧후 1:1　우리 하나님과 **구주** 예수 그리스도의
벧후 1:11　곧 **구주** 예수 그리스도의 영원한 나라
벧후 2:20　만일 그들이 우리 주 되신 **구주** 예수
벧후 3:2　주 되신 **구주**께서 너희의 사도들로
벧후 3:18　오직 우리 주 곧 **구주** 예수 그리스도의
요일 4:14　아버지가 아들을 세상의 **구주**로 보내신
유 1:25　곧 우리 **구주** 홀로 하나이신 하나님께

구차히(苟且)
히 11:35　심한 고문을 받되 **구차히** 풀려나기를

구출하다(救出, rescue)
창 37:22　그가 요셉을 그들의 손에서 **구출하여**
욥 5:15　또한 그들의 손에서 **구출하여** 주시나니

구타하다(毆打, assault)
신 17:8　흘렸거나 다투었거나 **구타하였거나**
딤전 3:3　술을 즐기지 아니하며 **구타하지** 아니
딛 1:7　술을 즐기지 아니하며 **구타하지** 아니

구태여(dare)
고전 6:1　다툼이 있는데 **구태여** 불의한 자들 앞에

구푸리다(bend, crouch)
창 50:1　요셉이 그의 아버지 얼굴에 **구푸려** 울며
삼상 4:19　갑자기 아파서 몸을 **구푸려** 해산하고
욥 39:3　그것들은 몸을 **구푸리고** 새끼를 낳으니
시 10:10　그가 **구푸려** 엎드리니 그의 포악으로
사 5:15　여느 사람은 **구푸리고** 존귀한 자는 낮아
사 10:4　포로 된 자 아래에 **구푸리며** 죽임을
사 65:12　너희를 칼에 붙일 것인즉 다 **구푸리고**

구하다(救, save, fiand, ask)
1. 도와주다(save, rescue, deliver)
수 10:6　속히 우리에게 올라와 우리를 **구하소서**
삼상 26:24　모든 환난에서 나를 **구하여** 내시기를
욥 5:4　성문에서 억눌리나 **구하는** 자가 없으며
시 17:14　주의 손으로 나를 **구하소서** 그들은
시 22:20　유일한 것을 개의 세력에서 **구하소서**
시 22:21　나를 사자의 입에서 **구하소서** 주께서
시 33:17　군대가 많다 하여도 능히 **구하지** 못하
시 36:6　주는 사람과 짐승을 **구하여** 주시나이다
시 119:154　주께서 나를 변호하시고 나를 **구하사**
시 144:7　나를 큰 물과 이방인의 손에서 **구하여**
시 144:10　다윗을 그 해하려는 칼에서 **구하시는**
시 144:11　이방인의 손에서 나를 **구하여** 건지소서
사 35:4　하나님이 오사 너희를 **구하시리라** 하라
사 42:22　노략을 당하되 **구할** 자가 없고 탈취를
사 46:2　그 짐을 **구하여** 내지 못하고 자기들도
사 46:4　내가 업을 것이요 내가 품고 **구하여**
사 46:7　응답하지 못하며 고난에서 **구하여** 내지
렘 15:20　너와 함께 하여 너를 **구하여** 건짐이라
렘 30:7　그가 환난에서 **구하여** 냄을 얻으리로다
단 8:4　그 손에서 **구할** 자가 없으므로 그것이
마 6:13　다만 악에서 **구하시옵소서** (나라와 권세

> **성경에 나오는 '도와 구하는' 것**
>
> 굶주림 - 창 42:19, 33
> 남편 - 신 25:11
> 목숨 - 암 2:14 , 15
> 생명 - 삼상 19:11; 왕상 1:12, 29; 막 3:4; 눅 6:9

2. 손에 넣으려고 찾다(find, seek)
삼상 16:17　나를 위하여 잘 타는 사람을 **구하여**
대상 26:31　길르앗 야셀에서 그들 중에 **구하여**
대하 16:12　병이 있을 때에 그가 여호와께 **구하지**
　　　　　아니하고 의원들에게 **구하였더라**
대하 17:3　처음 길로 행하여 바알들에게 **구하지**
대하 17:4　아버지의 하나님께 **구하며** 그의 계명
대하 25:15　왕은 어찌하여 그 신들에게 **구하나이까**
대하 25:20　그들이 에돔 신들에게 **구하였으므로**
시 51:17　하나님께서 **구하시는** 제사는 상한 심령
시 78:34　그들이 그에게 **구하며** 돌이켜 하나님
시 104:21　그들의 먹이를 하나님께 **구하다가**
시 116:4　주께 **구하오니** 내 영혼을 건지소서
사 26:9　내 중심이 주를 간절히 **구하오리니** 이는
사 65:1　나를 **구하지** 아니하던 자에게 물음을
렘 8:2　사랑하며 섬기며 뒤따르며 **구하며**
렘 29:13　너희가 온 마음으로 나를 **구하면** 나를
렘 50:4　그의 하나님 여호와께 **구할** 것이며
애 3:25　기다리는 자들에게나 **구하는** 영혼들
호 5:15　내 얼굴을 **구하기까지** 내가 내 곳으로
　　　　돌아가리라 … 나를 간절히 **구하리라**
호 7:10　돌아오지 아니하며 **구하지** 아니하도다
나 3:7　어디서 너를 위로할 자를 **구하리요**

【 구하다 】　　　　　　　　　　　　　　　【 구하다 】

성경에 나오는 '찾아 구하는' 것

계명, 법도, 율례, 율법 – 대상 28:8; 시 119:45, 155; 말 2:7
금, 은, 진주 – 왕상 22:48; 잠 2:4; 마 13:45
나라 – 눅 12:31
도우심/도움 – 대하 20:4; 사 31:1
떡 – 애 4:4
말(言) – 전 12:10
말씀 – 암 8:12
목장 – 대상 4:39
묵시 – 겔 7:26
물 – 사 41:17
사랑 – 잠 17:9
선 – 잠 11:27; 암 5:14
술 – 잠 23:30
쉬기 – 눅 11:24
아내 – 대하 11:23
악 – 암 5:14
양털과 삼 – 잠 31:13
얼굴 – 시 24:6
여호와 – 대상 16:10; 22:19; 대하 12:14; 22:9; 30:19; 시 105:3; 119:2; 사 31:1; 51:1
열매 – 눅 13:6, 7
영예 – 잠 25:27
예물 – 사 1:23
오락 – 사 58:3, 13
유익 – 고전 10:24, 33; 13:5
유향 – 렘 51:8
은혜 – 슥 8:22
음식(먹을 것), 양식 – 욥 15:23; 24:5; 애 1:11, 19
장인(匠人) – 사 40:20
(정)의 – 사 1:17; 16:5; 마 6:33
지혜 – 잠 14:6
진리 – 렘 5:1
처녀 – 왕상 1:2, 3; 에 2:2
평강 – 겔 7:25
화평 – 벧전 3:11

습 1:6 　여호와를 찾지도 아니하며 **구하지**도
습 3:10 　내게 **구하는** 백성들 곧 내가 흩은 자
말 3:1 　길을 준비할 것이요 또 너희가 **구하는**
행 13:11 　덮어 인도할 사람을 두루 **구하는지라**

롬 2:7 　영광과 존귀와 썩지 아니함을 **구하는**
롬 11:7 　그런즉 어떠하냐 이스라엘이 **구하는**
빌 2:21 　그들이 다 자기 일을 **구하고** 그리스도 예수의 일을 **구하지** 아니하되

3. 바라다(ask)

모세오경, 역사서

창 23:8 　위하여 소할의 아들 에브론에게 **구하여**
출 10:11 　여호와를 섬기라 이것이 너희가 **구하는**
출 12:36 　은혜를 입히게 하사 그들이 **구하는** 대로
민 11:15 　내게 이같이 행하실진대 **구하옵나니**
민 14:17 　이제 **구하옵나니** 이미 말씀하신 대로
신 14:26 　네 마음에 원하는 모든 것을 **구하고**
신 18:16 　산에서 네 하나님 여호와께 **구한** 것이라
신 23:6 　평안함과 형통함을 영원히 **구하지** 말지
삿 6:39 　내가 이번만 말하리이다 **구하옵나니**
삿 8:8 　그들에게도 그같이 **구한즉** 브누엘 사람
삿 10:15 　주께 **구하옵나니** 오늘 우리를 건져내
삿 13:8 　기도하여 이르되 주여 **구하옵나니** 주께
삿 13:15 　여호와의 사자에게 말하되 **구하옵나니**
삿 16:28 　주 여호와여 **구하옵나니** 나를 생각하옵소서 하나님이여 **구하옵나니** 이번만
삼상 1:17 　네가 기도하여 **구한** 것을 허락하시기를
삼상 1:20 　내가 여호와께 그를 **구하였다** 함이더라
삼상 1:27 　내가 **구하여** 기도한 바를 여호와께서
삼상 13:14 　마음에 맞는 사람을 **구하여** 여호와께
삼상 16:16 　수금을 잘 타는 사람을 **구하게** 하소서
삼하 3:17 　너희의 임금으로 세우기를 **구하였으니**
삼하 14:22 　왕이여 종의 **구함**을 왕이 허락하시니
삼하 19:38 　네가 내게 **구하는** 것은 다 너를 위하여
왕상 2:16 　한 가지 소원을 당신에게 **구하오니** 내
왕상 2:20 　왕께 **구하오니** 내 청을 거절하지 마소서 … 내 어머니여 **구하소서** 내가 어머니의
왕상 2:22 　아비삭을 **구하시나이까** … 왕권도 **구하옵소서** 그뿐 아니라 제사장 아비아달과 … 요압을 위해서도 **구하옵소서**
왕상 3:5 　내가 네게 무엇을 줄꼬 너는 **구하라**
왕상 3:10 　솔로몬이 이것을 **구하매** 그 말씀이 주의
왕상 3:11 　그에게 이르시되 네가 이것을 **구하도다**
왕상 3:13 　내가 또 네가 **구하지** 아니한 부귀와
왕상 10:13 　또 그의 소원대로 **구하는** 것을 주니
왕상 11:22 　네 고국으로 가기를 **구하느냐** 대답하되
왕상 20:9 　왕이 처음에 보내 종에게 **구하신** 것은
왕하 2:9 　네게 어떻게 할지를 **구하라** 엘리사가

【 구하다 】

왕하 2:10 이르되 네가 어려운 일을 **구하**는도다
왕하 4:13 왕에게나 사령관에게 무슨 **구**할 것이
왕하 4:28 내가 내 주께 아들을 **구하**더이까 나를
왕하 20:3 여호와여 **구하**오니 내가 진실과 전심
대상 4:10 하나님이 그가 **구하**는 것을 허락하셨
대상 15:13 우리가 규례대로 그에게 **구하**지 아니
대하 1:7 내가 네게 무엇을 주랴 너는 **구하**라
대하 9:12 그의 소원대로 **구하**는 것을 모두 주니
대하 28:16 사람을 보내어 도와 주기를 **구하**였으니
스 7:6 도우심을 입음으로 왕에게 **구하**는 것
스 7:21 에스라가 무릇 너희에게 **구하**는 것을
스 8:22 보병과 마병을 왕에게 **구하**기를 부끄
스 9:12 평화와 행복을 영원히 **구하**지 말라
에 2:13 왕에게 나아갈 때에는 그가 **구하**는 것
에 2:15 정한 것 외에는 다른 것을 **구하**지 아니
에 4:8 자기 민족을 위하여 간절히 **구하**라 하니
에 5:14 모르드개를 그 나무에 매달기를 **구하**고
에 6:4 나무에 모르드개 달기를 왕께 **구하**고자
에 8:3 악한 꾀를 제거하기를 울며 **구하**니

시가서, 선지서

시 2:8 내게 **구하**라 내가 이방 나라를 네 유업
시 27:4 한 가지 일 그것을 **구하**리니 곧 내가
시 105:40 그들이 **구한**즉 메추라기를 가져 오시고
잠 18:23 가난한 자는 간절한 말로 **구하**여도 부자
잠 21:21 공의와 인자를 따라 **구하**는 자는 생명
잠 30:7 내가 두 가지 일을 주께 **구하**였사오니
사 5:3 주민과 유다 사람들아 **구하**노니
사 7:11 높은 데에서든지 **구하**라
사 7:12 아하스가 이르되 나는 **구하**지 아니하겠
사 8:19 **구**할 것이 … 죽은 자에게 **구하**겠느냐
렘 7:16 그들을 위하여 부르짖어 **구하**지 말라
렘 11:14 그들을 위하여 부르짖거나 **구하**지 말라
렘 37:7 너희를 보내어 내게 **구하**게 한 유다의
겔 36:37 이루어 주기를 내게 **구하**여야
단 1:8 아니하도록 환관장에게 **구하**니
단 2:16 다니엘이 들어가서 왕께 **구하**기를 시간
단 2:18 그들로 하여금 **구하**게 하니라
단 2:23 우리가 주께 **구한** 것을 내게 알게 하셨
단 6:7 금령을 정하실 것을 **구하**나이다 … 사람에게 무엇을 **구하**면 사자 굴에 던져
욘 1:6 일어나서 네 하나님께 **구하**라 혹시
욘 1:14 여호와여 **구하**고 **구하**오니 이 사람을
미 6:8 여호와께서 네게 **구하**시는 것은 오직

【 구하다 】

복음서, 역사서

마 5:42 네게 **구하**는 자에게 주며 네게 꾸고자
마 6:8 그러므로 그들을 본받지 말라 **구하**기
마 6:32 이는 다 이방인들이 **구하**는 것이라 너희
마 7:7 **구하**라 그리하면 너희에게 주실 것이요
마 7:11 하늘에 계신 너희 아버지께서 **구하**는
마 18:19 땅에서 합심하여 무엇이든지 **구하**면
마 20:20 예수께 와서 절하며 무엇을 **구하**니
마 20:22 너희가 **구하**는 것을 알지 못하는도다
마 21:22 기도할 때에 무엇이든지 믿고 **구하**는
마 26:53 너는 내가 내 아버지께 **구하**여 지금
막 5:23 간곡히 **구하**여 이르되 내 어린 딸이
막 6:22 네가 원하는 것을 내게 **구하**라 내가
막 6:23 무엇이든지 네가 내게 **구하**면 내 나라
막 6:24 무엇을 **구하**리이까 … 머리를 **구하**라
막 6:25 곧 왕에게 급히 들어가 **구하**여 이르되
막 10:35 선생님이여 무엇이든지 우리가 **구하**는
막 10:38 너희 **구하**는 것을 알지 못하는도다
막 11:24 무엇이든지 기도하고 **구하**는 것은 받은
막 14:1 예수를 흉계로 잡아 죽일 방도를 **구하**며
막 14:35 이 때가 자기에게서 지나가기를 **구하**여
눅 4:38 사람들이 그를 위하여 예수께 **구하**니
눅 5:12 예수를 보고 엎드려 **구하**여 이르되 주여
눅 6:30 **구하**는 자에게 주며 네 것을 가져가는
눅 7:4 그들이 예수께 나아와 간절히 **구하**여
눅 8:28 당신께 **구하**노니 나를 괴롭게 하지 마옵
눅 11:9 또 너희에게 이르노니 **구하**라 그러면
눅 11:13 하늘 아버지께서 **구하**는 자에게 성령을
눅 12:29 무엇을 마실까 하여 **구하**지 말며 근심
눅 12:30 이 모든 것은 세상 백성들이 **구하**는
눅 13:24 들어가기를 **구하**여도 못하는 자가 많으
눅 16:27 아버지여 **구하**노니 나사로를 내 아버지
눅 23:24 빌라도가 그들이 **구하**는 대로 하기를
요 1:38 무엇을 **구하**느냐 이르되 랍비여 어디
요 4:10 그에게 **구하**였을 것이요 그가 생수를
요 4:27 이상히 여겼으나 무엇을 **구하시나이까**
요 7:4 스스로 나타나기를 **구하**면서 묻혀서
요 11:22 하나님께 **구하**시는 것을 하나님이 주실
요 14:13 너희가 내 이름으로 무엇을 **구하**든지
요 14:14 내 이름으로 무엇이든지 내게 **구하**면
요 14:16 내가 아버지께 **구하**겠으니 그가 또
요 15:7 무엇이든지 원하는 대로 **구하**라
요 15:16 내 이름으로 아버지께 무엇을 **구하**든지

223

【 구하다 】   【 구하다 】

요 16:23	무엇이든지 아버지께 **구하는** 것을 내	엡 6:19	또 나를 위하여 **구할** 것은 내게 말씀을
요 16:24	아무 것도 **구하지** 아니하였으나 **구하라**	빌 4:3	나와 멍에를 같이한 네게 **구하노니**
요 16:26	**구할** 것이요 … 아버지께 **구하겠다** 하는	빌 4:6	너희 **구할** 것을 감사함으로 하나님께
요 19:38	예수의 시체를 가져가기를 **구하매**	골 1:9	기도하기를 그치지 아니하고 **구하노니**
행 3:14	살인한 사람을 놓아 주기를 **구하여**	골 4:3	비밀을 말하게 하시기를 **구하라** 내가
서신서		골 4:12	완전하고 확신 있게 서기를 **구하나니**
고전 4:2	맡은 자들에게 **구할** 것은 충성이니라	살전 4:1	끝으로 주 예수 안에서 너희에게 **구하고**
고후 8:4	대하여 우리에게 간절히 **구하니**	살전 5:12	형제들아 우리가 너희에게 **구하노니**
고후 10:2	태도로 대하지 않게 하기를 **구하노라**	살후 2:1	형제들아 우리가 너희에게 **구하는** 것
고후 12:14	내가 **구하는** 것은 너희의 재물이 아니요	히 12:17	눈물을 흘리며 **구하되** 버린 바가 되어
고후 13:3	말씀하시는 증거를 너희가 **구함이니**	히 12:19	더 말씀하지 아니하시기를 **구하였으니**
고후 13:7	조금도 행하지 않게 하시기를 **구하노니**	약 1:5	꾸짖지 아니하시는 하나님께 **구하라**
고후 13:9	이것을 위하여 **구하니** 곧 너희가 온전	약 1:6	오직 믿음으로 **구하고** 조금도 의심하지
갈 4:12	너희도 나와 같이 되기를 **구하노라**	약 4:2	너희가 얻지 못함은 **구하지** 아니하기
엡 1:19	너희로 알게 하시기를 **구하노라**	약 4:3	**구하여도** 받지 못함은 … 잘못 **구하기**
엡 3:13	너희에게 **구하노니** 너희를 위한 나의	요일 3:22	무엇이든지 **구하는** 바를 그에게서 받
엡 3:19	너희에게 충만하게 하시기를 **구하노라**	요일 5:14	그의 뜻대로 무엇을 **구하면** 들으심이라
엡 3:20	역사하시는 능력대로 우리가 **구하거나**	요일 5:15	**구하는** 바를 … 그에게 **구한** 그것을
엡 6:18	깨어 **구하기를** 항상 힘쓰며 … **구하라**	요이 1:5	부녀여, 내가 이제 네게 **구하노니** 서로

성경에 나오는 '바라고 구하는' 것

거짓 – 시 4:2
공의와 겸손 – 습 2:3
기쁨 – 갈 1:10
내쫓아 주기 – 눅 9:40
놓이기 – 고전 7:27
뇌물 – 미 7:3
도움 – 욥 36:13; 사 10:3; 20:6; 31:1; 애 3:8
땅 – 삿 18:1
떠나가기 – 눅 8:37
말과 군대 – 겔 17:15
물 – 출 7:24; 삿 5:25
밭 – 수 15:18; 삿 1:14
복 – 시 122:9; 사 65:16; 렘 14:11
부 – 왕상 3:11; 대하 1:11
비 – 슥 10:1
생명 – 에 7:7; 시 21:4
선물 – 빌 4:17
손 대시기 – 막 8:22
쉬기 – 마 12:43
십자가에 못 박기 – 눅 23:23
아내 – 고전 7:27
안식할 곳 – 룻 3:1
양식(음식) – 창 41:55; 시 78:18

여호와 – 사 31:1
열매 – 빌 4:17
영광 – 요 5:44; 7:18; 8:50; 갈 5:26; 살전 2:6
왕 – 삼상 12:13, 17, 19; 행 13:21
원수의 생명 멸하기 – 왕상 3:11; 대하 1:11
은혜 – 욥 11:19; 20:10; 잠 19:6; 29:26; 슥 7:2; 8:21; 말 1:9
장수 – 왕상 3:11; 대하 1:11
재난 – 렘 38:4
제사장의 직분 – 민 16:10
죽음/죽기 – 욥 3:21; 31:30; 잠 21:6; 욘 4:8; 계 9:6
(지혜와) 지식 – 대하 1:11; 잠 2:3; 18:15
징조 – 사 7:11
파괴 – 잠 17:19
판단 – 사 58:2
패물과 의복 – 출 3:22; 11:2; 12:35
평안 – 시 122:6; 렘 29:7; 38:4
표적 – 마 12:39; 16:4; 막 8:11, 12; 눅 11:16, 29; 고전 1:22
풍성하기 – 고전 14:12
함께 있음 – 눅 8:38

4. 기도하다 (pray)

출 8:8	여호와께 **구하여** 나와 내 백성에게서
출 9:28	여호와께 **구하여** 이 우렛소리와 우박
출 10:17	여호와께 **구하여** 이 죽음만은 내게서
출 10:18	바로에게서 나가서 여호와께 **구하매**
출 32:11	모세가 그의 하나님 여호와께 **구하여**
왕상 13:6	은혜를 **구하여** 내 손이 다시 성하게 … 은혜를 **구하니** 왕의 손이 다시 성하도
느 1:11	주여 **구하오니** 귀를 기울이사 종의
시 80:14	만군의 하나님이여 **구하옵나니** 돌아
시 118:25	여호와여 **구하옵나니** 이제 구원하소서 여호와여 우리가 **구하옵나니** 이제
시 119:108	여호와여 **구하오니** 내 입이 드리는
사 38:3	여호와여 **구하오니** 내가 주 앞에서 진실
사 64:9	기억하지 마시옵소서 **구하오니** 보시
렘 27:18	만군의 여호와께 **구하여야** 할 것이니라
단 6:7	신에게나 사람에게 무엇을 **구하면** 사자
단 6:12	신에게나 사람에게 **구하면** 사자 굴
단 9:16	주여 **구하옵나니** 주는 주의 공의를 따라
롬 1:10	나아갈 좋은 길 얻기를 **구하노라**
롬 10:1	마음에 원하는 바와 하나님께 **구하는**
요일 5:16	죄 범하는 것을 보거든 **구하라** … 이에 관하여 나는 **구하라** 하지 않노라

국 (broth, stew)

삿 6:19	고기를 소쿠리에 담고 **국**을 양푼에
삿 6:20	위에 놓고 **국**을 부으라 하니 기드온
왕하 4:38	선지자의 제자들을 위하여 **국**을 끓이라
왕하 4:39	돌아와 썰어 **국** 끓이는 솥에 넣되 그들
왕하 4:40	주어 먹게 하였더니 무리가 **국**을 먹다
사 65:4	돼지고기를 먹으며 가증한 것들의 **국**을
학 2:12	옷자락에 만일 떡에나 **국**에나 포도주

국가 (國家, kingdom)

사 34:12	그들이 **국가**를 이으려 하여 귀인들을
렘 18:7	어느 민족이나 **국가**를 뽑거나 부수거나
렘 18:9	내가 어느 민족이나 **국가**를 건설하거나
렘 51:20	나라들을 분쇄하며 네가 **국가**들을 멸하

국경 (國境, border, frontier)

사 60:18	황폐와 파멸이 네 **국경** 안에 다시 없을
렘 15:13	죄로 말미암아 네 **국경** 안의 모든 재산
겔 25:9	내가 모압의 한편 곧 그 나라 **국경**에
겔 45:7	서쪽으로 향하여 서쪽 **국경**까지와 동쪽으로 향하여 동쪽 **국경**까지니 그 길이

국고 (國庫, treasury)

대하 8:15	제사장들과 레위 사람들이 **국고** 일에
사 22:15	너는 가서 그 **국고**를 맡고 왕궁 맡은
행 8:27	에디오피아 여왕 간다게의 모든 **국고**를

국고성 (國庫城, store city)

출 1:11	바로를 위하여 **국고성** 비돔과 라암셋
왕상 9:19	자기에게 있는 모든 **국고성**과 병거성
대하 8:4	하맛에서 모든 **국고성**들을 건축하고
대하 8:6	바알랏과 자기에게 있는 모든 **국고성**들
대하 16:4	아벨마임과 납달리의 모든 **국고성**들
대하 17:12	유다에 견고한 요새와 **국고성**을 건축

국권 (國權, kingdom)

단 2:44	그 **국권**이 다른 백성에게로 돌아가지

국내 (國內, entire land, dominion)

삼하 24:8	그들 무리가 **국내**를 두루 돌아 아홉 달
사 39:2	히스기야가 궁중의 소유와 전 **국내**의

국물 (spice)

겔 24:10	삶아 녹이고 **국물**을 졸이고 그 뼈를

국민 (國民, nation, people)

창 25:23	두 **국민**이 네 태중에 있구나 두 민족
출 34:10	아직 온 땅 아무 **국민**에게도 행하지
신 4:33	어떤 **국민**이 불 가운데서 말씀하시는
왕상 14:24	쫓아내신 **국민**의 모든 가증한 일을
왕하 16:15	그 소제물과 모든 **국민**의 번제물과
왕하 21:24	그 **국민**이 아몬 왕을 반역한 사람들을
대하 23:17	온 **국민**이 바알의 신당으로 가서 그
잠 24:24	저주를 받을 것이요 **국민**에게 미움을
렘 49:31	문빗장이 없이 홀로 사는 **국민**을 치라
단 9:6	우리의 고관과 조상들과 온 **국민**에게

국사 (國事, government affair)

단 6:4	총리들과 고관들이 **국사**에 대하여

국세 (國稅, tax)

마 17:25	세상 임금들이 누구에게 관세와 **국세**

【 국왕 】　　　　　　　　　　　　　　　　　　【 군대 】

국왕(國王, king)
시 135:11　바산 왕 옥과 가나안의 모든 **국왕**이로

군 1(軍, army)
고전 9:7　자기 비용으로 **군** 복무를 하겠느냐

'군대 지휘관'에 관련된 성구
(모든) **군** 지휘관 – 삼하 4:2; 17:25; 18:5; 23:8; 렘 40:13; 41:11, 13, 16; 42:8; 43:4, 5; 52:25

군 2(Cun) 소바 왕 하닷에셀의 성읍 중 하나
대상 18:8　또 하닷에셀의 성읍 디브핫과 **군**에서

군기(軍旗, standard)
민 1:52　진영별로 각각 그 진영과 **군기** 곁에
민 2:2　각각 자기의 진영의 **군기**와 자기의
민 2:3　진영별로 유다의 진영의 **군기**에 속한
민 2:10　남쪽에는 르우벤 군대 진영의 **군기**가
민 2:18　에브라임의 군대의 진영의 **군기**가 있을
민 2:25　북쪽에는 단 군대 진영의 **군기**가 있을
민 10:14　선두로 유다 자손의 진영의 **군기**에
민 10:18　다음으로 르우벤 진영의 **군기**에 속한
민 10:22　다음으로 에브라임 자손 진영의 **군기**에
민 10:25　다음으로 단 자손 진영의 **군기**에 속한

군기고(軍器庫, armory)
왕하 20:13　보배로운 기름과 그의 **군기고**와 창고
느 3:19　성 굽이에 있는 **군기고** 맞은편까지

군단(軍團, legion)
마 26:53　내 아버지께 구하여 지금 열두 **군단** 더

군대(軍隊, army, camp, division)

모세오경, 역사서
창 49:19　갓은 **군대**의 추격을 받으나 도리어
출 7:4　심판을 내리고 내 **군대**, 내 백성
출 12:17　이 날에 내가 너희 **군대**를 애굽 땅에
민 2:4　**군대**로 계수된 자가 칠만 사천육백 명
민 2:6　**군대**로 계수된 자가 오만 사천사백 명

성경에 나오는 '군대'
갓 군대 – 민 10:20
구스 사람과 룹 사람의 군대 – 대하 16:8
납달리 군대 – 민 10:27
느부갓네살/바벨론/갈대아 군대 – 왕하 25:1, 5, 10; 렘 32:2; 34:1, 7, 21; 35:11; 37:10, 11; 38:3; 39:1, 5; 52:4, 8; 겔 29:18, 19
단 군대 – 민 2:25; 10:25
동방 사람의 군대 – 삿 8:10
르우벤 군대 – 민 2:10; 10:18
마아가의 군대 – 대상 19:7
므낫세 군대 – 민 10:23
베냐민 군대 – 민 10:24
북방 왕의 군대 – 단 11:7, 13
블레셋 군대 – 삼상 17:1, 46; 23:3; 28:5, 15; 29:1; 삼하 5:24; 대상 11:15, 18; 14:15, 16
사마리아 군대 – 느 4:2
수리아 군대 – 렘 35:11
스불론 군대 – 민 10:16
시므온 군대 – 민 10:19
시스라의 군대 – 삿 4:15, 16
아람(벤하닷) 군대 – 왕상 20:1; 왕하 6:24; 7:4, 6, 14; 대하 16:7; 24:23, 24
아비멜렉의 군대 – 삿 9:29
아사의 군대 – 대하 14:8
아셀 군대 – 민 10:26
앗수르(산헤립) 군대 – 대하 32:9
애굽(바로) 군대 – 출 14:4, 9, 17, 24, 28; 15:4; 신 11:4; 시 136:15; 렘 37:5, 7; 46:2, 22; 겔 31:18; 32:31
에브라임 군대 – 민 2:18; 10:22
여호와의 군대 – 출 12:41
여호와의 군대 대장 – 수 5:14, 15
웃시야의 군대 – 대하 26:14
유다 군대 – 민 2:9; 10:14
이스라엘의 군대 – 출 6:26; 삼상 17:8, 10, 45; 28:19; 삼하 11:1; 대하 25:7, 9
잇사갈 군대 – 민 10:15
하나님의 군대 – 창 32:2; 삼하 17:26, 36; 대상 12:22
하닷에셀의 군대 – 삼하 8:9; 대상 18:9

【군대】

민 2:8	**군대**로 계수된 자가 오만 칠천사백 명
민 2:11	**군대**로 계수된 자가 사만 육천오백 명
민 2:13	**군대**로 계수된 자가 오만 구천삼백 명
민 2:15	**군대**로 계수된 자가 사만 오천육백오십
민 2:19	**군대**로 계수된 자가 사만 오백 명이며
민 2:21	**군대**로 계수된 자가 삼만 이천이백
민 2:23	**군대**로 계수된 자가 삼만 오천사백 명
민 2:26	**군대**로 계수된 자가 육만 이천칠백 명
민 2:28	**군대**로 계수된 자가 사만 천오백 명이
민 2:30	**군대**로 계수된 자가 오만 삼천사백 명
민 10:28	이와 같이 그들의 **군대**를 따라 나아갔
신 24:5	맞이하였으면 그를 **군대**로 내보내지
수 8:13	북쪽에는 온 **군대**가 있고 성읍 서쪽에
수 10:5	모든 **군대**를 거느리고 올라와 기브온
수 11:4	그들이 그 모든 **군대**를 거느리고 나왔
삿 7:11	부라와 함께 **군대**가 있는 진영 근처로
삿 8:6	우리가 네 **군대**에게 떡을 주겠느냐
삼상 17:20	진영에 이른즉 마침 **군대**가 전장에
삼상 17:22	**군대**로 달려가서 형들에게 문안하고
삼상 18:5	사울이 그를 **군대**의 장으로 삼았더니
삼상 28:1	이스라엘과 싸우려고 **군대**를 모집한
	지라 … 나와 함께 나가서 **군대**에 참가
삼상 30:8	내가 이 **군대**를 추격하면 따라잡겠나
삼상 30:15	나를 그 **군대**로 인도하겠느냐 하니 …
	그리하면 내가 당신을 그 **군대**로 인도
삼상 30:23	우리를 치러 온 그 **군대**를 우리 손에
왕상 20:19	그들을 따르는 **군대**가 성읍에서 나가서
왕상 20:25	왕의 잃어버린 **군대**와 같은 **군대**를
왕하 5:15	나아만이 모든 **군대**와 함께 하나님의
왕하 11:15	여호야다가 **군대**를 거느린 백부장들
왕하 25:5	모든 **군대**가 그를 떠나 흩어진지라
대상 20:1	때가 되매 요압이 그 **군대**를 거느리고
대하 14:13	여호와 앞에서와 그의 **군대** 앞에서
대하 17:2	유다 모든 견고한 성읍에 **군대**를 주둔
대하 20:21	예복을 입히고 **군대** 앞에서 행진하며
대하 23:14	여호야다가 **군대**를 거느린 백부장들
대하 25:10	자기에게 온 **군대**를 나누어 그들의
대하 26:13	그의 휘하의 **군대**가 삼십만 칠천오백
대하 28:9	사마리아로 돌아오는 **군대**를 영접하고

시가서, 선지서

욥 10:17	나를 향하여 진노를 더하시니 **군대**가
욥 19:12	그 **군대**가 일제히 나아와서 길을 돋우
욥 25:3	그의 **군대**를 어찌 계수할 수 있으랴
욥 29:25	왕이 **군대** 중에 있는 것과도 같았고
시 27:3	**군대**가 나를 대적하여 진 칠지라도 내
시 33:16	많은 **군대**로 구원 얻은 왕이 없으며
시 33:17	구원하는 데에 군마는 헛되며 **군대**가
시 44:9	우리 **군대**와 함께 나아가지 아니하시
시 60:10	하나님이여 주께서 우리 **군대**와 함께
시 68:12	여러 **군대**의 왕들이 도망하고 도망하니
시 108:11	하나님이여 주께서 우리의 **군대**들과

성경에 나오는 '군대 지휘관'

다윗의 군대 지휘관 – 삼하 20:23; 왕상 11:15, 21; 대상 12:14, 18, 21, 23; 25:1; 26:26; 27:5, 34
모세의 군대 지휘관 – 민 31:14, 48; 신 20:9
므낫세의 군대 지휘관 – 대하 33:14
벤하닷의 군대 지휘관 – 왕상 15:20; 대하 16:4
사울의 지휘관 – 삼상 14:38
시므리의 군대 지휘관 오므리 – 왕상 16:16
아람의 군대 지휘관 – 대상 19:18
앗수르 왕의 군대 지휘관 – 대하 33:11
유다의 군대 지휘관 – 왕하 25:23
히스기야의 군대 지휘관 – 대하 32:6

시 148:2	천사여 찬양하며 모든 **군대**여 그를
아 6:4	예루살렘같이 곱고, 깃발을 세운 **군대**
아 6:10	깃발을 세운 **군대**같이 당당한 여자가
사 13:4	싸움을 위하여 **군대**를 검열하심이로
사 43:17	병거와 말과 **군대**의 용사를 이끌어
렘 18:22	주께서 **군대**로 갑자기 그들에게 이르게
렘 51:3	불쌍히 여기지 말며 그의 **군대**를 전멸
렘 52:8	시드기야를 따라 잡으매 왕의 모든 **군대**
겔 1:24	떠드는 소리 곧 **군대**의 소리와도 같더
겔 17:15	그가 사절을 애굽에 보내 말과 **군대**를
겔 17:21	모든 **군대**에서 도망한 자들은 다 칼에
겔 26:7	북쪽에서 말과 병거와 기병과 **군대**와
겔 27:10	바사와 룻과 붓이 네 **군대** 가운데에서
겔 27:11	아르왓 사람과 네 **군대**는 네 사방 성 위
겔 30:11	강포한 자기 **군대**를 거느리고 와서 그
겔 38:4	너와 말과 기마병 곧 네 온 **군대**를 끌어
단 3:20	**군대** 중 용사 몇 사람에게 명령하여
단 8:11	스스로 높아져서 **군대**의 주재를 대적
단 11:10	심히 많은 **군대**를 모아서 물이 넘침

【 군도 】　　　　　　　　　　　　　　　　　　　　　　　　　　　　　　　　　　　　　　　【 군사 】

'군대'에 관련된 성구

남방 군대 - 단 11:15
높은 군대 - 사 24:21
능한 군대 - 겔 38:15
능히 출전할 만한 군대 - 대상 7:4
크고 강한 군대 - 단 11:25
큰 군대 - 왕상 20:28; 왕하 7:6; 대상 12:22; 대하 24:24; 겔 17:17; 37:10; 단 11:25; 욜 2:25
투구 쓴 군대 - 겔 23:24
하늘 군대 - 사 45:12; 단 4:35; 8:10; 행 7:42; 계 19:14

단 11:15 그가 택한 군대라도 그를 당할 힘이
단 11:22 넘치는 물 같은 군대가 그에게 넘침
단 11:26 그를 멸하리니 그의 군대가 흩어질 것
단 11:31 군대는 그의 편에 서서 성소 곧 견고한
욜 2:11 여호와께서 그의 군대 앞에서 소리를
욜 2:20 북쪽 군대를 너희에게서 멀리 떠나게
미 5:1 딸 군대여 너는 떼를 모을지어다 그들

신약

마 22:7 임금이 노하여 군대를 보내어 그 살인
마 27:27 관정 안으로 들어가서 온 군대를 그에
막 5:9 이름이 무엇이냐 이르되 내 이름은 군대
막 5:15 그 귀신 들렸던 자 곧 군대 귀신 지폈던
막 15:16 뜰 안으로 들어가서 온 군대를 모으고
눅 8:30 이름이 무엇이냐 물으신즉 이르되 군대
눅 21:20 너희가 예루살렘이 군대들에게 에워
요 18:3 유다가 군대와 대제사장들과 바리새인
요 18:12 이에 군대와 천부장과 유대인의 아랫
행 10:1 이달리야 부대라 하는 군대의 백부장
행 21:31 예루살렘이 요란하다는 소문이 군대
행 23:27 내가 로마 사람인 줄 들어 알고 군대를
계 19:19 그들의 군대들이 모여 그 말 탄 자와 그의 군대와 더불어 전쟁을 일으키다

'군대 사령관'과 관련된 성구

삼하 24:4; 왕상 2:5; 대상 18:15; 19:16; 렘 52:14

군도(軍刀, knife)
잠 30:14 앞니는 장검 같고 어금니는 군도 같아

군량(軍糧, provision)
왕상 20:27 이스라엘 자손도 소집되어 군량을 받고

군림하다(君臨, reign)
욥 41:34 교만한 자들에게 군림하는 왕이니라
사 9:7 다윗의 왕좌와 그의 나라에 군림하여

군마(軍馬, steed, horse)
삿 5:22 그 때에 군마가 빨리 달리니 말굽 소리
시 33:17 구원하는 데에 군마는 헛되며 군대가
렘 47:3 군마의 발굽 소리와 달리는 병거 바퀴
렘 50:11 송아지같이 발굽을 구르며 군마같이
겔 27:14 도갈마 족속은 말과 군마와 노새를 네
미 5:10 내가 네 군마를 네 가운데에서 멸절
합 1:8 그들의 군마는 표범보다 빠르고 저녁

군병(軍兵, soldier)
마 27:27 총독의 군병들이 예수를 데리고 관정

군복(軍服, tunic)
삼상 17:38 사울이 자기 군복을 다윗에게 입히고
삼상 17:39 다윗이 칼을 군복 위에 차고는 익숙
삼상 18:4 다윗에게 주었고 자기의 군복과 칼과
삼하 2:21 청년 하나를 붙잡아 그의 군복을 빼앗
삼하 20:8 그 때에 요압이 군복을 입고 띠를 띠고

군사(軍士, army, force)

역사서

수 5:4 백성 중 남자 곧 모든 군사는 애굽에
수 5:6 애굽에서 나온 족속 곧 군사들이 다
수 6:3 모든 군사는 그 성을 둘러 성 주위를
수 8:1 놀라지 말라 군사를 다 거느리고 일어나
수 8:3 여호수아가 일어나서 군사와 함께 아이
수 8:11 그와 함께 한 군사가 다 올라가서 그
수 10:7 여호수아가 모든 군사와 용사와 더불어
수 11:7 여호수아가 모든 군사와 함께 메롬
삿 7:21 진영을 에워싸매 그 온 진영의 군사들
삿 20:29 이스라엘이 기브아 주위에 군사를 매복
삿 20:36 이스라엘 사람이 기브아에 매복한 군사
삿 20:42 광야 길로 향하였으나 군사가 급히
삼상 4:2 그들에게 전쟁에서 죽임을 당한 군사가
삼상 23:8 사울이 모든 백성을 군사로 불러모으고
삼하 1:4 그가 대답하되 군사가 전쟁 중에 도망

228

【 군사 】   【 군인 】

삼하 3:23	요압과 함께 한 모든 **군사**가 돌아오매
삼하 11:7	다윗이 요압의 안부와 **군사**의 안부와
삼하 12:28	이제 왕은 그 백성의 남은 **군사**를 모아
삼하 12:29	다윗이 모든 **군사**를 모아 랍바로 가서
왕상 9:22	그들은 **군사**와 그 신하와 고관과 대장
왕하 1:9	오십부장과 그의 **군사** 오십 명을 엘리야
왕하 1:10	하늘에서 내려와 그와 그의 **군사** 오십
왕하 1:11	다른 오십부장과 그의 **군사** 오십 명을
왕하 1:12	하늘에서 내려와 그와 그의 **군사** 오십
왕하 1:13	세 번째 오십부장과 그의 **군사** 오십
왕하 1:14	전번의 오십부장 둘과 그의 **군사** 오십
왕하 3:9	길을 둘러 간 지 칠 일에 **군사**와 따라
왕하 3:26	당하기 어려움을 보고 칼찬 **군사** 칠백
왕하 6:14	왕이 이에 말과 병거와 많은 **군사**를
왕하 6:15	나가보니 **군사**와 말과 병거가 성읍을
왕하 6:23	이로부터 아람 **군사**의 부대가 다시는
왕하 19:35	앗수르 진영에서 **군사** 십팔만 오천 명
왕하 25:4	성벽이 파괴되매 모든 **군사**가 밤중에
왕하 25:19	곧 **군사**를 거느린 내시 한 사람과 또
왕하 25:24	그달리야가 그들과 그를 따르는 **군사**들
대상 11:26	또 **군사** 중의 큰 용사는 요압의 아우
대상 12:38	모든 **군사**가 전열을 갖추고 다 성심
대상 19:18	다윗이 아람 병거 칠천 대의 **군사**와
대하 8:9	그들은 **군사**와 지휘관의 우두머리들
대하 13:3	아비야는 싸움에 용감한 **군사** 사십만
대하 14:9	세라가 그들을 치려 하여 **군사** 백만
대하 17:13	예루살렘에 크게 용맹스러운 **군사**를
대하 17:14	**군사**의 수효가 그들의 족속대로 이러
대하 17:19	유다 견고한 성읍들에 왕이 **군사**를
대하 25:13	돌려보낸 **군사**들이 사마리아에서
대하 26:11	웃시야에게 또 싸우는 **군사**가 있으니

시가서 - 신약

욥 39:21	기뻐하며 앞으로 나아가서 **군사**들을
잠 6:11	강도같이 오며 네 곤핍이 **군사**같이
잠 24:34	강도같이 오며 네 곤핍이 **군사**같이
사 15:4	그러므로 모압의 **군사**들이 크게 부르짖
렘 38:4	이 성에 남은 **군사**의 손과 모든 백성
렘 39:4	유다의 시드기야 왕과 모든 **군사**가
렘 41:3	유다 사람과 거기에 있는 갈대아 **군사**
렘 41:16	잡아간 모든 남은 백성 곧 **군사**와 여자
렘 49:26	엎드러지겠으며 모든 **군사**는 멸절될 것
렘 50:30	거리에 엎드러지겠고 **군사**들이 멸절
렘 51:32	갈대밭이 불탔으며 **군사**들이 겁에 질렸
렘 52:7	그 성벽이 파괴되매 모든 **군사**가 밤중
렘 52:25	곧 **군사**를 거느린 지휘관 한 사람과
겔 39:20	기병과 용사와 모든 **군사**를 배부르게
욜 2:5	강한 **군사**가 줄을 벌이고 싸우는 것
마 8:9	내 아래에도 **군사**가 있으니 이더러
행 21:35	무리의 폭행으로 말미암아 **군사**들에
빌 2:25	수고하고 함께 **군사** 된 자요 너희 사자

군사령관 (軍司令官, commander)

삼상 12:9	그들을 하솔 **군사령관** 시스라의 손과
삼상 14:50	그의 **군사령관**의 이름은 아브넬이니
삼상 17:55	**군사령관** 아브넬에게 묻되 아브넬아
삼상 26:5	사울과 넬의 아들 **군사령관** 아브넬이
삼하 2:8	사울의 **군사령관** 넬의 아들 아브넬이
삼하 8:16	스루야의 아들 요압은 **군사령관**이 되고
삼하 10:16	하닷에셀의 **군사령관** 소박이 그들을
삼하 10:18	또 그 **군사령관** 소박을 치매 거기서
삼하 24:2	왕이 그 곁에 있는 **군사령관** 요압에
왕상 1:19	제사장 아비아달과 **군사령관** 요압을
왕상 1:25	왕의 모든 아들과 **군사령관**들과 제사장
왕상 2:32	곧 이스라엘 **군사령관** 넬의 아들 아브넬과 유다 **군사령관** 예델의 아들
왕상 2:35	브나야를 요압을 대신하여 **군사령관**
왕상 4:4	여호야다의 아들 브나야는 **군사령관**

군왕 (君王, king)

스 4:20	예루살렘을 다스리는 큰 **군왕**들이 있어
시 2:2	세상의 **군왕**들이 나서며 관원들이 서로
시 2:10	그런즉 **군왕**들아 너희는 지혜를 얻으며
시 45:16	그들로 온 세계의 **군왕**을 삼으리로다
미 5:5	우리가 일곱 목자와 여덟 **군왕**을 일으
행 4:26	세상의 **군왕**들이 나서며 관리들이 함께

군인 (軍人, man, soldier)

민 2:9	유다 진영에 속한 군대로 계수된 **군인**
민 2:16	르우벤 진영에 속하여 계수된 **군인**의
민 2:24	에브라임 진영에 속하여 계수된 **군인**
민 2:31	진영에 속하여 계수함을 받은 **군인**의
민 2:32	진영의 **군인** 곧 계수된 자의 총계는
민 31:21	제엘르아살이 싸움에 나갔던 **군인**들
민 31:27	그 절반은 전쟁에 나갔던 **군인**들에게
민 31:28	전쟁에 나갔던 **군인**들은 사람이나 소나
민 31:32	그 탈취물 곧 **군인**들의 다른 탈취물

【 군주 】

민 31:49 당신의 종들이 이끈 **군인**을 계수한즉
민 31:53 **군인**들이 각기 자기를 위하여 탈취한
신 2:14 그 시대의 모든 **군인**들이 여호와께서
신 2:16 **군인**이 사망하여 백성 중에서 멸망한
신 3:18 너희의 **군인**들은 무장하고 너희의 형제
사 9:5 어지러이 싸우는 **군인**들의 신과 피
렘 52:25 왕의 내시 칠 명과 **군인**을 감독하는
마 28:12 장로들과 함께 모여 의논하고 **군인**들
마 28:15 **군인**들이 돈을 받고 가르친 대로 하였
막 15:16 **군인**들이 예수를 끌고 브라이도리온
눅 3:14 **군인**들도 물어 이르되 우리는 무엇을
눅 23:11 헤롯이 그 **군인**들과 함께 예수를 업신
눅 23:36 **군인**들도 희롱하면서 나아와 신 포도주
요 19:2 **군인**들이 가시나무로 관을 엮어 그의
요 19:23 **군인**들이 예수를 십자가에 못 박고 그
요 19:24 **군인**들이 서로 말하되 … 응하게 하려 함이러라 **군인**들은 이런 일을 하고
요 19:32 **군인**들이 가서 예수와 함께 못 박힌
요 19:34 한 **군인**이 창으로 옆구리를 찌르니
행 12:4 옥에 가두어 **군인** 넷씩인 네 패에게
행 12:6 그 전날 밤에 베드로가 두 **군인** 틈에
행 12:18 날이 새매 **군인**들은 베드로가 어떻게
행 21:32 급히 **군인**들과 백부장들을 거느리고 … 그들이 천부장과 **군인**들을 보고
행 23:10 바울이 그들에게 찢겨질까 하여 **군인**
행 27:31 바울이 백부장과 **군인**들에게 이르되
행 27:32 **군인**들이 거룻줄을 끊어 떼어 버리니라
행 27:42 **군인**들은 죄수가 헤엄쳐서 도망할까
행 28:16 바울에게는 자기를 지키는 한 **군인**과

군주(君主, ruler, prince)

수 13:21 그 땅에 거주하는 시혼의 **군주**들 곧
삿 3:3 블레셋의 다섯 **군주**들과 모든 가나안
삿 3:25 열쇠를 가지고 열어 본즉 그들의 **군주**
욥 35:9 학대가 많으므로 부르짖으며 **군주**들
겔 45:16 백성은 이 예물을 이스라엘의 **군주**에
겔 45:17 **군주**의 본분은 번제와 소제와 전제를
겔 46:2 **군주**는 바깥 문 … 감사제를 드릴 것이요 **군주**는 문 통로에서 예배한 후에
겔 46:4 안식일에 **군주**가 여호와께 드릴 번제는
겔 46:8 **군주**가 올 때에는 이 문 현관을 통하여
겔 46:10 **군주**가 무리 가운데 있어서 그들과
겔 46:12 만일 **군주**가 자원하여 번제를 준비할

【 굳다 】

겔 46:16 **군주**가 만일 한 아들에게 선물을 준즉
겔 46:17 **군주**가 만일 그 기업을 … 그 후에는 **군주**에게로 돌아갈 것이니 **군주**의 기업
겔 46:18 **군주**는 백성의 기업을 빼앗아 그 산업에서 쫓아내지 못할지니 **군주**가 자기
겔 48:21 좌우편에 남은 땅은 **군주**에게 돌릴지니 … 이것을 **군주**에게 돌릴 것이며
겔 48:22 그런즉 **군주**에게 돌려 그에게 속할 땅
단 10:13 그런데 바사 왕국의 **군주**가 이십일 일 동안 나를 … 가장 높은 **군주** 중 하나인
단 10:20 내가 돌아가서 바사 **군주**와 싸우려니 와 내가 나간 후에는 헬라의 **군주**가
단 10:21 대항할 자는 너희의 **군주** 미가엘뿐이
단 11:5 남방의 왕들은 강할 것이나 그 **군주**들
단 12:1 네 민족을 호위하는 큰 **군주** 미가엘이

군호(軍號, signal)

삿 20:38 큰 연기가 치솟는 것으로 **군호**를 삼자
마 26:48 예수를 파는 자가 그들에게 **군호**를 짜
마 14:44 예수를 파는 자가 이미 그들과 **군호**를

굳건하다/굳건히(strengthen, take one's position)

렘 46:14 선포하여 말하기를 너희는 **굳건히** 서서
행 11:23 모든 사람에게 **굳건한** 마음으로 주와
행 16:5 여러 교회가 믿음이 더 **굳건해지고**
행 18:23 차례로 다니며 모든 제자를 **굳건하게**
고후 1:21 함께 그리스도 안에서 **굳건하게** 하시고
갈 5:1 자유를 주셨으니 그러므로 **굳건하게**
골 2:5 그리스도를 믿는 너희 믿음이 **굳건한**
살전 3:2 보내노니 이는 너희를 **굳건하게**
살전 3:13 너희 마음을 **굳건하게** 하시고 우리
살후 2:15 형제들아 **굳건하게** 서서 말로나 우리
살후 2:17 모든 선한 일과 말에 **굳건하게** 하시기
살후 3:3 주는 미쁘사 너희를 **굳건하게** 하시고
약 5:8 너희도 길이 참고 마음을 **굳건하게**
벧전 5:9 너희는 믿음을 **굳건하게** 하여 그를
벧전 5:10 친히 온전하게 하시며 **굳건하게** 하시며
계 3:2 그 남은 바 죽게 된 것을 **굳건하게** 하라

굳다(hard, obstinate, harden)

신 32:13 반석에서 꿀을, **굳은** 반석에서 기름을
수 4:3 요단 가운데 제사장들의 발이 **굳게** 선

【 굳세다 】　　【 굴 】

왕하 14:5 나라가 그의 손에 **굳게** 서매 그의 부왕
대상 16:30 세계가 **굳게** 서고 흔들리지 아니하는
대하 25:3 그의 나라가 **굳게** 서매 그의 부왕을
욥 11:15 흠 없는 얼굴을 들게 되고 **굳게** 서서
욥 21:8 후손이 앞에서 그들과 함께 **굳게** 서고
욥 28:9 사람이 **굳은** 바위에 손을 대고 산을
시 96:10 여호와께서 다스리시니 세계가 **굳게**
시 102:28 그의 후손은 주 앞에 **굳게** 서리이다
시 140:11 악담하는 자는 세상에서 **굳게** 서지
잠 12:3 사람이 악으로서 **굳게** 서지 못하거니와
사 2:2 산이 모든 산 꼭대기에 **굳게** 설 것이요
사 7:9 **굳게** 믿지 아니하면 너희는 **굳게** 서지
사 16:5 인자함으로 왕위가 **굳게** 설 것이요
렘 30:20 회중은 내 앞에 **굳게** 설 것이며 그를
겔 2:4 얼굴이 뻔뻔하고 마음이 **굳은** 자니라
겔 3:7 이스라엘 족속은 이마가 **굳고** 마음이
겔 3:9 화석보다 **굳은** 금강석같이 하였으니
겔 36:26 너희 육신에서 **굳은** 마음을 제거하고
미 4:1 전의 산이 산들의 꼭대기에 **굳게** 서며
마 25:24 주인이여 당신은 **굳은** 사람이라 심지
행 19:9 어떤 사람들은 마음이 **굳어** 순종하지
고전 16:13 깨어 믿음에 **굳게** 서서 남자답게 강건
골 1:23 너희가 믿음에 거하고 터 위에 **굳게**
골 2:7 교훈을 받은 대로 믿음에 **굳게** 서서
살전 3:8 너희가 주 안에 **굳게** 선즉 우리가 이제
벧전 5:12 증언하노니 너희는 이 은혜에 **굳게**

굳세다(steady, strengthen, secure)
창 49:24 요셉의 활은 도리어 **굳세며** 그의 팔은
사 35:4 겁내는 자들에게 이르기를 **굳세어라**,
사 41:10 내가 너를 **굳세게** 하리라 참으로 너를
암 2:16 용사 가운데 그 마음이 **굳센** 자도 그 날
학 2:4 스스로 **굳세게** … **굳세게** 할지어다
　　　　… 모든 백성아 스스로 **굳세게** 하여
딛 3:8 이 여러 것에 대하여 **굳세게** 말하라
벧후 2:14 **굳세지** 못한 영혼들을 유혹하며 탐욕
벧후 3:16 무식한 자들과 **굳세지** 못한 자들이
벧후 3:17 미혹에 이끌려 너희가 **굳센** 데서 떨어
요일 3:19 우리 마음을 주 앞에서 **굳세게** 하리니

굳어지다(broken, harden, establish)
욥 7:5 의복처럼 입혀졌고 내 피부는 **굳어졌다**
욥 38:30 물은 돌같이 **굳어지고** 깊은 바다의

엡 3:17 가운데서 뿌리가 박히고 터가 **굳어져서**
엡 4:18 무지함과 그들의 마음이 **굳어짐으로**

굴(窟, cave, den)
창 19:30 거주하되 그 두 딸과 함께 **굴**에 거주
창 23:11 밭을 당신에게 드리고 그 속의 **굴**도
창 23:20 밭과 거기에 속한 **굴**이 헷 족속으로
수 10:23 에글론 왕을 **굴**에서 그에게로 끌어내
수 10:27 그들이 숨었던 **굴** 안에 던지고 **굴** 어귀
삿 6:2 산에서 웅덩이와 **굴**과 산성을 자기들
삼상 13:6 절박하여 **굴**과 수풀과 바위 틈과 은밀
삼상 24:3 이른즉 **굴**이 있는지라 사울이 뒤를 보
　　　　러 들어가니라 다윗과 그의 사람들이
　　　　그 **굴** 깊은 곳에 있더니
삼상 24:7 사울이 일어나 **굴**에서 나가 자기 길을
삼상 24:8 다윗도 일어나 **굴**에서 나가 사울의 뒤
삼상 24:10 오늘 여호와께서 **굴**에서 왕을 내 손에
삼하 17:9 지금 그가 어느 **굴**에나 어느 곳에 숨어

> **성경에 나오는 '굴'**
>
> 막게다 굴 – 수 10:16, 17, 18, 22
> 막벨라 굴 – 창 23:9, 17, 19; 25:9; 49:29,
> 　　　　　　30, 32; 50:13
> 아둘람 굴 – 삼상 22:1; 삼하 23:13; 대상
> 　　　　　　11:15

왕상 18:4 오십 명씩 **굴**에 숨기고 떡과 물을 먹였
왕상 18:13 오십 명씩 **굴**에 숨기고 떡과 물로 먹인
왕상 19:9 엘리야가 그 곳 **굴**에 들어가 거기서
왕상 19:13 얼굴을 가리고 나가 **굴** 어귀에 서매
욥 30:6 골짜기와 흙 구덩이와 바위 **굴**에서
욥 38:40 그것들이 **굴**에 엎드리며 숲에 앉아
시 104:22 해가 돋으면 물러가서 그들의 **굴** 속에
사 42:22 **굴** 속에 잡히며 옥에 갇히도다 노략을
겔 33:27 산성과 **굴**에 있는 자는 전염병에 죽게

> **짐승들이 거처하는 '굴'**
>
> 독사 굴 – 사 11:8
> 사자 굴 – 시 10:9; 아 4:8; 렘 25:38; 단 6:7,
> 　　　　　12, 16, 19, 24; 암 3:4; 나 2:11, 12
> 승냥이 굴 – 사 34:13; 렘 9:11
> 여우 굴 – 마 8:20; 눅 9:58

【 굴뚝 】　　　　　　　　　　　　　　　　　　【 굵다 】

단 6:17	이에 돌을 굴려다가 **굴** 어귀를 막으매
단 6:20	다니엘이 든 **굴**에 가까이 이르러서
단 6:23	다니엘을 **굴**에서 올리라 … **굴**에서
요 11:38	무덤에 가시니 무덤이 **굴**이라 돌로
계 6:15	종과 자유인이 **굴**과 산들의 바위 틈에

굴뚝(window)
| 호 13:3 | 죽정이 같으며 **굴뚝**에서 나가는 연기 |

굴레(restraint, bridle)
욥 30:11	무리가 내 앞에서 **굴레**를 벗었음이니
시 32:9	그것들은 재갈과 **굴레**로 단속하지 아니
약 3:2	온전한 사람이라 능히 온 몸도 **굴레**
계 14:20	틀에서 피가 나서 말 **굴레**에까지 닿았

굴리다/굴려지다(roll, bring, drive)
수 10:18	굴 어귀에 큰 돌을 **굴려** 막고 사람을
삼상 14:33	이제 큰 돌을 내게로 **굴려** 오라 하고
잠 20:26	타작하는 바퀴를 그들 위에 **굴리느니라**
잠 26:27	돌을 **굴리는** 자는 도리어 그것에 치이
사 28:27	대회향에는 수레 바퀴를 **굴리지** 아니
사 28:28	수레바퀴를 **굴리고** 그것을 말굽으로
렘 51:25	너를 바위에서 **굴리고** 너로 불 탄 산
단 6:17	이에 돌을 **굴려다가** 굴 어귀를 막으매
마 27:60	새 무덤에 넣어 두고 큰 돌을 **굴려** 무덤
마 28:2	천사가 하늘로부터 내려와 돌을 **굴려**
막 15:46	무덤에 넣어 두고 돌을 **굴려** 무덤 문에
막 16:3	우리를 위하여 무덤 문에서 돌을 **굴려**
막 16:4	눈을 들어본즉 벌써 돌이 **굴려져** 있는
눅 24:2	돌이 무덤에서 **굴려** 옮겨진 것을 보고

굴복하다/굴복되다(屈服, bow down)
창 27:29	열국이 네게 **굴복하리니** 네가 형제들
	의 주가 … 아들들이 네게 **굴복하며**
삿 3:30	모압이 이스라엘 수하에 **굴복하매** 그
삿 4:23	야빈을 이스라엘 자손 앞에 **굴복하게**
삿 16:5	그를 결박하여 **굴복하게** 할 수 있는지
삿 16:6	당신을 결박하여 **굴복하게** 할 수 있을
삼상 7:13	이에 블레셋 사람들이 **굴복하여** 다시
삼하 22:40	나를 치는 자를 내게 **굴복하게** 하셨
삼하 22:45	이방인들이 내게 **굴복함이여** 그들이
욥 9:13	돕는 자들이 그 밑에 **굴복하겠든**
시 18:39	나를 치는 자들이 내게 **굴복하게** 하셨

잠 25:26	의인이 악인 앞에 **굴복하는** 것은 우물
사 2:9	천한 자도 절하며 귀한 자도 **굴복하오니**
사 2:11	교만한 자가 **굴복되고** 여호와께서 홀로
사 2:17	그 날에 자고한 자는 **굴복되며** 교만한
사 31:4	그들의 떠듦으로 말미암아 **굴복하지**
사 44:19	어찌 그 나무 토막 앞에 **굴복하리요**
사 45:14	사슬에 매여 건너와서 네게 **굴복하고**
눅 11:22	더 강한 자가 와서 그를 **굴복시킬** 때
롬 8:7	이는 하나님의 법에 **굴복하지** 아니할
롬 8:20	피조물이 허무한 데 **굴복하는** 것은 자
	기 뜻이 아니요 오직 **굴복하게** 하시는

굴욕(屈辱, humiliation)
| 에 6:13 | 당신이 그 앞에서 **굴욕**을 당하기 시작 |
| 행 8:33 | 그가 **굴욕**을 당했을 때 공정한 재판도 |

굴혈(掘穴, wasteland)
| 사 14:23 | 그것을 고슴도치의 **굴혈**과 물 웅덩이 |
| 사 32:14 | 오벨과 망대가 영원히 **굴혈**이 되며 들 |

굵다(thick)
왕상 4:22	밀가루가 삼십 고르요 **굵은** 밀가루가
왕상 12:10	손가락이 내 아버지의 허리보다 **굵으니**
대하 10:10	손가락이 내 아버지의 허리보다 **굵으니**
겔 17:6	높지 아니한 포도나무 곧 **굵은** 가지와
겔 19:11	그 하나의 키가 **굵은** 가지 가운데서
겔 31:5	들의 모든 나무보다 크며 **굵은** 가지가
겔 31:8	잣나무가 그 **굵은** 가지만 못하며 단풍
겔 31:12	모든 골짜기에 떨어졌고 그 **굵은** 가지

굵은 베
창 37:34	자기 옷을 찢고 **굵은 베**로 허리를 묶고
삼하 3:31	옷을 찢을 **굵은 베**를 띠고 아브넬
삼하 21:10	아야의 딸 리스바가 **굵은 베**를 가져
왕상 20:31	만일 우리가 **굵은 베**로 허리를 동이고
왕상 20:32	**굵은 베**로 허리를 동이고 테두리를
왕상 21:27	그의 옷을 찢고 **굵은 베**로 몸을 동이
	고 금식하고 **굵은 베**에 누우며 또 풀이
왕하 6:30	본즉 그의 속살에 **굵은 베**를 입었더라
왕하 19:1	듣고 그 옷을 찢고 **굵은 베**를 두르고
왕하 19:2	제사장 중 장로들에게 **굵은 베**를 둘러
대상 21:16	다윗이 장로들과 더불어 **굵은 베**를
느 9:1	다 모여 금식하며 **굵은 베옷**을 입고

【 굶다/굶기다 】　　　　　　　　　　　　　　　　　　　　【 굽다 】

에 4:1	자기의 옷을 찢고 **굵은 베옷을** 입고	시 33:19	그들이 **굶주릴** 때에 그들을 살리시는
에 4:2	대궐 문 앞까지 이르렀으니 **굵은 베옷**	사 5:13	그들의 귀한 자는 **굶주릴** 것이요 무리
에 4:3	**굵은 베옷을** 입고 재에 누운 자가 무수	사 8:21	곤고하며 **굶주릴** 것이라 그가 **굶주릴**
에 4:4	모르드개에게 보내어 그 **굵은 베옷을**	애 5:10	**굶주림의** 열기로 말미암아 우리의 피부
욥 16:15	내가 **굵은 베를** 꿰매어 내 피부에 덮고		
시 35:13	나는 그들이 병 들었을 때에 **굵은 베**	굽 1(hoof)	
시 69:11	내가 **굵은 베로** 내 옷을 삼았더니 내가	레 11:3	모든 짐승 중 **굽이** 갈라져 쪽발이 되고
사 3:24	**굵은 베옷이** 화려한 옷을 대신하고	레 11:4	새김질하는 것이나 **굽이** 갈라진 짐승
사 15:3	거리에서는 **굵은 베로** 몸을 동였으며		중에도 … 새김질은 하되 **굽이** 갈라지지
사 22:12	머리 털을 뜯으며 **굵은 베를** 따라 하셨	레 11:5	사반도 새김질은 하되 **굽이** 갈라지지
사 37:1	왕이 듣고 자기의 옷을 찢고 **굵은 베**	레 11:6	토끼도 새김질은 하되 **굽이** 갈라지지
사 37:2	제사장 중 어른들도 **굵은 베옷을** 입으	레 11:7	돼지는 **굽이** 갈라져 쪽발이로되 새김질
사 50:3	흑암으로 하늘을 입히며 **굵은 베로**	신 14:6	짐승 중에 **굽이** 갈라져 쪽발도 되고
사 58:5	**굵은 베와** 재를 펴는 것을 어찌 금식	신 14:7	**굽이** 갈라진 … 새김질은 하나 **굽이** 갈라
렘 4:8	말미암아 너희는 **굵은 베를** 두르고	신 14:8	돼지는 **굽은** 갈라졌으나 새김질을 못하
렘 6:26	딸 내 백성이 **굵은 베를** 두르고 재에	시 69:31	이것이 소 곧 뿔과 **굽이** 있는 황소를
렘 48:37	칼자국이 있고 허리에 **굵은 베가** 둘렸	겔 32:13	사람의 발이나 짐승의 **굽이** 다시는 그
렘 49:3	랍바의 딸들아 부르짖을지어다 **굵은 베**	미 4:13	네 뿔을 무쇠 같게 하며 네 **굽을** 놋 같게
애 2:10	티끌을 머리에 덮어쓰고 **굵은 베를**	슥 11:16	살진 자의 고기를 먹으며 또 그 **굽을**
겔 7:18	그들이 **굵은 베로** 허리를 묶을 것이요		
겔 27:31	머리털을 밀고 **굵은 베로** 띠를 띠고	굽 2(Chub) 애굽이 망할 때 함께 망한 백성	
욜 1:8	약혼한 남자로 말미암아 **굵은 베로**	겔 30:5	룻과 모든 섞인 백성과 **굽과** 및 동맹
욜 1:13	너희는 **굵은 베로** 동이고 슬피 울지어		
	다 … 너희는 와서 **굵은 베** 옷을 입고	굽다(twist, bake)	
암 8:10	사람에게 **굵은 베로** 허리를 동이게	1. 휘다 구부러지다(pervert, twist, frustrate)	
욘 3:5	높고 낮은 자를 막론하고 **굵은 베** 옷	출 23:6	가난한 자의 송사라고 정의를 **굽게** 하지
욘 3:6	왕복을 벗고 **굵은 베옷을** 입고 재 위에	출 23:8	어둡게 하고 의로운 자의 말을 **굽게**
욘 3:8	사람이든지 짐승이든지 다 **굵은 베옷을**	레 21:20	등 **굽은** 자나 키 못 자란 자나 눈에 백막
계 11:3	**굵은 베옷을** 입고 천이백육십 일을	신 16:19	재판을 **굽게** … 의인의 말을 **굽게** 하느
		삼상 8:3	이익을 따라 뇌물을 받고 판결을 **굽게**
굶다/굶기다(starve, hungry)		욥 8:3	정의를 **굽게** … 어찌 공의를 **굽게** 하시
렘 38:9	그가 거기에서 **굶어** 죽으리이다 하니	시 125:5	**굽은** 길로 치우치는 자들은 여호와께서
마 15:32	기진할까 하여 **굶겨** 보내지 못하겠노라	시 146:9	과부를 붙드시고 악인들의 길은 **굽게**
막 8:3	만일 내가 그들을 **굶겨** 집으로 보내면	잠 8:8	의로우즉 그 가운데 **굽은** 것과 패역
고후 11:27	목마르고 여러 번 **굶고** 춥고 헐벗었노	잠 10:9	걸음이 평안하려니와 **굽은** 길로 행하는
		잠 11:20	마음이 **굽은** 자는 여호와께 미움을 받으
굶주리다(famish)		잠 12:8	칭찬을 받으려니와 마음이 **굽은** 자는
창 41:55	애굽 온 땅이 **굶주리매** 백성이 바로	잠 14:14	마음이 **굽은** 자는 자기 행위로 보응이
창 42:19	가서 너희 집안의 **굶주림을** 구하고	잠 17:20	마음이 **굽은** 자는 복을 얻지 못하고
창 42:33	가서 너희 집안의 **굶주림을** 구하고	잠 17:23	품에서 뇌물을 받고 재판을 **굽게** 하느
왕하 7:4	성읍에는 **굶주림이** 있으니 우리가 거기	잠 19:3	사람이 미련하므로 자기 길을 **굽게** 하고
느 9:15	그들의 **굶주림** 때문에 그들에게 양식	잠 28:6	성실하게 행하는 자는 부유하면서 **굽게**
욥 24:10	다니며 곡식 이삭을 나르는 **굶주리고**	잠 28:18	**굽은** 길로 행하는 자는 곧 넘어지리라

【 굽어보다/굽어살피다 】   【 굽히다 】

잠 31:5	모든 곤고한 자들의 송사를 **굽게** 할까	시 33:13	하늘에서 **굽어보사** 모든 인생을 살피
전 7:13	하나님께서 **굽게** 하신 것을 누가 능히	시 33:14	세상의 모든 거민들을 **굽어살피시는**
사 42:16	**굽은** 데를 곧게 할 것이라 내가 이 일을	시 33:15	그들이 하는 일을 **굽어살피시는** 이로
사 59:8	정의가 없으며 **굽은** 길을 스스로 만드	시 53:2	하나님이 하늘에서 인생을 **굽어살피사**
렘 3:21	길을 **굽게** 하며 자기 하나님 여호와를	시 80:14	하늘에서 **굽어보시고** 이 포도나무를
애 3:9	내 길들을 막으사 내 길들을 **굽게** 하셨	시 85:11	솟아나고 의는 하늘에서 **굽어보도다**
애 3:35	얼굴 앞에서 사람의 재판을 **굽게** 하는	시 102:19	높은 성소에서 **굽어보시며** 하늘에서
암 2:7	발로 밟고 연약한 자의 길을 **굽게** 하며	시 138:6	높이 계셔도 낮은 자를 **굽어살피시며**
미 3:9	정의를 미워하고 정직한 것을 **굽게** 하는	사 8:22	땅을 **굽어보아도** 환난과 흑암과 고통
합 1:4	의인을 에워쌌으므로 정의가 **굽게**	사 63:15	하늘에서 **굽어살피시며** 주의 거룩하고
눅 3:5	작은 산이 낮아지고 **굽은** 것이 곧아지고	행 4:29	이제도 그들의 위협함을 **굽어보시옵고**
행 13:10	주의 바른 길을 **굽게** 하기를 그치지		
롬 11:10	그들의 등은 항상 **굽게** 하옵소서 하였	**굽이**(angle)	

2. 불에 익히거나 타게 하다(bake, roast)

창 11:3	벽돌을 만들어 견고히 **굽자** 하고 이에	느 3:19	에셀이 한 부분을 중수하여 성 **굽이**에
창 19:3	식탁을 베풀고 무교병을 **구우니** 그들이	느 3:20	한 부분을 힘써 중수하여 성 **굽이**에서
창 40:17	바로를 위하여 만든 각종 **구운** 음식이	느 3:24	아사랴의 집에서부터 성 **굽이**를 지나
출 12:8	그 밤에 그 고기를 불에 **구워** 무교병과	느 3:25	우새의 아들 발랄은 성 **굽이** 맞은편과
출 12:9	머리와 다리와 내장을 다 불에 **구워**		
출 16:23	안식일이라 너희가 **구울** 것은 굽고 삶을	**굽이치다**(cast up)	
레 2:4	네가 화덕에 **구운** 것으로 소제의 예물을	겔 26:3	바다가 그 파도를 **굽이치게** 함같이
레 6:17	그것에 누룩을 넣어 **굽지** 말라 이는		
레 6:21	그것을 기름으로 반죽하여 철판에 **굽고**	**굽히다**(bow down, pervert)	
레 7:9	화덕에 **구운** 소제물과 냄비에나 철판	창 18:2	달려나가 영접하며 몸을 땅에 **굽혀**
레 7:12	고운 가루에 기름 섞어 **구운** 과자를 그	창 23:7	땅 주민 헷 족속을 향하여 몸을 **굽히고**
레 23:17	고운 가루에 누룩을 넣어서 **구운** 것이요	창 23:12	이에 그 땅의 백성 앞에서 몸을 **굽히고**
레 24:5	떡 열두 개를 **굽되** 각 덩이를 십분의 이	창 33:3	몸을 일곱 번 땅에 **굽히며** 그의 형 에서
레 26:26	한 화덕에서 너희 떡을 **구워** 저울에	삿 16:30	힘을 다하여 몸을 **굽히매** 그 집이 곧
신 16:7	택하신 곳에서 그 고기를 **구워** 먹고	삼상 25:41	아비가일이 일어나 몸을 **굽혀** 얼굴을
삼상 2:15	제사장에게 **구워** 드릴 고기를 내라 그	왕상 1:16	밧세바가 몸을 **굽혀** 왕께 절하니 왕이
삼상 28:24	가져다가 뭉쳐 무교병을 만들고 **구워서**	왕상 1:47	하매 왕이 침상에서 몸을 **굽히고**
삼하 13:8	과자를 만들고 그 과자를 **굽고**	왕하 5:18	몸을 **굽히오니** … 몸을 **굽힐** 때에 여호
왕상 19:6	본즉 머리맡에 숯불에 **구운** 떡과 한 병	대하 20:18	여호사밧이 몸을 **굽혀** 얼굴을 땅에
대하 35:13	규례대로 유월절 양을 불에 **굽고**	대하 29:30	즐거움으로 찬송하고 몸을 **굽혀** 예배
사 44:16	그 절반으로는 고기를 **구워** 먹고 배불	느 8:6	몸을 **굽혀** 얼굴을 땅에 대고 여호와께
사 44:19	숯불 위에서 떡도 **굽고** 고기도 **구워**	욥 34:12	전능자는 공의를 **굽히지** 아니하시느
겔 4:12	목전에서 인분 불을 피워 **구울지니라**	욥 37:23	정의나 무한한 공의를 **굽히지** 아니하심
겔 4:15	너는 그것으로 떡을 **구울지니라**	시 35:14	내가 몸을 **굽히고** 슬퍼하기를 어머니
겔 46:20	제물을 **구울** 처소니 그들이 이 성물	시 55:2	내게 **굽히사** 응답하소서 내가 근심으로
눅 24:42	이에 **구운** 생선 한 토막을 드리니	시 72:9	광야에 사는 자는 그 앞에 **굽히며** 그의
		시 95:6	우리가 **굽혀** 경배하며 우리를 지으신
굽어보다/굽어살피다(look down, consider)	사 60:14	괴롭히던 자의 자손이 몸을 **굽혀** 네게
시 14:2	하늘에서 인생을 **굽어살피사** 지각이	렘 2:20	나무 아래에서 너는 몸을 **굽혀** 행음하
		막 1:7	내 뒤에 오시나니 나는 **굽혀** 그의 신발

[굿]　　　　　　　　　　　　　　　　　　　　　　　　　[궁성]

요 8:6	예수께서 몸을 **굽히사** 손가락으로 땅에	대하 2:12	자기 왕위를 위하여 **궁궐**을 건축하게
요 8:8	다시 몸을 **굽혀** 손가락으로 땅에 쓰시니	대하 7:11	자기의 **궁궐**에 그가 이루고자 한 것을
		대하 8:1	솔로몬이 여호와의 전과 자기의 **궁궐**을
굿(Cuthah) 구다와 같은 곳		사 34:13	그 **궁궐**에는 가시나무가 나며 그 견고한
왕하 17:30	**굿** 사람들은 네르갈을 만들었고 하맛	애 2:5	모든 **궁궐**들을 삼키셨고 견고한 성들
		겔 19:7	그의 **궁궐**들을 헐고 성읍들을 부수니
굿고다(Cudgodah) 가데스와 모압 사이의 지역		암 1:4	보내리니 벤하닷의 **궁궐**들을 사르리라
신 10:7	**굿고다**에 이르고 **굿고다**를 떠나 욧바다	암 1:7	가사 성에 불을 보내리니 그 **궁궐**들을
		암 1:10	두로 성에 불을 보내리니 그 **궁궐**들을
궁(宮, palace, house)		암 1:12	데만에 불을 보내리니 보스라의 **궁궐**
출 7:23	바로가 돌이켜 **궁**으로 들어가고 그 일에	암 1:14	랍바 성에 불을 놓아 그 **궁궐**들을 사르
출 8:3	무수히 생기고 올라와서 네 **궁**과 네	암 2:2	모압에 불을 보내리니 그리욧 **궁궐**들
삼하 7:1	원수를 무찌르사 왕으로 **궁**에 평안히	암 2:5	불을 보내리니 예루살렘의 **궁궐**들을
삼하 19:11	너희는 어찌하여 왕을 **궁**으로 모시는	암 3:9	아스돗의 **궁궐**들과 애굽 땅의 **궁궐**들
왕상 9:24	솔로몬이 그를 위하여 건축한 **궁**에 이를	암 3:10	자기 **궁궐**에서 포학과 겁탈을 쌓는 자
왕상 12:20	실라로 내려가는 길 가의 밀로 **궁**에서	암 3:11	힘을 쇠하게 하며 네 **궁궐**을 약탈하리라
왕상 20:15	히스기야가 대답하되 내 **궁**에 있는	암 6:8	내가 야곱의 영광을 싫어하며 그 **궁궐**들
대하 9:3	솔로몬의 지혜와 그가 건축한 **궁**과	암 7:13	이는 왕의 성소요 나라의 **궁궐**임이니라
대하 19:1	예루살렘에 돌아와서 그의 **궁**으로 들어		
대하 25:19	네 **궁**에나 있으라 어찌하여 화를 자초	**궁내관리**(宮內官吏, household-NASB)	
대하 33:20	그의 **궁**에 장사되고 그의 아들 아몬이	에 1:8	이는 왕이 모든 **궁내관리**에게 명령하여
느 3:25	왕의 윗 **궁**에서 내민 망대 맞은편 곧		
느 12:37	다윗의 **궁** 윗 길에서 동쪽으로 향하여	**궁내대신**(宮內臺臣, governor of the house	
단 4:4	내 집에 편히 있으며 내 **궁**에서 평강할	-KJV)	
단 5:10	잔치하는 **궁**에 들어왔더니 이에 말하여	왕상 4:6	아히살은 **궁내대신**이요 압다의 아들
단 6:18	왕이 **궁**에 돌아가서는 밤이 새도록 금식	대하 28:7	마아세야와 **궁내대신** 아스리감과 총리
암 3:15	겨울 **궁**과 여름 **궁**을 치리니 상아 **궁**		
	들이 파괴되며 큰 **궁**들이 무너지리라	**궁녀**(宮女, maid, harem)	
미 5:5	우리 땅에 들어와서 우리 **궁**들을 밟을	에 2:3	수산으로 모아 후궁으로 들여 **궁녀**를
행 23:35	들으리라 하고 헤롯 **궁**에 그를 지키라	에 2:8	에스더도 왕궁으로 이끌려 가서 **궁녀**를
		에 2:9	일곱 **궁녀**를 주고 에스더와 그 **궁녀**들
		에 2:15	왕에게 나아갈 때에 **궁녀**를 주관하는

> **'궁'과 관련된 성구**
> 레바논 나무 궁 – 왕상 10:17, 21; 대하
> 　9:16, 20
> 바로의 궁 – 창 12:15; 45:16; 47:14;
> 　50:4; 출 8:24; 왕상 11:20
> 백향목 궁 – 삼하 7:2; 대상 17:1
> 수산 궁 – 느 1:1; 에 1:2; 4:8

궁리하다(窮理, meditate, worry)
눅 21:14 변명할 것을 미리 **궁리하지** 않도록
눅 22:2 예수를 무슨 방도로 죽일까 **궁리하니**

궁문(宮門, entrance)
대하 12:10 놋으로 방패를 만들어 **궁문**을 지키는

궁궐(宮闕, palace)
왕하 21:18 조상들과 함께 자매 그의 **궁궐** 동산
대하 2:1 자기 왕위를 위하여 **궁궐** 건축하기를
대하 2:3 백향목을 보내어 그가 거주하실 **궁궐**을

궁성(宮城, citadel, stronghold)
스 6:2 메대도 악메다 **궁성**에서 한 두루마리를
사 13:22 그의 **궁성**에는 승냥이가 부르짖을 것

235

【 궁실 】　　　　　　　　　　　　　　　　　　　　　【 궁핍/-하다 】

사 25:2　　외인의 **궁성**을 성읍이 되지 못하게 하사

궁실(宮室, palace, bedroom)
대하 36:19　그들의 모든 **궁실**을 불사르며 그들의
시 105:30　개구리가 많아져서 왕의 **궁실**에도 있었
렘 9:21　　우리 **궁실**에 들어오며 밖에서는 자녀

궁전(宮殿, palace, citadel)
대상 14:1　석수와 목수를 보내 그의 **궁전**을 건축
대상 15:1　다윗 성에서 자기를 위하여 **궁전**을 세우
대상 17:1　다윗이 그의 **궁전**에 거주할 때에 다윗이
시 48:13　성벽을 자세히 보고 그의 **궁전**을 살펴서
시 144:12　우리 딸들은 **궁전**의 양식대로 아름답게
사 13:22　화려하던 **궁전**에는 들개가 울 것이라
사 23:13　망대를 세우고 **궁전**을 헐어 황무하게
사 32:14　대저 **궁전**이 폐한 바 되며 인구 많던
사 39:4　왕의 **궁전**에서 … 그들이 내 **궁전**에
렘 17:27　성문에 불을 놓아 예루살렘 **궁전**을 삼키
렘 27:18　여호와의 성전에와 유다의 왕의 **궁전**
렘 27:21　여호와의 성전과 유다의 왕의 **궁전**과
렘 36:22　왕이 겨울 **궁전**에 앉았고 그 앞에는 불
렘 43:9　다바네스에 있는 바로의 **궁전** 대문의
렘 49:27　불을 지르리니 벤하닷의 **궁전**이 불타
애 2:7　자기 성소를 미워하시며 **궁전**의 성벽
단 11:45　장막 **궁전**을 바다와 영화롭고 거룩한
암 8:3　그 날에 **궁전**의 노래가 애곡으로 변할
암 9:6　그의 **궁전**을 하늘에 세우시며 그 궁창의

궁정(宮庭, court, household)
왕상 5:9　내 원을 이루어 나의 **궁정**을 위하여 음
왕상 5:11　솔로몬이 히람에게 그의 **궁정**의 음식
시 84:2　내 영혼이 여호와의 **궁정**을 사모하여
시 84:10　주의 **궁정**에서의 한 날이 다른 곳에서의
시 96:8　예물을 들고 그의 **궁정**에 들어갈지어다
시 100:4　찬송함으로 그의 **궁정**에 들어가서 그에

궁중(宮中, palace)
창 45:2　애굽 사람에게 들리며 바로의 **궁중**에
삼하 15:35　네가 왕의 **궁중**에서 무엇을 듣든지
왕상 11:20　다브네스 그 아이를 바로의 **궁중**에서
왕하 21:23　그에게 반역하여 왕을 **궁중**에서 죽이매
대하 33:24　그의 신하가 반역하여 왕을 **궁중**에서
스 7:20　무엇이든지 **궁중** 창고에서 내다가 드릴

에 2:23　그 일을 왕 앞에서 **궁중** 일기에 기록하
에 7:8　왕이 이르되 저가 **궁중** 내 앞에서 왕후
시 45:13　왕의 딸은 **궁중**에서 모든 영화를 누리
시 48:3　하나님이 그 여러 **궁중**에서 자기를 요새
시 122:7　네 성 안에는 평안이 있고 네 **궁중**에는
사 39:2　다 보여 주었으니 히스기야가 **궁중**의
렘 29:2　여고니야 왕과 왕후와 **궁중** 내시들과
렘 32:2　예레미야는 유다의 왕의 **궁중**에 있는
렘 39:3　네르갈사레셀은 **궁중** 장관이며 바벨론
렘 39:13　느부사스반과 **궁중** 장관 네르갈사레셀

궁지(窮地, midst of one's distress)
애 1:3　그를 핍박하는 모든 자들이 **궁지**에서

궁창(穹蒼, expanse, heaven)
창 1:6　하나님이 이르시되 물 가운데에 **궁창**이
창 1:7　**궁창**을 만드사 **궁창** 아래의 물과 **궁창**
창 1:8　하나님이 **궁창**을 하늘이라 부르시니라
창 1:14　하늘의 **궁창**에 광명체들이 있어 낮과
창 1:15　광명체들이 하늘의 **궁창**에 있어 땅을
창 1:17　하나님이 그것들을 하늘의 **궁창**에 두어
창 1:20　하늘의 **궁창**에는 새가 날으라 하시고
신 33:26　너를 도우시려고 하늘을 타고 **궁창**
시 19:1　하나님의 영광을 선포하고 **궁창**이 그
시 57:10　하늘에 미치고 주의 진리는 **궁창**에 이르
시 77:17　구름이 물을 쏟고 **궁창**이 소리를 내며
시 78:23　그러나 그가 위의 **궁창**을 명령하시며
시 89:37　**궁창**의 확실한 증인인 달같이 영원히
시 108:4　하늘보다 높으시며 주의 진실은 **궁창**
시 150:1　권능의 **궁창**에서 그를 찬양할지어다
잠 8:27　하늘을 지으시며 **궁창**을 해면에 두르실
사 40:22　그는 땅 위 **궁창**에 앉으시나니 땅에
렘 51:9　화가 하늘에 미쳤고 **궁창**에 달하였음
겔 1:22　머리 위에는 수정 같은 **궁창**의 형상이
겔 1:23　**궁창** 밑에 생물들의 날개가 서로 향하여
겔 1:25　머리 위에 있는 **궁창** 위에서부터 음성
겔 1:26　그 머리 위에 있는 **궁창** 위에 보좌의
겔 10:1　보니 그룹들 머리 위 **궁창**에 남보석
단 12:3　지혜 있는 자는 **궁창**의 빛과 같이 빛날
암 9:6　궁전을 하늘에 세우시며 그 **궁창**의 기초

궁핍/-하다(窮乏, needy, poor)
신 15:9　네 **궁핍**한 형제를 악한 눈으로 바라보며

【 궁핍/-하다 】 　　　　　　　　　　　　　　　　　【 권능 】

신 15:11	곤란한 자와 **궁핍한** 자에게 네 손을
삿 6:6	미디안으로 말미암아 **궁핍함**이
욥 30:3	곧 **궁핍**과 기근으로 인하여 파리하며
시 9:18	**궁핍한** 자가 항상 잊어버림을 당하지
시 12:5	가련한 자들의 눌림과 **궁핍한** 자들의
시 34:10	젊은 사자는 **궁핍하여** 주릴지라도
시 69:33	여호와는 **궁핍한** 자의 소리를 들으시
시 72:4	억울함을 풀어 주며 **궁핍한** 자의 자손
시 72:12	그는 **궁핍한** 자가 부르짖을 때에 건지며
시 107:41	**궁핍한** 자는 그의 고통으로부터 건져
시 109:31	그가 **궁핍한** 자의 오른쪽에 서서 그의
시 113:7	**궁핍한** 자를 거름 더미에서 들어 세워
시 140:12	변호해 주시며 **궁핍한** 자에게 정의를
잠 10:15	가난한 자의 **궁핍**은 그의 멸망이니라
잠 13:18	훈계를 저버리는 자에게는 **궁핍**과 수욕
잠 14:23	이익이 있어도 입술의 말은 **궁핍**을
잠 14:31	**궁핍한** 사람을 불쌍히 여기는 자는 주를
잠 28:27	가난한 자를 구제하는 자는 **궁핍하지**
잠 30:14	**궁핍한** 자를 사람 중에서 삼키는 무리
잠 31:9	공의로 재판하여 곤고한 자와 **궁핍한**
잠 31:20	곤고한 자에게 손을 펴며 **궁핍한** 자를
사 14:30	**궁핍한** 자는 평안히 누우려니와 내가
사 40:20	**궁핍한** 자는 거제를 드릴 때에 썩지
렘 42:14	양식의 **궁핍**도 당하지 아니하는 애굽
렘 44:18	모든 것이 **궁핍하고** 칼과 기근에 멸망
슥 7:10	고아와 나그네와 **궁핍한** 자를 압제하지
눅 15:14	흉년이 들어 그가 비로소 **궁핍한지라**
고후 12:10	약한 것들과 능욕과 **궁핍**과 박해와
빌 4:11	내가 **궁핍하므로** 말하는 것이 아니니라
빌 4:12	배고픔과 풍부와 **궁핍**에도 처할 줄 아는

'궁핍'과 관련된 성구

가난하고 **궁핍한** 자 – 시 35:10; 37:14; 109:16; 겔 16:49; 18:12; 22:29
가난한 자와 **궁핍한** 자 – 시 72:13; 74:21; 82:4; 렘 22:16
가난하고 **궁핍하다** – 시 40:17; 70:5; 86:1; 시 109:22
궁핍과 환난 – 살전 3:7; 히 11:37
궁핍함 – 삿 6:6; 잠 21:5; 28:19; 살전 4:12; 요일 3:17
환난과 **궁핍** – 고후 6:4; 계 2:9

궂다(stormy)
마 16:3	오늘은 날이 **궂겠다** 하나니 너희가 날씨

권계하다(勸戒, warn)
살전 5:14	게으른 자들을 **권계하며** 마음이 약한

권고/-하다(勸告, advise)
대하 10:6	어떻게 대답하도록 **권고하겠느냐**
대하 10:9	대답하도록 **권고하겠느냐** 백성이
잠 12:15	여기나 지혜로운 자는 **권고**를 듣느니라
잠 19:20	**권고**를 들으며 훈계를 받으라 그리하면
잠 27:9	친구의 충성된 **권고**가 이와 같이 아름다
마 18:15	너와 그 사람과만 상대하여 **권고하라**
요 18:14	죽는 것이 유익하다고 **권고하던** 자러라

권능(權能, power, miracle, authority)
창 49:3	위풍이 월등하고 **권능**이 탁월하다마는
출 8:19	하나님의 **권능**이니이다 하였으나 바로
출 32:11	어찌하여 그 큰 **권능**과 강한 손으로
민 14:17	말씀하신 대로 주의 큰 **권능**을 나타내
신 3:24	주의 크심과 주의 **권능**을 주의 종에게
신 34:12	모든 큰 **권능**과 위엄을 행하게 하시매
수 17:17	너는 큰 민족이요 큰 **권능**이 있은즉 한
대상 16:28	영광과 **권능**을 여호와께 돌릴지어다
대상 29:11	여호와여 위대하심과 **권능**과 영광과
스 8:22	자기를 배반하는 모든 자에게는 **권능**
느 1:10	이들은 주께서 일찍이 큰 **권능**과 강한
욥 12:13	지혜와 **권능**이 하나님께 있고 계략과
욥 23:6	그가 큰 **권능**을 가지시고 나와 더불어
욥 37:23	그는 **권능**이 지극히 크사 정의나 무한한
시 8:2	젖먹이들의 입으로 **권능**을 세우심이
시 21:13	우리가 주의 **권능**을 노래하고 찬송하게
시 29:1	너희 **권능** 있는 자들아 영광과 능력을
시 62:11	내가 들었나니 **권능**은 하나님께 속하
시 63:2	내가 주의 **권능**과 영광을 보기 위하여
시 65:6	주의 힘으로 산을 세우시며 **권능**으로
시 78:42	그의 **권능**의 손을 기억하지 아니하며
시 96:7	만국의 족속들아 영광과 **권능**을 여호와
시 106:2	누가 능히 여호와의 **권능**을 다 말하며
시 106:8	그의 큰 **권능**을 만인이 알게 하려 하심
시 110:2	시온에서부터 주의 **권능**의 규를 내보
시 110:3	주의 **권능**의 날에 주의 백성이 거룩한
시 118:15	여호와의 오른손이 **권능**을 베푸시며

【 권능 】 　　　　　　　　　　　　　　　　　　　　　　　　　　　　【 권리 】

시 118:16	여호와의 오른손이 **권능**을 베푸시는
시 132:8	주의 **권능**의 궤와 함께 평안한 곳으로
시 145:6	사람들은 주의 두려운 일의 **권능**을 말할
시 150:1	**권능**의 궁창에서 그를 찬양할지어다
전 8:4	왕의 말은 **권능**이 있나니 누가 그에게
사 10:34	레바논이 **권능** 있는 자에게 베임을 당하
사 33:13	가까이에 있는 자들아 나의 **권능**을 알라
겔 1:3	임하고 여호와의 **권능**이 내 위에 있으
겔 3:14	여호와의 **권능**이 힘 있게 나를 감동시키
겔 33:28	공포의 대상이 되게 하고 그 **권능**의
겔 39:21	그 위에 나타낸 **권능**을 보게 하리니
겔 40:1	그 날에 여호와의 **권능**이 내게 임하여
미 4:8	시온의 산이여 이전 **권능** 곧 딸 예루살렘
나 1:3	여호와는 노하기를 더디하시며 **권능**
합 3:4	손에서 나오니 그의 **권능**이 그 속에 감추
마 7:22	주의 이름으로 많은 **권능**을 행하지 아니
마 9:6	인자가 세상에서 죄를 사하는 **권능**이
마 9:8	무리가 보고 두려워하며 이런 **권능**을
마 10:1	모든 약한 것을 고치는 **권능**을 주시니
마 11:20	예수께서 **권능**을 가장 많이 행하신 고을
마 11:21	너희에게 행한 모든 **권능**을 두로와 시돈
마 11:23	네게 행한 모든 **권능**을 소돔에서 행하
눅 10:13	너희에게 행한 모든 **권능**을 두로와 시돈
눅 10:19	원수의 모든 능력을 제어할 **권능**을 주었
눅 21:26	이는 하늘의 **권능**들이 흔들리겠음이라
눅 22:69	인자가 하나님의 **권능**의 우편에 앉으
행 1:8	성령이 너희에게 임하시면 너희는 **권능**
행 2:22	나사렛 예수로 큰 **권능**과 기사와 표적을
행 3:12	우리 개인의 **권능**과 경건으로 이 사람
행 4:28	하나님의 **권능**과 뜻대로 이루려고 예정
행 6:8	스데반이 은혜와 **권능**이 충만하여 큰
행 8:19	이르되 이 **권능**을 내게도 주어 누구든지
롬 14:4	이는 그를 세우시는 **권능**이 주께 있음
고전 15:56	사망이 쏘는 것은 죄요 죄의 **권능**은
빌 3:10	그리스도와 그 부활의 **권능**과 그 고난
딤전 6:16	그에게 존귀와 영원한 **권능**을 돌릴지
벧전 4:11	그에게 영광과 **권능**이 세세에 무궁하
벧전 5:11	**권능**이 세세무궁하도록 그에게 있을
계 4:11	존귀와 **권능**을 받으시는 것이 합당하
계 5:13	영광과 **권능**을 세세토록 돌릴지어다
계 7:12	존귀와 **권능**과 힘이 우리 하나님께 세세
계 11:6	그들이 **권능**을 가지고 하늘을 닫아 …
	또 **권능**을 가지고 물을 피로 변하게
계 11:17	전능하신 이여 친히 큰 **권능**을 잡으시고

하나님께서 '권능'으로 행하시는 것

- 남풍(南風)을 인도하심 – 시 78:26
- 높이 계심 – 욥 36:22
- 땅을 지으심 – 렘 10:12
- 애굽에서 인도하여 내심 – 출 13:3, 14, 16; 민 33:3; 신 4:37; 6:21; 7:8; 행 13:17
- 영광을 나타내심 – 출 15:6
- 예수의 부활을 증언함 – 행 4:33
- 우리를 다시 살리실 것임 – 고전 6:14
- 임재하심 – 겔 3:22; 8:1; 37:1
- 주의 원수가 주께 복종할 것임 – 시 66:3
- 주의 이름이 크심 – 렘 10:6

권력(權力, force, authority)

스 4:23	유다 사람들을 보고 **권력**으로 억제하여
욥 12:19	벌거벗겨 끌어가시고 **권력**이 있는 자
렘 5:31	제사장들은 자기 **권력**으로 다스리며
단 2:10	어떤 크고 **권력** 있는 왕이라도 이런 것
유 1:25	영광과 위엄과 **권력**과 권세가 영원 전

권력자(權力者, governor)

전 7:19	성읍 가운데에 있는 열 명의 **권력자**들
막 13:9	나로 말미암아 너희가 **권력자**들과 임금

권리(權利, right)

레 25:48	그에게는 속량 받을 **권리**가 있나니 그의
신 21:17	자기의 기력의 시작이라 장자의 **권리**
느 2:20	예루살렘에서 아무 기업도 없고 **권리**도
욥 31:13	쟁론할 때에 내가 그의 **권리**를 저버렸
사 10:2	가난한 내 백성의 **권리**를 박탈하며 과부
렘 32:7	이 기업을 무를 **권리**가 네게 있느니라
렘 32:8	기업의 상속권이 네게 있고 무를 **권리**가
고전 7:37	뜻대로 할 **권리**가 있어서 그 약혼녀
고전 9:4	우리가 먹고 마실 **권리**가 없겠느냐
고전 9:5	자매 된 아내를 데리고 다닐 **권리**가
고전 9:6	나와 바나바만 일하지 아니할 **권리**가
고전 9:12	다른 이들도 너희에게 이런 **권리**를 가졌 거든 … 그러나 우리가 이 **권리**를 쓰지
고전 9:18	내게 있는 **권리**를 다 쓰지 아니하는
살후 3:9	우리에게 **권리**가 없는 것이 아니요

권면/-하다

권면/-하다 (勸勉, advice, encouragement, persuade)

대상 29:19	주의 계명과 **권면**과 율례를 지켜 이
스 6:14	잇도의 손자 스가랴의 **권면**을 따랐으
느 9:26	주께로 돌아오기를 **권면하는** 선지자
잠 13:10	교만에서는 다툼만 일어날 뿐이라 **권면**
행 15:32	선지자라 여러 말로 형제를 **권면하여**
행 18:4	유대인과 헬라인을 **권면하니라**
행 19:8	나라에 관하여 강론하며 **권면하되**
고전 4:13	비방을 받은즉 **권면하니** 우리가 지금
고전 14:3	덕을 세우며 **권면하며** 위로하는 것이요
고전 14:31	모든 사람으로 **권면을** 받게 하기 위하여
고후 5:11	알므로 사람들을 **권면하거니와**
고후 5:20	우리를 통하여 너희를 **권면하시는** 것
고후 9:5	연보를 미리 준비하게 하도록 **권면하는**
갈 5:8	그 **권면**은 너희를 부르신 이에게서 난
빌 2:1	그리스도 안에 무슨 **권면**이나 사랑의
골 3:16	모든 지혜로 피차 가르치며 **권면하고**
살전 2:3	우리의 **권면**은 간사함이나 부정에서
살전 2:11	아버지가 자기 자녀에게 하듯 **권면하고**
살전 4:1	안에서 너희에게 구하고 **권면하노니**
살전 5:11	피차 **권면하고** 서로 덕을 세우기를
살전 5:14	형제들아 너희를 **권면하노니** 게으른
살후 3:15	생각하지 말고 형제같이 **권면하라**
딛 1:9	능히 바른 교훈으로 **권면하고** 거슬러
딛 2:6	젊은 남자들을 신중하도록 **권면하되**
딛 2:15	이것을 말하고 **권면하며** 모든 권위로
히 3:13	매일 피차 **권면하여** 너희 중에 누구든지
히 12:5	너희에게 **권면하신** 말씀도 잊었도다
히 13:22	너희를 권하노니 **권면의** 말을 용납하라

권세 (權勢, authority, dominion, power)

구약

삼하 3:6	아브넬이 사울의 집에서 점점 **권세**를
삼하 8:3	소바 왕 하닷에셀이 자기 **권세**를 회복
왕상 15:23	아사의 남은 사적과 모든 **권세**와 그가
왕상 16:5	남은 사적과 행한 모든 일과 **권세**는
왕상 16:27	그가 부린 **권세**는 이스라엘 왕 역대
왕상 22:45	사적과 그가 부린 **권세**와 그가 어떻게
대상 29:12	만물의 주재가 되사 손에 **권세**와 능력이
대상 29:30	왕 된 일과 그의 **권세**와 그와 이스라엘
대하 20:6	주의 손에 **권세**와 능력이 있사오니 능히
욥 34:30	이는 경건하지 못한 자가 **권세**를 잡아
시 125:3	의인들의 땅에서는 그 **권세**를 누리지
잠 29:2	악인이 **권세**를 잡으면 백성이 탄식하
전 4:1	그들을 학대하는 자들의 손에는 **권세**가
사 40:26	그의 **권세**가 크고 그의 능력이 강하므로
겔 22:6	이스라엘 모든 고관은 각기 **권세**대로
단 2:37	하나님이 나라와 **권세**와 능력과 영광
단 4:22	하늘에 닿으시며 **권세**는 땅 끝까지 미치
단 4:30	바벨론은 내가 능력과 **권세**로 건설하
단 4:34	그 **권세**는 영원한 **권세**요 그 나라는
단 6:26	멸망하지 아니할 것이요 그의 **권세**는
단 7:6	짐승에게 또 머리 넷이 있으며 **권세**를
단 7:12	그 남은 짐승들은 그의 **권세**를 빼앗겼
단 7:14	그에게 **권세**와 … 그의 **권세**는 소멸되지
단 7:26	심판이 시작되면 그는 **권세**를 빼앗기고
단 7:27	나라와 **권세**와 온 천하 나라들의 위세
단 8:22	네 나라가 일어나되 그의 **권세**만 못하
단 8:24	그 **권세**가 강할 것이나 자기의 힘으로
단 11:4	자기가 주장하던 **권세**대로도 되지 아니
단 11:5	**권세**를 떨치니 그의 **권세**가 심히 클
단 11:6	그 왕은 서지도 못하며 **권세**가 없어질
단 11:7	한 사람이 왕위를 이어 **권세**를 받아
단 11:43	그가 **권세**로 애굽의 금 은과 모든 보물
슥 9:4	주께서 그를 정복하시며 그의 **권세**를

성경에 나오는 '권세'

- 교만한 권세 - 겔 30:6, 18
- 그리스도의 권세 - 계 12:10
- 다스리는 권세 - 계 20:6
- 사탄의 권세 - 행 26:18
- 성도의 권세 - 단 12:7
- 스올의 권세 - 시 49:15; 89:48; 호 13:14
- 심판하는 권세 - 계 20:4
- 어둠의 권세 - 눅 22:53
- 영원한 권세 - 단 4:34; 7:14
- 왕의 권세 - 스 7:28
- 음부의 권세 - 마 16:18
- 전갈의 권세 - 계 9:3
- 큰 권세 - 단 5:18, 19; 11:3; 계 13:2; 18:1
- 흑암의 권세 - 골 1:13

신약

마 6:13	나라와 **권세**와 영광이 아버지께 영원히
마 20:25	그들에게 **권세**를 부리는 줄을 너희가
마 28:18	하늘과 땅의 모든 **권세**를 내게 주셨으니

【 권세 】　　　　　　　　　　　　　　　　　　　　　　　　　　　　　　　　【 권유/-하다 】

막 2:10	인자가 땅에서 죄를 사하는 **권세**가 있는	계 13:15	그가 **권세**를 받아 그 짐승의 우상에게
막 10:42	고관들이 그들에게 **권세**를 부리는 줄	계 16:8	대접을 해에 쏟으매 해가 **권세**를 받아
눅 5:24	인자가 땅에서 죄를 사하는 **권세**가 있는	계 16:9	재앙들을 행하는 **권세**를 가지신 하나님
눅 12:5	지옥에 던져 넣는 **권세** 있는 그를 두려	계 17:12	더불어 임금처럼 한동안 **권세**를 받으
눅 19:17	충성하였으니 열 고을 **권세**를 차지하라	계 17:13	한 뜻을 가지고 자기의 능력과 **권세**를
눅 20:20	예수를 총독의 다스림과 **권세** 아래에	계 22:14	문들을 통하여 성에 들어갈 **권세**를 받으
요 1:12	하나님의 자녀가 되는 **권세**를 주셨으		

권속(眷屬, household, family)

요 10:18	버릴 **권세**도 있고 다시 얻을 **권세**도
요 17:2	만민을 다스리는 **권세**를 아들에게 주셨
행 4:7	너희가 무슨 **권세**와 누구의 이름으로
롬 13:1	사람은 위에 있는 **권세**들에게 복종하
	라 **권세**는 … 모든 **권세**는 다 하나님
롬 13:2	**권세**를 거스르는 자는 하나님의 명을
롬 13:3	네가 **권세**를 두려워하지 아니하려느냐

창 18:19	내가 그로 그 자식과 **권속**에게 명하여
레 20:5	내가 그 사람과 그의 **권속**에게 진노하여
민 18:31	너희와 너희의 **권속**이 어디서든지 이것
신 14:26	여호와 앞에서 너와 네 **권속**이 함께 먹고
롬 16:10	아리스도불로의 **권속**에게 문안하라
엡 2:19	동일한 시민이요 하나님의 **권속**이라

권위(權威, authority, majesty)

고전 11:10	여자는 천사들로 말미암아 **권세** 아래	시 93:1	여호와께서 다스리시니 스스로 **권위**를
고전 15:24	그가 모든 통치와 모든 **권세**와 능력을	시 104:1	주는 심히 위대하시며 존귀와 **권위**로
고후 10:8	주께서 주신 **권세**는 너희를 무너뜨리	마 7:29	이는 그 가르치시는 것이 **권위** 있는 자
엡 1:21	통치와 **권세**와 능력과 주권과 이 세상	마 21:23	네가 무슨 **권위**로 … 누가 이 **권위**를
엡 3:10	하늘에 있는 통치자들과 **권세**들에게	마 21:24	대답하면 나도 무슨 **권위**로 이런 일을
엡 6:12	통치자들과 **권세**들과 이 어둠의 세상	마 21:27	예수께서 이르시되 나도 무슨 **권위**로
골 1:16	주권이나 통치자들이나 **권세**들이나	막 1:22	그가 가르치시는 것이 **권위** 있는 자와
골 2:10	그는 모든 통치자와 **권세**의 머리시라	막 1:27	이는 어찜이냐 **권위** 있는 새 교훈이로다
골 2:15	통치자들과 **권세**들을 무력화하여 드러	막 11:28	이르되 무슨 **권위**로 이런 일을 하느냐
벧전 3:22	천사들과 **권세**들과 능력들이 그에게		누가 이런 일 할 **권위**를 주었느냐
유 1:25	영광과 위엄과 권력과 **권세**가 영원 전	막 11:29	대답하라 그리하면 나도 무슨 **권위**로
계 2:26	지키는 그에게 만국을 다스리는 **권세**	막 11:33	예수께서 이르시되 나도 무슨 **권위**로
계 6:8	그들이 땅 사분의 일의 **권세**를 얻어	눅 4:6	이르되 이 모든 **권위**와 그 영광을 내가
계 7:2	바다를 해롭게 할 **권세**를 받은 네 천사	눅 4:32	놀라니 이는 그 말씀이 **권위**가 있음이
계 9:10	다섯 달 동안 사람들을 해하는 **권세**가	눅 4:36	말씀인고 **권위**와 능력으로 더러운
계 11:3	내가 나의 두 증인에게 **권세**를 주리니	눅 9:1	제어하며 병을 고치는 능력과 **권위**를
계 13:4	짐승에게 **권세**를 주므로 용에게 경배	눅 20:2	당신이 무슨 **권위**로 이런 일을 하는지
계 13:5	마흔 두 달 동안 일할 **권세**를 받으니라		이 **권위**를 준 이가 누구인지 우리에게
계 13:7	또 **권세**를 받아 성도들과 싸워 … 방언	눅 20:8	이르시되 나도 무슨 **권위**로 이런 일을
	과 나라를 다스리는 **권세**를 받으니	살전 2:7	사도로서 마땅히 **권위**를 주장할 수 있
계 13:12	먼저 나온 짐승의 모든 **권세**를 그 앞에	딛 2:15	이것을 말하고 권면하며 모든 **권위**로
		유 1:8	그와 같이 육체를 더럽히며 **권위**를 업신

'**권세자**' 와 관련된 성구

권세 있는 자 - 왕하 24:15; 욥 22:8; 단
　　7:27; 눅 1:52; 12:11
권세자 - 미 7:3; 나 3:10; 롬 8:38
권세 잡은 자 - 겔 19:11, 14; 슥 10:4;
　　엡 2:2; 딛 3:1

권유/-하다(勸誘, deceive, convince)

렘 20:7	여호와 주께서 나를 **권유**하시므로
	내가 그 **권유**를 받았사오며 주께서 나
행 19:26	통하여 수많은 사람을 **권유**하여

권징하다

권징하다 (勸懲, examine)
욥 7:18 　아침마다 **권징하시며** 순간마다 단련

권하다 (勸, counsel, urge, persuade)

[구약]
삼상 24:10 　어떤 사람이 나를 **권하여** 왕을 죽이라
삼하 3:35 　다윗에게 음식을 **권하니** 다윗이 맹세
대하 18:2 　가서 길르앗 라못 치기를 **권하였더라**
대하 33:18 　여호와의 이름으로 **권한** 말씀은 모두
에 3:4 　날마다 **권하되** 모르드개가 듣지 아니
전 8:2 　내가 **권하노라** 왕의 명령을 지키라
렘 35:5 　종지와 술잔을 놓고 마시라 **권하매**
렘 38:15 　가령 내가 왕을 **권한다** 할지라도 왕이
나 1:11 　중에서 나와서 사악한 것을 **권하는도다**

[신약]
마 27:20 　대제사장들과 장로들이 무리를 **권하여**
마 28:14 　총독에게 들리면 우리가 **권하여** 너희
눅 3:18 　또 그밖에 여러 가지로 **권하여** 백성에
눅 16:31 　살아나는 자가 있을지라도 **권함을** 받
행 2:40 　또 여러 말로 확증하며 **권하여** 이르되
행 11:23 　주와 함께 머물러 있으라 **권하니**
행 13:15 　형제들아 만일 백성을 **권할** 말이 있거든
행 13:43 　하나님의 은혜 가운데 있으라 **권하니라**
행 14:22 　믿음에 머물러 있으라 **권하고** 또 우리
행 16:39 　**권하여** 데리고 나가 그 성에서 떠나기
행 17:4 　적지 않은 귀부인도 **권함을** 받고 바울
행 18:13 　하나님을 경외하라고 사람들을 **권한다**
행 19:31 　연극장에 들어가지 말라 **권하더라**
행 19:33 　가운데서 알렉산더를 **권하여** 앞으로
행 20:1 　바울은 제자들을 불러 **권한** 후에 작별
행 20:2 　여러 말로 제자들에게 **권하고** 헬라에
행 21:12 　예루살렘으로 올라가지 말라 **권하니**
행 21:14 　그가 **권함을** 받지 아니하므로 우리가
행 26:28 　네가 적은 말로 나를 **권하여** 그리스도인
행 27:9 　위태한지라 바울이 그들을 **권하여**
행 27:22 　내가 너희를 **권하노니** 이제는 안심하라
행 27:33 　여러 사람에게 음식 먹기를 **권하여**
행 27:34 　음식 먹기를 **권하노니** 이것이 너희의
행 28:23 　말을 가지고 예수에 대하여 **권하더라**
롬 12:1 　모든 자비하심으로 너희를 **권하노니**
롬 15:14 　지식이 차서 능히 서로 **권하는** 자임을
롬 15:30 　사랑으로 말미암아 너희를 **권하노니**
롬 16:17 　형제들아 내가 너희를 **권하노니** 너희

권한

고전 1:10 　그리스도의 이름으로 너희를 **권하노니**
고전 4:14 　너희를 내 사랑하는 자녀같이 **권하려**
고전 4:16 　내가 너희에게 **권하노니** 너희는 나를
고전 16:12 　너희에게 가라고 내가 많이 **권하였으되**
고전 16:15 　너희가 아는지라 내가 너희를 **권하노니**
고후 2:8 　**권하노니** 사랑을 그들에게 나타내라
고후 6:1 　일하는 자로서 너희를 **권하노니** 하나님
고후 8:6 　우리가 디도를 **권하여** 그가 이미 너희
고후 8:17 　**권함을** 받고 더욱 간절함으로 자원하여
고후 10:1 　온유와 관용으로 친히 너희를 **권하고**
고후 12:18 　내가 디도를 **권하고** 함께 한 형제를
엡 4:1 　내가 너희를 **권하노니** 너희가 부르심을
빌 4:2 　유오디아를 **권하고** 순두게를 **권하노니**
골 1:28 　각 사람을 **권하고** 모든 지혜로 각 사람
살전 4:10 　형제들아 **권하노니** 더욱 그렇게 행하고
살전 5:12 　주 안에서 너희를 다스리며 **권하는** 자
살후 3:12 　예수 그리스도 안에서 **권하기를** 조용히
딤전 1:3 　내가 마게도냐로 갈 때에 너를 **권하여**
딤전 2:1 　첫째로 **권하노니** 모든 사람을 위하여
딤전 4:13 　내가 이를 때까지 읽는 것과 **권하는**
딤전 5:1 　늙은이를 꾸짖지 말고 **권하되** 아버지
딤전 6:2 　너는 이것들을 가르치고 **권하라**
딤후 4:2 　가르침으로 경책하며 경계하며 **권하라**
히 10:25 　오직 **권하여** 그 날이 가까움을 볼수록
히 12:5 　또 아들들에게 **권하는** 것같이 너희에
히 13:22 　형제들아 내가 너희를 **권하노니** 권면
벧전 2:11 　거류민과 나그네 같은 너희를 **권하노니**
벧전 5:1 　너희 중 장로들에게 **권하노니** 나는
벧전 5:12 　너희에게 간단히 써서 **권하고** 이것이
유 1:3 　힘써 싸우라는 편지로 너희를 **권하여야**
계 3:18 　내가 너를 **권하노니** 내게서 불로 연단

권한 (權限, authority, right, power)
막 13:34 　그 종들에게 **권한을** 주어 각각 사무를
요 5:27 　인자됨으로 말미암아 심판하는 **권한**
요 18:31 　우리에게는 사람을 죽이는 **권한이** 없다
요 19:10 　놓을 **권한도** 있고 … 못 박을 **권한도**
요 19:11 　나를 해할 **권한이** 없었으리니 그러므로
행 1:7 　때와 시기는 아버지께서 자기의 **권한에**
행 9:14 　사람을 결박할 **권한을** 대제사장들에
행 26:10 　대제사장들에게서 **권한을** 받아 가지고
행 26:12 　그 일로 대제사장들의 **권한과** 위임을
롬 9:21 　하나는 천히 쓸 그릇을 만들 **권한이**

[궤]   [귀 2]

고후 13:10 내게 주신 그 **권한**을 따라 엄하지 않게
히 13:10   섬기는 자들은 그 제단에서 먹을 **권한**이

궤(櫃, ark, chest)
출 25:10   그들은 조각목으로 **궤**를 짜되 길이는
출 25:14   그 채를 **궤** 양쪽 고리에 꿰어서 **궤**를
출 25:15   채를 **궤**의 고리에 꿴 대로 두고 빼내지
출 25:16   내가 네게 줄 증거판을 **궤** 속에 둘지며
출 25:21   속죄소를 **궤** 위에 얹고 … **궤** 속에 넣을
출 37:1   브살렐이 조각목으로 **궤**를 만들었으니
출 37:5   채를 **궤** 양쪽 고리에 꿰어 **궤**를 메게
출 40:3   증거궤를 들여놓고 또 휘장으로 그 **궤**를
출 40:20   그는 또 증거판을 **궤** 속에 넣고 채를
           궤에 꿰고 속죄소를 **궤** 위에 두고
출 40:21   그 **궤**를 성막에 들여놓고 가리개 휘장
신 10:2   그 판에 쓰리니 너는 그것을 그 **궤**에
신 10:3   내가 조각목으로 **궤**를 만들고 처음 것
신 10:5   그 판을 내가 만든 **궤**에 넣었더니 지금
수 3:15   **궤**를 멘 자들이 요단에 이르며 **궤**를 멘
수 4:10   일이 다 마치기까지 **궤**를 멘 제사장들
수 6:9   후군은 **궤** 뒤를 따르고 제사장들은 나팔
수 8:33   제사장들 앞에서 **궤**의 좌우에 서되 절반
삼상 6:8   상자에 담아 **궤** 곁에 두고 그것을 보내
삼상 6:9   보고 있다가 만일 **궤**가 그 본 지역 길로
삼상 6:13 밀을 베다가 눈을 들어 **궤**를 보고 그
삼상 6:15 그 **궤**와 함께 있는 금 보물 담긴 상자
삼하 6:2   그 **궤**는 그룹들 사이에 좌정하신 만군의
삼하 6:4   나올 때에 아효는 **궤** 앞에서 가고
왕상 8:3   장로들이 다 이르매 제사장들이 **궤**를
왕상 8:5   이스라엘 회중이 그와 함께 **궤** 앞에
왕상 8:7   그룹들이 그 **궤** 처소 위에서 … **궤**와
왕상 8:9   그 **궤** 안에는 두 돌판 외에 아무것도
왕하 12:9 한 **궤**를 가져다가 그것의 뚜껑에 구멍
           을 뚫어 … 제사장들이 그 **궤**에 넣더라
왕하 12:10 이에 그 **궤** 가운데 은이 많은 것을
대상 13:3 사울 때에는 우리가 **궤** 앞에서 묻지
대상 13:9 소들이 뛰므로 웃사가 손을 펴서 **궤**를
대상 13:10 손을 펴서 **궤**를 붙듦으로 말미암아
대상 13:13 다윗이 **궤**를 옮겨 자기가 있는 다윗 성
대상 15:23 베레갸와 엘가나는 **궤** 앞에서 문을
대상 15:24 오벧에돔과 여히야는 **궤** 앞에서 문을
대상 15:27 다윗과 및 **궤**를 멘 레위 사람과 노래하
대상 16:37 항상 그 **궤** 앞에서 섬기게 하되 날마다

대하 1:4   장막을 쳐 두었으므로 그 **궤**는 다윗이
대하 5:4   장로들이 이르매 레위 사람들이 **궤**를
대하 5:6   이스라엘 회중이 **궤** 앞에서 양과 소로
대하 5:8   **궤** 처소 위에서 날개를 펴서 **궤**와 그
대하 5:9   그 채가 길어서 **궤**에서 나오므로 그 끝
           이 … 그 **궤**가 오늘까지 그 곳에 있으며
대하 6:11 세우신 언약을 넣은 **궤**를 두었노라
대하 24:8 왕이 말하여 한 **궤**를 만들어 여호와의
대하 24:10 마치기까지 돈을 가져다가 **궤**에 던지
대하 24:11 언제든지 **궤**를 메고 … **궤**를 쏟고

> **'궤'의 다양한 명칭들**
>
> 거룩한 궤 – 대하 35:3
> 여호와의 궤 – 수 3:13; 4:5, 11; 6:6, 7, 11,
>   12, 13; 7:6; 삼상 4:6; 5:3, 4; 6:1, 2,
>   8, 11, 15, 18, 19, 21; 7:1; 삼하 6:9,
>   10, 11, 13, 15, 16, 17; 왕상 2:26;
>   8:4; 대상 15:2, 3, 12, 14; 16:4; 대하
>   8:11
> 여호와의 언약궤 – 대상 16:37
> 여호와의 언약을 넣은 궤 – 왕상 8:21
> 이스라엘 신의 궤 – 삼상 5:7, 8, 10, 11; 6:3
> 주의 권능의 궤 – 시 132:8
> 주의 능력의 궤 – 대하 6:41
> 하나님의 궤 – 삼상 3:3; 4:11, 13, 17, 18,
>   19, 21, 22; 5:1, 2, 10; 14:18; 삼하
>   6:2, 3, 4, 6, 7, 12; 7:2; 15:24, 25, 29;
>   대상 13:3, 5, 6, 7, 12, 14; 15:1, 2, 15,
>   24; 16:1; 대하 1:4

궤도(軌道, law, ordinance)
욥 38:33 네가 하늘의 **궤도**를 아느냐 하늘로 하여

궤사하다(詭詐, unfaithful)
잠 13:2   마음이 **궤사한** 자는 강포를 당하느니라

귀 1(corner)
민 15:38 옷단 **귀**에 술을 만들고 청색 끈을 그
신 22:12 너희는 너희가 입는 겉옷의 네 **귀**에
행 10:11 큰 보자기 같고 네 **귀**를 매어 땅에 드리
행 11:5   큰 보자기 같은 그릇이 네 **귀**에 매어

귀 2(貴, honor)
대상 29:12 부와 **귀**가 주께로 말미암고 또 주는

【 귀 3 】

귀 3(ear)

구약

창 35:4	이방 신상들과 자기 귀에 있는 귀고리
출 17:14	여호수아의 귀에 외워 들리라 내가
출 32:2	아내와 자녀의 귀에서 금 고리를 빼어
민 14:28	너희 말이 내 귀에 들린 대로 내가 너희
수 20:4	성읍의 장로들의 귀에 자기의 사건을
삼하 7:22	이는 우리 귀로 들은 대로는 주와 같은
삼하 22:45	그들이 내 소문을 귀로 듣고 곧 내게
대상 17:20	여호와여 우리 귀로 들은 대로는 주와
욥 13:1	다 보았고 나의 귀가 이것을 듣고 깨달
욥 13:17	내가 너희 귀에 알려 줄 것이 있느니라
욥 15:21	그의 귀에는 무서운 소리가 들리고 그가
욥 28:22	우리가 귀로 그 소문은 들었다 하느니라
욥 42:5	주께 대하여 귀로 듣기만 하였사오나
시 40:6	주께서 내 귀를 통하여 내게 들려 주시
시 44:1	일러 주매 우리가 우리 귀로 들었나이다
시 92:11	행악자들이 보응 받는 것을 내 귀로
잠 18:15	지혜로운 자의 귀는 지식을 구하느니라
잠 26:17	다툼을 간섭하는 자는 개의 귀를 잡는
잠 28:9	사람이 귀를 돌려 율법을 듣지 아니하면
전 1:8	눈은 보아도 족함이 없고 귀는 들어도
사 6:10	그들이 눈으로 보고 귀로 듣고 마음으로
사 48:8	네 귀가 옛적부터 열리지 못하였나니
사 50:4	아침마다 깨우치시되 나의 귀를 깨우치
사 64:4	옛부터 들은 자도 없고 귀로 들은 자도
렘 9:20	너희 귀에 그 입의 말씀을 받으라 너희
렘 26:11	너희 귀로 들음같이 이 성에 관하여
렘 28:7	너는 내가 네 귀와 모든 백성의 귀에
겔 3:10	모든 말을 너는 마음으로 받으며 귀로
겔 8:18	그들이 큰 소리로 내 귀에 부르짖을지
겔 16:12	귀고리를 귀에 달고 화려한 왕관을 머리
겔 23:25	네 코와 귀를 깎아 버리고 남은 자를
겔 24:26	귀에 그 일을 들려 주지 아니하겠느냐
겔 40:4	눈으로 보고 귀로 들으며 네 마음으로
겔 44:5	규례와 모든 율례를 귀로 듣고 또 성전
암 3:12	양의 두 다리나 귀 조각을 건져냄과
미 7:16	그 입을 막을 것이요 귀는 막힐 것이며

신약

마 13:15	이는 눈으로 보고 귀로 듣고 마음으로

'귀 3'과 관련된 성구

귀가 가리다 - 딤후 4:3
귀가 둔하다 - 사 59:1; 마 13:15; 행 28:27
귀가 떨리다 - 렘 19:3
귀가 막히다 - 사 6:10
귀가 말을 분간/분별하다 - 욥 12:11; 34:3
귀가 열리다 - 사 35:5; 42:20; 막 7:35
귀가 울리다 - 삼상 3:11; 왕하 21:12
귀(가) 있는 - 마 13:43; 막 4:9, 23; 눅 8:8; 14:35; 계 13:9
귀가 있어도 - 사 43:8; 렘 5:21; 막 8:18; 고전 2:9
귀가 할례받지 못하다 - 렘 6:10; 행 7:51
귀를 가리다 - 애 3:56
귀를 기울이다 - 출 15:26; 신 1:45; 32:1; 삿 5:3; 왕하 19:16; 대하 6:40; 7:15; 느 1:6, 11; 8:3; 욥 32:11; 33:1; 34:2, 16; 시 5:1; 10:17; 17:1, 6; 31:2; 34:15; 39:12; 40:1; 45:10; 49:1, 4; 54:2; 55:1; 66:19; 71:2; 77:1; 78:1; 80:1; 84:8; 86:1, 6; 88:2; 102:2; 116:2; 130:2; 140:6; 141:1; 143:1; 잠 2:2; 4:20; 5:1, 13; 17:4; 22:17; 23:12; 아 8:13; 사 1:2, 10; 21:7; 28:23; 32:3, 9; 34:1; 37:17; 42:23; 49:1; 51:4; 55:3; 렘 7:24, 26; 8:6; 11:8; 13:15; 17:23; 23:18; 25:4; 34:14; 35:15; 44:5; 단 9:19; 호 5:1; 욜 1:2; 미 7:7; 슥 1:4; 눅 19:48; 행 2:14; 벧전 3:12
귀를 뚫다 - 출 21:6; 신 15:17
귀를 막다 - 시 28:1; 58:4; 사 33:15; 슥 7:11
귀를 열다 - 삼하 7:27; 욥 33:16; 36:10, 15; 사 50:5
귀에 낭독하다 - 렘 36:6, 13, 14, 15, 21
귀에 들리다/들려주다 - 신 31:28; 삼상 15:14; 삼하 22:7; 왕하 19:28; 23:2; 대하 34:30; 욥 4:12; 시 18:6; 사 11:3; 22:14; 30:21; 37:29; 31:44; 행 17:20; 약 5:4
귀에 말하다 - 신 5:1; 삿 9:2, 3; 17:2; 삼상 25:24; 삼하 3:19; 잠 23:9; 사 5:9; 49:20; 렘 26:15
귀에서 금고리를 빼다 - 출 32:2, 3
귀에 아뢰다 - 창 44:18; 50:4; 렘 36:20
귀에 외치다 - 삿 7:3; 렘 2:2; 겔 9:1
귀에 이르다 - 렘 28:7; 겔 9:5
귀에 전하다 - 출 10:2; 삼상 18:23

【 귀고리 】   【 귀신 】

마 13:16	너희 눈은 봄으로, 너희 **귀**는 들음으로		
마 26:51	대제사장의 종을 쳐 그 **귀**를 떨어뜨리		
막 7:33	손가락을 그의 양 **귀**에 넣고 침을 뱉어		
막 14:47	대제사장의 종을 쳐 그 **귀**를 떨어뜨리		
눅 1:44	네 문안하는 소리가 내 **귀**에 들릴 때에		
눅 4:21	이 글이 오늘 너희 **귀**에 응하였느니라		
눅 9:44	이 말을 너희 **귀**에 담아 두라 인자가		
눅 12:3	너희가 골방에서 **귀**에 대고 말한 것이		
눅 22:50	대제사장의 종을 쳐 그 오른쪽 **귀**를		
눅 22:51	참으라 하시고 그 **귀**를 만져 낫게 하시		
요 18:10	대제사장의 종을 쳐서 오른편 **귀**를		
요 18:26	베드로에게 **귀** 잘린 사람의 친척이라		
행 7:57	큰 소리를 지르며 **귀**를 막고 일제히		
행 28:27	이는 눈으로 보고 **귀**로 듣고 마음으로		
고전 12:16	또 **귀**가 이르되 나는 눈이 아니니 몸에		
딤후 4:4	그 **귀**를 진리에서 돌이켜 허탄한 이야기		

성경에 나오는 '귀 3'

듣는 귀 – 신 29:4; 잠 15:31; 20:12
들을 귀 – 겔 12:2
듣지 못할 귀 – 롬 11:8
청종하는 귀 – 잠 25:12

귀고리(earring)

창 35:4	자기 귀에 있는 **귀고리**들을 야곱에게
출 35:22	남녀가 와서 팔찌와 **귀고리**와 가락지
민 31:50	인장 반지, **귀고리**, 목걸이들을 여호와
삿 8:24	탈취한 **귀고리**를… 금 **귀고리**가 있었음
삿 8:25	탈취한 **귀고리**를 그 가운데 던지니
삿 8:26	기드온이 요청한 금 **귀고리**의 무게가
사 3:19	**귀고리**와 팔목 고리와 얼굴 가리개와
겔 16:12	코고리를 코에 달고 **귀고리**를 귀에 달고
호 2:13	그가 **귀고리**와 패물로 장식하고 그가

귀담아듣다(pay attention and listen)

욥 33:31	욥이여 내 말을 **귀담아들으라** 잠잠하

귀뚜라미(cricket)

레 11:22	베짱이 종류와 **귀뚜라미** 종류와 팥중

귀리(spelt)

사 28:25	대맥을 정한 곳에 심으며 **귀리**를 주
겔 4:9	보리와 콩과 팥과 조와 **귀리**를 가져다

귀머거리(deaf)

시 58:4	그들은 귀를 막은 **귀머거리** 독사 같으니

귀먹다(deaf)

레 19:14	너는 **귀먹은** 자를 저주하지 말며 맹인
막 7:32	사람들이 **귀먹고** 말 더듬는 자를 데리고
눅 7:22	**귀먹은** 사람이 들으며 죽은 자가 살아

귀부인(貴夫人, prominent women)

에 1:18	오늘이라도 바사와 메대의 **귀부인**들
행 13:50	유대인들이 경건한 **귀부인**들과 그 시내
행 17:4	헬라인의 큰 무리와 적지 않은 **귀부인**
행 17:12	믿는 사람이 많고 또 헬라의 **귀부인**과

귀신(鬼神, demon, spirit)

신 32:17	하나님께 제사하지 아니하고 **귀신**들
슥 13:2	거짓 선지자와 더러운 **귀신**을 이 땅에
마 7:22	주의 이름으로 **귀신**을 쫓아 내며 주의
마 8:16	예수께서 말씀으로 **귀신**들을 쫓아 내시
마 8:31	**귀신**들이 예수께 간구하여 이르되 만일
마 8:32	그들에게 가라 하시니 **귀신**들이 나와
마 9:33	**귀신**이 쫓겨나고 말 못하는 사람이 말
마 9:34	**귀신**의 왕을 의지하여 **귀신**을 쫓아낸다
마 10:1	열두 제자를 부르사 더러운 **귀신**을 쫓으
마 10:8	나병환자를 깨끗하게 하며 **귀신**을 쫓으
마 11:18	그들이 말하기를 **귀신**이 들렸다 하더니
마 12:24	바알세불을 힘입지 않고는 **귀신**을 쫓아
마 12:27	내가 바알세불을 힘입어 **귀신**을 쫓아
마 12:28	성령을 힘입어 **귀신**을 쫓아내는 것이
마 12:43	더러운 **귀신**이 사람에게서 나갔을 때
마 12:45	저보다 더 악한 **귀신** 일곱을 데리고
마 15:22	내 딸이 흉악하게 **귀신** 들렸나이다
마 17:18	예수께서 꾸짖으시니 **귀신**이 나가고
막 1:26	**귀신**이 그 사람에게 경련을 일으키고
막 1:27	더러운 **귀신**들에게 명한즉 순종하는
막 1:34	병이 든 많은 사람을 고치시며 많은 **귀신**을 내쫓으시되 **귀신**이 자기를 알므로
막 1:39	회당에서 전도하시고 또 **귀신**들을 내
막 3:11	더러운 **귀신**들도 어느 때든지 예수를

'귀신'과 관련된 성구

귀신의 왕 – 마 9:34; 12:24; 막 3:22; 눅 11:15

[귀신]　　　　　　　　　　　　　　　　　　　　　　　　[귀인]

막 3:15	귀신을 내쫓는 권능도 가지게 하려 하심	요 8:48	사마리아 사람이라 또는 귀신이 들렸
막 3:22	귀신의 왕을 힘입어 귀신을 쫓아낸다	요 8:49	예수께서 대답하시되 나는 귀신 들린
막 3:30	그들이 말하기를 더러운 귀신이 들렸다	요 8:52	네가 귀신 들린 줄을 아노라 아브라함
막 5:8	더러운 귀신아 그 사람에게서 나오라	요 10:20	사람이 말하되 그가 귀신 들려 미쳤거늘
막 5:13	더러운 귀신들이 나와서 돼지에게로	요 10:21	귀신이 맹인의 눈을 뜨게 할 수 있느냐
막 6:7	둘씩 보내시며 더러운 귀신을 제어하는	행 8:7	많은 사람에게 붙었던 더러운 귀신들이
막 6:13	많은 귀신을 쫓아내며 많은 병자에게	행 16:18	그 귀신에게 … 나오라 하니 귀신이
막 7:26	자기 딸에게서 귀신 쫓아내 주시기를	고전 10:20	귀신에게 … 너희가 귀신과 교제하는
막 7:29	돌아가라 귀신이 네 딸에게서 나갔느	고전 10:21	주의 잔과 귀신의 잔을 겸하여 마시지
막 7:30	아이가 침상에 누웠고 귀신이 나갔더라		못하고 주의 식탁과 귀신의 식탁에 겸
막 9:18	귀신이 어디서든지 그를 잡으면 거꾸	딤전 4:1	믿음에서 떠나 미혹하는 영과 귀신의
막 9:20	이에 데리고 오니 귀신이 예수를 보고	약 2:19	잘하는도다 귀신들도 믿고 떠느니라
막 9:22	귀신이 그를 죽이려고 불과 물에 자주	약 3:15	땅 위의 것이요 정욕의 것이요 귀신의
막 9:25	더러운 귀신을 … 못 듣는 귀신아 내가	계 9:20	오히려 여러 귀신과 또는 보거나 듣거나
막 9:26	귀신이 소리 지르며 아이로 심히 경련을	계 16:14	그들은 귀신의 영이라 이적을 행하여
막 9:28	우리는 어찌하여 능히 그 귀신을 쫓아	계 18:2	큰 성 바벨론이여 귀신의 처소와 각종
막 9:38	어떤 자가 주의 이름으로 귀신을 내쫓는		
막 16:17	그들이 내 이름으로 귀신을 쫓아내며		

성경에 나오는 '귀신 들린 사람들'

눅 4:35	나오라 하시니 귀신이 그 사람을 무리
눅 4:36	권위와 능력으로 더러운 귀신을 명하매
눅 4:41	여러 사람에게서 귀신들이 나가며 소리
눅 7:33	마시지 아니하매 너희 말이 귀신이 들렸
눅 8:29	더러운 귀신을 … (귀신이 가끔 그 사
	람을 … 그 맨 것을 끊고 귀신에게 몰려
눅 8:30	군대라 하니 이는 많은 귀신이 들렸음
눅 8:32	돼지 떼가 산에서 먹고 있는지라 귀신들
눅 8:33	귀신들이 그 사람에게서 나와 돼지에
눅 9:1	열두 제자를 불러 모으사 모든 귀신을
눅 9:39	귀신이 그를 잡아 갑자기 부르짖게 하고
눅 9:42	올 때에 귀신이 그를 … 더러운 귀신을
눅 9:49	주의 이름으로 귀신을 내쫓는 것을 우리
눅 10:17	주여 주의 이름이면 귀신들도 우리에
눅 10:20	그러나 귀신들이 너희에게 항복하는
눅 11:14	예수께서 한 말 못하게 하는 귀신을 쫓
	아내시니 귀신이 나가매 말 못하는 사람
눅 11:15	바알세불을 힘입어 귀신을 쫓아낸다
눅 11:18	내가 바알세불을 힘입어 귀신을 쫓아
눅 11:19	바알세불을 힘입어 귀신을 쫓아내면
눅 11:20	하나님의 손을 힘입어 귀신을 쫓아낸
눅 11:24	더러운 귀신이 사람에게서 나갔을 때
눅 11:26	저보다 더 악한 귀신 일곱을 데리고
눅 13:32	오늘과 내일은 내가 귀신을 쫓아내며
요 7:20	무리가 대답하되 당신은 귀신이 들렸

군대 귀신 지폈던 자 – 막 5:15
귀신 나간 사람 – 눅 8:35, 38
귀신 들려 눈 멀고 말 못하는 사람 – 마 12:22
귀신 들려 말 못하는 사람 – 마 9:32
귀신 들려 앓으며 꼬부라져 조금도 펴지 못하는 한 여자 – 눅 13:11
귀신 들렸던 사람 – 막 5:18
귀신 들렸던 자 – 막 5:15, 16; 눅 8:36
귀신 들린 어린 딸 – 막 7:25
귀신 들린 자 – 마 4:24; 8:16, 28, 33; 막 1:32; 눅 8:27; 요 10:21
더러운 귀신 들린 사람 – 막 1:23; 5:2; 눅 4:33
더러운 귀신에게 고난 받는 자들 – 눅 6:18
더러운 귀신에게 괴로움 받는 사람 – 행 5:16
말 못하게 귀신 들린 아들 – 막 9:17
일곱 귀신을 쫓아내어 주신 막달라 마리아 – 막 16:9; 눅 8:2
점치는 귀신 들린 여종 – 행 16:16

귀양(歸養, banishment)
스 7:26　　죄를 정하여 혹 죽이거나 귀양 보내거나

귀인(貴人, exalted, leading man)
민 21:18　　지휘관들이 팠고 백성의 귀인들이 규와

【 귀족 】　　　　　　　　　　　　　　　　　　　　　　　【 귀하다/귀히 】

삿 5:13	그 때에 남은 **귀인**과 백성이 내려왔고	단 5:9	그의 얼굴빛이 변하였고 **귀족**들도 다
왕하 25:9	예루살렘의 모든 집을 **귀인**의 집까지	단 5:10	왕비가 왕과 그 **귀족**들의 말로 말미암아
대하 29:20	성읍의 **귀인**들을 모아 여호와의 전에	단 5:23	왕과 **귀족**들과 왕후들과 후궁들이 다
대하 29:30	히스기야 왕이 **귀인**들과 더불어 레위	단 6:17	왕이 그의 도장과 **귀족**들의 도장으로
느 13:17	유다의 모든 **귀인**들을 꾸짖어 그들에게	나 3:18	네 목자가 자고 네 **귀족**은 누워 쉬며
욥 21:28	너희의 말이 **귀인**의 집이 어디 있으며		
시 83:11	그들의 **귀인**들이 오렙과 스엡 같게 하시	**귀중하다/귀중히**(貴重, precious, concern, greater honor)	
시 149:8	그들의 왕들은 사슬로, 그들의 **귀인**은		
잠 17:26	의인을 벌하는 것과 **귀인**을 정직하다	대상 4:9	야베스는 그의 형제보다 **귀중한** 자라
잠 25:7	눈에 보이는 **귀인** 앞에서 저리로 내려	시 116:15	여호와께서 보시기에 **귀중한** 것이로다
사 3:3	오십부장과 **귀인**과 모사와 정교한 장인	잠 3:4	하나님과 사람 앞에서 은총과 **귀중히**
사 34:12	그들이 국가를 이으려 하여 **귀인**들을	아 6:9	외딸이요 그 낳은 자가 **귀중하게**
렘 27:20	모든 **귀인**을 예루살렘에서 바벨론으로	고전 12:24	부족한 지체에게 **귀중함**을 더하사
겔 23:23	고관과 감독이며 **귀인**과 유명한 자요		
막 6:21	천부장들과 갈릴리의 **귀인**들로 더불어	**귀중품**(貴重品, valuables)	
눅 19:12	이르시되 어떤 **귀인**이 왕위를 받아가	렘 20:5	소득과 그 모든 **귀중품**과 유다 왕들의

귀족(貴族, noble man, noble)

귀천(貴賤, high and low)

민 22:8	모압 **귀족**들이 발람에게서 유숙하니라	신 1:17	재판할 때에 외모를 보지 말고 **귀천**을
민 22:13	발락의 **귀족**들에게 이르되 너희는 너희	에 1:5	또 도성 수산에 있는 **귀천**간의 백성을
민 22:14	모압 **귀족**들이 일어나 발락에게로 가서	에 1:20	광대한 전국에 반포되면 **귀천**을 막론하
수 13:21	시혼의 군주들 곧 미디안의 **귀족** 에위	시 49:2	**귀천** 빈부를 막론하고 다 들을지어다
삼상 2:8	**귀족**들과 함께 앉게 하시며 영광의 자리		
왕상 21:8	나봇과 함께 사는 장로와 **귀족**들에게	**귀퉁이**(corner)	
왕상 21:11	성읍에 사는 장로와 **귀족**들이 이세벨	레 8:15	제단의 네 **귀퉁이** 뿔에 발라 제단을
왕하 10:1	사마리아에 보내서 이스르엘 **귀족**들	레 16:18	염소의 피를 가져다가 제단 **귀퉁이**
왕하 10:6	왕자 칠십 명이 그 성읍의 **귀족**들, 곧		
왕하 10:11	또 그의 **귀족**들과 신뢰 받는 자들과	**귀하다/귀히**(貴, dear, precious)	
느 2:16	제사장들에게나 **귀족**들에게나 방백들	삼상 18:30	이에 그의 이름이 심히 **귀하게** 되니라
느 3:5	그 **귀족**들은 그들의 주인들의 공사를	삼상 26:21	네가 오늘 내 생명을 **귀하게** 여겼은즉
느 4:14	**귀족**들과 민장들과 남은 백성에게 말하	왕상 7:9	이 집들은 안팎을 모두 **귀하고** 다듬은
느 4:19	내가 **귀족**들과 민장들과 남은 백성에게	왕상 7:10	그 초석은 **귀하고** 큰 돌 곧 십 규빗 되는
느 5:7	생각하고 **귀족**들과 민장들을 꾸짖으며	왕상 10:21	솔로몬의 시대에 은을 **귀히** 여기지
느 6:17	때에 유다의 **귀족**들이 여러 번 도비야	왕하 1:13	오십 명의 생명을 당신은 **귀히** 보소서
느 7:5	하나님이 내 마음을 감동하사 **귀족**들	왕하 1:14	나의 생명을 당신은 **귀히** 보소서 하매
느 10:29	다 그들의 형제 **귀족**들을 따라 저주로	대하 9:20	솔로몬의 시대에 은을 **귀하게** 여기지
에 1:3	바사와 메대의 장수와 각 지방의 **귀족**과	욥 23:12	음식보다 그의 입의 말씀을 **귀히** 여겼
전 10:17	**귀족**들의 아들이요 대신들은 취하지		
렘 39:6	왕이 또 유다의 모든 **귀족**을 죽였으며		
단 1:3	이스라엘 자손 중에서 왕족과 **귀족** 몇		
단 5:1	벨사살 왕이 그의 **귀족** 천 명을 위하여		
단 5:2	이는 왕과 **귀족**들과 왕후들과 후궁들		
단 5:3	왕이 그 **귀족**들과 왕후들과 후궁들을		

'귀히' 여기라고 명령하신 것

결혼 – 히 13:4
성소 – 레 19:30
아내 – 벧전 3:7

【 귓부리 】　　　　　　　　　　　　　　　　　　　　　【 규례 】

욥 28:18	지혜의 값은 산호보다 **귀하구나**	레 8:23	아론의 오른쪽 **귓부리**와 그의 오른쪽
잠 3:15	지혜는 진주보다 **귀하니** 네가 사모하는	레 8:24	모세가 그 오른쪽 **귓부리**와 그들의 손의
잠 24:4	방들은 지식으로 말미암아 각종 **귀하고**	레 14:14	정결함을 받을 자의 오른쪽 **귓부리**와
사 2:9	천한 자도 절하며 **귀한** 자도 굴복하오니	레 14:17	정결함을 받을 자의 오른쪽 **귓부리**와
사 5:13	그들의 **귀한**자는 굶주릴 것이요 무리는	레 14:25	정결함을 받을 자의 오른쪽 **귓부리**와
사 28:16	시험한 돌이요 **귀하고** 견고한 기촛돌	레 14:28	정결함을 받을 자의 오른쪽 **귓부리**와
사 53:3	멸시를 당하였고 우리도 그를 **귀히** 여기		
렘 15:19	네가 만일 헛된 것을 버리고 **귀한** 것을	**귓속말**(whispered in your ear)	
호 9:6	그들의 은은 **귀한** 것이나 찔레가 덮을	마 10:27	너희가 **귓속말**로 듣는 것을 집 위에서

성경에 나오는 '귀한 것'

귀한 그릇 – 삿 5:25; 대하 36:10, 19; 렘 25:34
귀한 기름 – 암 6:6
귀한 돌 – 왕상 5:17; 7:11
귀한 땅 – 렘 3:19
귀한 며느리 – 룻 4:15
귀한 백성 – 아 6:12
귀한 보배(석) – 잠 20:15; 21:20; 계 21:11
귀한 생명 – 잠 6:26
귀한 선물 – 단 2:48
귀한 여인 – 왕하 4:8
귀한 열매 – 아 7:13; 약 5:7
귀한 청옥수 – 욥 28:16
귀한 포도나무 – 렘 2:21
귀한 향유 – 마 26:7
귀한 향품 – 아 4:14

규(圭, 珪, scepter)

민 24:17	한 **규**가 이스라엘에게서 일어나서 모압
에 4:11	그 자에게 금 **규**를 내밀어야 살 것이라
에 5:2	금 **규**를 그에게 … 가까이 가서 금 **규**
에 8:4	왕이 에스더를 향하여 금 **규**를 내미는
시 110:2	시온에서부터 주의 권능의 **규**를 내보
시 125:3	악인의 **규**가 의인들의 땅에서는 그 권세
사 14:5	몽둥이와 통치자의 **규**를 꺾으셨도다
겔 19:11	가지들은 강하여 권세 잡은 자의 **규**가
겔 19:14	권세 잡은 자의 **규**가 될 만한 강한 가지
겔 21:10	내 아들의 **규**가 모든 나무를 업신여기
겔 21:13	업신여기는 **규**가 없어지면 어찌할까
암 1:8	아스글론에서 **규**를 잡은 자를 끊고 또
슥 10:11	교만이 낮아지겠고 애굽의 **규**가 없어

마 6:26	기르시나니 너희는 이것들보다 **귀하지**		
마 10:31	너희는 많은 참새보다 **귀하니라**		
마 12:12	사람이 양보다 얼마나 더 **귀하냐**		
눅 12:7	너희는 많은 참새보다 더 **귀하니라**		
눅 12:24	너희는 새보다 얼마나 더 **귀하냐**		
요 12:26	내 아버지께서 그를 **귀히** 여기시리라		
행 20:24	생명조차 조금도 **귀한** 것으로 여기지		
롬 9:21	토기장이가 진흙 한 덩이로 하나는 **귀히**		
고전 12:23	몸의 덜 **귀히** 여기는 … 더욱 **귀한** 것		
살전 5:13	사랑 안에서 가장 **귀히** 여기며 너희		
딤후 2:20	나무 그릇과 질그릇도 있어 **귀하게** 쓰		
딤후 2:21	자기를 깨끗하게 하면 **귀히** 쓰는 그릇		
벧전 1:7	없어질 금보다 더 **귀하여** 예수 그리스도		

규례(規例, law, regulations, rule)

출 12:24	너희는 이 일을 **규례**로 삼아 너희와 너
출 12:43	아론에게 이르시되 유월절 **규례**는 이러
출 13:10	해마다 절기가 되면 이 **규례**를 지킬지

'규례'와 관련된 성구

규례대로 – 레 5:10; 9:16; 민 9:3; 15:24; 29:18, 21, 24, 27, 30, 33, 37; 35:24; 삿 6:26; 왕상 10:13; 왕하 11:14; 대상 15:13; 대하 4:7, 20; 23:18; 30:5, 16; 35:13; 스 3:4, 10; 에 1:15; 2:12; 시 89:30; 겔 5:7; 11:12; 44:24; 45:14; 눅 1:6

규례를 따라서 – 민 9:14; 29:6; 왕상 18:28; 대하 8:14; 느 8:18; 단 6:8

대대로 지킬 규례 – 출 27:21

영원히 지킬 규례 – 출 28:43; 30:21; 레 16:31, 34

귓부리(earlobe, ear-lobe)

출 29:20	아론의 오른쪽 **귓부리**와 그의 아들들 의 오른쪽 **귓부리**에 바르고 그 오른손

[규례]   [규례]

출 15:26	내 모든 **규례**를 지키면 내가 애굽 사람
레 6:9	번제의 **규례**는 이러하니라 번제물은
레 6:14	소제의 **규례**는 이러하니라 아론의 자손
레 6:25	속죄제의 **규례**는 이러하니라 속죄제
레 7:1	속건제의 **규례**는 이러하니라 이는 지극
레 7:7	속죄제와 속건제는 **규례**가 같으니 그
레 7:11	여호와께 드릴 화목제물의 **규례**는 이러
레 7:37	속건제와 위임식과 화제물의 **규례**라
레 10:11	모세를 통하여 모든 **규례**를 이스라엘
레 11:46	땅에 기는 모든 길짐승에 대한 **규례**니
레 12:7	딸을 생산한 여인에게 대한 **규례**니라
레 13:59	정하고 부정한 것을 진단하는 **규례**니
레 14:2	나병 환자가 정결하게 되는 날의 **규례**는
레 14:32	힘이 미치지 못한 자의 **규례**가 그러하
레 14:54	각종 나병 환부에 대한 **규례**니 곧 옴과
레 14:57	정함을 가르치는 것이니 나병의 **규례**라
레 15:32	이 **규례**는 유출병이 있는 자와 설정함
레 16:29	너희는 영원히 이 **규례**를 지킬지니라
레 18:3	인도할 가나안 땅의 풍속과 **규례**도 행하
레 18:4	내 법도를 따르며 내 **규례**를 지켜 그대
레 19:19	너희는 내 **규례**를 지킬지어다 네 가축
레 20:8	너희는 내 **규례**를 지켜 행하라 나는
레 25:18	너희는 내 **규례**를 행하며 내 법도를
레 26:15	내 **규례**를 멸시하며 마음에 내 법도를
레 26:43	내 법도를 싫어하며 내 **규례**를 멸시하
민 15:16	타국인에게나 같은 법도, 같은 **규례**이
민 27:11	이스라엘 자손에게 판결의 **규례**가 되게
민 30:16	모세에게 명령하신 **규례**니 남편이 아내
민 35:29	대대로 거주하는 곳에서 판결하는 **규례**
신 4:6	그들이 이 모든 **규례**를 듣고 이르기를
신 6:24	우리에게 이 모든 **규례**를 지키라 명령
신 15:2	면제의 **규례**는 이러하니라 그의 이웃
신 16:12	종 되었던 것을 기억하고 이 **규례**를
신 17:19	이 율법의 모든 말과 이 **규례**를 지켜
삼하 22:23	법도를 내 앞에 두고 그의 **규례**를 버리
대상 23:31	그가 명령하신 **규례**의 정한 수효대로
대상 24:19	하나님 여호와께서 명하신 **규례**더라
대하 35:25	이스라엘에 **규례**가 되어 오늘까지 이르
느 10:32	또 스스로 **규례**를 정하기를 해마다
에 4:16	이렇게 금식한 후에 **규례**를 어기고 왕
에 9:21	한 **규례**를 세워 해마다 아달월 십사일
욥 14:5	그의 **규례**를 정하여 넘어가지 못하게
욥 14:13	나를 숨기시고 나를 위하여 **규례**를 정하
시 18:22	그의 모든 **규례**가 내 앞에 있고 내게서
겔 5:6	내 **규례**를 … 이는 그들이 내 **규례**를
겔 5:7	내 율례를 행하지 아니하며 내 **규례**를
겔 11:12	율례를 행하지 아니하며 **규례**를 지키지
겔 11:20	율례를 따르며 내 **규례**를 지켜 행하게
겔 18:9	내 율례를 따르며 내 **규례**를 지켜 진실
겔 18:17	이자를 받지 아니하여 내 **규례**를 지키며
겔 20:11	삶을 얻을 내 율례를 주며 내 **규례**를
겔 20:13	나의 **규례**를 멸시하였고 나의 안식일
겔 20:16	우상을 따라 나의 **규례**를 업신여기며
겔 20:18	율례를 따르지 말며 그 **규례**를 지키지
겔 20:19	나의 율례를 따르며 나의 **규례**를 지켜
겔 20:21	나의 **규례**를 지켜 행하지 아니하였고

'규례'와 관련된 성구

계명과 규례 – 민 36:13
계명과 규례와 율례 – 느 10:29
계명과 율례와 규례 – 느 1:7
규례와 계명 – 레 26:3
규례와 명령 – 신 4:40; 6:2
규례와 명령과 법도 – 신 26:17
규례와 법도 – 레 18:5, 26; 19:37; 20:22;
　　　　신 4:1, 4, 8, 14, 45; 5:1, 31; 6:1;
　　　　11:32; 12:1; 26:16; 대상 22:13
규례와 법도와 율법 – 레 26:46
규례와 법률 – 에 1:13
그 모든 규례와 그 모든 법도와 그 모든 율례
　　　　– 겔 43:11

그 모든 법도와 그 모든 규례 – 겔 43:11
명령과 규례 – 신 10:13; 27:10; 28:15, 45;
　　　　30:9–10
명령과 규례와 법도 – 신 7:11; 30:16
명령과 법도와 규례 – 신 8:11
명령과 증거와 규례 – 신 6:17
모든 규례와 모든 율례 – 겔 44:5
법과 규례 – 렘 32:11
율례와 규례 – 삼상 30:25; 스 7:10
율법과 율례와 규례 – 대하 33:8
율법이나 계명이나 율례나 규례 – 대하 19:10
증거와 규례와 법도 – 신 6:20
책무와 법도와 규례와 명령 – 신 11:1

[규범]   [그]

겔 20:24	그들이 나의 **규례**를 행하지 아니하며
겔 36:27	율례를 행하게 하리니 너희가 내 **규례**를
겔 37:24	그들이 내 **규례**를 준수하고 내 율례를
겔 43:18	번제를 드리며 피를 뿌리는 **규례**는 이러
슥 3:7	만일 내 도를 행하며 내 **규례**를 지키면
말 3:7	조상들의 날로부터 너희가 나의 **규례**를
행 6:14	우리에게 전하여 준 **규례**를 고치겠다
갈 6:16	이 **규례**를 행하는 자에게와 하나님의
골 2:20	세상에 사는 것과 같이 **규례**에 순종하

성경에 나오는 '규례'

- 기록한 규례 – 대하 30:5, 18
- 능히 지키지 못할 규례 – 겔 20:25
- 메대와 바사의 (고치지 못하는) 규례 – 단 6:12, 15
- 사도와 장로들이 작정한 규례 – 행 16:4
- 야곱의 하나님의 규례 – 시 81:4
- 여호와의 규례 – 렘 8:7; 습 2:3
- 영원한 규례 – 출 12:14, 17; 29:9; 레 3:17; 6:22; 10:9; 17:7; 23:14, 21, 31, 41; 24:3, 9; 대하 2:4; 겔 46:14
- 율법의 규례 – 롬 2:26
- 이방 사람의 규례 – 왕하 17:8
- 정직한 규례 – 느 9:13
- 주의 규례 – 느 9:29; 시 119:20, 30, 39, 43, 91, 102, 149, 156, 175
- 주의 옛 규례들 – 시 119:52
- 주의 의로운 규례들 – 시 119:62, 106, 164
- 주의 의로운 모든 규례들 – 시 119:160
- 주의 입의 모든 규례들 – 시 119:13
- 하나님의 규례 – 사 58:2

규범(規範, area of activity, territory)
고후 10:15 너희 믿음이 자랄수록 우리의 **규범**을
고후 10:16 이는 남의 **규범**으로 이루어 놓은 것을

규빗(cubit-KJV)
창 6:15 삼백 **규빗**, … **규빗**, 높이는 삼십 **규빗**

규빗 – 기타 본문

창 6:16; 7:20; 출 25:10, 17, 23; 26:2, 8, 13, 16; 27:1, 9, 11, 12, 13, 14, 15, 16, 18; 30:2; 36:9, 15, 21; 37:1, 6, 10, 25; 38:1, 9, 11, 12, 13, 14, 15, 18; 민 11:31; 35:4, 5; 신 3:11; 수 3:4; 삿 3:16; 삼상

17:4; 왕상 6:2, 3, 6, 10, 16, 17, 20, 23, 24, 25, 26; 7:2, 6, 10, 15, 16, 19, 23, 24, 27, 31, 32, 35, 38; 왕하 14:13; 25:17; 대상 11:23; 대하 3:3, 4, 8, 11, 12, 13, 15; 4:1, 2, 3; 6:13; 25:23; 스 6:3; 느 3:13; 에 5:14; 7:9; 렘 52:21, 22; 단 3:1; 슥 5:2; 계 21:17

규율(規律, instruction)
렘 35:18 그의 모든 **규율**을 지키며 그가 너희에

규정(規定, command)
렘 11:8   행하지 아니한 이 언약의 모든 **규정**대로
렘 30:18 보루는 **규정**에 따라 사람이 살게 되리라

균등하다(均等, equal)
레 7:10   아론의 모든 자손이 **균등하게** 분배할
고후 8:13 곤고하게 하려는 것이 아니요 **균등하게**
고후 8:14 부족한 것을 보충하여 **균등하게** 하려

그(he, him)
신 32:39 이제는 나 곧 내가 **그**인 줄 알라 나 외에
삼상 16:12 **그**를 데려오매 **그**의 빛이 … 이가 **그**니
시 62:5   무릇 나의 소망이 **그**로부터 나오는도다
사 41:4   나중 있을 자에게도 내가 곧 **그**니라
사 43:10 나를 알고 믿으며 내가 **그**인 줄 깨닫게

"이 일을 누가 행하였느냐 누가 이루었느냐 누가 처음부터 만대를 불러내었느냐 나 여호와라 처음에도 나요 나중 있을 자에게도 내가 곧 그니라" (사 41:4)

사 48:12 이스라엘아 내게 들으라 나는 **그**니 나는
막 14:62 예수께서 이르시되 내가 **그**니라 인자
눅 24:16 눈이 가리어져서 **그**인 줄 알아보지 못
눅 24:31 그들의 눈이 밝아져 **그**인 줄 알아 보더
요 8:24   너희가 만일 내가 **그**인 줄 믿지 아니하
요 8:28   너희가 인자를 든 후에 내가 **그**인 줄을
요 13:19 일이 일어날 때에 내가 **그**인 줄 너희가
요 13:26 떡 한 조각을 적시다 주는 자가 **그**니라
요 18:5   이르시되 내가 **그**니라 하시니라 **그**를

【그】   【그것】

'그'와 관련된 성구

요 18:6 예수께서 그들에게 내가 그니라 하실
요 18:8 너희에게 내가 그니라 하였으니 나를

그같이 – 창 41:19; 출 8:18; 16:17; 29:35; 40:16; 레 16:16; 민 5:4; 32:23; 신 15:17; 삿 8:8; 21:23; 삼상 1:7; 6:10; 욥 36:22; 렘 5:13; 마 5:19; 25:17; 눅 12:38; 고전 7:36; 고후 5:16; 엡 4:20

그간(time)

출 21:19 그를 친 자가 형벌은 면하되 그간의

그것(them, it)

창 1:14 낮과 밤을 나뉘게 하고 그것들로 징조와

📖 그것 – 기타 본문

그와 같이 – 창 6:22; 출 7:11, 22; 8:7, 24; 22:30; 26:4, 17; 민 8:20, 22; 신 7:19; 12:30, 31; 삿 2:17; 7:5; 11:17; 삼하 16:23; 왕상 3:22; 5:11; 11:7, 8; 12:32; 22:12; 대하 18:11; 27:5; 32:26; 35:12; 욥 1:8; 2:3; 24:19; 사 65:8; 렘 30:7; 32:20; 33:22; 마 20:5; 21:30; 26:35; 27:41; 막 15:31; 눅 17:31; 20:31; 22:20; 요 5:19; 21:13; 롬 1:27; 고전 7:4, 22; 11:25; 갈 2:13; 빌 3:17; 히 3:6; 유 1:8; 계 11:5

그와 함께 – 창 7:23; 8:1; 9:8; 12:4, 20; 14:5, 17; 17:27; 27:44; 29:14; 35:6; 39:3; 43:32; 45:1; 50:8; 출 18:6; 21:3; 28:1, 41; 31:6; 34:5; 38:23; 레 25:47; 민 13:31; 22:22, 40; 신 32:12; 수 8:11; 22:14, 30; 삿 1:3, 22; 4:10; 7:19; 8:4; 9:33, 34, 35, 48; 11:3; 14:11; 19:4, 10; 룻 1:7; 삼상 3:19; 14:20; 16:18; 18:14; 22:2, 6; 30:4, 9, 21; 31:5; 삼하 3:16, 20; 10:13; 13:27; 15:22, 24, 30; 16:14, 15, 18; 17:2, 29; 18:1; 19:17; 왕상 1:41; 3:17; 8:5, 65; 13:19; 20:1; 왕하 1:15; 6:32; 11:3; 18:7; 25:25, 28; 대상 12:27; 대하 1:1; 7:8; 12:3; 14:13; 15:9; 29:29; 32:7, 8; 스 8:3, 4, 5, 6, 7, 8, 9, 10, 11, 12, 13, 14; 욥 2:13; 20:11; 42:11; 시 89:21, 24; 91:15; 잠 24:1; 전 8:15; 렘 40:5, 6; 41:2, 11, 13, 16; 42:8; 52:32; 겔 23:23; 31:17; 38:22; 단 2:22; 암 2:3; 마 26:47; 막 1:36; 5:24; 6:22; 14:43; 눅 1:66; 7:12; 22:56, 59; 요 6:66; 14:23; 19:18; 행 5:17, 21; 7:9; 19:38; 롬 6:4, 8; 8:17; 고후 8:18; 13:4; 갈 1:18; 골 2:13; 3:4; 살전 4:14; 히 13:23; 벧후 1:18; 계 12:9; 14:1; 17:14; 18:9

그처럼 – 신 12:4; 삼하 11:20

모세오경 창 1:17; 2:15, 19; 3:5, 19; 6:7; 13:17; 16:14; 20:16; 23:15; 24:19; 27:9, 10; 30:28, 37; 31:32, 37, 39, 44, 47; 32:16; 35:4; 37:33; 38:17, 18, 23, 26; 40:17; 41:8, 15, 24; 44:10; 50:20; 출 4:3, 4; 7:9, 17, 19; 8:16, 26; 9:19; 10:5, 10; 12:11; 14:16; 16:15, 19, 21, 25, 26, 34; 17:6; 20:5, 25; 21:6; 22:9, 13, 15, 27, 31; 23:5, 24, 33; 25:11, 26; 27:2; 28:7, 17, 41, 43; 29:3, 20, 24, 25, 29, 30, 33, 34, 36, 41; 30:2, 12, 18, 25, 26, 29, 35; 31:16; 32:8, 24; 34:12; 35:5; 37:17; 39:6, 9, 10; 40:9; 레 1:11, 12, 15, 16, 17; 2:8, 12; 3:5, 7, 11, 12, 13, 16; 4:4, 10, 11, 14, 15, 19, 20, 28; 5:3, 4, 12, 16; 6:14, 17, 21, 26, 27, 29; 7:5, 6, 12, 14, 18; 8:28; 10:12, 13; 11:28, 33, 35, 37, 38, 40, 43; 12:7; 13:50, 51, 52, 55, 58; 14:16, 23; 15:27; 16:10, 12, 18; 17:13, 14; 18:23; 19:8, 20, 23; 22:9, 11, 14, 20, 27; 23:22; 24:9, 14, 21; 25:16, 19, 26, 28; 26:16, 22, 32; 27:10, 13, 19, 26, 31; 민 1:51; 3:31, 36; 4:8, 26, 32; 5:15; 6:16, 18, 20; 7:1, 3, 5, 14, 20; 9:3, 11, 12, 16; 10:2, 5; 11:8; 14:23; 16:46; 18:8, 11, 17; 19:3, 9, 22; 21:8, 17; 22:38; 28:23, 31; 30:5, 7, 8, 11, 12, 13, 14, 15; 31:23; 신 1:36; 2:19; 3:11; 4:1, 19, 38; 5:1, 9, 22, 31; 6:3, 8, 25; 7:16, 25, 26; 8:1; 9:1, 4; 10:2, 4, 11; 11:8, 16, 18, 19, 31; 12:18, 24, 32; 14:7, 21, 25; 15:2, 9, 15; 16:3; 17:3, 4; 19:1; 20:19; 22:1, 4; 23:13, 21; 24:15; 25:3; 26:2, 10, 12; 27:5, 10; 28:24, 26; 30:5; 32:11; 34:12 역사서 수 1:8, 15; 3:4; 4:3; 6:19; 7:11, 23; 8:8, 28, 29; 10:32, 35, 37; 15:16, 17; 18:8; 19:47; 21:43; 22:33; 23:6, 7; 24:32; 삿 1:12, 13, 26; 3:2; 5:30; 6:18, 24; 7:9, 13; 8:27; 9:4, 9, 25, 42, 48, 49, 50, 52; 11:13, 24; 13:20;

【 그것 】 【 그곳 】

14:9, 12, 13, 16, 17; 15:5, 15, 19; 16:3, 8, 12, 26; 17:2; 19:29, 30; 룻 2:18; 3:15; 4:4; 삼상 2:8, 14; 3:11, 18; 4:3; 5:9; 6:2, 8, 21; 8:6; 9:24; 11:7; 14:32; 15:15; 17:31, 35; 19:13, 21; 20:4, 9, 10; 21:9; 25:29; 28:24; 31:4, 9; 삼하 1:18; 4:10; 6:17; 8:11; 12:8; 14:26; 18:18; 23:7; 24:12; 왕상 5:9; 7:26, 46; 8:4; 9:6; 10:29; 15:22; 17:13; 22:14; 왕하 4:39; 6:7; 7:2, 13, 19; 12:5, 9, 14; 16:14, 17; 18:4, 21; 19:29; 21:21; 23:4, 12; 대상 10:4; 11:19; 15:1; 16:1; 18:8, 11; 21:10; 22:5; 대하 1:4; 4:17; 5:5; 7:22; 16:14; 18:13; 24:14; 25:14; 31:6; 34:18; 느 9:36; 12:47 **시가서** 욥 1:15, 17; 3:25; 6:19; 12:7; 13:5; 23:13; 31:11, 28, 36; 34:35; 36:28; 38:5, 6, 8, 13, 40, 41; 39:2, 3, 6, 7, 10, 11, 12, 14, 18, 20, 21, 28; 40:15, 16, 17, 19, 20, 21, 23, 24; 41:3, 4, 5, 6, 8, 9, 10, 12, 13, 14, 16, 18, 19, 20, 22, 23, 24, 25, 27, 28, 29, 30, 32, 33, 34; 시 27:4; 32:9; 46:3; 68:9; 69:10, 15; 72:16; 74:14; 78:28; 80:8, 12, 16; 102:26; 103:16; 106:36; 109:17; 115:8; 119:97, 98; 129:6; 132:6; 135:18; 147:4, 18; 148:5, 6; 잠 2:4; 3:2, 3, 22; 4:19, 21, 22; 5:6, 17; 6:21, 22; 8:33; 12:25; 13:12; 14:1; 16:14; 17:9; 18:14; 20:5, 25; 22:6; 23:3, 31, 32; 24:12; 26:27; 29:11; 전 2:2; 3:13, 14, 22; 5:8, 18; 6:2, 5, 11; 9:9, 14, 15; 12:7 **대선지서** 사 1:6, 14; 5:6; 6:7; 7:6, 13, 22; 9:7, 8, 10; 11:7; 14:9, 23, 25, 27; 18:6; 23:9; 26:6; 27:4, 11; 28:4, 16, 18, 19, 28; 29:11; 30:12; 31:4, 5; 33:20; 34:17; 35:2, 9; 36:6; 37:11; 40:2, 5; 43:19; 44:9, 12, 15, 17, 19; 45:18, 21; 46:1, 6, 7, 13; 48:3, 5, 13, 16; 49:18; 57:6, 13; 62:9; 65:8; 렘 1:10; 2:7, 13, 24; 3:7, 24; 4:4; 5:22, 31; 6:11; 7:11, 33; 8:17; 9:10; 10:2, 4, 5, 15; 11:5, 18; 12:9; 13:4, 5; 14:12; 17:11; 18:4; 19:3; 20:4, 5; 21:4, 10; 22:14; 23:2, 20; 27:3, 5, 22; 30:24; 32:31; 33:2; 36:23; 38:11; 44:2, 6, 29; 45:5; 50:26, 37, 38; 51:18; 애 3:20, 21, 28; 겔 2:10; 3:3; 4:1, 2, 12, 15; 7:5, 6, 20; 8:15; 10:20; 13:11, 12; 15:3, 5; 16:37, 47; 17:6, 10; 18:30; 20:29, 48; 21:23; 25:3; 27:21; 30:21; 31:4; 34:4, 5, 12, 13, 14, 15; 38:14; 40:4, 38; 43:11; 46:14; 단 1:2; 2:11, 38; 3:1; 4:15, 17,

23, 25, 32; 5:2, 3, 23, 26; 6:7, 8; 7:5, 19, 20; 8:2, 4, 6, 7, 10, 12 **소선지서** 호 2:9; 8:13; 9:4; 10:5; 13:2; 욜 2:3; 암 9:1, 8, 11; 옵 1:5; 욘 1:2; 미 1:7, 9; 2:1, 10; 4:11; 6:9; 7:10; 나 1:4; 2:11; 3:7; 합 1:10, 16; 2:19; 습 2:9, 14; 학 1:6, 8, 9; 2:12, 13; 슥 1:21; 5:11; 7:6; 12:3; 14:21; 말 1:8, 13; 2:2, 3, 13; 3:10, 16 **신약** 마 7:6; 14:18; 15:11; 18:31; 25:16; 27:4; 막 2:21; 7:20; 11:4; 15:46; 눅 7:39; 12:50; 16:15; 17:6, 31; 19:35; 요 5:19; 6:9, 58; 8:26; 9:25; 10:17; 12:7; 15:2, 6; 18:10; 19:38; 행 4:28; 7:45; 10:37; 13:46; 17:23; 28:28; 롬 4:3, 10, 16, 21, 22; 7:11, 13, 16, 17, 20; 8:3; 11:7; 고전 2:14; 7:21, 36; 12:23; 14:12; 고후 1:14; 2:10; 5:8; 갈 3:6; 엡 3:4; 빌 3:12; 살후 2:7; 딤전 1:8, 18; 몬 1:18; 히 1:11, 12; 9:23; 11:13; 약 1:27; 벧전 3:11; 벧후 3:16; 요일 5:11, 15; 유 1:10; 계 13:18; 19:11, 15, 18

그곳(that place, there)
창 2:12 금은 순금이요 **그곳**에는 베델리엄과

📖 그곳 ~ 기타 본문

모세오경 창 12:7, 8; 18:24; 19:20; 21:31; 22:4, 9; 26:7, 17, 25; 28:11, 19; 29:22; 32:30; 35:7; 38:21, 22; 41:12; 42:26; 44:14; 48:7; 49:13, 31; 출 8:22; 9:26; 13:3; 15:23; 17:7; 레 8:31; 민 11:3, 34; 13:22, 24; 21:3, 10, 32; 32:1, 17; 신 1:24, 46; 4:42; 8:7; 12:3, 11, 14; 20:19; 28:64 **역사서** 수 4:3; 5:9; 7:26; 14:12; 19:34; 삿 1:17, 26; 2:5; 7:13; 14:19; 15:17; 18:10, 12; 19:16, 18; 21:24; 룻 4:10; 삼상 2:14; 9:4; 10:5, 12; 22:1; 23:28; 삼하 2:16, 18, 23; 5:20; 6:7, 8; 11:2, 16; 12:29; 15:21; 17:13; 18:7; 21:13, 20; 24:25; 왕상 1:45; 8:8, 21; 9:3; 11:16; 17:9, 10; 19:3, 9; 20:1, 24; 왕하 4:8; 6:2, 6, 9; 7:5; 15:16; 17:5, 11, 27; 18:32; 23:7, 14; 대상 10:12; 11:13; 13:11; 14:11, 12; 17:9; 20:6; 28:11; 대하 3:1; 5:9; 6:11; 20:26; 24:11; 28:9; 스 1:4; 2:68; 6:6, 12; 8:17, 25; 느 4:8 **시가서, 선지서** 욥 8:18; 시 37:10; 48:12; 84:6; 104:26; 105:28; 135:7; 잠 8:21; 아 8:5; 사 13:20; 22:18; 23:13; 33:21; 렘 2:6; 8:22; 10:13; 29:14; 43:12; 46:17; 49:38; 겔 34:14; 45:4; 호 1:10; 나 1:8; 습 1:4 **신약** 마

그나냐

6:21; 9:9; 13:52, 53; 14:35; 막 6:10, 33; 9:30;
10:15; 눅 8:32; 10:32; 19:5; 22:40; 요 6:10, 23;
18:1, 2; 행 21:12; 28:15; 롬 9:26

그나냐(Kenaniah)
1. 레위 사람의 족장으로 성가대 지휘자
대상 15:22 레위 사람의 지도자 **그나냐**는 노래에
대상 15:27 그의 우두머리 **그나냐**와 모든 노래하

2. 이스할 사람
대상 26:29 이스할 자손 중에 **그나냐**와 그의 아들

그나니(Kenani) 느헤미야 시대의 레위인
느 9:4 세레뱌와 바니와 **그나니**는 단에 올라

그나스(Kenaz)
1. 에서의 장남 엘리바스의 아들
창 36:11 데만과 오말과 스보와 가담과 **그나스**
창 36:15 데만 족장, 오말 족장, 스보 족장, **그나스**
대상 1:36 오말과 스비와 가담과 **그나스**와 딤나

2. 갈렙의 형제로 옷니엘의 아버지
수 15:17 갈렙의 아우 **그나스**의 아들인 옷니엘
삿 1:13 갈렙의 아우 **그나스**의 아들인 옷니엘
삿 3:9   곧 갈렙의 아우 **그나스**의 아들 옷니엘
삿 3:11 그 땅이 평온한 지 사십 년에 **그나스**

3. 갈렙의 손자로 엘라의 아들
대상 4:15 엘라와 나암과 엘라의 자손과 **그나스**

그나스 사람(the Kenizzite)
민 32:12 **그나스** 사람 여분네의 아들 갈렙과

그나아나(Kenaanah)
1. 베냐민 사람 빌한의 아들
대상 7:10 베냐민과 에훗과 **그나아나**와 세단과

2. 거짓 선지자 시드기야의 아버지
왕상 22:11 **그나아나**의 아들 시드기야는 자기를
왕상 22:24 **그나아나**의 아들 시드기야가 가까이
대하 18:10 **그나아나**의 아들 시드기야는 철로
대하 18:23 **그나아나**의 아들 시드기야가 가까이

그날(that day, the day)
모세오경, 역사서
창 2:3   만드시던 모든 일을 마치시고 **그날**에
창 7:11 그 달 열이렛날이라 **그날**에 큰 깊음의

그날

창 15:18 **그날**에 여호와께서 아브람과 더불어
창 17:26 **그날**에 아브라함과 그 아들 이스마엘이
출 5:6   바로가 **그날**에 백성의 감독들과 기록원
출 5:13   있을 때와 같이 **그날**의 일을 **그날**에
출 12:41 사백삼십 년이 끝나는 **그날**에 여호와
출 14:30 **그날**에 여호와께서 이같이 이스라엘
출 31:14 **그날**을 더럽히는 자는 모두 …**그날**에
레 7:15   화목제물의 고기는 드리는 **그날**에 먹을
레 23:37 희생제물과 전제를 각각 **그날**에 드릴
레 27:23 네가 값을 정한 돈을 **그날**에 여호와
민 6:11   **그날**에 그의 머리를 성결하게 할 것이
민 9:6   사람들이 있었는데 그들이 **그날**에 모세
신 21:23 밤새도록 두지 말고 **그날**에 장사하여
수 5:11   소산물을 먹되 **그날**에 무교병과 볶은
수 8:25   **그날**에 엎드러진 아이 사람들은 남녀가
수 9:27   **그날**에 여호수아가 그들을 여호와께서
수 14:9   **그날**에 모세가 맹세하여 이르되 네가
수 14:12 **그날**에 여호와께서 말씀하신 이 산지를
         지금 내게 주소서 당신도 **그날**에 들으셨
수 24:25 **그날**에 여호수아가 세겜에서 백성과
삿 3:30   **그날**에 모압이 이스라엘 수하에 굴복
삿 6:32   **그날**에 기드온을 여룹바알이라 불렀
삿 20:26 여호와 앞에 앉아서 **그날**이 저물도록
삼상 3:12 처음부터 끝까지 **그날**에 그에게 다 이루
삼상 6:15 큰 돌 위에 두매 **그날**에 벧세메스 사람
삼상 9:24 **그날**에 사울이 사무엘과 함께 먹으니라
삼상 12:18 여호와께서 **그날**에 우레와 비를 보내
삼상 18:2 **그날**에 사울은 다윗을 머무르게 하고
삼상 21:7 **그날**에 사울의 신하 한 사람이 여호와
삼상 24:4 이것이 **그날**이니이다 하니 다윗이 일어
삼상 27:6 아기스가 **그날**에 시글락을 그에게 주었
삼상 31:6 그의 모든 사람이 다 **그날**에 함께 죽었
삼하 2:17 **그날**에 싸움이 심히 맹렬하더니 아브넬
삼하 6:9 다윗이 **그날**에 여호와를 두려워하여
삼하 11:12 우리아가 **그날**에 예루살렘에 머무니
삼하 19:2 **그날**에 백성들에게 들리매 **그날**의 승리
삼하 22:1 사울의 손에서 구원하신 **그날**에 다윗
삼하 23:10 **그날**에 여호와께서 크게 이기게 하셨
왕상 8:64 **그날**에 왕이 여호와의 성전 앞뜰 가운데
왕상 14:17 그가 **그날**에 여로보암의 집을 끊어 버리
왕상 22:25 골방에 들어가서 숨는 **그날**에 보리라
대상 13:12 **그날**에 다윗이 하나님을 두려워하여
대상 16:7 **그날**에 다윗이 아삽과 그의 형제를 세워

【 그날 】   【 그날 】

대하 15:11	그날에 노략하여 온 물건 중에서 소 칠
느 12:44	그날에 사람을 세워 곳간을 맡기고
느 13:15	음식물을 팔기로 그날에 내가 경계하
에 3:14	민족에게 선포하여 그날을 위하여 준비
에 8:13	유다인들에게 준비하였다가 그날에
에 9:1	미워하는 자들을 제거하게 된 그날에

시가서, 선지서

욥 3:4	그날이 캄캄하였더라면, 하나님이 위에 서 … 빛도 그날을 비추지 않았더라면,
시 103:15	인생은 그날이 풀과 같으며 그 영화가
시 146:4	끊어지면 흙으로 돌아가서 그날에
잠 15:15	고난 받는 자는 그날이 다 험악하나
전 8:13	장수하지 못하고 그날이 그림자와 같으
전 11:8	캄캄한 날들이 많으리니 그날들을 생각
사 2:11	그날에 눈이 높은 자가 낮아지며 교만한
사 4:1	그날에 일곱 여자가 한 남자를 붙잡고
사 5:30	그날에 그들이 바다 물결 소리같이
사 11:10	그날에 이새의 뿌리에서 한 싹이 나서
사 12:1	그날에 네가 말하기를 여호와여 주께
사 17:4	그날에 야곱의 영광이 쇠하고 그의 살진
사 19:16	그날에 애굽이 부녀와 같을 것이라 그들
사 20:6	그날에 이 해변 주민이 말하기를 우리가
사 22:8	유다에게 덮였던 것을 벗기매 그날에
사 24:21	그날에 여호와께서 높은 데에서 높은
사 26:1	그날에 유다 땅에서 이 노래를 부르리라
사 27:1	그날에 여호와께서 그의 견고하고 크고
사 28:5	그날에 만군의 여호와께서 자기 백성
사 29:18	그날에 못 듣는 사람이 책의 말을 들을

사 30:23	그날에 네 가축이 광활한 목장에서 먹을
렘 4:9	여호와의 말씀이니라 그날에 왕과 지도
렘 25:33	그날에 여호와에게 죽임을 당한 자가
렘 33:16	그날에 유다가 구원을 받겠고 예루살렘
렘 46:10	그날은 주 만군의 여호와께서 그의 대적
렘 49:22	날개를 보스라 위에 펴는 그날에 에돔
렘 50:30	그러므로 그날에 장정들이 그 거리에
겔 7:10	볼지어다 그날이로다 볼지어다 임박
겔 20:6	그날에 내가 내 손을 들어 그들에게
겔 23:39	자녀를 죽여 그 우상에게 드린 그날에
겔 26:18	네가 무너지는 그날에 섬들이 진동할
겔 29:21	그날에 나는 이스라엘 족속에게 한 뿔이
겔 30:3	그날이 가깝도다 여호와의 날이 가깝
겔 38:10	그날에 네 마음에서 여러 가지 생각이
겔 39:8	주 여호와의 말씀이니라 볼지어다 그 날이 … 내가 말한 그날이 이 날이라
겔 45:22	그날에 왕은 자기와 이 땅 모든 백성을
호 1:5	그날에 내가 이스르엘 골짜기에서
호 2:16	여호와께서 이르시되 그날에 네가 나를
욜 1:15	슬프다 그날이여 여호와의 날이 가까
욜 3:18	그날에 산들이 단 포도주를 떨어뜨릴
암 5:18	여호와의 날을 사모하느냐 그날은
암 8:3	그날에 궁전의 노래가 애곡으로 변할
암 9:11	그날에 내가 다윗의 무너진 장막을 일으
옵 1:8	여호와의 말씀이니라 그날에 내가 에돔
미 5:10	여호와께서 이르시되 그날에 이르러는
습 1:9	그날에 문턱을 뛰어넘어서 포악과 거짓
습 1:15	그날은 분노의 날이요 환난과 고통의

'그날'과 관련된 성구

곧 그날에 – 창 7:13; 겔 24:26; 40:1
그날 – 창 3:8; 20:8; 신 27:11; 31:22; 삼상 10:9; 삼하 18:7; 느 13:1; 에 5:9; 8:1; 욜 3:1; 겔 39:22; 마 13:1; 22:23; 24:29; 막 4:35; 요 1:39
그날(과) 그때 – 렘 33:15; 50:4, 20; 마 24:36; 25:13; 막 13:32
그날까지 – 레 23:14; 느 8:17; 딤후 1:12
그날 밤에 – 삿 6:25; 대하 1:7; 에 6:1; 단 5:30; 요 21:3; 행 23:11
그날(로)부터 – 출 9:18; 10:6; 삼상 30:25; 사 23:15; 마 22:46

그날에는 – 출 16:26; 삼상 20:26; 사 7:18, 20, 21, 23; 22:25; 31:7; 52:6; 호 2:18; 암 2:16; 미 4:6; 7:11, 12; 슥 8:23; 12:3, 8; 14:6, 9, 20, 21; 마 24:19; 막 2:20; 13:17; 눅 5:35; 21:23; 요 14:20; 16:23; 벧후 3:10; 계 9:6
그날 종일 – 민 11:32; 삿 9:45; 삼상 7:6
그날 후 – 삼상 18:9; 렘 31:33; 겔 48:35; 히 8:10; 10:16
바로 그날에 – 출 12:51; 신 32:48; 대하 18:24

【 그날 】

습 3:11	그날에 네가 내게 범죄한 모든 행위로
학 2:23	스룹바벨아 여호와가 말하노라 그날에
슥 2:11	그날에 많은 나라가 여호와께 속하여
슥 3:10	만군의 여호와가 말하노라 그날에 너희
슥 8:6	이 일이 그날에 남은 백성의 눈에는
슥 12:4	여호와가 말하노라 그날에 내가 모든
슥 13:1	그날에 죄와 더러움을 씻는 샘이 다윗
슥 14:1	여호와의 날이 이르리라 그날에 네 재물

신약

마 6:34	염려할 것이요 한 날의 괴로움은 그날
마 7:22	그날에 많은 사람이 나더러 이르되 주여
마 24:22	그날들을 감하지 아니하면 … 택하신 자들을 위하여 그날들을 감하시리라
막 13:19	이는 그날들이 환난의 날이 되겠음이라
눅 2:43	그날들을 마치고 돌아갈 때에 아이 예수
눅 5:35	그러나 그날에 이르러 그들이 신랑을
눅 6:23	그날에 기뻐하고 뛰놀라 하늘에서 너희
눅 10:12	내가 너희에게 말하노니 그날에 소돔이
눅 17:31	그날에 만일 사람이 지붕 위에 있고
눅 21:34	마음이 둔하여지고 뜻밖에 그날이 덫과
눅 24:13	그날에 그들 중 둘이 예루살렘에서 이십
요 16:26	그날에 너희가 내 이름으로 구할 것이요
행 8:1	그날에 예루살렘에 있는 교회에 큰 박해
롬 2:5	심판이 나타나는 그날에 임할 진노를
고전 3:13	사람의 공적이 나타날 터인데 그날이
살전 5:4	너희는 어둠에 있지 아니하매 그날이
살후 1:10	그날에 그가 강림하사 그의 성도들에
딤후 1:18	주께서 그로 하여금 그날에 주의 긍휼을
히 10:25	오직 권하여 그날이 가까움을 볼수록
벧후 3:12	그날에 하늘이 불에 타서 풀어지고 물질

📖 **그날 – 기타 본문**

창 26:32; 30:35; 48:20; 출 8:22; 13:3, 8; 20:11; 레 22:30; 수 4:14; 6:15; 10:28, 35; 삼상 6:16; 7:10; 8:18; 14:23, 31, 37; 21:10; 22:18, 22; 삼하 5:8; 18:8; 19:3; 왕상 13:3; 16:16; 에 8:17; 9:11, 17; 욥 3:5; 사 2:17, 20; 3:7, 18; 4:2; 10:20, 27; 11:11; 12:4; 17:7, 9; 19:18, 19, 21, 23, 24; 22:12, 20; 25:9; 27:2, 12, 13; 렘 30:7, 8; 39:10, 16, 17; 49:26; 겔 24:27; 30:9; 38:18, 19; 39:11; 호 2:21; 암 8:9, 13; 습 1:10; 3:16; 슥 12:6, 8, 9, 11; 13:2, 4; 14:4, 8, 13; 막 13:20; 롬 2:16; 살후 2:3; 딤후 4:8

【 그늘 】

그낫(Kenath) 므낫세의 성읍

민 32:42	노바는 가서 그낫과 마을들을 빼앗
대상 2:23	야일의 성읍들과 그낫과 그에 딸린 성읍

그냥(as it is)

민 19:12	정결하게 하지 아니하면 그냥 부정하니
왕하 13:6	사마리아에 아세라 목상을 그냥 두었
전 11:3	쓰러지면 그 쓰러진 곳에 그냥 있으리라
마 15:14	그냥 두라 그들은 맹인이 되어 맹인을
눅 1:22	몸짓으로 뜻을 표시하며 그냥 말 못하
행 27:17	두려워하여 연장을 내리고 그냥 쫓겨
고전 7:8	과부들에게 이르노니 나와 같이 그냥
고전 7:26	환난으로 말미암아 사람이 그냥 지내는
고전 7:40	그러나 내 뜻에는 그냥 지내는 것이
벧후 3:4	만물이 처음 창조될 때와 같이 그냥
계 11:2	바깥 마당은 측량하지 말고 그냥 두라

그누밧(Genubath) 솔로몬의 대적 하닷의 아들

왕상 11:20	그로 말미암아 아들 그누밧을 낳았더니 … 젖을 떼게 하매 그누밧이 바로의

그늘(shade)

삿 9:15	왕으로 삼겠거든 와서 내 그늘에 피하라
욥 7:2	종은 저녁 그늘을 몹시 바라고 품꾼은
시 80:10	그늘이 산들을 가리고 그 가지는 하나님
시 121:5	여호와께서 네 오른쪽에서 네 그늘이
아 2:3	내가 그 그늘에 앉아서 심히 기뻐하였고
사 4:6	낮에는 더위를 피하는 그늘을 지으며
사 16:3	대낮에 밤같이 그늘을 지으며 쫓겨난
사 25:4	피난처시며 폭양을 피하는 그늘이 되셨
사 32:2	같을 것이며 곤비한 땅에 큰 바위 그늘
사 34:15	알을 낳아 까서 그 그늘에 모으며 솔개
사 49:2	나를 그의 손 그늘에 숨기시며 나를
사 51:16	내 손 그늘로 너를 덮었나니 이는 내가
렘 6:4	아깝다 날이 기울어 저녁 그늘이 길었
애 4:20	우리가 그의 그늘 아래에서 이방인들
겔 17:23	새가 그 아래에 깃들이며 그 가지 그늘
겔 31:3	가지가 아름답고 그늘은 숲의 그늘 같으
겔 31:6	모든 큰 나라가 그 그늘 아래에 거주하
겔 31:12	백성이 그를 버리고 그 그늘 아래에서
겔 31:17	나라들 가운데에서 그 그늘 아래에 거주
단 4:12	들짐승이 그 그늘에 있으며 공중에 나는
호 4:13	이는 그 나무 그늘이 좋음이라 이러므로

그늘지다

호 14:7	그 **그늘** 아래에 거주하는 자가 돌아올
욘 4:5	일어나는가를 보려고 그 **그늘** 아래에
욘 4:6	그의 머리를 위하여 **그늘**이 지게 하며
마 4:16	사망의 땅과 **그늘**에 앉은 자들에게 빛이
막 4:32	공중의 새들이 그 **그늘**에 깃들일 만큼

> **성경에 나오는 '그늘'**
>
> 갈대 그늘 – 욥 40:21
> 돈의 그늘 – 전 7:12
> 사망의 그늘 – 욥 34:22; 시 44:19; 107:10, 14; 렘 13:16; 암 5:8
> 애굽의 그늘 – 사 30:2, 3
> 연 잎 그늘 – 욥 40:22
> 전능자의 그늘 – 시 91:1
> 주의 날개 그늘 – 시 17:8; 36:7; 57:1; 63:7
> 죽음의 그늘 – 욥 3:5; 10:22; 12:22; 16:16; 24:17; 28:3 눅 1:79
> 지혜의 그늘 – 전 7:12
> 헤스본 그늘 – 렘 48:45

그늘지다(shadow)

욥 10:21	어둡고 죽음의 **그늘진** 땅으로 가기 전에
욥 38:17	사망의 **그늘진** 문을 네가 보았느냐
사 9:2	백성이 큰 빛을 보고 사망의 **그늘진**
렘 2:6	건조하고 사망의 **그늘진** 땅, 사람이

그니스 사람/그니스 족속(Kenite, Kenizzite)

그니스 출신 가족

창 15:19	겐 족속과 **그니스 족속**과 갓몬 족속과
수 14:6	**그니스 사람** 여분네의 아들 갈렙이
수 14:14	헤브론이 **그니스 사람** 여분네의 아들

그다랴(Gedaliah)

1. 예루살렘의 방백

렘 38:1	스바댜와 바스훌의 아들 **그다랴**와

2. 유다의 총독

렘 39:14	사반의 손자 아히감의 아들 **그다랴**에
렘 40:5	사반의 손자 아히감의 아들 **그다랴**에
렘 40:6	아히감의 아들 **그다랴**에게로 나아가
렘 40:7	왕이 아히감의 아들 **그다랴**에게 그 땅
렘 40:8	사람들이 미스바로 가서 **그다랴**에게
렘 40:9	사반의 손자 아히감의 아들 **그다랴**가
렘 40:11	사반의 손자 아히감의 아들 **그다랴**를
렘 40:12	미스바에 사는 **그다랴**에게 이르러
렘 40:13	지휘관들이 미스바에 사는 **그다랴**에
렘 40:14	아히감의 아들 **그다랴**가 믿지 아니한
렘 40:15	요하난이 미스바에서 **그다랴**에게 비밀
렘 40:16	아히감의 아들 **그다랴**가 가레아의 아들
렘 41:1	미스바로 가서 아히감의 아들 **그다랴**
렘 41:2	사반의 손자 아히감의 아들 **그다랴**를
렘 41:3	이스마엘이 또 미스바에서 **그다랴**와
렘 41:4	그가 **그다랴**를 죽인 지 이틀이 되었어도
렘 41:6	아히감의 아들 **그다랴**에게로 가자 하더
렘 41:9	이스마엘이 **그다랴**에게 속한 사람들을
렘 41:10	느부사라단이 아히감의 아들 **그다랴**
렘 41:16	이스마엘이 아히감의 아들 **그다랴**를
렘 41:18	아히감의 아들 **그다랴**를 죽였으므로
렘 43:6	아히감의 아들 **그다랴**에게 맡겨 둔

3. 스바냐의 할아버지

습 1:1	아마랴의 증손이요 **그다랴**의 손자요

그다음(then)

창 25:13	장자는 느바욧이요 **그다음**은 게달과
히 7:2	의의 왕이요 **그다음**은 살렘 왕이니

> **그다음 – 기타 본문**
>
> 창 35:23; 레 5:10; 민 2:17; 삼상 17:13; 삼하 23:9, 11; 대상 2:25; 11:12; 15:18; 16:5; 23:11, 20; 27:7; 대하 17:15, 16, 18; 느 3:2, 4, 5, 7, 8, 9, 10, 12, 16, 17, 18, 19, 20, 21, 22, 23, 24, 25, 27, 29, 30, 31; 11:8; 겔 43:27; 단 7:7; 막 4:28; 행 13:44; 20:15; 고전 12:28; 15:46

그달랴(Gedaliah) 이방인 아내를 취한 제사장

스 10:18	마아세야와 엘리에셀과 야립과 **그달랴**

그달리야(Gedaliah)

1. 유다의 총독으로 '그다랴 2'와 같은 사람

왕하 25:22	사반의 손자 아히감의 아들 **그달리야**
왕하 25:23	바벨론 왕이 **그달리야**를 지도자로 … 모두 미스바로 가서 **그달리야**에게
왕하 25:25	열 명을 거느리고 와서 **그달리야**를

2. 다윗 시대 성전에서 악기를 다루던 사람

대상 25:3	그의 아들들 **그달리야**와 스리와 여사야
대상 25:9	둘째는 **그달리야**이니 그와 그의 형제

【 그대 】

그대(you)
창 12:13 **그대**는 나의 누이라 하라 그러면 내가 **그대**로 말미암아 안전하고 내 목숨이 **그대**로 말미암아 보존되리라 하니라

그대로(like that, as it is)
레 24:20 상해를 입힌 **그대로** 그에게 그렇게 할
왕하 8:1 기근을 부르셨으니 **그대로** 이 땅에
시 103:10 죄악을 따라 우리에게 **그대로** 갚지는
막 4:36 예수를 배에 계신 **그대로** 모시고 가매
눅 1:2 일꾼 된 자들이 전하여 준 **그대로** 내력
요 4:6 피곤하여 우물 곁에 **그대로** 앉으시니
요 11:30 마르다가 맞이했던 곳에 **그대로** 계시
요 12:50 아버지께서 내게 말씀하신 **그대로**니라
요 13:25 그가 예수의 가슴에 **그대로** 의지하여
요 18:24 안나스가 예수를 결박한 **그대로** 대제사
고전 7:24 각각 부르심을 받은 **그대로** 하나님과
고전 12:2 우상에게로 끄는 **그대로** 끌려 갔느니라
고후 11:12 내가 해 온 **그대로** 앞으로도 하리니
딛 1:9 미쁜 말씀의 가르침을 **그대로** 지켜야
요일 2:27 너희를 가르치신 **그대로** 주 안에 거하라
계 18:6 **그대로** 그에게 주고 그의 행위대로
계 22:11 **그대로** 불의를 … 더러운 자는 **그대로** … 의로운 자는 … **그대로** … **그대로** 거룩

'그대로'와 관련된 성구

그대로 가다 – 전 5:16; 겔 1:12
그대로 거두다 – 갈 6:7
그대로 고하다 – 눅 14:21
그대로 당하다 – 왕상 20:40
그대로 되니라 – 창 1:7, 9, 11, 15 , 24, 30; 삿 6:38; 막 11:23, 24; 행 27:25
그대로 두다 – 출 9:21; 왕하 7:7; 23:18; 욥 4:18; 겔 21:26; 눅 13:8; 요 20:23; 고전 7:37
그대로 말하다 – 창 44:6
그대로 믿다 – 출 22:11
그대로 믿지 아니하다 – 욥 4:18
그대로 받다 – 엡 6:8
그대로 보다 – 요일 3:2
그대로 서다 – 창 18:22
그대로 성취하다 – 고후 8:6
그대로 실행하다 – 신 23:23
그대로 오시다 – 행 1:11
그대로 이루어지다/이루다 – 왕하 7:20; 렘 1:12
그대로 있다 – 창 30:27; 43:21; 민 19:13; 수 10:27; 삼하 11:1; 왕하 7:10; 대상 20:1; 렘 2:22; 요 9:41; 12:24; 20:23; 행 5:4; 27:20; 고전 3:14
그대로 지내다 – 고전 7:11, 20
그대로 하다 – 창 29:28; 42:20; 45:21; 50:2; 민 23:26; 수 10:23; 삿 6:20; 삼하 3:18; 왕상 14:4; 20:9; 스 10:16; 사 20:2; 렘 38:12; 요 2:5; 행 12:8
그대로 행하다 – 창 42:25; 출 8:17; 12:28; 14:4; 17:6; 레 18:4; 민 1:54; 신 4:5; 19:19; 수 5:15; 9:26; 11:15 ; 삿 6:40; 왕상 1:30; 6:12; 대상 13:4; 에 2:4; 9:14; 사 19:21; 렘 42:20; 고전 7:17; 빌 3:16
그대로 행하지 아니하다 – 렘 9:13; 겔 18:14; 33:31

【 그돌 】

그데라(Gederah) 포로귀환 옹기장이의 성읍
수 15:36 아디다임과 **그데라**와 그데로다임이니
대상 12:4 야하시엘과 요하난과 **그데라** 사람

그데로다임(Gederothaim) 유다 평지 성읍
수 15:36 아디다임과 그데라와 **그데로다임**이니

그데롯(Gederoth) 유다 평지 성읍
수 15:41 **그데롯**과 벧다곤과 나아마와 막게다
대하 28:18 벧세메스와 아얄론과 **그데롯**과 소고

그데못(Kedemoth) 모압 광야에 있던 성읍
신 2:26 내가 **그데못** 광야에서 헤스본 왕 시혼
수 13:18 야하스와 **그데못**과 메바앗과
수 21:37 **그데못**과 그 목초지와 므바앗과 그 목초
대상 6:79 **그데못**과 그 초원과 메바앗과 그 초원

그돌(Gedor)

1. 인 명
(1) 유다의 자손
대상 4:4 **그돌**의 아버지 브누엘과 후사의 아버지
대상 4:18 또 그의 아내 여후디야는 **그돌**의 조상

(2) 베냐민 사람 여이엘의 아들
대상 8:31 **그돌**과 아히오와 세겔이며

【 그돌라오멜 】   【 그때 】

대상 9:37 그돌과 아히오와 스가랴와 미글롯이
2. 지 명
(1) 유다 남부 산지의 성읍
수 15:58 할훌과 벧술과 그돌과
(2) 시므온이 점령한 지역
대상 4:39 목장을 구하고자 하여 골짜기 동쪽 그돌
(3) 베냐민 사람 여로함이 살던 성읍
대상 12:7 그돌 사람 여로함의 아들 요엘라와

그돌라오멜(Kedorlaomer) 아브라함 당시의 엘람 왕
창 14:1 아리옥과 엘람 왕 **그돌라오멜**과 고임 왕
창 14:4 십이 년 동안 **그돌라오멜**을 섬기다가
창 14:5 제십사년에 **그돌라오멜**과 그와 함께 한
창 14:9 엘람 왕 **그돌라오멜**과 고임 왕 디달과
창 14:17 아브람이 **그돌라오멜**과 그와 함께 한

그동안(during that time, on those days)
출 10:23 **그동안**은 사람들이 서로 볼 수 없으며
삿 11:26 삼백 년이거늘 **그동안**에 너희가 어찌
눅 12:1 **그동안**에 무리 수만 명이 모여 서로
눅 13:14 일할 날이 엿새가 있으니 **그동안**에 와

그두라(Keturah) 아브라함의 후처
창 25:1 맞이하였으니 그의 이름은 **그두라**라
창 25:4 아비다와 엘다아이니 다 **그두라**의 자손
대상 1:32 아브라함의 소실 **그두라**가 낳은 자손은
대상 1:33 엘다아니 이들은 모두 **그두라**의 자손들

그때(at that time)
창 4:26 에노스라 하였으며 **그때**에 사람들이

🕮 그때 - 기타 본문
모세오경 창 6:11; 10:25; 12:6; 14:13; 21:22; 24:30, 62; 31:19; 33:6; 37:28; 42:1; 45:1; 출 3:3; 4:26; 9:24, 25; 13:15; 16:4; 17:8; 레 25:41; 26:34; 민 9:6; 13:20; 14:10; 16:7; 21:17; 22:4, 31; 24:2, 23; 32:10; 신 1:4, 9, 16, 18; 2:31, 34; 3:4, 8, 12, 18, 21, 23, 29; 4:14, 41; 5:5; 7:2; 9:9, 20, 25; 10:1, 8, 10; 26:3; 29:25; 31:17, 18; 32:35 **역사서** 수 5:2; 6:26; 8:30; 10:1, 8, 22, 33; 11:10, 21; 14:6, 11; 21:1; 22:1; 삿 3:29; 4:4; 5:8, 11, 13, 22; 6:33; 8:3, 22; 10:17; 12:6; 14:4; 16:12;

17:6; 18:1; 19:1; 20:15, 27; 21:14, 24, 25; 삼상 1:9; 3:2; 4:15; 13:19; 14:18, 28; 15:17; 17:19; 18:10; 20:6; 22:6, 9; 23:19; 28:1; 삼하 5:24; 6:14; 15:11, 19; 16:6, 23; 17:17; 20:8; 21:17; 23:14; 왕상 1:5; 3:2, 16; 8:12, 14, 65; 11:17; 13:1; 14:1; 16:15, 21; 18:2; 20:10, 12, 28; 22:47; 왕하 3:6; 6:8, 32; 7:2, 19; 8:4, 22; 12:17; 14:21; 15:16, 37; 18:16; 20:1, 12; 24:10; 대상 1:19; 11:16; 12:18, 22; 16:19; 21:15, 20, 29; 22:13; 대하 5:13; 6:1, 3; 7:6, 8; 8:17; 12:5; 13:7, 18; 15:5; 16:7, 10; 21:10; 28:16; 30:27; 31:11; 32:24; 35:17; 스 3:6; 5:3, 16; 8:21, 24, 34; 느 1:11; 2:2, 6; 3:1, 26; 4:16, 22; 5:1; 6:1, 17; 8:4; 13:6, 15, 23; 에 1:14; 8:9 **시가서** 욥 2:11; 4:15, 16; 28:27; 29:3, 4, 5, 7; 38:1, 7, 9, 21; 40:6; 시 2:5; 40:7; 51:19; 58:11; 78:43, 65; 89:19; 95:9; 96:12; 102:22; 105:12; 106:30; 124:3, 4, 5; 126:2; 잠 1:28; 7:10 **선지서** 사 3:24; 5:17; 6:5, 6, 8; 7:3; 11:6; 14:25; 18:7; 20:2; 24:23; 32:16; 35:5, 6; 36:22; 37:9; 38:1; 39:1; 49:21; 60:5; 64:3; 렘 3:17, 18; 4:11; 5:18; 6:15; 7:34; 8:1; 11:15, 18; 18:5; 22:15, 22; 29:2; 31:1, 13, 29; 32:2, 26; 33:15, 20; 34:7; 35:12; 36:22; 37:4; 38:7; 41:5; 44:17; 45:1; 49:2; 50:4, 20; 겔 6:10; 11:1, 22; 23:8; 26:16; 32:14; 33:22, 29; 36:31; 38:17; 단 2:14, 35; 3:8, 24; 4:7, 25, 33, 36; 5:5, 8, 31; 7:11; 8:14; 10:2, 5; 11:6, 14; 12:1; 호 2:7; 10:8, 14; 욜 2:18, 29; 3:1; 암 9:13; 미 2:4; 3:4; 나 3:7; 습 1:12; 3:9, 11, 19, 20; 학 1:13, 15; 2:16; 슥 1:20; 5:7; 7:2; 14:3; 말 3:4, 16, 18 **복음서** 마 2:16; 3:1; 4:1; 7:23; 9:14, 15; 10:19; 11:20, 25; 12:1, 22, 38; 13:43; 14:1; 15:1, 28; 16:27; 17:3, 18; 18:1, 21; 19:13; 20:20; 24:9, 10, 16, 21, 23, 30, 36, 40; 25:1, 13, 34; 26:3, 14, 16, 31, 55; 27:3, 16; 막 1:9; 3:31; 13:11, 14, 21, 24, 26, 27, 32, 33; 눅 2:1, 6; 7:21; 9:36; 10:21; 12:12; 13:1, 26, 31; 14:9, 10; 21:21, 27; 23:7, 30; 24:33; 요 4:53; 6:66; 9:4; 16:4, 21; 18:18; 19:27; 20:8 **역사서 – 예언서** 행 1:15; 2:5, 18; 6:1; 7:11, 20, 41; 9:10, 32, 37; 10:9; 11:19, 27; 12:1; 19:23; 20:3; 21:37; 롬 6:21; 고전 4:5; 7:29; 13:12; 15:28; 고후 12:10; 갈 4:8, 29; 엡 2:2, 11, 12; 골 3:4; 살전 5:3; 살후

【 그란 】　　　　　　　　　　　　　　【 그러나 】

2:8; 딛 3:12; 히 12:26; 벧후 3:6; 계 6:1; 11:13

그란(Keran) 호리 족속 디손의 아들
창 36:26　헴단과 에스반과 이드란과 **그란**이요
대상 1:41　하므란과 에스반과 이드란과 **그란**이요

그랄(Gerar) 가데스와 술 사이의 블레셋 성읍
창 10:19　가나안의 경계는 시돈에서부터 **그랄**
창 20:1　　옮겨가 가데스와 술 사이 **그랄**에 거류
창 20:2　　누이라 하였으므로 **그랄** 왕 아비멜렉
창 26:1　　흉년이 들매 이삭이 **그랄**로 가서 블레셋
창 26:6　　이삭이 **그랄**에 거주하였더니
창 26:17　이삭이 그 곳을 떠나 **그랄** 골짜기에
창 26:20　**그랄** 목자들이 이삭의 목자와 다투어
창 26:26　군대 장관 비골과 더불어 **그랄**에서부터
대하 14:13　구스 사람들을 추격하여 **그랄**까지
대하 14:14　여호와께서 **그랄** 사면 모든 성읍 백성

그래도(but, nevertheless)
창 42:22　하지 아니하였더냐 **그래도** 너희가 듣지
민 14:44　그들이 **그래도** 산 꼭대기로 올라갔으
에 7:4　　내가 잠잠하였으리이다 **그래도** 대적
욥 2:9　　그에게 이르되 당신이 **그래도** 자기의
욥 16:5　　**그래도** 입으로 너희를 강하게 하며 입술
잠 1:28　　너희가 나를 부르리라 **그래도** 내가 대
　　　　　답하지 아니하겠고 … **그래도** 나를
렘 14:9　　여호와여 주는 **그래도** 우리 가운데 계시
겔 23:43　그가 **그래도** 그들과 피차 행음하는도다
겔 33:17　**그래도** 네 민족은 말하기를 주의 길이
겔 36:37　**그래도** 이스라엘 족속이 이같이 자기

그래서(and so, so that)
느 13:18　이같이 행하지 아니하였느냐 **그래서**
행 28:14　이레를 함께 머무르니라 **그래서** 우리는

그러나(but, however)
창 6:3　　그들이 육신이 됨이라 **그러나** 그들의

그러나 - 기타 본문
모세오경 창 6:8, 13; 9:4; 19:16, 33, 35; 21:13; 30:30; 31:7; 34:22; 39:12; 출 1:12, 17; 4:1, 21; 5:11; 7:13; 8:15, 32; 9:7, 12, 30, 32; 10:20; 11:7; 14:29; 21:23; 23:29; 32:32, 34; 34:7, 34; 36:3; 레 6:30; 7:16; 13:7, 21, 23, 26, 37, 42, 53; 19:20; 22:11; 25:28, 31, 34; 26:14; 27:8; 민 1:47; 4:15; 5:20, 28; 9:13; 13:28; 14:21, 24; 18:23; 22:20; 24:22; 30:5, 8, 12, 15; 32:12, 30; 35:26; 신 1:26; 4:29; 8:17; 9:19; 12:15; 14:24; 15:21; 19:11; 23:22, 24, 25; 25:7; 29:4; 30:17 **역사서** 수 2:19; 3:4; 9:18; 17:12; 18:2; 삿 4:9; 6:15; 14:13; 21:18; 삼상 1:5; 20:3, 8, 13, 26; 삼하 9:10; 11:9; 12:18; 13:20; 15:26, 34; 19:28, 37; 21:7; 23:6, 19, 23; 왕상 1:26; 2:8, 9, 45; 8:19, 28; 11:12, 22, 34; 12:17; 15:14, 23; 18:25; 19:18; 왕하 2:10; 3:3; 7:2, 19; 8:10; 10:31; 17:29, 40; 18:36; 22:7; 23:26; 대상 6:56; 10:4; 28:4; 대하 6:9, 19; 7:19; 10:17; 12:8; 16:8; 19:3; 24:19; 28:10; 30:11; 32:31; 스 10:13; 느 9:17, 30, 33; 13:2; 에 1:12; 5:13 **시가서** 욥 11:20; 13:15; 16:17; 21:16, 22; 22:13; 23:10; 24:22; 28:12; 30:1, 24; 32:8; 35:15; 37:8; 39:18; 시 5:11; 14:5; 35:15; 37:11, 13; 44:9; 49:10, 11, 15; 50:21; 52:8; 64:7; 66:19; 78:23, 30, 36, 56; 82:7; 86:15; 89:33, 38; 92:10; 105:14; 106:8, 13, 44; 109:21; 130:4; 잠 2:22; 8:36; 10:27; 전 3:11; 9:15, 18; 11:8, 9 **선지서** 사 1:28; 8:9, 10, 14; 14:15; 17:6; 22:11; 24:16; 30:18; 36:21; 41:8; 43:22; 45:24; 47:11; 49:4; 53:12; 57:20; 64:8; 66:8; 렘 2:11, 35; 5:23; 10:19; 12:1; 15:13; 16:14; 17:7, 27; 18:12; 22:5, 17; 27:11; 28:7; 30:7, 11; 31:33; 32:36; 33:6; 34:4, 15; 35:11; 38:2, 21; 40:16; 42:16; 45:5; 48:47; 49:6, 10, 39; 애 1:18, 21; 겔 3:7, 21, 27; 6:8; 11:21; 12:16; 14:22; 16:15, 60; 18:21; 20:9, 13, 17, 21; 21:30; 31:17, 18; 33:6, 9, 17, 20; 35:10; 36:8, 21; 44:11, 14; 46:9; 단 4:15, 23; 7:26; 11:4, 6, 7, 10, 44; 호 1:7; 10:4; 4:4; 11:3; 13:4; 14:9; 욜 3:16, 19; 암 2:12; 9:8; 욘 1:3, 5, 13; 학 2:4, 19; 말 1:2, 12; 3:8 **복음서** 마 2:22; 6:29; 9:6, 15; 10:29; 11:11; 12:28; 13:16; 17:27; 19:30; 21:28; 23:8, 23, 37; 24:13, 22, 36; 26:29, 32, 39, 56, 64; 막 1:45; 2:10, 20; 9:13, 22, 32; 10:31; 13:32; 14:28, 36, 49, 71; 15:11; 눅 5:24, 35; 6:24, 27; 7:28; 10:11, 20; 11:20, 41, 42; 12:6, 27; 13:33, 34; 16:17; 17:23, 25; 18:8; 22:21, 27, 32, 42, 53, 69; 요 2:21; 3:11; 4:35; 5:34, 40, 47; 6:9, 23, 36, 64;

【 그러니 】　　　　　　　　　　　　　　　　　　　　　　　　【 그러므로 】

70; 7:13, 22, 27; 8:37; 9:21; 11:11, 15, 22, 42; 12:27, 42; 13:18; 14:17, 30; 15:21, 25; 16:7, 13, 32　역사서 - 예언서　행 3:15, 18; 7:5, 48; 14:2, 17; 15:11; 17:5; 23:30; 24:14, 18; 25:25; 롬 3:5, 7; 5:14, 15, 20; 6:22; 7:3, 8; 8:37; 9:6; 10:16, 18, 19; 13:4; 15:15, 25; 고전 1:27; 2:6, 16; 3:10, 15; 7:6, 7, 14, 15, 21, 28, 37, 40; 8:6, 7; 9:12, 15; 10:5; 11:3, 11; 12:18; 14:3, 17, 19, 24; 15:10, 20, 23, 46; 고후 3:14, 16; 7:6; 10:12, 13; 11:2, 21; 12:6; 갈 1:8, 15; 2:3; 3:18, 22; 4:8, 29, 30; 5:10, 13; 6:14; 엡 5:13, 33; 빌 1:22; 2:25; 3:4, 7, 20; 4:14; 살후 3:15; 딤전 1:8, 16; 2:15; 4:1; 6:5; 딤후 2:19; 3:9, 14; 4:5; 딛 3:9; 히 2:6; 8:6; 10:3; 12:22; 약 2:14; 4:6; 벧전 2:9, 20; 3:14; 벧후 2:1, 12; 3:10; 계 2:4, 14, 20; 3:4; 9:5; 12:12; 21:8

그러니 (and)
호 10:9　지금까지 죄를 짓는구나 **그러니** 범죄

그러면 (so that, then)
창 12:13　그대는 나의 누이라 하라 **그러면** 내가

그러면 - 기타 본문
구약　창 27:33; 30:3, 15; 34:23, 30; 42:2, 20, 34; 43:8; 44:10; 출 5:1; 7:16; 8:20; 레 14:53; 15:13; 19:17; 민 36:3; 수 18:6; 24:23; 삿 8:7; 삼상 15:14; 28:2; 삼하 14:13; 왕하 4:14, 41; 5:17; 10:15; 느 2:4; 욥 5:27; 13:19; 34:33; 시 86:17; 겔 23:36　**신약**　마 8:8; 9:18; 11:8, 9; ; 13:28; 17:10; 19:7; 21:40; 22:17, 43; 23:31; 24:26; 25:27; 27:22; 막 11:32; 12:7; 15:12; 눅 3:10; 7:25, 26; 10:28, 29; 11:9; 12:20; 13:16; 14:10; 16:27; 19:23; 20:17; 21:7; 22:70; 요 1:21; 6:30, 62; 9:10, 19; 10:38; 18:37, 39; 행 11:18; 12:15; 19:3; 21:22, 24, 38; 롬 3:21; 3:8, 9; 5:9; 9:19; 10:8; 11:19; 고전 8:11; 10:22; 14:15; 갈 3:21; 빌 1:18; 히 4:6

그러므로 (so, that is why, then, therefore)
창 11:9　**그러므로** 그 이름을 바벨이라 하니

그러므로 - 기타 본문
모세오경　창 13:7, 11; 19:22; 25:30; 26:33;

32:30; 42:22; 47:20; 출 1:22; 5:17; 6:6; 11:9; 12:17; 13:18; 16:30; 20:11; 레 17:12, 14; 18:26, 30; 민 19:20; 21:3, 27; 24:11; 25:12; 31:17; 신 5:15; 9:6; 10:9, 16; 11:8; 19:7; 23:14; 25:19; 31:19, 22; 32:19, 22　역사서　수 2:12; 7:12, 19, 26; 9:11, 18, 23; 23:6, 11; 24:14, 18; 삿 2:3, 5; 3:5; 10:13; 11:8; 13:4; 15:19; 17:3; 18:12; 삼상 1:28; 2:30; 3:14; 5:5; 6:5, 7; 8:9; 9:13; 10:12, 22; 14:24, 28; 18:13; 19:2, 24; 22:1; 26:8; 29:7; 삼하 2:16; 6:23; 7:8; 10:19; 18:18; 22:25; 왕상 2:24; 14:10; 20:9, 28; 왕하 1:4, 6, 16; 5:27; 10:19; 15:16; 17:26; 19:26, 28, 32; 21:12; 22:17, 20; 대상 5:26; 22:5; 대하 1:12; 11:17; 17:5; 19:2; 20:26; 22:1; 25:15; 28:5; 34:25, 28; 스 8:23; 느 9:27; 에 9:19　시가서　욥 5:16; 6:3; 9:22; 17:9; 20:2, 10; 23:15; 32:10; 34:10, 25; 36:16; 37:24; 42:6; 시 1:5; 18:24; 25:8; 28:7; 31:3; 45:2, 7, 17; 46:2; 73:6, 10; 78:21; 81:12; 95:11; 106:15, 23, 40; 107:12; 118:7; 119:119, 127, 128; 127:2; 143:4; 잠 1:31; 6:15; 17:11; 20:4; 전 3:22; 4:2; 7:26; 9:16; 아 8:10　선지서　사 1:24; 3:17; 5:13, 14, 25; 7:14; 8:7; 9:11, 14, 17; 10:12, 16, 24; 12:3; 13:7, 13; 15:4, 7; 16:7, 9; 17:10; 22:4; 24:6, 15; 28:11, 16, 22; 29:11, 14, 22; 30:3, 7; 36:8; 37:19, 27, 33; 42:25; 43:12, 28; 44:9; 47:8; 48:5; 49:5; 51:21; 52:5, 6; 53:12; 59:9; 65:7; 렘 1:17; 2:9, 33; 3:3; 5:6, 14, 27; 6:11, 15, 18, 21; 7:14, 20, 32; 8:10, 12; 9:7, 15; 11:11, 14, 22; 13:12, 24, 26; 14:15, 22; 18:11, 13; 19:6; 22:18; 23:2, 7, 12, 15, 30, 38; 25:4, 8, 30; 27:14; 28:16; 29:32; 30:10, 16; 31:20; 32:28; 34:12, 17; 35:17, 19; 36:30; 44:11, 26; 48:12, 31, 36; 49:2; 50:12, 18, 30, 39; 51:36, 47; 애 1:9; 3:24; 겔 5:7, 8, 11; 8:18; 9:10; 11:4, 7; 12:23, 28; 13:8, 11, 13, 20; 15:6; 16:27, 35, 50; 17:19; 20:10, 30; 21:14, 24; 22:4, 19; 23:9, 22, 35; 24:6, 9; 25:4, 9, 13, 16; 26:3; 28:6, 16; 29:8, 10, 19; 30:22; 31:10; 33:25; 34:7, 9, 20, 22; 35:6, 11; 36:3, 7, 22; 37:12; 39:1, 25; 44:9; 단 3:29; 4:37; 5:9; 9:14, 25; 10:8; 호 2:6, 9, 14; 4:3; 5:7, 12; 6:3, 5; 10:14; 13:7; 암 3:2, 11; 4:12; 5:13, 16; 6:7; 욘 4:2; 미 2:3, 5; 3:6; 5:3; 6:13; 습 2:9; 3:8; 학 1:5, 10; 슥 1:3, 6, 16; 말

【 그러자 】　　　　　　　　　　　　　　　　　　　　　　　　　　【 그런즉 】

2:13, 15, 16; 3:6 **복음서, 역사서** 마 3:8; 5:19, 23, 48; 6:2, 8, 9, 22, 23, 25, 31, 34; 7:12, 24; 9:38; 10:16; 12:12, 27, 31; 13:13, 52; 14:2; 18:4, 23; 19:5, 6; 21:43; 23:3, 20, 34, 35; 24:15, 42; 27:8, 64; 28:19; 막 1:45; 6:14; 10:9; 11:24; 13:35; 눅 3:8; 4:7; 7:7; 8:18; 10:2; 11:19, 35, 49; 12:22, 40; 13:18; 14:20; 21:14; 23:16; 요 1:39; 3:23; 5:16, 19; 6:15, 52, 65; 7:22; 8:24, 31, 36; 9:15; 10:7; 11:54; 12:50; 13:11; 16:15; 18:29; 19:11; 행 2:26; 3:19; 8:22; 13:38; 15:19; 20:26, 31; 25:17; 26:3, 19; 27:25 **서신서, 예언서** 롬 1:15, 20, 24; 2:1; 3:20, 28; 4:16, 22; 5:1, 12; 6:4, 12; 7:3, 4, 21; 8:1, 12; 10:17; 11:1, 11, 22; 12:1; 13:2, 5, 10, 12; 14:8, 16, 19; 15:7, 9, 17, 22, 28; 16:19; 고전 4:5, 16; 7:36, 38; 8:4, 13; 9:26; 11:10, 27, 30; 12:3; 14:11, 12, 13, 22, 23; 15:11, 58; 16:18; 고후 2:8; 4:1, 16; 5:6, 16, 20; 6:17; 7:8; 8:6, 24; 9:5; 11:15; 12:9, 10; 13:10; 갈 2:14; 3:9; 4:7; 5:1; 6:10; 엡 2:11, 19; 3:13; 4:1, 8, 17; 5:1, 7, 14, 17, 24, 31; 6:13; 빌 2:1, 12, 23, 28; 3:15; 4:1; 골 2:6, 16; 3:1, 5, 12; 살전 1:7; 2:18; 3:8; 4:1, 8, 18; 5:6, 11; 살후 1:4; 2:15; 딤전 2:1, 8; 3:2; 5:14; 딤후 1:6, 8; 2:1, 10, 21; 딛 1:13; 몬 1:17; 히 1:9; 2:1, 10, 11, 17; 3:1, 7, 10; 4:1, 11, 14, 16; 5:3; 6:1; 7:25; 8:3; 9:23; 10:5, 19, 35; 12:12, 28; 13:6, 12, 15; 약 1:21; 4:6, 17; 5:7, 16; 벧전 1:6, 13, 24; 2:1, 7; 3:10; 4:7, 19; 5:6; 벧후 1:5, 10, 12; 3:14, 17; 요일 2:18; 3:1; 요삼 1:8, 10; 계 1:19; 2:5, 16; 3:3, 19; 7:15; 12:12; 18:8

그러자(so)
렘 26:17　그러자 그 지방의 장로 중 몇 사람이
단 3:21　그러자 그 사람들을 겉옷과 속옷과 모자

그러하다(so)
출 8:21　그들이 사는 땅에도 **그러하리라**
민 15:15　타국인도 여호와 앞에 **그러하리라**
삼상 22:16　너와 네 아비의 온 집도 **그러하리라**
삼하 20:17　대답하되 **그러하다** 하니라 여인이 그
왕상 13:14　하나님의 사람이냐 대답하되 **그러하다**
왕상 18:8　그가 그에게 대답하되 **그러하다** 가서
잠 14:14　선한 사람도 자기의 행위로 **그러하리라**

겔 16:44　어머니가 그러하면 딸도 **그러하다**
호 12:11　길르앗은 불의한 것이냐 과연 **그러하리라**
슥 9:5　소망이 수치가 되므로 역시 **그러하리라**
슥 14:8　여름에도 겨울에도 **그러하리라**
마 13:40　사르는 것같이 세상 끝에도 **그러하리라**
마 24:27　번쩍임같이 인자의 임함도 **그러하리라**
마 24:37　때와 같이 인자의 임함도 **그러하리라**
눅 11:30　같이 인자도 이 세대에 **그러하리라**
눅 17:24　비침같이 인자도 자기 날에 **그러하리라**
눅 17:26　된 것과 같이 인자의 때에도 **그러하리라**
요 13:13　하니 너희 말이 옳도다 내가 **그러하다**
요 15:4　내 안에 있지 아니하면 **그러하리라**
행 22:27　시민이냐 내게 말하라 이르되 **그러하다**
계 1:7　그로 말미암아 애곡하리니 **그러하리라**
계 14:13　성령이 이르시되 **그러하다** 그들이 수고
계 16:7　내가 들으니 제단이 말하기를 **그러하다**

그런데(but, now)
창 3:1　그런데 뱀은 여호와 하나님이 지으신

✝ 그런데 – 기타 본문
창 30:15; 신 32:15; 수 19:47; 22:19; 삼하 24:3; 왕상 1:13, 27; 3:19; 대하 29:34; 욥 21:34; 23:8; 렘 3:20; 겔 18:19, 25, 29; 단 10:13; 암 6:12; 마 13:27; 눅 16:20; 19:14; 20:29; 요 3:1; 행 15:10; 고후 9:3

그런즉(as)
창 17:9　아브라함에게 이르시되 **그런즉** 너는

✝ 그런즉 – 기타 본문
모세오경, 역사서 창 21:23; 27:3, 8; 34:15; 39:9; 45:8; 출 8:28; 32:10; 레 17:5; 26:44; 민 12:14; 22:19; 36:4; 신 1:12; 4:39; 5:32; 7:9, 11; 11:1; 26:16, 19; 27:10; 29:9; 수 22:4; 24:27; 삿 18:14; 20:13; 룻 3:3; 삼상 10:19; 12:7; 18:22; 20:8, 31; 24:15, 21; 25:8, 17; 26:20; 28:22; 29:10; 삼하 4:11; 7:22; 왕상 8:26, 61; 18:19, 23; 22:19; 왕하 7:4; 9:26; 10:10; 13:19; 대상 28:10; 대하 6:17; 15:7; 18:18; 19:7; 28:11; 30:8; 32:15; 스 9:12; 느 5:11; 6:7 **시가서, 선지서** 욥 5:17; 7:11; 10:20; 20:21; 23:14; 25:4; 28:20; 33:1, 25; 37:21;

【 그럴듯하다 】   【 그렇다 】

42:8; 시 2:10; 43:4; 52:5; 잠 2:9; 5:7; 전 5:2;
11:10; 사 36:9; 37:4; 40:18, 25; 렘 2:19; 7:16;
26:13; 29:20; 44:28; 48:39; 49:20, 26; 50:45;
겔 11:16; 14:4, 6; 16:34; 20:27; 25:7; 28:7;
33:7, 10; 47:21; 48:20, 22; 단 2:6; 4:27; 5:16;
6:8; 9:23; 호 12:6; 욜 2:27; 3:17; 미 2:10; 말
3:7. **신약** 마 1:17; 6:33; 10:26; 13:18, 40, 56;
19:6, 27; 22:21, 28; 25:13; 막 10:26; 눅 12:26;
18:26; 20:15, 25, 44; 요 4:37; 행 2:36; 11:17;
13:40; 17:23; 27:26; 28:28; 롬 2:26; 3:1, 27,
31; 4:1, 9, 10; 5:18; 6:1, 15; 7:7, 13, 25; 8:31;
9:14, 16, 18, 30; 10:14; 11:5, 7; 14:13; 고전
3:5, 7, 21; 6:4, 20; 8:9; 9:18; 10:12, 14, 19, 31;
11:20, 33; 12:23; 13:13; 14:6, 26, 39; 고후
1:20; 2:7; 4:12; 5:9, 17; 7:1, 12; 갈 2:20; 3:7,
19; 4:16, 31; 엡 4:25; 5:15; 6:14; 히 4:9;
13:13; 약 4:4, 7.

그럴듯하다 (fine)

욥 16:4 나도 그럴듯한 말로 너희를 치며 너희

그럴 수 없다

행 10:14 베드로가 이르되 주여 그럴 수 없나이다
행 11:8 이르되 주님 그럴 수 없나이다 속되
롬 3:4 그럴 수 없느니라 사람은 다 거짓되되
롬 3:31 율법을 파기하느냐 그럴 수 없느니라
롬 6:2 그럴 수 없느니라 죄에 대하여 죽은
롬 6:15 죄를 지으리요 그럴 수 없느니라
롬 7:7 율법이 죄냐 그럴 수 없느니라 율법
롬 7:13 사망이 되었느냐 그럴 수 없느니라
롬 9:14 불의가 있느냐 그럴 수 없느니라
롬 11:1 백성을 버리셨느냐 그럴 수 없느니라
롬 11:11 실족하였느냐 그럴 수 없느니라 그들
고전 6:15 만들겠느냐 결코 그럴 수 없느니라
갈 2:17 짓게 하는 자냐 결코 그럴 수 없느니라
갈 3:21 반대되는 것이냐 결코 그럴 수 없느니라

그럴지라도 (but, nevertheless, yet)

잠 20:5 모략은 깊은 물 같으니라 그럴지라도

그럴지라도 – 기타 본문

잠 20:5; 사 5:25; 9:12, 17, 21; 10:4; 15:9; 29:5;
렘 3:3; 30:11; 46:26; 단 5:17.

그렇다 (same, if not, if do)

삿 12:6 에브라임 사람이 그렇게 바로 말하지
대하 31:11 방들을 준비하라 하므로 그렇게 준비
에 1:18 모든 지방관들에게 그렇게 말하리니
욥 27:19 부자로 누우려니와 다시는 그렇지 못할
마 21:16 예수께서 이르시되 그렇다 어린 아기
막 9:3 세상에서 빨래하는 자가 그렇게 희게
막 15:39 백부장이 그렇게 숨지심을 보고 이르되
요 6:11 나눠 주시고 물고기도 그렇게 그들의
요 14:11 내 안에 계심을 믿으라 그렇지 못하겠
행 19:36 이 일이 그렇지 않다 할 수 없으니 너희
행 20:13 바울이 걸어서 가고자 하여 그렇게 정하

'그렇다'와 관련된 성구

그럼에도 불구하고 – 느 13:18

그렇게 되다 – 레 26:18; 왕하 15:12; 욥
9:24; 렘 14:16; 단 1:10; 11:22; 12:7;
행 11:28; 13:12; 살전 3:4

그렇게 (행)하다 – 창 30:42; 출 10:11;
13:13; 34:20; 레 22:11; 24:20; 신
12:8; 삿 11:10; 삼상 2:30; 삼하 2:21;
22; 13:26; 왕상 7:18; 19:2; 20:14; 왕
하 17:29; 대상 28:16; 34:6; 욥 9:35;
전 8:10; 겔 16:19; 20:39; 23:39;
45:20; 단 3:18; 욘 1:10; 마 9:17;
21:36; 22:26; 26:54; 막 2:21, 22; 눅
3:11; 5:6, 36, 37; 12:43; 17:1; 23:15,
33; 고전 7:3; 16:1; 빌 1:23; 살전
4:10

그렇다면 – 마 17:26; 19:25

그렇지 아니하다 – 창 4:15; 18:21; 24:49;
30:1; 33:10; 출 32:32; 민 12:7; 신
24:15; 삿 9:20; 룻 1:13; 삼상 1:15;
2:16; 6:9; 14:44, 45; 20:2; 삼하
15:14; 16:18; 17:6; 20:20; 24:24; 왕
상 1:21; 20:39; 왕하 2:10; 3:13; 대상
21:24; 욥 3:13; 10:18; 24:25; 시 1:4;
2:12; 50:22; 51:16; 호 2:3; 암 2:11;
5:6; 욘 3:9; 슥 11:12; 마 19:8; 20:26;
막 10:27, 43; 눅 10:6; 13:9; 14:8, 29;
16:30; 18:5; 20:16; 21:34; 22:26; 요
14:2; 롬 3:6; 10:18; 11:6, 22; 고전
7:14, 16; 고후 11:6; 13:5 딤전 3:16;
5:25; 히 10:2; 13:17; 계 3:9

행 24:20 그렇지 않으면 이 사람들이 내가 공회
약 3:4 배를 보라 그렇게 크고 광풍에 밀려
약 5:12 맹세하지 말고 오직 너희가 그렇다고
생각하는 것은 그렇다 하고 아니라고

그레데/-인(Crete, Cretan) 지중해의 한 섬으로 지중해 무역의 중심지이며 거주민

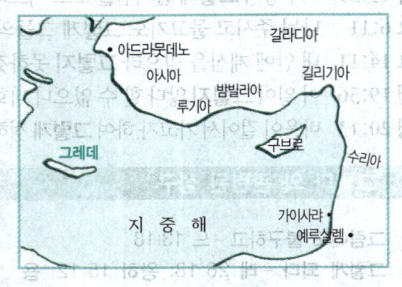

행 2:11 그레데인과 아라비아인들이라 우리가
행 27:7 살모네 앞을 지나 그레데 해안을 바람
행 27:12 뵈닉스는 그레데 항구라 한쪽은 서남
행 27:13 닻을 감아 그레데 해변을 끼고 항해하
행 27:21 여러분이여 내 말을 듣고 그레데에서
딛 1:5 내가 너를 그레데에 남겨 둔 이유는
딛 1:12 그레데인 중의 … 그레데인들은 항상

그레스게(Crescens) 바울의 동역자
딤후 4:10 그레스게는 갈라디아로, 디도는 달마

그렛 사람/그렛 족속(Kerethites, Kerethite)
블레셋 남쪽에 살고 있던 종족
삼상 30:14 우리가 그렛 사람의 남방과 유다에
삼하 8:18 여호야다의 아들 브나야는 그렛 사람
삼하 15:18 모든 그렛 사람과 모든 블렛 사람과
삼하 20:7 요압을 따르는 자들과 그렛 사람들과
삼하 20:23 브나야는 그렛 사람과 블렛 사람의
왕상 1:38 여호야다의 아들 브나야와 그렛 사람
왕상 1:44 여호야다의 아들 브나야와 그렛 사람
대상 18:17 여호야다의 아들 브나야는 그렛 사람
겔 25:16 블레셋 사람 위에 손을 펴서 그렛 사람
습 2:5 해변 주민 그렛 족속에게 화 있을진저

그루(tree)
출 15:27 샘 열둘과 종려나무 일흔 그루가 있는

민 33:9 엘림에는 샘물 열둘과 종려 칠십 그루
사 7:23 그 날에는 천 그루에 은 천 개의 가치가
겔 41:18 두 그룹 사이에 종려나무 한 그루가

그루터기(stump)
출 5:12 애굽 온 땅에 흩어져 곡초 그루터기를
사 5:24 불꽃이 그루터기를 삼킴같이, 마른
사 6:13 그 그루터기는 남아 있는 것같이 거룩한 씨가 이 땅의 그루터기니라
사 7:4 연기 나는 두 부지깽이 그루터기에 불과
단 4:15 그 뿌리의 그루터기를 땅에 남겨 두고
단 4:23 그 뿌리의 그루터기는 땅에 남겨 두고
단 4:26 그들이 그 나무뿌리의 그루터기를 남겨

그룹 1(Kerub) 위치 미상의 바벨론의 한 지역
스 2:59 델멜라와 델하르사와 그룹과 앗단과
느 7:61 델멜라와 델하르사와 그룹과 앗돈과

그룹 2(Cherubim, Cherub) 천상의 특정한 계급의 천사
창 3:24 에덴 동산 동쪽에 그룹들과 두루 도는
출 25:18 금으로 그룹 둘을 속죄소 두 끝에 쳐서
출 25:19 한 그룹은 이 끝에, 또 한 그룹은 저 끝
출 37:7 금으로 그룹 둘을 속죄소 양쪽에 쳐서
출 37:8 한 그룹은 이쪽 끝에, 한 그룹은 저쪽
왕상 6:23 내소 안에 감람나무로 두 그룹을 만들
왕상 6:24 한 그룹의 이쪽 날개도 다섯 규빗이요
왕상 6:25 다른 그룹도 십 규빗이니 그 두 그룹
왕상 6:26 이 그룹의 높이가 … 저 그룹도 같았
왕상 6:28 그가 금으로 그룹을 입혔더라
왕상 6:29 내 외소 사방 벽에는 모두 그룹들과
왕상 6:32 감람나무로 만든 그 두 문짝에 그룹과 종려와 … 금으로 입히되 곧 그룹들과
왕상 6:35 그 문짝에 그룹들과 종려와 핀 꽃을
왕상 7:29 가운데 판에는 사자와 소와 그룹들이
왕상 7:36 각각 빈 곳을 따라 그룹들과 사자와
왕하 19:15 기도하여 이르되 그룹들 위에 계신
대하 3:7 문짝에 입히고 벽에 그룹들을 아로새겼
대하 3:10 지성소 안에 두 그룹의 형상을 새기
대하 3:13 두 그룹이 편 날개가 모두 이십 규빗이
겔 10:1 이에 내가 보니 그룹들 머리 위 궁창에
겔 10:2 너는 그룹 밑에 있는 바퀴 사이로 들어
겔 10:3 그 사람이 들어갈 때에 그룹들은 성전

【 그룹 2 】   【 그릇 】

겔 10:4	여호와의 영광이 **그룹**에서 올라와 성전
겔 10:5	**그룹들**의 날개 소리는 바깥뜰까지 들리
겔 10:6	바퀴 사이 곧 **그룹들** 사이에서 불을
겔 10:7	그 **그룹**이 **그룹들** 사이에서 손을 내밀어 그 **그룹들** 사이에 있는 불을 집어
겔 10:8	**그룹들**의 날개 밑에 사람의 손 같은 것
겔 10:9	내가 보니 **그룹들** 곁에 네 바퀴가 있는데 이 **그룹** 곁에도 … 저 **그룹** 곁에도
겔 10:11	**그룹들**이 나아갈 때에는 사방으로 몸을
겔 10:12	날개와 바퀴 곧 네 **그룹**의 바퀴의 둘레
겔 10:14	**그룹들**에게는 각기 네 면이 있는데 첫째 면은 **그룹**의 얼굴이요 둘째 면은 사람
겔 10:15	**그룹들**이 올라가니 그들은 내가 그발
겔 10:16	**그룹들**이 나아갈 때에는 바퀴도 그 곁에서 나아가고 **그룹들**이 날개를 들고
겔 10:18	영광이 성전 문지방을 떠나서 **그룹들**
겔 10:19	**그룹들**이 날개를 들고 내 눈 앞의 땅에
겔 10:20	생물이라 그들이 **그룹**인 줄 내가 아니
겔 11:22	그 때에 **그룹들**이 날개를 드는데 바퀴
겔 28:14	기름 부음을 받고 지키는 **그룹**임이여
겔 28:16	네가 범죄하였도다 너 지키는 **그룹**아
겔 41:18	널판자에는 **그룹들**과 … 두 **그룹** 사이에 종려나무 한 그루가 있으며 각 **그룹**에

'그룹'과 관련된 성구

(가늘게 꼰 베 실과 청색 자색 홍색 실〈위에〉로) 그룹을 정교하게 수 놓다 – 출 26:1, 31; 36:8, 35; 대하 3:14

그룹들이 날개를 높이 펴서 날개로 속죄소를 덮으며 그 얼굴을 서로 대하여 속죄소를 향하다 – 출 25:20

그룹들이 날개를 펴서 언약궤를 덮다 – 왕상 8:7; 대상 28:18; 대하 5:8

그룹 사이에 계시다/좌정하시다/머물러 있다 – 출 25:22; 민 7:89; 삼상 4:4; 삼하 6:2; 대상 13:6; 시 80:1; 99:1; 사 37:16; 겔 9:3

그룹을 타고 날다/다니다 – 삼하 22:11; 시 18:10

그룹의 날개가 서로 닿다 – 왕상 6:27; 대하 3:11, 12

(언약궤가) 그룹들의 날개 아래 있다 – 왕상 8:6; 대하 5:7

겔 41:20	땅에서부터 문 통로 위에까지 **그룹들**
겔 41:25	이 성전 문에 **그룹**과 종려나무를 새겼
히 9:5	그 위에 속죄소를 덮는 영광의 **그룹들**

그르치다 (betray)

| 잠 16:10 | 재판할 때에 그의 입이 **그르치지** 아니 |

그릇 (pottery, jar, bowl, sack)

창 42:25	명하여 곡물을 그 **그릇**에 채우게 하고
창 43:11	이 땅의 아름다운 소산을 **그릇**에 담아
출 12:22	우슬초 묶음을 가져다가 **그릇**에 담은
출 12:34	발교되지 못한 반죽 담은 **그릇**을 옷에
레 6:28	고기를 토기에 삶았으면 그 **그릇**을 깨뜨릴 것이요 … 그 **그릇**을 닦고 물에
레 11:32	무엇에 쓰는 **그릇**에든지 떨어지면 부정
레 11:33	부정하여지나니 너는 그 **그릇**을 깨뜨
레 11:34	그같은 **그릇**에 담긴 마실 것도 부정할
민 7:86	열 세겔 무게라 그 **그릇**의 금이 모두
민 19:15	뚜껑을 열어 놓고 덮지 아니한 **그릇**은
민 19:17	가져다가 흐르는 물과 함께 **그릇**에 담고
신 23:24	먹어도 되느니라 그러나 **그릇**에 담지
삿 5:25	곧 엉긴 우유를 귀한 **그릇**에 담아 주었
삿 6:38	양털에서 이슬을 짜니 물이 **그릇**에 가득
룻 2:9	목이 마르거든 **그릇**에 가서 소년들이
왕상 7:45	여호와의 성전에 이 모든 **그릇**을 빛난
왕상 17:10	청하건대 **그릇**에 물을 조금 가져다가
왕하 2:20	엘리사가 이르되 새 **그릇**에 소금을 담아
왕하 4:2	계집종의 집에 기름 한 **그릇** 외에는
왕하 4:3	이웃에게 **그릇**을 빌리라 빈 **그릇**을 빌리
왕하 4:4	문을 닫고 그 모든 **그릇**에 기름을 부어
왕하 4:5	문을 닫은 후에 그들은 **그릇**을 그에게
왕하 4:6	**그릇**에 다 찼느니라 여인이 아들에게 … **그릇**을 내게로 … 다른 **그릇**이 없나이다
왕하 21:13	사람이 **그릇**을 씻어 엎음같이 예루살렘
왕하 23:4	일월 성신을 위하여 만든 모든 **그릇**들
대상 9:29	성소의 기구와 모든 **그릇**과 고운 가루
대상 18:10	금과 은과 놋의 여러 가지 **그릇**을 가져
대상 28:13	섬기는 데에 쓰는 모든 **그릇**의 양식을
대하 24:14	쓸 **그릇**을 만들었으니 … **그릇**이며
대하 25:24	모든 금은과 **그릇**과 왕궁의 재물을
대하 29:18	번제단과 그 모든 **그릇**들과 떡을 진설하는 상과 그 모든 **그릇**들을 깨끗하게
대하 29:19	범죄할 때에 버린 모든 **그릇들**도 우리

【 그릇 】   【 그릇 】

대하 36:19	불사르며 그들의 모든 귀한 **그릇**들을
스 1:8	미드르닷에게 명령하여 그 **그릇**들을
스 1:10	은 대접이 사백열 개요 그밖의 **그릇**이
스 5:15	일러 말하되 너는 이 **그릇**들을 가지고
스 7:19	네게 준 **그릇**은 예루살렘 하나님 앞에
스 8:25	성전을 위하여 드린 은과 금과 **그릇**들
스 8:28	여호와께 거룩한 자요 이 **그릇**들도
스 8:29	족장들 앞에서 이 **그릇**을 달기까지 삼가
스 8:30	은과 금과 **그릇**을 예루살렘 우리 하나님
스 8:33	성전에서 은과 금과 **그릇**을 달아서
느 13:5	원래 소제물과 유향과 **그릇**과 또 레위
욥 21:24	그의 **그릇**에는 젖이 가득하며 그의 골수
시 31:12	마음에 두지 아니함 같고 깨진 **그릇**과
잠 19:24	게으른 자는 자기의 손을 **그릇**에 넣고
잠 26:15	게으른 자는 그 손을 **그릇**에 넣고도 입
사 22:24	그 후손과 족속 되는 각 작은 **그릇** 곧
사 30:14	토기장이가 **그릇**을 깨뜨림같이 아낌
사 32:7	악한 자는 그 **그릇**이 악하여 악한 계획
사 65:4	가증한 것들의 국을 **그릇**에 담으면서
사 66:20	예물을 깨끗한 **그릇**에 담아 여호와의
렘 14:3	물을 얻지 못하여 빈 **그릇**으로 돌아오니
렘 18:4	진흙으로 만든 **그릇**이 토기장이의 손에
렘 22:28	서 … 좋은 대로 다른 **그릇**을 만들더라 고니야는 천하고 깨진 **그릇**이냐 좋아 하지 아니하는 **그릇**이냐 어찌하여 그
렘 25:34	너희가 귀한 **그릇**이 떨어짐같이 될 것
렘 40:10	여름 과일과 기름을 모아 **그릇**에 저장
렘 48:11	이 **그릇**에서 저 **그릇**으로 옮기지 않음
렘 48:12	그들이 기울여서 그 **그릇**을 비게 하고
렘 48:38	마음에 들지 않는 **그릇**같이 깨뜨렸음
렘 51:34	나를 멸하며 나를 빈 **그릇**이 되게 하며
겔 4:9	팥과 조와 귀리를 가져다가 한 **그릇**에
겔 15:3	그것으로 무슨 **그릇**을 걸 못을 만들 수
단 11:8	은과 금의 아름다운 **그릇**들은 다 노략
호 8:8	즐겨 쓰지 아니하는 **그릇** 같도다
마 10:42	작은 자 중 하나에게 냉수 한 **그릇**이라
마 13:48	앉아서 좋은 것은 **그릇**에 담고 못된 것
마 25:4	슬기 있는 자들은 **그릇**에 기름을 담아
마 26:23	나와 함께 **그릇**에 손을 넣는 그가 나를
막 9:41	물 한 **그릇**이라도 주면 내가 진실로
막 14:20	곧 나와 함께 **그릇**에 손을 넣는 자니라
눅 8:16	누구든지 등불을 켜서 **그릇**으로 덮거나
요 4:11	여자가 이르되 주여 물 길을 **그릇**도
요 19:29	거기 신 포도주가 가득히 담긴 **그릇**이

성경에 나오는 '그릇'

금 그릇 – 민 7:14, 20, 26, 32, 38, 44, 50, 56, 62, 68, 74, 80, 84, 86; 삼하 8:10; 왕상 10:25; 15:15; 왕하 12:13; 24:13; 대상 29:5; 대하 9:24; 15:18; 24:14; 스 1:11; 5:14; 6:5; 전 12:6; 단 5:2, 3; 딤후 2:20

긍휼의 그릇 – 롬 9:23

기름 그릇 – 민 4:9; 슥 4:2, 3

나무 그릇 – 출 7:19; 레 11:32; 15:12; 딤후 2:20

놋 그릇 – 삼하 8:10; 왕상 25:14; 대상 18:8; 스 8:27; 렘 52:18; 겔 27:13; 막 7:4

돌 그릇 – 출 7:19

떡 반죽 그릇 – 출 8:3; 신 28:5, 17

레바논 나무 궁의 그릇들 – 왕상 10:21; 대하 9:20

먹 그릇 – 겔 9:2, 3, 11

보배로운 그릇 – 대하 32:27; 호 13:15

불 똥 그릇 – 출 25:38; 37:23; 민 4:9

불 옮기는 그릇 – 출 27:3; 38:3; 민 4:14; 왕상 7:50; 왕하 25:15; 대하 4:22

상아 그릇 – 계 18:12

성소의 그릇 – 느 10:39

소년들의 그릇 – 삼상 21:5

솔로몬 왕이 마시는 그릇 – 왕상 10:21; 대하 9:20

연약한 그릇 – 벧전 3:7

은 그릇 – 삼하 8:10; 왕상 10:25; 15:15; 왕하 12:13; 대상 29:5; 대하 9:24; 15:18; 24:14; 스 1:6, 11; 5:14; 6:5; 8:26; 단 5:2; 딤후 2:20

이 두 그릇에는 소제물로 기름 섞은 고운 가루를 채웠고 – 민 7:13, 19, 25, 31, 37, 43, 49, 55, 61, 67, 73, 79

장색의 쓸 만한 그릇 – 잠 25:4

(성)전의 그릇 – 대하 4:16; 36:10, 18; 스 1:7; 느 13:9; 단 1:2; 5:23

제단의 그릇 – 출 27:3

진노의 그릇 – 롬 9:22

토기장이의 그릇 – 렘 19:11

【 그릇/-되다 】　　　　　　　　　　　　　　　　　　　　　　　　　　【 그리스도 】

행 9:15	전하기 위하여 택한 나의 **그릇**이라
행 10:11	하늘이 열리며 한 **그릇**이 내려오는 것
행 10:16	이런 일이 세 번 있은 후 그 **그릇**이 곧
행 11:5	환상을 보니 큰 보자기 같은 **그릇**이 네
롬 9:21	진흙 한 덩이로 하나는 귀히 쓸 **그릇**을, 하나는 천히 쓸 **그릇**을 만들 권한
롬 9:24	이 **그릇**은 우리니 곧 유대인 중에서뿐
딤후 2:21	귀히 쓰는 **그릇**이 되어 거룩하고 주인
히 9:21	섬기는 일에 쓰는 모든 **그릇**에 뿌렸느
히 12:16	음행하는 자와 혹 **그릇** 음식을 위하
계 18:12	철과 대리석으로 만든 각종 **그릇**이요

그릇/-되다(astray, miss the way, corruption, in error)

레 4:2	여호와의 계명 중 하나라도 **그릇** 범하였
민 15:22	너희가 **그릇** 범죄하여 여호와가 모세
욥 36:18	많은 뇌물이 그대를 **그릇된** 길로 가게
시 119:67	고난 당하기 전에는 내가 **그릇** 행하였
잠 10:17	징계를 버리는 자는 **그릇** 가느니라
사 19:13	모퉁잇돌이거늘 애굽으로 **그릇** 가게 하였
사 53:6	우리는 다 양 같아서 **그릇** 행하여 각기
렘 23:13	예언하여 내 백성 이스라엘을 **그릇되게**
겔 44:10	이스라엘 족속이 **그릇** 행하여 나를 떠날 때에 레위 사람도 **그릇** 행하여 그
겔 44:15	이스라엘 족속이 **그릇** 행하여 나를 떠날
겔 48:11	이스라엘 족속이 **그릇될** 때에 레위 사람이 **그릇된** 것처럼 **그릇되지** 아니하였
단 6:4	이는 그가 충성되어 아무 **그릇됨**도 없고
호 7:13	그들이 나를 떠나 **그릇** 갔음이니라
롬 1:27	부끄러운 일을 행하여 그들의 **그릇됨**에
딤후 2:18	진리에 관하여는 그들이 **그릇되었도다**
벧후 2:18	자랑의 말을 토하며 **그릇되게** 행하는

그리(that)

창 19:18	그들에게 이르되 내 주여 **그리** 마옵소서
창 48:18	아버지여 **그리** 마옵소서 이는 장자이니
마 16:22	항변하여 이르되 주여 **그리** 마옵소서

그리고(and)

| 창 13:14 | 너 있는 곳에서 북쪽과 남쪽 **그리고** 동쪽 |

📖 그리고 – 기타 본문
레 15:33; 27:30; 민 2:7; 신 9:18; 31:30; 수 1:15;
2:13; 14:15; 삿 16:5; 룻 3:11; 삼상 2:36; 6:18;
왕상 13:23; 대상 1:51; 7:23; 16:41; 22:19;
26:18; 사 41:1; 렘 43:10; 합 1:15; 마 19:21; 막
9:18; 10:21; 11:19; 눅 15:23; 18:22; 19:27; 요
11:48; 롬 1:16; 2:9, 10; 고전 4:2; 11:12; 빌 3:17

그리다 1(Kelita) 바벨론 포로 귀환자들에게 성경을 깨닫게 한 레위 사람

| 느 8:7 | 호디야와 마아세야와 **그리다**와 아사랴 |
| 느 10:10 | 형제 스바냐, 호디야, **그리다**, 블라야, |

그리다 2(paint, put, write)

수 18:4	그들의 기업에 따라 그 땅을 **그려** 가지
수 18:6	그 땅을 일곱 부분으로 **그려서** 이 곳
수 18:8	여호수아가 그 땅을 **그리러** 가는 사람들에게 … 그것을 **그려** 가지고 내게로
수 18:9	일곱 부분으로 책에 **그려서** 실로 진영에
왕하 9:30	이세벨이 듣고 눈을 **그리고** 머리를 꾸미
왕하 16:10	구조와 제도의 양식을 **그려** 제사장
대상 28:19	모든 일의 설계를 **그려** 나에게 알려
렘 4:30	금장식으로 단장하고 눈을 **그려** 꾸밀
겔 4:1	한 성읍 곧 예루살렘을 그 위에 **그리고**
겔 8:10	모든 우상을 그 사방 벽에 **그렸고**
겔 9:4	우는 자의 이마에 표를 **그리라** 하시고
겔 21:19	두 길을 한 땅에서 나오도록 **그리되**
겔 21:20	성 예루살렘에 이르는 길을 **그리라**
겔 23:14	붉은 색으로 벽에 **그린** 사람의 형상 곧
겔 23:40	목욕하며 눈썹을 **그리며** 스스로 단장

그리스도(Christ)

마 1:16	마리아에게서 **그리스도**라 칭하는 예수
마 1:17	사로잡혀 간 후부터 **그리스도**까지 열네
마 2:4	백성의 서기관들을 모아 **그리스도**가
마 11:2	요한이 옥에서 **그리스도**께서 하신 일
마 16:16	주는 **그리스도**시요 살아 계신 하나님
마 16:20	자기가 **그리스도**인 것을 아무에게도
마 22:42	너희는 **그리스도**에 대하여 어떻게 생각
마 22:43	성령에 감동되어 어찌 **그리스도**를 주라
마 22:45	다윗이 **그리스도**를 주라 칭하였은즉
마 23:10	지도자는 한 분이시니 곧 **그리스도**시
마 24:5	이르되 나는 **그리스도**라 하여 많은
마 24:23	너희에게 말하되 보라 **그리스도**가 여기
마 24:26	말하라 보라 **그리스도**가 광야에 있다

【 그리스도 】　　　　　　　　　　　　　　　　　　　　　【 그리스도 】

마 26:63	하나님의 아들 그리스도인지 우리에
마 26:68	그리스도야 우리에게 선지자 노릇을
마 27:17	바라바냐 그리스도라 하는 예수냐 하니
마 27:22	빌라도가 이르되 그러면 그리스도라
막 8:29	대답하여 이르되 주는 그리스도시니
막 9:41	누구든지 너희가 그리스도에게 속한
막 12:35	서기관들이 그리스도를 다윗의 자손
막 12:37	다윗이 그리스도를 주라 하였은즉 어찌
막 13:21	보라 그리스도가 여기 있다 보라 저기
막 14:61	네가 찬송 받을 이의 아들 그리스도냐
막 15:32	이스라엘의 왕 그리스도가 지금 십자가
눅 2:11	구주가 나셨으니 곧 그리스도 주시니
눅 2:26	그가 주의 그리스도를 보기 전에는 죽지
눅 3:15	모든 사람들이 요한을 혹 그리스도신가
눅 4:41	아니하시니 이는 자기를 그리스도인 줄
눅 9:20	이르되 하나님의 그리스도시니이다
눅 20:41	어찌하여 그리스도를 다윗의 자손이라
눅 20:44	그런즉 다윗이 그리스도를 주라 칭하
눅 22:67	네가 그리스도이거든 우리에게 말하라
눅 23:2	바치는 것을 금하며 자칭 왕 그리스도라
눅 23:35	만일 하나님이 택하신 자 그리스도이면
눅 23:39	비방하여 이르되 네가 그리스도가 아니
눅 24:26	그리스도가 이런 고난을 받고 자기의
눅 24:46	또 이르시되 이같이 그리스도가 고난
요 1:20	드러내어 하는 말이 나는 그리스도가
요 1:25	물어 이르되 네가 만일 그리스도도
요 1:41	하고 (메시야는 번역하면 그리스도라)
요 3:28	내가 말한 바 나는 그리스도가 아니요
요 4:25	여자가 이르되 메시야 곧 그리스도라
요 4:29	사람을 와서 보라 이는 그리스도가
요 7:26	이 사람을 참으로 그리스도인 줄 알았
요 7:27	그리스도께서 오실 때에는 어디서 오시
요 7:31	예수를 믿고 말하되 그리스도께서 오실
요 7:41	어떤 사람은 그리스도라 하며 어떤 이
요 7:42	들은 그리스도가 어찌 갈릴리에서 나오
요 7:42	성경에 이르기를 그리스도는 다윗의
요 9:22	누구든지 예수를 그리스도로 시인하는
요 10:24	의혹하게 하려 하나이까 그리스도이면
요 11:27	그리스도시요 세상에 오시는 하나님
요 12:34	율법에서 그리스도가 영원히 계신다
요 20:31	예수께서 하나님의 아들 그리스도이심
행 2:36	하나님이 주와 그리스도가 되게 하셨
행 3:18	자기의 그리스도께서 고난 받으실 일
행 3:20	예정하신 그리스도 곧 예수를 보내시
행 4:26	주와 그의 그리스도를 대적하도다 하신
행 5:42	예수는 그리스도라고 가르치기와 전도
행 8:5	사마리아 성에 내려가 그리스도를 백성
행 9:22	사울은 힘을 더 얻어 예수를 그리스도
행 13:25	나는 그리스도가 아니라 내 뒤에 오시는
행 17:3	뜻을 풀어 그리스도가 해를 받고 죽은
	자 가운데서 … 예수가 곧 그리스도라
행 18:5	유대인들에게 예수는 그리스도라 밝히
행 18:28	이는 성경으로써 예수는 그리스도라
행 26:23	그리스도가 고난을 받으실 것과 죽은
롬 5:6	아직 연약할 때에 기약대로 그리스도
롬 5:8	아직 죄인 되었을 때에 그리스도께서
롬 6:4	그리스도를 죽은 자 가운데서 살리심
롬 6:8	만일 우리가 그리스도와 함께 죽었으면
롬 6:9	이는 그리스도께서 죽은 자 가운데서
롬 8:10	그리스도께서 너희 안에 계시면 몸은
롬 8:17	하나님의 상속자요 그리스도와 함께
롬 9:3	내 자신이 저주를 받아 그리스도에게서
롬 9:5	육신으로 하면 그리스도가 그들에게서
롬 10:4	그리스도는 모든 믿는 자에게 의를
롬 10:6	올라가겠느냐 함은 그리스도를 모셔
롬 10:7	그리스도를 죽은 자 가운데서 모셔 올
롬 14:9	이를 위하여 그리스도께서 죽었다가
롬 14:15	그리스도께서 대신하여 죽으신 형제
롬 14:18	이로써 그리스도를 섬기는 자는 하나님
롬 15:3	그리스도께서도 자기를 기쁘게 하지
롬 15:7	그리스도께서 우리를 받아 하나님께
롬 15:8	내가 말하노니 그리스도께서 하나님의
롬 15:18	그리스도께서 이방인들을 순종하게
롬 16:5	그는 아시아에서 그리스도께 처음 맺은
롬 16:7	또한 나보다 먼저 그리스도 안에 있는
롬 16:18	우리 주 그리스도를 섬기지 아니하고
고전 1:12	나는 그리스도에게 속한 자라 한다는
고전 1:13	그리스도께서 어찌 나뉘었느냐 바울
고전 1:17	그리스도께서 나를 보내심은 세례를
고전 1:23	십자가에 못 박힌 그리스도를 전하니
고전 1:24	헬라인이나 그리스도는 하나님의 능력
고전 3:23	너희는 그리스도의 것이요 그리스도는
고전 4:10	우리는 그리스도 때문에 어리석으나
고전 5:7	우리의 유월절 양 곧 그리스도께서 희생
고전 8:11	그리스도께서 위하여 죽으신 형제라
고전 8:12	상하게 하는 것이 곧 그리스도에게 죄를

266

【 그리스도 】　　　　　　　　　　　　　　　　　　　　　　【 그리스도 】

고전 10:4 마셨으매 그 반석은 곧 **그리스도**시라
고전 11:1 내가 **그리스도**를 본받는 자가 된 것
고전 11:3 남자의 머리는 **그리스도**요 여자의 머리
　　　　　는 남자요 **그리스도**의 머리는 하나님
고전 12:12 한 몸임과 같이 **그리스도**도 그러하니라
고전 15:3 성경대로 **그리스도**께서 우리 죄를 위하
고전 15:12 **그리스도**께서 죽은 자 가운데서 다시
고전 15:13 죽은 자의 부활이 없으면 **그리스도**도
고전 15:14 **그리스도**께서 만일 다시 살아나지 못하
고전 15:15 하나님이 **그리스도**를 다시 살리셨다고
　　　　　… 하나님이 **그리스도**를 다시 살리지
고전 15:16 다시 살아나는 일이 없으면 **그리스도**
고전 15:17 **그리스도**께서 다시 살아나신 일이 없으
고전 15:20 이제 **그리스도**께서 죽은 자 가운데서
고전 15:23 먼저는 첫 열매인 **그리스도**요 다음에
　　　　　는 그가 강림하실 때에 **그리스도**에게
고후 2:10 너희를 위하여 **그리스도** 앞에서 한 것
고후 2:14 각처에서 **그리스도**를 아는 냄새를 나타
고후 4:4 **그리스도**는 하나님의 형상이니라
고후 5:16 비록 우리가 **그리스도**도 육신을 따라
고후 5:17 그런즉 누구든지 **그리스도** 안에 있으면
고후 5:19 곧 하나님께서 **그리스도** 안에 계시사
고후 5:20 그러므로 우리가 **그리스도**를 대신하여

고후 5:20 … **그리스도**를 대신하여 간청하노니
고후 6:15 **그리스도**와 벨리알이 어찌 조화되며
고후 10:5 생각을 사로잡아 **그리스도**에게 복종
고후 10:7 **그리스도**에게 속한 … **그리스도**에게
고후 11:2 처녀로 한 남편인 **그리스도**께 드리려
고후 11:3 너희 마음이 **그리스도**를 향하는 진실
고후 11:10 **그리스도**의 진리가 내 속에 있으니
고후 12:2 내가 **그리스도** 안에 있는 한 사람을
고후 12:9 **그리스도**의 능력이 내게 머물게 하려
고후 12:10 내가 **그리스도**를 위하여 약한 것들과
고후 13:3 이는 **그리스도**께서 내 안에서 말씀하
고후 13:4 **그리스도**께서 약하심으로 십자가에
갈 1:4 **그리스도**께서 하나님 곧 우리 아버지
갈 1:22 **그리스도** 안에 있는 유대의 교회들이
갈 2:16 율법의 행위로써가 아니고 **그리스도**를
갈 2:17 죄인으로 드러나면 **그리스도**께서 죄를
갈 2:20 내가 **그리스도**와 함께 십자가에 못 박
　　　　혔나니 … 오직 내 안에 **그리스도**께서
갈 2:21 율법으로 말미암으면 **그리스도**께서
갈 3:13 **그리스도**께서 우리를 위하여 저주를
갈 3:16 네 자손이라 하셨으니 곧 **그리스도**라
갈 3:24 율법이 우리를 **그리스도**께로 인도하는
갈 3:27 **그리스도**와 합하기 … **그리스도**로 옷

'그리스도'와 관련된 성구

거짓 그리스도 – 마 24:24; 막 13:22
구주 예수 그리스도 – 벧후 2:20
구주 예수 그리스도의 영광 – 딛 2:13
구주 예수 그리스도의 영원한 나라 – 벧후 1:11
구주 예수 그리스도의 은혜 – 벧후 3:18
구주 예수 그리스도의 의 – 벧후 1:1
그리스도로 말미암아 – 고후 1:5; 3:4; 5:18;
　　갈 6:14; 벧전 1:21
그리스도 안에서 – 롬 9:1–2; 12:5; 16:9, 10;
　　고전 3:1; 4:10; 15:18, 19, 22; 고후
　　1:20, 21; 2:14, 17; 3:14; 12:19; 갈
　　2:17; 엡 1:4, 7, 9, 10, 12, 20; 4:32; 빌
　　1:13; 골 1:2, 28; 살전 4:16; 몬 1:8,
　　20; 벧전 5:10, 14
그리스도 예수 – 행 24:24; 롬 6:3; 8:11, 34;
　　15:5; 고후 4:5; 갈 2:16; 4:14; 엡 2:13;
　　2:20; 빌 3:3, 8, 12; 골 1:4; 2:6; 딤전
　　1:15; 2:5; 5:21; 6:13; 딤후 4:1; 몬 1:1

그리스도 예수 안에서 – 롬 6:11; 15:17;
　　16:3; 고전 1:2, 4; 4:15, 17; 16:24; 갈
　　2:4; 3:14, 26, 28; 5:6; 엡 2:6, 7, 10,
　　13, 22; 3:6, 11, 21; 빌 1:1, 26; 3:14;
　　4:7, 19, 21; 살전 2:14; 5:18; 딤후 1:9;
　　3:12 ; 몬 1:23
그리스도 예수 안에 있는 – 롬 3:24; 8:1, 2,
　　39; 고전 1:30; 엡 1:1; 딤전 1:14;
　　3:13; 딤후 1:1, 13; 2:1, 10; 3:15
그리스도 예수 우리 구주 – 딛 1:4
그리스도 예수 우리 주 – 롬 6:23; 고전
　　15:31; 딤전 1:2, 12; 딤후 1:2
그리스도 예수의 날 – 빌 1:6
그리스도 예수의 마음 – 빌 2:5
그리스도 예수의 명령 – 딤전 1:1
그리스도 예수의 사도 – 고전 1:1; 고후 1:1;
　　골 1:1; 딤전 1:1; 딤후 1:1
그리스도 예수의 사람 – 갈 5:24

{ 그리스도 } { 그리스도 }

갈 3:29	너희가 **그리스도**의 것이면 곧 아브라함	빌 1:18	전파되는 것은 **그리스도**니 이로써 나는
갈 5:1	**그리스도**께서 우리를 자유롭게 하려	빌 1:20	내 몸에서 **그리스도**가 존귀하게 되게
갈 5:2	너희가 만일 할례를 받으면 **그리스도**	빌 1:21	내게 사는 것이 **그리스도**니 죽는 것도
갈 5:4	얻으려 하는 너희는 **그리스도**에게서	빌 1:23	차라리 세상을 떠나서 **그리스도**와 함께
엡 2:5	허물로 죽은 우리를 **그리스도**와 함께	빌 1:29	**그리스도**를 위하여 너희에게 은혜를
엡 2:12	그 때에 너희는 **그리스도** 밖에 있었고	빌 2:1	**그리스도** 안에 무슨 권면이나 사랑의
엡 3:8	측량할 수 없는 **그리스도**의 풍성함을	빌 3:7	내게 유익하던 것을 내가 **그리스도**를
엡 3:17	믿음으로 말미암아 **그리스도**께서 너희	빌 3:8	잃어버리고 배설물로 여김은 **그리스도**
엡 4:7	각 사람에게 **그리스도**의 선물의 분량	빌 3:9	오직 **그리스도**를 믿음으로 말미암은
엡 4:15	자랄지라 그는 머리니 곧 **그리스도**라	빌 3:10	내가 **그리스도**와 그 부활의 권능과 그
엡 4:20	오직 너희는 **그리스도**를 그같이 배우	골 1:27	이 비밀은 너희 안에 계신 **그리스도**시니
엡 5:2	**그리스도**께서 너희를 사랑하신 것같이	골 2:2	하나님의 비밀인 **그리스도**를 깨닫게
엡 5:5	우상 숭배자는 다 **그리스도**와 하나님	골 2:5	너희가 질서 있게 행함과 **그리스도**를
엡 5:14	일어나라 **그리스도**께서 너에게 비추	골 2:8	초등학문을 따름이요 **그리스도**를 따름
엡 5:21	**그리스도**를 경외함으로 피차 복종하라	골 2:12	너희가 세례로 **그리스도**와 함께 장사
엡 5:23	남편이 아내의 머리 됨이 **그리스도**께서	골 2:17	장래 일의 그림자이나 몸은 **그리스도**
엡 5:24	교회가 **그리스도**에게 하듯 아내들도	골 2:20	세상의 초등학문에서 **그리스도**와 함께
엡 5:25	남편들아 아내 사랑하기를 **그리스도**	골 3:1	너희가 **그리스도**와 함께 다시 살리심
엡 5:29	오직 양육하여 보호하기를 **그리스도**		을 받았으면 … 거기는 **그리스도**께서
엡 5:32	비밀이 크도다 나는 **그리스도**와 교회	골 3:3	너희가 죽었고 너희 생명이 **그리스도**와
엡 6:5	상전에게 순종하기를 **그리스도**께 하듯	골 3:4	우리 생명이신 **그리스도**께서 나타나실
빌 1:15	어떤 이들은 착한 뜻으로 **그리스도**를	골 3:11	오직 **그리스도**는 만유시요 만유 안에
빌 1:17	순수하지 못하게 다툼으로 **그리스도**를	골 3:24	받을 줄 아나니 너희는 주 **그리스도**를

'그리스도'와 관련된 성구

그리스도 예수의 일 – 엡 3:1; 빌 2:21
그리스도 예수의 일꾼 – 롬 15:16
그리스도 예수의 종 – 빌 1:1; 골 4:12
그리스도 예수의 좋은 병사 – 딤후 2:3
그리스도 예수의 좋은 일꾼 – 딤전 4:6
그리스도의 교훈 – 요이 1:9
그리스도의 권세 – 계 12:10
그리스도의 나라 – 계 11:15
그리스도의 날 – 빌 1:10; 2:16
그리스도의 (남은) 고난 – 고후 1:5; 골 1:24; 벧전 4:13; 벧전 5:1
그리스도의 도의 초보 – 히 6:1
그리스도의 마음 – 고전 2:16
그리스도의 말씀 – 롬 10:17; 골 3:16
그리스도의 모든 교회 – 롬 16:16
그리스도의 몸 – 롬 7:4; 고전 10:16; 12:27; 엡 4:12
그리스도의 법 – 갈 6:2

그리스도의 부활 – 행 2:31
그리스도의 비밀 – 엡 3:4; 골 4:3
그리스도의 사도 – 고후 11:13; 살전 2:7
그리스도의 사람 – 롬 8:9
그리스도의 사랑 – 롬 8:35; 고후 5:14; 엡 3:18
그리스도의 심판대 – 고후 5:10
그리스도의 십자가 – 고전 1:17; 갈 6:12; 빌 3:18
그리스도의 영 – 롬 8:9; 벧전 1:11
그리스도의 영광 – 고후 8:23
그리스도의 (영광의) 복음 – 롬 15:19; 고전 9:12; 고후 2:12; 4:4; 9:13; 10:14; 갈 1:7; 빌 1:27; 살전 3:2
그리스도의 온유와 관용 – 고후 10:1
그리스도의 율법 – 고전 9:21
그리스도의 이름 – 롬 15:20; 벧전 4:14
그리스도의 인내 – 살후 3:5

【 그리스도 】

'그리스도'와 관련된 성구

그리스도의 (보배로운) 피 – 고전 10:16; 엡 2:13; 히 9:14; 벧전 1:19
그리스도의 은혜 – 갈 1:6
그리스도의 일 – 빌 2:30
그리스도의 일꾼 – 고전 4:1; 고후 11:23; 골 1:7
그리스도의 장성한 분량 – 엡 4:13
그리스도의 제사장 – 계 20:6
그리스도의 종 – 고전 7:22; 갈 1:10; 엡 6:6
그리스도의 증거 – 고전 1:6
그리스도의 지체 – 고전 6:15
그리스도의 충만한 복 – 롬 15:29
그리스도의 편지 – 고후 3:3
그리스도의 평강 – 골 3:15
그리스도의 할례 – 골 2:11
그리스도의 향기 – 고후 2:15
그리스도의 형상 – 갈 4:19
나사렛 예수 그리스도의 이름으로 – 행 3:6; 4:10
예수 그리스도 – 마 16:21; 요 17:3; 행 9:34; 롬 1:6; 3:22; 5:17; 16:25; 고전 1:9; 2:2; 3:11; 고후 1:19; 13:5; 갈 1:1; 2:16; 3:1, 22; 빌 2:11; 딤전 1:16; 딤후 2:8; 몬 1:9; 히 13:8; 벧전 1:3, 7, 13; 3:21; 요일 1:3; 2:1; 4:2; 5:6, 20; 요이 1:3, 7; 유 1:1
예수 그리스도로 말미암아 – 요 1:17; 행 10:36; 롬 1:8; 2:16; 16:27; 엡 1:5; 빌 1:11; 히 13:21; 벧전 2:5; 4:11; 계 1:5
예수 그리스도의 계보 – 마 1:1
예수 그리스도의 계시 – 갈 1:12; 계 1:1
예수 그리스도의 나심 – 마 1:18
예수 그리스도의 몸 – 히 10:10
예수 그리스도의 복음 – 막 1:1
예수 그리스도의 사도 – 딛 1:1; 벧전 1:1
예수 그리스도의 성령 – 빌 1:19
예수 그리스도의 심장 – 빌 1:8
예수 그리스도의 얼굴 – 고후 4:6
예수 그리스도의 은혜 – 롬 5:15
예수 그리스도의 이름 – 행 2:38; 8:12; 10:48; 16:18; 고전 1:2; 요일 3:23
예수 그리스도의 종 – 롬 1:1; 유 1:1
예수 그리스도의 증거 – 계 1:2
예수 그리스도의 피 뿌림 – 벧전 1:2
우리 구주 그리스도 예수의 나타나심 – 딤후 1:10
우리 구주 예수 그리스도로 말미암아 – 딛 3:6
우리 주 예수 그리스도 – 롬 1:4; 15:30; 고후 1:3; 엡 1:17; 6:24; 살후 2:16; 딤전 6:14; 벧후 1:8; 벧후 1:14; 유 1:4
우리 주 예수 그리스도께 대한 믿음 – 행 20:21; 약 2:1
우리 주 예수 그리스도로 말미암아 – 롬 5:1, 11, 21; 7:25; 고전 15:57; 살전 5:9; 유 1:25
우리 주 예수 그리스도에 대한 소망의 인내 – 살전 1:3
우리 주 예수 그리스도의 강림하심 – 살전 5:23; 살후 2:1
우리 주 예수 그리스도의 긍휼 – 유 1:21
우리 주 예수 그리스도의 나타나심 – 고전 1:7
우리 주 예수 그리스도의 날 – 고전 1:8
우리 주 예수 그리스도의 능력과 강림하심 – 벧후 1:16
우리 주 예수 그리스도의 말씀과 경건 – 딤전 6:3
우리 주 예수 그리스도의 사도들 – 유 1:17
우리 주 예수 그리스도의 십자가 – 갈 6:14
우리 주 예수 그리스도의 아버지 – 롬 15:6; 엡 1:3; 골 1:3; 벧전 1:3
우리 주 예수 그리스도의 영광 – 살후 2:14
우리 주 예수 그리스도의 은혜 – 고후 8:9; 갈 6:18; 살전 5:28; 살후 3:18; 몬 1:25
우리 주 예수 그리스도의 이름으로 – 고전 1:10; 엡 5:20; 살후 3:6
우리 주 예수 그리스도의 이름을 위하여 – 행 15:25 – 26
적그리스도 – 요일 2:18, 22; 4:3 요이 1:7
주 예수 그리스도 – 행 11:17; 28:31; 롬 13:14; 고전 6:11; 8:6; 엡 6:23; 빌 3:20; 살전 1:1; 살후 1:1; 3:12; 약 1:1
주 예수 그리스도로부터 은혜와 평강이 있기를 원하다 – 롬 1:7; 고전 1:3; 고후 1:2; 갈 1:3; 엡 1:2; 빌 1:2; 살후 1:2; 몬 1:3
주 예수 그리스도의 은혜 – 고전 16:23 고후 13:13 빌 4:23; 살후 1:12

그리스도인

딤전 5:11	정욕으로 **그리스도**를 배반할 때에 시집
몬 1:6	선을 알게 하고 **그리스도**께 이르도록
히 3:6	**그리스도**는 하나님의 집을 맡은 아들
히 3:14	끝까지 견고히 잡고 있으면 **그리스도**
히 5:5	이와 같이 **그리스도**께서 대제사장 되심
히 9:11	**그리스도**께서는 장래 좋은 일의 대제사
히 9:24	**그리스도**께서는 참 것의 그림자인 손으
히 9:28	이와 같이 **그리스도**도 많은 사람의 죄를
히 10:12	오직 **그리스도**는 죄를 위하여 한 영원한
히 11:26	**그리스도**를 위하여 받는 수모를 애굽의
벧전 2:21	**그리스도**도 너희를 위하여 고난을 받으
벧전 3:15	너희 마음에 **그리스도**를 주로 삼아 거룩
벧전 3:16	이는 **그리스도** 안에 있는 너희의 선행
벧전 3:18	**그리스도**께서도 단번에 죄를 위하여
벧전 4:1	**그리스도**께서 이미 육체의 고난을 받으
요일 2:22	예수께서 **그리스도**이심을 부인하는
요일 5:1	예수께서 **그리스도**이심을 믿는 자마다
계 20:4	**그리스도**와 더불어 천 년 동안 왕 노릇
계 20:6	천 년 동안 **그리스도**와 더불어 왕 노릇

그리스도인(Christian)

행 11:26	안디옥에서 비로소 **그리스도인**이라
행 26:28	나를 권하여 **그리스도인**이 되게 하려
벧전 4:16	만일 **그리스도인**으로 고난을 받으면

그리스보(Crispus) 고린도의 회당장

행 18:8	회당장 **그리스보**가 온 집안과 더불어
고전 1:14	나는 **그리스보**와 가이오 외에는 너희

그리심 산(Mount Gerizim) 모세가 축복의 율법을 선포한 산

신 11:29	너는 **그리심 산**에서 축복을 선포하고
신 27:12	백성을 축복하기 위하여 **그리심 산**에
수 8:33	절반은 **그리심 산** 앞에, 절반은 에발 산
삿 9:7	요담이 **그리심 산** 꼭대기로 가서 서서

그리욧(Kerioth) 모압에 있는 요새화된 성읍

렘 48:24	**그리욧**과 보스라와 모압 땅 원근 모든
암 2:2	내가 모압에 불을 보내리니 **그리욧** 궁궐

그리욧 헤스론(Kerioth Hezron) 유다 최남단 성읍

수 15:25	하솔 하닷다와 **그리욧 헤스론** 곧 하솔

그리하여(do, or, so that, so)

레 10:6	옷을 찢지 말라 **그리하여** 너희가 죽음

📖 **그리하여 - 기타 본문**

구약 레 10:9, 10; 16:2; 20:22; 민 8:3; 15:40; 18:32; 신 4:9, 16, 19; 삿 7:17; 9:7; 대상 21:25; 느 10:39; 시 105:26; 사 9:13; 28:7; 37:5; 61:7; 렘 25:14; 38:26; 44:15; 단 1:16 **신약** 막 5:4; 11:25; 요 10:42; 20:27; 행 9:31; 15:27; 롬 11:26; 15:19; 고전 3:18; 갈 6:2; 살전 4:17; 약 5:9

그림자(shadow)

삿 9:36	네가 산 **그림자**를 사람으로 보았느니라
왕하 20:9	해 **그림자**가 십도를 나아갈 것이니이까
왕하 20:10	히스기야가 대답하되 **그림자**가 십도를
왕하 20:11	해시계 위에 나아갔던 해 **그림자**를
대상 29:15	세상에 있는 날이 **그림자** 같아서 희망이
욥 8:9	세상에 있는 날이 **그림자**와 같으니라)
욥 14:2	꽃과 같이 자라나서 시들며 **그림자**같이
욥 17:7	어두워지고 나의 온 지체는 **그림자** 같구
시 39:6	진실로 각 사람은 **그림자**같이 다니고
시 102:11	내 날이 기울어지는 **그림자** 같고 내가
시 109:23	나는 석양 **그림자**같이 지나가고 또
시 144:4	그의 날은 지나가는 **그림자** 같으니이다
전 6:12	헛된 생명의 모든 날을 **그림자**같이
전 8:13	그 날이 **그림자**와 같으리니 이는 하나님
아 2:17	날이 저물고 **그림자**가 사라지기 전에
아 4:6	날이 저물고 **그림자**가 사라지기 전에
사 38:8	**그림자**를 뒤로 … 해의 **그림자**가 십 도
행 5:15	베드로가 지날 때에 혹 그의 **그림자**라도
골 2:17	장래 일의 **그림자**이나 몸은 그리스도의
히 8:5	하늘에 있는 것의 모형과 **그림자**라 모세
히 9:24	그리스도께서는 참 것의 **그림자**인 손으
히 10:1	율법은 장차 올 좋은 일의 **그림자**일
약 1:17	변함도 없으시고 회전하는 **그림자**도

그릿 시냇가(Kerith Ravine) 요단 강 동편 시내

왕상 17:3	동쪽으로 가서 요단 앞 **그릿 시냇가**에
왕상 17:5	곧 가서 요단 앞 **그릿 시냇가**에 머물

그마랴(Gemariah)

1. 힐기야의 아들

렘 29:3	엘라사와 힐기야의 아들 **그마랴** 편으로

【 그마림 】 　　　　　　　　　　　　　　　　　　　　　　　　　　　　　　　　　【 그물 】

2. 사반의 아들
렘 36:10　사반의 아들 서기관 **그마랴**의 방에서
렘 36:11　사반의 손자요 **그마랴**의 아들인 미가야
렘 36:12　엘라단과 사반의 아들 **그마랴**와 하나
렘 36:25　들라야와 **그마랴**가 왕께 두루마리를

그마림(Chemarims-KJV) 바알 종교의 제사장을 일컫는 말
습 1:4　바알을 그 곳에서 멸절하며 **그마림**이란

그만두다/그만이다/그만하다(quit)
신 3:26　내게 이르시기를 **그만해도** 족하니 이 일
욥 15:4　하나님 경외하는 일을 **그만두어** 하나님
렘 40:4　좋지 않게 여기거든 **그만두라** 보라 온
슥 11:12　그렇지 아니하거든 **그만두라** 그들이
막 7:11　드림이 되었다고 하기만 하면 **그만이라**
고후 12:6　생각할까 두려워하여 **그만두노라**

그말리(Gemalli) 단 지파이며 암미엘의 아버지
민 13:12　단 지파에서는 **그말리**의 아들 암미엘

그모스(Chemosh) 모압의 국가 신인 전쟁 신
민 21:29　모압아 네가 화를 당하였도다 **그모스**
삿 11:24　네 신 **그모스**가 네게 주어 차지하게
왕상 11:7　가증한 **그모스**를 위하여 예루살렘
왕상 11:33　모압의 신 **그모스**와 암몬 자손의 신
왕하 23:13　모압 사람의 가증한 **그모스**와 암몬
렘 48:7　**그모스**는 그의 제사장들과 고관들과
렘 48:13　모압이 **그모스**로 말미암아 수치를 당하
렘 48:46　모압이여 네게 화가 있도다 **그모스**의

그무엘(Kemuel) 하사뱌의 아버지
대상 27:17　레위 사람의 지도자는 **그무엘**의 아들

그물(net)
구약
출 27:4　제단을 위하여 놋으로 **그물**을
출 27:5　**그물**은 제단 주위 가장자리 아래
출 35:16　번제단과 그 놋 **그물**과 그 채와 모든
출 38:4　제단을 위하여 놋 **그물**을 만들어 제단
출 38:5　그 놋 **그물** 네 모퉁이에 채를 꿸 고리

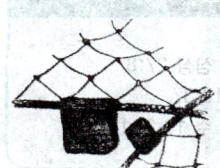

출 38:30　놋 제단과 놋 **그물**과 제단의 모든 기구
출 39:39　놋 제단과 그 놋 **그물**과 그 채들과 그
왕상 7:17　바둑판 모양으로 얽은 **그물**과 사슬 모양
왕상 7:18　두 줄 석류를 한 **그물** 위에 둘러 만들
왕상 7:20　기둥 머리에 있는 **그물** 곁 곧 그 머리
왕상 7:41　꼭대기의 공 같은 머리를 가리는 **그물**
왕상 7:42　또 그 **그물**들을 위하여 만든 바 매 **그물**에 두 줄씩으로 기둥 위의 공 같은
왕하 25:17　그 머리에 둘린 **그물**과 석류가 다 놋이라 다른 기둥의 장식과 **그물**도 이와 같
대하 4:12　공 같은 기둥 머리를 가리는 **그물** 둘과
대하 4:13　그 **그물**들을 위하여 만든 각 **그물**에
욥 18:8　발이 **그물**에 빠지고 올가미에 걸려들며
욥 19:6　자기 **그물**로 나를 에워싸신 줄을 알라
시 9:15　자기가 숨긴 **그물**에 자기 발이 걸렸도다
시 10:9　**그물**을 끌어당겨 가련한 자를 잡나이다
시 11:6　악인에게 **그물**을 던지시리니 불과 유황
시 25:15　내 발을 **그물**에서 벗어나게 하실 것임
시 31:4　그들이 나를 위하여 비밀히 친 **그물**에
시 35:7　그들의 **그물**을 웅덩이에 숨기며 까닭
시 35:8　그가 숨긴 **그물**에 자기가 잡히게 하시며
시 57:6　내 걸음을 막으려고 **그물**을 준비하였
시 66:11　우리를 끌어 **그물**에 걸리게 하시며 어려
시 140:5　올무와 줄을 놓으며 길 곁에 **그물**을
시 141:10　악인은 자기 **그물**에 걸리게 하시고 나만
잠 1:17　새가 보는 데서 **그물**을 치면 헛일이겠
잠 6:5　새가 **그물** 치는 자의 손에서 벗어나는
잠 7:23　새가 빨리 **그물**로 들어가되 그의 생명
잠 12:13　악인은 입술의 허물로 말미암아 **그물**
잠 29:5　아첨하는 것은 그의 발 앞에 **그물**을
전 7:26　마음은 올무와 **그물** 같고 손은 포승
사 19:8　물 위에 **그물**을 치는 자는 피곤할 것이
사 51:20　아들들이 곤비하여 **그물**에 걸린 영양
렘 52:23　그 기둥에 둘린 **그물** 위에 있는 석류는
애 1:13　내 발 앞에 **그물**을 치사 나로 물러가게
겔 12:13　내가 또 내 **그물**을 그의 위에 치고 내
겔 17:20　그 위에 내 **그물**을 치며 내 올무에 걸리
겔 19:8　그를 치러 와서 그의 위에 **그물**을 치고
겔 26:5　바다 가운데에 **그물** 치는 곳이 되게
겔 26:14　맨 바위가 되게 한즉 네가 **그물** 말리는
겔 32:3　백성의 무리를 거느리고 내 **그물**을 네 위에 치고 그 **그물**로 너를 끌어오리로다
겔 47:10　에네글라임까지 **그물** 치는 곳이 될 것

[**그므엘**] [**그술롯**]

호 5:1 올무가 되며 다볼 위에 친 **그물**이 됨이
호 7:12 그들이 갈 때에 내가 나의 **그물**을 그 위
미 7:2 피를 흘리려고 매복하며 각기 **그물**로
합 1:15 그가 낚시로 모두 낚으며 **그물**로 잡으며
합 1:16 **그물**에 제사하며 투망 앞에 분향하오니
합 1:17 그가 **그물** 떨고는 계속하여 여러 나라

신약

마 4:18 안드레가 바다에 **그물** 던지는 것을 보시
마 4:20 곧 **그물**을 버려 두고 예수를 따르니라
마 4:21 세베대와 함께 배에서 **그물** 깁는 것을
마 13:47 바다에 치고 각종 물고기를 모는 **그물**과
마 13:48 **그물**에 가득하매 물 가로 끌어 내고
막 1:16 안드레가 바다에 **그물** 던지는 것을 보시
막 1:18 곧 **그물**을 버려 두고 따르니라
막 1:19 요한을 보시니 그들도 배에 있어 **그물**을
눅 5:2 어부들은 배에서 나와서 **그물**을 씻는
눅 5:4 이르시되 깊은 데로 가서 **그물**을 내려
눅 5:5 말씀에 의지하여 내가 **그물**을 내리리
눅 5:6 잡은 것이 심히 많아 **그물**이 찢어지는
요 21:6 이르시되 **그물**을 배 오른편에 던지라
··· 물고기가 많아 **그물**을 들 수 없더라
요 21:8 작은 배를 타고 물고기 든 **그물**을 끌고
요 21:11 시몬 베드로가 올라가서 **그물**을 … 백 쉰세 마리라 … **그물**이 찢어지지 아니

성경에 나오는 '그물'

길에 친 새 잡는 자의 그물 - 호 9:8
사망의 그물 - 잠 13:14; 14:27
영혼의 그물 - 잠 18:7
재난의 그물 - 전 9:12

그므엘(Kemuel)

1. 나홀과 밀가의 셋째 아들로 아람의 아버지
창 22:21 형제는 부스와 아람의 아버지 **그므엘**
2. 에브라임 지파의 족장
민 34:24 지휘관 십단의 아들 **그므엘**이요

그발 1(Gebal) 고대 베니게의 중요한 성읍
수 13:5 또 **그발** 족속의 땅과 해 뜨는 곳의 온
왕상 5:18 히람의 건축자와 **그발** 사람이 그 돌을

그발 2(Kebar) 바벨론에 있는 대운하

겔 1:1 넷째 달 초닷새에 내가 **그발** 강가
겔 1:3 갈대아 땅 **그발** 강가에서 여호와
겔 3:15 그 사로잡힌 백성 곧 **그발** 강가
겔 3:23 내가 전에 **그발** 강가에서 보던 영광
겔 10:15 그들은 내가 **그발** 강가에서 보던 생물
겔 10:20 내가 **그발** 강가에서 보던 이스라엘
겔 10:22 그 얼굴의 형상은 내가 **그발** 강가에
겔 43:3 **그발** 강가에서 보던 환상과도 같기로

그발 암모니(Kephar Ammoni) 베냐민 지파에게 분배된 성읍
수 18:24 **그발 암모니**와 오브니와 게바이니 열두

그비라(Kephirah) 베냐민 지파에게 분배되었던 성읍
수 9:17 성읍들은 기브온과 **그비라**와 브에롯
수 18:26 미스베와 **그비라**와 모사와
스 2:25 기랴다림과 **그비라**와 브에롯 자손이
느 7:29 기럇여아림과 **그비라**와 브에롯 사람

그살론(Kesalon) 유다의 기업 내에 속한 산
수 15:10 여아림 산 곧 **그살론** 곁 북쪽에 이르고

그술(Geshur) 요단 동편 지역
수 13:13 **그술**과 마아갓이 오늘까지 이스라엘
삼하 13:38 압살롬이 도망하여 **그술**로 가서 거기
삼하 14:23 요압이 일어나 **그술**로 가서 압살롬을
삼하 14:32 내가 **그술**에서 돌아오게 되었나이까
삼하 15:8 당신의 종이 아람 **그술**에 있을 때에
대상 2:23 **그술**과 아람이 야일의 성읍들과 그낫
대상 3:2 셋째는 압살롬이라 **그술** 왕 달매의 딸

'그술'과 관련된 성구

그술 사람 - 수 12:5; 삼상 27:8
그술 왕 - 삼하 3:3; 13:37
그술 족속 - 신 3:14; 수 13:2, 11, 13

그술롯(Kesulloth) 잇사갈 지파의 경계에 속한 성읍
수 19:18 그들의 지역은 이스르엘과 **그술롯**과

【 그슬리다 】

그슬리다(broil, burn)
슥 3:2   이는 불에서 꺼낸 **그슬린** 나무가 아니냐
겔 20:47 남에서 북까지 모든 얼굴이 **그슬릴지라**

그실(Kesil) 유다 남부의 성읍
수 15:30 엘돌랏과 **그실**과 홀마와

그우엘(Geuel) 갓 지파의 두령으로 마기의 아들
민 13:15 갓 지파에서는 마기의 아들 **그우엘**이

그을리다(singe)
단 3:27 머리털도 **그을리지** 아니하였고 겉옷

그일라(Keilah)
1. 지명: 유다 산기슭의 요새 성읍
수 15:44 **그일라**와 악십과 마레사니 아홉 성읍
삼상 23:1 블레셋 사람이 **그일라**를 쳐서 그 타작
대상 4:19 가미 사람 **그일라**의 아버지와 마아가

📖 **그일라 1 - 기타 본문**
삼상 23:2, 3, 4, 5, 6, 7, 8, 10, 11, 12, 13; 느 3:17, 18

2. 인명: 호디야의 손자
대상 4:19 가미 사람 **그일라**의 아버지와 마아가

그이(he, him, the one)
사 43:13 과연 태초로부터 나는 **그이니** 내 손에
마 11:3   오실 **그이**가 당신이오니이까 우리가
계 3:12   나의 새 이름을 **그이** 위에 기록하리라

📖 **그이 - 기타 본문**
마 26:48; 막 14:44; 눅 7:19, 20; 요 1:27, 33, 45; 8:54; 9:37

그저(for nothing, innocently)
창 29:15 비록 내 생질이나 어찌 **그저** 내 일을
삼하 15:11 일을 알지 못하고 **그저** 따라가기만
욥 6:11   내 마지막이 어떠하겠기에 **그저** 참을까

그적거리다(make mark)
삼상 21:13 미친 체하고 대문짝에 **그적거리며** 침을

【 그중 】

그제야/그제서야(afterward, and then, so ~ that)
창 19:3   롯이 간청하매 **그제서야** 돌이켜 그 집
창 45:15 안고 우니 형들이 **그제서야** 요셉과 말하
민 14:34 죄악을 담당할지니 너희는 **그제서야**
삿 13:21 마노아가 **그제야** 그가 여호와의 사자
대하 33:13 므낫세가 **그제서야** 여호와께서 하나님
호 2:7   **그제야** 그가 이르기를 내가 본 남편에
마 16:12 **그제서야** 제자들이 떡의 누룩이 아니요
마 17:13 **그제서야** 제자들이 예수께서 말씀하신
마 24:14 온 세상에 전파되리니 **그제야** 끝이 오리

그중(among them, of these, of them)
창 9:7   땅에 가득하여 **그중**에서 번성하라
출 10:26 이는 우리가 **그중**에서 가져다가 우리
레 3:14   **그중**에서 예물을 가져다가 여호와께
레 5:4   **그중** 하나에 그에게 허물이 있을 것이니
민 4:16   또 장막 전체와 **그중**에 있는 모든 것과
딤후 1:15 **그중**에는 부겔로와 허모게네도 있느
벧후 3:16 **그중**에 알기 어려운 것이 더러 있으니

📖 **그중 - 기타 본문**
모세오경, 역사서 레 9:17; 11:22; 22:18; 민 17:6; 18:30, 32; 19:10; 21:1; 23:21; 31:38, 39, 40; 신 4:42; 25:5; 28:55; 수 10:1, 28, 30, 35, 37; 23:14; 삼상 10:21; 13:2; 삼하 24:12; 대상 9:28; 12:29; 21:10; 23:4; 대하 2:18; 스 4:15, 19; 4:19; 7:25; 8:15; 10:44; 에 6:13 **시가서, 선지서** 시 34:20; 55:11; 57:6; 68:14, 17; 69:34, 36; 89:11; 98:7; 137:2; 146:6; 사 4:4; 5:2, 14, 27; 6:13; 7:6; 13:9; 19:18; 24:6; 44:16; 렘 6:6; 8:16; 37:10; 41:8; 46:21; 47:2; 51:45; 겔 3:15; 7:11; 9:2; 11:1; 12:12, 16; 14:21; 33:6; 45:2; 단 6:2; 8:3, 9; 12:6; 암 2:3; 9:1; 슥 12:8 **복음서** 마 10:11; 14:14; 18:12; 20:13; 22:35; 23:34; 25:2; 27:48, 56; 막 8:3; 12:23; 15:40; 눅 4:26, 27; 6:13; 11:15, 49; 15:4; 17:15; 20:33; 22:24, 50; 요 7:44, 50; 10:20, 32; 11:37, 46, 49; 17:12; 19:34 **역사서, 서신서** 행 4:34; 11:20, 28; 14:12; 15:2, 22; 17:4, 12, 34; 23:6; 고전 13:13; 15:6, 27; 고후 4:4; 살후 2:7; 딤후 2:17, 20; 3:10

그쪽 / 그치다

그쪽(there)
삿 18:15 다섯 사람이 **그쪽**으로 향하여 그 청년

그치다(stop, cease)

모세오경, 역사서
창 2:2 그가 하시던 모든 일을 **그치고** 일곱째
창 11:8 그들이 그 도시를 건설하기를 **그쳤더라**
창 24:27 주의 사랑과 성실을 **그치지** 아니하셨
창 41:49 모래같이 심히 많아 세기를 **그쳤으니**
출 36:6 말라 하매 백성이 가져오기를 **그치니**
신 15:11 언제든지 가난한 자가 **그치지** 아니하
수 3:16 흘러내리던 물이 **그쳐서** 사르단에 가까
수 22:25 여호와 경외하기를 **그치게** 할까
삿 2:19 행위와 패역한 길을 **그치지** 아니하였
삿 5:7 사람들이 **그쳤으니** 나 드보라가 일어
나 … 어머니가 되기까지 **그쳤도다**
룻 1:18 결심함을 보고 그에게 말하기를 **그치니**
룻 2:20 죽은 자에게 은혜 베풀기를 **그치지** 아니
삼상 14:46 블레셋 사람들 추격하기를 **그치고**
삼상 23:13 말하매 사울이 가기를 **그치니라**
삼상 23:28 사울이 다윗 뒤쫓기를 **그치고** 돌아와
삼하 2:22 너는 나 쫓기를 **그치라** 내가 너를 쳐서
삼하 2:26 그의 형제 쫓기를 **그치라** 명령하겠느냐
삼하 2:30 요압이 아브넬 쫓기를 **그치고** 돌아와
삼하 18:16 나팔을 불어 백성들에게 **그치게** 하니
삼하 20:2 사람들이 다윗 따르기를 **그치고** 올라가
왕상 22:33 왕이 아님을 보고 쫓기를 **그치고** 돌아
왕하 4:6 없나이다 하니 기름이 곧 **그쳤더라**
왕하 13:18 하는지라 이에 세 번 치고 **그친지라**
대상 21:22 전염병이 백성 중에서 **그치리라** 하니
대하 18:32 왕이 아님을 보고 추격을 **그치고** 돌아
대하 25:16 모사로 삼았느냐 **그치라** 어찌하여 맞
으려 하느냐 하니 선지자가 **그치며**
에 6:14 아직 말이 **그치지** 아니하여서 왕의 내시

시가서, 선지서
욥 6:10 내가 오히려 위로를 받고 **그칠** 줄 모르
욥 10:20 그런즉 **그치시고** 나를 버려두사 잠시
욥 15:4 하나님 앞에 묵도하기를 **그치게** 하는
욥 31:40 마땅하니라 하고 욥의 말이 **그치니라**
욥 32:1 여기므로 그 세 사람이 말을 **그치니**
욥 38:11 네 높은 파도가 여기서 **그칠지니라**
시 36:3 속임이라 그는 지혜와 선행을 **그쳤도다**
시 77:9 그가 베푸실 긍휼을 **그치셨는가** 하였

시 89:44 그의 영광을 **그치게** 하시고 그의 왕위
잠 18:18 제비 뽑는 것은 다툼을 **그치게** 하여
잠 29:9 노하든지 웃든지 그 다툼은 **그침이** 없느
전 9:8 네 머리에 향 기름을 **그치지** 아니하도
전 12:3 맷돌질 하는 자들이 적으므로 **그칠** 것
사 14:4 압제하던 자가 어찌 그리 **그쳤으며** 강포
사 16:4 멸절하는 자가 **그쳤고** 압제하는 자가
사 29:20 오만한 자가 **그쳤으며** 죄악의 기회를
사 33:1 학대하기를 **그치면** 네가 학대를 당할
것이며 네가 속이기를 **그치면** 사람이
사 63:15 간곡한 자비와 사랑이 내게 **그쳤나이다**
렘 14:17 내 눈이 밤낮으로 **그치지** 아니하고 눈물
렘 17:8 걱정이 없고 결실이 **그치지** 아니함
렘 38:27 그들은 그와 더불어 말하기를 **그쳤더라**
렘 41:8 죽이지 말라 하니 그가 **그치고** 그들을
겔 31:15 강을 쉬게 하며 큰 물을 **그치게** 하고
겔 34:25 악한 짐승을 그 땅에서 **그치게** 하리니
겔 45:9 백성에게 속여 빼앗는 것을 **그칠지니라**
단 7:28 그 말이 이에 **그친지라** 나 다니엘은
단 9:2 황폐함이 칠십 년만에 **그치리라**
단 11:18 그의 정복을 **그치게** 하고 그 수치를
호 7:4 발효되기까지만 불 일으키기를 **그칠**
암 7:5 여호와여 청하건대 **그치소서** 야곱이
욥 1:5 만족할 만큼 훔치면 **그치지** 아니하였
욘 1:15 던지매 바다가 뛰노는 것이 곧 **그친지라**
미 2:6 아니거늘 욕하는 말을 **그치지** 아니한다
학 1:10 이슬을 그쳤고 땅은 산물을 **그쳤으며**

신약
눅 7:45 내 발에 입맞추기를 **그치지** 아니하였
눅 8:24 물결을 꾸짖으시니 이에 **그쳐** 잔잔하
행 5:42 가르치기와 전도하기를 **그치지** 아니
행 12:16 베드로가 문 두드리기를 **그치지** 아니
행 13:10 주의 바른 길을 굽게 하기를 **그치지**
행 21:14 뜻대로 이루어지이다 하고 **그쳤노라**
행 21:32 군인들을 보고 바울 치기를 **그치는지라**
롬 9:1-2 마음에 **그치지** 않는 고통이 있는 것을
엡 1:16 너희로 말미암아 감사하기를 **그치지**
골 1:9 기도하기를 **그치지** 아니하고 구하노니
히 10:2 어찌 제사 드리는 일을 **그치지** 아니하
벧전 3:10 혀를 금하여 악한 말을 **그치며** 그 입술
벧전 4:1 고난을 받은 자는 죄를 **그쳤음이니**
벧후 2:14 범죄하기를 **그치지** 아니하고 굳세지
계 14:13 그러하다 그들이 수고를 **그치고** 쉬리니

【 그치다 】　　　　　　　　　　　　　　　　　　　　　　　　　　　　【 극심하다 】

성경에 나오는 '그치는' 내용

- 공사 – 대하 16:5; 스 4:21, 23
- 교만 – 겔 7:24; 33:28
- 권세 – 겔 30:18;
- 기쁨 – 사 24:8; 애 5:15
- 노랫소리 – 겔 26:13; 암 5:23
- 눈물 – 애 3:49
- 만나 – 수 5:12
- (맹렬한) 노 – 출 32:12; 에 2:1; 7:10; 잠 29:8
- 바람 – 마 14:32; 막 4:39; 6:51
- 방언 – 고전 13:8
- 분 – 시 37:8; 잠 21:14; 사 10:25
- 분노(하심) – 겔 16:42; 단 11:36
- 비 – 창 8:2; 출 9:34; 아 2:11; 렘 3:3
- 소란 – 사 25:5
- 소리 – 욥 4:10; 사 16:9, 10; 암 6:7; 눅 9:36
- 소요 – 욥 3:17; 행 20:1
- 속담 – 겔 12:23
- 수욕 – 잠 22:10
- 시비 – 잠 15:18; 17:14
- 싸움 – 잠 22:10; 렘 51:30
- 악행 – 느 9:35
- 역사 – 느 4:11
- 염병 – 민 16:48, 50; 25:8
- 오락 – 단 6:18
- 우렛소리 – 출 9:28, 29, 33
- 우박 – 출 9:28, 33, 34
- 원망 – 민 17:5, 10
- 위협 – 엡 6:9
- 유출 – 레 15:28
- 음란/음행/행음 – 겔 16:41; 23:27, 48
- 이자 받기 – 느 5:10
- 일곱 해 풍년 – 창 41:53
- 재앙 – 삼하 24:21, 25; 시 106:30
- 전쟁 – 수 11:23; 14:15
- 정욕 – 전 12:5
- 진노 – 신 13:17; 수 7:26; 렘 23:20; 욘 3:9
- 탄식 – 사 21:2
- 행악 – 사 1:16
- 허물 – 단 9:24
- 혈루증 – 눅 8:44

그토록(that)
욥 27:12　어찌하여 **그토록** 무익한 사람이 되었

그핫(Kohath) 레위의 아들
창 46:11　레위의 아들은 게르손과 **그핫**과 므라리

'그핫'과 관련된 성구
- 그핫 가족 – 수 21:4, 10
- 그핫(의) 아들 – 대상 23:12
- 그핫 자손 – 수 21:5, 20, 26; 대상 6:61, 66, 70; 대상 6:33; 9:32; 15:5; 대하 20:19; 29:12; 34:12
- 그핫 종족 – 대상 6:54
- 레위의 아들 – 창 46:11; 대상 6:1, 2, 16, 18, 22, 38; 대상 23:6

그해(same year, that year)
창 26:12　이삭이 그 땅에서 농사하여 **그해**에

그해 – 기타 본문
창 47:17, 18; 신 14:28; 수 5:12; 삿 10:8; 삼하 11:1; 왕하 25:3; 대하 27:5; 36:10; 렘 28:1, 17; 52:6; 요 11:49, 51; 18:13

그헬라다(Kehelathah) 이스라엘이 머문 곳
민 33:22　릿사를 떠나 **그헬라다**에 진을 치고
민 33:23　**그헬라다**를 떠나 세벨 산에 진을 치고

극렬하다/극렬히(極烈, vehement)
신 28:59　네 자손의 재앙을 **극렬하게** 하시리니
왕하 3:26　왕이 전세가 **극렬하여** 당하기 어려움
렘 25:38　분노와 그의 **극렬한** 진노로 말미암아
단 3:20　결박하여 **극렬히** 타는 풀무불 가운데

극상품(極上品, the choicest)
사 5:2　땅을 파서 돌을 제하고 **극상품** 포도나무
겔 27:22　각종 **극상품** 향 재료와 각종 보석과

극성스럽다(極盛, swarm)
렘 51:27　그를 치되 **극성스런** 메뚜기같이 그

극심하다(極甚, terrible)
호 12:14　에브라임이 격노하게 함이 **극심하였**

【 극악하다 】　　　　　　　　　　　　　　　　　　　　　　　　【 근심/-하다 】

고후 8:2　넘치는 기쁨과 **극심한** 가난이 그들의

극악하다(極惡, evil)
겔 21:25　너 **극악하여** 중상을 당할 이스라엘 왕

극진히(極盡, profuse)
대상 16:25　여호와는 위대하시니 **극진히** 찬양할
시 48:1　하나님의 성, 거룩한 산에서 **극진히**
욜 2:18　여호와께서 자기의 땅을 **극진히** 사랑

극하다/극히(極, extreme)
벧전 4:4　너희가 그들과 함께 그런 **극한** 방탕에
눅 7:28　하나님의 나라에서는 **극히** 작은 자라도

> **극하다/극히 – 기타 본문**
> 수 1:7; 삿 6:15; 대상 22:5; 시 77:13; 사 12:5;
> 36:9; 렘 24:2, 3; 겔 7:24; 16:13; 37:10; 마 11:11

근(pint-NIV, poun-KJV)
요 12:3　비싼 향유 곧 순전한 나드 한 **근**을 가져

근거(根據, basis, ground)
단 6:4　고발할 **근거**를 … 아무 **근거**, 아무 허물
단 6:5　하나님의 율법에서 **근거**를 찾지 못해

근래(近來, recently)
신 32:17　알지 못하던 신들, **근래**에 들어온 새로
미 2:8　**근래**에 내 백성이 원수같이 일어나서

근면하다(勤勉, industry)
잠 11:16　유덕한 여자는 존영을 얻고 **근면한** 남자

근방(近方, near, surrounding)
창 14:6　그 산 세일에서 쳐서 광야 **근방** 엘바란
신 1:7　아모리 족속의 산지로 가고 그 **근방**
왕상 1:9　아도니야가 에느로겔 **근방** 소헬렛 바위
마 14:35　예수이신 줄을 알고 그 **근방**에 두루
눅 8:37　거라사인의 땅 **근방** 모든 백성이 크게
행 14:6　두 성 루스드라와 더베와 그 **근방**으로

근본(根本, foundation, basis)
시 111:10　여호와를 경외함이 지혜의 **근본**이라
잠 1:7　여호와를 경외하는 것이 지식의 **근본**

잠 9:10　여호와를 경외하는 것이 지혜의 **근본**
겔 16:3　이같이 말씀하시되 네 **근본**과 난 땅은
미 1:13　라기스는 딸 시온의 죄의 **근본**이니 이는
미 5:2　내게로 나올 것이라 그의 **근본**은 상고
빌 2:6　그는 **근본** 하나님의 본체시나 하나님과
골 1:18　몸인 교회의 머리시라 그가 **근본**이시오
계 3:14　하나님의 창조의 **근본**이신 이가 이르

근신/-하다(勤愼, prudence)
잠 1:4　젊은 자에게 지식과 **근신함**을 주기 위한
잠 2:11　**근신**이 너를 지키며 명철이 너를 보호
잠 3:21　내 아들아 완전한 지혜와 **근신**을 지키
잠 5:2　**근신**을 지키며 네 입술로 지식을 지키
잠 8:12　주소를 삼으며 지식과 **근신**을 찾아 얻
슥 7:3　행한 대로 오월 중에 울며 **근신하리이까**
벧전 1:13　너희 마음의 허리를 동이고 **근신하여**
벧전 4:7　너희는 정신을 차리고 **근신하여** 기도
벧전 5:8　**근신하라** 깨어라 너희 대적 마귀가 우는

근실히(勤實, careful, skill, diligent)
잠 13:24　자식을 사랑하는 자는 **근실히** 징계하느

근심/-하다(anxiety)
> **모세오경 – 시가서**

창 21:12　네 여종으로 말미암아 **근심하지** 말고
창 34:7　그들 모두가 **근심하고** 심히 노하였으니
창 40:6　요셉이 들어가 보니 그들에게 **근심**의
창 45:5　나를 이 곳에 팔았다고 해서 **근심하지**
출 1:12　이스라엘 자손으로 말미암아 **근심하여**
출 3:7　말미암아 부르짖음을 듣고 그 **근심**을
신 2:25　듣고 떨며 너로 말미암아 **근심하리라**
삼상 1:18　먹고 얼굴에 다시는 근심 빛이 없더라
삼상 15:11　사무엘이 **근심하여** 온 밤을 여호와께
삼하 13:20　**근심하지** 말라 하니라 이에 다말이
왕상 20:43　이스라엘 왕이 **근심하고** 답답하여 그
왕상 21:4　아합이 **근심하고** 답답하여 왕궁으로
왕상 21:5　왕의 마음에 무엇을 **근심하여** 식사를
대상 4:10　나로 환난을 벗어나 내게 **근심**이 없게
스 9:5　저녁 제사를 드릴 때에 내가 **근심** 중에
스 10:6　사로잡혔던 자들의 죄를 **근심하여** 음식
느 8:10　이 날은 우리 주의 성일이니 **근심하지**
느 8:11　성일이니 마땅히 조용하고 **근심하지**
욥 16:5　입술의 위로로 너희의 **근심**을 풀었으

【 근심/-하다 】

욥 16:6	말하여도 내 **근심**이 풀리지 아니하고
욥 17:7	내 눈은 **근심** 때문에 어두워지고 나의
욥 23:2	오늘도 내게 반항하는 마음과 **근심**이
시 6:7	내 눈이 **근심**으로 말미암아 쇠하며 내
시 25:17	내 마음의 **근심**이 많사오니 나를 고난
시 30:7	얼굴을 가리시매 내가 **근심하였나이다**
시 31:9	내게 은혜를 베푸소서 내가 **근심** 때문
시 38:17	내가 넘어지게 되었고 나의 **근심**이 항상
시 39:2	선한 말도 하지 아니하니 나의 **근심**이
시 55:2	내게 굽히사 응답하소서 내가 **근심**으로
시 55:17	저녁과 아침과 정오에 내가 **근심하여**
시 64:1	하나님이여 내가 **근심하는** 소리를 들으
시 69:20	나의 마음을 상하게 하여 **근심**이 충만
시 77:3	하나님을 기억하고 불안하여 **근심하니**
시 94:19	내 속에 **근심**이 많을 때에 주의 위안이
시 95:10	그 세대로 말미암아 **근심하여** 이르기를
시 107:6	이에 그들이 **근심** 중에 여호와께 부르
잠 1:27	이르겠고 너희에게 **근심**과 슬픔이 임하
잠 10:1	미련한 아들은 어미의 **근심**이니라
잠 10:10	눈짓하는 자는 **근심**을 끼치고 입이
잠 10:22	부하게 하고 **근심**을 겸하여 주지 아니
잠 12:25	**근심**이 사람의 마음에 있으면 그것을
잠 14:13	슬픔이 있고 즐거움의 끝에도 **근심**이
잠 15:13	마음의 **근심**은 심령을 상하게 하느니라
잠 17:21	미련한 자를 낳는 자는 **근심**을 당하나
잠 17:22	즐거움은 양약이라도 심령의 **근심**은
잠 17:25	미련한 아들은 그 아비의 **근심**이 되고
잠 23:29	재앙이 뉘게 있느뇨 **근심**이 뉘게 있느뇨
전 1:18	지식을 더하는 자는 **근심**을 더하느니라
전 2:23	일평생에 **근심하며** 수고하는 것이 슬픔
전 11:10	그런즉 **근심**이 네 마음에서 떠나게 하며

선지서

사 17:11	씨가 잘 발육하도록 하였으나 **근심**과
사 61:3	찬송의 옷으로 그 **근심**을 대신하시고
사 63:10	그들이 반역하여 주의 성령을 **근심하게**
렘 8:18	슬프다 나의 **근심**이여 어떻게 위로를
렘 14:3	그릇으로 돌아오니 부끄럽고 **근심하여**
렘 15:9	해가 떨어져서 그에게 수치와 **근심**을
렘 31:12	물 댄 동산 같겠고 다시는 **근심**이 없으
렘 31:13	그들을 위로하여 그들의 **근심**으로부터
애 1:4	처녀들이 **근심하며** 시온도 곤고를 받았
애 2:5	성들을 무너뜨리사 딸 유다에 **근심**과
애 3:32	그가 비록 **근심하게** 하시나 그의 풍부
애 3:33	고생하게 하시며 **근심하게** 하심은
겔 3:14	내가 **근심하고** 분한 마음으로 가니
겔 4:16	백성이 **근심** 중에 떡을 달아 먹고 두려
겔 6:9	눈으로 우상을 섬겨 나를 **근심하게** 한
겔 7:12	파는 자도 **근심하지** 말 것은 진노가
겔 12:18	음식을 먹고 놀라고 **근심하면서** 네 물
겔 12:19	그들이 **근심하면서** 그 음식을 먹으며
겔 13:22	너희가 거짓말로 **근심하게** 하며 너희
겔 23:33	패망의 잔에 넘치게 취하고 **근심할지라**
단 10:16	환상으로 말미암아 **근심**이 내게 더하
암 6:6	요셉의 환난에 대하여는 **근심하지**
미 1:12	마롯 주민이 **근심** 중에 복을 바라니

복음서, 역사서

마 14:9	왕이 **근심하나** 자기가 맹세한 것과 그
마 19:22	많으므로 이 말씀을 듣고 **근심하며**
마 26:22	그들이 몹시 **근심하여** 각각 여짜오되
마 28:14	우리가 권하여 너희로 **근심하지** 않게
막 10:22	슬픈 기색을 띠고 **근심하며** 가니라
막 14:19	그들이 **근심하며** 하나씩 하나씩 나는
눅 2:48	네 아버지와 내가 **근심하여** 너를 찾았
눅 10:41	네가 많은 일로 염려하고 **근심하나**
눅 12:29	마실까 하여 구하지 말며 **근심하지도**
눅 24:4	이로 인하여 **근심할** 때에 문득 찬란한
요 16:20	너희는 **근심하겠으나** 너희 **근심**이 도리
요 16:21	그 때가 이르렀으므로 **근심하나** 아기
요 16:22	지금은 너희가 **근심하나** 내가 다시 너희
요 21:17	베드로가 **근심하여** 이르되 주님 모든
행 20:38	**근심하고** 배에까지 그를 전송하니라

서신서

롬 9:1-2	나에게 큰 **근심**이 있는 것과 마음에
롬 14:15	음식으로 말미암아 네 형제가 **근심하게**
고후 2:1	다시는 너희에게 **근심** 중에 나아가지
고후 2:2	너희를 **근심하게** 한다면 내가 근심하게
고후 2:3	기쁘게 할 자로부터 도리어 **근심**을 얻을
고후 2:4	이는 너희로 **근심하게** 하려 한 것이
고후 2:5	**근심하게** 한 자가 … 나를 **근심하게** 한 것이 … 모두를 **근심하게** 한 것이
고후 7:8	내가 편지로 너희를 **근심하게** 한 것을 … 그 편지가 너희로 잠시만 **근심하게**
고후 7:9	기뻐함은 너희로 **근심하게** … 너희가 **근심함으로** … 뜻대로 **근심하게** 된
고후 7:10	하나님의 뜻대로 하는 **근심**은 후회할 것이 없는 … 세상 **근심**은 사망을 이루

【근원】

고후 7:11 하나님의 뜻대로 하게 된 이 근심이
엡 4:30 하나님의 성령을 근심하게 하지 말라
빌 2:27 긍휼히 여기사 내 근심 위에 근심을
빌 2:28 기쁘게 하며 내 근심도 덜려 함이니
히 13:17 즐거움으로 이것을 하게 하고 근심으로
약 4:9 웃음을 애통으로, 너희 즐거움을 근심으
벧전 1:6 잠깐 근심하게 되지 않을 수 없으나
벧전 3:14 두려워하지 말며 근심하지 말고

'근심'과 관련된 성구

근심하는 자 - 습 3:18; 고후 6:10
마음에 근심이 가득하다 - 요 16:6
마음에 근심이 되다 - 창 26:35
마음에 근심이 있다 - 느 2:2
마음에 근심하다 - 창 6:6; 삿 10:16; 욥 30:25; 시 13:2; 잠 31:6; 사 19:10; 54:6; 요 14:1, 27
많은 근심 - 전 5:17; 고후 2:7; 딤전 6:10
매우 근심이 되다 - 창 21:11
매우 근심하다 - 에 4:4; 마 17:23
심한 근심 - 겔 30:4, 9
심히 근심하다 - 느 2:10; 13:8; 사 16:7; 겔 30:16; 단 6:14; 막 6:26; 눅 18:23; 빌 2:26
얼굴에 근심의 빛이 있다 - 창 40:7
얼굴에 근심이 가득하다 - 겔 27:35
얼굴에 근심하다 - 전 7:3
중심에 근심하다 - 단 7:15

근원(根源, beginning, origin, well)

창 2:10 적시고 거기서부터 갈라져 네 근원이
창 3:23 그를 내보내어 그의 근원이 된 땅을
창 26:19 종들이 골짜기를 파서 샘 근원을 얻었
레 20:18 여인의 근원을 ... 자기의 피 근원을
수 18:15 서쪽으로 나아가 넵도아 물 근원에
삿 16:9 그의 힘의 근원은 알아내지 못하니라
왕상 18:5 이 땅의 모든 물 근원과 모든 내로 가자
왕하 2:21 엘리사가 물 근원으로 나아가서 소금을
대하 32:3 성 밖의 모든 물 근원을 막고자 하매
대하 32:4 모든 물 근원과 땅으로 흘러가는 시내를
시 68:26 이스라엘의 근원에서 나온 너희여 대회
시 87:7 말하기를 나의 모든 근원이 네게 있다
잠 4:23 네 마음을 지키라 생명의 근원이 이에
잠 8:26 세상 진토의 근원도 짓지 아니하셨으

사 41:18 못이 되게 하며 마른 땅이 샘 근원이
사 47:11 네가 그 근원을 알지 못할 것이며 손해
사 49:10 그들을 이끌되 샘물 근원으로 인도할
렘 2:13 그들이 생수의 근원되는 나를 버린 것
렘 9:1 내 눈은 눈물 근원이 될꼬 죽임을 당한
렘 17:13 생수의 근원이신 여호와를 버림이니
호 13:15 여호와의 바람이라 그의 근원이 마르며
막 5:29 그의 혈루 근원이 곧 마르매 병이 나은
눅 1:3 그 모든 일을 근원부터 자세히 미루어
히 2:11 거룩하게 함을 입은 자들이 다 한 근원
히 5:9 모든 자에게 영원한 구원의 근원이
계 14:7 하늘과 땅과 바다와 물들의 근원을 만든
계 16:4 셋째 천사가 그 대접을 강과 물 근원에

근위대장(近衛大將, commander, officer)

단 2:14 그때에 왕의 근위대장 아리옥이 바벨론
단 2:15 왕의 근위대장 아리옥에게 물어 이르되

근채(芹菜, cummin)

마 23:23 너희가 박하와 회향과 근채의 십일조는

근처(近處, neighbor, near, surrounding)

창 14:13 마므레의 상수리 수풀 근처에 거주하
창 25:11 이삭은 브엘라해로이 근처에 거주하
창 35:4 야곱이 그것들을 세겜 근처 상수리나무
삿 3:19 자기는 길갈 근처 돌 뜨는 곳에서부터
삿 7:11 부라와 함께 군대가 있는 진영 근처로
삿 7:17 그 진영 근처에 이르러서 내가 하는
삿 7:19 진영 근처에 이른즉 바로 파수꾼들을
삼하 14:30 요압의 밭이 내 밭 근처에 있고 거기
왕상 9:26 홍해 물가의 엘롯 근처 에시온게벨에서
왕하 23:11 성전으로 들어가는 곳의 근처 내시
대상 12:40 그들의 근처에 있는 자로부터 잇사갈
느 3:15 또 왕의 동산 근처 셀라 못 가의 성벽을
느 4:12 원수들의 근처에 거주하는 유다 사람
렘 41:17 애굽으로 가려고 떠나 베들레헴 근처
막 3:8 두로와 시돈 근처에서 많은 무리가 그가
눅 1:65 그 근처에 사는 자가 다 두려워하고 이
눅 4:37 예수의 소문이 그 근처 사방에 퍼지니라
행 28:7 보블리오라 하는 이가 그 근처에 토지가

글(letter, writing)

왕하 5:5 이제 내가 이스라엘 왕에게 글을 보내

【 글 】　　【 글로바 】

왕하 5:6	왕에게 그 글을 전하니 … 이 글이 당신
왕하 5:7	이스라엘 왕이 그 글을 읽고 자기 옷을
대하 20:34	그 글은 이스라엘 열왕기에 올랐더라
대하 21:12	엘리야가 여호람에게 글을 보내어 이르
스 4:6	아하수에로가 즉위할 때에 그들이 글을
스 4:7	아닥사스다에게 글을 올렸으니 그 글은
스 4:8	올려 예루살렘 백성을 고발한 그 글에
스 4:11	아닥사스다 왕에게 올린 그 글의 초본
스 4:18	너희가 올린 글을 내 앞에서 낭독시키고
스 5:6	다리오 왕에게 올린 글의 초본은 이러
스 5:7	그 글에 일렀으되 다리오 왕은 평안하
느 6:6	그 글에 이르기를 이방 중에도 소문이
에 9:20	유다인에게 원근을 막론하고 글을 보내
에 9:23	또한 모르드개가 보낸 글대로 계속하여
에 9:26	유다인이 이 글의 모든 말과 이 일에
에 9:29	모르드개가 전권으로 글을 쓰고 부림
시 45:1	내 혀는 글솜씨가 뛰어난 서기관의 붓끝
사 29:11	그것을 글 아는 자에게 주며 이르기를
사 29:12	그 책을 글 모르는 자에게 주며 이르기
	를 … 그가 대답하기를 나는 글을 모른
사 37:14	글을 받아 보고 … 그 글을 여호와 앞에
사 38:9	병이 나은 때에 기록한 글이 이러하니라
사 39:1	히스기야에게 글과 예물을 보낸지라
렘 29:25	스바냐와 모든 제사장에게 글을 보내
겔 2:10	내 앞에 펴시니 그 안팎에 글이 있는데
겔 37:20	너는 그 글 쓴 막대기들을 무리의 눈
단 5:15	그들에게 이 글을 읽고 그 해석을 내게
단 5:16	이제 네가 이 글을 읽고 그 해석을 내게
단 5:17	왕을 위하여 이 글을 읽으며 그 해석을
단 5:24	이 손가락이 나와서 이 글을 기록하였
단 5:26	그 글을 해석하건대 메네는 하나님이
단 12:4	말을 간수하고 이 글을 봉함하라 많은
슥 5:3	도둑질하는 자는 그 이쪽 글대로 끊어
	지고 맹세하는 자는 그 저쪽 글대로 끊
마 22:20	말씀하시되 이 형상과 이 글이 누구의
막 12:16	이르시되 이 형상과 이 글이 누구의 것
막 12:26	가시나무 떨기에 관한 글에 하나님께
눅 4:21	이 글이 오늘 너희 귀에 응하였느니라
눅 20:24	누구의 형상과 글이 여기 있느냐 대답
눅 20:37	모세도 가시나무 떨기에 관한 글에서
요 5:47	그러나 그의 글도 믿지 아니하거든 어찌
요 7:15	배우지 아니하였거늘 어떻게 글을 아는
행 1:1	데오빌로여 내가 먼저 쓴 글에는 무릇

행 8:35	빌립이 입을 열어 이 글에서 시작하여
행 15:21	안식일마다 회당에서 그 글을 읽음이라
고전 14:37	너희에게 편지하는 이 글이 주의 명령

성경에 나오는 '글'

갓의 글 – 대상 29:29
나단의 글 – 대상 29:29; 대하 9:29
나훔의 묵시의 글 – 나 1:1
다윗의 글 – 대하 35:4; 히 4:7
돌판의 글 – 신 9:10
모세의 글 – 고후 3:15
사무엘의 글 – 대상 29:29
선지자들의 글 – 마 26:56; 눅 24:27, 44;
　　　요 6:45; 행 13:15; 24:14; 롬 16:26
솔로몬의 글 – 대하 35:4
스마야의 글 – 렘 29:29
예후의 글 – 대하 20:34
이사야의 글 – 막 1:2; 눅 4:17; 행 8:28, 30
진리의 글 – 단 10:21
호세아의 글 – 롬 9:25

글라야(Kelaiah) 율법을 깨닫게 한 레위 사람
스 10:23　요사밧과 시므이와 **글라야**라 하는

글라우디아(Claudia) 로마에 살던 그리스도인
딤후 4:21　으불로와 부데와 리노와 **글라우디아**와

글라우디오(Claudius) 로마의 4대 황제
행 11:28　흉년이 들리라 하더니 **글라우디오** 때
행 18:2　유대인 한 사람을 만나니 **글라우디오**가

글라우디오 루시아(Claudius Lysias) 예루살렘에 주둔한 로마 군대의 천부장
행 23:26　**글라우디오 루시아**는 총독 벨릭스 각하

글랄(Kelal) 이방 여인과 이혼한 사람
스 10:30　바핫모압 자손 중에서는 앗나와 **글랄**

글레멘드(Clement) 바울의 동역자
빌 4:3　또한 **글레멘드**와 그 외에 나의 동역자

글로바(Cleopas)
1. 엠마오에서 부활하신 예수님을 만난 제자
눅 24:18　그 한 사람인 **글로바**라 하는 자가 대답

【 글로에 】　　　　　　　　　　　　　　　　　　　　　　　　　　　　　　【 금 】

2. 마리아의 남편
요 19:25　이모와 **글로바**의 아내 마리아와 막달라

글로에(Chloe) 고린도 교회의 여 성도
고전 1:11　내 형제들아 **글로에**의 집 편으로 너희

글루배(Caleb-NIV, Chelubai- KJV) 유다 지파인 헤스론의 세 아들 중 하나
대상 2:9　낳은 아들은 여라므엘과 람과 **글루배**

글루히(Keluhi) 이방 여인을 되돌려보낸 사람
스 10:35　브나야와 베드야와 **글루히**와

글룹(Kelub)
1. 유다 지파 사람
대상 4:11　수하의 형 **글룹**이 므힐을 낳았으니 므힐
2. 다윗 당시 농부를 관리했던 에스리의 아버지
대상 27:26　**글룹**의 아들 에스리는 밭 가는 농민을

글리다(Kelita) 이방인 아내를 돌려보낸 레위인
스 10:23　글라야라 하는 **글리다**와 브다히야와

글릴롯(Geliloth) 베냐민 지파에게 주어진 땅
수 18:17　아둠밈 비탈 맞은편 **글릴롯**으로 나아

글자(alphabet, inscribe, script)
출 32:15　판의 양면 이쪽 저쪽에 **글자**가 있으니
출 32:16　**글자**는 하나님이 쓰셔서 판에 새기신
민 5:23　두루마리에 써서 그 **글자**를 쓴 물에
단 5:5　석회벽에 **글자**를 쓰는데 왕이 그 **글자**
단 5:7　누구를 막론하고 이 **글자**를 읽고 그
단 5:8　능히 그 **글자**를 읽지 못하며 그 해석을
단 5:25　기록된 **글자**는 이것이니 곧 메네 메네
갈 6:11　너희에게 이렇게 큰 **글자**로 쓴 것을

긁다(paw, rake up)
레 14:41　또 집 안 사방을 **긁게** 하고 그 **긁은** 흙은
레 14:43　돌을 빼내며 집을 **긁고** 고쳐 바른 후에
욥 2:8　질그릇 조각을 가져다가 몸을 **긁고** 있더
욜 1:7　내 무화과나무를 **긁어** 말갛게 벗겨서

금(金, gold)
모세오경

창 2:11　첫째의 이름은 비손이라 **금**이 있는
창 2:12　땅의 **금**은 순금이요 그 곳에는 베델리엄
창 13:2　아브람에게 가축과 은과 **금**이 풍부하
창 44:8　당신의 주인의 집에서 은 **금**을 도둑질
출 20:23　은으로나 **금**으로나 너희를 위하여 신상
출 25:3　받을 예물은 이러하니 **금**과 은과 놋과
출 26:29　그 널판들을 **금**으로 싸고 그 널판들의
　　　　　띠를 꿸 **금** 고리를 만들고 그 띠를 **금**
출 26:32　네 기둥을 조각목으로 만들고 **금**으로
출 26:37　기둥 다섯을 조각목으로 만들어 **금**으
　　　　　로 싸고 그 갈고리도 **금**으로 만들지며
출 30:5　그 채를 조각목으로 만들고 **금**으로 싸
출 31:4　정교한 일을 연구하여 **금**과 은과 놋으
출 32:24　그들에게 이르기를 **금**이 있는 자는 빼
출 35:5　여호와께 드릴지니 곧 **금**과 은과 놋과
출 36:34　널판들을 **금**으로 싸고 그 널판에 띠를
　　　　　꿸 **금** 고리를 만들고 그 띠도 **금**으로
출 37:4　조각목으로 채를 만들어 **금**으로 싸고
출 37:15　조각목으로 상 멜 채를 만들어 **금**으로
출 37:28　조각목으로 그 채를 만들어 **금**으로 쌌으
출 38:24　성소 건축 비용으로 들인 **금**은 성소의
민 7:86　각각 열 세겔 무게라 그 그릇의 **금**이
민 8:4　등잔대의 제작법은 이러하니 곧 **금**을
민 31:51　그들에게서 그 **금**으로 만든 모든 패물
민 31:52　여호와께 드린 거제의 **금**의 도합이
민 31:54　천부장과 백부장들에게서 **금**을 취하여
신 7:25　그것에 입힌 은이나 **금**을 탐하지 말며

역사서

수 22:8　심히 많은 가축과 은과 **금**과 구리와 쇠
삿 8:26　**금** 귀고리의 무게가 **금** 천칠백 세겔이요
삿 8:27　기드온이 그 **금**으로 에봇 하나를 만들어
삼상 6:8　속건제로 드릴 **금**으로 만든 물건들을
삼하 12:30　왕관을 가져오니 그 중량이 **금** 한 달란트
왕상 6:21　**금** 사슬로 건너지르고 내소를 **금**으로
왕상 7:51　다윗이 드린 물건 곧 은과 **금**과 기구들
왕상 9:11　백향목과 잣나무와 **금**을 제공하였음
왕상 10:2　향품과 심히 많은 **금**과 보석을 낙타에
왕상 15:15　성전에 받들어 드렸으니 곧 은과 **금**과
왕상 22:48　선박을 제조하고 오빌로 **금**을 구하러
왕하 5:5　곧 떠날새 은 십 달란트와 **금** 육천 개
왕하 7:8　먹고 마시고 거기서 은과 **금**과 의복을
왕하 12:18　왕궁에 있는 **금**을 다 가져다가 아람 왕
왕하 18:14　곧 은 삼백 달란트와 **금** 삼십 달란트를

280

【금】   【금】

왕하 18:16 여호와의 성전 문의 **금**과 자기가 모든
           기둥에 입힌 **금**을 벗겨 모두 앗수르 왕
왕하 23:33 은 백 달란트와 **금** 한 달란트를 벌금으
왕하 23:35 여호야김이 은과 **금**을 바로에게 주니
왕하 25:15 주발들 곧 **금**으로 만든 것이나 은으로
대상 18:10 하도람이 **금**과 은과 놋의 여러 가지
대상 20:2   왕관을 빼앗아 중량을 달아보니 **금** 한
대상 21:25 다윗이 그 터 값으로 **금** 육백 세겔을
대상 22:14 성전을 위하여 **금** 십만 달란트와 은
대상 28:14 **금** 기구를 만들 **금**의 무게와 모든 섬기
대상 29:2   곧 기구를 만들 **금**과 은과 놋과 철과
대하 2:7   청하건대 당신은 **금**, 은, 동, 철로 제조
대하 2:14   두로 사람이라 능히 **금**, 은, 동, 철과
대하 3:6   화려하게 하였으니 그**금**은 바르와임 **금**
대하 4:7   규례대로 **금**으로 등잔대 열 개를 만들어
대하 5:1   다윗이 드린 은과 **금**과 모든 기구를
대하 8:18   오빌에 이르러 거기서 **금** 사백오십
대하 9:1   향품과 많은 **금**과 보석을 낙타에 실었
대하 15:18 구별한 물건 곧 은과 **금**과 그릇들을
대하 36:3   은 백 달란트와 **금** 한 달란트를 벌금
스 1:4   그 곳 사람들이 마땅히 은과 **금**과 그
스 1:6   그 사면 사람들이 은 그릇과 **금**과 물품
스 5:14   하나님의 성전 안에서 **금**, 은 그릇을
스 6:5   하나님의 성전 **금**, 은 그릇들을 돌려
스 8:25   성전을 위하여 드린 은과 **금**과 그릇들
느 7:70   총독은 **금** 천 드라크마와 대접 오십과
에 1:6   대리석 기둥 은고리에 매고 **금**과 은으
시가서

욥 3:15   **금**을 가지며 은으로 집을 채운 고관들
욥 28:1   은이 나는 곳이 있고 **금**을 제련하는 곳
욥 31:24   내가 내 소망을 **금**에다 두고 순금에게
시 45:13   영화를 누리니 그의 옷은 **금**으로 수
시 72:15   그들이 생존하여 스바의 **금**을 그에게
시 105:37   마침내 그들을 인도하여 은 **금**을 가지
시 115:4   그들의 우상들은 은과 **금**이요 사람이
시 119:127 내가 주의 계명들을 **금** 곧 순금보다
잠 8:19   내 열매는 **금**이나 정금보다 나으며 내
잠 16:16   지혜를 얻는 것이 **금**을 얻는 것보다 얼마
잠 17:3   도가니는 은을, 풀무는 **금**을 연단하거
잠 20:15   세상에 **금**도 있고 진주도 많거니와 지혜
잠 22:1   은이나 **금**보다 은총을 더욱 택할 것이
잠 27:21   도가니로 은을, 풀무로 **금**을, 칭찬으로
전 2:8   은**금**과 왕들이 소유한 보배와 여러 지방
아 3:10   그 기둥은 은이요 바닥은 **금**이요 자리
선지서

사 13:17   은을 돌아보지 아니하며 **금**을 기뻐하지
사 30:22   부어 만든 우상에 올린 **금**을 더럽게
사 40:19   장색이 **금**으로 입혔고 또 은 사슬을
사 46:6   사람들이 주머니에서 **금**을 쏟아 내며
사 60:6   스바 사람들은 다 **금**과 유향을 가지고
사 60:17   내가 **금**을 가지고 놋을 대신하며 은을
렘 10:4   그들이 은과 **금**으로 그것에 꾸미고 못
렘 10:9   우바스에서 가져온 **금**으로 꾸미되 기술
렘 52:19   바리들 곧 **금**으로 만든 물건의 **금**과 은
애 4:1   슬프다 어찌 그리 **금**이 빛을 잃고 순금
겔 7:19   그 은을 거리에 던지며 그 **금**을 오물같

성경에 나오는 '금'으로 만든 것

금 갈고리 – 출 26:32
금 갈대 자 – 계 21:15
금 고리 – 출 25:26; 26:29; 28:23, 26, 27;
  30:4; 32:2, 3, 4; 36:34; 37:13, 27;
  39:16, 19, 20; 욥 42:11; 잠 11:22; 25:12
금 관 – 슥 4:12
금 귀고리 – 삿 8:24, 26
금 규 – 에 4:11; 5:2; 8:4
금 그룹 – 대상 28:18
금 그릇 – 민 7:14, 20, 26, 32, 38, 44, 50,
  56, 62, 68, 74, 80, 84, 86; 삼하 8:10;
  왕상 10:25; 왕하 12:13; 24:13; 대하
  9:24; 전 12:6; 단 5:3; 딤후 2:20

금 기구 – 대상 28:14
금 기름 – 슥 4:12
금 꽃 – 왕상 7:49
금 노리개 – 삼하 1:24
금 단 – 왕상 7:48
금 대접 – 대하 4:8; 계 5:7, 8
금 독종 – 삼상 6:4, 17
금 돌쩌귀 – 왕상 7:50
금 등잔대 – 대상 28:15; 대하 13:11
금 머리 – 단 2:38
금 면류관 – 계 14:14
금 발판 – 대하 9:18
금 방울 – 출 28:33, 34

【 금 】 【 금강석 】

겔 16:13	이 여기리니 … 은과 금이 능히 그들 네가 금, 은으로 장식하고 가는 베와
겔 16:17	네가 또 내가 준금, 은 장식품으로 너를
겔 28:4	지혜와 총명으로 재물을 얻었으며 금과
겔 38:13	은과 금을 빼앗으며 짐승과 재물을 빼앗
단 2:35	쇠와 진흙과 놋과 은과 금이 다 부서져
단 2:45	쇠와 놋과 진흙과 은과 금을 부서뜨린
단 11:8	우상들과 은과 금의 아름다운 그릇들
호 2:8	바알을 위하여 쓴 은과 금도 내가 그에
호 8:4	그들이 또 그 은, 금으로 자기를 위하여
욜 3:5	곧 너희가 내 은과 금을 빼앗고 나의
나 2:9	은을 노략하라 금을 노략하라 그 저축한
합 2:19	이는 금과 은으로 입힌 것인즉 그 속에
습 1:18	그들의 은과 금이 여호와의 분노의 날
학 2:8	은도 내 것이요 금도 내 것이니라 만군
슥 6:11	금을 받아 면류관을 만들어 여호사닥
슥 9:3	은을 티끌같이, 금을 거리의 진흙같이
슥 13:9	은같이 연단하며 금같이 시험할 것
말 3:2	그는 금을 연단하는 자의 불과 표백하는
말 3:3	레위 자손을 깨끗하게 하되 금, 은같이

신약

마 10:9	너희 전대에 금이나 은이나 동을 가지지
마 23:16	성전의 금으로 맹세하면 지킬지라 하는
마 23:17	어느 것이 크냐 그 금이냐 그 금을 거룩
마 25:15	재능대로 한 사람에게는 금 다섯 달란트
행 3:6	베드로가 이르되 은과 금은 내게 없거니
행 17:29	하나님을 금이나 은이나 돌에다 사람
행 20:33	내가 아무의 은이나 금이나 의복을 탐하

고전 3:12	만일 누구든지 금이나 은이나 보석이나
딤전 2:9	땋은 머리와 금이나 진주나 값진 옷으로
히 9:4	사면을 금으로 싼 언약궤가 있고 그 안
약 5:3	너희 금과 은은 녹이 슬었으니 이 녹이
벧전 1:7	불로 연단하여도 없어질 금보다 더 귀
벧전 1:18	대속함을 받은 것은 은이나 금이
벧전 3:3	너희의 단장은 머리를 꾸미고 금을 차고
계 3:18	내게서 불로 연단한 금을 사서 부요하게
계 9:7	머리에 금 같은 관 비슷한 것을 썼으며
계 9:20	보거나 듣거나 다니거나 하지 못하는 금
계 17:4	붉은 빛 옷을 입고 금과 보석과 진주로
계 18:12	상품은 금과 은과 보석과 진주와 세마포
계 18:16	붉은 옷을 입고 금과 보석과 진주로

■ 금 - 기타 본문

출 25:13, 28; 36:36, 38; 왕상 6:22, 28, 30, 32, 35; 9:14, 28; 10:10, 11, 14, 16, 17, 21, 22; 대상 28:15, 16, 17, 18; 29:3, 7; 대하 3:7, 9, 10; 4:21, 22; 9:9, 10, 13, 14, 15, 16, 20, 21; 스 8:26, 27, 28, 30, 33; 느 7:71, 72; 단 5:2, 4, 7, 23

금가락지(gold ring)
약 2:2 너희 회당에 **금가락지**를 끼고 아름다운

금강석(金剛石, emerald, flint, hardest stone)
렘 17:1 유다의 죄는 **금강석** 끝 철필로 기록되되
겔 3:9 화석보다 굳은 **금강석**같이 하였으니
겔 28:13 곧 홍보석과 황보석과 **금강석**과 황옥

■ 성경에 나오는 '금'으로 만든 것

금 방패 – 삼하 8:7; 왕상 14:26; 대상 18:7; 대하 12:9
금 보물 – 삼상 6:15
금 사과 – 잠 25:11
금 사슬 – 창 41:42; 출 28:24; 39:17; 왕상 6:21; 잠 1:9; 아 1:11; 단 5:16, 29
금 상 – 왕상 7:48
금 손목고리 – 창 24:22
금 송아지 – 왕상 12:28; 왕하 10:29; 대하 13:8
금 신 – 출 32:31
금 신상 – 단 3:1, 5, 7, 10, 12, 14, 18
금 예물 – 출 35:22

금 우상 – 사 2:20; 31:7
금 장색 – 느 3:8, 31, 32; 사 41:7; 렘 51:17
금 접시 – 스 1:9
금 제단 – 민 4:11; 대하 4:19; 계 8:3; 9:13
금 쥐 – 삼상 6:4, 11, 18
금 촛대 – 계 1:12, 20; 2:1
금 코걸이 – 창 24:22
금 항아리 – 히 9:4
금 향단 – 출 40:5, 26
금 향로 – 히 9:4; 계 8:3
오빌의 금 – 대상 29:4; 욥 22:24; 28:16; 시 45:9; 사 13:12

【 금고 】　　　　　　　　　　　　　　　　　【 금식/-하다/-일 】

슥 7:12　마음을 **금강석** 같게 하여 율법과 만군

금고(金庫, safe)
스 2:69　힘 자라는 대로 공사하는 **금고**에 들이니
에 3:9　일을 맡은 자의 손에 맡겨 왕의 **금고**에
에 4:7　유다인을 멸하려고 왕의 **금고**에 바치

금관(金冠, crown of gold)
에 8:15　푸르고 흰 조복을 입고 큰 **금관**을 쓰고
계 4:4　장로들이 흰 옷을 입고 머리에 **금관**을

금년(今年, this year)
왕하 19:29　너희가 **금년**에는 스스로 자라난 것을
렘 28:16　**금년**에 죽으리라 하셨느니라 하더니
눅 13:8　주인이여 **금년**에도 그대로 두소서 내가

금덩이(wedge of gold)
수 7:21　무게가 오십 세겔 되는 **금덩이** 하나를
수 7:24　그 외투와 그 **금덩이**와 그의 아들들과

금띠(golden sash)
계 1:13　발에 끌리는 옷을 입고 가슴에 **금띠**를
계 15:6　빛난 세마포 옷을 입고 가슴에 **금띠**를

금령(禁令, decree)
단 6:7　왕에게 한 법률을 세우며 한 **금령**을 정하
단 6:8　그런즉 왕이여 원하건대 **금령**을 세우
단 6:9　조서에 왕의 도장을 찍어 **금령**을 내리라
단 6:12　그들이 나아가서 왕의 **금령**에 관하여 왕께 아뢰되 왕이여 왕이 이미 **금령**에
단 6:13　왕과 왕의 도장이 찍힌 **금령**을 존중하지
단 6:15　왕께서 세우신 **금령**과 법도는 고치지

금생(今生, present life)
딤전 4:8　경건은 범사에 유익하니 **금생**과 내생에

금식/-하다/-일(禁食, fast, fasting)
삿 20:26　날이 저물도록 **금식하고** 번제와 화목제
삼상 7:6　그 날 종일 **금식하고** 거기서 이르되
삼상 31:13　장사하고 칠 일 동안 **금식하였더라**
삼하 12:16　다윗이 **금식하고** 안에 들어가서 밤새
삼하 12:23　지금은 죽었으니 내가 어찌 **금식하랴**
대상 10:12　해골을 장사하고 칠 일간 **금식하였더라**

에 4:16　유다인을 다 모으고 나를 위하여 **금식하되** … 이렇게 **금식한** 후에 규례를
시 109:24　**금식하므로** 내 무릎이 흔들리고 내 육체
사 58:3　우리가 **금식하되** … 너희가 **금식하는**
사 58:4　오늘 **금식하는** 것은 너희의 목소리를
사 58:5　이것이 어찌 내가 기뻐하는 **금식**이 되겠으며 … 어찌 **금식**이라 하겠으며
사 58:6　내가 기뻐하는 **금식**은 흉악의 결박을
렘 14:12　그들이 **금식할지라도** 내가 그 부르짖음
렘 36:6　여호와의 말씀을 **금식일**에 여호와의
단 6:18　밤이 새도록 **금식하고** 그 앞에 오락을
욜 1:14　너희는 **금식일**을 정하고 성회를 소집
욜 2:12　이제라도 **금식하고** 울며 애통하고 마음
욜 2:15　시온에서 나팔을 불어 거룩한 **금식일**
슥 7:5　다섯째 달과 일곱째 달에 **금식하고** 애통하였거니와 그 **금식**이 나를 위하여,
슥 8:19　넷째 달의 **금식**과 다섯째 달의 **금식**과 일곱째 달의 **금식**과 열째 달의 **금식**이
마 4:2　사십 일을 밤낮으로 **금식하신** 후에 주리
마 6:16　**금식할** 때에 너희는 외식하는 자들과 같이 … 보이지 말라 그들은 **금식하는**
마 6:17　너는 **금식할** 때에 머리에 기름을 바르고
마 6:18　이는 **금식하는** 자로 사람에게 보이지
마 9:14　우리와 바리새인들은 **금식하는데** 어찌하여 당신의 제자들은 **금식하지** 아니
마 9:15　날이 이르리니 그 때에는 **금식할** 것이

'금식' 과 관련된 성구
곡하고 **금식하다** – 시 69:10
금식을 선포/공포하다 – 왕상 21:9, 12; 대하 20:3; 스 8:21; 렘 36:9; 욘 3:5
금식하며 간구하다 – 스 8:23
금식하며 기도하다 – 느 1:4; 눅 2:37; 5:33; 행 13:3; 14:23
금식하며 베옷을 입다 – 왕상 21:27; 느 9:1; 시 35:13; 단 9:3
금식하며 부르짖다 – 애 9:31
금식하며 울다 – 삼하 12:21, 22
금식하면서 논쟁하며 다투며 악한 주먹으로 치다 – 사 58:4
슬퍼하여 울며 **금식하다** – 삼하 1:12
애통하여 **금식**하며 울며 부르짖고 굵은 베옷을 입고 재에 눕다 – 에 4:3

【 금실 】   【 금하다 】

막 2:18	바리새인들이 **금식하고** … 제자들은 **금식하는데** … **금식하지** 아니하나이까
막 2:19	손님들이 신랑과 함께 있을 때에 **금식할 수 있느냐** … **금식할 수 없느니라**
막 2:20	날이 이르리니 그 날에는 **금식할** 것이
눅 5:34	너희가 그 손님으로 **금식하게** 할 수 있
눅 5:35	신랑을 빼앗기리니 그 날에는 **금식할**
눅 18:12	나는 이레에 두 번씩 **금식하고** 또 소득
행 13:2	주를 섬겨 **금식할** 때에 성령이 이르시되
행 27:9	여러 날이 걸려 **금식하는** 절기가 이미

금실(gold linen)

출 28:5	그들이 쓸 것은 **금실**과 청색 자색 홍색
출 28:6	**금실**과 청색 자색 홍색 실과 가늘게
출 28:8	에봇 짜는 법으로 **금실**과 청색 자색 홍색
출 28:15	흉패를 에봇 짜는 방법으로 **금실**과 청색
출 39:2	그는 또 **금실**과 청색 자색 홍색 실과
출 39:5	띠를 에봇과 같은 모양으로 **금실**과 청색
출 39:8	에봇과 같은 모양으로 **금실**과 청색 자색

금은(金銀, gold and silver)

왕하 14:14	성전과 왕궁 곳간에 있는 **금은**과 모든
왕하 20:13	자기 보물고의 **금은**과 향품과 보배로운
대하 24:14	숟가락과 **금은** 그릇들이라 여호야다가
대하 25:24	오벧에돔이 지키는 모든 **금은**과 그릇
시 119:72	주의 입의 법이 내게는 천천 **금은**보다
단 11:38	조상들이 알지 못하던 신에게 **금은** 보석
단 11:43	그가 권세로 애굽의 **금은**과 모든 보물
슥 14:14	이방 나라들의 보화 곧 **금은**과 의복이

금잔(金盞, gold dish)

대상 28:17	대접과 종지를 만들 순금과 **금잔** 곧
스 8:27	**금잔**이 스무 개라 그 무게는 천 다릭이요
에 1:7	**금잔**으로 마시게 하니 잔의 모양이 각기
렘 51:7	온 세계가 취하게 하는 **금잔**이라 뭇 민족
계 17:4	진주로 꾸미고 손에 **금잔**을 가졌는데

금장식(金粧飾, jewels of gold)

| 렘 4:30 | 붉은 옷을 입고 **금장식**으로 단장하고 |

금지하다(禁止, prohibition, put an end)

| 민 9:7 | 우리를 **금지하여** 이스라엘 자손과 함께 |
| 단 9:27 | 제사와 예물을 **금지할** 것이며 또 포 |

| 갈 5:23 | 온유와 절제니 이같은 것을 **금지할** 법 |

금테(gold molding)

출 25:11	가장자리로 돌아가며 **금테**를 두르고
출 25:24	순금으로 싸고 주위에 **금테**를 두르고
출 28:11	이름을 그 두 보석에 새겨 **금테**에 물리
출 28:20	호마노 벽옥으로 다 **금테**에 물릴지니
출 28:25	두 끝을 에봇 앞 두 어깨받이의 **금테**에
출 30:3	뿔을 순금으로 싸고 주위에 **금테**를 두를
출 30:4	**금테** 아래 양쪽에 금 고리 둘을 만들되
출 37:2	위쪽 가장자리로 돌아가며 **금테**를 만들
출 37:11	위쪽 가장자리로 돌아가며 **금테**를 둘렀
출 37:26	그 뿔을 순금으로 싸고 주위에 **금테**를
출 39:6	그들은 또 호마노를 깎아 **금테**에 물려
출 39:13	호마노 벽옥이라 다 **금테**에 물렸으니
출 39:16	또 **금테** 둘과 금 고리 둘을 만들어 그
출 39:18	두 끝을 에봇 앞 두 어깨받이의 **금테**에

금패(金牌, gold plate)

| 레 8:9 | 관 위 전면에 **금패**를 붙이니 곧 거룩한 |

금패물(金佩物, gold articles)

| 출 3:22 | 은 패물과 **금패물**과 의복을 구하여 너희 |
| 민 31:50 | 우리 각 사람이 얻은 바 **금패물** 곧 발목 |

금품(金品, gold jewelry)

| 출 35:22 | 목걸이와 여러 가지 **금품**을 가져다가 |

금하다(禁, deny, forbid, stop)

창 23:6	당신의 죽은 자 장사함을 **금할** 자가
창 39:9	내게 **금하지** 아니하였어도 금한 것은
민 30:11	듣고도 아무 말이 없고 **금하지** 않으면
신 2:37	여호와께서 우리가 가기를 **금하신** 모든
신 4:23	여호와께서 **금하신** 어떤 형상의 우상
삼상 3:13	아들들이 저주를 자청하되 **금하지** 아니
삼상 24:6	내 주를 치는 것은 여호와께서 **금하시**는
삼상 24:7	다윗이 이 말로 자기 사람들을 **금하여**
삼상 26:11	여호와께서 **금하시나니** 너는 그의 머리
왕상 21:3	주기를 여호와께서 **금하실지로다**
욥 7:11	내가 내 입을 **금하지** 아니하고 내 영혼
시 34:13	악에서 **금하며** 네 입술을 … **금할지어다**
시 76:10	그 남은 노여움은 주께서 **금하시리이다**
시 119:101	주의 말씀을 지키려고 발을 **금하여**

【 금료 】

잠 1:15	다니지 말라 네 발을 **금하여** 그 길을
전 2:10	내 눈이 원하는 것을 내가 **금하지** 아니
사 56:2	손을 **금하여** 모든 악을 행하지 아니하여
사 58:13	만일 안식일에 네 발을 **금하여** 내 성일
렘 48:10	자기 칼을 **금하여** 피를 흘리지 아니하는
겔 18:8	스스로 손을 **금하여** 죄를 짓지 아니하며
겔 18:17	손을 **금하여** 가난한 자를 압제하지 아니
단 4:35	그의 손을 **금하든지** 혹시 이르기를 네가
말 3:11	너희를 위하여 메뚜기를 **금하여** 너희
마 19:14	용납하고 내게 오는 것을 **금하지** 말라
막 9:38	따르지 아니하므로 **금하였나이다**
막 9:39	예수께서 이르시되 **금하지** 말라 내 이름
막 10:14	내게 오는 것을 용납하고 **금하지** 말라
눅 9:49	함께 따르지 아니하므로 **금하였나이다**
눅 9:50	예수께서 이르시되 **금하지** 말라 너희
눅 18:16	내게 오는 것을 용납하고 **금하지** 말라
눅 23:2	가이사에게 세금 바치는 것을 **금하며**
행 5:40	예수의 이름으로 말하는 것을 **금하고**
행 10:47	누가 능히 물로 세례 베풂을 **금하리요**
행 24:23	그를 돌보아 주는 것을 **금하지** 말라
고전 14:39	사모하며 방언 말하기를 **금하지** 말라
골 2:23	육체 따르는 것을 **금하는** 데는 조금도
살전 2:16	그들이 **금하여** 자기 죄를 항상 채우매
딤전 4:3	혼인을 **금하고** 어떤 음식물은 먹지 말라
벧전 3:10	혀를 **금하여** 악한 말을 그치며 그 입술
요삼 1:10	맞아들이고자 하는 자를 **금하여** 교회

급료(給料, pay)

눅 3:14	거짓으로 고발하지 말고 받는 **급료를**

급속하다(急速, quickly)

사 58:8	네 치유가 **급속할** 것이며 네 공의가

급하다/급히(急, urgent)

창 41:14	그들이 **급히** 그를 옥에서 내 놓은지라
창 43:30	사랑하는 마음이 복받쳐 **급히** 울 곳을
창 44:11	그들이 각각 **급히** 자루를 땅에 내려놓고
출 34:8	모세가 **급히** 땅에 엎드려 경배하며
신 7:22	너는 그들을 **급히** 멸하지 말라 들짐승이
삿 20:45	이삭 줍듯 하고 또 **급히** 그 뒤를 따라
삼상 15:19	탈취하기에만 **급하여** 여호와께서 악한
삼상 21:8	왕의 일이 **급하므로** 내가 내 칼과 무기
삼상 23:26	사울을 두려워하여 **급히** 피하려 하였

【 급하다/급히 】

삼상 25:18	아비가일이 **급히** 떡 이백 덩이와 포도주
삼상 25:23	아비가일이 다윗을 보고 **급히** 나귀에서
삼상 28:24	그것을 **급히** 잡고 가루를 가져다가
삼하 19:16	시므이가 **급히** 유다 사람과 함께 다윗
왕상 20:41	그가 **급히** 자기의 눈을 가린 수건을
왕하 9:13	각각 자기의 옷을 **급히** 가져다가 섬돌
대하 26:20	성전에서 **급히** 쫓아내고 여호와께서
에 6:12	번뇌하여 머리를 싸고 **급히** 집으로 돌아
에 8:14	왕의 어명이 매우 **급하매** 역졸이 왕의
시 2:12	진노가 **급하심이라** 여호와께 피하는
시 58:7	그들이 **급히** 흐르는 물같이 사라지게
잠 19:2	선하지 못하고 발이 **급한** 사람은 잘못
잠 28:22	재물을 얻기에만 **급하고** 빈궁이 자기
전 5:2	함부로 입을 열지 말며 **급한** 마음으로
전 8:3	왕 앞에서 물러가기를 **급하게** 하지 말며
사 59:19	그 기운에 몰려 **급히** 흐르는 강물같이
단 2:15	명령이 어찌 그리 **급하냐** 하니 아리옥
나 2:5	그들이 엎드러질 듯이 달려서 **급히** 성에
합 1:11	바람같이 **급히** 몰아 지나치게 행하여
행 2:2	홀연히 하늘로부터 **급하고** 강한 바람

'급히'와 관련된 성구

급히 가다 – 창 18:6; 민 16:46; 삼상
    20:6; 스 4:23; 단 6:19; 행 20:16
급히 나가다 – 수 8:14; 에 3:15
급히 나오다 – 신 16:3; 삿 20:37
급히 달려가다 – 삿 13:10
급히 도망하다 – 삼하 4:4; 왕하 7:15
급히 들어가다 – 단 2:25; 막 6:25
급히 따르다 – 수 2:5; 삼상 1:6; 15:14;
    렘 42:16
급히 먹다 – 출 12:11
급히 물동이를 내리다 – 창 24:18, 46
급히 보내다 – 빌 2:28; 딛 3:13
급히 부르다 – 출 10:16; 삿 9:54; 에 5:5
급히 사화하다 – 마 5:25
급히 수레에 올라 도망하다 – 왕상 12:18;
    대하 10:18
급히 오다 – 삼상 23:27; 25:34; 딛 3:12
급히 요리하다 – 창 18:7
급히 일어나다 – 수 8:19; 삼상 25:42; 단
    3:24; 요 11:29, 31; 행 12:7
급히 추격하다 – 창 31:36; 삿 20:42

【 긋다 】　　　　　　　　　　　　　　　　　　　　　　　　　　【 기 】

행 21:32	그가 **급히** 군인들과 백부장들을 거느		호 14:3	고아가 주로 말미암아 **긍휼**을 얻음이
딛 1:7	**급히** 분내지 아니하며 술을 즐기지 아니		암 1:11	그의 형제를 쫓아가며 **긍휼**을 버리며
			합 3:2	진노 중에라도 **긍휼**을 잊지 마옵소서
			마 9:13	너희는 가서 내가 **긍휼**을 원하고 제사를

긋다 (draw, mark)

민 34:7	대해에서부터 호르 산까지 **그어라**
민 34:8	호르 산에서 **그어** 하맛 어귀에 이르러
민 34:10	동쪽 경계는 하살에난에서 **그어** 스밤
욥 26:10	수면에 경계를 **그으시니** 빛과 어둠이
사 44:13	목공은 줄을 늘여 재고 붓으로 **긋고** …
	곡선자로 **그어** 사람의 아름다움을 따라

굿시아 (Keziah) 욥이 고난 후에 낳은 둘째 딸

욥 42:14	둘째 딸은 **굿시아**라 이름하였고 셋째

긍휼/-하다 (矜恤, mercy)

느 9:28	들으시고 여러 번 주의 **긍휼**로 건져내
욥 37:13	혹은 땅을 위하여 혹은 **긍휼**을 위하여
시 25:6	여호와여 주의 **긍휼하심**과 인자하심
시 40:11	여호와여 주의 **긍휼**을 내게서 거두지
시 77:9	노하심으로 그가 베푸실 **긍휼**을 그치
시 78:38	오직 하나님은 **긍휼하시므로** 죄악을
시 79:8	죄악을 기억하지 마시고 주의 **긍휼**로
잠 12:10	가축의 생명을 돌보나 악인의 **긍휼**은
사 54:7	잠시 너를 버렸으나 큰 **긍휼**로 너를
렘 3:12	나는 **긍휼**이 있는 자라 노를 한없이
단 1:9	환관장에게 은혜와 **긍휼**을 얻게 하신
단 9:9	우리 하나님께는 **긍휼**과 용서하심이
단 9:18	주의 큰 **긍휼**을 의지하여 함이니이다
호 11:8	내 속에서 돌이키어 나의 **긍휼**이 온전히

마 23:23	율법의 더 중한 바 정의와 **긍휼**과 믿음
눅 1:50	**긍휼하심**이 두려워하는 자에게 대대로
눅 1:78	우리 하나님의 **긍휼**로 인함이라 이로써
롬 9:23	영광 받기로 예비하신 바 **긍휼**의 그릇
롬 11:31	이는 너희에게 베푸시는 **긍휼**로 이제
	그들도 **긍휼**을 얻게 하려 하심이라
롬 15:9	이방인들도 그 **긍휼하심**으로 말미암아
고후 4:1	우리가 이 직분을 받아 **긍휼하심**을 입은
갈 6:16	이스라엘에게 평강과 **긍휼**이 있을지
엡 2:4	**긍휼**이 풍성하신 하나님이 우리를 사랑
빌 2:1	성령의 무슨 교제나 **긍휼**이나 자비가
골 3:12	거룩하고 사랑 받는 자처럼 **긍휼**과 자비
딛 3:5	오직 그의 **긍휼하심**을 따라 중생의
히 4:16	우리는 **긍휼하심**을 받고 때를 따라
약 2:13	**긍휼**을 행하지 아니하는 자에게는 긍
	휼 없는 심판이 있으리라 **긍휼**은 심판
약 3:17	관용하고 양순하며 **긍휼**과 선한 열매
벧전 1:3	그의 많으신 **긍휼**대로 예수 그리스도
벧전 2:10	하나님의 백성이요 전에는 **긍휼**을 얻
	지 못하였더니 이제는 **긍휼**을 얻은 자
유 1:2	**긍휼**과 평강과 사랑이 너희에게 더욱
유 1:21	우리 주 예수 그리스도의 **긍휼**을 기다

기 (氣, in shock, overpowering, slimy)

스 9:3	머리털과 수염을 뜯으며 **기**가 막혀 앉으

'긍휼'과 관련된 성구

긍휼을 베풀다 – 출 33:19; 느 1:5; 시 145:9; 애 3:43; 겔 5:11; 8:18; 9:5, 10; 슥 7:9; 롬 11:32; 12:8; 딤후 1:16

긍휼을 입다 – 롬 11:30; 딤전 1:13, 16; 딤후 1:18

긍휼이 많다 – 시 103:8; 112:4; 116:5; 119:156; 145:8

긍휼이 크다 – 삼하 24:14; 대상 21:13

긍휼히 여기다 – 출 33:19; 신 7:16; 13:8, 17; 19:13, 21; 30:3; 삼상 23:21; 대하 36:17; 느 9:17; 시 27:7; 59:17; 69:20; 86:15; 102:13; 103:13; 106:46; 119:77; 사 9:17; 13:18; 14:1; 30:18; 47:6; 49:10, 13, 15; 54:8, 10; 55:7; 렘 21:7; 애 2:2, 17, 21; 3:32; 겔 7:4, 9; 단 4:27; 호 1:6, 7; 2:4, 19, 23; 슥 10:6; 마 5:7; 눅 1:54, 58, 72; 16:24; 롬 9:15, 16, 18; 빌 2:27; 히 8:12; 약 5:11; 유 1:22, 23

은혜와 긍휼과 평강 – 딤전 1:2; 딤후 1:2; 요이 1:3

인자와 긍휼 – 시 103:4; 애 3:22

주의 많은 긍휼 – 시 51:1; 시 69:16

주의 크신 긍휼 – 느 9:19, 27, 31

【 기간 】　　　　　　　　　　　　　　　　　　　　　　　　　　【 기구 】

스 9:4	저녁 제사 드릴 때까지 **기**가 막혀 앉았		출 40:9	그것과 그 모든 **기구**를 거룩하게 하라
욥 41:9	모습을 보기만 해도 그는 **기**가 꺾이리라		출 40:10	너는 또 번제단과 그 모든 **기구**에 발라
시 40:2	나를 **기**가 막힐 웅덩이와 수렁에서 끌어		레 8:11	또 그 제단과 그 모든 **기구**와 물두멍과
			민 1:50	그 모든 **기구**와 그 모든 부속품을 관리
기간(期間, day, time)				하게 하라… 그 모든 **기구**를 운반하며
민 6:12	몸을 더럽혔은즉 지나간 **기간**은 무효		민 3:36	그 받침과 그 모든 **기구**와 그것에 쓰는
신 34:8	모세를 위하여 애곡하는 **기간**이 끝나		민 4:10	등잔대와 그 모든 **기구**를 해달의 가죽
대상 29:27	이스라엘을 다스린 **기간**은 사십 년이라		민 4:16	모든 것과 성소와 그 모든 **기구**니라
에 9:31	정한 **기간**에 이 부림일을 지키게 하였		민 4:26	그 줄들과 그것에 사용하는 모든 **기구**
행 12:3	잡으려 할새 때는 무교절 **기간**이라		민 4:32	그 모든 **기구**들과 그것에 쓰는 모든 것
행 21:26	제사 드릴 때까지의 결례 **기간**이 만기			이라 너희는 그들이 맡아 멜 모든 **기구**
			민 7:1	그 모든 **기구**와 제단과 그 모든 기물에
기갈(飢渴, famine)			민 7:85	성소의 세겔로 모든 **기구**의 은이 모두
암 8:11	여호와의 말씀을 듣지 못한 **기갈**이라		민 19:18	그 물을 찍어 장막과 그 모든 **기구**와
			신 23:13	**기구**에 작은 삽을 더하여 밖에 나가서
기경하다(起耕, plowing)			왕상 7:47	**기구**가 심히 많으므로 솔로몬이 다
호 10:12	인애를 거두라 너희 묵은 땅을 **기경하라**		왕상 7:51	은과 금과 **기구**들을 가져다가 여호와
			왕하 25:16	받침들을 가져갔는데 이 모든 **기구**의
기계(機械, instrument)			대상 23:26	그 가운데에서 쓰는 모든 **기구**를 멜
대상 21:23	소들은 번제물로, 곡식 떠는 **기계**는			

기골(氣骨, backbone)
욥 20:11　그의 **기골**이 청년같이 강장하나 그

기구(器具, tool, utensil)
창 4:22　구리와 쇠로 여러 가지 **기구**를 만드는
창 27:3　그런즉 네 **기구** 곧 화살통과 활을 가지
창 45:20　너희의 **기구**를 아끼지 말라 온 애굽 땅
출 25:9　장막을 짓고 **기구**들도 그 모양을 따라
출 25:39　등잔대와 이 모든 **기구**를 순금 한 달란트
출 30:27　그 모든 **기구**이며 등잔대와 그 **기구**이
출 30:28　및 번제단과 그 모든 **기구**와 물두멍과
출 31:8　**기구**와 순금 등잔대와 그 모든 **기구**와
출 31:9　번제단과 그 모든 **기구**와 물두멍과 그
출 35:13　상과 그 채와 그 모든 **기구**와 진설병과
출 35:14　불 켜는 등잔대와 그 **기구**와 그 등잔과
출 35:16　그 놋 그물과 그 채와 그 모든 **기구**와
출 37:16　상 위의 **기구** 곧 대접과 숟가락과 잔과
출 37:24　등잔대와 그 모든 **기구**는 순금 한 달란트
출 39:33　곧 막과 그 모든 **기구**와 그 갈고리들과
출 39:36　상과 그 모든 **기구**와 진설병과
출 39:37　곧 벌여놓는 등잔대와 그 모든 **기구**와
출 39:39　그 채들과 그 모든 **기구**와 물두멍과 그

성경에 나오는 '기구'

동철 기구 – 수 6:19, 24
목자의 기구 – 슥 11:15
배의 기구 – 행 27:19
번제의 희생제물을 잡을 때에 쓰는 기구 – 겔 40:42
부엌에 삶는 기구 – 겔 46:23
섬기는 데 쓰는 기구 – 대상 9:28; 28:14
성막 안의 모든 거룩한 기구 – 왕상 8:4
성막에서 쓰는 모든 기구 – 출 27:19
성소에서 봉사하는 데에 쓰는 (모든) 기구 – 민 3:31; 4:12, 14
성소의 (모든) 기구 – 민 4:15; 18:3; 31:6; 대상 9:29
성읍을 치는 기구 – 신 20:20
소의 기구 – 왕상 19:21
여호와의 기구 – 사 52:11
여호와의 (성)전(의 모든) 기구 – 왕상 7:48; 대하 36:7; 렘 27:16; 28:3, 6
제단의 모든 기구 – 출 38:3, 30; 민 4:14
하나님의 전의 (모든) 기구 – 대하 4:19; 28:24
회막(에서 사용할) 모든 기구 – 출 31:7; 39:40; 민 3:8

【 기구 】   【 기념/-하다 】

대상 28:15 등잔을 만들 은의 무게를 각기 그 **기구**
대상 29:2 곧 **기구**를 만들 금과 은과 놋과 철과
대하 4:18 솔로몬이 이 모든 **기구**를 매우 많이
대하 5:1 다윗이 드린 은과 금과 모든 **기구**를
대하 5:5 회막과 장막 안에 모든 거룩한 **기구**를
렘 27:18 예루살렘에 남아 있는 **기구**를 바벨론
렘 27:19 성에 남아 있는 **기구**에 대하여 이같이
렘 27:21 예루살렘에 남아 있는 그 **기구**에 대하여
렘 49:29 휘장과 모든 **기구**와 낙타를 빼앗아다
렘 52:20 이 모든 **기구**의 놋 무게는 헤아릴 수
나 2:9 저축한 것이 무한하고 아름다운 **기구**가

기근(飢饉, famine)
창 41:30 잊어버리게 되고 이 땅이 그 **기근**으로
창 41:54 각국에는 **기근**이 있으나 애굽 온 땅에
창 41:57 요셉에게 이르렀으니 **기근**이 온 세상
창 42:5 있으니 가나안 땅에 **기근**이 있음이라
창 47:13 **기근**이 더욱 … 가나안 땅이 **기근**으로
창 47:20 애굽의 모든 사람들이 **기근**에 시달려
삼하 24:13 왕의 땅에 칠 년 **기근**이 있을 것이니

'**기근**'과 관련된 성구

견책이나 전염병이나 기근 – 대하 20:9
궁핍과 기근 – 욥 30:3
기근과 사나운 짐승 – 겔 5:17
기근과 전염병 – 겔 7:15
기근과 지진 – 마 24:7
기근과 칼 – 사 51:19
기근이 심하다 – 창 12:10; 41:56; 43:1;
  47:4; 왕상 18:2; 왕하 25:3; 렘 52:6
멸망과 기근 – 욥 5:22
삼년 기근 – 삼하 21:1; 대상 21:12
전염병과 기근 – 겔 7:15
칼과 기근 – 렘 5:12; 14:15, 16; 16:4;
  21:7; 44:12, 18, 27
칼과 기근과 사나운 짐승과 전염병 – 겔
  14:21
칼과 기근과 전염병 – 렘 14:12; 21:9;
  24:10; 27:8, 13; 29:17, 18; 32:24,
  36; 38:2; 42:17, 22; 44:13; 겔
  6:11; 12:16
칼과 전염병과 기근 – 렘 34:17
큰 지진과 기근과 전염병 – 눅 21:11

왕상 8:37 만일 이 땅에 **기근**이나 전염병이 있거나
왕하 8:1 여호와께서 **기근**을 부르셨으니 그대로
대하 6:28 만일 이 땅에 **기근**이나 전염병이 있거나
욥 5:20 **기근** 때에 죽음에서, 전쟁 때에 칼의
욥 18:12 그의 힘은 **기근**으로 말미암아 쇠하고
시 37:19 부끄러움을 당하지 아니하며 **기근**의
시 105:16 또 그 땅에 **기근**이 들게 하사 그들이
사 14:30 내가 네 뿌리를 **기근**으로 죽일 것이요
렘 11:22 청년들은 칼에 죽으며 자녀들은 **기근**에
렘 14:13 너희가 칼을 보지 아니하겠고 **기근**은
렘 14:18 내가 성읍에 들어간즉 **기근**으로 병든
렘 15:2 칼로 나아가고 **기근**을 당할 자는 **기근**
렘 18:21 그들의 자녀들을 **기근**에 내어 주시며 그들
렘 42:16 너희가 두려워하는 **기근**이 애굽으로
겔 5:12 삼분의 일은 전염병으로 죽으며 **기근**
겔 5:16 내가 멸망하게 하는 **기근**의 독한 화살을
  너희에게 보내되 **기근**을 더하여 너희
겔 6:12 남아 있어 에워싸인 자는 **기근**에 죽으
겔 14:13 그 의지하는 양식을 끊어 **기근**을 내려
겔 34:29 다시는 그 땅에서 **기근**으로 멸망하지
겔 36:29 곡식이 풍성하게 하여 **기근**이 너희에
겔 36:30 너희가 다시는 **기근**의 욕을 여러 나라
암 8:11 날이 이를지라 내가 **기근**을 땅에 보내
막 13:8 곳곳에 지진이 있으며 **기근**이 있으리니
롬 8:35 환난이나 곤고나 박해나 **기근**이나 적신

기꺼이(warmly, willingly, with pleasure)
욥 39:9 들소가 어찌 **기꺼이** 너를 위하여 일하
시 35:27 나의 의를 즐거워하는 자들이 **기꺼이**
사 56:7 희생을 나의 제단에서 **기꺼이** 받게 되리
사 60:7 내 제단에 올라 **기꺼이** 받음이 되리니
말 2:13 그것을 너희 손에서 **기꺼이** 받지도 아니
행 21:17 이르니 형제들이 우리를 **기꺼이** 영접
행 24:10 내 사건에 대하여 **기꺼이** 변명하나이다
벧전 5:2 더러운 이득을 위하여 하지 말고 **기꺼이**

기나(Kinah) 유다와 에돔의 경계에 있던 도시
수 15:22 **기나**와 디모나와 아다다와

기념/-하다(記念, memorial)
출 17:14 이것을 책에 기록하여 **기념**하게 하고
출 28:12 이름을 그 두 어깨에 메워서 **기념**이 되게
출 28:29 여호와 앞에 영원한 **기념**을 삼을 것이

【 기능 】　　　　　　　　　　　　　　　　　　　　　【 기다리다 】

출 30:16	이스라엘 자손의 **기념**이 되어서 너희	창 7:23	사람과 가축과 **기**는 것과 공중의 새까지
레 2:9	그 소제물 중에서 **기념**할 것을 가져다	창 8:17	가축과 땅에 **기**는 모든 것을 다 이끌어
민 31:54	여호와 앞에서 이스라엘 자손의 **기념**을	창 8:19	곧 모든 짐승과 모든 **기**는 것과 모든
수 4:7	이스라엘 자손에게 영원히 **기념**이 되리	창 9:2	공중의 모든 새와 땅에 **기**는 모든 것과
욥 18:17	그를 **기념**함이 땅에서 사라지고 거리	레 11:20	날개가 있고 네 발로 **기어** 다니는 곤충
시 135:13	여호와여 주를 **기념**함이 대대에 이르	레 11:21	다만 날개가 있고 네 발로 **기어** 다니는
시 145:7	그들이 주의 크신 은혜를 **기념하여** 말하	레 11:23	오직 날개가 있고 **기어** 다니는 곤충은
잠 10:7	의인을 **기념**할 때에는 칭찬하거니와	레 11:29	땅에 **기**는 길짐승 중에 네게 부정한 것
사 48:1	이스라엘의 하나님을 **기념**하면서도	레 11:31	모든 **기**는 것 중 이것들은 네게 부정하
사 55:13	이것이 여호와의 **기념**이 되며 영영한	레 11:41	땅에 **기어** 다니는 모든 길짐승은 가증
슥 6:14	여다야와 스바냐의 아들 헨을 **기념하기**	레 11:42	곧 땅에 **기어** 다니는 모든 **기**는 것 중
눅 22:19	너희가 이를 행하여 나를 **기념하라**	레 11:43	너희는 **기**는 바 **기어** 다니는 것 때문
고전 11:24	이것을 행하여 나를 **기념하라** 하시고	레 11:44	땅에 **기**는 길짐승으로 말미암아 스스로
고전 11:25	마실 때마다 나를 **기념하라** 하셨으니	레 11:46	땅에 **기**는 모든 길짐승에 대한 규례니
		레 20:25	땅에 **기**는 것들로 너희의 몸을 더럽히지
		신 4:18	땅 위에 **기**는 어떤 곤충의 형상이든지
		신 14:19	또 날기도 하고 **기어** 다니기도 하는 것
		신 32:24	내가 들짐승의 이와 티끌에 **기**는 것의
		왕상 4:33	짐승과 새와 **기어** 다니는 것과 물고기
		시 104:20	삼림의 모든 짐승이 **기어** 나오나이다
		시 148:10	짐승과 모든 가축과 **기**는 것과 나는 새
		잠 30:19	반석 위로 **기어** 다니는 뱀의 자취와
		겔 38:20	들의 짐승들과 땅에 **기**는 모든 벌레와
		미 7:17	뱀처럼 티끌을 핥으며 땅에 **기**는 벌레
		행 10:12	네 발 가진 짐승과 **기**는 것과 공중에
		행 11:6	네 발 가진 것과 들짐승과 **기**는 것과
		롬 1:23	새와 짐승과 **기어** 다니는 동물 모양의

'기념'과 관련된 성구

기념물 – 레 2:2, 16; 5:12; 6:15; 24:7;
　　　　 민 16:40; 사 56:5
기념비 – 삼상 15:12; 삼하 18:18
기념책 – 말 3:16
기념표 – 사 57:8
기념하는 보석 – 출 28:12; 39:7
기념할 날 – 레 23:24
날을 기념하다 – 출 12:14; 13:3; 에 9:28
이름을 기념하다 – 출 20:24; 삼하 18:18

기능(機能, function)
롬 12:4　지체를 가졌으나 모든 지체가 같은 **기능**

기능공(技能工, artisan)
렘 29:2　유다와 예루살렘의 고관들과 **기능공**과

기다(crawl, creep, move)
창 1:24	그 종류대로 내되 가축과 **기**는 것과 땅
창 1:25	땅에 **기**는 모든 것을 그 종류대로 만드
창 1:26	온 땅과 땅에 **기**는 모든 것을 다스리게
창 1:30	생명이 있어 땅에 **기**는 모든 것에게는
창 6:7	사람으로부터 가축과 **기**는 것과 공중
창 6:20	땅에 **기**는 모든 것이 그 종류대로 각기
창 7:8	부정한 짐승과 새와 땅에 **기**는 모든 것
창 7:14	땅에 **기**는 모든 것이 그 종류대로, 모든
창 7:21	가축과 들짐승과 땅에 **기**는 모든 것과

기다리다(expect, long for, lurk, wait)

구약

창 22:5	너희는 나귀와 함께 여기서 **기다리라**
창 39:16	자기 주인이 집으로 돌아오기를 **기다려**
창 43:25	요셉이 정오에 오기를 **기다리더니**
출 24:14	너희에게로 돌아오기까지 **기다리라**
민 9:8	그들에게 이르되 **기다리라** 여호와께서
신 19:11	이웃을 미워하여 엎드려 그를 **기다리다**
삿 3:25	그들이 오래 **기다려도** 왕이 다락문들
삿 3:26	그들이 **기다리는** 동안에 에훗이 피하여
삼상 4:13	길 옆 자기의 의자에 앉아 **기다리며**

'다른 이를 기다리다'와 관련된 성구

마 11:3; 눅 7:19, 20

【 기다리다 】   【 기다리다 】

삼상 14:9	우리가 너희에게로 가기를 **기다리라**	시 106:13	잊어버리며 그의 가르침을 **기다리지**
삼하 15:24	백성이 성에서 나오기를 **기다리도다**	잠 1:11	죄 없는 자를 까닭 없이 숨어 **기다리다가**
삼하 15:28	내가 광야 나루터에서 **기다리리라** 하니	잠 1:18	숨어 **기다림**은 자기의 생명을 해할 뿐
왕상 1:20	앉을지를 공포하시기를 **기다리나이다**	잠 8:34	날마다 내 문 곁에서 **기다리며** 문설주
왕하 7:9	밝은 아침까지 **기다리면** 벌이 우리에게		옆에서 **기다리는** 자는 복이 있나니
욥 6:11	내가 무슨 기력이 있기에 **기다리겠느냐**	사 30:18	여호와께서 **기다리시나니** 이는 너희
욥 12:5	재앙이 실족하는 자를 **기다리는구나**	렘 20:10	친한 벗도 다 내가 실족하기를 **기다리며**
욥 14:14	참으면서 풀려나기를 **기다리겠나이다**	애 3:10	그는 내게 대하여 엎드려 **기다리는** 곰과
욥 14:15	손으로 지으신 것을 **기다리시겠나이다**	애 3:26	여호와의 구원을 바라고 잠잠히 **기다림**
욥 15:22	못하고 칼날이 숨어서 **기다리느니라**	겔 19:5	암사자가 **기다리다가** 소망이 끊어진
욥 18:12	쇠하고 그 곁에는 재앙이 **기다릴** 것이	단 2:9	말하여 때가 변하기를 **기다리려** 함이
욥 29:23	그들은 비를 기다리듯 나를 **기다렸으며**	단 7:12	정한 시기가 이르기를 **기다리게** 되었
욥 31:9	문을 엿보아 문에서 숨어 **기다렸다면**	호 13:7	사자 같고 길 가에서 **기다리는** 표범
욥 32:11	보라 나는 당신들의 말을 **기다렸노라**	합 2:1	내게 무엇이라 말씀하실는지 **기다리고**
욥 32:16	아니한즉 내가 어찌 더 **기다리랴**	합 2:3	비록 더딜지라도 **기다리라** 지체되지
욥 35:14	나는 그를 **기다릴** 뿐이라 말하는 그대	합 3:16	올라오는 환난 날을 내가 **기다리므로**
욥 38:40	엎드리며 숲에 앉아 숨어 **기다리느니라**	**신약**	
시 10:9	가련한 자를 잡으려고 **기다리며** 자기	눅 1:21	백성들이 사가랴를 **기다리며** 그가 성전
시 37:7	여호와 앞에 잠잠하고 참고 **기다리라**	눅 3:15	백성들이 바라고 **기다리므로** 모든 사람
시 59:3	나의 생명을 해하려고 엎드려 **기다리고**	눅 8:40	환영하니 이는 다 **기다렸음이러라**

성경에 나오는 '기다리는' 대상(내용)

- 고기 먹음 – 민 11:18
- 광명 – 욥 30:26
- 그리스도의 나타나심/강림 – 고전 1:7; 살전 1:10; 딛 2:13
- 할례 낫기 – 수 5:8
- 답장 – 스 5:5
- 때 – 삼상 9:24
- 마지막 – 단 12:13
- 물의 움직임 – 요 5:3
- 비 – 욥 29:23
- 사람/인생 – 잠 7:12; 렘 3:2; 호 6:9; 미 5:7
- 삯 – 욥 7:2
- 성 공사의 완역 – 왕상 3:1
- 셋째 날 – 출 19:11, 15
- 심판 – 히 10:27
- 아침 – 시 130:6
- 아이 자람 – 룻 1:13
- 아이 장성 – 창 38:11
- 아이 젖 뗌 – 삼상 1:23
- 여호와 – 왕하 6:33; 시 27:14; 40:1; 130:5; 잠 20:22; 사 8:17; 30:18; 습 3:8
- 여호와의 명령 – 레 24:12
- 왕 – 왕상 20:38
- 우리 몸의 속량 – 롬 8:23
- 원수 발등상 – 왕상 5:3; 히 10:13
- 은혜 베풀어 주심 – 시 123:2
- 의의 소망 – 갈 5:5
- 이른 비와 늦은 비 – 약 5:7
- 이스라엘의 위로 – 눅 2:25
- 제사장의 성결 – 대하 29:34
- 조서 – 스 4:21
- 좋은 포도 맺기 – 사 5:4
- 주 – 시 25:5; 65:1; 130:6; 사 26:8
- 주 예수 그리스도 – 빌 3:20
- 주 예수 그리스도의 긍휼 – 유 1:21
- 주의 구원 – 창 49:18
- 죽음 – 왕하 7:3
- 치료 – 렘 14:19
- 칠일 – 창 8:10, 12; 삼상 10:8; 13:8
- 하나님 – 사 25:9
- 하나님의 나라 – 막 15:43; 눅 23:51

【 기대 】   【 기도/~하다 】

눅 12:36 두드리면 곧 열어 주려고 **기다리는** 사람
요 16:30 또 사람의 물음을 **기다리시지** 않는 줄
행 1:4 아버지께서 약속하신 것을 **기다리라**
행 10:24 가까운 친구들을 모아 **기다리더니**
행 17:16 바울이 아덴에서 그들을 **기다리다가**
행 20:5 가서 드로아에서 우리를 **기다리더라**
행 20:23 결박과 환난이 나를 **기다린다** 하시나
행 23:21 준비하고 당신의 허락만 **기다리나이다**
행 24:15 그들이 **기다리는** 바 하나님께 향한 소망
행 27:33 너희가 **기다리고 기다리며** 먹지 못하고
행 28:6 갑자기 쓰러져 죽을 줄로 **기다렸다가**
롬 8:25 오래 **기다려도** 그에게 아무 이상이
롬 8:25 것을 바라면 참음으로 **기다릴지니라**
고전 11:33 먹으러 모일 때에 서로 **기다리라**
고전 16:11 그가 형제들과 함께 오기를 **기다리노라**
벧전 3:20 하나님이 오래 참고 **기다리실** 때에

기대(企待, anticipate, expect)
행 12:11 유대 백성의 모든 **기대**에서 벗어나게
빌 1:20 나의 간절한 **기대**와 소망을 따라 아무

기대다(lean)
삼하 1:6 사울이 자기 창에 **기대고** 병거와 기병

기도/~하다(祈禱, pray, prayer)
모세오경, 역사서
창 20:7 너를 위하여 **기도하리니** 네가 살려니
민 21:7 모세가 백성을 위하여 **기도하매**
신 4:7 여호와께서 우리가 그에게 **기도할** 때
신 9:20 내가 그 때에도 아론을 위하여 **기도하고**
삼상 1:12 그가 여호와 앞에 오래 **기도하는** 동안에
삼상 1:17 네가 **기도하여** 구한 것을 허락하시기를
삼상 1:27 이 아이를 위하여 내가 **기도하였더니**
       내가 구하여 **기도한** 바를 여호와께서
삼상 2:1 **기도하여** 이르되 내 마음이 여호와로
삼상 12:23 나는 너희를 위하여 **기도하기를** 쉬는
삼하 7:27 종이 이 **기도로** 주께 간구할 마음이
왕상 8:30 이스라엘이 이 곳을 향하여 **기도할** 때
왕상 8:35 이 곳을 향하여 **기도하며** 주의 이름을
왕상 8:38 성전을 향하여 손을 펴고 무슨 **기도나**
왕상 8:42 듣고 와서 이 성전을 향하여 **기도하거든**
왕상 9:3 네 **기도**와 네가 내 앞에서 간구한 바를
왕상 13:6 내 손이 다시 성하게 **기도하라** 하나님

왕하 19:4 남아 있는 자들을 위하여 **기도하소서**
왕하 19:15 히스기야가 **기도하여** 이르되 그룹들
왕하 19:20 산헤립 때문에 내게 **기도하는** 것을
대상 17:25 주 앞에서 이 **기도**로 간구할 마음이
대하 6:21 이스라엘이 이 곳을 향하여 **기도할** 때
대하 6:29 성전을 향하여 손을 펴고 무슨 **기도나**
대하 6:32 이 성전을 향하여 **기도하거든**
대하 6:38 성전 있는 쪽을 향하여 **기도하거든**
대하 7:1 솔로몬이 **기도**를 마치매 불이 하늘에
대하 7:14 스스로 낮추고 **기도하여** 내 얼굴을 찾으
대하 30:18 히스기야가 그들을 위하여 **기도하여**
대하 30:27 그 **기도**가 여호와의 거룩한 처소 하늘
대하 32:20 하늘을 향하여 부르짖어 **기도하였더니**
대하 33:13 **기도하였으므로** 하나님이 그의 **기도**를
대하 33:18 그가 하나님께 한 **기도**와 선견자가
대하 33:19 또 그의 **기도**와 그의 **기도**를 들으신
스 6:10 왕자들의 생명을 위하여 **기도하게** 하라
스 10:1 성전 앞에 엎드려 울며 **기도하여** 죄를
느 1:6 자손을 위하여 주야로 **기도하오며**
느 1:11 귀를 기울이사 종의 **기도**와 주의 이름
느 11:17 맞다나이니 그는 **기도할** 때에 감사하

시가서, 선지서
욥 16:17 손에는 포학이 없고 나의 **기도**는 정결
욥 21:15 우리가 그에게 **기도한들** 무슨 소용이
욥 22:27 너는 그에게 **기도하겠고** 그는 들으실
욥 42:8 내 종 욥이 너희를 위하여 **기도할** 것
욥 42:10 욥이 그의 친구들을 위하여 **기도할** 때
시 35:13 내 영혼을 괴롭게 하였더니 내 **기도**가
시 66:20 하나님을 찬송하리로다 그가 내 **기도**
시 72:15 사람들이 그를 위하여 항상 **기도하고**
시 72:20 이새의 아들 다윗의 **기도**가 끝나니라
시 80:4 주의 백성의 **기도**에 대하여 어느 때까지
시 88:2 나의 **기도**가 주 앞에 이르게 하시며
시 88:13 아침에 나의 **기도**가 주의 앞에 이르리
시 104:34 나의 **기도**를 기쁘게 여기시기를 바라
시 109:4 도리어 나를 대적하니 나는 **기도할** 뿐
시 109:7 죄인이 되어 나오게 하시며 그의 **기도**가
시 116:2 내가 평생에 **기도하리로다**
시 116:4 여호와의 이름으로 **기도하기**를 여호와
시 141:2 나의 **기도**가 주의 앞에 분향함과 같이
시 141:5 재난 중에도 내가 항상 **기도하리로다**
잠 15:8 정직한 자의 **기도**는 그가 기뻐하시느
잠 28:9 율법을 듣지 아니하면 그의 **기도**도 가증

【 기도/-하다 】　　　　　　　　　　　　　　　　　　　　　　　　　　　【 기도/-하다 】

사 1:15	너희가 많이 **기도할지라도** 내가 듣지	막 11:17	기록된 바 내 집은 만민이 **기도하는**
사 16:12	성소에 나아가서 **기도할지라도** 소용	막 11:24	무엇이든지 **기도하고** 구하는 것은 받은
사 37:4	이 남아 있는 자를 위하여 **기도하라**	막 11:25	서서 **기도할** 때에 아무에게나 혐의가
사 37:21	산헤립 왕의 일로 내게 **기도하였도다**	막 12:40	외식으로 길게 **기도하는** 자니 그 받는
사 44:17	경배하며 그것에게 **기도하여** 이르기를	막 13:18	일이 겨울에 일어나지 않도록 **기도하라**
사 45:20	구원하지 못하는 신에게 **기도하는** 자	막 14:23	잔을 가지사 감사 **기도하시고** 그들에
사 53:12	범죄자를 위하여 **기도하였느니라**	막 14:32	내가 **기도할** 동안에 너희는 여기 앉아
사 56:7	성산으로 인도하여 **기도하는** 내 집에	막 14:38	시험에 들지 않게 깨어 있어 **기도하라**
	서 … 만민이 **기도하는** 집이라 일컬음	막 14:39	나아가 동일한 말씀으로 **기도하시고**
렘 7:16	너는 이 백성을 위하여 **기도하지** 말라	눅 1:10	그 분향하는 시간에 밖에서 **기도하더니**
렘 10:25	주의 이름으로 **기도하지** 아니하는 족속	눅 3:21	예수도 세례를 받으시고 **기도하실** 때
렘 11:14	너는 이 백성을 위하여 **기도하지** 말라	눅 5:16	물러가사 한적한 곳에서 **기도하시니라**
렘 29:12	내게 와서 **기도하면** 내가 너희들의 **기도**	눅 6:12	이 때에 예수께서 **기도하시러** 산으로
애 3:44	자신을 가리사 **기도가** 상달되지 못하게		가사 밤이 새도록 하나님께 **기도하시고**
단 6:10	하루 세 번씩 무릎을 꿇고 **기도하며**	눅 6:28	너희를 모욕하는 자를 위하여 **기도하라**
단 6:11	다니엘이 자기 하나님 앞에 **기도하며**	눅 9:18	예수께서 따로 **기도하실** 때에 제자들
단 6:13	아니하고 하루 세 번씩 **기도하나이다**	눅 9:28	요한과 야고보를 데리고 **기도하시러**
단 9:20	내가 이같이 말하여 **기도하며** 내 죄와	눅 11:1	예수께서 한 곳에서 **기도하시고** 마치
단 9:21	곧 내가 **기도할** 때에 이전에 환상 중		시매 … **기도를** 가르친 것과 같이 우리
단 9:23	곧 네가 **기도를** 시작할 즈음에 명령이	눅 11:2	예수께서 이르시되 너희는 **기도할** 때
욘 2:7	내가 여호와를 생각하였더니 내 **기도가**	눅 18:1	그들에게 항상 **기도하고** 낙심하지 말아
합 3:1	시기오놋에 맞춘 선지자 하박국의 **기도**	눅 18:10	두 사람이 **기도하러** 성전에 올라가니
복음서		눅 18:11	바리새인은 서서 따로 **기도하여** 이르되
마 5:44	너희를 박해하는 자를 위하여 **기도하라**	눅 19:46	기록된 바 내 집은 **기도하는** 집이 되리
마 6:5	또 너희는 **기도할** 때에 … 큰 거리 어	눅 20:47	외식으로 길게 **기도하니** 그들이 더 엄중
	귀에 서서 **기도하기를** 좋아하느니라	눅 21:36	인자 앞에 서도록 항상 **기도하며** 깨어
마 6:6	너는 **기도할** 때에 … 아버지께 **기도하라**	눅 22:17	잔을 받으사 감사 **기도하시고** 이르시
마 6:7	**기도할** 때에 이방인과 같이 중언부언	눅 22:19	또 떡을 가져 감사 **기도하시고** 떼어
마 6:9	너희는 이렇게 **기도하라** 하늘에 계신	눅 22:32	믿음이 떨어지지 않기를 **기도하였노니**
마 14:23	무리를 보내신 후에 **기도하러** 따로 산	눅 22:40	유혹에 빠지지 않게 **기도하라** 하시고
마 19:13	예수께서 안수하고 **기도해** 주심을 바라	눅 22:41	돌 던질 만큼 가서 무릎을 꿇고 **기도하여**
마 21:13	기록된 바 내 집은 **기도하는** 집이라	눅 22:44	힘쓰고 애써 더욱 간절히 **기도하시니**
마 21:22	너희가 **기도할** 때에 무엇이든지 믿고	눅 22:46	시험에 들지 않게 일어나 **기도하라**
마 24:20	안식일에 되지 않도록 **기도하라**	역사서	
마 26:27	또 잔을 가지사 감사 **기도하시고** 그들	행 1:14	마음을 같이하여 오로지 **기도에** 힘쓰
마 26:36	내가 저기 가서 **기도할** 동안에 너희는	행 1:24	그들이 **기도하여** 이르되 뭇 사람의
마 26:39	얼굴을 땅에 대시고 엎드려 **기도하여**	행 2:42	교제하고 떡을 떼며 오로지 **기도하기를**
마 26:41	시험에 들지 않게 깨어 **기도하라** 마음	행 3:1	제 구 시 **기도** 시간에 베드로와 요한이
마 26:42	다시 두 번째 나아가 **기도하여** 이르시되	행 6:4	우리는 오로지 **기도하는** 일과 말씀 사역
마 26:44	세 번째 같은 말씀으로 **기도하신** 후	행 6:6	사도들 앞에 세우니 사도들이 **기도하고**
막 1:35	곳으로 가사 거기서 **기도하시더니**	행 8:15	그들을 위하여 성령 받기를 **기도하니**
막 6:46	무리를 작별하신 후에 **기도하러** 산으로	행 9:11	사람을 찾으라 그가 **기도하는** 중이니라
막 9:29	이르시되 **기도** 외에 다른 것으로는 이런	행 9:40	다 내보내고 무릎을 꿇고 **기도하고**

【 기도/-하다 】　　　　　　　　　　　　　　　　　　　【 기도/-하다 】

행 10:2	구제하고 하나님께 항상 **기도하더니**		이 **기도하거니와** 나의 마음은 열매를
행 10:4	천사가 이르되 네 **기도**와 구제가 하나님	고전 14:15	내가 영으로 **기도하고** 또 마음으로 **기**
행 10:9	그 때에 베드로가 **기도하려고** 지붕에		**도하며** 내가 영으로 찬송하고 또 마음
행 10:30	집에서 제 구 시 **기도**를 하는데 갑자기	고후 1:11	우리가 많은 사람의 **기도**로 얻은 은사
행 11:5	내가 욥바 시에서 **기도할** 때에 황홀한	엡 1:16	**기도할** 때에 기억하며 너희로 말미암아
행 12:12	사람이 거기에 모여 **기도하고** 있더라	엡 6:18	모든 **기도**와 간구를 … **기도하고** 이를
행 16:13	안식일에 우리가 **기도할** 곳이 있을까	빌 1:9	내가 **기도하노라** 너희 사랑을 지식과
행 16:16	우리가 **기도하는** 곳에 가다가 점치는	골 1:3	우리가 너희를 위하여 **기도할** 때마다
행 16:25	한밤중에 바울과 실라가 **기도하고**	골 1:9	듣던 날부터 너희를 위하여 **기도하기**를
행 20:36	꿇고 그 모든 사람들과 함께 **기도하니**	골 4:2	**기도**를 계속하고 **기도**에 감사함으로
행 21:5	바닷가에서 무릎을 꿇어 **기도하고**	골 4:3	우리를 위하여 **기도하되** 하나님이 전도
행 22:17	돌아와서 성전에서 **기도할** 때에 황홀한	골 4:12	그가 항상 너희를 위하여 애써 **기도하여**
행 28:8	바울이 들어가서 **기도하고** 그에게 안수	살전 1:2	하나님께 감사하며 **기도할** 때에 너희
서신서, 예언서		살전 5:17	쉬지 말고 **기도하라**
롬 1:9	항상 내 **기도**에 쉬지 않고 너희를 말하	살전 5:25	형제들아 우리를 위하여 **기도하라**
롬 8:26	우리는 마땅히 **기도할** 바를 알지 못하	살후 1:11	우리도 항상 너희를 위하여 **기도함**은
롬 12:12	환난 중에 참으며 **기도**에 항상 힘쓰며	살후 3:1	너희는 우리를 위하여 **기도하기**를 주의
롬 15:30	너희 **기도**에 나와 힘을 같이하여 나를	딤전 2:8	없이 거룩한 손을 들어 **기도하기**를
고전 7:5	서로 분방하지 말라 다만 **기도할** 틈을	딤전 4:5	하나님의 말씀과 **기도**로 거룩하여짐
고전 11:4	남자로서 머리에 무엇을 쓰고 **기도**나	몬 1:4	하나님께 감사하고 **기도할** 때에 너를
고전 11:5	여자로서 머리에 쓴 것을 벗고 **기도**나	몬 1:22	너희 **기도**로 내가 너희에게 나아갈 수
고전 14:13	말하는 자는 통역하기를 **기도할지니**	히 13:18	우리를 위하여 **기도하라** 우리가 모든
고전 14:14	내가 만일 방언으로 **기도하면** 나의 영	히 13:19	돌아가기 위하여 너희가 **기도하기**를

'기도'와 관련된 성구

간구와 기도(와 도고와 감사) - 딤전 2:1; 5:1
금식 기도 - 느 1:4; 눅 2:37; 5:33; 행 13:3; 14:23
기도를 돌아보다 - 시 102:17
기도를 드리다 - 애 3:8
기도를 듣다 - 삼하 21:14; 24:25; 왕상 8:28, 29; 20:5; 대하 6:19, 20; 7:12; 30:20; 33:19; 느 1:6, 11; 시 4:1; 39:12; 54:2; 84:8; 102:1; 143:1; 잠 15:29; 사 38:5; 렘 29:12; 행 10:31
기도를 멸시치 아니하다 - 시 102:17
기도를 물리치다 - 애 3:8
기도를 받다 - 대하 33:13; 시 6:9
기도를 이루다 - 시 20:5
기도에 귀를 기울이다 - 대하 6:40; 7:15 시 17:1; 55:1; 66:19; 86:6
기도에 눈을 들다 - 대하 6:40; 7:15
기도에 유의하다 - 시 61:1

기도와 간구를 돌아보다 - 왕상 8:28; 대하 6:19
기도와 간구를 듣다 - 왕상 8:45, 49; 대하 6:35, 39; 단 9:17
기도와 간구를 아뢰다 - 왕상 8:54; 빌 4:6
기도와 간구를 하다 - 엡 6:18
여호와께 기도하다 - 민 11:2; 21:7; 삿 13:8; 삼상 1:10, 26; 7:5; 8:6; 12:19; 왕상 8:44; 왕하 4:33; 6:18; 20:2; 대하 32:24; 사 37:15; 38:2; 렘 29:7; 32:16; 37:3; 42:2, 4, 20; 단 9:4; 욘 2:1; 4:2
주께 기도하다 - 왕상 8:33, 48; 대하 6:34; 시 5:2, 3; 32:6; 69:13; 사 26:16; 행 8:22, 24
하나님께 기도하다 - 창 20:17; 느 4:9; 욥 33:26; 시 42:8; 단 9:3; 눅 6:12; 행 12:5; 고전 11:13

【 기돈 】　　　　　　　　　　　　　　　　　　　　　　　　　【 기둥 】

약 5:13	고난 당하는 자가 있느냐 그는 **기도**할
약 5:14	기름을 바르며 그를 위하여 **기도**할지니
약 5:15	믿음의 **기도**는 병든 자를 구원하리니
약 5:16	병이 낫기를 위하여 서로 **기도**하라 의인
약 5:17	그가 비가 오지 않기를 간절히 **기도**한즉
약 5:18	다시 **기도**하니 하늘이 비를 주고 땅이
벧전 3:7	이는 너희 **기도**가 막히지 아니하게 하려
벧전 4:7	정신을 차리고 근신하여 **기도**하라
유 1:20	자신을 세우며 성령으로 **기도**하며
계 5:8	대접을 가졌으니 이 향은 성도의 **기도**
계 8:3	이는 모든 성도의 **기도**와 합하여 보좌
계 8:4	향연이 성도의 **기도**와 함께 천사의 손

기돈(Kidon) 타작마당 또는 소유자의 이름
대상 13:9 **기돈**의 타작마당에 이르러서는 소들

기돔(Gidom) 베냐민 지파의 성읍
삿 20:45 또 급히 그 뒤를 따라 **기돔**에 이르러

기동하다(起動, move)
행 17:28 우리가 그를 힘입어 살며 **기동**하며 존재

기둥(pillar, post)

<u>모세오경, 역사서</u>

창 28:18	베개로 삼았던 돌을 가져다가 **기둥**으로
창 28:22	내가 **기둥**으로 세운 이 돌이 하나님의
창 31:13	벧엘의 하나님이라 네가 거기서 **기둥**에
창 31:45	야곱이 돌을 가져다가 **기둥**으로 세우고
창 31:51	이 무더기를 보라 또 이 **기둥**을 보라
창 31:52	이 **기둥**이 증거가 … 이 **기둥**을 넘어
출 26:32	네 **기둥** 위에 늘어뜨리되 그 네 **기둥**을
출 26:37	**기둥** 다섯을 조각목으로 … 그 **기둥**을
출 27:10	그 **기둥**이 스물이며 그 받침 스물은 놋
출 27:11	그 **기둥**이 스물이며 그 **기둥**의 받침
출 27:12	쉰 규빗의 포장을 치되 그 **기둥**이 열이
출 27:14	포장이 열다섯 규빗이며 그 **기둥**이 셋
출 27:15	포장이 열다섯 규빗이며 그 **기둥**이 셋
출 27:16	휘장이 있게 할지니 그 **기둥**이 넷이요
출 35:11	그 널판과 그 띠와 그 **기둥**과 그 받침
출 35:17	뜰의 포장과 그 **기둥**과 그 받침과 뜰
출 36:36	네 **기둥**을 만들어 … 금으로 **기둥**의
출 38:10	그 **기둥**이 스물이며 그 받침 스물
출 38:11	북쪽에도 백 규빗이라 그 **기둥**이 스물
출 38:12	포장은 쉰 규빗이라 그 **기둥**이 열이요
출 38:14	포장이 열다섯 규빗이요 그 **기둥**이 셋
출 38:15	포장이 열다섯 규빗씩이요 그 **기둥**이
출 38:19	그 **기둥**은 넷인데 그 받침 넷은 놋이요
출 39:33	널판들과 그 띠들과 그 **기둥**들과 그
출 39:40	뜰의 포장들과 그 **기둥**들과 그 받침들
출 40:18	그 띠를 띠우고 그 **기둥**들을 세우고
민 3:36	그 띠와 그 **기둥**과 그 받침과 그 모든
민 3:37	뜰 사방 **기둥**과 그 받침과 그 말뚝과
민 4:31	장막의 널판들과 그 띠들과 그 **기둥**들
민 4:32	둘레의 **기둥**들과 그 받침들과 그 말뚝
삿 16:25	그들이 삼손을 두 **기둥** 사이에 세웠더니
삿 16:26	이 집을 버틴 **기둥**을 찾아 그것을 의지
삿 16:29	삼손이 집을 버틴 두 **기둥** 가운데 하나
삿 20:40	연기 구름이 **기둥**같이 성읍 가운데에
왕상 7:6	또 **기둥**을 세워 주랑을 지었으니 … 또 **기둥** 앞에 한 주랑이 있고 … **기둥**과
왕상 7:22	백합화 형상이 있더라 두 **기둥**의 공사
왕상 7:41	**기둥** 둘과 그 **기둥** 꼭대기의 공 같은
왕상 7:42	그물에 두 줄씩으로 **기둥** 위의 공 같은
왕하 18:16	자기가 모든 **기둥**에 입힌 금을 벗겨
왕하 25:16	성전을 위하여 만든 두 **기둥**과 한 바다
왕하 25:17	그 한 **기둥**은 높이가 … 다른 **기둥**의
대상 18:8	솔로몬이 그것으로 놋대야와 **기둥**과
대하 3:15	성전 앞에 **기둥** 둘을 만들었으니 높이

성경에 나오는 '기둥'

구름 기둥 – 출 13:21, 22; 14:19, 24; 33:9, 10; 민 12:5; 14:14; 신 31:15; 느 9:12, 19; 시 99:7
놋 기둥 – 왕하 25:13
대리석 기둥 – 에 1:6
돌 기둥 – 창 35:14
땅의 기둥 – 삼상 2:8
백향목 기둥 – 왕상 7:2
불 기둥 – 출 13:21, 22; 14:24; 민 14:14; 느 9:12, 19
상수리나무 기둥 – 삿 9:6
소금 기둥 – 창 19:26
연기 기둥 – 아 3:6; 욜 2:30
하늘 기둥 – 욥 26:11
화반석 기둥 – 아 5:15
휘장 문의 기둥 – 출 36:38; 38:27, 31

【 기드론 】　　　　　　　　　　　　　　　　　【 기랴다임 】

대하 3:17　그 두 **기둥**을 성전 앞에 세웠으니 왼쪽
대하 4:12　**기둥** 둘과 그 **기둥** 꼭대기의 공 같은
대하 4:13　각 그물에 두 줄씩으로 **기둥** 위의 공
대하 23:13　보매 왕이 성전 문 **기둥** 곁에 섰고

시가서 – 신약

욥 9:6　　땅을 그 자리에서 움직이시니 그 **기둥**
시 75:3　　땅의 **기둥**은 내가 세웠거니와 땅과 그
잠 9:1　　지혜가 그의 집을 짓고 일곱 **기둥**을 다듬
아 3:10　　그 **기둥**은 은이요 바닥은 금이요 자리
사 19:10　**기둥**이 부서지고 품꾼들이 다 마음에
사 19:19　변경에는 여호와를 위하여 **기둥**이 있을
렘 10:5　　그것이 둥근 **기둥** 같아서 말도 못하며
렘 27:19　만군의 여호와께서 **기둥**들과 큰 대야
렘 52:20　성전을 위하여 만든 두 **기둥**과 한 바다
렘 52:21　그 **기둥**은 한 **기둥**의 높이가 십팔 규빗
렘 52:22　**기둥** 위에 놋머리가 … 다른 **기둥**에도
렘 52:23　석류는 아흔여섯 개요 그 **기둥**에 둘린
겔 40:49　층계가 있고 문 벽 곁에는 **기둥**이 있는
겔 42:6　　삼층인데도 뜰의 **기둥** 같은 **기둥**이 없으
갈 2:9　　또 **기둥**같이 여기는 야고보와 게바와
딤전 3:15　하나님의 교회요 진리의 **기둥**과 터니
계 3:12　　이기는 자는 내 하나님 성전에 **기둥**이

'기둥'과 관련된 성구

기둥 가름대 – 출 27:17; 38:17, 28
기둥 갈고리 – 출 27:10, 11, 17; 36:18;
　　　38:10, 11, 12, 17, 28
기둥 꼭대기 – 왕상 7:16, 18, 19, 22, 41;
　　　대하 3:15; 4:12; 습 2:14
기둥 머리 – 출 36:38; 38:17, 28; 왕상
　　　7:16, 18, 20; 대하 3:16; 4:12; 암 9:1
기둥 머리 싸개 – 출 38:17
기둥 받침 – 출 38:17, 27, 30, 31
기둥을 세우다 – 창 35:14; 출 24:4; 왕상
　　　7:6, 21

기드론(Kidron) 스불론 지파에게 속했던 성읍
삿 1:30　　스불론은 **기드론** 주민과 나할롤 주민을
왕하 23:4　예루살렘 바깥 **기드론** 밭에서 불사르

기드론 시내/기드론 시냇가(Kidron)
　감람산과 예루살렘 사이의 시내
삼하 15:23　왕도 **기드론 시내**를 건너가니 건너갈

왕상 2:37　네가 나가서 **기드론 시내**를 건너는 날
왕상 15:13　우상을 찍어 **기드론 시냇가**에서 불살
왕하 23:6　예루살렘 바깥 **기드론 시내**로 가져다
왕하 23:12　그것들의 가루를 **기드론 시내**에 쏟아
대하 15:16　우상을 찍고 빻아 **기드론 시냇가**에서
대하 29:16　레위 사람들이 받아 바깥 **기드론 시내**
대하 30:14　향단들을 모두 제거하여 **기드론 시내**
렘 31:40　모든 골짜기와 **기드론 시내**에 이르는
요 18:1　　제자들과 함께 **기드론 시내** 건너편으로

기드오니(Gideoni) 아비단의 아버지
민 1:11　　베냐민 지파에서는 **기드오니**의 아들
민 2:22　　베냐민 자손의 지휘관은 **기드오니**의
민 7:60　　베냐민 자손의 지휘관 **기드오니**의 아들
민 7:65　　이는 **기드오니**의 아들 아비단의 헌물
민 10:24　베냐민 자손 지파의 군대는 **기드오니**

기드온(Gideon)
삿 6:11　　요아스의 아들 **기드온**이 미디안 사람

기드온 – 기타 본문

삿 6:12, 13, 15, 17, 19, 20, 22, 24, 25, 27, 29, 32, 34, 35, 36, 38, 39; 7:1, 2, 4, 5, 7, 8, 9, 11, 12, 14, 15, 18, 19, 20, 24, 25; 8:1, 2, 3, 4, 7, 9, 11, 12, 13, 15, 21, 22, 23, 24, 26, 27, 28, 30, 32, 33, 35; 히 11:32

기들리스(Kitlish) 유다 지파의 성읍
수 15:40　갑본과 라맘과 **기들리스**와

기랴다림(Kiriath-Jearim) 바벨론 포로에서
　돌아온 사람들을 소개할 때 나오는 성읍
스 2:25　　**기랴다림**과 그비라와 브에롯 자손이

기랴다임(Kiriathaim)
1. 엠 족속의 땅으로 사웨 기랴다임으로 불림
창 14:5　　함에서 수스 족속을, 사웨 **기랴다임**에
민 32:37　자손은 헤스본과 엘르알레와 **기랴다임**
렘 48:1　　그가 유린 당하였도다 **기랴다임**이 수치
렘 48:23　**기랴다임**과 벧가물과 벧므온과
겔 25:9　　벧여시못과 바알므온과 **기랴다임**을
2. 납달리 지파에게 분배된 땅
수 13:19　**기랴다임**과 십마와 골짜기의 언덕에

【 기럇 】

대상 6:76 함몬과 그 초원과 **기랴다임**과 그 초원

기럇(Kiriath) 베냐민 지파에게 분배된 성읍
수 18:28 예루살렘과 기부앗과 **기럇**이니 열네

기럇 바알(Kiriath Baal) **기럇 여아림**의 다른 이름
수 15:60 **기럇 바알** 곧 **기럇 여아림**과 랍바이니

기럇 산나(Kiriath-Sannah) 유다 지파가 점령한 산지
수 15:49 단나와 **기럇 산나** 곧 드빌과

기럇 세벨(Kiriath-Sepher) 옷니엘이 점령한 지역
수 15:15 쳤는데 드빌의 본 이름은 **기럇 세벨**이
수 15:16 **기럇 세벨**을 쳐서 그것을 점령하는 자
삿 1:12 갈렙이 말하기를 **기럇 세벨**을 쳐서 그

기럇 아르바(Kiriath-Arba) 헤브론의 옛 이름
창 23:2 가나안 땅 헤브론 곧 **기럇 아르바**에서
창 35:27 야곱이 **기럇 아르바**의 마므레로 가서
수 14:15 헤브론의 옛 이름은 **기럇 아르바**라
수 15:13 여호수아가 **기럇 아르바** 곧 헤브론을
수 15:54 훔다와 **기럇 아르바** 곧 헤브론과 시올
수 20:7 세겜과 유다 산지의 **기럇 아르바** 곧
수 21:11 아르바의 성읍 유다 산지 **기럇 아르바**
삿 1:10 헤브론의 본 이름은 **기럇 아르바**였더라
느 11:25 **기럇 아르바**와 그 주변 동네들과 디본

기럇여아림(Kiriath-Jearim) 기브온 거민의 땅
수 9:17 그비라와 브에롯과 **기럇여아림**
수 18:14 기럇 바알 곧 **기럇여아림**에 이르러 끝이
삼상 6:21 전령들을 **기럇여아림** 주민에게 보내어
삼상 7:1 **기럇여아림** 사람들이 와서 여호와의
삼상 7:2 궤가 **기럇여아림**에 들어간 날부터 이십
렘 26:20 곧 **기럇여아림** 스마야의 아들 우리야

기럇후솟(Kiriath-Huzoth) 모압의 성읍
민 22:39 발람이 발락과 동행하여 **기럇후솟**에

기력(氣力, strength, vigor)
창 49:3 내 능력이요 내 **기력**의 시작이라 위풍

【 기록/-하다/-되다 】

출 18:18 함께 한 이 백성이 필경 **기력**이 쇠하리
민 11:6 이제는 우리의 **기력**이 다하여 이 만나
신 21:17 두 몫을 줄 것이니 그는 자기의 **기력**의
신 34:7 눈이 흐리지 아니하였고 **기력**이 쇠하지
삿 19:5 떡을 조금 먹고 그대의 **기력**을 돋운 후
삿 19:8 청하노니 그대의 **기력**을 돋우고 해가
삼상 28:20 또 그의 **기력**이 다하였으니 이는 그가
삼상 28:22 잡수시고 길 가실 때에 **기력**을 얻으소서
삼상 30:4 그와 함께 한 백성이 울 **기력**이 없도록
욥 6:11 내가 무슨 **기력**이 있기에 기다리겠느냐
욥 6:12 나의 **기력**이 어찌 돌의 **기력**이겠느냐
욥 26:2 **기력** 없는 팔을 참 잘도 구원하여 주는
욥 30:2 그들의 **기력**이 쇠잔하였으니 그들의
시 31:10 내 **기력**이 나의 죄악 때문에 약하여지며
시 38:10 내 심장이 뛰고 내 **기력**이 쇠하여 내
시 78:51 함의 장막에 있는 그들의 **기력**의 처음
시 105:36 또 여호와께서 그들의 **기력**의 시작인
전 10:17 대신들은 취하지 아니하고 **기력**을 보하
렘 51:30 그들의 요새에 머무르나 **기력**이 쇠하여

기록/-하다/-되다(記錄, describe, record, write)

모세오경, 역사서
출 17:14 이것을 책에 **기록하여** 기념하게 하고
출 24:4 여호와의 모든 말씀을 **기록하고** 이른
출 24:12 내가 율법과 계명을 친히 **기록한** 돌판
출 28:29 이스라엘 아들들의 이름을 **기록한** 이
출 32:32 주의 **기록하신** 책에서 내 이름을 지워
출 34:27 너는 이 말들을 **기록하라** 내가 이 말
출 34:28 말씀 곧 십계를 그 판들에 **기록하셨더라**
민 3:40 다 계수하여 그 명수를 **기록하라**
민 33:2 따라 그 진행한 것을 **기록하였으니**
신 27:3 율법의 모든 말씀을 그 위에 **기록하라**
신 27:8 위에 분명하고 정확하게 **기록할지니라**
신 28:58 네가 만일 이 책에 **기록한** 이 율법을
신 29:20 이 책에 **기록된** 모든 저주로 그에게
신 29:27 이 책에 **기록된** 모든 저주대로 재앙을
수 8:32 여호수아가 거기서 모세의 **기록한** 율법을 … 목전에서 그 돌에 **기록하매**
삿 8:14 칠십 칠인을 그를 위하여 **기록한지라**
삼상 10:25 책에 **기록하여** 여호와 앞에 두고 모든
왕상 3:8 수효가 많아서 셀 수도 없고 **기록할** 수
왕상 8:5 그 수가 많아 **기록할** 수도 없고 셀 수

【 기록/-하다/-되다 】　　　　　　　　　　　　　【 기록/-하다/-되다 】

왕하 17:37	여호와가 너희를 위하여 **기록한** 율례와	느 12:22	레위 사람의 족장이 모두 책에 **기록되었**
왕하 22:13	이 책에 우리를 위하여 **기록된** 모든		고 … 때에 제사장도 책에 **기록되었고**
왕하 23:3	책에 **기록된** 이 언약의 말씀을 이루게	에 9:20	이 일을 **기록하고** 아하수에로왕의
왕하 23:24	전에서 발견한 책에 **기록된** 율법 말씀을	에 9:27	해마다 그 **기록한** 정기에 이 두 날을
대상 4:22	야수비네헴이니 이는 다 옛 **기록**에 의지	에 9:32	하였고 그 일이 책에 **기록되었더라**
대상 6:65	이 위에 **기록한** 여러 성을 제비 뽑아	시가서, 선지서	
대상 23:14	아들들은 레위 지파 중에 **기록되었으니**	욥 13:26	대적하사 괴로운 일들을 **기록하시며**
대상 23:24	이름이 **기록되고** 여호와의 전에서 섬기	욥 19:23	나의 말이 곧 **기록되었으면**, 책에 씌어
대상 24:6	그 이름을 **기록하여** 엘르아살의 자손	욥 31:35	내 대적의 **기록한** 소송장이 내게 있었
대상 24:30	다 그 족속대로 **기록한** 레위 자손이라	시 40:7	나를 가리켜 **기록한** 것이 두루마리 책에
대상 29:30	세상 열국의 지난 시사가 다 **기록되니라**	시 56:8	이것이 주의 책에 **기록되지** 아니하였
대하 5:6	그 수가 많아 **기록할** 수도 없고 셀 수도	시 69:28	도말하사 의인과 함께 **기록되게** 마소서
대하 9:29	여로보암에게 대하여 쓴 책에 **기록되지**	시 102:18	일이 장래 세대를 위하여 **기록되리니**
대하 28:15	이 위에 이름이 **기록된** 자들이 일어나서	시 139:16	하나도 되기 전에 주의 책에 다 **기록이**
대하 30:5	유월절을 지키라 하니 이는 **기록한** 규례	시 149:9	**기록한** 판단대로 저희에게 시행할찌
대하 30:18	유월절 양을 먹어 **기록한** 규례에 어긴	잠 22:20	모략과 지식의 아름다운 것을 **기록하여**
대하 34:21	이 책에 **기록된** 모든 것을 준행치 아니	전 12:10	아름다운 말을 구하였나니 **기록한** 것은
대하 34:24	왕 앞에서 읽은 책에 **기록된** 모든 저주	사 10:1	법령을 발포하며 불의한 말을 **기록하며**
대하 34:31	이 책에 **기록된** 언약의 말씀을 이루리라	사 38:9	그 병이 나을 때에 **기록한** 글이 이러
대하 35:25	그 가사는 애가 중에 **기록되었더라**	사 65:6	내 앞에 **기록되었으니** 내가 잠잠치
스 3:4	**기록된** 규례대로 초막절을 지켜 번제를	렘 22:30	그 평생에 형통치 못할 자라 **기록하라**
스 8:20	그 이름이 다 **기록되었느니라**	렘 25:13	이 책에 **기록한** 나의 모든 말을 그 땅
스 8:34	그 중수를 당장에 책에 **기록하였느니라**	렘 30:2	네게 이른 모든 말을 책에 **기록하라**
느 7:5	자의 보계를 얻었는데 거기 **기록한** 것을	렘 31:33	그 마음에 **기록하여** 나는 그들의 하나님
느 9:38	견고한 언약을 세워 **기록하고** 우리의	렘 32:44	증서를 **기록하여** 인봉하고 증인을 세우

'기록'과 관련된 성구

갓의 글에 기록 – 대상 29:29
경에 기록 – 약 2:8
구전대로 (두루마리) 책에 기록 – 렘 36:4, 6, 17, 18, 27, 32; 45:1; 51:60
궁중 일기에 기록 – 에 2:23
금강석 끝 철필로 기록 – 렘 17:1
기념책에 기록 – 말 3:16
기록되었으되 – 삼하 1:18; 마 4:4, 7, 10; 롬 12:19; 14:11
기록된 대로 – 마 26:24; 막 14:21; 계 20:12
기록된 바 – 마 2:5; 11:10; 21:13; 26:31; 막 11:17; 14:27; 눅 7:27; 19:46; 20:17; 22:37; 요 6:31; 12:15; 행 7:42; 15:15; 롬 1:17; 3:4, 10; 4:17; 8:36; 9:13, 33; 10:15; 11:8, 26; 15:3, 9, 21; 고전 1:19, 31; 2:9; 3:19; 10:7; 15:45; 고후 4:13;

9:9; 갈 3:10, 13; 4:22, 27
기록된 바와 같이 – 막 9:13; 롬 2:24
기록원 – 출 5:6, 10, 14, 15
기록하기를 – 느 13:1; 에 6:2; 막 9:12; 눅 4:4, 8
기록하였으되 – 스 6:2; 마 4:6; 막 7:6; 눅 4:10; 행 1:20; 23:5; 벧전 1:16; 2:6
기록한 말씀 – 행 13:29; 고전 4:6
기록한 바 – 느 8:15
다윗 왕의 역대지략에 기록 – 대상 27:24
메대와 바사 열왕의 일기에 기록 – 에 10:2
모세의 율법(책)에 기록 – 왕상 2:3; 왕하 14:6; 대하 23:18; 35:12; 스 3:2; 6:18; 단 9:13
바사와 메대의 법률 중에 기록 – 에 1:19
생명책에 기록 – 계 20:15; 21:27
서판에 기록 – 사 30:8
손/친수(으)로 기록 – 신 9:10; 사 44:5

【 기록/-하다/-되다 】　　　　　　　　　　　　　　　　　　【 기록/-하다/-되다 】

렘 36:2	네게 이른 모든 말을 그것에 **기록하라**	요 6:45	가르치심을 받으리라 **기록되었은즉**
렘 36:28	첫 두루마리의 모든 말을 **기록하고**	요 8:17	두 사람의 증거가 참되다 **기록하였으니**
렘 36:29	이 두루마리에 **기록하였느뇨** 하도다	요 12:16	이것이 예수께 대하여 **기록된** 것임과
겔 2:10	애곡과 재앙의 말이 **기록되었더라**	요 19:19	예수 유대인의 왕이라 **기록되었더라**
겔 13:9	이스라엘 족속의 호적에도 **기록되지**	요 20:30	제자들 앞에서 이책에 **기록되지** 아니
겔 24:2	인자야 너는 날짜 곧 오늘날을 **기록하라**	요 20:31	오직 이것을 **기록함은** 너희로 예수께
단 5:24	나와서 이 글을 **기록하였나이다**	요 21:24	이 일을 증거하고 이 일을 **기록한** 제자
단 5:25	**기록한** 글자는 이것이니 곧 메네 메네	요 21:25	만일 낱낱이 **기록된다면** 이 세상이라
단 7:1	뇌속으로 이상을 받고 그 꿈을 **기록하며**		도 이 **기록된** 책을 두기에 부족할줄
단 9:11	하나님의 종 모세의 율법 가운데 **기록된**	행 1:2	승천하신 날까지의 일을 **기록하였노라**
단 12:1	그 때에 네 백성 중 무릇 책에 **기록된**	행 13:33	시편 둘째 편에 **기록한** 바와 같이 너는
호 8:12	내 율법을 만가지로 **기록하였으나** 저희	행 24:14	율법과 및 선지자들의 글에 **기록된** 것을
합 2:2	너는 이 묵시를 **기록하여** 판에 명백히	서신서, 예언서	
슥 14:20	방울에까지 여호와께 성결이라 **기록될**	롬 4:23	의로 여기셨다 **기록된** 것은 아브라함
복음서, 역사서		롬 10:5	모세가 **기록하되** 율법으로 말미암는
막 1:3	그의 첩경을 평탄케 하라 **기록된** 것과	롬 15:4	무엇이든지 전에 **기록한** 바는 우리의
막 10:5	인하여 이 명령을 **기록하였거니와**		교훈을 위하여 **기록된** 것이니 우리로
눅 4:17	책을 펴서 이렇게 **기록한** 데를 찾으시니	고전 9:9	소에게 망을 씌우지 말라 **기록하였으니**
눅 10:20	이름이 하늘에 **기록된** 것으로 기뻐하라	고전 9:10	우리를 위하여 **기록된** 것이니 밭 가는
눅 10:26	율법에 무엇이라 **기록되었으며** 네가	고전 10:11	만난 우리의 경계로 **기록하였느니라**
눅 18:31	선지자들로 **기록된** 모든 것이 인자에게	고전 15:54	이김의 삼킨바 되리라고 **기록된** 말씀
눅 21:22	이 날들은 **기록된** 모든 것을 이루는	고후 8:15	**기록한** 것같이 많이 거둔 자도 남지
눅 24:44	시편에 나를 가리켜 **기록된** 모든 것이	엡 3:3	알게 하신 것은 내가 이미 대강 **기록함**
눅 24:47	족속에게 전파될 것이 **기록되었으니**	히 8:10	두고 저희 마음에 이것을 **기록하리라**
요 5:46	그가 내게 대하여 **기록하였음이라**	히 10:7	두루마리 책에 나를 가리켜 **기록한** 것

성경에 나오는 '기록'

- 솔로몬의 행장에 기록 – 왕상 11:41
- 야살의 책에 기록 – 수 10:13
- 언약책에 기록 – 왕하 23:21
- 여호와의 율법에 기록 – 대상 16:40; 대하 31:3; 35:26
- 역대지략에 기록 – 느 12:23
- 열왕기(주석)에 기록 – 대하 24:27; 27:7; 35:27; 36:8
- 예후의 글에 기록 – 대하 20:34
- 유다 왕 역대지략에 기록 – 왕상 14:29; 15:7, 23; 22:45; 왕하 8:23; 12:19; 14:18; 15:6, 36; 16:19; 20:20; 21:17, 25; 23:28; 24:5
- 율법에 기록 – 느 10:34, 36; 요 10:34; 15:25; 고전 14:21
- 율법 책에 기록 – 신 28:61; 29:21; 30:9-10; 수 1:8; 8:31, 34; 23:6; 24:26; 대하 25:4;

- 갈 3:10
- 이스라엘 열왕기(행장)에 기록 – 대상 9:1; 대하 16:11; 25:26; 28:26; 32:32; 33:18
- 이스라엘 왕 역대지략에 기록 – 왕상 14:19; 15:15; 16:5, 14, 20, 27; 22:39; 왕하 1:18; 10:34; 13:8, 12; 14:15, 28; 15:11, 15, 21, 26, 31
- 잇도의 주석 책에 기록 – 대하 13:22
- 족보에 기록 – 대상 5:1, 17; 대하 12:15; 31:16, 17, 18, 19; 스 8:3
- 진리의 글에 기록 – 단 10:21
- 집 문설주와 바깥 문에 기록 – 신 6:9; 11:20
- 하늘에 기록 – 히 12:23
- 호새의 사기에 기록 – 대하 33:19
- 흙에 기록 – 렘 17:13
- 히브리와 로마와 헬라 말로 기록 – 요 19:20

【 기론 】　　　　　　　　　　　　　　　　　　　【 기름 】

히 10:16	마음에 두고 저희 생각에 **기록하리라**
유 1:4	옛적부터 이 판결을 받기로 미리 **기록된**
계 1:3	듣는 자들과 그 가운데 **기록한** 것을
계 1:19	이제 있는 일과 장차 될 일을 **기록하라**
계 2:17	그 돌 위에 새 이름을 **기록한** 것이 있
계 3:12	나의 새 이름을 그이 위에 **기록하리라**
계 10:4	내가 **기록하려고** 하다가 … 일곱 우뢰 가 발한 것을 인봉하고 **기록하지** 말라
계 14:13	하늘에서 음성이 나서 가로되 **기록하라**
계 17:5	그 이마에 이름이 **기록되었으니** 비밀
계 19:9	내게 말하기를 **기록하라** 어린 양의 혼인
계 21:5	이 말은 신실하고 참되니 **기록하라**
계 21:27	오직 어린 양의 생명책에 **기록된** 자들
계 22:18	이 책에 **기록된** 재앙들을 그에게 더하실
계 22:19	하나님이 이 책에 **기록된** 생명 나무와

기론(Kilion)　나오미와 엘리멜렉의 둘째 아들

룻 1:2	그의 두 아들의 이름은 말론과 **기론**이니
룻 1:5	말론과 **기론** 두 사람이 다 죽고 그 여인
룻 4:9	내가 엘리멜렉과 **기론**과 말론에게 있던

기르(Kir)　아람 사람의 거주지

왕하 16:9	그 백성을 사로잡아 **기르**로 옮기고 또
사 15:1	하룻밤에 모압 **기르**가 망하여 황폐하
사 22:6	마병이 함께 하였고 **기르** 사람은 방패를
암 1:5	아람 백성이 사로잡혀 **기르**에 이르리라
암 9:7	아람 사람을 **기르**에서 올라오게 하지

기르가스(Girgashite)　가나안의 자손

창 10:16	아모리 족속과 **기르가스** 족속과
창 15:21	가나안 족속과 **기르가스** 족속과 여부스
신 7:1	헷 족속과 **기르가스** 족속과 아모리 족속
수 3:10	브리스 족속과 **기르가스** 족속과 아모리
수 24:11	가나안 족속과 헷 족속과 **기르가스** 족속
대상 1:14	종족과 아모리 종족과 **기르가스** 종족
느 9:8	여부스 족속과 **기르가스** 족속의 땅을

기르다(feed, care for, shepherd)

1. 동식물을 보살피다
(feed, keep, nourish, tend)

삼하 12:3	자기가 사서 **기르는** 작은 암양 새끼
에 8:10	왕궁에서 **길러서** 왕의 일에 쓰는 준마
욥 24:2	경계표를 옮기며 양 떼를 빼앗아 **기르며**
시 74:1	어찌하여 주께서 **기르시는** 양을 향하여
시 100:3	그의 백성이요 그의 **기르시는** 양이로다
전 2:6	나를 위하여 수목을 **기르는** 삼림에 물을
사 7:21	사람이 한 어린 암소와 두 양을 **기르리니**
겔 19:2	젊은 사자 중에서 그 새끼를 **기르는데**
겔 31:4	물들이 그것을 **기르며** 깊은 물이 그것을
눅 12:24	하나님이 **기르시나니** 너희는 새보다
고전 9:7	누가 양 떼를 **기르고** 그 양 떼의 젖을

2. 사람을 보살펴 키우다
(care for, rear, shepherd, sustain)

창 48:15	출생으로부터 지금까지 나를 **기르신**
창 50:21	당신들과 당신들의 자녀를 **기르리이다**
삿 13:12	이 아이를 어떻게 **기르며** 우리가 그에게
느 9:21	사십 년 동안 들에서 **기르시되** 부족함이
욥 31:18	내가 젊었을 때부터 고아 **기르기**를 그와
시 78:71	그의 소유인 이스라엘을 **기르게** 하셨
시 95:7	우리는 그가 **기르시는** 백성이며 그의
렘 23:2	여호와께서 내 백성을 **기르는** 목자에게
렘 23:4	내가 그들을 **기르는** 목자들을 그들 위에
애 2:22	내가 낳아 **기르는** 아이들을 내 원수가
단 1:5	날마다 쓸 것을 주어 삼 년을 **기르게**
호 9:2	타작 마당이나 술틀이 그들을 **기르지**
마 6:26	너희 하늘 아버지께서 **기르시나니** 너희
행 7:21	딸이 그를 데려다가 자기 아들로 **기르매**
살전 2:7	유모가 자기 자녀를 **기름**과 같이 하였

3. 육체나 정신을 단련하다
(shepherd, strengthen)

왕상 20:22	왕은 가서 힘을 **기르고** 왕께서 행할
시 78:72	자기 마음의 완전함으로 **기르고** 그의
유 1:12	자기 몸만 **기르는** 목자요 바람에 불려

4. 기타(feast)

| 사 58:14 | 야곱의 기업으로 **기르리라** 여호와의 |

기르스 사람(Girzite)　술과 애굽 땅 사이에 살 던 종족

| 삼상 27:8 | 올라가서 그술 사람과 **기르스 사람**과 |

기름(oil)

모세오경

창 4:4	양의 첫 새끼와 그 **기름**으로 드렸더니
출 23:18	내 절기 제물의 **기름**을 아침까지 남겨
출 29:22	두 콩팥과 그것들 위의 **기름**과 오른쪽

【 기름 】

출 35:28	관유와 분향할 향에 소용되는 **기름**과
레 1:8	제사장들은 그 뜬 각과 머리와 **기름**을
레 1:12	그것의 머리와 그것의 **기름**을 베어낼
레 2:2	제사장은 그 고운 가루 한 움큼과 **기름**과
레 2:5	고운 가루에 누룩을 넣지 말고 **기름**을
레 2:7	소제를 드리려거든 고운 가루와 **기름**을
레 3:9	여호와께 화제를 드릴지니 그 **기름** 곧
레 3:16	향기로운 냄새라 모든 **기름**은 여호와
레 6:21	그것을 **기름**으로 반죽하여 철판에 굽고 **기름**에 적셔 썰어서 소제로 여호와
레 7:3	그 **기름**을 모두 드리되 곧 그 기름진
레 7:30	곧 그 제물의 **기름**과 가슴을 가져올 것
레 7:31	그 **기름**은 제단 위에서 불사를 것이며
레 7:33	화목제물의 피와 **기름**을 드리는 자는
레 8:26	**기름** 섞은 떡 한 개와 … 그 **기름** 위에
레 10:15	흔든 가슴을 화제물의 **기름**과 함께 가져
레 14:10	**기름** 섞은 소제물과 **기름** 한 록을 취할
레 14:12	숫양 한 마리를 가져다가 **기름** 한 록과
레 14:15	제사장은 또 그 한 록의 **기름**을 취하여
레 14:16	오른쪽 손가락으로 왼쪽 손의 **기름**을
레 14:17	손에 남은 **기름**은 제사장이 정결함을
레 14:21	바에 **기름** 섞은 것과 **기름** 한 록을 취
레 14:24	제사장은 속건제의 어린 양과 **기름** 한
레 14:26	제사장은 그 **기름**을 자기 왼쪽 손바닥
레 14:27	오른쪽 손가락으로 왼쪽 손의 **기름**을
레 14:28	그 손의 **기름**은 제사장이 정결함을 받을
레 14:29	손에 남은 **기름**은 제사장이 그 정결함
민 15:4	고운 가루 십분의 일에 **기름** 사분의 일
민 15:6	소제로 고운 가루 십분의 이에 **기름**
민 15:9	고운 가루 십분의 삼 에바에 **기름** 반 힌
민 18:12	첫 소산 곧 제일 좋은 **기름**과 제일 좋은
신 7:13	토지 소산과 곡식과 포도주와 **기름**을
신 11:14	너희가 곡식과 포도주와 **기름**을 얻을
신 18:4	네가 처음 거둔 곡식과 포도주와 **기름**과
신 28:51	또 곡식이나 포도주나 **기름**이나 소의
신 32:13	반석에서 꿀을, 굳은 반석에서 **기름**을
신 33:24	기쁨이 되며 그의 발이 **기름**에 잠길지

역사서

삿 3:22	빼내지 아니하였으므로 **기름**이 칼날에
삿 9:9	내게 있는 나의 **기름**은 하나님과 사람을

'기름'과 관련된 성구

감람 기름 – 출 30:24
감람으로 짠 순수한 기름 – 출 27:20
감람을 찧어낸 순결한 기름 – 레 24:2
고운 가루에 기름 섞어 (구운) 과자 – 레 7:12; 민 6:15
고운 가루에 기름을 섞어 만든 무교병 – 레 2:4
금 기름 – 슥 4:12
기름 그릇 – 민 4:9; 슥 4:2, 3
기름 담은 뿔 – 왕상 1:39
기름 바른 과자 – 출 29:23
기름 바른 무교전병 – 출 29:2; 레 2:4; 7:12; 민 6:15
기름병 – 삼상 10:1; 왕하 9:1, 3; 욥 41:31
기름 부으신 거룩한 종 예수 – 행 4:27
기름 부은/으신 자/이 – 삼하 19:21; 대상 16:22; 시 84:9; 105:15; 애 4:20; 고후 1:21
기름 부음 받은 자 – 삼상 2:10, 35; 12:3, 5; 24:6, 10; 26:9, 11, 23; 삼하 1:14, 16; 22:51; 23:1; 대하 6:42; 시 2:2; 18:50; 20:6; 28:8; 89:38, 51; 132:10, 17; 단 9:25, 26; 합 3:13; 슥 4:14
기름 부음을 받다 – 출 29:29; 레 6:20, 22; 16:32; 민 3:3; 18:8; 삼상 26:16; 삼하 1:21; 3:39; 왕상 5:1; 대상 14:8; 사 45:1; 겔 28:14; 단 9:24; 요일 2:20, 27
기름 부음을 받은 제사장 – 레 4:3, 5, 16; 민 35:25
기름 뿔병 – 삼상 16:13
기름 섞은 고운 가루 – 레 23:13; 민 8:8
기름 섞은 과자 맛 – 민 11:8
기름 섞은 무교병 – 출 29:2; 레 7:12
기름 섞은 소제 – 민 28:9, 12, 13
기름 섞은 소제물 – 레 7:10; 9:4; 14:10
기름을 떼어내다 – 레 3:4, 10, 15; 4:8, 9, 31; 7:4; 8:25
기름을 먹다 – 레 7:25; 신 32:38; 겔 16:13; 34:3; 39:19
기름을 먹지 말다 – 레 3:17; 7:23, 24
기름을 바르다 – 출 30:30; 레 14:18; 민

【 기름 】

삼상 16:1 너는 뿔에 **기름**을 채워 가지고 가라
왕상 8:64 소제와 감사제물의 **기름**을 드렸으니
　　　　 … 소제물과 화목제의 **기름**을 다 용납
왕상 17:12 가루 한 움큼과 병에 **기름** 조금 뿐이라
왕상 17:14 그 병의 **기름**이 없어지지 아니하리라
왕상 17:16 가루가 떨어지지 아니하고 병의 **기름**이
왕하 4:2 　그가 이르되 계집종의 집에 **기름** 한
왕하 4:6 　다른 그릇이 없나이다 하니 **기름**이 곧
왕하 4:7 　너는 가서 **기름**을 팔아 빚을 갚고 남은
왕하 18:32 **기름** 나는 감람과 꿀이 있는 지방이라
대상 9:29 　고운 가루와 포도주와 **기름**과 유향과
대상 12:40 건포도와 포도주와 **기름**이요 소와 양도
대상 27:28 뽕나무를 맡았고 요아스는 **기름** 곳간을
대하 2:10 포도주 이만 밧과 **기름** 이만 밧을 주리
대하 2:15 내 주께서 말씀하신 밀과 보리와 **기름**과
대하 7:7 　번제물과 화목제의 **기름**을 드렸으니
　　　　 … 소제물과 **기름**을 용납할 수 없음이
대하 11:11 그 가운데에 두고 양식과 **기름**과 포도주
대하 29:35 번제와 화목제의 **기름**과 각 번제에 속한
대하 31:5 곡식과 포도주와 **기름**과 꿀과 밭의 모든

【 기름 】

대하 32:28 곡식과 새 포도주와 **기름**의 산물을 위하
대하 35:14 제사장들이 번제와 **기름**을 저녁까지
스 3:7　 먹을 것과 마실 것과 **기름**을 주고 바사
스 6:9　 밀과 소금과 포도주와 **기름**을 예루살렘
스 7:22　포도주는 백 밧까지, **기름**도 백 밧까지
느 5:11　새 포도주나 **기름**의 백분의 일을 돌려
느 10:37 열매와 새 포도주와 **기름**을 제사장들
느 10:39 곡식과 새 포도주와 **기름**을 가져다가
느 13:5　곡물과 새 포도주와 **기름**과 또 제사장

시가서, 대선지서

욥 15:27 얼굴에는 살이 찌고 허리에는 **기름**이
욥 24:11 사람들의 담 사이에서 **기름**을 짜며 목
욥 29:6 　바위가 나를 위하여 **기름** 시내를 쏟아
시 17:10 그들의 마음은 **기름**에 잠겼으며 그들의
시 55:21 그의 입은 우유 **기름**보다 미끄러우나
　　　　 … 그의 말은 **기름**보다 유하나 실상은
시 65:11 관 씌우시니 주의 길에는 **기름** 방울이
시 104:15 사람의 얼굴을 윤택하게 하는 **기름**과
시 109:18 그의 몸 속으로 들어가며 **기름**같이
시 119:70 그들의 마음은 살져서 **기름** 덩이 같으나

'기름'과 관련된 성구

7:1, 10, 84, 88; 신 28:40; 룻 3:3; 삼하 12:20; 대하 28:15; 욥 29:4; 사 21:5; 겔 16:9; 암 6:6; 마 6:17; 막 6:13; 약 5:14

기름을 바르지 말다/않다/못하다 – 삼하 14:2; 단 10:3; 미 6:15

기름을 불사르다/태우다 – 출 29:13; 레 2:16; 4:19, 26, 35; 6:12, 15; 8:16, 20; 9:20, 24; 17:6; 민 18:17; 삼상 2:15, 16

기름을 붓다 – 창 28:18; 31:13; 35:14; 출 28:41; 29:36; 40:13, 15; 레 2:1, 6, 15; 7:36; 삿 9:8, 15; 삼상 9:16; 10:1; 15:1, 17; 16:3, 6, 12; 삼하 2:4, 7; 5:3, 17; 12:7; 19:10; 왕상 1:34, 39, 45; 19:15, 16; 왕하 4:4; 9:3, 6, 12; 11:12; 23:30; 대상 11:3; 29:22; 대하 22:7; 23:11; 시 23:5; 45:7; 89:20; 92:10; 사 61:1; 눅 4:18; 히 1:9

기름을 붓지 말다 – 레 5:11; 민 5:15

기름의 십일조 – 신 12:17; 14:23; 느 13:12

기름지다 – 창 18:7; 27:28, 39; 신 32:15; 대상 4:40; 사 10:27; 30:23; 단 11:24

기름진 것 – 창 45:18; 49:20; 삼상 15:9; 욥 36:16; 시 63:5; 사 25:6; 55:2

기름진 골짜기 꼭대기 – 사 28:1, 4

기름진 꼬리 – 출 29:22; 레 3:9; 7:3; 8:25; 9:19

기름진 땅 – 느 9:25, 35; 렘 2:7

기름진 밀 – 시 81:16

기름진 밭 – 사 10:18; 16:10; 29:17

기름진 산 – 사 5:1

내장에 덮인 (모든) 기름 – 출 29:13, 22; 레 3:3, 9, 14; 4:8; 7:3; 8:16, 25

내장에 붙은 모든 기름 – 레 3:3, 9, 14; 4:8

맑은 기름 – 왕상 5:11

몰약 기름 – 에 2:12

보배로운 기름 – 왕하 20:13; 시 133:2; 사 39:2

빻아 낸 기름 – 민 28:5

소제로는 고운 가루에 기름을 섞어서 – 민 28:20, 28; 29:3, 9, 14

【 기름 】   【 기물 】

시 141:5	머리의 **기름**같이 여겨서 내 머리가	욜 2:19	너희에게 곡식과 새 포도주와 **기름**을
잠 5:3	꿀을 떨어뜨리며 그의 입은 **기름**보다	욜 2:24	독에는 새 포도주와 **기름**이 넘치리로다
잠 21:17	술과 **기름**을 좋아하는 자는 부하게 되지	미 6:7	숫양이나 만만의 강물 같은 **기름**을 기뻐
잠 21:20	귀한 보배와 **기름**이 있으나 미련한 자는	학 1:11	땅과 산과 곡물과 새 포도주와 **기름**과
잠 27:9	**기름**과 향이 사람의 마음을 즐겁게	학 2:12	떡에나 국에나 포도주에나 **기름**에나
잠 27:16	오른손으로 **기름**을 움키는 것 같으니	마 25:3	미련한 자들은 등을 가지되 **기름**을 가지
전 7:1	좋은 이름이 좋은 **기름**보다 낫고 죽는	마 25:4	슬기 있는 자들은 그릇에 **기름**을 담아
아 1:3	네 **기름**이 향기로워 아름답고 네 이름	마 25:8	우리 등불이 꺼져가니 너희 **기름**을 좀
아 1:12	침상에 앉았을 때에 나의 나도 **기름**이	눅 10:34	가까이 가서 **기름**과 포도주를 그 상처
아 4:10	네 **기름**의 향기는 각양 향품보다 향기	눅 16:6	**기름** 백 말이니이다 이르되 여기 네 증서
사 1:6	그것을 짜며 싸매며 **기름**으로 부드럽게	행 10:38	예수에게 성령과 능력을 **기름** 붓듯 하셨
사 1:11	짐승의 **기름**에 배불렀고 나는 수송아지		
사 34:6	**기름** 곧 숫양의 콩팥 **기름**으로 윤택하니	**기리다**(praiseworthy)	
사 34:7	땅이 피에 취하며 흙이 **기름**으로 윤택	시 111:2	즐거워하는 자들이 다 **기리는도다**
사 43:24	희생의 **기름**으로 나를 흡족하게 하지	빌 4:8	무슨 덕이 있든지 무슨 **기림**이 있든지
사 57:9	네가 **기름**을 가지고 몰렉에게 나아가되		
사 61:3	그 재를 대신하며 기쁨의 **기름**으로 그	**기마병**(騎馬兵, rider, horseman)	
렘 31:12	곧 곡식과 새 포도주와 **기름**과 어린 양	렘 51:21	네가 말과 **기마병**을 분쇄하며 네가
렘 31:14	내가 **기름**으로 제사장들의 마음을 흡족	겔 38:4	네 아가리를 꿰고 너와 말과 **기마병**
렘 40:10	너희는 포도주와 여름 과일과 **기름**을		
렘 41:8	우리가 밀과 보리와 **기름**과 꿀을 밭에	**기만**(欺瞞, deceit)	
겔 16:18	옷을 그 우상에게 입히고 나의 **기름**과	벧전 2:1	그러므로 모든 악독과 모든 **기만**과 외식
겔 16:19	고운 밀가루와 **기름**과 꿀을 네가 그 앞		
겔 23:41	상을 차리고 내 향과 **기름**을 그 위에	**기명**(器皿, article, vessel-KJV)	
겔 27:17	민닛 밀과 과자와 꿀과 **기름**과 유향을	왕하 14:14	금 은과 모든 **기명**을 탈취하고 또 사람
겔 32:14	그 물을 맑게 하여 그 강이 **기름**같이		
겔 44:7	내 떡과 **기름**과 피를 드릴 때에 그들로	**기명하다/기명되다**(記名, name)	
겔 44:15	내 앞에 서서 **기름**과 피를 내게 드릴지	민 11:26	그 **기명된** 자 중 엘닷이라 하는 자와
겔 45:14	**기름**은 정한 규례대로 한 고르에서 십	수 21:9	이 아래에 **기명한** 성읍들을 주었는데
	분의 일 밧이니 드릴지니 **기름**의 밧으로		
겔 45:24	밀가루 한 에바에는 **기름** 한 힌 씩이며	**기묘자**(奇妙者, wonderful)	
겔 45:25	속죄제와 번제며 그 밀가루와 **기름**을	삿 13:18	내 이름을 묻느냐 내 이름은 **기묘자**라
겔 46:5	밀가루 한 에바에는 **기름** 한 힌 씩이니	사 9:6	그의 이름은 **기묘자**라, 모사라, 전능하
겔 46:7	밀가루 한 에바에는 **기름** 한 힌씩이며		
겔 46:11	밀가루 한 에바에는 **기름** 한 힌씩이며	**기묘하다**(奇妙, wonderful)	
겔 46:14	밀가루 육분의 일 에바와 **기름** 삼분의	대하 2:14	모든 **기묘한** 양식에 능한 자이니 그에게
겔 46:15	그 어린 양과 밀가루와 **기름**을 준비하여	시 139:14	나를 지으심이 심히 **기묘하심**이라 주께
소선지서, 신약		사 23:16	성읍에 두루 다니며 **기묘한** 곡조로 많은
호 2:5	내 물과 내 양털과 내 삼과 내 **기름**과	사 28:29	그의 경영은 **기묘하며** 지혜는 광대하니
호 2:8	곡식과 새 포도주와 **기름**은 내가 그에게		
호 2:22	땅은 곡식과 포도주와 **기름**에 응답하고	**기물**(器物, utensil, sacred articles)	
호 12:1	앗수르와 계약을 맺고 **기름**을 애굽에	민 7:1	모든 **기물**에 기름을 발라 거룩히 구별하
욜 1:10	떨어지며 새 포도주가 말랐고 **기름**이	왕상 10:21	은 **기물**이 없으니 솔로몬의 시대에

【 기별/-하다 】　　　　　　　　　　　　　　　【 기뻐하다 】

대상 22:19　하나님 성전의 **기물**을 가져다가 여호와

기별/-하다 (奇別, report-KJV)
삼하 11:6　요압에게 **기별하여** 헷 사람 우리아를
잠 15:30　마음을 기쁘게 하고 좋은 **기별**은 뼈를
잠 25:25　좋은 **기별**은 목마른 사람에게 냉수와
잠 26:6　미련한 자 편에 **기별하는** 것은 자기의

기병 (騎兵, horseman)
창 50:9　병거와 **기병**이 요셉을 따라 올라가니
출 14:28　물이 다시 흘러 병거들과 **기병**들을 덮되
삼하 1:6　사울이 자기 창에 기대고 병거와 **기병**은
왕상 1:5　병거와 **기병**과 호위병 오십 명을 준
왕하 18:24　애굽을 의뢰하고 그 병거와 **기병**을
대상 18:4　병거 천 대와 **기병** 칠천 명과 보병 이만
사 36:9　어찌 애굽을 믿고 병거와 **기병**을 얻으려
렘 4:29　**기병**과 활 쏘는 자의 함성으로 말미암아
렘 46:4　너희 **기병**이여 말에 안장을 지워 타며
겔 26:7　북쪽에서 말과 병거와 **기병**과 군대와
겔 26:10　성문으로 들어갈 때에 그 **기병**과 수레
겔 39:20　내 상에서 말과 **기병**과 용사와 모든
욜 2:4　모양은 말 같고 그 달리는 것은 **기병**
나 3:3　충돌하는 **기병**, 번쩍이는 칼, 번개 같은
행 23:23　보병 이백 명과 **기병** 칠십 명과 창병
행 23:32　이튿날 **기병**으로 바울을 호송하게 하고

기부앗 (Gibeah) 기브아 2-2와 동일함
수 18:28　예루살렘과 **기부앗**과 기럇이니 열네

기브롯 핫다아와 (Kibroth-hattaavah)
이스라엘 백성이 광야에서 진 쳤던 곳
민 11:34　이름을 **기브롯 핫다아와**라 불렀으니
민 11:35　백성이 **기브롯 핫다아와**에서 행진하여
신 9:22　다베라와 맛사와 **기브롯 핫다아와**에

기브아 1 (Gibea) 갈렙의 손자
대상 2:49　또 막베나와 **기브아**의 아버지 스와를

기브아 2 (Gibeah)
1. 유다 지파 성읍
수 15:57　가인과 **기브아**와 딤나니 열 성읍과 그
2. 베냐민 성읍
삿 19:12　성읍으로 들어갈 것이 아니라 **기브아**로

📖 기브아 2-2 - 기타 본문
삿 19:13, 14, 15, 16; 20:4, 5, 10, 14, 15, 19, 20,
21, 29, 25, 29, 30, 31, 33, 34, 36, 37, 43; 삼상
10:26; 11:4; 13:2, 15; 14:2, 16; 15:34; 22:6;
23:19; 26:1; 삼하 21:6; 사 10:29; 호 5:8; 9:9;
10:9

기브아 사람 (Gibeathite)
삿 20:5　**기브아 사람**들이 나를 치려 일어나서
삿 20:9　이제 **기브아 사람**에게 이렇게 행하리니
삿 20:13　이제 **기브아 사람** 곧 그 불량배들을
삼하 23:29　베냐민 자손에 속한 **기브아 사람** 리배
대상 11:31　**기브아 사람** 리배의 아들 이대와 비라돈
대상 12:3　다음은 요아스이니 **기브아 사람** 스마아
대하 13:2　**기브아 사람** 우리엘의 딸이더라 아비야

기브온 (Gibeon) 베냐민 지파 성읍
수 9:17　성읍들은 **기브온**과 그비라와 브에롯과
수 10:2　이는 **기브온**은 왕도와 같은 큰 성임이요

📖 기브온 - 기타 본문
수 10:4, 5, 10, 12, 41; 18:25; 21:17; 삼하 2:12,
13, 16, 24; 3:30; 20:8; 왕상 3:4, 5; 9:2; 대상
8:29; 9:35; 14:16; 렘 28:1; 41:16

'기브온'과 관련된 성구
기브온 골짜기 – 사 28:21
기브온 못가 – 삼하 2:13
기브온 사람 – 수 10:6; 삼하 21:1, 2, 4,
　　9; 대상 12:4; 느 3:7; 7:25
기브온 산당 – 대상 16:39; 21:29; 대하
　　1:3, 13
기브온 주민 – 수 9:3; 10:1; 11:19
기브온 큰 물가 – 렘 41:12

기뻐하다 (agree, delight, rejoice, willing)
모세오경, 역사서
창 33:10　같사오며 형님도 나를 **기뻐하심이니**
창 45:16　들리매 바로와 그의 신하들이 **기뻐하고**
출 2:21　모세가 그와 동거하기를 **기뻐하매** 그가
출 18:9　사람의 손에서 구원하심을 **기뻐하여**
민 14:8　여호와께서 우리를 **기뻐하시면** 우리

【 기뻐하다 】   【 기뻐하다 】

민 23:27	하나님이 혹시 **기뻐하시리라**
신 7:7	여호와께서 너희를 **기뻐하시고** 너희를
신 10:15	오직 네 조상들을 **기뻐하시고**
신 28:63	너희를 번성하게 하시기를 **기뻐하시** 던 것같이 … **기뻐하시리니** 너희가
신 30:9-10	여호와께서 네 조상들을 **기뻐하신** 것 과 같이 너를 다시 **기뻐하사** 네게 복을
신 33:18	너는 밖으로 나감을 **기뻐하라**
삿 9:19	아비멜렉으로 말미암아 **기뻐할** 것이 요 … 너희로 말미암아 **기뻐하려니와**
삿 18:20	그 제사장이 마음에 **기뻐하여** 에봇과
삿 19:3	여자의 아버지가 그를 보고 **기뻐하니라**
삼상 2:1	구원으로 말미암아 **기뻐함이니이다**
삼상 6:13	궤를 보고 그 본 것을 **기뻐하더니**
삼상 11:9	사람들에게 전하매 그들이 **기뻐하니라**
삼상 12:22	백성으로 삼으신 것을 **기뻐하셨으므로**
삼상 18:22	보라 왕이 너를 **기뻐하시고** 모든 신하도
삼상 19:5	왕이 이를 보고 **기뻐하셨거늘** 어찌 까닭
삼상 25:36	취하여 마음에 **기뻐하므로** 아비가일이
삼하 3:36	온 백성이 보고 **기뻐하며** 왕이 무슨 일을 하든지 무리가 다 **기뻐하므로**
삼하 22:20	인도하시고 나를 **기뻐하시므로** 구원
삼하 24:3	어찌하여 이런 일을 **기뻐하시나이까**
왕상 8:66	베푸신 모든 은혜로 말미암아 **기뻐하며**
왕상 10:9	여호와께서 당신을 **기뻐하사** 이스라엘
왕상 20:6	집을 수색하여 네 눈에 **기뻐하는** 것을
대상 16:31	하늘은 **기뻐하고** 땅은 즐거워하며 모든
대상 17:27	영원히 두시기를 **기뻐하시나이다**
대상 28:4	부친의 아들들 중에서 나를 **기뻐하사**
대상 29:9	자원하여 드렸으므로 **기뻐하였으니**
대상 29:17	마음을 감찰하시고 정직을 **기뻐하시는**
대하 6:41	주의 성도들에게 은혜를 **기뻐하게** 하옵
대하 7:10	베푸신 은혜로 말미암아 **기뻐하며** 마음
대하 9:8	하나님이 당신을 **기뻐하시고** 그 자리에
대하 15:15	온 유다가 이 맹세를 **기뻐한지라** 무리
대하 24:10	방백들과 백성들이 **기뻐하여** 마치기
대하 29:36	히스기야가 백성과 더불어 **기뻐하였더라**
느 1:11	주의 이름을 경외하기를 **기뻐하는** 종
느 8:10	여호와로 인하여 **기뻐하는** 것이 너희
에 2:14	왕이 그를 **기뻐하여** 그의 이름을 부르실
에 5:9	하만이 마음에 **기뻐** 즐거이 나오더니
에 8:15	수산 성이 즐거이 부르며 **기뻐하고**
에 8:17	유다인들이 즐기고 **기뻐하여** 잔치를

시가서

욥 6:9	나를 멸하시기를 **기뻐하사** 하나님이
욥 6:10	고통 가운데서도 **기뻐하는** 것은
욥 20:20	그가 **기뻐하는** 것을 하나도 보존하지
욥 22:19	의인은 보고 **기뻐하고** 죄 없는 자는
욥 22:26	이에 네가 전능자를 **기뻐하여** 하나님
욥 27:10	전능자를 **기뻐하겠느냐** 항상 하나님
욥 31:25	얻은 것이 많음으로 **기뻐하였다면**
욥 31:29	나를 미워하는 자의 멸망을 **기뻐하고**
욥 34:9	사람이 하나님을 **기뻐하나** 무익하다
욥 38:7	하나님의 아들들이 다 **기뻐** 소리를 질렀
욥 39:21	발굽질하고 힘 있음을 **기뻐하며** 앞으로
시 5:4	주는 죄악을 **기뻐하는** 신이 아니시니

"주 안에서 항상 기뻐하라 내가 다시 말하 노니 기뻐하라"(빌 4:4)

시 5:11	주께 피하는 모든 사람은 다 **기뻐하며**
시 9:14	문에서 주의 구원을 **기뻐하리이다**
시 13:4	흔들릴 때에 나의 대적들이 **기뻐할까**
시 13:5	나의 마음은 주의 구원을 **기뻐하리이다**
시 14:7	즐거워하고 이스라엘이 **기뻐하리로다**
시 18:19	인도하시고 나를 **기뻐하시므로** 나를
시 19:5	그의 길을 달리기 **기뻐하는** 장사 같아서
시 21:1	왕이 주의 힘으로 말미암아 **기뻐하며**
시 22:8	의탁하니 구원하실 걸, 그를 **기뻐하시니**
시 34:2	곤고한 자들이 이를 듣고 **기뻐하리로다**
시 35:9	그의 구원을 **기뻐하리로다**
시 35:15	내가 넘어지매 그들이 **기뻐하여** 서로
시 35:27	그의 종의 평안함을 **기뻐하시는** 여호와
시 37:4	또 여호와를 **기뻐하라** 그가 네 마음의
시 37:23	정하시고 그의 길을 **기뻐하시나니**
시 38:16	두렵건대 그들이 나 때문에 **기뻐하며**
시 41:11	주께서 나를 **기뻐하시는** 줄 내가 알았
시 44:3	주께서 그들을 **기뻐하신** 까닭이니이다
시 48:11	시온 산은 **기뻐하고** 유다의 딸들은
시 51:19	번제와 온전한 번제를 **기뻐하시리니**
시 53:6	즐거워하며 이스라엘이 **기뻐하리로다**

【 기뻐하다 】　　　　　　　　　　　　　　　　　　　　　　　　【 기뻐하다 】

시 58:10	악인의 보복 당함을 보고 **기뻐함이여**		사 39:2	사자들로 말미암아 **기뻐하여** 그들에게
시 66:6	거기서 주로 말미암아 **기뻐하였도다**		사 46:10	내가 나의 모든 **기뻐하는** 것을 이루리라
시 68:3	의인은 **기뻐하여** 하나님 앞에서 뛰놀며		사 49:13	하늘이여 노래하라 땅이여 **기뻐하라**
시 69:32	곤고한 자가 이를 보고 **기뻐하나니**		사 51:3	가운데에 **기뻐함**과 즐거워함과 감사함
시 85:6	살리사 주의 백성이 주를 **기뻐하도록**		사 53:10	그의 손으로 여호와께서 **기뻐하시는**
시 89:16	그들은 종일 주의 이름 때문에 **기뻐하며**		사 56:4	나의 안식일을 지키며 내가 **기뻐하는**
시 96:11	하늘은 **기뻐하고** 땅은 즐거워하며 바다		사 62:4	이는 여호와께서 너를 **기뻐하실** 것이며
시 97:1	즐거워하며 허다한 섬은 **기뻐할지어다**		사 62:5	너를 취하겠고 신랑이 신부를 **기뻐함**
시 97:8	시온이 주의 심판을 듣고 **기뻐하며**			같이 네 하나님이 너를 **기뻐하시리라**
시 97:12	너희는 여호와로 말미암아 **기뻐하며**		사 65:13	나의 종들은 **기뻐할** 것이로되 너희는
시 105:38	그들이 떠날 때에 애굽이 **기뻐하였으니**		사 65:19	나의 백성을 **기뻐하리니** 우는 소리와
시 107:30	그들이 평온함으로 말미암아 **기뻐하는**		사 66:3	그들의 마음은 가증한 것을 **기뻐한즉**
시 107:42	정직한 자는 보고 **기뻐하며** 모든 사악한		사 66:14	이를 보고 마음이 **기뻐서** 너희 뼈가
시 108:7	성소에서 말씀하시되 내가 **기뻐하리라**		렘 9:24	나는 이 일을 **기뻐하노라** 여호와의
시 119:74	경외하는 자들이 나를 보고 **기뻐하는**		렘 11:15	있겠느냐 그 때에 네가 **기뻐하겠느냐**
시 122:1	올라가자 할 때에 내가 **기뻐하였도다**		렘 41:13	모든 군 지휘관을 보고 **기뻐한지라**
시 135:6	여호와께서 그가 **기뻐하시는** 모든 일을		렘 50:11	너희가 즐거워하며 **기뻐하고** 타작하는
시 147:11	인자하심을 바라는 자들을 **기뻐하시는**		렘 51:39	베풀고 그들이 취하여 **기뻐하다가**
시 149:4	여호와께서는 자기 백성을 **기뻐하시며**		애 1:21	이렇게 행하신 것을 **기뻐하나이다**
잠 1:22	거만한 자들은 거만을 **기뻐하며** 미련한		애 4:21	에돔아 즐거워하며 **기뻐하라** 잔이 네게
잠 2:14	행악하기를 **기뻐하며** 악인의 패역을		겔 18:23	악인이 죽는 것을 조금인들 **기뻐하랴**
잠 3:12	마치 아비가 그 **기뻐하는** 아들을 징계함		겔 24:16	인자야 내가 네 눈에 **기뻐하는** 것을
잠 8:30	창조자가 되어 날마다 그의 **기뻐하신**		겔 24:25	즐거워하는 영광과 그 눈이 **기뻐하는**
잠 8:31	즐거워하며 인자들을 **기뻐하였느니라**		겔 33:11	돌이켜 떠나 사는 것을 **기뻐하노라**
잠 11:1	공평한 추는 그가 **기뻐하시느니라**		호 9:4	여호와께서 **기뻐하시는** 바도 되지 못할
잠 11:20	행위가 온전한 자는 그의 **기뻐하심**		호 10:5	그 백성이 슬퍼하며 그것을 **기뻐하던**
잠 12:22	진실하게 행하는 자는 그의 **기뻐하심**		암 4:5	너희가 **기뻐하는** 바니라 주 여호와의
잠 15:8	자의 기도는 그가 **기뻐하시느니라**		암 6:13	허무한 것을 **기뻐하며** 이르기를 우리는
잠 16:13	의로운 입술은 왕들이 **기뻐하는** 것이요		옵 1:12	유다 자손이 패망하는 날에 **기뻐할** 것이
잠 18:2	미련한 자는 명철을 **기뻐하지** 아니하고		미 3:2	너희가 선을 미워하고 악을 **기뻐하여**
	… 의사를 드러내기만 **기뻐하느니라**		미 6:7	만만의 강물 같은 기름을 **기뻐하실까**
잠 29:6	것이나 의인은 노래하고 **기뻐하느니라**		미 7:18	인애를 **기뻐하시므로** 진노를 오래 품지
전 2:10	모든 수고를 내 마음이 **기뻐하였음이라**		합 3:18	하나님으로 말미암아 **기뻐하리로다**
전 3:12	사람들이 사는 동안에 **기뻐하며** 선을		습 3:17	즐거이 부르며 **기뻐하시리라** 하리라
전 5:20	이는 하나님이 그의 마음에 **기뻐하는**		학 1:8	내가 그것으로 말미암아 **기뻐하고** 또
전 7:14	형통한 날에는 **기뻐하고** 곤고한 날에는		슥 2:10	시온의 딸아 노래하고 **기뻐하라** 이는
전 11:9	청년의 날들을 마음에 **기뻐하여** 마음		슥 4:10	다림줄이 있음을 보고 **기뻐하리라** 이
선지서			슥 10:7	그들의 자손은 보고 **기뻐하며** 여호와
사 1:29	**기뻐하던** 상수리나무로 말미암아		말 1:8	드려 보라 그가 너를 **기뻐하겠으며**
사 5:7	그가 **기뻐하시는** 나무는 유다 사람이라		복음서	
사 8:6	르말리야의 아들을 **기뻐하느니라**		마 12:18	내가 택한 종 곧 내 마음에 **기뻐하는** 바
사 14:8	백향목도 너로 말미암아 **기뻐하여**		마 13:44	이를 발견한 후 숨겨 두고 **기뻐하며**
사 35:1	광야와 메마른 땅이 **기뻐하며** 사막이		마 18:13	마리보다 이것을 더 **기뻐하리라**

【 기뻐하다 】　　　　　　　　　　　　　　【 기뻐하다 】

막 1:11	아들이라 내가 너를 **기뻐하노라**		요 8:29	나는 항상 그가 **기뻐하시는** 일을 행하
막 14:11	듣고 **기뻐하여** 돈을 주기로 약속하니		요 8:56	즐거워하다가 보고 **기뻐하였느니라**
눅 1:14	많은 사람도 그의 태어남을 **기뻐하리니**		요 11:15	너희를 위하여 **기뻐하노니** 이는 너희로
눅 1:47	마음이 하나님 내 구주를 **기뻐하였음은**		요 14:28	내가 아버지께로 감을 **기뻐하였으리라**
눅 2:14	땅에서는 하나님이 **기뻐하신** 사람들		요 16:20	애통하겠으나 세상은 **기뻐하리라**
눅 3:22	아들이라 내가 너를 **기뻐하노라**		요 20:20	제자들이 주를 보고 **기뻐하더라**
눅 6:23	그 날에 **기뻐하고** 뛰놀라 하늘에서 너희		역사서	
눅 10:17	칠십 인이 **기뻐하며** 돌아와 이르되 주여		행 2:26	그러므로 내 마음이 **기뻐하였고** 내 혀도
눅 10:20	이름이 하늘에 기록된 것으로 **기뻐하라**		행 5:41	합당한 자로 여기심을 **기뻐하면서** 공회
눅 10:21	그 때에 예수께서 성령으로 **기뻐하시며**		행 6:5	온 무리가 이 말을 **기뻐하여** 믿음과
눅 11:43	시장에서 문안 받는 것을 **기뻐하는도다**		행 7:41	자기 손으로 만든 것을 **기뻐하더니**
눅 12:32	너희에게 주시기를 **기뻐하시느니라**		행 11:23	하나님의 은혜를 보고 **기뻐하여** 모든
눅 13:17	모든 영광스러운 일을 **기뻐하니라**		행 12:3	유대인들이 이 일을 **기뻐하는** 것을 보고
눅 15:7	의인 아흔아홉으로 말미암아 **기뻐하는**		행 12:14	베드로의 음성인 줄 알고 **기뻐하여** 문을
눅 15:32	즐거워하고 **기뻐하는** 것이 마땅하다		행 13:48	이방인들이 듣고 **기뻐하여** 하나님의
눅 19:37	모든 능한 일로 인하여 **기뻐하며** 큰		행 15:31	읽고 그 위로한 말을 **기뻐하더라**
눅 22:5	**기뻐하여** 돈을 주기로 언약하는지라		서신서	
눅 23:8	헤롯이 예수를 보고 매우 **기뻐하니** 이는		롬 12:1	너희 몸을 하나님이 **기뻐하시는** 거룩한
요 6:21	이에 **기뻐서** 배로 영접하니 배는 곧		롬 12:2	하나님의 선하시고 **기뻐하시고** 온전

'기뻐하다'와 관련된 성구

기뻐 노래하다 – 욥 29:13; 38:7; 렘 51:48
기뻐 뛰놀다 – 호 9:1
기뻐 외치다 – 욥 33:26; 시 5:11; 71:23; 잠 11:10; 렘 31:7
기뻐하고 즐거워하다 – 욥 3:22; 시 9:2; 68:3; 70:4; 합 1:15; 마 5:12; 눅 1:14
기뻐하는 금식 – 사 58:5, 6
기뻐하는 나무 – 사 17:10
기뻐하는 땅 – 렘 12:10
기뻐하는 뜻 – 사 48:14; 55:11
기뻐하는 소리 – 렘 7:34; 16:9; 25:10; 33:10 – 11
기뻐하는 자 – 시 35:26; 40:14; 49:13; 70:2; 잠 17:5; 전 2:26; 사 42:1; 렘 15:17; 마 3:17; 17:5; 벧후 1:17
기뻐하는 자식 – 렘 31:20; 미 1:16
기뻐하는 집 – 사 32:13; 겔 26:12
기뻐하며 즐거워하다 – 시 31:7; 32:11; 아 1:4; 사 22:13; 25:9; 65:18; 욜 2:21, 23; 습 3:14
기뻐하지 말다 – 잠 24:17; 사 14:29; 겔 7:12; 미 7:8; 눅 10:20
기뻐하지 못하게 하다 – 시 30:1; 35:19, 24

기뻐하지 아니하다 – 창 48:17; 출 10:27; 21:8; 민 11:10; 22:34; 신 24:1, 14; 룻 3:13; 삼상 8:6; 삼하 15:26; 23:16; 대상 11:18; 시 40:6; 51:16; 109:17; 147:10; 잠 18:2; 24:18; 전 4:16; 5:4; 사 1:11; 9:17; 13:17; 59:15; 66:4; 겔 18:23, 32; 33:11; 호 8:13; 암 5:21; 말 1:10; 고전 10:5; 13:6; 히 10:6, 8, 38
심히 기뻐하다 – 대상 29:9; 아 2:3; 단 6:23; 요삼 1:3
위엄을 기뻐하는 용사 – 사 13:3
인생들이 기뻐하는 처첩 – 전 2:8
즐거워하고/즐거워하며 기뻐하다 – 시 40:16; 118:24; 벧전 4:13; 계 11:10
크게 기뻐하다 – 삼상 11:15; 왕상 5:7; 대상 29:22; 느 8:17; 시 28:7; 사 61:10; 렘 31:12; 욘 4:6; 슥 9:9; 마 2:10; 요 3:29; 행 16:34; 고후 12:9, 15; 빌 4:10; 벧전 1:6; 계 19:7
함께 기뻐하다 – 사 66:10; 고전 13:6; 빌 2:17, 18
항상 기뻐하다 – 고후 6:10; 빌 4:4; 살전 5:16

【 기쁘다 】

롬 15:27 저희가 **기뻐서** 하였거니와 또한 저희는
롬 16:19 너희로 말미암아 **기뻐하노니** 너희가
고전 1:21 자들을 구원하시기를 **기뻐하셨도다**
고전 13:6 불의를 **기뻐하지** 아니하며 진리와 함께
고전 16:17 아가이고가 온 것을 **기뻐하노니** 그들
고후 7:9 내가 지금 **기뻐함**은 너희로 근심하게
고후 7:13 우리가 더욱 많이 **기뻐함**은 그의 마음
고후 7:16 너희를 신뢰하게 된 것을 **기뻐하노라**
고후 12:10 궁핍과 박해와 곤고를 **기뻐하노니**
고후 13:9 약할 때에 너희가 강한 것을 **기뻐하고**
고후 13:11 말하노니 형제들아 **기뻐하라**
갈 1:16 내 속에 나타내시기를 **기뻐하셨을** 때
엡 1:9 그의 **기뻐하심**을 따라 그리스도 안에서
빌 1:18 이로써 나는 **기뻐하고** 또한 **기뻐하리라**
빌 2:17 내가 나를 전제로 드릴지라도 나는 **기뻐하고** 너희 무리와 함께 **기뻐하리니**
빌 2:18 너희도 **기뻐하고** 나와 함께 **기뻐하라**
빌 2:28 다시 보고 **기뻐하게** 하며 내 근심도
빌 3:1 나의 형제들아 주 안에서 **기뻐하라**
빌 4:4 주 안에서 항상 **기뻐하라** … **기뻐하라**
골 1:20 자기와 화목하게 되기를 **기뻐하심**이라
골 1:24 너희를 위하여 받는 괴로움을 **기뻐하고**
살전 2:8 목숨까지도 너희에게 주기를 **기뻐함**은
살전 3:9 모든 기쁨으로 **기뻐하니** 너희를 위하여
살후 1:11 모든 선을 **기뻐함**과 믿음의 역사를
히 13:16 이같은 제사를 **기뻐하시느니라**
벧전 1:8 영광스러운 즐거움으로 **기뻐하니**
요일 3:22 계명을 지키고 그 앞에서 **기뻐하시는**

기쁘다 (glad, happy, joy, rejoice)
구약
창 28:8 그의 아버지 이삭을 **기쁘게** 하지 못하
창 30:13 레아가 이르되 **기쁘도다** 모든 딸들이
삿 9:13 하나님과 사람을 **기쁘게** 하는 내 포도주
대상 29:17 드리는 것을 보오니 심히 **기쁘도소이다**
대하 10:7 만일 이 백성을 후대하여 **기쁘게** 하고
스 5:17 왕은 이 일에 대하여 왕의 **기쁘신** 뜻을
시 16:9 이러므로 나의 마음이 **기쁘고** 나의 영도
시 86:4 우러러보오니 주여 내 영혼을 **기쁘게**
시 89:42 그들의 모든 원수들을 **기쁘게** 하셨으나
시 90:14 우리를 일생 동안 즐겁고 **기쁘게** 하소서
시 90:15 화를 당한 연수대로 우리를 **기쁘게** 하소
시 92:4 주께서 행하신 일로 나를 **기쁘게** 하셨

【 기쁘다 】

'기쁘다'와 관련된 성구

기쁘게 노래하다 – 시 81:1
기쁘게 드리다 – 스 1:4, 6; 2:68; 3:5; 7:16
기쁘게 받다 – 레 1:3, 4; 7:18; 19:5, 7; 22:19, 20, 21, 23, 25, 27, 29; 23:11; 26:41, 43; 삼하 24:23; 욥 42:8, 9; 전 9:7; 겔 20:40; 벧전 2:5
기쁘게 부르다 – 습 3:14
기쁘게 여기다 – 시 104:34; 잠 21:3; 약 1:2; 벧후 2:13
기쁘고 즐겁다 – 시 21:6; 67:4
기쁜 노래 – 사 35:2
기쁜 뜻 – 대상 28:9
기쁜 마음 – 출 25:2; 대상 28:21; 욥 33:32; 엡 6:7
기쁜 빛 – 사 60:5
기쁜 성 – 습 2:15
기쁜 소리 – 시 51:8; 118:15; 사 52:9
기쁜 소식 – 시 40:9; 사 41:27; 살전 3:6
기쁜 이름 – 렘 33:9
기쁜 일 – 요삼 1:4
기쁜 입술 – 시 63:5
기쁜 자 – 창 30:13; 고전 7:30
남편을 기쁘게 하다 – 고전 7:34
마음을 기쁘게 하다 – 룻 2:13; 시 19:8; 104:15; 잠 15:30; 27:11; 전 2:24
사람을 기쁘게 하지 않다 – 살전 2:4
성소를 기쁘게 하다 – 시 46:4
아내를 기쁘게 하다 – 고전 7:33
여호와를 기쁘시게 하다 – 시 69:31; 잠 16:7
이웃을 기쁘게 하다 – 롬 15:2
자기를 기쁘게 하지 않다 – 롬 15:1, 3
주를 기쁘시게 하다 – 고전 7:32; 고후 5:9; 엡 5:10
하나님을 기쁘게 하는 자 – 전 7:26; 히 11:5
하나님을 기쁘시게 섬기다 – 히 12:28
하나님을 기쁘시게 하다 – 롬 14:18; 빌 4:18; 살전 2:4; 4:1
하나님을 기쁘시게 하지 않다/못하다 – 살전 2:15; 히 11:6
하나님을 기쁘시게 할 수 없다 – 롬 8:8

【 기쁨 】   【 기쁨 】

시 126:3	큰 일을 행하셨으니 우리는 **기쁘도다**
잠 10:1	지혜로운 아들은 아비를 **기쁘게** 하거
잠 10:32	의인의 입술은 **기쁘게** 할 것을 알거늘
잠 23:25	즐겁게 하며 너를 낳은 어미를 **기쁘게**
전 10:19	포도주는 생명을 **기쁘게** 하는 것이나
사 56:7	기도하는 내 집에서 그들을 **기쁘게** 할
사 64:5	주께서 **기쁘게** 공의를 행하는 자와 주의
애 3:36	억울하게 하는 것은 다 주께서 **기쁘게**
단 9:13	우리 하나님 여호와의 얼굴을 **기쁘게**
호 7:3	그 거짓말로 지도자들을 **기쁘게** 하도다
호 14:4	그들의 반역을 고치고 **기쁘게** 그들을

신약

마 14:6	가운데서 춤을 추어 헤롯을 **기쁘게** 하니
막 6:22	그와 함께 앉은 자들을 **기쁘게** 한지라
눅 24:41	그들이 너무 **기쁘므로** 아직도 믿지 못하
행 8:39	빌립을 이끌어간지라 내시는 **기쁘게**
행 15:3	일을 말하여 형제들을 다 크게 **기쁘게**
롬 15:26	가난한 자들을 위하여 **기쁘게** 얼마를
고전 7:30	기쁜 자들은 **기쁘지** 않은 자같이 하며
고전 10:33	모든 일에 모든 사람을 **기쁘게** 하여
고후 2:2	내가 근심하게 한 자밖에 나를 **기쁘게**
고후 2:3	내가 갈 때에 마땅히 나를 **기쁘게** 할
고후 7:7	우리에게 보고함으로 나를 더욱 **기쁘게**
고후 11:19	어리석은 자들을 **기쁘게** 용납하는구나
엡 1:5	그 **기쁘신** 뜻대로 우리를 예정하사 예수
엡 6:6	눈가림만 하여 사람을 **기쁘게** 하는 자
빌 2:13	자기의 **기쁘신** 뜻을 위하여 너희에게
골 1:10	주께 합당하게 행하여 범사에 **기쁘시게**
골 2:5	믿는 너희 믿음이 굳건한 것을 **기쁘게**
골 3:20	순종하라 이는 주 안에서 **기쁘게** 하는
골 3:22	상전들에게 순종하되 사람을 **기쁘게**
딤후 2:4	이는 병사로 모집한 자를 **기쁘게** 하려
딛 2:9	상전들에게 범사에 순종하여 **기쁘게**
히 10:34	너희 소유를 빼앗기는 것도 **기쁘게** 당함
요이 1:4	행하는 자를 내가 보니 심히 **기쁘도다**

기쁨(joy, gladness)

모세오경 – 시가서

출 4:14	그가 너를 볼 때에 그의 마음에 **기쁨이**
신 28:47	모든 것이 풍족하여도 **기쁨과** 즐거운
신 33:24	그의 형제에게 **기쁨이** 되며 그의 발이
삼하 6:12	하나님의 궤를 **기쁨으로** 메고 오벧에돔
대상 12:40	이는 이스라엘 가운데 **기쁨이** 있음

대하 30:26	큰 **기쁨이** 있었으니 이스라엘 왕 다윗
스 3:12	여러 사람은 **기쁨으로** 크게 함성을 지르
에 8:16	유다인에게는 영광과 즐거움과 **기쁨**
에 9:22	슬픔이 변하여 **기쁨이** 되고 애통이 변하
욥 8:19	그 길의 **기쁨은** 이와 같고 그 후에 다른
욥 22:3	네가 의로운들 전능자에게 무슨 **기쁨이**
시 4:7	주께서 내 마음에 두신 **기쁨은** 그들의
시 16:11	주의 앞에는 충만한 **기쁨이** 있고 주의
시 30:5	울음이 깃들일지라도 아침에는 **기쁨이**
시 30:11	베옷을 벗기고 **기쁨으로** 띠 띠우셨나이다
시 42:4	무리와 동행하여 **기쁨과** 감사의 소리를
시 43:4	제단에 나아가 나의 큰 **기쁨의** 하나님
시 45:15	**기쁨과** 즐거움으로 인도함을 받고 왕궁
시 65:12	작은 산들이 **기쁨으로** 띠를 띠었나이다
시 97:11	정직한 자를 위하여 **기쁨을** 뿌리시는
시 100:2	**기쁨으로** 여호와를 섬기며 노래하면서
시 106:5	주의 나라의 **기쁨을** 나누어 가지게 하사
시 106:24	그 **기쁨의** 땅을 멸시하며 그 말씀을
시 126:5	눈물을 흘리며 씨를 뿌리는 자는 **기쁨**
시 126:6	반드시 **기쁨으로** 그 곡식 단을 가지고
시 137:3	우리를 황폐하게 한 자가 **기쁨을** 청하고
시 149:5	그들의 침상에서 **기쁨으로** 노래할지
잠 15:23	입의 대답으로 말미암아 **기쁨을** 얻나니
잠 24:25	오직 그를 견책하는 자는 **기쁨을** 얻을
잠 29:17	평안하게 하겠고 또 네 마음에 **기쁨을**
전 9:7	너는 가서 **기쁨으로** 네 음식물을 먹고

선지서

사 12:3	그러므로 너희가 **기쁨으로** 구원의 우물
사 16:10	즐거움과 **기쁨이** 기름진 밭에서 떠났고
사 24:8	소고 치는 **기쁨이** 그치고 즐거워하는 자
사 24:11	모든 즐거움이 사라졌으며 땅의 **기쁨**
사 29:19	겸손한 자에게 여호와로 말미암아 **기쁨**
사 35:10	머리 위에 영영한 희락을 띠고 **기쁨과**
사 42:21	여호와께서 그의 의로 말미암아 **기쁨**
사 44:28	내 목자라 그가 나의 모든 **기쁨을** 성취
사 51:11	시온으로 돌아오니 영원한 **기쁨이** 그들
사 55:12	너희는 **기쁨으로** 나아가며 평안히 인도
사 60:15	너를 영원한 아름다움과 대대의 **기쁨**
사 61:3	그 재를 대신하며 **기쁨의** 기름으로 그
사 61:7	땅에서 갑절이나 얻고 영원한 **기쁨이**
사 65:18	즐거운 성으로 창조하며 그 백성을 **기쁨**
사 66:5	너희 **기쁨을** 우리에게 보이시기를 원하

【 기쁨 】   【 기상 】

사 66:10	성의 **기쁨**으로 말미암아 그 성과 함께
렘 15:16	말씀은 내게 **기쁨**과 내 마음의 즐거움
렘 31:13	그들의 근심으로부터 **기쁨**을 얻게 할 것
렘 32:41	**기쁨**으로 그들에게 복을 주되 분명히
렘 48:33	**기쁨**과 환희가 옥토와 모압 땅에서 빼앗
애 2:15	모든 세상 사람들의 **기쁨**이라 일컫던
애 5:15	우리의 마음에는 **기쁨**이 그쳤고 우리
겔 24:21	너희 눈의 **기쁨**이요 너희 마음에 아낌
욜 1:16	**기쁨**과 즐거움이 우리 하나님의 성전
습 3:17	그가 너로 말미암아 **기쁨**을 이기지 못하
슥 8:19	유다 족속에게 **기쁨**과 즐거움과 희락
말 2:17	여호와의 눈에 좋게 보이며 그에게 **기쁨**
말 3:4	옛날과 고대와 같이 나 여호와께 **기쁨**

▶ 복음서, 역사서

마 13:20	뿌려졌다는 것은 말씀을 듣고 즉시 **기쁨**
마 28:8	그 여자들이 무서움과 큰 **기쁨**으로 빨리
막 4:16	말씀을 들을 때에 즉시 **기쁨**으로 받으나
눅 1:44	아이가 내 복중에서 **기쁨**으로 뛰놀았도
눅 2:10	내가 온 백성에게 미칠 큰 **기쁨**의 좋은
눅 8:13	말씀을 들을 때에 **기쁨**으로 받으나 뿌리
눅 15:10	회개하면 하나님의 사자들 앞에 **기쁨**이
눅 24:52	그들이 그에게 경배하고 큰 **기쁨**으로
요 3:29	크게 기뻐하나니 나는 이러한 **기쁨**으로
요 15:11	내 **기쁨**이 너희 안에 있어 너희 **기쁨**을
요 16:20	근심하겠으나 너희 근심이 도리어 **기쁨**
요 16:21	아기를 낳으면 세상에 사람 난 **기쁨**으
요 16:22	마음이 기쁠 것이요 너희 **기쁨**을 빼앗
요 16:24	구하라 그리하면 받으리니 너희 **기쁨**이
요 17:13	이 말을 하옵는 것은 그들로 내 **기쁨**을
행 2:28	주 앞에서 내게 **기쁨**이 충만하게 하시리
행 2:46	집에서 떡을 떼며 **기쁨**과 순전한 마음
행 8:8	그 성에 큰 **기쁨**이 있더라
행 13:52	제자들은 **기쁨**과 성령이 충만하니라
행 14:17	음식과 **기쁨**으로 여러분의 마음에 만족

▶ 서신서

롬 15:13	소망의 하나님이 모든 **기쁨**과 평강을
롬 15:24	얼마간 **기쁨**을 가진 후에 너희가 그리로
롬 15:32	하나님의 뜻을 따라 **기쁨**으로 너희에
고후 1:24	오직 너희 **기쁨**을 돕는 자가 되려 함
고후 2:3	나의 **기쁨**이 너희 모두의 **기쁨**인 줄
고후 7:4	환난 가운데서도 위로가 가득하고 **기쁨**
고후 7:13	우리가 받은 위로 위에 디도의 **기쁨**
고후 8:2	넘치는 **기쁨**과 극심한 가난이 그들의

갈 1:10	하나님께 좋게 하랴 사람들에게 **기쁨** 을 구하랴 … 사람들의 **기쁨**을 구하였
빌 1:4	간구할 때마다 너희 무리를 위하여 **기쁨**
빌 1:25	내가 살 것과 너희 믿음의 진보와 **기쁨**
빌 2:4	다른 사람들의 일을 돌보아 나의 **기쁨**
빌 2:29	너희가 주 안에서 모든 **기쁨**으로 그를
빌 4:1	사랑하고 사모하는 형제들, 나의 **기쁨**
골 1:11	모든 능력으로 능하게 하시며 **기쁨**으로
살전 1:6	너희는 많은 환난 가운데서 성령의 **기쁨**
살전 2:19	소망이나 **기쁨**이나 자랑의 면류관이
살전 2:20	너희는 우리의 영광이요 **기쁨**이니라
살전 3:9	너희로 말미암아 모든 **기쁨**으로 기뻐하
딤후 1:4	너 보기를 원함은 내 **기쁨**이 가득하게
몬 1:7	내가 너의 사랑으로 많은 **기쁨**과 위로를
몬 1:20	나로 주 안에서 너로 말미암아 **기쁨**을
히 12:2	그 앞에 있는 **기쁨**을 위하여 십자가를
요일 1:4	우리가 이것을 씀은 우리의 **기쁨**이 충만
요이 1:12	대면하여 말하려 하니 이는 너희 **기쁨**
유 1:24	그 영광 앞에 흠이 없이 **기쁨**으로 서게

기사(奇事, wonder)

대상 16:9	그를 찬양하고 그의 모든 **기사**를 전할
대상 16:12-13	너희는 그의 행하신 **기사**와 그의
느 9:17	주께서 그들 가운데서 행하신 **기사**를
시 106:22	함의 땅에서 **기사**와 홍해에서 놀랄 만한
사 25:1	주의 이름을 찬송하오리니 주는 **기사**를
행 2:19	내가 위로 하늘에서는 **기사**를 아래로

▶ '기사'와 관련된 성구

권능과 기사와 표적 – 행 2:22
기사와 표적 – 행 2:43; 6:8; 7:36
모든 참음과 표적과 기사와 능력 – 고후 12:12
이적과 기사 – 신 4:34; 6:22; 7:19; 11:3; 13:1, 2; 26:8; 29:3; 34:11; 느 9:10; 단 6:27; 막 13:22
표적과 기사 – 렘 32:20, 21; 마 24:24; 요 4:48; 행 4:30; 5:12; 14:3; 15:12; 롬 15:19; 히 2:4

기상(氣象, appearance)

| 눅 12:56 | 외식하는 자여 너희가 천지의 **기상**은 |

【 기색 】   【 기슬르 월 】

기색 (氣色, countenance-KJV)
에 1:14 때에 왕에게 가까이 하여 왕의 **기색**을
마 6:16 외식하는 자들과 같이 슬픈 **기색**을 보이
막 10:22 이 말씀으로 인하여 슬픈 **기색**을 띠고

기생 (妓生, prostitute)
수 2:1   그들이 가서 라합이라 하는 **기생**의 집에
수 6:17 여호와께 온전히 바치되 **기생** 라합과
수 6:22 정탐한 두 사람에게 이르되 그 **기생**
수 6:25 여호수아가 **기생** 라합과 그의 아버지
삿 11:1 길르앗 사람 입다는 큰 용사였으니 **기생**
삿 16:1 삼손이 가사에 가서 거기서 한 **기생**을
잠 7:10 그 때에 **기생**의 옷을 입은 간교한 여인
사 23:15 칠십 년이 찬 후에 두로는 **기생**의 노래
겔 23:44 그들이 그에게 나오기를 **기생**에게 나옴
욜 3:3   백성을 끌어 가서 소년을 **기생**과 바꾸며
미 1:7   **기생**의 값으로 모았은즉 그것이 **기생**
히 11:31 믿음으로 **기생** 라합은 정탐꾼을 평안히
약 2:25 **기생** 라합이 사자들을 접대하여 다른

기세 (氣勢, breath, rod)
욥 20:11 기골이 청년같이 강장하나 그 **기세**가
잠 22:8 재앙을 거두리니 그 분노의 **기세**가 쇠하
아 8:6   불길같이 일어나니 그 **기세**가 여호와
사 25:4 주는 포학자의 **기세**가 성벽을 치는 폭풍

기손 강 (River Kishon) 에스드렐론 평야와 악고 평원을 지나 지중해로 흐르는 강
삿 4:7   그의 병거들과 그의 무리를 **기손** 강으로
삿 4:13 하로셋학고임에서부터 **기손** 강으로
삿 5:21 **기손** 강은 그 무리를 … 이 **기손** 강은

기손 사람 (Gizonite) 다윗의 용사로 하셈의 아들
대상 11:34 **기손** 사람 하셈의 아들들과 하랄 사람

기술 (技術, skill)
출 31:5 보석을 깎아 물리며 여러 가지 **기술**로
출 35:32 금과 은과 놋으로 제작하는 **기술**을 고안
행 17:29 금이나 은이나 돌에다 사람의 **기술**과

기술공 (技術工, craftsman)
렘 10:3 삼림에서 벤 나무도 **기술공**의 두 손이
렘 10:9 **기술공**과 은장색의 손으로 만들었고

기술자 (技術者, craft)
대상 28:21 모든 공사에 유능한 **기술자**가 기쁜
대하 24:13 **기술자**들이 맡아서 수리하는 공사가

기스 (Kish)
1. 이스라엘 초대 왕 사울의 아버지
삼상 9:1 베냐민 지파에 **기스**라 이름하는 유력한
삼상 9:2 **기스**에게 아들이 있으니 그의 이름은
삼상 9:3 사울의 아버지 **기스**가 암나귀들을 잃고
삼상 10:11 **기스**의 아들에게 무슨 일이 일어났느냐
삼상 10:21 그 중에서 **기스**의 아들 사울이 뽑혔
삼상 14:51 사울의 아버지는 **기스**요 아브넬
삼하 21:14 그의 아버지 **기스**의 묘에 장사하되
대상 8:30 장자는 압돈이요 다음은 술과 **기스**와
대상 8:33 넬은 **기스**를 낳고 **기스**는 사울을 낳고
대상 9:36 맏아들은 압돈이요 다음은 술과 **기스**
대상 9:39 넬은 **기스**를 낳고 **기스**는 사울을 낳고
대상 12:1 다윗이 **기스**의 아들 사울로 말미암아
대상 23:21 마흘리의 아들들은 엘르아살과 **기스**라
대상 26:28 선견자 사무엘과 **기스**의 아들 사울과
행 13:21 베냐민 지파 사람 **기스**의 아들 사울을
2. 레위 사람 마흘리의 아들
대상 23:22 그의 형제 **기스**의 아들이 그에게 장가
대상 24:29 **기스**에게 이르러는 그의 아들 여라므엘
3. 레위 사람 므라리 자손 압디의 아들
대하 29:12 므라리의 자손 중 압디의 아들 **기스**
4. 모르드개의 선조로 베냐민 사람
에 2:5   **기스**의 증손이요 시므이의 손자요 야일

기스바 (Gishpa) 느헤미야 당시 느디님 사람의 두령
느 11:21 시하와 **기스바**가 그들의 책임자가 되었

기슬론 (Kislon) 엘리닷의 아버지
민 34:21 베냐민 지파에서는 **기슬론**의 아들

기슬롯 다볼 (Kisloth Tabor) 스불론 지파의 성읍
수 19:12 해 뜨는 쪽을 향하여 **기슬롯 다볼**이

기슬르 월 (the month of Kislev) 유대력으로 9월이며 태양력으로 11-12월
느 1:1   아닥사스다 왕 제이십년 **기슬르 월**에

기슭 (slope)
신 4:49　온 아라바니 비스가 **기슭** 아래 아라바의

기습하다 (奇襲, attack)
창 34:25　그 성읍을 **기습하여** 그 모든 남자를
삼하 5:23　수풀 맞은편에서 그들을 **기습하되**
삼하 17:2　곤하고 힘이 빠졌을 때에 **기습하여**
삼하 17:12　그를 **기습하기**를 이슬이 땅에 내림같이
대상 14:14　수풀 맞은편에서 그들을 **기습하되**

기시 (Kishi) 레위 지파 므라리 자손
대상 6:44　에단은 기시의 아들이요 **기시**는 압디의

기시온 (Kishon) 잇사갈 지파의 성읍
수 19:20　랍빗과 **기시온**과 에베스와
수 21:28　**기시온**과 그 목초지와 다브랏과 그

기아 (Giah) 기브온에 가까운 곳
삼하 2:24　기브온 거친 땅의 길 가 **기아** 맞은쪽

기약 (期約, right time, time)
시 75:2　주의 말씀이 내가 정한 **기약**이 이르면
눅 9:51　예수께서 승천하실 **기약**이 차가매
롬 5:6　우리가 아직 연약할 때에 **기약**대로
딤전 2:6　자기를 대속물로 주셨으니 **기약**이 이르
딤전 6:15　**기약**이 이르면 하나님이 그의 나타나
계 19:7　어린 양의 혼인 **기약**이 이르렀고 그의

기억/-하다/-나다/-되다 (記憶, remember, remind)

모세오경 - 시가서
창 40:23　술 맡은 관원장이 요셉을 **기억하지** 못하
창 41:31　이전 풍년을 이 땅에서 **기억하지** 못하
출 2:25　하나님이 그들을 **기억하셨더라**
출 3:15　영원한 이름이요 대대로 **기억할** 나의
출 17:14　아말렉을 없이하여 천하에서 **기억도**
레 26:42　내 언약을 **기억하고** 그 땅을 **기억하리라**
레 26:45　그들을 위하여 **기억하리라** 나는 여호와
민 5:18　그의 머리를 풀게 하고 **기억나게** 하는
민 5:26　한 움큼을 취하여 그 여자에게 **기억나게**
민 10:9　너희 하나님 여호와가 너희를 **기억하고**
민 10:10　너희의 하나님이 너희를 **기억하시리라**
신 8:2　네게 광야 길을 걷게 하신 것을 **기억하라**
신 9:7　**기억하라** 네가 애굽 땅에서 나오던 날
신 11:2　**기억할** 것은 너희의 하나님 여호와
신 25:17　아말렉이 네게 행한 일을 **기억하라**
신 25:19　너는 천하에서 아말렉에 대한 **기억을**
신 30:1　나라 가운데서 이 일이 마음에서 **기억이**
신 32:26　사람들 사이에서 그들에 대한 **기억이**
수 1:13　하였나니 너희는 그 말을 **기억하라**
삿 8:34　자기들의 하나님을 **기억하지** 아니하며
삿 9:2　나는 너희와 골육임을 **기억하라** 하니
삼상 1:11　여종의 고통을 돌보시고 나를 **기억하사**
삼하 19:19　종의 패역한 일을 **기억하지** 마시오며
왕하 9:25　나봇의 밭에 던지라 네가 **기억하려니**
왕하 20:3　선하게 행한 것을 **기억하옵소서** 하고
느 2:20　아무 기업도 없고 권리도 없고 **기억되는**
느 5:19　백성을 위하여 행한 모든 일을 **기억하사**
느 6:14　한 자들의 소행을 **기억하옵소서** 하였
느 9:17　행하신 기사를 **기억하지** 아니하고 목을
느 13:14　이 일로 말미암아 나를 **기억하옵소서**
느 13:22　나를 위하여 이 일도 **기억하시옵고** 주의
느 13:29　여겼사오니 그들을 **기억하옵소서**
느 13:31　하나님이여 나를 **기억하사** 복을 주옵
욥 4:20　영원히 사라지되 **기억하는** 자가 없으리
욥 10:9　**기억하옵소서** 주께서 내 몸 지으시기를
욥 11:16　환난을 잊을 것이라 네가 **기억할지라도**
욥 14:13　규례를 정하시고 나를 **기억하옵소서**
욥 21:6　**기억하기만** 하여도 불안하고 두려움이
욥 24:20　그는 다시 **기억되지** 않을 것이니 불의
시 9:6　주께서 무너뜨린 성읍들을 **기억할** 수
시 9:12　심문하시는 이가 그들을 **기억하심이**
시 25:6　주여 이것들을 **기억하옵소서**
시 25:7　따라 주께서 나를 **기억하시되** 주의
시 30:4　찬송하며 그의 거룩함을 **기억하며**
시 42:4　이 일을 **기억하고** 내 마음이 상하는도다
시 74:18　이것을 **기억하소서** 원수가 주를 비방
시 74:22　종일 주를 비방하는 것을 **기억하소서**
시 78:35　그들의 구속자이심을 **기억하였도다**
시 78:39　못하는 바람임을 **기억하셨음이라**
시 78:42　권능의 손을 **기억하지** 아니하며 … 구원하신 날도 **기억하지** 아니하였도다
시 88:5　주께서 그들을 다시 **기억하지** 아니하시
시 89:47　나의 때가 얼마나 짧은지 **기억하소서**
시 102:12　주는 영원히 계시고 주에 대한 **기억은**
시 103:14　단지 먼지뿐임을 **기억하심이로다**

【 기억/-하다/-나다/-되다 】　　　　　　　【 기억/-하다/-나다/-되다 】

시 105:5-6	이적과 그의 입의 판단을 **기억할지어다**	사 62:6	너희 여호와로 **기억하시게** 하는 자들
시 106:4	나를 **기억하시며** 주의 구원으로 나를	사 65:17	이전 것은 **기억되거나** 마음에 생각나지
시 109:15	여호와 앞에 있게 하사 그들의 **기억**을	렘 2:2	인애와 네 신혼 때의 사랑을 **기억하노니**
시 111:4	그의 기적을 사람이 **기억하게** 하셨으니	렘 3:16	생각하지 아니할 것이요 **기억하지** 아니
시 112:6	의인은 영원히 **기억되리로다**	렘 15:15	원하건대 주는 나를 **기억하시며** 돌보
시 136:23	비천한 가운데에서도 **기억해** 주실 이에	렘 18:20	유익한 말을 한 것을 **기억하옵소서**
잠 31:7	다시 자기의 고통을 **기억하지** 아니하리	렘 44:21	분향한 일을 여호와께서 **기억하셨고**
전 1:11	이전 세대들이 **기억됨**이 없으니 장래 세대도 그 후 세대들과 함께 **기억됨**이	애 1:7	모든 즐거움을 **기억하였음이여** 그의
전 2:16	우매자와 함께 영원하도록 **기억함**을	애 3:20	내 마음이 그것을 **기억하고** 내가 낙심이
전 9:15	그 가난한 자를 **기억하는** 사람이 없었	애 5:1	우리가 당한 것을 **기억하시고** 우리가
전 12:1	하나님께로 돌아가기 전에 **기억하라**	겔 3:20	이미 행한 그의 공의는 **기억할** 바 아니
선지서		겔 6:9	나를 **기억하되** 그들이 … 나를 근심하게 한 것을 **기억하고** 스스로 한탄하리니
사 23:16	많은 노래를 불러서 너를 다시 **기억하게**	겔 16:22	되어서 발짓하던 것을 **기억하지**
사 26:14	그들의 모든 **기억**을 없이하셨음이니	겔 16:43	네가 어렸을 때를 **기억하지** 아니하고
사 38:3	선하게 행한 것을 **기억하옵소서**	겔 16:61	네 행위를 **기억하고** 부끄러워할 것이라
사 43:18	너희는 이전 일을 **기억하지** 말며 옛날	겔 16:63	행한 일을 용서한 후에 네가 **기억하고**
사 43:26	너는 나에게 **기억**이 나게 하라 우리가	겔 18:22	그 범죄한 것이 하나도 **기억함**이 되지
사 44:21	야곱과 이스라엘아 이 일을 **기억하라**	겔 18:24	공의로운 일은 하나도 **기억함**이 되지
사 46:8	너희 패역한 자들아 이 일을 **기억하고**	겔 20:43	스스로 더럽힌 모든 행위를 **기억하고**

'기억'과 관련된 성구

계명 – 민 15:39, 40

다윗에게 베푸신 은총 – 대하 6:42

다윗의 겸손 – 시 132:1

말씀 – 대상 16:15; 느 1:9; 시 105:8; 119:49; 눅 24:8; 요 2:22

모세의 때 – 사 63:11

미리암에게 행하신 일 – 신 24:9

법도 – 대상 16:12-13; 시 103:18; 말 4:4

시온 – 시 137:1

싯딤에서부터 길갈까지의 일 – 미 6:5

쑥과 담즙 – 애 3:19

아브라함(과 이삭과 이스라엘) – 출 32:13; 시 105:42

애굽에서 속량하신 것 – 신 15:15; 24:18

애굽에서 종 되었던 것 – 신 5:15; 16:12; 24:22

언약 – 창 9:15, 16; 출 2:24; 6:5; 레 26:42; 시 111:5; 106:45; 렘 14:21; 겔 16:60; 눅 1:72

여호야다가 베푼 은혜 – 대하 24:22

여호와의 일 – 시 77:11

예루살렘 – 시 137:6

예루살렘이 멸망하던 날 – 시 137:7

옛날 – 신 32:7; 시 143:5

옛적(에 행하신 기이한) 일 – 시 77:11; 사 46:9

이름 – 시 45:17; 83:4; 119:55; 사 49:1; 렘 11:19; 호 2:17; 슥 13:2

인자(와 성실) – 시 98:3; 106:7

죄(악)와 허물 – 창 41:9; 민 5:15; 시 25:7; 79:8; 109:14; 사 43:25; 64:9; 렘 14:10; 31:34; 겔 21:23, 24; 29:16; 33:16; 호 7:2; 8:13; 9:9; 히 8:12; 10:3

주를 기억함 – 느 4:14; 시 6:5; 42:6; 63:6; 사 26:8; 64:5

주의 종들이 받은 비방 – 시 89:50

진노의 날에 주의 발판 – 애 2:1

하나님께서 하신 일 – 욥 36:24

하나님 여호와 – 신 8:18; 삼하 14:11; 시 22:27; 77:3

【 기억/-하다/-나다/-되다 】　　　　　　　　　　　　　　　　【 기업 】

겔 21:24	너희가 **기억한** 바 되었은즉 그 손에	계 16:19	바벨론이 하나님 앞에 **기억하신** 바
겔 21:32	다시 **기억되지** 못할 것이니 나 여호와	계 18:5	그의 불의한 일을 **기억하신지라**
겔 23:27	애굽을 **기억하지도** 못하게 하리라		
겔 25:10	다시는 이방 가운데에서 **기억되지** 아니		**기억**/-하다/-나다/-되다 - 기타 본문
겔 33:13	모든 의로운 행위가 하나도 **기억되지**		창 8:1; 출 20:8; 신 7:18, 19; 16:3; 시 20:3; 74:2;
겔 36:31	너희 좋지 못한 행위를 **기억하고** 너희		77:6; 전 12:1; 사 54:4; 암 1:9; 눅 17:32; 행 10:31
호 12:5	여호와는 그를 **기억하게** 하는 이름이		
미 6:5	대답한 것을 **기억하며** 싯딤에서부터	**기업**(基業, inherit, inheritance, possession)
학 2:15	놓이지 아니하였던 때를 **기억하라**	모세오경	
학 2:18	오늘 이전을 **기억하라** 아홉째 달 이십	창 21:10	내 아들 이삭과 함께 **기업**을 얻지 못하
	사일 곧 여호와의 … 날부터 **기억하여**	창 34:10	여기 머물러 매매하며 여기서 **기업**을
슥 10:9	먼 곳에서 나를 **기억하고** 그들이 살아서	출 6:8	땅을 너희에게 주어 **기업**을 삼게 하리라
신약		레 14:34	네게 **기업**으로 주는 가나안 땅에 너희
마 16:10	몇 광주리였는지를 **기억하지** 못하느냐	레 20:24	이르기를 너희가 그들의 땅을 **기업**으로
마 26:13	행한 일도 말하여 그를 **기억하리라**	레 25:28	돌아올지니 그것이 곧 그의 **기업**으로
마 27:63	살아나리라 한 것을 우리가 **기억하노니**	레 25:33	이스라엘 자손 중에서 받은 그들의 **기업**
막 8:18	귀가 있어도 듣지 못하느냐 또 **기억하지**	레 25:46	너희는 그들을 너희 후손에게 **기업**으로
막 14:9	행한 일도 말하여 그를 **기억하리라**	레 27:22	만일 사람에게 샀고 자기 **기업**이 아닌
막 14:72	세 번 나를 부인하리라 하심이 **기억되어**	민 16:14	밭도 포도원도 우리에게 **기업**으로 주지
눅 1:54	도우사 긍휼히 여기시고 **기억하시되**	민 18:20	이스라엘 자손의 땅에 **기업**도 없겠고
눅 16:25	고난을 받았으니 이것을 **기억하라**		… 중에 네 분깃이요 네 **기업**이니라
눅 23:42	나라에 임하실 때에 나를 **기억하소서**	민 18:21	십일조를 레위 자손에게 **기업**으로 다
눅 24:6	어떻게 말씀하셨는지를 **기억하라**	민 18:23	이스라엘 자손 중에는 **기업**이 없을 것
요 2:17	나를 삼키리라 한 것을 **기억하더라**	민 18:24	레위인에게 **기업**으로 주었으므로 …
요 15:20	더 크지 못하다 한 말을 **기억하라**		말하기를 이스라엘 자손 중에 **기업**
요 16:4	너희에게 말한 이것을 **기억나게** 하려	민 18:26	너희에게 **기업**으로 준 십일조를 너희가
요 16:21	고통을 다시 **기억하지** 아니하느니라	민 26:53	명수대로 땅을 나눠 주어 **기업**을 삼게
행 10:4	하나님 앞에 상달되어 **기억하신** 바가	민 26:54	수가 많은 자에게는 **기업**을 많이 … 기
행 20:31	각 사람을 훈계하던 것을 **기억하라**		업을 적게 줄 것이니 … 각기 **기업**을
행 20:35	것보다 복이 있다 하심을 **기억하여야**	민 26:56	다소를 막론하고 그들의 **기업**을 제비
고전 11:2	너희가 모든 일에 나를 **기억하고** 또	민 26:62	이스라엘 자손 중에서 그들에게 준 **기업**
갈 2:10	우리에게 가난한 자들을 **기억하도록**	민 27:4	아버지의 형제 중에서 우리에게 **기업**을
엡 1:16	기도할 때에 **기억하며** 너희로 말미암아	민 27:7	그들에게 **기업**을 주어 받게 하되 그들
살전 1:2	감사하며 기도할 때에 너희를 **기억함을**		의 아버지의 **기업**을 그들에게 돌릴지니
살전 1:3	아버지 앞에서 끊임없이 **기억함이니**	민 27:8	사람이 죽고 아들이 없으면 그의 **기업**
살전 2:9	수고와 애쓴 것을 너희가 **기억하리니**	민 27:9	딸도 없으면 그의 **기업**을 그의 형제에
살후 2:5	너희에게 말한 것을 **기억하지** 못하느냐	민 27:10	형제도 없으면 그의 **기업**을 그의 아버지
딤후 2:8	살아나신 예수 그리스도를 **기억하라**	민 27:11	아버지의 형제도 없으면 그의 **기업**을
딤후 2:14	너는 그들로 이 일을 **기억하게** 하여	민 32:18	이스라엘 자손이 각기 **기업**을 받기까지
딛 3:2	사람에게 나타낼 것을 **기억하게** 하라	민 32:19	동쪽에서 **기업**을 받았사오니 그들과 함
히 10:17	그들의 불법을 내가 다시 **기억하지**		께 요단 저쪽에서는 **기업**을 받지 아니
벧후 3:1	말미암아 명하신 것을 **기억하게**	민 32:32	요단 이쪽을 우리가 소유할 **기업**이 되게
유 1:17	사도들이 미리 한 말을 **기억하라**	민 33:54	**기업**을 주고 적으면 적은 **기업**을 주되

【 기업 】

	… 조상의 지파를 따라 **기업**을 받을
민 34:2	땅은 너희의 **기업**이 되리니 곧 가나안
민 34:14	**기업**을 받을 … **기업**을 받았음이라
민 34:15	해 돋는 쪽에서 그들의 **기업**을 받으리라
민 34:17	땅을 **기업**으로 나눌 자의 이름은 이러
민 34:29	이스라엘 자손에게 **기업**을 받게 하신
민 35:2	그들이 받은 **기업**에서 레위인에게 거주
민 35:8	각기 받은 **기업**을 따라서 그 성읍들을
민 36:3	그들의 **기업**은 우리 조상 **기업**에서
	… 지파의 **기업**에 … 제비 뽑은 **기업**에
민 36:4	**기업**이 그가 속한 지파에 첨가될 것이
	라 … **기업**은 우리 조상 지파의 **기업**
민 36:7	각기 조상 지파의 **기업**을 지킬 것이니라
민 36:8	그 **기업**을 이은 딸들은 모두 자기 조상
민 36:9	그 **기업**이 … 자기 **기업**을 지키리라
민 36:12	그들의 종족 지파에 그들의 **기업**이 남아
신 1:38	이스라엘에게 그 땅을 **기업**으로 차지
신 2:5	이는 내가 세일 산을 에서에게 **기업**으로
신 2:9	네게 **기업**으로 … 아르를 **기업**으로 주었
신 2:19	네게 **기업**으로 주지 아니하리니 이는
신 2:31	이제부터 그의 땅을 차지하여 **기업**으로
신 3:18	이 땅을 너희에게 주어 **기업**이 되게
신 3:20	**기업**을 삼기에 … 내가 준 **기업**으로
신 3:28	건너가서 네가 볼 땅을 그들이 **기업**으로
신 4:5	너희가 들어가서 **기업**으로 차지할 땅
신 4:21	하나님 여호와께서 네게 **기업**으로 주신
신 4:38	그것을 네게 **기업**으로 주려 하심이 오
신 4:47	그 땅을 **기업**으로 얻었고 또 바산 왕
신 5:31	그들에게 **기업**으로 주는 땅에서 그들
신 9:6	네게 이 아름다운 땅을 **기업**으로 주신
신 10:9	**기업**이 없고 … 여호와가 그의 **기업**
신 12:9	여호와께서 주시는 안식과 **기업**에 아직
신 12:10	여호와께서 너희에게 **기업**으로 주시는
신 12:12	레위인은 너희 중에 분깃이나 **기업**이
신 14:27	레위인은 너희 중에 분깃이나 **기업**이
신 14:29	**기업**이 없는 레위인과 네 성중에 거류
신 15:4-5	여호와께서 네게 **기업**으로 주신 땅에
신 18:1	**기업**도 없을지니 … 그 **기업**을 먹을 것
신 18:2	형제 중에서 **기업**을 … 그들의 **기업**은
신 19:2	네 하나님 여호와께서 네게 **기업**으로
신 19:3	**기업**으로 주시는 땅 전체를 세 구역
신 19:10	네 하나님 여호와께서 네게 **기업**으로
신 20:16	네 하나님 여호와께서 네게 **기업**으로
신 21:16	그의 아들들에게 **기업**으로 나누는 날에
신 21:23	네 하나님 여호와께서 네게 **기업**으로
신 24:4	여호와께서 네게 **기업**으로 주시는 땅을
신 25:19	하나님 여호와께서 네게 **기업**으로 주어
신 26:1	네게 **기업**으로 주어 차지하게 하실 땅에
신 29:8	갓과 므낫세 반 지파에게 **기업**으로 주었
신 32:8	지극히 높으신 자가 민족들에게 **기업**을
신 32:9	자기 백성이라 야곱은 그가 택하신 **기업**
신 32:49	내가 이스라엘 자손에게 **기업**으로 주는
신 33:21	자기를 위하여 먼저 **기업**을 택하였으니

역사서, 시가서

수 11:23	이스라엘 지파의 구분에 따라 **기업**으로
수 12:6	갓 사람과 므낫세 반 지파에게 **기업**으로
수 13:6	이스라엘에게 분배하여 **기업**이 되게
수 13:7	므낫세 반 지파에게 나누어 **기업**이 되게
수 13:8	요단 저편 동쪽에서 그들의 **기업**을 모세
수 13:14	화제물이 그들의 **기업**이 되었음이더라
수 13:15	그들의 가족을 따라서 **기업**을 주었으니
수 13:24	그들의 가족을 따라서 **기업**을 주었으니
수 13:29	모세가 므낫세 반 지파에게 **기업**을 주었
수 13:32	모압 평지에서 모세가 분배한 **기업**이
수 13:33	모세가 **기업**을 … 그들의 **기업**이 되심
수 14:1	자손이 가나안 땅에서 받은 **기업** 곧
수 14:2	모세에게 명령하신 대로 그들의 **기업**을
수 14:3	반 지파의 **기업**은 모세가 요단 저쪽에
	서 주었음이요 … **기업**을 주지 아니하였
수 14:9	영원히 너와 네 자손의 **기업**이 되리라
수 14:13	헤브론을 그에게 주어 **기업**을 삼게 하매
수 15:20	그들의 가족대로 받은 **기업**은 이러하
수 16:4	므낫세와 에브라임이 그들의 **기업**을
수 16:8	그들의 가족대로 받은 **기업**이 이러하였
수 17:4	우리에게 **기업**을 주라 하셨다 하매
	아버지 형제들 중에서 **기업**을 주므로
수 17:6	그의 남자 자손들 중에서 **기업**을 받은
수 17:14	나의 **기업**을 위하여 한 제비, 한 분깃
수 18:4	그들의 **기업**에 따라 그 땅을 그려 가지
수 18:7	그들의 **기업**이 됨이며 … 이미 **기업**을
수 18:28	그들의 가족대로 받은 **기업**이었더라
수 19:1	그들의 **기업**은 유다 자손의 **기업** 중에
수 19:2	그들이 받은 **기업**은 브엘세바 곧 세바
수 19:8	지파가 그들의 가족대로 받은 **기업**이라
수 19:9	이 **기업**은 유다 자손의 **기업** 중에서
	… 자기 **기업**을 그들의 **기업** 중에서

【 기업 】 　　　【 기업 】

수 19:16	그들의 가족대로 받은 **기업**은 이 성읍	욥 31:2	높은 곳의 전능자께서 주시는 **기업**이
수 19:23	그 가족대로 받은 **기업**은 이 성읍들과	욥 42:15	그들에게 그들의 오라비들처럼 **기업**을
수 19:31	그 가족대로 받은 **기업**은 이 성읍들과	시 16:6	아름다운 곳에 있음이여 나의 **기업**이
수 19:39	그 가족대로 받은 **기업**은 이 성읍들과	시 37:18	온전한 자의 날을 아시나니 그들의 **기업**
수 19:48	가족대로 받은 **기업**은 이 성읍들과 그들	시 47:4	우리를 위하여 **기업**을 택하시나니 곧
수 19:49	눈의 아들 여호수아에게 **기업**을 주었	시 61:5	주의 이름을 경외하는 자가 얻을 **기업**을
수 19:51	여호와 앞에서 제비 뽑아 나눈 **기업**이	시 111:6	그가 그들에게 뭇 나라의 **기업**을 주사
수 21:3	여호와의 명령을 따라 자기의 **기업**에서	시 119:111	내가 영원히 나의 **기업**을 삼았사오니
수 22:7	바산에서 **기업**을 … 함께 **기업**을 준지라	시 135:12	그들의 땅을 **기업**으로 주시되 자기 백
수 23:4	제비 뽑아 너희의 지파에게 **기업**이 되게		성 이스라엘에게 **기업**으로 주셨도다
수 24:28	백성을 보내어 각기 **기업**으로 돌아가게	시 136:21	그들의 땅을 **기업**으로 주신 이에게 감사
삿 2:6	각기 그들의 **기업**으로 가서 땅을 차지	시 136:22	곧 그 종 이스라엘에게 **기업**으로 주신
삿 11:2	아버지의 집에서 **기업**을 잇지 못하리라	잠 3:35	지혜로운 자는 영광을 **기업**으로 받거니
삿 18:1	이스라엘 지파 중에서 그 때까지 **기업**을	잠 14:18	어리석은 자는 어리석음으로 **기업**을
삿 21:17	살아 남은 자에게 마땅히 **기업**이 있어	선지서	
삿 21:23	아내로 삼아 자기 **기업**에 돌아가서 성읍	사 19:25	앗수르여, 나의 **기업** 이스라엘이여,
삿 21:24	그 곳에서 나와서 자기의 **기업**으로 돌아	사 47:6	내 백성에게 노하여 내 **기업**을 욕되게
룻 2:20	그 사람은 우리와 가까우니 우리 **기업**을	사 49:8	그들에게 그 황무하였던 땅을 **기업**으로
룻 3:9	이는 당신이 **기업**을 무를 자가 됨이니	사 57:13	나의 거룩한 산을 **기업**으로 얻으리라
룻 4:5	룻에게서 사서 그 죽은 자의 **기업**을	사 65:9	나의 산들을 **기업**으로 얻을 자를 내리니
왕상 8:36	주의 백성에게 **기업**으로 주신 주의 땅		내가 택한 자가 이를 **기업**으로 얻을 것
왕하 21:14	내가 나의 **기업**에서 남은 자들을 버려	렘 2:7	내 땅을 더럽히고 내 **기업**을 역겨운 것
대하 6:27	주의 백성에게 **기업**으로 주신 주의 땅	렘 3:18	내가 너희 조상들에게 **기업**으로 준 땅
대하 31:1	각각 자기들의 본성 **기업**으로 돌아갔	렘 3:19	아름다운 **기업**인 이 귀한 땅을 네게
느 2:20	너희에게는 예루살렘에서 아무 **기업**도	렘 12:14	내가 내 백성 이스라엘에게 **기업**으로
느 11:3	각각 자기 성읍 자기 **기업**에 거주하였	렘 12:15	각 사람을 그들의 **기업**으로, 각 사람
느 11:20	모든 성읍에 흩어져 각각 자기 **기업**에	렘 16:18	그들의 가증한 것으로 내 **기업**에 가득
욥 20:29	하나님이 그에게 정하신 **기업**이니라	렘 17:4	내가 네게 준 네 **기업**에서 네 손을 뗄

성경에 나오는 '기업'

- 갈렙의 기업 – 수 14:14
- 갓 자손의 기업 – 수 13:28
- 군주의 기업 – 겔 46:17
- 레위 사람의 기업 – 겔 48:22
- 르우벤 자손의 기업 – 수 13:23
- 므낫세 자손의 기업 – 수 16:9
- 성도의 기업 – 골 1:12
- 슬로브핫의 기업 – 민 36:2
- 야곱의 기업 – 사 58:14
- 야곱의 총회의 기업 – 신 33:4
- 여호와의 기업 – 삼상 26:19; 삼하 20:19; 21:3; 시 127:3
- 여호와의 종들의 기업 – 사 54:17
- 영원한 기업 – 창 17:8; 출 32:13; 대상 28:8; 히 9:15
- 요셉 자손의 기업 – 수 24:32
- 이방인의 기업 – 겔 36:3
- 이스라엘 자손의 기업 – 민 36:7; 수 21:41
- 이스라엘 족속의 기업 – 겔 35:15
- 제사장의 기업 – 레 27:21
- 조상의 기업 – 레 25:41; 민 36:3, 8
- 주의 기업 – 출 15:17; 34:9; 신 9:26, 29; 왕상 8:53; 대하 20:11; 시 68:9; 74:2; 79:1; 사 63:17; 욜 2:17; 미 7:14
- 죽은 자의 기업 – 룻 4:10
- 하나님의 기업 – 삼하 14:16; 시 33:12

【 기업 】　　　　　　　　　　　　　　　　　　　　　　　　　　　　【 기운 】

렘 32:7	아나돗에 있는 내 밭을 사라 이 **기업**을	겔 48:29	이스라엘 지파에게 나누어 주어 **기업**이
애 3:24	여호와는 나의 **기업**이시니 그러므로	호 5:7	그러므로 새 달이 그들과 그 **기업**을 함께
애 5:2	우리의 **기업**이 외인들에게, 우리의 집	욜 3:2	백성 곧 내 **기업**인 이스라엘을 위하여
겔 11:15	이 땅은 우리에게 주어 **기업**이 되게	암 9:12	내 이름으로 일컫는 만국을 **기업**으로
겔 25:4	내가 너를 동방 사람에게 **기업**으로 넘겨	옵 1:17	거룩할 것이요 야곱 족속은 자기 **기업**을
겔 25:10	동방 사람에게 넘겨 주어 **기업**을 삼게	미 7:18	주께서는 죄악과 그 **기업**에 남은 자의
겔 33:24	이 땅을 **기업**으로 얻었나니 우리가 많은 즉 더욱 이 땅을 우리에게 **기업**으로 주신	습 2:9	나의 남은 백성이 그것을 **기업**으로 얻을
겔 33:25	피를 흘리니 그 땅이 너희의 **기업**이	신약	
겔 33:26	그 땅이 너희의 **기업**이 될까보냐 하고	마 5:5	복이 있나니 그들이 땅을 **기업**으로 받을
겔 35:10	내 것이며 내 **기업**이 되리라 하였도다	행 13:19	그 땅을 **기업**으로 주시기까지 약 사백
겔 36:2	옛적 높은 곳이 우리의 **기업**이 되었도다	행 20:32	모든 자 가운데 **기업**이 있게 하시리라
겔 36:12	그들은 너를 얻고 너는 그 **기업**이 되어	행 26:18	거룩하게 된 무리 가운데서 **기업**을 얻게
겔 44:28	그들에게는 **기업**이 … 곧 그 **기업**이라	엡 1:11	우리가 예정을 입어 그 안에서 **기업**이
겔 45:1	너희는 제비 뽑아 땅을 나누어 **기업**으로	엡 1:18	성도 안에서 그 **기업**의 영광의 풍성함이
겔 45:8	이스라엘 가운데에 **기업**으로 삼게 하면	엡 5:5	그리스도와 하나님의 나라에서 **기업**을
겔 46:16	그의 **기업**이 되어 … 이는 그 **기업**을	히 1:4	그들보다 더욱 아름다운 이름을 **기업**
겔 46:17	만일 그 **기업**을 한 종에게 선물로 준즉	히 6:12	약속들을 **기업**으로 받는 자들을 본받는
겔 46:18	**기업**을 빼앗아 … 아들에게 **기업**으로	히 6:17	하나님은 약속을 **기업**으로 받는 자들
겔 47:13	열두 지파에게 이 땅을 나누어 **기업**	기업 무를 자	
겔 47:14	너희는 공평하게 나누어 **기업**을 삼으라 이 땅이 너희의 **기업**이 되리라	레 25:25	그에게 가까운 **기업 무를 자**가 와서
겔 47:22	자녀를 낳은 자의 **기업**이 되게 할지니 … 지파 중에서 너희와 함께 **기업**을 얻게	룻 3:12	**기업 무를 자**로서 나보다 더 가까운
겔 47:23	지파에서 그 **기업**을 줄지니라 주 여호와	룻 3:13	그가 **기업 무를 자**의 책임을 행할 것이니라 만일 그가 그 **기업 무를 자** … 내가 **기업 무를 자**의 책임을 네게
'기업'과 관련된 성구		룻 4:1	보아스가 말하던 **기업 무를 자**가 지나
기업의 (사방) 경계 - 수 16:5; 18:20; 19:10		룻 4:3	그 **기업 무를 자**에게 이르되 모압 지방
기업의 경내 - 수 24:30; 삿 2:9		룻 4:6	그 **기업 무를 자**가 이르되 나는 내 기업
기업의 (온) 땅 - 레 14:34; 25:24; 민 34:18; 36:2; 신 2:12; 19:14; 수 19:49; 삿 18:1; 20:6		룻 4:8	**기업 무를 자**가 보아스에게 이르되
기업의 밭 - 레 27:28		룻 4:14	여호와께서 오늘 네게 **기업 무를 자**가
기업의 보증 - 엡 1:14		**기오**(Kios) 미둘레네 남쪽 80km의 섬	
기업의 분배 - 수 18:2		행 20:15	이튿날 **기오** 앞에 오고 그 이튿날 사모
기업의 상 - 골 3:24		**기와**(tile)	
기업의 상속권 - 렘 32:8		눅 5:19	지붕에 올라가 **기와**를 벗기고 병자를
기업의 지경 - 대상 16:18		**기운**(氣運, breath, heat, vigor)	
기업의 지도자 - 삼상 10:1		창 6:17	무릇 생명의 **기운**이 있는 모든 육체를
기업의 지역 - 수 19:41		창 7:15	무릇 생명의 **기운**이 있는 육체가 둘씩
기업의 지파 - 렘 10:16		창 7:22	그 코에 생명의 **기운**의 숨이 있는 것은
자기 기업의 백성 - 신 4:20; 7:6; 14:2		창 25:8	그의 나이가 높고 늙어서 **기운**이 다하여
		창 25:17	이스마엘은 향년이 백삼십칠 세에 **기운**

【 기울다 】　　　　　　　　　　　　　　　　【 기일 】

창 35:29	이삭이 나이가 많고 늙어 **기운**이 다하매	욥 9:10	큰 일을, 셀 수 없는 **기이한** 일을 행하시
창 45:27	태우려고 보낸 수레를 보고서야 **기운**이	시 9:1	감사하오며 주의 모든 **기이한** 일들을
욥 4:9	하나님의 입 **기운**에 멸망하고 그의 콧김	시 17:7	구원하시는 주여 주의 **기이한** 사랑을
욥 10:18	내가 **기운**이 끊어져 아무 눈에도 보이지	시 26:7	감사의 소리를 들려 주고 주의 **기이한**
욥 13:19	그러면 내가 잠잠하고 **기운**이 끊어지	시 71:17	지금까지 주의 **기이한** 일들을 전하였나
욥 14:9	물 **기운**에 움이 돋고 가지가 뻗어서	시 72:18	홀로 **기이한** 일들을 행하시는 여호와
욥 17:1	나의 **기운**이 쇠하였으며 나의 날이 다	시 75:1	사람들이 주의 **기이한** 일들을 전파하나
욥 21:23	어떤 사람은 죽도록 **기운**이 충실하여	시 77:11	주께서 옛적에 행하신 **기이한** 일을 기억
욥 33:4	영이 나를 지으셨고 전능자의 **기운**이	시 77:14	주는 **기이한** 일을 행하신 하나님이시라
시 33:6	그 만상을 그의 입 **기운**으로 이루었도다	시 78:4	그의 능력과 그가 행하신 **기이한** 사적을
사 11:4	그의 입술의 **기운**으로 악인을 죽일 것	시 78:11	그들에게 보이신 그의 **기이한** 일을 잊었
사 40:7	꽃이 시듦은 여호와의 **기운**이 그 위에	시 78:12	하나님이 애굽 땅 소안 들에서 **기이한**
사 44:12	배가 고프면 **기운**이 없고 물을 마시지	시 78:32	그들은 여전히 범죄하여 그의 **기이한**
사 57:13	바람에 날려 가겠고 **기운**에 불려갈 것	시 86:10	주는 위대하사 **기이한** 일들을 행하시오
사 59:19	여호와께서 그 **기운**에 몰려 급히 흐르는	시 88:10	죽은 자에게 **기이한** 일을 보이시겠나
마 13:7	떨어지매 가시가 자라서 **기운**을 막았고	시 89:5	여호와여 주의 **기이한** 일을 하늘이 찬양
막 4:7	가시떨기 떨어지매 가시가 자라 **기운**	시 96:3	백성들 가운데, 그의 **기이한** 행적을
눅 8:7	떨어지매 가시가 함께 자라서 **기운**을	시 98:1	그는 **기이한** 일을 행하사 그의 오른손
눅 8:14	이생의 염려와 재물과 향락에 **기운**이	시 105:2	그를 찬양하며 그의 모든 **기이한** 일들
살후 2:8	예수께서 그 입의 **기운**으로 그를 죽이시	시 106:7	조상들이 애굽에 있을 때 주의 **기이한**
계 7:16	해나 아무 뜨거운 **기운**에 상하지도 아니	시 107:24	행하신 일들과 그의 **기이한** 일들을 깊은
		시 118:23	행하신 것이요 우리 눈에 **기이한** 바로다
기울다(be fade, draw, incline)		시 119:27	그리하시면 내가 주의 **기이한** 일들을
삿 9:3	마음이 아비멜렉에게로 **기울어서**	시 136:4	홀로 큰 **기이한** 일들을 행하시는 이에
시 141:4	악한 일에 **기울어** 죄악을 행하는 자들	시 139:6	이 지식이 내게 너무 **기이하니** 높아서
렘 6:4	아깝다 날이 **기울어** 저녁 그늘이 길었	시 139:14	주께서 하시는 일이 **기이함**을 내 영혼
		시 139:15	땅의 깊은 곳에서 **기이하게** 지음을 받은
기울어지다(tilt, evening)		시 145:5	영광스러운 위엄과 주의 **기이한** 일들을
민 21:15	비탈은 아르 고을을 향하여 **기울어지고**	잠 30:18	심히 **기이히** 여기고도 깨닫지 못하는
시 102:11	내 날이 **기울어지는** 그림자 같고 내가	사 28:21	사역을 이루시리니 그의 사역이 **기이할**
잠 2:18	그의 길은 스올로 **기울어졌나니**	사 29:14	백성 중에 **기이한** 일 곧 **기이하고** 가
렘 1:13	그 윗면이 북에서부터 **기울어졌나이다**		장 **기이한** 일을 다시 행하리니 그들
		슥 8:6	백성의 눈에는 **기이하려니와** 내 눈에
기윤(Chiun-KJV)			야 어찌 **기이하겠느냐** 만군의 여호와
암 5:26	너희 왕 식굿과 **기윤**과 너희 우상들과	마 21:42	우리 눈에 **기이하도다** 함을 읽어 본 일
		벧전 2:9	어두운 데서 불러 내어 그의 **기이한** 빛
기이하다(奇異, wonder)			
출 15:11	찬송할 만한 위엄이 있으며 **기이한** 일	**기일**(期日, appointed time)	
수 3:5	너희 가운데에 **기이한** 일들을 행하시	민 9:2	유월절을 그 정한 **기일**에 지키게 하라
삼하 1:26	그대가 나를 사랑함이 **기이하여** 여인	민 9:3	정한 **기일** 곧 이 달 열넷째 날 해 질 때
대상 16:24	그의 **기이한** 행적을 만민 중에 선포할	민 9:7	자손과 함께 정한 **기일**에 여호와께 헌물
대하 26:15	**기이한** 도우심을 얻어 강성하여짐이	민 9:13	이런 사람은 그 정한 **기일**에 여호와께
욥 5:9	큰 일을 행하시며 **기이한** 일을 셀 수	삼하 20:5	사람을 모으러 가더니 왕이 정한 **기일**에

【 기적 】　　　　　　　　　　　　　　　　　　　　　　　　　　【 기초 】

기적(奇蹟, miracle)

출 11:9	내가 애굽 땅에서 나의 **기적**을 더하리라
출 11:10	이 모든 **기적**을 바로 앞에서 행하였으나
시 40:5	하나님이여 주께서 행하신 **기적**이 많고
시 88:12	흑암 중에서 주의 **기적**과 잊음의 땅에
시 105:5-6	그가 행하신 **기적**과 그의 이적과 그
시 107:8	인자하심과 인생에게 행하신 **기적**으로
시 107:15	인자하심과 인생에게 행하신 **기적**으로
시 107:21	인자하심과 인생에게 행하신 **기적**으로
시 107:31	인자하심과 인생에게 행하신 **기적**으로
시 111:4	그의 **기적**을 사람이 기억하게 하셨으니
렘 21:2	여호와께서 혹시 그의 모든 **기적**으로
살후 2:9	따라 모든 능력과 표적과 거짓 **기적**과

기절하다(氣絶, faint)

삿 4:21	꿰뚫고 땅에 박히니 그가 **기절하여**
렘 15:9	**기절하게** 하며 아직도 대낮에 그의 해가
애 1:19	구하다가 성 가운데에서 **기절하였도다**
애 2:11	아이들이 성읍 길거리에 **기절함이로다**
애 2:12	길거리에서 상한 자처럼 **기절하여** 그
눅 21:26	무서워하므로 **기절하리니** 이는 하늘의

기준(基準, in accordance with)

마 2:16	박사들에게 자세히 알아본 그 때를 **기준**

기지(基地, property)

겔 45:6	성읍의 **기지**로 삼아 이스라엘 온 족속
겔 45:7	구역과 성읍의 **기지** 된 땅의 좌우편…
	거룩한 구역의 옆과 성읍의 **기지** 옆의
겔 48:20	성읍의 **기지**와 합하여 네모 반듯할 것
겔 48:21	성읍의 **기지** 좌우편에 남은 땅은 군주
겔 48:22	기업 좌우편과 성읍의 **기지** 좌우편이며

기지개(lounge)

암 6:4	상아 상에 누우며 침상에서 **기지개** 켜며
암 6:7	**기지개** 켜는 자의 떠드는 소리가 그치

기진하다(氣盡, faint, weary, collapse)

렘 48:45	도망하는 자들이 **기진하여** 헤스본 그늘
애 2:19	길 어귀에서 주려 **기진한** 네 어린 자녀
애 5:5	목을 눌렸사오니 우리가 **기진하여**
마 9:36	양과 같이 고생하며 **기진함이라**
마 15:32	길에서 **기진할까** 하여 굶겨 보내지 못하
막 8:3	굶겨 집으로 보내면 길에서 **기진하리라**

기초(基礎, foundation)

수 6:26	**기초**를 쌓을 때에 그의 맏아들을 잃을
삼하 22:8	땅이 진동하고 떨며 하늘의 **기초**가 요동
삼하 22:16	물 밑이 드러나고 세상의 **기초**가 나타
왕상 6:37	시브월에 여호와의 성전 **기초**를 쌓았고
대하 8:16	솔로몬이 여호와의 전의 **기초**를 쌓던
스 3:10	건축자가 여호와의 성전의 **기초**를 놓을
스 3:11	모든 백성이 여호와의 성전 **기초**가 놓임
스 3:12	이 성전의 **기초**가 놓임을 보고 대성통곡
스 4:12	악한 성읍을 건축하는데 이미 그 **기초**를
욥 38:4	내가 땅의 **기초**를 놓을 때에 네가 어디
시 89:14	공의와 정의가 주의 보좌의 **기초**라
시 97:2	공의와 정의가 그의 보좌의 **기초**로다
시 102:25	주께서 옛적에 땅의 **기초**를 놓으셨사
시 104:5	땅에 **기초**를 놓으사 영원히 흔들리지
시 137:7	헐어 버리라 헐어 버리라 그 **기초**까지
잠 8:29	거스르지 못하게 하시며 또 땅의 **기초**를
잠 10:25	악인은 없어져도 의인은 영원한 **기초**
사 24:18	위에 있는 문이 열리고 땅의 **기초**가
사 28:16	한 돌을 시온에 두어 **기초**를 삼았노니
사 40:21	**기초**가 창조될 때부터 너희가 깨닫지
사 44:28	성전에 대하여는 네 **기초**가 놓여지리라
사 48:13	내 손이 땅의 **기초**를 정하였고 내 오른
사 51:13	하늘을 펴고 땅의 **기초**를 정하고 너를
사 51:16	내가 하늘을 펴며 땅의 **기초**를 정하며
사 54:11	돌 사이에 더하며 청옥으로 네 **기초**를
사 58:12	너는 역대의 파괴된 **기초**를 쌓으리니
렘 31:37	밑에 있는 땅의 **기초**를 탐지할 수 있다
겔 13:14	땅에 넘어뜨리고 그 **기초**를 드러낼 것
암 9:6	그 궁창의 **기초**를 땅에 두시며 바닷물
미 1:6	돌들을 골짜기에 쏟아내리고 그 **기초**를
합 3:13	악인의 집의 머리를 치시며 그 **기초**를
슥 4:9	스룹바벨의 손이 이 성전의 **기초**를 놓았
눅 14:29	**기초**만 쌓고 능히 이루지 못하면 보는
히 1:10	태초에 주께서 땅의 **기초**를 두셨으며

> **'기초'와 관련된 성구**
>
> 기초 문 – 대하 23:5
> 기초 석 – 왕상 5:17; 계 21:14, 19
> 기촛돌 – 사 28:16; 렘 51:26

【기치】

기치(旗幟, banner)
사 5:26 또 그가 **기치**를 세우시고 먼 나라들을
사 11:10 한 싹이 나서 만민의 **기치**로 설 것이요
사 11:12 여호와께서 열방을 향하여 **기치**를 세우
사 13:2 너희는 민둥산 위에 **기치**를 세우고 소리
사 18:3 지상에 사는 너희여 산들 위에 **기치**를
사 30:17 산마루 위의 **기치** 같으리라 하셨느니라
사 31:9 그의 고관들은 **기치**로 말미암아 놀라
사 49:22 민족들을 향하여 나의 **기치**를 세울 것
사 62:10 돌을 제하라 만민을 위하여 **기치**를 들라

기타(其他, other thing, whatever else)
스 4:3 스룹바벨과 예수아와 **기타** 이스라엘
스 6:16 레위 사람들과 **기타** 사로잡혔던 자의
느 7:33 **기타** 느보 사람이 오십이 명이요
느 7:34 **기타** 엘람 자손이 천이백오십일 명이요
느 8:15 종려나무 가지와 **기타** 무성한 나무 가지
마 15:30 맹인과 말 못하는 사람과 **기타** 여럿을
막 4:19 세상의 염려와 재물의 유혹과 **기타** 욕심
막 12:33 모든 번제물과 **기타** 제물보다 나으니
딤전 1:10 거짓맹세하는 자와 **기타** 바른 교훈을

기탄없이(忌憚, without the slightest qualm)
고후 11:17 어리석은 자와 같이 **기탄없이** 자랑하
유 1:12 그들은 **기탄없이** 너희와 함께 먹으니

기한(期限, appointed time)
창 18:14 **기한**이 이를 때에 내가 네게로 돌아오
창 25:24 **기한**이 찬즉 태에 쌍둥이가 있었는데
창 29:21 야곱이 라반에게 이르되 내 **기한**이 찼으
창 50:4 **기한**이 지나매 요셉이 바로의 궁에 말하
출 9:5 여호와께서 **기한**을 정하여 이르시되
레 12:4 정결하게 되는 **기한**이 차기 전에는 성물
레 12:6 아들이나 딸이나 정결하게 되는 **기한**이
레 25:29 무를 수 있나니 곧 그 **기한** 안에 무르려
신 31:14 모세에게 이르시되 네가 죽을 **기한**이
삿 11:38 두 달을 **기한**하고 그를 보내니 그가 그
삼상 13:8 사무엘이 정한 **기한**대로 이레 동안을
스 10:14 이방 여자에게 장가든 자는 다 **기한**에
느 2:6 보내기를 좋게 여기시기로 내가 **기한**을
느 13:31 또 정한 **기한**에 나무와 처음 익은 것을
에 2:12 물품을 써서 몸을 정결하게 하는 **기한**을
시 102:13 네가 그에게 은혜를 베푸실 때가 정한 **기한**이

【기회】

전 3:1 범사에 **기한**이 있고 천하 만사가 다 때가
전 7:17 우매한 자도 되지 말라 어찌하여 **기한**
사 21:16 내게 이르시되 품꾼의 정한 **기한**같이
렘 5:24 **기한**을 정하시는 우리 하나님 여호와
렘 25:34 도살 당할 날과 흩음을 당할 **기한**이
렘 27:7 그 땅의 **기한**이 이르기까지 섬기리라
단 1:18 왕이 말한 대로 그들을 불러들일 **기한**이
단 4:34 그 **기한**이 차매 나 느부갓네살이 하늘을
단 9:24 일흔 이레를 **기한**으로 정하였나니 허물
단 11:29 작정된 **기한**에 그가 다시 나와서 남방
단 11:35 이는 아직 정한 **기한**이 남았음이라
말 3:11 너희 밭의 포도나무 열매가 **기한** 전에
눅 1:57 엘리사벳이 해산할 **기한**이 차서 아들

기호(記號, sign, symbol)
출 13:9 이것으로 네 손의 **기호**와 네 미간의 표
출 13:16 네 손의 **기호**와 네 미간의 표가 되리라
민 2:2 자기의 조상의 가문의 **기호** 곁에 진을
신 6:8 그것을 네 손목에 매어 **기호**를 삼으며
신 11:18 너희의 손목에 매어 **기호**를 삼고 너희

기혼(Gihon)
1. 에덴동산에 있던 네 강 중의 하나
창 2:13 둘째 강의 이름은 **기혼**이라 구스 온 땅
2. 예루살렘 기드론 골짜기의 샘
왕상 1:33 솔로몬을 내 노새에 태우고 **기혼**으로
왕상 1:38 노새에 태우고 인도하여 **기혼**으로 가서
왕상 1:45 제사장 사독과 선지자 나단이 **기혼**에
대하 32:30 이 히스기야가 또 **기혼**의 윗샘물을
대하 33:14 다윗 성 밖 **기혼** 서쪽 골짜기 안에

기회(機會, chance, opportunity)
민 35:20 밀쳐 죽이거나 **기회**를 엿보아 무엇을
민 35:22 우연히 사람을 밀치거나 **기회**를 엿봄
삿 9:33 당신을 대적하니 당신은 **기회**를 보아
삼상 10:7 이 징조가 네게 임하거든 너는 **기회**를
시 32:6 경건한 자는 주를 만날 **기회**를 얻어서
시 37:32 악인이 의인을 엿보아 살해할 **기회**를
전 9:11 이는 시기와 **기회**는 그들 모두에게 임함
사 29:20 오만한 자가 그쳤으며 죄악의 **기회**를
렘 46:17 바로 왕이 망하였도다 그가 **기회**를 놓쳤
마 26:16 그가 그 때부터 예수를 넘겨 줄 **기회**를
막 6:21 마침 **기회**가 좋은 날이 왔으니 곧 헤롯

【 긴네렛/긴네롯 】　　　　　　　　　　　　　　　　　　　　　　　　　　　　　　　　【 길 1 】

막 14:11　예수를 어떻게 넘겨 줄까 하고 그 **기회**
눅 22:6　예수를 무리가 없을 때에 넘겨 줄 **기회**
행 25:16　고소 사건에 대하여 변명할 **기회**가 있기
롬 7:8　죄가 **기회**를 타서 계명으로 말미암아
롬 7:11　죄가 **기회**를 타서 계명으로 말미암아
고전 16:12　지금은 갈 뜻이 전혀 없으나 **기회**가
고후 5:12　오직 우리로 말미암아 자랑할 **기회**를
고후 11:12　**기회**를 찾는 자들이 그 … 그 **기회**를
갈 5:13　자유로 육체의 **기회**를 삼지 말고 오직
갈 6:10　우리는 **기회** 있는 대로 모든 이에게
빌 4:10　생각은 하였으나 **기회**가 없었느니라
딤전 5:14　대적에게 비방할 **기회**를 조금도 주지
히 11:15　본향을 생각하였더라면 돌아갈 **기회**가
히 12:17　버린 바가 되어 회개할 **기회**를 얻지 못
계 2:21　또 내가 그에게 회개할 **기회**를 주었으되

긴네렛/긴네롯(Kinnereth) 갈릴리 바다
민 34:11　내려가서 **긴네렛** 동쪽 해변에 이르고
신 3:17　아라바와 요단과 그 지역이요 **긴네렛**에
수 11:2　북쪽 산지와 **긴네롯** 남쪽 아라바와 평지
수 12:3　동방 아라바 **긴네롯** 바다까지이며 또
수 13:27　강 가에서부터 요단 동쪽 **긴네렛** 바다
수 19:35　싯딤과 세르와 함맛과 락갓과 **긴네렛**과
왕상 15:20　이욘과 단과 아벨벧마아가와 **긴네렛**

긴느도이(Ginnethon) 귀환한 제사장
느 12:4　잇도와 **긴느도이**와 아비야와

긴느돈/--족속(Ginnethon) 귀환한 제사장과 그 족속
느 10:6　다니엘, **긴느돈**, 바룩,
느 12:16　잇도 족속에는 스가랴요 **긴느돈** 족속에

긷다(draw)
창 24:11　저녁 때라 여인들이 물을 **길으러** 나올
창 24:13　사람의 딸들이 물 **길으러** 나오겠사오니
창 24:19　낙타를 위하여서도 물을 **길어** 그것들도
창 24:20　구유에 붓고 다시 **길으려고** 우물로 달 려가서 모든 낙타를 위하여 **긷는지라**
창 24:43　젊은 여자가 물을 **길으러** 오거든 내가
창 24:44　당신의 낙타를 위하여도 **길으리라** 하면
창 24:45　우물로 내려와 **긷기로** 내가 그에게 이르
출 2:16　그들이 와서 물을 **길어** 구유에 채우고

출 2:19　우리를 위하여 물을 **길어** 양 떼에게 먹
신 29:11　나무를 패는 자로부터 물 **긷는** 자까지
수 9:21　회중을 위하여 나무를 패며 물을 **긷는**
수 9:23　나무를 패며 물을 **긷는** 자가 되리라
수 9:27　나무를 패며 물을 **긷는** 자들로 삼았더니
삿 5:11　물 **긷는** 곳에서도 여호와의 공의로우신
룻 2:9　그릇에 가서 소년들이 **길어** 온 것을
삼상 7:6　그들이 미스바에 모여 물을 **길어** 여호와
삼상 9:11　비탈길로 올라가다가 물 **길으러** 나오는
삼하 5:8　여부스 사람을 치거든 물 **긷는** 데로
삼하 23:16　베들레헴 성문 곁 우물 물을 **길어** 가지
대상 11:18　베들레헴 성문 곁 우물 물을 **길어** 가지
느 4:23　물을 **길으러** 갈 때에도 각각 병기를
잠 20:5　명철한 사람은 그것을 **길어** 내느니라
사 12:3　구원의 우물들에서 물을 **길으리로다**
나 3:14　너는 물을 **길어** 에워쌀 것을 대비하며
학 2:16　포도즙 틀에 오십 고르를 **길으러** 이른즉
요 4:7　사마리아 여자 한 사람이 물을 **길으러**
요 4:15　목마르지도 않고 또 여기 물 **길으러**

길 1(journey, road, way)
<u>모세오경</u>
창 10:30　메사에서부터 스발로 가는 **길**의 동쪽
창 13:3　그가 네게브에서부터 **길**을 떠나 벧엘에
창 16:7　사자가 광야의 샘물 곁 곧 술 **길** 샘 곁
창 19:2　주무시고 일찍이 일어나 갈 **길**을 가소서
창 24:27　여호와께서 **길**에서 나를 인도하사 내
창 24:42　여호와여 만일 내가 행하는 **길**에 형통함
창 28:20　내가 가는 이 **길**에서 나를 지키시고
창 29:1　야곱이 **길**을 떠나 동방 사람의 땅에
창 32:1　야곱이 **길**을 가는데 하나님의 사자들이
창 35:3　내게 응답하시며 내가 가는 **길**에서
창 35:16　그들이 벧엘에서 **길**을 떠나 에브랏에
창 35:21　이스라엘이 다시 **길**을 떠나 에델 망대
창 42:25　**길** 양식을 그들에게 주게 하니 그대로
창 42:38　만일 너희가 가는 **길**에서 재난이 그에게
창 45:21　그들에게 수레를 주고 **길** 양식을 주며
창 45:23　암나귀 열 필에는 아버지에게 **길**에서
창 45:24　그들에게 이르되 당신들은 **길**에서 다투
출 4:24　모세가 **길**을 가다가 숙소에 있을 때에
출 5:20　나올 때에 모세와 아론이 **길**에 서 있는
출 13:17　하나님이 그들을 그 **길**로 인도하지 아니
출 13:21　낮에는 구름 기둥으로 그들의 **길**을 인도

【 길 1 】

출 18:8	모든 일과 **길**에서 그들이 당한 모든
출 18:20	율례와 법도를 가르쳐서 마땅히 갈 **길**과
출 23:4	네가 만일 네 원수의 **길** 잃은 소나 나귀
출 23:20	내가 사자를 네 앞에 보내어 **길**에서 너
출 32:8	그들이 내가 그들에게 명령한 **길**을 속히
출 33:3	목이 곧은 백성인즉 내가 **길**에서 너희를
출 40:36	그 모든 행진하는 **길**에 앞으로 나아갔고
출 40:38	모든 행진하는 **길**에서 그들의 눈으로
레 26:22	너희의 수효를 줄이리니 너희의 **길**들이
민 10:12	시내 광야에서 출발하여 자기 **길**을 가더
민 21:4	에돔 땅을 우회하려 하였다가 **길**로 말미
민 22:1	이스라엘 자손이 또 **길**을 떠나 모압
민 22:22	여호와의 사자가 그를 막으려고 **길**에
민 22:23	손에 들고 **길**에 선 것을 보고 **길**에서 벗 어나 … 발람이 나귀를 **길**로 돌이키려
민 22:24	포도원 사이 좁은 **길**에 섰고 좌우에는
민 22:31	사자가 손에 칼을 빼들고 **길**에 선 것을
민 22:32	보라 내 앞에서 네 **길**이 사악하므로
민 22:34	당신이 나를 막으려고 **길**에 서신 줄을
민 24:25	자기 곳으로 돌아가고 발락도 자기 **길**로
신 1:19	아모리 족속의 산지 **길**로 가데스 바네아
신 1:22	그 땅을 정탐하고 어느 **길**로 올라가야
신 1:31	여호와께서 너희가 걸어온 **길**에서 너희
신 1:33	그는 너희보다 먼저 그 **길**을 가시며 … 낮에는 구름으로 너희가 갈 **길**을 지시
신 6:7	집에 앉았을 때에든지 **길**을 갈 때에든지
신 8:6	여호와의 명령을 지켜 그의 **길**을 따라
신 10:6	브에롯 브네야아간에서 **길**을 떠나
신 10:11	일어나서 백성보다 먼저 **길**을 떠나라
신 11:19	집에 앉아 있을 때에든지, **길**을 갈 때
신 11:30	해지는 쪽으로 가는 **길** 뒤 길갈 맞은편
신 17:16	너희가 이 후에는 그 **길**로 다시 돌아가
신 19:3	땅 전체를 세 구역으로 나누어 **길**을 닦고
신 19:6	살인자를 뒤쫓는데 그 가는 **길**이 멀면
신 19:9	여호와를 사랑하고 항상 그의 **길**로 행할
신 22:1	형제의 소나 양이 **길** 잃은 것을 보거든
신 22:4	형제의 나귀나 소가 **길**에 넘어진 것을
신 22:6	**길**을 가다가 나무에나 땅에 있는 새의
신 23:4	떡과 물로 너희를 **길**에서 영접하지 아니
신 24:9	애굽에서 나오는 **길**에서 네 하나님
신 25:17	너희는 애굽에서 나오는 **길**에 아말렉
신 25:18	그가 너를 **길**에서 만나 네가 피곤할
신 27:18	맹인에게 **길**을 잃게 하는 자는 저주를

신 28:7	그들이 한 **길**로 … 일곱 **길**로 도망하리
신 28:9	여호와의 명령을 지켜 그 **길**로 행할 것
신 28:25	그들을 치러 한 **길**로 나가서 그들 앞에 서 일곱 **길**로 도망할 것이며 네가 또
신 28:29	네가 백주에도 더듬고 네 **길**이 형통하지
신 28:68	네가 다시는 그 **길**을 보지 아니하리라 하시던 그 **길**로 너를 애굽으로 끌어 가
신 30:16	여호와를 사랑하고 그 모든 **길**로 행하며
신 31:29	너희에게 명령한 **길**을 떠나 여호와의
신 32:4	모든 **길**이 정의롭고 진실하고 거짓이

역사서

수 1:8	그리하면 네 **길**이 평탄하게 될 것이며
수 2:16	뒤쫓는 자들이 돌아간 후에 너희의 **길**을
수 2:22	뒤쫓는 자들이 그들을 **길**에서 두루 찾다
수 3:4	너희가 이전에 이 **길**을 지나보지 못하
수 5:7	여호수아가 할례를 행하였으니 **길**에서
수 8:20	이 **길**로도 저 **길**로도 도망할 수 없이
수 12:3	염해의 벧여시못으로 통한 **길**까지와
수 24:17	우리가 행한 모든 **길**과 우리가 지나온
삿 2:17	그들의 조상들이 행하던 **길**에서 속히
삿 4:9	네가 이번에 가는 **길**에서는 영광을 얻지
삿 5:6	야엘의 날에는 대로가 비었고 **길**의 행인
삿 5:10	양탄자에 앉은 자들, **길**에 행하는 자들
삿 5:20	그들이 다니는 **길**에서 시스라와 싸웠
삿 8:11	욕브하 동쪽 장막에 거주하는 자의 **길**로
삿 9:25	아비멜렉을 엿보게 하고 그 **길**로 지나
삿 18:5	물어 보아서 우리가 가는 **길**이 형통할
삿 18:6	평안히 가라 너희가 가는 **길**은 여호와
삿 18:21	가축과 값진 물건들을 앞세우고 **길**을
삿 18:26	단 자손이 자기 **길**을 간지라 미가가 단
삿 19:5	그대의 기력을 돋운 후에 그대의 **길**을
삿 19:9	내일 일찍이 그대의 **길**을 가서 그대의
삿 20:31	한쪽은 벧엘로 올라가는 **길**이요 한쪽 은 기브아의 들로 가는 **길**에서 백성
룻 1:7	유다 땅으로 돌아오려고 **길**을 가다가
삼상 6:9	궤가 그 본 지역 **길**로 올라가서 벧세메스
삼상 9:6	그가 혹 우리가 갈 **길**을 가르쳐 줄까
삼상 9:8	하나님의 사람에게 드려 우리 **길**을 가르
삼상 12:23	선하고 의로운 **길**을 너희에게 가르칠
삼상 13:18	골짜기가 내려다 보이는 지역 **길**로
삼상 15:2	곧 애굽에서 나올 때에 **길**에서 대적하
삼상 15:18	여호와께서 왕을 **길**로 보내시며 이르
삼상 15:20	여호와께서 보내신 **길**로 가서 아말렉

【 길 1 】   【 길 1 】

삼상 17:52 부상자들은 사아라임 가는 **길**에서부터	왕하 3:8 여호람이 이르되 우리가 어느 **길**로 올라
삼상 20:22 화살이 네 앞쪽에 있다 하거든 네 **길**을	왕하 3:9 유다 왕과 에돔 왕이 가더니 **길**을 둘러
삼상 21:5 내가 떠난 **길**이 보통 여행이라도 소년	왕하 6:19 그들에게 이르되 이는 그 **길**이 아니요
삼상 24:7 사울이 일어나 굴에서 나가 자기 **길**을	왕하 7:15 버린 의복과 병기가 **길**에 가득하였더라
삼상 25:12 다윗의 소년들이 돌아서 자기 **길**로 행하	왕하 11:16 이에 그의 **길**을 열어 주매 그가 왕궁의
삼상 26:25 다윗은 자기 **길**로 가고 사울은 자기 곳	말이 다니는 **길**로 가다가 거기서 죽임
삼상 28:22 왕은 잡수시고 **길** 가실 때에 기력을	왕하 19:28 재갈을 네 입에 물려 너를 오던 **길**로
삼상 30:2 사로잡아 끌고 자기 **길**을 갔더라	왕하 19:33 오던 **길**로 돌아가고 이 성에 이르지
삼하 4:5 레갑과 바아나가 **길**을 떠나 볕이 쬘 때	왕하 21:21 그의 아버지가 행한 모든 **길**로 행하여
삼하 11:10 다윗이 우리아에게 이르되 네가 **길** 갔다	왕하 21:22 여호와를 버리고 그 **길**로 행하지 아니
삼하 13:30 그들이 **길**에 있을 때에 압살롬이 왕의	대하 6:34 주께서 보내신 **길**로 나갈 때에 그들이
삼하 15:30 다윗이 감람 산 **길**로 올라갈 때에 그	대하 11:4 여로보암을 치러 가던 **길**에서 되돌아
삼하 16:13 다윗과 그의 추종자들이 **길**을 갈 때에	대하 23:15 이에 무리가 그에게 **길**을 열어 주매
삼하 20:12 아마사가 **길** 가운데 피 속에 놓여 있는	스 7:9 첫째 달 초하루에 바벨론에서 **길**을 떠났
왕상 1:49 손님들이 다 놀라 일어나 각기 갈 **길**로	스 8:22 진노를 내리신다 하였으므로 **길**에서
왕상 2:2 이제 세상 모든 사람이 가는 **길**로 가게	스 8:31 우리를 도우사 대적과 **길**에 매복한 자의
왕상 2:3 여호와의 명령을 지켜 그 **길**로 행하여	느 2:6 네가 몇 날에 다녀올 **길**이며 어느 때에
왕상 2:4 자손들이 그들의 **길**을 삼가 마음을 다하	느 9:19 그들에게서 떠나지 아니하고 **길**을 인도
왕상 3:14 다윗이 행함같이 내 **길**로 행하며 내	하며 밤에는 불 기둥이 그들이 갈 **길**을
왕상 8:25 네 자손이 자기 **길**을 삼가서 네가 내	느 12:37 다윗의 궁 윗 **길**에서 동쪽으로 향하여
왕상 8:44 주께서 보내신 **길**로 나갈 때에 그들이	느 12:38 성벽 위로 가서 화덕 망대 윗 **길**로 성벽
왕상 8:58 마음을 주께로 향하여 그의 모든 **길**로	**시가서**
왕상 11:29 실로 사람 선지자 아히야가 **길**에서 그를	욥 3:23 하나님에게 둘러 싸여 **길**이 아득한 사람
왕상 11:33 다윗이 행함 같지 아니하여 내 **길**로	욥 6:18 대상들은 그들의 **길**을 벗어나서 삭막한
왕상 11:38 모든 일에 순종하고 내 **길**로 행하며 내	욥 8:19 그 **길**의 기쁨은 이와 같고 그 후에 다른
왕상 13:9 물도 마시지 말고 왔던 **길**로 되돌아가지	욥 12:24 총명을 빼앗으시고 그들을 **길** 없는 거친
왕상 13:10 이에 다른 **길**로 가고 … **길**로 되돌아가	욥 13:27 발을 차꼬에 채우시며 나의 모든 **길**을
왕상 13:12 그가 어느 **길**로 가더냐 하니 그의 …	욥 16:22 수년이 지나면 나는 돌아오지 못할 **길**로
하나님의 사람의 간 **길**을 보았음이라	욥 17:9 그러므로 의인은 그 **길**을 꾸준히 가고
왕상 13:17 또 네가 오던 **길**로 되돌아가지도 말라	욥 19:8 내 **길**을 막아 지나가지 못하게 하시고
왕상 13:24 사자가 **길**에서 … 시체가 **길**에 버린 바	욥 19:12 그 군대가 일제히 나아와서 **길**을 돋우고
왕상 13:25 지나가는 사람들이 **길**에 버린 시체와	욥 21:29 너희가 **길** 가는 사람들에게 묻지 아니
왕상 13:26 그 사람을 **길**에서 데리고 돌아간 선지자	욥 21:31 누가 능히 그의 면전에서 그의 **길**을
왕상 13:28 그가 가서 본즉 그의 시체가 **길**에 버린	욥 22:28 결정하면 이루어질 것이요 네 **길**에
왕상 15:26 악을 행하되 그의 아버지의 **길**로 행하며	욥 23:10 그러나 내가 가는 **길**을 그가 아시나니
왕상 18:6 이 **길**로 가고 오바댜는 홀로 저 **길**로	욥 23:11 그의 **길**을 지켜 치우치지 아니하였고
왕상 18:7 오바댜가 **길**에 있을 때에 엘리야가 그를	욥 24:4 가난한 자를 **길**에서 몰아내나니 세상
왕상 18:27 잠깐 나갔는지 혹은 그가 **길**을 행하는지	욥 24:13 그 도리를 알지 못하며 그 **길**에 머물지
왕상 19:7 일어나 먹으라 네가 갈 **길**을 다 가지	욥 24:18 그들이 다시는 포도원 **길**로 다니지 못할
왕상 19:15 그에게 이르시되 너는 네 **길**을 돌이켜	욥 24:23 지탱해 주시나 그들의 **길**을 살피시도다
왕상 22:52 그의 아버지의 **길**과 그의 어머니의 **길**과	욥 28:7 그 **길**은 솔개도 알지 못하고 매의 눈도
왕하 2:11 두 사람이 **길**을 가며 말하더니 불수레	욥 28:13 그 **길**을 사람이 알지 못하나니 사람
왕하 2:23 벧엘로 올라가더니 **길**에서 올라갈	욥 28:23 그 **길**을 아시며 있는 곳을 아시나니

욥 29:25	내가 그들의 길을 택하여 주고 으뜸되는
욥 30:12	발에 덫을 놓으며 나를 대적하여 길을
욥 30:13	그들이 내 길을 헐고 내 재앙을 재촉하
욥 31:4	내 길을 살피지 아니하시느냐 내 걸음
욥 31:7	내 걸음이 길에서 떠났거나 내 마음이
욥 33:11	내 발을 차꼬에 채우시고 나의 모든 길
욥 34:27	그를 떠나고 그의 모든 길을 깨달아
욥 36:18	많은 뇌물이 그대를 그릇된 길로 가게
욥 36:23	누가 그를 위하여 그의 길을 정하였느냐
욥 38:19	어느 것이 광명이 있는 곳으로 가는 길이냐… 흑암이 있는 곳으로 가는 길이
욥 38:20	그의 집으로 가는 길을 알고 있느냐
욥 38:24	어느 길로 뻗치며 동풍이 어느 길로
욥 38:25	물길을 터 주었으며 우레와 번개 길을

"네 길을 여호와께 맡기라 그를 의지하면 그가 이루시고"(시 37:5)

시 2:12	진노하심으로 너희가 길에서 망하리니
시 10:5	그의 길은 언제든지 견고하고 주의 심판
시 18:32	힘으로 내게 띠 띠우시며 내 길을 완전
시 19:5	신랑과 같고 그의 길을 달리기 기뻐하는
시 25:10	여호와의 모든 길은 그의 언약과 증거를
시 25:12	경외하는 자 누구냐 그가 택할 길을
시 31:11	내 친구가 놀라고 길에서 보는 자가
시 32:8	내가 네 갈 길을 가르쳐 보이고 너를
시 35:3	창을 빼사 나를 쫓는 자의 길을 막으
시 35:6	그들의 길을 어둡고 미끄럽게 하시며
시 37:5	네 길을 여호와께 맡기라 그를 의지하면
시 37:7	자기 길이 형통하며 악한 꾀를 이루는
시 37:23	사람의 걸음을 정하시고 그의 길을 기뻐
시 78:50	그는 진노로 길을 닦으사 그들의 목숨을
시 80:12	주께서 어찌하여 그 담을 허시사 길로
시 89:41	길로 지나가는 자들에게 다 탈취를 당하
시 91:11	그의 천사들을 명령하사 네 모든 길에서
시 95:10	마음이 미혹된 백성이라 내 길을 알지
시 107:40	능욕을 쏟아 부으시고 길 없는 황야에서
시 119:5	길을 굳게 정하사 주의 율례를 지키게
시 119:105	주의 말씀은 내 발에 등이요 내 길에
시 128:1	여호와를 경외하며 그의 길을 걷는 자
시 139:3	나의 모든 길과 내가 눕는 것을 살펴
시 142:3	내 길을 아셨나이다 내가 가는 길에
시 143:8	내가 다닐 길을 알게 하소서 내가 내
잠 1:15	내 아들아 그들과 함께 길에 다니지 말라 네 발을 금하여 그 길을 밟지 말라
잠 1:19	이익을 탐하는 모든 자의 길은 다 이러
잠 2:13	무리는 정직한 길을 떠나 어두운 길로
잠 2:15	그 길은 구부러지고 그 행위는 패역하
잠 2:18	그의 집은 사망으로, 그의 길은 스올로
잠 3:6	범사에 그를 인정하라 그리하면 네 길을
잠 3:17	그 길은 즐거운 길이요 그의 지름길은
잠 3:23	네가 네 길을 평안히 행하겠고 네 발이
잠 4:11	내가 지혜로운 길을 네게 가르쳤으며 정직한 길로 너를 인도하였은즉
잠 4:15	그의 길을 피하고 지나가지 말며 돌이켜
잠 4:26	네 발이 행할 길을… 모든 길을 든든히
잠 5:6	그는 생명의 평탄한 길을 찾지 못하며 자기 길이 든든하지 못하여도 그것을
잠 5:8	네 길을 그에게서 멀리 하라 그의 집
잠 5:21	그 사람의 모든 길을 평탄하게 하시느
잠 6:15	당장에 멸망하여 살릴 길이 없으리라
잠 7:19	남편은 집을 떠나 먼 길을 갔는데
잠 7:25	음녀의 길로 치우치지 말며 그 길에
잠 8:20	정의로운 길로 행하며 공의로운 길 가운
잠 9:15	자기 길을 바로 가는 행인들을 불러
잠 11:5	완전한 자의 공의는 자기의 길을 곧게
잠 11:8	구원을 얻으나 악인은 자기의 길로 가느
잠 14:8	지혜는 자기의 길을 아는 것이라도 미련
잠 14:12	어떤 길은 사람이 보기에 바르나 필경
잠 15:21	명철한 자는 그 길을 바르게 하느니라
잠 16:9	사람이 마음으로 자기의 길을 계획할
잠 16:17	정직한 사람의 대로이니 자기의 길을
잠 16:25	어떤 길은 사람이 보기에 바르나 필경은
잠 16:29	그 이웃을 꾀어 좋지 아니한 길로 인도
잠 18:16	사람의 선물은 그의 길을 넓게 하며 또
잠 19:3	사람이 미련하므로 자기 길을 굽게 하고
잠 20:24	사람이 어찌 자기의 길을 알 수 있으랴

[길 1]   [길 1]

잠 23:26	마음을 내게 주며 네 눈으로 내 길을		사 65:2	자기 생각을 따라 옳지 않은 길을 걸어
잠 26:13	게으른 자는 길에 사자가 있다 거리에		사 66:3	자기의 길을 택하며 그들의 마음은 가증
잠 26:17	길로 지나가다가 자기와 상관 없는		렘 2:17	네 하나님 여호와가 너를 길로 인도할
전 10:3	우매한 자는 길을 갈 때에도 지혜가		렘 2:18	애굽으로 가는 길에 있음은 어찌 됨이
전 11:9	마음에 원하는 길들과 네 눈이 보는			며 또 … 앗수르로 가는 길에 있음은
전 12:5	높은 곳을 두려워할 것이며 길에서는		렘 2:23	네 길을 보라 … 암낙타가 그의 길을
선지서			렘 2:36	네가 어찌하여 네 길을 바꾸어 부지런히
사 2:3	그의 길을 우리에게 … 그 길로 행하리		렘 3:13	여호와를 배반하고 네 길로 달려 이방인
사 3:12	너를 유혹하여 네가 다닐 길을 어지럽		렘 3:21	그들의 길을 굽게 하며 자기 하나님
사 8:11	백성의 길로 가지 말 것을 내게 깨우쳐		렘 6:16	이와 같이 말씀하시되 너희는 길에 서서
사 26:8	여호와여 주께서 심판하시는 길에서		렘 6:25	너희는 밭에도 나가지 말라 길로도 다니
사 30:11	너희는 바른 길을 버리며 첩경에서 돌이		렘 6:27	망대와 요새로 삼아 그들의 길을 알고
사 30:21	귀에 들려 이르기를 이것이 바른 길이니		렘 7:23	너희는 내가 명령한 모든 길로 걸어가라
사 35:8	거기에 대로가 있어 그 길을 거룩한 길		렘 8:6	달리는 말같이 각각 그 길로 행하도다
	이라 … 우매한 행인은 그 길로 다니지		렘 14:10	그들이 어그러진 길을 사랑하여 그들의
사 37:29	재갈을 네 입에 물려 너를 오던 길로		렘 15:7	이는 그들이 자기들의 길에서 돌이키지
사 37:34	그가 오던 길 곧 그 길로 돌아가고 이 성		렘 18:15	그들로 그들의 길 곧 그 옛길에서 넘어
사 40:27	이스라엘아 네가 이르기를 내 길은			지게 하며 곁길 곧 닦지 아니한 길로
사 41:3	그의 발로 가 보지 못한 길을 안전히		렘 23:12	그러므로 그들의 길이 … 그들이 밀어
사 42:16	맹인들을 그들이 알지 못하는 길로 이끌			냄을 당하여 그 길에 엎드러질 것이라
사 42:24	그의 길로 다니기를 원하지 아니하며		렘 28:11	선지자 예레미야가 자기의 길을 가니라
사 43:19	반드시 내가 광야에 길을 사막에 강을		렘 31:21	네가 전에 가던 길을 마음에 두라 돌아
사 45:13	그의 모든 길을 곧게 하리니 그가 나의		렘 32:39	내가 그들에게 한 마음과 한 길을 주어
사 47:15	장사하던 자들이 각기 제 길로 흩어지고		렘 42:3	여호와께서 우리가 마땅히 갈 길과 할 일
사 48:15	그를 인도하였나니 그 길이 형통하리라		렘 50:4	그들이 울면서 그 길을 가며 그의 하나님
사 49:9	그들은 길에서 먹겠고 모든 헐벗은 산에		렘 50:5	얼굴을 시온으로 향하여 그 길을 물으며
사 49:11	내가 나의 모든 산을 길로 삼고 나의		애 3:9	돌을 쌓아 내 길들을 막으사 내 길들을
사 51:10	바다 깊은 곳에 길을 내어 구속 받은		애 3:11	나의 길들로 치우치게 하시며 내 몸을
사 53:6	양 같아서 그릇 행하여 각기 제 길로		겔 9:2	여섯 사람이 북향한 윗문 길로부터 오는
사 55:7	악인은 그의 길을, 불의한 자는 그의		겔 18:23	그가 돌이켜 그 길에서 떠나 사는 것을
사 55:8	내 길은 너희의 길과 다름이니라 여호		겔 18:25	내 길이 어찌 공평하지 아니하냐 너희
사 55:9	내 길은 너희의 길보다 높으며 내 생각			길이 공평하지 아니한 것이 아니냐
사 56:11	몰지각한 목자들이라 다 제 길로 돌아		겔 18:29	이스라엘 족속아 나의 길이 어찌 공평
사 57:2	그들은 평안에 들어갔나니 바른 길로			하지 아니하냐 너희 길이 공평하지 아니
사 57:10	네가 길이 멀어서 피곤할지라도 헛되다		겔 20:43	거기에서 너희의 길과 스스로 더럽힌
사 57:14	그가 말하기를 돋우고 돋우어 길을 수		겔 21:19	두 길을 한 땅에서 나오도록 그리되 곧
	축하여 내 백성의 길에서 거치는 것을			성으로 들어가는 길 어귀에다가 길이
사 57:18	내가 그의 길을 보았은즉 그를 고쳐 줄		겔 21:20	칼이 암몬 족속의 랍바에 이르는 길과
사 58:2	그들은 날마다 나를 찾아 나의 길 알기			… 성 예루살렘에 이르는 길을 그리라
사 58:12	*보수하는 자라 할 것이며 길을 수축하여*		겔 23:13	그 두 여인이 한 길로 행하므로 그도
사 58:13	이를 존귀하게 여기고 네 길로 행하지		겔 23:31	네가 네 형의 길로 행하였은즉 내가
사 59:7	악한 생각이라 황폐와 파멸이 그 길에		겔 28:15	네 모든 길에 완전하더니 마침내 네게
사 62:10	백성이 올 길을 닦으라 큰 길을 수축하라		겔 33:8	그의 길에서 떠나게 하지 아니하면 그

【 길 1 】   【 길 1 】

겔 33:9	돌이켜 그의 길에서 떠나라고 하되 그가 돌이켜 그의 길에서 떠나지 아니하
겔 33:11	악인이 그의 길에서 돌이켜 떠나 사는
겔 33:17	실상은 그들의 길이 바르지 아니하니라
겔 39:11	통행하던 길이 막힐 것이라 사람이 거기
겔 42:15	동쪽을 향한 문의 길로 나가서 사방
겔 44:3	왕은 왕인 까닭에 안 길로 이 문 현관으로 들어와서 … 그 길로 나갈 것이니라
겔 47:2	북문으로 나가서 바깥 길로 꺾여 동쪽
호 2:6	그러므로 내가 가시로 그 길을 막으며 담을 쌓아 그로 그 길을 찾지 못하게
호 9:8	선지자는 모든 길에 친 새 잡는 자의
호 10:13	이는 네가 네 길과 네 용사의 많음을
호 14:9	여호와의 도는 정직하니 의인은 그 길로 다니거니와 그러나 죄인은 그 길에
욜 2:7	자기의 길로 나아가되 그 줄을 이탈하지
욜 2:8	자기의 길로 나아가며 무기를 돌파하고
암 2:7	연약한 자의 길을 굽게 하며 아버지와
미 2:13	길을 여는 자가 그들 앞에 올라가고 그들은 길을 열어 성문에 이르러서는 우리가 그의 길로 행하리라 하리니 이는
미 4:2	
나 2:1	너는 산성을 지키며 길을 파수하며 네
말 2:8	너희는 옳은 길에서 떠나 많은 사람을
말 2:9	너희가 내 길을 지키지 아니하고 율법
말 3:1	그가 내 앞에서 길을 준비할 것이요 또

복음서

| 마 2:12 | 지시하심을 받아 다른 길로 고국에 돌아 |

마 3:3	그가 오실 길을 곧게 하라 하였느니라
마 5:25	너를 고발하는 자와 함께 길에 있을 때
마 7:13	멸망으로 인도하는 문은 크고 그 길이
마 7:14	생명으로 인도하는 문은 좁고 길이 협착
마 8:28	몹시 사나워 아무도 그 길로 지나갈 수
마 11:10	그가 네 길을 네 앞에 준비하리라 하신
마 12:19	들레지도 아니하리니 아무도 길에서
마 15:32	먹을 것이 없도다 길에서 기진할까 하여
마 18:12	그 중의 하나가 길을 잃었으면 그 아흔 아홉 마리를 산에 두고 가서 길 잃은
마 18:13	길을 잃지 아니한 아흔아홉 마리보다
마 20:17	열두 제자를 따로 데리시고 길에서
마 21:8	겉옷을 길에 … 나뭇가지를 베어 길에
마 22:9	네거리 길에 가서 사람을 만나는 대로
마 22:10	종들이 길에 나가 악한 자나 선한 자나
막 1:2	사자를 네 앞에 보내노니 그가 네 길을
막 1:3	그의 오실 길을 곧게 하라 기록된 것과
막 2:23	그의 제자들이 길을 열며 이삭을 자르니
막 8:3	굶겨 집으로 보내면 길에서 기진하리라
막 8:27	여러 마을로 나가실새 길에서 제자들
막 9:33	제자들에게 물으시되 너희가 길에서
막 9:34	그들이 잠잠하니 이는 길에서 서로 누가
막 10:17	예수께서 길에 나가실새 한 사람이 달려
막 10:32	예루살렘으로 올라가는 길에 예수께서
막 10:52	곧 보게 되어 예수를 길에서 따르니라
막 11:8	다른 이들은 들에서 벤 나뭇가지를 길에
눅 1:76	주 앞에 앞서 가서 그 길을 준비하여

성경에 나오는 '길 1'

가인의 길 – 유 1:11
거룩한 길 – 사 35:8
게으른 자의 길 – 잠 15:19
곧은 길 – 렘 31:9; 히 12:13
공의로운 길 – 잠 8:20; 12:28; 16:31
광야 길 – 신 2:8; 8:2; 수 5:4, 5; 8:15; 삿 20:42; 삼하 15:23; 왕하 3:8; 시 107:4
구원의 길 – 행 16:17
굽은 길 – 시 125:5; 잠 10:9; 28:18; 사 59:8
길과 행위 – 렘 4:18; 7:3, 5; 18:11; 26:13; 32:19; 슥 1:6
깨끗한 자의 길 – 잠 21:8

네겝 길 – 민 13:17
다윗과 솔로몬의 길 – 대하 11:17
달려갈 길 – 행 13:25; 20:24; 딤후 4:7
동방에서 오는 왕들의 길 – 계 16:12
맹인의 길 – 롬 2:19
명철의 길 – 잠 9:6; 21:16
므오느님 상수리나무 길 – 삿 9:37
바람의 길 – 전 11:5
바른 길 – 창 24:48; 대하 27:6; 시 107:7; 잠 10:9; 23:19
바산 길 – 민 21:33
발람의 (어그러진) 길 – 벧후 2:15; 유 1:11
베들레헴 길 – 창 35:19
벧세메스 길 – 삼상 6:12

【 길 1 】

성경에 나오는 '길 1'

벧호론 길 – 삼상 13:18
블레셋 사람의 땅의 길 – 출 13:17
비구름의 길 – 욥 28:26
사람의 길 – 욥 34:21; 잠 5:21; 렘 10:23
사망의 길 – 잠 14:12; 16:25; 렘 21:8
사악한 자의 길 – 잠 4:14; 13:15
생명나무의 길 – 창 3:24
생명의 길 – 시 16:11; 잠 2:19; 5:6; 6:23; 10:17; 15:24; 렘 21:8; 행 2:28
선한 길 – 왕상 8:36; 대하 6:27; 잠 2:9; 렘 6:16
선한 자의 길 – 잠 2:20
성(의) 길 – 계 11:8; 21:21
성도들의 길 – 잠 2:8
성실한 길 – 시 119:30
세겜 길 – 호 6:9
스올의 길 – 잠 7:27
아다림 길 – 민 21:1
아라바 길 – 삼하 4:7; 왕하 25:4; 렘 52:7
아사의 길 – 왕상 22:43; 대하 20:32; 21:12
아합의 집 길 – 왕하 8:27; 대하 22:3
악인의 길 – 시 1:6; 146:9; 잠 4:14, 19; 15:9
악한 길 – 왕상 13:33; 왕하 17:13; 대하 7:14; 시 36:4; 119:101; 잠 28:10; 렘 18:11; 23:22; 25:5; 26:3; 35:15; 36:3, 7; 겔 3:18; 13:22; 20:44; 33:11; 36:31; 욘 3:8, 10; 슥 1:4
악한 자의 길 – 잠 2:12; 렘 12:1
어리석은 자들의 길 – 시 49:13
여러 나라의 길 – 렘 10:2
여로보암의 (모든) 길 – 왕상 15:34; 16:2, 19, 26; 22:52
여호사밧의 길 – 대하 21:12
여호와의 길 – 대하 17:6; 사 40:3; 렘 5:4, 5; 나 1:3
영원한 길 – 시 139:24
에브랏 길 – 창 48:7
옛적 길 – 욥 22:15; 렘 6:16
오브라 길 – 삼상 13:17
온전한 길 – 욥 4:6
완전한 길 – 시 101:2, 6

왕의 (동산 곁문) 길 – 왕하 25:4; 렘 39:4; 52:7; 단 5:23
음녀의 길 – 잠 7:25
의의 길 – 시 23:3
의인의 길 – 시 1:6; 잠 2:20; 4:18; 사 26:7
이방인의 길 – 마 10:5
이스라엘 왕들의 길 – 왕하 8:18; 대하 21:6, 13; 28:2
이스라엘의 여러 왕의 길 – 왕하 16:3
자기 마음의 길 – 사 57:17
정원의 정자 길 – 왕하 9:27
정의의 길 – 잠 2:8; 사 40:14
정직한 길 – 잠 2:13; 4:11
정직한 자의 길 – 잠 15:19
조상 다윗의 (모든/처음) 길 – 왕하 22:2; 대하 17:3; 34:2
좋은 길 – 롬 1:10; 고전 12:31
죄를 크게 범한 자의 길 – 잠 21:8
죄악의 길 – 시 107:17
죄인들의 길 – 시 1:1
주의 계명들의 길 – 시 119:32, 35
주의 (곧은/법도들의) 길 – 출 33:13; 대하 6:31; 시 5:8; 17:5; 25:4; 44:18; 65:11; 77:19; 85:13; 119:15, 27, 37; 사 63:17; 64:5; 겔 18:25, 29; 33:17, 20; 마 3:3; 막 1:3; 눅 3:4; 요 1:23; 행 13:10; 계 15:3
패역할 길 – 삿 2:19
패역한 자의 길 – 잠 22:5
평강의 길 – 사 59:8; 눅 1:79; 롬 3:17
평탄한 길 – 창 24:21, 40; 스 8:21; 시 27:11; 잠 5:6
포악한 자의 길 – 시 17:4
하나님을 잊어버리는 자의 길 – 욥 8:13
해변 길 – 사 9:1; 마 4:15
행할 길 – 수 3:4; 느 9:12; 잠 4:26; 22:6; 사 48:17
헤브론 길 – 겔 47:15; 48:1
형통한 길 – 창 24:56
호로나임 길 – 사 15:5
호위병의 문 길 – 왕하 11:19
홍해 길 – 출 13:18; 민 14:25; 21:4; 신 1:40; 2:1

【 길 1 】　　　　　　　　　　　　　　　　　　　　　　　　　　　　　　　　【 길가 】

눅 3:4	주의 **길**을 준비하라 그의 오실 **길**을	히 10:20	그 **길**은 우리를 위하여 휘장 가운데로
눅 3:5	곧아지고 험한 **길**이 평탄하여질 것이요		열어 놓으신 새로운 산 **길**이요 휘장은
눅 5:19	무리 때문에 메고 들어갈 **길**을 얻지	약 2:25	라합이 사자들을 접대하여 다른 **길**로
눅 7:27	네 앞에서 네 **길**을 준비하리라 한 것이	약 5:20	너희가 알 것은 죄인을 미혹된 **길**에서
눅 9:57	**길** 가실 때에 어떤 사람이 여짜오되	벧전 2:25	너희가 전에는 양과 같이 **길**을 잃었더니
눅 10:4	신발을 가지지 말며 **길**에서 아무에게	벧후 2:15	그들이 바른 **길**을 떠나 미혹되어 브올의
눅 10:31	마침 한 제사장이 그 **길**로 내려가다가	계 22:2	**길** 가운데로 흐르더라 강 좌우에 생명
눅 10:38	그들이 **길** 갈 때에 예수께서 한 마을에		

길 곁

눅 12:58	법관에게 갈 때에 **길**에서 화해하기를
눅 13:33	오늘과 내일과 모레는 내가 갈 **길**을
눅 14:23	주인이 종에게 이르되 **길**과 산울타리
눅 19:36	가실 때에 그들이 자기의 겉옷을 **길**에
눅 24:17	예수께서 이르시되 너희가 **길** 가면서
눅 24:32	그들이 서로 말하되 **길**에서 우리에게
눅 24:35	두 사람도 **길**에서 된 일과 예수께서
요 4:6	우물이 있더라 예수께서 **길** 가시다가
요 4:51	내려가는 **길**에서 그 종들이 오다가 만나
요 9:1	예수께서 **길**을 가실 때에 날 때부터
요 14:4	어디로 가는지 **길**을 너희가 아느니라
요 14:5	알지 못하거늘 그 **길**을 어찌 알겠사옵
요 14:6	예수께서 이르시되 내가 곧 **길**이요 진리

창 38:14 몸을 휩싸고 덤나 **길 곁** 에나임 문에
창 38:16 **길 곁**으로 그에게 나아가 이르되 청하
창 38:21 물어 이르되 **길 곁** 에나임에 있던 창녀
삼하 15:2 압살롬이 일찍이 일어나 성문 **길 곁**에
시 140:5 올무와 줄을 놓으며 **길 곁**에 그물을
렘 48:19 아로엘에 사는 여인이여 **길 곁**에 서서

길 어귀

애 2:19 각 **길 어귀**에서 주려 기진한 네 어린
겔 16:25 네가 높은 대를 모든 **길 어귀**에 쌓고
겔 16:31 네가 누각을 모든 **길 어귀**에 건축하며
겔 21:19 성으로 들어가는 **길 어귀**에다가 길이
겔 21:21 바벨론 왕이 갈랫길 곧 두 **길 어귀**에
겔 42:12 문이 있는데 담 동쪽 **길 어귀**에 있더라

역사서 – 예언서

행 1:12	가까워 안식일에 가기 알맞은 **길**이라
행 8:26	내려가는 **길**까지 가라 하니 그 **길**은
행 8:36	**길** 가다가 물 있는 곳에 이르러 그 내시
행 8:39	내시는 기쁘게 **길**을 가므로 그를 다시
행 9:3	사울이 **길**을 가다가 다메섹에 가까이
행 9:17	사울아 주 곧 네가 오는 **길**에서 나타나
행 9:27	그가 **길**에서 어떻게 주를 보았는지와
행 10:9	그들이 **길**을 가다가 그 성에 가까이
행 14:16	모든 민족으로 자기의 **길**들을 가게
행 16:17	하나님의 종으로서 구원의 **길**을 너희
행 25:3	이는 **길**에 매복하였다가 그를 죽이려
행 26:13	왕이여 정오가 되어 **길**에서 보니 하늘
롬 1:13	맺게 하려 함이로되 지금까지 **길**이 막혔
롬 *3:16*	파멸과 고생이 그 **길**에 있어
롬 11:33	헤아리지 못할 것이며 그의 **길**은 찾지
롬 15:24	이는 지나가는 **길**에 너희를 보고 먼저
고전 10:13	시험 당할 즈음에 또한 피할 **길**을 내사
고전 16:7	이제는 지나는 **길**에 너희 보기를 원하지
살전 3:11	우리 주 예수는 우리 **길**을 너희에게로
히 3:10	그들이 항상 마음이 미혹되어 내 **길**을
히 9:8	성소에 들어가는 **길**이 아직 나타나지

길 2 (sounding–NIV, fathom–KJV)

행 27:28 물을 재어 보니 스무 **길**이 되고 조금

길가 (along the path, by the roadside)

삼상 24:3 **길가** 양의 우리에 이른즉 굴이 있는
삼상 26:3 사울이 광야 앞 하길라 산 **길가**에 진
삼하 2:24 기브온 거친 땅의 **길가** 기아 맞은쪽
왕상 20:38 변장하고 **길가**에서 왕을 기다리다가
왕하 12:20 실라로 내려가는 **길가**의 밀로 궁에서
시 110:7 **길가**의 시냇물을 마시므로 그의 머리
잠 8:2 그가 **길가**의 높은 곳과 네거리에 서며
렘 3:2 네가 **길가**에 앉아 사람들을 기다린 것
호 13:7 그들에게 사자 같고 **길가**에서 기다리는
마 13:4 뿌릴새 더러는 **길가**에 떨어지매 새들이
마 13:19 뿌려진 것을 빼앗나니 이는 곧 **길가**에
마 20:30 맹인 두 사람이 **길가**에 앉았다가 예수
마 21:19 **길가**에서 한 무화과나무를 보시고 그
막 4:4 뿌릴새 더러는 **길가**에 떨어지매 새들
막 4:15 말씀이 **길가**에 뿌려졌다는 것은 이들

【 길갈 】　　　　　　　　　　　　　　　　　　　　　　　　【 길르압 】

막 10:46	맹인 거지 바디매오가 **길가**에 앉았다
눅 8:5	뿌리러 나가서 뿌릴새 더러는 **길가**에
눅 8:12	**길가**에 있다는 것은 말씀을 들은 자니
눅 18:35	한 맹인이 **길가**에 앉아 구걸하다가

길갈(Gilgal)

1. 세겜 동편 지역

신 11:30	해지는 쪽으로 가는 길 뒤 **길갈** 맞은편

📖 **길갈 1 – 기타 본문**

삼상 7:16; 왕하 2:1; 4:38; 느 12:29; 호 4:15; 9:15; 12:11; 암 4:4; 5:5

2. 여리고 동편 지역

수 4:19	요단에서 올라와 여리고 동쪽 경계 **길갈**

📖 **길갈 2 – 기타 본문**

수 4:20; 5:9, 10; 9:6; 10:6, 7, 9, 15, 43; 14:6; 삿 2:1; 3:19; 삼상 10:8; 11:14, 15; 13:4, 7, 8, 12, 15; 15:12, 21, 33; 삼하 19:15, 40; 미 6:5

3. 고임 왕의 성읍

수 12:23	높은 곳의 돌 왕이요 하나는 **길갈**의

4. 유다 베냐민 경계 성읍, 길릴롯과 동일 지역

수 15:7	아둠밈 비탈 맞은편 **길갈**을 향하고

길거리(street)

잠 1:20	지혜가 **길거리**에서 부르며 광장에서
전 12:4	**길거리** 문들이 닫혀질 것이며 맷돌 소리
사 10:6	또 그들을 **길거리**의 진흙같이 짓밟게
사 51:23	네가 네 허리를 땅과 같게, **길거리**와
애 2:11	젖 먹는 아이들이 성읍 **길거리**에 기절함
애 2:12	성읍 **길거리**에서 상한 자처럼 기절하여
슥 8:4	예루살렘 **길거리**에 늙은 남자들과 늙은
눅 13:26	또한 우리를 **길거리**에서 가르치셨나

길다(long)

민 6:5	거룩한즉 그의 머리털을 **길게** 자라게
신 4:26	너희가 거기서 너희의 날이 **길지** 못하고
신 5:33	차지한 땅에서 너희의 날이 **길리라**
신 14:5	볼기가 흰 노루와 뿔이 긴 사슴과 산양
신 25:15	네게 주시는 땅에서 네 날이 **길리라**
신 30:18	차지할 땅에서 너희의 날이 **길지** 못할
수 9:13	이 옷과 신도 여행이 매우 **길었으므로**
삼상 13:14	지금은 왕의 나라가 **길지** 못할 것이라
왕상 3:14	명령을 지키면 내가 또 네 날을 **길게**
왕상 8:8	채가 **길므로** 채 끝이 내소 앞 성소에
대하 5:9	채가 **길어서** 궤에서 나오므로 그 끝
욥 11:9	그의 크심은 땅보다 **길고** 바다보다 넓으
시 129:3	내 등을 갈아 그 고랑을 **길게** 지었도다
잠 4:10	받으라 그리하면 네 생명의 해가 **길리라**
사 54:2	너의 줄을 **길게** 하며 너의 말뚝을 견고
렘 6:4	날이 기울어 저녁 그늘이 **길었구나**
겔 17:3	날개가 크고 깃이 **길고** 털이 숱한 큰
겔 44:20	머리털을 **길게** 자라게도 말고 그 머리털
단 8:3	한 뿔은 다른 뿔보다 **길었고** 그 긴 것은
마 23:5	경문 띠를 넓게 하며 옷술을 **길게** 하고

'길다'와 관련된 성구

- 가지가 길다 – 겔 31:5, 7
- 긴 머리 – 고전 11:14, 15
- 긴 수건 – 겔 23:15
- 긴 옷 – 출 39:22; 레 6:10; 막 12:38; 눅 20:46
- 나팔을 길게 불다 – 출 19:13; 수 6:5
- 생명이 길다 – 출 20:12; 신 5:16; 렘 35:7
- 외식으로 길게 기도하다 – 막 12:40; 눅 20:47

길들이다(train, tame)

호 10:11	에브라임은 마치 **길들인** 암소 같아서
약 3:7	벌레와 바다의 생물은 다 사람이 **길들** 일 수 있고 **길들여** 왔거니와
약 3:8	혀는 능히 **길들일** 사람이 없나니 쉬지

길랄래(Gilalai) 악기를 연주한 제사장의 자손

느 12:36	스마야와 아사렐과 밀랄래와 **길랄래**와

길로/–사람(Giloh) 유다 지파의 성읍과 주민

수 15:51	고센과 홀론과 **길로**이니 열한 성읍과
삼하 15:12	다윗의 모사 **길로 사람** 아히도벨을 그 성읍 **길로**에서 청하여 온지라 반역
삼하 23:34	엘리벨렛은 **길로 사람** 아히도벨의 아들

길르압(Kileab) 다윗과 아비가일의 둘째 아들

삼하 3:3	둘째는 **길르압**이라 갈멜 사람 나발의

【 길르앗 】　　　　　　　　　　　　　　　　　　　　　　　　　【 길모퉁이 】

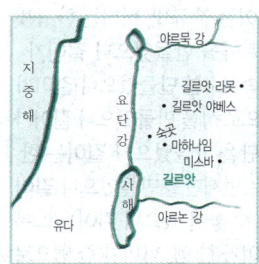

길르앗(Gilead)
1. 지 명
창 37:25　이스마엘 사람들이 길르앗에서 오는데
민 32:39　마길의 자손은 가서 길르앗을 쳐서 빼앗고

길르앗 1 - 기타 본문

민 32:40; 신 2:36; 3:12, 15, 16; 수 12:2, 5; 13:11; 17:1, 5; 22:9; 삿 5:17; 10:8, 17; 11:29; 왕상 17:1; 왕하 10:33; 15:29; 대상 5:16; 6:80; 27:21; 시 60:7; 108:8; 렘 8:22; 22:6; 46:11; 겔 47:18; 호 6:8; 12:11; 암 1:3, 13; 옵 1:19; 미 7:14

'길르앗'과 관련된 성구

길르앗 (온/남은) 땅 - 민 32:1, 29; 신 3:10, 13; 34:1; 수 17:6; 22:13, 15, 32; 삿 10:4; 20:1; 왕상 4:19; 왕하 10:33; 대상 2:22; 5:9, 10; 슥 10:10
길르앗 모든 주민의 머리 - 삿 11:8
길르앗 바르실래의 아들들 - 왕상 2:7
길르앗 백성과 방백 - 삿 10:18
길르앗 사람 - 삿 10:3; 11:1, 40; 12:4, 5, 6, 7; 삼하 17:27; 19:31; 왕상 15:25; 스 2:61; 느 7:63
길르앗 산 - 창 31:21, 23, 25; 삿 7:3; 아 4:1; 6:5; 렘 50:19
길르앗 성읍 - 민 32:26; 수 13:25, 31
길르앗 장로 - 삿 11:5, 7, 8, 9, 10, 11

2. 인 명
(1) 므낫세 자손으로 마길의 아들
민 26:29　마길이 길르앗을 낳았고 길르앗에게서 난 자손은 길르앗 종족이라
민 26:30　길르앗 자손은 이러하니 이에셀에게
민 27:1　마길의 증손 길르앗의 손자 헤벨의 아들
민 36:1　므낫세의 손자 마길의 아들 길르앗 자손
수 17:1　므낫세의 장자 마길은 길르앗의 아버지
수 17:3　헤벨의 아들 길르앗의 손자 마길의 증손
대상 2:21　헤스론이 육십 세에 길르앗의 아버지
대상 2:23　이들은 다 길르앗의 아버지 마길의 자손
대상 7:14　아람 여인이 낳아 준 길르앗의 아버지

대상 7:17　다 길르앗의 자손이라 길르앗은 마길
(2) 사사 입다의 아버지
삿 11:2　길르앗의 아내도 그의 아들들을 낳았
(3) 갓 지파 사람
대상 5:14　야로아의 손자요 길르앗의 증손이요

길르앗 라못(Ramoth Gilead)
길르앗의 중요한 성읍 중 하나로 갓 지파에게 분배된 땅
신 4:43　하나는 길르앗 라못이라 갓 지파를

길르앗 라못 - 기타 본문

수 20:8; 21:38; 왕상 4:13; 22:3, 4, 6, 12, 15, 20, 29; 왕하 8:28; 9:1, 4, 14; 대하 18:2, 3, 5, 11, 14, 19, 28; 22:5

길르앗 야베스(Jabesh Gilead)
요단 강 동쪽 므낫세 지파의 성읍
삼상 11:1　나하스가 올라와서 길르앗 야베스에
삼상 11:9　너희는 길르앗 야베스 사람에게 이같이
삼상 31:11　길르앗 야베스 주민들이 블레셋 사람들
삼하 2:4　사울을 장사한 사람은 길르앗 야베스
삼하 2:5　다윗이 길르앗 야베스 사람들에게 전령
삼하 21:12　요나단의 뼈를 길르앗 야베스 사람에

길리기아(Cilicia) 소아시아 연안 도시
행 6:9　구레네인, 알렉산드리아인, 길리기아
행 15:23　안디옥과 수리아와 길리기아에 있는
행 15:41　수리아와 길리기아로 다니며 교회들
행 21:39　소읍이 아닌 길리기아 다소 시의 시민
행 22:3　나는 유대인으로 길리기아 다소에서
행 23:34　어느 영지 사람이냐 물어 길리기아 사람
행 27:5　길리기아와 밤빌리아 바다를 건너
갈 1:21　그 후에 내가 수리아와 길리기아 지방

길리다(be cared, born in one's house)
창 14:14　사로잡혔음을 듣고 집에서 길리고 훈련
행 7:20　아버지의 집에서 석 달 동안 길리더니

길맛(Kilmad) 두로와 무역을 했던 곳
겔 27:23　에덴과 스바와 앗수르와 길맛의 장사꾼

길모퉁이(head of street)
나 3:10　그의 어린 아이들은 길모퉁이 모퉁이

【 길목 】

길목(path, street)
욥 18:10 　숨겨져 있고 그를 빠뜨릴 함정이 **길목**에
잠 1:21 　시끄러운 **길목**에서 소리를 지르며 성문

길바닥(dust of street)
애 2:21 　늙은이와 젊은이가 다 **길바닥**에 엎드러

길보아/-산(Mount Gilboa) 이스르엘 골짜기 동쪽 모레 언덕 남쪽의 산
삼상 28:4 　이스라엘을 모아 **길보아**에 진 쳤더니
삼상 31:1 　도망하여 **길보아 산**에서 엎드러져 죽으
삼상 31:8 　사울과 그의 세 아들이 **길보아 산**에서
삼하 1:6 　내가 우연히 **길보아 산**에 올라가 보니
삼하 1:21 　**길보아 산**들아 너희 위에 이슬과 비가
삼하 21:12 　블레셋 사람들이 사울을 **길보아**에서
대상 10:1 　**길보아 산**에서 죽임을 당하여 엎드러
대상 10:8 　사울과 그의 아들들이 **길보아 산**에

길섶(along the path)
창 49:17 　단은 **길섶**의 뱀이요 샛길의 독사로다

길쌈/-하다(spin)
겔 27:19 　워단과 야완은 **길쌈하는** 실로 네 물품을
마 6:28 　생각하여 보라 수고도 아니하고 **길쌈**도

길옆(side of road)
삼상 4:13 　엘리가 **길옆** 자기의 의자에 앉아 기다

길이 1(long, length)
모세오경, 역사서
창 6:15 　네가 만들 방주는 이러하니 그 **길이**가
출 25:10 　그들은 조각목으로 궤를 짜되 **길이**가
출 25:17 　순금으로 속죄소를 만들되 **길이**는 두
출 25:23 　너는 조각목으로 상을 만들되 **길이**는
출 26:2 　매 폭의 **길이**는 스물여덟 규빗, 너비
출 26:8 　각 폭의 **길이**는 서른 규빗, 너비는 네
　　　　　규빗으로 열한 폭의 **길이**를 같게 하고
출 26:13 　막 곧 휘장의 **길이**의 남은 것은 이쪽에
출 26:16 　각 판의 **길이**는 열 규빗, 너비는 한 규빗
출 27:1 　너는 조각목으로 **길이**가 다섯 규빗,
출 27:18 　뜰의 **길이**는 백 규빗이요 너비는 쉰
출 36:9 　매 폭의 **길이**는 스물여덟 규빗, 너비
출 36:15 　각 판의 **길이**는 서른 규빗, 너비는 네

【 길이 1 】

출 36:21 　각 판의 **길이**는 열 규빗, 너비는 한 규빗
출 37:1 　조각목으로 궤를 만들었으니 **길이**가
출 37:6 　순금으로 속죄소를 만들었으니 **길이**가
출 37:10 　또 조각목으로 상을 만들었으니 **길이**가
출 37:25 　분향할 제단을 만들었으니 **길이**는 한
출 38:1 　조각목으로 번제단을 만들었으니 **길이**
출 38:18 　곧 베 실로 수 놓아 짰으니 **길이**는 스무
출 39:9 　그것의 **길이**가 한 뼘, 너비가 한 뼘으로
레 19:35 　재판할 때나 **길이**나 무게나 양을 잴 때
신 3:11 　사람의 보통 규빗으로 재면 그 **길이**가
삿 3:16 　에훗이 **길이**가 한 규빗 되는 좌우에
삼하 8:2 　두 줄 **길이**의 사람은 죽이고 한 줄 **길이**
왕상 6:2 　여호와를 위하여 건축한 성전은 **길이**가
왕상 6:3 　성전의 성소 앞 주랑의 **길이**는 성전의
왕상 6:17 　내소 앞에 있는 외소 곧 성소의 **길이**
왕상 6:20 　그 내소의 안은 **길이**가 이십 규빗이요
왕상 7:2 　레바논 나무로 왕궁을 지었으니 **길이**가
왕상 7:6 　또 기둥을 세워 주랑을 지었으니 **길이**가
왕상 7:27 　매 받침 수레의 **길이**가 네 규빗이요
대하 3:3 　옛날에 쓰던 자로 **길이**가 육십 규빗이요
대하 3:4 　그 성전 앞에 있는 낭실의 **길이**가 성전
대하 3:8 　성전 넓이대로 **길이**가 이십 규빗이요
대하 3:11 　두 그룹의 날개 **길이**가 모두 이십 규빗
대하 4:1 　놋으로 제단을 만들었으니 **길이**가 이십
대하 4:2 　주위는 삼십 규빗 **길이**의 줄을 두를
대하 6:13 　놋으로 대를 만들었으니 **길이**가 다섯

시가서 – 신약
시 39:5 　주께서 나의 날을 한 뼘 **길이**만큼 되게
겔 40:6 　문의 통로를 측량하니 **길이**가 한 장대
　　　　　요 그 문 안쪽 통로의 **길이**도 한 장대며
겔 40:7 　**길이**가 한 장대요 … 문 통로의 **길이**가
겔 40:11 　너비가 열 척이요 **길이**가 열세 척이며
겔 40:18 　너비가 문간 **길이**와 같으니 이는 아래
겔 40:20 　바깥쪽 북쪽을 향한 문간의 **길이**와 너비
겔 40:22 　창과 현관의 **길이**와 너비와 종려나무가
겔 40:25 　그 문간의 **길이**는 쉰 척이요 너비는 스물
겔 40:30 　사방 현관의 **길이**는 스물다섯 척이요
겔 40:42 　상 넷이 있는데 그 **길이**는 한 척 반이요
겔 40:43 　현관 안에는 **길이**가 손바닥 넓이만한
겔 40:47 　또 그 뜰을 측량하니 **길이**가 백 척이요
겔 40:49 　그 현관의 너비는 스무 척이요 **길이**는
겔 41:2 　그가 성소를 측량하니 그 **길이**는 마흔
겔 41:4 　그가 내전을 측량하니 **길이**는 스무 척이

【 길이 2 】

겔 41:12	너비는 일흔 척이요 **길이**는 아흔 척이며
겔 41:13	성전을 측량하니 **길이**는 백 척이요 …
	그 건물과 그 벽을 합하여 **길이**는 백 척
겔 41:22	나무 제단의 높이는 세 척이요 **길이**는
겔 42:2	방들의 자리의 **길이**는 백 척이요 너비
겔 42:4	너비는 열 척이요 **길이**는 백 척이며 그
겔 42:7	뜰의 담과 마주 대한 담의 **길이**는 쉰 척
겔 42:8	바깥뜰로 향한 방의 **길이**는 쉰 척이며
겔 42:20	사방 담 안 마당의 **길이**가 오백 척이며
겔 43:16	번제하는 바닥의 **길이**는 열두 척이요
겔 43:17	아래층의 **길이**는 열네 척이요 너비는
겔 45:1	여호와께 예물로 드릴지니 그 **길이**는
겔 45:2	그 중에서 성소에 속할 땅은 **길이**가
겔 45:3	이 측량한 가운데에서 **길이**가 이만 오천
겔 45:5	또 **길이**는 이만 오천 척을 너비는 만 척
겔 45:6	너비는 오천 척을 **길이**는 이만 오천
겔 45:7	동쪽 국경까지니 그 **길이**가 구역 하나
겔 46:22	뜰의 네 구석 안에는 집이 있으니 **길이**
겔 48:8	너비는 이만 오천 척이요 **길이**는 다른
겔 48:9	여호와께 드려 예물로 삼을 땅의 **길이**는
겔 48:10	북쪽으로 **길이**가 이만 오천 척이요 …
	너비가 만 척이요 남쪽으로 **길이**가 이만
겔 48:13	**길이**는 이만 오천 … 구역의 **길이**가
겔 48:18	남아 있는 땅의 **길이**는 동쪽으로 만 척
겔 48:20	예물로 드리는 땅의 합계는 **길이**도 이만
슥 2:2	예루살렘을 측량하여 그 너비와 **길이**를
슥 5:2	날아가는 두루마리를 보나이다 그 **길이**
엡 3:19	그 너비와 **길이**와 높이와 깊이가 어떠함
계 21:16	**길이**와 너비가 같은지라 … **길이**와 너비

길이 2(longer)

사 65:22	그 손으로 일한 것을 **길이** 누릴 것이며
렘 20:11	그 치욕은 **길이** 잊지 못할 것이니이다
롬 2:4	용납하심과 **길이** 참으심이 풍성함을
롬 3:25	하나님께서 **길이** 참으시는 중에 전에
약 5:7	주께서 강림하시기까지 **길이** 참으라
	보라 … 귀한 열매를 바라고 **길이** 참아
약 5:8	너희도 **길이** 참고 마음을 굳건하게 하라

길잡이(guide)

잠 15:33	지혜의 훈계라 겸손은 존귀의 **길잡이**
잠 18:12	선봉이요 겸손은 존귀의 **길잡이**니라
행 1:16	예수 잡는 자들의 **길잡이**가 된 유다를

【 깁다 】

길짐승(animal that move about on the ground-NIV, a creeping animal-KJV)

레 11:29	땅에 기는 **길짐승** 중에 네게 부정한
레 11:41	기어 다니는 모든 **길짐승**은 가증한즉
레 11:44	땅에 기는 **길짐승**으로 말미암아 스스로
레 11:46	모든 생물과 땅에 기는 모든 **길짐승**에

길하다(吉, good)

왕상 22:8	그는 내게 대하여 **길한** 일은 예언하지
왕상 22:13	왕에게 **길하게** 하니 청하건대 당신의
	말도 그들 중 한 사람의 말처럼 **길하게**
왕상 22:18	저 사람이 내게 대하여 **길한** 것을 예언
에 9:22	애통이 변하여 **길한** 날이 되었으니 이

길하레셋(Kir hareseth) 모압 지방의 성읍

왕하 3:25	좋은 나무를 베고 **길하레셋**의 돌들은
사 16:7	통곡하며 **길하레셋** 건포도 떡을 위하여
사 16:11	내 창자가 **길하레셋**을 위하여 그러하

길헤레스(Kir Hareseth) 길하레스와 같은 곳

렘 48:31	부르짖으리니 무리가 **길헤레스** 사람을
렘 48:36	나의 마음이 **길헤레스** 사람들을 위하여

길흉을 말하는 자(吉凶, sorcery)

신 18:10	점쟁이나 **길흉을 말하는 자**나 요술
신 18:14	이 민족들은 **길흉을 말하는 자**나

김소(Gimzo) 블레셋 근처의 유다 지파 성읍

대하 28:18	주변 마을들과 **김소** 및 그 주변 마을

김함(Kimham) 길르앗 사람 바르실래의 아들

삼하 19:37	왕의 종 **김함**이 여기 있사오니 청하건대
삼하 19:38	왕이 대답하되 **김함**이 나와 함께 건너
삼하 19:40	왕이 길갈로 건너오고 **김함**도 함께 건너

깁다(mend, patch)

수 9:4	해어지고 찢어져서 **기운** 가죽 포도주
수 9:5	그 발에는 낡아서 **기운** 신을 신고 낡은
시 60:2	그 틈을 **기우소서** 땅이 흔들림이니이다
마 4:21	세베대와 함께 배에서 그물 **깁는** 것을
마 9:16	이는 **기운** 것이 그 옷을 당기어 해어짐
막 1:19	그들도 배에 있어 그물 **깁는**데
막 2:21	만일 그렇게 하면 **기운** 새 것이 낡은

깁발

깁발(Gibbar) 포로 귀환한 깁발 자손의 선조
스 2:20 **깁발** 자손이 구십오 명이요

깁브돈(Gibbethon) 단 지파에게 분배된 땅
수 19:44 엘드게와 **깁브돈**과 바알랏과
수 21:23 엘드게와 그 목초지와 **깁브돈**과 그
왕상 15:27 **깁브돈**에서 … 이스라엘이 **깁브돈**을
왕상 16:15 블레셋 사람에게 속한 **깁브돈**을 향하여
왕상 16:17 무리를 거느리고 **깁브돈**에서부터 올라

깁사임(Kibzaim) 에브라임 지파에게 분배된 땅
수 21:22 **깁사임**과 그 목초지와 벧호론과 그

깃 1 (collar)
출 28:32 주위에 갑옷 **깃**같이 **깃**을 짜서 찢어지
출 39:23 갑옷 **깃**같이 그 구멍 주위에 **깃**을 짜서

깃 2 (wing)
시 68:13 그 **깃**을 황금으로 입힌 비둘기 같도다
시 91:4 그가 너를 그의 **깃**으로 덮으시리니 네가
겔 17:3 날개가 크고 **깃**이 길고 털이 숱한 큰

깃 3 (part)
요 19:23 네 **깃**에 나눠 각각 한 **깃**씩 얻고 속옷

깃다임(Gittaim) 브에롯 사람들의 도망처
삼하 4:3 일찍이 브에롯 사람들이 **깃다임**으로
느 11:33 하솔과 라마와 **깃다임**과

깃달디(Giddalti) 헤만의 아홉 번째 아들
대상 25:4 하나냐와 하나니와 엘리아다와 **깃달디**
대상 25:29 스물두째는 **깃달디**니 그의 아들들과

깃대 (flagstaff)
사 30:17 남은 자는 겨우 산 꼭대기의 **깃대** 같을

깃델 자손(Giddel) 느디님 자손
스 2:47 **깃델 자손**과 가할 자손과 르아야 자손
스 2:56 야알라 자손과 다르곤 자손과 **깃델 자손**
느 7:49 하난 자손과 **깃델 자손**과 가할 자손과
느 7:58 야알라 자손과 다르곤 자손과 **깃델 자손**

깃들이다 (have nesting places in, remain)
시 30:5 저녁에는 울음이 **깃들일지라도** 아침에
시 104:12 새들도 그 가에서 **깃들이며** 나뭇가지
시 104:17 새들이 그 속에 **깃들임이여** 학은 잣나무
사 13:21 타조가 거기에 **깃들이며** 들양이 거기
사 34:15 부엉이가 거기에 **깃들이고** 알을 낳아
렘 22:23 레바논에 살면서 백향목에 **깃들이는**
렘 48:28 어귀 가장자리에 **깃들이는** 비둘기같이
겔 17:23 각종 새가 그 아래에 **깃들이며** 그 가지
겔 31:6 공중의 모든 새가 그 큰 가지에 **깃들이며**
단 4:12 공중에 나는 새는 그 가지에 **깃들이고**
단 4:21 나는 새는 그 가지에 **깃들었나이다**
옵 1:4 별 사이에 **깃들일지라도** 내가 거기에
나 3:17 추운 날에는 울타리에 **깃들였다가** 해가
합 2:9 피하기 위하여 높은 데 **깃들이려** 하며
습 2:14 고슴도치가 그 기둥 꼭대기에 **깃들이고**
마 13:32 새들이 와서 그 가지에 **깃들이느니라**
막 4:32 공중의 새들이 그 그늘에 **깃들일** 만큼
눅 13:19 공중의 새들이 그 가지에 **깃들였느니라**

깃딤(Kittim)
1. 인명 : 야벳의 손자로 야완의 아들
창 10:4 아들은 엘리사와 달시스와 **깃딤**과
대상 1:7 자손은 엘리사와 다시스와 **깃딤**과
2. 지명 : 야완의 자손이 살던 구브로의 옛 이름
민 24:24 **깃딤** 해변에서 배들이 와서 앗수르를
사 23:1 이 소식이 **깃딤** 땅에서부터 그들에게
사 23:12 희락이 없으리니 일어나 **깃딤**으로
렘 2:10 너희는 **깃딤** 섬들에 건너가 보며 게달
겔 27:6 노를 만들었음이여 **깃딤** 섬 황양목에
단 11:30 이는 **깃딤**의 배들이 이르러 그를 칠 것

깃발 (banner)
시 20:5 하나님의 이름으로 우리의 **깃발**을 세우는
시 60:4 주를 경외하는 자에게 **깃발**을 주시고
시 74:4 자기들의 **깃발**을 세워 표적으로 삼았
아 2:4 그 사랑은 내 위에 **깃발**이로구나
아 6:4 예루살렘같이 곱고, **깃발**을 세운 군대
아 6:10 해같이 맑고 **깃발**을 세운 군대같이
렘 4:6 시온을 향하여 **깃발**을 세우라, 도피하라
렘 4:21 내가 저 **깃발**을 보며 나팔 소리 듣기를
렘 6:1 벧학게렘에서 **깃발**을 들라 재앙과 큰
렘 50:2 전파하라 공포하라 **깃발**을 세우라 숨김
렘 51:12 바벨론 성벽을 향하여 **깃발**을 세우고

【 깃털 】　　　　　　　　　　　　　　　　　　　　　　　　　　　　　　【 깊이 】

렘 51:27　땅에 **깃발**을 세우며 나라들 가운데에
겔 27:7　가는 베로 돛을 만들어 **깃발**을 삼았음

깃털(feather)
욥 39:13　즐거이 날개를 치나 학의 **깃털**과 날개

깊다(deep)
창 1:2　혼돈하고 공허하며 흑암이 **깊음** 위에
출 15:5　그들이 돌처럼 **깊음** 속에 가라앉았도다
삼상 24:3　다윗과 그의 사람들이 그 굴 **깊은** 곳에
왕하 19:23　산 꼭대기에 올라가며 레바논 **깊은** 곳
욥 9:17　나를 치시고 까닭 없이 내 상처를 **깊게**
욥 11:8　무엇을 하겠으며 스올보다 **깊으시니**
시 64:6　각 사람의 속 뜻과 마음이 **깊도다**
시 68:22　바산에서 돌아오게 하며 바다 **깊은** 곳
시 69:15　큰 물이 나를 휩쓸거나 **깊음**이 나를
시 77:16　물들이 주를 보고 두려워하며 **깊음**도
시 78:15　광야에서 반석을 쪼개시고 매우 **깊은**
시 92:5　주의 생각이 매우 **깊으시니이다**
시 107:26　그들이 하늘로 솟구쳤다가 **깊은** 곳으로
시 130:1　여호와여 내가 **깊은** 곳에서 주께 부르
시 135:6　천지와 바다와 모든 **깊은** 데서 다 행하
잠 20:2　여호와의 등불이라 사람의 **깊은** 속을
잠 24:32　내가 보고 생각이 **깊었고** 내가 보고
잠 25:3　하늘의 높음과 땅의 **깊음**같이 왕의
전 7:24　이미 있는 것은 멀고 또 **깊고 깊도다**
사 7:11　여호와께 한 징조를 구하되 **깊은** 데에
사 30:33　왕을 위하여 예비된 것이라 **깊고** 넓게
사 37:24　레바논의 **깊은** 곳에 이르렀으니 높은
사 44:27　**깊음**에 대하여는 이르기를 마르라 내가
사 51:10　바다 **깊은** 곳에 길을 내어 구속 받은
사 63:13　그들을 **깊음**으로 인도하시되 광야에
렘 49:8　돌이켜 도망할지어다 **깊은** 곳에 숨을
렘 49:30　도망하라 멀리 가서 **깊은** 곳에 살라
겔 23:32　**깊고** 크고 가득히 담긴 네 형의 잔을
겔 27:34　네가 바다 **깊은** 데에서 파선한 때에 네
겔 32:23　무덤이 구덩이 **깊은** 곳에 만들어졌고
단 2:22　**깊고** 은밀한 일을 나타내시고 어두운
욘 2:3　주께서 나를 **깊음** 속 바다 가운데에
욘 2:5　물이 나를 영혼까지 둘렀사오며 **깊음**이
슥 10:11　내 나일의 **깊은** 곳이 다 마르겠고 앗수르
마 13:5　흙이 얕은 돌밭에 떨어지매 흙이 **깊지**
막 4:5　흙이 얕은 돌밭에 떨어지매 흙이 **깊지**

눅 5:4　시몬에게 이르시되 **깊은** 데로 가서 그
요 4:11　물 길을 그릇도 없고 이 우물은 **깊은데**
롬 8:39　높음이나 **깊음**이나 다른 어떤 피조물
롬 11:33　**깊도다** 하나님의 지혜와 지식의 풍성함
고전 2:10　성령은 모든 것 곧 하나님의 **깊은** 것까
고후 7:15　향하여 그의 심정이 더욱 **깊었으니**
계 2:24　사탄의 **깊은** 것을 알지 못하는 너희

'깊다'와 관련된 성구

깊은 구덩이 – 잠 23:27; 애 3:55
깊은 물 – 출 15:5; 느 9:11; 욥 28:14;
　38:16; 41:31; 시 33:7; 69:2, 14;
　잠 18:4; 20:5; 사 51:10; 겔 31:4
깊은 바다 – 욥 38:30; 41:32; 시 42:7;
　104:6; 107:24; 잠 3:20; 겔 26:19;
　31:15; 미 7:19; 마 18:6; 고후
　11:25
깊은 밤 – 잠 7:9
깊은 수렁 – 시 69:2
깊은 숲 – 렘 49:19; 50:44
깊은 스올 – 시 86:13
깊은 옥 – 사 24:22; 행 16:24
깊은 웅덩이 – 시 88:6; 140:10
깊은 잠 – 창 15:12
깊은 함정 – 잠 22:14
깊음(은)의 샘 – 창 7:11; 8:2; 49:25
땅 깊은 곳 – 시 63:9; 71:20; 95:4;
　139:15; 사 44:23; 겔 26:20
바다 깊은 곳 – 시 68:22; 사 51:10
밤이 깊다 – 사 5:11; 롬 13:12
뱃속 깊은 데 – 잠 18:8; 26:22
스올 깊은 곳 – 신 32:22; 잠 9:18

깊숙하다(hide)
암 6:10　집 밖으로 가져갈 때에 그 집 **깊숙한**

깊이(deep, deeply)
창 34:3　마음이 **깊이** 야곱의 딸 디나에게 연연하
욥 28:4　사는 곳에서 멀리 떠나 갱도를 **깊이**
잠 20:30　악을 없이하나니 매는 사람 속에 **깊이**
사 29:15　자기의 계획을 여호와께 **깊이** 숨기려
호 5:2　패역자가 살륙죄에 **깊이** 빠졌으매 내가
막 8:12　예수께서 마음속으로 **깊이** 탄식하시며
눅 6:48　집을 짓되 **깊이** 파고 주추를 반석 위에

333

{ 까다 }　　　　　　　　　　　　　　{ 까닭 }

엡 3:19　너비와 길이와 높이와 **깊이**가 어떠함

'깊이'와 관련된 성구

깊이 박히다 – 시 80:9; 잠 17:10
깊이 삼가다 – 신 2:4; 4:15
깊이 생각하다 – 왕하 5:7; 느 5:7; 시 64:9; 잠 15:28; 전 2:3; 5:20; 12:9; 렘 31:20; 히 3:1
깊이 잠들다 – 창 2:21; 삿 4:21; 삼상 26:12; 욥 4:13; 33:15; 시 76:6; 잠 19:15; 사 29:10; 단 8:18; 10:9; 욘 1:5
깊이 졸다 – 눅 9:32; 행 20:9

까다 (hatch)
사 34:15　거기에 깃들이고 알을 낳아 **까서** 그

까다롭다 (harsh)
벧전 2:18　자들에게만 아니라 또한 **까다로운** 자들

까닭 (because of, why, for)

모세오경, 역사서
창 29:20　그를 사랑하는 **까닭**에 칠 년을 며칠
창 33:8　이 모든 떼는 무슨 **까닭**이냐 야곱이
창 34:27　그들이 그들의 누이를 더럽힌 **까닭**이라
민 7:9　그 어깨로 메는 일을 하는 **까닭**이었더라
민 11:3　불이 그들 중에 붙은 **까닭**이었더라
민 20:24　므리바 물에서 내 말을 거역한 **까닭**
민 35:20　만일 미워하는 **까닭**에 밀쳐 죽이거나
신 5:25　이제 우리가 죽을 **까닭**이 무엇이니까
신 22:27　남자가 처녀를 들에서 만난 **까닭**에 그
신 28:55　아무것도 그에게 남음이 없는 **까닭**일
신 29:26　따라가서 그들을 섬기고 절한 **까닭**이라
신 31:17　가운데에 계시지 않은 **까닭**이 아니냐
신 32:19　그 자녀가 그를 격노하게 한 **까닭**이로다
신 32:51　자손 중에서 나타내지 아니한 **까닭**이라
수 5:4　여호수아가 할례를 시행한 **까닭**은 이것
수 17:6　남자 자손들 중에서 기업을 받은 **까닭**
삿 14:4　이스라엘을 다스린 **까닭**에 삼손이
삿 15:6　그의 친구에게 준 **까닭**이라 하였더라
삼상 4:18　많이 비대한 **까닭**이라 그가 이스라엘
삼상 6:19　여호와의 궤를 들여다 본 **까닭**에 그들을

삼하 2:22　너를 쳐서 땅에 엎드러지게 할 **까닭**이
삼하 3:30　자기 동생 아사헬을 죽인 **까닭**이었더라
삼하 19:42　왕은 우리의 종친인 **까닭**이라 너희가
왕상 9:8　여호와께서 무슨 **까닭**으로 이 땅과 이
왕상 9:15　솔로몬 왕이 역군을 일으킨 **까닭**은 이러
왕상 11:27　손을 들어 왕을 대적하는 **까닭**은 이러
왕상 21:22　이스라엘이 범죄하게 한 **까닭**이니라
왕하 9:11　그 미친 자가 무슨 **까닭**으로 그대에게
대상 4:40　거주해 온 사람은 함의 자손인 **까닭**이라
대하 7:21　여호와께서 무슨 **까닭**으로 이 땅과 이
느 6:13　그들이 뇌물을 준 **까닭**은 나를 두렵게

시가서 – 신약
욥 10:2　나를 정죄하지 마시옵고 무슨 **까닭**으로
욥 37:17　그대의 의복이 따뜻한 **까닭**을 그대가
시 37:40　구원하심은 그를 의지한 **까닭**이로다
시 38:5　악취가 나오니 내가 우매한 **까닭**으로
시 39:9　주께서 이를 행하신 **까닭**이니이다
시 44:3　주께서 그들을 기뻐하신 **까닭**이니이다
시 119:74　내가 주의 말씀을 바라는 **까닭**이니이다
시 119:91　만물이 주의 종이 된 **까닭**이니이다
잠 23:29　원망이 뉘게 있느뇨 **까닭** 없는 상처가
잠 26:2　**까닭** 없는 저주는 참새가 떠도는 것과
사 10:27　네 목에서 벗어나되 기름진 **까닭**에 멍에
사 17:10　반석을 마음에 두지 아니한 **까닭**이라
렘 12:1　반역한 자가 다 평안함은 무슨 **까닭**이니
렘 13:25　잊어버리고 거짓을 신뢰하는 **까닭**이라
렘 20:17　부른 채로 항상 있지 않게 하신 **까닭**이
렘 22:9　다른 신들에게 절하고 그를 섬긴 **까닭**
렘 46:15　여호와께서 그들을 몰아내신 **까닭**이라
겔 44:3　왕은 왕인 **까닭**에 안 길로 이 문 현관
호 5:4　속에 있어 여호와를 알지 못하는 **까닭**
학 1:9　무슨 **까닭**이냐 내 집은 황폐하였으되
마 7:25　이는 주추를 반석 위에 놓은 **까닭**이요
마 17:20　이르시되 너희 믿음이 작은 **까닭**이니라
요 6:26　표적을 본 **까닭**이 … 배부른 **까닭**이로다
요 10:13　달아나는 것은 그가 삯꾼인 **까닭**에 양을
행 12:20　왕국에서 나는 양식을 먹는 **까닭**에 한

'까닭없이'와 관련된 성구

삼상 19:5; 왕상 2:31; 욥 1:9; 2:3; 9:17; 22:6; 시 7:4; 25:3; 35:7, 19; 69:4; 109:3; 잠 1:11; 3:30; 24:28; 사 52:5

【 까마귀 】 　　　　　　　　　　　　　　　　【 깨끗하다/깨끗하여지다/깨끗이 】

행 19:40	오늘 아무 **까닭**도 없는 이 일에 우리가
행 26:6	조상에게 약속하신 것을 바라는 **까닭**
고후 7:9	**까닭**이 아니요 … 회개함에 이른 **까닭**
고후 11:11	어떠한 **까닭**이냐 내가 너희를 사랑하지
딤전 1:16	내가 긍휼을 입은 **까닭**은 예수 그리스도

까마귀(raven)

창 8:7	**까마귀**를 내놓으매 **까마귀**가 물이 땅에
레 11:15	**까마귀** 종류와
신 14:14	**까마귀** 종류와
왕상 17:4	그 시냇물을 마시라 내가 **까마귀**들에
왕상 17:6	**까마귀**들이 아침에도 떡과 고기를,
욥 38:41	**까마귀** 새끼가 하나님을 향하여 부르
시 147:9	들짐승과 우는 **까마귀** 새끼에게 먹을
잠 30:17	골짜기의 **까마귀**에게 쪼이고 독수리
아 5:11	머리털은 고불고불하고 **까마귀**같이
사 34:11	부엉이와 **까마귀**가 거기에 살 것이라
눅 12:24	**까마귀**를 생각하라 심지도 아니하고

까부르다/까불리다(sift, shake, winnow)

룻 3:2	밤에 타작 마당에서 보리를 **까불리라**
사 30:24	어린 나귀도 키와 쇠스랑으로 **까부르고**
사 30:28	그가 멸하는 키로 열방을 **까부르며** 여러
사 41:16	네가 그들을 **까부른즉** 바람이 그들을
렘 15:7	여러 성문에서 키로 **까불러** 그 자식을
눅 22:31	사탄이 너희를 밀 **까부르듯** 하려고 요구

깎다(cut, shear, shave)

출 34:4	돌판 둘을 처음 것과 같이 **깎아** 만들고
출 39:6	그들은 또 호마노를 **깎아** 금 테에 물려
레 19:27	머리 가를 둥글게 **깎지** 말며 수염 끝을
욥 7:15	뼈를 **깎는** 고통을 겪느니 차라리 숨이

성경에 나오는 '깎는' 대상

- 머리털 – 레 21:5; 삼하 14:26; 겔 44:20;
  미 1:16; 행 18:18; 21:24; 고전 11:4
- 보석 – 출 31:5; 35:33
- 살쩍 – 렘 9:26; 25:23; 49:32
- 수염 – 창 41:14; 레 21:5; 삼하 10:4; 19:24;
  대상 19:4; 사 7:20; 15:2; 렘 41:5
- 양털 – 창 31:19; 38:12; 13; 신 15:19;
  18:4; 삼상 25:2, 4, 11; 삼하 13:23,
  24; 왕하 10:12, 14; 사 53:7

아 4:2	목욕장에서 나오는 털 **깎인** 암양 곧 새끼
겔 5:1	네 머리털과 수염을 **깎아서** 저울로 달아
겔 23:25	그들이 분내어 네 코와 귀를 **깎아** 버리
행 8:32	털 **깎는** 자 앞에 있는 어린 양이 조용함

깔개(upholster)

| 아 3:10 | 바닥은 금이요 자리는 자색 **깔개**라 그 |

깔다/깔리다(pavement, spread)

왕하 9:13	섬돌 위 곧 예후의 밑에 **깔고** 나팔을
대하 7:3	돌을 **깐** 땅에 엎드려 경배하며 여호와께
에 1:6	화반석, 백석, 운모석, 흑석을 **깐** 땅에
사 14:11	구더기가 네 아래에 **깔림**이여 지렁이가
겔 27:20	네 상인이 되었음이여 말을 탈 때 **까는**
겔 40:17	뜰 삼면에 박석 **깔린** 땅이 있고 그 박석
겔 40:18	그 박석 **깔린** 땅의 위치는 각 문간의
겔 42:3	한 방의 회랑은 바깥뜰 박석 **깔린** 곳과
요 19:13	나가서 돌을 **깐** 뜰(히브리 말로 가바다)

깜부기(mildew)

왕상 8:37	시들거나 **깜부기**가 나거나 메뚜기나
대하 6:28	시들거나 **깜부기**가 나거나 메뚜기나
암 4:9	곡식을 마르게 하는 재앙과 **깜부기** 재앙
학 2:17	곡식을 마르게 하는 재앙과 **깜부기** 재앙

깜짝 놀라다(be appalled)

| 욥 18:20 | 동쪽에서 오는 자가 **깜짝 놀라리라** |
| 렘 4:9 | 놀랄 것이며 선지자들은 **깜짝 놀라리라** |

깟씨(coriander seed)

| 출 16:31 | 그 이름을 만나라 하였으며 **깟씨**같이 |
| 민 11:7 | 만나는 **깟씨**와 같고 모양은 진주와 같은 |

깨끗하다/깨끗하여지다/깨끗이(clean, pure, purify)

모세오경, 역사서

출 29:36	또 제단을 위하여 속죄하여 **깨끗하게**
레 7:19	불사를 것이라 그 고기는 **깨끗한** 자만
레 8:15	네 귀퉁이 뿔에 발라 제단을 **깨끗하게**
레 12:4	삼십삼 일을 지내야 산혈이 **깨끗하리니**
레 12:5	산혈이 **깨끗하게** 됨은 육십육 일을 지내
레 12:7	그리하면 산혈이 **깨끗하리라** 이는 아들

【 깨끗하다/깨끗하여지다/깨끗이 】　　　【 깨끗하다/깨끗하여지다/깨끗이 】

레 13:35	깨끗한 후에라도 옴이 크게 피부에 퍼져	시 73:13	내가 내 마음을 깨끗하게 하며 내 손을
레 15:13	있는 자는 그의 유출이 깨끗해지거든	시 119:9	무엇으로 그의 행실을 깨끗하게 하리
레 20:7	스스로 깨끗하게 하여 거룩할지어다	잠 14:4	소가 없으면 구유는 깨끗하려니와 소의
민 8:21	이에 죄에서 스스로 깨끗하게 하고	잠 16:2	자기 보기에는 모두 깨끗하여도 여호와
민 19:13	뿌리지 아니하므로 깨끗하게 되지 못할	잠 20:9	마음을 정하게 하였다 내 죄를 깨끗하게
민 19:17	부정한 자를 위하여 죄를 깨끗하게 하려	잠 21:8	범한 자의 길은 심히 구부러지고 깨끗한
민 31:19	셋째 날과 일곱째 날에 몸을 깨끗하게 하고 너희의 포로도 깨끗하게 할 것이며	잠 30:12	스스로 깨끗한 자로 여기면서도 자기
민 31:20	나무로 만든 모든 것을 다 깨끗하게	전 9:2	선한 자와 깨끗한 자와 깨끗하지 아니
민 31:23	그리하면 깨끗하려니와 다만 정결하게 하는 물로 그것을 깨끗하게 할 것	**선지서**	
민 31:24	일곱째 날에 옷을 빨아서 깨끗하게 한	사 1:16	스스로 씻으며 스스로 깨끗하게 하여
수 22:19	너희의 소유지가 만일 깨끗하지 아니	사 28:8	더러운 것이 가득하고 깨끗한 곳이
삼하 11:4	그 여자가 그 부정함을 깨끗하게 하였	사 35:8	깨끗하지 못한 자는 지나가지 못하겠
삼하 22:21	공의를 따라 상 주시며 내 손의 깨끗함	애 4:7	존귀한 자들의 몸이 눈보다 깨끗하고
삼하 22:25	그의 눈앞에서 내 깨끗한 대로 내게	겔 24:13	내가 너를 깨끗하게 하나 네가 깨끗하여지지 … 다시 깨끗하여지지 아니하
삼하 22:27	깨끗한 자에게는 주의 깨끗하심을 보이	암 4:6	모든 성읍에서 너희 이를 깨끗하게 하며
왕하 5:10	네 살이 회복되어 깨끗하리라 하는지라	미 6:11	거짓 저울추를 두었으면 깨끗하겠느냐
왕하 5:12	내가 거기서 몸을 씻으면 깨끗하게 되지	습 3:9	내가 여러 백성의 입술을 깨끗하게 하여
왕하 5:13	당신에게 이르기를 씻어 깨끗하게 하라	말 3:3	그가 은을 연단하여 깨끗하게 하는 자같이 앉아서 레위 자손을 깨끗하게 하되
왕하 5:14	어린 아이의 살같이 회복되어 깨끗하게	**신약**	
대하 29:15	따라 여호와의 전을 깨끗하게 할새	마 8:2	주여 원하시면 저를 깨끗하게 하실 수
대하 29:16	전 안에 들어가서 깨끗하게 하여 여호와	마 8:3	내가 원하노니 깨끗함을 받으라 하시니 즉시 그의 나병이 깨끗하여진지라
대하 29:18	상과 그 모든 그릇들을 깨끗하게 하였고	마 10:8	나병환자를 깨끗하게 하며 귀신을 쫓아
대하 29:31	너희가 이제 스스로 몸을 깨끗하게 하여	마 11:5	나병환자가 깨끗함을 받으며 못 듣는
대하 30:18	무리는 자기들을 깨끗하게 하지 아니	마 23:25	대접의 겉은 깨끗이 하되 그 안에는
대하 30:19	성소의 결례대로 스스로 깨끗하게 못한	마 23:26	눈 먼 바리새인이여 너는 먼저 안을 깨끗이 하라 그리하면 겉도 깨끗하리라
느 13:30	떠나게 하여 그들을 깨끗하게 하고	막 1:40	이르되 원하시면 저를 깨끗하게 하실 수
시가서		막 1:41	이르시되 내가 원하노니 깨끗함을 받으
욥 4:17	어찌 그 창조하신 이보다 깨끗하겠느냐	막 1:42	사람에게서 떠나가고 깨끗하여진지라
욥 9:30	몸을 씻고 잿물로 손을 깨끗하게 할지	막 1:44	제사장에게 보이고 네가 깨끗하게 되었
욥 11:4	나는 주께서 보시기에 깨끗하다 하는	막 7:19	모든 음식물을 깨끗하다 하시니라
욥 14:4	누가 깨끗한 것을 더러운 것 가운데에	눅 4:27	그 중의 한 사람도 깨끗함을 얻지 못하
욥 15:14	사람이 어찌 깨끗하겠냐 여인에게	눅 5:12	주여 원하시면 나를 깨끗하게 하실 수
욥 17:9	그 길을 꾸준히 가고 손이 깨끗한 자는	눅 5:13	내가 원하노니 깨끗함을 받으라 하신대
욥 22:30	네 손이 깨끗함으로 말미암아 건지심을	눅 5:14	네가 깨끗하게 됨으로 인하여 모세가
욥 25:4	여자에게서 난 자가 어찌 깨끗하다 하랴	눅 7:22	나병환자가 깨끗함을 받으며 귀먹은
욥 33:9	나는 깨끗하여 악인이 아니며 순전하고	눅 11:39	잔과 대접의 겉은 깨끗이 하나 너희
시 18:20	상 주시며 내 손의 깨끗함을 따라 내게	눅 11:41	모든 것이 너희에게 깨끗하리라
시 18:24	그의 목전에서 내 손이 깨끗한 만큼	눅 17:14	그들이 가다가 깨끗함을 받은지라
시 18:26	깨끗한 자에게는 주의 깨끗하심을 보이	눅 17:17	열 사람이 다 깨끗함을 받지 아니하였
시 24:4	손이 깨끗하며 마음이 청결하며 뜻을		
시 51:2	말갛게 씻으시며 나의 죄를 깨끗이 제하		

【 깨끗하다/깨끗하여지다/깨끗이 】　　　　　　　　　　【 깨다 】

요 13:10	온 몸이 **깨끗하니라** 너희가 **깨끗하나**
요 13:11	다는 **깨끗지** 아니하다 하시니라
요 15:2	열매를 맺게 하려 하여 그것을 **깨끗하게**
요 15:3	내가 일러준 말로 이미 **깨끗하여졌으니**
행 10:14	주여 그럴 수 없나이다 속되고 **깨끗하지**
행 10:15	하나님께서 **깨끗하게** 하신 것을 네가
행 10:28	아무도 속되다 하거나 **깨끗하지** 않다
행 11:8	속되거나 **깨끗하지** 아니한 것은 결코
행 11:9	하나님이 **깨끗하게** 하신 것을 네가 속되
행 15:9	믿음으로 그들의 마음을 **깨끗이** 하사
행 18:6	나는 **깨끗하니라** 이 후에는 이방인에
행 20:26	모든 사람의 피에 대하여 내가 **깨끗하니**
롬 14:20	만물이 다 **깨끗하되** 거리낌으로 먹는
고전 7:14	너희 자녀도 **깨끗하지** 못하니라 그러나
고후 6:6	**깨끗함**과 지식과 오래 참음과 자비함
고후 7:1	온갖 더러운 것에서 자신을 **깨끗하게**
고후 7:11	일체 너희 자신의 **깨끗함**을 나타내었
고후 11:3	그리스도를 향하는 진실함과 **깨끗함**
엡 5:26	곧 물로 씻어 말씀으로 **깨끗하게** 하사
딤전 5:2	젊은 여자에게는 온전히 **깨끗함**으로
딤후 2:21	이런 것에서 자기를 **깨끗하게** 하면 귀히
딛 1:15	**깨끗한** 자들에게는 모든 것이 **깨끗하나** 더럽고 믿지 … 아무 것도 **깨끗한**
딛 2:14	우리를 속량하시고 우리를 **깨끗하게**
히 9:14	양심을 죽은 행실에서 **깨끗하게** 하고
약 4:8	죄인들아 손을 **깨끗이** 하라 두 마음을
벧전 1:22	너희 영혼을 **깨끗하게** 하여 거짓이 없이
벧후 1:9	그의 옛 죄가 **깨끗하게** 된 것을 잊었
요일 1:7	피가 우리를 모든 죄에서 **깨끗하게** 하실
요일 1:9	우리를 모든 불의에서 **깨끗하게** 하실
요일 3:3	이 소망을 가진 자마다 그의 **깨끗하심** 과 같이 자기를 **깨끗하게** 하느니라

성경에 나오는 '깨끗한' 것

- 깨끗한 그릇 - 사 66:20
- 깨끗한 상 - 대하 13:11
- 깨끗한 세마포 - 마 27:59
- 깨끗한 세마포 옷 - 계 19:8, 14
- 깨끗한 손 - 창 20:5
- 깨끗한 양심/마음 - 딤전 3:9; 딤후 2:22
- 깨끗한 양의 털 - 단 7:9
- 깨끗한 제물 - 말 1:11

깨다 (awake, wake up)

모세오경 - 시가서

창 9:24	술이 **깨어** 그의 작은 아들이 자기에게
창 28:16	야곱이 잠이 **깨어** 이르되 여호와께서
창 41:4	일곱 소를 먹은지라 바로가 곧 **깨었다가**
창 41:7	일곱 이삭을 삼킨지라 바로가 **깬즉** 꿈
창 41:21	여전히 흉하더라 내가 곧 **깨었다가**
삿 5:12	**깰지어다 깰지어다** 드보라여 **깰지어다 깰지어다** 너는 노래할지어다
삿 16:14	삼손이 잠을 **깨어** 베틀의 바디와 날실
삿 16:20	삼손이 잠을 **깨며** 이르기를 내가 전과
삼상 25:37	아침에 나발이 포도주에서 **깬** 후에
삼상 26:12	**깨어** 있는 사람도 없었으니 이는 여호와
왕상 3:15	솔로몬이 **깨어** 보니 꿈이더라 이에
왕하 4:31	아이가 **깨지** 아니하였나이다 하니라
욥 14:12	눈을 뜨지 못하며 잠을 **깨지** 못하느니라
시 3:5	내가 누워 자고 **깨었으니** 여호와께서
시 7:6	노를 막으시며 나를 위하여 **깨소서**
시 17:15	**깰** 때에 주의 형상으로 만족하리이다
시 35:23	주 떨치고 **깨셔서** 나를 공판하시며
시 44:23	주여 **깨소서** 어찌하여 주무시나이까
시 57:8	**깰지어다** 비파야, 수금아, **깰지어다**
시 59:4	주여 나를 도우시기 위하여 **깨어** 살펴
시 73:20	주여 사람이 **깬** 후에는 꿈을 무시함같이 주께서 **깨신** 후에는 그들의 형상
시 108:2	비파야, 수금아, **깰지어다** 내가 새벽
시 127:1	아니하시면 파수꾼의 **깨어** 있음이 헛되
시 139:18	내가 **깰** 때에도 여전히 주와 함께 있나
잠 6:9	네가 어느 때에 잠이 **깨어** 일어나겠느냐
잠 6:22	보호하며 네가 **깰** 때에 너와 더불어
잠 23:35	언제나 **깰까** 다시 술을 찾겠다 하리라
아 5:2	내가 잘지라도 마음은 **깨었는데** 나의

선지서

사 26:19	티끌에 누운 자들아 너희는 **깨어** 노래
사 29:8	**깨면** 그 속은 여전히 … **깨면** 곤비하며
사 51:9	여호와의 팔이여 **깨소서 깨소서** 능력 을 베푸소서 옛날 옛시대에 **깨신** 것
사 51:17	예루살렘이여 **깰지어다 깰지어다**
사 52:1	시온이여 **깰지어다 깰지어다** 네 힘
렘 31:26	내가 **깨어** 보니 내 잠이 달았더라
렘 31:28	**깨어서** 그들을… **깨어서** 그들을 세우며
렘 44:27	보라 내가 **깨어** 있어 그들에게 재난을
렘 51:39	기뻐하다가 영원히 잠들어 **깨지** 못하게

【 깨다 】   【 깨닫다 】

겔 23:48	모든 여인이 정신이 **깨어** 너희 음행을
욜 1:5	취하는 자들아 너희는 **깨어** 울지어다
합 2:19	나무에게 **깨라** 하며 말하지 못하는 돌
슥 13:7	칼아 **깨어서** 내 목자, 내 짝 된 자를 치라
말 2:12	사람에게 속한 자는 **깨는** 자나 응답하는

엡 5:14	잠자는 자여 **깨어서** 죽은 자들 가운데
엡 6:18	이를 위하여 **깨어** 구하기를 항상 힘쓰며
골 4:2	계속하고 기도에 감사함으로 **깨어** 있으
살전 5:6	자지 말고 오직 **깨어** 정신을 차릴지라
살전 5:10	우리로 하여금 **깨어** 있든지 자든지 자기
딤후 2:26	그들로 **깨어** 마귀의 올무에서 벗어나
벧전 5:8	근신하라 **깨어라** 너희 대적 마귀가 우는
계 16:15	도둑같이 오리니 누구든지 **깨어** 자기

"모든 기도와 간구를 하되 항상 성령 안에
서 기도하고 이를 위하여 깨어 구하기를
항상 힘쓰며 여러 성도를 위하여 구하라"
(엡 6:18)

깨닫다 (aware of, understand)

모세오경, 역사서

창 19:33	눕고 일어나는 것을 **깨닫지** 못하였더라
창 19:35	눕고 일어나는 것을 **깨닫지** 못하였더라
창 30:27	내게 복 주신 줄을 내가 **깨달았노니**
출 34:29	피부에 광채가 나나 **깨닫지** 못하였더라
레 4:13	허물이 있으나 스스로 **깨닫지** 못하다가
레 5:3	부정이든지 그것을 **깨달았을** 때에는
레 5:4	맹세한 것이 무엇이든지 그가 **깨닫지** 못하다가 그것을 **깨닫게** 되었을 때에
레 26:41	원수들의 땅으로 끌어 갔음을 **깨닫고**
신 29:4	**깨닫는** 마음과 보는 눈과 듣는 귀는
신 32:29	그들이 지혜가 있어 이것을 **깨달았으면**
삿 16:20	자기를 떠나신 줄을 **깨닫지** 못하였더라
삿 20:36	자손이 자기가 패한 것을 **깨달았으니**
삼상 3:8	이 아이를 부르신 줄을 **깨닫고**
삼상 4:6	궤가 진영에 들어온 줄을 **깨달은지라**
삼하 12:19	그 아이가 죽은 줄을 다윗이 **깨닫고**
삼하 19:6	오늘 내가 **깨달으니** 만일 압살롬이 살고
왕상 8:38	다 각각 자기의 마음에 재앙을 **깨닫고**
왕상 8:47	사로잡혀 간 땅에서 스스로 **깨닫고**
대상 14:2	왕으로 삼으신 줄을 **깨달았으니**
대하 6:29	자기의 마음에 재앙과 고통을 **깨닫고**
대하 6:37	사로잡혀 간 땅에서 스스로 **깨닫고**
느 6:12	**깨달은즉** 그는 하나님께서 보내신 바
느 8:8	그 낭독하는 것을 다 **깨닫게** 하니

마 1:24	요셉이 잠에서 **깨어** 일어나 주의 사자
마 24:42	그러므로 **깨어** 있으라 어느 날에 너희
마 24:43	시각에 올 줄을 알았더라면 **깨어** 있어
마 25:13	그런즉 **깨어** 있으라 너희는 그 날과 그
마 26:38	여기 머물러 나와 함께 **깨어** 있으라
마 26:40	한 시간도 이렇게 **깨어** 있을 수 없더냐
마 26:41	시험에 들지 않게 **깨어** 기도하라 마음
막 4:27	그가 밤낮 자고 **깨고** 하는 중에 씨가
막 4:39	예수께서 **깨어** 바람을 꾸짖으시며 바다
막 13:33	주의하라 **깨어** 있으라 그 때가 언제인지
막 13:34	사무를 맡기며 문지기에게 **깨어** 있으
막 13:35	그러므로 **깨어** 있으라 집 주인이 언제
막 13:37	**깨어** 있으라 내가 너희에게 하는 이 말
막 14:34	너희는 여기 머물러 **깨어** 있으라 하시고
막 14:37	네가 한 시간도 **깨어** 있을 수 없더냐
막 14:38	시험에 들지 않게 **깨어** 있어 기도하라
눅 8:24	잠을 **깨사** 바람과 물결을 꾸짖으시니
눅 12:37	주인이 와서 **깨어** 있는 것을 보면 그
눅 21:36	앞에 서도록 항상 기도하며 **깨어** 있
행 16:27	간수가 자다가 **깨어** 옥문들이 열린 것
롬 13:11	알거니와 자다가 **깰** 때가 벌써 되었으니
고전 15:34	**깨어** 의를 행하고 죄를 짓지 말라
고전 16:13	**깨어** 믿음에 굳게 서서 남자답게 강건

시가서

욥 6:24	가르쳐서 나의 허물된 것을 **깨닫게** 하라
욥 9:5	옮기실지라도 산이 **깨닫지** 못하며
욥 9:11	내 앞에서 움직이시나 내가 **깨닫지**
욥 13:1	나의 귀가 이것을 듣고 **깨달았느니라**
욥 14:21	비천하게 되어도 그가 **깨닫지** 못하나
욥 15:9	네가 **깨달은** 것을 우리가 소유하지 못한
욥 17:4	주께서 그들의 마음을 가리어 **깨닫지**

【 깨닫다 】　　　　　　　　　　　　　　　　【 깨닫다 】

욥 18:2	말의 끝을 맺겠느냐 **깨달으라** 그 후에	사 41:20	바인 줄 알며 함께 헤아리며 **깨달으리라**
욥 23:5	내게 이르시는 것을 내가 **깨달으랴**	사 42:25	사방에서 불타오르나 **깨닫지** 못하며
욥 32:8	전능자의 숨결이 사람에게 **깨달음을**	사 43:10	믿으며 내가 그인 줄 **깨닫게** 하려 함
욥 34:27	그의 모든 길을 **깨달아** 알지 못함이라	사 44:18	그들이 알지도 못하고 **깨닫지도** 못함
욥 34:32	**깨닫지** 못하는 것을 내게 가르치소서		은 … 마음이 어두워져서 **깨닫지** 못함
욥 36:29	장막의 우렛소리를 누가 능히 **깨달으랴**	사 52:15	아직 듣지 못한 것을 **깨달을** 것임이라
욥 38:4	어디 있었느냐 네가 **깨달아** 알았거든	사 57:1	거두어 감을 당할지라도 **깨닫는** 자가
욥 42:3	**깨닫지도** 못한 일을 말하였고 스스로	렘 5:15	알지 못하며 그 말을 네가 **깨닫지** 하느
시 19:12	자기 허물을 능히 **깨달을** 자 누구리요	렘 9:12	지혜가 있어서 이 일을 **깨달을** 만한
시 49:20	존귀하나 **깨닫지** 못하는 사람은 멸망	렘 9:24	공의를 땅에 행하는 자인 줄 **깨닫는**
시 73:17	그들의 종말을 내가 **깨달았나이다**	렘 10:18	그들을 괴롭게 하여 **깨닫게** 하리라
시 82:5	그들은 알지도 못하고 **깨닫지도** 못하여	렘 23:20	끝날에 그것을 완전히 **깨달으리라**
시 92:6	무지한 자도 이를 **깨닫지** 못하나이다	렘 30:24	너희가 끝날에 그것을 **깨달으리라**
시 106:7	주의 기이한 일들을 **깨닫지** 못하며 주의	렘 50:24	올무를 놓았더니 네가 **깨닫지** 못하여
시 107:43	여호와의 인자하심을 **깨달으리로다**	겔 17:12	너희가 이 비유를 **깨닫지** 못하겠느냐
시 119:27	법도들의 길을 **깨닫게** 하여 주소서	단 4:26	하나님이 다스리시는 줄을 왕이 **깨달은**
시 119:34	나로 하여금 **깨닫게** 하여 주소서 내가	단 8:17	인자야 **깨달아** 알라 이 환상은 정한 때
시 119:73	**깨달아** 주의 계명들을 배우게 하소서	단 8:27	그 뜻을 **깨닫는** 사람도 없었느니라
시 119:125	나는 주의 종이오니 나를 **깨닫게** 하사	단 9:2	알려 주신 그 연수를 **깨달았나니**
시 119:130	우둔한 사람들을 **깨닫게** 하나이다	단 9:25	너는 **깨달아** 알지니라 예루살렘을 중건
시 119:144	나로 하여금 **깨닫게** 하사 살게 하소서	단 10:11	내가 네게 이르는 말을 **깨닫고** 일어서라
시 119:169	주의 말씀대로 나를 **깨닫게** 하소서	단 10:12	두려워하지 말라 네가 **깨달으려** 하여
잠 2:9	정직 곧 모든 선한 길을 **깨달을** 것이며	단 10:14	백성이 당할 일을 네게 **깨닫게** 하려
잠 4:19	넘어져도 그것이 무엇인지 **깨닫지** 못하		
잠 5:6	든든하지 못하여도 그것을 **깨닫지**		
잠 28:5	찾는 자는 모든 것을 **깨닫느니라**		
잠 30:18	심히 기이히 여기고도 **깨닫지** 못하는		
잠 31:18	자기의 장사가 잘 되는 줄을 **깨닫고**		
전 1:17	바람을 잡으려는 것인 줄을 **깨달았도다**		
전 2:14	같으리라는 것을 나도 **깨달아** 알았도다		
전 3:18	짐승과 다름이 없는 줄을 **깨닫게** 하려		
전 5:1	그들은 악을 행하면서도 **깨닫지** 못함		
전 7:27	이치를 연구하여 이것을 **깨달았노라**		
전 7:29	내가 **깨달은** 것은 오직 이것이라 곧		

선지서

사 1:3	알지 못하고 나의 백성은 **깨닫지** 못하
사 6:9	너희가 듣기는 들어도 **깨닫지** 못할 것
사 6:10	눈으로 보고 귀로 듣고 마음으로 **깨닫고**
사 28:9	누구에게 도를 전하여 **깨닫게** 하려는
사 28:19	소식을 **깨닫는** 것이 오직 두려움이라
사 32:4	조급한 자의 마음이 지식을 **깨닫고**
사 33:19	말이 이상하여 네가 **깨닫지** 못하는 자
사 40:21	기초가 창조될 때부터 너희가 **깨닫지**

'깨닫다'와 관련된 성구

그리스도 – 골 2:2
그리스도의 비밀 – 엡 3:4
말씀 – 막 9:32; 눅 2:50
명철의 말씀 – 잠 1:2
서적 – 단 1:17
성경 – 눅 24:45
여호와 경외하기 – 잠 2:5
오묘한 말 – 잠 1:6
(율)법 – 느 8:7; 롬 7:9, 21
은밀한 것 – 겔 28:3
정의 – 욥 32:9; 잠 28:5
죄 – 레 4:14; 롬 3:20; 히 10:2
주의 진리 – 단 9:13
진리의 확실한 말씀 – 잠 22:21
천국 말씀 – 마 13:19
하나님의 오묘한 일 – 욥 37:14
하나님의 은혜 – 골 1:6
환상과 꿈 – 단 1:17; 8:16; 9:23; 10:1

깨닫다

단 12:8	듣고도 **깨닫지** 못한지라 내가 이르되		각하였으나 그들이 **깨닫지** 못하였더라
단 12:10	**깨닫지** 못하되 오직 … **깨달으리라**	행 8:30	듣고 말하되 읽는 것을 **깨닫느냐**
호 4:14	**깨닫지** 못하는 백성은 망하리라	행 8:31	지도해 주는 사람이 없으니 어찌 **깨달을**
호 5:1	이스라엘 족속들아 **깨달으라** 왕족들아	행 10:35	사람은 다 받으시는 줄 **깨달았도다**
호 5:13	에브라임이 자기의 병을 **깨달으며** 유다	행 12:12	**깨닫고** 마가라 하는 요한의 어머니
	가 자기의 상처를 **깨달았고** 에브라임은	행 28:26	듣기는 들어도 도무지 **깨닫지** 못하며
호 14:9	누가 지혜가 있어 이런 일을 **깨달으며**	행 28:27	귀로 듣고 마음으로 **깨달아** 돌아오면
미 4:12	알지 못하며 그의 계획을 **깨닫지** 못한	롬 3:11	**깨닫는** 자도 없고 하나님을 찾는 자도
신약		롬 15:21	듣지 못한 자들이 **깨달으리라** 함과 같으
마 7:3	네 눈 속에 있는 들보는 **깨닫지** 못하	고전 4:4	내가 자책할 아무 것도 **깨닫지** 못하나
마 13:13	들어도 듣지 못하며 **깨닫지** 못함이니	고전 13:11	**깨닫는** 것이 어린 아이와 같고 생각하는
마 13:14	너희가 듣기는 들어도 **깨닫지** 못할 것	고전 14:19	**깨달은** 마음으로 다섯 마디 말을 하는
마 13:15	귀로 듣고 마음으로 **깨달아** 돌이켜	엡 3:19	길이와 높이와 깊이가 어떠함을 **깨달아**
마 13:23	말씀을 듣고 **깨닫는** 자니 결실하여	딤전 1:7	자기가 확증하는 것도 **깨닫지** 못하는
마 13:51	이 모든 것을 **깨달았느냐** 하시니 대답		
마 15:10	무리를 불러 이르시되 듣고 **깨달으라**	## 깨뜨리다/깨뜨려지다(break)	
마 15:16	이르시되 너희도 아직까지 **깨달음이**	레 11:35	화덕이든지 화로이든지 **깨뜨려** 버리라
마 16:9	아직도 **깨닫지** 못하느냐 떡 다섯 개로	민 30:2	결심하고 서약하였으면 **깨뜨리지** 말고
마 16:11	떡에 관함이 아닌 줄을 **깨닫지** 못하느냐	신 9:17	들어 던져 너희의 목전에서 **깨뜨렸노라**
마 16:12	삼가라고 말씀하신 줄을 **깨달으니라**	신 10:2	네가 **깨뜨린** 처음 판에 쓴 말을 내가
마 17:13	것이 세례 요한인 줄을 **깨달으니라**	삿 9:53	내려 던져 그의 두개골을 **깨뜨리니**
마 24:15	선 것을 보거든 (읽는 자는 **깨달을진저**)	대하 23:17	그의 제단들과 형상들을 **깨뜨리고**
마 24:39	그들을 다 멸하기까지 **깨닫지** 못하였	욥 26:12	하시며 지혜로 라합을 **깨뜨리시며**
막 4:12	들어도 **깨닫지** 못하게 하여 돌이켜	시 18:14	많은 번개로 그들을 **깨뜨리셨도다**
막 5:29	마르매 병이 나은 줄을 몸에 **깨달으니라**	시 48:7	동풍으로 다시스의 배를 **깨뜨리시도다**
막 6:52	그들이 그 떡 떼시던 일을 **깨닫지** 못한		
막 7:14	너희는 다 내 말을 듣고 **깨달으라**	### 성경에 나오는 '깨뜨린' 것	
막 7:18	이르시되 너희도 이렇게 **깨달음이** 없느	그릇 - 레 11:33; 사 30:14; 렘 19:11; 48:38	
막 8:17	아직도 알지 못하며 **깨닫지** 못하느냐	놋 대야 - 렘 52:17	
막 8:21	이르시되 아직도 **깨닫지** 못하느냐	놋 문 - 시 107:16	
막 13:14	선 것을 보거든 (읽는 자는 **깨달을진저**)	놋 바다 - 왕하 25:13	
막 14:68	알지도 못하고 **깨닫지도** 못하겠노라	목상 - 미 1:7	
눅 6:41	네 눈 속에 있는 들보는 **깨닫지** 못하	석상 - 왕하 23:14; 렘 43:13	
눅 8:10	보아도 보지 못하고 들어도 **깨닫지** 못하	약조 - 왕상 15:19; 대하 16:3	
눅 9:45	그들로 **깨닫지** 못하게 숨긴 바 되었음	언약 - 시 89:34; 사 24:5; 렘 11:10; 31:32;	
눅 18:34	제자들이 이것을 하나도 **깨닫지** 못한	33:20, 21; 말 2:8	
요 1:5	빛이 어둠에 비치되 어둠이 **깨닫지** 못하	옥합 - 막 14:3 / 옹기 - 렘 19:10	
요 8:27	아버지를 가리켜 말씀하신 줄을 **깨닫지**	우상 - 민 33:52; 왕하 11:18	
요 8:43	어찌하여 내 말을 **깨닫지** 못하느냐 이는	율례 - 시 89:31	
요 10:38	내가 아버지 안에 있음을 **깨달아** 알리라	주상 - 신 7:5; 12:3; 왕하 18:4; 대하 14:3;	
요 12:16	제자들은 처음에 이 일을 **깨닫지** 못하	31:1	
요 12:40	눈으로 보고 마음으로 **깨닫고** 돌이켜	질그릇 - 레 15:12; 시 2:9; 계 2:27	
행 7:25	구원해 주시는 것을 **깨달으리라고** 생	토기 - 레 6:28	

【 깨물다 】　　　　　　　　　　　　　　　　　【 꺼내다 】

시 68:21	하나님이 쳐서 **깨뜨리시리로다**	마 8:25	제자들이 나아와 **깨우며** 이르되 주여
시 74:13	물 가운데 용들의 머리를 **깨뜨리셨으며**	막 4:38	제자들이 **깨우며** 이르되 선생님이여
시 89:10	라합을 죽임 당한 자같이 **깨뜨리시고**	눅 8:24	제자들이 나아와 **깨워** 이르되 주여 주여
시 110:5	노하시는 날에 왕들을 쳐서 **깨뜨리실**	요 11:11	잠들었도다 그러나 내가 **깨우러** 가노라
시 110:6	여러 나라의 머리를 쳐서 **깨뜨리시며**	행 12:7	또 베드로의 옆구리를 쳐 **깨워** 이르되
사 19:3	그의 계획을 내가 **깨뜨리리니** 그들이		
렘 48:18	너를 쳐서 네 요새를 **깨뜨렸음이로다**	**깨우치다**(be waken, warn)	
겔 6:4	황폐하고 분향제단들이 **깨뜨려질** 것	레 4:23	그가 범한 죄를 누가 그에게 **깨우쳐**
호 10:2	하나님이 그 제단을 쳐서 **깨뜨리시며**	레 4:28	그가 범한 죄를 누가 그에게 **깨우쳐**
호 10:11	밭을 갈고 야곱이 흙덩이를 **깨뜨리리라**	사 8:11	길로 가지 말 것을 내게 **깨우쳐** 이르
호 11:6	성읍들을 치며 빗장을 **깨뜨려** 없이하	사 50:4	마다 **깨우치시되** 나의 귀를 **깨우치사**
미 4:13	네가 여러 백성을 쳐서 **깨뜨릴** 것이라	겔 3:17	듣고 나를 대신하여 그들을 **깨우치라**
나 1:13	네게 지운 그의 멍에를 내가 **깨뜨리고**	겔 3:18	죽으리라 할 때에 네가 **깨우치지** 아니
막 5:4	쇠사슬을 끊고 고랑을 **깨뜨렸음이러라**	겔 3:19	네가 악인을 **깨우치되** 그가 그의 악한
		겔 3:20	이는 네가 그를 **깨우치지** 않음이니라
깨물다(gnaw)		겔 3:21	네가 그 의인을 **깨우쳐** 범죄하지 아니
계 16:10	사람들이 아파서 자기 혀를 **깨물고**		하게 함으로 … 이는 **깨우침**을 받음이
		고전 10:11	말세를 만난 우리를 **깨우치기** 위하여
깨어나다(awake)		딤전 4:6	이것으로 형제를 **깨우치면** 그리스도
시 78:65	그 때에 주께서 잠에서 **깨어난** 것처럼		
렘 51:57	그들이 영원히 잠들어 **깨어나지** 못하	**깨지다**(break)	
단 12:2	자는 자 중에서 많은 사람이 **깨어나**	시 31:12	두지 아니하심 같고 **깨진** 그릇과 같으니
합 2:7	너를 괴롭힐 자들이 **깨어나지** 않겠느냐	전 12:6	금 그릇이 **깨지고** 항아리가 샘 곁에서
슥 4:1	마치 자는 사람이 잠에서 **깨어난** 것		**깨지고** 바퀴가 우물 위에서 **깨지고**
눅 9:32	졸다가 온전히 **깨어나** 예수의 영광과	사 24:19	땅이 **깨지고 깨지며** 땅이 갈라지고 갈라
		렘 22:28	이 사람 고니야는 천하고 **깨진** 그릇이냐
깨어지다(be shattered)		겔 26:2	아하 만민의 문이 **깨져서** 내게로 돌아
삼상 2:10	대적하는 자는 산산이 **깨어질** 것이라	단 8:25	손으로 말미암지 아니하고 **깨지리라**
욥 39:15	발에 **깨어질** 것이나 들짐승에게 밟힐	단 12:7	지나서 성도의 권세가 다 **깨지기까지**
겔 6:6	제단이 **깨어지고** … 우상들이 **깨어져**	욘 1:4	큰 폭풍이 일어나 배가 거의 **깨지게**
겔 23:34	다 기울여 마시고 그 **깨어진** 조각을	나 1:6	그로 말미암아 바위들이 **깨지는도다**
눅 20:18	이 돌 위에 떨어지는 자는 **깨어지겠고**	마 21:44	이 돌 위에 떨어지는 자는 **깨지겠고**
행 27:41	붙고 고물은 큰 물결에 **깨어져** 가니	계 8:9	죽고 배들의 삼분의 일이 **깨지더라**
깨우다(awaken, wake up)		**꺼내다**(bring out, snatch)	
왕상 18:27	그가 잠이 들어서 **깨워야** 할 것인지	창 24:53	은금 패물과 의복을 **꺼내어** 리브가에
시 57:8	깰지어다 내가 새벽을 **깨우리로다**	대하 34:14	여호와의 전에 헌금한 돈을 **꺼낼** 때에
시 108:2	깰지어다 내가 새벽을 **깨우리로다**	스 1:7	왕이 또 여호와의 성전 그릇을 **꺼내니**
아 2:7	원하기 전에는 흔들지 말고 **깨우지** 말지	스 1:8	명령하여 그 그릇들을 **꺼내어**
아 3:5	전에는 흔들지 말고 **깨우지** 말지니라	스 5:14	고레스 왕이 그 신당에서 **꺼내어** 그
아 8:4	원하기 전에는 흔들지 말며 **깨우지** 말지	렘 50:25	병기창을 열고 분노의 무기를 **꺼냄은**
아 8:5	사과나무 아래에서 내가 너를 **깨웠노라**	겔 24:6	없이 그 덩이를 하나하나 **꺼낼지어다**
슥 4:1	천사가 다시 와서 나를 **깨우니** 마치	합 3:9	활을 **꺼내시고** 화살을 바로 쏘셨나이다

【 꺼리다 】

슥 3:2	이는 불에서 **꺼낸** 그슬린 나무가 아니냐

꺼리다(hate, hesitate)

신 12:31	그들은 여호와께서 **꺼리시며** 가증하
욥 6:7	만지기도 싫어하나니 **꺼리는** 음식물
마 22:16	아무도 **꺼리는** 일이 없으시니 이는 사람
막 12:14	당신은 참되시고 아무도 **꺼리는** 일이
행 20:27	이는 내가 **꺼리지** 않고 하나님의 뜻을

꺼지다(die down, go out, unquenchable)

레 6:9	제단의 불이 그 위에서 **꺼지지** 않게
레 6:12	제단 위의 불은 항상 피워 **꺼지지** 않게
레 6:13	끊임이 없이 제단 위에 피워 **꺼지지**
민 11:2	여호와께 기도하니 불이 **꺼졌더라**
삼상 3:3	하나님의 등불은 아직 **꺼지지** 아니하
삼하 21:17	이스라엘의 등불이 **꺼지지** 말게 하옵
왕하 22:17	이 곳을 향하여 내린 진노가 **꺼지지**
대하 34:25	노여움을 이 곳에 쏟으매 **꺼지지** 아니
욥 18:5	악인의 빛은 **꺼지고** 그의 불꽃은 빛나
욥 18:6	어두워지고 그 위의 등불은 **꺼질** 것이
욥 21:17	악인의 등불이 **꺼짐과** 재앙이 그들에게
잠 13:9	빛나고 악인의 등불은 **꺼지느니라**
잠 20:20	등불이 흑암 중에 **꺼짐을** 당하리라
잠 24:20	장래가 없겠고 악인의 등불은 **꺼지리라**
잠 26:20	나무가 다하면 불이 **꺼지고** 말쟁이가
사 34:10	낮에나 밤에나 **꺼지지** 아니하고 그 연기
사 42:3	상한 갈대를 꺾지 아니하며 **꺼져가는**
사 43:17	소멸하기를 **꺼져가는** 등불 같게 하였
사 66:24	그 불이 **꺼지지** 아니하여 모든 혈육에
렘 7:20	불같이 살라지고 **꺼지지** 아니하리라
렘 17:27	불이 **꺼지지** 아니하리라 하셨다 할지
겔 20:47	맹렬한 불꽃이 **꺼지지** 아니하고 남에서
겔 20:48	그것이 **꺼지지** 아니하리라 하셨다 하라
마 3:12	쭉정이는 **꺼지지** 않는 불에 태우시리라
마 12:20	상한 갈대를 꺾지 아니하며 **꺼져가는**
마 25:8	우리 등불이 **꺼져가니** 너희 기름을 좀
막 9:43	두 손을 가지고 지옥 곧 **꺼지지** 않는
막 9:48	구더기도 죽지 않고 불도 **꺼지지** 아니
눅 3:17	곳간에 들이고 쭉정이는 **꺼지지** 않는

꺼풀(covering)

출 29:13	기름과 간 위에 있는 **꺼풀과** 두 콩팥
호 13:8	그들을 만나 그의 염통 **꺼풀을** 찢고

【 꺾다/꺾이다 】

꺼풀 + 기타 본문
출 29:22; 레 3:4, 10, 15; 4:9; 7:4; 8:16, 25; 9:10, 19

꺾다/꺾이다(break)

욥 16:12	내가 평안하더니 그가 나를 **꺾으시며**
욥 24:20	않을 것이니 불의가 나무처럼 **꺾이리라**
욥 30:4	떨기나무 가운데에서 짠 나물을 **꺾으며**
욥 32:12	당신들 가운데 욥을 **꺾어** 그의 말에
욥 34:24	세력 있는 자를 조사할 것 없이 **꺾으시고**
시 72:4	구원하며 압박하는 자를 **꺾으리로다**
아 6:2	양 떼를 먹이며 백합화를 **꺾는구나**
사 10:33	혁혁한 위력으로 그 가지를 **꺾으시리니**
사 14:5	몽둥이와 통치자의 규를 **꺾으셨도다**
사 16:8	주권자들이 그 좋은 가지를 **꺾었도다**
사 27:11	가지가 마르면 **꺾이나니** 여인들이 와서
렘 5:10	무너뜨리지 말고 그 가지만 **꺾어** 버리라
렘 11:16	그 위에 불을 피웠고 그 가지는 **꺾였도다**
렘 15:12	능히 철 곧 북방의 철과 놋을 **꺾으리요**
렘 50:23	온 세계의 망치가 어찌 그리 **꺾여** 부서

성경에 나오는 '꺾인' 것

교만 – 레 26:19 / 계교 – 욥 5:12
기 – 욥 41:9; 시 76:12
나무 – 출 9:25
다리 – 요 19:31, 32, 33
막대기 – 사 9:4; 슥 11:10, 11
멍에 – 사 58:6; 렘 2:20; 5:5; 28:2, 4, 10, 11, 12, 13; 30:8; 겔 30:18; 34:27
목 – 출 13:13; 34:20; 신 21:4, 6; 사 66:3
백향목 – 시 29:5; 겔 17:3, 22
뼈 – 출 12:46; 민 9:12; 24:8; 시 34:20; 51:8; 잠 25:15; 사 38:13; 렘 50:17; 애 3:4; 미 3:3; 요 19:36
뿔 – 단 8:7, 8, 22; 암 3:14
(상한) 갈대 – 사 42:3; 마 12:20
(쇠) 빗장 – 시 107:16; 사 45:2; 암 1:5
이 – 시 3:7; 58:6; 애 3:16
팔 – 욥 22:9; 38:15; 시 10:15; 겔 30:21, 22, 24
허리 – 신 33:11 / 화살 – 시 58:7
활 – 삼상 2:4; 시 46:9; 렘 49:35; 51:56; 호 1:5

【 껍질 】　　　　　　　　　　　　　　　　　　　　　　　　　　【 꼭대기 】

겔 17:4	연한 가지 끝을 **꺾어** 가지고 장사하는
겔 17:5	땅의 종자를 **꺾어** 옥토에 심되 수양버들
겔 19:12	그 강한 가지들은 **꺾이고** 말라 불에
겔 31:12	그 땅 모든 물 가에 **꺾어졌으며** 세상
겔 47:2	북문으로 나가서 바깥 길로 **꺾여** 동쪽으
호 2:18	또 이 땅에서 활과 칼을 **꺾어** 전쟁을
롬 11:17	가지 얼마가 **꺾이었는데** 돌감람나무
롬 11:19	가지들이 **꺾인** 것은 나로 접붙임을
롬 11:20	그들은 믿지 아니하므로 **꺾이고** 너는

껍질(bark, skin)

창 30:37	푸른 가지를 가져다가 그것들의 **껍질**을
창 30:38	그 **껍질** 벗긴 가지를 양 떼가 와서 먹는
민 6:4	포도나무 소산은 씨나 **껍질**이라도 먹지

껴안다(caress)

창 26:8	이삭이 그 아내 리브가를 **껴안은** 것을

꼬다(twist)

출 26:1	너는 성막을 만들되 가늘게 **꼰** 베 실과

📖 꼬다 - 기타 본문
　　출 26:31, 36; 27:16; 28:5, 6, 8, 15; 36:8, 35, 37;
　　38:18; 39:2, 5, 8

꼬리(tail)

출 4:4	네 손을 내밀어 그 **꼬리**를 잡으라 그가
출 29:22	숫양의 기름과 기름진 **꼬리**와 그것의
레 3:9	그 기름 곧 미골에서 벤 기름진 **꼬리**와
레 7:3	기름을 모두 드리되 곧 그 기름진 **꼬리**와
레 8:25	그가 또 그 기름과 기름진 **꼬리**와 내장
레 9:19	수소와 숫양의 기름과 기름진 **꼬리**와
신 28:13	머리가 되고 **꼬리**가 되지 않게 하시며
신 28:44	머리가 되고 너는 **꼬리**가 될 것이라
삿 15:4	여우 삼백 마리를 붙들어서 그 **꼬리**와
	꼬리를 매고 홰를 가지고 그 두 **꼬리**
욥 40:17	그것이 **꼬리** 치는 것은 백향목이 흔들
사 9:14	이스라엘 중에서 머리와 **꼬리**와 종려
사 9:15	**꼬리**는 곧 거짓말을 가르치는 선지자
사 19:15	애굽에서 머리나 **꼬리**며 종려나무
계 9:10	**꼬리**와 쏘는 살이 있어 그 **꼬리**에는
계 9:19	**꼬리**에 있으니 **꼬리**는 뱀 같고 또
계 12:4	그 **꼬리**가 하늘의 별 삼분의 일을 끌어

꼬부라지다(be bent over)

눅 13:11	귀신 들려 앓으며 **꼬부라져** 조금도 펴지

꼬불꼬불하다(coil)

사 27:1	리워야단 곧 **꼬불꼬불한** 뱀 리워야단을

꼬집다(tear)

겔 23:34	네 유방을 **꼬집을** 것은 내가 이렇게

꼭(same, alike)

출 9:34	완악하게 하니 그와 그의 신하가 **꼭** 같
느 6:4	내게 사람을 보내되 나는 **꼭**같이 대답
전 2:3	알아볼 때까지 내 어리석음을 **꼭** 붙잡
겔 3:18	악인에게 말하기를 너는 **꼭** 죽으리라
겔 10:10	그 모양은 넷이 **꼭** 같은데 마치 바퀴

꼭대기(top)

창 28:12	땅 위에 서 있는데 그 **꼭대기**가 하늘에
민 23:14	소빔 들로 인도하여 비스가 **꼭대기**에
사 17:6	가장 높은 가지 **꼭대기**에 과일 두세 개
겔 31:3	숲의 그늘 같으며 키가 크고 **꼭대기**가
겔 31:10	그의 키가 크고 **꼭대기**가 구름에 닿아서
겔 31:14	그 **꼭대기**가 구름에 닿지 못하게 하며

성경에 나오는 '꼭대기'

골짜기 꼭대기 - 사 28:1, 4
기둥 꼭대기 - 왕상 7:16, 17, 18, 19, 22, 41;
　　왕하 25:17; 대하 3:15; 4:12; 습 2:14
망대 꼭대기 - 삿 9:51
바위 꼭대기 - 대하 25:12
백향목 꼭대기 - 겔 17:22
뽕나무 꼭대기 - 삼하 5:24; 대상 14:15
산꼭대기 - 출 17:9, 10; 19:20; 34:2; 민 14:40,
　　44; 20:28; 21:20; 23:28; 신 3:27; 수
　　15:8, 9; 삿 9:7, 36; 삼상 26:13; 삼하 2:25;
　　왕상 18:42; 왕하 1:9; 19:23; 시 72:16; 사
　　2:2; 17:9; 30:17; 42:11; 애 4:19; 겔 6:13;
　　43:12; 호 4:13; 욜 2:2, 5; 암 1:2; 9:3
산들의 꼭대기 - 삿 9:25; 사 37:24; 미 4:1
산성 꼭대기 - 삿 6:26
성전 꼭대기 - 마 4:5; 눅 4:9
탑 꼭대기 - 창 11:4 / 헤르몬 꼭대기 - 아 4:8
헤브론 앞산 꼭대기 - 삿 16:3

【 꼴 】

꼴(pasture, straw)
왕상 4:28 준마에게 먹일 보리와 **꼴**을 그 말들이
왕상 18:5 모든 내로 가자 혹시 **꼴**을 얻으리라
욥 6:5 풀이 있으면 어찌 울겠으며 소가 **꼴**이
욥 24:6 밭에서 남의 **꼴**을 베며 악인이 남겨 둔
잠 27:25 새로 움이 돋나니 산에서 **꼴**을 거둘 것
아 4:5 두 유방은 백합화 가운데서 **꼴**을 먹는
애 1:6 그의 지도자들은 **꼴**을 찾지 못한 사슴
겔 34:14 좋은 **꼴**을 먹이고 … 살진 **꼴**을 먹으리
겔 34:18 너희가 좋은 **꼴**을 먹는 것을 작은 일로 여기느냐 어찌하여 남은 **꼴**을 발로 밟았
욜 1:18 소 떼가 소란하니 이는 **꼴**이 없음이라
요 10:9 구원을 받고 또는 들어가며 나오며 **꼴**

꽂다/꽂히다(put away, stick)
삼상 26:7 창은 머리 곁 땅에 **꽂혀** 있고 아브넬과
삼상 26:8 그를 찔러서 단번에 땅에 **꽂게** 하소서
삼하 20:8 띠를 띠고 칼집에 **꽂은** 칼을 허리에
대상 21:27 명령하시매 그가 칼을 칼집에 **꽂았더라**
욥 41:7 찌르거나 작살을 그 머리에 **꽂을** 수
욥 41:26 칼이 그에게 **꽂혀도** 소용이 없고 창이나 투창이나 화살촉도 **꽂히지** 못하는
겔 21:5 칼이 다시 **꽂히지** 아니하리라 하셨다
겔 21:30 그러나 칼을 그 칼집에 **꽂을지어다** 네가
마 26:52 칼을 도로 칼집에 **꽂으라** 칼을 가지는
요 18:11 이르시되 칼을 칼집에 **꽂으라**

꽃(blossom, flower)
창 40:10 세 가지가 있고 싹이 나서 **꽃**이 피고
출 9:31 보리는 이삭이 나왔고 삼은 **꽃**이 피었
민 8:4 밑판에서 그 **꽃**까지 쳐서 만든 것이라
민 17:8 지팡이에 움이 돋고 순이 나고 **꽃**이
욥 14:2 그는 **꽃**과 같이 자라나서 시들며 그림자
시 90:6 풀은 아침에 **꽃**이 피어 자라다가 저녁
시 103:15 풀과 같으며 그 영화가 들의 **꽃**과 같도
전 12:5 살구나무가 **꽃**이 필 것이며 메뚜기도
아 2:12 지면에는 **꽃**이 피고 새가 노래할 때가
아 2:13 포도나무는 **꽃**을 피워 향기를 토하는
아 2:15 여우를 잡으라 우리의 포도원에 **꽃**이
아 6:11 석류나무가 **꽃**이 피었는가 알려고 내가
사 5:24 그들의 뿌리가 썩겠고 **꽃**이 티끌처럼
사 18:5 추수하기 전에 **꽃**이 떨어지고 포도가
사 27:6 이스라엘의 움이 돋고 **꽃**이 필 것이라

【 꾀 】

사 28:1 꼭대기에 세운 성이여 쇠잔해 가는 **꽃**
사 28:4 그의 영화가 쇠잔해 가는 **꽃**이 여름 전
사 40:6 풀이요 그의 모든 아름다움은 들의 **꽃**과
사 40:7 풀은 마르고 **꽃**이 시듦은 여호와의 기운
사 40:8 풀은 마르고 **꽃**은 시드나 우리 하나님
겔 7:10 몽둥이가 **꽃**이 피며 교만이 싹이 났도다
호 14:7 포도나무같이 **꽃**이 필 것이며 그 향기
나 1:4 바산과 갈멜이 쇠하며 레바논의 **꽃**이
마 6:29 모든 영광으로도 입은 것이 이 **꽃** 하나
눅 12:27 모든 영광으로도 입은 것이 이 **꽃** 하나
약 1:10 자랑할지니 이는 그가 풀의 **꽃**과
약 1:11 바람이 불어 풀을 말리면 **꽃**이 떨어져
벧전 1:24 풀의 **꽃**과 같으니 풀은 마르고 **꽃**은

'꽃'과 관련된 성구

감람 꽃 – 욥 15:33
금(으로 만든) 꽃 – 왕상 7:49; 대하 4:21
꽃받침 – 출 25:35, 36; 37:21, 22
꽃받침과 꽃 – 출 25:31, 33, 34; 37:17, 19, 20
꽃밭 – 아 5:13; 6:2
꽃술 – 아 7:12
석류 꽃 – 아 7:12
핀 꽃 – 왕상 6:18, 29, 32

꽹과리(cymbal)
고전 13:1 소리 나는 구리와 울리는 **꽹과리**가 되고

꾀(advice, ruse, scheme, thought)
민 31:16 보라 이들이 발람의 **꾀**를 따라 이스라엘
수 9:4 **꾀**를 내어 사신의 모양을 꾸미되 해어진
느 4:15 하나님이 그들의 **꾀**를 폐하셨으므로
에 8:3 하만이 유다인을 해하려 한 악한 **꾀**
에 9:25 하만이 유다인을 해하려던 악한 **꾀**를
욥 10:3 악인의 **꾀**에 빛을 비추시기를 선히 여기
욥 18:7 피곤하여지고 그가 마련한 **꾀**에 스스로
시 1:1 복 있는 사람은 악인들의 **꾀**를 따르지
시 5:10 그들을 정죄하사 자기 **꾀**에 빠지게 하시
시 10:2 그들이 자기가 베푼 **꾀**에 빠지게 하소서
시 31:20 주의 은밀한 곳에 숨기사 사람의 **꾀**
시 37:7 자기 길이 형통하며 악한 **꾀**를 이루는
시 140:8 그의 악한 **꾀**를 이루지 못하게 하소서
잠 1:31 자기 행위의 열매를 먹으며 자기 **꾀**에

【 꾀다 】

잠 15:26	악한 **꾀**는 여호와께서 미워하시나 선한
전 7:29	정직하게 지으셨으나 사람이 많은 **꾀**들
사 7:5	르말리야의 아들이 악한 **꾀**로 너를
사 33:15	귀를 막아 피 흘리려는 **꾀**를 듣지 아니
렘 7:24	자신들의 악한 마음의 **꾀**와 완악한 대로
렘 18:18	그들이 말하기를 오라 우리가 **꾀**를 내어
겔 11:2	불의를 품고 이 성 중에서 악한 **꾀**를
겔 38:10	여러 가지 생각이 나서 악한 **꾀**를 내어
단 8:25	그가 **꾀**를 베풀어 제 손으로 속임수를
고전 3:19	지혜 있는 자들로 하여금 자기 **꾀**에

꾀다(coax, deceive, seduce)

창 3:13	여자가 이르되 뱀이 나를 **꾀므**로 내가
출 22:16	약혼하지 아니한 처녀를 **꾀어** 동침하
신 13:6	친구가 가만히 너를 **꾀어** 이르기를 너와
신 13:10	여호와에게서 너를 **꾀어** 떠나게 하려
삿 14:15	너는 네 남편을 **꾀어** 그 수수께끼를
삿 16:5	삼손을 **꾀어서** 무엇으로 말미암아 그 큰
삿 20:31	백성을 맞더니 **꾀임**에 빠져 성읍을 떠나
왕상 22:20	누가 아합을 **꾀어** 그를 길르앗 라못에
왕상 22:21	서서 말하되 내가 그를 **꾀겠나이다**
왕상 22:22	너는 **꾀겠고** 또 이루리라 나가서 그리
대하 18:19	누가 이스라엘 왕 아합을 **꾀어** 그에게
대하 18:20	서서 말하되 내가 그를 **꾀겠나이다** 하니
대하 18:21	너는 **꾀겠고** 또 이루리라 나가서 그리
대하 22:3	그의 어머니가 **꾀어** 악을 행하게 하였
대하 32:11	히스기야가 너희를 **꾀어** 이르기를 우리
대하 32:15	히스기야에게 속지 말라 **꾀임**을 받지
대하 33:9	예루살렘 주민이 므낫세의 **꾀임**을 받고
잠 7:21	유혹하며 입술의 호리는 말로 **꾀므**로
잠 16:29	강포한 사람은 그 이웃을 **꾀어** 좋지
렘 38:22	네 친구들이 너를 **꾀어** 이기고 네 발이
행 5:37	갈릴리의 유다가 일어나 백성을 **꾀어**
갈 3:1	앞에 밝히 보이거늘 누가 너희를 **꾀더냐**
계 2:20	그가 내 종들을 가르쳐 **꾀어** 행음하게
계 12:9	사탄이라고도 하며 온 천하를 **꾀는** 자라

꾀어내다(draw away)

삿 20:32	그들을 성읍에서 큰 길로 **꾀어내자** 하고

꾀하다(conspire, plan, plot)

창 37:18	요셉을 멀리서 보고 죽이기를 **꾀하여**
신 19:19	그의 형제에게 행하려고 **꾀한** 그대로

【 꾸다 】

삼상 19:2	사울이 너를 죽이기를 **꾀하시느니라**
삼상 23:10	그 일로 내려오기를 **꾀한다** 함을 주의
대하 24:21	무리가 함께 **꾀하고** 왕의 명령을 따라
느 4:8	다 함께 **꾀하기를** 예루살렘으로 가서
에 8:5	유다인을 진멸하려고 **꾀하고** 쓴 조서
에 9:24	하만이 유다인을 진멸하기를 **꾀하고**
시 2:2	관원들이 서로 **꾀하여** 여호와와 그의
시 31:13	내 생명을 빼앗기로 **꾀하였나이다**
시 36:4	그의 침상에서 죄악을 **꾀하며** 스스로
시 37:12	악인이 의인 치기를 **꾀하고** 그를 향하여
시 41:7	수군거리고 나를 해하려고 **꾀하며**
시 52:2	네 혀가 심한 악을 **꾀하여** 날카로운
시 62:4	높은 자리에서 떨어뜨리기만 **꾀하고**
시 64:2	주는 악을 **꾀하는** 자들의 음모에서 나를
시 71:10	내 영혼을 엿보는 자들이 서로 **꾀하여**
시 83:3	주의 백성을 치려 하여 간계를 **꾀하며**
시 140:2	그들이 마음속으로 악을 **꾀하고** 싸우기
잠 3:29	평안히 살거든 그를 해하려고 **꾀하지**
잠 6:14	패역을 품으며 항상 악을 **꾀하여** 다툼을
잠 6:18	악한 계교를 **꾀하는** 마음과 빨리 악으로
잠 12:2	은총을 받으려니와 악을 **꾀하는** 자는
잠 12:20	악을 **꾀하는** 자의 마음에는 속임이 있고
잠 14:17	악한 계교를 **꾀하는** 자는 미움을 받느
잠 16:27	불량한 자는 악을 **꾀하나니** 그 입술에
잠 24:8	악행하기를 **꾀하는** 자를 일컬어 사악한
렘 11:19	그들이 나를 해하려고 **꾀하기를** 우리
호 7:15	그들은 내게 대하여 악을 **꾀하는도다**
미 2:1	침상에서 죄를 **꾀하며** 악을 꾸미고
미 6:5	내 백성아 너는 모압 왕 발락이 **꾀한**
나 1:9	여호와께 대하여 무엇을 **꾀하느냐**
나 1:11	여호와께 악을 **꾀하는** 한 사람이 너희
막 11:18	예수를 어떻게 죽일까 하고 **꾀하니**
눅 19:47	지도자들이 그를 죽이려고 **꾀하되**
행 5:9	이르되 너희가 어찌 함께 **꾀하여**

꾸다(dream, borrow)

1. 꿈을 꾸다(dream)

창 37:5	요셉이 꿈을 **꾸고** 자기 형들에게 말하매
창 37:9	요셉이 다시 꿈을 **꾸고** 그의 형들에게
창 37:10	네가 **꾼** 꿈이 무엇이냐 나와 네 어머니
창 40:5	두 사람이 하룻밤에 꿈을 **꾸니** 각기 그
창 40:8	그에게 이르되 우리가 꿈을 **꾸었으나**

【 꾸러미 】　　　　　　　　　　　　　　　　　　　　　【 꾸준히 】

창 41:5　잠이 들어 꿈을 **꾸니** 한 줄기에 무성
창 41:15　요셉에게 이르되 내가 한 꿈을 **꾸었으나**
창 41:32　꿈을 두 번 겹쳐 **꾸신** 것은 하나님이
삿 7:13　내가 한 꿈을 **꾸었는데** 꿈에 보리떡
렘 23:25　내가 꿈을 **꾸었다** 꿈을 **꾸었다고** 말하는
단 2:1　느부갓네살이 꿈을 **꾸고** 그로 말미암아
단 2:3　왕이 그들에게 이르되 내가 꿈을 **꾸고**
단 4:5　한 꿈을 **꾸고** 그로 말미암아 두려워하
단 4:18　나 느부갓네살 왕이 이 꿈을 **꾸었나니**
단 7:1　다니엘이 그의 침상에서 꿈을 **꾸며** 머리
욜 2:28　늙은이는 꿈을 **꾸며** 너희 젊은이는 이상
행 2:17　보고 너희의 늙은이들은 꿈을 **꾸리라**

　　2. 돈이나 양식 따위를 빌려쓰다(borrow)
신 15:6　나라에 **꾸어** 줄지라도 너는 꾸지 아니
신 24:11　밖에 서 있고 네게 **꾸는** 자가 전당물을
신 28:12　꾸어줄지라도 너는 **꾸지** 아니할 것이
시 37:21　악인은 **꾸고** 갚지 아니하나 의인은 은혜
마 5:42　네게 **꾸고자** 하는 자에게 거절하지 말라

꾸러미(belongings)
렘 10:17　가운데에 앉은 자여 네 짐 **꾸러미를**

꾸리다(gather up)
렘 10:17　자여 네 짐 꾸러미를 이 땅에서 **꾸리라**
렘 46:19　너는 너를 위하여 포로의 짐을 **꾸리라**
겔 12:3　너는 포로의 행장을 **꾸리고** 낮에 그들

꾸미다(decorate, take on the guise)
　　1. 차려 갖추다(decorate)
출 3:22　자녀를 **꾸미라** 너희는 애굽 사람들의
수 9:4　꾀를 내어 사신의 모양을 **꾸미되** 해어진
삿 5:30　노략한 자의 목에 **꾸미리로다** 하였으
왕하 9:30　눈을 그리고 머리를 **꾸미고** 창에서 바라
대하 3:6　보석으로 성전을 **꾸며** 화려하게 하였
시 45:9　오빌의 금으로 **꾸미고** 왕의 오른쪽에
사 54:12　만들고 네 지경을 다 보석으로 **꾸밀** 것
렘 4:30　단장하고 눈을 그려 **꾸밀지라도** 네가
렘 10:4　그들이 은과 금으로 그것에 **꾸미고** 못과
렘 10:9　우바스에서 가져온 금으로 **꾸미되** 기술
렘 52:22　머리 사면으로 돌아가며 **꾸민** 망사와
겔 16:16　각색으로 산당을 **꾸미고** 거기에서 행음
겔 27:6　황양목에 상아로 **꾸며** 갑판을 만들었
마 23:29　만들고 의인들의 비석을 **꾸미며** 이르되

눅 21:5　아름다운 돌과 헌물로 **꾸민** 것을 말하매
벧전 3:3　너희의 단장은 머리를 **꾸미고** 금을 차고
계 17:4　금과 보석과 진주로 **꾸미고** 손에 금 잔
계 18:16　입고 금과 보석과 진주로 **꾸민** 것인데

　　2. 짜고 꾀하다(take on the guise)
삼하 15:11　그들은 압살롬이 **꾸민** 그 모든 일을
에 2:21　왕을 암살하려는 음모를 **꾸미는** 것을
시 2:1　분노하며 민족들이 헛된 일을 **꾸미는가**
시 38:12　일을 말하여 종일토록 음모를 **꾸미오나**
시 50:19　내어 주고 네 혀로 거짓을 **꾸미며**
시 64:6　그들은 죄악을 **꾸미며** 이르기를 우리
시 94:20　율례를 빙자하고 재난을 **꾸미는** 악한
잠 26:24　원수는 입술로는 **꾸미고** 속으로는 속임
렘 2:33　네 행위를 아름답게 **꾸미느냐** 그러므로
렘 9:8　말하나 마음으로는 해를 **꾸미는도다**
렘 11:15　많은 악한 음모를 **꾸미더니**
겔 11:2　이 성 중에서 악한 꾀를 **꾸미는** 자니라
단 2:9　거짓말과 망령된 말을 내 앞에서 **꾸며**
미 2:1　침상에서 죄를 꾀하며 악을 **꾸미고**
막 15:7　민란을 **꾸미고** 그 민란중에 살인하고
골 2:18　아무도 **꾸며낸** 겸손과 천사 숭배를 이유

꾸부러지다(sink)
삿 5:27　발 앞에 **꾸부러지며** 엎드러지고 … **꾸**
　　　　부러져 엎드러져서 그 **꾸부러진** 곳에

꾸어주다(lend)
신 15:2　이웃에게 **꾸어준** 모든 채주는 그것을
신 15:3　네 형제에게 **꾸어준** 것은 네 손에서
신 15:8　필요한 대로 쓸 것을 넉넉히 **꾸어주라**
신 23:19　네가 형제에게 **꾸어주거든** 이자를 받지
신 23:20　타국인에게 네가 **꾸어주면** 이자를 받
신 24:10　네 이웃에게 무엇을 **꾸어줄** 때에 너는
신 28:12　네가 많은 민족에게 **꾸어줄지라도** 너는
신 28:44　**꾸어줄지라도** 너는 그에게 **꾸어주지**
렘 15:10　내가 **꾸어주지도** 아니하였고 사람이

꾸이다(owe)
신 28:12　꾸어줄지라도 너는 **꾸지** 아니할 것이
렘 15:10　내게 **꾸이지도** 아니하였건마는 다 나를

꾸준히(again and again)
욥 17:9　의인은 그 길을 **꾸준히** 가고 손이 깨끗

【꾸지람】 【꿀】

렘 25:3	내가 너희에게 꾸준히 일렀으나 너희	나 1:4	그는 바다를 꾸짖어 그것을 말리시며
렘 26:5	너희에게 나의 종 선지자들을 꾸준히	말 2:3	보라 내가 너희의 자손을 꾸짖을 것이요
렘 29:19	내 종 선지자들을 너희들에게 꾸준히	신약	

꾸지람(rebuke, correction)

삼하 22:16	이럴 때에 여호와의 꾸지람과 콧김으로	마 8:26	일어나사 바람과 바다를 꾸짖으시니
시 18:15	여호와의 꾸지람과 콧김으로 말미암아	마 17:18	예수께서 꾸짖으시니 귀신이 나가고
잠 3:11	징계를 경히 여기지 말라 그 꾸지람을	마 19:13	데리고 오매 제자들이 꾸짖거늘
잠 5:12	훈계를 싫어하며 내 마음이 꾸지람을	마 20:31	무리가 꾸짖어 잠잠하라 하되 더욱 소리
잠 13:1	훈계를 들으나 거만한 자는 꾸지람을	막 1:25	예수께서 꾸짖어 이르시되 잠잠하고
잠 29:15	채찍과 꾸지람이 지혜를 주거늘 임의로	막 4:39	예수께서 깨어 바람을 꾸짖으시며 바다
히 12:5	그에게 꾸지람을 받을 때에 낙심하지	막 8:33	제자들을 보시며 베드로를 꾸짖어 이르
		막 9:25	그 더러운 귀신을 꾸짖어 이르시되 말

꾸짖다(rebuke, insult, denounce)

		막 10:13	데리고 오매 제자들이 꾸짖거늘
구약		막 10:48	많은 사람이 꾸짖어 잠잠하라 하되 그가
창 37:10	아버지가 그를 꾸짖고 그에게 이르되	막 16:14	마음이 완악한 것을 꾸짖으시니 이는
민 23:7	저주하라, 와서 이스라엘을 꾸짖으라	눅 4:35	예수께서 꾸짖어 이르시되 잠잠하고
민 23:8	내가 어찌 저주하며 여호와께서 꾸짖지 않으신 자를 내가 어찌 꾸짖으랴	눅 4:39	가까이 서서 열병을 꾸짖으신대
룻 2:16	뽑아 버려서 그에게 줍게 하고 꾸짖지	눅 4:41	예수께서 꾸짖으사 그들이 말함을 허락
왕상 16:1	예후에게 임하여 바아사를 꾸짖어 이르	눅 8:24	잠을 깨사 바람과 물결을 꾸짖으시니
왕상 16:7	바아사와 그의 집을 꾸짖으심은 그가	눅 9:42	예수께서 더러운 귀신을 꾸짖으시고
왕상 16:12	예후를 통하여 바아사를 꾸짖어 하신	눅 9:55	예수께서 돌아보시며 꾸짖으시고
왕하 19:4	그 들으신 말 때문에 꾸짖으실	눅 18:15	데리고 오매 제자들이 보고 꾸짖거늘
왕하 19:22	네가 누구를 꾸짖었으며 비방하였느냐	눅 18:39	앞서 가는 자들이 그를 꾸짖어 잠잠하라
대상 16:21	아니하시고 그들 때문에 왕들을 꾸짖어	눅 23:40	하나는 그 사람을 꾸짖어 이르되 네가
느 5:7	생각하고 귀족들과 민장들을 꾸짖어	딤전 5:1	늙은이를 꾸짖지 말고 권하되 아버지
느 13:11	민장들을 꾸짖어 이르기를 하나님의	딤전 5:20	범죄한 자들을 모든 사람 앞에서 꾸짖어
느 13:17	내가 유다의 모든 귀인들을 꾸짖어 그들	딛 1:13	그러므로 네가 그들을 엄히 꾸짖으라
욥 6:26	너희가 남의 말을 꾸짖을 생각을 하나	약 1:5	모든 사람에게 후히 주시고 꾸짖지 아니
욥 26:11	그가 꾸짖으신즉 하늘 기둥이 흔들리며	유 1:9	주께서 너를 꾸짖으시기를 원하노라
시 68:30	만민의 송아지를 꾸짖으시고 은 조각		
시 76:6	야곱의 하나님이여 주께서 꾸짖으시매	**꿀**(honey)	
시 104:7	주께서 꾸짖으시니 물은 도망하며 주의	창 43:11	곧 유향 조금과 꿀 조금과 향품과 몰약
시 105:14	그들로 말미암아 왕들을 꾸짖어	출 16:31	깟씨같이 희고 맛은 꿀 섞은 과자 같았
시 106:9	이에 홍해를 꾸짖으시니 곧 마르니 그를	레 2:11	너희가 누룩이나 꿀을 여호와께 화제로
시 119:21	떠나는 자들을 주께서 꾸짖으셨나이다	신 8:8	무화과와 석류와 감람나무와 꿀의 소산
잠 25:10	듣는 자가 너를 꾸짖을 터이요 또 네게	신 32:13	반석에서 꿀을, 굳은 반석에서 기름을
사 17:13	주께서 그들을 꾸짖으시리니 그들이	삿 14:8	주검을 본즉 사자의 몸에 벌 떼와 꿀이
사 30:17	한 사람이 꾸짖은즉 천 사람이 도망하 겠고 다섯이 꾸짖은즉 너희가 다 도망	삿 14:9	손으로 그 꿀을 떠서 … 그 꿀을 사자의
		삿 14:18	무엇이 꿀보다 달겠으며 무엇이 사자
		삼상 14:25	다 수풀에 들어간즉 땅에 꿀이 있더라
		삼상 14:26	백성이 수풀로 들어갈 때에 꿀이 흐르는
사 50:2	보라 내가 꾸짖어 바다를 마르게 하며	삼상 14:27	지팡이 끝을 내밀어 벌집의 꿀을 찍되
겔 3:26	말 못하는 자가 되어 그들을 꾸짖는	삼상 14:29	보라 내가 이 꿀 조금을 맛보고도 내
		삼상 14:43	내 손에 가진 지팡이 끝으로 꿀을 조금

【 꿀다 】 　　　　　　　　　　　　　　　　【 꿈/-꾸다 】

삼하 17:29	꿀과 버터와 양과 치즈를 가져다가 다윗	스 9:5	속옷과 겉옷을 찢은 채 무릎을 **꿇고**
왕상 14:3	그대의 손에 떡 열 개와 과자와 **꿀** 한 병	에 3:2	**꿇어** 절하되 모르드개는 **꿇지도** 아니
왕하 18:32	기름 나는 감람과 **꿀**이 있는 지방이라	에 3:5	모르드개가 무릎을 **꿇지도** 아니하고
대하 31:5	포도주와 기름과 **꿀**과 밭의 모든 소산	시 95:6	우리를 지으신 여호와 앞에 무릎을 **꿇자**
욥 20:17	그는 강 곧 **꿀**과 엉긴 젖이 흐르는 강을	사 45:23	내게 모든 무릎이 **꿇겠고** 모든 혀가
시 19:10	많은 순금보다 더 사모할 것이며 **꿀**과	단 6:10	하루 세 번씩 무릎을 **꿇고** 기도하며
시 81:16	반석에서 나오는 **꿀**로 너를 만족하게	마 17:14	한 사람이 예수께 와서 **꿇어** 엎드려
시 119:103	내게 어찌 그리 단지요 내 입에 **꿀**보다	마 27:29	그 앞에서 무릎을 **꿇고** 희롱하여 이르되
잠 5:3	대저 음녀의 입술은 **꿀**을 떨어뜨리며	막 1:40	나병환자가 예수께 와서 **꿇어** 엎드려
잠 24:13	내 아들아 **꿀**을 먹으라 이것이 좋으니	막 15:19	머리를 치며 침을 뱉으며 **꿇어** 절하더라
잠 25:16	너는 **꿀**을 보거든 족하리만큼 먹으라	눅 22:41	돌 던질 만큼 가서 무릎을 **꿇고** 기도하
잠 25:27	**꿀**을 많이 먹는 것이 좋지 못하고 자기	행 7:60	무릎을 **꿇고** 크게 불러 이르되 주여 이
잠 27:7	배부른 자는 **꿀**이라도 싫어하고 주린	행 9:40	사람을 다 내보내고 무릎을 **꿇고** 기도
아 4:11	내 신부야 네 입술에서는 **꿀** 방울이 떨	행 20:36	이 말을 한 후 무릎을 **꿇고** 그 모든 사람
	어지고 네 혀 밑에는 **꿀**과 젖이 있고	행 21:5	우리가 바닷가에서 무릎을 **꿇어** 기도
아 5:1	향 재료를 거두고 나의 **꿀**송이와 **꿀**을	롬 11:4	나를 위하여 바알에게 무릎을 **꿇지** 아니
렘 41:8	밀과 보리와 기름과 **꿀**을 밭에 감추었을	롬 14:11	모든 무릎이 내게 **꿇을** 것이요 모든
겔 3:3	그것이 내 입에서 달기가 **꿀** 같더라	엡 3:15	이름을 주신 아버지 앞에 무릎을 **꿇고**
겔 16:13	또 고운 밀가루와 **꿀**과 기름을 먹음으로	빌 2:10	모든 무릎을 예수의 이름에 **꿇게** 하시고
겔 16:19	고운 밀가루와 기름과 **꿀**을 네가 그 앞		
겔 27:17	민닛 밀과 과자와 **꿀**과 기름과 유향을	**꿇리다**(kneel)	
계 10:9	배에는 쓰나 네 입에는 **꿀**같이 달리라	창 24:11	그 낙타를 성 밖 우물 곁에 **꿇렸으니**
계 10:10	먹어 버리니 내 입에는 **꿀**같이 다나		

> **'꿀'과 관련된 성구**
>
> 꿀송이 – 잠 16:24; 아 5:1
> 송이꿀 – 시 19:10; 잠 24:13
> 젖과 꿀을 먹다 – 사 7:15, 22
> 젖과 꿀이 흐르는 땅 – 출 3:8, 17; 13:5;
> 　　33:3; 레 20:24; 민 14:8; 16:13,
> 　　14; 신 6:3; 11:9; 26:9, 15; 27:3;
> 　　31:20; 수 5:6; 렘 11:5; 32:22; 겔
> 　　20:6, 15
> 젖과 꿀이 흐르다 – 민 13:27

꿇어앉다(crouch)

창 49:14	잇사갈은 양의 우리 사이에 **꿇어앉은**
민 24:9	**꿇어앉고** 누움이 수사자와 같고 암사자
막 10:17	한 사람이 달려와서 **꿇어앉아** 묻자오되

꿈/-꾸다(dream)

모세오경, 역사서

창 20:6	하나님이 **꿈**에 또 그에게 이르시되 네가
창 31:10	그 양 떼가 새끼 밸 때에 내가 **꿈**에 눈을
창 37:5	요셉이 **꿈**을 꾸고 자기 형들에게 말하매
창 37:6	그들에게 이르되 청하건대 내가 꾼 **꿈**을
창 37:8	다스리게 되겠느냐 하고 그의 **꿈**과
창 37:9	요셉이 다시 **꿈**을 꾸고 그의 형들에게
	말하여 이르되 내가 또 **꿈**을 꾼즉 해와
창 37:10	그가 그의 **꿈**을 아버지와 형들에게 말
	하매 … 그에게 이르되 네가 꾼 **꿈**이
창 37:20	그의 **꿈**이 어떻게 되는지를 우리가 볼
창 40:5	두 사람이 하룻밤에 **꿈**을 꾸니 각기 그
창 40:8	그에게 이르되 우리가 **꿈**을 꾸었으나
창 40:9	그의 **꿈**을 요셉에게 …내가 **꿈**에 보니

꿇다(kneel)

삿 7:5	누구든지 무릎을 **꿇고** 마시는 자들도
삿 7:6	그 외의 백성은 다 무릎을 **꿇고** 물을
왕상 8:54	솔로몬이 무릎을 **꿇고** 손을 펴서 하늘을
왕상 18:42	산 꼭대기로 올라가서 땅에 **꿇어** 엎드려
왕상 19:18	다 바알에게 무릎을 **꿇지** 아니하고 다
왕하 1:13	엘리야 앞에 이르러 그의 무릎을 **꿇어**
대하 6:13	모든 회중 앞에서 무릎을 **꿇고** 하늘을

【 꿈/-꾸다 】

창 40:16	요셉에게 이르되 나도 **꿈**에 보니 흰 떡
창 41:1	만 이 년 후에 바로가 **꿈**을 꾼즉 자기가
창 41:5	다시 잠이 들어 **꿈**을 꾸니 한 줄기에
창 41:7	일곱 이삭을 삼킨지라 바로가 깬즉 **꿈**이
창 41:8	모두 불러 그들에게 그의 **꿈**을 말하였
창 41:11	하룻밤에 **꿈**을 꾼즉 각기 뜻이 있는 **꿈**
창 41:12	그가 우리의 **꿈**을 풀되 그 **꿈**대로 각
창 41:15	내가 한 **꿈**을 꾸었으나 … 너는 **꿈**을
창 41:17	바로가 요셉에게 이르되 내가 **꿈**에 나일
창 41:22	**꿈**에 보니 한 줄기에 무성하고 충실한
창 41:24	내가 그 **꿈**을 점술가에게 말하였으나
창 41:25	바로에게 아뢰되 바로의 **꿈**은 하나라
창 41:26	일곱 좋은 이삭도 일곱 해니 그 **꿈**은
창 41:32	바로께서 **꿈**을 두 번 겹쳐 꾸신 것은
창 42:9	요셉이 그들에 대하여 꾼 **꿈**을 생각
민 12:6	나를 그에게 알리기도 하고 **꿈**으로
삿 7:13	친구에게 **꿈**을 말하여 이르기를 보라 내가 한 **꿈**을 꾸었는데 **꿈**에 보리떡 한
삿 7:15	기드온이 그 **꿈**과 해몽하는 말을 듣고
삼상 28:6	여호와께 묻자오되 여호와께서 **꿈**으로
삼상 28:15	선지자로도, **꿈**으로도 내게 대답하지
왕상 3:5	밤에 여호와께서 솔로몬의 **꿈**에 나타
왕상 3:15	깨어 보니 **꿈**이더라 이에 예루살렘에

시가서, 선지서

욥 7:14	**꿈**으로 나를 놀라게 하시고 환상으로
욥 20:8	그는 **꿈**같이 지나가니 다시 찾을 수
욥 33:15	침상에서 졸며 깊이 잠들 때에나 **꿈**에나
시 73:20	주여 사람이 깬 후에는 **꿈**을 무시함
시 126:1	포로를 돌려 보내실 때에 우리는 **꿈꾸는**
전 5:3	걱정이 많으면 **꿈**이 생기고 말이 많으면
사 29:7	그를 곤고하게 하는 모든 자는 **꿈**같이
사 29:8	주린 자가 **꿈**에 먹었을지라도 깨면 … 비고 목마른 자가 **꿈**에 마셨을지라도
렘 23:25	내가 **꿈**을 꾸었다 **꿈**을 꾸었다고 말하는
렘 23:27	그들이 서로 **꿈**꾼 것을 말하니 그 생각
렘 23:28	**꿈**을 꾼 선지자는 **꿈**을 말할 것이요 내
렘 23:32	보라 거짓 **꿈**을 예언하여 이르며 거짓과
렘 29:8	미혹되지 말며 너희가 꾼 **꿈**도 곧이
단 1:17	다니엘은 모든 환상과 **꿈**을 깨달아
단 2:1	이 년이 되는 해에 느부갓네살이 **꿈**을
단 2:2	왕이 그의 **꿈**을 자기에게 알려 주도록
단 2:3	내가 **꿈**을 꾸고 그 **꿈**을 알고자 하여
단 2:4	만수무강 하옵소서 왕께서 종들

단 2:5	너희가 만일 **꿈**과 그 해석을 내게 알게
단 2:6	만일 **꿈**과 그 해석을 보이면 너희가 선물과 상과 큰 영광을 … 그런즉 **꿈**과
단 2:7	이르되 원하건대 왕은 **꿈**을 종들에게
단 2:9	너희가 만일 이 **꿈**을 … 그 **꿈**을 내게
단 2:26	다니엘에게 이르되 내가 꾼 **꿈**과 그
단 2:28	왕의 **꿈** 곧 왕이 침상에서 머리 속으로
단 2:36	그 **꿈**이 이러한즉 내가 이제 그 해석을
단 2:45	이 **꿈**은 참되고 이 해석은 확실하니이다
단 4:5	한 **꿈**을 꾸고 그로 말미암아 두려워하
단 4:6	내 앞으로 불러다가 그 **꿈**의 해석을
단 4:7	그 **꿈**을 그들에게 말하였으나 그들이
단 4:8	신들의 영이 있는 자라 내가 그에게 **꿈**을
단 4:9	내가 아노니 내 **꿈**에 본 환상의 해석을
단 4:18	나 느부갓네살 왕이 이 **꿈**을 꾸었나니
단 4:19	너는 이 **꿈**과 그 해석으로 말미암아 번민할 것이 아니니라 … 주여 그 **꿈**은
단 5:12	지식과 총명이 있어 능히 **꿈**을 해석하며
단 7:1	다니엘이 그의 침상에서 **꿈**을 꾸며 머리 속으로 환상을 받고 그 **꿈**을 기록하며
욜 2:28	늙은이는 **꿈**을 꾸며 너희 젊은이는 이상
슥 10:2	진실하지 않은 것을 보고 거짓 **꿈**을 말

신약

마 2:12	그들은 **꿈**에 헤롯에게로 돌아가지 말라
마 2:22	거기로 가기를 무서워하더니 **꿈**에 지시
마 27:19	오늘 **꿈**에 내가 그 사람으로 인하여
행 2:17	환상을 보고 너희의 늙은이들은 **꿈**을
유 1:8	그러한데 **꿈꾸는** 이 사람들도 그와 같이

> **'꿈꾸는 자'와 관련된 성구**
> 창 37:19; 신 13:1, 3, 5; 사 56:10; 렘 27:9

【 꿰다 】

꿰다(insert, put)

창 24:47	내가 코걸이를 그 코에 **꿰고** 손목고리
출 25:14	그 채를 궤 양쪽 고리에 **꿰어서** 궤를
출 26:11	갈고리로 그 고를 **꿰어** 연결하여 한 막
출 27:7	제단 양쪽 고리에 그 채를 **꿰어** 제단을
출 28:24	금 사슬로 흉패 두 끝 두 고리에 **꿰매**
출 28:28	흉패 고리와 에봇 고리에 **꿰어** 흉패로
출 37:5	그 채를 궤 양쪽 고리에 **꿰어** 궤를 메게
출 37:14	턱 곁에 있어서 상을 메는 채를 **꿰게**

꿰뚫다 / 끊다

출 37:27	양쪽에 만들어 제단을 메는 채를 꿰게		잠 31:18	잘 되는 줄을 깨닫고 밤에 등불을 끄지
출 38:7	제단 양쪽 고리에 그 채를 꿰어 메게		아 8:7	많은 물도 이 사랑을 끄지 못하겠고
출 38:17	뜰의 모든 기둥에 은 가름대를 꿰었으며		사 1:31	불티 같아서 함께 탈 것이나 끌 사람이
출 39:21	흉패 고리와 에봇 고리에 꿰어 흉패로		사 42:3	꺼져가는 등불을 끄지 아니하고 진실로
출 40:20	궤 속에 넣고 채를 궤에 꿰고 속죄소를		렘 4:4	일어나 사르리니 그것을 끌 자가 없으리
민 4:6	순청색 보자기를 덮은 후에 그 채를 꿰고		렘 21:12	불같이 일어나서 사르리니 능히 끌 자
민 4:8	가죽 덮개로 덮은 후에 그 채를 꿰고		겔 32:7	너를 불 끄듯 할 때에 하늘을 가리어
민 4:11	해달의 가죽 덮개로 덮고 그 채를 꿰고		암 5:6	벧엘에서 그 불들을 끌 자가 없으리라
민 13:23	막대기에 꿰어 메고 또 석류와 무화과		마 12:20	꺼져가는 심지를 끄지 아니하기를 심판
왕하 19:28	내가 갈고리를 네 코에 꿰며 재갈을 네			
대상 15:15	채에 하나님의 궤를 꿰어 어깨에 메니라		**끄르다**(take off, untie)	
사 37:29	내가 갈고리로 네 코를 꿰며 재갈을 네		사 20:2	네 허리에서 베를 끄르고 네 발에서
겔 13:18	손목마다 부적을 꿰어 매고 키가 큰 자		사 58:6	결박을 풀어 주며 멍에의 줄을 끌러
겔 19:4	함정으로 그를 잡아 갈고리로 꿰어 끌고			
겔 19:9	우리에 넣고 갈고리를 꿰어 끌고 바벨론		**끄트머리**(end)	
겔 29:4	내가 갈고리로 네 아가미를 꿰고 너의		고전 4:9	죽이기로 작정된 자같이 끄트머리에
겔 38:4	돌이켜 갈고리로 네 아가리를 꿰고 너와			
마 27:48	신 포도주에 적시어 갈대에 꿰어 마시게		**끈**(cord)	
막 15:36	신 포도주에 적시어 갈대에 꿰어 마시게		창 38:18	당신의 도장과 그 끈과 당신의 손에
			창 38:25	도장과 그 끈과 지팡이가 누구의 것이
꿰뚫다(pierce)			출 28:28	청색 끈으로 흉패 고리와 에봇 고리에
민 24:8	뼈를 꺾으며 화살로 쏘아 꿰뚫으리로다		출 28:37	그 패를 청색 끈으로 관 위에 매되 곧
민 25:8	남자와 그 여인의 배를 꿰뚫어서		출 39:21	청색 끈으로 흉패 고리와 에봇 고리에
삿 4:21	관자놀이에 박으매 말뚝이 꿰뚫고 땅		출 39:31	패를 청색 끈으로 관 전면에 달았으니
삿 5:26	뚫되 곧 그의 관자놀이를 꿰뚫었도다		민 15:38	옷단 귀에 술을 만들고 청색 끈을 그
삼하 2:23	창이 그의 등을 꿰뚫고 나간지라 곧		사 5:18	거짓으로 끈을 삼아 죄악을 끌며 수레
왕하 9:24	화살이 그의 염통을 꿰뚫고 나오매 그가			
욥 16:13	내 콩팥들을 꿰뚫고 그는 내 쓸개가		**끊다**(cut off)	
욥 20:24	피할 때에는 놋화살을 쏘아 꿰뚫을 것		모세오경 - 역사서	
			출 8:9	개구리를 왕과 왕궁에서 끊어 나일 강
꿰매다(fasten, sew)			출 21:10	음식과 의복과 동침하는 것은 끊지
출 39:17	사슬을 흉패 끝 두 고리에 꿰매었으며		출 23:23	인도하고 나는 그들을 끊으리니
욥 16:15	내가 굵은 베를 꿰매어 내 피부에 덮고		출 30:8	향은 너희가 대대로 여호와 앞에 끊지
전 3:7	찢을 때가 있고 꿰맬 때가 있으며 잠잠		레 1:15	머리를 비틀어 끊고 제단 위에서 불사
			레 5:8	머리를 목에서 비틀어 끊고 몸은 아주
꿰미(string)			레 17:10	대하여 그를 백성 중에서 끊으리니
아 1:10	땋은 머리털로, 네 목은 구슬 꿰미로		레 20:3	그를 그의 백성 중에서 끊으리니 이는
아 4:9	구슬 한 꿰미로 내 마음을 빼앗았구나		레 20:5	사람을 그들의 백성 중에서 끊으리라
아 7:1	숙련공의 손이 만든 구슬 꿰미 같구나		레 20:6	그를 그의 백성 중에서 끊으리니
			레 23:29	아니하는 자는 그 백성 중에서 끊어질
끄다(put out a fire, snuff out)			수 7:9	우리 이름을 세상에서 끊으리니 주의
삼하 14:7	내게 남아 있는 숯불을 꺼서 내 남편의		삿 16:9	줄들을 끊기를 불탄 삼실을 끊음같이
대하 29:7	또 낭실 문을 닫으며 등불을 끄고 성소		삿 16:12	삼손이 팔 위의 줄 끊기를 실을 끊음

[끊다] | [끊어지다]

삼상 2:33	내 제단에서 내가 **끊어** 버리지 아니할
삼상 20:15	다 **끊어** 버리신 때에도 … 영원히 **끊지**
삼상 24:21	그런즉 너는 내 후손을 **끊지** 아니하며
삼하 14:7	그를 죽여 상속자 될 것까지 **끊겠노라**
삼하 14:16	아들을 함께 하나님의 기업에서 **끊을**
삼하 22:41	내게 나를 미워하는 자를 **끊어** 버리게
왕상 9:7	내가 그들에게 준 땅에서 **끊어** 버릴 것
왕상 14:10	매인 자나 놓인 자나 다 **끊어** 버리되

시가서 - 신약

욥 6:9	하나님이 그의 손을 들어 나를 **끊어**
욥 14:19	주께서는 사람의 희망을 **끊으시나이다**
욥 22:16	그들은 때가 이르기 전에 **끊겨** 버렸고
시 7:9	악을 **끊고** 의인을 세우소서 의로우신
시 12:3	입술과 자랑하는 혀를 **끊으시리니**
시 18:40	나를 미워하는 자들을 내가 **끊어** 버리게
시 21:10	그들의 자손을 사람 중에서 **끊으리로다**
시 34:16	그들의 자취를 땅에서 **끊으려** 하시는
시 69:4	나의 원수가 되어 나를 **끊으려** 하는
시 88:16	넘치고 주의 두려움이 나를 **끊었나이다**
시 94:23	말미암아 그들을 **끊으시리니** 여호와 우리 하나님이 그들을 **끊으시리로다**
시 109:15	그들의 기억을 땅에서 **끊으소서**
시 118:10	여호와의 이름으로 그들을 **끊으리로다**
시 118:11	여호와의 이름으로 그들을 **끊으리로다**
시 118:12	여호와의 이름으로 그들을 **끊으리로다**
시 143:12	인자하심으로 나의 원수들을 **끊으시고**
사 9:14	종려나무 가지와 갈대를 **끊으시리니**
사 13:11	교만한 자의 오만을 **끊으며** 강포한 자
사 14:22	후손을 바벨론에서 **끊으리라** 나 여호와
사 38:12	주께서 나를 틀에서 **끊으시리니** 조석
렘 7:29	그 노하신 바 이 세대를 **끊어** 버리셨음
렘 11:19	그를 살아 있는 자의 땅에서 **끊어서**
렘 15:7	키로 까불러 그 자식을 **끊어서** 내 백성
렘 44:8	다른 신들에게 분향함으로 **끊어** 버림을
렘 44:11	환난을 내리고 온 유다를 **끊어** 버릴 것
렘 47:4	도와 줄 자를 다 **끊어** 버리시는 날이
렘 48:2	도모하고 이르기를 와서 그를 **끊어서**
렘 48:35	분향하는 자를 내가 **끊어버리리라**
렘 50:16	낫을 잡은 자를 바벨론에서 **끊어** 버리라
렘 51:55	큰 소리를 **끊으심이로다** 원수는 많은
애 3:53	그들이 내 생명을 **끊으려고** 나를 구덩이
겔 14:8	백성 가운데에서 **끊으리니** 내가 여호와
겔 25:7	너를 만민 중에서 **끊어** 버리며 너를
겔 25:16	손을 펴서 그렛 사람을 **끊으며** 해변에
겔 30:10	왕의 손으로 애굽의 무리들을 **끊으리니**
겔 30:15	쏟고 또 노 나라의 무리를 **끊을** 것이라
겔 35:7	그 위에 왕래하는 자를 다 **끊을지라**
암 1:5	주민들을 **끊으며** … 자를 **끊으리니** 아람
암 1:8	아스글론에서 규를 잡은 자를 **끊고** 또
나 2:13	네 노략한 것을 땅에서 **끊으리니** 네
습 3:6	여러 나라를 **끊어** 버렸으므로 그들의
슥 13:2	내가 우상의 이름을 이 땅에서 **끊어서**
말 2:12	야곱의 장막 가운데에서 **끊어** 버리시
롬 8:35	우리를 그리스도의 사랑에서 **끊으리요**
롬 8:39	안에 있는 하나님의 사랑에서 **끊을** 수
고후 11:12	인정 받으려는 그 기회를 **끊으려** 함이

성경에 나오는 '끊음'

- 거룻줄 - 행 27:32
- 결박 - 렘 2:20; 5:5; 나 1:13
- 닻 - 행 27:40
- 말(the war-horses) - 슥 9:10
- 맨 것 - 시 2:3; 눅 8:29
- 복술 - 미 5:12
- 블레셋 사람의 교만 - 슥 9:6
- 사람과 짐승 - 겔 14:13, 17, 19, 21; 25:13; 29:8
- 쇠사슬 - 막 5:4
- 양식 - 레 26:26; 시 105:16; 겔 4:16; 5:16; 14:13
- 여로보암의 집 - 왕상 14:14
- 의인과 악인 - 겔 21:3
- 이방 여인 - 스 10:11
- 줄 - 삿 16:9, 12; 시 107:14; 129:4
- 창 - 시 46:9
- 팔 - 삼상 2:31
- 포도주 - 삼상 1:14
- 포박 - 렘 30:8
- 형제의 의리 - 슥 11:14
- 활 - 슥 9:10
- (말, 소의 발) 힘줄 - 창 49:6; 수 11:6, 9; 삼하 8:4; 대상 18:4

끊어지다 (be cut off, be gone, vanish)

모세오경, 역사서

창 18:11	여성의 생리가 **끊어졌는지라**
출 9:15	쳤더라면 네가 세상에서 **끊어졌을**

【 끊어지다 】   【 끊어지다 】

출 30:33	모든 자는 그 백성 중에서 **끊어지리라**		시 31:22	말하기를 주의 목전에서 **끊어졌다**
출 30:38	모든 자는 그 백성 중에서 **끊어지리라**		시 37:22	주의 저주를 받은 자들은 **끊어지리로다**
레 7:20	그 사람은 자기 백성 중에서 **끊어질**		시 37:28	받으나 악인의 자손은 **끊어지리로다**
레 7:21	사람도 자기 백성 중에서 **끊어지리라**		시 37:34	악인이 **끊어질** 때에 네가 똑똑히 보리
레 7:25	먹는 자는 자기 백성 중에서 **끊어지리라**		시 37:38	멸망하리니 악인의 미래는 **끊어질** 것
레 17:4	흘렸은즉 자기 백성 중에서 **끊어지리라**		시 88:5	그들은 주의 손에서 **끊어진** 자니이다
레 17:9	아니하면 그는 백성 중에서 **끊어지리라**		시 109:13	그의 자손이 **끊어지게** 하시며 후대에
레 18:29	행하는 자는 그 백성 중에서 **끊어지리라**		시 124:7	새같이 되었나니 올무가 **끊어지므로**
레 19:8	그가 그의 백성 중에서 **끊어지리라**		시 146:4	그의 호흡이 **끊어지면** 흙으로 돌아가서
레 20:17	민족 앞에서 그들이 **끊어질지니** 그가		잠 2:22	그러나 악인은 땅에서 **끊어지겠고** 간사
레 20:18	둘 다 백성 중에서 **끊어지리라**		잠 10:28	이루어도 악인의 소망은 **끊어지느니라**
레 22:3	가까이 하는 자는 내 앞에서 **끊어지리라**		잠 11:7	악인은 죽을 때에 그 소망이 **끊어지나니**
민 4:18	지파를 레위인 중에서 **끊어지게** 하지		잠 17:17	친구는 사랑을 **끊어지지** 아니하고 형제
민 15:31	자기에게로 돌아가서 온전히 **끊어지리라**		잠 19:4	가난한즉 친구가 **끊어지느니라**
민 19:13	이스라엘에서 **끊어질** 것은 정결하게		잠 23:18	장래가 있겠고 네 소망이 **끊어지지** 아니
민 19:20	회중 가운데서 **끊어질** 것이니라 그는		잠 24:14	장래가 있겠고 네 소망이 **끊어지지** 아니
신 25:6	이름이 이스라엘 중에서 **끊어지지** 않게		전 4:12	세 겹 줄은 쉽게 **끊어지지** 아니하느니라
신 32:26	그들에 대한 기억이 **끊어지게** 하리라		사 5:27	아니하며 그들의 들메끈은 **끊어지지**
수 3:13	위에서부터 흘러내리던 물이 **끊어지고**		사 11:13	유다를 괴롭게 하던 자들은 **끊어지며**
수 3:16	물이 온전히 **끊어지매** 백성이 여리고		사 24:8	즐거워하는 자의 소리가 **끊어지고** 수금
수 4:7	여호와의 언약궤 앞에서 **끊어졌나니**		사 29:20	기회를 엿보던 자가 다 **끊어졌음이라**
	… 요단 물이 **끊어졌으므로** 이 돌들이		사 33:8	대로가 황폐하여 행인이 **끊어지며** 대적
삿 21:6	이스라엘 중에 한 지파가 **끊어졌도다**		사 33:16	양식은 공급되고 그의 물은 **끊어지지**
룻 4:10	그곳 성문에서 **끊어지지** 아니하게 함에		사 33:20	그 줄이 하나도 **끊어지지** 아니할 것이
삼상 5:4	그 머리와 두 손목은 **끊어져** 문지방에		사 48:19	그의 이름이 내 앞에서 **끊어지지** 아니
삼하 3:29	양식이 떨어진 자가 **끊어지지** 아니할		사 53:8	그가 살아 있는 자들의 땅에서 **끊어짐은**
왕상 2:4	왕위에 오를 사람이 네게서 **끊어지지**		사 55:13	영영한 표징이 되어 **끊어지지**
왕상 8:25	왕위에 앉을 사람이 내 앞에서 **끊어지지**		사 56:5	영원한 이름을 주어 **끊어지지** 아니하
왕상 9:5	왕위에 오를 사람이 네게서 **끊어지지**		사 58:11	물 댄 동산 같겠고 물이 **끊어지지** 아니
왕상 13:34	그 집이 땅 위에서 **끊어져** 멸망하게		렘 7:28	진실이 없어져 너희 입에서 **끊어졌다**
왕상 17:17	심히 위중하다가 숨이 **끊어진지라**		렘 7:34	신랑의 소리, 신부의 소리가 **끊어지게**
대하 6:16	왕위에 앉을 사람이 내 앞에서 **끊어지지**		렘 10:20	무너지고 나의 모든 줄이 **끊어졌으며**
대하 7:18	다스릴 자가 네게서 **끊어지지** 못하			
대하 26:21	여호와의 전에서 **끊어져** 별궁에 살았		**성경에 나오는 '끊어질' 자**	
느 9:20	주의 만나가 그들의 입에서 **끊어지지**			

시가서 – 대선지서

욥 4:7	자가 누구인가 정직한 자의 **끊어짐이**
욥 8:14	그가 믿는 것이 **끊어지고** 그가 의지하는
욥 10:18	내가 기운이 **끊어져** 아무 눈에도 보이지
욥 13:19	내가 잠잠하고 기운이 **끊어지리라**
욥 17:11	계획, 내 마음의 소원이 다 **끊어졌구나**
시 9:6	원수가 **끊어져** 영원히 멸망하였사오니
시 12:1	도우소서 경건한 자가 **끊어지며**

성경에 나오는 '끊어질' 자

악을 행하는 자/세대 – 민 32:13; 시 37:9; 101:8
안식일에 일하는 자 – 출 31:14
여호와를 비방하는 자 – 민 15:30
유교병/유교물을 먹는 자 – 출 12:15, 19
유월절을 지키지 아니하는 자 – 민 9:13
피를 먹는 자 – 레 7:27; 17:14
할례를 받지 아니한 남자 – 창 17:14

끊이다

렘 16:9	네 시대에 이 곳에서 **끊어지게** 하리라
렘 18:18	선지자에게서 말씀이 **끊어지지** 아니
렘 25:10	맷돌 소리와 등불 빛이 **끊어지게** 하리니
렘 31:36	이스라엘 자손도 내 앞에서 **끊어져** 영원
렘 33:17	다윗에게 영원히 **끊어지지** 아니할 것
렘 33:18	레위 사람 제사장들도 **끊어지지** 아니
렘 35:19	내 앞에 설 사람이 영원히 **끊어지지**
렘 48:33	내가 포도주 틀에 포도주가 **끊어지게**
렘 49:7	명철한 자에게 책략이 **끊어졌느냐** 그들
렘 51:6	죄악으로 말미암아 **끊어짐**을 보지 말지
애 2:11	눈이 눈물에 상하며 내 창자가 **끊어지며**
애 3:18	힘과 여호와께 대한 내 소망이 **끊어졌다**
애 4:9	토지 소산이 **끊어지므로** 그들은 찔림
겔 19:5	암사자가 기다리다가 소망이 **끊어진**
겔 21:6	탄식하되 너는 허리가 **끊어지듯** 탄식
단 9:26	기름 부음을 받은 자가 **끊어져** 없어질

소선지서, 신약

욜 1:5	포도주가 너희 입에서 **끊어졌음**이니
욜 1:9	전제가 여호와의 성전에서 **끊어졌고**
욜 1:16	먹을 것이 우리 눈 앞에서 **끊어지지** 아니
	하였느냐 … 성전에서 **끊어지지** 아니
미 7:2	경건한 자가 세상에서 **끊어졌고** 정직
습 1:11	은을 거래하는 자들이 **끊어졌음**이라
습 3:7	너의 거처가 **끊어지지** 아니하리라
슥 5:3	그 이쪽 글대로 **끊어지고** 맹세하는 자
	는 그 저쪽 글대로 **끊어지리라** 하니
슥 9:5	임금이 **끊어질** 것이며 아스글론에
슥 14:2	남은 백성은 성읍에서 **끊어지지** 아니
행 16:19	주인들은 자기 수익의 소망이 **끊어진**
롬 9:3	저주를 받아 그리스도에게서 **끊어질**
고후 1:8	고난을 당하여 살 소망까지 **끊어지고**
갈 5:4	그리스도에게서 **끊어지고** 은혜에서

끊이다 (be kept, remain)

출 27:20	네게로 가져오게 하고 **끊이지** 않게 등불
레 6:13	**끊임**이 없이 제단 위에 피워 꺼지지
왕하 25:30	받는 양이 있어서 종신토록 **끊이지** 아니
욥 14:7	다시 움이 나서 연한 가지가 **끊이지**
욥 29:20	내 손에서 내 화살이 **끊이지** 않았노라
겔 47:12	잎이 시들지 아니하며 열매가 **끊이지**

끊임없이 (constantly)

스 6:8	경비를 이 사람들에게 **끊임없이** 주라

끌다/끌리다

사 34:10	꺼지지 아니하고 그 연기가 **끊임없이**
사 57:16	내가 **끊임없이** 노하지 아니할 것은 내가
렘 7:25	선지자들을 너희에게 보내되 **끊임없이**
렘 11:7	간절히 경계하며 **끊임없이** 경계하기를
렘 25:4	종 선지자를 너희에게 **끊임없이** 보내
렘 32:33	그들을 가르치되 **끊임없이** 가르쳤는
렘 35:14	너희에게 말하고 **끊임없이** 말하여도
렘 35:15	선지자를 너희에게 보내되 **끊임없이**
렘 44:4	너희에게 보내되 **끊임없이** 보내어
살전 1:3	하나님 아버지 앞에서 **끊임없이** 기억
살전 2:13	우리가 하나님께 **끊임없이** 감사함으

끌다/끌리다 (bring, carry, get)

모세오경

창 24:10	주인의 낙타 중 열 필을 **끌고** 떠났는데
창 27:14	그가 가서 **끌어다가** 어머니에게로 가져
창 31:26	내 딸들을 칼에 사로잡힌 자같이 **끌고**
창 38:25	여인이 **끌려** 나갈 때에 사람을 보내어
창 47:17	가축을 요셉에게 **끌어** 오는지라 요셉이
출 29:10	수송아지를 회막 앞으로 **끌어** 오고 아론
출 29:15	또 숫양 한 마리를 **끌어** 오고 아론과
레 3:7	양이면 그것을 여호와 앞으로 **끌어다가**
레 3:12	염소면 그것을 여호와 앞으로 **끌어다가**
레 4:4	회막 문 여호와 앞으로 **끌어다가**
레 4:14	드릴지니 그것을 회막 앞으로 **끌어다가**
레 4:28	그는 흠 없는 암염소를 **끌고** 와서 그
레 4:32	가져오려거든 흠 없는 암컷을 **끌어다가**
레 5:6	암컷 어린 양이나 염소를 **끌어다가**
레 5:15	흠 없는 숫양을 양 떼 중에서 **끌어다가**
레 6:6	속건제물을 위하여 제사장에게로 **끌고**
레 8:14	모세가 또 속죄제의 수송아지를 **끌어**
레 17:4	먼저 회막 문으로 **끌고** 가서 여호와의
레 17:5	제물을 회막 문 여호와께로 **끌고** 가서
레 19:21	숫양을 회막 문 여호와께로 **끌고** 올 것
레 24:11	저주하므로 무리가 **끌고** 모세에게로
민 15:33	아론과 온 회중 앞으로 **끌어** 왔으나
민 19:2	붉은 암송아지를 네게로 **끌어** 오게 하고
신 21:4	골짜기로 그 송아지를 **끌고** 가서 그
신 21:19	그의 부모가 그를 **끌고** 성문에 이르러
신 22:1	반드시 그것들을 **끌어다가** 네 형제에게
신 22:2	그 짐승을 네 집으로 **끌고** 가서 네 형제

역사서

수 8:23	사로잡아 여호수아 앞으로 **끌어** 왔더라

【 끌다/끌리다 】　　　　　　　　　　　　【 끌다/끌리다 】

삿 1:7	무리가 그를 **끌고** 예루살렘에 이르렀	렘 38:6	예레미야를 **끌어다가** 감옥 뜰에 있는
삿 5:12	네가 사로잡은 자를 **끌고** 갈지어다	렘 49:20	어린 것들을 그들이 반드시 **끌고** 다니
삿 6:25	칠 년 된 둘째 수소를 **끌어** 오고 네	렘 52:9	리블라에 있는 바벨론 왕에게로 **끌고**
삿 16:21	그를 붙잡아 그의 눈을 빼고 **끌고** 가사	렘 52:11	바벨론 왕이 그를 바벨론으로 **끌고** 가
삼상 6:7	젖 나는 소 두 마리를 **끌어다가** 소에	겔 11:7	너희는 그 가운데에서 **끌려** 나오리라
삼상 6:10	젖 나는 소 둘을 **끌어다가** 수레를 메우	겔 12:13	올무에 걸리게 하여 그를 **끌고** 갈대아
삼상 8:16	아름다운 소년과 나귀들을 **끌어다가**	겔 14:22	피하는 자가 남아 있어 **끌려** 나오리니
삼상 14:32	양과 소와 송아지들을 **끌어다가** 그것	겔 17:20	내 올무에 걸리게 하여 **끌고** 바벨론
삼상 14:34	소와 양을 이리로 **끌어다가** 여기서 잡	겔 19:4	그를 잡아 갈고리로 꿰어 **끌고** 애굽 땅
	아 먹며 … 각각 자기의 소를 **끌어다가**	겔 19:9	우리에 넣고 갈고리를 꿰어 **끌고** 바벨론
삼상 15:15	무리가 아말렉 사람에게서 **끌어** 온 것	겔 32:3	위에 치고 그 그물로 너를 **끌어오리로다**
삼상 15:20	왕 아각을 **끌어** 왔고 아말렉 사람들을	겔 32:20	되었은즉 그와 그 모든 무리를 **끌지어다**
삼상 15:21	제사하려고 양과 소를 **끌어** 왔나이다	단 3:13	**끌어오라** 말하매 … 앞으로 **끌어온지라**
삼상 15:32	아각을 내게로 **끌어** 오라 하였더니 아각	단 6:16	왕이 명령하매 다니엘을 **끌어다가** 사자
삼상 16:2	너는 암송아지를 **끌고** 가서 말하기를	단 6:24	다니엘을 참소한 사람들을 **끌어오게**
삼상 20:31	사람을 보내어 그를 내게로 **끌어** 오라	호 5:6	그들이 양 떼와 소 떼를 **끌고** 여호와를
삼상 23:5	쳐서 죽이고 그들의 가축을 **끌어** 오니라	암 1:6	사로잡은 자를 **끌어** 에돔에 넘겼음이라
삼상 30:2	죽이지 아니하고 다 사로잡아 **끌고** 자기	**신약**	
왕상 20:39	어떤 사람을 **끌고** 내게로 와서 말하기를	마 21:2	있는 것을 보리니 풀어 내게로 **끌고**
왕상 21:10	그를 **끌고** 나가서 돌로 쳐죽이라 하였	마 21:7	나귀와 나귀 새끼를 **끌고** 와서 자기들
왕상 21:13	무리가 그를 성읍 밖으로 **끌고** 나가서	마 26:57	예수를 잡은 자들이 그를 **끌고** 대제사장
왕상 22:26	아몬과 왕자 요아스에게로 **끌고** 돌아	마 27:2	결박하여 **끌고** 가서 총독 빌라도에게
왕하 10:15	손을 잡으니 예후가 **끌어** 병거에 올리며	마 27:31	십자가에 못 박으려고 **끌고** 나가니라
왕하 17:6	앗수르로 **끌어다가** 고산 강 가에 있는	막 11:2	매여 있는 것을 보리니 풀어 **끌고** 오라
왕하 19:28	너를 오던 길로 **끌어** 돌이키리라 하셨	막 11:7	나귀 새끼를 예수께로 **끌고** 와서 자기
왕하 25:6	립나에 있는 바벨론 왕에게로 **끌고** 가매	막 13:11	사람들이 너희를 **끌어다가** 넘겨 줄 때에
왕하 25:7	그를 결박하여 바벨론으로 **끌고** 갔더라	막 14:53	그들이 예수를 **끌고** 대제사장에게로
대하 6:36	사로잡아 땅의 원근을 막론하고 **끌고**	막 15:1	예수를 결박하여 **끌고** 가서 빌라도에
대하 13:9	숫양 일곱 마리를 **끌고** 와서 장립을	막 15:16	군인들이 예수를 **끌고** 브라이도리온
대하 18:25	아몬과 왕자 요아스에게로 **끌고** 돌아	막 15:20	십자가에 못 박으려고 **끌고** 나가니라
대하 29:21	숫염소 일곱 마리를 **끌어다가** 나라와	막 15:22	예수를 **끌고** 골고다라 하는 곳(번역하
대하 29:23	숫염소들을 왕과 회중 앞으로 **끌어오매**	눅 4:29	산 낭떠러지까지 **끌고** 가서 밀쳐 떨
대하 33:11	쇠사슬로 결박하여 바벨론으로 **끌고**	눅 12:11	위정자나 권세 있는 자 앞에 **끌고** 가거
욥 39:10	골짜기에서 너를 따라 써레를 **끌겠느냐**	눅 15:23	살진 송아지를 **끌어다가** 잡으라 우리가
시가서, 선지서		눅 19:27	저 원수들을 이리로 **끌어다가** 내 앞에
시 66:11	**끌어** 그물에 걸리게 하시며 어려운	눅 19:30	매여 있는 것을 보리니 풀어 **끌고** 오라
사 5:18	거짓으로 끈을 삼아 죄악을 **끌며** 수레	눅 19:35	그것을 예수께로 **끌고** 와서 자기들의
사 11:6	짐승이 함께 있어 어린 아이에게 **끌리며**	눅 22:54	예수를 잡아 **끌고** 대제사장의 집으로
렘 11:19	나는 **끌려서** 도살 당하러 가는 순한	눅 23:1	다 일어나 예수를 빌라도에게 **끌고** 가서
렘 22:19	그가 **끌려** 예루살렘 문 밖에 던져지되	눅 23:14	미혹하는 자라 하여 내게 **끌고** 왔도다
렘 29:1	예루살렘에서 바벨론으로 **끌고** 간 포로	눅 23:26	그들이 예수를 **끌고** 갈 때에 시몬이라는
렘 34:11	변하여 자유를 주었던 노비를 **끌어다가**	요 8:3	음행중에 잡힌 여자를 **끌고** 와서 가운데
렘 34:16	자유롭게 하였던 노비를 **끌어다가**	요 18:13	먼저 안나스에게로 **끌고** 가니 안나스는

【 끌려가다 】

요 18:28	예수를 가야바에게서 관정으로 **끌고**
요 19:13	빌라도가 이 말을 듣고 예수를 **끌고** 나가
요 21:8	작은 배를 타고 물고기 든 그물을 **끌고**
행 5:27	그들을 **끌어다가** 공회 앞에 세우니
행 8:3	각 집에 들어가 남녀를 **끌어다가** 옥에
행 9:8	보지 못하고 사람의 손에 **끌려** 다메섹
행 11:10	모든 것이 다시 하늘로 **끌려** 올라가더라
행 14:19	죽은 줄로 알고 시외로 **끌어** 내치니라
행 17:6	야손과 몇 형제들을 **끌고** 읍장들 앞에
행 20:30	또한 여러분 중에서도 제자들을 **끌어**
행 21:30	바울을 잡아 성전 밖으로 **끌고** 나가니
행 22:5	예루살렘으로 **끌어다가** 형벌 받게 하려
행 22:11	함께 있는 사람들의 손에 **끌려** 다메섹
딤후 3:6	중히 지고 여러 가지 욕심에 **끌린** 바
히 13:9	여러 가지 다른 교훈에 **끌리지** 말라
약 1:14	시험을 받는 것은 자기 욕심에 **끌려**
약 2:6	너희를 억압하며 법정으로 **끌고** 가지
계 1:13	촛대 사이에 인자 같은 이가 발에 **끌리는**
계 12:4	꼬리가 하늘의 별 삼분의 일을 **끌어다가**

끌려가다 (be taken away, be lead away)

출 22:10	죽거나 상하거나 **끌려가도** 본 사람이
욥 12:23	널리 퍼지게도 하시고 다시 **끌려가게도**
욥 20:28	하나님의 진노의 날에 **끌려가리라**
욥 21:30	진노의 날을 향하여 **끌려가느니라**
욥 36:20	밤에 그들이 있는 곳에서 **끌려가리라**
잠 24:11	너는 사망으로 **끌려가는** 자를 건져 주며
사 20:4	앗수르 왕에게 **끌려갈** 때에 젊은 자나
사 53:7	마치 도수장으로 **끌려가는** 어린 양과
사 53:8	그는 곤욕과 심문을 당하고 **끌려갔으나**
렘 38:22	바벨론 왕의 고관들에게로 **끌려갈** 것
렘 38:23	자녀는 갈대아인에게로 **끌려가겠고**
겔 12:3	낮에 그들의 목전에서 **끌려가라** 네가
겔 12:4	포로의 행장을 밖에 내놓기를 **끌려가는**
겔 12:7	낮에 나의 행장을 **끌려가는** 포로의 행장
나 2:7	왕후가 벌거벗은 몸으로 **끌려가니**
마 10:18	총독들과 임금들 앞에 **끌려가리니**
눅 23:32	받게 되어 예수와 함께 **끌려가니라**
행 8:32	도살자에게로 가는 양과 같이 **끌려갔고**
고전 12:2	우상에게로 끄는 그대로 **끌려갔느니라**

끌려들다 (be brought)

창 43:18	돈의 일로 우리가 **끌려드는도다** 이는

【 끌어내다 】

끌려오다 (be carried off)

창 40:15	나는 히브리 땅에서 **끌려온** 자요 여기

끌어가다 (lead, send)

레 26:41	원수들의 땅으로 **끌어갔음을** 깨닫고
레 27:11	그 가축을 제사장 앞으로 **끌어갈**
신 28:36	알지 못하던 나라로 **끌어가시리니**
신 28:37	여호와께서 너를 **끌어가시는** 모든 민족
신 28:68	그 길로 너를 애굽으로 **끌어가실** 것이라
왕상 8:46	원근을 막론하고 적국의 땅으로 **끌어간**
욥 12:17	모사를 벌거벗겨 **끌어가시며** 재판장
욥 12:19	제사장들을 벌거벗겨 **끌어가시고** 권력
렘 32:3-5	시드기야를 바벨론으로 **끌어가리니**
렘 37:14	잡아 고관들에게로 **끌어가매**
렘 50:45	어린 것들을 그들이 반드시 **끌어가고**
겔 17:12	사로잡아 바벨론 자기에게로 **끌어가고**
욜 3:3	제비 뽑아 내 백성을 **끌어가서** 소년을
암 4:2	사람이 갈고리로 너희를 **끌어가며** 낚시
막 14:44	그를 잡아 단단히 **끌어가라** 하였는지라
눅 12:58	너를 재판장에게 **끌어가고** 재판장이
눅 21:12	임금들과 집권자들 앞에 **끌어가려니와**
행 9:21	결박하여 대제사장들에게 **끌어가고자**
행 16:19	붙잡아 장터로 관리들에게 **끌어갔다가**

끌어내다 (bring out, take outside)

모세오경 – 시가서

창 38:24	유다가 이르되 그를 **끌어내어** 불사르라
창 42:24	시므온을 **끌어내어** 그들의 눈앞에서
레 24:14	저주한 사람을 진영 밖으로 **끌어내어**
레 24:23	그 저주한 자를 진영 밖으로 **끌어내어**
민 15:36	회중이 곧 그를 진영 밖으로 **끌어내고**
민 19:3	그는 그것을 진영 밖으로 **끌어내어서**
신 17:5	네 성문으로 **끌어내고** 그 남자나 여자를
신 22:21	처녀를 그의 아버지 집 문에서 **끌어내고**
신 22:24	그들을 둘 다 성읍 문으로 **끌어내고**
수 2:3	네 집에 들어간 그 사람들을 **끌어내라**
수 10:22	굴에서 그 다섯 왕들을 내게로 **끌어내라**
수 10:23	왕을 굴에서 그에게로 **끌어내니라**
수 10:24	여호수아에게로 **끌어내매** 여호수아
삿 6:30	요아스에게 이르되 네 아들을 **끌어내라**
삿 15:13	결박하고 바위 틈에서 그를 **끌어내니라**
삿 19:22	네 집에 들어온 사람을 **끌어내라** 우리가
삿 19:24	내가 그들을 **끌어내리니** 너희가 그들을

끌어내리다

삿 19:25	첩을 붙잡아 그들에게 밖으로 **끌어내매**
삼상 11:12	그들을 **끌어내소서** 우리가 죽이겠나
삼하 12:31	그 안에 있는 백성들을 **끌어내어** 톱질
삼하 13:18	암논의 하인이 그를 **끌어내고** 곧 문빗장
대상 20:3	그 가운데 백성을 **끌어내어** 톱과 쇠도끼
대하 29:16	모든 더러운 것을 **끌어내어** 여호와의
욥 24:22	능력으로 강포한 자들을 **끌어내시나니**
욥 28:11	있던 것을 밝은 데로 **끌어내느니라**
욥 41:1	낚시로 리워야단을 **끌어낼** 수 있겠느냐
시 25:17	많사오니 나를 고난에서 **끌어내소서**
시 28:3	악을 행하는 자들과 함께 나를 **끌어내지**
시 30:1	주를 높일 것은 주께서 나를 **끌어내사**
시 30:3	주께서 내 영혼을 스올에서 **끌어내어**
시 66:12	주께서 우리를 **끌어내사** 풍부한 곳에
시 143:11	의로 내 영혼을 환난에서 **끌어내소서**

선지서 - 신약

렘 8:1	주민의 뼈를 그 무덤에서 **끌어내어**
렘 12:3	**끌어냄과** 같이 그들을 **끌어내시되** 죽일
렘 38:10	죽기 전에 그를 구덩이에서 **끌어내라**
렘 38:13	예레미야를 구덩이에서 **끌어낸지라**
렘 51:44	입에서 **끌어내리니** 민족들이 다시는
겔 11:9	너희를 그 성읍 가운데에서 **끌어내어**
겔 29:4	너를 너의 강들 가운데에서 **끌어내고**
겔 34:13	그것들을 만민 가운데에서 **끌어내며**
겔 38:4	네 온 군대를 **끌어내되** 완전한 갑옷을
겔 38:6	백성의 무리를 너와 함께 **끌어내리라**
호 9:13	살인하는 자에게로 **끌어내리로다**
마 12:11	안식일에 구덩이에 빠졌으면 **끌어내지**
마 13:48	그물에 가득하매 물 가로 **끌어내고** 앉아
눅 14:5	안식일에라도 곧 **끌어내지** 않겠느냐
행 5:19	주의 사자가 밤에 옥문을 열고 **끌어내어**
행 12:4	유월절 후에 백성 앞에 **끌어내고자** 하더
행 17:5	침입하여 그들을 백성에게 **끌어내려고**
유 1:23	또 어떤 자를 불에서 **끌어내어** 구원하라

끌어내리다 (bring down)

렘 49:16	내가 그리로부터 너를 **끌어내리리라**
렘 51:40	그들을 **끌어내려서** 어린 양과 숫양과
옵 1:3	누가 능히 나를 땅에 **끌어내리겠느냐**
옵 1:4	내가 거기에서 너를 **끌어내리리라**

끌어당기다 (drag)

시 10:9	그물을 **끌어당겨** 가련한 자를 잡나이다

끌어들이다 (bring, introduce, pull into)

창 19:10	손을 내밀어 롯을 집으로 **끌어들이고**
창 34:2	추장 세겜이 그를 보고 **끌어들여** 강간
삼하 17:13	그 성을 강으로 **끌어들여서** 그 곳에
왕하 20:20	물을 성 안으로 **끌어들인** 일은 유다 왕
대하 28:13	이 포로를 이리로 **끌어들이지** 못하리라
대하 32:30	다윗 성 서쪽으로 곧게 **끌어들였으니**
눅 22:66	모여서 예수를 그 공회로 **끌어들여**
벧후 2:1	멸망하게 할 이단을 가만히 **끌어들여**

끌어올리다 (be caught up, drag, pull up)

창 37:28	형들이 요셉을 구덩이에서 **끌어올리고**
시 40:2	웅덩이와 수렁에서 **끌어올리시고**
요 21:11	그물을 육지에 **끌어올리니** 가득히 찬
살전 4:17	그들과 함께 구름 속으로 **끌어올려** 공중

끓다/끓이다 (boil)

창 49:4	물의 **끓음** 같았은즉 너는 탁월하지 못하
왕하 4:38	선지자의 제자들을 위하여 국을 **끓이라**
왕하 4:39	채워가지고 돌아와 썰어 국 **끓이는** 솥에
욥 41:20	갈대를 태울 때에 솥이 **끓는** 것과 같구나
욥 41:31	깊은 물을 솥의 물이 **끓음** 같게 하며
사 64:2	불이 섶을 사르며 불이 물을 **끓임** 같게
렘 1:13	무엇을 보느냐 대답하되 **끓는** 가마를

끝 (end)

출 25:18	금으로 그룹 둘을 속죄소 두 **끝**에 쳐서
출 25:19	이 **끝**에, … 저 **끝**에 곧 속죄소 두 **끝**에
출 28:7	그것에 어깨받이 둘을 달아 그 두 **끝**을
출 28:23	흉패 위 곧 흉패 두 **끝**에 그 두 고리를
출 28:24	땋은 두 금 사슬로 흉패 두 **끝** 두 고리
출 28:25	두 땋은 사슬의 다른 두 **끝**을 에봇 앞 두
출 37:8	그룹은 이쪽 **끝**에, 한 그룹은 저쪽 **끝**에
출 39:4	에봇에는 어깨받이를 만들어 그 두 **끝**에
출 39:16	둘을 만들어 그 두 고리를 흉패 두 **끝**에
출 39:17	그 땋은 두 금 사슬을 흉패 **끝** 두 고리
출 39:18	그 땋은 두 사슬의 다른 두 **끝**을 에봇
출 39:19	또 금 고리 둘을 만들어 흉패 두 **끝**에
민 23:13	그들을 다 보지 못하고 그들의 **끝**만
신 14:28	매 삼 년 **끝**에 그 해 소산의 십분의 일
수 15:11	지나고 얍느엘에 이르나니 그 **끝**은
수 16:3	벧호론과 게셀에까지 이르고 그 **끝**은
수 16:8	가나 시내에 이르나니 그 **끝**은 바다라

[끝]

수 17:9 그 시내 북쪽이요 그 끝은 바다이며
수 17:18 삼림이라도 네가 개척하라 그 끝까지
수 18:14 기럇 여아림에 이르러 끝이 되나니 이는
수 19:14 입다엘 골짜기에 이르러 끝이 되며
수 19:22 그 끝은 요단이니 모두 열여섯 성읍과
수 19:29 호사에 이르고 악십 지방 곁 바다가 끝이
수 19:33 얍느엘을 지나 락굼까지요 그 끝은 요단
삿 3:22 칼자루도 날을 따라 들어가서 그 끝이

'끝'과 관련된 성구

금강석 끝 - 렘 17:1
끝까지 - 신 31:30; 욥 28:3; 34:36; 35:15; 시 119:33; 사 10:23; 렘 3:5; 단 9:26; 마 10:22; 24:13; 막 13:13; 요 13:1; 고전 1:8; 살전 2:16; 히 3:6, 14; 6:11; 계 2:26
끝 날 - 창 6:13; 겔 38:16
끝 날에 - 신 4:30; 렘 23:20; 30:24; 단 12:13; 미 4:1
끝내 - 사 8:9, 10; 마 21:32; 딤후 3:7
끝끝내 - 호 11:7
끝물포도 - 삿 8:2
끝으로 - 엡 6:10; 빌 3:1; 4:8; 살전 4:1; 살후 3:1
끝자리 - 눅 14:9, 10
끝폭 가 - 출 26:4, 5, 10; 36:11, 17
땅 끝까지 - 신 33:17; 삼상 2:10; 욥 28:24; 37:3; 시 2:8; 46:9; 48:10; 59:13; 72:8; 98:3; 40:28; 사 48:20; 49:6; 52:10; 62:11; 렘 25:31; 단 4:22; 미 5:4; 슥 9:10; 행 1:8; 13:47; 롬 10:18
땅 끝에서부터 - 시 61:2; 사 5:26; 24:16; 41:9; 42:10; 렘 6:22; 31:8
땅 끝으로부터 하늘 끝까지 - 막 13:27
매 칠 년 끝 해 - 신 15:1; 31:10
머리부터 발끝까지 - 레 13:12
명절 끝날 - 요 7:37
세상 끝날 - 마 28:20
이 끝에서 저 끝까지 - 창 47:21; 출 26:28; 36:33; 신 4:32; 13:7; 28:64; 왕하 21:16; 스 9:11; 시 19:6; 렘 12:12; 25:33; 마 24:31
이쪽 날개 끝으로부터 저쪽 날개 끝까지 - 왕상 6:24
처음부터 끝까지 - 삼상 3:12; 대상 29:29; 대하 12:15; 16:11; 25:26; 35:27
첫날부터 끝날까지 - 느 8:18

성경에 나오는 '끝'

가지 끝 - 겔 17:4, 22
광야 끝 - 출 13:20; 민 33:6
경계의 끝 - 수 15:4; 18:19
곡식 단 더미의 끝 - 룻 3:7
금 규 끝 - 에 5:2
기럇 여아림 끝 - 수 18:15
긴네렛 바다의 끝 - 수 13:27
남쪽 끝 - 수 15:1, 21; 18:19
땅(의 모든) 끝 - 신 28:49; 욥 38:13; 시 22:27; 65:5, 8; 67:7; 135:7; 잠 17:24; 30:4; 사 41:5; 43:6; 45:22; 렘 10:13; 16:19; 25:32; 50:41; 51:16; 단 4:11, 20; 마 12:42; 눅 11:31
모압 변경의 끝 - 민 22:36
바다 끝 - 시 139:9
바위 끝 - 욥 39:28
북쪽 끝 - 수 15:8; 겔 38:6, 15; 39:2; 47:17; 48:1
붓 끝 - 사 45:1
사람의 끝 - 전 7:2; 막 9:35
산 끝 - 수 18:16
생명의 끝 - 히 7:3
성읍 끝 - 삼상 9:27
세상 끝 - 사 19:4; 마 13:39, 40, 49; 24:3; 히 9:26
손가락 끝 - 눅 16:24
수염 끝 - 레 19:27
염해 끝 - 민 34:3; 수 15:2
윗못 수도 끝 - 사 7:3
요단 끝 - 수 15:5
이스라엘의 끝 - 암 8:2
일의 끝 - 전 7:8; 단 12:6
정한 때 끝 - 단 8:17, 19
즐거움의 끝 - 잠 14:13
지팡이 끝 - 삿 6:21; 삼상 14:27, 43
진(영) 끝 - 민 11:1; 22:41; 왕하 7:5, 8
채 끝 - 왕상 8:8
하늘 끝 - 느 1:9; 사 13:5

357

【 끝나다 】　　　　　　　　　　　　　　　　　　　【 끼치다 】

삼하 2:23	아브넬이 창 뒤 끝으로 그의 배를 찌르	**끝내다**(finish)	
대하 5:9	채가 길어서 궤에서 나오므로 그 끝이	민 7:1	모세가 장막 세우기를 끝내고 그것에
욥 16:3	헛된 말이 어찌 끝이 있으랴 네가 무엇	삼하 20:18	물을 것이라 하고 그 일을 끝내었나이다
욥 18:2	너희가 어느 때에 가서 말의 끝을 맺겠	대상 27:24	요압이 조사하기를 시작하고 끝내지도
욥 22:5	네 악이 크지 아니하냐 네 죄악이 끝이	스 6:14	따라 성전을 건축하며 일을 끝내되
시 119:96	내가 보니 모든 완전한 것이 다 끝이	스 6:15	아달월 삼일에 성전 일을 끝내니라
전 4:8	모든 수고에는 끝이 없도다 또 비록	욥 1:5	그들이 차례대로 잔치를 끝내면 욥이
전 12:12	많은 책들을 짓는 것은 끝이 없고 많이	사 38:12	끊으시리니 조석간에 나를 끝내시리라
렘 51:13	많은 자여 네 재물의 한계 곧 네 끝이	사 38:13	꺾으시오니 조석간에 나를 끝내시리라
애 4:18	우리의 끝이 가깝고 우리의 날들이 다		
겔 7:3	이제는 네게 끝이 이르렀나니 내가 내	**끝없다/끝없이**(continually, endless)	
겔 7:6	끝이 왔도다, 끝이 왔도다 끝이 너에게	암 1:11	맹렬히 화를 내며 분을 끝없이 품었음
겔 15:4	불이 그 두 끝을 사르고 그 가운데도	딤전 1:4	신화와 끝없는 족보에 몰두하지 말게
겔 29:13	사십 년 끝에 내가 만민 중에 흩은 애굽		
나 3:9	구스와 애굽은 그의 힘이 강하여 끝이	**끼다**(hold, side with)	
마 24:6	이런 일이 있어야 하되 아직 끝은 아니	삿 16:29	왼손으로 하나는 오른손으로 껴 의지
마 24:14	세상에 전파되리니 그제야 끝이 오리라	전 4:5	우매자는 팔짱을 끼고 있으면서 자기
막 13:7	이런 일이 있어야 하되 아직 끝은 아니	막 5:27	예수의 소문을 듣고 무리 가운데 끼어
눅 21:9	이 일이 먼저 있어야 하되 끝은 곧 되지	행 27:13	닻을 감아 그레데 해변을 끼고 항해하
		빌 1:23	내가 그 둘 사이에 끼었으니 차라리
끝나다(be over, finish)		약 2:2	회당에 금 가락지를 끼고 아름다운 옷
출 12:41	사백삼십 년이 끝나는 그 날에 여호와		
레 8:33	위임식이 끝나는 날까지 이레 동안은	**끼치다**(give)	
신 34:8	위하여 애곡하는 기간이 끝나도록	창 34:30	너희가 내게 화를 끼쳐 나로 하여금
왕상 3:1	성의 공사가 끝나기를 기다리더라	왕상 11:25	솔로몬의 일평생에 하닷이 끼친 환난
왕상 6:38	성전 건축이 다 끝났으니 솔로몬이	대상 28:8	너희 후손에게 끼쳐 영원한 기업이 되게
왕상 7:22	있더라 두 기둥의 공사가 끝나니라	잠 10:10	눈짓하는 자는 근심을 끼치고 입이 미련
대하 8:16	여호와의 전 공사가 결점 없이 끝나니라	잠 13:22	선인은 그 산업을 자자 손손에게 끼쳐도
대하 31:1	모든 일이 끝나매 거기에 있는 이스라엘	사 22:18	주인의 집에 수치를 끼치는 너여 네가
느 6:15	엘룰월 이십오일에 끝나매	요 14:27	평안을 너희에게 끼치노니 곧 나의
욥 26:10	그으시니 빛과 어둠이 함께 끝나는	엡 4:29	말을 하여 듣는 자들에게 은혜를 끼치게
시 72:20	이새의 아들 다윗의 기도가 끝나니라	벧전 2:21	고난을 받으사 너희에게 본을 끼쳐 그
시 77:8	그의 인자하심은 영원히 끝났는가, 그의		
사 40:2	그것에게 외치라 그 노역의 때가 끝났고	**'끼치다'와 관련된 성구**	
사 60:20	빛이 되고 네 슬픔의 날이 끝날 것임	누를 끼치다 – 삼하 13:25; 15:33; 19:35;	
렘 25:12	여호와의 말씀이니라 칠십 년이 끝나면	고후 11:9	
렘 51:64	예레미야의 말이 이에 끝나니라	부끄러움을 끼치다 – 잠 10:5; 19:26	
겔 4:8	네가 에워싸는 날이 끝나기까지 몸을	(손)해를 끼치다 – 단 6:22; 9:13; 27:10	
겔 7:2	끝났도다 이 땅 사방의 일이 끝났도다	욕을 끼치다 – 잠 12:4; 14:35	
단 5:26	나라의 시대를 세어서 그것을 끝나게	폐를 끼치다 – 고후 11:9; 12:13, 14; 살전	
단 9:24	허물이 그치며 죄가 끝나며 죄악이 용서	2:9; 살후 3:8	
단 12:7	그렇게 되면 이 모든 일이 다 끝나리라		
행 13:43	회당의 모임이 끝난 후에 유대인과 유대		

나가다 (go out)

모세오경

창 9:22 아버지의 하체를 보고 밖으로 **나가서**
창 15:5 그를 이끌고 밖으로 **나가** 이르시되
창 18:16 그들을 전송하러 함께 **나가니라**
창 19:6 롯이 문 밖의 무리에게로 **나가서** 뒤로
창 21:14 하갈이 **나가서** 브엘세바 광야에서
창 30:14 밀 거둘 때 르우벤이 **나가서** 들에서
창 34:1 디나가 그 땅의 딸들을 보러 **나갔더니**
창 39:12 여인의 손에 버려두고 밖으로 **나가매**
창 41:45 아내로 삼게 하니라 요셉이 **나가** 애굽
출 1:10 우리와 싸우고 이 땅에서 **나갈까**
출 2:11 형제들에게 **나가서** 그들이 고되게
출 3:21 너희가 **나갈** 때에 빈손으로 가지 아니
출 8:12 모세와 아론이 바로를 떠나 **나가서**
출 11:8 백성은 **나가라** 한 후에야 내가 **나가리라**
출 12:21 너희는 **나가서** 너희의 가족대로 어린
출 13:19 너희는 내 유골을 여기서 가지고 **나가라**
출 16:4 양식을 비같이 내리리니 백성이 **나가서**
출 17:9 사람들을 택하여 **나가서** 아말렉
출 21:2 몸값을 물지 않고 **나가** 자유인이 될
레 8:33 날까지 이레 동안은 회막 문에서 **나가지**
레 14:3 제사장이 진영에서 **나가** 진찰할지니
민 1:3 이십 세 이상으로 싸움에 **나갈** 만한
민 10:9 자기를 압박하는 대적을 치러 **나갈** 때에
민 11:24 모세가 **나가서** 여호와의 말씀을 백성
민 27:21 회중은 엘르아살의 말을 따라 **나가며**
민 31:3 사람들 가운데서 전쟁에 **나갈** 사람들
민 31:27 절반은 전쟁에 **나갔던** 군인들에게

민 35:26 그 피하였던 도피성 지경 밖에 **나가면**
민 36:3 기업에서 떨어져 **나가고** 그들이 속할
그 지파의 기업에서 … 떨어져 **나갈** 것
신 20:1 네가 **나가서** 적군과 싸우려 할 때에
신 23:10 부정하거든 진영 밖으로 **나가고** 진영
신 24:2 그 여자는 그의 집에서 **나가서** 다른
신 28:6 들어와도 복을 받고 **나가도** 복을 받을

역사서

수 2:19 누구든지 네 집 문을 **나가서** 거리로
삿 3:10 그가 이스라엘의 사사가 되어 **나가서**
삿 4:14 여호와께서 너에 앞서 **나가지** 아니하
삿 4:18 야엘이 **나가** 시스라를 영접하며 그에
삿 9:8 나무들이 **나가서** 기름을 부어 자신들
삿 16:20 내가 전과 같이 **나가서** 몸을 떨치리라
룻 1:21 내가 풍족하게 **나갔더니** 여호와께서
삼상 4:1 이스라엘은 **나가서** 블레셋 사람들과
삼상 19:8 다윗이 **나가서** 블레셋 사람들과 싸워
삼상 24:7 사울이 일어나 굴에서 **나가** 자기 길을
삼하 2:23 창이 그의 등을 꿰뚫고 **나간지라** 곧
삼하 5:17 올라오매 다윗이 듣고 요새로 **나가니라**
삼하 11:8 우리아가 왕궁에서 **나가매** 왕의 음식
삼하 16:16 아렉 사람 후새가 압살롬에게 **나갈** 때
삼하 18:2 나도 반드시 너희와 함께 **나가리라**
삼하 19:9 압살롬을 피하여 그 땅에서 **나가셨고**
삼하 24:20 건너옴을 보고 **나가서** 왕 앞에서 얼굴
왕상 2:46 그가 **나가서** 시므이를 치니 그가 죽은
왕상 11:29 여로보암이 예루살렘에서 **나갈** 때에
왕상 18:27 그가 잠깐 **나갔는지** 혹은 그가 길을
왕상 19:11 너는 **나가서** 여호와 앞에서 산에 서라

【 나가다 】

왕상 21:13	성읍 밖으로 끌고 **나가서** 돌로 쳐죽이고
왕상 22:22	내가 **나가서** 거짓말하는 영이 … 너는 꾀겠고 또 이루리라 **나가서** 그리하라
왕하 3:6	왕이 사마리아에서 **나가** 온 이스라엘을
왕하 4:3	너는 밖에 **나가서** 모든 이웃에게 그릇
왕하 4:39	채소를 캐러 들에 **나가** 들포도덩굴을
왕하 5:2	아람 사람이 떼를 지어 **나가서** 이스라엘
왕하 11:7	**나가는** 너희 중 두 대는 여호와의
왕하 18:18	아삽의 아들 사관 요아가 그에게 **나가니**
왕하 23:29	요시야 왕이 맞서 **나갔더니** 애굽 왕이
대상 5:18	므낫세 반 지파에서 **나가** 싸울 만한
대상 14:8	다윗이 듣고 대항하러 **나갔으나** 성전
대상 17:21	자기 백성을 구속하시려고 **나가사** 크고
대상 20:1	요압이 그 군대를 거느리고 **나가서** 암몬
대하 6:34	주께서 보내신 길로 **나갈** 때에 그들이
대하 14:10	아사가 마주 **나가서** 마레사의 스바다
대하 19:2	선견자 예후가 **나가서** 여호사밧 왕을
대하 19:4	**나가서** 브엘세바에서부터 에브라임
대하 22:7	요람과 함께 **나가서** 님시의 아들 예후
대하 26:6	웃시야가 **나가서** 블레셋 사람들과 싸우
대하 26:20	여호와께서 치시므로 왕도 속히 **나가니라**
느 8:16	백성이 이에 **나가서** 나뭇가지를 가져
에 2:16	인도되어 들어가서 왕 앞에 **나가니**

시가서 - 선지서

욥 24:5	광야의 들나귀 같아서 **나가서** 일하며
시 41:6	중심에 악을 쌓았다가 **나가서는** 이를
시 68:7	주의 백성 앞에서 앞서 **나가사** 광야
시 126:6	울며 씨를 뿌리러 **나가는** 자는 반드시
잠 22:3	피하여도 어리석은 자는 **나가다가** 해를
아 5:6	그가 말할 때에 내 혼이 **나갔구나**
사 7:3	세탁자의 밭 큰 길로 **나가서** 아하스를
사 37:36	여호와의 사자가 **나가서** 앗수르 진중
사 45:23	내 입에서 공의로운 말이 **나갔은즉**
사 48:3	내 입에서 그것들이 **나갔으며** 또 내가
사 51:4	율법이 내게서부터 **나갈** 것임이라
사 51:5	내 공의가 가깝고 내 구원이 **나갔은즉**
사 55:11	입에서 **나가는** 말도 이와 같이 헛되이
렘 14:18	내가 들에 **나간즉** 칼에 죽은 자요
렘 21:9	너희를 에워싼 갈대아인에게 **나가서**
렘 46:3	작은 방패와 큰 방패를 예비하고 **나가서**
애 3:7	둘러싸서 **나가지** 못하게 하시고 내 사슬
겔 7:14	**나갈** 사람이 없나니 이는 내 진노가
겔 10:19	그들이 **나갈** 때에 바퀴도 그 곁에서
겔 12:4	그들의 목전에서 밖으로 **나가기를**
겔 12:6	그들의 목전에서 어깨에 메고 **나가며**
겔 42:1	그가 나를 데리고 밖으로 **나가** 북쪽
겔 42:14	다른 옷을 입고 백성의 뜰로 **나갈** 것
겔 46:2	예배한 후에 밖으로 **나가고** 그 문은
단 10:20	군주와 싸우려니와 내가 **나간** 후에는
미 1:11	너는 벗은 몸에 수치를 무릅쓰고 **나갈**
슥 14:3	그 때에 여호와께서 **나가사** 그 이방
말 4:2	광선을 비추리니 너희가 **나가서** 외양간

나가다 - 기타 본문

모세오경 창 19:14; 23:3; 24:63; 27:5, 30; 39:15, 18; 42:15; 44:4, 28; 출 2:13; 5:10; 9:29, 33; 10:18; 12:22; 14:8; 16:27; 18:7; 21:3, 4, 5, 11; 레 10:4, 7; 24:10; 민 1:20, 22, 24, 26, 28, 30, 32, 34, 36, 38, 40, 42, 45; 20:17; 21:22; 26:2; 31:13, 21, 28, 36, 42; 신 21:2, 10; 23:12, 13; 25:5; 28:19, 25 **역사서** 수 2:5, 7; 8:14; 19:12; 삿 3:22, 24; 4:22; 9:38, 39; 10:18; 15:14; 20:14, 20; 룻 2:22; 삼상 7:11; 8:20; 9:26; 13:10; 14:17; 17:13; 19:13; 20:35; 24:8; 26:10; 28:1; 삼하 11:13; 13:9; 15:16, 17; 17:11; 18:3, 4, 6; 19:7; 21:17; 23:10; 왕상 2:36, 37, 42; 8:44; 12:25; 19:13; 20:16, 17, 19, 21, 27, 39; 21:10; 22:34; 왕하 2:1; 4:18, 37; 6:15; 7:16; 10:9; 19:25; 대상 12:17, 36; 14:15; 19:9; 대하 15:2; 18:21, 33; 20:17, 20; 25:5, 13; 26:11,

18; 31:1; 35:20, 23; 느 2:12, 13; 에 3:15; 4:1, 11 **시가서** 욥 28:11; 29:7; 31:34; 39:4; 시 88:8; 잠 22:13; 25:8; 27:12 **선지서** 사 30:22; 42:13; 66:24; 렘 2:37; 6:25; 22:11; 38:18; 49:5; 52:7; 겔 9:7; 10:7; 12:7, 12; 31:5; 39:9; 42:15; 44:3, 19; 46:8, 9, 10, 12; 미 2:13; 슥 6:8 **복음서** 마 9:31, 32; 11:8, 9; 12:14; 13:1; 15:21; 17:18; 20:3, 5, 6; 27:31, 32; 막 1:45; 4:3; 6:24, 27; 7:29, 30; 9:26; 10:17, 46; 11:11, 19; 13:1; 14:16, 68; 16:20; 눅 4:38, 41; 5:27; 7:24, 25, 26; 8:2, 5, 29, 35, 38, 46; 9:6; 11:14, 24; 13:31; 14:21, 23; 21:21; 22:13, 62; 요 8:9, 59; 10:39; 11:31; 13:31; 18:1, 16, 29, 38; 19:13, 17; 20:3; 21:3, 23 **역사서, 서신서** 행 5:6, 15, 34; 8:7; 13:42; 15:24; 16:30, 36, 37, 39; 21:30; 22:18; 27:44; 고전 5:10; 약 2:25; 요삼 1:7

[나가다]　　　　　　　　　　　　　　　　　　　　　　　　　　　[나귀]

복음서
마 8:34　시내가 예수를 만나려고 **나가서** 보고
마 10:14　집이나 성에서 **나가** 너희 발의 먼지를
마 11:7　무엇을 보려고 광야에 **나갔더냐** 바람
마 12:43　더러운 귀신이 사람에게서 **나갔을** 때에
마 13:3　씨를 뿌리는 자가 뿌리러 **나가서**
마 18:28　종이 **나가서** 자기에게 백 데나리온 빚진
마 20:1　내려고 이른 아침에 **나간** 집 주인과
마 22:10　종들이 길에 **나가** 악한 자나 선한 자나
마 24:26　그리스도가 광야에 있다 하여도 **나가지**
마 25:1　등을 들고 신랑을 맞으러 **나간** 열 처녀
마 25:25　두려워하여 **나가서** 당신의 달란트를
마 26:75　부인하리라 하심이 생각나서 밖에 **나가서**
막 1:35　밝기 전에 예수께서 일어나 **나가** 한적
막 1:45　그러나 그 사람이 **나가서** 이 일을 많이
막 2:12　상을 가지고 모든 사람 앞에서 **나가거늘**
막 2:13　예수께서 다시 바닷가에 **나가시매**
막 3:6　바리새인들이 **나가서** 곧 헤롯당과 함께
막 6:11　**나갈** 때에 발 아래 먼지를 떨어버려
막 6:12　제자들이 **나가서** 회개하라 전파하고
막 8:23　마을 밖으로 데리고 **나가사** 눈에 침을
막 8:27　빌립보 가이사랴 여러 마을로 **나가실새**
막 9:29　이런 종류가 **나갈** 수 없느니라 하시니라
막 10:25　낙타가 바늘귀로 **나가는** 것이 부자가
막 15:20　십자가에 못 박으려고 끌고 **나가니라**
눅 4:36　더러운 귀신을 명하매 **나가는도다**
눅 14:18　밭을 샀으매 아무래도 **나가** 보아야 하겠
눅 17:29　롯이 소돔에서 **나가던** 날에 하늘로부터
눅 21:37　밤에는 **나가** 감람원이라 하는 산에서
눅 22:39　예수께서 **나가사** 습관을 따라 감람산에
눅 24:50　데리고 베다니 앞까지 **나가사** 손을 들어
요 1:43　예수께서 갈릴리로 **나가려** 하시다
요 11:20　예수께서 오신다는 말을 듣고 곧 **나가**
요 12:13　종려나무 가지를 가지고 맞으러 **나가**
요 13:30　그 조각을 받고 곧 **나가니** 밤이러라
요 19:4　빌라도가 다시 밖에 **나가** 말하되 보라

역사서 – 예언서
행 4:15　명하여 공회에서 **나가라** 하고 서로 의논
행 16:13　강가에 **나가** 거기 앉아서 모인 여자들
행 19:12　얹으면 그 병이 떠나고 악귀도 **나가더라**
행 27:43　물에 뛰어내려 먼저 육지에 **나가게** 하고
살후 3:1　말씀이 너희 가운데서와 같이 퍼져 **나가**
요일 2:19　그들이 우리에게서 **나갔으나** 우리에

계 … 그들이 **나간** 것은 다 우리에게
계 3:12　그가 결코 다시 **나가지** 아니하리라

나감향(onycha)
출 30:34　너는 소합향과 **나감향**과 풍자향의 향품

나곤(Nacon) 웃사가 법궤에 손을 댔다가 죽었
던 타작마당의 주인 이름
삼하 6:6　그들이 **나곤**의 타작마당에 이르러서

나귀(ass)
모세오경
창 12:16　노비와 암수 **나귀**
창 22:3　아브라함이 아침에
　　　　일찍이 일어나 **나귀**에
창 22:5　너희는 **나귀**와 함께 여기서 기다리라
창 24:35　소와 양과 은금과 종들과 낙타와 **나귀**
창 30:43　번창하여 양 떼와 노비와 낙타와 **나귀**
창 32:5　소와 **나귀**와 양 떼와 노비가 있으므로
창 32:15　이십이요 그 새끼 **나귀**가 열이라
창 34:28　양과 소와 **나귀**와 그 성읍에 있는 것과
창 36:24　시브온의 **나귀**를 칠 때에 광야에서 온천
창 42:26　곡식을 **나귀**에 싣고 그 곳을 떠났더니
창 42:27　여관에서 **나귀**에게 먹이를 주려고 자루
창 43:18　노예로 삼고 우리의 **나귀**를 빼앗으려
창 43:24　하며 그들의 **나귀**에게 먹이를 주더라
창 44:3　밝을 때에 사람들과 그들의 **나귀**들을
창 44:13　찢고 각기 짐을 **나귀**에 싣고 성으로
창 47:17　양 떼와 소 떼와 **나귀**를 받고 그들에게
창 49:11　**나귀**를 포도나무에 매며 그의 암나귀
창 49:14　양의 우리 사이에 꿇어앉은 건장한 **나귀**
출 4:20　모세가 그의 아내와 아들들을 **나귀**에
출 9:3　네 가축 곧 말과 **나귀**와 낙타와 소와
출 20:17　그의 소나 그의 **나귀**나 무릇 네 이웃
출 21:33　파고 덮지 아니하므로 소나 **나귀**가 거기
출 22:4　손에 있으면 소나 **나귀**나 양을 막론하고
출 22:9　어떤 잃은 물건 즉 소나 **나귀**나 양이
출 22:10　사람이 **나귀**나 소나 양이나 다른 짐승
출 23:4　원수의 길 잃은 소나 **나귀**를 보거든
출 23:5　너를 미워하는 자의 **나귀**가 짐을 싣고
출 23:12　네 소와 **나귀**가 쉴 것이며 네 여종의
민 16:15　그들의 **나귀** 한 마리도 빼앗지 아니하
민 22:21　자기 **나귀**에 안장을 지우고 모압 고관

【 나귀 】　　　　　　　　　　　　　　　　　　　　　　　　　　　　【 나귀 】

민 22:22	발람은 자기 **나귀**를 탔고 그의 두 종은		삼상 12:3	**나귀**를 빼앗았느냐 누구를 속였느냐
민 22:23	**나귀**가 여호와의… 발람이 **나귀**를 길로		삼상 15:3	아이와 우양과 낙타와 **나귀**를 죽이라
민 22:27	**나귀**가 여호와의 사자를 보고 발람 밑에		삼상 16:20	포도주와 염소 새끼를 **나귀**에 실리고
	… 자기 지팡이로 **나귀**를 때리는지라		삼상 22:19	젖 먹는 자들과 소와 **나귀**와 양을 칼로
민 22:28	여호와께서 **나귀** 입을 여시니 발람에게		삼상 25:18	무화과 뭉치 이백 개를 가져다가 **나귀**
민 22:29	발람이 **나귀**에게 말하되 네가 나를 거역		삼상 25:20	아비가일이 **나귀**를 타고 산 호젓한 곳
민 22:30	**나귀**가 발람에게 … 나는 당신이 오늘		삼상 25:23	아비가일이 다윗을 보고 급히 **나귀**에
	까지 당신의 일생 동안 탄 **나귀**가 아니		삼상 25:42	아비가일이 급히 일어나서 **나귀**를 타고
민 22:32	네 **나귀**를 이같이 세 번 때렸느냐 보라		삼상 27:9	양과 소와 **나귀**와 낙타와 의복을 빼앗
민 22:33	**나귀**가 나를 보고 이같이 세 번을 돌이		삼하 16:1	시바가 안장 지운 두 **나귀**에 떡 이백
	켜 내 앞에서 … **나귀**가 만일 돌이켜		삼하 16:2	시바가 이르되 **나귀**는 왕의 가족들이
민 31:28	사람이나 소나 **나귀**나 양 떼의 오백분의		삼하 17:23	보고 **나귀**에 안장을 지우고 일어나 고향
민 31:30	사람이나 소나 **나귀**나 양 떼나 각종		삼하 19:26	내 **나귀**에 안장을 지워 그 위에 타고
신 5:14	**나귀**나 네 모든 가축이나 네 문 안에		왕상 2:40	그의 **나귀**에 안장을 지우고 가드로 가서
신 5:21	그의 **나귀**나 네 이웃의 모든 소유를		왕상 13:13	나를 위하여 **나귀**에 안장을 지우라 그
신 22:4	형제의 **나귀**나 소가 길에 넘어진 것을			들이 **나귀**에 안장을 지우니 그가 타고
신 22:10	너는 소와 **나귀**를 겨리하여 갈지 말며		왕상 13:23	그를 위하여 **나귀**에 안장을 지우니라
신 28:31	네 **나귀**를 네 목전에서 빼앗겨도 도로		왕상 13:24	버린 바 되니 **나귀**는 그 곁에 서 있고
역사서			왕상 13:27	나를 위하여 **나귀**에 안장을 지우라
수 6:21	남녀노소와 소와 양과 **나귀**를 칼날로		왕상 13:28	**나귀**와 사자는 그 시체 곁에 서 있는데
수 7:24	그의 소들과 그의 **나귀**들과 그의 양들			사자가 시체를 먹지도 아니하였고 **나귀**
수 9:4	기운 가죽 포도주 부대를 **나귀**에 싣고		왕상 13:29	하나님의 사람의 시체를 들어 **나귀**에
수 15:18	밭을 구하자 하고 **나귀**에서 내리매 갈렙		왕하 4:22	사환 한 명과 **나귀** 한 마리를 내게로
삿 1:14	**나귀**에서 내리매 갈렙이 묻되 네가 무엇		왕하 4:24	**나귀**에 안장을 지우고 자기 사환에게
삿 5:10	흰 **나귀**를 탄 자들, 양탄자에 앉은 자들,		왕하 6:25	성중이 크게 주려서 **나귀** 머리 하나에
삿 6:4	남겨 두지 아니하며 양이나 소나 **나귀**		왕하 7:7	장막과 말과 **나귀**를 버리고 진영을
삿 10:4	삼십 명이 있어 어린 **나귀** 삼십을 탔고		왕하 7:10	오직 말과 **나귀**만 매여 있고 장막들이
삿 12:14	어린 **나귀** 칠십 마리를 탔더라 압돈이		대상 5:21	**나귀** 이천 마리를 빼앗으며 사람 십만
삿 15:15	삼손이 **나귀**의 새 턱뼈를 보고 손을		대상 12:40	낙달리까지는 **나귀**와 낙타와 노새와
삿 15:16	**나귀**의 턱뼈로 한 더미, 두 더미를 쌓았		대상 27:30	에드야는 **나귀**를 맡았고 하갈 사람
	음이여 … **나귀**의 턱뼈로 내가 천 명을		대하 28:15	약한 자들은 모두 **나귀**에 태워 데리고
			스 2:67	낙타가 사백삼십오요 **나귀**가 육천칠백
예수님과 나귀			느 7:69	**나귀**가 육천칠백이십 마리였느니라
슥 9:9; 마 21:2, 5, 7; 막 11:2, 4, 5; 눅			느 13:15	술틀을 밟고 곡식단을 **나귀**에 실어
19:30, 33, 35; 요 12:14, 15			**시가서 – 선지서**	
			욥 1:14	소는 밭을 갈고 **나귀**는 그 곁에서 풀을
삿 19:3	하인 한 사람과 **나귀** 두 마리를 데리고		욥 24:3	고아의 **나귀**를 몰아가며 과부의 소를
삿 19:10	예루살렘이라 안장 지운 **나귀** 두 마리		욥 39:5	누가 빠른 **나귀**의 매인 것을 풀었느냐
삿 19:19	우리에게는 **나귀**들에게 먹일 짚과		욥 39:7	지껄이는 소리를 비웃나니 **나귀** 치는
삿 19:21	집에 들어가서 **나귀**에게 먹이니 그들		잠 26:3	말에게는 채찍이요 **나귀**에게는 재갈
삿 19:28	이에 그의 시체를 **나귀**에 싣고 행하여		사 1:3	**나귀**는 그 주인의 구유를 알건마는
삼상 8:16	가장 아름다운 소년과 **나귀**들을 끌어		사 21:7	쌍쌍이 오는 것과 **나귀** 떼와 낙타 떼를
			사 30:6	그들의 재물을 어린 **나귀** 등에 싣고

362

【 나그네 】   【 나그네 】

사 30:24	어린 나귀도 키와 쇠스랑으로 까부르고
사 32:20	소와 나귀를 그리로 모는 너희는 복이
렘 14:6	들 나귀들은 벗은 산 위에 서서 승냥이
렘 22:19	예루살렘 문 밖에 던져지고 나귀같이
겔 23:20	그의 하체는 나귀 같고 그의 정수는
슥 9:9	겸손하여서 나귀를 타시나니 나귀의
슥 14:15	낙타와 나귀와 그 진에 있는 모든 가축

신약

마 21:2	매인 나귀와 나귀 새끼가 함께 있는 것
마 21:5	겸손하여 나귀, 곧 멍에 메는 짐승의
마 21:7	나귀와 나귀 새끼를 끌고 와서 자기들
눅 13:15	안식일에 자기의 소나 나귀를 외양간에
요 12:14	예수는 한 어린 나귀를 보고 타시니
벧후 2:16	말하지 못하는 나귀가 사람의 소리로

나귀 새끼

슥 9:9	나귀의 작은 것 곧 나귀 새끼니라
마 21:2	매인 나귀와 나귀 새끼가 함께 있는
마 21:7	나귀와 나귀 새끼를 끌고 와서 자기들
막 11:2	아직 아무도 타 보지 않은 나귀 새끼
막 11:4	가서 본즉 나귀 새끼가 문 앞 거리에
막 11:5	어떤 이들이 이르되 나귀 새끼를 풀어
눅 19:30	아무도 타 보지 않은 나귀 새끼가 매여
눅 19:33	나귀 새끼를 풀 때에 그 임자들이 이르되 어찌하여 나귀 새끼를 푸느냐
눅 19:35	자기들의 겉옷을 나귀 새끼 위에 걸쳐
요 12:15	너의 왕이 나귀 새끼를 타고 오신다

나그네(stranger)

구약

창 23:4	당신들 중에 나그네요 거류하는 자이
창 47:9	아뢰되 내 나그네 길의 세월이 백삼십 년이니이다 … 우리 조상의 나그네 길
출 2:22	내가 타국에서 나그네가 되었음이라
출 18:3	이르기를 내가 이방에서 나그네가
출 22:21	이방 나그네를 압제하지 말며 그들을 학대하지 말라 너희도 … 나그네였음
출 23:9	너는 이방 나그네를 … 너희가 애굽 땅에서 나그네 되었었은즉 나그네
출 23:12	네 여종의 자식과 나그네가 숨을 돌리
신 10:18	정의를 행하시며 나그네를 사랑하여
신 10:19	너희는 나그네를 사랑하라 전에 너희도 애굽 땅에서 나그네 되었음이니라

신 24:19	나그네와 고아와 과부를 위하여 남겨
삿 19:17	성읍 넓은 거리에 나그네가 있는 것을
삼하 15:19	너는 쫓겨난 나그네이니 돌아가서
대상 29:15	주님 앞에서 이방 나그네와 거류민들
대하 30:25	나온 나그네들와 유다에 사는 나그네
욥 31:32	나그네가 거리에서 자지 아니하도록
시 39:12	주와 함께 있는 나그네이며 나의 모든
시 94:6	과부와 나그네를 죽이며 고아들을
시 105:12	사람 수가 적어 그 땅의 나그네가 되었
시 105:23	야곱이 함의 땅에 나그네가 되었도다
시 119:19	나는 땅에서 나그네가 되었사오니
시 119:54	내가 나그네 된 집에서 주의 율례들이
시 146:9	여호와께서 나그네들을 보호하시며
사 14:1	땅에 두시리니 나그네 된 자가 야곱
렘 9:2	내가 광야에서 나그네가 머무를 곳을
렘 14:8	유숙하는 나그네같이 하시나이까
겔 22:7	가운데에서 나그네를 학대하였으며
겔 22:29	나그네를 부당하게 학대하였으므로
슥 7:10	고아와 나그네와 궁핍한 자를 압제하지
말 3:5	고아를 압제하며 나그네를 억울하게

신약

마 25:35	목마를 때에 마시게 하였고 나그네
마 25:38	어느 때에 나그네 되신 것을 보고 영접
마 25:44	나그네 되신 것이나 헐벗으신 것이나
마 27:7	토기장이의 밭을 사서 나그네의 묘지를
행 2:10	로마로부터 온 나그네 곧 유대인과
행 7:6	후손이 다른 땅에서 나그네가 되리니
행 7:29	미디안 땅에서 나그네 되어 거기서
행 13:17	애굽 땅에서 나그네 된 그 백성을 높여
행 17:21	아덴 사람과 거기서 나그네 된 외국인들
엡 2:19	외인도 아니요 나그네도 아니요 오직
딤전 3:2	신중하며 단정하며 나그네를 대접하며
딤전 5:10	혹은 나그네를 대접하며 혹은 성도들의
딛 1:8	나그네를 대접하며 선행을 좋아하며
히 11:13	땅에서는 외국인과 나그네임을 증언
벧전 1:1	아시아와 비두니아에 흩어진 나그네

'나그네'에 관한 성경의 가르침

출 22:21; 23:9, 12; 레 19:34; 신 10:18, 19; 16:14; 24:19; 26:12; 슥 7:10; 마 25:35, 38; 롬 12:13; 갈 6:10; 딤전 6:18; 딛 1:8; 요삼 1:5

363

【 나깃수 】

벧전 1:17 너희가 **나그네**로 있을 때를 두려움으로
벧전 2:11 사랑하는 자들아 거류민과 **나그네** 같은
요삼 1:5 형제 곧 **나그네** 된 자들에게 행하는 것

나깃수(Narcissus) 로마에 사는 성도 가운데 하나
롬 16:11 헤로디온에게 문안하라 **나깃수**의 가족

나날이(morning after morning)
삼하 13:4 왕자여 당신은 어찌하여 **나날이** 이렇게

나누다/나누어지다(seperate, divide)
【모세오경】
창 1:4 좋았더라 하나님이 빛과 어둠을 **나누사**
창 32:7 양과 소와 낙타를 두 떼로 **나누고**
창 32:16 그것을 각각 떼로 **나누어** 종들의 손에
창 33:1 그의 자식들을 **나누어** 레아와 라헬과
창 36:40 종족과 거처와 이름을 따라 **나누면**
창 49:7 그들을 야곱 중에서 **나누며** 이스라엘
창 49:27 먹고 저녁에는 움킨 것을 **나누리로다**
출 15:9 뒤쫓아 따라잡아 탈취물을 **나누리라**
출 21:35 소를 팔아 그 값을 반으로 **나누고** 또 한 죽은 것도 반으로 **나누려니와**
레 2:6 조각으로 **나누고** 그 위에 기름을 부을
민 26:53 명수대로 땅을 **나눠** 주어 기업을 삼게
민 26:55 오직 그 땅을 제비 뽑아 **나누어** 그들
민 31:42 모세가 전쟁에 나갔던 자에게서 **나누어**
민 34:18 너희는 또 기업의 땅을 **나누기** 위하여
신 19:3 땅 전체를 세 구역으로 **나누어** 길을
신 21:16 아들들에게 기업으로 **나누는** 날에
신 32:8 인종을 **나누실** 때에 이스라엘 자손의

【역사서】
수 13:7 지파와 므낫세 반 지파에게 **나누어**
수 14:5 것과 같이 행하여 그 땅을 **나누었더라**
수 18:5 그 땅을 일곱 부분으로 **나누되** 유다는
수 19:49 기업의 땅 **나누기**를 마치고 자기들
수 19:51 여호와 앞에서 제비 뽑아 **나눈** 기업이 이러하니라 이에 땅 **나누는** 일을 마쳤
수 22:19 우리 중에서 소유지를 **나누어** 가질 것
삿 5:30 그것을 **나누지** 못하였으랴 사람마다
삿 7:16 삼백 명을 세 대로 **나누어** 각 손에
삿 9:34 밤에 일어나 네 떼로 **나누어** 세겜을
삿 9:43 자기 백성을 세 무리로 **나누어** 밭에
삿 19:29 마디를 찍어 열두 덩이에 **나누고** 그것

【 나누다/나누어지다 】

삼상 11:11 이튿날 사울이 백성을 삼 대로 **나누고**
삼하 6:19 건포도 떡 한 덩이씩 **나누어** 주매
삼하 19:29 이르노니 너는 시바와 밭을 **나누라**
왕상 3:25 아이를 둘로 **나누어** 반은 이 여자에게
왕상 3:26 네 것도 되게 말고 **나누게** 하라 하는
왕상 18:6 사람이 두루 다닐 땅을 **나누어** 아합
왕하 17:21 다윗의 집에서 찢어 **나누시매** 그들이
대상 16:3 건포도로 만든 과자 하나씩을 **나누어**
대상 23:6 므라리에 따라 각 반으로 **나누었더라**
대상 24:3 아히멜렉과 더불어 그들을 **나누어** 각각
대상 24:4 이다말의 자손보다 많으므로 **나눈** 것이
대상 24:5 피차에 차등이 없이 **나누었으니** 이는
대하 23:18 다윗이 전에 그들의 반열을 **나누어서**
대하 25:10 군대를 **나누어** 그들의 고향으로 돌아
대하 31:14 드리는 것과 모든 지성물을 **나눠** 주며
대하 31:15 반열대로 대소를 막론하고 **나눠** 주되
대하 31:16 직무에 수종드는 자들에게 다 **나눠** 주며
대하 31:17 제사장들에게 **나눠** 주며 이십세 이상 에서 … 레위 사람들에게 **나눠** 주며
대하 31:18 아내들 자녀들에게 **나눠** 주었으니
대하 31:19 아론 자손 제사장들에게도 **나눠** 주되 … 레위 사람들에게 **나눠** 주었더라
대하 35:12 족속의 서열대로 모든 백성에게 **나누어**
느 8:10 준비하지 못한 자에게는 **나누어** 주라
느 8:12 백성이 곧 가서 먹고 마시며 **나누어**
느 9:22 족속들을 그들에게 각각 **나누어** 주시매
느 12:31 무리를 둘로 **나누어** 성벽 위로 대오를

【시가서】
욥 41:6 거래하겠으며 상인들이 그것을 **나누며**
시 22:18 겉옷을 **나누며** 속옷을 제비 뽑나이다
시 41:9 떡을 **나눠** 먹던 나의 가까운 친구도
시 60:6 내가 세겜을 **나누며** 숙곳 골짜기를 측량
시 68:12 집에 있던 여자들도 탈취물을 **나누도다**
시 74:13 주께서 주의 능력으로 바다를 **나누시고**
시 106:5 주의 나라의 기쁨을 **나누어** 가지게 하사
시 108:7 내가 세겜을 **나누며** 숙곳 골짜기를 측량
잠 5:17 있게 하고 타인과 더불어 그것을 **나누지**
잠 16:19 교만한 자와 함께하여 탈취물을 **나누는**
잠 17:2 형제들 중에서 유업을 **나누어** 얻으리라
잠 31:15 자기 집안사람들에게 음식을 **나누어**
전 11:2 일곱에게나 여덟에게 **나눠** 줄지어다

【선지서】
사 11:15 하수를 쳐 일곱 갈래로 **나누어** 신을

【 나누다/나누어지다 】   【 나다 】

사 18:2	강들이 흘러 **나누인** 나라로 가되 장대
사 18:7	강들이 흘러 **나누인** 나라의 장대하고
사 33:23	재물을 탈취하여 **나누리니** 저는 자도
사 34:17	땅을 그것들에게 **나누어** 주셨으니
사 53:12	함께 탈취한 것을 **나누게** 하리니 이는
사 58:7	또 주린 자에게 네 양식을 **나누어** 주며
겔 5:1	수염을 깎아서 저울로 달아 **나누어** 두라
겔 45:1	너희는 제비 뽑아 땅을 **나누어** 기업으로
겔 47:13	땅을 **나누어** 기업이 되게 하되 요셉
겔 47:14	너희는 공평하게 **나누어** 기업을 삼으라
겔 47:21	이스라엘 모든 지파대로 이 땅을 **나누되**
겔 47:22	너희는 이 땅을 **나누되** 제비 뽑아 너희
겔 48:29	제비 뽑아 이스라엘 지파에게 **나누어**
단 11:39	그에게서 뇌물을 받고 땅을 **나눠** 주기
욜 3:2	흩어 버리고 나의 땅을 **나누었음이며**
미 2:4	밭을 **나누어** 패역자에게 주시는도다

【 신약 】

마 19:6	짝지어 주신 것을 사람이 **나누지** 못할
마 24:45	때를 따라 양식을 **나눠** 줄 자가 누구
마 25:8	꺼져가니 너희 기름을 좀 **나눠** 달라
마 27:35	박은 후에 그 옷을 제비 뽑아 **나누고**
막 6:41	사람들에게 **나누어** 주게 하시고…물고기 두 마리도 모든 사람에게 **나누시매**
막 8:6	떼어 제자들에게 주어 **나누어** 주게 하시니 제자들이 무리에게 **나누어** 주더라
막 8:7	축복하시고 명하사 이것도 **나누어** 주게
막 10:9	주신 것을 사람이 **나누지** 못할지니라
눅 3:11	옷 없는 자에게 **나눠** 줄 것이요 먹을
눅 9:16	제자들에게 주어 무리에게 **나누어** 주게
눅 11:22	무장을 빼앗고 그의 재물을 **나누느니라**
눅 12:13	명하여 유산을 나와 **나누게** 하소서
눅 12:14	재판장이나 물건 **나누는** 자로 세웠느냐
눅 12:42	종들을 맡아 때를 따라 양식을 **나누어**
눅 15:12	아버지가 그 살림을 각각 **나눠** 주었더니
눅 18:22	다 팔아 가난한 자들에게 **나눠** 주라
눅 22:17	이것을 갖다가 너희끼리 **나누라**
눅 23:34	하시더라 그들이 그의 옷을 **나눠** 제비
요 6:11	자들에게 **나눠** 주시고 물고기도 그렇게
요 19:23	옷을 취하여 네 깃에 **나눠** 각각 한 깃씩
요 19:24	성경에 그들이 내 옷을 **나누고** 내 옷을
행 2:45	팔아 각 사람의 필요를 따라 **나눠** 주며
행 4:35	각 사람의 필요를 따라 **나눠** 줌이라
행 23:7	사이에 다툼이 생겨 무리가 **나누어지니**

롬 1:11	신령한 은사를 너희에게 **나누어** 주어
롬 12:3	하나님께서 각 사람에게 **나누어** 주신
롬 15:27	그들의 영적인 것을 **나눠** 가졌으면
고전 7:17	각 사람에게 **나눠** 주신 대로 하나님이
고전 9:13	섬기는 이들은 제단과 함께 **나누는** 것
고전 12:11	뜻대로 각 사람에게 **나누어** 주시는 것

> **'나눔'에 관한 성경의 가르침**
>
> 삼하 6:17-19; 대상 16:3; 느 8:10, 12; 잠 31:15; 전 11:2; 사 58:7; 마 24:45; 막 6:41; 눅 3:11; 18:22; 22:17; 행 2:45; 딤전 6:18; 히 13:16

고후 10:13	우리에게 **나누어** 주신 그 범위의 한계를
딤전 6:18	사업을 많이 하고 **나누어** 주기를 좋아
히 2:4	뜻을 따라 성령이 **나누어** 주신 것으로
히 7:2	십분의 일을 그에게 **나누어** 주니라
히 13:16	오직 선을 행함과 서로 **나누어** 주기를

나누이다(be separated)

창 25:23	민족이 네 복중에서부터 **나누이리라**
대상 27:1	그들의 숫자대로 반이 **나누이니** 각 반열
겔 30:16	나라는 찢겨 **나누일** 것이며 놉 나라
겔 37:22	되지 아니하며 두 나라로 **나누이지** 아니
단 2:41	나라가 **나누일** 것이며 왕께서 쇠와 진흙
단 11:4	갈라져 천하 사방에 **나누일** 것이나
암 7:17	땅은 측량하여 **나누어질** 것이며 너는
슥 14:1	약탈되어 네 가운데에서 **나누이리라**

나다(bear, grow)

【 모세오경 】

창 15:4	몸에서 날 자가 네 상속자가 되리라
창 15:17	져서 어두울 때에 연기 **나는** 화로가
창 17:12	집에서 **난** 자나 … **난** 지 팔 일만에
창 19:25	모든 백성과 땅에 **난** 것을 다 엎어 멸하
창 21:4	이삭이 **난** 지 팔 일 만에 그가 하나님
창 32:15	젖 **나는** 낙타 삼십과 그 새끼요 암소가
창 40:10	싹이 **나서** 꽃이 피고 포도송이가 익었고
창 42:28	그들이 혼이 **나서** 떨며 서로 돌아보며
창 46:15	레아가 밧단아람에서 야곱에게 **난** 자손
창 49:20	아셀에게서 **나는** 먹을 것은 기름진 것이
출 11:5	애굽 땅에 있는 모든 처음 **난** 것은 왕 … 가축의 처음 **난** 것까지 죽으리니

[나다] [나다]

출 13:2	태에서 처음 **난** 모든 것은 다 거룩하
출 16:20	**난지라** 모세가 그들에게 노하니라
출 22:6	불이 **나서** 가시나무에 댕겨 낟가리나
레 23:42	이스라엘에서 **난** 자는 다 초막에 거주
레 25:11	스스로 **난** 것을 거두지 말며 가꾸지
민 1:20	르우벤의 아들들에게서 **난** 자를 그들
민 24:19	주권자가 야곱에게서 **나서** 남은 자들
민 26:5	르우벤 자손은 하녹에게서 **난** 하녹 종 족과 발루에게서 **난** 발루 종족과
신 12:6	너희 소와 양의 처음 **난** 것들을 너희
신 32:14	바산에서 **난** 숫양과 염소와 지극히

역사서

수 5:5	길에서 **난** 자는 할례를 받지 못하였음이
수 9:5	옷을 입고 다 마르고 곰팡이가 **난** 떡을
삼상 6:7	젖 **나는** 소 두 마리를 끌어다가 소에
삼상 24:13	악은 악인에게서 **난다** 하였으니 내 손이
삼하 5:14	예루살렘에서 그에게서 **난** 자들의 이름
삼하 16:11	몸에서 **난** 아들도 내 생명을 해하려
삼하 21:8	리스바에게서 **난** 자 곧 사울의 두 … 딸 메랍에게서 **난** 자 곧 므홀랏 사람
왕상 8:25	네게서 **나서** 이스라엘의 왕위에 앉을
왕상 12:15	일은 여호와께로 말미암아 **난** 것이라
왕하 18:32	기름 **나는** 감람과 꿀이 있는 지방이라
왕하 19:29	내년에는 그것에서 **난** 것을 먹되 제삼년
대상 11:13	거기에 보리가 많이 **난** 밭이 있더라
대상 24:27	야아시야에게서 **난** 자는 브노와 소함
대상 26:8	잘하는 자이니 오벧에돔에게서 **난** 자라
대하 6:16	네게로부터 **나서** 이스라엘 왕위에 앉을
대하 30:21	여호와를 칭송하며 큰 소리 **나는** 악기
대하 32:21	그의 몸에서 **난** 자들이 거기서 칼로
느 10:36	처음 **난** 것과 소와 양의 처음 **난** 것을

시가서

욥 3:3	**난** 날이 멸망하였더라면, 사내 아이를
욥 5:6	고생은 흙에서 **나는** 것이 아니니라
욥 14:7	찍힐지라도 다시 움이 **나서** 연한 가지를
욥 15:7	네가 제일 먼저 **난** 사람이냐 산들이
욥 15:14	여인에게서 **난** 자가 어찌 의롭겠느냐
욥 28:1	은이 **나는** 곳이 있고 금을 제련하는
욥 31:40	가시나무가 **나고** 보리 대신에 독보리 가 **나는** 것이 마땅하니라 하고 욥의
시 104:32	산들을 만지신즉 연기가 **나는도다**
시 150:5	큰 소리 **나는** 제금으로 찬양하며 높은 소리 **나는** 제금으로 찬양할지어다

잠 18:20	입술에서 **나는** 것으로 말미암아 만족
잠 27:6	잦은 입맞춤은 거짓에서 **난** 것이니라
잠 30:33	젖이 되고 코를 비틀면 피가 **나는** 것 같이 노를 격동하면 다툼이 **남이니라**
잠 31:2	태에서 **난** 아들아 내가 무엇을 말하랴
전 3:2	**날** 때가 있고 죽을 때가 있으며 심

선지서

사 5:6	찔레와 가시가 **날** 것이며 내가 또 구름
사 7:4	이들은 연기 **나는** 두 부지깽이 그루터기
사 11:1	이새의 줄기에서 한 싹이 **나며** 그 뿌리에서 한 가지가 **나서** 결실할 것이요
사 11:10	이새의 뿌리에서 한 싹이 **나서** 만민의
사 18:1	구스의 강 건너편 날개 치는 소리 **나는**
사 28:29	만군의 여호와께로부터 **난** 것이라
사 29:4	신접한 자의 목소리같이 땅에서 **나며**
사 34:1	세계와 세계에서 **나는** 모든 것이여
사 35:7	눕던 곳에 풀과 갈대와 부들이 **날** 것
사 37:30	올해는 스스로 **난** 것을 먹을 것이요 둘 째 해에는 또 거기에서 **난** 것을 먹을
사 49:15	자기 태에서 **난** 아들을 긍휼히 여기지
사 55:13	화석류는 찔레를 대신하여 **날** 것이라
사 58:12	네게서 **날** 자들이 오래 황폐된 곳들을
렘 25:32	재앙이 **나서** 나라에서 나라에 미칠 것이
렘 48:45	이는 불이 헤스본에서 **나며** 불길이 시 혼 가운데 **나서** 모압의 살쩍과 떠드는
겔 8:2	허리 위에는 광채가 **나서** 단 쇠 같은데
겔 16:3	근본과 **난** 땅은 가나안이요 네 아버지
겔 16:4	네가 **난** 것을 말하건대 네가 날 때에
겔 17:6	가지가 **난** 포도나무가 되어 그 가지
겔 47:22	타국인을 본토에서 **난** 이스라엘 족속
단 9:25	예루살렘을 중건하라는 영이 날 때부터
단 10:19	내가 곧 힘이 **나서** 이르되 내 주께서
단 11:7	본 족속에게서 **난** 자 중의 한 사람
호 8:4	내게서 **난** 것이 아니며 그들이 지도자
호 10:8	찔레가 그 제단 위에 **날** 것이니 그 때에

복음서, 역사서

마 1:18	예수 그리스도의 **나심은** 이러하니라
마 17:5	구름 속에서 소리가 **나서** 이르시되
마 24:27	번개가 동편에서 **나서** 서편까지 번쩍임
마 24:39	홍수가 **나서** 그들을 다 멸하기까지
마 26:29	내가 포도나무에서 **난** 것을 이제부터
막 4:27	자고 깨고 하는 중에 씨가 **나서** 자라되
막 11:21	베드로가 생각이 **나서** 여짜오되 랍비여

【 나다 】

막 14:25	내가 포도나무에서 **난** 것을 하나님 나라
눅 1:35	능력이 너를 덮으시리니 이러므로 **나실**
눅 2:23	첫 태에 처음 **난** 남자마다 주의 거룩
눅 4:28	자들이 이것을 듣고 다 크게 화가 **나서**
눅 6:48	큰물이 **나서** 탁류가 그 집에 부딪치되
눅 8:8	좋은 땅에 떨어지매 **나서** 백 배의 결실
눅 9:35	구름 속에서 소리가 **나서** 이르되 이는
눅 17:27	홍수가 **나서** 그들을 다 멸망시켰으며
눅 22:18	포도나무에서 **난** 것을 다시 마시지 아니
눅 22:24	그 중 누가 크냐 하는 다툼이 **난지라**
요 1:13	육정으로나 사람의 뜻으로 **나지** 아니
	하고 오직 하나님께로부터 **난** 자들이
요 1:46	나사렛에서 무슨 선한 것이 **날** 수 있느
요 3:4	어떻게 **날** 수 있사옵나이까 두 번째 모
	태에 들어갔다가 **날** 수 있사옵나이까
요 3:6	육으로 **난** 것은 육이요 영으로 **난** 것은
요 3:8	알지 못하나니 성령으로 **난** 사람도
요 3:31	땅에서 **난** 이는 땅에 속하여 땅에 속한
요 7:22	(할례는 모세에게서 **난** 것이 아니요 조
	상들에게서 **난** 것이라) 그러므로 너희
요 9:1	예수께서 길을 가실 때에 **날** 때부터
요 9:2	랍비여 이 사람이 맹인으로 **난** 것이
요 9:34	죄 가운데서 **나서** 우리를 가르치느냐
요 16:21	아기를 낳으면 세상에 사람 **난** 기쁨으
행 2:8	우리 각 사람이 **난** 곳 방언으로 듣게
행 3:16	예수로 말미암아 **난** 믿음이 너희 모든
행 4:36	구브로에서 **난** 레위족 사람이 있으니
행 12:20	지방이 왕국에서 **나는** 양식을 먹는 까닭
행 16:26	갑자기 큰 지진이 **나서** 옥터가 움직이고
행 18:2	아굴라라 하는 본도에서 **난** 유대인
행 18:24	알렉산드리아에서 **난** 아볼라 하는
행 28:11	그 섬에서 겨울을 **난** 알렉산드리아

서신서

롬 9:6	이스라엘에게서 **난** 그들이 다 이스라엘
롬 9:7	이삭으로부터 **난** 자라야 네 씨라 불리
롬 9:30	의를 얻었으니 곧 믿음에서 **난** 의요
고전 1:30	너희는 하나님으로부터 **나서** 그리스도
고전 9:13	성전에서 **나는** 것을 먹으며 제단에서
고전 10:18	육신을 따라 **난** 이스라엘을 보라 제물
고전 11:8	남자가 여자에게서 **난** 것이 아니요 여
	자가 남자에게서 **났으며**
고전 11:12	**난** 것같이 남자도 여자로 말미암아 **났**
	음이라 … 하나님에게서 **났느니라**

【 나다 】

고전 14:36	하나님의 말씀이 너희로부터 **난** 것이
고전 15:8	나중에 만삭되지 못하여 **난** 자 같은
고후 3:5	우리에게서 **난** 것같이 스스로 만족할
	것이 … 하나님으로부터 **나느니라**
갈 1:1	사람들에게서 **난** 것도 아니요 사람으로
갈 3:12	율법은 믿음에서 **난** 것이 아니니 율법
갈 3:18	유업이 율법에서 **난** 것이면 약속에서 **난**
갈 4:29	그 때에 육체를 따라 **난** 자가 성령을
	따라 **난** 자를 박해한 것같이 이제도
갈 5:8	부르신 이에게서 **난** 것이 아니니라
엡 2:8	이것은 너희에게서 **난** 것이 아니요
엡 2:9	행위에서 **난** 것이 아니니 이는 누구든지
빌 1:28	증거니 이는 하나님께로부터 **난** 것이라
빌 3:9	내가 가진 의는 율법에서 **난** 것이 아
	니요 … 하나님께로부터 **난** 의라
살전 2:3	부정에서 **난** 것이 아니요 속임수로 하는
딤전 5:23	위장과 자주 **나는** 병을 위하여는 포도주
딤후 2:23	변론을 버리라 이에서 다툼이 **나는**
히 2:11	한 근원에서 **난지라** 그러므로 형제라
히 7:5	아브라함의 허리에서 **난** 자라도 자기
히 12:15	뿌리가 **나서** 괴롭게 하여 많은 사람
약 3:17	오직 위로부터 **난** 지혜는 첫째 성결하고
약 4:1	다툼이 어디로부터 **나느냐** 너희 지체
	중에서 싸우는 정욕으로부터 **나는** 것이
약 5:7	농부가 땅에서 **나는** 귀한 열매를 바라
벧후 1:18	산에 있을 때에 하늘로부터 **난** 것을
벧후 2:12	본래 잡혀 죽기 위하여 **난** 이성 없는
요일 2:29	의를 행하는 자마다 그에게서 **난** 줄을
요일 3:9	하나님으로부터 **난** 자마다 죄를 … 못
	하는 것은 하나님께로부터 **났음이라**
요일 4:7	사랑하는 자마다 하나님으로부터 **나서**
요일 5:1	하나님께로부터 **난** 자니 또한 낳으신
	이를 사랑하는 자마다 그에게서 **난** 자
요일 5:4	무릇 하나님으로부터 **난** 자마다 세상
요일 5:18	하나님께로부터 **난** 자는 다 범죄하지
	아니하는 … 하나님께로부터 **나신** 자

예언서

계 1:10	성령에 감동되어 내 뒤에서 **나는** 나팔
계 6:6	네 생물 사이로부터 **나는** 듯한 음성을
계 11:15	하늘에 큰 음성들이 **나서** 이르되 세상
계 14:2	하늘에서 **나는** 소리를 들으니 많은
계 14:20	틀에서 피가 **나서** 말 굴레에까지 닿았
계 21:3	보좌에서 큰 음성이 **나서** 이르되 보라

【 나다나엘 】　　　　　　　　　　　　　　　　　　　　　【 나답 】

나면서/-부터

시 58:3　멀어졌음이여 **나면서부터** 곁길로 나아
행 3:2　　**나면서** 못 걷게 된 이를 사람들이 메고
행 14:8　한 사람이 앉아 있는데 **나면서** 걷지
행 22:28　바울이 이르되 나는 **나면서부터**라 하니

나다 – 기타 본문

창 17:13; 21:12; 출 12:12, 19, 29; 13:12, 13, 15;
22:29; 34:19; 레 27:26; 민 1:22, 24, 26, 28, 30,
32, 34, 36, 38, 40, 42; 18:15, 16; 26:6, 12, 13,
15, 16, 17, 20, 21, 24, 29, 30, 31, 32, 35, 36,
38, 39, 44, 45, 48, 49, 57, 59; 신 12:17; 14:23;
15:19; 삼상 6:10; 왕상 12:24; 대상 6:20, 22, 29,
; 26:25; 대하 10:15; 11:4; 욥 25:4; 시 135:8; 아
4:13; 겔 16:4; 단 8:3, 9; 요 9:20, 32; 12:28, 30;
롬 11:1; 계 9:13; 10:4, 8; 11:13; 14:13; 16:1,
17; 18:4; 19:5

나다나엘(Nathanael)
예수님의 제자인 빌립의 친구
요 1:45　빌립이 **나다나엘**을 찾아
요 1:46　**나다나엘**이 이르되 나사렛
요 1:47　예수께서 **나다나엘**이 자기에게 오는
요 1:48　**나다나엘**이 이르되 어떻게 나를 아시
요 1:49　**나다나엘**이 대답하되 랍비여 당신은
요 21:2　갈릴리 가나 사람 **나다나엘**과 세베대

나단(Nathan)
1. 다윗의 아들
삼하 5:14　이름은 삼무아와 소밥과 **나단**과 솔로
대상 3:5　시므아와 소밥과 **나단**과 솔로몬 네 사람
대상 14:4　아들들의 이름은 삼무아와 소밥과 **나단**

2. 다윗 시대의 선지자
삼하 7:2　왕이 선지자 **나단**에게 이르되 볼지어다
삼하 7:4　밤에 여호와의 말씀이 **나단**에게 임하여
삼하 12:1　여호와께서 **나단**을 다윗에게 보내시니
삼하 12:5　노하여 **나단**이 이르되 여호와의 살아
삼하 12:13　다윗이 **나단**에게 이르되 내가 여호와
삼하 12:25　**나단**을 보내 그의 이름을 여디디야라
왕상 1:8　선지자 **나단**과 시므이와 레이와 다윗의
왕상 1:10　선지자 **나단**과 브나야와 용사들과 자기
왕상 1:11　**나단**이 솔로몬의 어머니 밧세바에게
왕상 1:22　밧세바가 왕과 말할 때에 선지자 **나단**

왕상 1:23　선지자 **나단**이 여기 있나이다 하니
왕상 1:32　사독과 선지자 **나단**과 여호야다의 아들
왕상 1:34　제사장 사독과 선지자 **나단**은 그에게
왕상 1:38　사독과 선지자 **나단**과 여호야다의 아들
왕상 1:44　선지자 **나단**과 여호야다의 아들 브나야
왕상 1:45　제사장 사독과 선지자 **나단**이 기혼에서
대상 17:1　다윗이 선지자 **나단**에게 이르되 나는
대상 17:3　밤에 하나님의 말씀이 **나단**에게 임하여
대상 29:29　선지자 **나단**의 글과 선견자 갓의 글과
대하 9:29　선지자 **나단**의 글과 실로 사람 아히야
대하 29:25　선견자 갓과 선지자 **나단**이 명령한 대로

3. 소바 출신의 다윗의 용사
삼하 23:36　소바 사람 **나단**의 아들 이갈과 갓 사람
대상 11:38　**나단**의 아우 요엘과 하그리의 아들 밉할

4. 솔로몬의 대신 사붓의 아버지
왕상 4:5　지방 관장의 두령이요 **나단**의 아들 사람

5. 유다 자손 앗대의 아들
대상 2:36　앗대는 **나단**을 낳고 **나단**은 사밧을 낳고

6. 포로 귀환자 지도자 중 하나
스 8:16　야립과 엘라단과 **나단**과 스가랴와

7. 이방 여인을 취한 사람
스 10:39　셀레먀와 **나단**과 아다야와

8. 나단 족속의 어른
슥 12:12　**나단**의 족속이 따로 하고 그들의 아내들

9. 예수님의 조상 중 하나
눅 3:31　그 위는 맛다다요 그 위는 **나단**이요

나단멜렉(Nathan-melech)
요시야 왕의 시종관
왕하 23:11　곳의 근처 내시 **나단멜렉**의 집 곁에

나답(Nadab)
1. 아론의 맏아들
출 6:23　그는 **나답**과 아비후와 엘르아살과
출 24:1　너는 아론과 **나답**과 아비후와 이스라엘
출 24:9　아론과 **나답**과 아비후와 이스라엘
출 28:1　아들들 **나답**과 아비후와 엘르아살
레 10:1　아론의 아들 **나답**과 아비후가 각기 향로
민 3:2　장자는 **나답**이요 다음은 아비후와
민 3:4　**나답**과 아비후는 시내 광야에서 여호와
민 26:60　아론에게서는 **나답**과 아비후와
민 26:61　**나답**과 아비후는 다른 불을 여호와 앞에
대상 6:3　아론의 자녀는 **나답**과 아비후와

【 나도/나드 】   【 나라 】

대상 24:1 아론의 아들들은 **나답**과 아비후와
대상 24:2 **나답**과 아비후가 그들의 아버지보다
2. 여로보암 1세의 아들
왕상 14:20 그의 아들 **나답**이 대신하여 왕이 되니
왕상 15:25 여로보암의 아들 **나답**이 이스라엘
왕상 15:27 **나답**과 온 이스라엘이 깁브돈을 에워
왕상 15:28 바아사가 **나답**을 죽이고 대신하여 왕이
왕상 15:31 **나답**의 남은 사적과 행한 모든 일은
3. 여라므엘의 자손으로 삼매의 아들
대상 2:28 삼매와 야다 삼매의 아들은 **나답**과
대상 2:30 **나답**의 아들들은 셀렛과 압바임이라
4. 기브온 사람으로 여이엘의 아들
대상 8:30 다음은 술과 기스와 바알과 **나답**과
대상 9:36 다음은 술과 기스와 바알과 넬과 **나답**

나도/나드(perfume-NIV, aspikenard-KJV)
나르드 식물에서 채취한 향유

아 1:12 침상에 앉았을
           때에 나의 **나도** 기름
막 14:3   순전한 **나드**
           한 옥합을 가지고 와서
요 12:3   순전한 **나드** 한 근을 가져다가 예수의

나라(kingdom)
`모세오경`
창 10:5   각기 언어와 종족과 **나라**대로 바닷가의
창 10:10 그의 **나라**는 시날 땅의 바벨과 에렉과
창 10:20 족속과 언어와 지방과 **나라**대로였더라
창 10:31 족속과 언어와 지방과 **나라**대로였더라
창 15:14 그들이 섬기는 **나라**를 내가 징벌할지며
창 17:20 두령을 낳으리니 내가 그를 큰 **나라**가
창 18:18 아브라함은 강대한 **나라**가 되고 천하
창 20:9   나와 내 **나라**가 큰 죄에 빠질 뻔하게
창 41:34 **나라** 안에 감독관들을 두어 그 일곱
창 42:6   요셉이 **나라**의 총리로서 그 땅 모든
창 42:9   정탐꾼들이라 이 **나라**의 틈을 엿보려
창 42:12 아니라 너희가 이 **나라**의 틈을 엿보러
창 42:34 이 **나라**에서 무역하리라 하더이다
창 45:18 좋은 땅을 주리니 너희가 **나라**의 기름진
출 3:20   이적으로 그 **나라**를 친 후에야 그가
출 9:18   우박을 내리니 애굽 **나라**가 세워진
출 9:24   심히 맹렬하니 **나라**가 생긴 그 때로부터
출 11:10 이스라엘 자손을 그 **나라**에서 보내지

출 12:30 이는 그 **나라**에 죽임을 당하지 아니한
출 13:15 여호와께서 애굽 **나라** 가운데 처음
출 15:14 여러 **나라**가 듣고 떨며 블레셋 주민이
출 19:6   너희가 내게 대하여 제사장 **나라**가 되며
출 23:26 **나라**에 낙태하는 자가 없고 임신하지
출 32:10 그들을 진멸하고 너를 큰 **나라**가 되게
출 34:10 네가 머무는 **나라** 백성이 다 여호와
출 34:24 내가 이방 **나라**들을 네 앞에서 쫓아내고
레 25:31 촌락의 가옥은 **나라**의 전토와 같이 물러
민 14:12 네게 그들보다 크고 강한 **나라**를 이루게
민 14:15 주의 명성을 들은 여러 **나라**가 말하여
민 24:7   왕이 아각보다 높으니 그의 **나라**가 흥왕
민 32:33 시혼의 **나라**와 바산 왕 옥의 **나라**를 주되
신 3:4   지방이요 바산에 있는 옥의 **나라**이니라
신 3:10   옥의 **나라** 바산의 성읍 살르가와
신 3:13   **나라**였던 아르곱 온 지방 곧 온 바산
신 3:21   네가 가는 모든 **나라**에도 여호와께서
신 4:6   이 큰 **나라** 사람은 과연 지혜와 지식이
신 4:7   그 신이 가까이 함을 얻은 큰 **나라**가
신 4:8   규례와 법도가 공의로운 큰 **나라**가 어디
신 9:1   요단을 건너 너보다 강대한 **나라**들로
신 9:14   그들보다 강대한 **나라**가 되게 하리라
신 11:23 모든 **나라** 백성을 너희 앞에서 다 쫓아
           내실 것이라 … 강대한 **나라**들을 차지
신 15:6   네가 여러 **나라**에 꾸어 줄지라도 너는
신 28:25 네가 또 땅의 모든 **나라** 중에 흩어지고
신 28:36 조상들이 알지 못하던 **나라**로 끌어가
신 29:16 살았던 것과 너희가 여러 **나라**를 통과
신 29:24 여러 **나라** 사람들도 묻기를 여호와께
신 29:28 땅에서 뽑아내사 다른 **나라**에 내던지심
신 30:1   여호와로부터 쫓겨간 모든 **나라** 가운데
`역사서`
수 9:6   우리는 먼 **나라**에서 왔나이다 이제
수 9:9   심히 먼 **나라**에서 왔사오니 이는 우리
수 9:11   우리 장로들과 우리 **나라**의 모든 주민
수 11:10 하솔은 본래 그 모든 **나라**의 머리였더니
수 13:12 바산 왕 옥의 온 **나라** 모세가 이 땅의
수 13:21 아모리 족속의 왕 시혼의 온 **나라**
수 13:27 헤스본 왕 시혼의 **나라**의 남은 땅 요단
수 13:30 옥의 온 **나라**와 바산에 있는 야일의
수 13:31 옥의 **나라** 성읍 아스다롯과 에드레이라
수 23:3   너희를 위하여 이 모든 **나라**에 행하신
수 23:4   지는 쪽 대해까지의 남아 있는 **나라**들

[나라]

	라들과 이미 멸한 모든 **나라**를 내가
수 23:9	여호와께서 강대한 **나라**들을 너희의
삼상 8:5	모든 **나라**와 같이 우리에게 왕을 세워
삼상 8:20	우리도 다른 **나라**들같이 되어 우리에
삼상 10:16	사무엘이 말하던 **나라**의 일은 말하지
삼상 10:18	너희를 압제하는 모든 **나라**의 손에서
삼상 10:25	사무엘이 **나라**의 제도를 백성에게
삼상 11:14	오라 우리가 길갈로 가서 **나라**를 새롭게
삼상 13:13	이스라엘 위에 왕의 **나라**를 영원히
삼상 13:14	지금은 왕의 **나라**가 길지 못할 것이라
삼상 15:28	이스라엘 **나라**를 왕에게서 떼어 왕보다
삼상 18:8	그가 더 얻을 것이 **나라** 말고 무엇이냐
삼상 20:31	네 **나라**가 든든히 서지 못하리라 그런
삼상 24:20	**나라**가 네 손에 견고히 설 것을 아노니
삼상 28:17	말씀하신 대로 네게 행하사 **나라**를
삼하 3:10	그 맹세는 곧 이 **나라**를 사울의 집에서
삼하 3:28	**나라**는 여호와 앞에 영원히 무죄하니
삼하 5:12	이스라엘을 위하여 그 **나라**를 높이신
삼하 7:12	씨를 네 뒤에 세워 그의 **나라**를 견고하
삼하 7:13	**나라** 왕위를 영원히 견고하게 하리라
삼하 7:16	네 집과 네 **나라**가 내 앞에서 영원히
삼하 7:23	어느 한 **나라**가 주의 백성 이스라엘과 같으리이까 … 애굽과 많은 **나라**들과
삼하 8:11	드리되 그가 정복한 모든 **나라**에서 얻은
삼하 16:3	오늘 내 아버지의 **나라**를 내게 돌리리라
삼하 16:8	여호와께서 **나라**를 네 아들 압살롬의
왕상 2:12	다윗의 왕위에 앉으니 그의 **나라**가 심히
왕상 2:46	그가 죽은지라 이에 **나라**가 솔로몬의
왕상 4:19	바산 왕 옥의 **나라** 길르앗 땅에는 우리
왕상 4:21	**나라**를 다스리므로 솔로몬이 사는 동안 에 그 **나라**들이 조공을 바쳐 섬겼더라
왕상 4:31	그의 이름이 사방 모든 **나라**에 들렸더라
왕상 10:6	내가 내 **나라**에서 당신의 행위와 당신
왕상 10:15	**나라**의 고관들에게서도 가져온지라
왕상 10:20	우편에 서 있으니 어느 **나라**에도 이같이
왕상 11:11	내가 반드시 이 **나라**를 네게서 빼앗아
왕상 11:13	내가 이 **나라**를 다 빼앗지 아니하고
왕상 11:31	내가 이 **나라**를 솔로몬의 손에서 찢어
왕상 11:34	솔로몬의 생전에는 온 **나라**를 그의
왕상 11:35	그의 아들의 손에서 **나라**를 빼앗아
왕상 12:21	이스라엘 족속과 싸워 **나라**를 회복하여
왕상 12:26	**나라**가 이제 다윗의 집으로 돌아가리로
왕상 18:10	그 **나라**와 그 족속으로 당신을 보지

[나라]

왕상 20:7	이스라엘 왕이 **나라**의 장로를 다 불러
왕상 21:7	지금 이스라엘 **나라**를 다스리시나이까
왕하 11:3	동안에 아달랴가 **나라**를 다스렸더라
왕하 14:5	**나라**가 그의 손에 굳게 서매 그의 부왕
왕하 15:19	**나라**를 자기 손에 굳게 세우고자 하여
왕하 19:11	앗수르의 여러 왕이 여러 **나라**에 행한
왕하 19:12	에덴 족속을 그 **나라**들의 신들이 건졌
왕하 20:13	그의 **나라** 안에 있는 모든 것 중에서
왕하 23:33	**나라**로 은 백 달란트와 금 한 달란트를
왕하 23:35	**나라**에 부과하되 백성들 각 사람의 힘대
왕하 24:7	애굽 왕이 다시는 그 **나라**에서 나오지
왕하 24:15	**나라**에 권세 있는 자도 예루살렘에서
대상 10:14	그를 죽이시고 그 **나라**를 이새의 아들
대상 11:10	다윗을 힘껏 도와 **나라**를 얻게 하고
대상 12:23	사울의 **나라**를 그에게 돌리고자 하였
대상 14:2	이스라엘을 위하여 그의 **나라**가 높이
대상 16:20	**나라**에서 다른 백성에게로 유랑하였도
대상 16:28	여러 **나라**의 종족들아 영광과 권능을
대상 16:31	모든 **나라** 중에서는 이르기를 여호와
대상 17:11	하나를 세우고 그 **나라**를 견고하게

"내가 진실로 너희에게 이르노니 누구든지 하나님의 나라를 어린아이와 같이 받들지 않는 자는 결단코 그 곳에 들어가지 못하리라 하시고"(막 10:15)

대상 17:14	그를 내 집과 **나라**에 세우리니 그의
대상 17:21	어느 한 **나라**가 주의 백성 이스라엘과
대상 22:10	그의 아버지가 되어 그 **나라** 왕위를
대상 28:5	솔로몬을 택하사 여호와의 **나라** 왕 위에
대상 28:7	그의 **나라**를 영원히 견고하게 하리라
대상 29:30	온 세상 모든 **나라**의 지난 날의 역사
대하 7:18	**나라** 왕위를 견고하게 하되 전에 내가
대하 9:5	왕께 말하되 내가 내 **나라**에서 당신의
대하 9:14	아라비아 왕들과 그 **나라** 방백들도 금과
대하 9:19	어떤 **나라**에도 이같이 만든 것이 없었
대하 11:1	싸워 **나라**를 회복하여 르호보암에게

【 나라 】   【 나라 】

대하 11:17	삼 년 동안 유다 **나라**를 도와 솔로몬의	에 7:2	그대의 요구가 무엇이냐 곧 **나라**의
대하 12:1	르호보암의 **나라**가 견고하고 세력이	에 9:30	아하수에로의 **나라** 백이십칠 지방에
대하 12:8	세상 **나라**들을 섬기는 것이 어떠한지	**시가서**	
대하 13:5	소금 언약으로 이스라엘 **나라**를 영원	시 2:1	어찌하여 이방 **나라**들이 분노하며 민족
대하 13:8	손으로 다스리는 여호와의 **나라**를 대적	시 2:8	구하라 내가 이방 **나라**를 네 유업으로
대하 14:5	태양상을 없애매 **나라**가 그 앞에서 평안	시 9:5	**나라**들을 책망하시고 악인을 멸하시며
대하 15:6	이 **나라**와 저 **나라**가 서로 치고 이 성읍	시 9:15	이방 **나라**들은 자기가 판 웅덩이에 빠짐
대하 17:5	여호와께서 **나라**를 그의 손에서 견고	시 9:17	하나님을 잊어버린 모든 이방 **나라**들이
대하 17:10	여호와께서 유다 사방의 모든 **나라**에	시 9:19	이방 **나라**들이 주 앞에서 심판을 받게
대하 19:5	유다 온 **나라**의 견고한 성읍에 재판관	시 9:20	**나라**들이 자기는 인생일 뿐인 줄 알게
대하 20:6	이방 사람들의 모든 **나라**를 다스리지	시 10:16	**나라**들이 주의 땅에서 멸망하였나이다
대하 20:29	이방 모든 **나라**가 여호와께서 이스라엘	시 18:49	내가 이방 **나라**들 중에서 주께 감사하며
대하 20:30	여호사밧의 **나라**가 태평하였으니 이는	시 22:27	모든 **나라**의 모든 족속이 주의 앞에
대하 22:12	숨어 있는 동안에 아달랴가 **나라**를 다스	시 22:28	**나라**는 여호와의 것이요 여호와는 모
대하 23:20	왕궁에 이르러 왕을 **나라** 보좌에 앉히매		든 **나라**의 주재심이로다
대하 25:3	그의 **나라**가 굳게 서매 그의 부왕을	시 33:10	여호와께서 **나라**들의 계획을 폐하시며
대하 25:6	또 은 백 달란트로 이스라엘 **나라**에서	시 33:12	여호와를 자기 하나님으로 삼은 **나라**
대하 29:21	숫염소 일곱 마리를 끌어다가 **나라**와	시 43:1	경건하지 아니한 **나라**에 대하여 내 송사
대하 32:13	모든 **나라**의 신들이 능히 그들의 땅을	시 45:6	주의 보좌는 영원하며 주의 **나라**의 규는
대하 32:14	조상들이 진멸한 모든 **나라**의 그 모든	시 46:6	뭇 **나라**가 떠들며 왕국이 흔들렸더니
대하 32:15	어떤 백성이나 어떤 **나라**의 신도 능히	시 46:10	내가 뭇 **나라** 중에서 높임을 받으리라
대하 32:17	모든 **나라**의 신들이 그들의 백성을	시 47:3	여호와께서 만민을 우리에게, **나라**들
대하 32:23	히스기야가 모든 **나라**의 눈에 존귀하게	시 47:9	**나라**의 고관들이 모임이여 아브라함의
대하 33:9	자손 앞에서 멸하신 모든 **나라**보다 더욱	시 57:9	주께 감사하오며 뭇 **나라** 중에서 주를
대하 36:3	폐하고 또 그 **나라**에 은 백 달란트와	시 59:5	일어나 모든 **나라**들을 벌하소서 악을
대하 36:22	그가 온 **나라**에 공포도 하고 조서도	시 59:8	그들을 비웃으시며 모든 **나라**들을 조롱
스 1:1	마음을 감동시키시매 그가 온 **나라**에	시 66:7	눈으로 **나라**들을 살피시나니 거역하는
스 1:2	여호와께서 세상 모든 **나라**를 내게 주셨	시 67:2	도를 땅 위에, 주의 구원을 모든 **나라**
스 3:3	무리가 모든 **나라** 백성을 두려워하여	시 67:4	심판하시며 땅 위의 **나라**들을 다스리실
스 7:13	내리노니 우리 **나라**에 있는 이스라엘	시 78:55	**나라**를 그들의 앞에서 쫓아내시며 줄을
스 7:23	진노가 왕과 왕자의 **나라**에 임하게 하랴	시 79:1	하나님이여 이방 **나라**들이 주의 기업에
스 9:7	우리 제사장들을 여러 **나라** 왕들의 손에	시 79:6	이름을 부르지 아니하는 **나라**들에게
느 1:8	내가 너희를 여러 **나라** 가운데에 흩을	시 79:10	이방 **나라**들이 어찌하여 그들의 하나
느 9:10	신하와 그의 **나라** 온 백성을 치셨사오니		님이 어디 있느냐 … 이방 **나라**에게
느 9:22	**나라**들과 족속들을 그들에게 각각 나누	시 82:8	모든 **나라**가 주의 소유이기 때문이니
느 9:35	그들이 그 **나라**와 주께서 그들에게 베푸	시 83:4	그들을 멸하여 다시 **나라**가 되지 못하게
느 13:26	많은 **나라** 중에 비길 왕이 없이 하나님	시 96:10	**나라** 가운데서 이르기를 여호와께서
에 1:4	백팔십 일 동안에 그의 영화로운 **나라**	시 98:2	그의 공의를 뭇 **나라**의 목전에 명백히
에 1:14	기색을 살피며 **나라** 첫 자리에 앉은	시 102:15	이에 뭇 **나라**가 여호와의 이름을 경외
에 3:6	아하수에로의 온 **나라**에 있는 유다인	시 102:22	그 때에 민족들과 **나라**들이 함께 모여
에 3:8	민족이 왕의 **나라** 각 지방 백성 중에	시 105:13	족속에게로, 이 **나라**에서 다른 민족
에 5:3	**나라**의 절반이라도 그대에게 주겠노라	시 105:44	여러 **나라**의 땅을 그들에게 주시며 민족
에 5:6	무엇이뇨 **나라**의 절반이라 할지라도	시 106:5	주의 **나라**의 기쁨을 나누어 가지게 하사

【 나라 】　　　　　　　　　　　　　　　　　　　　【 나라 】

시 106:27	엎드러뜨리며 여러 **나라**로 흩어지게
시 106:35	이방 **나라**들과 섞여서 그들의 행위를
시 106:41	이방 **나라**의 손에 넘기시매 그들을
시 106:47	구원하사 여러 **나라**로부터 모으시고
시 108:3	뭇 **나라** 중에서 주를 찬양하오리니
시 110:6	뭇 **나라**를 심판하여 시체로 가득하게 하시고 여러 **나라**의 머리를 쳐서 깨뜨
시 111:6	그가 그들에게 뭇 **나라**의 기업을 주사
시 113:4	여호와는 모든 **나라**보다 높으시며
시 115:2	뭇 **나라**가 그들의 하나님이 이제 어디
시 117:1	너희 모든 **나라**들아 여호와를 찬양하며
시 118:10	**나라**가 나를 에워쌌으니 내가 여호와
시 126:2	그 때에 뭇 **나라** 가운데에서 말하기를
시 135:10	그가 많은 **나라**를 치시고 강한 왕들을
시 145:11	주의 **나라**의 영광을 말하며 주의 업적
시 145:12	주의 업적과 주의 **나라**의 위엄 있는
시 145:13	주의 **나라**는 영원한 **나라**이니 주의 통치
시 149:7	이것으로 뭇 **나라**에 보수하며 민족들을
잠 14:34	공의는 **나라**를 영화롭게 하고 죄는 백성
잠 29:4	정의로 **나라**를 견고하게 하나 뇌물을
전 4:14	**나라**에서 가난하게 태어났을지라도
전 10:16	아침부터 잔치하는 **나라**여 네게 화가
전 10:17	기력을 보하려고 정한 때에 먹는 **나라**

대선지서

사 1:4	슬프다 범죄한 **나라**요 허물 진 백성이
사 2:4	이 **나라**와 저 **나라**가 다시는 칼을 들고
사 5:26	**나라**들을 불러 땅 끝에서부터 자기에
사 7:8	에브라임이 패망하여 다시는 **나라**를
사 8:9	너희 먼 **나라** 백성들아 들을지니라
사 9:3	**나라**를 창성하게 하시며 그 즐거움을
사 9:7	다윗의 왕좌와 그의 **나라**에 군림하여 그 **나라**를 굳게 세우고 지금 이후로
사 10:6	경건하지 아니한 **나라**를 치게 하며
사 10:7	마음에 허다한 **나라**를 파괴하며 멸절
사 10:10	내 손이 이미 우상을 섬기는 **나라**들에
사 13:5	먼 **나라**에서, 하늘 끝에서 왔음이여
사 14:32	**나라** 사신들에게 어떻게 대답하겠느냐
사 17:3	에브라임의 요새와 다메섹 **나라**와
사 18:2	너희는 강들이 흘러 나누인 **나라**로 가되
사 18:7	강들이 흘러 나누인 **나라**의 장대하고
사 19:2	성읍이 성읍을 치며 **나라**가 **나라**를
사 20:6	믿던 **나라** 곧 우리가 앗수르 왕에게서 벗어나기를 … 도움을 구하던 **나라**

사 25:3	**나라**들의 성읍이 주를 경외하리이다
사 26:2	신의를 지키는 의로운 **나라**가 들어오게
사 26:15	여호와여 주께서 이 **나라**를 더 크게 하셨고 이 **나라**를 더 크게 하셨나이다
사 30:14	그가 이 **나라**를 무너뜨리시되 토기장
사 33:3	일어나심으로 말미암아 **나라**들이
사 36:20	자기의 **나라**를 내 손에서 건져냈기에
사 37:11	앗수르 왕들이 모든 **나라**에 어떤 일을
사 37:12	에덴 자손을 그 **나라**들의 신들이 건졌
사 46:11	**나라**에서 나의 뜻을 이룰 사람을 부를
사 49:8	백성의 언약으로 삼으며 **나라**를 일으켜
사 49:22	내가 뭇 **나라**를 향하여 나의 손을 들고
사 51:4	**나라**여 내게 귀를 기울이라 이는 율법
사 52:15	그가 **나라**들을 놀라게 할 것이며 왕들
사 55:5	네가 알지 못하는 **나라**를 네가 부를 것이며 너를 알지 못하는 **나라**가 네게로
사 58:2	규례를 저버리지 아니하는 **나라** 같아서
사 60:3	**나라**들은 네 빛으로, 왕들은 비치는
사 60:5	네게로 돌아오며 이방 **나라**들의 재물이
사 60:11	사람들이 네게로 이방 **나라**들의 재물을
사 60:12	백성과 **나라**는 파멸하리니 그 백성들은
사 60:16	네가 이방 **나라**들의 젖을 빨며 뭇 왕의
사 61:6	너희가 이방 **나라**들의 재물을 먹으며
사 61:9	자손을 뭇 **나라** 가운데에, 그들의
사 61:11	공의와 찬송을 모든 **나라** 앞에 솟아나게
사 62:2	**나라**들이 네 공의를, 뭇 왕이 다 네 영광
사 64:2	이방 **나라**로 주 앞에서 떨게 하옵소서
사 65:1	이름을 부르지 아니하던 **나라**에 내가
사 66:8	누구이냐 **나라**가 어찌 하루에 생기겠으
사 66:12	그에게 뭇 **나라**의 영광을 넘치는 시내
사 66:18	**나라**와 언어가 다른 민족들을 모으리니
사 66:19	도피한 자를 여러 **나라** 곧 다시스와 뿔 과 … 그들이 나의 영광을 뭇 **나라**에
사 66:20	형제를 뭇 **나라**에서 내 성산 예루살렘
렘 1:5	너를 여러 **나라**의 선지자로 세웠노라
렘 1:10	너를 여러 **나라**와 여러 왕국 위에 세워
렘 2:11	**나라**가 그들의 신들을 신 아닌 것과
렘 3:19	허다한 **나라**들 중에 아름다운 기업인
렘 4:2	맹세하면 **나라**들이 나로 말미암아
렘 4:7	사자가 그 수풀에서 올라왔으며 **나라**
렘 4:16	너희는 여러 **나라**에 전하며 또 예루살렘
렘 5:9	내 마음이 이런 **나라**에 보복하지 않겠
렘 5:15	내가 한 **나라**를 먼 곳에서 … 강하고

【 나라 】   【 나라 】

	오랜 민족이라 그 **나라** 말을 네가 알지	렘 28:8	땅들과 큰 **나라**들에 대하여 전쟁과 재앙
렘 5:29	마음이 이같은 **나라**에 보복하지 아니	렘 28:14	이 모든 **나라**의 목에 메위 바벨론
렘 6:18	그러므로 너희 **나라**들아 들으라 무리	렘 29:14	내가 쫓아 보내었던 **나라**들과 모든 곳에
렘 6:22	북방에서 오며 큰 **나라**가 땅 끝에서부터	렘 29:18	그들을 세계 여러 **나라** 가운데에 흩어
렘 9:9	마음이 이런 **나라**에 보복하지 않겠느냐		학대를 당하게 … 그들을 쫓아낸 **나라**
렘 9:16	알지 못하던 여러 **나라** 가운데에 그들을	렘 31:36	내 앞에서 끊어져 영원히 **나라**가 되지
렘 10:2	여러 **나라**의 길을 배우지 말라 이방	렘 33:24	자기들 앞에서 **나라**로 인정하지 아니
렘 10:3	**나라**의 풍습은 헛된 것이니 삼림에서	렘 34:1	땅의 모든 **나라**와 모든 백성이 예루살렘
렘 10:7	당연한 일이라 여러 **나라**와 여러 왕국들	렘 34:17	너희를 세계 여러 **나라** 가운데에 흩어
렘 12:17	내가 반드시 그 **나라**를 뽑으리라 뽑아	렘 36:2	이스라엘과 유다와 모든 **나라**에 대하여
렘 16:15	쫓겨 났던 모든 **나라**에서 인도하여 내신	렘 43:5	쫓겨났던 여러 **나라** 가운데에서 유다
렘 18:13	이러한 일을 들었는지 여러 **나라** 가운데	렘 44:8	버림을 당하여 세계 여러 **나라** 가운데에
렘 23:8	모든 쫓겨났던 **나라**에서 인도하여 내신	렘 46:1	**나라**들에 대하여 선지자 예레미야에게
렘 24:9	세상 모든 **나라** 가운데 흩어서 그들에게	렘 46:12	수치가 **나라**들에 들렸고 네 부르짖음
렘 25:9	주민과 사방 모든 **나라**를 쳐서 진멸하여	렘 46:28	너를 흩었던 그 **나라**들은 다 멸할지라도
렘 25:12	**나라**와 갈대아인의 땅을 그 죄악으로	렘 48:2	그를 끊어서 **나라**를 이루지 못하게 하자
렘 25:15	너를 보내는 바 그 모든 **나라**로 하여금	렘 48:42	멸망하고 다시 **나라**를 이루지 못하리로
렘 25:17	나를 보내신 바 그 모든 **나라**로 마시게	렘 49:14	여러 **나라** 가운데 보내어 이르시되
렘 25:26	세상의 모든 **나라**로 마시게 하니라	렘 49:15	너를 여러 **나라** 가운데에서 작아지게
렘 25:32	나서 **나라**에서 **나라**에 미칠 것이며	렘 49:28	하솔 **나라**들에 대한 말씀이라 여호와
렘 27:7	모든 **나라**가 그와 그의 아들과 손자를	렘 49:36	엘람에서 쫓겨난 자가 가지 않는 **나라**
	… **나라**들과 큰 왕들이 그 자신을	렘 50:2	**나라**들 가운데에 전파하라 공포하라
렘 27:8	백성과 **나라**는 내가 그들이 멸망하기	렘 50:3	이는 한 **나라**가 북쪽에서 나와서 그를
렘 27:11	섬기는 **나라**는 내가 그들을 그 땅에	렘 50:12	그가 **나라**들 가운데의 마지막과 광야
렘 27:13	바벨론의 왕을 섬기지 아니하는 **나라**	렘 50:23	바벨론이 어찌 그리 **나라**들 가운데
		렘 50:41	**나라**와 여러 왕이 충동을 받아 땅 끝에
		렘 50:46	부르짖음이 **나라**들 가운데 들리리라
		렘 51:20	네가 **나라**들을 분쇄하며 네가 국가들을
		렘 51:27	깃발을 세우며 **나라**들 가운데에 나팔
			을 불어 **나라**들을 동원시켜 그를 치
			며 아라랏과 민니와 아스그나스 **나라**
		렘 51:41	슬프다 바벨론이 **나라**들 가운데 황폐
		애 2:2	땅에 엎으시고 **나라**와 그 지도자들을
		애 3:45	뭇 **나라** 가운데에서 쓰레기와 폐물로
		애 4:17	우리를 구원하지 못할 **나라**를 바라보고
		겔 3:6	그들의 말을 알아 듣지 못할 **나라**들에게
		겔 4:13	내가 여러 **나라**들로 쫓아내어 흩어 버릴
		겔 5:5	이방인 가운데 두어 **나라**들이 둘러
		겔 5:6	그를 둘러 있는 **나라**들보다 더하니
		겔 6:8	너희가 여러 **나라**에 흩어질 때에 내가
		겔 11:16	여러 **나라**에 흩었으나 그들이 도달한
			나라들에서 내가 잠깐 그들에게 성소
		겔 11:17	너희를 흩은 여러 **나라** 가운데에서

'하나님/주의 나라' 와 관련된 성구

시 45:6; 145:11–13; 마 6:10, 33; 12:28; 13:41, 43; 19:24; 20:21; 21:31, 43; 25:34; 26:29; 막 1:15; 4:11, 26, 30; 9:1, 47; 10:14, 15, 23–25; 12:34; 14:25; 15:43; 눅 1:33; 4:43; 6:20; 7:28; 8:1, 10; 9:2, 11, 27, 60, 62; 10:9, 11; 11:2, 20; 12:31, 32; 13:18, 20, 28, 29; 14:15; 16:16; 17:20, 21; 18:16, 17, 24, 25, 29; 19:11; 21:31; 22:16, 18, 29, 30; 23:42, 51; 요 3:3, 5; 18:35, 36; 행 1:3, 6; 8:12; 14:22; 19:8; 20:25; 28:23, 31; 롬 14:17; 고전 4:20; 6:9, 10; 15:50; 갈 5:21; 엡 5:5; 골 1:13; 4:11; 살전 2:12; 살후 1:5; 딤후 4:1; 히 1:8; 12:28; 약 2:5; 벧후 1:11; 계 1:6, 9; 11:15; 12:10

【 나라 】　　　　　　　　　　　　　　　　　　　　　　　　　　　　【 나라 】

겔 12:15	흩으며 여러 **나라** 가운데에 헤친 후에야	겔 30:26	애굽 사람을 **나라**들 가운데로 흩으며
겔 14:13	인자야 가령 어떤 **나라**가 불법을 행하여	겔 31:6	모든 큰 **나라**가 그 그늘 아래에 거주하
겔 16:26	하체가 큰 네 이웃 **나라** 애굽 사람과도	겔 31:11	**나라**의 능한 자의 손에 넘겨줄지라
겔 17:14	**나라**를 낮추어 스스로 서지 못하고	겔 31:12	여러 **나라**의 포악한 다른 민족이 그를
겔 20:14	인도하여 내는 것을 본 **나라**들 앞에서	겔 31:17	그의 팔이 된 자요 **나라**들 가운데에서
겔 20:22	여러 **나라** 앞에서 내 이름을 더럽히지	겔 32:2	여러 **나라**에서 사자로 생각하였더니
겔 20:32	우리가 이방인 곧 여러 **나라** 족속같이	겔 32:9	**나라** 곧 네가 알지 못하는 **나라**들에
겔 20:34	분노를 쏟아 너희를 여러 **나라**에서	겔 32:12	용사 곧 모든 **나라**의 무서운 자들의
겔 20:35	너희를 인도하여 여러 **나라** 광야에	겔 32:16	여러 **나라** 여자들이 이것을 슬피 부름
겔 20:41	너희를 인도하여 여러 **나라** 가운데에	겔 32:18	그와 유명한 **나라**의 여자들을 구덩이
겔 21:32	네 피가 **나라** 가운데에 있을 것이며	겔 34:29	다시는 여러 **나라**의 수치를 받지 아니
겔 22:15	**나라** 가운데에 흩으며 각 **나라**에 헤치고	겔 36:13	삼키는 자요 네 **나라** 백성을 제거한
겔 22:16	자신 때문에 **나라**들의 목전에서 수치를	겔 36:14	다시는 네 **나라** 백성을 제거하지 아니
겔 25:7	너를 여러 **나라** 가운데에서 패망하게	겔 36:15	여러 **나라**의 수치를 듣지 아니하게 하
겔 25:9	모압의 한편 곧 그 **나라** 국경에 있는		며 … 네 **나라** 백성을 다시 넘어뜨리지
겔 28:7	곧 여러 **나라**의 강포한 자를 거느리고	겔 36:19	각국에 흩으며 여러 **나라**에 헤쳤더니
겔 28:25	**나라**의 눈 앞에서 내 거룩함을 나타낼	겔 36:20	여러 **나라**에서 내 거룩한 이름이 그들로
겔 29:12	애굽 땅을 황폐한 **나라**들같이 황폐하	겔 36:21	여러 **나라**에서 더럽힌 내 거룩한 이름을
	게 하며 애굽 성읍도 사막이 된 **나라**들	겔 36:22	너희가 들어간 그 여러 **나라**에서 더럽힌
겔 29:14	것이라 그들이 거기에서 미약한 **나라**	겔 36:23	여호와인 줄을 여러 **나라** 사람이 알리라
겔 29:15	**나라** 가운데에 지극히 미약한 **나라**가	겔 36:24	너희를 여러 **나라** 가운데에서 인도하여
	되어 다시는 **나라**들 위에 스스로 높이	겔 36:30	다시는 기근의 욕을 여러 **나라**에게
	지 못하리니 … 다시는 **나라**들을 다스	겔 37:21	이스라엘 자손을 잡혀 간 여러 **나라**에서
	구름의 날일 것이요 여러 **나라**들의 때이	겔 37:22	그들이 한 **나라**를 이루어서 한 임금이
겔 30:3	황폐한 **나라**들같이 그들도 황폐할		모두 … **나라**로 나누이지 아니할지라
겔 30:7	그가 여러 **나라** 가운데에 강포한 자가	겔 38:8	칼을 벗어나서 여러 **나라**에서 모여 들어
겔 30:11	소안에 불을 지르며 노 **나라**를 심판하며	겔 38:12	땅과 여러 **나라**에서 모여서 짐승과 재물
겔 30:14	성읍 신에 쏟고 또 노 **나라**의 무리를	겔 38:23	내가 여러 **나라**의 눈에 내 위대함과
겔 30:15	내가 애굽에 불을 일으키니 신 **나라**	겔 39:28	그들이 사로잡혀 여러 **나라**에 이르게
겔 30:16	가 심히 근심할 것이며 노 **나라**는 찢겨	단 1:20	지혜와 총명이 온 **나라** 박수와 술객보다
	나누일 것이며 놉 **나라**가 날로 대적이	단 2:37	하늘의 하나님이 **나라**와 권세와 능력과
겔 30:23	애굽 사람을 뭇 **나라** 가운데로 흩으며	단 2:39	왕을 뒤이어 왕보다 못한 다른 **나라**가
			일어날 것이요 … 또 놋 같은 **나라**가
		단 2:40	넷째 **나라**는 강하기가 쇠 같으리니 …
			그 **나라**가 뭇 **나라**를 부서뜨리고 찧을
		단 2:41	쇠인 것을 보셨은즉 그 **나라**가 나누일
			것이며 … 그 **나라**가 쇠 같은 든든함
		단 2:42	**나라**가 얼마는 든든하고 얼마는 부서질
		단 2:44	하늘의 하나님이 한 **나라**를 세우시리
			니 … 이 모든 **나라**를 쳐서 멸망시키고
		단 3:4	백성들과 **나라**들과 각 언어로 말하는
		단 3:7	모든 백성과 **나라**들과 각 언어를 말하는
		단 3:29	백성과 각 **나라**와 각 언어를 말하는

하나님 나라에 들어가려면

거듭나야 함 – 요 3:1–8
마음이 가난해야 함 – 마 5:3
아버지의 뜻대로 행해야 함 – 마 7:21
예수를 믿어야 함 – 행 16:31
의를 위해 핍박(환난)당함 – 마 5:10; 행 14:22
하나님의 부름을 받아야 함 – 살전 2:12
회개해야 함 – 마 3:2

【나라】

단 4:1	백성들과 **나라**들과 각 언어를 말하는	단 11:41	많은 **나라**를 패망하게 할 것이나 오직
단 4:3	그의 **나라**는 영원한 **나라**요 그의 통치는	단 11:42	그가 여러 **나라**들에 그의 손을 펴리니
단 4:17	높으신 이가 사람의 **나라**를 다스리시며	**소선지서**	
단 4:18	**나라** 모든 지혜자가 능히 내게 그 해석	호 1:2	**나라**가 여호와를 떠나 크게 음란함이
단 4:25	높으신 이가 사람의 **나라**를 다스리시며	호 1:4	이스라엘 족속의 **나라**를 폐할 것임이
단 4:26	깨달은 후에야 왕의 **나라**가 견고하리	호 8:8	여러 **나라** 가운데에 있는 것이 즐거
단 4:31	왕아 네게 말하노니 **나라**의 왕위가	호 8:10	여러 **나라**에게 값을 주었을지라도
단 4:32	높으신 이가 사람의 **나라**를 다스리시며	호 9:17	그들이 여러 **나라** 가운데에 떠도는 자가
단 4:34	권세요 그 **나라**는 대대에 이르리로다	욜 2:17	주의 기업을 욕되게 하여 **나라**들로
단 4:36	**나라**의 영광에 대하여도 … 내게 찾아	욜 2:19	내가 다시는 너희가 **나라**들 가운데에
	오니 내가 내 **나라**에서 다시 세움을	욜 3:2	그들이 이스라엘을 **나라**들 가운데에
단 5:7	그를 **나라**의 셋째 통치자로 삼으리라	욜 3:8	다시 먼 **나라** 스바 사람에게 팔리라
단 5:11	왕의 **나라**에 거룩한 신들의 영이 있는	암 6:2	너희가 이 **나라**들보다 나으냐 그 영토가
단 5:16	목에 걸어 주어 너를 **나라**의 셋째 통치	암 6:14	이스라엘 족속아 내가 한 **나라**를 일으켜
단 5:18	부친 느부갓네살에게 **나라**와 큰 권세	암 7:13	이는 왕의 성소요 **나라**의 궁궐임이니라
단 5:19	**나라**들과 언어가 다른 모든 사람들이	암 9:8	여호와의 눈이 범죄한 **나라**를 주목하노
단 5:21	하나님이 사람 **나라**를 다스리시며	옵 1:1	사자가 **나라**들 가운데에 보내심을 받고
단 5:26	하나님이 이미 왕의 **나라**의 시대를 세어	옵 1:2	**나라**들 가운데에 매우 작게 하였으므로
단 5:28	베레스는 왕의 **나라**가 나뉘어서 메대와	옵 1:21	산을 심판하리니 **나라**가 여호와께
단 5:29	조서를 내려 **나라**의 셋째 통치자로	욘 1:8	**나라**가 어디며 어느 민족에 속하였느냐
단 5:31	메대 사람 다리오가 **나라**를 얻었는데	미 4:3	이 **나라**와 저 **나라**가 다시는 칼을 들고
단 6:7	**나라**의 모든 총리와 지사와 총독과	미 4:7	멀리 쫓겨났던 자들이 강한 **나라**가 되게
단 6:25	모든 백성과 **나라**들과 언어가 다른 모든	미 4:8	예루살렘의 **나라**가 네게로 돌아오리라
단 6:26	내 **나라** 관할 아래에 있는 사람들은 다	미 5:8	야곱의 남은 자는 여러 **나라** 가운데와
	다니엘의 하나님 … 그의 **나라**는 멸망	미 5:15	순종하지 아니한 **나라**에 갚으리라
단 7:14	영광과 **나라**를 주고 모든 백성과 **나라**	미 7:16	이르되 여러 **나라**가 보고 자기의 세력을
	들과 … 그의 **나라**는 멸망하지 아니할	나 3:4	그의 음행으로 여러 **나라**를 미혹하고
단 7:18	높으신 이의 성도들이 **나라**를 얻으리니	나 3:5	네 벌거벗은 것을 **나라**들에게 보이며
단 7:22	때가 이르매 성도들이 **나라**를 얻었더라	합 1:5	여러 **나라**를 보고 또 보고 놀라고
단 7:23	땅의 넷째 **나라**인데 이는 다른 **나라**들	합 1:17	계속하여 여러 **나라**를 무자비하게 멸망
단 7:24	열 뿔은 그 **나라**에서 일어날 열 왕이요	합 2:5	여러 **나라**를 모으며 여러 백성을 모으
단 7:27	**나라**와 권세와 온 천하 **나라**들의 위세	합 2:8	여러 **나라**를 노략하였으므로 그 모든
	가 … 그의 **나라**는 영원한 **나라**이라	합 2:13	수고하는 것과 **나라**들이 헛된 일로
단 8:22	그 **나라** 가운데에서 네 **나라**가 일어나	합 3:6	보신즉 여러 **나라**가 전율하며 영원한
단 8:23	네 **나라** 마지막 때에 반역자들이 가득	합 3:12	분을 내사 여러 **나라**를 밟으셨나이다
단 9:1	아들 다리오가 갈대아 **나라** 왕으로	습 3:6	여러 **나라**를 끊어 버렸으므로 그들의
단 11:4	그의 **나라**가 갈라져 천하 사방에 나누	습 3:8	쏟으려고 여러 **나라**를 소집하며 왕국
	일 것이나 … 이는 그 **나라**가 뽑혀서	학 2:7	모든 **나라**를 진동시킬 것이며 모든 **나라**
단 11:17	딸을 그에게 주어 그의 **나라**를 망하게	학 2:14	백성이 그러하고 이 **나라**가 그러하고
단 11:20	압제자를 그 **나라**의 아름다운 곳에	학 2:22	**나라**의 세력을 멸할 것이요 그 병거
단 11:21	비천한 사람이라 **나라**의 영광을 그에	슥 1:15	안일한 여러 **나라**들 때문에 심히 진노
	게 주지 … 속임수로 그 **나라**를 얻을	슥 1:21	유다 땅을 흩뜨린 여러 **나라**의 뿔들을
단 11:40	마주 와서 그 여러 **나라**에 침공하여	슥 2:8	나를 너희를 노략한 여러 **나라**로 보내

【 나라 】   【 나라 】

슥 2:11	그 날에 많은 **나라**가 여호와께 속하여	막 14:25	포도나무에서 난 것을 하나님 **나라**에서
슥 7:14	알지 못하던 여러 **나라**에 흩었느니라	눅 15:43	공회원이요 하나님의 **나라**를 기다리는
슥 8:22	백성과 강대한 **나라**들이 예루살렘으로	눅 1:33	왕으로 다스리실 것이며 그 **나라**가 무궁
슥 12:9	예루살렘을 치러 오는 이방 **나라**들을	눅 4:43	동네들에서도 하나님의 **나라** 복음을
슥 14:2	이방 **나라**들을 모아 예루살렘과 싸우게	눅 6:20	가난한 자는 복이 있나니 하나님의 **나라**
슥 14:3	여호와께서 나가사 그 이방 **나라**들을	눅 7:28	하나님의 **나라**에서는 극히 작은 자라
슥 14:14	이방 **나라**들의 보화 곧 금 은과 의복이	눅 8:1	두루 다니시며 하나님의 **나라**를 선포
슥 14:16	예루살렘을 치러 왔던 이방 **나라**들 중에	눅 8:10	하나님 **나라**의 비밀을 아는 것이 너희
슥 14:18	올라오지 아니하는 이방 **나라**들의 사람	눅 9:2	하나님의 **나라**를 전파하며 앓는 자를
슥 14:19	애굽 사람이나 이방 **나라** 사람이나	눅 9:11	예수께서 그들을 영접하사 하나님 **나라**
말 3:9	**나라**가 나의 것을 도둑질하였으므로	눅 9:27	죽기 전에 하나님의 **나라**를 볼 자들도
복음서		눅 9:60	너는 가서 하나님의 **나라**를 전파하라
마 6:10	**나라**가 임하시오며 뜻이 하늘에서 이루	눅 9:62	돌아보는 자는 하나님의 **나라**에 합당
마 6:33	먼저 그의 **나라**와 그의 의를 구하라	눅 10:9	하나님의 **나라**가 너희에게 가까이 왔다
마 8:12	그 **나라**의 본 자손들은 바깥 어두운	눅 10:11	하나님의 **나라**가 가까이 온 줄을 알라
마 12:25	스스로 분쟁하는 **나라**마다 황폐하여	눅 11:2	여김을 받으시오며 **나라**가 임하시오
마 12:26	그리하고야 어떻게 그의 **나라**가 서겠느	눅 11:17	분쟁하는 **나라**마다 황폐하여지며
마 12:28	**나라**가 이미 너희에게 임하였느니라	눅 11:18	사탄이 스스로 분쟁하면 그의 **나라**가
마 13:41	그들이 그 **나라**에서 모든 넘어지게	눅 11:20	귀신을 쫓아낸다면 하나님의 **나라**가
마 13:43	그 때에 의인들은 자기 아버지 **나라**에	눅 12:31	너희는 그의 **나라**를 구하라 그리하면
마 19:24	하나님의 **나라**에 들어가는 것보다	눅 12:32	아버지께서 그 **나라**를 너희에게 주시
마 20:21	두 아들을 주의 **나라**에서 하나는 주의	눅 13:18	하나님의 **나라**가 무엇과 같을까 내가
마 21:31	먼저 하나님의 **나라**에 들어가리라	눅 13:20	내가 하나님의 **나라**를 무엇으로 비교
마 21:43	**나라**를 너희는 빼앗기고 그 **나라**의	눅 13:28	선지자는 하나님 **나라**에 있고 오직 너희
마 24:7	민족이 민족을, **나라**가 **나라**를 대적하	눅 13:29	와서 하나님의 **나라** 잔치에 참여하리니
마 25:34	위하여 예비된 **나라**를 상속받으라	눅 14:15	무릇 하나님의 **나라**에서 떡을 먹는 자는
마 26:29	내 아버지의 **나라**에서 새것으로 너희	눅 15:13	모아 가지고 먼 **나라**에 가 거기서 허랑
막 1:15	때가 찼고 하나님의 **나라**가 가까이 왔으	눅 15:14	없앤 후 그 **나라**에 크게 흉년이 들어
막 3:24	**나라**가 스스로 분쟁하면 그 **나라**가	눅 15:15	그 **나라** 백성 중 한 사람에게 붙여 사니
막 4:11	**나라**의 비밀을 너희에게는 주었으나	눅 16:16	그 후부터는 하나님 **나라**의 복음이
막 4:26	하나님의 **나라**는 사람이 씨를 땅에 뿌림	눅 17:20	바리새인들이 하나님의 **나라**가 어느
막 4:30	우리가 하나님의 **나라**를 어떻게 비교		때에 임하나이까 … 하나님의 **나라**는
막 6:23	내게 구하면 내 **나라**의 절반까지라도	눅 17:21	하나님의 **나라**는 너희 안에 있느니라
막 9:1	죽기 전에 하나님의 **나라**가 권능으로	눅 18:16	금하지 말라 하나님의 **나라**가 이런 자의
막 9:47	한 눈으로 하나님의 **나라**에 들어가는	눅 18:17	누구든지 하나님의 **나라**를 어린 아이와
막 10:14	금하지 말라 하나님의 **나라**가 이런 자의	눅 18:24	재물이 있는 자는 하나님의 **나라**에 들어
막 10:15	누구든지 하나님의 **나라**를 어린 아이와	눅 18:25	부자가 하나님의 **나라**에 들어가는 것보
막 10:23	재물이 있는 자는 하나님의 **나라**에 들어	눅 18:29	하나님의 **나라**를 위하여 집이나 아내
막 10:24	하나님의 **나라**에 들어가기가 얼마나	눅 19:11	그들은 하나님의 **나라**가 당장에 나타
막 10:25	하나님의 **나라**에 들어가는 것보다	눅 19:12	왕위를 받아가지고 오려고 **나라**로
막 11:10	조상 다윗의 **나라**여 가장 높은 곳에서	눅 21:10	민족을, **나라**가 **나라**를 대적하여 일어
막 12:34	네가 하나님의 **나라**에서 멀지 않도다	눅 21:31	하나님의 **나라**가 가까이 온 줄을 알라
막 13:8	**나라**가 **나라**를 대적하여 일어나겠고	눅 22:16	유월절이 하나님의 **나라**에서 이루기까

【 나라 】 　　　　　　　　　　　　　　　　　　　　　　　　　　　　　　　　　　　　　　【 나머지 】

눅 22:18　이제부터 하나님의 **나라**가 임할 때까지
눅 22:29　아버지께서 **나라**를 내게 맡기신 것같이
눅 22:30　너희로 내 **나라**에 있어 내 상에서 먹고
눅 23:42　예수여 당신의 **나라**에 임하실 때에 나를
눅 23:51　아리마대 사람이요 하나님의 **나라**를
요 3:3　　거듭나지 아니하면 하나님의 **나라**를
요 3:5　　나지 아니하면 하나님의 **나라**에 들어
요 18:35　유대인이냐 네 **나라** 사람과 대제사장
요 18:36　내 **나라**는 이 세상에 속한 것이 아니
　　　　　니라 만일 내 **나라**가 이 세상에 … 내
　　　　　나라는 여기에 속한 것이 아니니라

역사서 – 예언서

행 1:3　　하나님 **나라**의 일을 말씀하시니라
행 1:6　　이스라엘 **나라**를 회복하심이 이 때니이까
행 7:7　　삼는 **나라**를 내가 심판하리니 그 후에
행 8:12　　하나님 **나라**와 및 예수 그리스도의
행 10:35　각 **나라** 중 하나님을 경외하며 의를
행 14:22　우리가 하나님의 **나라**에 들어가려면
행 19:8　　담대히 하나님 **나라**에 관하여 강론하
행 20:25　왕래하며 하나님의 **나라**를 전파하였으
행 28:23　강론하여 하나님의 **나라**를 증언하고
행 28:31　**나라**를 전파하며 주 예수 그리스도에
롬 14:17　하나님의 **나라**는 먹는 것과 마시는
고전 4:20　하나님의 **나라**는 말에 있지 아니하고
고전 6:9　　불의한 자가 하나님의 **나라**를 유업
고전 6:10　빼앗는 자들은 하나님의 **나라**를 유업
고전 15:24　멸하시고 **나라**를 아버지 하나님께 바칠
고전 15:50　혈과 육은 하나님 **나라**를 이어 받을
갈 5:21　　일을 하는 자들은 하나님의 **나라**를 유업
엡 2:12　　**나라** 밖의 사람이라 약속의 언약들에
엡 5:5　　그리스도와 하나님의 **나라**에서 기업
골 1:13　　그의 사랑의 아들의 **나라**로 옮기셨으니
골 4:11　　이들만은 하나님의 **나라**를 위하여 함께
살전 2:12　부르사 자기 **나라**와 영광에 이르게
살후 1:5　　너희로 하여금 하나님의 **나라**에 합당
　　　　　한 자로 … 그 **나라**를 위하여 너희가
딤후 4:1　　그가 나타나실 것과 그의 **나라**를 두고
히 1:8　　영영하며 주의 **나라**의 규는 공평한
히 8:11　　각각 자기 **나라** 사람과 각각 자기 형제
히 11:33　믿음으로 **나라**들을 이기기도 하며 의를
히 12:28　우리가 흔들리지 않는 **나라**를 받았은즉
약 2:5　　약속하신 **나라**를 상속으로 받게 하지
벧전 2:9　　왕 같은 제사장들이요 거룩한 **나라**요

벧후 1:11　그리스도의 영원한 **나라**에 들어감을
계 1:6　　우리를 **나라**와 제사장으로 삼으신
계 1:9　　예수의 환난과 **나라**와 참음에 동참하는
계 5:9　　백성과 **나라** 가운데에서 사람들을
계 5:10　　우리 하나님 앞에서 **나라**와 제사장들
계 7:9　　내가 보니 각 **나라**와 족속과 백성과
계 10:11　많은 백성과 **나라**와 방언과 임금에게
계 11:9　　방언과 **나라** 중에서 사람들이 그 시체
계 11:15　세상 **나라**가 우리 주와 그의 그리스도
　　　　　의 **나라**가 되어 그가 세세토록 왕 노릇
계 12:10　하나님의 구원과 능력과 **나라**와 또 그의
계 13:7　　족속과 백성과 방언과 **나라**를 다스리는
계 14:8　　바벨론이여 모든 **나라**에게 그의 음행
계 16:10　**나라**가 곧 어두워지며 사람들이 아파서
계 17:12　왕이니 아직 **나라**를 얻지 못하였으나
계 17:17　그들의 **나라**를 그 짐승에게 주게 하시되

나루/-터/-턱(ford)

창 32:22　열한 아들을 인도하여 얍복 **나루**를
수 2:7　　사람들은 요단 **나루터**까지 그들을
삿 3:28　　모압 맞은편 요단 강 **나루**를 장악하여
삿 12:5　　요단 강 **나루턱**을 장악하고 에브라임
삿 12:6　　그를 잡아서 요단 강 **나루턱**에서 죽였
삼하 15:28　소식이 올 때까지 내가 광야 **나루터**에
삼하 17:16　오늘밤에 광야 **나루터**에서 자지 말고
사 16:2　　모압의 딸들은 아르논 **나루**에서 떠다
렘 51:32　모든 **나루**는 빼앗겼으며 갈대밭이

나룻배(ferryboat)

삼하 19:18　왕이 좋게 여기는 대로
　　　　　쓰게 하려 하여 **나룻배**로 건너가

나르다(carry)

느 4:10　　짐을 **나르는** 자의 힘이 다 빠졌으니
느 4:17　　성을 건축하는 자와 짐을 **나르는** 자는
욥 24:10　벌거벗고 다니며 곡식 이삭을 **나르느**
겔 27:25　떼를 지어 네 화물을 **나르니** 네가 바다

나머지(rest)

창 14:10　그들이 거기 빠지고 **나머지**는 산으로
출 28:10　이름을 한 보석에, **나머지** 여섯 이름
레 5:13　　그 **나머지**는 소제물같이 제사장에게
레 8:32　　고기와 떡의 **나머지**는 불사르며

【 나무/-하다 】　　　　　　　　　　　　　　　　　　　　　　　　　　　　　【 나무/-하다 】

왕상 7:31	우묵하며 그 **나머지** 면에는 아로새긴
대상 11:8	성의 **나머지**는 요압이 중수하였더라
대상 16:41	택함을 받아 지명된 **나머지** 사람을 세워
대하 35:13	그 **나머지** 성물은 솥과 가마와 냄비에
스 7:18	**나머지** 은금은 너와 너의 형제가 좋게
느 6:1	게셈과 그 **나머지** 우리의 원수들이 내가
느 11:20	**나머지** 이스라엘 백성과 제사장과 레위
사 44:17	**나머지**로 신상 곧 자기의 우상을 만들고
렘 25:20	에그론과 아스돗의 **나머지** 사람들과
렘 39:3	장관이며 바벨론의 왕의 **나머지** 고관들
단 7:7	그 **나머지**를 발로 밟았으며 이 짐승은
단 7:19	놋이니 먹고 부서뜨리고 **나머지**는 발로
슥 11:9	**나머지**는 서로 살을 먹는 대로 두리라
행 5:13	**나머지**는 감히 그들과 상종하는 사람들
행 17:9	야손과 그 **나머지** 사람들에게 보석금을
고전 7:12	그 **나머지** 사람들에게 내가 말하노니
딤전 5:20	사람 앞에서 꾸짖어 **나머지** 사람들로
계 19:21	**나머지**는 말 탄 자의 입으로부터 나오
계 20:5	그 **나머지** 죽은 자들은 그 천 년이 차기

나머지 - 기타 본문
출 16:23; 26:12; 레 6:16; 느 7:72; 사 44:19; 겔 45:8; 48:23

나무/-하다(wood)

모세오경

창 1:11	씨 가진 열매 맺는 **나무**를 내라 하시니
창 1:12	씨 가진 열매 맺는 **나무**를 내니 하나님
창 1:29	열매 맺는 모든 **나무**를 너희에게 주노
창 2:9	아름답고 먹기에 좋은 **나무**가 나게 … 생명나무와 선악을 알게 하는 **나무**도
창 3:3	중앙에 있는 **나무**의 열매는 하나님
창 3:6	여자가 그 **나무**를 본즉 먹음직도 하고 보암직도 하고 … 탐스럽기도 한 **나무**
창 3:8	하나님의 낯을 피하여 동산 **나무** 사이에
창 18:4	당신들의 발을 씻으시고 **나무** 아래에서
창 18:8	그들 앞에 차려 놓고 **나무** 아래에 모셔
창 22:3	이삭을 데리고 번제에 쓸 **나무**를 쪼개어
창 22:6	아브라함이 이에 번제 **나무**를 가져다가
창 22:7	불과 **나무**는 있거니와 번제할 어린 양은
창 22:9	그 곳에 제단을 쌓고 **나무**를 벌여 놓고 그의 아들 이삭을 결박하여 제단 **나무**
창 23:17	그 밭과 그 주위에 둘린 모든 **나무**가

창 40:10	그 **나무**에 세 가지가 있고 싹이 나서
창 40:19	당신을 **나무**에 달리니 새들이 당신의
출 9:25	채소를 치고 들의 모든 **나무**를 꺾었으되
출 10:5	자라나는 모든 **나무**를 먹을 것이며
출 10:15	애굽 온 땅에서 **나무**나 밭의 채소나
출 15:25	그에게 한 **나무**를 가리키시니 그가
출 31:5	여러 가지 기술로 **나무**를 새겨 만들게
출 35:33	보석을 깎아 물리며 **나무**를 새기는
레 1:7	제단 위에 불을 붙이고 불 위에 **나무**를
레 4:12	불로 **나무** 위에서 사르되 곧 재 버리는
레 6:12	아침마다 **나무**를 그 위에서 태우고
레 26:4	땅은 그 산물을 내고 밭의 **나무**는 열매
레 26:20	땅의 **나무**는 그 열매를 맺지 아니하리라
민 13:20	메마른지 **나무**가 있는지 없는지를 탐지
민 15:32	안식일에 어떤 사람이 **나무**하는 것을
민 15:33	그 **나무하는** 자를 발견한 자들이 그를
민 31:20	염소털로 만든 모든 것과 **나무**로 만든
민 35:18	사람을 죽일 만한 **나무** 연장을 손에
신 16:21	제단 곁에 어떤 **나무**로든지 아세라
신 20:19	도끼를 둘러 그 곳의 **나무**를 찍어내지
신 21:22	범하므로 네가 그를 죽여 **나무** 위에
신 21:23	그 시체를 **나무** 위에 밤새도록 두지 말고 그 날에 장사하여 … **나무**에 달린
신 22:6	길을 가다가 **나무**에나 땅에 있는 새의
신 28:42	네 모든 **나무**와 토지 소산은 메뚜기가
신 29:11	객과 너를 위하여 **나무**를 패는 자로부터

역사서

수 8:29	아이 왕을 저녁 때까지 **나무**에 달았다가 해 질 때 … 그의 시체를 **나무**에
수 9:21	회중을 위하여 **나무**를 패며 물을 긷는
수 9:23	하나님의 집을 위하여 **나무**를 패며 물을
수 9:27	여호와의 제단을 위하여 **나무**를 패며
수 10:26	왕들을 쳐 죽여 다섯 **나무**에 매달고 저녁까지 **나무**에 달린 채로 두었다가
수 10:27	시체를 **나무**에서 내려 그들이 숨었던
삼상 6:14	무리가 수레의 **나무**를 패고 그 암소들
삼하 24:22	소가 있고 떨 **나무**에 대하여는 마당질
왕상 7:5	문과 문설주를 다 큰 **나무**로 네모지게
왕상 18:23	각을 떠서 **나무** 위에 놓고 불은 붙이지 말며 나도 송아지 … **나무** 위에 놓고
왕상 18:33	**나무**를 벌이고 송아지의 각을 떠서 나무 위에 놓고 … 번제물과 **나무** 위에
왕상 18:38	번제물과 **나무**와 돌과 흙을 태우고

378

【 나무/-하다 】   【 나무/-하다 】

왕하 6:4	무리가 요단에 이르러 **나무**를 베더니
왕하 6:5	한 사람이 **나무**를 벨 때에 쇠도끼가
왕하 19:18	손으로 만든 것 곧 **나무**와 돌뿐이므로
대상 16:33	속은 **나무**들이 여호와 앞에서 즐거이
대상 29:2	놋과 철과 **나무**와 또 마노와 가공할
대하 2:14	금, 은, 동, 철과 돌과 **나무**와 자색 청색
대하 34:11	다듬은 돌과 연접하는 **나무**를 사며 유다
스 5:8	돌로 세우며 벽에 **나무**를 얹고 부지런히
스 6:4	큰 돌 세 켜에 새 **나무** 한 켜를 놓으라
느 8:4	에스라가 특별히 지은 **나무** 강단에
느 10:34	해마다 정한 시기에 **나무**를 우리 하나님
느 13:31	또 정한 기한에 **나무**와 처음 익은 것을
에 2:23	사람을 **나무**에 달고 그 일을 왕 앞에서
에 5:14	높이가 오십 규빗 되는 **나무**를 세우고
	내일 왕에게 모르드개를 그 **나무**에 매
	달기를 … 명령하여 **나무**를 세우니라
에 6:4	하만이 자기가 세운 **나무**에 모르드개
에 7:9	높이가 오십 규빗 되는 **나무**를 준비하
	였는데 이제 그 **나무**가 하만의 집에 섰
	나이다 왕이 이르되 하만을 그 **나무**에
에 7:10	모르드개를 매달려고 한 **나무**에 하만을
에 8:7	살해하려 하므로 **나무**에 매달렸고
에 9:13	하만의 열 아들의 시체를 **나무**에 매달게
에 9:25	하만과 그의 여러 아들을 **나무**에 달게

시가서

욥 19:10	죽었구나 내 희망을 **나무** 뽑듯 뽑으시고
욥 24:20	기억되지 않을 것이니 불의가 **나무**처럼
욥 41:27	지푸라기같이, 놋을 썩은 **나무**같이
시 1:3	시냇가에 심은 **나무**가 철을 따라 열매
시 29:6	그 **나무**를 송아지같이 뛰게 하심이여
시 37:35	본래의 땅에 서 있는 **나무** 잎이 무성
시 96:12	모든 **나무**들이 여호와 앞에서 즐거이
시 104:16	여호와의 **나무**에는 물이 흡족함이여
시 132:6	에브라다에 있다 함을 들었더니 **나무**
시 144:12	아들들은 어리다가 장성한 **나무**들과
잠 26:21	타는 불에 **나무**를 더하는 것같이 다툼
전 10:9	**나무**들을 쪼개는 자는 그로 말미암아
전 11:3	쏟아지며 **나무**가 남으로나 북으로나

선지서

사 5:7	기뻐하시는 **나무**는 유다 사람이라
사 10:15	몽둥이가 **나무** 아닌 사람을 들려 함과
사 10:19	그의 숲에 남은 **나무**의 수가 희소하여
사 30:33	불과 많은 **나무**가 있은즉 여호와의

사 37:19	손으로 만든 것일 뿐이요 **나무**와 돌이
사 40:20	**나무**를 택하고 지혜로운 장인을 구하
사 44:15	**나무**는 사람이 땔감을 삼는 것이거늘
사 44:23	숲과 그 가운데의 모든 **나무**들아 소리
사 55:12	노래를 발하고 들의 모든 **나무**가 손뼉
사 60:17	놋으로 **나무**를 대신하며 철로 돌을
사 61:3	그들이 의의 **나무** 곧 여호와께서 심으
사 65:22	백성의 수한이 **나무**의 수한과 같겠고
렘 2:27	**나무**를 향하여 너는 나의 아버지라
렘 3:9	그가 돌과 **나무**와 더불어 행음함을
렘 5:14	불이 되게 하고 이 백성을 **나무**가 되게
렘 6:6	너희는 **나무**를 베어서 예루살렘을
렘 7:18	자식들은 **나무**를 줍고 아버지들은 불을
렘 10:3	삼림에서 벤 **나무**요 기술공의 두 손이
렘 10:8	것이니 우상의 가르침은 **나무**뿐이라
렘 11:19	꾀하기를 우리가 그 **나무**와 열매를
렘 17:8	물가에 심어진 **나무**가 그 뿌리를 강변
렘 20:2	문 위층에 목에 씌우는 **나무** 고랑으로
렘 20:3	예레미야를 목에 씌우는 **나무** 고랑에서
렘 28:13	네가 **나무** 멍에들을 꺾었으나 그 대신
렘 29:26	목에 씌우는 **나무** 고랑과 목에 씌우는
애 5:4	물을 마시며 값을 주고 **나무**들을 가져
애 5:13	맷돌을 지며 아이들이 **나무**를 지다가
겔 6:13	푸른 **나무** 아래에, 무성한 상수리나무
겔 15:2	포도나무가 모든 **나무**보다 나은 것이

'나무'와 관련된 성구

나무의 열매 – 창 2:16, 17; 3:1, 2, 3, 17; 레 27:30; 겔 36:30; 계 2:7

마른 나무 – 사 56:3; 겔 17:24; 20:47; 눅 23:31

못된 나무 – 마 7:17, 18; 눅 6:43

무성한 나무 – 레 23:40; 느 8:15; 사 17:6; 겔 20:28

불 위에 있는 나무 – 레 1:8, 12, 17; 3:5

아름다운 나무 – 레 23:40; 겔 31:16; 슥 11:2

좋은 나무 – 창 2:9; 왕하 3:19, 25; 마 7:17, 18; 눅 6:43

푸른 나무 – 신 12:2; 왕상 14:23; 왕하 16:4; 17:10; 대하 28:4; 사 57:5; 렘 2:20; 3:6, 13; 17:2; 겔 6:13; 17:24; 20:47; 눅 23:31

379

【 나무/-하다 】

	무엇이랴 숲속의 여러 **나무** 가운데에
겔 15:3	**나무**를 가지고 무엇을 제조할 수 있겠
겔 17:9	**나무**가 능히 번성하겠느냐 … 그 **나무**
겔 17:24	모든 **나무**가 나 여호와는 높은 **나무**를 낮추고 낮은 **나무**를 높이며
겔 21:10	내 아들의 규가 모든 **나무**를 업신여기
겔 24:4-5	뼈를 위하여 가마 밑에 **나무**를 쌓아
겔 24:9	흘린 성읍이여 내가 또 **나무** 무더기를
겔 31:4	물이 들의 모든 **나무**에까지 미치매
겔 31:5	**나무**가 물이 많으므로 … 모든 **나무**보다
겔 31:7	큰 물 가에 있으므로 그 **나무**가 크고
겔 31:8	동산의 어떤 **나무**도 그 아름다운
겔 31:9	하나님의 동산 에덴에 있는 모든 **나무**
겔 31:13	모든 새가 그 넘어진 **나무**에 거주하며
겔 31:14	물가에 있는 모든 **나무**는 키가 크다고 교만하지 못하게 … **나무**가 스스로 높아
겔 31:15	슬프게 울게 하며 들의 모든 **나무**를
겔 31:16	에덴의 모든 **나무** 곧 레바논의 뛰어나
겔 31:18	너의 영광과 위대함이 에덴의 **나무들** 중에서 … 그러나 네가 에덴의 **나무들**
겔 34:27	밭에 **나무**가 열매를 맺으며 … 그들의 멍에의 **나무**를 꺾고 그들을 종으로
겔 39:10	그들이 들에서 **나무**를 주워 오지 아니
겔 41:22	곧 **나무** 제단의 높이는 세 척이요 길이는 두 척이며 … 옆과 면을 다 **나무**로
겔 47:7	돌아가니 강 좌우편에 **나무**가 심히
단 4:10	내가 본즉 땅의 중앙에 한 **나무**가 있는
단 4:11	**나무**가 자라서 견고하여지고 그 높이는
단 4:14	그 **나무**를 베고 그 가지를 자르고
단 4:20	왕께서 보신 그 **나무** 자라서 견고하여
단 4:22	왕이여 이 **나무**는 곧 왕이시라 이는
단 4:23	그 **나무**를 베어 없애라 그러나 그 뿌리
단 5:4	그 금, 은, 구리, 쇠, **나무**, 돌로 만든
단 5:23	금, 은, 구리, 쇠와 **나무**, 돌로 만든 신상
호 4:12	백성이 **나무**에게 묻고 그 막대기는 그들
호 4:13	그 **나무** 그늘이 좋음이라 이러므로
욜 1:12	모든 **나무**가 다 시들었으니 이러므로
욜 1:19	들의 모든 **나무**를 살랐음이니이다
욜 2:22	들의 풀이 싹이 나며 **나무**가 열매를
학 1:8	*산에 올라가서 **나무**를 가져다가 성전을*
슥 3:2	불에서 꺼낸 그슬린 **나무**가 아니냐 하실
슥 5:4	그 집 **나무**와 돌과 아울러 사르리라
슥 12:6	유다 지도자들을 **나무** 가운데에 화로

【 나무/-하다 】

복음서

마 3:10	열매를 맺지 아니하는 **나무**마다 찍혀
마 7:19	아름다운 열매를 맺지 아니하는 **나무**
마 12:33	**나무**도 좋고 열매도 좋다 하든지 **나무**도 좋지 않고 … 하라 그 열매로 **나무**
마 13:32	풀보다 커서 **나무**가 되매 공중의 새들
마 21:19	못하시고 **나무**에게 이르시되 이제부터
막 8:24	사람들이 보이나이다 **나무** 같은 것들
막 11:13	**나무**에 무엇이 있을까 하여 가셨더니
막 11:14	예수께서 **나무**에게 말씀하여 이르시되
눅 3:9	좋은 열매 맺지 아니하는 **나무**마다
눅 13:19	겨자씨 한 알 같으니 자라 **나무**가 되어
눅 21:29	이르시되 무화과나무와 모든 **나무**를

역사서 - 예언서

행 5:30	너희가 **나무**에 달아 죽인 예수를 우리
행 10:39	증인이라 그를 그들이 **나무**에 달아
행 13:29	**나무**에서 내려다가 무덤에 두었으나
행 28:3	바울이 **나무** 한 묶음을 거두어 불에
고전 3:12	은이나 보석이나 **나무**나 풀이나 짚으로
약 3:5	작은 불이 얼마나 많은 **나무**를 태우는가
벧전 2:24	친히 **나무**에 달려 그 몸으로 우리 죄를
유 1:12	뿌리까지 뽑힌 열매 없는 가을 **나무**요
계 7:1	바다에나 각종 **나무**에 불지 못하게
계 7:3	땅이나 바다나 **나무들**을 해하지 말라
계 18:12	값진 **나무**와 구리와 철과 대리석으로
계 22:2	열매를 맺고 그 **나무** 잎사귀들은 만국을

나무 가지/나뭇 가지

사 14:19	**나무 가지** 같고 칼에 찔려 돌구덩이
사 17:10	심으며 이방의 **나무 가지**도 이종하는
사 27:10	거기에 누우며 그 **나무 가지**를 먹어
마 21:8	다른 이들은 **나뭇가지**를 베어 길에
막 11:8	또 다른 이들은 들에서 벤 **나뭇가지**를

나무 궤

신 10:1	내게로 나아오고 또 **나무 궤** 하나를

나무 그늘

호 4:13	그 **나무 그늘**이 좋음이라 이러므로

나무 그릇

출 7:19	애굽 온 땅에 **나무 그릇**과 돌 그릇 안에
레 11:32	어떤 것의 주검이 **나무 그릇**에든지

380

【 나무뿌리 】   【 나봇 】

레 15:12 나무 그릇은 다 물로 씻을지니라
딤후 2:20 나무 그릇과 질그릇도 있어 귀하게

나무에 달린 자
갈 3:13 나무에 달린 자마다 저주 아래에 있는

나무 열매
창 3:11 네게 먹지 말라 명한 그 나무 열매를
창 3:12 여자 그가 그 나무 열매를 내게 주므로
창 3:17 네게 먹지 말라 한 나무의 열매를

나무 우상
사 45:20 나아오라 나무 우상을 가지고 다니며

나무 조각
암 4:11 불붙는 가운데서 빼낸 나무 조각같이

나무뿌리(root of tree)
단 4:26 그들이 그 나무뿌리의 그루터기를 남겨
마 3:10 이미 도끼가 나무뿌리에 놓였으니 좋은
눅 3:9 도끼가 나무뿌리에 놓였으니 좋은 열매

나무진(tar)
출 2:3 역청과 나무진을 칠하고 아기를 거기

나무토막(block of wood)
사 44:19 내가 어찌 그 나무토막 앞에 굴복하리요

나물(herb, tender shoot)
출 12:8 불에 구워 무교병과 쓴 나물과 아울러
민 9:11 어린 양에 무교병과 쓴 나물을 아울러
욥 30:4 짠 나물을 꺾으며 대싸리 뿌리로 먹을
사 37:27 풀같이, 푸른 나물같이, 지붕의 풀같이

나발(Nabal) 아비가일의 남편
삼상 25:3 그 사람의 이름은 나발이요 그의 아내
삼상 25:4 다윗이 나발이 자기 양 털을 깎는다
삼상 25:5 올라 나발에게 이르러 내 이름으로
삼상 25:9 이 모든 말을 나발에게 말하기를 마치
삼상 25:10 나발이 다윗의 사환들에게 대답하여
삼상 25:14 나발의 아내 아비가일에게 말하여
삼상 25:19 남편 나발에게는 말하지 아니하니라
삼상 25:25 주는 이 불량한 사람 나발을 개의치 마

옵소서 그의 이름이 … 이름이 나발이
삼상 25:34 아침에는 과연 나발에게 한 남자도 남겨
삼상 25:37 아침에 나발이 포도주에서 깬 후에 그의
삼상 25:38 열흘 후에 여호와께서 나발을 치시매
삼하 3:3 갈멜 사람 나발의 아내였던 아비가일의

> **나발 - 기타 본문**
> 삼상 25:26, 36, 39; 27:3; 30:5; 삼하 2:2

나병(癩病, leprosy)
출 4:6 그의 손에 나병이 생겨 눈같이 된지라
레 13:2 그의 피부에 나병 같은 것이 생기거든
민 12:10 미리암은 나병에 걸려 … 나병에 걸렸
신 24:8 너는 나병에 대하여 삼가서 레위 사람
왕하 5:3 그가 그 나병을 고치리이다 하는지라
대하 26:19 앞에서 그의 이마에 나병이 생긴지라
대하 26:20 왕의 이마에 나병이 생겼음을 보고 성전
마 8:3 받으라 하시니 즉시 그의 나병이 깨끗하
막 1:42 나병이 그 사람에게서 떠나가고 깨끗하
눅 5:12 온몸에 나병 들린 사람이 있어 예수를
눅 5:13 깨끗함을 받으라 하신대 나병이 곧

> **'나병환자'와 관련된 성구**
> 레 13:44, 45; 14:2, 32; 22:4; 민 5:2;
> 삼하 3:29; 왕하 5:1; 7:3, 8, 9; 15:5;
> 대하 26:21, 23; 마 8:2; 10:8; 11:5;
> 26:6; 막 1:40; 14:3; 눅 4:27; 7:22;
> 17:12

> **나병 - 기타 본문**
> 레 13:3, 8, 9, 11, 12, 13, 15, 20, 25, 27, 30, 42,
> 43, 47, 49, 51, 52, 55, 59; 14:3, 7, 34, 44, 54, 55,
> 57; 왕하 5:6, 7, 11, 27

나봇(Naboth) 아합에게 포도원을 팔지 않은 이스르엘 사람
왕상 21:1 나봇에게 이스르엘에 포도원이 있어
왕상 21:4 이스르엘 사람 나봇이 아합에게 대답
왕상 21:6 내가 이스르엘 사람 나봇에게 말하여
왕상 21:7 내가 이스르엘 사람 나봇의 포도원을
왕상 21:8 그의 성읍에서 나봇과 함께 사는 장로
왕상 21:9 금식을 선포하고 나봇을 백성 가운데
왕상 21:14 이세벨에게 통보하기를 나봇이 돌에

[나비] 　　　　　　　　　　　　　　　　　　　　[나사로]

왕상 21:15 이세벨이 **나봇**이 … 이스라엘 사람 **나봇**이 돈으로 바꾸어 주기를 싫어하던
나봇의 포도원을 차지하소서 **나봇**이
왕상 21:18 그가 **나봇**의 포도원을 차지하러 그리로
왕상 21:19 여호와의 말씀이 개들이 **나봇**의 피를
왕하 9:21 이스르엘 사람 **나봇**의 토지에서 만나
왕하 9:25 이스르엘 사람 **나봇**의 밭에 던지라 네가
왕하 9:26 **나봇**의 피와 그의 아들들의 피를 분명히

나봇 – 기타 본문
왕상 21:2, 3, 12, 13, 16

나비(Nahbi) 가나안 정탐꾼 중 하나
민 13:14 납달리 지파에서는 웝시의 아들 **나비**요

나비스(Naphish) 이스마엘의 열한 번째 아들
창 25:15 데마와 여둘과 **나비스**와 게드마니
대상 1:31 **나비스**와 게드마 이들은 이스마엘의
대상 5:19 그들이 하갈 사람과 여두르와 **나비스**와

나쁘다(bad)
출 10:10 보라 그것이 너희에게는 **나쁜** 것이니라
민 13:19 그들이 사는 땅이 좋은지 **나쁜지**와
민 20:5 **나쁜** 곳으로 인도하였느냐 이 곳에는
대하 18:7 **나쁜** 일로만 예언하기로 내가 그를
대하 18:17 아니하고 **나쁜** 일로만 예언할 것이라
렘 24:2 **나빠서** 먹을 수 없는 극히 **나쁜** 무화과
렘 24:3 무화과는 극히 좋고 그 **나쁜** 것은 …
나빠서 먹을 수 없게 **나쁘니이다** 하니
렘 24:8 **나빠서** 먹을 수 없는 이 **나쁜** 무화과
마 6:23 눈이 **나쁘면** 온몸이 어두울 것이니
마 7:17 열매를 맺고 못된 나무가 **나쁜** 열매를
마 7:18 좋은 나무가 **나쁜** 열매를 맺을 수 없고
눅 11:34 것이요 만일 **나쁘면** 네 몸도 어두우리라

나사렛(Nazareth)/-사람(Nazarene)
예수님이 사셨던 갈릴리의 마을과 주민

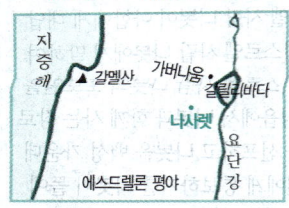

마 2:23 **나사렛**이란 동네에 가서 사니 이는 선지자로 하신 말씀에 **나사렛** 사람
마 4:13 **나사렛**을 떠나 스불론과 납달리 지경
마 21:11 갈릴리 **나사렛**에서 나온 선지자 예수
마 26:71 사람은 **나사렛** 예수와 함께 있었도다
막 1:9 예수께서 갈릴리 **나사렛**으로부터 와서
막 1:24 **나사렛** 예수여 우리가 당신과 무슨 상관
막 10:47 **나사렛** 예수시란 말을 듣고 소리 질러
막 14:67 너도 **나사렛** 예수와 함께 있었도다
막 16:6 십자가에 못 박히신 **나사렛** 예수를 찾는
눅 1:26 보내심을 받아 갈릴리 **나사렛**이란
눅 2:4 다윗의 집 족속이므로 갈릴리 **나사렛**
눅 2:39 돌아가 본 동네 **나사렛**에 이르니라
눅 2:51 예수께서 함께 내려가사 **나사렛**에
눅 4:16 자라나신 곳 **나사렛**에 이르사 안식일에
눅 4:34 아 **나사렛** 예수여 우리가 당신과 무슨
눅 18:37 그들이 **나사렛** 예수께서 지나가신다
눅 24:19 무슨 일이냐 이르되 **나사렛** 예수의 일
요 1:45 우리가 만났으니 요셉의 아들 **나사렛**
요 1:46 나다나엘이 이르되 **나사렛**에서 무슨
요 18:5 대답하되 **나사렛** 예수라 하거늘 이르시
요 18:7 물으신대 그들이 말하되 **나사렛** 예수
요 19:19 **나사렛** 예수 유대인의 왕이라 기록되
행 2:22 하나님께서 **나사렛** 예수로 큰 권능과
행 3:6 네게 주노니 **나사렛** 예수 그리스도의
행 4:10 살리신 **나사렛** 예수 그리스도의 이름
행 6:14 **나사렛** 예수가 이 곳을 헐고 또 모세
행 10:38 하나님이 **나사렛** 예수에게 성령과 능력
행 22:8 박해하는 **나사렛** 예수라 하시더라
행 24:5 하는 자요 **나사렛** 이단의 우두머리라
행 26:9 나도 **나사렛** 예수의 이름을 대적하여

나사로(Lazarus)
1. 거지 이름
눅 16:20 **나사로**라 이름하는 한 거지가 헌데
눅 16:23 아브라함과 그의 품에 있는 **나사로**를
눅 16:24 나를 긍휼히 여기사 **나사로**를 보내어
눅 16:25 **나사로**는 고난을 받았으니 이것을 기억
눅 16:27 구하노니 **나사로**를 내 아버지의 집에

2. 마르다와 마리아의 형제
요 11:1 자매 마르다의 마을 베다니에 사는 **나사로**라
요 11:2 병든 **나사로**는 그의
요 11:5 그 동생과 **나사로**를 사랑하시더니
요 11:6 **나사로**가 병들었다 함을 들으시고

【 나사 모양 】　　　　　　　　　　　　　　　　　【 나아가다 】

요 11:11	우리 친구 **나사로**가 잠들었도다 그러나
요 11:14	예수께서 밝히 이르시되 **나사로**가 죽었
요 11:17	예수께서 와서 보시니 **나사로**가 무덤
요 11:43	큰 소리로 **나사로**야 나오라 부르시니
요 12:1	죽은 자 가운데서 살리신 **나사로**가
요 12:2	마르다는 일을 하고 **나사로**는 예수와
요 12:9	죽은 자 가운데서 살리신 **나사로**도
요 12:10	대제사장들이 **나사로**까지 죽이려고
요 12:11	**나사로** 때문에 많은 유대인이 가서
요 12:17	**나사로**를 무덤에서 불러내어 죽은

나사 모양(螺絲 模樣, winding-NASB)
왕상 6:8　문은 성전 오른쪽에 있는데 **나사 모양**

나서다(go out)
서 2:2　세상의 군왕들이 **나서며** 관원들이 서로
렘 46:4　투구를 쓰고 **나서며** 창을 갈며 갑옷을
행 4:26　세상의 군왕들이 **나서며** 관리들이 함께

나손 1(Nahshon) 유다의 4대손으로 메시아
족보에 들어간 사람
출 6:23	암미나답의 딸 **나손**의 누이 엘리세바
민 1:7	지파에서는 암미나답의 아들 **나손**이
민 2:3	자손의 지휘관은 암미나답의 아들 **나손**
민 7:12	유다 지파 암미나답의 아들 **나손**이라
민 7:17	이는 암미나답의 아들 **나손**의 헌물이
민 10:14	유다 군대는 암미나답의 아들 **나손**이
룻 4:20	암미나답은 **나손**을 낳았고 **나손**은 살몬
대상 2:10	암미나답은 **나손**을 낳았으니 **나손**은
대상 2:11	**나손**은 살마를 낳고 살마는 보아스를
마 1:4	아미나답은 **나손**을 낳고 **나손**은 살몬
눅 3:32	그 위는 살몬이요 그 위는 **나손**이요

나손 2(Nason) 바울이 3차 전도 여행 때 머문
집의 사람
행 21:16　오랜 제자 구브로 사람 **나손**을 데리고

나실인/나실 사람(Nazirite)
민 6:2	특별한 서원 곧 **나실인**의 서원을 하고
민 6:13	**나실인**의 법은 이러하니라 자기의 몸을
민 6:18	몸을 구별한 **나실인**은 회막 문에서
민 6:19	몸을 구별한 **나실인**이 그의 머리털을 민 후에 … 취하여 **나실인**의 두 손에
민 6:20	후에는 **나실인**이 포도주를 마실 수 있느
민 6:21	서원한 **나실인**이 자기의 몸을 구별하
삿 13:5	하나님께 바쳐진 **나실인**이 됨이라 그가
삿 13:7	죽는 날까지 하나님께 바쳐진 **나실인**
삿 16:17	모태에서부터 하나님의 **나실인**이 되었
암 2:11	너희 청년 중에서 **나실인**을 일으켰나니
암 2:12	너희가 **나실 사람**으로 포도주를 마시게

나아가다(go)
〔모세오경〕
창 10:11	그가 그 땅에서 앗수르로 **나아가** 니느웨
창 10:18	자손의 족속이 흩어져 **나아갔더라**
창 18:23	아브라함이 가까이 **나아가** 이르되 주께
창 22:8	하고 두 사람이 함께 **나아가서**
창 24:30	사람에게로 **나아감**이라 그 때에 그가
창 27:18	아버지에게 **나아가서** 내 아버지여
창 29:10	외삼촌의 양을 보고 **나아가** 우물 아귀
창 33:3	그들 앞에서 **나아가되** 몸을 일곱 번
창 33:14	세일로 가서 내 주께 **나아가리이다**
창 38:16	길 곁으로 그에게 **나아가** 이르되 청하
창 43:19	요셉의 집 청지기에게 가까이 **나아가**
창 48:10	아들을 이끌어 아버지 앞으로 **나아가니**
창 48:13	하여 이끌어 그에게 가까이 **나아가매**
출 14:15	자손에게 명령하여 앞으로 **나아가게**
출 22:9	재판장 앞에 **나아갈** 것이요 재판장
출 24:14	있는 자는 그들에게로 **나아갈지니라**
출 32:31	모세가 여호와께로 다시 **나아가** 여짜
출 33:7	자는 다 진 바깥 회막으로 **나아가며**
출 33:8	모세가 회막으로 **나아갈** 때에는 백성
출 40:36	모든 행진하는 길에 앞으로 **나아갔고**
출 40:37	떠오르는 날까지 **나아가지** 아니하였
레 9:7	제단에 **나아가** 네 속죄제와 네 번제를
레 9:8	아론이 제단에 **나아가** 자기를 위한
레 16:1	두 아들이 여호와 앞에 **나아가다가**
민 3:6	레위 지파는 **나아가** 제사장 아론 앞에
민 10:28	같이 그들의 군대를 따라 **나아갔더라**
민 11:26	사람이 진영에 머물고 장막에 **나아가지**
민 12:5	부르시는지라 그 두 사람이 **나아가매**
민 17:13	가까이 **나아가는** 자 곧 여호와의 성막에 가까이 **나아가는** 자마다 다 죽사오
민 20:18	내가 칼을 들고 **나아가** 너를 대적할까
민 22:16	발람에게로 **나아가서** 그에게 이르되
민 22:26	여호와의 사자가 더 **나아가서** 좌우로

【 나아가다 】 　　　　　　　　　　　　　　　　　　　　【 나아가다 】

신 2:3	다닌 지 오래니 돌이켜 북으로 **나아가라**	삿 11:29	암몬 자손에게로 **나아갈** 때
신 5:27	가까이 **나아가서** 우리 하나님 여호와	삿 18:9	가만히 있느냐 **나아가서** 그 땅 얻기
신 9:3	불과 같이 네 앞에 **나아가신즉** 여호와	삿 19:12	것이 아니니 기브아로 **나아가리라**
신 12:5	곳인 그 계실 곳으로 찾아 **나아가서**	삿 19:14	모두 앞으로 **나아가더니** 베냐민에 속한
신 17:9	재판장에게 **나아가서** 물으라 그리하면	삿 20:23	다시 **나아가서** 내 형제 베냐민 자손에
신 19:17	하나님 앞에 **나아가** 그 당시의 제사장과	삿 20:24	자손이 베냐민 자손을 치러 **나아가매**
신 20:2	제사장은 백성에게 **나아가서** 고하여	삿 20:28	여쭈기를 우리가 다시 **나아가** 내 형제
신 20:10	네가 어떤 성읍으로 **나아가서** 치려	삿 20:37	기브아로 돌격하고 **나아가며** 칼날로
신 21:19	이르러 그 성읍 장로들에게 **나아가서**	삼상 1:24	여호와의 집에 **나아갔는데** 아이가
신 25:7	성문으로 장로들에게로 **나아가서**	삼상 8:4	모여 라마에 있는 사무엘에게 **나아가서**
신 25:9	장로들 앞에서 그에게 **나아가서** 그의	삼상 9:18	성문 안 사무엘에게 **나아가** 이르되
신 26:3	제사장에게 **나아가** 그에게 이르기를	삼상 10:3	**나아가서** 다볼 상수리나무에 이르면
역사서		삼상 11:3	구원할 자가 없으면 네게 **나아가리라**
수 2:23	아들 여호수아에게 **나아가서** 그들이	삼상 11:10	너희에게 **나아가리니** 너희 생각에
수 3:6	언약궤를 메고 백성에 앞서 **나아가니라**	삼상 14:36	이리로 와서 하나님께로 **나아가사이다**
수 3:14	언약궤를 메고 백성 앞에서 **나아가니라**	삼상 17:40	가지고 블레셋 사람에게로 **나아가니라**
수 5:13	여호수아가 **나아가서** 그에게 묻되 너는	삼상 17:41	다윗에게로 점점 가까이 **나아가니라**
수 6:4	언약궤 앞에서 **나아갈** 것이요 일곱째	삼상 17:45	하나님의 이름으로 네게 **나아가노라**
수 6:6	잡고 여호와의 궤 앞에서 **나아가라**	삼상 17:55	블레셋 사람을 향하여 **나아감을** 보고
수 6:7	여호와의 궤 앞에서 **나아갈지니라**	삼상 19:18	라마로 가서 사무엘에게로 **나아가서**
수 6:8	일곱을 잡고 여호와 앞에서 **나아가며**	삼상 22:4	모압 왕앞에 **나아갔더니** 그들은 다윗이
수 6:20	백성이 각기 앞으로 **나아가** 그 성에	삼상 26:7	백성에게 **나아가** 본즉 사울이 진영
수 10:29	막게다에서 립나로 **나아가서** 립나와	삼상 29:2	**나아가고** 다윗과… 뒤에서 **나아가더니**
수 10:31	립나에서 라기스로 **나아가서** 대진하고	삼하 2:15	일어나 그 수대로 **나아가니** 베냐민과
수 10:34	라기스에서 에글론으로 **나아가서** 대진	삼하 3:20	다윗에게 **나아가니** 다윗이 아브넬과
수 15:4	시내로 **나아가** 바다에 이르러 경계	삼하 3:24	왕에게 **나아가** 이르되 어찌 하심이니
수 15:7	비탈 맞은편 길갈을 향하고 **나아가**	삼하 5:24	여호와가 너보다 앞서 **나아가서** 블레셋
수 15:9	에브론 산 성읍들로 **나아가고** 또 바알라	삼하 10:13	대항하여 싸우려고 **나아가니** 그들이
수 15:11	에그론 비탈 북쪽으로 **나아가** 식그론	삼하 13:24	압살롬이 왕께 **나아가** 말하되 이제
수 16:2	벧엘에서부터 루스로 **나아가** 아렉 족속	삼하 14:33	요압이 왕께 **나아가서** 그에게 아뢰매
수 16:6	서쪽으로 **나아가** 북쪽 믹므다에 이르		왕이 … 그가 왕께 **나아가** 그 앞에서
수 16:7	여리고를 만나서 요단에 **나아가고**	삼하 15:33	네가 만일 나와 함께 **나아가면** 내게
수 18:13	거기서부터 루스로 **나아가서** 루스 남쪽	삼하 20:8	그가 **나아갈** 때에 칼이 빠져 떨어졌더라
수 18:15	여아림 끝에서부터 서쪽으로 **나아**	삼하 20:22	백성에게 **나아가매** 그들이 비그리의
수 18:17	엔 세메스로 **나아가서** 아둠밈 비탈 맞은편 글릴롯으로 **나아가서** 르우벤	삼하 23:13	굴에 내려가 다윗에게 **나아갔는데**
수 19:13	네아까지 연결된 림몬에 **나아가서**	왕상 2:40	가드로 가서 아기스에게 **나아가** 그의
수 19:27	느이엘에 이르고 가불 왼쪽으로 **나아가서**	왕상 11:18	애굽 왕 바로에게 **나아가매** 바로가
수 19:34	혹곡으로 **나아가** 남쪽은 스불론에 이르	왕상 18:21	백성에게 가까이 **나아가** 이르되 너희
수 22:15	므낫세 반 지파에게 **나아가서** 그들에	왕상 18:36	엘리야가 **나아가서** 말하되 아브라함
삿 1:11	거기서 **나아가서** 드빌의 주민들을	왕상 20:13	아합 왕에게 **나아가서** 이르되 여호와
삿 4:5	이스라엘 자손이 그에게 **나아가** 재판	왕상 20:31	이스라엘의 왕에게로 **나아가면** 그가
삿 9:52	망대의 문에 가까이 **나아가서** 그것을	왕하 2:15	그에게로 **나아가** 땅에 엎드려 그에게
		왕하 2:21	엘리사가 물 근원으로 **나아가서** 소금

384

【 나아가다 】

왕하 4:7	하나님의 사람에게 **나아가서** 말하니
왕하 4:23	그에게 **나아가고자** 하느냐 하는지라
왕하 4:25	하나님의 사람에게로 **나아가니라**
왕하 4:27	하나님의 사람에게 **나아가서** 그 발을
왕하 6:19	너희가 찾는 사람에게로 **나아가리라**
왕하 8:3	호소하려 하여 왕에게 **나아갔더라**
왕하 8:9	낙타 사십 마리에 싣고 **나아가서** 그의
왕하 8:14	그의 주인에게 **나아가니** 왕이 그에게
왕하 16:12	제단을 보고 제단 앞에 **나아가** 그 위에
왕하 18:37	찢고 히스기야에게 **나아가서** 랍사게
왕하 19:5	왕의 신복이 이사야에게 **나아가니**
왕하 20:9	그림자가 십도를 **나아갈** 것이니이까
왕하 20:10	그림자가 십도를 **나아가기는** 쉬우니
왕하 20:11	해시계 위에 **나아갔던** 해 그림자
왕하 22:14	훌다에게로 **나아가니** 그는 할하스의
왕하 24:12	바벨론 왕에게 **나아가매** 왕이 잡으니
왕하 25:20	가지고 립나 바벨론 왕에게 **나아가매**
왕하 25:23	미스바로 가서 그달리야에게 **나아가매**
대상 11:3	왕에게로 **나아가니** 헤브론에서 다윗
대상 12:33	능히 진영에 **나아가서** 싸움을 잘하는
대상 14:15	하나님이 앞서 **나아가서** 블레셋 사람
대상 19:2	땅에 이르러 하눈에게 **나아가** 문상하매
대상 19:14	아람 사람 앞에 **나아가니** 그들이
대상 21:11	갓이 다윗에게 **나아가** 그에게 말하되
대상 21:21	다윗이 오르난에게 **나아가매** 오르난
대하 1:5	솔로몬이 회중과 더불어 **나아가서**
대하 20:28	이르러 여호와의 전에 **나아가니라**
대하 34:9	대제사장 힐기야에게 **나아가** 전에
대하 34:16	사반이 책을 가지고 왕에게 **나아가서**
대하 34:22	여선지자 훌다에게로 **나아가니** 그는
스 5:8	하나님의 성전에 **나아가** 본즉 성전을
스 8:17	족장 잇도에게 **나아가게** 하고 잇도
느 2:14	앞으로 **나아가** 샘문과 왕의 못에 이르러
느 13:6	왕에게 **나아갔다가** 며칠 후에 왕에게
에 2:8	헤개의 수하에 **나아갈** 때에 에스더도
에 2:12	아하수에로 왕에게 **나아가기** 전에
에 2:13	왕에게 **나아갈** 때에는 그가 구하는
에 2:14	다시 왕에게 **나아가지** 못하더라
에 2:15	에스더가 차례대로 왕에게 **나아갈** 때에
에 4:8	왕에게 **나아가서** 그 앞에서 자기 민족을
에 4:16	어기고 왕에게 **나아가리니** 죽으면
에 6:14	에스더가 베푼 잔치에 빨리 **나아가니라**
에 9:25	에스더가 왕 앞에 **나아감으로** 말미암아

시가서

욥 23:3	발견하고 그의 처소에 **나아가랴**
욥 39:21	힘 있음을 기뻐하며 앞으로 **나아가서**
시 42:2	어느 때에 **나아가서** 하나님의 얼굴을
시 43:4	하나님의 제단에 **나아가** 나의 큰 기쁨
시 44:9	군대와 함께 **나아가지** 아니하시나이다
시 58:3	나면서부터 곁길로 **나아가** 거짓을
시 60:10	주께서 우리 군대와 함께 **나아가지**
시 81:5	하나님이 애굽 땅을 치러 **나아가시던**
시 84:7	힘을 얻고 더 얻어 **나아가** 시온에서
시 95:2	감사함으로 그 앞에 **나아가며** 시를 지어
시 100:2	노래하면서 그의 앞에 **나아갈지어다**
시 108:11	우리의 군대들과 함께 **나아가지** 아니
시 144:14	우리가 **나아가** 막는 일이 없으며 우리
잠 5:5	그의 걸음은 스올로 **나아가나니**
잠 30:27	임금이 없으되 다 떼를 지어 **나아가는**

대선지서

사 16:12	성소에 **나아가서** 기도할지라도 소용
사 30:29	이스라엘의 반석에게로 **나아가는**
사 36:3	아들 사관 요아가 그에게 **나아가니라**
사 36:22	옷을 찢고 히스기야에게 **나아가서**
사 37:5	왕의 신하들이 이사야에게 **나아가매**
사 38:1	이사야가 **나아가** 그에게 이르되 여호와
사 38:8	아하스의 해시계에 **나아갔던** 해 그림자
사 41:1	서로 재판 자리에 가까이 **나아가자**
사 45:24	사람들이 그에게로 **나아갈** 것이라 무릇
사 55:12	기쁨으로 **나아가며** 평안히 인도함을
사 57:9	기름을 가지고 몰렉에게 **나아가되**
사 62:10	성문으로 **나아가라 나아가라** 백성이
렘 3:13	이방인들에게로 **나아가** 모든 푸른 나무
렘 15:2	**나아가리요** 하거든 … 죽음으로 **나아가고** … 칼로 **나아가고** … 기근으로 **나아가고** … 포로 됨으로 **나아갈지니라**
렘 31:6	하나님 여호와께로 **나아가자** 하리라
렘 36:20	왕께 **나아가서** 이 모든 말을 왕의 귀에
렘 40:6	그다랴에게로 **나아가서** 그 땅에 남아
렘 41:5	여호와의 성전으로 **나아가려** 한지라
렘 44:3	다른 신들에게 **나아가** 분향하여 섬겨서
렘 52:26	립나에 있는 바벨론의 왕에게 **나아가매**
애 1:4	절기를 지키려 **나아가는** 사람이 없음
겔 3:15	강 가에 거주하는 자들에게 **나아가**
겔 3:22	**나아가라** 내가 거기서 너와 말하리라
겔 3:23	일어나 들로 **나아가니** 여호와의 영광

【 나아가다 】　　　　　　　　　　　　　　　　　　　　　　　　【 나아란 】

겔 10:11	돌리지 아니하고 **나아가되** 몸을 돌리지 아니하고 … 향한 곳으로 **나아가며**	행 8:29	이르시되 이 수레로 가까이 **나아가라**
겔 10:16	곁에서 **나아가고** 그룹들이 날개를 들어	행 13:14	버가에서 더 **나아가** 비시디아 안디옥
겔 26:20	옛적 사람에게로 **나아가게** 하고 너를	서신서, 예언서	
겔 30:9	내 앞에서 배로 **나아가서** 염려 없는	롬 1:10	너희에게로 **나아갈** 좋은 길 얻기를
겔 38:11	평안히 거주하는 백성에게 **나아가서**	롬 15:29	내가 너희에게 **나아갈** 때에 그리스도
겔 40:46	여호와께 가까이 **나아가** 수종드는 자니	롬 15:32	기쁨으로 너희에게 **나아가** 너희와 함께
겔 45:4	하나님께 가까이 **나아가서** 수종드는	고전 2:1	형제들아 내가 너희에게 **나아가** 하나님
겔 47:3	동쪽으로 **나아가며** 천 척을 측량한 후에	고전 4:18	어떤 이들은 내가 너희에게 **나아가지**
단 6:6	왕에게 **나아가서** 그에게 말하되 다리오	고전 4:19	너희에게 속히 **나아가서** 교만한 자들
단 6:12	그들이 **나아가서** 왕의 금령에 관하여	고전 4:21	**나아가랴** … 온유한 마음으로 **나아가랴**
단 7:13	계신 이에게 **나아가** 그 앞으로 인도되	고전 14:6	형제들아 내가 너희에게 **나아가서** 방언
단 7:16	하나에게 **나아가서** 이 모든 일의 진상	고후 2:1	근심 중에 **나아가지** 아니하기로 스스로
단 8:6	양에게로 **나아가되** 분노한 힘으로 그것	고후 8:17	자원하여 너희에게 **나아갔고**
단 8:7	숫양에게로 가까이 **나아가서는** 더욱	고후 10:14	지나쳐 **나아간** 것이 아니요 그리스도
소선지서		엡 2:18	성령 안에서 아버지께 **나아감을** 얻게
호 3:5	여호와와 그의 은총으로 **나아가리라**	엡 3:12	확신을 가지고 하나님께 **나아감을** 얻느
욜 2:7	각기 자기의 길로 **나아가되** 그 줄을	딤전 5:24	먼저 심판에 **나아가고** 어떤 사람들의
욜 2:8	**나아가며** 무기를 돌파하고 **나아가나**	딤후 2:16	경건하지 아니함에 점점 **나아가나니**
암 5:5	브엘세바로도 **나아가지** 말라 길갈은	딤후 3:9	그러나 그들이 더 **나아가지** 못할 것은
미 6:6	여호와 앞에 **나아가며** … 일 년 된 송아지를 가지고 그 앞에 **나아갈까**	몬 1:22	내가 너희에게 **나아갈** 수 있기를 바라
합 1:9	**나아가며** 사람을 사로잡아 모으기를	히 4:16	은혜의 보좌 앞에 담대히 **나아갈** 것이
습 3:2	하나님에게 가까이 **나아가지** 아니하	히 6:2	닦지 말고 완전한 데로 **나아갈지니라**
복음서, 역사서		히 7:25	자기를 힘입어 하나님께 **나아가는** 자들
마 26:30	찬미하고 감람산으로 **나아가니라**	히 10:22	온전한 믿음으로 하나님께 **나아가자**
마 26:39	조금 **나아가사** 얼굴을 땅에 대시고	히 11:6	하나님께 **나아가는** 자는 반드시 그가
마 26:42	다시 두 번째 **나아가** 기도하여 이르시	히 11:8	장래의 유업으로 받을 땅에 **나아갈새**
마 26:44	그들을 두시고 **나아가** 세 번째 같은	히 13:13	짊어지고 영문 밖으로 그에게 **나아가자**
마 26:71	앞문까지 **나아가니** 다른 여종이 그를	벧전 2:4	입은 보배로운 산 돌이신 예수께 **나아가**
마 28:9	여자들이 **나아가** 그 발을 붙잡고 경배	요이 1:10	너희에게 **나아가거든** 그를 집에 들이
막 1:5	**나아가** 자기 죄를 자복하고 요단 강에서	계 6:2	면류관을 받고 **나아가서** 이기고 또
막 1:31	**나아가사** 그 손을 잡아 일으키시니 열병	계 10:9	내가 천사에게 **나아가** 작은 두루마리
막 14:35	**나아가사** 땅에 엎드리어 될 수 있는	계 22:14	생명나무에 **나아가며** 문들을 통하여
막 14:39	**나아가** 동일한 말씀으로 기도하시고		
막 15:8	무리가 **나아가서** 전례대로 하여 주기를	**나아라**(Naarah)	
눅 7:7	내가 주께 **나아가기도** 감당하지 못할	**1. 에브라임 지파의 성읍**	
눅 7:20	**나아가** 이르되 세례 요한이 우리를	수 16:7	야노아에서부터 아다롯과 **나아라로**
눅 10:40	예수께 **나아가** 이르되 주여 내 동생이	**2. 유다 지파의 아스훌의 아내**	
눅 21:38	이른 아침에 성전에 **나아가더라**	대상 4:5	아스훌의 두 아내는 헬라와 **나아라라**
요 11:29	듣고 급히 일어나 예수께 **나아가매**	대상 4:6	**나아라는** 그에게 아훗삼과 헤벨과 데므니와 … 주었으니 이는 **나아라의**
요 18:4	그 당할 일을 다 아시고 **나아가** 이르시		
행 3:11	놀라며 달려 **나아가** 솔로몬의 행각이	**나아란**(Naaran) **에브라임 지파의 성읍**	
		대상 7:28	동쪽으로는 **나아란**이요 서쪽에는 게셀

나아래

나아래(Naarai) 다윗의 용사 중의 한 사람
대상 11:37 헤스로와 에스배의 아들 **나아래**와

나아마

나아마(Naamah)
1. 가인의 자손
창 4:22 만드는 자요 두발가인의 누이는 **나아마**
2. 솔로몬의 아내로 르호보암의 어머니
왕상 14:21 그의 어머니의 이름은 **나아마**요 암몬
왕상 14:31 그의 어머니의 이름은 **나아마**요 암몬
대하 12:13 르호보암의 어머니의 이름은 **나아마**
3. 유다 기업 중 블레셋 평원의 성읍
수 15:41 그데롯과 벧다곤과 **나아마**와 막게다
4. 욥의 친구 소발의 고향
욥 2:11 수아 사람 빌닷과 **나아마** 사람 소발이
욥 11:1 **나아마** 사람 소발이 대답하여 이르되
욥 20:1 **나아마** 사람 소발이 대답하여 이르되
욥 42:9 **나아마** 사람 소발이 가서 여호와께서

나아만

나아만(Naaman)
1. 아람 군대장관
왕하 5:1 아람 왕의 군대 장관 **나아만**은
왕하 5:2 하나를 사로잡으매 그가 **나아만**의 아내
왕하 5:4 **나아만**이 들어가서 그의 주인께 아뢰
왕하 5:5 **나아만**이 곧 떠날새 은 십 달란트와
왕하 5:6 내 신하 **나아만**을 당신에게 보내오니
왕하 5:9 **나아만**이 이에 말들과 병거들을 거느
왕하 5:11 **나아만**이 노하여 물러가며 이르되
왕하 5:14 **나아만**이 이에 내려가서 하나님의 사람
왕하 5:15 **나아만**이 모든 군대와 함께 하나님의
왕하 5:16 **나아만**이 받으라고 강권하되 그가 거절
왕하 5:17 **나아만**이 이르되 그러면 청하건대 노새
왕하 5:20 아람 사람 **나아만**에게 면하여 주고
왕하 5:21 **나아만**의 뒤를 쫓아가니 **나아만**이 자기
왕하 5:23 **나아만**이 이르되 바라건대 두 달란트
왕하 5:27 **나아만**의 나병이 네게 들어 네 자손에
눅 4:27 오직 수리아 사람 **나아만**뿐이었느니라
2. 베냐민의 아들
창 46:21 벨라와 베겔과 아스벨과 게라와 **나아만**
3. 베냐민 자손으로 나아만 가족의 조상
민 26:40 **나아만**에게서 **나아만** 종족이 났으니
대상 8:4 아비수아와 **나아만**과 아호아와
대상 8:7 **나아만**과 아히야와 게라며 게라는

나아오다

나아오다(come)
모세오경
창 6:20 각기 둘씩 네게로 **나아오리니** 그 생명
창 7:9 명하신 대로 암수 둘씩 노아에게 **나아와**
창 7:15 육체가 둘씩 노아에게 **나아와** 방주로
창 33:6 여종들이 그의 자식들과 더불어 **나아와**
창 33:7 그의 자식들과 더불어 **나아와** 절하고
창 48:9 그 후에 요셉이 라헬과 더불어 **나아와**
창 48:9 그들을 데리고 내 앞으로 **나아오라**
출 16:9 여호와께 가까이 **나아오라** 여호와께
출 24:2 모세만 여호와께 가까이 **나아오고** 그들은 가까이 **나아오지** 말며 백성은
출 28:1 함께 네게로 **나아오게** 하여 나를 섬기는
출 32:26 편에 있는 자는 내게로 **나아오라**
레 9:5 가져오고 온 회중이 **나아와** 여호와
레 10:4 그들에게 이르되 **나아와** 너희 형제들
민 10:3 앞에 모여서 네게로 **나아올** 것이요
민 10:4 지휘관들이 모여서 네게로 **나아올** 것이요
민 12:4 세 사람은 회막으로 **나아오라** 하시니
민 13:26 회중에게 **나아와** 그들에게 보고하고
민 16:5 자기에게 가까이 **나아오게** 하시되 …
자기에게 가까이 **나아오게** 하시리니
민 16:16 함께 내일 여호와 앞으로 **나아오되**
민 31:12 자손의 회중에게로 **나아오니라**
민 31:48 백부장들이 모세에게 **나아와서**
민 32:16 그들이 모세에게 가까이 **나아와** 이르되
민 36:1 길르앗 자손 종족들의 수령들이 **나아와**
신 1:22 앞으로 **나아와** 말하기를 우리가 사람
신 4:11 너희가 가까이 **나아와서** 산 아래에 서니
신 5:23 지파의 수령과 장로들이 내게 **나아와**
신 10:1 올라 내게로 **나아오고** 또 나무궤 하나
신 20:3 대적과 싸우려고 **나아왔으니** 마음에
신 31:14 불러서 함께 회막으로 **나아오라** 내가
역사서
수 7:14 지파대로 가까이 **나아오라** 여호와께 뽑히는 … 가까이 **나아올** 것이요 여호와께 뽑히는 … 가까이 **나아올** 것이요 … 남자들이 가까이 **나아올** 것이며
수 7:16 그의 지파대로 가까이 **나아오게** 하였
수 7:17 족속을 가까이 **나아오게** 하였더니 …
각 남자를 가까이 **나아오게** 하였더니
수 7:18 삽디의 가족 각 남자를 가까이 **나아오게**
수 11:5 왕들이 모두 모여 **나아와서** 이스라엘

【 나아오다 】　　　　　　　　　　　　　　　　　　　　　　　　　　　　　【 나아오다 】

수 14:6	여호수아에게 **나아오고** 그니스 사람
수 17:4	여호수아와 지도자들 앞에 **나아와서**
수 18:9	진영에 돌아와 여호수아에게 **나아오니**
수 21:1	자손의 지파 족장들에게 **나아**
삼상 10:19	지파대로 천 명씩 여호와 앞에 **나아오라**
삼상 17:43	막대기를 가지고 내게 **나아왔느냐** 하고
삼상 17:45	칼과 창과 단창으로 내게 **나아오거니와**
삼상 23:19	사울에게 **나아와** 이르되 다윗이 우리
삼하 1:2	다윗에게 **나아와** 땅에 엎드려 절하매
삼하 3:24	아브넬이 왕에게 **나아왔거늘** 어찌하여
삼하 3:35	석양에 뭇 백성이 **나아와** 다윗에게
삼하 5:1	다윗에게 **나아와** 이르되 보소서 우리
삼하 5:3	헤브론에 이르러 왕에게 **나아오매** 다윗
삼하 9:6	므비보셋이 다윗에게 **나아와** 그 앞에
삼하 19:8	백성이 왕 앞으로 **나아오니라** 이스라엘
삼하 19:17	강을 밟고 건너 왕 앞으로 **나아오니라**
삼하 19:41	온 이스라엘 사람이 왕께 **나아와** 왕께
왕상 2:13	어머니 밧세바에게 **나아온지라**
왕상 10:2	그가 솔로몬에게 **나아와** 자기 마음에
왕상 12:12	모든 백성이 르호보암에게 **나아왔으니**
왕상 18:19	갈멜 산으로 모아 내게로 **나아오게**
왕상 20:22	그 선지자가 이스라엘 왕에게 **나아와**
왕상 20:28	이스라엘 왕에게 **나아와** 말하여 이르
왕상 20:33	벤하닷이 이에 왕에게 **나아오니** 왕이
왕상 21:5	아내 이세벨이 그에게 **나아와** 이르되
왕상 22:21	영이 **나아와** 여호와 앞에 서서 말하되
왕하 2:3	제자들이 엘리사에게로 **나아와**
왕하 2:5	엘리사에게 **나아와** 이르되 여호와께
왕하 5:13	그의 종들이 **나아와서** 말하여 이르되
왕하 10:6	이스르엘에 이르러 내게 **나아오라** 하였
왕하 10:19	불러 내게로 **나아오게** 하라 모든 오지
왕하 11:9	제사장 여호야다에게 **나아오매**
왕하 18:31	내게 항복하고 내게로 **나아오라** 그리
왕하 20:1	이사야가 그에게 **나아와서** 그에게 이르
왕하 20:14	히스기야 왕에게 **나아와** 그에게 이르
대상 12:23	헤브론에 이르러 다윗에게로 **나아와서**
대상 19:3	그의 신하들이 왕에게 **나아온** 것이
대하 9:1	그가 솔로몬에게 **나아와** 자기 마음에
대하 12:5	르호보암과 방백들에게 **나아와** 이르
대하 25:7	하나님의 사람이 아마샤에게 **나아와서**
대하 29:31	여호와께 드렸으니 마땅히 **나아와** 제물
스 4:2	스룹바벨과 족장들에게 **나아와** 이르되
스 5:3	그들의 동관들이 다 **나아와** 그들에게

스 9:1	이 일 후에 방백들이 내게 **나아와**
느 4:20	그리로 모여서 우리에게로 **나아오라**
느 5:17	족속들 중에서 우리에게로 **나아온** 자들이
에 1:11	앞으로 **나아오게** 하여 그의 아리따움
에 4:4	**나아와** 전하니 왕후가 매우 근심하여

시가서, 선지서

욥 19:12	군대가 일제히 **나아와서** 길을 돋우고
시 65:2	주여 모든 육체가 주께 **나아오리이다**
사 34:1	열국이여 너희는 **나아와** 들을지어다
사 36:16	항복하고 내게로 **나아오라** 그리하면
사 39:3	히스기야 왕에게 **나아와** 묻되 그 사람
사 41:1	힘을 새롭게 하라 가까이 **나아오라**
사 45:20	너희는 모여 오라 함께 가까이 **나아오라**
사 48:16	내게 가까이 **나아와** 이것을 들으라
사 50:8	누구냐 내게 가까이 **나아올지어다**
사 55:1	목마른 자들아 물로 **나아오라** 돈 없는
사 55:3	귀를 기울이고 내게로 **나아와** 들으라
사 60:3	왕들은 비치는 네 광명으로 **나아오리라**
사 60:14	자손이 몸을 굽혀 네게 **나아오며** 너를
사 66:23	안식일에 모든 혈육이 내 앞에 **나아와**
렘 4:7	나라들을 멸하는 자가 **나아왔으되**
렘 42:1	낮은 자로부터 높은 자까지 다 **나아와**
겔 9:1	죽이는 무기를 손에 들고 **나아오게**
겔 14:1	이스라엘 장로 두어 사람이 **나아와**
겔 14:22	그들이 너희에게로 **나아오리니** 너희
겔 23:17	바벨론 사람이 **나아와** 연애하는 침상
겔 33:21	도망하여 온 자가 내게 **나아와** 말하기
겔 33:22	도망한 자가 내게 **나아오기** 전날 저 녁에 … 사람이 내게 **나아올** 그 때에
겔 33:31	네게 **나아오며** 내 백성처럼 네 앞에
겔 44:13	내게 가까이 **나아와** 제사장의 직분을
겔 44:15	가까이 **나아와** 수종을 들되 내 앞에
겔 44:16	내 성소에 가까이 **나아와** 내게 수종들
단 3:8	갈대아 사람들이 **나아와** 유다 사람들
단 6:15	무리들이 또 모여 왕에게로 **나아와서**
단 11:10	물이 넘침같이 **나아올** 것이며 그가
욜 3:9	병사로 다 가까이 **나아와서** 올라오게
슥 5:5	말하던 천사가 **나아와서** 내게 이르되

신약

마 3:5	요단 강 사방에서 다 그에게 **나아와**
마 4:3	시험하는 자가 예수께 **나아와서** 이르
마 4:11	예수를 떠나고 천사들이 **나아와서**
마 5:1	올라가 앉으시니 제자들이 **나아온지라**

【 나아오다 】

마 7:15	양의 옷을 입고 너희에게 **나아오나** 속에
마 8:2	한 나병환자가 **나아** 절하며 이르되
마 8:5	들어가시니 한 백부장이 **나아와** 간구
마 8:19	서기관이 **나아와** 예수께 아뢰되 선생
마 8:25	제자들이 **나아와** 깨우며 이르되 주여
마 9:14	요한의 제자들이 예수께 **나아와** 이르
마 9:28	맹인들이 그에게 **나아오거늘** 예수께서
마 13:10	제자들이 예수께 **나아와** 이르되 어찌
마 13:36	제자들이 **나아와** 이르되 밭의 가라지
마 14:15	저녁이 되매 제자들이 **나아와** 이르되
마 15:1	예루살렘으로부터 예수께 **나아와** 이르
마 15:12	이에 제자들이 **나아와** 이르되 바리새인
마 17:7	예수께서 **나아와** 그들에게 손을 대시며
마 17:19	제자들이 조용히 예수께 **나아와** 이르되
마 17:24	세겔 받는 자들이 베드로에게 **나아와**
마 18:1	때에 제자들이 예수께 **나아와** 이르되
마 18:21	그 때에 베드로가 **나아와** 이르되 주여
마 19:3	바리새인들이 예수께 **나아와** 그를 시험
마 21:14	저는 자들이 성전에서 예수께 **나아오매**
마 21:23	백성의 장로들이 **나아와** 이르되 네가
마 24:1	성전에서 **나와서** 가실 때에 제자들이
	성전 건물들을 … 보이려고 **나아오니**
마 25:34	아버지께 복 받을 자들이여 **나아**
마 26:7	향유 한 옥합을 가지고 **나아와서** 식사
마 26:17	첫날에 제자들이 예수께 **나아와서** 이르
마 26:49	예수께 **나아와** 랍비여 안녕하시옵니까
마 26:50	그들이 **나아와** 예수께 손을 대어 잡는
마 26:69	한 여종이 **나아와** 이르되 너도 갈릴리
마 26:73	사람들이 **나아와** 베드로에게 이르되
마 28:18	예수께서 **나아와** 말씀하여 이르시되
막 1:45	사람들이 그에게로 **나아오더라**
막 3:8	그가 하신 큰일을 듣고 **나아오는지라**
막 3:13	원하는 자들을 부르시니 **나아온지라**
막 6:35	저물어가매 제자들이 예수께 **나아와**
막 6:55	병든 자를 침상째로 메고 **나아오니**
막 7:32	**나아** 안수하여 주시기를 간구하거늘
막 8:22	맹인 한 사람을 데리고 예수께 **나아와**
막 10:2	바리새인들이 예수께 **나아와** 그를 시험
막 10:35	야고보와 요한이 주께 **나아와** 여짜오되
막 10:50	뛰어 일어나 예수께 **나아오거늘**
막 11:27	서기관들과 장로들이 **나아와**
막 12:28	예수께서 잘 대답하신 줄을 알고 **나아와**
막 14:45	와서 곧 예수께 **나아와** 랍비여 하고

【 나오다 】

눅 1:43	주의 어머니가 내게 **나아오니** 이 어찌
눅 2:38	마침 이 때에 **나아와서** 하나님께 감사
눅 3:7	요한이 세례 받으러 **나아오는** 무리에
눅 4:40	병자들을 데리고 **나아오매** 예수께서
눅 7:4	예수께 **나아와** 간절히 구하여 이르되
눅 8:4	사람들이 예수께로 **나아와** 큰 무리를
눅 8:24	제자들이 **나아와** 깨워 이르되 주여
눅 8:47	떨며 **나아와** 엎드리어 그 손 댄 이유
눅 9:12	저물어 가매 열두 사도가 **나아와** 여짜
눅 12:37	종들을 자리에 앉히고 **나아와** 수종들
눅 13:31	그 때에 어떤 바리새인들이 **나아와서**
눅 15:1	말씀을 들으러 가까이 **나아오니**
눅 19:16	첫째가 **나아와** 이르되 주인이여 당신
눅 23:36	군인들도 희롱하면서 **나아와** 신 포도주
요 1:29	예수께서 자기에게 **나아오심을** 보고
요 8:2	**나아오는지라** 앉으사 그들을 가르치시
행 5:14	주께로 **나아오는** 자가 더 많으니 남녀
행 12:20	한마음으로 그에게 **나아와** 왕의 침소
히 10:1	늘 드리는 같은 제사로는 **나아오는** 자
계 5:7	그 어린 양이 **나아와서** 보좌에 앉으신
계 21:9	일곱 천사 중 하나가 **나아와서** 내게

나암(Naam) 갈렙의 자손

대상 4:15	갈렙의 자손은 이루와 엘라와 **나암**과

나오다(go out)
모세오경

창 2:10	강이 에덴에서 흘러 **나와** 동산을 적시
창 8:16	네 며느리들과 함께 방주에서 **나오고**
창 9:10	방주에서 **나온** 모든 것 곧 땅의 모든
창 10:14	(가슬루힘에게서 블레셋이 **나왔더라**)
창 14:5	그와 함께 한 왕들이 **나와서**
창 14:18	떡과 포도주를 가지고 **나왔으니**
창 15:14	자손이 큰 재물을 이끌고 **나오리라**
창 19:30	딸과 함께 소알에서 **나와** 산에 올라
창 24:11	여인들이 물을 길으러 **나올** 때였더라
창 24:15	리브가 물동이를 어깨에 메고 **나오니**
창 25:25	먼저 **나온** 자는 붉고 전신이 털옷 같으
창 30:16	돌아오매 레아가 **나와서** 그를 영접하며
창 35:11	백성들의 총회가 네게서 **나오고** 왕들이
창 36:40	에서에게서 **나온** 족장들의 이름은
창 38:29	네가 어찌하여 터뜨리고 **나오느냐** 하였
창 41:5	무성하고 충실한 일곱 이삭이 **나오고**

389

【 나오다 】　　　　　　　　　　　　　　　　　　　　　　　　　　　　　【 나오다 】

창 43:31	얼굴을 씻고 **나와서** 그 정을 억제하고	민 33:3	사람의 목전에서 큰 권능으로 **나왔으니**
출 1:5	야곱의 허리에서 **나온** 사람이 모두	신 2:32	그의 모든 백성을 거느리고 **나와서**
출 3:2	떨기나무 가운데로부터 **나오는** 불꽃	신 4:36	네가 불 가운데서 **나오는** 그의 말씀을
출 4:14	그가 너를 만나러 **나오나니** 그가 너를	신 4:45	이스라엘 자손이 애굽에서 **나온** 후에
출 8:13	집과 마당과 밭에서부터 **나와서**	신 5:23	불에 타며 캄캄한 가운데에서 **나오는**
출 9:31	그 때에 보리는 이삭이 **나왔고** 삼은	신 8:3	여호와의 입에서 **나오는** 모든 말씀으로
출 12:39	그들이 애굽으로부터 가지고 **나온** 발교	신 11:10	차지하려 하는 땅은 네가 **나온** 애굽
출 12:41	군대가 다 애굽 땅에서 **나왔은즉**	신 24:9	애굽에서 **나오는** 길에서 네 하나님
출 13:3	애굽 곧 종 되었던 집에서 **나온** 그 날을	신 25:17	애굽에서 **나오는** 길에 아말렉이 네게
출 15:20	모든 여인도 그를 따라 **나오며** 소고를	**역사서**	
출 15:22	이스라엘을 인도하매 그들이 **나와서**	수 2:10	너희가 애굽에서 **나올** 때에 여호와께
출 16:1	광야에 이르니 애굽에서 **나온** 후 둘째	수 4:18	제사장들이 요단 가운데서 **나오며**
출 17:6	그것에서 물이 **나오리니** 백성이 마시	수 5:6	애굽에서 **나온** 족속 곧 군사들이
출 25:32	가지 여섯을 등잔대 곁에서 **나오게** 하	수 8:22	복병도 성읍에서 **나와** 그들을 치매 그들
	되 다른 세 가지는 이쪽으로 **나오고**	수 20:6	곧 자기가 도망하여 **나온** 자기 성읍
	다른 세 가지는 저쪽으로 **나오게** 하며	수 24:1	부르매 그들이 하나님 앞에 **나와** 선지라
출 32:24	불에 던졌더니 이 송아지가 **나왔나이다**	삿 3:23	에훗이 현관에 **나와서** 다락문들을 뒤에
레 9:23	아론이 회막에 들어갔다가 **나와서**	삿 5:4	주께서 세일에서부터 **나오시고**
레 9:24	불이 여호와 앞에서 **나와** 제단 위에	삿 6:21	불이 바위에서 **나와** 고기와 무교병을
레 14:38	제사장은 그 집 문으로 **나와** 그 집을	삿 9:15	불이 가시나무에서 **나와서** 레바논의
레 16:17	속죄하고 **나오기**까지는 누구든지 회막	삿 9:35	아들 가알이 **나와서** 성읍 문 입구
레 16:24	몸을 씻고 자기 옷을 입고 **나와서** 자기	삿 11:31	내 집 문에서 **나와서** 나를 영접하는
레 21:12	성소에서 **나오지** 말며 그의 하나님의	삿 14:4	부모는 이 일이 여호와께로부터 **나온**
민 1:1	이스라엘 자손이 애굽 땅에서 **나온**	삿 14:14	먹는 자에게서 먹는 것이 **나오고** 강한
민 8:9	회막 앞에 **나오게** 하고 이스라엘		자에게서 단 것이 **나왔느니라** 하니라
민 9:1	애굽 땅에서 **나온** 다음 해 첫째 달에	삿 20:1	브엘세바까지와 길르앗 땅에서 **나와서**
민 11:20	우리가 어찌하여 애굽에서 **나왔던가**	삿 20:21	베냐민 자손이 기브아에서 **나와서** 당일
민 16:27	그들의 처자와 유아들과 함께 **나와서**	삿 21:21	포도원에서 **나와서** 실로의 딸 중에서
민 21:33	옥이 그의 백성을 다 거느리고 **나와서**	룻 1:7	있던 곳에서 **나오고** 두 며느리가 그와
민 22:32	내가 너를 막으려고 **나왔더니**	삼상 1:3	자기 성읍에서 **나와서** 실로에 올라가
민 24:17	야곱에게서 **나오며** 한 규가 이스라엘	삼상 2:14	갈고리에 걸려 **나오는** 것은 제사장이

📖 **나오다 – 기타 본문**

모세오경 창 8:18, 19; 9:18; 14:8, 17; 17:6; 24:5, 13, 45; 25:26; 36:18; 38:28, 30; 41:6, 22; 47:10; 출 5:20; 7:15; 8:20, 30; 10:6; 13:4, 8, 18; 16:29; 19:17; 21:7; 23:15; 25:33, 35; 28:35; 34:18, 34; 37:18, 19, 21; 레 10:2, 5; 15:3; 16:18; 19:36; 21:21; 민 8:10; 11:31; *12:12; 16:35; 20:5, 20; 21:13, 23, 28; 22:5, 11;* 26:4; 32:11; 33:38; 신 1:44; 2:23; 3:1; 4:37, 46; 5:23, 24; 9:7; 16:3, 6; 23:4; 24:11; 28:57; 29:7 **역사서** 수 5:4, 5; 8:6; 11:4; 삿 1:24; 5:14; 6:8; 9:20, 29, 33, 42, 43, 48; 11:34; 18:18; 19:23; 20:15, 25, 31, 33, 37, 42; 21:24; 삼상 4:16; 9:11, 14 ; 11:7; 13:17, 23; 14:22; 15:2; 17:8, 20; 18:6, 30; 22:3; 23:15; 26:20; 삼하 2:12, 13; 3:26; 6:3; 10:8; 11:23; 15:24; 16:5; 17:17; 19:19; 20:7; 22:46; 24:7; 왕상 2:7, 30; 8:9; 20:17, 18; 왕하 2:24; 4:21; 6:9, 33; 7:12; 9:24; 21:15; 24:7; 대상 1:12; 12:16, 29; 27:1; 대하 5:9, 10, 11; 15:9; 20:10; 30:25; 느 7:7; 9:18; 에 7:8; 8:15 **시가서** 욥 10:18;

【 나오다 】   【 나오다 】

삼상 14:11	그들이 숨었던 구멍에서 **나온다** 하고
삼상 17:16	사십 일을 조석으로 **나와서** 몸을 나타
삼상 17:23	하는 자가 그 전열에서 **나와서** 전과
삼상 20:27	어제와 오늘 식사에 **나오지** 아니하느냐
삼상 30:21	함께한 백성을 영접하러 **나오는**지라
삼하 1:2	한 사람이 사울의 진영에서 **나왔는데**
삼하 6:4	하나님의 궤를 싣고 **나올** 때에 아효는
삼하 6:20	사울의 딸 미갈이 **나와서** 다윗을 맞으
삼하 11:17	그 성 사람들이 **나와서** 요압과 더불어
삼하 22:9	연기가 오르고 입에서 불이 **나와** 사름
왕상 6:1	애굽 땅에서 **나온** 지 사백팔십 년이요
왕상 8:10	제사장이 성소에서 **나올** 때에 구름이
왕하 2:23	아이들이 성읍에서 **나와** 그를 조롱하
왕하 5:7	왕이 틈을 타서 **나와** 더불어 시비하려
왕하 5:11	내 생각에는 그가 내게로 **나와** 서서
왕하 9:11	예후가 **나와서** 그의 주인의 신복들에
왕하 19:9	당신과 싸우고자 **나왔다** 함을 듣고
왕하 19:31	예루살렘에서부터 **나올** 것이요 피하 는 자는 시온 산에서부터 **나오리니**
왕하 19:35	밤에 여호와의 사자가 **나와서** 앗수르
대상 2:53	소라와 에스다올 두 종족이 **나왔으며**
대상 2:55	조상 함맛에게서 **나온** 겐 종족이더라
대상 13:7	아비나답의 집에서 **나오는데** 웃사와
대상 21:21	타작마당에서 **나와** 얼굴을 땅에 대고
대하 6:9	허리에서 **나올** 네 아들 그가 내 이름
대하 10:12	백성이 르호보암에게 **나왔으니** 이는
대하 16:7	유다 왕 아사에게 **나아가서** 그에게 이르되
대하 18:20	영이 **나와서** 여호와 앞에 서서 말하되
대하 35:22	하나님의 입에서 **나온** 느고의 말을 듣지
스 2:2	바아나 등과 함께 **나온** 이스라엘 백성
에 5:9	하만이 마음이 기뻐 즐거이 **나오더니**
에 8:1	모르드개가 왕 앞에 **나오니**

시가서

욥 1:21	모태에서 알몸으로 **나왔사온즉** 또한
욥 3:11	태에서 죽어 **나오지** 아니하였던가
욥 8:10	마음에서 **나오는** 말을 하지 아니하겠
욥 23:10	후에는 내가 순금같이 되어 **나오리라**
욥 28:5	땅으로부터 **나오나** 그 밑은 불처럼
욥 37:2	하나님의 음성 곧 그의 입에서 **나오는**
욥 38:8	바다가 그 모태에서 터져 **나올** 때에
욥 41:32	빛나는 물줄기가 **나오니** 그는 깊은
시 14:7	구원이 시온에서 **나오기를** 원하도다
시 17:1	입술에서 **나오는** 나의 기도에 귀를 기울
시 19:5	그의 신방에서 **나오는** 신랑과 같고
시 19:6	하늘 이 끝에서 **나와서** 하늘 저 끝까지
시 22:9	주께서 나를 모태에서 **나오게** 하시고
시 36:3	그의 입에서 **나오는** 말은 죄악과 속임
시 62:1	나의 구원이 그에게서 **나오는도다**
시 81:16	반석에서 **나오는** 꿀로 너를 만족하게
시 104:23	사람은 **나와서** 일하며 저녁까지 수고
시 105:43	그의 백성이 즐겁게 **나오게** 하시며 그 의 택한 자는 노래하며 **나오게** 하시고
시 110:3	같은 주의 청년들이 주께 **나오는도다**
잠 16:1	응답은 여호와께로부터 **나오느니라**
잠 18:20	사람은 입에서 **나오는** 열매로 말미암
잠 25:5	장색의 쓸 만한 그릇이 **나올** 것이요
전 2:24	본즉 하나님의 손에서 **나오는** 것이로다
전 5:15	모태에서 벌거벗고 **나왔은즉** 그가 나온
아 3:11	시온의 딸들아 **나와서** 솔로몬 왕을
아 6:6	이는 목욕하고 **나오는** 암양 떼 같으니

대선지서

사 2:3	율법이 시온에서부터 **나올** 것이요 …

🕮 나오다 - 기타 본문

12:22; 15:22; 20:15, 25; 26:4; 37:9, 22; 41:19, 20; 시 18:8, 45; 22:10; 38:5; 45:8; 62:5; 68:22, 26, 31; 78:15; 97:3; 105:37; 109:7; 114:1; 전 4:14; 10:5; 아 4:2 **선지서** 사 30:6, 13; 37:9; 42:7; 48:16; 49:9; 52:11; 12; 59:5; 렘 3:18; 5:6; 20:18; 25:38; 30:19; 31:4; 37:5, 7; 44:28; 48:44; 50:8; 51:6; 애 3:38; 62; 겔 3:25; 5:4; 11:7; 14:22; 15:7; 20:10, 34, 38; 21:19; 23:44; 24:26; 33:30; 37:13; 38:8; 47:2; 단 2:45; 3:26; 7:10, 20; 11:11, 29; 호 13:13; 욜 3:7; 미 1:11; 7:15, 17; 나 1:11; 합 1:7; 3:5; 슥 5:5, 6; 7:12; 10:4 **복음서** 마 2:6; 5:26; 8:28, 32; 14:14; 15:18, 22; 21:16; 24:1; 25:6; 26:55; 막 1:25, 26; 2:13; 3:21; 4:5; 5:2, 8, 13; 6:34; 7:16, 20, 23, 31; 8:11; 9:25; 14:48; 눅 4:35; 7:12; 8:29, 33, 35; 10:10; 11:24, 53; 15:28; 요 4:30; 11:43; 19:4 **역사서 - 예언서** 행 1:18; 7:7, 36; 12:10, 13; 16:18; 25:7; 고후 6:17; 히 3:16; 계 6:4, 5, 8; 9:3, 18; 11:5; 13:12; 14:17, 18; 17:8

【 나오다 】   【 나오다 】

	예루살렘에서부터 **나올** 것임이니라	슥 2:6	천사가 나가고 다른 천사가 **나와서**
사 11:16	이스라엘이 애굽 땅에서 **나오던** 날과	슥 5:9	두 여인이 **나오는데** 학의 날개 같은
사 26:21	여호와께서 그의 처소에서 **나오사** 땅의	슥 6:1	네 병거가 두 산 사이에서 **나오는데**
사 37:32	남은 자가 예루살렘에서 **나오며** 피하	말 4:2	나가서 외양간에서 **나온** 송아지같이
	는 자가 시온 산에서 **나올** 것임이라	**복음서**	
사 48:1	유다의 허리에서 **나왔으며** 여호와의	마 4:4	하나님의 입으로부터 **나오는** 모든 말씀
사 48:20	바벨론에서 **나와서** 갈대아인을 피하고	마 12:44	내가 **나온** 내 집으로 돌아가리라 하고
사 53:2	연한 순 같고 마른 땅에서 **나온** 뿌리	마 13:5	흙이 깊지 아니하므로 곧 싹이 **나오나**
렘 1:5	배에서 **나오기** 전에 너를 성별하였고	마 15:11	입에서 **나오는** 그것이 사람을 더럽게
렘 7:25	조상들이 애굽 땅에서 **나온** 날부터	마 15:19	마음에서 **나오는** 것은 악한 생각과 살인
렘 23:15	예루살렘 선지자들로부터 **나와서**	마 21:11	갈릴리 나사렛에서 **나온** 선지자 예수
렘 23:16	여호와의 입에서 **나온** 것이 아니니라	마 27:53	무덤에서 **나와서** 거룩한 성에 들어가
렘 30:21	그 영도자는 그들 중에서 **나올** 것이요	막 1:29	회당에서 **나와** 곧 야고보와 요한과 함께
	그 통치자도 그들 중에서 **나오리라**	막 11:12	베다니에서 **나왔을** 때에 예수께서 시장
렘 38:8	에벳멜렉이 왕궁에서 **나와** 왕께 고하여	막 16:8	여자들이 몹시 놀라 떨며 **나와** 무덤
렘 41:6	그들을 영접하러 미스바에서 **나와** 울며	눅 1:22	**나와서** 그들에게 말을 못하니 백성
렘 46:9	용사여 **나오라** 방패 잡은 구스 사람과	눅 4:22	증언하고 그 입으로 **나오는** 바 은혜로
	붓 사람과 … 사람이여 **나올지니라**	눅 4:42	날이 밝으매 예수께서 **나오사** 한적한
렘 50:3	한 나라가 북쪽에서 **나와서** 그를 쳐서	눅 5:2	어부들은 배에서 **나와서** 그물을 씻는
렘 51:45	그중에서 **나와** 각기 여호와의 진노를	눅 6:19	능력이 예수께로부터 **나와서** 모든 사람
겔 3:12	영광이 그의 처소로부터 **나오는도다**	눅 11:54	그 입에서 **나오는** 말을 책잡고자 하여
겔 19:14	불이 그 가지 중 하나에서부터 **나와**	눅 12:59	결코 거기서 **나오지** 못하리라 하시니라
겔 20:41	여러 나라 가운데에서 **나오게** 하고	눅 22:52	같이 검과 몽치를 가지고 **나왔느냐**
겔 37:12	너희로 거기에서 **나오게** 하고 이스라엘	요 5:29	행한 자는 심판의 부활로 **나오리라**
겔 39:2	북쪽 끝에서부터 **나와서** 이스라엘	요 7:41	어찌 갈릴리에서 **나오겠느냐**
겔 42:14	제사장이 성소에 들어갔다가 **나올** 때에	요 7:42	마을 베들레헴에서 **나오리라** 하지 아니
겔 47:1	문지방 밑에서 물이 **나와** 동쪽으로	요 8:42	하나님께로부터 **나와서** 왔음이라
단 2:34	손대지 아니한 돌이 **나와서** 신상의	요 10:9	또는 들어가며 **나오며** 꼴을 얻으리라
단 5:13	다니엘이 부름을 받아 왕의 앞에 **나오매**	요 11:44	수족을 베로 동인 채로 **나오는데**
단 5:24	앞에서 이 손가락이 **나와서** 이 글을	요 15:26	아버지께로부터 **나오시는** 진리의 성령
단 7:3	짐승 넷이 바다에서 **나왔는데** 그 모양	요 16:28	아버지에게서 **나와** 세상에 왔고 다시
단 8:17	선 곳으로 나왔는데 그가 **나올** 때에	요 16:30	하나님께로부터 **나오심을** 우리가 믿사
소선지서		요 17:8	내가 아버지께로부터 **나온** 줄을 참으로
호 6:5	죽였노니 내 심판은 빛처럼 **나오느니라**	요 19:5	옷을 입고 **나오시니** 빌라도가 그들
욜 2:16	**나오게** 하며 신부도 그 신방에서 **나오게**	요 19:34	옆구리를 찌르니 곧 피와 물이 **나오더라**
욜 3:18	성전에서 샘이 흘러 **나와서** 싯딤 골짜기	**역사서 – 예언서**	
미 1:3	여호와께서 그의 처소에서 **나오시고**	행 12:9	베드로가 **나와서** 따라갈새 천사가 하는
미 4:2	율법이 시온에서부터 **나올** 것이요 여	행 12:17	주께서 자기를 이끌어 옥에서 **나오게**
	호와의 말씀이 예루살렘에서부터 **나올**	행 16:40	두 사람이 옥에서 **나와** 루디아의 집에
미 5:2	다스릴 자가 네게서 내게로 **나올** 것이며	행 22:14	입에서 **나오는** 음성을 듣게 하셨으니
합 3:4	광선이 그의 손에서 **나오니** 그의 권능	행 26:13	해보다 더 밝은 빛이 **나와** 내 동행들
합 3:13	부음 받은 자를 구원하시려고 **나오사**	행 28:3	뜨거움으로 말미암아 독사가 **나와**
학 2:5	애굽에서 **나올** 때에 내가 너희와 언약	롬 11:36	만물이 주에게서 **나오고** 주로 말미암고

392

【 나오미 】　　　　　　　　　　　　　　　　【 나이 】

고전 1:30	하나님으로부터 **나와서** 우리에게 지혜	룻 4:14	여인들이 **나오미**에게 이르되 찬송할
딤전 1:5	거짓이 없는 믿음에서 **나오는** 사랑이	룻 4:16	**나오미**가 아기를 받아 품에 품고 그의
히 11:15	그들이 **나온** 바 본향을 생각하였더라	룻 4:17	**나오미**에게 아들이 태어났다 하여 그의
약 3:10	한 입에서 찬송과 저주가 **나오는도다**		
벧후 3:5	땅이 물에서 **나와** 물로 성립된 것도	**나욧**(Naioth)	라마의 성읍
요일 4:1	많은 거짓 선지자가 세상에 **나왔음이라**	삼상 19:18	다윗과 사무엘이 **나욧**으로 가서 살았
요이 1:7	미혹하는 자가 세상에 많이 **나왔나니**	삼상 19:19	이르되 다윗이 라마 **나욧**에 있더이다
계 1:16	그의 입에서 좌우에 날선 검이 **나오고**	삼상 19:22	사람이 르되 라마 **나욧**에 있나이다
계 7:9	셀 수 없는 큰 무리가 **나와** 흰 옷을 입고	삼상 19:23	라마 **나욧**으로 가니라 … 그에게도 임
계 7:14	환난에서 **나오는** 자들인데 어린 양의		하시니 그가 라마 **나욧**에 이르기까지
계 8:7	섞인 우박과 불이 **나와서** 땅에 쏟아지매	삼상 20:1	다윗이 라마 **나욧**에서 도망하여 요나단
계 9:17	입에서는 불과 연기와 유황이 **나오더라**		
계 13:1	바다에서 한 짐승이 **나오는데** 뿔이	**나이**(age)	
계 14:15	다른 천사가 성전으로부터 **나와** 구름	모세오경	
계 15:6	일곱 천사가 성전으로부터 **나와** 맑고	창 9:29	**나이**가 구백오십 세가 되어 죽었더라
계 16:13	입과 거짓 선지자의 입에서 **나오니**	창 11:32	데라는 **나이**가 이백오 세가 되어 하란
계 18:4	백성아, 거기서 **나와** 그의 죄에 참여	창 18:11	아브라함과 사라는 **나이**가 많아 늙었
계 19:15	입에서 예리한 검이 **나오니** 그것으로	창 24:1	아브라함이 **나이**가 많아 늙었고 여호와
계 19:21	말 탄 자의 입으로부터 **나오는** 검에	창 25:8	**나이**가 높고 늙어서 기운이 다하여
계 22:1	및 어린 양의 보좌로부터 **나와서**	창 27:1	이삭이 **나이**가 많아 눈이 어두워
		창 35:28	이삭의 **나이**가 백팔십 세라
나오미(Naomi)	룻의 시어머니	창 35:29	이삭이 **나이**가 많고 늙어 기운이 다하매
룻 1:2	그의 아내의 이름은 **나오미**요	창 43:33	앞에 앉되 그들의 **나이**에 따라 앉히게
룻 1:3	**나오미**의 남편 엘리멜렉이 죽고 **나오미**	창 44:12	**나이** 많은 자에게부터 시작하여 **나이**
룻 1:8	**나오미**가 두 며느리에게 이르되 너희	창 47:8	바로가 야곱에게 묻되 네 **나이**가 얼마냐
룻 1:10	**나오미**에게 이르되 아니니이다 우리	창 47:9	내 **나이**가 얼마 못 되니 우리 조상의
룻 1:11	**나오미**가 이르되 내 딸들아 돌아가라	창 47:28	십칠 년을 거주하였으니 그의 **나이**가
룻 1:15	**나오미**가 또 이르되 보라 네 동서는	창 48:10	이스라엘의 눈이 **나이**로 말미암아
룻 1:18	**나오미**가 룻이 자기와 함께 가기로	출 6:16	므라리요 레위의 **나이**는 백삼십칠
룻 1:19	이르기를 이이가 **나오미**냐 하는지라	출 6:18	웃시엘이요 고핫의 **나이**는 백삼십삼
룻 1:20	**나오미**가 그들에게 이르되 나를 **나오미**	출 6:20	낳았으며 아므람의 **나이**는 백삼십칠
룻 1:21	어찌 나를 **나오미**라 부르느냐 하니라	출 28:10	그들의 **나이**대로 여섯 이름을 한 보석
룻 1:22	**나오미**가 모압 지방에서 그의 며느리	민 33:39	호르 산에서 죽던 때의 **나이**는 백이십
룻 2:1	**나오미**의 남편 엘리멜렉의 친족으로	신 31:2	**나이** 백이십 세라 내가 더 이상 출입
룻 2:2	여인 룻이 **나오미**에게 이르되 원하건	신 34:7	모세가 죽을 때 **나이** 백이십 세였으나
룻 2:6	**나오미**와 함께 모압 지방에서 돌아온	역사서	
룻 2:20	**나오미**가 자기 며느리 … 그치지	수 13:1	여호수아가 **나이**가 많아 늙으매 여호
	아니하도다 하고 **나오미**가 또 그에게		와께서 그에게 이르시되 너는 **나이**가
룻 2:22	**나오미**가 며느리 룻에게 이르되 내 딸	수 14:7	내 **나이** 사십 세에 여호와의 종 모세가
룻 3:1	룻의 시어머니 **나오미**가 그에게 이르되	수 23:1	후에 여호수아가 **나이** 많아 늙은지라
룻 4:3	모압 지방에서 돌아온 **나오미**가 우리	수 23:2	이르되 나는 **나이**가 많아 늙었도다
룻 4:5	보아스가 이르되 네가 **나오미**의 손에	삿 8:32	요아스의 아들 기드온이 **나이**가 많아
룻 4:9	**나오미**의 손에서 산 일에 너희가 오늘	삼상 4:15	엘리의 **나이**가 구십팔 세라 그의 눈이

【 나이 】　　　　　　　　　　　　　　　　　　　　　　　　　　　　【 나일 】

삼상 4:18	부러져 죽었으니 **나이**가 많고 비대한
삼상 17:12	사울 당시 사람 중에 **나이**가 많아 늙은
삼하 2:10	이스라엘 왕이 될 때에 **나이**가 사십 세
삼하 4:4	이스르엘에서 올 때에 그의 **나이**가 다섯
삼하 5:4	다윗이 **나이** 삼십 세에 왕위에 올라
삼하 19:32	바르실래는 매우 늙어 **나이**가 팔십 세
삼하 19:35	내 **나이**가 이제 팔십 세라 어떻게 좋고
왕상 1:1	다윗 왕이 **나이**가 많아 늙으니 이불을
왕상 11:4	솔로몬의 **나이**가 많을 때에 그의 여인
왕상 14:4	아히야는 **나이**가 많아 눈이 어두워 보지
왕상 14:21	르호보암이 왕위에 오를 때에 **나이**가
왕상 22:42	여호사밧이 왕이 될 때에 **나이**가 삼십
왕하 8:17	여호람이 왕이 될 때에 **나이**가 삼십이
왕하 8:26	아하시야가 왕이 될 때에 **나이**가 이십
왕하 11:21	요아스가 왕이 될 때에 **나이**가 칠 세
왕하 14:2	그가 왕이 된 때에 **나이** 이십오 세라
왕하 14:21	왕으로 삼으니 그 때에 그의 **나이**가
왕하 15:2	그가 왕이 될 때에 **나이**가 십육 세라
왕하 16:2	아하스가 왕이 될 때에 **나이**가 이십 세
왕하 18:2	그가 왕이 될 때에 **나이**가 이십오 세라
왕하 21:1	므낫세가 왕이 될 때에 **나이**가 십이 세
왕하 21:19	아몬이 왕이 될 때에 **나이**가 이십일
왕하 22:1	요시야가 왕위에 오를 때에 **나이**가
왕하 23:31	여호아하스가 왕이 될 때에 **나이**가 이십
왕하 23:36	여호야김이 왕이 될 때에 **나이**가 이십
왕하 24:8	여호야긴이 왕이 될 때에 **나이**가 십팔
왕하 24:18	시드기야가 왕이 될 때에 **나이**가 이십
대상 23:1	다윗이 **나이**가 많아 늙으매 아들 솔로몬
대상 29:28	그가 **나이** 많아 늙도록 부하고 존귀를
대하 12:13	르호보암이 왕위에 오를 때에 **나이**가
대하 20:31	왕위에 오를 때에 **나이**가 삼십오 세라
대하 21:5	여호람이 왕위에 오를 때에 **나이**가 삼십
대하 22:2	아하시야가 왕이 될 때에 **나이**가 사십
대하 24:1	왕위에 오를 때에 **나이**가 칠 세라
대하 24:15	여호야다가 **나이**가 많고 늙어서 죽으
대하 25:1	아마샤가 왕위에 오를 때에 **나이**가
대하 26:1	백성이 **나이**가 십육 세 된 웃시야를
대하 26:3	웃시야가 왕위에 오를 때에 **나이**가 십육
대하 27:1	요담이 왕위에 오를 때에 **나이**가 이십
대하 27:8	요담이 왕위에 오를 때에 **나이**가 이십
대하 28:1	아하스가 왕위에 오를 때에 **나이**가 이십
대하 29:1	히스기야가 왕위에 오를 때에 **나이**가
대하 33:1	므낫세가 왕이 될 때에 **나이**가 십이
대하 33:21	아몬이 왕위에 오를 때에 **나이**가 이십
대하 34:1	요시야가 왕위에 오를 때에 **나이**가
대하 36:2	여호아하스가 왕위에 오를 때에 **나이**가
대하 36:5	여호야김이 왕위에 오를 때에 **나이**가
대하 36:9	여호야긴이 왕위에 오를 때에 **나이**가
대하 36:11	시드기야가 왕위에 오를 때에 **나이**가
스 3:12	사람들과 **나이** 많은 족장들은 첫 성전

시가서, 선지서

욥 15:10	아버지보다 **나이**가 많은 사람도 있느
욥 32:4	엘리후는 그들의 **나이**가 자기보다 여러
욥 32:7	내가 말하기를 **나이**가 많은 자가 말할
욥 42:17	욥이 늙어 **나이**가 차서 죽었더라
시 61:6	왕에게 장수하게 하사 그의 **나이**가 여러
렘 6:11	남편과 아내와 **나이** 든 사람과 늙은이
렘 52:1	시드기야가 왕이 오를 때에 **나이**가
슥 8:4	**나이**가 많으므로 저마다 손에 지팡이

신약

막 5:42	소녀가 곧 일어나서 걸으니 **나이**가 열두
눅 1:7	그들에게 자식이 없고 두 사람의 **나이**
눅 1:18	내가 늙고 아내도 **나이**가 많으니이다
눅 2:36	안나라 하는 선지자가 있어 **나이**가 매우
딤전 5:9	과부로 명부에 올릴 자는 **나이**가 육십
몬 1:9	사랑으로써 간구하노라 **나이**가 많은
히 11:11	믿음으로 사라 자신도 **나이**가 많아 단산

나인(Nain) 갈릴리의 한 성읍

눅 7:11	예수께서 **나인**이란 성으로 가실새 제자

나일(Nile) 이집트의 강

창 41:1	바로가 꿈을 꾼즉 자기가 **나일** 강가에 서
창 41:3	파리한 다른 일곱 암소가 **나일** 강가에서 올라와 그 소와 함께 **나일** 강가에 서 있더니
창 41:17	요셉에게 이르되 내가 꿈에 **나일** 강
창 41:18	아름다운 일곱 암소가 **나일** 강가에
출 1:22	그를 **나일** 강에 던지고 딸이거든 살려
출 2:3	아기를 거기 담아 **나일** 강가 갈대 사이
출 2:5	바로의 딸이 목욕하러 **나일** 강으로 내

【 나중 】　　　　　　　　　　　　　【 나타나다 】

	려오고 시녀들은 **나일** 강가를 거닐
출 4:9	너는 **나일** 강 물을 조금 떠다가 땅에 부으라 네가 떠온 **나일** 강 물이 땅에
출 7:15	너는 **나일** 강가에 서서 그를 맞으며
출 7:17	손의 지팡이로 **나일** 강을 치면 그것
출 7:20	지팡이를 들어 **나일** 강을 치니 그 물이
출 7:21	**나일** 강의 고기가 죽고 그 물에서는 악취가 나니 애굽 사람들이 **나일** 강
출 7:24	애굽 사람들은 **나일** 강 물을 마실 수 없으므로 **나일** 강가를 두루 파서 마실
출 7:25	여호와께서 **나일** 강을 치신 후 이레가
출 8:3	개구리가 **나일** 강에서 무수히 생기고
출 8:9	개구리를 왕과 왕궁에서 끊어 **나일** 강
출 8:11	백성을 떠나서 **나일** 강에만 있으리이다
출 17:5	이스라엘 장로들을 데리고 **나일** 강을
사 19:7	**나일** 가까운 곳 **나일** 언덕의 초장과 **나일** 강 가까운 곡식 밭이 다 말라서
사 19:8	탄식하며 **나일** 강에 낚시를 던지는 자며
사 23:3	시홀의 곡식 곧 **나일**의 추수를 큰 물로
사 23:10	다시스여 **나일**같이 너희 땅에 넘칠지어
렘 46:7	물이 출렁임 같고 **나일** 강이 불어남
렘 46:8	애굽은 **나일** 강이 불어남 같고 강물이
슥 10:11	바다 물결을 치리니 **나일**의 깊은 곳이

나중(after/latter)

출 4:8	표징을 받지 아니하여도 **나중** 표징의
민 24:22	가인이 쇠약하리니 **나중**에는 앗수르
룻 3:10	베푼 인애가 처음보다 **나중**이 더하도
삼하 19:11	왕을 궁으로 모시는 일에 **나중**이 되느
삼하 19:12	왕을 도로 모셔오는 일에 **나중**이 되리
대하 20:35	유다 왕 여호사밧이 **나중**에 이스라엘
스 8:13	아도니감 자손 중에 **나중** 된 자의 이름
욥 8:7	시작은 미약하였으나 네 **나중**은 심히
잠 28:23	아첨하는 자보다 **나중**에 더욱 사랑을
잠 29:21	곱게 양육하면 그가 **나중**에는 자식인
전 10:14	장래 일을 알지 못하나니 **나중**에 일어날
사 41:4	처음에도 나요 **나중** 있을 자에게도
렘 12:4	**나중** 일을 보지 못하리라 함이니이다
애 1:9	**나중**을 생각하지 아니함이여 그러므로
단 8:3	다른 뿔보다 길었고 그 긴 것은 **나중**에
욜 2:3	그들의 **나중**의 땅은 황폐한 들 같으니
학 2:9	**나중** 영광이 이전 영광보다 크리라
마 12:45	사람의 **나중** 형편이 전보다 더욱 심하
마 19:30	먼저 된 자로서 **나중** 되고 **나중** 된 자
마 20:8	품꾼들을 불러 **나중** 온 자로부터 시작
마 20:14	네 것이나 가지고 가라 **나중** 온 이 사람
마 20:16	이와 같이 **나중** 된 자로서 먼저 되고 먼저 된 자로서 **나중** 되리라
막 10:31	먼저 된 자로서 **나중** 되고 **나중** 된 자
눅 11:26	사람의 **나중** 형편이 전보다 더 심하게
눅 13:30	**나중** 된 자로서 먼저 될 자도 있고 먼저 된 자로서 **나중** 될 자도 있느니라
고전 15:8	맨 **나중**에 만삭되지 못하여 난 자 같은
고전 15:26	**나중**에 멸망받을 원수는 사망이니라
벧후 2:20	그 중에 얽매이고 지면 그 **나중** 형편이
계 2:19	인내를 아노니 네 **나중** 행위가 처음 것

나직이(mumble)

사 29:4	네 말소리가 **나직이** 티끌에서 날 것이

나타나다(appear)

구약

창 9:14	때에 무지개가 구름 속에 **나타나면**
출 3:2	안에서 그에게 **나타나시니라** 그가 보니
출 16:10	여호와의 영광이 구름 속에 **나타나더라**
출 34:3	온 산에 아무도 **나타나지** 못하게 하고
레 9:6	여호와의 영광이 너희에게 **나타나리라**
레 9:23	여호와의 영광이 온 백성에게 **나타나며**
민 9:15	성막 위에 불 모양 같은 것이 **나타나서**
민 14:10	이스라엘 모든 자손에게 **나타나시니**
민 16:19	영광이 온 회중에게 **나타나시니라**
민 16:42	덮었고 여호와의 영광이 **나타났더라**
민 20:6	여호와의 영광이 그들에게 **나타나며**
삿 6:12	여호와의 사자가 기드온에게 **나타나**
삿 13:3	여호와의 사자가 그 여인에게 **나타나서**
삿 13:10	오셨던 그 사람이 내게 **나타났나이다**
삿 13:21	그의 아내에게 다시 **나타나지** 아니하니
삼상 2:27	내가 그들에게 **나타나지** 아니하였느냐
삼상 3:7	여호와의 말씀도 아직 그에게 **나타나지**
삼상 3:21	실로에서 다시 **나타나시되** 여호와께서
삼상 22:6	그와 함께 있는 사람들이 **나타났다** 함으
삼하 22:16	드러나고 세상의 기초가 **나타났도다**
욥 38:14	같이 되었고 그들은 옷같이 **나타되**
욥 38:17	사망의 문이 네게 **나타났느냐** 사망의
시 18:15	밑이 드러나고 세상의 터가 **나타났도다**
시 84:7	하나님 앞에 각기 **나타나리이다**

【 나타나다 】

잠 14:33	자의 속에 있는 것은 **나타나**느니라
전 5:3	우매한 자의 소리가 **나타나**느니라
사 25:10	여호와의 손이 이 산에 **나타나**시리니
사 40:5	여호와의 영광이 **나타나**고 모든 육체
사 49:9	흑암에 있는 자에게 **나타나**라 하리라
사 53:1	여호와의 팔이 누구에게 **나타났**느냐
사 56:1	구원이 가까이 왔고 나의 공의가 **나타날**
사 59:14	거리에 엎드러지고 정직이 **나타나**지
사 60:2	것이며 그의 영광이 네 위에 **나타나**리니
사 62:1	구원이 횃불같이 **나타나**도록
사 66:14	손은 그의 종들에게 **나타나**겠고
렘 3:11	자신이 더 의로움이 **나타났**나니
렘 39:3	바벨론의 왕의 모든 고관이 **나타나**
렘 48:32	포도 수확을 탈취하는 자가 **나타났**으니
렘 49:19	요단 강의 깊은 숲에서 **나타나**듯이
렘 50:44	사자가 요단의 깊은 숲에서 **나타나**듯이
겔 1:4	가운데 단 쇠 같은 것이 **나타나** 보이
겔 1:5	속에서 네 생물의 형상이 **나타나**는데
겔 7:4	네 가증한 일이 너희 중에 **나타나**게
겔 7:9	가증한 일이 너희 중에 **나타나**게 하리
겔 10:1	궁창에 남보석 같은 것이 **나타나**는데
겔 10:8	밑에 사람의 손 같은 것이 **나타나**더라
겔 20:5	애굽 땅에서 그들에게 **나타나** 맹세하
겔 20:9	이방인의 눈앞에서 그들에게 **나타나**
겔 21:24	행위의 죄가 **나타났**도다 너희가 기억
겔 28:22	네 가운데서 내 영광이 **나타나**리라
겔 38:18	내 노여움이 내 얼굴에 **나타나**리라
겔 39:13	영광이 **나타나**는 날이니라 주 여호와
단 2:19	환상으로 다니엘에게 **나타나** 보이매
단 5:5	사람의 손가락들이 **나타나**서 왕궁 촛대
단 8:1	다니엘에게 처음에 **나타난** 환상 후 벨
	사살 왕 … 한 환상이 **나타나**니라
단 10:1	이름하는 다니엘에게 **나타났**는데
단 11:18	한 장군이 **나타나** 그의 정복을 그치게
호 6:3	여호와를 알자 그의 **나타나**심은 새벽

신약

마 1:18	전에 성령으로 잉태된 것이 **나타났**더니
막 9:4	엘리야가 모세와 함께 그들에게 **나타나**
눅 1:11	주의 사자가 그에게 **나타나** 향단 우편
눅 1:80	이스라엘에게 **나타나**는 날까지 빈 들
눅 8:17	감추인 것이 장차 알려지고 **나타나**지
눅 9:8	어떤 사람은 엘리야가 **나타났**다고 도
눅 9:31	영광 중에 **나타나**서 장차 예수께서

【 . 나타나다 】

눅 19:11	하나님의 나라가 당장에 **나타날** 줄로
눅 22:43	천사가 하늘로부터 예수께 **나타나** 힘을
요 7:4	**나타나**기를 구하면서 묻혀서 일하는
요 12:38	팔이 누구에게 **나타났**나이까 하였더라
행 2:43	말미암아 기사와 표적이 많이 **나타나**니
행 8:13	빌립을 따라다니며 그 **나타나**는 표적
행 8:40	빌립은 아소도에 **나타나** 여러 성을 지나
행 12:7	주의 사자가 **나타나**매 옥중에 광채가
행 26:16	네게 **나타난** 것은 … 네게 **나타날** 일에
롬 1:17	복음에는 하나님의 의가 **나타나**서 믿음
롬 1:18	불의에 대하여 하늘로부터 **나타나**나니
롬 2:5	의로우신 심판이 **나타나**는 그 날에 임할
롬 3:21	율법 외에 하나님의 한 의가 **나타났**으니
롬 8:18	현재의 고난은 장차 우리에게 **나타날**
롬 8:19	바는 하나님의 아들들이 **나타나**는
롬 10:20	내게 묻지 아니한 자들에게 **나타났**노라
고전 2:4	다만 성령의 **나타나**심과 능력으로 하여
고전 3:13	사람의 공적이 **나타날** 터인데 그 날이
고전 11:19	옳다 인정함을 받은 자들이 **나타나**게
고후 4:10	생명이 또한 우리 몸에 **나타나**게 하려
고후 4:11	생명이 또한 우리 죽을 육체에 **나타나**게
고후 5:10	그리스도의 심판대 앞에 **나타나**게 되어
고후 7:12	하나님 앞에서 너희에게 **나타나**게 하려
빌 1:13	그 밖의 모든 사람에게 **나타났**으니
골 1:26	이제는 그의 성도들에게 **나타났**고
살후 2:3	멸망의 아들이 **나타나**기 전에는 그 날이
살후 2:6	그의 때에 **나타나**게 하려 하여 막는
살후 2:8	불법한 자가 **나타나**리니 주 예수께서
	… 강림하여 **나타나**심으로 폐하시리라
딤전 4:15	너의 성숙함을 모든 사람에게 **나타나**게
딛 2:11	구원을 주시는 하나님의 은혜가 **나타나**
딛 2:13	예수 그리스도의 영광이 **나타나**심과
딛 3:4	자비와 사람 사랑하심이 **나타날** 때에
히 4:13	지으신 것이 하나도 그 앞에 **나타나**지
히 9:8	성소에 들어가는 길이 아직 **나타나**지
벧전 5:1	고난의 증인이요 **나타날** 영광에 참여
벧후 3:14	흠도 없이 평강 가운데서 **나타나**기를
계 12:10	그리스도의 권세가 **나타났**으니 우리
계 15:4	주의 의로우신 일이 **나타났**으매 만국

하나님께서 나타나시다

창 12:7	아브람에게 **나타나** 이르시되 … 자기에게 **나타나신** 여호와께 그가 그 곳에

{ 나타나다 }   { 나타내다 }

창 17:1	여호와께서 아브람에게 **나타나서** 그에
창 18:1	아브라함에게 **나타나시니라** 날이 뜨거
창 26:2	여호와께서 이삭에게 **나타나** 이르시
창 26:24	밤에 여호와께서 그에게 **나타나** 이르
창 35:1	도망하던 때에 네게 **나타났던** 하나님
창 35:7	하나님이 거기서 그에게 **나타나셨음**
창 35:9	하나님이 다시 야곱에게 **나타나사** 그에
창 46:2	이상 중에 이스라엘에게 **나타나** 이르
창 48:3	전능하신 하나님이 내게 **나타나사** 복을
출 3:16	야곱의 하나님이 내게 **나타나** 이르시
출 4:1	여호와께서 네게 **나타나지** 아니하셨
출 5:3	하나님이 우리에게 **나타나셨은즉**
출 6:3	전능의 하나님으로 **나타났으나**
레 9:4	여호와께서 너희에게 **나타나실** 것임
신 31:15	기둥 가운데에서 장막에 **나타나시고**
삼상 3:21	다시 **나타나시되** 여호와께서 실로에서 … 사무엘에게 자기를 **나타내시니라**
삼하 22:11	바람 날개 위에 **나타나셨도다**
왕상 3:5	솔로몬의 꿈에 **나타나시니라** 하나님
왕상 9:2	여호와께서 전에 기브온에서 **나타나** 심같이 다시 솔로몬에게 **나타나사**
왕상 11:9	일찍이 두 번이나 그에게 **나타나시고**
대하 1:7	하나님이 솔로몬에게 **나타나** 그에게
대하 3:1	다윗에게 **나타나신** 곳이요 여부스
대하 7:12	밤에 여호와께서 솔로몬에게 **나타나사**
시 42:5	하나님께 소망을 두라 그가 **나타나** 도우
시 42:11	나는 그가 **나타나** 도우심으로 말미암아
시 43:5	소망을 두라 그가 **나타나** 도우심으로
시 102:16	건설하시고 그의 영광 중에 **나타나셨음**
렘 31:3	옛적에 여호와께서 나에게 **나타나사**
슥 9:14	여호와께서 그들 위에 **나타나서** 그들
말 3:2	그가 **나타나는** 때에 누가 능히 서리요
딤전 6:15	하나님이 그의 **나타나심을** 보이시리

예수께서 나타나시다

막 16:12	다른 모양으로 그들에게 **나타나시니**
막 16:14	먹을 때에 예수께서 그들에게 **나타나사**
눅 17:30	인자가 **나타나는** 날에도 이러하리라
요 7:4	스스로 **나타나기를** 구하면서 묻혀서 일하는 … 자신을 세상에 **나타내소서**
요 21:14	세 번째로 제자들에게 **나타나신** 것이라
행 9:17	주 곧 네가 오는 길에서 **나타나셨던**
고전 1:7	예수 그리스도의 **나타나심을** 기다림

빌 2:8	모양으로 **나타나사** 자기를 낮추시고
골 3:4	그리스도께서 **나타나실** 그 때에 너희 도 그와 함께 영광 중에 **나타나리라**
살후 1:7	하늘로부터 불꽃 가운데 **나타나실**
딤전 6:14	예수 그리스도께서 **나타나실** 때까지
딤후 1:10	그리스도 예수의 **나타나심으로** 말미 암아 **나타났으니** 그는 사망을 폐하시
딤후 4:1	그리스도 예수 앞에서 그가 **나타나실**
딤후 4:8	내게만 아니라 주의 **나타나심을** 사모
히 9:24	우리를 위하여 하나님 앞에 **나타나시고**
히 9:26	하시려고 세상 끝에 **나타나셨느니라**
히 9:28	바라는 자들에게 두 번째 **나타나시리라**
벧전 1:7	예수 그리스도께서 **나타나실** 때에 칭찬
벧전 1:13	근신하여 예수 그리스도께서 **나타나실**
벧전 5:4	목자장이 **나타나실** 때에 시들지 아니
요일 3:2	아직 **나타나지** 아니하였으나 그가 **나타나시면** 우리가 그와 같을 줄을 아는
요일 3:5	그가 우리 죄를 없애려고 **나타나신** 것을
요일 3:8	하나님의 아들이 **나타나신** 것은 마귀

나타내다 (appear)

모세오경

창 44:16	우리의 정직함을 **나타내리이까** 하나님
출 15:6	권능으로 영광을 **나타내시니이다**
레 10:3	내 거룩함을 **나타내겠고** 온 백성 앞에 서 내 영광을 **나타내리라** 하셨느니라
민 14:17	대로 주의 큰 권능을 **나타내옵소서**
민 20:12	거룩함을 **나타내지** 아니한 고로 너희
민 20:13	그들 중에서 그 거룩함을 **나타내셨더라**
민 27:14	거룩함을 그들의 목전에 **나타내지** 아니
신 3:24	주의 권능을 주의 종에게 **나타내시기를**
신 4:35	네게 **나타내심은** 여호와는 하나님
신 32:51	이스라엘 자손 중에서 **나타내지** 아니한
신 33:26	타고 궁창에서 위엄을 **나타내시는도다**

역사서

삼상 3:21	사무엘에게 자기를 **나타내시니라**
삼상 17:16	조석으로 나와서 몸을 **나타내었더라**
삼하 19:6	부하들을 멸시하심을 **나타내심이라**
삼하 22:26	주의 자비하심을 **나타내시며** 완전한
에 1:4	부함과 위엄의 혁혁함을 **나타내니라**

시가서

| 욥 10:16 | 주의 놀라움을 다시 **나타내시나이다** |
| 시 17:7 | 주여 주의 기이한 사랑을 **나타내소서** |

【 나타내다 】　　　　　　　　　　　　　　　　　　　　　　　　　【 나타내다 】

시 18:25	주의 자비로우심을 **나타내시며** 완전
시 19:1	그의 손으로 하신 일을 **나타내는도다**
시 37:6	의를 빛같이 **나타내시며** 네 공의를
시 68:35	위엄을 성소에서 **나타내시나**
시 78:31	하나님이 그들에게 노염을 **나타내사**
시 78:43	소안 들에서 그의 징조들을 **나타내사**
시 80:2	므낫세 앞에서 주의 능력을 **나타내사**
시 90:16	일을 주의 종들에게 **나타내시며** 주의 영광을 그들의 자손에게 **나타내소서**
시 98:2	나라의 목전에서 명백히 **나타내셨도다**
잠 12:16	미련한 자는 당장 분노를 **나타내거니와**
잠 12:17	진리를 말하는 자는 의를 **나타내어도**
잠 13:16	자는 자기의 미련한 것을 **나타내느니라**
잠 14:29	조급한 자는 어리석음을 **나타내느니라**
잠 20:11	여부와 정직한 여부를 **나타내느니라**

선지서

사 24:23	장로들 앞에서 영광을 **나타내실** 것임
사 43:9	세워서 자기들의 옳음을 **나타내고**
사 43:26	너는 말하여 네가 의로움을 **나타내라**
사 44:23	이스라엘 중에 자기의 영광을 **나타내실**
사 52:10	거룩한 팔을 **나타내셨으므로** 땅 끝
사 66:5	여호와께서는 영광을 **나타내사** 너희
사 66:15	혁혁한 위세로 노여움을 **나타내시며**
겔 7:3	내 진노를 네게 **나타내어** 네 행위를
겔 23:18	이같이 그의 음행을 **나타내며** 그가
겔 24:8	분노를 **나타내어** 보응하려 함이로라
겔 28:22	내 거룩함을 **나타낼** 때에 무리가 나를
겔 33:31	그 입으로는 사랑을 **나타내어도** 마음
겔 36:23	나의 거룩함을 **나타내리니** 내가 여호
겔 38:16	내 거룩함을 **나타내어** 그들이 다 나를
겔 38:23	거룩함을 **나타내어** 나를 알게 하리니
겔 39:21	민족 가운데 **나타내어** 모든 민족이 내가 행한 심판과 내가 그 위에 **나타낸**
단 2:22	깊고 은밀한 일을 **나타내시고** 어두운
단 2:28	오직 은밀한 것을 **나타내실** 이는 하늘
단 2:29	은밀한 것을 **나타내시는** 이가 장래 일을
단 2:30	이 은밀한 것을 **나타내심은** 내 지혜
단 2:47	은밀한 것을 **나타내었으니** 네 하나님은 또 은밀한 것을 **나타내시는** 이시로다
호 11:9	내가 나의 맹렬한 진노를 **나타내지** 아니
합 3:2	수년 내에 **나타내시옵소서** 진노 중에

신약

마 11:25	아이들에게는 **나타내심을** 감사하나
마 12:16	자기를 **나타내지** 말라 경고하셨으니
마 16:21	것을 제자들에게 비로소 **나타내시니**
막 3:12	예수께서 자기를 **나타내지** 말라고 많이
막 4:22	숨긴 것이 없고 **나타내려** 하지 않고는
눅 10:21	어린아이들에게는 **나타내심을** 감사
요 1:18	독생하신 하나님이 **나타내셨느니라**
요 1:31	이스라엘에 **나타내려** 함이라 하니라
요 2:11	행하여 그의 영광을 **나타내시매**
요 3:21	하나님 안에서 행한 것임을 **나타내려**
요 7:4	하거든 자신을 세상에 **나타내소서** 하니
요 7:10	후에 자기도 올라가시되 **나타내지**
요 9:3	하나님이 하시는 일을 **나타내고자** 하심
요 14:21	그를 사랑하여 그에게 나를 **나타내리라**
요 14:22	우리에게는 **나타내시고** 세상에는 아니
요 16:14	내 영광을 **나타내리니** 내 것을 가지고
요 17:6	아버지의 이름을 **나타내었나이다** 그들
요 21:1	제자들에게 자기를 **나타내셨으니** 나타
행 1:3	살아 계심을 **나타내사** 사십 일 동안
행 10:40	사흘 만에 다시 살리사 **나타내시되**
롬 2:15	새긴 율법의 행위를 **나타내느니라**
롬 3:25	자기의 의로우심을 **나타내려** 하심이니
롬 3:26	이 때에 자기의 의로우심을 **나타내사**
롬 16:26	이제는 **나타내신** 바 되었으며 영원하
고전 3:13	밝히리니 이는 불로 **나타내고** 그 불이
고전 4:5	마음의 뜻을 **나타내시리니** 그 때에
고전 12:7	사람에게 성령을 **나타내심은** 유익하게
고전 14:7	음의 분별을 **나타내지** 아니하면 피리
고후 2:8	권하노니 사랑을 그들에게 **나타내라**
고후 2:14	그리스도를 아는 냄새를 **나타내시는**
고후 7:11	너희 자신의 깨끗함을 **나타내었느니라**
고후 8:19	영광과 우리의 원을 **나타내기** 위하여
고후 11:6	모든 일로 너희에게 **나타내었노라**
고후 13:7	우리가 옳은 자임을 **나타내고자** 함이
갈 1:16	그를 내 속에 **나타내시기를** 기뻐하셨
엡 2:7	오는 여러 세대에 **나타내려** 하심이라
엡 3:5	선지자들에게 성령으로 **나타내신** 것
빌 2:15	세상에서 그들 가운데 빛들로 **나타내며**
빌 3:15	이것도 너희에게 **나타내시리라**
골 4:4	마땅히 할말로써 이 비밀을 **나타내리라**
딛 1:3	자기의 말씀을 전도로 **나타내셨으니**
딛 2:10	참된 신실성을 **나타내게** 하라 이는 범사
히 6:11	동일한 부지런함을 **나타내어** 끝까지
히 6:17	변하지 아니함을 충분히 **나타내시려**

[나팔]

히 12:27	만드신 것들이 변동될 것을 **나타내심**
벧전 1:5	말세에 **나타내기**로 예비하신 구원을
벧전 1:20	너희를 위하여 **나타내신** 바 되었으니
벧전 4:13	영광을 **나타내실** 때에 너희로 즐거워
요일 1:2	생명이 **나타내신** 바 된지라 이 영원한 생명을 … 우리에게 **나타내신** 바 된
요일 2:19	우리에게 속하지 아니함을 **나타내려**
요일 2:28	주께서 **나타내신** 바 되면 그가 강림하

나팔(trumpet)

모세오경

출 19:13	**나팔**을 길게 불거든 산 앞에 이를 것이
출 19:16	구름이 산 위에 있고 **나팔** 소리가 매우
출 19:19	**나팔** 소리가 점점 커질 때에 모세가
출 20:18	뭇 백성이 우레와 번개와 **나팔** 소리와
레 23:24	쉬는 날이 될지니 이는 **나팔**을 불어
레 25:9	뿔 **나팔** 소리를 내되 전국에서 뿔 **나팔**
민 10:2	은 **나팔** 둘을 만들되 두들겨 만들어서
민 10:3	**나팔** 두 개를 불 때에는 온 회중이 회막
민 10:6	떠나려 할 때에는 **나팔** 소리를 크게
민 10:7	회중을 모을 때에도 **나팔**을 불 것이나
민 10:8	**나팔**은 아론의 자손인 제사장들이 불지
민 10:9	치러 나갈 때에는 **나팔**을 크게 불지니
민 10:10	**나팔**을 불라 그로 말미암아 너희 하나님
민 29:1	노동도 하지 말라 이는 너희가 **나팔**을
민 31:6	성소의 기구와 신호 **나팔**을 들려서 그들

역사서

수 6:4	일곱 양각 **나팔**을 잡고 언약궤 앞에서 나아갈 것이요 … 제사장들은 **나팔**을
수 6:5	제사장들이 양각 **나팔**을 길게 불어 그 **나팔** 소리가 너희에게 들릴 때에는 백성
수 6:6	제사장 일곱은 양각 **나팔** 일곱을 잡고
수 6:8	제사장 일곱은 양각 **나팔** 일곱을 잡고 여호와 앞에서 나아가며 **나팔**을 불고
수 6:9	뒤를 따르고 제사장들은 **나팔**을 불며
수 6:13	일곱 양각 **나팔** 일곱을 잡고 여호와의 궤 앞에서 계속 행진하며 **나팔**을 불고 무장한 … 제사장들은 **나팔**을 불며
수 6:16	일곱 번째에 제사장들이 **나팔**을 불 때에
수 6:20	백성은 외치고 제사장들은 **나팔**을 불매 백성이 **나팔** 소리를 들을 때에 크게
삿 3:27	산지에서 **나팔**을 불매 이스라엘 자손
삿 6:34	기드온이 **나팔**을 불매 아비에셀이 그의

[나팔]

삿 7:8	**나팔**을 손에 든지라 기드온이 이스라엘
삿 7:16	손에 **나팔**과 빈 항아리를 들리고 항아리
삿 7:18	나를 따르는 자가 다 **나팔**을 불거든 너희도 모든 진영 주위에서 **나팔**을 불며
삿 7:19	그들이 **나팔**을 불며 손에 가졌던 항아리
삿 7:20	세 대가 **나팔**을 불며 항아리를 부수고 왼손에 횃불을 들고 오른손에 **나팔**을
삿 7:22	삼백 명이 **나팔**을 불 때에 여호와께서
삼상 13:3	온 땅에 **나팔**을 불어 이르되 히브리
삼하 2:28	요압이 **나팔**을 불매 온 무리가 머물러

'나팔을 불 날'과 관련된 성구

역사의 마지막 때 – 슥 9:14; 마 24:31; 고전 15:51–52; 살전 4:16

전쟁 때 – 민 10:9; 31:6; 삿 6:34; 7:18; 겔 7:14; 33:6

주요 절기 때 – 레 23:24; 25:9; 민 10:10; 욜 2:15

흥겨울 때 – 삼하 6:15; 대상 13:8; 15:28; 대하 5:13; 29:27; 단 3:5

삼하 6:15	즐거이 환호하며 **나팔**을 불고 여호와
삼하 15:10	너희는 **나팔** 소리를 듣거든 곧 말하기
삼하 18:16	요압이 **나팔**을 불어 백성들에게 그치
삼하 20:1	그가 **나팔**을 불며 이르되 우리는 다윗
삼하 20:22	요압이 **나팔**을 불매 무리가 흩어져 성읍
왕상 1:34	뿔 **나팔**을 불며 솔로몬 왕은 만세수를
왕상 1:39	뿔 **나팔**을 불고 모든 백성이 솔로몬 왕
왕상 1:41	요압이 뿔 **나팔** 소리를 듣고 이르되
왕하 9:13	예후의 밑에 깔고 **나팔**을 불며 이르되
왕하 11:14	백성이 즐거워하여 **나팔**을 부는지라
왕하 12:13	주발이나 **나팔**이나 아무 금 그릇이나
대상 13:8	비파와 소고와 제금과 **나팔**로 연주하
대상 15:24	하나님의 궤 앞에서 **나팔**을 부는 자요
대상 15:28	크게 부르며 뿔 **나팔**과 **나팔**을 불며
대상 16:6	하나님의 언약궤 앞에서 **나팔**을 부니라
대상 16:42	**나팔**과 제금들과 하나님을 찬송하는
대상 25:5	다 헤만의 아들들이니 **나팔**을 부는 자
대하 5:12	수금을 잡고 또 **나팔** 부는 제사장 백이
대하 5:13	**나팔** 부는 자와 … 일제히 소리를 내어 여호와를 찬송하며 감사하는데 **나팔**
대하 7:6	제사장들은 무리 앞에서 **나팔**을 불고

【 나팔 】   【 나하마니 】

대하 13:12	전쟁의 **나팔**을 불어 너희를 공격하는
대하 13:14	여호와께 부르짖고 제사장들은 **나팔**
대하 15:14	큰 소리로 외치며 피리와 **나팔**을 불어
대하 20:28	수금과 **나팔**을 합주하고 예루살렘에
대하 23:13	즐거워하여 **나팔**을 불며 노래하는 자
대하 29:26	악기를 잡고 제사장은 **나팔**을 잡고 서매
대하 29:27	여호와의 시로 노래하고 **나팔**을 불며
대하 29:28	노래하고 **나팔** 부는 자들은 **나팔**을 불어
스 3:10	예복을 입고 **나팔**을 들고 아삽 자손
느 4:18	칼을 차고 건축하며 **나팔** 부는 자는 내
느 4:20	너희는 어디서든지 **나팔** 소리를 듣거든
느 12:35	몇 사람이 **나팔**을 잡았으니 요나단의
느 12:41	스가랴와 하나냐는 다 **나팔**을 잡았고

시가서
욥 39:24	맹렬히 성내며 **나팔** 소리에 머물러 서지
욥 39:25	**나팔** 소리가 날 때마다 힝힝 울며 멀리
시 47:5	올라가심이여 여호와께서 **나팔** 소리
시 81:3	보름과 우리의 명절에 **나팔**을 불지어다
시 98:6	**나팔**과 호각 소리로 왕이신 여호와 앞에
시 150:3	**나팔** 소리로 찬양하며 비파와 수금으로

선지서
사 18:3	너희는 보고 **나팔**을 불거든 너희는 들을
사 27:13	그 날에 큰 **나팔**을 불리니 앗수르 땅에
사 58:1	목소리를 **나팔**같이 높여 내 백성에게
렘 4:5	이 땅에서 **나팔**을 불라 하며 또 크게
렘 4:19	나의 심령이 **나팔** 소리와 전쟁의 경보
렘 4:21	내가 저 깃발을 보며 **나팔** 소리 듣기를
렘 6:1	드고아에서 **나팔**을 불고 벧학게렘에서
렘 6:17	파수꾼을 세웠으니 **나팔** 소리를 들으라
렘 42:14	**나팔** 소리도 들리지 아니하며 양식을
렘 51:27	나라들 가운데 **나팔**을 불어서 나라
겔 7:14	그들이 **나팔**을 불어 온갖 것을 준비하
겔 33:3	그 땅에 칼이 임함을 보고 **나팔**을 불어
겔 33:4	그들이 **나팔** 소리를 듣고도 정신차리
겔 33:5	**나팔** 소리를 듣고도 경고를 받지 아니
겔 33:6	파수꾼이 보고도 **나팔**을 불지 아니하
단 3:5	**나팔**과 피리와 수금과 삼현금과 양금
단 3:7	언어를 말하는 자들이 **나팔**과 피리와
단 3:10	사람이 **나팔**과 피리와 수금과 삼현금
단 3:15	너희가 준비하였다가 **나팔**과 피리와
호 5:8	뿔 **나팔**을 불며 라마에서 **나팔**을 불며
호 8:1	**나팔**을 네 입에 댈지어다 원수가 독수리
욜 2:1	시온에서 **나팔**을 불며 나의 거룩한 산에
욜 2:15	시온에서 **나팔**을 불어 거룩한 금식일
암 2:2	요란함과 외침과 **나팔** 소리 중에서 죽을
암 3:6	**나팔**이 울리는데 백성이 어찌 두려워
습 1:16	**나팔**을 불어 경고하며 견고한 성읍들
슥 9:14	여호와께서 **나팔**을 불게 하시며 남방

신약
마 6:2	너희 앞에 **나팔**을 불지 말라 진실로
마 24:31	**나팔** 소리와 함께 천사들을 보내리니
고전 14:8	**나팔**이 분명하지 못한 소리를 내면 누가
고전 15:51	마지막 **나팔**에 순식간에 홀연히 다 변화
고전 15:52	**나팔** 소리가 나매 죽은 자들이 썩지
살전 4:16	하나님의 **나팔** 소리로 친히 하늘로부터
히 12:19	**나팔** 소리와 말하는 소리가 있는 곳에
계 1:10	뒤에서 나는 **나팔** 소리 같은 큰 음성
계 4:1	내게 말하던 **나팔** 소리 같은 그 음성이
계 8:2	일곱 천사가 서 있어 일곱 **나팔**을 받았
계 8:6	**나팔**을 가진 일곱 천사가 **나팔** 불기를
계 8:7	첫째 천사가 **나팔**을 부니 피 섞인 우박
계 8:8	천사가 **나팔**을 부니 불 붙는 큰 산과
계 8:10	천사가 **나팔**을 부니 횃불같이 타는
계 8:12	천사가 **나팔**을 부니 해 삼분의 일과
계 8:13	천사들이 불어야 할 **나팔** 소리가 남아
계 9:1	다섯째 천사가 **나팔**을 불매 내가 보니
계 9:13	여섯째 천사가 **나팔**을 불매 내가 들으니
계 9:14	**나팔** 가진 여섯째 천사에게 말하기를
계 10:7	일곱째 천사가 소리 내는 날 그의 **나팔**
계 11:15	일곱째 천사가 **나팔**을 불매 하늘에 큰
계 18:22	**나팔** 부는 자들의 소리가 결코 다시

나팔수 (trumpeter)
| 왕하 11:14 | **나팔수**가 왕의 곁에 모셔 섰으며 온 |

나하라임 (Naharaim) 아람의 지명
| 대상 19:6 | 은 천 달란트를 아람 **나하라임**과 아람 |

나하래 (Naharai) 브에롯(베롯) 출신의 다윗의 용사
| 삼하 23:37 | 무기를 잡은 자 브에롯 사람 **나하래** |
| 대상 11:39 | 요압의 무기 잡은 자 베롯 사람 **나하래** |

나하마니 (Nahamani) 바벨론 포로 귀환 지도자 중 하나
| 느 7:7 | 라아먀와 **나하마니**와 모르드개와 |

【 나하스 】   【 낙담하다 】

나하스(Nahash)
1. 암몬 사람의 왕
삼상 11:1 나하스가 올라와서 … 나하스에
삼상 11:2 암몬 사람 나하스가 그들에게 이르되
삼상 12:12 너희가 암몬 자손의 왕 나하스가 너희
삼하 10:2 내가 나하스의 아들 하눈에게 은총을
대상 19:1 그 후에 암몬 자손의 왕 나하스가 죽고
대상 19:2 하눈의 아버지 나하스가 전에 내게 호의
2. 아비갈과 스루야의 아버지
삼하 17:25 이드라가 나하스의 딸 아비갈과 동침
3. 랍바 사람
삼하 17:27 랍바 사람 나하스의 아들 소비와 로데발

나할랄(Nahalal) / 나할롤(Nahalol) 스불론 지파에게 분배된 성읍
수 19:15 갓닷과 나할랄과 시므론과 이달라와
수 21:35 딤나와 그 목초지와 나할랄과 그 목초
삿 1:30 스불론은 기드론 주민과 나할롤 주민

나할리엘(Nahalial) 이스라엘 백성이 머물렀던 광야 중 하나
민 21:19 나할리엘에 이르렀고 나할리엘에서

나함(Naham) 유다 자손으로 호디야의 처남
대상 4:19 나함의 누이인 호디야의 아내의 아들

나핫(Nahath)
1. 르우엘의 장남
창 36:13 르우엘의 아들들은 나핫과 세라와 삼마
창 36:17 르우엘의 자손으로는 나핫 족장, 세라
대상 1:37 르우엘의 아들은 나핫과 세라와 삼마
2. 엘가나의 손자
대상 6:26 아들은 소배요 그의 아들은 나핫이요
3. 히스기야 때의 성전 예물 감독자
대하 31:13 여히엘과 아사시야와 나핫과 아사헬

나홀(Nahor)
1. 스룩의 아들로 데라의 아버지
창 11:22 스룩은 삼십 세에 나홀을 낳았고
창 11:23 나홀을 낳은 후에 이백 년을 지내며
창 11:24 나홀은 이십구 세에 데라를 낳았고

대상 1:26 스룩, 나홀, 데라,
눅 3:34 그 위는 데라요 그 위는 나홀이요
2. 데라의 아들로 아브라함의 형제
창 11:26 데라는 칠십 세에 아브람과 나홀과 하란
창 11:27 데라는 아브람과 나홀과 하란을 낳고
창 11:29 나홀이 장가 들었으니 … 사래며 나홀
창 22:20 밀가가 당신의 형제 나홀에게 자녀를
창 22:23 아브라함의 형제 나홀의 아내 밀가는
창 24:10 메소보다미아로 가서 나홀의 성에 이르
창 24:15 아브라함의 동생 나홀의 아내 밀가의
창 24:24 밀가가 나홀에게서 낳은 아들 브두엘
창 24:47 밀가가 나홀에게서 낳은 브두엘의 딸이
창 29:5 너희가 나홀의 손자 라반을 아느냐 그들
창 31:53 아브라함의 하나님, 나홀의 하나님,
수 24:2 아브라함의 아버지, 나홀의 아버지 데라

나훔(Nahum)
1. 나훔서를 쓴 선지자
나 1:1 곧 엘고스 사람 나훔의 묵시의 글이라
2. 예수님의 조상 중 하나
눅 3:25 그 위는 아모스요 그 위는 나훔이요

나흘(four days)
삿 11:40 입다의 딸을 위하여 나흘씩 애곡하더
요 11:17 나사로가 무덤에 있은 지 이미 나흘이라
요 11:39 주여 죽은 지가 나흘이 되었으매 벌써
행 10:30 고넬료가 이르되 내가 나흘 전 이맘때

낙(樂, pleasure)
잠 10:23 미련한 자는 행악으로 낙을 삼는 것
잠 17:21 미련한 자의 아비는 낙이 없느니라
전 2:1 너는 낙을 누리라 하였으나 보라 이것
전 3:13 수고함으로 낙을 누리는 그것이 하나님
전 5:18 수고 중에서 낙을 보는 것이 선하고
전 6:12 사람에게 무엇이 낙인지를 누가 알며
전 12:1 아무 낙이 없다고 할 해들이 가깝기
히 11:25 고난받기를 잠시 죄악의 낙을 누리는

낙개(Naggai) 예수님의 조상 중 하나
눅 3:25 그 위는 에슬리요 그 위는 낙개요

낙담하다(落膽, faint)
출 15:15 잡히며 가나안 주민이 다 낙담하나이

【 낙성식 】 【 낙타 】

삼상 17:32	사람이 **낙담**하지 말 것이라 주의 종이
삼상 25:37	그가 **낙담하여** 몸이 돌과 같이 되었더
느 6:16	두려워하여 크게 **낙담하였으니** 그들
잠 24:10	네가 만일 환난 날에 **낙담하면** 네 힘이
사 30:31	여호와의 목소리에 앗수르가 **낙담할**
사 42:4	쇠하지 아니하며 **낙담하지** 아니하고
렘 49:23	흉한 소문을 듣고 **낙담함이니라** 바닷
겔 21:15	내가 그들이 **낙담하여** 많이 엎드러지
나 2:10	주민이 **낙담하여** 그 무릎이 서로 부딪

낙담하는 이유
- 사람 때문에 – 삼상 17:32; 25:37
- 하나님이 하신 일 때문에 – 출 15:15; 느 6:16; 사 30:31; 나 2:10
- 환난 때문에 – 잠 24:10

낙성식(落成式, dedication)
신 20:5	집을 건축하고 **낙성식**을 행하지 못한 자가 있느냐 … 타인이 **낙성식**을 행할
대하 7:5	백성이 하나님의 전의 **낙성식**을 행하
대하 7:9	제단의 **낙성식**을 칠 일 동안 행한 후
단 3:2	느부갓네살 왕이 세운 신상의 **낙성식**
단 3:3	신상의 **낙성식**에 참석하여 느부갓네살

낙심/–하다(落心, discouragement, discourage)
민 32:7	자손에게 **낙심하게** 하여서 여호와께서
민 32:9	이스라엘 자손을 **낙심하게** 하여서
신 1:28	우리를 **낙심하게** 하여 말하기를 그 백성
신 20:8	그의 마음과 같이 **낙심될까** 하노라
삼하 17:10	용사의 아들일지라도 **낙심하리니** 이는
욥 6:14	**낙심한** 자가 비록 전능자를 경외하기
욥 6:20	것을 부끄러워하고 **낙심하느니라**
시 40:12	많으므로 내가 **낙심하였음이니이다**
시 42:5	영혼아 네가 어찌하여 **낙심하며** 어찌
시 42:6	영혼이 내 속에서 **낙심**이 되므로 내가
시 42:11	영혼아 네가 어찌하여 **낙심하며** 어찌
시 43:5	영혼아 네가 어찌하여 **낙심하며** 어찌
사 7:4	불과하니 두려워하지 말며 **낙심하지**
렘 4:9	지도자들은 **낙심할** 것이며 제사장들
애 3:20	그것을 기억하고 내가 **낙심**이 되오나
단 11:30	그가 **낙심하고** 돌아가면서 맺은 거룩
눅 18:1	그들에게 항상 기도하고 **낙심하지** 말라
고후 4:1	긍휼하심을 입은 대로 **낙심하지** 아니
고후 4:8	답답한 일을 당하여도 **낙심하지** 아니
고후 4:16	우리가 **낙심하지** 아니하노니 우리의
고후 7:6	**낙심한** 자들을 위로하시는 하나님이
갈 6:9	우리가 선을 행하되 **낙심하지** 말지니
엡 3:13	여러 환난에 대하여 **낙심하지** 말라
골 3:21	자녀를 노엽게 하지 말지니 **낙심할까**
살후 3:13	너희는 선을 행하다가 **낙심하지** 말라
히 12:3	너희가 피곤하여 **낙심하지** 않기 위하여
히 12:5	그에게 꾸지람을 받을 때에 **낙심하지**

낙엽(落葉, windblown leaf–NIV, driven leaf–NASV, ASV)
욥 13:25	주께서 어찌하여 날리는 **낙엽**을 놀라

낙원(樂園, paradise)
눅 23:43	나와 함께 **낙원**에 있으리라 하시니라
고후 12:4	그가 **낙원**으로 이끌려 가서 말로 표현
계 2:7	하나님의 **낙원**에 있는 생명나무의 열매

낙타(camel, 개역한글 – 약대)

창 12:16	양과 소와 노비와 암수 나귀와 **낙타**를 얻었더
창 24:10	이에 종이 그 주인의 **낙타** 중 열 필을
창 24:11	**낙타**를 성 밖 우물 곁에 꿇렸으니 저녁
창 24:14	내가 당신의 **낙타**에게도 마시게 하리라
창 24:19	당신의 **낙타**를 위하여서도 물을 길어
창 24:20	우물로 달려가서 모든 **낙타**를 위하여
창 24:22	**낙타**가 마시기를 다하매 그가 반 세겔
창 24:30	때에 그가 우물가 **낙타** 곁에 서 있더라
창 24:31	방과 **낙타**의 처소를 준비하였나이다
창 24:32	라반이 **낙타**의 짐을 부리고 짚과 사료를 **낙타**에게 주고 그 사람의 발과 그의
창 24:35	양과 은금과 종들과 **낙타**와 나귀를 주셨
창 24:44	당신의 **낙타**를 위하여도 길으리라 하면
창 24:46	내가 당신의 **낙타**에게도 마시게 하리라 하기로 내가 마시매 그가 또 **낙타**에
창 24:61	여자 종들과 함께 **낙타**를 타고 그 사람
창 24:63	묵상하다가 눈을 들어 보매 **낙타**들이
창 24:64	눈을 들어 이삭을 바라보고 **낙타**에서
창 30:43	번창하여 양 떼와 노비와 **낙타**와 나귀

【 낙태하다/낙태되다 】   【 난리 】

창 31:17	자식들과 아내들을 **낙타**들에게 태우고	출 21:22	임신한 여인을 쳐서 **낙태하게** 하였으
창 31:34	드라빔을 가져 **낙타** 안장 아래에 넣고	출 23:26	나라에 **낙태하는** 자가 없고 임신하지
창 32:7	함께한 동행자와 양과 소와 **낙타**를 두	욥 3:16	**낙태되어** 땅에 묻힌 아이처럼 나는
창 32:15	젖 나는 **낙타** 삼십과 그 새끼요 암소가	욥 21:10	**낙태하는** 일이 없이 새끼를 낳는구나
창 37:25	**낙타**들에 향품과 유향과 몰약을 싣고	시 29:9	여호와의 소리가 암사슴을 **낙태하게**
출 9:3	나귀와 **낙타**와 소와 양에게 더하리니	전 6:3	나는 이르기를 **낙태된** 자가 그보다는
레 11:4	**낙타**는 새김질은 하되 굽이 갈라지지	전 6:4	**낙태된** 자는 헛되이 왔다가 어두운 중에
신 14:7	**낙타**와 토끼와 사반, 그것들은 새김질

낙헌 예물(樂獻禮物, free will offering)

삿 6:5	그 사람과 **낙타**가 무수하니라 그들이
삿 7:12	그들의 **낙타**의 수가 많아 해변의 모래
삿 8:21	그들의 **낙타** 목에 있던 초승달 장식들
삼상 15:3	젖 먹는 아이와 우양과 **낙타**와 나귀를
삼상 27:9	양과 소와 나귀와 **낙타**와 의복을 빼앗
삼상 30:17	그들을 치매 **낙타**를 타고 도망한 소년
왕상 10:2	심히 많은 금과 보석을 **낙타**에 실었더
대상 12:40	납달리까지도 나귀와 **낙타**와 노새와
대상 27:30	이스마엘 사람 오빌은 **낙타**를 맡았고
대하 9:1	향품과 많은 금과 보석을 **낙타**에 실었
대하 14:15	양과 **낙타**를 많이 이끌고 예루살렘으
욥 1:17	세 무리를 지어 갑자기 **낙타**에게 달려
욥 42:12	그가 양 만 사천과 **낙타** 육천과 소 천
사 21:7	나귀 떼와 **낙타** 떼를 보거든 귀 기울여
사 30:6	그들의 보물을 **낙타** 안장에 얹고 암사자
사 60:6	**낙타**, 미디안과 에바의 어린 **낙타**가
사 66:20	교자와 노새와 **낙타**에 태워다가 여호와
렘 2:23	발이 빠른 암**낙타**가 그의 길을 어지러
렘 49:29	모든 기구와 **낙타**를 빼앗다가 소유
렘 49:32	그들의 **낙타**들은 노략물이 되겠고 그들
겔 25:5	내가 랍바를 **낙타**의 우리로 만들며 암몬
슥 14:15	말과 노새와 **낙타**와 나귀와 그 진에 있는
마 3:4	요한은 **낙타** 털 옷을 입고 허리에 가죽
마 19:24	말하노니 **낙타**가 바늘귀로 들어가는
마 23:24	하루살이는 걸러 내고 **낙타**는 삼키는
막 1:6	요한은 **낙타** 털 옷을 입고 허리에 가죽
막 10:25	**낙타**가 바늘귀로 나가는 것이 부자가
눅 18:25	**낙타**가 바늘귀로 들어가는 것이 부자

신 12:6	너희의 서원제와 **낙헌 예물**과 너희
신 12:17	서원을 갚는 예물과 네 **낙헌 예물**과

낙헌제(樂獻祭, free will offering)

민 15:3	서원을 갚는 제사나 **낙헌제**나 정한
민 29:39	너희의 서원제나 **낙헌제**로 드리는 번제,
시 54:6	**낙헌제**로 주께 제사하리이다 여호와
암 4:5	수은제로 드리며 **낙헌제**를 소리내어

낚다(pull in)

렘 16:16	어부를 불러다가 그들을 **낚게** 하며
마 4:19	너희를 사람을 **낚는** 어부가 되게 하리라
막 1:17	너희로 사람을 **낚는** 어부가 되게 하리라

낚시(fishing)

욥 41:1	**낚시**로 리워야단을 끌어낼 수 있겠느
사 19:8	어부들은 탄식하며 나일 강에 **낚시**를
암 4:2	갈고리로 너희를 끌어가며 **낚시**로 너희
합 1:15	그가 **낚시**로 모두 낚으며 그물로 잡으
마 17:27	바다에 가서 **낚시**를 던져 먼저 오르는

난간(欄干, parapet)

신 22:8	집을 지을 때에 지붕에 **난간**을 만들어
왕상 10:12	여호와의 성전과 왕궁의 **난간**을 만들
왕하 1:2	사마리아에 있는 그의 다락 **난간**에서

난동(亂動, riot)

고후 6:5	매 맞음과 갇힘과 **난동**과 수고로움과

📖 **낙타 - 기타 본문**

삿 8:26; 왕하 8:9; 대상 5:21; 스 2:67; 느 7:69;
욥 1:3

낙태하다/낙태되다(落胎, miscarry)

창 31:38   암염소들이 **낙태하지** 아니하였고 또

난리(亂離, war)

대하 20:9	만일 재앙이나 **난리**나 견책이나 전염
마 24:6	**난리**와 **난리** 소문을 듣겠으나 너희는
막 13:7	**난리**와 **난리**의 소문을 들을 때에 두려
눅 21:9	**난리**와 소요의 소문을 들을 때에 두려워

【 난봉꾼 】 【 날 1 】

난봉꾼 (worthless scoundrel)
대하 13:7 **난봉꾼**과 잡배가 모여 따르므로 스스로

난산하다 (難産, have great difficulty in childbirth)
창 35:17 **난산**할 즈음에 산파가 그에게 이르되

낟가리 (shock of grain)
출 22:6 불이 나서 가시나무에 댕겨 **낟가리**나

날 1 (day)
모세오경
창 1:5	되고 아침이 되니 이는 첫째 **날**이니라
창 1:14	그것들로 징조와 계절과 **날**과 해를
창 2:2	일곱째 **날**에 마치시니 그가 하시던 모든 일을 그치고 일곱째 **날**에 안식하시
창 2:4	하나님이 땅과 하늘을 만드시던 **날**에
창 2:17	먹는 **날**에는 반드시 죽으리라 하시니라
창 3:8	그 **날** 바람이 불 때 동산에 거니시는
창 5:2	그들이 창조되던 **날**에 하나님이 그들
창 6:3	그러나 그들의 **날**은 백이십 년이 되리라
창 6:13	포악함이 땅에 가득하므로 그 끝 **날**이
창 7:11	그 **날**에 큰 깊음의 샘들이 터지며 하늘
창 15:18	그 **날**에 여호와께서 아브람과 더불어
창 17:23	이 **날**에 그 아들 이스마엘과 집에서
창 18:1	아브라함에게 나타나시니라 **날**이 뜨거
창 20:8	아비멜렉이 그 **날** 아침에 일찍이 일어
창 21:8	젖을 떼는 **날**에 아브라함이 큰 잔치
창 21:34	블레셋 사람의 땅에서 여러 **날**을 지냈
창 26:32	그 **날**에 이삭의 종들이 자기들이 판
창 27:2	늙어 어느 **날** 죽을는지 알지 못하니
창 30:35	그 **날**에 그가 숫염소 중 얼룩무늬 있는
창 32:24	홀로 남았더니 어떤 사람이 **날**이 새도
창 33:16	이 **날**에 에서는 세일로 돌아가고
창 35:3	벧엘로 올라가자 내 환난 **날**에 내게
창 40:4	섬겼더라 그들이 갇힌 지 여러 **날**이라
창 47:29	이스라엘이 죽을 **날**이 가까우매 그가
창 48:20	그 **날**에 그들에게 축복하여 이르되
출 5:6	바로가 그 **날**에 백성의 감독들과 기록원
출 6:28	애굽 땅에서 모세에게 말씀하시던 **날**
출 8:22	그 **날**에 나는 내 백성이 거주하는 고센
출 9:18	나라가 세워진 그 **날**로부터 지금까지
출 10:28	네가 내 얼굴을 보는 **날**에는 죽으리라
출 12:6	이 달 열나흘 **날**까지 간직하였다가 해
출 12:14	너희는 이 **날**을 기념하여 여호와의 절기
출 12:15	무릇 첫날부터 일곱째 **날**까지 유교병
출 12:16	첫날에도 성회요 일곱째 **날**에도 성회가 되리니 너희는 이 두 **날**에는 아무 일도
출 12:17	이 **날**에 내가 너희 군대를 … 너희가 영원한 규례로 삼아 대대로 이 **날**을
출 12:41	사백삼십 년이 끝나는 그 **날**에 여호와
출 13:4	아빕 월 이 **날**에 너희가 나왔으니
출 13:6	일곱째 **날**에는 여호와께 절기를 지키라
출 16:5	여섯째 **날**에는 그들이 그 거둔 것을
출 19:11	셋째 **날**을 기다리게 하라 이는 셋째
출 20:11	일곱째 **날**에 쉬었음이라 그러므로 나 여호와가 안식일을 복되게 하여 그 **날**
출 23:12	일곱째 **날**에는 쉬라 네 소와 나귀가
출 24:16	일곱째 **날**에 여호와께서 구름 가운데서
출 31:14	거룩한 **날**이 됨이니라 그 **날**을 더럽히는 자는 모두 죽일지며 그 **날**에 일하는
출 40:37	떠오르는 **날**까지 나아가지 아니하였
레 6:5	그 죄가 드러나는 **날**에 그 임자에게
레 6:20	그의 자손이 기름 부음을 받는 **날**에
레 7:15	화목제물의 고기는 드리는 그 **날**에 먹을
레 12:3	여덟째 **날**에는 그 아이의 포피를 벨 것
레 13:46	병 있는 **날** 동안은 늘 부정할 것이라
레 14:23	여덟째 **날**에 그 결례를 위하여 그것을
레 14:46	그 집을 폐쇄한 **날** 동안에 들어가는
레 15:25	여러 **날**이 간다든지 그 유출이 그의 불결기를 … 모든 **날** 동안은 그 불결
레 16:30	이 **날**에 너희를 위하여 속죄하여 너희를
레 19:6	드리는 **날**과 이튿날에 먹고 셋째 **날**까지
레 22:27	어미와 같이 있게 하라 여덟째 **날** 이후
레 23:3	일곱째 **날**은 쉴 안식일이니 성회의 **날**
레 23:5	첫째 달 열나흘 **날** 저녁은 여호와의
레 23:6	이 달 열닷샛 **날**은 여호와의 무교절이
레 23:8	일곱째 **날**에도 성회로 모이고 아무 노동
레 23:12	너희가 그 단을 흔드는 **날**에 일 년 되고
레 23:14	하나님께 예물을 가져오는 그 **날**까지
레 23:15	요제로 곡식단을 가져온 **날**부터 세어서
레 23:27	일곱째 달 열흘**날**은 속죄일이니 너희
레 23:34	일곱째 달 열닷샛 **날**은 초막절이니
레 23:36	여덟째 **날**에도 너희는 성회로 모여서
레 27:23	네가 값을 정한 돈을 그 **날**에 여호와께
민 1:1	둘째 해 둘째 달 첫째 **날**에 여호와께서

【 날 1 】   【 날 1 】

민 3:13	태어난 자를 다 죽이던 날에 이스라엘
민 6:4	구별하는 모든 날 동안에는 포도나무
민 6:5	모든 날 동안은 삭도를 절대로 그의 머리에 … 여호와께 드리는 날이 차기
민 6:10	여덟째 날에 산비둘기 두 마리나 집
민 6:11	그 날에 그의 머리를 성결하게 할 것
민 6:12	자기 몸을 구별하여 여호와께 드릴 날
민 7:1	기물에 기름을 발라 거룩히 구별한 날
민 7:10	제단에 기름을 바르던 날에 지휘관들
민 7:12	첫째 날에 헌물을 드린 자는 유다 지파
민 7:84	기름 바르던 날에 이스라엘 지휘관들
민 8:17	처음 태어난 자를 치던 날에 그들을
민 9:3	열넷째 날 해 질 때에 너희는 그것을
민 9:5	그들이 첫째 달 열넷째 날 해 질 때에
민 9:6	그들이 그 날에 모세와 아론 앞에 이르
민 9:11	둘째 달 열넷째 날 해 질 때에 그것을
민 9:15	성막을 세운 날에 구름이 성막 곧 증거
민 10:10	너희의 희락의 날과 너희가 정한 절기
민 10:11	둘째 해 둘째 달 스무날에 구름이 증거
민 11:19	이틀이나 닷새나 열흘이나 스무 날만
민 11:32	일어나 그 날 종일 종야와 그 이튿날
민 15:23	여호와께서 명령한 날 이후부터 너희
민 19:12	그는 셋째 날과 일곱째 날에 잿물로 자신을 … 셋째 날과 일곱째 날에 자신
민 25:18	브올의 일로 염병이 일어난 날에 죽임
민 28:16	첫째 달 열넷째 날은 여호와를 위하여
민 28:17	또 그 달 열다섯째 날부터는 명절이니
민 28:26	칠칠절 처음 익은 열매를 드리는 날에
민 29:1	하지 말라 이는 너희가 나팔을 불 날
민 29:7	일곱째 달 열흘 날에는 너희가 성회로
민 29:12	일곱째 달 열다섯째 날에는 너희가 성회
민 29:17	둘째 날에는 수송아지 열두 마리와 숫양
민 30:5	아버지가 그것을 듣는 날에 허락하지
민 30:7	그의 남편이 그것을 듣고 그 듣는 날
민 31:19	사체를 만진 자는 셋째 날과 일곱째 날
민 31:24	너희는 일곱째 날에 옷을 빨아서 깨끗
민 33:3	첫째 달 열다섯째 날에 라암셋을 떠났으니 곧 유월절 다음 날이라 이스라엘
신 1:3	마흔째 해 열한째 달 그 달 첫째 날에
신 1:46	가데스에 여러 날 동안 머물렀나니 곧
신 2:1	홍해 길로 광야에 들어가서 여러 날
신 4:9	생존하는 날 동안에 그 일들이 네 마음
신 4:10	하나님 여호와 앞에 섰던 날에 여호와
신 4:15	께서 … 세상에 사는 날 동안 나를 경외 불길 중에서 너희에게 말씀하시던 날에
신 4:26	거기서 너희의 날이 길지 못하고 전멸
신 4:32	창조하신 날부터 지금까지 지나간 날
신 5:14	일곱째 날은 네 하나님 여호와의 안식
신 5:33	차지한 땅에서 너희의 날이 길리라
신 9:10	총회 날에 여호와께서 산상 불 가운데
신 9:24	너희를 알던 날부터 너희가 항상 여호와
신 11:9	꿀이 흐르는 땅에서 너희의 날이 장구
신 11:21	너희의 날과 너희의 자녀의 날이 많아서 하늘이 땅을 덮는 날과 같으리라
신 16:3	애굽 땅에서 나온 날을 기억할 것이니
신 21:16	그의 아들들에게 기업으로 나누는 날
신 21:23	밤새도록 두지 말고 그 날에 장사하여
신 25:15	네게 주시는 땅에서 네 날이 길리라
신 26:14	애곡하는 날에 이 성물을 먹지 아니하
신 27:2	들어가는 날에 큰 돌들을 세우고 석회
신 27:11	모세가 그 날 백성에게 명령하여 이르
신 30:18	차지할 땅에서 너희의 날이 길지 못할
신 31:22	모세가 그 날 이 노래를 써서 이스라엘
신 32:35	환난 날이 가까우니 그들에게 닥칠 그
신 32:48	그 날에 여호와께서 모세에게 말씀하여
신 33:12	여호와께서 그를 날이 마치도록 보호
신 33:25	사는 날을 따라서 능력이 있으리로다

역사서

수 4:14	그 날에 여호와께서 모든 이스라엘의 목전에서 … 그가 생존한 날 동안에
수 5:11	땅의 소산물을 먹되 그 날에 무교병과
수 6:4	일곱째 날에는 그 성을 일곱 번 돌며
수 6:10	명령하여 외치라 하는 날에 외칠지니라
수 8:25	그 날에 엎드러진 아이 사람들은 남녀가
수 9:12	당신들에게로 오려고 떠나던 날에 우리
수 9:17	행군하여 셋째 날에 그들의 여러 성읍
수 9:27	그 날에 여호수아가 그들을 여호와께
수 10:12	자손에게 넘겨주시던 날에 여호수아
수 10:14	목소리를 들으신 이 같은 날은 전에도
수 14:11	모세가 나를 보내던 날과 같이 오늘도
수 22:3	오늘까지 날이 오래도록 너희가 너희
수 24:7	많은 날을 광야에서 거주하였느니라
수 24:25	그 날에 여호수아가 세겜에서 백성과
수 24:31	이스라엘이 여호수아가 사는 날 동안과 … 모든 일을 아는 자들이 사는 날
삿 2:18	사사가 사는 날 동안에는 여호와께서

405

【날 1】

삿 3:30	그 날에 모압이 이스라엘 수하에 굴복
삿 4:14	시스라를 네 손에 넘겨주신 날이라
삿 5:6	아들 삼갈의 날에 또는 야엘의 날에는
삿 6:25	그 날 밤에 여호와께서 기드온에게 이르
삿 6:32	그 날에 기드온을 여룹바알이라 불렀
삿 9:45	아비멜렉이 그 날 종일토록 그 성을
삿 13:7	태에서부터 그가 죽는 날까지 하나님
삿 18:30	백성이 사로잡히는 날까지 이르렀더
삿 19:5	넷째 날 아침에 일찍이 일어나 떠나
삿 20:26	여호와 앞에 앉아서 그 날이 저물도록
삿 20:30	이스라엘 자손이 셋째 날에 베냐민 자손
룻 4:5	그 밭을 사는 날에 곧 죽은 자의 아내
삼상 1:4	엘가나가 제사를 드리는 날에는 제물
삼상 2:31	네 집에 노인이 하나도 없게 하는 날
삼상 2:34	홉니와 비느하스가 한 날에 죽으리니
삼상 3:12	처음부터 끝까지 그 날에 그에게 다 이루
삼상 6:15	그 날에 벧세메스 사람들이 여호와께
삼상 7:13	여호와의 손이 사무엘이 사는 날 동안
삼상 8:18	그 날에 너희는 너희가 택한 왕으로 말미암아 부르짖되 그 날에 여호와

"환난 날에 나를 부르라 내가 너를 건지리니 네가 나를 영화롭게 하리로다" (시 50:15)

삼상 9:24	그 날에 사울이 사무엘과 함께 먹으니라
삼상 10:9	새 마음을 주셨고 그 날 그 징조도 다
삼상 11:11	한가운데로 들어가서 날이 더울 때까지
삼상 11:13	사울이 이르되 이 날에는 사람을 죽이지
삼상 12:18	여호와께서 그 날에 우레와 비를 보내
삼상 13:11	당신이 정한 날 안에 오지 아니하고
삼상 13:22	싸우는 날에 사울과 요나단과 함께
삼상 14:23	여호와께서 그 날에 이스라엘을 구원
삼상 15:35	사무엘이 죽는 날까지 사울을 다시 가서
삼상 16:13	이 날 이후로 다윗이 여호와의 영에게
삼상 18:2	그 날에 사울은 다윗을 머무르게 하고
삼상 18:9	그 날 후로 사울이 다윗을 주목하였으
삼상 18:26	*좋게 여기므로 결혼할 날이 차기 전에*
삼상 20:5	보내어 셋째 날 저녁까지 들에 숨게
삼상 20:14	너는 내가 사는 날 동안에 여호와의
삼상 20:19	일이 있던 날에 숨었던 곳에 이르러
삼상 20:26	그러나 그 날에는 사울이 아무 말도
삼상 20:27	이튿날 곧 그 달의 둘째 날에도 다윗
삼상 21:6	떡은 더운 떡을 드리는 날에 물려 낸
삼상 22:22	아비아달에게 이르되 그 날에 에돔 사람
삼상 24:4	행하라 하시더니 이것이 그 날이니이
삼상 25:8	우리가 좋은 날에 왔은즉 네 손에 있는
삼상 26:10	혹은 죽을 날이 이르거나 또는 전장에
삼상 27:6	아기스가 그 날에 시글락을 그에게 주었
삼상 29:3	나와 함께 있은 지 여러 날 여러 해가 되 그가 망명하여 온 날부터 오늘까지
삼상 29:6	정직하여 내게 온 날부터 오늘까지 네가
삼상 31:6	모든 사람이 다 그 날에 함께 죽었더
삼하 1:2	사흘째 되는 날에 한 사람이 사울의
삼하 2:32	걸어서 헤브론에 이른 때에 날이 밝았
삼하 5:8	그 날에 다윗이 이르기를 누구든지
삼하 6:9	다윗이 그 날에 여호와를 두려워하여
삼하 6:23	사울의 딸 미갈이 죽는 날까지 그에게
삼하 11:12	우리아가 그 날에 예루살렘에 머무니라
삼하 13:32	누이 다말을 욕되게 한 날부터 압살롬
삼하 18:8	그 날에 수풀에서 죽은 자가 칼에 죽은
삼하 18:20	다른 날에 전할 것이니라 왕의 아들이
삼하 19:2	그 날에 백성들에게 들리매 그 날의
삼하 20:3	그들이 죽는 날까지 갇혀서 생과부로
삼하 22:1	사울의 손에서 구원하신 그 날에 다윗
삼하 22:19	그들이 나의 재앙의 날에 내게 이르렀
왕상 2:1	다윗이 죽을 날이 임박하매 그의 아들
왕상 2:37	기드론 시내를 건너는 날에는 반드시
왕상 2:38	날이 오래도록 예루살렘에 머무니라
왕상 2:42	어디든지 가는 날에는 죽임을 당하리
왕상 3:14	명령을 지키면 내가 또 네 날을 길게
왕상 8:64	그 날에 왕이 여호와의 성전 앞뜰 가운
왕상 8:66	여덟째 날에 솔로몬이 백성을 돌려보
왕상 13:11	이 날에 하나님의 사람이 벧엘에서 행한
왕상 14:14	그가 그 날에 여로보암의 집을 끊어
왕상 15:6	르호보암과 여로보암 사이에 사는 날
왕상 16:16	그 날에 이스라엘의 무리가 진에서 군대
왕상 17:14	여호와가 비를 지면에 내리는 날까지
왕상 17:15	엘리야와 그의 식구가 여러 날 먹었으
왕상 18:1	많은 날이 지나고 제삼년에 여호와의
왕상 20:29	일곱째 날에 접전하여 이스라엘 자손
왕상 22:25	네가 골방에 들어가서 숨는 그 날에
왕하 7:9	오늘은 아름다운 소식이 있는 날이거
왕하 12:2	그를 교훈하는 모든 날 동안에는 여호와

[날 1]　　　　　　　　　　　　　　　　　　　　　　　　[날 1]

왕하 15:5	죽는 날까지 나병환자가 되어 별궁에	에 9:28	대대로 이 두 날을 기념하여 지키되
왕하 19:3	오늘은 환난과 징벌과 모욕의 날이라	**시가서**	
왕하 20:6	내가 네 날에 십오 년을 더할 것이며	욥 3:3	내가 난 날이 멸망하였더라면, 사내아이
왕하 20:17	여호와의 말씀이 날이 이르리니 왕궁	욥 3:8	날을 저주하는 자들 곧 리워야단을 격동
왕하 20:19	내가 사는 날에 태평과 진실이 있을진	욥 7:1	그의 날이 품꾼의 날과 같지 아니하겠
대상 7:22	아버지 에브라임이 여러 날 슬퍼하므	욥 7:6	나의 날은 베틀의 북보다 빠르니 희망
대상 13:12	그 날에 다윗이 하나님을 두려워하여	욥 7:16	나를 놓으소서 내 날은 헛것이니이다
대상 16:7	그 날에 다윗이 아삽과 그의 형제를	욥 8:9	세상에 있는 날이 그림자와 같으니라
대상 29:15	세상에 있는 날이 그림자 같아서 희망	욥 9:25	나의 날이 경주자보다 빨리 사라져
대상 29:22	이 날에 무리가 크게 기뻐하여 여호와	욥 10:5	주의 날이 어찌 사람의 날과 같으며
대하 1:7	그 날 밤에 하나님이 솔로몬에게 나타	욥 10:20	내 날은 적지 아니하니이까 그런즉 그치
대하 3:2	넷째 해 둘째 달 둘째 날 건축을 시작	욥 11:17	네 생명의 날이 대낮보다 밝으리니 어둠
대하 6:5	인도하여 낸 날부터 내 이름을 둘 만한	욥 14:5	그의 날을 정하셨고 그의 달 수도 주께
대하 7:9	여덟째 날에 무리가 한 성회를 여니라	욥 14:6	품꾼같이 그의 날을 마칠 때까지 그를
대하 18:34	그 날의 전쟁이 맹렬하였으므로	욥 14:14	모든 고난의 날 동안을 참으면서 풀려
대하 20:26	넷째 날에 무리가 브라가 골짜기에 모여	욥 15:23	흑암의 날이 가까운 줄을 스스로 아는
대하 21:19	여러 날 후 이 년 만에 그의 창자가	욥 15:32	그의 날이 이르기 전에 그 일이 이루어
대하 24:2	모든 날에 요아스가 여호와 보시기에	욥 17:1	나의 날이 다하였고 무덤이 나를 위하여
대하 24:14	여호야다가 세상에 사는 모든 날에	욥 20:28	떠나가며 하나님의 진노의 날에 끌려
대하 26:5	스가랴가 사는 날에 하나님을 찾았고	욥 21:13	그들의 날을 행복하게 지내다가 잠깐
대하 26:21	웃시야 왕이 죽는 날까지 나병환자가	욥 21:30	재난의 날을 위하여 남겨둔 바 되었고
대하 30:15	둘째 달 열넷째 날에 유월절 양을 잡으		진노의 날을 향하여 끌려가느니라
대하 34:33	요시야가 사는 날에 백성이 그들의 조상	욥 29:18	나의 날은 모래알같이 많으리라 하였
대하 35:1	첫째 달 열넷째 날에 유월절 어린 양	욥 30:16	생명이 내 속에서 녹으니 환난 날이
스 4:2	에살핫돈이 우리를 이리로 오게 한 날	욥 30:25	고생의 날을 보내는 자를 위하여 내가
느 2:6	몇 날에 다녀올 길이며 어느 때에 돌아	욥 30:27	고요함이 없구나 환난 날이 내게 임하
느 8:10	나누어 주라 이 날은 우리 주의 성일이	욥 36:11	순종하여 섬기면 형통한 날을 보내며
느 8:17	여호수아 때로부터 그 날까지 이스라엘	욥 38:12	네가 너의 날에 아침에게 명령하였느
느 8:18	여덟째 날에 규례를 따라 성회를 열었	욥 38:23	환난 때와 교전과 전쟁의 날을 위하여
느 12:44	그 날에 사람을 세워 곳간을 맡기고	시 18:18	그들이 나의 재앙의 날에 내게 이르렀
느 13:1	그 날 모세의 책을 낭독하여 백성에게	시 19:2	날은 날에게 말하고 밤은 밤에게 지식
느 13:15	음식물을 팔기로 그 날에 내가 경계하	시 20:1	환난 날에 여호와께서 네게 응답하시
에 3:14	민족에게 선포하여 그 날을 위하여 준비	시 37:18	여호와께서 온전한 자의 날을 아시나
에 5:9	그 날 하만이 마음이 기뻐 즐거이 나오	시 37:19	아니하며 기근의 날에도 풍족할 것이
에 6:1	그 날 밤에 왕이 잠이 오지 아니하므로	시 39:5	주께서 나의 날을 한 뼘 길이만큼 되게
에 7:2	왕이 이 둘째 날 잔치에 술을 마실 때에	시 41:1	재앙의 날에 여호와께서 그를 건지시
에 8:1	그 날 아하수에로 왕이 유다인의 대적	시 44:1	하나님이여 주께서 우리 조상들의 날
에 8:17	잔치를 베풀고 그 날로 명절로 삼으니	시 49:5	에워싸는 환난의 날을 내가 어찌 두려워
에 9:1	왕의 어명을 시행하게 된 날이라 유다	시 50:15	환난 날에 나를 부르라 내가 너를 건지
	인의 대적들이 … 제거하게 된 그 날에	시 56:3	내가 두려워하는 날에는 내가 주를 의지
에 9:17	십사일에 쉬며 그 날에 잔치를 베풀어	시 56:9	아뢰는 날에 내 원수들이 물러가리니
에 9:18	십오일에 쉬며 이 날에 잔치를 베풀어	시 59:16	요새이시며 나의 환난 날에 피난처심
에 9:26	이 두 날을 부림이라 하고 유다인이	시 72:7	그의 날에 의인이 흥왕하여 평강의

【 날 1 】

시 77:2	나의 환난 날에 내가 주를 찾았으며	잠 6:34	남편이 투기로 분노하여 원수 갚는 날에
시 78:9	활을 가졌으나 전쟁의 날에 물러갔도	잠 9:11	나 지혜로 말미암아 네 날이 많아질
시 78:33	하나님이 그들의 날들을 헛되이 보내게	잠 11:4	재물은 진노하시는 날에 무익하나 공의
시 84:10	한 날이 다른 곳에서의 천 날보다 나은	잠 15:15	고난받는 자는 그 날이 다 험악하나
시 86:7	나의 환난 날에 내가 주께 부르짖으리	잠 16:4	지으셨나니 악인도 악한 날에 적당하게
시 89:29	그의 왕위를 하늘의 날과 같게 하리로	잠 21:31	싸울 날을 위하여 마병을 예비하거니와
시 89:45	젊은 날들을 짧게 하시고 그를 수치로	잠 24:10	네가 만일 환난 날에 낙담하면 네 힘이
시 90:9	모든 날이 주의 분노 중에 지나가며	잠 25:13	마치 추수하는 날에 얼음 냉수 같아서
시 90:12	우리 날 계수함을 가르치사 지혜로운	잠 25:19	환난 날에 진실하지 못한 자를 의뢰하는
시 94:13	이런 사람에게는 환난의 날을 피하게	잠 25:20	노래하는 것은 추운 날에 옷을 벗음
시 95:8	광야의 맛사에서 지냈던 날과 같이 너희	잠 27:10	환난 날에 형제의 집에 들어가지 말지
시 102:2	나의 괴로운 날에 주의 얼굴을 내게서	잠 27:15	다투는 여자는 비 오는 날에 이어 떨어
	숨기지 마소서 … 내가 부르짖는 날에	전 5:20	그는 자기의 생명의 날을 깊이 생각하지
시 102:3	내 날이 연기같이 소멸하며 내 뼈가	전 6:3	장수하여 사는 날이 많을지라도 그의
시 103:15	인생은 그 날이 풀과 같으며 그 영화	전 6:12	헛된 생명의 모든 날을 그림자같이
시 110:3	주의 권능의 날에 주의 백성이 거룩한	전 7:1	이름이 좋은 기름보다 낫고 죽는 날이
시 110:5	주께서 그의 노하시는 날에 왕들을 쳐서	전 7:14	형통한 날에는 기뻐하고 곤고한 날에는
시 118:24	이 날은 여호와께서 정하신 것이라 이	전 7:15	허무한 날을 사는 동안 내가 그 모든
	날에 우리가 즐거워하고 기뻐하리라	전 8:8	죽는 날을 주장할 사람도 없으며 전쟁
시 119:84	주의 종의 날이 얼마나 되나이까 나를	전 8:13	그 날이 그림자와 같으니 이는 하나님
시 119:147	내가 날이 밝기 전에 부르짖으며 주의	전 8:15	사람을 해 아래에서 살게 하신 날 동안
시 137:7	예루살렘이 멸망하던 날을 기억하시고	전 9:9	네 헛된 평생의 모든 날 곧 하나님이
시 138:3	내가 간구하는 날에 주께서 응답하시고		해 아래에서 네게 주신 모든 헛된 날에
시 139:16	나를 위하여 정한 날이 하루도 되기	전 9:12	인생들도 재앙의 날이 그들에게 홀연히
시 140:7	여호와여 전쟁의 날에 주께서 내 머리	전 11:1	네 떡을 물 위에 던져라 여러 날 후에
시 144:4	사람은 헛것 같고 그의 날은 지나가는	전 11:8	캄캄한 날들이 많으리니 그 날들을 생각
시 146:4	흙으로 돌아가서 그 날에 그의 생각이	전 11:9	청년의 날들을 마음에 기뻐하여 마음에

날 1 - 기타 본문

모세오경 창 1:8, 13, 19, 23, 31; 2:3; 3:5; 7:13; 17:26; 27:44; 32:26; 출 5:13; 10:6; 12:18, 51; 13:3, 8; 14:30; 16:22, 26, 27, 29, 30; 19:1, 15, 16; 20:10; 23:26; 31:15, 17; 32:28; 34; 34:21; 35:2; 레 7:16, 17, 18, 35, 36, 38; 8:33; 9:1; 14:2, 9, 10; 15:14, 26, 29; 19:7; 22:28, 30; 23:21, 24, 28, 29, 30, 32, 37, 39; 25:9; 민 1:18; 6:6, 8, 9, 13; 7:18, 24, 30, 36, 42, 48, 54, 60, 66, 72, 78; 9:19, 20; 19:19; 28:25; 29:20, 23, 26, 29, 32, 35; 30:8, 12, 14; 신 6:2; 9:7; 10:4; 16:8; 17:20; 18:16; 32:47 **역사서** 수 5:12; 6:14, 15; 10:28, 35; 14:9, 12; 삿 2:7; 4:23; 5:1; 14:15, 17; 19:8, 9, 30; 20:46; 삼상 6:16; 7:2, 6, 10, 15; 8:8; 14:24, 31, 37, 52; 20:34; 21:7, 10; 22:18; 30:25; 삼하 2:17; 3:37; 7:6; 18:7; 19:3, 19, 24, 34; 23:10; 24:8, 18; 왕상 8:16; 11:42; 12:32, 33; 13:3; 22:35; 대상 17:5; 대하 8:16; 15:11; 18:24; 느 9:1, 3; 12:43; 에 1:4, 5; 3:7; 8:13; 9:11, 22, 27 **시가서** 욥 3:4, 5; 6; 17:11; 24:1; 29:4; 시 27:5; 37:13; 55:23; 78:42; 102:11, 23; 아 4:6 **대선지서** 사 2:12, 17, 20; 3:7; 4:1; 7:17, 20; 13:9, 22; 19:16, 18, 19; 22:8, 12, 20, 25; 23:15; 27:12, 13; 28:5; 29:18; 30:23, 25; 31:7; 37:3; 39:6; 47:9; 52:6; 58:5; 63:4; 렘 6:4; 7:22, 25, 32; 11:7; 12:3; 13:6; 17:16, 18; 18:17; 20:18; 23:7; 25:33, 34; 30:7, 8; 31:31, 33; 32:31; 33:16; 36:2; 37:16; 39:2, 10, 16; 48:12, 41, 47; 49:2, 22, 26; 50:4, 20,

【 날 1 】   【 날 1 】

전 12:1	곤고한 날이 이르기 전에, 나는 아무	사 17:11	근심과 심한 슬픔의 날에 농작물이 없어
전 12:3	그런 날에는 집을 지키는 자들이 떨 것	사 19:21	그 날에 애굽이 여호와를 알고 제물과
아 2:17	사랑하는 자야 날이 저물고 그림자가	사 19:23	그 날에 애굽에서 앗수르로 통하는 대로
아 8:8	청혼을 받는 날에는 우리가 그를 위하여	사 19:24	그 날에 이스라엘이 애굽 및 앗수르와

대선지서

사 2:11	그 날에 눈이 높은 자가 낮아지며 교만	사 20:6	그 날에 이 해변 주민이 말하기를 우리
사 3:18	주께서 그 날에 그들이 장식한 발목	사 22:5	밟힘과 혼란의 날이여 성벽의 무너뜨림
사 4:2	그 날에 여호와의 싹이 아름답고 영화	사 24:21	그 날에 여호와께서 높은 데에서 높은
사 5:30	그 날에 그들이 바다 물결 소리같이	사 24:22	옥에 갇혔다가 여러 날 후에 형벌을
사 7:18	그 날에는 여호와께서 애굽 하수에서	사 25:9	그 날에 말하기를 이는 우리의 하나님
사 7:21	그 날에는 사람이 한 어린 암소와 두 양	사 26:1	그 날에 유다 땅에서 이 노래를 부르리
사 7:23	그 날에는 천 그루에 은 천 개의 가치가	사 27:1	그 날에 여호와께서 그의 견고하고 크고
사 9:4	주께서 꺾으시되 미디안의 날과 같이	사 27:2	그 날에 너희는 아름다운 포도원을 두고
사 10:3	벌하시는 날과 멀리서 오는 환난 때에	사 27:8	동풍 부는 날에 폭풍으로 그들을 옮기
사 10:20	그 날에 이스라엘의 남은 자와 야곱	사 30:26	맞은 자리를 고치시는 날에는 달빛은
사 10:27	그 날에 그의 무거운 짐이 네 어깨에서		햇빛 같겠고 햇빛은… 일곱 날의 빛과
사 10:32	이 날에 그가 놉에서 쉬고 딸 시온 산	사 34:8	여호와께서 보복하시는 날이요 시온의
사 11:10	그 날에 이새의 뿌리에서 한 싹이 나서	사 49:8	네게 응답하였고 구원의 날에 내가 너를
사 11:11	그 날에 주께서 다시 그의 손을 펴사	사 53:10	그가 씨를 보게 되며 그의 날은 길 것
사 11:16	이스라엘이 애굽 땅에서 나오던 날과	사 58:3	너희가 금식하는 날에 오락을 구하며
사 12:1	그 날에 네가 말하기를 여호와여 주께서	사 58:13	즐거운 날이라, 여호와의 … 존귀한 날
사 12:4	그 날에 너희가 또 말하기를 여호와께	사 60:20	빛이 되고 네 슬픔의 날이 끝날 것임이
사 13:13	맹렬히 노하는 날에 하늘을 진동시키며	사 61:2	우리 하나님의 보복의 날을 선포하여
사 14:3	고역에서 놓으시고 안식을 주시는 날에	사 63:9	모든 날에 그들을 드시며 안으셨으나
사 17:4	그 날에 야곱의 영광이 쇠하고 그의	렘 4:9	그 날에 왕과 지도자들은 낙심할 것이
사 17:7	그 날에 사람이 자기를 지으신 이를	렘 9:25	날이 이르면 할례 받은 자와 할례 받지
사 17:9	그 날에 그 견고한 성읍들이 옛적에	렘 11:4	애굽 땅에서 이끌어내던 날에 그들에게
		렘 16:14	날이 이르니 다시는 이스라엘 자손

날 1 – 기타 본문

27, 30, 31; 51:2, 47, 52; 52:4, 12, 34; 애 1:7; 2:1, 16, 22; 3:57; 4:18; 5:21; 겔 5:2; 7:7, 10, 12, 19; 12:23, 27; 16:5; 20:1, 6; 21:25, 29; 22:4; 23:39; 24:1, 25, 26, 27; 26:18; 28:13, 15; 29:1, 21; 30:2, 3, 9, 18, 20; 32:17; 33:12, 21, 22; 36:33; 38:8, 10, 14, 16, 18, 19; 39:8, 11, 13, 22; 40:1; 43:22; 45:18, 21, 22, 25; 단 8:26, 27; 11:20, 33 **소선지서** 호 2:3, 15, 18, 21; 3:3; 6:2; 7:5; 9:5; 12:9; 욜 3:1, 18; 암 2:16; 3:14; 8:3, 9, 10, 11, 13; 9:13; 옵 1:8, 11, 12, 13; 미 2:1; 4:6; 5:10; 7:4, 11, 12, 15; 나 2:3; 3:17; 합 3:16; 습 1:9, 10, 15, 16; 3:8, 11, 16; 학 2:18, 23; 슥 3:10; 4:10; 6:10; 8:6, 9, 10, 23; 9:16; 12:3, 4, 6, 8, 9, 11; 13:1, 2, 4; 14:3, 4, 6, 7, 8, 9, 13, 21; 말 3:7, 17; 4:1, 3 **신약** 마 7:22; 10:15; 11:22, 24; 12:36; 13:1; 16:2; 22:23, 46; 24:19, 22, 29, 36, 38, 50; 25:13; 26:29; 27:62; 막 2:20; 4:35; 6:21; 11:19; 13:17; 15:42; 눅 1:20, 80; 2:43; 4:2, 42; 5:35; 6:23; 10:12; 12:46; 17:24, 27, 29, 31; 19:43, 44; 21:6, 23, 34, 35; 22:7; 23:29, 54; 요 1:39; 2:1, 12; 5:9; 6:54; 9:14; 11:53; 12:7; 14:20; 16:23; 19:31, 42; 21:3; 행 1:21; 2:1, 41; 4:3; 8:1; 9:23, 43; 12:6; 에 13:31; 16:18, 35; 18:18; 19:38; 20:11, 15; 21:5, 16, 15; 23:11; 12; 25:14; 27:7, 9, 19, 20, 27, 33, 39; 롬 2:16; 14:5; 살전 5:4; 히 8:9, 10; 10:16, 32; 계 6:17; 9:6; 10:7; 11:6; 16:14

【날1】   【날1】

렘 16:19	나의 요새, 환난 날의 피난처시여 민족
렘 17:17	재앙의 날에 주는 나의 피난처시니이다
렘 19:6	오직 죽임의 골짜기라 부르는 날이 이를
렘 20:14	어머니가 나를 낳던 날이 복이 없었더면
렘 23:6	그의 날에 유다는 구원을 받겠고
렘 23:20	너희가 끝날에 그것을 완전히 깨달으
렘 27:22	돌보는 날까지 거기에 있을 것이니라
렘 30:3	유다의 포로를 돌아가게 할 날이 오리
렘 31:6	파수꾼이 외치는 날이 있을 것이라 이르
렘 31:27	이스라엘 집과 유다 집에 뿌릴 날이
렘 31:32	애굽 땅에서 인도하여 내던 날에 맺은
렘 31:38	날이 이르리니 이 성은 하나넬 망대로
렘 33:14	일러 준 선한 말을 성취할 날이 이르리
렘 33:15	그 날 그 때에 내가 다윗에게서 한 공의
렘 38:28	예레미야가 예루살렘이 함락되는 날
렘 39:17	내가 그 날에 너를 구원하리니 네가
렘 46:10	그 날은 주 만군의 여호와께서 그의
렘 46:21	재난의 날이 이르렀고 벌 받는 때가
렘 47:4	끊어 버리시는 날이 올 것임이라 여호와
렘 52:11	바벨론으로 끌고 가서 그가 죽는 날까지
렘 52:31	원년 열두째 달 스물다섯째 날 그가
애 1:12	그의 진노하신 날에 나를 괴롭게 하신
애 1:21	주께서 그 선포하신 날을 이르게 하셔서
애 2:7	여호와의 전에서 떠들기를 절기의 날과
애 2:21	주께서 주의 진노의 날에 죽이시되 긍휼
겔 1:28	사방 광채의 모양은 비 오는 날 구름
겔 4:8	네가 에워싸는 날이 끝나기까지 몸을
겔 12:22	이스라엘 땅에서 이르기를 날이 더디고
겔 22:14	보응하는 날에 네 마음이 견디겠느냐
겔 22:24	진노의 날에 비를 얻지 못한 땅이로다
겔 27:27	네가 패망하는 날에 다 바다 한가운데
겔 31:15	그가 스올에 내려가던 날에 내가 그를
겔 32:10	네가 엎드러지는 날에 그들이 각각 자기
겔 34:12	양 가운데에 있는 날에 양이 흩어졌으 면 ... 흐리고 캄캄한 날에 그 흩어진
겔 43:18	이 제단을 만드는 날에 그 위에 번제를
겔 48:35	그 날 후로는 그 성읍의 이름을 여호와
단 5:30	그 날 밤에 갈대아 왕 벨사살이 죽임을
단 10:14	이제 내가 마지막 날에 네 백성이 당할
단 12:13	네가 평안히 쉬다가 끝 날에는 네 몫을

소선지서

| 호 1:5 | 그 날에 내가 이스르엘 골짜기에서 |
| 호 1:11 | 올라오리니 이스르엘의 날이 클 것임 |

호 2:16	그 날에 네가 나를 내 남편이라 일컫고
호 3:4	이스라엘 자손들이 많은 날 동안 왕도
호 3:5	다윗을 찾고 마지막 날에는 여호와를
호 5:9	벌하는 날에 에브라임이 황폐할 것이라
호 9:7	날이 이르렀고 보응의 날이 온 것을
호 10:14	살만이 전쟁의 날에 벧아벨을 무너뜨린
욜 2:2	캄캄한 날이요 짙은 구름이 덮인 날이라
암 1:14	전쟁의 날에 외침과 회오리바람의 날에
암 9:11	그 날에 내가 다윗의 무너진 장막을
옵 1:14	고난의 날에 그 남은 자를 원수에게
옵 1:15	여호와께서 만국을 벌할 날이 가까웠
나 1:7	여호와는 선하시며 환난 날에 산성이
슥 2:11	그 날에 많은 나라가 여호와께 속하여
슥 14:20	그 날에는 말방울에까지 여호와께 성결
말 3:2	그가 임하시는 날을 누가 능히 당하며

복음서

마 6:34	한 날의 괴로움은 그 날로 족하니라
마 9:15	신랑을 빼앗길 날이 이르리니 그 때에
마 16:3	붉고 흐리면 오늘은 날이 궂겠다 하나
마 24:42	깨어 있으라 어느 날에 너희 주가 임할
막 6:35	여짜오되 이 곳은 빈들이요 날도 저물
막 13:19	이는 그 날들이 환난의 날이 되겠음이
막 13:20	그 날들을 감하지 아니하셨더라면 모 든 육체가 ... 위하여 그 날들을 감하
막 13:32	그 날과 그 때는 아무도 모르나니 하늘
막 14:12	무교절의 첫날 곧 유월절 양 잡는 날에
막 14:25	새 것으로 마시는 날까지 다시 마시지
눅 1:23	그 직무의 날이 다 되매 집으로 돌아
눅 1:25	주께서 나를 돌보시는 날에 사람들 앞에
눅 2:6	거기 있을 그 때에 해산할 날이 차서
눅 2:22	모세의 법대로 정결예식의 날이 차매
눅 9:12	날이 저물어 가매 열두 사도가 나아와
눅 13:14	일할 날이 엿새가 있으니 그 동안에
눅 17:22	너희가 인자의 날 하루를 보고자 하되
눅 17:30	인자가 나타나는 날에도 이러하리라
눅 21:22	이 날들은 기록된 모든 것을 이루는 징벌의 날이니라
눅 22:66	날이 새매 백성 장로들 곧 대제사장
눅 24:13	그 날에 그들 중 둘이 예루살렘에서
눅 24:29	저물어가고 날이 이미 기울었나이다
요 6:39	잃어버리지 아니하고 마지막 날에 다시
요 6:40	마지막 날에 내가 이를 다시 살리리라
요 6:44	그를 내가 마지막 날에 다시 살리리라

【날1】   【날1】

요 7:37	명절 끝날 곧 큰 날에 예수께서 서서	벧후 2:9	형벌 아래에 두어 심판 날까지 지키시며
요 11:24	마르다가 이르되 마지막 날 부활 때에는	벧후 3:7	심판과 멸망의 날까지 보존하여 두신
요 12:48	내가 한 그 말이 마지막 날에 그를 심판	벧후 3:10	주의 날이 도둑같이 오리니 그 날에는
요 16:26	그 날에 너희가 내 이름으로 구할 것	벧후 3:18	영광이 이제와 영원한 날까지 그에게
요 19:14	이 날은 유월절의 준비일이요 때는 제육	요일 4:17	심판날에 담대함을 가지게 하려 함이니
요 20:19	이 날 곧 안식 후 첫날 저녁 때에 제자	유 1:6	큰 날의 심판까지 영원한 결박으로 흑암
요 21:4	날이 새어갈 때에 예수께서 바닷가에		

역사서 ~ 서신서

여호와/하나님의 날

행 1:2	성령으로 명하시고 승천하신 날까지	사 2:12	만군의 여호와의 날이 모든 교만한
행 1:5	너희는 몇 날이 못되어 성령으로 세례	사 13:6	애곡할지어다 여호와의 날이 가까웠
행 2:20	크고 영화로운 날이 이르기 전에 해가	사 13:9	보라 여호와의 날 곧 잔혹히 분냄과
행 3:19	새롭게 되는 날이 주 앞으로부터 이를	겔 13:5	여호와의 날에 전쟁에서 견디게 하려고
행 12:21	헤롯이 날을 택하여 왕복을 입고 단상	겔 30:3	여호와의 날이 가깝도다 구름의 날일
행 17:31	천하를 공의로 심판할 날을 작정하시고	욜 1:15	그 날이여 여호와의 날이 가까웠나니
행 28:2	비가 오고 날이 차매 원주민들이 우리	욜 2:1	떨게 할지니 이는 여호와의 날이 이르
롬 2:5	진노의 날 곧 하나님의 의로우신 심판	욜 2:11	여호와의 날이 크고 심히 두렵도다
	이 나타나는 그 날에 임할 진노를 네게	욜 2:31	여호와의 크고 두려운 날이 이르기 전에
롬 14:6	날을 중히 여기는 자도 주를 위하여	욜 3:14	심판의 골짜기에 여호와의 날이 가까움
고전 3:13	그 날이 공적을 밝히리니 이는 불로	암 5:18	화 있을진저 여호와의 날을 사모하는
고후 6:2	구원의 날에 너를 도왔다 하셨으니 보		자여 너희가 … 여호와의 날을 사모
	라 지금은 … 보라 지금은 구원의 날	암 5:20	여호와의 날은 빛 없는 어둠이 아니며
갈 4:10	날과 달과 절기와 해를 삼가 지키니	습 1:7	잠잠할지어다 이는 여호와의 날이 가까
엡 4:30	그 안에서 너희가 구원의 날까지 인치심	습 1:8	여호와의 희생의 날에 내가 방백들과
엡 6:13	악한 날에 너희가 능히 대적하고 모든	습 1:14	여호와의 큰 날이 가깝도다 가깝고도
골 1:6	하나님의 은혜를 깨달은 날부터 너희		빠르도다 여호와의 날의 소리로다 용사
골 1:9	듣던 날부터 너희를 위하여 기도하기	습 1:18	그들의 은과 금이 여호와의 분노의 날
살후 1:10	그 날에 그가 강림하사 그의 성도들에	습 2:2	여호와의 분노의 날이 너희에게 이르기
살후 2:3	멸망의 아들이 나타나기 전에는 그 날	습 2:3	너희가 혹시 여호와의 분노의 날에 숨김
딤후 1:12	그 날까지 그가 능히 지키실 줄을 확신	슥 14:1	여호와의 날이 이르리라 그 날에 네 재물
딤후 1:18	그 날에 주의 긍휼을 입게 하여 주옵	말 4:5	여호와의 크고 두려운 날이 이르기 전에
딤후 4:8	의로우신 재판장이 그 날에 내게 주실	벧후 3:12	하나님의 날이 임하기를 바라보고 간절
히 1:2	모든 날 마지막에는 아들을 통하여 우리		

예수/주/그리스도의 날

히 3:8	광야에서 시험하던 날에 거역하던 것		
히 4:7	다윗의 글에 다시 어느 날을 정하여	고전 1:8	주 예수 그리스도의 날에 책망할 것
히 4:8	다른 날을 말씀하지 아니하셨으리라	고전 5:5	영은 주 예수의 날에 구원을 받게 하려
히 7:3	족보도 없고 시작한 날도 없고 생명의	고후 1:14	우리 주 예수의 날에는 너희가 우리
히 8:8	볼지어다 날이 이르리니 내가 이스라엘	빌 1:6	그리스도 예수의 날까지 이루실 줄을
히 10:25	오직 권하여 그 날이 가까움을 볼수록	빌 1:10	진실하여 허물 없이 그리스도의 날까지
약 5:5	방종하여 살륙의 날에 너희 마음을 살찌	빌 2:16	그리스도의 날에 내가 자랑할 것이
벧전 2:12	선한 일을 보고 오시는 날에 하나님께	살전 5:2	주의 날이 밤에 도둑같이 이를 줄을
벧전 3:10	생명을 사랑하고 좋은 날 보기를 원하	살후 2:2	편지로나 주의 날이 이르렀다고 해서
벧전 3:20	그들은 전에 노아의 날 방주를 준비할	벧후 3:10	주의 날이 도둑같이 오리니 그 날에
벧후 1:19	비추는 등불과 같으니 날이 새어 샛별	계 1:10	주의 날에 내가 성령에 감동되어 내 뒤

[날 2]   [날개]

날 2(woven material)

레 13:49	의복에나 가죽에나 그 날에나 씨에나
레 13:51	의복의 날에나 씨에나 가죽에나 가죽
레 13:52	의복이나 털이나 베의 날에나 씨나 모든
레 13:53	색점이 그 의복의 날에나 씨에나 모든
레 13:56	가죽에서나 그 날에서나 씨에서나 그 색
레 13:57	의복의 날에나 씨에나 가죽으로 만든
레 13:58	네가 빤 의복의 날에나 씨에나 가죽에나
레 13:59	이는 털옷에나 베옷에나 그 날에나 씨에

날 3(edge)

삿 3:22	칼자루도 날을 따라 들어가서 그 끝이
시 149:6	그들의 손에는 두 날 가진 칼이 있도다
잠 5:4	나중은 쑥같이 쓰고 두 날 가진 칼같이
전 10:10	철 연장이 무디어졌는데도 날을 갈지

날이 서다

삿 3:16	규빗 되는 좌우에 날 선 칼을 만들어
히 4:12	활력이 있어 좌우에 날 선 어떤 검보다
계 1:16	그의 입에서 좌우에 날 선 검이 나오
계 2:12	편지하라 좌우에 날 선 검을 가지신

날개(wing)

창 1:21	날개 있는 모든 새를 그 종류대로 창조
출 19:4	내가 어떻게 독수리 날개로 너희를 업어
출 25:20	그룹들은 그 날개를 높이 펴서 그 날개
출 37:9	그룹들이 그 날개를 높이 펴서 그 날개
레 1:17	그 날개 자리에서 그 몸을 찢되 아주
레 11:20	날개가 있고 네 발로 기어 다니는 곤충
레 11:21	다만 날개가 있고 네 발로 기어 다니는
신 4:17	하늘을 나는 날개 가진 어떤 새의 형상
신 32:11	새끼 위에 너풀거리며 그의 날개를 펴서
	새끼를 받으며 그의 날개 위에 그것을
룻 2:12	여호와께서 그의 날개 아래에 보호를
삼하 22:11	그룹을 타고 날으심이여 바람 날개 위에
왕상 8:6	성전의 내소인 지성소 그룹들의 날개
왕상 8:7	그룹들이 그 궤 처소 위에서 날개를
대상 28:18	그룹들은 날개를 펴서 여호와의 언약궤
대하 3:13	그룹이 편 날개가 모두 이십 규빗이라
대하 5:7	곧 본전 지성소 그룹들의 날개 아래라
대하 5:8	그룹들이 궤 처소 위에서 날개를 펴서
욥 39:13	즐거이 날개를 치나 학의 깃털과 날개
욥 39:26	매가 떠올라서 날개를 펼쳐 남쪽으로

시 17:8	눈동자같이 지키시고 주의 날개 그늘
시 18:10	그룹을 타고 다니심이여 바람 날개를
시 36:7	사람들이 주의 날개 그늘 아래에 피하
시 55:6	내게 비둘기같이 날개가 있다면 날아
시 57:1	영혼이 주께로 피하되 주의 날개 그늘
시 61:4	내가 주의 날개 아래로 피하리이다
시 63:7	주의 날개 그늘에서 즐겁게 부르리이다
시 68:13	그 날개를 은으로 입히고 그 깃을 황금
시 91:4	날개 아래에 피하리로다 그의 진실함
시 104:3	수레를 삼으시고 바람 날개로 다니시며
시 139:9	내가 새벽 날개를 치며 바다 끝에 가서
잠 23:5	정녕히 재물은 스스로 날개를 내어
사 6:2	스랍들이 모시고 섰는데 각기 여섯 날개
사 8:8	임마누엘이여 그가 펴는 날개가 네 땅에
사 10:14	날개를 치거나 입을 벌리거나 지저귀는
사 18:1	슬프다 구스의 강 건너편 날개 치는
사 31:5	새가 날개 치며 그 새끼를 보호함같이
사 40:31	독수리가 날개 치며 올라감 같을 것이요
렘 48:9	모압에 날개를 주어 날아 피하게 하라
렘 48:40	날아와서 모압 위에 날개를 펴리라
렘 49:22	그의 날개를 보스라 위에 펴는 그 날에
겔 1:6	그들에게 각각 네 얼굴과 네 날개가
겔 1:8	사방 날개 밑에는 각각 사람의 손이 있
	더라 그 네 생물의 얼굴과 날개가 이러
겔 1:9	날개는 다 서로 연하였으며 갈 때에는
겔 1:11	얼굴은 그러하며 그 날개는 들어 펴서
겔 1:23	날개로 몸을 가렸고 저 생물도 두 날개
겔 1:24	생물들이 갈 때에 내가 그 날개 소리를
	들으니 … 그 생물이 설 때에 그 날개
겔 1:25	그 생물이 설 때에 그 날개를 내렸더라
겔 3:13	생물들의 날개가 서로 부딪치는 소리
겔 10:5	그룹들의 날개 소리는 바깥뜰까지 들리
겔 10:8	그룹들의 날개 밑에 사람의 손 같은 것
겔 10:12	그 온 몸과 등과 손과 날개와 바퀴 곧
겔 10:16	그룹들이 날개를 들고 땅에서 올라가
겔 10:19	그룹들이 날개를 들고 내 눈 앞의 땅에
겔 10:21	각기 네 얼굴과 네 날개가 있으며 날개
겔 11:22	그 때에 그룹들이 날개를 드는데 바퀴
겔 17:3	색깔이 화려하고 날개가 크고 깃이 길고
겔 17:7	날개가 크고 털이 많은 큰 독수리 하나
단 7:4	사자와 같은데 독수리의 날개가 있더
	니 내가 보는 중에 그 날개가 뽑혔고
단 7:6	등에는 새의 날개 넷이 있고 그 짐승

【 날것 】　　　　　　　　　　　　　　　　　　　　　　【 날마다 】

단 9:27　이 **날개**를 의지하여 설 것이며 또 이미
호 4:19　바람이 그 **날개**로 그를 쌌나니 그들이
나 3:16　느치가 **날개**를 펴서 날아감과 같이
슥 5:9　학의 **날개** 같은 **날개**가 있고 그 **날개**에
마 23:37　암탉이 그 새끼를 **날개** 아래에 모음
눅 13:34　암탉이 제 새끼를 **날개** 아래에 모음
계 4:8　생물은 각각 여섯 **날개**를 가졌고 그 안
계 9:9　**날개**들의 소리는 병거와 많은 말들이
계 12:14　그 여자가 큰 독수리의 두 **날개**를 받아

날개 – 기타 본문
레 11:23; 왕상 6:24, 27; 대하 3:11, 12

날것(raw)
삼상 2:15　삶은 고기를 원하지 아니하고 **날것**을

날다(fly)

1. 새가 날다
창 1:20　땅 위 하늘의 궁창에는 새가 **날으라**
창 8:7　물이 땅에서 마르기까지 **날아** 왕래
신 4:17　하늘을 **나는** 날개 가진 어떤 새의 형상
신 14:19　**날기도** 하고 기어 다니기도 하는 것은
욥 9:26　먹이에 **날아** 내리는 독수리와도 같구나
시 78:27　**나는** 새를 바다의 모래같이 내리셨도다
시 148:10　짐승과 모든 가축과 기는 것과 **나는**
단 4:12　공중에 **나는** 새는 그 가지에 깃들이고
단 4:21　공중에 **나는** 새는 그 가지에 깃들었나
호 4:3　공중에 **나는** 새가 다 쇠잔할 것이요
합 1:8　먹이를 움키려 하는 독수리의 **날음**과
행 10:12　짐승과 기는 것과 공중에 **나는** 것들이
행 11:6　기는 것과 공중에 **나는** 것들이 보이더라
계 19:17　공중에 **나는** 모든 새를 향하여 큰 음성

2. 스랍/천사 등이 날다
삼하 22:11　그룹을 타고 **날으심이여** 바람 날개 위
사 6:2　자기의 발을 가리었고 그 둘로는 **날며**

3. 기타
시 1:4　그렇지 아니함이여 오직 바람에 **나는**
사 11:14　블레셋 사람들의 어깨에 **날아** 앉고 함께
렘 48:9　모압에 날개를 주어 **날아** 피하게 하라
단 9:21　가브리엘이 빨리 **날아서** 저녁 제사를

날뛰다(strut)
시 12:8　악인들이 곳곳에서 **날뛰는도다**

시 102:8　대항하여 미칠 듯이 **날뛰는** 자들이 나를

날래다(glide)
사 27:1　칼로 **날랜** 뱀 리워야단 곧 꼬불꼬불

날로(in constant, day by day)
대하 21:15　그 병이 **날로** 중하여 창자가 빠져나오
겔 30:16　나누일 것이며 놉 나라가 **날로** 대적이
고후 4:16　낡아지나 우리의 속사람은 **날로** 새로

날리다(fling, toss)
출 9:8　바로의 목전에서 하늘을 향하여 **날리라**
출 9:10　모세가 하늘을 향하여 **날리니** 사람과
삼하 16:13　향하여 돌을 던지며 먼지를 **날리더라**
삼하 22:15　화살을 **날려** 그들을 흩으시며 번개로
욥 2:12　하늘을 향하여 티끌을 **날려** 자기 머리에
욥 13:25　주께서 어찌하여 **날리는** 낙엽을 놀라게
욥 21:18　검불같이, 폭풍에 **날려가는** 겨같이
욥 30:15　품위를 바람같이 **날려** 버리니 나의
시 18:14　그의 화살을 **날려** 그들을 흩으심이여
시 68:14　흩으실 때에는 살몬에 눈이 **날림** 같도다
시 83:13　같게 하시며 바람에 **날리는** 지푸라기
아 4:16　향기를 **날리라** 나의 사랑하는 자가 그
사 5:24　꽃이 티끌처럼 **날리리니** 그들이 만군
사 19:7　가까운 곡식밭이 다 말라서 **날려가** 없어
사 29:5　강포한 자의 무리는 **날려** 가는 겨 같으
사 41:16　바람이 그들을 **날리겠고** 회오리바람
사 57:13　그것들은 다 바람에 **날려** 가겠고 기운
호 13:3　광풍에 **날리는** 쭉정이 같으며 굴뚝에
행 22:23　벗어 던지고 티끌을 공중에 **날리니**

날마다(day after day, each day)
창 39:10　**날마다** 요셉에게 청하였으나 요셉이
출 16:4　일용할 것을 **날마다** 거둘 것이라 이같이
삿 16:16　**날마다** 그 말로 그를 재촉하여 조르매
삼하 13:37　다윗은 **날마다** 그의 아들로 말미암아
왕하 25:30　그가 쓸 것은 **날마다** 왕에게서 받는
대상 12:22　사람이 **날마다** 다윗에게로 돌아와서
대상 16:23　노래하며 그의 구원을 **날마다** 선포할
대하 30:21　제사장들은 **날마다** 여호와를 칭송하
대하 31:16　족보에 기록된 남자 외에 **날마다** 여호와
스 3:4　번제를 매일 정수대로 **날마다** 드리고
스 6:9　제사장의 요구대로 어김없이 **날마다**

413

{ 날수 }   { 날아오다 }

느 8:18	첫날부터 끝날까지 **날마다** 하나님께
느 11:23	노래하는 자들에게 **날마다** 할 일을 정해
에 2:11	모르드개가 **날마다** 후궁 뜰 앞으로 왕래
시 68:19	**날마다** 우리 짐을 지시는 주 곧 우리
시 96:2	송축하며 그의 구원을 **날마다** 전파할
시 145:2	내가 **날마다** 주를 송축하며 영원히 주의
잠 8:34	내게 들으며 **날마다** 내 문 곁에서 기다
사 58:2	그들이 **날마다** 나를 찾아 나의 길 알기
렘 52:34	그가 **날마다** 쓸 것을 바벨론의 왕에게
단 1:5	포도주에서 **날마다** 쓸 것을 주어 삼 년
마 26:55	**날마다** 성전에 앉아 가르쳤으되 너희
막 14:49	**날마다** 너희와 함께 성전에 있으면서
눅 9:23	자기를 부인하고 **날마다** 제 십자가를
눅 11:3	우리에게 **날마다** 일용할 양식을 주시
눅 16:19	베옷을 입고 **날마다** 호화롭게 즐기더
눅 19:47	예수께서 **날마다** 성전에서 가르치시니
눅 22:53	내가 **날마다** 너희와 함께 성전에 있을
행 2:46	**날마다** 마음을 같이하여 성전에 모이
행 3:2	구걸하기 위하여 **날마다** 미문이라는
행 5:42	그들이 **날마다** 성전에 있든지 집에 있든
행 17:11	그러한가 하여 **날마다** 성경을 상고하
행 19:9	두란노 서원에서 **날마다** 강론하니라
고전 15:31	두고 단언하노니 나는 **날마다** 죽노라
고후 11:28	아직도 **날마다** 내 속에 눌리는 일이
히 7:27	백성의 죄를 위하여 **날마다** 제사 드리
벧후 2:8	그들 중에 거하여 **날마다** 저 불법한

날마다 - 기타 본문
출 16:5; 왕상 8:59; 대상 16:37; 느 12:47; 에 3:4 ;
잠 8:30; 행 2:47; 16:5; 17:17

날수(time)

창 50:3	향으로 처리하는 데는 이 **날수**가 걸림
출 23:26	없을 것이라 내가 너의 **날수**를 채우리라
민 14:34	너희는 그 땅을 정탐한 **날수**인 사십 일
신 1:46	너희가 그 곳에 머물던 **날수**대로니라
삼상 27:7	블레셋 사람들의 지방에 산 **날수**는
삼하 2:11	유다 족속의 왕이 된 **날수**는 칠 년
왕상 11:42	온 이스라엘을 다스린 **날수**가 사십 년
욥 3:2	해의 **날수**와 달의 수에 들지 않았더라
시 90:15	우리를 괴롭게 하신 **날수**대로와 우리
사 65:20	거기는 **날수**가 많지 못하여 죽는 어린
렘 2:32	백성은 나를 잊었나니 그 **날수**는 셀 수

겔 4:4	눕는 **날수**대로 그 죄악을 담당할지니라
겔 4:5	그들의 범죄한 햇수대로 네게 **날수**를
겔 4:9	옆으로 눕는 **날수** 곧 삼백구십 일 동안
눅 4:2	잡수시지 아니하시니 **날수**가 다하매

날실(fabric)

| 삿 16:13 | 머리털 일곱 가닥을 베틀의 **날실**에 섞어 |
| 삿 16:14 | 깨어 베틀의 바디와 **날실**을 다 빼내ിരാ |

날씨(appearance of sky)

| 마 16:3 | 너희가 **날씨**는 분별할 줄 알면서 시대의 |

날아가다(fly)

욥 6:26	실망한 자의 말은 바람에 **날아가느니라**
시 55:6	비둘기같이 날개가 있다면 **날아가서**
시 55:7	멀리 **날아가서** 광야에 머무르리로다
시 90:10	신속히 가니 우리가 **날아가나이다**
잠 23:5	하늘을 나는 독수리처럼 **날아가리라**
잠 26:2	참새가 떠도는 것과 제비가 **날아가는**
사 60:8	비둘기들이 그 보금자리로 **날아가는**
슥 5:1	눈을 들어 본즉 **날아가는** 두루마리가
슥 5:2	**날아가는** 두루마리를 보나이다 그 길이
계 4:7	그 넷째 생물은 **날아가는** 독수리 같은
계 8:13	공중에 **날아가는** 독수리가 큰 소리로
계 12:14	광야 자기 곳으로 **날아가** 거기서 그 뱀
계 14:6	보니 다른 천사가 공중에 **날아가는데**

날아다니다(fly)

잠 30:19	공중에 **날아다니는** 독수리의 자취와
사 14:29	나겠고 그의 열매는 **날아다니는** 불뱀
사 30:6	수사자와 독사 및 **날아다니는** 불뱀

날아들다(fly)

| 시 91:5 | 밤에 찾아오는 공포와 낮에 **날아드는** |

날아오다(fly)

신 28:49	한 민족을 독수리가 **날아오는** 것같이
욥 16:13	화살들이 사방에서 **날아와** 사정없이
욥 41:29	창이 **날아오는** 소리를 우습게 여기며
사 6:6	핀 숯을 손에 가지고 내게로 **날아와서**
사 60:8	날아가는 것 같이 **날아오는** 자들이 누구
렘 48:40	그가 독수리같이 **날아와서** 모압 위에
렘 49:22	보라 원수가 독수리같이 **날아와서** 그의

【 날짐승 】 【 남1 】

날짐승(a bird on the wing)
전 10:20 그 소리를 전하고 날짐승이 그 일을
사 46:11 내가 동쪽에서 사나운 날짐승을 부르

날짜(date)
겔 24:2 인자야 너는 날
짜 곧 오늘의 이름을
행 28:23 그들이 날짜를
정하고 그가 유숙하는

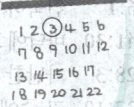

날카롭다(sharp, jag)
욥 16:9 이를 갈고 원수가 되어 날카로운 눈초
욥 41:30 그것의 아래쪽에는 날카로운 토기 조각
시 45:5 화살은 날카로워 왕의 원수의 염통을
시 52:2 네 혀가 심한 악을 꾀하여 날카로운
시 57:4 화살이요 그들의 혀는 날카로운 칼 같도
시 120:4 장사의 날카로운 화살과 로뎀 나무 숯불
시 140:3 뱀같이 그 혀를 날카롭게 하니 그 입술
잠 5:4 쓰고 두 날 가진 칼같이 날카로우며
잠 27:17 철이 철을 날카롭게 하는 것 같이 사람
사 5:28 화살은 날카롭고 모든 활은 당겨졌으
사 41:15 내가 너를 이가 날카로운 새 타작기로
사 49:2 내 입을 날카로운 칼같이 만드시고
겔 5:1 인자야 너는 날카로운 칼을 가져다가
겔 21:9 칼이여 칼이여 날카롭고도 빛나도다
겔 21:10 그 칼이 날카로움은 죽임을 위함이요
겔 21:11 손에 넘기기 위하여 날카롭고도 빛나게
겔 21:15 번개 같고 죽이기 위하여 날카로웠도다

낡다/낡아지다(wear out)
신 29:5 너희 몸의 옷이 낡아지지 아니하였고
수 9:5 낡아서 기운 신을 신고 낡은 옷을 입고
수 9:13 여행이 매우 길었으므로 낡아졌나이다
욥 13:28 썩은 물건의 낡아짐 같으며 좀 먹은
시 102:26 그것들은 다 옷같이 낡으리니 의복
렘 38:11 낡은 옷을 가져다가 그것을 구덩이에
렘 38:12 헝겊과 낡은 옷을 당신의 겨드랑이에
마 9:16 생베 조각을 낡은 옷에 붙이는 자가
마 9:17 새 포도주를 낡은 가죽 부대에 넣지
막 2:21 생베 조각을 낡은 옷에 … 새 것이 낡은
막 2:22 새 포도주를 낡은 가죽 부대에 넣는
눅 5:36 조각을 찢어 낡은 옷에 붙이는 자가
없나니 … 조각은 낡은 것에 어울리지

눅 5:37 새 포도주를 낡은 가죽 부대에 넣는
눅 12:33 소유를 팔아 구제하여 낡아지지 아니
하는 주머니를 만들라
고후 4:16 우리의 겉사람은 낡아지나 우리의 속
히 1:11 그것들은 다 옷과 같이 낡아지리니
히 8:13 첫 것은 낡아지게 하신 것이니 낡아지고

남 1(another, other)
출 22:5 짐승을 놓아 남의 밭에서 먹게 하면
욥 6:26 너희가 남의 말을 꾸짖을 생각을 하나
시 15:3 그의 혀로 남을 허물하지 아니하고
시 49:10 그들의 재물은 남에게 남겨 두고 떠나는
시 52:4 간사한 혀여 너는 남을 해치는 모든
잠 5:9 두렵건대 네 존영이 남에게 잃어버리게
잠 11:13 두루 다니며 한담하는 자는 남의 비밀
잠 11:25 남을 윤택하게 하는 자는 자기도 윤택
잠 16:21 입이 선한 자는 남의 학식을 더하게
잠 17:18 지혜 없는 자는 남의 손을 잡고 그의
잠 19:22 자기의 인자함으로 남에게 사모함을
잠 20:19 두루 다니며 한담하는 자는 남의 비밀
잠 21:10 악인의 마음은 남의 재앙을 원하나니
잠 22:26 손을 잡지 말며 남의 빚에 보증을 서지
잠 25:9 변론만 하고 남의 은밀한 일은 누설하지
겔 48:14 익은 열매를 남에게 주지도 못하리니
마 5:47 형제에게만 문안하면 남보다 더하는
마 7:12 남에게 대접을 받고자 하는 대로 너희
도 남을 대접하라 이것이 율법이요
마 8:9 남의 수하에 있는 사람이요 내 아래
눅 6:31 남에게 대접을 받고자 하는 대로 너희
도 남을 대접하라
눅 7:8 남의 수하에 든 사람이요 내 아래에도
눅 16:12 너희가 만일 남의 것에 충성하지 아니
눅 23:35 저가 남을 구원하였으니 만일 하나님
요 8:33 남의 종이 된 적이 없거늘 어찌하여
요 21:18 늙어서는 네 팔을 벌리리니 남이 네게
롬 13:8 남을 사랑하는 자는 율법을 다 이루었
롬 15:20 이는 남의 터 위에 건축하지 아니하려
고전 9:27 내가 남에게 전파한 후에 자신이 도리어
고전 10:24 자기의 유익을 구하지 말고 남의 유익
고전 10:29 남의 것이니 어찌하여 내 자유가 남의
고전 14:19 교회에서 네가 남을 가르치기 위하여
고후 10:15 우리는 남의 수고를 가지고 분수 이상
고후 10:16 이는 남의 규범으로 이루어 놓은 것으로

【 남 2 】　　　　　　　　　　　　　　　　　　　　　　　　　　　　【 남기다 】

갈 6:4	자기에게는 있어도 남에게는 있지 아니	왕상 19:18	이스라엘 가운데에 칠천 명을 **남기리니**
빌 2:3	겸손한 마음으로 각각 자기보다 남을	왕하 3:25	길하레셋의 돌들은 **남기고** 물매꾼이
벧전 4:15	남의 일을 간섭하는 자로 고난을 받지	왕하 10:11	하나도 생존자를 **남기지** 아니하였더라
		왕하 25:22	느부갓네살이 **남긴** 자라 왕이 사반의

남 2(南, south)

출 36:23	널판을 만들었으되 남으로는 남쪽에
출 38:9	뜰을 만들었으니 남으로 뜰의 남쪽에
대상 9:24	문지기가 동, 서, 남, 북 사방에 섰고
전 1:6	바람은 남으로 불다가 북으로 돌아가
전 11:3	나무가 남으로나 북으로나 쓰러지면
겔 20:46	얼굴을 남으로 향하라 남으로 향하여
겔 20:47	남에서 북까지 모든 얼굴이 그슬릴지라
겔 21:4	칼집에서 빼어 모든 육체를 남에서 북까
슥 14:4	절반은 북으로, 절반은 남으로 옮기고

대상 18:4	다윗이 그 병거 백 대의 말들만 **남기고**
느 6:1	건축하여 허물어진 틈을 **남기지** 아니
욥 41:30	바닥에 도리깨로 친 자국을 **남기는**구나
잠 28:3	가난한 자는 곡식을 **남기지** 아니하는
렘 37:10	그 중에 부상자만 **남긴다** 할지라도
렘 49:9	약간의 열매도 **남기지** 아니하겠고 밤에
렘 50:20	이는 내가 **남긴** 자를 용서할 것임이라
렘 50:26	쌓아 올려라 그를 진멸하고 **남기지** 말라
겔 39:28	한 사람도 이방에 **남기지** 아니하리니
호 9:12	한 사람도 **남기지** 아니할 것이라 내가
욜 1:4	팥중이가 **남긴** 것을 메뚜기가 먹고 메
	뚜기가 **남긴** 것을 … 느치가 **남긴** 것
옵 1:5	그것을 얼마쯤 **남기지** 아니하였겠느냐
말 4:1	그들을 살라 그 뿌리와 가지를 **남기지**
마 5:26	네가 한 푼이라도 **남김이** 없이 다 갚기
마 25:16	장사하여 또 다섯 달란트를 **남기고**
마 25:17	그같이 하여 또 두 달란트를 **남겼으되**
마 25:20	내가 또 다섯 달란트를 **남겼나이다**
마 25:22	보소서 내가 또 두 달란트를 **남겼나이다**
눅 12:59	푼이라도 **남김이** 없이 갚지 아니하고
눅 19:16	당신의 한 므나로 열 므나를 **남겼나이다**
눅 19:44	돌 하나도 돌 위에 **남기지** 아니하리니

남기다(reserve, survive, leave)

창 27:36	위하여 빌 복을 **남기지** 아니하셨나이
창 44:20	어머니가 **남긴** 것은 그뿐이므로 그의
창 50:8	양 떼와 소 떼만 고센 땅에 **남겼으며**
출 10:26	함께 가고 한 마리도 **남길** 수 없으니
민 21:35	한 사람도 **남기지** 아니하고 그의 땅을
신 2:34	유아와 함께 하나도 **남기지** 아니하고
신 3:3	쳐서 한 사람도 **남기지** 아니하였느니
신 28:51	새끼를 너를 위하여 **남기지** 아니하고
수 10:28	한 사람도 **남기지** 아니하였으니 막게
수 10:30	한 사람도 **남기지** 아니하였으니 그 왕
수 10:33	쳐서 한 사람도 **남기지** 아니하였더라
수 10:37	칼날로 쳐서 하나도 **남기지** 아니하였
수 10:39	바치고 하나도 **남기지** 아니하였으니
수 10:40	모든 왕을 쳐서 하나도 **남기지** 아니하
수 11:8	추격하여 한 사람도 **남기지** 아니하고
수 11:11	하나도 **남기지** 아니하였고 또 하솔을
수 11:14	있는 자는 하나도 **남기지** 아니하였으
삿 6:4	양이나 소나 나귀도 **남기지** 아니하니
룻 2:18	배불리 먹고 **남긴** 것을 내어 시어머니
삼상 14:36	탈취하고 한 사람도 **남기지** 말자 무리
삼상 15:3	그들의 모든 소유를 **남기지** 말고 진멸
삼상 15:9	양과 모든 좋은 것을 **남기고** 진멸하기
삼상 15:15	소들 중에서 가장 좋은 것을 **남김이요**
삼하 8:4	*병거 일백 대의 말만 **남기고** 다윗이*
삼하 13:30	하나도 **남기지** 아니하였다는 소문이
왕상 15:29	생명 있는 자를 한 사람도 **남기지** 아니
왕상 16:11	친구든지 한 사람도 **남기지** 아니하였

남겨 두다

출 12:10	아침까지 **남겨 두지** 말며 아침까지
출 16:19	아침까지 그것을 **남겨 두지** 말라 하였
출 23:18	제물의 기름을 아침까지 **남겨 두지**
레 23:22	자와 거류민을 위하여 **남겨 두라**
민 9:12	그것을 조금도 남겨 두지 말며
민 33:55	너희가 **남겨 둔** 자들이 너희의 눈에
신 24:19	과부를 위하여 **남겨 두라** 그리하면
신 24:20	객과 고아와 과부를 위하여 **남겨 두며**
신 24:21	객과 고아와 과부를 위하여 **남겨 두라**
삿 2:21	여호수아가 죽을 때에 **남겨 둔** 이방
삿 3:2	가르쳐 알게 하려 하사 **남겨 두신**
삿 6:4	가운데에 먹을 것을 **남겨 두지** 아니
삼상 25:22	아침까지 **남겨 두면** 하나님은 다윗에
삼상 25:34	나발에게 한 남자도 **남겨 두지** 아니
삼하 14:7	남편의 이름과 씨를 세상에 **남겨 두지**

【 남녀 】 　　　　　　　　　　　　　　　　　　　　【 남다 】

삼하 15:16	후궁 열 명을 왕이 **남겨 두어** 왕궁을
삼하 16:21	아버지가 **남겨 두어** 왕궁을 지키게
삼하 17:12	모든 사람을 하나도 **남겨 두지** 아니할
왕하 13:7	여호아하스에게 **남겨 두지** 아니하였
왕하 25:12	비천한 자를 **남겨 두어** 포도원을 다스
스 9:8	은혜를 베푸사 얼마를 **남겨 두어** 피하
욥 21:30	악인은 재난의 날을 위하여 **남겨 둔** 바
욥 24:6	남의 꼴을 베며 악인이 **남겨 둔** 포도
욥 38:23	날을 위하여 이것을 **남겨 두었노라**
시 49:10	재물은 남에게 **남겨 두고** 떠나는 것
사 1:9	생존자를 조금 **남겨 두지** 아니하셨더면
렘 39:10	빈민을 유다 땅에 **남겨 두고** 그 날에
렘 40:11	바벨론의 왕이 유다에 사람을 **남겨 둔**
렘 52:16	가난한 백성은 **남겨 두어** 포도원을
단 4:15	뿌리의 그루터기를 땅에 **남겨 두고**
단 4:23	그루터기는 땅에 **남겨 두고** 쇠와 놋줄
단 4:26	나무뿌리의 그루터기를 **남겨 두라** 하였
습 3:3	이튿날까지 **남겨 두는** 것이 없는 저녁
습 3:12	백성을 네 가운데에 **남겨 두리니**
롬 9:29	우리에게 씨를 **남겨 두지** 아니하셨더
롬 11:4	사람 칠천 명을 **남겨 두었다** 하셨으니
딛 1:5	너를 그레데에 **남겨 둔** 이유는 남은

남녀(男女, man and woman)

출 21:29	**남녀**를 막론하고 받아 죽이면 그 소는
출 35:22	곧 마음에 원하는 **남녀**가 와서 팔찌와
출 35:29	마음에 자원하는 **남녀**는 누구나 여호와
출 36:6	**남녀**를 막론하고 성소에 드릴 예물을
레 15:18	**남녀**가 동침하여 설정하였거든 둘 다
레 15:33	유출병이 있는 **남녀**와 그리고 불결한
레 25:44	**남녀** 종은 이런 자 중에서 사올 것이며
민 5:3	**남녀**를 막론하고 다 진영 밖으로 내보
신 2:34	성읍을 그 **남녀**와 유아와 함께 하나도
신 3:6	멸망시키되 각 성읍의 **남녀**와 유아를
신 7:14	너희 중의 **남녀**와 너희의 짐승의 암수
신 28:68	너희 몸을 적군에게 **남녀** 종으로 팔려
신 31:12	백성의 **남녀**와 어린이와 네 성읍 안에
수 2:13	나의 부모와 나의 **남녀** 형제와 그들에
수 8:25	그 날에 엎드러진 아이 사람들은 **남녀**
삿 9:49	사람들이 다 죽었으니 **남녀**가 약 천 명
삿 9:51	성읍 백성의 **남녀**가 모두 그리로 도망
삿 16:27	그 집에는 **남녀**가 가득하니 … **남녀**도
삼상 15:3	진멸하되 **남녀**와 소아와 젖 먹는 아이
삼상 22:19	놉의 **남녀**와 아이들과 젖 먹는 자들과
삼상 27:9	다윗이 그 땅을 쳐서 **남녀**를 살려두지
삼상 27:11	다윗이 그 **남녀**를 살려서 가드로 데려
삼하 6:19	이스라엘 무리에게 **남녀**를 막론하고
대상 16:3	이스라엘 무리 중 **남녀**를 막론하고 각
대하 15:13	대소 **남녀**를 막론하고 죽이는 것이 마땅
대하 36:17	청년 **남녀**와 노인과 병약한 사람을 긍휼
스 2:65	칠천삼백삼십칠 명이요 노래하는 **남녀**
스 10:1	백성의 **남녀**와 어린아이의 큰 무리가
느 7:67	그들에게 노래하는 **남녀**가 이백사십
에 4:11	지방 백성이 다 알거니와 **남녀**를 막론
전 2:7	**남녀** 노비들을 사기도 하였고 나를 위하
전 2:8	노래하는 **남녀**들과 인생들이 기뻐하는
렘 34:9	계약은 사람마다 각기 히브리 **남녀** 노비
렘 40:7	그 땅을 맡기고 **남녀**와 유아와 바벨론
렘 44:20	예레미야가 **남녀** 모든 무리 곧 이 말로
눅 12:45	**남녀** 종들을 때리며 먹고 마시며 취하
행 5:14	나아오는 자가 더 많으니 **남녀**의 큰
행 8:3	잔멸할새 각 집에 들어가 **남녀**를 끌어
행 8:12	전도함을 그들이 믿고 **남녀**가 다 세례
행 9:2	따르는 사람을 만나면 **남녀**를 막론하
행 22:4	사람을 죽이기까지 하고 **남녀**를 결박

남녀노소(男女老少, man and woman, young and old)

| 수 10:9 | 우리가 **남녀노소**와 양과 소를 데리고 |
| 수 6:21 | 온전히 바치되 **남녀노소**와 소와 양과 |

남다(remain)

모세오경

창 7:23	그와 함께 방주에 있던 자들만 **남았더라**
창 30:36	야곱은 라반의 **남은** 양 떼를 치니라
창 32:8	한 떼를 치면 **남은** 한 떼는 피하리라
창 32:24	야곱은 홀로 **남았더니** 어떤 사람이 날이
창 42:38	그의 형은 죽고 그만 **남았음이라** 만일
창 47:18	주께 낼 것이 아무것도 **남지** 아니하고
출 8:31	백성에게서 떠나니 하나도 **남지** 아니
출 10:5	메뚜기가 네게 **남은** 그것 곧 우박을
출 10:15	면하고 **남은** 것을 먹으며 너희를 위하
출 12:10	채소나 푸른 것은 **남지** 아니하였더라
출 14:28	남겨두지 말며 아침까지 **남은** 것은
출 16:18	바로의 군대를 다 덮으니 하나도 **남지**
출 23:11	많이 거둔 자도 **남음**이 없고 적게 거둔 먹게 하라 그 **남은** 것은 들짐승이 먹으

417

【 남다 】　　　　　　　　　　　　　　　　　　　　　　　【 남다 】

출 26:13	길이의 남은 것은 이쪽에 한 규빗, 저	수 22:7	남은 반 지파에게는 여호수아가 요단
출 29:34	위임식 고기나 떡이 아침까지 남아 있으	수 23:4	대해까지의 남아 있는 나라들과 이미
출 36:5	여호와께서 명령하신 일에 쓰기에 남음	수 23:7	남아 있는 이 민족들 중에 들어가지
출 36:7	일을 하기에 넉넉하여 남음이 있었더라	수 23:12	돌아서서 너희 중에 남아 있는 이 민족
레 2:3	그 소제물의 남은 것은 아론과 그의	삿 5:13	남은 귀인과 백성이 내려왔고 여호와
레 2:10	소제물의 남은 것은 아론과 그의 아들	삿 7:7	네 손에 넘겨주리니 남은 백성은 각각
레 5:9	남은 피는 제단 밑에 흘릴지니 이는	삿 8:10	남은 만 오천 명 가량은 그들을 따라
레 7:16	먹을 것이요 그 남은 것은 이튿날에도	삿 18:24	내게 오히려 남은 것이 무엇이냐 너희
레 7:17	제물의 고기가 셋째 날까지 남았으면	룻 1:3	죽고 나오미와 그의 두 아들이 남았으며
레 10:12	화제물 중 소제의 남은 것은 지극히	룻 1:5	여인은 두 아들과 남편의 뒤에 남았더라
레 10:16	아론의 남은 아들 엘르아살과 이다말	룻 2:14	곡식을 주매 룻이 배불리 먹고 남았더라
레 14:17	손에 남은 기름은 제사장이 정결함을	삼상 2:36	네 집에 남은 사람이 각기 와서 은 한
레 14:18	아직도 그 손에 남은 기름은 제사장	삼상 5:4	있고 다곤의 몸뚱이만 남았더라
레 14:29	손에 남은 기름은 제사장이 그 정결함	삼상 13:2	기브아에 있게 하고 남은 백성은 각기
레 19:6	이튿날에 먹고 셋째 날까지 남았거든	삼상 16:11	막내가 남았는데 그는 양을 지키나이
레 25:27	계수하여 그 남은 값을 산 자에게 주고	삼하 9:1	사울의 집에 아직도 남은 사람이 있느
레 25:51	남은 해가 많으면 그 연수대로 팔린	삼하 9:3	사울의 집에 아직도 남은 사람이 없느
레 25:52	희년까지 남은 해가 적으면 그 사람과	삼하 12:28	왕은 그 백성의 남은 군사를 모아 그
레 27:18	희년까지 남은 연수를 따라 그 값을	왕상 9:20	히위 사람과 여부스 사람 중 남아 있는
민 18:30	아름다운 것을 가져다가 드리고 남은	왕상 9:21	남아 있는 그들의 자손들을 솔로몬이
민 26:65	여호수아 외에는 한 사람도 남지 아니	왕상 11:41	솔로몬의 남은 사적과 그의 행한 모든
민 36:12	그들의 종족 지파에 그들의 기업이 남아	왕상 12:23	온 족속과 또 그 남은 백성에게 말하여
신 3:13	남은 땅과 옥의 나라였던 아르곱 온	왕상 14:19	여로보암의 그 남은 행적 곧 그가 어떻
신 4:27	민족 중에 너희의 남은 수가 많지 못할	왕상 14:29	르호보암의 남은 사적과 그가 행한 모든
신 24:20	다시 살피지 말고 그 남은 것은 객과	왕상 15:7	아비얌의 남은 사적과 그 행한 모든 일
신 24:21	포도원의 포도를 딴 후에 그 남은 것을	왕상 15:18	왕궁 곳간에 남은 은금을 모두 가져다
신 28:54	그의 품의 아내와 그의 남은 자녀를	왕상 15:23	아사의 남은 사적과 모든 권세와 그가
신 28:55	아무것도 그에게 남음이 없는 까닭일 것	왕상 15:31	나답의 남은 사적과 행한 모든 일은
역사서		왕상 16:5	바아사의 남은 사적과 행한 모든 일과
수 10:20	남은 몇 사람은 견고한 성들로 들어간	왕상 16:14	엘라의 남은 사적과 행한 모든 일은
수 11:22	사람들이 하나도 남지 아니하였고 가	왕상 16:20	시므리의 남은 행위와 그가 반역한 일은
수 11:23	아낙 사람들이 하나도 남지 아니하였고	왕상 16:27	오므리가 행한 그 남은 사적과 그가
수 12:4	옥은 르바의 남은 족속으로서 아스다롯	왕상 18:22	여호와의 선지자는 나만 홀로 남았으나
수 13:1	많이 늙었고 얻을 땅이 매우 많이 남아	왕상 19:10	오직 나만 남았거늘 그들이 내 생명을
수 13:2	이 남은 땅은 이러하니 블레셋 사람의	왕상 22:39	아합의 남은 행적과 그가 행한 모든
수 13:12	곧 르바의 남은 족속으로서 아스드롯	왕상 22:45	여호사밧의 남은 사적과 그가 부린 권세
수 13:27	헤스본 왕 시혼의 나라의 남은 땅 요단	왕상 22:46	그의 아버지 아사의 시대에 남아 있던
수 17:2	므낫세의 남은 자손을 위하여 그들의	왕하 1:18	아하시야가 행한 그 남은 사적은 모두
수 17:6	길르앗 땅은 므낫세의 남은 자손들에	왕하 4:7	기름을 팔아 빚을 갚고 남은 것으로
수 21:26	그핫 자손의 남은 가족들을 위한 성읍	왕하 4:44	말씀하신 대로 먹고 남았더라
수 21:34	그 남은 레위 사람 므라리 자손의 가족	왕하 7:13	성중에 남아 있는 말 다섯 마리를 취
수 21:45	말씀이 하나도 남음이 없이 다 응하였		하고 … 성중에 남아 있는 이스라엘
		왕하 8:23	여호람의 남은 사적과 그가 행한 모든

418

【 남다 】　　　　　　　　　　　　　　　【 남다 】

왕하 10:11	이스르엘에 **남아** 있는 자를 다 죽이고
왕하 10:34	예후의 **남은** 사적과 행한 모든 일과
왕하 12:19	요아스의 **남은** 사적과 그가 행한 모든
왕하 13:8	여호아하스의 **남은** 사적과 행한 모든
왕하 13:12	요아스의 **남은** 사적과 행한 모든 일과
왕하 14:15	요아스의 **남은** 사적과 그의 업적과 또
왕하 14:18	아마샤의 **남은** 행적은 유다 왕 역대지략
왕하 14:28	여로보암의 **남은** 사적과 모든 행한 일
왕하 15:6	아사랴의 **남은** 사적과 행한 모든 일은
왕하 15:11	스가랴의 **남은** 사적은 이스라엘 왕 역대
왕하 15:15	살룸의 **남은** 사적과 그가 반역한 일은
왕하 15:21	므나헴의 **남은** 사적과 그가 행한 모든
왕하 15:26	브가히야의 **남은** 사적과 그가 행한 모든
왕하 15:31	베가의 **남은** 사적과 그가 행한 모든
왕하 15:36	요담의 **남은** 사적과 그가 행한 모든
왕하 16:19	아하스가 행한 그 **남은** 사적은 유다
왕하 19:4	당신은 이 **남아** 있는 자들을 위하여
왕하 20:17	바벨론으로 옮긴 바 되고 하나도 **남지**
왕하 20:20	히스기야의 **남은** 사적과 그의 모든 업적
왕하 21:17	므낫세의 **남은** 사적과 그가 행한 모든
왕하 21:25	아몬이 행한 바 **남은** 사적은 유다 왕
왕하 23:28	요시야의 **남은** 사적과 행한 모든 일은
왕하 24:5	여호야김의 **남은** 사적과 행한 모든 일
왕하 25:11	성 중에 **남아** 있는 백성과 바벨론 왕
대상 6:70	그핫 자손의 **남은** 종족에게는 므낫세
대상 13:2	이스라엘 온 땅에 **남아** 있는 우리 형제
대상 19:11	그 **남은** 무리는 그의 아우 아비새의
대하 8:7	히위 족속과 여부스 족속의 **남아** 있는
대하 8:8	땅에 **남아** 있는 그들의 자손들을 솔로몬
대하 13:22	아비야의 **남은** 사적과 그의 행위와 그
대하 21:17	여호아하스 외에는 한 아들도 **남지** 아니
대하 24:14	공사를 마친 후에 그 **남은** 돈을 왕과
대하 26:22	웃시야의 **남은** 시종 행적은 아모스의
대하 27:7	요담의 **남은** 사적과 그의 모든 전쟁과
대하 28:26	아하스의 **남은** 시종 사적과 모든 행위
대하 31:10	그 **남은** 것이 이렇게 많이 쌓였나이다
대하 32:32	히스기야의 **남은** 행적과 그의 모든 선한
대하 33:18	므낫세의 **남은** 사적과 그가 하나님께
대하 34:9	에브라임과 **남아** 있는 모든 이스라엘
대하 35:26	요시야의 **남은** 사적과 여호와의 율법
대하 36:8	여호야김의 **남은** 사적과 그가 행한 모든
스 1:4	그 **남아** 있는 백성이 어느 곳에 머물러
스 9:14	우리를 멸하시고 **남아** 피할 자가 없도
스 9:15	**남아** 피한 것이 오늘날과 같사옵거늘
느 1:2	사로잡힘을 면하고 **남아** 있는 유다
느 1:3	사로잡힘을 면하고 **남아** 있는 자들이
느 4:14	귀족들과 민장들과 **남은** 백성에게 말하
느 4:19	내가 귀족들과 민장들과 **남은** 백성에
느 6:14	그 **남은** 선지자들 곧 나를 두렵게 하고
느 10:28	그 **남은** 백성과 제사장들과 레위 사람
느 11:1	그 **남은** 백성은 제비 뽑아 십분의 일을

시가서 ~ 선지서

욥 7:21	애써 찾으실지라도 내가 **남아** 있지
욥 19:20	내 피부와 살이 뼈에 붙었고 **남은** 것이
욥 20:26	그를 멸하며 그 장막에 **남은** 것을 해치
욥 22:20	우리의 원수가 망하였고 그들의 **남은**
시 17:14	그들의 **남은** 산업을 그들의 어린 아이
시 76:10	**남은** 노여움은 주께서 금하시리이다
잠 2:21	땅에 거하며 완전한 자는 땅에 **남아**
사 1:8	에워싸인 성읍같이 겨우 **남았도다**
사 4:3	시온에 **남아** 있는 자, 예루살렘에 머물
사 6:13	아직 **남아** 있을지라도 이것도 황폐하게 될 것이나 … 그 그루터기는 **남아**
사 7:22	땅 가운데에 **남아** 있는 자는 엉긴 젖과
사 10:19	그의 숲에 **남은** 나무의 수가 희소하여
사 11:11	**남은** 백성을 앗수르와 애굽과 바드로스
사 11:16	**남아** 있는 백성 곧 앗수르에서 **남은**
사 16:14	**남은** 수가 심히 적어 보잘것없이 되리라
사 17:6	안에 주울 것이 **남으리니** 감람나무를 … **남음** 같겠고 무성한 나무의 가장 먼 가지에 네다섯 개가 **남음** 같으리라
사 21:17	게달 자손 중 활 가진 용사의 **남은** 수가
사 24:13	포도를 거둔 후에 그 **남은** 것을 주움
사 37:4	당신은 이 **남아** 있는 자를 위하여 기도
사 49:21	홀로 **남았거늘** 이들은 어디서 생겼는고
렘 8:3	내게 쫓겨나서 각처에 **남아** 있는 자들
렘 23:3	내가 내 양 떼의 **남은** 것을 그 몰려 갔던
렘 24:8	예루살렘의 **남은** 자로서 이 땅에 **남아**
렘 27:18	예루살렘에 **남아** 있는 기구를 바벨론
렘 27:19	성에 **남아** 있는 기구에 대하여 이같이
렘 27:21	예루살렘에 **남아** 있는 그 기구에 대하
렘 29:1	바벨론으로 끌고 간 포로 중 **남아** 있는
렘 34:7	유다의 **남은** 모든 성읍들을 쳤으니 곧
렘 38:4	이 성에 **남은** 군사의 손과 모든 백성의
렘 38:22	곧 유다 왕궁에 **남아** 있는 모든 여자가
렘 39:9	느부사라단이 성중에 **남아** 있는 백성

[남다]   [남다]

렘 40:6	과 자기에게 … 그 외의 **남은** 백성을
렘 41:10	그 땅에 **남아** 있는 백성 가운데서 그와
렘 41:16	**남아** 있는 모든 백성을 이스마엘이
렘 42:2	미스바에서 잡아간 모든 **남은** 백성
	이 **남아** 있는 모든 자를 위하여 당신의
	하나님 … 많은 사람 중에서 **남은** 적은
렘 47:4	두로와 시돈에 **남아** 있는 바 도와줄 자
렘 47:5	아스글론과 그들에게 **남아** 있는 평지
렘 48:11	그 맛이 **남아** 있고 냄새가 변하지 아니
렘 52:15	성중에 **남아** 있는 백성과 바벨론 왕에
겔 6:12	칼에 엎드러지고 **남아** 있어 에워싸인
겔 7:11	재물도 하나도 **남지** 아니하며 그 중에
겔 14:22	가운데 피하는 자가 **남아** 있어 끌려
겔 34:18	**남은** 꼴을 발로 밟았느냐 … 여기느냐
	어찌하여 **남은** 물을 발로 더럽혔느냐
겔 36:3	너희는 **남은** 이방인의 기업이 되게 하여
겔 36:4	사방에 **남아** 있는 이방인의 노략거리
겔 36:5	질투로 **남아** 있는 이방인과 에돔 온 땅
겔 36:36	사방에 **남은** 이방 사람이 나 여호와가
겔 39:14	지면에 **남아** 있는 시체를 매장하여 그
겔 41:9	다섯 척이요 그 외에 빈 터가 **남았으며**
겔 48:18	거룩히 구별할 땅과 연접하여 **남아** 있는
겔 48:21	좌우편에 **남은** 땅은 군주에게 돌릴지니
단 7:12	**남은** 짐승들은 그 권세를 빼앗겼으나
단 10:17	몸에 힘이 없어졌고 호흡이 **남지** 아니하
단 11:35	이는 아직 정한 기한이 **남았음이라**
암 1:8	블레셋의 **남아** 있는 자가 멸망하리라
미 4:7	발을 저는 자는 **남은** 백성이 되게 하며
습 1:4	손을 펴서 **남아** 있는 바알을 그 곳에서
습 2:9	**남은** 백성이 그것을 기업으로 얻을
학 1:12	여호수아와 **남은** 모든 백성이 그들의
학 1:14	여호수아의 마음과 **남은** 모든 백성의
학 2:2	여호수아와 **남은** 백성에게 말하여 이르
학 2:3	가운데 **남아** 있는 자 중에서 이 성전
슥 8:6	그 날에 **남은** 백성의 눈에는 기이하려
슥 8:11	이 **남은** 백성을 대하기를 옛날과 같이
슥 8:12	이슬을 내리리니 내가 이 **남은** 백성으로
슥 9:7	그들도 **남아서** 우리 하나님께로 돌아
슥 12:14	모든 **남은** 족속도 각기 따로 하고 그들
슥 14:2	사로잡혀 가려니와 **남은** 백성은 성읍

신약

마 14:20	배불리 먹고 **남은** 조각을 열두 바구니
마 15:37	배불리 먹고 **남은** 조각을 일곱 광주리
마 24:2	하나도 돌 위에 **남지** 않고 다 무너뜨
마 25:11	그 후에 **남은** 처녀들이 와서 이르되 주
마 27:49	**남은** 사람들이 이르되 가만 두라 엘리야
막 6:43	**남은** 떡 조각과 물고기를 열두 바구니
막 8:8	배불리 먹고 **남은** 조각 일곱 광주리를
막 12:6	한 사람이 **남았으니** 곧 그가 사랑하는
막 13:2	하나도 돌 위에 **남지** 않고 다 무너뜨려
막 16:13	사람이 가서 **남은** 제자들에게 알리었으
눅 9:17	먹고 다 배불렀더라 그 **남은** 조각
눅 21:6	하나도 돌 위에 **남지** 않고 다 무너뜨려
요 6:12	**남은** 조각을 거두고 버리는 것이 없게
요 8:9	예수와 그 가운데 섰는 여자만 **남았더라**
행 15:17	**남은** 사람들과 내 이름으로 일컬음을
행 27:44	그 **남은** 사람들은 널조각 혹은 배 물건
롬 11:3	나만 **남았는데** 내 목숨도 찾나이다 하니
고후 8:15	많이 거둔 자도 **남지** 아니하였고 적게
고후 13:2	죄 지은 자들과 그 **남은** 모든 사람에게
갈 2:13	**남은** 유대인들도 그와 같이 외식하므로
골 1:24	그리스도의 **남은** 고난을 그의 몸된 교회
딛 1:5	남겨 둔 이유는 **남은** 일을 정리하고
히 4:1	안식에 들어갈 약속이 **남아** 있을지라
벧전 4:2	하나님의 뜻을 따라 육체의 **남은** 때를
계 3:2	그 **남은** 바 죽게 된 것을 굳건하게
계 9:20	재앙에 죽지 않고 **남은** 사람들은 손으로
계 12:12	자기의 때가 얼마 **남지** 않은 줄을 알므

남다 - 기타 본문

출 10:19; 왕상 9:21; 19:14; 왕하 10:14, 17

남은 자

레 26:36	너희 **남은** 자에게는 그 원수들의 땅에
레 26:39	너희 **남은** 자가 너희의 원수들의 땅에
민 24:19	주권자가 야곱에게서 나서 **남은** 자들을
신 3:11	르바임 족속의 **남은** 자는 바산 왕 옥뿐
신 7:20	그들의 **남은** 자와 너를 피하여 숨은
신 19:20	**남은** 자들이 듣고 두려워하여 다시는
수 21:5	자손들 중에 **남은** 자는 에브라임 지파
수 21:20	레위 사람인 그핫 자손 중에 **남은** 자들
수 21:40	레위 가족의 **남은** 자 곧 므라리 자손
삿 4:16	엎드러졌고 한 사람도 **남은** 자가 없었
삿 7:3	이만 이천 명이요 **남은** 자가 만 명이
삿 21:7	**남은** 자들에게 우리가 어떻게 하면
삿 21:16	이제 그 **남은** 자들에게 어떻게 하여야

【 남다 】　　　　　　　　　　　　　　　　　　　【 남방 】

삼상 11:11	암몬 사람들을 치매 **남은 자**가 다 흩어
삼하 10:10	그 백성의 **남은 자**를 그 아우 아비새
삼하 21:2	그들은 아모리 사람 중에서 **남은 자**라
왕상 20:30	그 **남은 자**는 아벡으로 도망하여 … 그
	성벽이 그 **남은 자** 이만 칠천 명 위에
왕하 17:18	유다 지파 외에는 **남은 자**가 없으니라
왕하 19:30	유다 족속 중에서 피하고 **남은 자**는
왕하 19:31	**남은 자**는 예루살렘에서부터 나올 것
왕하 21:14	내가 나의 기업에서 **남은 자**들을 버려
왕하 24:14	비천한 자 외에는 그 땅에 **남은 자**가
왕하 25:11	**남은 자**는 시위대장 느부사라단이
대상 6:61	그핫 자손의 **남은 자**에게는 절반 지파
대상 6:77	므라리 자손의 **남은 자**에게는 스불론
대상 12:38	이스라엘의 **남은 자**도 다 한 마음으로
대상 24:20	레위 자손 중에 **남은 자**는 이러하니
대하 30:6	그가 너희 **남은 자** 곧 앗수르 왕의
대하 34:21	이스라엘과 유다의 **남은 자**들을 위하여
욥 18:19	그가 거하던 곳에는 **남은 자**가 한 사람
욥 27:15	그 **남은 자**들은 죽음의 병이 돌 때에
사 10:20	날에 이스라엘의 **남은 자**와 야곱 족속
사 10:21	**남은 자** 곧 야곱의 **남은 자**가 능하신
사 10:22	바다의 모래 같을지라도 **남은 자**만
사 11:16	앗수르에서 **남은 자**들을 위하여 큰 길이
사 14:22	그들을 쳐서 이름과 **남은 자**와 아들
사 14:30	죽일 것이요 네게 **남은 자**는 살륙을
사 15:9	도피한 자와 그 땅에 **남은 자**에게 사자
사 17:3	아람의 **남은 자**가 멸절하여 이스라엘
사 24:6	땅의 주민이 불타서 **남은 자**가 적다
사 28:5	자기 백성의 **남은 자**에게 영화로운
사 30:17	너희 **남은 자**는 겨우 산 꼭대기의 깃대
사 37:31	유다 족속 중에 피하여 **남은 자**는 다시
사 37:32	**남은 자**가 예루살렘에서 나오며 피하는
렘 6:9	이스라엘의 **남은 자**를 말갛게 주우리라
렘 15:9	그 **남은 자**는 그들의 대적의 칼에 붙이
렘 21:7	**남은 자**를 바벨론의 느부갓네살 왕의
렘 24:8	예루살렘의 **남은 자**로서 이 땅에 남아
렘 31:7	백성 이스라엘의 **남은 자**를 구원하소서
렘 40:15	유다의 **남은 자**로 멸망을 당하게 하랴
렘 42:15	너희 유다의 **남은 자**여 이제 여호와
렘 42:19	유다의 **남은 자**들아 여호와께서 너희
렘 43:5	유다의 **남은 자** 곧 쫓겨났던 여러 나라
렘 44:7	젖 먹는 자를 멸절하여 **남은 자**가 없게
렘 44:12	유다의 **남은 자**를 처단하리니 그들

렘 44:14	살려는 유다의 **남은 자** 중에 피하거나
렘 44:28	유다의 모든 **남은 자**가 내 말과 그들
렘 52:15	항복한 자와 무리의 **남은 자**를 사로
애 2:22	피하거나 **남은 자**가 없나이다 내가
겔 5:10	너희 중에 **남은 자**를 다 사방에 흩으리
겔 9:8	이스라엘의 **남은 자**를 모두 멸하려
겔 11:13	이스라엘의 **남은 자**를 다 멸절하고자
겔 17:21	그 **남은 자**는 사방으로 흩어지리니
겔 23:25	**남은 자**를 칼로 엎드러뜨리며 네 자녀
	를 빼앗고 그 **남은 자**를 불에 사르며
겔 25:16	그렛 사람을 끊으며 해변에 **남은 자**를
욜 2:32	**남은 자** 중에 나 여호와의 부름을 받을
암 4:2	끌어가며 낚시로 너희의 **남은 자**들도
암 5:15	여호와께서 혹시 요셉의 **남은 자**를
암 9:1	그 **남은 자**를 칼로 죽이리니 그 중에
암 9:12	에돔의 **남은 자**와 내 이름으로 일컫는
옵 1:14	고난의 날에 그 **남은 자**를 원수에게
옵 1:18	족속에 **남은 자**가 없으리니 여호와께
미 2:12	이스라엘의 **남은 자**를 모으고 그들을
미 5:3	형제 가운데에 **남은 자**가 이스라엘
미 5:7	야곱의 **남은 자**는 많은 백성 가운데
미 5:8	야곱의 **남은 자**는 여러 나라 가운데
미 7:18	기업에 **남은 자**의 허물을 사유하시며
합 2:8	민족의 **남은 자**가 너를 노략하리니
습 2:7	지경은 유다 족속의 **남은 자**에게로
습 2:9	내 백성의 **남은 자**들이 그들을 노략
습 3:13	이스라엘의 **남은 자**는 악을 행하지
슥 14:16	이방 나라들 중에 **남은 자**가 해마다
마 22:6	**남은 자**들은 종들을 잡아 모욕하고
롬 9:27	모래 같을지라도 **남은 자**만 구원을
롬 11:5	택하심을 따라 **남은 자**가 있느니라
롬 11:7	그 **남은 자**들은 우둔하여졌느니라
계 11:13	**남은 자**들이 두려워하여 영광을

남달리(different from anyone)
고전 4:7 　누가 너를 **남달리** 구별하였느냐 네게

남방(南方, south, Negev)
창 12:9 　점점 **남방**으로 옮겨갔더라
민 13:29 　아말렉인은 **남방** 땅에 거주하고 헷인
민 33:40 　가나안 땅 **남방**에 살고 있는 가나안
삿 1:9 　유다 자손이 내려가서 산지와 **남방**과
삿 1:15 　아버지께서 나를 **남방**으로 보내시니

【 남보석 】　　　　　　　　　　　　　　　　　【 남자 】

삿 1:16	남방의 유다 황무지에 이르러 그 백성
삼상 30:14	우리가 그랫 사람의 남방과 … 갈렙 남방을 침노하고 시글락을 불살랐나
삼상 30:27	벧엘에 있는 자와 남방 라못에 있는
대하 28:18	유다의 평지와 남방 성읍들을 침노하
욥 9:9	삼성과 묘성과 남방의 밀실을 만드셨

남방 왕
단 11:5, 6, 9, 10, 11, 14, 15, 25, 40

시 126:4	여호와여 우리의 포로를 남방 시내들
단 11:29	그가 다시 나와서 남방에 이를 것이나
슥 7:7	평온히 거주하며 남방과 평원에 사람
슥 9:14	나팔을 불게 하시며 남방 회오리바람
마 12:42	심판 때에 남방 여왕이 일어나 이 세대
눅 11:31	심판 때에 남방 여왕이 일어나 이 세대

남보석(藍寶石, sapphire)

출 28:18	둘째 줄은 석류석 남보석 홍마노요
출 39:11	둘째 줄은 석류석 남보석 홍마노요
욥 28:16	오빌의 금이나 귀한 청옥수나 남보석
겔 1:26	모양이 남보석 같고 그 보좌의 형상
겔 10:1	그룹들 머리 위 궁창에 남보석 같은
겔 27:16	남보석과 자색 베와 수 놓은 것과 가는
겔 28:13	청보석과 남보석과 홍옥과 황금과
계 21:19	둘째는 남보석이요 셋째는 옥수요 넷째

남북(南北, north and south)
시 89:12　남북을 주께서 창조하셨으니 다볼과

남색/-하다(男色, male prostitute)

왕상 14:24	땅에 또 남색하는 자가 있었고 여호와
왕상 15:12	남색하는 자를 그 땅에서 쫓아내고 그
왕상 22:46	아사의 시대에 남아 있던 남색하는
고전 6:9	간음하는 자나 탐색하는 자나 남색하는
딤전 1:10	음행하는 자와 남색하는 자와 인신매매

남아(男兒, boy)
사 66:7　해산하며 고통을 당하기 전에 남아를

남자(男子, man)
모세오경, 역사서

창 1:27	사람을 창조하시되 남자와 여자를 창조
창 2:23	이것을 남자에게서 취하였은즉 여자
창 2:24	이러므로 남자가 부모를 떠나 그의 아내
창 17:10	너희 중 남자는 다 할례를 받으라 이것
창 17:12	대대로 모든 남자는 집에서 난 자나
창 17:14	할례를 받지 아니한 남자 곧 그 포피
창 19:8	남자를 가까이 하지 아니한 두 딸이
창 24:16	아리땁고 지금까지 남자가 가까이 하지
창 34:11	세겜도 디나의 아버지와 그의 남자 형제
창 34:15	너희 중 남자가 다 할례를 받고 우리
창 34:22	우리 중의 모든 남자가 그들이 할례를
창 46:15	디나를 합하여 남자와 여자가 삼십삼 명
출 1:17	왕의 명령을 어기고 남자 아기들을 살린
출 1:18	어찌하여 이같이 남자 아기들을 살렸
출 12:48	모든 남자는 할례를 받은 후에야 가까이
출 21:28	소가 남자나 여자를 받아서 죽이면
출 23:17	네 모든 남자는 매년 세 번씩 주 여호와
출 34:23	너희의 모든 남자는 매년 세 번씩 주
레 6:18	아론 자손의 남자는 모두 이를 먹을지니
레 6:29	제사장인 남자는 모두 그것을 먹을지니
레 7:6	제사장인 남자는 모두 그것을 먹되 거룩
레 12:2	여인이 임신하여 남자를 낳으면 그는
레 18:22	여자와 동침함같이 남자와 동침하지
레 19:21	남자는 그 속건제물 곧 속건제 숫양
레 20:13	여인과 동침하듯 남자와 동침하면
레 20:17	여자는 그 남자의 하체를 보면 부끄러
레 20:18	그의 하체를 범하면 남자는 그 여인의
레 27:3	예순 살까지는 남자면 성소의 세겔로
레 27:5	다섯 살로부터 스무 살까지는 남자면
레 27:6	일 개월로부터 다섯 살까지는 남자면
레 27:7	예순 살 이상은 남자면 그 값을 십오
민 1:2	이스라엘 자손의 모든 회중 각 남자의
민 1:18	이십 세 이상인 남자의 이름을 자기
민 1:20	싸움에 나갈 만한 각 남자를 그 명수
민 3:15	계수하되 일 개월 이상된 남자를 다
민 5:6	이스라엘 자손에게 이르라 남자나 여자
민 5:13	남자가 그 여자와 동침하였으나 그의
민 6:2	남자나 여자가 특별한 서원 곧 나실인
민 18:10	네게 성물인즉 남자들이 다 먹을지니라

【 남자 】　　　　　　　　　　　　　　　　　　　　　　【 남자 】

민 25:8	이스라엘 **남자**를 따라 그의 막사에 들어가 이스라엘 **남자**와 그 여인의 배를	느 8:3	새벽부터 정오까지 **남자**나 여자나 알아

시가서, 선지서

민 31:7	명령하신 대로 미디안을 쳐서 **남자**를
민 36:3	다른 지파들의 **남자**들의 아내가 되면
신 4:16	우상을 새겨 만들지 말라 **남자**의 형상
신 15:12	네 동족 히브리 **남자**나 히브리 여자가
신 16:16	모든 **남자**는 일 년에 세 번 곧 무교절
신 17:2	어떤 **남자**나 여자가 네 하나님 여호
신 17:5	행한 **남자**나 여자를 네 성문으로 끌어
	내고 그 **남자**나 여자를 돌로 쳐 죽이되
신 20:13	칼날로 그 안의 **남자**를 다 쳐 죽이고
신 22:5	여자는 **남자**의 의복을 입지 말 것이요
	남자는 여자의 의복을 입지 말 것이라
신 22:19	여자는 그 **남자**가 평생에 버릴 수 없는
신 22:22	어떤 **남자**가 유부녀와 동침한 것이 드
	러나거든 그 동침한 **남자**와 그 여자를
신 23:17	이스라엘 **남자** 중에 남창이 있지 못할
신 28:54	너희 중에 온유하고 연약한 **남자**까지
신 29:10	너희의 지도자와 이스라엘 모든 **남자**
신 29:18	너희 중에 **남자**나 여자나 가족이나
신 32:25	젊은 **남자**도 처녀도 백발 노인과 함께
수 5:4	애굽에서 나온 모든 백성 중 **남자** 곧
수 7:14	가족은 그 **남자**들이 가까이 나아올 것
수 7:17	세라 족속의 각 **남자**를 가까이 나아오게
수 7:18	삽디의 가족 각 **남자**를 가까이 나아오
삿 11:39	딸에게 행하니 말이 **남자**를 알지 못하
삿 21:11	모든 **남자** 및 **남자**와 잔 여자를 진멸
삿 21:12	아직 **남자**와 동침한 일이 없어 **남자**를
삼상 25:3	아름다우나 **남자**는 완고하고 행실이
삼상 25:22	내가 그에게 속한 모든 **남자** 가운데
삼상 25:34	나발에게 한 **남자**도 남겨 두지 아니하
삼하 19:35	노래하는 **남자**나 여인의 소리를 알아
왕상 11:15	장사하고 에돔의 **남자**를 다 쳐서 죽였
왕상 11:16	요압은 에돔의 **남자**를 다 없애기까지
왕상 16:11	집안 사람들을 죽이되 **남자**는 그의 친족
왕상 21:21	쓸어버리되 네게 속한 **남자**는 이스라엘
왕하 9:8	아합에게 속한 모든 **남자**는 내가 다
대상 23:3	계수하니 모든 **남자**의 수가 삼만 팔천
대하 31:16	족보에 기록된 **남자** 외에 날마다 여호
대하 31:19	모든 **남자**와 족보에 기록된 레위 사람
대하 35:25	노래하는 **남자**들과 여자들은 요시야
스 8:3	스가랴와 그와 함께 족보에 기록된 **남자**
느 8:2	회중 앞 곧 **남자**나 여자나 알아들을 을

잠 11:16	존영을 얻고 근면한 **남자**는 재물을 얻느
잠 30:19	자취와 **남자**가 여자와 함께 한 자취며
사 4:1	그 날에 일곱 여자가 한 **남자**를 붙잡고
사 45:14	스바의 장대한 **남자**들이 네게로 건너
렘 30:6	해산하는 **남자**가 있는가 물어보라 어찌
	하여 모든 **남자**가 해산하는 여자같이
렘 31:22	창조하였나니 곧 여자가 **남자**를 둘러
렘 43:6	**남자**와 여자와 유아와 왕의 딸들과
렘 44:7	너희의 **남자**와 여자와 아이와 젖 먹는
렘 44:15	**남자**와 곁에 섰던 모든 여인 곧 애굽
렘 51:22	네가 **남자**와 여자를 분쇄하며 네가 노년
겔 16:17	너를 위하여 **남자** 우상을 만들어 행음
겔 16:32	남편 대신에 다른 **남자**들과 내통하여
호 3:3	다른 **남자**를 따르지 말라 나도 네게
호 4:14	이는 **남자**들도 창기와 함께 나가며 음부
욜 1:8	약혼한 **남자**로 말미암아 굵은 베로 동이
암 8:13	처녀와 젊은 **남자**가 다 갈하여 쓰러지
미 2:2	그들이 **남자**와 그의 집과 사람과 그의
슥 8:4	길거리에 늙은 **남자**들과 늙은 여자들

신약

마 19:4	이가 본래 그들을 **남자**와 여자로 지으
막 6:44	떡을 먹은 **남자**는 오천 명이었더라
막 10:6	창조 때로부터 사람을 **남자**와 여자로
눅 1:34	나는 **남자**를 알지 못하니 어찌 이 일이
눅 2:23	율법에 쓴 바 첫 태에 처음 난 **남자**마다
눅 9:14	**남자**가 한 오천 명 됨이러라 제자들
행 4:4	믿는 자가 많으니 **남자**의 수가 약 오천
행 17:12	또 헬라의 귀부인과 **남자**가 적지 아니
롬 1:27	**남자**들도 순리대로 여자 쓰기를 버리
	고 … **남자**가 **남자**와 더불어 부끄러운
롬 7:3	다른 **남자**에게 가면 음녀라 … 다른
	남자에게 갈지라도 음녀가 되지 아니
고전 7:1	말하면 **남자**가 여자를 가까이 아니함이
고전 7:2	음행을 피하기 위하여 **남자**마다 자기
고전 11:3	**남자**의 머리는 그리스도요 여자의 머리
	는 **남자**요 그리스도의 머리는 하나님이
고전 11:4	**남자**로서 머리에 무엇을 쓰고 기도나
고전 11:7	**남자**는 하나님의 형상과 영광이니 그
	머리를 마땅히 … 여자는 **남자**의 영광
고전 11:8	**남자**가 여자에게서 … 여자가 **남자**에게
고전 11:9	또 **남자**가 여자를 위하여 지음을 받지

【 남자답다 】　　　　　　　　　　　　　　　【 남편 】

	아니하고 여자가 **남자**를 위하여 지음
고전 11:11	**남자** 없이 여자만 … 여자 없이 **남자**
고전 11:12	여자가 **남자**에게서 난 것 같이 **남자**도
고전 11:14	만일 **남자**에게 긴 머리가 있으면 자기
갈 3:28	**남자**나 여자나 다 그리스도 예수 안에
딤전 2:8	각처에서 **남자**들이 분노와 다툼이 없이
딤전 2:12	여자가 가르치는 것과 **남자**를 주관하는
딛 2:2	늙은 **남자**로는 절제하며 경건하며 신중
딛 2:6	이와 같이 젊은 **남자**들을 신중하도록
계 12:5	장차 철장으로 만국을 다스릴 **남자**라
계 12:13	쫓긴 것을 보고 **남자**를 낳은 여자를

남자 – 기타 본문

창 17:23, 27; 34:24, 25; 민 1:22; 3:22, 28, 34, 39, 40, 43; 5:19; 25:14; 26:62; 31:17, 35; 신 22:23, 24, 25, 29; 수 17:2, 6; 스 8:4, 5, 6, 7, 8, 9, 10, 11, 12, 13, 14

남자답다(男子, like man-NASV)
고전 16:13　믿음에 굳게 서서 **남자답게** 강건하라

남종(男從, manservant)

출 20:10	네 딸이나 네 **남종**이나 네 여종이나
출 20:17	그의 **남종**이나 그의 여종이나 그의 소나
출 21:7	여종으로 팔았으면 그는 **남종**같이 나오
출 21:20	사람이 매로 그 **남종**이나 여종을 쳐서
출 21:26	사람이 그 **남종**의 한 눈이나 여종의
출 21:27	**남종**의 이나 여종의 이를 쳐서 빠뜨리
출 21:32	소가 만일 **남종**이나 여종을 받으면
레 25:6	너와 네 **남종**과 네 여종과 네 품꾼과
신 5:14	네 딸이나 네 **남종**이나 네 여종이나 네 소나 … 네 **남종**이나 네 여종에게
신 5:21	그의 **남종**이나 그의 여종이나 그의 소나
왕하 5:26	포도원이나 양이나 소나 **남종**이나 여종
욥 31:13	만일 **남종**이나 여종이 나와 더불어 쟁론
스 2:65	**남종**과 여종이 칠천삼백삼십칠 명이요
욜 2:29	영을 **남종**과 여종에게 부어 줄 것이며
행 2:18	내 영을 내 **남종**과 여종들에게 부어

남쪽(南, south)

창 13:14	눈을 들어 너 있는 곳에서 북쪽과 **남쪽**
창 28:14	네가 서쪽과 동쪽과 북쪽과 **남쪽**으로
출 26:18	널판을 만들되 **남쪽**을 위하여 널판

민 2:10	**남쪽**에는 르우벤 군대 진영의 군기가

남쪽 – 기타 본문

출 26:35; 27:9; 36:23; 38:9; 40:24; 민 3:29; 10:6; 34:3, 4, 5; 신 33:23; 수 11:2; 12:3; 13:3; 15:1, 2, 3, 4, 7, 8, 21; 17:9, 10; 18:5, 13, 14, 15, 16, 19; 19:34; 삿 21:19; 삼상 14:5; 20:41; 23:19, 24; 삼하 24:7; 왕상 7:25, 39; 대상 26:15, 17; 대하 4:4; 욥 39:26; 시 75:6; 사 43:6; 겔 20:46, 47; 40:24, 27, 44, 45; 41:11; 42:10, 12, 13, 18; 47:1, 19, 20; 48:10, 16, 17, 28, 33; 단 8:4, 9; 슥 6:6; 14:10; 행 8:26; 계 21:13

남창(男娼, male prostitute)

신 23:17	이스라엘 남자 중에 **남창**이 있지 못할
왕하 23:7	또 여호와의 성전 가운데 **남창**의 집을
욥 36:14	죽으며 그들의 생명은 **남창**과 함께 있도

남편(男便, husband)

구약

창 3:6	자기와 함께 있는 **남편**에게도 주매 그도
창 3:16	너는 **남편**을 원하고 **남편**은 너를 다스
창 16:3	하갈을 데려다가 그 **남편** 아브람에게
창 20:3	죽으리니 그는 **남편**이 있는 여자임이
창 29:32	이제는 내 **남편**이 나를 사랑하리로다
창 29:34	아들을 낳았으니 내 **남편**이 지금부터
창 30:4	그의 시녀 빌하를 **남편**에게 아내로 주매
창 30:15	내 **남편**을 빼앗은 것이 … 내 **남편**이
창 30:18	시녀를 내 **남편**에게 주었으므로 하나님
창 30:20	내가 **남편**에게 여섯 아들을 낳았으니
창 38:8	형수에게로 들어가서 **남편**의 아우
출 4:25	당신은 참으로 내게 피 **남편**이로다 하니
출 4:26	그 때에 십보라가 피 **남편**이라 함은
출 21:22	**남편**의 청구대로 반드시 벌금을 내되
민 5:12	사람의 아내가 탈선하여 **남편**에게 신의
민 5:13	그의 **남편**의 눈에 숨겨 드러나지 아니
민 5:14	그 **남편**이 의심이 생겨 … 그 **남편**이
민 5:19	**남편**을 두고 탈선하여 다른 남자와 동침
민 5:20	네 **남편**을 두고 탈선하여 … 네 **남편**
민 5:27	그 **남편**에게 범죄하였으면 그 저주가
민 5:29	의심의 법이니 아내가 그의 **남편**을 두고
민 5:30	**남편**이 의심이 생겨서 자기의 아내를
민 5:31	**남편**은 무죄할 것이요 여인은 죄가 있으

【 남편 】　　　　　　　　　　　　　　　　　　　　　　　　【 남편 】

민 30:7	그의 **남편**이 그것을 듣고 그 듣는 날에	왕하 4:9	여인이 그의 **남편**에게 이르되 항상 우리
민 30:8	그의 **남편**이 그것을 듣는 날에 허락하	왕하 4:14	여인은 아들이 없고 그 **남편**은 늙었나
민 30:10	부녀가 혹시 그 **남편**의 집에서 서원	왕하 4:22	그 **남편**을 불러 이르되 청하건대 사환
민 30:11	그의 **남편**이 그것을 듣고도 아무 말이	왕하 4:23	**남편**이 이르되 초하루도 아니요 안식
민 30:12	그의 **남편**이 … 못하나니 그의 **남편**	왕하 4:26	평안하냐 네 **남편**이 평안하냐 아이가
민 30:13	서약은 그의 **남편**이 그것을 지키게도	에 1:17	전파되면 그들도 그들의 **남편**을 멸시
민 30:14	그의 **남편**이 여러 날이 지나도록 말이	에 1:20	여인들이 그들의 **남편**을 존경하리이다
민 30:15	그러나 그의 **남편**이 들은 지 얼마 후에	에 1:22	**남편**이 자기의 집을 주관하게 하고 자기
민 30:16	규례니 **남편**이 아내에게, 아버지가 자기	잠 6:34	**남편**이 투기로 분노하여 원수 갚는 날에
신 21:13	그에게로 들어가서 그의 **남편**이 되고	잠 7:19	**남편**은 집을 떠나 먼 길을 갔는데
신 24:3	그를 아내로 맞이한 둘째 **남편**이 죽었	잠 31:11	그런 자의 **남편**의 마음은 그를 믿나니
신 24:4	그를 내보낸 전**남편**이 그를 다시 아내	잠 31:12	그의 **남편**에게 선을 행하고 악을 행하
신 25:11	**남편**을 구하려 하여 가까이 가서	잠 31:23	그의 **남편**은 그 땅의 장로들과 함께
신 28:56	자기 품의 **남편**과 자기 자녀를 미운	잠 31:28	일어나 감사하며 그의 **남편**은 칭찬하기
삿 13:6	그의 **남편**에게 말하여 이르되 하나님	사 54:5	이는 너를 지으신 이가 네 **남편**이시라
삿 13:9	**남편** 마노아는 함께 있지 아니한지라	렘 3:1	타인의 아내가 된다 하자 **남편**이 그를
삿 13:10	그의 **남편**에게 알리어 이르되 보소서	렘 3:14	나는 너희 **남편**임이라 내가 너희를 성읍
삿 14:15	**남편**을 꾀어 그 수수께끼를 우리에게	렘 3:20	아내가 그의 **남편**을 속이고 떠나감같이
삿 19:2	행음하고 **남편**을 떠나 유다 베들레헴	렘 6:11	**남편**과 아내와 나이 든 사람과 늙은이
삿 19:3	**남편**이 그 여자에게 다정하게 말하고	렘 31:32	내가 그들의 **남편**이 되었어도 그들이
삿 20:4	여인의 **남편**이 대답하여 이르되 내가	렘 44:19	우리 **남편**의 허락이 없이 그의 형상과
룻 1:3	나오미의 **남편** 엘리멜렉이 죽고 나오미	겔 16:32	**남편** 대신에 다른 남자들과 내통하여
룻 1:5	여인은 두 아들과 **남편**의 뒤에 남았더라	겔 16:45	그 **남편**과 … 너는 그 **남편**과 자녀를
룻 1:9	**남편**의 집에서 위로를 받게 하시기를	호 2:2	그의 **남편**이 아니라 그가 그의 얼굴
룻 1:11	태중에 너희의 **남편** 될 아들들이 아직	호 2:7	내가 본 **남편**에게로 돌아가리니 그 때
룻 1:12	늙었으니 **남편**을 … 오늘 밤에 **남편**을	호 2:16	네가 나를 내 **남편**이라 일컫고 다시는
룻 1:13	**남편** 없이 지내겠다고 결심하겠느냐	**신약**	
룻 2:1	나오미의 **남편** 엘리멜렉의 친족으로	마 1:16	야곱은 마리아의 **남편** 요셉을 낳으
룻 2:11	네 **남편**이 죽은 후로 네가 시어머니에	마 1:19	**남편** 요셉은 의로운 사람이라 그를
삼상 1:7	**남편**이 그같이 해매 브닌나가 그를 격분	막 10:12	아내가 **남편**을 버리고 다른 데로 시집
삼상 1:8	그의 **남편** 엘가나가 그에게 이르되 한나	눅 2:36	결혼한 후 일곱 해 동안 **남편**과 함께
삼상 1:22	그의 **남편**에게 이르되 아이를 젖 떼기	요 4:16	이르시되 가서 네 **남편**을 불러 오라
삼상 1:23	**남편** 엘가나가 그에게 이르되 그대에	요 4:17	나는 **남편**이 없나이다 … 네가 **남편**이
삼상 2:19	제사를 드리러 그의 **남편**과 함께 올라	요 4:18	너에게 **남편** 다섯이 있었고 … 네 **남편**
삼상 4:19	시아버지와 **남편**이 죽은 소식을 듣고	행 5:9	네 **남편**을 장사하고 오는 사람들의 발이
삼상 4:21	그 시아버지와 **남편**이 죽었기 때문	행 5:10	죽은 것을 보고 메어다가 그의 **남편**
삼상 25:19	**남편** 나발에게는 말하지 아니하니라	롬 7:2	**남편** 있는 여인이 그 **남편** 생전에는
삼하 3:15	이스보셋이 사람을 보내 그의 **남편**		… 그 **남편**이 죽으면 **남편**의 법에서
삼하 3:16	**남편**이 그와 함께 오되 울며 바후림	롬 7:3	**남편** 생전에 다른 남자에게 가면 음녀라
삼하 11:26	**남편** 우리아가 죽었음을 듣고 그의 **남편**		그러나 만일 **남편**이 죽으면 그 법에서
삼하 14:5	나는 진정으로 과부니이다 **남편**은 죽고	고전 7:2	자기 아내를 두고 여자마다 자기 **남편**
삼하 14:7	내 **남편**의 이름과 씨를 세상에 남겨	고전 7:3	**남편**은 그 아내에 대한 의무를 다하고
왕하 4:1	당신의 종 나의 **남편**이 이미 죽었는데		아내도 그 **남편**에게 그렇게 할지라

【 남편 】 【 납달리 】

고전 7:4	그 남편이 하며 남편도 그와 같이 자기
고전 7:10	주시라) 여자는 남편에게서 갈라서지
고전 7:11	그 남편과 화합하든지 하라) 남편도
고전 7:12	아내가 있어 남편과 함께 살기를 좋아
고전 7:13	믿지 아니하는 남편이 있어 아내와 함께 살기를 좋아하거든 그 남편을 버리
고전 7:14	아니하는 남편이 … 아내가 남편으로
고전 7:16	아내 된 자여 네가 남편을 구원할는지 어찌 알 수 있으며 남편 된 자여 네가
고전 7:34	어찌하여야 남편을 기쁘게 할까 하느
고전 7:39	그 남편이 살아있는 … 남편이 죽으면
고전 14:35	자기 남편에게 물을지니 여자가 교회
고후 11:2	정결한 처녀로 한 남편인 그리스도께
엡 5:22	아내들이여 자기 남편에게 복종하기
엡 5:23	이는 남편이 아내의 머리 됨이 그리스도
엡 5:24	아내들도 범사에 자기 남편에게 복종
엡 5:25	남편들아 아내 사랑하기를 그리스도
엡 5:28	같이 남편들도 자기 아내 사랑하기를
엡 5:33	자신같이 하고 아내도 자기 남편을
골 3:18	남편에게 복종하라 이는 주 안에서
골 3:19	남편들아 아내를 사랑하며 괴롭게 하지
딤전 3:2	한 아내의 남편이 되며 절제하며 신중
딤전 3:12	집사들은 한 아내의 남편이 되어 자녀
딤전 5:9	육십이 덜 되지 아니하고 한 남편의
딛 1:6	한 아내의 남편이며 방탕하다는 비난
딛 2:4	여자들을 교훈하되 그 남편과 자녀를
딛 2:5	남편에게 복종하게 하라 이는 하나님
벧전 3:1	자기 남편에게 순종하라 이는 혹 말씀
벧전 3:5	자기 남편에게 순종함으로 자기를 단장
벧전 3:7	남편들아 이와 같이 지식을 따라 너희
계 21:2	준비한 것이 신부가 남편을 위하여 단장

남편을 맞다

| 민 30:6 | 또 혹시 남편을 맞을 때에 서원이나 |
| 렘 29:6 | 너희 딸이 남편을 맞아 그들로 자녀를 |

남편 있는 자

| 사 54:1 | 홀로 된 여인의 자식이 남편 있는 자 |
| 갈 4:27 | 홀로 사는 자의 자녀가 남편 있는 자 |

남편의 형제

| 신 25:5 | 그의 남편의 형제가 그에게로 들어가서 … 아내로 삼아 그의 남편의 형제 |
| 신 25:7 | 내 남편의 형제가 그의 형제의 이름을 … 남편의 형제 된 의무를 내게 행하 |

남풍(南風, south wind)

욥 37:17	땅이 고요할 때에 남풍으로 말미암아
시 78:26	일게 하시며 그의 권능으로 남풍을 인도
아 4:16	북풍아 일어나라 남풍아 오라 나의 동산
눅 12:55	남풍이 부는 것을 보면 말하기를 심히
행 27:13	남풍이 순하게 불매 그들이 뜻을 이룬
행 28:13	하루를 지낸 후 남풍이 일어나므로 이튿

남향하다(南向, south)

| 수 15:2 | 남쪽 경계는 염해의 끝 곧 남향한 해만 |

납(lead)

출 15:10	덮으니 그들이 거센 물에 납같이 잠겼
민 31:22	금, 은, 동, 철과 주석과 납 등의
욥 19:24	철필과 납으로 영원히 돌에 새겨졌으
렘 6:29	풀무불을 맹렬히 불면 그 불에 납이
겔 22:18	놋이나 주석이나 쇠나 납이며 은의
겔 22:20	사람이 은이나 놋이나 쇠나 납이나 주석
겔 27:12	철과 주석과 납을 네 물품과 바꾸어
슥 5:7	그 때에 둥근 납 한 조각이 들리더라
슥 5:8	넣고 납 조각을 에바 아귀 위에 던져

납달리(Naphthali)

1. 인명 : 야곱과 빌하의 아들

창 30:8	이겼다 하고 그의 이름을 납달리라 하였
창 35:25	여종 빌하의 아들들은 단과 납달리요
출 1:4	단과 납달리와 갓과 아셀이요
대상 2:2	단과 요셉과 베냐민과 납달리와 갓과

2. 지명 : 납달리 지파와 그 영토

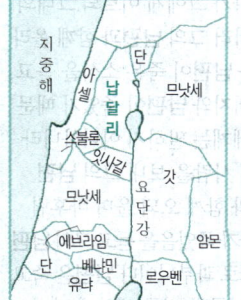

민 2:29	또 납달리 지파라 납달리 자손의 지휘관
민 7:78	납달리 자손의 지휘관 에난의
민 26:50	종족을 따른 납달리 종족
신 27:13	아셀과 스불론과 단과 납달리는 저주
신 33:23	납달리에 대하여는 일렀으되 은혜가 풍

【 납달리 게데스 】 【 낫다 】

| 성하고… 가득한 **납달리**여 너는 서쪽
신 34:2 | 온 **납달리**와 에브라임과 므낫세의 땅
수 19:32 | **납달리** 자손을 위하여 **납달리** 자손의
수 20:7 | **납달리**의 산지 갈릴리 게데스와
수 21:6 | **납달리** 지파와 바산에 있는 므낫세
삿 4:10 | 바락이 스불론과 **납달리**를 게데스로
삿 5:18 | **납달리**도 들의 높은 곳에서 그러하도다
삿 6:35 | 스불론과 **납달리**에 보내매 그 무리도
삿 7:23 | 이스라엘 사람들은 **납달리**와 아셀과
왕상 7:14 | 그는 **납달리** 지파 과부의 아들이요
왕상 15:20 | 긴네렛 온 땅과 **납달리** 온 땅을 쳤더
왕하 15:29 | 갈릴리와 **납달리** 온 땅을 점령하고
대상 6:62 | 아셀 지파와 **납달리** 지파와 바산에 있는
대상 7:13 | **납달리**의 아들들은 야시엘과 구니와
대상 12:40 | **납달리**까지도 나귀와 낙타와 노새와
대상 27:19 | **납달리**의 지도자는 아스리엘의 아들
대하 16:4 | 아벨마임과 **납달리**의 모든 국고성들
대하 34:6 | **납달리**까지 사면 황폐한 성읍들에도
시 68:27 | 무리와 스불론의 고관과 **납달리**의 고관
사 9:1 | 여호와께서 스불론 땅과 **납달리** 땅이
겔 48:3 | 동쪽에서 서쪽까지는 **납달리**의 몫이
겔 48:34 | 아셀 문이요 하나는 **납달리** 문이며
마 4:13 | 나사렛을 떠나 스불론과 **납달리** 지경
마 4:15 | 스불론 땅과 **납달리** 땅과 요단 강 저편
계 7:6 | **납달리** 지파 중에 일만 이천이요 므낫세

납달리 게데스(Kedesh in Naphtali)
삿 4:6 | 바락을 **납달리** 게데스에서 불러다가

납두힘(Naphtuhim) 미스라임의 아들
창 10:13 | 루딤과 아나밈과 르하빔과 **납두힘**과
대상 1:11 | 루딤과 아나밈과 르하빔과 **납두힘**과

납치하다(拉致, kidnaps)
출 21:16 | 사람을 **납치**한 자가 그 사람을 팔았든

납폐금(納幣金, bride-price)
출 22:16 | 처녀를 꾀어 동침하였으면 **납폐금**을
출 22:17 | 처녀에게 **납폐금**으로 돈을 낼지니라

낫(sickle)
신 16:9 | 일곱 주를 셀지니 곡식에 **낫**을 대는
신 23:25 | 이웃의 곡식밭에 **낫**을 대지는 말지니

사 2:4 | 창을 쳐서 **낫**을 만들 것이며 이 나라와
사 18:5 | 내가 **낫**으로 그 연한 가지를 베며 퍼진
렘 50:16 | 파종하는 자와 추수 때에 **낫**을 잡은
욜 3:10 | 만들지어다 **낫**을 쳐서 창을 만들지어다
욜 3:13 | 너희는 **낫**을 쓰라 곡식이 익었도다 와서
미 4:3 | 창을 쳐서 **낫**을 만들 것이며 이 나라와
막 4:29 | 열매가 익으면 곧 **낫**을 대나니 이는
계 14:14 | 면류관이 있고 그 손에는 예리한 **낫**을
계 14:15 | 당신의 **낫**을 휘둘러 거두소서 땅의 곡식
계 14:16 | 위에 앉으신 이가 **낫**을 땅에 휘두르매
계 14:17 | 성전에서 나오는데 역시 예리한 **낫**을
계 14:18 | **낫** 가진 자를 향하여… **낫**을 휘둘러
계 14:19 | 천사가 **낫**을 땅에 휘둘러 땅의 포도를

낫다(be better than, be healed)
1. 좋은 점이 더 하다(be better than)
구약
창 29:19 | 타인에게 주는 것보다 **나으니** 나와 함께
창 49:26 | 선조의 축복보다 **나아서** 영원한 산이
출 14:12 | 것이 광야에서 죽는 것보다 **낫겠노라**
민 14:3 | 애굽으로 돌아가는 것이 **낫지** 아니하랴
삿 8:2 | 포도가 아비에셀의 맏물 포도보다 **낫지**
삿 9:2 | 다스림이 어느 것이 너희에게 **나으냐**
삿 11:25 | 십볼의 아들 발락보다 더 **나은 것이**
삿 18:19 | 되는 것 중에서 어느 것이 **낫겠느냐**
삼상 1:8 | 그대에게 열 아들보다 **낫지** 아니하냐
삼상 15:22 | 순종이 제사보다 **낫고** 듣는 것이 숫양
삼상 15:28 | 왕에게서 떼어 왕보다 **나은** 왕의 이웃
삼하 17:14 | 아히도벨의 계략보다 **낫다** 하니 이는
왕상 4:31 | 갈골과 다르다보다 **나으므로** 그의 이름
왕상 19:4 | 나는 내 조상들보다 **낫지** 못하니이다
왕하 5:12 | 이스라엘 모든 강물보다 **낫지** 아니하랴
에 1:19 | 왕후의 자리를 그보다 **나은** 사람에게
시 37:16 | 적은 소유가 악인의 풍부함보다 **낫도다**
시 63:3 | 주의 인자하심이 생명보다 **나으므로**
시 84:10 | 다른 곳에서의 천 날보다 **나은즉** 악인의
시 118:8 | 사람을 신뢰하는 것보다 **나으며**
시 118:9 | 여호와께 피하는 것이… 것보다 **낫도다**
시 119:99 | 명철함이 나의 모든 스승보다 **나으며**
시 119:100 | 나의 명철함이 노인보다 **나으니이다**
잠 3:14 | 얻는 것이 은을 얻는 것보다 **낫고** 그
이익이 정금보다 **나음이니라**
잠 8:11 | 대저 지혜는 진주보다 **나으므로** 원하

{ 낫다 }　　　　　　　　　　　　　　　　　　　　　{ 낫다 }

잠 8:19	열매는 금이나 정금보다 **나으며** 내 소득	욘 4:3	것보다 죽는 것이 내게 **나음이니이다**
잠 12:9	음식이 핍절한 자보다 **나으니라**	나 3:8	어찌 노아몬보다 **낫겠느냐** 그는 강들
잠 15:16	부하고 번뇌하는 것보다 **나으니라**	신약	
잠 15:17	먹으며 서로 미워하는 … **나으니라**	마 5:20	서기관과 바리새인보다 더 **낫지** 못하면
잠 16:8	소득이 불의를 겸한 것보다 **나으니라**	마 11:9	너희에게 이르노니 선지자보다 더 **나은**
잠 16:16	얼마나 **나은고** 명철을 얻는 것이 은을 얻는 것보다 더욱 **나으니라**	마 18:6	깊은 바다에 빠뜨려지는 것이 **나으니라**
		마 18:8	불에 던져지는 것보다 **나으니라**
잠 16:19	탈취물을 나누는 것보다 **나으니라**	마 18:9	지옥 불에 던져지는 것보다 **나으니라**
잠 16:32	노하기를 더디하는 자는 용사보다 **낫고** 자기의 … 빼앗는 자보다 **나으니라**	막 9:42	매여 바다에 던져지는 것이 **나으리라**
		막 9:43	않는 불에 들어가는 것보다 **나으니라**
잠 17:1	가득하고도 다투는 것보다 **나으니라**	막 9:45	가지고 지옥에 … 것보다 **나으니라**
잠 19:1	패역하고 미련한 자보다 **나으니라**	막 9:47	나라에 들어가는 것이 … **나으니라**
잠 19:22	자는 거짓말하는 자보다 **나으니라**	막 12:33	번제물과 기타 제물보다 **나으니이다**
잠 21:9	것보다 움막에서 사는 것이 **나으니라**	눅 17:2	매여 바다에 던져지는 것이 **나으리라**
잠 21:19	것보다 광야에서 사는 것이 **나으니라**	요 11:12	이르되 주여 잠들었으면 **낫겠나이다**
잠 25:7	내려가라고 말하는 것보다 **나음이니라**	롬 3:1	그런즉 유대인의 **나음**이 무엇이며 할례
잠 25:24	여인과 함께 … 사는 것이 **나으니라**	롬 3:9	그러면 어떠하냐 우리는 **나으냐** 결코
잠 27:5	면책은 숨은 사랑보다 **나으니라**	롬 14:5	이 날을 저 날보다 **낫게** 여기고 어떤
잠 27:10	가까운 이웃이 먼 형제보다 **나으니라**	고전 6:7	차라리 불의를 당하는 것이 **낫지** 아니하며 차라리 속는 것이 **낫지** 아니하냐
잠 28:6	굽게 행하는 자보다 **나으니라**		
전 1:16	사람들보다 **낫다** 하였나니 내 마음	고전 7:9	타는 것보다 결혼하는 것이 **나으니라**
전 3:12	기뻐하며 선을 행하는 것보다 더 **나은**	고전 14:19	마디 방언으로 말하는 것보다 **나으니라**
전 3:22	자기 일에 즐거워하는 것보다 더 **나은**	빌 2:3	마음으로 각각 자기보다 남을 **낫게** 여기
전 4:6	손에만 가득하고 평온함이 더 **나으니라**	히 10:34	기쁘게 당한 것은 더 **낫고** 영구한 소유
전 4:9	두 사람이 한 사람보다 **나음**은 그들이	히 11:4	믿음으로 아벨은 가인보다 더 **나은** 제사
전 6:3	이르기를 낙태된 자가 그보다는 **낫다**	히 11:16	그들이 이제는 더 **나은** 본향을 사모하
전 6:8	지혜자가 우매자보다 **나은** 것이 무엇	히 12:24	아벨의 피보다 더 **나은** 것을 말하는
전 7:1	이름이 좋은 기름보다 **낫고** 죽는 날이	벧전 3:17	행함으로 고난받는 것보다 **나으니라**
전 7:3	슬픔이 웃음보다 **나음**은 얼굴에 근심	벧후 2:21	못하는 것이 도리어 그들에게 **나으니라**
전 7:8	**낫고** 참는 마음이 … 마음보다 **나으니**	**2. 몸의 이상이 없어지다**(be healed)	
전 7:10	옛날이 오늘보다 **나은** 것이 어쩜이냐	레 14:48	이는 색점이 **나은** 것이니 제사장은 그
전 8:15	즐거워하는 것보다 더 **나은** 것이 해	신 32:39	상하게도 하며 **낫게도** 하나니 내 손에
전 9:4	개가 죽은 사자보다 **낫기** 때문이니라	수 5:8	진중 각 처소에 머물며 **낫기**를 기다릴
아 1:2	네 사랑이 포도주보다 **나음이로구나**	삼상 6:3	그리하면 병도 **낫고** 그의 손을 너희에
아 5:9	사랑하는 자보다 **나은** 것이 무엇인가 너의 … 사랑하는 자보다 **나은** 것이	삼상 16:16	그가 손으로 타면 왕이 **나으시리이다**
		삼상 16:23	손으로 탄즉 사울이 상쾌하여 **낫고** 악령
사 56:5	아들이나 딸보다 **나은** 기념물과 이름	왕하 1:2	바알세붑에게 이 병이 **낫겠나** 물어 보라
애 4:9	주려 죽은 자들보다 **나음**은 토지 소산	왕하 8:9	나의 이 병이 **낫겠나이까** 하더이다 하니
겔 15:2	포도나무가 모든 나무보다 **나은** 것이 무엇이랴 … 그 포도나무 가지가 **나은**	왕하 8:10	그에게 말하기를 왕이 반드시 **나으리라**
		왕하 20:5	눈물을 보았노라 내가 너를 **낫게** 하리
겔 36:11	너희를 처음보다 **낫게** 대우하리니	왕하 20:7	가져다가 그 상처에 놓으니 **나으니라**
단 1:20	박수와 술객보다 십 배나 **나은** 줄 을	왕하 20:8	여호와께서 나를 **낫게** 하시고 삼 일
단 2:30	모든 사람보다 **낫기** 때문이 아니라	사 38:9	병들었다가 그의 병이 **나은** 때에 기록한

사 53:5	채찍에 맞으므로 우리는 **나음**을 받았		출 24:7	언약서를 가져다가 백성에게 **낭독하여**
렘 15:18	상처가 중하여 **낫지** 아니함은 어찌 됨이		신 31:11	율법을 **낭독하여** 온 이스라엘에게 듣게
렘 17:14	고치소서 그리하시면 내가 **낫겠나이다**		수 8:34	율법의 모든 말씀을 **낭독하였으니**
렘 33:6	성읍을 치료하며 고쳐 **낫게** 하고 평안		수 8:35	동행하는 거류민들 앞에서 **낭독하지**
렘 46:11	치료를 많이 받아도 효력이 없어 **낫**		스 4:18	너희가 올린 글을 내 앞에서 **낭독시키고**
렘 51:9	바벨론을 치료하려 하여도 **낫지** 아니		스 4:23	동료 앞에서 **낭독되매** 그들이 예루살렘
호 5:13	고치지 못하겠고 너희 상처를 **낫게** 하지		느 8:8	백성에게 그 **낭독하는** 것을 다 깨닫게
호 6:1	우리를 찢으셨으나 도로 **낫게** 하실 것이		느 8:18	날마다 하나님의 율법책을 **낭독하고**
마 8:8	그러면 내 하인이 **낫겠사옵나이다**		느 9:3	율법책을 **낭독하고** 낮 사분의 일은 죄를
마 8:13	하시니 그 즉시 하인이 **나으니라**		느 13:1	모세의 책을 **낭독하여** 백성에게 들렸
마 14:36	간구하니 손을 대는 자는 다 **나음**을		렘 36:6	귀에 **낭독하고** … 귀에도 **낭독하라**
마 15:28	하시니 그 때부터 그의 딸이 **나으니라**		렘 36:8	있는 여호와의 모든 말씀을 **낭독하니라**
마 17:18	나가고 아이가 그 때부터 **나으니라**		렘 36:10	말을 모든 백성에게 **낭독하니라**
막 5:29	마르매 병이 **나은** 줄을 몸에 깨달으니		렘 36:13	바룩이 백성의 귀에 책을 **낭독할** 때에
막 8:25	주목하여 보더니 **나아서** 모든 것을 밝히		렘 36:14	백성의 귀에 **낭독한** 두루마리를 손에
막 16:18	병든 사람에게 손을 얹은즉 **나으리라**		렘 36:15	**낭독하라** 바룩이 그들의 귀에 **낭독하매**
눅 6:19	예수께로부터 나와서 모든 사람을 **낫게**		렘 36:21	곁에 선 모든 고관의 귀에 **낭독하니**
눅 7:7	알았나이다 말씀만 하사 내 하인을 **낫게**		렘 36:23	여후디가 서너 쪽을 **낭독하면** 왕이 면도
눅 8:47	손 댄 이유와 곧 **나은** 것을 모든 사람			
눅 9:42	더러운 귀신을 꾸짖으시고 아이를 **낫게**		**낭떠러지**(brow)	
눅 17:15	그 중의 한 사람이 자기가 **나은** 것을		욥 39:28	그것이 **낭떠러지**에 집을 지으며 뾰족
눅 22:51	참으라 하시고 그 귀를 만져 **낫게** 하시		아 2:14	바위 틈 **낭떠러지** 은밀한 곳에 있는
요 4:52	**낫기** 시작한 때를 물은즉 어제 일곱		눅 4:29	동네가 건설된 산 **낭떠러지**까지 끌고
요 5:4	들어가는 자는 어떤 병에 걸렸든지 **낫**			
요 5:6	오래된 줄 아시고 이르시되 네가 **낫고자**		**낭비하다**(浪費, squander)	
요 5:9	사람이 곧 **나아서** 자리를 들고 걸으매		눅 15:13	거기서 허랑방탕하여 … **낭비하더니**
요 5:10	유대인들이 병 **나은** 사람에게 이르되		눅 16:1	그가 주인의 소유를 **낭비한다는** 말이
요 5:11	대답하되 나를 **낫게** 한 그가 자리를			
행 3:11	**나은** 사람이 베드로와 요한을 붙잡으		**낭실**(廊室, colonnade)	
행 3:16	앞에서 이같이 완전히 **낫게** 하였느니		왕하 16:18	성전에 건축한 **낭실**과 왕이 밖에서 …
행 4:14	병 **나은** 사람이 그들과 함께 서 있는			**낭실**을 앗수르 왕을 두려워하여 여호와
행 4:22	표적으로 병 **나은** 사람은 사십여 세나		대하 3:4	성전 앞에 있는 **낭실**의 길이가 성전
행 4:30	손을 내밀어 병을 **낫게** 하시옵고 표적		대하 8:12	솔로몬이 **낭실** 앞에 쌓은 여호와의
행 5:16	받는 사람을 데리고 와서 다 **나음**을		대하 15:8	여호와의 **낭실** 앞에 있는 여호와의
행 8:7	많은 중풍병자와 못 걷는 사람이 **나으니**		대하 29:7	**낭실** 문을 닫으며 등불을 끄고 성소
행 9:34	그리스도께서 너를 **낫게** 하시니 일어나		대하 29:17	여호와의 **낭실**에 이르고 또 팔 일 동안
행 28:8	기도하고 그에게 안수하여 **낫게** 하매		욜 2:17	여호와를 섬기는 제사장들은 **낭실**과
약 5:16	**낫기**를 위하여 서로 기도하라 의인의			
벧전 2:24	그가 채찍에 맞음으로 너희는 **나음**을		**낭패**(狼狽, confusion)	
계 13:3	죽게 되었던 상처가 **나으매** 온 땅이		시 35:4	상해하려 하는 자들이 물러가 **낭패**를
계 13:12	곧 죽게 되었던 상처가 **나은** 자니라		시 35:26	함께 부끄러워 **낭패**를 당하게 하시며
			시 40:14	멸하려 하는 자는 다 수치와 **낭패**를
낭독하다/낭독시키다/낭독되다(朗讀, read)			시 83:17	영원히 놀라게 하시며 **낭패**와 멸망을

낮 (day)

창 1:5	하나님이 빛을 낮이라 부르시고 어둠
창 1:14	광명체들이 있어 낮과 밤을 나뉘게 하고
창 1:16	광명체로 낮을 주관하게 하시고 작은
창 8:22	여름과 겨울과 낮과 밤이 쉬지 아니하
창 31:39	낮에 도둑을 맞았든지 밤에 도둑을 맞았
창 31:40	낮에는 더위와 밤에는 추위를 무릅쓰
출 10:13	온 낮과 온 밤에 불게 하시니 아침이
출 13:21	낮에는 구름 기둥으로 그들의 길을 인 도하시고 … 그들에게 비추사 낮이나
민 9:16	그러하여 낮에는 구름이 그것을 덮었
민 10:34	그들이 진영을 떠날 때에 낮에는 여호와
민 14:14	주께서 낮에는 구름 기둥 가운데서,
신 1:33	낮에는 구름으로 너희가 갈 길을 지시
삿 6:27	일을 감히 낮에 행하지 못하고 밤에
삼하 21:10	그 시체에 낮에는 공중의 새가 앉지
왕상 18:26	아침부터 낮까지 바알의 이름을 불러
왕하 4:20	데려갔더니 낮까지 어머니의 무릎에
느 4:22	위하여 파수하겠고 낮에는 일하리라
느 9:3	낮 사분의 일은 그 제자리에 서서 그들 의 … 낭독하고 낮 사분의 일은 죄를
느 9:19	낮에는 구름 기둥이 그들에게서 떠나치
욥 5:14	그들은 낮에도 어두움을 만나고 대낮
욥 17:12	밤으로 낮을 삼고 빛 앞에서 어둠이
욥 24:16	집을 뚫는 자는 낮에는 잠그고 있으므
시 22:2	내 하나님이여 내가 낮에도 부르짖고
시 91:5	밤에 찾아오는 공포와 낮에 날아드는
시 105:39	여호와께서 낮에는 구름을 펴사 덮개
시 136:8	해로 낮을 주관하게 하신 이에게 감사
시 139:12	밤이 낮과 같이 비추이나니 주에게는
사 4:5	모든 집회 위에 낮이면 구름과 연기,
사 4:6	초막이 있어서 낮에는 더위를 피하는
사 21:8	주여 내가 낮에 늘 망대에 서 있었고
사 58:10	흑암 중에서 떠올라 네 어둠이 낮과
사 59:10	더듬으며 낮에도 황혼 때같이 넘어지
사 60:19	다시는 낮에 해가 네 빛이 되지 아니
렘 20:16	낮에는 떠드는 소리를 듣게 하였더면,
렘 31:35	그는 해를 낮의 빛으로 주셨고 달과
렘 33:20	능히 낮에 대한 나의 언약과 밤에 대한
렘 36:30	시체는 버림을 당하여 낮에는 더위,
겔 12:3	포로의 행장을 꾸리고 낮에 그들의 목전
겔 12:4	너는 낮에 그들의 목전에서 네 포로의
겔 12:7	낮에 나의 행장을 끌어가는 포로의 행장
호 4:5	낮에 넘어지겠고 너와 함께 있는 선지
암 5:8	낮을 어두운 밤으로 바꾸시며 바닷물
미 3:6	선지자 위에는 해가 져서 낮이 캄캄할
슥 14:7	한 날이 있으리니 낮도 아니요 밤도
눅 21:37	예수께서 낮에는 성전에서 가르치시고
요 9:4	때가 아직 낮이매 나를 보내신 이의
요 11:9	낮이 열두 시간이 아니냐 사람이 낮에
롬 13:12	밤이 깊고 낮이 가까웠으니 그러므로
살전 5:5	너희는 다 빛의 아들이요 낮의 아들이
살전 5:8	우리는 낮에 속하였으니 정신을 차리
벧후 2:13	불의의 값으로 불의를 당하며 낮에 즐기
계 8:12	낮 삼분의 일은 비추임이 없고 밤도

낮다 (low)

사 4:13	내가 성벽 뒤의 낮고 넓은 곳에 백성
시 77:12	주의 행사를 낮은 소리로 되뇌이리니
잠 26:23	온유한 입술에 악한 마음은 낮은 은을
전 10:6	지위들을 얻고 부자들이 낮은 지위에
겔 17:24	낮은 나무를 높이며 푸른 나무를 말리
요 2:10	좋은 포도주를 내고 취한 후에 낮은
롬 12:16	도리어 낮은 데 처하며 스스로 지혜
엡 4:9	올라가셨다 하였은즉 땅 아래 낮은 곳이
빌 3:21	우리의 낮은 몸을 자기 영광의 몸의
약 1:9	낮은 형제는 자기의 높음을 자랑하고

낮은 사람/자

시 115:13	높은 사람이나 낮은 사람을 막론하고
시 138:6	높이 계셔도 낮은 자를 굽어살피시며
렘 42:1	여사냐와 백성의 낮은 자로부터 높은
렘 42:8	백성의 낮은 자로부터 높은 자까지
렘 44:12	칼과 기근에 망하되 낮은 자로부터
욘 3:5	금식을 선포하고 높고 낮은 자를 막론
행 8:10	낮은 사람부터 높은 사람까지 다 따르
행 26:22	높고 낮은 사람 앞에서 증언하는 것은
히 7:7	논란의 여지 없이 낮은 자가 높은 자에

낮아지다 (low)

레 26:41	그들의 마음이 낮아져서 그들의 죄악
신 28:43	위에 뛰어나고 너는 점점 낮아질 것
삼하 6:22	내가 이보다 더 낮아져서 스스로 천하
욥 40:12	교만한 자를 발견하여 낮아지게 하며
시 106:43	자기 죄악으로 말미암아 낮아짐을 당하
잠 29:23	사람이 교만하면 낮아지게 되겠고 마음

[낮잠]　　　　　　　　　　　　　　　　　　　　　　　　　　　　　　[낯]

사 2:11	그 날에 눈이 높은 자가 **낮아지며** 교만
사 2:12	자에게 임하리니 그들이 **낮아지리라**
사 2:17	교만한 자는 **낮아지고** 여호와께서 홀로
사 5:15	**낮아지고** 오만한 자의 눈도 **낮아질**
사 10:33	찍힐 것이요 그 높은 자가 **낮아질** 것
사 29:4	**낮아져서** 땅에서 말하며 네 말소리가
사 40:4	언덕마다 **낮아지며** 고르지 아니한 곳이
애 1:9	놀랍도록 **낮아져도** 그를 위로할 자가
암 8:8	애굽 강같이 뛰놀다가 **낮아지리라**
암 9:5	솟아오르며 애굽 강같이 **낮아지게**
슥 10:11	앗수르의 교만이 **낮아지겠고** 애굽의
마 11:23	음부에까지 **낮아지리라** 네게 행한 모든
눅 3:5	산과 작은 산이 **낮아지고** 굽은 것이
눅 10:15	높아지겠느냐 음부에까지 **낮아지리라**
눅 14:11	무릇 자기를 높이는 자는 **낮아지고**
눅 18:14	자기를 높이는 자는 **낮아지고** 자기를
약 1:10	부한 자는 자기의 **낮아짐을** 자랑할지니

낮잠(noonday rest)
삼하 4:5　이르니 마침 그가 침상에서 **낮잠을** 자는

낮추다(humble)

삼상 2:7	부하게도 하시며 **낮추기도** 하시고 높이
대하 7:14	악한 길에서 떠나 스스로 **낮추고** 기도
욥 29:10	지도자들은 말소리를 **낮추었으니** 그들
시 56:7	분노하사 뭇 백성을 **낮추소서**
시 59:11	능력으로 그들을 흩으시고 **낮추소서**
시 75:7	이를 **낮추시고** 저를 높이시느니라
시 107:39	그들의 수를 줄이시며 **낮추시는도다**
시 113:6	스스로 **낮추사** 천지를 살피시고
잠 16:19	겸손한 자와 함께 하여 마음을 **낮추는**
사 10:13	자처럼 위에 거주한 자들을 **낮추었으며**
사 22:19	쫓아내며 네 지위에서 **낮추리니**

하나님께서 낮추시는 이유

교만하기 때문 – 삼하 22:28; 왕하 14:8–
14; 욥 22:29; 40:11; 시 18:27; 단
4:37; 눅 18:14; 행 12:20–23

죄 때문 – 대하 28:19; 사 57:9

하나님을 경외하지 않기 때문 – 대하 32:1–
22; 시 55:19; 107:11, 12

훈련을 하기 위해 – 신 8:2, 3, 16

사 25:5	같이 포학한 자의 노래를 **낮추시리이다**
사 26:5	높은 데에 거주하는 자를 **낮추시며** 솟은
렘 13:18	왕후에게 전하기를 스스로 **낮추어** 앉으
겔 17:14	나라를 **낮추어** 스스로 서지 못하고
겔 17:24	여호와는 높은 나무를 **낮추고** 낮은
단 5:19	임의로 높이며 임의로 **낮추었더니**
단 5:22	이것을 다 알고도 아직도 마음을 **낮추지**
마 18:4	어린 아이와 같이 자기를 **낮추는** 사람
고후 11:7	너희를 높이려고 나를 **낮추어** 하나님
고후 12:21	너희 앞에서 **낮추실까** 두려워하고
빌 2:8	자기를 **낮추시고** 죽기까지 복종하셨
약 4:10	주 앞에서 **낮추라** 그리하면 주께서

낯(face)

창 3:8	아내가 여호와 하나님의 **낯을** 피하여
창 4:7	선을 행하면 어찌 **낯을** 들지 못하겠느냐
창 4:14	내가 주의 **낯을** 뵈옵지 못하리니 내가
창 35:1	네 형 에서의 **낯을** 피하여 도망하던
창 35:7	그의 형의 **낯을** 피할 때에 하나님이
출 2:15	모세가 바로의 **낯을** 피하여 미디안 땅에
민 24:1	점술을 쓰지 아니하고 그의 **낯을** 광야
신 1:17	**낯을** 두려워하지 말 것이며 스스로
왕상 2:7	형 압살롬의 **낯을** 피하여 도망할 때에
왕하 20:2	히스기야가 **낯을** 벽으로 향하고 여호와
대하 10:2	솔로몬 왕의 **낯을** 피하여 애굽으로 도망
대하 20:3	여호와께로 **낯을** 향하여 간구하고
욥 13:8	너희가 하나님의 **낯을** 따르려느냐 그를
욥 13:10	만일 너희가 몰래 **낯을** 따를진대 그가
욥 32:21	나는 결코 사람의 **낯을** 보지 아니하며
욥 34:19	가난한 자들 앞에서 부자의 **낯을** 세워
시 82:2	불공평한 판단을 하며 악인의 **낯** 보기
시 104:29	주께서 **낯을** 숨기신즉 그들이 떨고
렘 3:3	네가 창녀의 **낯을** 가졌으므로 수치를
겔 8:16	여호와의 성전을 등지고 **낯을** 동쪽으
나 2:10	허리가 아프게 되며 모든 **낯이** 빛을
계 12:14	그 뱀의 **낯을** 피하여 한 때와 두 때와

낯을 보아 주다
잠 24:23　재판할 때에 **낯을 보아 주는** 것이 옳지
잠 28:21　**낯을 보아 주는** 것이 좋지 못하고

낯이 뜨겁다
대하 32:21　앗수르 왕이 **낯이 뜨거워** 그의 고국

[낯빛]　　　　　　　　　　　　　　　　　　　　　　　　　　[낳다]

| 스 9:6 | 부끄럽고 낯이 뜨거워서 감히 나의 |

낯빛 (face)
| 욜 2:6 | 백성들이 질리고, 무리의 낯빛이 |

낯설다 (strange)
욥 19:13	나를 아는 모든 사람이 내게 낯선 사람
욥 19:15	여종들은 나를 낯선 사람으로 여기니
욥 19:27	그를 보기를 낯선 사람처럼 하지 않을
시 69:8	나의 어머니의 자녀에게는 낯선 사람
시 109:11	그가 수고한 것을 낯선 사람이 탈취

낱낱이 (in detail)
시 50:21	죄를 네 눈 앞에 낱낱이 드러내리라
전 7:27	전도자가 이르되 보라 내가 낱낱이 살펴
막 6:30	행한 것과 가르친 것을 낱낱이 고하니
요 21:25	만일 낱낱이 기록된다면 이 세상이라
행 21:19	이방 가운데서 하신 일을 낱낱이 말하
히 9:5	이것들에 관하여는 이제 낱낱이 말할

낳다 (bear)

모세오경
창 3:16	네가 수고하고 자식을 낳을 것이며 너는
창 4:1	하와가 임신하여 가인을 낳고 이르되
창 4:17	임신하여 에녹을 낳은지라 가인이 성을
창 4:18	에녹이 이랏을 낳고 … 낳고 므후야엘을
	… 낳고 므드사엘은 라멕을 낳았더라
창 4:25	아들을 낳아 그의 이름을 셋이라 하였
창 4:26	셋도 아들을 낳고 그의 이름을 에노스
창 5:3	자기의 형상과 같은 아들을 낳아 이름
창 5:4	아담은 셋을 낳은 후 팔백 년을 지내
	며 자녀들을 낳았으며
창 5:7	에노스를 낳은 후 팔백칠 년을 지내며
	자녀들을 낳았으며
창 5:30	라멕은 노아를 낳은 후 … 낳았으며
창 10:15	가나안은 장자 시돈과 헷을 낳고
창 10:24	셀라를 낳고 셀라는 에벨을 낳았으며
창 10:25	에벨은 두 아들을 낳고 하나의 이름을
창 11:27	하란을 낳고 하란은 롯을 낳았으며
창 16:11	네가 임신하였은즉 아들을 낳으리니
창 16:15	아들을 낳으매 아브람이 하갈이 낳은
창 17:16	아들을 낳아 주게 하며 내가 그에게
창 17:17	백 세 된 사람이 어찌 자식을 낳을까
창 17:19	아내 사라가 네게 아들을 낳으리니 너는
창 17:20	그가 열두 두령을 낳으리니 내가 그를
창 17:21	이 시기에 사라가 네게 낳을 이삭과
창 18:13	내가 늙었거늘 어떻게 아들을 낳으리요
창 19:37	큰 딸은 아들을 낳아 이름을 모압이라
창 19:38	작은 딸도 아들을 낳아 이름을 벤암미라
창 21:2	노년의 아브라함에게 아들을 낳으니
창 21:3	사라가 자기에게 낳은 아들을 이름하
창 24:24	밀가가 나홀에게서 낳은 아들 브두엘
창 24:36	노년에 나의 주인에게 아들을 낳으매
창 24:47	나홀에게서 낳은 브두엘의 딸이라
창 25:2	므단과 미디안과 이스박과 수아를 낳고
창 25:12	애굽인 하갈이 아브라함에게 낳은 아들
창 25:26	리브가가 그들을 낳을 때에 이삭이 육십
창 29:32	레아가 임신하여 아들을 낳고 그 이름
창 30:3	그가 아들을 낳아 내 무릎에 두리니
창 30:5	임신하여 야곱에게 아들을 낳은지라
창 30:17	다섯째 아들을 야곱에게 낳은지라
창 30:21	딸을 낳고 그의 이름을 디나라 하였
창 30:23	임신하여 아들을 낳고 이르되 하나님
창 31:43	딸들과 그들이 낳은 자식에게는 무엇
창 34:1	야곱에게 낳은 딸 디나가 그 땅의
창 38:3	그가 임신하여 아들을 낳으매 유다가
창 38:4	아들을 낳고 그의 이름을 오난이라 하고
창 38:5	아들을 낳고 … 셀라를 낳을 때에 유다는
출 2:2	여자가 임신하여 아들을 낳으니 그가
출 2:22	그가 아들을 낳으매 모세가 그의 이름
레 12:2	임신하여 남자를 낳으면 그는 이레 동안
레 12:5	낳으면 그는 두 이레 동안 부정하리
신 4:25	땅에서 아들을 낳고 손자를 얻으며 오래
신 28:41	네가 자녀를 낳을지라도 그들이 포로

역사서
삿 11:1	기생이 길르앗에게서 낳은 아들이었
삿 13:3	이제 임신하여 아들을 낳으리니
삿 13:8	우리가 그 낳을 아이에게 어떻게 행할
삿 13:24	그 여인이 아들을 낳으매 그의 이름을
룻 4:12	다말이 유다에게 낳아 준 베레스의
룻 4:13	하시므로 그가 아들을 낳은지라
룻 4:15	아들보다 귀한 네 며느리가 낳은 자로
룻 4:18	이러하니라 베레스는 헤스론을 낳고
룻 4:22	이새를 낳고 이새는 다윗을 낳았더라
삼상 1:20	때가 이르매 아들을 낳아 사무엘이라
삼하 3:5	이들은 다윗이 헤브론에서 낳은 자들

{ 낳다 }　　　　　　　　　　　　　{ 낳다 }

삼하 11:27	아내가 되어 그에게 아들을 **낳으니라**
삼하 12:24	아들을 **낳으매** 그의 이름을 솔로몬이
삼하 12:14	당신이 **낳은** 아이가 반드시 죽으리이
삼하 12:15	우리아의 아내가 다윗에게 **낳은** 아이
삼하 21:8	리스바에게서 **난** 자 곧 사울의 두 아들
	… 메랍에게서 **난** 자 곧 므홀랏 사람
왕상 3:21	자세히 보니 내가 **낳은** 아들이 아니더
왕상 8:19	네 몸에서 **낳을** 네 아들 그가 내 이름
왕상 13:2	요시야라 이름하는 아들을 **낳으리니**
왕하 19:3	모욕의 날이라 아이를 **낳을** 때가 되었
대상 1:13	가나안은 맏아들 시돈과 헷을 **낳고**
대상 1:18	셀라를 **낳고** 셀라는 에벨을 **낳고**
대상 1:19	에벨은 두 아들을 **낳아** 하나의 이름을
대상 1:32	아브라함의 소실 그두라가 **낳은** 자손
대상 2:3	수아의 딸이 유다에게 **낳아** 준 요
대상 2:4	베레스와 세라를 **낳아** 주었으니 유다
대상 2:9	헤스론이 **낳은** 아들은 여라므엘과 람과
대상 2:10	암미나답을 **낳고**… 나손을 **낳았으니**
대상 2:11	살마를 **낳고** 살마는 보아스를 **낳고**
대상 2:12	보아스는 오벳을 **낳고** … 이새를 **낳고**
대상 2:18	아들을 **낳았으니** 그가 **낳은** 아들들은
대상 2:19	에브랏이 그에게 훌을 **낳아** 주었고
대상 2:20	우리를 **낳고** 우리는 브살렐을 **낳았더라**
대상 2:21	그가 스굽을 헤스론에게 **낳아** 주었으니
대상 2:29	아비하일이 아반과 몰릿을 그에게 **낳아**
대상 2:35	그가 그로 말미암아 앗대를 **낳고**
대상 2:46	에바는 하란과 모사와 가세스를 **낳고**
	하란은 가세스를 **낳았으며**
대상 3:1	헤브론에서 **낳은** 아들들은 이러하니
대상 3:5	예루살렘에서 그가 **낳은** 아들들은 이러
대상 4:6	데므니와 하아하스다리를 **낳아** 주었
대상 7:14	그의 소실 아람 여인이 **낳아** 준 길르앗
대상 7:15	슬로브핫은 딸들만 **낳았으며**
대상 7:16	마길의 아내 마아가는 아들을 **낳아**
대상 8:1	베냐민이 **낳은** 자는 맏아들 벨라와 둘째
대상 8:33	넬은 기스를 **낳고** 기스는 사울을 **낳고**
	사울은 … 에스바알을 **낳았으며**
대상 8:34	바알이라 므립바알은 미가를 **낳았고**
대상 14:3	다윗이 다시 아들들과 딸들을 **낳았으니**
대하 11:21	르호보암은… 딸 예순 명을 **낳았으나**

시가서

욥 15:35	그들은 재난을 잉태하고 죄악을 **낳으며**
욥 38:28	있느냐 이슬방울은 누가 **낳았느냐**
욥 38:29	났느냐 공중의 서리는 누가 **낳았느냐**
욥 39:2	만삭되는지 아느냐 그 **낳을** 때를 아느
욥 39:3	그것들은 몸을 구푸리고 새끼를 **낳으니**
시 2:7	내 아들이라 오늘 내가 너를 **낳았도다**
시 7:14	죄악을 **낳음이여** … 거짓을 **낳았도다**
잠 23:22	너를 **낳은** 아비에게 청종하고 네 늙은
잠 23:24	지혜로운 자식을 **낳은** 자는 그로 말미

"그러므로 주께서 친히 징조를 너희에게 주실 것이라 보라 처녀가 잉태하여 아들을 낳을 것이요 그의 이름을 임마누엘이라 하리라"(사 7:14)

잠 23:25	부모를 즐겁게 하며 너를 **낳은** 어미를
전 5:14	비록 아들은 **낳았으나** 그 손에 아무것도
전 6:3	비록 백 명의 자녀를 **낳고** 또 장수하여
아 4:2	하나도 없이 각각 쌍태를 **낳은** 양 같구
아 6:9	어머니의 외딸이요 그 **낳은** 자가 귀중
아 8:5	어머니가 고생한 곳 너를 **낳은** 자가

선지서

사 7:14	처녀가 잉태하여 아들을 **낳을** 것이요
사 8:3	임신하여 아들을 **낳은지라** 여호와께
사 26:18	바람을 **낳은** 것 같아서 땅에 구원을
사 34:15	부엉이가 거기에 깃들이고 알을 **낳아**
사 37:3	능욕의 날이라 아이를 **낳으려** 하나
사 45:10	아버지에게는 무엇을 **낳았소** 하고 묻고
	어머니에게는 무엇을 **낳으려고** 해산
사 49:20	자식을 잃었을 때에 **낳은** 자녀가 후일
사 49:21	누가 나를 위하여 이들을 **낳았는고** 나는
사 51:2	아브라함과 너희를 **낳은** 사라를 생각
사 51:18	네가 **낳은** 모든 아들 중에 너를 인도
사 59:4	말하며 악행을 잉태하여 죄악을 **낳으며**
사 59:13	거짓말을 마음에 잉태하여 **낳으니**
사 66:7	고통을 당하기 전에 남아를 **낳았으니**
렘 2:27	돌을 향하여 너는 나를 **낳았다** 하고
렘 14:5	암사슴은 새끼를 **낳아도** 풀이 없으므
렘 15:9	**낳은** 여인에게는 쇠약하여 기절하게
렘 15:10	싸우는 자를 만날 자로 **낳으셨도다**
렘 16:3	**낳은** 자녀와 … 그들을 **낳은** 아버지

낳다 / 내놓다

렘 22:26	내가 너와 너를 낳은 어머니를 너희가	딤전 5:14	젊은이는 시집가서 아이를 낳고 집을
렘 29:6	자녀를 낳으며 … 자녀를 낳게 하여	몬 1:10	갇힌 중에서 낳은 아들 오네시모를
렘 50:12	너희를 낳은 자가 치욕을 당하리라	히 1:5	내가 너를 낳았다 하셨으며 또 다시
애 2:20	자기 열매 곧 그들이 낳은 아이들을	히 5:5	내 아들이니 내가 오늘 너를 낳았다
애 2:22	내가 낳아 기르는 아이들을 내 원수가	약 1:15	낳고 죄가 장성한즉 사망을 낳느니라
겔 16:20	네가 나를 위하여 낳은 네 자녀를 그들	약 1:18	진리의 말씀으로 우리를 낳으셨느니라
겔 18:10	그가 아들을 낳았다 하자 그 아들이	요일 5:1	하나님께로부터 난 자니 또한 낳으신
겔 23:4	그들이 내게 속하여 자녀를 낳았나니	계 12:5	여자가 아들을 낳으니 이는 장차 철장
겔 23:37	내게 낳아 준 자식들을 우상을 위하여	계 12:13	내쫓긴 것을 보고 남자를 낳은 여자를
겔 31:6	그 가는 가지 밑에 새끼를 낳으며		
겔 47:22	너희 가운데에서 자녀를 낳은 자의 기업		
단 11:6	그를 데리고 온 자와 그를 낳은 자와	**낳다 - 기타 본문**	
단 11:7	그 공주의 본 족속에게서 난 자 중에	구약 창 5:10, 13, 16, 19, 22, 26, 28; 11:11, 13, 15,	
호 1:2	맞이하여 음란한 자식들을 낳으라	17, 19, 21, 23, 25; 29:33, 34, 35; 30:7, 10, 12,	
호 1:3	고멜이 임신하여 아들을 낳으매	19, 39; 31:8; 삿 13:5, 7; 대상 2:36, 37, 38, 39, 40,	
호 1:6	또 임신하여 딸을 낳으매 여호와께서	41; 4:2, 14; 6:4, 5, 6, 7, 8, 9, 11, 12, 13, 14; 7:18,	
호 5:7	지키지 아니하고 사생아를 낳았으니	21, 23, 32; 8:7, 8, 9, 11, 32, 36, 37; 9:38, 39, 40,	
호 9:16	아이를 낳을지라도 내가 그 사랑하는	42, 43; 14:4; 26:6 대하 11:19, 20; 13:21; 24:3; 스	
미 4:10	해산하는 여인처럼 힘들여 낳을지어다	10:44; 느 12:10, 11; 겔 18:14 대하 11:19, 20; 13:21; 24:3; 스	
슥 13:3	예언할 것 같으면 그 낳은 부모가 그	4, 5, 6, 7, 8, 9, 10, 12, 13, 14, 15	
	에게 … 못하리라 하고 낳은 부모가		
신약		**내 1** (内, in)	
마 1:2	이삭을 낳고 이삭은 야곱을 낳고 야곱	레 25:29	성벽 있는 성 내의 가옥을 팔았으면
	은 유다와 그의 형제들을 낳고	삼하 20:4	나를 위하여 삼 일 내로 유다 사람을
마 1:11	여고냐와 그의 형제들을 낳으니라	왕하 18:37	힐기야의 아들로서 왕궁 내의 책임자
마 1:16	야곱은 마리아의 남편 요셉을 낳았으니	스 10:8	장로들의 훈시를 따라 삼일 내에 오지
마 1:21	아들을 낳으리니 이름을 예수라 하라	스 10:9	베냐민 모든 사람들이 삼 일 내에
마 1:23	처녀가 잉태하여 아들을 낳을 것이요	사 7:8	머리는 르신이며 육십오년 내에
마 1:25	낳기까지 동침하지 아니하더니 낳으매	합 3:2	주의 일을 이 수년 내에 부흥하게 하
마 11:11	너희에게 말하노니 여자가 낳은 자 중에		옵소서 이 수년 내에 나타내시옵소서
눅 1:13	엘리사벳이 네게 아들을 낳아 주리니		
눅 1:31	보라 네가 잉태하여 아들을 낳으리니	**내 2** (brook)	
눅 1:57	해산할 기한이 차서 아들을 낳으니	왕상 18:5	모든 물 근원과 모든 내로 가자 혹시
눅 2:7	첫아들을 낳아 강보로 싸서 구유에 뉘었	잠 18:4	지혜의 샘은 솟구쳐 흐르는 내와 같으
눅 7:28	여자가 낳은 자 중에 요한보다 큰 자가		
요 16:21	근심하나 아기를 낳으면 세상에 사람	**내기하다** (make a bargain with)	
행 7:8	이삭을 낳아 여드레 만에 할례를 행하	왕하 18:23	주 앗수르 왕과 내기하라 네가 만일
	고 … 우리 열두 조상을 낳으니라	사 36:8	내 주 앗수르 왕과 내기하라 내가 네게
행 7:29	나그네 되어 거기서 아들 둘을 낳으니라		
행 13:33	내 아들이라 오늘 너를 낳았다 하셨고	**내놓다** (bring out, send out)	
고전 4:15	내가 복음으로써 너희를 낳았음이라	창 8:7	까마귀를 내놓으매 까마귀가 물이 땅에
고전 15:8	나중에 만삭되지 못하여 난 자 같은	창 8:8	그가 또 비둘기를 내놓아 지면에서 물이
갈 4:24	시내 산으로부터 종을 낳은 자니 곧	창 8:10	다시 비둘기를 방주에서 내놓으매
		창 8:12	비둘기를 내놓으매 다시는 그에게로

【 내다 】　　　　　　　　　　　　　　　　　　　　　【 내다 】

삼상 28:25	신하들 앞에 **내놓으니** 그들이 먹고 일어
삼하 14:7	동생을 쳐죽인 자를 **내놓으라** 우리가
왕하 6:28	이르기를 네 아들을 **내놓아라** 우리가
왕하 6:29	여인에게 이르되 네 아들을 **내놓아라**
왕하 25:27	유다의 왕 여호야긴을 옥에서 **내놓아**
욥 32:6	뒷전에서 나의 의견을 감히 **내놓지** 못하
잠 11:26	곡식을 **내놓지** 아니하는 자는 백성에
사 26:19	땅이 죽은 자들을 **내놓으리로다**
사 43:6	북쪽에게 이르기를 **내놓으라** 남쪽에
겔 12:4	포로의 행장을 밖에 **내놓기**를 끌려가
겔 12:7	포로의 행장같이 **내놓고** 저물 때에
슥 4:7	머릿돌을 **내놓을** 때에 무리가 외치기
요 10:4	자기 양을 다 **내놓은** 후에 앞서 가면
롬 16:4	자기들의 목까지도 **내놓았나니** 나뿐

내다(bring forth, produce, pay)

모세오경

창 1:11	가진 열매 맺는 나무를 **내라** 하시니
창 1:24	종류대로 **내되**… 짐승을 종류대로 **내라**
창 3:18	땅이 네게 가시덤불과 엉겅퀴를 **낼** 것
창 6:16	거기에 창을 **내되** 위에서부터 한 규빗
	에 내고 그 문은 옆으로 **내고** 상 중 하
창 8:6	일을 지나서 노아가 그 방주에 **낸** 창문
창 11:4	하늘에 닿게 하여 우리 이름을 **내고**
창 21:16	떨어져 마주 앉아 바라보며 소리 **내어**
창 27:34	말을 듣고 소리 **내어** 울며 아버지에게
창 29:11	그가 라헬에게 입맞추고 소리 **내어** 울며
창 30:2	야곱이 라헬에게 성을 **내어** 이르되 그대
창 30:37	그것들의 껍질을 벗겨 흰 무늬를 **내고**
창 34:30	브리스 족속에게 악취를 **내게** 하였도다
창 47:16	요셉이 이르되 너희의 가축을 **내라** 돈이
창 47:18	주께 **낼** 것이 아무것도 남지 아니하고
창 48:2	왔다 하매 이스라엘이 힘을 **내어** 침상
창 50:24	이 땅에서 인도하여 **내사** 아브라함과
출 3:10	자손을 애굽에서 인도하여 **낼게**
출 12:46	고기를 조금도 집 밖으로 **내지** 말고
출 16:3	광야로 우리를 인도해 **내어** 이 온 회중
출 21:11	여자는 속전을 **내지** 않고 거저 나가게
출 21:22	남편의 청구대로 반드시 벌금을 **내되**
	재판장의 판결을 따라 **낼** 것이니라
출 21:30	명령한 것을 생명의 대가로 **낼** 것이요
출 22:15	아니할지니라 만일 세 **낸** 것이면 세로
출 22:17	처녀에게 납폐금으로 돈을 **낼지니라**

출 26:17	판에 두 촉씩 **내어** 서로 연결하게 하되
출 28:32	머리 들어갈 구멍을 **내고** 그 주위에
출 29:46	그들을 애굽 땅에서 인도하여 **낸** 줄을
출 30:13	세겔로 반 세겔을 **낼지니** 한 세겔
출 30:15	때에 부자라고 반 세겔에서 더 **내지**
	말고 가난한 자라고 덜 **내지** 말지며
출 39:23	옷의 두 어깨 사이에 구멍을 **내고** 갑옷
레 14:45	모든 흙을 성 밖 부정한 곳으로 **내어** 갈
레 18:25	땅도 스스로 그 주민을 토하여 **내느니라**
레 22:33	너희를 애굽 땅에서 인도하여 **낸** 자니
레 26:4	그 산물을 **내고** 밭의 나무는 열매를
레 26:20	땅은 그 산물을 **내지** 아니하고 땅의
민 10:5	나팔을 불 것이나 소리를 크게 **내지**
민 11:34	기브롯 핫다아와라 불렀으니 욕심을 **낸**
민 14:13	백성을 인도하여 **내셨거늘** 그리하시면
민 17:8	레위 집을 위하여 **낸** 아론의 지팡이에
민 20:8	**내라** 하라 네가 그 반석이 물을 **내게**
민 20:19	당신의 물을 마시면 그 값을 **낼** 것이라
민 28:5	가루 십분의 일 에바에 빻아 **낸** 기름
신 5:6	되었던 집에서 인도하여 **낸** 네 하나님
신 8:15	위하여 단단한 반석에서 물을 **내셨으며**
신 9:29	펴신 팔로 인도하여 **내신** 주의 백성
신 11:17	땅이 소산을 **내지** 않게 하시므로 너희
신 14:28	소산의 십분의 일을 다 **내어** 네 성읍
신 16:1	너를 애굽에서 인도하여 **내셨음이라**
신 18:5	모든 지파 중에서 그를 택하여 **내시고**
신 20:1	인도하여 **내신** 네 하나님 여호와께서
신 23:19	식물의 이자, 이자를 **낼** 만한 모든 것
신 32:18	상관하지 아니하고 너를 **내신** 하나님

역사서

수 2:12	내게 맹세하고 내게 증표를 **내라**
수 6:10	너희 입에서 아무 말도 **내지** 말라
수 9:4	꾀를 **내어** 사신의 모양을 꾸미되 해어
수 24:6	애굽에서 인도하여 **내어** 바다에 이르
삿 2:12	땅에서 그들을 인도하여 **내신** 그들의
삿 9:4	바알브릿 신전에서 은 칠십 개를 **내어**
삿 11:36	아버지의 입에서 **낸** 말씀대로 내게 행하
삿 14:13	네가 수수께끼를 **내면** 우리가 그것을
삿 20:7	있은즉 너희의 의견과 방책을 **낼지니라**
삿 20:22	이스라엘 사람들이 스스로 용기를 **내어**
룻 2:18	배불리 먹고 남긴 것을 **내어** 시어머니
삼상 2:3	오만한 말을 너희의 입에서 **내지** 말지
삼상 2:15	제사장에게 구워 드릴 고기를 **내라** 그가

【 내다 】

삼상 2:16	그가 말하기를 아니라 지금 내게 **내라**
삼상 10:19	고통 중에서 친히 구원하여 **내신** 너희
삼상 18:17	용기를 **내어** 여호와의 싸움을 싸우라
삼상 21:6	떡을 드리는 날에 물려 **낸** 것이더라
삼상 26:24	모든 환난에서 나를 구하여 **내시기를**
삼하 1:21	비가 내리지 아니하며 제물 **낼** 밭도
삼하 7:23	백성으로 삼아 주의 명성을 **내시며**
삼하 13:28	아니냐 너희는 담대히 용기를 **내라**
삼하 19:9	우리를 원수의 손에서 구원하여 **내셨고**
삼하 19:24	그의 발을 맵시 **내지** 아니하며 그의
삼하 19:42	어찌 이 일에 대하여 분 **내느냐** 우리
삼하 20:21	너희가 그만 **내주면** 내가 이 성벽에서
삼하 22:14	하늘에서 우렛소리를 **내시며** 지존하신 자가 음성을 **내심이여**
왕상 6:4	위하여 창문 있는 붙박이 창문을 **내고**
왕상 6:6	성전의 벽 바깥으로 돌아가며 턱을 **내어**
왕상 20:39	네가 은 한 달란트를 **내어야** 하리라
왕하 7:2	여호와께서 하늘에 창을 **내신들** 어찌
왕하 11:12	여호야가가 왕자를 인도하여 **내어** 왕관
왕하 15:20	각 사람에게 은 오십 세겔씩 **내게** 하여
왕하 16:8	곳간에 있는 은금을 **내어다가** 앗수르
왕하 17:7	애굽 땅에서 인도하여 **내사** 애굽의 왕
왕하 17:36	애굽에서 인도하여 **내신** 여호와만 경외
왕하 18:23	말을 탈 사람을 **낼** 수 있다면 나는 네게
왕하 23:33	금 한 달란트를 벌금으로 **내게** 하고
대상 15:16	악기를 울려서 즐거운 소리를 크게 **내라**
대상 19:13	너는 힘을 **내라** … 힘을 **내자** 여호와
대상 21:10	내가 네게 세 가지를 **내어** 놓으리니
대하 5:13	노래하는 자들이 일제히 소리를 **내어**
대하 6:5	백성을 애굽 땅에서 인도하여 **낸** 날부터
대하 7:22	애굽 땅에서 인도하여 **내신** 자기 하나님
대하 16:2	왕궁 곳간의 은금을 **내어다가** 다메섹
대하 23:1	여호야가가 용기를 **내어** 백부장 곧 여로
대하 23:11	무리가 왕자를 인도해 **내어** 면류관을
대하 25:11	아마샤가 담력을 **내어** 그의 백성을 거느
대하 26:19	화를 내니 그가 제사장에게 화를 **낼**
대하 32:5	히스기야가 힘을 **내어** 무너진 모든 성벽
대하 32:17	구원하여 **내지** 못한 것 같이 히스기야 의 … 구원하여 **내지** 못하리라 하고
대하 32:22	적국의 손에서 구원하여 **내사** 사면으로
대하 35:7	수소 삼천 마리를 **내어** 유월절 제물로
느 2:18	모두 힘을 **내어** 이 선한 일을 하려 하매
느 9:7	우르에서 인도하여 **내시고** 아브라함
느 9:15	그들에게 반석에서 물을 **내시고** 또 주께
느 13:8	도비야의 세간을 그 방 밖으로 다 **내어**

시가서

욥 11:5	하나님은 말씀을 **내시며** 너를 향하여
욥 14:4	깨끗한 것을 더러운 것 가운데에서 **낼**
욥 31:39	만일 내가 값을 **내지** 않고 그 소출을
욥 36:16	환난에서 이끌어 **내사** 좁지 않고 넉넉
욥 37:5	하나님은 놀라운 음성을 **내시며** 우리
욥 38:25	터 주었으며 우레와 번개 길을 **내어**
욥 40:20	산은 그것을 위하여 먹이를 **내느니라**
시 18:13	여호와께서 하늘에서 우렛소리를 **내시고** 지존하신 이가 음성을 **내시며** 우박
시 27:7	여호와여 내가 소리 **내어** 부르짖을 때
시 29:3	영광의 하나님이 우렛소리를 **내시니**
시 46:6	왕국이 흔들렸더니 그가 소리를 **내시매**
시 66:1	하나님께 즐거운 소리를 **낼지어다**
시 66:14	이는 내 입술이 **낸** 것이요 내 환난 때에
시 68:6	갇힌 자들은 이끌어 **내사** 형통하게 하시
시 68:33	주께서 그 소리를 **내시니** 웅장한 소리
시 74:15	주께서 바위를 쪼개어 큰물을 **내시며**
시 75:8	가득한 그 잔을 하나님이 쏟아 **내시나니**
시 78:16	바위에서 시내를 **내사** 물이 강같이
시 78:20	그가 반석을 쳐서 물을 **내시니** 시내가
시 78:38	그의 모든 분을 다 쏟아 **내지** 아니하셨
시 78:52	자기 백성은 양같이 인도하여 **내시고**
시 81:10	너를 애굽 땅에서 인도하여 **낸** 여호와
시 89:34	내 입술에서 **낸** 것은 변하지 아니하리
시 98:4	소리 **내어** 즐겁게 노래하며 찬송할지
시 107:14	사망의 그늘에서 인도하여 **내시고** 그들
시 107:28	고통에서 그들을 인도하여 **내시고**
시 115:7	목구멍이 있어도 작은 소리조차 **내지**
시 135:7	바람을 그 곳간에서 **내시는도다**
시 136:11	인도하여 **내신** 이에게 감사하라 그 인자
시 136:12	강한 손과 펴신 팔로 인도하여 **내신**
시 142:1	내가 소리 **내어** 여호와께 부르짖으며 소리 **내어** 여호와께 간구하는도다
시 144:5	산들에 접촉하사 연기를 **내게** 하소서
잠 10:31	의인의 입은 지혜를 **내어도** 패역한 혀는
잠 20:5	명철한 사람은 그것을 길어 **내느니라**
잠 23:5	재물은 스스로 날개를 **내어** 하늘을 나는
잠 29:4	뇌물을 억지로 **내게** 하는 자는 나라를
전 5:2	급한 마음으로 말을 **내지** 말라 하나님
전 7:29	지으셨으나 사람이 많은 꾀들을 **낸** 것이

【 내다 】   【 내다 】

선지서

사 3:16	발로는 쟁쟁한 소리를 **낸다** 하시도다
사 5:14	욕심을 크게 **내어** 한량없이 그 입을
사 13:10	하늘의 별들과 별 무리가 그 빛을 **내지**
사 36:8	너는 그 탈 자를 능히 **내지** 못하리라
사 41:6	그 형제에게 이르기를 너는 힘을 **내라**
사 42:5	땅과 그 소산을 **내시며** 땅 위의 백성
사 43:16	길을, 큰 물 가운데에 지름길을 **내고**
사 43:20	물을, 사막에 강들을 **내어** 내 백성
사 44:2	너를 모태에서부터 지어 **낸** 너를 도와
사 46:2	그 짐을 구하여 **내지** 못하고 자기들도
사 46:7	고난에서 구하여 **내지도** 못하느니라
사 51:10	깊은 곳에 길을 **내어** 구속 받은 자들
사 52:1	네 힘을 **낼지어다** 거룩한 성 예루살렘
사 52:9	기쁜 소리를 **내어** 함께 노래할지어다
렘 2:6	우리를 애굽 땅에서 인도하여 **내시고**
렘 7:22	조상들을 애굽 땅에서 인도하여 **낸** 날에
렘 10:13	그가 목소리를 **내신즉** 하늘에 많은 물
렘 12:15	내가 그들을 뽑아 **낸** 후에 내가 돌이켜
렘 17:22	안식일에 너희 집에서 짐을 **내지** 말며
렘 18:18	꾀를 **내어** 예레미야를 치자 제사장에
렘 25:30	거룩한 처소에서 소리를 **내시며** 그의
렘 25:31	악인을 칼에 **내어** 주셨음이라 여호와
렘 41:5	찢고 몸에 상처를 **내고** 손에 소제물
렘 44:17	우리 입에서 **낸** 모든 말을 반드시 실행
렘 48:34	지역에 사는 사람들이 소리를 **내어** 부르
렘 51:16	목소리를 **내신즉** … 바람을 **내시거늘**
애 3:17	떠나게 하시니 내가 복을 **내어** 버렸음
애 4:11	여호와께서 그의 분을 **내시며** 그의 맹렬
겔 11:17	나라 가운데에서 모아 **내고** 이스라엘
겔 17:8	옥토에 심은 것은 가지를 **내고** 열매를
겔 27:33	네 물품을 바다로 실어 **낼** 때에 네가
겔 28:18	네 가운데에서 불을 **내어** 너를 사르게
겔 32:7	구름으로 가리며 달이 빛을 **내지** 못할
겔 36:8	이스라엘 산들아 너희는 가지를 **내어**
겔 36:24	여러 나라 가운데에서 인도하여 **내고**
겔 38:10	여러 가지 생각이 나서 악한 꾀를 **내어**
겔 39:25	내 거룩한 이름을 위하여 열심을 **내어**
겔 39:27	적국 중에서 모아 **내어** 많은 민족이
단 9:15	백성을 애굽 땅에서 인도하여 **내시고**
호 11:10	사자처럼 소리를 **내시는** 여호와를 따를 것이라 여호와께서 소리를 **내시면**

호 12:13	이스라엘을 애굽에서 인도하여 **내셨고**
욜 3:16	예루살렘에서 목소리를 **내시리니** 하늘
암 1:2	예루살렘에서부터 소리를 **내시리니**
암 2:14	강한 자도 자기 힘을 **낼** 수 없으며 용사
암 9:2	내 손이 거기에서 붙잡아 **낼** 것이요
미 4:10	원수들의 손에서 속량하여 **내시리라**
미 6:4	너를 애굽 땅에서 인도해 **내어** 종노릇
합 3:12	노를 발하사 땅을 두르셨으며 분을 **내사**
슥 1:15	그들은 힘을 **내어** 고난을 더하였음이라
슥 8:7	해가 지는 땅에서부터 구원하여 **내고**

신약

마 12:35	그 쌓은 악에서 악한 것을 **내느니라**
마 13:41	또 불법을 행하는 자들을 거두어 **내어**
마 17:24	너의 선생은 반 세겔을 **내지** 아니하느냐
마 17:25	이르되 **내신다** 하고 집에 들어가니 예수
마 22:19	**낼** 돈을 내게 보이라 하시니 데나리온
마 23:24	맹인 된 인도자여 하루살이는 걸러 **내고**
마 24:29	즉시 해가 어두워지며 달이 빛을 **내지**
마 24:32	가지가 연하여지고 잎사귀를 **내면** 여름
마 28:2	하늘로부터 내려와 돌을 굴려 **내고**
막 12:4	종을 보내니 그의 머리에 상처를 **내고**
막 13:24	해가 어두워지며 달이 빛을 **내지** 아니
막 13:28	가지가 연하여지고 잎사귀를 **내면** 여름
막 14:4	어떤 사람들이 화를 **내어** 서로 말하되
눅 6:45	마음에 쌓은 선에서 선을 **내고** 악한 자는 그 쌓은 악에서 악을 **내나니** 이는
눅 13:14	안식일에 병 고치시는 것을 분 **내어**
눅 15:22	제일 좋은 옷을 **내어다가** 입히고 손에
요 2:10	**내고** 취한 후에 낮은 것을 **내거늘**
요 10:3	이름을 각각 불러 인도하여 **내느니라**
행 13:17	백성을 높여 큰 권능으로 인도하여 **내사**
행 21:24	그들을 위하여 비용을 **내어** 머리를 깎게
행 26:24	베스도가 크게 소리 **내어** 이르되 바울아
고전 10:13	시험당할 즈음에 또한 피할 길을 **내사**
고전 14:7	생명 없는 것이 소리를 **낼** 때에 그 음의
고전 14:8	나팔이 분명하지 못한 소리를 **내면**
갈 4:17	그들이 너희에게 대하여 열심 **내는** 것은
엡 4:26	**내어도** 죄를 짓지 말며 해가 지도록
엡 4:29	더러운 말은 너희 입 밖에도 **내지** 말고
히 6:7	쓰기에 합당한 채소를 **내면** 하나님께
히 6:8	가시와 엉겅퀴를 **내면** 버림을 당하고
히 10:32	고난의 큰 싸움을 견디어 **낸** 것을 생각
약 1:12	시련을 견디어 **낸** 자가 주께서 자기를

【 내다보다 】　　　　　　　　　　　　　　　　　　　　　　　　　　　　　【 내려가다 】

약 3:12	이와 같이 짠 물이 단 물을 **내지** 못하
약 4:2	너희는 욕심을 **내어도** 얻지 못하여 살인
벧후 1:21	예언은 언제든지 사람의 뜻으로 **낸** 것이
유 1:5	백성을 애굽에서 구원하여 **내시고**
계 3:19	징계하노니 그러므로 네가 열심을 **내라**
계 10:3	외칠 때에 일곱 우레가 그 소리를 **내어**

내다 - 기타 본문

출 3:12, 17; 6:13; 7:4, 5; 12:51; 13:3, 9, 16; 16:6, 32; 17:3; 18:1; 20:2; 32:1, 4, 7, 8, 11, 23; 33:1; 레 11:45; 25:38, 42, 55; 26:13, 45; 민 20:16; 21:5; 23:22; 신 1:27; 4:20, 34; 6:12, 21, 23; 7:8; 9:12, 26, 28; 13:5, 10; 26:8, 13; 삼상 8:8; 10:18; 12:6, 8; 왕상 8:16, 51; 9:9; 왕하 7:19; 대상 16:42; 대하 36:3; 렘 11:7; 16:14, 15; 23:7, 8; 32:21; 34:13; 겔 20:6, 41

내다보다(look down)

창 26:8	왕 아비멜렉이 창으로 **내다본지라**
삼하 6:16	사울의 딸 미갈이 창으로 **내다보다가**
왕하 9:32	하니 두어 내시가 예후를 **내다보는지라**
대상 15:29	사울의 딸 미갈이 창으로 **내다보다가**
대상 21:21	오르난이 **내다보다가** 다윗을 보고 타작

내던지다(thrust into, throw out)

신 29:28	뽑아내사 다른 나라에 **내던지심이**
삿 15:17	턱뼈를 자기 손에서 **내던지고** 그 곳을
사 34:3	살륙 당한 자는 **내던진** 바 되며 그 시체
렘 10:18	이 땅에 사는 자를 이번에는 **내던질** 것
마 22:13	손발을 묶어 바깥 어두운 데에 **내던지라**
막 12:8	잡아 죽여 포도원 밖에 **내던졌느니라**

내려가다(go down)

모세오경

창 11:7	우리가 **내려가서** 거기서 그들의 언어
창 12:10	애굽에 거류하려고 그리로 **내려갔으니**
창 18:21	내가 이제 **내려가서** 그 모든 행한 것
창 24:16	그가 우물로 **내려가서** 물을 그 물동
창 26:2	이르시되 애굽으로 **내려가지** 말고 내가
창 37:25	몰약을 싣고 애굽으로 **내려가는지라**
창 37:35	슬퍼하며 스올로 **내려가** 아들에게로
창 38:1	자기 형제들로부터 떠나 **내려가서**
창 39:1	요셉이 이끌려 애굽에 **내려가매** 바로
창 42:3	애굽에서 곡식을 사려고 **내려갔으나**
창 42:38	머리를 슬퍼하며 스올로 **내려가게** 함이
창 43:4	우리가 **내려가서** 아버지를 위하여 양식
창 43:5	보내지 아니하시면 우리는 **내려가지**
창 43:11	소산을 그릇에 담아가지고 **내려가서**
창 43:15	베냐민을 데리고 애굽에 **내려가서** 요셉
창 44:26	우리가 이르되 우리가 **내려갈** 수 없나이다 … 아우가 함께 가면 **내려가려니와**
창 44:29	흰 머리를 슬퍼하며 스올로 **내려가게**
창 44:31	머리로 슬퍼하며 스올로 **내려가게** 함이
창 46:3	하나님이니 애굽으로 **내려가기를**
창 46:4	너와 함께 애굽에 **내려가겠고** 반드시
창 46:8	애굽으로 **내려간** 이스라엘 가족의 이름
출 3:8	내가 **내려가서** 그들을 애굽인의 손에서
출 19:21	모세에게 이르시되 **내려가서** 백성을
출 19:24	너는 **내려가서** 아론과 함께 올라오거니와
출 19:25	모세가 백성에게 **내려가서** 그들에게
출 32:7	모세에게 이르시되 너는 **내려가라** 네가
민 20:15	우리 조상들이 애굽으로 **내려갔으므로**
민 34:11	스밤에서 리블라로 **내려가서** 아인 동쪽
민 34:12	그 경계가 또 요단으로 **내려가서** 염해
신 9:12	일어나 여기서 속히 **내려가라** 네가 애굽
신 10:22	애굽에 **내려간** 네 조상들이 겨우 칠십
신 26:5	아람 사람으로서 애굽에 **내려가** 거기
수 7:5	스바림까지 쫓아가 **내려가는** 비탈에
수 10:11	벧호론의 비탈에서 **내려갈** 때에 여호와
수 10:13	종일토록 속히 **내려가지** 아니하였더
수 24:4	그의 자손들은 애굽으로 **내려갔으므로**
삿 1:9	그 후에 유다 자손이 **내려가서** 산지와
삿 3:28	무리가 에훗을 따라 **내려가** 모압 맞은
삿 4:14	명을 거느리고 다볼 산에서 **내려가니**
삿 5:11	여호와의 백성이 성문에 **내려갔도다**
삿 5:15	그의 뒤를 따라 골짜기로 달려 **내려가니**
삿 7:4	그들을 인도하여 물 가로 **내려가라**
삿 7:5	인도하여 물가에 **내려가매** 여호와
삿 7:9	일어나 진영으로 **내려가라** 내가 그것
삿 7:10	만일 네가 **내려가기를** 두려워하거든 … 부라와 함께 그 진영으로 **내려가서**
삿 7:11	강하여져서 그 진영으로 **내려가리라** … 군대가 있는 진영 근처로 **내려간즉**
삿 14:1	삼손이 딤나에 **내려가서** 거기서 블레셋
삿 14:5	그의 부모와 함께 딤나에 **내려가** 딤나
삿 14:19	삼손이 아스글론에 **내려가서** 그 곳 사람

【 내려가다 】 　　　　　　　　　　　　【 내려가다 】

삿 15:8	넓적다리를 크게 쳐서 죽이고 **내려가서**
삿 15:11	바위틈에 **내려가서** 삼손에게 이르되
삿 16:21	그의 눈을 빼고 끌고 가사에 **내려가**
삿 16:31	집이 다 **내려가서** 그의 시체를 가지고
룻 3:3	입고 타작마당에 **내려가서** 그 사람
룻 3:6	타작마당으로 **내려가서** 시어머니의
삼상 10:8	길갈로 내려가라 내가 네게로 **내려가서**
삼상 13:20	블레셋 사람들에게로 **내려갔는데**
삼상 15:12	세우고 발길을 돌려 길갈로 **내려갔다**
삼상 20:19	너는 사흘 동안 있다가 빨리 **내려가서**
삼상 22:1	아버지의 온 집이 듣고 그리로 **내려가서**
삼상 23:4	일어나 그일라로 **내려가라** 내가 블레셋
삼상 23:8	군사로 불러모으고 그일라로 **내려가서**
삼상 23:25	다윗이 바위로 **내려가** 마온 황무지에
삼상 25:1	다윗이 일어나 바란 광야로 **내려가니라**
삼상 25:20	호젓한 곳을 따라 **내려가더니** 다윗과
삼상 26:2	삼천 명과 함께 십 광야로 **내려가서**
삼상 26:6	나와 더불어 진영에 **내려가서** 사울에
삼상 29:4	우리와 함께 싸움에 **내려가지** 못하리
삼상 30:16	그가 다윗을 인도하여 **내려가니** 그들이
삼상 30:24	전장에 **내려갔던** 자의 분깃이나 소유물
삼하 11:8	네 집으로 **내려가서** 발을 씻으라 하니
삼하 11:9	우리야는 집으로 **내려가지** 아니하고
삼하 11:10	그의 집으로 **내려가지** 아니하였나이다
	… 네 집으로 **내려가지** 아니하였느냐
삼하 11:13	침상에 눕고 그의 집으로 **내려가지** 아니
삼하 15:11	헤브론으로 **내려갔으니** 그들은 압살롬
삼하 17:18	그의 뜰에 있는 우물 속으로 **내려가니**
삼하 21:15	그의 부하들과 함께 **내려가서** 블레셋
삼하 23:13	아둘람 굴에 **내려가** 다윗에게 나아갔
삼하 23:20	눈이 올 때에 구덩이에 **내려가서** 사자
삼하 23:21	그가 막대기를 가지고 **내려가** 그 애굽
왕상 1:25	오늘 **내려가서** 수소와 살찐 송아지와
왕상 1:33	태우고 기혼으로 인도하여 **내려가고**
왕상 1:38	블렛 사람이 **내려가서** 솔로몬을 다윗
왕상 2:6	그의 백발이 평안히 스올에 **내려가지**
왕상 2:9	백발이 피 가운데 스올에 **내려가게** 하라
왕상 17:23	다락에서 방으로 **내려가서** 그의 어머니
왕상 18:44	마차를 갖추고 **내려가소서** 하라 하니라
왕상 21:16	포도원을 차지하러 그리로 **내려갔더라**
왕상 21:18	**내려가서** 사마리아에 있는 이스라엘
	의 … 차지하러 그리로 **내려갔나니**
왕상 22:2	왕이 이스라엘의 왕에게 **내려가매**
왕하 1:15	그를 두려워하지 말고 함께 **내려가라**
	하신지라 엘리야가 곧 … 함께 **내려와**
왕하 2:2	이에 두 사람이 벧엘로 **내려가니**
왕하 3:12	에돔 왕이 그에게로 **내려가니라**
왕하 5:14	나아만이 이에 **내려가서** 하나님의 사람
왕하 8:29	요람을 보기 위하여 **내려갔으니** 이는
왕하 10:13	아들들에게 문안하러 **내려가노라** 하는
왕하 12:20	실라로 **내려가는** 길 가의 밀로 궁에서
대상 7:21	그들이 내려가서 가드 사람의 짐승을
대상 11:15	세 사람이 바위로 **내려가서** 아둘람 굴
대상 11:22	눈 올 때에 함정에 **내려가서** 사자 한
대상 11:23	막대기를 가지고 **내려가서** 그 애굽 사람
대하 18:2	사마리아의 아합에게 **내려갔더니** 아합
대하 20:16	너희는 그들에게로 **내려가라** 그들이
대하 22:6	아사랴가 이스르엘에 **내려가서** 방문
느 6:3	역사를 하니 **내려가지** 못하겠노라 어
	찌하여 … 너희에게로 **내려가겠느냐**

시가서

욥 7:9	사라져 없어짐같이 스올로 **내려가는**
욥 17:16	희망이 스올의 문으로 **내려갈** 뿐이니라
욥 21:13	잠깐 사이에 스올에 **내려가느니라**
욥 33:24	건져서 구덩이에 **내려가지** 않게 하라
욥 33:28	내 영혼을 건지사 구덩이에 **내려가지**
시 22:29	진토 속으로 **내려가는** 자 곧 자기 영혼
시 28:1	내가 무덤에 **내려가는** 자와 같을까 하나
시 30:3	살리사 무덤으로 **내려가지** 아니하게
시 30:9	내가 무덤에 **내려갈** 때에 나의 피가
시 49:17	그의 영광이 그를 따라 **내려가지** 못함이
시 55:15	채로 스올에 **내려갈지어다** 이는 악독
시 88:4	나는 무덤에 **내려가는** 자같이 인정되
시 104:8	산은 오르고 골짜기는 **내려갔나이다**
시 107:26	깊은 곳으로 **내려가나니** 그 위험 때문
시 115:17	적막한 데로 **내려가는** 자들은 아무도
시 143:7	내가 무덤에 **내려가는** 자 같을까 두려워
잠 1:12	채로 삼키며 무덤에 **내려가는** 자들
잠 5:5	그의 발은 사지로 **내려가며** 그의 걸음
잠 7:27	길이라 사망의 방으로 **내려가느니라**
잠 18:8	같아서 뱃속 깊은 데로 **내려가느니라**
잠 23:31	순하게 **내려가나니** 너는 그것을 보지
잠 25:7	귀인 앞에서 저리로 **내려가라고** 말하
잠 26:22	같아서 뱃속 깊은 데로 **내려가느니라**
전 3:21	짐승의 혼은 아래 곧 땅으로 **내려가는**
아 6:2	자기 동산으로 **내려가** 향기로운 꽃밭

【 내려가다 】　　　　　　　　　　　　　　　　　　【 내려뜨리다 】

아 6:11	알려고 내가 호도 동산으로 **내려갔으**	행 8:5	사마리아 성에 **내려가** 그리스도를

선지서

사 30:2	애굽으로 **내려갔으되** 나의 입에 묻지
사 31:1	구하러 애굽으로 **내려가는** 자들은
사 34:7	수소가 함께 도살장에 **내려가니** 그들
사 43:14	연락하던 배를 타고 도망하여 **내려가게**
사 51:14	구덩이로 **내려가지도** 아니할 것이며
사 52:4	백성이 전에 애굽에 **내려가서** 거기에
사 57:9	먼 곳에 보내고 스올에까지 **내려가게**
사 63:14	그들을 골짜기로 **내려가는** 가축같이
렘 18:2	일어나 토기장이의 집으로 **내려가라**
렘 18:3	토기장이의 집으로 **내려가서** 본즉
렘 22:1	유다 왕의 집에 **내려가서** 거기에서
렘 36:12	왕궁에 **내려가서** 서기관의 방에 들어
렘 48:15	선택 받은 장정들은 **내려가서** 죽임을
겔 26:20	구덩이에 **내려가는** 자와 함께 **내려가**서 … 너를 그 구덩이에 **내려간** 자와
겔 31:14	**내려가는** 자와 함께 지하로 **내려가게**
겔 32:18	여자들을 구덩이에 **내려가는** 자와 함께
겔 32:24	지하에 **내려간** 자로다 … 이제는 구덩이에 **내려가는** 자와 함께 수치를 당하
겔 32:25	구덩이에 **내려가는** 자와 함께 수치를
겔 32:27	무기를 가지고 스올에 **내려가서** 자기의
겔 32:29	구덩이에 **내려간** 자와 함께 누우리로다
겔 32:30	죽임을 당한 자와 함께 **내려간** … 구덩이에 **내려가는** 자와 함께 수치를
겔 47:8	아라바로 **내려가서** 바다에 이르리니
욜 3:2	여호사밧 골짜기에 **내려가서** 내 백성
암 6:2	블레셋 사람의 가드로 **내려가라** 너희
욘 1:3	도망하려 하여 욥바로 **내려갔더니** 마침
욘 1:5	요나는 배 밑층에 **내려가서** 누워 깊이
욘 2:6	내가 산의 뿌리까지 **내려갔사오며** 땅이

신약

막 13:15	지붕에 있는 자는 **내려가지도** 말고
눅 2:51	예수께서 함께 **내려가사** 나사렛에
눅 10:30	예루살렘에서 여리고로 **내려가다가**
눅 10:31	마침 한 제사장이 그 길로 **내려가다가**
눅 17:31	집 안에 있으면 그것을 가지러 **내려가지**
눅 18:14	그의 집으로 **내려갔느니라** 무릇 자기
요 2:12	함께 가버나움으로 **내려가셨으나**
요 5:7	동안에 다른 사람이 먼저 **내려가나이다**
요 6:16	저물매 제자들이 바다에 **내려가서**
행 7:15	야곱이 애굽으로 **내려가** 자기와 우리

행 8:5	사마리아 성에 **내려가** 그리스도를
행 8:15	그들이 **내려가서** 그들을 위하여 성령
행 8:26	예루살렘에서 가사로 **내려가는** 길까지
행 8:38	빌립과 내시가 둘 다 물에 **내려가**
행 9:30	알고 가이사랴로 데리고 **내려가서**
행 9:32	룻다에 사는 성도들에게도 **내려갔더니**
행 10:20	일어나 **내려가** 의심하지 말고 함께 가라
행 10:21	베드로가 **내려가** 그 사람들을 보고
행 12:19	유대를 떠나 가이사랴로 **내려가서**
행 13:4	보내심을 받아 실루기아에 **내려가**
행 14:25	버가에서 전하고 앗달리아로 **내려가서**
행 15:30	그들이 작별하고 안디옥에 **내려가** 무리
행 16:8	무시아를 지나 드로아로 **내려갔는데**
행 18:22	안부를 물은 후에 안디옥으로 **내려가서**
행 20:10	**내려가서** 그 위에 엎드려 그 몸을
행 21:32	백부장들을 거느리고 달려 **내려가니**
행 22:30	공회를 모으고 바울을 데리고 **내려가서**
행 23:10	군인을 명하여 **내려가** 무리 가운데서
행 23:28	하여 그들의 공회로 데리고 **내려갔더니**
행 25:5	유력한 자들은 나와 함께 **내려가서**
행 25:6	지낸 후 가이사랴로 **내려가서** 이튿날
롬 10:7	무저갱에 **내려가겠느냐** 하지 말라 하니 **내려가겠느냐** 함은 그리스도를 모셔
고후 11:33	들창문으로 성벽을 **내려가** 그 손에서
계 12:12	크게 분내어 너희에게 **내려갔음이라**

📖 **내려가다 - 기타 본문**

수 15:10; 16:3, 7; 17:9; 18:13, 16, 17, 18; 삿 14:7, 10; 겔 31:15, 16, 18; 32:19

내려놓다(lower, set down)

창 44:11	그들이 각각 급히 자루를 땅에 **내려놓고**
삼하 15:24	하나님의 궤를 **내려놓고** 아비아달도
겔 40:2	매우 높은 산 위에 **내려놓으시는데**

내려다보이다(overlook)

민 21:20	골짜기에 이르러 광야가 **내려다보이는**
민 23:28	발람을 인도하여 광야가 **내려다보이는**
삼상 13:18	스보임 골짜기가 **내려다보이는** 지역

내려뜨리다(throw down-NIV, cast down-KJV)

| 대하 25:12 | 거기서 밀쳐 **내려뜨려서** 그들의 온몸이 |
| 겔 30:25 | 들어 주고 바로의 팔은 **내려뜨릴** 것이라 |

【 내려앉다 】   【 내려오다 】

내려앉다 (sag)
전 10:18 게으른즉 서까래가 **내려앉고** 손을 놓은

내려오다 (come down)
구약
창 11:5   그 성읍과 탑을 보려고 **내려오셨더라**
창 24:45 어깨에 메고 나와서 우물로 **내려와** 긷기
창 43:7   그가 너희의 아우를 데리고 **내려오라**
창 43:20 이르되 내 주여 우리가 전번에 **내려왔다가**
창 43:22 다른 돈도 우리가 가지고 **내려왔나이다**
창 44:21 그를 내게로 데리고 **내려와서** 내가
창 44:23 너희 막내아우가 너희와 함께 **내려오지**
창 45:9   세우셨으니 지체 말고 내게로 **내려오사**
창 45:13 아뢰고 속히 모시고 **내려오소서**
출 2:5   딸이 목욕하러 나일 강으로 **내려오고**
출 11:8   왕의 이 모든 신하가 내게 **내려와**
출 17:12 그 손이 해가 지도록 **내려오지** 아니
출 19:7   모세가 **내려와서** 백성의 장로들을 불러
출 19:14 모세가 산에서 **내려와** 백성에게 이르
출 32:15 산에서 **내려오는데** 두 증거판이 그의
출 34:29 그 산에서 **내려올** 때에 모세는 자기가
레 9:22   번제와 화목제를 마치고 **내려오니라**
민 14:45 거주하는 가나안인이 **내려와** 그들을
민 20:28 모세와 엘르아살이 산에서 **내려오니**
신 9:15   내가 돌이켜 산에서 **내려오는데** 산에
신 10:5   내가 돌이켜 산에서 **내려와서** 여호와
수 2:23   그 두 사람이 돌이켜 산에서 **내려와**
삿 1:34   넣고 골짜기에 **내려오기를** 용납하지
삿 3:27   산지에서 그를 따라 **내려오니** 에훗이
삿 5:13   **내려왔고** … 치려고 **내려오셨도다**
삿 5:14   마길에게서는 명령하는 자들이 **내려왔고** … 지팡이를 잡은 자들이 **내려왔도다**
삿 7:24   이르기를 **내려와서** 미디안을 치고 그들
삿 9:36   산 꼭대기에서부터 **내려오는도다**
삿 9:37   백성이 밭 가운데를 따라 **내려오고**
삿 15:12 사람의 손에 넘겨주려고 **내려왔노라**
삼상 6:21 가져왔으니 너희는 **내려와서** 그것을
삼상 10:5 수금을 앞세우고 예언하며 **내려오는**
삼상 13:12 나를 치러 길갈로 **내려오겠거늘** 내가
삼상 17:28 네가 어찌하여 이리로 **내려왔느냐**
삼상 23:6 때에 손에 에봇을 가지고 **내려왔더라**
삼상 23:10 성읍을 멸하려고 그일라로 **내려오기를**
삼상 23:11 사울이 **내려오겠나이까** … 여호와께서

이르시되 그가 **내려오리라** 하신지라
삼상 23:20 왕은 **내려오시기를** … **내려오소서**
삼상 25:20 사람들이 자기에게로 마주 **내려오는**
삼하 19:20 내가 먼저 **내려와서** 내 주 왕을 영접
삼하 19:24 사울의 손자 므비보셋이 **내려와** 왕을
삼하 19:31 로글림에서 **내려와** 함께 요단에 이르
왕상 2:8 그가 요단에 **내려와서** 나를 영접하므
왕하 1:4 침상에서 **내려오지** 못할지라 네가 반드
왕하 1:6 올라간 침상에서 **내려오지** 못할지라
왕하 1:9 사람이여 왕의 말씀이 **내려오라** 하셨
왕하 1:10 하늘에서 **내려와** … 하늘에서 **내려와**
왕하 1:11 왕의 말씀이 속히 **내려오라** 하셨나이다
왕하 1:12 하늘에서 **내려와** … 하늘에서 **내려와**
왕하 1:14 불이 하늘에서 **내려와** 전번의 오십부
왕하 1:15 일어나 그와 함께 **내려와** 왕에게 이르
왕하 1:16 올라간 침상에서 **내려오지** 못할지라
왕하 6:18 사람이 엘리사에게 **내려오매** 엘리사
왕하 7:17 말대로 죽었으니 곧 왕이 **내려왔을** 때
왕하 9:16 아하시야는 요람을 보러 **내려왔더라**
왕하 11:19 여호와의 성전에서 **내려와** 호위병들
왕하 13:14 요아스가 그에게로 **내려와** 자기의 얼굴
대하 7:1 마치매 불이 하늘에서부터 **내려와서**
대하 23:20 왕을 인도하여 여호와의 전에서 **내려와**
느 3:15   성에서 **내려오는** 층계까지 이르렀고
잠 30:4   하늘에 올라갔다가 **내려온** 자가 누구
아 4:8   사자 굴과 표범 산에서 **내려오너라**
사 47:1   처녀 딸 바벨론이여 **내려와서** 티끌에
렘 21:13 너희가 말하기를 누가 우리에게 **내려와서** 우리
렘 48:18 디본에 사는 딸아 네 영화에서 **내려와**
겔 32:21 죽임을 당한 자들이 **내려와서** 가만히
단 4:13   한 거룩한 자가 하늘에서 **내려왔는데**
단 4:23   거룩한 자가 하늘에서 **내려와서** 이르
욜 3:11   용사들로 그리로 **내려오게** 하옵소서

신약
마 27:40 자기를 구원하고 십자가에서 **내려오라**
마 28:2   천사가 하늘로부터 **내려와** 돌을 굴려
막 1:10   성령이 비둘기같이 자기에게 **내려오심**
막 3:22   **내려온** 서기관들은 그가 바알세불이
막 15:30 너를 구원하여 십자가에서 **내려오라**
막 15:32 지금 십자가에서 **내려와** 우리가 보고
눅 4:31   갈릴리의 가버나움 동네에 **내려오사**
눅 6:17   예수께서 그들과 함께 **내려오사** 평지
눅 9:37   이튿날 산에서 **내려오시니** 큰 무리가

【 내력 】　　　　　　　　　　　　　　　　　　　　　　　　　　　　　【 내리다 】

눅 19:5	속히 **내려오라** 내가 오늘 네 집에	모세오경	
눅 19:6	급히 **내려와** 즐거워하며 영접하거늘	창 12:3	내가 복을 **내리고** 너를 저주하는 자에
요 1:32	비둘기같이 하늘로부터 **내려와서**	창 12:17	바로와 그 집에 큰 재앙을 **내리신지라**
요 3:13	하늘에서 **내려온** 자 곧 인자 외에는	창 39:5	사람의 집에 복을 **내리시므로** 여호
요 4:47	듣고 가서 청하되 **내려오셔서** 내 아들	출 7:4	애굽에 뻗쳐 여러 큰 심판을 **내리고**
요 4:49	주여 내 아이가 죽기 전에 **내려오소서**	출 9:14	너와 네 신하와 네 백성에게 **내려**
요 5:4	이는 천사가 가끔 못에 **내려와** 물을	출 11:1	재앙을 바로와 애굽에 **내린** 후에야 그가
요 6:38	내가 하늘에서 **내려온** 것은 내 뜻을	출 12:13	너희에게 **내려** 멸하지 아니하리라
요 6:41	자기가 하늘에서 **내려온** 떡이라 하시	출 12:23	애굽 사람들에게 재앙을 **내리려고** 지나
요 6:42	어찌하여 하늘에서 **내려왔다** 하느냐	출 12:27	애굽 사람에게 재앙을 **내리실** 때에 애굽
요 6:50	이는 하늘에서 **내려오는** 떡이니 사람	출 15:26	모든 질병 중 하나도 너희에게 **내리지**
요 6:51	나는 하늘에서 **내려온** 살아 있는 떡이	출 23:25	양식과 물에 복을 **내리고** 너희 중에서
요 6:58	이것은 하늘에서 **내려온** 떡이니 조상	출 32:12	주의 백성에게 이 화를 **내리지** 마옵소서
행 7:34	그들을 구원하려고 **내려왔노니** 이제	출 32:14	말씀하신 화를 그 백성에게 **내리지** 아니
행 10:11	하늘이 열리며 한 그릇이 **내려오는** 것을	출 32:29	그가 오늘 너희에게 복을 **내리시리라**
행 10:44	말씀 듣는 모든 사람에게 **내려오시니**	레 26:21	너희에게 일곱 배나 더 재앙을 **내릴** 것
행 14:11	형상으로 우리 가운데 **내려오셨다**	민 10:29	이스라엘에게 복을 **내리리라** 하셨으
행 15:1	어떤 사람들이 유대로부터 **내려와서**	민 10:32	복을 **내리시는** 대로 우리도 당신에게
행 18:5	디모데가 마게도냐로부터 **내려오매**	신 23:20	손으로 하는 범사에 복을 **내리시리라**
행 19:35	아데미와 제우스에게서 **내려온** 우상	신 24:19	손으로 하는 모든 일에 복을 **내리시리라**
행 21:10	하는 한 선지자가 유대로부터 **내려와**	신 26:15	젖과 꿀이 흐르는 땅에 복을 **내리소서**
행 23:15	바울을 너희에게로 데리고 **내려오게**	신 28:8	손으로 하는 모든 일에 복을 **내리시고**
행 23:20	내일 그를 데리고 공회로 **내려오기를**	신 28:20	저주와 혼란과 책망을 **내리사** 망하며
행 24:1	변호사 더둘로와 함께 **내려와서** 총독	신 28:61	멸망하기까지 여호와께서 네게 **내리실**
행 24:22	천부장 루시아가 **내려오거든** 너희 일을	신 29:27	기록된 모든 저주대로 재앙을 **내리시고**
행 25:7	나오매 예루살렘에서 **내려온** 유대인	신 30:7	핍박하던 자에게 이 모든 저주를 **내리게**
약 1:17	빛들의 아버지께로부터 **내려오나니**	신 31:17	재앙이 우리에게 **내림은** 우리 하나님
약 3:15	이러한 지혜는 위로부터 **내려온** 것이	역사서	
계 3:12	하늘에서 내 하나님께로부터 **내려오는**	수 22:17	여호와의 회중에 재앙이 **내렸으나** 오늘
계 10:1	구름을 입고 하늘에서 **내려오는데**	수 24:5	애굽에 재앙을 **내렸나니** 곧 내가 그들
계 13:13	앞에서 불이 하늘로부터 땅에 **내려오게**	수 24:20	너희에게 복을 **내리신** 후에라도 돌이
계 20:1	그의 손에 가지고 하늘로부터 **내려와서**		켜 너희에게 재앙을 **내리시고** 너희를
계 20:9	두루마 하늘에서 불이 **내려와** 그들을	삿 2:15	손이 그들에게 재앙을 **내리시니**
계 21:2	하늘에서 **내려오니** 그 준비한 것이 신부	룻 1:17	벌을 내리시고 더 **내리시기를** 원하나
계 21:10	하나님께로부터 하늘에서 **내려오는**	삼상 2:10	끝까지 심판을 **내리시고** 자기 왕에게
		삼상 2:32	이스라엘에게 모든 복을 **내리는** 중에
내력(來歷, account)		삼상 3:17	네게 벌을 내리시고 또 **내리시기를**
창 2:4	천지가 창조될 때에 하늘과 땅의 **내력**	삼상 6:4	통치자에게 **내린** 재앙이 같음이니라
눅 1:3	전하여 준 그대로 **내력**을 저술하려고	삼상 6:6	그들 중에서 재앙을 **내린** 후에 그들이
		삼상 6:9	큰 재앙은 그가 우리에게 **내린** 것이요
내리다(come down, give an order)		삼상 14:44	내게 벌을 내리시고 또 **내리시기를**
1. 복, 고난, 공의, 가뭄, 기근, 벌, 심판, 재앙, 저주,		삼상 20:13	요나단에게 벌을 내리시고 또 **내리시기**
질병, 칼 등을 **내리다**(be blessed)		삼상 25:22	다윗에게 벌을 내리시고 또 **내리시기**

【 내리다 】 　　　　　　　　　　　　　　　　【 내리다 】

삼하 3:9	아브넬에게 벌 위에 벌을 **내리심**이 마땅
삼하 3:35	하나님이 내게 벌 위에 벌을 **내리심**이
삼하 17:14	여호와께서 압살롬에게 화를 **내리려**
삼하 19:13	하나님이 내게 벌 위에 벌을 **내리시기**
삼하 24:15	전염병을 이스라엘에게 **내리시니** 단에
삼하 24:16	여호와께서 이 재앙 **내리심**을 뉘우치
삼하 24:21	제단을 쌓아 백성에게 **내리는** 재앙을
삼하 24:25	이스라엘에게 **내리는** 재앙이 그쳤더
왕상 2:23	하나님은 내게 벌 위에 벌을 **내리심**이
왕상 9:9	재앙을 그들에게 **내리심이라** 하리라
왕상 14:10	여로보암의 집에 재앙을 **내려** 여로보암
왕상 17:20	우거하는 집 과부에게 재앙을 **내리사**
왕상 19:2	신들이 내게 벌 위에 벌을 **내림**이 마땅
왕상 20:10	신들이 내게 벌 위에 벌을 **내림**이 마땅
왕상 21:21	내가 재앙을 네게 **내려** 너를 쓸어버리
왕상 21:29	**내리지** 아니하고 … 재앙을 **내리리라**
왕하 6:31	내게 벌 위에 벌을 **내리실지로다**
왕하 21:12	예루살렘과 유다에 재앙을 **내리리니**
왕하 22:13	여호와께서 우리에게 **내리신** 진노가
왕하 22:16	그 주민에게 재앙을 **내리되** 곧 유다
왕하 22:17	이 곳을 향하여 **내린** 진노가 꺼지지
왕하 22:20	이 곳에 **내리는** 모든 재앙을 네 눈이
왕하 23:26	여호와께서 유다를 향하여 **내리신** 그
대상 13:14	집과 그의 모든 소유에 복을 **내리셨더라**
대상 21:14	이스라엘 백성에게 전염병을 **내리시매**
대상 21:15	이 재앙 **내림**을 뉘우치사 멸하는 천사
대상 21:17	주의 백성에게 재앙을 **내리지** 마읍소
대하 7:22	모든 재앙을 그들에게 **내리셨다** 하리
대하 32:25	진노가 그와 유다와 예루살렘에 **내리게**
대하 32:26	히스기야의 생전에는 그들에게 **내리지**
대하 34:24	이 곳과 그 주민에게 재앙을 **내리되**
대하 34:28	이 곳과 그 주민에게 **내리는** 모든 재앙
스 8:22	모든 자에게는 권능과 진노를 **내리신다**
느 13:18	재앙을 우리와 이 성읍에 **내리신** 것이
에 7:7	왕이 자기에게 벌을 **내리기**로 결심한

시가서, 선지서

욥 2:11	이 모든 재앙이 그에게 **내렸다** 함을
욥 20:23	하나님이 맹렬한 진노를 **내리시리니**
욥 42:11	여호와께서 그에게 **내리신** 모든 재앙
시 3:8	주의 복을 주의 백성에게 **내리소서**
시 7:16	그의 포악은 자기 정수리에 **내리리로다**
시 90:17	하나님의 은총을 우리에게 **내리게** 하사
잠 6:15	그의 재앙이 갑자기 **내려** 당장에 멸망

사 15:9	디몬에 재앙을 더 **내리되** 모압에 도피
사 31:2	지혜로우신즉 재앙을 **내리실** 것이라
사 34:5	에돔 위에 **내리며** … 백성 위에 **내려**
사 41:23	복을 **내리든지** 재난을 내리든지 하라
렘 6:19	이 백성에게 재앙을 **내리리니** 이것이
렘 11:11	내가 재앙을 그들에게 **내리리니** 그들
렘 11:23	내가 아나돗 사람에게 재앙을 **내리리니**
렘 18:8	그에게 **내리기**로 생각하였던 재앙에
렘 18:11	너희에게 재앙을 **내리며** 계책을 세워
렘 19:3	이 곳에 재앙을 **내릴** 것이라 그것을
렘 19:15	이 성읍과 그 모든 촌락에 **내리리니**
렘 21:10	복을 내리기 위함이 아니요 화를 **내리기**
렘 23:12	내가 그들에게 재앙을 **내리리라** 여호와
렘 25:29	재앙 **내리기**를 시작하였은즉 너희가
렘 26:3	말미암아 그들에게 재앙을 **내리려**
렘 30:14	네가 받게 하며 잔인한 징계를 **내렸도다**
렘 32:23	모든 재앙을 그들에게 **내리셨나이다**
렘 32:42	백성에게 이 큰 재앙을 **내린** 것 같이
	허락한 모든 복을 그들에게 **내리리라**
렘 35:17	선포한 모든 재앙을 **내리리니** 이는 내가
렘 36:3	내가 그들에게 **내리려** 한 모든 재난을
렘 36:31	유다 사람에게 그 모든 재난을 **내리리라**
렘 39:16	재난을 내리고 복을 **내리지** 아니하리
렘 42:10	이는 내가 너희에게 **내린** 재난에 대하여
렘 42:17	내가 그들에게 **내리는** 재난을 벗어나
렘 44:2	예루살렘과 유다 모든 성읍에 **내린** 나의
렘 44:11	너희에게로 향하여 환난을 **내리고**
렘 44:27	재난을 내리고 복을 **내리지** 아니하리니
렘 44:29	내가 너희에게 재난을 **내리리라** 한 말이
렘 45:5	모든 육체에 재난을 **내리리라** 그러나
렘 49:37	재앙 곧 나의 진노를 그들 위에 **내릴**
렘 50:15	그가 행한 대로 그에게 **내리시는** 보복
렘 50:27	그를 도살하려 **내려** 보내라 그들에게
렘 50:38	가뭄이 물 위에 **내리어** 그것을 말리리니
애 3:65	주시고 그들에게 저주를 **내리소서**
겔 5:8	이방인의 목전에서 너에게 벌을 **내리되**
겔 5:10	내가 벌을 네게 **내리고** 너희 중에 남은
겔 5:15	책망으로 네게 벌을 **내린즉** 너를 둘러
겔 6:10	내가 이런 재앙을 그들에게 **내리겠다**
겔 7:19	여호와 내가 진노를 **내리는** 날에 그들
겔 11:9	손에 넘겨 너희에게 벌을 **내리리니**
겔 14:13	양식을 끊어 기근을 **내려** 사람과 짐승
겔 14:19	가령 내가 그 땅에 전염병을 **내려** 죽임

【 내리다 】　　　　　　　　　　　　　　　　　　　【 내리다 】

겔 14:21	전염병을 예루살렘에 함께 **내려** 사람
겔 14:22	예루살렘에 내린 재앙 곧 그 **내린** 모든
겔 25:11	모압에 벌을 **내리리니** 내가 주 여호와
겔 34:26	복을 내리고 내 산 사방에 복을 **내리며**
겔 44:30	그들에게 네 집에 복이 **내리도록** 하게
단 9:11	저주가 우리에게 **내렸으되** 곧 하나님
단 9:12	주께서 큰 재앙을 우리에게 **내리사** 우리
단 9:13	재앙이 이미 우리에게 **내렸사오나** 우리
단 9:14	간직하여 두셨다가 우리에게 **내리게**
호 10:12	공의를 비처럼 너희에게 **내리시리라**
욜 2:13	크시사 뜻을 돌이켜 재앙을 **내리지**
욜 2:14	뒤에 복을 **내리사** 너희 하나님 여호와
암 9:4	화를 내리고 복을 **내리지** 아니하리라
욘 3:10	그들에게 **내리리라고** 말씀하신 재앙
욘 4:2	돌이켜 재앙을 **내리지** 아니하시는
습 1:12	복도 내리지 아니하시며 화도 **내리지**
습 1:17	내가 사람들에게 고난을 **내려** 맹인같이
습 2:2	여호와의 진노가 너희에게 **내리기** 전,
습 3:7	형벌을 **내리기로** 정하기는 하였지만
슥 5:3	이는 온 땅 위에 **내리는** 저주라 도둑
슥 8:14	내가 그들에게 재앙을 **내리기로** 뜻하
슥 11:17	칼이 그의 팔과 오른쪽 눈에 **내리리니**
슥 14:12	여호와께서 **내리실** 재앙은 이러하니
슥 14:18	사람을 치시는 재앙을 그에게 **내리실** 것
말 2:2	내가 너희에게 저주를 **내려** 너희의 복을

신약

롬 3:5	말하노니 진노를 **내리시는** 하나님이
살후 1:8	않는 자들에게 형벌을 **내리시리니**
계 11:18	주의 진노가 **내려** 죽은 자를 심판하시며

2. 명령, 조서, 판결 등을 내리다
(give an order)

출 36:6	모세가 명령을 **내리매** 그들이 진중에
신 4:2	너희에게 **내리는** 너희 하나님 여호와
신 15:4-5	오늘 네게 **내리는** 그 명령을 다 지켜
신 31:14	나아오라 내가 그에게 명령을 **내리리라**
삼상 13:13	여호와께서 왕에게 **내리신** 명령을
삼하 14:8	내가 너를 위하여 명령을 **내리리라** 하는
왕상 5:6	당신은 명령을 **내려** 나를 위하여 레바논
왕상 5:17	이에 왕이 명령을 **내려** 크고 귀한 돌을
왕상 13:21	여호와께서 네게 **내리신** 명령을 지키
왕상 15:22	아사 왕이 온 유다에 명령을 **내려** 한
대하 30:5	왕이 명령을 **내려** 브엘세바에서부터
대하 31:5	왕의 명령이 **내리자** 곧 이스라엘 자손
대하 36:22	온 나라에 공포도 하고 조서도 **내려**
스 1:1	온 나라에 공포도 하고 조서도 **내려**
스 4:17	땅 백성에게 조서를 **내리니** 일렀으되
스 4:21	못하게 하고 내가 다시 조서 **내리기를**
스 5:13	고레스 왕이 조서를 **내려** 하나님의
스 5:17	고레스 왕이 조서를 **내려** 하나님의
스 6:1	이에 다리오 왕이 조서를 **내려** 문서창고
스 6:3	고레스 왕 원년에 조서를 **내려** 이르기를
스 6:8	또 조서를 **내려서** 하나님의 이 성전
스 6:11	내가 또 명령을 **내리노니** 누구를 막론
스 6:12	나 다리오가 조서를 **내렸노니** 신속히
스 6:13	다리오 왕의 조서가 **내리매** 유브라데
스 7:11	에스라에게 아닥사스다 왕이 **내린** 조서
스 7:13	**내리노니** 우리 나라에 있는 이스라엘
스 7:21	창고지기에게 조서를 **내려** 이르기를
느 2:7	강 서쪽 총독들에게 **내리시는** 조서를
느 2:8	아삽에게 조서를 **내리사** 그가 성전에
에 1:19	앞에 오지 못하게 하는 조서를 **내리되**
에 1:22	모든 지방에 조서를 **내려** 이르기를 남편
에 2:1	행한 일과 그에 대하여 **내린** 조서를
에 3:9	옳게 여기시거든 조서를 **내려** 그들을
에 4:8	유다인을 진멸하라고 수산 궁에서 **내린**
에 8:5	나를 좋게 보실진대 조서를 **내리사** 아각
에 9:14	조서를 수산에 **내리니** 하만의 열 아들
에 9:25	왕이 조서를 **내려** 하만이 유다인을 해하
시 9:8	만민에게 판결을 **내리시리로다**
사 23:11	가나안에 대하여 명령을 **내려** 그 견고
단 2:5	내가 명령을 **내렸나니** … 명령을 **내려**
단 2:8	너희가 나의 명령이 **내렸음을** 보았으
단 2:13	왕의 명령이 **내리매** 지혜자들은 죽게
단 3:10	왕이여 왕이 명령을 **내리사** 모든 사람
단 3:29	내가 이제 조서를 **내리노니** 각 백성과
단 4:1	말하는 자들에게 조서를 **내리노라**
단 4:6	내가 명령을 **내려** 바벨론의 모든 지혜
단 4:31	소리가 **내려** 이르되 느부갓네살 왕아
단 5:29	조서를 **내려** 나라의 셋째 통치자로 삼으
단 6:25	모든 사람들에게 조서를 **내려** 이르되
단 6:26	이제 조서를 **내리노라** 내 나라 관할
단 9:23	시작할 즈음에 명령이 **내렸으므로**
욘 3:7	왕과 그의 대신들이 조서를 **내려** 니느웨
말 2:4	내가 이 명령을 너희에게 **내린** 것은
눅 2:1	가이사 아구스도가 영을 **내려** 천하로
유 1:9	비방하는 판결을 **내리지** 못하고 다만

【 내리다 】　　　　　　　　　　　　　　　　　　　　　　　　　　　【 내리다 】

3. 비, 눈, 메추라기, 모래, 물, 불, 우박, 이슬 등을 내리다(send something)

구약

창 2:5	하나님이 땅에 비를 **내리지** 아니하셨고	욥 37:6	명하여 땅에 **내리라** … 비도 **내리게**
창 7:4	주야를 땅에 비를 **내려** 내가 지은 모든	욥 36:28	구름에서 **내려** 많은 사람에게 쏟아지느
창 19:24	불을 소돔과 고모라에 비같이 **내리사**	욥 38:26	땅에, 사람 없는 광야에 비를 **내리며**
창 27:39	땅의 기름짐에서 멀고 **내리는** 하늘 이슬	시 18:12	구름이 지나며 우박과 숯불이 **내리도다**
출 8:12	바로를 떠나 나가서 바로에게 **내리신**	시 18:13	내시며 우박과 숯불을 **내리시도다**
출 9:18	내가 무거운 우박을 **내리리니** 애굽 나라	시 72:6	**내리는** 비같이 … 같이 **내리리니**
출 9:19	그 위에 **내리리니** 그것들이 죽으리라	시 78:27	많은 고기를 비같이 **내리시고** 나는 새
출 9:22	사람과 짐승과 밭의 모든 채소에 **내리게**		를 바다의 모래같이 **내리셨도다**
출 9:23	여호와께서 우박을 애굽 땅에 **내리시매**	시 105:32	비대신 우박을 **내리시며** 그들의 땅에
출 9:24	우박이 **내림**과 불덩이가 우박에 섞여		화염을 **내리셨도다**
출 9:33	우박이 그치고 비가 땅에 **내리지** 아니	시 133:3	이슬이 시온의 산들에 **내림** 같도다
출 10:14	그 사방에 **내리매** 그 피해가 심하니	시 147:16	눈을 양털같이 **내리시며** 서리를 재같
출 16:4	하늘에서 양식을 비같이 **내리리니** 백성	잠 3:20	공중에서 이슬이 **내리게** 하셨느니라
민 11:9	진영에 **내릴** 때에 만나도 함께 **내렸더라**	잠 16:15	그의 은택이 늦은 비를 **내리는** 구름과
민 11:31	지면 위 두 규빗쯤에 **내리게** 한지라	사 5:6	구름에게 명하여 그 위에 비를 **내리지**
신 11:11	하늘에서 **내리는** 비를 흡수하는 땅이	사 55:10	비와 눈이 하늘로부터 **내려서** 그리로
신 11:14	비, 늦은 비를 적당한 때에 **내리시리니**	렘 14:22	우상 가운데 능히 비를 **내리게** 할 자
신 11:17	진노하사 하늘을 닫아 비를 **내리지** 아니		가 있나이까 … 능히 소나기를 **내릴**
신 28:12	네 땅에 때를 따라 비를 **내리시고**	겔 13:11	무너지리라 폭우가 **내리며** 큰 우박덩이
신 28:24	티끌과 모래를 네 땅에 **내리시리니**	겔 13:13	진노하여 폭우를 **내리고** 분노하여
신 33:28	그의 하늘이 이슬을 **내리는** 곳에로다	겔 34:26	**내리되** 복된 소낙비를 **내리리라**
수 10:11	아세가에 이르기까지 **내리시매** 그들이	겔 38:22	함께 있는 많은 백성에게 비를 **내리듯**
삿 5:4	하늘이 물을 **내리고** 구름도 물을 내렸	겔 39:6	섬에 평안히 거주하는 자에게 **내리리니**
삼하 1:21	너희 위에 이슬과 비가 **내리지** 아니하	욜 2:23	너희를 위하여 비를 **내리시되** 이른 비를
삼하 17:12	이슬이 땅에 **내림**같이 우리가 그의	암 4:7	성읍에는 내리고 어떤 성읍에는 **내리지**
삼하 23:4	비 **내린** 후의 광선으로 땅에서 움이	욘 1:4	큰 바람을 바다 위에 **내리시매** 바다
왕상 8:36	주신 주의 땅에 비를 **내리시옵소서**	미 5:7	**내리는** 이슬 같고 풀 위에 **내리는** 단비
왕상 17:7	비가 **내리지** 아니하므로 얼마 후에	슥 8:12	하늘은 이슬을 **내리리니** 내가 이 남은
왕상 17:14	여호와가 비를 지면에 **내리는** 날까지	슥 10:1	무리에게 소낙비를 **내려서** 밭의 채소
왕상 18:1	보라 내가 비를 지면에 **내리리라**	슥 14:17	아니하는 자들에게는 비를 **내리지** 아니
왕상 18:38	이에 여호와의 불이 **내려서** 번제물과	슥 14:18	비 **내림**이 있지 아니하리니 여호와께
왕상 18:45	하늘이 캄캄해지며 큰 비가 **내리는지라**		

신약

대상 21:26	하늘에서부터 번제단 위에 불을 **내려**	마 7:25	비가 **내리고** 창수가 나고 바람이 불어
대하 6:26	하늘이 닫히고 비가 **내리지** 않는 주의	마 7:27	비가 **내리고** 창수가 나고 바람이 불어
대하 6:27	주신 주의 땅에 비를 **내리시옵소서**	눅 9:54	불을 명하여 하늘로부터 **내려** 저들을
대하 7:3	이스라엘 모든 자손은 불이 **내리는** 것과	행 14:17	하늘로부터 비를 **내리시며** 결실기를
대하 7:13	내가 하늘을 닫고 비를 **내리지** 아니	히 6:7	땅이 그 위에 자주 **내리는** 비를 흡수
스 10:13	백성이 많고 또 큰 비가 **내리는** 때니	벧후 2:5	자들의 세상에 홍수를 **내리셨으며**
욥 5:10	비를 땅에 **내리시고** 물을 밭에 보내시며	계 16:21	우박이 하늘로부터 사람들에게 **내리매**
욥 28:26	비 **내리는** 법칙을 정하시고 비구름은		

4. 뿌리를 내리다
(bear fruit, take root, put down roots)

왕하 19:30	남은 자는 다시 아래로 뿌리를 **내리고**
욥 5:3	내가 미련한 자가 뿌리 **내리는** 것을

【 내리다 】　　　　　　　　　　　　　　　　　　　　　　　　　　　　　　【 내밀다 】

5. 영(성령, 악령)을 내리다
(Spirit of God descend)

삼상 18:10	악령이 사울에게 힘 있게 **내리매** 그가
사 61:1	여호와의 영이 내게 **내리셨으니** 이는
마 3:16	하나님의 성령이 비둘기같이 **내려** 자기
요 1:33	성령이 **내려서** 누구 위에든지 머무는
행 8:16	이는 아직 한 사람에게도 성령 **내리신**

6. 나귀(배, 병거, 보좌, 성벽, 어깨)에서 내리다
(get down from, get off)

창 24:46	급히 물동이를 어깨에서 **내리며** 이르
창 24:64	들어 이삭을 바라보고 낙타에서 **내려**
창 49:15	어깨를 **내려** 짐을 메고 압제 아래에서
수 15:18	나귀에서 **내리매** 갈렙이 그에게 묻되
삿 1:14	나귀에서 **내리매** 갈렙이 묻되 네가 무엇
삼상 25:23	급히 나귀에서 **내려** 다윗 앞에 엎드려
왕하 4:35	엘리사가 **내려서** 집 안에서 한 번 이리
왕하 5:21	달려옴을 보고 수레에서 **내려** 맞이하여
왕하 5:26	한 사람이 수레에서 **내려** 너를 맞이할
대하 35:24	부하들이 그를 병거에서 **내리게** 하고
겔 26:16	왕이 그 보좌에서 **내려** 조복을 벗으며
겔 27:29	바다의 선장들이 다 배에서 **내려** 언덕
마 14:29	오라 하시니 베드로가 배에서 **내려**
막 6:54	배에서 **내리니** 사람들이 곧 예수신
눅 8:27	예수께서 육지에 **내리시매** 그 도시 사람
요 21:7	겉옷을 두른후에 바다로 뛰어 **내리더라**

7. 손(그물, 날개, 닻, 물건, 시체)을 내리다
(lower his hands)

창 24:18	그 물동이를 손에 **내려** 마시게 하고
출 17:11	이기고 손을 **내리면** 아말렉이 이기더니
수 8:29	시체를 나무에서 **내려** 그 성문 어귀
수 10:27	시체를 나무에서 **내려** 그들이 숨었던
삿 9:53	아비멜렉의 머리 위에 **내려** 던져 그
삼상 31:12	아들들의 시체를 벧산 성벽에서 **내려**
시 141:6	재판관들이 바위 곁에 **내려** 던져졌도다
겔 1:24	생물이 설 때에 그 날개를 **내렸더라**
겔 1:25	생물이 설 때에 그 날개를 **내렸더라**
눅 5:4	깊은 데로 가서 그물을 **내려** 고기를
눅 5:5	의지하여 내가 그물을 **내리리이다**
눅 23:53	이를 **내려** 세마포로 싸고 아직 사람
행 27:17	두려워하여 연장을 **내리고** 그냥 쫓겨가
행 27:29	고물로 닻 넷을 **내리고** 날이 새기를

8. 기타

창 15:11	그 사체 위에 **내릴** 때에는 아브람이
출 33:9	기둥이 **내려** 회막 문에 서며 여호와
신 32:2	교훈은 비처럼 **내리고** 내 말은 이슬처럼
수 6:20	질러 외치니 성벽이 무너져 **내린지라**
삼상 2:6	**내리게도** 하시고 거기에서 올리기도
욥 9:26	먹이에 날아 **내리는** 독수리와도 같구나
욥 31:2	위에 계신 하나님께서 **내리시는** 분깃
시 133:2	수염에 흘러서 그 옷깃까지 **내림**
사 25:12	높은 요새를 헐어 땅에 **내리시되** 진토
렘 38:11	있는 예레미야에게 밧줄로 **내리며**
겔 5:9	내가 전무후무하게 네게 **내릴지라**
겔 8:1	권능이 거기에서 내게 **내리기로**
겔 31:17	그와 함께 스올에 **내려** 칼에 죽임을
암 9:2	내가 거기에서 붙잡아 **내릴** 것이며
슥 9:1	여호와의 말씀이 하드락 땅에 **내리며**
요 6:33	하나님의 떡은 하늘에서 **내려** 세상에
행 11:5	귀에 매어 하늘로부터 **내리어** 내 앞에
롬 10:6	함은 그리스도를 모셔 **내리려는** 것이요
엡 4:9	땅 아래 낮은 곳으로 **내리셨던** 것이

내리닫다 (run down)

마 8:32	떼가 비탈로 **내리달아** 바다에 들어가
막 5:13	떼가 바다를 향하여 비탈로 **내리달아**
눅 8:33	떼가 비탈로 **내리달아** 호수에 들어가

내리막길 (on the road down)

렘 48:5	호로나임 **내리막길**에서 파멸의 고통
눅 19:37	이미 감람 산 **내리막길**에 가까이 오시

내리치다 (bring down)

눅 1:52	권세 있는 자를 그 위에서 **내리치셨으며**
눅 8:23	광풍이 호수로 **내리치매** 배에 물이 가득

내밀다 (reach out, stretch out)

창 8:9	그가 손을 **내밀어** 방주 안 자기에게로
창 19:10	그 사람들이 손을 **내밀어** 롯을 집으로
창 22:10	**내밀어** 칼을 잡고 그 아들을 잡으려
출 4:4	네 손을 **내밀어** 그 꼬리를 잡으라 그
	가 손을 **내밀어** 그것을 잡으니 그의
출 7:19	모든 호수 위에 **내밀라** 하라 그것들
출 8:6	애굽 물들 위에 그의 손을 **내밀매**
출 10:12	애굽 땅 위에 네 손을 **내밀어** 메뚜기
출 10:21	하늘을 향하여 네 손을 **내밀어** 애굽
출 10:22	모세가 하늘을 향하여 손을 **내밀매**

【 내버리다 】   【 내생 】

출 14:16	손을 바다 위로 **내밀어** 그것이 갈라지
출 14:21	모세가 바다 위로 손을 **내밀매** 여호와
출 14:26	네 손을 바다 위로 **내밀어** 물이 애굽
출 14:27	모세가 곧 손을 바다 위로 **내밀매** 새벽
삿 6:21	지팡이 끝을 **내밀어** 고기와 무교병에
삿 15:15	나귀의 새 턱뼈를 보고 손을 **내밀어**
삼상 14:27	손에 가진 지팡이 끝을 **내밀어** 벌집의
왕하 6:7	사람이 손을 **내밀어** 그것을 집으니라
느 9:29	고집하는 어깨를 **내밀며** 목을 굳게 하여
에 4:11	왕이 그 자에게 금 규를 **내밀어야** 살 것
잠 31:20	펴며 궁핍한 자를 위하여 손을 **내밀며**
사 57:4	크게 벌리며 혀를 **내미느냐** 너희는
렘 1:9	여호와께서 그의 손을 **내밀어** 내 입에
겔 10:7	그룹이 그룹들 사이에서 손을 **내밀어**
겔 17:18	손을 **내밀어** 언약하였거늘 맹세를
마 8:3	예수께서 손을 **내밀어** 그에게 대시며
마 12:13	손을 **내밀라** 하시니 그가 **내밀매** 다른
마 12:49	손을 **내밀어** 제자들을 가리켜 이르시
마 14:31	예수께서 즉시 손을 **내밀어** 그를 붙잡
막 1:41	예수께서 불쌍히 여기사 손을 **내밀어**
막 3:5	손을 **내밀라** 하시니 **내밀매** 그 손이
눅 5:13	예수께서 손을 **내밀어** 그에게 대시며
눅 6:10	그 사람에게 이르시되 네 손을 **내밀라**
요 20:27	**내밀어** 내 손을 보고 네 손을 **내밀어**
행 4:30	손을 **내밀어** 병을 낫게 하시옵고 표적
행 9:41	베드로가 손을 **내밀어** 일으키고 성도

내버리다 (reject, threw away)

레 26:44	그들을 **내버리지** 아니하며 미워하지
대하 29:8	예루살렘에 진노하시고 **내버리사**
사 10:14	세계를 얻은 것은 **내버린** 알을 주움
렘 6:30	사람들이 그들을 **내버린** 은이라 부르게
렘 14:5	새끼를 낳아도 풀이 없으므로 **내버리며**
슥 10:6	그들은 내가 **내버린** 일이 없었음같이
마 5:29	너로 실족하게 하거든 빼어 **내버리라**
마 5:30	너로 실족하게 하거든 찍어 **내버리라**
마 13:48	그릇에 담고 못된 것은 **내버리느니라**
마 18:8	너를 범죄하게 하거든 찍어 **내버리라**
마 18:9	너를 범죄하게 하거든 빼어 **내버리라**
막 10:50	맹인이 겉옷을 **내버리고** 뛰어 일어나
눅 14:35	거름에도 쓸 데 없어 **내버리느니라**
행 27:19	배의 기구를 그들의 손으로 **내버리니라**
고전 5:7	묵은 누룩을 **내버리라** 우리의 유월절

| 약 1:21 | 더러운 것과 넘치는 악을 **내버리고** 너희 |

내보내다 (banish, let ~ go)

창 3:23	하나님이 에덴 동산에서 그를 **내보내어**
창 19:29	롯을 그 엎으시는 중에서 **내보내셨더라**
출 6:11	이스라엘 자손을 그 땅에서 **내보내게**
출 6:27	이스라엘 자손을 애굽에서 **내보내라**
출 7:2	이스라엘 자손을 그 땅에서 **내보내게**
출 9:35	완악하여 이스라엘 자손을 **내보내지**
출 11:1	여기서 **내보내리라** 그가 너희를 **내보낼**
출 12:33	재촉하여 그 땅에서 속히 **내보내려**
민 5:2	된 자를 다 진영 밖으로 **내보내되**
민 5:3	막론하고 다 진영 밖으로 **내보내어**
민 5:4	진영 밖으로 **내보냈으니** 곧 여호와
신 24:1	손에 주고 그를 자기 집에서 **내보낼**
신 24:3	자기 집에서 **내보냈거나** 또는 그를
신 24:4	그를 **내보낸** 전남편이 그를 다시 아내
신 24:5	군대로 **내보내지** 말 것이요 아무 직무
삼하 13:17	이 계집을 내게서 이제 **내보내고** 곧
삼하 18:2	다윗이 그의 백성을 **내보낼새** 삼분의
스 10:3	아내와 그들의 소생을 다 **내보내기로**
스 10:19	그들의 아내를 **내보내기로** 하고
욥 21:11	그들은 아이들을 양 떼같이 **내보내고**
시 110:2	권능의 규를 **내보내시리니** 주는 원수
사 50:1	어미를 **내보낸** … 말미암아 **내보냄을**
렘 15:1	없나니 그들을 내 앞에서 쫓아 **내보내라**
마 9:25	무리를 **내보낸** 후에 예수께서 들어가
마 10:5	예수께서 이 열둘을 **내보내시며** 명하
막 5:10	자기를 그 지방에서 **내보내지** 마시기
막 5:40	예수께서 그들을 다 **내보내신** 후에 아이
눅 9:2	앓는 자를 고치게 하려고 **내보내시며**
행 9:40	베드로가 사람을 다 **내보내고** 무릎을
행 16:37	이제는 가만히 **내보내고자** 하느냐
행 17:14	형제들이 곧 바울을 **내보내어** 바다까지

내보이다 (show)

| 행 9:39 | 때에 지은 속옷과 겉옷을 다 **내보이거늘** |

내뿜다 (breathe out)

| 겔 21:31 | 진노의 불을 네게 **내뿜고** 너를 짐승 |

내생 (來生, life to come)

| 딤전 4:8 | 경건은 범사에 유익하니 금생과 **내생** |

【 내세 】 　　　　　　　　　　　　　　　　　　　　　　　　【 내일 】

내세(來世, age to come)
막 10:30　내세에 영생을 받지 못할 자가 없느니
눅 18:30　내세에 영생을 받지 못할 자가 없느니
히 6:5　　하나님의 선한 말씀과 **내세**의 능력을

내세우다(propose, proclaim)
행 1:23　　두 사람을 **내세우니** 하나는 바사바
행 24:13　그들이 능히 당신 앞에 **내세울** 것이
행 25:26　왕 당신 앞에 그를 **내세웠나이다**
고전 8:8　음식은 우리를 하나님 앞에 **내세우지**
살후 2:4　자기를 하나님이라고 **내세우느니라**

내소(內所, inner sanctuary)
왕상 6:16　성전의 **내소** 곧 지성소를 만들었으며
왕상 6:19　언약궤를 두기 위하여 성전 안에 **내소**
왕상 6:20　그 **내소**의 안은 길이가 이십 규빗이요
왕상 6:21　**내소** 앞에 금사슬로 건너지르고 **내소**
왕상 6:22　**내소**에 속한 제단의 전부를 금으로
왕상 6:27　솔로몬이 **내소** 가운데에 그룹을 두었
왕상 7:50　또 **내소** 곧 지성소 문의 금 돌쩌귀와
왕상 8:6　성전의 **내소**인 지성소 그룹들의 날개
왕상 8:8　끝이 **내소** 앞 성소에서 보이나 밖에

내쉬다(breathe on)
요 20:22　그들을 향하사 숨을 **내쉬며** 이르시되

내시(內侍, eunuch, official)

왕상 22:9　왕이 한 **내시**를 불러
왕하 9:32　누구냐 하니 두어 **내시**가 예후를 내다
왕하 23:11　**내시** 나단멜렉의 집 곁에 있던 것이며
왕하 24:12　**내시들**과 함께 바벨론 왕에게 나아가
왕하 24:15　왕의 아내들과 **내시들**과 나라에 권세
왕하 25:19　군사를 거느린 **내시** 한 사람과 또 성 중
대상 28:1　**내시**와 장사와 모든 용사를 예루살렘
대하 18:8　이스라엘 왕이 한 **내시**를 불러 이르되
에 1:10　**내시** 므후만과 비스다와 하르보나와
에 1:12　왕후 와스디는 **내시**가 전하는 왕명을
에 1:15　와스디가 **내시**가 전하는 아하수에로
에 2:3　　궁녀를 주관하는 **내시** 헤개의 손에 맡겨
에 2:14　비빈을 주관하는 **내시** 사아스가스의
에 2:15　궁녀를 주관하는 **내시** 헤개가 정한

에 2:21　문을 지키던 왕의 **내시** 빅단과 데레스
에 4:4　　에스더의 시녀와 **내시**가 나아와 전하니
에 4:5　　자기에게 가까이 있는 **내시** 하닥을 불러
에 6:2　　두 **내시** 빅나와 데레스가 아하수에로
에 6:14　왕의 **내시들**이 이르러 하만을 데리고
에 7:9　　왕을 모신 **내시** 중에 하르보나가 왕에
렘 29:2　왕후와 궁중 **내시들**과 유다와 예루살렘
렘 38:7　궁궐 **내시** 구스인 에벳멜렉이 그들이
렘 41:16　유아와 **내시**를 기브온에서 빼앗아 가지
렘 52:25　성중에서 만난 왕의 **내시** 칠 명과 군인
행 8:27　관리인 **내시**가 예배하러 예루살렘에
행 8:34　**내시**가 빌립에게 말하되 청컨대 내가
행 8:36　그 **내시**가 말하되 보라 물이 있으니
행 8:38　빌립과 **내시**가 둘 다 물에 내려가
행 8:39　**내시**는 기쁘게 길을 가므로 그를 다시

내시장(內侍長, high official)
렘 39:3　**내시장** 살스김이니 네르갈사레셀은
렘 39:13　느부사라단과 **내시장** 느부사스반과

내오다(take out)
삼하 12:30　성읍에서 노략한 물건을 무수히 **내오고**
대상 9:28　수효대로 들여가고 수효대로 **내오며**
대상 20:2　성에서 노략한 물건을 무수히 **내오고**
마 13:52　새것과 옛것을 그 곳간에서 **내오는**

내외(inner and outer)
왕상 6:30　**내외** 성전 마루에는 금으로 입혔으며

내외소(inner and outer room)
왕상 6:29　**내외소** 사방 벽에는 모두 그룹들과 종려

내일(tomorrow)
출 8:10　그가 이르되 **내일**이니라 모세가 이르
출 8:23　**내일** 이 표징이 있으리라 하셨다 하라
출 8:29　**내일**이면 파리 떼가 바로와 바로의 신하
출 9:5　여호와가 **내일** 이 땅에서 이 일을 행하
출 10:4　**내일** 내가 메뚜기를 네 경내에 들어가게
출 16:23　**내일**은 휴일이니 여호와께 거룩한
출 17:9　**내일** 내가 하나님의 지팡이를 손에
출 19:10　오늘과 **내일** 그들을 성결하게 하며
출 32:5　이르되 **내일**은 여호와의 절일이니라
민 11:18　거룩히 하여 **내일** 고기 먹기를 기다리라

【 내장 】 　　　　　　　　　　　　　　　　　　　　　　　　　　【 내쫓기다 】

민 14:25	너희는 **내일** 돌이켜 홍해 길을 따라	출 29:22	**내장**에 덮인 기름과 간 위의 꺼풀과
민 16:16	아론과 함께 **내일** 여호와 앞으로 나아	레 1:9	**내장**과 정강이를 물로 씻을 것이요
수 3:5	여호와께서 **내일** 너희 가운데에 기이한	시 139:13	주께서 내 **내장**을 지으시며 나의 모태
수 7:13	너희는 **내일**을 위하여 스스로 거룩하		
수 11:6	두려워하지 말라 **내일** 이맘때에 내가		**내장 – 기타 본문**
수 22:18	배역하면 **내일**은 그가 이스라엘 온 회중	레 1:13; 3:3, 9, 14; 4:8,11; 7:3; 8:16, 21, 25; 9:14, 19	
삿 19:9	**내일** 일찍이 그대의 길을 가서 그대		
삿 20:28	**내일**은 내가 그를 네 손에 넘겨주리라	**내전**(內殿, temple–NIV, inner temple–KJV)	
삼상 11:9	**내일** 해가 더울 때에 너희가 구원을	대하 3:13	그 얼굴을 **내전**으로 향하여 서 있으며
삼상 11:10	**내일** 너희에게 나아가리니 너희 생각	대하 4:7	등잔대 열 개를 만들어 **내전** 안에 두었
삼상 19:11	아니하면 **내일**에는 죽임을 당하리라	대하 4:8	상 열 개를 만들어 **내전** 안에 두었으니
삼상 20:5	**내일**은 초하루인즉 내가 마땅히 왕을	대하 4:22	지성소의 문과 **내전**의 문을 금으로 입혔
삼상 20:12	**내일**이나 모레 이맘때에 내 아버지를	겔 41:3	**내전** 문 통로의 벽을 측량하니 두께가
삼상 20:18	**내일**은 초하루인즉 네 자리가 비므로	겔 41:4	그가 **내전**을 측량하니 길이는 스무 척이
삼상 28:19	**내일** 너와 네 아들들이 나와 함께 있으	겔 41:15	백 척이더라 **내전**과 외전과 그 뜰의
삼하 11:12	**내일**은 내가 너를 보내리라 우리아가	겔 41:17	문 통로 위와 **내전**과 외전의 사방 벽도
왕상 19:2	내가 **내일** 이맘때에는 반드시 네 생명	겔 41:21	네모졌고 **내전** 전면에 있는 양식은 이러
왕하 6:28	우리가 오늘 먹고 **내일**은 내 아들을		
왕하 7:1	**내일** 이맘때에 사마리아 성문에서 고운	**내주다**(give, give up, surrender)	
왕하 7:18	**내일** 이맘 때에 사마리아 성문에서 보리	신 32:30	여호와께서 그들을 **내주지** 아니하셨
왕하 10:6	**내일** 이맘때에 이스르엘에 이르러 내게	수 20:5	살인자를 그의 손에 **내주지** 말지니
왕하 10:8	두 무더기로 쌓아 **내일** 아침까지 문어	삼하 3:8	다윗의 손에 **내주지** 아니하였거늘 당신
대하 20:17	**내일** 그들을 맞서 나가라 여호와가 너희	삼하 20:21	너희가 그만 **내주면** 내가 이 성벽에서
에 5:8	**내일**은 왕의 말씀대로 하리이다 하니	삼하 21:6	우리에게 **내주소서** … 내가 **내주리라**
에 5:12	**내일**도 왕과 함께 청함을 받았느니라	스 5:14	세스바살이라고 부르는 자에게 **내주고**
에 5:14	**내일** 왕에게 모르드개를 그 나무에	시 124:6	우리를 **내주어** 그들의 이에 씹히지 아니
에 9:13	**내일**도 오늘 조서대로 행하게 하시고	잠 6:31	심지어 자기 집에 있는 것을 다 **내주게**
잠 3:28	이르기를 갔다가 다시 오라 **내일** 주겠	마 10:21	아버지가 자식을 죽는 데에 **내주며** 자식
잠 27:1	**내일** 일을 자랑하지 말라 하루 동안	마 27:58	시체를 달라 하니 이에 빌라도가 **내주라**
사 22:13	**내일** 죽으리니 먹고 마시자 하는도다	막 13:12	아버지가 자식을 죽는 데에 **내주며** 자식
사 56:12	**내일**도 오늘같이 크게 넘치리라 하느	막 15:45	본 후에 요셉에게 시체를 **내주는지라**
마 6:30	**내일** 아궁이에 던져지는 들풀도 하나님	눅 14:9	사람에게 자리를 **내주라** 하리니 그 때에
마 6:34	**내일** 일을 위하여 … **내일** 일은 **내일**	행 25:16	변명할 기회가 있기 전에 **내주는** 것은
눅 12:28	**내일** 아궁이에 던져지는 들풀도 하나님	롬 6:13	불의의 무기로 죄에게 **내주지** 말고 오직
눅 13:32	오늘과 **내일**은 내가 귀신을 쫓아내며	롬 6:16	너희 자신을 종으로 **내주어** 누구에게
눅 13:33	오늘과 **내일**과 모레는 내가 갈 길을	롬 6:19	불법에 **내주어** … 종으로 **내주어** 거룩
행 23:20	**내일** 그를 데리고 공회로 내려오기를	롬 8:32	모든 사람을 위하여 **내주신** 이가 어찌
행 25:22	베스도가 이르되 **내일** 들으시리이다	고전 5:5	이런 자를 사탄에게 **내주었으니** 이는
고전 15:32	**내일** 죽을 터이니 먹고 마시자 하리라	계 20:13	자들을 **내주고** 또 … 자들을 **내주매**
약 4:13	오늘이나 **내일**이나 우리가 어떤 도시		

내쫓기다(be cast out)

삼하 14:13	**내쫓긴** 자를 왕께서 집으로 돌아오게
삼하 14:14	방책을 베푸사 **내쫓긴** 자가 하나님께

내장(內臟, inner part)

출 12:9	머리와 다리와 **내장**을 다 불에 구워

[내쫓다] [너구리]

사 14:19 너는 자기 무덤에서 **내쫓겼으니** 가증
계 12:9 큰 용이 **내쫓기니** 옛 뱀 곧 … 그가 땅으로 **내쫓기니** 그의 … 함께 **내쫓기니라**
계 12:13 용이 자기가 땅으로 **내쫓긴** 것을 보고

내쫓다(get rid of, send away)
창 21:10 여종과 그 아들을 **내쫓으라** 이 종의
왕하 17:23 이스라엘을 그 앞에서 **내쫓으신지라**
시 44:2 주의 손으로 뭇 백성을 **내쫓으시고**
렘 3:8 **내쫓고** 그에게 이혼서까지 주었으되
마 21:12 매매하는 모든 사람들을 **내쫓으시며**
마 21:39 잡아 포도원 밖에 **내쫓아** 죽였느니라
마 25:30 무익한 종을 바깥 어두운 데로 **내쫓으라**
막 1:34 귀신을 **내쫓으시되** 귀신이 자기를 알므
막 1:39 전도하시고 또 귀신들을 **내쫓으시더라**
막 3:15 귀신을 **내쫓는** 권능도 가지게 하려 하심
막 9:18 제자들에게 **내쫓아** 달라 하였으나 그들
막 9:38 이름으로 귀신 **내쫓는** 것을 우리가
막 11:15 매매하는 자들을 **내쫓으시며** 돈 바꾸
눅 9:40 당신의 제자들에게 **내쫓아** 주기를 구하
눅 9:49 주의 이름으로 귀신을 **내쫓는** 것을 우리
눅 19:45 들어가사 장사하는 자들을 **내쫓으시며**
눅 20:12 보내니 이 종도 상하게 하고 **내쫓은지라**
눅 20:15 포도원 밖에 **내쫓아** 죽였느니라 그런
요 2:15 소를 다 성전에서 **내쫓으시고** 돈바꾸는
요 6:37 오는 자는 내가 결코 **내쫓지** 아니하리
고전 5:13 이 악한 사람은 너희 중에서 **내쫓으라**
갈 4:30 여종과 그 아들을 **내쫓으라** 여종의 아들
요일 4:18 온전한 사랑이 두려움을 **내쫓나니**
요삼 1:10 하는 자를 금하여 교회에서 **내쫓는도다**

내치다(drag out)
행 7:58 성 밖으로 **내치고** 돌로 칠새 증인들이
행 14:19 죽은 줄로 알고 시외로 끌어 **내치니라**

내통하다(內通, be on the side)
왕하 6:11 이스라엘 왕과 **내통하는** 것을 내게 말하
겔 16:32 남자들과 **내통하여** 간음하는 아내로다

냄비(pan)
레 2:7 네가 **냄비**의 것으로 소제를 드리려거
레 7:9 화덕에 구운 소제물과 **냄비**에나 철판
삼상 2:14 그것으로 **냄비**에나 솥에나 큰 솥에나
삼하 13:9 **냄비**를 가져다가 그 앞에 쏟아 놓아도
대하 35:13 그 나머지 성물은 솥과 가마와 **냄비**에
미 3:3 뼈를 꺾어 다지기를 **냄비**와 솥 가운데

냄새(smell)
출 16:20 두었더니 벌레가 생기고 **냄새**가 난지라
출 16:24 아침까지 간수하였으나 **냄새**도 나지
출 29:18 이는 향기로운 **냄새**니 여호와께 드리
레 1:9 화제라 여호와께 향기로운 **냄새**니라
레 6:15 불살라 여호와 앞에 향기로운 **냄새**가
레 8:21 불사르니 이는 향기로운 **냄새**를 위하여
레 23:13 화제로 삼아 향기로운 **냄새**가 되게 하고
레 26:31 너희의 향기로운 **냄새**를 내가 흠향하
민 29:6 규례를 따라 향기로운 **냄새**로 화제를
신 4:28 **냄새**도 맡지 못하는 목석의 신들을 섬기
욥 39:25 싸움 **냄새**를 맡고 지휘관들의 호령과
시 115:6 못하며 코가 있어도 **냄새** 맡지 못하며
아 7:8 포도송이 같고 네 콧김은 사과 **냄새**
사 3:24 그 때에 썩은 **냄새**가 향기를 대신하고
렘 48:11 그 맛이 남아 있고 **냄새**가 변하지 아니
단 3:27 변하지 아니하였고 불 탄 **냄새**도 없었
욜 2:20 상한 **냄새**가 일어나고 악취가 오르리니
요 11:39 나흘이 되었으매 벌써 **냄새**가 나나이다
요 12:3 그의 발을 닦으니 향유 **냄새**가 집에
고전 12:17 온몸이 듣는 곳이면 **냄새** 맡는 곳은
고후 2:14 아는 **냄새**를 나타내시는 하나님께 감사

📖 냄새 - 기타 본문
출 29:25, 41; 레 1:13, 17; 2:2, 9, 12; 3:5, 16; 6:21; 8:28; 17:6; 23:18; 고후 2:16

냇물(stream of water)
사 32:2 마른 땅에 **냇물** 같을 것이며 곤비한

냉수(冷水, cold water)
잠 25:25 좋은 기별은 목마른 사람에게 **냉수**와
마 10:42 하나에게 **냉수** 한 그릇이라도 주는 자는

냉철하다(冷徹, even-tempered)
잠 17:27 지식이 있고 성품이 **냉철한** 자는 명철

너구리(coney)
시 104:18 바위는 **너구리**의 피난처로다

너그러이(gentle)
삼하 18:5 젊은 압살롬을 **너그러이** 대우하라 하니
렘 10:24 나를 징계하옵시되 **너그러이** 하시고
행 26:3 그러므로 내 말을 **너그러이** 들으시기

너그럽다(be noble character, be merciful to)
시 4:1 곤란 중에 나를 **너그럽게** 하셨사오니
사 55:7 돌아오라 그가 **너그럽게** 용서하시리라
행 17:11 사람들보다 더 **너그러워서** 간절한 마음
고후 9:11 넉넉하여 **너그럽게** 연보를 함은 그들
딤전 6:18 주기를 좋아하며 **너그러운** 자가 되게

너머(beyond)
왕상 14:15 이 좋은 땅에서 뽑아 그들을 강 **너머**로
겔 41:15 그가 뒤뜰 **너머** 있는 건물을 측량하니

너무(more, too)
창 4:13 내 죄짐을 지기가 **너무** 무거우니이다
창 41:31 후에 든 그 흉년이 **너무** 심하므로 이전
출 8:28 제사를 드릴 것이나 **너무** 멀리 가지는
출 12:4 어린 양에 대하여 식구가 **너무** 적으면
출 18:18 일이 네게 **너무** 중함이라 네가 혼자
출 36:5 백성이 **너무** 많이 가져오므로 여호와
민 16:7 자손들아 너희가 **너무** 분수에 지나치
신 14:24 택하신 곳이 네게서 **너무** 멀고 행로가
수 8:4 성읍에서 **너무** 멀리 하지 말고 다 스스
수 17:15 에브라임 산지가 네게 **너무** 좁을진대
수 19:9 유다 자손의 분깃이 자기들에게 **너무**
삿 7:2 너를 따르는 백성이 **너무** 많은즉 내가
삼하 3:39 사람들을 제어하기가 **너무** 어려우니
대하 20:25 그 물건이 **너무** 많아 능히 가져갈 수
시 40:5 하나 **너무** 많아 그 수를 셀 수도 없나
시 49:8 값이 **너무** 엄청나서 영원히 마련하지
시 139:6 이 지식이 내게 **너무** 기이하니 높아서
잠 24:7 지혜는 **너무** 높아서 미련한 자가 미치지
사 64:9 여호와여, **너무** 분노하지 마시오며 죄악
눅 24:41 그들이 **너무** 기쁘므로 아직도 믿지 못하
고후 2:5 내가 **너무** 지나치게 말하지 아니하려
고후 2:7 그가 **너무** 많은 근심에 잠길까 두려워
고후 12:7 **너무** 자만하지 않게 하시려고 내 육체

너비(wide)
욥 38:18 땅의 **너비**를 네가 측량할 수 있느냐

겔 40:5 한 손바닥 **너비**가 더한 자로 여섯 척

너비 - 기타 본문
창 6:15; 출 25:10, 17, 23; 26:2, 8, 16; 27:1, 9, 11, 12, 13, 18; 28:16; 30:2; 36:9, 15, 21; 37:1, 6, 10, 25; 38:1, 18; 39:9; 신 3:11; 왕상 6:2, 3, 6, 20; 7:2, 6, 26, 27; 대하 3:3, 4, 8; 4:1, 5; 6:13; 스 6:3; 욥 37:10; 겔 40:7, 11, 13, 14, 18, 19, 20, 21, 22, 25, 28, 29, 30, 33, 36, 42, 47, 48, 49; 41:2, 3, 4, 5, 10, 11, 12, 14; 42:2, 4, 11, 20; 43:13, 14, 16, 17; 45:1, 2, 3, 5, 6, 22; 48:8, 9, 10, 13, 15, 20, 30, 32, 33; 단 3:1; 슥 2:2; 5:2; 엡 3:19; 계 21:16

너울(veil)
창 24:65 리브가가 **너울**을 가지고 자기의 얼굴을
창 38:14 의복을 벗고 **너울**로 얼굴을 가리고
창 38:19 그가 일어나 떠나가서 그 **너울**을 벗고
아 4:1 **너울** 속에 있는 네 눈이 비둘기 같고
아 4:3 어여쁘고 **너울** 속의 네 뺨은 석류 한 쪽
사 3:23 세마포 옷과 머리 수건과 **너울**을 제하
사 47:2 **너울**을 벗으며 치마를 걷어 다리를 드러

너풀거리다(hover)
신 32:11 새끼 위에 **너풀거리며** 그의 날개를 펴서

넉넉하다/넉넉히(have plenty of, rich)
창 13:6 그 땅이 그들이 동거하기에 **넉넉하지**
창 13:10 땅에 물이 **넉넉하니** 여호와께서 소돔
출 36:7 있는 재료가 모든 일을 하기에 **넉넉하여**
신 15:8 필요한 대로 쓸 것을 **넉넉히** 꾸어주라
수 17:16 산지는 우리에게 **넉넉하지도** 못하고
왕상 19:4 여호와여 **넉넉하오니** 지금 내 생명을
욥 36:16 좁지 않고 **넉넉한** 곳으로 옮기려 하셨
시 65:10 주께서 밭고랑에 물을 **넉넉히** 대사 그
잠 27:27 염소의 젖은 **넉넉하여** 너와 네 집의
사 66:11 젖을 **넉넉히** 빤 것 같이 그 영광의 풍성
마 13:12 무릇 있는 자는 받아 **넉넉하게** 되되
눅 12:15 생명이 그 소유의 **넉넉한** 데 있지
롬 8:37 말미암아 우리가 **넉넉히** 이기느니라
고후 8:14 너희의 **넉넉한** 것으로 … 그들의 **넉넉한**
고후 9:8 모든 일에 항상 모든 것이 **넉넉하여**
고후 9:11 너희가 모든 일에 **넉넉하여** 너그럽게
벧후 1:11 영원한 나라에 들어감을 **넉넉히** 너희

{ 널다 }

널다(spread)
삼하 17:19 찧은 곡식을 그 위에 **널매** 전혀 알지

널리(more)
욥 12:23 민족들을 **널리** 퍼지게도 하시고 다시
시 40:5 내가 **널리** 알려 말하고자 하나 너무
시 41:6 쌓았다가 나가서는 이를 **널리** 선포하
사 54:2 **널리** 펴되 너의 줄을 길게 하며 너의
욜 3:9 민족에게 이렇게 **널리** 선포할지어다
막 1:45 전파하여 **널리** 퍼지게 하니 그러므로
막 7:36 경고하실수록 그들이 더욱 **널리** 전파
계 20:9 그들이 지면에 **널리** 퍼져 성도들의

널조각(plank)
행 27:44 남은 사람들은 **널조각** 혹은 배 물건에

널판(frame)
출 26:15 조각목으로 성막을 위하여 **널판**을
출 26:17 너는 성막 **널판**을 다 그와 같이 하라
출 26:18 너는 성막을 위하여 **널판**을 만들되 남쪽
출 26:19 **널판** 아래에 … 이쪽 **널판** … 저쪽 **널판**
출 26:20 그 북쪽을 위하여도 **널판** 스무 개로
출 26:21 이쪽 **널판** 아래에도 두 받침, 저쪽 **널판**
출 26:22 서쪽을 위하여는 **널판** 여섯 개를 만들
출 26:23 모퉁이 쪽을 위하여는 **널판** 두 개를
출 26:25 여덟 **널판**에는 은 받침이 열여섯이니
출 26:26 성막 이쪽 **널판**을 위하여 다섯 개요
출 26:27 성막 저쪽 **널판**을 … 서쪽 **널판**을 위하
출 26:29 그 **널판**들을 금으로 싸고 그 **널판**들의
출 27:8 제단을 **널판**으로 속이 비게 만들되 산에
출 35:11 갈고리와 그 **널판**과 그 띠와 그 기둥
출 36:20 또 조각목으로 성막에 세울 **널판**들을
출 36:23 성막을 위하여 **널판**을 … 남쪽에 **널판**
출 36:24 **널판** 밑에 … **널판** 밑에도 … 저 **널판**
출 36:25 북쪽을 위하여도 **널판** 스무 개를 만들
출 36:27 서쪽을 위하여는 **널판** 여섯 개를 만들
출 36:28 모퉁이 편을 위하여는 **널판** 두 개를
출 36:30 그 **널판**은 여덟 개요 … 각 **널판** 밑에
출 36:31 성막 이쪽 **널판**을 위하여 다섯 개요
출 36:32 저쪽 **널판**을 … 곧 서쪽 **널판**을 위하여
출 36:33 중간 띠를 만들되 **널판** 중간 이 끝에서
출 36:34 그 **널판**들을 금으로 싸고 그 **널판**을
출 38:7 제단은 **널판**으로 속이 비게 만들었더라

{ 넓다 }

출 39:33 그 갈고리들과 그 **널판**들과 그 띠들과
출 40:18 그 **널판**들을 세우고 그 띠를 띠우고
민 3:36 므라리 자손이 맡을 것은 성막의 **널판**
민 4:31 장막의 **널판**들과 그 띠들과 그 기둥들
왕상 6:9 성전은 백향목 서까래와 **널판**으로 덮었
왕상 6:15 백향목 **널판**으로 … 또 잣나무 **널판**으로
왕상 6:16 천장까지 백향목 **널판**으로 가로막아

널판자(wood)
겔 41:16 땅에서 창까지 **널판자**로 가렸고 (창은

넓다(be widely, have plenty of)
창 26:22 여호와께서 우리를 위하여 **넓게** 하셨
창 34:21 땅은 **넓어** 그들을 용납할 만하니 그들
삿 18:10 그 땅은 **넓고** 그 곳에는 세상에 있는
삿 19:15 성읍 **넓은** 거리에 앉아 있으나 그를
삿 19:17 성읍 **넓은** 거리에 나그네가 있는 것을
삼하 22:20 나를 또 **넓은** 곳으로 인도하시고 나를
삼하 22:37 내 걸음을 **넓게** 하셨고 내 발이 미끄러
왕상 4:29 또 **넓은** 마음을 주시되 바닷가의 모래
대상 4:40 그 땅이 **넓고** 안정 되고 평안하니 이는
느 3:8 중수하되 그들이 예루살렘의 **넓은** 성벽
느 4:13 성벽 뒤의 낮고 **넓은** 곳에 백성이 그들
느 4:19 공사는 크고 **넓으므로** 우리가 성에서
느 9:35 큰 복과 자기 앞에 주신 **넓고** 기름진
느 12:38 맞대 윗길로 성벽 **넓은** 곳에 이르고
욥 11:9 크심은 땅보다 길고 바다보다 **넓으니라**
욥 37:18 구름장들을 두들겨 **넓게** 만들어 녹여
시 18:19 나를 **넓은** 곳으로 인도하시고 나를 기뻐
시 18:36 내 걸음을 **넓게** 하셨고 나를 실족하지
시 31:8 내 발을 **넓은** 곳에 세우셨음이니이다
시 104:25 거기에는 크고 **넓은** 바다가 있고 그
시 118:5 응답하시고 나를 **넓은** 곳에 세우셨도다
시 119:96 있어도 주의 계명들은 심히 **넓으니이다**
잠 18:16 사람의 선물은 그의 길을 **넓게** 하며
사 15:3 지붕과 **넓은** 곳에서는 각기 애통하여
사 30:33 깊고 **넓게** 하였고 거기에 불과 많은
사 51:10 바다를, **넓고** 깊은 물을 말리시고 바다
렘 5:1 그 **넓은** 거리에서 찾아보고 알라 너희
렘 22:14 큰 집과 **넓은** 다락방을 지으리라 하고
겔 41:7 그 층이 높아질수록 **넓으므로** 성전에
호 4:16 여호와께서 어린 양을 **넓은** 들에서 먹임
암 6:2 나으냐 그 영토가 너희 영토보다 **넓으냐**

【 넓이 】

나 3:13	네 원수 앞에 **넓게** 열리고 빗장들은
합 1:6	땅이 **넓은** 곳으로 다니며 자기의 소유
마 7:13	인도하는 문은 크고 그 길이 **넓어** 그리
마 23:5	그 경문 띠를 **넓게** 하며 옷술을 길게
고후 6:11	입이 열리고 우리의 마음이 **넓어졌으니**

넓이 (wide, width)

출 25:25	주위에 손바닥 **넓이**만한 턱을 만들고
출 37:12	주위에 손바닥 **넓이**만한 턱을 만들고
대하 3:8	또 지성소를 지었으니 성전 **넓이**대로
겔 40:43	길이가 손바닥 **넓이**만한 갈고리가
겔 41:7	성전의 **넓이**는 아래 위가 같으며 골방
겔 43:13	한 손바닥 **넓이**가 더한 것이라 제단

넓적다리 (thigh)

출 28:42	허리에서부터 두 **넓적다리**까지 이르
출 29:22	오른쪽 **넓적다리**를 가지라 이는 위임
출 29:27	위임식 숫양의 가슴과 **넓적다리**를 거룩
민 5:21	여호와께서 네 **넓적다리**가 마르고
민 5:22	네 **넓적다리**를 마르게 하리라 할 것이요
민 5:27	배가 부으며 그의 **넓적다리**가 마르리니
민 6:20	올린 **넓적다리**는 성물이라 다 제사장
민 18:18	오른쪽 **넓적다리**같이 네게 돌릴 것이
삿 15:8	**넓적다리**를 크게 쳐서 죽이고 내려가서
삼상 9:24	요리인이 **넓적다리**와 그것에 붙은 것을
욥 40:17	그 **넓적다리** 힘줄은 서로 얽혀 있으며
아 7:1	**넓적다리**는 둥글어서 숙련공의 손이
겔 21:12	되었으니 너는 네 **넓적다리**를 칠지어다
겔 24:4-5	그 **넓적다리**와 어깨 고기의 모든 좋은
단 2:32	팔은 은이요 배와 **넓적다리**는 놋이요
단 5:6	**넓적다리** 마디가 녹는 듯하고 그의 무릎

넓히다/넓혀지다 (enlarge)

출 34:24	지경을 **넓히리니** 네가 매년 세 번씩
신 12:20	지경을 **넓히신** 후에 네 마음에 고기를
신 19:8	지경을 **넓혀** 네 조상들에게 주리라고
대상 4:10	나의 지역을 **넓히시고** 주의 손으로
시 119:32	주께서 내 마음을 **넓히시면** 내가 주의
사 49:20	내게 좁으니 **넓혀서** 내가 거주하게 하라
사 54:2	네 장막터를 **넓히며** 네 처소의 휘장을
사 57:8	침상을 **넓히고** 그들과 언약하며 또 네가
암 1:13	지경을 **넓히고자** 하여 길르앗의 아이
미 7:11	날 곧 그 날에는 지경이 **넓혀질** 것이라

합 2:5	스올처럼 자기의 욕심을 **넓히며** 또 그는
고후 6:13	보답하는 것으로 너희도 마음을 **넓히라**

【 넘겨주다 】

넘겨주다 (deliver, give)

신 2:36	땅을 우리에게 **넘겨주심**으로 아르논
신 7:16	여호와께서 네게 **넘겨주신** 모든 민족
수 6:2	왕과 용사들을 네 손에 **넘겨주었으니**
수 8:1	그의 땅을 다 네 손에 **넘겨주었으니**
수 10:32	이스라엘의 손에 **넘겨주신지라** 이튿날
수 11:6	이스라엘 앞에 **넘겨주어** 몰살시키리니
수 21:44	그들의 손에 **넘겨주셨음이니라**
삿 1:2	내가 이 땅을 그의 손에 **넘겨주었노라**
삿 1:4	브리스 족속을 그들의 손에 **넘겨주시니**
삿 2:14	노략하는 자의 손에 **넘겨주사** 그들이
삿 2:23	여호수아의 손에 **넘겨주지** 아니하셨
삿 3:10	구산 리사다임을 그의 손에 **넘겨주시매**
삿 3:28	모압을 너희의 손에 **넘겨주셨느니라**
삿 4:7	그를 네 손에 **넘겨주리라** 하셨느니라
삿 4:14	시스라를 네 손에 **넘겨주신** 날이라
삿 6:1	동안 그들을 미디안의 손에 **넘겨주시니**
삿 8:3	오렙과 스엡을 너희 손에 **넘겨주셨으니**
삿 8:7	세바와 살문나를 내 손에 **넘겨주신**
삿 11:9	그들을 내게 **넘겨주시면** 내가 과연 너희
삿 13:1	동안 블레셋 사람의 손에 **넘겨주시니라**
삿 15:12	블레셋 사람의 손에 **넘겨주려고** 내려
삿 16:23	우리 원수 삼손을 우리 손에 **넘겨주었다**
삿 18:10	그 땅을 너희 손에 **넘겨주셨느니라**
삿 20:13	불량배들을 우리에게 **넘겨주어서**
삼하 18:28	왕을 대적하는 자들을 **넘겨주셨나이다**
왕하 10:24	너희 손에 **넘겨주는** 사람을 한 사람이
대상 10:14	이새의 아들 다윗에게 **넘겨주셨더라**
스 1:8	유다 총독 세스바살에게 **넘겨주니**
스 8:36	강 건너편 총독들에게 **넘겨주매**
시 44:11	양처럼 그들에게 **넘겨주시고** 여러 민족
시 78:61	그가 그의 능력을 포로에게 **넘겨주시며**
전 2:21	그의 몫으로 **넘겨주리니** 이것도 헛된
사 41:2	열국을 그의 앞에 **넘겨주며** 그가 왕들
사 47:6	네 손에 **넘겨주었거늘** 네가 그들을
렘 32:16	네리야의 아들 바룩에게 **넘겨준** 뒤에
겔 25:4	동방 사람에게 기업으로 **넘겨주리니**
겔 25:7	다른 민족에게 **넘겨주어** 노략을 당하
겔 25:10	동방 사람에게 **넘겨주어** 기업을 삼게
겔 30:24	칼을 그 손에 **넘겨주려니와** 내가 바로

【 넘기다/넘겨지다 】　　　　　　　　　　　　　　　　　　　　　　　　【 넘다 】

겔 31:11	능한 자의 손에 **넘겨줄지라** 그가 임의		신 25:3	그것을 **넘기지는** 못할지니 … **넘겨**
겔 31:14	죽음에 **넘겨주어** 사람들 가운데에서		수 7:7	아모리 사람의 손에 **넘겨** 멸망시키려
겔 35:12	우리에게 **넘겨주어서** 삼키게 되었다		왕상 15:18	신하의 손에 **넘겨** 다메섹에 거주하고
단 11:11	그 무리는 그의 손에 **넘겨준** 바 되리라		왕상 18:9	당신의 종을 아합의 손에 **넘겨** 죽이려
마 10:17	그들이 너희를 공회에 **넘겨주겠고**		왕하 22:5	감독자의 손에 **넘겨** 그들이 여호와의
마 10:19	너희를 **넘겨줄** 때에 어떻게 또는 무엇		느 9:24	여러 족속들을 그들의 손에 **넘겨** 임의로
마 20:19	이방인들에게 **넘겨주어** 그를 조롱하		시 63:10	칼의 세력에 **넘겨져** 승냥이의 먹이가
마 24:9	너희를 환난에 **넘겨주겠으며** 너희를		렘 32:3-5	이 성을 바벨론 왕의 손에 **넘기리니**
마 26:15	예수를 너희에게 **넘겨주리니** 얼마나		렘 34:3	그의 손에 **넘겨져서** 네 눈은 바벨론
마 26:16	그가 그 때부터 예수를 **넘겨줄** 기회		렘 37:17	왕이 바벨론의 왕의 손에 **넘겨지리이다**
마 27:2	끌고 가서 총독 빌라도에게 **넘겨주니라**		렘 39:14	아히감의 아들 그다랴에게 **넘겨서** 그를
마 27:18	그가 그들의 시기로 예수를 **넘겨준**		렘 39:17	두려워하는 사람들의 손에 **넘겨지지**
마 27:26	십자가에 못 박히게 **넘겨주니라**		렘 43:3	갈대아 사람의 손에 **넘겨** 죽이며 바벨론
막 10:33	결의하고 이방인들에게 **넘겨주겠고**		렘 44:30	느부갓네살 왕의 손에 **넘긴** 것같이
막 13:9	너희를 공회에 **넘겨주겠고** 너희를 회당		겔 7:21	타국인의 손에 **넘겨** 노략하게 하며 세상
막 13:11	너희를 끌어다가 **넘겨줄** 때에 무슨 말을			악인에게 **넘겨** 그들이 약탈하여 더럽히
막 14:10	유다가 예수를 **넘겨주려고** 대제사장		겔 11:9	끌어내어 타국인의 손에 **넘겨** 너희에게
막 14:11	유다가 예수를 어떻게 **넘겨줄까** 하고		겔 16:21	우상에게 **넘겨** 불 가운데로 지나가게
막 15:1	끌고 가서 빌라도에게 **넘겨주니**		겔 16:27	부끄러워하는 자에게 너를 **넘겨** 임의로
막 15:10	대제사장들이 시기로 예수를 **넘겨준**		겔 32:20	그는 칼에 **넘겨진** 바 되었은즉 그와
막 15:15	십자가에 못 박히게 **넘겨주니라**		겔 33:27	들에 있는 자는 들짐승에게 **넘겨** 먹히게
눅 4:6	**넘겨준** 것이므로 내가 원하는 자에게		겔 39:4	각종 사나운 새와 들짐승에게 **넘겨** 먹게
눅 12:58	재판장이 너를 옥졸에게 **넘겨주어** 옥졸		겔 39:23	원수의 손에 **넘겨** 다 칼에 엎드러지게
눅 21:12	박해하며 회당과 옥에 **넘겨주며** 임금		마 17:22	인자가 장차 사람들의 손에 **넘겨져**
눅 21:16	친척과 벗이 너희를 **넘겨주어** 너희 중에		마 20:18	서기관들에게 **넘겨지매** 그들이 죽이기
눅 22:4	경비대장들에게 가서 예수를 **넘겨줄**		막 9:31	인자가 사람들의 손에 **넘겨져** 죽임을
눅 22:6	예수를 무리가 없을 때에 **넘겨줄** 기회		눅 9:44	인자가 장차 사람들의 손에 **넘겨지리라**
눅 23:25	예수는 **넘겨주어** 그들의 뜻대로 하게		눅 18:32	이방인들에게 **넘겨져** 희롱을 당하고
눅 24:20	사형 판결에 **넘겨주어** 십자가에 못 박았		눅 24:7	죄인의 손에 **넘겨져** 십자가에 못 박히고
요 19:11	나를 네게 **넘겨준** 자의 죄는 더 크다		요 18:36	유대인들에게 **넘겨지지** 않게 하였으리
요 19:16	못 박도록 그들에게 **넘겨주니라**		고후 4:11	예수를 위하여 죽음에 **넘겨짐은** 예수
행 3:13	너희가 그를 **넘겨주고** 빌라도가 놓아			
행 21:11	결박하여 이방인의 손에 **넘겨주리라**		**넘다**(pass over)	
			창 31:52	무더기를 넘어 … 이 기둥을 **넘어** 내게

✝ **넘겨주다 - 기타 본문**
수 8:18; 10:8, 12, 19; 11:8; 24:8, 11; 삿 6:13 ;
7:2, 7, 9, 14, 15; 11:21, 30, 32; 12:3; 15:13;
16:24; 20:28

넘기다/넘겨지다(deliver, be handed over)
신 1:27	아모리 족속의 손에 **넘겨** 멸하시려고
신 7:2	여호와께서 그들을 네게 **넘겨** 네게 치게
신 19:12	잡아다가 보복자의 손에 **넘겨** 죽이게

창 49:22	무성한 가지라 그 가지가 담을 **넘었도다**
출 12:23	여호와께서 그 문을 **넘으시고** 멸하는 자
출 12:27	이스라엘 자손의 집을 **넘으사** 우리
출 19:24	백성에게는 경계를 **넘어** 나 여호와에게
수 18:12	서쪽 산지를 **넘어서** 또 올라가서 벧아웬
사 10:29	산을 **넘어** 게바에서 유숙하매 라마는
렘 9:21	사망이 우리 창문을 통하여 **넘어** 들어
렘 48:32	너의 가지가 바다를 **넘어** 야셀 바다까지
고후 10:16	너희 지역을 **넘어** 복음을 전하려 함이라

【 넘어가다 】　　　　　　　　　　　　　　　　　　【 넘어지다 】

살전 4:6　이 일에 분수를 **넘어서** 형제를 해하지

넘어가다(pass over)
출 12:13　내가 피를 볼 때에 너희를 **넘어가리니**
욥 9:24　세상이 악인의 손에 **넘어갔고** 재판관의
욥 14:5　규례를 정하여 **넘어가지** 못하게 하셨
욥 38:11　여기까지 오고 더 **넘어가지** 못하리니
사 36:15　앗수르 왕의 손에 **넘어가지** 아니하리
사 37:10　예루살렘이 앗수르 왕의 손에 **넘어가지**
사 51:23　우리가 넘어가리라 하던 … **넘어가려는**
렘 38:3　바벨론의 왕의 군대의 손에 **넘어가리니**
렘 38:18　이 성이 갈대아인의 손에 **넘어가리니**
요 10:1　다른 데로 **넘어가는** 자는 절도며 강도요
고전 4:6　기록된 말씀 밖으로 **넘어가지** 말라

넘어뜨리다(overthrow)
욥 12:19　권력이 있는 자를 **넘어뜨리시며**
시 17:11　에워싸서 노려보고 땅에 **넘어뜨리려**
시 17:13　그를 대항하여 **넘어뜨리시고** 주의 칼로
시 118:13　나를 밀쳐 **넘어뜨리려** 하였으나 여호와
잠 4:16　사람을 **넘어뜨리지** 못하면 잠이 오지
렘 1:10　파괴하며 파멸하고 **넘어뜨리며** 건설
겔 13:14　**넘어뜨리고** 그 기초를 드러낼 것이라
겔 36:15　나라 백성을 다시 **넘어뜨리지** 아니하게
눅 4:35　귀신이 그 사람을 무리 중에 **넘어뜨리고**
고후 13:10　주께서 너희를 **넘어뜨리려** 하지 않고

넘어오다(bound over)
아 2:8　달리고 작은 산을 빨리 **넘어오는구나**

넘어지다(fall)
레 26:37　짓밟혀 **넘어지리니** 너희가 원수들을
신 22:4　소가 길에 **넘어진** 것을 보거든 못 본
삼상 2:4　용사의 활은 꺾이고 **넘어진** 자는 힘으로
삼상 4:18　엘리가 자기 의자에서 뒤로 **넘어져**
삼하 21:22　손과 그의 부하들의 손에 다 **넘어졌더라**
욥 30:24　사람이 **넘어질** 때에 어찌 손을 펴지
시 9:3　원수들이 물러갈 때에 주 앞에서 **넘어져**
시 10:10　말미암아 가련한 자들이 **넘어지나이다**
시 27:2　원수들인 그들은 실족하여 **넘어졌도다**
시 35:15　**넘어지매** 그들이 기뻐하여 서로 모임
시 36:12　악을 행하는 자들이 거기서 **넘어졌으니**
시 37:24　**넘어지나** 아주 엎드러지지 아니함은

시 38:17　내가 **넘어지게** 되었고 나의 근심이 항상
시 73:2　나는 거의 **넘어질** 뻔하였고 나의 걸음
시 82:7　죽으며 고관의 하나같이 **넘어지리로다**
시 116:8　내 발을 **넘어짐**에서 건지셨나이다
시 145:14　여호와께서는 모든 **넘어지는** 자들을
잠 4:19　걸려 **넘어져도** 그것이 무엇인지 깨닫지
잠 11:5　자기의 악으로 말미암아 **넘어지리라**
잠 16:18　거만한 마음은 **넘어짐**의 앞잡이니라
잠 24:16　대저 의인은 일곱 번 **넘어질지라도**
잠 24:17　원수가 **넘어질** 때에 즐거워하지 말며
잠 28:18　굽은 길로 행하는 자는 곧 **넘어지리라**
전 4:10　그들이 **넘어지면** … 있어 **넘어지고**
사 5:27　그 중에 곤핍하여 **넘어지는** 자도 없으
사 8:14　걸림돌과 걸려 **넘어지는** 반석이 되실
사 8:15　말미암아 걸려 **넘어질** 것이며 부러질
사 14:8　네가 **넘어져** 있은즉 올라와서 우리를
사 28:13　뒤로 **넘어져** 부러지며 걸리며 붙잡히게
사 31:3　손을 펴시면 돕는 자도 **넘어지며** 도움
사 40:30　곤비하며 장정이라도 **넘어지며** 쓰러
사 59:10　낮에도 황혼 때같이 **넘어지니** 우리는
사 63:13　광야에 있는 말같이 **넘어지지** 않게
렘 6:21　아들들이 함께 거기에 걸려 **넘어지며**
렘 18:15　그들의 길 곧 그 옛길에서 **넘어지게**
렘 18:23　그들을 주 앞에 **넘어지게** 하시되 주께
렘 20:11　나를 박해하는 자들이 **넘어지고** 이기
렘 31:9　내가 그들을 **넘어지지** 아니하고 물 있는
렘 46:6　다 북쪽에서 유브라데 강 가에 **넘어지며**
렘 46:12　용사가 용사에게 걸려 **넘어져** 둘이 함께
렘 46:16　그가 많은 사람을 **넘어지게** 하시매 사람
렘 49:21　그들이 **넘어지는** 소리에 땅이 진동하
렘 50:32　교만한 자가 걸려 **넘어지겠고** 그를 일으
렘 51:8　바벨론이 갑자기 **넘어져** 파멸되니 이로
애 1:7　백성이 대적의 손에 **넘어졌으나** 그를
겔 31:13　새가 그 **넘어진** 나무에 거주하며 들의
겔 44:12　이스라엘 족속이 죄악에 걸려 **넘어지게**
단 11:14　것이나 그들이 도리어 걸려 **넘어지리라**
단 11:19　**넘어지고** 다시는 보이지 아니하리라
호 4:5　낮에 **넘어지겠고** … 밤에 **넘어지리라**
호 5:5　에브라임이 **넘어지고** … **넘어지리라**
호 14:9　그러나 죄인은 그 길에 걸려 **넘어지리라**
나 3:3　시체여 사람이 그 시체에 걸려 **넘어지니**
슥 11:2　백향목이 **넘어졌고** 아름다운 나무들
마 13:21　박해가 일어날 때에는 곧 **넘어지는** 자요

【 넘치다 】

마 13:41	넘어지게 하는 것과 또 불법을 행하는
마 16:23	너는 나를 넘어지게 하는 자로다 네가
마 17:15	불에도 넘어지며 물에도 넘어지는지라
막 4:17	일어나는 때에는 곧 넘어지는 자요
롬 11:11	넘어지기까지 … 그들이 넘어짐으로
롬 11:12	그들의 넘어짐이 세상의 풍성함이 되며
롬 11:22	보라 넘어지는 자들에게는 준엄하심이
롬 14:4	넘어지는 것이 자기 주인에게 있으매
고전 8:9	믿음이 약한 자들에게 걸려 넘어지게
고전 10:12	선 줄로 생각하는 자는 넘어질까 조심
벧전 2:8	걸려 넘어지게 하는 … 말씀을 순종하지 아니하므로 넘어지나니 이는 그들을

넘치다 (abound, be at flood)

〔구약〕

창 7:18	물이 더 많아져 땅에 넘치매 방주가
창 7:19	물이 땅에 더욱 넘치매 천하의 높은
창 7:24	물이 백오십 일을 땅에 넘쳤더라
민 24:7	그 물통에서는 물이 넘치겠고 그 씨는
수 3:15	언덕에 넘치더라 궤를 멘 자들이 요단
수 4:18	도로 흘러서 전과 같이 언덕에 넘쳤더라
스 9:6	우리 죄악이 많아 정수리에 넘치고 우리
욥 1:10	소유물이 땅에 넘치게 하셨음이니이다
욥 14:19	넘치는 물은 땅의 티끌을 씻어버리나이
욥 38:34	목소리를 구름에까지 높여 넘치는 물이
욥 40:11	너의 넘치는 노를 비우고 교만한 자를
시 23:5	머리에 부으셨으니 내 잔이 넘치나이다
시 38:4	내 죄악이 내 머리에 넘쳐서 무거운
시 46:3	그것이 넘침으로 산이 흔들릴지라도
시 69:2	물에 들어가니 큰물이 내게 넘치나이다
시 78:20	물을 내시니 시내가 넘쳤으나 그가 능히
시 88:16	주의 진노가 내게 넘치고 주의 두려움
시 104:9	경계를 정하여 넘치지 못하게 하시며
시 123:3	심한 멸시가 우리에게 넘치나이다
시 123:4	자의 멸시가 우리 영혼에 넘치나이다
시 124:5	넘치는 물이 우리 영혼을 삼켰을 것이라
잠 3:10	네 포도즙 틀에 새 포도즙이 넘치리라
잠 5:16	집 밖으로 넘치게 하며 네 도랑물을
잠 21:24	망령된 자라 하나니 이는 넘치는 교만
사 8:7	모든 골짜기에 차고 모든 언덕에 넘쳐
사 10:22	넘치는 공의로 파멸이 작정되었음이라
사 28:2	큰물이 넘침같이 손으로 그 면류관을
사 28:15	넘치는 재앙이 밀려올지라도 우리에
사 28:18	넘치는 재앙이 밀려올 때에 너희가 그것
사 54:8	내가 넘치는 진노로 내 얼굴을 네게서
사 56:12	내일도 오늘같이 크게 넘치리라 하느
사 66:12	영광을 넘치는 시내같이 주리니 너희가
렘 46:10	그들의 피를 넘치도록 마시리니 주 만군
렘 51:42	바다가 바벨론에 넘침이여 그 노도
애 3:54	물이 내 머리 위로 넘치니 내가 스스로
겔 23:33	놀람과 패망의 잔에 넘치게 취하고 근심
단 11:10	물이 넘침같이 나아올 것이며 그가
단 11:22	넘치는 물 같은 군대가 그에게 넘침으로
단 11:40	여러 나라에 침공하여 물이 넘침같이
욜 2:24	독에는 새 포도주와 기름이 넘치리로다
욜 3:13	포도주 독이 넘치니 그들의 악이 큼이로
암 8:8	온 땅이 강의 넘침같이 솟아오르며
암 9:5	넘침같이 솟아오르며 애굽 강같이
욘 2:3	큰 물결이 다 내 위에 넘쳤나이다
합 3:10	창수가 넘치고 바다가 소리를 지르며
슥 1:17	나의 성읍들이 넘치도록 다시 풍부할

〔신약〕

눅 6:38	흔들어 넘치도록 하여 너희에게 안겨
롬 5:15	선물은 많은 사람에게 넘쳤느니라
롬 5:17	은혜와 의의 선물을 넘치게 받는 자들
롬 5:20	죄가 더한 곳에 은혜가 더욱 넘쳤나니
롬 15:13	성령의 능력으로 소망이 넘치게 하시기
고후 1:5	그리스도의 고난이 우리에게 넘친 것 같이 우리가 … 말미암아 넘치는도다
고후 2:4	너희를 향하여 넘치는 사랑이 있음을
고후 3:9	의의 직분은 영광이 더욱 넘치리라
고후 4:15	은혜가 더하여 넘쳐서 하나님께 영광
고후 7:4	위로가 가득하고 기쁨이 넘치는도다
고후 8:2	시련 가운데서 그들의 넘치는 기쁨과 극심한 가난이 … 연보를 넘치도록 하게
고후 9:8	은혜를 너희에게 넘치게 하시나니 … 넉넉하여 모든 착한 일을 넘치게 하게
고후 9:12	많은 감사로 말미암아 넘쳤느니라
고후 11:23	수고를 넘치도록 하고 옥에 갇히기도
엡 1:8	모든 지혜와 총명을 우리에게 넘치게
엡 3:18	성도와 함께 지식에 넘치는 그리스도의
엡 3:20	생각하는 모든 것에 더 넘치도록 능히
골 2:7	믿음에 굳게 서서 감사함을 넘치게 하라
살전 3:12	사람에 대한 사랑이 더욱 많아 넘치게
딤전 1:14	믿음과 사랑과 함께 넘치도록 풍성하였
약 1:21	더러운 것과 넘치는 악을 내버리고

【 넝쿨 】　　　　　　　　　　　　　　　　　　　【 넣다 】

벧후 3:6　세상은 물이 **넘침**으로 멸망하였으되

넝쿨(shoot)
시 80:11　바다까지 뻗고 **넝쿨**이 강까지 미쳤거

넣다(put in)
구약
창 24:2　내 허벅지 밑에 네 손을 **넣으라**
창 31:34　낙타 안장 아래에 **넣고** 그 위에 앉은
창 42:25　그의 자루에 도로 **넣게** 하고 또 길양식
창 42:28　형제에게 말하되 내 돈을 도로 **넣었도다**
창 44:1　채우고 각자의 돈을 그 자루에 **넣되**
창 44:2　**넣고** 그 양식 값 돈도 함께 **넣으라** 하매
창 47:29　손을 내 허벅지 아래에 **넣고** 인애와
창 50:26　몸에 향 재료를 **넣고** 애굽에서 입관하
출 4:6　**넣으라** 하시매 … 손을 품에 **넣었다가**
출 25:21　내가 네게 줄 증거판을 궤 속에 **넣으라**
출 28:30　우림과 둠밈을 판결 흉패 안에 **넣어**
레 2:5　고운 가루에 누룩을 **넣지** 말고 기름을
레 2:11　소제물에는 누룩을 **넣지** 말지니 너희
레 6:16　누룩을 **넣지** 말고 거룩한 곳 회막 뜰에
레 8:8　붙이고 흉패에 우림과 둠밈을 **넣고**
레 10:12　취하여 누룩을 **넣지** 말고 제단 곁에서
레 23:17　고운 가루에 누룩을 **넣어서** 구운 것이요
민 1:49　그들을 이스라엘 자손 계수 중에 **넣지**
민 4:10　기구를 해달의 가죽 덮개 안에 **넣어**
민 5:17　성막 바닥의 티끌을 취하여 물에 **넣고**
민 5:23　써서 그 글자를 그 쓴 물에 빨아 **넣고**
신 10:2　너는 그것을 그 궤에 **넣으라** 하시기로
신 25:13　저울추 곧 큰 것과 작은 것을 **넣지** 말
삼상 2:14　가마에 찔러 **넣어** 갈고리에 걸려 나오는
삼상 17:40　목자의 제구 곧 주머니에 **넣고** 손에
삼하 14:3　요압이 그의 입에 할 말을 **넣어** 주니라
삼하 14:19　말을 왕의 여종의 입에 **넣어** 주었사오니
왕상 8:9　모세가 호렙에서 그 안에 **넣은** 것이더라
왕상 8:21　여호와의 언약을 **넣은** 궤를 위하여 한
왕상 18:42　엎드려 그의 얼굴을 무릎 사이에 **넣고**
왕상 22:23　선지자의 입에 **넣으셨고** 또 여호와께서
왕하 4:39　국 끓이는 솥에 **넣되** 그들은 무엇인지
왕하 5:23　은 두 달란트를 두 전대에 **넣어** 매고
왕하 12:9　문을 지키는 제사장들이 그 궤에 **넣더라**
대하 5:10　모세가 호렙에서 그 안에 **넣은** 것이더라
대하 6:11　세우신 언약을 **넣은** 궤를 두었노라 하니

대하 18:22　선지자들의 입에 **넣으셨고** 또 여호와
욥 36:32　그가 번갯불을 손바닥 안에 **넣으시고**
시 44:19　승냥이의 처소에 밀어 **넣으시고** 우리를
잠 19:24　손을 그릇에 **넣고서도** 입으로 올리기를
잠 26:15　게으른 자는 그 손을 그릇에 **넣고도**
잠 27:22　미련한 자를 곡물과 함께 절구에 **넣고**
사 11:8　아이가 독사의 굴에 손을 **넣을** 것이라
렘 38:6　구덩이에 던져 **넣을** 때에 예레미야를
애 3:53　생명을 끊으려고 나를 구덩이에 **넣고**
겔 3:3　두루마리를 네 배에 **넣으며** 네 창자에
겔 4:14　가증한 고기를 입에 **넣지** 아니하였나
겔 19:9　우리에 **넣고** 갈고리를 꿰어 끌고 바벨론
겔 22:20　풀무불 속에 **넣고** 불을 불어 녹이는
겔 24:4–5　모아 **넣으며** … 나무를 쌓아 **넣고** 잘
겔 37:6　속에 생기를 **넣으리니** 너희가 살아나
단 3:6　맹렬히 타는 풀무불에 던져 **넣으리라**
단 6:7　사자 굴에 던져 **넣기로** 한 것이니이다
단 6:12　사자 굴에 던져 **넣기로** 하지 아니하였
암 4:5　누룩 **넣은** 것을 불살라 수은제로 드리며
학 1:6　구멍 뚫어진 전대에 **넣음**이 되느니라
슥 5:8　여인을 에바 속으로 던져 **넣고** 납 조각

신약
마 9:17　**넣지** 아니하나니 … 새 부대에 **넣어야**
마 13:30　곡식은 모아 내 곳간에 **넣으라** 하리라
마 13:33　가루 서 말 속에 갖다 **넣어** 전부 부풀게
마 13:42　풀무 불에 던져 **넣으리니** 거기서 울며
마 26:23　나와 함께 그릇에 손을 **넣는** 그가 나를
마 27:5　유다가 은을 성소에 던져 **넣고** 물러가
마 27:6　핏값이라 성전고에 **넣어** 둠이 옳지 않다
마 27:60　바위 속에 판 자기 새 무덤에 **넣어** 두고
막 2:22　**넣는** 자가 없나니 … 부대에 **넣느니라**
막 7:33　손가락을 그의 양 귀에 **넣고** 침을 뱉어
막 12:41　헌금함에 돈 **넣는가**를 보실새 여러 부자
막 12:42　두 렙돈 곧 한 고드란트를 **넣는지라**
막 12:43　**넣는** 모든 사람보다 많이 **넣었도다**
막 12:44　풍족한 중에서 **넣었거니와** … 모든 소유 곧 생활비 전부를 **넣었느니라** 하시
막 14:20　나와 함께 그릇에 손을 **넣는** 자니라
막 15:46　바위 속에 판 무덤에 **넣어** 두고 돌을
눅 5:37　낡은 가죽 부대에 **넣는** 자가 없나니
눅 5:38　포도주는 새 부대에 **넣어야** 할 것이니라
눅 12:5　지옥에 던져 **넣는** 권세 있는 그를 두려
눅 13:21　가루 서 말 속에 갖다 **넣어** 전부 부풀게

[네/넷]   [네모]

눅 21:1	부자들이 헌금함에 헌금 **넣는** 것을 보시며	민 13:17	이르되 너희는 **네겝** 길로 행하여 산지
눅 21:2	어떤 가난한 과부가 두 렙돈 **넣는** 것을	민 13:22	**네겝**으로 올라가서 헤브론에 이르렀
눅 21:3	다른 모든 사람보다 많이 **넣었도다**	신 1:7	산지와 평지와 **네겝**과 해변과 가나안
눅 23:53	일이 없는 바위에 판 무덤에 **넣어**	수 10:40	온 땅 곧 산지와 **네겝**과 평지와 경사지
요 5:7	못에 **넣어** 주는 사람이 없어 내가 가는	수 11:16	온 땅 곧 산지와 온 **네겝**과 고센 온 땅
요 12:6	맡고 거기 **넣는** 것을 훔쳐 감이러라	수 12:8	광야와 **네겝** 곧 헷 족속과 아모리 족속
요 13:2	마음에 예수를 팔려는 생각을 **넣었더라**	수 15:19	아버지께서 나를 **네겝** 땅으로 보내시
요 20:25	**넣으며** 내 손을 그 옆구리에 **넣어** 보지	수 19:8	또 **네겝**의 라마 곧 바알랏 브엘까지
요 20:27	손을 내밀어 내 옆구리에 **넣어** 보라	수 19:33	아다미 **네겝**과 얍느엘을 지나 락굼까
행 28:3	한 묶음을 거두어 불에 **넣으니** 뜨거운	삼상 27:10	유다 **네겝**과 여라무엘 사람의 **네겝**과
계 20:3	무저갱에 던져 **넣어** 잠그고 그 위에		겐 사람의 **네겝**이니이다 하였더라

📖 **넣다 - 기타 본문**

창 24:9; 43:12, 22, 23; 출 4:7; 40:20; 레 6:17; 신 10:5; 삼상 17:49; 렘 38:7, 9; 단 3:11, 15; 6:16, 24; 마 13:50; 눅 21:4

네/넷(four)
창 2:10	거기서부터 갈라져 **네** 근원이 되었으니
창 14:9	엘라살 왕 아리옥 **네** 왕이 곧 그 다섯

📖 **네/넷 - 기타 본문**

출 25:12, 26, 34; 26:2, 8, 32; 27:2, 4, 16, 28:17; 36:9, 15, 36; 37:3, 13, 20; 38:2, 5, 19; 39:10; 레 8:15; 11:20, 21, 42; 민 7:8; 왕상 7:34; 18:33; 대상 9:26; 잠 30:24; 겔 1:10, 16; 10:10; 40:41, 42; 43:15; 단 7:3, 6; 8:8; 행 12:4; 21:9; 27:29

네거리(where the paths meet)
잠 8:2	그가 길 가의 높은 곳과 **네거리**에 서며
옵 1:14	**네거리**에 서서 그 도망하는 자를 막지
마 22:9	**네거리** 길에 가서 사람을 만나는 대로

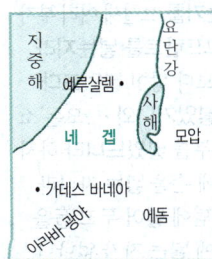

네게브/네겝(Negev-NIV, Negeb-RSV, 남방 - 개역한글) 건조한 지역이란 뜻
창 13:1	아내와 모든 소유와 롯과 함께 **네게브**로 올라가니
창 13:3	그가 **네게브**에서부터 길을 떠나 벧엘에
창 20:1	거기서 **네게브** 땅으로 옮겨가 가데스와
창 24:62	그가 **네게브** 지역에 거주하였음이라

삼상 30:1 **네겝**과 시글락을 침노하였는데 그들
사 21:1 두려운 땅에서 **네겝** 회오리바람같이
렘 17:26 평지와 산지와 **네겝**으로부터 와서 번제
렘 32:44 저지대의 성읍들과 **네겝**의 성읍들에
렘 33:13 평지 성읍과 **네겝**의 성읍들과 베냐민
옵 1:19 **네겝**과 에서의 산과 평지와 블레셋을
옵 1:20 스바랏에 있는 자들은 **네겝**의 성읍들

네레오(Nereus) 로마에 사는 신자
롬 16:15	**네레오**와 그의 자매와 올름바와 그들

네르갈(Nergal) 굿 사람들이 섬겼던 우상
왕하 17:30	굿 사람들은 **네르갈**을 만들었고 하맛

네르갈사레셀(Nergal-sharezer) 느부갓네살 때의 궁중 장관
렘 39:3	**네르갈사레셀**과 삼갈네부와 내시장
렘 39:13	궁중 장관 **네르갈사레셀**과 바벨론 왕의

네리(Neri) 예수님의 조상 중 하나
눅 3:27	그 위는 스알디엘이요 그 위는 **네리**요

네리야(Neriah) 바룩의 아버지
렘 32:12	마세야의 손자 **네리야**의 아들 바룩에게

📖 **네리야 - 기타 본문**

렘 32:16; 36:4, 14, 32; 43:3, 6; 45:1; 51:59

네모(square)
출 30:2	너비가 한 규빗으로 **네모**가 반듯하게
출 37:25	너비도 한 규빗이라 **네모**가 반듯하고
출 38:1	다섯 규빗이라 **네모**가 반듯하고 높이

【 네모반듯하다 】   【 노/-하다 】

출 39:9   너비가 한 뼘으로 **네모**가 반듯하고
겔 45:2   오백 척이니 **네모**가 반듯하며 그 외에
계 21:16   그 성은 **네모**가 반듯하여 길이와 너비

네모반듯하다(be square)
출 27:1   규빗의 제단을 만들되 **네모반듯하게**
출 28:16   너비가한 뼘씩 두 겹으로 **네모반듯하게**
겔 40:47   백 척이라 **네모반듯하며** 제단은 성전
겔 43:16   너비도 열두 척이니 **네모반듯하고**
겔 43:17   너비는 열네 척이니 **네모반듯하고**
겔 48:20   성읍의 기지와 합하여 **네모반듯할**

네모지다(be square)
왕상 7:5   큰 나무로 **네모지게** 만들었는데 창과
왕상 7:31 내민 판들은 **네모지고** 둥글지 아니하며
겔 41:21   외전 문설주는 **네모졌고** 내전 전면에

네벡(Nepheg)
 1. 이스할의 아들이며 고라와 시그리의 형제
출 6:21   이스할의 아들들은 고라와 **네벡**과
 2. 다윗이 예루살렘에서 낳은 아들 중 하나
삼하 5:15 입할과 엘리수아와 **네벡**과 야비아와
대상 3:7   노가와 **네벡**과 야비아와
대상 14:6 노가와 **네벡**과 야비아와

네아(Neah) 스불론 지파에게 분배된 성읍
수 19:13   가신에 이르고 **네아**까지 연결된 림몬과

네압볼리(Neapolis) 마게도니아의 항구 도시
행 16:11   라게로 직행하여 이튿날 **네압볼리**로

네피림(Nephilim)
창 6:4   당시에 땅에는 **네피림**이 있었고 그 후에
민 13:33   거기서 **네피림** 후손인 아낙 자손의 거인

넬(Ner)
 1. 베냐민 사람으로 사울의 숙부
삼상 14:50 아브넬이니 사울의 숙부 **넬**의 아들이
대상 26:28 기스의 아들 사울과 **넬**의 아들 아브넬

▶ **넬 1 – 기타 본문**
삼상 14:51; 26:5, 14; 삼하 2:8, 12; 3:23, 25, 28, 37; 왕상 2:5, 32

 2. 기스의 아버지이며 사울의 할아버지
대상 8:33 **넬**은 기스를 낳고 기스는 사울을 낳고
대상 9:36 다음은 술과 기스와 바알과 **넬**과 나답
대상 9:39 **넬**은 기스를 낳고 기스는 사울을 낳고

넵도아(Nephtoah) 유다 지파와 베냐민 지파의 경계에 있던 샘물
수 15:9   꼭대기에서부터 **넵도아** 샘물까지
수 18:15   서쪽으로 나아가 **넵도아** 물 근원에

넷째(fourth)
창 1:19   되고 아침이 되니 이는 **넷째** 날이니라

▶ **넷째 – 기타 본문**
창 2:14; 출 28:20; 39:13; 레 19:24; 민 7:30; 29:23; 수 19:17; 삿 19:5; 삼하 3:4; 왕상 6:37; 왕하 25:3; 대상 2:14; 3:2, 15; 8:2; 12:10; 23:19; 24:8, 23; 25:11; 26:2, 4, 11; 27:7; 대하 3:2; 20:26; 렘 25:1; 39:2; 45:1; 46:2; 52:6; 겔 1:1; 10:14; 단 2:40; 3:25; 7:7, 19, 23; 11:2; 슥 6:3; 8:19; 계 4:7; 6:7; 8:12; 16:8; 21:19

노 1(櫓, oar)
사 33:21   큰 호수가 있으나 **노** 젓는 배나 큰 배가
겔 27:6   바산의 상수리나무로 네 **노**를 만들었음
겔 27:29   **노**를 잡은 모든 자와 사공과 바다의
욘 1:13   힘써 **노**를 저어 배를 육지로 돌리고자
막 6:48   제자들이 힘겹게 **노** 젓는 것을 보시고
요 6:19   제자들이 **노**를 저어 십여 리쯤 가다가

노 2(No) 애굽의 도시 데베스(Thebes)
렘 46:25   보라 내가 **노**의 아몬과 바로와 애굽과
겔 30:14   소안에 불을 지르며 **노** 나라를 심판하며
겔 30:15   성읍 신에 쏟고 또 **노** 나라의 무리를
겔 30:16   **노** 나라는 찢겨 나누일 것이며 놉 나라

노/-하다(怒, angry)

구약
창 18:30   아브라함이 이르되 내 주여 **노하지** 마시옵고 말씀하게
창 18:32   또 이르되 주는 **노하지** 마옵소서 내가
창 27:44   네 형의 **노**가 풀리기까지 몇 날 동안

노/-하다			노고
창 31:35	내 주는 **노하지** 마소서 하니라 라반이	눅 14:21	이에 집 주인이 **노하여** 그 종에게 이르
창 31:36	야곱이 **노하여** 라반을 책망할새 야곱	눅 15:28	그가 **노하여** 들어가고자 하지 아니하거
창 34:7	근심하고 심히 **노하였으니** 이는 세겜	행 5:33	그들이 듣고 크게 **노하여** 사도들을 없이
삼하 12:5	사람으로 말미암아 **노하여** 나단에게	엡 4:31	모든 악독과 **노함**과 분냄과 떠드는 것과
왕하 5:11	나아만이 **노하여** 물러가며 이르되	살전 1:10	이는 장래의 **노하심**에서 우리를 건지
대상 13:11	다윗이 **노하여** 그 곳을 베레스 웃사라	살전 2:16	항상 채우매 **노하심**이 끝까지 그들에
느 4:5	앞에서 주를 **노하시게** 하였음이니이다	살전 5:9	우리를 세우심은 **노하심**에 이르게 하심
욥 40:11	너의 넘치는 **노**를 비우고 교만한 자를	히 3:10	내가 이 세대에게 **노하여** 이르기를 그들
욥 42:7	네 두 친구에게 **노하나니** 이는 너희가	히 3:11	내가 **노하여** 맹세한 바와 같이 그들은
시 7:6	일어나사 내 대적들의 **노**를 막으시며	히 3:17	사십 년 동안 누구에게 **노하셨느냐** 그들
시 21:9	왕이 **노하실** 때에 그들을 풀무불 같게	히 4:3	말씀하신 바와같으니 내가 **노하여** 맹세
시 103:9	아니하시며 **노**를 영원히 품지 아니하시	히 11:27	애굽을 떠나 왕의 **노함**을 무서워하지
시 145:8	긍휼이 많으시며 **노하기**를 더디 하시며		
잠 15:1	쉬게 하여도 과격한 말은 **노**를 격동하	**노/-하다 - 기타 본문**	
잠 15:18	다툼을 일으켜도 **노하기**를 더디 하는	창 39:19; 40:2; 41:10; 44:18; 출 4:14; 11:8;	
잠 29:8	슬기로운 자는 **노**를 그치게 하느니라	16:20; 22:24; 32:12, 19, 22; 34:6; 레 10:16; 민	
전 7:9	마음으로 **노**를 발하지 말라 **노**는 우매한	14:18; 16:15; 22:27; 24:10; 25:11; 31:14;	
아 1:6	아들들이 나에게 **노하여** 포도원지기로	32:14; 신 1:34; 4:25; 29:24; 삿 6:39; 9:30;	
사 5:25	자기 백성에게 **노**를 발하시고 그들 위에	14:19; 18:25; 삼상 11:6; 17:28; 18:8; 20:7,	
사 41:11	보라 네게 **노하던** 자들이 수치와 욕을	34; 29:4; 삼하 11:20; 13:21; 왕상 16:13, 26,	
사 45:24	무릇 그에게 **노하는** 자는 부끄러움을	33; 21:22; 22:53; 왕하 13:3, 19; 17:18; 대하	
사 47:6	내 백성에게 **노하여** 내 기업을 욕되게	12:7, 12; 16:10; 25:10; 29:10; 느 5:6; 9:17; 에	
사 48:9	이름을 위하여 내가 **노하기**를 더디	2:1; 3:5; 5:9; 7:7, 10; 시 27:9; 37:8; 38:1;	
사 54:9	내가 네게 **노하지** 아니하며 너를 책망	55:3; 69:24; 76:7; 77:9; 78:21; 79:5, 6; 80:4;	
사 57:16	내가 끊임없이 **노하지** 아니할 것은 내가	85:5; 86:15; 88:7; 89:38, 46; 95:11; 103:8;	
사 57:17	**노하여** 그를 … 가리고 **노하였으나**	106:23, 32, 40; 110:5; 잠 19:12; 20:2; 21:14;	
사 60:10	내가 **노하여** 너를 쳤으나 이제는 나의	22:14; 27:4; 29:9, 11; 30:33; 사 7:4; 10:6;	
렘 17:4	이는 너희가 내 **노**를 맹렬하게 하여	12:1; 13:9, 13; 14:6; 27:4; 63:3, 6; 65:3; 렘	
렘 18:23	넘어지게 하시되 주께서 **노하시는** 때에	3:12; 4:8; 7:18, 29; 겔 5:13, 15; 13:15; 16:42;	
애 2:2	아니하셨음이여 **노하사** 딸 유다의 견고	35:11; 43:8; 욘 4:2; 나 1:3; 합 3:12; 슥 1:12,	
애 2:4	시온의 장막에 그의 **노**를 불처럼 쏟으	15; 10:3	
애 4:16	여호와께서 **노하여** 그들을 흩으시고		
단 3:13	느부갓네살 왕이 **노하고** 분하여 사드락	**노가**(Nogah) 다윗이 예루살렘에서 낳은 13명의 아들 중 하나	
단 11:11	남방 왕은 크게 **노하여** 나와서 북방		
욜 2:13	자비로우시며 **노하기**를 더디하시며	대상 3:7	**노가**와 네벡과 야비아와
신약		대상 14:6	**노가**와 네벡과 야비아와
마 2:16	속은 줄 알고 심히 **노하여** 사람을 보내		
마 5:22	이르노니 형제에게 **노하는** 자마다 심판	**노경**(老境, old age)	
마 18:34	주인이 **노하여** 그 빚을 다 갚도록 그를	창 21:7	아브라함의 **노경**에 내가 아들을 낳았
마 21:15	자손이여 하는 어린이들을 보고 **노하여**		
마 22:7	임금이 **노하여** 군대를 보내어 그 살인	**노고**(勞苦, task, burden)	
막 3:5	완악함을 탄식하사 **노하심**으로 그들을	전 2:26	주시나 죄인에게는 **노고**를 주시고 그가
막 10:14	예수께서 보시고 **노하시어** 이르시되	전 3:10	하나님이 인생들에게 **노고**를 주사

【 노끈 】　　　　　　　　　　　　　　　　　　　　　　　　　　　　【 노래/-하다 】

전 4:8　　하여도 이것도 헛되어 불행한 **노고**로다

노끈(rope)
출 28:14　순금으로 **노끈**처럼 두 사슬을 땋고 그
출 28:22　순금으로 **노끈**처럼 땋은 사슬을 흉패
출 39:15　순금으로 **노끈**처럼 사슬을 땋아 흉패
욥 41:1　　**노끈**으로 그 혀를 맬 수 있겠느냐
사 3:24　　향기를 대신하고 **노끈**이 띠를 대신하고
겔 27:24　백향목 상자에 담고 **노끈**으로 묶어 가지
요 2:15　　**노끈**으로 채찍을 만드사 양이나 소를

노기(怒氣, rage, furious)
대하 28:9　넘기셨거늘 너희의 **노기**가 충천하여
눅 6:11　　그들은 **노기**가 가득하여 예수를 어떻게

노년(老年, old age)
창 21:2　　말씀하신 시기가 되어 **노년**의 아브라함
창 24:36　주인의 아내 사라가 **노년**에 나의 주인
창 37:3　　**노년**에 얻은 아들이므로 이스라엘이
창 44:20　그가 **노년**에 얻은 아들 청년이 있으니
룻 4:15　　생명의 회복자이며 네 **노년**의 봉양자
사 46:4　　너희가 **노년**에 이르기까지 내가 그리
렘 51:22　분쇄하며 네가 **노년**과 유년을 분쇄하

노답(Nodab)　르우벤과 갓과 므낫세 반 지파에 의해 정복당한 종족
대상 5:19　여두르와 나비스와 **노답**과 싸우는 중에

노동/-하다

(勞動, labor)
출 1:14　　어려운 **노동**으로 그들의 생활을 괴롭게 하니
출 2:11　　그들이 고되게 **노동**하는 것을 보더니
출 2:23　　**노동**으로 … 고된 **노동**으로 말미암아
출 5:9　　사람들의 **노동**을 무겁게 함으로 수고
레 23:7　　성회로 모이고 아무 **노동**도 하지 말지
왕상 4:6　압다의 아들 아도니람은 **노동** 감독관
욥 7:1　　이 땅에 사는 인생에게 힘든 **노동**이
애 1:1　　이제는 강제 **노동**을 하는 자가 되었도다

중노동
신 26:6　우리를 괴롭히며 우리에게 **중노동**을

노동 - 기타 본문
레 23:8, 21, 25, 35, 36; 민 29:1

노동자(勞動者, laborer)
전 5:12　**노동자**는 먹는 것이 많든지 적든지 잠을

노래/-하다(song, sing)
모세오경 - 시가서

창 31:27　내가 즐거움과 **노래**와 북과 수금으로
출 15:1　　이 **노래**로 여호와께 **노래**하니 일렀으
출 15:2　　힘이요 **노래**시며 나의 구원이시로다
출 32:18　내가 듣기에는 **노래하는** 소리로다 하고
민 21:17　이스라엘이 **노래하여** 이르되 우물물
아 솟나라 너희는 그것을 **노래하라**
신 31:19　너희는 이 **노래**를 써서 이스라엘 …
부르게 하여 이 **노래**로 나를 위하여
신 31:22　모세가 그 날 이 **노래**를 써서 이스라엘
신 31:30　이스라엘 총회에 이 **노래**의 말씀을 끝까
신 32:44　호세아가 와서 이 **노래**의 모든 말씀을
삿 5:1　　아비노암의 아들 바락이 **노래하여** 이르
삿 5:3　　내가 여호와를 **노래할** 것이요 이스라엘
삼상 18:6　성읍에서 나와서 **노래하며** 춤추며 소고
삼상 21:11　이 사람의 일을 **노래하여** 이르되 사울
삼상 29:5　그들이 춤추며 **노래하여** 이르되 사울
삼하 1:17　다윗이 이 슬픈 **노래**로 사울과 그의
삼하 1:18　활 **노래**라 야살의 책에 기록되었으되
삼하 22:1　다윗이 이 **노래**의 말씀으로 여호와께
왕상 4:32　말하였고 그의 **노래**는 천다섯 편이며
대상 13:8　다하여 뛰놀며 **노래하며** 수금과 비파
대상 15:22　레위 사람의 지도자 그나냐는 **노래**에
익숙하므로 **노래**를 인도하는 자요
대상 16:23　온 땅이여 여호와께 **노래하며** 그의 구
대상 16:33　앞에서 즐거이 **노래하리니** 주께서 땅
대상 25:1　잡아 신령한 **노래**를 하게 하였으니 그
대상 25:2　왕의 명령을 따라 신령한 **노래**를 하며
대상 25:6　여호와의 전에서 **노래하여** 하나님의
대하 20:22　그 **노래**와 찬송이 시작될 때에 여호와
대하 23:18　즐거이 부르고 **노래하게** 하였던 자들
대하 29:27　여호와의 시로 **노래하고** 나팔을 불며
대하 29:28　**노래하고** 나팔 부는 자들은 나팔을 불어
대하 35:25　여자들은 요시야를 슬피 **노래하니**
느 12:27　데려다가 감사하며 **노래하며** 제금을

【 노래/-하다 】　　　　　　　　　　　　　　　　　　　　　　　　　　　【 노래/-하다 】

느 12:46	찬송하는 **노래**와 감사하는 **노래**를
욥 21:12	소고와 수금으로 **노래하고** 피리 불어
욥 29:13	나로 말미암아 기뻐 **노래하였느니라**
욥 30:9	이제는 그들이 나를 **노래로** 조롱하며
욥 33:27	그가 사람 앞에서 **노래하여** 이르기를
욥 35:10	계시냐고 하며 밤에 **노래를** 주시는 자가
욥 38:7	별들이 기뻐 **노래하며** 하나님의 아들
시 21:13	주의 권능을 **노래하고** 찬송하게 하소서
시 27:6	제사를 드리겠고 **노래하며** 여호와를
시 28:7	크게 기뻐하며 내 **노래로** 그를 찬송하리
시 32:7	보호하시고 구원의 **노래로** 나를 두르
시 33:3	새 **노래로** 그를 **노래하며** 즐거운 소리
시 35:27	기꺼이 **노래** 부르고 즐거워하게 하시며
시 40:3	새 **노래** 곧 우리 하나님께 올릴 찬송
시 51:14	내 혀가 주의 의를 높이 **노래하리이다**
시 57:7	확정되었사오니 내가 **노래하고** 내가
시 59:16	나는 주의 힘을 **노래하며** 아침에 주의
시 65:13	다 즐거이 외치고 또 **노래하나이다**
시 66:4	온 땅이 주께 경배하고 주를 **노래하며**
	주의 이름을 **노래하리이다** 할지어다
시 67:4	기쁘고 즐겁게 **노래할지니** 주는 민족
시 68:4	하나님께 **노래하며** 그의 이름을 찬양
시 68:25	처녀들 중에서 **노래** 부르는 자들은 앞서
시 68:32	왕국들아 하나님께 **노래하고** 주께 찬송
시 69:12	취한 무리가 나를 두고 **노래하나이다**
시 69:30	내가 **노래로** 하나님의 이름을 찬송하며
시 77:6	부른 **노래를** 내가 기억하여 내 심령
시 78:63	처녀들은 혼인 **노래를** 들을 수 없었으며
시 81:1	하나님을 향하여 기쁘게 **노래하며** 야곱
시 89:1	인자하심을 영원히 **노래하며** 주의 성실
시 95:1	우리가 여호와께 **노래하며** 우리의 구원
시 95:2	시를 지어 즐거이 그를 **노래하자**
시 96:1	새 **노래로** 여호와께 **노래하라** 온 땅이
	여 여호와께 **노래할지어다**
시 96:2	여호와께 **노래하여** 그의 이름을 송축
시 96:12	여호와 앞에서 즐거이 **노래하리니**
시 98:1	**노래로** 여호와께 찬송하라 그는 기이
시 98:4	내어 즐겁게 **노래하며** 찬송할지어다
시 98:5	수금으로 여호와를 **노래하라** 수금과
	음성으로 **노래할지어다**
시 98:8	산악이 함께 즐겁게 **노래할지어다**
시 100:2	여호와를 섬기며 **노래하면서** 그의 앞에
시 101:1	인자와 정의를 **노래하겠나이다** 여호와
시 104:33	평생토록 여호와께 **노래하며** 내가 살아
시 105:2	그에게 **노래하며** 그를 찬양하며 그의
시 105:43	그의 택한 자는 **노래하며** 나오게 하시
시 106:12	믿고 그를 찬양하는 **노래를** 불렀도다
시 107:22	감사제를 드리며 **노래하여** 그가 행하
시 108:1	정하였사오니 내가 **노래하며** 나의 마음
시 119:54	주의 율례들이 나의 **노래가** 되었나이다
시 119:172	내 혀가 주의 말씀을 **노래하리이다**
시 137:3	거기서 우리에게 **노래를** 청하며 우리
	를 … 중 하나를 **노래하라** 함이로다
시 137:4	땅에서 어찌 여호와의 **노래를** 부를까
시 138:5	여호와의 도를 **노래할** 것은 여호와
시 144:9	주께 새 **노래로** **노래하며** 열 줄 비파
시 145:7	말하며 주의 의를 **노래하리이다**
시 147:7	여호와께 **노래하며** 수금으로 하나님
시 149:1	할렐루야 새 **노래로** 여호와께 **노래하며**
시 149:5	침상에서 기쁨으로 **노래할지어다**
잠 25:20	상한 자에게 **노래하는** 것은 추운 날
잠 29:6	것이나 의인은 **노래하고** 기뻐하느니라
전 7:5	우매한 자들의 **노래를** 듣는 것보다
아 2:12	꽃이 피고 새가 **노래할** 때가 이르렀는데

선지서, 신약

사 5:1	사랑하는 자를 위하여 **노래하되** 내가
	사랑하는 자의 포도원을 **노래하리라**
사 12:2	나의 힘이시며 나의 **노래시며** 나의 구원
사 14:4	왕에 대하여 이 **노래를** 지어 이르기를
사 14:7	평온하니 무리가 소리 높여 **노래하는**
사 16:10	포도원에는 **노래와** 즐거운 소리가 없어
사 23:15	두로는 기생의 **노래같이** 될 것이라
사 23:16	기묘한 곡조로 많은 **노래를** 불러서 너를
사 24:9	**노래하면서** 포도주를 마시지 못하고
사 24:16	끝에서부터 **노래하는** 소리가 우리에
사 25:5	같이 포학한 자의 **노래를** 낮추시리이다
사 26:1	유다 땅에서 이 **노래를** 부르리라 우리
사 26:19	너희는 깨어 **노래하라** 주의 이슬은 빛난
사 27:2	아름다운 포도원을 두고 **노래를** 부를
사 30:29	지키는 밤에 하듯이 **노래할** 것이며 피리
사 35:2	무성하게 피어 기쁜 **노래로** 즐거워하
사 35:6	못하는 자의 혀는 **노래하리니** 이는 광야
사 35:10	받은 자들이 돌아오되 **노래하며** 시온
사 38:20	수금으로 나의 **노래를** **노래하리로다**
사 42:10	여호와께 새 **노래로** **노래하며** 땅 끝에
사 42:11	셀라의 주민들은 **노래하며** 산꼭대기

462

【 노래/-하다 】　　　　　　　　　　　　　　　　【 노략/-하다 】

사 44:23	행하셨으니 하늘아 **노래**할지어다 …	대하 5:13	나팔 부는 자와 **노래**하는 **자**들이 일제
	모든 나무들아 소리내어 **노래**할지어다	대하 9:11	층대를 만들고 또 **노래**하는 **자**들을
사 49:13	하늘이여 **노래**하라 땅이여 기뻐하라	대하 20:21	더불어 의논하고 **노래**하는 **자**들을
	산들이여 즐거이 **노래**하라 여호와께	대하 23:13	나팔을 불며 **노래**하는 **자**들은 주악의
사 51:11	자들이 돌아와 **노래**하며 시온으로 돌아	대하 29:28	온 회중이 경배하며 **노래**하는 **자**들은
사 52:8	높여 일제히 **노래**하니 이는 여호와	대하 35:15	아삽의 자손 **노래**하는 **자**들은 다윗과
사 54:1	출산하지 못한 너는 **노래**할지어다 산고	대하 35:25	애가를 지었으며 모든 **노래**하는 **남자**
	를 겪지 못한 너는 외쳐 **노래**할지어다	스 2:41	**노래**하는 **자**들은 아삽 자손이 백이십팔
사 55:12	너희 앞에서 **노래**를 발하고 들의 모든	스 2:65	칠천삼백삼십칠 명이요 **노래**하는 **남녀**
사 65:14	마음이 즐거우므로 **노래**할 것이로되	스 2:70	백성 몇과 **노래**하는 **자**들과 문지기들
렘 9:20	각기 이웃에게 슬픈 **노래**를 가르치라	스 7:7	레위 사람들과 **노래**하는 **자**들과 문지기
렘 20:13	여호와께 **노래**하라 너희는 여호와를	스 7:24	레위 사람들이나 **노래**하는 **자**들이나
렘 25:30	포도 밟는 자같이 흥겹게 **노래**하시리라	스 10:24	**노래**하는 **자** 중에서는 엘리아십이요
렘 51:48	말미암아 기뻐 **노래**하리니 이는 파멸	느 7:1	문짝을 달고 문지기와 **노래**하는 **자**
애 3:63	나를 조롱하여 **노래**하는 것을 주목하	느 7:44	**노래**하는 **자**들은 아삽 자손이 백사십
애 5:14	청년들은 다시 **노래**하지 못하나이다	느 7:67	그들에게 **노래**하는 **남녀**가 이백사십
겔 26:13	네 **노래** 소리를 그치게 하며 네 수금	느 7:73	문지기들과 **노래**하는 **자**들과 백성
겔 26:17	너를 위하여 슬픈 **노래**를 불러 이르기	느 10:28	문지기들과 **노래**하는 **자**들과 느디님
겔 33:32	고운 음성으로 사랑의 **노래**를 하며 음악	느 10:39	문지기들과 **노래**하는 **자**들이 있는 골방
암 6:5	소리에 맞추어 **노래**를 지절거리며 다윗	느 11:22	**노래**하는 **자**들인 아삽 자손 중 미가
암 8:3	그 날에 궁전의 **노래**가 애곡으로 변할	느 11:23	이는 왕의 명령대로 **노래**하는 **자**들에게
암 8:10	너희 모든 **노래**를 애곡으로 변하게 하며	느 12:28	이에 **노래**하는 **자**들이 예루살렘 사방
미 2:4	시를 지으며 슬픈 **노래**를 불러 이르기	느 12:29	모여들었으니 이 **노래**하는 **자**들은
합 3:19	다니게 하시로다 이 **노래**는 지휘하	느 12:42	함께 있으며 **노래**하는 **자**는 크게 찬송
습 3:14	시온의 딸아 **노래**할지어다 이스라엘아	느 12:45	일을 힘썼으며 **노래**하는 **자**들과 문지기
슥 2:10	말씀에 시온의 딸아 **노래**하고 기뻐하라	느 12:46	아삽의 때에는 **노래**하는 **자**의 지도자
엡 5:19	시와 찬송과 신령한 **노래**들로 서로 화	느 12:47	이스라엘이 **노래**하는 **자**들과 문지기
	답하며 너희의 마음으로 주께 **노래**하며	느 13:5	레위 사람들과 **노래**하는 **자**들과 문지기
골 3:16	시와 찬송과 신령한 **노래**를 부르며 감사	느 13:10	레위 사람들과 **노래**하는 **자**들이 각각
계 5:9	새 **노래**를 불러 이르되 두루마리를	시 87:7	**노래**하는 **자**와 뛰어 노는 자들이 말하
계 14:3	장로들 앞에서 새 **노래**를 부르니 땅에	전 2:8	나를 위하여 쌓고 또 **노래**하는 **남녀**
	서 속량함을 받은 … 능히 이 **노래**를	겔 40:44	안문 밖에 있는 안뜰에는 **노래**하는 **자**
계 15:3	모세의 **노래**, 어린 양의 **노래**를 불러		

📖 **노래/-하다 – 기타 본문**

신 31:21; 삿 5:11, 12; 삼상 18:7; 대상 16:9; 25:3;
사 52:9; 겔 27:2, 32; 28:12; 32:2, 16

노래하는 (남)자/사람

삼하 19:35	이 종이 어떻게 다시 **노래**하는 **남자**
삼하 23:1	이스라엘의 **노래** 잘 **하는 자**가 말한
왕상 10:12	난간을 만들고 또 **노래**하는 **자**를 위하
대상 15:16	그의 형제들을 **노래**하는 **자**들로 세우
대상 15:19	**노래**하는 **자** 헤만과 아삽과 에단은
대상 15:27	레위 사람과 **노래**하는 **자**와 그의 우
	두머리 그나냐와 모든 **노래**하는 **자**도
대하 5:12	**노래**하는 레위 **사람** 아삽과 헤만과 여

노랫거리/노랫소리(song)

애 3:14	종일토록 그들의 **노랫거리**가 되었도다
암 5:23	네 **노랫소리**를 내 앞에서 그칠지어다

노략/-하다(擄掠, plunder, loot, spoil)

창 14:12	사로잡고 그 재물까지 **노략**하여 갔더라

【 노략/-하다 】　　　　　　　　　　　　　　　　　【 노루 】

창 34:27	시체 있는 성읍으로 가서 **노략하였으니**
창 34:29	사로잡고 집 속의 물건을 다 **노략한지라**
민 31:11	탈취한 것, **노략한** 것, 사람과 짐승을
민 31:12	사로잡은 자와 **노략한** 것과 탈취한 것
신 28:29	못하여 항상 압제와 **노략을** 당할 뿐이리
수 7:21	**노략한** 물건 중에 시날 산의 아름다운
왕하 3:23	모압 사람들아 이제 **노략하러** 가자 하
왕하 7:16	사람의 진영을 **노략한지라** 이에 고운
대상 20:2	또 그 성에서 **노략한** 물건을 무수히
스 9:7	죽으며 사로잡히며 **노략을** 당하며 얼굴
시 35:10	궁핍한 자를 **노략하는** 자에게서 건지시
잠 22:23	신원하여 주시고 또 그를 **노략하는** 자의
사 10:6	백성을 쳐서 탈취하며 **노략하게** 하며
사 11:14	함께 동방 백성을 **노략하며** 에돔과 모압
사 13:16	그들의 집은 **노략을** 당하겠고 그들의
사 17:14	우리를 **노략한** 자들의 몫이요 우리를
사 42:22	옥에 갇히도다 **노략을** 당하되 구할 자가
렘 17:3	모든 보물과 산당들로 **노략을** 당하게
렘 50:11	나의 소유를 **노략하는** 자여 너희가 즐거
겔 7:21	타국인의 손에 넘겨 **노략하게** 하며 세상
겔 25:7	민족에게 넘겨 주어 **노략을** 당하게 하며
겔 26:12	무역한 것을 **노략할** 것이며 네 성을
겔 29:19	잡아가며 물건을 **노략하며** 빼앗아
겔 36:5	내 땅을 빼앗아 **노략하여** 자기 소유를
겔 38:12	겁탈하며 **노략하리라** 하고 네 손을
겔 38:13	네가 네 무리를 모아 **노략하고자** 하느냐
단 11:8	아름다운 그릇들은 다 **노략하여** 애굽
단 11:24	행할 것이요 그는 **노략하고** 탈취한 재물
암 4:10	너희 말들을 **노략하게** 하며 너희 진영
나 2:9	은을 노략하라 금을 **노략하라** 그 저축
나 2:13	또 네 **노략한** 것을 땅에서 끊으리니
합 2:7	네가 그들에게 **노략을** 당하지 않겠느냐
합 2:8	여러 나라를 **노략하였으므로** 그 모든 민족의 남은 자가 너를 **노략하리니** 이는
습 1:13	그들의 재물이 **노략되며** 그들의 집이
습 2:9	남은 자들이 그들을 **노략하며** 나의 남은
슥 2:8	나를 **노략한** 여러 나라로 보내

노략/-하다 - 기타 본문
수 8:27; 삿 2:14; 5:30; 14:19; 삼상 17:53; 삼하 3:22; 8:12; 12:30; 23:10; 대상 26:27; 대하 14:13, 14; 15:11; 24:23; 25:13; 28:8, 14, 15

노략거리(擄掠, loot, plunder)
겔 34:8	양 떼가 **노략거리가** 되고 모든 들짐승
겔 34:22	그들로 다시는 **노략거리가** 되지 아니
겔 34:28	그들이 다시는 이방의 **노략거리가**
겔 36:4	**노략거리와** 조롱거리가 된 버린 성읍
슥 2:9	자기를 섬기던 자들에게 **노략거리가**

노략꾼/노략자(擄掠者, raiding party, plunderer)
삿 2:16	사사들을 세우사 **노략자의** 손에서 그들
삼상 13:17	**노략꾼들이** 세 대로 블레셋 사람들의
삼상 14:15	떨었고 부대와 **노략꾼들도** 떨었으며
왕하 17:20	괴롭게 하시며 **노략꾼의** 손에 넘기시

노략물(擄掠物, plunder)
삿 5:30	그들이 어찌 **노략물을** 얻지 못하였으랴
사 8:4	사마리아의 **노략물이** 앗수르 왕 앞에
사 33:4	사람이 너희의 **노략물을** 모을 것이며
렘 30:16	**노략질한** 모든 자는 **노략물이** 되리라
렘 38:2	자는 살리니 그는 **노략물을** 얻음같이
렘 39:18	아니하고 네가 **노략물같이** 네 목숨을
렘 45:5	너에게 네 생명을 **노략물** 주듯 하리라
렘 49:32	그들의 낙타들은 **노략물이** 되겠고 그들
히 7:4	조상 아브라함도 **노략물** 중 십분의 일을

노략질하다(擄掠, spoil, ferocious)
렘 30:16	당할 것이며 너에게서 **노략질한** 모든
호 7:1	도둑질하고 밖으로 떼 지어 **노략질하며**
마 7:15	너희에게 나아오나 속에는 **노략질하는**

노력하다(努力, work, labor)
| 요 4:38 | 너희로 **노력하지** 아니한 것을 거두러 보내었노니 다른 사람들은 **노력하였고** 너희는 그들이 **노력한** 것에 참여하였느 |

노련하다(老鍊, skilled)
| 렘 50:9 | 화살은 **노련한** 용사의 화살 같아서 |

노루(gazelle)
신 12:15	부정한 자를 막론하고 **노루나** 사슴을
신 14:5	사슴과 **노루와** 불그스름한 사슴과 산 염소와 볼기가 흰 **노루와** 뿔이 긴 사슴과
신 15:22	다같이 먹기를 **노루와** 사슴을 먹음
왕상 4:23	외에 수사슴과 **노루와** 암사슴과 살진

| 노릇/-하다 | | 노새 |

잠 6:5	노루가 사냥꾼의 손에서 벗어나는 것	
아 2:7	딸들아 내가 노루와 들 사슴을 두고	
아 2:9	내 사랑하는 자는 노루와도 같고 어린	
아 2:17	베데르 산의 노루와 어린 사슴 같을지	
아 3:5	예루살렘 딸들아 내가 노루와 들사슴	
아 8:14	향기로운 산 위에 있는 노루와도 같게	
사 13:14	그들이 쫓긴 노루나 모으는 자 없는	

노릇/-하다(pose)

스 9:8	눈을 밝히사 우리가 종 노릇하는 중에
렘 29:26	미친 자와 선지자 노릇을 하는 자들을
렘 29:27	중에 선지자 노릇을 하는 아나돗 사람
미 6:4	인도해 내어 종 노릇하는 집에서 속량
마 7:22	이름으로 선지자 노릇하며 주의 이름
마 26:68	우리에게 선지자 노릇을 하라 너를 친
막 14:65	이르되 선지자 노릇을 하라 하고 하인
눅 22:64	이르되 선지자 노릇하라 너를 친 자가
롬 5:14	사망이 왕 노릇하였나니 아담은 오실
롬 5:17	사람을 통하여 왕 노릇하였은즉 더욱 은혜와…생명 안에서 왕 노릇하리로다
롬 5:21	사망 안에서 왕 노릇한 것같이 은혜도 또한 의로 말미암아 왕 노릇하여
롬 6:6	우리가 죄에게 종 노릇하지 아니하려
롬 8:21	피조물도 썩어짐의 종 노릇한 데서 해방
고전 4:8	우리가 너희와 함께 왕 노릇하기 위하
고전 15:25	둘 때까지 반드시 왕 노릇하시리니
갈 4:3	아래에 있어서 종 노릇하였더니
갈 4:8	아닌 자들에게 종 노릇하였더니
갈 4:9	다시 그들에게 종 노릇하려 하느냐
갈 4:25	그가 그 자녀들과 더불어 종 노릇하고
갈 5:13	말고 오직 사랑으로 서로 종 노릇하라
딤후 2:12	또한 함께 왕 노릇할 것이요 우리가
딛 3:3	정욕과 행락에 종 노릇한 자요 악독과
히 2:15	한평생 매여 종 노릇하는 모든 자들을
계 5:10	그들이 땅에서 왕 노릇하리로다 하더라
계 11:15	그가 세세토록 왕 노릇하시리로다
계 11:17	큰 권능을 잡으시고 왕 노릇하시도다
계 20:4	그리스도와 더불어 천 년 동안 왕 노릇
계 20:6	동안 그리스도와 더불어 왕 노릇하리라
계 22:5	비치심이라 그들이 세세토록 왕 노릇

노리개(ornament)

삼하 1:24	화려하게 입혔고 금 노리개를 너희 옷에
아 5:14	황옥을 물린 황금 노리개 같고 몸은
사 13:19	사람의 자랑하는 노리개가 된 바벨론

노리다(seek)

출 4:19	돌아가라 네 목숨을 노리던 자가 다
시 17:9	목숨을 노리는 원수들에게서 벗어나게
렘 46:26	생명을 노리는 자의 손 곧 바벨론의
렘 49:37	그의 생명을 노리는 자의 앞에서 놀라게
눅 11:54	말을 책잡고자 하여 노리고 있더라

노바(Nobah)

1. 그낫을 정복했던 므낫세 자손
민 32:42	노바는 가서 그낫과 그 마을들을 빼앗고

2. 길르앗에 있던 성읍
민 32:42	자기 이름을 따라서 노바라 불렀더라

3. 욕브하에서 가까운 곳에 있던 마을
삿 8:11	기드온이 노바와 욕브하 동쪽 장막에

4. 모압의 성읍
민 21:30	메드바에 가까운 노바까지 황폐하게

노배(Nebai) 포로에서 돌아온 이스라엘 방백

느 10:19	하립, 아나돗, 노배,

노비(奴婢, servant, slave)

창 12:16	아브람이 양과 소와 노비와 암수 나귀
창 30:43	번창하여 양 떼와 노비와 낙타와 나귀가
창 32:5	소와 나귀와 양 떼와 노비가 있으므로
신 12:12	너희와 너희의 자녀와 노비와 함께 너희
신 12:18	너는 네 자녀와 노비와 성중에 거주하는
신 16:11	노비와 네 성중에 있는 레위인과 및
신 16:14	노비와 네 성중에 거주하는 레위인과
삼상 8:16	그가 또 너희의 노비와 가장 아름다운
느 7:67	노비가 칠천삼백삼십칠 명이요 그들
에 7:4	우리가 노비로 팔렸더라면 내가 잠잠
전 2:7	남녀 노비들을 사기도 하였고 나를
사 14:2	그들을 얻어 노비로 삼겠고 전에 자기
렘 34:9	각기 히브리 남녀 노비를 놓아 자유롭게
렘 34:10	모든 백성이 각기 노비를 자유롭게 하고
렘 34:11	노비를 끌어다가 복종시켜 다시 노비로
렘 34:16	하였던 노비를…너희의 노비로 삼았

노새(mule)

삼하 13:29	일어나 각기 노새를 타고 도망하니라

【 노소 】

삼하 18:9　노새를 탔는데 그 노새가 큰 상수리나
　　　　　무 … 그가 탔던 노새는 그 아래로
왕하 5:17　그러면 청하건대 노새 두 마리에 실을
시 32:9　　무지한 말이나 노새같이 되지 말지어다
사 66:20　말과 수레와 교자와 노새와 낙타에 태워
겔 27:14　말과 군마와 노새를 네 물품과 바꾸었
슥 14:15　말과 노새와 낙타와 나귀와 그 진에

📖 노새 - 기타 본문

　　왕상 1:33, 38, 44; 10:25; 18:5; 대상 12:40; 대하
　　9:24; 스 2:66; 느 7:68

노소(老少, young and old)
창 19:4　　소돔 백성들이 노소를 막론하고 원근
출 10:9　　지킬 것인즉 우리가 남녀 노소와 양과
수 6:21　　온전히 바치되 남녀 노소와 소와 양과
왕하 23:2　모든 백성이 노소를 막론하고 다 왕과
왕하 25:26　노소를 막론하고 백성과 군대 장관들
대하 34:30　모든 백성이 노소를 막론하고 다 함께

노송나무(老松, pine)
나 2:3　　쇠가 번쩍이고 노송나무 창이 요동하

노쇠하다(老衰, wear out)
창 18:12　웃고 이르되 내가 노쇠하였고 내 주인

노아(Noah)
　1. 홍수로부터 구원받은 의로운 사람
창 5:29　　이름을 노아라 하여 이르되 여호와께
창 5:30　　라멕은 노아를 낳은 후 오백구십 년을
창 6:8　　그러나 노아는 여호와께 은혜를 입었
창 6:9　　이것이 노아의 족보니라 노아는 의인
창 6:13　　하나님이 노아에게 이르시되 모든 혈육
창 7:1　　여호와께서 노아에게 이르시되 너와
창 7:6　　홍수가 땅에 있을 때에 노아가 육백
사 54:9　　이는 내게 노아의 홍수와 같도다 내가
　　　　　다시는 노아의 홍수로 땅 위에 범람하지
겔 14:14　비록 노아, 다니엘, 욥, 이 세 사람이
겔 14:20　비록 노아, 다니엘, 욥이 거기에 있을
마 24:38　전에 노아가 방주에 들어가던 날까지
눅 3:36　　위는 셈이요 그 위는 노아요 그 위는
히 11:7　　믿음으로 노아는 아직 보이지 않는 일에
벧전 3:20　그들은 전에 노아의 날 방주를 준비할

【 노여움 】

벧후 2:5　오직 의를 전파하는 노아와 그 일곱

📖 노아 1 - 기타 본문

　　창 7:9, 13, 15, 23; 8:1, 6, 11, 13, 15, 20; 9:1, 8,
　　17, 18, 28; 10:32

　2. 므낫세 자손 슬로브핫의 둘째 딸
민 26:33　딸의 이름은 말라와 노아와 호글라와

📖 노아 2 - 기타 본문

　　민 27:1; 36:11; 수 17:3

노아댜(Noadiah)
　1. 레위 지파 사람으로 빈누이의 아들
스 8:33　요사밧과 빈누이의 아들 노아댜가 함께
　2. 느헤미야를 두렵게 했던 거짓 여선지자
느 6:14　여선지 노아댜와 그 남은 선지들

노아몬(No-Amon-NASB) 애굽의 수도이
　기도 했던 성읍
나 3:8　　네가 어찌 노아몬보다 낫겠느냐 그는

노여움(anger, resentment)
창 49:7　　노여움이 혹독하니 저주를 받을 것이요
삿 8:3　　말을 하매 그 때에 그들의 노여움이
대하 34:25　모든 행위로 나의 노여움을 샀음이라 그
　　　　　러므로 나의 노여움을 이 곳에 쏟으매
시 76:10　진실로 사람의 노여움은 주를 찬송하
　　　　　게 … 그 남은 노여움은 주께서 금하
시 78:49　그의 맹렬한 노여움과 진노와 분노와
시 78:58　자기 산당들로 그의 노여움을 일으키
시 90:11　누가 주의 노여움의 능력을 알며 누가
시 124:3　그 때에 그들의 노여움이 우리에게 맹렬
사 13:3　　불러 나의 노여움을 전하게 하였느니라
사 66:15　혁혁한 위세로 노여움을 나타내시며
렘 3:5　　노여움을 한없이 계속하시겠으며 끝까
렘 11:17　나의 노여움을 일으킨 이스라엘 집과
렘 23:19　보라 여호와의 노여움이 일어나 폭풍
렘 25:6　　만든 것으로써 나의 노여움을 일으키지
렘 25:7　　노여움을 일으켜 스스로 해하였느니라
렘 30:23　보라 여호와의 노여움이 일어나 폭풍
렘 32:31　오늘까지 나의 노여움과 분을 일으키
렘 32:32　악을 행하여 내 노여움을 일으켰음이라

【 노여워하다 】   【 노인 】

렘 32:37	보라 내가 **노여움**과 분함과 큰 분노로
렘 33:5	내가 나의 **노여움**과 분함으로 그들을
렘 36:7	대하여 선포하신 **노여움**과 분이 크니라
렘 42:18	말씀하시되 나의 **노여움**과 분을
렘 44:3	분향하여 섬겨서 나의 **노여움**을 일으킨
렘 44:6	나의 분과 나의 **노여움**을 쏟아서 유다
렘 44:8	만든 것으로 나의 **노여움**을 일으켜 너희
겔 8:17	채우고 또 다시 내 **노여움**을 일으키
겔 22:20	녹이는 것 같이 내가 **노여움**과 분으로
겔 38:18	땅을 치러 오면 내 **노여움**이 내 얼굴
겔 38:19	질투와 맹렬한 **노여움**으로 말하였기
골 3:8	벗어 버리라 곧 분함과 **노여움**과 악의

노여워하다(angry, wrath)

렘 37:15	고관들이 **노여워하여** 예레미야를 때려
렘 48:30	내가 그의 **노여워함**의 허탄함을 아노니
합 3:8	강들을 **노여워하심이니이까** 바다를
요 7:23	한 것으로 너희가 내게 **노여워하느냐**
행 12:20	사람들을 대단히 **노여워하니** 그들을
고전 10:22	우리가 주를 **노여워하시게** 하겠느냐

노역/-하다(勞役, labor, work)

출 5:4	**노역**을 쉬게 하려느냐 가서 너희의 **노역**
출 5:5	너희가 그들로 **노역**을 쉬게 하는도다
출 6:6	너희를 빼내며 그들의 **노역**에서 너희를
출 6:9	상함과 가혹한 **노역**으로 말미암아 모세
수 16:10	가운데에 거주하며 **노역하는** 종이 되니
수 17:13	가나안 족속에게 **노역**을 시켰으나 다 쫓아
삿 1:28	가나안 족속에게 **노역**을 시켰으나 다 쫓아
삿 1:30	그들 중에 거주하면서 **노역**을 하였더라
삿 1:33	벧아낫 주민들이 그들에게 **노역**을 하였
삿 1:35	아모리 족속이 마침내는 **노역**을 하였
사 40:2	그것에게 외치라 그 **노역**의 때가 끝났고

노염(怒炎, anger)

| 시 30:5 | **노염**은 잠깐이요 그의 은총은 평생이 |
| 시 78:31 | 하나님이 그들에게 **노염**을 나타내사 |

노엽다(provoke, rebel)

출 23:21	청종하고 그를 **노엽게** 하지 말라 그가
왕상 14:9	부어 만들어 나를 **노엽게** 하고 나를
왕상 14:22	범한 죄로 여호와를 **노엽게** 하였으니
왕상 15:30	여호와를 **노엽게** 한 일 때문이었더라
왕상 16:2	하여 그들의 죄로 나를 **노엽게** 하였은
왕상 16:7	행위로 여호와를 **노엽게** 하였음이며
스 5:12	하늘에 계신 하나님을 **노엽게** 하였으
시 78:41	이스라엘의 거룩하신 이를 **노엽게** 하였
잠 18:19	**노엽게** 한 형제와 화목하기가 견고한
롬 10:19	백성으로써 너희를 **노엽게** 하리라 하
갈 5:26	영광을 구하여 서로 **노엽게** 하거나
엡 6:4	너희 자녀를 **노엽게** 하지 말고 오직
골 3:21	자녀를 **노엽게** 하지 말지니 낙심할까

노예(奴隷, slave)

창 43:18	우리를 잡아 **노예**로 삼고 우리의 나귀
창 44:16	발견된 자가 다 내 주의 **노예**가 되겠나
왕상 9:21	자손들을 솔로몬이 **노예**로 역군을 삼아
왕상 9:22	솔로몬이 **노예**를 삼지 아니하였으니
대하 8:9	자손은 솔로몬이 **노예**로 삼아 일을 시키
대하 28:10	백성들을 압제하여 **노예**로 삼고자 생각
대하 36:20	갈대아 왕과 그의 자손의 **노예**가 되어
스 9:9	우리가 비록 **노예**가 되었사오나 우리

노인(老人, old man)

창 43:27	너희가 말하던 그 **노인**이 안녕하시냐
창 44:20	우리에게 아버지가 있으니 **노인**이요
레 19:32	앞에서 일어서고 **노인**의 얼굴을 공경
민 11:16	이르시되 이스라엘 **노인** 중에 네가 알기
신 28:50	흉악한 민족이라 **노인**을 보살피지 아니
신 32:25	남자도 처녀도 백발 **노인**과 함께 젖 먹는
삿 19:16	저녁 때에 한 **노인**이 밭에서 일하다가
삿 19:17	**노인**이 눈을 들어 … **노인**이 묻되 그대
삿 19:20	그 **노인**이 이르되 그대는 안심하라
삿 19:22	문을 두드리며 집 주인 **노인**에게 말하여
삼상 2:31	팔을 끊어 네 집에 **노인**이 하나도 없게
삼상 2:32	네 집에 영원토록 **노인**이 없을 것이며
삼상 28:14	그가 이르되 한 **노인**이 올라오는데 그
왕상 12:6	생전에 그 앞에 모셨던 **노인들**과 의논
왕상 12:8	왕이 **노인들**이 자문하는 것을 버리고
왕상 12:13	백성에게 대답할새 **노인**의 자문을 버리
대하 36:17	남녀와 **노인**과 병약한 사람을 긍휼히
욥 29:8	젊은이들은 숨으며 **노인들**은 일어나서
욥 32:9	어른이라고 지혜롭거나 **노인**이라고
시 119:100	나의 명철함이 **노인**보다 나으니이다
시 148:12	총각과 처녀와 **노인**과 아이들아
잠 17:6	손자는 **노인**의 면류관이요 아비는 자식

[노자] [녹옥]

사 3:5	이웃을 잔해하며 아이가 **노인**에게, 비천
사 65:20	수한이 차지 못한 **노인**이 다시는 없을
렘 31:13	즐거워하겠고 청년과 **노인**은 함께 즐거
애 5:14	**노인**들은 다시 성문에 앉지 못하며 청년
겔 27:9	**노인**들과 지혜자들이 네 가운데에

노자(cormorant)
신 14:17 당아와 올응과 **노자**와

노정(路程, stage in the journey)
출 17:1 신 광야에서 떠나 그 **노정**대로 행하여
민 33:1 이스라엘 자손들의 **노정**은 이러하니라
민 33:2 행진한 대로의 **노정**은 이러하니라

노하(Nohah) 베냐민의 네 번째 아들
대상 8:2 넷째 **노하**와 다섯째 라바이며

노획하다(鹵獲, snatch)
욥 29:17 **노획**한 물건을 그 잇새에서 빼내었느

녹 1(祿, allotment)
창 47:22 바로에게서 **녹**을 받음이라 바로가 주
는 **녹**을 먹으므로 그들이 토지를 팔지
느 5:14 형제들이 총독의 **녹**을 먹지 아니하였
느 5:18 내가 총독의 **녹**을 요구하지 아니하였

녹 2(綠, deposit, corrosion)
겔 24:11 더러운 것을 녹게 하며 **녹**이 소멸되게
겔 24:12 피곤하나 많은 **녹**이 그 속에서 벗겨지
약 5:3 금과 은은 **녹**이 슬었으니 이 **녹**이 너희

녹다(melt)
수 2:9 주민들이 다 너희 앞에서 간담이 **녹나니**
수 2:11 마음이 **녹았고** 너희로 말미암아 사람이
수 2:24 주민이 우리 앞에서 간담이 **녹더이다**
수 5:1 듣고 마음이 **녹았고** 이스라엘 자손들
수 7:5 쳤으므로 백성의 마음이 **녹아** 물같이
수 14:8 간담을 **녹게** 하였으나 나는 내 하나님
욥 6:16 얼음이 **녹으면** 물이 검어지며 눈이 그
욥 9:30 내가 눈 **녹은** 물로 몸을 씻고 잿물로
욥 24:19 가뭄과 더위가 눈 **녹은** 물을 곧 빼앗나니
욥 30:16 이제는 내 생명이 내 속에서 **녹으니**
시 22:14 마음은 밀랍 같아서 내 속에서 **녹았으며**

시 46:6	그가 소리를 내시매 땅이 **녹았도다**
시 68:2	밀이 **녹음**같이 악인이 하나님 앞에서
시 97:5	온 땅의 주 앞에서 밀랍같이 **녹았도다**
시 107:26	위험 때문에 그들의 영혼이 **녹는도다**
시 119:28	눌림으로 말미암아 **녹사오니** 주의 말씀
사 13:7	힘이 풀리고 각 사람의 마음이 **녹을** 것
사 19:1	애굽인의 마음이 그 속에서 **녹으리로다**
사 34:3	솟아오르고 그 피에 산들이 **녹을** 것이
겔 21:7	소문 때문이니 각 마음이 **녹으며** 모든
겔 22:21	불면 너희가 그 가운데에서 **녹되**
겔 22:22	풀무 불 가운데에서 **녹는** 것 같이 너희 가 그 가운데에서 **녹으리니** 나 여호와
겔 24:11	그 속에 더러운 것을 **녹게** 하며 녹이
단 5:6	넓적다리 마디가 **녹는** 듯하고 그의 무릎
암 9:5	여호와는 땅을 만져 **녹게** 하사 거기
암 9:13	포도주를 흘리며 작은 산들은 **녹으리라**
미 1:4	그 아래에서 산들이 녹고 골짜기들이
나 1:5	작은 산들이 녹고 그 앞에서는 땅 곧
벧후 3:12	물질이 뜨거운 불에 **녹아지려니와**

녹두(綠豆, lentil)
삼하 17:28 볶은 곡식과 콩과 팥과 볶은 **녹두**와

녹두나무(綠豆, lentils)
삼하 23:11 사기가 올라 거기 **녹두나무**가 가득한

녹로(wheel)
렘 18:3 내려가서 본즉 그가 **녹로**로 일을 하는데

녹보석(綠寶石, chrysolite, emerald)
출 28:20 넷째 줄은 **녹보석** 호마노 벽옥으로 다
출 39:13 넷째 줄은 **녹보석** 호마노 벽옥이라 다
계 4:3 보좌에 둘렸는데 그 모양이 **녹보석**같
계 21:19 셋째는 옥수요 넷째는 **녹보석**이

녹색(綠色, green-KJV)
에 1:6 백색, **녹색**, 청색 휘장을 자색 가는 베

녹슬다(corrode)
겔 24:6 흘린 성읍, **녹슨** 가마 곧 그 속의 녹을

녹옥(綠玉, beryl)
계 21:20 황옥이요 여덟째는 **녹옥**이요 아홉째

【 녹이다 】　　　　　　　　　　　　　　　　　　　　　　【 놀라다 】

녹이다(melt, refine)
왕상 7:16　놋을 **녹여** 부어서 기둥 머리를 만들어
욥 28:2　　흙에서 캐내고 동은 돌에서 **녹여** 얻는
욥 37:18　두들겨 넓게 만들어 **녹여** 부어 만든 거울
시 147:18　보내사 그것들을 **녹이시고** 바람을 불게
사 1:25　　잿물로 씻듯이 **녹여** 청결하게 하며 네
렘 9:7　　어떻게 처치할꼬 그들을 **녹이고** 연단
겔 22:20　불어 **녹이는** 것 같이 … 두고 **녹이리라**
겔 24:10　그 고기를 삶아 **녹이고** 국물을 졸이고

녹주옥(綠珠玉, beryl)
출 28:17　물리되 첫 줄은 홍보석 황옥 **녹주옥**이요
출 39:10　곧 홍보석 황옥 **녹주옥**이 첫 줄이요

논란(論難, doubt)
히 7:7　　**논란**의 여지 없이 낮은 자가 높은 자에

논의하다(論議, discuss)
마 16:7　　제자들이 서로 **논의하여** 이르되 우리가
마 16:8　　어찌 떡이 없으므로 서로 **논의하느냐**

논쟁하다(論爭, dispute, quarrel, argue)
신 19:17　그 **논쟁하는** 쌍방이같이 하나님 앞에
욥 33:13　하여 어찌 하나님과 **논쟁하겠느냐**
사 58:4　　금식하면서 **논쟁하며** 다투며 악한 주먹
호 2:2　　어머니와 논쟁하고 **논쟁하라** 그는 내
호 4:1　　이 땅 주민과 **논쟁하시나니** 이 땅에는
호 12:2　　여호와께서 유다와 **논쟁하시고** 야곱을
미 7:9　　주께서 나를 위하여 **논쟁하시고** 심판
행 6:9　　일어나 스데반과 더불어 **논쟁할새**
고전 11:16　**논쟁하려는** 생각을 가진 자가 있을지

논하다(論, describe, touch)
민 23:8　　이스라엘에 대하여 **논할진대** 하나님
시 17:4　　사람의 행사로 **논하면** 나는 주의 입술의
마 22:31　죽은 자의 부활을 **논할진대** 하나님이

놀(storm)
마 8:24　　바다에 큰 **놀** 일어나 배가 물결에

놀다(frolic, prowl, dandle)
욥 41:5　　새를 가지고 **놀** 듯 하겠으며 네 여종을
시 87:7　　노래하는 자와 뛰어 **노는** 자들이 말하

시 104:26　지으신 리워야단이 그 속에서 **노나이다**
사 66:12　너희가 옆에 안기며 그 무릎에서 **놀** 것
애 5:18　　황폐하여 여우가 그 안에서 **노나이다**
마 20:3　　나가 보니 장터에 **놀고** 서 있는 사람들
마 20:6　　어찌하여 종일토록 **놀고** 여기 서 있느냐
벧후 2:13　**노는** 것을 기쁘게 여기는 … 즐기고 **놀며**

놀라다(appall, awesome, amaze)
모세오경 - 시가서
창 45:3　　그 앞에서 **놀라서** 대답하지 못하더라
출 15:15　에돔 두령들이 **놀라고** 모압 영웅이 떨림
레 26:16　너희에게 **놀라운** 재앙을 내려 폐병과
레 26:32　원수들이 그것으로 말미암아 **놀랄** 것
레 26:36　바람에 불린 잎사귀 소리에도 **놀라** 도망
신 20:3　　떨지 말며 그들로 말미암아 **놀라지** 말라
신 31:8　　너는 두려워하지 말라 **놀라지** 말라
수 1:9　　두려워하지 말며 **놀라지** 말라 네가
수 8:1　　두려워하지 말라 **놀라지** 말라 군사를
수 10:25　두려워하지 말며 **놀라지** 말고 강하고
삿 20:41　자기들에게 미친 것을 보고 심히 **놀라**
룻 3:8　　밤중에 그가 **놀라** 몸을 돌이켜 본즉 한
삼상 17:11　이 말을 듣고 **놀라** 크게 두려워하니라
삼하 4:1　맥이 풀렸고 온 이스라엘이 **놀라니라**
왕상 1:49　손님들이 다 **놀라** 일어나 각기 갈 길로
왕상 9:8　　지나가는 자마다 **놀라며** 비웃어 이르되
대상 22:13　담대하여 두려워하지 말고 **놀라지** 말
대상 28:20　두려워하지 말며 **놀라지** 말라 네
대하 7:21　지나가는 자마다 **놀라** 이르되 여호와
대하 20:15　말미암아 두려워하거나 **놀라지** 말라
대하 20:17　두려워하지 말며 **놀라지** 말고 내일
대하 32:7　두려워하지 말며 **놀라지** 말라 우리와
대하 32:18　위에 있는 백성을 **놀라게** 하고 괴롭게
욥 4:5　　이 일이 네게 닥치매 네가 **놀라는구나**
욥 7:14　　주께서 꿈으로 나를 **놀라게** 하시고 환상
욥 13:25　어찌하여 날리는 낙엽을 **놀라게** 하시
욥 17:8　　이로 말미암아 **놀라고** 죄 없는 자는
욥 18:11　사방에서 그를 **놀라게** 하고 그 뒤를
욥 18:20　동쪽에서 오는 자가 깜짝 **놀라리라**
욥 21:5　　나를 보면 **놀라리라** 손으로 입을 가리
욥 26:11　꾸짖으신즉 하늘 기둥이 흔들리며 **놀라**
욥 32:15　그들이 **놀라서** 다시 대답하지 못하니
욥 37:5　　하나님은 **놀라운** 음성을 내시며 우리가
욥 40:23　그것이 **놀라지** 않고 요단 강 물이 쏟아

469

【 놀라다 】   　　　　　　　　　　　　　【 놀라다 】

시 2:5	진노하사 그들을 **놀라게** 하여 이르시기
시 31:11	내 친구가 **놀라고** 길에서 보는 자가
시 31:21	**놀라운** 사랑을 내게 보이셨음이로다
시 31:22	내가 **놀라서** 말하기를 주의 목전에서
시 40:15	자기 수치로 말미암아 **놀라게** 하소서
시 45:4	오른손이 왕에게 **놀라운** 일을 가르치
시 48:5	그들이 보고 **놀라고** 두려워 빨리 지나
시 73:19	갑자기 황폐되었는가 **놀랄** 정도로 그들
시 83:17	수치를 당하여 영원히 **놀라게** 하시며
시 90:7	소멸되며 주의 분내심에 **놀라나이다**
시 106:22	기사와 홍해에서 **놀랄** 만한 일을 행하
시 116:11	**놀라서** 이르기를 모든 사람이 거짓말
시 119:18	주의 율법에서 **놀라운** 것을 보게 하소서
시 119:129	주의 증거들은 **놀라우므로** 내 영혼이
시 131:1	감당하지 못할 **놀라운** 일을 하려고 힘
전 12:5	길에서는 **놀랄** 것이며 살구나무가 꽃이
아 6:5	네 눈이 나를 **놀라게** 하니 돌이켜 나를

선지서

사 8:12	너희는 두려워하지 말며 **놀라지** 말라
사 13:8	그들이 **놀라며** 괴로움과 슬픔에 사로 잡혀 … 고통하며 서로 보고 **놀라며**
사 14:16	땅을 진동시키며 열국을 **놀라게** 하며
사 17:2	양이 눕되 **놀라게** 할 자가 없을 것이며
사 20:5	말미암아 그들이 **놀라고** 부끄러워할
사 21:3	괴로워서 듣지 못하며 **놀라서** 보지 못
사 21:4	두려움이 나를 **놀라게** 하며 희망의 서광
사 29:9	너희는 **놀라고** **놀라라** 너희는 맹인이
사 31:4	소리로 말미암아 **놀라지** 아니할 것이
사 31:9	기치로 말미암아 **놀라리라** 이는 여호와
사 37:27	힘이 약하여 **놀라며** 수치를 당하여 들의
사 41:10	내가 너와 함께함이라 **놀라지** 말라
사 41:23	하라 우리가 함께 보고 **놀라리라**
사 47:12	있을는지, 혹시 **놀라게** 할 수 있을는지
사 51:7	두려워하지 말라 그들의 비방에 **놀라지**
사 52:15	그가 나라들을 **놀라게** 할 것이며 왕들은
사 54:4	당하지 아니하리라 **놀라지** 말라 네가
사 60:5	빛을 내며 네 마음이 **놀라고** 또 화창
렘 2:12	말미암아 **놀랄지어다** 심히 떨지어다
렘 4:9	**놀랄** 것이며 선지자들은 깜짝 **놀라리라**
렘 5:30	이 땅에 무섭고 **놀라운** 일이 있도다
렘 14:9	어찌하여 **놀란** 자 같으시며 구원하지
렘 17:18	그들은 **놀라게** 하시고 나는 **놀라게** 하지
렘 18:16	지나는 자마다 **놀라서** 그의 머리를 흔들

렘 19:8	재앙으로 말미암아 지나는 자마다 **놀라며**
렘 23:4	다시는 두려워하거나 **놀라거나** 잃어
렘 25:11	모든 땅이 폐허가 되어 **놀랄** 일이 될
렘 30:10	이스라엘아 **놀라지** 말라 내가 너를 먼
렘 36:16	말씀을 듣고 **놀라** 서로 보며 바룩에게
렘 46:5	내가 본즉 그들이 **놀라** 물러가며 그들
렘 46:27	두려워하지 말라 이스라엘아 **놀라지**
렘 49:17	그리로 지나는 자마다 **놀라며** 그 모든
렘 49:37	노리는 자의 앞에서 **놀라게** 할 것이며
렘 50:13	그 모든 재난에 **놀라며** 탄식하리로다
렘 50:36	위에 떨어지리니 그들이 **놀랄** 것이며
겔 12:18	네 음식을 먹고 **놀라고** 근심하면서
겔 12:19	그 음식을 먹으며 **놀라면서** 그 물을
겔 16:52	의롭게 하였은즉 너는 **놀라며** 네 수치
겔 16:63	기억하고 **놀라고** 부끄러워서 다시는
겔 26:16	너로 말미암아 무시로 떨며 **놀랄** 것이
겔 26:18	섬들이 네 결국을 보고 **놀라리로다**
겔 27:35	말미암아 **놀라고** 왕들이 심히 두려워
겔 28:19	너로 말미암아 다 **놀랄** 것임이여 네가
겔 32:10	너로 말미암아 **놀라게** 할 것이며 내가
단 3:24	느부갓네살 왕이 **놀라** 급히 일어나서
단 4:2	내게 행하신 이적과 **놀라운** 일을 내가
단 4:3	참으로 능하도다 그의 **놀라운** 일이여
단 4:19	다니엘이 한동안 **놀라며** 마음으로 번민
단 5:9	얼굴빛이 변하였고 귀족들도 다 **놀라니**
단 7:7	넷째 짐승은 무섭고 **놀라우며** 또 매우
단 12:6	이르되 이 **놀라운** 일의 끝이 어느 때
욜 2:26	풍족히 먹고 너희에게 **놀라운** 일을 행하
옵 1:9	용사들이 **놀랄** 것이라 이로 말미암아
합 1:5	보고 또 보고 **놀라고** 또 **놀랄지어다**
슥 12:4	모든 말을 쳐서 **놀라게** 하며 그 탄 자를

신약

마 7:28	무리들이 그의 가르치심에 **놀라니**
마 12:23	무리가 다 **놀라** 이르되 이는 다윗의
마 13:54	가르치시니 그들이 **놀라** 이르되 이 사람
마 14:26	걸어오심을 보고 **놀라** 유령이라 하며
마 19:25	제자들이 듣고 몹시 **놀라** 이르되 그렇
마 22:33	무리가 듣고 그의 가르치심에 **놀라더라**
마 27:14	아니하시니 총독이 크게 **놀라워하더라**
막 1:22	그의 교훈에 **놀라니** 이는 그가 가르치
막 1:27	**놀라** 서로 물어 이르되 이는 어찜이냐
막 2:12	나가거늘 그들이 다 **놀라** 하나님께 영광
막 5:42	사람들이 곧 크게 **놀라고** **놀라거늘**

【 놀람/놀라움 】　　　　　　　　　　　　　　　　　　　　　　　【 놀랍다 】

막 6:2	많은 사람이 듣고 **놀라** 이르되 이 사람
막 6:51	제자들이 마음에 심히 **놀라니**
막 7:37	사람들이 심히 **놀라** 이르되 그가 모든
막 9:15	예수를 보고 매우 **놀라며** 달려와 문안
막 10:24	제자들이 그 말씀에 **놀라는지라** 예수
막 10:26	제자들이 매우 **놀라** 서로 말하되 그런
막 10:32	그들이 **놀라고** 따르는 자들은 두려워
막 14:33	데리고 가실새 심히 **놀라시며** 슬퍼하사
막 16:5	청년이 우편에 앉은 것을 보고 **놀라매**
막 16:6	이르되 **놀라지** 말라 너희가 십자가에
막 16:8	여자들이 몹시 **놀라** 떨며 나와 무덤에
눅 1:12	사가랴가 보고 **놀라며** 무서워하니
눅 1:29	처녀가 그 말을 듣고 **놀라** 이런 인사가
눅 2:48	그의 부모가 보고 **놀라며** 그의 어머니
눅 4:32	그 가르치심에 **놀라니** 이는 그 말씀이
눅 4:36	다 **놀라** 서로 말하여 이르되 이 어떠한
눅 5:9	고기 잡힌 것으로 말미암아 **놀라고**
눅 5:26	사람이 **놀라** 하나님께 영광을 돌리며 … 오늘 우리가 **놀라운** 일을 보았다
눅 8:56	부모가 **놀라는지라** 예수께서 경고하사
눅 9:43	하나님의 위엄에 **놀라니라** 그들이 다
눅 24:22	어떤 여자들이 우리로 **놀라게** 하였으니
눅 24:37	그들이 **놀라고** 무서워하여 그 보는 것
행 2:7	다 **놀라** 신기하게 여겨 이르되 보라 이
행 2:12	**놀라며** 당황하여 서로 이르되 이 어찌
행 3:10	인하여 심히 **놀랍게** 여기며 **놀라니라**
행 3:11	백성이 크게 **놀라며** 달려 나아가 솔로몬
행 8:9	사마리아 백성을 **놀라게** 하며 자칭 큰
행 8:13	표적과 큰 능력을 보고 **놀라니라**
행 9:21	듣는 사람이 다 **놀라** 말하되 이 사람이
행 10:45	성령 부어 주심으로 말미암아 **놀라니**
행 12:16	문을 열어 베드로를 보고 **놀라는지라**
행 13:41	사람들아 너희는 **놀라고** 멸망하라 내
행 19:11	바울의 손으로 **놀라운** 능력을 행하게
고후 10:9	내가 편지들로 너희를 **놀라게** 하려는
벧전 3:6	아무 두려운 일에도 **놀라지** 아니하면
계 15:3	하시는 일이 크고 **놀라우시도다** 만국

놀람/놀라움 (terror, horror, anguish)

출 15:16	**놀람**과 두려움이 그들에게 임하매 주의
신 28:37	민족 중에서 네가 **놀람**과 속담과 비방
신 32:25	방 안에서는 **놀람**에 멸망하리니 젊은
대하 29:8	내버리사 두려움과 **놀람**과 비웃거리

욥 10:16	주의 **놀라움**을 다시 나타내시나이다
렘 8:15	고침을 입을 때를 바라나 **놀라움**뿐이
렘 8:21	상하여 슬퍼하며 **놀라움**에 잡혔도다
렘 15:8	어미를 쳐서 **놀람**과 두려움을 그들에
렘 19:8	성읍으로 **놀람**과 조롱거리가 되게 하리
겔 7:27	애통하고 고관은 **놀람**을 옷 입듯 하며
겔 14:8	그들을 **놀라움**과 표징과 속담 거리가
겔 23:33	사마리아의 잔 곧 **놀람**과 패망의 잔을
막 6:50	예수를 보고 **놀람**이라 이에 예수께서

놀랍다 (astounding, sudden, marvelous)

애 1:9	**놀랍도록** 낮아져도 그를 위로할 자가
단 8:24	그가 장차 **놀랍게** 파괴 행위를 하고
습 1:18	멸절하되 **놀랍게** 멸절할 것임이라
마 8:10	예수께서 들으시고 **놀랍게** 여겨 따르는
마 8:27	사람들이 **놀랍게** 여겨 이르되 이이가
마 9:33	무리가 **놀랍게** 여겨 이르되 이스라엘
마 15:31	무리가 보고 **놀랍게** 여겨 이스라엘의
마 22:22	말씀을 듣고 **놀랍게** 여겨 예수를 떠나
막 5:20	전파하니 모든 사람이 **놀랍게** 여기더라
막 11:18	교훈을 **놀랍게** 여기므로 그를 두려워
막 12:11	우리 눈에 **놀랍도다** 함을 읽어 보지도
막 12:17	예수께 대하여 매우 **놀랍게** 여기더라
막 15:5	아니하시니 빌라도가 **놀랍게** 여기더라
눅 1:63	그 이름을 요한이라 쓰매 다 **놀랍게**
눅 2:18	그들에게 말한 것들을 **놀랍게** 여기되
눅 2:33	부모가 그에 대한 말들을 **놀랍게** 여기
눅 2:47	그 지혜와 대답을 **놀랍게** 여기더라
눅 4:22	은혜로운 말을 **놀랍게** 여겨 이르되 이
눅 7:9	들으시고 그를 **놀랍게** 여겨 돌이키사
눅 8:25	그들이 두려워하고 **놀랍게** 여겨 서로
눅 9:43	모든 일을 **놀랍게** 여길새 예수께서 제자
눅 11:14	말하는지라 무리들이 **놀랍게** 여겼으나
눅 20:26	그의 대답을 **놀랍게** 여겨 침묵하니라
눅 24:12	그 된 일을 **놀랍게** 여기며 집으로 돌아
눅 24:41	아직도 믿지 못하고 **놀랍게** 여길 때에
요 3:7	거듭나야 하겠다 하는 말을 **놀랍게** 여기
요 5:20	보이사 너희로 **놀랍게** 여기게 하시리라
요 5:28	이를 **놀랍게** 여기지 말라 무덤 속에
요 7:15	유대인들이 **놀랍게** 여겨 이르되 이 사람
행 3:10	인하여 심히 **놀랍게** 여기며 놀라니라
행 3:12	일을 왜 **놀랍게** 여기느냐 우리 개인의
행 7:31	광경을 보고 **놀랍게** 여겨 알아보려고

【 놀램 】

행 13:12　믿으며 주의 가르치심을 **놀랍게** 여기
살후 1:10　믿는 자들에게서 **놀랍게** 여김을 얻으
계 13:3　나으매 온 땅이 **놀랍게** 여겨 짐승을
계 17:6　보고 **놀랍게** 여기고 크게 **놀랍게** 여기
계 17:7　이르되 왜 **놀랍게** 여기느냐 내가 여자
계 17:8　장차 나올 짐승을 보고 **놀랍게** 여기리라

놀램(horror)

렘 25:9　진멸하여 그들을 **놀램**과 비웃음거리가
렘 25:18　그들이 멸망과 **놀램**과 비웃음과 저주를
렘 42:18　너희가 가증함과 **놀램**과 저주와 치욕
렘 44:12　기근에 죽어서 저주와 **놀램**과 조롱과
렘 44:22　황폐하며 **놀램**과 저줏거리가 되어 주민
렘 49:13　보스라가 **놀램**과 치욕거리와 황폐함

놀리다(mock, pass, wag)

창 21:9　여인 하갈의 아들이 이삭을 **놀리는지라**
창 41:44　허락이 없이는 수족을 **놀릴** 자가 없으
수 10:21　혀를 **놀려** 이스라엘 자손을 대적하는
대상 12:2　좌우 손을 **놀려** 물매도 던지며 화살도
욥 15:13　분노를 터뜨리며 네 입을 **놀리느냐**
잠 10:4　손을 게으르게 **놀리는** 자는 가난하게
렘 6:9　손을 광주리에 자주자주 **놀리라** 하시나
렘 9:3　그들의 혀를 **놀려** 거짓을 말하며 그들이
렘 23:31　그들이 혀를 **놀려** 여호와가 말씀하셨다

놀림거리(byword)

욥 30:9　내가 그들의 **놀림거리**가 되었으며

놈(fellow)

왕상 22:27　왕의 말씀이 이 **놈**을 옥에 가두고 내가
대하 18:26　이같이 말하기를 이 **놈**을 옥에 가두고
마 5:22　잡혀가게 되고 미련한 **놈**이라 하는 자는

놉 1(Nob)

1. 예루살렘 북쪽의 베냐민 지파 성읍

삼상 21:1　다윗이 **놉**에 가서 제사장 아히멜렉에게
삼상 22:9　이새의 아들이 **놉**에 와서 아히둡의 아들
삼상 22:11　아버지의 온 집 곧 **놉**에 있는 제사들을
삼상 22:19　제사장들의 성읍 **놉**의 남녀와 아이들과
사 10:32　아직 이 날에 그가 **놉**에서 쉬고 딸 시온

2. 포로지에서 귀환한 귀향민들의 정착지 중 하나

느 11:32　아나돗과 **놉**과 아나냐와

【 놋 2 】

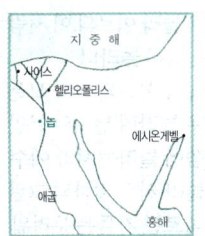

놉 2(Memphis) 나일 강의 서편에 있는 애굽 성읍

사 19:13　**놉**의 방백들은
렘 2:16　**놉**과 다바네스의
렘 44:1　**놉**과 바드로스
렘 46:14　**놉**과 다바네스
렘 46:19　**놉**이 황무하며
겔 30:13　우상들을 없애며 신상들을 **놉** 가운데
겔 30:16　나누일 것이며 **놉** 나라가 날로 대적이
호 9:6　그들을 모으고 **놉**은 그들을 장사하리니

놋 1(Nod) 가인이 살인 후 이주하여 살았던 지역

창 4:16　떠나서 에덴 동쪽 **놋** 땅에 거주하더니

놋 2(bronze)

출 25:3　받을 예물은 이러하니 금과 은과 **놋**과
출 26:37　받침 다섯 개를 **놋**으로 부어 만들지니라
출 27:2　그것에 이어지게 하고 그 제단을 **놋**으로
출 27:4　제단을 위하여 **놋**으로 그물을 만들고
출 27:6　조각목으로 만들고 **놋**으로 쌀지며
출 27:10　그 받침 스물은 **놋**으로 하고 그 기둥의
출 27:19　뜰의 포장 말뚝을 다 **놋**으로 할지니라
출 30:18　물두멍을 **놋**으로 만들고 그 받침도 **놋**
출 31:4　연구하여 금과 은과 **놋**으로 만들게 하며
출 35:5　여호와께 드릴지니 곧 금과 은과 **놋**과
출 35:24　은과 **놋**으로 예물을 삼는 모든 자가
출 35:32　금과 은과 **놋**으로 제작하는 기술을 고안
출 36:38　금으로 쌌으며 그 다섯 받침은 **놋**이었
출 38:2　제단과 연결하게 하고 제단을 **놋**으로
출 38:3　갈고리와 불 옮기는 그릇을 다 **놋**으로
출 38:6　채를 조각목으로 만들어 **놋**으로 싸고
출 38:8　**놋**으로 물두멍을 만들고 그 받침도 **놋**
출 38:10　받침이 스물이니 **놋**이요 기둥의 갈고리
출 38:20　말뚝과 뜰 주위의 말뚝은 모두 **놋**이더라
출 38:29　드린 **놋**은 칠십 달란트와 이천사백 세겔
레 26:19　철과 같게 하며 너희 땅을 **놋**과 같게
신 28:23　머리 위의 하늘은 **놋**이 되고 네 아래의
신 33:25　네 문빗장은 철과 **놋**이 될 것이니 네가
삼상 17:5　입었으니 그 갑옷의 무게가 **놋** 오천
삼하 8:8　베로대에서 매우 많은 **놋**을 빼앗으니라
왕상 7:14　히람은 모든 **놋** 일에 지혜와 총명과
왕상 7:16　**놋**을 녹여 부어서 기둥 머리를 만들어
왕상 7:27　또 **놋**으로 받침 수레 열을 만들었으니

【 놋 2 】　　　　　　　　　　　　　　　　　　　　　　　　　　　　　【 놋쇠 】

왕상 7:38　또 물두멍 열 개를 **놋**으로 만들었는데
왕상 7:45　이 모든 그릇을 빛난 **놋**으로 만드니라
왕상 7:47　아니하고 두었으니 그 **놋** 무게를 능히
왕상 14:27　왕이 그 대신 **놋**으로 방패를 만들어
왕하 25:13　깨뜨려 그 **놋**을 바벨론으로 가져가고
왕하 25:16　이 모든 기구의 **놋** 무게를 헤아릴 수
왕하 25:17　**놋** 머리가 있어 높이가 세 규빗이요 그
　　　　　　머리에 둘린 그물과 석류가 다 **놋**이라
대상 18:8　심히 많은 **놋**을 빼앗았더니 솔로몬이
대상 18:10　하도람이 금과 은과 **놋**의 여러 가지
대상 22:3　무게를 달 수 없을 만큼 심히 많은 **놋**을
대상 22:14　은 백만 달란트와 **놋**과 철을 그 무게를
대하 4:1　솔로몬이 또 **놋**으로 제단을 만들었으니
대하 4:2　**놋**을 부어 바다를 만들었으니 지름이
대하 4:9　뜰 문을 만들고 그 문짝에 **놋**을 입혔고
대하 4:16　왕을 위하여 빛나는 **놋**으로 만들 때에
대하 4:18　만들었으므로 그 **놋** 무게를 능히 측량
대하 6:13　솔로몬이 일찍이 **놋**으로 대를 만들었으
대하 12:10　왕이 그 대신 **놋**으로 방패를 만들어
욥 41:27　지푸라기같이, **놋**을 썩은 나무같이

성경에 나오는 '놋으로 만든' 것들

놋 각반 – 삼상 17:6
놋 고리 – 출 27:4
놋 관 – 욥 40:18
놋 그물 – 출 35:16; 38:4, 5, 30
놋 기둥 – 왕상 7:15; 왕하 25:13
놋 (단)창 – 삼상 17:6; 삼하 21:16
놋 문 – 시 107:16; 사 45:2
놋 바다 – 왕하 16:17; 25:13
놋 바퀴 – 왕상 7:30
놋 빗장 – 왕상 4:13
놋 사슬 – 왕하 25:7; 렘 52:11
놋 성벽 – 렘 1:18; 15:20
놋 소 – 왕하 16:17; 렘 52:20
놋 제금 – 대상 15:19
놋 제단 – 출 38:30; 왕상 8:64; 왕하 16:14,
　　　　 15; 대하 1:5, 6; 7:7; 겔 9:2
놋 줄 – 삿 16:21; 단 4:15, 23
놋 축 – 왕상 7:30
놋 투구 – 삼상 17:5, 38
놋 향로 – 민 16:39
놋 활/화살 – 삼하 22:35; 욥 20:24; 시 18:34

사 48:4　목은 쇠의 힘줄이요 네 이마는 **놋**이라
사 60:17　내가 금을 가지고 **놋**을 대신하며 은을
　　　　　가지고 철을 대신하며 **놋**으로 나무를
렘 6:28　돌아다니는 자며 그들은 **놋**과 철이며
렘 15:12　능히 철 곧 북방의 철과 **놋**을 꺾으리요
렘 52:20　곧 이 모든 기구의 **놋** 무게는 헤아릴
렘 52:22　위에 **놋** 머리가 … 다 **놋**이며 또 다른
겔 22:18　불 가운데에 있는 **놋**이나 주석이나 쇠나
겔 22:20　사람이 은이나 **놋**이나 쇠나 납이나 주석
겔 24:11　뜨겁게 하며 그 가마의 **놋**을 달궈서
겔 40:3　거기에 이르시니 모양이 **놋**같이 빛난
단 2:32　팔은 은이요 배와 넓적다리는 **놋**이요
단 2:35　쇠와 진흙과 **놋**과 은과 금이 다 부서져
단 2:39　일어날 것이요 셋째로 또 **놋** 같은 나라
단 2:45　산에서 나와서 쇠와 **놋**과 진흙과 은과
단 7:19　쇠요 그 발톱은 **놋**이니 먹고 부서뜨리고
단 10:6　팔과 발은 빛난 **놋**과 같고 그의 말소리
미 4:13　무쇠 같게 하며 네 굽을 **놋** 같게 하리니

놋 2 – 기타 본문
출 27:3, 11, 17, 18; 38:11, 17, 19; 39:39; 대상 22:16; 29:2, 7

놋그릇(bronze article)
삼하 8:10　요람이 은그릇과 금그릇과 **놋그릇**을
왕하 25:14　섬길 때에 쓰는 모든 **놋그릇**을 다 가져
대상 18:8　놋대야와 기둥과 **놋그릇**들을 만들었더
스 8:27　금같이 보배로운 **놋그릇**이 두 개라
렘 52:18　섬길 때에 쓰는 모든 **놋그릇**을 다 가져
겔 27:13　**놋그릇**을 가지고 네 상품을 바꾸어
막 7:4　있으니 잔과 주발과 **놋그릇**을 씻음이러

놋대야(bronze Sea)
대상 18:8　솔로몬이 그것으로 **놋대야**와 기둥과
렘 52:17　여호와의 성전의 **놋대야**를 깨뜨려

놋뱀(bronze snake)
민 21:9　모세가 **놋뱀**을 만들어 장대 위에 다니
　　　　　뱀에게 물린 자가 **놋뱀**을 쳐다본즉 모두
왕하 18:4　모세가 만들었던 **놋뱀**을 이스라엘 자손

놋쇠(bronze)
왕상 7:14　두로 사람이니 **놋쇠** 대장장이라 이 히람

【 놋쇠공 】 【 높다/높이 】

대하 4:4 　바다를 **놋쇠** 황소 열두 마리가 받쳤으니
욥 6:12 　기력이겠느냐 나의 살이 어찌 **놋쇠**겠느

놋쇠공(worker in bronze)
대하 24:12 　철공과 **놋쇠공**을 고용하여 여호와의

농담(弄談, joke)
창 19:14 　떠나라 하되 그의 사위들은 **농담**으로

농민(農民, field worker)
대상 27:26 　아들 에스리는 밭 가는 **농민**을 거느렸고

농부(農夫, farmer, tenant)
왕하 25:12 　다스리는 자와 **농부**가 되게 하였더라
대하 26:10 　좋은 밭에 **농부**와 포도원을 다스리는
사 61:5 　너희 **농부**와 포도원지기가 될 것이나
렘 31:24 　모든 성읍의 **농부**와 양 떼를 인도하는
렘 51:23 　분쇄하며 네가 **농부**와 그 멍엣소를 분쇄
렘 52:16 　포도원을 관리하는 자와 **농부**가 되게
욜 1:11 　**농부**들아 너희는 부끄러워할지어다
암 5:16 　슬프도다 하겠으며 **농부**를 불러다가
슥 13:5 　선지자가 아니요 나는 **농부**라 내가 어려
마 21:33 　망대를 짓고 **농부**들에게 세로 주고 타국
마 21:34 　받으려고 자기 종들을 **농부**들에게 보내
마 21:35 　**농부**들이 종들을 잡아 하나는 심히 때리
마 21:38 　**농부**들이 그 아들을 보고 서로 말하되
마 21:40 　주인이 올 때에 그 **농부**들을 어떻게
마 21:41 　열매를 바칠 만한 다른 **농부**들에게 세로
막 12:1 　망대를 지어서 **농부**들에게 세로 주고
막 12:2 　이르매 **농부**들에게 포도원 소출 얼마를
막 12:7 　**농부**들이 서로 말하되 이는 상속자니
막 12:9 　와서 그 **농부**들을 진멸하고 포도원을
눅 20:9 　포도원을 만들어 **농부**들에게 세로 주고
눅 20:10 　한 종을 **농부**들에게 보내니 **농부**들이
눅 20:14 　**농부**들이 그를 보고 서로 의논하여
눅 20:16 　와서 그 **농부**들을 진멸하고 포도원을
요 15:1 　나는 참포도나무요 내 아버지는 **농부**라
딤후 2:6 　수고하는 **농부**가 곡식을 먼저 받는 것이
약 5:7 　길이 참으라 보라 **농부**가 땅에서 나는

농사/-하다(農事, plant, soil)
창 4:2 　아벨은 양치는 자였고 가인은 **농사하는**
창 9:20 　노아가 **농사**를 시작하여 포도나무를

창 26:12 　이삭이 그 땅에서 **농사하여** 그 해에
출 1:14 　벽돌 굽기와 **농사**의 여러 가지 일이라
대하 26:10 　두었으니 **농사**를 좋아함이었더라

농작물(農作物, harvest)
사 16:9 　너의 여름 실과, 네 **농작물**에 즐거운
사 17:11 　심한 슬픔의 날에 **농작물**이 없어지리라

높다/높이(high, tall, lofty)
〔모세 오경, 역사서〕
창 25:8 　그의 나이가 **높고** 늙어서 기운이 다하여
창 29:7 　야곱이 이르되 해가 아직 **높은즉** 가축
출 15:1 　찬송하리니 그는 **높고** 영화로우심이요
출 15:21 　찬송하라 그는 **높고** 영화로우심이요
출 25:20 　그룹들은 그 날개를 **높이** 펴서 그 날개
출 37:9 　그룹들이 그 날개를 **높이** 펴서 그 날개
민 24:7 　그의 왕이 아각보다 **높으니** 그의 나라
민 24:16 　말하며 지극히 **높으신** 자의 지식을 아는
신 32:8 　지극히 **높으신** 자가 민족들에게 기업을
신 32:27 　우리의 수단이 **높으며** 여호와가 이 모든
삼하 23:1 　다윗이 말함이여 **높이** 세워진 자, 야곱
왕상 9:8 　성전이 **높을지라도** 지나가는 자마다
왕상 21:9 　나봇을 백성 가운데 **높이** 앉힌 후에
왕상 21:12 　선포하고 나봇을 백성 가운데 **높이**
왕하 19:22 　향하여 소리를 높였으며 눈을 **높이**
대상 14:2 　그의 나라가 **높이** 들림을 받았음을
대상 29:11 　주께 속하였사오니 주는 **높으사** 만물의
대하 7:21 　성전이 비록 **높을지라도** 그리로 지나
대하 24:20 　그가 백성 앞에 **높이** 서서 그들에게
대하 32:5 　보수하되 망대까지 **높이** 쌓고 또 외성
대하 33:14 　오벨을 둘러 매우 **높이** 쌓고 또 유다
대하 34:4 　제단 위에 **높이** 달린 태양상들을 찍고
느 7:3 　이르기를 해가 **높이** 뜨기 전에는
에 3:1 　하만의 지위를 **높이** 올려 함께 있는

〔시가서, 선지서〕
욥 5:11 　낮은 자를 **높이** 드시고 애곡하는 자를
욥 10:16 　내가 머리를 **높이** 들면 주께서 젊은
욥 11:8 　하늘보다 **높으시니** 네가 무엇을 하겠으
욥 22:12 　하나님은 **높은** 하늘에 계시지 아니하
냐 보라 우두머리 별이 얼마나 **높은가**
욥 35:5 　그대보다 **높이** 뜬 구름을 바라보라
욥 36:22 　권능으로 **높이** 계시나니 누가 그같이
욥 36:26 　하나님은 **높으시니** 우리가 그를 알 수

【 높다/높이 】　　　　　　　　　　　　　　　　　　　　　　　　　　　　　　【 높다/높이 】

욥 38:15	차단되고 그들의 **높이** 든 팔이 꺾이느니	사 33:16	그는 **높은** 곳에 거하리니 견고한 바위가
시 10:5	심판은 **높아서** 그에게 미치지 못하오니	사 37:23	네가 소리를 높이며 눈을 **높이** 들어
시 18:10	바람 날개를 타고 **높이** 솟아오르셨도다	사 37:24	이르렀으니 **높은** 백향목과 아름다운
시 18:48	대적하는 자들의 위에 나를 **높이** 드시고		향나무를 베고 또 그 제일 **높은** 곳에
시 20:1	하나님의 이름이 너를 **높이** 드시며	사 40:9	전하는 자여 너는 **높은** 산에 오르라
시 48:2	터가 **높고** 아름다워 온 세계가 즐거워함	사 40:26	너희는 눈을 **높이** 들어 누가 이 모든
시 51:14	내 혀가 주의 의를 **높이** 노래하리이다	사 44:23	깊은 곳들아 **높이** 부를지어다 산들아
시 57:5	하늘 위에 **높이** 들리시며 주의 영광이	사 52:13	형통하리니 받들어 **높이** 들려서 지극히
시 57:11	하늘 위에 **높이** 들리시며 주의 영광이	사 55:9	땅보다 **높음같이** 내 길은 너희의 길보
시 59:1	일어나 치려는 자에게서 나를 **높이**		다 **높으며** 내 … 생각보다 **높음이니라**
시 59:16	주의 인자하심을 **높이** 부르오리니	사 57:7	**높고 높은** 산 위에 네 침상을 베풀었고
시 66:17	부르짖으며 나의 혀로 **높이** 찬송하였도	사 57:15	말씀하시되 내가 **높고** 거룩한 곳에 있으
시 71:19	또한 지극히 **높으시니이다** 하나님이여	사 58:14	내가 너를 땅의 **높은** 곳에 올리고
시 75:5	뿔을 **높이** 들지 말며 교만한 목으로		
시 75:10	다 베고 의인의 뿔은 **높이** 들리로다		**'높으신 하나님' 과 관련된 성구**
시 78:69	그의 성소를 산의 **높음같이**, 영원히		창 14:18, 19, 20, 22; 단 3:26; 4:2; 5:18,
시 89:13	주의 오른손은 **높이** 들리우셨나이다		21; 미 6:6; 막 5:7
시 92:4	일로 말미암아 내가 **높이** 외치리이다		
시 93:4	**높이** 계신 여호와의 능력은 많은		
시 99:2	위대하시고 모든 민족보다 **높으시도다**	렘 2:20	모든 **높은** 산 위에서와 모든 푸른 나무
시 101:5	멸할 것이요 눈이 **높고** 마음이 교만한	렘 3:6	모든 **높은** 산에 오르며 모든 푸른 나무
시 103:11	하늘이 땅에서 **높음같이** 그를 경외하는	렘 17:2	그들의 자녀가 **높은** 언덕 위 푸른 나무
시 108:4	인자하심이 하늘보다 **높으시며** 주의	렘 17:12	시작부터 **높이** 계시며 우리의 성소이시
시 108:5	하늘 위에 **높이** 들리시며 주의 영광이	렘 25:30	여호와께서 **높은** 데서 포효하시고 그의
	온 땅에서 **높임** 받으시기를 원하나이다	렘 31:12	그들이 와서 시온의 **높은** 곳에서 찬송하
시 113:4	여호와는 모든 나라보다 **높으시며** 그	렘 42:1	낮은 자로부터 **높은** 자까지 다 나아와
	의 영광은 하늘보다 **높으시도다**	렘 42:8	낮은 자로부터 **높은** 자까지 다 부르고
시 118:16	여호와의 오른손이 **높이** 들렸으며	렘 44:12	낮은 자로부터 **높은** 자까지 칼과 기근에
시 138:2	주의 모든 이름보다 **높게** 하셨음이라	렘 49:16	보금자리를 **높은** 데에 지었을지라도
시 138:6	여호와께서는 **높이** 계셔도 낮은 자를	렘 51:53	솟아오른다 하자 **높은** 곳에 있는 피난처
시 139:6	내게 너무 기이하니 **높아서** 내가 능히	렘 51:58	성벽은 훼파되겠고 그 **높은** 문들은 불에
시 148:13	그의 이름이 홀로 **높으시며** 그의 영광이	애 1:13	**높은** 곳에서 나의 골수에 불을 보내어
잠 4:8	그를 **높이라** 그리하면 그가 너를 **높이**	애 2:17	대적자들의 뿔로 **높이** 들리게 하셨도다
잠 24:7	지혜는 너무 **높아서** 미련한 자가 미치지	겔 1:18	그 둘레는 **높고** 무서우며 그 네 둘레로
잠 25:3	하늘의 **높음과** 땅의 깊음같이 왕의	겔 6:13	제단 사방에, 각 **높은** 고개 위에, 모든
잠 30:13	눈이 심히 **높으며** 눈꺼풀이 **높이** 들린	겔 16:24	건축하며 모든 거리에 **높은** 대를 쌓았고
사 2:13	레바논의 **높고 높은** 모든 백향목과	겔 16:25	네가 **높은** 대를 모든 길 어귀에 쌓고
사 6:1	내가 본즉 주께서 **높이** 들린 보좌에	겔 16:31	어귀에 건축하며 **높은** 대를 모든 거리에
사 12:4	만국 중에 선포하며 그의 이름이 **높다**	겔 16:39	네 누각을 헐며 네 **높은** 대를 부수며
사 25:12	성벽의 **높은** 요새를 헐어 땅에 내리시되	겔 17:3	레바논에 이르러 백향목 **높은** 가지를
사 26:5	**높은** 데에 거주하는 자를 낮추시며 솟	겔 17:6	자라며 퍼져서 **높지** 아니한 포도나무
사 26:11	여호와여 주의 손이 **높이** 들릴지라도	겔 17:22	꼭대기에서 **높은** 가지를 … 그 **높은** 새
사 33:5	존귀하시니 그는 **높은** 곳에 거하심이요		가지 끝에서 연한 가지를 꺾어 **높고**

475

【 높다/높이 】

겔 17:23 이스라엘 **높은** 산에 심으리니 그 가지가
겔 17:24 나 여호와는 **높은** 나무를 낮추고 낮은
겔 19:11 굵은 가지 가운데에서 **높았으며** 많은
겔 20:28 그들이 모든 **높은** 산과 모든 무성한
겔 20:40 이스라엘의 **높은** 산에서 다 나를 섬기리
겔 21:26 낮은 자를 높이고 **높은** 자를 낮출 것이
겔 31:10 구름에 닿아서 **높이** 솟아났으므로 마음
겔 31:14 나무가 스스로 **높아** 서지 못하게 함이니
겔 34:6 산과 **높은** 멧부리에마다 유리되었고

성경에 나오는 '높은' 것들

높은 가지 – 사 17:6
높은 것 – 창 41:40; 잠 21:4
높은 고관 – 민 22:15
높은 곳 – 민 21:28; 신 32:13; 33:29; 수 11:2; 12:23; 삿 5:18; 삼상 22:6; 삼하 22:34; 대하 32:33; 욥 25:2; 31:2; 39:27; 시 18:16, 33; 68:18; 95:4; 113:5; 잠 8:2; 9:3, 14; 전 12:5; 사 22:16
높은 구름 – 사 14:14
높은 군대 – 사 24:21
높은 눈 – 사 10:12
높은 데 – 욥 16:19; 시 73:8; 148:1; 사 7:11; 24:21
높은 땅 – 왕상 4:11
높은 망대 – 삼하 22:3; 사 2:15
높은 바위 – 시 27:5; 61:2
높은 백향목 – 왕하 19:23; 사 2:13
높은 산 – 창 7:19; 신 12:2; 시 68:15, 16; 104:18; 사 2:14
높은 성벽 – 신 3:5; 28:52; 잠 18:11
높은 성소 – 시 102:19
높은 성읍 – 신 2:36
높은 소리 – 시 150:5
높은 이자 – 느 5:7
높은 자/사람/이 – 욥 21:22; 41:34; 시 115:13; 전 5:8; 사 2:11; 10:33; 14:14; 24:4
높은 자리 – 시 7:7; 62:4
높은 지위 – 전 10:6
높은 파도 – 욥 38:11
높은 체 – 잠 12:9; 25:6; 30:32
높은 하늘 – 욥 22:12

【 높다/높이 】

겔 34:14 이스라엘 **높은** 산에 두리니 그것들이
겔 36:2 옛적 **높은** 곳이 우리의 기업이 되었도다
겔 40:2 나를 매우 **높은** 산 위에 내려놓으시는데
단 4:10 있는 것을 보았는데 높이가 **높더니**
단 4:17 지극히 **높으신** 이가 사람의 나라를 다스
단 4:24 곧 지극히 **높으신** 이가 명령하신 것이
단 4:25 그 때에 지극히 **높으신** 이가 사람의
단 4:32 지극히 **높으신** 이가 사람의 나라를 다스
단 4:34 내가 지극히 **높으신** 이에게 감사하며
단 7:18 지극히 **높으신** 이의 성도들이 나라를
단 7:22 지극히 **높으신** 이의 성도들을 위하여
단 7:25 그가 장차 지극히 **높으신** 이를 말로 대적하며 또 지극히 **높으신** 이의 성도를
단 7:27 위세가 지극히 **높으신** 이의 거룩한 백성
단 10:13 **높은** 군주 중 하나인 미가엘이 와서
호 7:16 돌아오나 **높으신** 자에게로 돌아오지
암 4:13 어둡게 하며 땅의 **높은** 데를 밟는 이는
옵 1:3 바위 틈에 거주하며 **높은** 곳에 사는
옵 1:4 네가 독수리처럼 **높이** 오르며 별 사이에
욘 3:5 금식을 선포하고 **높고** 낮은 자를 막론
미 1:3 나오시고 강림하사 땅의 **높은** 곳을
미 3:12 성전의 산은 수풀의 **높은** 곳이 되리라
합 2:9 재앙을 피하기 위하여 **높은** 데 깃들이려
합 3:10 소리를 지르며 손을 **높이** 들었나이다
합 3:19 나의 **높은** 곳으로 다니게 하시리로다
습 1:16 견고한 성읍들을 치며 **높은** 망대를 치는
슥 14:10 예루살렘이 **높이** 들려 그 본처에 있으리

신약

마 4:8 그를 데리고 지극히 **높은** 산으로 가서
마 10:24 또는 종이 그 상전보다 **높지** 못하나니
마 17:1 요한을 데리시고 따로 **높은** 산에 올라가
마 21:9 오시는 이여 가장 **높은** 곳에서 호산나
마 23:6 잔치의 윗자리와 회당의 **높은** 자리
막 9:2 요한을 데리시고 따로 **높은** 산에 올라
막 11:10 다윗의 나라여 가장 **높은** 곳에서 호산나
막 12:39 회당의 **높은** 자리와 잔치의 윗자리를
눅 1:32 지극히 큰 자가 되고 지극히 **높으신** 이의
눅 1:35 임하시고 지극히 **높으신** 이의 능력이
눅 1:76 아이여 네가 지극히 **높으신** 이의 선지자
눅 2:14 지극히 **높은** 곳에서는 하나님께 영광
눅 6:35 또 지극히 **높으신** 이의 아들이 되리니
눅 6:40 제자가 그 선생보다 **높지** 못하나 무릇
눅 8:28 이르되 지극히 **높으신** 하나님의 아들

높아지다

눅 11:43	바리새인이여 너희가 회당의 **높은** 자리
눅 14:7	받은 사람들이 **높은** 자리 택함을 보시고
눅 14:8	받았을 때에 **높은** 자리에 앉지 말라
	그렇지 않으면 너보다 더 **높은** 사람이
눅 19:38	하늘에는 평화요 가장 **높은** 곳에는 영광
눅 20:46	회당의 **높은** 자리와 잔치의 윗자리를
행 7:48	그러나 지극히 **높으신** 이는 손으로 지은
행 8:10	낮은 사람부터 **높은** 사람까지 다 따르며
행 16:17	사람들은 지극히 **높은** 하나님의 종으로
행 25:2	대제사장들과 유대인 중 **높은** 사람들이
행 25:23	천부장들과 시중의 **높은** 사람들과 함께
행 26:22	오늘까지 서서 **높고** 낮은 사람 앞에서
행 28:7	이 섬에서 가장 **높은** 사람 보블리오라
행 28:17	바울이 유대인 중 **높은** 사람들을 청하여
롬 8:39	**높음**이나 깊음이나 다른 어떤 피조물
롬 11:20	믿으므로 섰느니라 **높은** 마음을 품지
롬 12:16	마음을 같이하며 **높은** 데 마음을 두지
딤전 2:2	임금들과 **높은** 지위에 있는 모든 사람
히 1:3	일을 하시고 **높은** 곳에 계신 지극히
히 7:1	지극히 **높으신** 하나님의 제사장이라
히 7:4	사람이 얼마나 **높은가**를 생각해 보라
히 7:7	여지 없이 낮은 자가 **높은** 자에게서
히 7:26	떠나 계시고 하늘보다 **높이** 되신 이라
약 1:9	낮은 형제는 자기의 **높음**을 자랑하고
계 21:10	성령으로 나를 데리고 크고 **높은** 산으로
계 21:12	크고 **높은** 성곽이 있고 열두 문이 있는

높아지다(rise, exalt)

신 28:43	이방인은 점점 **높아져서** 네 위에 뛰어
삼상 2:1	여호와로 말미암아 **높아졌으며** 내 입이
욥 24:24	그들은 잠깐 동안 **높아졌다가** 천대를
시 57:5	온 세계 위에 **높아지기**를 원하나이다
시 57:11	온 세계 위에 **높아지기**를 원하나이다
시 89:16	주의 공의로 말미암아 **높아지오니**
시 89:17	뿔이 주의 은총으로 **높아지오리니**
시 89:24	말미암아 그의 뿔이 **높아지리로다**
사 33:10	높이며 내가 이제 지극히 **높아지리니**
겔 41:7	**높아질수록** 넓으므로 성전에 둘린 이
	골방이 **높아질수록** 성전에 가까워졌으
단 5:20	그가 마음이 **높아지며** 뜻이 완악하여
단 8:11	또 스스로 **높아져서** 군대의 주재를
단 11:12	그의 마음이 스스로 **높아져서** 수만 명을
단 11:14	포악한 자가 스스로 **높아져서** 환상을

높이다

마 11:23	하늘에까지 **높아지겠느냐** 음부에까지
마 23:12	자기를 낮추는 자는 **높아지리라**
눅 10:15	하늘에까지 **높아지겠느냐** 음부에까지
눅 14:11	자기를 낮추는 자는 **높아지리라**
눅 18:14	낮추는 자는 **높아지리라** 하시니라
고후 10:5	대적하여 **높아진** 것을 다 무너뜨리고

높이(high, top)

창 6:15	너비는 오십 규빗, **높이**는 삼십 규빗
출 25:10	너비는 한 규빗 반, **높이**는 한 규빗 반이
출 27:1	반듯하게 하며 **높이**는 삼 규빗으로 하고
왕상 6:2	이십 규빗이요 **높이**가 삼십 규빗이며
스 6:3	견고히 쌓고 그 성전의 **높이**는 육십
느 4:6	연결되고 **높이**가 절반에 이르렀으니
에 5:14	친구들이 이르되 **높이**가 오십 규빗 되는
에 7:9	하만이 **높이**가 오십 규빗 되는 나무를
렘 52:21	기둥은 한 기둥의 **높이**가 십팔 규빗이요
렘 52:22	놋머리가 있어 그 **높이**가 다섯 규빗이며
겔 40:5	측량하니 두께가 한 장대요 **높이**도
겔 41:8	모든 골방 밑 지대의 **높이**는 한 장대
겔 41:22	나무 제단의 **높이**는 세 척이요 길이는
겔 43:13	밑받침의 **높이**는 한 척이요 그 사방
겔 43:14	**높이**는 두 척이요 … 이층의 **높이**는
겔 43:15	그 번제단 위층의 **높이**는 네 척이며
단 3:1	신상을 만들었으니 **높이**는 육십 규빗
단 4:10	있는 것을 보았는데 **높이**가 높더니
단 4:11	자라서 견고하여지고 그 **높이**는 하늘에
암 2:9	그 키는 백향목 **높이**와 같고 강하기는
엡 3:19	너비와 길이와 **높이**와 깊이가 어떠함을
계 21:16	스다디온이요 길이와 너비와 **높이**가

📖 **높이 – 기타 본문**

출 25:23; 27:18; 30:2; 37:1, 10, 25; 38:1, 18; 왕상 6:10, 20, 23, 26; 7:2, 15, 16, 23, 27, 31, 32 , 35; 왕하 25:17; 대하 3:4, 15; 4:1, 2; 6:13; 겔 40:42; 단 4:20

높이다(raise, exalt)

모세오경, 역사서

창 27:38	내게도 그리하소서 하고 소리를 **높여**
출 15:2	하나님이시니 내가 그를 **높이리로다**
민 14:1	회중이 소리를 **높여** 부르짖으며 백성
민 16:3	여호와의 총회 위에 스스로 **높이느냐**
민 22:17	내가 그대를 **높여** 크게 존귀하게 하고

【 높이다 】　　　　　　　　　　　　　　　　　　　　　　　【 높이다 】

민 22:37	내가 어찌 그대를 **높여** 존귀하게 하지	시 91:14	내 이름을 안즉 내가 그를 **높이리라**
민 24:11	내가 그대를 **높여** 심히 존귀하게 하기로	시 92:10	들소의 뿔같이 **높이셨으며** 내게 신선한
삿 2:4	이 말씀을 이르매 백성이 소리를 **높여**	시 93:3	소리를 **높였고** 큰 물이 그 소리를 높
삿 9:7	목소리를 **높여** 그들에게 외쳐 이르되		였으니 큰물이 그 물결을 **높이나이다**
룻 1:9	그들에게 입 맞추매 그들이 소리를 **높여**	시 99:5	여호와 우리 하나님을 **높여** 그의 발등상
룻 1:14	소리를 **높여** 다시 울더니 오르바는	시 99:9	여호와 우리 하나님을 **높이고** 그 성산에
삼상 2:7	낮추기도 하시고 **높이기도** 하시는도다	시 107:32	백성의 모임에서 그를 **높이며** 장로들의
삼상 2:10	받은 자의 뿔을 **높이시리로다** 하니라	시 108:5	주의 영광이 온 땅에서 **높임** 받으시기를
삼상 11:4	전하매 모든 백성이 소리를 **높여** 울더니	시 118:28	하나님이시라 내가 주를 **높이리이다**
삼상 15:30	이스라엘 앞에서 나를 **높이사** 나와 함께	시 140:8	못하게 하소서 그들이 스스로 **높일까**
삼상 24:16	이것이 네 목소리냐 하고 소리를 **높여**	시 145:1	하나님이여 내가 주를 **높이고** 영원히
삼상 30:4	기력이 없도록 소리를 **높여** 울었더라	시 148:14	그의 백성의 뿔을 **높이셨으니** 그는 모든
삼하 3:32	무덤에서 왕이 소리를 **높여** 울고 백성도	잠 1:20	부르며 광장에서 소리를 **높이며**
삼하 5:12	이스라엘을 위하여 그 나라를 **높이신**	잠 2:3	구하며 명철을 얻으려고 소리를 **높이며**
삼하 6:22	계집종에게는 내가 **높임을** 받으리라	잠 4:8	**높이라** 그리하면 그가 너를 높이 들리라
삼하 7:26	주의 이름을 크게 **높여** 이르기를 만군의	잠 8:1	명철이 소리를 **높이지** 아니하느냐
삼하 13:36	왕자들이 이르러 소리를 **높여** 통곡하니	잠 8:4	내가 인자들에게 소리를 **높이노라**
삼하 22:47	구원의 반석이신 하나님을 **높일지로다**	잠 17:19	자기 문을 **높이는** 자는 파괴를 구하는
삼하 22:49	나를 **높이시고** 나를 강포한 자에게서	사 2:11	여호와께서 홀로 **높임을** 받으시리라
왕상 1:5	아도니야가 스스로 **높여서** 이르기를	사 2:17	낮아지고 여호와께서 홀로 **높임을** 받으
왕상 19:22	누구를 향하여 소리를 **높였으며** 눈을	사 3:7	그 날에 그가 소리를 **높여** 이르기를
왕하 25:28	함께 있는 모든 왕의 지위보다 **높이고**	사 5:16	정의로우시므로 **높임을** 받으시며 거룩
대상 17:24	영원히 주의 이름을 **높여** 이르기를	사 12:6	주민아 소리 **높여** 부르라 이스라엘의
대하 5:13	울리며 소리를 **높여** 여호와를 찬송하여	사 13:2	세우고 소리를 **높여** 그들을 부르며
에 5:11	지방관이나 신하들보다 **높인** 것을	사 14:7	평온하니 무리가 소리 **높여** 노래하는도
에 10:2	모든 행적과 모르드개를 **높여** 존귀하게	사 14:13	내 자리를 **높이리라** 내가 북극 집회의
시가서, 선지서		사 24:14	무리가 소리를 **높여** 부를 것이며 여호와
욥 17:4	못하게 하셨사오니 그들을 **높이지**	사 25:1	주를 **높이고** 주의 이름을 찬송하오리니
욥 36:24	일을 기억하고 **높이라** 잊지 말지니라	사 33:10	이제 나를 **높이며** 내가 이제 지극히
욥 38:34	구름에까지 **높여** 넘치는 물이 네게	사 37:23	소리를 **높이며** 눈을 높이 들어 향한
시 12:8	비열함이 인생 중에 **높임을** 받는 때에	사 40:9	**높이라** 두려워하지 말고 소리를 높여
시 18:46	내 구원의 하나님을 **높일지로다**	사 42:2	목소리를 **높이지** 아니하며 그 소리를
시 21:13	주의 능력으로 **높임을** 받으소서 우리가	사 42:11	마을들은 소리를 **높이라** 셀라의 주민
시 30:1	여호와여 내가 주를 **높일** 것은 주께서	사 52:8	그들이 소리를 **높여** 일제히 노래하니
시 34:3	하며 함께 그의 이름을 **높이세**	사 58:1	목소리를 나팔같이 **높여** 내 백성에게
시 46:10	**높임을** 받으리라 내가 세계중에서 높임	렘 22:20	바산에서 네 소리를 **높이며** 아바림에서
시 47:9	하나님의 것임이여 그는 **높임을** 받으	렘 51:14	너를 향하여 환성을 **높이리라** 하시도다
시 55:12	나를 대하여 자기를 **높이는** 자는 나를	렘 52:32	바벨론에 있는 왕들의 자리보다 **높이고**
시 69:29	주의 구원으로 나를 **높이소서**	애 4:16	그들이 제사장들을 **높이지** 아니하였으
시 75:6	무릇 **높이는** 일이 동쪽에서나 서쪽에서	겔 17:24	낮은 나무를 **높이며** 푸른 나무를 말리고
시 75:7	이를 낮추시고 저를 **높이시느니라**	겔 21:22	입을 벌리고 죽이며 소리를 **높여** 외치며
시 89:19	백성 중에서 택함 받은 자를 **높였으되**	겔 21:26	두지 못하리니 낮은 자를 **높이고** 높은
시 89:42	대적들의 오른손을 **높이시고** 대적들	겔 29:15	나라들 위에 스스로 **높이지** 못하리니

【 높다 】   【 놓다 】

단 2:48	왕이 이에 다니엘을 **높여** 귀한 선물을	창 22:9	쌓고 나무를 벌여 **놓고** 그의 아들 이
단 3:12	사람들이 왕을 **높이지** 아니하며 왕의		삭을 결박하여 제단 나무 위에 **놓고**
단 3:30	바벨론 지방에서 더욱 **높이니라**	창 50:5	가나안 땅에 내가 파 **놓은** 묘실에 나를
단 5:19	임의로 **높이며** 임의로 낮추었더니	출 17:12	모세의 아래에 **놓아** 그가 그 위에 앉게
단 5:23	하늘의 주재보다 **높이며** 그의 성전 그릇	출 22:6	밭을 태우면 불 **놓은** 자가 반드시 배상
단 11:36	마음대로 행하며 스스로 **높여** 모든	출 26:35	상을 **놓고** 남쪽에 등잔대를 **놓아** 상과
호 13:1	자기를 **높이더니** 바알로 말미암아	출 36:8	그룹들을 무늬 **놓아** 짜서 지은 것이라
신약		출 40:6	또 번제단을 회막의 성막 문 앞에 **놓고**
마 21:9	따르는 무리가 소리 **높여** 이르되 호산나	출 40:7	회막과 제단 사이에 **놓고** 그 속에 물을
마 23:12	자기를 **높이는** 자는 낮아지고 누구든	출 40:18	그 받침들을 **놓고** 그 널판들을 세우고
	지 자기를 낮추는 자는 **높아지리라**	출 40:22	곧 성막 북쪽으로 휘장 밖에 상을 **놓고**
눅 1:52	내리치셨으며 비천한 자를 **높이셨고**	출 40:24	남쪽에 등잔대를 **놓아** 상과 마주하게
눅 11:27	한 여자가 음성을 **높여** 이르되 당신을	레 1:7	불을 붙이고 불 위에 나무를 벌여 **놓고**
눅 14:11	무릇 자기를 **높이는** 자는 낮아지고 자	레 1:8	위의 불 위에 있는 나무에 벌여 **놓을**
	기를 낮추는 자는 **높아지리라**	레 1:12	위에 있는 나무 위에 벌여 **놓을** 것이며
눅 16:15	사람 중에 **높임**을 받는 그것은 하나님	레 2:1	기름을 붓고 또 그 위에 유향을 **놓아**
눅 17:13	소리를 **높여** 이르되 예수 선생님이여	레 5:11	기름을 붓지 말며 유향을 **놓지** 말고
눅 18:14	무릇 자기를 **높이는** 자는 낮아지고 자	레 6:12	번제물을 그 위에 벌여 **놓고** 화목제의
	기를 낮추는 자는 **높아지리라**	레 8:26	기름 위에와 오른쪽 뒷다리 위에 **놓아**
요 4:44	선지자가 고향에서는 **높임**을 받지 못한	레 9:20	가슴들 위에 **놓으매** 아론이 그 기름을
행 2:14	**높여** 이르되 유대인들과 예루살렘에	레 19:14	앞에 장애물을 **놓지** 말고 네 하나님을
행 2:33	오른손으로 예수를 **높이시매** 그가 약속	레 19:28	무늬를 **놓지** 말라 나는 여호와이니라
행 4:24	하나님께 소리를 **높여** 이르되 대주재여	민 16:19	회막 문에 모아 **놓고** 그 두 사람을 대적
행 5:31	그를 오른손으로 **높이사** 임금과 구주로	민 19:15	뚜껑을 열어 **놓고** 덮지 아니한 그릇은
행 10:46	방언을 말하며 하나님 **높임**을 들음이라	신 13:16	거리에 모아 **놓고** 그 성읍과 그 탈취물
행 13:17	그 백성을 **높여** 큰 권능으로 인도하여	신 26:4	하나님 여호와의 제단 앞에 **놓을** 것이며
행 19:17	두려워하며 주 예수의 이름을 **높이고**	수 2:6	그 지붕에 벌여 **놓은** 삼대에 숨겼더라
고후 11:7	너희를 **높이려고** 나를 낮추어 하나님의	수 7:23	그것을 여호와 앞에 쏟아 **놓으니라**
고후 11:20	빼앗거나 스스로 **높이거나** 뺨을 칠지라	수 8:17	열어 **놓고** 이스라엘을 추격하였더라
갈 4:20	내 언성을 **높이려** 함은 너희에 대하여	삿 6:20	가져다가 이 바위 위에 **놓고** 국을 부으
빌 2:9	하나님이 그를 지극히 **높여** 모든 이름	삿 9:49	아비멜렉을 따라 보루 위에 **놓고** 그것
살후 2:4	위에 자기를 **높이고** 하나님의 성전에		들이 얹혀 있는 보루에 불을 **놓으매**
딤전 6:17	부한 자들을 명하여 마음을 **높이지** 말고	삿 16:24	땅을 망쳐 **놓고** 우리의 많은 사람을
약 4:10	그리하면 주께서 너희를 **높이시리라**	삿 19:25	능욕하다가 새벽 미명에 **놓은지라**
벧전 5:6	겸손하라 때가 되면 너희를 **높이시리라**	삼상 9:24	앞에 **놓는지라** 사무엘이 이르되 보라 이
			는 두었던 것이니 네 앞에 **놓고** 먹으라
놓다(set, release)		삼상 10:2	암나귀들의 염려는 **놓았으나** 너희로
1. 두다(set, place)		삼상 19:17	나를 속여 내 대적을 **놓아** 피하게 하였
모세오경, 역사서			느냐 … 이르기를 나를 **놓아** 가게 하라
창 15:10	쪼갠 것을 마주 대하여 **놓고** 그 새는	삼상 28:9	생명에 올무를 **놓아** 나를 죽게 하려느냐
창 18:8	앞에 차려 **놓고** 나무 아래에 모셔 서매	삼하 13:9	가져다가 그 앞에 쏟아 **놓아도** 암논이
창 21:28	일곱 암양 새끼를 따로 **놓으니**	삼하 15:29	도로 메어다 **놓고** 거기 머물러 있으니라
창 21:29	일곱 암양 새끼를 따로 **놓음은** 어찜이냐	왕상 5:17	다듬어서 성전의 기초석으로 **놓게** 하매

놓다		놓다	
왕상 6:15	또 잣나무 널판으로 성전 마루를 **놓**았	전 10:18	서까래가 내려앉고 손을 **놓**은즉 집이
왕상 7:12	판자 한 켜를 **놓**았으니 마치 여호와의 성전 안뜰과 주랑에 **놓**은 것 같더라	전 11:6	손을 **놓**지 말라 이것이 잘 될는지
		사 37:14	올라가서 그 글을 여호와 앞에 펴 **놓**고
왕상 7:25	바다를 그 위에 **놓**았고 소의 뒤는	사 59:2	하나님 사이를 갈라 **놓**았고 너희 죄가
왕상 7:29	가장자리 위에는 **놓**는 자리가 있고 사	사 65:15	또 너희가 남겨 **놓**은 이름은 내가 택한
왕상 18:23	위에 **놓**고 불은 붙이지 말며 나도 송 아지 한 마리를 잡아 나무 위에 **놓**고	렘 5:26	매복함같이 지키며 덫을 **놓**아 사람을
		렘 18:22	빠뜨리려고 올무를 **놓**았음이니이다
왕상 18:33	각을 떠서 나무 위에 **놓**고 이르되	렘 35:5	종지와 술잔을 **놓**고 마시라 권하매
왕하 4:4	부어서 차는 대로 옮겨 **놓**으라 하니라	렘 43:10	이 돌들 위에 **놓**고 또 그 화려한 큰 장막
왕하 4:29	지팡이를 그 아이 얼굴에 **놓**으라 하는	렘 44:19	과자를 만들어 **놓**고 전제를 드렸느냐
왕하 4:31	아이의 얼굴에 **놓**았으나 소리도 없고	렘 50:24	잡으려고 올무를 **놓**았더니 네가 깨닫지
왕하 19:14	그 편지를 여호와 앞에 펴 **놓**고	겔 3:25	네 위에 줄을 **놓**아 너를 동여매리니
왕하 20:7	가져다가 그 상처에 **놓**으니 나으니라	겔 4:1	네 앞에 **놓**고 한 성읍 곧 예루살렘을
대상 21:10	세 가지를 내어 **놓**으리니 그 중에서	겔 21:15	세워 **놓**았도다 오호라 그 칼이 번개
대하 2:4	떡을 차려 **놓**으며 안식일과 초하루와	겔 23:41	차리고 내 향과 기름을 그 위에 **놓**고
대하 3:3	하나님의 전을 위하여 **놓**은 지대는	겔 24:11	숯불 위에 **놓**아 뜨겁게 하며 그 가마의
대하 4:4	바다를 그 위에 **놓**았고 소의 엉덩이는	겔 32:25	가운데에 침상을 **놓**았고 그 여러 무덤은
대하 13:11	상에 진설병을 **놓**고 또 금 등잔대가	암 3:5	덫을 땅에 **놓**지 않았는데 새가 어찌
스 3:6	여호와의 성전 지대는 미처 **놓**지 못하였	슥 4:9	성전의 기초를 **놓**았은즉 그의 손이 또한
스 3:10	성전의 기초를 **놓**을 때에 제사장들을	신약	
스 5:16	지대를 **놓**았고 그 때로부터 지금까지	마 7:25	이는 주추를 반석 위에 **놓**은 까닭이요
스 6:4	한 켜를 **놓**으라 그 경비는 다 왕실에서	마 27:60	넣어 두고 큰 돌을 굴려 무덤 문에 **놓**고
에 9:27	기록하고 정해 **놓**은 때 이 두 날을 이어	막 8:32	드러내 **놓**고 이 말씀을 하시니 베드로가
시가서		막 11:7	겉옷을 그 위에 얹어 **놓**으매 예수께서
욥 6:2	파멸을 저울 위에 모두 **놓**을 수 있다면	막 15:46	넣어 두고 돌을 굴려 무덤 문에 **놓**으매
욥 24:1	전능자가 때를 정해 **놓**지 아니하셨는고	눅 6:48	주추를 반석 위에 **놓**은 사람과 같으니
욥 30:12	내 발에 덫을 **놓**으며 나를 대적하여	눅 19:35	새끼 위에 걸쳐 **놓**고 예수를 태우니
욥 38:4	내가 땅의 기초를 **놓**을 때에 네가 어디	요 11:39	돌을 옮겨 **놓**으라 하시니 그 죽은 자의
욥 38:6	세웠으며 그 모퉁잇돌을 누가 **놓**았느냐	요 11:41	돌을 옮겨 **놓**으니 예수께서 눈을 들어
욥 41:6	장사꾼들이 그것을 **놓**고 거래하겠으며	요 18:20	내가 드러내 **놓**고 세상에 말하였노라
시 38:12	찾는 자가 올무를 **놓**고 나를 해하려는	행 6:2	하나님의 말씀을 제쳐 **놓**고 접대를
시 64:5	남몰래 올무 **놓**기를 함께 의논하고 하는	행 27:30	체하고 거룻배를 바다에 내려 **놓**거늘
시 74:3	발을 옮겨 **놓**으소서 원수가 성소에서	롬 12:20	네가 숯불을 그 머리에 쌓아 **놓**으리라
시 89:25	**놓**으며 오른손을 강들 위에 **놓**으리니	고전 7:35	너희에게 올무를 **놓**으려 함이 아니니
시 90:8	죄악을 주의 앞에 **놓**으시며 우리의 은밀	고전 10:27	너희 앞에 차려 **놓**은 것은 무엇이든지
시 102:25	땅의 기초를 **놓**으셨사오며 하늘도	고후 10:16	규범으로 이루어 **놓**은 것으로 자랑하지
시 104:5	땅에 기초를 **놓**으사 영원히 흔들리지	히 6:6	십자가에 못 박아 드러내 **놓**고 욕되게
시 119:110	나를 해하려고 올무를 **놓**았사오나 나는	히 10:20	휘장 가운데로 열어 **놓**으신 새로운
시 140:5	해하려고 올무와 줄을 **놓**으며 길 곁에	계 2:14	앞에 걸림돌을 **놓**아 우상의 제물을 먹게
시 141:9	나를 잡으려고 **놓**은 올무와 악을 행하는	**2. 풀어 주다**(release)	
잠 3:19	지혜로 땅에 터를 **놓**으셨으며 명철로	창 41:14	옥에서 내 **놓**은지라 요셉이 곧 수염을
잠 25:22	숯을 그의 머리에 **놓**는 것과 일반이요	출 14:5	우리를 섬김에서 **놓**아 보내었는가 하고
전 7:18	저것에서도 네 손을 **놓**지 아니하는 것이	출 22:5	자기의 짐승을 **놓**아 남의 밭에서 먹게

【 놓다 】 　　　　　　　　　　　　　　　　　　　　　　　　　　　　　　　　【 놓이다/놓여지다 】

레 14:7	하고 그 살아 있는 새는 들에 **놓을지며**	렘 17:27	내가 성문에 불을 **놓아** 예루살렘 궁전
레 16:22	그는 그 염소를 광야에 **놓을지니라**	렘 21:14	또 수풀에 불을 **놓아** 그 모든 주위를
신 15:12	너는 그를 **놓아** 자유롭게 할 것이요	렘 32:29	불을 **놓아** 성과 집 곧 그 지붕에서
신 15:13	그를 **놓아** 자유하게 할 때에는 빈손으로	암 1:14	내가 랍바 성에 불을 **놓아** 그 궁궐들을
신 15:18	너를 섬겼은즉 너는 그를 **놓아** 자유하게		
삿 1:25	그 사람과 그의 가족을 **놓아** 보내매	**놓아주다**(release, set free)	
왕상 20:34	조약으로 인해 당신을 **놓으리라** 하고 이	출 4:26	여호와께서 그를 **놓아주시니라** 그 때에
	에 더불어 조약을 맺고 그를 **놓았더라**	출 21:26	눈에 대한 보상으로 그를 **놓아줄** 것이며
왕상 20:42	사람을 네 손으로 **놓았은즉** 네 목숨은	출 21:27	이에 대한 보상으로 그를 **놓아줄지니라**
왕하 6:23	그들이 먹고 마시매 **놓아** 보내니 그들	레 14:53	성 밖 들에 **놓아주고** 그 집을 위하여
대하 28:11	사로잡아 온 포로를 **놓아** 돌아가게 하라	신 22:7	어미는 반드시 **놓아줄** 것이요 새끼는
욥 7:16	원하지 아니하오니 나를 **놓으소서**	욥 12:14	사람을 가두신즉 **놓아주지** 못하느니라
욥 7:19	삼킬 동안도 나를 **놓지** 아니하시기를	렘 34:14	칠 년 되는 해에 그를 **놓아줄** 것이니라
욥 27:6	공의를 굳게 잡고 **놓지** 아니하리니	렘 50:33	그들을 붙들고 **놓아주지** 아니하리라
욥 39:5	누가 들나귀를 **놓아** 자유롭게 하였느냐	겔 13:20	새처럼 사냥한 그 영혼들을 **놓아주며**
시 81:6	그의 손에서 광주리를 **놓게** 하였도다	마 27:15	죄수 한 사람을 **놓아주는** 전례가 있더니
아 3:4	잉태한 이의 방으로 가기까지 **놓지** 아니	마 27:17	누구를 너희에게 **놓아주기**를 원하느냐
사 7:25	풀어 **놓으며** 양이 밟는 곳이 되리라	마 27:21	누구를 너희에게 **놓아주기**를 원하느냐
사 14:3	수고하는 고역에서 **놓으시고** 안식을	마 27:26	바라바는 그들에게 **놓아주고** 예수는
사 14:17	사로잡힌 자들을 집에 **놓아** 보내지	막 15:6	한 사람을 **놓아주는** 전례가 있더니
사 45:13	값음이 없이 **놓으리라** 만군의 여호와	막 15:9	유대인의 왕을 너희에게 **놓아주기**를
렘 34:9	히브리 남녀 노비를 **놓아** 자유롭게 하고	막 15:15	바라바는 **놓아주고** 예수는 채찍질하고
렘 34:10	삼지 말라 함을 듣고 순복하여 **놓았더니**	눅 2:29	대로 종을 평안히 **놓아주시는도다**
렘 34:14	너를 섬겼은즉 그를 **놓아** 자유롭게	눅 23:18	바라바를 우리에게 **놓아주소서** 하니
렘 34:16	내 이름을 더럽히고 각기 **놓아** 그들의	눅 23:25	갇힌 자를 **놓아주고** 예수는 넘겨주어
호 11:8	어찌 너를 **놓겠느냐** 이스라엘이여 …	요 18:39	한 사람을 **놓아주는** 전례가 있으니 그
	내가 어찌 너를 아드마같이 **놓겠느냐**		러면 너희는 … 너희에게 **놓아주기**를
슥 9:11	자들을 물 없는 구덩이에서 **놓았나니**	행 3:13	그를 넘겨주고 빌라도가 **놓아주기**로
마 18:27	불쌍히 여겨 **놓아** 보내며 그 빚을	행 3:14	도리어 살인한 사람을 **놓아주기**를 구하
막 15:11	충동하여 도리어 바라바를 **놓아** 달라	행 4:21	다시 위협하여 **놓아주었으니** 이는 모든
눅 23:16	그러므로 때려서 **놓겠노라**	행 17:9	사람들에게 보석금을 받고 **놓아주니라**
눅 23:20	빌라도는 예수를 **놓고자** 하여 다시 그들	히 2:15	종노릇 하는 모든 자들을 **놓아주려**
눅 23:22	죄를 찾지 못하였나니 때려서 **놓으리라**	계 9:14	유브라데에 결박한 네 천사를 **놓아주라**
요 11:44	예수께서 이르시되 풀어 **놓아** 다니게		
요 19:10	내가 너를 **놓을** 권한도 있고 십자가에	**놓이다/놓여지다**(release, lay, set)	
요 19:12	빌라도가 예수를 **놓으려고** 힘썼으나 유	**1. 놓음을 당하다**(release, let go)	
	대인들이 … 이 사람을 **놓으면** 가이사	창 49:21	납달리는 **놓인** 암사슴이라 아름다운
행 5:40	이름으로 말하는 것을 금하고 **놓으니**	신 32:36	갇힌 자나 **놓인** 자가 없음을 보시는
행 16:35	부하를 보내어 이 사람들을 **놓으라** 하니	왕상 14:10	매인 자나 **놓인** 자나 다 끊어 버리되
행 16:36	사람을 보내어 너희를 **놓으라** 하였으니	왕상 21:21	가운데에 매인 자나 **놓인** 자를 다 멸할
3. 불을 지르다(set on fire)		왕하 9:8	이스라엘 중에 매인 자나 **놓인** 자나
수 8:19	점령하고 곧 성읍에 불을 **놓았더라**	왕하 14:26	**놓인** 자도 없고 이스라엘을 도울 자도
삿 9:49	보루에 불을 **놓으매** 세겜 망대에 있는	스 2:1	자손들 중에서 **놓임**을 받고 예루살렘과

481

느 7:6	**놓임**을 받고 예루살렘과 유다에 돌아
에 4:14	다른 데로 말미암아 **놓임**과 구원을
욥 3:19	함께 있고 종이 상전에게서 **놓이느니라**
사 51:14	결박된 포로가 속히 **놓일** 것이니 죽지도
사 61:1	자유를, 갇힌 자에게 **놓임**을 선포하며
렘 2:31	백성이 말하기를 우리는 **놓였으니** 다시
막 5:34	가라 네 병에서 **놓여** 건강할지어다
눅 13:12	이르시되 여자여 네가 네 병에서 **놓였다**
행 4:23	사도들이 **놓이매** 그 동료에게 가서
고전 7:27	아내에게 매였느냐 **놓이기**를 구하지 말
	며 아내에게서 **놓였느냐** 아내를 구하지
히 13:23	우리 형제 디모데가 **놓인** 것을 너희가
계 9:15	**놓였으니** 그들은 그 년 월 일 시에
계 20:3	그 후에는 반드시 잠깐 **놓이리라**
계 20:7	천 년이 차매 사탄이 그 옥에서 **놓여**

2. 얹혀져 있다(lay, set)

삼하 20:12	길 가운데 피 속에 **놓여** 있는지라
스 3:11	여호와의 성전 기초가 **놓임**을 보고
스 3:12	성전의 기초가 **놓임**을 보고 대성통곡
욥 36:16	그대의 상에는 기름진 것이 **놓이리라**
사 44:28	성전에 대하여는 네 기초가 **놓여지리라**
렘 24:1	성전 앞에 **놓인** 무화과 두 광주리를
겔 40:42	때에 쓰는 기구가 그 위에 **놓였으며**
단 7:9	내가 보니 왕좌가 **놓이고** 옛적부터 항상
단 7:10	심판을 베푸는데 책들이 펴 **놓였더라**
학 2:15	돌이 돌 위에 **놓이지** 아니하였던 때를
마 3:10	도끼가 나무 뿌리에 **놓였으니** 좋은 열매
눅 3:9	도끼가 나무 뿌리에 **놓였으니** 좋은 열매
눅 16:26	구렁텅이가 **놓여** 있어 여기서 너희에게
요 2:6	통 드는 돌항아리 여섯이 **놓였는지라**
요 20:5	구부려 세마포 **놓인** 것을 보았으나 들어
요 20:6	무덤에 들어가 보니 세마포가 **놓였고**
요 20:7	**놓이지** 않고 딴 곳에 쌌던 대로 **놓여**
요 21:9	그 위에 생선이 **놓였고** 떡도 있더라
계 10:2	손에는 펴 **놓인** 작은 두루마리를 들고
계 10:8	천사의 손에 펴 **놓인** 두루마리를 가지라

놓치다(miss)

잠 4:13	훈계를 굳게 잡아 **놓치지** 말고 지키라
렘 46:17	왕이 망하였도다 그가 기회를 **놓쳤도다**

뇌물(賂物, bribe)

출 23:8	너는 **뇌물**을 받지 말라 **뇌물**은 밝은
신 10:17	외모로 보지 아니하시며 **뇌물**을 받지
신 16:19	**뇌물**을 받지 말라 **뇌물**은 지혜자의 눈
신 23:4	발람에게 **뇌물**을 주어 너희를 저주하게
신 27:25	무죄한 자를 죽이려고 **뇌물**을 받는 자는
삼상 8:3	이익을 따라 **뇌물**을 받고 판결을 굽게
삼상 12:3	**뇌물**을 누구의 손에서 받았느냐
대하 19:7	치우침도 없으시고 **뇌물**을 받는 일도
스 4:5	관리들에게 **뇌물**을 주어 그 계획을
느 6:12	도비야와 산발랏에게 **뇌물**을 받고
느 6:13	그들이 **뇌물**을 준 까닭은 나를 두렵게
느 13:2	도리어 발람에게 **뇌물**을 주어 저주하게
욥 15:34	못할 것이며 **뇌물**을 받는 자의 장막은
욥 36:18	**뇌물**이 그대를 그릇된 길로 가게 할까
시 15:5	꾸어 주지 아니하며 **뇌물**을 받고 무죄한
시 26:10	그들의 오른손에 **뇌물**이 가득하오나
잠 15:27	**뇌물**을 싫어하는 자는 살게 되느니라
잠 17:8	**뇌물**은 그 임자가 보기에 보석 같은즉
잠 17:23	사람의 품에서 **뇌물**을 받고 재판을 굽게
잠 21:14	**뇌물**은 맹렬한 분을 그치게 하느니라
잠 29:4	**뇌물**을 억지로 내게 하는 자는 나라를
전 7:7	지혜자를 우매하게 하고 **뇌물**이 사람의
사 1:23	도둑과 짝하며 다 **뇌물**을 사랑하며 예물
사 5:23	그들은 **뇌물**로 말미암아 악인을 의롭다
사 33:15	손을 흔들어 **뇌물**을 받지 아니하는
겔 22:12	피를 흘리려고 **뇌물**을 받는 자도 있었
단 11:39	다스리게도 하며 그에게서 **뇌물**을 받고
암 5:12	의인을 학대하며 **뇌물**을 받고 성문에서
미 3:11	우두머리들은 **뇌물**을 위하여 재판하며
미 7:3	지도자와 재판관은 **뇌물**을 구하며

누(累, burden)

삼하 13:25	갈 것 없다 네게 **누**를 끼칠까 하노라
삼하 15:33	나와 함께 나아가면 내게 **누**를 끼치리라
삼하 19:35	종이 내 주 왕께 아직도 **누**를 끼치리이까
고후 11:9	아무에게도 **누**를 끼치지 아니하였음은

누가 1(Luke) 누가복음, 사도행전을 기록한 의사

골 4:14	사랑을 받는 의사 **누가**와 또 데마가
딤후 4:11	**누가**만 나와 함께 있느니라 네가 올
몬 1:24	마가, 아리스다고, 데마, **누가**가 문안하

누가 2(who)

창 3:11	이르시되 **누가** 너의 벗었음을 네게 알렸

【 누각 】 　　　　　　　　　　　　　　　　　　　　　　　　　　　【 누구/뉘 】

마 6:27　너희 중에 **누가** 염려함으로 그 키를

누가 2 - 기타 본문

모세오경 창 21:7, 26; 49:9; 출 2:14; 4:11; 레 4:23, 28; 22:14; 민 6:9; 11:4, 18; 23:10; 신 9:2; 23:10; 30:12, 13 **역사서** 삿 1:1; 10:18; 15:6; 18:3; 20:18; 삼상 2:25; 4:8; 6:20; 14:17; 20:10; 23:22; 26:6; 30:24; 삼하 12:22; 22:32; 23:15; 왕상 1:20; 3:9; 20:14; 22:20; 왕하 6:11; 18:35; 대상 11:17; 29:5; 대하 1:10; 2:6; 18:19; 32:14; 스 5:3, 9; 느 6:11; 에 4:14; 6:4 **시가서** 욥 4:2; 6:8; 9:12, 19; 11:10; 12:3; 14:4; 17:15; 21:22, 31; 23:13; 26:14; 34:13, 29; 36:22, 23, 29; 38:5, 6, 25, 26, 28, 29, 36, 37; 39:5; 40:24; 41:10, 11, 13, 14; 시 18:31 39:6; 59:7; 60:9; 64:5; 71:19; 73:25; 76:7; 89:48; 90:11; 94:16; 106:2; 108:10; 130:3; 147:17; 잠 18:14; 20:6; 24:22; 27:4; 31:10; 전 2:19, 25; 3:21; 6:12; 7:13, 24; 8:1, 4; 10:14 **선지서** 사 1:12; 6:8; 14:27; 22:16; 23:8; 29:15; 33:14; 40:12, 13, 14, 26; 41:2, 4, 26; 42:19, 23; 43:9, 13; 48:14; 49:21; 51:19; 53:1, 8; 렘 2:24; 15:12; 17:9; 18:13; 21:13; 23:18, 24; 49:4; 애 2:13; 3:37; 호 14:9; 욜 2:14; 암 3:8; 옵 1:3; 욘 3:9; 나 1:6; 3:7; 합 1:5; 말 3:2 **복음서** 마 3:7; 7:9; 12:48; 18:1; 19:25; 21:3, 23, 31; 막 2:7; 3:33; 5:30, 31; 9:34; 10:26; 11:3, 28; 15:24; 16:3; 눅 3:7; 5:21; 7:42; 9:46; 10:36; 11:5, 11; 12:14, 25; 14:5, 28; 16:11, 12; 18:26; 19:31; 22:24; 요 4:33; 6:60; 7:20; 8:46; 9:21; 12:38; 19:24 **역사서** 행 1:24; 7:27, 35; 8:33; 10:47; 19:35; 22:10; 23:30; 28:21 **서신서** 롬 7:24; 8:24, 31, 33, 34, 35; 9:19; 10:6, 7, 16; 11:34, 35; 고전 2:11, 16; 4:7; 5:1; 6:1; 7:36; 9:7; 10:27, 28; 14:8, 27; 15:35; 고후 2:16; 11:4, 20, 21, 29; 12:6; 갈 3:1; 5:7; 6:3; 골 2:8; 3:13; 살전 5:15; 살후 2:3; 3:14; 히 3:12; 약 2:19; 벧전 3:13; 4:11; 요일 2:1; 3:17 **예언서** 계 5:2; 6:17; 13:4; 15:4

누각(樓閣, mound, chamber)
시 104:3　물에 자기 **누각**의 들보를 얹으시며 구름
시 104:13　그가 그의 **누각**에서부터 산에 물을 부어
겔 16:24　너를 위하여 **누각**을 건축하며 모든 거리
겔 16:31　네가 **누각**을 모든 길 어귀에 건축하며

겔 16:39　손에 넘기리니 그들이 네 **누각**을 헐며

누구/뉘(who)
창 24:23　이르되 네가 **누구**의 딸이냐 청하건대
창 24:47　묻기를 네가 **뉘** 딸이냐 한즉 이르되
마 7:24　**누구**든지 나의 이 말을 듣고 행하는
마 23:12　**누구**든지 자기를 높이는 자는 낮아지고
　　　　　누구든지 자기를 낮추는 자는 높아지리
행 2:21　**누구**든지 주의 이름을 부르는 자는 구원
롬 10:13　**누구**든지 주의 이름을 부르는 자는 구원
고전 10:24　**누구**든지 자기의 유익을 구하지 말고
엡 5:6　**누구**든지 헛된 말로 너희를 속이지 못하
약 1:5　너희 중에 **누구**든지 지혜가 부족하거든
약 1:26　**누구**든지 스스로 경건하다 생각하며
계 3:20　서서 두드리노니 **누구**든지 내 음성을
계 20:15　**누구**든지 생명책에 기록되지 못한 자는

누구/뉘 - 기타 본문

모세오경 창 24:65; 27:18, 32, 33; 31:32; 32:17; 33:5; 38:25; 43:22; 44:9, 10; 48:8; 출 3:11; 5:2; 10:8; 15:11; 16:7, 8; 31:15; 32:26, 33; 35:2, 5, 29; 레 1:2; 2:1; 4:2; 5:1, 2, 4, 15, 17; 6:2; 7:21; 11:24; 13:40; 15:2, 24; 16:17; 20:9, 10, 11, 12, 13, 14, 17, 18, 20, 21; 21:17, 18; 22:3, 21; 23:30; 24:15; 27:26; 민 5:10 15:13, 14, 29, 30; 16:5; 19:13, 14, 16; 22:9; 24:9, 23; 31:19; 신 5:26; 18:19; 19:4; 21:1; 22:13; 28:55; 33:29 **역사서** 수 1:18; 2:19; 6:26; 9:8; 20:9; 삿 6:29; 7:3, 4, 5; 9:28, 38; 11:31; 21:1, 5, 8; 룻 2:2, 5, 19; 3:9; 삼상 6:20; 9:20; 10:12; 11:7, 12; 12:3, 4; 14:38; 17:26, 28, 55, 56, 58; 18:18; 22:14; 24:14; 25:10; 26:9, 14, 15; 27:10; 28:11; 30:13; 삼하 1:8; 3:12; 5:8; 7:18; 11:21; 14:10; 15:4; 16:10, 19; 18:12; 20:11; 왕상 13:33; 20:14; 왕하 9:5, 32; 10:9, 13; 18:20; 19:22; 대상 17:16; 대하 2:6; 13:9; 30:19; 스 6:11; 7:13; 10:8; 에 6:6; 7:5; 8:8 **시가서** 욥 4:7; 5:1; 9:4, 24; 13:19; 17:3; 21:15; 24:25; 25:3; 26:4; 31:35; 38:2, 8, 29, 36, 41; 42:3; 시 4:6; 6:5; 12:4; 15:1; 19:12; 24:3, 8, 10; 25:12; 27:1; 34:12; 35:10; 40:5; 53:6; 77:13; 89:6, 8; 113:5; 잠 2:19; 8:34; 17:13; 20:9; 23:1, 29; 30:4, 9; 전 3:22; 4:8; 8:7; 9:4; 아 3:6; 6:10; 8:5 **선지서** 사 6:8; 10:3; 28:9; 36:5; 37:23; 40:14, 18, 25; 42:19, 24; 44:7, 10; 45:21; 46:5;

50:8, 9, 10; 53:1; 54:15; 57:4, 11; 60:8; 63:1; 66:8; 렘 1:7; 6:10; 9:12; 10:7; 15:5; 30:21; 31:30; 44:28; 46:7; 49:19; 50:44; 애 2:20; 겔 14:7; 23:7; 27:32; 31:2; 단 3:6, 11, 15; 4:17, 25, 32; 5:7, 21; 6:7, 12; 욜 2:11; 2:32; 욘 1:7, 8; 미 6:9; 학 2:3; 슥 4:10 **복음서** 마 5:19, 21, 31, 32, 39, 41; 10:14, 32, 33, 42; 11:6; 12:27, 32, 50; 15:5; 16:13, 15, 24, 25; 17:25; 18:4, 5, 6; 19:9; 20:23, 26, 27; 21:10; 22:20, 28, 42; 23:16, 18; 24:45; 26:68; 27:17, 21; 막 1:24; 3:29, 35; 4:41; 6:10; 8:27, 29, 34, 35, 38; 9:35, 37, 41, 42; 10:11, 15, 40, 43, 44; 11:23; 12:16, 23; 눅 4:34; 5:21; 6:47; 7:23, 39, 49; 8:16, 18, 25, 45; 9:5, 9, 18, 20, 24, 26, 48; 10:22, 29; 11:19, 33; 12:8, 10, 20, 42; 14:8, 27, 33; 17:7; 18:17; 19:8; 20:2, 24, 33, 23, 64; 요 1:19, 21, 22, 33; 2:25; 4:10; 5:12, 13; 6:64, 65, 68; 7:37; 8:25, 53; 9:2, 22, 36; 10:9; 11:57; 12:34, 38; 13:11, 18, 22, 24, 25; 18:4, 7; 20:15, 23; 21:12, 20 **역사서** 행 3:23; 4:7; 5:15; 7:52; 8:19, 34; 9:5; 11:17; 13:25; 19:15, 38; 21:33; 22:8; 24:12; 26:15 **서신서** 롬 2:1; 6:16; 8:9; 9:20; 10:11; 14:4, 7; 고전 1:16; 3:12, 14, 15, 17, 18, 21; 8:2, 3, 10; 9:15; 11:27, 34; 12:3; 14:37, 38; 16:11, 22; 고후 2:2, 10; 5:17; 11:16; 12:17; 갈 1:9; 3:10, 27; 5:10; 6:17; 엡 2:9; 5:29; 빌 3:4, 15; 골 2:16; 3:13; 살전 5:15; 살후 3:8, 10; 딤전 4:12; 5:8; 6:3; 딤후 2:21; 3:14; 딛 2:15; 히 1:5, 13; 2:6; 3:13, 16, 17, 18; 4:11; 5:12; 약 1:23; 2:10, 16; 3:13; 4:4, 12; 벧전 1:11; 4:15; 벧후 2:19; 요일 2:5, 15, 22; 4:15, 20; 5:5, 16; 요이 1:10; 계 7:13; 11:5; 13:9, 17; 14:9, 11; 16:15; 22:18, 19

누기오(Lucius) 바울의 친척
롬 16:21 디모데와 나의 친척 **누기오**와 야손과

누룩(yeast)
출 12:15 그 첫날에 **누룩**을 너희 집에서 제하라
출 12:19 이레 동안은 **누룩**이 너희 집에서 발견
출 13:7 땅에서 **누룩**을 네게 보이지 아니하게
레 2:5 고운 가루에 **누룩**을 넣지 말고 기름을
레 2:11 **누룩**을 넣지 말지니 너희가 **누룩**이나
레 6:16 그의 자손이 먹되 **누룩**을 넣지 말고
레 6:17 그것에 **누룩**을 넣어 굽지 말라 이는
레 10:12 그것을 취하여 **누룩**을 넣지 말고 제단

레 23:17 고운 가루에 **누룩**을 넣어서 구운 것이요
신 16:4 지경 가운데에 **누룩**이 보이지 않게
겔 45:21 명절로 지키며 **누룩** 없는 떡을 먹을
암 4:5 **누룩** 넣은 것을 불살라 수은제로 드리며
마 13:33 갖다 넣어 전부 부풀게 한 **누룩**과 같으니
마 16:6 사두개인들의 **누룩**을 주의하라 하시니
마 16:11 사두개인들의 **누룩**을 주의하라 하시니
마 16:12 그제서야 제자들이 떡의 **누룩**이 아니요
막 8:15 바리새인들의 **누룩**과 헤롯의 **누룩**을
눅 12:1 바리새인들의 **누룩** 곧 외식을 주의하라
눅 13:21 부풀게 한 **누룩**과 같으니라 하셨더라
고전 5:6 적은 **누룩**이 온 덩어리에 퍼지는 것을
고전 5:7 너희는 **누룩** 없는 자인데 새 덩어리가 되기 위하여 묵은 **누룩**을 내버리라
고전 5:8 지키되 묵은 **누룩**으로도 말고 악하고 악의에 찬 **누룩**으로도 말고 **누룩**이 없이
갈 5:9 적은 **누룩**이 온 덩이에 퍼지느니라

누르다(push, yellow)
1. 힘을 가하여 위에서 아래로 밀다
(push, come down upon)
삿 4:24 야빈을 점점 더 **눌러서** 마침내 가나안
욥 33:7 손으로는 그대를 **누르지** 못하느니라
시 32:4 주야로 나를 **누르시오니** 내 진액이
시 38:2 주의 손이 나를 심히 **누르시나이다**
시 44:5 대적을 **누르고** 우리를 치러 일어나는
시 81:14 속히 그들의 원수를 **누르고** 내 손을
시 88:7 주의 노가 나를 심히 **누르시고** 주의
시 91:13 젊은 사자와 뱀을 발로 **누르리로다**
사 25:11 능숙함에도 불구하고 그를 **누르실**
애 5:5 우리의 목을 **눌렀사오니** 우리가 기진
암 2:13 흙을 **누름**같이 내가 너희를 **누르리니**
눅 6:38 후히 되어 **누르고** 흔들어 넘치도록 하여
행 19:16 그들에게 뛰어올라 **눌러** 이기니 그들이
2. 노란 빛깔을 띠다(yellow)
레 13:36 음이 피부에 퍼졌으면 **누른** 털을 찾을

누르스름하다(yellow)
레 13:30 자리에 **누르스름하고** 가는 털이 있으면
레 13:32 그 자리에 **누르스름한** 털이 없고 피부

누리다(enjoy, possess)
창 23:1 살았으니 이것이 곧 사라가 **누린** 햇수라

【 누명 】　　　　　　　　　　　　　　　　　　　　　【 누이 】

창 45:13　내가 애굽에서 **누리는** 영화와 당신들이
레 26:34　황무할 것이므로 땅이 안식을 **누릴** 것이라 그 때에 땅이 안식을 **누리리니**
레 26:43　그 땅은 황폐하여 안식을 **누릴** 것이요
신 5:16　땅에서 네 생명이 길고 복을 **누리리라**
신 6:24　경외하여 항상 복을 **누리게** 하기 위하심
신 12:25　행하면 너와 네 후손이 복을 **누리리라**
신 22:7　그리하면 네가 복을 **누리고** 장수하리라
삿 18:7　부족한 것이 없으며 부를 **누리며** 시돈
왕상 4:24　사방에 둘린 민족과 평화를 **누렸으니**
대상 17:27　주셨사오니 이 복을 영원히 **누리리이다**
대상 28:8　아름다운 땅을 **누리고** 너희 후손에게
대상 29:28　늙도록 부하고 존귀를 **누리다가** 죽으매
대하 14:5　나라가 그 앞에서 평안함을 **누리니라**
대하 23:11　이르기를 왕이여 만세 수를 **누리소서**
느 9:35　기름진 땅을 **누리면서도** 주를 섬기지
느 9:36　아름다운 소산을 **누리게** 하신 땅에서
시 45:13　궁중에서 모든 영화를 **누리니** 그의 옷은
시 125:3　권세를 **누리지** 못하리니 이는 의인들
잠 3:2　장수하여 많은 해를 **누리게** 하며 평강을
잠 11:14　지략이 많으면 평안을 **누리느니라**
잠 13:2　열매로 인하여 복록을 **누리거니와** 마음
전 2:1　너는 낙을 **누리라** 하였으나 보라 이것도
전 3:13　수고함으로 낙을 **누리는** 그것이 하나님
전 4:8　나를 위하여는 행복을 **누리지** 못하게
전 5:19　능히 **누리게** 하시며 제 몫을 받아
전 6:2　그것을 **누리도록** 허락하지 아니하셨으므로 다른 사람이 **누리나니** 이것도
사 23:9　정하신 것이라 모든 **누리던** 영화를
사 53:5　평화를 **누리고** 그가 채찍에 맞으므로
사 65:22　그 손으로 일한 것을 길이 **누릴** 것이며
렘 30:10　태평과 안락을 **누릴** 것이며 두렵게 할
단 12:13　쉬다가 끝날에는 네 몫을 **누릴** 것임이라
옵 1:17　야곱 족속은 자기 기업을 **누릴** 것이며
슥 8:12　백성으로 이 모든 것을 **누리게** 하리라
요 16:33　내 안에서 평안을 **누리게** 하려 함이라
행 24:3　우리가 당신을 힘입어 태평을 **누리고**
롬 5:1　말미암아 하나님과 화평을 **누리자**
딤전 6:17　후히 주사 **누리게** 하시는 하나님께
히 11:25　죄악의 낙을 **누리는** 것보다 더 좋아하고

누명(陋名, bad name)
신 22:14　그에게 **누명**을 씌워 이르되 내가

신 22:19　이스라엘 처녀에게 **누명**을 씌움으로

누설하다(漏泄, betray)
수 2:14　네가 우리의 이 일을 **누설하지** 아니하면
수 2:20　우리의 이 일을 **누설하면** 네가 우리에게
잠 11:13　한담하는 자는 남의 비밀을 **누설하나**
잠 20:19　한담하는 자는 남의 비밀을 **누설하나니**
잠 25:9　변론만 하고 남의 은밀한 일은 **누설하지**

누수(漏水, overflow-KJV)
욥 28:11　**누수**를 막아 스며 나가지 않게 하고

누이(sister)
창 4:22　만드는 자요 두발가인의 **누이**는 나아마
창 12:13　그대는 나의 **누이**라 하라 그러면 내가
창 12:19　네가 어찌 그를 **누이**라 하여 내가 그를
창 20:2　아내 사라를 자기 **누이**라 하였으므로
창 20:5　이는 내 **누이**라고 하지 아니하였나이까
창 20:12　정말로 나의 이복 **누이**로서 내 아내가
창 24:30　**누이**의 코걸이와… 그의 **누이** 리브가가
창 24:59　그들이 그 **누이** 리브가와 그의 유모와
창 24:60　축복하여 이르되 우리 **누이**여 너는 천만
창 25:20　딸이요 아람 족속 중 라반의 **누이**였더라
창 26:7　말하기를 그는 내 **누이**라 하였으니
창 26:9　네 아내거늘 어찌 네 **누이**라 하였느냐
창 28:9　딸이요 느바욧의 **누이**인 마할랏을 아내
창 34:13　세겜이 그 **누이** 디나를 더럽혔음이라
창 34:14　사람에게 우리 **누이**를 줄 수 없노니
창 34:27　그들이 그들의 **누이**를 더럽힌 까닭이라
창 34:31　우리 **누이**를 창녀같이 대우함이 옳으니
창 36:3　느바욧의 **누이** 바스맛을 맞이하였더니
창 36:22　자녀는 호리와 헤맘과 로단의 **누이** 딤나
창 46:17　브리아와 그들의 **누이** 세라며 또 브리아
출 2:4　그의 **누이**가 어떻게 되는지를 알려고
출 2:7　그의 **누이**가 바로의 딸에게 이르되 내가
출 6:20　그들의 아버지의 **누이** 요게벳을 아내로
출 6:23　암미나답의 딸 나손의 **누이** 엘리세바를
출 15:20　아론의 **누이** 선지자 미리암이 손에 소고
레 18:11　낳은 딸은 네 **누이**니 너는 그의 하체를
민 26:59　아론과 모세와 그들의 **누이** 미리암을
삼하 13:1　압살롬에게 아름다운 **누이**가 있으니
삼하 13:2　암논이 그의 **누이** 다말 때문에 울화로
삼하 13:4　내가 아우 압살롬의 **누이** 다말을 사랑함

485

【 누이다/뉘다 】   【 눈 3 】

삼하 13:5	원하건대 내 **누이** 다말이 와서 내게	**눈** 1 (Nun)	에브라임 자손으로 여호수아의 아버지
삼하 13:6	원하건대 내 **누이** 다말이 와서 내가	출 33:11	진으로 돌아오나 **눈**의 아들 젊은 수종자
삼하 13:11	그에게 이르되 나의 **누이**야 와서 나와	민 11:28	모세를 섬기는 **눈**의 아들 여호수아가
삼하 13:20	오라버니이니 **누이**야 지금은 잠잠히	민 13:8	에브라임 지파에서는 **눈**의 아들 호세아
삼하 13:22	압살롬은 암논이 그의 **누이** 다말을 욕되	민 13:16	모세가 **눈**의 아들 호세아를 여호수아
삼하 13:32	그가 압살롬의 **누이** 다말을 욕되게	민 14:6	정탐한 자 중 **눈**의 아들 여호수아와

📖 **눈 1 ~ 기타 본문**

민 14:30, 38; 26:65; 27:18; 32:12, 28; 34:17; 신 1:38; 31:23; 32:44; 34:9; 수 1:1; 2:1, 23; 6:6; 14:1; 17:4; 19:49, 51; 21:1; 24:29; 삿 2:8; 왕상 16:34; 대상 7:27; 느 8:17

왕하 11:2	아하시야의 **누이** 여호세바가 아하시야	**눈** 2 (snow)	
대상 1:39	호리와 호맘이요 로단의 **누이**는 딤나	출 4:6	그의 손에 나병이 생겨 **눈**같이 된지라
대상 3:9	다윗의 아들이요 그들의 **누이**는 다말	민 12:10	미리암은 나병에 걸려 **눈**과 같더라 아론
대상 4:19	나함의 **누이**인 호디야의 아내의 아들	삼하 23:20	둘을 죽였고 또 **눈**이 올 때에 구덩이
대상 7:15	슬빔의 **누이** 마아가라 하는 이에게	왕하 5:27	물러나오매 나병이 발하여 **눈**같이 되었
대상 7:18	**누이** 함몰레겟은 이스홋과 아비에셀과	대상 11:22	둘을 죽였고 또 **눈** 올 때에 함정에 내려
대하 22:11	아하시야의 **누이**요 제사장 여호야다	욥 6:16	검어지며 **눈**이 그 속에 감추어질지라
욥 1:4	잔치를 베풀고 그의 **누이** 세 명도 청하	욥 9:30	**눈** 녹은 물로 몸을 씻고 잿물로 손을
잠 7:4	지혜에게 너는 내 **누이**라 하며 명철에게	욥 24:19	가뭄과 더위가 **눈** 녹은 물을 곧 빼앗나
아 4:9	내 **누이**, 내 신부야 네가 내 마음을 빼앗	욥 37:6	**눈**을 명하여 땅에 내리라 하시며 적은
아 4:10	내 **누이**, 내 신부야 네 사랑이 어찌 그리	욥 38:22	네가 **눈** 곳간에 들어갔느냐 우박 창고
아 4:12	내 **누이**, 내 신부는 잠근 동산이요 덮은	시 51:7	죄를 씻어 주소서 내가 **눈**보다 희리이다
아 5:1	**누이**, 내 신부야 내가 내 동산에 들어와	시 68:14	흩으실 때에는 살몬에 **눈**이 날림 같도다
아 5:2	두드려 이르기를 나의 **누이**, 나의 사랑	시 147:16	**눈**을 양털같이 내리시며 서리를 재같이
아 8:8	우리에게 있는 작은 **누이**는 아직도 유방	시 148:8	불과 우박과 **눈**과 안개와 그의 말씀을
막 13:56	**누이**들은 다 우리와 함께 있지 아니하냐	잠 26:1	마치 여름에 **눈** 오는 것과 추수 때에
막 3:32	어머니와 동생들과 **누이**들이 밖에서	잠 31:21	옷을 입었으므로 **눈**이 와도 그는 자기
막 6:3	시몬의 형제가 아니냐 그 **누이**들이 우리	사 1:18	**눈**과 같이 희어질 것이요 진홍같이
요 11:3	이에 그 **누이**들이 예수께 사람을 보내어	사 55:10	비와 **눈**이 하늘로부터 내려서 그리로
요 11:39	죽은 자의 **누이** 마르다가 이르되 주여	렘 18:14	레바논의 **눈**이 어찌 들의 바위를 떠나겠
		단 7:9	옷은 희기가 **눈** 같고 그의 머리털은

누이다/뉘다 (lay, put, place, lie)

삼상 19:13	가져다가 침상에 **누이**고 염소 털로 엮은	**눈** 3 (eye)	
왕상 3:20	곁에서 가져다가 자기의 품에 **누이**고 자	🟩 **모세오경**	
	기의 죽은 아들을 내 품에 **뉘었나이다**	창 27:12	아버지의 **눈**에 속이는 자로 보일지라
왕상 17:19	다락에 올라가서 자기 침상에 **누이**고	창 31:40	추위를 무릅쓰고 **눈** 붙일 겨를도 없이
시 23:2	푸른 풀밭에 **누이**시며 쉴 만한 물 가로	창 45:12	당신들의 **눈**과 내 아우 베냐민의 **눈**이
겔 32:25	죽임을 당한 자 가운데 **뉘었도다**	창 49:12	**눈**은 포도주로 인하여 붉겠고 그의 이는
눅 2:7	강보로 싸서 구유에 **뉘었으니** 이는 여관	출 4:11	듣는 자나 **눈** 밝은 자나 맹인이 되게
눅 2:12	강보에 싸여 구유에 **뉘어** 있는 아기를	출 5:21	바로의 **눈**과 그의 신하의 **눈**에 미운
눅 2:16	마리아와 요셉과 구유에 **누인** 아기를		
요 20:12	두 천사가 예수의 시체 **뉘었던** 곳에		
행 5:15	침대와 요 위에 **누이**고 베드로가 지날		

누추하다 (陋醜, wealth, obscenity)

겔 16:36	네 **누추**한 것을 쏟으며 네 정든 자와
엡 5:4	**누추함**과 어리석은 말이나 희롱의 말이

【 눈 3 】　　　　　　　　　　　　　　　　　　　　　　　　　　【 눈 3 】

출 11:3	신하와 백성의 눈에 아주 위대하게	왕하 9:30	이세벨이 듣고 눈을 그리고 머리를 꾸미
출 21:24	눈은 눈으로, 이는 이로, 손은 손으로,	왕하 22:20	모든 재앙을 네 눈이 보지 못하리라
출 21:26	남종의 한 눈이나 여종의 한 눈을 쳐서	대상 13:4	뭇 백성의 눈에 이 일을 좋게 여기므로
	상하게 하면 그 눈에 대한 보상으로	대하 6:20	향하여 주의 눈이 주야로 보시오며
출 24:17	이스라엘 자손의 눈에 맹렬한 불같이	대하 7:16	있게 하였음이라 내 눈과 내 마음이
레 21:20	키 못 자란 자나 눈에 백막이 있는 자나	대하 16:9	여호와의 눈은 온 땅을 두루 감찰하사
레 24:20	상처에는 상처로, 눈에는 눈으로, 이에	대하 32:23	히스기야가 모든 나라의 눈에 존귀하게
민 5:13	남편의 눈에 숨겨 드러나지 아니하였고	에 2:4	왕의 눈에 아름다운 처녀를 와스디 대신
민 10:31	진 칠지를 아나니 우리의 눈이 되리이다	**시가서**	
민 15:39	자신의 마음과 눈의 욕심을 따라 음행	욥 7:7	눈이 다시는 행복을 보지 못하리이다
민 16:14	네가 이 사람들의 눈을 빼려느냐 우리	욥 7:8	나를 본 자의 눈이 다시는 나를 보지 못
민 33:55	너희의 눈에 가시와 너희의 옆구리에		할 것이고 주의 눈이 나를 향하실지라도
신 7:16	모든 민족을 네 눈이 긍휼히 여기지	욥 7:19	주께서 내게서 눈을 돌이키지 아니하시
신 11:12	여호와의 눈이 항상 그 위에 있느니라	욥 10:4	주께도 육신의 눈이 있나이까 주께서
신 19:13	눈이 그를 긍휼히 여기지 말고 무죄한	욥 10:15	내 환난을 내 눈이 보기 때문이니이다
신 19:21	네 눈이 긍휼히 여기지 말라 생명에는	욥 10:18	기운이 끊어져 아무 눈에도 보이지 아니
	생명으로, 눈에는 눈으로, 이에는 이로,	욥 13:1	나의 눈이 이것을 다 보았고 나의 귀가
신 21:7	흘리지 아니하였고 우리의 눈이 이것을	욥 14:6	그에게서 눈을 돌이켜 그가 품꾼같이
신 25:12	찍어버릴 것이고 네 눈이 그를 불쌍히	욥 15:12	불만스러워하며 네 눈을 번뜩거리며
신 28:32	생각하고 찾음으로 눈이 피곤하여지나	욥 16:20	나를 조롱하고 내 눈은 하나님을 향하여
신 28:34	이러므로 네 눈에 보이는 일로 말미암아	욥 17:2	함께 있으므로 내 눈이 그들의 충동함
신 28:65	마음을 떨게 하고 눈을 쇠하게 하고	욥 17:7	내 눈은 근심 때문에 어두워지고 나의
신 28:67	두려움과 눈이 보는 것으로 말미암아	욥 20:9	그를 본 눈이 다시 그를 보지 못할 것이
신 29:4	깨닫는 마음과 보는 눈과 듣는 귀는	욥 24:15	눈은 저물기를 바라며 아무 눈도 나를
신 34:7	나이 백이십 세였으나 그의 눈이 흐리지	욥 25:5	보라 그의 눈에는 달이라도 빛을 발하지
역사서		욥 28:7	솔개도 알지 못하고 매의 눈도 보지
수 23:13	채찍이 되며 너희의 눈에 가시가 되어서	욥 28:10	수로를 터서 각종 보물을 눈으로 발견
수 24:7	애굽에서 행한 일을 너희의 눈이 보았으	욥 28:21	생물의 눈에 숨겨졌고 공중의 새에게
삿 14:7	말하니 그 여자가 삼손의 눈에 들었더라	욥 29:11	축복하고 눈이 본즉 나를 증언하였나니
삿 16:21	그를 붙잡아 그의 눈을 빼고 끌고 가서	욥 29:15	나는 맹인의 눈도 되고 다리 저는 사람
삿 16:28	나의 두 눈을 뺀 블레셋 사람에게 원수	욥 31:1	내 눈과 약속하였나니 어찌 처녀에게
삼상 2:33	네 사람이 네 눈을 쇠잔하게 하고	욥 31:7	내 마음이 내 눈을 따랐거나 내 손에
삼상 11:2	내가 너희 오른 눈을 다 빼야 너희와	욥 31:16	소원을 막았거나 과부의 눈으로 하여금
삼상 12:3	압제하였느냐 내 눈을 흐리게 하는 뇌물	욥 36:7	그의 눈을 의인에게서 떼지 아니하시고
삼상 14:29	꿀 조금을 맛보고도 내 눈이 이렇게	욥 39:29	거기서 먹이를 살피나니 그의 눈이 멀리
삼상 16:12	그의 빛이 붉고 눈이 빼어나고 얼굴이	욥 41:18	빛을 발하고 그것의 눈은 새벽의 눈꺼풀
왕상 8:29	성전을 향하여 주의 눈이 주야로 보시	시 6:7	눈이 근심으로 말미암아 쇠하며 내 모든
왕상 9:12	자기에게 준 성읍들을 보고 눈에 들지	시 10:8	무죄한 자를 죽이며 그의 눈은 가련한
왕상 11:38	길로 행하며 내 눈에 합당한 일을 하며	시 11:4	하늘에 있음이여 그의 눈이 인생을 통촉
왕상 20:6	집을 수색하여 네 눈이 기뻐하는 것을	시 15:4	그의 눈은 망령된 자를 멸시하며 여호와
왕상 20:38	수건으로 자기의 눈을 가리어 변장하고	시 17:2	판단하시며 주의 눈으로 공평함을 살피
왕상 20:41	그가 급히 자기의 눈을 가린 수건을	시 18:27	구원하시고 교만한 눈은 낮추시리이다
왕하 4:34	그의 입에, 자기 눈을 그의 눈에, 자기	시 25:15	눈이 항상 여호와를 바라봄은 내 발을

487

【 눈 3 】   【 눈 3 】

시 31:9	내가 근심 때문에 눈과 영혼과 몸이
시 34:15	여호와의 눈은 의인을 향하시고 그의
시 36:1	마음속으로 이르기를 그의 눈에는
시 38:10	내 기력이 쇠하여 내 눈의 빛도 나를
시 54:7	보응 받는 것을 내 눈이 똑똑히 보게
시 66:7	영원히 다스리시며 그의 눈으로 나라
시 69:3	하나님을 바라서 나의 눈이 쇠하였나이
시 73:7	살찜으로 그들의 눈이 솟아나며 그들의
시 77:4	주께서 내가 눈을 붙이지 못하게 하시니
시 88:9	곤란으로 말미암아 내 눈이 쇠하였나이
시 94:9	듣지 아니하시랴 눈을 만드신 이가 보지
시 101:5	멸할 것이요 눈이 높고 마음이 교만한
시 101:6	눈이 이 땅의 충성된 자를 살펴 나와
시 115:5	입이 있어도 말하지 못하며 눈이 있어도
시 116:8	영혼을 사망에서, 내 눈을 눈물에서,
시 118:23	행하신 것이요 우리 눈에 기이한 바로다

"내가 산을 향하여 눈을 들리라 나의 도움이 어디서 올까 나의 도움은 천지를 지으신 여호와에게서로다"(시 121:1-2)

시 119:37	내 눈을 돌이켜 허탄한 것을 보지 말게
시 119:82	내 눈이 주의 말씀을 바라기에 피곤
시 119:123	내 눈이 주의 구원과 주의 의로운 말씀
시 123:2	종들의 눈같이, 여주인의 손을 바라보는 여종의 눈같이 우리의 눈이 여호와
시 131:1	교만하지 아니하고 내 눈이 오만하지
시 132:4	눈으로 잠들게 하지 아니하며 내 눈꺼풀
시 135:16	말하지 못하며 눈이 있어도 보지 못하며
시 139:16	이루어지기 전에 주의 눈이 보셨으며
시 141:8	주 여호와여 내 눈이 주께 향하며 내가
시 145:15	모든 사람의 눈이 주를 앙망하오니 주는
잠 4:21	그것을 네 눈에서 떠나게 하지 말며
잠 4:25	네 눈은 바로 보며 네 눈꺼풀은 네 앞을
잠 6:4	눈을 잠들게 하지 말며 눈꺼풀을 감기게
잠 6:17	교만한 눈과 거짓된 혀와 무죄한 자의
잠 10:26	이에 식초 같고 눈에 연기 같으니라
잠 15:3	여호와의 눈은 어디서든지 악인과 선인
잠 15:30	눈이 밝은 것은 마음을 기쁘게 하고

잠 17:24	미련한 자는 눈을 땅 끝에 두느니라
잠 20:8	심판 자리에 앉은 왕은 그의 눈으로
잠 20:12	귀와 보는 눈은 다 여호와께서 지으신
잠 21:4	눈이 높은 것과 마음이 교만한 것과
잠 22:9	선한 눈을 가진 자는 복을 받으리니
잠 22:12	여호와의 눈은 지식 있는 사람을 지키시
잠 23:6	악한 눈이 있는 자의 음식을 먹지 말며
잠 23:26	마음을 내게 주며 네 눈으로 내 길을
잠 23:29	뉘게 있느뇨 붉은 눈이 뉘게 있느뇨
잠 23:33	또 네 눈에는 괴이한 것이 보일 것이요
잠 25:7	말하는 것이 네 눈에 보이는 귀인 앞에
잠 27:20	만족함이 없고 사람의 눈도 만족함이
잠 28:22	악한 눈이 있는 자는 재물을 얻기에만
잠 29:13	여호와께서는 그 모두의 눈에 빛을 주시
잠 30:13	눈이 심히 높으며 눈꺼풀이 높이 들린
잠 30:17	싫어하는 자의 눈은 골짜기의 까마귀
전 1:8	말할 수는 없나니 눈은 보아도 족함이
전 2:10	무엇이든지 내 눈이 원하는 것을 내가
전 2:14	지혜자는 그의 눈이 그의 머리 속에
전 4:8	비록 그의 눈은 부요를 족하게 여기지
전 11:9	원하는 길들과 네 눈이 보는 대로 행하
아 1:15	어여쁘다 네 눈이 비둘기 같구나
아 4:1	너울 속에 있는 네 눈이 비둘기 같고
아 5:12	눈은 시냇가의 비둘기 같은데 우유로
아 6:5	네 눈이 나를 놀라게 하니 돌이켜 나를
아 7:4	상아 망대 같구나 눈은 헤스본 바드랍빔

선지서

사 1:15	내가 내 눈을 너희에게서 가리고 너희
사 2:11	그 날에 눈이 높은 자가 낮아지며 교만
사 3:8	여호와를 거역하여 그의 영광의 눈을
사 3:16	정을 통하는 눈으로 다니며 아기작거려
사 5:15	낮아지고 오만한 자의 눈도 낮아질
사 6:10	그들의 눈이 감기게 하라 염려하건대
사 10:12	완악한 마음의 열매와 높은 눈의 자랑
사 11:3	그의 눈에 보이는 대로 심판하지 아니
사 17:7	바라보겠으며 그의 눈이 이스라엘의
사 29:18	캄캄한 데에서 맹인의 눈이 볼 것이며
사 30:20	숨기지 아니하시리니 네 눈이 네 스승을
사 33:17	눈은 왕을 그의 아름다운 가운데에서
사 33:20	시온 성을 보라 네 눈이 안정된 처소로
사 38:14	울며 내 눈이 쇠하도록 앙망하나이다
사 43:4	네가 내 눈에 보배롭고 존귀하며 내가
사 43:8	눈이 있어도 보지 못하고 귀가 있어도

【 눈 3 】　　　　　　　　　　　　　　　　　　【 눈 3 】

사 44:18	깨닫지도 못함은 그들의 눈이 가려서	애 1:16	내가 우니 내 눈에 눈물이 물같이 흘러
사 52:8	돌아오실 때에 그들의 눈이 마주 보리로	애 2:4	오른손을 들고 서서 눈에 드는 아름다운
사 59:10	담을 더듬으며 눈 없는 자같이 두루	애 2:11	눈이 눈물에 상하며 내 창자가 끊어지며
사 65:12	듣지 아니하고 나의 눈에 악을 행하였	애 3:48	파멸로 말미암아 내 눈에는 눈물이
렘 4:30	금장식으로 단장하고 눈을 그려 꾸밀지	애 3:49	눈에 흐르는 눈물이 그치지 아니하고
렘 5:3	여호와여 주의 눈이 진리를 찾지 아니	애 4:7	존귀한 자들의 몸이 눈보다 깨끗하고
렘 5:21	어리석고 지각이 없으며 눈이 있어도	애 4:17	도움을 바라므로 우리의 눈이 상함이여
렘 7:11	너희 눈에는 도둑의 소굴로 보이느냐	겔 1:18	네 둘레로 돌아가면서 눈이 가득하며
렘 9:1	머리는 물이 되고 내 눈은 눈물 근원이	겔 6:9	나를 떠나고 음란한 눈으로 우상을 섬겨
렘 9:18	애곡하여 우리의 눈에서 눈물이 떨어	겔 10:12	바퀴의 둘레에 다 눈이 가득하더라
렘 14:6	풀이 없으므로 눈이 흐려지는도다	겔 12:2	거주하는도다 그들은 볼 눈이 있어도
렘 14:17	그들에게 이르라 내 눈이 밤낮으로	겔 20:7	이르기를 너희는 눈을 끄는 바 가증한
렘 16:17	내 눈이 그들의 행위를 살펴보므로	겔 20:8	아니하고 그들의 눈을 끄는 바 가증한
렘 20:4	칼에 엎드러질 것이요 네 눈은 그것을	겔 20:24	안식일을 더럽히고 눈으로 그들의 조상
렘 22:17	그러나 네 두 눈과 마음은 탐욕과 무죄	겔 22:26	그의 눈을 가리어 나의 안식일을 보지
렘 32:3-5	입을 대하여 말하고 눈이 서로 볼 것이	겔 24:21	영광이요 너희 눈의 기쁨이요 너희 마음
렘 34:3	네 눈은 바벨론 왕의 눈을 볼 것이며	겔 24:25	즐거워하는 영광과 그 눈이 기뻐하는
렘 39:7	시드기야의 눈을 빼게 하고 바벨론으로	겔 36:34	전에는 지나가는 자의 눈에 황폐하게
렘 52:11	시드기야의 두 눈을 빼고 놋사슬로 그를	겔 38:23	내가 여러 나라의 눈에 내 위대함과

'눈 3'과 관련된 성구

눈에 좋다 – 창 16:6; 19:8; 삿 19:24; 말 2:17

눈으로 바라보다 – 신 3:27; 15:9; 미 4:11

눈으로 보게 하다 – 신 34:4; 삼하 24:3; 왕상 1:48; 욥 3:10; 21:20; 합 1:3

눈으로 보다 – 출 40:38; 신 3:21; 4:3, 9; 10:21; 11:7; 28:54, 56; 29:3; 왕하 7:2, 19; 대하 34:28; 욥 19:27; 42:5; 시 92:11; 전 5:11; 6:9; 11:7; 아 4:9; 사 6:10; 33:17; 64:4; 애 3:51; 겔 12:12; 40:4; 슥 9:8; 말 1:5; 마 13:15; 요 12:40; 행 28:27; 고전 2:9; 요일 1:1

눈을 감기다 – 창 46:4; 사 29:10; 32:3

눈을 감다 – 민 24:3, 15; 사 33:15

눈을 들다 – 창 13:10, 14; 18:2; 19:28; 22:4, 13; 24:63, 64; 31:10, 12; 33:1, 5; 37:25; 43:29; 출 14:10; 민 24:2; 신 3:27; 4:19; 수 5:13; 삿 19:17; 삼상 6:13; 삼하 13:34; 18:24; 왕상 8:52; 대상 21:16; 대하 6:40; 7:15; 욥 2:12; 시 121:1; 123:1; 사 37:23; 40:26; 49:18; 51:6; 60:4; 렘 3:2; 13:20; 겔 8:5; 18:6, 12, 15; 23:27; 33:25; 단 8:3; 10:5; 슥 1:18; 2:1; 5:1, 5,

9; 6:1; 마 17:8; 막 16:4; 눅 6:20; 16:23; 18:13; 21:1; 요 4:35; 6:5; 11:41; 17:1

눈을 뜨게 하다 – 요 9:14, 17, 21, 26, 30, 32; 10:21; 11:37; 행 26:18

눈을 뜨다 – 민 24:4, 16; 왕하 4:35; 19:16, 22; 욥 14:12; 27:19; 40:24; 시 119:148; 잠 20:13; 사 37:17; 단 9:18; 행 9:40

눈을 밝게 하다 – 시 19:8

눈을 밝히다 – 창 21:19; 민 22:31; 스 9:8; 시 13:3; 사 42:7; 엡 1:18

눈을 어둡게 하다 – 창 19:11; 출 23:8; 신 16:19; 왕하 6:18

눈을 열다 – 왕하 6:17, 20; 느 1:6; 시 119:18; 146:8

눈이 멀게 하다 – 욥 17:5; 요 12:40; 요일 2:11

눈이 멀다 – 신 15:21; 슥 12:4

눈이 밝다 – 사 35:5

눈이 밝아지다 – 창 3:5, 7; 삼상 14:27; 마 9:30; 눅 24:31

눈이 어둡다 – 창 27:1; 48:10; 레 26:16; 삼상 3:2; 4:15; 왕상 14:4; 욥 11:20; 시 69:23; 애 5:17

【 눈 3   【 눈구멍

단 7:8	뿔에는 사람의 눈 같은 눈들이 있고	눅 6:41	눈 속에 있는 티는 보고 네 눈 속에
단 7:20	뿔에는 눈도 있고 큰 말을 하는 입도	눅 6:42	네 눈 속에 있는 … 형제여 나로 네
단 8:5	닿지 아니하며 그 염소의 두 눈 사이에		속에 있는 … 먼저 네 눈 속에서 … 후
단 8:21	헬라 왕이요 그의 두 눈 사이에 있는		에야 네가 밝히 보고 형제의 눈 속에
단 10:6	얼굴은 번갯빛 같고 그의 눈은 횃불	눅 10:23	너희가 보는 것을 보는 눈은 복이
암 9:3	찾아낼 것이요 내 눈을 피하여 바다	눅 11:34	네 몸의 등불은 눈이라 네 눈이 성하면
암 9:8	주 여호와의 눈이 범죄한 나라를 주목	눅 19:42	뻔하였거니와 지금 네 눈에 숨겨졌도다
합 1:13	주께서는 눈이 정결하시므로 악을 차마	눅 22:64	그의 눈을 가리고 물어 이르되 선지자
학 2:3	보이느냐 이것이 너희 눈에 보잘것없지	눅 24:16	그들의 눈이 가리어져서 그인 줄 알아
슥 3:9	돌에 일곱 눈이 있느니라 내가 거기에	요 9:6	침을 뱉어 진흙을 이겨 그의 눈에 바르
슥 4:10	두루 다니는 여호와의 눈이라 하니라	요 9:7	이에 가서 씻고 밝은 눈으로 왔더라
슥 8:6	백성의 눈에는 기이하려니와 내 눈에야	요 9:10	문되 그러면 네 눈이 어떻게 떠졌느냐
슥 9:1	이스라엘 모든 지파의 눈이 여호와를	요 9:11	이겨 내 눈에 바르고 나더러 실로암에
슥 11:17	오른쪽 눈에 내리리니 그의 팔이 아주	요 9:15	그 사람이 진흙을 내 눈에 바르매 내가
	마르고 그의 오른쪽 눈이 아주 멀어	역사서 – 예언서	
슥 12:4	민족의 말을 쳐서 눈이 멀게 하리니	행 9:8	사울이 땅에서 일어나 눈은 떴으나 아무
복음서		행 9:18	사울의 눈에서 비늘 같은 것이 벗어져
마 5:29	네 오른 눈이 너로 실족하게 하거든	행 27:39	해안으로 된 항만이 눈에 띄거늘 배를
마 5:38	눈은 눈으로, 이는 이로 갚으라 하였으	롬 11:8	심령과 보지 못할 눈과 듣지 못할 귀를
마 6:22	눈은 몸의 등불이니 그러므로 네 눈이	롬 11:10	그들의 눈은 흐려 보지 못하고
마 6:23	눈이 나쁘면 온 몸이 어두울 것이니	고전 12:16	또 귀가 이르되 나는 눈이 아니니 몸에
마 7:3	눈 속에 있는 티는 보고 네 눈 속에	고전 12:17	만일 온몸이 눈이면 듣는 곳은 어디며
마 7:4	보라 네 눈 속에 들보가 있는데 어찌하	고전 12:21	눈이 손더러 내가 너를 쓸 데가 없다
	여 형제에게 말하기를 나로 네 눈 속에	갈 4:15	너희의 눈이라도 빼어 나에게 주었으리
마 7:5	외식하는 자여 먼저 네 눈 속에서 들보	벧전 3:12	주의 눈은 의인을 향하시고 그의 귀는
	를 빼어라 그 후에야 … 형제의 눈 속에	벧후 2:14	음심이 가득한 눈을 가지고 범죄하기를
마 9:29	예수께서 그들의 눈을 만지시며 이르시	계 1:7	오시리라 각 사람의 눈이 그를 보겠고
마 13:15	귀는 듣기에 둔하고 눈은 감았으니 이는	계 1:14	양털 같고 눈 같으며 그의 눈은 불꽃
마 13:16	그러나 너희 눈은 봄으로, 너희 귀는	계 2:18	사자에게 편지하라 그 눈이 불꽃 같고
마 18:9	네 눈이 너를 범죄하게 … 내버리라 한	계 3:18	안약을 사서 눈에 발라 보게 하라
	눈으로 영생에 들어가는 것이 두 눈	계 4:6	생물이 있는데 앞뒤에 눈들이 가득하더
마 20:34	불쌍히 여기사 그들의 눈을 만지시니	계 4:8	그 안과 주위에는 눈들이 가득하더라
마 21:42	눈에 기이하도다 함을 읽어 본 일이	계 5:6	일곱 뿔과 일곱 눈이 있으니 이 눈들은
마 26:43	자니 이는 그들의 눈이 피곤함일러라	계 7:17	하나님께서 그들의 눈에서 모든 눈물을
마 28:3	형상이 번개 같고 그 옷은 눈같이 희거	계 19:12	그 눈은 불꽃 같고 그 머리에는 많은
막 8:18	너희가 눈이 있어도 보지 못하며 귀가	계 21:4	모든 눈물을 그 눈에서 닦아 주시니
막 8:23	데리고 나가사 눈에 침을 뱉으시며		
막 8:25	눈에 다시 안수하시매 그가 주목하여	**눈가림** (eyeservice)	
막 9:47	네 눈이 너를 … 빼버리라 한 눈으로	엡 6:6	눈가림만 하여 사람을 기쁘게 하는
	하나님의 나라에 들어가는 것이 두 눈	골 3:22	눈가림만 하지 말고 오직 주를 두려워
막 12:11	말미암아 된 것이요 우리 눈에 놀랍도다		
막 14:40	그들의 눈이 심히 피곤함이라 그들이	**눈구멍** (socket)	
눅 2:30	내 눈이 주의 구원을 보았사오니	슥 14:12	그들의 눈동자가 눈구멍 속에서 썩으며

【 눈길 】

눈길(eyes)
왕상 9:3　영원히 그 곳에 두며 내 **눈길**과 내 마음

눈꺼풀(eyelid)
욥 16:16　울음으로 붉었고 내 **눈꺼풀**에는 죽음
욥 41:18　그것의 눈은 새벽의 **눈꺼풀** 빛 같으며
시 132:4　잠들게 하지 아니하며 내 **눈꺼풀**로 졸게
잠 4:25　눈은 바로 보며 네 **눈꺼풀**은 네 앞을
잠 6:4　네 눈을 잠들게 하지 말며 **눈꺼풀**을
잠 6:25　아름다움을 탐하지 말며 그 **눈꺼풀**에
잠 30:13　눈이 심히 높으며 **눈꺼풀**이 높이 들린
렘 9:18　우리 **눈꺼풀**에서 물이 쏟아지게 하라

눈동자(apple of eye)
신 32:10　보호하시며 자기의 **눈동자**같이 지키셨
시 17:8　나를 **눈동자**같이 지키시고 주의 날개
잠 7:2　계명을 지켜 살며 내 법을 네 **눈동자**
애 2:18　스스로 쉬지 말고 네 **눈동자**를 쉬게
슥 2:8　너희를 범하는 자는 그의 **눈동자**를 범함
슥 14:12　살이 썩으며 그들의 **눈동자**가 눈구멍

눈뜨다(receive one's sight)
마 20:33　주여 우리의 **눈뜨기**를 원하나이다

눈멀다(blind)
레 22:22　너희는 **눈먼** 것이나 상한 것이나 지체
신 28:28　미치는 것과 **눈머는** 것과 정신병으로
사 42:7　네가 **눈먼** 자들의 눈을 밝히며 갇힌
말 1:8　너희가 **눈먼** 희생제물을 바치는 것이
마 12:22　그 때에 귀신 들려 **눈멀고** 말 못하는
마 23:16　화 있을진저 **눈먼** 인도자여 너희가 말하
마 23:26　**눈먼** 바리새인이여 너는 먼저 안을
눅 4:18　포로 된 자에게 자유를, **눈먼** 자에게
계 3:17　가난한 것과 **눈먼** 것과 벌거벗은 것을

눈물(tear, weeping)
왕하 13:14　자기의 얼굴에 **눈물**을 흘리며 이르되
왕하 20:5　네 기도를 들었고 네 **눈물**을 보았노라
욥 16:20　눈은 하나님을 향하여 **눈물**을 흘리니
시 6:6　피곤하여 밤마다 **눈물**로 내 침상을 띄우
시 39:12　귀를 기울이소서 내가 **눈물** 흘릴 때에
시 42:3　어디 있느뇨 하오니 나의 **눈물**이 주야로
시 56:8　계수하셨사오니 나의 **눈물**을 주의 병에

【 눈앞 】

시 80:5　**눈물**의 양식을 먹이시며 많은 **눈물**을
시 84:6　그들이 **눈물** 골짜기로 지나갈 때에
시 102:9　재를 양식같이 먹으며 나는 **눈물** 섞인
시 116:8　영혼을 사망에서, 내 눈을 **눈물**에서,
시 119:136　지키지 아니하므로 내 **눈물**이 시냇물
시 126:5　**눈물**을 흘리며 씨를 뿌리는 자는 기쁨
전 4:1　학대 받는 자들의 **눈물**이로다 그들에게
사 16:9　엘르알레여, 내 **눈물**로 너를 적시리니
사 25:8　모든 얼굴에서 **눈물**을 씻기시며 자기
사 38:5　네 기도를 들었고 네 **눈물**을 보았노라
렘 9:1　물이 되고 내 눈은 **눈물** 근원이 될꼬
렘 9:18　우리의 눈에서 **눈물**이 떨어지게 하며
렘 13:17　사로잡힘으로 말미암아 **눈물**을 흘려
렘 14:17　그치지 아니하고 **눈물**을 흘리리니
렘 31:16　울음소리와 네 **눈물**을 멈추라 네 일에
애 1:2　밤에는 슬피 우니 **눈물**이 뺨에 흐름이여
애 1:16　내 눈에 **눈물**이 물같이 흘러내림이여
애 2:11　내 눈이 **눈물**에 상하며 내 창자가 끊어
애 2:18　밤낮으로 **눈물**을 강처럼 흘릴지어다
애 3:48　말미암아 내 눈에는 **눈물**이 시내처럼
애 3:49　내 눈에 흐르는 **눈물**이 그치지 아니하고
겔 24:16　너는 슬퍼하거나 울거나 **눈물**을 흘리
말 2:13　행하나니 곧 **눈물**과 울음과 탄식으로
눅 7:38　곁에 서서 울며 **눈물**로 그 발을 적시고
눅 7:44　여자는 **눈물**로 내 발을 적시고 그 머리
요 11:35　예수께서 **눈물**을 흘리시더라
행 20:19　모든 겸손과 **눈물**이며 유대인의 간계로
행 20:31　밤낮 쉬지 않고 **눈물**로 각 사람을 훈계
고후 2:4　걱정이 있어 많은 **눈물**로 너희에게
빌 3:18　이제도 **눈물**을 흘리며 말하노니 여러
딤후 1:4　네 **눈물**을 생각하여 너 보기를 원함은
히 5:7　통곡과 **눈물**로 간구와 소원을 올렸고
히 12:17　축복을 이어받으려고 **눈물**을 흘리며
계 7:17　그들의 눈에서 모든 **눈물**을 씻어 주실
계 21:4　**눈물**을 그 눈에서 닦아 주시니 다시는

눈썹(eyebrow)
레 14:9　머리털과 수염과 **눈썹**을 다 밀고 그의
신 14:1　자기 몸을 베지 말며 **눈썹** 사이 이마
겔 23:40　그들을 위하여 목욕하며 **눈썹**을 그리며

눈앞(in the sight of)
창 30:41　개천에다가 양 떼의 **눈앞**에 그 가지를

【 눈여겨보다 】   【 눕다 】

창 33:10	형님의 **눈앞**에서 은혜를 입었사오면		시 74:20	언약을 **눈여겨보소서** 무릇 땅의 어두운
창 42:14	시므온을 끌어내어 그들의 **눈앞**에서		빌 3:17	그와 같이 행하는 자들을 **눈여겨보라**
민 25:6	온 회중의 **눈앞**에 미디안의 한 여인		약 2:3	옷을 입은 자를 **눈여겨보고** 말하되 여기
삼하 6:20	그의 신복의 계집종의 **눈앞**에서 몸을			
삼하 12:11	일으키고 내가 네 **눈앞**에서 네 아내를		**눈짓/-하다**(wink)	
삼하 16:22	이스라엘 무리의 **눈앞**에서 그 아버지의		창 39:7	아내가 요셉에게 **눈짓하다가** 동침하기
삼하 22:25	여호와께서 내 공의대로, 그의 **눈앞**에서		시 35:19	미워하는 자들이 서로 **눈짓하지** 못하게
왕상 11:6	솔로몬이 여호와의 **눈앞**에서 악을 행하		잠 6:13	**눈짓**을 하며 발로 뜻을 보이며 손가락
왕상 11:19	하닷이 바로의 **눈앞**에 크게 은총을		잠 10:10	**눈짓하는** 자는 근심을 끼치고 입이 미련
왕하 25:7	그의 **눈앞**에서 죽이고 시드기야의 두		잠 16:30	**눈짓**을 하는 자는 패역한 일을 도모하며
욥 4:16	오직 한 형상이 내 **눈앞**에 있었느니라			
욥 34:26	악한 자로 여겨 사람의 **눈앞**에서 치심은		**눈초리**(eye)	
시 50:21	책망하여 네 죄를 네 **눈앞**에 낱낱이		욥 16:9	원수가 되어 날카로운 **눈초리**로 나를
시 72:14	그들의 피가 그의 **눈앞**에서 존귀히 여김			
시 101:3	나는 비천한 것을 내 **눈앞**에 두지 아니		**눈치**(know, be aware of)	
시 143:2	행하지 마소서 주의 **눈앞**에는 의로운		삼상 26:12	떠나가되 아무도 보거나 **눈치** 채지 못하
잠 3:21	이것들이 네 **눈앞**에서 떠나지 말게 하라		느 4:15	그들의 의도를 **눈치** 챘다 함을 들으니라
잠 5:21	사람의 길은 여호와의 **눈앞**에 있나니			
사 65:16	잊혀졌으며 내 **눈앞**에 숨겨졌음이라		**눌러앉다**(stay)	
렘 7:30	유다 자손이 나의 **눈앞**에 악을 행하여		렘 42:10	이 땅에 **눌러앉아** 산다면 내가 너희를
렘 29:21	넘기리니 그가 너희 **눈앞**에서 그들을			
렘 32:30	자손이 예로부터 내 **눈앞**에 악을 행하였		**눌리다**(press, sorrow)	
렘 34:15	너희는 이제 돌이켜 내 **눈앞**에 바른		욥 35:9	부르짖으며 군주들의 힘에 **눌려** 소리치
렘 39:6	립나에서 시드기야의 **눈앞**에서 그의		시 12:5	가련한 자들의 **눌림**과 궁핍한 자들의
렘 39:16	나의 말이 그 날에 네 **눈앞**에 이루리라		시 119:28	영혼이 **눌림**으로 말미암아 녹사오니
렘 43:9	너는 유다 사람의 **눈앞**에서 네 손으로		겔 23:3	행음하여 그들의 유방이 **눌리며** 그 처녀
렘 51:24	너희 **눈앞**에서 그들이 시온에서 모든		눅 4:18	보게 함을 전파하며 **눌린** 자를 자유롭게
렘 52:10	시드기야의 아들들을 그의 **눈앞**에서		행 10:38	마귀에게 **눌린** 모든 사람을 고치셨으니
겔 10:19	날개를 들고 내 **눈앞**의 땅에서 올라가		고후 2:4	마음에 큰 **눌림**과 걱정이 있어 많은
겔 20:9	**눈앞**에서 그들에게 … 그 이방인의 **눈앞**		고후 11:28	아직도 날마다 내 속에 **눌리는** 일이
겔 28:25	여러 나라의 **눈앞**에서 내 거룩함을 나타			
겔 36:23	내가 그들의 **눈앞**에서 너희로 말미암아		**눔바**(Nympha) 골로새에 거주하던 여신도	
겔 37:20	쓴 막대기들을 무리의 **눈앞**에서 손에		골 4:15	라오디게아에 있는 형제들과 **눔바**와
겔 38:16	이방 사람의 **눈앞**에서 내 거룩함을 나타			
호 2:10	그 사랑하는 자의 **눈앞**에 드러내리니		**눕다**(lie)	
호 13:14	있느냐 뉘우침이 내 **눈앞**에서 숨으리라		모세오경	
욜 1:16	먹을 것이 우리 **눈앞**에 끊어지지 아니하		창 19:4	그들이 **눕기** 전에 그 성 사람 곧 소돔
롬 3:18	그들의 **눈앞**에 하나님을 두려워함이		창 19:33	아버지는 그 딸이 **눕고** 일어나는 것을
갈 3:1	박히신 것이 너희 **눈앞**에 밝히 보이거늘		창 28:11	가져다가 베개로 삼고 거기 **누워** 자더니
히 4:13	받으실 이의 **눈앞**에 만물이 벌거벗은		창 28:13	이삭의 하나님이라 네가 **누워** 있는 땅을
			창 29:2	양 세 떼가 **누워** 있으니 이는 목자들
눈여겨보다(fix one's eye)			창 47:30	조상들과 함께 **눕거든** 너는 나를 애굽
욥 14:3	같은 자를 주께서 **눈여겨보시나이까**		출 21:18	쳤으나 그가 죽지 않고 자리에 **누웠다가**

[눕다]　　　　　　　　　　　　　　　　　　　　　　　　　　[눕다]

레 15:4	유출병 있는 자가 **눕는** 침상은 다 부정	욥 21:26	속에 **눕고** 그들 위에 구더기가 덮이는
레 26:6	평화를 줄 것인즉 너희가 **누울** 때 너희	욥 27:19	부자로 **누우려니와** 다시는 그렇지 못할
민 23:24	피를 마시기 전에는 **눕지** 아니하리로다	시 3:5	내가 **누워** 자고 깨었으니 여호와께서
민 24:9	꿇앉고 **누움**이 수사자와 같고 암사자	시 4:4	범죄하지 말지어다 자리에 **누워** 심중에
신 6:7	갈 때에든지 **누워** 있을 때에든지 일어날	시 4:8	내가 평안히 **눕고** 자기도 하리니 나를
신 11:19	길을 갈 때에든지, **누워** 있을 때에든지,	시 41:3	병상에서 붙드시고 그가 **누워** 있을 때마
신 31:16	네 조상과 함께 **누우려니와** 이 백성은	시 41:8	들었으니 이제 그가 **눕고** 다시 일어나지
역사서		시 57:4	불사르는 자들 중에 **누웠으니** 곧 사람의
수 2:8	그들이 **눕기** 전에 라합이 지붕에 올라	시 68:13	너희가 양 우리에 **누울** 때에는 그 날개
삿 7:12	사람들이 골짜기에 **누웠는데** 메뚜기	시 88:5	무덤에 **누운** 자 같으니이다 주께서
삿 16:3	삼손이 밤중까지 **누워** 있다가 그 밤중	시 104:22	돌아오면 물러가서 그들의 굴속에 **눕고**
룻 3:4	그가 **누울** 때에 너는 그가 **눕는** 곳을	시 127:2	일찍이 일어나고 늦게 **누우며** 수고의
	알았다가 … 이불을 들고 거기 **누우라**	시 139:3	길과 내가 **눕는** 것을 살펴보셨으므로
삼상 3:2	그 때에 그가 자기 처소에 **누웠고**	잠 3:24	네가 **누울** 때에 두려워하지 아니하겠
삼상 3:3	궤 있는 여호와의 전 안에 **누웠더니**		고 네가 **누운** 즉 네 잠이 달리로다
삼상 19:24	밤낮을 벗은 몸으로 **누웠더라** 그러므로	잠 6:9	네가 어느 때까지 **누워** 있겠느냐 네가
삼상 26:5	사울이 진영 가운데 **누웠고** 백성은	잠 6:10	졸자, 손을 모으고 좀더 **누워** 있자 하면
삼하 4:7	침상 위에 **누워** 있는지라 그를 쳐죽이고	잠 22:27	없으면 네 **누운** 침상도 빼앗길 것이라
삼하 7:12	네 조상들과 함께 **누울** 때에 내가 네	잠 23:34	**누운** 자 같을 것이요 돛대 위에 **누운**
삼하 11:13	부하들과 더불어 침상에 **눕고** 그의 집으	잠 24:33	좀더 졸자, 손을 모으고 좀더 **누워** 있자
삼하 12:3	마시며 그의 품에 **누우므로** 그에게는	전 4:11	두 사람이 함께 **누우면** 따뜻하거니와
삼하 13:5	이르되 침상에 **누워** 병든 체하다가	아 4:1	머리털은 길르앗 산기슭에 **누운** 염소
왕상 1:2	왕의 품에 **누워** 우리 주 왕으로 따뜻하	**선지서**	
왕상 2:10	다윗이 그의 조상들과 함께 **누워** 다윗	사 11:6	어린 염소와 함께 **누우며** 송아지와 어린
왕상 3:19	그의 아들 위에 **누우므로** 그의 아들이	사 14:30	궁핍한 자는 평안히 **누우려니와** 내가
왕상 19:5	로뎀 나무 아래에 **누워** 자더니 천사가	사 17:2	양이 **눕되** 놀라게 할 자가 없을 것이며
왕상 19:6	있더라 이에 먹고 마시고 다시 **누웠더니**	사 26:19	일어나리이다 티끌에 **누운** 자들아 너희
왕상 21:4	왕궁으로 돌아와 침상에 **누워** 얼굴을	사 27:10	거기에서 먹고 거기에 **누우며** 그 나무
왕하 4:11	거기에 이르러 그 방에 들어가 **누웠더니**	사 35:7	원천이 될 것이며 승냥이의 **눕던** 곳에
왕하 4:32	죽었는데 자기의 침상에 **눕혔는지라**	사 50:11	너희가 고통이 있는 곳에 **누우리라**
왕하 9:16	요람 왕이 거기에 **누워** 있었음이라	사 51:20	모퉁이에 **누웠으니** 그들에게 여호와
대하 12:16	그의 조상들과 함께 **누우매** 다윗 성에	사 56:10	**누워** 있는 자들이요 잠자기를 좋아하는
대하 14:1	그의 조상들과 함께 **누우매** 다윗 성에	사 65:10	골짜기는 소 떼가 **눕는** 곳이 되어 나를
대하 16:13	후에 죽어 그의 조상들과 함께 **누우매**	렘 3:25	우리는 수치 중에 **눕겠고** 우리의 치욕이
대하 21:1	조상들과 함께 **누우매** 그의 조상들과	렘 33:12	살 곳이 있으리니 그의 양 떼를 **눕게** 할
에 4:3	베 옷을 입고 재에 **누운** 자가 무수하더	겔 4:4	왼쪽으로 **누워** 이스라엘 족속의 죄악을
시가서			짊어지되 네가 **눕는** 날수대로 그 죄악을
욥 3:13	내가 평안히 **누워서** 자고 쉬었을 것이니	겔 4:6	오른쪽으로 **누워** 유다 족속의 죄악을
욥 7:4	**누울** 때면 말하기를 언제나 일어날까,	겔 25:5	암몬 족속의 땅을 양 떼가 **눕는** 곳으로
욥 7:21	내가 이제 흙에 **누우리니** 주께서 나를	겔 29:3	강들 가운데에 **누운** 큰 악어라 스스로
욥 11:19	네가 **누워도** 두렵게 할 자가 없겠고	겔 31:18	죽임을 당한 자 가운데 **누우리라** 이들
욥 14:12	사람이 **누우면** 다시 일어나지 못하고	겔 32:19	받지 아니한 자와 함께 **누울지어다**
욥 20:11	그 기세가 그와 함께 흙에 **누우리라**	겔 34:14	우리에 **누워** 있으며 이스라엘 산에서

| 뉘우치다 | 느다넬 |

겔 34:15	목자가 되어 그것들을 **누워** 있게 할지라
호 2:18	전쟁을 없이하고 그들로 평안히 **눕게**
욜 1:13	밤이 새도록 **누울지어다** 이는 소제와
암 2:8	잡은 옷 위에 **누우며** 그들의 신전에서
암 6:4	상아 상에 **누우며** 침상에서 기지개 켜며
욘 1:5	밑층에 내려가서 **누워** 깊이 잠이 든지라
미 7:5	의지하지 말며 네 품에 **누운** 여인에게라
나 3:18	네 귀족은 **누워** 쉬며 네 백성은 산들에
습 2:7	아스글론 집들에 **누우리니** 이는 그들의
습 2:14	떼로 **누울** 것이며 당아와 고슴도치가
습 3:13	혀가 없으며 먹고 **누울지라도** 그들을

신약

마 8:6	중풍병으로 집에 **누워** 몹시 괴로와
마 8:14	그의 장모가 열병으로 앓아 **누운** 것을
마 9:2	**누운** 중풍병자를 사람들이 데리고
마 28:6	살아나셨느니라 와서 그가 **누우셨던**
막 1:30	시몬의 장모가 열병으로 **누워** 있는지라
막 2:4	구멍을 내고 중풍병자가 **누운** 상을 달아
막 7:30	아이가 침상에 **누웠고** 귀신이 나갔더라
눅 5:25	곧 일어나 그 **누웠던** 것을 가지고
눅 11:7	나와 함께 침실에 **누웠으니** 일어나 네게
눅 17:34	자리에 **누워** 있으매 하나는 데려감을
요 5:3	혈기 마른 사람들이 **누워** [물의 움직임
요 5:6	예수께서 그 **누운** 것을 보시고 병이
요 13:23	자가 예수의 품에 의지하여 **누웠는지라**
행 9:33	중풍병으로 침상 위에 **누운** 지 여덟
행 12:6	쇠사슬에 매여 **누워** 자는데 파수꾼들이
행 28:8	열병과 이질에 걸려 **누워** 있거늘 바울이
벧후 2:22	더러운 구덩이에 도로 **누웠다** 하는 말이

눕다 – 기타 본문

창 19:35; 레 15:20, 24, 26; 룻 3:7, 8, 13, 14; 삼상 3:5, 6, 9, 15; 26:7; 삼하 13:6, 8; 왕상 21:27; 대하 26:2, 23; 27:9; 28:27; 32:33; 33:20; 아 6:5; 겔 4:9; 32:21, 27, 28, 29, 30

뉘우치다 (grieve, repent)

삿 21:6	형제 베냐민을 위하여 **뉘우쳐** 이르되
삿 21:15	백성들이 베냐민을 위하여 **뉘우쳤으니**
삼하 24:16	재앙 내리심을 **뉘우치사** 백성을 멸하는
대상 21:15	재앙 내림을 **뉘우치사** 멸하는 천사에
대하 32:26	히스기야가 마음의 교만함을 **뉘우치고**
렘 8:6	그들의 악을 **뉘우쳐서** 내가 행한 것이
렘 31:19	내가 돌이킨 후에 **뉘우쳤고** 내가 교훈을
겔 24:14	아끼지도 아니하며 **뉘우치지도** 아니하
겔 39:26	품고 내게 범한 죄를 **뉘우치리니**
호 5:15	그들이 그 죄를 **뉘우치고** 내 얼굴을
호 13:14	어디 있느냐 **뉘우침**이 내 눈 앞에
슥 8:14	재앙을 내리기로 뜻하고 **뉘우치지**
마 21:30	싫소이다 하였다가 그 후에 **뉘우치고**
마 21:32	이것을 보고도 끝내 **뉘우쳐** 믿지 아니하
마 27:3	보고 스스로 **뉘우쳐** 그 은 삼십을
히 7:21	맹세하시고 **뉘우치지** 아니하시리니

느고 (Neco) 애굽의 제26왕조의 2대 왕

| 왕하 23:29 | 애굽의 왕 바로 **느고**가 앗수르 왕을 |

느고 – 기타 본문

왕하 23:33, 34, 35; 대하 35:20, 21, 22; 36:4; 렘 46:2

느고다 (Nekoda) 느디님 사람들의 조상 중 하나

| 스 2:48 | 르신 자손과 **느고다** 자손과 갓삼 자손 |

느고다 – 기타 본문

스 2:60; 느 7:50, 62

느다냐/느다니야 (Nethaniah)

| 왕하 25:23 | 듣고 이에 **느다니야**의 아들 이스마엘 |

느다냐/느다니야 – 기타 본문

왕하 25:25; 렘 40:8, 14, 15; 41:1, 2, 6, 7, 9, 10, 11, 12, 15, 16, 18

2. 다윗의 명을 좇아 성전에서 노래 부른 사람

| 대상 25:2 | 삭굴과 요셉과 **느다냐**와 아사렐라니 |
| 대상 25:12 | 다섯째는 **느다냐**니 그의 아들들과 |

3. 여호사밧 때 파송받아 율법을 가르친 레위인

| 대하 17:8 | 스마야와 **느다냐**와 스바댜와 아사헬 |

4. 두루마리를 왕에게 전달했던 여후디의 아버지

| 렘 36:14 | 셀레먀의 손자 **느다냐**의 아들 여후디 |

느다넬 (Nethanel)

1. 잇사갈 지파의 두령으로 수알의 아들

| 민 1:8 | 잇사갈 지파에서는 수알의 아들 **느다넬** |

【 느다바 】　　　　　　　　　　　　　　　　　　　　　　　　　　　　　【 느보 】

느다넬 - 기타 본문
민 2:5; 7:18, 23; 10:15

2. 이새의 넷째 아들로 다윗의 형
대상 2:14　넷째로 **느다넬**과 다섯째로 랏대와

3. 언약궤 앞에서 나팔을 불던 제사장
대상 15:24　요시밧과 **느다넬**과 아미새와 스가랴

4. 레위 사람으로 서기관 스마야의 아버지
대상 24:6　레위 사람 **느다넬**의 아들 서기관 스마야

5. 오벧에돔의 다섯째 아들
대상 26:4　요아와 넷째 사갈과 다섯째 **느다넬**과

6. 백성에게 율법을 가르치도록 파견된 방백
대하 17:7　스가랴와 **느다넬**과 미가야를 보내어

7. 유월절 제물을 레위인에게 준 지도자
대하 35:9　스마야와 **느다넬**과 또 하사뱌와 여이엘

8. 이방 여인을 아내로 맞이한 바스훌 자손
스 10:22　이스마엘과 **느다넬**과 요사밧과 엘라사

9. 여다야 족속의 대표이자 제사장
느 12:21　여다야 족속에는 **느다넬**이었느니라

10. 다윗의 악기를 잡은 제사장
느 12:36　길랄래와 마애와 **느다넬**과 유다와 하나

느다뱌(Nedabiah)
바벨론으로 사로잡혀 간 여고냐의 아들
대상 3:18　세낫살과 여가먀와 호사마와 **느다뱌**요

느도바(Netophah) 갈렙 족속이 살던 유다 성읍
삼하 23:28　아호아 사람 살몬과 **느도바** 사람 마하래

느도바 - 기타 본문
삼하 23:29; 왕하 25:23; 대상 2:54; 9:16; 11:30; 27:13, 15; 스 2:22; 느 7:26; 12:28; 렘 40:8

느디님 사람들(temple servants) 성전에서 봉사했던 전쟁 포로들
대상 9:2　레위 사람들과 **느디님 사람들**

느디님 사람들 - 기타 본문
스 2:43, 58, 70; 7:7, 24; 8:17, 20; 느 3:26, 31; 7:46, 60, 73; 10:28; 11:3, 21

느무엘(Nemuel)
1. 르우벤 자손 엘리압의 아들

민 26:9　엘리압의 아들은 **느무엘**과 다단과

2. 시므온의 아들로 느무엘 가족의 조상
민 26:12　**느무엘**에게서 난 **느무엘** 종족과 야민
대상 4:24　시므온의 아들들은 **느무엘**과 야민과

느바욧(Nebaioth) 이스마엘의 장남이며 게달의 형
창 25:13　이스마엘의 장자는 **느바욧**이요 그 다음

느바욧 - 기타 본문
창 28:9; 36:3; 대상 1:29; 사 60:7

느발랏(Neballat) 바벨론에서 귀환한 베냐민 사람들이 거주한 곳
느 11:34　하딧과 스보임과 **느발랏**과

느밧(Nebat) 북이스라엘 왕 여로보암의 아버지
왕상 11:26　솔로몬의 신하 **느밧**의 아들 여로보암이

느밧 - 기타 본문
왕상 12:2, 15; 15:1; 16:3, 26, 31; 21:22; 22:52; 왕하 3:3; 9:9; 10:29; 13:2, 11; 14:24; 15:9, 18, 24, 28; 17:21; 23:15; 대하 9:29; 10:2, 15; 13:6

느보(Nebo)
1. 모세가 가나안 땅을 보기 위해 오른 산
민 33:47　알몬디블라다임을 떠나 **느보** 앞 아바림
신 32:49　아바림 산에 올라가 **느보** 산에 이르러
신 34:1　모압 평지에서 **느보** 산에 올라가 여리고

2. 르우벤 지파가 차지한 요단 동편의 땅
민 32:3　헤스본과 엘르알레와 스밤과 **느보**와
민 32:38　**느보**와 바알므온들을 건축하고 그 이름
대상 5:8　아로엘에 살면서 **느보**와 바알므온까지

3. 모압의 도시
사 15:2　올라가서 울며 모압은 **느보**와 메드바를
렘 48:1　**느보**여 그가 유린 당하였도다 기랴다임
렘 48:22　디본과 **느보**와 벧디불라다임과

4. 바벨론에서 귀환한 이스라엘의 거주지
스 2:29　**느보** 자손이 오십이 명이요
느 7:33　기타 **느보** 사람이 오십이 명이요

5. 이방 여인과 결혼한 사람들의 조상
스 10:43　**느보** 자손 중에서는 여이엘과 맛디댜

6. 바벨론 사람들이 섬기던 신
사 46:1　벨은 엎드러졌고 **느보**는 구부러졌도다

【느부갓네살】

느부갓네살(Nebuchadnezzar) 신바벨론의 2대 왕
왕하 24:1 바벨론의 왕 **느부갓네살**이 올라오매
대상 6:15 여호와께서 **느부갓네살**의 손으로 유다
대하 36:6 바벨론 왕 **느부갓네살**이 올라와서 그를

느부갓네살 - 기타 본문
왕하 24:10, 11; 25:1, 8, 22; 대하 36:7, 10, 13; 스 1:7; 2:1; 5:12, 14; 6:5; 느 7:6; 에 2:6; 렘 21:2, 7; 22:25; 24:1; 25:1, 9; 27:6, 8, 20; 28:3, 11, 14; 29:1, 3, 21; 32:1, 28; 34:1; 35:11; 37:1; 39:1, 5, 11; 43:10, 12; 44:30; 46:2, 13, 26; 49:28, 30; 50:17; 51:34; 52:4, 12, 28, 29, 30; 겔 26:7; 29:18, 19; 30:10; 단 1:1, 18; 2:1, 28, 46; 3:1, 2, 3, 5, 7, 9, 13, 14, 16, 19, 24, 26, 28; 4:1, 4, 18, 28, 31, 33, 34, 37; 5:2, 11, 18

느부사라단(Nebuzaradan) 느부갓네살의 시위대 장관
왕하 25:8 바벨론 왕의 신복 시위대장 **느부사라단**

느부사라단 - 기타 본문
왕하 25:11, 20; 렘 39:9, 10, 11, 13; 40:1; 41:10; 43:6; 52:12, 15, 26, 30

느부사스반(Nebushazban) 느부갓네살의 환관장
렘 39:13 느부사라단과 내시장 **느부사스반**과

느부심(Nephussim) 바벨론에서 귀환한 포로들 중 한 사람
스 2:50 자손과 므우님 자손과 **느부심** 자손과

느비스심(Nephussim) 느부심과 동일인
느 7:52 베새 자손과 므우님 자손과 **느비스심**

느시야(Neziah) 바벨론에서 귀환한 포로 중 한 사람
스 2:54 **느시야** 자손과 하디바 자손이었더라
느 7:56 **느시야** 자손과 하디바 자손이었느니라

느십(Nezib) 유다 지파에게 분배된 가나안 땅
수 15:43 입다와 아스나와 **느십**과

느아랴(Neariah) 솔로몬 왕의 자손 중 스마야의 아들
대상 3:22 이갈과 바리야와 **느아랴**와 사밧 여섯

느아랴 - 기타 본문
대상 3:23; 4:42

느이엘(Neiel) 아셀 지파의 성읍
수 19:27 만나 벤에멕과 **느이엘**에 이르고 가불

느헤미야(Nehemiah) 유다 지방을 다스렸던 총독
스 2:2 **느헤미야**와
느 1:1 하가랴의 아들 **느헤미야**의 말이라
느 3:16 아스북의 아들 **느헤미야**가 중수하여
느 7:7 스룹바벨과 예수아와 **느헤미야**와
느 8:9 총독 **느헤미야**와 제사장 겸 학사 에스라
느 8:10 **느헤미야**가 또 그들에게 이르기를
느 10:1 자는 하가랴의 아들 총독 **느헤미야**와
느 12:26 아들 요야김과 총독 **느헤미야**와
느 12:47 스룹바벨 때와 **느헤미야** 때에는 온

느헬람 사람(Nehelamite) 예레미야를 대항하도록 선동한 거짓 선지자
렘 29:24 너는 **느헬람 사람** 스마야에게 이같이
렘 29:31 여호와께서 **느헬람 사람** 스마야를 두고
렘 29:32 보라 내가 **느헬람 사람** 스마야와 그의

느후스다(Nehushta) 여호야긴의 어머니
왕하 24:8 어머니의 이름은 **느후스다요** 예루살렘

느후스단(Nehushtan) 모세가 만들어 장대 위에 높이 단 구리뱀
왕하 18:4 그것을 부수고 **느후스단**이라 일컬었더

느훔(Nehum) 바벨론에서 귀환한 12명의 지도자 가운데 한 사람
느 7:7 미스베렛과 비그왜와 **느훔**과 바아나와

늑탈하다(勒奪, loot)
겔 39:10 **늑탈하던** 자의 것을 **늑탈하리라**

늘(continually, regularly)
창 44:5 주인이 가지고 마시며 **늘** 점치는 데에
출 28:38 그 패가 아론의 이마에 **늘** 있으므로
출 29:42 회막 문에서 **늘** 드릴 번제라 내가 거기서
레 13:46 병 있는 날 동안은 **늘** 부정할 것이라

【 늘그막 】　　　　　　　　　　　　　　　　　　　　　　　　　【 늙다 】

신 9:7	이 곳에 이르기까지 **늘** 여호와를 거역
왕하 13:3	이스라엘을 노하사 **늘** 아람 왕 하사엘
욥 33:19	병상의 고통과 뼈가 **늘** 쑤심의 징계를
시 42:10	대적이 나를 비방하여 **늘** 내게 말하기를
시 74:15	물을 내시며 주께서 **늘** 흐르는 강들을
시 119:99	내가 주의 증거들을 **늘** 읊조리므로 나의
사 21:8	주여 내가 낮에 **늘** 망대에 서 있었고
사 28:28	곡식은 부수는가, 아니라 **늘** 떨기만
사 57:20	더러운 것을 **늘** 솟구쳐 내는 요동하는
겔 39:14	택하여 그 땅에 **늘** 순행하며 매장할
막 5:5	산에서나 **늘** 소리 지르며 돌로 자기
눅 4:16	나사렛에 이르사 안식일에 **늘** 하시던
눅 18:5	그렇지 않으면 **늘** 와서 나를 괴롭게
요 7:6	아니하였거니와 너희 때는 **늘** 준비되어
히 10:1	형상이 아니므로 해마다 **늘** 드리는 같은

늘그막(old age)
왕상 15:23	그는 **늘그막**에 발에 병이 들었더라

늘다(increase, grow)
시 62:10	허망하여지지 말며 재물이 **늘어도**
잠 13:11	손으로 모은 것은 **늘어** 가느니라
호 4:10	음행하여도 수효가 **늘지** 못하니 이는
행 16:5	굳건해지고 수가 날마다 **늘어** 가니라

늘어뜨리다(hang)
출 26:12	나머지 반 폭은 성막 뒤에 **늘어뜨리고**
출 26:13	성막 좌우 양쪽에 덮어 **늘어뜨리고**
출 26:32	기둥 위에 **늘어뜨리되** 그 네 기둥을
출 26:33	갈고리 아래에 **늘어뜨린** 후에 증거궤를
출 40:21	가리개 휘장을 **늘어뜨려** 그 증거궤를
습 3:16	시온아 네 손을 **늘어뜨리지** 말라

늘어지다(feeble, unstring)
욥 4:3	사람을 훈계하였고 손이 **늘어진** 자를
욥 30:11	하나님이 내 활시위를 **늘어지게** 하시고

늘이다(outstretch, increase)
왕상 10:16	솔로몬 왕이 쳐서 **늘인** 금으로 큰 방패
왕상 10:17	또 쳐서 **늘인** 금으로 작은 방패 삼백
대하 9:15	솔로몬 왕이 쳐서 **늘인** 금으로 큰 방패
대하 9:16	또 쳐서 **늘인** 금으로 작은 방패 삼백
잠 28:8	중한 변리로 자기 재산을 **늘이는** 것은

사 3:16	딸들이 교만하여 **늘인** 목, 정을 통하는
사 44:13	목공은 줄을 **늘여** 재고 붓으로 긋고

늙다(old)
창 18:11	사라는 나이가 많아 **늙었고** 사라에게는
창 18:12	주인도 **늙었으니** 내게 무슨 즐거움이
창 18:13	이르기를 내가 **늙었거늘** 어떻게 아들을
창 19:31	아버지는 **늙으셨고** 온 세상의 도리를
창 24:1	아브라함이 나이가 많아 **늙었고** 여호와
창 24:2	맡은 **늙은** 종에게 이르되 청하건대
창 25:8	그의 나이가 높고 **늙어서** 기운이 다하여
창 27:2	이삭이 이르되 내가 이제 **늙어** 어느 날
창 35:29	이삭이 나이가 많고 **늙어** 기운이 다하매
수 13:1	여호수아가 나이가 많아 **늙으매** 여호와
수 23:1	후에 여호수아가 나이 많아 **늙은지라**
수 23:2	이르되 나는 나이가 많아 **늙었도다**
룻 1:12	되돌아가라 나는 **늙었으니** 남편을 두지
삼상 2:22	엘리가 매우 **늙었더니** 그의 아들들이
삼상 8:1	**늙으매** 그의 아들들을 이스라엘 사사
삼상 8:5	보소서 당신은 **늙고** 당신의 아들들은
삼상 12:2	출입하느니라 보라 나는 **늙어** 머리가
삼상 17:12	사람 중에 나이가 많아 **늙은** 사람으로서
삼상 30:2	거기에 있는 젊거나 **늙은** 여인들은 한
삼하 12:17	집의 **늙은** 자들이 그 곁에 서서 다윗을
삼하 19:32	바르실래는 매우 **늙어** 나이가 팔십 세라
왕상 1:1	다윗 왕이 나이가 많아 **늙으니** 이불을
왕상 1:15	왕에게 이르니 왕이 심히 **늙었으므로**
왕상 13:11	벧엘에 한 **늙은** 선지자가 살더니 그의
왕상 13:25	사자를 보고 그 **늙은** 선지자가 사는
왕상 13:29	**늙은** 선지자가 하나님의 사람의 시체
왕하 4:14	아들이 없고 그 남편은 **늙었나이다** 하니
대상 23:1	다윗이 나이가 많아 **늙으매** 아들 솔로몬
대상 29:28	그가 나이 많아 **늙도록** 부하고 존귀를
대하 24:15	여호야다가 나이가 많고 **늙어서** 죽으니
욥 12:12	**늙은** 자에게는 지혜가 있고 장수하는
욥 12:20	사람들의 말을 물리치시며 **늙은** 자들의
욥 14:8	뿌리가 땅에 **늙고** 줄기가 흙에서 죽을
욥 42:17	욥이 **늙어** 나이가 차서 죽었더라
시 37:25	어려서부터 **늙기까지** 의인이 버림을
시 71:9	**늙을** 때에 나를 버리지 마시며 내 힘이
시 71:18	하나님이여 내가 **늙어** 백발이 될 때에도
시 92:14	그는 **늙어도** 여전히 결실하며 진액이
잠 20:29	그의 힘이요 **늙은** 자의 아름다움은

【 늙은이 】

잠 22:6	아이에게 가르치라 그리하면 **늙어도**
잠 23:22	아비에게 청종하고 네 **늙은** 어미를 경히
전 4:13	지혜로운 젊은이가 **늙고** 둔하여 경고
사 20:4	끌려갈 때에 젊은 자나 **늙은** 자가
겔 9:6	**늙은** 자와 젊은 자와 처녀와 어린이와
욜 1:2	**늙은** 자들아 너희는 이것을 들을지어다
슥 8:4	길거리에 **늙은** 남자들과 **늙은** 여자들이
눅 1:18	어떻게 알리요 내가 **늙고** 아내도 나이가
눅 1:36	엘리사벳도 **늙어서** 아들을 배었느니라
요 3:4	니고데모가 이르되 사람이 **늙으면**
요 21:18	원하는 곳으로 다녔거니와 **늙어서는**
딤전 5:2	**늙은** 여자에게는 어머니에게 하듯 하며
딛 2:2	**늙은** 남자로는 절제하며 경건하며 신중
딛 2:3	**늙은** 여자로는 이와 같이 행실이 거룩

늙은이 (the old, the aged)

에 3:13	모든 유대인을 젊은이 **늙은이** 어린이
사 47:6	긍휼히 여기지 아니하고 **늙은이**에게
렘 6:11	나이 든 사람과 **늙은이**가 다 잡히리로다
애 2:21	**늙은이**와 젊은이가 다 길바닥에 엎드러
욜 2:28	말할 것이며 너희 **늙은이**는 꿈을 꾸며
행 2:17	환상을 보고 너희의 **늙은이들**은 꿈을
딤전 5:1	**늙은이**를 꾸짖지 말고 권하되 아버지

능란하다 (能爛, skilled)

사 3:3	정교한 장인과 **능란한** 요술자를 그리하
렘 48:14	말하기를 우리는 용사요 **능란한** 전사라

능력 (能力, power, ability)

모세오경, 역사서

창 31:29	너를 해할 만한 **능력**이 내 손에 있으나
창 47:6	거주하고 그들 중에 **능력** 있는 자가
창 49:3	르우벤아 너는 내 장자요 내 **능력**이요
출 9:16	너를 세웠음은 나의 **능력**을 네게 보이고
출 14:31	행하신 그 큰 **능력**을 보았으므로 백성
출 18:21	온 백성 가운데서 **능력** 있는 사람들
출 18:25	이스라엘 무리 중에서 **능력** 있는 사람
민 14:13	애굽인 중에서 주의 **능력**으로 이 백성을
민 14:16	맹세한 땅에 인도할 **능력**이 없었으므로
민 22:38	하였으나 무엇을 말할 **능력**이 있으리이
신 3:24	행하신 일 곧 주의 큰 **능력**으로 행하신
신 8:17	마음에 이르기를 내 **능력**과 내 손의
신 8:18	그가 네게 재물 얻을 **능력**을 주셨음이라

【 능력 】

신 9:28	인도하여 들일 만한 **능력**도 없고 그들을
신 9:29	그들은 주의 큰 **능력**과 펴신 팔로 인도
신 33:25	사는 날을 따라서 **능력**이 있으리로다
삼하 22:40	내게 전쟁하게 하려고 **능력**으로 내게
왕상 18:46	여호와의 **능력**이 엘리야에게 임하매
왕하 17:36	오직 큰 **능력**과 편 팔로 너희를 애굽에
대상 16:11	여호와와 그의 **능력**을 구할지어다 항상
대상 16:27	그의 앞에 있으며 **능력**과 즐거움이 그의
대상 26:7	엘리후와 스마갸는 **능력**이 있는 자이니
대상 26:8	그의 형제들은 다 **능력**이 있어 그 직무
대상 26:9	아들과 형제 열여덟 명은 **능력**이 있는
대상 29:12	주재가 되사 손에 권세와 **능력**이 있사오
대하 6:41	일어나 들어가사 주의 **능력**의 궤와 함께
대하 16:9	향하는 자들을 위하여 **능력**을 베푸시나
대하 20:6	주의 손에 권세와 **능력**이 있사오니 능히
대하 20:12	우리가 대적할 **능력**이 없고 어떻게
에 10:2	왕의 **능력** 있는 모든 행적과 모르드개

시가서, 선지서

욥 6:13	아니냐 나의 **능력**이 내게서 쫓겨나지
욥 12:16	**능력**과 지혜가 그에게 있고 속은 자와
욥 24:22	하나님이 그의 **능력**으로 강포한 자들을
욥 26:12	그는 **능력**으로 바다를 잔잔하게 하시며
욥 26:14	소리일 뿐이니 그의 큰 **능력**의 우렛소리
욥 30:18	큰 **능력**으로 나의 옷을 떨쳐 버리시며
욥 36:19	부르짖음이나 그대의 **능력**이 어찌 능히
욥 40:9	하나님처럼 **능력**이 있느냐 하나님처럼
시 18:39	전쟁하게 하려고 **능력**으로 내게 띠 띠우
시 21:13	여호와여 주의 **능력**으로 높임을 받으소
시 27:1	여호와는 내 생명의 **능력**이시니 내가
시 29:1	있는 자들아 영광과 **능력**을 여호와께
시 59:11	방패 되신 주여 주의 **능력**으로 그들을
시 66:7	그가 그의 **능력**으로 영원히 다스리시며
시 68:34	하나님께 **능력**을 돌릴지어다 그의 위 엄이 이스라엘 위에 있고 그의 **능력**
시 68:35	백성에게 힘과 **능력**을 주시나니 하나님
시 71:18	후대에 전하고 주의 **능력**을 장래의 모든
시 74:13	주께서 주의 **능력**으로 바다를 나누시고
시 77:14	하나님이시라 민족들 중에 주의 **능력**을
시 78:4	여호와의 영예와 그의 **능력**과 그가 행하
시 78:61	그가 그의 **능력**을 포로에게 넘겨 주시며
시 79:11	정해진 자도 주의 크신 **능력**을 따라
시 80:2	앞에서 주의 **능력**을 나타내사 우리를
시 81:1	우리의 **능력**이 되시는 하나님을 향하여

【 능력 】

시 89:8	주와 같이 능력 있는 이가 누구리이까	마 13:58	거기서 많은 능력을 행하지 아니하시
시 89:10	원수를 주의 능력의 팔로 흩으셨나이다	마 14:2	그러므로 이런 능력이 그 속에서 역사
시 89:13	주의 팔에 능력이 있사오며 주의 손은	마 22:29	성경도, 하나님의 능력도 알지 못하는
시 89:19	이르시기를 내가 능력 있는 용사에게는	마 24:30	인자가 구름을 타고 능력과 큰 영광으로
시 90:11	누가 주의 노여움의 능력을 알며 누가	막 1:7	전파하여 이르되 나보다 능력 많으신
시 93:1	여호와께서 능력의 옷을 입으시며 띠를	막 5:30	예수께서 그 능력이 자기에게서 나간
시 93:4	계신 여호와의 능력은 많은 물 소리와	막 6:14	살아났도다 그러므로 이런 능력이
시 96:6	그의 앞에 있으며 능력과 아름다움이	막 12:24	성경도 하나님의 능력도 알지 못하므로
시 99:4	능력 있는 왕은 정의를 사랑하느니라	눅 1:17	또 엘리야의 심령과 능력으로 주 앞에
시 103:20	능력이 있어 여호와의 말씀을 행하며	눅 1:35	높으신 이의 능력이 너를 덮으시리니
시 105:4	여호와와 그의 능력을 구할지어다 그의	눅 3:16	세례를 베풀거니와 나보다 능력이 많으
시 111:6	행하시는 일의 능력을 그들에게 알리셨	눅 4:14	예수께서 성령의 능력으로 갈릴리에
시 118:14	여호와는 나의 능력과 찬송이시요	눅 4:36	말씀이고 권위와 능력으로 더러운 귀신
시 140:7	구원의 능력이신 주 여호와여 전쟁의	눅 5:17	병을 고치는 주의 능력이 예수와 함께
시 147:5	우리 주는 위대하시며 능력이 많으시며	눅 6:19	만지려고 힘쓰니 이는 능력이 예수께로
잠 8:14	지식이 있으며 나는 명철이라 내게 능력	눅 8:46	이는 내게서 능력이 나간 줄 앎이로다
잠 31:25	능력과 존귀로 옷을 삼고 후일을 웃으며	눅 9:1	제어하며 병을 고치는 능력과 권위를
전 7:19	권력자들보다 더 능력 있게 하느니라	눅 10:19	전갈을 밟으며 원수의 모든 능력을 제어
사 17:10	하나님을 잊어버리며 네 능력의 반석	눅 21:27	인자가 구름을 타고 능력과 큰 영광으로
사 40:26	권세가 크고 그의 능력이 강하므로 하나	눅 24:49	위로부터 능력으로 입혀질 때까지
사 40:29	피곤한 자에게는 능력을 주시며 무능한	행 8:10	사람은 크다 일컫는 하나님의 능력이라
사 47:11	그러나 이를 물리칠 능력이 없을 것이며	행 8:13	나타나는 표적과 큰 능력을 보고 놀라
사 50:2	내게 어찌 건질 능력이 없겠느냐 보라	행 10:38	나사렛 예수에게 성령과 능력을 기름
사 51:9	깨소서 깨소서 능력을 베푸소서 옛날	행 19:11	바울의 손으로 놀라운 능력을 행하게
사 62:8	오른손, 그 능력의 팔로 맹세하시되	롬 1:4	가운데서 부활하사 능력으로 하나님의
사 63:1	화려한 의복 큰 능력으로 걷는 이가 누	롬 1:16	구원을 주시는 하나님의 능력이 됨이라
	구냐 … 말하는 이요 구원하는 능력을	롬 1:20	영원하신 능력과 신성이 그가 만드신
렘 16:21	그들에게 내 손과 내 능력을 알려서	롬 8:38	현재 일이나 장래 일이나 능력이나
렘 27:5	나는 내 큰 능력과 나의 쳐든 팔로 땅과	롬 9:17	말미암아 내 능력을 보이고 내 이름이
렘 32:17	여호와여 주께서 큰 능력과 펴신 팔로	롬 9:22	진노를 보이시고 그의 능력을 알게 하고
렘 32:18	갚으시오니 크고 능력 있으신 하나님	롬 11:23	그들을 접붙이실 능력이 하나님께 있음
렘 51:15	여호와께서 그의 능력으로 땅을 지으셨	롬 15:13	충만하게 하사 성령의 능력으로 소망이
단 2:20	찬송할 것은 지혜와 능력이 그에게 있음	롬 15:19	표적과 기사의 능력으로 성령의 능력으
단 2:23	이제 내게 지혜와 능력을 주시고 우리가	고전 1:18	구원을 받는 우리에게는 하나님의 능력
단 2:37	하나님이 나라와 권세와 능력과 영광을	고전 1:24	그리스도는 하나님의 능력이요 하나님
단 4:30	바벨론은 내가 능력과 권세로 건설하여	고전 2:4	다만 성령의 나타나심과 능력으로 하여
단 11:3	한 능력 있는 왕이 일어나서 큰 권세로	고전 2:5	하나님의 능력에 있게 하려 하였노라
미 3:8	영으로 말미암아 능력과 정의와 용기로	고전 4:19	아니라 오직 그 능력을 알아보겠으니
미 5:4	여호와의 능력과 그의 하나님 여호와의	고전 4:20	있지 아니하고 오직 능력에 있음이라
슥 4:6	힘으로 되지 아니하며 능력으로 되지	고전 5:4	함께 모여서 우리 주 예수의 능력으로
신약		고전 12:10	사람에게는 능력 행함을, 어떤 사람에게
마 3:11	오시는 이는 나보다 능력이 많으시니	고전 12:28	교사요 그 다음은 능력을 행하는 자요
마 13:54	이 지혜와 이런 능력이 어디서 났느냐	고전 12:29	교사이겠느냐 다 능력을 행하는 자이겠

【 능력 】   【 능욕/-하다 】

고전 13:2	내가 예언하는 **능력**이 있어 모든 비밀과
고전 15:24	통치와 모든 권세와 **능력**을 멸하시고
고후 4:7	이는 심히 큰 **능력**은 하나님께 있고
고후 6:7	진리의 말씀과 하나님의 **능력**으로 의의
고후 10:4	무너뜨리는 하나님의 **능력**이라 모든
고후 12:9	네게 족하도다 이는 내 **능력**이 약한
고후 12:12	표적과 기사와 **능력**을 행한 것이라
고후 13:4	하나님의 **능력**으로 살아 계시니 우리
	도 그 안에서 … 하나님의 **능력**으로
갈 3:5	너희 가운데서 **능력**을 행하시는 이의
엡 1:19	우리에게 베푸신 **능력**의 지극히 크심이
엡 1:20	그 **능력**이 그리스도 안에서 역사하사
엡 1:21	통치와 권세와 **능력**과 주권이 이 세상
엡 3:7	복음을 위하여 그의 **능력**이 역사하시는
엡 3:16	속사람을 **능력**으로 강건하게 하시오며
엡 3:20	역사하시는 **능력**대로 우리가 구하거나
엡 6:10	안에서와 그 힘의 **능력**으로 강건하여
빌 4:13	내게 **능력** 주시는 자 안에서 내가 모든
골 1:11	힘을 따라 모든 **능력**으로 능하게 하시며
골 1:29	나도 내 속에서 **능력**으로 역사하시는
살전 1:5	이른 것이 아니라 또한 **능력**과 성령과
살후 1:7	예수께서 자기의 **능력**의 천사들과 함께
살후 1:11	기뻐함과 믿음의 역사를 **능력**으로
살후 2:9	사탄의 활동을 따라 모든 **능력**과 표적과
딤후 1:7	마음이 아니요 오직 **능력**과 사랑과 절제
딤후 1:8	오직 하나님의 **능력**을 따라 복음과 함께
딤후 3:5	경건의 모양은 있으나 경건의 **능력**은
딤후 3:17	일을 행할 **능력**을 갖추게 하려 함이라
히 1:3	본체의 형상이시라 그의 **능력**의 말씀
히 2:4	기사들과 여러 가지 **능력**과 및 자기의
히 6:5	하나님의 선한 말씀과 내세의 **능력**을
히 7:16	불멸의 생명의 **능력**을 따라 되었으니
벧전 1:5	말미암아 하나님의 **능력**으로 보호하심
벧전 3:22	권세들과 **능력**들이 그에게 복종하느니
벧후 1:3	그의 신기한 **능력**으로 생명과 경건에
벧후 1:16	예수 그리스도의 **능력**과 강림하심을
벧후 2:11	힘과 **능력**을 가진 천사들도 주 앞에서
계 1:6	그에게 영광과 **능력**이 세세토록 있기를
계 3:8	네가 작은 **능력**을 가지고서도 내 말을
계 5:12	죽임을 당하신 어린 양은 **능력**과 부와
계 12:10	하나님의 구원과 **능력**과 나라와 또 그의
계 13:2	입 같은데 용이 자기의 **능력**과 보좌와
계 15:8	하나님의 영광과 **능력**으로 말미암아
계 17:13	가지고 자기의 **능력**과 권세를 짐승에게
계 19:1	영광과 **능력**이 우리 하나님께 있도다

능숙하다 (能熟, skillful, clever)

대하 30:22	섬기는 일에 **능숙한** 모든 레위 사람들을
시 58:5	홀리는 소리도 듣지 않고 **능숙한** 술객
시 78:72	손의 **능숙함**으로 그들을 지도하였도다
잠 22:29	자기의 일에 **능숙한** 사람을 보았느냐
사 25:11	인하여 그 손이 **능숙함**에도 불구하고
나 3:4	이는 마술에 **능숙한** 미모의 음녀가 많은

능욕/-하다 (凌辱, abuse, insult, disgrace)

삿 19:25	밤새도록 그 여자를 **능욕하다**가 새벽
삼하 21:21	이스라엘 사람을 **능욕하므로** 다윗의
대상 20:7	그가 이스라엘을 **능욕하므로** 다윗의
느 1:3	거기에서 큰 환난을 당하고 **능욕**을 받으
시 44:15	나의 **능욕**이 종일 내 앞에 있으며 수치
시 69:19	나의 비방과 수치와 **능욕**을 아시나이다
시 73:8	그들은 **능욕하며** 악하게 말하며 높은
시 74:10	주의 이름을 영원히 **능욕하리이까**
시 74:18	백성이 주의 이름을 **능욕하였나이다**
시 107:40	고관들에게는 **능욕**을 쏟아 부으시고
잠 6:33	상함과 **능욕**을 받고 부끄러움을 씻을
잠 9:7	징계하는 자는 도리어 **능욕**을 받고 악인
잠 18:3	것이 이를 때에는 **능욕**도 함께 오느니라
잠 19:26	부끄러움을 끼치며 **능욕**을 부르는 자식
사 16:14	영화와 그 큰 무리가 **능욕**을 당할지라
사 37:3	오늘은 환난과 책벌과 **능욕**의 날이라
사 37:6	왕의 종들이 나를 **능욕한** 말로 말미암아
사 37:23	네가 훼방하며 **능욕한** 것은 누구에게냐
사 61:7	보상을 배나 얻으며 **능욕** 대신에 몫으로
사 65:7	위에서 나를 **능욕하였음이라** 그러므로
겔 16:57	아람의 딸들이 너를 **능욕하기** 전이며
겔 21:28	암몬 족속과 그의 **능욕**에 대하여 이같이
겔 22:4	내가 너로 이방의 **능욕**을 받으며 만국의
나 3:6	더러운 것들을 네 위에 던져 **능욕하여**
막 10:34	그들은 **능욕하며** 침 뱉으며 채찍질하고
막 12:4	그의 머리에 상처를 내고 **능욕하였거늘**
눅 18:32	희롱을 당하고 **능욕**을 당하고 침 뱉음
눅 20:11	몹시 때리고 **능욕하고** 거저 보내었거늘
행 5:41	이름을 위하여 **능욕** 받는 일에 합당한
롬 1:30	미워하시는 자요 **능욕하는** 자요 교만한
고후 12:10	약한 것들과 **능욕**과 궁핍과 박해와 곤고

【 능하다 】　　　　　　　　　　　　　　　　　　　【 능히 】

살전 2:2　빌립보에서 고난과 **능욕**을 당하였으나

능하다(能, mighty, powerful)
창 18:14　여호와께 **능하지** 못한 일이 있겠느냐
신 10:17　가운데 주시고 크고 **능하시며** 두려우신
삼상 4:8　화로다 누가 우리를 이 **능한** 신들의
왕상 8:42　크신 이름과 주의 **능한** 손과 주의 펴신
대하 2:14　모든 기묘한 양식에 **능한** 자이니 그에게
대하 6:32　주의 큰 이름과 **능한** 손과 펴신 팔을
대하 26:13　건장하고 싸움에 **능하여** 왕을 도와
느 9:32　하나님이여 광대하시고 **능하시고**
욥 36:5　하나님은 **능하시나** 아무도 멸시하지
시 24:8　강하고 **능한** 여호와시요 전쟁에 **능한**
시 71:16　내가 주 여호와의 **능하신** 행적을 가지고
시 145:4　찬양하며 주의 **능한** 일을 선포하리로다
시 150:2　**능하신** 행동을 찬양하며 그의 지극히
사 10:21　야곱의 남은 자가 **능하신** 하나님께로
사 63:15　열성과 주의 **능하신** 행동이 이제 어디
렘 32:19　하시는 일에 **능하시며** 인류의 모든
겔 17:13　또 그 땅의 **능한** 자들을 옮겨 갔나니
겔 20:33　맹세하노니 내가 **능한** 손과 편 팔로
겔 31:11　나라의 **능한** 자의 손에 넘겨 줄지라
겔 38:15　말을 탄 큰 무리와 **능한** 군대와 함께
단 4:3　이적이여, 참으로 **능하도다** 그의 놀라운
단 8:23　그 얼굴은 뻔뻔하며 속임수에 **능하며**
막 9:39　내 이름을 의탁하여 **능한** 일을 행하고
눅 1:37　하나님의 모든 말씀은 **능하지** 못하심이
눅 19:37　자기들이 본 바 모든 **능한** 일로 인하여
눅 24:19　앞에서 말과 일에 **능하신** 선지자이거늘
행 7:22　배워 그의 말과 하는 일들이 **능하더라**
고전 1:26　많지 아니하며 **능한** 자가 많지 아니하며
골 1:11　모든 능력으로 **능하게** 하시며 기쁨으로
딤전 1:12　나를 **능하게** 하신 그리스도 예수 우리
벧전 5:6　그러므로 하나님의 **능하신** 손 아래에서

능히(能, certainly)
모세오경
창 13:16　사람이 땅의 티끌을 **능히** 셀 수 있을진
창 41:15　들은즉 너는 꿈을 들으면 **능히** 푼다
민 13:30　올라가서 그 땅을 취하자 **능히** 이기리라
민 13:31　이르되 우리는 **능히** 올라가서 그 백성을
민 22:18　줄지라도 내가 **능히** 여호와 내 하나님의
민 23:10　야곱의 티끌을 누가 **능히** 세며 이스라

민 26:2　엘 사분의 일을 누가 **능히** 셀고 나는 이십 세 이상으로 **능히** 전쟁에 나갈
신 1:12　그런즉 나 홀로 어찌 **능히** 너희의 힘겨
신 3:24　천지간에 어떤 신이 **능히** 주께서 행하신
신 9:2　아낙 자손을 **능히** 당하리요 하거니와
신 11:25　하시리니 너희를 **능히** 당할 사람이 없으
신 32:39　낮게도 하나니 내 손에서 **능히** 빼앗을

역사서
수 1:5　평생에 너를 **능히** 대적할 자가 없으리니
수 7:12　그들의 원수 앞에 **능히** 맞서지 못하고
수 7:13　네 원수들 앞에 **능히** 맞서지 못하리라
수 17:18　강할지라도 네가 **능히** 그를 쫓아내리라
수 24:19　너희가 여호와를 **능히** 섬기지 못할 것은
삿 8:3　내가 한 일이 어찌 **능히** 너희가 한 것에
삿 11:35　열었으니 **능히** 돌이키지 못하리로다
삿 14:13　그러나 그것을 **능히** 내게 말하지 못하면
삿 14:18　수수께끼를 **능히** 풀지 못하였으리라
삿 16:5　우리가 어떻게 하면 **능히** 그를 결박하여
삿 16:6　하면 **능히** 당신을 결박하여 굴복하게
삼상 6:20　하나님 여호와 앞에 누가 **능히** 서리요
삼상 30:21　다윗이 전에 피곤하여 **능히** 자기를 따르
삼하 22:39　엎드러지고 **능히** 일어나지 못하였나이
왕상 7:47　그 놋 무게를 **능히** 측량할 수 없었더라
왕상 8:11　구름으로 말미암아 **능히** 서서 섬기지
왕하 4:40　독이 있나이다 하고 **능히** 먹지 못하는
왕하 16:5　아하스를 에워쌌으나 **능히** 이기지 못하
대상 5:18　싸울 만한 용사 곧 **능히** 방패와 칼을
대상 7:4　그 계보와 종족대로 **능히** 출전할 만한
대상 7:11　그들의 자손 중에 **능히** 출전할 만한
대상 12:8　익숙하여 방패와 창을 **능히** 쓰는 자라
대상 12:33　두 마음을 품지 아니하고 **능히** 진영에
대상 12:36　아셀 중에서 **능히** 진영에 나가서 싸움을
대상 12:37　모든 무기를 가지고 **능히** 싸우는 자가
대하 1:10　백성을 누가 **능히** 재판하리이까 하니
대하 2:6　누가 **능히** 하나님을 위하여 성전을 건축하리요 … 어찌 **능히** 그를 위하여
대하 2:12　총명을 주시사 **능히** 여호와를 위하여
대하 2:14　두로 사람이라 **능히** 금, 은, 동, 철과
대하 4:18　만들었으므로 그 놋 무게를 **능히** 측량할
대하 5:14　구름으로 말미암아 **능히** 서서 섬기지
대하 7:2　여호와의 전으로 **능히** 들어가지 못하였
대하 7:7　솔로몬이 지은 놋 제단이 **능히** 그 번제
대하 13:7　연약하여 그들의 입을 **능히** 막지 못하였

【 능히 】 　　　　　　　　　　　　　　　　　　　　　　　　　　【 능히 】

대하 20:6 능력이 있사오니 **능히** 주와 맞설 사람이
대하 20:25 물건이 너무 많아 **능히** 가져갈 수 없으
대하 21:18 여호와께서 여호람을 치사 **능히** 고치지
대하 25:5 창과 방패를 잡고 **능히** 전장에 나갈
대하 25:8 하나님은 **능히** 돕기도 하시고 **능히** 패하
대하 25:9 말하되 여호와께서 **능히** 이보다 많은
대하 25:15 왕의 손에서 **능히** 구원하지 못하였거늘
대하 29:34 짐승들의 가죽을 **능히** 벗기지 못하는
대하 32:13 모든 나라의 신들이 **능히** 그들의 땅을
대하 32:14 신들 중에 누가 **능히** 그의 백성을 내
　　　　　 손에서 … 너희 하나님이 **능히** 너희를
대하 32:15 어떤 나라의 신도 **능히** 자기의 백성을
스 5:5 　 돌보셨으므로 그들이 **능히** 공사를 막지
스 10:13 　비가 내리는 때니 **능히** 밖에 서지 못할
에 6:13 　당하기 시작하였으니 **능히** 그를 이기지
에 9:2 　 민족이 그들을 두려워하여 **능히** 막을
시가서
욥 11:7 　 어찌 **능히** 측량하며 전능자를 어찌 **능히**
욥 11:10 　재판을 여시면 누가 **능히** 막을소냐
욥 21:22 　심판하시나니 누가 **능히** 하나님께 지식
욥 21:31 　누가 **능히** 그의 면전에서 그의 길을
욥 23:13 　뜻이 일정하시니 누가 **능히** 돌이키랴
욥 24:25 　가령 그렇지 않을지라도 **능히** 내 말을
욥 26:14 　능력의 우렛소리를 누가 **능히** 헤아리랴
욥 32:3 　친구에게 화를 냄은 그들이 **능히** 대답하
욥 36:19 　그대의 능력이 어찌 **능히** 그대가 곤고한
욥 36:29 　장막의 우렛소리를 누가 **능히** 깨달으랴
욥 39:10 　네가 **능히** 줄로 매어 들소가 이랑을
욥 40:24 　눈을 뜨고 있을 때 누가 **능히** 잡을
욥 41:7 　**능히** 많은 창으로 그 가죽을 찌르거나
욥 41:17 　서로 이어져 붙었으니 **능히** 나눌 수도
시 18:38 　 내가 그들을 쳐서 **능히** 일어나지 못하게
시 19:12 　자기 허물을 **능히** 깨달을 자 누구리요
시 33:17 　군대가 많다 하여도 **능히** 구하지 못하는
시 78:20 　**능히** 떡도 주시며 자기 백성을 위하여
시 89:6 　무릇 구름 위에서 **능히** 여호와와 비교할
시 106:2 　누가 **능히** 여호와의 권능을 다 말하며
시 139:6 　너무 기이하니 높아서 내가 **능히** 미치지
시 147:17 　뿌리시나니 누가 **능히** 그의 추위를 감당
잠 18:14 　심령은 그의 병을 **능히** 이기려니와 심령
잠 25:13 　얼음 냉수 같아서 **능히** 그 주인의 마음
전 5:19 　부요를 그에게 주사 **능히** 누리게 하시며
전 6:10 　강한 자와는 **능히** 다툴 수 없느니라

전 6:12 　있을 것을 누가 **능히** 그에게 고하리요
전 7:13 　하신 것을 누가 **능히** 곧게 하겠느냐
전 7:14 　사람이 그의 장래 일을 **능히** 헤아려
전 7:24 　또 깊고 깊도다 누가 **능히** 통달하랴
전 8:17 　사람이 **능히** 알아낼 수 없도다 사람이
　　　　 아무리 애써 알아보려고 할지라도 **능히**
　　　　 알지 못하나니 … 할지라도 **능히** 알아내
선지서
사 7:1 　 예루살렘을 쳤으나 **능히** 이기지 못하니
사 10:19 　아이라도 **능히** 계수할 수 있으리라
사 14:27 　경영하셨은즉 누가 **능히** 그것을 폐하며
　　　　 그의 손을 펴셨은즉 누가 **능히** 그것을
사 20:6 　되었은즉 우리가 어찌 **능히** 피하리요
사 28:20 　짧아서 **능히** 몸을 펴지 못하며 이불이
　　　　 좁아서 **능히** 몸을 싸지 못함 같으리라
사 36:8 　 너는 그 탈 자를 **능히** 내지 못하리라
사 36:14 　미혹되지 말라 그가 **능히** 너희를 건지지
사 36:20 　건져내기에 여호와가 **능히** 예루살렘
사 46:7 　 서 있고 거기에서 **능히** 움직이지 못하
　　　　 며 그에게 부르짖어도 **능히** 응답하지
렘 10:10 　분노하심을 이방이 **능히** 당하지 못하느
렘 12:5 　 피곤하면 어찌 **능히** 말과 경주하겠느냐
렘 14:22 　이방인의 우상 가운데 **능히** 비를 내리게
　　　　 할 자가 있나이까 하늘이 **능히** 소나기를
렘 15:12 　**능히** 철 곧 북방의 철과 놋을 꺾으리요
렘 17:9 　 부패한 것은 마음이라 누가 **능히** 이를
렘 18:6 　 하는 것 같이 내가 **능히** 너희에게 행하
렘 21:12 　같이 일어나서 사르리니 **능히** 끌 자가
렘 25:29 　너희가 어찌 **능히** 형벌을 면할 수 있느
렘 33:20 　말씀하시니라 너희가 **능히** 낮에 대한
애 3:37 　 명령이 아니면 누가 이것을 **능히** 말하여
겔 7:19 　 금이 **능히** 그들을 건지지 못하며 **능히**
겔 14:15 　짐승 때문에 **능히** 다니지 못하게 한다
겔 17:9 　 여호와의 말씀에 그 나무가 **능히** 번성
겔 17:14 　그 언약을 지켜야 **능히** 서게 하려 하였
겔 20:25 　선하지 못한 율례와 **능히** 지키지 못할
겔 31:8 　 하나님의 동산의 백향목이 **능히** 그를
겔 33:10 　쇠퇴하게 하니 어찌 **능히** 살리요 하거니
겔 37:3 　 인자야 이 뼈들이 **능히** 살 수 있겠느냐
겔 47:5 　 물이요 사람이 **능히** 건너지 못할 강이
단 2:26 　 해석을 네가 **능히** 내게 알게 하겠느냐
단 2:27 　 술객이나 박수나 점쟁이가 **능히** 왕께
단 2:47 　 왕의 주재시로다 네가 **능히** 이 은밀한

502

【 능히 】

단 3:15	던져 넣을 것이니 **능히** 너희를 내 손에	눅 14:33	소유를 버리지 아니하면 **능히** 내 제자가
단 3:17	풀무불 가운데서 **능히** 건져내시겠고	눅 20:26	앞에서 그의 말을 **능히** 책잡지 못하고
단 3:27	사람들을 본즉 불이 **능히** 그들의 몸을	눅 21:15	너희의 모든 대적이 **능히** 대항하거나
단 4:18	지혜자가 **능히** 내게 그 해석을 알게 하	눅 21:36	이 모든 일을 **능히** 피하고 인자 앞에
	지 못하였으나 오직 너는 **능히** 하리니	요 6:52	이르되 이 사람이 어찌 **능히** 자기 살을
단 4:37	행하는 자를 그가 **능히** 낮추심이라	요 12:39	그들이 **능히** 믿지 못한 것은 이 때문이
단 5:8	지혜자가 다 들어왔으나 **능히** 그 글자를	요 14:17	진리의 영이라 세상은 **능히** 그를 받지
단 5:12	지식과 총명이 있어 **능히** 꿈을 해석하며	**역사서 – 예언서**	
단 6:20	하나님이 사자들에게서 **능히** 너를 구원	행 6:10	성령으로 말함을 그들이 **능히** 당하지
단 10:17	주의 이 종이 어찌 **능히** 내 주와 더불어	행 10:47	성령을 받았으니 누가 **능히** 물로 세례
단 11:25	맞아 싸울 것이나 **능히** 당하지 못하리니	행 11:17	누구이기에 하나님을 **능히** 막겠느냐
호 5:13	사람을 보내었으나 그가 **능히** 너희를	행 15:1	아니하면 **능히** 구원을 받지 못하리라
욥 1:3	마음에 이르기를 누가 **능히** 나를 땅에	행 15:10	우리 조상과 우리도 **능히** 메지 못하던
욘 1:13	향하여 점점 더 흉용하므로 **능히** 못한지	행 20:32	말씀이 여러분을 **능히** 든든히 세우사
미 5:8	밟고 찢으리니 **능히** 구원할 자가 없을	행 24:13	모든 일에 대하여 그들이 **능히** 당신
나 1:6	**능히** 그의 분노 앞에 서며 누가 **능히**	행 25:7	중대한 사건으로 고발하되 **능히** 증거를
습 1:18	여호와의 분노의 날에 **능히** 그들을 건지	롬 4:21	또한 **능히** 이루실 줄을 확신하였으니
슥 1:21	사람들이 **능히** 머리를 들지 못하게 하니	롬 8:33	누가 **능히** 하나님께서 택하신 자들을
말 3:2	그가 임하시는 날을 누가 **능히** 당하며	롬 15:14	지식이 차서 **능히** 서로 권하는 자임을
	그가 나타나는 때에 누가 **능히** 서리요	롬 16:26	복음으로 너희를 **능히** 견고하게 하실
복음서		고전 3:11	닦아 둔 것 외에 **능히** 다른 터를 닦을
마 3:9	이르노니 하나님이 **능히** 이 돌들로도	고전 10:13	길을 내사 너희로 **능히** 감당하게 하시
마 9:28	이르시되 내가 **능히** 이 일 할 줄을 믿느	고후 1:4	환난 중에 있는 자들을 **능히** 위로하게
마 10:28	몸은 죽여도 영혼은 **능히** 죽이지 못하	고후 9:8	하나님이 **능히** 모든 은혜를 너희에게
	는 자들을 … 몸과 영혼을 **능히** 지옥에	갈 3:21	그럴 수 없느니라 만일 **능히** 살게 하는
마 17:16	제자들에게 데리고 왔으나 **능히** 고치지	엡 3:18	**능히** 모든 성도와 함께 지식에 넘치는
마 22:46	한 마디도 **능히** 대답하는 자가 없고	엡 3:20	모든 것에 더 넘치도록 **능히** 하실 이에
막 2:7	분 외에는 누가 **능히** 죄를 사하겠느냐	엡 6:11	마귀의 간계를 **능히** 대적하기 위하여
막 7:15	사람에게로 들어가는 것은 **능히** 사람을	엡 6:13	악한 날에 너희가 **능히** 대적하고 모든
막 7:18	들어가는 것이 **능히** 사람을 더럽게	엡 6:16	믿음의 방패를 가지고 이로써 **능히** 악한
막 9:18	하였으나 그들이 **능히** 하지 못하더이다	살전 3:9	위하여 **능히** 어떠한 감사로 하나님께
막 9:23	자에게는 **능히** 하지 못할 일이 없느니라	딤후 1:12	의탁한 것을 그 날까지 그가 **능히** 지키
막 9:28	우리는 어찌하여 **능히** 그 귀신을 쫓아	딤후 3:15	성경을 알았나니 성경은 **능히** 너로
눅 1:20	못하는 자가 되어 **능히** 말을 못하리니	딛 1:9	지켜야 하리니 이는 **능히** 바른 교훈으로
눅 3:8	이르노니 하나님이 **능히** 이 돌들로도	히 2:18	받는 자들을 **능히** 도우실 수 있느니라
눅 5:21	오직 하나님 외에 누가 **능히** 죄를 사하	히 3:19	그들이 믿지 아니하므로 **능히** 들어가지
눅 6:48	부딪치되 잘 지었기 때문에 **능히** 요동	히 5:2	미혹된 자를 **능히** 용납할 수 있는 것은
눅 9:40	구하였으나 그들이 **능히** 못하더이다	히 5:7	자기를 죽음에서 **능히** 구원하실 이에게
눅 12:4	몸을 죽이고 그 후에는 **능히** 더 못하는	히 10:4	황소와 염소의 피가 **능히** 죄를 없이
눅 14:26	미워하지 아니하면 **능히** 내 제자가 되지	히 11:19	하나님이 **능히** 이삭을 죽은 자 가운데서
눅 14:27	나를 따르지 않는 자도 **능히** 내 제자가	약 1:21	영혼을 **능히** 구원할 바 마음에 심어진
눅 14:29	기초만 쌓고 **능히** 이루지 못하면 보는	약 2:14	유익이 있으리요 그 믿음이 **능히** 자기
눅 14:30	공사를 시작하고 **능히** 이루지 못하였다	약 3:2	사람이라 **능히** 온 몸도 굴레 씌우리라

늦다/늦어지다

약 3:8	**능히** 길들일 사람이 없나니 쉬지 아니
약 4:2	시기하여도 **능히** 취하지 못하므로
약 4:12	한 분이시니 **능히** 구원하기도 하시며
유 1:24	**능히** 너희를 보호하사 거침이 없게 하시
계 3:8	열린 문을 두었으되 **능히** 닫을 사람이
계 5:3	위에나 땅 아래에 **능히** 그 두루마리를
계 6:17	이르렀으니 누가 **능히** 서리요 하더라
계 7:9	아무도 **능히** 셀 수 없는 큰 무리가
계 13:4	짐승과 같으냐 누가 **능히** 이와 더불어
계 14:3	십사만 사천 밖에는 **능히** 이 노래를
계 15:8	마치기까지는 성전에 **능히** 들어갈 자가

늦다/늦어지다 (late)

신 11:14	너희의 땅에 이른 비, **늦은** 비를 적당한
삿 5:28	병거들의 걸음이 어찌하여 **늦어지는가**
시 127:2	일찍이 일어나고 **늦게** 누우며 수고의
잠 16:15	생명을 뜻하나니 그의 은택이 **늦은** 비를
렘 3:3	단비가 그쳤고 **늦은** 비가 없어졌느니라
렘 5:24	우리에게 이른 비와 **늦은** 비를 때를
호 6:3	땅을 적시는 **늦은** 비와 같이 우리에게
욜 2:23	비와 **늦은** 비가 예전과 같을 것이라
약 5:7	참아 이른 비와 **늦은** 비를 기다리나니

늦추다 (untie)

행 27:40	동시에 키를 풀어 **늦추고** 돛을 달고

늪 (marsh)

욥 40:21	아래나 갈대 그늘에서나 **늪** 속에 엎드

니가노르 (Nicanor) 초대교회 일곱 집사 중의 한 사람

행 6:5	브로고로와 **니가노르**와 디몬과

니게르 (Niger) 안디옥 교회의 선지자들과 교사들 중의 한 사람

행 13:1	곧 바나바와 **니게르**라 하는 시므온과

니고데모 (Nicodemus) 유대인의 관원이자 선생이었던 바리새인

요 3:1	그런데 바리새인 중에 **니고데모**라
요 3:4	**니고데모**가 이르되 사람이 늙으면
요 3:9	**니고데모**가 대답하여 이르되 어찌
요 7:50	전에 예수께 왔던 **니고데모**가 그들에게
요 19:39	예수께 밤에 찾아왔던 **니고데모**도 몰약

니고볼리 (Nicopolis) 아가야 북서 해안과 마게도니아의 경계에 있었던 도시

딛 3:12	네가 급히 **니고볼리**로 내게 오라 내가

니골라 (Nicolas) 초대 교회 일곱 집사 가운데 한 사람

행 6:5	입교했던 안디옥 사람 **니골라**를 택하

니골라 당

계 2:6	이것이 있으니 네가 **니골라 당**의 행위
계 2:15	이와 같이 네게도 **니골라 당**의 교훈을

니느웨 (Nineveh) 앗시리아의 수도

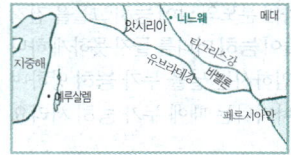

창 10:11	나아가 **니느웨**와
창 10:12	**니느웨**와 갈라 사이의 레센을
왕하 19:36	왕 산헤립이 떠나 돌아가서 **니느웨**에
사 37:37	떠나 돌아가서 **니느웨**에 거주하더니
욘 1:2	너는 일어나 저 큰 성읍 **니느웨**로 가서
욘 3:2	일어나 저 큰 성읍 **니느웨**로 가서 내가
욘 3:3	일어나서 **니느웨**로 가니라 **니느웨**는
욘 3:4	사십 일이 지나면 **니느웨**가 무너지리라
욘 3:5	**니느웨** 사람들이 하나님을 믿고 금식을
욘 3:6	그 일이 **니느웨** 왕에게 들리매 왕이
욘 3:7	대신들의 조서를 내려 **니느웨**에 선포
욘 4:11	큰 성읍 **니느웨**에는 좌우를 분변하지
나 1:1	**니느웨**에 대한 경고 곧 엘고스 사람
나 2:8	**니느웨**는 예로부터 물이 모인 못 같더니
나 2:10	**니느웨**가 공허하였고 황폐하였도다
나 3:7	네게서 도망하며 이르기를 **니느웨**가
습 2:13	앗수르를 멸하며 **니느웨**를 황폐하게
마 12:41	심판 때에 **니느웨** 사람들이 일어나
눅 11:30	요나가 **니느웨** 사람들에게 표적이 됨과
눅 11:32	심판 때에 **니느웨** 사람들이 일어나

니도 (Cnidus) 소아시아 서남단의 도리스 반도 끝에 있는 도시

【 니므라 】　　　　　　　　　　　　　　　　　【 닛시 】

행 27:7　날 만에 간신히 **니도** 맞은편에 이르러

니므라(Nimrah)　갓 지파에 속한 땅
민 32:3　아다롯과 디본과 야셀과 **니므라**와

니므롯(Nimrod)　구스의 아들이며 이름난 사냥꾼
창 10:8　구스가 또 **니므롯**을 낳았으니 그는
창 10:9　아무는 여호와 앞에 **니므롯**같이 용감한
대상 1:10　구스가 또 **니므롯**을 낳았으니 세상에서
미 5:6　황폐하게 하며 **니므롯** 땅 어귀를 황폐

니므림(Nimrim)　사해 남단 모압 남쪽에 있던 강
사 15:6　**니므림** 물이 마르고 풀이 시들었으며
렘 48:34　소리를 내어 부르짖음은 **니므림**의 물도

니산 월(Nisan)　포로 귀환 후 사용한 유대력의 첫 달
느 2:1　아닥사스다 왕 제이십년 **니산 월**에
에 3:7　제십이년 첫째 달 곧 **니산 월**에 무리가

니스록(Nisroch)　앗수르 신의 이름
왕하 19:37　그가 그의 신 **니스록**의 신전에서 경배할
사 37:38　자기 신 **니스록**의 신전에서 경배할 때에

님시(Nimshi)　예후의 부친이거나 조부
왕상 19:16　너는 또 **님시**의 아들 예후에게 기름을
왕하 9:2　이르거든 **님시**의 손자 여호사밧의
왕하 9:14　**님시**의 손자 여호사밧의 아들 예후가
왕하 9:20　병거 모는 것이 **님시**의 손자 예후가
대하 22:7　요람과 함께 나가서 **님시**의 아들 예후

닙산(Nibshan)　유다 광야에 있던 여섯 성읍 중 하나
수 15:62　**닙산**과 소금 성읍과 엔 게디니 여섯

닙하스(Nibhaz)　개의 형상을 가진 아와 사람들이 섬기던 신
왕하 17:31　아와 사람들은 **닙하스**와 다르닥을 만들

닛시(My Banner)　'나의 깃발' 이란 뜻
출 17:15　제단을 쌓고 그 이름을 여호와 **닛시**라

ㄷ

다(all, every)
창 2:1 천지와 만물이 다 이루어지니라

📖 다 - 기타 본문

모세오경 창 6:17, 22; 7:5, 13, 19, 21, 22; 8:17; 9:3; 10:29; 14:3, 16; 17:10, 27; 19:4, 12, 25; 20:16; 21:6, 12; 24:66; 27:33; 28:15; 29:8, 22; 31:1, 10, 12, 15, 16, 37, 43; 34:15, 29; 37:14; 39:4, 6, 8, 22; 41:30, 40; 42:11, 17; 42:35; 43:2, 8; 44:16; 45:13, 22; 46:26, 34; 47:3, 15, 18, 20; 50:15; 출 1:6; 4:19, 21; 6:29; 7:20; 9:19; 10:15; 11:1; 12:9, 12, 29, 33, 41, 42, 47; 13:2, 12, 13, 15; 14:7, 23, 28; 18:8; 19:5, 8, 16; 23:24; 26:17, 24; 27:3, 19; 28:20; 31:6; 32:26; 33:7, 8, 10; 34:10, 19, 20, 32; 35:10; 36:29; 38:3; 39:13, 32; 40:16; 레 1:12; 4:19; 6:15; 7:5, 27; 11:23, 26, 27, 33; 13:13; 14:9; 15:4, 9, 10, 12, 18, 20, 21, 22, 24, 27; 19:9, 10; 20:11, 12, 13, 18; 22:10; 23:22, 42; 25:7, 23; 27:9, 10, 28, 33; 민 1:20, 24, 26, 28, 30, 32, 34, 36, 38, 40, 42; 2:34; 3:13, 15, 40; 4:46; 5:2, 3; 6:20; 8:17, 20; 9:5, 10; 11:29; 13:3; 14:2; 16:3, 11; 17:13; 18:9, 10, 15, 21; 20:4; 21:2, 3, 22, 23, 33, 35; 22:4; 23:3, 13; 24:17; 28:19, 31; 29:8, 13; 30:2, 11; 31:7, 9, 10, 11, 13, 15, 17, 18, 20; 32:13, 21, 27; 33:52; 36:7, 11; 신 1:3, 18, 22; 2:14, 15; 3:4; 4:4, 34; 5:27; 28; 8:13, 16; 11:23, 24; 13:16; 14:28; 15:4-5, 22; 18:18; 19:8; 20:13; 21:15; 22:3, 9, 22, 24; 23:18; 24:8; 25:5; 26:14; 27:1; 28:52; 29:11;

31:24 **역사서** 수 1:7, 8, 16; 2:9, 18; 4:10; 5:5, 6; 6:5, 19, 23; 7:3; 8:1, 4, 5, 11, 24; 9:5, 18, 23, 24; 10:2, 6, 25, 40; 11:19; 17:13, 16; 21:42, 43, 45; 22:2; 23:3, 6, 14; 삿 1:28; 2:10; 3:19; 4:16; 5:31; 6:33, 40; 7:6, 18, 24; 9:2, 25, 49; 11:11; 12:4; 13:13, 14; 16:14, 18, 23, 27, 31; 20:7, 16, 17, 25, 35, 44, 46, 48; 21:16; 룻 1:5; 2:21; 3:3, 5, 6, 11, 16; 삼상 3:12; 5:9; 8:7, 21; 9:6, 19; 10:9; 11:2, 10, 11; 12:1, 25; 14:11, 25, 38; 15:18; 16:10, 11; 19:18; 20:15; 22:2, 11; 30:2, 20, 22; 31:6; 삼하 2:3, 27, 30; 3:32, 36; 8:4, 14; 9:7, 9, 13; 10:15; 13:9, 25, 31, 32, 33; 14:20; 15:13, 16, 17, 22; 16:4, 6, 14; 17:4; 18:5, 32; 19:6, 38, 39; 20:7, 12, 13, 14; 21:22; 23:6; 24:23; 왕상 1:9, 20, 41, 49; 2:15; 6:38; 7:5, 9, 25, 33, 37, 47; 8:2, 3, 38, 62, 64; 9:19, 21; 10:2, 3, 21; 11:8, 13, 15, 16; 14:10, 26; 15:29; 18:5, 24, 30; 19:7, 18; 20:1, 4, 7, 8, 9, 28; 21:21; 22:28, 45; 왕하 3:21; 8:6; 9:8; 10:11, 21, 30; 12:18; 14:3; 16:15; 18:15; 19:13, 27, 35; 20:13, 15; 21:24; 23:2, 3, 12, 19, 20; 24:7, 13; 25:14, 17, 21, 26; 대상 2:23, 55; 3:5, 9; 4:4, 12, 22; 5:14, 20, 24; 7:2, 5, 7, 9, 17, 40; 8:16, 18, 21, 25, 27, 28, 40; 9:9, 34; 10:7; 12:8, 20, 21, 38; 15:27; 16:40; 18:4, 13; 20:8; 21:3, 23; 23:24; 24:30; 25:5, 6; 26:8, 12, 13, 28; 32; 29:6, 11, 16, 29, 30; 대하 4:4; 5:3, 12; 6:29; 7:11; 8:6, 8, 11; 9:1, 2, 20; 11:10; 12:12; 13:4; 14:8; 18:27; 20:34; 21:2; 24:23, 27; 29:29, 32; 30:25; 31:16; 32:31; 33:15, 19, 25; 34:12, 16,

【 다 】　　　　　　　　　　　　　　　　　　　　　　　【 다가오다 】

30, 32, 33; 35:16; 36:17, 18, 23; 스 1:3, 5, 11; 3:2; 4:20; 5:3; 6:4, 20, 21; 7:6; 8:34; 9:4; 10:3, 14, 19; 느 2:13; 4:8, 10, 15, 17, 23; 5:13; 6:9, 16; 7:73; 8:8, 9, 17; 9:1, 6, 38; 10:29; 11:6; 12:25, 36, 41; 13:8; 에 1:3; 2:3, 13; 3:2, 6; 4:11, 16, 17; 5:11 **시가서** 욥 1:12; 3:18; 4:9; 8:13; 9:22; 11:11; 12:10, 16; 13:1, 4; 16:2; 17:11; 24:4; 27:12; 31:4; 34:15, 19; 38:7, 18; 41:11; 42:12; 시 1:3; 2:12; 5:11; 6:8; 9:14; 14:3, 4; 19:9; 22:7, 29; 24:1; 32:11; 33:4; 40:14, 16; 41:7; 49:2; 50:10; 64:8, 10; 65:13; 66:16; 69:19; 72:11, 17; 73:10, 27; 75:10; 76:6; 78:38; 82:6; 89:33, 41; 92:7, 9; 94:4, 15; 97:7; 98:7; 101:8; 102:26; 103:1; 104:24, 27; 105:16; 106:2; 109:11; 111:2, 7, 10; 115:8; 119:96, 118; 135:6, 18; 139:16; 143:12; 145:20; 147:4; 148:3; 잠 1:19; 3:17; 6:31; 8:8, 9; 15:15; 17:15; 20:10, 12; 21:4, 20; 29:11, 12; 30:5, 27; 31:21; 전 1:7, 8, 14; 2:11, 16, 17, 19; 3:1, 19, 20; 6:6, 7; 8:3; 9:1; 11:6, 8, 10; 12:4, 11; 아 8:3 **선지서** 사 1:23, 25; 10:8, 12; 14:10, 31; 16:7; 18:6; 19:7, 10; 20:4; 21:9, 16; 22:3; 24:7; 29:20; 30:5, 17; 31:3; 39:2, 4; 41:29; 42:22; 44:9, 11; 45:16, 25; 48:14; 49:18; 50:9, 11; 51:17; 54:12; 56:10, 11; 57:13; 60:4, 6, 7, 21; 62:2; 63:3; 64:6, 8, 9, 11; 65:8, 12; 66:10, 17; 렘 1:17; 2:29; 4:24, 25; 5:10, 16; 6:11, 13, 23, 28; 8:10; 9:2, 10, 25; 10:8, 12:1; 13:19; 15:10; 17:13; 18:23; 20:10; 21:6; 22:20, 22; 23:11, 14; 30:14, 20; 31:34, 37; 32:32; 35:10; 36:11; 42:1, 8; 44:12; 46:6, 28; 47:4; 49:3; 50:3, 27, 32, 33; 51:38; 52:18, 22, 27; 애 1:2, 20; 2:15, 17, 21, 22; 3:36, 60; 4:18; 겔 1:9; 5:10; 7:16; 9:6; 10:12; 11:5, 13; 12:14; 14:5; 16:37; 17:21; 18:4; 20:26, 40; 21:17; 22:5, 19; 23:6, 15, 23, 34; 24:24; 26:12; 27:27, 29, 31, 34; 36; 28:19; 31:9, 14; 32:22, 23, 24, 25, 26, 27; 35:7, 10; 37:11; 38:7, 8, 11, 15, 16; 39:4, 23; 40:4, 10, 22, 36; 41:11, 17, 19, 20, 22; 44:29, 30; 31; 단 2:12, 35, 38; 4:28; 5:2, 8, 9, 15, 22, 23; 6:26; 7:27; 8:3; 9:7; 10:8; 11:6, 8, 44; 12:7; 호 4:3, 18; 5:2; 7:4, 7; 9:15; 10:14; 13:2; 욜 1:11, 12, 20; 2:1, 22; 3:9, 12; 암 4:9; 6:9; 7:2; 8:13; 옵 1:7, 9; 욘 2:3; 3:8; 미 1:2, 5, 7; 2:12; 3:7; 7:2; 나

3:7, 19; 합 1:9; 2:6; 습 1:11; 3:9, 19; 학 1:12; 슥 8:4; 10:4, 11; 말 4:1 **신약** 마 2:16; 3:5; 5:18, 26; 6:32; 7:21; 8:16; 9:17; 10:23, 30; 11:28; 12:15, 23; 13:30, 44, 46, 56; 14:20, 36; 15:14, 37; 18:25, 26, 31, 34; 19:26; 21:22; 22:28; 23:8, 35, 36; 24:2, 34, 39; 25:5, 7, 9; 26:1, 27, 31, 52, 56; 27:22, 25, 31; 28:1; 막 1:5, 27; 2:12; 5:26, 40; 6:42, 50, 56; 7:14, 23; 10:20, 21, 27; 11:18; 12:22, 23, 44; 13:2, 30; 14:18, 23, 27, 29, 50, 53, 64; 15:20; 눅 1:23, 63, 65, 66; 2:1, 18, 47; 3:21; 4:7, 13, 20, 22, 28, 36; 6:39; 7:42; 8:40, 45; 9:15, 17, 43; 12:7; 13:3, 5; 14:18, 29; 15:13, 14, 31; 17:10, 17, 27; 18:21, 22, 28, 43; 19:48; 20:6, 31, 33; 21:6, 32; 22:70; 23:1, 48, 49; 요 1:16; 2:15; 3:8, 26, 35; 4:12, 53; 5:20, 22, 28; 6:37, 45; 7:21, 53; 8:2; 10:4, 8, 41; 15:15, 16; 16:15, 32; 17:7, 10, 21; 18:4; 19:30; 행 1:13, 18; 2:4, 7, 11, 12, 32, 44; 4:6, 23, 31; 5:5, 11, 12, 16, 17, 20, 21; 6:15; 7:50; 8:1, 10, 12, 38; 9:21, 26, 35, 39, 40; 10:8, 33, 35, 43; 13:22, 29, 44, 48; 15:3; 16:3, 15, 26, 28, 33; 17:7, 30; 19:10, 17, 34; 20:25, 27; 21:5, 7, 18, 20; 23:8, 21; 24:5, 14; 25:11; 26:4, 14, 29, 30; 27:24, 36, 44; 28:2, 30; 롬 1:14; 3:4, 9, 12; 8:22; 9:6, 7; 10:16; 13:1, 8, 9; 14:10, 20, 23; 16:16; 고전 3:21, 22; 6:12, 13; 7:31, 34; 8:1; 9:18, 24; 10:1, 2, 3, 4, 17, 31; 12:13, 19, 29, 30; 14:5, 23, 24, 31; 15:39, 51; 고후 3:18; 5:10; 7:14; 10:5; 갈 3:26, 28; 엡 1:10; 2:3; 4:13; 5:5; 빌 1:7; 2:21; 3:7; 골 1:16; 3:17; 4:7, 9; 살전 5:5; 살후 1:3; 딤전 4:16, 21; 딛 2:12; 3:15; 히 1:11; 2:11; 8:11; 10:8; 11:13, 39; 12:8; 약 1:17; 3:2, 7; 4:16; 벧전 3:8; 5:5, 7; 벧후 3:9; 요일 2:16, 19; 4:1; 5:18; 요이 1:9; 계 1:2; 13:8, 15; 14:15; 18:14; 19:5; 21:4; 22:15

다가오다(approach)

욥 36:33　그의 우레가 **다가오는** 풍우를 알려 주니 가축들도 그 **다가옴**을 아느니라
시 37:13　비웃으시리니 그의 날이 **다가옴**을 보심
시 102:13　베푸실 때라 정한 기한이 **다가옴**이니
젤 11:8　그 날들을 생각할지로다 **다가올** 일은
젤 21:7　**다가온다**는 소문 때문이니 각 마음
눅 22:1　유월절이라 하는 무교절이 **다가오매**

| 【 다곤 】 | 【 다니다 】 |

다곤(Dagon) 블레셋 사람들이 섬기던 신
삿 16:23 모여 그들의 신 **다곤**에게 큰 제사를
삼상 5:2 가지고 **다곤**의 신전에 들어가서 **다곤**
삼상 5:3 **다곤**이 여호와의 궤 앞에서 엎드러져
　　　　 그 얼굴이 … 그들이 **다곤**을 일으켜
삼상 5:4 **다곤**이 여호와의 궤 앞에서 또다시 엎
　　　　 드러져 얼굴이 땅에 닿았고 … **다곤**의
삼상 5:5 **다곤**의 제사장들이나 **다곤**의 신전에
　　　　 들어가는 자는 … 아스돗에 있는 **다곤**
삼상 5:7 그의 손이 우리와 우리 신 **다곤**을 친다
대상 10:10 그의 머리를 **다곤**의 신전에 단지라

다그몬(Tahkemon)
삼하 23:8 **다그몬** 사람 요셉밧세벳이라고도 하고

다급하다(多級, be distressed, be dismayed)
삼상 28:15 대답하되 나는 심히 **다급하니이다**
삼상 30:6 다윗이 크게 **다급하였으나** 그의 하나님
대상 10:3 그 쏘는 자로 말미암아 심히 **다급하여**
사 28:16 그것을 믿는 이는 **다급하게** 되지 아니라

다냐안(Dan Jaan)
삼하 24:6 또 **다냐안**에 이르러서는 시돈으로 돌아

다녀가다(travel)
행 16:4 여러 성으로 **다녀갈** 때에 예루살렘에
행 16:6 브루기아와 갈라디아 땅으로 **다녀가**
행 17:1 암비볼리와 아볼로니아로 **다녀가**
행 20:2 지방으로 **다녀가며** 여러 말로 제자들

다녀오다(get back)
느 2:6 날에 **다녀올** 길이며 어느 때에 돌아오
욥 1:7 땅을 두루 돌아 여기저기 **다녀왔나이다**
욥 2:2 땅을 두루 돌아 여기 저기 **다녀왔나이다**

다니다(go, walk)
구약
창 3:14 짐승보다 더욱 저주를 받아 배로 **다니고**
창 20:13 두루 **다니게** 하실 때에 내가 아내에게
창 30:32 외삼촌의 양 떼에 두루 **다니며** 그 양 중
출 12:12 밤에 애굽 땅에 두루 **다니며** 사람이나
레 11:20 날개가 있고 네 발로 기어 **다니는** 곤충
레 11:21 다만 날개가 있고 네 발로 기어 **다니는**
레 11:23 오직 날개가 있고 기어 **다니는** 곤충은
레 11:27 네 발로 **다니는** … 발바닥으로 **다니는**
레 11:41 땅에 기어 **다니는** 모든 길짐승은 가증
레 11:42 곧 땅에 기어 **다니는** 모든 기는 것 중
레 11:43 너희는 기는 바 기어 **다니는** 것 때문에
민 11:8 백성이 두루 **다니며** 그것을 거두어 맷돌
민 13:32 두루 **다니며** 정탐한 땅은 그 거주민을
민 14:7 두루 **다니며** 정탐한 땅은 심히 아름다
신 14:19 또 날기도 하고 기어 **다니기도** 하는
신 32:13 땅의 높은 곳을 타고 **다니게** 하시며
수 1:11 진중에 두루 **다니며** 그 백성에게 명령
수 3:2 후에 관리들이 진중으로 두루 **다니며**
수 18:4 그 땅에 두루 **다니며** 그들의 기업에
수 18:8 가서 그 땅으로 두루 **다니며** 그것을
수 18:9 사람들이 가서 그 땅으로 두루 **다니며**
삿 5:20 그들이 **다니는** 길에서 시스라와 싸웠
삿 7:24 에브라임 온 산지로 두루 **다니게** 하여
삿 20:12 사람들을 보내어 두루 **다니며** 이르기
삼상 14:34 너희는 백성 중에 흩어져 **다니며** 그들
삼하 7:7 이스라엘 자손과 더불어 **다니는** 모든
삼하 20:14 모든 지파 가운데 두루 **다녀서** 아벨과
삼하 24:2 짐승과 새와 기어 **다니는** 것과 물고기
왕상 21:27 베에 누우며 또 풀이 죽어 **다니더라**
왕하 3:25 돌들은 남기고 물매꾼이 두루 **다니며**
왕하 4:35 한 번 이리 저리 **다니고** 다시 아이 위에
왕하 11:16 그가 왕궁의 말이 **다니는** 길로 가다가
왕하 17:5 그 온 땅에 두루 **다니고** 사마리아
대하 9:21 후람의 종들과 함께 다시스로 **다니며**
대하 17:9 모든 유다 성읍들로 두루 **다니며** 백성
대하 19:4 에브라임 산지까지 민간에 두루 **다니며**
대하 23:2 그들이 유다를 두루 **다니며** 유다 모든
대하 30:6 이스라엘과 유다에 두루 **다니며** 전하니
대하 30:10 므낫세 지방 각 성읍으로 두루 **다녀서**
에 6:9 태워서 성 중 거리로 **다니며** 그 앞에서
에 6:11 중 거리로 **다니며** 그 앞에서 반포하되
욥 11:10 하나님이 두루 **다니시며** 사람을 잡아
욥 24:10 그들이 옷이 없어 벌거벗고 **다니며** 곡식
욥 24:18 그들이 다시는 포도원 길로 **다니지** 못하
욥 34:8 한패가 되어 악인과 함께 **다니면서**
욥 39:8 언덕으로 두루 **다니며** 여러 가지 푸른
시 8:8 물고기와 바닷길에 **다니는** 것이니
시 18:10 그룹을 타고 **다니심이여** 바람 날개를
시 26:6 손을 씻고 주의 제단에 두루 **다니며**

【 다니다 】

시 38:6	종일토록 슬픔 중에 **다니나이다**
시 39:6	각 사람은 그림자같이 **다니고** 헛된
시 42:9	압제로 말미암아 슬프게 **다니나이까**
시 43:2	억압으로 말미암아 슬프게 **다니나이까**
시 55:10	그들이 주야로 성벽 위에 두루 **다니니**
시 56:13	생명의 빛에 **다니게** 하시려고 실족하지
시 59:6	개처럼 울며 성으로 두루 **다니고**
시 59:14	개처럼 울며 성으로 두루 **다니게** 하소서
시 68:21	원수들의 머리 곧 죄를 짓고 **다니는**
시 73:9	두고 그들의 혀는 땅에 두루 **다니도다**
시 89:15	그들이 주의 얼굴 빛 안에서 **다니리로다**
시 104:3	수레를 삼으시고 바람 날개로 **다니시며**
시 104:26	그곳에는 배들이 **다니며** 주께서 지으신
시 125:5	범하는 자들과 함께 **다니게** 하시리로다
잠 1:15	내 아들아 그들과 함께 길에 **다니지**
잠 4:14	들어가지 말며 악인의 길로 **다니지** 말지
잠 6:12	악한 자는 구부러진 말을 하고 **다니며**
잠 8:20	행하며 공의로운 길 가운데로 **다니나니**
잠 11:13	두루 **다니며** 한담하는 자는 남의 비밀
잠 20:19	두루 **다니며** 한담하는 자는 남의 비밀
잠 21:6	죽음을 구하는 것이라 곧 불려 **다니는**
잠 23:30	혼합한 술을 구하러 **다니는** 자에게 있느
잠 25:17	너는 이웃집에 자주 **다니지** 말라 그가
잠 30:19	반석 위로 기어 **다니는** 뱀의 자취와
잠 30:29	잘 걸으며 위풍 있게 **다니는** 것 서넛이
전 2:14	우매자는 어둠 속에 **다니지만** 그들
전 4:15	내가 본즉 해 아래에서 **다니는** 인생들
전 10:7	종들처럼 땅에 걸어 **다니는도다**
사 3:16	정을 통하는 눈으로 **다니며** 아기작거려
사 20:2	하여 벗은 몸과 벗은 발로 **다니니라**
사 20:3	벗은 몸과 벗은 발로 **다니며** 애굽과
사 23:16	성읍에 두루 **다니며** 기묘한 곡조로 많은
사 35:8	우매한 행인은 그 길로 **다니지** 못할
사 42:24	그들이 그의 길로 **다니기를** 원하지
사 45:20	나무 우상을 가지고 **다니며** 구원하지
사 46:1	너희가 떠메고 **다니던** 그것들이 피곤
사 52:12	나오지 아니하며 도망하듯 **다니지** 아니
렘 2:6	사람이 그 곳으로 **다니지** 아니하고
렘 5:1	너희는 예루살렘 거리로 빨리 **다니며**
렘 5:8	그들은 두루 **다니는** 살진 수말같이
렘 6:25	밭에도 나가지 말라 길로도 **다니지** 말라
렘 9:4	완전히 속이며 이웃마다 **다니며** 비방함
렘 10:5	말도 못하며 걸어 **다니지도** 못하므로
렘 14:18	알지 못하는 땅으로 두루 **다니도다**
렘 49:20	그들이 반드시 끌고 **다니며** 괴롭히
겔 9:5	그를 따라 성읍 중에 **다니며** 불쌍히
겔 14:15	그 땅에 **다니게** 하여 그 땅을 황폐하게 … 능히 **다니지** 못하게 한다 하자
겔 20:29	너희가 **다니는** 산당이 무엇이냐 하였
겔 36:12	내가 사람을 너희 위에 **다니게** 하리니
단 3:25	사람이 불 가운데로 **다니는데** 상하지도
단 8:5	지면에 두루 **다니되** 땅에 닿지 아니하며
단 11:20	아름다운 곳으로 두루 **다니게** 할 것이나
호 14:9	의인은 그 길로 **다니거니와** 그러나 죄인
암 2:7	여인에게 **다녀서** 내 거룩한 이름을
욘 3:4	성읍에 들어가서 하루 동안 **다니며** 외쳐
미 2:3	교만하게 **다니지** 못할 것이라 이는 재앙
나 2:11	그 새끼 사자와 함께 거기서 **다니되**
합 1:6	땅이 넓은 곳으로 **다니며** 자기의 소유가
합 3:19	나의 높은 곳으로 **다니게** 하시리로다
슥 1:10	여호와께서 땅에 두루 **다니라고** 보내신
슥 4:10	일곱은 온 세상에 두루 **다니는** 여호와

신약

마 4:18	해변에 **다니시다가** 두 형제 곧 베드로
마 4:23	예수께서 온 갈릴리에 두루 **다니사** 그들
마 9:35	모든 도시와 마을에 두루 **다니사** 그들
마 10:23	모든 동네를 다 **다니지** 못하여서 인자
마 12:43	물 없는 곳으로 **다니며** 쉬기를 구하되
마 23:15	육지를 두루 **다니다가** 생기면 너희보다
막 1:39	이에 온 갈릴리에 **다니시며** 그들의 여러
막 6:6	모든 촌에 두루 **다니시며** 가르치시더라
막 12:38	긴 옷을 입고 **다니는** 것과 시장에서
막 16:15	또 이르시되 너희는 온 천하에 **다니며**
눅 8:1	두루 **다니시며** 하나님의 나라를 선포
눅 9:6	제자들이 나가 각 마을에 두루 **다니며**
눅 11:24	물 없는 곳으로 **다니며** 쉬기를 구하되
눅 13:22	마을로 **다니사** 가르치시며 예루살렘
눅 20:46	옷을 입고 **다니는** 것을 원하며 시장
요 6:66	사람이 떠나가고 다시 그와 함께 **다니지**
요 7:1	갈릴리에서 **다니시고** 유대에서 **다니려**
요 8:12	따르는 자는 어둠에 **다니지** 아니하고
요 11:9	사람이 낮에 **다니면** 이 세상의 빛을
요 11:10	밤에 **다니면** 빛이 그 사람 안에 없는
요 11:44	예수께서 이르시되 풀어 놓아 **다니게**
요 11:54	유대인 가운데 드러나게 **다니지** 아니
행 1:22	우리와 함께 **다니던** 사람 중에 하나를

【 다니엘 】

행 8:4	그 흩어진 사람들이 두루 **다니며** 복음
행 9:32	베드로가 사방으로 두루 **다니다**가 룻다
행 10:38	기름 붓듯 하셨으매 그가 두루 **다니시며**
행 15:3	베니게와 사마리아로 **다니며** 이방인
행 15:41	수리아와 길리기아로 **다니며** 교회들
행 17:23	내가 두루 **다니며** 너희가 위하는 것들
행 18:23	브루기아 땅을 차례로 **다니며** 모든 제자
행 19:1	바울이 윗지방으로 다녀 에베소에 와서
행 19:29	요란하여 바울과 같이 **다니는** 마게도냐
롬 1:23	짐승과 기어 **다니는** 동물 모양의 우상
벧전 5:8	우는 사자같이 두루 **다니며** 삼킬 자를
계 3:4	옷을 입고 나와 함께 **다니리니** 그들은
계 9:20	보거나 듣거나 **다니거나** 하지 못하는
계 16:15	**다니지** 아니하며 자기의 부끄러움
계 18:17	선장과 각처를 **다니는** 선객들과 선원
계 21:24	빛 가운데로 **다니고** 땅의 왕들이 자기

✝ 다니다 - 기타 본문

창 13:17; 신 2:7; 삼상 9:4; 욥 38:16; 슥 1:11; 6:7; 요 12:35

다니엘(Daniel)
1. 다니엘서의 주인공

단 1:6	유다 자손 곧 **다니엘**과 하나냐와
단 1:7	이름을 고쳐 **다니엘**은 벨드사살이라
단 1:8	**다니엘**은 뜻을 정하여 왕의 음식과 그가
단 1:9	**다니엘**로 하여금 환관장에게 은혜와
단 1:10	환관장이 **다니엘**에게 이르되 내가
단 1:11	**다니엘**과 하나냐와 미사엘과 아사랴
	를 감독하게 한 자에게 **다니엘**이 말하
단 1:17	**다니엘**은 또 모든 환상과 꿈을 깨달아
단 1:19	무리 중에 **다니엘**과 하나냐와 미사엘
단 1:21	**다니엘**은 고레스 왕 원년까지 있으니라
단 2:13	지혜자들은 죽게 되었고 **다니엘**과 그의
단 2:14	지혜자들을 죽이러 나가매 **다니엘**이
단 2:15	아리옥이 그 일을 **다니엘**에게 알리매
단 2:16	**다니엘**이 들어가서 왕께 구하기를 시간
단 2:17	이에 **다니엘**이 자기 집으로 돌아가서
단 2:18	여기사 **다니엘**과 친구들이 바벨론
단 2:19	**다니엘**에게 나타나 보이매 **다니엘**이
단 2:20	**다니엘**이 말하여 이르되 영원부터 영원
단 2:24	이에 **다니엘**은 왕이 바벨론 지혜자들
단 2:25	아리옥이 **다니엘**을 데리고 급히 왕 앞에
단 2:26	벨드사살이라 이름한 **다니엘**에게 이르
단 2:27	**다니엘**이 왕 앞에 대답하여 이르되 왕이
단 2:46	엎드려 **다니엘**에게 절하고 명하여 예물
단 2:47	왕이 대답하여 **다니엘**에게 이르되 너희
단 2:48	왕이 이에 **다니엘**을 높여 귀한 선물을
단 2:49	왕이 또 **다니엘**의 요구대로 사드락과
	… 다스리게 하였고 **다니엘**은 왕궁에
단 4:8	그 후에 **다니엘**이 내 앞에 들어왔으니
단 4:19	벨드사살이라 이름한 **다니엘**이 한동안
단 5:12	왕이 벨드사살이라 이름하는 이 **다니엘**은 마음이 민첩하고 … 이제 **다니엘**
단 5:13	이에 **다니엘**이 부름을 받아 왕의 앞에 나오매 왕이 **다니엘**에게 말하되 네가 나의 … 자손 중의 그 **다니엘**이냐
단 5:17	**다니엘**이 왕에게 대답하여 이르되 왕의
단 5:29	그들이 **다니엘**에게 자주색 옷을 입히
단 6:2	두었으니 **다니엘**이 그 중의 하나이라
단 6:3	**다니엘**은 마음이 민첩하여 총리들과
단 6:4	**다니엘**을 고발할 근거를 찾고자 하였
단 6:5	**다니엘**은 그 하나님의 율법에서 근거
단 6:10	**다니엘**이 이 조서에 왕의 도장이 찍힌
단 6:11	무리들이 모여서 **다니엘**이 자기 하나님
단 6:13	**다니엘**이 왕과 왕의 도장이 찍힌 금령
단 6:14	심히 근심하여 **다니엘**을 구원하려고
단 6:16	명령하매 **다니엘**을 끌어다가 … **다니엘**
단 6:17	**다니엘**에 대한 조치를 고치지 못하게
단 6:20	**다니엘**이 든 굴에 … **다니엘**에게 묻되 살아 계시는 하나님의 종 **다니엘**아
단 6:21	**다니엘**이 왕에게 아뢰되 왕이여 원하건
단 6:23	심히 기뻐서 명하여 **다니엘**을 굴에서 올리라 하매 그들이 **다니엘**을 굴에서
단 6:24	**다니엘**을 참소한 사람들을 끌어오게
단 6:26	**다니엘**의 하나님 앞에서 떨며 두려워
단 6:27	**다니엘**을 구원하여 사자의 입에서 벗어
단 6:28	**다니엘**이 다리오 왕의 시대와 바사
단 7:1	바벨론 벨사살 왕 원년에 **다니엘**이 그의
단 7:2	**다니엘**이 진술하여 이르되 내가 밤에
단 7:15	**다니엘**이 중심에 근심하며 내 머리 속의
단 7:28	**다니엘**은 중심에 번민하였으며 내 얼굴
단 8:1	**다니엘**에게 처음에 나타난 환상 후
단 8:15	**다니엘**이 이 환상을 보고 그 뜻을 알고
단 8:27	이에 나 **다니엘**이 지쳐서 여러 날 앓다

510

| 다다르다 | | | 다락 |

단 9:2	곧 그 통치 원년에 나 **다니엘**이 책을
단 9:22	**다니엘**아 내가 이제 네게 지혜와 총명
단 10:1	이름한 **다니엘**에게 나타났는데 … 전쟁에 관한 것이라 **다니엘**이 그 일을
단 10:2	나 **다니엘**이 세 이레 동안을 슬퍼하며
단 10:7	이 환상을 나 **다니엘**이 홀로 보았고
단 10:11	은총을 받은 사람 **다니엘**아 내가 네게
단 10:12	**다니엘**아 두려워하지 말라 네가 깨달
단 12:4	**다니엘**아 마지막 때까지 이 말을 간수
단 12:5	나 **다니엘**이 본즉 다른 두 사람이 있어
단 12:9	그가 이르되 **다니엘**아 갈지어다 이 말은
마 24:15	너희가 선지자 **다니엘**이 말한 바 멸망

2. 다윗의 아들
대상 3:1	둘째는 **다니엘**이라 갈멜 여인 아비가일

3. 이다말의 자손인 제사장
스 8:2	자손 중에서는 **다니엘**이요 다윗 자손

4. 언약 갱신에 인친 자
느 10:6	**다니엘**, 긴느돈, 바룩,

5. 노아, 욥과 함께 기록된 의인
겔 14:14	노아, **다니엘**, 욥, 이 세 사람이 거기에
겔 14:20	노아, **다니엘**, 욥이 거기에 있을지라도
겔 28:3	네가 **다니엘**보다 지혜로워서 은밀한

다다르다 (arrive, reach)
대상 4:33	주민들의 경계가 바알까지 **다다랐으니**
대상 5:8	살면서 느보와 바알므온까지 **다다랐고**
대상 5:9	광야 지경까지 **다다랐으니** 이는 길르앗
대상 5:11	거주하면서 살르가까지 **다다랐으니**
대상 5:16	거주하여 그 사방 변두리에 **다다랐더라**
대상 5:23	스닐과 헤르몬 산까지 **다다랐으며**

다단 (Dathan) 엘리압의 아들

민 16:1	르우벤 자손 엘리압의 아들 **다단**과 아비람과 벨렛의
민 16:12	모세가 엘리압의 아들 **다단**과 아비람
민 16:24	고라와 **다단**과 아비람의 장막 사면에서
민 16:25	모세가 일어나 **다단**과 아비람에게로
민 16:27	무리가 고라와 **다단**과 아비람의 장막 사방을 떠나고 **다단**과 아비람은 그들의
민 26:9	느무엘과 **다단**과 아비람이라 이 **다단**
신 11:6	자손 엘리압의 아들 **다단**과 아비람
시 106:17	땅이 갈라져 **다단**을 삼키며 아비람

다대오 (Thaddaeus) 예수님의 12 제자 중 하나
마 10:3	마태, 알패오의 아들 야고보와 **다대오**,
막 3:18	아들 야고보와 및 **다대오**와 가나안인

다드몰 (Tadmor) 솔로몬이 지은 요새
왕상 9:18	바알랏과 그 땅의 들에 있는 **다드몰**
대하 8:4	광야에서 **다드몰**을 건축하고 하맛에

다듬다 (chisel out, dress)
출 20:25	내게 돌로 단을 쌓거든 **다듬은** 돌로
신 10:1	처음과 같은 두 돌판을 **다듬어** 가지고
신 10:3	처음 것과 같은 돌판 둘을 **다듬어** 손에
신 27:6	**다듬지** 않은 돌로 네 하나님 여호와
수 8:31	철연장으로 **다듬지** 아니한 새 돌로 만든
왕상 5:17	크고 귀한 돌을 떠다가 **다듬어서** 전의
왕상 5:18	그발 사람이 그 돌을 **다듬고** 전을 건축
왕상 6:36	**다듬은** 돌 세 켜와 백향목 두꺼운 판자
왕상 7:9	이 집들은 안팎을 모두 귀하고 **다듬은**
왕상 7:11	그 위에는 척수대로 **다듬은** 귀한 돌도
왕상 7:12	또 큰 뜰 주위에는 **다듬은** 돌 세 켜와
왕하 12:12	수리할 재목과 **다듬은** 돌을 사게 하며
왕하 22:6	재목과 **다듬은** 돌을 사서 그 전을 수리
대상 22:2	하나님의 전을 건축할 돌을 **다듬게** 하고
대하 34:11	**다듬은** 돌과 연접하는 나무를 사며
시 144:12	식양대로 아름답게 **다듬은** 모퉁이
잠 9:1	그 집을 짓고 일곱 기둥을 **다듬고**
사 9:10	우리는 **다듬은** 돌로 쌓고 뽕나무들이
애 3:9	**다듬은** 돌을 쌓아 내 길을 막으사
겔 40:42	또 **다듬은** 돌로 만들어서 번제에 쓰는
암 5:11	너희가 비록 **다듬은** 돌로 집을 건축하

다라 (Darda) 세라의 아들
대상 2:6	시므리와 에단과 헤만과 갈골과 **다라**니

다락 (upper room)
삿 3:23	에훗이 현관에 나와서 **다락** 문들을
삿 3:24	왕의 신하들이 들어와서 **다락** 문들이
삿 3:25	오래 기다려도 왕이 **다락** 문들을 열지
왕상 6:5	돌아가며 **다락**들을 건축하되 **다락**마다
왕상 6:6	하층 **다락**의 너비는 … 중층 **다락**의 너비는 여섯 규빗이요 셋째 층 **다락**
왕상 17:19	자기가 거처하는 **다락**에 올라가서 자기
왕상 17:23	엘리야가 그 아이를 안고 **다락**에서

【 다락방 】   【 다르다 2 】

왕하 1:2   사마리아에 있는 그의 **다락** 난간에서
왕하 23:12   유다 여러 왕이 아하스의 **다락** 지붕에
대상 28:11   그 집들과 그 곳간과 **다락**과 골방과
대하 3:9   못 무게가 금 오십 세겔이요 **다락**들도
행 9:37   죽으매 시체를 씻어 **다락**에 누이니라
행 20:8   우리가 모인 윗 **다락**에 등불을 많이

다락방(upper room)
삿 3:20   왕은 서늘한 **다락방**에 홀로 앉아 있는
왕상 6:10   높이가 다섯 규빗 되는 **다락방**을 건축하
렘 22:13   부정하게 그 **다락방**을 지으며 자기의
렘 22:14   큰 집과 넓은 **다락방**을 지으리라 하고
막 14:15   자리를 펴고 준비한 큰 **다락방**을 보이리
눅 22:12   그가 자리를 마련한 큰 **다락방**을 보이리
행 1:13   그들이 유하는 **다락방**으로 올라가
행 9:39   그들이 데리고 **다락방**에 올라가니 모든

다랄라(Taralah) 베냐민 지파에게 분배된 성읍
수 18:27   레겜과 이르브엘과 **다랄라**와

다레아(Tahrea) 미가의 아들
대상 8:35   비드아와 멜렉과 **다레아**와 아하스이며
대상 9:41   아들들은 비드온과 멜렉과 **다레아**와

다루다(teach, treat)
욥 41:31   하며 바다를 기름병같이 **다루는도다**
렘 2:8   말하지 아니하였으며 율법을 **다루는**

다르곤(Darkon) 다르곤 자손의 선조
스 2:56   야알라 자손과 **다르곤** 자손과 깃델 자손
느 7:58   야알라 자손과 **다르곤** 자손과 깃델 자손

다르다 1(Darda) 마홀의 아들
왕상 4:31   헤만과 갈골과 **다르다**보다 나으므로

다르다 2(different)
모세오경, 역사서
창 9:6   **다른** 사람의 피를 흘리면 그 사람의
창 4:25   죽인 아벨 대신 **다른** 씨를 주셨다
창 31:50   내 딸들 외에 **다른** 아내들을 맞이하면
창 36:6   동생 야곱을 떠나 **다른** 곳으로 갔으니
창 40:5   꿈을 꾸니 각기 그 내용이 **다르더라**
창 41:3   그 뒤에 또 흉하고 파리한 **다른** 일곱

창 43:6   어찌하여 너희에게 또 **다른** 아우가
창 43:14   사람으로 너희 **다른** 형제와 베냐민을
창 43:22   양식 살 **다른** 돈도 우리가 가지고 내려
창 43:34   베냐민에게는 **다른** 사람보다 다섯 배나
창 45:1   그와 함께 한 **다른** 사람이 없었더라
출 21:22   낙태하게 하였으나 **다른** 해가 없으면
출 21:23   그러나 **다른** 해가 있으면 갚되 생명은
출 22:9   양이나 의복이나 또는 **다른** 잃은 물건에
출 25:32   **다른** 세 가지는 이쪽으로 나오고 **다른**
출 26:3   다섯 폭을 서로 연결하며 **다른** 다섯
출 26:4   고를 만들며 이어질 **다른** 끝폭 가에도
출 26:5   끝폭 가에 고 쉰 개를 달며 **다른** 휘장
출 26:10   쉰 개를 달며 **다른** 이을 끝폭 가에도
출 26:20   성막 **다른** 쪽 곧 그 북쪽을 위하여도
출 28:10   나머지 여섯 이름은 **다른** 보석에 새기라
출 28:25   땋은 사슬의 **다른** 두 끝을 에봇 앞 두
출 29:19   너는 **다른** 숫양을 택하고 아론과 그
출 30:9   너희는 그 위에 **다른** 향을 사르지 말며
출 36:11   청색 고를 만들며 **다른** 연결할 끝폭
출 36:12   고리 쉰 개를 달고 **다른** 연결한 폭의
출 36:17   쉰 개를 달며 **다른** 연결할 끝폭 가에
출 36:25   성막 **다른** 쪽 곧 북쪽을 위하여도 널판
출 39:18   땋은 두 사슬의 **다른** 두 끝을 에봇 앞
레 6:11   옷을 벗고 **다른** 옷을 입고 그 재를 진영
레 7:24   짐승에게 찢긴 것의 기름은 **다른** 데는
레 8:22   **다른** 숫양 곧 위임식의 숫양을 드릴새
레 11:9   강과 바다와 **다른** 물에 있는 모든 것
레 14:6   **다른** 새는 산 채로 가져다가 백향목과
레 14:42   **다른** 돌로 그 돌을 대신하며 **다른**
레 15:15   한 마리는 속죄제로, **다른** 한 마리는
레 15:30   한 마리는 속죄제로, **다른** 한 마리는
레 18:9   어머니의 딸이나 집에서나 **다른** 곳에서
레 19:19   가축을 **다른** 종류와 교미시키지 말며
레 19:20   어떤 사람이 **다른** 사람과 정혼한 여종
민 11:4   그들 중에 섞여 사는 **다른** 인종들이
민 14:24   갈렙은 그 마음이 그들과 **달라서** 나를
민 16:37   가져다가 그 불을 **다른** 곳에 쏟으라
민 16:40   아론 자손이 아닌 **다른** 사람은 여호와
민 18:4   **다른** 사람은 너희에게 가까이 하지 못할
민 23:13   나와 함께 그들을 **달리** 볼 곳으로 가자
민 23:27   오라 내가 너를 **다른** 곳으로 인도하리니
민 31:32   탈취물 곧 군인들의 **다른** 탈취물 외에
민 36:3   만일 이스라엘 자손의 **다른** 지파들

다르다 2

신 4:34	하나님이시요 그 외에는 **다른** 신이 없음	대하 23:7	**다른** 사람이 성전에 들어오거든 죽이고
신 7:7	택하심은 너희가 **다른** 민족보다 수효가	대하 29:34	일을 마치기까지 돕고 **다른** 제사장들
신 24:2	그의 집에서 나가서 **다른** 사람의 아내가	스 2:31	**다른** 엘람 자손이 천이백오십사 명이요
신 28:30	여자와 약혼하였으나 **다른** 사람이 그	스 3:8	요사닥의 아들 예수아와 **다른** 형제
신 28:32	자녀를 **다른** 민족에게 빼앗기고 종일	느 11:1	그 십분의 구는 **다른** 성읍에 거주하게
신 29:28	땅에서 뽑아내사 **다른** 나라에 내던지심	느 12:38	감사 찬송하는 **다른** 무리는 왼쪽으로
수 22:19	여호와의 제단 외에 **다른** 제단을 쌓음으	에 1:7	각기 **다르고** 왕이 풍부하였으므로
삿 2:10	그 후에 일어난 **다른** 세대는 여호와를	에 2:12	여섯 달은 향품과 여자에게 쓰는 **다른**
삿 7:14	친구가 대답하여 이르되 이는 **다른** 것이	에 2:15	내시 헤개가 정한 것 외에는 **다른** 것을
삿 16:7	결박하면 내가 약해져서 **다른** 사람과	에 3:8	그 법률이 만민의 것과 **달라서** 왕의
삿 16:11	결박하면 내가 약해져서 **다른** 사람과	겔 20:14	내 이름을 위하여 **달리** 행하였었나니
삿 16:17	나는 약해져서 **다른** 사람과 같으리라	겔 20:22	위하여 내 손을 막아 **달리** 행하였나니
룻 2:8	이삭을 주우러 **다른** 밭으로 가지 말며	겔 48:8	**다른** 몫의 동쪽에서 서쪽까지와 같고
룻 2:22	소녀들과 함께 나가고 **다른** 밭에서 사람	겔 48:21	**다른** 몫들과 연접한 땅이니 이것을 군주
삼상 2:20	여인으로 말미암아 네게 **다른** 후사를	에 4:14	잠잠하여 말이 없으면 유다인은 **다른**
삼상 8:20	우리도 **다른** 나라들같이 되어 우리의	에 9:16	왕의 각 지방에 있는 **다른** 유다인들이
삼상 10:23	백성 중에 서니 **다른** 사람보다 어깨	**시가서, 선지서**	
삼상 17:30	돌아서서 **다른** 사람을 향하여 전과 같이	욥 8:12	아직 뜯을 때가 되기 전에 **다른** 풀보다
삼상 19:21	사울에게 알리매 사울이 **다른** 전령들을	욥 8:19	기쁨은 이와 같고 그 후에 **다른** 것이
삼상 21:9	여기는 그것밖에 **다른** 것이 없느니라	욥 31:33	언제 **다른** 사람처럼 내 악행을 숨긴
삼상 28:8	사울이 **다른** 옷을 입어 변장하고 두	욥 34:24	꺾으시고 **다른** 사람을 세워 그를 대신하
삼하 3:35	해 지기 전에 떡이나 **다른** 모든 것을	욥 38:32	북두성을 **다른** 별들에게로 이끌어 갈 수
삼하 14:6	아무도 없으므로 한아이가 **다른** 아이를	시 84:10	주의 궁정에서의 한 날이 **다른** 곳에서의
삼하 18:20	소식을 전하는 자가 되지 말고 **다른**	잠 30:2	나는 **다른** 사람에게 비하면 짐승이라
왕상 3:18	둘 외에는 집에 **다른** 사람이 없었나이다	전 6:2	**다른** 사람이 누리나니 이것도 헛되어
왕상 6:25	**다른** 그룹도 십 규빗이니 그 두 그룹은	사 26:13	우리 하나님이시여 주 외에 **다른** 주들이
왕상 7:8	왕궁은 그 주랑 뒤 **다른** 뜰에 있으니	사 28:11	그러므로 더듬는 입술과 **다른** 방언으로
왕상 7:16	머리의 높이도 다섯 규빗이요 **다른쪽**	사 42:8	나는 내 영광을 **다른** 자에게, 내 찬송을
왕상 14:5	들어올 때에 **다른** 사람인 체함이니라	사 44:2	주께서 **다른** 민족들은 고달프게 하시고
왕상 14:6	네가 어찌하여 **다른** 사람인 체하느냐	사 44:5	**다른** 사람은 자기가 여호와께 속하였음
왕상 20:37	그가 또 **다른** 사람을 만나 이르되 너는	사 45:14	그 외에는 **다른** 하나님이 없다 하리라
왕하 1:11	다시 **다른** 오십부장과 그의 군사 오십	사 48:11	영광을 **다른** 자에게 주지 아니하리라
왕하 4:6	아들이 이르되 **다른** 그릇이 없나이다	사 55:8	이는 내 생각이 너희의 생각과 **다르며**
왕하 5:17	이제부터는 종이 번제물과 **다른** 희생	사 65:15	너를 죽이고 내 종들은 **다른** 이름으로
왕하 7:8	다시 와서 **다른** 장막에 들어가 거기서도	사 66:18	**다른** 민족들을 모으리니 그들이 와서
왕하 16:15	또 번제물의 피와 **다른** 제물의 피를 다	시 105:13	이 나라에서 **다른** 민족에게로 떠돌아
대상 2:26	여라므엘이 **다른** 아내가 있었으니	시 114:1	야곱의 집안이 언어가 **다른** 민족에게서
대상 9:33	주야로 자기 직분에 전념하므로 **다른**	렘 18:4	의견에 좋은 대로 **다른** 그릇을 만들더라
대상 16:20	나라에서 **다른** 백성에게로 유랑하였도	겔 12:5	네가 네 처소를 **다른** 곳으로 옮기는
대상 29:2	가공할 검은 보석과 채색과 **다른** 모든	겔 25:7	손을 네 위에 펴서 너를 **다른** 민족에게
대하 3:11	성전 벽에 닿았고 그 **다른** 날개도 다섯	겔 31:12	여러 나라의 포악한 **다른** 민족이 그를
대하 3:12	성전 벽에 닿았고 그 **다른** 날개도 다섯	겔 37:16	이스라엘 자손이라 쓰고 또 **다른** 막대기
대하 23:6	외의 **다른** 사람은 들어오지 못할 것이니	겔 40:49	하나는 이쪽에 있고 **다른** 하나는 저쪽에

【 다르다 2 】   【 다르다 2 】

겔 42:1	골방 앞 뜰을 향하였고 **다른** 하나는
겔 42:3	마주 대하였고 **다른** 한 방의 회랑은
겔 42:14	의복을 그 방에 두고 **다른** 옷을 입고
겔 44:11	백성의 번제의 희생물과 **다른** 희생물을
겔 44:19	옷을 벗어 거룩한 방에 두고 **다른** 옷을
단 1:15	왕의 음식을 먹는 **다른** 소년들보다 더
단 2:18	친구들이 바벨론의 **다른** 지혜자들
단 2:39	왕을 뒤이어 왕보다 못한 **다른** 나라가
단 2:43	그들이 **다른** 민족과 서로 섞일 것이나
단 2:44	국권이 **다른** 백성에게로 돌아가지도
단 3:21	겉옷과 속옷과 모자와 **다른** 옷을 입은
단 5:17	왕의 상급은 **다른** 사람에게 주옵소서
단 5:19	언어가 **다른** 모든 사람들이 그의 앞에서
단 6:25	나라들과 언어가 **다른** 모든 사람들에게
단 7:3	나왔는데 그 모양이 각각 **다르더라**
단 7:7	이 짐승은 전의 모든 짐승과 **다르고**
단 7:8	그 뿔을 유심히 보는 중에 **다른** 작은
단 7:14	백성과 나라들과 **다른** 언어를 말하는
단 7:19	곧 그것은 모든 짐승과 **달라서** 심히
단 7:20	그 외에 또 **다른** 뿔이 나오매 세 뿔이
단 7:23	**다른** 나라들과는 달라서 온 천하를
단 7:24	그는 먼저 있던 자들과 **다르고** 또 세
단 8:3	그 중 한 뿔은 **다른** 뿔보다 길었고 그
단 8:13	한 거룩한 이가 말하더니 **다른** 거룩한
단 11:4	**다른** 사람들에게로 돌아갈 것임이라
단 12:5	나 다니엘이 본즉 **다른** 두 사람이 있어
욜 1:6	**다른** 한 민족이 내 땅에 올라왔음이로다
학 2:12	포도주에나 기름에나 **다른** 음식물에
슥 8:23	날에는 말이 **다른** 이방 백성 열 명이

복음서, 역사서

마 4:21	거기서 더 가시다가 **다른** 두 형제 곧
막 4:36	그대로 모시고 가매 **다른** 배들도 함께
마 11:3	그이가 당신이오니이까 우리가 **다른**
마 12:13	그가 내밀매 **다른** 손과 같이 회복되어
마 15:24	잃어버린 양 외에는 **다른** 데로 보내심을
마 19:9	아내를 버리고 **다른** 데 장가드는 자는
마 21:8	겉옷을 길에 펴고 **다른** 이들은 나뭇가지
마 21:33	**다른** 한 비유를 들으라 한 집 주인이
마 21:36	다시 **다른** 종들을 처음보다 많이 보내니
마 21:41	제 때에 열매를 바칠 만한 **다른** 농부들
마 22:4	다시 **다른** 종들을 보내며 이르되 청한
마 26:71	앞문까지 나아가니 **다른** 여종이 그를
마 27:61	거기 막달라 마리아와 **다른** 마리아가
마 28:1	막달라 마리아와 **다른** 마리아가 무덤을
막 1:38	우리가 **다른** 가까운 마을들로 가자
막 9:29	기도 외에 **다른** 것으로는 이런 종류가
막 10:11	누구든지 그 아내를 버리고 **다른** 데에
막 10:12	아내가 남편을 버리고 **다른** 데로 시집
막 11:8	사람들은 자기들의 겉옷을, 또 **다른**
막 12:4	**다른** 종을 보내니 그의 머리에 상처를
막 12:5	**다른** 종을 보내니 그들이 그를 죽이고
막 12:9	진멸하고 포도원을 **다른** 사람들에게
막 14:58	손으로 짓지 아니한 **다른** 성전을 사흘
막 16:12	시골로 갈 때에 예수께서 **다른** 모양으로

'다르다 2' 와 관련된 성구

다른 교훈 – 딤전 1:3; 6:3; 히 13:9
다른 기둥 – 왕상 7:18; 25:17; 렘 52:22
다른 길 – 왕상 13:10; 마 2:12; 약 2:25
다른 남자 – 민 5:19; 겔 16:32; 호 3:3; 롬 7:3
다른 두루마리 – 렘 36:28, 32
다른 땅 – 스 4:10, 17; 행 7:6
다른 복음 – 고후 11:4; 갈 1:6, 7, 8, 9
다른 불 – 레 10:1; 민 3:4; 26:61
다른 성경 – 요 19:37; 벧후 3:16
다른 신 – 출 20:3; 22:20; 23:13; 34:14;
신 4:35, 39; 5:7; 6:14; 7:4; 8:19;
11:16, 28; 13:2, 6, 13; 17:3; 18:20;
28:14, 36; 29:26; 30:17; 31:18, 20;
32:12, 16; 수 23:16; 24:2, 16; 삿
2:12, 17, 19; 10:13; 삼상 8:8; 26:19;
왕상 9:6, 9; 11:4, 10; 14:9; 왕하
5:17; 17:7, 35, 37, 38; 22:17; 대하
7:19, 22; 28:25; 34:25; 시 16:4;
81:9; 사 43:12; 44:6, 8; 45:21; 렘
1:16; 7:6, 9, 18; 11:10; 13:10;
16:11, 13; 19:4, 13; 22:9; 25:6;
32:29; 35:15; 44:3, 5, 8, 15; 단 3:28,
29; 호 3:1; 13:4
다른 아들 – 창 30:24; 삼하 13:1; 대상 23:17
다른 여인 – 삿 5:24; 삿 11:2; 겔 16:34

다르다 2

눅 4:43	이르시되 내가 **다른** 동네들에서도	요 6:22	무리가 배 한 척 외에 **다른** 배가 거기
눅 5:7	**다른** 배에 있는 동무들에게 손짓하여	요 10:1	우리에 들어가지 아니하고 **다른** 데로
눅 5:29	**다른** 사람이 많이 함께 앉아 있는지라	요 10:16	또 이 우리에 들지 아니한 **다른** 양들이
눅 6:6	**다른** 안식일에 예수께서 회당에 들어가	요 11:16	디두모라고도 하는 도마가 **다른** 제자들
눅 7:19	**다른** 이를 기다리오리이까 하라 하매	요 14:16	구하겠으니 그가 또 **다른** 보혜사
눅 7:20	**다른** 이를 기다리오리이까 하더이다	요 18:15	베드로와 또 **다른** 제자 한 사람이 예수
눅 8:3	요안나와 수산나와 **다른** 여러 여자가	요 18:16	대제사장을 아는 그 **다른** 제자가 나가서
눅 8:10	**다른** 사람에게는 비유로 하나니 이는	요 18:34	스스로 하는 말이냐 **다른** 사람들이 나에
눅 9:56	함께 **다른** 마을로 가시니라	요 19:18	예수를 십자가에 못 박을새 **다른** 두
눅 9:59	또 **다른** 사람에게 나를 따르라 하시니	요 19:32	첫째 사람과 또 그 **다른** 사람의 다리를
눅 9:61	**다른** 사람이 이르되 주여 내가 주를	요 20:30	이 책에 기록되지 아니한 **다른** 표적도
눅 12:26	일도 하지 못하면서 어찌 **다른** 일들	행 2:4	말하게 하심을 따라 **다른** 언어들로
눅 13:2	이같이 해 받으므로 **다른** 모든 갈릴리	행 2:37	마음에 찔려 베드로와 **다른** 사도들에게
눅 13:4	예루살렘에 거한 **다른** 모든 사람보다	행 4:12	**다른** 이로써는 구원을 받을 수 없나니
눅 16:7	또 **다른** 이에게 이르되 너는 얼마나		천하 사람 중에 구원을 받을 만한 **다른**
눅 16:18	자기 아내를 버리고 **다른** 데 장가드는	행 12:17	이 말을 전하라 하고 떠나 **다른** 곳으로
눅 18:9	의롭다고 믿고 **다른** 사람을 멸시하는	행 13:35	또 **다른** 시편에 일렀으되 주의 거룩한
눅 18:11	**다른** 사람들 곧 토색, 불의, 간음을 하는	행 15:35	수다한 **다른** 사람들과 함께 주의 말씀을
눅 20:11	**다른** 종을 보내니 그도 몹시 때리고	행 17:21	이외에는 달리 시간을 쓰지 않음이더라
눅 20:16	포도원을 **다른** 사람들에게 주리라	행 17:34	다마리라 하는 여자와 또 **다른** 사람들도
눅 21:3	이 가난한 과부가 **다른** 모든 사람보다	행 23:6	그중 일부는 사두개인이요 **다른** 일부는
눅 22:58	조금 후에 **다른** 사람이 보고 이르되	행 27:1	바울과 **다른** 죄수 몇 사람을 아구스도대
눅 23:32	또 **다른** 두 행악자도 사형을 받게 되어	행 28:9	이러므로 섬 가운데 **다른** 병든 사람들이
눅 24:9	이 모든 것을 열한 사도와 **다른** 모든	**서신서, 예언서**	
요 4:37	사람이 심고 **다른** 사람이 거둔다 하는	롬 1:13	너희 중에서도 **다른** 이방인 중에서와
요 4:38	**다른** 사람들은 노력하였고 너희는	롬 2:21	그러면 **다른** 사람을 가르치는 네가 네
요 5:7	내가 가는 동안에 **다른** 사람이 먼저	롬 7:4	죽임을 당하였으니 이는 **다른** 이 곧
요 5:43	만일 **다른** 사람이 자기 이름으로 오면	롬 7:23	지체 속에서 한 **다른** 법이 내 마음의

'다르다 2' 와 관련된 성구

다른 여자 – 출 21:10; 왕상 3:22, 26; 눅 24:10

다른 우물 – 창 26:21, 22; 28:17

다른 이가 없다 – 삼상 2:2; 사 45:5, 6, 18, 21, 22; 46:9; 47:8, 10; 욜 2:27; 습 2:15; 막 12:32

다른 임금 – 눅 14:31; 행 17:7

다른 제사 – 민 15:5; 수 22:26, 27, 28, 29; 삼상 6:15; 15:22; 왕하 10:24; 렘 33:18

다른 제자 – 요 11:16; 18:15; 16:20:2, 3, 4, 8, 25:21:2, 8

다른 지방 – 에 9:12; 렘 22:26

다른 짐승 – 출 22:10; 느 2:12; 단 7:5, 6; 계 13:11

다른 천사 – 슥 2:3; 계 7:2; 8:3; 10:1; 14:6, 9, 15, 17, 18; 18:1

다른 큰 가증한 일 – 겔 8:6, 13

다름이 없다 – 대상 24:31; 대하 18:3; 전 3:18; 사 66:3; 렘 23:14; 겔 25:8; 슥 14:20; 고전 11:5; 갈 4:1

언어가 다르다 – 겔 3:5, 6

언어가 다른 민족 – 시 114:1; 사 66:18

언어가 다른 모든 민족 – 단 5:19; 6:25

【 다르다 2 】　　　　　　　　　　　　　　　　　　　　　　　　　【 다리 】

롬 8:39	높음이나 깊음이나 **다른** 어떤 피조물이	히 9:25	대제사장이 해마다 **다른** 것의 피로써
롬 12:6	받은 은사가 각각 **다르니** 혹 예언이면	약 5:12	하늘로나 땅으로나 아무 **다른** 것으로도
롬 13:9	탐내지 말라 한 것과 그 외에 **다른** 계명	유 1:7	그들과 같은 행동으로 음란하며 **다른**
고전 1:16	외에는 **다른** 누구에게 세례를 베풀었는	계 2:24	너희에게 말하노니 **다른** 짐으로 너희에
고전 3:4	나는 바울에게라 하고 **다른** 이는 나는	계 6:4	**다른** 붉은 말이 나오더라 그 탄 자가
고전 3:10	건축자와 같이 터를 닦아 두매 **다른**	계 12:3	하늘에 또 **다른** 이적이 보이니 보라 한
고전 3:11	닦아 둔 것 외에 능히 **다른** 터를 닦을	계 15:1	하늘에 크고 이상한 **다른** 이적을 보매
고전 4:3	너희에게나 **다른** 사람에게나 판단 받는	계 17:10	하나는 있고 **다른** 하나는 아직 이르지
고전 6:1	너희 중에 누가 **다른** 이와 더불어 다툼	계 18:4	내가 들으니 하늘로부터 **다른** 음성이
고전 9:2	**다른** 사람들에게는 내가 사도가 아닐지	계 20:12	책들이 펴 있고 또 **다른** 책이 펴졌으니
고전 9:5	우리가 **다른** 사도들과 주의 형제들과		
고전 9:12	**다른** 이들도 너희에게 이런 권리를	**다르닥**(Tartak) 아와 사람들이 섬기던 신	
고전 12:9	**다른** 사람에게는 같은 성령으로 믿음을,	왕하 17:31 아와 사람들은 닙하스와 **다르닥**을 만들	
고전 12:10	**다른** 사람에게는 각종 방언 말함을,		
고전 14:17	**다른** 사람은 덕 세움을 받지 못하리라	**다르단**(supreme commander-NIV, Tartan-	
고전 14:21	내가 **다른** 방언을 말하는 자와 **다른**	KJV) 앗수르 군대 장관직의 명칭	
고전 14:29	둘이나 셋이나 말하고 **다른** 이들은 분별	왕하 18:17 **다르단**과 랍사리스와 랍사게로 대군	
고전 14:30	만일 곁에 앉아 있는 **다른** 이에게 계시	사 20:1 앗수르의 사르곤 왕이 **다르단**을 아스돗	
고전 15:37	다만 밀이나 **다른** 것의 알맹이 뿐이로되		
고전 15:41	**다른데** 별과 별의 영광이 **다르도다**	**다리**(leg)	
고후 1:13	읽고 아는 것 외에 우리가 **다른** 것을	출 12:9	머리와 **다리**와 내장을 다 불에 구워
고후 8:8	**다른** 이들의 간절함을 가지고 너희의	출 29:17	그 장부와 **다리**는 씻어 각을 뜬 고기
고후 8:13	**다른** 사람들은 평안하게 하고 너희는	레 11:21	발에 뛰는 **다리**가 있어서 땅에서 뛰는
고후 11:4	**다른** 예수를	레 21:18	맹인이나 **다리** 저는 자나 코가 불완전
	... 너희가 받지 아니한 **다른** 영을 받게	신 28:35	무릎과 **다리**를 쳐서 고치지 못할 심한
고후 11:8	내가 너희를 섬기기 위하여 **다른** 여러	신 28:57	자기 **다리** 사이에서 나온 태와 자기가
고후 12:13	끼치지 아니한 일밖에 **다른** 교회보다	삼상 17:6	**다리**에는 놋 각반을 쳤고 어깨 사이에
갈 1:19	주의 형제 야고보 외에 **다른** 사도들을	삼하 4:4	요나단에게 **다리** 저는 아들 하나가 있었
갈 5:10	너희가 아무 **다른** 마음을 품지 아니할	삼하 5:6	맹인과 **다리** 저는 자라도 너를 물리치
엡 2:3	육체와 마음의 원하는 것을 하여 **다른**	삼하 5:8	**다리** 저는 사람과 맹인을 치라 하였으
엡 3:5	**다른** 세대에서는 사람의 아들들에게		므로 ... 맹인과 **다리** 저는 사람은 집에
빌 2:4	각각 **다른** 사람들의 일을 돌보아 나의	삼하 9:3	요나단의 아들 하나가 있는데 **다리** 저는
빌 3:4	누구든지 **다른** 이가 육체를 신뢰할 것	삼하 19:26	종인 나는 **다리**를 절므로 내 나귀에
빌 3:15	만일 어떤 일에 너희가 **달리** 생각하면	욥 29:15	맹인의 눈도 되고 **다리** 저는 사람의
살전 2:6	우리는 너희에게서든지 **다른** 이에게	시 147:10	사람의 **다리**가 억세다 하여 기뻐하지
살전 4:13	이는 소망 없는 **다른** 이와 같이 슬퍼하	잠 26:7	저는 자의 **다리**는 힘없이 달렸나니 미련
살전 5:6	그러므로 우리는 **다른** 이들과 같이	사 47:2	치마를 걷어 **다리**를 드러내고 강을 건너
딤전 5:22	**다른** 사람의 죄에 간섭하지 말며 네	렘 31:8	맹인과 **다리** 저는 자와 잉태한 여인
딤후 2:2	또 **다른** 사람들을 가르칠 수 있으리라	겔 1:7	그들의 **다리**는 곧은 **다리**요 그들의
히 4:8	**다른** 날을 말씀하지 아니하셨으리라	겔 16:25	모든 지나가는 자에게 **다리**를 벌려 심히
히 5:5	이와 같이 **다른** 데서 말씀하시되 네가	암 3:12	사자 입에서 양의 두 **다리**나 귀 조각을
히 7:11	멜기세덱의 반차를 따르는 **다른** 한	마 15:30	큰 무리가 **다리** 저는 사람과 장애인과
히 7:13	제단 일을 받들지 않는 **다른** 지파에	마 15:31	**다리** 저는 사람이 걸으며 맹인이 보는

【다리오】　　　　　　　　　　　　　　　　　【다만】

마 18:8	장애인이나 **다리** 저는 자로 영생에 들어
막 9:45	**다리** 저는 자로 영생에 들어가는 것이
요 5:3	**다리** 저는 사람, 혈기 마른 사람들이
요 19:31	빌라도에게 그들의 **다리**를 꺾어 시체
요 19:32	사람과 또 그 다른 사람의 **다리**를 꺾고
요 19:33	죽으신 것을 보고 **다리**를 꺾지 아니하고
히 12:13	저는 **다리**로 하여금 어그러지지 않고
계 19:16	옷과 그 **다리**에 이름을 쓴 것이 있으니

다리오(Darius)
1. 다리오 1세 히스타스페스

스 4:5	바사 왕 **다리오**가 즉위할 때까지 관리
스 4:24	성전 공사가 바사 왕 **다리오** 제이년까지
스 5:5	**다리오**에게 아뢰고 그 답장이 오기를
스 5:6	강 건너편 아바삭 사람이 **다리오** 왕에
스 5:7	그 글에 일렀으되 **다리오** 왕은 평안하
스 6:1	이에 **다리오** 왕이 조서를 내려 문서창고
스 6:12	**다리오**가 조서를 내렸노니 신속히 행할
스 6:13	**다리오** 왕의 조서가 내리매 유브라데
스 6:14	왕 고레스와 **다리오**와 아닥사스다의
스 6:15	**다리오** 왕 제육년 아달월 삼일에 성전
학 1:1	**다리오** 왕 제이년 여섯째 달 곧 그 달 초
학 1:15	**다리오** 왕 제이년 여섯째 달 이십사일
학 2:10	**다리오** 왕 제이년 아홉째 달 이십사일
슥 1:1	**다리오** 왕 제이년 여덟째 달에 여호와
슥 1:7	**다리오** 왕 제이년 열한째 달 곧 스밧월
슥 7:1	**다리오** 왕 제사년 아홉째 달 곧 기슬래월

2. 다리오 2세 노두스

느 12:22	바사 왕 **다리오** 때에 제사장도 책에

3. 메대 사람 다리오

단 5:31	메대 **다리오**가 나라를 얻었는데 그 때 에 **다리오**는 육십이 세였더라
단 6:1	**다리오**가 자기의 뜻대로 고관 백이십
단 6:6	말하되 **다리오** 왕이여 만수무강 하옵소
단 6:9	**다리오** 왕이 조서에 왕의 도장을 찍어
단 6:25	**다리오** 왕이 온 땅에 있는 모든 백성과
단 6:28	다니엘이 **다리오** 왕의 시대와 바사 사람
단 9:1	아하수에로의 아들 **다리오**가 갈대아
단 11:1	또 메대 사람 **다리오** 원년에 일어나

다릭(Daric) 바사의 화폐

대상 29:7	금 만 **다릭** 은 만 달란트와 놋 만 팔천
스 2:69	육만 천 **다릭**이요 은이 오천 마네요

스 8:27	그 무게는 천 **다릭**이요 또 아름답고

다림(plump)

왕하 21:13	아합의 집을 **다림** 보던 추를 예루살렘

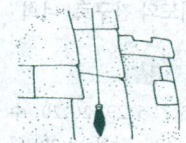

다림줄(plump line)

암 7:7	**다림줄**을 가지고
	… 주께서 손에 **다림줄**
암 7:8	**다림줄**이니이다
	… **다림줄**을 내 백성
슥 4:10	스룹바벨의 손에 **다림줄**이 있음을 보고

다마리(Damaris)

행 17:34	**다마리**라 하는 여자와 또 다른 사람들

다만(only, so, nevertheless)

창 34:23	**다만** 그들의 말대로 하자 그러면 그들
레 11:21	**다만** 날개가 있고 네 발로 기어다니는
민 9:20	그들이 **다만** 여호와의 명령을 따라 진영
신 7:8	**다만** 너희를 사랑하심으로 말미암아,
신 12:23	**다만** 크게 삼가서 그 피는 먹지 말라
신 14:7	**다만** 새김질을 하거나 굽이 갈라진 짐승
수 5:5	**다만** 애굽에서 나온 후 광야 길에서
삿 15:13	우리가 **다만** 너를 단단히 결박하여 그들
삼상 14:43	내가 **다만** 내 손에 가진 지팡이 끝으
삼상 25:31	**다만** 여호와께서 내 주를 후대하실 때
왕상 8:16	**다만** 다윗을 택하여 내 백성 이스라엘
왕상 15:14	**다만** 산당은 없애지 아니하니라 그러나
대하 32:12	너희는 **다만** 한 제단 앞에서 예배하고
욥 1:12	**다만** 그의 몸에는 네 손을 대지 말지
잠 14:24	미련한 자의 소유는 **다만** 미련한 것이
마 4:10	하나님께 경배하고 **다만** 그를 섬기라
마 5:13	쓸 데 없어 **다만** 밖에 버려져 사람
마 7:21	**다만** 하늘에 계신 내 아버지의 뜻대로
마 8:4	**다만** 가서 제사장에게 네 몸을 보이고
막 4:34	**다만** 혼자 계실 때에 그 제자들에게
눅 12:31	**다만** 너희는 그의 나라를 구하라
눅 18:13	**다만** 가슴을 치며 이르되 하나님이여
요 17:15	**다만** 악에 빠지지 않게 보전하시기를
행 15:20	**다만** 우상의 더러운 것과 음행과 목매
롬 2:5	**다만** 네 고집과 회개하지 아니한 마음
롬 14:14	**다만** 속되게 여기는 그 사람에게는 속되
롬 16:18	**다만** 자기들의 배만 섬기나니 교활한

[다말]

고전 2:4   다만 성령의 나타나심과 능력으로 하여
고전 7:5   다만 기도할 틈을 얻기 위하여 합의상
고전 15:19 다만 이 세상의 삶뿐이면 모든 사람
갈 2:10   다만 우리에게 가난한 자들을 기억하
빌 1:29   다만 그를 믿을 뿐 아니라 또한 그를
빌 4:6   다만 모든 일에 기도와 간구로, 너희

다만 - 기타 본문

민 14:9; 31:23; 신 2:35; 3:7; 5:29; 20:20; 수 14:4; 삿 9:5; 삼상 15:21; 18:25; 삼하 19:28; 왕상 9:22; 17:12; 왕하 5:17; 12:3; 17:2; 23:9; 욥 2:6; 3:26; 14:22; 사 4:1; 10:7; 겔 34:4; 마 6:13;8:8; 14:36; 막 6:5; 눅 4:8; 6:4; 요 5:34, 42; 17:12; 행 7:5; 롬 2:29; 3:29; 5:3; 고전 2:5; 4:4; 15:37; 갈 1:7, 23; 3:2; 몬 1:14; 유 1:9; 계 2:25; 17:12

다말(Tamar)

1. 유다 장자 엘의 아내이며 유다의 며느리

창 38:6   아내를 데려오니 그의 이름은 다말
창 38:11 다말에게 이르되 … 염려함이라 다말
창 38:13 다말에게 말하되 네 시아버지가 자기
창 38:24 며느리 다말이 행음하였고 그 행음함
룻 4:12   집이 다말이 유다에게 낳아준 베레스
대상 2:4   유다의 며느리 다말이 유다에게 베레스
마 1:3   유다는 다말에게서 베레스와 세라를

2. 다윗의 딸이며 압살롬의 누이

삼하 13:1 다말이라 다윗의 다른 아들 암논이 그를
삼하 13:2 암논이 그의 누이 다말 때문에 울화로
삼하 13:4 내가 아우 압살롬의 누이 다말을 사랑
삼하 13:5 누이 다말이 와서 내게 떡을 먹이되
삼하 13:6 누이 다말이 와서 내가 보는 데에서
삼하 13:7 다말에게 이르되 이제 네 오라버니 암논
삼하 13:8 다말이 그 오라버니 암논의 집에 이르매
삼하 13:10 암논이 다말에게 … 다말이 자기가
삼하 13:14 다말보다 힘이 세므로 억지로 그와 동침
삼하 13:16 다말이 그에게 이르되 옳지 아니하다
삼하 13:18 다말이 채색옷을 입었으니 출가하지
삼하 13:19 다말이 재를 자기의 머리에 덮어쓰고
삼하 13:20 이에 다말이 그의 오라버니 압살롬의
삼하 13:22 그의 누이 다말을 욕되게 하였으므로
삼하 13:32 그가 압살롬의 누이 다말을 욕되게 한
대상 3:9   누이는 다말이며 이 외에 또 소실의

[다메섹]

3. 압살롬의 딸

삼하 14:27 딸 하나를 낳았는데 딸의 이름은 다말

4. 유다 남쪽 경계의 성읍

겔 47:19 남쪽은 다말에서부터 므리봇 가데스
겔 48:28 경계선은 다말에서부터 므리바가데스

다메섹(Damascus) 수리아의 성읍

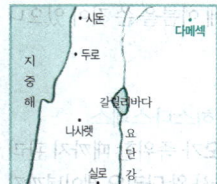

창 14:15 처부수고 다메섹 왼편 호바
창 15:2   나의 상속자는 이 다메섹 사람
삼하 8:5   다메섹의 아람 사람들이 소바
삼하 8:6   다윗이 다메섹 아람에 수비대를 두매
왕상 11:24 다메섹으로 가서 살다가 거기서 왕이
왕상 15:18 신하의 손에 넘겨 다메섹에 거주하고
왕상 19:15 광야를 통하여 다메섹에 가서 이르거든
왕상 20:34 다메섹에서 당신을 위하여 거리를 만드
왕하 5:12 다메섹 강 아바나와 바르발은 이스라엘
왕하 8:7   엘리사가 다메섹에 갔을 때에 아람 왕
왕하 8:9   다메섹의 모든 좋은 물품으로 예물을
왕하 14:28 업적과 다메섹을 회복한 일과 이전에
왕하 16:9   다메섹을 쳐서 점령하여 그 백성을 사로
왕하 16:10 디글랏 빌레셀을 만나러 다메섹에 갔다
왕하 16:11 아하스 왕이 다메섹에서 돌아오기 전
왕하 16:11 에 … 아하스 왕이 다메섹에서 보낸
왕하 16:12 왕이 다메섹에서 돌아와 제단을 보고
대상 18:5   다메섹 아람 사람이 소바 왕 하닷에셀
대상 18:6   다윗이 다메섹 아람에 수비대를 두매
대하 16:2   은금을 내어다가 다메섹에 사는 아람
대하 24:23 노략한 물건을 다메섹 왕에게로 보내
대하 28:5   무리를 사로잡아 다메섹으로 갔으며
대하 28:23 자기를 친 다메섹 신들에게 제사하여
아 7:4   연못 같고 코는 다메섹을 향한 레바논
사 7:8   아람의 머리는 다메섹이요 다메섹의
사 8:4   다메섹의 재물과 사마리아의 노략물
사 10:9   같지 아니하며 사마리아는 다메섹과
사 17:1   다메섹에 관한 경고라 보라 다메섹이
사 17:3   에브라임의 요새와 다메섹 나라와
렘 49:23 다메섹에 대한 말씀이라 하맛과 아르밧
렘 49:24 다메섹이 피곤하여 몸을 돌이켜 달아
렘 49:27 다메섹의 성벽에 불을 지르니 벤하닷
겔 27:18 보화가 풍부하므로 다메섹이 너와 거래

【 다바네스 】　　　　　　　　　　　　　　　　　　　　　　　　　【 다블래 사람 】

겔 47:16　다메섹 경계선과 하맛 경계선 사이에
겔 47:17　다메섹 경계선에 있는 하살에논까지
겔 47:18　동쪽은 하우란과 다메섹과 및 길르앗
겔 48:1　다메섹 경계선에 있는 하살에논까지
암 1:3　다메섹의 서너 가지 죄로 말미암아
암 1:5　다메섹의 빗장을 꺾으며 아웬 골짜기
암 5:27　너희를 다메섹 밖으로 사로잡혀 가게
슥 9:1　다메섹에 머물리니 사람들과 이스라엘
행 9:2　다메섹 여러 회당에 가져갈 공문을 청하
행 9:3　사울이 길을 가다가 다메섹에 가까이
행 9:8　보지 못하고 사람의 손에 끌려 다메섹
행 9:10　때에 다메섹에 아나니아 하는 제자
행 9:19　사울이 다메섹에 있는 제자들과 함께
행 9:22　다메섹에 사는 유대인들을 당혹하게
행 9:27　다메섹에서 그가 어떻게 예수의 이름
행 22:5　그들에게서 다메섹 형제들에게 가는
행 22:6　가는 중 다메섹에 가까이 갔을 때에
행 22:10　일어나 다메섹으로 들어가라 네가 해야
행 22:11　사람들의 손에 끌려 다메섹에 들어갔
행 26:12　권한과 위임을 받고 다메섹으로 갔나
행 26:20　먼저 다메섹과 예루살렘에 있는 사람
고후 11:32　다메섹에서 아레다 … 잡으려고 다메섹
갈 1:17　아라비아로 갔다가 다시 다메섹으로

다바네스(Tahpanhes) 이집트의 나일 강
　삼각주 동편 언덕에 있는 도시
렘 2:16　다바네스의 자손도 네 정수리를 상하였
렘 43:7　애굽 땅에 들어가 다바네스에 이르렀
렘 43:8　다바네스에서 여호와의 말씀이
렘 43:9　다바네스에 있는 바로의 궁전 대문의
렘 44:1　믹돌과 다바네스와 놉과 바드로스 지방
렘 46:14　놉과 다바네스에 선포하여 말하기를

다발(bundle)
룻 2:16　다발에서 조금씩 뽑아 버려서 그에게

다밧(Taphath) 솔로몬의 딸로 벤 아비나답의
　아내
왕상 4:11　그는 솔로몬의 딸 다밧을 아내로 삼았

다베라(Taberah) 시내 광야 동남쪽에 위치한
　지역
민 11:3　이름을 다베라라 불렀으니 이는 여호와

신 9:22　다베라와 맛사와 기브롯 핫다아와

다볼(Tabor)
　　1. 스불론 근처의 성읍
대상 6:77　림모노와 그 초원과 다볼과 그 초원을
　　2. 갈릴리 호수 남서의 산

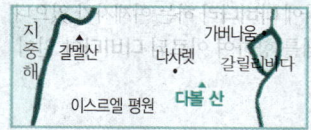

수 19:22　그 경계는 다볼과 사하수마와
삿 4:6　스불론 자손 만 명을 거느리고 다볼
삿 4:12　아비노암의 아들 바락이 다볼 산에
삿 4:14　바락이 만 명을 거느리고 다볼 산에서
시 89:12　주께서 창조하셨으니 다볼과 헤르몬은
렘 46:18　과연 산들 중의 다볼같이, 해변의 갈멜
호 5:1　올무가 되며 다볼 위에 친 그물이 됨이
　　3. 세겜 근처 지역
삿 8:18　다볼에서 죽인 자들은 어떠한 사람들
　　4. 벧엘 근처 지역
삼상 10:3　나아가서 다볼 상수리나무에 이르면

다브네스(Tahpenes) 솔로몬 왕 때 바로의 왕비
왕상 11:19　왕비 다브네스의 아우를 그의 아내로
왕상 11:20　다브네스의 아우가 그로 말미암아 아들 그누밧을 낳았더니 다브네스가

다브랏(Daberath) 게르손 자손에게 주어진 곳
수 19:12　다브랏으로 나가서 야비아로 올라가
수 21:28　기시온과 그 목초지와 다브랏과 그 목초
대상 6:72　게데스와 그 초원과 다브랏과 그 초원

다브림몬(Tabrimmon) 벤하닷의 아버지
왕상 15:18　다브림몬의 아들 벤하닷에게 보내며

다브엘(Tabeel)
　　1. 바사의 관리
스 4:7　미드르닷과 다브엘과 그의 동료들이
　　2. 아하스 대신 왕으로
　　세우려고 했던 사람의 아버지
사 7:6　다브엘의 아들을 그 중에 세워 왕으로

다블래 사람(Tarpelite) 사마리아로 이주된
　앗수르 지방 사람

【 다비다 】   【 다소 1 】

스 4:9   다블래 사람과 아바새 사람과 아렉

다비다(Tabitha)
선행과 구제를
했던 욥바에 사
는 여제자

행 9:36   욥바에 **다비다**라 하는 여제자가 있으니
행 9:40   시체를 향하여 이르되 **다비다**야 일어

다섯(five)

출 26:37   휘장 문을 위하여 기둥 **다섯**을 조각목으
출 36:38   휘장 문의 기둥 **다섯**과 그 갈고리를
레 26:8   너희 **다섯**이 백을 쫓고 너희 백이 만을
삼상 17:40 매끄러운 돌 **다섯**을 골라서 자기 목자
삼상 25:42 그를 뒤따르는 처녀 **다섯**과 함께 다윗
삼하 21:8   바르실래의 아들 아드리엘의 **다섯** 아들
왕상 7:39   **다섯**은 성전 오른쪽에 두었고 **다섯**은
왕상 7:49   내소 앞에 좌우로 **다섯**씩 둘 정금 등잔
대상 2:4   주었으니 유다의 아들이 모두 **다섯**이
사 30:17   **다섯**이 꾸짖은즉 너희가 다 도망하고
마 25:2   **다섯**은 미련하고 **다섯**은 슬기 있는 자라
눅 16:28   형제 **다섯**이 있으니 그들에게 증언하게
요 4:18   남편 **다섯**이 있었고 지금 있는 자도
요 5:2   하는 못이 있는데 거기 행각 **다섯**이
계 17:10   **다섯**은 망하였고 하나는 있고 다른 하나

'다섯' 숫자와 관련된 성구

다섯 개 – 출 26:26, 27, 37; 36:31, 32; 대하
　　　4:6, 7, 8; 마 14:17, 19; 16:9; 막 6:38,
　　　41; 8:19; 눅 9:13, 16; 요 6:9, 13
다섯 겨리 – 눅 14:19 / 다섯 고을 – 눅 19:19
다섯 군주 – 삿 3:3
다섯 규빗 – 출 27:1, 18; 38:1, 18; 왕상 6:6,
　　　10, 24; 7:16, 23; 대상 11:23; 대하
　　　3:11, 12, 15; 4:2; 6:13; 렘 52:22
다섯 나무 – 수 10:26
다섯 달 – 눅 1:24; 계 9:5, 10
다섯 달란트 – 마 25:15, 16, 20
다섯 덩이 – 삼상 21:3
다섯 마디 – 고전 14:19
다섯 마리 – 출 22:1; 민 7:17, 23, 29, 35, 41,
　　　47, 53, 59, 65, 71, 77, 83; 삼상 6:4;
　　　25:18; 왕하 7:13; 눅 12:6;

다섯째(five)

수 19:24   **다섯째**로 아셀 자손의 지파를 위하여
삼하 3:4   **다섯째**는 스바댜라 아비달의 아들이요
대상 2:14   넷째로 느다넬과 **다섯째**로 랏대와
대상 3:3   **다섯째**는 스바댜라 아비달의 소생이
대상 8:2   넷째 노하와 **다섯째** 라바이며
대상 12:10 넷째는 미스만나요 **다섯째**는 예레미야
대상 24:9   **다섯째**는 말기야요 여섯째는 미야민
대상 25:12 **다섯째**는 느다냐니 그의 아들들과 형제
대상 26:3   **다섯째** 엘람과 여섯째 여호하난과 일곱
대상 26:4   셋째 요아와 넷째 사갈과 **다섯째** 느다넬
계 21:20   **다섯째**는 홍마노요 여섯째는 홍보석

'다섯째' 와 관련된 성구

다섯째 날 – 창 1:23; 민 7:36; 29:26; 삿
　　　19:8; 겔 33:21
다섯째 달 – 대상 27:8; 스 7:8, 9; 렘 28:1;
　　　52:12; 겔 20:1; 슥 7:5; 8:19
다섯째 아들 – 창 30:17 / 다섯째 인 – 계 6:9
다섯째 천사 – 계 9:1; 16:10
다섯째 해 – 레 19:25

다소 1(多少, many and few)

레 25:16   그가 소출의 **다소**를 따라서 네게 팔 것
민 26:56   그 **다소**를 막론하고 그들의 기업을 제비

다섯 명 – 창 47:2
다섯 방백 – 삼상 6:16, 18
다섯 배 – 창 43:34 / 다섯 번 – 고후 11:24
다섯 벌 – 창 45:22
다섯 사람 – 삿 18:2, 7, 14, 15, 17, 18; 왕하
　　　25:19; 대상 2:6; 3:20; 7:3, 7; 눅 12:52
다섯 살 – 레 27:5, 6; 삼하 4:4
다섯 성읍 – 대상 4:32; 사 19:18
다섯 세겔 – 민 3:47; 18:16; 왕하 6:25
다섯 세아 – 삼상 25:18
다섯 왕 – 창 14:9; 민 31:8; 수 10:5, 16, 17,
　　　22, 23
다섯 척 – 겔 40:7, 48; 41:2, 9, 11, 12
다섯 통치자 – 수 13:3
다섯 폭 – 출 26:3; 26:9; 36:10, 16
다섯 해 – 창 45:11

다소 2

다소 2(Tarsus) 소아시아 길리기아의 수도

행 9:11	유다의 집에서 다소 사람 사울이라 하는
행 9:30	가이사랴로 데리고 내려가서 **다소**로
행 11:25	바나바가 사울을 찾으러 **다소**에 가서
행 21:39	소읍이 아닌 길리기아 **다소** 시의 시민
행 22:3	나는 유대인으로 길리기아 **다소**에서

다수(多數, multitude, many, crowd)

출 23:2	**다수**를 따라 악을 행하지 말며 송사에 **다수**를 따라 부당한 증언을 하지 말며
고전 10:5	그들의 **다수**를 하나님이 기뻐하지 아니
빌 1:14	형제 중 **다수**가 나의 매임으로 말미암아

다스리다

다스리다(rule, reign, manage)

구약

창 1:26	땅에 기는 모든 것을 **다스리게** 하자
창 3:16	남편을 원하고 남편은 너를 **다스릴** 것이
창 4:7	너를 원하나 너는 죄를 **다스릴지니라**
창 36:31	이스라엘 자손을 **다스리는** 왕이 있기 전에 에돔 땅을 **다스리던** 왕들은 이러하니
창 37:8	참으로 우리를 **다스리게** 되겠느냐 하고
창 41:33	사람을 택하여 애굽 땅을 **다스리게** 하시
출 2:14	너를 우리를 **다스리는** 자와 재판관으로
출 15:18	영원무궁 하도록 **다스리시도다**
삿 8:22	당신의 손자가 우리를 **다스리소서** 하는
삿 8:23	내가 너희를 **다스리지** 아니하겠고 나의 아들도 너희를 **다스리지** 아니할 것이요 여호와께서 너희를 **다스리시리라**
삿 12:11	십 년 동안 이스라엘을 **다스렸더라**
삼상 7:6	이스라엘 자손을 **다스리니라**
삼상 8:5	우리에게 왕을 세워 우리를 **다스리게**
삼상 8:9	그들을 **다스릴** 왕의 제도를 가르치라
삼상 11:12	사울이 어찌 우리를 **다스리겠느냐** 한
삼상 12:12	우리를 **다스릴** 왕이 있어야 하겠다 하였
삼상 13:1	사십 세라 그가 이스라엘을 **다스린** 지
삼하 5:5	헤브론에서 … 유다를 **다스렸고** 예루살렘에서 삼십삼 년 동안 … **다스렸더라**
삼하 8:15	다윗이 온 이스라엘을 **다스려** 다윗이
삼하 19:10	우리를 **다스리게** 한 압살롬은 싸움에
왕상 4:21	모든 나라를 **다스리므로** 솔로몬이 사는
왕상 8:16	백성 이스라엘을 **다스리게** 하였노라
왕상 9:19	예루살렘과 레바논과 그가 **다스리는**
왕상 11:42	이스라엘을 **다스린** 날 수가 사십 년이라
왕상 14:19	**다스렸는지**는 이스라엘 왕 역대지략에
왕상 15:5	왕자 요담이 왕궁을 **다스리며** 그 땅의
왕상 23:22	사사가 이스라엘을 **다스리던** 시대부터
대상 4:22	모압을 **다스리던** 사람과 야수비네헴
대상 17:10	백성 이스라엘을 **다스리던** 때와 같이
대상 26:6	그들의 조상의 가문을 **다스리는** 자요
대하 1:11	네게 **다스리게** 한 내 백성을 재판하기
대하 7:18	언약하기를 이스라엘을 **다스릴** 자가
대하 8:6	그가 **다스리는** 온 땅에 건축하고자 하던
대하 9:26	애굽 지경까지의 모든 왕을 **다스렸으며**
대하 26:10	농부와 포도원을 **다스리는** 자들을 두었
느 3:9	예루살렘 지방의 절반을 **다스리는** 후르
느 11:22	되어 하나님의 전 일을 맡아 **다스렸으니**
에 1:1	구스까지 백이십칠 지방을 **다스리는**
시 8:6	손으로 만드신 것을 **다스리게** 하시고
시 49:14	자들이 아침에 그들을 **다스리리니**
잠 8:16	모든 의로운 재판관들이 **다스리느니라**
잠 12:24	부지런한 자의 손은 사람을 **다스리게**
잠 16:32	자기의 마음을 **다스리는** 자는 성을 빼앗
잠 17:2	주인의 아들을 **다스리겠고** 또 형제들
잠 24:27	네 일을 밖에서 **다스리며** 너를 위하여
전 2:3	마음을 지혜로 **다스리면서** 술로 내 육신
사 28:14	이 백성을 **다스리는** 너희 오만한 자여
사 32:1	것이요 방백들이 정의로 **다스릴** 것이
렘 5:31	제사장들은 자기 권력으로 **다스리며**
렘 22:30	다윗의 왕위에 앉아 유다를 **다스릴** 사람
렘 33:26	이삭과 야곱의 자손을 **다스릴** 자를
겔 29:15	다시는 나라들을 **다스리지** 못하게 할 것
겔 37:22	임금이 모두 **다스리게** 하리니 그들이
단 1:1	유다 왕 여호야김이 **다스린** 지 삼 년이
단 2:1	느부갓네살이 **다스린** 지 이 년이 되는
단 6:3	왕이 그를 세워 전국을 **다스리게** 하고자
단 11:3	왕이 일어나서 큰 권세로 **다스리며** 자기
미 5:2	이스라엘을 **다스릴** 자가 네게서 내게로
슥 3:7	네가 내 집을 **다스릴** 것이요 내 뜰을
슥 6:13	자리에 앉아서 **다스릴** 것이요 또 제사장

신약

마 2:6	한 **다스리는** 자가 나와서 내 백성
눅 1:33	영원히 야곱의 집을 왕으로 **다스리실**

【 다스리다 】　　　　　　　　　　　　　　　　　　　　【 다시/다시는 】

눅 20:20	예수를 총독의 **다스림**과 권세 아래에		시 146:10	시온아 **여호와**는 영원히 **다스리시고**
눅 22:26	**다스리는** 자는 섬기는 자와 같을지니라		사 40:10	친히 그의 팔로 **다스리실** 것이라 보라
눅 22:30	이스라엘 열두 지파를 **다스리게** 하려		사 63:19	우리는 주의 **다스림**을 받지 못하는 자
요 17:2	**다스리는** 권세를 아들에게 주셨음		렘 23:5	그가 왕이 되어 지혜롭게 **다스리며**
롬 12:8	**다스리는** 자는 부지런함으로, 긍휼을		겔 20:33	주 **여호와**의 분노를 … **다스릴지라**
롬 13:3	**다스리는** 자들은 선한 일에 대하여		단 4:17	**높으신** 이가 사람의 나라를 **다스리시며**
롬 15:12	열방을 **다스리기** 위하여 일어나시는		단 4:25	**높으신** 이가 사람의 나라를 **다스리시며**
고전 12:28	**다스리는** 것과 각종 방언을 말하는 것		단 4:26	**하나님**이 **다스리시는** 줄을 왕이
살전 5:12	주 안에서 너희를 **다스리며** 권하는 자		단 4:32	**높으신** 이가 사람의 나라를 **다스리시며**
딤전 3:4	집을 잘 **다스려** 자녀들로 모든 공손함		단 5:21	**하나님**이 사람 나라를 **다스리시며**
딤전 5:14	시집가서 아이를 낳고 집을 **다스리고**		미 4:7	**여호와**가 … 그들을 **다스리리라**
딤전 5:17	**다스리는** 장로들은 배나 존경할 자로			
히 10:21	**하나님**의 집 **다스리는** 큰 제사장이		✦ **다스리다** – 기타 본문	
계 2:26	지키는 그에게 만국을 **다스리는** 권세		창 1:28; 41:40, 43; 출 1:8; 레 26:17; 수 12:2, 5;	
계 2:27	그들을 **다스려** 질그릇 깨뜨리는 것과		13:10, 12, 21; 삿 9:2, 22; 14:4; 15:11; 삼상 7:15,	
계 12:5	장차 철장으로 만국을 **다스릴** 남자라		16, 17; 8:6, 11, 20; 9:17; 12:14; 삼하 3:21; 5:4;	
계 13:7	방언과 나라를 **다스리는** 권세를 받으니		7:11; 23:3; 왕상 2:11; 4:24; 5:7; 9:23; 11:37;	
계 14:18	불을 **다스리는** 다른 천사가 제단으로		14:21; 15:2, 10, 25, 33; 16:23, 29; 21:7; 22:42,	
계 17:18	땅의 왕들을 **다스리는** 큰 성이라 하더라		51; 왕하 3:1; 10:36; 11:3; 13:1, 10; 14:2, 23;	
계 19:15	철장으로 **다스리며** 또 친히 **하나님** 곧		15:2, 8, 13, 17, 23, 27, 33; 16:2; 17:1; 18:2;	
계 20:6	둘째 사망이 그들을 **다스리는** 권세가		21:1, 19; 22:1; 23:31, 36; 24:8, 18; 25:12; 대상	
			1:43; 3:4; 18:14, 17; 22:12; 24:5; 26:29, 32;	
▎**여호와/하나님/주/그/내가/높으신 이(께서) 다스리심**			28:5; 29:27; 대하 1:13; 6:6; 8:10; 9:30; 12:13;	
출 15:18	**여호와**께서 … **다스리시도다**		13:2, 8; 9:11; 20:31; 21:4, 5, 20; 22:2, 12;	
삿 8:23	**여호와**께서 너희를 **다스리시리라** 하니		24:1; 25:1; 26:3, 21; 27:1, 8; 28:1; 29:1; 33:1,	
대하 20:6	**여호와**여 … 모든 나라를 **다스리지**		21; 34:1; 36:2, 5, 9, 11; 스 4:20; 느 3:12, 14, 15,	
시 8:6	주의 손으로 만드신 것을 **다스리게**		16, 17, 18, 19; 7:2; 11:9, 24; 13:26; 욥 34:17; 시	
시 35:23	나의 주여 공판하시며 … **다스리소서**		106:41; 109:6; 잠 19:10; 전 9:17; 사 3:4, 12;	
시 47:8	**하나님**이 뭇 백성을 **다스리시며** **하나님**		19:4; 41:2; 렘 1:2; 26:1; 27:1; 28:1; 33:21;	
시 59:13	**하나님**이 야곱 중에서 **다스리심**을		51:46; 52:1; 겔 34:4; 단 2:38, 39, 48, 49; 3:12;	
시 66:7	그가 그의 능력으로 영원히 **다스리시며**		11:39; 합 1:14; 딤전 3:5, 12	
시 67:4	주는 … 나라들을 **다스리실** 것임이니			
시 72:8	그가 강에서부터 땅 끝까지 **다스리리니**		▎**다시/다시는**(again)	
시 89:9	주께서 바다의 파도를 **다스리시며**		창 4:12	네가 밭을 갈아도 땅이 **다시는** 그 효력
시 89:32	내가 회초리로 그들의 죄를 **다스리며**		창 4:25	아담이 **다시** 자기 아내와 동침하매 그가
시 93:1	**여호와**께서 **다스리시니** 스스로 권위		창 8:10	칠 일을 기다려 **다시** 비둘기를 방주에
시 96:10	**여호와**께서 **다스리시니** 세계가 굳게			
시 97:1	**여호와**께서 **다스리시나니** 땅은 즐거워		▎**다시 살리다**	
시 99:1	**여호와**께서 **다스리시니** 만민이 떨		욥 14:14	장정이라도 죽으면 어찌 **다시 살리이까**
시 103:19	그의 왕권으로 만유를 **다스리시도다**		시 71:20	우리를 **다시 살리시며** 땅 깊은 곳에서
시 103:22	지으심을 받고 그가 **다스리시는**		시 85:6	주께서 우리를 **다시 살리사** 주의 백성
시 105:22	그의 뜻대로 모든 신하를 **다스리며**		요 6:39	마지막 날에 **다시 살리는** 이것이니라
시 110:2	주는 원수들 중에서 **다스리소서**		요 6:40	마지막 날에 내가 이를 **다시 살리리라**

522

【 다시/다시는 】

요 6:44 그를 내가 마지막 날에 **다시** 살리리라
요 6:54 마지막 날에 내가 그를 **다시** 살리리니
행 10:40 하나님이 사흘 만에 **다시** 살리사 나타
행 17:31 **다시** 살리신 것으로 모든 사람에게
고전 6:14 하나님이 주를 **다시** 살리셨고 또한 그의 권능으로 우리를 **다시** 살리시리라
고전 15:15 하나님이 그리스도를 **다시** 살리셨다
고후 1:9 죽은 자를 **다시** 살리시는 하나님만
고후 4:14 주 예수를 **다시** 살리신 이가 예수와 함께 우리도 **다시** 살리사 너희와 함께
엡 1:20 죽은 자들 가운데서 **다시** 살리시고
골 3:1 그리스도와 함께 **다시** 살리심을 받았
살전 1:10 죽은 자들 가운데서 **다시** 살리신 그의
히 11:19 이삭을 죽은 자 가운데서 **다시** 살리실

다시 살아나다

마 27:63 내가 사흘 후에 **다시** 살아나리라 한 것
눅 9:8 옛 선지자 한 사람이 **다시** 살아났다고
눅 15:24 내 아들은 죽었다가 **다시** 살아났으며
눅 24:7 제삼일에 **다시** 살아나야 하리라 하셨
요 11:23 이르시되 네 오라비가 **다시** 살아나리라
요 11:24 부활 때에는 **다시** 살아날 줄을 내가
요 20:9 죽은 자 가운데서 **다시** 살아나야 하리
행 17:3 자 가운데서 **다시** 살아나야 할 것을
행 26:23 먼저 **다시** 살아나사 이스라엘과 이방
롬 6:13 죽은 자 가운데서 **다시** 살아난 자같이
롬 8:34 **다시** 살아나신 이는 그리스도 예수시
롬 14:9 그리스도께서 죽었다가 **다시** 살아나
고전 15:16 만일 죽은 자가 **다시** 살아나는 일이 없으면 그리스도 **다시** 살아나신 일이
고전 15:17 그리스도께서 **다시** 살아나신 일이 없으
고전 15:20 죽은 자 가운데서 **다시** 살아나사 잠자
고전 15:29 자들이 도무지 **다시** 살아나지 못하
고전 15:32 죽은 자가 **다시** 살아나지 못한다면
고전 15:35 죽은 자들이 어떻게 **다시** 살아나며
고전 15:42 썩지 아니할 것으로 **다시** 살아나며
고전 15:43 **다시** 살아나며 약한 것으로 심고 강한 것으로 **다시** 살아나며
고전 15:44 신령한 몸으로 **다시** 살아나나니 육의
고전 15:52 썩지 아니할 것으로 **다시** 살아나고
고후 5:15 죽었다가 **다시** 살아나신 이를 위하여
살전 4:14 예수께서 죽으셨다가 **다시** 살아나심
딤후 2:8 죽은 자 가운데서 **다시** 살아나신 예수

다시/다시는 - 기타 본문

모세오경 창 8:12, 21; 9:11, 15; 24:20; 26:18; 29:3, 30, 33; 30:7, 24, 31; 32:28; 35:9, 10, 21; 37:9; 38:4, 26; 41:5, 22; 42:24; 43:2, 12, 13; 44:23, 25; 46:4; 50:5; 출 2:13; 4:7; 5:7; 8:29; 9:28, 29, 34; 10:8, 28, 29; 14:13, 26, 28; 32:31; 34:35; 36:6; 레 13:7, 16, 58; 17:7; 27:20, 29; 민 11:4, 25; 12:15; 18:5; 22:15, 25; 32:15; 신 3:26; 5:25; 10:16; 13:11, 16; 17:13, 16; 18:16; 19:20; 24:4, 19, 20, 21; 28:68; 30:5, 8, 9-10; 33:11 **역사서** 수 5:2, 12; 7:12; 8:21; 17:17; 22:33; 23:13; 삿 2:14, 21; 6:18; 8:28; 9:37; 10:6, 13 ; 11:14; 13:1, 8, 9, 21; 14:8; 16:22; 19:7, 10; 20:22, 23, 25, 28; 룻 1:14; 삼상 1:18; 2:3, 5; 3:5, 6, 21; 5:3; 7:13; 9:8; 15:35; 18:2, 21; 19:8, 21; 20:17; 23:4; 26:21; 27:1, 4; 28:15; 삼하 29:4; 삼하 2:22, 28; 3:34; 5:22; 6:1; 7:10, 20; 10:19; 12:23; 14:10, 14; 18:22; 19:28, 35; 20:10; 21:15, 17, 18; 24:1; 왕상 2:19; 9:2; 10:10; 12:5, 12, 28; 13:4, 6, 33; 18:34, 43; 19:6; 20:5, 10; 22:48; 왕하 1:11; 2:12, 21; 4:15, 35, 38; 6:23; 7:8; 8:1, 5; 9:19; 10:6; 12:8; 13:25; 19:9, 30; 21:3, 8; 24:7; 대상 1:7; 7:10; 14:3, 13; 17:9, 18; 20:5; 23:26; 29:22; 대하 2:17; 10:5, 12; 13:20; 15:19; 19:4; 20:27; 24:11, 19; 28:17; 30:9, 23; 33:3, 8, 13; 35:3; 스 2:68; 4:13, 21; 5:2, 11, 13, 17; 9:14; 느 2:17; 4:2; 9:28, 29; 13:9, 11, 21; 에 1:14, 19; 2:14, 19; 6:12; 7:2; 8:3 **시가서** 욥 7:7, 8, 9, 10; 10:9, 16; 12:14, 23; 14:7, 12; 16:14; 17:10; 20:8, 9; 24:18, 20; 27:19; 29:2; 32:15, 16; 33:14; 34:31, 32; 39:4; 40:5; 41:8; 시 10:18; 36:12; 41:8; 77:7; 78:39; 83:4; 85:8; 88:5; 103:16; 104:9, 35; 107:39; 140:10; 잠 3:28; 19:19; 23:35; 24:16; 31:7; 전 1:9, 17; 3:15; 4:1; 9:5, 11; 12:2; 아 5:3 **선지서** 사 1:13; 2:4; 5:6; 6:10; 7:8; 8:5; 10:20; 11:11; 14:1; 23:10, 12, 16, 17; 24:20; 26:14, 21; 27:9; 29:14; 30:19, 20; 32:5; 37:31; 38:11; 47:1, 5; 51:22; 52:1; 54:4, 9; 57:18; 58:12; 60:18, 19, 20; 61:4; 62:4, 8; 65:19, 20; 렘 1:13 ; 2:9, 31; 3:1, 16, 17, 19; 10:20; 11:19; 12:15; 13:3, 13; 15:19; 16:14; 19:6, 11; 20:9; 22:10, 11, 12, 30; 23:3, 4, 7, 36; 24:6; 25:27; 28:3, 4; 29:14; 30:8; 31:4, 5, 12,

【 다시스 1 】   　　　　　　　　　　　　　　　　　　　　　　　　　　　　　　【 다아낫 실로 】

23, 29, 34, 40; 32:15; 33:10-11, 12, 13, 26;
34:10, 11, 16, 22; 36:28; 37:8, 18; 40:5; 42:18;
44:24, 26; 48:42; 49:7; 50:19; 51:44, 64; 애
4:15, 16, 22, 14; 5:21; 겔 7:13; 8:6, 13; 12:23,
24, 25, 28; 13:21, 23; 14:11; 16:6, 41, 42, 43,
63; 18:3; 19:9; 20:39; 21:5, 27, 32; 23:27;
24:13, 27; 25:10; 26:13, 14, 20, 21; 27:36;
28:19, 24; 29:5, 13, 15, 16; 30:13; 32:13; 33:22;
34:10, 22, 28, 29; 35:9; 36:12, 14, 15, 30; 37:22;
39:7, 29; 43:7; 44:2; 45:8; 47:4, 5; 단 2:7; 4:34,
36; 6:8; 8:1; 11:13, 19, 29; 호 1:6; 2:16, 19;
8:13; 9:3, 15; 11:9; 12:9; 14:3; 14:8; 욜 2:1;
3:8, 17; 암 5:2; 7:1, 8, 13; 8:2, 14; 9:15; 욘 2:4;
미 4:3; 5:12, 13; 7:19; 나 1:9, 12, 14, 15; 2:13;
습 3:11, 15; 학 2:20; 슥 1:17; 2:12; 4:1, 12; 5:1;
8:4, 15, 20; 9:8; 11:6; 12:6; 14:11, 21; 말 1:4;
2:13　신약　마 18:19; 19:24; 21:36; 22:1, 4;
26:42, 43; 27:50; 막 1:45; 3:1, 20; 4:1;
5:21; 7:12, 14, 31; 8:13, 25; 9:25; 10:1, 10, 24,
32; 11:27; 12:4; 14:25, 39, 40, 61, 69, 70; 15:5,
13; 눅 4:18; 6:30; 15:27; 20:11, 12, 36; 22:16,
18; 23:20; 요 4:3, 13, 46; 5:14; 6:15, 66 ; 8:2, 8,
11, 21; 9:17, 27; 10:7, 17, 18, 19, 31, 39, 40;
11:7, 38, 54; 12:39; 13:12; 14:3, 19; 16:10, 19,
22, 25, 28; 18:7, 33, 38; 19:4, 9; 20:26; 행 4:21;
8:39; 9:12, 17, 18; 11:10; 13:34; 15:16, 36;
17:32; 20:25, 38; 22:13; 27:28; 롬 6:9; 8:15;
14:10; 15:15; 고전 7:5, 11; 15:4, 12, 13, 14; 고
후 1:16, 23; 2:1; 3:1; 5:12, 15; 10:7; 11:4;
12:21; 13:2; 갈 1:9, 17; 2:1, 18; 4:9, 19; 5:1, 3;
엡 4:28; 빌 1:26; 2:28; 4:4, 10; 딤후 1:6; 히 1:6;
4:7; 5:12; 6:2, 6; 8:12; 10:2, 17, 18, 26; 11:5;
약 5:18; 벧전 4:2; 벧후 2:20; 요일 2:8; 유 1:5; 계
3:12; 7:16; 10:11; 12:8; 18:11, 14, 21, 22, 23;
20:3; 21:1, 4; 22:3, 5

다시스 1(Tarshish)
1. 노아의 증손으로 야완의 아들
대상 1:7　야완의 자손은 엘리사와 다시스와 깃딤
2. 여디아엘의 손자로 빌한의 아들
대상 7:10　그나아나와 세단과 다시스와 아히사할
3. 바사의 일곱 방백 중 한 사람
에 1:14　아드마다와 다시스와 메레스와

다시스 2(Tarshish)

왕상 10:22 왕이 바다에 다시스 배들을 두어 히람
　　　　　의 배와 함께 있게 하고 그 다시스 배로
왕상 22:48 여호사밧이 다시스의 선박을 제조하고
대하 9:21 후람의 종들과 함께 다시스로 다니며
　　　　　그 배들이 삼 년에 일 차씩 다시스의
대하 20:36 연합하고 배를 만들어 다시스로 보내
대하 20:37 그 배들이 부서져서 다시스로 가지
시 48:7 동풍으로 다시스의 배를 깨뜨리시도다
시 72:10 다시스와 섬의 왕들이 조공을 바치며
사 2:16 다시스의 모든 배와 모든 아름다운 조각
사 23:1 다시스의 배들아 너희는 슬피 부르짖
사 23:6 너희는 다시스로 건너갈지어다 해변
사 23:10 딸 다시스여 나일같이 너희 땅에 넘칠
사 23:14 다시스의 배들아 너희는 슬피 부르짖
사 60:9 섬들이 나를 앙망하고 다시스의 배들
사 66:19 나라 곧 다시스와 뿔과 활을 당기는
렘 10:9 다시스에서 가져온 은박과 우바스에
겔 27:12 다시스는 각종 보화가 풍부하므로
겔 27:25 다시스의 배는 떼를 지어 네 화물을
겔 38:13 스바와 드단과 다시스의 상인과 그 부자
욘 1:3 피하려고 일어나 다시스로 도망하려 하
　　　여 … 마침 다시스로 가는 … 다시스로
욘 4:2 내가 빨리 다시스로 도망하였사오니

다아낙(Tannach) 므깃도 남동쪽에 위치한 가나안 성읍
수 12:21 하나는 다아낙 왕이요 하나는 므깃도
수 17:11 엔돌 주민과 그 마을들과 다아낙 주민
수 21:25 다아낙과 그 목초지와 가드 림몬과
삿 1:27 다아낙과 그에 딸린 마을들의 주민
삿 5:19 므깃도 물 가 다아낙에서 싸웠으나
왕상 4:12 다아낙과 므깃도와 이스르엘 아래
대상 7:29 주변 마을과 다아낙과 그 주변 마을

다아낫 실로(Tannath Shiloh) 에브라임 지파 동북쪽 경계의 성읍
수 16:6 다아낫 실로에 이르러 야노아 동쪽을

【 다윗 】 　　　　　　　　　　　　　　　　　　　　　　　　　　　　　　【 다음 】

다윗(David) 사울 다음의 이스라엘 왕
룻 4:22　　이새를 낳고 이새는 **다윗**을 낳았더라
마 1:1　　　아브라함과 **다윗**의 자손 예수 그리스도

다윗 - 기타 본문

구약 룻 4:17; 삼상 16:13, 19, 20, 21, 22, 23; 17:12, 14, 15, 17, 20, 22, 23, 26, 28, 29, 31, 32, 33, 34, 37, 38, 39, 41, 42, 43, 44, 45, 48, 50, 51, 54, 55, 57, 58; 18:1, 2, 3, 4, 5, 6, 7, 8, 9, 10, 11, 12, 14, 15, 16, 17, 18, 19, 20, 21, 22, 23, 24, 25, 26, 27, 28, 29, 30; 19:1, 2, 4, 5, 7, 8, 9, 10, 11, 12, 14, 15, 18, 19, 20; 22:1; 3, 4, 5, 6, 10, 11, 12, 13, 15, 16, 17, 18, 24, 25, 27, 28, 33, 34, 35, 39, 41, 42; 23:1, 2, 4, 5, 8, 9, 10, 11, 12; 22:1, 3, 4, 5, 6, 14, 17, 20, 21, 22; 23:1, 2, 3, 4, 5, 6, 7, 8, 9, 10, 13, 14, 15, 16, 18, 19, 24, 25, 26, 28, 29; 24:1, 2, 3, 4, 5, 7, 8, 9, 16, 17, 22; 25:1, 4, 5, 8, 9, 10, 12, 13, 14, 17, 20, 21, 22, 23, 24, 32, 35, 39, 40, 42, 43, 44; 26:1, 3, 4, 5, 6, 7, 8, 9, 10, 12, 13, 14, 15, 17, 21, 22, 25; 27:1, 2, 3, 4, 5, 7, 8, 9, 10, 11, 12; 28:1, 2, 17; 29:2, 3, 5, 6, 8, 9, 11; 30:1, 3, 4, 5, 6, 7, 8, 9, 10, 11, 13, 15, 16, 17, 18, 19, 20, 21, 22, 23, 25, 26, 31; 삼하 1:1, 2, 4, 5, 11, 13, 14, 15, 16, 17; 2:1, 2, 3, 4, 5, 10, 11, 13, 15, 17, 30, 31; 3:1, 2, 5, 6, 8, 9, 10, 12, 13, 14, 17, 18, 19, 20, 21, 22, 26, 28, 31, 35; 4:8, 9; 5:1, 3, 4, 6, 7, 8, 9, 10, 11, 12, 13, 17, 19, 20, 21, 23, 25; 6:1, 2, 5, 8, 9, 10, 12, 13, 14, 15, 16, 17, 18, 20, 21; 7:5, 8, 17, 18, 20, 26; 8:1, 2, 3, 4, 5, 6, 7, 8, 9, 10, 11, 13, 14, 15, 18; 9:1, 2, 5, 6, 7; 10:2, 3, 4, 5, 6, 7, 17, 18; 11:1, 2, 3, 4, 5, 6, 7, 10, 11, 12, 13, 14, 17, 18, 22, 25, 27; 12:1, 5, 7, 13, 15, 16, 17, 18, 19, 20, 24, 27, 29, 30, 31; 13:1, 3, 7, 21, 30, 32, 37, 39; 15:12, 13, 14, 22, 30, 31, 32, 33, 37; 16:1, 5, 6, 10, 11, 13, 16, 23; 17:1, 2, 16, 22, 21, 22, 24, 27, 29; 18:1, 2, 7, 9, 24; 19:11, 16, 22, 43; 20:1, 2, 3, 6, 11, 21, 26; 21:1, 3, 7, 11, 12, 13, 15, 16, 17, 21, 22; 22:1, 51; 23:1, 8, 9, 13, 14, 15, 16, 23; 24:1, 10, 11, 12, 13, 14, 17, 18, 19, 21, 22, 24; 왕상 1:1, 8, 11, 13, 28, 31, 32, 37, 38, 43, 47; 2:1, 10, 11, 12, 24, 26, 28, 32, 33, 45; 3:1, 3, 6, 7, 14; 5:1, 3, 5, 7; 6:12; 7:51; 8:1, 15, 16, 17, 18, 20, 24, 25, 26, 66; 9:4, 5, 24; 11:4, 6, 12, 13, 15, 24, 27, 32, 33, 34, 36, 38, 39, 43; 12:16, 19, 20, 26; 13:2; 14:8, 31; 15:3, 4, 5, 8, 11, 24; 22:50; 왕하

8:19, 24; 9:28; 11:10; 12:21; 14:3, 20; 15:7, 38; 16:2, 20; 17:21; 18:3; 19:34; 20:5, 6; 21:7; 22:2; 대상 2:15; 3:1, 3, 4, 9; 4:31; 6:31; 7:2; 9:22; 10:14; 11:1, 3, 4, 5, 6, 7, 8, 9, 10, 11, 13, 15, 16, 17, 18, 25; 12:1, 8, 16, 17, 18, 19, 20, 21, 22, 23, 31, 38, 39; 13:1, 2, 5, 6, 8, 11, 12, 13; 14:1, 2, 3, 8, 10, 11, 12, 14, 16, 17; 15:1, 2, 3, 4, 11, 16, 25, 27, 29; 16:1, 2, 7, 37, 43; 17:1, 2, 4, 7, 15, 16, 18, 24; 18:1, 2, 3, 4, 5, 6, 7, 9, 10, 11, 13, 14, 17; 19:2, 3, 4, 5, 6, 8, 17, 18, 19; 20:1, 2, 3, 7, 8; 21:1, 2, 5, 8, 9, 10, 11, 13, 16, 18, 19, 21, 22, 23, 24, 25, 28, 30; 22:1, 2, 3, 4, 5, 6, 7, 17; 23:1, 6, 25, 27; 24:3, 31; 25:1; 26:26, 31, 32; 27:18, 23, 24, 31, 32; 28:1, 2, 11, 19; 29:1, 9, 10, 20, 22, 23, 24, 26, 29; 대하 1:1, 4, 8, 9; 2:3, 7, 12, 14, 17; 3:1; 5:1, 2; 6:4, 6, 7, 8, 10, 15, 16, 17, 42; 7:6, 10, 17, 18; 8:11, 14; 9:31; 10:16, 19; 11:17, 18; 12:16; 13:5, 6, 8; 14:1; 16:14; 17:3; 21:1, 7, 12, 20; 23:3, 9, 18; 24:16, 25; 27:9; 28:1; 29:2, 25, 26, 27, 30; 30:26; 32:5, 30, 33; 33:7, 14; 34:2, 3; 35:3, 4, 15; 스 3:10; 8:2, 20; 느 3:15, 16; 12:24, 36, 37, 45, 46; 시 18:50; 72:20; 78:70; 89:3, 20, 35, 49; 122:5; 132:1, 10, 11, 17; 144:10; 잠 1:1; 전 1:1; 아 4:4; 사 7:2, 13; 9:7; 16:5; 22:9, 22; 29:1; 37:35; 38:5; 55:3; 렘 13:13; 17:25; 21:12; 22:2, 4, 30; 23:5; 29:16; 30:9; 33:15, 17, 21, 22, 26; 36:30; 겔 34:23, 24; 37:24, 25; 호 3:5; 암 6:5; 9:11; 슥 12:7, 8, 10, 12; 13:1 **신약** 마 1:6, 17, 20; 9:27; 12:3, 23; 15:22; 20:30, 31; 21:9, 15; 22:42, 43, 45; 막 2:25; 10:47, 48; 11:10; 12:35, 36, 37; 눅 1:27, 32, 69; 2:4, 11; 3:31; 6:3; 18:38, 39; 20:41, 42, 44; 요 7:42; 행 1:16; 2:25, 29, 34; 4:25; 7:45, 46; 13:22, 34, 36; 15:16; 롬 1:3; 4:6; 11:9; 딤후 2:8; 히 4:7; 11:32; 계 3:7; 5:5; 22:16

다음(next)

창 33:2　　레아와 그의 자식들은 **다음**에 두고 라헬
레 27:18　성별하여 드렸으면 제사장이 **다음** 희년
민 3:2　　　나답이요 **다음**은 아비후와 엘르아살
민 9:1　　　애굽 땅에서 나온 **다음** 해 첫째 달에
민 10:18　**다음**으로 르우벤 진영의 군기에 속한
룻 4:4　　　네 **다음**은 나요 그 외에는 무를 자가
삼상 23:17 나는 네 **다음**이 될 것을 내 아버지 사울
왕상 1:6　그는 압살롬 **다음**에 태어난 자요 용모

【 다음날 】　　　　　　　　　　　　　　　　　　　　　　　　　　【 다투다 】

에 10:3	아하수에로 왕의 **다음**이 되고 유다인	창 26:20	그랄 목자들이 이삭의 목자와 **다투어**
전 4:15	인생들이 왕의 **다음** 자리에 있다가 왕을		… 이삭이 그 **다툼**으로 말미암아
렘 50:17	**다음**에는 바벨론의 느부갓네살 왕이	창 45:24	당신들은 길에서 **다투지** 말라 하였더라
겔 33:22	내 입을 여시더니 **다음** 아침 그 사람	출 17:2	백성이 모세와 **다투어** 이르되 우리에
겔 48:2	경계선 **다음**으로 동쪽에서 서쪽까지		게 물을 … 어찌하여 나와 **다투느냐**
단 7:7	**다음**에 본 넷째 짐승은 무섭고 놀라우	출 17:7	이는 이스라엘 자손이 **다투었음**이요
막 4:28	**다음**에는 이삭이요 그 **다음**에는 이삭	민 20:3	백성이 모세와 **다투어** 말하여 이르되
행 13:42	청하되 **다음** 안식일에도 이 말씀을 하라	민 20:13	여호와와 **다투었으므로** 이를 므리바
고전 15:23	그리스도요 **다음**에는 그가 강림하실	신 1:12	힘겨운 일과 너희의 **다투는** 일을 담당
히 7:27	자기 죄를 위하고 **다음**에 백성의 죄를	신 2:5	**다투지** 말라 그들의 땅은 한 발자국도
약 3:17	첫째 성결하고 **다음**에 화평하고 관용	신 17:8	흘렸거나 **다투었거나** 구타하였거나
		신 33:8	므리바 물가에서 그와 **다투셨도다**

📖 **다음 – 기타 본문**
창 25:13; 35:23; 레 5:10; 민 2:17; 10:22, 25; 삼
상 17:13; 삼하 23:9, 11; 대상 1:29; 2:25; 5:12;
6:28; 8:30; 9:36; 11:12; 12:3; 15:18; 16:5;
23:11, 20; 27:7; 대하 17:15, 16, 18; 느 3:2, 4, 5,
7, 8, 9, 10, 12, 16, 17, 18, 19, 20, 21, 22, 23, 24,
25, 27, 29, 30, 31; 11:8; 겔 43:27; 48:3, 4, 5, 6, 7,
8, 15, 24, 25, 26, 27, 28; 마 27:62; 행 13:44;
20:15; 고전 12:28; 15:46; 히 7:2, 27; 약 3:17

		삿 6:31	바알을 위하여 **다투느냐** … 위하여 **다**
			투는 자는 … 자신을 위해 **다툴** 것이니
		삿 6:32	바알이 그와 더불어 **다툴** 것이라 함이
		삿 8:1	어찌 됨이냐 하고 그와 크게 **다투는지라**
		삿 11:25	이스라엘과 더불어 **다툰** 일이 있었느냐
		삼하 22:44	나를 내 백성의 **다툼**에서 건지시고
		욥 23:6	나와 더불어 **다투시겠느냐** 아니로다
		욥 40:2	트집 잡는 자가 전능자와 **다투겠느냐**
		시 18:43	주께서 나를 백성의 **다툼**에서 건지시
		시 35:1	여호와여 나와 **다투는** 자와 **다투시고**
		시 80:6	우리를 우리 이웃에게 **다툼** 거리가 되게
		전 6:10	자기보다 강한 자와는 능히 **다툴**
		사 41:11	너와 **다투는** 자들이 아무것도 아닌 것
		사 45:9	지으신 이와 더불어 **다툴진대** 화 있을
		사 50:8	**다툴** 자가 누구냐 나와 함께 설지어다
		사 57:16	내가 영원히 **다투지** 아니하며 내가
		사 58:4	논쟁하며 **다투며** 악한 주먹으로 치는
		렘 15:10	**다투는** 자와 싸우는 자를 만날 자로
		렘 18:19	나와 더불어 **다투는** 그들의 목소리를
		렘 25:31	여호와께서 뭇 민족과 **다투시며** 모든
		렘 49:19	나와 같은 자 누구며 나와 더불어 **다툴**
		호 4:4	사람이든지 **다투지도** … **다투는** 자처럼
		마 12:19	**다투지도** 아니하며 들레지도 아니하
		눅 22:24	사이에 그 중 누가 크냐 하는 **다툼**이
		요 6:52	그러므로 유대인들이 서로 **다투어**
		행 15:2	그들 사이에 적지 아니한 **다툼**과 변론
		행 15:39	서로 심히 **다투어** 피차 갈라서니
		행 23:7	바리새인과 사두개인 사이에 **다툼**이
		행 23:9	서기관이 일어나 **다투어** 이르되 우리
		롬 13:13	음란하거나 호색하지 말며 **다투거나**
		고전 6:1	다른 이와 더불어 **다툼**이 있는데 구태여

다음날(the next day, the day after)
민 33:3 유월절 **다음날**이라 이스라엘 자손이
수 5:12 땅의 소산물을 먹은 **다음날**에 만나가
렘 20:3 **다음날** 바스훌이 예레미야를 목에 씌
겔 43:22 **다음날**에는 흠 없는 숫염소 한 마리를
마 27:62 이튿날은 준비일 **다음날**이라 대제사장
행 20:15 사모에 들르고 또 그 **다음날** 밀레도에

다정하다(多情, persuade)
삿 19:3 남편이 그 여자에게 **다정하게** 말하고

다지다(chop)
미 3:3 뼈를 꺾어 **다지기**를 냄비와 솥 가운데

다치다(hurt)
삼상 25:15 선대하였으므로 우리가 **다치거나** 잃은

다투다(conntend, quarrel, attack)
창 13:7 가축의 목자가 서로 **다투고**

【 다투다 】　　　　　　　　　　　　　　　　　　　　　　　　　　　　　　　　　　【 다하다 】

고전 9:25	이기기를 **다투는** 자마다 모든 일에 절제
고후 7:5	밖으로는 **다툼**이요 안으로는 두려움
고후 12:20	**다툼**과 시기와 분냄과 당 짓는 것과
빌 1:17	순수하지 못하게 **다툼**으로 그리스도
빌 2:3	아무 일에든지 **다툼**이나 허영으로 하지
딤전 2:8	남자들이 분노와 **다툼**이 없이 거룩한
딤전 3:3	관용하며 **다투지** 아니하며 돈을 사랑
딤전 6:5	이익의 방도로 생각하는 자들의 **다툼**
딤후 2:23	무식한 변론을 버리라 이에서 **다툼**이
딤후 2:24	주의 종은 마땅히 **다투지** 아니하고
딛 3:2	아무도 비방하지 말며 **다투지** 말며
딛 3:9	분쟁과 율법에 대한 **다툼**은 피하라
히 6:16	맹세는 그들이 **다투는** 모든 일의 최후
약 3:14	마음속에 독한 시기와 **다툼**이 있으면
약 3:16	시기와 **다툼**이 있는 곳에는 혼란과 모든
약 4:1	싸움이 어디로부터 **다툼**이 어디로부터
약 4:2	능히 취하지 못하므로 **다투고** 싸우는
유 1:9	모세의 시체에 관하여 마귀와 **다투어**

'다툼'에 대한 잠언의 교훈

잠 3:30	아니하였거든 까닭 없이 더불어 **다투지**
잠 6:14	항상 악을 꾀하여 **다툼**을 일으키는 자라
잠 10:12	미움은 **다툼**을 일으켜도 사랑은 모든
잠 13:10	교만에서는 **다툼**만 일어날 뿐이라 권면
잠 15:18	분을 쉽게 내는 자는 **다툼**을 일으켜도
잠 16:28	패역한 자는 **다툼**을 일으키고 말쟁이
잠 17:1	제육이 집에 가득하고도 **다투는** 것보다
잠 17:14	**다투는** 시작은 둑에서 물이 새는
잠 17:19	**다툼**을 좋아하는 자는 죄과를 좋아하
잠 18:6	미련한 자의 입술은 **다툼**을 일으키고
잠 18:18	제비 뽑는 것은 **다툼**을 그치게 하여
잠 18:19	어려운즉 이러한 **다툼**은 산성 문빗장
잠 20:3	**다툼**을 멀리… 미련한 자마다 **다툼**을
잠 19:13	**다투는** 아내는 이어 떨어지는 물방울
잠 21:9	**다투는** 여인과 함께 큰 집에서 사는
잠 21:19	**다투며** 성내는 여인과 함께 사는것보다
잠 22:10	거만한 자를 쫓아내면 **다툼**이 쉬고 싸움
잠 25:8	너는 서둘러 나가서 **다투지** 말라 마침내
잠 25:9	너는 이웃과 **다투거든** 변론만 하고
잠 25:24	**다투는** 여인과 함께 큰 집에서 사는
잠 26:17	자기와 상관없는 **다툼**을 간섭하는 자는
잠 26:20	말쟁이가 없어지면 **다툼**이 쉬느니라
잠 26:21	**다툼**을 좋아하는 자는 시비를 일으킬

잠 27:15	**다투는** 여자는 비 오는 날에 이어 떨어
잠 28:25	욕심이 많은 자는 **다툼**을 일으키나
잠 29:9	자가 **다투면** … 그 **다툼**은 그침이 없느
잠 29:22	노하는 자는 **다툼**을 일으키고 성내는
잠 30:33	나는 것같이 노를 격동하면 **다툼**이

다투다 - 기타 본문
창 13:8; 26:21, 22; 신 2:19; 삿 6:31

다하다(cease, be over, spend, go, finish)

창 24:19	마시게 하기를 **다하고** 이르되 당신의
창 24:22	낙타가 마시기를 **다하매** 그가 반 세겔
창 25:8	나이가 높고 늙어서 기운이 **다하여**
창 25:17	향년이 백삼십칠 세에 기운이 **다하여**
창 31:6	그대들도 알거니와 내가 힘을 **다하여**
창 35:29	이삭 나이가 많고 늙어 기운이 **다하매**
창 47:18	우리의 돈이 **다하였고** 우리의 가축 떼가
민 11:6	이제는 우리의 기력이 **다하여** 이 만나
민 18:5	성소의 직무와 제단의 직무를 **다하라**
삿 16:30	**다하여** 몸을 굽히매 그 집이 곧 무너져
삼상 9:7	주머니에 먹을 것이 **다하였으니** 하나님
삼상 28:20	그의 기력이 **다하였으니** 이는 그가 하루
삼하 6:14	다윗이 여호와 앞에서 힘을 **다하여** 춤을
왕하 8:3	칠 년이 **다하매** 여인이 블레셋 사람들
왕하 9:24	예후가 힘을 **다하여** 활을 당겨 요람의
왕하 10:25	번제 드리기를 **다하매** 예후가 호위병
대상 13:8	하나님 앞에서 힘을 **다하여** 뛰놀며 노래
대상 29:2	힘을 **다하여** 준비하였나니 곧 기구를
대하 31:18	성결하고 충실히 그 직분을 **다하는** 자며
느 5:8	사람들을 우리의 힘을 **다하여** 도로 찾았
느 5:16	성벽 공사에 힘을 **다하며** 땅을 사지
욥 17:1	쇠하였으며 나의 날이 **다하였고** 무덤
욥 21:21	달수가 **다하면** 자기 집에 대하여 무슨
시 90:9	우리의 평생이 순식간에 **다하였나이다**
잠 26:20	나무가 **다하면** 불이 꺼지고 말쟁이가
전 2:19	해 아래에서 내 지혜를 **다하여** 수고한
전 2:21	지혜와 지식과 재주를 **다하여** 수고하
전 9:10	일을 얻는 대로 힘을 **다하여** 할지어다
사 49:4	공연히 내 힘을 **다하였다** 하였도다
렘 8:20	추수 때가 지나고 여름이 **다하였으나**
렘 50:21	하되 내가 너희에게 명령한 대로 **다하라**
렘 51:63	너는 이 책 읽기를 **다한** 후에 책에 돌을
겔 5:13	노가 **다한즉** 그들을 향한 분이 풀려서

[다하다]　　　　　　　　　　　　　　　　　　　　　　　　　　　　[닥치다]

애 4:18	끝이 가깝고 우리의 날들이 **다하**였으며	막 12:30	네 마음을 **다하**고 목숨을 **다하**고 뜻을 **다하**고 힘을 **다하**여 주 너의 하나님을
애 4:22	시온아 네 죄악의 형벌이 **다하**였으니		
단 6:14	그를 건져내려고 힘을 **다하**다가 해가	막 12:33	마음을 **다하**고 지혜를 **다하**고 힘을
단 11:17	결심하고 전국의 힘을 **다하**여 이르렀	눅 10:27	네 마음을 **다하**며 목숨을 **다하**며 힘을 **다하**며 뜻을 **다하**여 주 너의 하나님을
단 11:25	그가 그 힘을 떨치며 용기를 **다하**여		
욜 1:10	포도주가 말랐고 기름이 **다하**였도다	골 3:23	무슨 일을 하든지 마음을 **다하**여 주께
막 14:8	그는 힘을 **다하**여 내 몸에 향유를 부어		
눅 4:2	잡수시지 아니하시니 날 수가 **다하**매	**다하스**(Tahash) 나홀과 르우마 사이에 태어난 셋째 아들	
눅 12:33	하늘에 둔 바 **다함**이 없는 보물이니		
행 4:31	빌기를 **다하**매 모인 곳이 진동하더니	창 22:24	가함과 **다하스**와 마아가를 낳았더라
고전 7:3	남편은 그 아내에 대한 의무를 **다하**고		
골 1:29	역사를 따라 힘을 **다하**여 수고하노라	**다한**(Tahan, Tahanite) 에브라임의 셋째 아들로 다한 족속의 조상	
딤후 4:5	전도자의 일을 하며 네 직무를 **다하**라		
히 1:12	주는 여전하여 연대가 **다함**이 없으리라	민 26:35	베겔 종족과 **다한**에게서 난 다한 종족
		대상 7:25	레셉의 아들은 델라요 그의 아들은 **다한**

　　　마음을 다하다 / 뜻을 다하다

신 4:29	**마음을 다하고 뜻을 다하여** 그를 찾으	**다핫**(Tahath)	
신 6:5	**마음을 다하고 뜻을 다하고** 힘을 **다하**	**1. 지명: 출애굽 당시 이스라엘이 진을 친 곳**	
신 10:12	사랑하며 **마음을 다하고 뜻을 다하여**	민 33:26	막헬롯을 떠나 **다핫**에 진을 치고
신 11:13	사랑하여 **마음을 다하고 뜻을 다하여**	민 33:27	**다핫**을 떠나 데라에 진을 치고
신 13:3	너희가 **마음을 다하고 뜻을 다하여**	**2. 그핫의 후손으로 우리엘, 스바냐의 아버지**	
신 26:16	**마음을 다하고 뜻을 다하여** 지켜 행하	대상 6:24	아들은 **다핫**이요 그의 아들은 우리엘
신 30:2	따라 **마음을 다하고 뜻을 다하여**	대상 6:37	스바냐는 **다핫**의 아들이요 **다핫**은 앗실
신 30:6	**마음을 다하며 뜻을 다하여** 네 하나님	**3. 에브라임 사람 베렛의 아들**	
신 30:9-10	**마음을 다하며 뜻을 다하여** 여호와	대상 7:20	아들은 베렛이요 그의 아들은 **다핫**이요
수 22:5	너희 **마음을 다하며** 성품을 **다하**여	**4. 에브라임 사람 엘르아다의 아들**	
삼상 12:20	너희 **마음을 다하여** 여호와를 섬기라	대상 7:20	아들은 엘르아다요 그의 아들은 **다핫**
삼상 12:24	너희는 **마음을 다하여** 진실히 섬기라		
왕상 2:4	삼가 **마음을 다하고** 성품을 **다하**여	**다행히**(多幸, fortunate)	
왕하 23:3	**마음을 다하고 뜻을 다하여** 여호와	행 26:2	변명하게 된 것을 **다행히** 여기나이다
왕하 23:25	**마음을 다하며 뜻을 다하며** 힘을 **다하**		
대하 15:12	**마음을 다하고** 목숨을 **다하**여 조상	**닥치다**(come)	
대하 15:15	**마음을 다하여** 맹세하고 뜻을 **다하**	신 32:35	환난 날이 가까우니 그들에게 **닥칠**
대하 19:9	너희는 진실과 성심을 **다하**여 여호와	삿 20:48	칼날로 치고 **닥치는** 성읍은 모두
대하 34:31	**마음을 다하고** 목숨을 **다하**여 여호와	욥 4:5	이 일이 네게 **닥치매** 네가 놀라는구나
시 108:1	내가 노래하며 나의 **마음을 다하**여	욥 9:23	갑자기 재난이 **닥쳐** 죽을지라도 무죄
잠 3:5	너는 **마음을 다하**여 여호와를 신뢰하고	욥 13:13	말하게 하라 무슨 일이 **닥치든지**
전 1:13	**마음을 다하며** 지혜를 써서 하늘 아래	욥 20:25	나오고 큰 두려움이 그에게 **닥치느니라**
전 8:16	내가 **마음을 다하**여 지혜를 알고자	욥 21:17	재앙이 그들에게 **닥침과** 하나님이 진노
렘 32:41	나의 **마음과** 정성을 **다하**여 그들을	욥 27:9	환난이 그에게 **닥칠** 때에 하나님이
겔 25:6	발을 구르며 **마음을 다하**여 멸시하며	욥 27:20	두려움이 물같이 그에게 **닥칠** 것이요
욜 2:12	울며 애통하고 **마음을 다하**여 내게로	시 35:8	멸망이 순식간에 그에게 **닥치게** 하시며
마 22:37	**마음을 다하고** 목숨을 **다하**고 뜻을	시 91:6	전염병과 밝을 때 **닥쳐오는** 재앙을

{ 닦다 }   { 단 1 }

잠 3:25	두려움도 악인에게 **닥치는** 멸망도
사 51:19	두 가지 일이 네게 **닥쳤으니** 누가 너를
렘 2:3	재앙이 그들에게 **닥치리라** 여호와의
렘 13:22	일이 내게 **닥쳤는고** 하겠으나 네 죄악
렘 15:8	두려움을 그들에게 갑자기 **닥치게**
렘 48:16	가까웠고 그 고난이 속히 **닥치리로다**
렘 48:43	두려움과 함정과 올무가 네게 **닥치나니**
렘 49:8	재난을 그에게 **닥치게** 하여 그를 벌할
렘 51:60	예레미야가 바벨론에 **닥칠** 모든 재난
겔 36:29	기근이 너희에게 **닥치지** 아니하게 할 것

닦다 (build, scour, prepare, wipe)

레 6:28	유기에 삶았으면 그 그릇을 **닦고** 물에
신 19:3	전체를 세 구역으로 나누어 길을 **닦고**
시 78:50	그는 진노로 길을 **닦으사** 그들의 목숨
시 85:13	앞에 앞서 가며 주의 길을 **닦으리로다**
사 49:2	나를 갈고 **닦은** 화살로 만드사 그의
사 62:10	백성이 올 길을 **닦으라** 큰 길을 수축
렘 18:15	넘어지게 하며 곁길 곧 **닦지** 아니한
눅 7:38	그 발을 적시고 자기 머리털로 **닦고**
눅 7:44	내 발을 적시고 그 머리털로 **닦았으며**
요 11:2	머리털로 주의 발을 **닦던** 자요 병든
요 12:3	머리털로 그의 발을 **닦으니** 향유 냄새
요 13:5	씻으시고 그 두르신 수건으로 **닦기를**
고전 3:10	지혜로운 건축자와 같이 터를 **닦아** 두매
고전 3:11	터를 **닦아** 둘 자가 없으니 이 터는
히 6:2	교훈의 터를 다시 **닦지** 말고 완전한
계 21:4	모든 눈물을 그 눈에서 **닦아** 주시니

단 1 (Dan)
1. 인명: 야곱의 아들로 단 지파의 시조

창 30:6	이로 말미암아 그의 이름을 **단**이라 하였
창 35:25	라헬의 여종 빌하의 아들들은 **단**과
출 31:6	**단** 지파 아히사막의 아들 오홀리압을
출 35:34	**단** 지파 아히사막의 아들 오홀리압을
레 24:11	이름은 슬로밋이요 **단** 지파 디브리의
민 2:25	**단** 군대 진영의 군기가 … **단** 자손의
민 7:66	열째 날에는 **단** 자손의 지휘관 암미삿대
민 10:25	**단** 자손 진영의 … **단** 군대는 암미삿대
민 26:42	**단** 자손의 종족들은 이러하니라 수함
	에게서 수함 종족이 … 따른 **단** 종족
신 27:13	**단**과 납달리는 저주하기 위하여 에발
신 33:22	**단**에 대하여는 일렀으되 **단**은 바산에서
수 19:40	일곱째로 **단** 자손의 지파를 위하여
수 19:47	**단** 자손의 … 이는 **단** 자손이 올라가서
	… 조상 **단**의 이름을 … 레셈을 **단**이라
수 21:5	**단** 지파와 므낫세 반 지파 중에서 제비
수 21:23	또 **단** 지파 중에서 준 것은 엘드게와
삿 1:34	아모리 족속이 **단** 자손을 산지로 몰아
삿 5:17	**단**은 배에 머무름이 어찌 됨이냐 아셀
삿 13:2	소라 땅에 **단** 지파의 가족 중에 마노아
삿 18:1	**단** 지파는 그 때에 거주할 기업의 땅
삿 18:22	이웃집 사람들이 모여서 **단** 자손을 따라
삿 18:26	**단** 자손이 자기 길을 간지라 미가가 **단**
삿 18:28	**단** 자손이 성읍을 세우고 거기 거주하
삿 18:29	**단**의 이름을 따라 그 성읍을 **단**이라
삿 18:30	**단** 자손이 … **단** 지파의 제사장이 되어
삿 18:31	미가가 만든 바 새긴 신상이 **단** 자손
대하 2:14	**단**의 여자들 중 한 여인의 아들이요
겔 48:1	땅 동쪽에서 서쪽까지는 **단**의 몫이요
겔 48:32	하나는 베냐민 문이요 하나는 **단** 문이며

2. 지명: 단 지파에게 분배된 땅

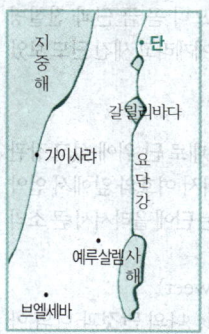

창 14:14	삼백십팔 명을 거느리고 **단**까지
신 34:1	여호와께서 길르앗 온 땅을 **단**까지
수 19:47	**단**의 이름을 따라서 레셈을 **단**이라
왕상 12:29	하나는 벧엘에 두고 하나는 **단**에
왕상 12:30	백성들이 **단**까지 가서 그 하나에
왕상 15:20	이욘과 **단**과 아벨벧마아가 긴네렛
왕하 10:29	벧엘과 **단**에 있는 금송아지를 섬기는
대하 16:4	이욘과 **단**과 아벨마임과 납달리의 모든
렘 8:16	말의 부르짖음이 **단**에서부터 들리고
암 8:14	**단**아 네 신들이 살아 있음을 두고 맹세

단에서(부터) 브엘세바까지

삿 20:1	자손이 **단에서부터 브엘세바까지**
삼하 3:10	왕위를 **단에서 브엘세바까지** 이스라엘
삼하 17:11	이스라엘을 **단부터 브엘세바까지**
삼하 24:2	**단에서부터 브엘세바까지** 인구를
삼하 24:15	**단에서부터 브엘세바까지** 백성의
왕상 4:25	**단에서부터 브엘세바에** 이르기까지
대상 21:2	너희는 가서 **브엘세바에서부터 단까지**

【 단 2 】　　　　　　　　　　　　　　　　　　　　　　　　　　　　　　　【 단비 】

대하 30:5　명령을 내려 **브엘세바에서부터 단까지**

단 2(sheaf)
창 37:7　곡식 단을 묶더니 내 **단**은 일어서고
　　　　당신들의 **단**은 내 **단**을 둘러서서 절하
레 23:10　곡물의 첫 이삭 한 **단**을 제사장에게로
레 23:11　제사장은 너희를 위하여 그 **단**을 여호와
레 23:12　너희가 그 **단**을 흔드는 날에 일 년 되고
삿 15:5　곡식 **단**과 아직 베지 아니한 곡식과
룻 2:7　베는 자를 따라 **단** 사이에서 이삭을
룻 2:15　그에게 곡식 **단** 사이에서 줍게 하고
룻 3:7　곡식 **단** 더미의 끝에 눕는지라 룻이
시 126:6　기쁨으로 그 곡식 **단**을 가지고 돌아오
암 2:13　보라 곡식 **단**을 가득히 실은 수레가
미 4:12　여호와께서 곡식 **단**을 타작 마당에 모음
마 13:30　먼저 거두어 불사르게 **단**으로 묶고 곡식

단 3(壇, alter)
레 9:14　내장과 정강이는 씻어서 **단** 위에 있는
왕상 7:48　기구를 만들었으니 곧 금 **단**과 진설병
행 17:23　알지 못하는 신에게라고 새긴 **단**도 보았

단 4(段, stair, pillar)
왕하 11:14　보매 왕이 규례대로 단 위에 섰고 장관
왕하 23:3　왕이 **단** 위에 서서 여호와 앞에서 언약
느 9:4　바니와 그나니는 **단**에 올라서서 큰 소리

단것(sweet)
삿 9:11　나의 **단것**과 나의 아
　　　　름다운 열매를 내가 어찌
삿 14:14　자에게서 **단것**이 나왔느니라 하니라
느 8:10　살진 것을 먹고 **단것**을 마시되 준비하
사 5:20　것으로 **단것**을 삼으며 **단것**으로 쓴 것

단나(Dannah) 유다 산지에 있는 마을
수 15:49　단나와 기럇 산나 곧 드빌과

단념하다(斷念, give up)
삼상 27:1　다시 나를 찾다가 **단념**하리니 내가

단단하다/단단해지다/단단히(hard, solid, tighten)
출 13:19　요셉이 이스라엘 자손으로 **단단히** 맹세

신 8:15　위하여 **단단한** 반석에서 물을 내셨으
삿 15:13　너를 **단단히** 결박하여 그들의 손에
삿 16:14　바디로 그 머리털을 **단단히** 짜고 그에게
욥 37:18　녹여 부어 만든 거울같이 **단단하게**
사 22:17　여호와가 너를 **단단히** 결박하고 장사
사 22:23　못이 **단단한** 곳에 박힘같이 그를 견고
사 22:25　**단단한** 곳에 박혔던 못이 삭으리니
사 28:22　너희 결박이 **단단해질까** 하노라 대저
사 41:7　그가 못을 **단단히** 박아 우상을 흔들리지
막 14:44　그를 잡아 **단단히** 끌어가라 하였는지
히 5:12　**단단한** 음식은 못 먹고 젖이나 먹어야
히 5:14　**단단한** 음식은 장성한 자의 것이니

단련하다(鍛鍊, test, examine, refine)
욥 7:18　권징하시며 순간마다 **단련**하시나이까
욥 23:10　나를 **단련**하신 후에는 내가 순금같이
시 12:6　도가니에 일곱 번 **단련한** 은 같도다
시 26:2　시험하사 내 뜻과 내 양심을 **단련**하소서
시 66:10　우리를 **단련**하시기를 은을 **단련**함
시 105:19　그의 말씀이 그를 **단련**하였도다
잠 27:21　금을, 칭찬으로 사람을 **단련**하느니라
렘 6:29　불에 납이 살라져서 **단련**하는 자의 일이
계 1:15　풀무불에 **단련한** 빛난 주석 같고 그의

단번에(單番, once, one)
수 10:42　모든 왕들과 그들의 땅을 **단번에** 빼앗
삿 16:28　블레셋 사람에게 원수를 **단번에** 갚게
삼상 26:8　창으로 그를 찔러서 **단번에** 땅에 꽂게
삼하 23:8　두목이라 그가 **단번에** 팔백 명을 쳐죽
롬 6:10　죽으심은 죄에 대하여 **단번에** 죽으심
히 7:27　그가 **단번에** 자기를 드려 이루셨음이라
히 9:12　영원한 속죄를 이루사 **단번에** 성소에
히 9:26　자기를 **단번에** 제물로 드려 죄를 없이
히 9:28　사람의 죄를 담당하시려고 **단번에** 드리
히 10:2　섬기는 자들이 **단번에** 정결하게 되어
히 10:10　예수 그리스도의 몸을 **단번에** 드리심
벧전 3:18　**단번에** 죄를 위하여 죽으사 의인으로
유 1:3　성도에게 **단번에** 주신 믿음의 도를 위하

단비(abundant rain, shower)
신 32:2　가는 비 같고 채소 위의 **단비** 같도다
시 65:10　**단비**로 부드럽게 하시고 그 싹에 복을
렘 3:3　**단비**가 그쳤고 늦은 비가 없어졌으니

【 단산 】   【 닫다/닫히다 】

미 5:7   이슬 같고 풀 위에 내리는 **단비** 같아

단산(斷産, barren)
히 11:11   사라 자신도 나이가 많아 **단산**하였으며

단상(壇上, throne)
행 12:21   왕복을 입고 **단상**에 앉아 백성에게 연설

단속하다(團束, control)
출 21:29   경고를 받았으되 **단속하지** 아니하여
출 21:36   임자가 **단속하지** 아니하였으면 그는
시 32:9   재갈과 굴레로 **단속하지** 아니하면

단신(單身, alone)
출 21:3   만일 그가 **단신**으로 왔으면 **단신**으로
출 21:4   상전에게 속할 것이요 그는 **단신**으로

단언하다(斷言, protest-KJV)
고전 15:31 자랑을 두고 **단언하노니** 나는 날마다

단장/-하다(丹粧, adorn)
출 33:4   한 사람도 자기의 몸을 **단장하지** 아니
삼하 13:18 공주는 이런 옷으로 **단장하는** 법이라
욥 40:10   위엄과 존귀로 **단장하며** 영광과 영화
사 61:10   신부가 자기 보석으로 **단장함** 같게 하셨
렘 4:30   붉은 옷을 입고 금장식으로 **단장하고**
겔 23:40   눈썹을 그리며 스스로 **단장하고**
겔 28:13   홍옥과 황금으로 **단장하였음이여**
딤전 2:9   정절로써 자기를 **단장하고** 땋은 머리
벧전 3:3   너희의 **단장**은 머리를 꾸미고 금을 차고
벧전 3:5   순종함으로 자기를 **단장하였나니**
계 21:2   신부가 남편을 위하여 **단장한** 것 같더라

단정하다/단정히(端正, decent, seriousness)
롬 13:13   낮에와 같이 **단정히** 행하고 방탕하지
살전 4:12   외인에 대하여 **단정히** 행하고 또한
딤전 2:2   모든 경건과 **단정함**으로 고요하고
딤전 2:9   여자들도 **단정하게** 옷을 입으며 소박
딤전 3:2   되며 절제하며 신중하며 **단정하며**
딛 2:7   교훈에 부패하지 아니함과 **단정함**과

단지(但只)
시 103:14   체질을 아시며 우리가 **단지** 먼지뿐임

단창(短槍, javelin, spear)
수 8:18   손에 잡은 **단창**을 들어 아이를 가리키
          라 … 그의 손에 잡은 **단창**을 들어
수 8:26   여호수아가 **단창**을 잡아 든 손을 거두지
삼상 17:6   쳤고 어깨 사이에는 놋 **단창**을 메었으니
삼상 17:45 너는 칼과 창과 **단창**으로 내게 나아오
삼상 19:9   사울이 손에 **단창**을 가지고 그의 집에
삼상 19:10 사울이 **단창**으로 다윗을 벽에 박으려
삼상 20:33 사울이 요나단에게 **단창**을 던져 죽이려
삼상 22:6   손에 **단창**을 들고 에셀 나무 아래에

단축하여지다(短縮, short)
고전 7:29   때가 **단축하여진** 고로 이 후부터 아내

단편(斷片, outer fringe)
욥 26:14   그의 행사의 **단편**일 뿐이요 우리가 그에

단풍나무(丹楓, plane tree)
겔 31:8   **단풍나무**가 그 가는 가지만 못하며

단합하다(團合, ally)
단 11:6   몇 해 후에 그들이 서로 **단합하리니**

단후멧(Tanhumeth)
   군대장관 스라야의 아버지
왕하 25:23 느도바 사람 **단후멧**의 아들 스라야와
렘 40:8   두 아들 요하난과 요나단과 **단후멧**의

닫다/닫히다(shut, lock, close)
창 7:16   그를 들여보내고 문을 **닫으시니라**
창 8:2   깊음의 샘과 하늘의 창문이 **닫히고** 하늘
창 19:6   밖의 무리에게로 나가서 뒤로 문을 **닫고**
창 20:18 집의 모든 태를 **닫으셨음이더라**
신 11:17 하늘을 **닫아** 비를 내리지 아니하여
수 2:5   어두워 성문을 **닫을** 때쯤 되어 나갔으니
수 6:1   여리고는 굳게 **닫혔고** 출입하는 자가
삿 3:23   나와서 다락문들을 뒤에서 **닫아** 잠그니
왕상 8:35 범죄함으로 말미암아 하늘이 **닫히고**
왕하 4:4   두 아들과 함께 들어가서 문을 **닫고**
왕하 6:32 사자가 오거든 문을 **닫고** 문 안에 들이
대하 6:26 하늘이 **닫히고** 비가 내리지 않는 주의
대하 28:24 전 문들을 **닫고** 예루살렘 구석마다
대하 29:7 낭실 문을 **닫으며** 등불을 끄고 성소

531

【 닫 1 】   【 닫 1 】

느 6:10	문을 닫자 저들이 반드시 밤에 와서		첫 달이 되게 하고
느 7:3	문을 닫고 빗장을 지르며 또 예루살렘	출 12:3	이 달 열흘에 너희 각자가 어린 양을
느 13:19	내가 성문을 닫고 안식일이 지나기 전에	출 12:6	이 달 열나흗날까지 간직하였다가
욥 3:10	이는 내 모태의 문을 닫지 아니하여	출 13:5	하시거든 너는 이 달에 이 예식을 지켜
욥 41:15	자랑이로다 튼튼하게 봉인하듯이 닫혀	출 23:15	그 달에 네가 애굽에서 나왔음이라
시 40:9	내 입술을 닫지 아니할 줄을 주께서	레 23:6	이 달 열닷새 날은 여호와의 무교절이
시 69:15	위에 덮쳐 그것의 입을 닫지 못하게	민 9:22	한 달이든지 일 년이든지 구름이 성막
잠 16:30	입술을 닫는 자는 악한 일을 이루느니라	민 11:20	냄새도 싫어하기까지 한 달 동안 먹게
잠 17:28	그의 입술을 닫으면 슬기로운 자로 여겨	민 18:16	대속할 때에는 난 지 한 달 이후에 네가
전 12:4	길거리 문들이 닫혀질 것이며 맷돌 소리	민 29:6	그 달의 번제와 그 소제와 상번제와
사 22:22	열면 닫을 자가 없겠고 닫으면 열 자가	신 21:13	부모를 위하여 한 달 동안 애곡한 후에
사 24:10	성읍이 허물어지고 집마다 닫혀서 들어	수 5:10	달 십사일 저녁에는 여리고 평지에서
사 26:20	네 문을 닫고 분노가 지나기까지 잠깐	삿 11:37	나를 두 달만 버려 두소서 내가 내 여자
사 60:11	성문이 항상 열려 주야로 닫히지 아니	삿 19:2	집에 돌아가서 거기서 넉 달 동안을
사 66:9	하는 이인즉 어찌 태를 닫겠느냐	삿 20:47	바위에 이르러 거기에서 넉 달 동안을
겔 40:16	문지기 방에는 각각 닫힌 창이 있고	삼상 6:1	사람들의 지방에 있은 지 일곱 달이라
겔 41:16	널판자로 가렸고 (창은 이미 닫혔더라)	삼하 6:11	가드 사람 오벧에돔의 집에 석 달을
겔 41:26	현관 좌우편에는 닫힌 창도 있고 종려	삼하 24:8	국내를 두루 돌아 아홉 달 스무 날
겔 44:1	바깥문에 돌아오시니 그 문이 닫혔더라	삼하 24:13	왕의 원수에게 쫓겨 석 달 동안 그들
겔 44:2	문은 닫고 다시 열지 못할지니 아무도	왕상 4:7	각기 일 년에 한 달씩 양식을 공급하였
겔 46:1	문은 일하는 엿새 동안에는 닫되 안식일	왕상 11:16	이스라엘 무리와 함께 여섯 달 동안
겔 46:2	나가고 그 문은 저녁까지 닫지 말 것이	왕상 15:8	스가랴가 사마리아에서 여섯 달 동안
말 1:10	너희 중에 성전 문을 닫을 자가 있었	왕상 15:13	살룸이 사마리아에서 왕이 되어 한 달
마 6:6	네 골방에 들어가 문을 닫고 은밀한	왕하 23:31	예루살렘에서 석 달간 다스리니라
눅 11:7	괴롭게 하지 말라 문이 이미 닫혔고	왕하 24:8	십팔 세라 예루살렘에서 석 달간 다스
눅 13:25	문을 한 번 닫은 후에 너희가 밖에 서서	대상 27:1	이만 사천 명씩이라 일 년 동안 달마다
요 20:19	두려워하여 모인 곳의 문들을 닫았더니	대하 36:2	그가 예루살렘에서 다스린 지 석 달에
요 20:26	도마도 함께 있고 문들이 닫혔는데	대하 36:9	팔 세라 예루살렘에서 석 달 열흘 동안
요일 3:17	도와 줄 마음을 닫으면 하나님의 사랑	욥 3:6	날 수와 달의 수에 들지 않았더라면
계 3:7	닫을 사람이 없고 닫으면 열 사람이	겔 39:12	일곱 달 동안에 그들을 매장하여
계 3:8	열린 문을 두었으되 능히 닫을 사람이	겔 47:12	달마다 새 열매를 맺으리니 그 물이
계 11:6	권능을 가지고 하늘을 닫아 그 예언을	단 4:29	열두 달이 지난 후에 내가 바벨론 왕궁
계 21:25	낮에 성문들을 도무지 닫지 아니하리니	암 4:7	추수하기 석 달 전에 내가 너희에게
		슥 11:8	한 달 동안에 내가 그 세 목자를 제거
		눅 1:24	엘리사벳이 잉태하고 다섯 달 동안 숨어
		눅 1:36	알려진 이가 이미 여섯 달이 되었나니
		눅 1:56	마리아가 석 달쯤 함께 있다가 집으로
		요 4:35	넉 달이 지나야 추수할 때가 이르겠다
		행 7:20	아버지의 집에서 석 달 동안 길리더니
		행 19:8	바울이 회당에 들어가 석 달 동안 담대
		행 20:3	거기 석 달 동안 있다가 배 타고 수리아
		행 28:11	석 달 후에 우리가 그 섬에서 겨울을
		갈 4:10	너희가 날과 달과 절기와 해를 삼가

🕂 닫다/닫히다 - 기타 본문

창 19:10; 수 2:7; 왕하 4:5, 21, 33; 대하 7:13; 사 45:1; 겔 3:24; 46:12; 행 21:30

달 1(月, month)

창 29:14	야곱이 한 달을 그와 함께 거주하더니
창 38:24	석 달쯤 후에 어떤 사람이 유다에게
출 2:2	그가 잘 생긴 것을 보고 석 달 동안 그를
출 12:2	이 달을 너희에게 달의 시작 곧 해의

532

【 달 1 】 　　　　　　　　　　　　　　　　　　　　　　　　　　　　　　【 달 1 】

히 11:23	석 달 동안 숨겨 왕의 명령을 무서워	민 9:11	둘째 달 열넷째 날 해 질 때에 그것을
계 9:5	다섯 달 동안 괴롭게만 하게 하시는데	민 10:11	둘째 해 둘째 달 스무날에 구름이 증거
계 9:10	꼬리에는 다섯 달 동안 사람들을 해하	왕상 6:1	왕이 된 지 사 년 시브월 곧 둘째 달에
계 11:2	그들이 거룩한 성을 마흔두 달 동안	대상 27:4	둘째 달 반의 반장은 아호아 사람 도대
계 13:5	마흔두 달 동안 일할 권세를 받으니라	대하 3:2	넷째 해 둘째 달 둘째 날 건축을 시작
계 22:2	열매를 맺되 달마다 그 열매를 맺고	대하 30:2	의논하고 둘째 달에 유월절을 지키려
		대하 30:13	둘째 달에 백성이 무교절을 지키려 하여
▨ 첫째 달		대하 30:15	둘째 달 열넷째 날에 유월절 양을 잡으
		스 3:8	이른 지 이 년 둘째 달에 스알디엘
창 8:13	육백일 년 첫째 달 곧 그 달 초하룻날		
출 12:18	첫째 달 그 달 열나흗날 저녁부터 이십	▨ 셋째 달	
출 40:2	너는 첫째 달 초하루에 성막 곧 회막		
출 40:17	첫째 달 곧 그 달 초하루에 성막을 세우	대상 27:5	셋째 달 군대의 셋째 지휘관은 대제사장
레 23:5	첫째 달 열나흗날 저녁은 여호와의	대하 15:10	아사 왕 제십오년 셋째 달에 그들이
민 9:1	다음 해 첫째 달에 여호와께서 시내	대하 31:7	셋째 달에 그 더미들을 쌓기 시작하여
민 9:5	첫째 달 열넷째 날 해 질 때에 시내 광야	겔 31:1	셋째 달 초하루에 여호와의 말씀이 내게
민 20:1	첫째 달에 이스라엘 자손 곧 온 회중		
민 28:16	첫째 달 열넷째 날은 여호와를 위하여	▨ 넷째 달	
민 33:3	그들이 첫째 달 열다섯째 날에 라암셋		
수 4:19	첫째 달 십일에 백성이 요단에서	왕하 25:3	그 해 넷째 달 구일에 성 중에 기근이
대상 27:2	첫째 달 반의 반장은 삽디엘의 아들	대상 27:7	넷째 달 넷째 지휘관은 요압의 아우
대상 27:3	베레스의 자손으로서 첫째 달 반	렘 39:2	시드기야의 제십일년 넷째 달 아홉째
대하 29:3	첫째 해 첫째 달에 여호와의 전 문들을	렘 52:6	넷째 달 구일에 성중에 기근이 심하여
대하 29:17	첫째 달 초하루에 성결하게 하기를	겔 1:1	서른 해 넷째 달 초닷새에 내가 그발
	… 첫째 달 십육 일에 이르러 마치고	슥 8:19	넷째 달의 금식과 다섯째 달의 금식
대하 35:1	유월절을 지켜 첫째 달 열넷째 날에		
스 6:19	자손이 첫째 달 십사일에 유월절을	▨ 다섯째 달	
스 7:9	첫째 달 초하루에 바벨론에서 길을		
스 8:31	첫째 달 십이 일에 우리가 아하와 강을	대상 27:8	다섯째 달 다섯째 지휘관은 이스라 사람
스 10:17	첫째 달 초하루에 이르러 이방 여인을	스 7:8	올라왔으니 왕의 제칠년 다섯째 달이라
에 3:7	제십이년 첫째 달 곧 니산월에 무리가	스 7:9	다섯째 달 초하루에 예루살렘에 이르
에 3:12	첫째 달 십삼일에 왕의 서기관이 소집	렘 28:1	다섯째 달 기브온 앗술의 아들 선지자
겔 29:17	스물일곱째 해 첫째 달 초하루에	렘 52:12	다섯째 달 열째 날에 바벨론 왕의 어전
겔 30:20	열한째 해 첫째 달 일곱째 날에 여호와	겔 20:1	해 다섯째 달 열째 날에 이스라엘
겔 40:1	열넷째 해 첫째 달 열째 날에 곧 그 날에	슥 7:5	칠십 년 동안 다섯째 달과 일곱째 달에
겔 45:18	첫째 달 초하룻날에 흠 없는 수송아지	슥 8:19	넷째 달의 금식과 다섯째 달의 금식
겔 45:21	첫째 달 열나흗날에는 유월절을 칠 일		
단 10:4	첫째 달 이십사일에 내가 힛데겔이라	▨ 여섯째 달	
		대상 27:9	여섯째 달 여섯째 지휘관은 드고아 사람
▨ 둘째 달		겔 8:1	여섯째 해 여섯째 달 초닷새에 나는
		학 1:1	다리오 왕 제이년 여섯째 달 곧 그 달
창 7:11	노아가 육백 세 되던 해 둘째 달	학 1:15	다리오 왕 제이년 여섯째 달 이십사일
창 8:14	둘째 달 스무이렛날에 땅이 말랐더라	눅 1:26	여섯째 달에 천사 가브리엘이 하나님
출 16:1	애굽에서 나온 후 둘째 달 십오일이라		
민 1:1	둘째 달 첫째 날에 여호와께서 시내	▨ 일곱째 달	
		창 8:4	일곱째 달 곧 그 달 열이렛날에 방주

【 달 1 】　　　　　　　　　　　　　　　　　　　　　　　　　　　　　　【 달 2 】

레 16:29	규례를 지킬지니라 **일곱째** 달 곧 그	대상 27:13	**열째** 달 열째 지휘관은 세라 족속
레 23:24	**일곱째** 달 곧 그 달 첫 날은 너희에게	스 10:16	사람을 선임하고 **열째** 달 초하루에
레 23:34	**일곱째** 달 열닷샛 날은 초막절이니	렘 39:1	유다의 시드기야왕의 제구년 **열째** 달에
레 23:39	**일곱째** 달 열닷샛날부터 이레 동안	렘 52:4	시드기야 제구년 **열째** 달 열째 날에
레 23:41	규례라 너희는 **일곱째** 달에 이를 지킬	겔 24:1	아홉째 해 **열째** 달 열째 날에 여호와
레 25:9	**일곱째** 달 열흘날은 속죄일이니 너는	겔 29:1	열째 해 **열째** 달 열두째 날에 여호와
민 29:1	**일곱째** 달에 이르러는 그 달 초하루	겔 33:21	해 **열째** 달 다섯째 날에 예루살렘
민 29:7	**일곱째** 달 열흘 날에는 너희가 성회	슥 8:19	**열째** 달의 금식이 변하여 유다 족속
민 29:12	**일곱째** 달 열다섯째 날에는 너희가		
왕상 8:2	에다님월 곧 **일곱째** 달 절기에 솔로몬	**열한째 달**	
대상 27:10	**일곱째** 달 일곱째 지휘관은 에브라임	신 1:3	**열한째** 달 그 달 첫째 날에 모세가
대하 5:3	**일곱째** 달 절기에 이스라엘 모든 사람	대상 27:14	**열한째** 달 열한째 지휘관은 에브라임
대하 7:10	**일곱째** 달 제이십삼일에 왕이 백성을	겔 26:1	**열한째** 해 어느 달 초하루에 여호와
대하 31:7	쌓기 시작하여 **일곱째** 달에 마친지라	슥 1:7	다리오 왕 제이년 **열한째** 달 곧 스밧
스 3:1	**일곱째** 달에 이르러 일제히 예루살렘		
스 3:6	**일곱째** 달 초하루부터 비로소 여호와	**열두째 달**	
느 8:1	**일곱째** 달에 이르러 모든 백성이	대상 27:15	**열두째** 달 열두째 지휘관은 헬대엘
느 8:2	**일곱째** 달 초하루에 제사장 에스라가	에 3:7	곧 제비를 뽑아 **열두째** 달 곧 아달월
느 8:14	이스라엘 자손은 **일곱째** 달 절기에	에 3:13	지방에 보내니 **열두째** 달 곧 아달월
렘 28:17	하나냐가 그 해 **일곱째** 달에 죽었더라	에 9:1	아달월 곧 **열두째** 달 십삼일은 왕의
렘 41:1	**일곱째** 달에 왕의 종친 엘리사마의	렘 52:31	왕의 즉위 원년 **열두째** 달 스물다섯째
겔 45:25	**일곱째** 달 열다섯째 날에 칠 일 동안	겔 32:1	열두째 해 **열두째** 달 초하루에 여호와
학 2:1	**일곱째** 달 곧 그 달 이십일일에 여호와		
슥 7:5	칠십 년 동안 다섯째 달과 **일곱째** 달에	**달 1 ─ 기타 본문**	
슥 8:19	**일곱째** 달의 금식과 열째 달의 금식		창 7:11; 8:5, 13; 출 12:18; 레 16:29; 23:24, 32;
여덟째 달			민 9:3; 11:21; 28:17; 29:1; 삿 11:38, 39; 삼상
왕상 6:38	**여덟째** 달에 그 설계와 식양대로 성전		20:27, 34; 왕상 4:27; 5:14; 12:32; 왕하 25:27; 대
왕상 12:32	**여덟째** 달 곧 그 달 열다섯째 날로 절기		상 13:14; 21:12; 대하 29:17; 느 9:1; 에 2:12;
왕상 12:33	정한 달 곧 **여덟째** 달 열다섯째 날로		9:22; 욥 7:3; 39:2; 겔 1:2; 32:17; 39:14; 45:20;
대상 27:11	**여덟째** 달 여덟째 지휘관은 세라 족속		학 2:20
슥 1:1	다리오 왕 제이년 **여덟째** 달에 여호와		
아홉째 달		**달 2**(moon)	
		창 37:9	해와 달과 열한 별이 내게 절하더이다
대상 27:12	**아홉째** 달 아홉째 지휘관은 베냐민	신 4:19	눈을 들어 해와 달과 별들, 하늘 위의
스 10:9	예루살렘에 모이니 때는 **아홉째** 달 이십	수 10:12	달아 너도 아얄론 골짜기에서 그리할지
렘 36:22	때는 **아홉째** 달이라 왕이 겨울 궁전	수 10:13	태양이 머물고 달이 멈추기를 백성이
학 2:10	**아홉째** 달 이십사일에 여호와의 말씀	왕하 23:5	바알과 해와 **달**과 별 떼와 하늘의 모든
학 2:18	**아홉째** 달 이십사일 곧 여호와의 성전	욥 25:5	보라 그의 눈에는 **달**이라도 빛을 발하
슥 7:1	다리오 왕 제사년 **아홉째** 달 곧 기슬래	욥 31:26	만일 해가 빛남과 **달**이 밝게 뜬 것을
열째 달		시 8:3	주께서 베풀어 두신 **달**과 별들을 내가
		시 72:5	**달**이 있을 동안에도 대대로 그리하리
		시 72:7	평강의 풍성함이 **달**이 다할 때까지 이르
왕하 25:1	시드기야 제구년 **열째** 달 십일에	시 89:37	궁창의 확실한 증인인 **달**같이 영원히

534

【 달갑다 】

시 104:19	여호와께서 **달**로 절기를 정하심이여
시 121:6	아니하며 밤의 **달**도 너를 해치지 아니
시 136:9	**달**과 별들로 밤을 주관하게 하신 이에
시 148:3	해와 **달**아 그를 찬양하며 밝은 별들아
전 12:2	해와 빛과 **달**과 별들이 어둡기 전에,
아 6:10	아침 빛같이 뚜렷하고 **달**같이 아름답
사 13:10	**달**이 그 빛을 비추지 아니할 것이로다
사 24:23	때에 **달**이 수치를 당하고 해가 부끄러
사 60:19	**달**도 네게 빛을 비추지 않을 것이요
사 60:20	네 **달**이 물러가지 아니할 것은 여호와
렘 8:2	경배하던 해와 **달**과 하늘의 뭇 별 아래
렘 31:35	**달**과 별들을 밤의 빛으로 정하였고 바다
겔 32:7	**달**이 빛을 내지 못하게 할 것임이여
호 5:7	**달**이 그들과 그 기업을 함께 삼키리로다
욜 2:10	해와 **달**이 캄캄하며 별들이 빛을 거두
욜 2:31	해가 어두워지고 **달**이 핏빛같이 변하
욜 3:15	해와 **달**이 캄캄하며 별들이 그 빛을
합 3:11	말미암아 해와 **달**이 그 처소에 멈추었
마 24:29	**달**이 빛을 내지 아니하며 별들이 하늘
막 13:24	환난 후 해가 어두워지며 **달**이 빛을
행 2:20	변하여 어두워지고 **달**이 변하여 피가
고전 15:41	해의 영광이 다르고 **달**의 영광이 다르
계 6:12	상복같이 검어지고 **달**은 온통 피같이
계 8:12	**달** 삼분의 일과 별들의 삼분의 일이
계 12:1	발 아래에는 **달**이 있고 그 머리에는
계 21:23	성은 해나 **달**의 비침이 쓸 데 없으니

달갑다(like)

막 6:20	번민을 하면서도 **달갑게** 들음이러라

달구다(glow)

겔 24:11	가마의 놋을 **달궈서** 그 속에 더러운
호 7:4	과자 만드는 자에 의해 **달궈진** 화덕과

달다(sweet, hang)

1. (맛이) 달다(sweet)

출 15:25	물에 던지니 물이 **달게** 되었더라 거기
삿 14:18	무엇이 꿀보다 **달겠으며** 무엇이 사자
욥 20:12	비록 악을 **달게** 여겨 혀 밑에 감추며
욥 21:33	그는 골짜기의 흙덩이를 **달게** 여기리
욥 24:20	구더기가 그를 **달게** 먹을 것이라 그는
시 19:10	것이며 꿀과 송이꿀보다 더 **달도다**
시 119:103	단지요 내 입에 꿀보다 더 **다니이다**

【 달다 】

시 141:6	내 말이 **달므로** 무리가 들으리로다
잠 3:24	네가 누운즉 네 잠이 **달리로다**
잠 9:17	도둑질한 물이 **달고** 몰래 먹는 떡이
잠 13:19	소원을 성취하면 마음에 **달아도** 미련
잠 15:32	견책을 **달게** 받는 자는 지식을 얻느니라
잠 16:24	선한 말은 꿀송이 같아서 마음에 **달고**
잠 24:13	송이꿀을 먹으라 이것이 네 입에 **다니라**
잠 27:7	주린 자에게는 쓴 것이라도 **다니라**
전 5:12	많든지 적든지 잠을 **달게** 자거니와 부자
아 2:3	기뻐하였고 그 열매는 내 입에 **달았도다**
렘 6:20	그들의 희생제물을 **달게** 여기지 않노라
렘 31:26	내가 깨어 보니 내 잠이 **달았더라**
겔 3:3	그것이 내 입에서 **달기가** 꿀 같더라
욜 1:5	울지어다 이는 단 포도주가 너희 입에
욜 3:18	그 날에 산들이 단 포도주를 떨어뜨릴
암 9:13	산들은 **단** 포도주를 흘리며 작은 산들은
계 10:9	배에는 쓰나 네 입에는 꿀같이 **달리라**
계 10:10	내 입에는 꿀같이 **다나** 먹은 후에

2. (매)달다(hang, unfurl)

창 40:19	당신을 나무에 **달리니** 새들이 당신의
출 25:12	네 발에 **달되** 이쪽에 두 고리 저쪽에
출 39:31	패를 청색 끈으로 관 전면에 **달았으니**
출 40:33	포장을 치고 뜰 문에 휘장을 **다니라**
민 21:9	모세가 놋뱀을 만들어 장대 위에 **다니**
민 25:4	목매어 **달라** 그리하면 여호와의 진노
수 8:29	아이 왕을 저녁 때까지 나무에 **달았다가**
삿 15:4	가지고 그 두 꼬리 사이에 한 홰를 **달고**
삼하 21:6	목매어 **달겠나이다** 하니 왕이 이르되
대하 3:16	석류 백 개를 만들어 사슬에 **달았으며**
느 3:1	양문을 건축하여 성별하고 문짝을 **달고**
느 3:3	들보를 얹고 문짝을 **달고** 자물쇠와 빗장
에 2:23	사람을 나무에 **달고** 그 일을 왕 앞에
에 9:25	하만과 그의 여러 아들을 나무에 **달게**
시 60:4	깃발을 주시고 진리를 위하여 **달게** 하셨
사 33:23	돛을 **달지** 못하였느니라 때가 되면
겔 16:12	코고리를 코에 달고 귀고리를 귀에 **달고**
행 5:30	너희가 나무에 **달아** 죽인 예수를 우리
행 10:39	증인이라 그를 그들이 나무에 **달아**
행 27:40	키를 풀어 늦추고 돛을 **달고** 바람에

달아 내리다

수 2:15	그들을 창문에서 줄로 **달아 내리니**
수 2:18	우리를 **달아 내린** 창문에 이 붉은 줄을

【 달라/다오 】　　　　　　　　　　　　　　　　　　　【 달려가다 】

삼상 19:12	미갈이 다윗을 창에서 **달아** 내리매		왕상 17:19	엘리야가 그에게 그의 아들을 **달라** 하여
렘 38:6	예레미야를 줄로 **달아** 내렸는데		욥 6:22	무엇을 **달라고** … 선물로 **달라고** 하더
막 2:4	중풍병자가 누운 상을 **달아** 내리니		잠 30:15	두 딸이 있어 **다오 다오** 하느니라 족한
눅 5:19	무리 가운데로 예수 앞에 **달아** 내리니		마 7:9	중에 누가 아들이 떡을 **달라** 하는데
행 9:25	광주리에 담아 성벽에서 **달아** 내리니라		마 7:10	생선을 **달라** 하는데 뱀을 줄 사람이
			마 14:7	그에게 무엇이든지 **달라는** 대로 주겠

　　　　달다 - 기타 본문　　　　　　　　　　마 25:8　꺼져가니 너희 기름을 좀 나눠 **달라**
출 25:26; 26:5, 10; 28:7, 14, 23, 27, 33; 29:　　마 27:20　무리를 권하여 바라바를 **달라** 하게 하고
5; 36:12, 17; 37:3, 13; 39:4, 7, 16, 19, 20, 25, 26　마 27:58　가서 예수의 시체를 **달라** 하니
; 40:5, 8, 28; 신 21:22; 삼하 21:9; 대상 10:10; 느　마 9:18　제자들에게 내쫓아 **달라** 하였으나
3:6, 13, 14, 15; 6:1; 7:1; 에 6:4; 7:9; 겔 27:10, 11　눅 1:63　그가 서판을 **달라** 하여 그 이름을 요한
　　　　　　　　　　　　　　　　　　　　　　눅 5:7　손짓하여 와서 도와 **달라** 하니 그들
　　　3. (저울 등에) 달다(weigh, mete)　　　눅 6:30　것을 가져가는 자에게 다시 **달라** 하지
창 23:16　통용하는 은 사백 세겔을 **달아** 에브론　눅 11:5　벗이여 떡 세 덩이를 내게 꾸어 **달라**
대상 21:25　값으로 금 육백 세겔을 **달아** 오르난　눅 12:48　많이 맡은 자에게는 많이 **달라** 할 것이
스 8:26　**달아서** 그들 손에 준 것은 은이 육백　요 4:7　길으러 왔으매 예수께서 물을 좀 **달라**
스 8:33　성전에서 은과 금과 그릇을 **달아서**　요 19:31　그들의 다리를 꺾어 시체를 치워 **달라**
스 8:29　족장들 앞에서 이 그릇을 **달기**까지　행 7:46　하나님의 처소를 준비하게 하여 **달라고**
욥 28:15　은을 **달아도** 그 값을 당하지 못하리니　행 9:38　보내어 지체 말고 와 **달라고** 간청하여
시 62:9　**달면** 그들은 입김보다 가벼우리로다　행 13:28　찾지 못하였으나 빌라도에게 죽여 **달라**
사 46:6　쏟아 내며 은을 저울에 **달아** 도금장　행 16:29　간수가 등불을 **달라고** 하며 뛰어 들어
겔 4:10　너는 음식물을 **달아서** 하루 이십 세겔　고전 9:15　내게 이같이 하여 **달라는** 것이 아니라
겔 4:16　근심 중에 떡을 **달아** 먹고 두려워 떨며　계 10:9　두루마리를 **달라** 한즉 천사가 이르되
겔 5:1　머리털과 수염을 깎아서 저울로 달아

　　　　　　　　　　　　　　　　　　　　　　　달라/다오 - 기타 본문
　　　　달아 주다　　　　　　　　　　　　막 15:11, 43; 눅 11:11, 12; 23:52; 요 4:9, 10
레 26:26　너희 떡을 구워 저울에 **달아 주리니**
스 8:25　은과 금과 그릇들을 **달아서 주었으니**　**달라붙다(close)**
시 58:2　너희 손으로 폭력을 **달아 주는도다**　욥 41:16　그것들이 서로 **달라붙어** 있어 바람이
사 55:2　아닌 것을 위하여 은을 **달아 주며**
렘 32:9　밭을 사는데 은 십칠 세겔을 **달아 주되**　**달란트(talent)** 무게나 화폐의 단위
렘 32:10　증인을 세우고 은을 저울에 **달아 주고**　출 25:39　모든 기구를 순금 한 **달란트로** 만들되
마 26:15　하니 그들이 은 삼십을 **달아 주거늘**

　　　　　　　　　　　　　　　　　　　　　　　달란트 - 기타 본문
　　　4. (온도가) 달아오르다(glow)　　　출 37:24; 38:24, 25, 27, 29; 삼하 12:30; 왕상
겔 1:4　사방에 비치며 그 불 가운데 단 쇠 같은　9:14, 28; 10:10, 14; 16:24; 20:39; 왕하 5:5, 22,
겔 1:27　보니 그 허리 위의 모양은 단 쇠 같아서　23; 15:19; 18:14; 23:33; 대상 19:6; 20:2; 22:14;
겔 8:2　허리 위에는 광채가 나서 단 쇠 같은데　29:4, 7; 대하 3:8; 8:18; 9:9, 13; 25:6, 9; 27:5;
　　　　　　　　　　　　　　　　　　　　　　36:3; 스 7:22; 8:26; 에 3:9; 마 18:24; 25:15, 16,
　　　달라/다오(give, ask)　　　　　　　17, 18, 20, 22, 24, 25, 28; 계 16:21
삿 11:13　그것을 평화롭게 돌려 **달라** 하니라
삿 14:15　꾀어 그 수수께끼를 우리에게 알려 **달라**　**달려가다(run)**
삼상 9:8　우리 길을 가르쳐 **달라** 하겠나이다　창 24:28　소녀가 **달려가서** 이 일을 어머니 집에

【 달려가다 】 　　　　　　　　　　　　　　　　　　　　　　　　　　　　　　　　【 달리 】

민 16:47　향로를 가지고 회중에게로 **달려간지**
수 7:22　장막에 **달려가** 본즉 물건이 그의 장막
삿 13:10　여인이 급히 **달려가서** 그의 남편에게
삼상 3:5　엘리에게로 **달려가서** 이르되 당신이
삼상 17:22　손에 맡기고 군대로 **달려가서** 형들에게
삼상 17:51　다윗이 **달려가서** 블레셋 사람을 밟고
삼상 20:36　**달려가서** 내가 쏘는 화살을 찾으라 하고
삼상 31:12　밤새도록 **달려가서** 사울의 시체를
삼하 18:22　**달려가게** 하소서 하니 요압이 이르되
　　　　　내 아들아 너는 왜 **달려가려** 하느냐
삼하 18:23　그가 한사코 **달려가겠노라** 하는지라
왕상 18:46　곳까지 아합 앞에서 **달려갔더라**
왕상 19:20　소를 버리고 엘리야에게로 **달려가서**
왕하 4:24　나를 위하여 **달려가기를** 멈추지 말라
시 119:32　내가 주의 계명들의 길로 **달려가리이다**
잠 1:16　악으로 **달려가며** 피를 흘리는 데 빠름
잠 4:12　곤고하지 아니하겠고 **달려갈** 때에 실족
잠 6:18　꾀하는 마음과 빨리 악으로 **달려가는**
잠 18:10　의인은 그리로 **달려가서** 안전함을 얻느
잠 28:17　피를 흘린 자는 함정으로 **달려갈** 것이니
아 1:4　우리가 너를 따라 **달려가리라** 우리가
렘 51:31　전령은 전령을 맞으려고 **달려가** 바벨론
단 8:6　분노한 힘으로 그것에게로 **달려가더니**
합 2:2　판에 명백히 새기되 **달려가면서도** 읽을
슥 2:4　이르되 너는 **달려가서** 그 소년에게 말하
마 27:48　**달려가서** 해면을 가져다가 신 포도주
눅 15:20　측은히 여겨 **달려가** 목을 안고 입을
눅 19:4　**달려가서** 보기 위하여 돌무화과나무에
눅 24:12　베드로는 일어나 무덤에 **달려가서** 구부
요 20:2　사랑하시던 그 다른 제자에게 **달려가서**
행 8:30　**달려가서** 선지자 이사야의 글 읽는
행 13:25　요한이 그 **달려갈** 길을 마칠 때에 말하
행 20:24　내가 **달려갈** 길과 주 예수께 받은 사명
빌 3:12　잡힌 바 된 그것을 잡으려고 **달려가노라**
빌 3:14　부르신 부름의 상을 위하여 **달려가노라**
딤후 4:7　싸움을 싸우고 나의 **달려갈** 길을 마치고

달려 내려가다

삿 5:15　골짜기로 **달려 내려가니** 르우벤 시냇가
행 21:32　백부장들을 거느리고 **달려 내려가니**

달려 돌아다니다

막 6:55　지방으로 **달려 돌아다니며** 예수께서

달려 들어가다

수 8:19　급히 일어나 성읍으로 **달려 들어가서**
느 4:11　그들 가운데 **달려 들어가서** 살륙하여
행 12:14　문을 미처 열지 못하고 **달려 들어가**
행 19:29　일제히 연극장으로 **달려 들어가는지라**
계 9:9　많은 말들이 전쟁터로 **달려 들어가는**

달려가다 - 기타 본문

창 18:7; 24:17, 20, 29; 29:12; 삼상 4:12; 10:23; 14:32;
삼하 2:19; 왕상 4:22, 26; 사 20:6; 막 15:36; 요 20:4

달려들다(overpower, sweep down on)

창 43:18　우리를 억류하고 **달려들어** 우리를 잡으
욥 1:17　낙타에게 **달려들어** 그것을 빼앗으며
욥 15:26　세우고 방패를 들고 하나님께 **달려드니**
욥 16:14　다시 치며 용사같이 내게 **달려드시니**
욥 30:14　몰려드는 것같이 내게로 **달려드니**
눅 11:53　거세게 **달려들어** 여러 가지 일을 따져
행 7:57　귀를 막고 일제히 그에게 **달려들어**
행 14:5　사도를 모욕하며 돌로 치려고 **달려드니**

달려오다(hurry, run)

창 29:13　생질 야곱의 소식을 듣고 **달려와서** 그를
창 33:4　에서가 **달려와서** 그를 맞이하여 안고
민 11:27　한 소년이 **달려와서** 모세에게 전하여
시 59:4　허물이 없으나 그들이 **달려와서** 스스로
삼하 18:24　보니 어떤 사람이 홀로 **달려오는지라**
삼하 18:26　**달려오는지라** 파수꾼이 … 한 사람이
　　　　　또 혼자 **달려온다** 하니 왕이 이르되
사 5:26　하실 것이라 보라 그들이 빨리 **달려올**
사 55:5　알지 못하는 나라가 네게로 **달려올** 것은
합 1:8　곳에서부터 빨리 **달려오는** 마병이라
막 5:6　그가 멀리서 예수를 보고 **달려와** 절하며
막 6:33　고을로부터 도보로 그 곳에 **달려와** 그들
막 9:15　예수를 보고 매우 놀라며 **달려와** 문안
막 9:25　**달려와** 모이는 것을 보시고 그 더러운
막 10:17　사람이 **달려와서** 꿇어 앉아 묻자오되
행 21:30　온 성이 소동하여 백성이 **달려와** 모여

달리(another, differently)

민 23:13　나와 함께 그들을 **달리** 볼곳으로 가자
겔 20:14　내 이름을 위하여 **달리** 행하였나니
겔 20:22　손을 막아 **달리** 행하였나니 내가 그들

537

【 달리다 】

행 17:21 말하고 듣는 것 이외에는 **달리** 시간을
빌 3:15 어떤 일에 너희가 **달리** 생각하면 하나님

달리다(run, hang)
1. 빨리 가다, 뛰어가다(run)
출 9:23 불을 내려 땅에 **달리게** 하시니 여호와
출 14:25 병거 바퀴를 벗겨서 **달리기가** 어렵게
삿 5:22 때에 군마가 빨리 **달리니** 말굽 소리가
삼상 8:11 그들이 그 병거 앞에서 **달릴** 것이며
삼상 17:48 블레셋 사람을 향하여 빨리 **달리며**
삼하 17:18 두 사람이 빨리 **달려서** 바후림 어떤
삼하 22:30 내가 주를 의뢰하고 적진으로 **달리며**
시 18:29 내가 주를 의뢰하고 적군을 향해 **달리며**
시 19:5 신랑과 같고 그의 길을 **달리기** 기뻐하는
시 147:15 보내시니 그의 말씀이 속히 **달리는도다**
잠 26:7 저는 자의 다리는 힘없이 **달렸나니** 미련
아 2:8 그가 산에서 **달리고** 작은 산을 빨리
아 8:14 너는 빨리 **달리라** 향기로운 산 위에
렘 2:23 암낙타가 그의 길을 어지러이 **달리는**
렘 3:13 여호와를 배반하고 네 길로 **달려** 이방인
렘 8:6 전쟁터로 향하여 **달리는** 말같이 각각
렘 12:5 네가 보행자와 함께 **달려도** 피곤하면
렘 46:9 **달려라** 병거들아 정신없이 **달려라**
렘 47:3 군마의 발굽 소리와 **달리는** 병거 바퀴
렘 51:31 **달리며** 전령은 전령을 맞으려고 **달려가**
욜 2:4 그의 모양은 말 같고 그 **달리는** 것은
욜 2:7 그들이 용사같이 **달리며** 무사같이
욜 2:9 성 위에 **달리며** 집에 기어오르며 도둑
암 6:12 말들이 어찌 바위 위에서 **달리겠으며**
나 2:4 **달리며** 대로에서 이리저리 빨리 **달리니**
나 2:5 그들이 엎드러질 듯이 **달려서** 급히 성에
나 3:2 병거 바퀴 소리, 뛰는 말, **달리는** 병거,
고전 9:24 다 **달릴지라도** 오직 상을 받는 사람은

2. 물건 등이 높이 걸리다(hang)
민 13:23 **달린** 가지를 베어 둘이 막대기
신 21:23 나무에 **달린** 자는 하나님께 저주를 받았
수 10:26 나무에 매달고 저녁까지 나무에 **달린**
삼상 14:6 구원은 사람이 많고 적음에 **달리지** 아니
삼하 18:10 압살롬이 상수리나무에 **달렸더이다**
대하 34:4 제단 위에 높이 **달린** 태양상들을 찍고
욥 41:30 날카로운 토기 조각 같은 것이 **달려**
잠 18:21 죽고 사는 것이 혀의 힘에 **달렸나니**
아 4:4 방패 천 개, 용사의 모든 방패가 **달린**

마 18:6 연자 맷돌이 그 목에 **달려서** 깊은 바다
눅 23:39 **달린** 행악자 중 하나는 비방하여 이르되
갈 3:13 기록된 바 나무에 **달린** 자마다 저주
벧전 2:24 친히 나무에 **달려** 그 몸으로 우리 죄를

달리다굼(Talitha koum) 아람어로 "소녀야,
일어나라"는 뜻
막 5:41 **달리다굼** 하시니 번역하면 곧 내가 네게

달마누다(Dalmanutha) 갈릴리 바다 근처
지역
막 8:10 제자들과 함께 배에 오르사 **달마누다**

달마디아(Dalmatia) 아드리아 해 동안 지역
딤후 4:10 갈라디아로, 디도는 **달마디아로** 갔으

달매(Talmai)
1. 아낙의 자손
민 13:22 아낙 자손 아히만과 세새와 **달매가** 있었
수 15:14 세 아들 곧 세새와 아히만과 **달매를**
삿 1:10 세새와 아히만과 **달매를** 죽였더라
2. 그술 왕으로 마아가의 아버지
삼하 3:3 그술 왕 **달매의** 딸 마아가의 아들이요
삼하 13:37 그술 왕 암미훌의 아들 **달매에게로** 갔고
대상 3:2 그술 왕 **달매의** 딸 마아가의 아들이요

달몬(Talmon) 성전 문지기
대상 9:17 문지기는 살룸과 악굽과 **달몬과** 아히만
느 11:19 성 문지기는 악굽과 **달몬과** 그 형제이
느 12:25 므술람과 **달몬과** 악굽은 다 문지기로

달문(Talmon) 성전 문지기
스 2:42 문지기의 자손들은 살룸과 아델과 **달문**
느 7:45 **달문** 자손과 악굽 자손과 하디다 자손

달본(Dalphon) 하만의 열 아들 중 하나
에 9:7 또 바산다다와 **달본과** 아스바다와

달빛(moon)
사 30:26 **달빛은** 햇빛 같겠고 햇빛은 일곱 배가

【 달시스 】

달시스(Tarshish) 야완의 아들
창 10:4 야완의 아들은 엘리사와 **달시스와** 깃딤

[달아나다]　　　　　　　　　　　　　　　　　　[담]

달아나다(flee, leave, run away)
창 14:10　고모라 왕이 **달아날** 때에 그들이 거기
민 24:11　그대의 곳으로 **달아나라** 내가 그대
욥 41:25　용사라도 두려워하며 **달아나리라**
사 51:11　위에 있고 슬픔과 탄식이 **달아나리이다**
렘 49:24　몸을 돌이켜 **달아나려** 하니 떨림이
애 1:6　뒤쫓는 자 앞에서 힘없이 **달아났도다**
마 8:33　자들이 **달아나** 시내에 들어가 이 모든
요 10:12　양을 버리고 **달아나나니** 이리가 양을
요 10:13　**달아나는** 것은 그가 삯꾼인 까닭에 양을

달아보다(weigh, heed)
삼상 2:3　하나님이시라 행동을 **달아보시느니라**
삼하 14:26　머리 털을 깎을 때에 그것을 **달아본즉**
왕상 7:47　솔로몬이 다 **달아보지** 아니하고 두었으
왕하 12:11　그 **달아본** 은을 일하는 자 곧 여호와
대상 20:2　왕관을 빼앗아 중량을 **달아보니** 금 한
스 8:34　모든 것을 다 세고 **달아보고** 그 무게
욥 6:2　괴로움을 **달아보며** 나의 파멸을 저울
욥 31:6　나를 공평한 저울에 **달아보시고** 그가
사 40:12　막대 저울로 언덕들을 **달아보았으랴**
단 5:27　데겔은 왕을 저울에 **달아보니** 부족함

달음(박)질/-하다(run)
삼상 20:38　지체 말고 빨리 **달음질하라** 하매
삼하 18:21　사람이 요압에게 절하고 **달음질하여**
삼하 18:23　아히마아스가 들길로 **달음질하여** 구스
삼하 18:27　사람의 **달음질이** … **달음질과** 같으니
사 40:31　**달음박질하여도** 곤비하지 아니하겠
렘 23:21　보내지 아니하였어도 **달음질하며**
암 2:14　**달음박질하는** 자도 도망할 수 없으며
마 28:8　떠나 제자들에게 알리려고 **달음질할새**
요 20:4　둘이 같이 **달음질하더니** 그 다른 제자
롬 9:16　**달음박질하는** 자로 말미암음도 아니요
고전 9:24　운동장에서 **달음질하는** 자들이 다 달릴
고전 9:26　그러므로 나는 **달음질하기를** 향방 없는
갈 2:2　**달음질하는** 것이나 **달음질한** 것이
갈 5:7　너희가 **달음질을** 잘 하더니 누가 너희
빌 2:16　말씀을 밝혀 나의 **달음질이** 헛되지
벧전 4:4　그런 극한 방탕에 **달음질하지** 아니하는

달콤하다(sweetness)
아 5:16　입은 심히 **달콤하니** 그 전체가 사랑스럽

달팽이(slug)
시 58:8　소멸하여 가는 **달팽이** 같게 하시며 만삭

달하다(reach, rise)
출 3:9　부르짖음이 내게 **달하고** 애굽 사람
렘 51:9　하늘에 미쳤고 궁창에 **달하였음이로다**

닭(poultry, rooster)
느 5:18　**닭도** 많이 준비하고 열흘에 한 번씩은
욥 6:6　먹히겠느냐 **닭의** 알 흰자위가 맛이 있겠
마 26:34　오늘 밤 **닭** 울기 전에 네가 세 번 나를
마 26:74　알지 못하노라 하니 곧 **닭이** 울더라
마 26:75　베드로가 예수의 말씀에 **닭** 울기 전에

■ 닭 - 기타 본문
막 13:35; 14:30, 72; 눅 22:34, 60, 61; 요 13:38; 18:27

닮다(like)
히 7:3　하나님의 아들과 **닮아서** 항상 제사장

닳다(wear away)
욥 14:19　물은 돌을 **닳게** 하고 넘치는 물은 땅의

담(wall)
창 49:22　곁의 무성한 가지라 그 가지가 **담을**
민 22:24　사이 좁은 길에 섰고 좌우에는 **담이**
민 22:25　몸을 **담에** 대고 발람의 발을 그 **담에**
삼상 25:16　함께 있어 밤낮 우리에게 **담이** 되었음
왕상 4:33　백향목으로부터 **담에** 나는 우슬초까지
왕하 4:10　그를 위하여 작은 방을 **담** 위에 만들고
왕하 9:33　그의 피가 **담과** 말에게 튀더라 예후가
욥 24:11　사람들의 **담** 사이에서 기름을 짜며 목말
시 18:29　하나님을 의지하고 **담을** 뛰어넘나이다
시 62:3　넘어지는 **담과** 흔들리는 울타리같이
시 80:12　어찌하여 그 **담을** 허시사 길을 지나가는
전 10:8　빠질 것이요 **담을** 허는 자는 뱀에게
사 5:5　당하게 하며 그 **담을** 헐어 짓밟히게
사 30:13　터진 **담이** 불쑥 나와 순식간에 무너짐
사 59:10　맹인같이 **담을** 더듬으며 눈 없는
렘 2:34　피가 묻었나니 그들이 **담** 구멍을 뚫었기

539

【 담그다 】 　　　　　　　　　　　　　　　【 담당하다 】

렘 39:4	동산 길을 따라 두 담 샛문을 통하여
겔 8:7	뜰 문에 이르시기로 내가 본즉 담에
겔 8:8	이 담을 헐라 하시기로 내가 그 담을
겔 13:10	어떤 사람이 담을 쌓을 때에 그들이
겔 13:12	담이 무너진즉 어떤 사람이 너희에게
겔 13:14	회칠한 담을 내가 이렇게 허물어서 … 담이 무너진즉 너희가 그 가운데에서
겔 13:15	노를 담과 회칠한 자에게 … 담도 없어
겔 33:30	인자야 네 민족이 담 곁에서와 집 문에
겔 40:5	본즉 집 바깥 사방으로 담이 있더라
겔 42:7	그 한 방의 바깥 담 곧 뜰의 담과 마주 대한 담의 길이는 쉰 척이니
겔 42:12	남쪽 방에 출입하는 문이 있는데 담
겔 42:15	문의 길로 나가서 사방 담을 측량하는
겔 42:20	그 사방 담 안 마당의 길이가 오백 척이 며 … 그 담은 거룩한 것과 속된 것을
겔 43:8	사이에 겨우 한 담이 막히게 하였고
호 2:6	가시로 그 길을 막으며 담을 쌓을 그로
암 7:7	다림줄을 가지고 쌓은 담 곁에 주께서
합 2:11	담에서 돌이 부르짖고 집에서 들보가
행 23:3	바울이 이르되 회칠한 담이여 하나님
엡 2:14	중간에 막힌 담을 자기 육체로 허시고

담그다(put in)

레 11:32	물에 담그라 저녁까지 부정하다가

담다/담기다(put)

창 43:11	아름다운 소산을 그릇에 담아 가지고
출 2:3	나무 진을 칠하고 아기를 거기 담아
출 12:22	담은 피에 적셔서 그 피를 문 인방
출 12:34	그 백성이 발교되지 못한 반죽 담은
출 16:33	그 속에 만나 한 오멜을 담아 여호와
출 24:6	반은 여러 양푼에 담고 반은 제단에
출 27:3	재를 담는 통과 부삽과 대야와 고기
출 30:18	제단 사이에 두고 그 속에 물을 담으라
레 10:1	명령하시지 아니하신 다른 불을 담아
레 11:34	축축한 식물이 거기 담겼으면 부정하 여질 것이요 그같은 그릇에 담긴 마실
민 5:17	토기에 거룩한 물을 담고 성막 바닥의
민 16:7	여호와 앞에서 그 향로에 불을 담고
신 23:24	되느니라 그러나 그릇에 담지는 말 것이며
신 26:2	가져다가 광주리에 담고 네 하나님
수 9:13	우리가 포도주를 담은 이 가죽 부대를
삿 5:25	엉긴 우유를 귀한 그릇에 담아 주었고
삿 6:19	고기를 소쿠리에 담고 국을 양푼에 담아
삼상 6:8	금으로 만든 물건들은 상자에 담아
삼하 14:14	땅에 쏟아진 물을 다시 담지 못함 같으니
왕상 1:39	가운데에서 기름 담은 뿔을 가져다가
왕상 7:26	였으니 그 바다에는 이천 밧을 담겠더라
왕상 7:38	물두멍마다 각각 사십 밧을 담게 하였
왕하 2:20	엘리사가 이르되 새 그릇에 소금을 담아
왕하 4:42	보리떡 이십 개와 또 자루에 담은 채소
왕하 10:7	머리를 광주리에 담아 이스르엘 예후
시 56:8	나의 눈물을 주의 병에 담으소서 이것
사 40:12	땅의 티끌을 되에 담아 보았으며 접시
사 66:20	예물을 깨끗한 그릇에 담아 여호와의
렘 32:14	매매 증서를 가지고 토기에 담아 오랫
렘 48:12	술을 옮겨 담는 사람을 보낼 것이라
애 3:21	내 마음에 담아 두었더니 그것이 오히려
겔 4:9	조와 귀리를 가져다가 한 그릇에 담고
미 3:3	솥 가운데에 담을 고기처럼 하는도다
마 13:48	것은 그릇에 담고 못된 것은 내버리
마 25:4	슬기 있는 자들은 그릇에 기름을 담아
눅 7:37	계심을 알고 향유 담은 옥합을 가지고
눅 9:44	이 말을 너희 귀에 담아 두라 인자가
요 19:29	포도주가 가득히 담긴 그릇이 있는지라
행 9:25	제자들이 밤에 사울을 광주리에 담아
히 9:4	안에 만나를 담은 금 항아리와 아론의
계 8:5	제단의 불을 담아다가 땅에 쏟으매 우레

담다/담기다 – 기타 본문

출 29:3; 40:7, 30; 민 16:18, 46; 19:17; 삼상 6:11, 15; 대하 4:5; 사 65:4; 겔 23:32; 24:4-5; 27:24; 45:11; 계 15:7; 21:9

담당자(擔當者, worker)

대하 34:13	공사 담당자를 감독하고 어떤 레위 사람

담당하다(擔當, share, bear)

출 18:22	함께 담당할 것인즉 일이 네게 쉬우리라
출 28:38	성물과 관련된 죄책을 담당하게 하라
레 10:17	회중의 죄를 담당하여 그들을 위하여
레 17:16	씻지 아니하면 그가 죄를 담당하리라
레 19:8	더럽힘으로 말미암아 죄를 담당하리니
레 19:17	네가 그에 대하여 죄를 담당하지 아니
레 24:15	그의 하나님을 저주하면 죄를 담당할 것

담대하다

민 11:17	짐을 **담당하고** 너 혼자 **담당하지**
민 14:34	사십 년간 너희의 죄악을 **담당할지니**
민 18:1	제사장 직분에 대한 죄를 함께 **담당할**
신 1:12	힘겨운 일과 너희의 다투는 일을 **담당할**
삿 19:20	쓸 것은 모두 내가 **담당할** 것이니
사 53:6	모두의 죄악을 그에게 **담당시키셨도다**
사 53:11	또 그들의 죄악을 친히 **담당하리로다**
사 53:12	그가 많은 사람의 죄를 **담당하며** 범죄자
겔 4:4	눕는 날수대로 그 죄악을 **담당할지니라**
겔 16:58	네 가증한 일을 네가 **담당하였느니라**
겔 18:19	아들이 어찌 아버지의 죄를 **담당하지**
겔 44:12	그 죄악을 **담당하였느니라** 주 여호와
마 8:17	우리의 연약한 것을 친히 **담당하시고**
눅 11:50	모든 선지자의 피를 이 세대가 **담당하되**
롬 15:1	믿음이 약한 자의 약점을 **담당하고**
히 9:28	많은 사람의 죄를 **담당하시려고**
벧전 2:24	그 몸으로 우리 죄를 **담당하셨으니**

담당하다 – 기타 본문

레 20:17, 19, 20; 민 9:13; 18:23, 32; 30:15; 애 5:7; 겔 4:5, 6; 14:10; 16:52, 54; 18:20; 23:35, 49; 44:10, 13; 미 6:16; 눅 11:51

담대하다 (膽大, encourage, strengthen)

민 13:20	있는지 없는지를 탐지하라 **담대하라**
신 1:38	그를 **담대하게** 하라 그가 이스라엘에
신 3:28	여호수아에게 명령하고 그를 **담대하게**
신 31:6	너희는 강하고 **담대하라** 두려워하지
신 31:7	너는 강하고 **담대하라** 너는 이 백성을
신 31:23	강하고 **담대하라** 내가 너와 함께 하리라
수 1:6	강하고 **담대하라** 너는 내가 그들의 조상
수 1:7	강하고 극히 **담대하여** 나의 종 모세가
수 1:9	강하고 **담대하라** 두려워하지 말며 놀라
수 1:18	당하리니 오직 강하고 **담대하소서**
수 10:25	놀라지 말고 강하고 **담대하라** 너희가
삼하 10:12	너는 **담대하라** 우리가 우리 백성과
삼하 11:25	함락시키라 하여 너는 그를 **담대하게**
삼하 24:9	이스라엘에서 칼을 빼는 **담대한** 자가
대상 22:13	강하고 **담대하여** 두려워하지 말고 놀라
대상 28:20	너는 강하고 **담대하게** 이 일을 행하라
욥 41:10	격동시킬 만큼 **담대하지** 못하거든
시 27:14	강하고 **담대하며** 여호와를 기다릴지
시 31:24	바라는 너희들아 강하고 **담대하라**

담대히

잠 28:1	도망하나 의인은 사자같이 **담대하니라**
전 8:11	악을 행하는 데에 마음이 **담대하도다**
렘 30:21	참으로 **담대한** 마음으로 내게 가까이
요 16:33	너희가 환난을 당하나 **담대하라** 내가
행 4:13	그들이 베드로와 요한이 **담대하게** 말함
행 23:11	바울 곁에 서서 이르시되 **담대하라**
행 28:15	하나님께 감사하고 **담대한** 마음을 얻으
행 28:31	그리스도에 관한 모든 것을 **담대하게**

"그를 향하여 우리가 가진 바 담대함이 이것이니 그의 뜻대로 무엇을 구하면 들으심이라"(요일 5:14)

롬 10:20	이사야는 매우 **담대하여** 내가 나를 찾지
고후 5:6	우리가 항상 **담대하여** 몸으로 있을 때에
고후 5:8	우리가 **담대하여** 원하는 바는 차라리
고후 7:4	너희를 향하여 **담대한** 것도 많고 너희
고후 10:1	너희에 대하여 **담대한** 나 바울은 이제
고후 10:2	나로 하여금 이 **담대한** 태도로 대하지
고후 11:21	누가 무슨 일에 **담대하면** 어리석은 말이
엡 3:12	믿음으로 말미암아 **담대함과** 확신을
빌 1:20	지금도 전과 같이 온전히 **담대하여** 살든
몬 1:8	그리스도 안에서 아주 **담대하게** 네게
히 10:35	너희 **담대함을** 버리지 말라 이것이
요일 2:28	강림하실 때에 우리로 **담대함을** 얻어
요일 3:21	없으면 하나님 앞에서 **담대함을** 얻고
요일 4:17	우리로 심판 날에 **담대함을** 가지게
요일 5:14	우리가 가진 바 **담대함이** 이것이니

담대히 (膽大, bold, boldly)

출 14:8	뒤를 따르니 이스라엘 자손이 **담대히**
삼하 2:7	너희는 손을 강하게 하고 **담대히** 할지
삼하 10:12	하나님의 성읍들을 위하여 **담대히** 하자
삼하 13:28	아니냐 너희는 **담대히** 용기를 내라 한
대하 32:7	너희는 마음을 강하게 하며 **담대히** 하고
행 2:29	다윗에 대하여 **담대히** 말할 수 있노니
행 4:29	종들로 하여금 **담대히** 하나님의 말씀
행 4:31	무리가 다 성령이 충만하여 **담대히**
행 9:27	어떻게 예수의 이름으로 **담대히** 말하
행 9:29	예수의 이름으로 **담대히** 말하고 헬라파
행 13:46	바울과 바나바가 **담대히** 말하여 이르되

【 담력 】　　　　　　　　　　　　　　　　　　　　　　　　　　　　　　【 답장/-하다 】

행 14:3　힘입어 **담대히** 말하니 주께서 그들의
행 18:26　회당에서 **담대히** 말하기 시작하거늘
행 19:8　달 동안 **담대히** 하나님 나라에 관하여
행 26:26　내가 왕께 **담대히** 말하노니 이 일에
롬 15:15　주신 은혜로 말미암아 더욱 **담대히** 대략
고후 3:12　이같은 소망이 있으므로 **담대히** 말하
고후 10:2　내가 **담대히** 대하는 것같이 너희와
엡 6:19　입을 열어 복음의 비밀을 **담대히** 알리
엡 6:20　이 일에 당연히 할 말을 **담대히** 하게
빌 1:14　하나님의 말씀을 더욱 **담대히** 전하게
히 4:16　은혜의 보좌 앞에 **담대히** 나아갈 것이
히 13:6　**담대히** 말하되 주는 나를 돕는 이시니

담력(膽力, strength, embolden)
대하 25:11　아마샤가 **담력**을 내어 그의 백성을 거느
고전 8:10　약한 자들의 양심이 **담력**을 얻어 우상
딤전 3:13　안에 있는 믿음에 큰 **담력**을 얻느니
히 10:19　힘입어 성소에 들어갈 **담력**을 얻었나니

담론하다(談論, confront with evidence)
삼상 12:7　내가 여호와 앞에서 너희와 **담론하리라**

담무스(Tammuz)　바벨론 사람들이 섬긴 남신
겔 8:14　여인들이 앉아 **담무스**를 위하여 애곡

담보/-하다(擔保, put up security for)
창 43:9　내가 그를 위하여 **담보**가 되오리니
창 44:32　아버지에게 아이를 **담보하기**를 내가
잠 6:1　네가 만일 이웃을 위하여 **담보하며**

담보물(擔保物, pledge)
창 38:17　당신이 그것을 줄 때까지 **담보물**을 주겠
창 38:18　유다가 이르되 무슨 **담보물**을 네게 주랴
창 38:20　여인의 손에서 **담보물**을 찾으려 하였
욥 17:3　청하건대 나에게 **담보물**을 주소서

담즙(膽汁, gall)
애 3:19　내 고초와 재난 곧 쑥과 **담즙**을 기억

담판하다(談判, contend)
시 127:5　원수와 **담판할** 때에 수치를 당하지 아니

담화하다(談話, talk)
삼상 9:25　사울과 함께 지붕에서 **담화하고**

담황옥(淡黃玉, topaz)　투명한 노란색의 보석
계 21:20　아홉째는 **담황옥**이요 열째는 비취옥

답답하다(distress, angry, discourage)
창 32:7　야곱이 심히 두렵고 **답답하여** 자기와
왕상 20:43　이스라엘 왕이 근심하고 **답답하여** 그의
왕상 21:4　아합이 근심하고 **답답하여** 왕궁으로
렘 4:19　내 마음이 **답답하여** 잠잠할 수 없으니
렘 20:9　사무치니 **답답하여** 견딜 수 없나이다
눅 12:50　이루어지기까지 나의 **답답함이** 어떠
고후 4:8　**답답한** 일을 당하여도 낙심하지 아니

답례하다(答禮, give)
대하 9:12　스바 여왕이 가져온 대로 **답례하고**

답바옷(Tabbaoth)　**답바옷** 자손의 조상
스 2:43　시하 자손과 하수바 자손과 **답바옷** 자손
느 7:46　시하 자손과 하수바 자손과 **답바옷** 자손

답밧(Tabbath)　요단 동편 지역
삿 7:22　**답밧**에 가까운 아벨므홀라의 경계에

답베셋(Dabbesheth)　스불론에게 분배된 서편 땅
수 19:11　마랄라에 이르러 **답베셋**을 만나 욕느암

답부아(Tappuah)
1. 여호수아가 정복한 성읍
수 12:17　하나는 **답부아** 왕이요 하나는 헤벨 왕이
수 15:34　사노아와 엔간님과 **답부아**와 에남과
수 15:53　야님과 벧 **답부아**와 아베가와
2. 므낫세에게 분배된 땅으로 에브라임에게 속한 성읍
수 16:8　또 **답부아**에서부터 서쪽으로 지나서
수 17:8　**답부아** 땅은 므낫세에게 속하였으되 므낫세 경계에 있는 **답부아**는 에브라임
3. 갈렙 자손 헤브론의 둘째 아들
대상 2:43　헤브론의 아들들은 고라와 **답부아**와

답장/-하다(答狀, reply by letter)
대하 2:11　두로 왕 후람이 솔로몬에게 **답장하여**

【 닷드내 】 　　　　　　　　　　　　　　　　　【 당시 】

스 5:5 　다리오에게 아뢰고 그 **답장**이 오기를

닷드내(Tattenai) 유브라데 강 서부 전 지역을 다스린 바사 총독
스 5:3 　총독 **닷드내**와 스달보스내와 그들의
스 5:6 　건너편 총독 **닷드내**와 스달보스내와
스 6:6 　건너편 총독 **닷드내**와 스달보스내와
스 6:13 　건너편 총독 **닷드내**와 스달보스내와

닷딤훗시(Tahtim Hodshi) 다윗의 인구 조사에 포함된 성읍
삼하 24:6 　길르앗에 이르고 **닷딤훗시** 땅에 이르

닷새(five day)
민 11:19 　하루나 이틀이나 **닷새**나 열흘이나 스무
행 20:6 　빌립보에서 배로 떠나 **닷새** 만에 드로아
행 24:1 　**닷새** 후에 대제사장 아나니아가 어떤

당(黨, company, faction, selfish, ambition, conspiracy)
민 16:1 　아비람과 벨렛의 아들 온이 **당**을 짓고
시 16:17 　갈라져 다단을 삼키며 아비람의 **당**을
시 106:18 　불이 그들의 **당**에 붙음이여 화염이 악인
행 23:12 　날이 새매 유대인들이 **당**을 지어 맹세
롬 2:8 　**당**을 지어 진리를 따르지 아니하고 불의
고후 12:20 　다툼과 시기와 분냄과 **당** 짓는 것과
갈 5:20 　분쟁과 시기와 분냄과 **당** 짓는 것과
계 2:6 　네가 니골라 **당**의 행위를 미워하는도다
계 2:15 　네게도 니골라 **당**의 교훈을 지키는 자들

당국자(當局者, authority, ruler)
요 7:26 　**당국자**들은 이 사람을 참으로 그리스도
요 7:48 　**당국자**들이나 바리새인 중에 그를 믿는

당기다(bend, draw, pull)
삼하 22:35 　하시니 내 팔이 놋 활을 **당기도다**
왕상 22:34 　한 사람이 무심코 활을 **당겨** 이스라엘
왕하 9:24 　예후가 힘을 다하여 활을 **당겨** 요람의
대상 5:18 　칼을 들며 활을 **당겨** 싸움에 익숙한
대하 14:8 　방패를 잡으며 활을 **당기는** 자가 이십
대하 18:33 　한 사람이 무심코 활을 **당겨** 이스라엘
시 7:12 　가심이여 그의 활을 이미 **당기어** 예비
시 11:2 　악인이 활을 **당기고** 화살을 시위에

시 18:34 　하시니 내 팔이 놋 활을 **당기도다**
시 21:12 　얼굴을 향하여 활시위를 **당기리로다**
시 37:14 　악인이 칼을 빼고 활을 **당겨** 가난하고
사 5:28 　화살은 날카롭고 모든 활은 **당겨졌으며**
사 21:15 　칼날을 피하며 뺀 칼과 **당긴** 활과 전쟁
사 66:19 　뿔과 활을 **당기는** 룻과 및 두발과 야완
렘 9:3 　그들이 활을 **당김같이** 그들의 혀를
렘 46:9 　활을 **당기는** 루딤 사람이여 나올지니라
렘 50:14 　활을 **당기는** 모든 자여 화살을 아끼지
렘 50:29 　활을 **당기는** 자여 그 사면으로 진을
렘 51:3 　활을 **당기는** 자를 향하며 갑옷을 입고
애 2:4 　원수같이 그의 활을 **당기고** 대적처럼
애 3:12 　활을 **당겨** 나를 화살의 과녁으로 삼으심
슥 9:13 　내가 유다를 **당긴** 활로 삼고 에브라임
마 9:16 　기운 것이 그 옷을 **당기어** 해어짐이
막 2:21 　새 것이 낡은 그것을 **당기어** 해어짐이

당당하다(堂堂, majestic)
아 6:4 　깃발을 세운 군대같이 **당당하구나**
아 6:10 　맑고 깃발을 세운 군대같이 **당당한**
합 1:7 　그들은 두렵고 무서우며 **당당함**과 위엄

당대(當代, time)
창 6:9 　노아는 의인이요 **당대**에 완전한 자라

당돌하다/당돌히(唐突, bold, boldly)
막 15:43 　요셉이 와서 **당돌히** 빌라도에게 들어
벧후 2:10 　**당돌하고** 자긍하며 떨지 않고 영광

당번(當番, on duty)
대하 23:4 　안식일에 **당번**인 자들의 삼분의 일은
대하 23:8 　안식일에 **당번**인 자와 안식일에 비번

당부하다(當付, command)
창 28:1 　또 **당부하여** 이르되 너는 가나안

당시(當時, at that time, in those days)
창 6:4 　**당시**에 땅에는 네피림이 있었고
창 14:1 　**당시**에 시날 왕 아므라벨과 엘라살 왕
민 26:10 　그들이 죽었고 **당시**에 불이 이백오십
신 1:39 　아이들과 **당시**에 선악을 분별하지
신 17:9 　레위 사람 제사장과 **당시** 재판장에게
신 19:17 　나아가 그 **당시**의 제사장과 재판장 앞에

543

【 당신 】　　　【 당장 】

수 20:6　그 **당시** 대제사장이 죽기까지 그 성읍
삼상 17:12 이새는 사울 **당시** 사람 중에 나이가
왕하 16:6　**당시**에 아람의 왕 르신이 엘랏을 회복
왕하 23:29 요시야 **당시**에 애굽의 왕 바로 느고가
에 1:2　　**당시**에 아하수에로 왕이 수산 궁에서
행 13:36　다윗은 **당시**에 하나님의 뜻을 따라 섬기
히 12:11　징계가 **당시**에는 즐거워 보이지 않고

당신(當身, you)
창 16:5　내가 받는 모욕은 **당신**이 받아야 옳도다
창 16:6　**당신**의 여종은 **당신**의 … **당신**의 눈에
창 18:4　가져오게 하사 **당신**들의 발을 씻으시
창 18:5　**당신**들의 마음을 상쾌하게 하신 후에

▣ 당신 – 기타 본문

모세오경 창 22:20; 23:4, 6, 8, 9, 11, 13, 15; 24:14, 19, 44, 46, 49, 51; 30:16; 31:16; 32:26, 29; 37:7; 38:16, 17, 18; 39:9, 17, 19; 40:7, 13, 14, 19; 42:10, 11, 13; 44:7, 8, 9, 18; 45:4, 5, 7, 8, 9, 12, 13, 24; 46:33, 34; 50:16, 17, 18, 20, 21, 24, 25; 출 2:7; 4:25; 5:15, 16; 10:29; 14:11, 12; 17:3; 20:19; 32:21, 22; 민 10:31, 32; 13:27; 20:14, 16, 17, 19; 21:7, 22; 22:28, 30, 34; 23:3, 15, 26; 24:12, 14; 31:49; 32:4, 5, 31; 신 1:14; 5:27; 26:3 **역사서** 수 1:16, 17, 18; 9:8, 9, 11, 12, 24, 25; 10:6; 14:6, 12; 17:14; 삿 4:8; 8:22; 9:31, 32, 33; 11:6, 8, 10, 19; 13:11, 12, 15, 17; 14:16; 16:6, 9, 10, 12, 13, 14, 15, 20; 19:19; 룻 2:4, 10, 13; 3:9; 4:2; 삼상 1:16, 18, 26; 3:5, 6, 8; 4:17; 7:8; 8:5; 9:12, 13, 21; 12:4, 19; 13:11; 14:7, 28; 15:13, 15, 21, 24, 30; 16:16; 19:11; 21:3, 8; 22:3; 24:4; 25:17, 40; 26:8; 27:5; 28:2, 12, 16, 22; 29:8; 30:15; 삼하 3:8; 9:2, 6; 10:3; 12:7, 13, 14; 13:4, 24, 35; 14:7, 12, 15, 17; 15:8, 15; 17:3, 11, 21; 18:12, 13; 19:14, 36, 37; 20:17, 19, 21; 왕상 1:12, 13, 14, 45; 2:15, 16, 17, 39; 5:3, 6, 8, 9; 10:6, 7, 8, 9; 15:19; 17:12, 18, 24; 18:7, 9, 10, 11, 12, 14, 18; 19:20; 20:34; 22:4, 13, 18, 30, 49; 왕하 1:13, 14; 2:2, 3, 4, 5, 6, 16; 3:7, 13, 14, 18, 19; 4:1, 16, 30; 5:6, 13, 15, 17, 18, 22, 25; 6:1, 3; 8:9, 13; 9:5; 10:5; 18:26; 19:4, 9; 20:19; 대상 12:18; 대하 2:3, 7, 8, 10, 11, 14, 16; 9:5, 6, 7, 8; 16:3; 18:3, 12, 17, 29; 스 4:12; 10:4, 12; 느

5:12; 에 4:16 **시가서** 욥 2:9; 7:20; 32:6, 11, 12, 13, 14, 16 **선지서** 사 4:1; 36:11; 37:4; 39:8; 렘 20:15; 27:13, 14; 38:12; 42:2, 3, 5, 6; 단 1:12; 13; 암 6:8 **신약** 마 3:14; 8:29; 9:14; 11:3; 12:2, 47; 14:4; 15:2; 22:17; 25:24, 25; 막 1:24; 2:18; 3:11, 32; 5:7; 7:5; 12:14; 눅 4:34, 41; 5:33; 7:19, 20; 8:20, 28; 9:40; 11:27; 13:31; 15:27; 19:16, 18, 20, 21, 39; 20:2, 21; 23:42; 24:18; 요 1:49; 3:2; 4:9, 11, 12, 20; 6:30; 7:3, 20; 9:27, 30; 10:24; 18:30; 20:15; 21:12; 행 10:22, 33; 21:37; 23:18, 20, 21, 30; 24:3, 4, 8, 10, 11, 13, 14, 19; 25:10, 24, 26; 26:2, 3, 8, 29; 계 7:14; 14:15

당아/–새(desert owl)
신 14:17　**당아**와 올응과 노자와
사 34:11　**당아새**와 고슴도치가 그 땅을 차지하
습 2:14　　**당아**와 고슴도치가 그 기둥 꼭대기에

당연하다/당연히(當然, justly, rightly)
삿 6:30　아들을 끌어내라 그는 **당연히** 죽을지니
렘 10:7　**당연한** 일이라 여러 나라와 여러 왕국
요 19:7　법대로 하면 그가 **당연히** 죽을 것은
엡 6:20　나로 이 일에 **당연히** 할 말을 담대히
살후 1:3　하나님께 감사할지니 이것이 **당연함**
히 10:29　성령을 욕되게 하는 자가 **당연히** 받을

당일(當日, that same day)
신 24:15　품삯을 **당일**에 주고 해 진 후까지
수 10:35　모든 사람을 **당일**에 진멸하여 바쳤으
삿 20:21　**당일**에 이스라엘 사람 이만 이천 명을
삿 20:35　베냐민을 치시매 **당일**에 이스라엘 자손
삼상 4:12　**당일**에 어떤 베냐민 사람이 진영에서
대하 35:16 이와 같이 **당일**에 여호와를 섬길 일이
겔 23:38　**당일**에 내 성소를 더럽히며 내 안식일
슥 11:11　**당일**에 곧 폐하매 내 말을 지키던 가련
눅 23:12　전에는 원수였으나 **당일**에 서로 친구

당장(當場, as a direct result, at once)
출 21:20　여종을 쳐서 **당장**에 죽으면 반드시 형벌
신 7:10　그를 미워하는 자에게는 **당장**에 보응
삼하 18:11 어찌하여 **당장**에 쳐서 땅에 떨어뜨리지
삼하 23:7　하리니 그것들이 **당장**에 불살리리로다
욥 5:3　　내리는 것을 보고 그의 집을 **당장**에

【 당치 않다 】　　　　　　　　　　　　　　　　　　　　　　【 당하다 】

잠 6:15　재앙이 갑자기 내려 **당장**에 멸망하여
잠 12:16　미련한 자는 **당장** 분노를 나타내거니
눅 19:11　하나님의 나라가 **당장**에 나타날 줄로

당치 않다(that's not true)
왕하 9:12　무리가 이르되 **당치 아니한** 말이라

당파(黨派, party)
행 5:17　사두개인의 **당파**가 다 마음에 시기가

당하다(堂, become, be able to stand up)
창 7:23　땅에서 쓸어버림을 **당하였으되** 오직
창 38:23　우리가 부끄러움을 **당할까** 하노라

출 3:16　너희가 애굽에서 **당한** 일을 확실히 보았
레 21:7　그들은 부정한 창녀나 이혼 **당한** 여인
레 22:22　지체에 베임을 **당한** 것이나 종기 있는
민 29:39　너희가 이 절기를 **당하거든** 여호와께
민 36:4　이스라엘 자손의 희년을 **당하여** 그 기업
왕하 2:9　나를 네게서 데려감을 **당하기** 전에
스 9:7　사로잡히며 노략을 **당하며** 얼굴을 부끄
욥 28:16　청옥수나 남보석으로도 그 값을 **당하지**
시 37:25　의인이 버림을 **당하거나** 그의 자손이
잠 21:30　모략으로도 여호와를 **당하지** 못하느
잠 29:1　사람은 갑자기 패망을 **당하고** 피하지
사 13:16　목전에서 메어침을 **당하겠고** 그들의
렘 10:19　상처여 내가 중상을 **당하였도다** 그러나

'당하다'와 관련된 성구

고난/고통/곤고/곤란/노/압제/재난/재앙/질고/학대/해/화/환난 **당하다** – 출 5:22; 18:8; 민 11:15; 21:29; 신 4:30; 28:29, 53; 31:21, 29; 수 6:18; 삿 11:7; 삼상 5:11; 22:2; 28:21; 삼하 19:7; 대하 33:12; 느 1:3; 9:27, 32; 에 8:6; 욥 15:20; 30:24; 31:29; 시 9:9; 10:6, 18; 73:14; 88:15; 90:15; 116:10; 잠 9:12; 18:24; 19:23; 22:14; 전 5:14; 사 33:1; 53:4, 10; 65:23; 66:7; 렘 2:27, 28; 24:9; 29:18; 30:14; 44:17; 애 1:20; 욥 1:13; 합 3:7; 습 3:15; 슥 10:2; 마 14:24; 요 16:33; 고후 1:8; 7:5; 살전 2:2; 히 2:18; 벧전 2:23; 5:9, 10

곤욕/굴욕/능욕/멸시/모욕/부끄러움/수치/욕치욕 **당하다** – 느 2:17; 에 6:13; 욥 8:22; 시 6:10; 22:5; 25:3, 20; 31:11; 35:4, 26; 37:19; 39:8; 40:14; 44:7, 9, 13; 53:5; 69:6; 70:2; 71:1, 13, 24; 83:17; 89:41; 97:7; 109:28; 119:31, 46, 78, 80, 141; 127:5; 129:5; 잠 18:13; 사 1:29; 9:1; 13:16; 16:14; 19:9; 24:23; 30:5; 37:27; 41:11; 42:17; 44:9, 11; 45:16, 17, 24; 49:7, 23; 50:6, 7; 53:3, 7, 8; 54:4; 65:13; 66:5; 렘 2:26, 36; 8:9; 9:19; 10:14; 12:13; 15:9, 15; 17:13, 18; 20:11; 22:22; 23:40; 24:9; 46:24; 48:1, 13; 49:23; 50:2, 12; 51:17, 51; 겔 22:16;

36:6; 36:7, 30; 단 9:7, 16; 12:2; 호 4:19; 욜 2:19, 26, 27; 옵 1:10; 미 3:7; 습 3:11; 슥 14:2; 막 9:12; 눅 18:32; 행 8:33; 롬 9:33; 10:11; 고전 4:12; 고후 9:4; 살전 2:2; 벧전 2:6, 23; 3:16; 4:14

멸망/벌/살육/살해/죽임/진노/진멸/파멸/형벌 **당하다** – 출 12:30; 19:12; 32:28; 레 5:17; 19:20; 3:10; 16:29; 18:7; 19:18; 25:14, 15, 18; 31:19; 신 7:26; 18:20; 24:16; 삿 6:31; 20:4; 삼상 4:2, 11; 5:11; 19:6; 28:10; 삼하 1:19, 25; 13:32; 왕상 2:24, 37, 42; 11:15; 왕하 11:2; 16; 대상 5:22; 7:21; 10:1, 8; 대하 13:17; 22:11; 에 7:4; 시 44:22; 83:17; 88:5; 89:10; 잠 14:35; 24:11; 사 9:16; 10:4; 13:19; 14:30; 22:2; 26:21; 27:7; 34:2, 3; 37:19; 43:28; 49:19; 65:12; 66:16; 렘 4:30; 9:1; 18:21; 25:18, 33; 40:15; 44:18; 48:4, 15; 51:4, 47, 49; 애 2:20; 겔 6:4, 7, 13; 26:15; 28:8; 30:4, 11; 31:17, 18; 32:20, 21, 22, 23, 24, 25, 26, 28, 29, 30, 31, 32; 33:4; 35:8; 37:9; 단 2:18; 5:30; 7:11; 호 13:16; 옵 1:9; 미 7:9; 나 1:12; 3:3; 습 2:12; 마 15:4; 16:21; 17:23; 막 7:10; 8:31; 9:31; 눅 9:22; 11:51; 21:24; 행 5:36; 8:1; 롬 7:4; 8:36; 고후 6:9; 히 11:37; 벧전 3:18; 벧후 2:12; 계 2:13; 5:6, 12; 6:9, 11; 9:18; 11:5; 13:8; 18:24

【 당하다 】　　　　　　　　　　　　　　　　　　　【 닿다 】

렘 14:16	예루살렘 거리에 던짐을 **당할** 것인즉
렘 22:19	던져지고 나귀같이 매장함을 **당하리라**
렘 38:17	성이 불사름을 **당하지** 아니하겠고 너와
렘 48:7	너도 정복을 **당할** 것이요 그모스는 그의
겔 23:32	네가 마시고 코웃음과 조롱을 **당하리라**
나 3:19	항상 네게 행패를 **당하였음**이 아니더냐
마 11:12	지금까지 천국은 침노를 **당하나니** 침노
마 24:40	데려가고 한 사람은 버려둠을 **당할** 것이
마 27:12	장로들에게 고발을 **당하되**
눅 12:9	사자들 앞에서 부인을 **당하리라**
눅 18:32	이방인들에게 넘겨져 희롱을 **당하고**
요 12:42	못하니 이는 출교를 **당할까** 두려워함
행 2:27	주의 거룩한 자로 썩음을 **당하지** 않게
행 2:31	육신이 썩음을 **당하지** 아니하시라
행 13:34	일으키사 다시 썩음을 **당하지** 않게
고전 6:7	차라리 불의를 **당하는** 것이 낫지 아니
고전 9:27	자신이 도리어 버림을 **당할까** 두려워
고후 4:9	거꾸러뜨림을 **당하여도** 망하지 아니
빌 1:12	내가 **당한** 일이 도리어 복음 전파에
골 4:3	내가 이 일 때문에 매임을 **당하였노라**
히 6:8	가시와 엉겅퀴를 내면 버림을 **당하고**
히 10:34	소유를 빼앗기는 것도 기쁘게 **당한** 것은
히 12:1	버리고 인내로써 우리 앞에 **당한** 경주
약 1:2	여러 가지 시험을 **당하거든** 온전히 기쁘
벧전 4:12	불 시험을 이상한 일 **당하는** 것같이
계 20:4	하나님의 말씀 때문에 목 베임을 **당한**

▣ 당하다 – 기타 본문

구약 창 42:29; 49:1; 출 27:9; 레 21:14; 22:13, 24; 26:23; 민 5:31; 30:9; 신 1:31; 7:24; 9:2; 11:25; 15:6; 31:17; 수 10:8; 삿 2:14; 삼상 2:34; 5:12; 6:9; 25:39; 삼하 17:9; 왕상 20:40; 왕하 3:26; 8:29; 10:4; 18:14; 대상 19:5; 스 9:13; 느 4:4; 9:28, 33; 에 4:7; 9:26; 욥 9:29; 13:13; 19:7, 26; 28:15; 34:20; 시 9:18; 32:2; 37:2; 44:14; 58:10; 73:5; 80:16; 89:41; 106:43; 잠 10:31; 11:15; 13:2; 17:21; 20:20; 30:10, 31; 전 2:14; 15; 3:19; 10:9; 사 5:5; 6:13; 7:17; 10:34; 13:16; 14:15; 17:2, 14; 22:3; 24:6, 10; 26:18; 28:18; 41:22; 42:22, 24; 50:6; 53:8; 54:17; 57:1; 59:15; 60:15; 렘 1:17; 4:20, 29; 5:13; 6:18; 10:10; 15:2, 9, 13; 23:12; 30:16; 36:30; 38:23; 42:14; 44:8; 48:41; 49:32; 50:10; 애 5:1; 겔 7:24; 19:12; 21:25, 29;

23:8, 30, 46; 25:7; 단 3:11; 8:4; 10:14; 11:6, 15, 16, 25, 33; 호 7:10; 욜 2:11; 3:21; 나 3:10; 합 2:7; 습 2:4, 10; 말 1:4; 2:3, 9; 3:2 **신약** 마 24:41; 27:4, 24; 막 5:16; 10:32; 눅 8:13; 17:34, 35; 요 16:4; 18:4; 행 6:10; 7:24; 13:35, 37, 41; 20:19, 22; 26:7, 31; 고후 4:8; 7:12; 11:26; 딤후 3:11; 히 12:20; 벧후 2:13; 계 18:7

당혹하다(當惑, baffle)
행 9:22	다메섹에 사는 유대인들을 **당혹하게**

당황하다(唐慌, perplex)
사 32:10	지나면 너희가 **당황하리니** 포도 수확
사 32:11	너희 염려 없는 자들아 **당황할지어다**
눅 9:7	모든 일을 듣고 심히 **당황하니** 이는
행 2:12	놀라며 **당황하여** 서로 이르되 이 어찌

닻(anchor)
행 27:13	뜻을 이룬 줄 알고 **닻**을 감아 그레데
행 27:29	고물로 **닻** 넷을 내리고 날이 새기를
행 27:30	이물에서 **닻**을 내리는 체하고 거룻배
행 27:40	**닻**을 끊어 바다에 버리는 동시에 키를
히 6:19	가지고 있는 것은 영혼의 **닻** 같아서

닿다(reach)
창 11:4	그 탑 꼭대기를 하늘에 **닿게** 하여 우리
창 28:12	꼭대기가 하늘에 **닿았고** 또 본즉 하나님
출 28:26	흉패 아래 양쪽 가 안쪽 곧 에봇에 **닿은**
레 5:3	어떤 사람의 부정에 **닿았는데** 그 사람
민 21:15	기울어지고 모압의 경계에 **닿았도다**
신 1:28	성읍들은 크고 성곽은 하늘에 **닿았으며**
신 15:10	모든 일과 네 손이 **닿는** 모든 일에
수 8:20	성읍에 연기가 하늘에 **닿은** 것이 보이니
삼상 5:3	엎드러져 그 얼굴이 땅에 **닿았는지라**
왕하 13:21	시체가 엘리사의 뼈에 **닿자** 곧 회생하여
욥 20:6	존귀함이 하늘에 **닿고** 그 머리가 구름
욥 28:4	발길이 **닿지** 않는 곳 사람이 없는 곳에
사 6:7	네 입에 **닿았으니** 네 악이 제하여
사 40:2	너희는 예루살렘의 마음에 **닿도록** 말하
겔 31:3	꼭대기가 구름에 **닿은** 레바논 백향목
단 4:11	그 높이는 하늘에 **닿았으니** 그 모양이
단 6:24	그들이 굴 바닥에 **닿기도** 전에 사자들
단 8:5	온 지면에 두루 다니되 땅에 **닿지** 아니

【 대 1 】　　　　　　　　　　　　　　　　　　　　　　　　　　　【 대다 】

학 2:12　기름에나 다른 음식물에 닿았으면 그것

닿다 - 기타 본문
레 11:36; 15:10; 신 9:1; 삿 20:40; 삼상 5:4; 왕상 6:27; 대하 3:11, 12; 겔 31:10, 14; 43:14; 단 4:20, 22; 10:10; 계 14:20

대 1 (臺, cart, chariot)
민 7:3　덮개 있는 수레 여섯 대와 소 열두 마리
삿 4:3　야빈 왕은 철 병거 구백 대가 있어 이십
삿 4:13　시스라가 모든 병거 곧 철 병거 구백 대

대 2 (代, generation)
민 14:18　죄악을 자식에게 갚아 삼사 대까지
민 32:14　보라 너희는 너희의 조상의 대를 이어
신 5:9　아버지로부터 아들에게로 삼사 대까지
신 5:10　계명을 지키는 자에게는 천 대까지 은혜
신 7:9　계명을 지키는 자에게는 천 대까지 그의
신 23:2　총회에 들어오지 못하리니 십 대에 이르
신 23:3　그들에게 속한 자는 십 대뿐 아니라
신 23:8　그들의 삼 대 후 자손은 여호와의 총회
수 5:7　대를 잇게 하신 이 자손에게 여호수아
수 9:23　저주를 받나니 너희가 대를 이어 종이
신 23:8　그들의 삼 대 후 자손은 여호와의 총회
왕하 15:12　네 자손이 사 대 동안 이스라엘 왕위

대 3 (隊, company)
삿 7:16　삼백 명을 세 대로 나누어 각 손에 나팔
삿 7:20　세 대가 나팔을 불며 항아리를 부수고
삼상 11:11　이튿날 사울이 백성을 삼 대로 나누고
삼상 13:17　노략꾼들이 세 대로 블레셋 사람들의
삼상 13:18　한 대는 벧호론 길로 향하였고 한 대는

대강 (大綱, outline)
행 24:4　우리가 대강 여짜옵나니 관용하여

대군 (大軍, great prince)
왕하 18:17　랍사리스와 랍사게로 하여금 대군을
사 36:2　랍사게를 예루살렘으로 보내되 대군
단 11:13　몇 해 후에 대군과 많은 물건을 거느리

대궐 (大闕)
에 2:19　모을 때에는 모르드개가 대궐 문에 앉았

대궐 - 기타 본문
에 2:21; 3:2, 3; 4:2, 6; 5:9, 13; 6:10, 12

대낮 (daytime)
욥 5:14　대낮에도 더듬기를 밤과 같이 하느니라
욥 11:17　생명의 날이 대낮보다 밝으리니 어둠
사 16:3　대낮에 밤같이 그늘을 지으며 쫓겨난
렘 15:8　내가 대낮에 파멸시킬 자를 그들에게
렘 15:9　아직도 대낮에 그의 해가 떨어져서
암 8:9　그 날에 내가 해를 대낮에 지게 하여
습 2:4　아스돗은 대낮에 쫓겨나며 에그론은

대노 (大怒, graet wrath)
렘 21:5　진노와 분노와 대노로 친히 너희를

대다 (lay)
출 4:25　포피를 베어 그의 발에 갖다 대며
민 6:5　절대로 그의 머리에 대지 말 것이라
민 22:25　여호와의 사자를 보고 몸을 담에 대고
신 15:17　송곳을 가져다가 그의 귀를 문에 대고
신 23:25　네 이웃의 곡식밭에 낫을 대지는 말지
신 27:5　돌단을 쌓되 그것에 쇠 연장을 대지
수 5:14　여호수아가 얼굴을 땅에 대고 엎드려
삿 6:21　끝을 내밀어 고기와 무교병에 대니 불이
삿 13:5　머리 위에 삭도를 대지 말라 이 아이는
시 65:9　땅을 돌보사 물을 대어 심히 윤택하게
사 6:7　내 입술에 대며 이르되 보라 이것이
사 58:11　뼈를 견고하게 하리니 너는 물 댄 동산
렘 31:12　심령은 물 댄 동산 같겠고 다시는 근심
단 10:3　고기와 포도주를 입에 대지 아니하며
호 8:1　나팔을 네 입에 댈지어다 원수가 독수리
욘 3:7　아무것도 입에 대지 말지니 곧 먹지도
미 2:5　회중에서 분깃에 줄을 댈 자가 너희
마 26:39　나아가사 얼굴을 땅에 대시고 엎드려
막 6:53　건너가 게네사렛 땅에 이르러 대고
눅 5:11　배들을 육지에 대고 모든 것을 버려두고
눅 11:46　너희는 한 손가락도 이 짐에 대지 않는
눅 12:3　골방에서 귀에 대고 말한 것이 지붕
눅 24:5　두려워 얼굴을 땅에 대니 두 사람이
요 19:29　해면을 우슬초에 매어 예수의 입에 대니
행 25:7　고발하되 능히 증거를 대지 못한지라
행 27:3　시돈에 대니 율리오가 바울을 친절히
행 27:39　배를 거기에 들여 댈 수 있는가 의논

547

【 대다 】　　　　　　　　　　　　　　　　　　　　　　　　　　　　【 대답/-하다 】

행 28:12　수라구사에 대고 사흘을 있다가
계 7:11　보좌 앞에 엎드려 얼굴을 대고 하나님께

대다 – 기타 본문

신 13:9; 17:7; 삿 13:20; 16:17; 룻 2:10; 삼상 1:11; 25:23, 41; 28:14; 삼하 14:4, 33; 18:28; 24:20; 왕상 1:23, 31; 대상 21:16, 21; 대하 20:18; 느 8:6; 시 65:10; 사 49:23; 렘 38:12; 애 3:29; 겔 43:3; 44:4; 단 8:17, 18; 10:9; 계 11:16

손(을) 대다

창 22:12　아이에게 네 손을 대지 말라 그에게
창 37:22　구덩이에 던지고 손을 그에게 대지 말라
출 19:13　그런 자에게는 손을 대지 말고 돌로
출 22:8　이웃의 물품에 손 댄 여부의 조사를
출 24:11　존귀한 자들에게 손을 대지 아니하셨
신 13:9　손을 대고 후에 뭇 백성이 손을 대라
신 13:17　물건을 조금도 네 손에 대지 말라
삿 7:6　손으로 움켜 입에 대고 핥는 자의 수는
삼하 18:12　왕의 아들에게 손을 대지 아니하겠나
왕하 4:34　자기 손을 그의 손에 대고 그의 몸에
대상 16:22　기름 부은 자에게 손을 대지 말며 나
에 9:10　그들의 재산에는 손을 대지 아니하였
욥 1:12　그의 몸에는 네 손을 대지 말지니라
욥 13:21　주의 손을 내게 대지 마시오며 주의
욥 28:9　사람이 굳은 바위에 손을 대고 산을
시 105:15　부은 자를 손대지 말며 나의 선지자
시 125:3　의인들로 하여금 죄악에 손을 대지
사 11:14　에돔과 모압에 손을 대며 암몬 자손을
렘 1:9　손을 내밀어 내 입에 대시며 여호와
렘 30:6　여자같이 손을 자기 허리에 대고 모든
애 4:6　소돔이 사람의 손을 대지 아니하였는
욥 1:13　네가 그 재물에 손을 대지 않을 것이며
마 8:3　예수께서 손을 내밀어 그에게 대시며
마 14:36　예수의 옷자락에라도 손을 대게 하시
　　　기를 간구하니 손을 대는 자는 다 나음
마 17:7　예수께서 나아와 그들에게 손을 대시며
마 26:50　그들이 나아와 예수께 손을 대어 잡으
막 1:41　예수께서 … 손을 내밀어 그에게 대시며
막 5:27　기어 뒤로 와서 그의 옷에 손을 대니
막 5:28　옷에만 손을 대어도 구원을 받으리라
막 7:33　넣고 침을 뱉어 그의 혀에 손을 대시며
막 14:46　그들이 예수께 손을 대어 잡거늘

눅 7:14　가까이 가서 그 관에 손을 대시니 멘 자
눅 21:12　손을 대어 박해하며 회당과 옥에 넘겨
눅 22:53　성전에 있을 때에 내게 손을 대지 아니

손을 대다 – 기타 본문

창 37:27; 출 22:11; 수 2:19; 삼상 18:17; 에 9:15, 16; 막 6:56; 눅 5:13; 8:44, 45, 46, 47

대다수(大多數, most)

마 21:8　무리의 대다수는 그들의 겉옷을 길에
고전 15:6　그 중에 지금까지 대다수는 살아 있고

대단하다/대단히(exceedingly)

삼상 26:21　어리석은 일을 하였으니 대단히 잘못
행 12:20　시돈 사람들을 대단히 노여워하니
고후 11:15　가장하는 것이 또한 대단한 일이 아니

대답/-하다(對答, say, answer)

모세오경, 역사서

창 18:9　아내 사라가 어디 있느냐 대답하되 장막
창 20:4　그가 대답하되 주여 주께서 의로운 백성
창 23:5　족속이 아브라함에게 대답하여 이르
창 24:14　그의 대답이 마시라 내가 당신의 낙타
창 24:50　라반과 브두엘이 대답하여 이르되
창 26:9　이삭이 그에게 대답하되 내 생각에 그로
창 27:19　아버지에게 대답하되 나는 아버지
창 29:18　야곱이 라헬을 더 사랑하므로 대답하되
창 30:33　나의 공의가 내 대답이 되리이다 내게
창 31:11　야곱아 하기로 내가 대답하기를 여기
창 31:14　라헬과 레아가 그에게 대답하여 이르되
창 31:31　야곱이 라반에게 대답하여 이르되
창 32:18　대답하기를 주의 종 야곱의 것이요
창 34:13　하몰에게 속여 대답하였으니 이는 세겜
창 37:13　요셉이 아버지에게 대답하되 내가 그리
창 42:22　르우벤이 그들에게 대답하여 이르되
창 43:7　묻는 말에 따라 그에게 대답한 것이니
출 1:19　산파가 바로에게 대답하되 히브리 여인
출 4:1　모세가 대답하여 이르되 그러나 그들이
출 18:15　모세가 그의 장인에게 대답하되 백성
출 19:19　하나님이 음성으로 대답하시더라
민 20:18　에돔 왕이 대답하되 너는 우리 가운데
민 22:8　너희에게 대답하리라 모압 귀족들이
민 32:25　르우벤 자손이 모세에게 대답하여 이르

【 대답/-하다 】

신 1:14	너희가 내게 **대답하여** 이르기를 당신
수 1:16	여호수아에게 **대답하여** 이르되 당신
수 24:16	백성이 **대답하여** 이르되 우리가 결단코
삿 5:29	그의 지혜로운 시녀들이 **대답하였겠고**
삿 6:13	기드온이 그에게 **대답하되** 오 나의 주여
삿 8:8	사람들의 **대답도** 숙곳 사람들의 **대답**
삿 11:13	입다의 사자들에게 **대답하되** 이스라엘
삿 19:28	떠나가자 하나 아무 **대답이** 없는지라
삿 20:4	죽임을 당한 여인의 남편이 **대답하여**
룻 2:6	베는 자를 거느린 사환이 **대답하여**
삼상 1:15	한나가 **대답하여** 이르되 내 주여 그렇
삼상 1:17	엘리가 **대답하여** 이르되 평안히 가라
삼상 3:4	그가 **대답하되** 내가 여기 있나이다
삼상 4:20	아들을 낳았다 하되 그가 **대답하지도**
삼상 9:19	사무엘이 사울에게 **대답하여** 이르되
삼상 9:21	사울이 **대답하여** 이르되 나는 이스라엘
삼상 14:37	하되 그 날에 **대답하지** 아니하시는지
삼상 14:39	모든 백성 중 한 사람도 **대답하지** 아니
삼상 16:18	소년 중 한 사람이 **대답하여** 이르되
삼상 17:58	아들이냐 하니 다윗이 **대답하되** 나는
삼상 19:17	미갈이 사울에게 **대답하되** 그가 내게
삼상 20:10	아버지께서 혹 엄하게 네게 **대답하면**
삼상 21:4	제사장이 다윗에게 **대답하여** 이르되
삼상 21:5	다윗이 제사장에게 **대답하여** 이르되
삼상 22:9	사울의 신하 중에 섰더니 **대답하여**
삼상 22:14	아히멜렉이 왕에게 **대답하여** 이르되
삼상 25:10	나발이 다윗의 사환들에게 **대답하여**
삼상 28:6	선지자로도 그에게 **대답하지** 아니하시
삼하 1:3	어디서 왔느냐 하니 **대답하되** 이스라엘
삼하 1:13	어디 사람이냐 **대답하되** 나는 아말렉
삼하 3:11	두려워하여 감히 한 마디도 **대답하지**
삼하 4:9	레갑과 그의 형제 바아나에게 **대답하여**
삼하 12:19	아이가 죽었느냐 하니 **대답하되** 죽었
삼하 14:32	압살롬이 요압에게 **대답하되** 내가
삼하 15:2	그 사람의 **대답이** 좋은 이스라엘 아무
삼하 15:21	잇대가 왕께 **대답하여** 이르되 여호와
삼하 18:12	그 사람이 요압에게 **대답하되** 내가
삼하 18:29	아히마아스가 **대답하되** 요압이 왕의
삼하 21:4	기브온 사람이 그에게 **대답하되** 사울
삼하 24:13	나를 보내신 이에게 무엇을 **대답할게**
왕상 1:36	브나야가 왕께 **대답하여** 이르되 아멘
왕상 1:43	요나단이 아도니야에게 **대답하여** 이르
왕상 2:13	화평한 목적으로 왔느냐 **대답하되** 화평

왕상 2:38	시므이가 왕께 **대답하되** 이 말씀이 좋사
왕상 3:27	**대답하여** 이르되 산 아이를 저 여자
왕상 10:3	솔로몬이 … 다 **대답하였으니** 왕이 알
	지 못하여 **대답하지** 못한 것이 하나도
왕상 11:22	고국으로 가기를 구하느냐 **대답하되**
왕상 12:5	르호보암이 **대답하되** 갔다가 삼 일 후
왕상 13:8	하나님의 사람이 왕께 **대답하되** 왕께
왕상 18:21	백성이 말 한마디도 **대답하지** 아니하
왕상 18:24	하나님이니라 백성이 다 **대답하되** 그
왕상 20:4	이스라엘의 왕이 **대답하여** 말하기를
왕상 21:4	나봇이 아합에게 **대답하여** 이르기를
왕상 21:20	나를 찾았느냐 **대답하되** 내가 찾았노라
왕하 1:8	그들이 그에게 **대답하되** 그는 털이 많은
왕하 1:10	엘리야가 오십부장에게 **대답하여** 이르
왕하 3:11	왕의 신하들 중의 한 사람이 **대답하여**
왕하 4:14	게하시가 **대답하되** 참으로 이 여인은
왕하 6:16	**대답하되** 두려워하지 말라 우리와 함께
왕하 6:22	**대답하되** 치지 마소서 칼과 활로 사로
왕하 6:28	무슨 일이냐 하니 여인이 **대답하되** 이
왕하 7:2	장관이 하나님의 사람에게 **대답하여**
왕하 7:19	장관이 하나님의 사람에게 **대답하여**
왕하 8:12	**대답하되** 네가 이스라엘 자손에게
왕하 8:13	엘리사가 **대답하되** 여호와께서 네가
왕하 9:11	까닭으로 그대에게 왔더냐 **대답하되**
왕하 9:22	예후야 평안하냐 하니 **대답하되**
왕하 10:13	**대답하되** 우리는 아하시야의 형제라
왕하 10:15	여호나답이 **대답하되** 그러하니이다
왕하 20:10	히스기야가 **대답하되** 그림자가 십도
왕하 20:15	히스기야가 **대답하되** 내 궁에 있는 것
대상 21:12	나를 보내신 이에게 **대답할지를** 결정
대하 7:22	**대답하기를** 그들이 자기 조상들을 애굽
대하 18:3	여호사밧이 **대답하되** 나는 당신과 다름
대하 31:10	아사랴가 그에게 **대답하여** 이르되 백성
스 5:11	그들이 우리에게 **대답하여** 이르기를
스 10:12	모든 회중이 큰 소리로 **대답하여** 이르되
느 2:3	왕께 **대답하되** 왕은 만세수를 하옵소서
느 6:4	보내되 나는 꼭 같이 **대답하였더니**
에 1:16	므무간이 왕과 지방관 앞에서 **대답하여**
에 5:7	에스더가 **대답하여** 이르되 나의 소청
에 6:3	신하들이 **대답하되** 아무것도 베풀지
에 7:3	왕후 에스더가 **대답하여** 이르되 왕이

시가서, 선지서

욥 1:7	사탄이 여호와께 **대답하여** 이르되 땅을

【 대답/-하다 】 　　　　　　　　　　　　　【 대답/-하다 】

욥 4:1	데만 사람 엘리바스가 **대답하여** 이르되
욥 6:1	욥이 **대답하여** 이르되
욥 8:1	수아 사람 빌닷이 **대답하여** 이르되
욥 9:3	마디에 한 마디도 **대답하지** 못하리라
욥 9:14	내가 감히 **대답하겠으며** 그 앞에서
욥 9:15	의로울지라도 **대답하지** 못하겠고 나를
욥 11:1	나아마 사람 소발이 **대답하여** 이르되
욥 11:2	말이 많으니 어찌 대답이 없으랴 말이
욥 15:2	어찌 헛된 지식으로 **대답하겠느냐** 어찌
욥 16:3	무엇에 자극을 받아 이같이 **대답하는가**
욥 19:16	내가 내 종을 불러도 **대답하지** 아니하니
욥 20:2	초조한 마음이 나로 하여금 **대답하게**
욥 21:34	위로하려느냐 너희 대답은 거짓일 뿐이
욥 23:5	내게 **대답하시는** 말씀을 내가 알며 내게
욥 31:14	때에 내가 무엇이라 **대답하겠느냐**
욥 31:35	전능자가 내게 **대답하시기**를 바라노라
욥 32:3	그들이 능히 **대답하지** 못하면서도 욥을
욥 32:6	엘리후가 **대답하여** 이르되 나는 연소
욥 32:14	당신들의 이론으로 그에게 **대답하지**
욥 32:17	내 본분대로 **대답하고** 나도 내 의견을
욥 32:20	시원할 것이라 내 입을 열어 **대답하리라**
욥 33:32	할 말이 있거든 **대답하라** 내가 기쁜
욥 34:36	원하노니 이는 그 대답이 악인과 같음
욥 35:4	있는 그대의 친구들에게 **대답하리라**
욥 38:3	묻고 내가 네게 묻는 것을 **대답할지니라**
욥 40:2	하나님을 탓하는 자는 **대답할지니라**
욥 40:4	무엇이라 주께 **대답하리이까** 손으로
욥 40:5	다시는 더 **대답하지** 아니하겠나이다
시 119:42	나를 비방하는 자들에게 **대답할** 말이
잠 1:28	부르리라 그래도 내가 **대답하지** 아니
잠 15:1	유순한 대답은 분노를 쉬게 하여도 과격
잠 15:23	사람은 그 입의 대답으로 말미암아 기쁨
잠 15:28	의인의 마음은 **대답할** 말을 깊이 생각
잠 18:13	사연을 듣기 전에 **대답하는** 자는 미련
잠 18:23	부자는 엄한 말로 **대답하느니라**
잠 24:26	적당한 말로 **대답함**은 입맞춤과 같으
잠 26:4	어리석은 것을 따라 **대답하지** 말라 두렵
잠 26:5	어리석음을 따라 **대답하라** 두렵건대
잠 26:16	사리에 맞게 **대답하는** 사람 일곱보다
잠 27:11	나를 비방하는 자에게 내가 **대답할**
사 14:32	어떻게 **대답하겠느냐** 여호와께서 시온
사 21:9	쌍쌍이 오나이다 하니 그가 **대답하여**
사 29:11	읽으라 하면 그가 **대답하기**를 그것이
사 40:6	**대답하되** 내가 무엇이라 외치리이까
사 41:28	그들 가운데에 한 말도 **대답할** 조언자
사 65:12	내가 불러도 너희가 **대답하지** 아니하
렘 1:11	내가 **대답하되** 내가 살구나무 가지를
렘 1:13	**대답하되** 끓는 가마를 보나이다 그 윗면
렘 16:11	그들에게 **대답하기**를 여호와께서 말씀
렘 24:3	**대답하되** 무화과이온데 그 좋은 무화과
렘 36:18	바룩이 **대답하되** 그가 그의 입으로 이
렘 38:27	명령한 모든 말대로 **대답하였으므로**
렘 44:15	큰 무리가 예레미야에게 **대답하여**
겔 21:7	**대답하기**를 재앙이 다가온다는 소문
겔 37:3	**대답하되** 주 여호와여 주께서 아시나
단 2:5	왕이 갈대아인들에게 **대답하여** 이르되
단 2:7	다시 **대답하여** 이르되 원하건대 왕은
단 2:27	다니엘이 왕 앞에서 **대답하여** 이르되 왕이
단 4:19	벨드사살이 **대답하여** 이르되 내 주여
호 14:8	돌아보아 **대답하기**를 나는 푸른 잣나무
암 6:10	더 있느냐 하면 **대답하기**를 없다 하리
암 7:8	내가 **대답하되** 다림줄이니이다 주께
암 7:14	아모스가 아마샤에게 **대답하여** 이르
욘 1:9	그가 **대답하되** 나는 히브리 사람이요
미 6:5	발람이 그에게 **대답한** 것을 기억하며
합 2:1	질문에 대하여 어떻게 **대답하실지**
학 2:12	제사장들이 **대답하여** 이르되 아니라
슥 1:10	화석류나무 사이에 선 자가 **대답하여**
슥 1:12	여호와의 천사가 **대답하여** 이르되 만군
슥 6:5	천사가 **대답하여** 이르되 이는 하늘의
슥 13:6	**대답하기**를 이는 나의 친구의 집에서

신약

마 8:8	백부장이 **대답하여** 이르되 주여 내 집에
마 9:28	할 줄을 믿느냐 **대답하되** 주여 그러하
마 13:51	깨달았느냐 하시니 **대답하되** 그러하
마 14:28	베드로가 **대답하여** 이르되 주여 만일
마 16:16	시몬 베드로가 **대답하여** 이르되 주는
마 19:27	이에 베드로가 **대답하여** 이르되 보소
마 20:13	한 사람에게 **대답하여** 이르되 친구여
마 21:29	**대답하여** 이르되 아버지 가겠나이다
마 21:30	그와 같이 말하니 **대답하여** 이르되 싫소
마 22:34	예수께서 사두개인들로 **대답할** 수 없게
마 22:42	누구의 자손이냐 **대답하되** 다윗의 자손
마 22:46	한 마디도 능히 **대답하는** 자가 없고
마 25:9	슬기 있는 자들이 **대답하여** 이르되 우리
마 25:26	주인이 **대답하여** 이르되 악하고 게으

대답/-하다			대답/-하다	
마 25:37	의인들이 **대답하여** 이르되 주여 우리		눅 22:68	내가 물어도 너희가 **대답하지** 아니할
마 25:40	임금이 **대답하여** 이르시되 내가 진실		눅 24:18	글로바라 하는 자가 **대답하여** 이르되
마 26:23	**대답하여** 이르시되 나와 함께 그릇에		요 1:21	묻되 네가 그 선지자냐 **대답하되** 아니라
마 26:25	예수를 파는 유다가 **대답하여** 이르되		요 1:26	요한이 **대답하되** 나는 물로 세례를 베풀
마 26:33	베드로가 **대답하여** 이르되 모두 주를		요 1:49	나다나엘이 **대답하되** 랍비여 당신은
마 26:62	묻되 아무 **대답도** 없느냐 이 사람들이		요 2:18	유대인들이 **대답하여** 예수께 말하기
마 26:66	**대답하여** 이르되 그는 사형에 해당하		요 3:9	니고데모가 **대답하여** 이르되 어찌 그러
마 27:21	총독이 **대답하여** 이르되 둘 중의 누구		요 3:27	요한이 **대답하여** 이르되 만일 하늘에
마 27:25	백성이 다 **대답하여** 이르되 그 피를		요 4:17	여자가 **대답하여** 이르되 나는 남편이
막 7:28	여자가 **대답하여** 이르되 주여 옳소이		요 5:7	병자가 **대답하되** 주여 물이 움직일 때에
막 8:4	제자들이 **대답하되** 이 광야 어디서 떡을		요 5:11	**대답하되** 나를 낫게 한 그가 자리를
막 8:29	**대답하여** 이르되 주는 그리스도		요 6:7	빌립이 **대답하되** 각 사람으로 조금씩
막 9:17	하나가 **대답하되** 선생님 말 못하게 귀신		요 6:68	시몬 베드로가 **대답하되** 주여 영생의
막 11:29	물으리니 **대답하라** 그리하면 나도 무슨		요 7:20	무리가 **대답하되** 당신은 귀신이 들렸
막 11:33	예수께 **대답하여** 이르되 우리가 알지		요 7:46	아랫사람들이 **대답하되** 그 사람이 말하
막 12:34	예수께서 그가 지혜 있게 **대답함을**		요 7:47	바리새인들이 **대답하되** 너희도 미혹
막 14:40	예수께 무엇으로 **대답할** 줄을 알지		요 7:52	그들이 **대답하여** 이르되 너도 갈릴리
막 14:60	물어 이르되 너는 아무 **대답도** 없느냐		요 8:11	**대답하되** 주여 없나이다 예수께서 이르
막 15:9	빌라도가 **대답하여** 이르되 너희는 내가		요 8:33	그들이 **대답하되** 우리가 아브라함의
눅 1:19	천사가 **대답하여** 이르되 나는 하나님		요 8:39	**대답하여** 이르되 우리 아버지는
눅 1:35	천사가 **대답하여** 이르되 성령이 네게		요 8:41	**대답하되** 우리가 음란한 데서 나지 아니
눅 1:60	어머니가 **대답하여** 이르되 아니라 요한		요 8:48	유대인들이 **대답하여** 이르되 우리가
눅 2:47	듣는 자가 다 그 지혜와 **대답을** 놀랍게		요 9:11	**대답하되** 예수라 하는 그 사람이 진흙
눅 3:11	**대답하여** 이르되 옷 두 벌 있는 자는		요 9:17	사람이라 하느냐 **대답하되** 선지자니
눅 3:16	요한이 모든 사람에게 **대답하여** 이르		요 12:34	이에 무리가 **대답하되** 우리는 율법에
눅 5:5	시몬이 **대답하여** 이르되 선생님 우리		요 18:5	**대답하되** 나사렛 예수라 하거늘 이르
눅 7:43	시몬이 **대답하여** 이르되 내 생각에는		요 18:22	네가 대제사장에게 이같이 **대답하느냐**
눅 9:19	**대답하여** 이르되 세례 요한이라 하고		요 18:30	**대답하여** 이르되 이 사람이 행악자가
눅 9:20	베드로가 **대답하여** 이르되 하나님의		요 18:35	빌라도가 **대답하되** 내가 유대인이냐
눅 10:27	**대답하여** 이르되 네 마음을 다하며 목숨		요 19:7	유대인들이 **대답하되** 우리에게 법이
눅 10:28	예수께서 이르시되 네 **대답이** 옳도다		요 19:15	대제사장들이 **대답하되** 가이사 외에
눅 11:7	그가 안에서 **대답하여** 이르되 나를 괴롭		요 19:22	빌라도가 **대답하되** 내가 쓸 것을 썼다
눅 11:45	율법교사가 예수께 **대답하여** 이르되		요 20:28	도마가 **대답하여** 이르되 나의 주님이
눅 12:11	어떻게 무엇으로 **대답하며** 무엇으로		요 21:5	너희에게 고기가 있느냐 **대답하되** 없나
눅 13:8	**대답하여** 이르되 주인이여 금년에도		행 4:19	베드로와 요한이 **대답하여** 이르되
눅 13:25	그가 **대답하여** 이르되 나는 너희가 어디		행 8:24	시몬이 **대답하여** 이르되 나를 위하여
눅 14:6	그들이 이에 대하여 **대답하지** 못하니		행 8:31	**대답하되** 지도해 주는 사람이 없으니
눅 15:27	**대답하되** 당신의 동생이 돌아왔으매		행 9:5	**대답하되** 주여 누구시니이까 이르시되
눅 15:29	아버지께 **대답하여** 이르되 내가 여러		행 9:10	**대답하되** 주여 내가 여기 있나이다 하니
눅 17:37	그들이 **대답하여** 이르되 주여 어디오		행 10:22	그들이 **대답하되** 백부장 고넬료는
눅 20:7	**대답하되** 어디로부터인지 알지 못한		행 15:13	말을 마치매 야고보가 **대답하여** 이르되
눅 20:24	글이 여기 있느냐 **대답하되** 가이사		행 19:3	세례를 받았느냐 **대답하되** 요한의 세례
눅 20:26	책잡지 못하고 그의 **대답을** 놀랍게 여겨		행 19:15	악귀가 **대답하여** 이르되 내가 예수도

【 대답/-하다 】

행 21:13	바울이 대답하되 여러분이 어찌하여	마 17:11	예수께서 대답하여 이르시되 엘리야
행 22:8	내가 대답하되 주님 누구시니까 하니	마 17:17	예수께서 대답하여 이르시되 믿음이
행 22:28	천부장이 대답하되 나는 돈을 많이 들여	마 19:4	예수께서 대답하여 이르시되 사람을
행 23:20	대답하되 유대인들이 공모하기를 그들	마 20:22	예수께서 대답하여 이르시되 너희는
행 24:10	그가 대답하되 당신이 여러 해 전부터	마 21:21	예수께서 대답하여 이르시되 내가 진실
행 24:25	벨릭스가 두려워하여 대답하되 지금	마 21:24	예수께서 대답하시되 나도 한 말을
행 25:4	베스도가 대답하여 바울이 가이사랴	마 21:27	예수께 대답하여 이르되 우리가 알지
롬 11:4	그에게 하신 대답이 무엇이냐 내가 나를	마 22:1	예수께서 다시 비유로 대답하여 이르
고후 5:12	외모로 자랑하는 자들에게 대답하게	마 22:29	예수께서 대답하여 이르시되 너희가
골 4:6	그리하면 각 사람에게 마땅히 대답할	마 24:2	대답하여 이르시되 너희가 이 모든 것을
벧전 3:15	묻는 자에게는 대답할 것을 항상 준비	마 24:4	예수께서 대답하여 이르시되 너희가
		마 25:12	대답하여 이르되 진실로 너희에게
여호와/예수/주/하나님께서 대답하시다		마 26:25	대답하시되 네가 말하였도다 하시니
삼상 10:22	여호와께서 대답하시되 그가 짐보따리	마 27:11	예수께서 대답하시되 네 말이 옳도다
삼상 23:4	여호와께서 대답하여 이르시되 일어	마 27:12	고발을 당하되 아무 대답도 아니하시
삼상 30:8	여호와께서 그에게 대답하시되 그를	마 27:14	한 마디도 대답하지 아니하시니 총독
삼하 22:42	여호와께 부르짖어도 대답하지 아니	막 3:33	대답하시되 누가 내 어머니이며 동생
대하 32:24	여호와께서 그에게 대답하시고 또 이적	막 6:37	대답하여 이르시되 너희가 먹을 것을
욥 30:20	주께서 대답하지 아니하시오며 내가	막 9:19	대답하여 이르시되 믿음이 없는 세대
욥 33:13	하나님께서 사람의 말에 대답하지 않으	막 10:3	대답하여 이르시되 모세가 어떻게 너희
시 18:41	부르짖어도 그들에게 대답하지	막 10:24	예수께서 다시 대답하여 이르시되
사 6:11	주께서 대답하시되 성읍들은 황폐하여	막 11:22	예수께서 그들에게 대답하여 이르시되
렘 23:37	네게 무엇이라 대답하셨으며	막 12:28	듣고 예수께서 잘 대답하신 줄을 알고
욘 2:2	주께서 내게 대답하셨고 내가 스올의	막 12:29	예수께서 대답하시되 첫째는 이것이니
합 2:2	여호와께서 내게 대답하여 이르시되	막 12:35	성전에서 가르치실새 대답하여
슥 1:13	여호와께서 내게 말하는 천사에게 …	막 14:61	침묵하고 아무 대답도 아니하시거늘
	위로하는 말씀으로 대답하시더라	막 15:2	예수께서 대답하여 이르시되 네 말이
마 3:15	예수께서 대답하여 이르시되 이제 허락	막 15:5	다시 아무 말씀으로도 대답하지
마 4:4	예수께서 대답하여 이르시되 기록되	눅 4:4	예수께서 대답하시되 기록된 바 사람
마 11:4	예수께서 대답하여 이르시되 너희가	눅 4:8	예수께서 대답하여 이르시되 기록된
마 11:25	예수께서 대답하여 이르시되 천지의	눅 4:12	예수께서 대답하여 이르시되 주 너의
마 12:39	예수께서 대답하여 이르시되 악하고	눅 5:22	예수께서 그 생각을 아시고 대답하여
마 12:48	말하던 사람에게 대답하여 이르시되	눅 5:31	예수께서 대답하여 이르시되 건강한
마 13:11	대답하여 이르시되 천국의 비밀을 아는	눅 6:3	예수께서 대답하여 이르시되 다윗이
마 13:37	대답하여 이르시되 좋은 씨를 뿌리는	눅 7:22	예수께서 대답하여 이르시되 너희가
마 15:3	대답하여 이르시되 너희는 어찌하여	눅 7:40	예수께서 대답하여 이르시되 시몬아
마 15:13	예수께서 대답하여 이르시되 심은	눅 8:21	예수께서 대답하여 이르시되 내 어머니
마 15:23	예수는 한 말씀도 대답하지 아니하시	눅 9:41	예수께서 대답하여 이르시되 믿음이
마 15:24	예수께서 대답하여 이르시되 나는	눅 10:30	예수께서 대답하여 이르시되 어떤 사람
마 15:26	*대답하여 이르시되 자녀의 떡을 취하*	눅 10:41	주께서 대답하여 이르시되 마르다야
마 15:28	예수께서 대답하여 이르시되 여자야	눅 13:2	대답하여 이르시되 너희는 이 갈릴리
마 16:2	예수께서 대답하여 이르시되 너희가	눅 13:15	주께서 대답하여 이르시되 외식하는
마 16:17	예수께서 대답하여 이르시되 바요나	눅 14:3	예수께서 대답하여 율법 교사들과

【 대답/-하다 】　　　　　　　　　　　　　　【 대대/대대로/대대에 】

눅 17:17	예수께서 대답하여 이르시되 열 사람		요 18:20	예수께서 대답하시되 내가 드러내 놓고
눅 17:20	예수께서 대답하여 이르시되 하나님		요 18:23	예수께서 대답하시되 내가 말을 잘못
눅 19:34	대답하되 주께서 쓰시겠다 하고		요 18:34	예수께서 대답하시되 이는 네가 스스로
눅 19:40	대답하여 이르시되 내가 너희에게 말하		요 18:36	예수께서 대답하시되 내 나라는
눅 20:3	대답하여 이르시되 나도 한 말을 너희		요 18:37	예수께서 대답하시되 네 말과 같이
눅 22:38	검 둘이 있나이다 대답하시되 족하다		요 19:9	예수께서 대답하여 주지 아니하시는
눅 22:67	대답하시되 내가 말할지라도 너희가		요 19:11	예수께서 대답하시되 위에서 주지 아니
눅 22:70	대답하시되 너희들이 내가 그라고 말하			
눅 23:3	왕이냐 대답하여 이르시되 네 말이 옳도			
눅 23:9	물으나 아무 말도 대답하지 아니하시			
요 1:48	예수께서 대답하여 이르시되 빌립이			
요 1:50	예수께서 대답하여 이르시되 내가 너를			
요 2:19	예수께서 대답하여 이르시되 너희가			
요 3:3	예수께서 대답하여 이르시되 진실로			
요 3:5	예수께서 대답하시되 진실로 진실로			
요 3:10	예수께서 그에게 대답하여 이르시되			
요 4:10	예수께서 대답하여 이르시되 네가 만일			
요 4:13	예수께서 대답하여 이르시되 이 물을			
요 6:26	예수께서 대답하여 이르시되 내가 진실			
요 6:29	예수께서 대답하여 이르시되 하나님			
요 6:43	예수께서 대답하여 이르시되 너희는			
요 6:70	예수께서 대답하시되 내가 너희 열둘			
요 7:16	예수께서 대답하여 이르시되 내 교훈			
요 7:21	예수께서 대답하여 이르시되 내가			
요 8:14	예수께서 대답하여 이르시되 내가 나를			
요 8:19	예수께서 대답하시되 너희는 나를 알지			
요 8:34	예수께서 대답하시되 진실로 진실로			
요 8:49	예수께서 대답하시되 나는 귀신 들린			
요 8:54	예수께서 대답하시되 내가 내게 영광			
요 9:3	예수께서 대답하시되 이 사람이나			
요 10:25	예수께서 대답하시되 내가 너희에게			
요 10:32	예수께서 대답하시되 내가 아버지로			
요 11:9	예수께서 대답하시되 낮이 열두 시간			
요 12:23	예수께서 대답하여 이르시되 인자가			
요 12:30	예수께서 대답하여 이르시되 이 소리			
요 13:7	예수께서 대답하여 이르시되 내가 하는			
요 13:8	예수께서 대답하시되 내가 너를 씻어			
요 13:26	예수께서 대답하시되 내가 떡 한 조각			
요 13:36	예수께서 대답하시되 내가 가는 곳에			
요 13:38	예수께서 대답하시되 네가 나를 위하여			
요 14:23	예수께서 대답하여 이르시되 사람이			
요 16:31	예수께서 대답하시되 이제는 너희가			
요 18:8	예수께서 대답하시되 너희에게 내가			

대답/-하다 - 기타 본문

구약 창 18:27; 23:10, 14; 24:44, 58; 27:24, 32, 37, 39; 31:36, 43; 40:18; 41:16; 43:28; 44:7; 45:3; 47:3; 민 22:18; 23:12, 26; 32:31; 신 1:41; 29:25; 수 7:20; 9:9, 24; 22:21; 삿 6:15, 17; 7:14; 8:18, 25; 15:6, 10; 룻 2:4, 11; 3:9; 삼상 3:6, 16; 4:17; 5:8; 9:6, 8, 12; 17:30; 20:28, 32; 22:12; 26:14, 22; 28:15; 29:9; 삼하 1:4, 7, 8; 2:20; 13:12; 14:5, 18, 19; 18:32; 19:21, 26, 38, 42, 43; 20:17, 20; 왕상 1:17; 2:20, 22, 30; 9:9; 12:6, 7, 9, 10, 13, 16; 13:14; 14:5; 18:8, 18; 19:10, 14; 20:11, 14, 33; 21:6; 왕하 1:12; 3:8; 4:26, 29; 5:25; 7:13; 8:14; 9:12; 18:36; 대하 9:2; 10:5, 6, 7, 9, 10, 13, 16; 느 2:20; 욥 1:9; 2:2, 4; 9:1, 16, 32; 12:1; 13:22; 14:15; 15:1; 16:1; 18:1; 19:1; 20:1, 3; 21:1; 22:1; 23:1; 25:1; 26:1; 32:5, 12, 15, 16; 33:5, 12; 35:12; 40:3, 7; 42:1; 사 29:12; 36:21; 39:4; 50:2; 66:4; 렘 6:16, 17; 7:13, 27; 11:5; 21:3; 22:9; 23:33; 35:17; 37:17; 38:26; 44:20; 겔 24:20; 단 2:8, 10, 26, 47; 3:16, 24; 5:17; 6:12; 욘 1:12; 4:9; 학 2:13, 14; 슥 1:19, 21; 2:2; 4:2, 5, 6, 13; 5:2 **신약** 마 15:15; 25:44, 45; 막 11:30; 15:4, 12; 요 1:22; 9:20, 25, 27, 30, 34, 36; 10:33; 행 5:29; 9:13; 25:16; 26:15

대대/대대로/대대에 (all generations)

창 9:12	생물 사이에 대대로 영원히 세우는 언약
창 17:7	대대 후손 사이에 세워서 영원한 언약
창 17:9	내 언약을 지키고 네 후손도 대대로
창 17:12	너희의 대대로 모든 남자는 집에서 난
출 3:15	이는 나의 영원한 이름이요 대대로 기억
출 16:32	너희의 대대 후손을 위하여 간수하라
출 17:16	여호와가 아말렉과 더불어 대대로 싸우
출 29:42	이는 너희가 대대로 여호와 앞 회막
출 30:8	향은 너희가 대대로 여호와 앞에 끊지

【 대대/대대로/대대에 】　　　　　　　　　　　　【 대로 1 】

출 30:10	일 년에 한 번씩 대대로 속죄할지니라
출 30:31	이것은 너희 대대로 내게 거룩한 관유
출 31:13	너희 대대의 표징이니 나는 너희를거룩
출 31:16	그것으로 대대로 영원한 언약을 삼을
출 40:15	부음을 받았은즉 대대로 영영히 제사장
레 6:18	여호와의 화제물 중에서 대대로 그들
레 7:36	돌리게 하신 것이라 대대로 영원히 받을
레 21:17	너의 자손 중 대대로 육체에 흠이 있는
레 22:3	네 자손 중에 대대로 그의 몸이 부정
레 23:43	거주하게 한 줄을 너희 대대로 알게
레 25:30	자의 소유로 확정되어 대대로 영구히
민 15:14	타국인이나 너희 중에 대대로 있는 자나
민 15:21	곡식 가루 떡을 대대에 여호와께 거제로
민 15:38	명령하여 대대로 그들의 옷단 귀에 술을
민 35:29	너희의 대대로 거주하는 곳에서 판결
대상 7:2	돌라의 집 우두머리라 대대로 용사이
시 10:6	대대로 환난을 당하지 아니하리라
시 22:30	후손이 그를 섬길 것이요 대대에 주를
시 33:11	영원히 서고 그의 생각은 대대에 이르
시 49:11	그들의 거처는 대대에 이르리라 하여
시 72:5	달이 있을 동안에도 대대로 그리하리
시 79:13	감사하며 주의 영예를 대대에 전하리
시 85:5	노하시며 대대에 진노하시겠나이까
시 89:1	성실하심을 내 입으로 대대에 알게 하리

대대로 지킬 것/규례
출 12:14, 17, 42; 27:21; 30:21; 레 3:17; 10:9; 17:7; 23:14, 21, 31, 41; 24:3; 민 10:8; 15:15, 23; 18:23; 에 9:28

시 89:4	왕위를 대대에 세우리라 하셨나이다
시 90:1	주는 대대에 우리의 거처가 되셨나이다
시 100:5	그의 성실하심이 대대에 이르리로다
시 102:12	계시고 주에 대한 기억은 대대에 이르
시 102:24	마옵소서 주의 연대는 대대에 무궁하니
시 106:31	의로 인정되었으니 대대로 영원까지
시 119:90	주의 성실하심은 대대에 이르나이다
시 135:13	여호와여 주를 기념함이 대대에 이르
시 145:4	대대로 주께서 행하시는 일을 크게 찬양
시 145:13	영원한 나라이니 주의 통치는 대대에
시 146:10	하나님은 대대로 통치하시리로다
잠 27:24	못하나니 면류관이 어찌 대대에 있으

사 13:20	사람이 대대에 없을 것이며 아라비아
사 34:17	그들이 영원히 차지하며 대대로 거기
사 60:15	영원한 아름다움과 대대의 기쁨이 되게
사 61:4	황폐한 성읍 곧 대대로 무너져 있던
렘 50:39	영원히 주민이 없으며 대대에 살 자가
애 5:19	계시오며 주의 보좌는 대대에 이르나
단 4:3	영원한 나라요 그의 통치는 대대에 이
단 4:34	영원한 권세요 그 나라는 대대에 이르
욜 2:2	옛날에도 없었고 이후에도 대대에 없으
욜 3:20	영원히 있겠고 예루살렘은 대대로 있으
눅 1:50	두려워하는 자에게 대대로 이르는도다
엡 3:21	예수 안에서 영광이 대대로 영원무궁

대대/대대로/대대에 ~ 기타 본문
창 17:12; 출 12:17, 42; 16:33

대략(大略, sum)
| 단 7:1 | 꿈을 기록하며 그 일의 대략을 진술하 |
| 롬 15:15 | 말미암아 더욱 담대히 대략 너희에게 |

대로 1(just as)
| 창 6:22 | 하나님이 자기에게 명하신 대로 다 준행 |
| 창 16:6 | 당신의 눈에 좋은 대로 그에게 행하라 |

대로 1 ~ 기타 본문
모세오경 창 7:5, 9, 16; 17:23; 20:15; 21:1, 4; 23:16; 27:8; 34:12; 41:13, 55; 50:12; 출 7:6, 10, 20 ; 8:27; 10:29; 12:32, 36, 50; 13:11; 16:34; 19:8 ; 23:15; 25:15; 27:8; 31:11; 32:10; 34:18; 36:1; 39:1; 39:5 , 7, 21, 26, 29, 31, 32, 42, 43; 40:16, 19, 21, 23, 27, 29, 32; 레 8:4; 10:5, 18 ; 14:22, 30, 31; 16:34; 24:19, 23; 27:12, 14, 17; 민 1:19; 2:34; 3:16, 42; 4:37, 45, 49; 5:4; 6:21; 10:32; 14:17, 28; 15:36; 16:40; 17:11; 22:8; 26:4; 27:11, 22, 23; 30:2; 31:7, 31; 32:24; 33:54; 36:10; 신 1:19, 21; 2:1; 4:5; 5:12, 16, 32; 6:25; 10:5; 11:25; 12:15, 20, 21; 15:6, 8, 14; 16:10; 17:10; 19:8; 20:17; 23:16 ; 26:14, 18, 19; 27:3; 28:9; 29:13; 34:9 **역사서** 수 1:8; 4:8; 6:22; 8:27, 31, 33; 9:21, 25; 11:9 , 23; 13:6; 14:2, 10 , 12; 15:13; 21:4, 5, 6, 8, 44; 22:4, 9; 23:5; 삿 1:7, 20; 6:27; 7:17; 9:16; 10:15; 11:39; 15:11; 17:6; 19:24; 20:10; 21:25; 삼상 1:23; 2:16; 3:18;

554

【 대로 2 】   　　　　　　　　　　　　　　　　　　　　　　【 대면/-하다 】

11:10; 14:7, 36, 40; 17:20; 21:3; 23:11, 20; 24:4; 25:8; 28:17; 삼하 3:9, 21, 39; 7:22, 25; 9:11; 10:12; 13:35; 15:15, 26; 18:4; 19:18, 38; 21:4; 22:25; 24:22; 왕상 2:3; 5:5, 8; 8:20, 43, 52, 56, 59; 9:4, 5; 11:37; 21:11; 왕하 4:4, 17, 44; 10:5, 30; 12:10; 14:3, 6; 16:11; 17:4, 41; 23:21; 대상 15:15; 16:40; 17:20, 23; 19:13; 21:23; 22:11; 대하 6:10, 33; 7:18; 9:12; 23:3, 18; 25:4; 29:25; 31:3; 35:15, 26; 스 2:69; 3:2; 4:3; 6:18; 느 10:36; 12:44; 에 2:20; 3:11; 4:17; 5:5; 8:9; 9:23 시가서 욥 10:1; 34:33; 42:9; 시 28:4; 33:22; 35:24; 48:8; 62:12; 81:12; 99:8; 119:132; 128:2; 137:8; 141:8; 잠 12:14; 24:29; 전 5:15; 9:10; 11:9 선지서 사 3:11; 11:3; 21:10; 렘 3:17; 11:8; 13:5, 10; 18:4, 12; 23:17; 25:14; 26:14; 28:6; 35:10; 36:4, 6 , 8, 32; 39:12; 40:3, 4; 42:20; 44:17, 25; 45:1; 50:15, 21, 29; 51:12, 24; 애 3:64; 겔 1:17; 9:11; 12:11; 14:5; 16:47, 59; 18:30; 21:16; 24:14; 33:20; 35:11; 39:24; 46:9; 단 1:13, 18; 6:10; 8:4; 9:13; 호 7:12; 13:6; 옵 1:15; 미 7:20; 나 2:7; 슥 7:3; 11:9 신약 마 7:12; 8:13; 14:7; 16:27; 21:6; 22:9, 10; 26:19, 24; 28:6, 15; 막 4:33; 6:55; 11:6; 14:7, 21, 35; 16:7; 눅 1:22; 2:23, 24, 29; 3:23; 4:16; 5:14; 6:31; 14:22; 17:9; 19:32; 22:22; 23:24; 요 5:30; 8:28; 14:31; 15:7, 14; 20:7; 행 2:23; 13:23; 20:16; 23:31; 27:15; 롬 1:15; 2:6; 3:5; 고전 3:5; 6; 7:17, 36; 11:2; 12:18; 고후 4:1; 8:11, 12; 9:7; 갈 3:10; 6:10; 엡 3:7; 4:29; 빌 4:19; 골 2:7; 딤후 4:14; 딛 1:3, 5; 약 2:8; 벧전 4:10; 요일 2:6; 계 11:6; 20:12; 22:12

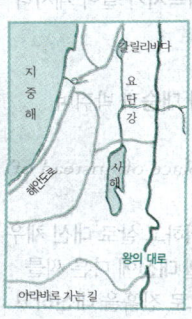

대로 2(大路, high way)
삿 5:6　또는 야엘의 날에는 **대로**가 비었고 길로
삼상 6:12　벧세메스 길로 바로 행하여 **대로**로
시 68:4　이를 위하여 **대로**를 수축하라 그의 이름
사 19:23　애굽에서 앗수르로 통하는 **대로**가 있어

대리석(大理石, marble)
에 1:6　가는 베 줄로 **대리석** 기둥 은고리에

계 18:12　구리와 철과 **대리석**으로 만든 각종 그릇

대맥(大麥, barly)
사 28:25　소맥을 줄줄이 심으며 **대맥**을 정한곳에

대머리(bald, baldhead)
레 13:40　머리털이 빠지면 그는 **대머리**니 정하고
레 13:41　앞머리가 빠져도 그는 이마 **대머리**니
레 13:42　**대머리**나 이마 **대머리**에 희고 … 이는 나병이 **대머리**에나 이마 **대머리**에 발생
레 13:43　**대머리**에나 이마 **대머리**에 돋은 색점
레 21:5　제사장들은 머리털을 깎아 **대머리** 같게
왕하 2:23　**대머리**여 올라가라 **대머리**여 올라가라
사 3:24　**대머리**가 숱한 머리털을 대신하고 굵은
렘 47:5　가사는 **대머리**가 되었고 아스글론과
렘 48:37　모든 사람이 **대머리**가 되었고 모든 사람
겔 7:18　수치가 있고 모든 머리는 **대머리**가
암 8:10　모든 머리를 **대머리**가 되게 하며 독자
미 1:16　머리털을 깎아 **대머리** 같게 할지어다

대면/-하다(對面, see, meet, face to face)
창 32:20　형의 감정을 푼 후에 **대면하면** 형이
창 32:30　하나님과 **대면하여** 보았으나 내 생명
출 33:11　여호와께서는 모세와 **대면하여** 말씀
민 12:8　내가 **대면하여** 명백히 말하고 은밀한
민 14:14　주 여호와께서 **대면하여** 보이시며 주의
신 5:4　불 가운데에서 너희와 **대면하여** 말씀
신 34:10　모세는 여호와께서 **대면하여** 아시던
삿 6:22　여호와의 사자를 **대면하여** 보았나이다
삼하 2:22　어떻게 네 형 요압을 **대면하겠느냐** 하되
왕하 14:8　이르되 오라 우리가 서로 **대면하자**
왕하 14:11　유다의 벧세메스에서 **대면하였**
대하 25:17　보내어 이르되 오라 서로 **대면하자**
대하 25:21　더불어 유다의 벧세메스에서 **대면하였**
욥 6:28　내가 너희를 **대면하여** 결코 거짓말하
욥 16:8　파리한 모습이 일어나서 **대면하여**
겔 20:35　이르러 거기에서 너희를 **대면하여**
고후 10:1　너희를 **대면하면** 유순하고 떠나 있으
고후 13:2　두 번째 **대면하였을** 때와 같이 전에
고후 13:10　이렇게 쓰는 것은 **대면할** 때에 주께서
갈 2:11　일이 있기로 내가 그를 **대면하여** 책망
요이 1:12　너희에게 가서 **대면하여** 말하려 하니
요삼 1:14　바라노니 또한 우리가 **대면하여** 말하

【 대문 】　　　　　　　　　　　　　　　　　　　　　　　　　　　　　　　　　　　【 대신 1/-하다 】

대문(大門, gate, door)
왕하 23:8　지도자 여호수아의 **대문** 어귀 곧 성문
욥 31:34　두려워서 **대문** 밖으로 나가지 못하고
렘 26:10　여호와의 성전 새 **대문**의 입구에 앉으
렘 43:9　바로의 궁전 **대문**의 벽돌로 쌓은 축대
눅 16:20　거지가 헌데 투성이로 그의 **대문** 앞에
행 12:13　베드로가 **대문**을 두드린대 로데라 하는
행 12:14　말하되 베드로가 **대문** 밖에 섰더라 하니
행 14:13　소와 화환들을 가지고 **대문** 앞에 와서

대문짝(door of the gate)
삼상 21:13　미친 체하고 **대문짝**에 그적거리며

대변(大便, filth, relive oneself)
신 23:13　밖에 나가서 **대변**을 볼 때에 그것을
왕하 18:27　너희와 함께 자기의 **대변**을 먹게 하고
사 36:12　너희와 함께 자기의 **대변**을 먹으며

대비하다(對備, reserve)
창 41:36　일곱 해 흉년에 **대비하시면** 땅이
나 3:14　너는 물을 길어 에워싸일 것을 **대비하며**

대싸리(broom tree)
욥 30:4　짠 나물을 꺾으며 **대싸리** 뿌리로 먹을

대상 1(隊商, caravan)
욥 6:18　**대상**들은 그들의 길을 벗어나서 삭막한
사 21:13　아라비아에 관한 경고라 드단 **대상**들

대상 2(對象, object, end)
렘 29:18　경악과 조소와 수모의 **대상**이 되게 하리
렘 44:12　저주와 놀램과 조롱과 수치의 **대상**이
렘 48:39　사람의 조롱 거리와 공포의 **대상**이 되리
렘 49:17　에돔이 공포의 **대상**이 되리니 그리로
렘 51:37　승냥이의 거처와 혐오의 **대상**과 탄식
겔 27:36　비웃음이여 네가 공포의 **대상**이 되고
겔 28:19　공포의 **대상**이 되고 네가 영원히 다시
겔 33:28　그 땅이 황무지와 공포의 **대상**이 되게
겔 33:29　황무지와 공포의 **대상**이 되게 하면
겔 35:3　황무지와 공포의 **대상**이 되게 할지라

대성통곡하다(大聲痛哭, weep bitterly)
스 3:12　기초가 놓임을 보고 **대성통곡하였**

에 4:1　성중에 나가서 **대성통곡하며**

대소(大小, small or great)
창 19:11　문 밖의 무리를 **대소**를 막론하고 그 눈
대상 26:13　그의 조상의 가문을 따라 **대소**를 막론
대하 15:13　여호와를 찾지 아니하는 자는 **대소** 남녀
대하 31:15　형제들에게 반열대로 **대소**를 막론하고
대하 36:18　하나님의 전의 **대소** 그릇들과 여호와

대속하다(代贖, redeem, ransom)
출 13:13　양으로 **대속할** 것이요
…　모든 자는 **대속할지니라**
출 13:15　난자를 다 **대속하리니**
출 30:15　생명을 **대속하기** 위하여
출 30:16　생명을 **대속하리라**
출 34:20　아들 중 장자는 다 **대속할지며** 빈손
민 3:49　모세가 레위인으로 **대속한** 이외의 사람
민 18:15　태어난 부정한 짐승도 **대속할** 것이며
민 18:16　세겔을 따라 은 다섯 세겔로 **대속하라**
민 18:17　처음 태어난 염소는 **대속하지** 말지니
갈 1:4　**대속하기** 위하여 자기 몸을 주셨으니
벧전 1:18　헛된 행실에서 **대속함**을 받은 것은

대속물(代贖物, ransom)
욥 33:24　내려가지 않게 하라 내가 **대속물**을 얻었
마 20:28　자기 목숨을 많은 사람의 **대속물**로 주려
막 10:45　자기 목숨을 많은 사람의 **대속물**로 주려
딤전 2:6　사람을 위하여 자기를 **대속물**로 주셨

대속자(代贖者, Redeemer)
욥 19:25　알기에는 나의 **대속자**가 살아 계시니

대승(戴勝, hoopoe)
신 14:18　학과 황새 종류와 **대승**과 박쥐며

대신 1/-**하다**(代身, in place of, instead of)
모세오경, 역사서
창 2:21　갈빗대 하나를 취하고 살로 **대신** 채우
창 4:25　가인이 죽인 아벨 **대신**에 다른 씨를
창 11:3　**대신하며** 역청으로 진흙을 **대신하고**
창 22:13　숫양을 가져다가 아들을 **대신하여** 번제
창 30:2　내가 하나님을 **대신하겠느냐**
창 30:15　언니의 아들의 합환채 **대신**에 오늘 밤에

556

【 대신 1/-하다 】

창 36:33	세라의 아들 요밥이 그를 **대신하여** 왕이
창 36:34	데만 족속의 땅의 후삼이 그를 **대신하여**
창 36:35	하닷이 그를 **대신하여** 왕이 되었으니
창 36:36	마스레가의 삼라가 그를 **대신하여** 왕이
창 36:37	르호봇의 사울이 그를 **대신하여** 왕이
창 36:38	악볼의 아들 바알하난이 그를 **대신하여**
창 36:39	하달이 그를 **대신하여** 왕이 되었으니
창 44:33	종으로 그 아이를 **대신하여** 머물러 있어
창 50:19	마소서 내가 하나님을 **대신하리이까**
출 4:16	네 입을 **대신할** 것이요 너는 그에게
출 5:12	그루터기를 거두어다가 짚을 **대신하니**
레 14:42	돌로 그 돌을 **대신하며** 다른 흙으로
레 16:32	아버지를 **대신하여** 제사장의 직분을
민 3:12	모든 자를 **대신하게** 하였은즉 레위인은
민 16:9	회중 앞에 서서 그들을 **대신하여** 섬기게
신 2:21	암몬 족속이 **대신하여** 그 땅에 거주하였
신 2:22	호리 사람을 쫓아내고 **대신하여** 오늘
신 2:23	아위 사람을 멸하고 그들을 **대신하여**
신 28:24	여호와께서 비 **대신**에 티끌과 모래를
수 2:14	우리의 목숨으로 너희를 **대신할** 것이요
삿 15:2	너는 그를 **대신하여** 동생을 아내로 맞이
삼상 2:20	얻어 바친 아들을 **대신하게** 하시기를
삼하 3:12	자기를 **대신하여** 전령들을 다윗에게
삼하 10:1	왕이 죽고 그의 아들 하눈이 **대신하여**
삼하 17:25	압살롬이 아마사로 요압을 **대신하여**
삼하 18:33	차라리 내가 너를 **대신하여** 죽었더면,
왕상 1:30	왕이 되고 나를 **대신하여** 내 왕위에
왕상 2:35	브나야를 요압을 **대신하여** 군사령관으로 … 사독으로 아비아달을 **대신하게**
왕상 3:7	종의 아버지 다윗을 **대신하여** 왕이 되게
왕상 11:43	그의 아들 르호보암이 **대신하여** 왕이
왕상 14:20	그의 아들 나답이 **대신하여** 왕이 되니라
왕상 14:27	르호보암 왕이 그 **대신** 놋으로 방패를
왕상 14:31	아들 아비얌이 **대신하여** 왕이 되니라
왕상 15:8	그 아들 아사가 **대신하여** 왕이 되니라
왕상 15:24	그의 아들 여호사밧이 **대신하여** 왕이
왕상 15:28	바아사가 나답을 죽이고 **대신하여** 왕이
왕상 16:6	장사되고 그의 아들 엘라가 **대신하여**
왕상 16:10	쳐죽이고 그를 **대신하여** 왕이 되니
왕상 16:28	그의 아들 아합이 **대신하여** 왕이 되니라
왕상 19:16	기름을 부어 너를 **대신하여** 선지자가
왕상 20:24	떠나게 하고 그들 **대신**에 총독들을 두시
왕상 20:39	네 생명으로 그의 생명을 **대신하거나**
왕상 20:42	목숨을 **대신하고** … 백성을 **대신하리라**
왕상 21:2	**대신**에 그보다 더 아름다운 포도원을
왕상 22:40	그의 아들 아하시야가 **대신하여** 왕이
왕상 22:50	아들 여호람이 **대신하여** 왕이 되니라
왕하 1:17	여호람이 그를 **대신하여** 왕이 되니 유다
왕하 8:15	죽은지라 그가 **대신하여** 왕이 되니라
왕하 8:24	그의 아들 아하시야가 **대신하여** 왕이
왕하 10:24	생명으로 그 사람의 생명을 **대신하리라**
왕하 10:35	여호아하스가 그를 **대신하여** 왕이 되니
왕하 12:21	아마샤가 그를 **대신하여** 왕이 되니라
왕하 13:9	아들 요아스가 **대신하여** 왕이 되니라
왕하 13:24	그의 아들 벤하닷이 **대신하여** 왕이 되매
왕하 14:16	그의 아들 여로보암이 **대신하여** 왕이
왕하 14:21	아마샤를 **대신하여** 왕으로 삼으니
왕하 14:29	아들 스가랴가 **대신하여** 왕이 되니라
왕하 15:7	그의 아들 요담이 **대신하여** 왕이 되니라
왕하 15:10	백성 앞에서 쳐죽이고 **대신하여** 왕이 되니
왕하 15:14	살룸을 거기에서 쳐죽이고 **대신하여**
왕하 15:22	그의 아들 브가히야가 **대신하여** 왕이
왕하 15:25	오십 명과 더불어 죽이고 **대신하여** 왕이
왕하 15:30	아들 베가를 쳐서 죽이고 **대신하여** 왕이
왕하 15:38	아들 아하스가 **대신하여** 왕이 되니라
왕하 16:20	그의 아들 히스기야가 **대신하여** 왕이
왕하 17:24	이스라엘 자손을 **대신하여** 사마리아
왕하 19:37	아들 에살핫돈이 **대신하여** 왕이 되니라
왕하 20:21	아들 므낫세가 **대신하여** 왕이 되니라
왕하 21:18	그의 아들 아몬이 **대신하여** 왕이 되니
왕하 21:24	요시야를 **대신하게** 하여 왕을 삼았더
왕하 21:26	아들 요시야가 **대신하여** 왕이 되니라
왕하 23:30	그의 아버지를 **대신하여** 왕으로 삼았
왕하 23:34	요시야를 **대신하여** 왕으로 삼고 그의
왕하 24:6	그의 아들 여호야긴이 **대신하여** 왕이
왕하 24:17	여호야긴의 숙부 맛다니야를 **대신하여**
대상 1:44	보스라 세라의 아들 요밥이 **대신하여**
대상 1:45	땅의 사람 후삼이 **대신하여** 왕이 되고
대상 1:46	하닷이 **대신하여** 왕이 되었으니 하닷
대상 1:47	마스레가의 사믈라가 **대신하여** 왕이
대상 1:48	강가의 르호봇 사울이 **대신하여** 왕이
대상 1:49	악볼의 아들 바알하난이 **대신하여** 왕이
대상 1:50	바알하난이 죽으매 하닷이 **대신하여**
대상 4:41	모우님 사람을 쳐서 진멸하고 **대신하여**
대상 13:13	그 **대신** 가드 사람 오벧에돔의 집으로
대상 19:1	나하스가 죽고 그의 아들이 **대신하여**

【 대신 1/-하다 】　　　　　　　　　　　　　　　　　　　　　　　　【 대언하다 】

대상 29:28 아들 솔로몬이 **대신하여** 왕이 되니라
대하 1:8 그를 **대신하여** 왕이 되게 하셨사오니
대하 6:10 다윗을 **대신하여** 일어나 이스라엘
대하 9:31 아들 르호보암이 **대신하여** 왕이 되니
대하 12:10 르호보암 왕이 그 **대신**에 놋으로 방패
대하 32:8 우리를 **대신하여** 싸우시리라 하매 백성
에 2:4 아름다운 처녀를 와스디 **대신** 왕후로

시가서 – 신약

욥 31:40 밀 **대신**에 가시나무가 나고 보리 **대신**
욥 34:24 다른 사람을 세워 그를 **대신하게** 하시
시 38:20 또 악으로 선을 **대신하는** 자들이 내가
시 105:32 비 **대신** 우박을 내리시며 그들의 땅에
잠 21:18 사악한 자는 정직한 자의 **대신**이 되느
전 4:15 왕을 **대신하여** 일어난 젊은이와 함께
사 3:24 향기를 **대신하고** 노끈이 띠를 **대신하**
고 … 머리털을 **대신하고** … 옷을 **대**
신하고 … 아름다움을 **대신할** 것이며
사 9:10 백향목으로 그것을 **대신하리라** 하는
사 43:3 구스와 스바를 너를 **대신하여** 주었노라
사 43:4 내가 네 **대신** 사람들을 내어 주며 백성
사 55:13 가시나무를 **대신하여** 나며 화석류는
찔레를 **대신하여** 날 것이라
사 60:17 놋을 **대신하며** … 철을 **대신하며** 놋을
나무를 **대신하며** 철로 돌을 **대신하며**
사 61:3 그 재를 **대신하며** … 슬픔을 **대신하며**
… 옷으로 그 근심을 **대신하시고** 그들이
사 61:7 수치 **대신**에 보상을 … 능욕 **대신**에
렘 28:13 꺾었으나 그 **대신** 쇠 멍에들을 만들었
렘 29:26 제사장 여호야다를 **대신하여** 제사장
겔 3:17 입의 말을 듣고 나를 **대신하여** 그들을
겔 4:15 쇠똥으로 인분을 **대신하기**를 허락하셨
겔 16:32 남편 **대신**에 다른 남자들과 내통하여
겔 33:7 입의 말을 듣고 나를 **대신하여** 그들에
겔 44:8 사람을 두어 너희 직분을 **대신** 지키게
단 8:8 큰 뿔이 꺾이고 그 **대신**에 현저한 뿔
호 14:2 우리가 수송아지를 **대신하여** 입술의
눅 11:11 생선을 달라 하는데 생선 **대신**에 뱀을
행 1:25 봉사와 및 사도의 직무를 **대신할** 자인지
롬 14:15 그리스도께서 **대신하여** 죽으신 형제
고전 11:15 긴 머리는 가리는 것을 **대신하여** 주셨
고후 5:14 사람이 모든 사람을 **대신하여** 죽었은즉
고후 5:15 사람을 **대신하여** … 그들을 **대신하여**
고후 5:20 그리스도를 **대신하여** … **대신하여**

고후 5:21 우리를 **대신하여** 죄로 삼으신 것은 우리
딛 2:14 그가 우리를 **대신하여** 자신을 주심은
몬 1:13 갇힌 중에서 네 **대신** 나를 섬기게 하고
벧전 3:18 의인으로서 불의한 자를 **대신하셨으니**

대신 1/-하다 – 기타 본문

민 3:41, 45; 8:16, 18, 19; 왕상 1:35; 21:6; 대하
12:16; 14:1; 17:1; 21:1; 24:27; 26:1, 23; 27:9;
28:27; 32:33; 33:20, 25; 36:1, 8; 에 2:17; 단
8:22; 11:38

대신 2(大臣, official, prince, satrap)
삼하 8:18 관할하고 다윗의 아들들은 **대신들이**
삼하 20:26 야일 사람이라는 다윗의 **대신**이 되니
에 3:1 높이 올려 함께 있는 모든 **대신** 위에
에 3:12 명령을 따라 왕의 **대신**과 각 지방
에 8:9 유다인과 **대신**과 지방관과 관원에게
에 9:3 지방 모든 지방관과 **대신들**과 총독들과
전 10:16 왕은 어리고 **대신들은** 아침부터 잔치
전 10:17 귀족들의 아들이요 **대신들**은 취하지
욘 3:7 왕과 그의 **대신들**이 조서를 내려 니느웨
막 6:21 헤롯이 자기 생일에 **대신들**과 천부장

대싸리(firewood)
욥 30:4 **대싸리** 뿌리로 먹을 거리를 삼느니라

대야(basin, bowl)
출 27:3 담는 통과 부삽과 **대야**와 고기 갈고리
출 38:3 부삽과 **대야**와 고기 갈고리와 불 옮기
민 4:14 고기 갈고리들과 부삽들과 **대야들**과
삼하 17:28 침상과 **대야**와 질그릇과 밀과 보리
렘 27:19 만군의 여호와께서 기둥들과 큰 **대야**
요 13:5 **대야**에 물을 떠서 제자들의 발을 씻으

대언자(代言者, prophet)
출 7:1 하였은즉 네 형 아론은 네 **대언자**가
요일 2:1 아버지 앞에서 우리에게 **대언자**가 있으

대언하다(代言, prophesy)
겔 37:4 너는 이 모든 뼈에게 **대언하여** 이르기를
겔 37:7 내가 명령을 따라 **대언하니** **대언할** 때에
겔 37:9 생기를 향하여 **대언하라** 생기에게 대언
겔 37:10 내가 그 명령대로 **대언하였더니** 생기가

【 대열 】 【 대적/-하다 】

겔 37:12 **대언하여** 그들에게 이르기를 주 여호와

대열(隊列, rank, position)
출 13:18 자손이 애굽 땅에서 **대열**을 지어 나올
왕하 11:8 왕을 호위하며 너희 **대열**을 침범하는
왕하 11:15 그를 **대열** 밖으로 몰아내라 그를 따르는
대하 20:17 너희가 싸울 것이 없나니 **대열**을 이루고
사 14:31 연기가 북방에서 오는데 그 **대열**에서
렘 6:23 전사같이 다 **대열**을 벌이고 시온의
렘 50:9 **대열**을 벌이고 쳐서 정복할 것이라
렘 50:14 바벨론을 둘러 **대열**을 벌이고 활을 당기
렘 50:42 무사같이 각기 네 앞에서 **대열**을 갖추
겔 21:16 모이라 오른쪽을 치라 **대열**을 맞추라

대왕(大王, great king)
왕하 18:19 **대왕** 앗수르 왕의 말씀이 네가 의뢰하는
왕하 18:28 너희는 **대왕** 앗수르 왕의 말씀을 들으라
사 36:4 **대왕** 앗수르 왕이 이같이 말씀하시기를
사 36:13 이르되 너희는 **대왕** 앗수르 왕의 말씀을

대오(隊伍, division, proceed)
민 33:1 아론의 인도로 **대오**를 갖추어 애굽을
느 12:31 성벽 위로 **대오**를 지어 가게 하였는데

대우(待遇, treat)
창 34:31 그가 우리 누이를 창녀같이 **대우**함이
출 21:9 주기로 하였으면 그를 딸같이 **대우**할
수 2:14 인자하고 진실하게 너를 **대우**하리라
삼상 17:26 사람에게는 어떠한 **대우**를 하겠느냐
삼하 18:5 젊은 압살롬을 너그러이 **대우**하라 하니
겔 31:11 그가 임의로 **대우**할 것은 내가 그의
겔 36:11 너희를 처음보다 낫게 **대우**하리니 내가
마 17:12 사람들이 알지 못하고 임의로 **대우**하였
막 9:13 사람들이 함부로 **대우**하였느니라 하시
히 12:7 하나님이 아들과 같이 너희를 **대우**하시

대인(大人, great man)
잠 25:6 스스로 높은 체하지 말며 **대인**들의 자리

대장(代將, leader)
수 5:14 여호와의 군대 **대장**으로 지금 왔느니라
수 5:15 여호와의 군대 **대장**이 여호수아에게
삼하 23:23 다윗이 그를 세워 시위대 **대장**을 삼았

왕상 9:22 고관과 **대장**이며 병거와 마병의 지휘관
왕상 14:27 왕궁 문을 지키는 시위대 **대장**의 손에
대하 32:21 큰 용사와 **대장**과 지휘관들을 멸하신

대장군(大將軍, commander)
삿 5:14 스불론에게서는 **대장군**의 지팡이를

대장부(大丈夫, man)
삼상 4:9 강하게 되며 **대장부**가 되라 … 너희가
 종이 되었던 것같이 되지 말고 **대장부**
왕상 2:2 가게 되었노니 너는 힘써 **대장부**가 되고
욥 38:3 너는 **대장부**처럼 허리를 묶고 내가 네게
욥 40:7 너는 **대장부**처럼 허리를 묶고 내가 네게

대장장이(artisan, craftsman)
왕상 7:14 아버지는 두로 사람이니 놋쇠 **대장장이**
왕하 24:14 장인과 **대장장이**를 사로잡아 가매 비천
왕하 24:16 장인과 **대장장이** 천 명 곧 용감하여
사 44:11 그 **대장장이**들은 사람일 뿐이라 그들이
슥 1:20 여호와께서 **대장장이** 네 명을 내게 보이
슥 1:21 **대장장이**들이 와서 그것들을 두렵게

대저(大抵, for)
잠 1:16 **대저** 그 발은 악으로 달려가며 피를
눅 1:37 **대저** 하나님의 모든 말씀은 능하지

대저 - 기타 본문
잠 1:29; 2:6, 8, 21; 3:12, 26, 32; 5:3, 21; 6:23;
7:26; 8:11, 35; 22:23; 23:7, 11, 27; 24:16, 20,
22; 27:24; 30:33; 사 2:12; 7:8, 16; 9:18; 14:31;
16:4; 23:4; 27:10; 28:10, 21, 22; 29:10; 30:9,
18, 33; 32:14; 33:22; 34:2; 37:35; 43:3; 45:18

대적/-하다(對敵, adversary, enemy)
모세오경
창 14:20 **대적**을 네 손에 붙이신 지극히 높으신
창 22:17 네 씨가 그 **대적**의 성문을 차지하리라
출 1:10 우리 **대적**과 합하여 우리와 싸우고
출 23:22 원수가 되고 네 **대적**에게 **대적**이 될지라
레 26:8 너희 **대적**들이 너희 앞에서 칼에 엎드
레 26:16 헛되리니 너희의 **대적**이 그것을 먹을
민 10:35 주의 **대적**들을 흩으시고 주를 미워하는
민 14:42 올라가지 말라 너희의 **대적** 앞에서 패할

【 대적/-하다 】 　　　　　　　　　　　　　【 대적/-하다 】

민 16:19	사람을 **대적하려** 하매 여호와의 영광이		삼하 5:20	내 앞에서 내 **대적**을 흩으셨다 하므로
민 20:18	내가 칼을 들고 나아가 너를 **대적할까**		삼하 18:13	당신도 나를 **대적하였으리이다** 하니
민 25:17	미디안들을 **대적하여** 그들을 치라		삼하 18:28	내 주 왕을 **대적하는** 자들을 넘겨주셨
민 25:18	속임수로 너희를 **대적하되** 브올의 일과		삼하 18:31	여호와께서 오늘 왕을 **대적하던** 모든
신 1:42	너희가 **대적**에게 패할까 하노라 하시		삼하 18:32	왕의 원수와 일어나서 왕을 **대적하는**
신 2:32	우리를 **대적하여** 야하스에서 싸울 때에		삼하 20:21	다윗을 **대적하였나니** 너희가 그만 내주
신 3:1	**대적하여** 에드레이에서 싸우고자		삼하 22:49	나를 **대적하는** 자 위에 나를 높이시고
신 6:18-19	모든 **대적**을 네 앞에서 쫓아내시겠다고		왕상 11:14	하닷을 일으켜 솔로몬의 **대적**이 되게
신 12:10	너희에게 너희 주위의 모든 **대적**을 이기		왕상 11:25	수리아 왕이 되어 이스라엘을 **대적하고**
신 20:3	오늘 너희의 **대적**과 싸우려고 나아왔		왕상 11:26	또한 손을 들어 왕을 **대적하였으니** 그는
신 20:12	화평하기를 거부하고 너를 **대적하여**		대상 5:21	그들이 **대적**의 짐승 곧 낙타 오만 마리
신 28:7	여호와께서 너를 **대적하기** 위해 일어난		대상 12:17	너희가 나를 속여 내 **대적**에게 넘기고
신 32:41	**대적들**에게 복수하며 나를 미워하는		대상 17:10	네 모든 **대적**으로 네게 복종하게 하리라
신 33:7	주께서 도우사 그가 그 **대적**을 치게		대상 21:1	사탄이 일어나 이스라엘을 **대적하고**
신 33:11	그를 **대적하여** 일어나는 자와 미워하는		대상 22:9	주변 모든 **대적**에게서 평온을 얻게 하리
신 33:27	그가 네 앞에서 **대적**을 쫓으시며 멸라		대하 13:7	르호보암을 **대적하였으나** 그 때에
신 33:29	**대적**이 네게 복종하리니 네가 그들을		대하 13:8	여호와의 나라를 **대적하려** 하는도다
역사서			대하 20:12	큰 무리를 우리가 **대적할** 능력이 없고
수 1:5	평생에 너를 능히 **대적할** 자가 없으리니		대하 25:20	구하였으므로 그 **대적**의 손에 넘기려
수 10:13	**대적**에게 원수를 갚기까지 하였느니라		스 4:1	건축한다 함을 유다와 베냐민의 **대적**이
수 10:19	지체하지 말고 너희 **대적**의 뒤를 따라가		스 8:31	하나님의 손이 우리를 도우사 **대적**과
수 10:21	혀를 놀려 이스라엘 자손을 **대적하는**		느 4:15	**대적**이 우리가 그들의 의도를 눈치챘다
수 10:25	맞서서 싸우는 모든 **대적**에게 여호와		느 5:9	우리의 **대적** 이방 사람의 비방을 생각
수 11:20	마음이 완악하여 이스라엘을 **대적하여**		느 6:16	모든 **대적**과 주위에 있는 이방 족속들이
삿 2:14	모든 **대적**의 손에 팔아 넘기시매 그들		느 9:27	그들을 **대적**의 손에 넘기사 그들이 곤고
	이 다시는 **대적**을 당하지 못하였으며		에 3:10	유다인의 **대적** 곧 아각 사람 함므다다
삿 2:18	여호와께서 그들을 **대적**의 손에서 구원		에 7:4	**대적**이 왕의 손해를 보충하지 못하였
삿 3:12	에글론을 강성하게 하사 그들을 **대적**		에 7:6	에스더가 이르되 **대적**과 원수는 이 악한
삿 9:31	세겜에 이르러 그 성읍이 당신을 **대적**		에 8:1	유다인의 **대적** 하만의 집을 왕후 에스더
삿 11:36	아버지의 **대적** 암몬 자손에게 원수를		에 8:13	준비하였다가 그 날에 **대적**에게 원수를
삼상 2:10	여호와를 **대적하는** 자는 산산이 깨어질		에 9:1	유다인의 **대적들**이 그들을 제거하기를
삼상 14:30	백성이 오늘 그 **대적**에게서 탈취하여		에 9:5	유다인이 칼로 그 모든 **대적들**을 쳐서
삼상 14:47	**대적** 곧 모압과 암몬 자손과 에돔과		에 9:10	유다인의 **대적** 하만의 열 아들을 죽였으
삼상 15:2	애굽에서 나올 때에 길에서 **대적한** 일로		에 9:16	생명을 보호하여 **대적들**에게서 벗어나
삼상 18:29	두려워하여 평생에 다윗의 **대적**이 되니		에 9:22	유다인들이 **대적**에게서 벗어나서 평안
삼상 19:17	나를 속여 내 **대적**을 놓아 피하게 하였		에 9:24	유다인의 **대적** 하만이 유다인을 진멸
삼상 20:15	다윗의 **대적들**을 지면에서 다 끊어 버리		**시가서**	
삼상 20:16	여호와께서는 다윗의 **대적들**을 치실지		욥 13:26	**대적하사** 괴로운 일들을 기록하시며
삼상 22:8	나를 **대적하며** 내 아들이 이새의 아들		욥 15:25	이는 그의 손을 들어 하나님을 **대적하며**
삼상 22:13	공모하여 나를 **대적하여** 그에게 떡과		욥 16:10	뺨을 치며 함께 모여 나를 **대적하는구나**
삼상 28:16	너를 떠나 네 **대적**이 되셨거늘 네가		욥 30:12	덫을 놓으며 나를 **대적하여** 길을 에워
삼상 29:4	전장에서 우리의 **대적**이 될까 하나이다		욥 30:21	힘 있는 손으로 나를 **대적하시나이다**
삼하 3:18	모든 **대적**의 손에서 벗어나게 하리라		시 2:2	그의 기름 부음 받은 자를 **대적하며**

【 대적/-하다 】   　　　　　　　　　　　　　【 대적/-하다 】

시 3:1	여호와여 나의 **대적**이 어찌 그리 많은
시 3:2	많은 사람이 나를 **대적하여** 말하기를
시 6:7	**대적**으로 말미암아 어두워졌나이다
시 7:4	갚았거나 내 **대적**에게서 까닭 없이 빼앗
시 7:6	**대적**들의 노를 막으시며 나를 위하여
시 8:2	**대적**으로 말미암아 어린 아이들과
시 10:5	못하오니 그는 그의 모든 **대적**들을 멸시
시 13:4	흔들릴 때에 나의 **대적**들이 기뻐할까
시 18:48	주께서 나를 **대적하는** 자들의 위에 나를
시 27:2	내게로 왔으나 나의 **대적**들, 나의 원수
시 27:3	나를 **대적하여** 진 칠지라도 내 마음
시 27:12	내 생명을 내 **대적**에게 맡기지 마소서
시 31:11	내가 모든 **대적**들 때문에 욕을 당하고
시 38:20	따른다는 것 때문에 나를 **대적하나이다**
시 41:9	친구도 나를 **대적하여** 그의 발꿈치를
시 42:10	찌르는 칼같이 내 **대적**이 나를 비방하
시 44:5	**대적**을 누르고 우리를 치러 일어나는
시 44:10	주께서 우리를 **대적**들에게서 돌아서게
시 55:18	**대적하는** 자 많더니 나를 치는 전쟁에서
시 60:11	우리를 도와 **대적**을 치게 하소서 사람
시 60:12	행하리니 그는 우리의 **대적**을 밟으실
시 71:13	영혼을 **대적하는** 자들이 수치와 멸망
시 74:4	**대적**이 주의 회중 가운데에서 떠들며
시 74:10	하나님이여 **대적**이 언제까지 비방하겠
시 74:23	**대적**들의 소리를 잊지 마소서 일어나
시 78:19	하나님을 **대적하여** 말하기를 하나님이
시 78:42	**대적**에게서 그들을 구원하신 날도 기억
시 78:61	넘겨주시며 그의 영광을 **대적**의 손에
시 78:66	그의 **대적**들을 쳐 물리쳐서 영원히 그들
시 81:14	내 손을 돌려 그들의 **대적**들을 치리니
시 83:5	한마음으로 의논하고 주를 **대적하여**
시 89:23	내가 그의 앞에서 그 **대적**들을 박멸하며
시 89:42	주께서 그의 **대적**들의 오른손을 높이
시 97:3	나와 사방의 **대적**들을 불사르시는
시 105:24	번성하게 하사 그의 **대적**들보다 강하게
시 105:25	그 **대적**들의 마음이 변하게 하여 그의
시 106:11	그들의 **대적**들은 물로 덮으시매 그들
시 107:2	여호와께서 **대적**의 손에서 그들을 속량
시 108:12	우리를 도와 **대적**을 치게 하소서 사람
시 108:13	그는 우리의 **대적**들을 밟으실 자이심이
시 109:4	사랑하나 그들은 도리어 나를 **대적하니**
시 109:20	**대적**들이 곧 내 영혼을 **대적하여** 악담
시 109:29	나의 **대적**들이 욕을 옷 입듯 하게 하시
시 112:8	그의 **대적**들이 받는 보응을 마침내 보리
시 119:139	내 **대적**들이 주의 말씀을 잊어버렸으
시 119:157	나의 **대적**들이 많으나 나는 주의 증거
시 136:24	우리를 **대적**에게서 건지신 이에게 감사
잠 23:11	그가 너를 **대적하여** 그들의 원한을 풀어
잠 28:4	지키는 자는 악인을 **대적하느니라**

선지서

사 1:24	장차 내 **대적**에게 보응하여 내 마음
사 7:5	아들이 악한 꾀로 너를 **대적하여** 이르기
사 9:11	여호와께서 르신의 **대적**들을 일으켜
사 18:2	강성하여 **대적**을 밟는 백성에게로 가라
사 18:7	강성하여 **대적**을 밟는 백성이 만군의
사 26:11	것이라 불이 주의 **대적**들을 사르리이다
사 27:4	찔레와 가시가 나를 **대적하여** 싸운다
사 29:5	**대적**의 무리는 세미한 티끌 같겠고 강포
사 33:8	**대적**이 조약을 파하고 성읍들을 멸시
사 42:13	부르시며 그 **대적**을 크게 치시리로다
사 49:25	너를 **대적하는** 자를 **대적하고** 네 자녀
사 50:8	나와 함께 설지어다 나의 **대적**이 누구냐
사 54:17	너를 **대적하여** 송사하는 모든 혀는 네게
사 63:10	돌이켜 그들의 **대적**이 되사 친히 그들을
렘 15:9	남은 자는 그들의 **대적**의 칼에 붙이리라
렘 19:7	그들로 그 **대적** 앞과 생명을 찾는 자의
렘 21:13	들어오리요 하거니와 나는 네 **대적**이라
렘 30:16	네 모든 **대적**은 사로잡혀 갈 것이고
렘 31:16	그들이 그의 **대적**의 땅에서 돌아오리라
렘 34:17	너희를 **대적하여** 칼과 전염병과 기근에
렘 43:3	우리를 **대적하여** 갈대아 사람의 손에
렘 46:10	그의 **대적**에게 원수 갚는 보복일이라
렘 49:4	말하기를 누가 내게 **대적하여** 오리요
렘 50:7	그의 **대적**은 말하기를 그들이 여호와
렘 50:31	보라 내가 너를 **대적하나니** 너의 날
렘 51:1	나를 **대적하는** 자 중에 있는 자를 치되
애 1:5	그의 **대적**들이 머리가 되고 그의 원수
애 1:7	백성이 **대적**의 손에 넘겨졌으나 그를 돕 는 자가 없었고 **대적**들은 그의 멸망을
애 1:10	**대적**이 손을 펴서 그의 모든 보물들을
애 1:17	**대적**들이 되게 하셨으니 예루살렘
애 2:4	활을 당기고 **대적**처럼 그의 오른손을
애 4:12	**대적**과 원수가 예루살렘 성문으로
애 5:11	**대적**들이 시온에서 부녀들을, 유다
겔 14:8	사람 **대적하여** 그들을 놀라움과 표징
겔 15:7	내가 그들을 **대적한즉** 그들이 그 불에서

대적/-하다

겔 16:37	사방에서 모아 너를 **대적하게** 할 것이요
겔 17:17	**대적**이 토성을 쌓고 사다리를 세우고
겔 21:3	**대적하여** 내 칼을 칼집에서 빼어 의인과
겔 26:3	내가 너를 **대적하여** 바다가 그 파도
겔 28:22	시돈아 내가 너를 **대적하나니** 네 가운데
겔 29:3	바로 왕이여 내가 너를 **대적하노라** 너는
겔 30:16	것이며 놉 나라가 날로 **대적**이 있을
겔 30:22	애굽의 바로 왕을 **대적하여** 그 두 팔
겔 34:10	목자들을 **대적하여** 내 양 떼를 그들
겔 35:3	세일 산아 내가 너를 **대적하여** 내 손을
겔 35:13	나를 **대적하여** 입으로 자랑하며 나를 **대적하여** 여러 가지로 말한 것을 내가
겔 38:3	두발 왕 곡아 내가 너를 **대적하여**
단 4:19	왕의 **대적**에게 응하기를 원하나이다
단 7:25	지극히 높으신 이를 말로 **대적하며**
단 8:7	숫양에게는 그것을 **대적할** 힘이 없고
단 8:11	높아져서 군대의 주재를 **대적하며** 그에
단 8:25	만왕의 왕을 **대적할** 것이나 그가 사람
단 11:36	비상한 말로 신들의 신을 **대적하며** 형통
호 13:9	이는 너를 도와주는 나를 **대적함이니라**
암 3:11	땅 사면에 **대적**이 있어 네 힘을 쇠하게
미 5:9	네 손이 네 **대적들** 위에 들려서 네 모든
미 7:6	딸이 어머니를 **대적하며** 며느리가 시어머니를 **대적하리니** 사람의 원수가
미 7:8	나의 **대적이여** 나로 말미암아 기뻐하지
미 7:10	**대적**이 이것을 보고 부끄러워하리니
나 1:2	여호와는 보복하시며 자기를 **대적하는**
나 1:8	진멸하시고 자기 **대적들**을 흑암으로
나 2:13	**대적**이 되어 네 병거들을 불살라 연기
슥 3:1	사탄은 그의 오른쪽에 서서 그를 **대적**
말 3:13	완악한 말로 나를 **대적하고도** 이르기를 우리가 무슨 말로 주를 **대적하였나이까**

신약

마 5:39	자를 **대적하지** 말라 누구든지 네 오른
마 10:21	자식들이 부모를 **대적하여** 죽게 하리라
마 24:7	나라가 나라를 **대적하여** 일어나겠고
막 13:8	민족이 민족을, 나라가 나라를 **대적하여**
막 13:12	자식들이 부모를 **대적하여** 죽게 하리라
눅 14:31	오는 자를 **대적할** 수 있을까 헤아리지
눅 21:10	민족이 민족을, 나라가 나라를 **대적하여**
눅 21:15	너희의 모든 **대적**이 능히 대항하거나
행 4:26	그리스도를 **대적하도다** 하신 이로소이
행 5:39	하나님을 **대적하는** 자가 될까 하노라
행 13:8	그들을 **대적하여** 총독으로 믿지 못하게
행 18:6	그들이 **대적하여** 비방하거늘 바울이
행 18:10	어떤 사람도 너를 **대적하여** 해롭게
행 18:12	일제히 일어나 바울을 **대적하여** 법정
행 26:9	나사렛 예수의 이름을 **대적하여** 많은
롬 8:31	위하시면 누가 우리를 **대적하리요**
롬 9:19	허물하시느냐 누가 그 뜻을 **대적하느냐**
고전 4:6	우리에게서 배워 서로 **대적하여** 교만한
고전 16:9	유효한 문이 열렸으나 **대적하는** 자가
고후 10:5	하나님 아는 것을 **대적하여** 높아진
갈 5:17	둘이 서로 **대적함으로** 너희가 원하는
엡 6:11	간계를 능히 **대적하기** 위하여 하나님
엡 6:13	악한 날에 너희가 능히 **대적하고** 모든
빌 1:28	**대적하는** 자들 때문에 두려워하지 아니
살전 2:15	하지 아니하고 모든 사람에게 **대적**
살후 2:4	**대적하는** 자라 신이라고 불리는 모든
딤후 5:14	**대적**에게 비방할 기회를 조금도 주지
딤후 3:8	그들도 진리를 **대적하니** 이 사람들은
딤후 4:15	그가 우리 말을 심히 **대적하였느니라**
딛 2:8	이는 **대적하는** 자로 하여금 부끄러워
히 10:27	**대적하는** 자를 태울 맹렬한 불만 있음
약 4:7	마귀를 **대적하라** 그리하면 너희를 피하
벧전 5:5	하나님은 교만한 자를 **대적하시되** 겸손
벧전 5:8	근신하라 깨어라 너희 **대적** 마귀가 우는
벧전 5:9	믿음을 굳건하게 하여 그를 **대적하라**

대적/-하다 - 기타 본문

레 26:17, 25; 신 32:42, 43; 삿 9:33; 왕상 11:27; 대상 14:11; 17:8; 겔 39:1

대적자 (對敵者, enemy)

왕상 11:23	르손을 일으켜 솔로몬의 **대적자**가 되게
왕상 21:20	엘리야에게 이르되 내 **대적자여** 네가
시 69:19	나의 **대적자들**이 다 주님 앞에 있나이다
애 2:17	**대적자들**의 뿔로 높이 들리게 하셨도다

대전 (大殿, great house)

대하 3:5	**대전** 천장은 잣나무로 만들고 또 순금

대접 1/-하다 (待接, invite, entertain, honour)

창 24:49	내 주인을 **대접하려거든** 내게 알게 해
출 2:20	그를 청하여 음식을 **대접하라** 하였더라
민 22:40	그와 함께 한 고관들을 **대접하였더라**

【 대접 2 】 　　　　　　　　　　　　　　　　　　　　　　　　　【 대제사장 】

삿 8:1	우리를 이같이 **대접**함은 어찌 됨이냐
삿 9:19	그의 집을 **대접**한 것이 진실하고 의로운
삿 18:4	미가가 이러이러하게 나를 **대접**하고
애 4:16	아니하였으며 장로들을 **대접**하지
마 7:12	무엇이든지 남에게 **대접**을 받고자 하는 대로 너희도 남을 **대접**하라 이것이
마 25:37	주리신 것을 보고 음식을 **대접**하였으며
눅 6:31	**대접**을 받고자 하는 대로 … **대접**하라
행 27:3	친구들에게 가서 **대접** 받기를 허락하더
행 28:10	후한 예로 우리를 **대접**하고 떠날 때에
롬 12:13	성도들의 쓸 것을 공급하며 손 **대접**하기
딤전 3:2	나그네를 **대접**하며 가르치기를 잘하며
딤전 5:10	나그네를 **대접**하며 혹은 성도들의 발을
딛 1:8	나그네를 **대접**하며 선행을 좋아하며
히 13:2	손님 **대접**하기를 잊지 말라 이로써 부지중에 천사들을 **대접**한 이들이 있었느
벧전 4:9	서로 **대접**하기를 원망 없이 하고

대접 2(bowl, plate)

출 25:29	너는 **대접**과 숟가락과 병과 붓는 잔을
출 37:16	상 위의 기구 곧 **대접**과 숟가락과 잔과
민 4:7	청색 보자기를 펴고 **대접**들과 숟가락
왕상 7:40	히람이 또 물두멍과 부삽과 **대접**들을
왕상 7:45	솥과 부삽과 **대접**들이라 히람이 솔로몬
왕상 7:50	정금 **대접**과 불집게와 주발과 숟가락
왕하 12:13	그 성전의 은 **대접**이나 불집게나 주발
대상 28:17	갈고리와 **대접**과 종지를 만들 순금과
대하 4:8	다섯 개이며 또 금으로 **대접** 백 개를
대하 4:11	후람이 또 솥과 부삽과 **대접**을 만들었
스 1:10	은 **대접**이 사백열 개요 그밖의 그릇이
느 7:70	금 천 드라크마와 **대접** 오십과 제사장의
암 6:6	**대접**으로 포도주를 마시며 귀한 기름을
마 23:25	바리새인들이여 잔과 **대접**의 겉은 깨끗
눅 11:39	바리새인은 지금 잔과 **대접**의 겉은 깨끗
계 5:8	향이 가득한 금 **대접**을 가졌으니 이 향은
계 15:7	진노를 가득히 담은 금 **대접** 일곱을
계 16:1	하나님의 진노의 일곱 **대접**을 땅에 쏟으
계 16:2	첫째 천사가 가서 그 **대접**을 땅에 쏟으
계 16:3	둘째 천사가 그 **대접**을 바다에 쏟으매
계 16:4	셋째 천사가 그 **대접**을 강과 물 근원에
계 16:8	넷째 천사가 그 **대접**을 해에 쏟으매
계 16:10	다섯째 천사가 그 **대접**을 짐승의 왕좌
계 16:12	천사가 그 **대접**을 큰 강 유브라데
계 16:17	일곱째 천사가 그 **대접**을 공중에 쏟으매
계 17:1	일곱 **대접**을 가진 일곱 천사 중 하나
계 21:9	일곱 **대접**을 가지고 마지막 일곱 재앙

대제사장(大祭司長, high priest)

레 21:10	**대제사장**은 그의
민 35:25	받은 **대제사장**이
민 35:28	살인자가 **대제사장**이 죽기까지 그 도피성에 머물러야 할 것임이라 **대제사장**이
민 35:32	도피성에 피한 자는 **대제사장**이 죽기
수 20:6	그 당시 **대제사장**이 죽기까지 그 성읍에
왕하 12:7	요아스 왕이 **대제사장** 여호야다와
왕하 12:10	서기와 **대제사장**이 올라와서 여호와
왕하 22:4	**대제사장** 힐기야에게 올라가서 백성
왕하 22:8	**대제사장** 힐기야가 서기관 사반에게
왕하 23:4	왕이 **대제사장** 힐기야와 모든 부제사장
왕하 23:24	**대제사장** 힐기야가 여호와의 성전에서
왕하 25:18	시위대장이 **대제사장** 스라야와
대상 27:5	셋째 지휘관은 **대제사장** 여호야다의
대하 19:11	**대제사장** 아마랴가 너희를 다스리고
대하 24:6	왕이 **대제사장** 여호야다를 불러 이르되
대하 24:11	서기관과 **대제사장**에게 속한 관원이
대하 26:20	**대제사장** 아사랴와 모든 제사장이
대하 31:10	사독의 족속 **대제사장** 아사랴가 그에게
대하 34:9	그들이 **대제사장** 힐기야에게 나아가
스 7:5	엘르아살의 십오대 손이요 **대제사장**
느 3:1	그 때에 **대제사장** 엘리아십이 그의 형제
느 3:20	굽이에서부터 **대제사장** 엘리아십의
느 13:28	**대제사장** 엘리아십의 손자 요야다의
렘 52:24	사령관이 **대제사장** 스라야와 부제사장
학 1:1	여호사닥의 아들 **대제사장** 여호수아
학 1:12	여호사닥의 아들 **대제사장** 여호수아와
학 1:14	여호사닥의 아들 **대제사장** 여호수아의
학 2:2	여호사닥의 아들 **대제사장** 여호수아와
학 2:4	여호사닥의 아들 **대제사장** 여호수아야
슥 3:1	**대제사장** 여호수아는 여호와의 천사
슥 3:8	**대제사장** 여호수아야 너와 네 앞에 앉은
슥 6:11	여호사닥의 아들 **대제사장** 여호수아의
마 2:4	왕이 모든 **대제사장**과 백성의 서기관
마 16:21	장로들과 **대제사장**들과 서기관들에게
마 20:18	인자가 **대제사장**들과 서기관들에게
마 21:15	**대제사장**들과 서기관들이 예수께서

【 대제사장 】 【 대하다 】

마 21:23	대제사장들과 백성의 장로들이 나아와
마 21:45	대제사장들과 바리새인들이 예수의
마 26:3	그 때에 대제사장들과 백성의 장로들이 가야바라 하는 대제사장의 관정에
마 26:14	가룟 유다라 하는 자가 대제사장들에게
마 26:47	유다가 왔는데 대제사장들과 백성의
마 26:51	칼을 빼어 대제사장의 종을 쳐 그 귀를
마 26:57	그를 끌고 대제사장 가야바에게로 가니
마 26:58	예수를 따라 대제사장의 집 뜰에까지
마 26:59	대제사장들과 온 공회가 예수를 죽이
마 26:62	대제사장이 일어서서 예수께 묻되 아무
마 26:63	대제사장이 이르되 내가 너로 살아 계신
마 26:65	대제사장이 자기 옷을 찢으며 이르되
마 27:1	새벽에 모든 대제사장과 백성의 장로들
마 27:3	은 삼십을 대제사장들과 장로에게
마 27:6	대제사장들이 그 은을 거두며 이르되
마 27:12	대제사장들과 장로들에게 고발을 당하
마 27:20	대제사장들과 장로들이 무리를 권하여
마 27:41	대제사장들도 서기관들과 장로들과
마 27:62	다음 날이라 대제사장들과 바리새인들
마 28:11	성에 들어가 모든 된 일을 대제사장들
막 2:26	그가 아비아달 대제사장 때에 하나님
히 2:17	자비하고 신실한 대제사장이 되어 백성
히 3:1	사도이시며 대제사장이신 예수를 깊이
히 4:14	우리에게 큰 대제사장이 계시니 승천
히 4:15	우리에게 있는 대제사장은 우리의 연약
히 5:1	대제사장마다 사람 가운데서 택한 자이
히 5:5	그리스도께서 대제사장 되심도 스스로
히 5:10	멜기세덱의 반차를 따른 대제사장이라
히 6:20	영원히 대제사장이 되어 우리를 위하여
히 7:26	이러한 대제사장은 우리에게 합당하니
히 7:27	그는 저 대제사장들이 먼저 자기 죄를
히 8:1	이러한 대제사장이 우리에게 있다는
히 8:3	대제사장마다 예물과 제사 드림을 위하
히 9:7	오직 둘째 장막은 대제사장이 홀로
히 9:11	장래 좋은 일의 대제사장으로 오사
히 9:25	대제사장이 해마다 다른 것의 피로써
히 13:11	위한 짐승의 피는 대제사장이 가지고

✝ 대제사장 – 기타 본문

막 8:31; 10:33; 11:18, 27; 14:1, 10, 43, 47, 53, 54, 55, 60, 61, 63, 65; 15:1, 3, 10, 11, 31; 눅 3:2; 9:22; 19:47; 20:1, 19; 22:2, 4, 50, 52, 54, 66;
23:4, 10, 13; 24:20; 요 7:32, 45; 11:47, 49, 51, 57; 12:10; 18:3, 10, 13, 15, 16, 19, 22, 24, 26, 35; 19:6, 15, 21; 행 4:6; 5:17, 21, 27; 7:1; 9:1, 14, 21; 22:5; 23:2, 4, 5, 14; 24:1; 25:2, 15; 26:10, 12

대주재(大主宰, sovereign lord)
행 4:24	대주재여 천지와 바다와 그 가운데 만물
계 6:10	거룩하고 참되신 대주재여 땅에 거하는

대진하다(對陣, take up position against)
수 10:5	거느리고 올라와 기브온에 대진하고
수 10:31	립나에서 라기스로 나아가서 대진하고
수 10:34	에글론으로 나아가서 대진하고
대하 13:3	팔십만 명을 택하여 그와 대진한지라

대추나무(palm tree)
욜 1:12	대추나무와 사과나무와 밭의 모든 나무

대치하다(對峙, face, camp opposite)
삼상 17:21	벌이고 양군이 서로 대치하였더라
왕상 20:29	진영이 서로 대치한 지 칠 일이라 일곱

대패(chisel)
사 44:13	붓으로 긋고 대패로 밀고 곡선자로 그어

대표하다(代表, represent)
민 1:44	이스라엘 조상의 가문을 대표한 열두
느 3:17	다스리는 하사뱌가 그 지방을 대표하여

대풍(大風, strong wind)
계 6:13	하늘의 별들이 무화과나무가 대풍에

대하다(對, opposite, against)
창 15:10	쪼갠 것을 마주 대하여 놓고 그 새는
출 20:16	네 이웃에 대하여 거짓 증거하지 말라
출 25:20	얼굴을 서로 대하여 속죄소를 향하게
출 36:12	쉰 개를 달아 그 고들이 서로 대하게

✝ 대하다 – 기타 본문

모세오경 창 17:20; 18:19, 20; 19:13; 24:9; 26:7, 32; 31:2; 42:9, 30; 43:7; 48:7; 출 1:10; 8:12; 12:4; 14:3, 5; 16:7; 17:3; 19:6; 21:26, 27; 22:9,

【 대하다 】   【 대해 】

13; 24:8; 37:9; 레 4:26, 35; 5:15, 16; 11:46; 12:7; 14:54; 15:33; 17:10; 19:17; 21:6; 22:2; 25:4; 민 1:53; 4:4; 8:20, 22, 26; 9:8; 11:33; 14:37; 15:29; 17:10; 18:1, 7, 24; 23:23; 26:65; 30:12, 16; 32:28; 36:6; 신 5:20; 9:2; 13:12; 24:8; 25:19; 32:26; 33:7, 8, 9, 12, 13, 18, 20, 22, 23, 24 **역사서** 수 2:17, 20; 5:6; 14:6; 22:20; 23:14; 삿 15:3; 20:19; 삼상 3:12, 14; 4:2; 12:3, 5, 7; 17:2; 20:6, 12, 17, 23; 25:30; 26:14; 27:11; 삼하 1:16; 3:28; 7:25; 13:22; 14:13; 19:42, 43; 24:22; 왕상 2:4, 27; 4:33; 5:8; 7:4, 5; 10:6; 11:2, 10; 21:10, 13, 23; 22:8, 18, 23; 왕하 5:18; 10:10; 19:21; 20:9; 21:7; 22:13, 18, 19; 23:17; 25:1; 대상 5:11; 11:10; 17:17, 18, 23; 19:10, 11; 22:11; 26:19; 대하 6:32; 9:5, 29; 18:7, 17, 22; 23:3; 24:16; 31:9; 33:7; 34:21; 스 5:17; 6:3, 8; 에 2:1, 12; 3:7; 5:1; 6:3 **시가서** 욥 21:21; 34:19; 41:12; 42:5; 시 41:5, 7; 43:1; 55:12; 71:10; 73:15; 80:4; 87:5; 139:20; 잠 1:3; 전 2:2, 20; 3:18 **선지서** 사 8:17; 13:1; 14:4; 19:12, 17; 20:3; 23:8, 11; 27:4; 29:16, 22; 37:22, 33; 44:26, 27, 28; 52:14; 렘 2:21; 5:9, 29; 7:12, 22; 11:21; 12:9, 14; 14:1, 7, 10, 15; 15:18; 16:3; 18:8, 10; 19:15; 22:6, 11, 18; 23:15; 25:30; 26:13, 19; 27:13, 19, 21; 28:8; 29:21; 30:4; 32:3–5, 36; 33:14; 34:3, 4; 35:17; 36:2, 7, 29, 30; 39:11; 40:16; 42:10; 44:1; 46:1, 13; 47:1; 48:26; 49:20; 50:1, 45; 51:12, 60, 62; 52:4; 애 2:14; 3:10; 겔 9:5; 12:19, 27; 13:16; 14:22; 16:44; 21:28, 29; 25:3, 6; 26:15; 32:2; 33:30; 36:2, 6; 42:3; 단 2:18; 3:16; 4:36; 5:14, 16; 6:4; 호 5:1; 7:15; 11:4, 12; 13:2; 암 1:1; 3:1; 5:1; 6:6; 7:3, 6, 16; 옵 1:1; 미 1:2; 2:11; 3:5; 나 1:9, 14; 합 2:1; 습 2:8, 10; 학 2:11; 슥 8:11; 말 3:5 **신약** 마 2:8; 5:22; 11:7, 10; 12:31, 36; 20:24; 22:42; 26:24; 27:24; 막 1:30; 4:10; 7:6; 9:12; 10:41; 12:17, 41; 13:3; 14:21; 눅 1:1; 2:17, 33, 38; 7:17, 24, 27; 11:42; 12:21; 14:6; 16:2; 18:3; 23:14, 30; 요 1:7, 8, 15, 22; 2:25; 3:25; 5:33, 39, 46; 6:41, 61; 7:12, 13, 32; 8:26; 12:16, 31; 13:22; 16:8, 9, 10, 11, 25; 18:19, 34, 37; 행 2:29; 4:9; 5:35; 7:37; 9:1, 13; 10:19, 43; 15:2; 17:32; 20:21, 26; 21:24; 22:3, 18, 24; 23:20, 30; 24:10, 13, 16, 21; 25:7, 9, 16, 20, 26; 26:11; 27:3; 28:21, 22, 23; 롬 1:18; 4:6;

5:8; 6:2, 10, 11, 20; 7:4, 6, 10; 8:31; 9:23; 10:21; 13:3; 15:17, 31; 고전 1:11; 3:1; 7:1, 3, 25, 36; 8:1, 4, 7; 10:30; 11:27; 12:1; 13:12; 15:31; 16:12; 고후 1:12; 2:3; 4:2; 7:4, 11; 8:4, 20, 24; 9:1; 10:1, 2, 8; 12:9; 13:3, 4; 갈 1:14; 2:19; 4:17, 18, 20; 6:14; 엡 2:12; 3:13; 5:32; 골 1:4; 4:5, 10; 살전 1:3, 9; 2:10; 3:2, 12; 4:10, 12; 5:15; 살후 3:4; 딤전 5:19; 딤후 2:24; 딛 3:8, 9; 몬 1:5, 16; 히 5:12; 6:1; 11:4, 20; 약 2:1, 7, 9; 벧전 1:10; 2:24; 3:12; 벧후 3:9; 요일 5:9, 10; 유 1:14; 계 14:12

대항하다(對抗, hostility, confront, resist)
창 16:12 그가 모든 형제와 **대항해서** 살리라
레 26:23 돌아오지 아니하고 내게 **대항할진대**
레 26:24 나 곧 나도 너희에게 **대항하여** 너희
삼하 10:13 사람을 **대항하여** 싸우려고 나아가니
대상 14:8 찾으러 올라오매 다윗이 듣고 **대항하러**
욥 20:27 드러낼 것이요 땅이 그를 **대항하여**
욥 41:10 못하거든 누가 내게 감히 **대항할**
시 17:13 여호와여 일어나 그를 **대항하여** 넘어
시 53:5 **대항하여** 진 친 그들의 뼈를 하나님
시 102:8 나를 비방하며 내게 **대항하여** 미칠 듯이
렘 2:29 너희가 나에게 **대항함**은 어찌 됨이냐
렘 33:4 갈대아인의 참호와 칼을 **대항하여**
렘 50:9 바벨론을 **대항하게** 하리니 그들이 대열
단 10:21 나를 도와서 그들을 **대항할** 자는 너희
눅 21:15 모든 대적이 능히 **대항하거나** 변박할
살후 2:4 숭배함을 받는 것에 **대항하여** 그 위에
히 12:4 싸우되 아직 피흘리기까지는 **대항하지**
약 5:6 죽였으나 그는 너희에게 **대항하지** 아니

📖 대항하다 – 기타 본문
레 26:27, 28, 40, 41

대해(大海, Great Sea)
민 34:6 서쪽 경계는 **대해**가 경계가 되나니 이는
민 34:7 북쪽 경계는 이러하니 **대해**에서부터
수 1:4 지는 쪽 **대해**까지 너희의 영토가 되리라
수 9:1 **대해** 연안에 있는 헷 사람과 아모리
수 15:12 서쪽 경계는 **대해**와 그 해안이니 유다
수 15:47 시내와 **대해**의 경계에까지 이르렀으며
수 23:4 요단에서부터 해 지는 쪽 **대해**까지의
겔 47:15 북쪽은 **대해**에서 헤들론 길을 거쳐 스닷

【 대회 】 　　　　　　　　　　　　　　　　【 더디/-다 】

겔 47:19　애굽 시내를 따라 **대해**에 이르나니 이는
겔 47:20　서쪽은 **대해**라 남쪽 경계선에서부터
겔 48:28　샘에 이르고 애굽 시내를 따라 **대해**

대회(大會, assembly)
레 23:36　이는 거룩한 **대회**라 너희는 어떤 노동도
민 29:35　여덟째 날에는 장엄한 **대회**로 모일 것이
왕하 10:20　여호와 바알을 위하는 **대회**를 거룩히
느 5:7　높은 이자를 취하는도다 하고 **대회**를
시 35:18　**대회** 중에서 주께 감사하며 많은 백성
시 68:26　너희여 **대회** 중에 하나님 곧 주를 송축
사 1:13　월삭과 안식일과 **대회**로 모이는 것도

대회향(大茴香, cummin)
사 28:25　소회향을 뿌리며 **대회향**을 뿌리며 소맥
사 28:27　**대회향**에는 … 작대기로 떨고 **대회향**은

댕기다(let a fire)
출 22:6　불이 나서 가시나무에 **댕겨** 낟가리나

더(more)
창 7:18　물이 **더** 많아져 땅에 넘치매 방주가

✞ **더**-기타 본문
구약 창 18:32; 19:9; 29:18, 30; 37:3, 4; 48:22; 출 1:10; 2:3; 5:23; 30:15; 레 26:18, 21, 24, 28; 민 3:46; 22:15, 26; 신 5:22; 30:5; 31:2; 33:24; 수 10:11; 삿 4:24; 11:25; 15:2; 룻 1:17; 3:12; 삼상 2:29; 9:2; 10:3; 18:8, 30; 23:22; 삼하 5:13; 6:22; 12:8; 14:11; 19:43; 20:6; 왕상 1:37, 47; 14:9; 21:2; 왕하 6:33; 21:9; 대하 10:14; 11:21; 에 2:17; 욥 32:16; 38:11; 40:5; 42:12; 시 10:15; 19:10; 39:2; 74:9; 84:7; 89:43; 119:103, 127; 130:6; 137:6; 잠 6:10; 24:33; 31:10; 전 1:16; 2:7, 9, 24, 25; 3:12, 14, 22; 4:2, 3, 6, 13; 5:5, 8; 6:5; 7:12, 19, 26; 8:15; 10:10; 아 1:4; 사 1:5; 15:9; 26:15; 렘 3:11; 4:12; 7:26; 15:8; 36:32; 44:22; 겔 5:6; 8:15; 23:11; 37:23; 42:5; 44:26; 단 1:15; 11:13; 암 6:10; 욘 1:13; **신약** 마 4:21; 5:20; 10:37; 11:9; 12:6, 12, 41, 42, 45; 18:13; 20:10; 23:15, 23; 25:20; 26:53, 65; 27:64; 막 1:19; 4:24; 5:26, 35; 12:31; 14:63; 눅 1:4; 7:42; 8:49; 10:35; 11:22, 26, 31; 12:4, 7, 18, 24;

13:2, 4; 14:8; 16:8; 20:40, 47; 22:71; 24:28; 요 1:50; 3:19; 4:12; 5:14, 20, 36; 7:31, 33; 10:10; 11:6; 12:43; 15:2, 13, 20; 17:11; 19:11; 20:4; 21:15; 행 4:17; 5:14; 6:1, 7; 9:22, 31; 10:48; 13:14; 16:5; 17:11; 18:18, 20, 26; 19:22; 20:9; 23:15, 20; 24:4, 22, 26; 26:13; 27:7, 11, 12; 롬 1:25 ; 3:7; 6:2; 11:24; 고전 7:38; 8:8; 9:19; 12:22; 14:18; 15:10; 고후 3:10; 11:23; 엡 3:8, 20; 빌 1:9, 23, 24; 딤전 5:8; 6:2; 딤후 3:9; 몬 1:21; 히 6:9, 13, 16; 7:19, 22; 8:6; 9:11, 23; 10:29, 34; 11:4, 16, 25, 26, 32, 35, 40; 12:19, 24; 13:19; 약 3:1; 벧전 1:7; 3:7; 벧후 1:19; 2:11, 20; 요삼 1:4

더구나(much or still less)
느 5:8　형제를 팔고자 하느냐 **더구나** 우리의

더둘로(Tertullus)　바울 고소에 기용된 변호사
행 24:1　장로들과 한 변호사 **더둘로**와 함께 내려
행 24:2　바울을 부르매 **더둘로**가 고발하여 이르

더듬다(grope, seek)
출 10:21　흑암이 있게 하라 곧 **더듬**을 만한 흑암
신 28:29　맹인이 어두운 데에서 **더듬**는 것과
욥 5:14　어두움을 만나고 대낮에도 **더듬기**를
욥 12:25　빛 없이 캄캄한 데를 **더듬게** 하시며
잠 11:27　**더듬어** 찾는 자에게는 악이 임하리라
사 28:11　**더듬**는 입술과 다른 방언으로 그가
사 59:10　맹인같이 담을 **더듬**으며 눈 없는
행 17:27　하나님을 **더듬어** 찾아 발견하게 하려

더디/-다(hold back, slow, long)
출 22:29　짜낸 즙을 바치기를 **더디** 하지 말지며
출 34:6　은혜롭고 노하기를 **더디** 하고 인자와
민 14:18　여호와는 노하기를 **더디** 하시고 인자가
신 23:21　**더디** 하지 … 요구하시리니 **더디면**
수 10:6　당신의 종들 돕기를 **더디게** 하지 마시고
삿 5:28　어찌하여 **더디** 오는가 그의 병거들
느 9:17　**더디** 노하시며 인자가 풍부하시므로
시 86:15　노하기를 **더디** 하시며 인자와 진실이
시 103:8　노하기를 **더디** 하시고 인자하심이 풍부
시 145:8　긍휼이 많으시며 노하기를 **더디** 하시며
잠 13:12　소망이 **더디** 이루어지면 그것이 마음을

【 더디오 】　　　　　　　　　　　　　　　　　　　　　　　　　　　【 더럽다 】

잠 14:29	노하기를 **더디** 하는 자는 크게 명철하여
잠 15:18	노하기를 **더디** 하는 자는 시비를 그치게
잠 16:32	노하기를 **더디** 하는 자는 용사보다 낫고
잠 19:11	노하기를 **더디** 하는 것이 사람의 슬기요
전 5:4	하나님께 서원하였거든 갚기를 **더디게**
사 48:9	이름을 위하여 내가 노하기를 **더디** 할
겔 12:22	이르기를 날이 **더디고** 모든 묵시가 사라
겔 12:25	말이 다시는 **더디지** 아니하고 응하리라
겔 12:28	나의 말이 하나도 다시 **더디지** 아니할
욜 2:13	자비로우시며 노하기를 **더디** 하시며
욘 4:2	자비로우시며 노하기를 **더디** 하시며
나 1:3	여호와는 노하기를 **더디** 하시며 권능이
마 24:48	마음에 생각하기를 주인이 **더디** 오리라
마 25:5	신랑이 **더디** 오므로 다 졸며 잘새
눅 12:45	주인이 **더디** 오리라 하여 남자종들을
눅 24:25	말한 모든 것을 마음에 **더디** 믿는 자들
행 27:7	배가 **더디** 가 여러 날 만에 간신히 니도
약 1:19	말하기는 **더디** 하며 성내기도 더디 하라
벧후 3:9	더디다고 생각하는 것같이 **더딘** 것이

더디오(Tertius) 로마서를 대필한 사람
| 롬 16:22 | 편지를 기록하는 나 **더디오**도 주안에서 |

더러(some)
출 16:20	모세에게 순종하지 아니하고 **더러는**
마 13:4	뿌릴새 **더러는** 길 가에 떨어지매 새들
마 13:5	**더러는** 흙이 얕은 돌밭에 떨어지매 흙이
마 13:7	**더러는** 가시떨기 위에 떨어지매 가시가
마 13:8	**더러는** 좋은 땅에 떨어지매 어떤 것은
마 16:14	**더러는** 세례 요한, **더러는** 엘리야,
마 23:34	그 중에서 **더러는** 죽이거나 십자가에 못
	박고 그 중에 **더러는** 너희 회당에서
눅 11:15	그 중에 **더러는** 말하기를 그가 귀신의
눅 11:16	**더러는** 예수를 시험하여 하늘로부터
눅 11:49	그 중에서 **더러는** 죽이며 또 박해하리라
롬 11:25	들어오기까지 이스라엘의 **더러는** 우둔
벧후 3:16	그 중에 알기 어려운 것이 **더러** 있으니

📖 **더러 - 기타 본문**
막 4:4, 5, 7, 8; 8:28; 12:5; 눅 8:5, 6, 7, 8; 9:19

더러움(impurity, filth)
| 스 9:11 | 이 끝에서 저 끝까지 그 **더러움으로** |

사 4:4	시온의 딸들의 **더러움**을 씻기시며
겔 24:13	**더러움**이 다시 깨끗하여지지 아니하리
겔 39:24	내가 그들의 **더러움**과 그들의 범죄한
롬 1:24	그들을 마음의 정욕대로 **더러움**에
고후 12:21	행한 바 **더러움**과 음란함과 호색함을
히 7:26	거룩하고 악이 없고 **더러움**이 없고 죄인
약 1:27	정결하고 **더러움**이 없는 경건은 곧 고아
벧후 2:20	세상의 **더러움**을 피한 후에 다시

더러워지다(become unclean)
레 5:2	몸이 **더러워져서** 허물이 있을 것이요
레 18:24	이 모든 일로 말미암아 **더러워졌고**
레 18:25	땅도 **더러워졌으므로** 내가 그 악으로
레 18:27	일을 행하였고 그 땅도 **더러워졌느니**
레 21:11	그의 부모로 말미암아서도 **더러워지게**
민 5:13	여자의 **더러워진** 일에 증인도 없고 그가
시 106:38	제사하므로 그 땅이 피로 **더러워졌도다**
시 106:39	그들의 행위로 **더러워지니** 그들의 행동
잠 25:26	흐려짐과 샘이 **더러워짐**과 같으니라
사 59:3	죄악에 **더러워졌으며** 너희 입술은 거짓
렘 3:1	땅이 크게 **더러워지지** 아니하겠느냐
렘 19:13	전제를 부음으로 **더러워졌은즉**
애 4:14	옷들이 피에 **더러워졌으므로** 그들이
겔 23:13	길로 행하므로 그도 **더러워졌음**을 내가
겔 36:20	그들로 말미암아 **더러워졌나니** 곧 사람
호 5:3	하였고 이스라엘이 **더러워졌느니라**
호 9:4	그것을 먹는 자는 **더러워지나니** 그들의
미 2:10	이미 **더러워졌음이니라** 그런즉 반드시
말 1:12	여호와의 식탁은 **더러워졌고** 그 위에
고전 8:7	양심이 약하여지고 **더러워지느니라**

더럽다(pollute)
레 1:16	그것의 모이주머니와 그 **더러운** 것은
레 20:21	형제의 아내를 데리고 살면 **더러운** 일이
레 21:14	창녀 짓을 하는 **더러운** 여인을 취하지
왕하 23:8	**더럽게** 하고 또 성문의 산당들을 헐어
왕하 23:10	아들 골짜기의 도벳을 **더럽게** 하여
왕하 23:13	세운 산당들을 왕이 **더럽게** 하였으니
왕하 23:16	제단 위에서 불살라 그 제단을 **더럽게**
대하 29:5	전을 성결하게 하여 그 **더러운** 것을
대하 29:16	여호와의 전에 있는 모든 **더러운** 것을
대하 36:14	두신 그의 전을 **더럽게** 하였으며
스 6:21	사람의 **더러운** 것으로부터 스스로를

567

【 더럽다 】　　　　　　　　　　　　　　　　　　　　　　【 더럽히다/더럽혀지다 】

| 스 9:11 | 가서 얻으려 하는 땅은 **더러운** 땅이니 |
| 이는 이방 백성들이 **더럽고** 가증한 일을 |
| 누가 깨끗한 것을 **더러운** 것 가운데서 |
| 욥 14:4 | 따랐거나 내 손에 **더러운** 것이 묻었다면 |
| 욥 31:7 |
시 14:3	치우쳐 함께 **더러운** 자가 되고 선을
시 53:3	각기 물러가 함께 **더러운** 자가 되고
잠 30:12	자기의 **더러운** 것을 씻지 아니하는 무리
사 24:5	또한 그 주민 아래서 **더럽게** 되었으니
사 30:22	금을 **더럽게** 하여 불결한 물건을 던짐
사 28:8	상에는 토한 것, **더러운** 것이 가득하고
사 57:20	진흙과 **더러운** 것을 늘 솟구쳐 내는
사 64:6	우리의 의는 다 **더러운** 옷 같으며 우리
렘 32:34	물건들을 세워서 그 집을 **더럽게** 하며
애 1:9	**더러운** 것이 그의 옷깃에 묻어 있으나
겔 16:27	**더러운** 행실을 부끄러워하는 자에게
겔 20:44	악한 길과 **더러운** 행위대로 하지 아니
겔 22:15	**더러운** 것을 네 가운데에서 멸하리라
겔 24:11	놋을 달궈서 그 속에 **더러운** 것을 녹게
겔 24:13	너의 **더러운** 것들 중에 음란이 그 하나
겔 22:5	이름이 **더럽고** 어지러움이 많은 자여
겔 36:25	모든 **더러운** 것에서와 모든 우상 숭배
겔 36:29	내가 너희를 모든 **더러운** 데에서 구원
호 9:3	앗수르에서 **더러운** 것을 먹을 것이니라
암 7:17	**더러운** 땅에서 죽을 것이요 이스라엘
미 4:11	시온이 **더럽게 되며** 그것을 우리 눈으로
나 3:6	또 가증하고 **더러운** 것들을 네 위에
합 2:16	돌아올 것이라 **더러운** 욕이 네 영광을
습 3:1	패역하고 **더러운** 곳, 포학한 그 성읍이
습 3:7	그들의 모든 행위를 **더럽게** 하였느니라
슥 3:3	여호수아가 **더러운** 옷을 입고 천사 앞에
슥 3:4	**더러운** 옷을 벗기라 하시고 또 여호수아
슥 13:1	날에 죄와 **더러움을** 씻는 샘이 다윗의
슥 13:2	거짓 선지자와 **더러운** 귀신을 이 땅에서
말 1:7	**더러운** 떡을 나의 제단에 … 어떻게 주를 **더럽게** 하였나이까 하는도다 이는
마 10:1	제자를 부르사 **더러운** 귀신을 쫓아내며
마 12:43	**더러운** 귀신이 사람에게서 나갔을 때에
마 15:11	사람을 **더럽게** 하는 것이 아니라 입에서 나오는 그것이 사람을 **더럽게** 하는
마 15:18	이것이야말로 사람을 **더럽게** 하느니라
마 15:20	사람을 **더럽게** 하는 것이요 씻지 않은 손으로 먹는 것은 사람을 **더럽게** 하지
마 23:27	죽은 사람의 뼈와 모든 **더러운** 것이

막 1:23	그들의 회당에 **더러운** 귀신 들린 사람이
막 1:26	**더러운** 귀신이 그 사람에게 경련을 일으
막 1:27	**더러운** 귀신들에게 명한즉 순종하는
막 3:11	**더러운** 귀신들도 어느 때든지 예수를
막 3:30	그들이 말하기를 **더러운** 귀신이 들렸다
막 5:2	배에서 나오시매 곧 **더러운** 귀신 들린
막 7:25	**더러운** 귀신 들린 어린 딸을 둔 한 여자
눅 6:18	**더러운** 귀신에게 고난 받는 자들도 고침
눅 11:24	**더러운** 귀신이 사람에게서 나갔을 때에
행 5:16	병든 사람과 **더러운** 귀신에게 괴로움
행 8:7	많은 사람에게 붙었던 **더러운** 귀신들
행 15:20	다만 우상의 **더러운** 것과 음행과 목매어
행 24:6	그가 또 성전을 **더럽게** 하려 하므로
고전 4:13	지금까지 세상의 **더러운** 것과 만물의
고후 7:1	온갖 **더러운** 것에서 자신을 깨끗하게
갈 5:19	분명하니 곧 음행과 **더러운** 것과 호색과
엡 4:19	방임하여 모든 **더러운** 것을 욕심으로
엡 4:29	**더러운** 말은 너희 입 밖에도 내지 말고
엡 5:3	음행과 온갖 **더러운** 것과 탐욕은 너희
엡 5:5	**더러운** 자나 탐하는 자 곧 우상 숭배자
딤전 3:8	인박히지 아니하고 **더러운** 이를 탐하지
딛 1:7	구타하지 아니하며 **더러운** 이득을 탐하
딛 1:11	**더러운** 이득을 취하려고 마땅하지 아니
딛 1:15	오직 그들의 마음과 양심이 **더러운지라**
히 12:15	사람이 이로 말미암아 **더럽게** 되지
약 1:21	모든 **더러운** 것과 넘치는 악을 내버리고
벧전 1:4	썩지 않고 **더럽지** 않고 쇠하지 아니하는
벧전 3:21	**더러운** 것을 제하여 버림이 아니요
벧전 5:2	**더러운** 이득을 위하여 하지 말고 기꺼이
벧후 2:10	육체를 따라 **더러운** 정욕 가운데서 행하
벧후 2:22	돼지가 씻었다가 **더러운** 구덩이에 도로
계 16:13	개구리 같은 세 **더러운** 영이 용의 입과
계 17:4	가증한 물건과 그의 음행의 **더러운** 것들
계 18:2	각종 **더럽고** 가증한 새들이 모이는 곳이
계 19:2	음행으로 땅을 **더럽게** 한 큰 음녀를
계 22:11	**더러운** 자는 그대로 더럽고 의로운 자는

📖 더럽다 – 기타 본문

막 5:8, 13; 6:7; 7:15, 16, 18, 20, 23; 9:25; 눅 4:33, 36; 8:29; 9:42

더럽히다/더럽혀지다 (pollute)

창 34:5　그 딸 디나를 그가 **더럽혔다** 함을

더럽히다/더럽혀지다

창 49:4	아버지의 침상에 올라 더럽혔음이로다	렘 2:7	내 땅을 더럽히고 내 기업을 역겨운
출 31:14	그 날을 더럽히는 자는 모두 죽일지며	렘 2:23	네가 어찌 말하기를 나는 더럽혀 지지
레 11:43	스스로 더럽혀 부정하게 되게 하지 말라	렘 3:2	음란과 행악으로 이 땅을 더럽혔도다
레 11:44	길짐승으로 말미암아 스스로 더럽히지	렘 7:30	가증한 것을 두어 집을 더럽혔으며
레 15:31	내 성막을 그들이 더럽히고 그들이 부정	렘 16:18	미운 물건의 시체로 내 땅을 더럽히며
레 18:20	여자와 함께 자기를 더럽히지 말지니라	렘 34:16	너희가 돌이켜 내 이름을 더럽히고 각기
레 18:23	자기를 더럽히지 말며 여자는 짐승 앞에	겔 4:14	더럽힌 일이 없었나이다 어려서부터
레 18:24	스스로 더럽히지 말라 내가 너희 앞에서	겔 5:11	모든 가증한 일로 내 성소를 더럽혔은즉
레 18:28	너희도 더럽히면 그 땅이 너희가 있기	겔 7:21	넘겨 그들이 약탈하여 더럽히게
레 19:8	여호와의 성물을 더럽힘으로 말미암아	겔 7:22	그들이 내 은밀한 처소를 더럽히고 포
레 19:29	네 딸을 더럽혀 창녀가 되게 하지 말라		악한 자도 거기 들어와서 더럽히리라
레 19:31	그들을 추종하여 스스로 더럽히지 말라	겔 9:7	성전을 더럽혀 시체로 모든 뜰에 채우라
레 20:3	몰렉에게 주어서 내 성소를 더럽히고	겔 14:11	모든 죄로 스스로 더럽히지 아니하게
레 20:25	땅에 기는 것들로 너희의 몸을 더럽히지	겔 18:6	이웃의 아내를 더럽히지 아니하며 월경
레 21:1	말미암아 스스로를 더럽히지 말려니와	겔 18:11	먹거나 이웃의 아내를 더럽히거나
레 21:3	그의 자매로 말미암아서는 몸을 더럽힐	겔 20:7	우상들로 말미암아 스스로 더럽히지
레 21:4	어른인즉 자신을 더럽혀 속되게 하지	겔 20:9	이방인의 눈앞에서 더럽히지 아니하려
레 21:23	그가 내 성소를 더럽히지 못할 것은	겔 20:13	나의 안식일을 크게 더럽혔으므로 내가
레 22:5	사람을 더럽힐 만한 것에게 접촉된	겔 20:14	나라들 앞에서 내 이름을 더럽히지 아니
레 22:8	짐승을 먹음으로 자기를 더럽히지 말라	겔 20:26	그 예물로 내가 그들을 더럽혔음은 그들
민 5:3	그들이 진영을 더럽히게 하지 말라 내가	겔 20:30	따라 너희 자신을 더럽히며 그 모든
민 5:14	아내가 더럽혀졌거나 또는 그 남편이	겔 20:39	우상들로 내 거룩한 이름을 더럽히지
	… 아내가 더럽혀지지 아니하였든지	겔 20:43	너희의 길과 스스로 더럽힌 모든 행위를
민 5:20	몸을 더럽혀서 네 남편 아닌 사람과	겔 22:3	하며 우상을 만들어 스스로 더럽히는
민 5:27	여인이 몸을 더럽혀서 그 남편에게 범죄	겔 22:11	그의 며느리를 더럽혀 음행하였으며
민 5:28	여인이 더럽힌 일이 없고 정결하면 해를	겔 22:26	나의 성물을 더럽혔으며 거룩함과 속된
민 6:7	그로 말미암아 몸을 더럽히지 말 것이니	겔 23:17	음행으로 그를 더럽히매 그가 더럽힘을
민 6:9	구별한 자의 머리를 더럽히면 그의 몸을	겔 23:30	이방을 따르고 그 우상들로 더럽혔기
민 18:32	이스라엘 자손의 성물을 더럽히지 말라	겔 23:39	날에 내 성소에 들어와서 더럽혔으되
민 19:20	여호와의 성소를 더럽힘이니 그러므로	겔 24:21	더럽힐 것이며 너희의 버려 둔 자녀
민 35:33	너희가 거주하는 땅을 더럽히지 말라	겔 25:3	내 성소가 더럽힘을 받을 때에 네가
신 21:23	기업으로 주시는 땅을 더럽히지 말라	겔 28:7	아름다운 것을 치며 네 영화를 더럽히며
신 24:4	그 여자는 이미 몸을 더럽혔은즉 그를	겔 28:16	내가 너를 더럽게 여겨 하나님의 산에서
대상 5:1	그의 아버지의 침상을 더럽혔으므로	겔 28:17	지혜를 더럽혔음이여 내가 너를 땅에
느 13:29	제사장의 직분을 더럽히고 제사장	겔 28:18	모든 성소를 더럽혔음이여 내가 네
욥 16:15	피부에 덮고 내 뿔을 티끌에 더럽혔구나	겔 32:2	발로 물을 휘저어 그 강을 더럽혔도다
시 74:7	주의 이름이 계신 곳을 더럽혀 땅에	겔 33:26	이웃의 아내를 더럽히니 그 땅이 너희의
시 79:1	성전을 더럽히고 예루살렘이 돌무더기	겔 34:18	어찌하여 남은 물을 발로 더럽혔느냐
아 5:3	발을 씻었으니 어찌 다시 더럽히랴마는	겔 34:19	너희 발로 더럽힌 것을 마시는도다 하셨
사 52:5	내 이름을 항상 종일토록 더럽히도다	겔 36:17	그들의 행위로 그 땅을 더럽혔나니
사 56:2	안식일을 지켜 더럽히지 아니하며 그의	겔 36:18	말미암아 자신들을 더럽혔으므로
사 56:6	안식일을 지켜 더럽히지 아니하며 나의	겔 36:21	여러 나라에서 더럽힌 내 거룩한 이름을
사 63:3	내 옷에 튀어 내 의복을 다 더럽혔음	겔 37:23	죄악으로 더 이상 자신들을 더럽히지

[더미]

겔 44:7	성전을 **더럽히므**로 너희의 모든 가증한
겔 44:25	가까이 하여 스스로 **더럽히**지 못할 …
	자매를 위하여는 **더럽힐** 수 있으며
단 1:8	포도주로 자기를 **더럽히**지 아니하리
	라 하고 자기를 **더럽히**지 아니하도록
단 11:31	견고한 곳을 **더럽히**며 매일 드리는 제사
호 6:10	이스라엘은 **더럽혀** 졌느니라
암 2:7	다녀서 내 거룩한 이름을 **더럽히**며
습 3:4	제사장들은 성소를 **더럽히**고 율법을
말 1:12	것이라 하여 내 이름을 **더럽히**는도다
요 18:28	그들은 **더럽힘**을 받지 아니하고 유월절
행 21:28	들어가서 이 거룩한 곳을 **더럽혔**다
고전 3:17	하나님의 성전을 **더럽히**면 하나님
고전 15:33	악한 동무들은 선한 행실을 **더럽히**나니
히 13:4	침소를 **더럽히**지 않게 하라 음행하는
약 3:6	우리 지체 중에서 온 몸을 **더럽히**고
유 1:8	육체를 **더럽히**며 권위를 업신여기며
유 1:23	육체로 **더럽힌** 옷까지도 미워하되
계 3:4	사데에 그 옷을 **더럽히**지 아니한
계 14:4	이 사람들은 여자와 더불어 **더럽히**지

더럽히다 - 기타 본문

창 34:13, 27; 레 18:30; 민 5:19, 29; 6:12; 19:13; 35:34; 렘 3:9; 겔 7:24; 18:15; 20:16, 18, 21, 22, 24, 31; 22:4, 8; 23:7, 38; 36:22, 23; 39:7; 43:7, 8

더미 (pile, mound, heap)

삿 15:16	이르되 나귀의 턱뼈로 한 **더미**, 두 **더미**
룻 3:7	단 **더미**의 끝에 눕는지라 룻이 가만히
삼상 2:8	빈궁한 자를 거름 **더미**에서 올리사 귀족
왕상 14:10	다 끊어 버리되 거름 **더미**를 쓸어버림
대하 31:6	가져왔으며 그것을 쌓아 여러 **더미**를
대하 31:7	셋째 달에 그 **더미**들을 쌓기 시작하여
대하 31:8	히스기야와 방백들이 와서 쌓인 **더미**들
대하 31:9	히스기야가 그 **더미**들에 대하여 제사장
스 6:11	집은 이로 말미암아 거름 **더미**가 되게
시 113:7	가난한 자를 먼지 **더미**에서 일으키시며
	궁핍한 자를 거름 **더미**에서 들어 세워
렘 49:2	폐허 **더미** 언덕이 되겠고 그 마을
렘 50:26	그것을 곡식 **더미**처럼 쌓아 올리라 그를
애 4:5	자들이 이제는 거름 **더미**를 안았도다
단 2:5	쪼갤 것이며 너희의 집을 거름 **더미**로
학 2:16	그 때에는 이십 고르 곡식 **더미**에 이른즉

[더욱]

더베 (Derbe) 소아시아 중부 루가오니아 성읍

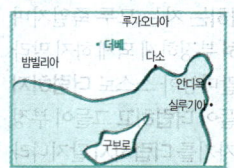

행 14:6	두 성 루스드라와 **더베**와
행 14:20	바나바와 함께 **더베**로 가서
행 16:1	바울이 **더베**에
행 20:4	세군도와 **더베** 사람 가이오와 및 디모데

더불어 (with)

창 15:18	여호와께서 아브람과 **더불어** 언약을
마 17:3	그 때에 모세와 엘리야가 예수와 **더불어**
계 20:6	천 년 동안 그리스도와 **더불어** 왕 노릇

더불어 - 기타 본문

구약 창 26:26; 31:25; 33:6, 7; 37:2; 출 17:16; 18:5, 6; 레 22:18; 민 16:18; 31:26; 신 2:24; 29:25; 수 1:2; 3:1; 7:24; 8:10; 10:4, 7, 15, 29, 31, 34, 36, 38, 43; 23:12; 24:25; 삿 6:32; 9:26, 32; 11:25; 12:3; 19:9; 20:4; 삼상 17:10; 18:3; 25:17; 26:6; 27:2; 29:10, 11; 삼하 3:12, 20, 21, 27; 6:2; 7:7; 8:10; 10:17; 11:4, 9, 13, 17; 12:11, 17; 16:21, 22; 19:14, 17; 23:5; 왕상 3:1; 8:44; 17:18; 20:16, 20, 34; 22:31, 44; 왕하 2:1; 5:7; 6:8; 8:28; 9:14, 15; 10:23; 13:23; 15:25; 17:15; 22:14; 대상 5:10; 8:32; 9:38; 11:4, 10; 13:1; 17:6; 19:6, 19; 21:16; 24:3; 25:1; 대하 1:5; 6:11, 34; 9:12; 13:2; 18:30; 20:13, 21; 21:7; 22:5; 23:1; 25:21; 27:5; 29:10, 30, 36; 30:2; 32:3, 20; 35:21; 느 3:7; 9:8; 12:38; 에 4:16; 욥 10:2; 23:6; 31:10, 13; 잠 3:30; 5:17; 6:22; 16:7; 22:26; 사 3:20; 24:21; 사 2:6; 19:24; 28:18; 40:14; 45:9; 렘 3:9; 18:19; 38:27; 41:7; 49:19; 겔 16:15; 25:10; 32:32; 33:30; 39:14; 단 4:15, 23; 5:3; 7:21; 9:27; 10:17; 호 2:18; 7:5; 슥 8:16 **신약** 마 24:49; 막 4:10; 6:21; 9:4, 14; 15:1; 요 3:25; 행 1:14, 20; 3:4, 20; 5:1; 6:9; 10:2, 27; 13:43; 18:8; 21:12; 26:4; 롬 1:27; 8:16; 9:1-2; 12:18; 고전 1:9; 6:1, 6; 15:32; 고후 10:12; 갈 1:2; 4:25, 30; 엡 4:25; 히 8:5; 11:9; 12:14; 요일 1:3; 계 2:22; 3:20; 11:7; 12:7, 17; 13:4; 14:4; 17:2, 12, 14; 18:3; 19:19; 20:4

더욱 (much, more)
구약

창 3:14	들의 모든 짐승보다 **더욱** 저주를 받아

【 더욱 】

창 7:19	물이 땅에 **더욱** 넘치매 천하의 높은
창 37:5	형들에게 말하매 그들이 그를 **더욱** 미워
출 1:12	학대를 받을수록 **더욱** 번성하여 퍼져
민 32:14	여호와의 노를 **더욱** 심하게 하는도다
수 19:47	단 자손의 경계는 **더욱** 확장되었으니
삿 2:19	그들의 조상들보다 **더욱** 타락하여 다른
룻 1:13	너희로 말미암아 **더욱** 마음이 아프도다
삼상 2:26	여호와와 사람들에게 은총을 **더욱** 받더
왕상 12:11	이제 나는 너희의 멍에를 **더욱** 무겁게
왕상 16:25	전의 모든 사람보다 **더욱** 악하게 행하여
왕상 16:30	여호와 보시기에 악을 **더욱** 행하여
대상 22:12	율법을 지키게 하시기를 **더욱** 원하노라
대하 11:11	방비하는 성읍들을 **더욱** 견고하게 하고
대하 28:22	아하스 왕이 곤고할 때에 **더욱** 여호와께
스 9:2	고관들이 이 죄에 **더욱** 으뜸이 되었다
욥 35:11	짐승들보다도 우리를 **더욱** 가르치시고
시 69:31	황소를 드림보다 여호와를 **더욱** 기쁘시
시 71:14	항상 소망을 품고 주를 **더욱 더욱** 찬송
시 71:21	나를 **더욱** 창대하게 하시고 돌이키사
시 73:12	항상 평안하고 재물은 **더욱** 불어나도다
시 89:7	둘러 있는 모든 자 위에 **더욱** 두려워할
시 115:14	너희의 자손을 **더욱** 번창하게 하시기를
잠 4:23	만한 것 중에 **더욱** 네 마음을 지키라
잠 9:9	더하라 그가 **더욱** 지혜로워질 것이요
잠 11:24	흩어 구제하여도 **더욱** 부하게 되는 일이
잠 16:16	얻는 것이 은을 얻는 것보다 **더욱**
잠 17:10	미련한 자를 때리는 것보다 **더욱** 깊이
잠 20:15	많거니와 지혜로운 입술이 **더욱** 귀한
잠 22:1	은이나 금보다 은총을 **더욱** 택할 것이니
잠 28:23	아첨하는 자보다 나중에 **더욱** 사랑을
렘 16:12	너희 조상들보다 **더욱** 악을 행하였도다
겔 14:21	중에서 끊으리니 그 해가 **더욱** 심하지
단 1:15	**더욱** 아름답고 살이 **더욱** 윤택하여 왕의
단 3:30	아벳느고를 바벨론 지방에서 **더욱** 높이
단 8:7	가까이 나아가서는 **더욱** 성내어 그 숫양
호 13:2	그들은 **더욱** 범죄하여 그 은으로 자기를

신약
마 12:45	형편이 전보다 **더욱** 심하게 되느니라
마 20:31	꾸짖어 잠잠하라 하되 **더욱** 소리 질러
마 27:23	그들이 **더욱** 소리 질러 이르되 십자가에
막 7:36	경고하실수록 그들이 **더욱** 널리 전파
막 12:40	받는 판결을 **더욱** 중하리라 하시니라
눅 2:52	하나님과 사람에게 **더욱** 사랑스러워
눅 5:15	예수의 소문이 **더욱** 퍼지매 수많은 무리
눅 22:44	예수께서 힘쓰고 애써 **더욱** 간절히 기도
요 4:41	말씀으로 말미암아 믿는 자가 **더욱**
요 5:18	이로 말미암아 **더욱** 예수를 죽이고자
요 19:8	빌라도가 이 말을 듣고 **더욱** 두려워하여
행 20:38	말로 말미암아 **더욱** 근심하고 배에까지
행 22:2	히브리 말로 말함을 듣고 **더욱** 조용한
롬 5:9	**더욱** 그로 말미암아 진노하심에서 구원
롬 5:10	화목하게 된 자로서는 **더욱** 그의 살아나
롬 5:15	**더욱** 하나님의 은혜와 또한 한 사람
롬 5:17	**더욱** 은혜와 의의 선물을 넘치게 받는
롬 5:20	그러나 죄가 더한 곳에 은혜가 **더욱**
롬 15:15	은혜로 말미암아 **더욱** 담대히 대략 너희
고전 7:40	내 뜻에는 그냥 지내는 것이 **더욱** 복이
고전 12:23	그것들을 **더욱** 귀한 것들로 입혀 주며 … 지체는 **더욱** 아름다운 것을 얻느니라
고전 12:31	너희는 **더욱** 큰 은사를 사모하라 내가
고전 15:19	모든 사람 가운데 우리가 **더욱** 불쌍히
고전 15:58	주의 일에 **더욱** 힘쓰는 자들이 되라
고후 3:8	영의 직분은 **더욱** 영광이 있지 아니하겠
고후 3:9	영광이 있은즉 의의 직분은 영광이 **더욱**
고후 3:11	길이 있을 것은 **더욱** 영광 가운데 있느
고후 7:7	우리에게 보고함으로 나를 **더욱** 기쁘게
고후 7:15	너희를 향하여 그의 심정이 **더욱** 깊었으
고후 8:17	그가 권함을 받고 **더욱** 간절함으로 자원
고후 11:23	나는 **더욱** 그러하도다 내가 수고를 넘치
고후 12:15	너희를 **더욱** 사랑할수록 나는 사랑을
갈 1:14	전통에 대하여 **더욱** 열심이 있었으나
갈 4:9	하나님을 알 뿐 아니라 **더욱** 이 하나님
갈 6:10	착한 일을 하되 **더욱** 믿음의 가정들에게
빌 1:14	하나님의 말씀을 **더욱** 담대히 전하게
빌 2:12	**더욱** 지금 나 없을 때에도 항상 복종하
빌 2:28	내가 **더욱** 급히 그를 보낸 것은 너희로
빌 3:4	것이 있는 줄로 생각하면 나는 **더욱**
살전 2:17	얼굴 보기를 열정으로 **더욱** 힘썼노라
살전 3:12	사람에 대한 사랑이 **더욱** 많아 넘치게
살전 4:1	너희가 행하는 바라 **더욱** 많이 힘쓰라
살전 4:10	형제들아 권하노니 **더욱** 그렇게 행하고
살후 1:3	믿음이 **더욱** 자라고 너희가 다 각기
딤전 5:17	가르침에 수고하는 이들에게는 **더욱**
딤후 3:13	악속이는 자들은 **더욱** 악하여져서 속이
히 1:4	훨씬 뛰어남은 그들보다 **더욱** 아름다운
히 2:1	우리는 들은 것에 **더욱** 유념함으로 우리

【 더욱이 】　　　　　　　　　　　　　　　　　　　　　　　　【 더하다/더하여지다 】

히 3:3	모세보다 **더욱** 영광을 받을 만한 것이	출 29:6	씌우고 그 위에 거룩한 패를 **더하고**
	마치 집 지은 자가 그 집보다 **더욱** 존귀	출 29:25	제단 위에서 번제물을 **더하여** 불사르라
히 7:15	제사장이 일어난 것을 보니 **더욱** 분명	출 29:40	찧은 기름 사분의 일 힌을 **더하고** 또 전
히 10:25	날이 가까움을 볼수록 **더욱** 그리하자		제로 포도주 사분의 일 힌을 **더할지며**
히 12:9	모든 영의 아버지께 **더욱** 복종하며 살려	레 2:15	기름을 붓고 그 위에 유향을 **더할지니**
히 13:19	위하여 너희가 기도하기를 **더욱** 원하	레 5:16	보상하되 그것에 오분의 일을 **더하여**
약 4:6	**더욱** 큰 은혜를 주시나니 그러므로	레 22:23	소나 양의 지체가 **더하거나** 덜하거나
벧전 1:2	은혜와 평강이 너희에게 **더욱** 많을지어	민 12:3	지면의 모든 사람보다 **더하더라**
벧후 1:5	그러므로 너희가 **더욱** 힘써 너희 믿음에	민 15:38	만들고 청색 끈을 그 귀의 술에 **더하라**
벧후 1:10	형제들아 **더욱** 힘써 너희 부르심과 택하	민 22:18	하나님의 말씀을 어겨 덜하거나 **더하지**
요일 5:9	하나님의 증거는 **더욱** 크도다 하나님	신 7:14	네가 복을 받음이 만민보다 훨씬 **더하여**
유 1:2	긍휼과 평강과 사랑이 너희에게 **더욱**	신 13:17	긍휼히 여기시고 자비를 **더하사** 네 조상
		신 19:9	때에는 이 셋 외에 세 성읍을 **더하여**

더욱 – 기타 본문
창 37:8; 47:13; 삿 5:24; 16:30; 삼상 14:30; 18:29; 20:41; 삼하 11:25; 16:21; 19:7, 43; 왕상 12:14; 왕하 21:11; 대하 10:11; 32:16; 33:9, 23; 느 13:18; 겔 16:47, 52; 33:24; 42:6; 막 10:48; 15:14; 눅 18:39; 23:5; 고후 7:13; 8:22; 10:15; 벧후 1:2

		신 23:13	기구에 작은 삽을 **더하여** 밖에 나가서
		신 29:20	저주를 그에게 **더하실** 것이라 여호와
		룻 3:10	베푼 인애가 처음보다 나중이 **더하도다**
		삼상 5:6	손이 아스돗 사람에게 엄중히 **더하사**
		삼상 12:19	죄에 왕을 구하는 악을 **더하였나이다**
		삼하 1:26	기이하여 여인의 사랑보다 **더하였도다**
		삼하 13:16	그 악보다 **더하다** 하되 암논이 그를
		삼하 24:3	하나님 여호와께서 백 배나 **더하게** 하사
		왕상 10:7	복이 내가 들은 소문보다 **더하도다**
		왕하 20:6	네 날에 십오 년을 **더할** 것이며 내가
		대상 21:3	백성을 지금보다 백 배나 **더하시기를**
		대상 22:14	재목과 돌을 준비하였으나 너는 **더할**
		대하 28:13	우리의 죄와 허물을 **더하게** 함이로다
		스 4:22	화를 **더하여** 왕들에게 손해가 되게 하랴
		스 10:10	아내로 삼아 이스라엘의 죄를 **더하게**
		욥 3:21	찾음보다 죽음을 구하는 것을 **더하다가**
		욥 10:17	진노를 **더하시니** 군대가 번갈아서 치는
		욥 34:37	그의 죄에 반역을 **더하며** 우리와 어울려
		시 4:7	포도주가 풍성할 때보다 **더하니이다**
		시 16:4	예물을 드리는 자는 괴로움이 **더할** 것이
		시 49:16	치부하여 그의 집의 영광이 **더할** 때에
		시 55:3	죄악을 내게 **더하며** 노하여 나를 핍박
		시 69:27	그들의 죄악에 죄악을 **더하사** 주의 공의
		시 89:19	용사에게는 돕는 힘을 **더하며** 백성 중에
		시 120:3	무엇을 네게 주며 무엇을 네게 **더할꼬**
		시 130:6	파수꾼이 아침을 기다림보다 **더하도다**
		잠 1:5	지혜 있는 자는 듣고 학식이 **더할** 것이
		잠 3:2	많은 해를 누리게 하며 평강을 **더하게**
		잠 9:9	지혜 있는 자에게 교훈을 **더하라** … 사
			람을 가르치라 그의 학식이 **더하리라**

더욱이(even)
눅 14:26　자매와 **더욱이** 자기 목숨까지 미워하지

더위(heat)
창 8:22	거둠과 추위와 **더위**와 여름과 겨울과
창 31:40	이와 같이 낮에는 **더위**와 밤에는 추위를
신 32:24	불같은 **더위**와 독한 질병에 삼켜질 것이
욥 24:19	가뭄과 **더위**가 눈 녹은 물을 곧 빼앗나
사 4:6	초막이 있어서 낮에는 **더위**를 피하는
사 18:4	쬐이는 일광 같고 가을 **더위**에 운무 같도
사 49:10	**더위**와 볕이 그들을 상하지 아니하리니
렘 17:8	뻗치고 **더위**가 올지라도 두려워하지
렘 36:30	버림을 당하여 낮에는 **더위**, 밤에는
마 20:12	그들을 종일 수고하며 **더위**를 견딘 우리

더하다/더하여지다(increase, show, add)
구약

창 3:16	네게 임신하는 고통을 크게 **더하리니**
창 19:16	그에게 자비를 **더하심이었더라**
창 30:24	다시 다른 아들을 내게 **더하시기를**
창 39:21	그에게 인자를 **더하사** 간수장에게 은혜
출 9:3	나귀와 낙타와 소와 양에게 **더하리니**
출 11:9	애굽 땅에서 나의 기적을 **더하리라**

【 더하다/더하여지다 】   【 덕 】

잠 9:11	것이요 네 생명의 해가 네게 **더하리라**	미 7:20	아브라함에게 인애를 **더하시리이다**
잠 16:21	입이 선한 자는 남의 학식을 **더하게**	합 2:15	자기의 분노를 **더하여** 그에게 취하게
잠 16:23	하고 또 그의 입술에 지식을 **더하느니라**	슥 1:15	그들은 힘을 내어 고난을 **더하였음이라**
잠 19:4	재물은 많은 친구를 **더하게** 하나 가난한	슥 12:7	주민의 영광이 유다보다 **더하지**
잠 21:11	자가 교훈을 받으면 지식이 **더하리라**	【신약】	
잠 24:5	강하고 지식 있는 자는 힘을 **더하나니**	마 5:47	형제에게만 문안하면 남보다 **더하는**
잠 26:21	숯불 위에 숯을 **더하는** 것과 타는 불에	마 6:23	어두우면 그 어둠이 얼마나 **더하겠느냐**
	나무를 **더하는** 것같이 다툼을 좋아하	마 6:27	염려함으로 그 키를 한 자라도 **더할**
잠 30:6	너는 그의 말씀에 **더하지** 말라 그가	마 6:33	이 모든 것을 너희에게 **더하시리라**
전 1:18	지식을 더하는 자는 근심을 **더하느니라**	마 9:16	것이 그 옷을 당기어 해어짐이 **더하게**
전 6:11	헛된 것을 **더하게** 하는 많은 일들이	막 3:16	시몬에게는 베드로란 이름을 **더하셨고**
사 5:4	행한 것 외에 무엇을 **더할** 것이 있으랴	막 3:17	우레의 아들이란 이름을 **더하셨으며**
사 5:8	가옥을 이으며 전토에 전토를 **더하여**	눅 3:20	그 위에 한 가지 악을 **더하여** 요한을
사 9:3	즐거움을 **더하게** 하셨으므로 추수하는	눅 17:5	여짜오되 우리에게 믿음을 **더하소서**
사 28:10	**더하며** 경계에 경계를 **더하며** 교훈에	눅 19:11	비유를 **더하여** 말씀하시니 이는 자기가
	교훈을 **더하며** 교훈에 교훈을 **더하되**	눅 22:43	예수께 나타나 힘을 **더하더라**
사 29:19	여호와로 말미암아 기쁨이 **더하겠고**	행 2:41	날에 신도의 수가 삼천이나 **더하더라**
사 30:1	말미암지 아니하고 죄에 죄를 **더하도다**	행 2:47	주께서 구원 받는 사람을 날마다 **더하게**
사 30:32	앗수르 위에 **더하실** 때마다 소고를 치며	행 11:24	이에 큰 무리가 주께 **더하여지더라**
사 38:5	내가 네 수한에 십오 년을 **더하고**	행 12:24	하나님의 말씀은 흥왕하여 **더하더라**
사 38:17	내게 큰 고통을 **더하신** 것은 내게 평안	롬 5:20	율법이 들어온 것은 범죄를 **더하게** 하려
사 40:29	무능한 자에게는 힘을 **더하시나니**	롬 6:1	무슨 말을 하리요 은혜를 **더하게** 하려고
사 54:11	채색으로 네 돌 사이에 **더하며** 청옥으로	고전 12:24	하여 부족한 지체에게 귀중함을 **더하사**
사 57:9	몰렉에게 나아가되 향품을 **더하였으며**	고후 4:15	사람의 감사로 말미암아 은혜가 **더하여**
사 61:10	겉옷을 내게 **더하심이** 신랑이 사모를	고후 9:10	하시고 너희 의의 열매를 **더하게**
사 66:14	그의 진노를 그의 원수에게 **더하리라**	갈 2:6	유력한 이들은 내게 의무를 **더하여**
렘 45:3	나의 고통에 슬픔을 **더하셨으니** 나는	갈 3:15	폐하거나 **더하거나** 하지 못하느니라
렘 48:32	울기를 야셀이 우는 것보다 **더하리로다**	갈 3:19	율법은 무엇이냐 범법하므로 **더하여진**
겔 5:6	그를 둘러 있는 나라들보다 **더하니** 이는	빌 1:17	그들은 나의 매임에 괴로움을 **더하게**
겔 5:7	이방인들보다 **더하여** 내 율례를 행하지	골 3:14	모든 것 위에 사랑을 **더하라** 이는 온전
겔 5:16	기근을 **더하여** 너희가 의뢰하는 양식을	딤후 3:4	하나님 사랑하는 것보다 **더하며**
겔 7:26	환난이 더하고 소문에 소문이 **더할**	벧후 1:7	우애를, 형제 우애에 사랑을 **더하라**
겔 23:11	형보다 음욕을 **더하며** 그의 형의 간음함	계 22:18	외에 **더하면** 하나님이 이 두루마리에
겔 28:5	큰 지혜와 네 무역으로 재물을 **더하고**		기록된 재앙들을 그에게 **더하실** 것이요
단 4:36	또 지극한 위세가 내게 **더하였느니라**		
단 10:16	근심이 내게 **더하므로** 내가 힘이 없어졌	✝ **더하다/더하여지다 - 기타 본문**	
단 11:12	엎드러뜨릴 것이나 그 세력은 **더하지**	출 29:40; 레 6:5; 9:17; 22:14; 27:13, 15, 19, 27,	
단 11:39	그를 안다 하는 자에게는 영광을 **더하여**	31; 민 5:7; 22:19; 신 29:21; 삼상 5:9; 대하 9:6;	
단 12:4	사람이 빨리 왕래하며 지식이 **더하리라**	사 28:13; 애 2:5; 겔 23:14, 19; 막 2:21; 눅 12:25,	
호 2:8	금도 내가 그에게 **더하여** 준 것이거늘	31; 15:7	
호 12:1	거짓과 포학을 **더하여** 앗수르와 계약을		
암 4:4	길갈에 가서 죄를 **더하며** 아침마다 너희	**덕**(德, gracious will, goodness)	
미 7:4	울타리보다 **더하도다** 그들의 파수꾼들	잠 22:11	정결을 사모하는 자의 입술에는 **덕**이

【 덕행 】　　　　　　　　　　　　　　　　　　　　　【 던지다/던져지다 】

롬 14:19　우리가 화평의 일과 서로 덕을 세우는
롬 15:2　이웃을 기쁘게 하되 선을 이루고 덕을
고전 8:1　교만하게 하며 사랑은 덕을 세우나니
고전 10:23　모든 것이 가하나 모든 것이 덕을 세우
고전 14:3　사람에게 말하여 덕을 세우며 권면하며
고전 14:4　덕을 세우고 예언하는 자는 교회의 덕을
고전 14:5　통역하여 교회로 덕을 세우지 아니하면
고전 14:12　교회의 덕을 세우기 위하여 그것이 풍성
고전 14:17　그러나 다른 사람은 덕 세움을 받지
고전 14:26　통역함도 있나니 모든 것을 덕을 세우기
고후 12:19　모든 것은 너희의 덕을 세우기 위함이
엡 4:29　오직 덕을 세우는 데 소용되는 대로
빌 4:8　무슨 덕이 있든지 무슨 기림이 있든지
살전 5:11　권면하고 서로 덕을 세우기를 너희가
벧전 2:9　들어가게 하신 이의 아름다운 덕을 선포
벧후 1:3　자기의 영광과 덕으로써 우리를 부르신
벧후 1:5　힘써 너희 믿음에 덕을, 덕에 지식을

덕행(德行, noble thing)
잠 31:29　덕행 있는 여자가 많으나 그대는 모든

던지다/던져지다(throw)
구약
창 37:20　자, 그를 죽여 한 구덩이에 던지고 우리
출 1:22　너희는 그를 나일 강에 던지고
출 4:3　이르시되 그것을 땅에 던지라
출 7:12　사람이 지팡이를 던지매 뱀이 되었으나
출 15:1　말과 그 탄 자를 바다에 던지셨음이로다
출 15:4　군대를 바다에 던지시니 최고의
출 15:25　그가 물에 던지니 물이 달게 되었더라
출 17:4　조금 있으면 내게 돌을 던지겠나이다
출 22:31　먹지 말고 그것을 개에게 던질지니라
출 32:19　손에서 그 판들을 산 아래로 던져 깨뜨
출 32:24　내가 불에 던졌더니 이 송아지가 나왔나
레 1:16　제단 동쪽 재 버리는 곳에 던지고
레 26:30　시체들을 부숴진 우상들 위에 던지고
민 19:6　암송아지를 사르는 불 가운데에 던질
민 35:20　기회를 엿보아 무엇을 던져 죽이거나
신 9:17　돌판을 내 두 손으로 들어 던져 너희의
수 8:29　나무에서 내려 그 성문 어귀에 던지고
삿 8:25　탈취한 귀고리를 그 가운데에 던지니
삿 9:53　머리 위에 내려 던져 그의 두개골을
삿 20:16　왼손잡이라 물매로 돌을 던지면 조금도

삼상 17:49　돌을 가지고 물매로 던져 블레셋 사람
삼상 18:11　사울이 그 창을 던졌으나 다윗이 그의
삼상 25:29　주의 원수들의 생명은 물매로 던지듯
　　　　　여호와께서 그것을 던지시리이다
삼하 11:21　성에서 맷돌 위짝을 그 위에 던지매
삼하 16:6　돌을 던지니 그 때에 모든 백성과 용사
삼하 16:13　그를 향하여 돌을 던지며 먼지를 날리
삼하 18:17　큰 구멍에 그를 던지고 그 위에 매우
삼하 20:22　세바의 머리를 베어 요압에게 던진지라
왕상 9:7　성전이라도 내 앞에서 던져 버리리니
왕상 19:19　건너가서 겉옷을 그의 위에 던졌더니
왕하 2:16　어느 산에나 어느 골짜기에 던지셨을까
왕하 2:21　소금을 그 가운데에 던지며 이르되
왕하 3:25　각기 돌을 던져 모든 좋은 밭에 가득하
왕하 4:41　솥에 던지고 이르되 퍼다가 무리에게
왕하 6:6　엘리사가 나뭇가지를 베어 물에 던져
왕하 9:25　이스르엘 사람 나봇의 밭에 던지라
왕하 9:26　시체를 가져다가 이 밭에 던질지니라
왕하 10:25　칼로 그들을 죽여 밖에 던지고
왕하 19:18　그들의 신들을 불에 던졌사오니 이는
대상 12:2　손을 놀려 물매도 던지며 화살도 쏘는
대하 24:10　돈을 가져다가 궤에 던지니라
대하 26:15　화살과 큰 돌을 쏘고 던지게 하였으니
대하 30:14　모두 제거하여 기드론 시내에 던지고
대하 33:15　쌓은 모든 제단들을 다 성 밖에 던지고
느 9:11　쫓아오는 자들을 돌을 큰물에 던짐같이
느 13:8　세간을 그 방 밖으로 다 내어 던지고
욥 16:11　넘기시며 행악자의 손에 던지셨구나
욥 27:22　아끼지 아니하시고 던져 버릴 것이니
욥 30:19　하나님이 나를 진흙 가운데 던지셨고
욥 30:22　무서운 힘으로 나를 던져 버리시나이다
시 11:6　악인에게 그물을 던지시리니 불과 유황
시 50:17　미워하고 내 말을 네 뒤로 던지며
시 60:8　에돔에는 나의 신발을 던지리라 블레셋
시 73:18　미끄러운 곳에 두시며 파멸에 던지시니
시 88:5　죽은 자 중에 던져진 바 되었으며 죽임
시 89:39　그의 관을 땅에 던져 욕되게 하셨으며
시 102:10　주께서 나를 들어서 던지셨나이다
시 108:9　에돔에는 내 신발을 벗어 던질지며
시 141:6　재판관들이 바위 곁에 내려 던져졌도다
잠 21:12　악인을 환난에 던지시느니라
잠 26:18　횃불을 던지며 화살을 쏘아서 사람을
전 3:5　돌을 던져 버릴 때가 있고 돌을 거둘

【 던지다/던져지다 】					【 던지다/던져지다 】

전 11:1	네 떡을 물 위에 **던져라** 여러 날 후에
사 2:20	그날에 두더지와 박쥐에게 **던지고**
사 18:6	들짐승들에게 **던져** 주리니 산의 독수리
사 19:8	강에 낚시를 **던지는** 자마다 슬퍼하며
사 22:17	단단히 결박하고 장사같이 세게 **던지되**
사 22:18	감싸서 공같이 광막한 곳에 **던질** 것이
사 28:2	같이 손으로 그 면류관을 땅에 **던지리니**
사 30:22	불결한 물건을 **던짐**같이 **던지며** 이르기
사 37:19	그들의 신들을 불에 **던졌사오나** 그들은
사 38:17	모든 죄를 주의 등 뒤에 **던지셨나이다**
렘 14:16	예루살렘 거리에 **던짐**을 당할 것인즉
렘 22:7	아름다운 백향목을 찍어 불에 **던지리라**
렘 22:19	그가 끌려 예루살렘 문밖에 **던져지고**
렘 26:23	시체를 평민의 묘지에 **던지게** 하니라
렘 36:23	베어 화로 불에 **던져서** 두루마리를 모두
렘 41:7	그들을 죽여 구덩이 가운데에 **던지니라**
렘 41:9	**던진** 구덩이는 아사 왕이 이스라엘
렘 51:63	돌을 매어 유브라데 강 속에 **던지며**
애 2:1	하늘에서 땅에 **던지셨음이여** 그의 진노
애 3:53	구덩이에 넣고 그 위에 돌을 **던짐이여**
겔 5:4	가운데에서 얼마를 불에 **던져** 사르라
겔 7:19	그들이 그 은을 거리에 **던지며** 그 금을
겔 15:4	불에 **던질** 땔감이 될 뿐이라 불이 그 두
겔 19:12	분노 중에 뽑혀서 땅에 **던짐**을 당하매
겔 26:12	재목과 네 흙을 다 물 가운데에 **던질**
겔 28:17	너를 땅에 **던져** 왕들 앞에 두어 그들의
겔 29:5	너의 강의 모든 고기를 들에 **던지리니**
겔 32:18	내려가는 자와 함께 지하에 **던지며**
단 3:20	극렬히 타는 풀무불 가운데 **던지라**
단 7:11	상한 바 되어 타오르는 불에 **던져졌으며**
단 8:12	진리를 땅에 **던지며** 자의로 행하여 형통
암 4:3	바로 나가서 하르몬에 **던지리라**
암 5:2	땅에 **던지움이여** 일으킬 자 없으리로다
암 5:7	쓴 쑥으로 바꾸며 공의를 땅에 **던지는**
욘 1:5	가운데 물건들을 바다에 **던지니라**
욘 1:12	나를 들어 바다에 **던지라** 그리하면
미 7:19	모든 죄를 깊은 바다에 **던지시리이다**
나 3:6	더러운 것들을 네 위에 **던져** 능욕하여
슥 11:13	그 삯을 토기장이에게 **던지라** … 여호
	와의 전에서 토기장이에게 **던졌고**
슥 13:9	삼분의 일을 불 가운데에 **던져** 은같이

신약

마 3:10	나무마다 찍혀 불에 **던져지리라**
마 4:18	안드레가 바다에 그물 **던지는** 것을 보시
마 5:29	몸이 지옥에 **던져지지** 않는 것이 유익
마 6:30	아궁이에 **던져지는** 들풀도 하나님이
마 7:6	너희 진주를 돼지 앞에 **던지지** 말라
마 15:26	떡을 취하여 개들에게 **던짐이** 마땅하지
마 17:27	바다에 가서 낚시를 **던져** 먼저 오르는
마 18:8	두 발을 가지고 영원한 불에 **던져지는**
마 21:21	산더러 들려 바다에 **던져지라** 하여도
막 1:16	안드레가 바다에 그물 **던지는** 것을 보시
막 9:22	죽이려고 불과 물에 자주 **던졌나이다**
막 9:42	그 목에 매여 바다에 **던져지는** 것이
눅 12:49	내가 불을 땅에 **던지러** 왔노니 이 불이
눅 22:41	그들을 떠나 돌 **던질** 만큼 가서 무릎을
요 15:6	사람이 그것을 모아다가 불에 **던져**
요 21:6	오른편에 **던지라** … **던졌더니** 물고기가
행 22:23	떠들며 옷을 벗어 **던지고** 티끌을 공중
벧후 2:4	용서하지 아니하시고 지옥에 **던져**
계 2:10	사람을 옥에 **던져** 시험을 받게 하리니
계 2:22	그를 침상에 **던질** 터이요 … **던지고**
계 8:8	큰 산과 같은 것이 바다에 **던져지매**
계 12:4	삼분의 일을 끌어다가 땅에 **던지더라**
계 14:19	하나님의 진노의 큰 포도주 틀에 **던지매**
계 18:21	바다에 **던져** 이르되 큰 성 바벨론이 이
	같이 비참하게 **던져져** 결코 다시 보이지
계 19:20	산 채로 유황불 붙는 못에 **던져지고**
계 20:10	마귀가 불과 유황 못에 **던져지니** 거기는
계 20:14	사망과 음부도 불못에 **던져지니** 이것이
계 20:15	기록되지 못한 자는 불못에 **던져지더라**
계 21:8	타는 못에 **던져지리니** 이것이 둘째 사망

던지다/던져지다 – 기타 본문

창 37:22, 24; 출 7:9, 10; 15:21; 민 35:22, 23; 수 10:27; 삼상 20:33; 사 31:7; 겔 15:6; 32:4; 단 3:21, 24; 욘 1:15; 2:3; 마 5:30; 7:19; 18:9; 막 7:27; 9:45, 47; 11:23; 눅 3:9; 12:28; 17:2

던져 넣다

렘 38:6	아들 말기야의 구덩이에 **던져 넣을**
단 3:6	맹렬히 타는 풀무 불에 **던져 넣으리라**
단 6:7	무엇을 구하면 사자 굴에 **던져 넣기로**
슥 5:8	그 여인을 에바 속으로 **던져 넣고**
마 13:42	풀무 불에 **던져 넣으니** 거기서 울며
마 27:5	유다가 은을 성소에 **던져 넣고** 물러가

【 덜 】

눅 12:5 　죽인 후에 또한 지옥에 **던져** 넣는 권세
계 20:3 　무저갱에 **던져** 넣어 잠그고 그 위에

📖 던져 넣다 - 기타 본문
　렘 38:7, 9; 단 3:11, 15; 6:12, 16, 24; 마 13:50

덜(less, taken from)
출 30:15 　더 내지 말고 가난한 자라고 **덜** 내지

📖 덜 - 기타 본문
　전 3:14; 고전 12:23; 고후 12:15

덜다(have less)
빌 2:28 　보고 기뻐하게 하며 내 근심도 **덜려**

덜되다(over)
딤전 5:9 　나이가 육십이 **덜되지** 아니하고 한 남편

덜하다(be stunted)
레 22:23 　양의 지체가 더하거나 **덜하거나** 한 것을
민 22:18 　하나님의 말씀을 어겨 **덜하거나** 더하지

덥다(hot, heat, warm)
삼상 11:9 　해가 **더울** 때에 너희가 구원을 받으리라
삼상 11:11 　날이 **더울** 때까지 암몬 사람들을 치매
삼상 21:6 　이 떡은 **더운** 떡을 드리는 날에 물려
욥 6:17 　따뜻하면 마르고 **더우면** 그 자리에서
사 44:15 　그것을 가지고 자기 몸을 **덥게도** 하고
사 44:16 　몸을 **덥게** 하여 이르기를 아하 따뜻하다
사 47:14 　이 불은 **덥게** 할 숯불이 아니요 그 앞에
눅 12:55 　부는 것을 보면 말하기를 심히 **더우리라**
약 2:16 　**덥게** 하라, 배부르게 하라 하며 그 몸에

덧뿌리다(sow)
마 13:25 　곡식 가운데 가라지를 **덧뿌리고** 갔더니

덧입다/덧입히다(cover, clothe)
겔 16:10 　가는 베로 두르고 모시로 **덧입히고**
고후 5:2 　처소로 **덧입기를** 간절히 사모하노라
고후 5:4 　벗고자 함이 아니요 오히려 **덧입고자**

덩어리(loaf, batch)
삿 7:13 　꿈에 보리떡 한 **덩어리**가 미디안 진영

【 덫 】

욥 38:38 　티끌이 **덩어리**를 이루며 흙덩이가 서로
겔 13:13 　분노하여 큰 우박 **덩어리**로 무너뜨리리
고전 5:6 　적은 누룩이 온 **덩어리**에 퍼지는 것을
고전 5:7 　누룩 없는 자인데 새 **덩어리**가 되기

덩이(cake, part, piece, soil)
출 25:19 　속죄소 두 끝에 속죄소와 한 **덩이**로
레 24:5 　떡 열두 개를 굽되 각 **덩이**를 십분의
수 10:11 　하늘에서 큰 우박 **덩이**를 아세가에 이르
삿 19:29 　마디를 찍어 열두 **덩이**에 나누고 그것
삼상 2:36 　한 조각과 떡 한 **덩이**를 위하여 그에게
삼상 17:17 　이 떡 열 **덩이**를 가지고 진영으로 속히
삼상 17:18 　치즈 열 **덩이**를 가져다가 그들의 천부장
삼상 21:3 　떡 다섯 **덩이**나 무엇이나 있는 대로
삼상 25:18 아비가일이 급히 떡 이백 **덩이**와 포도주
삼상 30:12 　무화과 뭉치에서 뗀 **덩이** 하나와 건포도
삼하 6:19 　건포도 떡 한 **덩이**씩 나누어 주매 모든
대상 16:3 　각 사람에게 떡 한 **덩이**와 야자열매로
시 119:70 　그들의 마음은 살져서 기름 **덩이** 같으나
겔 13:11 　우박 **덩이**가 떨어지며 폭풍이 몰아치
겔 24:4-5 　고기의 모든 좋은 **덩이**를 그 가운데
겔 24:6 　뽑을 것도 없이 그 **덩이**를 하나하나
겔 38:22 　폭우와 큰 우박 **덩이**와 불과 유황으로
마 4:3 　아들이어든 명하여 이 돌들로 떡 **덩이**가
눅 11:5 　말하기를 벗이여 떡 세 **덩이**를 내게
롬 9:21 　토기장이가 진흙 한 **덩이**로 하나는 귀히
롬 11:16 　가루가 거룩한즉 떡 **덩이**도 그러하고
갈 5:9 　적은 누룩이 온 **덩이**에 퍼지느니라

📖 덩이 - 기타 본문
　출 25:31; 37:8, 17; 삼상 10:3, 4

덫(trap)
수 23:13 　그들이 너희에게 올무가 되며 **덫**이 되며
욥 5:5 　주린 자가 먹되 **덫**에 걸린 것도 빼앗으
욥 18:9 　그의 발뒤꿈치는 **덫**에 치이고 그의 몸은
욥 18:10 　그를 잡을 **덫**이 땅에 숨겨져 있고 그를
욥 30:12 　오른쪽에서 일어나 내 발에 **덫**을 놓으며
시 69:22 　올무가 되게 하시며 그들의 평안이 **덫**이
잠 20:25 　살피면 그것이 그 사람에게 **덫**이 되느
사 8:15 　부러질 것이며 **덫**에 걸려 잡힐 것이니라
렘 5:26 　사냥꾼이 매복함같이 지키며 **덫**을 놓아
암 3:5 　**덫**을 땅에 놓지 않았는데 새가 어찌 거

【 덮개 】

| 눅 21:34 | 기 치이겠으며 잡힌 것이 없는데 덫 뜻밖에 그날이 덫과 같이 너희에게 |
| 롬 11:9 | 밥상이 올무와 덫과 거치는 것과 보응 |

덮개 (covering, sheet)

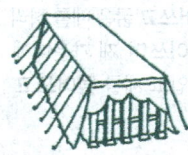

출 26:14	막의 덮개를 … 그 윗덮개를 만들
출 35:11	성막과 천막과 그 덮개와 그 갈고리와
출 40:19	위에 덮개를 덮으니 여호와께서 모세
민 3:25	게르손 자손이 … 장막과 그 덮개와
민 4:8	해달의 가죽 덮개로 덮은 후에 그 채를
민 4:12	해달의 가죽 덮개로 덮어 메는 틀 위에
민 4:14	해달의 가죽 덮개를 그 위에 덮고
민 7:3	여호와께 드린 헌물은 덮개 있는 수레
시 105:39	낮에는 구름을 펴서 덮개를 삼으시고
사 4:5	만드시고 그 모든 영광 위에 덮개를
사 25:7	가리개와 열방 위에 덮인 덮개를 제하

덮개 - 기타 본문

출 36:19; 39:34; 민 4:10, 11, 25

덮다 (cover, put over)

창 9:14	내가 구름으로 땅을 덮을 때에 무지개
창 9:23	그들의 아버지의 하체를 덮었으며 그들
창 29:2	먹임이라 큰 돌로 우물 아귀를 덮었다가
창 37:26	우리 동생을 죽이고 그의 피를 덮어
출 10:5	메뚜기가 지면을 덮어서 사람이 땅을
출 14:28	물이 다시 흘러 병거들과 기병들을 덮되
출 15:5	깊은 물이 그들을 덮으니 그들이 돌처럼
출 21:33	구덩이를 파고 덮지 아니하므로 소나
출 25:20	날개로 속죄소를 덮으며 그 얼굴을 서로
출 26:7	성막을 덮는 막 곧 휘장을 염소 털로
출 26:13	성막 좌우 양쪽에 덮어 늘어뜨리고
출 33:22	내가 지나도록 내 손으로 너를 덮었다가
출 37:9	그 날개로 속죄소를 덮었으며 그 얼굴은
출 40:19	그 위에 덮개를 덮으니 여호와께서 모세
레 17:13	그것의 피를 흘리고 흙으로 덮을지니라
민 4:5	칸 막는 휘장을 걷어 증거궤를 덮고
민 4:6	가죽으로 덮고 … 보자기를 덮은 후에
민 4:9	그 쓰는 바 모든 기름 그릇을 덮고
민 4:15	성소와 성소의 모든 기구 덮는 일을
민 9:15	구름이 성막 곧 증거의 성막을 덮었고

【 덮다 】

민 9:16	낮에는 구름이 그것을 덮었고 밤이면
민 16:42	구름이 회막을 덮었고 여호와의 영광
민 19:15	뚜껑을 열어 놓고 덮지 아니한 그릇은
신 11:4	홍해 물로 그들을 덮어 멸하사 오늘까지
신 11:21	자녀의 날이 많아서 하늘이 땅을 덮는
신 13:8	말며 애석히 여기지 말며 덮어 숨기지
신 23:13	것이요 몸을 돌려 그 배설물을 덮을지니
수 24:7	두고 바다를 이끌어 그들을 덮었나니
삿 4:18	들어가니 야엘이 이불로 그를 덮으니라
룻 3:9	옷자락을 펴 당신의 여종을 덮으소서
삼상 19:13	씌우고 의복으로 그것을 덮었더니
삼하 17:19	그 집 여인이 덮을 것을 가져다가 우물 아귀를 덮고 찧은 곡식을 그 위에 널매
삼하 20:12	서는 것을 보고 옷을 그 위에 덮으니라
왕상 1:1	왕이 나이가 많아 늙으니 이불을 덮어도
왕상 6:9	백향목 서까래와 널판으로 덮었고
왕상 7:3	들보 사십오 개를 백향목으로 덮었는데
왕상 8:7	날개를 펴서 궤와 그 채를 덮었는데
왕하 8:15	왕의 얼굴에 덮으매 왕이 죽은지라 그가
대상 28:18	날개를 펴서 여호와의 언약궤를 덮는
느 3:15	살룬이 중수하여 문을 세우고 덮었으며
느 4:5	앞에서 그들의 악을 덮어 두지 마시며
욥 3:5	구름이 그 위에 덮였더라면, 흑암이 그 날을 덮었더라면 흑암이 그 날을
욥 16:15	내가 굵은 베를 꿰매어 내 피부에 덮고
욥 22:11	못하게 하고 홍수가 너를 덮느니라
욥 24:7	벗은 몸으로 밤을 지내며 추위도 덮을
욥 30:30	덮고 있는 피부는 검어졌고 내 뼈는
욥 31:19	가난한 자가 덮을 것이 없는 것을 못본
욥 40:22	연잎 그늘이 덮으며 시내 버들이 그를
시 8:1	주의 영광이 하늘을 덮었나이다
시 44:15	앞에 있으며 수치가 내 얼굴을 덮었으니
시 44:19	우리를 사망의 그늘로 덮으셨나이다
시 55:5	내게 이르고 공포가 나를 덮었도다
시 78:38	긍휼하시므로 죄악을 덮어 주시어
시 85:2	그들의 모든 죄를 덮으셨나이다
시 89:45	짧게 하시고 그를 수치로 덮으셨나이다
시 91:4	그가 너를 그의 깃으로 덮으시리니 네가
시 104:6	주께서 땅을 깊은 바다로 덮으시매 물이
시 104:9	하시며 다시 돌아와 땅을 덮지 못하게
시 106:11	그들의 대적은 물로 덮으시매 그들
시 106:17	다단을 삼키며 아비람의 당을 덮었고
시 139:11	흑암이 반드시 나를 덮고 나를 두른

【 덮다 】

시 140:9	그들의 입술의 재난이 그들을 **덮게** 하소
시 147:8	그가 구름으로 하늘을 **덮으시며** 땅에
잠 17:9	허물을 **덮어** 주는 자는 사랑을 구하는
아 4:12	신부는 잠근 동산이요 **덮은** 우물이요
사 11:9	이는 물이 바다를 **덮음같이** 여호와를
사 14:11	구더기여 지렁이가 너를 **덮었도다**
사 26:21	살해당한 자를 다시는 **덮지** 아니하리라
사 29:10	지도자인 선견자들을 **덮으셨음이라**
사 50:3	하늘을 입히며 굵은 베로 **덮느니라**
사 51:16	손 그늘로 너를 **덮었나니** 이는 내가
사 60:2	보라 어둠이 땅을 **덮을** 것이며 캄캄함이
렘 3:25	우리의 치욕이 우리를 **덮을** 것이니 이는
렘 46:8	일어나 땅을 **덮어** 성읍들과 그 주민
렘 51:51	당하여 모욕이 우리 얼굴을 **덮었느니라**
애 2:1	시온을 구름으로 **덮으셨는가** 이스라엘
애 3:16	이들을 꺾으시고 재로 나를 **덮으셨도다**
겔 7:18	두려움이 그들을 **덮을** 것이요 모든 얼굴
겔 16:8	옷으로 너를 **덮어** 벌거벗은 것을 가리고
겔 26:19	위에 오르게 하며 큰물이 너를 **덮게**
겔 31:15	슬프게 울게 하며 깊은 바다를 **덮으며**
겔 37:6	살을 입히고 가죽으로 **덮고** 너희 속에
겔 38:9	같이 이르고 구름같이 땅을 **덮으리라**
겔 38:16	땅을 **덮음같이** 내 백성 이스라엘을
호 9:6	은은 귀한 것이나 찔레가 **덮을** 것이요
합 2:14	물이 바다를 **덮음같이** 여호와의 영광
합 3:3	영광이 하늘을 **덮었고** 그의 찬송이 세계
슥 5:8	납 조각을 에바 아귀 위에 던져 **덮더라**
마 17:5	홀연히 빛난 구름이 그들을 **덮으며**
막 9:7	마침 구름이 와서 그들을 **덮으며** 구름
눅 1:35	높으신 이의 능력이 너를 **덮으시리니**
눅 4:20	책을 **덮어** 그 맡은 자에게 주시고 앉
눅 8:16	등불을 켜서 그릇으로 **덮거나** 평상 아래
눅 9:34	와서 그들을 **덮는지라** 구름 속으로
눅 23:30	산들을 대하여 우리를 **덮으라** 하리라
행 13:11	안개와 어둠이 그를 **덮어** 인도할 사람
고후 3:15	읽을 때에 수건이 그 마음을 **덮었도다**
히 9:5	위에 속죄소를 **덮는** 영광의 그룹들이
약 5:20	구원할 것이며 허다한 죄를 **덮을** 것임
벧전 4:8	사랑은 허다한 죄를 **덮느니라**

📖 **덮다 - 기타 본문**

창 29:3 ; 출 10:15 ; 15:10 ; 29:22 ; 36:14 ; 민 4:8,
11, 12, 14 ; 10:34 ; 삿 4:19 ; 왕상 7:7 ; 대하 5:8

【 덮치다 】

덮어쓰다(put, sprinkle)

삼상 4:12	자기의 머리에 티끌을 **덮어쓰고** 실로
삼하 13:19	다말이 재를 자기의 머리에 **덮어쓰고**
삼하 15:32	후새가 옷을 찢고 흙을 머리에 **덮어쓰고**
애 2:10	티끌을 머리에 **덮어쓰고** 굵은 베를 허리
겔 27:30	티끌을 머리에 **덮어쓰며** 재 가운데에
단 9:3	금식하며 베옷을 입고 재를 **덮어쓰고**

덮이다(be over)

창 7:10	칠 일 후에 홍수가 땅에 **덮이니**
출 8:6	개구리가 올라와서 애굽 땅에 **덮이니**
출 16:13	저녁에는 메추라기가 와서 진에 **덮이고**
출 29:13	내장에 **덮인** 모든 기름과 간위에 있는
출 40:34	구름이 회막에 **덮이고** 여호와의 영광
레 3:3	내장에 **덮인** 기름과 내장에 붙은 모든
민 16:33	스올에 빠지며 땅이 그 위에 **덮이니**
민 22:5	그들이 지면에 **덮여서** 우리 맞은편에
신 4:11	어둠과 구름과 흑암이 **덮였는데**
삿 16:30	모든 방백들과 온 백성에게 **덮이니** 삼손
삼하 17:12	땅에 내림같이 우리가 그의 위에 **덮여**
욥 3:5	구름이 그 위에 **덮였더라면**, 흑암이
욥 21:26	눕고 그들 위에 구더기가 **덮이는구나**
욥 38:34	높여 넘치는 물이 네게 **덮이게** 하겠느냐
시 65:13	골짜기는 곡식으로 **덮였으매** 그들이
시 69:7	수치가 나의 얼굴에 **덮였나이다**
시 71:13	하는 자들에게는 욕과 수욕이 **덮이게**
잠 24:31	지면에 거친 풀로 **덮였고** 돌담이 무너져
전 6:4	중에 가매 그의 이름이 어둠에 **덮이니**
사 22:8	그가 유다에게 **덮였던** 것을 벗기매
겔 10:19	하나님의 영광이 그 위에 **덮였더라**
겔 24:7	피를 땅에 쏟아 티끌이 **덮이게** 하지
겔 30:18	성읍에는 구름이 **덮일** 것이며 그 딸들
겔 37:8	살이 오르며 그 위에 가죽이 **덮이나**
욜 2:2	새벽빛이 산꼭대기에 **덮인** 것과 같으니
마 8:24	큰 놀이 일어나 배가 물결에 **덮이게**
행 5:15	그림자라도 누구에게 **덮일까** 바라고

📖 **덮이다 - 기타 본문**

출 40:35 ; 레 3:4, 9, 10, 14, 15 ; 4:8, 9 ; 7:3, 4 ;
8:16, 25 ; 9:19 ; 민 22:11 ; 겔 11:22 ; 24:8

덮치다(overtake)

시 40:12	나의 죄악이 나를 **덮치므로** 우러러볼

【 데가볼리 】　　　　　　　　　　　　　　　　　　　　【 데려가다 】

시 69:15　웅덩이가 내 위에 **덮쳐** 그것의 입을
호 8:1　독수리처럼 여호와의 집에 **덮치리니**

창 11:26　**데라**는 칠십 세에 아브람과 나홀과 하란
창 11:27　**데라**의 족보는 이러하니라 **데라**는
창 11:28　하란은 그 아비 **데라**보다 먼저 고향
창 11:31　**데라**가 그 아들 아브람과 하란의 아들
창 11:32　**데라**는 나이가 이백오 세가 되어 하란
수 24:2　나홀의 아버지 **데라**가 강 저쪽에 거주
대상 1:26　스룩, 나홀, **데라**,
눅 3:34　위는 아브라함이요 그 위는 **데라**요

데가볼리 (Decapolis) '열 도시' 란 뜻
마 4:25　갈릴리와 **데가볼리**와 예루살렘과
막 5:20　큰 일 행하셨는지를 **데가볼리**에
막 7:31　시돈을 지나고 **데가볼리** 지방을 통과하여 갈릴리 호수

2. 지명 : 광야에서 이스라엘 백성이 진 친 곳
민 33:27　다핫을 떠나 **데라**에 진을 치고
민 33:28　**데라**를 떠나 밋가에 진을 치고

데레스 (Teresh) 아하수에로의 내시
에 2:21　문을 지키던 왕의 내시 빅단과 **데레스**
에 6:2　내시 빅다나와 **데레스**가 아하수에로

데겔 (Tekel)　세겔을 가리키는 아람어
단 5:25　이것이니 곧 메네 메네 **데겔** 우바르신
단 5:27　**데겔**은 왕을 저울에 달아 보니 부족함

데려가다 (take and go, bring)
창 5:24　하나님이 그를 **데려가시므로** 세상에
창 12:19　아내가 여기 있으니 이제 **데려가라** 하고
창 20:2　사람을 보내어 사라를 **데려갔더니**
창 29:23　레아를 야곱에게로 **데려가매** 야곱이
창 34:9　주며 우리 딸을 너희가 **데려가고**
창 39:1　보디발이 그를 그리로 **데려간** 이스마엘
창 44:29　너희가 이 아이도 내게서 **데려가려** 하니
출 2:10　자라매 바로의 딸에게로 **데려가니**
출 3:8　족속, 여부스 족속의 지방에 **데려가려**
레 13:9　들었거든 그를 제사장에게로 **데려갈**
신 20:7　전사하면 타인이 그를 **데려갈까** 하노라
신 21:12　그를 네 집으로 **데려갈** 것이요 그는
삼상 27:11　남녀를 살려서 가드로 **데려가지** 아니한
삼하 15:20　네 동포들도 **데려가라** 은혜와 진리가
왕하 2:3　선생을 당신의 머리 위로 **데려가실** 줄을
왕하 2:9　나를 네게서 **데려감**을 당하기 전에 내가
왕하 2:10　나를 네게서 **데려가시는** 것을 네가 보면
왕하 4:1　두 아이를 **데려가** 그의 종을 삼고자
왕하 17:27　제사장 한 사람을 그 곳으로 **데려가되**
욥 32:22　지으신 이가 속히 나를 **데려가시리로다**
욥 38:20　그의 지경으로 그를 **데려갈** 수 있느냐
시 102:24　나의 중년에 나를 **데려가지** 마옵소서
렘 39:14　그를 집으로 **데려가게** 하매 그가 백성
겔 24:25　간절하게 생각하는 자녀를 **데려가는**
마 24:40　있으매 한 사람은 **데려가고** 한 사람
마 24:41　사람은 **데려가고** 한 사람은 버려둠을

데나리온 (Denarius)　로마 시대 화폐 단위
마 18:28　종이 나가서 자기에게 백 **데나리온** 빚진
마 20:2　**데나리온**씩 품꾼들과 약속하여 포도원
마 20:9　제십일시에 온 자들이 와서 한 **데나리온**
마 20:10　알았더니 그들도 한 **데나리온**씩 받은지
마 20:13　네가 나와 한 **데나리온**의 약속을 하지
마 22:19　돈을 내게 보이라 하시니 **데나리온** 하나
막 6:37　우리가 가서 이백 **데나리온**의 떡을 사다
막 12:15　시험하느냐 **데나리온** 하나를 가져다가
막 14:5　이 향유를 삼백 **데나리온** 이상에 팔아
눅 7:41　**데나리온**을 졌고 하나는 오십 **데나리온**
눅 10:35　그가 주막 주인에게 **데나리온** 둘을 내어
눅 20:24　**데나리온** 하나를 내게 보이라 누구의
요 6:7　받게 할지라도 이백 **데나리온**의 떡이
요 12:5　이 향유를 어찌하여 삼백 **데나리온**
계 6:6　**데나리온**에 밀 한 되요 한 **데나리온**에

데다 (burn, scorch)
출 21:25　**덴** 것은 **덴** 것으로, 상하게 한 것은 상함
레 13:24　피부가 불에 **데었는데** 그 **덴** 곳에
잠 6:28　숯불을 밟고서야 어찌 그의 발이 **데지**

데라 (Terah)
　1. 인명 : 아브라함의 아버지
창 11:24　나홀은 이십구 세에 **데라**를 낳았고
창 11:25　**데라**를 낳은 후에 백십구 년을 지내며

{ 데려오다 }   { 데리다 }

막 2:4	무리들 때문에 예수께 **데려갈** 수 없으
눅 17:34	하나는 **데려감을** 얻고 하나는 버려둠
눅 17:35	맷돌을 갈고 있으매 하나는 **데려감을**
요 17:15	세상에서 **데려가시기를** 위함이 아니요
요 21:18	원하지 아니하는 곳으로 **데려가리라**
행 21:34	알 수 없어 그를 영내로 **데려가라** 명하니

📖 **데려가다 - 기타 본문**

창 20:3; 레 14:2; 삼상 20:8; 왕하 2:5; 4:19, 20; 행 22:24

데려오다(take)

창 7:2	것은 암수 둘씩을 네게로 **데려오며**
창 34:16	너희 딸을 우리가 **데려오며** 너희와 함께
창 38:6	장자 엘을 위하여 아내를 **데려오니**
창 39:17	당신이 우리에게 **데려온** 히브리 종이
창 42:16	아우를 **데려오게** 하고 너희는 갇히어
출 10:8	아론을 바로에게로 다시 **데려오니**
민 23:11	원수를 저주하라고 그대를 **데려왔거늘**
신 24:1	사람이 아내를 맞이하여 **데려온** 후에
삿 11:5	길르앗 장로들이 입다를 **데려오려고**
삿 12:9	밖에서 여자 삼십 명을 **데려왔더라** 그가
삿 14:3	위하여 그 여자를 **데려오소서** 하니라
삿 14:11	무리가 삼손을 보고 삼십 명을 **데려와서**
삿 19:3	다정하게 말하고 그를 **데려오고자** 하여
삿 21:12	그들을 실로 진영으로 **데려오니** 이 곳은
삼상 10:23	그들이 달려가서 거기서 그를 **데려오매**
삼상 16:11	사람을 보내어 그를 **데려오라** 그가 여기
삼하 9:5	아들 마길의 집에서 그를 **데려오니**
삼하 11:4	자기에게로 **데려오게** 하고 그 여자가
삼하 14:10	네게 말하는 자를 내게로 **데려오라**
삼하 14:21	가서 청년 압살롬을 **데려오라** 하니라
왕상 1:3	여자 아비삭을 얻어 왕께 **데려왔으니**
왕상 2:40	나아가 그의 종을 가드에서 **데려왔더니**
왕상 7:13	보내어 히람을 두로에서 **데려오니**
왕상 13:20	말씀이 그 사람을 **데려온** 선지자에게
왕하 3:27	왕이 될 맏아들을 **데려와** 성 위에서
스 8:18	자손 중에서 한 명철한 사람을 **데려오고**
스 9:12	딸들을 너희 아들들을 위하여 **데려오지**
느 10:30	위하여 그들의 딸들을 **데려오지**
렘 3:14	택하여 너희를 시온으로 **데려오겠고**
렘 26:23	여호야김 왕에게로 그를 **데려오매** 왕이
렘 38:14	여호와의 성전 셋째 문으로 **데려오게**

겔 7:24	내가 극히 악한 이방인들을 **데려와서**
단 1:4	왕궁에 설 만한 소년을 **데려오게** 하였고
마 1:20	요셉아 네 아내 마리아 **데려오기를** 무서
마 1:24	행하여 그의 아내를 **데려왔으나**
마 4:24	중풍병자들을 **데려오니** 그들을 고치시
마 9:32	들려 말 못하는 사람을 예수께 **데려오니**
마 17:17	참으리요 그를 이리로 **데려오라** 하시니
마 18:24	만 달란트 빚진 자 하나를 **데려오매**
마 22:10	선한 자나 만나는 대로 모두 **데려오니**
막 1:32	병자와 귀신 들린 자를 예수께 **데려오니**
눅 14:21	맹인들과 저는 자들을 **데려오라** 하니라
눅 18:40	예수께서 머물러 서서 명하여 **데려오라**
행 25:6	재판 자리에 앉고 바울을 **데려오라**

📖 **데려오다 - 기타 본문**

창 7:3; 34:21, 26; 42:34; 삿 19:3; 삼상 16:12, 17; 21:14; 삼하 11:27; 스 8:19; 느 13:25; 겔 44:7; 막 9:17, 19; 행 25:17, 23

데리다(bring, take)
구약

창 11:31	아브람의 아내 사래를 **데리고** 갈대아인
창 12:19	그를 **데려다가** 아내를 삼게 하였느냐
창 16:3	하갈을 **데려다가** 그 남편 아브람에게
창 17:23	중 모든 남자를 **데려다가** 그 포피를
창 22:2	독자 이삭을 **데리고** 모리아 땅으로 가서
창 30:9	시녀 실바를 **데려다가** 야곱에게 주어
창 33:13	양 떼와 소가 새끼를 **데리고** 있은즉
창 37:28	그 상인들이 요셉을 **데리고** 애굽으로
창 38:2	자의 딸을 보고 그를 **데리고** 동침하니
창 39:14	히브리 사람을 우리에게 **데려다가** 우리
창 42:37	내가 그를 아버지께 **데리고** 돌아오리
창 43:15	베냐민을 **데리고** 애굽에 내려가서 요셉
창 46:7	모든 자손을 **데리고** 애굽으로 갔더라
창 48:9	아버지가 이르되 그들을 **데리고** 내 앞으
출 1:1	야곱과 함께 각각 자기 가족을 **데리고**
출 2:9	이 아기를 **데려다가** 나를 위하여 젖을 먹이라 내가 그 … 아기를 **데려다가**
출 17:5	이스라엘 장로들을 **데리고** 나일 강을
출 29:4	그의 아들들을 회막 문으로 **데려다가**
레 18:17	외손녀를 아울러 **데려다가** 그의 하체를
민 1:17	아론이 지명된 이 사람들을 **데리고**
민 5:15	그의 아내를 **데리고** 제사장에게로 가서

【 데리다 】

민 8:6	레위인을 **데려다가** 정결하게 하라	렘 35:3	모든 아들과 모든 레갑 사람들을 **데리고**
민 18:2	조상의 지파를 **데려다가** 너와 함께 있게	렘 38:11	에벳멜렉이 사람들을 **데리고** 왕궁 곳간
민 20:25	아론과 그의 아들 엘르아살을 **데리고**	렘 39:5	시드기야에게 미쳐 그를 잡아서 **데리고**
민 23:7	왕이 동쪽 산에서 **데려다가** 이르기를	렘 39:12	**데려다가** 선대하고 해하지 말며 그가
민 25:6	눈앞에 미디안의 한 여인을 **데리고**	렘 39:14	집으로 **데려가게** 하매 그가 백성 가운데
민 27:18	안에 영이 머무는 자니 너는 **데려다가**	렘 41:12	사람을 **데리고** 느다냐의 아들 이스마엘
삿 6:27	기드온이 종 열 사람을 **데리고** 여호와	겔 8:14	또 나를 **데리고** 여호와의 전으로 들어
삿 11:9	나를 **데리고** 고향으로 돌아가서 암몬	겔 36:24	여러 민족 가운데에서 모아 **데리고** 고국
삿 19:21	그를 **데리고** 자기 집에 들어가서 나귀	겔 40:1	나를 **데리고** 이스라엘 땅으로 가시되
룻 1:1	그의 아내와 두 아들을 **데리고** 모압	겔 40:2	이상 중에 나를 **데리고** 이스라엘 땅에
삼상 1:24	젖을 뗀 후에 그를 **데리고** 올라갈새	겔 40:17	그가 나를 **데리고** 바깥뜰에 들어가니
삼상 8:11	너희 아들들을 **데려다가** 그의 병거와	단 1:18	그들을 느부갓네살 앞으로 **데리고** 가니
삼상 9:3	일어나 한 사환을 **데리고** 가서 암나귀들	단 2:25	아리옥이 다니엘을 **데리고** 급히 왕 앞에
삼상 20:35	요나단이 작은 아이를 **데리고** 다윗과	욜 3:2	만국을 모아 **데리고** 여호사밧 골짜기
삼상 21:15	이 자를 **데려다가** 내 앞에서 미친 짓을	암 7:15	여호와께서 나를 **데려다가** 여호와께서
삼상 25:13	자기 칼을 차고 사백 명 가량은 **데리고**	**신약**	
삼상 30:11	하나를 만나 그를 다윗에게로 **데려다가**	마 2:13	어머니를 **데리고** 애굽으로 피하여 내가
삼상 30:22	각자의 처자만 **데리고** 떠나가게 하라	마 2:14	아기와 그의 어머니를 **데리고** 애굽으로
삼하 2:2	나발의 아내였던 아비가일을 **데리고**	마 2:20	아기와 그의 어머니를 **데리고** 이스라엘
삼하 2:3	다 **데리고** 올라가서 헤브론 각 성읍	마 4:5	마귀가 예수를 거룩한 성으로 **데려다가**
삼하 2:8	아들 이스보셋을 **데리고** 마하나임으로	마 4:8	마귀가 또 그를 **데리고** 지극히 높은
삼하 3:26	우물가에서 그를 **데리고** 돌아왔으나	마 8:16	귀신 들린 자를 많이 **데리고** 예수께
삼하 3:27	그를 **데리고** 성문 안으로 들어가 거기서	마 12:45	악한 귀신 일곱을 **데리고** 들어가서 거하
삼하 7:8	양을 따르는 데에서 **데려다가** 내 백성	마 17:1	그 형제 요한을 **데리시고** 따로 높은
삼하 13:24	왕은 신하들을 **데리시고** 당신의 종과	마 20:17	열두 제자를 따로 **데리시고** 길에서 이르
삼하 14:2	지혜로운 여인 하나를 **데려다가** 그에게	마 20:20	어머니가 그 아들들을 **데리고** 예수께
삼하 14:23	그술로 가서 압살롬을 **데리고** 예루살렘	마 27:27	총독의 군병들이 예수를 **데리고** 관정
삼하 15:27	아비아달의 아들 요나단을 **데리고** 평안	막 5:40	자기와 함께 한 자들을 **데리시고** 아이
삼하 20:6	너는 네 주의 부하들을 **데리고** 그의	막 7:33	예수께서 그 사람을 따로 **데리고** 무리
왕상 1:33	주의 신하들을 **데리고** 내 아들 솔로몬	막 8:22	맹인 한 사람을 **데리고** 예수께 나아와
왕상 3:1	그의 딸을 맞이하고 다윗 성에 **데려다가**	막 9:36	어린아이 하나를 **데려다가** 그들 가운데
왕상 11:18	거기서 사람을 **데리고** 애굽으로 가서	막 10:32	다시 열두 제자를 **데리시고** 자기가 당할
왕상 13:18	그를 네 집에 **데리고** 돌아가서 그에게	막 11:11	때가 이미 저물매 열두 제자를 **데리시고**
왕하 9:2	일어나게 하고 그를 **데리고** 골방으로	눅 2:22	날이 차매 아기를 **데리고** 예루살렘에
왕하 11:4	백부장들을 불러 **데리고** 여호와의 성전	눅 4:40	온갖 병자들을 **데리고** 나아오매 예수
왕하 23:30	요시야의 아들 여호아하스를 **데려다가**	눅 9:10	예수께 여쭈니 **데리시고** 따로 벳새다
대하 26:17	용맹한 제사장 팔십 명을 **데리고** 그의	눅 9:28	베드로와 요한과 야고보를 **데리시고** 기도
대하 28:15	나귀에 태워 **데리고** 종려나무 성 여리고	눅 9:47	어린아이 하나를 **데려다가** 자기 곁에
느 12:27	사람들을 찾아 예루살렘으로 **데려다가**	눅 14:4	예수께서 그 사람을 **데려다가** 고쳐 보내
에 6:14	내시들이 이르러 하만을 **데리고** 에스더	눅 14:23	나가서 사람을 강권하여 **데려다가**
사 14:2	그들을 **데리고** 그들의 본토에 돌아오리	눅 24:50	예수께서 그들을 **데리고** 베다니 앞까지
렘 15:8	파멸시킬 자를 그들에게로 **데려다가**	요 1:42	**데리고** 예수께로 오니 예수께서 보시고
렘 35:2	여호와의 집 한 방으로 **데려다가** 포도주	요 9:13	맹인이었던 사람을 **데리고** 바리새인

【 데리다 】　　　　　　　　　　　　　【 데리다 】

요 18:3	아랫사람들을 데리고 등과 횃불과 무기
요 18:16	여자에게 말하여 베드로를 데리고 들어
요 18:31	빌라도가 이르되 너희가 그를 데려다가
요 19:1	이에 빌라도가 예수를 데려다가 채찍
요 19:4	이 사람을 데리고 너희에게 나오노니
요 19:6	친히 데려다가 십자가에 못박으라
행 7:21	버려진 후에 바로의 딸이 그를 데려다가
행 9:27	바나바가 데리고 사도들에게 가서 그가
행 9:30	가이사랴로 데리고 내려가서 다소로
행 9:39	함께 가서 이르매 그들이 데리고 다락방
행 12:25	마가라 하는 요한을 데리고 예루살렘
행 15:39	바나바는 마가를 데리고 배 타고 구브로
행 16:3	바울이 그를 데리고 떠나고자 할새 … 말미암아 그를 데려다가 할례를 행하니
행 16:30	그들을 데리고 나가 이르되 선생들이
행 16:33	밤 그 시각에 간수가 그들을 데려다가
행 16:34	그들을 데리고 자기 집에 올라가서 음식
행 16:37	그들이 친히 와서 우리를 데리고 나가야
행 16:39	와서 권하여 데리고 나가 그 성에서
행 17:5	불량한 사람들을 데리고 떼를 지어 성을
행 17:15	바울을 인도하는 사람들이 그를 데리고
행 18:26	아굴라가 듣고 데려다가 하나님의 도를
행 21:24	그들을 데리고 함께 결례를 행하고 그들
행 21:28	헬라인을 데리고 성전에 들어가서
행 21:29	바울이 그를 성전에 데리고 들어간 줄로
행 21:37	바울을 데리고 영내로 들어가려 할
행 22:30	공회를 모으고 바울을 데리고 내려가서
행 23:15	바울을 너희에게로 데리고 내려오게
행 23:18	천부장에게로 데리고 가서 이르되 죄수 바울이 … 있다 하여 데리고 가기를
행 23:20	그를 데리고 공회로 내려오기를 당신께
행 23:28	알고자 하여 그들의 공회로 데리고 내려
행 23:31	대로 밤에 바울을 데리고 안디바드리
고전 9:5	믿음의 자매 된 아내를 데리고 다닐
갈 2:1	함께 디도를 데리고 다시 예루살렘
계 17:3	성령으로 나를 데리고 광야로 가니라
계 21:10	성령으로 나를 데리고 크고 높은 산에

데리다 - 기타 본문

창 22:3; 24:6, 8; 43:7, 9, 13; 44:21, 32; 출 29:8; 40:12, 14; 레 8:6, 13, 24; 18:18; 20:14, 17, 21; 21:13; 민 27:22; 삼상 1:25; 8:13; 왕상 13:23, 26; 대상 17:7; 대하 8:11; 겔 8:16; 11:24; 40:3, 28,

32, 35, 48; 41:1; 42:1, 15; 43:1, 5; 44:1, 4; 46:19, 21; 47:1, 2; 마 2:21; 막 7:32; 8:23; 9:2; 눅 11:26; 18:31; 행 21:26

데리고 가다

창 21:14	아이를 데리고 가게 하니 하갈이 나가
창 24:51	리브가가 당신 앞에 있으니 데리고 가서
창 34:17	우리는 곧 우리 딸을 데리고 가리라
출 10:9	양과 소를 데리고 가겠나이다
출 14:6	갖추고 그의 백성을 데리고 갈새
출 21:6	문설주 앞으로 데리고 가서 그것에
레 13:2	중 한 제사장에게로 데리고 갈 것이요
민 6:13	사람을 회막 문으로 데리고 갈 것이요
삼상 1:22	내가 그를 데리고 가서 여호와 앞에
왕하 4:36	이르되 네 아들을 데리고 가라 하니라
스 1:11	바벨론에서 예루살렘으로 데리고 갈
렘 38:10	명을 데리고 가서 선지자 예레미야
겔 3:14	영이 나를 들어올려 데리고 가시는데
겔 16:20	자녀를 그들에게 데리고 가서 드려
겔 34:13	본토로 데리고 가서 이스라엘 산 위에
호 2:14	타일러 거친 들로 데리고 가서 말로
마 18:16	듣지 않거든 한두 사람을 데리고 가서
마 26:37	세베대의 두 아들을 데리고 가실새
막 14:17	저물매 그 열둘을 데리시고 가서
눅 10:34	짐승에 태워 주막으로 데리고 가서
행 15:37	마가라 하는 요한도 데리고 가고자
행 15:38	가지 아니한 자를 데리고 가는 것이
행 16:20	상관들 앞에 데리고 가서 말하되
행 18:12	바울을 대적하여 법정으로 데리고 가서
행 20:12	사람들이 살아난 청년을 데리고 가서
행 21:16	나손을 데리고 가니 이는 우리가 그의

데리고 가다 - 기타 본문

창 24:61; 레 27:8; 겔 37:1; 막 14:33

데리고 오다

창 42:20	아우를 내게로 데리고 오라 그러면
출 18:3	두 아들을 데리고 왔으니 그 하나의
민 11:16	칠십 명을 모아 내게 데리고 와 회막에
삼하 3:13	딸 미갈을 데리고 오라 그리하지
스 8:17	성전을 위하여 섬길 자를 데리고 오라
전 3:22	보게 하려고 그를 도로 데리고 올 자가
겔 16:40	무리를 데리고 와서 너를 돌로 치며

【 데마 】　　　　　　　　　　　　　　　　　　　　　　　　　　　　　　【 데살로니가 】

겔 40:4　네게 보이려고 이리로 데리고 왔나니
단 11:6　그 공주와 그를 데리고 온 자와 그를
마 9:2　중풍병자를 사람들이 데리고 오거늘
마 12:22　말 못하는 사람을 데리고 왔거늘 예수
마 14:35　모든 병든 자를 예수께 데리고 와서
마 15:30　여럿을 데리고 와서 예수의 발 앞에
마 17:16　주의 제자들에게 데리고 왔으나 능히
마 19:13　어린 아이들을 데리고 오매 제자들이
막 9:20　이에 데리고 오니 귀신이 예수를 보고
눅 2:27　하여 그 아기 예수를 데리고 오는지라
눅 9:41　참으리요 네 아들을 이리로 데리고 오라
행 5:16　괴로움 받는 사람을 데리고 와서 다
행 11:26　안디옥에 데리고 와서 둘이 교회에
살전 4:14　하나님이 그와 함께 데리고 오시리라
딤후 4:11　마가를 데리고 오라 그가 나의 일에

데리고 오다 – 기타 본문
창 42:37; 막 10:13; 눅 18:15

데마(Tema)
1. 이스마엘의 자손 또는 그 지명
창 25:15　데마와 여둘과 나비스와 게드마니
대상 1:30　미스마와 두마와 맛사와 하닷과 데마
욥 6:19　데마의 떼들이 그것을 바라보고 스바
사 21:14　데마 땅의 주민들아 물을 가져다가 목마
렘 25:23　드단과 데마와 부스와 살쩍을 깎은 모든

2. 포로지에서 귀환한 느디님 사람의 한 선조
스 2:53　바르고스 자손과 시스라 자손과 데마
느 7:55　바르고스 자손과 시스라 자손과 데마

3. 바울의 동역자
골 4:14　누가와 또 데마가 너희에게 문안하느
딤후 4:10　데마는 이 세상을 사랑하여 나를 버리고
몬 1:24　마가, 아리스다고, 데마, 누가가 문안

데만/–사람(Teman)
1. 에돔 사람의 족장
창 36:11　엘리바스의 아들들은 데만과 오말과
창 36:15　엘리바스의 자손으로는 데만 족장, 오말
창 36:42　그나스 족장, 데만 족장, 밉살 족장,
대상 1:36　엘리바스의 아들은 데만과 오말과 스비
대상 1:53　그나스 족장과 데만 족장과 밉살 족장

2. 에돔의 주민
창 36:34　요밥이 죽고 데만 족속의 땅의 후삼이

대상 1:45　요밥이 죽으매 데만 족속의 땅의 사람
욥 2:11　데만 사람 엘리바스와 수아 사람 빌닷
욥 4:1　데만 사람 엘리바스가 대답하여 이르되
욥 15:1　데만 사람 엘리바스가 대답하여 이르되
욥 22:1　데만 사람 엘리바스가 대답하여 이르되
욥 42:7　여호와께서 데만 사람 엘리바스에게
욥 42:9　데만 사람 엘리바스와 수아 사람 빌닷

3. 에돔 북동쪽의 성읍
렘 49:7　데만에 다시는 지혜가 없게 되었느냐
렘 49:20　데만 주민에 대하여 결심하신 여호와
겔 25:13　끊어 데만에서부터 황폐하게 하리니
암 1:12　내가 데만에 불을 보내리니 보스라의
합 3:3　하나님이 데만에서부터 오시며 거룩한

데메드리오(Demetrius)
1. 에베소의 은장색
행 19:24　즉 데메드리오라 하는 어떤 은장색이
행 19:38　만일 데메드리오와 그와 함께 있는 직공

2. 초대교회 신자
요삼 1:12　데메드리오는 뭇 사람에게도, 진리에

데므니(Temeni) 나아라의 아들
대상 4:6　그에게 아훗삼과 헤벨과 데므니와

데바(Tebah) 나홀의 아들
창 22:24　나홀의 첩 르우마라 하는 자도 데바와

데베스/데벳스(Thebez) 세겜 동북쪽에 위치한 곳
삿 9:50　아비멜렉이 데베스에 가서 데베스에
삼하 11:21　그가 데벳스에서 죽지 아니하였느냐

데벳 월(month of Tebeth) 유대력으로 10월
에 2:16　제칠년 시월 곧 데벳 월에

데살로니가(Thessalonica) 마케도냐의 주요 도시

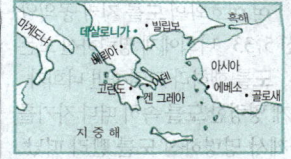

행 17:1　다녀가 데살로니가에
행 17:11　사람들은 데살로니가에 있는
행 17:13　데살로니가에 있는 유대인들은 바울
빌 4:16　데살로니가에 있을 때에도 너희가
딤후 4:10　버리고 데살로니가로 갔고 그레스게

583

데살로니가인/데살로니가 사람(Thessalonian)

행 20:4　소바더와 **데살로니가 사람** 아리스다고와
행 27:2　**데살로니가 사람** 아리스다고와
살전 1:1　그리스도 안에 있는 **데살로니가인**의
살후 1:1　그리스도 안에 있는 **데살로니가인**의

데오빌로(Theophilus) 누가복음과 사도행전 수신자

눅 1:3　**데오빌로** 각하에게 차례대로 써 보내
행 1:1　**데오빌로**여 내가 먼저 쓴 글에는 무릇

데해 사람(Dehavite-KJV)

스 4:9　바벨론 사람과 수산 사람과 **데해 사람**

델라(Telah) 다한의 아버지

대상 7:25　레셉의 아들은 **델라**요 그의 아들은 다한

델렘(Telem)

1. 유다 남부의 성읍

수 15:24　십과 **델렘**과 브알롯과

2. 레위 자손 성 문지기

스 10:24　문지기 중에서는 살룸과 **델렘**과 우리

델멜라(Tel Melah) 바벨론 성읍

스 2:59　**델멜라**와 델하르사와 그룹과 앗단과
느 7:61　**델멜라**와 델하르사와 그룹과 앗돈과

델아빕(Tel Abib) 바벨론 성읍

겔 3:15　이에 내가 **델아빕**에 이르러 그 사로잡힌

델하르사(Tel Harsha)

스 2:59　델멜라와 **델하르사**와 그룹과 앗단과
느 7:61　델멜라와 **델하르사**와 그룹과 앗돈과

도 1(道, teaching, way)

창 18:19　자식과 권속에게 명하여 여호와의 **도**를 지켜 공의와
신 5:33　너희에게 명령하신 모든 **도**를 행하라 그리하면 너희가
신 9:12　그들에게 명령한 **도**를 속히 떠나 자기를
신 9:16　여호와께서 명령하신 **도**를 빨리 떠나
신 10:12　여호와를 경외하여 그의 모든 **도**를 행하며
신 11:22　사랑하고 그의 모든 **도**를 행하여 그에
신 11:28　너희에게 명령하는 **도**에서 돌이켜 떠나

신 13:5　명령하신 **도**에서 너를 꾀어내려고 말하
신 26:17　**도**를 행하고 그의 규례와 명령과 법도
삿 2:22　여호와의 **도**를 지켜 행하나 아니하나
삼하 22:22　이는 내가 여호와의 **도**를 지키고 악을
삼하 22:31　하나님의 **도**는 완전하고 여호와의 말씀
욥 11:4　네 말에 의하면 내 **도**는 정결하고 나는
시 18:21　이는 내가 여호와의 **도**를 지키고 악하게
시 18:30　하나님의 **도**는 완전하고 여호와의 말씀
시 19:9　여호와를 경외하는 **도**는 정결하여 영원
시 25:4　여호와여 주의 **도**를 내게 보이시고 주의
시 25:8　그러므로 주의 **도**로 죄인들을 교훈하시
시 25:9　온유한 자에게 그의 **도**를 가르치시리
시 27:11　여호와여 주의 **도**를 내게 가르치시고
시 37:34　여호와를 바라고 그의 **도**를 지키라 그리
시 51:13　내가 범죄자에게 주의 **도**를 가르치리니
시 67:2　주의 **도**를 땅 위에, 주의 구원을 모든
시 77:13　하나님이여 주의 **도**는 극히 거룩하시오
시 81:13　말을 들으라 이스라엘아 내 **도**를 따르라
시 86:11　여호와여 주의 **도**를 내게 가르치소서
시 119:3　불의를 행하지 아니하고 주의 **도**를 행하
시 119:14　주의 증거들의 **도**를 즐거워하였나이다
시 119:33　주의 율례들의 **도**를 내게 가르치소서
시 138:5　여호와의 **도**를 노래할 것은 여호와의
잠 8:32　들으라 내 **도**를 지키는 자가 복이 있느
잠 10:29　여호와의 **도**가 정직한 자에게는 산성
잠 15:10　**도**를 배반하는 자는 엄한 징계를 받을
사 28:9　누구에게 **도**를 전하여 깨닫게 하려는가
사 40:14　지식을 가르쳤으며 통달의 **도**를 보여
렘 12:16　그들이 내 백성의 **도**를 부지런히 배우며
호 14:9　여호와의 **도**는 정직하니 의인은 그 길로
미 4:2　그가 그의 **도**를 가지고 우리에게 가르
슥 3:7　만일 내 **도**를 행하며 내 규례를 지키면
마 21:32　요한이 의의 **도**로 너희에게 왔거늘 너희
마 22:16　참되시고 진리로 하나님의 **도**를 가르치
막 2:2　되었는데 예수께서 그들에게 **도**를 말씀
막 12:14　진리로써 하나님의 **도**를 가르치심이니
눅 20:21　오직 진리로써 하나님의 **도**를 가르치시
행 6:7　허다한 제사장의 무리도 이 **도**에 복종
행 8:21　**도**에는 네가 관계도 없고 분깃 될 것도
행 9:2　이는 만일 그 **도**를 따르는 사람을 만나
행 18:25　일찍이 주의 **도**를 배워 열심으로 예수
행 18:26　하나님의 **도**를 더 정확하게 풀어 이르
행 19:9　무리 앞에서 이 **도**를 비방하거늘 바울이

【 도 2 】

행 19:23	도로 말미암아 적지 않은 소동이 있었
행 22:4	내가 이 도를 박해하여 사람을 죽이기
행 24:14	이단이라 하는 도를 따라 조상의 하나님
행 24:22	벨릭스가 이 도에 관한 것을 더 자세히
행 24:24	바울을 불러 그리스도 예수 믿는 도를
고전 1:18	십자가의 도가 멸망하는 자들에게는
히 6:1	그리스도의 도의 초보를 버리고 죽은
벧후 2:2	이로 말미암아 진리의 도가 비방을 받을
벧후 2:21	의의 도를 안 후에 받은 거룩한 명령을
유 1:3	성도에게 단번에 주신 믿음의 도를 위하

도 2(度, step)

왕하 20:9	십 도를 나아갈 것이니이까 혹 십 도를
왕하 20:10	그림자가 십 도를 … 아니라 십 도가
왕하 20:11	해 그림자를 십 도 뒤로 물러가게 하셨
사 38:8	해 그림자를 뒤로 십 도를 물러가게 하
	리라 … 해의 그림자가 십 도를 물러가

도 3(道, province)

스 2:1	받고 예루살렘과 유다 도로 돌아와 각기 각자의
스 4:15	각 도에 손해가 된 것을 보시고 아실지라 이
스 5:8	왕께 아뢰옵나이다 우리가 유다 도에
스 7:16	또 네가 바벨론 온 도에서 얻을 모든

도가니(furnace, crucible)

시 12:6	순결함이여 흙 도가니에 일곱 번 단련한 은 같도다
잠 17:3	도가니는 은을, 풀무는 금을 연단하거니와 여호와는
잠 27:21	도가니로 은을, 풀무로 금을, 칭찬으로

도갈마(Togarmah)

1. 고멜의 자손

창 10:3	아들은 아스그나스와 리밧과 도갈마
대상 1:6	자손은 아스그나스와 디밧과 도갈마

2. 도갈마 족속

겔 27:14	도갈마 족속은 말과 군마와 노새를
겔 38:6	북쪽 끝의 도갈마 족속과 그 모든

도겐(Token) 시므온 지파의 성읍

대상 4:32	아인과 림몬과 도겐과 아산 다섯 성읍

【 도단 】

도고(禱告, intercession)

딤전 2:1	사람을 위하여 간구와 기도와 도고

도구(道具, tool, weapon)

창 49:5	형제요 그들의 칼은 폭력의 도구로다
삼하 24:22	마당질 하는 도구와 소의 멍에가 있나이
시 7:13	죽일 도구를 또한 예비하심이여 그가

도금장이(鍍金, goldsmith)

사 46:6	은을 저울에 달아 도금장이에게 주고

도끼/도끼질(ax)

신 19:5	도끼를 들고 벌목하려고 찍을 때에 도끼
신 20:19	도끼를 둘러 그곳의 나무를 찍어내지
삿 9:48	아비멜렉이 손에 도끼를 들고 나뭇가지
삼상 13:20	보습이나 삽이나 도끼나 괭이를 벼리
삼상 13:21	쇠스랑이나 도끼나 쇠채찍이 무딜 때에
삼하 12:31	톱질과 써레질과 철 도끼질과 벽돌구이
왕상 6:7	성전 속에서는 방망이나 도끼나 모든
왕하 6:5	한 사람이 나무를 벨 때에 쇠 도끼가
왕하 6:6	나뭇가지를 베어 물에 던져 쇠 도끼를
대상 20:3	백성을 끌어내어 톱과 쇠 도끼와 돌써래
시 74:5	도끼를 들어 삼림을 베는 사람 같으니
시 74:6	이제 그들이 도끼와 철퇴로 성소의 모든
사 10:15	도끼가 어찌 찍는 자에게 스스로 자랑
렘 10:3	나무요 기술공의 두 손이 도끼로 만든
렘 46:22	군대가 벌목하는 자같이 도끼를 가지고
겔 26:9	성을 치며 도끼로 망대를 찍을 것이며
마 3:10	도끼가 나무뿌리에 놓였으니 좋은 열매
눅 3:9	도끼가 나무뿌리에 놓였으니 좋은 열매

도다님(Rodanim-NIV, Dodanim-KJV)
야완의 자손

창 10:4	엘리사와 달시스와 깃딤과 도다님
대상 1:7	엘리사와 다시스와 깃딤과 도다님

도다와후(Dodavahu) 엘리에셀의 아버지

대하 20:37	마레사 사람 도다와후의 아들 엘리에셀

도단(Dothan) 세겜 북쪽에 위치한 성읍

창 37:17	들으니 도단으로 가자 하더라 하니라

【 도달하다 】 　　　　　　　　　　　　　　　【 도둑질/-하다 】

… 가서 **도단**에서 그들을 만나리라
왕하 6:13　아뢰어 이르되 보라 그가 **도단**에 있도다

도달하다(到達, reach)
겔 11:16　여러 나라에 흩었으나 그들이 **도달**한

도당(徒黨, one of them)
마 26:73　너도 진실로 그 **도당**이라 네 말소리가
막 14:69　다시 이르되 이 사람은 그 **도당**이라
막 14:70　갈릴리 사람이니 참으로 그 **도당**이니라
눅 22:58　그 **도당**이라 하거늘 베드로가 이르되

도대(Dodai) 엘르아살의 아버지
삼하 23:9　**도대**의 아들 엘르아살이니 다윗과 함께
대상 27:4　아호아 사람 **도대**요 또 미글롯이 그의

도도(Dodo)
1. 사사 돌라의 조부
삿 10:1　**도도**의 손자 부아의 아들 돌라가 일어
2. 엘하난의 아버지
삼하 23:24　또 베들레헴 **도도**의 아들 엘하난과
대상 11:26　베들레헴 사람 **도도**의 아들 엘하난과
3. 엘르아살의 아버지
대상 11:12　**도도**의 아들 엘르아살이니 세 용사

도둑(thief)

창 31:39　**도둑**을 맞았든지 밤에 **도둑**을 맞았든지
출 22:2　**도둑**이 뚫고 들어오는 것을 보고 그를
출 22:3　피 흘린 죄가 있으리라 **도둑**은 반드시
출 22:7　이웃 집에서 **도둑**을 맞았는데 그 **도둑**
출 22:8　**도둑**이 잡히지 아니하면 그 집 주인이
출 22:12　자기에게서 **도둑** 맞았으면 그 임자
삼하 19:41　유다 사람들이 어찌 왕을 **도둑**하여 왕
대상 12:21　무리가 다윗을 도와 **도둑** 떼를 쳤으니
욥 24:14　가난한 자를 죽이고 밤에는 **도둑**같이
욥 30:5　그들에게 소리를 지름으로 **도둑**같이
시 50:18　**도둑**을 본즉 그와 연합하고 간음하는
잠 6:30　**도둑**이 만일 주릴 때에 배를 채우려
잠 29:24　**도둑**과 짝하는 자는 자기의 영혼을 미워
사 1:23　고관들은 패역하여 **도둑**과 짝하며 다
사 42:22　이 백성이 **도둑** 맞으며 탈취를 당하며

렘 2:26　**도둑**이 붙들리면 수치를 당함같이
렘 7:11　너희 눈에는 **도둑**의 소굴로 보이느냐
렘 48:27　그가 **도둑** 가운데에서 발견되었느냐
렘 49:9　밤에 **도둑**이 오면 그 욕심이 차기까지
욜 2:9　달리며 집에 기어 오르며 **도둑**같이
옵 1:5　혹시 **도둑**이 네게 이르렀으며 강도가
슥 5:4　이것을 보냈나니 **도둑**의 집에도 들어
마 6:19　좀과 동록이 해하며 **도둑**이 구멍을 뚫고
마 6:20　좀이나 동록이 해하지 못하며 **도둑**이
마 24:43　만일 집 주인이 **도둑**이 어느 시각에 올
눅 12:33　거기는 **도둑**도 가까이 하는 일이 없고
눅 12:39　집 주인이 만일 **도둑**이 어느 때에 이를
요 10:10　**도둑**이 오는 것은 도둑질하고 죽이고
요 12:6　그는 **도둑**이라 돈궤를 맡고 거기 넣는
살전 5:2　주의 날이 밤에 **도둑**같이 이를 줄을
살전 5:4　**도둑**같이 너희에게 임하지 못하리니
벧후 3:10　그러나 주의 날이 **도둑**같이 오리니 그
계 3:3　만일 일깨지 아니하면 내가 **도둑**같이
계 16:15　보라 내가 **도둑**같이 오리니 누구든지

도둑질/-하다(theft)
창 30:33　검지 아니한 것이 있거든 다 **도둑질**한
창 31:19　그의 아버지의 드라빔을 **도둑질**하고
창 31:30　어찌 내 신을 **도둑질**하였느냐
창 31:32　야곱은 라헬이 그것을 **도둑질**한 줄을
창 44:8　주인의 집에서 은 금을 **도둑질**하리이까
출 20:15　**도둑질**하지 말라
출 22:1　사람이 소나 양을 **도둑질**하여 잡거나
출 22:3　몸을 팔아 그 **도둑질**한 것을 배상할
출 22:4　**도둑질**한 것이 살아 그의 손에 있으면
레 6:2　전당물을 속이거나 **도둑질**하거나
레 19:11　너희는 **도둑질**하지 말며 속이지 말며
신 5:19　**도둑질**하지 말지니라
수 7:11　바친 물건을 가져가고 **도둑질**하며
잠 6:30　주릴 때에 배를 채우려고 **도둑질**하면
잠 9:17　**도둑질**한 물이 달고 몰래 먹는 떡이
잠 28:24　부모의 물건을 **도둑질**하고서도 죄가
잠 30:9　내가 가난하여 **도둑질**하고 내 하나님의
렘 7:9　너희가 **도둑질**하며 살인하며 간음하며
렘 23:30　보라 서로 내 말을 **도둑질**하는 선지자들
호 4:2　저주와 속임과 살인과 **도둑질**과 간음
호 7:1　안으로 들어가 **도둑질**하고 밖으로
슥 5:3　온 땅 위에 내리는 저주라 **도둑질**하는

[**도랑**]   [**도리**]

말 3:8	하나님의 것을 **도둑질하겠느냐** 그러나 너희는 나의 것을 **도둑질하고도** … 주의 것을 **도둑질하였나이까** 하는도다
말 3:9	나라가 나의 것을 **도둑질하였으므로**
마 6:19	도둑이 구멍을 뚫고 **도둑질하느니라**
마 6:20	뚫지도 못하고 **도둑질도** 못하느니라
마 15:19	살인과 간음과 음란과 **도둑질과** 거짓
마 19:18	간음하지 말라, **도둑질하지** 말라,
마 27:64	그의 제자들이 와서 시체를 **도둑질하여**
마 28:13	우리가 잘 때에 그를 **도둑질하여** 갔다
막 7:21	악한 생각 곧 음란과 **도둑질과** 살인과
막 10:19	간음하지 말라, **도둑질하지** 말라, 거짓
눅 18:20	살인하지 말라, **도둑질하지** 말라, 거짓
요 10:10	도둑이 오는 것은 **도둑질하고** 죽이고
행 19:37	물건을 **도둑질하지도** 아니하였고
롬 2:21	자신은 가르치지 아니하느냐 **도둑질하지** 말라 선포하는 네가 **도둑질하느냐**
롬 2:22	여기는 네가 신전 물건을 **도둑질하느냐**
롬 13:9	살인하지 말라, **도둑질하지** 말라,
엡 4:28	**도둑질하는** 자는 다시 **도둑질하지** 말고
벧전 4:15	너희 중에 누구든지 살인이나 **도둑질**
계 9:21	살인과 복술과 음행과 **도둑질을** 회개하

도랑(trench)
왕상 18:32	곡식 종자 두 세아를 둘 만한 **도랑을**
왕상 18:35	두루 흐르고 **도랑에도** 물이 가득 찼더라
왕상 18:38	돌과 흙을 태우고 또 **도랑의** 물을 핥은

도랑물(streams of water)
| 잠 5:16 | **도랑물을** 거리로 흘러가게 하겠느냐 |

도량법(度量法, dimension)
| 욥 38:5 | 누가 그것의 **도량법을** 정하였는지, 누가 |

도로 1 (道路, road)
| 애 1:4 | 시온의 **도로들이** 슬퍼함이여 절기를 |

도로 2 (again)
창 38:19	너울을 벗고 과부의 의복을 **도로** 입으
창 38:29	손을 **도로** 들이며 그의 아우가 나오는
창 42:25	돈을 각 사람의 자루에 **도로** 넣게 하고
창 42:28	내 돈을 **도로** 넣었도다 보라 자루 속에

레 25:51	속량하는 값을 그 사람에게 **도로** 주고
민 17:10	아론의 지팡이는 증거궤 앞으로 **도로**
신 28:31	네 목전에서 빼앗겨도 **도로** 찾지 못할
수 4:18	요단 물이 본곳으로 **도로** 흘러서 전과
삼상 7:14	블레셋 사람들의 손에서 **도로** 찾았고
잠 26:11	개가 그 토한 것을 **도로** 먹는 것같이
전 3:22	무엇인지를 보게 하려고 그를 **도로** 데리
전 11:1	물 위에 던져라 여러 날 후에 **도로** 찾으
호 6:1	여호와께서 우리를 찢으셨으나 **도로**
마 26:52	칼을 **도로** 칼집에 꽂으라 칼을 가지는
눅 6:38	그 헤아림으로 너희도 헤아림을 **도로**
히 11:19	그를 죽은 자 가운데서 **도로** 받은 것이
벧후 2:22	더러운 구덩이에 **도로** 누웠다 하는 말이

도로 2 – 기타 본문
창 43:12, 21; 44:17, 24; 레 25:52; 삿 11:26; 17:3, 4; 삼상 6:21; 30:8, 18, 19, 22; 삼하 9:7; 15:25, 29; 19:10, 11, 12; 왕상 14:28; 22:3; 왕하 5:15; 대하 12:11; 느 5:8; 욥 20:10, 15; 시 68:22; 사 49:24; 겔 33:15; 46:9; 호 2:9; 마 27:3, 31; 막 15:20; 눅 9:42; 12:20; 14:12; 23:11, 15

도륙하다(屠戮, kill, slaughter)
에 3:13	여인들을 막론하고 죽이고 **도륙하고**
에 7:4	민족이 팔려서 죽임과 **도륙함과** 진멸
에 8:11	그들의 처자를 죽이고 **도륙하고** 진멸
에 9:5	대적들을 쳐서 **도륙하고** 진멸하고 자기
에 9:11	그 날에 도성 수산에서 **도륙한** 자의
에 9:15	삼백 명을 수산에서 **도륙하되** 그들의
에 9:16	미워하는 자 칠만 오천 명을 **도륙하되**
사 14:21	그의 자손 **도륙하기를** 준비하여 그들이
애 2:21	여기지 아니하시고 **도륙하셨나이다**

도르가(Dorcas) **욥바에 사는 여제자**
| 행 9:36 | 이름을 번역하면 **도르가**라 선행과 구제 |
| 행 9:39 | **도르가가** 그들과 함께 있을 때에 지은 |

도리(道理, learning, custom)
창 19:31	온 세상의 **도리를** 따라 우리의 배필 될
욥 21:14	우리가 주의 **도리** 알기를 바라지 아니
욥 24:13	그들은 빛의 **도리를** 알지 못하며 그 길에
잠 4:2	내가 선한 **도리를** 너희에게 전하노니

587

【 도리깨 】

히 10:23 믿는 도리의 소망을 움직이지 말며 굳게

도리깨(sledge)
욥 41:30 진흙 바다에 도리깨로 친 자국을 남기
사 28:27 소회향은 도리깨로 떨지 아니하며

도리어(but, instead)
창 49:19 갓은 군대의 추격을 받으나 도리어
창 49:24 요셉의 활은 도리어 굳세며 그의 팔은
출 34:13 너희는 도리어 그들의 제단들을 헐고
레 7:18 예물답게 되지 못하고 도리어 가증한
삿 20:14 도리어 성읍들로부터 기브아에 모이고
대하 28:20 아니하고 도리어 그를 공격하였더라
스 9:15 오늘날과 같사옵거늘 도리어 주께
느 5:16 도리어 이 성벽 공사에 힘을 다하며
느 13:2 영접하지 아니하고 도리어 발람에게
에 9:1 유다인이 도리어 자기들을 미워하는
욥 23:6 아니로다 도리어 내 말을 들으시리라
시 69:10 금식하였더니 그것이 도리어 나의 욕이
시 109:4 사랑하나 그들은 도리어 나를 대적하니
잠 1:25 도리어 나의 모든 교훈을 멸시하며 나의
잠 9:7 도리어 능욕을 받고 … 도리어 흠이
잠 26:27 굴리는 자는 도리어 그것에 치이리라
잠 27:14 축복하면 도리어 저주같이 여기게
사 5:7 도리어 포학이요 … 도리어 부르짖음
겔 16:34 네가 값을 받지 아니하고 도리어 값을
단 2:44 도리어 이 모든 나라를 쳐서 멸망시키고
단 5:23 도리어 자신을… 찬양하고 도리어 왕의
단 11:14 그들이 도리어 걸려 넘어지리라
학 1:9 많은 것을 바랐으나 도리어 적었고
마 16:23 생각하지 아니하고 도리어 사람의 일을
마 20:28 도리어 섬기려 하고 자기 목숨을 많은
마 27:24 빌라도가 아무 성과도 없이 도리어 민란
막 5:26 효험이 없고 도리어 더 중하여졌던 차에
막 6:52 떡 떼시던 일을 깨닫지 못하고 도리어
막 8:33 도리어 사람의 일을 생각하는도다
막 10:45 받으려 함이 아니라 도리어 섬기려
막 15:11 무리를 충동하여 도리어 바라바를 놓아
눅 17:8 도리어 그더러 내 먹을 것을 준비하고
눅 12:51 아니라 도리어 분쟁하게 하려 함이로라
눅 21:13 이 일이 도리어 너희에게 증거가 되리라
요 3:36 영생을 보지 못하고 도리어 하나님의
요 10:5 따르지 아니하고 도리어 도망하느니라

요 15:19 도리어 내가 너희를 세상에서 택하였기
요 16:6 도리어 내가 이 말을 하므로 너희
요 16:20 너희 근심이 도리어 기쁨이 되리라
행 3:14 의로운 이를 거부하고 도리어 살인한
행 5:39 무너뜨릴 수 없겠고 도리어 하나님을
행 7:39 그 마음이 도리어 애굽으로 향하여
롬 3:31 없느니라 도리어 율법을 굳게 세우느니
롬 7:10 계명이 내게 대하여 도리어 사망에
롬 7:15 아니하고 도리어 미워하는 것을 행함이
롬 7:19 도리어 원하지 아니하는 바 악을 행하는
롬 11:20 높은 마음을 품지 말고 도리어 두려워
롬 12:16 높은 데 마음을 두지 말고 도리어 낮은
롬 14:13 서로 비판하지 말고 도리어 부딪칠 것이
고전 9:21 율법 없는 자가 아니요 도리어 그리스도
고전 9:27 남에게 전파한 후에 자신이 도리어 버림
고전 11:17 너희의 모임이 유익이 못되고 도리어
고전 12:22 보이는 몸의 지체가 도리어 요긴하고
고후 2:3 나를 기쁘게 할 자로부터 도리어 근심을
고후 7:9 근심하게 한 까닭이 아니요 도리어 너희
고후 12:9 하신지라 그러므로 도리어 크게 기뻐함
고후 13:3 않고 도리어 너희 안에서 강하시니라
갈 2:7 도리어 그들은 내가 무할례자에게 복음
엡 5:11 일에 참여하지 말고 도리어 책망하라
빌 1:12 형제들아 내가 당한 일이 도리어 복음
살전 2:7 권위를 주장할 수 있으나 도리어 너희
딤전 1:4 하나님의 경륜을 이룸보다 도리어 변론
딤전 1:13 폭행자였으나 도리어 긍휼을 입은 것은
딤후 2:14 이는 유익이 하나도 없고 도리어 듣는
몬 1:9 도리어 사랑으로써 간구하노라 나이가
히 11:25 도리어 하나님의 백성과 함께 고난 받기
약 2:6 도리어 가난한 자를 업신여겼도다
약 4:15 너희가 도리어 말하기를 주의 뜻이면
벧전 3:9 도리어 복을 빌라 이를 위하여 너희
벧전 4:16 부끄러워하지 말고 도리어 그 이름으로
벧후 2:21 알지 못하는 것이 도리어 그들에게
유 1:4 하나님의 은혜를 도리어 방탕한 것으로
계 20:6 다스리는 권세가 없고 도리어 그들이

도마(Thomas) 예수님의 12제자 중 하나

마 10:3 빌립과 바돌로매, 도마와 세리 마태, 알패오의 아들 야고보와 다대오,

【 도마뱀 】　　　　　　　　　　　　【 도망하다 】

막 3:18	마태와 **도마**와 알패오의 아들 야고보와	민 16:34	부르짖음을 듣고 **도망하며** 이르되 땅이
눅 6:15	**도마**와 알패오의 아들 야고보와 셀롯	민 21:29	그의 아들들을 **도망하게** 하였고 그의
요 11:16	디두모라고도 하는 **도마**가 다른 제자	신 23:15	그의 주인을 피하여 네게로 **도망하거든**
요 14:5	**도마**가 이르되 주여 주께서 어디로 가시	신 28:7	네 앞에서 일곱 길로 **도망하리라**
요 20:24	디두모라 불리는 **도마**는 예수께로 오셨	신 32:30	하나가 천을 쫓으며 둘이 만을 **도망하게**
요 20:25	**도마**가 이르되 내가 그의 손의 못 자국	수 7:4	올라갔다가 아이 사람 앞에서 **도망하니**
요 20:26	다시 집 안에 있을 때에 **도마**도 함께	수 8:5	할 때에 우리가 그들 앞에서 **도망하면**
요 20:27	**도마**에게 이르시되 네 손가락을 이리	수 8:22	쳐 죽여서 한 사람도 남겨나 **도망하지**
요 20:28	**도마**가 대답하여 이르되 나의 주님이	수 10:11	이스라엘 앞에서 **도망하여** 벧호론의
요 21:2	디두모라 하는 **도마**와 갈릴리 가나 사람	수 20:3	사람을 죽인 자를 그리로 **도망하게**
행 1:13	안드레와 빌립, **도마**와 바돌로매, 마태	삿 1:6	베섹이 **도망하는지라** 그를 쫓아가서
		삿 3:26	뜨는 곳을 지나 스이라로 **도망하니라**
도마뱀(lizard)		삿 3:29	모두 용사라 한 사람도 **도망하지** 못하
레 11:29	곧 두더지와 쥐와 큰 **도마뱀** 종류와	삿 4:15	병거에서 내려 걸어서 **도망한지라**
레 11:30	**도마뱀**과 사막 **도마뱀**과 카멜레온이라	삿 7:21	뛰고 부르짖으며 **도망하였는데**
잠 30:28	손에 잡힐 만하여도 왕궁에 있는 **도마뱀**	삿 8:12	세바와 살문나가 **도망하는지라** 기드온
		삿 9:21	아비멜렉 앞에서 **도망하여** 피해서
도마뱀붙이(gecko)		삿 9:40	그를 추격하니 그 앞에서 **도망하였고**
레 11:30	**도마뱀붙이**와 육지 악어와 도마뱀과	삿 9:51	남녀가 모두 그리로 **도망하여** 들어가서
		삿 12:4	에브라임에서 **도망한** 자로서 에브라임
도말하다(塗抹, blot out)		삿 20:45	그들이 몸을 돌려 광야로 **도망하였으나**
느 4:5	죄를 **도말하지** 마옵소서 그들이 건축	삿 20:47	육백 명이 돌이켜 광야로 **도망하여** 림몬
느 13:14	내가 행한 선한 일을 **도말하지** 마옵소서	삿 21:17	베냐민 중 **도망하여** 살아 남은 자에게
사 43:25	허물을 **도말하는** 자니 네 죄를 기억하지	삼상 4:10	패하여 각기 장막으로 **도망하였고** 살륙
		삼상 14:22	블레셋 사람들이 **도망함**을 듣고 싸우러
도망치다(逃亡, fugitive)		삼상 17:51	자기 용사의 죽음을 보고 **도망하는지라**
렘 44:14	돌아올 자가 없을 것이라 **도망치는** 자	삼상 19:8	죽이매 그들이 그 앞에서 **도망하니라**
		삼상 19:12	달아 내리매 그가 피하여 **도망하니라**
도망하다(逃亡, flee, run)		삼상 20:1	다윗이 라마 나욧에서 **도망하여** 요나단
[모세오경, 역사서]		삼상 21:10	사울을 두려워하여 일어나 **도망하여**
창 14:10	빠지고 그 나머지는 산으로 **도망하매**	삼상 22:1	그 곳을 떠나 아둘람 굴로 **도망하매**
창 14:13	**도망한** 자가 와서 히브리 사람 아브람	삼상 22:17	다윗이 **도망한** 것을 알고도 내게 알리지
창 16:8	여주인 사래를 피하여 **도망하나이다**	삼상 22:20	아비아달이라 그가 **도망하여** 다윗에게
창 19:19	내가 **도망하여** 산에까지 갈 수 없나이다	삼상 23:6	다윗에게로 **도망할** 때에 손에 에봇을
창 31:21	강을 건너 길르앗 산을 향하여 **도망한**	삼상 27:4	다윗이 가드에 **도망한** 것을 어떤 사람
창 35:1	에서의 낯을 피하여 **도망하던** 때에 네게	삼상 30:17	그들을 치매 낙타를 타고 **도망한** 소년
창 39:13	옷을 자기 손에 버려두고 **도망하여** 나감	삼상 31:1	블레셋 사람들 앞에서 **도망하여** 길보아
출 14:5	백성이 **도망한** 사실이 애굽 왕에게 알려	삼하 1:3	이스라엘 진영에서 **도망하여** 왔나이다
출 21:13	정하리니 그 사람이 그리로 **도망할** 것이	삼하 1:4	전쟁 중에 **도망하기도** 하였고 무리 가운
출 23:27	모든 원수들이 네게 등을 돌려 **도망하게**	삼하 4:3	브에롯 사람들이 깃다임으로 **도망하여**
레 26:17	너희는 쫓는 자가 없어도 **도망하리라**	삼하 4:4	유모가 안고 **도망할** 때 급히 **도망하다가**
레 26:36	**도망하기**를 칼을 피하여 **도망하듯**	삼하 4:6	그의 배를 찌르고 **도망하였더라**
민 10:35	주를 미워하는 자가 주 앞에서 **도망하**	삼하 10:13	나아가니 그들이 그 앞에서 **도망하고**

【 도망하다 】 　　【 도망하다 】

삼하 10:18 사람이 이스라엘 앞에서 **도망한지라**
삼하 13:29 일어나 각기 노새를 타고 **도망하니라**
삼하 13:34 압살롬은 **도망하니라** 파수하는 청년
삼하 13:37 압살롬은 **도망하여** 그술 왕 암미훌의
삼하 15:14 신하들에게 이르되 일어나 **도망하자**
삼하 17:2 모든 백성이 **도망하리니** 내가 다윗 왕만
삼하 18:3 우리가 **도망할지라도** 그들은 우리에
삼하 19:3 부끄러워 **도망함**같이 가만히 성읍으로
삼하 23:11 블레셋 사람들 앞에서 **도망하되**
삼하 24:13 석 달 동안 그들 앞에서 **도망하실** 것이
왕상 2:7 압살롬의 낯을 피하여 **도망할** 때에 그들
왕상 2:28 여호와의 장막으로 **도망하여** 제단 뿔을
왕상 2:39 마아가의 아들 아기스에게로 **도망하여**
왕상 11:17 에돔 사람 몇몇과 함께 **도망하여** 애굽
왕상 11:23 소바 왕 하닷에셀에게서 **도망한** 자라
왕상 11:40 여로보암이 일어나 애굽으로 **도망하여**
왕상 12:18 올라 예루살렘으로 **도망하였더라**
왕상 18:40 잡되 그들 중 하나도 **도망하지** 못하게
왕상 19:3 자기의 생명을 위해 **도망하여** 유다에
왕상 20:20 **도망하는지라** … 더불어 **도망하여**
왕하 3:24 모압 사람을 쳐서 그들 앞에서 **도망하게**
왕하 7:7 일어나서 **도망하되** … **도망하였음이라**
왕하 7:15 아람 사람이 급히 **도망하느라고** 버린
왕하 9:3 문을 열고 **도망하되** 지체하지 말지니라
왕하 9:23 곧 손을 돌이켜 **도망하며** 아하시야
왕하 9:27 정원의 정자 길로 **도망하니** 예후가 그
왕하 14:19 라기스로 **도망하였더니** 반역한 무리
왕하 19:37 아라랏 땅으로 그들이 **도망하매** 그 아들
왕하 25:4 왕의 동산 곁문 길로 **도망하여** 갈대아인
대상 12:15 모든 자에게 동서로 **도망하게** 하였더라
대상 19:18 사람이 이스라엘 앞에서 **도망한지라**
대하 10:2 피하여 애굽으로 **도망하여** 있었더니
대하 14:12 앞에서 치시니 구스 사람들이 **도망하는**
대하 25:22 패하여 각기 장막으로 **도망한지라**
느 6:11 같은 자가 어찌 **도망하며** 나 같은 몸이
느 13:10 자들이 각각 자기 밭으로 **도망하였기로**

시가서 – 신약

욥 11:20 악한 자들은 눈이 어두워서 **도망할** 곳을
욥 27:22 버릴 것이니 그의 손에서 **도망치려고**
시 11:1 같이 네 산으로 **도망하라** 함은 어찌함
시 68:1 자들은 주 앞에서 **도망하리이다**
시 68:12 여러 군대의 왕들이 **도망하고 도망하니**
시 104:7 주께서 꾸짖으시니 물은 **도망하며** 주의

시 114:3 바다가 보고 **도망하며** 요단은 물러갔
잠 28:1 악인은 쫓아오는 자가 없어도 **도망하나**
사 10:3 누구에게로 **도망하여** 도움을 구하겠으
사 10:29 떨고 사울의 기브아는 **도망하도다**
사 13:14 돌아가며 각기 본향으로 **도망할** 것이나
사 16:3 쫓겨난 자들을 숨기며 **도망한** 자들을
사 17:13 그들이 멀리 **도망함**이 산에서 겨가 바람
사 21:15 전쟁의 어려움에서 **도망하였음이니라**
사 22:3 멀리 **도망한** 자들도 발견되어 다 함께
사 24:18 두려운 소리로 말미암아 **도망하는** 자는
사 30:16 **도망하리라** … 너희가 **도망할** 것이요
사 30:17 천 사람이 **도망하겠고** … 다 **도망하고**
사 31:8 그는 칼 앞에서 **도망할** 것이요 그의
사 33:3 민족들이 **도망하며** 주께서 일어나심
사 43:14 연락하던 배를 타고 **도망하여** 내려가게
사 52:12 황급히 나오지 아니하며 **도망하듯** 다니
렘 4:29 모든 성읍 사람들이 **도망하여** 수풀에
렘 9:10 공중의 새도 짐승도 다 **도망하여** 없어
렘 25:35 목자들은 **도망할** 수 없겠고 양 떼의
렘 26:21 말을 듣고 두려워 애굽으로 **도망하여**
렘 39:4 모든 군사가 그들을 보고 **도망하되** 밤에
렘 46:5 용사는 패하여 황급히 **도망하며** 뒤를
렘 46:6 발이 빠른 자도 **도망하지** 못하며 용사도
렘 46:21 수송아지 같아서 돌이켜 함께 **도망하고**
렘 48:6 **도망하여** 네 생명을 구원하여 광야의
렘 48:19 길 곁에 서서 지키며 **도망하는** 자와
렘 48:44 두려움에서 **도망하는** 자는 함정에 떨어
렘 48:45 **도망하는** 자들이 기진하여 헤스본 그늘
렘 49:5 쫓겨 나갈 것이요 **도망하는** 자들을 모을
렘 49:8 드단 주민아 돌이켜 **도망할지어다** 깊은
렘 49:30 하솔 주민아 **도망하라** 멀리 가서 깊은
렘 50:3 것임이라 사람이나 짐승이 다 **도망할**
렘 50:8 바벨론 가운데에서 **도망하라** 갈대아
렘 50:16 돌아가며 고향으로 **도망하리라**
렘 52:7 왕의 동산 곁문 길로 **도망하여** 갈대아인
애 4:15 그들이 **도망하여** 방황할 때에 이방인
겔 7:16 **도망하는** 자는 산 위로 피하여 다 각기
겔 17:21 모든 군대에서 **도망한** 자들은 다 칼에
겔 33:21 날에 예루살렘에서부터 **도망하여**
겔 33:22 그 **도망한** 자가 내게 나아오기 전날
단 10:7 못하였어도 그들이 크게 떨며 **도망하여**
호 12:12 아람의 들로 **도망하였으며** 이스라엘
암 2:14 달음박질하는 자도 **도망할** 수 없으며

【 도모/-하다 】　　　　　　　　　　　　　　　　　　　　　　　　　【 도비야 1 】

암 2:16	날에는 벌거벗고 **도망하리라** 여호와	슥 8:17	마음에 서로 해하기를 **도모하지** 말며
암 7:12	선견자야 너는 유다 땅으로 **도망하여**	롬 1:30	악을 **도모하는** 자요 부모를 거역하는
암 9:1	그 중에서 한 사람도 **도망하지** 못하며	롬 12:17	모든 사람 앞에서 선한 일을 **도모하라**
옵 1:14	네거리에 서서 그 **도망하는** 자를 막지	롬 13:14	정욕을 위하여 육신의 일을 **도모하지**
욘 1:3	다시스로 **도망하려** 하여 욥바로 내려		
나 2:8	모두 **도망하니** 서라 서라 하나 돌아보는	**도무지**(not, never)	
나 3:7	너를 보는 자가 다 네게서 **도망하며**	렘 42:21	여호와의 목소리를 **도무지** 순종하지
슥 14:5	**도망하되** ··· 피하여 **도망하던** 것같이	미 1:10	가드에 알리지 말며 **도무지** 울지 말지
마 24:16	있는 자들은 산으로 **도망할지어다**		
마 24:20	너희가 **도망하는** 일이 겨울에나 안식일	📖 **도무지 - 기타 본문**	
마 26:56	제자들이 다 예수를 버리고 **도망하니라**	합 2:19; 마 5:34; 7:23; 막 2:12; 요 4:48; 행 4:18;	
막 5:14	치던 자들이 **도망하여** 읍내와 여러	13:41; 25:8; 28:26; 고전 5:10; 15:29; 살후 3:11;	
막 14:52	버리고 벗은 몸으로 **도망하니라**	계 21:25	
막 16:8	몹시 놀라 떨며 나와 무덤에서 **도망하고**		
눅 8:34	이루어진 일을 보고 **도망하여** 성내와	**도바도니야**(Tob-Adonijah) 여호사밧 때 사람	
요 10:5	따르지 아니하고 도리어 **도망하느니라**	대하 17:8 도비야와 **도바도니야** 등 레위 사람들	
행 14:6	그들이 알고 **도망하여** 루가오니아의		
행 16:27	죄수들이 **도망한** 줄 생각하고 칼을 빼어	**도백**(道伯, governor)	
행 19:16	벗은 몸으로 그 집에서 **도망하는지라**	렘 51:23	**도백**과 태수들을 분쇄하도록 하리로다
행 27:30	사공들이 **도망하고자** 하여 이물에서	렘 51:28	사람의 왕들과 그 **도백**들과 그 모든
행 27:42	군인들은 죄수가 헤엄쳐서 **도망할까**	렘 51:57	지혜 있는 자들과 **도백**들과 태수들과
계 12:6	여자가 광야로 **도망하매** 거기서 천이백		
		도벨(Tophel) 광야 여정 중 이스라엘이 진 친 곳	
📖 **도망하다 - 기타 본문**		신 1:1	맞은편의 아라바 광야 곧 바란과 **도벨**과
창 16:6; 19:17, 20, 22; 31:22, 27; 39:15, 18; 출			
14:25, 27; 신 28:25; 수 8:6, 15, 20; 10:16; 20:6,		**도벳**(Topheth) 몰렉 제사를 드린 제단 이름	
9; 삿 4:17; 7:22; 12:5; 20:32; 삼상 4:16, 17;		왕하 23:10 힌놈의 아들 골짜기의 **도벳**을 더럽게	
17:24; 31:7; 삼하 10:14; 13:38; 18:17; 19:8; 왕		사 30:33	**도벳**은 이미 세워졌고 또 왕을 위하여
상 2:29; 12:2; 20:30; 왕하 8:21; 9:10, 15; 10:24;		렘 7:31	힌놈의 아들 골짜기에 **도벳** 사당을 건축
14:12; 대상 10:1, 7; 11:13; 19:14, 15; 대하		렘 7:32	곳을 **도벳**이라 ··· 이는 **도벳**에 자리
10:18; 13:16; 25:27; 시 114:5; 사 10:31; 37:38;		렘 19:6	곳을 **도벳**이나 힌놈의 아들들의 골짜기라
렘 51:6; 욘 4:2; 막 13:14; 14:50; 눅 21:21		렘 19:11	이 성읍을 무너뜨리리니 **도벳**에 매장할
		렘 19:12	이같이 행하여 이 성읍으로 **도벳** 같게
도모/-하다(圖謀, plan, plot, think about)		렘 19:13	더러워졌은즉 **도벳** 땅처럼 되리라
레 19:16	이웃의 피를 흘려 이익을 **도모하지** 말라	렘 19:14	예언하게 하신 **도벳**에서 돌아와 여호
왕상 20:7	악을 **도모하고** 있는 줄을 자세히 알라		
에 10:3	그의 백성의 이익을 **도모하며** 그의 모든	**도보**(徒步, on foot)	
잠 12:5	의인의 생각은 정직하여도 악인의 **도모**	민 20:19	우리가 **도보**로 지나갈 뿐인즉 아무 일도
잠 14:22	악을 **도모하는** 자는 ··· 선을 **도모하는**	막 6:33	모든 고을로부터 **도보**로 그 곳에 달려
잠 16:30	눈짓을 하는 자는 패역한 일을 **도모하며**		
잠 30:32	악한 일을 **도모하였거든** 네 손으로 입을	**도비야** 1(Tobiah)	
렘 48:2	해하려고 악을 **도모하고** 이르기를 와서	**1. 포로지에서 돌아온 도비야 자손의 조상**	
슥 7:10	서로 해하려고 마음에 **도모하지** 말라	스 2:60	들라야 자손과 **도비야** 자손과 느고다

【 도비야 2 】   【 도엑 】

느 7:62 들라야 자손과 **도비야** 자손과 느고다
2. 암몬 자손으로 성벽 건축을 반대한 사람

느 2:10 암몬 사람 **도비야**
느 2:19 암몬 사람 **도비야**
느 4:3   암몬 사람 **도비야**
느 4:7   산발랏과 **도비야**
느 6:1   산발랏과 **도비야**와 아라비아 사람 게셈
느 6:12 **도비야**와 산발랏에게 뇌물을 받고 내게
느 6:14 하나님이여 **도비야**와 산발랏과 여선지
느 6:17 **도비야**에게 편지하였고 **도비야**의 편지
느 6:18 **도비야**는 아라의 아들 스가냐의 사위
         가 되었고 **도비야**의 아들 여호하난도
느 6:19 그들이 **도비야**의 선행을 내 앞에 말하고
느 13:4 방을 맡은 제사장 엘리아십이 **도비야**
느 13:5 **도비야**를 위하여 한 큰 방을 만들었으니
느 13:7 엘리아십이 **도비야**를 위하여 하나님
느 13:8 근심하여 **도비야**의 세간을 그 방 밖으로

도비야 2(Tobijah)
1. 여호사밧 때 율법을 가르친 레위인
대하 17:8 **도비야**와 도바도니야 등 레위 사람들
2. 포로지에서 귀환한 사람
슥 6:10 헬대와 **도비야**와 여다야가 스바냐
슥 6:14 면류관은 헬렘과 **도비야**와 여다야와

도살자(屠殺者, slaughter)
행 8:32 **도살자**에게로 가는 양과 같이 끌려갔고

도살장(屠殺場, slaughter)
사 34:7 수소가 함께 **도살장**에 내려가니 그들
렘 51:40 어린 양과 숫양과 숫염소가 **도살장**으로

도살하다/도살당하다(屠殺, fall, sacrifice, slaughter)
시 44:22 죽임을 당하게 되며 **도살**할 양같이
사 57:5   바위틈에서 자녀를 **도살하는도다**
렘 11:19 끌려서 **도살당하러** 가는 순한 어린 양과
렘 25:34 너희가 **도살당할** 날과 흩음을 당하기 한
렘 50:27 그의 황소를 다 죽이라 그를 **도살하려**
롬 8:36   당하게 되며 **도살당할** 양같이 여김을

도성(都城, city)
창 36:32 에돔의 왕이 되었으니 그 **도성**의 이름

창 36:35 왕이 되었으니 그 **도성** 이름은 아윗이며
창 36:39 **도성** 이름은 바우며 그의 아내의 이름
민 21:26 헤스본은 아모리인의 왕 시혼의 **도성**
대상 1:43 브올의 아들 벨라니 그의 **도성** 이름은
대상 1:46 미디안을 친 자요 그 **도성** 이름은 아윗
대상 1:50 그의 **도성** 이름은 바이요 그의 아내의
에 1:5   이 날이 지나매 왕이 또 **도성** 수산에
에 2:3   아리따운 처녀를 다 **도성** 수산으로 모아
에 2:5   **도성** 수산에 한 유다인이 있으니 이름
에 2:8   처녀들이 **도성** 수산에 많이 모여 헤개의
에 3:15 조서가 **도성** 수산에도 반포되니 왕은
에 8:14 그 조서가 **도성** 수산에도 반포되니라
에 9:6   유다인이 또 **도성** 수산에서 오백 명을
에 9:11 날에 **도성** 수산에서 도륙한 자의 수효
에 9:15 유다인이 **도성** 수산에서 이미 오백 명을
단 4:30 나의 **도성**으로 삼고 이것으로 내 위엄
히 12:22 하나님의 **도성**인 하늘의 예루살렘과
히 13:14 우리가 여기에는 영구한 **도성**이 없으

도수장(屠獸場, slaughter)
잠 7:22 소가 **도수장**으로 가는 것 같고 미련한
사 53:7 마치 **도수장**으로 끌려가는 어린 양과

도시(都市, city, town)
창 11:8   흩으셨으므로 그들이 그 **도시**를 건설
창 13:12 그 지역의 **도시들**에 머무르며 그 장막을
욥 37:12 그는 감싸고 **도시**며 그들의 할 일을
마 9:35   예수께서 모든 **도시**와 마을에 두루 다니
막 6:56   지방이나 **도시**나 마을에서 병자를 시장
눅 8:27   육지에 내리시매 그 **도시** 사람으로서
눅 18:2   **도시**에 하나님을 두려워하지 않고 사람
눅 18:3   **도시**에 한 과부가 있어 자주 그에게
약 4:13   우리가 어떤 **도시**에 가서 거기서 일 년
유 1:7   소돔과 고모라와 그 이웃 **도시들**도 그들

도아(Toah) 엘리엘의 아버지
대상 6:34 아들이요 엘리엘은 **도아**의 아들이요
대상 6:35 **도아**는 숩의 아들이요 숩은 엘가나의

도엑(Doeg) 에돔 사람 사울의 목자장
삼상 21:7 그는 **도엑**이라 이름하는 에돔 사람이요
삼상 22:9 그 때에 에돔 사람 **도엑**이 사울의 신하
삼상 22:18 **도엑**에게 … 에돔 사람 **도엑**이 돌아가서

【 도와주다 】 【 도장 】

삼상 22:22 그 날에 에돔 사람 **도엑**이 거기 있기로

도와주다(help)
신 28:31 빼앗길 것이나 너를 **도와줄** 자가 없을
삿 12:3 나는 너희가 **도와주지** 아니하는 것을
왕하 15:19 그로 자기를 **도와주게** 함으로 나라를
대하 28:16 왕에게 사람을 보내어 **도와주기**를
스 1:4 밖의 물건과 짐승으로 **도와주고** 그 외에
욥 26:2 힘 없는 자를 참 잘도 **도와주는구나**
욥 29:12 부르짖는 빈민과 **도와줄** 자 없는 고아
욥 31:21 만일 나를 **도와주는** 자가 성문에 있음
시 20:2 성소에서 너를 **도와주시고** 시온에서
사 1:17 학대 받는 자를 **도와주며** 고아를 위하
사 41:10 굳세게 하리라 참으로 너를 **도와주리라**
사 44:2 너를 **도와줄** 여호와가 이같이 말하노라
사 50:4 나로 곤고한 자를 말로 어떻게 **도와줄**
사 63:5 본즉 **도와주는** 자도 없고 붙들어 주는
렘 26:24 아히감의 손이 예레미야를 **도와주어**
렘 47:4 두로와 시돈에 남아 있는 바 **도와줄**
겔 16:49 가난하고 궁핍한 자를 **도와주지** 아니
겔 17:17 무리로도 그 전쟁에 그를 **도와주지** 못하
단 10:13 하나인 미가엘이 와서 나를 **도와주므로**
단 11:6 자와 그 때에 **도와주던** 자가 다 버림
단 11:45 그의 종말이 이르리니 **도와줄** 자가
호 13:9 이는 너를 **도와주는** 나를 대적함이니라
막 9:22 우리를 불쌍히 여기사 **도와주옵소서**
막 9:24 나의 믿음 없는 것을 **도와주소서** 하더라
눅 10:40 그를 명하사 나를 **도와주라** 하소서
롬 16:2 그에게 소용되는 바를 **도와줄지니** 이는
딤전 5:16 과부 친척이 있거든 자기가 **도와주고**
요일 3:17 궁핍함을 보고도 **도와줄** 마음을 닫으면

도우(Tou) 하맛 왕
대상 18:9 왕 **도우**가 다윗이 소바 왕 하닷에셀
대상 18:10 하닷에셀이 벌써 **도우**와 맞서 여러

도움(help)
삼하 22:42 그들이 **도움**을 구해도 구원할 자가
욥 6:13 나의 **도움**이 내 속에 없지 아니하냐
욥 15:3 어찌 **도움**이 되지 아니하는 이야기,
욥 19:7 응답이 없고 **도움**을 간구하였으나 정의
욥 30:24 재앙을 당할 때에 어찌 **도움**을 부르짖지
욥 30:28 회중 가운데 서서 **도움**을 부르짖고 있노

욥 36:13 하나님이 속박할지라도 **도움**을 구하지
시 27:9 주는 나의 **도움**이 되셨나이다 나의 구원
시 28:7 내 마음이 그를 의지하여 **도움**을 얻었
시 33:20 바람이여 그는 우리의 **도움**과 방패시로
시 40:17 생각하시오니 주는 나의 **도움**이시요
시 46:1 힘이시니 환난 중에 만날 큰 **도움**이시라
시 63:7 주는 나의 **도움**이 되셨음이라 내가 주의
시 70:5 주는 나의 **도움**이시요 나를 건지시는
시 72:12 부르짖을 때에 건지며 **도움**이 없는 가난
시 76:5 모두 그들에게 **도움**을 줄 손을 만날
시 83:8 그들과 연합하여 롯 자손의 **도움**이
시 94:17 여호와께서 내게 **도움**이 되지 아니하셨
시 115:9 여호와를 의지하라 그는 너희의 **도움**
시 115:10 그는 너희의 **도움**이시요 너희의 방패
시 115:11 의지하여라 그는 너희의 **도움**이시요
시 119:173 주의 손이 항상 나의 **도움**이 되게 하소
시 121:1 눈을 들리라 나의 **도움**이 어디서 올까
시 121:2 나의 **도움**은 천지를 지으신 여호와에
시 124:8 우리의 **도움**은 천지를 지으신 여호와
시 146:5 야곱의 하나님을 자기의 **도움**으로 삼는
사 10:3 누구에게로 도망하여 **도움**을 구하겠으
사 20:6 달려가서 **도움**을 구하던 나라가 이같이
사 30:7 애굽의 **도움**은 헛되고 무익하니라
사 31:3 돕는 자도 넘어지며 **도움**을 받는 자도
애 3:8 부르짖어 **도움**을 구하나 내 기도를 물리
애 4:17 우리가 헛되이 **도움**을 바라므로 우리
단 11:34 그들이 몰락할 때에 **도움**을 조금 얻을
고후 1:16 너희에게 가서 너희의 **도움**으로 유대
엡 4:16 몸이 각 마디를 통하여 **도움**을 받음으로

도이(Tou) 하닷에셀과 싸웠던 하맛 왕
삼하 8:9 왕 **도이**가 다윗이 하닷에셀의 온 군대
삼하 8:10 **도이**가 ... 하닷에셀이 **도이**와 더불어

도장(圖章, seal)

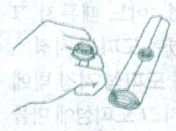

창 38:18 당신의 **도장**과 그 끈과 당신의 손에 있는
창 38:25 **도장**과 그 끈과 지팡이가 누구의 것이니이까
출 28:11 보석을 새기는 자가 **도장**에 새김같이
출 28:21 열두 지파의 한 이름씩 **도장**을 새기는
출 28:36 순금으로 패를 만들어 **도장**을 새기는
출 39:6 호마노를 깎아 금테에 물려 **도장**을

[도적]   [독 1]

출 39:14　열둘이라 **도장**을 새김같이 그 열두
출 39:30　거룩한 패를 만들고 **도장**을 새김같이
아 8:6　나를 **도장**같이 마음에 품고 **도장**같이
겔 28:12　너는 완전한 **도장**이었고 지혜가 충족
단 6:8　조서에 왕의 **도장**을 찍어 메대와 바사의
단 6:9　이에 다리오 왕이 조서에 왕의 **도장**을
단 6:10　다니엘이 이 조서에 왕의 **도장**이 찍힌
단 6:12　금령에 왕의 **도장**을 찍어서 이제부터
단 6:13　다니엘이 왕과 왕의 **도장**이 찍힌 금령
단 6:17　왕이 그의 **도장**과 귀족들의 **도장**으로

도적(盜賊, raider, thief)
왕하 13:20　해가 바뀌매 모압 **도적** 떼들이 그 땅에
왕하 13:21　장사하는 자들이 그 **도적** 떼를 보고 그
고전 6:10　**도적**이나 탐욕을 부리는 자나 술 취하는

도주하다(逃走, escape, flee)
렘 25:35　떼의 인도자들은 **도주**할 수 없으리로다
행 7:29　모세가 이 말 때문에 **도주**하여 미디안

도중(途中, on the way)
창 48:7　라헬이 나를 따르는 **도중** 가나안 땅에
왕하 10:12　사마리아로 가더니 **도중**에 목자가 양털

도착하다(到着, go)
삼상 19:22　세구에 있는 큰 우물에 **도착**하여 물어

도피성(逃避城, refuge of city, place of refuge)

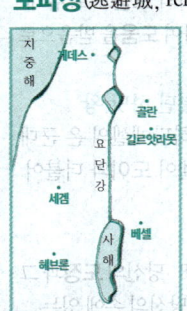

민 35:6　피하게 할 **도피성**
민 35:11　성읍을 **도피성**으
민 35:13　여섯을 **도피성**
민 35:14　땅에 두어 **도피성**
민 35:15　이스라엘 중에 거류하는 자의 **도피성**이
민 35:25　피하였던 **도피성**
민 35:26　어느 때든지 그 피하였던 **도피성** 지경
민 35:27　피를 복수하는 자가 **도피성** 지경 밖에
민 35:28　대제사장이 죽기까지 그 **도피성**에 머물
민 35:32　**도피성**에 피한 자는 대제사장이 죽기
수 20:2　모세를 통하여 너희에게 말한 **도피성**
수 21:13　살인자의 **도피성** 헤브론과 그 목초지
수 21:21　살인자의 **도피성** 에브라임 산지 세겜
수 21:27　살인자의 **도피성** 바산 골란과 그 목초지
수 21:32　납달리 지파 중에서는 살인자의 **도피성**
수 21:38　지파 중에서 준 것은 살인자의 **도피성**
대상 6:57　아론 자손에게 **도피성**을 주었으니
대상 6:67　그들에게 **도피성**을 주었으니 에브라임

도피하다(逃避, flee)
민 35:12　복수할 자에게서 **도피하는** 성을 삼아
신 4:42　살인한 자가 그 곳으로 **도피하게** 하기 위함이며 그 중 한 성읍으로 **도피한**
신 19:3　모든 살인자를 그 성읍으로 **도피하게**
신 19:4　살인자가 그리로 **도피하여** 살 만한 경우
신 19:5　성읍 중 하나로 **도피하여** 생명을 보존
신 19:11　죽게 하고 이 한 성읍으로 **도피하면**
수 20:4　이 성읍들 중의 하나에 **도피하는** 자는
삼상 19:10　벽에 박힌지라 다윗이 그 밤에 **도피하매**
삼상 19:18　다윗이 **도피하여** 라마로 가서 사무엘
사 15:9　모압에 **도피한** 자와 그 땅에 남은 자에
사 21:14　떡을 가지고 **도피하는** 자를 영접하라
사 66:19　그들 가운데에서 **도피한** 자를 여러 나라
렘 4:6　깃발을 세우라, **도피하라**, 지체하지
렘 50:28　바벨론 땅에서 **도피한** 자의 소리여 시온
겔 24:26　곧 그 날에 **도피한** 자가 네게 나와서
겔 24:27　날에 네 입이 열려서 **도피한** 자에게
슥 2:6　너희는 북방 땅에서 **도피할지어다**

도합(都合, in all, altogether)
민 31:35　사내를 알지 못하는 여자가 **도합** 삼만

도합 → 기타 본문
민 31:52; 왕상 8:65; 렘 52:23

도후(Tohu) 사무엘의 조상
삼상 1:1　엘리후의 손자요 **도후**의 증손이요 숩의

독 1(毒, venom, deadly)
신 32:32　포도는 **독**이 든 포도이니 그 송이
신 32:33　포도주는 뱀의 **독**이요 독사의 맹독이라
왕하 4:40　솥에 죽음의 **독**이 있나이다 하고 능히
왕하 4:41　먹게 하라 하매 이에 솥 가운데 **독**이
욥 4:8　내가 보건대 악을 밭 갈고 **독**을 뿌리는
욥 6:4　나의 영이 그 **독**을 마셨나니 하나님
욥 20:16　그는 독사의 **독**을 빨며 뱀의 혀에 죽을

【 독 2 】　　　　　　　　　　　　　　　【 독자 】

시 58:4　그들의 **독**은 뱀의 **독** 같으며 그들은
시 140:3　입술 아래에는 독사의 **독**이 있나이다
잠 10:6　임하나 악인의 입은 **독**을 머금었느니라
잠 10:11　샘이라도 악인의 입은 **독**을 머금었느니
막 16:18　뱀을 집어올리며 무슨 **독**을 마실지라도
롬 3:13　일삼으며 그 입술에는 독사의 **독**이
약 3:8　쉬지 아니하는 악이요 죽이는 **독**이 가득

독 2(vat)
욜 2:24　**독**에는 새 포도주와 기름이 넘치리로다
욜 3:13　틀이 가득히 차고 포도주 **독**이 넘치니

독보리(weed)
욥 31:40　보리 대신에 **독보리**가 나는 것이 마땅하

독사(毒蛇, viper, cobra)
창 49:17　단은 길섶의 뱀이요 샛길의 **독사**로다
신 32:33　포도주는 뱀의 독이요 **독사**의 맹독이라
욥 20:14　창자 속에서 변하며 뱃속에서 **독사**의
욥 20:16　그는 **독사**의 독을 빨며 뱀의 혀에 죽을
시 58:4　그들은 귀를 막은 귀머거리 **독사** 같으니
시 58:5　요술도 따르지 아니하는 **독사**로다
시 91:13　네가 사자와 **독사**를 밟으며 젊은 사자
시 140:3　입술 아래에는 **독사**의 독이 있나이다
잠 23:32　뱀같이 물 것이요 **독사**같이 쏠 것이며
사 11:8　젖 먹는 아이는 **독사**의 구멍에서 장난
사 14:29　뱀의 뿌리에서는 **독사**가 나겠고 그의
사 30:6　**독사**와 및 날아다니는 불뱀이 나오는
사 59:5　**독사**의 알을 품으며 거미줄을 짜나니
　　　그 알을 먹는 자는…터져서 **독사**가
렘 8:17　제어할 수 없는 뱀과 **독사**를 너희
마 3:7　**독사**의 자식들아 누가 너희를 가르쳐
마 12:34　**독사**의 자식들아 너희는 악하니 어떻게
마 23:33　뱀들아 **독사**의 새끼들아 너희가 어떻게
눅 3:7　**독사**의 자식들아 누가 너희에게 일러
행 28:3　뜨거움으로 말미암아 **독사**가 나와
롬 3:13　속임을 일삼으며 그 입술에는 **독사**의

독생자(獨生子, one and only Son)
요 1:14　아버지의 **독생자**의 영광이요 은혜와
요 3:16　**독생자**를 주셨으니 이는 그를 믿는
요 3:18　하나님의 **독생자**의 이름을 믿지 아니
요일 4:9　하나님이 자기의 **독생자**를 세상에

독수리(eagle)
출 19:4　내가 어떻게 **독수리**
레 11:13　말지니 곧 **독수리**
신 14:12　**독수리**와 솔개와
신 28:49　한 민족을 **독수리**가 날아오는 것같이
신 32:11　**독수리**가 자기의 보금자리를 어지럽게
삼하 1:23　그들은 **독수리**보다 빠르고 사자보다
욥 9:26　같고 먹이에 날아 내리는 **독수리**와도
욥 39:27　**독수리**가 공중에 떠서 높은 곳에 보금
욥 39:30　빠나니 시체가 있는 곳에는 **독수리**가
시 103:5　만족하게 하사 네 청춘을 **독수리**같이
잠 23:5　날개를 내어 하늘을 나는 **독수리**처럼
잠 30:17　까마귀에게 쪼이고 **독수리** 새끼에게
잠 30:19　공중에 날아다니는 **독수리**의 자취와
사 18:6　산의 **독수리**들과 땅의 들짐승들에게 던
　　　져 주리니 산의 **독수리**들이 그것으로
사 40:31　얻으리니 **독수리**가 날개치며 올라감
렘 4:13　그의 말들은 **독수리**보다 빠르도다
렘 48:40　보라 그가 **독수리**같이 날아와서 모압
렘 49:16　**독수리**같이 보금자리를 높은 데에
렘 49:22　보라 원수가 **독수리**같이 날아와서 그의
애 4:19　뒤쫓는 자들이 하늘의 **독수리**들보다
겔 1:10　왼쪽은 소의 얼굴이요 넷의 뒤는 **독수리**
겔 10:14　셋째는 사자의 얼굴이요 넷째는 **독수리**
겔 17:3　털이 숱한 큰 **독수리**가 레바논에 이르러
겔 17:6　**독수리**를 향하였고 그 뿌리는 **독수리**
겔 17:7　큰 **독수리** 하나가 있었는데 그 포도나
　　　무가 이 **독수리**에게 물을 받으려고
겔 17:9　**독수리**가 어찌 그 뿌리를 빼고 열매를
단 4:33　머리털이 **독수리** 털과같이 자랐고 손톱
단 7:4　사자와 같은데 **독수리**의 날개가 있더니
호 8:1　댈지어다 원수가 **독수리**처럼 여호와
옵 1:4　**독수리**처럼 높이 오르며 별 사이에
미 1:16　머리가 크게 벗어지게 하기를 **독수리**
합 1:8　마치 먹이를 움키려 하는 **독수리**의 날음
마 24:28　주검이 있는 곳에는 **독수리**들이 모일
눅 17:37　주검 있는 곳에는 **독수리**가 모이느니라
계 4:7　그 넷째 생물은 날아가는 **독수리** 같은
계 8:13　공중에 날아가는 **독수리**가 큰 소리로
계 12:14　여자가 큰 **독수리**의 두 날개를 받아

독자(獨子, only son)
창 22:2　사랑하는 **독자** 이삭을 데리고 모리아

【 독종 】　　　　　　　　　　　　　　　　　　　　　　　　　　　　　【 돈 】

창 22:12	아들 네 독자까지도 내게 아끼지 아니	신 15:3	이방인에게는 네가 독촉하려니와
창 22:16	아들 네 독자도 아끼지 아니하였은즉	잠 16:26	이는 그의 입이 자기를 독촉함이니라
렘 6:26	독자를 잃음같이 슬퍼하며 통곡할지어		
암 8:10	독자의 죽음으로 말미암아 애통하듯	**독하다**(毒, poison)	
슥 12:10	애통하기를 독자를 위하여 애통하듯	신 32:24	같은 더위와 독한 질병에 삼켜질 것이라
눅 7:12	어머니의 독자요 그의 어머니는 과부라	삼상 5:6	독한 종기의 재앙으로 아스돗과 그 지역
		시 64:3	연마하며 화살같이 독한 말로 겨누고
독종(毒腫, tumor)		렘 8:14	멸하시며 우리에게 독한 물을 마시게
삼상 6:4	방백의 수효대로 금 독종 다섯과	렘 9:15	백성에게 쑥을 먹이며 독한 물을 마시게
삼상 6:11	그들의 독종의 형상을 담은 상자를 수레	렘 16:4	그들은 독한 병으로 죽어도 아무도 슬퍼
삼상 6:17	속건제물로 드린 금 독종은 이러하니	렘 23:15	쑥을 먹이며 독한 물을 마시게 하리니
		겔 5:16	기근의 독한 화살을 너희에게 보내되
독주(毒酒, fermented drink, beer)		눅 1:15	포도주나 독한 술을 마시지 아니하며
레 10:9	포도주나 독주를 마시지 말라 그리하여	약 3:14	마음속에 독한 시기와 다툼이 있으면
민 6:3	독주를 멀리하며 포도주로 된 초나 독주	계 16:2	경배하는 자들에게 악하고 독한 종기가
민 28:7	여호와께 독주의 전제를 부어 드릴		
신 14:26	포도주나 독주 등 네 마음에 원하는	🕮 독하다 - 기타 본문	
신 29:6	포도주나 독주를 마시지 못하게 하셨	삼상 5:9, 12; 6:5	
삿 13:4	너는 삼가 포도주와 독주를 마시지		
삿 13:7	포도주와 독주를 마시지 말며 어떤 부정	**독핫**(Tokhath) 살룸의 아버지	
삿 13:14	포도주와 독주를 마시지 말며 어떤 부정	대하 34:22	하스라의 손자 독핫의 아들로서 예복을
삼상 1:15	슬픈 여자라 포도주나 독주를 마신 것이		
시 69:12	나를 비난하며 독주에 취한 무리가 나를	**돈**(money)	
잠 20:1	독주는 떠들게 하는 것이라 이에 미혹	창 17:12	사람에게서 돈으로 산 자를 막론하고
잠 31:4	독주를 찾는 것이 주권자들에게 마땅치	창 31:15	우리를 팔고 우리의 돈을 다 먹어버렸
잠 31:6	독주는 죽게 된 자에게, 포도주는 마음	창 42:25	각 사람의 돈을 그의 자루에 도로 넣게
사 5:11	아침에 일찍이 일어나 독주를 마시며	창 42:35	사람의 돈 뭉치가 그 자루 속에 있는지
사 5:22	독주를 잘 빚는 자들은 화 있을진저		라 그들과 그들의 아버지가 돈 뭉치를
사 24:9	포도주를 마시지 못하고 독주는 그 마시	창 43:23	너희 돈은 내가 이미 받았느니라 하고
사 28:7	독주로 말미암아 비틀거리며 제사장과	창 44:1	운반할 수 있을 만큼 채우고 각자의 돈
	선지자도 독주로 말미암아 옆 걸음 치	창 47:14	돈을 모두 거두어들이고 그 돈을 바로
	며 포도주에 빠지며 독주로 말미암아	창 47:15	애굽 땅과 가나안 땅에 돈이 떨어진지라
사 29:9	비틀거림이 독주로 말미암음이 아니	출 12:44	각 사람이 돈으로 산 종은 할례를 받은
사 56:12	독주를 잔뜩 마시자 내일도 오늘같이	출 21:34	짐승의 임자에게 돈을 줄 것이요 죽은
미 2:11	포도주와 독주에 대하여 네게 예언하리	출 22:7	사람이 돈이나 물품을 이웃에게 맡겨
		출 22:17	처녀에게 납폐금으로 돈을 낼지니라
독초(毒草, poisonous weed)		출 22:25	가난한 자에게 돈을 꾸어 주면 너는 그에
신 29:18	염려하며 독초와 쑥의 뿌리가 너희 중에	레 22:11	제사장이 그의 돈으로 어떤 사람을 샀으
호 10:4	재판이 밭이랑에 돋는 독초 같으리로다	레 25:37	이자를 위하여 돈을 꾸어 주지 말고
		레 27:15	네가 값을 정한 돈에 그 오분의 일을
독촉하다(督促, press, require)		레 27:23	네가 값을 정한 돈을 그 날에 여호와께
출 5:13	감독들이 그들을 독촉하여 이르되 너희	민 3:50	처음 태어난 자에게서 받은 돈이 성소
신 15:2	형제를 독촉하지 말지니 이는 여호와	신 2:6	돈으로 그들에게서 … 먹고 돈으로

【돈】 　　　　　　　　　　　　　　　　　　【돋다】

신 14:25	그것을 돈으로 바꾸어 그 돈을 싸 가지
신 14:26	원하는 모든 것을 그 돈으로 사되 소나
신 21:14	마음대로 가게 하고 결코 돈을 받고
신 23:18	창기가 번 돈과 개 같은 자의 소득은
신 23:19	돈의 이자, 식물의 이자, 이자를 낼 만한
왕상 21:2	네가 좋게 여기면 그 값을 돈으로 네게
왕상 21:15	이스르엘 사람 나봇이 돈으로 바꾸어
왕하 23:35	바로 느고의 명령대로 그에게 그 돈을
대하 24:5	하나님의 전을 수리할 돈을 거두되
대하 24:10	기뻐하여 마치기까지 돈을 가져다가
대하 34:9	전에 헌금한 돈을 그에게 주니 이 돈은
대하 34:10	그 돈을 여호와의 전 공사를 감독하는
대하 34:14	헌금한 돈을 꺼낼 때에 제사장 힐기야
대하 34:17	여호와의 전에서 발견한 돈을 쏟아서
스 3:7	석수와 목수에게 돈을 주고 또 시돈
스 7:17	그들의 돈으로 수송아지와 숫양과 어린
느 5:4	밭과 포도원으로 돈을 빚내서 왕에게
느 5:10	돈과 양식을 백성에게 꾸어 주었거니와
시 15:5	이자를 받으려고 돈을 꾸어 주지 아니
전 7:12	지혜의 그늘 아래에 있음은 돈의 그늘
전 10:19	기쁘게 하는 것이나 돈은 범사에 이용
사 43:24	나를 위하여 돈으로 향품을 사지 아니
사 52:3	너희가 값없이 팔렸으니 돈 없이 속량
사 55:1	돈 없는 자도 오라 너희는 와서 사 먹으라
	돈 없이, 값 없이 와서 포도주와 젖을
미 3:11	돈을 위하여 점을 치면서도 여호와를
마 17:27	고기를 가져 입을 열면 돈 한 세겔을
마 22:19	낼 돈을 내게 보이라 하시니 데나리온
마 25:18	땅을 파고 그 주인의 돈을 감추어 두었
마 25:27	돈을 취리하는 자들에게나 맡겼다가
마 28:12	모여 의논하고 군인들에게 돈을 많이
마 28:15	군인들이 돈을 받고 가르친 대로 하였
막 6:8	배낭이나 전대의 돈이나 아무 것도 가지
막 12:41	헌금함에 돈 넣는가를 보실새 여러 부자
막 14:11	그들이 듣고 기뻐하여 돈을 주기로 약속
눅 22:5	기뻐하여 돈을 주기로 언약하는지라
행 8:18	안수로 성령 받는 것을 보고 돈을 드려
행 8:20	하나님의 선물을 돈 주고 살 줄로 생각
행 24:26	바울에게서 돈을 받을까 바라는 고로
딤전 3:3	다투지 아니하며 돈을 사랑하지 아니
딤전 6:10	돈을 사랑함이 일만 악의 뿌리가 되나니
딤후 3:2	사람들이 자기를 사랑하며 돈을 사랑
히 13:5	돈을 사랑하지 말고 있는 바를 족한

돈 바꾸는 사람/자

마 21:12	사람들을 내쫓으시며 돈 바꾸는 사람
막 11:15	돈 바꾸는 자들의 상과 비둘기 파는
요 2:14	돈 바꾸는 사람들이 앉아 있는 것을
요 2:15	돈 바꾸는 사람들의 돈을 쏟으시며

돈을 많이 들이다

| 행 22:28 | 돈을 많이 들여 이 시민권을 얻었노라 |

돈을 좋아하다

| 눅 16:14 | 바리새인들은 돈을 좋아하는 자들이라 |

돈 – 기타 본문

창 17:13, 23, 27; 42:27, 28; 43:12, 15, 18, 21, 22; 44:2, 8; 47:16, 18; 레 27:19; 신 2:28; 왕상 21:6; 대하 24:11, 12, 14; 느 5:11; 눅 9:3; 19:23

돈궤(money bag)

| 요 12:6 | 그는 도둑이라 돈궤를 맡고 거기 넣는 |
| 요 13:29 | 어떤 이들은 유다가 돈궤를 맡았으므로 |

돋다(rise, appear, sprout)

1. (하늘에서) 솟아오르다

창 19:23	롯이 소알에 들어갈 때에 해가 돋았더라
창 32:31	그가 브니엘을 지날 때에 해가 돋았고
출 22:3	해 돋은 후에는 피 흘린 죄가 있으리라
민 2:3	동방 해 돋는 쪽에 진 칠 자는 그 진영
민 3:38	성막 앞 동쪽 곧 회막 앞 해 돋는 쪽에
민 21:11	오봇을 떠나 모압 앞쪽 해 돋는 쪽 광야
민 34:15	여리고 맞은편 요단 건너편 곧 해 돋는
신 4:41	요단 이쪽 해 돋는 쪽에서 세 성읍을
신 4:47	왕으로서 요단 이쪽 해 돋는 쪽에 살았
수 1:15	요단 이쪽 해 돋는 곳으로 돌아와서
수 12:1	이스라엘 자손이 요단 저편 해 돋는
삿 5:31	사랑하는 자들은 해가 힘 있게 돋음
시 50:1	해 돋는 데서부터 지는 데까지 세상을
시 104:22	해가 돋으면 물러가서 그들의 굴 속에
시 113:3	해 돋는 데에서부터 해 지는 데에까지
사 13:10	해가 돋아도 어두우며 달이 그 빛을
사 41:25	내 이름을 부르는 자를 해 돋는 곳에서
사 59:19	해 돋는 쪽에서 그의 영광을 두려워할
마 13:6	해가 돋은 후에 타서 뿌리가 없으므로
막 4:6	해가 돋은 후에 타서 뿌리가 없으므로

【 돋아나다 】 【 돌 2 】

막 16:2　안식 후 첫날 매우 일찍이 해 **돋을** 때에
눅 1:78　이로써 **돋는** 해가 위로부터 우리에게
약 1:11　**돋고** 뜨거운 바람이 불어 풀을 말리면
계 7:2　인을 가지고 해 **돋는** 데로부터 올라와

2. 겉으로 도도록하게 볼가지다
레 13:2　그의 피부에 무엇이 **돋거나** 뾰루지가
레 13:10　피부에 흰 점이 **돋고** 털이 희어지고
레 13:19　종처에 흰 점이 **돋거나** 희고 불그스름
레 13:43　대머리에 **돋은** 색점이 희고 불그스름
레 14:56　**돋는** 것과 뾰루지와 색점이
렘 30:17　너의 상처로부터 새 살이 **돋아나게** 하여

3. (자라게 되어 있는 것이) 생겨 나오다
민 17:8　아론의 지팡이에 움이 **돋고** 순이 나고
삼하 23:4　땅에서 움이 **돋는** 새 풀 같으니라 하시
욥 8:12　이런 것은 새 순이 **돋아** 아직 뜯을 때가
욥 14:9　움이 **돋고** 가지가 뻗어서 새로 심은
욥 38:27　흡족하게 하여 연한 풀이 **돋아나게** 하였
시 90:5　자는 것 같으며 아침에 **돋는** 풀 같으니
잠 27:25　풀을 벤 후에는 새로 움이 **돋나니**
아 7:12　포도원으로 가서 포도 움이 **돋았는지**,
사 27:6　움이 **돋고** 꽃이 필 것이라 그들이 그
사 45:8　공의도 함께 움 **돋게** 할지어다
사 61:11　동산이 거기 뿌려진 것을 움 **돋게** 함같이
호 10:4　재판이 밭이랑에 **돋는** 독초 같으리로다
암 7:1　왕이 풀을 벤 후 풀이 다시 움 **돋기** 시작

돋는 해/돋는 햇살
삼하 23:4　그는 **돋는** 해의 아침 빛 같고 구름 없는
잠 4:18　의인의 길은 **돋는** 햇살 같아서 크게
눅 1:78　이로써 **돋는** 해가 위로부터 우리에게

돋아나다(branch out)
겔 29:21　이스라엘 족속에게 한 뿔이 **돋아나게**
슥 6:12　사람이 자기 곳에서 **돋아나서** 여호

돋우다/돋우어지다(rise up, refresh)
삿 19:5　떡을 조금 먹고 그대의 기력을 **돋운**
삿 19:8　그대의 기력을 **돋우고** 해가 기울도록
삼상 17:4　싸움을 **돋우는** 자가 왔는데 그의 이름
삼상 17:23　블레셋 사람의 싸움 **돋우는** 가드 사람
삼하 23:9　물러간지라 세 용사가 싸움을 **돋우고**
욥 19:12　군대가 일제히 나아와서 길을 **돋우고**
사 5:6　가지를 자름이나 북을 **돋우지** 못하여

사 40:4　골짜기마다 **돋우어지며** 산마다, 언덕
사 49:11　산을 길로 삼고 나의 대로를 **돋우리니**
사 57:14　그가 말하기를 **돋우고** **돋우어** 길을

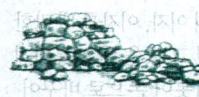

돌 1(Dor) 지중해 연안에 위치한 성읍
수 11:2　서쪽 돌의 높은
수 12:23　하나는 돌의 높은 곳의 돌 왕이요
수 17:11　돌의 주민과 그 마을들이요 또 엔돌
삿 1:27　돌과 그에 딸린 마을들의 주민과
왕상 4:11　돌 높은 땅 온 지방에는 벤아비나답
대상 7:29　그 주변 마을과 돌과 그 주변 마을이라

돌 2(stone)
구약
창 11:3　벽돌로 돌을 대신하며 역청으로 진흙
창 28:11　그 곳의 한 돌을 가져다가 베개로 삼고
창 28:18　돌을 가져다가 기둥으로 세우고 그 위에
창 28:22　기둥으로 세운 이 돌이 하나님의 집이
창 29:2　물을 먹임이라 큰 돌로 우물 아귀를
창 31:45　야곱이 돌을 가져다가 기둥으로 세우고
출 7:19　나무 그릇과 돌 그릇 안에 모두 피가
출 15:5　그들이 돌처럼 깊음 속에 가라앉았도다
출 15:16　그들이 돌같이 침묵하였사오니 여호와
출 17:12　모세의 팔이 피곤하매 그들이 돌을 가져
출 20:25　돌로 제단을 쌓거든 다듬은 돌로 쌓지
출 21:18　서로 싸우다가 하나가 돌이나 주먹으로
레 14:40　그는 명령하여 색점 있는 돌을 빼내어
신 8:9　그 땅의 돌은 철이요 산에서는 동을
신 27:2　들어가는 날에 큰 돌들을 세우고 석회
신 27:4　이 돌들을 에발 산에 세우고 그 위에
신 27:6　다듬지 않은 돌로 네 하나님 여호와
신 27:8　이 율법의 모든 말씀을 그 돌들 위에
수 4:3　곳에서 돌 열둘을 택하여 그것을 가져다
수 4:5　지파 수대로 각기 돌 한 개씩 가져다가
수 4:6　물어 이르되 이 돌들은 무슨 뜻이냐
수 4:7　이 돌들이 이스라엘 자손에게 영원한
수 4:8　요단 가운데에서 돌 열둘을 택하여
수 4:9　제사장들의 발이 선 곳에 돌 열둘을
수 4:20　요단에서 가져온 그 열두 돌을 길갈에
수 8:29　위로 돌로 큰 무더기를 쌓았더니 그것
수 8:31　다듬지 아니한 새 돌로 만든 제단이라
수 8:32　이스라엘 자손의 목전에서 그 돌에

【 돌 2 】

수 10:18	여호수아가 이르되 굴 어귀에 큰 돌을
수 15:6	지나 르우벤 자손 보한의 돌에 이르고
수 21:32	돌과 그 목초지와 가르단과 그 목초지
수 24:26	율법책에 기록하고 큰 돌을 가져다가
수 24:27	이 돌이 우리에게 증거가 되리니 … 모든 말씀을 이 돌이 들었음이니라 그런즉 … 못하도록 이 돌이 증거가 되리라
삼상 6:14	여호수아의 밭 큰 돌 있는 곳에 이르러
삼상 6:15	보물 담긴 상자를 내려다가 큰 돌 위에
삼상 6:18	여호와의 궤를 큰 돌에 … 그 돌은
삼상 7:12	사무엘이 돌을 취하여 미스바와 센 사이
삼상 14:33	이제 큰 돌을 내게로 굴려 오라 하고
삼상 17:40	매끄러운 돌 다섯을 골라서 자기 목자
삼상 25:37	그가 낙담하여 몸이 돌과 같이 되었더니
삼하 17:13	그 곳에 작은 돌 하나도 보이지 아니하

'돌로 치다/던지다' 와 관련된 성구

구약 – 출 8:26; 17:4; 19:13; 21:28, 29, 32; 레 20:2, 27; 24:14, 16, 23; 민 14:10; 15:35, 36; 35:17, 23; 신 13:10; 17:5; 21:21; 22:21, 24; 수 7:25; 삿 20:16; 삼상 30:6; 삼하 16:6, 13; 왕상 12:18; 21:10, 13; 왕하 3:25; 대하 10:18; 24:21; 26:15; 느 9:11; 전 3:5; 애 3:53; 겔 16:40; 23:47; 26:12

신약 – 마 21:35; 23:37; 눅 13:34; 20:6; 22:41; 요 8:7, 59; 10:31, 32, 33; 11:8; 행 5:26; 7:58, 59; 14:5, 19; 히 11:37; 12:20; 계 18:21

왕상 5:15	산에서 돌을 뜨는 자가 팔만 명이며
왕상 5:18	돌을 다듬고 성전을 건축하기 위하여
왕상 6:7	이 성전은 건축할 때에 돌을 그 뜨는
왕상 6:18	모두 백향목이라 돌이 보이지 아니하며
왕상 6:36	다듬은 돌 세 켜와 백향목 두꺼운 판자
왕상 7:9	귀하고 다듬은 돌로 지었으니 크기대로
왕상 7:10	그 초석은 귀하고 큰 돌 곧 십 규빗 되는 돌과 여덟 규빗 되는 돌이라
왕상 7:11	크기대로 다듬은 귀한 돌도 있고 백향목
왕상 7:12	다듬은 돌 세 켜와 백향목 두꺼운 판자
왕상 10:27	은을 돌같이 흔하게 하고 백향목
왕상 15:22	라마를 건축하던 돌과 재목을 가져오게
왕상 18:31	엘리야가 돌 열두 개를 취하니 이 야곱
왕상 18:32	그 돌로 제단을 쌓고 제단을 돌아가며
왕상 18:38	돌과 흙을 태우고 또 도랑의 물을 핥은
왕상 21:14	통보하기를 나봇이 돌에 맞아 죽었나이
왕하 3:19	돌로 모든 좋은 밭을 헐리이다 하더니
왕하 3:25	길하레셋의 돌들은 남기고 물매꾼이
왕하 12:12	다듬은 돌을 사게 하며 그 성전을 수리
왕하 19:18	곧 나무와 돌뿐이므로 멸하였나이다
왕하 22:6	다듬은 돌을 사서 그 성전을 수리하게
대상 22:2	하나님의 성전을 건축할 돌을 다듬게
대상 22:14	재목과 돌을 준비하였으나 너는 더할
대하 1:15	예루살렘에서 은금을 돌같이 흔하게
대하 2:2	돌을 떠낼 자 팔만 명과 일을 감독할
대하 2:14	철과 돌과 나무와 자색 청색 홍색 실과
대하 7:3	돌을 깐 땅에 엎드려 경배하며 여호와
대하 16:6	바아사가 라마를 건축하던 돌과 재목
대하 26:14	투구와 갑옷과 활과 물매 돌을 준비하고
대하 34:11	다듬은 돌과 연접하는 나무를 사며
스 5:8	성전을 큰 돌로 세우며 벽에 나무를
스 6:4	큰 돌 세 켜에 새 나무 한 켜를 놓으라
느 4:2	돌을 흙무더기에서 다시 일으키려는가
느 4:3	건축하는 돌 성벽은 여우가 올라가도
욥 5:23	돌이 너와 언약을 맺겠고 들짐승이 너와
욥 8:17	뿌리가 돌무더기에 서리어서 돌 가운데
욥 14:19	물은 돌을 닳게 하고 넘치는 물은 땅의
욥 19:24	철필과 납으로 영원히 돌에 새겨졌으면
욥 22:24	여기고 오빌의 금을 계곡의 돌로 여기라
욥 28:2	흙에서 캐내고 동은 돌에서 녹여 얻느
욥 28:6	그 돌에는 청옥이 있고 사금도 있으며
욥 38:30	물은 돌같이 굳어지고 깊은 바다의
욥 41:24	가슴은 돌처럼 튼튼하며 맷돌 아래짝
시 91:12	붙들어 발이 돌에 부딪히지 아니하게
시 102:14	주의 종들이 시온의 돌들을 즐거워하며
시 118:22	건축자가 버린 돌이 집 모퉁이의 머릿돌
잠 26:8	영예를 주는 것은 돌을 물매에 매는
잠 26:27	돌을 굴리는 자는 도리어 그것에 치이
잠 27:3	돌은 무겁고 모래도 가볍지 아니하거니
전 10:9	돌들을 떠내는 자는 그로 말미암아 상할
사 5:2	땅을 파서 돌을 제하고 극상품 포도나무
사 9:10	다듬은 돌로 쌓고 뽕나무들이 찍혔으나
사 27:9	제단의 모든 돌을 부서진 횟돌 같게
사 28:16	한 돌을 시온에 두어 기초를 … 시험한

돌 2

	돌이요 귀하고 견고한 기촛돌이라
사 37:19	나무와 돌이라 그러므로 멸망을 당하였
사 54:11	돌 사이에 더하며 청옥으로 네 기초를
사 57:6	매끄러운 돌들 중에 네 몫이 있으니
사 60:17	철로 돌을 대신하며 화평을 세워 관원
사 62:10	돌을 제하라 만민을 위하여 기치를 들라
렘 2:27	돌을 향하여 너는 나를 낳았다 하고
렘 3:9	돌과 나무와 더불어 행음함을 가볍게
렘 43:9	큰 돌 여러 개를 가져다가 다바네스에
렘 43:10	내가 감추게 한 이 돌들 위에 놓고
렘 51:63	책에 돌을 매어 유브라데 강 속에 던지
애 3:9	다듬은 돌을 쌓아 내 길들을 막으사
애 4:1	성소의 돌들이 거리 어귀마다 쏟아졌는
겔 11:19	몸에서 돌 같은 마음을 제거하고 살처럼
겔 28:14	성산에 있어서 불타는 돌들 사이에 왕래
겔 28:16	불타는 돌들 사이에서 멸하였도다
겔 40:42	또 다듬은 돌로 만들어 번제에 쓰는
단 2:34	왕이 보신즉 손대지 아니한 돌이 나와서
단 2:35	우상을 친 돌은 태산을 이루어 온 세계
단 2:45	손대지 아니한 돌이 산에서 나와서 쇠와
단 5:4	구리, 쇠, 나무, 돌로 만든 신들을 찬양
단 6:17	돌을 굴려다가 굴 어귀를 막으매 왕이
암 5:11	다듬은 돌로 집을 건축하였으나 거기
미 1:6	돌들을 골짜기에 쏟아내리고 그 기초
합 2:11	담에서 돌이 부르짖고 집에서 들보가
합 2:19	말하지 못하는 돌에게 일어나라 하는
학 2:15	여호와의 전에 돌이 돌 위에 놓이지
슥 3:9	여호수아 앞에 세운 돌을 보라 한 돌에
슥 5:4	집을 나무와 돌과 아울러 사르리라
슥 12:3	무거운 돌이 되게 하리니 그것을 드는

신약

마 3:9	능히 이 돌들로도 아브라함의 자손이
마 4:3	아들이어든 명하여 이 돌들로 떡덩이가
마 4:6	너를 받들어 발이 돌에 부딪치지 않게
마 7:9	누가 아들이 떡을 달라 하는데 돌을
마 21:42	성경에 건축자들이 버린 돌이 모퉁이의
마 21:44	돌 위에 떨어지는 자는 깨지겠고 이 돌
마 24:2	돌 하나도 돌 위에 남지 않고 다 무너뜨
마 27:60	새 무덤에 넣어 두고 큰 돌을 굴려 무덤
마 27:66	경비병과 함께 가서 돌을 인봉하고 무덤
마 28:2	하늘로부터 내려와 돌을 굴려 내고
막 5:5	소리 지르며 돌로 자기의 몸을 해치고
막 12:10	성경에 건축자들이 버린 돌이 모퉁이의
막 13:1	선생님이여 보소서 이 돌들이 어떠하며
막 13:2	돌 하나도 돌 위에 남지 않고 다 무너뜨
막 15:46	판 무덤에 넣어 두고 돌을 굴려 무덤
막 16:3	위하여 무덤 문에서 돌을 굴려 주리요
막 16:4	돌이 굴려져 있는데 그 돌이 심히 크더
눅 3:8	하나님이 능히 이 돌들로도 아브라함의
눅 4:3	하나님의 아들이어든 이 돌들에게 명하
눅 4:11	너를 받들어 네 발이 돌에 부딪치지
눅 19:40	사람들이 침묵하면 돌들이 소리 지르리
눅 20:17	기록된 바 건축자들의 버린 돌이 모퉁이
눅 20:18	돌 위에 떨어지는 … 깨어지겠고 이 돌
눅 21:5	아름다운 돌과 헌물로 꾸민 것을 말하매
눅 24:2	돌이 무덤에서 굴려 옮겨진 것을 보고
요 8:5	율법에 이러한 여자를 돌로 치라 명하
요 11:38	무덤에 가시니 무덤이 굴이라 돌로 막았
요 19:13	돌을 깐 뜰(히브리 말로 가바다)에
요 20:1	무덤에 와서 돌이 무덤에서 옮겨진 것을
행 4:11	이 예수는 너희 건축자들의 버린 돌로
행 17:29	돌에다 사람의 기술과 고안으로 새긴
롬 9:32	행위를 의지함이라 부딪칠 돌에 부딪
고후 3:7	돌에 써서 새긴 죽게 하는 율법 조문의
고후 11:25	세 번 태장으로 맞고 한 번 돌로 맞고
벧전 2:4	택하심을 입은 보배로운 산 돌이신 예수
벧전 2:5	너희도 산 돌같이 신령한 집으로 세워
벧전 2:7	건축자들이 버린 그 돌이 모퉁이의
벧전 2:8	또한 부딪치는 돌과 걸려 넘어지게
계 2:17	만나를 주고 또 흰 돌을 줄 터인데 그 돌

돌 뜨는 곳

삿 3:19	길갈 근처 돌 뜨는 곳에서부터 돌아
삿 3:26	피하여 돌 뜨는 곳을 지나 스이라

돌 - 기타 본문

창 29:3, 8, 10; 31:46; 레 14:42, 43, 45; 수 4:21; 10:27; 삼상 17:49, 50; 왕상 5:17; 21:15; 대하 9:27; 단 5:23; 눅 19:44; 21:6; 요 11:39, 41

돌감람나무 (wild olive)

롬 11:17	돌감람나무인 네가 그들 중에 접붙임이
롬 11:24	원 돌감람나무에서 찍힘을 받고 본성을

돌격하다 (突擊, rush, dash)

삿 9:44	아비멜렉과 그 떼는 돌격하여 성문 입

【 돌기둥 】   【 돌려보내다 】

            구에 서고 … **돌격하여** 그들을 죽이니   민 26:23 **돌라**에게서 난 **돌라** 종족과 부와에게서
삿 20:37   복병이 급히 나와 기브아로 **돌격하고**   대상 7:1   잇사갈의 아들들은 **돌라**와 부와와 야숩
                                                         대상 7:2   **돌라**의 아들들은 웃시와 르바야와 여
돌기둥(stone pillar)   리엘과 야매와 … 그의 아버지 **돌라**의
창 35:14   곧 **돌기둥**을 세우고 그 위에 전제물   **2. 부아의 아들이며 사사**
                                                         삿 10:1   도도의 손자 부아의 아들 **돌라**가 일어
돌다(turn)
창 3:24   에덴 동산 동쪽에 그룹들과 두루 **도는**   **돌랏**(Tolad) 시므온 지파에게 분배된 곳
민 34:4   **돌아서** 아그랍빔 언덕 남쪽에 이르고   대상 4:29 빌하와 에셈과 **돌랏**과
민 34:5   아스몬에서 **돌아서** 애굽 시내를 지나
수 6:3   주위를 매일 한 번씩 **돌되** 엿새 동안을   **돌레마이**(Ptolemais) 구약의 악고와 같은 곳
수 6:4   일곱째 날에는 그 성을 일곱 번 **돌며**   행 21:7   항해를 다 마치고 **돌레마이**에 이르러
수 6:7   그 성을 **돌되** 무장한 자들이 여호와의
수 6:11   여호와의 궤가 그 성을 한 번 **돌게** 하고   **돌려보내다**(return, send)
수 6:15   일곱 번 **도니** 그 성을 일곱 번 **돌기는** 창 20:7   이제 그 사람의 아내를 **돌려보내라** …
수 16:6   동쪽으로 **돌아** 다아낫 실로에 이르러   네가 살려니와 네가 **돌려보내지** 아니
수 18:14   서쪽으로 **돌아** 남쪽으로 향하여 유다   창 31:42   빈손으로 **돌려보내셨으리이다마는**
수 19:12   사릿에서부터 동쪽으로 **돌아** 해 뜨는   창 37:22   아버지에게로 **돌려보내려** 함이었더라
수 19:14   북쪽으로 **돌아** 한나돈에 이르고 입다엘   창 43:14   형제와 베냐민을 **돌려보내게** 하시기를
수 19:27   해 뜨는 쪽으로 **돌아** 벧 다곤에 이르며   창 45:24   형들을 **돌려보내며** 그들에게 이르되
수 19:29   **돌아서** 라마와 … 두로에 이르고 **돌아서** 출 22:26   해가 지기 전에 그에게 **돌려보내라**
수 19:34   서쪽으로 **돌아** 아스놋 다볼에 이르고   레 6:5   맹세한 모든 물건을 **돌려보내되** 곧 그
삿 11:18   에돔 땅과 모압 땅을 **돌아서** 모압 땅의   본래 물건에 … 더하여 **돌려보낼** 것이니
삿 19:15   유숙하려고 그리로 **돌아** 들어가서 성읍   레 25:30   속하고 희년에라도 **돌려보내지** 아니
삼상 25:12 이에 다윗의 소년들이 **돌아서** 자기   삿 7:8   장막으로 **돌려보내고** 그 삼백 명은 머물
삼하 24:6   다냐안에 이르러서는 시돈으로 **돌아**   삼상 6:7   송아지들은 떼어 집으로 **돌려보내고**
삼하 24:8   그들 무리가 국내를 두루 **돌아** 아홉 달   삼상 29:4 사람을 **돌려보내어** 왕이 그에게 정하신
느 2:15   **돌아서** 골짜기 문으로 들어와 돌아왔   삼하 10:4 중동볼기까지 자르고 **돌려보내매**
욥 1:7   이르되 땅을 두루 **돌아** 여기저기 다녀   삼하 19:37 청하건대 당신의 종을 **돌려보내옵소서**
욥 2:2   대답하여 이르되 땅을 두루 **돌아** 여기   왕상 2:32 요압의 피를 그의 머리로 **돌려보내실**
잠 26:14   문짝이 돌쩌귀를 따라서 **도는** 것같이   왕상 8:66 솔로몬이 백성을 **돌려보내매** 백성이
전 1:6   북으로 돌아가며 이리 **돌며** 저리 돌아   왕상 20:34 모든 성읍을 내가 **돌려보내리이다**
렘 31:39   가렙 언덕 밑에 이르고 고아로 **돌아**   왕하 6:22 주인에게로 **돌려보내소서** 하는지라
                                                         스 6:5   성전 금, 은 그릇들을 **돌려보내어**
돌단(altar of stone)   느 5:11   기름의 백분의 일을 **돌려보내라**
신 27:5   여호와를 위하여 제단 곧 **돌단**을 쌓ել   느 5:12   당신의 말씀대로 행하여 **돌려보내고**
                                                         에 9:25   꾀를 그의 머리에 **돌려보내어** 하만과
돌담(stone wall)   욥 10:9   나를 티끌로 **돌려보내려** 하시나이까
잠 24:31   지면이 거친 풀로 덮였고 **돌담**이 무너져   욥 22:9   과부를 빈손으로 **돌려보내며** 고아의
                                                         욥 30:23   위하여 정한 집으로 **돌려보내시리이다**
돌라(Tola)   욥 36:3   나를 지으신 이에게 의를 **돌려보내리라**
            1. 잇사갈의 맏아들   시 126:1   여호와께서 시온의 포로를 **돌려보내실**
창 46:13   잇사갈의 아들은 **돌라**와 부와와 욥과   시 126:4   포로를 남방 시내들같이 **돌려보내소서**

【 돌려주다 】　　　　　　　　　　　　　　　　　　　　　　　　　　　　　　【 돌리다 】

렘 33:10-11	이 땅의 포로를 **돌려보내어** 지난날처럼
렘 37:20	요나단의 집으로 **돌려보내지** 마옵소서
렘 42:12	너희를 너희 본향으로 **돌려보내리라**
렘 48:47	날에 모압의 포로를 **돌려보내리라**
겔 33:15	강탈한 물건을 **돌려보내고** 생명의
몬 1:12	그를 **돌려보내노니** 그는 내 심복이라

돌려보내다 – 기타 본문
창 20:14; 레 25:31; 왕상 2:44; 대상 19:4; 대하 7:10

돌려주다 (give, hand)

민 5:7	지었던 그 사람에게 **돌려줄** 것이요
신 22:2	네게 두었다가 그에게 **돌려줄지니**
신 23:15	너는 그의 주인에게 **돌려주지** 말고
신 24:13	전당물을 반드시 그에게 **돌려줄** 것이라
왕하 8:6	이제까지 그의 밭의 소출을 다 **돌려주라**
욥 20:18	얻은 것을 삼키지 못하고 **돌려주며** 매매
겔 18:7	저당물을 **돌려주며** 강탈하지 아니하며
겔 18:12	자의 저당물을 **돌려주지** 아니하거나

돌리다 (take back, give back, belong)
모세오경

창 27:13	너의 저주는 내게로 **돌리리니** 내 말만
창 41:35	곡물을 바로의 손에 **돌려** 양식을 위하여
창 42:34	너희 형제를 너희에게 **돌리리니** 너희가
출 13:2	구별하여 내게 **돌리라** 이는 내 것이니라
출 13:18	홍해의 광야 길로 **돌려** 백성을 인도하시
출 23:4	보거든 반드시 그 사람에게로 **돌릴지며**
출 23:12	여종의 자식과 나그네가 숨을 **돌리리라**
출 23:27	모든 원수들이 네게 등을 **돌려** 도망하게
출 29:28	아론과 그의 자손에게 **돌릴** 영원한 분깃
레 5:13	소제물같이 제사장에게 **돌릴지니라**
레 7:14	피를 뿌린 제사장들에게로 **돌릴지니라**
레 7:36	이스라엘 자손 중에서 그들에게 **돌릴게**
레 14:13	마찬가지로 제사장에게 **돌릴지니라**
레 24:9	떡은 아론과 그의 자손에게 **돌리고** 들
레 25:27	산 자에게 주고 자기의 소유지로 **돌릴**
민 3:41	내게 **돌리고** 또 이스라엘 자손의 가축 중 모든 처음 … 가축을 내게 **돌리라**
민 5:8	제사장에게로 **돌릴** 것이니 이는 그를 위하여 … 숫양과 함께 **돌릴** 것이니라
민 6:20	성물이라 다 제사장에게 **돌릴** 것이니
민 12:11	청하건대 그 벌을 우리에게 **돌리지** 마소
민 18:6	형제 레위인을 택하여 내게 **돌리고**
민 18:28	거제물은 제사장 아론에게로 **돌리되**
민 27:7	아버지의 기업을 그들에게 **돌릴지니라**
민 27:20	존귀를 그에게 **돌려** 이스라엘 자손의
신 1:7	방향을 **돌려** 행진하여 아모리 족속의
신 1:17	어려운 일이 있거든 내게로 **돌리라**
신 1:40	너희는 방향을 **돌려** 홍해 길을 따라
신 2:1	방향을 **돌려** 여호와께서 내게 명령하신
신 22:1	그것들을 끌어다가 네 형제에게 **돌릴**
신 23:13	땅을 팔 것이요 몸을 **돌려** 그 배설물을
신 32:3	우리 하나님께 위엄을 **돌릴지어다**

역사서

삿 11:13	이제 그것을 평화롭게 **돌려** 달라 하니라
삿 11:31	영접하는 그는 여호와께 **돌릴** 것이니
삿 18:23	그들이 얼굴을 **돌려** 미가에게 이르되
삿 20:42	몸을 **돌려** 광야 길로 향하였으나 군사
삼상 14:27	그의 손을 **돌려** 입에 대매 눈이 밝아졌
삼상 15:12	기념비를 세우고 발길을 **돌려** 길갈로
삼상 18:8	만만을 **돌리고** 내게는 천천만 **돌리니**
삼상 22:15	아비의 온 집에 아무것도 **돌리지** 마옵
삼상 25:24	죄악을 나 곧 내게로 **돌리시고** 여종에
삼상 25:39	나발의 악행을 그의 머리에 **돌리셨도다**
삼하 3:8	여인에게 관한 허물을 내게 **돌리는도다**
삼하 3:14	처 미갈을 내게로 **돌리라** 그는 내가
삼하 14:9	죄는 나와 내 아버지의 집으로 **돌릴**
삼하 16:3	오늘 내 아버지의 나라를 내게 **돌리리라**
삼하 16:8	피를 여호와께서 네게로 **돌리셨도다**
삼하 19:19	내게 죄를 **돌리지** 마옵소서 내 주 왕께
왕상 8:32	행위대로 그 머리에 **돌리시고** 공의로운
왕상 11:2	마음을 **돌려** 그들의 신들을 따르게 하리
왕상 12:21	솔로몬의 아들 르호보암에게 **돌리려**
왕상 21:4	돌아와 침상에 누워 얼굴을 **돌리고** 식사
왕상 22:34	부상하였으니 네 손을 **돌려** 내가 전쟁
왕하 5:12	깨끗하게 되지 아니하랴 하고 몸을 **돌려**
왕하 12:16	드리지 아니하고 제사장에게 **돌렸더라**
왕하 16:6	르신이 엘랏을 회복하여 아람에 **돌리고**
대상 12:23	사울의 나라를 그에게 **돌리고자** 하였
대상 16:28	**돌릴지어다** 여호와께 **돌릴지어다**
대상 29:22	기름을 부어 여호와께 **돌려** 주권자가
대하 6:3	얼굴을 **돌려** 이스라엘 온 회중을 위하여
대하 6:23	행위대로 그의 머리에 **돌리시고** 공의
대하 6:42	받은 자에게서 얼굴을 **돌리지** 마시옵고

【 돌리다 】　　　　　　　　　　　　　　　【 돌리다 】

대하 11:1	나라를 회복하여 르호보암에게 **돌리려**	미 4:13	그들의 재물을 온 땅의 주께 **돌리리라**
대하 18:33	손을 **돌려** 나를 진중에서 나가게 하라	슥 7:11	그들이 듣기를 싫어하여 등을 **돌리며**
대하 26:2	엘롯을 건축하여 유다에 **돌렸더라**	마 27:25	피를 우리와 우리 자손에게 **돌릴지어다**
대하 29:6	하나님을 버리고 얼굴을 **돌려** 여호와	요 8:54	내게 영광을 **돌리면** 내 영광이 아무 것
스 6:22	왕의 마음을 그들에게로 **돌려** 이스라엘		도 아니거니와 내게 영광을 **돌리시는**
느 4:4	욕하는 것을 자기들의 머리에 **돌리사**	행 5:28	이 사람의 피를 우리에게로 **돌리고자**
느 12:44	제사장들과 레위 사람들에게 **돌릴** 것	행 7:60	이 죄를 그들에게 **돌리지** 마옵소서
		고전 9:15	자랑하는 것을 헛된 데로 **돌리지** 못하게

시가서 – 신약

욥 6:28	내게로 얼굴을 **돌리라** 내가 너희를 대면	고후 5:19	그들의 죄를 그들에게 **돌리지** 아니하
욥 32:21	아니하며 사람에게 영광을 **돌리지** 아니	딤전 6:16	존귀와 영원한 권능을 **돌릴지어다**
시 68:34	너희는 하나님께 능력을 **돌릴지어다**	딤후 4:16	그들에게 허물을 **돌리지** 않기를 원하
시 81:14	그들의 원수를 누르고 내 손을 **돌려**		

하나님/여호와/주께 영광을 돌리다

시 115:1	**돌리지** 마옵소서 우리에게 **돌리지** 마옵	수 7:19	여호와께 영광을 **돌려** 그 앞에 자복하고
잠 28:9	사람이 귀를 **돌려** 율법을 듣지 아니하면	삼상 6:5	이스라엘 신께 영광을 **돌리라** 그가
사 1:25	내가 또 내 손을 네게 **돌려** 네 찌꺼기를	시 22:23	영광을 **돌릴지어다** 너희 이스라엘
렘 2:27	그들의 등을 내게로 **돌리고** 그들의 얼굴	시 29:1	능력을 여호와께 **돌리고 돌릴지어다**
렘 21:4	너희 손의 무기를 내가 뒤로 **돌릴** 것이	시 29:2	그의 이름에 합당한 영광을 **돌리며**
렘 26:15	성과 이 성 주민에게 **돌리는** 것이니라	시 86:9	주의 이름에 영광을 **돌리리이다**
렘 27:16	이제 바벨론에서 속히 **돌려** 오리라	시 86:12	주의 이름에 영광을 **돌리오리니**
렘 32:33	그들이 등을 내게로 **돌리고** 얼굴을 내게	시 96:7	**돌릴지어다** 여호와께 **돌릴지어다**
렘 48:39	모압이 부끄러워서 등을 **돌렸도다** 그런	시 96:8	합당한 영광을 그에게 **돌릴지어다**
애 1:8	전에 그에게 영광을 **돌리던** 모든 사람	시 115:1	주의 이름에만 영광을 **돌리소서**
겔 4:8	날이 끝나기까지 몸을 이리 저리 **돌리지**	사 24:16	의로우신 이에게 영광을 **돌리세** 하도
겔 10:11	**돌리지** 아니하고 나아가되 몸을 **돌리지**	사 42:12	여호와께 영광을 **돌리며** 섬들 중에서
겔 14:6	떠나고 얼굴을 **돌려** 모든 가증한 것을	렘 13:16	너희 하나님 여호와께 영광을 **돌리라**
겔 16:38	진노의 피와 질투의 피를 네게 **돌리고**	단 5:23	작정하시는 하나님께는 영광을 **돌리지**
겔 25:2	인자야 네 얼굴을 암몬 족속에게 **돌리고**	마 5:16	계신 너희 아버지께 영광을 **돌리게**
겔 44:29	드리는 물건을 다 그들에게 **돌리며**	마 9:8	주신 하나님께 영광을 **돌리니라**
겔 44:30	거제 제물을 다 제사장에게 **돌리고** 너희	마 15:31	이스라엘의 하나님께 영광을 **돌리니라**
겔 45:5	성전에서 수종드는 레위 사람에게 **돌려**	막 2:12	하나님께 영광을 **돌리며** 이르되 우리
겔 45:6	삼아 이스라엘 온 족속에게 **돌리고**	눅 2:20	하나님께 영광을 **돌리고** 찬송하며
겔 45:7	기지 옆의 땅을 왕에게 **돌리되** 서쪽으로	눅 5:25	하나님께 영광을 **돌리며** 자기 집으로
겔 45:8	땅을 왕에게 **돌려** 이스라엘 가운데에	눅 5:26	사람이 놀라 하나님께 영광을 **돌리며**
겔 48:10	거룩한 땅은 제사장에게 **돌릴지니** 북쪽	눅 7:16	하나님께 영광을 **돌려** 이르되 큰 선지자
겔 48:11	구별한 제사장에게 **돌릴지어다** 그들은	눅 13:13	펴고 하나님께 영광을 **돌리는지라**
겔 48:21	이것을 군주에게 **돌릴** 것이며 거룩하게	눅 17:15	큰 소리로 하나님께 영광을 **돌리며**
겔 48:22	그런즉 군주에게 **돌려** 그에게 속한 땅은	눅 17:18	외에는 하나님께 영광을 **돌리러**
단 11:18	얼굴을 바닷가로 **돌려** 많이 점령할 것이	눅 18:43	보게 되어 하나님께 영광을 **돌리며**
	나…수치를 그에게로 **돌릴** 것이므로	눅 23:47	하나님께 영광을 **돌려** 이르되 이 사람
호 12:14	하시며 그의 수치를 그에게 **돌리시리라**	요 9:24	너는 하나님께 영광을 **돌리라** 우리는
욜 3:4	것을 내가 신속히 너희 머리에 **돌리리니**	요 21:19	죽음으로 하나님께 영광을 **돌릴**
욘 1:13	노를 저어 배를 육지로 **돌리고자** 하다가	행 11:18	하나님께 영광을 **돌려** 이르되 그러면
욘 1:14	무죄한 피를 우리에게 **돌리지** 마옵소서		

【 돌무더기 】　　　　　　　　　　　【 돌아가다 】

행 12:23　헤롯이 영광을 하나님께로 돌리지
행 21:20　듣고 하나님께 영광을 돌리고 바울더러
롬 4:20　견고하여져서 하나님께 영광을 돌리며
롬 15:6　그리스도의 아버지께 영광을 돌리게
롬 15:7　우리를 받아 하나님께 영광을 돌리심
롬 15:9　하나님께 영광을 돌리게 하려 하심이
고전 6:20　너희 몸으로 하나님께 영광을 돌리라
고후 1:20　아멘 하여 하나님께 영광을 돌리게
고후 4:15　하나님께 영광을 돌리게 하려 함이라
고후 9:13　말미암아 하나님께 영광을 돌리고
갈 1:24　말미암아 하나님께 영광을 돌리니라
빌 2:11　하나님 아버지께 영광을 돌리게 하셨
빌 4:20　세세 무궁하도록 영광을 돌릴지어다
벧전 2:12　오시는 날에 하나님께 영광을 돌리게
벧전 4:16　그 이름으로 하나님께 영광을 돌리라
계 4:9　이에게 영광과 존귀와 감사를 돌릴 때에
계 5:13　영광과 권능을 세세토록 돌릴지어다
계 11:13　영광을 하늘의 하나님께 돌리더라
계 14:7　그에게 영광을 돌리라 이는 그의 심판
계 16:9　아니하고 주께 영광을 돌리지 아니
계 19:7　기뻐하며 그에게 영광을 돌리세 어린

돌려 대다
애 3:30　자기를 치는 자에게 뺨을 돌려 대어
마 5:39　오른편 뺨을 치거든 왼편도 돌려 대며
눅 6:29　뺨을 치는 자에게 저 뺨도 돌려 대며

맷돌을 돌리다
삿 16:21　그에게 옥에서 맷돌을 돌리게 하였더라
욥 31:10　아내가 타인의 맷돌을 돌리며 타인과

돌리다 – 기타 본문
출 13:12; 29:29; 레 2:3, 10; 7:31, 35; 23:20; 민 18:9, 11, 18; 27:8; 삿 20:45; 왕상 11:4, 9; 대상 16:29; 렘 7:24; 겔 17:19; 단 11:19

돌무더기(pile of rocks, rubble, pile of stones)
수 7:26　위에 돌무더기를 크게 쌓았더니 오늘까지
삼하 18:17　큰 돌무더기를 쌓으니라 온 이스라엘
왕하 19:25　성들을 멸하여 무너진 돌무더기가 되게
욥 8:17　뿌리가 돌무더기에 서리어서 돌 가운데

욥 15:28　살지 아니하는 집, 돌무더기가 될 곳에
시 79:1　더럽히고 예루살렘이 돌무더기가 되게
사 25:2　주께서 성읍을 돌무더기로 만드시며
사 37:26　견고한 성읍들을 헐어 돌무더기가 되게
렘 26:18　예루살렘은 돌무더기가 되며 이 성전의
렘 51:37　바벨론이 돌무더기가 되어서 승냥이의
호 12:11　제단은 밭이랑에 쌓인 돌무더기 같도다

돌밭(rocky place)
마 13:5　더러는 흙이 얕은 돌밭에 떨어지매 흙이
마 13:20　돌밭에 뿌려졌다는 것은 말씀을 듣고
막 4:5　더러는 흙이 얕은 돌밭에 떨어지매 흙
막 4:16　같이 돌밭에 뿌려졌다는 것은 이들을

돌보다(watch over, take care of)
출 3:16　내가 너희를 돌보아 너희가 애굽에서
레 26:9　내가 너희를 돌보아 너희를 번성하게
신 11:12　네 하나님 여호와께서 돌보아 주시는
욥 29:16　내가 모르는 사람의 송사를 돌보아 주었
겔 16:5　아무도 너를 돌보아 이 중에 한 가지라
슥 10:3　유다 족속을 돌보아 그들을 전쟁의 준마
눅 9:38　아들을 돌보아 주옵소서 이는 내 외아들
눅 10:34　주막으로 데리고 가서 돌보아 주니라
눅 10:35　사람을 돌보아 주라 비용이 더 들면
행 24:23　친구들이 그를 돌보아 주는 것을 금하지
롬 16:23　나와 온 교회를 돌보아 주는 가이오가

돌아가다(return)
〔모세오경〕
창 16:9　네 여주인에게로 돌아가서 그 수하에
창 18:33　아브라함도 자기 곳으로 돌아갔더라
창 21:32　떠나 블레셋 사람의 땅으로 돌아갔고
창 24:5　나오신 땅으로 인도하여 돌아가리이까
창 28:21　평안히 아버지 집으로 돌아가게 하시
창 31:3　네 조상의 땅 네 족속에게로 돌아가라
창 31:30　아버지 집을 사모하여 돌아가려는 것은
창 31:55　축복하고 떠나 고향으로 돌아갔더라
창 32:9　고향, 네 족속에게로 돌아가라 내가
창 33:16　이 날에 에서는 세일로 돌아가고
창 44:13　짐을 나귀에 싣고 성으로 돌아가니라
창 44:30　아버지에게 돌아갈 때에 아이가 우리와
창 47:18　우리의 가축 떼가 주께로 돌아갔사오니
창 48:21　인도하여 너희 조상의 땅으로 돌아가게

604

【 돌아가다 】   【 돌아가다 】

출 4:18	애굽에 있는 내 형제들에게로 **돌아가서**
출 13:17	마음을 돌이켜 애굽으로 **돌아갈까** 하셨
출 25:11	안팎을 싸고 위쪽 가장자리로 **돌아가며**
출 28:33	옷 가장자리로 **돌아가며** 청색 자색 홍색
레 5:1	할 것이요 그 허물이 그에게로 **돌아갈**
레 7:7	제물은 속죄하는 제사장에게로 **돌아갈**
레 20:9	그의 피가 자기에게로 **돌아가리라**
레 20:11	그들의 피가 자기들에게로 **돌아가리라**
레 25:10	**돌아가며** 각각 자기의 … **돌아갈지며**
레 25:13	각기 자기의 소유지로 **돌아갈지라**
레 25:28	곧 그의 기업으로 **돌아갈** 것이니라
레 25:41	가족과 그의 조상의 기업으로 **돌아가게**

죽음을 뜻하는 '돌아가다'와 관련된 성구

창 3:19; 15:15; 25:8, 17; 35:29; 49:29, 33; 50:16; 민 20:26; 27:13; 31:2; 신 32:50; 삿 2:10; 왕하 22:20; 대상 17:11; 대하 34:28; 욥 34:15; 시 9:17; 49:19; 104:29; 146:4; 전 3:20; 5:15; 6:6; 9:3; 12:5; 요 13:1, 3

민 14:3	사로잡히리니 애굽으로 **돌아가는** 것이
민 14:4	지휘관을 세우고 애굽으로 **돌아가자**
민 15:31	죄악이 자기에게로 **돌아가서** 온전히
민 22:13	너희는 너희의 땅으로 **돌아가라** 여호와
민 22:34	아니하시면 나는 **돌아가겠나이다**
민 23:5	이르시되 발락에게로 **돌아가서** 이렇게
민 24:14	이제 나는 내 백성에게로 **돌아가거니와**
민 33:7	앞 비하히롯으로 **돌아가서** 믹돌 앞에
민 35:28	자기 소유의 땅으로 **돌아갈** 수 있느니라
민 35:32	속전을 받고 그의 땅으로 **돌아가** 거주
신 3:20	각기 내가 준 기업으로 **돌아갈** 것이니라
신 5:30	그들에게 각기 장막으로 **돌아가라**
신 16:7	구워 먹고 아침에 네 장막으로 **돌아갈**
신 17:16	백성을 애굽으로 **돌아가게** 하지 말 것이니 … 길로 다시 **돌아가지** 말 것이라
신 19:10	그의 피가 네게로 **돌아가지** 아니하리라
신 20:5	그는 집으로 **돌아갈지니** 전사하면 타인
신 20:6	그는 집으로 **돌아갈지니** 전사하면 타인
신 20:7	집으로 **돌아갈지니** 전사하면 타인이
신 20:8	자기 있느냐 그는 집으로 **돌아갈지니**
신 22:8	않게 하라 그 피가 네 집에 **돌아갈까**

역사서

수 2:16	뒤쫓는 자들이 **돌아간** 후에 너희의 길을
수 2:19	가면 그의 피가 그의 머리로 **돌아갈**
수 2:22	뒤쫓는 자들이 **돌아가기까지** 사흘을
수 17:5	외에 므낫세에게 열 분깃이 **돌아갔으니**
수 20:6	자기 성읍 자기 집으로 **돌아갈지니라**
수 22:4	가서 너희의 장막으로 **돌아가되**
수 22:8	가지고 너희의 장막으로 **돌아가서**
수 24:28	백성을 보내어 각기 기업으로 **돌아가게**
삿 7:3	떠는 자는 길르앗 산을 떠나 **돌아가라** 하라 하시니 이에 **돌아간** 백성이 이만
삿 8:29	요아스의 아들 여룹바알이 **돌아가서**
삿 9:24	죽이게 한 세겜 사람들에게로 **돌아가게**
삿 11:9	나를 데리고 고향으로 **돌아가서** 암몬
삿 18:3	음성을 알아듣고 그리로 **돌아가서**
삿 18:8	그들이 소라와 에스다올에 **돌아가서**
삿 18:26	것을 보고 돌이켜 집으로 **돌아갔더라**
삿 19:2	집에 **돌아가서** 거기서 넉 달 동안
삿 20:8	사람도 자기 장막으로 **돌아가지** 말며
삿 21:23	아내로 삼아 자기 기업에 **돌아가서** 성읍
삿 21:24	자기의 가족에게로 **돌아갔으니** 곧 각기 그 곳에서 … 기업으로 **돌아갔더라**
룻 1:8	각기 너희 어머니의 집으로 **돌아가라**
룻 1:10	어머니의 백성에게로 **돌아가겠나이다**
룻 1:11	나오미가 이르되 내 딸들아 **돌아가라**
룻 1:16	어머니를 따르지 말고 **돌아가라** 강권
삼상 1:19	여호와 앞에 경배하고 **돌아가** 라마의
삼상 2:11	엘가나는 라마의 자기 집으로 **돌아가고**
삼상 5:11	그 있던 곳으로 **돌아가게** 하고 우리와
삼상 6:16	보고 그 날에 에그론으로 **돌아갔더라**
삼상 8:22	너희는 각기 성읍으로 **돌아가라** 하니라
삼상 9:5	함께 가던 사환에게 이르되 **돌아가자**
삼상 11:9	전령들이 **돌아가서** 야베스 사람에
삼상 14:46	사람들이 자기 곳으로 **돌아가니라**
삼상 15:25	나와 함께 **돌아가서** 나로 하여금 여호와
삼상 15:26	나는 왕과 함께 **돌아가지** 아니하리니
삼상 15:30	나를 높이사 나와 함께 **돌아가서** 내가
삼상 18:2	그의 아버지의 집으로 다시 **돌아가기**
삼상 22:17	호위병에게 이르되 **돌아가서** 여호와
삼상 22:18	너는 **돌아가서** 제사장들을 죽이라 하매 에돔 사람 도엑이 **돌아가서** 제사장
삼상 23:18	요나단은 자기 집으로 **돌아가니라**
삼상 24:22	사울은 집으로 **돌아가고** 다윗과 그의

605

【 돌아가다 】 　　　　　　　　　　　　　　　【 돌아가다 】

삼상 29:7 너는 평안히 **돌아가서** 블레셋 사람들
삼상 31:12 내려 가지고 야베스에 **돌아가서** 거기서
삼하 1:16 네 피가 네 머리로 **돌아갈지어다**
삼하 2:27 무리가 아침에 각각 다 **돌아갔을** 것이요
삼하 3:12 이스라엘이 당신에게 **돌아가게** 하리
삼하 3:16 그에게 **돌아가라** 하매 **돌아가니라**
삼하 3:29 아버지의 온 집으로 **돌아갈지어다**
삼하 6:19 모든 백성이 각기 집으로 **돌아가니라**
삼하 10:14 자손을 떠나 예루살렘으로 **돌아가니라**
삼하 11:4 그 여자가 자기 집으로 **돌아가니라**
삼하 12:15 나단이 자기 집으로 **돌아가니라** 우리아
삼하 12:31 모든 백성이 예루살렘으로 **돌아가니라**
삼하 14:24 압살롬이 자기 집으로 **돌아가고** 왕의
삼하 15:8 반드시 나를 예루살렘으로 **돌아가게**
삼하 15:13 인심이 다 압살롬에게로 **돌아갔나이다**
삼하 15:19 너는 쫓겨난 나그네이니 **돌아가서** 왕과
삼하 15:27 데리고 평안히 성읍으로 **돌아가라**
삼하 15:34 네가 만일 성읍으로 **돌아가서** 압살롬
삼하 17:20 못하고 예루살렘으로 **돌아가니라**
삼하 17:23 고향으로 **돌아가** 자기 집에 이르러 집을
삼하 19:39 복을 비니 그가 자기 곳으로 **돌아가니라**
삼하 20:1 이스라엘아 각각 장막으로 **돌아가라**
왕상 2:15 왕권이 **돌아가** 내 아우의 것이 되었음은
왕상 2:30 브나야가 **돌아가서** 왕께 아뢰어 이르되
왕상 2:33 그의 자손의 머리로 **돌아갈지라도** 다윗
왕상 2:37 당하리니 네 피가 네 머리로 **돌아가리라**
왕상 6:5 다락들을 건축하되 다락마다 **돌아가며**
왕상 7:20 머리의 공같이 둥근 곳에 **돌아가며**
왕상 7:24 그 가장자리 아래에는 **돌아가며** 박이
왕상 8:66 자기 장막으로 **돌아가는데** 여호와께
왕상 10:13 신하들과 함께 본국으로 **돌아갔더라**
왕상 12:16 너희의 장막으로 **돌아가라** … 하고 이
　　　　　스라엘이 그 장막으로 **돌아가니라**
왕상 12:26 이제 다윗의 집으로 **돌아가리로다**
왕상 12:27 르호보암에게로 **돌아가서** 나를 죽이
　　　　　고 … 르호보암에게로 **돌아가리로다**
왕상 13:16 나는 그대와 함께 **돌아가지도** 못하겠고
왕상 13:18 집으로 데리고 **돌아가서** 그에게 떡을
왕상 14:17 아내가 일어나 디르사로 **돌아가서**
왕상 18:32 돌로 제단을 쌓고 제단을 **돌아가며** 곡식
왕상 19:20 엘리야가 그에게 이르되 **돌아가라** 내가
왕상 19:21 엘리사가 그를 떠나 **돌아가서** 한 겨릿
왕상 20:9 하니 사자들이 **돌아가서** 보고하니라

왕상 20:43 그의 왕궁으로 **돌아가려고** 사마리아에
왕상 22:17 각각 평안히 자기의 집으로 **돌아갈**
왕상 22:26 왕자 요아스에게로 끌고 **돌아가서**
왕하 1:6 너희를 보낸 왕에게로 **돌아가서** 그에게
왕하 3:27 그들이 떠나 각기 고국으로 **돌아갔더라**
왕하 6:23 주인에게로 **돌아가니라** 이로부터
왕하 8:21 각각 그들의 장막들로 **돌아갔더라**
왕하 14:10 왕궁에나 네 집으로 **돌아가라** 어찌하여
왕하 14:14 볼모로 잡고서 사마리아로 **돌아갔더라**
왕하 18:14 나를 떠나 **돌아가소서** 왕이 내게 지우
왕하 19:7 듣고 그의 본국으로 **돌아가게** 하고
왕하 19:8 랍사게가 **돌아가다가** 앗수르 왕이 이미
왕하 19:33 오던 길로 **돌아가고** 이 성에 이르지
왕하 19:36 산헤립이 떠나 **돌아가서** 니느웨에 거주
왕하 20:5 **돌아가서** 내 백성의 주권자 히스기야
왕하 22:9 서기관 사반이 왕에게 **돌아가서** 보고
대상 5:1 요셉의 자손에게로 **돌아가서** 족보에
대하 4:3 그 가장자리 아래에는 **돌아가며** 소 형상
대하 15:4 여호와께로 **돌아가서** 찾으매 그가 그들
대하 18:16 평안히 자기들의 집으로 **돌아갈** 것이
대하 18:25 왕자 요아스에게로 끌고 **돌아가서**
대하 25:10 고향으로 **돌아가게** 하였더니 … 심히
　　　　　노하여 분연히 고향으로 **돌아갔더라**
대하 25:24 잡아 가지고 사마리아로 **돌아갔더라**
대하 28:11 사로잡아 온 포로를 놓아 **돌아가게** 하라
느 9:17 되었던 땅으로 **돌아가고자** 하였나이다

시가서, 선지서

욥 1:21 또한 알몸이 그리로 **돌아가올지라** 주신
욥 7:10 다시 자기 집으로 **돌아가지** 못하겠고
욥 22:23 네가 만일 전능자에게로 **돌아가면** 네가
시 7:16 그의 재앙은 자기 머리로 **돌아가고** 그의
시 74:21 학대 받은 자가 부끄러이 **돌아가게** 하지
시 85:8 그들은 다시 어리석은 데로 **돌아가지**
시 90:3 사람을 티끌로 **돌아가게** 하시고 말씀하
　　　　시기를 너희 인생들은 **돌아가라** 하셨사
시 94:15 심판이 의로 **돌아가리니** 마음이 정직한
시 116:7 영혼아 네 평안함으로 **돌아갈지어다**
잠 20:14 좋지 못하다 하다가 **돌아간** 후에는 자랑
잠 23:8 아름다운 말도 헛된 데로 **돌아가리라**
잠 31:31 손의 열매가 그에게로 **돌아갈** 것이요
전 1:5 지되 그 떴던 곳으로 빨리 **돌아가고**
전 1:6 바람은 남으로 불다가 북으로 **돌아가**
　　　　며 이리 돌며 … 불던 곳으로 **돌아가고**

【 돌아가다 】

전 9:6	모든 일 중에서 그들에게 돌아갈 몫이
전 12:7	흙은 여전히 땅으로 돌아가고 영은 그 것을 주신 하나님께로 돌아가기 전에
아 6:1	사랑하는 자가 어디로 돌아갔는가 우리
사 13:14	동족에게로 돌아가며 각기 본향으로
사 37:7	듣고 그의 고국으로 돌아갈 것이며
사 37:8	랍사게가 돌아가다가 그 왕을 만나니
사 37:29	입에 물려 너를 오던 길로 돌아가게
사 37:34	그가 오던 길 곧 그 길로 돌아가고
사 37:37	산헤립 왕이 떠나 돌아가서 니느웨에
사 56:11	제 길로 돌아가며 사람마다 자기 이익
렘 11:10	자기들의 선조의 죄악으로 돌아가서
렘 30:3	유다의 포로를 돌아가게 할 날이 오리니
렘 37:7	군대는 자기 땅 애굽으로 돌아가겠고
렘 40:5	그다랴에게로 돌아가서 그와 함께 백성
렘 41:14	가레아의 아들 요하난에게로 돌아가니
렘 46:16	민족에게로, 우리 고향으로 돌아가자
렘 49:6	자손의 포로를 돌아가게 하리라 여호와
렘 49:39	내가 엘람의 포로를 돌아가게 하리라
렘 50:16	두려워하여 각기 동족에게로 돌아가며
렘 50:19	다시 그의 목장으로 돌아가게 하리니
렘 51:9	각기 고향으로 돌아가자 그 화가 하늘에
렘 51:35	학대가 바벨론에 돌아가기를 원한다 고 … 갈대아 주민에게로 돌아가기를
렘 52:22	머리 사면으로 돌아가며 꾸민 망사와
애 3:40	조사하고 여호와께로 돌아가자
애 5:2	집들도 이방인들에게 돌아갔나이다
애 5:21	우리가 주께로 돌아가겠사오니 우리의
겔 1:18	그 네 둘레가 돌아가면서 눈이 가득하며
겔 18:13	자기의 피가 자기에게로 돌아가리라
겔 18:20	의인의 공의도 자기에게로 돌아가고 악인의 악도 자기에게로 돌아가리라
겔 29:14	그 고토 땅으로 돌아가게 할 것이라
겔 33:4	당하면 그 피가 자기의 머리로 돌아갈
겔 37:21	모아서 그 고토 땅으로 돌아가게 하고
겔 46:17	후에는 군주에게로 돌아갈 것이니 군주
겔 46:23	작은 네 뜰 사방으로 돌아가며 부엌이
겔 47:6	인도하여 강 가로 돌아가게 하시기로
겔 47:7	내가 돌아가니 강 좌우편에 나무가 심히
단 2:17	이에 다니엘이 자기 집으로 돌아가서
단 2:44	국권이 다른 백성에게로 돌아가지도
단 6:10	찍힌 것을 알고도 자기 집에 돌아가서는
단 6:18	궁에 돌아가서는 밤이 새도록 금식하고

【 돌아가다 】

단 10:20	이제 내가 돌아가서 바사 군주와 싸우려
단 11:4	자손에게로 돌아가지도 아니할 것이 요 … 사람들에게로 돌아갈 것임이라
단 11:13	북방 왕은 돌아가서 다시 군대를 전보다
단 11:28	가지고 본국으로 돌아가리니 … 마음 대로 행하고 본토로 돌아갈 것이며
단 11:30	그가 낙심하고 돌아가면서 … 자기 땅에 돌아가서는 맺은 거룩한 언약을 배반하
호 2:7	내가 본 남편에게로 돌아가리니 그때에
호 5:4	그들로 자기 하나님에게로 돌아가지 못하
호 5:15	구하기까지 내가 내 곳으로 돌아가리라
호 6:1	우리가 여호와께로 돌아가자 여호와께
욥 1:15	행한 것이 네 머리로 돌아갈 것이라
미 1:7	그것이 기생의 값으로 돌아가리라
습 2:7	유다 족속의 남은 자에게로 돌아갈지라
슥 1:3	내가 너희에게로 돌아가리라 만군의

신약

마 2:12	헤롯에게로 돌아가지 말라 지시하심 을 받아 다른 길로 고국에 돌아가니라
마 9:7	그가 일어나 집으로 돌아가거늘
마 12:44	내 집으로 돌아가리라 하고 와 보니
마 13:44	기뻐하며 돌아가서 자기의 소유를
마 13:54	고향으로 돌아가사 그들의 회당에서
마 23:35	의로운 피가 다 너희에게 돌아가리라
마 23:36	이것이 다 이 세대에 돌아가리라
막 5:19	집으로 돌아가 주께서 네게 어떻게
막 7:29	이 말을 하였으니 돌아가라 귀신이
눅 1:23	직무의 날이 다 되매 집으로 돌아가니라
눅 1:56	달쯤 함께 있다가 집으로 돌아가니라
눅 2:3	호적하러 각각 고향으로 돌아가매
눅 2:20	영광을 돌리고 찬송하며 돌아가니라
눅 2:39	돌아가 본 동네 나사렛에 이르니라
눅 2:43	날들을 마치고 돌아갈 때에 아이 예수
눅 2:45	찾으면서 예루살렘에 돌아갔더니
눅 4:14	성령의 능력으로 갈릴리에 돌아가시니
눅 7:10	사람들이 집으로 돌아가 보매 종이 이미
눅 8:37	예수께서 배에 올라 돌아가실새
눅 8:39	집으로 돌아가 하나님이 네게 어떻게
눅 11:24	이르되 내가 나온 내 집으로 돌아가리라
눅 15:20	일어나서 아버지께로 돌아가니라 아직
눅 23:48	일을 보고 다 가슴을 치며 돌아가고
눅 23:56	돌아가 향품과 향유를 준비하더라 계명
눅 24:9	무덤에서 돌아가 이 모든 것을 열한

【 돌아다니다 】 　　　　　　　　　　　　　　【 돌아보다 】

눅 24:12	일을 놀랍게 여기며 집으로 **돌아가니라**
눅 24:33	일어나 예루살렘에 **돌아가** 보니 열한
눅 24:52	큰 기쁨으로 예루살렘에 **돌아가**
요 7:33	나를 보내신 이에게로 **돌아가겠노라**
요 7:53	[다 각각 집으로 **돌아가고**
요 11:28	말을 하고 **돌아가서** 가만히 그 자매
요 20:10	제자가 자기들의 집으로 **돌아가니라**
행 8:25	말한 후 예루살렘으로 **돌아갈새**
행 8:28	**돌아가는데** 수레를 타고 선지자 이사야
행 13:13	떠나 예루살렘으로 **돌아가고**
행 14:21	이고니온과 안디옥으로 **돌아가서**
행 15:33	자기를 보내던 사람들에게로 **돌아가되**
행 18:6	너희 피가 너희 머리로 **돌아갈** 것이요
행 20:3	마게도냐를 거쳐 **돌아가기로** 작정하니
행 21:6	배에 오르고 그들은 집으로 **돌아가니라**
행 23:32	호송하게 하고 영내로 **돌아가니라**
롬 11:36	주로 말미암고 주에게로 **돌아감이라**
고후 3:16	주께로 **돌아가면** 그 수건이 벗겨지리라
갈 1:17	갔다가 다시 다메섹으로 **돌아갔노라**
갈 4:9	약하고 천박한 초등학문으로 **돌아가서**
딤전 5:15	이미 사탄에게 **돌아간** 자들도 있도다
히 11:15	본향을 생각하였더라면 **돌아갈** 기회가
히 13:19	내가 더 속히 너희에게 **돌아가기** 위하여
벧후 2:22	개가 그 토하였던 것에 **돌아가고** 돼지
유 1:13	캄캄한 흑암으로 **돌아갈** 유리하는 별들
계 12:17	여자에게 분노하여 **돌아가서** 그 여자

📖 돌아가다 – 기타 본문

창 22:19; 24:6, 54, 56; 31:13; 출 4:19, 20, 21; 28:34; 37:2, 11; 39:25, 26; 레 7:9; 20:12, 13, 16, 27; 민 23:6, 16; 24:25; 삿 7:7; 19:9, 28; 21:21; 룻 1:15; 삼상 2:20; 26:25; 29:11; 왕상 6:6, 10; 12:24; 13:19, 22, 26; 대상 16:43; 대하 9:12; 10:16; 11:4; 18:32; 28:15; 31:1; 32:21; 겔 33:5; 막 7:30; 눅 5:25

돌아다니다 (go about)

레 19:16	백성 중에 **돌아다니며** 사람을 비방하지
아 3:2	내가 일어나서 성 안을 **돌아다니며** 마음
렘 2:36	길을 바꾸어 부지런히 **돌아다니느냐**
렘 6:28	비방하며 **돌아다니는** 자며 그들은 놋과
렘 50:6	산에서 언덕으로 **돌아다니며** 쉴 곳을
겔 14:17	칼아 그 땅에 **돌아다니라** 하고 내가
암 8:12	여호와의 말씀을 구하려고 **돌아다녀도**

막 6:55	온 지방으로 달려 **돌아다니며** 예수께서
행 19:13	**돌아다니며** 마술하는 어떤 유대인들
딤전 5:13	게으름을 익혀 집집으로 **돌아다니고**

돌아보다 (look back, concern for, care for)

창 19:17	도망하여 생명을 보존하라 **돌아보거나**
창 19:26	롯의 아내는 뒤를 **돌아보았으므로** 소금
창 42:28	혼이 나서 떨며 서로 **돌아보며** 말하되
민 16:15	주는 그들의 헌물을 **돌아보지** 마옵소서
수 8:20	아이 사람이 뒤를 **돌아본즉** 그 성읍에
삿 20:40	베냐민 사람이 뒤를 **돌아보매** 온 성읍에
삼상 24:8	왕이여 오늘 사울이 뒤를 **돌아보는지라** 다윗
삼하 2:20	아브넬이 뒤를 **돌아보며** 이르되 아사헬
삼하 9:8	죽은 개 같은 나를 **돌아보시나이까**
왕상 8:28	주의 종의 기도와 간구를 **돌아보시며**
왕상 8:45	들으시고 그들의 일을 **돌아보옵소서**
왕상 8:49	들으시고 그들의 일을 **돌아보시오며**
왕상 8:59	일을 날마다 필요한 대로 **돌아보사**
왕상 12:16	네 집이나 **돌아보라** 하고 이스라엘
왕상 18:29	응답하는 자나 **돌아보는** 자가 아무도
대상 11:19	생명을 **돌아보지** 아니하고 갔던 이 사람
대하 6:19	주의 종의 기도와 간구를 **돌아보시며**
대하 13:14	사람이 뒤를 **돌아보고** 자기 앞 뒤의
느 4:14	내가 **돌아본** 후에 일어나서 귀족들과
욥 3:4	하나님이 위에서 **돌아보지** 않으셨더라
욥 9:21	온전하다마는 내가 나를 **돌아보지** 아니
욥 30:20	섰사오나 주께서 나를 **돌아보지** 아니
욥 35:13	듣지 아니하시며 전능자가 **돌아보지**
시 40:4	거짓에 치우치는 자를 **돌아보지** 아니
시 102:17	빈궁한 자의 기도를 **돌아보시며** 그들
잠 1:24	내가 손을 폈으나 **돌아보는** 자가 없었고
사 13:17	은을 **돌아보지** 아니하며 금을 기뻐하지
사 26:10	행하고 여호와의 위엄을 **돌아보지**
렘 18:19	여호와여 나를 **돌아보사** 나와 더불어
렘 24:6	**돌아보아** 좋게 하여 다시 이 땅으로
렘 33:5	얼굴을 가리어 이 성을 **돌아보지** 아니하
렘 46:5	도망하며 뒤를 **돌아보지** 아니함은 어찜
애 3:50	하늘에서 살피시고 **돌아보실** 때까지니
단 11:37	**돌아보지** 아니하며 어떤 신도 **돌아보지**
호 14:8	내가 그를 **돌아보아** 대답하기를 나는
암 5:22	살진 희생의 화목제도 내가 **돌아보지**
나 2:8	서라 서라 하나 **돌아보는** 자가 없도다
말 2:13	너희의 봉헌물을 **돌아보지도** 아니하시

【 돌아서다 】　　　　　　　　　　　　　　　　　　　【 돌아오다 】

마 22:5	그들이 **돌아보지도** 않고 한 사람은 자기	창 27:30	그의 형 에서가 사냥하여 **돌아온지라**
눅 7:44	여자를 **돌아보시며** 시몬에게 이르시되	창 28:15	너를 이끌어 이 땅으로 **돌아오게** 할지라
눅 9:55	예수께서 **돌아보시며** 꾸짖으시고	창 30:16	저물 때에 야곱이 들에서 **돌아오매** 레아
눅 9:62	쟁기를 잡고 뒤를 **돌아보는** 자는 하나님	창 32:6	사자들이 야곱에게 **돌아와** 이르되 우리
눅 10:23	**돌아보시며** 조용히 이르시되 너희가	창 34:5	목축하므로 그들이 **돌아오기까지**
히 10:24	서로 **돌아보아** 사랑과 선행을 격려하며	창 35:9	야곱이 밧단아람에서 **돌아오매** 하나님
		창 37:14	잘 있는지를 보고 **돌아와** 내게 말하라

돌아서다 (turn)

수 7:8	그의 원수들 앞에서 **돌아섰으니**	창 37:29	르우벤이 **돌아와** 구덩이에 이르러 본즉
수 8:20	그 추격하던 자에게로 **돌아섰더라**	창 38:22	그가 유다에게로 **돌아와** 이르되 내가
수 22:16	여호와를 따르는 데서 **돌아서서** 너희를	창 39:16	자기 주인이 집으로 **돌아오기를** 기다려
수 23:12	만일 **돌아서서** 너희 중에 남아 있는	창 42:24	떠나가서 울고 다시 **돌아와서** 그들과
삿 8:33	죽으매 이스라엘 자손이 **돌아서서** 바알	창 42:29	가나안 땅에 **돌아와** 그들의 아버지 야곱
삿 20:41	이스라엘 사람은 **돌아서는지라** 베냐민	창 42:37	그를 아버지께로 데리고 **돌아오리이다**
삼상 12:20	여호와를 따르는 데에서 **돌아서지** 말고	창 49:26	요셉의 머리로 **돌아오며** 그 형제 중
삼상 12:21	**돌아서서** 유익하게도 못하며 구원하지		뛰어난 자의 정수리로 **돌아오리로다**
삼상 17:30	**돌아서서** 다른 사람을 향하여 전과 같이	창 50:14	호상꾼과 함께 애굽으로 **돌아왔더라**
왕상 9:6	자손이 아주 **돌아서서** 나를 따르지 아니	출 2:18	어찌하여 이같이 속히 **돌아오느냐**
대하 7:19	너희가 만일 **돌아서서** 내가 너희 앞에	출 5:22	모세가 여호와께 **돌아와서** 아뢰되 주여
대하 18:31	이스라엘 왕이라 하고 **돌아서서** 그와	출 9:19	들에 있어서 집에 **돌아오지** 않는 것들
대하 25:27	아마샤가 **돌아서서** 여호와를 버린 후로	출 24:14	너희에게로 **돌아오기까지** 기다리라
시 18:37	그들이 망하기 전에는 **돌아서지** 아니	출 33:11	모세는 진으로 **돌아오나** 눈의 아들 젊은
사 5:25	그의 노가 **돌아서지** 아니하였고 그의	레 22:13	자식이 없이 그의 친정에 **돌아와서** 젊었
딤후 3:5	이같은 자들에게서 네가 **돌아서라**	레 25:28	이르러 **돌아올지니** 그것이 곧 그의
		레 26:23	너희가 내게로 **돌아오지** 아니하고 내게

돌아서게 하다

왕상 11:3	왕의 마음을 **돌아서게 하였더라**	레 27:21	되어서 그 밭이 **돌아오게** 될 때에
시 21:12	왕이 그들로 **돌아서게** 함이여 그들의	민 10:36	이스라엘 종족들에게로 **돌아오소서**
시 44:10	우리를 대적들에게서 **돌아서게** 하시니	민 11:30	장로들이 진중에 **돌아왔더라**
약 5:19	진리를 떠난 자를 누가 **돌아서게** 하면	민 13:25	동안 땅을 정탐하기를 마치고 **돌아와**
약 5:20	죄인을 미혹된 길에서 **돌아서게** 하는	민 14:36	보냄을 받고 땅을 정탐하고 **돌아와서**
		민 16:50	아론이 회막 문 모세에게로 **돌아오니라**
		민 31:14	지휘관 곧 싸움에서 **돌아온** 천부장들과

돌아서다 - 기타 본문

수 7:12; 22:29; 사 9:12, 17, 21; 10:4; 12:1

민 32:18	기업을 받기까지 우리 집으로 **돌아오지**
민 32:22	무죄하여 **돌아오겠고** 이 땅은 여호와
신 1:25	우리에게로 **돌아와서** 우리에게 말하여
신 1:45	**돌아와** 여호와 앞에서 통곡하나 여호와
신 4:30	네가 네 하나님 여호와께로 **돌아와서**
신 30:2	하나님 여호와께 **돌아와** 내가 오늘

돌아오다 (return)
모세오경

창 8:9	방주로 **돌아와** 그에게로 오는지라 그	신 30:3	긍휼히 여기사 포로에서 **돌아오게** 하시
창 14:17	왕들을 쳐부수고 **돌아올** 때에 소돔 왕이	신 30:5	네 조상들이 차지한 땅으로 **돌아오게**
창 15:16	자손은 사대 만에 이 땅으로 **돌아오리니**	신 30:8	너는 **돌아와** 다시 여호와의 말씀을 청종
창 18:10	이맘때 내가 반드시 네게로 **돌아오리니**	신 30:9-10	하나님께 **돌아오면** 네 하나님 여호와
창 22:5	우리가 너희에게로 **돌아오리라**	**역사서, 시가서**	
창 25:29	죽을 쑤었더니 에서가 들에서 **돌아와서**	수 1:15	요단 이쪽 해 돋는 곳으로 **돌아와서**

【 돌아오다 】

수 2:19 그의 피는 우리의 머리로 **돌아오려니와**
수 6:14 성을 한 번 돌고 진영으로 **돌아오니라**
수 7:3 여호수아에게로 **돌아와** 그에게 이르되
수 8:24 이스라엘이 아이로 **돌아와서** 칼날로
수 10:21 막게다 진영으로 **돌아와** 여호수아
수 11:10 여호수아가 **돌아와서** 하솔을 취하고
수 18:1 땅은 그들 앞에서 **돌아와** 정복되었더라
수 18:4 그 땅을 그려 가지고 내게로 **돌아올**
수 22:32 가나안 땅 이스라엘 자손에게 **돌아와**
삿 3:19 돌 뜨는 곳에서부터 **돌아와서** 이르되
삿 6:18 내가 너 **돌아올** 때까지 머무르리라 하
삿 7:15 진영으로 **돌아와** 이르되 일어나라
삿 8:9 내가 평안히 **돌아올** 때에 이 망대를
삿 8:13 헤레스 비탈 전장에서 **돌아오다가**
삿 11:31 내가 암몬 자손에게서 평안히 **돌아올**
삿 11:39 그의 아버지에게로 **돌아온지라** 그는
삿 19:16 한 노인이 밭에서 일하다가 **돌아오니**
삿 20:48 베냐민 자손에게로 **돌아와서** 온 성읍과
삿 21:14 베냐민이 **돌아온지라** 이에 이스라엘
룻 1:6 함께 일어나 모압 지방에서 **돌아오려**
룻 1:7 그와 함께 하여 유다 땅으로 **돌아오려고**
룻 1:21 여호와께서 내게 비어 **돌아오게** 하셨느
룻 1:22 며느리 모압 여인 룻과 함께 **돌아왔는데**
룻 2:6 나오미와 함께 모압 지방에서 **돌아온**
룻 4:3 모압 지방에서 **돌아온** 나오미가 우리
삼상 4:3 백성이 진영으로 **돌아오매** 이스라엘
삼상 7:3 전심으로 여호와께 **돌아오려거든**
삼상 7:17 라마로 **돌아왔으니** 이는 거기에 자기
삼상 17:53 블레셋 사람들을 쫓다가 **돌아와서** 그들
삼상 17:57 그 블레셋 사람을 죽이고 **돌아올** 때에
삼상 18:6 **돌아올** 때 곧 다윗이 블레셋 사람을 죽
이고 **돌아올** 때에 여인들이 이스라엘
삼상 20:21 너는 **돌아올지니** 여호와께서 살아 계심
삼상 20:38 주워 가지고 주인에게로 **돌아왔으나**
삼상 23:28 사울이 다윗 뒤쫓기를 그치고 **돌아와**
삼상 24:1 사울이 블레셋 사람을 쫓다가 **돌아오매**
삼상 25:36 아비가일이 나발에게로 **돌아오니** 그가
삼상 26:21 내 아들 다윗아 **돌아오라** 네가 오늘
삼상 27:9 의복을 빼앗아 가지고 **돌아와** 아기스에
삼하 1:1 아말렉 사람을 쳐죽이고 **돌아와** 다윗이
삼하 1:22 사울의 칼이 헛되이 **돌아오지** 아니하
삼하 2:30 요압이 아브넬 쫓기를 그치고 **돌아와**
삼하 3:22 노략한 물건을 가지고 **돌아오니** 아브넬

【 돌아오다 】

삼하 3:26 우물 가에서 그를 데리고 **돌아왔으나**
삼하 3:27 아브넬이 헤브론으로 **돌아오매** 요압이
삼하 6:20 자기의 가족에게 축복하러 **돌아오매**
삼하 8:13 만 팔천 명을 쳐 죽이고 **돌아와서** 명성
삼하 10:5 여리고에서 머물다가 **돌아오라**
삼하 11:1 그 해가 돌아 왕들이 출전할 때가
삼하 11:10 길 갔다가 **돌아온** 것이 아니냐 어찌하여
삼하 12:20 왕궁으로 **돌아와** 명령하여 음식을
삼하 12:23 다시 **돌아오게** 할 수 있느냐 나는 그에
게로 가려니와 그는 내게로 **돌아오지**
삼하 14:13 내쫓긴 자를 왕께서 집으로 **돌아오게**
삼하 14:32 내가 그술에서 **돌아오게** 되었나이까
삼하 15:12 압살롬에게로 **돌아오는** 백성이 많아지
삼하 17:3 백성이 당신께 **돌아오게** 하리니 모든
사람이 **돌아오기는** 왕이 찾는 이 사람
삼하 18:16 추격하지 아니하고 **돌아오니라**
삼하 19:14 부하들과 더불어 **돌아오소서** 한지라
삼하 19:15 왕이 **돌아와** 요단에 이르매 유다 족속
삼하 19:24 떠난 날부터 평안히 **돌아오는** 날까지
삼하 19:30 왕께서 평안히 왕궁에 **돌아오시게** 되었
삼하 20:22 **돌아가고** 요압은 예루살렘으로 **돌아와**
삼하 23:10 백성들은 **돌아와** 그의 뒤를 따라가며
왕상 2:41 가드에 갔다가 **돌아온** 일을 어떤 사람이
왕상 8:33 주께로 **돌아와서** 주의 이름을 인정하고
왕상 8:34 조상들에게 주신 땅으로 **돌아오게** 하옵
왕상 8:48 온 마음과 온 뜻으로 주께 **돌아와서**
왕상 12:20 온 이스라엘이 여로보암이 **돌아왔다**
왕상 13:29 나귀에 실어 가지고 **돌아와** 자기 성읍
왕상 17:21 아이의 혼으로 그의 몸에 **돌아오게** 하옵
왕상 21:4 답답하여 왕궁으로 **돌아와** 침상에 누워
왕상 22:27 내가 평안히 **돌아올** 때까지 고생의
왕하 1:5 사자들이 왕에게 **돌아오니** 왕이 그들에
왕하 2:13 떨어진 겉옷을 주워 가지고 **돌아와** 요단
왕하 2:18 무리가 그에게 **돌아오니** 엘리사가 그들
왕하 2:25 가고 거기서 사마리아로 **돌아왔더라**
왕하 4:22 사람에게 달려갔다가 **돌아오리이다**
왕하 4:31 듣지도 아니하는지라 **돌아와서** 엘리사
왕하 4:39 옷자락에 채워 가지고 **돌아와** 썰어
왕하 7:15 길에 가득하였더라 사자가 **돌아와서**
왕하 8:3 블레셋 사람들의 땅에서 **돌아와** 자기
왕하 8:29 치료하려 하여 이스르엘로 **돌아왔더라**
왕하 9:18 사자가 그들에게 갔으나 **돌아오지** 아니
왕하 9:36 **돌아와서** 전하니 예후가 이르되 이는

610

돌아오다		돌아오다	
왕하 16:11	아하스 왕이 다메섹에서 **돌아오기** 전에	욥 10:21	내가 **돌아오지** 못할 땅 곧 어둡고 죽음
왕하 23:20	불사르고 예루살렘으로 **돌아왔더라**	욥 16:22	수년이 지나면 나는 **돌아오지** 못할 길로
왕하 23:30	므깃도에서 예루살렘으로 **돌아와** 그의	욥 39:4	크다가 나간 후에는 다시 **돌아오지** 아니
대상 12:8	요새에 이르러 다윗에게 **돌아온** 자를	시 6:4	여호와여 **돌아와** 나의 영혼을 건지시며
대상 21:2	단까지 이스라엘을 계수하고 **돌아와**	시 7:7	하시고 그 위 높은 자리에 **돌아오소서**
대상 21:4	두루 다닌 후에 예루살렘으로 **돌아와**	시 22:27	여호와를 기억하고 **돌아오며** 모든 나라
대상 29:18	마음을 준비하여 주께로 **돌아오게** 하시	시 35:13	내 기도가 내 품으로 **돌아왔도다**
대하 1:13	앞에서부터 예루살렘으로 **돌아와서**	시 51:13	죄인들이 주께 **돌아오리이다**
대하 10:2	여로보암이 애굽에서부터 **돌아오매**	시 59:6	저물어 **돌아와서** 개처럼 울며 성으로
대하 11:13	지방에서부터 르호보암에게 **돌아오되**	시 68:22	그들을 바산에서 **돌아오게** 하며 바다
대하 15:9	함께 하심을 보고 아사에게로 **돌아오는**	시 73:10	백성이 이리로 **돌아와서** 잔에 가득한
대하 19:1	평안히 예루살렘에 **돌아와서** 그의	시 78:39	가고 다시 **돌아오지** 못하는 바람임을
대하 19:4	조상들의 하나님 여호와께로 **돌아오게**	시 80:14	하나님이여 구하옵나니 **돌아오소서**
대하 20:27	즐겁게 예루살렘으로 **돌아왔으니** 이는	시 85:1	베푸사 야곱의 포로 된 자들이 **돌아오게**
대하 20:33	그들의 조상들의 하나님께로 **돌아오지**	시 104:9	**돌아와** 땅을 덮지 못하게 하셨나이다
대하 24:19	여호와에게로 **돌아오게** 하려 하시매	시 119:79	경외하는 자들이 내게 **돌아오게** 하소서
대하 25:14	에돔 사람들을 죽이고 **돌아올** 때에	시 126:6	그 곡식 단을 가지고 **돌아오리로다**
대하 28:9	사마리아로 **돌아오는** 군대를 영접하고	잠 2:19	그에게로 가는 자는 **돌아오지** 못하며
대하 28:12	아마사가 일어나서 전장에서 **돌아오는**	잠 7:20	가졌은즉 보름날에나 집에 **돌아오리라**
대하 30:6	여호와께로 **돌아오라** 그리하면 … 손	아 2:17	그림자가 사라지기 전에 **돌아와서**
	에서 벗어난 자에게로 **돌아오시리라**	아 6:13	**돌아오고 돌아오라** 술람미 여자야 **돌아**
대하 30:8	목을 곧게 하지 말고 여호와께 **돌아와**		**오고 돌아오라** 우리가 너를 보게 하라
대하 30:9	여호와께 **돌아오면** … 다시 이 땅으로	**선지서**	
	돌아오리라 너희 하나님 여호와는 은	사 1:27	정의로 구속함을 받고 그 **돌아온** 자들은
	혜로우시고 … 그에게로 **돌아오면**	사 6:10	마음으로 깨닫고 다시 **돌아와** 고침을
대하 33:13	그가 예루살렘에 **돌아와서** 다시 왕위에	사 9:13	자기들을 치시는 이에게로 **돌아오지**
대하 34:7	찍고 예루살렘으로 **돌아왔더라**	사 10:21	남은 자가 능하신 하나님께로 **돌아올**
대하 36:13	여호와께로 **돌아오지** 아니하였고	사 10:22	모래 같을지라도 남은 자만 **돌아오리니**
스 2:1	예루살렘과 유다 도로 **돌아와** 각기 각자	사 11:10	열방이 그에게로 **돌아오리니** 그가 거한
스 3:8	사로잡혔다가 예루살렘에 **돌아온** 자들이	사 11:11	하맛과 바다 섬들에서 **돌아오게** 하실
느 1:9	내 이름을 두려고 택한 곳에 **돌아오게**	사 14:2	그들의 본토에 **돌아오리니** 이스라엘
느 2:6	어느 때에 **돌아오겠느냐** 하고 왕이 나를	사 19:22	그들이 여호와께로 **돌아올** 것이라
느 2:15	골짜기 문으로 들어와 **돌아왔으나**	사 21:12	물으라 너희는 **돌아올지니라** 하더라
느 4:15	우리가 다 성에 **돌아와서** 각각 일하였는	사 27:13	쫓겨난 자들이 **돌아와서** 예루살렘 성산
느 7:5	처음으로 **돌아온** 자의 계보를 얻었는데	사 29:1	성읍이여 해마다 절기가 **돌아오려니와**
느 9:26	주의 율법을 등지고 주께로 **돌아오기를**	사 31:6	심히 거역하던 자에게로 **돌아오라**
느 12:1	스룹바벨과 예수아와 함께 **돌아온**	사 35:10	속량함을 받은 자들이 **돌아오되** 노래하
에 2:14	둘째 후궁으로 **돌아와서** 비빈을 주관	사 44:22	너는 내게로 **돌아오라** 내가 너를 구속
에 4:9	하닥이 **돌아와** 모르드개의 말을 에스더	사 45:23	공의로운 말이 나갔은즉 **돌아오지** 아니
에 5:10	참고 집에 **돌아와서** 사람을 보내어 그의	사 49:5	야곱을 그에게로 **돌아오게** 하시는 이시
에 6:12	모르드개는 다시 대궐 문으로 **돌아오고**	사 49:6	이스라엘 중에 보전된 자를 **돌아오게**
에 7:8	후원으로부터 잔치 자리에 **돌아오니**	사 51:11	여호와께 구속 받은 자들이 **돌아와** 노
욥 6:29	아직도 나의 의가 건재하니 **돌아오라**		래하며 시온으로 **돌아오니** 영원한 기쁨

【 돌아오다 】　　　　　　　　　　　　　　　　　【 돌아오다 】

사 52:8	여호와께서 시온으로 돌아오실 때에	호 14:7	거주하는 자가 돌아올지라 그들은 곡식
사 55:7	여호와께로 돌아오라 그리하면 그가 궁휼히 … 우리 하나님께로 돌아오라	욜 2:12	마음을 다하여 내게로 돌아오라
		욜 2:13	너희 하나님 여호와께로 돌아올지어다
사 60:5	바다의 부가 네게로 돌아오며 이방 나라	욜 3:1	가운데에서 사로잡힌 자를 돌아오게
사 63:17	지파들을 위하사 돌아오시옵소서	암 4:6	너희가 내게로 돌아오지 아니하였느니
렘 3:1	행음하고서도 내게로 돌아오려느냐	미 4:8	예루살렘의 나라가 네게로 돌아오리라
렘 3:14	배역한 자식들아 돌아오라 나는 너희	미 5:3	자기 이스라엘 자손에게로 돌아오리니
렘 8:4	사람이 떠나갔으면 어찌 돌아오지 아니	미 7:12	저 산까지의 사람들이 네게로 돌아올
렘 14:3	물을 얻지 못하여 빈 그릇으로 돌아오니	미 7:17	여호와께로 돌아와서 주로 말미암아
렘 15:19	돌아오면 내가 너를 다시 이끌어 내 앞에 … 그들은 네게로 돌아오려니와	합 2:16	오른손의 잔이 네게로 돌아올 것이라
		슥 1:3	너희는 내게로 돌아오라 만군의 여호와
렘 19:14	예언하게 하신 도벳에서 돌아와 여호와	슥 1:16	여기므로 예루살렘에 돌아왔은즉
렘 22:10	슬피 울라 그는 다시 돌아와 그 고국을	슥 6:10	바벨론에서부터 돌아온 헬대와 도비야
렘 22:11	그가 이 곳으로 다시 돌아오지 못하고	슥 8:3	내가 시온에 돌아와 예루살렘 가운데에
렘 24:7	그들이 전심으로 내게 돌아오게 하리니	슥 9:7	하나님께로 돌아와서 유다의 한 지도자
렘 25:5	길과 악행을 버리고 돌아오라 그리하면	슥 9:12	자들아 너희는 요새로 돌아올지니라
렘 28:4	포로를 다시 이 곳으로 돌아오게 하리니	슥 10:6	궁휼히 여김으로 그들이 돌아오게
렘 29:10	성취하여 너희를 이 곳으로 돌아오게	슥 10:9	그들의 자녀들과 함께 돌아올지라
렘 30:10	야곱이 돌아와서 태평과 안락을 누릴	슥 10:10	내가 그들을 애굽 땅에서 돌아오게 하며
렘 31:8	무리를 이루어 이 곳으로 돌아오리라	말 3:7	내게로 돌아오라 그리하면 나도 너희
렘 31:17	자녀가 자기들의 지경으로 돌아오리라	말 3:18	때에 너희가 돌아와서 의인과 악인을
렘 31:18	그리하시면 내가 돌아오겠나이다	**신약**	
렘 31:21	두라 돌아오라 네 성읍들로 돌아오라	마 10:13	아니하면 그 평안이 너희에게 돌아올
렘 31:23	사로잡힌 자를 돌아오게 할 때에 그들이	마 25:19	종들의 주인이 돌아와 그들과 결산할
렘 40:12	유다 사람이 쫓겨났던 각처에서 돌아와	마 25:27	맡겼다가 내가 돌아와서 내 원금과 이자
렘 41:16	기브온에서 빼앗아 가지고 돌아와서	막 7:4	또 시장에서 돌아와서도 물을 뿌리지
렘 46:27	야곱이 돌아와서 평안하며 걱정 없이	막 14:37	돌아오사 제자들이 자는 것을 보시고
겔 7:13	묵시가 그 모든 무리에게 돌아오지 아니	눅 1:16	곧 그들의 하나님께로 많이 돌아오게
겔 26:2	문이 깨어져 내게로 돌아왔도다 그가	눅 1:17	의인의 슬기에 돌아오게 하고 주를 위하
겔 34:4	쫓기는 자를 돌아오게 하지 아니하며	눅 4:1	충만함을 입어 요단 강에서 돌아오사
겔 39:25	야곱의 사로잡힌 자를 돌아오게 하며	눅 8:40	예수께서 돌아오시매 무리가 환영하니
겔 39:27	내가 그들을 만민 중에서 돌아오게 하고	눅 8:55	영이 돌아와 아이가 곧 일어나거늘 예수
겔 44:1	동쪽을 향한 바깥 문에 돌아오시니	눅 9:10	사도들이 돌아와 자기들이 행한 모든
단 4:34	총명이 다시 내게로 돌아온지라 이에	눅 10:6	그렇지 않으면 너희에게로 돌아오리라
단 9:7	수치는 우리 얼굴로 돌아옴이 오늘과	눅 10:17	칠십 인이 기뻐하며 돌아와 이르되 주여
단 12:3	사람을 옳은 데로 돌아오게 한 자는	눅 10:35	비용이 더 들면 내가 돌아올 때에 갚으
호 3:5	후에 이스라엘 자손이 돌아와서 그들의	눅 12:36	주인이 혼인 집에서 돌아와 문을 두드리
호 7:10	여호와께로 돌아오지 아니하며 구하지	눅 14:21	종이 돌아와 주인에게 그대로 고하니
호 7:16	돌아오나 높으신 자에게로 돌아오지	눅 15:12	아버지여 재산 중에서 내게 돌아올 분깃
호 11:7	불러 위에 계신 이에게로 돌아오라	눅 15:25	맏아들은 밭에 있다가 돌아와 집에
호 12:6	돌아와서 인애와 정의를 지키며 항상	눅 15:27	대답하되 당신의 동생이 돌아왔으매
호 14:1	하나님 여호와께로 돌아오라 네가 불의	눅 15:30	삼켜 버린 이 아들이 돌아오매 이를
호 14:2	말씀을 가지고 여호와께 돌아와서	눅 17:4	네게 죄를 짓고 일곱 번 네게 돌아와

【 돌이키다 】   【 돌이키다 】

눅 17:7	종이 있어 밭에서 **돌아오면** 그더러	출 13:17	백성이 전쟁을 하게 되면 마음을 **돌이켜**
눅 17:15	소리로 하나께 영광을 돌리며 **돌아와**	출 14:2	이스라엘 자손에게 명령하여 **돌이켜**
눅 17:18	외에는 하나님께 영광을 돌리러 **돌아온**	출 32:12	노를 그치시고 뜻을 **돌이키사** 주의 백성
눅 19:13	이르되 내가 **돌아올** 때까지 장사하라	출 32:14	여호와께서 뜻을 **돌이키사** 말씀하신
눅 19:15	귀인이 왕위를 받아가지고 **돌아와서**	출 32:15	모세가 **돌이켜** 산에서 내려오는데
요 4:27	이 때에 제자들이 **돌아와서** 예수께서	민 14:25	너희는 내일 **돌이켜** 홍해 길을 따라
행 1:12	산으로부터 예루살렘에 **돌아오니**	민 21:33	그들이 **돌이켜** 바산 길로 올라가매 바산
행 5:22	옥에서 사도들을 보지 못하고 **돌아와**	민 22:23	발람이 나귀를 길로 **돌이키려고** 채찍질
행 9:35	다 그를 보고 주께로 **돌아오니라**	민 23:20	그가 주신 복을 내가 **돌이키지** 않으리라
행 11:21	수많은 사람들이 믿고 주께 **돌아오더라**	민 25:11	노를 **돌이켜서** 내 질투심으로 그들을
행 12:25	데리고 예루살렘에서 **돌아오니라**	민 32:15	만일 **돌이켜** 여호와를 떠나면 여호와
행 14:15	살아 계신 하나님께로 **돌아오게** 함이라	신 1:24	**돌이켜** 산지에 올라 에스골 골짜기에
행 15:3	이방인들이 주께 **돌아온** 일을 말하여	신 2:3	이 산을 두루 다닌 지 오래니 **돌이켜**
행 15:16	내가 **돌아와서** 다윗의 무너진 장막을	신 2:8	곁으로 지나 행진하고 **돌이켜** 모압 광야
행 15:19	이방인 중에서 하나님께로 **돌아오는**	신 3:1	우리가 **돌이켜** 바산으로 올라가매 바산
행 18:21	하나님의 뜻이면 너희에게 **돌아오리라**	신 9:15	내가 **돌이켜** 산에서 내려오는데 산에는
행 22:17	후에 내가 예루살렘으로 **돌아와서** 성전	신 11:16	마음에 미혹하여 **돌이켜** 다른 신들을
행 26:18	사탄의 권세에서 하나님께로 **돌아오게**	신 11:28	너희에게 명령하는 도에서 **돌이켜** 떠나
행 26:20	하나님께로 **돌아와서** 회개에 합당한	신 30:3	하나님 여호와께서 마음을 **돌이키시고**
행 28:27	듣고 마음으로 깨달아 **돌아오면** 내가	신 30:17	네가 만일 마음을 **돌이켜** 듣지 아니하고
살전 1:9	우상을 버리고 하나님께로 **돌아와서**	신 31:18	**돌이켜** 다른 신들을 따르는 모든 악행
히 7:1	죽이고 **돌아오는** 아브라함을 만나 복을	신 31:20	먹어 배부르고 살찌면 **돌이켜** 다른 신들
벧전 2:25	목자와 감독 되신 이에게 **돌아왔느니라**	수 2:23	그 두 사람이 **돌이켜** 산에서 내려와
		수 8:21	오름을 보고 다시 **돌이켜** 아이 사람들

📖 **돌아오다 - 기타 본문**

창 8:11, 12; 18:14; 34:7; 44:32; 수 10:15, 38, 43;
18:8, 9; 삼하 3:23; 왕상 17:22; 22:28; 왕하 9:15,
20; 16:12; 대상 12:19, 20, 22; 19:5, 15; 20:3; 대
하 6:24, 25, 38; 14:15; 18:26, 27; 22:6; 스 6:21;
8:35; 느 7:6; 8:17; 시 59:14; 90:13; 렘 3:7, 10,
12, 22; 4:1; 5:3; 8:5; 22:27; 23:3; 26:3; 29:14;
30:3, 18; 31:16; 32:37, 44; 33:7, 26; 43:5;
44:14, 28; 50:4; 겔 34:16; 39:28; 단 4:36; 9:8; 암
4:8, 9, 10, 11; 합 2:17; 슥 1:4

돌이키다 (turn, relent)

모세오경, 역사서

창 9:23	덮었으며 그들이 얼굴을 **돌이키고**
창 14:7	그들이 **돌이켜** 엔미스밧 곧 가데스에
창 19:2	이르되 내 주여 **돌이켜** 종의 집으로
출 3:3	이에 모세가 이르되 내가 **돌이켜** 가서
출 7:23	바로가 **돌이켜** 궁으로 들어가고 그 일에
출 10:19	여호와께서 **돌이켜** 강렬한 서풍을 불게

수 15:3	아달로 올라가서 **돌이켜** 갈가에 이르고
수 22:18	**돌이켜** 여호와를 따르지 아니하려고
수 22:23	쌓은 것이 **돌이켜** 여호와를 따르지
수 24:20	복을 내리신 후에라도 **돌이켜** 너희에게
삿 2:18	여호와께서 뜻을 **돌이키셨음이거늘**
삿 2:19	사사가 죽은 후에는 그들이 **돌이켜** 그들
삿 11:35	열었으니 능히 **돌이키지** 못하리로다
삿 14:8	다시 가다가 **돌이켜** 그 사자의 주검을
삿 18:21	그들이 **돌이켜서** 어린 아이들과 가축
삿 18:26	자기보다 강한 것을 보고 **돌이켜** 집으로
삿 19:11	우리가 **돌이켜** 여부스 사람의 이 성읍에
삿 20:47	베냐민 사람 육백 명이 **돌이켜** 광야로
룻 3:8	밤중에 그가 놀라 몸을 **돌이켜** 본즉
삼상 10:9	사무엘에게서 떠나려고 몸을 **돌이킬**
삼상 14:21	그들이 **돌이켜** 사울과 요나단과 함께
삼상 15:11	그가 **돌이켜서** 나를 따르지 아니하며
삼상 15:31	이에 사무엘이 **돌이켜** 사울을 따라가매
삼하 22:38	그들을 무찌르기 전에는 **돌이키지** 아니
왕상 8:14	얼굴을 **돌이켜** 이스라엘의 온 회중을

【 돌이키다 】

왕상 8:47 그 사로잡은 자의 땅에서 **돌이켜** 주께
왕상 13:33 악한 길에서 떠나 **돌이키지** 아니하고
왕상 19:15 길을 **돌이켜** 광야를 통하여 다메섹에
왕상 20:39 한 사람이 **돌이켜** 어떤 사람을 끌고
왕상 22:32 이스라엘의 왕이라 하고 **돌이켜** 그와
왕상 22:43 모든 길로 행하며 **돌이키지** 아니하고
왕하 2:24 엘리사가 뒤로 **돌이켜** 그들을 보고
왕하 9:23 곧 손을 **돌이켜** 도망하며 아하시야에
왕하 17:13 너희는 **돌이켜** 너희 악한 길에서 떠나
왕하 19:28 너를 오던 길로 끌어 **돌이키리라** 하셨
왕하 23:16 요시야가 몸을 **돌이켜** 산에 있는 무덤
왕하 23:25 율법을 따라 여호와께로 **돌이킨** 왕은
왕하 23:26 타오르는 진노를 **돌이키지** 아니하셨으
대상 21:20 오르난이 밀을 타작하다가 **돌이켜** 천사
대하 6:37 땅에서 **돌이켜** 주께 간구하기를 우리가
대하 12:12 여호와께서 노를 **돌이키사** 다 멸하지
대하 20:10 **돌이켜** 그들을 떠나고 멸하지 아니하였
대하 20:32 아사의 길로 행하여 **돌이켜** 떠나지 아니
대하 30:9 그의 얼굴을 너희에게서 **돌이키지** 아니
대하 35:22 요시야가 몸을 **돌이켜** 떠나기를 싫어
느 9:28 그들이 **돌이켜** 주께 부르짖으매 주께서
느 13:2 하나님이 그 저주를 **돌이켜** 복이 되게

시가서, 선지서

욥 6:29 너희는 **돌이켜** 행악자가 되지 말라 아직
욥 7:19 주께서 내게서 눈을 **돌이키지** 아니하시
욥 9:13 하나님이 진노를 **돌이키지** 아니하시나
욥 14:6 그에게서 눈을 **돌이켜** 그가 품꾼같이
욥 14:13 주의 진노를 **돌이키실** 때까지 나를 숨기
욥 19:19 사랑하는 사람들이 **돌이켜** 나의 원수가
욥 23:9 오른쪽으로 **돌이키시나** 뵈올 수 없구나
욥 23:13 누가 능히 **돌이키랴** 그의 마음에 하고자
욥 30:21 주께서 **돌이켜** 내게 잔혹하게 하시고
욥 36:10 명하여 죄악에서 **돌이키게** 하시나니
욥 42:10 여호와께서 욥의 곤경을 **돌이키시고**
시 14:7 그의 백성을 포로 된 곳에서 **돌이키실**
시 25:16 괴로우니 내게 **돌이키사** 나에게 은혜를
시 51:9 얼굴을 내 죄에서 **돌이키시고** 내 모든
시 53:6 백성의 포로 된 것을 **돌이키실** 때에
시 69:16 많은 긍휼에 따라 내게로 **돌이키소서**
시 71:21 창대하게 하시고 **돌이키사** 나를 위로
시 78:34 그들이 그에게 구하며 **돌이켜** 하나님을
시 78:38 진노를 여러 번 **돌이키시며** 그의 모든
시 78:41 그들이 **돌이켜** 하나님을 거듭거듭 시험

【 돌이키다 】

시 80:3 하나님이여 우리를 **돌이키시고** 주의
시 80:19 여호와여 우리를 **돌이켜** 주시고 주의
시 85:3 거두시며 주의 진노를 **돌이키셨나이다**
시 85:4 구원의 하나님이여 우리를 **돌이키시고**
시 86:16 내게로 **돌이키사** 내게 은혜를 베푸소서
시 106:23 앞에 서서 그의 노를 **돌이켜** 멸하시지
시 106:45 크신 인자하심을 따라 뜻을 **돌이키사**
시 119:37 내 눈을 **돌이켜** 허탄한 것을 보지 말게
시 119:59 향하여 내 발길을 **돌이켰사오며**
시 119:132 베푸시던 대로 내게 **돌이키사** 내게 은혜
잠 1:23 책망을 듣고 **돌이키라** 보라 내가 나의
잠 4:15 피하고 지나가지 말며 **돌이켜** 떠나갈
잠 9:4 어리석은 자는 이리로 **돌이키라** 또 지혜
전 2:12 내가 **돌이켜** 지혜와 망령됨과 어리석음
전 7:25 내가 **돌이켜** 전심으로 지혜와 명철을
아 6:5 네 눈이 나를 놀라게 하니 **돌이켜** 나를
사 14:27 펴셨은즉 누가 능히 그것을 **돌이키랴**

"요시야와 같이 마음을 다하며 뜻을 다하며 힘을 다하여 모세의 모든 율법을 따라 여호와께로 돌이킨 왕은 요시야 전에도 없었고 후에도 그와 같은 자가 없었더라"(왕하 23:25)

사 22:4 내가 말하노니 **돌이켜** 나를 보지 말지
사 30:11 바른 길을 버리며 첩경에서 **돌이키라**
사 30:15 너희가 **돌이켜** 조용히 있어야 구원을
사 45:22 땅의 모든 끝이여 내게로 **돌이켜** 구원을
사 59:13 하나님을 따르는 데에서 **돌이켜** 포학과
사 63:10 근심하게 하였으므로 그가 **돌이켜**
렘 4:8 아직 너희에게서 **돌이키지** 아니하였음
렘 4:28 거기서 **돌이키지** 아니하리라 하셨음
렘 12:15 그들을 뽑아낸 후에 내가 **돌이켜** 그들
렘 15:5 너를 위해 울 자 누구며 **돌이켜** 네 평안
렘 15:6 내가 뜻을 **돌이키기**에 지쳤음이로다
렘 15:7 그들이 자기들의 길에서 **돌이키지** 아니
렘 18:8 재앙에 대하여 뜻을 **돌이키겠고**
렘 18:10 한 복에 대하여 뜻을 **돌이키리라**
렘 18:11 각기 악한 길에서 **돌이키며** 너희의 길과
렘 18:20 주의 분노를 그들에게서 **돌이키려** 하고

돌이키다

렘 23:14	악에서 **돌이킴**이 없게 하였은즉 그들	욜 2:14	주께서 혹시 마음과 뜻을 **돌이키시고**
렘 23:22	악한 길과 악한 행위에서 **돌이키게** 하였	암 1:3	내가 그 벌을 **돌이키지** 아니하리니 이는
렘 26:13	재앙에 대하여 뜻을 **돌이키시리라**	암 7:6	뜻을 **돌이켜** 주 여호와께서 이르시되
렘 30:24	바를 행하여 이루기까지는 **돌이키지**	암 9:14	사로잡힌 것을 **돌이키리니** 그들이 황폐
렘 31:18	여호와이시니 나를 이끌어 **돌이키소서**	욘 3:9	하나님이 뜻을 **돌이키시고** 그 진노를
렘 31:19	내가 **돌이킨** 후에 뉘우쳤고 내가 교훈을	욘 3:10	길에서 **돌이켜** 떠난 것을 보시고 하나
렘 34:15	너희는 이제 **돌이켜** 내 눈 앞에 바른		님이 뜻을 **돌이키사** 그들에게 내리리라
렘 34:16	너희가 **돌이켜** 내 이름을 더럽히고 각기	욘 4:2	인애가 크시사 뜻을 **돌이켜** 재앙을 내리
렘 35:15	악한 길에서 **돌이켜** 행위를 고치고 다른	습 2:7	보살피사 그들이 사로잡힘을 **돌이킬**
렘 36:3	듣고 각기 악한 길에서 **돌이키리니**	습 3:20	너희의 사로잡힘을 **돌이킬** 때에 너희에
렘 40:5	예레미야가 아직 **돌이키기** 전에 그가	학 2:17	내게로 **돌이키지** 아니하였느니라
렘 41:14	백성이 **돌이켜** 가레아의 아들 요하난	슥 1:6	그들이 **돌이켜** 이르기를 만군의 여호와
렘 42:10	내린 재난에 대하여 뜻을 **돌이킴이라**	말 2:6	동행하며 많은 사람을 **돌이켜** 죄악에서
렘 44:5	그들의 악에서 **돌이키지** 아니하였으므	말 4:6	자녀에게로 **돌이키게** 하고 자녀들의
렘 46:21	살진 수송아지 같아서 **돌이켜** 함께 도망		마음을 그들의 아버지에게로 **돌이키게**
렘 49:8	드단 주민아 **돌이켜** 도망할지어다 깊은		하리라 **돌이키지** 아니하면 두렵건대
렘 49:24	다메섹이 피곤하여 몸을 **돌이켜** 달아	**신약**	
렘 50:6	곁길로 가게 하여 산으로 **돌이키게** 하였	마 7:6	발로 밟고 **돌이켜** 너희를 찢어 상하게
애 2:14	사로잡힌 것을 **돌이키지** 못하였도다	마 9:22	예수께서 **돌이켜** 그를 보시며 이르시되
애 5:21	여호와여 우리를 주께로 **돌이키소서**	마 13:15	귀로 듣고 마음으로 깨달아 **돌이켜** 내게
겔 1:9	연하였으며 갈 때에는 **돌이키지** 아니	마 16:23	예수께서 **돌이키시며** 베드로에게 이르
겔 3:19	악한 마음과 악한 행위에서 **돌이키지**	마 18:3	너희가 **돌이켜** 어린 아이들과 같이 되지
겔 3:20	공의에서 **돌이켜** 악을 행할 때에는 이미	마 24:18	겉옷을 가지러 뒤로 **돌이키지** 말지어다
겔 7:22	또 내 얼굴을 그들에게서 **돌이키리니**	막 4:12	깨닫지 못하게 하여 **돌이켜** 죄 사함을
겔 13:22	길에서 **돌이켜** 떠나 삶을 얻지 못하게	막 5:30	무리 가운데서 **돌이켜** 말씀하시되 누가
겔 14:6	너희는 마음을 **돌이켜** 우상을 떠나고	눅 7:9	그를 놀랍게 여겨 **돌이키사** 따르는 무리
겔 18:21	행한 모든 죄에서 **돌이켜** 떠나 내 모든	눅 14:25	무리가 함께 갈새 예수께서 **돌이키사**
겔 18:23	그가 **돌이켜** 그 길에서 떠나 사는 것을	눅 15:17	스스로 **돌이켜** 이르되 내 아버지에게는
겔 18:24	의인이 **돌이켜** 그 공의에서 떠나 범죄	눅 22:32	너는 **돌이킨** 후에 네 형제를 굳게 하라
겔 18:28	그 행한 모든 죄악에서 **돌이켜** 떠났으니	눅 22:61	주께서 **돌이켜** 베드로를 보시니 베드로
겔 18:30	**돌이켜** 회개하고 모든 죄에서 떠날지어다	눅 23:28	예수께서 **돌이켜** 그들을 향하여 이르시
겔 18:32	아니하노니 너희는 스스로 **돌이키고**	요 1:38	예수께서 **돌이켜** 그 따르는 것을 보시고
겔 24:14	내가 **돌이키지도** 아니하고 아끼지도	요 20:14	하고 뒤로 **돌이켜** 예수께서 서 계신
겔 29:14	사로잡힌 자들을 **돌이켜** 바드로스 땅	요 20:16	마리아야 하시거늘 마리아가 **돌이켜**
겔 29:16	이스라엘 족속을 **돌이켜** 그들을 바라보	요 21:20	베드로가 **돌이켜** 예수께서 사랑하시는
겔 33:9	악인에게 경고하여 **돌이켜** 그의 길에서	행 3:19	너희가 회개하고 **돌이켜** 너희 죄 없이
겔 36:9	내가 **돌이켜** 너희와 함께하리니 사람이	행 3:26	**돌이켜** 각각 그 악함을 버리게 하셨으니
겔 38:4	너를 **돌이켜** 갈고리로 네 아가리를 꿰고	행 9:40	기도하고 **돌이켜** 시체를 향하여 이르되
겔 39:2	**돌이켜서** 이끌고 북쪽 끝에서부터 나와	행 16:18	바울이 심히 괴로워하여 **돌이켜** 그 귀신
겔 42:19	서쪽으로 **돌이켜** 그 장대로 측량하니	행 28:6	아무 이상이 없음을 보고 **돌이켜** 생각
호 6:11	백성의 사로잡힘을 **돌이킬** 때에 네게도	롬 11:26	경건하지 않은 것을 **돌이키시겠고**
호 11:8	마음이 내 속에서 **돌이키어** 나의 긍휼이	엡 4:28	도둑질하지 말고 **돌이켜** 가난한 자에게
욜 2:13	인애가 크시사 뜻을 **돌이켜** 재앙을 내리	딤후 4:4	귀를 진리에서 **돌이켜** 허탄한 이야기를

615

【 돌쩌귀 】   【 돕다 】

계 1:12	몸을 **돌이켜** 나에게 말한 음성을 알아 보려고 **돌이킬** 때에 일곱 금 촛대를	삼하 10:6	그의 사람 천 명과 **돕** 사람 만 이천 명
		삼하 10:8	르홉 아람 사람과 **돕**과 마아가 사람들은

🕮 **돌이키다 – 기타 본문**

창 19:3; 출 3:4; 10:6; 민 20:21; 22:33; 신 10:5; 수 15:10; 삿 19:12; 왕상 22:33; 잠 9:16; 렘 26:3, 19; 겔 1:12, 17; 33:11, 12, 14, 18, 19; 암 1:6, 8, 9, 11, 13; 2:1, 4, 6; 7:3; 막 8:33; 13:16; 눅 17:31; 요 12:40

돕가(Dophkah) 출애굽 여정 중 한 곳
민 33:13 **돕가**에 진을 치고 **돕가**를 떠나 알루스에

돕다(help)

창 2:18	내가 그를 위하여 **돕는** 배필을 지으리라
창 2:20	주니라 아담이 **돕는** 배필이 없으므로
출 1:16	히브리 여인을 위하여 해산을 **도울** 때에
출 2:17	모세가 일어나 그들을 **도와** 그 양 떼에
출 23:5	버려두지 말고 그것을 **도와** 그 짐을
레 25:35	곁에 있거든 너는 그를 **도와** 거류민이
민 8:26	그의 형제와 함께 회막에서 **돕는** 직무
민 18:2	장막 앞에 있을 때 그들이 너를 **돕게**
신 32:38	너희를 **돕게** 하고 너희를 위해 피난처
수 1:14	형제보다 앞서 건너가서 그들을 **돕되**
수 10:4	올라와 나를 **도우라** 우리가 기브온을
수 10:6	당신의 종들 **돕기를** 더디게 하지 마시고
수 10:33	게셀 왕 호람이 라기스를 **도우려고** 올라
삿 5:23	여호와를 **돕지** 아니하며 여호와를 **도와**
삿 9:24	아비멜렉과 아비멜렉의 손을 **도와** 그의
삼하 3:12	당신을 **도와** 온 이스라엘이 당신에게
삼하 8:5	소바 왕 하닷에셀을 **도우러** 온지라 다윗
삼하 10:19	다시는 암몬 자손을 **돕지** 아니하니라
삼하 14:4	대고 엎드려 이르되 왕이여 **도우소서**
삼하 18:3	성읍에 계시다가 우리를 **도우심이**
삼하 21:17	아비새가 다윗을 **도와** 그 블레셋 사람
삼하 22:42	**도움**을 구해도 구원할 자가 없었고
왕상 1:7	모의하니 그들이 따르고 **도우나**
왕상 20:16	벤하닷은 장막에서 **돕는** 왕 삼십이 명
왕하 6:26	외쳐 이르되 나의 주 왕이여 **도우소서**
왕하 14:26	이스라엘을 **도울** 자도 없음을 보셨고
대상 11:10	이스라엘과 더불어 다윗의 힘껏 **도와**
대상 12:17	평화로이 내게 와서 나를 **돕고자** 하면
대상 12:21	무리가 다윗을 **도와** 도둑 떼를 쳤으니
대상 18:5	소바 왕 하닷에셀을 **도우러** 온지라 다윗
대상 19:9	성문 앞에 진을 치고 **도우러** 온 여러
대상 19:19	후로는 아람 사람이 암몬 자손 **돕기를**
대상 22:17	명령하여 그의 아들 솔로몬을 **도우라**
대상 23:28	그 직분은 아론의 자손을 **도와** 여호와
대상 24:19	아버지 아론을 **도왔으니** 이는 이스라엘
대상 28:21	하나님의 성전의 모든 공사를 **도울**

돌쩌귀(socket)
왕상 7:50 **돌쩌귀**와 성전 곧 외소 문의 금 **돌쩌귀**
잠 26:14 문짝이 **돌쩌귀**를 따라서 도는 것같이

돌파하다(突破, break through)
삼하 23:16 블레셋 사람의 진영을 **돌파하고** 지나가
왕하 3:26 칼찬 군사 칠백 명을 거느리고 **돌파하여**
대상 11:18 블레셋 사람들의 군대를 **돌파하고** 지나
욜 2:8 나아가며 무기를 **돌파하고** 나아가나

돌판(stone tablet)
출 24:12 율법과 계명을 친히 기록한 **돌판**을 네게
출 31:18 모세에게 주시니 이는 **돌판**이요 하나님
출 34:1 **돌판** 둘을 처음 것과 같이 다듬어 만들
출 34:4 **돌판** 둘을 처음 것과 같이 깎아 만들고
… 그 두 **돌판**을 손에 들고 여호와의
신 4:13 명령하셨으니 곧 십계명이며 두 **돌판**에
신 5:22 그것을 두 **돌판**에 써서 내게 주셨느니라
신 9:9 **돌판**들 곧 … 언약의 **돌판**들을 받으려고
신 9:10 **돌판**을 내게 주셨으니 그 **돌판**의 글은
신 9:11 내게 **돌판** 곧 언약의 두 **돌판**을 주시고
신 9:15 붙었고 언약의 두 **돌판**은 내 두 손에
신 9:17 두 **돌판**을 내 두 손으로 들어 던져 너희
신 10:1 처음과 같은 두 **돌판**을 다듬어 가지고
신 10:3 처음 것과 같은 **돌판** 둘을 다듬어 손에
왕상 8:9 안에는 두 **돌판** 외에 아무것도 없으니
왕하 16:17 놋소 위에서 내려다가 **돌판** 위에 그것
대하 5:10 안에는 두 **돌판** 외에 아무것도 없으니
고후 3:3 **돌판**에 쓴 것이 아니요 오직 육의 마음
히 9:4 아론의 싹난 지팡이와 언약의 **돌판들이**

돕(Tob) 아람 성읍
삿 11:3 입다가 그의 형제들을 피하여 **돕** 땅에
삿 11:5 장로들이 입다를 데려오려고 **돕** 땅에

【 돕다 】   【 돕다 】

대하 2:8	내 종들이 당신의 종들을 **도울**지라
대하 11:17	삼 년 동안 유다 나라를 **도와** 솔로몬의
대하 19:2	왕이 악한 자를 **돕고** 여호와를 미워하는
대하 26:13	싸움에 능하여 왕을 **도와** 적을 치는
대하 26:15	퍼짐은 기이한 **도우심**을 얻어 강성하여
대하 28:20	이르렀으나 **돕지** 아니하고 도리어
대하 28:23	그들을 **도왔으니** 나도 그 신에게 제사하여 나를 **돕게** 하리라 하였으나 그 신이
대하 29:34	레위 사람들이 그 일을 마치기까지 **돕고**
대하 32:3	물 근원을 막고자 하매 그들이 **돕더라**
대하 35:23	중상을 입었으니 나를 **도와** 나가게 하라

"야베스가 이스라엘 하나님께 아뢰어 이르되 주께서 내게 복을 주시려거든 나의 지역을 넓히시고 주의 손으로 나를 도우사 나로 환난을 벗어나 내게 근심이 없게 하옵소서 하였더니 하나님이 그가 구하는 것을 허락하셨더라"(대상 4:10)

스 1:6	짐승과 보물로 **돕고** 그 외에도 예물을
스 5:2	선지자들이 함께 있어 그들을 **돕더니**
스 8:22	길에서 적군을 막고 우리를 **도울** 보병과
스 8:36	백성과 하나님의 성전을 **도왔느니라**
스 10:4	일어나소서 우리가 **도우리니** 힘써 행하라
스 10:15	레위 사람 삽브대가 그들을 **돕더라**
에 9:3	두려워하므로 다 유다인을 **도우니**
욥 6:13	나의 **도움**이 내 속에 없지 아니하냐
욥 15:3	어찌 **도움**이 되지 아니하는 이야기
욥 19:7	**도움**을 간구하였으나 정의가 없구나
욥 30:24	재앙을 당할 때에 어찌 **도움**을 부르짖지
욥 30:28	회중 가운데 서서 **도움**을 부르짖고
욥 36:13	하나님이 속박할지라도 **도움**을 구하지
욥 37:18	**도와** 구름장들을 두들겨 넓게 만들어
시 22:11	마옵소서 환난이 가까우나 **도울** 자 없나이다
시 60:11	우리를 **도와** 대적을 치게 하소서 사람의
시 76:5	장사들도 모두 그들에게 **도움**을 줄 손을
시 83:8	그들과 연합하여 롯 자손의 **도움**이 되었
시 108:12	우리를 **도와** 대적을 치게 하소서 사람의
시 119:175	찬송하리이다 주의 규례들이 나를 **돕게**
시 121:1	향하여 눈을 들리라 나의 **도움**이 어디서
시 146:3	**도울** 힘이 없는 인생도 의지하지 말지니
아 2:5	너희는 건포도로 내 힘을 **돕고** 사과로
사 10:3	누구에게로 도망하여 **도움**을 구하겠으
사 20:6	벗어나기를 바라고 달려가서 **도움**을
사 30:5	민족이 **돕지도** 못하며 유익하게도 못하
사 30:7	애굽의 **도움**은 헛되고 무익하니라
사 31:1	**도움**을 구하러 애굽으로 내려가는 자들
사 41:6	이웃을 **도우며** 그 형제에게 이르기를
렘 37:7	아뢰라 너희를 **도우려고** 나왔던 바로의
애 3:8	**도움**을 구하나 내 기도를 물리치시며
애 4:17	헛되이 **도움**을 바라므로 우리의 눈이
단 10:21	네게 보이리라 나를 **도와서** 그들을 대항
단 11:1	다리오 원년에 일어나 그를 **도와서** 그를
단 11:34	그들이 몰락할 때에 **도움**을 조금 얻을
마 15:25	절하며 이르되 주여 저를 **도우소서**
막 14:7	때라도 원하는 대로 **도울** 수 있거니와
눅 5:7	손짓하여 와서 **도와** 달라 하니 그들이
행 16:9	마게도냐로 건너와서 우리를 **도우라**
행 20:35	약한 사람들을 **돕고** 또 주 예수께서
행 21:28	이스라엘 사람들아 **도우라** 이 사람은
고전 12:28	서로 **돕는** 것과 다스리는 것과 각종
고후 1:11	우리를 위하여 간구함으로 **도우라** 이는
고후 1:16	너희에게 가서 너희의 **도움**으로 유대로
엡 4:16	몸이 각 마디를 통하여 **도움**을 받음으로
빌 4:3	여인들을 **돕고** … 동역자들을 **도우라**
계 12:16	땅이 여자를 **도와** 그 입을 벌려 용의

성령/주/하나님의 도우심

창 49:25	**도우실** 것이요 전능자로 말미암나니
출 18:4	아버지의 하나님이 나를 **도우사** 바로의
신 33:7	주께서 **도우사** 그가 그 대적을 치게
신 33:26	그가 너를 **도우시려고** 하늘을 타고 궁창
신 33:29	그는 너를 **돕는** 방패시요 네 영광의
삼상 7:12	여호와께서 여기까지 우리를 **도우셨다**
왕하 6:27	여호와께서 너를 **돕지** 아니하시면 내가
대상 4:10	주의 손으로 나를 **도우사** 나로 환난을
대상 5:20	**도우심**을 입었으므로 하갈 사람과 그들
대상 12:18	하나님이 당신을 **도우심이니이다**
대상 15:26	언약궤를 멘 레위 사람을 **도우셨으므로**
대하 18:31	여호와께서 그를 **도우시며** 하나님이
대하 20:4	유다 사람이 여호와께 **도우심**을 구하려

[돕다]　　　　　　　　　　　　　　　　　　　　　　[동 1]

대하 25:8	하나님은능히 **돕기도** 하시고능히 패하
대하 26:7	하나님이 그를 도우사 블레셋 사람들
대하 32:8	반드시 우리를 도우시고 우리를 대신
스 7:6	하나님 여호와의 **도우심**을 입음으로
스 7:9	하나님의 선한 손의 **도우심**을 입어 다섯
스 8:18	하나님의 선한 손의 **도우심**을 입고 그들
스 8:31	하나님의 손이 우리를 **도우사** 대적과
느 2:8	하나님의 선한 손이 나를 **도우시므로**
느 2:18	하나님의 선한 손이 나를 **도우신** 일과
시 10:14	벌써부터 고아를 **도우시는** 이시니이다
시 12:1	여호와여 **도우소서** 경건한 자가 끊어
시 22:1	어찌 나를 멀리 하여 **돕지** 아니하시오며
시 22:19	나의 힘이시여 속히 나를 **도우소서**
시 27:9	나의 **도움**이 되셨나이다 나의 구원의
시 28:7	마음이 그를 의지하여 **도움**을 얻었도다
시 30:10	여호와여 나를 **돕는** 자가 되소서 하였나
시 33:20	여호와를 바람이여 그는 우리의 **도움**
시 35:2	방패를 잡으시고 일어나 나를 **도우소서**
시 37:40	여호와께서 그들을 **도와** 건지시되 악인
시 38:22	속히 나를 **도우소서** 주 나의 구원이시
시 40:13	여호와여 속히 나를 **도우소서**
시 40:17	주는 나의 **도움**이시요 나를 건지시는
시 42:5	소망을 두라 그가 나타나 **도우심**으로
시 42:11	두라 나는 그가 나타나 **도우심**으로
시 43:5	나타나 **도우심**으로 말미암아 내 하나님
시 44:26	우리를 **도우소서** 주의 인자하심으로
시 46:1	힘이시니 환난 중에 만날 큰 **도움**이시라
시 46:5	것이라 새벽에 하나님이 **도우시리로다**
시 54:4	하나님은 나를 **돕는** 이시며 주께서는
시 59:4	주여 나를 **도우시기** 위하여 깨어 살펴
시 63:7	주는 나의 **도움**이 되셨음이라 내가 주의
시 70:1	건지소서 여호와여 속히 나를 **도우소서**
시 70:5	주는 나의 **도움**이시요 나를 건지시는
시 71:12	나의 하나님이여 속히 나를 **도우소서**
시 72:12	건지며 **도움**이 없는 가난한 자도 건지며
시 79:9	우리를 **도우시며** 주의 이름을 증거하기
시 86:17	여호와여 주는 나를 **돕고** 위로하시는
시 89:19	능력 있는 용사에게는 **돕는** 힘을 더하며
시 94:17	여호와께서 내게 **도움**이 되지 아니하셨
시 109:16	여호와 나의 하나님이여 나를 **도우시며**
시 115:9	의지하라 그는 너희의 **도움**이시요
시 115:10	의지하라 그는 너희의 **도움**이시요 너
시 115:11	의지하여라 그는 너희의 **도움**이시요

시 118:7	여호와께서 내 편이 되사 나를 **돕는**
시 118:13	여호와께서는 나를 **도우셨도다**
시 119:86	없이 나를 핍박하오니 나를 **도우소서**
시 119:173	손이 항상 나의 **도움**이 되게 하소서
시 121:2	**도움**은 천지를 지으신 여호와에게서
시 124:8	우리의 **도움**은 천지를 지으신 여호와의
시 146:5	야곱의 하나님을 자기의 **도움**으로 삼으
사 41:13	말라 내가 너를 **도우리라** 할 것임이니라
사 41:14	너를 도울 것이라 네 구속자는 이스라엘
사 49:8	구원의 날에 내가 너를 **도왔도다** 내가
사 50:7	나를 **도우시므로** 내가 부끄러워하지
사 50:9	보라 주 여호와께서 나를 **도우시리니**
렘 21:2	기적으로 우리를 **도와** 행하시면 그가
눅 1:54	이스라엘을 **도우사** 긍휼히 여기시고
행 26:22	하나님의 **도우심**을 받아 내가 오늘까지
롬 8:26	성령도 우리의 연약함을 **도우시나니**
고후 6:2	구원의 날에 너를 **도왔다** 하셨으니 보라
빌 1:19	예수 그리스도의 성령의 **도우심**으로
히 2:18	받는 자들을 능히 **도우실** 수 있느니라
히 4:16	때를 따라 **돕는** 은혜를 얻기 위하여
히 13:6	말하되 주는 나를 **돕는** 이시니 내가

도울 자/돕는 사람/돕는 자

대상 12:18	당신을 **돕는 자**에게도 평안이 있을지니
욥 9:13	라합을 **돕는 자**들이 그 밑에
욥 30:13	재앙을 재촉하는데도 도울 **자**가 없구나
시 107:12	그들이 엎드러져도 **돕는 자**가 없었도다
사 31:2	치시며 행악을 **돕는 자**들을 치시리니
사 31:3	손을 펴시면 **돕는 자**도 넘어지며 도움을
애 1:7	그를 **돕는 자**가 없었고 대적들은 그의
겔 30:8	**돕는 자**를 멸할 때에 그들이 나를
겔 32:21	강한 자가 그를 **돕는 자**와 함께 스올
나 3:9	없었고 붓과 루빔이 그를 **돕는 자**가
행 19:22	**돕는 사람** 중에서 디모데와 에라스도
고후 1:24	너희 기쁨을 **돕는 자**가 되려 함이니
빌 2:25	너희 사자로 내가 쓸 것을 **돕는 자**라

돕다 - 기타 본문

신 22:4; 삼하 10:11; 왕하 6:27; 대상 12:19, 22; 19:12

동 1 (銅, bronze, copper)

| 민 31:22 | 금, 은, **동**, 철과 주석과 납 등의 |

【 동 2 】　　【 동네 】

신 8:9	돌은 철이요 산에서는 **동**을 캘 것이라	대하13:19	곧 벧엘과 그 **동네**들과 여사나와 그 **동네**들과 에브론과 그 **동네**들이라
대하 2:7	당신은 금, 은, **동**, 철로 제조하며 자색	느 11:25	주변 **동네**들과 디본과 그 주변 **동네**들
대하 2:14	금, 은, **동**, 철과 돌과 나무와 자색 청색	느 11:27	브엘세바와 그 주변 **동네**들에 거주하며
욥 28:2	흙에서 캐내고 **동**은 돌에서 녹여 얻느	느 11:28	시글락과 므고나와 그 주변 **동네**들에
마 10:9	전대에 금이나 은이나 **동**을 가지지 말고	느 11:30	**동네**들에 살았으니 그들은 브엘세바
계 9:20	금, 은, **동**과 목석의 우상에게 절하고	느 11:31	아야와 벧엘과 그 주변 **동네**들에 거주

동 2(東, east)
창 13:11	요단 온 지역을 택하고 **동**으로 옮기니
출 38:13	**동**으로 동쪽에도 쉰 규빗이라
시 103:12	**동**이 서에서 먼 것같이 우리의 죄과를

동거인(同居人, temporary resident)
레 25:35	거류민이나 **동거인**처럼 너와 함께 생활
레 25:40	품꾼이나 **동거인**과 같이 함께 있게 하여
레 25:45	너희 중에 거류하는 **동거인**들의 자녀
레 25:47	**동거인**은 부유하게 되고 … **동거인** 또는

동거하다(同居, stay, live)
창 13:6	그들이 **동거하기**에 넉넉하지 못하였으니 … 많아서 **동거할** 수 없었음이니라
출 2:21	모세가 그와 **동거하기**를 기뻐하매 그가
레 25:23	너희는 거류민이요 **동거하는** 자로서
신 15:16	너와 **동거하기**를 좋게 여겨 네게 향하여
수 6:17	기생 라합과 그 집에 **동거하는** 자는
삼상 27:3	가드에서 아기스와 **동거하였는데** 다윗
시 133:1	형제가 연합하여 **동거함**이 어찌 그리
마 1:18	마리아가 요셉과 약혼하고 **동거하기**
벧전 3:7	아내와 **동거하고** 그를 더 연약한 그릇

동관(同官, associate, fellow official)
스 4:17	그들 **동관**들과 강 건너편 다른 땅 백성
스 5:3	그들의 **동관**들이 다 나아와 그들에게
스 5:6	스달보스내와 그들의 **동관**인 유브라데
스 6:6	너희 **동관** 유브라데 강 건너편 아바삭
스 6:13	닷드내와 스달보스내와 그들의 **동관**

동남방/동남쪽(東南方, southeast corner)
왕상 7:39	성전 오른쪽 **동남쪽**에는 그 바다를 두었으며
대하 4:10	바다는 성전 오른쪽 **동남방**에 두었더라

동네(village, town)
대상 18:1	사람들의 손에서 가드와 그 **동네**를 빼앗

아 7:11	우리가 함께 들로 가서 **동네**에서 유숙
마 2:23	나사렛이란 **동네**에 가서 사니 이는
마 5:14	세상의 빛이라 산 위에 있는 **동네**가
마 9:1	예수께서 배에 오르사 건너가 본 **동네**에
마 10:23	**동네**에서 너희를 박해하거든 저 **동네**로 피하라 … 이스라엘의 모든 **동네**를
마 11:1	그들의 여러 **동네**에서 가르치시며 전도
마 12:25	스스로 분쟁하는 **동네**나 집마다 서지
마 22:7	자들을 진멸하고 그 **동네**를 불사르고
마 23:34	채찍질하고 이 **동네**에서 저 **동네**로 따라
막 1:33	온 **동네**가 그 문 앞에 모였더라
막 1:45	예수께서 다시는 드러나게 **동네**에 들어
눅 1:26	받아 갈릴리 나사렛이란 **동네**에 가서
눅 1:39	빨리 산골로 가서 유대 한 **동네**에 이르
눅 2:4	갈릴리 나사렛 **동네**에서 유대를 향하여 베들레헴이라 하는 다윗의 **동네**로
눅 2:11	오늘 다윗의 **동네**에 너희를 위하여 구주
눅 2:39	갈릴리로 돌아가 본 **동네** 나사렛에 이르
눅 4:29	일어나 **동네** 밖으로 쫓아내어 그 **동네**가
눅 4:31	가버나움 **동네**에 내려오사 안식일에
눅 4:43	내가 다른 **동네**들에서도 하나님의 나라
눅 5:12	**동네**에 계실 때에 온 몸에 나병 들린
눅 7:37	그 **동네**에 죄를 지은 한 여자가 있어
눅 8:4	**동네** 사람들이 예수께로 나아와 큰 무리
눅 10:1	**동네**와 각 지역으로 둘씩 앞서 보내시며
눅 10:8	어느 **동네**에 들어가든지 너희를 영접
눅 10:10	어느 **동네**에 들어가든지 너희를 영접
눅 10:11	너희 **동네**에서 우리 발에 묻은 먼지도
눅 10:12	날에 소돔이 그 **동네**보다 견디기 쉬우
눅 23:51	그는 유대인의 **동네** 아리마대 사람이요
요 1:44	안드레와 베드로와 한 **동네** 벳새다
요 4:5	사마리아에 있는 수가라 하는 **동네**에
요 4:8	제자들이 먹을 것을 사러 그 **동네**에
요 4:28	물동이를 버려두고 **동네**로 들어가서
요 4:30	그들이 **동네**에서 나와 예수께로 오더라
요 4:39	그 **동네** 중에 많은 사마리아인이 예수

619

【 동등 】　　　　　　　　　　　　　　　　　　　　　　　【 동방 】

요 11:54　에브라임이라는 **동네**에 가서 제자들과

동등(同等, equal, equality)
사 40:25　누구에게 비교하여 나를 그와 **동등**하게
눅 20:36　이는 천사와 **동등**이요 부활의 자녀로서
요 5:18　하나님과 **동등**으로 삼으심이러라
빌 2:6　하나님의 본체시나 하나님과 **동등**됨

동록(銅綠, rust)
마 6:19　거기는 좀과 **동록**이 해하며 도둑이 구멍
마 6:20　**동록**이 해하지 못하며 도둑이 구멍을

동료(同僚, associate)
스 4:7　그의 **동료**들이 바사 왕 아닥사스다에게
스 4:9　**동료** 디나 사람과 아바삿 사람과 다를래
스 4:23　르훔과 서기관 심새와 그의 **동료** 앞에서
시 45:7　왕에게 부어 왕의 **동료**보다 뛰어나게
시 50:18　그와 연합하고 간음하는 자들과 **동료**가
시 55:13　그는 곧 너로다 나의 **동료**, 나의 친구요
학 2:22　각각 그의 **동료**의 칼에 엎드러지리라
슥 3:8　앞에 앉은 네 **동료**들은 내 말을 들으
마 18:28　백 데나리온 빚진 **동료** 한 사람을 만나
마 18:29　**동료**가 엎드려 간구하여 이르되 나에게
마 18:31　**동료**들이 그것을 보고 몹시 딱하게 여겨
마 18:33　너도 네 **동료**를 불쌍히 여김이 마땅하지
마 24:49　**동료**들을 때리며 술친구들과 더불어
행 4:23　사도들이 놓이매 그 **동료**에게 가서
고후 8:23　디도로 말하면 나의 **동료**요 너희를 위한

동류(同類, companion, partner, kind)
잠 28:24　자는 멸망 받게 하는 자의 **동류**니라
사 34:14　숫염소가 그 **동류**를 부르며 올빼미가
단 7:20　그 모양이 그의 **동류**보다 커 보이더라
눅 22:37　그는 불법자의 **동류**로 여김을 받았다
히 1:9　즐거움의 기름을 주께 부어 주를 **동류**

동맹하다(同盟, ally, covenant, involve)
창 14:13　아넬의 형제라 이들은 아브람과 **동맹한**
느 6:18　맞이하였으므로 유다에서 그와 **동맹한**
시 83:5　의논하고 주를 대적하여 서로 **동맹하니**
사 7:2　에브라임과 **동맹하였다** 하였으므로
겔 30:5　굽과 및 **동맹한** 땅의 백성들이 그들과
단 11:22　패할 것이요 **동맹한** 왕도 그러하리

행 23:13　이같이 **동맹한** 자가 사십여 명이더라

동무(friend)
삼상 14:20　칼로 자기의 **동무**들을 치므로 크게 혼란
전 4:10　넘어지면 하나가 그 **동무**를 붙들어
마 11:16　아이들이 장터에 앉아 제 **동무**를 불러
눅 5:7　다른 배에 있는 **동무**들에게 손짓하여
행 7:27　**동무**를 해치는 사람이 모세를 밀어뜨려
고전 15:33　악한 **동무**들은 선한 행실을 더럽히나니
계 6:11　잠시 동안 쉬되 그들의 **동무** 종들과

동문(東門, east gate, gate facing east)
겔 10:19　여호와의 전으로 들어가는 **동문**에 머물
겔 11:1　여호와의 전 **동문** 곧 동향한 문에 이르
겔 43:4　여호와의 영광이 **동문**을 통하여 성전

동문지기(keeper of the East Gate, guard at the East Gate)
대하 31:14　**동문지기** 레위 사람 임나의 아들 고레
느 3:29　**동문지기** 스가냐의 아들 스마야가

동물(動物, animal)
창 8:19　땅 위의 **동물** 곧 모든 짐승과 모든 기는
창 9:3　모든 산 **동물**은 너희의 먹을 것이 될지
출 22:31　짐승에게 찢긴 **동물**의 고기를 먹지 말고
시 104:25　생물 곧 크고 작은 **동물**들이 무수하니
롬 1:23　새와 짐승과 기어다니는 **동물** 모양의

동방(東方, east)
창 2:8　하나님이 **동방**의 에덴에 동산을 창설
창 11:2　**동방**으로 옮기다가 시날 평지를 만나
창 25:6　아들 이삭을 떠나 **동방** 곧 동쪽 땅으로
창 29:1　길을 떠나 **동방** 사람의 땅에 이르러
민 2:3　**동방** 해 돋는 쪽에 진 칠 자는 그 진영별
수 12:3　**동방** 아라바 … 바다까지이며 또 **동방**
삿 6:3　아말렉과 **동방** 사람들이 치러 올라와서
삿 6:33　그때에 미디안과 아말렉과 **동방** 사람
삿 7:12　미디안과 아말렉과 **동방**의 모든 사람
삿 8:10　갈골에 있는 **동방** 사람의 모든 군대
욥 1:3　이 사람은 **동방** 사람 중에 가장 훌륭한
사 2:6　**동방** 풍속이 가득하며 그들이 블레셋
사 11:14　어깨에 날아 앉고 함께 **동방** 백성을
사 24:15　너희가 **동방**에서 여호와를 영화롭게

【 동북 】   【 동생 】

사 41:2	누가 **동방**에서 사람을 일깨워서 공의
렘 49:28	게달로 올라가서 **동방** 자손들을 황폐
겔 25:4	**동방** 사람에게 기업으로 넘겨주리니
겔 25:10	**동방** 사람에게 넘겨주어 기업을 삼게
마 2:1	베들레헴에서 나시매 **동방**으로부터
마 2:2	계시냐 우리가 **동방**에서 그의 별을 보고
마 2:9	박사들이 왕의 말을 듣고 갈새 **동방**에서
계 16:12	강물이 말라서 **동방**에서 오는 왕들의

동북(東北, the east and the north)
단 11:44 **동북**에서부터 소문이 이르러 그를 번민

동산(東山, garden)
창 2:8 에덴에 **동산**
창 2:9 **동산** 가운데에
창 2:10 강이 에덴에서 흘러 나와 **동산**을 적시고
창 2:16 **동산** 각종 나무의 열매는 네가 임의로
창 3:1 너희에게 **동산** 모든 나무의 열매를 먹지
창 3:2 여자가 뱀에게 말하되 **동산** 나무의 열매
창 3:3 **동산** 중앙에 있는 나무의 열매는 하나
창 3:8 불 때 **동산**에 … 낯을 피하여 **동산** 나무
창 3:10 내가 **동산**에서 하나님의 소리를 듣고
창 13:10 여호와의 **동산** 같고 애굽 땅과 같았더라
민 24:6 골짜기 같고 강가의 **동산** 같으며 여호
왕하 19:23 먼 곳에 들어가며 그의 **동산**의 무성한
왕하 21:18 그의 궁궐 **동산** 곧 웃사의 **동산**에 장사
왕하 21:26 아몬이 웃사의 **동산** 자기 묘실에 장사
왕하 25:4 성벽 사이 왕의 **동산** 결문 길로 도망
느 3:15 왕의 **동산** 근처 셀라 못 가의 성벽을
욥 8:16 햇빛을 받고 물이 올라 그 가지가 **동산**
전 2:5 여러 **동산**과 과원을 만들고 그 가운데
아 4:12 신부는 잠근 **동산**이요 덮은 우물이요
아 4:15 **동산**의 샘이요 생수의 우물이요 레바논
아 4:16 나의 **동산**에 불어서 향기를 날리라 나
        의 사랑하는 자가 그 **동산**에 들어가서
아 5:1 신부야 내가 내 **동산**에 들어와서 나의
아 6:2 자가 자기 **동산**으로 내려가 향기로운
        꽃밭에 이르러서 **동산** 가운데에서
아 6:11 피었는가 알려고 내가 호도 **동산**으로
아 8:13 **동산**에 거주하는 자야 친구들이 네 소리
사 1:29 택한 **동산**으로 말미암아 수치를 당할
사 1:30 상수리나무 같을 것이요 물 없는 **동산**
사 51:3 광야를 여호와의 **동산** 같게 하였나니

사 58:11	너는 물 댄 **동산** 같겠고 물이 끊어지지
사 61:11	땅이 싹을 내며 **동산**이 거기 뿌린 것을
사 65:3	**동산**에서 제사하며 벽돌 위에서 분향
사 66:17	스스로 정결하게 하고 **동산**에 들어가서
렘 31:12	심령은 물 댄 **동산** 같겠고 다시는 근심
렘 39:4	밤에 왕의 **동산** 길을 따라 두 담 샛문을
렘 52:7	성벽 사이 왕의 **동산** 결문 길로 도망하
애 2:6	그의 초막을 **동산**처럼 헐어 버리시며
겔 28:13	옛적에 하나님의 **동산** 에덴에 있어서
겔 31:8	하나님의 **동산**의 백향목이 능히 그를 가
	리지 못하며 … 하나님의 **동산**의 어떤
겔 31:9	하나님의 **동산** 에덴에 있는 모든 나무가
암 4:9	많은 **동산**과 포도원과 무화과나무와
미 1:6	**동산** 같게 하며 또 그 돌들을 골짜기에
요 18:1	**동산**이 있는데 제자들과 함께 들어가
요 18:26	네가 그 사람과 함께 **동산**에 있는 것을
요 19:41	박히신 곳에 **동산**이 있고 **동산** 안에

에덴동산
창 2:15 하나님이 그 사람을 이끌어 **에덴동산**에
창 3:23 하나님이 **에덴동산**에서 그를 내보내어
창 3:24 사람을 쫓아내시고 **에덴동산** 동쪽에
겔 36:35 이제는 **에덴동산**같이 되었고 황량하고
욜 2:3 예전의 땅은 **에덴동산** 같았으나 그들의

동산지기(gardener)
요 20:15 마리아는 그가 **동산지기**인 줄 알고

동생(brother)
창 24:15 아브라함의 **동생** 나홀의 아내 밀가의
창 24:27 주인의 **동생** 집에 이르게 하셨나이다
창 24:48 주인의 **동생**의 딸을 그의 아들을 위하여
창 33:9 에서가 이르되 내 **동생**아 내게 있는
창 36:6 재물을 이끌고 그의 **동생** 야곱을 떠나
창 37:26 우리 **동생**을 죽이고 그의 피를 덮어둔
창 37:27 손을 대지 말자 그는 우리의 **동생**이요
창 43:29 너희 작은 **동생**이 이 아이냐 그가 또
삿 15:2 그의 **동생**이 … 그를 대신하여 **동생**을
삼하 3:27 죽이니 이는 자기 **동생** 아사헬의 피로
삼하 3:30 기브온 전쟁에서 자기 **동생** 아사헬을
삼하 14:7 **동생**을 쳐죽인 자를 …그의 **동생** 죽인
삼하 17:25 아비갈은 요압의 어머니 스루야의 **동생**
삼하 18:2 요압 **동생** 아비새의 휘하에 넘기고

【 동서 1 】   【 동안 】

삼하 20:10	요압과 그 **동생** 아비새가 비그리
왕상 1:9	자기의 모든 **동생**과 왕의 신하 된 유다
왕상 1:10	**동생** 솔로몬은 청하지 아니하였더라
대상 24:31	장자의 가문과 막내 **동생**의 가문이 다름
겔 16:45	남편과 자녀를 싫어한 형의 **동생**이로다
마 12:46	어머니와 **동생**들이 예수께 말하려고
마 12:47	어머니와 **동생**들이 당신께 말하려고
마 12:48	내 어머니이며 내 **동생**들이냐 하시고
마 12:49	이르시되 나의 어머니와 나의 **동생**
마 14:3	헤롯이 그 **동생** 빌립의 아내 헤로디아
마 22:24	자식이 없이 죽으면 그 **동생**이 그 아내
마 22:25	상속자가 없으므로 그 아내를 그 **동생**
막 3:31	때에 예수의 어머니와 **동생**들이 와서
막 3:32	보소서 당신의 어머니와 **동생**들과 누이
막 3:33	누가 내 어머니이며 **동생**들이냐 하시고
막 3:34	보시며 이르시되 내 어머니와 내 **동생**
막 6:17	자기가 **동생** 빌립의 아내 헤로디아
막 6:18	요한이 헤롯에게 말하되 **동생**의 아내를
막 12:19	**동생**이 그 아내를 취하여 형을 위하여
눅 3:1	**동생** 빌립이 이두래와 드라고닛 지방
눅 3:19	헤롯은 그의 **동생**의 아내 헤로디아의
눅 6:14	시몬과 그의 **동생** 안드레와 야고보와
눅 8:19	예수의 어머니와 그 **동생**들이 왔으나
눅 8:20	당신의 어머니와 **동생**들이 당신을 보려
눅 8:21	어머니와 내 **동생**들은 곧 하나님의 말씀
눅 10:39	그에게 마리아라 하는 **동생**이 있어 주의
눅 10:40	주여 내 **동생**이 나 혼자 일하게 두는
눅 15:27	대답하되 당신의 **동생**이 돌아왔으매
눅 15:32	네 **동생**은 죽었다가 살아났으며 내가
눅 20:28	자식이 없이 죽으면 그 **동생**이 그 아내
요 11:5	본래 마르다와 그 **동생**과 나사로를
행 13:1	루기오와 분봉 왕 헤롯의 젖**동생** 마나엔

동서 1 (同壻, sister-in-law)

룻 1:15	네 **동서**는 그의 백성과 그의 신들에게
	로 돌아가나니 너도 너의 **동서**를 따라

동서 2 (東西, from east to west)

대상 12:15	모든 자에게 **동서**로 도망하게 하였더라
슥 14:4	감람산은 그 한 가운데가 **동서**로 갈라져

동서남북 (東西南北, west and north and south and east)

신 3:27	눈을 들어 **동서남북**을 바라고 네 눈으로
시 107:3	**동서남북** 각 지방에서부터 모으셨도다
눅 13:29	사람들이 **동서남북**으로부터 와서

동시에 (同時, at the same time)

민 19:6	**동시에** 제사장은 백향목과 우슬초와
민 24:18	그와 **동시에** 이스라엘은 용감히 행동

📖 동시에 - 기타 본문

수 4:18; 삿 13:20; 삼하 21:9; 대하 29:27; 행 24:26; 27:40

동안 (for)

창 3:14	배로 다니고 살아 있는 **동안** 흙을 먹을

📖 동안 - 기타 본문

모세 오경 창 7:17; 8:22; 14:4; 15:13; 27:44; 29:9, 20, 27, 30; 31:41; 45:6; 46:29; 47:17; 50:3, 10; 출 2:2; 10:22, 23; 12:15, 19; 13:6, 7; 16:26, 35; 20:9, 11; 21:2; 22:30; 23:10, 12, 15; 24:16; 29:30, 35, 37; 31:15, 17; 34:18, 21; 35:2; 레 8:33; 12:2, 5; 13:4, 5, 21, 26, 31, 33, 46, 50, 54; 14:38, 46; 15:19, 20, 24, 25, 26; 18:18, 19; 19:23; 22:27; 23:3, 6, 8, 34, 36, 39, 40, 41, 42; 25:3, 8, 21; 26:34, 35; 민 6:4, 5, 6, 8; 9:18, 22; 11:20, 21; 12:14, 15; 13:25; 19:11, 14, 16; 20:29; 22:30; 23:15; 28:17, 24; 29:12; 31:19; 32:13; 신 1:46; 2:1, 7, 14; 4:9, 10; 5:13; 8:2, 4; 12:19; 15:12, 18; 16:3, 4, 8, 13, 15; 21:13; 24:5; 29:5; 31:13 **역사서** 수 2:16; 4:14; 5:6; 6:3, 14; 14:10; 24:31; 삿 2:7, 18; 3:8, 14, 26, 30; 4:3; 5:31; 6:1; 8:28; 10:3, 8; 11:26; 12:11; 13:1; 14:12, 17; 15:20; 16:31; 18:31; 19:2, 4; 20:47; 삼상 1:12; 7:2, 13, 15; 10:8; 11:3; 13:8; 14:52; 20:14, 19, 31; 21:5; 22:4; 25:7, 15, 16; 27:11; 29:8; 30:12; 31:13; 삼하 2:10; 3:6; 5:4, 5; 14:28; 24:13; 왕상 2:11; 4:21, 25; 6:7, 38; 7:1; 8:40; 11:16; 14:21; 15:2, 6, 10, 16, 25, 32, 33; 16:8, 15, 23, 29; 17:1; 20:40; 22:42, 51; 왕하 2:17; 3:1; 8:1, 17; 11:3; 12:2; 15:8, 12, 13; 대상 21:12; 27:1; 대하 6:31; 7:8, 9; 8:1; 11:17; 12:13; 13:2; 14:1; 20:25, 31; 21:5, 20; 22:2, 12; 24:1; 25:1; 26:5; 27:1; 28:1, 6; 29:1, 17; 30:21, 22; 33:1, 21; 34:1; 35:17;

【 동업자 】   【 동일하다 】

36:5, 9, 11; 스 6:22; 8:15; 9:8; 느 1:4; 2:13;
5:14; 8:7, 18; 9:21, 30; 에 1:4, 5; 2:12; 3:13;
5:13; 8:12 **시가서** 욥 1:16, 17, 18; 2:13; 7:19;
14:14; 24:24; 시 17:14; 37:3; 72:5; 90:14;
95:10; 104:33; 잠 6:8; 12:19; 27:1; 31:12; 전
2:3; 3:12; 7:15; 8:15 **선지서** 사 20:3; 23:15; 렘
22:30; 25:3, 11; 34:14; 35:7, 8; 52:1, 33; 겔 4:9;
29:12; 38:17; 39:9, 12; 43:25, 26; 45:21, 23, 25;
46:1; 단 1:12, 14; 6:7, 12; 9:25, 27; 10:2, 13;
11:8, 24, 33; 호 3:3, 4; 암 2:10; 5:25; 욘 3:3, 4; 슥
7:3, 5; 11:8 **신약** 마 9:15, 20; 12:40; 14:22; 26:36,
61; 막 2:19; 6:45; 14:32, 58; 눅 1:24; 2:36; 4:1,
13; 13:11, 16; 17:8; 18:4; 요 2:19, 20; 5:7; 9:5;
12:35, 36; 행 1:3; 7:6, 20; 9:9; 13:11; 19:8, 10,
22; 20:3; 27:20; 롬 7:1; 고전 7:5, 39; 16:7; 갈
1:18; 4:1; 히 2:7, 9; 3:9, 13, 17; 9:8, 17; 11 23, 30;
약 5:17; 벧전 3:20; 벧후 1:13; 계 2:10; 6:11; 9:5,
10; 11:2, 6, 9; 12:6; 13:5; 17:10; 18:8; 20:2, 4, 6

동업자(同業者, partner)
눅 5:10   시몬의 **동업자**인 야고보와 요한도 놀랐

동여매다(tie)
겔 3:25   네 위에 줄을 놓아 너를 동여매리니

동역자(同役者, fellow worker)
롬 16:3   예수 안에서 나의 **동역자**들인 브리스가
롬 16:9   우리의 **동역자**인 우르바노와 나의 사랑
롬 16:21 나의 **동역자** 디모데와 나의 친척 누기오
고전 3:9 하나님의 **동역자**들이요 너희는 하나님
고후 8:23 동료요 너희를 위한 나의 **동역자**요 우리
빌 4:3   글레멘드와 그 외에 나의 **동역자**들을
몬 1:1   사랑을 받는 자요 **동역자**인 빌레몬과
몬 1:17   나를 **동역자**로 알진대 그를 영접하기를
몬 1:24   또한 나의 **동역자** 마가, 아리스다고,

동역하다(同役, do~with)
삼상 14:45 오늘 하나님과 **동역하였음**이니이다

동이(jar, bowl)
슥 9:15   피가 가득한 **동이**와도 같고 피 묻은
막 14:13 물 한 **동이**를 가지고 가는 사람을 만나
눅 22:10 성내로 들어가면 물 한 **동이**를 가지고

동이다(tie, tuck)
왕상 18:46 엘리야에게 임하매 그가 허리를 **동이고**
왕상 20:31 베로 허리를 **동이고** 테두리를 머리에
왕상 20:32 굵은 베로 허리를 **동이고** 테두리를
왕상 21:27 그의 옷을 찢고 굵은 베로 몸을 **동이고**
왕하 9:1 허리를 **동이고** 이 기름병을 손에 가지고
욥 12:18 맨 것을 풀어 그들의 허리를 **동이시며**
사 8:9   너희 허리를 **동이라** 그러나 끝내 패망
사 32:11 몸을 드러내고 베로 허리를 **동일지어다**
사 45:5   못하였을지라도 나는 네 띠를 **동일** 것이
렘 1:17   너는 네 허리를 **동이고** 일어나 내가
겔 4:8   내가 줄로 너를 **동이리니** 네가 에워싸는
겔 23:15 그 형상은 허리를 띠로 **동이고** 머리를
겔 24:17 수건으로 머리를 **동이고** 발에 신을 신고
겔 44:18 땀이 나게 하는 것으로 허리를 **동이지**
단 4:15   놋줄로 **동이고** 그것을 들 풀 가운데
단 4:23   놋줄로 **동이고** 그것을 들 풀 가운데
욜 1:8   남자로 말미암아 굵은 베로 **동이고** 애곡
욜 1:13   제사장들아 너희는 굵은 베로 **동이고**
암 8:10   사람에게 굵은 베로 허리를 **동이게** 하며
벧전 1:13 너희 마음의 허리를 **동이고** 근신하여
벧전 5:5 서로 겸손으로 허리를 **동이라** 하나님

동일하다(同一, same)
출 12:49 이방인에게 이 법이 **동일하니라** 하셨으
레 24:22 본토인에게든지 그 법을 **동일하게**
민 9:14   본토인에게나 그 율례는 **동일할** 것이니
민 15:29 범죄한 자에 대한 법이 **동일하거니와**
삼상 30:24 머물렀던 자의 분깃도 **동일할지니** 같이
왕상 7:8 양식이 **동일하며** 솔로몬이 또 그가 장가
왕상 7:37 법과 크기와 양식을 다 **동일하게** 만들었
욥 33:6   나와 그대가 하나님 앞에서 **동일하니**
욥 34:29 민족에게나 인류에게나 **동일하시니**
전 3:19   **동일한** 호흡이 있어서 짐승이 죽음같이
겔 45:11 에바와 밧은 그 용량을 **동일하게** 하되
호 4:9   백성이나 제사장이나 **동일함이라** 내가
막 14:39 나아가 **동일한** 말씀으로 기도하시고
눅 23:40 사람을 꾸짖어 이르되 네가 **동일한** 정죄
행 15:11 우리는 그들이 우리와 **동일하게**
고후 8:19 이뿐 아니라 그는 **동일한** 주의 영광과
고후 12:18 우리가 **동일한** 성령으로 행하지 아니
엡 2:19   성도들과 **동일한** 시민이요 하나님
살전 2:14 너희 동족에게서 **동일한** 고난을 받았느

【 동작 】　　　　　　　　　　　　　　　　　　　　　　　【 동침하다 】

히 6:11	사람이 **동일한** 부지런함을 나타내어
히 11:9	약속의 땅에 거류하여 **동일한** 약속을
히 13:8	오늘이나 영원토록 **동일하시니라**
벧전 5:9	너희 형제들도 **동일한** 고난을 당하는
벧후 1:1	의를 힘입어 **동일하게** 보배로운 믿음
벧후 3:7	땅은 그 **동일한** 말씀으로 불사르기

동작(動作, action)
잠 20:11　아이라도 자기의 **동작**으로 자기 품행

동정/-하다(同情, kindness, sympathize)
욥 6:14	저버릴지라도 그의 친구로부터 **동정**
행 28:2	우리에게 특별한 **동정을** 하여 불을 피워
히 4:15	대제사장은 우리의 연약함을 **동정하지**
히 10:34	너희가 갇힌 자를 **동정하고** 너희 소유
벧전 3:8	마음을 같이하여 **동정하며** 형제를 사랑

동족(同族, people, kinsman)
창 23:11	내가 내 **동족** 앞에서 당신에게 드리오니
레 18:26	너희 곧 너희의 **동족**이나 혹은 너희
레 25:46	너희 **동족** 이스라엘 자손은 너희가 피차
신 2:4	세일에 거주하는 너희 **동족** 에서의 자손
신 2:8	**동족** 에서의 자손을 떠나서 아라바를
신 15:12	**동족** 히브리 남자나 히브리 여자가 네게
대상 12:2	베냐민 지파 사울의 **동족**인데 그 이름
대상 12:29	베냐민 자손 곧 사울의 **동족**은 아직도
대상 26:30	하사뱌와 그의 **동족** 용사 천 칠백 명은
사 13:14	자기 **동족**에게로 돌아가며 각기 본향
렘 34:9	그의 **동족** 유다인을 종으로 삼지 못하게
렘 50:16	각기 **동족**에게로 돌아가며 고향으로
겔 18:18	아버지는 심히 포학하여 그 **동족**을 강탈
고후 11:26	강도의 위험과 **동족**의 위험과 이방인의
갈 1:14	내가 내 **동족** 중 여러 연갑자보다 유대
살전 2:14	너희도 너희 **동족**에게서 동일한 고난

동쪽(east)
창 2:14	**동쪽**으로 흘렀으며 넷째 강은 유브라데
창 3:24	에덴 동산 **동쪽**에 그룹들과 두루 도는
창 4:16	가인이 여호와 앞을 떠나서 에덴 **동쪽**

† 동쪽 - 기타 본문
창 10:30; 12:8; 13:14; 25:6; 28:14; 출 27:13;
38:13; 레 1:16; 16:14; 민 3:38; 10:5; 23:7;
32:19; 34:3, 10, 11; 35:5; 신 3:17; 4:46, 49; 수
4:19; 7:2; 9:10; 11:3, 8; 12:1; 13:8, 27, 32; 15:5;
16:1, 5, 6; 17:5, 10; 18:7, 20; 19:12, 13; 20:8; 삿
8:11; 20:43; 21:19; 삼상 13:5; 왕상 4:30; 7:25;
17:3; 왕하 10:33; 13:17; 대상 4:39; 5:10; 6:78;
7:28; 9:18; 26:14, 17; 대하 4:4; 5:12; 29:4; 느
3:26; 12:37; 욥 18:20; 시 75:6; 사 43:5; 46:11;
렘 31:40; 겔 8:16; 11:23; 39:11; 40:6, 19, 22, 23,
32; 41:14; 42:9, 12, 15, 16; 43:1, 2, 17; 44:1;
45:7; 46:1, 12; 47:1, 2, 3, 8, 18; 48:1, 2, 3, 4, 5,
6, 7, 8, 10, 16, 17, 18, 21, 23, 24, 25, 26, 27, 32;
단 8:9; 암 8:12; 욘 4:5; 슥 14:4; 계 21:13

동참하다(同參, be distressed, companion)
사 63:9	그들의 모든 환난에 **동참하사** 자기 앞의
계 1:9	참음에 **동참하는** 자라 하나님의 말씀

동철(銅鐵, bronze and iron)
수 6:19	은금과 **동철** 기구들은 다 여호와께 구별
수 6:24	은금과 **동철** 기구는 여호와의 집 곳간

동침하다(同寢, lay with)
창 4:1	아담이 그의 아내 하와와 **동침하매** 하와
창 4:17	**동침하매** 그가 임신하여 에녹을 낳은
창 4:25	아담이 다시 자기 아내와 **동침하매** 그가
창 16:4	하갈과 **동침하였더니** 하갈이 임신하매
창 19:32	아버지에게 술을 마시게 하고 **동침하여**
창 19:33	딸이 들어가서 그 아버지와 **동침하니라**
창 9:34	우리 아버지와 **동침하였으니** 오늘 밤
	에도 … 네가 들어가 **동침하고** 우리가
창 19:35	작은 딸이 일어나 아버지와 **동침하니라**
창 26:10	하나가 네 아내와 **동침할** 뻔하였도다
창 30:15	오늘밤에 내 남편이 언니와 **동침하리라**
창 35:22	아버지의 첩 빌하와 **동침하매** 이스라엘
창 38:2	자의 딸을 보고 그를 데리고 **동침하니**
창 39:7	요셉에게 눈짓하다가 **동침하기를**
창 39:14	나와 **동침하고자** 내게로 들어오므로
출 21:10	여자의 음식과 의복과 **동침하는** 것을
출 22:16	아내한 처녀를 꾀어 **동침하였으면**
레 15:18	**동침하여** 설정하였거든 둘 다 물로
레 15:24	여인과 **동침하여** 그의 불결함에 전염
레 18:20	이웃의 아내와 **동침하여** 설정하므로
레 18:22	여자와 **동침함같이** 남자와 **동침하지**

레 19:20	해방되지 못한 여인과 **동침하여** 설정		느 4:21	절반은 **동틀** 때부터 별이 나기까지
레 20:11	그의 아버지의 아내와 **동침하는** 자는		욥 3:9	못하며 **동틈**을 보지 못하였더라면
레 20:12	그의 며느리와 **동침하거든** 둘 다 반드시			
레 20:13	여인과 동침하듯 남자와 **동침하면**		**동편**(東便, east)	
레 20:18	월경 중의 여인과 **동침하여** 그의 하체		마 24:27	번개가 **동편**에서 나서 서편까지 번쩍임
레 20:20	그의 숙모와 **동침하면** 그의 숙부의 하체			
민 5:13	남자가 그 여자와 **동침하였으나** 그의		**동포**(同胞, fellow)	
민 5:19	남자와 **동침하여** 더럽힌 일이 없으면		출 2:13	이르되 네가 어찌하여 **동포**를 치느냐
민 5:20	네 남편 아닌 사람과 **동침하였으면**		레 19:18	원수를 갚지 말며 **동포**를 원망하지 말며
민 31:17	남자와 **동침하여** 사내를 아는 여자도		삼하 15:20	돌아가고 네 **동포**들도 데려가라 은혜
민 31:18	남자와 **동침하지** 아니하여 사내를 알지			
민 31:35	사람은 남자와 **동침하지** 아니하여서		**동풍**(東風, east wind)	
신 22:14	여자를 맞이하였더니 그와 **동침할** 때에		창 41:6	그 후에 또 가늘고 **동풍**에 마른 일곱
신 22:22	**동침한** 것이 드러나거든 그 **동침한** 남자		창 41:23	가늘고 **동풍**에 마른 일곱 이삭이 나더니
신 22:23	남자가 그를 성읍 중에서 만나 **동침하면**		창 41:27	**동풍**에 말라 속이 빈 일곱 이삭도 일곱
신 22:28	처녀를 만나 그를 붙들고 **동침하는** 중에		출 10:13	**동풍**을 일으켜 … 아침이 되매 **동풍**이
신 22:29	**동침한** 남자는 그 처녀의 아버지에게		출 14:21	여호와께서 큰 **동풍**이 밤새도록 바닷물
신 28:30	그 여자와 같이 **동침할** 것이요 집을		욥 15:2	지식으로 대답하겠느냐 어찌 **동풍**을
삿 21:12	남자와 **동침한** 일이 없어 남자를 알지		욥 27:21	**동풍**이 그를 들어올리리니 그는 사라질
삼상 1:19	그의 아내 한나와 **동침하매** 여호와께서		욥 38:24	광명이 어느 길로 뻗치며 **동풍**이 어느
삼상 2:22	수종 드는 여인들과 **동침하였음을** 듣고		시 48:7	주께서 **동풍**으로 다시스의 배를 깨뜨리
삼하 11:4	더불어 **동침하매** 그 여자가 자기 집으		시 78:26	그가 **동풍**을 하늘에서 일게 하시며 그의
삼하 12:11	아내들과 더불어 백주에 **동침하리라**		사 27:8	쫓아내실 때에 **동풍** 부는 날에 폭풍으로
삼하 12:24	그에게 들어가 그와 **동침하였더니** 그가		렘 18:17	버리기를 **동풍**으로 함같이 할 것이며
삼하 13:11	나의 누이야 와서 나와 **동침하자** 하는		겔 17:10	번성하겠느냐 **동풍**에 부딪힐 때에 아주
삼하 13:14	힘이 세므로 억지로 그와 **동침하니라**		겔 19:12	열매는 **동풍**에 마르고 그 강한 가지들은
삼하 16:21	후궁들과 더불어 **동침하소서** 그리하면		겔 27:26	**동풍**이 바다 한가운데에서 너를 무찔렀
삼하 16:22	아버지의 후궁들과 더불어 **동침하니라**		호 12:1	에브라임은 바람을 먹으며 **동풍**을 따라
삼하 17:25	나하스의 딸 아비갈과 **동침하여** 그를		호 13:15	**동풍**이 오리니 곧 광야에서 일어나는
대상 2:21	마길의 딸에게 장가들어 **동침하였더니**		욘 4:8	하나님이 뜨거운 **동풍**을 예비하셨고
대상 7:23	에브라임이 그의 아내와 **동침하매** 임신			
욥 31:10	돌리며 타인과 더불어 **동침하기를**		**동하다**(動, spend)	
겔 23:8	그가 젊었을 때에 애굽 사람과 **동침하매**		사 58:10	주린 자에게 네 심정이 **동하며** 괴로워
마 1:25	아들을 낳기까지 **동침하지** 아니하더니			
			동해(東海, eastern sea)	
동침하다 - 기타 본문			욜 2:20	앞의 부대는 **동해**로, 그 뒤의 부대는
창 30:16; 39:10, 12; 레 15:33; 신 27:20, 22, 23			슥 14:8	예루살렘에서 솟아나서 절반은 **동해**로,

동트다(coming of dawn, at daybreak)

창 19:15	**동틀** 때에 천사가 롯을 재촉하여 이르되
삿 19:26	**동틀** 때에 여인이 자기의 주인이 있는
삼상 9:26	그들이 일찍이 일어날새 **동틀** 때쯤이라
삼상 14:36	**동틀** 때까지 그들 중에서 탈취하고

동행자(同行者, his men)

창 24:32	사람의 발과 그의 **동행자**들의 발 씻을
창 24:54	이에 그들 곧 종과 **동행자**들이 먹고
창 24:59	유모와 아브라함의 종과 그 **동행자**들
창 32:7	답답하여 자기와 함께 한 **동행자**와 양과

동행/-하다 (同行, walk with, companion)

창 5:22	하나님과 **동행하며** 자녀들을 낳았으며
창 5:24	에녹이 하나님과 **동행하더니** 하나님이
창 6:9	자라 그는 하나님과 **동행하였으며**
창 14:24	젊은이들이 먹은 것과 나와 **동행한** 아넬
창 22:6	칼을 손에 들고 두 사람이 **동행하더니**
창 33:12	우리가 떠나자 내가 너와 **동행하리라**
출 34:9	주는 우리와 **동행하옵소서** 이는 목이
민 10:29	우리가 행진하나니 우리와 **동행하자**
민 10:32	우리와 **동행하면** 여호와께서 우리에게
민 22:39	발람이 발락과 **동행하여** 기럇후솟에
수 8:35	**동행하는** 거류민들 앞에서 낭독하지
욥 31:5	내가 허위와 함께 **동행하고** 내 발이
시 26:4	간사한 자와 **동행하지도** 아니하리이다
시 42:4	전에 성일을 지키는 무리와 **동행하여**
잠 13:20	지혜로운 자와 **동행하면** 지혜를 얻고
잠 22:24	사귀지 말며 울분한 자와 **동행하지** 말지
렘 3:18	유다 족속이 이스라엘 족속과 **동행하여**
암 3:3	뜻이 같지 않은데 어찌 **동행하겠으며**
말 2:6	정직함으로 나와 **동행하며** 많은 사람
마 5:41	하거든 그 사람과 십 리를 **동행하고**
눅 2:44	**동행** 중에 있는 줄로 생각하고 하룻길을
눅 7:11	가실새 제자와 많은 무리가 **동행하더니**
눅 24:15	가까이 이르러 그들과 **동행하시나**
행 13:13	바울과 및 **동행하는** 사람들이 바보에서
행 20:34	이 손으로 나와 내 **동행들이** 쓰는 것을
행 26:13	밝은 빛이 나와 내 **동행들을** 둘러 비추
고후 8:19	맡은 은혜의 일로 우리와 **동행하는** 자라

동향하다 (東向, face east)

겔 11:1	전 동문 곧 **동향한** 문에 이르기로

돛 (sail)

사 33:23	**돛을** 달지 못하였느니라 때가 되면 많은
겔 27:7	애굽의 수 놓은 가는 베로 **돛을** 만들어
행 27:40	**돛을** 달고 바람에 맞추어 해안을 향하여

돛대 (rig)

잠 23:34	누운 자 같을 것이요 **돛대** 위에 누운
사 33:23	네 **돛대** 줄이 풀렸으니 **돛대의** 밑을
겔 27:5	레바논의 백향목을 가져다 **돛대를** 만들

돼지 (pig)

레 11:7	**돼지는** 굽이 갈라져 쪽발이로되 새김질
신 14:8	**돼지는** 굽은 갈라졌으나 새김질을 못하
잠 11:22	것은 마치 **돼지** 코에 금 고리 같으니라
사 66:3	드리는 예물은 **돼지의** 피와 다름이 없이
겔 16:10	**돼지** 가죽신을 신기고 가는 베로 두르고
마 7:6	진주를 **돼지** 앞에 던지지 말라 그들이
마 8:30	마침 멀리서 많은 **돼지** 떼가 먹고 있는
마 8:31	우리를 쫓아내시려면 **돼지** 떼에 들여
마 8:32	귀신들이 나와서 **돼지에게로** 들어가는
막 5:11	마침 거기 **돼지의** 큰 떼가 산 곁에서
막 5:12	간구하여 이르되 우리를 **돼지에게로**
막 5:13	더러운 귀신들이 나와서 **돼지에게로**
막 5:16	귀신 들렸던 자가 당한 것과 **돼지의**
눅 8:32	**돼지** 떼가 … 귀신들이 그 **돼지에게로**
눅 8:33	**돼지에게로** 들어가니 그 떼가 비탈로
눅 15:15	그를 들로 보내어 **돼지를** 치게 하였
눅 15:16	그가 **돼지** 먹는 쥐엄 열매로 배를 채우
벧후 2:22	**돼지가** 씻었다가 더러운 구덩이에 도로

돼지고기 (flesh of pig)

사 65:4	밤을 지내며 **돼지고기를** 먹으며 가증한
사 66:17	**돼지고기와** 가증한 물건과 쥐를 먹는

되 (measure)

신 25:14	네 집에 두 종류의 **되** 곧 큰 것과 작은
신 25:15	공정한 **되를** 둘 것이라 그리하면
사 40:12	땅의 티끌을 **되에** 담아 보았으며 접시

되다 (measure, be)

1. 말이나 되 따위로 양을 헤아리다 (measure)

출 16:18	오멜로 **되어** 본즉 많이 거둔 자도 남음
룻 3:15	보리를 여섯 번 **되어** 룻에게 지워 주고
룻 3:17	그가 내게 이 보리를 여섯 번 **되어** 주며
잠 20:10	한결같지 않은 **되는** 다 여호와께서 미워
겔 4:11	물도 육분의 일 힌씩 **되어서** 때를 따라
눅 6:38	후히 **되어** 누르고 흔들어 넘치도록 하여

2. 이루어지거나 어떤 인물 혹은 상태가 되다 (be)

창 1:5	부르시니라 저녁이 **되고** 아침이 **되니**
창 1:7	위의 물로 나뉘게 하시니 그대로 **되니라**
출 19:5	모든 민족 중에서 내 소유가 **되겠고**
레 26:12	**되고** 너희는 내 백성이 될 것이니라
신 26:19	하나님 여호와의 성민이 **되게** 하시리라
수 1:4	지는 쪽 대해까지 너희의 영토가 **되리라**

【 되다 】

수 1:8	평탄하게 될 것이며 네가 형통하리라
삼상 2:34	둘이 당할 그 일이 네게 표징이 되리라
삼상 10:6	예언을 하고 변하여 새사람이 되리라
왕상 2:2	가게 되었노니 너는 힘써 대장부가 되고
왕하 1:17	여호람이 그를 대신하여 왕이 되니 유다
대상 17:22	주께서 그들의 하나님이 되셨나이다
대상 29:26	아들 다윗이 온 이스라엘의 왕이 되어
대하 17:14	아드나가 으뜸이 되어 큰 용사 삼십만
에 8:17	유다인을 두려워하여 유다인 되는 자가
욥 2:12	욥인 줄 알기 어렵게 되었으므로 그들이
시 22:10	때부터 주는 나의 하나님이 되셨나이다
시 27:9	나의 도움이 되셨나이다 나의 구원의
시 30:10	여호와여 나를 돕는 자가 되소서 하였나
시 30:11	슬픔이 변하여 내게 춤이 되게 하시며
시 42:6	영혼이 내 속에서 낙심이 되므로 내가
시 43:2	주는 나의 힘이 되신 하나님이시거늘
잠 2:7	행실이 온전한 자에게 방패가 되시나니
전 1:12	예루살렘에서 이스라엘 왕이 되어
사 1:18	붉을지라도 양털같이 희게 되리라
사 9:6	한 아들을 우리에게 주신 바 되었는데
겔 11:20	되고 나는 그들의 하나님이 되리라
호 4:6	너를 버려 내 제사장이 되지 못하게
슥 4:6	힘으로 되지 … 되지 … 되느니라
슥 14:9	여호와께서 천하의 왕이 되시리니
마 1:20	그에게 잉태된 자는 성령으로 된 것이라
마 4:3	명하여 이 돌들로 떡덩이가 되게 하라
마 4:19	너희를 사람을 낚는 어부가 되게 하리라
마 13:12	무릇 있는 자는 받아 넉넉하게 되되
마 19:30	그러나 먼저 된 자로서 나중 되고 나중 된 자로서 먼저 될 자가 많으니라
막 9:35	되고자 하면 … 끝이 되며 … 되어야
막 11:23	의심하지 아니하면 그대로 되리라
눅 14:27	않는 자도 능히 내 제자가 되지 못하리
요 1:12	자들에게는 하나님의 자녀가 되는 권세
요 1:14	육신이 되어 우리 가운데 거하시매
행 1:8	땅 끝까지 이르러 내 증인이 되리라
롬 1:16	구원을 주시는 하나님의 능력이 됨이라
롬 5:8	아직 죄인 되었을 때에 그리스도께서
롬 8:7	육신의 생각은 하나님과 원수가 되나니
롬 10:4	이루기 위하여 율법의 마침이 되시니라
고전 1:30	의로움과 거룩함과 구원함이 되셨으니
고전 4:16	권하노니 너희는 나를 본받는 자가 되라
고후 5:17	것은 지나갔으니 보라 새 것이 되었도다
엡 4:3	성령이 하나 되게 하신 것을 힘써 지키라
엡 5:1	너희는 하나님을 본받는 자가 되고
벧전 1:15	너희도 모든 행실에 거룩한 자가 되라
벧후 3:11	너희가 어떠한 사람이 되어야 마땅하냐
계 11:15	우리 주와 그의 그리스도의 나라가 되어

되다 – 기타 본문

모세오경 창 1:8, 9, 11, 13, 15, 19, 23, 24, 29, 30, 31; 2:7, 10, 19; 3:5, 15, 22; 4:12, 14, 20, 21; 6:3, 21; 7:11; 9:3, 4, 15, 25, 26, 27, 29; 10:9; 11:32; 12:2; 15:3, 4, 13; 16:12; 17:4, 5, 7, 8, 13, 16, 19, 20; 18:18; 19:9, 26, 31; 20:12; 21:2, 11, 20; 23:9, 15; 24:44, 51, 60; 25:27, 32; 26:9, 13, 35; 27:29; 28:14, 21, 22; 29:29; 30:32, 33, 42; 31:8, 50, 52; 34:12, 15, 16, 22, 23; 35:10, 16, 18; 36:32, 33, 34, 35, 36, 37, 38, 39; 37:8, 20; 38:9; 39:2; 40:13, 14, 22; 41:13, 30, 31, 41; 42:20, 22, 38; 43:9, 14, 33; 44:9, 10, 16, 17, 31, 33; 45:26; 46:34; 47:9, 18, 19, 20, 25, 26; 48:4, 5, 6, 19; 49:8; 출 1:7, 10; 2:3, 4, 10, 22; 4:9, 11, 16; 5:21; 6:7; 7:1, 9, 12, 15, 19; 8:16, 17, 19, 22; 9:9; 10:7, 13, 15; 12:2, 13, 16, 33, 48; 13:3, 10, 14, 16, 17; 14:3, 22, 27, 29; 15:25 16:5, 6; 18:3; 19:1, 5, 6; 20:2; 21:2, 5, 8; 22:24, 31; 23:1, 9, 22, 33; 25:10, 17, 23; 26:11; 27:13; 28:12, 38; 29:9, 30, 37, 41, 43, 45; 30:16, 25; 32:1, 10, 23, 25, 29, 30; 34:12; 36:18; 37:17; 39:43; 40:15, 19, 21, 23, 25, 27, 29, 32; 레 1:4; 4:3; 5:1, 4; 6:15, 17, 21; 7:18; 9:3; 11:3, 35, 43, 45; 12:4, 6; 13:34; 14:2; 15:13; 17:6; 19:7, 29, 34; 20:27; 22:13, 19, 20, 21, 23, 25, 27, 29, 33; 23:11, 12, 13, 24; 25:26, 35, 38, 39, 45, 46, 47, 49; 26:10, 12, 18, 27, 35, 45; 27:12, 14, 15, 19, 21, 32; 민 3:13, 24, 30, 32, 35; 5:9, 10, 18, 19, 21, 22, 24, 27; 9:6, 7, 10, 15; 10:31; 11:16, 29, 31; 12:12; 14:33, 34; 15:41; 16:7, 13, 38, 40; 17:10, 12; 18:14, 20; 19:13; 21:29; 24:18, 22; 26:10; 27:11, 17; 28:3, 9, 11, 19; 29:2, 17, 20, 23, 26, 29, 32, 36; 30:8; 32:22, 32; 33:54, 55; 34:2, 6; 35:3, 13, 14, 15; 36:3, 8, 11, 12; 신 1:39; 3:18; 4:1, 29; 5:6, 15; 6:12, 21; 7:8, 16; 8:12, 13, 14; 9:14; 10:19; 11:24, 27; 12:10; 13:5, 10, 16, 18; 14:6; 15:9, 15, 17; 16:12; 18:2; 20:19; 21:13; 22:7, 19; 23:5, 7, 20, 21, 24; 24:2, 13, 15, 18, 22; 25:3; 26:5, 18; 27:9; 28:9, 13, 23, 26,

【 되다 】

37, 41, 44, 46, 48, 62, 67; 29:13, 23; 31:19, 21, 26; 32:38; 33:24, 25, 27 **역사서** 수 2:5; 3:4; 4:6, 7; 5:7; 6:18; 7:21; 8:20; 9:13, 21, 23; 13:6, 7, 14, 33; 14:4, 9, 14; 15:4; 16:10; 17:10, 14, 15, 18; 18:14, 19; 19:14, 29; 21:12; 22:27, 28, 34; 23:4, 13; 24:17, 22, 27, 32; 삿 1:26; 2:3; 3:10, 16; 4:4; 5:7; 6:8, 17; 8:27; 9:8, 10, 12, 14; 10:3, 18; 11:6, 8, 9, 39; 12:8, 11, 13; 13:12; 14:14, 20; 16:2, 13, 17; 17:10, 12, 13; 18:19, 30; 룻 1:11, 16; 2:17; 3:16, 18; 4:9, 10, 11, 14, 16; 삼상 4:9, 16; 8:2, 7, 17, 20; 10:12; 12:12; 13:1, 4; 14:3, 10; 15:6, 17, 23, 26; 16:1; 17:9, 36; 18:1, 18, 21, 22, 23, 26, 27, 29, 30; 20:24; 22:2, 14; 23:17; 24:15, 20; 25:16, 26, 37, 42, 43; 27:12; 28:16; 29:4; 삼하 1:2, 4; 2:10; 3:39; 4:4, 8; 5:2, 8; 7:14, 24; 8:2, 6, 14, 16, 17, 18; 9:12; 10:1; 11:1, 14, 27; 12:3; 13:2, 13, 35; 14:7, 13, 14, 17, 32; 15:4, 10; 16:8; 18:20, 32; 19:11, 12, 13, 22, 28, 30; 20:23, 24, 25, 26; 21:16; 22:19; 23:19; 왕상 1:5, 11, 13, 17, 18, 21, 24, 30, 35; 2:15; 3:7, 26; 4:1, 19, 20; 5:1, 14; 6:10, 16, 34; 7:10, 15, 31; 8:33; 9:7; 11:14, 23, 24, 25, 37, 43; 12:7, 17, 30; 13:6, 24, 28, 34; 14:2, 3, 7, 15, 18, 20, 21, 31; 15:1, 8, 9, 24, 25, 28, 29, 33; 16:2, 3, 6, 8, 10, 11, 12, 15, 22, 23, 28, 29, 34; 17:17; 18:5; 19:15, 16; 21:22; 22:22, 28, 38, 40, 41, 42, 48, 50, 51; 왕하 3:20; 5:12, 14, 27; 7:16; 8:13, 15, 16, 17, 18, 24, 25, 26, 27; 9:29, 32, 37; 10:6, 17, 35; 11:17, 21; 12:1, 21; 13:1, 7, 9, 10, 24; 14:1, 16, 23, 29; 15:1, 2, 5, 7, 10, 12, 13, 14, 17, 22, 23, 25, 27, 30, 32, 38; 16:1, 2, 20; 17:1, 3; 18:1, 2; 19:3, 25, 26, 35, 37; 20:1, 17, 18, 21; 21:1, 14, 18, 19, 26; 22:19; 23:16, 31, 33, 36; 24:6, 8, 13, 18; 25:12; 대상 1:44, 45, 46, 47, 48, 49, 50; 4:23, 40; 5:15; 8:13; 9:21; 11:2, 3, 6, 21; 12:14, 17; 14:8; 16:18, 19; 17:13; 18:2, 6, 13, 15, 16, 17; 19:1; 20:1; 22:10; 23:13, 16; 26:29, 31; 27:3, 4, 32, 33, 34; 28:4, 6, 8; 29:1, 12, 22, 23, 28; 대하 1:8; 2:18; 6:5, 24; 7:20; 9:6, 8, 31; 10:7, 17; 12:8, 16; 13:1, 7, 9, 10, 12; 14:1; 15:2, 3, 4, 6; 17:1; 18:14, 21; 19:11; 20:31; 21:1, 4, 6; 22:1, 2, 9; 23:16; 24:27; 26:21, 23; 27:9; 28:27; 29:8, 36; 31:12, 13; 32:23, 24, 25, 33; 33:20; 34:13; 35:25; 36:8, 20; 스 4:13, 22; 6:11; 9:2, 9, 12; 느 1:11; 4:4; 5:5, 13; 6:6, 18; 9:17, 36; 11:9, 14, 17, 21, 22;

【 되다 】

12:27; 13:2, 11, 28; 에 2:11; 3:4; 5:14; 7:4; 9:22; 10:3 **시가서** 욥 4:20; 5:25; 6:29; 7:20; 8:12; 9:24; 10:19; 11:15, 17; 12:4, 17; 13:16; 14:21; 15:3, 28, 31; 16:9; 17:5, 6, 13; 19:13, 15, 19, 29; 20:14; 21:2, 18, 30; 22:3, 25; 24:14, 24; 27:7, 12; 29:15, 16; 30:9, 17, 31; 34:8; 36:27; 37:21; 38:14; 39:16; 41:28; 시 11:6; 14:3, 6; 18:18; 27:13; 28:9; 31:2, 18; 32:4, 9; 33:6; 37:20; 38:17; 39:5; 42:3; 44:14, 22; 47:2, 9; 49:10, 14; 50:18; 53:3; 58:8; 59:11; 63:7, 10; 65:8; 66:6; 69:4, 8, 10, 11, 22, 31; 71:3, 7, 18; 73:16; 76:10; 78:8; 79:1, 4, 8; 80:6; 81:1; 83:4, 8, 10; 88:5, 8, 15; 89:27, 37; 90:1; 91:4; 92:15; 94:17; 102:6; 104:20; 105:11, 12, 23, 29; 106:36, 42; 107:18, 33, 34, 35; 109:7, 9; 110:1; 112:5; 113:9; 114:2, 8; 118:7, 14, 21, 22; 119:19, 54, 71, 76, 83, 84, 92, 104, 173; 121:5; 124:7; 139:11, 16; 141:2; 잠 2:5; 3:8, 22, 35; 4:22; 5:9, 10, 14, 23; 6:2, 31, 33; 7:23; 8:30; 10:4, 7, 30; 11:15, 24, 29; 12:24, 25, 26; 13:17; 14:20; 15:6, 24, 27; 16:6, 22, 24; 17:18, 25; 18:7, 20, 24; 19:6, 20; 20:13, 17, 21, 25; 21:17, 18; 22:7, 11; 23:1, 4; 24:4, 28; 25:8; 27:14, 26, 27; 28:2, 25; 29:6, 12, 23, 25; 30:6, 33; 31:18; 전 1:16; 4:14; 5:13; 6:10; 7:11, 16, 17, 23; 8:10, 12, 13; 11:6; 12:5; 아 1:7 **선지서** 사 1:21, 22; 3:6, 7; 4:6; 5:25; 6:5, 11, 13; 7:15, 16, 25; 8:14, 18; 10:17; 13:19; 14:10, 23, 24, 29; 16:4, 14; 17:1, 2, 3; 18:2, 7; 19:17, 20, 24; 20:3, 6; 21:4, 11; 22:21, 23, 24; 23:3, 13, 15, 16, 18; 24:3, 5, 9, 22, 23; 25:2, 4; 28:5, 6, 16, 22; 29:2, 7, 9, 11, 24; 30:3, 5, 13, 26; 31:8; 32:12, 14, 15; 33:2, 11, 16, 23; 34:3, 9, 12, 13; 35:7, 8; 37:26, 27, 30, 38; 38:1, 10, 14; 39:6, 7; 40:4, 13; 41:11, 12, 18; 42:6, 15, 16; 43:28; 44:7; 46:1, 4, 8; 47:7, 9, 13, 15; 49:5, 6, 19, 23; 50:2; 51:12; 52:13; 53:10; 54:3, 6; 55:13; 56:6, 7; 58:5, 10, 12; 59:14; 60:7, 15, 19, 20, 21, 22; 61:5; 62:2, 3, 4; 63:8, 10, 19; 64:5, 10; 65:1, 10, 15; 66:24; 렘 1:18; 2:14, 15, 25, 31; 3:17; 4:7, 26; 5:14, 27; 6:29, 30; 7:23, 33; 9:1, 11, 12, 22; 10:22; 11:4; 12:4, 8; 13:7, 10, 11, 16, 27; 14:16; 15:2, 19, 20; 16:4, 17; 17, 18; 18:16, 21; 19:7, 8, 13; 20:4, 6, 7, 10, 16, 17; 21:9, 10; 22:4, 11, 15; 23:5, 12, 36; 24:7, 9; 25:9, 11, 12, 33, 34, 37, 38; 26:6, 9, 18; 27:9, 14, 17; 28:9;

628

【 되다 】　　　　　　　　　　　　　　　　　　　【 되다 】

29:16, 18; 30:16, 18, 22; 31:1, 32, 33, 36; 32:3–5, 15, 20, 24, 25, 36, 38, 43; 33:9, 10–11; 34:14, 20, 22; 36:30; 37:1; 38:21; 41:4; 42:5, 17, 18; 44:2, 6, 8, 12, 22; 46:26, 27; 47:5; 48:2, 6, 11, 26, 33, 37, 39, 46; 49:2, 7, 13, 17, 22, 25, 32, 33; 50:12, 13, 23, 36, 37; 51:25, 26, 30, 34, 37, 43, 62; 52:16; 애 1:1, 2, 5, 8, 17, 21; 2:5; 3:14, 20, 21; 4:2; 5:15; 겔 3:26; 4:3, 16; 5:14, 15; 6:6; 7:11, 18, 20; 11:3, 11, 15, 16; 12:6; 13:21; 14:8, 11; 15:4, 6; 16:6, 15, 22, 52; 17:6, 23; 18:3, 22, 24, 30; 19:3, 6, 11, 13, 14; 20:20, 32; 21:10, 12, 22, 24, 28, 32; 22:4, 18, 19; 23:8, 10, 16; 24:21, 24, 27; 26:4, 5, 14, 19, 20; 27:8, 9, 10, 13, 15, 17, 20, 36; 28:17, 18, 19; 29:9, 10, 14, 15, 16, 19; 30:7, 17, 18; 32:15, 20; 33:24, 25, 26, 28, 29; 34:5, 8, 10, 15, 22, 23, 24, 28; 35:3, 4, 7, 12; 36:2, 3, 12, 28, 34, 35; 37:17, 19, 22, 23, 24, 25, 26, 27; 38:7; 39:26; 41:7, 10; 42:3; 44:7, 11; 45:2, 12; 46:13, 16; 47:10, 11, 12, 13, 14, 22; 48:29; 단 1:1, 5, 10; 2:1, 13, 28, 35; 4:12, 21, 33; 5:20, 22, 28; 7:11, 12, 25, 27; 8:12, 13, 14, 19; 9:11; 11:4, 11, 20, 22, 35, 43; 12:7; 호 1:9, 10; 2:3, 12; 4:4, 7; 5:1; 7:16; 8:11; 9:4, 17; 10:14; ;11:4, 5; 13:13; 14:7; 욜 1:7; 2:27; 3:16, 19; 암 4:11; 5:5; 7:17; 8:10; 옵 1:16, 18; 미 2:4, 11; 3:12; 4:7, 11; 5:5, 12; 7:8; 나 1:14; 2:10, 13; 3:6, 8, 9, 10; 합 2:10, 13; 습 1:17; 2:4, 6, 9, 11, 15; 3:6, 18; 학 1:6; 2:12; 슥 1:12; 2:4, 5, 9, 11; 4:7; 5:11; 6:15; 8:3, 8, 13, 19; 9:5, 7; 10:6; 11:5; 12:2, 3, 6; 13:2, 5; 14:4, 10, 21; 말 1:11; 2:7, 14; 3:4 **복음서** 마 1:22; 2:6, 22; 3:9; 5:21, 22, 45; 8:12, 13, 24, 26; 9:16, 17, 29; 10:18, 30; 11:26; 12:4, 22, 27, 45; 13:23, 32, 42; 14:6, 15, 21; 15:5, 12, 14, 28, 31; 18:3; 19:5, 12, 28; 20:16, 26, 27, 34; 21:21; 22:13, 28, 38, 45; 23:11, 15, 24, 38; 24:10, 20, 45, 49; 25:29, 35, 38, 43, 44; 26:38, 42, 53, 56; 27:15, 51; 28:1, 4, 11; 막 1:17, 44; 2:2, 21, 22, 26; 3:29; 4:8, 19, 27, 32, 37, 38; 5:3, 13, 14, 23; 6:2; 7:11; 8:31; 9:21, 26; 10:8, 31, 43, 44, 52; 11:24; 12:7, 10, 11, 23, 37; 13:9, 19; 14:34, 35, 41; 15:6, 25, 33, 38; 눅 1:2, 15, 20, 23, 32, 36, 43, 59, 66; 2:2, 21, 34, 37, 41, 42, 49; 3:8; 4:3, 7, 18; 5:7, 14, 37; 6:4, 16, 35, 36, 40; 7:2; 8:23, 42; 9:14, 22, 28, 45; 10:21, 36; 11:8, 11, 19, 26, 30, 48; 12:1, 6, 7, 20, 36, 42, 45; 13:16, 19, 30,

35; 14:9, 12, 14, 26, 33; 15:10, 13, 27; 16:2; 17:25, 26; 18:43; 19:4, 14, 27, 46; 20:16, 17, 33 , 44; 21:9, 13, 28; 22:42, 44, 49; 23:12, 31, 32, 44, 47, 48, 54; 24:12, 13, 14, 18, 35; 요 1:3, 10, 39; 2:1, 9; 3:25; 4:6, 14, 35, 47; 5:1, 4, 5, 16; 6:9, 10, 61; 7:14, 43; 8:18, 31, 33, 44, 55; 9:1, 11, 15, 18, 27, 39, 41; 10:16 , 33; 11:18, 39, 50, 52; 12:36; 13:14; 15:8; 16:20, 21; 17:11, 21, 22, 23; 20:27; 21:8, 21 **역사서** 행 1:15, 16, 22, 24; 2:8, 12, 20, 23, 31, 35, 36; 3:2, 19; 4:4, 10, 11, 21, 22, 32; 5:24, 39; 7:6, 13, 23, 29, 40, 52; 8:21, 23; 9:18, 26; 10:3, 4, 36; 11:26, 28; 12:18; 13:11, 12, 17; 14:8; 15:23; 17:21, 29; 18:12, 15; 19:7, 19, 23, 27, 35; 20:16; 22:6, 11, 15, 25; 23:27; 24:10, 11; 26:2, 9, 13, 18, 22, 28, 29; 27:14, 19, 25, 27, 28, 39; 28:17, 20 **서신서, 예언서** 롬 1:9, 22; 2:2, 14, 15, 25; 3:7, 12, 24, 28, 29; 4:3, 11, 12, 13, 14, 16, 18, 19, 25; 5:5, 10, 19; 6:5, 16, 18, 20, 22; 7:2, 3, 10, 13; 8:23, 29, 36; 9:4, 11, 29; 10:12, 20; 11:6, 9, 12, 15, 17, 22, 25, 28, 34; 12:5; 13:3, 4, 6, 11; 14:9; 15:8, 16; 16:2, 26; 고전 1:2, 6; 3:18; 4:8, 9, 13; 5:7; 6:16, 20; 7:14, 15, 16, 18, 21, 23, 25; 8:9, 10; 9:2, 5, 19, 20, 21, 22; 10:6, 7, 11, 20, 32; 11:1, 6, 14, 15, 19, 34; 12:13; 13:1, 11; 14:7, 11, 20, 25; 15:4, 10, 20, 23, 28, 45, 58; 고후 1:1, 7, 14, 19, 20, 24; 3:6, 10; 4:5, 9; 5:4, 9, 10, 20, 21; 6:16, 18; 7:9, 11, 14, 16; 8:9; 10:6; 11:15, 29; 12:6, 11, 12, 16; 13:6, 9, 11; 갈 1:1, 11, 17; 2:16, 17, 21; 3:11, 13, 23, 24, 26; 4:9, 12, 16; 5:18; 6:3; 엡 1:1, 5, 11, 12, 14; 2:14, 15, 16, 20, 21, 22; 3:1, 6, 7; 4:13, 14, 19, 23, 25; 5:7, 17, 23, 31; 6:20; 빌 1:7, 11, 12, 14, 20; 2:7, 23, 24, 25, 27; 3:12; 골 1:1, 7, 18, 20, 21, 23, 25; 3:15; 4:7, 11; 살전 1:5, 6, 7; 2:7, 8, 14, 15; 3:4; 살후 3:1; 딤전 1:1, 2, 7, 16; 2:7; 3:2, 12, 16; 4:6, 12; 5:9; 6:6, 10, 18; 딤후 1:1, 8; 2:21, 26; 3:6, 9, 16; 딛 1:1, 4; 2:3, 14; 3:7, 14; 몬 1:1, 2, 9, 14, 15; 히 1:5, 13; 2:2, 17; 3:13, 14; 5:5, 9, 12; 6:4, 8, 12, 20; 7:16, 20, 21, 22, 23, 26, 28; 8:4, 10; 9:16, 22, 28; 10:2, 13, 14, 33; 11:3, 7, 34; 12:15, 17, 23; 약 1:18, 22; 2:4, 10, 11, 22; 3:1; 4:4; 5:3; 벧전 1:6, 12, 18, 19, 20, 23; 2:4, 5, 7, 8, 9, 25; 3:6; 4:17; 5:1, 3, 6; 벧후 1:4, 8, 9; 2:6, 19, 20; 3:2, 5, 7, 15; 요일 1:2; 2:5, 28; 3:2; 4:9; 요삼 1:5, 8; 유 1:7; 계 1:5, 17, 19; 3:2,

【 되돌아가다/되돌아오다 】　　　　　　　　　【 두 】

12; 6:12; 7:17; 8:8, 11; 10:10; 12:2; 13:3, 7, 12; 16:3, 4, 17, 19, 21; 18:2; 19:10; 20:6; 21:3, 7, 21, 23; 22:6, 9

되살아나다(fresh)
겔 47:8　물로 그 바다의 물이 **되살아나리라**
겔 47:9　들어가므로 바닷물이 **되살아나겠고**
겔 47:11　그 진펄과 개펄은 **되살아나지** 못하고

되돌아가다/되돌아오다(go back)
창 37:30　아우들에게로 **되돌아와서** 이르되 아이
출 4:7　그의 손이 본래의 살로 **되돌아왔더라**
레 27:24　땅의 원주인에게로 **되돌아갈지니라**
룻 1:12　내 딸들아 **되돌아가라** 나는 늙었으니
왕상 13:9　길로 **되돌아가지** 말라 하셨음이니이다
왕상 13:10　벧엘에 오던 길로 **되돌아가지도** 아니하
왕상 13:17　오던 길로 **되돌아가지도** 말라 하셨음이
왕하 15:20　앗수르 왕이 **되돌아가** 그 땅에 머물지
사 55:10　내려서 그리로 **되돌아가지** 아니하고
사 55:11　헛되이 내게로 **되돌아오지** 아니하고
호 11:5　애굽 땅으로 **되돌아가지** 못하겠거늘

두(二, two)
창 1:16　**두** 큰 광명체를 만드사 큰 광명체로

두 - 기타 본문
구약 창 25:23; 40:2; 46:27; 출 2:13; 4:9; 9:8; 16:22; 28:42; 32:15; 34:29; 36:13; 레 12:5; 16:7; 19:19; 신 18:3; 삿 7:25; 15:4, 16; 16:3; 삼상 5:4; 10:4; 25:18; 30:12; 삼하 2:10; 16:1; 18:24; 왕상 2:5; 3:16; 18:32; 왕하 5:22, 23; 10:8; 11:7; 대상 2:53; 에 6:2; 욥 42:7; 아 1:10; 4:5; 사 7:4; 렘 24:1; 33:24; 39:4; 겔 35:10; 37:22; 단 8:16; 암 3:12 **신약** 마 2:16; 9:27; 22:40; 눅 5:2, 7; 18:12; 행 12:6; 14:6; 19:34; 갈 4:24; 벧후 3:1; 계 11:4, 10

되돌아보다(consider)
전 7:14　곤고한 날에는 **되돌아보아라** 이 두 가지

'두'와 관련된 성구
나귀 두 마리 - 삿 19:3, 10
널판 두 개 - 출 26:23; 36:28
두 가지(二枝) - 출 25:35; 37:21; 슥 4:12
두 가지(二種) - 욥 13:20; 잠 30:7; 전 7:14; 사 47:3; 51:19; 렘 2:13; 호 10:10; 히 6:18
두 감람나무 - 슥 4:3, 11; 계 11:4
두 개 - 출 28:9; 36:30; 레 23:17; 민 10:3; 스 8:27
두 겹 - 출 26:24; 28:16; 36:29; 39:9
두 고리 - 출 25:12; 28:23, 24; 37:3; 39:16, 17
두 귀 - 삼상 3:11; 왕하 21:12
두 규빗 - 출 25:23; 30:2; 37:10, 25; 민 11:31
두 규빗 반 - 출 25:10, 17; 37:1, 6
두 그룹 - 출 25:22; 민 7:89; 왕상 6:23, 25; 대상 13:6; 대하 3:10, 13; 겔 41:18
두 그릇 - 민 7:13, 19, 25, 31, 37, 43, 49, 55, 61, 67, 73, 79
두 기둥 - 삿 16:25, 29; 왕상 7:20, 21, 22; 왕하 25:16; 대하 3:17; 렘 52:20
두 길 - 겔 21:19, 21
두 끝 - 출 28:7, 24; 39:4, 18; 겔 15:4
두 날 - 출 12:16; 에 9:22, 26, 27, 28

두 날 가진 칼 - 시 149:6; 잠 5:4
두 날개 - 왕상 6:27; 겔 1:23; 계 12:14
두 놋 기둥 - 왕하 25:13; 렘 52:17
두 눈 - 삿 16:28; 왕하 25:7; 렘 22:17; 52:11; 단 8:5, 21; 마 18:9; 막 9:47
두 달 - 삿 11:37, 38; 왕상 5:14
두 달란트 - 왕상 16:24; 왕하 5:23; 마 25:15, 17, 22
두 돌판 - 출 34:4; 신 4:13; 5:22; 9:10, 11, 15, 17; 10:1; 왕상 8:9; 대하 5:10
두 딸 - 창 19:8, 15, 16, 30, 36; 29:16; 31:41; 삼상 2:21; 14:49; 잠 30:15
두 떼 - 창 32:7, 10
두 렙돈 - 막 12:42; 눅 21:2
두 마당 - 왕하 21:5; 23:12; 대하 33:5
두 마리 - 창 27:9; 출 29:38; 레 16:5; 23:20; 민 28:3; 왕하 5:17; 마 10:29
두 마음 - 대상 12:33; 시 12:2; 119:113; 호 10:2; 약 4:8
두 머리 - 왕상 7:42; 대하 4:13
두 며느리 - 룻 1:6, 7, 8
두 모퉁이 - 출 26:23, 24; 36:28, 29
두 몫 - 신 21:17; 겔 47:13

'두'와 관련된 성구

두 무리 – 삿 9:44; 왕상 20:27; 느 12:40
두 문짝 – 왕상 6:32, 34; 겔 41:24
두 민족 – 창 25:23; 겔 35:10
두 받침 – 출 26:19, 21, 25; 36:24
두 발 – 삼하 9:13; 단 7:4; 마 18:8; 막 9:45
두 방 – 겔 42:1, 4, 11
두 번 – 창 41:32; 43:10; 민 20:11; 삼상 18:11; 26:8; 왕상 11:9; 막 14:30, 72; 고후 1:15; 빌 4:16
두 번째 – 창 22:15; 27:36; 민 28:8; 렘 33:1; 욘 3:1; 마 26:42; 막 14:72; 요 3:4; 4:54; 9:24; 21:16; 행 10:15; 11:9; 고후 13:2; 히 9:28
두 보석 – 출 28:11, 12
두 뿔 – 단 8:3, 6, 7, 20; 계 13:11
두 사도 – 행 8:17; 13:43; 14:1, 4, 5, 26
두 사람 – 창 2:25; 21:27; 22:6, 8; 40:5; 민 7:3; 11:26; 12:5; 16:19, 22, 45; 25:8; 신 4:47; 17:6; 22:28; 25:11; 수 2:1, 4, 23; 6:22; 삿 19:8; 룻 1:5, 19; 4:11; 삼상 9:26; 10:2; 12:8; 20:11, 42; 25:43; 28:8; 삼하 4:2; 12:1; 17:18, 21; 왕상 2:32; 5:12; 11:29; 21:10, 13; 왕하 2:2, 6, 7, 8, 11; 4:33; 대상 26:18; 에 2:21, 23; 잠 17:15; 전 4:11, 12; 단 12:5; 마 18:19; 20:30; 24:40; 26:60; 막 16:12; 눅 1:6, 7; 9:30, 32; 24:4, 5, 17; 요 1:35, 40; 8:17; 19:18; 행 1:10, 23, 24; 9:38; 10:19; 13:3, 4; 19:22; 고전 14:27; 딤후 3:9
두 금/쇠/땋은 사슬 – 출 28:14, 24, 25; 39:17, 18; 행 12:6
두 사환 – 왕하 5:23, 24
두 산 – 신 11:30; 슥 6:1
두 성벽 – 왕하 25:4; 사 22:11; 렘 52:7
두 성읍 – 수 15:60; 21:25, 27
두 손 – 레 16:12, 21; 민 5:18; 6:19; 신 9:15, 17; 삿 19:27; 시 88:9; 렘 2:37; 10:3; 애 1:17; 겔 10:2; 마 18:8; 막 9:43
두 (금)송아지 – 왕상 12:28; 왕하 17:16
두 쇠사슬 – 행 12:6; 21:33
두 스아 – 왕하 7:1, 16, 18
두 아내 – 창 4:19; 32:22; 신 21:15; 삼상 1:2; 27:3; 30:5, 18; 삼하 2:2; 대상 4:5; 8:8
두 아들 – 창 10:25; 34:25; 41:50; 42:37;

44:27; 48:1, 5, 10, 12; 출 18:3, 6; 레 16:1; 룻 1:1, 2, 3, 5; 삼상 1:3; 2:34; 4:4, 11, 17; 삼하 15:27, 36; 21:8; 왕하 4:4, 5, 7; 대상 1:19; 12:3; 렘 40:8; 마 20:21; 21:28; 26:37; 눅 15:11; 갈 4:22
두 앗사리온 – 눅 12:6
두 양 – 출 29:3; 사 7:21
두 어깨 – 출 28:12; 39:23
두 어깨받이 – 출 28:12, 25, 27; 39:18, 20
두 여인 – 겔 23:2, 13; 슥 5:9
두 여종 – 창 31:33; 32:22; 33:1
두 왕 – 신 3:8, 21; 수 2:10; 9:10; 24:12; 삿 8:12; 왕하 10:4; 사 7:16; 단 11:27
두 용사 – 삼하 1:19, 21, 25, 27
두 제사장 – 삼하 15:35; 17:15; 19:11
두 제자 – 마 21:1; 요 20:10
두 조각 – 렘 34:18, 19
두 종 – 창 22:3; 민 22:22; 왕상 2:39
두 종류 – 신 25:13, 14
두 종자 – 레 19:19; 신 22:9
두 주인 – 마 6:24; 눅 16:13
두 줄 – 레 24:6; 삼하 8:2; 왕상 7:18, 24, 42; 대하 4:3, 13
두 증인 – 신 19:15; 계 11:3
두 지파 – 민 34:15; 수 14:3, 4; 21:16
두 집 – 왕상 9:10; 사 8:14
두 척 – 겔 40:9; 41:3, 22; 43:14
두 천사 – 창 19:1; 요 20:12
두 촉 – 출 26:17, 19; 36:22, 24
두 콩팥 – 출 29:13, 22; 레 8:16, 25
두 팔 – 왕하 9:24; 겔 30:22; 단 2:32; 슥 13:6
두 행악자 – 눅 23:32, 33
두 형제 – 창 9:22; 마 4:18, 21; 20:24
(보리) 떡 다섯 개와 물고기 두 마리 – 마 14:17, 19; 막 6:38, 41; 눅 9:13, 16; 요 6:9
산비둘기 두 마리나 집비둘기 두 마리 – 레 5:11
산비둘기 두 마리나 집비둘기 새끼 두 마리 – 레 5:7; 12:8; 15:14, 29; 민 6:10
새 두 마리 – 레 14:4, 49
소 두 마리 – 민 7:17, 23, 29, 35, 41, 47, 53, 59, 65, 71, 77, 83; 삼상 6:7
속죄소 두 끝 – 출 25:18, 19
수송아지 두 마리 – 민 28:11, 19, 27
숫양 두 마리 – 레 8:2; 14:10; 23:18, 19; 민

【 두개골 】 　　　　　　　　　　　【 두다 】

'두'와 관련된 성구

28:9; 29:13, 14, 17, 20, 23, 26, 29, 32
(웃) 두 벌 – 왕하 5:22, 23; 마 10:10; 막
6:9; 눅 3:11; 9:3

한 때(와) 두 때(와) 반 때 – 단 7:25; 12:7;
　계 12:14
흉패 두 끝 – 출 28:23, 24; 39:16, 19

두개골(頭蓋骨, skull)
삿 9:53　머리 위에 내려 던져 그의 **두개골**을

두건(頭巾, turban)
출 39:28　세마포로 **두건**을 짓고 세마포로 빛난

두골(頭骨, skull)
왕하 9:35　가서 장사하려 한즉 그 **두골**과 발과

두기고(Tychicus) 바울의 동역자
행 20:4　**두기고**와 드로비모
엡 6:21　일꾼인 **두기고**가 모든
골 4:7　**두기고**가 내 사정을
딤후 4:12　**두기고**는 에베소로 보내었노라
딛 3:12　아데마나 **두기고**를 네게 보내리니

두껍다
왕상 6:36　백향목 **두꺼운** 판자 한 켜로 둘러 안뜰
왕상 7:12　백향목 **두꺼운** 판자 한 켜를 놓았으니

두께(thickness)
출 26:24　두 겹 **두께**로 하여 윗고리에 이르게
왕상 7:26　바다의 **두께**는 한 손 너비만하고 그것
대하 4:5　바다의 **두께**는 한 손 너비만하고 그
렘 52:21　비었고 그 **두께**는 네 손가락 **두께**이며
겔 40:5　담을 측량하니 **두께**가 한 장대요 높이
겔 41:5　성전의 벽을 측량하니 **두께**가 여섯 척이
겔 41:9　골방 바깥 벽 **두께**는 다섯 척이요
겔 41:12　그 사방 벽 **두께**는 다섯 척이더라

두께 – 기타 본문
출 36:29; 겔 40:48; 41:3

두다(place, put)
모세오경
창 1:17　그것들을 하늘의 궁창에 **두어** 땅을 비추
창 2:15　사람을 이끌어 에덴 동산에 **두어** 그것을

창 3:24　두루 도는 불 칼을 **두어** 생명나무의
창 9:13　무지개를 구름 속에 **두었나니** 이것으
창 16:5　나의 여종을 당신의 품에 **두었거늘** 그가
창 17:2　내가 내 언약을 나와 너 사이에 **두어**
창 19:16　딸의 손을 잡아 인도하여 성 밖에 **두니**
창 21:15　그 자식을 관목덤불 아래에 **두고**
창 30:3　아들을 낳아 내 무릎에 **두리니** 그러면
창 30:40　양을 따로 **두어** 라반의 양과 섞이지
창 31:37　외삼촌의 형제 앞에 그것을 **두고** 우리
창 32:16　앞서 건너가서 각 떼로 거리를 **두게**
창 33:2　앞에 **두고** 레아와 그의 자식들은 다음
에 **두고** 라헬과 요셉은 뒤에 **두고**
창 33:9　있는 것이 족하니 네 소유는 네게 **두라**
창 35:16　얼마간 거리를 **둔** 곳에서 라헬이 해산
창 37:11　아버지는 그 말을 간직해 **두었더라**
창 38:23　유다가 이르되 그로 그것을 가지게 **두라**
창 39:16　옷을 곁에 **두고** 자기 주인이 집으로
창 41:34　나라 안에 감독관들을 **두어** 그 일곱
창 42:33　너희 형제 중의 하나를 내게 **두고** 양식
출 2:3　거기 담아 나일 강 가 갈대 사이에 **두고**
출 9:21　마음에 **두지** 아니하는 … **두었더라**
출 10:24　너희의 양과 소는 머물러 **두고** 너희
출 14:12　우리를 내버려 **두라** 우리가 애굽 사람을
출 16:20　아침까지 **두었더니** 벌레가 생기고
출 20:3　나 외에는 다른 신들을 네게 **두지** 말라
출 21:16　사람을 팔았든지 자기 수하에 **두었든지**
출 21:33　사람이 구덩이를 열어 **두거나** 구덩이를
출 25:15　채를 궤의 고리에 꿴 대로 **두고** 빼내지
출 25:30　상 위에 진설병을 **두어** 항상 내 앞에
출 25:37　등잔 일곱을 만들어 그 위에 **두어** 앞을
출 26:34　있는 증거궤 위에 속죄소를 **두고**
출 28:33　석류를 수놓고 금 방울을 간격을 **두어**
출 28:38　패를 아론의 이마에 **두어** 그가 이스라엘
출 29:17　각을 뜬 고기와 그 머리와 함께 **두고**
출 30:6　곧 증거궤 앞에 있는 휘장 밖에 **두라**
출 30:18　회막과 제단 사이에 **두고** 그 속에 물을
출 30:36　만날 회막 안 증거궤 앞에 **두라** 이 향은

【 두다 】 　　　　　　　　　　　　　　　　　　　　　　　　　　　　　　　【 두다 】

출 32:10	하는 대로 **두라** 내가 그들에게 진노
출 33:22	너를 반석 틈에 **두고** 내가 지나도록
출 34:25	유월절 제물을 아침까지 **두지** 말지며
출 38:4	제단 주위 가장자리 아래에 **두되** 제단
출 39:26	방울과 석류를 서로 간격을 **두고** 번갈아
레 6:9	석쇠 위에 **두고** 제단의 불이 그 위에서
레 6:10	번제의 재를 가져다가 제단 곁에 **두고**
레 7:15	이튿날 아침까지 **두지** 말 것이니라
레 8:27	아론의 손과 그의 아들들의 손에 **두어**
레 16:21	그 죄를 염소의 머리에 **두어** 미리 정한
레 19:13	삯을 아침까지 밤새도록 네게 **두지** 말며
레 22:30	제물은 그 날에 먹고 이튿날까지 **두지**
레 24:7	유향을 그 각 줄 위에 **두어** 기념물로
레 26:10	너희는 오래 **두었던** 묵은 곡식을 먹다가

"이러므로 너희는 이 말을 너희의 마음과 뜻에
두고 또 그것을 너희의 손목에 매어 기호를 삼
고 너희 미간에 붙여 표를 삼으며"(신 11:18)

민 4:7	그 위에 **두고** … 떡을 그 위에 **두고**
민 4:10	가죽 덮개 안에 넣어 메는 틀 위에 **두며**
민 5:15	그것에 기름도 붓지 말고 유향도 **두지**
민 5:18	소제물을 그의 두 손에 **두고** 제사장은
민 5:19	네 남편을 **두고** 탈선하여 다른 남자와
민 6:19	하나를 취하여 나실인의 두 손에 **두고**
민 11:29	네가 나를 **두고** 시기하느냐 여호와께서
민 11:32	위하여 진영 사면에 펴 **두었더라**
민 14:21	영광이 온 세계에 충만할 것을 **두고**
민 14:28	말씀에 내 삶을 **두고** 맹세하노라 너희
민 16:7	향로에 불을 담고 그 위에 향을 **두라**
민 17:4	너희와 만나는 곳인 증거궤 앞에 **두라**
민 32:26	모든 가축은 이곳 길르앗 성읍들에 **두고**
민 35:5	성읍 중앙에 **두고** 성 밖 동쪽으로 이천
민 35:14	세 성읍은 요단 이쪽에 **두고** 세 성읍은 가나안 땅에 **두어** 도피성이 되게 하라
신 1:21	여호와께서 이 땅을 너희 앞에 **두셨은즉**
신 5:7	외에는 다른 신들을 네게 **두지** 말지니라
신 11:18	너희의 마음과 뜻에 **두고** 또 그것을
신 11:26	오늘 복과 저주를 너희 앞에 **두나니**
신 16:4	드린 고기를 밤을 지내 아침까지 **두지**
신 17:16	그는 병마를 많이 **두지** 말 것이요 병마
신 17:17	아내를 많이 **두어** 그의 마음이 미혹되게
신 17:19	자기 옆에 **두고** 읽어 그의 하나님
신 18:18	말을 그 입에 **두리니** 내가 그에게 명령
신 21:8	이스라엘 중에 머물러 **두지** 마옵소서
신 21:15	어떤 사람이 두 아내를 **두었는데** 하나는
신 21:23	시체를 나무 위에 밤새도록 **두지** 말고
신 22:2	형제가 찾기까지 네게 **두었다가** 그에게
신 25:14	곧 큰 것과 작은 것을 **두지** 말 것이요
신 30:15	복과 사망과 화를 네 앞에 **두었나니**
신 31:26	너희 하나님 여호와의 언약궤 곁에 **두어**
신 32:46	증언한 모든 말을 너희의 마음에 **두고**

역사서

수 4:3	오늘밤 너희가 유숙할 그 곳에 두게
수 6:23	내어 그들을 이스라엘의 진영 밖에 **두고**
수 6:24	기구는 여호와의 집 곳간에 **두었더라**
수 10:18	돌을 굴려 막고 사람을 그 곁에 **두어**
수 10:26	저녁까지 나무에 달린 채로 **두었다가**
수 24:7	애굽 사람들 사이에 흑암을 **두고** 바다를
삿 2:21	여호수아가 죽을 때에 남겨 **둔** 이방
삿 6:37	양털 한 뭉치를 타작 마당에 **두리니**
삿 8:27	만들어 자기의 성읍 오브라에 **두었더니**
삿 12:9	아들 삼십 명과 딸 삼십 명을 **두었더니**
룻 3:2	네가 함께 하던 하녀들을 **둔** 보아스는
삼상 2:5	일곱을 낳았고 많은 자녀를 **둔** 자는
삼상 5:2	신전에 들어가서 다곤 곁에 **두었더니**
삼상 6:8	상자에 담아 궤 곁에 **두고** 그것을 보내
삼상 9:23	네게 주며 네게 **두라고** 말한 그 부분을
삼상 21:12	다윗이 이 말을 그의 마음에 **두고** 가드
삼상 25:1	이스라엘 무리가 모여 그를 **두고** 슬피
삼상 25:22	사람이라도 아침까지 남겨 **두면** 하나님
삼상 31:10	그의 갑옷은 아스다롯의 집에 **두고**
삼하 5:13	예루살렘에서 처첩들을 더 **두었으므로**
삼하 6:17	그 준비한 자리에 그것을 **두매** 다윗이
삼하 8:6	다윗이 다메섹 아람에 수비대를 **두매**
삼하 11:11	왕의 혼의 살아 계심을 **두고** 맹세하나
삼하 11:15	우리아를 맹렬한 싸움에 앞세워 **두고**
삼하 11:16	있는 것을 아는 그 곳에 우리아를 **두니**
삼하 12:8	주인의 아내들을 네 품에 **두고** 이스라엘
삼하 17:12	모든 사람을 하나도 남겨 **두지** 아니할
삼하 19:19	마시오며 왕의 마음에 **두지** 마옵소서
삼하 19:28	음식 먹는 자 가운데 **두셨사오니**

[**두다**] [**두다**]

삼하 22:23	그의 모든 법도를 내 앞에 **두고** 그의
삼하 22:47	여호와의 사심을 **두고** 나의 반석을
왕상 3:1	딸을 맞이하고 다윗 성에 데려다가 **두고**
왕상 4:7	열두 지방 관장을 **두매** 그 사람들이
왕상 6:19	여호와의 언약궤를 **두기** 위하여 성전
왕상 6:27	내소 가운데에 그룹을 **두었으니**
왕상 7:16	기둥 꼭대기에 **두었으니** 한쪽 머리의
왕상 7:25	놓았고 소의 뒤는 다 안으로 **두었으며**
왕상 7:39	오른쪽 동남쪽에는 그 바다를 **두었더라**
왕상 7:47	다 달아보지 아니하고 **두었으니** 그 놋
왕상 7:51	여호와의 성전 곳간에 **두었더라**
왕상 9:3	내 이름을 영원히 그 곳에 **두며** 내 눈길
왕상 9:6	내가 너희 앞에 **둔** 나의 계명과 법도를
왕상 10:17	이것들을 레바논 나무 궁에 **두었더라**
왕상 10:22	왕이 바다에 다시스 배들을 **두어** 히람
왕상 10:26	**두고** 예루살렘 왕에게도 **두었으며**
왕상 11:36	내가 거기에 내 이름을 **두고자** 하여
왕상 12:29	하나는 벧엘에 **두고** 하나는 단에 **둔지라**
왕상 13:30	그의 시체를 자기의 묘실에 **두고** 오호
왕상 13:31	장사하되 내 뼈를 그의 뼈 곁에 **두라**
왕상 20:24	하고 그들 대신에 총독들을 **두시고**
왕하 4:10	침상과 책상과 의자와 촛대를 **두사이다**
왕하 4:27	하나님의 사람이 이르되 가만 **두라** 그의
왕하 6:22	떡과 물을 그들 앞에 **두어** 먹고 마시게
왕하 10:3	택하여 그의 아버지의 왕좌에 **두고** 너희
왕하 10:8	내일 아침까지 문 어귀에 **두라** 하고
왕하 13:6	아세라 목상을 그냥 **두었더라**
왕하 13:7	여호아하스에게 남겨 **두지** 아니하였으
왕하 16:14	옮겨다가 그 제단 북쪽에 그것을 **두니라**
왕하 17:4	배반함을 보고 그를 옥에 감금하여 **두고**
왕하 17:6	메대 사람의 여러 고을에 **두었더라**
왕하 19:7	내가 한 영을 그의 속에 **두어** 그로 소문
왕하 21:4	내가 내 이름을 예루살렘에 **두리라** 하신
왕하 23:18	그대로 **두고** … 그대로 **두었더라**
왕하 23:27	거기에 **두리라** 한 이 성전을 버리리라
대상 10:10	사울의 갑옷을 그들의 신전에 **두고**
대상 16:1	그것을 위하여 친 장막 가운데 **두고**
대상 18:6	다윗이 다메섹 아람에 수비대를 **두매**
대상 29:18	주의 백성의 심중에 영원히 **두어** 생각
대하 4:7	열 개를 만들어 내전 안에 **두었으니**
대하 4:8	열 개를 만들어 내전 안에 **두었으며**
대하 4:10	바다는 성전 오른쪽 동남방에 **두었더라**
대하 5:1	가져다가 하나님의 전 곳간에 **두었더라**
대하 6:11	세우신 언약을 넣은 궤를 **두었노라** 하니
대하 6:20	이름을 거기에 **두리라** 하신 곳 이 성전
대하 7:19	너희 앞에 **둔** 내 율례와 명령을 버리고
대하 11:11	지휘관들을 그 가운데에 **두고** 양식과
대하 11:12	성읍에 방패와 창을 **두어** 매우 강하게
대하 12:13	택하여 그의 이름을 **두신** 성에서 십칠
대하 16:14	파 **두었던** 묘실에 … 채운 상에 **두고**
대하 17:2	에브라임 성읍들에 영문을 **두었더라**
대하 17:13	크게 용맹스러운 군사를 **두었으니**
대하 20:22	여호와께서 복병을 **두어** 유다를 치러
대하 21:20	장사하였으나 열왕의 묘실에는 **두지**
대하 24:4	여호와의 전을 보수할 뜻을 **두고**
대하 24:8	궤를 만들어 여호와의 전 문 밖에 **두게**
대하 26:10	포도원을 다스리는 자들을 **두었으니**
대하 26:15	망대와 성곽 위에 **두어** 화살과 큰 돌을
대하 29:19	여호와의 제단 앞에 **두었나이다** 하니라
대하 33:4	이름을 예루살렘에 영원히 **두리라** 하신
대하 35:3	솔로몬이 건축한 전 가운데 **두고** 다시는
대하 36:7	바벨론에 있는 자기 신당에 **두었더라**
대하 36:14	여호와께서 예루살렘에 거룩하게 **두신**
스 1:7	옮겨다가 자기 신들의 신당에 **두었던**
스 6:12	이름을 **두신** 하나님이 그들을 멸하시기
스 7:27	성전을 아름답게 할 뜻을 **두시고**
느 4:9	말미암아 파수꾼을 **두어** 주야로 방비
느 10:37	하나님의 전의 여러 방에 **두고** 또 우리
에 3:1	올려 함께 있는 모든 대신 위에 **두니**
시가서	
욥 7:17	그를 크게 만드사 그에게 마음을 **두시고**
욥 19:8	하시고 내 앞길에 어둠을 **두셨으며**
욥 22:22	받고 하나님의 말씀을 네 마음에 **두라**
욥 27:2	괴롭게 하신 전능자의 사심을 **두고**
욥 31:24	내가 내 소망을 금에다 **두고** 순금에게
욥 42:12	소 천 겨리와 암나귀 천을 **두었고**
욥 42:13	또 아들 일곱과 딸 셋을 **두었으며**
시 4:7	주께서 내 마음에 **두신** 기쁨은 그들의
시 8:3	하늘과 주께서 베풀어 **두신** 달과 별들
시 8:6	하시고 만물을 그의 발 아래 **두셨으니**
시 12:5	원하는 안전한 지대에 **두리라** 하시도다
시 22:15	또 나를 죽음의 진토 속에 **두셨나이다**
시 24:4	청결하며 뜻을 허탄한 데에 **두지** 아니
시 31:12	죽은 자를 마음에 **두지** 아니함 같고
시 40:2	반석 위에 **두사** 내 걸음을 견고하게
시 40:3	하나님께 올릴 찬송을 내 입에 **두셨으니**

【 두다 】　　　　　　　　　　　　　　　　　　　　　　　　　　【 두다 】

시 42:5	너는 하나님께 소망을 **두라** 그가 나타나
시 42:11	하나님께 소망을 **두라** 나는 그가 나타나
시 43:5	하는가 너는 하나님께 소망을 **두라**
시 49:14	그들은 양같이 스올에 **두기**로 작정되었
시 50:16	전하며 내 언약을 네 입에 **두느냐**
시 54:3	하나님을 자기 앞에 **두지** 아니하였음
시 62:10	재물이 늘어도 거기에 마음을 **두지** 말지
시 66:11	어려운 짐을 우리 허리에 매어 **두셨으며**
시 69:12	독주에 취한 무리가 나를 **두고** 노래하나
시 73:9	그들의 입은 하늘에 **두고** 그들의 혀는
시 78:7	그들의 소망을 하나님께 **두며** 하나님
시 78:69	성소를 산의 높음같이, 영원히 **두신**
시 81:9	중에 다른 신을 **두지** 말며 이방 신에
시 86:14	영혼을 찾았사오며 자기 앞에 주를 **두지**
시 88:6	어둡고 음침한 곳에 **두셨사오며**
시 88:18	내가 아는 자를 흑암에 **두셨나이다**
시 90:8	죄를 주의 얼굴 빛 가운데에 **두셨사오니**
시 101:3	나는 비천한 것을 내 눈 앞에 **두지** 아니
시 119:11	하여 주의 말씀을 내 마음에 **두었나이다**
시 119:30	주의 규례들을 내 앞에 **두었나이다**
시 122:5	심판의 보좌를 **두셨으니** 곧 다윗의 집의
시 140:5	길 곁에 그물을 치며 함정을 **두었나이다**
시 143:3	자같이 나를 암흑 속에 **두었나이다**
시 146:5	하나님에게 자기의 소망을 두는 자는
잠 1:14	뽑고 우리가 함께 전대 하나만 **두자**
잠 4:4	말을 네 마음에 **두라** 내 명령을 지키라
잠 17:24	미련한 자는 눈을 땅 끝에 **두느니라**
잠 19:18	징계하되 죽일 마음은 **두지** 말지니라
잠 27:23	살피며 네 소 떼에게 마음을 **두라**
전 2:8	기뻐하는 처첩들을 많이 **두었노라**
전 7:21	말에 네 마음을 **두지** 말라 그리하면
전 8:9	아래에서 행하는 모든 일을 마음에 **두고**
전 9:1	모든 것을 내가 마음에 **두고** 이 모든
아 2:7	내가 노루와 들사슴을 **두고** 너희에게
아 8:6	마음에 품고 도장같이 팔에 **두라**

선지서

사 3:6	되어 이 폐허를 네 손아래에 **두라**
사 5:12	여호와께서 행하시는 일에 관심을 **두지**
사 10:3	너희의 영화를 어느 곳에 **두려느냐**
사 10:28	지나 믹마스에 그의 장비를 **두고**
사 17:10	능력의 반석을 마음에 **두지** 아니한 까닭
사 18:7	만군의 여호와의 이름을 **두신** 곳 시온
사 22:22	다윗의 집의 열쇠를 그의 어깨에 **두리니**
사 23:18	여호와께 돌리고 간직하거나 쌓아 **두지**
사 27:2	날에 너희는 아름다운 포도원을 **두고**
사 28:16	한 돌을 시온에 **두어** 기초를 삼았노니
사 37:7	영을 그의 속에 **두리니** 그가 소문을
사 41:19	소나무와 황양목을 함께 **두리니**
사 41:22	마음에 **두고** 그 결말을 알아보리라
사 42:25	깨닫지 못하며 몸이 타나 마음에 **두지**
사 43:6	남쪽에게 이르기를 가두어 **두지** 말라
사 44:13	사람의 모양을 만들어 집에 **두게** 하며
사 45:23	**두고** 맹세하기를 내 입에서 공의로운
사 46:7	어깨에 메어다가 그의 처소에 **두면** 그것
사 46:8	장부가 되라 이 일을 마음에 **두라**
사 51:16	내가 내 말을 네 입에 **두고** 내 손 그늘로
사 51:23	너를 괴롭게 하던 자들의 손에 **두리라**
사 57:1	의인이 죽을지라도 마음에 **두는** 자가
사 57:8	기념표를 문과 문설주 뒤에 **두었으며**
사 57:11	이를 마음에 **두지** 아니하였느냐 네가
사 59:21	영과 네 입에 **둔** 나의 말이 이제부터
사 63:11	그들 가운데에 성령을 **두신** 이가 이제

"네 양 떼의 형편을 부지런히 살피며 네 소 떼에게 마음을 두라"(잠 27:23)

렘 1:9	보라 내가 내 말을 네 입에 **두었노라**
렘 3:19	너를 자녀들 중에 **두며** 허다한 나라들
렘 5:22	내가 모래를 **두어** 바다의 한계를 삼되
렘 6:21	백성 앞에 장애물을 **두리니** 아버지와
렘 7:12	너희는 내가 처음으로 내 이름을 **둔**
렘 7:30	집에 그들의 가증한 것을 두어 집을
렘 12:11	땅이 황폐함은 이를 마음에 **두는** 자가
렘 16:2	맞이하지 말며 자녀를 **두지** 말지니라
렘 20:2	씌우는 나무 고랑으로 채워 **두었더니**
렘 21:8	앞에 생명의 길과 사망의 길을 **두었노라**
렘 22:5	내가 나를 **두고** 맹세하노니 이 집이
렘 26:4	내가 너희 앞에 **둔** 내 율법을 행하지
렘 27:22	곳에 그것들을 되돌려 **두리라** 여호와
렘 29:31	여호와께서 느헬람 사람 스마야를 **두고**
렘 31:21	전에 가던 길을 마음에 **두라** 돌아오라
렘 31:33	나의 법을 그들의 속에 **두며** 그들의
렘 32:35	명령한 것도 아니요 내 마음에 **둔** 것도
렘 32:40	나를 경외함을 그들의 마음에 **두어** 나를
렘 36:20	서기관 엘리사마의 방에 **두고** 뜰에 들어

[두다]   [두다]

렘 37:21	예레미야를 감옥 뜰에 **두고** 떡 만드는
렘 42:19	너희를 **두고** 하신 말씀에 너희는 애굽
렘 49:13	나를 **두고** 맹세하노니 보스라가 놀램과
렘 51:14	여호와께서 자기의 목숨을 **두고** 맹세
렘 51:50	생각하며 예루살렘을 너희 마음에 **두라**
겔 3:20	내가 그 앞에 거치는 것을 **두면** 그가
겔 4:3	철판을 가져다가 너와 성읍 사이에 **두어**
겔 5:5	내가 그를 이방인 가운데 **두어** 나라
겔 5:11	나의 삶을 **두고** 맹세하노니 네가 모든
겔 6:5	시체를 그 우상 앞에 **두며** 너희 해골을
겔 8:17	심지어 나뭇가지를 그 코에 **두었느니라**
겔 14:3	죄악의 걸림돌을 자기 앞에 **두었으니**
겔 14:16	나의 삶을 **두고** 맹세하노니 그들도 자녀
겔 21:26	왕관을 벗길지라 그대로 **두지** 못하리니
겔 21:29	너를 중상 당한 악인의 목 위에 **두리니**
겔 22:20	분으로 너희를 모아 거기에 **두고** 녹이리
겔 24:7	하지 않고 맨 바위 위에 **두었도다**
겔 24:23	동인 채, 발에 신을 신은 채로 **두고** 슬퍼
겔 28:17	내가 너를 땅에 던져 왕들 앞에 **두어**
겔 32:5	네 살점을 여러 산에 **두며** 네 시체를
겔 34:14	우리를 이스라엘 높은 산에 **두리니** 그것
겔 36:26	새 영을 너희 속에 **두고** 새 마음을 너희
겔 36:27	내 영을 너희 속에 **두어** 너희로 내 율례
겔 37:1	데리고 가서 골짜기 가운데 **두셨는데**
겔 37:6	너희 위에 힘줄을 **두고** 살을 입히고
겔 37:14	내 영을 너희 속에 **두어** 너희가 살아나 게 하고 … 너희 고국 땅에 **두리니** 나
겔 42:14	수종드는 그 의복을 그 방에 **두고** 다른
겔 43:7	내 발을 **두는** 처소, 내가 이스라엘 족속
겔 44:8	성소에 사람을 **두어** 너희 직분을 대신
겔 44:19	수종드는 옷을 벗어 거룩한 방에 **두고**
단 1:2	그 신들의 보물 창고에 **두었더라**
단 4:15	풀 가운데 **두어라** 그것이 하늘 이슬
단 6:2	그들 위에 총리 셋을 **두었으니** 다니엘이
단 9:14	이 재앙을 간직하여 **두셨다가**
호 4:8	먹고 그 마음을 그들의 죄악에 **두는도다**
호 11:4	되었으며 그들 앞에 먹을 것을 **두었노라**
암 4:2	여호와께서 자기의 거룩함을 **두고** 맹세
암 6:8	여호와 당신을 **두고** 맹세하셨노라
암 7:8	*다림줄을 내 백성 이스라엘 가운데 두고*
암 8:7	여호와께서 야곱의 영광을 **두고** 맹세
암 8:14	우상을 **두고** 맹세하여 … 있음을 **두고**
미 2:12	그들을 한 처소에 **두기를** 보스라의

미 6:11	주머니에 거짓 저울추를 **두었으면** 깨끗
합 1:12	심판하기 위하여 그들을 **두셨나이다**
습 2:9	나의 삶을 **두고** 맹세하노니 장차 모압
슥 6:14	기념하기 위하여 여호와의 전 안에 **두라**
슥 11:9	나머지는 서로 살을 먹는 대로 **두리라**
슥 11:16	그가 없어진 자를 마음에 **두지** 아니하며
말 2:2	아니하며 마음에 **두지** 아니하여 … 너희 가 그것을 마음에 **두지** 아니하였음이라

복음서, 역사서

마 5:15	아래에 **두지** 아니하고 등경 위에 **두나니**
마 5:24	예물을 제단 앞에 **두고** 먼저 가서 형제
마 6:19	너희를 위하여 보물을 땅에 쌓아 **두지**
마 6:20	너희를 위하여 보물을 하늘에 쌓아 **두라**
마 13:29	주인이 이르되 가만 **두라** 가라지를 뽑다
마 13:30	추수 때까지 함께 자라게 **두라** 추수
마 13:44	이를 발견한 후 숨겨 **두고** 기뻐하며
마 15:14	그냥 **두라** 그들은 맹인이 되어 맹인을
마 18:12	아흔아홉 마리를 산에 **두고** 가서
마 25:18	파고 그 주인의 돈을 감추어 **두었더니**
마 25:25	달란트를 땅에 감추어 **두었었나이다**
마 25:33	양은 그 오른편에 염소는 왼편에 **두리라**
마 26:44	또 그들을 **두시고** 나아가 세 번째 같은
마 27:6	이것이 핏값이라 성전고에 넣어 **둠이**
마 27:49	남은 사람들이 이르되 가만 **두라** 엘리야
마 27:60	바위 속에 판 자기 새 무덤에 넣어 **두고**
마 6:56	마을에서 병자를 시장에 **두고** 예수께
막 7:25	더러운 귀신 들린 어린 딸을 **둔** 한 여자
막 9:10	그들이 이 말씀을 마음에 **두며** 서로
막 9:50	너희 속에 소금을 **두고** 서로 화목하라
막 12:12	무리를 두려워하여 예수를 **두고** 가니라
막 12:19	형이 자식이 없이 아내를 **두고** 죽으면
막 14:6	예수께서 이르시되 가만 **두라** 너희가
막 15:36	가만 **두라** 엘리야가 와서 그를 내려
막 15:46	바위 속에 판 무덤에 넣어 **두고** 돌을
막 15:47	어머니 마리아가 예수 **둔** 곳을 보더라
막 16:1	바르기 위하여 향품을 사다 **두었다가**
막 16:6	계시지 아니하니라 보라 그를 **두었던**
눅 1:66	듣는 사람이 다 이 말을 마음에 **두며**
눅 2:51	어머니는 이 모든 말을 마음에 **두니라**
눅 8:16	아래에 **두지** 아니하고 등경 위에 **두나니**
눅 9:44	이 말을 너희 귀에 담아 **두라** 인자가
눅 10:40	혼자 일하게 **두는** 것을 생각하지 아니
눅 11:33	아래에 **두지** 아니하고 등경 위에 **두나니**

【 두다 】   【 두다 】

눅 12:18	모든 곡식과 물건을 거기 쌓아 두리라		서신서, 예언서	
눅 12:33	하늘에 둔 바 다함이 없는 보물이니		롬 1:24	더러움에 내버려 두사 그들의 몸을 서로
눅 15:4	잃으면 아흔아홉 마리를 들에 두고		롬 9:29	주께서 우리에게 씨를 남겨 두지 아니
눅 19:20	내가 수건으로 싸 두었었나이다		롬 9:33	걸림돌과 거치는 바위를 시온에 두노니
눅 19:21	당신은 두지 않은 것을 취하고 심지		롬 12:16	마음을 같이하며 높은 데 마음을 두지
눅 19:22	너는 내가 두지 않은 것을 취하고 심지		롬 14:13	거칠 것을 형제 앞에 두지 아니하도록
요 2:10	지금까지 좋은 포도주를 두었도다		롬 15:12	그에게 소망을 두리라 하였느니라
요 8:29	나를 혼자 두지 아니하셨느니라		고전 3:10	지혜로운 건축자와 같이 터를 닦아 두매
요 11:34	이르시되 그를 어디 두었느냐 이르되		고전 3:11	능히 다른 터를 닦아 둘 자가 없으니
요 11:48	만일 그를 이대로 두면 모든 사람이		고전 4:9	작정된 자같이 끄트머리에 두셨으매
요 12:7	예수께서 이르시되 그를 가만 두어 나의		고전 7:2	아내를 두고 여자마다 자기 남편을 두라
요 19:31	안식일에 시체들을 십자가에 두지 아니		고전 7:37	약혼녀를 그대로 두기로 하여도 잘하
요 19:42	무덤이 가까운 고로 예수를 거기 두니라		고전 12:18	대로 지체를 각각 몸에 두셨으니
요 20:2	가져다가 어디 두었는지 우리가 알지		고전 15:27	아래에 두셨다 하셨으니 만물을 아래
요 20:13	주님을 옮겨다가 어디 두었는지 내가			에 둔다 말씀하실 … 아래에 두신 이가
요 20:23	누구의 죄든지 그대로 두면 그대로		고전 15:31	너희에 대한 나의 자랑을 두고 단언하
요 21:25	기록된 책을 두기에 부족할 줄 아노라		빌 2:13	뜻을 위하여 너희에게 소원을 두고
			골 1:5	하늘에 쌓아 둔 소망으로 말미암음이니
			딤전 4:10	우리 소망을 살아 계신 하나님께 둠이니
	'여호와께서 살아계심을 (여호와를) 두고 맹세하다'		딤전 5:5	외로운 자는 하나님께 소망을 두어 주야
	삿 8:19; 룻 3:13; 삼상 14:39, 45; 19:6;		딤전 6:17	재물에 소망을 두지 말고 오직 우리에
	20:3, 21; 25:26, 34; 26:10, 16; 28:10;			게 모든 것을 … 하시는 하나님께 두며
	29:6; 삼하 4:9; 12:5; 14:11; 19:7;		딤후 4:1	나타나실 것과 그의 나라를 두고 엄히
	21:7; 왕상 1:29; 2:8, 23, 24, 42, 43;		딤후 4:3	자기의 사욕을 따를 스승을 많이 두고
	17:1, 12; 18:10, 15; 22:14; 왕하 2:2,		딤후 4:13	드로아 가보의 집에 둔 겉옷을 가지고
	4, 6; 3:14; 4:30; 5:16, 20; 대하 18:13;		딤후 4:20	병들어서 밀레도에 두었노니
	렘 4:2; 5:2; 16:14, 15; 38:16; 44:26;		딛 1:6	불순종하는 일이 없는 믿는 자녀를 둔
	호 4:15		몬 1:15	너로 하여금 그를 영원히 두게 함이리니
			히 1:10	태초에 주께서 땅의 기초를 두셨으며
행 1:7	아버지께서 자기의 권한에 두셨으니		히 8:10	법을 그들의 생각에 두고 그들의 마음에
행 3:2	날마다 미문이라는 성전 문에 두는 자라		히 9:10	예법일 뿐이며 개혁할 때까지 맡겨 둔
행 3:21	하늘이 마땅히 그를 받아 두리라		히 10:16	법을 그들의 마음에 두고 그들의 생각
행 4:35	사도들의 발 앞에 두매 그들이 각 사람		벧전 2:6	보배로운 모퉁잇돌을 시온에 두노니
행 4:37	값을 가지고 사도들의 발 앞에 두니라		벧전 3:5	하나님께 소망을 두었던 거룩한 부녀들
행 5:2	얼마만 가져다가 사도들의 발 앞에 두니		벧후 2:4	지옥에 던져 어두운 구덩이에 두어 심판
행 5:4	네 마음에 두었느냐 사람에게 거짓말한		벧후 3:7	심판과 멸망의 날까지 보존하여 두신
행 7:58	사울이라 하는 청년의 발 앞에 두니라		계 3:8	내가 네 앞에 열린 문을 두었으되
행 13:5	전할새 요한을 수행원으로 두었더라		계 11:2	측량하지 말고 그냥 두라 이것은 이방인
행 13:29	나무에서 내려다가 무덤에 두었으나			
행 15:10	못하던 멍에를 제자들의 목에 두려느냐		여호와 앞에 두다	
행 21:3	구브로를 바라보고 이를 왼편에 두고		출 16:33	만나 한 오멜을 담아 여호와 앞에 두어
행 24:27	얻고자 하여 바울을 구류하여 두니라		레 14:11	물건들을 회막 문 여호와 앞에 두고
행 25:14	벨릭스가 한 사람을 구류하여 두었는데		레 16:7	가지고 회막 문 여호와 앞에 두고

【 두더지 】 　　　　　　　　　　　　　　　　　　【 두려움 】

레 16:10　산 채로 **여호와** 앞에 두었다가 그것으
민 5:30　여인을 **여호와** 앞에 두고 제사장이
민 17:7　증거의 장막 안 **여호와** 앞에 두었더라
신 26:10　그것을 네 하나님 **여호와** 앞에 두고
삼상 10:25　책에 기록하여 **여호와** 앞에 두고 모든

두다 – 기타 본문

구약 창 30:41, 42; 31:51; 41:35, 48, 49; 43:9; 출 16:34; 40:5, 20, 26, 29, 30; 레 16:23; 민 4:12, 14; 5:20, 29; 35:14; 신 25:15; 30:19; 수 4:8; 7:11; 삿 2:23; 3:2, 4; 6:4; 21:14; 룻 1:12; 삼상 6:15; 9:24; 17:54; 28:3; 삼하 2:27; 8:14; 14:19; 15:16; 16:21; 왕하 4:21; 7:4, 7; 10:19, 24; 12:9; 17:24, 29; 18:11; 20:17; 25:12; 대상 18:13; 대하 1:4, 14; 4:6; 6:6, 13; 9:16, 25; 17:19; 23:19; 24:11; 31:12; 스 4:10; 5:14, 15; 9:8; 느 4:5; 10:38, 39; 13:5; 욥 24:6; 38:23; 시 31:19; 49:10; 66:9; 아 3:5; 7:13; 8:11; 사 1:9; 39:6; 47:7; 렘 39:10; 40:11; 43:6; 52:16; 애 3:21; 겔 5:1; 14:4, 7, 18, 20; 16:48; 17:4, 16, 19; 18:3; 20:6, 31, 33; 24:8; 33:11, 27; 34:8; 35:6, 11; 37:14; 43:8; 단 4:23, 26; 호 13:15; 습 3:3, 12; 말 2:2 **신약** 눅 12:19, 21; 20:28; 23:53, 55; 요 20:15; 행 25:21, 24; 27:15; 롬 1:26, 28; 11:4; 딛 1:5; 벧후 2:9

두더지(rodent)
레 11:29　네게 부정한 것은 이러하니 곧 **두더지**와
사 2:20　우상과 금 우상을 그 날에 **두더지**와

두둑(furrow)
겔 17:7　심어진 **두둑**에서 그를 향하여 뿌리가
겔 17:10　그 자라던 **두둑**에서 마르리라 하셨느

두둔하다(두 遁, show favoritism, partial)
출 23:3　해서 편벽되이 **두둔하지** 말지니라
레 19:15　세력 있는 자라고 **두둔하지** 말고 공의로
잠 18:5　악인을 **두둔하는** 것과 재판할 때에 의인

두드리다(knock)
아 5:2　들리는구나 문을 **두드려** 이르기를
마 7:7　문을 **두드리라** 그리하면 너희에게 열릴
마 7:8　찾아낼 것이요 **두드리는** 이에게는 열릴
눅 11:9　문을 **두드리라** 그러면 너희에게 열릴

눅 11:10　찾아낼 것이요 **두드리는** 이에게는 열릴
눅 12:36　돌아와 문을 **두드리면** 곧 열어 주려고
눅 13:25　밖에 서서 문을 **두드리며** 주여 열어
행 12:13　베드로가 대문을 **두드린대** 로데라 하는
행 12:16　베드로가 문 **두드리기를** 그치지 아니
계 3:20　볼지어다 내가 문 밖에 서서 **두드리노니**

두라(Dura) 바벨론 부근의 평지
단 3:1　바벨론 지방의 **두라** 평지에 세웠더라

두란노(Tyrannus) 에베소에 있던 서원
행 19:9　따로 세우고 **두란노** 서원에서 날마다

두려움(fear)
창 15:12　흑암과 **두려움**이 그에게 임하였더니
출 15:14　떨며 블레셋 주민이 **두려움**에 잡히며
출 15:16　놀람과 **두려움**이 그들에게 임하매 주의
출 23:33　내게 범죄하게 할까 **두려움**이라 네가
신 28:67　마음의 **두려움**과 눈이 보는 것으로
삼상 11:7　여호와의 **두려움**이 백성에게 임하매
대하 17:10　유다 사방의 모든 나라에 **두려움**을 주사
대하 29:8　진노하시고 내버리사 **두려움**과 놀람
욥 4:14　**두려움**과 떨림이 내게 이르러서 모든
욥 6:4　하나님의 **두려움**이 나를 엄습하여
욥 9:35　내가 **두려움** 없이 말하리라 나는 본래
욥 11:15　얼굴을 들게 되고 굳게 서서 **두려움**이
욥 13:11　**두려움**이 너희 위에 임하지 않겠느냐
욥 20:25　쓸개에서 나오고 큰 **두려움**이 그에게
욥 21:6　기억하기만 하여도 불안하고 **두려움**이
욥 21:9　집이 평안하여 **두려움**이 없고 하나님의
욥 22:10　올무들이 너를 둘러 있고 **두려움**이
욥 24:17　여기니 죽음의 그늘의 **두려움**을 앎이니
욥 27:20　**두려움**이 물같이 그에게 닥칠 것이요
욥 39:22　**두려움**을 모르고 겁내지 아니하며 칼을
욥 41:33　그것은 **두려움**이 없는 것으로 지음 받았
시 31:13　비방을 들었으므로 사방이 **두려움**으로
시 34:4　응답하시고 내 모든 **두려움**에서 나를
시 53:5　그들이 **두려움**이 없는 곳에서 크게
시 55:5　**두려움**과 떨림이 내게 이르고 공포가
시 64:1　원수의 **두려움**에서 나의 생명을 보존
시 76:12　그는 세상의 왕들에게 **두려움**이시로다
시 78:33　햇수를 **두려움**으로 보내게 하셨도다
시 78:53　그들은 **두려움**이 없었으나 그들의 원수

【 두려움 】

시 88:16	내게 넘치고 주의 **두려움**이 나를 끊었나
시 90:11	누가 주의 진노의 **두려움**을 알리이까
잠 1:26	너희에게 **두려움**이 임할 때에 내가
잠 1:27	너희의 **두려움**이 광풍같이 임하겠고
잠 1:33	평안히 살며 재앙의 **두려움**이 없이 안전
잠 3:25	너는 갑작스러운 **두려움**도 악인에게
잠 22:25	영혼을 올무에 빠뜨릴까 **두려움**이니라
아 3:8	밤의 **두려움**으로 말미암아 각기 허리에
사 12:2	신뢰하고 **두려움**이 없으리니 주 여호와
사 17:14	저녁에 **두려움**을 당하고 아침이 오기
사 18:2	시초부터 **두려움**이 되며 강성하여 대적
사 18:7	준수한 백성 곧 시초부터 **두려움**이 되며
사 19:17	유다의 땅은 애굽의 **두려움**이 되리니
사 21:4	마음이 어지럽고 **두려움**이 나를 놀라게
사 24:17	주민아 **두려움**과 함정과 올무가 네게
사 28:19	소식을 깨닫는 것이 오직 **두려움**이라
사 31:9	반석은 **두려움**으로 말미암아 물러가
렘 1:17	네가 그들 앞에서 **두려움**을 당하지 않게
렘 6:25	원수의 칼이 있고 사방에 **두려움**이 있음
렘 14:19	받기를 기다리나 **두려움**만 보나이다
렘 15:8	**두려움**을 그들에게 갑자기 닥치게
렘 17:17	주는 내게 **두려움**이 되지 마옵소서 재앙
렘 18:16	땅으로 **두려움**과 영원한 웃음거리가
렘 20:4	모든 친구에게 **두려움**이 되게 하리니
렘 30:5	떠는 자의 소리를 들으니 **두려움**이요
렘 32:21	강한 손과 펴신 팔과 큰 **두려움**으로
렘 46:5	어찜이냐 **두려움**이 그들의 사방에 있음
렘 48:43	모압 주민아 **두려움**과 함정과 올무가
렘 48:44	**두려움**에서 도망하는 자는 함정에 떨어
렘 49:5	내가 **두려움**을 네 사방에서 네게 오게
렘 49:29	그들을 향하여 외치기를 **두려움**이 사방
애 3:47	**두려움**과 함정과 파멸과 멸망이 우리
겔 5:15	**두려움**과 경고가 되리라 나 여호와
겔 7:18	**두려움**이 그들을 덮을 것이요 모든 얼굴
겔 30:13	나지 못하게 하고 그 땅에 **두려움**이
겔 32:27	사람들의 세상에서 용사의 **두려움**이
눅 1:75	주의 앞에서 성결과 의로 **두려움**이 없이
롬 13:3	선한 일에 대하여 **두려움**이 되지 않고
고전 16:10	너희는 조심하여 그로 **두려움**이 없이
고후 7:5	밖으로는 다툼이요 안으로는 **두려움**이
고후 7:15	모든 사람들이 **두려움**과 떪으로 자기를
히 12:28	경건함과 **두려움**으로 하나님을 기쁘시
벧전 1:17	나그네로 있을 때를 **두려움**으로 지내라

【 두려워하다 】

벧전 3:15	항상 준비하되 온유와 **두려움**으로 하고
요일 4:18	사랑 안에 **두려움**이 없고 온전한 사랑 이 **두려움**을 내쫓나니 **두려움**에는 형벌
유 1:23	옷까지도 미워하되 **두려움**으로 긍휼히

두려워하다(afraid, fear)
모세오경

창 3:10	벗었으므로 **두려워하여** 숨었나이다
창 9:2	물고기가 너희를 **두려워하며** 너희를
창 15:1	아브람아 **두려워하지** 말라 나는 네 방패
창 18:15	사라가 **두려워서** 부인하여 이르되 내가
창 19:30	롯이 소알에 거주하기를 **두려워하여**
창 20:8	들려주니 그들이 심히 **두려워하였더라**
창 20:11	하나님을 **두려워함**이 없으니 내 아내로
창 21:17	무슨 일이냐 **두려워하지** 말라 하나님이
창 26:7	내 아내라 하기를 **두려워함**이었더라
창 26:24	아브라함의 하나님이니 **두려워하지**
창 28:17	이에 **두려워하여** 이르되 **두렵도다**
창 31:31	하여 **두려워하였음**이니이다
창 32:11	건져내시옵소서 내가 그를 **두려워함**은
창 35:5	고을들로 크게 **두려워하게** 하셨으므로
창 35:17	그에게 이르되 **두려워하지** 말라 지금
창 42:4	그에게 미칠까 **두려워함**이었더라
창 42:35	돈뭉치를 보고 다 **두려워하더니**
창 43:18	요셉의 집으로 인도되매 **두려워하여**
창 46:3	애굽으로 내려가기를 **두려워하지** 말라
창 50:19	그들에게 이르되 **두려워하지** 마소서
출 1:17	산파들이 하나님을 **두려워하여** 애굽
출 2:14	모세가 **두려워하여** 이르되 일이 탄로
출 3:6	모세가 하나님 뵈옵기를 **두려워하여**
출 5:3	칼로 우리를 치실까 **두려워하나이다**
출 9:20	여호와의 말씀을 **두려워하는** 자들은
출 9:30	아직도 **두려워하지** 아니할 줄을 내가
출 14:10	심히 **두려워하여** 여호와께 부르짖고
출 14:13	**두려워하지** 말고 가만히 서서 여호와께
출 18:21	하나님을 **두려워하며** 진실하며 불의한
출 20:20	모세가 백성에게 이르되 **두려워하지**
출 34:30	그에게 가까이하기를 **두려워하더니**
민 12:8	종 모세 비방하기를 **두려워하지** 아니하
민 14:9	그 땅 백성을 **두려워하지** 말라 그들은
민 16:26	중에서 너희도 멸망할까 **두려워하노라**
민 21:34	모세에게 이르시되 그를 **두려워하지**
민 22:3	모압이 심히 **두려워하였으니** 이스라엘

【 두려워하다 】 　　　　　　　　　　　　　　【 두려워하다 】

신 1:17	사람의 낯을 **두려워하지** 말 것이며	룻 3:11	이제 내 딸아 **두려워하지** 말라 내가
신 1:21	올라가서 차지하라 **두려워하지** 말라	삼상 3:15	엘리에게 알게 하기를 **두려워하더니**
신 1:29	그들을 무서워하지 말라 **두려워하지**	삼상 4:7	블레셋 사람이 **두려워하여** 이르되 신이
신 2:4	그들이 너희를 **두려워하리니** 너희는	삼상 4:20	**두려워하지** 말라 네가 아들을 낳았다
신 2:25	무서워하며 너를 **두려워하게** 하리니	삼상 7:7	듣고 블레셋 사람들을 **두려워하여**
신 3:2	그를 **두려워하지** 말라 내가 그와 그의	삼상 9:5	위하여 걱정하실까 **두려워하노라**
신 5:5	너희가 불을 **두려워하여** 산에 오르지	삼상 12:18	여호와와 사무엘을 크게 **두려워하니라**
신 6:15	지면에서 멸절시키실까 **두려워하노라**	삼상 12:20	사무엘이 백성에게 이르되 **두려워하지**
신 7:18	**두려워하지** 말고 네 하나님 여호와	삼상 14:26	맹세를 **두려워하여** 손을 그 입에 대는
신 7:19	여호와께서 네가 **두려워하는** 모든 민족	삼상 15:24	내가 백성을 **두려워하여** 그들의 말을
신 7:21	그들을 **두려워하지** 말라 너희의 하나	삼상 17:11	이 말을 듣고 놀라 크게 **두려워하니라**
신 9:19	하셨으므로 내가 **두려워하였노라**	삼상 17:24	그 사람을 보고 심히 **두려워하여**
신 9:28	인도하여 내셨다 할까 **두려워하나이다**	삼상 18:12	계시므로 사울이 그를 **두려워한지라**
신 11:25	모든 땅 사람들에게 너희를 **두려워하고**	삼상 18:15	행함을 보고 그를 **두려워하였으나**
신 13:11	이스라엘이 듣고 **두려워하여** 이 같은	삼상 18:29	사울이 다윗을 더욱더욱 **두려워하여**
신 17:13	백성이 듣고 **두려워하여** 다시는 무법	삼상 21:10	다윗이 사울을 **두려워하여** 일어나 도망
신 18:22	말이니 너는 그를 **두려워하지** 말지니라	삼상 21:12	두고 가드 왕 아기스를 심히 **두려워하여**
신 19:20	남은 자들이 듣고 **두려워하여** 다시는		
신 20:1	많음을 볼지라도 그들을 **두려워하지**		
신 20:3	마음에 겁내지 말며 **두려워하지** 말며		
신 20:8	**두려워서** 마음이 허약한 자가 있느냐		
신 25:18	약한 자들을 쳤고 하나님을 **두려워하지**		
신 28:10	불리는 것을 보고 너를 **두려워하리라**		
신 28:60	여호와께서 네가 **두려워하던** 애굽의		
신 28:66	위험에 처하고 주야로 **두려워하며**	"내가 네게 명령한 것이 아니냐 강하고 담대	
신 31:6	너희는 강하고 담대하라 **두려워하지**	하라 두려워하지 말며 놀라지 말라 네가 어	
신 31:8	아니하시리니 너는 **두려워하지** 말라	디로 가든지 네 하나님 여호와가 너와 함께	
신 32:17	신들 너희의 조상들이 **두려워하지**	하느니라 하시니라"(수 1:9)	

역사서

수 1:9	강하고 담대하라 **두려워하지** 말며	삼상 22:23	**두려워하지** 말고 내게 있으라 내 생명
수 2:9	**두려워하고** 이 땅 주민들이 다 너희	삼상 23:17	그에게 이르기를 **두려워하지** 말라
수 4:14	그를 **두려워하기를** 모세를 **두려워하던**	삼상 23:26	다윗이 사울을 **두려워하여** 급히 피하려
수 8:1	여호수아에게 이르되 **두려워하지**	삼상 27:11	습관이 있었다 할까 **두려워함이었더라**
수 9:24	목숨을 잃을까 심히 **두려워하여** 이같이	삼상 28:13	왕이 그에게 이르되 **두려워하지** 말라
수 10:2	크게 **두려워하였으니** 이는 기브온이	삼상 28:20	말로 말미암아 심히 **두려워함이요**
수 10:8	이르시되 그들을 **두려워하지**	삼상 31:4	나를 찌르고 모욕할까 **두려워하노라**
수 11:6	그들로 말미암아 **두려워하지** 말라		하나 무기를 든 자가 심히 **두려워하여**
삿 4:18	내게로 들어오시고 **두려워하지** 마소서	삼하 1:14	기름 부음 받은 자 죽이기를 **두려워하지**
삿 6:10	아모리 사람의 땅의 신들을 **두려워하지**	삼하 3:11	이스보셋이 아브넬을 **두려워하여** 감히
삿 6:23	너는 안심하라 **두려워하지** 말라 죽지	삼하 6:9	다윗이 그 날에 여호와를 **두려워하여**
삿 6:27	그 성읍 사람들을 **두려워하므로** 이 일을	삼하 10:19	아람 사람들이 **두려워하여** 다시는 암몬
삿 7:10	네가 내려가기를 **두려워하거든** 네 부하	삼하 12:18	왕에게 아뢰기를 **두려워하니** 이는 그들
삿 8:20	이는 아직 어려서 **두려워함이었더라**	삼하 12:28	일컬음을 받을까 **두려워하나이다**
		삼하 13:28	그를 죽이라 **두려워하지** 말라 내가
		삼하 17:17	아히마아스가 사람이 볼까 **두려워하여**
		왕상 1:50	아도니야도 솔로몬을 **두려워하여**

【 두려워하다 】

왕상 3:28	판결함을 듣고 왕을 **두려워**하였으니
왕상 17:13	엘리야가 그에게 이르되 **두려워**하지
왕하 1:15	그를 **두려워**하지 말고 함께 내려가라
왕하 6:16	대답하되 **두려워**하지 말라 우리와 함께
왕하 10:4	그들이 심히 **두려워**하여 이르되 두 왕이
왕하 16:18	낭실을 앗수르 왕을 **두려워**하여 여호
왕하 19:6	나를 모욕하는 말 때문에 **두려워**하지
왕하 19:26	백성의 힘이 약하여 **두려워**하며 놀랐나
왕하 25:24	갈대아 인을 섬기기를 **두려워**하지 말고
왕하 25:26	이는 갈대아 사람을 **두려워**함이었더라
대상 10:4	욕되게 할까 **두려워**하노라 그러나 그 의 무기를 가진 자가 심히 **두려워**하여
대상 13:12	그날에 다윗이 하나님을 **두려워**하여
대상 14:17	민족으로 그를 **두려워**하게 하셨더라
대상 21:30	여호와의 천사의 칼을 **두려워**하여 감히
대상 22:13	강하고 담대하여 **두려워**하지 말고
대상 28:20	행하라 **두려워**하지 말며 놀라지 말라
대하 19:7	너희는 여호와를 **두려워**하는 마음으로
대하 20:3	여호사밧이 **두려워**하여 여호와께로
대하 20:15	이 큰 무리로 말미암아 **두려워**하거나
대하 20:17	예루살렘아 너희는 **두려워**하지 말며
대하 20:29	함을 듣고 하나님을 **두려워**하므로
대하 32:7	온 무리로 말미암아 **두려워**하지 말며
스 3:3	백성을 **두려워**하여 제단을 그 터에
느 2:2	하더라 그 때에 내가 크게 **두려워**하여
느 4:14	그들을 **두려워**하지 말고 지극히 크시고
느 6:16	이방 족속들이 이를 듣고 다 **두려워**하여
에 7:6	하만이 왕과 왕후 앞에서 **두려워**하거늘
에 8:17	백성이 유다인을 **두려워**하여 유다인
에 9:2	모든 민족이 그들을 **두려워**하여 능히
에 9:3	보는 자들이 모르드개를 **두려워**하므로

시가서

욥 3:25	내가 **두려워**하는 그것이 내게 임하고
욥 5:21	멸망이 올 때에도 **두려워**하지 아니할
욥 5:22	비웃으며 들짐승을 **두려워**하지 말라
욥 9:28	내 모든 고통을 **두려워**하오니 주께서
욥 19:29	너희는 칼을 **두려워**할지니라 분노는
욥 23:15	떨며 지각을 얻어 그를 **두려워**하리라
욥 23:17	내가 **두려워**하는 것이 어둠 때문이나
욥 31:23	나는 하나님의 재앙을 심히 **두려워**하고
욥 39:16	것이 헛되게 될지라도 **두려워**하지
욥 41:25	용사라도 **두려워**하며 달아나리라
시 3:6	친다 하여도 나는 **두려워**하지 아니하리
시 14:5	그들은 **두려워**하고 **두려워**하였으니
시 15:4	여호와를 **두려워**하는 자들을 존대하며
시 22:23	여호와를 **두려워**하는 너희여 그를 찬송
시 23:4	해를 **두려워**하지 않을 것은 주께서 나와
시 27:1	누구를 **두려워**하리요 여호와는 내 생명
시 31:19	주를 **두려워**하는 자를 위하여 쌓아 두신
시 33:8	온 땅은 여호와를 **두려워**하며 세상의
시 36:1	눈에는 하나님을 **두려워**하는 빛이 없다
시 40:3	사람이 보고 **두려워**하여 여호와를 의지
시 46:3	산이 흔들릴지라도 우리는 **두려워**하지
시 49:5	환난의 날을 내가 어찌 **두려워**하랴
시 49:16	집의 영광이 더할 때에 너는 **두려워**하지
시 52:6	의인이 보고 **두려워**하며 또 그를 비웃어
시 53:5	크게 **두려워**하였으니 너를 대항하여
시 56:3	내가 **두려워**하는 날에는 내가 주를 의지
시 56:4	하나님을 의지하였은즉 **두려워**하지

"여호와는 나의 빛이요 나의 구원이시니 내가 누구를 **두려워**하리요 여호와는 내 생명의 능력이시니 내가 누구를 무서워하리요"(시 27:1)

시 64:4	자를 쏘며 갑자기 쏘고 **두려워**하지
시 64:9	사람이 **두려워**하여 하나님의 일을 선포
시 65:8	주의 징조를 **두려워**하나이다 주께서
시 66:16	하나님을 **두려워**하는 너희들아 다 와서
시 72:5	해가 있을 동안에도 주를 **두려워**하며
시 77:16	물들이 주를 보고 **두려워**하며 깊음도
시 89:7	둘러 있는 모든 자 위에 더욱 **두려워**할
시 91:6	밝을 때 닥쳐오는 재앙을 **두려워**하지
시 105:38	그들이 그들을 **두려워**함이로다
시 112:7	흉한 소문을 **두려워**하지 아니함이여
시 112:8	마음이 견고하여 **두려워**하지 아니할
시 118:6	내가 **두려워**하지 아니하리니 사람이
시 119:39	내가 **두려워**하는 비방을 내게서 떠나게
시 119:120	내가 또 주의 심판을 **두려워**하나이다
시 143:7	내려가는 자 같을까 **두려워**하나이다
잠 3:24	네가 누울 때에 **두려워**하지 아니하겠고
잠 3:25	악인에게 닥치는 멸망도 **두려워**하지
잠 10:24	악인에게는 그의 **두려워**하는 것이 임하

【 두려워하다 】　　　　　　　　　　　　　　　　　　　　　　　　　【 두려워하다 】

잠 13:13	계명을 **두려워하는** 자는 상을 받느니라
잠 14:16	지혜로운 자는 **두려워하여** 악을 떠나
잠 29:25	**두려워하면** 올무에 걸리게 되거니와
잠 30:9	이름을 욕되게 할까 **두려워함이니이다**
전 12:5	자들은 높은 곳을 **두려워할** 것이며

선지서

사 7:4	그루터기에 불과하니 **두려워하지** 말며
사 8:12	**두려워하는** 것을 너희는 **두려워하지**
사 8:13	**두려워하며** 무서워할 자로 삼으라
사 10:24	들어 너를 칠지라도 그를 **두려워하지**
사 19:16	흔들림으로 말미암아 떨며 **두려워할**
사 33:14	시온의 죄인들이 **두려워하며** 경건하지
사 33:18	마음은 **두려워하던** 것을 생각해 내리라
사 35:4	굳세어라, **두려워하지** 말라, 보라 너희
사 37:6	나를 능욕한 말로 말미암아 **두려워하지**
사 40:9	힘써 소리를 높이라 **두려워하지** 말고
사 41:5	섬들이 보고 **두려워하며** 땅 끝이 무서워
사 41:10	**두려워하지** 말라 내가 너와 함께 함이라
사 41:13	**두려워하지** 말라 내가 너를 도우리라
사 41:14	너희 이스라엘 사람들아 **두려워하지**
사 43:1	너는 **두려워하지** 말라 내가 너를 구속
사 43:5	**두려워하지** 말라 내가 너와 함께 하여
사 44:2	야곱, 내가 택한 여수룬아 **두려워하지**
사 44:8	너희는 **두려워하지** 말며 겁내지 말라
사 44:11	모여 서서 **두려워하며** 함께 수치를 당할
사 51:7	듣고 그들의 비방을 **두려워하지** 말라
사 51:12	자이기에 죽을 사람을 **두려워하며** 풀같이 될 사람의 아들을 **두려워하느냐**
사 51:13	항상 종일 **두려워하느냐** 학대자의 분노
사 54:4	**두려워하지** 말라 네가 수치를 당하지
사 54:14	네가 **두려워하지** 아니할 것이며 공포도
사 57:11	누구를 **두려워하며** 누구로 말미암아
사 59:19	여호와의 이름을 **두려워하겠고** 해 돋는 쪽에서 그의 영광을 **두려워할** 것은
렘 1:8	그들 때문에 **두려워하지** 말라 내가 너와
렘 1:17	그들 때문에 **두려워하지** 말라 네가 그들
렘 2:12	심히 떨지어다 **두려워할지어다** 여호와
렘 3:8	반역한 자매 유다가 **두려워하지** 아니
렘 5:22	너희가 나를 **두려워하지** 아니하느냐
렘 10:2	사람들은 하늘의 징조를 **두려워하거니와** 너희는 그것을 **두려워하지** 말라
렘 10:5	주지 못하나니 너희는 **두려워하지** 말라
렘 10:24	내가 없어지게 하실까 **두려워하나이다**

렘 17:8	더위가 올지라도 **두려워하지** 아니하며
렘 20:10	나는 무리의 비방과 사방이 **두려워함을**
렘 22:25	네가 **두려워하는** 자의 손 곧 바벨론의
렘 23:4	다시는 **두려워하거나** 놀라거나 잃어
렘 26:19	히스기야가 여호와를 **두려워하여**
렘 30:10	너는 **두려워하지** 말라 이스라엘아
렘 33:9	모든 평안으로 말미암아 **두려워하며**
렘 36:24	듣고도 **두려워하거나** 자기들의 옷을
렘 37:11	바로의 군대를 **두려워하여** 예루살렘
렘 37:20	내가 거기에서 죽을까 **두려워하나이다**
렘 38:19	항복한 유다인을 **두려워하노라** 염려
렘 39:17	네가 그 **두려워하는** 사람들의 손에 넘기
렘 40:9	갈대아 사람을 섬기기를 **두려워하지**
렘 41:9	이스라엘의 바아사 왕을 **두려워하여**
렘 41:18	갈대아 사람을 **두려워함이었더라**
렘 42:11	손에서 너희를 건지리니 **두려워하지**
렘 42:16	너희가 **두려워하는** 기근이 애굽으로
렘 44:10	아니하며 **두려워하지도** 아니하고
렘 46:27	종 야곱아 **두려워하지** 말라 이스라엘
렘 46:28	내가 너와 함께 있나니 **두려워하지** 말라
렘 50:16	압박하는 칼을 **두려워하여** 각기 동족
렘 51:46	들리는 소문으로 말미암아 **두려워하지**
애 3:57	내게 가까이하여 이르시되 **두려워하지**
겔 2:6	**두려워하지** 말고 그들의 말을 **두려워하지 말지어다** … 그 말을 **두려워하지**
겔 3:9	반역하는 족속이라도 **두려워하지** 말며
겔 4:17	물이 부족하여 피차에 **두려워하여** 떨며
겔 11:8	너희가 칼을 **두려워하니** 내가 칼로 너희
겔 18:14	행한 모든 죄를 보고 **두려워하여** 그대로
겔 27:35	왕들이 심히 **두려워하여** 얼굴에 근심이
겔 32:10	너로 말미암아 심히 **두려워할** 것이며
단 1:10	내 주 왕을 **두려워하노라** 그가 너희
단 4:5	꾸고 그로 말미암아 **두려워하였으니**
단 5:19	앞에서 떨며 **두려워하였으며** 그는 임의
단 6:26	하나님 앞에서 떨며 **두려워할지니**
단 9:4	자복하여 이르기를 크시고 **두려워할**
단 10:12	다니엘아 **두려워하지** 말라 네가 깨달으
단 10:19	은총을 받은 사람이여 **두려워하지** 말라
호 10:3	여호와를 **두려워하지** 아니하므로
호 10:5	벧아웬의 송아지로 말미암아 **두려워할**
욜 2:21	땅이여 **두려워하지** 말고 기뻐하며
욜 2:22	들짐승들아 **두려워하지** 말지어다 들의
암 3:6	어찌 **두려워하지** 아니하겠으며 여호와

642

두려워하다			두려워하다	
암 3:8	사자가 부르짖은즉 누가 **두려워하지**		눅 8:25	그들이 **두려워하고** 놀랍게 여겨 서로
욘 1:5	사공들이 **두려워하여** 각각 자기의 신을		눅 8:35	앉아 있는 것을 보고 **두려워하거늘**
욘 1:10	무리가 알고 심히 **두려워하여** 이르되		눅 8:37	모든 백성이 크게 **두려워하여** 예수께
욘 1:16	여호와를 크게 **두려워하여** 여호와께		눅 8:50	**두려워하지** 말고 믿기만 하라 그리하면
미 7:17	나와서 **두려워하며** 우리 하나님 여호		눅 12:4	능히 더 못하는 자들을 **두려워하지** 말라
	와께로 … 말미암아 **두려워하리이다**		눅 12:5	권세 있는 그를 **두려워하라** 내가 참으
습 3:15	다시는 화를 당할까 **두려워하지** 아니할			로 너희에게 이르노니 그를 **두려워하라**
습 3:16	예루살렘에 이르기를 **두려워하지** 말라		눅 12:7	다 세신 바 되었나니 **두려워하지** 말라
학 2:5	있나니 너희는 **두려워하지** 말지어다		눅 18:2	도시에 하나님을 **두려워하지** 않고 사람
슥 8:13	너희가 복이 되게 하리니 **두려워하지**		눅 18:4	하나님을 **두려워하지** 않고 사람을 무시
슥 8:15	너희는 **두려워하지** 말지니라		눅 20:19	즉시 잡고자 하되 백성을 **두려워하더라**
말 1:6	주인일진대 나를 **두려워함이** 어디 있느		눅 21:9	소요의 소문을 들을 때에 **두려워하지**
말 1:14	민족 중에서 **두려워하는** 것이 됨이니라		눅 22:2	이는 그들이 백성을 **두려워함이더라**
말 2:5	경외하고 내 이름을 **두려워하였으며**		눅 23:40	정죄를 받고서도 하나님을 **두려워하지**
신약			눅 24:38	어찌하여 **두려워하며** 어찌하여 마음에
마 9:8	무리가 보고 **두려워하며** 이런 권능을			
마 10:26	그들을 **두려워하지** 말라 감추인 것이			
마 10:28	**두려워하지** 말고 오직 … **두려워하라**			
마 10:31	**두려워하지** 말라 너희는 많은 참새보다			
마 13:15	내게 고침을 받을까 **두려워함이라**			
마 14:5	여기므로 그들을 **두려워하더니**			
마 14:27	이르시되 안심하라 나니 **두려워하지**			
마 17:6	제자들이 듣고 엎드려 심히 **두려워하니**		"사람을 **두려워하면** 올무에 걸리게 되거니	
마 17:7	이르시되 일어나라 **두려워하지** 말라		와 여호와를 의지하는 자는 안전하리라"	
마 24:6	너희는 삼가 **두려워하지** 말라 이런 일이		(잠 29:25)	
마 25:25	**두려워하여** 나가서 당신의 달란트를		요 6:19	배에 가까이 오심을 보고 **두려워하거늘**
마 27:54	일어난 일들을 보고 심히 **두려워하여**		요 6:20	이르시되 내니 **두려워하지** 말라 하신대
막 4:41	그들이 심히 **두려워하여** 서로 말하되		요 7:13	유대인들을 **두려워하므로** 드러나게
막 5:15	온전하여 앉은 것을 보고 **두려워하더라**		요 12:15	기록된 바 시온 딸아 **두려워하지** 말라
막 5:33	이루어진 일을 알고 **두려워하여** 떨며		요 12:42	이는 출교를 당할까 **두려워함이라**
막 5:36	회당장에게 이르시되 **두려워하지** 말고		요 14:27	마음에 근심하지도 말고 **두려워하지도**
막 6:20	거룩한 사람으로 알고 **두려워하여** 보호		요 19:8	빌라도가 이 말을 듣고 더욱 **두려워하여**
막 6:50	이르시되 안심하라 나니 **두려워하지**		요 20:19	제자들이 유대인들을 **두려워하여** 모인
막 9:32	깨닫지 못하고 묻기도 **두려워하더라**		행 2:43	**두려워하는데** 사도들로 말미암아
막 10:32	놀라고 따르는 자들은 **두려워하더라**		행 5:5	일을 듣는 사람이 다 크게 **두려워하더라**
막 11:18	놀랍게 여기므로 그를 **두려워함일러라**		행 5:11	듣는 사람들이 다 크게 **두려워하더라**
막 11:32	그들이 백성을 **두려워하는지라**		행 5:26	백성들이 돌로 칠까 **두려워함이더라**
막 12:12	잡고자 하되 무리를 **두려워하여** 예수를		행 9:26	제자들을 사귀고자 하나 다 **두려워하여**
막 13:7	난리의 소문을 들을 때에 **두려워하지**		행 16:38	사람이라 하는 말을 듣고 **두려워하여**
눅 1:50	긍휼하심이 **두려워하는** 자에게 대대로		행 18:9	바울에게 말씀하시되 **두려워하지** 말며
눅 1:65	그 근처에 사는 자가 다 **두려워하고**		행 19:17	일을 알고 **두려워하며** 주 예수의 이름을
눅 5:26	영광을 돌리며 심히 **두려워하여** 이르되		행 22:29	또 그 결박한 것 때문에 **두려워하니라**
눅 7:16	모든 사람이 **두려워하며** 하나님께 영광		행 24:25	강론하니 벨릭스가 **두려워하여** 대답
			행 27:17	스르디스에 걸릴까 **두려워하여** 연장을
			행 27:24	바울아 **두려워하지** 말라 네가 가이사

[두렵다]   [두렵다]

롬 3:18	그들의 눈 앞에 하나님을 **두려워함이**
롬 11:20	마음을 품지 말고 도리어 **두려워하라**
롬 13:3	권세를 **두려워하지** 아니하려느냐 선을
롬 13:4	네가 악을 행하거든 **두려워하라** 그가
롬 13:7	바치고 **두려워할** 자를 **두려워하며**
고전 2:3	거할 때에 약하고 **두려워하고** 심히 떨었
고전 9:27	도리어 버림을 당할까 **두려워함이로다**
고후 2:7	너무 많은 근심에 잠길까 **두려워하노라**
고후 7:1	하나님을 **두려워하는** 가운데서 거룩함
고후 9:4	것에 부끄러움을 당할까 **두려워하노라**
고후 11:3	떠나 부패할까 **두려워하노라**
고후 12:6	지나치게 생각할까 **두려워하여** 그만
고후 12:20	거만함과 혼란이 있을까 **두려워하고**
고후 12:21	아니함 때문에 슬퍼할까 **두려워하노라**
갈 2:12	할례자들을 **두려워하여** 떠나 물러가매
갈 4:11	수고한 것이 헛될까 **두려워하노라**
갈 6:1	너도 시험을 받을까 **두려워하라**
엡 6:5	종들아 **두려워하고** 떨며 성실한 마음
빌 1:28	대적하는 자들 때문에 **두려워하지** 아니
골 3:22	주를 **두려워하여** 성실한 마음으로 하라
살후 2:2	마음이 흔들리거나 **두려워하거나** 하지
딤전 5:20	꾸짖어 나머지 사람들로 **두려워하게**
딤후 1:7	우리에게 주신 것은 **두려워하는** 마음이
히 4:1	우리는 **두려워할지니** 그의 안식에
벧전 2:17	형제를 사랑하며 하나님을 **두려워하며**
벧전 2:18	범사에 **두려워함으로** 주인들에게 순종
벧전 3:2	너희의 **두려워하며** 정결한 행실을 봄이
벧전 3:14	그들이 **두려워하는** 것을 **두려워하지**
요일 4:18	**두려워하는** 자는 사랑 안에서 온전히
계 1:17	**두려워하지** 말라 나는 처음이요 마지막
계 2:10	너는 장차 받을 고난을 **두려워하지** 말라
계 11:11	구경하는 자들이 크게 **두려워하더라**
계 11:13	남은 자들이 **두려워하여** 영광을 하늘
계 14:7	하나님을 **두려워하며** 그에게 영광을
계 15:4	누가 주의 이름을 **두려워하지** 아니하며
계 21:8	**두려워하는** 자들과 믿지 아니하는 자들

두려워하다 - 기타 본문
창 26:9; 43:23; 50:21; 신 3:22; 21:21; 수 10:25;
왕상 1:51; 시 56:11; 눅 9:45

두렵다(awesome, fear, lest)
창 19:19 **두렵건대** 재앙을 만나 죽을까 하나이다

창 28:17	**두렵도다** 이 곳이여 이것은 다름 아닌
창 32:7	야곱이 심히 **두렵고** 답답하여 자기와
창 43:12	가라 혹 잘못이 있었을까 **두렵도다**
창 44:34	**두렵건대** 재해가 내 아버지에게 미침을
출 1:10	지혜롭게 하자 **두렵건대** 그들이 더 많게
출 34:10	위하여 행할 일이 **두려운** 것임이니라
민 16:34	땅이 우리도 삼킬까 **두렵다** 하였고
민 18:3	가까이 하지 못하리니 **두렵건대** 그들과
신 1:19	크고 **두려운** 광야를 지나 아모리 족
신 4:34	강한 손과 편 팔과 크게 **두려운** 일로
신 6:22	목전에서 크고 **두려운** 이적과 기사를
신 7:21	**두려운** 하나님이 너희 중에 계심이니라
신 10:21	눈으로 본 이같이 크고 **두려운** 일을
신 11:16	스스로 삼가라 **두렵건대** 마음에 미혹
신 18:16	큰 불을 보지 않게 하소서 **두렵건대**
신 19:6	죽이기에 합당하지 아니하나 **두렵건대**
신 28:58	여호와라 하는 영화롭고 **두려운** 이름을
수 2:16	라합이 그들에게 이르되 **두렵건대**
삼상 13:19	칼이나 창을 만들까 **두렵다** 하였음이라
삼상 20:3	요나단이 슬퍼할까 **두려운즉** 그에게
삼상 23:3	유다에 있기도 **두렵거든** 하물며 그일라
삼하 7:23	주의 땅을 위하여 **두려운** 일을 애굽과
삼하 14:11	아들을 죽일까 **두렵나이다** 하니 왕이
삼하 15:14	빨리 가자 **두렵건대** 그가 우리를 급히
대상 17:21	**두려운** 일로 말미암아 이름을 얻으시고
욥 6:21	아니로구나 너희가 **두려운** 일을 본즉
욥 37:22	빛이 나오고 하나님께는 **두려운** 위엄이
욥 41:14	그의 둥근 이틀은 심히 **두렵구나**
시 13:3	나의 눈을 밝히소서 **두렵건대** 내가 사망
시 13:4	**두렵건대** 나의 원수가 이르기를 내가
시 27:3	마음이 **두렵지** 아니하며 전쟁이 일어나
시 38:16	말하기를 **두렵건대** 그들이 나 때문에
시 99:3	주의 크고 **두려운** 이름을 찬송할지니
시 145:6	사람들은 주의 **두려운** 일의 권능을 말할
잠 5:9	**두렵건대** 네 존영이 남에게 잃어버리게
잠 5:10	**두렵건대** 타인이 네 재물로 충족하게
잠 5:11	**두렵건대** 마지막에 이르러 네 몸
잠 26:4	대답하지 말라 **두렵건대** 너도 그와 같을
잠 26:5	어리석음을 따라 대답하라 **두렵건대**
사 21:1	**두려운** 땅에서 네게 회오리바람같이
사 24:18	**두려운** 소리로 말미암아 도망하는 자는
사 49:25	**두려운** 자의 빼앗은 것도 건져낼 것이니
사 64:3	생각하지 못한 **두려운** 일을 행하시던

{ 두렵다 }										{ 두로 }

렘 11:21	예언하지 말라 **두렵건대** 우리 손에 죽으		겔 32:24	사람들의 세상에서 **두렵게** 하였으나
렘 20:11	여호와는 **두려운** 용사 같으시며 나와		겔 32:25	사람들의 세상에서 **두렵게** 하였으나
렘 49:16	스스로 **두려운** 자인 줄로 여김과		겔 32:26	사람들의 세상에서 **두렵게** 하였으나
애 2:22	주께서 내 **두려운** 일들을 사방에서		겔 32:30	강성하였으므로 **두렵게** 하였으나
겔 1:22	보기에 **두려운데** 그들의 머리 위에		겔 32:32	세상에서 사람을 **두렵게** 하게 하였으나
욜 2:11	여호와의 날이 크고 심히 **두렵도다** 당할		겔 39:26	평안히 거주하고 **두렵게** 할 자가 없게
욜 2:31	여호와의 크고 **두려운** 날이 이르기 전에		미 4:4	그들을 **두렵게** 할 자가 없으리니 이는
합 1:7	그들은 **두렵고** 무서우며 당당함과 위엄		나 2:11	그것들을 **두렵게** 할 자가 없었으며
습 2:11	여호와가 그들에게 **두렵게** 되어서 세상		습 3:13	누울지라도 그들을 **두렵게** 할 자가
말 4:5	여호와의 크고 **두려운** 날이 이르기 전에		슥 1:21	와서 그것들을 **두렵게** 하고
말 4:6	돌이키지 아니하면 **두렵건대** 내가 와서		고후 7:11	분하게 하며 얼마나 **두렵게** 하며
눅 14:12	부한 이웃을 청하지 말라 **두렵건대**			
빌 2:12	항상 복종하여 **두렵고** 떨림으로 너희		**두령**(頭領, chief, commander, ruler)	
히 12:21	모세도 이르되 내가 심히 **두렵고**		창 17:20	그가 열두 **두령**을 낳으리니 내가 그를
벧전 3:6	선을 행하고 아무 **두려운** 일에도 놀라지		출 15:15	에돔 **두령**들이 놀라고 모압 영웅이 떨림
			왕상 4:5	아사리아는 지방 관장의 **두령**이요 나단
두렵게 하다			잠 6:7	**두령**도 없고 감독자도 없고 통치자
레 26:6	너희를 **두렵게** 할 자가 없을 것이며			
삼하 14:15	백성들이 나를 **두렵게** 하므로 당신의		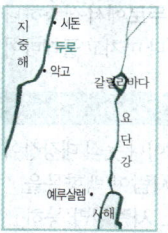 **두로**(Tyre) 베니게의 중요	
삼하 22:5	불의의 창수가 나를 **두렵게** 하였으며		한 해안 도시	
대하 14:14	성읍 백성을 **두렵게** 하시니 무리가 그		수 19:29	견고한 성읍 **두로**
느 6:9	이는 그들이 다 우리를 **두렵게** 하고자		삼하 24:7	**두로** 견고한 성에
느 6:13	뇌물을 준 까닭은 나를 **두렵게** 하고		왕상 7:13	히람을 **두로**에서
느 6:14	남은 선지자들 곧 나를 **두렵게** 하고자		왕상 9:12	히람이 **두로**에서
느 6:19	내게 편지하여 나를 **두렵게** 하고자		시 45:12	**두로**의 딸은 예물
욥 7:14	환상으로 나를 **두렵게** 하시나이다		시 87:4	블레셋과 **두로**와 구스여 이것들도 거기
욥 9:34	위엄이 나를 **두렵게** 하지 아니하시기를		사 23:1	**두로**에 관한 경고라 다시스의 배들아
욥 11:19	네가 누워도 **두렵게** 할 자가 없겠고			너희는 슬피 부르짖을지어다 **두로**가
욥 13:11	존귀가 너희를 **두렵게** 하지 않겠으며		사 23:5	그들이 **두로**의 소식으로 말미암아 고통
욥 13:21	주의 위엄으로 나를 **두렵게** 하지 마실		사 23:8	존귀한 자들이었던 **두로**에 대하여
욥 15:24	환난과 역경이 그를 **두렵게** 하며 싸움		사 23:15	**두로**가 한 왕의 연한같이 칠십 년 동안
욥 23:16	하시며 전능자가 나를 **두렵게** 하셨나니			잊어버린 바 … 찬 후에 **두로**는 기생의
욥 33:7	위엄으로는 그대를 **두렵게** 하지 못하고		사 23:17	여호와께서 **두로**를 돌보시리니 그가
욥 33:16	귀를 여시고 경고로써 **두렵게** 하시니		렘 47:4	**두로**와 시돈에 남아 있는 바 도와
시 9:20	여호와여 그들을 **두렵게** 하시며 이방		겔 26:2	**두로**가 예루살렘에 관하여 이르기를
시 18:4	불의의 창수가 나를 **두렵게** 하였으며		겔 26:3	**두로**야 내가 너를 대적하여 바다가
시 83:15	주의 폭풍으로 그들을 **두렵게** 하소서		겔 26:4	**두로**의 성벽을 무너뜨리며 그 망대
시 88:15	주께서 **두렵게** 하실 때에 당황하였나이		겔 26:7	큰 무리를 거느리고 와서 **두로**를 치게
렘 30:10	안락을 누릴 것이며 **두렵게** 할 자가		겔 26:15	이같이 **두로**에 대하여 말씀하시되 네가
렘 46:27	살게 될 것이라 **두렵게** 할 자 없으		겔 27:2	인자야 너는 **두로**를 위하여 슬픈 노래를
겔 26:17	해변의 모든 주민을 **두렵게** 하였더니		겔 27:3	**두로**를 향하여 이르기를 바다 어귀에
겔 30:9	구스 사람을 **두렵게** 하리니 애굽이			거주하면서 … **두로**야 네가 말하기를
겔 32:23	사람들의 세상에서 사람을 **두렵게** 하던		겔 27:8	**두로**야 네 가운데에 있는 지혜자들이

645

【 두루 】　　　　　　　　　　　　　　　　　　【 두루마리 】

겔 27:32	말하기를 **두로**와 같이 바다 가운데에서
겔 29:18	그의 군대로 **두로**를 치게 할 때에 크게
호 9:13	에브라임은 아름다운 곳에 심긴 **두로**와
욜 3:4	**두로**와 시돈과 블레셋 사방아 너희가
암 1:9	**두로**의 서너 가지 죄로 말미암아 내가
암 1:10	내가 **두로** 성에 불을 보내리니 그 궁궐
슥 9:2	하맛에도 임하겠고 **두로**와 시돈에도
슥 9:3	**두로**는 자기를 위하여 요새를 건축하며
마 11:21	권능을 **두로**와 시돈에서 행하였더라면
마 11:22	날에 **두로**와 시돈이 너희보다 견디기
마 15:21	나가사 **두로**와 시돈 지방으로 들어가시
막 3:8	**두로**와 시돈 근처에서 많은 무리가 그가
막 7:24	일어나사 거기를 떠나 **두로** 지방으로
막 7:31	다시 **두로** 지방에서 나와 시돈을 지나고
눅 6:17	예루살렘과 **두로**와 시돈의 해안으로
눅 10:13	권능을 **두로**와 시돈에서 행하였더라
눅 10:14	때에 **두로**와 시돈이 너희보다 견디기
행 12:20	**두로**와 시돈 사람들을 대단히 노여워하
행 21:3	수리아로 항해하여 **두로**에서 상륙하니
행 21:7	**두로**를 떠나 항해를 다 마치고 돌레마이

두로 사람

왕상 7:14	아버지는 **두로 사람**이니 놋쇠 대장장이
대상 22:4	시돈 사람과 **두로 사람**이 백향목을
대하 2:14	그의 아버지는 **두로 사람**이라 능히
스 3:7	시돈 사람과 **두로 사람**에게 먹을 것과
느 13:16	**두로 사람**이 예루살렘에 살며 물고기
시 83:7	암몬과 아말렉이며 블레셋과 **두로 사람**

두로 왕

삼하 5:11	**두로 왕** 히람이 다윗에게 사절들과
왕상 5:1	**두로 왕** 히람이 듣고 그의 신하들을
왕상 9:11	**두로 왕** 히람이 솔로몬에게 그 온갖
대상 14:1	**두로 왕** 히람이 다윗에게 사신들과
대하 2:3	솔로몬이 사절을 **두로 왕** 후람에게
대하 2:11	**두로 왕** 후람이 솔로몬에게 답장하여
렘 25:22	**두로**의 모든 **왕**과 시돈의 모든 왕과
렘 27:3	암몬 자손의 왕과 **두로**의 **왕**과 시돈의
겔 28:2	**두로 왕**에게 이르기를 주 여호와께서
겔 28:12	인자야 **두로 왕**을 위하여 슬픈 노래를

두루 (back and forth, through)

대상 11:8	다윗이 밀로에서부터 **두루** 성을 쌓았고
겔 41:7	**두루** 있는 골방은 그 층이 높아질수록
눅 9:12	무리를 보내어 **두루** 마을과 촌으로 가서

'두루'와 관련된 성구

두루 감찰하다 – 대하 16:9
두루 구하다 – 행 13:11
두루 다니다 – 창 13:17; 20:13; 30:32; 출 12:12; 민 11:8; 13:32; 14:7; 신 2:1, 3, 7; 수 1:11; 3:2; 18:4, 8, 9; 삿 7:24; 20:12; 삼상 9:4; 삼하 20:14; 왕상 18:6; 왕하 3:25; 17:5; 대상 21:4; 대하 17:9; 19:4; 23:2; 30:6, 10; 욥 11:10; 39:8; 시 26:6; 55:10; 59:6, 14; 73:9; 잠 11:13; 20:19; 사 23:16; 렘 5:8; 14:18; 단 8:5; 11:20; 슥 1:10, 11; 4:10; 6:7; 마 4:23; 9:35; 23:15; 막 6:6; 눅 8:1; 9:6; 행 8:4; 9:32; 10:38; 17:23; 벧전 5:8
두루 더듬다 – 사 59:10
두루 돌다 – 창 3:24; 삼하 24:8; 욥 1:7; 2:2
두루 보내다 – 삿 6:35; 19:29; 삼상 11:7; 삼하 15:10; 왕하 10:21; 막 6:36
두루 비추다 – 눅 2:9
두루 살펴보다 – 욥 11:18
두루 얽히다 – 시 119:61
두루 전파하다 – 막 16:20; 행 10:37
두루 찾다 – 창 31:35; 수 2:22; 습 1:12
두루 통지하다 – 마 14:35
두루 파다 – 출 7:24; 눅 13:8
두루 퍼지다 – 마 28:15; 눅 1:65; 7:17; 행 13:49
두루 행하다 – 레 26:6; 수 24:3; 롬 15:19; 고후 6:16
두루 흐르다 – 왕상 18:35

두루마기 (robe)

계 6:11	각각 그들에게 흰 **두루마기**를 주시며
계 22:14	**두루마기**를 빠는 자들은 복이 있으니

두루마리 (scroll)

민 5:23	말을 **두루마리**에
스 6:2	**두루마리**를 찾았으니
시 40:7	것이 **두루마리** 책에
사 34:4	하늘들이 **두루마리**같이 말리되 그 만상

【 두루마리 】　　　　　　　　　　　　　　　　　　　　　　　　　　　　　　　　【 두르다 】

렘 36:2	너는 **두루마리** 책을 가져다가 내가 네게
렘 36:4	모든 말씀을 **두루마리** 책에 기록하니라
렘 36:6	말한 대로 **두루마리**에 기록한 여호와
렘 36:14	낭독한 **두루마리**를 손에 가지고 오라 네리야의 아들 바룩이 **두루마리**를 손에
렘 36:20	그들이 **두루마리**를 서기관 엘리사마의
렘 36:21	여후디를 보내어 **두루마리**를 가져오게
렘 36:23	화로 불에 던져서 **두루마리**를 모두 태웠
렘 36:25	그마랴가 왕께 **두루마리**를 불사르지
렘 36:27	왕이 **두루마리**와 바룩이 예레미야의
렘 36:28	너는 다시 다른 **두루마리**를 가지고 유다
렘 36:29	**두루마리**를 불사르며 말하기를 … 하는 말을 이 **두루마리**에 기록하였느냐
렘 36:32	예레미야가 다른 **두루마리**를 가져다가
겔 2:9	펴지고 보라 그 안에 **두루마리** 책이
겔 3:1	**두루마리**를 먹고 가서 이스라엘 족속
겔 3:2	입을 벌리니 그가 그 **두루마리**를 내게
겔 3:3	주는 이 **두루마리**를 네 배에 넣으며
슥 5:1	눈을 들어 본즉 날아가는 **두루마리**가
슥 5:2	날아가는 **두루마리**를 보나이다 그 길이
히 9:19	우슬초를 취하여 그 **두루마리**와 온 백성
히 10:7	**두루마리** 책에 나를 가리켜 기록된 것과
계 1:11	이르되 네가 보는 것을 **두루마리**에 써서
계 5:1	이의 오른손에 **두루마리**가 있으니
계 5:2	그 **두루마리**를 펴며 그 인을 떼기에
계 5:3	땅 아래에 능히 그 **두루마리**를 펴거나
계 5:4	**두루마리**를 펴거나 보거나 하기에 합당
계 5:5	다윗의 뿌리가 이겼으니 그 **두루마리**와
계 5:7	오른손에서 **두루마리**를 취하시니라
계 5:8	**두루마리**를 취하시매 네 생물과 이십사
계 5:9	불러 이르되 **두루마리**를 가지시고
계 6:14	**두루마리**가 말리는 것같이 떠나가고
계 10:2	그 손에는 펴 놓인 작은 **두루마리**를
계 10:8	천사의 손에 펴 놓인 **두루마리**를 가지라
계 10:9	천사에게 나아가 작은 **두루마리**를 달라
계 10:10	천사의 손에서 작은 **두루마리**를 갖다
계 22:7	내가 속히 오리니 이 **두루마리**의 예언의
계 22:9	**두루마리**의 말을 지키는 자들과 함께
계 22:10	내게 말하되 이 **두루마리**의 예언의 말씀
계 22:18	내가 이 **두루마리**의 예언의 말씀을 듣 … 하나님이 이 **두루마리**에 기록된
계 22:19	이 **두루마리**의 예언의 말씀에서 제하여 버리면 하나님이 이 **두루마리**에 기록된

두루미 (thrush)

| 렘 8:7 | **두루미**는 그들이 올 때를 지키거늘 |

두르다 (put around, wind through)

출 25:11	가장자리로 돌아가며 금테를 **두르고**
출 25:24	순금으로 싸고 주위에 금테를 **두르고**
민 35:2	성읍들을 **두르고** 있는 초장을 레위인에
삼하 22:6	스올의 줄이 나를 **두르고** 사망의 올무가
왕상 7:18	꼭대기에 있는 머리에 **두르게** 하였고
왕하 19:1	듣고 그 옷을 찢고 굵은 베를 **두르고**
대하 3:16	사슬을 만들어 그 기둥 머리에 **두르고**
욥 1:10	그의 모든 소유물을 울타리로 **두르심**
시 7:7	민족들의 모임이 주를 **두르게** 하시고
시 18:5	스올의 줄이 나를 **두르고** 사망의 올무가
시 18:11	장막같이 자기를 **두르게** 하심이여
시 32:7	구원의 노래로 나를 **두르시리이다**
시 32:10	자에게는 인자하심이 **두르리로다**
시 78:28	하사 그들의 거처에 **두르셨으므로**
시 109:3	미워하는 말로 나를 **두르고** 까닭 없이
시 116:3	사망의 줄이 나를 **두르고** 스올의 고통이
시 125:2	산들이 예루살렘을 **두름**과 같이 … 백성을 지금부터 영원까지 **두르시리로다**
시 139:11	반드시 나를 덮고 나를 **두른** 빛은 밤이
시 142:7	주시리니 의인들이 나를 **두르리이다**
잠 8:27	하늘을 지으시며 궁창을 해면에 **두르실**
아 7:2	갚고 허리는 백합화로 **두른** 밀단 같구나
아 8:9	우리는 백향목 판자로 **두르리라**
사 17:11	네가 심는 날에 울타리를 **두르고** 아침에
렘 4:8	너희는 굵은 베를 **두르고** 애곡하라 이는
렘 6:26	백성이 굵은 베를 **두르고** 재에서 구르며
렘 43:12	자기 몸에 **두르고** 평안히 그 곳을 떠날
겔 16:10	가죽신을 신기고 가는 베로 **두르고**
합 3:12	주께서 노를 발하사 땅을 **두르셨으며**
마 21:33	산울타리로 **두르고** 거기에 즙 짜는 틀을
막 12:1	포도원을 만들어 산울타리로 **두르고**
막 14:51	청년이 벗은 몸에 베 홑이불을 **두르고**
요 13:4	벗고 수건을 가져다가 허리에 **두르시고**
요 13:5	씻으시고 그 **두르신** 수건으로 닦기를
요 21:7	겉옷을 **두른** 후에 바다로 뛰어내리더라
계 20:9	사랑하시는 성을 **두르매** 하늘에서 불이

둘러 감다

| 행 27:17 | 가지고 선체를 **둘러 감고** 스르디스에 |

[두마]											[둘]

둘러 비추다/둘러 비치다
행 9:3   하늘로부터 빛이 그를 **둘러** 비추는지라
행 22:6 하늘로부터 큰 빛이 나를 **둘러** 비치매
행 26:13 나와 내 동행들을 **둘러** 비추는지라

두마(Dumah)
1. 인명 : 이스마엘의 아들
창 25:14 미스마와 **두마**와 맛사와
대상 1:30 미스마와 **두마**와 맛사와 하닷과 데마와
2. 지명 : 유다 산지 성읍
수 15:52 아랍과 **두마**와 에산과
3. 에돔에 대한 상징적 이름
사 21:11 **두마**에 관한 경고라 사람이 세일에서

두멍(basin)
출 30:19 그의 아들들이 그 **두멍**에서 수족을 씻을

두목(頭目, chief)
삼하 23:8 군지휘관의 **두목**이라 그가 단번에 팔백
삼하 23:13 또 삼십 **두목** 중 세 사람이 곡식
대상 4:42 느아랴와 르바야와 웃시엘을 **두목**으로

두문불출하다(杜門不出, be shut in at one's home)
느 6:10   들라야의 아들 스마야가 **두문불출하기**

두발(Tubal)
1. 인명 : 야벳의 아들
창 10:2   고멜과 마곡과 마대와 야완과 **두발**과
대상 1:5 고멜과 마곡과 마대와 야완과 **두발**과
겔 27:13 야완과 **두발**과 메섹은 네 상인이 되었음
겔 32:26 거기에 메섹과 **두발**과 그 모든 무리가
2. 지 명
로스와 메섹과 더불어 곡이 통치한 나라
사 66:19 활을 당기는 룻과 및 **두발**과 야완과
겔 38:2   마곡 땅에 있는 로스와 메섹과 **두발**
겔 38:3   **두발** 왕 곡아 내가 너를 대적하여
겔 39:1   **두발** 왕 곡아 내가 너를 대적하여

두발가인(Tubal-Cain) 라멕과 씰라 사이에 태어난 아들
창 4:22   **두발가인**을 낳았으니 … 만드는 자요
         두발가인의 누이는 나아마였더라

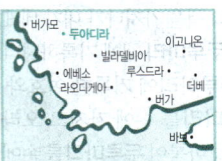

두아디라(Thyatira)
소아시아의 도시로 아시아 일곱 교회 중 하나
행 16:14 **두아디라** 시에 있는 자색
계 1:11   에베소, 서머나, 버가모, **두아디라**,
계 2:18   **두아디라** 교회의 사자에게 편지하라
계 2:24   **두아디라**에 남아 있어 이 교훈을 받지

두어(some)
삼하 13:6 과자 **두어** 개를 만들어 그의 손으로

두어 - 기타 본문
왕하 9:32; 대상 12:19; 26:6; 느 1:2; 겔 13:19; 14:1;
마 15:34; 막 8:7; 눅 13:1; 24:24; 요삼 1:9; 계 2:14

둔하다/둔하여지다(鈍, slow, dull)
출 4:10   나는 입이 뻣뻣하고 혀가 **둔한** 자니이다
출 6:12   들으리이까 나는 입이 **둔한** 자니이다
출 6:30   입이 **둔한** 자이오니 바로가 어찌 나의
시 89:43 그의 칼날은 **둔하게** 하사 그가 전장에서
전 4:13   지혜로운 젊은이가 늙고 **둔하여** 경고를
사 6:10   백성의 마음을 **둔하게** 하며 그들의 귀가
사 59:1   귀가 **둔하여** 듣지 못하심도 아니라
마 13:15 귀는 듣기에 **둔하고** 눈은 감았으니 이는
막 6:52   도리어 그 마음이 **둔하여졌음이러라**
막 8:17   깨닫지 못하느냐 너희 마음이 **둔하냐**
눅 21:34 염려로 마음이 **둔하여지고** 뜻밖에
히 5:11   너희가 듣는 것이 **둔하므로** 설명하기

둘(two)
창 2:24   아내와 합하여 **둘**이 한 몸을 이룰지
창 6:20   종류대로 각기 **둘**씩 네게로 나아오리니
출 28:27 고리 **둘**을 만들어 에봇 앞 두 어깨받이
출 29:1   어린 수소 하나와 흠 없는 숫양 **둘**을
출 31:18 증거판 **둘**을 모세에게 주시니 이는 돌판

둘 - 기타 본문
구약 창 7:2, 9, 15; 27:45; 31:37; 출 28:23, 26;
30:4; 34:1, 4; 36:26; 37:7, 27; 39:16, 19, 20; 레
14:22; 15:18; 20:11, 12, 13, 18; 27:10, 33; 민 7:1;
10:2; 13:23; 신 10:3; 21:15; 22:22, 24; 32:30; 삿
15:13; 삼상 2:34; 4:2; 6:10; 14:11; 삼하 14:6;

【 둘러보다 】　　　　　　　　　　　　　　　　　　【 둘리다 】

23:20; 왕상 3:18, 25; 7:15, 41, 49; 16:21; 17:12;
18:21, 23; 왕하 1:14; 2:12, 24; 7:14; 대상 11:22;
26:17; 대하 3:15; 4:12; 18:29; 느 12:31; 욥
21:26; 잠 24:22; 27:3; 전 4:3; 11:6; 사 6:2; 렘
3:14; 34:18; 46:12; 겔 1:11; 37:17; 40:39, 40, 44;
42:10; 슥 4:14; 6:13; 11:7; 신약 마 8:28; 9:17;
15:14; 19:5, 6; 21:31; 27:21, 38, 51; 막 3:17; 6:7;
10:8; 11:1; 14:13; 15:27, 38; 눅 2:24; 6:39; 7:19,
41, 42; 10:1, 35; 12:52; 17:34; 19:29; 22:38;
24:13; 요 20:4; 21:2; 행 7:29; 8:38, 39; 10:7;
11:26; 23:23; 고전 6:16; 14:29; 갈 5:17; 엡 2:14,
15, 16, 18; 5:31; 빌 1:23; 계 9:12; 19:20

둘러보다(look over, mobilize)
삼상 17:42　그 블레셋 사람이 둘러보다가 다윗을
왕하 3:6　나가 온 이스라엘을 둘러보고
시 48:12　너희는 시온을 돌면서 그 곳을 둘러보고
막 3:5　노하심으로 그들을 둘러보시고 그 사람
막 5:32　이 일 행한 여자를 보려고 둘러보시니
막 9:8　문득 둘러보니 아무도 보이지 아니하고
막 10:23　예수께서 둘러보시고 제자들에게
막 11:11　성전에 들어가사 모든 것을 둘러보시고
눅 6:10　둘러보시고 그 사람에게 이르시되

둘러서다(gather around, encircle)
창 37:7　단은 내 단을 둘러서서 절하더이다
삿 6:31　요아스가 자기를 둘러선 모든 자에게
요 11:42　이 말씀 하옵는 것은 둘러선 무리를
행 14:20　제자들이 둘러섰을 때에 바울이 일어나
행 25:7　유대인들이 둘러서서 여러 가지 중대한
계 5:11　생물들과 장로들을 둘러선 많은 천사의

둘러싸다(around, surround)
신 13:7　사방을 둘러싸고 있는 민족 혹 네게서
수 7:9　모든 사람들이 듣고 우리를 둘러싸고
시 22:12　바산의 힘센 소들이 나를 둘러쌌으며
시 27:6　내 머리가 나를 둘러싼 내 원수 위에
시 40:12　수많은 재앙이 나를 둘러싸고 나의 죄악
시 44:13　그들이 우리를 둘러싸고 조소하고 조롱
시 88:17　나를 에우며 함께 나를 둘러쌌나이다
시 139:5　주께서 나의 앞뒤를 둘러싸시고 내게
아 3:7　이스라엘 용사 중 육십 명이 둘러쌌는데
렘 31:22　하였나니 곧 여자가 남자를 둘러싸리라

애 3:7　나를 둘러싸서 나가지 못하게 하시고
겔 5:7　너희 요란함이 너희를 둘러싸고 있는
겔 5:14　너를 둘러싸고 있는 이방인들 중에서
겔 5:15　내린즉 너를 둘러싸고 있는 이방인들
겔 21:14　사람들을 둘러싸고 죽이는 큰 칼이로다
슥 2:5　여호와의 말씀에 내가 불로 둘러싼 성곽
막 9:14　무리가 그들을 둘러싸고 서기관들이
히 12:1　우리에게 구름같이 둘러싼 허다한 증인

둘러싸이다(cover, impose)
욥 3:23　하나님에게 둘러싸여 길이 아득한 사람
사 14:19　주검에 둘러싸였으니 밟힌 시체와
사 66:15　여호와께서 불에 둘러싸여 강림하시리
렘 19:9　생명을 찾는 자에게 둘러싸여 곤경에

둘러쌓다(build up)
삼하 5:9　안으로 성을 둘러쌓으니라

둘러앉다(around)
시 128:3　식탁에 둘러앉은 자식들은 어린 감람
막 3:32　무리가 예수를 둘러앉았다가 여짜오되
막 3:34　둘러앉은 자들을 보시며 이르시되

둘러엎다(overturn)
마 21:12　파는 사람들의 의자를 둘러엎으시고
막 11:15　파는 자들의 의자를 둘러엎으시며

둘레(rim)
민 4:32　둘레의 기둥들과 그 받침들과 그 말뚝
왕상 7:36　아로새겼고 또 그 둘레에 화환 모양이
대하 4:5　그 둘레는 잔 둘레와 같이 백합화의
렘 52:21　둘레는 십이 규빗이며 그 속이 비었고
겔 1:18　둘레는 높고 무서우며 그 네 둘레로
겔 10:12　그룹의 바퀴의 둘레에 다 눈이 가득하

둘리다(wind through)
창 2:11　금이 있는 하윌라 온 땅을 둘렀으며
창 2:13　이름은 기혼이라 구스 온 땅을 둘렀고
창 23:17　속한 굴과 그 밭과 그 주위에 둘린 모든
출 37:11　가장자리로 돌아가며 금테를 둘렀으며
출 37:26　순금으로 싸고 주위에 금테를 둘렀고
민 11:24　칠십 인을 모아 장막에 둘러 세우매
신 3:5　모든 성읍이 높은 성벽으로 둘려 있고

【 둘리다 】　　　　　　　　　　　　　　　　　　　　　　　　　　　【 둥글다 】

신 20:19	도끼를 **둘러** 그 곳의 나무를 찍어내지
수 6:3	모든 군사는 그 성을 **둘러** 성 주위를
수 19:8	성읍들을 **둘러** 있는 모든 마을들이니
삿 8:26	외에 그들의 낙타 목에 **둘렀던** 사슬에
삼상 26:5	누웠고 백성은 그를 **둘러** 진 쳤더라
삼상 26:7	백성들은 그를 **둘러** 누웠는지라
삼하 22:12	공중의 빽빽한 구름으로 **둘린** 장막을
왕상 6:36	두꺼운 판자 한 켜로 **둘러** 안뜰을 만들
왕상 7:24	바다 주위에 **둘렸으니** 그 박은 바다를
왕하 25:17	머리에 **둘린** 그물과 석류가 다 놋이라
대하 4:3	바다 주위에 **둘렸으니** 그 소는 바다를
대하 13:13	여로보암이 유다의 뒤를 **둘러** 복병하였
대하 33:14	어문 어귀까지 이르러 오벨을 **둘러** 매우
욥 19:12	돋우고 나를 치며 내 장막을 **둘러** 진을
욥 22:10	올무들이 너를 **둘러** 있고 두려움이
욥 29:5	계셨으며 나의 젊은이들이 나를 **둘러**
시 22:16	무리가 나를 **둘러** 내 수족을 찔렀나이다
시 34:7	주를 경외하는 자를 **둘러** 진 치고 그들
시 89:7	매우 무서워할 이시오며 **둘러** 있는 모든
시 89:8	주의 성실하심이 주를 **둘렀나이다**
시 97:2	구름과 흑암이 그를 **둘렀고** 공의와 정의
사 15:8	모압 사방에 **둘렸고** 슬피 부르짖음
사 29:3	내가 너를 사면으로 **둘러** 진을 치며
사 50:11	보라 불을 피우고 횃불을 **둘러** 띤 자여
렘 17:26	유다 성읍들과 예루살렘에 **둘린** 곳들과
렘 48:37	칼자국이 있고 허리에 굵은 베가 **둘렸고**
렘 50:14	바벨론을 **둘러** 대열을 벌이고 활을
렘 52:23	그 기둥에 **둘린** 그물 위에 있는 석류는
애 2:10	허리에 **둘렀음이여** 예루살렘 처녀들
겔 4:2	진을 치고 그것을 향하여 공성퇴를 **둘러**
겔 5:5	이방인 가운데 두어 나라들이 **둘러**
겔 5:6	율례도 그리함이 그를 **둘러** 있는 나라들
겔 16:57	너의 사방에 **둘러** 있는 블레셋의 딸들
겔 31:4	심어진 곳을 **둘러** 흐르며 둑의 물이
겔 41:7	성전에 **둘린** 이 골방이 높아질수록 성전
겔 41:10	너비가 스무 척 되는 뜰이 **둘려** 있으며
겔 41:11	남쪽으로 향하였으며 그 **둘려** 있는
겔 41:16	벽과 닫힌 창과 삼면에 **둘려** 있는 회랑
겔 43:13	가로 **둘린** 턱의 너비는 한 뼘이니 이는
겔 43:17	밑받침에 **둘린** 턱의 너비는 반 척이며
욘 2:3	물이 나를 **둘렀고** 주의 파도와 큰 물결
욘 2:5	나를 영혼까지 **둘렀사오며** 깊음이 나를
나 3:8	강들 사이에 있으므로 **둘렀으니**
슥 9:8	내가 내 집을 **둘러** 진을 쳐서 적군을
눅 19:43	원수들이 토둔을 쌓고 너를 **둘러** 사면
행 27:17	줄을 가지고 선체를 **둘러** 감고 스르디스
행 28:13	**둘러** 가서 레기온에 이르러 하루를 지낸
계 4:3	무지개가 있어 보좌에 **둘렸는데** 그 모양
계 4:4	또 보좌에 **둘려** 이십사 보좌들이 있고

둘째 (second)

창 1:8	되고 아침이 되니 이는 **둘째** 날이니라
창 2:13	**둘째** 강의 이름은 기혼이라 구스

📖 **둘째 – 기타 본문**

구약 창 7:11 ; 8:14 ; 30:7, 12 ; 32:19 ; 출 16:1 ; 28:18 ; 39:11 ; 40:17 ; 민 1:1, 18 ; 7:18 ; 9:11 ; 10:11 ; 29:17 ; 신 24:3 ; 수 6:14 ; 19:1 ; 삿 6:25, 26, 28 ; 삼상 20:27, 34 ; 삼하 3:3 ; 왕상 4:24 ; 6:1 ; 7:18 ; 15:25 ; 왕하 1:17 ; 3:9 ; 6:17 ; 19:2 ; 22:14 ; 대상 2:13 ; 3:1, 15 ; 7:15 ; 8:1, 39 ; 11:21 ; 12:9 ; 23:19 ; 24:7, 23 ; 25:9 ; 26:2, 4, 11 ; 27:4 ; 대하 3:2 ; 30:2, 13, 15 ; 34:22 ; 스 3:8 ; 에 2:14 ; 7:2 ; 9:29 ; 욥 42:14 ; 사 37:30 ; 겔 10:14 ; 단 7:5 ; 슥 6:2 ; 11:14 **신약** 마 21:30, 31 ; 22:26, 39 ; 막 12:21, 31 ; 눅 15:12, 13 ; 19:18 ; 20:30 ; 행 9:3 ; 12:10 ; 13:33 ; 22:6 ; 26:13 ; 고전 12:28 ; 15:47 ; 히 8:7 ; 9:3, 7 ; 10:9 ; 벧후 3:1 ; 계 2:11 ; 4:7 ; 6:3 ; 8:8 ; 11:14 ; 14:8 ; 16:3 ; 20:6, 14 ; 21:8, 19

둠밈 (Thummim) 대제사장이 사용하던 일종의 제비(lot) 도구

출 28:30	너는 우림과 **둠밈**을 판결 흉패 안에
레 8:8	흉패를 붙이고 흉패에 우림과 **둠밈**을
신 33:8	주의 **둠밈**과 우림이 주의 경건한 자에게
스 2:63	우림과 **둠밈**을 가진 제사장이 일어나기
느 7:65	총독이 그들에게 명령하여 우림과 **둠밈**

둥글다 (flake, circular, rounded, vaulted)

출 16:14	광야 지면에 작고 **둥글며** 서리같이
레 19:27	머리 가를 **둥글게** 깎지 말며 수염 끝을
왕상 7:20	머리의 공같이 **둥근** 곳으로 돌아가며
왕상 7:23	그 모양이 **둥글며** 그 높이는 다섯 규빗
왕상 7:31	내민 판들은 네모지고 **둥글지** 아니하며
왕상 7:35	받침 수레 위에 **둥근** 테두리가 있는데
왕상 10:19	보좌 뒤에 **둥근** 머리가 있고 앉는 자리

【 뒤 】   【 뒤 】

대하 4:2   모양이 **둥글며** 그 높이는 다섯 규빗이   전 2:18   이는 내 **뒤를** 이을 이에게 남겨 주게
욥 22:14   하시고 **둥근** 하늘을 거니실 뿐이라 하는   렘 37:1   고니야의 **뒤를** 이어 왕이 되었으니 이는
욥 41:14   벌릴 수 있겠느냐 그의 **둥근** 이틀은   암 9:13   추수하는 자의 **뒤를** 이으며 포도를 밟
아 7:1   넓적다리는 **둥글어서** 숙련공의 손이   는 자가 씨 뿌리는 자의 **뒤를** 이으며
아 7:2   배꼽은 섞은 포도주를 가득히 부은 **둥근**
렘 10:5   **둥근** 기둥 같아서 말도 못하며 걸어다니   > 뒤를 쫓다/따르다
렘 51:11   화살을 갈며 **둥근** 방패를 준비하라
슥 5:7   그 때에 **둥근** 납 한 조각이 들리더라   출 14:4   바로가 그들의 **뒤를** 따르리니 내가
                                                                 출 14:8   이스라엘 자손의 **뒤를** 따르니 이스라엘
뒤(after, behind)   출 14:9   군대가 그들의 **뒤를** 따라 바알스본
                                                                 출 14:17   그들이 그 **뒤를** 따라 들어갈 것이라
창 18:10   있으리라 하시니 사라가 그 **뒤** 장막   출 14:28   그들의 **뒤를** 따라 바다에 들어간 바로
창 19:6   문 밖의 무리에게로 나가서 **뒤로** 문을   수 3:3   너희가 있는 곳을 떠나 그 **뒤를** 따르라
마 3:11   세례를 베풀거니와 내 **뒤에** 오시는 이는   수 6:8   여호와의 언약궤는 그 **뒤를** 따르며
                                                                 수 6:9   후군은 궤 **뒤를** 따르고 제사장들은
> 뒤로 던지다   수 6:13   **뒤를** 따르고 제사장들은 나팔을 불며
                                                                 수 10:19   너희 대적의 **뒤를** 따라가 그 후군을
시 50:17   미워하고 내 말을 네 **뒤로 던지며**   수 20:5   보복자가 그의 **뒤를** 따라온다 할지라도
사 38:17   모든 죄를 주의 등 **뒤에 던지셨나이다**   삿 5:15   바락도 그의 **뒤를** 따라 골짜기로 달려
                                                                 삿 6:34   아비에셀이 그의 **뒤를** 따라 부름을
> 뒤를 돌아보다   삿 20:45   급히 그 **뒤를** 따라 기돔에 이르러
                                                                 삼상 24:14 누구의 **뒤를 쫓나이까** 죽은 개나 벼룩
창 19:26   롯의 아내는 **뒤를 돌아보았으므로** 소금   삼하 2:19 치우치지 않고 아브넬의 **뒤를 쫓으니**
수 8:20   아이 사람이 **뒤를 돌아본즉** 그 성읍에   삼하 2:21 원하지 아니하고 그의 **뒤를 쫓으매**
삿 20:40   베냐민 사람이 **뒤를 돌아보매** 온 성읍   삼하 2:24 아비새가 아브넬의 **뒤를 쫓아** 기브온
삼하 2:20 아브넬이 **뒤를 돌아보며** 이르되 아사헬   삼하 18:22 사람의 **뒤를** 따라 달려가게 하소서
렘 46:5   도망하며 **뒤를 돌아보지** 아니함은   삼하 20:6 부하들을 데리고 그 **뒤를 쫓아가라**
                                                                 왕하 5:21 **뒤를 쫓아가니** 나아만이 자기 뒤에
> 뒤로 물러가다   왕하 7:15 그들이 그들의 **뒤를** 따라 요단에 이른
                                                                 왕하 9:19 네게 상관이 있느냐 내 **뒤를** 따르라
삼하 1:22 요나단의 활은 **뒤로 물러가지** 아니하였   왕하 9:27 예후가 그를 **뒤를 쫓아가며** 이르되 그도
삼하 11:15 너희는 **뒤로 물러가서** 그로 맞아 죽게   대하 26:17 팔십 명을 데리고 그의 **뒤를** 따라 들어
왕하 9:18 네게 상관이 있느냐 내 **뒤로 물러나라**   느 12:32   그들의 **뒤를** 따르는 자는 호세야와
왕하 20:10 십도가 **뒤로 물러갈** 것이니이다 하니라   느 12:38   백성의 절반과 더불어 그 **뒤를** 따라
왕하 20:11 그림자를 십도 **뒤로 물러가게** 하셨더라   욥 18:11   놀라게 하고 그 **뒤를 쫓아갈** 것이며
시 70:2   **뒤로 물러가** 수모를 당하게 하소서   렘 2:23   바알들의 **뒤를** 따르지 아니하였다
시 70:3   수치로 말미암아 **뒤로 물러가게** 하소서   렘 7:6   **뒤를** 따라 화를 자초하지 아니하며
사 38:8   그림자를 **뒤로** 십 도를 **물러가게** 하리라   겔 5:2   바람에 흩으리라 내가 그 **뒤를** 따라 칼을
사 50:5   아니하며 **뒤로 물러가지도** 아니하며   겔 5:12   사방에 흩어 버리고 또 그 **뒤를** 따라
마 16:23   사탄아 내 **뒤로 물러가라** 너는 나를   겔 12:14   사방으로 흩고 또 그 **뒤를** 따라 칼을
막 8:33   사탄아 내 **뒤로 물러가라** 네가 하나님   호 5:8   베냐민아 네 **뒤를 쫓는다** 할지어다
히 10:38   또한 **뒤로 물러가면** 내 마음이 그를   슥 6:6   흰 말은 그 **뒤를** 따르고 어룽진 말은
히 10:39   **뒤로 물러가** 멸망할 자가 아니요 오직   마 21:9   앞에서 가고 **뒤에서** 따르는 무리가
                                                                 막 1:36   함께 있는 자들이 예수의 **뒤를** 따라가
> 뒤를 잇다

왕상 15:4 아들을 세워 **뒤를 잇게** 하사 예루살렘
대상 27:34 아비아달 아히도벨의 **뒤를** 이었고

【 뒤꿈치 】　　　　　　　　　　　　　　　　　　　　　　　　【 뒤쫓다 】

막 11:9　앞에서 가고 **뒤에서 따르는** 자들이
눅 23:55　예수와 함께 온 여자들이 **뒤를 따라**
딤전 5:24　어떤 사람들의 죄는 그 **뒤를 따르나니**
계 6:8　사망이니 음부가 그 **뒤를 따르더라**
계 14:8　천사 곧 둘째가 그 **뒤를 따라** 말하되
계 14:9　또 다른 천사 곧 셋째가 그 **뒤를 따라**

뒤 - 기타 본문
구약 창 22:13; 31:36; 32:18, 20; 33:2; 37:17; 38:30; 41:3, 19; 44:4; 49:17, 19; 출 11:5; 14:10, 19, 23; 26:12, 22, 23, 27; 36:27, 28, 32; 민 3:23; 신 11:30; 25:18; 29:22; 수 8:2, 4, 14; 24:31; 삿 2:7; 3:22, 23; 8:5, 12; 10:1; 12:8, 11, 13; 18:12; 룻 1:5; 삼상 4:18; 20:37, 38; 21:9; 24:3, 8; 25:19; 29:2; 삼하 1:7; 5:23; 7:12; 17:1; 23:10; 왕상 3:12; 7:8, 25; 10:19; 14:9; 왕하 2:24; 6:32; 7:14; 11:6; 대상 14:14; 17:11; 대하 13:13, 14; 느 4:13, 16; 욥 19:26; 21:33; 23:8; 41:32; 전 2:12; 3:22; 12:2; 아 2:9; 사 9:12; 28:13; 30:21, 25; 41:23; 42:23; 52:12; 57:8; 58:8; 59:14; 렘 9:16, 22; 12:6; 21:4; 32:16; 49:37; 애 2:3; 겔 1:10; 3:12; 23:35; 41:12; 46:19; 욜 2:3, 14, 20; 슥 1:8
신약 마 9:20; 15:17, 23; 24:18; 막 1:7; 5:27; 7:19; 13:16; 눅 7:38; 8:44; 9:62; 17:31; 19:4; 요 1:15, 27, 30; 20:14; 행 13:25; 19:4; 빌 3:13; 히 9:3; 계 1:10; 12:25

뒤꿈치(heel)
욥 18:9　그의 발 **뒤꿈치**는 덫에 치이고 그의

뒤끝(butt)
삼하 2:23　아브넬이 창 **뒤끝**으로 그의 배를 찌르니

뒤덮다(cover)
사 8:7　위력으로 그들을 **뒤덮을** 것이라 그 모든
렘 51:42　그 노도 소리가 그 땅을 **뒤덮었도다**

뒤따라가다(be sent after, ride after)
삼하 11:8　나가매 왕의 음식물이 **뒤따라가니라**
왕상 13:14　하나님의 사람을 **뒤따라가서**

뒤따르다(go, overtake, pursue)
삼상 25:42　나귀를 타고 그를 **뒤따르는** 처녀 다섯

왕하 17:15　말씀을 버리고 허무한 것을 **뒤따라** 허망
시 68:25　악기를 연주하는 자들은 **뒤따르나이다**
렘 8:2　그들이 사랑하며 섬기며 **뒤따르며**
렘 29:18　기근과 전염병으로 그들을 **뒤따르게**
애 1:3　자들이 궁지에서 그를 **뒤따라** 잡았도다
호 5:11　에브라임은 사람의 명령 **뒤따르기를**

뒤떨어지다(stay behind)
삼상 30:9　브솔 시내에 이르러 **뒤떨어진** 자를 거기

뒤뜰(rear)
겔 41:15　그가 **뒤뜰** 너머 있는 건물을 측량하니

뒤엎다(overthrow)
욥 28:9　손을 대고 산을 뿌리까지 **뒤엎으며**
렘 50:40　고모라와 그 이웃 성읍들을 **뒤엎었듯이**

뒤잇다(after, follow)
왕상 1:14　왕과 말씀하실 때에 나도 **뒤이어** 들어가
단 2:39　왕을 **뒤이어** 왕보다 못한 다른 나라가
호 4:2　포악하여 피가 피를 **뒤이음이라**

뒤지다(search)
창 31:37　외삼촌께서 내 물건을 다 **뒤져** 보셨으니

뒤집다(devastate, turn over)
욥 12:15　마르고 물을 보내신즉 곧 땅을 **뒤집나니**
호 7:8　그는 곧 **뒤집지** 않은 전병이로다

뒤집어쓰다(sprinkle, put on)
수 7:6　머리에 티끌을 **뒤집어쓰고** 저물도록
에 4:1　옷을 입고 재를 **뒤집어쓰고** 성중에 나가

뒤집어엎다(overthrow, ruin)
욥 34:25　밤사이에 **뒤집어엎어** 흩으시는도다
사 24:1　**뒤집어엎으시고** 그 주민을 흩으시리니

뒤쪽(rear)
왕상 6:16　또 성전 **뒤쪽**에서부터 이십 규빗 되는

뒤쫓다(overtake, pursue)
창 31:25　라반이 야곱을 **뒤쫓아** 이르렀으니 야곱
신 11:4　너희를 **뒤쫓을** 때에 홍해 물로 그들을

【 뒤척 】

신 19:6	복수심에 불타서 살인자를 **뒤쫓는**데
수 2:7	**뒤쫓는** 자들이 나가자 곧 성문을 닫았더
수 2:16	두렵건대 **뒤쫓는** … **뒤쫓는** 자들이
수 2:22	**뒤쫓는** 자들이 … 머물매 **뒤쫓는** 자들이
삼상 23:28	사울이 다윗 **뒤쫓기**를 그치고 돌아와
삼하 20:7	비그리의 아들 세바를 **뒤쫓으려고**
삼하 20:10	비그리의 아들 세바를 **뒤쫓을새**
삼하 20:13	비그리의 아들 세바를 **뒤쫓아가니라**
삼하 22:38	내가 내 원수를 **뒤쫓아** 멸하였사오며
왕하 25:5	갈대아 군대가 그 왕을 **뒤쫓아가서**
욥 13:25	하시며 마른 검불을 **뒤쫓으시나이까**
시 18:37	원수를 **뒤쫓아가리니** 그들이 망하기
시 35:6	여호와의 천사가 그들을 **뒤쫓게** 하소서
렘 48:2	되리니 칼이 너를 **뒤쫓아** 가리라
렘 52:8	갈대아 군대가 그 왕을 **뒤쫓아** 가서
애 1:6	찾지 못한 사슴들처럼 **뒤쫓는** 자 앞에
애 3:66	주께서 진노로 그들을 **뒤쫓으사** 여호와
애 4:19	**뒤쫓는** … 산꼭대기까지도 **뒤쫓으며**
애 5:5	**뒤쫓는** 자들이 우리의 목을 눌렀사오니

뒤척 (toss)

욥 7:4	새벽까지 이리 **뒤척**, 저리 **뒤척** 하는

뒤흔들다 (roar, stir up)

사 51:15	물결을 **뒤흔들게** 하는 자이니 그의 이름
렘 31:35	바다를 **뒤흔들어** 그 파도로 소리치게

뒷걸음치다 (walk in backward)

창 9:23	자기들의 어깨에 메고 **뒷걸음쳐** 들어가

뒷다리 (thigh)

레 7:32	너희는 그 화목제물의 오른쪽 **뒷다리**를
레 7:33	그 오른쪽 **뒷다리**를 자기의 소득으로
레 7:34	가슴과 든 **뒷다리**를 가져다가 제사장
레 8:25	그 기름과 오른쪽 **뒷다리**를 떼어내고
레 8:26	그 기름 위에 오른쪽 **뒷다리** 위에
레 9:21	가슴들과 오른쪽 **뒷다리**를 그가 여호와
레 10:14	흔든 가슴과 들어올린 **뒷다리**는 너와
레 10:15	들어올린 **뒷다리**와 흔든 가슴을 화제물

뒷발 (hamstring)

수 11:6	너는 그들의 말 **뒷발**의 힘줄을 끊으라
수 11:9	말 **뒷발**의 힘줄을 끊고 그들의 병거를

뒷발질하다 (kick against)

행 26:14	박해하느냐 가시채를 **뒷발질하기**가

뒷산 (hill)

삼하 13:34	눈을 들어 보니 보아라 **뒷산** 언덕길로

뒷전 (fearful)

욥 32:6	당신들은 연로하므로 **뒷전**에서

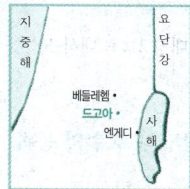

드고아 (Tekoa)

1. 지명 : 유다의 성읍

삼하 14:2	**드고아**에 사람을 보내 거기서 지혜
삼하 14:4	**드고아** 여인이 왕께 아뢸 때에 얼굴
삼하 14:9	**드고아** 여인이 왕께 아뢰되 내 주 왕이
삼하 23:26	발디 사람 헬레스와 **드고아** 사람 익게스
대상 11:28	**드고아** 사람 익게스의 아들 이라와
대상 27:9	여섯째 달 여섯째 지휘관은 **드고아** 사람
대하 11:6	곧 베들레헴과 에담과 **드고아**와
대하 20:20	아침에 일찍이 일어나서 **드고아** 들로
느 3:5	다음은 **드고아** 사람들이 중수하였으나
느 3:27	다음은 **드고아** 사람들이 한 부분을 중수
렘 6:1	피난하라 **드고아**에서 나팔을 불고
암 1:1	지진 전 이년에 **드고아** 목자 중 아모스

2. 인명 : 베들레헴 남쪽 성읍에 살던 아스훌의 아들

대상 2:24	아스훌은 **드고아**의 아버지더라
대상 4:5	**드고아**의 아버지 아스훌의 두 아내는

드다 (Theudas) 유다의 혁명가

행 5:36	전에 **드다**가 일어나 스스로 선전하매

드단 (Dedan)

1. 라아마의 아들

창 10:7	삽드가요 라아마의 아들은 스바와 **드단**
대상 1:9	삽드가요 라아마의 자손은 스바와 **드단**

2. 욕산의 아들

창 25:3	욕산은 스바와 **드단**을 낳았으며 **드단**
대상 1:32	수아요 욕산의 자손은 스바와 **드단**이요

3. 홍해 연안에 살던 민족과 그 지역

사 21:13	아라비아에 관한 경고라 **드단** 대상들이
렘 25:23	**드단**과 데마와 부스와 살쩍을 깎은 모든
렘 49:8	**드단** 주민아 돌이켜 도망할지어다

【 드디어 】　　　　　　　　　　　　　　　　　　　　　　　　　　　　【 드러내다 】

겔 25:13　데만에서부터 황폐하게 하리니 **드단**
겔 27:15　**드단** 사람은 네 상인이 되었음이여
겔 27:20　**드단**은 네 상인이 되었음이여 말을
겔 38:13　스바와 **드단**과 다시스의 상인과 그 부자

드디어 (so, and, then)
왕하 4:25　**드디어** 갈멜 산으로 가서 하나님의 사람
왕하 18:28　랍사게가 **드디어** 일어서서 유다 말로

📖 드디어 - 기타 본문
왕하 6:4, 29; 10:20; 17:23; 대상 21:4; 대하 30:5;
단 3:13, 30; 11:19

드라고닛 (Traconitis) 갈릴리 호수의 동쪽 다메섹 남쪽의 암석 지대
눅 3:1　빌립이 이두래와 **드라고닛** 지방의 분봉

드라빔 (household god) 가정의 수호신이거나 점치는 일에 사용되었던 우상
창 31:19　**드라빔**을 도둑질하고
창 31:34　라헬이 그 **드라빔**을
창 31:35　그 **드라빔**을 두루 찾다가 찾아내지
삿 17:5　그가 에봇과 **드라빔**을 만들고 한 아들을
삿 18:14　집에 에봇과 **드라빔**과 새긴 신상과 부어
삿 18:17　새긴 신상과 에봇과 **드라빔**과 부어 만든
삿 18:18　에봇과 **드라빔**과 부어 만든 신상을
삿 18:20　에봇과 **드라빔**과 새긴 우상을 받아
왕하 23:24　점쟁이와 **드라빔**과 우상과 모든 가증한
호 3:4　주상도 없고 에봇도 없고 **드라빔**도 없이
슥 10:2　**드라빔**들은 허탄한 것을 말하며 복술자

드라크마 (drachma, silver coin) 헬라 은전
느 7:70　총독은 금 천 **드라크마**와 대접 오십과
느 7:71　또 어떤 족장들은 금 이만 **드라크마**와
느 7:72　그 나머지 백성은 금 이만 **드라크마**와
눅 15:8　여자가 열 **드라크마**가 있는데 하나를
눅 15:9　즐기라 잃은 **드라크마**를 찾아내었노라

드러나다 (appear, detect, disclose)
창 1:9　물이 한 곳으로 모이고 뭍이 **드러나라**
레 6:5　**드러나는** 날에 그 임자에게 줄 것이요
민 5:13　그 남편의 눈에 숨겨 **드러나지** 아니

신 13:14　있다는 것이 확실한 사실로 **드러나면**
신 22:22　유부녀와 동침한 것이 **드러나거든**
삼하 22:16　콧김으로 말미암아 물 밑이 **드러나고**
욥 26:6　스올도 벗은 몸으로 **드러나며** 멸망도
욥 33:21　아니하고 보이지 않던 뼈가 **드러나서**
시 18:15　밑이 **드러나고** 세상의 터가 나타났도다
시 36:2　죄악이 **드러나지** 아니하고 미워함을
잠 10:9　굽은 길로 행하는 자는 **드러나리라**
잠 15:11　아바돈도 여호와의 앞에 **드러나거든**
잠 26:26　그의 악이 회중 앞에 **드러나리라**
사 3:17　여호와께서 그들의 하체가 **드러나게**
사 47:3　네 속살이 **드러나고** 네 부끄러운 것이
렘 49:10　벗겨 그 숨은 곳을 **드러나게** 하였나니
겔 16:57　곧 네 악이 **드러나기** 전이며 아람의
겔 21:24　너희의 허물이 **드러나며** 너희 모든 행위
단 9:24　영원한 의가 **드러나며** 환상과 예언이
호 7:1　죄와 사마리아의 악이 **드러나도다**
마 10:26　감추인 것이 **드러나지** 않을 것이 없고
막 1:45　예수께서 다시는 **드러나게** 동네에 들어
눅 8:17　숨은 것이 장차 **드러나지** 아니할 것이
눅 12:2　감추인 것이 **드러나지** 않을 것이 없고
요 7:13　두려워하므로 **드러나게** 그에 대하여
요 7:26　**드러나게** 말하되 그들이 아무 말도 아니
요 11:54　다시 유대인 가운데 **드러나게** 다니지
요 12:42　바리새인들 때문에 **드러나게** 말하지
행 7:13　친족이 바로에게 **드러나게** 되니라
롬 3:5　우리 불의가 하나님의 의를 **드러나게**
롬 7:13　오직 죄가 죄로 **드러나기** 위하여 선한
고전 14:25　마음의 숨은 일들이 **드러나게** 되므로
갈 2:17　죄인으로 **드러나면** 그리스도께서 죄를
갈 6:1　무슨 범죄한 일이 **드러나거든** 신령한
엡 5:13　빛으로 말미암아 **드러나나니 드러나는**
딤전 5:24　사람들의 죄는 밝히 **드러나** 먼저 심판에
딤전 5:25　이와 같이 선행도 밝히 **드러나고** 그렇지
히 4:13　만물이 벌거벗은 것같이 **드러나느니라**
벧후 3:10　그 중에 있는 모든 일이 **드러나리로다**
요일 3:10　마귀의 자녀들이 **드러나나니** 무릇 의를

드러내다 (expose, reveal)
레 20:18　근원을 **드러냈고** 여인은 자기의 피 근원을 **드러내었음인즉** 둘 다 백성 중에서
신 22:30　취하여 아버지의 하체를 **드러내지**
삿 16:17　삼손이 진심을 **드러내어** 그에게 이르되

654

【 드로비모 】　　　　　　　　　　　　　　　　　　　　　　　　　　　　　【 드리다 】

삼하 6:20　계집종의 눈앞에서 몸을 **드러내셨도다**
욥 12:22　가운데에서 은밀한 것을 **드러내시며**
시 50:21　네 죄를 네 눈앞에 낱낱이 **드러내리라**
시 78:2　예로부터 감추어졌던 것을 **드러내려**
잠 18:2　의사를 **드러내기만** 기뻐하느니라
잠 29:11　자는 자기의 노를 다 **드러내어도**
사 20:4　벗은 발로 볼기까지 **드러내어** 애굽의
사 26:21　위에 잦았던 피를 **드러내고** 그 살해당한
사 32:11　벗어 몸을 **드러내고** 베로 허리를 동일지
사 47:2　걷어 다리를 **드러내고** 강을 건너라
렘 6:7　악을 **드러내니** 폭력과 탈취가 거기에서
렘 13:26　들춰서 네 수치를 **드러내리라**
렘 51:10　여호와께서 우리 공의를 **드러내셨으니**
애 2:14　네 죄악을 **드러내어서** 네가 사로잡힌
애 4:22　벌하시며 네 허물을 **드러내시리로다**
겔 16:36　몸을 **드러내며** 또 가증한 우상을 위하며
겔 16:37　몸을 그 앞에 **드러내** 그들이 그것을
겔 22:10　아버지의 하체를 **드러내는** 자도 있었고
겔 23:10　그들이 그의 하체를 **드러내고** 그의 자녀
겔 23:18　그가 하체를 **드러내므로** 내 마음이
호 2:10　그 사랑하는 자의 눈앞에 **드러내리니**
미 1:6　쏟아내리고 그 기초를 **드러내며**
합 2:15　하체를 **드러내려** 하는 자에게 화 있을
합 2:16　할례 받지 아니한 것을 **드러내라** 여호와
합 3:13　그 기초를 바닥까지 **드러내셨나이다**
마 1:19　요셉은 의로운 사람이라 그를 **드러내지**
마 13:35　창세부터 감추인 것들을 **드러내리라**
막 4:22　**드러내려** 하지 않고는 숨긴 것이 없고
막 8:32　**드러내** 놓고 이 말씀을 하시니 베드로가
눅 2:35　사람의 마음의 생각을 **드러내려** 함이니
요 1:20　숨기지 아니하니 **드러내어** 하는 말이
요 18:20　예수께서 대답하시되 내가 **드러내** 놓고
고전 4:5　어둠에 감추인 것들을 **드러내고** 마음의
엡 3:9　비밀의 경륜이 어떠한 것을 **드러내게**
골 2:15　권세들을 무력화하여 **드러내어** 구경
딤후 1:10　생명과 썩지 아니할 것을 **드러내신지라**
히 6:6　다시 십자가에 못 박아 **드러내** 놓고

드로비모(Trophimus)　바울의 3차 여행 때 바울과 함께했던 신자
행 20:4　아시아 사람 두기고와 **드로비모라**
행 21:29　에베소 사람 **드로비모가** 바울과 함께
딤후 4:20　**드로비모는** 병들어서 밀레도에 두었노

드로아(Troas)　소아시아의 에게 해 연안 도시

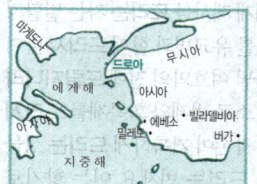

행 16:8　무시아를 지나 **드로아로**
행 16:11　우리가 드 로아에서 배로
행 20:5　그들은 먼저 가서 **드로아**
행 20:6　배로 떠나 닷새 만에 **드로아**에 있는
고후 2:12　위하여 **드로아**에 이르매 주 안에서
딤후 4:13　네가 올 때에 내가 **드로아** 가보의 집에

드루배나(Tryphena)　로마의 여성도
롬 16:12　안에서 수고한 **드루배나**와 드루보사

드루보사(Tryphosa)　로마의 여성도
롬 16:12　**드루보사**에게 문안하라 주 안에서 많이

드루실라(Drusilla)　헤롯 대왕의 손녀로 헤롯 아그립바 1세의 막내딸
행 24:24　아내 유대 여자 **드루실라**와 함께 와서

드리다(bring, give, offer)
〔모세오경〕
창 4:3　소산으로 제물을 삼아 여호와께 **드렸고**
창 8:20　제물을 취하여 번제로 제단에 **드렸더니**
창 22:2　준 한 산 거기서 그를 번제로 **드리라**
창 22:13　아들을 대신하여 번제로 **드렸더라**
창 23:11　당신에게 **드리고** 그 속의 굴도 내가 당신에게 **드리되** … 당신에게 **드리오니**
창 27:10　네가 그것을 네 아버지께 가져다 **드려서**
창 28:22　내가 반드시 하나님께 **드리겠나이다**
창 30:14　그의 어머니 레아에게 **드렸더니** 라헬이
창 31:54　야곱이 또 산에서 제사를 **드리고** 형제들
창 33:11　형님께 **드리는** 예물을 받으소서 하고
창 40:11　짜서 그 잔을 바로의 손에 **드렸노라**
창 43:11　사람에게 예물로 **드릴지니** 곧 유향 조금
창 43:26　집으로 들어가서 예물을 그에게 **드리고**
창 45:23　아버지께 길에서 **드릴** 곡식과 떡과
창 46:1　이삭의 하나님께 희생제사를 **드리니**
출 3:18　우리 하나님 여호와께 제사를 **드리려**
출 8:8　보내리니 그들이 여호와께 제사를 **드릴**
출 10:25　하나님 여호와께 **드릴** 제사와 번제물을
출 13:15　수컷은 내가 여호와께 제사를 **드려서**

655

【 드리다 】   【 드리다 】

출 20:24	양과 소로 네 번제와 화목제를 드리라	레 6:20	여호와께 드릴 예물은 … 드리는 소제
출 22:20	다른 신에게 제사를 드리는 자는 멸할지		물로 삼아 그 절반은 … 저녁에 드리되
출 23:18	제물의 피를 유교병과 함께 드리지 말며	레 6:26	위하여 제사 드리는 제사장이 그것을
출 23:19	너의 하나님 여호와의 전에 드릴지니라	레 7:3	기름을 모두 드리되 곧 그 기름진 꼬리
출 24:5	여호와께 소로 번제와 화목제를 드리게	레 7:5	여호와께 화제로 드릴 것이니 이는
출 28:38	이스라엘 자손이 거룩하게 드리는 성물	레 7:9	소제물은 모두 그 드린 제사장에게로
출 29:18	여호와께 드리는 번제요 이는 향기로	레 7:11	여호와께 드릴 화목제물의 규례는
	운 냄새니 여호와께 드리는 화제니라	레 7:12	감사함으로 드리려면 기름 섞은 무교
출 29:36	속죄하기 위하여 속죄제를 드리며		병과 기름 … 감사제물과 함께 드리고
출 29:38	네가 제단 위에 드릴 것은 이러하니라	레 7:14	여호와께 거제로 드리고 그것을 화목
출 29:39	드리고 한 어린 양은 저녁때에 드릴지며	레 7:15	드리는 화목제물의 고기는 드리는
출 29:42	여호와 앞 회막 문에서 늘 드릴 번제라	레 7:29	화목제물을 여호와께 드리려는 자는
출 30:9	번제나 소제를 드리지 말며 전제의 술을	레 7:33	기름을 드리는 자는 그 오른쪽 뒷다리를
출 30:12	생명의 속전을 여호와께 드릴지니 이는	레 7:38	그 예물을 여호와께 드리라 명령하신
출 30:13	게라라 그 반 세겔을 여호와께 드릴지며	레 8:18	번제의 숫양을 드릴새 아론과 그의 아들
출 30:14	스무 살 이상 된 자가 여호와께 드리되	레 8:21	드리는 번제로 여호와께 드리는 화제라
출 30:15	대속하기 위하여 여호와께 드릴 때에	레 8:22	위임식의 숫양을 드릴새 아론과 그의
출 32:6	번제를 드리며 화목제를 드리고 백성이	레 9:4	화목제를 위하여 여호와 앞에 드릴 수소
출 32:8	예배하며 그것에게 제물을 드리며	레 9:7	번제를 드려서 너를 위하여, 백성을 위
출 34:15	신들에게 제물을 드리고 너를 청하면		하여 … 백성의 예물을 드려서 그들을
출 34:25	제물의 피를 유교병과 함께 드리지 말며	레 10:16	모세가 속죄제 드린 염소를 찾은즉 이미
출 34:26	하나님 여호와의 전에 드리며 너는	레 10:19	속죄제와 번제를 여호와께 드렸어도
출 35:5	너희는 여호와께 드릴 것을 택하되 …	레 12:7	여호와 앞에 드려서 그 여인을 위하여
	그것을 가져다가 여호와께 드릴지니	레 14:12	기름 한 록과 아울러 속건제로 드리되
출 35:22	사람마다 여호와께 금 예물을 드렸으며	레 14:19	제사장은 속죄제를 드려 그 부정함으로
출 35:29	위하여 물품을 드렸으니 … 자손이 여	레 14:31	마리는 소제와 함께 번제로 드릴 것이요
	호와께 자원하여 드린 예물이니라	레 16:24	자기의 번제와 백성의 번제를 드려 자기
출 36:6	남녀를 막론하고 성소에 드릴 예물을	레 17:4	여호와께 예물로 드리지 아니하는 자는
출 38:25	계수된 회중이 드린 은은 성소의 세겔로	레 17:8	거류민이 번제나 제물을 드리되
출 38:29	드린 놋은 칠십 달란트와 이천사백 세겔	레 19:6	제물은 드리는 날과 이튿날에 먹고 셋째
출 40:29	번제와 소제를 그 위에 드리니 여호와	레 19:24	과실이 거룩하니 여호와께 드려 찬송할
레 1:2	여호와께 예물을 드리려거든 가축 중	레 21:6	화제 곧 그들의 하나님의 음식을 드리는
	에서 소나 양으로 예물을 드릴지니라	레 21:8	네 하나님의 음식을 드림이니라 너는
레 1:9	제단 위에서 불살라 번제를 드릴지니	레 21:17	하나님의 음식을 드리려고 가까이 오지
레 1:10	번제이면 흠 없는 수컷으로 드릴지니	레 22:22	비루먹은 것을 여호와께 드리지 말며
레 2:1	소제의 예물을 여호와께 드리려거든		이런 것들은 … 여호와께 드리지 말라
레 2:11	드리는 모든 소제물에는 누룩을 넣지	레 22:23	서원제물로 드리면 기쁘게 받으심이
	말지니 … 꿀을 여호와께 화제로 드려	레 22:24	베임을 당한 것을 여호와께 드리지 말며
레 2:12	그것을 여호와께 드릴지나 향기로운	레 23:8	이레 동안 여호와께 화제를 드릴 것이요
레 2:13	네 모든 예물에 소금을 드릴지니라	레 23:12	흠 없는 숫양을 여호와께 번제로 드리고
레 2:14	첫 이삭의 소제를 여호와께 드리거든	레 23:13	가루 십분의 이 에바를 여호와께 드려
레 5:15	속건제를 드리되 네가 지정한 가치를	레 23:16	계수하여 새 소제를 여호와께 드리되
	따라 … 끌어다가 속건제로 드려서	레 23:17	이는 첫 요제로 여호와께 드리는 것이며

656

▶ 드리다　　　　　　　　　　　　　　　　　　　　　　▶ 드리다

레 23:18	수소 한 마리와 숫양 두 마리를 **드리되** … 그 전제제물과 함께 여호와께 **드려서**
레 23:19	속죄제를 **드리며** 일 년 된 어린 숫양 두 마리를 화목제물로 **드릴** 것이요
레 23:25	하지 말고 여호와께 화제를 **드릴지니라**
레 23:27	괴롭게 하며 여호와께 화제를 **드리고**
레 27:2	사람이 사람의 값을 여호와께 **드리기로**
레 27:11	부정하여 여호와께 예물로 **드리지** 못할
민 3:4	여호와 앞에 다른 불을 **드리다가** 여호와
민 4:16	등유와 태우는 향과 항상 **드리는** 소제와
민 5:8	죄 값을 여호와께 **드려** 제사장에게로
민 5:15	가루 십분의 일 에바를 헌물로 **드리되**
민 6:2	몸을 구별하여 여호와께 **드리려고** 하면
민 6:16	앞에 가져다가 속죄제와 번제를 **드리고**
민 6:17	무교병 한 광주리를 아울러 여호와께 **드리고** 그 소제와 전제를 **드릴** 것이요
민 6:21	여호와께 헌물을 **드림**과 행할 법이며
민 7:2	자의 감독된 자들이 헌물을 **드렸으니**
민 7:10	가져다가 그 헌물을 제단 앞에 **드리니라**
민 7:11	사람씩 제단의 봉헌물을 **드릴지니라**
민 7:84	지휘관들이 **드린** 바 제단의 봉헌물이라
민 8:11	바치는 제물로 여호와 앞에 **드릴지니**
민 8:12	번제물로 여호와께 **드려** 레위인을 속죄
민 8:13	앞에 세워 여호와께 요제로 **드릴지니라**
민 8:16	내게 온전히 **드린** 바 된 자라 이스라엘
민 9:7	정한 기일에 여호와께 헌물을 **드리지**
민 15:27	년 된 암염소로 속죄제를 **드릴** 것이요
민 16:38	그들이 향로를 여호와 앞에 **드렸으므로**
민 18:9	**드리는** 모든 헌물의 모든 소제와 속죄제
민 18:12	여호와께 **드리는** 첫 소산 곧 제일
민 18:14	특별히 **드린** 모든 것은 네 것이 되리라
민 18:19	여호와께 거제로 **드리는** 모든 성물을
민 18:26	십일조를 거제로 여호와께 **드릴** 것이라
민 18:27	거제물을 타작 마당에서 **드리는** 곡물과 … 틀에서 **드리는** 즙같이 여기리니
민 18:28	여호와께 거제로 **드리고** 여호와께 **드린**
민 18:32	아름다운 것을 받들어 **드린즉** 이로
민 23:2	제단에 수송아지와 숫양을 **드리니라**
민 23:4	제단에 수송아지와 숫양을 **드렸나이다**
민 26:61	다른 불을 여호와 앞에 **드리다가**
민 28:3	**드릴** 화제는 … 일 년 되고 흠 없는 숫양을 매일 두 마리씩 상번제로 **드리되**
민 28:6	상번제로서 여호와께 **드리는** 향기로운
민 28:7	양 한 마리에 사분의 일 힌을 **드리되** … 독주의 전제를 부어 **드릴 것이며**
민 28:19	흠 없는 것으로 여호와께 화제를 **드리되**
민 28:23	곧 상번제 외에 그것들을 **드릴** 것이
민 28:24	여호와께 향기로운 화제의 음식을 **드리되** 상번제와 그 전제 외에 **드릴** 것이며
민 28:26	칠칠절 처음 익은 열매를 **드리는** 날에 너희가 여호와께 새 소제를 **드릴** 때에도
민 31:37	여호와께 공물로 **드린** 양이 육백칠십오
민 31:54	금을 취하여 회막에 **드려** 여호와 앞에
신 12:6	것들을 너희는 그리로 가져다가 **드리고**
신 12:13	보이는 아무 곳에서나 번제를 **드리지**
신 12:14	번제를 **드리고** 또 내가 네게 명령하는
신 12:27	번제를 **드릴** 때에는 그 고기와 피를 네 하나님 여호와의 제단에 **드릴** 것이요
신 12:31	불살라 그들의 신들에게 **드렸느니라**
신 13:16	불살라 네 하나님 여호와께 **드릴지니**
신 14:22	년 토지 소산의 십일조를 **드릴** 것이며
신 15:19	하나님 여호와께 **드릴** 것이니 네 소의
신 16:2	하나님 여호와께 유월절 제사를 **드리되**
신 16:4	첫날 해 질 때에 제사 **드린** 고기를 밤을
신 16:5	여호와께서 네게 주신 각 성에서 **드리지**
신 16:6	해 질 때에 유월절 제물을 **드리고**
신 16:10	힘을 헤아려 자원하는 예물을 **드리고**
신 16:17	주신 복을 따라 그 힘대로 **드릴지니라**
신 18:3	**드리는** 제물의 소나 양이나 그 앞다리와
신 26:12	셋째 해 곧 십일조를 **드리는** 해에 네
신 27:6	위에 네 하나님 여호와께 번제를 **드릴**
신 27:7	또 화목제를 **드리고** 거기에서 먹으며
신 33:10	번제를 주의 제단 위에 **드리리로다**
신 33:19	의로운 제사를 **드릴** 것이며 바다의 풍부

역사서

수 8:31	번제물과 화목제물을 그 위에 **드렸으며**
삿 2:5	거기서 여호와께 제사를 **드렸더라**
삿 6:18	주 앞에 **드리기까지** 이 곳을 떠나지
삿 6:19	나무 아래 그에게로 가져다가 **드리매**
삿 6:26	나무로 번제를 **드릴지니라** 하시니라
삿 6:28	제단 위에 그 둘째 수소를 **드렸는지라**
삿 8:25	대답하되 우리가 즐거이 **드리리이다**
삿 11:31	그를 번제물로 **드리겠나이다** 하니라
삿 13:16	마땅히 여호와께 **드릴지니라** 하니 이는
삿 14:5	그들에게 그것을 **드려서** 먹게 하였으나
삿 16:23	신 다곤에게 큰 제사를 **드리고** 즐거워

【 드리다 】　　　　　　　　　　　　　　　　　　　　　　　　　　　　　　　　　　　　　　【 드리다 】

삿 17:3	이 은을 여호와께 거룩히 **드리노라**	왕상 13:11	그가 왕에게 **드린** 말씀도 그들이 그들
삿 20:26	번제와 화목제를 여호와 앞에 **드리고**	왕상 15:15	여호와의 성전에 받들어 **드렸으니**
삿 21:4	제단을 쌓고 번제와 화목제를 **드렸더라**	왕상 18:29	떠들어 저녁 소제 **드릴** 때까지 이르렀
룻 2:18	남긴 것을 내어 시어머니에게 **드리매**	왕상 21:7	나봇의 포도원을 왕께 **드리리이다** 하고
삼상 1:3	여호와께 예배하며 제사를 **드렸는데**	왕상 22:43	백성이 아직도 산당에서 제사를 **드리며**
삼상 1:4	엘가나가 제사를 드리는 날에는 제물을	왕하 3:20	아침이 되어 소제 **드릴** 때에 물이 에돔
삼상 1:11	내가 그의 평생에 그를 여호와께 **드리고**	왕하 3:27	위에서 번제를 **드린지라** 이스라엘에게
삼상 1:21	여호와께 매년제와 서원제를 **드리러**	왕하 4:42	채소를 하나님의 사람에게 **드린지라**
삼상 2:13	어떤 사람이 제사를 드리고 그 고기를	왕하 10:19	큰 제사를 바알에게 **드리고자** 하노니
삼상 2:19	어머니가 매년 **드리는** 제사를 **드리러**	왕하 10:24	무리가 번제와 다른 제사를 **드리려고**
삼상 2:28	**드리는** 모든 화제를 내가 네 조상	왕하 10:25	번제 **드리기**를 다하매 예후가 호위병과
삼상 6:3	그에게 속건제를 **드려야** 할지니라	왕하 12:13	여호와의 성전에 **드린** 그 은으로
삼상 6:15	여호와께 번제와 다른 제사를 **드리니라**	왕하 16:4	푸른 나무 아래에서 제사를 **드리며**
삼상 7:9	번제를 여호와께 **드리고** 이스라엘	왕하 16:12	앞에 나아가 그 위에 제사를 **드리되**
삼상 7:10	사무엘이 번제를 **드릴** 때에 블레셋 사람	왕하 17:3	그에게 종이 되어 조공을 **드리더니**
삼상 9:8	하나님의 사람에게 **드려** 우리 길을	왕하 17:36	그를 예배하며 그에게 제사를 **드릴**
삼상 9:12	백성이 오늘 산당에서 제사를 **드리므로**	왕하 23:10	어떤 사람도 몰록에게 **드리기** 위하여
삼상 10:8	내려가서 번제와 화목제를 **드리리니**	왕하 23:11	여러 왕이 태양을 위하여 **드린** 말들을
삼상 11:15	길갈에서 여호와 앞에 화목제를 **드리고**		
삼상 13:9	이리로 가져오라 하여 번제를 **드렸더니**		
삼상 13:10	번제 **드리기**를 마치자 사무엘이 온지라		
삼상 20:6	가족을 위하여 거기서 매년제를 드릴		
삼상 21:6	이 떡은 더운 떡을 **드리는** 날에 물려		
삼상 28:22	왕 앞에 한 조각 떡을 **드리게** 하시고		
삼하 4:8	다윗 왕에게 이스보셋의 머리를 **드리며**		
삼하 6:13	소와 살진 송아지로 제사를 **드리고**		
삼하 6:18	다윗이 번제와 화목제 **드리기**를 마치고		
삼하 8:11	다윗 왕이 그것도 여호와께 **드리되** 그가		
삼하 8:12	노략한 것과 같이 **드리니라**		
삼하 15:12	제사 **드릴** 때에 압살롬이 사람을 보내		
삼하 24:22	좋게 여기시는 대로 취하여 **드리소서**		
삼하 24:23	아라우나가 이것을 다 왕께 **드리나이다**		
왕상 3:4	그 제단에 일천 번제를 **드렸더니**		
왕상 3:15	번제와 감사의 제물을 **드리고** 모든 신하		
왕상 5:6	당신의 종의 삯을 당신에게 **드리리이다**		
왕상 7:51	아버지 다윗이 **드린** 물건 곧 은과 금과		
왕상 8:62	다 여호와 앞에 희생제물을 **드리니라**		
왕상 8:63	희생제물을 **드렸으니** 곧 여호와께 **드린**		
왕상 9:25	세 번씩 번제와 감사의 제물을 **드리고**		
왕상 10:10	향품과 보석을 왕에게 **드렸으니** 스바		
	의 여왕이 솔로몬 왕에게 **드린** 것처럼		
왕상 12:27	여호와의 성전에 제사를 **드리고자** 하여		
왕상 12:32	그가 만든 송아지에게 제사를 **드리며**		

"그러므로 형제들아 내가 하나님의 모든 자비하심으로 너희를 권하노니 너희 몸을 하나님이 기뻐하시는 거룩한 산 제물로 드리라 이는 너희가 드릴 영적 예배니라"(롬 12:1)

대상 6:49	위에 분향하며 제사를 **드리며** 지성소
대상 11:18	아니하고 그 물을 여호와께 부어 **드리고**
대상 21:24	여호와께 **드리려고** 네 물건을 빼앗지
	아니하겠고 값 없이는 번제를 **드리지도**
대상 23:5	여호와께 찬송을 **드리기** 위하여 만든
대상 23:31	모든 번제를 여호와께 **드리되** 그가 명
	령하신 규례의 … 여호와 앞에 **드리며**
대상 26:26	군대의 모든 지휘관이 구별하여 **드린**
대상 26:27	구별하여 **드려** 여호와의 성전을 개수한
대상 29:5	즐거이 손에 채워 여호와께 **드리겠느냐**
대상 29:9	백성들은 자원하여 **드렸으므로** … 여호
	와께 자원하여 **드렸으므로** 다윗 왕도
대하 1:6	위에 천 마리 희생으로 번제를 **드렸더라**
대하 2:4	성전을 건축하여 구별하여 **드리고**
	아침 저녁으로 번제를 **드리려** 하오니

【 드리다 】　　　　　　　　　　　　　　　　　　【 드리다 】

대하 8:13	무교절과 칠칠절과 초막절에 **드렸더라**
대하 17:5	여호사밧에게 예물을 **드렸으므로** 그가
대하 17:16	자기를 여호와께 즐거이 **드린** 자라 큰
대하 23:18	기록한 대로 여호와께 번제를 **드리며**
대하 24:9	정한 세를 여호와께 **드리라** 하였더니
대하 29:7	이스라엘의 하나님께 번제를 **드리지**
대하 29:23	속죄제물로 **드릴** 숫염소들을 왕과 회중
대하 29:27	번제를 제단에 **드릴새** 번제 드리기를
대하 29:31	몸을 깨끗하게 하여 여호와께 **드렸으니**
대하 30:22	무리가 먹으며 화목제를 **드리고** 그의
대하 31:5	모든 소산의 첫 열매들을 풍성히 **드렸고**
대하 31:6	하나님 여호와께 구별하여 **드릴** 성물의
대하 31:10	백성이 예물을 여호와의 전에 **드리기**
대하 31:14	**드리는** 예물을 맡아 여호와께 **드리는**
대하 32:23	예루살렘에 와서 여호와께 **드리고** 또
	보물을 유다 왕 히스기야에게 **드린지라**
대하 33:16	화목제와 감사제를 그 제단 위에 **드리고**
대하 35:8	방백들도 즐거이 희생을 **드려** 백성과
대하 35:12	책에 기록된 대로 여호와께 **드리게** 하고
대하 35:14	번제와 기름을 저녁까지 **드리므로** 레위
스 1:4	위하여 예물을 기쁘게 **드릴지니라**
스 1:6	돕고 그 외에도 예물을 기쁘게 **드렸더라**
스 3:2	기록한 대로 번제를 그 위에서 **드리려**
스 3:3	아침 저녁으로 여호와께 번제를 **드리며**
스 3:4	번제를 매일 정수대로 날마다 **드리고**
스 6:3	성전 곧 제사 **드리는** 처소를 건축하되
스 6:9	하나님께 **드릴** 번제의 수송아지와
스 7:15	성심으로 **드리는** 은금을 가져가고
스 9:5	저녁 제사를 **드릴** 때에 내가 근심 중에
느 2:1	그 포도주를 왕에게 **드렸는데** 이전에
느 4:2	**드리려는가**, 하루에 일을 마치려는가
느 7:70	의복 오백삼십 벌을 보물 곳간에 **드렸고**
느 10:33	항상 **드리는** 소제와 항상 **드리는** 번제와
느 10:35	열매를 여호와의 전에 **드리기로** 하였고
느 10:39	거제로 **드린** 곡식과 새 포도주와 기름을
느 12:43	제사를 **드리고** 심히 즐거워하였으니
느 13:31	처음 익은 것을 **드리게** 하였사오니
에 3:9	자의 손에 맡겨 왕의 금고에 **드리리이다**

시가서

욥 1:5	명수대로 번제를 **드렸으니** 이는 욥이
욥 35:7	의로운들 하나님께 무엇을 **드리겠으며**
욥 42:8	위하여 번제를 **드리라** 내 종 욥이
시 4:5	제사를 **드리고** 여호와를 의지할지어다

시 16:4	예물을 **드리는** 자는 괴로움이 더할
	드리는 피의 전제를 **드리지** 아니하며
시 27:6	장막에서 즐거운 제사를 **드리겠고** 노래
시 45:12	두로의 딸은 예물을 **드리고** 백성 중
시 50:14	감사로 하나님께 제사를 **드리며** 지존
시 50:23	제사를 **드리는** 자가 나를 영화롭게
시 51:16	그렇지 아니하면 내가 **드렸을** 것이라
시 51:19	그들이 수소를 주의 제단에 **드리리이다**
시 56:12	있사온즉 내가 감사제를 주께 **드리리니**
시 66:15	향기와 함께 살진 것으로 주께 번제를
	드리며 수소와 염소를 **드리리이다**
시 68:29	위하여 왕들이 주께 예물을 **드리리이다**
시 69:31	**드림보다** 여호와를 더욱 기쁘시게
시 72:10	스바와 시바 왕들이 예물을 **드리리로다**
시 72:15	스바의 금을 그에게 **드리며** 사람들이
시 76:11	경외할 이에게 예물을 **드릴지로다**
시 107:22	감사제를 **드리며** 노래하여 그가 행하신
시 116:17	주께 감사제를 **드리고** 여호와의 이름을
시 119:108	내 입이 **드리는** 자원제물을 받으시고
시 143:8	하소서 내가 내 영혼을 주께 **드림이니**
잠 7:14	내가 화목제를 **드려** 서원한 것을 오늘
잠 19:17	여호와께 꾸어 **드리는** 것이니 그의 선행
잠 21:3	정의를 행하는 것은 제사 **드리는** 것보다
잠 21:27	가증하거든 하물며 악한 뜻으로 **드리는**
전 5:1	자들이 제물 **드리는** 것보다 나으니
전 9:2	**드리는** 자와 제사를 **드리지** 아니하는

선지서

사 16:1	통치자에게 어린 양들을 **드리되** 셀라에
사 18:7	백성이 만군의 여호와께 **드릴** 예물을
사 19:21	제물과 예물을 그에게 **드리고** 경배할
사 40:20	궁핍한 자는 거제를 **드릴** 때에 썩지
사 53:10	영혼을 속건제물로 **드리기에** 이르면
사 57:6	그것들에게 **드리니** 내가 어찌 위로를
사 57:7	또 거기에 올라가서 제사를 **드렸으며**
사 60:9	**드리려** 하며 … **드리려** 하는 자들이라
사 66:20	**드림같이** … 예물로 **드릴** 것이요
렘 14:12	번제와 소제를 **드릴지라도** 내가 그것을
렘 19:5	바알에게 번제로 불살라 **드렸나니** 이는
렘 32:29	신들에게 전제를 **드려** 나를 격노하게
렘 33:10-11	성전에 감사제를 **드리는** 자들의 소리가
렘 33:18	번제를 **드리며** … 항상 **드릴** 레위 사람
렘 36:7	그들이 여호와 앞에 기도를 **드리며** 각기
렘 42:9	여호와께 **드리게** 하지 아니하였느냐

【 드리다 】　　【 드리다 】

렘 44:17	분향하고 그 앞에 전제를 **드리리라**
겔 16:20	자녀를 그들에게 데리고 가서 **드려** 제물
겔 23:39	자녀를 죽여 그 우상에게 **드린** 그 날에
겔 36:38	제사 **드릴** 양 떼 곧 예루살렘이 정한
겔 43:18	그 위에 번제를 **드리며** 피를 뿌리는
겔 43:22	한 마리를 속죄제물로 삼아 **드려서**
겔 43:26	속죄제를 **드려** 정결하게 하며 **드릴**
겔 43:27	번제와 감사제를 **드릴** 것이라 그리하면
겔 44:7	기름과 피를 **드릴** 때에 그들로 내 성소
겔 45:1	땅으로 삼아 여호와께 예물로 **드릴지니**
겔 46:4	안식일에 군주가 여호와께 **드릴** 번제는
겔 48:9	여호와께 **드려** 예물로 삼을 땅의 길이는
겔 48:10	**드리는** 거룩한 땅은 제사장에게 돌릴
겔 48:20	예물로 **드리는** 땅의 합계는 길이도 이만
단 2:4	우리가 해석하여 **드리겠나이다**
단 8:11	그에게 매일 **드리는** 제사를 없애 버렸고
단 9:21	제사를 **드릴** 때 즈음에 내게 이르더니
단 11:31	견고한 곳을 더럽히며 매일 **드리는** 제사
단 11:38	신에게 금 은 보석과 보물을 **드려** 공경
단 12:11	매일 **드리는** 제사를 폐하며 멸망하게
호 4:13	그들이 산꼭대기에서 제사를 **드리며**
호 4:14	음부와 함께 희생을 **드림이니라** 깨닫지
호 8:13	내게 고기를 제물로 **드리고** 먹을지라도
호 9:10	부끄러운 우상에게 몸을 **드림으로** 저희
호 10:6	예물로 야렙 왕에게 **드리리니** 에브라임
호 12:11	수송아지로 제사를 **드리며** 그 제단은
호 14:2	입술의 열매를 주께 **드리리이다**
암 4:4	희생을, 삼일마다 너희 십일조를 **드리며**
암 4:5	누룩 넣은 것을 불살라 수은제로 **드리며**
암 5:22	너희가 내게 번제나 소제를 **드릴지라도**
욘 1:16	두려워하여 여호와께 제물을 **드리고**
미 4:13	탈취물을 구별하여 여호와께 **드리며**
미 6:7	죄로 말미암아 내 몸의 열매를 **드릴까**
슥 14:21	여호와의 성물이 될 것인즉 제사 **드리는**
말 1:7	떡을 나의 제단에 **드리고도** 말하기를
말 1:8	**드리는** 것이 … 총독에게 **드려** 보라
말 1:10	손으로 **드리는** 것을 받지도 아니하리라
말 1:11	분향하며 깨끗한 제물을 **드리리니** 이는
말 1:14	있는 것으로 속여 내게 **드리는** 자는
말 2:17	*어떻게 여호와를 괴롭혀 **드렸나이까***

신약

마 2:11	황금과 유향과 몰약을 예물로 **드리니라**
마 5:23	제단에 **드리려다가** 거기서 네 형제
마 8:4	몸을 보이고 모세가 명한 예물을 **드려**
마 15:5	어머니에게 말하기를 내가 **드려** 유익하
	게 할 것이 하나님께 **드림이** 되었다고
마 23:23	박하와 회향과 근채의 십일조는 **드리되**
막 7:12	어머니에게 다시 아무 것도 하여 **드리기**
막 12:33	사랑하는 것이 전체로 **드리는** 모든
눅 2:23	하리라 한 대로 아기를 주께 **드리고**
눅 4:17	선지자 이사야의 글을 **드리거늘** 책을
눅 18:12	또 소득의 십일조를 **드리나이다**
눅 24:42	이에 구운 생선 한 토막을 **드리니**
요 4:33	말하되 누가 잡수실 것을 갖다 **드렸는가**
행 7:42	사십 년간 희생과 제물을 내게 **드린**
행 8:18	안수로 성령 받는 것을 보고 돈을 **드려**
행 23:33	편지를 총독에게 **드리고** 바울을 그 앞에
행 24:18	**드리는** 중에 내가 결례를 행하였고 모임
롬 6:13	살아난 자같이 하나님께 **드리며** 너희
	지체를 의의 무기로 하나님께 **드리라**
롬 11:35	주께 먼저 **드려서** 갚으심을 받겠느냐
롬 12:1	산 제물로 **드리라** 이는 너희가 **드릴**
롬 15:16	제물로 **드리는** 것이 성령 안에서 거룩하
고후 8:5	먼저 자신을 주께 **드리고** 또 하나님
고후 9:12	사람들이 하나님께 **드리는** 많은 감사로
고후 11:2	처녀로 한 남편인 그리스도께 **드리려고**
엡 5:2	희생제물로 하나님께 **드리셨느니라**
빌 2:17	섬김 위에 내가 나를 전제로 **드릴지라도**
딤후 2:15	자신을 하나님 앞에 **드리기를** 힘쓰라
히 5:1	예물과 속하는 제사를 **드리게** 하나니
히 5:3	백성을 위하여 속죄제를 **드림과** 같이 또
	한 자신을 위하여도 **드리는** 것이 마땅하
히 7:27	**드리는** 것과 같이 … **드려** 이루셨음
히 8:3	예물과 제사 **드림을** 위하여 세운 자니
	그러므로 그도 무엇인가 **드릴** 것이
히 8:4	율법을 따라 예물을 **드리는** 제사장이
히 9:7	백성의 허물을 위하여 **드리는** 피 없이는
히 9:9	이에 따라 **드리는** 예물과 제사는 섬기는
히 9:14	하나님께 **드린** 그리스도의 피가 어찌
히 9:25	들어가는 것같이 자주 자기를 **드리려고**
히 9:26	자기를 단번에 제물로 **드려** 죄를 없이
히 9:28	담당하시려고 단번에 **드리신** 바 되셨고
히 10:1	늘 **드리는** 같은 제사로는 나아오는
히 10:2	**드리는** 일을 그치지 아니하였으리요
히 10:8	이는 다 율법을 따라 **드리는** 것이라
히 10:10	그리스도의 몸을 단번에 **드리심으로**

【 드리다 】 【 드빌 】

히 10:11	자주 같은 제사를 **드리되** 이 제사는
히 10:12	죄를 위하여 한 영원한 제사를 **드리시고**
히 10:18	사하셨은즉 다시 죄를 위하여 제사 드릴
히 11:4	더 나은 제사를 하나님께 **드림**으로
히 11:17	믿음으로 이삭을 **드렸으니** 그는 약속들을 받은 … 그 외아들을 **드렸느니라**
히 13:15	항상 찬송의 제사를 하나님께 **드리자**
벧전 2:5	받으실 신령한 제사를 **드릴** 거룩한
계 4:10	경배하고 자기의 관을 보좌 앞에 **드리며**
계 5:9	사람들을 피로 사서 하나님께 **드리시고**
계 8:3	합하여 보좌 앞 금 제단에 **드리고자**

✝ **드리다 - 기타 본문**

모세오경 창 4:4; 40:13, 21; 출 5:3, 8, 17; 8:25, 26, 27, 28, 29; 29:25, 28, 41; 35:21, 24; 레 1:3, 13, 14, 17; 2:4, 5, 7, 16; 3:1, 3, 6, 7, 9, 11, 14, 16; 4:3, 14; 5:6, 8, 10, 11; 6:14, 21, 22; 7:8, 13, 16, 18, 25; 8:28; 9:2, 15, 16, 17; 10:12; 14:20, 30; 15:15, 30; 16:6, 9, 11, 20; 17:5; 19:5; 21:21; 22:2, 3, 15, 18, 19, 20, 21, 25, 27, 29; 23:20, 36, 37, 38; 27:9, 14, 16, 17, 18, 19, 21, 22, 23, 26; 민 6:5, 6, 7, 11, 12, 14; 7:3, 12, 18, 19, 24, 30; 36, 42, 48, 54, 60, 66, 72, 78, 88; 8:15, 21; 9:13; 10:10; 15:3, 4, 5, 7, 9, 10, 13, 14, 19, 20, 21, 24, 25; 16:39; 18:11, 13, 15, 17, 24, 28, 29, 30; 23:14, 30; 28:4, 5, 8, 9, 11, 13, 15, 20, 21, 22, 27, 29, 30, 31; 29:2, 4, 5, 6, 8, 10, 11, 13, 15, 16, 17, 19, 20, 22, 23, 25, 26, 28, 29, 31, 32, 34, 36, 38, 39; 31:28, 38, 39, 40, 41, 52; 신 15:21; 17:1 **역사서** 수 13:14; 22:23; 삿 13:19; 삼상 1:28; 2:15, 29; 6:4, 8, 14, 17, 18; 9:7; 13:12; 16:2; 18:27; 삼하 6:17; 19:5; 23:16; 24:24, 25; 왕상 2:14; 8:64; 18:36; 왕하 5:17; 12:4, 7, 16, 18; 14:4; 15:4, 35; 17:4, 31, 32; 22:4; 대상 15:26; 16:1, 2, 40; 18:11; 21:23, 26, 28; 26:28; 29:3, 6, 7, 8, 14, 17, 21; 대하 5:1, 6; 7:4, 5, 7; 8:12; 9:9; 13:11; 15:18; 17:11; 24:14; 28:4; 29:21, 24, 32, 33; 31:2; 33:17; 35:16; 스 2:68; 3:5, 6; 4:2; 6:10, 17; 7:16, 17, 19, 20; 8:25, 28, 35; 9:4; 10:19; 느 7:71, 72 **선지서** 사 66:3; 렘 44:18, 19, 25; 겔 16:36; 20:26, 28, 40; 43:23, 24; 44:15, 27, 29; 45:7, 13, 14, 15, 16, 22, 23, 25; 46:2, 6, 12, 13, 14, 15; 48:8; 단 2:7, 16, 24, 25; 5:12; 8:12, 13;

호 9:4; 13:2; 욜 1:13; 2:14; 암 5:25; 욘 2:9; 학 2:14; 말 2:12 **신약** 마 5:24; 막 1:44; 7:11; 눅 5:14; 11:42; 행 21:26

드리우다(part, stretch out)

출 26:9	폭 절반은 성막 전면에 접어 **드리우고**
삼하 22:10	그가 또 하늘을 **드리우고** 강림하시니
시 18:9	그가 또 하늘을 **드리우시고** 강림하시니
시 144:5	여호와여 주의 하늘을 **드리우고** 강림
아 7:5	머리는 갈멜 산 같고 **드리운** 머리털은
사 34:11	위에 혼란의 줄과 공허의 추를 **드리우실**
슥 13:7	자들 위에는 내가 내 손을 **드리우리라**
행 10:11	같고 네 귀를 매어 땅에 **드리웠더라**
행 11:5	내리어 내 앞에까지 **드리워지거늘**

드만(Teman) 데만과 같은 곳으로 에돔 북부 지역

옵 1:9	**드만**아 네 용사들이 놀랄 것이라 이로

드발리야(Tebaliah) 므라리 지파 호새의 셋째 아들

대상 26:11	둘째는 힐기야요 셋째는 **드발리야**요

드보라(Deborah)

1. 리브가의 유모

창 35:8	리브가의 유모 **드보라**가 죽으매 그를

2. 이스라엘의 여선지자로 랍비돗의 아내

삿 4:4	아내 여선지자 **드보라**가 이스라엘의
삿 4:5	라마와 벧엘 사이 **드보라**의 종려나무
삿 4:6	**드보라**가 사람을 보내어 아비노암의
삿 4:9	**드보라**가 일어나 바락과 함께 게데스로
삿 4:10	그를 따라 올라가고 **드보라도** 그와 함께
삿 4:14	**드보라**가 바락에게 이르되 일어나라
삿 5:1	이 날에 **드보라**와 아비노암의 아들 바락
삿 5:7	**드보라**가 일어나 이스라엘의 어머니가
삿 5:12	깰지어다 깰지어다 **드보라**여 깰지어다
삿 5:15	잇사갈의 방백들이 **드보라**와 함께 하니

드빌(Debir)

1. 에글론의 왕

수 10:3	라기스 왕 야비아와 에글론 왕 **드빌**에게
수 12:13	하나는 **드빌** 왕이요 하나는 게델 왕이요

2. 유다 지파의 성읍

수 10:38	이스라엘과 더불어 돌아와서 **드빌**에
수 10:39	**드빌**과 그 왕에게 행한 것이 헤브론에

【 드우엘 】　　　　　　　　　　　　　　　　　　　　　　　　　　　　【 듣다 】

수 11:21　산지와 헤브론과 **드빌**과 아납과 유다
수 15:7　또 아골 골짜기에서부터 **드빌**을 지나
수 15:15　올라가서 **드빌** 주민을 쳤는데 **드빌**의
수 15:49　단나와 기럇 산나 곧 **드빌**과
수 21:15　홀론과 그 목초지와 **드빌**과 그 목초지와
삿 1:11　**드빌**의 주민들을 쳤으니 **드빌**의 본 이름
대상 6:58　힐렌과 그 초원과 **드빌**과 그 초원과

3. 요단 동쪽 갓 지파 성읍

수 13:26　브도님까지와 마하나임에서 **드빌** 지역

드우엘(Deuel)　갓 지파 엘리아삽의 아버지
민 1:14　지파에서는 **드우엘**의 아들 엘리아삽
민 2:14　지휘관은 **르우엘**의 아들 엘리아삽이요
민 7:42　자손의 지휘관 **드우엘**의 아들 엘리아삽
민 7:47　**드우엘**의 아들 엘리아삽의 헌물이었더
민 10:20　지파의 군대는 **드우엘**의 아들 엘리아삽

드합느헤스(Tahpanhes-NIV, Tehpanhes-KJV) 애굽의 나일 강 동쪽의 언저
겔 30:18　때에 **드합느헤스**에서는 날이 어둡겠고

드힌나(Tehinnah)　유다 자손 에스돈의 아들
대상 4:12　이르나하스의 아버지 **드힌나**를 낳았으

득남하다(得男, bring forth a man)
창 4:1　내가 여호와로 말미암아 **득남하였다**
창 35:17　말라 지금 네가 또 **득남하느니라**
렘 20:15　당신이 **득남하였다** 하여 아버지를

득의하다(得意, triumph)
잠 28:12　의인이 **득의하면** 큰 영화가 있고 악인

득죄하다(得罪, have wrong)
삼상 19:4　그는 왕께 **득죄하지** 아니하였고 그가

든든하다(secure)
삼상 25:28　주를 위하여 **든든한** 집을 세우시리니
시 52:7　자기의 악으로 스스로 **든든하게** 하던
잠 5:6　자기 길이 **든든하지** 못하여도 그것을
단 2:41　나라가 쇠 같은 **든든함**이 있을 것이나
단 2:42　나라가 얼마는 **든든하고** 얼마는 부서질
암 6:1　산에서 마음이 **든든한** 자 곧 백성들
행 5:23　우리가 보니 옥은 **든든하게** 잠기고

든든히(fasten)
잠 4:26　평탄하게 하며 네 모든 길을 **든든히**
렘 10:4　장도리로 그것을 **든든히** 하여 흔들리지
행 16:24　옥에 가두고 그 발을 차꼬에 **든든히**

든든히 서다

삼상 20:31　너와 네 나라가 **든든히 서지** 못하리라
시 39:5　사람은 그가 **든든히 서** 있는 때에도
행 9:31　교회가 평안하여 **든든히 서** 가고 주를

든든히 세우다

행 20:32　말씀이 여러분을 능히 **든든히 세우사**

든든히 지키다

행 16:23　가두고 간수에게 명하여 **든든히 지키라**

듣다(hear, listen to)
모세오경, 역사서
창 3:8　여호와 하나님의 소리를 **듣고** 아담과
창 3:10　하나님의 소리를 **듣고** 내가 벗었으므로
창 23:13　청하건대 내 말을 **들으시오** 내가 그 밭
창 30:22　하나님이 그의 소원을 **들으시고** 그의
창 37:6　이르되 청하건대 내가 꾼 꿈을 **들으시오**
출 2:15　바로가 이 일을 **듣고** 모세를 죽이고자
출 2:24　하나님이 그들의 고통 소리를 **들으시고**
레 5:1　누구든지 저주하는 소리를 **듣고서도**
레 10:20　모세가 그 말을 **듣고** 좋게 여겼더라
민 9:8　어떻게 명령하시는지 내가 **들으리라**
민 11:1　여호와께서 **들으시기**에 백성이 악한
　　　　　말로 원망하매 여호와께서 **들으시고**
민 20:16　우리 소리를 **들으시고** 천사를 보내사
민 21:3　이스라엘의 목소리를 **들으시고** 가나안
신 1:16　너희의 형제 중에서 송사를 **들을** 때에
신 1:17　있거든 내게로 돌리라 내가 **들으리라**
신 1:34　여호와께서 너희의 말소리를 **들으시고**
신 26:7　여호와께서 우리 음성을 **들으시고** 우리
신 33:7　여호와여 유다의 음성을 **들으시고** 그의
수 2:10　전멸시킨 일을 우리가 **들었음이니라**
수 2:11　우리가 **듣자** 곧 마음이 녹았고 너희로
삿 5:16　목자의 피리 부는 소리를 **들음**은 어찌
삿 9:7　하나님이 너희의 말을 **들으시리라**
삿 13:9　마노아의 목소리를 **들으시니라**
룻 1:6　그들에게 양식을 주셨다 함을 **듣고** 이에

【 듣다 】   【 듣다 】

삼상 2:22 수종 드는 여인들과 동침하였음을 **듣고**
삼상 2:23 악행을 이 모든 백성에게서 **듣노라**
삼상 15:22 순종이 제사보다 낫고 **듣는** 것이 숫양의
삼상 24:9 말을 왕은 어찌하여 **들으시나이까**
삼하 3:28 그 후에 다윗이 **듣고** 이르되 넬의 아들
삼하 4:1 헤브론에서 죽었다 함을 **듣고** 손의 맥이
삼하 14:16 왕께서 **들으시고** 나와 내 아들을 함께
삼하 21:14 그 땅을 위한 기도를 **들으시니라**
삼하 24:25 땅을 위한 기도를 **들으시매** 이스라엘에

대하 6:27 주께서는 하늘에서 **들으사** 주의 종들과
대하 6:30 주는 계신 곳 하늘에서 **들으시며** 사유
대하 6:33 주는 계신 곳 하늘에서 **들으시고** 모든
대하 6:35 간구를 **들으시고** 그들의 일을 돌보시옵
대하 6:39 그들의 기도와 간구를 **들으시고** 그들의
대하 20:9 부르짖은즉 **들으시고** 구원하시리라
대하 30:20 히스기야의 기도를 **들으시고** 백성을
대하 33:13 기도를 받으시며 그의 간구를 **들으시사**
스 4:1 함을 유다와 베냐민의 대적이 **듣고**
스 9:3 일을 **듣고** 속옷과 겉옷을 찢고 머리털과
느 1:6 눈을 여시사 종의 기도를 **들으시옵소서**
느 1:11 종들의 기도를 **들으시고** 오늘 종이 형통
느 2:19 말을 **듣고** 우리를 업신여기고 우리를
느 4:1 성을 건축한다 함을 **듣고** 크게 분노하여
느 4:4 우리 하나님이여 **들으시옵소서** 우리가
느 9:9 홍해에서 그들의 부르짖음을 **들으시고**
느 9:27 주께서 하늘에서 **들으시고** 주의 크신
느 9:28 주께서 하늘에서 **들으시고** 여러 번 주의
에 1:18 귀부인들이 왕후의 행위를 **듣고** 왕의

"그러므로 믿음은 들음에서 나며 들음은 그리 스도의 말씀으로 말미암았느니라"(롬 10:17)

왕상 1:11 왕이 되었음을 **듣지** 못하였나이까 우리
왕상 1:41 뿔나팔 소리를 **듣고** 이르되 어찌하여
왕상 8:28 부르짖음과 비는 기도를 **들으시옵소서**
왕상 8:29 곳을 향하여 비는 기도를 **들으시옵소서**
왕상 8:30 그 간구함을 **들으시되** 주께서 계신 곳
　　　　하늘에서 **들으시고** 들으시사 사하여
왕상 8:32 주는 하늘에서 **들으시고** 행하시되 주의
왕상 8:34 하늘에서 **들으시고** 주의 백성 이스라엘
왕상 8:39 계신 곳 하늘에서 **들으시고** 사하시며
왕상 8:43 주는 계신 곳 하늘에서 **들으시고** 이방인
왕상 8:45 간구를 **들으시고** 그들의 일을 돌보시옵
왕상 8:49 간구를 **들으시고** 그들의 일을 돌보시사
왕상 8:52 주께 부르짖는 대로 **들으시옵소서**
왕상 10:8 앞에 서서 당신의 지혜를 **들음이로다**
왕상 17:22 엘리야의 소리를 **들으시므로** 그 아이의
왕하 3:21 치려 한다 함을 **듣고** 갑옷 입을 만한
왕하 4:31 없고 **듣지도** 아니하는지라 돌아와서
왕하 19:16 기울여 **들으소서** 여호와여 눈을 떠서
　　　　… 비방하러 보낸 말을 **들으시옵소서**
대상 19:8 다윗이 **듣고** 요압과 용사의 온 무리를
대상 28:8 하나님이 **들으시는** 데에서 너희 하나님
대하 6:19 것과 비는 기도를 **들으시옵소서**
대하 6:20 곳을 향하여 비는 기도를 **들으시옵소서**
대하 6:21 그 간구함을 **들으시되** 주께서 계신 곳
　　　　하늘에서 **들으시고** 들으시사 사하여
대하 6:23 주는 하늘에서 **들으시고** 행하시되 주의
대하 6:25 하늘에서 **들으시고** 주의 백성 이스라엘에

시가서

욥 2:11 모든 재앙이 그에게 내렸다 함을 **듣고**
욥 4:16 내가 조용한 중에 한 목소리를 **들으니**
욥 23:6 아니로다 도리어 내 말을 **들으시리라**
욥 27:9 어찌 그의 부르짖음을 **들으시랴**
욥 42:4 내가 말하겠사오니 주는 **들으시고** 내가
시 4:3 부를 때에 여호와께서 **들으시리로다**
시 5:3 아침에 주께서 나의 소리를 **들으시리니**
시 10:17 자의 소원을 **들으셨사오니** 그들의 마
　　　　음을 준비하시며 귀를 기울여 **들으시고**
시 17:1 여호와여 의의 호소를 **들으소서** 나의
시 27:7 소리 내어 부르짖을 때에 **들으시고** 또한
시 30:10 **들으시고** 내게 은혜를 베푸소서
시 34:6 여호와께서 **들으시고** 그의 모든 환난에
시 34:17 부르짖으매 여호와께서 **들으시고**
시 39:12 나의 기도를 **들으시며** 나의 부르짖음에
시 54:2 하나님이여 내 기도를 **들으시며** 내 입의
시 55:17 여호와께서 내 소리를 **들으시리로다**
시 55:19 옛부터 계시는 하나님이 **들으시고**
시 61:1 하나님이여 나의 부르짖음을 **들으시며**
시 61:5 주께서 나의 서원을 **들으시고** 주의 이름
시 64:1 내가 근심하는 소리를 **들으시고** 원수의
시 65:2 기도를 **들으시는** 주여 모든 육체가 주께
시 69:33 여호와는 궁핍한 자의 소리를 **들으시며**

【 듣다 】

시 78:59	하나님이 **들으시고** 분 내어 이스라엘을
시 102:1	여호와여 내 기도를 **들으시고** 나의 부르
시 102:20	갇힌 자의 탄식을 **들으시며** 죽이기로
시 116:1	내 음성과 내 간구를 **들으시므로** 내가
시 130:2	주여 내 소리를 **들으시며** 나의 부르짖는
시 138:4	그들이 주의 입의 말씀을 **들음이오며**
시 143:1	여호와여 내 기도를 **들으시며** 내 간구에
잠 7:24	이제 아들들아 내 말을 **듣고** 내 입의
잠 8:6	너희는 **들을지어다** 내가 가장 선한 것을
잠 15:29	하시고 의인의 기도를 **들으시느니라**
전 5:1	가까이 하여 말씀을 **듣는** 것이 우매한
전 7:5	**듣는** 것이 우매한 자들의 노래를 **듣는**

선지서

사 1:10	관원들아 여호와의 말씀을 **들을지어다**
사 6:8	내가 또 주의 목소리를 **들으니** 주께서
사 19:22	그들의 간구함을 **들으시고** 그들을 고쳐
사 37:17	기울여 **들으시옵소서** 여호와여 눈을 뜨고 … 훼방한 모든 말을 **들으시옵소서**
렘 4:19	나팔 소리와 전쟁의 경보를 **들음이로다**
렘 4:31	내가 소리를 **들은즉** 여인의 해산하는
렘 5:21	**듣지** 못하는 백성이여 이를 **들을지어다**
렘 26:11	너희 귀로 **들음같이** 이 성에 관하여
렘 37:20	주 왕이여 이제 청하건대 내게 **들으시며**
애 1:21	그들이 내가 탄식하는 것을 **들었으나**
애 3:56	주께서 이미 나의 음성을 **들으셨사오니**
겔 3:17	너는 내 입의 말을 **듣고** 나를 대신하여
겔 13:19	거짓말을 곧이 **듣는** 내 백성에게 너희가
단 3:5	모든 악기 소리를 **들을** 때에 엎드리어
단 3:7	악기 소리를 **듣자** 곧 느부갓네살 왕이
단 9:17	주의 종의 기도와 간구를 **들으시고** 주를
단 9:18	나의 하나님이여 귀를 기울여 **들으시며**

"우리가 무엇이든지 구하는 바를 **들으시는** 줄을 안즉 우리가 그에게 구한 그것을 얻은 줄을 또한 아느니라"(요일 5:15)

욜 1:2	늙은 자들아 너희는 이것을 **들을지어다**
암 3:13	하나님의 말씀이니라 너희는 **듣고**
옵 1:1	여호와께로 말미암아 소식을 **들었나니**
욘 2:2	주께서 내 음성을 **들으셨나이다**
미 1:2	다 **들을지어다** 땅과 거기에 있는 모든 것들이 자세히 **들을지어다** 주 여호와
나 3:19	소식을 **듣는** 자가 다 너를 보고 손뼉을

【 듣다 】

합 3:2	여호와여 내가 주께 대한 소문을 **듣고**
습 2:8	암몬 자손이 조롱하는 말을 **들었나니**
슥 3:8	동료들은 내 말을 **들을 것이니라** 이들은
말 3:16	여호와께서 그것을 분명히 **들으시고**

신약

마 2:22	유대의 임금 됨을 **듣고** 거기로 가기를
마 4:12	예수께서 요한이 잡혔음을 **들으시고**
마 8:10	예수께서 **들으시고** 놀랍게 여겨 따르는
마 9:12	예수께서 **들으시고** 이르시되 건강한
마 13:16	눈은 봄으로, 너희 귀는 **들음으로** 복이
마 14:13	예수께서 **들으시고** 배를 타고 떠나사
막 2:17	예수께서 **들으시고** 그들에게 이르시되
막 5:36	예수께서 그 하는 말을 곁에서 **들으시고**
막 6:20	번민을 하면서도 달갑게 **들음이러라**
막 14:64	신성 모독 하는 말을 너희가 **들었도다**
막 15:35	섰던 자 중 어떤 이들이 **듣고** 이르되
막 16:11	마리아에게 보이셨다는 것을 **듣고도**
눅 1:29	처녀가 그 말을 **듣고** 놀라 이런 인사가
눅 1:41	엘리사벳이 마리아가 문안함을 **들으매**
눅 7:9	예수께서 **들으시고** 그를 놀랍게 여겨
눅 8:50	예수께서 **들으시고** 이르시되 두려워
눅 18:22	예수께서 이 말을 **들으시고** 이르시되
요 1:37	제자가 그의 말을 **듣고** 예수를 따르거늘
요 1:40	말을 **듣고** 예수를 따르는 두 사람 중
요 9:31	그의 뜻대로 행하는 자의 말은 **들으시는**
요 11:4	예수께서 **들으시고** 이르시되 이 병은
요 11:6	병들었다 함을 **들으시고** 그 계시던
요 11:42	내 말을 **들으시는** 줄을 내가 알았나
행 2:8	우리 각 사람이 난 곳 방언으로 **듣게**
행 3:22	무엇이든지 그의 모든 말을 **들을 것이라**
행 10:31	고넬료야 하나님이 네 기도를 **들으시고**
행 10:46	말하며 하나님 높임을 **들음이러라**
행 24:4	관용하여 **들으시기**를 원하나이다
행 25:22	베스도가 이르되 내일 **들으시리이다**
행 26:3	말을 너그러이 **들으시기**를 바라나이다
롬 10:17	믿음은 **들음**에서 나며 **들음**은 그리스도
롬 13:9	하신 그 말씀 가운데 다 **들었느니라**
롬 15:21	받지 못한 자들이 볼 것이요 **듣지** 못한
고전 2:9	눈으로 보지 못하고 귀로 **듣지** 못하고
고전 5:1	중에 심지어 음행이 있다 함을 **들으니**
고후 6:2	너에게 **듣고** 구원의 날에 너를 도왔느
고후 12:4	말로 표현할 수 없는 말을 **들었으니**
갈 3:5	행위에서냐 혹은 **듣고** 믿음에서냐

【 듣다 】

갈 4:21	아래에 있고자 하는 자들아 율법을 듣지
엡 1:13	너희의 구원의 복음을 듣고 그 안에서
엡 1:15	모든 성도를 향한 사랑을 나도 듣고
빌 1:30	바요 이제도 내 안에서 듣는 바니라
빌 2:26	자기가 병든 것을 너희가 들은 줄을
빌 4:9	너희는 내게 배우고 받고 듣고 본 바를
골 1:4	모든 성도에 대한 사랑을 들었음이요
골 1:5	너희가 전에 복음 진리의 말씀을 들은
살전 2:13	너희가 우리에게 들은 바 하나님의 말씀
살후 3:11	우리가 들은즉 너희 가운데 게으르게
딤전 4:16	이것을 행함으로 네 자신과 네게 듣는
딤후 1:13	믿음과 사랑으로써 내게 들은 바 바른
몬 1:5	네 사랑과 믿음이 있음을 들음이니
히 2:1	우리는 들은 것에 더욱 유념하여
히 2:3	말씀하신 바를 들은 자들이 우리에게
약 2:5	사랑하는 형제들아 들을지어다 하나님
벧후 1:18	있을 때에 하늘로부터 난 것을 들은
벧후 2:8	불법한 행실을 보고 들음으로 그 의로운
요일 1:1	말씀에 관하여는 우리가 들은 바요
요일 5:15	무엇이든지 구하는 바를 들으시는 줄을
요이 1:6	처음부터 들은 바와 같이 그 가운데서
요삼 1:4	진리 안에서 행한다 함을 듣는 것보다
계 1:3	이 예언의 말씀을 읽는 자와 듣는 자와
계 1:10	나는 나팔 소리 같은 큰 음성을 들으니

듣게 하다

출 19:9	백성들이 듣게 하며 또한 너를 영영히
출 24:7	백성에게 낭독하여 듣게 하니 그들이
신 4:36	그의 음성을 네게 듣게 하시며 … 나 오는 그의 말씀을 듣게 하셨느니라
신 31:11	낭독하여 온 이스라엘에게 듣게 할지니
왕하 7:6	군대의 소리를 듣게 하셨으므로 아람
대상 17:25	세우실 것을 이미 듣게 하셨으므로
욥 36:10	그들의 귀를 열어 교훈을 듣게 하시며
시 143:8	주의 인자한 말씀을 듣게 하소서 내가
아 2:14	소리를 듣게 하라 네 소리는 부드럽고
아 8:13	귀를 기울이니 내가 듣게 하려무나
사 30:30	그의 장엄한 목소리를 듣게 하시며
사 41:22	혹 앞으로 올 일을 듣게 하며
사 44:8	예로부터 너희에게 듣게 하지 아니하였
사 45:21	이 일을 옛부터 듣게 한 자가 누구냐
사 48:3	그것들을 듣게 하였고 내가 홀연히
사 48:5	그것을 네게 듣게 하였느니라 그것을 네
사 48:6	가 듣게 하여 네가 이것을 내 신이 행한 못하던 은비한 일을 네게 듣게 하노니
렘 6:10	경책하여 듣게 할꼬 보라 그 귀가
렘 20:16	낮에는 떠드는 소리를 듣게 하였더면,
미 6:1	산들아 네 목소리를 듣게 하라 하셨나
막 7:37	못 듣는 사람도 듣게 하고 말 못하는
행 22:14	입에서 나오는 음성을 듣게 하셨으니
딤후 4:17	이방인이 듣게 하려 하심이니 내가

듣고 보다

시 45:10	딸이여 듣고 보고 귀를 기울일지어다
마 11:4	너희가 가서 듣고 보는 것을 요한에게

듣기 싫다

잠 1:24	불렀으나 너희가 듣기 싫어하였고
사 30:9	여호와의 법을 듣기 싫어하는 자식들
겔 3:27	것이요 듣기 싫은 자는 듣지 아니하리

듣지 아니하다

창 34:17	만일 우리 말을 듣지 아니하고 할례를
창 39:10	청하였으나 요셉이 듣지 아니하여
창 42:21	괴로움을 보고도 듣지 아니하였으므로
창 42:22	그래도 너희가 듣지 아니하였느니라
출 4:1	말을 듣지 아니하고 이르기를 여호와
출 4:9	듣지 아니하거든 너는 나일 강 물을
출 6:9	모세의 말을 듣지 아니하였더라
출 6:12	자손도 내 말을 듣지 아니하였거든
출 7:4	너희의 말을 듣지 아니할 터인즉 내가
출 7:13	완악하여 그들의 말을 듣지 아니하니
출 7:16	이제까지 네가 듣지 아니하도다
출 7:22	그들의 말을 듣지 아니하니 여호와의
출 8:15	말을 듣지 아니하였으니 여호와께서
출 8:19	그들의 말을 듣지 아니하였으니 여호와
출 9:12	말을 듣지 아니하였으니 여호와께서
출 11:9	바로가 너희의 말을 듣지 아니하리라
신 1:43	말하였으나 너희가 듣지 아니하고
신 1:45	소리를 듣지 아니하시며 너희에게
신 3:26	내게 진노하사 내 말을 듣지 아니하시고
신 9:23	아니하고 그 말씀을 듣지 아니하였나니
신 11:28	여호와의 명령을 듣지 아니하고 본래
신 17:12	제사장이나 재판장에게 듣지 아니하거
신 18:19	이름으로 전하는 내 말을 듣지 아니하는
신 21:20	우리 말을 듣지 아니하고 방탕하며 술에

【 듣다 】

신 23:5	발람의 말을 듣지 아니하시고 네	잠 13:1	꾸지람을 즐겨 듣지 아니하느니라
신 30:17	네가 만일 마음을 돌이켜 듣지 아니하	잠 21:13	자가 부르짖는 소리를 듣지 아니하면
삿 2:2	너희가 내 목소리를 듣지 아니하였으니	잠 28:9	사람이 귀를 돌려 율법을 듣지 아니하면
삿 6:10	내 목소리를 듣지 아니하였느니라	전 7:21	너를 저주하는 것을 듣지 아니하리라
삿 11:17	왕이 이를 듣지 아니하였고 또 그와	전 9:16	그의 말들을 사람들이 듣지 아니한다
삿 11:28	보내어 말한 것을 듣지 아니하였더라	사 1:15	기도할지라도 내가 듣지 아니하리니
삿 19:25	무리가 듣지 아니하므로 그 사람이 자기	사 28:12	하셨으나 그들이 듣지 아니하였으므로
삿 20:13	이스라엘 자손의 말을 듣지 아니하고	사 33:15	막아 피 흘리려는 꾀를 듣지 아니하는
삼상 2:25	아버지의 말을 듣지 아니하였으니	사 42:20	열려 있을지라도 듣지 아니하는도다
삼상 12:15	여호와의 목소리를 듣지 아니하고	사 65:12	내가 말하여도 듣지 아니하고 나의 눈에
삼하 12:17	일으키려 하되 왕이 듣지 아니하고	렘 3:13	가서 내 목소리를 듣지 아니하였음이라
삼하 12:18	왕이 그 말을 듣지 아니하셨나니 어떻게	렘 6:19	말을 듣지 아니하며 내 율법을 거절한
삼하 13:14	암논이 그 말을 듣지 아니하고 다말보다	렘 7:13	부지런히 말하여도 듣지 아니하였고
삼하 13:16	더하다 하되 암논이 그를 듣지 아니하고	렘 7:16	말라 내가 네게서 듣지 아니하리라
왕상 12:15	이같이 백성의 말을 듣지 아니하였으니	렘 11:11	내게 부르짖을지라도 내가 듣지 아니할
왕상 12:16	자기들의 말을 왕이 듣지 아니함을 보고	렘 11:14	때에 내가 그들에게서 듣지 아니하리라
왕상 20:36	여호와의 말씀을 듣지 아니하였으니	렘 13:11	하였으나 그들이 듣지 아니하였느니라
왕하 14:11	아마샤가 듣지 아니하므로 이스라엘	렘 13:17	너희가 이를 듣지 아니하면 나의 심령이
왕하 17:14	그들이 듣지 아니하고 그들의 목을 곧게	렘 14:12	내가 그 부르짖음을 듣지 아니하겠고
왕하 17:40	그들이 듣지 아니하고 오히려 이전 풍속	렘 17:23	목을 곧게 하여 듣지 아니하며 교훈을
왕하 18:12	하나님 여호와의 말씀을 듣지 아니하고	렘 19:15	곧게 하여 내 말을 듣지 아니함이라
왕하 21:9	이 백성이 듣지 아니하였고 므낫세의	렘 22:5	너희가 이 말을 듣지 아니하면 내가
왕하 22:13	책의 말씀을 듣지 아니하며 이 책에	렘 22:21	말이 나는 듣지 아니하리라 하였나니
대하 10:15	이같이 백성의 말을 듣지 아니하였으니	렘 25:8	너희가 내 말을 듣지 아니하였느니라
대하 10:16	왕이 자기들의 말을 듣지 아니함을 보고	렘 32:33	교훈을 듣지 아니하며 받지 아니하고
대하 24:19	경고하였으나 듣지 아니하니라	렘 35:17	내가 그들에게 말하여도 듣지 아니하며
대하 25:16	나의 경고를 듣지 아니하니 하나님이	렘 36:25	아뢰어도 왕이 듣지 아니하였으며
대하 25:20	아마샤가 듣지 아니하였으니 이는	렘 36:31	그들이 듣지 아니하였느니라
대하 33:10	이르셨으나 그들이 듣지 아니하므로	렘 37:2	하신 말씀을 듣지 아니하니라
대하 35:22	입에서 나온 느고의 말을 듣지 아니하고	렘 37:14	이르야가 듣지 아니하고 예레미야를
느 9:16	굳게 하여 주의 명령을 듣지 아니하고	렘 38:15	할지라도 왕이 듣지 아니하시리이다
느 9:29	주의 계명을 듣지 아니하며 주의 규례	렘 44:5	그들이 듣지 아니하며 귀를 기울이지
느 9:30	듣지 아니하므로 열방 사람들의 손에	렘 44:16	하는 말을 우리가 듣지 아니하고
에 3:4	모르드개가 듣지 아니하고 자기는 유다	겔 3:27	듣기 싫은 자는 듣지 아니하리니
욥 3:18	감독자의 호통 소리를 듣지 아니하며	겔 8:18	부르짖을지라도 내가 듣지 아니하리라
욥 35:13	것은 하나님이 결코 듣지 아니하시며	겔 12:2	들을 귀가 있어도 듣지 아니하나니
시 22:1	내 신음 소리를 듣지 아니하시나이까	겔 20:8	반역하여 내 말을 즐겨 듣지 아니하고
시 38:13	듣는 자같이 듣지 아니하고 말 못하는	겔 20:39	너희가 내 말을 듣지 아니하려거든 가서
시 66:18	품었더라면 주께서 듣지 아니하시리라	겔 36:15	너를 여러 나라의 수치를 듣지 아니하게
시 81:11	내 백성이 내 소리를 듣지 아니하며	단 9:6	말씀한 것을 듣지 아니하였나이다
시 94:9	귀를 지으신 이가 듣지 아니하시랴 눈을	단 9:10	여호와의 목소리를 듣지 아니하며
시 106:25	여호와의 음성을 듣지 아니하였도다	단 9:11	주의 목소리를 듣지 아니하였으므로
잠 6:35	많은 선물을 줄지라도 듣지 아니하리라	단 9:14	목소리를 듣지 아니하였음이니이다

【 듣다 】　　　　　　　　　　　　　　　　　　　　　　　　【 듣다 】

호 9:17	그들이 **듣지 아니하므로** 내 하나님이
암 5:23	네 비파 소리도 내가 **듣지 아니하리라**
합 1:2	부르짖어도 주께서 **듣지 아니하시니**
습 3:2	그가 명령을 **듣지 아니하며** 교훈을
슥 1:4	**듣지 아니하고** 내게 귀를 기울이지
슥 7:11	싫어하여 등을 돌리며 **듣지 아니하려고**
슥 7:12	통하여 전한 말을 **듣지 아니하므로**
슥 7:13	내가 불러도 그들이 **듣지 아니한** 것처럼 그들이 불러도 내가 **듣지 아니하리라**
말 2:2	너희가 만일 **듣지 아니하며** 마음에 두지
눅 16:31	모세와 선지자들에게 **듣지 아니하면**
눅 18:4	그가 얼마 동안 **듣지 아니하다가** 후에
요 8:47	너희가 **듣지 아니함은** 하나님께 속하지
요 9:27	내가 이미 일렀어도 **듣지 아니하고**
요 9:31	하나님이 죄인의 말을 **듣지 아니하시고**
요 10:8	강도니 양들이 **듣지 아니하였느니라**
행 3:23	그 선지자의 말을 **듣지 아니하는** 자는
행 22:18	대하여 증언하는 말을 **듣지 아니하리라**
롬 10:18	말하노니 그들이 **듣지 아니하였느냐**
고전 14:21	여전히 **듣지 아니하리라** 하였으니
요일 4:6	말을 **듣지 아니하나니** 진리의 영과

들어 보다

욥 5:27	이와 같으니 너는 **들어 보라** 그러면
욥 13:6	들으며 내 입술의 변명을 **들어 보라**
렘 2:31	말을 **들어 보라** 내가 이스라엘에게
렘 18:19	다투는 그들의 목소리를 **들어 보옵소서**
겔 33:30	무슨 말씀이 나오는가 **들어 보자** 하고

들으라

창 4:23	**들으라** 라멕의 … 말을 들으라
창 21:12	다 **들으라**
창 49:2	**들으라** 야곱
출 18:19	이제 내 말을 **들으라** 내가 네게 방침을
민 12:6	내 말을 **들으라** 너희 중에 선지자가
민 16:8	이르되 너희 레위 자손들아 **들으라**
민 20:10	그들에게 이르되 반역한 너희여 **들으라**
민 23:18	십볼의 아들이여 내게 자세히 **들으라**
신 6:4	이스라엘아 **들으라** 우리 하나님 여호와
신 9:1	이스라엘아 **들으라** 네가 오늘 요단을
신 20:3	이스라엘아 **들으라** 너희가 오늘 너희의
신 26:17	법도를 지키며 그의 소리를
신 27:9	이스라엘아 잠잠하여 **들으라** 오늘 네가
수 3:9	하나님 여호와의 말씀을 **들으라** 하고
삿 5:3	너희 왕들아 **들으라** 통치자들아 귀를
삿 7:11	하는 말을 **들으라** 그 후에 네 손이 강하
삿 9:7	사람들아 내 말을 **들으라** 그리하여야
룻 2:8	보아스가 룻에게 이르되 내 딸아 **들으라**
삼상 8:7	네게 한 말을 다 **들으라** 이는 그들이
삼상 13:3	이르되 히브리 사람들은 **들으라** 하니
삼상 22:7	너희 베냐민 사람들아 **들으라** 이새의
삼상 22:12	아히둡의 아들아 **들으라** 대답하되
왕하 18:28	너희는 대왕 앗수르 왕의 말씀을 **들으라**
대상 28:2	백성들아 내 말을 **들으라** 나는 여호와
대하 13:4	이스라엘 무리들아 다 **들으라**
대하 15:2	베냐민의 무리들아 내 말을 **들으라**
대하 29:5	레위 사람들아 내 말을 **들으라** 이제
욥 13:17	말을 분명히 **들으라** 내가 너희 귀에
욥 15:17	내가 네게 보이리니 내게서 **들으라** 내가
욥 21:2	자세히 **들으라** 이것이 너희의 위로가
욥 32:10	그러므로 내가 말하노니 내 말을 **들으라**
욥 33:31	욥이여 내 말을 귀담아 **들으라** 잠잠하라
욥 33:33	만일 없으면 내 말을 **들으라** 잠잠하라
욥 34:10	총명한 자들아 내 말을 **들으라** 하나님은
욥 37:2	입에서 나오는 소리를 똑똑히 **들으라**
시 34:11	너희 자녀들아 와서 내 말을 **들으라**
시 49:1	백성들아 이를 **들으라** 세상의 거민들아
시 66:16	너희들아 다 와서 **들으라** 하나님이 나의
시 81:8	백성이여 **들으라** 내가 네게 증언하리라
시 81:13	내 백성아 내 말을 **들으라** 이스라엘아
잠 4:10	아들 **들으라** 내 말을 받으라 그리하면
잠 8:32	아들들아 이제 내게 **들으라** 내 도를
사 1:2	하늘이여 **들으라** 땅이여 귀를 기울이라
사 21:7	떼를 보거든 귀 기울여 자세히 **들으라**
사 28:23	너희는 귀를 기울여 내 목소리를 **들으라**
사 33:13	내가 행한 것을 **들으라** 너희 가까이에
사 36:13	너희는 대왕 앗수르 왕의 말씀을 **들으라**
사 42:18	못 듣는 자들아 **들으라** 너희 맹인들아
사 44:1	내가 택한 이스라엘아 이제 **들으라**
사 46:12	공의에서 멀리 떠난 너희여 내게 **들으라**
사 48:11	내가 부른 이스라엘아 내게 **들으라**
사 48:14	너희는 다 모여 **들으라** 나 여호와가
사 48:16	내게 가까이 나아와 이것을 **들으라** 내가
사 49:1	섬들아 내게 **들으라** 먼 곳 백성들아
사 51:21	아니라도 취한 자여 이 말을 **들으라**

【 듣다 】   【 듣다 】

사 55:3	귀를 기울이고 내게로 나아와 **들으라**
렘 2:4	모든 족속들아 여호와의 말씀을 **들으라**
렘 6:17	파수꾼을 세웠으니 나팔 소리를 **들으라**
렘 6:18	그러므로 너희 나라들아 **들으라** 무리
렘 6:19	땅이여 **들으라** 내가 이 백성에게 재앙을
렘 7:2	유다 사람들아 여호와의 말씀을 **들으라**
렘 7:23	이르기를 너희는 내 목소리를 **들으라**
렘 9:20	부녀들이여 여호와의 말씀을 **들으라**
렘 19:3	주민아 여호와의 말씀을 **들으라**
렘 21:11	왕의 집에 대한 여호와의 말을 **들으라**
렘 28:7	백성의 귀에 이르는 이 말을 잘 **들으라**
렘 28:15	이르되 하나냐여 **들으라** 여호와께서
렘 34:4	왕이여 여호와의 말씀을 **들으라**
렘 42:15	남은 자여 이제 여호와의 말씀을 **들으라**
렘 44:24	유다 사람이여 여호와의 말씀을 **들으라**
렘 44:26	유다 사람이여 여호와의 말씀을 **들으라**
렘 49:20	결심하신 여호와의 계획을 **들으라**
렘 50:45	대하여 품은 여호와의 생각을 **들으라**
겔 6:3	여호와의 말씀을 **들으라** 주 여호와께서
겔 13:2	너희는 여호와의 말씀을 **들으라**
겔 36:1	산들아 여호와의 말씀을 **들으라**
호 4:1	자손들아 여호와의 말씀을 **들으라**
호 5:1	제사장들아 이를 **들으라** 이스라엘 족속
암 3:1	대하여 이르시는 이 말씀을 **들으라**
암 4:1	바산의 암소들아 이 말을 **들으라** 너희는
암 5:1	대하여 애가로 지은 이 말을 **들으라**
암 8:4	망하게 하려는 자들아 이 말을 **들으라**
미 3:1	이스라엘 족속의 통치자들아 **들으라**
미 6:2	너희는 여호와의 변론을 **들으라** 여호와
마 13:9	귀 있는 자는 **들으라** 하시니라
마 13:18	그런즉 씨 뿌리는 비유를 **들으라**
마 13:43	같이 빛나리라 귀 있는 자는 **들으라**
마 17:5	기뻐하는 자니 너희는 그의 말을 **들으라**
마 21:33	비유를 **들으라** 한 집 주인이 포도원을
막 4:9	이르시되 들을 귀 있는 자는 **들으라**
막 4:23	들을 귀 있는 자는 **들으라**
막 9:7	너희는 그의 말을 **들으라** 하는지라
막 12:29	첫째는 이것이니 이스라엘아 **들으라**
눅 9:35	받은 자니 너희는 그의 말을 **들으라**
눅 18:6	불의한 재판장이 말한 것을 **들으라**
행 2:22	이스라엘 사람들아 이 말을 **들으라** 너희
행 13:16	하나님을 경외하는 사람들아 **들으라**
행 15:13	이르되 형제들아 내 말을 **들으라**
행 22:1	여러분 앞에서 변명하는 말을 **들으라**
약 4:13	**들으라** 너희 중에 말하기를 오늘이나

📖 **듣다 – 기타 본문**

모세 오경 창 3:17; 14:14; 16:11; 17:20; 18:10; 19:21; 21:6, 17; 23:6, 8, 10, 11, 15, 16; 24:30, 52; 25:21 ; 27:5, 6, 34; 29:13, 33; 30:6, 17; 31:1; 34:5, 7, 24; 35:22; 37:17, 21; 39:15, 19; 41:15; 42:2, 23; 43:25; 50:17; 출 3:7, 18; 4:11, 31; 5:2, 9, 19; 6:5, 12, 30; 15:14, 26; 16:7, 8, 9, 12; 18:1, 24; 19:5; 20:19; 22:23, 27; 32:17, 18; 33:4; 레 24:14; 민 11:10; 12:2; 14:13, 14, 15, 27; 16:4, 34; 21:1; 22:36; 23:18; 24:4, 16; 30:4, 5, 7, 8, 11, 12, 14, 15; 33:40; 신 2:25; 4:1, 6, 12, 28, 32, 33; 5:1, 23, 24, 25, 26, 27, 28; 6:3; 7:12; 9:2, 19; 10:10; 11:27; 12:28; 13:8, 11, 18; 15:4; 17:4, 13; 18:14, 15, 16; 19:20; 21:21; 28:1, 13; 29:4, 19; 31:12, 13; 32:1 **역사서** 수 5:1; 7:9; 9:1, 3, 9, 10, 16; 10:1, 14; 11:1; 14:12; 22:11, 12, 30; 24:10, 27; 삿 7:15; 9:30, 46; 14:13; 삼상 3:9, 10, 11; 4:6, 14, 19; 7:7; 8:9, 19, 21, 22; 11:6; 12:1, 14; 13:4; 14:22, 27; 15:1; 16:2; 17:11, 23, 28, 31; 19:6; 22:1, 6; 23:10, 11,25; 25:4, 7, 24, 35, 39; 26:17, 19; 28:21, 22, 23; 30:24; 31:11; 삼하 5:17; 7:22; 8:9; 10:7; 11:26; 13:21; 15:3, 10, 35, 36; 16:21; 17:5, 9, 13; 18:5, 12; 20:16, 17; 22:45; 왕상 1:41; 2:42; 3:9, 11, 28; 4:34; 5:1, 7, 8; 8:36, 42; 9:3; 10:1, 6, 7, 24; 11:21; 12:2, 20, 24; 13:3, 4, 26; 14:6, 7; 15:20, 21; 16:16; 19:13; 20:8, 12, 25, 31; 21:15, 16, 27; 22:19, 28; 왕하 5:8; 6:30; 7:1; 9:30; 10:6; 11:13; 13:4; 16:9; 18:26, 30, 31, 32; 19:1, 4, 6, 7, 8, 9, 11, 25; 20:5, 12, 13; 21:12; 22:11, 18, 19; 25:23; 대상 17:20; 18:9; 대하 6:35; 7:12, 14; 9:1, 5, 6, 7, 23; 10:2; 11:4; 15:8; 16:4, 5; 18:18, 27; 20:15, 20; 23:12; 24:17; 28:11; 33:19; 34:19, 26, 27; 느 1:4; 2:10; 4:7, 15; 5:6; 6:1, 16; 8:9; 13:3 **시가서** 욥 6:8; 9:16; 12:4; 13:1; 15:8; 16:2; 20:3; 22:27; 26:14; 28:22; 29:11, 21; 31:35; 32:12, 13, 8; 34:2, 16, 34; 37:14; 39:25; 42:4, 5; 시 4:1; 5:2; 6:8, 9; 17:6; 18:44; 22:24; 27:7; 28:2, 6; 31:13; 22; 34:2; 38:14; 40:1; 41:8; 44:1; 48:8; 49:2;

듣다

50:7; 58:5; 59:7; 62:11; 66:19; 78:1, 3, 21, 63; 81:5; 84:8; 85:8; 86:6; 92:11; 95:7; 97:8; 103:20; 106:44; 115:6; 119:149; 132:6; 135:17; 141:6; 142:6; 145:19; 잠 1:5, 8, 23, 33; 4:1; 5:7; 8:33, 34; 12:15; 13:1, 10; 15:31; 17:4; 18:13; 19:20, 27; 21:13, 28; 22:17; 23:19; 29:12, 24; 전 1:8; 12:13 **선지서** 사 6:9, 10; 7:13; 8:9; 10:30; 16:6; 18:3; 19:17; 21:3, 10; 28:22; 29:18; 30:19; 32:3, 9; 34:1; 35:5; 36:13, 16; 37:1, 4, 6, 7, 8, 9, 11, 26; 38:5; 39:1, 5; 40:21, 28; 41:26; 42:19, 23; 43:8, 9; 46:3; 47:8; 48:1, 6, 7, 8; 51:1, 7; 52:15; 55:2; 59:1, 2; 64:4; 65:24; 66:2, 4, 5, 8, 19; 렘 4:21; 6:24; 8:6; 10:1; 11:2, 6, 10; 13:10, 15; 18:13; 20:1, 6, 10; 22:29; 23:16, 18, 25; 25:4; 26:3, 7, 10, 12, 21; 27:9, 14, 16, 17; 29:8, 12, 19, 20; 30:5; 31:10, 18; 33:9; 34:10; 35:13; 36:3, 11, 13, 16, 24; 37:5; 38:1, 7, 25; 40:7, 11; 41:11; 42:2, 4; 48:5, 29; 49:14, 23; 50:43; 51:36; 애 1:18; 3:62; 겔 1:24, 28; 2:5, 7, 8; 3:6, 7, 10, 11, 27; 8:11; 10:13; 12:2; 13:2; 16:35; 18:25; 19:4; 20:47; 25:3; 33:4, 5, 7, 31, 32; 34:7, 9; 35:12, 13; 36:4; 37:4; 40:4; 43:6; 44:5; 단 3:10, 15; 5:14, 16, 23; 6:14; 8:13, 16; 9:19; 10:9; 12:7, 8; 암 7:16; 8:11; 미 3:9; 6:1, 9; 슥 6:15; 8:9, 23; 10:6; 13:9 **복음서** 마 2:3, 9; 5:21, 27, 33, 38, 43; 6:7; 7:24, 26; 10:14, 27; 11:2, 5, 15; 12:19, 24, 41, 42; 13:13, 14, 15, 17, 19, 20, 22, 23; 14:1, 8; 15:10, 12; 17:6; 18:15, 16, 17; 19:22, 25; 20:24, 30; 21:16, 45; 22:22, 33, 34; 24:6; 26:65; 27:13, 47; 막 3:8, 21; 4:12, 15, 16, 18, 20, 24, 33; 5:27; 6:2, 11, 14, 16, 29, 55; 7:14, 25; 8:18; 9:25; 10:41, 47; 11:14, 18; 12:28, 37; 13:7; 14:11, 58; 눅 1:58; 2:20, 46; 4:23, 25, 28; 5:1, 15; 6:17, 27, 47; 7:3, 22, 29; 8:8, 10, 12, 13, 14, 15, 18, 21; 9:7; 10:16, 24, 39; 11:28, 31, 32; 14:15, 35; 15:1, 25; 16:2, 14, 29; 18:23, 36; 19:11, 48; 20:16, 45; 21:9, 38; 22:71; 23:6, 8; 요 3:8, 29, 32; 4:1, 42, 47; 5:24, 25, 28, 30, 37; 6:45, 60; 7:40, 51; 8:9, 26, 38, 40, 43; 9:32, 35, 40; 10:3, 16, 20, 27; 11:20, 29; 12:12, 18, 29, 38, 47; 14:24, 28; 15:15; 16:13; 18:21, 37; 19:8, 13; 21:7 **역사서** 행 1:4; 2:6, 11, 33, 37; 4:4, 19, 20, 24; 5:5, 11, 21, 24, 33; 6:11, 14; 7:2,

12, 34, 54; 8:6, 14, 30; 9:4, 7, 13, 38; 10:22, 33, 44; 11:1, 7, 18, 22; 13:7, 44, 48; 14:9, 14; 15:7, 12; 16:14, 25, 38; 17:8, 21, 32; 18:8, 26; 19:2, 5, 10, 26, 28; 21:12, 20, 21, 22, 24; 22:2, 7, 9, 12, 15, 22, 26; 23:16, 27, 35; 24:24; 26:1, 14, 29; 27:21; 28:15, 22, 26, 27, 28 **서신서, 예언서** 롬 2:13; 10:14, 17; 11:8; 고전 11:18; 12:17; 14:2, 9; 고후 12:6; 갈 1:13, 23; 3:2; 엡 3:2; 4:21, 29; 빌 1:28; 골 1:6, 9, 23; 딤후 2:2, 14; 히 3:7, 15; 4:2, 7; 5:7, 11; 12:19; 약 1:19, 22, 23, 25; 5:11; 요일 1:3, 5; 2:7, 18, 24; 3:11; 4:3, 5; 5:14; 계 2:7, 11, 17, 29; 3:3, 6, 13, 20, 22; 4:1; 5:11, 13; 6:1, 3, 5, 6, 7; 7:4; 8:13; 9:13, 20; 10:4; 11:12; 12:10; 13:9; 14:2, 13; 16:1, 5, 7; 18:4; 19:1, 6; 21:3; 22:8, 17, 18

들(field)

모세오경 – 시가서

창 2:5 땅을 갈 사람도 없었으므로 들에는 초목
창 2:20 아담이 모든 가축과 공중의 새와 들의
창 3:14 모든 가축과 들의 모든 짐승보다 더욱
창 4:8 그들이 들에 있을 때에 가인이 그의
창 19:17 보존하라 돌아보거나 들에 머물지 말고
창 19:25 그 성들과 온 들과 성에 거주하는 모든
창 24:65 종에게 말하되 들에서 배회하다가 우리
창 27:3 기구 곧 화살통과 활을 가지고 들에
창 27:5 에서가 사냥하여 오려고 들로 나가매
창 29:2 들에 우물이 있고 그 곁에 양 세떼가
창 30:14 거둘 때 르우벤이 나가서 들에서 합환채
창 31:4 라헬과 레아를 자기 양 떼가 있는 들로
창 32:3 야곱이 세일 땅 에돔 들에 있는 형 에서
창 34:5 아들들이 들에서 목축하므로 그들이
창 34:7 아들들은 들에서 이를 듣고 돌아와서
창 34:28 나귀와 그 성읍에 있는 것과 들에 있는
창 36:35 브닷의 아들 곧 모압 들에서 미디안
창 37:15 사람이 그를 만난즉 그가 들에서 방황
출 9:19 네 가축과 네 들에 있는 것을 다 모으라
사람이나 짐승이나 무릇 들에 있어서
출 9:21 종들과 가축을 들에 그대로 두었더라
출 9:25 밭의 모든 채소를 치고 들의 모든 나무
출 10:5 너희를 위하여 들에서 자라나는 모든
출 16:25 너희가 들에서 그것을 얻지 못하리라
출 22:31 거룩한 사람이 될지니 들에서 짐승에게

【들】   【들】

레 14:7	정하다 하고 그 살아 있는 새를 들에	대상 5:16	모든 들에 거주하여 그 사방 변두리에
레 14:53	살아 있는 새는 성 밖 들에 놓아 주고	대상 19:9	치고 도우러 온 여러 왕은 따로 들에
레 17:5	이스라엘 자손이 들에서 잡던 그들의	대하 20:16	골짜기 어귀 여루엘 들 앞에서 그들을
민 19:16	누구든지 들에서 칼에 죽은 자나 시체	대하 20:24	유다 사람이 들 망대에 이르러 그 무리
민 21:20	바못에서 모압 들에 있는 골짜기에	대하 31:19	가까운 들에 사는 아론 자손 제사장들
민 23:14	소빔 들로 인도하여 비스가 꼭대기에	느 9:21	사십 년 동안 들에서 기르되 부족함이
민 35:4	레위인에게 줄 성읍들의 들은 성벽에서	느 11:25	마을과 들로 말하면 유다 자손의 일부는
민 35:5	측량할지니 이는 그들의 성읍의 들이며	느 12:28	노래하는 자들이 예루살렘 사방 들과
신 11:15	가축을 위하여 들에 풀이 나게 하시리니	느 12:29	벧길갈과 게바와 아스마윗 들에서
신 20:19	찍지 말라 들의 수목이 사람이냐 너희가	욥 1:19	들에서 큰 바람이 와서 집 네 모퉁이를
신 21:1	피살된 시체가 들에 엎드러진 것을 발견	욥 12:24	그들을 길 없는 거친 들에서 방황하게
신 22:25	어떤 약혼한 처녀를 들에서 만나서 강간	욥 39:4	그 새끼는 강하여져서 빈 들에서 크다가
신 22:27	처녀를 들에서 만난 까닭에 그 약혼한	욥 39:6	내가 들을 그것의 집으로, 소금 땅을
신 28:3	성읍에서도 복을 받고 들에서도 복을	시 50:11	모든 새들도 내가 아는 것이며 들의 짐승
신 28:16	성읍에서도 저주를 받으며 들에서도	시 78:12	하나님이 애굽 땅 소안 들에서 기이한
신 28:38	많은 종자를 들에 뿌릴지라도 메뚜기가	시 78:43	표적들을, 소안 들에서 그의 징조들을
수 8:24	주민을 들에서 죽이되 그들을 다 칼날에	시 103:15	날이 풀과 같으며 그 영화가 들의 꽃과
삿 5:4	나오시고 에돔 들에서부터 진행하실	시 144:13	우리의 양은 들에서 천천과 만만으로
삿 5:18	납달리도 들의 높은 곳에서 그러하도다	잠 8:26	하나님이 아직 땅도, 들도, 세상 진토의
삿 20:31	한쪽은 기브아의 들로 가는 길에서 백성	아 3:6	연기 기둥처럼 거친 들에서 오는 자가
삼상 19:3	나가서 네가 있는 들에서 내 아버지	아 7:11	사랑하는 자야 우리가 함께 들로 가서
삼상 20:5	보내어 셋째 날 저녁까지 들에 숨게	아 8:5	사랑하는 자를 의지하고 거친 들에서
삼상 20:11	우리가 들로 가자 하고 두 사람이 들로	**선지서, 신약**	
삼상 20:24	다윗이 들에 숨으니라 초하루가 되매	사 37:27	놀라며 수치를 당하여 들의 풀같이,
삼상 20:35	데리고 다윗이 정한 시간에 들로 나가	사 40:6	풀이요 그의 모든 아름다움은 들의 꽃과
삼상 25:15	우리가 들에 있어 그들과 상종할 동안에	사 55:12	너희 앞에서 노래를 발하고 들의 모든
삼상 30:11	무리가 들에서 애굽 사람 하나를 만나	사 56:9	들의 모든 짐승들아 숲 가운데의 모든
삼하 10:8	돕과 마아가 사람들은 따로 들에 있더라	렘 9:22	시체가 분토같이 들에 떨어질 것이며
삼하 11:11	내 왕의 부하들이 바깥 들에 진 치고	렘 13:27	너의 간음과 사악한 소리와 들의 작은
삼하 11:23	우리를 향하여 들로 나오므로 우리가	렘 18:14	눈이 어찌 들의 바위를 떠나겠으며
삼하 14:6	아들 둘이 있더니 그들이 들에서 싸우나	렘 40:7	들에 있는 모든 지휘관과 그 부하들이
삼하 16:2	포도주는 들에서 피곤한 자들에게요	렘 40:13	요하난과 들에 있던 모든 군 지휘관들이
삼하 17:8	그들은 들에 있는 곰이 새끼를 빼앗긴	겔 3:22	이르시되 일어나 들로 나아가라 내가
삼하 17:29	그들 생각에 백성이 들에서 시장하고	겔 3:23	내가 일어나 들로 나아가니 여호와의
삼하 18:6	백성이 이스라엘을 치러 들로 나가서	겔 8:4	영광이 거기에 있는데 내가 들에서
삼하 18:23	아히마아스가 들 길로 달음질하여 구스	겔 16:5	천하게 여겨져 네가 들에 버려졌느니라
왕상 9:18	바알랏과 그 땅의 들에 있는 다드몰과	겔 16:7	너를 들의 풀같이 많게 하였더니 네가
왕상 11:29	새 의복을 입었고 그 두 사람만 들에	겔 26:8	들에 있는 너의 딸들을 칼로 죽이고
왕상 14:11	개가 먹고 들에서 죽은즉 공중의 새가	겔 31:4	둑의 물이 들의 모든 나무에까지 미치매
왕상 16:4	속한 자가 들에서 죽은즉 공중의 새가	겔 31:5	나무가 물이 많으므로 키가 들의 모든
왕상 21:24	죽은 자는 개들이 먹고 들에서 죽은	겔 31:6	새가 그 큰 가지에 깃들이며 들의 모든
왕하 19:26	그들은 들의 채소와 푸른 풀과 지붕의	겔 31:13	새가 그 넘어진 나무에 거주하며 들의
대상 1:46	하닷은 모압 들에서 미디안을 친 자요	겔 31:15	위하여 슬프게 울게 하며 들의 모든

【 들가시 】   【 들다 】

겔 32:4   너를 뭍에 버리며 들에 던져 공중에
겔 34:25   빈 들에 평안히 거하며 수풀 가운데에서
겔 38:20   바다의 고기들과 공중의 새들과 들의
겔 39:5   네가 빈 들에 엎드러지리라 이는 내가
겔 39:10   그들이 들에서 나무를 주워 오지 아니
겔 39:17   각종 새와 들의 각종 짐승에게 이르기를
겔 48:17   성읍의 들은 북쪽으로 이백오십 척이요
단 4:15   들 풀 가운데에 두어라 그것이 하늘
호 2:14   내가 그를 타일러 거친 들로 데리고
호 4:16   여호와께서 어린 양을 넓은 들에서 먹임
호 12:12   야곱이 아람의 들로 도망하였으며
욜 1:19   풀을 살랐고 불꽃이 들의 모든 나무를
욜 2:3   땅은 황폐한 들 같으니 그것을 피한
욜 3:19   에돔은 황무한 들이 되리니 이는 그들
옵 1:19   에브라임의 들과 사마리아의 들을 얻을
미 1:6   사마리아를 들의 무더기 같게 하고 포도
미 4:10   나가서 들에 거주하며 또 바벨론까지
마 6:28   들의 백합화가 어떻게 자라는가 생각
마 14:13   따로 빈 들에 가시니 무리가 듣고 여러
막 6:35   이 곳은 빈 들이요 날도 저물어가니
막 11:8   다른 이들은 들에서 벤 나뭇가지를 길에
눅 1:80   이스라엘에게 나타나는 날까지 빈 들에
눅 3:2   하나님의 말씀이 빈 들에서 사가랴의
눅 9:12   우리가 있는 여기는 빈 들이니이다
눅 15:4   아흔아홉 마리를 들에 두고 그 잃은
눅 15:15   그를 들로 보내어 돼지를 치게 하였는데
요 11:54   떠나 빈 들 가까운 곳인 에브라임이라

들가시(desert thorn)
삿 8:7   내 손에 넘겨주신 후에 내가 들가시와
삿 8:16   장로들을 붙잡아 들가시와 찔레로 숙곳

들감람나무(wild olive tree)
느 8:15   감람나무 가지와 들감람나무 가지와
사 41:19   화석류와 들감람나무를 심고 사막에는

들개(jackal)
사 13:22   화려하던 궁전에는 들개가 울 것이라
미 1:8   몸으로 행하며 들개같이 애곡하고 타조

들끓다(yearn)
욥 30:27   마음이 들끓어 고요함이 없구나 환난
렘 31:20   그를 위하여 내 창자가 들끓으니

들나귀(wild donkey)
창 16:12   사람 중에 들나귀같이 되리니 그의
욥 11:12   지각이 없나니 그의 출생함이 들나귀
욥 24:5   거친 광야의 들나귀 같아서 나가서
욥 39:5   누가 들나귀를 놓아 자유롭게 하였느냐
욥 39:7   들나귀는 성읍에서 지껄이는 소리를
시 104:11 들짐승에게 마시게 하시니 들나귀들도
사 32:14   망대가 영원히 굴혈이 되며 들나귀가
단 5:21   들짐승의 마음과 같았고 또 들나귀와
호 8:9   그들이 홀로 떨어진 들나귀처럼 앗수르

들나무(tree of the field)
렘 7:20   사람과 짐승과 들나무와 땅의 소산에

들노루(wild gazelle)
삼하 2:18 있었는데 아사헬의 발은 들노루같이

들다(lift up, take, like, expense)

1. 손, 팔을 들다(lift up, raise, stretch out)
창 3:22   그가 그의 손을 들어 생명 나무 열매도
창 14:22   여호와께 내가 손을 들어 맹세하노니
창 48:17   아버지의 손을 들어 에브라임의 머리
출 3:20   손을 들어 애굽 중에 여러 가지 이적으
출 8:17   아론이 지팡이를 잡고 손을 들어 땅의
출 9:22   하늘을 향하여 손을 들어 애굽 전국에
출 17:11   모세가 손을 들면 이스라엘이 이기고
민 20:11   모세가 그의 손을 들어 그의 지팡이로
신 32:40   하늘을 향하여 내 손을 들고 말하기를
삼상 22:17 신하들이 손을 들어 여호와의 제사장들
삼상 24:6 내가 손을 들어 여호와의 기름 부음을
삼상 24:10 손을 들어 내 주를 해하지 아니하리니
삼상 26:9 손을 들어 여호와의 기름 부음 받은
삼하 1:14 손을 들어 여호와의 기름 부음 받은
삼하 6:6   손을 들어 하나님의 궤를 붙들었더니
삼하 18:28 손을 들어 내 주 왕을 대적하는 자들을
삼하 20:21 자가 손을 들어 왕 다윗을 대적하였나니
삼하 24:16 예루살렘을 향하여 그의 손을 들어
왕상 11:26 또한 손을 들어 왕을 대적하였으니 그는
스 6:12   명령을 변조하고 손을 들어 예루살렘
스 9:5   나의 하나님 여호와를 향하여 손을 들고
느 8:6   백성이 손을 들고 아멘 아멘 하고 응답
욥 6:9   하나님이 그의 손을 들어 나를 끊으실
욥 11:13   바로 정하고 주를 향하여 손을 들 때에

【 들다 】   【 들다 】

욥 15:25	손을 들어 하나님을 대적하며 교만하여		삿 19:17	눈을 들어 성읍 넓은 거리에 나그네가
욥 38:15	그들의 높이 든 팔이 꺾이느니라		삼상 6:13	골짜기에서 밀을 베다가 눈을 들어 궤를
시 28:2	지성소를 향하여 나의 손을 들고 주께		왕상 8:52	눈을 들어 종의 간구함과 주의 백성
시 55:20	손을 들어 자기와 화목한 자를 치고		왕하 9:32	예후가 얼굴을 들어 창을 향하고 이르되
시 63:4	이름으로 말미암아 나의 손을 들리이다		왕하 25:27	옥에서 내놓아 그 머리를 들게 하고
시 68:31	향하여 그 손을 신속히 들리로다		대하 7:15	이 곳에서 하는 기도에 내가 눈을 들고
시 77:2	내 손을 들고 거두지 아니하였나니		스 9:6	하나님을 향하여 얼굴을 들지 못하오니
시 88:9	주를 향하여 나의 두 손을 들었나이다		욥 2:12	눈을 들어 멀리 보매 그가 욥인 줄 알기
시 106:26	그의 손을 들어 그들에게 맹세하기를		욥 10:15	내가 의로울지라도 머리를 들지 못하는
시 119:48	향하여 내 손을 들고 주의 율례를		욥 11:15	네가 반드시 흠 없는 얼굴을 들게 되고
시 134:2	성소를 향하여 너희 손을 들고 여호와		욥 22:26	기뻐하여 하나님께로 얼굴을 들 것
사 5:25	그들 위에 손을 들어 그들을 치신지라		시 4:6	여호와여 주의 얼굴을 들어 우리에게
사 30:32	탈 것이며 그는 전쟁 때에 팔을 들어		시 83:2	미워하는 자들이 머리를 들었나이다
사 49:22	손을 들고 민족들을 향하여 나의 기치를		시 121:1	내가 산을 향하여 눈을 들리라 나의
애 2:19	위하여 주를 향하여 손을 들지어다		시 123:1	하늘에 계시는 주여 내가 눈을 들어
애 3:41	손을 아울러 하늘에 계신 하나님께 들자		시 140:9	에워싸는 자들이 그들의 머리를 들 때에
겔 20:5	야곱 집의 후예를 향하여 내 손을 들어		사 37:23	눈을 높이 들어 향한 것은 누구에게냐
겔 38:12	손을 들어서 황폐하였다가 지금 사람이		사 40:26	너희는 눈을 높이 들어 누가 이 모든
겔 44:12	내 손을 들어 쳐서 그들이 그 죄악을		사 49:18	눈을 들어 사방을 보라 그들이 다 모여
단 12:7	자기의 좌우 손을 들어 하늘을 향하여		사 51:6	하늘로 눈을 들며 그 아래의 땅을
합 3:10	소리를 지르며 손을 높이 들었나이다		사 60:4	눈을 들어 사방을 보라 무리가 다 모여
슥 14:13	피차 손으로 붙잡으며 피차 손을 들어		렘 3:2	네 눈을 들어 헐벗은 산을 보라 네가
눅 24:50	앞까지 나가사 손을 들어 그들에게		겔 18:6	이스라엘 족속의 우상에게 눈을 들지
행 12:1	때에 헤롯 왕이 손을 들어 교회 중에서		단 10:5	내가 눈을 들어 바라본즉 한 사람이
딤전 2:8	다툼이 없이 거룩한 손을 들어 기도하기		슥 1:21	흩뜨려서 사람들이 능히 머리를 들지
계 10:5	천사가 하늘을 향하여 오른손을 들고		슥 5:5	너는 눈을 들어 나오는 이것이 무엇인가
			마 17:8	제자들이 눈을 들고 보매 오직 예수
			막 16:4	눈을 들어본즉 벌써 돌이 굴려져 있는데

▶ **들다 1 - 기타 본문**

삼상 26:11, 23; 왕상 11:27; 애 2:4; 3:3; 겔 20:6, 23; 47:14

눅 6:20	예수께서 눈을 들어 제자들을 보시고
눅 16:23	음부에서 고통중에 눈을 들어 멀리
눅 18:13	세리는 멀리 서서 감히 눈을 들어 하늘
눅 21:1	예수께서 눈을 들어 부자들이 헌금함에
눅 21:28	시작하거든 일어나 머리를 들라 너희
요 4:35	눈을 들어 밭을 보라 희어져 추수하게
요 6:5	눈을 들어 큰 무리가 자기에게로 오는
요 11:41	돌을 옮겨 놓으니 예수께서 눈을 들어
요 17:1	예수께서 이 말씀을 하시고 눈을 들어

2. 낯, 눈, 머리, 얼굴을 들다(lift up, look up)

창 4:7	선을 행하면 어찌 낯을 들지 못하겠느냐
창 13:10	롯이 눈을 들어 요단 지역을 바라본즉
창 22:13	아브라함이 눈을 들어 살펴본즉 한 숫양
창 24:64	리브가가 눈을 들어 이삭을 바라보고
창 33:5	에서가 눈을 들어 여인들과 자식들을
창 40:13	바로가 당신의 머리를 들고 당신의 전직
창 43:29	요셉이 눈을 들어 자기 어머니의 아들
민 24:2	눈을 들어 이스라엘이 그 지파대로 천막
신 3:27	비스가 산 꼭대기에 올라가서 눈을 들어
신 4:19	하늘을 향하여 눈을 들어 해와 달과
삿 8:28	다시는 그 머리를 들지 못하였으므로

▶ **들다 2 - 기타 본문**

창 13:14; 19:28; 22:4; 40:19, 20; 욥 10:16; 렘 13:20; 겔 8:5; 18:12, 15; 23:27; 33:25

3. 어떤 사물을 들다(place on, take)

【 들다 】   【 들다 】

창 22:6	칼을 손에 **들고** 두 사람이 동행하더니	시 41:9	대적하여 그의 발꿈치를 **들었나이다**
출 7:9	너의 지팡이를 **들어서** 바로 앞에 던지라	시 74:5	**들어** 삼림을 베는 사람 같으니이다
출 9:23	하늘을 향하여 지팡이를 **들매** 여호와	시 75:4	말라 하며 악인들에게 뿔을 **들지** 말라
출 34:4	돌판을 손에 **들고** 여호와의 명령대로	시 96:8	그에게 돌릴지어다 예물을 **들고** 그의
출 34:29	그 증거의 두 판을 모세의 손에 **들고**	시 113:7	궁핍한 자를 거름 더미에서 **들어**
민 5:18	저주가 되게 할 쓴 물을 자기 손에 **들고**	시 116:13	구원의 잔을 **들고** 여호와의 이름을
민 15:20	떡을 거제로 타작마당의 거제같이 **들어**	잠 4:8	높이라 그리하면 그가 너를 높이 **들리라**
민 16:17	너희는 제각기 향로를 **들고** 그 위에	잠 26:9	취한 자가 손에 **든** 가시나무 같으니라
민 20:18	내가 칼을 **들고** 나아가 너를 대적할까	잠 31:19	손으로 솜뭉치를 **들고** 손가락으로 가락
민 25:7	가운데에서 일어나 손에 창을 **들고**	사 2:4	나라와 저 나라가 다시는 칼을 **들고**
민 35:17	만한 돌을 손에 **들고** 사람을 쳐 죽이면	사 10:24	막대기로 너를 때리며 몽둥이를 **들어**
민 35:18	죽일 만한 나무 연장을 손에 **들고** 사람	사 10:26	만군의 여호와께서 채찍을 **들어** 그를
신 9:17	내가 그 두 돌판을 내 두 손으로 **들어**	사 46:7	그것을 **들어** 어깨에 메어다가 그의 처소
신 10:3	것과 같은 돌판 둘을 다듬어 손에 **들고**	사 62:10	돌을 제하라 만민을 위하여 기치를 **들라**
수 8:26	여호수아가 단창을 잡아 **든** 손을 거두지	렘 6:1	벧학게렘에서 깃발을 **들라** 재앙과
삿 4:21	손에 방망이를 **들고** 그에게로 가만히	렘 31:4	소고를 **들고** 즐거워하는 자들과 함께
삿 5:26	오른손에 일꾼들의 방망이를 **들고**	겔 1:11	얼굴은 그러하며 그 날개는 **들어** 펴서
삿 7:8	이에 백성이 양식과 나팔을 손에 **든지라**	겔 9:1	각기 죽이는 무기를 손에 **들고** 나아오게
삿 8:10	군대 중에 칼 **든** 자 십이만 명이 죽었고	겔 10:16	그룹들이 날개를 **들고** 땅에서 올라가려
삿 9:54	아비멜렉이 자기의 무기를 **든** 청년을	겔 11:24	주의 영이 나를 **들어** 하나님의 영의
룻 3:7	가만히 가서 그의 발치 이불을 **들고**	단 7:5	몸 한쪽을 **들었고** 그 입의 잇사이에는
삼상 14:1	요나단이 자기의 무기를 **든** 소년에게	욘 1:12	대답하되 나를 **들어** 바다에 던지라
삼상 16:23	다윗이 수금을 **들고** 와서 손으로 탄주	욘 1:15	요나를 **들어** 바다에 던지매 바다가
삼상 17:7	날은 철 육백 세겔이며 방패 **든** 자가	미 4:3	다시는 칼을 **들고** 서로 치지 아니하며
삼상 17:41	블레셋 사람이 방패 **든** 사람을 앞세우고	습 1:21	뿔들을 **들어** 유다 땅을 흩뜨린 여러
삼상 19:15	그를 침상째 내게로 **들고** 오라 내가	마 3:11	그의 신을 **들기**도 감당하지 못하겠노라
삼상 31:5	무기를 **든** 자가 사울이 죽음을 보고	마 25:1	그 때에 천국은 마치 등을 **들고** 신랑을
삼하 18:15	요압의 무기를 **든** 청년 열 명이 압살롬	눅 1:2	내력을 저술하려고 붓을 **든** 사람이
삼하 21:16	삼백 세겔 되는 놋 창을 **들고** 새 칼을	눅 3:17	키를 **들고** 자기의 타작 마당을 정하게
왕상 14:28	시위하는 자가 그 방패를 **들고** 갔다가	요 3:14	모세가 광야에서 뱀을 **든** 것같이 인자
왕상 16:2	너를 티끌에서 **들어** 내 백성 이스라엘	요 5:8	이르시되 일어나 네 자리를 **들고** 걸어
왕하 2:16	여호와의 성령이 그를 **들고** 가다가 어느	요 8:28	너희가 인자를 **든** 후에 내가 그인 줄을
왕하 4:29	지팡이를 손에 **들고** 가라 사람을 만나거	요 8:59	그들이 돌을 **들어** 치려 하거늘 예수께서
대상 5:18	방패와 칼을 **들며** 활을 당겨 싸움에	요 13:18	내게 발꿈치를 **들었다** 한 성경을 응하게
대상 11:11	창을 **들어** 한꺼번에 삼백 명을 죽였고	요 21:6	던졌더니 물고기가 많아 그물을 **들 수**
대상 16:29	제물을 **들고** 그 앞에 들어갈지어다	계 7:9	손에 종려 가지를 **들고** 보좌 앞과 어린
대하 12:11	경호하는 자가 그 방패를 **들고** 갔다가	계 10:2	손에는 펴 놓인 작은 두루마리를 **들고**
스 3:10	제사장들은 예복을 입고 나팔을 **들고**	계 18:21	큰 맷돌 같은 돌을 **들어** 바다에 던져
	아삽 자손 레위 사람들은 제금을 **들고**		
느 6:7	선지자를 세워 예루살렘에서 너를 **들어**	**들다 3 - 기타 본문**	
욥 15:26	세우고 방패를 **들고** 하나님께 달려드니	출 7:20; 8:16; 14:16; 수 8:18; 삿 7:20; 삼상	
욥 30:22	나를 바람 위에 **들어** 불려가게 하시며	14:6, 7, 12, 13, 14, 17; 31:4, 6; 삼하 23:18; 대상	
욥 31:21	주먹을 **들어** 고아를 향해 휘둘렀다면	11:23; 12:24; 시 75:5; 요 5:9, 10, 11, 12; 10:31	

【 들다 】　　　　　　　　　　　　　　　　　　　　　　　　　　　　　　【 들라임 】

4. 기근, 흉년, 한재가 들다(there be)
창 12:10 그 땅에 기근이 들었으므로 아브람이
창 26:1 아브라함 때에 첫 흉년이 들었더니 그
　　　　 땅에 또 흉년이 들매 이삭이 그랄로
창 41:30 후에 일곱 해 흉년이 들므로 애굽 땅에
창 41:50 흉년이 들기 전에 요셉에게 두 아들이
창 41:54 일곱 해 흉년이 들기 시작하매 각국에는
창 45:6 이 땅에 이 년 동안 흉년이 들었으나
왕하 4:38 길갈에 이르니 그 땅에 흉년이 들었는데
시 105:16 또 그 땅에 기근이 들게 하사 그들이
학 1:11 모든 일에 한재를 들게 하였느니라
눅 15:14 흉년이 들어 그가 비로소 궁핍한지라
행 7:11 온 땅에 흉년이 들어 큰 환난이 있을새
행 11:28 흉년이 들리라 하더니 글라우디오 때에

5. 병이 들다(have disease)
레 13:9 사람에게 나병이 들었거든 그를 제사장
삼상 30:13 사흘 전에 병이 들매 주인이 나를 버렸
왕상 15:23 그는 늘그막에 발에 병이 들었더라
왕하 5:27 나아만의 나병이 네게 들어 네 자손에게
왕하 13:14 엘리사가 죽을 병이 들매 이스라엘의
왕하 20:12 브로닥발라단이 히스기야가 병 들었다
대하 21:15 또 너는 창자에 중병이 들고 그 병이
대하 21:18 능히 고치지 못할 병이 그 창자에 들게
시 35:13 그들이 병 들었을 때에 굵은 베 옷을
사 39:1 히스기야가 병 들었다가 나았다 함을

6. 무리에 들다(be counted, belong to)
민 1:47 지파대로 그 계수에 들지 아니하였으니
민 26:62 자손 중 계수에 들지 아니하였으니
민 26:64 계수한 이스라엘 자손은 한 사람도 들지
민 27:3 고라의 무리에 들지 아니하고 자기 죄로
수 8:22 그들이 이스라엘 중간에 든지라 어떤
욥 3:6 해의 날 수와 달의 수에 들지 않았더라
시 1:5 의인들의 모임에 들지 못하리라
요 10:16 또 이 우리에 들지 아니한 다른 양들이
고전 15:27 그의 아래에 두신 이가 그 중에 들지
히 7:6 레위 족보에 들지 아니한 멜기세덱은

7. 수종 들다(become one's attendant)
왕상 19:21 일어나 엘리야를 따르며 수종 들었더라
대하 13:10 자손이요 또 레위 사람들이 수종 들어
겔 44:15 가까이 나아와 수종을 들되 내 앞에

8. 시험에 들다(lead into temptation)
마 6:13 우리를 시험에 들게 하지 마시옵고 다만
마 26:41 시험에 들지 않게 깨어 기도하라 마음

막 14:38 시험에 들지 않게 깨어 있어 기도하라
눅 11:4 사하여 주시옵고 우리를 시험에 들게
눅 22:46 어찌하여 자느냐 시험에 들지 않게

9. 눈에 들다(like)
삿 14:7 말하니 그 여자가 삼손의 눈에 들었더라
왕상 9:12 준 성읍들을 보고 눈에 들지 아니하여

10. 비유를 들다(tell parable)
마 13:24 예수께서 그들 앞에 또 비유를 들어
마 13:31 또 비유를 들어 이르시되 천국은 마치

11. 편을 들다(show partiality)
레 19:15 가난한 자의 편을 들지 말며 세력 있는

12. 맛이 들다(ripen)
호 2:9 새 포도주를 그것이 맛 들 시기에 도로

13. 비용이 들다(expense)
눅 10:35 돌보아 주라 비용이 더 들면 내가 돌아

14. 정신이 들다(come to oneself)
행 12:11 베드로가 정신이 들어 이르되 내가

15. (어떤 사실이나 논제를) 끌어대거나 내세우다(speak concerning)
에 5:11 왕이 자기를 들어 왕의 모든 지방관이나
사 16:13 전부터 모압을 들어 하신 말씀이거니와
요삼 1:15 너는 친구들의 이름을 들어 문안하라

들라살(Tel Assar) 유브라데 강 유역의 성읍
왕하 19:12 고산과 하란과 레셉과 들라살에 있는
사 37:12 하란과 레셉과 및 들라살에 있는 에덴

들라야(Delaiah)
1. 다윗 자손으로 에료에내 아들
대상 3:24 블라야와 악굽과 요하난과 들라야와

2. 아론 자손으로 제사장 된 사람
대상 24:18 스물셋째는 들라야요 스물넷째는

3. 바벨론에서 귀환한 들라야 자손
스 2:60 그들은 들라야 자손과 도비야자손과
느 7:62 그들은 들라야 자손과 도비야 자손과

4. 므헤다벨의 아들
느 6:10 므헤다벨의 손자 들라야의 아들 스마야

5. 스마야의 아들
렘 36:12 엘리사마와 스마야의 아들 들라야와
렘 36:25 엘라단과 들라야와 그마랴가 왕께

들라임(Telaim) 유다 남쪽 경계선에 가까운 곳
삼상 15:4 백성을 소집하고 그들을 들라임에서

들레다 (make noise-KJV)
마 12:19 다투지도 아니하며 **들레지도** 아니하리

들려오다 (hear)
삼상 15:14 내 귀에 **들려오는** 이 양의 소리와 내게
사 66:6 성읍에서부터 **들려오며** 목소리가 성전

들려주다 (read, say)
창 20:8 불러 그 모든 일을 말하여 **들려주니**
신 4:10 내 말을 **들려주어** 그들이 세상에 사는
신 31:28 내가 이 말씀을 그들의 귀에 **들려주고**
삼상 9:27 내가 하나님의 말씀을 네게 **들려주리라**
대하 34:30 모든 말씀을 읽어 무리의 귀에 **들려주고**
느 8:12 이는 그들이 그 읽어 **들려준** 말을 밝히
시 26:7 감사의 소리를 **들려주고** 주의 기이한
시 40:6 귀를 통하여 내게 **들려주시기를** 제사와
시 51:8 내게 즐겁고 기쁜 소리를 **들려주시사**
사 41:26 알게 하는 자도 없고 **들려주는** 자도
사 43:9 이전 일들을 우리에게 **들려주겠느냐**
사 48:20 즐거운 소리로 이를 알게 하여 **들려주며**
렘 18:2 내 말을 네게 **들려주리라** 하시기로
렘 29:29 선지자 예레미야에게 읽어서 **들려줄**
겔 24:26 네게 나와서 네 귀에 그 일을 **들려주지**
호 7:12 전에 그 회중에 **들려준** 대로 그들을
행 17:20 어떤 이상한 것을 우리 귀에 **들려주니**

들르다 (cross, visit)
행 20:15 사모에 **들르고** 또 그 다음 날 밀레도
롬 15:28 확증한 후에 너희에게 **들렀다가**

들리다 (hear, lift up, be exalted)
1. 소리 등이 들리다 (hear)
창 18:21 행한 것이 과연 내게 **들린** 부르짖음과
창 27:42 에서의 이 말이 리브가에게 **들리매**
창 31:22 야곱이 도망한 것이 라반에게 **들린지라**
창 45:2 **들리며** 바로의 궁중에 **들리더라**
창 45:16 왔다는 소문이 바로의 궁에 **들리매**
출 17:14 여호수아의 귀에 외워 **들리라** 내가
출 19:16 있고 나팔 소리가 매우 크게 **들리니**
출 23:13 부르지도 말며 네 입에서 **들리게도**
민 11:18 말이 여호와께 **들렸으므로** 여호와
민 14:28 말이 내 귀에 **들린** 대로 내가 너희에게
신 13:12 성읍에 대하여 네게 소문이 **들리기를**
신 30:12 우리에게로 가지고 와서 우리에게 **들려**
신 30:13 우리에게로 가지고 와서 우리에게 **들려**
신 31:30 노래의 말씀을 끝까지 읽어 **들리니라**
신 32:44 모든 말씀을 백성에게 말하여 **들리니라**
수 6:10 너희는 외치지 말며 너희 음성을 **들리게**
수 9:24 당신의 종들에게 분명히 **들리므로** 당신
삿 18:25 목소리를 우리에게 **들리게** 하지 말라
삼상 1:13 입술만 움직이고 음성은 **들리지** 아니
삼상 2:24 아들들아 그리하지 말라 내게 **들리는**
삼하 5:24 꼭대기에서 걸음 걷는 소리가 **들리거든**
삼하 19:2 그 날에 백성들에게 **들리매** 그 날의
삼하 19:11 모여오자 하는 말이 왕께 **들렸거늘** 너희
삼하 22:7 나의 부르짖음이 그의 귀에 **들렸도다**
왕상 1:45 진동하였나니 당신들에게 **들린** 소리가
왕상 2:28 소문이 요압에게 **들리매** 그가 여호와의
왕상 4:31 그의 이름이 사방 모든 나라에 **들렸더라**
왕상 6:7 도끼나 모든 철 연장 소리가 **들리지**
왕상 18:13 일이 내 주에게 **들리지** 아니하였나이까
왕하 8:7 벤하닷이 병들었더니 왕에게 **들리기를**
왕하 19:28 네 교만한 말이 내 귀에 **들렸도다**
왕하 23:2 모든 말씀을 읽어 무리의 귀에 **들리고**
대상 14:15 걸음 걷는 소리가 **들리거든** 곧 나가서
대하 30:27 소리가 하늘에 **들리고** 그 기도가 여호와
스 3:13 외치는 소리가 멀리 **들리므로** 즐거이
느 6:7 말이 왕에게 **들릴지라** 그런즉 너는 이제
느 12:43 즐거워하는 소리가 멀리 **들렸느니라**
욥 4:12 가느다란 소리가 내 귀에 **들렸었나니**
욥 15:21 귀에는 무서운 소리가 **들리고** 그가 평안
욥 34:28 사람의 부르짖음이 그에게 **들리게** 하느
욥 37:4 천둥을 치며 그 음성이 **들릴** 때에 번개
시 18:6 나의 부르짖음이 그의 귀에 **들렸도다**
시 19:3 말씀도 없으며 **들리는** 소리도 없으나
시 66:8 그의 찬양 소리를 **들리게** 할지어다
전 9:17 조용히 **들리는** 지혜자들의 말들이 우매
아 2:12 비둘기의 소리가 우리 땅에 **들리는구나**
아 5:2 사랑하는 자의 소리가 **들리는구나** 문을
사 11:3 귀에 **들리는** 대로 판단하지 아니하며
사 15:4 소리는 야하스까지 **들리니** 그러므로
사 22:14 만군의 여호와께서 친히 내 귀에 **들려**
사 24:16 노래하는 소리가 우리에게 **들리기를**
사 30:21 뒤에서 말소리가 네 귀에 **들려** 이르기를
사 37:29 내 귀에 **들렸으므로** 내가 갈고리로
사 42:2 하며 그 소리를 거리에 **들리게** 하지

【 들리다 】　　　　　　　　　　　　　　　　　　　　　　　　　　　【 들리다 】

사 60:18	다시는 강포한 일이 네 땅에 **들리지**
사 65:19	소리가 그 가운데에서 다시는 **들리지**
렘 3:21	헐벗은 산 위에서 **들리니** 곧 이스라엘
렘 6:7	폭력과 탈취가 거기서 **들리며** 질병과
렘 8:16	말의 부르짖음이 단에서부터 **들리고**
렘 9:10	가축의 소리가 **들리지** 아니하며 공중의
렘 9:19	시온에서 통곡하는 소리가 **들리기를**
렘 10:22	떠드는 소리가 **들리니** 유다 성읍들을
렘 18:22	집에서 부르짖음이 **들리게** 하옵소서
렘 23:22	백성에게 내 말을 **들려서** 그들을 악한
렘 31:15	슬퍼하며 통곡하는 소리가 **들리니** 라헬
렘 33:10-11	소리가 다시 **들리리니** 이는 내가 이
렘 46:12	수치가 나라들에 **들렸고** 네 부르짖음은
렘 48:4	어린이들의 부르짖음이 **들리는도다**
렘 48:38	슬피 우는 소리가 **들리니** 내가 모압을
렘 49:2	전쟁 소리로 암몬 자손의 랍바에 **들리게**
렘 49:21	그가 부르짖는 소리는 홍해에 **들리리라**
렘 50:46	부르짖음이 나라들 가운데에 **들리리라**
렘 51:46	나약하게 말게 이 땅에서 **들리는** 소문
렘 51:54	소리가 **들리도다** … 소리가 **들리도다**
겔 10:5	날개 소리는 바깥뜰까지 **들리는데**
겔 19:9	다시 이스라엘 산에 **들리지** 아니하게
겔 26:13	네 수금 소리를 다시 **들리지** 않게
욘 3:6	그 일이 니느웨 왕에게 **들리매** 왕이
나 2:13	목소리가 다시는 **들리지** 아니하리라
마 2:18	슬퍼하며 크게 통곡하는 소리가 **들리니**
마 28:14	말이 총독에게 **들리면** 우리가 권하여
눅 1:13	간구함이 **들린지라** 네 아내 엘리사벳이
눅 1:44	문안하는 소리가 내 귀에 **들릴** 때에
눅 9:9	일이 **들리니** 이 사람이 누군가 하며
눅 12:3	모든 것이 광명한 데서 **들리고** 너희가
눅 16:1	낭비한다는 말이 그 주인에게 **들린지라**
눅 24:11	사도들의 그들의 말이 허탄한 듯이 **들려**
요 7:32	것이 바리새인들에게 **들린지라**
행 21:31	소문이 군대의 천부장에게 **들리매**
롬 16:19	순종함이 모든 사람에게 **들리는지라**
고전 1:11	너희에 대한 말이 내게 **들리니** 곧 너희
살전 1:8	마게도냐와 아가야에만 **들릴** 뿐 아니라
약 5:4	소리가 만군의 주의 귀에 **들렸느니라**
계 10:8	하늘에서 나서 내게 **들리던** 음성이
계 18:22	안에서 **들리지** 아니하고 어떠한 세공업 자든지 … 네 안에서 **들리지** 아니하고
계 18:23	다시 네 안에서 **들리지** 아니하리로다

2. 들다의 피동, 사역형
(lift up, take with, submit)

민 31:6	성소의 기구와 신호 나팔을 **들려서**
삿 7:16	각 손에 나팔과 빈 항아리를 **들리고**
삼하 11:14	다윗이 편지를 써서 우리아의 손에 **들려**
사 10:15	몽둥이가 나무 아닌 사람을 **들려** 함과
렘 13:22	크므로 네 치마가 **들리고** 네 발뒤꿈
겔 1:19	땅에서 **들릴** 때에 바퀴들도 **들려서**
겔 1:20	바퀴들고 그 곁에서 **들리니** 이는 생물의
겔 1:21	그 곁에서 **들리니** 이는 생물의 영이
단 7:4	또 땅에서 **들려서** 사람처럼 두 발로
미 5:9	손이 네 대적들 위에 **들려서** 네 모든
슥 5:7	그 때에 둥근 납 한 조각이 **들리더라**
마 21:21	산더러 **들려** 바다에 던져지라 하여도
마 27:29	씌우고 갈대를 그 오른손에 **들리고**
막 11:23	이 산더러 **들리어** 바다에 던져지라
요 3:14	뱀을 든같이 인자도 **들려야** 하리니
요 12:32	땅에서 **들리면** 모든 사람을 내게로
요 12:34	너는 어찌하여 인자가 **들려야** 하리라
행 21:35	폭행으로 말미암아 군사들에게 **들려**

3. 뿔, 영광 등이 높이 들리다
(be exalted, be raised up)

대상 14:2	그의 나라가 높이 **들림을** 받았음을
시 27:6	나를 둘러싼 내 원수 위에 **들리리니**
시 57:5	주는 하늘 위에 높이 **들리시며** 주의
시 57:11	주는 하늘 위에 높이 **들리시며** 주의
시 75:10	다 베고 의인의 뿔은 높이 **들리로다**
시 89:13	주의 오른손은 높이 **들리우셨나이다**
시 108:5	주는 하늘 위에 높이 **들리시며** 주의
시 112:9	있고 그의 뿔이 영광 중에 **들리리로다**
시 118:16	여호와의 오른손이 높이 **들렸으며**
잠 30:13	눈이 심히 높으며 눈꺼풀이 높이 **들린**
사 6:1	주께서 높이 **들린** 보좌에 앉으셨는데
사 26:11	여호와여 주의 손이 높이 **들릴지라도**
사 52:13	종이 형통하리니 받들어 높이 **들려서**
애 2:17	대적자들의 뿔로 높이 **들리게** 하셨도다
슥 14:10	예루살렘이 높이 **들려** 그 본처에 있으리

4. 귀신 등이 들리다 *(be demon-possessed)*

마 4:24	귀신 **들린** 자, 간질하는 자, 중풍병자
마 8:16	저물매 사람들이 귀신 **들린** 자를 많이
마 8:28	지방에 가시매 귀신 **들린** 자 둘이 무덤
마 9:32	그들이 나갈 때에 귀신 **들려** 말 못하는
마 11:18	그들이 말하기를 귀신이 **들렸다** 하더니

【 들릴라 】 【 들어가다 】

마 12:22	그 때에 귀신 들려 눈멀고 말 못하는	왕상 6:10	다락방을 건축하되 백향목 들보로 성전
마 15:22	내 딸이 흉악하게 귀신 들렸나이다	왕상 7:2	줄이요 기둥 위에 백향목 들보가 있으며
막 1:23	마침 그들의 회당에 더러운 귀신 들린	왕상 7:3	들보 사십오 개를 … 덮었는데 들보는
막 1:32	해 질 때에 모든 병자와 귀신 들린 자를	대하 3:7	또 금으로 성전과 그 들보와 문지방과
막 3:30	그들이 말하기를 더러운 귀신 들렸다	대하 34:11	헐어버린 성전들을 위하여 들보를 만들
막 5:2	더러운 귀신 들린 사람이 무덤 사이에서	스 6:11	집에서 들보를 빼내고 그를 그 위에
막 5:15	귀신 들렸던 자 곧 군대 귀신 지폈던	느 2:8	들어갈 집을 위하여 들보로 쓸 재목을
막 5:16	귀신 들렸던 자가 당한 것과 돼지의	느 3:3	자손들이 건축하여 그 들보를 얹고 문짝
막 5:18	예수께서 배에 오르실 때에 귀신 들렸던	느 3:6	중수하여 그 들보를 얹고 문짝을 달고
막 7:25	더러운 귀신 들린 어린 딸을 둔 한 여자	시 104:3	누각의 들보를 얹으시며 구름으로
막 9:17	선생님 말 못하게 귀신 들린 내 아들을	아 1:17	집은 백향목 들보, 잣나무 서까래로구나
눅 4:33	회당에 더러운 귀신 들린 사람이 있어	합 2:11	담에서 돌이 부르짖고 집에서 들보가
눅 7:21	고통과 및 악귀 들린 자를 많이 고치시	마 7:3	보고 네 눈 속에 있는 들보는 깨닫지
눅 7:33	아니하매 너희 말이 귀신이 들렸다	마 7:4	눈 속에 들보가 있는데 어찌하여 형제
눅 8:27	도시 사람으로서 귀신 들린 자 하나가	마 7:5	외식하는 자여 먼저 네 눈 속에서 들보
눅 8:30	하니 이는 많은 귀신이 들렸음이라	눅 6:41	보고 네 눈 속에 있는 들보는 깨닫지
눅 8:36	귀신 들렸던 자가 어떻게 구원 받았는지	눅 6:42	있는 들보를 보지 … 눈 속에서 들보를
눅 13:11	열여덟 해 동안이나 귀신 들려 앓으며		
요 7:20	대답하되 당신은 귀신이 들렸도다	**들사람**(man of the open country)	
요 8:48	사마리아 사람이라 또는 귀신이 들렸다	창 25:27	익숙한 사냥꾼이었으므로 들사람이
요 8:49	나는 귀신 들린 것이 아니라 오직 내		
요 8:52	네가 귀신 들린 줄을 아노라 아브라함과	**들사슴**(does of the field)	
요 10:20	사람이 말하되 그가 귀신 들려 미쳤거늘	아 2:7	예루살렘 딸들아 내가 노루와 들사슴을
요 10:21	사람은 말하되 이 말은 귀신 들린 자의	아 3:5	예루살렘 딸들아 내가 노루와 들사슴을
행 16:16	점치는 귀신 들린 여종 하나를 만나니		
행 19:13	유대인들이 시험삼아 악귀 들린 자들에	**들소**(wild ox)	
행 19:16	악귀 들린 사람이 그들에게 뛰어올라	민 23:22	인도하여 내셨으니 그의 힘이 들소와

5. 병에 들리다(be covered with)

눅 5:12	온 몸에 나병 들린 사람이 있어 예수를

들릴라(Delilah) 블레셋 땅
소렉 골짜기에 살았던 여인

삿 16:4	들릴라라 이름
삿 16:12	들릴라가 새 밧줄들을 가져다가 그것들
삿 16:14	들릴라가 바디로 그 머리털을 단단히
삿 16:20	들릴라가 이르되 삼손이여 블레셋 사람

들메끈(thong of a sandal)

창 14:23	한 오라기나 들메끈 한 가닥도 내가
사 5:27	아니하며 그들의 들메끈은 끊어지지

들보(beam, plank)

왕상 6:6	턱을 내어 골방 들보들로 성전의 벽에

민 24:8	힘이 들소와 같도다 그의 적국을 삼키고
신 33:17	있으니 그 뿔이 들소의 뿔 같도다
욥 39:10	네가 능히 줄로 매어 들소가 이랑을
시 22:21	내게 응답하시고 들소의 뿔에서 구원
시 92:10	내 뿔을 들소의 뿔같이 높이셨으며

들송아지(young wild ox)

시 29:6	레바논과 시룐으로 들송아지같이 뛰게

들양(goat)

사 13:21	타조가 거기에 깃들이며 들양이 거기에

들어가다(enter, sleep with)

1. 공간 안으로 들어가다(enter)

창 6:18	며느리들과 함께 그 방주로 들어가고
창 7:1	너와 네 온 집은 방주로 들어가라

【 들어가다 】   【 들어가다 】

출 5:23	내가 바로에게 **들어가서** 주의 이름으로	겔 3:24	이르시되 너는 가서 네 집에 **들어가**
출 7:23	바로가 돌이켜 궁으로 **들어가고** 그 일	겔 8:3	예루살렘으로 가서 안뜰로 **들어가는**
레 9:23	아론이 회막에 **들어갔다가** 나와서	단 2:2	술사를 부르라 말하매 그들이 **들어가서**
레 12:4	만지지도 말며 성소에 **들어가지도**	단 2:16	다니엘이 **들어가서** 왕께 구하기를 시간
민 4:19	그의 아들들이 **들어가서** 각 사람에게	호 7:1	안으로 **들어가** 도둑질하고 밖으로 떼
민 4:20	그들은 잠시라도 **들어가서** 성소를 보지	욜 2:9	뛰어 **들어가며** … 창으로 **들어가니**
신 1:8	너희 앞에 있으니 **들어가서** 그 땅을	암 5:5	길갈로 **들어가지** 말며 브엘세바로도
신 1:22	성읍에 **들어가야** 할 것을 우리에게	암 5:19	**들어가서** 손을 벽에 대었다가 뱀에게
수 2:1	라합이라 하는 기생의 집에 **들어가**	옵 1:11	그의 성문에 **들어가서** 예루살렘을 얻기
수 2:3	네게로 와서 네 집에 **들어간** 그 사람	옵 1:13	네가 그 성문에 **들어가지** 않을 것이며
삿 3:22	칼자루도 날을 따라 **들어가서** 그 끝이	욘 3:4	요나가 그 성읍에 **들어가서** 하루 동안
삿 4:18	그가 그 장막에 **들어가니** 야엘이 이불로	나 3:14	견고하게 하며 진흙에 **들어가서** 흙을
룻 1:2	모압 지방에 **들어가서** 거기 살더니	슥 5:4	집에도 **들어가며** … 집에도 **들어가서**
룻 2:18	가지고 성읍에 **들어가서** 시어머니에게	마 2:21	데리고 이스라엘 땅으로 **들어가니라**
삼상 5:2	신전에 **들어가서** 다곤 곁에 두었더니	마 5:20	못하면 결코 천국에 **들어가지** 못하리라
삼상 5:5	다곤의 신전에 **들어가는** 자는 오늘까지	막 1:21	**들어가니라** 예수께서 … 회당에 **들어가**
삼하 3:27	데리고 성문 안으로 **들어가** 거기서	막 1:29	함께 시몬과 안드레의 집에 **들어가시니**
삼하 4:6	가운데로 **들어가서** 그의 배를 찌르고	눅 4:16	회당에 **들어가사** 성경을 읽으려고
왕상 1:13	당신은 다윗 왕 앞에 **들어가서** 아뢰기	눅 4:38	시몬의 집에 **들어가시니** 시몬의 장모
왕상 1:14	뒤이어 **들어가서** 당신의 말씀을 확증	요 18:1	있는데 제자들과 함께 **들어가시니라**
왕하 3:24	도망하게 하고 그 지경에 **들어가며** 모압	요 18:15	함께 대제사장의 집 뜰에 **들어가고**
왕하 4:4	너는 네 두 아들과 함께 **들어가서** 문을	행 7:45	함께 가지고 **들어가서** 다윗 때까지
대상 16:1	하나님의 궤를 메고 **들어가서** 다윗이	행 8:3	사울이 교회를 잔멸할새 각 집에 **들어가**
대상 17:16	다윗 왕이 여호와 앞에 **들어가** 앉아서	살전 1:9	너희 가운데에 **들어갔는지와** 너희
대하 6:41	하나님이여 일어나 **들어가사** 주의 능력	살전 2:1	형제들아 우리가 너희 가운데 **들어간**
대하 7:2	여호와의 전으로 능히 **들어가지** 못하였	살후 3:5	사랑과 그리스도의 인내에 **들어가게**
스 10:6	방으로 **들어가니라** 그가 **들어가서**	딤후 3:6	그들 중에 남의 집에 가만히 **들어가**
느 2:7	나를 용납하여 유다에 **들어가기까지**	히 6:19	견고하여 휘장 안에 **들어가나니**
에 4:2	옷을 입은 자는 대궐 문에 **들어가지**	히 6:20	되어 우리를 위하여 **들어가셨느니라**
에 4:11	아니하고 안뜰에 **들어가서** 왕에게	벧전 5:10	자기의 영원한 영광에 **들어가게** 하신
욥 18:18	광명으로부터 흑암으로 쫓겨 **들어가며**	요일 3:14	사망에서 옮겨 생명으로 **들어간** 줄을
욥 37:8	짐승들은 땅 속에 **들어가서** 그 처소에	계 17:11	속한 자라 그가 멸망으로 **들어가리라**
시 5:7	집에 **들어가** 주를 경외함으로 성전을		
시 24:7	영광의 왕이 **들어가시리로다**	【 들어가다 1 ─ 기타 본문 】	
잠 2:10	네 마음에 **들어가며** 지식이 네 영혼을	**모세오경** 창 7:7, 9, 13, 15, 16; 9:23; 12:5; 19:33,	
잠 4:14	사악한 자의 길에 **들어가지** 말며 악인의	34; 23:2; 24:32; 31:33; 39:11; 40:6; 41:14; 43:26,	
아 2:4	나를 인도하여 잔칫집에 **들어갔으니**	30; 45:25; 46:26; 출 8:27; 9:1; 10:1, 3, 4; 11:4;	
아 4:16	사랑하는 자가 그 동산에 **들어가서**	12:23; 14:28; 15:13, 19, 22; 18:7; 24:18; 29:30;	
사 2:10	너희는 바위 틈에 **들어가며** 진토에 숨어	33:8; 34:12, 34, 35; 레 4:5, 16; 6:30; 14:36, 46, 48;	
사 2:19	암혈과 토굴로 **들어가서** 여호와께서	16:12, 15, 17, 23; 18:30; 19:23; 21:23; 23:10;	
렘 4:5	모이라 우리가 견고한 성외로 **들어가자**	25:2; 민 4:5; 5:22, 24, 27; 7:89; 8:15, 22, 24;	
렘 4:29	사람들이 도망하여 수풀에 **들어가고**	14:30; 15:2, 18; 17:8; 19:14; 20:24; 21:22; 22:23;	
애 1:10	성소에 그들이 **들어간** 것을 예루살렘	25:8; 26:9; 33:51; 34:2; 35:10; 신 1:37; 2:1; 4:1,	

【 들어가다 】　　　　　　　　　　　　　　　　　　　【 들어오다 】

5, 21; 6:10, 18, 19, 23; 8:1; 9:1; 10:11; 11:8, 10, 31; 12:29; 18:9; 19:5; 23:20; 24:10; 26:1; 27:2, 3; 28:21, 63; 31:7, 16, 23; 32:52 **역사서** 수 4:5; 6:20, 22, 23; 8:13, 19; 10:19, 20; 13:5; 16:1; 20:4; 23:7; 24:8; 삿 2:1; 3:20; 4:22; 9:27, 46, 51; 15:1; 17:10; 18:17, 18, 20; 19:11, 15, 21; 20:8 룻 3:4, 15; 4:11; 삼상 7:2; 9:13, 22, 25; 11:3; 12:8; 14:25; 19:16; 20:42; 22:5; 23:7, 16; 24:3; 26:15; 27:1; 삼하 4:7; 6:17; 7:18; 12:16, 20, 24; 13:10; 14:3; 15:37; 17:17, 18; 19:3, 5; 20:6; 왕상 1:15, 28; 6:31; 13:8, 16, 22, 29; 14:13; 16:10, 18; 18:46; 19:4, 9; 20:30; 22:25, 30; 왕하 4:8, 11, 32, 36, 37; 5:4, 18; 7:12; 9:2, 6, 34; 10:21, 23, 24, 25; 11:4, 13; 16:18; 19:1, 23; 22:20; 23:11; 대상 19:15; 20:1; 24:19; 27:1; 대하 18:24, 29; 19:1; 23:12; 26:16, 17; 27:2; 29:15, 16, 18; 30:8; 31:16; 32:21; 34:28; 느 4:11; 6:11; 9:15, 23, 24; 에 2:16; 7:7 **시가서** 욥 6:18; 8:17; 9:32; 38:16, 22; 40:23; 시 24:9; 45:15; 63:9; 66:13; 69:2; 100:4; 109:18; 118:19, 20; 132:3, 7, 8; 잠 7:23; 20:30; 27:10 **선지서** 사 2:21; 8:22; 13:2; 24:10; 26:20; 37:24; 47:5; 57:2; 66:17; 렘 7:2; 8:14; 14:18; 16:5, 8; 22:28; 32:23; 36:6, 20; 37:16; 38:11; 42:14, 15, 17; 43:7; 44:12, 14, 28; 47:6; 51:51; 겔 8:9, 10, 14, 16; 24:2, 6, 19; 13:9; 20:38; 21:19; 26:10; 36:21, 22, 24; 37:5, 10, 12; 40:17, 28; 41:3; 42:9, 14; 43:4, 5; 46:19; 47:9; 단 2:25; 11:7; 슥 6:10 **신약** 마 2:11; 5:22; 6:6; 7:13, 21; 8:5, 14, 32, 33; 9:25, 28; 10:5, 11, 12; 12:4, 9, 29, 45; 13:36; 14:15; 15:11, 17, 21; 17:25; 18:3, 8, 9; 19:17, 23, 24; 20:4, 7; 21:10, 12, 23, 31; 23:13; 24:38; 25:10, 46; 26:58; 27:27, 53; 28:11; 막 2:1, 2, 26; 3:1, 20, 27; 5:12, 13, 40; 6:10, 25, 56; 7:15, 17, 18, 19, 24; 8:26; 9:25, 28, 43, 45, 47; 10:15, 23, 24, 25; 11:11, 15, 27; 13:15; 14:13, 14, 16, 54; 15:16, 43; 16:5; 눅 1:9, 28, 40; 2:27; 6:4; 7:36; 8:16, 31, 32, 33, 51; 9:4; 10:38; 11:33, 37, 52; 13:24; 14:1; 15:28; 16:22; 17:12, 27; 18:17, 24, 25; 19:1, 7, 30, 45; 21:21; 22:3, 10; 24:26, 29; 요 3:4; 4:8, 28; 5:4; 10:1, 2, 9; 18:28, 33; 19:9; 20:5, 6, 8; 행 1:26; 5:21; 9:6, 8, 17; 10:24, 27; 11:3, 8, 12; 12:14; 13:14; 14:1, 14, 20, 22; 16:29, 40; 17:2, 10; 18:19; 19:8, 29, 30, 31; 21:4, 8, 18, 26, 28, 29; 37; 22:10, 11; 23:10, 16, 33; 27:40; 28:8, 16; 딤후

4:18; 히 2:10; 3:19; 4:3, 6, 10, 11; 9:6, 7, 8, 12, 24, 25; 10:31; 12:20; 13:11; 벧전 2:9; 계 3:20; 9:9; 11:11; 21:24, 26, 27

2. 동침하다 (sleep with)

창 16:2　내 여종에게 들어가라 내가 혹 그로
창 29:21　주소서 내가 그에게 들어가겠나이다
창 29:23　데려가매 야곱이 그에게로 들어가니라
창 29:30　야곱이 또한 라헬에게로 들어갔고 그가
창 30:3　여종 빌하에게로 들어가라 그가 아들을
창 30:4　주매 야곱이 그에게로 들어갔더니
창 38:8　형수에게로 들어가서 남편의 아우 된
창 38:9　형수에게 들어갔을 때에 그의 형에게
창 38:16　네게 들어가게 하라 하니 그의 며느리
창 38:18　그에게 주고 그에게로 들어갔더니 그가
신 21:13　네가 그에게로 들어가서 그의 남편이
신 22:13　아내를 맞이하여 그에게 들어간 후에
신 25:5　남편의 형제가 그에게로 들어가서 그를
삿 16:1　한 기생을 보고 그에게로 들어갔더니
룻 4:13　그에게 들어갔더니 여호와께서 그에게

들어맞다 (come together)

겔 37:7　들어맞아 뼈들이 서로 연결되더라

들어서다 (go and stand)

수 3:8　요단 물가에 이르거든 요단에 들어서라

들어오다 (enter, come)

창 19:3　돌이켜 그 집으로 들어오는지라 롯이
창 23:10　헷 족속 곧 성문에 들어온 모든 자가
창 24:31　여호와께 복을 받은 자여 들어오소서
창 30:16　영접하며 이르되 내게로 들어오라 내가
창 38:16　당신이 무엇을 주고 내게 들어오려느냐
창 39:14　동침하고자 내게로 들어오므로 내가
출 14:23　추격하여 바다 가운데로 들어오는지라
출 22:2　도둑이 뚫고 들어오는 것을 보고 그를
레 14:8　그 후에 진영에 들어올 것이나 자기
레 16:2　앞에 아무 때나 들어오지 말라 그리하여
레 25:22　그 땅에 소출이 들어오기까지 너희는
민 12:14　동안 가두고 그 후에 들어오게 할지
민 27:21　엘르아살의 말을 따라 나가며 들어올
신 23:1　여호와의 총회에 들어오지 못하리라
신 23:10　나가고 진영 안에 들어오지 아니하다가

【 들어오다 】　　　　　　　　　　　　　　【 들어올리다 】

신 23:11	목욕하고 해 진 후에 진에 **들어올** 것이	겔 46:8	현관을 통하여 **들어오고** 나갈 때에도
신 28:7	길로 너를 치러 **들어왔으나** 네 앞에서	단 4:7	술사와 점쟁이가 **들어왔으므로** 내가
신 32:17	근래에 **들어온** 새로운 신들 너희의	단 4:8	다니엘이 내 앞에 **들어왔으니** 그는
수 2:2	땅을 정탐하러 이리로 **들어왔나이다**	단 5:8	지혜자가 다 **들어왔으나** 능히 그 글자
수 2:18	우리가 이 땅에 **들어올** 때에 우리를	단 5:10	잔치하는 궁에 **들어왔더니** 이에 말하여
삿 4:18	주여 **들어오소서** 내게로 **들어오시고**	합 3:16	것이 내 뼈에 **들어왔으며** 내 몸은
삿 6:5	같이 많이 **들어오니** 그 사람과 낙타가	마 8:8	주여 내 집에 **들어오심을** 나는 감당하지
삿 15:1	하노라 하니 장인이 **들어오지** 못하게	마 21:18	성으로 **들어오실** 때에 시장하신지라
삿 19:22	말하여 이르되 네 집에 **들어온** 사람을	마 22:12	예복을 입지 않고 여기 **들어왔느냐** 하니
룻 3:14	여인이 타작마당에 **들어온** 것을 사람이	눅 7:6	마옵소서 내 집에 **들어오심을** 나는 감당
삼상 4:5	여호와의 언약궤가 진영에 **들어올** 때에	눅 7:44	네 집에 **들어올** 때 너는 내게 발 씻을
삼상 7:13	이스라엘 지역 안에 **들어오지** 못하였	눅 7:45	아니하였으되 그는 내가 **들어올** 때로
삼상 26:3	사울이 자기를 따라 광야로 **들어옴을**	요 8:2	성전으로 **들어오시니** 백성이 다 나아오
삼하 5:8	저는 사람은 집에 **들어오지** 못하리라	요 11:30	아직 마을로 **들어오지** 아니하시고
삼하 6:16	여호와의 궤가 다윗 성으로 **들어올** 때에	요 18:16	말하여 베드로를 데리고 **들어오니**
삼하 13:10	음식물을 가지고 침실로 **들어오라** 내가	행 2:10	유대인과 유대교에 **들어온** 사람들과
왕상 1:22	말할 때에 선지자 나단이 **들어온지라**	행 5:7	그 일어난 일을 알지 못하고 **들어오니**
왕하 6:23	이스라엘 땅에 **들어오지** 못하니라	행 10:25	마침 베드로가 **들어올** 때에 고넬료가
왕하 9:31	예후가 문에 **들어오매** 이르되 주인을	행 20:18	아시아에 **들어온** 첫날부터 지금까지
왕하 11:5	이러하니 안식일에 **들어올** 너희 중 삼분	행 25:23	함께 접견 장소에 **들어오고** 베스도의
대상 11:5	이르기를 네가 이리로 **들어오지** 못하리	롬 5:12	세상에 **들어오고** … 사망이 **들어왔나니**
대상 15:29	언약궤가 다윗 성으로 **들어올** 때에 사울	롬 5:20	율법이 **들어온** 것은 범죄를 더하게 하려
대하 23:6	전에 **들어오려니와** … 사람은 **들어오지**	롬 11:25	충만한 수가 **들어오기까지** 이스라엘의
대하 23:7	다른 사람이 성전에 **들어오거든** 죽이고	갈 2:4	**들어온** 거짓 형제들 … 가만히 **들어온**
대하 23:19	부정한 모든 자는 **들어오지** 못하게 하고	히 1:6	이끌어 세상에 다시 **들어오게** 하실 때에
느 13:1	하나님의 총회에 **들어오지** 못하리니	약 2:2	사람이 **들어오고** 또 … **들어올** 때에
에 6:6	**들어오거늘** 왕이 묻되 왕이 존귀하게	유 1:4	이는 가만히 **들어온** 사람 몇이 있음이라
시 69:1	내 영혼까지 흘러 **들어왔나이다**		
시 69:27	더하사 주의 공의에 **들어오지** 못하게	**들어오다 – 기타 본문**	
시 95:11	안식에 **들어오지** 못하리라 하였도다	창 19:8; 23:18; 39:17; 레 16:3; 민 12:15; 신	
사 26:2	의로운 나라가 **들어오게** 할지어다	23:3, 8; 삿 19:23; 삼상 4:6, 13; 9:12; 14:21;	
사 52:1	부정한 자가 다시는 네게로 **들어옴이**	21:15; 삼하 5:6; 왕상 1:42; 14:5, 6; 왕하 11:9; 느	
렘 9:21	넘어 **들어오며** 우리 궁실에 **들어오며**	13:19; 에 6:5; 렘 17:21, 24, 25, 27; 22:4; 겔	
렘 17:20	이 문으로 **들어오는** 유다 왕들과 유다	44:16; 46:9, 10; 히 3:11, 18; 4:3, 5	
렘 21:13	우리의 거처에 **들어오리요** 하거니와		
렘 22:2	신하와 이 문들로 **들어오는** 네 백성	**들어올리다**(carry off, take up)	
애 1:10	성회에 **들어오지** 못하도록 명령하신	레 10:14	흔든 가슴과 **들어올린** 뒷다리는 너와
겔 13:9	백성의 공회에 **들어오지** 못하게 하며	레 10:15	그 **들어올린** 뒷다리와 흔든 가슴을
겔 38:8	여러 나라에서 모여 **들어오며** 이방에서	삿 9:48	나뭇가지를 찍어 그것을 **들어올려** 자기
겔 44:2	**들어오지** 못할 것은 이스라엘 하나님	삼하 2:32	무리가 아사헬을 **들어올려** 베들레헴에
	나 여호와가 그리로 **들어왔음이라**	욥 5:26	곡식단을 제 때에 **들어올림** 같으니라
겔 44:9	이방인은 내 성소에 **들어오지** 못하리라	욥 27:21	동풍이 그를 **들어올리리니** 그는 사라질
겔 44:17	안뜰 문에 **들어올** 때에나 안뜰 문	겔 3:12	주의 영이 나를 **들어올리시는데** 내가

【 들어주다 】 　　　　　　　　　　　　　　　【 들짐승 】

겔 3:14　영이 나를 **들어올려** 데리고 가시는데
겔 11:1　주의 영이 나를 **들어올려서** 여호와의

들어주다(grant, listen)
시 21:2　그의 마음의 소원을 **들어주셨으며** 그의
행 18:14　너희 말을 **들어주는** 것이 옳거니와

들여가다(bring in)
대상 9:28　맡아서 그 수효대로 **들여가고** 수효대로

들여놓다(place, bring in)
출 26:33　그 휘장 안에 **들여놓으라** 그 휘장이
출 40:3　증거궤를 **들여놓고** 또 휘장으로 그 궤를
출 40:4　**들여놓고** 그 … 등잔대를 **들여놓아**
출 40:21　또 그 궤를 성막에 **들여놓고** 가리개
삼상 7:1　아비나답의 집에 **들여놓고** 그의 아들
느 13:9　유향을 다시 그리로 **들여놓았느니라**
눅 5:18　와서 예수 앞에 **들여놓고자** 하였으나

들여다보다(gaze, look into)
삼상 6:19　여호와의 궤를 **들여다본** 까닭에 그들을
아 2:9　벽 뒤에 서서 창으로 **들여다보며** 창살
요 20:11　울면서 구부려 무덤 안을 **들여다보니**
약 1:25　온전한 율법을 **들여다보고** 있는 자는

들여보내다(send into)
창 7:16　여호와께서 그를 **들여보내고** 문을
마 8:31　내시려면 돼지 떼에 **들여보내** 주소서
마 20:1　품꾼을 얻어 포도원에 **들여보내려고**
마 20:2　약속하여 포도원에 **들여보내고**

들여오다(take into)
레 10:18　피는 성소에 **들여오지** 아니하는 것이
왕상 10:28　솔로몬의 말들은 애굽에서 **들여왔으니**
왕상 10:29　애굽에서 **들여온** 병거는 한 대에

들염소(wild goat)
삼상 24:2　사람들을 찾으러 **들염소** 바위로 갈새

들이다(bring, use for, dye)
1. 안으로 들어오게 하다(bring into)
창 24:67　사라의 장막으로 **들이고** 그를 맞이하여
창 29:13　자기 집으로 인도하여 **들이니** 야곱이
창 38:29　손을 도로 **들이며** 그의 아우가 나오는
창 43:16　인도해 **들이고** 짐승을 잡고 준비하라
출 10:13　되매 동풍이 메뚜기를 불어 **들인지라**
신 31:21　그들을 인도하여 **들이기** 전 오늘 나는
수 6:19　그것을 여호와의 곳간에 **들일지니라**
왕하 6:32　문을 닫고 문 안에 **들이지** 말라 그의
대상 22:19　위하여 건축한 성전에 **들이게** 하라 하였
대하 28:27　묘실에 **들이지** 아니하고 예루살렘
스 2:69　금고에 **들이니** 금이 육만 천 다릭
느 13:12　십일조를 가져다가 곳간에 **들이므로**
시 60:9　나를 이끌어 견고한 성에 **들이며** 누가
시 66:12　끌어내사 풍부한 곳에 **들이셨나이다**
시 108:10　견고한 성읍으로 인도해 **들이며** 누가
아 1:4　그의 방으로 이끌어 **들이시니** 너는 나를
아 8:2　집에 **들이고** 네게서 교훈을 받았으리라
사 58:7　유리하는 빈민을 집에 **들이며** 헐벗은
렘 16:15　준 그들의 땅으로 인도하여 **들이리라**
마 3:12　알곡은 모아 곳간에 **들이고** 쭉정이는
요이 1:10　나아가거든 그를 집에 **들이지도** 말고

📖 **들이다 1 - 기타 본문**
민 14:8, 24, 31; 16:14; 20:12; 신 7:1, 26; 9:28;
11:29; 겔 14:3, 4, 7; 20:15; 눅 3:17

2. 비용을 내다(use for)
출 38:24　성소 건축 비용으로 **들인** 금은 성소의

3. 물감을 들게 하다(dye)
출 39:34　물을 **들인** 숫양의 가죽 덮개와 해달

들이밀다(thrust)
아 5:4　손을 **들이밀매** 내 마음이 움직여서

들짐승(wild animal)
창 2:19　하나님이 흙으로 각종 **들짐승과** 공중의
창 3:1　하나님이 지으신 **들짐승** 중에 가장 간교
창 7:14　그들과 모든 **들짐승이** 그 종류대로,
창 7:21　새와 가축과 **들짐승과** 땅에 기는 모든
창 8:1　방주에 있는 모든 **들짐승과** 가축을 기억
출 23:11　남은 것은 **들짐승이** 먹으리라 네 포도
출 23:29　황폐하게 됨으로 **들짐승이** 번성하여
레 5:2　부정한 **들짐승의** 사체나 부정한 가축
레 17:15　스스로 죽은 것이나 **들짐승에게** 찢겨
레 25:7　네 가축과 네 땅에 있는 **들짐승들이**

들짐승

레 26:22	내가 들짐승을 너희 중에 보내리니
신 7:22	급히 멸하지 말라 들짐승이 번성하여
신 32:24	삼켜질 것이라 내가 들짐승의 이와
삼상 17:44	네 살을 공중의 새들과 들짐승들에게
삼상 17:46	오늘 공중의 새와 땅의 들짐승에게 주어
삼하 21:10	못하게 하고 밤에는 들짐승이 범하지
왕하 14:9	하였더니 레바논 들짐승이 지나가다가
대하 25:18	하였더니 레바논 들짐승이 지나가다가
욥 5:22	비웃으며 들짐승을 두려워하지 말라
욥 5:23	돌이 너와 언약을 맺겠고 들짐승이 너와
욥 39:15	발에 깨어질 것이나 들짐승에게 밟힐
시 8:7	곧 모든 소와 양과 들짐승이며
시 68:30	갈밭의 들짐승과 수소의 무리와 만민의
시 74:19	주의 멧비둘기의 생명을 들짐승에게
시 80:13	멧돼지들이 상해하며 들짐승들이
시 104:11	각종 들짐승에게 마시게 하시니 들나귀
시 147:9	들짐승과 우는 까마귀 새끼에게 먹을
사 13:21	오직 들짐승들이 거기에 엎드리고
사 18:6	들짐승들에게 던져 주리니 … 여름을 지내며 땅의 들짐승들이 다 그것으로
사 23:13	앗수르 사람이 그 곳을 들짐승이 사는
사 34:14	들짐승이 이리와 만나며 숫염소가
사 43:20	장차 들짐승 곧 승냥이와 타조도 나를
렘 12:9	아니하느냐 너희는 가서 들짐승들을
렘 27:6	느부갓네살의 손에 주고 또 들짐승들을
렘 28:14	그를 섬기리라 내가 들짐승도 그에게
렘 50:39	그러므로 사막의 들짐승이 승냥이와
겔 29:5	못할 것은 내가 너를 들짐승과 공중의
겔 33:27	들에 있는 자는 들짐승에게 넘겨 먹히게
겔 34:5	흩어지고 흩어져서 모든 들짐승의 밥이
겔 34:8	노략 거리가 되고 모든 들짐승의 밥이
겔 39:4	내가 너를 각종 사나운 새와 들짐승에게
단 2:38	사람들과 들짐승과 공중의 새들, 어느
단 4:12	될 만하고 들짐승이 그 그늘에 있으며
단 4:21	것이 될 만하고 들짐승은 그 아래에
단 4:23	하늘 이슬에 젖고 또 들짐승들과 더불어
단 4:25	쫓겨나서 들짐승과 함께 살며 소처럼
단 4:32	네가 사람에게서 쫓겨나서 들짐승과
단 5:21	쫓겨나서 그의 마음이 들짐승의 마음과
호 2:12	수풀이 되게 하며 들짐승들에게 먹게
호 2:18	내가 그들을 위하여 들짐승과 공중의
호 4:3	거기 사는 자와 들짐승과 공중에 나는
호 13:8	삼키리라 들짐승이 그들을 찢으리라
욜 1:20	들짐승도 주를 향하여 헐떡거리오니
욜 2:22	들짐승들아 두려워하지 말지어다 들의
습 2:15	이와 같이 황폐하여 들짐승이 엎드릴
막 1:13	시험을 받으시며 들짐승과 함께 계시니
행 11:6	네 발 가진 것과 들짐승과 기는 것과

들창/-문(window)

잠 7:6	집 들창으로, 살창으로 내다 보다가
고후 11:33	나는 광주리를 타고 들창문으로 성벽을

들추다(pull up)

렘 13:26	얼굴에까지 들춰서 네 수치를 드러내리

들추어내다(probe)

욥 10:6	찾으시며 나의 죄를 들추어내시나이까

들키다(be caught)

잠 6:31	들키면 칠 배를 갚아야 하리니 심지어

들판(field)

레 25:34	그들의 성읍 주위에 있는 들판은 그들의
느 11:30	마을들과 라기스와 그 들판과 아세가

들포도(bad grape)

왕하 4:39	채소를 캐러 들에 나가 들포도덩굴을
사 5:2	좋은 포도 맺기를 바랐더니 들포도를
사 5:4	기다렸거늘 들포도를 맺음은 어찌 됨인

들풀(grass of the field)

마 6:30	아궁이에 던져지는 들풀도 하나님이
눅 12:28	아궁이에 던져지는 들풀도 하나님이

듯/-이/-하다(as though)

창 41:21	먹었으나 먹은 듯하지 아니하고 여전히
출 24:10	아래에는 청옥을 편 듯하고 하늘같이
수 9:7	가운데에 거주하는 듯하니 우리가
삼하 3:27	조용히 말하려는 듯이 그를 데리고
왕상 1:40	그들의 소리로 말미암아 갈라질 듯하니
왕상 18:29	정오가 지났고 그들이 미친 듯이 떠들어
왕하 18:24	의뢰하고 그 병거와 기병을 얻을 듯하냐
왕하 19:4	때문에 꾸짖으실 듯하니 당신은 이 남아
에 1:12	진노하여 마음속이 불 붙는 듯하더라
욥 11:11	상관하지 않으시는 듯하나 다 보시느니

【 듯 1 】 【 등불 】

욥 16:4	자리에 있다 하자 나도 그럴 듯한 말로
욥 39:24	삼킬 듯이 맹렬히 성내며 나팔 소리에
욥 41:5	그것을 새를 가지고 놀 듯 하겠으며
시 102:8	비방하며 내게 대항하여 미칠 듯이
잠 20:17	사람에게 맛이 좋은 듯하나 후에는 그의
아 5:12	같은데 우유로 씻은 듯하고 아름답게
아 5:14	아로새긴 상아에 청옥을 입힌 듯하구나
렘 24:2	처음 익은 듯한 극히 좋은 무화과를
렘 25:16	비틀거리며 미친 듯이 행동하리니 이는
단 5:6	넓적다리 마디가 녹는 듯하고 그의 무릎
단 10:8	빛이 변하여 썩은 듯하였고 나의 힘이
나 2:4	미친 듯이 거리를 달리며 대로에서
나 2:5	그들이 엎드러질 듯이 달려서 급히 성에
눅 24:11	그들의 말이 허탄한 듯이 들려 믿지
고전 16:6	겨울을 지낼 듯도 하니 이는 너희가
계 6:6	네 생물 사이로부터 나는 듯한 음성을

등 1 (back)

출 23:27	네게 등을 돌려 도망하게 할 것이며
출 33:23	손을 거두리니 네가 내 등을 볼 것이요
레 21:20	등 굽은 자나 키 못 자란 자나 눈에 백막
삿 3:22	들어가서 그 끝이 등 뒤까지 나갔고
삼하 2:23	찌르니 창이 그의 등을 꿰뚫고 나간지라
삼하 22:41	주께서 또 내 원수들이 등을 내게로
왕상 14:9	노엽게 하고 나를 네 등 뒤에 버렸도다
시 18:40	주께서 내 원수들에게 등을 내게로
시 129:3	가는 자들이 내 등을 갈아 그 고랑을
잠 10:13	지혜 없는 자의 등을 위하여는 채찍이
잠 19:29	채찍은 어리석은 자의 등을 위하여
사 38:17	모든 죄를 주의 등 뒤에 던지셨나이다
사 50:6	때리는 자들에게 내 등을 맡기며 나의
렘 2:27	낳았다 하고 그들의 등을 내게로 돌리고
렘 7:24	완악한 대로 행하여 그 등을 내게로
렘 18:17	그들에게 등을 보이고 얼굴을 보이지
렘 32:33	등을 내게로 돌리고 얼굴을 내게로
렘 48:39	부끄러워서 등을 돌렸도다 그런즉
겔 23:35	잊었고 또 나를 네 등 뒤에 버렸은즉
슥 7:11	그들이 듣기를 싫어하여 등을 돌리며
롬 11:10	흐려 보지 못하고 그들의 등을 항상 굽게

등 2 (燈, lamp)

| 시 119:105 | 주의 말씀은 내 발에 등이요 내 길에 |
| 시 132:17 | 기름 부음 받은 자를 위하여 등을 준비 |

마 25:1	그 때에 천국은 마치 등을 들고 신랑을
마 25:3	미련한 자들은 등을 가지되 기름을
마 25:7	그 처녀들이 다 일어나 등을 준비할새

등 3 (等)

| 레 6:3 | 부인하여 거짓 맹세하는 등 사람이 |

등 3 - 기타 본문
신 14:26; 대상 18:11; 대하 17:8; 계 1:11

등경 (stand)

마 5:15	아니하고 등경 위에 두나니 이러므로
막 4:21	평상 아래에 두려 함이냐 등경 위에
눅 8:16	아래에 두지 아니하고 등경 위에 두나니
눅 11:33	두지 아니하고 등경 위에 두나니 이는

등등하다 (騰騰, breathe)

| 행 9:1 | 위협과 살기가 등등하여 대제사장 |

등록하다/등록되다 (登錄, register)

대하 31:19	각 성읍에서 등록된 사람이 있어 성읍
느 7:5	그 계보대로 등록하게 하시므로 내가
시 87:6	여호와께서 민족들을 등록하실 때에

등불 (lamp)

출 27:20	등불을 위하여 네게로 ⋯ 하고 끊이지 않게 등불을 켜되
출 27:21	여호와 앞에 그 등불을
출 30:7	향을 사르되 등불을 손질할
출 30:8	또 저녁 때 등불을 켤 때에 사르니
출 35:28	등불과 관유와 분향할 향에 소용되는
민 8:2	등불을 켤 때에는 일곱 등잔을 등잔대
민 8:3	아론이 그리하여 등불을 등잔대 앞으로
삼상 3:3	등불은 아직 꺼지지 아니하였으며
삼하 21:17	이스라엘의 등불이 꺼지지 말게 하옵소
삼하 22:29	여호와여 주는 나의 등불이시니 여호와
왕상 11:36	다윗이 항상 내 앞에 등불을 가지고
왕상 15:4	예루살렘에서 그에게 등불을 주시되
왕하 8:19	그의 자손에게 항상 등불을 주겠다고
대하 21:7	그의 자손에게 항상 등불을 주겠다고
대하 29:7	낭실 문을 닫으며 등불을 끄고 성소에서
욥 18:6	어두워지고 그 위의 등불은 꺼질 것이요
욥 21:17	악인의 등불이 꺼짐과 재앙이 그들에게

욥 29:3 때에는 그의 **등불**이 내 머리에 비치었고
시 18:28 주께서 나의 **등불**을 켜심이여 여호와
잠 6:23 명령은 **등불**이요 법은 빛이요 훈계의
잠 13:9 빛나고 악인의 **등불**은 꺼지느니라
잠 20:20 어미를 저주하는 자는 그의 **등불**이 흑암
잠 20:27 사람의 영혼은 여호와의 **등불**이라 사람
잠 24:20 장래가 없겠고 악인의 **등불**은 꺼지리라
잠 31:18 줄 깨닫고 밤에 **등불**을 끄지 아니하며
사 42:3 아니하며 꺼져가는 **등불**을 끄지 아니
사 43:17 꺼져가는 **등불** 같게 하였느니라
렘 25:10 소리와 맷돌 소리와 **등불** 빛이 끊어지게
습 1:12 아니하시리라 하는 자를 **등불**로 두루
마 5:15 **등불**을 켜서 말 아래에 두지 아니하고
마 6:22 눈은 몸의 **등불**이니 그러므로 네 눈이
마 25:8 자들에게 이르되 우리 **등불**이 꺼져가니
막 4:21 이르시되 사람이 **등불**을 가져오는
눅 8:16 누구든지 **등불**을 켜서 그릇으로 덮거나
눅 11:33 **등불**을 켜서 움 속에나 말 아래에
눅 11:34 네 몸의 **등불**은 눈이라 네 눈이 성하면
눅 11:36 조금도 어두운 데가 없으면 **등불**의 빛이
눅 12:35 띠를 띠고 **등불**을 켜고 서 있으라
눅 15:8 하나를 잃으면 **등불**을 켜고 집을 쓸며
요 5:35 요한은 켜서 비추이는 **등불**이라 너희가
행 16:29 간수가 **등불**을 달라고 하며 뛰어 들어가
행 20:8 모인 윗다락에 **등불**을 많이 켰는데
벧후 1:19 어두운 데를 비추는 **등불**과 같으니 날이
계 4:5 보좌 앞에 켠 **등불** 일곱이 있으니 이는
계 18:23 **등불** 빛이 결코 다시 네 안에서 비치지
계 21:23 비치고 어린 양이 그 **등불**이 되심이라
계 22:5 **등불**과 햇빛이 쓸 데 없으니 이는 주

등사본(謄寫本, copy)
신 17:18 율법서의 **등사본**을 레위 사람 제사장

등유(燈油, olive oil)
출 25:6 **등유**와 관유에 드는 향료와 분향할 향을
출 35:8 **등유**와 및 관유에 드는 향품과 분향할
출 35:14 등잔대와 그 기구와 그 등잔과 **등유**와
출 39:37 등잔대와 그 모든 기구와 **등유**와
민 4:16 엘르아살이 맡을 것은 **등유**와 태우는

등잔/-대(燈盞臺, lampstand)
출 25:31 너는 순금으로 **등잔대**를 쳐 만들되

출 25:32 가지 여섯을 **등잔대** 곁에서 나오게 하되
출 25:33 꽃이 있게 하여 **등잔대**에서 나온 가지
출 25:34 **등잔대** 줄기에는 살구꽃 형상의 잔 넷과
출 25:35 **등잔대**에서 나온 가지 여섯을 위하여
출 25:37 **등잔** 일곱을 만들어 그 위에 두어 앞을
출 25:39 **등잔대**와 이 모든 기구를 순금 한
출 26:35 상을 놓고 남쪽에 **등잔대**를 놓아 상과
출 30:27 모든 기구이며 **등잔대**와 그 기구이며
출 31:8 기구와 순금 **등잔대**와 그 모든 기구와
출 35:14 켜는 **등잔대**와 그 기구와 그 **등잔**과
출 37:17 또 순금으로 **등잔대**를 만들되 그것을
출 37:18 **등잔대**의 세 가지는 저쪽으로 나왔고
출 37:19 **등잔대**의 세 가지는 이쪽으로 나왔으며
출 37:19 꽃받침과 꽃이 있어 **등잔대**에서 나온
출 37:20 **등잔대** 줄기에는 살구꽃 형상의 잔 넷과
출 37:21 **등잔대**에서 나온 가지 여섯을 위하여
출 37:23 **등잔** 일곱과 그 불 집게와 불 똥 그릇
출 37:24 **등잔대**와 그 모든 기구는 순금 한
출 39:37 **등잔대**와 그 잔 곧 벌여 놓는 **등잔대**와
출 40:4 진설하고 **등잔대**를 들여놓아 불을 켜고
출 40:24 곧 성막 남쪽에 **등잔대**를 놓아 상과
출 40:25 여호와 앞에 **등잔대**에 불을 켜니 여호와
레 24:4 앞에서 순결한 **등잔대** 위의 **등잔**들을
민 3:31 증거궤와 상과 **등잔대**와 제단들과 성소
민 4:9 보자기를 취하여 **등잔대**와 **등잔**들과
민 4:10 **등잔대**와 그 모든 기구를 해달의 가죽
민 8:2 켤 때에는 일곱 **등잔**을 **등잔대** 앞으로
민 8:3 아론이 그리하여 등불을 **등잔대** 앞으로
민 8:4 **등잔대**의 제작법은 이러하니 곧 금을
왕상 7:49 **등잔대**며 또 금 꽃과 **등잔**과 불집게며
대상 28:15 또 금 **등잔대**들과 그 **등잔** 곧 각 **등잔**
대와 그 **등잔**을 만들 금의 무게와 은
등잔대와 그 **등잔**을 만들 은의 무게와
대하 4:7 규례대로 금으로 **등잔대** 열 개를 만들어
대하 4:20 불을 켤 순금 **등잔대**와 그 **등잔**이며
대하 4:21 금으로 만든 꽃과 **등잔**과 부젓가락이며
대하 13:11 진설병을 놓고 또 금 **등잔대**가 있어
슥 4:2 내가 보니 순금 **등잔대**가 있는데 그 위
에는 … 일곱 **등잔**이 있으며 그 기름 그
릇 위에 있는 **등잔**을 위하여 일곱 관이
슥 4:3 그 **등잔대** 곁에 두 감람나무가 있는데
슥 4:11 내가 그에게 물어 이르되 이 **등잔대** 좌우의
히 9:2 장막이 있고 그 안에 **등잔대**와 상과

등잔불(燈盞, lamp)
레 24:2 하여 계속해서 **등잔불**을 켜 둘지며
레 24:3 여호와 앞에 항상 **등잔불**을 정리할지니

등지다(turn backs on)
대하 29:6 얼굴을 돌려 여호와의 성소를 **등지고**
느 9:26 주의 율법을 **등지고** 주께로 돌아오기를
겔 8:16 여호와의 성전을 **등지고** 낯을 동쪽으로

등한히 여기다(等閒, ignore)
히 2:3 이같이 큰 구원을 **등한히 여기면**

디과(Tikvah)
  1. 여선지자 훌다의 남편인 살룸의 아버지
왕하 22:14 할하스의 손자 **디과**의 아들로서 예복
  2. 야스야의 아버지
스 10:15 아사헬의 아들 요나단과 **디과**의 아들

디글라(Diklah) 셈의 자손이며 욕단의 아들
창 10:27 하도람과 우살과 **디글라**와
대상 1:21 하도람과 우살과 **디글라**와

디글랏 빌레셀(Tiglath-Pileser) 앗수르 왕
왕하 15:29 베가 때에 앗수르 왕 **디글랏 빌레셀**이
왕하 16:7 아하스가 앗수르 왕 **디글랏 빌레셀**에게
왕하 16:10 앗수르의 왕 **디글랏 빌레셀**을 만나러
대상 5:6 지도자로서 앗수르 왕 **디글랏 빌레셀**에
대상 5:26 앗수르 왕 **디글랏 빌레셀**의 마음을
대하 28:20 앗수르 왕 **디글랏 빌레셀**이 그에게

디나 1(Dinah) 야곱과 레아의 딸
창 30:21 딸을 낳고 그의 이름을 **디나**라 하였더라
창 34:3 깊이 야곱의 딸 **디나**에게 연연하며
창 34:5 야곱이 그 딸 **디나**를 그가 더럽혔다
창 34:11 세겜도 **디나**의 아버지와 그의 남자 형제
창 34:13 세겜이 그 누이 **디나**를 더럽혔음이라
창 34:25 야곱의 두 아들 **디나**의 오라버니 시므온
창 34:26 세겜을 죽이고 **디나**를 세겜의 집에서
창 46:15 자손들이라 그 딸 **디나**를 합하여 남자와

디나 2(Dinaite-KJV) 성전 재건에 반대한 사람이 살았던 곳
스 4:9 서기관 심새와 그의 동료 **디나** 사람과

디달(Tidal) 고임의 왕
창 14:1 엘람 왕 그돌라오멜과 고임 왕 **디달**
창 14:9 그돌라오멜과 고임 왕 **디달**과 시날

디도(Titus) 복음을 듣고 그리스도인이 된 헬라 사람
고후 2:13 내가 내 형제 **디도**를 만나지 못하므로
고후 7:6 위로하시는 하나님이 **디도**가 옴으로
고후 7:13 받은 위로 위에 **디도**의 기쁨으로 우리가
고후 7:14 다 참된 것같이 **디도** 앞에서 우리가
고후 8:6 그러므로 우리가 **디도**를 권하여 그가
고후 8:16 같은 간절함을 **디도**의 마음에도 주시는
고후 12:18 **디도**를 권하고 … **디도**가 너희의 이득
갈 2:1 내가 바나바와 함께 **디도**를 데리고 다시
갈 2:3 함께 있는 헬라인 **디도**까지도 억지로
딤후 4:10 갈라디아로, **디도**는 달마디아로 갔으
딛 1:4 나의 참 아들 된 **디도**에게 편지하노니

디도 유스도(Titus Justus) 고린도에서 살고 있던 로마의 시민
행 18:7 하나님을 경외하는 **디도 유스도**라 하는

디두모(Didymus) 도마의 별명
요 11:16 **디두모**라고도 하는 도마가 다른 제자
요 20:24 제자 중의 하나로서 **디두모**라 불리는
요 21:2 시몬 베드로와 **디두모**라 하는 도마와

디딤판(overhang)
겔 41:25 같고 현관 앞에는 나무 **디딤판**이 있으며
겔 41:26 성전의 골방과 **디딤판**도 그러하더라

디라스(Tiras) 노아의 손자로 야벳의 일곱째 아들
창 10:2 마대와 야완과 두발과 메섹과 **디라스**요
대상 1:5 마대와 야완과 두발과 메섹과 **디라스**요

디랏(Tirathites) 야베스에 거주했던 겐 족속
대상 2:55 서기관 종족 곧 **디랏** 종족과 시므앗

디르사 1(Tirzah)
  1. 므낫세 자손 슬로브핫의 다섯 딸 중 막내
민 26:33 말라와 노아와 호글라와 밀가와 **디르사**
민 27:1 말라와 노아와 호글라와 밀가와 **디르사**
민 36:11 슬로브핫의 딸 말라와 **디르사**와 호글라
수 17:3 말라와 노아와 호글라와 밀가와 **디르사**

【 디르사 2 】　　　　　　　　　　　　　　　　　　　　　　　　　　　　【 디본 】

2. 가나안의 성읍

수 12:24	하나는 디르사 왕이
왕상 14:17	디르사로 돌아가서
왕상 15:21	디르사에 거하니라
왕상 15:33	바아사가 디르사에서
왕상 16:6	조상들과 함께 자매 디르사에 장사되고
왕상 16:8	아들 엘라가 디르사에서 이스라엘 왕이
왕상 16:9	엘라가 디르사에 있어 왕궁 맡은 자
왕상 16:15	시므리가 디르사에서 칠 일 동안 왕이
왕상 16:17	깁브돈에서부터 올라와서 디르사를

디르사 2 - 기타 본문
왕상 16:23; 왕하 15:14, 16; 아 6:4

디르사 2(cypress) 우상을 새기는 데 사용된 나무
사 44:14 백향목을 베며 디르사 나무와 상수리

디르하가(Tirhakah) 이집트의 25대 왕
왕하 19:9 구스 왕 디르하가가 당신과 싸우고자
사 37:9 앗수르 왕이 구스 왕 디르하가의 일에

디르하나(Tirhanah) 갈렙의 아들
대상 2:48 갈렙의 소실 마아가는 세벨과 디르하나

디리아(Tiria) 유다 지파로 여할렐렐의 아들
대상 4:16 아들은 십과 시바와 디리아와 아사렐

디매오(Timaeus) 바디매오의 아버지
막 10:46 나가실 때에 디매오의 아들인 맹인 거지

디모나(Dimonah) 유다 지파가 차지한 성읍
수 15:22 기나와 디모나와 아다다와

디모데(Timothy) 사도 바울의 동역자
행 16:1 루스드라에도 이르매 거기 디모데라
행 16:2 디모데는 루스드라와 이고니온에 있는
행 17:14 가게 하되 실라와 디모데는 아직 거기
행 17:15 그에게서 실라와 디모데를 자기에게
행 18:5 실라와 디모데가 마게도냐로부터 내려
행 19:22 돕는 사람 중에서 디모데와 에라스도
행 20:4 더베 사람 가이오와 및 디모데와 아시아
롬 16:21 동역자 디모데와 나의 친척 누기오와
고전 4:17 아들 디모데를 너희에게 보내었으니

고전 16:10 디모데가 이르거든 너희는 조심하여
고후 1:1 사도 된 바울과 형제 디모데는 고린도에
고후 1:19 나와 실루아노와 디모데로 말미암아
빌 1:1 예수의 종 바울과 디모데는 그리스도
빌 2:19 내가 디모데를 속히 너희에게 보내기를
빌 2:22 디모데의 연단을 너희가 아나니 자식이
골 1:1 예수의 사도 된 바울과 형제 디모데는
살전 1:1 실루아노와 디모데는 하나님 아버지와
살전 3:2 하나님의 일꾼인 디모데를 보내노니
살전 3:6 지금은 디모데가 너희에게로부터 와서
살후 1:1 바울과 실루아노와 디모데는 하나님
딤전 1:2 아들 된 디모데에게 편지하노니 하나님
딤전 1:18 아들 디모데야 내가 네게 이 교훈으로
딤전 6:20 디모데야 망령되고 헛된 말과 거짓된
딤후 1:2 사랑하는 아들 디모데에게 편지하노니
몬 1:1 바울과 및 형제 디모데는 우리의 사랑
히 13:23 우리 형제 디모데가 놓인 것을 너희가

디몬 1(Dimon) 이사야가 모압에 관한 예언을 할 때 거론된 지명
사 15:9 디몬 물에는 피가 가득함이로다 그럴지라도 내가 디몬에 재앙을 더 내리리

디몬 2(Timon) 초대 교회 일곱 집사 중 하나
행 6:5 니가노르와 디몬과 바메나와 유대교

디밧(Riphath=NIV, Diphath=NASB) 야벳 자손으로 고멜의 아들
대상 1:6 자손은 아스그나스와 디밧과 도갈마요

디베랴(Tiberias) 갈릴리 바다 서쪽 지역 도시
요 6:1 후에 예수께서 디베랴의 갈릴리 바다
요 6:23 (그러나 디베랴에서 배들이 주께서 축사
요 21:1 예수께서 디베랴 호수에서 또 제자들

디베료(Tiberius) 로마의 두 번째 황제
눅 3:1 디베료 황제가 통치한 지 열다섯

디본(Dibon)

1. 모압에 있던 한 성읍

민 21:30 헤스본을 디본까지
민 32:3 아다롯과 디본과
민 32:34 갓 자손이 디본과

[디본갓]　　　　　　　　　　　　　　　　　　　　　　　　　　　　[딤나 2]

수 13:9　가운데에 있는 성읍과 **디본**까지 이르는
수 13:17　성읍 곧 **디본**과 바못 바알과 벧 바알
사 15:2　그들은 바잇과 **디본** 산당에 올라가서
렘 48:18　**디본**에 사는 딸아 네 영화에서 내려와
렘 48:22　**디본**과 느보와 벧디블라다임과
　　2. 유다 지파의 성읍
느 11:25　그 주변 동네들과 **디본**과 그 주변 동네

디본갓 (Dibon Gad) 출애굽한 이스라엘
　　백성들이 진을 쳤던 곳
민 33:45　이임을 떠나 **디본갓**에 진을 치고
민 33:46　**디본갓**을 떠나 알몬디블라다임에 진을

디브니 (Tibni) 기낫의 아들
왕상 16:21　절반이 기낫의 아들 **디브니**를 따라 그를
왕상 16:22　백성이 기낫의 아들 **디브니**를 따른 백성

디브리 (Dibri) 단 지파에 속했던 슬로밋의 아버지
레 24:11　슬로밋이요 단 지파 **디브리**의 딸이었더

디브핫 (Tebah-NIV, Tibbath-KJV) 소바의 성읍
대상 18:8　또 하닷에셀의 성읍 **디브핫**과 군에서

디블라 (Diblah) 에스겔의 예언에서 언급된 성읍
겔 6:14　광야에서부터 **디블라**까지 황량하고

디블라임 (Diblaim) 호세아와 결혼한 고멜의 아버지
호 1:3　가서 **디블라임**의 딸 고멜을 맞이하였

디사합 (Dizahab) 모세가 고별 설교를 했던 곳
신 1:1　하세롯과 **디사합** 사이에서 이스라엘

디산 (Dishan) 호리 족속 세일의 일곱째 아들
창 36:21　디손과 에셀과 **디산**이니 이들은 에돔
창 36:28　**디산**의 자녀는 우스와 아란이니
창 36:30　디손 족장, 에셀 족장, **디산** 족장이라
대상 1:38　시브온과 아나와 디손과 에셀과 **디산**
대상 1:42　사아완과 야아간이요 **디산**의 아들은

디셉 (Tishbe) 엘리야의 고향
왕상 17:1　길르앗에 우거하는 자 중에 **디셉** 사람
왕상 21:17　여호와의 말씀이 **디셉** 사람 엘리야에게
왕상 21:28　여호와의 말씀이 **디셉** 사람 엘리야에게

왕하 1:3　여호와의 사자가 **디셉** 사람 엘리야에게
왕하 1:8　왕이 이르되 그는 **디셉** 사람 엘리야로다
왕하 9:36　여호와께서 그 종 **디셉** 사람 엘리야를

디손 (Dishon)
　　1. 세일의 다섯째 아들
창 36:21　**디손**과 에셀과 디산이니 이들은 에돔
창 36:26　**디손**의 자녀는 헴단과 에스반과 이드란
창 36:30　**디손** 족장, 에셀 족장, 디산 족장이라
대상 1:38　시브온과 아나와 **디손**과 에셀과 디산
대상 1:41　아나의 아들은 **디손**이요 **디손**의 아들은
　　2. 세일의 손자이자 아나의 독자
창 36:25　아나의 자녀는 **디손**과 오홀리바마니
대상 1:41　아나의 아들은 **디손**이요 **디손**의 아들은

디스 (Tizite) 요하의 고향
대상 11:45　여디아엘과 그의 아우 **디스** 사람 요하와

디오누시오 (Dionysius) 아레오바고의 관원
행 17:34　아레오바고 관리 **디오누시오**와 다마리

디오드레베 (Diotrephes) 가이오가 속한 교회의 신자
요삼 1:9　으뜸되기를 좋아하는 **디오드레베**가

디오스구로 (Twin gods Castor and Pollux)
　　알렉산드리아 배에 새겨진 기호
행 28:11　떠나니 그 배의 머리 장식은 **디오스구로**

딘하바 (Dinhabah) 에돔 왕 벨라의 성읍
창 36:32　왕이 되었으니 그 도성의 이름은 **딘하바**
대상 1:43　벨라니 그의 도성 이름은 **딘하바**이며

딜론 (Tilon) 유다 지파 시몬의 막내아들
대상 4:20　린나와 벤하난과 **딜론**이요 이시의 아들

딜르안 (Dilean) 유다 지파에게 분배된 성읍
수 15:38　**딜르안**과 미스베와 욕드엘과

딤나 1(Dimnah) 스불론 지파에 속한 성읍
수 21:35　**딤나**와 그 목초지와 나할랄과 그 목초지

딤나 2(Timna)
　　1. 에서의 아들 엘리바스의 첩

【 딤나 3 】

창 36:12 엘리바스의 첩 **딤나**는 아말렉을
창 36:22 자녀는 호리와 헤맘과 로단의 누이 **딤나**
대상 1:39 호리와 호맘이요 로단의 누이는 **딤나**
  2. 에돔 족속의 족장 중 한 사람
창 36:40 나누면 이러하니 **딤나** 족장, 알와 족장,
대상 1:51 에돔의 족장은 이러하니 **딤나** 족장과
  3. 에서의 아들인 엘리바스의 아들
대상 1:36 가담과 그나스와 **딤나**와 아말렉이요

딤나 3(Timnah)
  1. 헤브론 남쪽에 있던 유다 지파 성읍
창 38:12 히라와 함께 **딤나**로 올라가서 자기의
창 38:13 양털을 깎으려고 **딤나**에 올라왔다
창 38:14 가리고 몸을 휩싸고 **딤나** 길 곁 에나임
  2. 유다 지파의 북쪽 경계에 있던 성읍
수 15:10 벧 세메스로 내려가서 **딤나**를 지나고
수 15:57 가인과 기브아와 **딤나**니 열 성읍과
수 19:43 엘론과 **딤나**와 에그론과
삿 14:1 삼손이 **딤나**에 내려가서 거기서 블레셋
삿 14:2 이르되 내가 **딤나**에서 블레셋 사람의
삿 14:5 함께 **딤나**에 내려가 **딤나**의 포도원에
삿 15:6 사람들이 대답하되 **딤나** 사람의 사위
대하 28:18 주변 마을들과 **딤나** 및 그 주변 마을들

딤낫 세라(Timnath-Serah) 여호수아에게
  기업으로 준 에브라임 산지
수 19:50 에브라임 산지 **딤낫 세라**를 주매
수 24:30 **딤낫 세라**에 장사하였으니 **딤낫 세라**

딤낫 헤레스(Timnath Heres) 딤낫 세라의 다른 이름
삿 2:9 가아스 산 북쪽 **딤낫 헤레스**에 장사하

딥사(Tiphsah)
  1. 솔로몬 시대 북쪽 변경의 성읍
왕상 4:24 강 건너편을 **딥사**에서부터 가사까지
  2. 예루살렘에서 북쪽에 위치한 성읍
왕하 15:16 디르사에서 와서 **딥사**와 그 가운데에

따다(take, gather, go over, pick)
창 40:11 바로의 잔이 있기로 내가 포도를 **따서**
레 19:10 포도원의 열매를 다 **따지** 말며 네 포도
레 26:5 딸 때까지 미치며 너희의 포도를 **따는**
신 23:25 네가 손으로 그 이삭을 **따도** 되느니라

【 따라가다 】

신 24:21 딴 후에 그 남은 것을 다시 **따지** 말고
신 28:30 포도원을 심었으나 네가 그 열매를 **따지**
신 28:39 벌레가 먹으므로 포도를 **따지** 못하고
왕하 4:39 들호박을 **따서** 옷자락에 채우지
욥 24:6 꼴을 베며 악인이 남겨 둔 포도를 **따며**
시 80:12 길을 지나가는 모든 이들이 그것을 **따게**
사 28:4 그것을 보고 얼른 **따서** 먹으리로다
렘 6:9 **따듯이** 그들이 이스라엘의 남은 자를
  말갛게 주우리라 너는 포도 **따는** 자처럼
겔 17:9 뿌리를 빼고 열매를 **따며** 그 나무가
욥 1:5 포도를 **따는** 자가 네게 이르렀을지라도
미 7:1 나는 여름 과일을 **딴** 후와 포도를 거둔
마 7:16 또는 엉겅퀴에서 무화과를 **따겠느냐**
눅 6:44 무화과를, 또는 찔레에서 포도를 **따지**

따뜻하다(warm, swelter)
왕상 1:1 이불을 덮어도 **따뜻하지** 아니한지라
왕상 1:2 품에 누워 우리 주 왕을 **따뜻하시게**
왕하 4:34 엎드리니 아이의 살이 차차 **따뜻하더라**
욥 6:17 **따뜻하면** 마르고 더우면 그 자리에서
욥 31:20 나의 양털로 그의 몸을 **따뜻하게** 입혀서
욥 37:17 그대의 의복이 **따뜻한** 까닭을 그대가
전 4:11 두 사람이 함께 누우면 **따뜻하거니와**
사 44:16 아하 **따뜻하다** 내가 불을 보았구나
학 1:6 입어도 **따뜻하지** 못하며 일꾼이 삯을

따라가다(go back with, go after, follow)
창 24:61 낙타를 타고 그 사람을 **따라가니**
창 32:19 셋째와 각 떼를 **따라가는** 자에게 명령
창 37:17 그의 형들의 뒤를 **따라가서** 도단에서
창 44:4 그 사람들의 뒤를 **따라가서** 그들에게
창 44:6 청지기가 그들에게 **따라가서** 그대로
신 8:6 명령을 지켜 그의 길을 **따라가며**
신 29:26 다른 신들을 **따라가서** 그들을 섬기고
수 2:5 알지 못하나 급히 **따라가라** 그리하면
수 8:17 아이와 벧엘에 이스라엘을 **따라가지**
수 10:19 너희 대적의 뒤를 **따라가** 그 후군을
삿 2:17 오히려 다른 신들을 **따라가** 음행하며
삿 8:33 돌아서서 바알들을 **따라가** 음행하였으
삿 13:11 마노아가 일어나 아내를 **따라가서**
삼상 6:12 벧세메스 경계선까지 **따라가니라**
삼상 14:13 엎드러지매 무기를 든 자가 **따라가며**
삼상 15:31 이에 사무엘이 돌이켜 사울을 **따라가매**

688

【 따라다니다 】   【 따로 】

삼상 17:35	내가 **따라가서** 그것을 치고 그 입에서
삼상 23:25	듣고 마온 황무지로 다윗을 **따라가서는**
삼상 25:42	다섯과 함께 다윗의 전령들을 **따라가서**
삼하 3:31	하니라 다윗 왕이 상여를 **따라가**
삼하 15:11	일을 알지 못하고 그저 **따라가기만**
삼하 16:13	시므이는 산비탈로 **따라가면서** 저주
삼하 23:10	돌아와 그의 뒤를 **따라가며** 노략할 뿐이
왕상 9:9	신을 **따라가서** 그를 경배하여 섬기므로
왕하 3:9	둘러 간 지 칠 일에 군사와 **따라가는**
왕하 4:30	이에 일어나 여인을 **따라가니라**
왕하 13:2	느밧의 아들 여로보암의 죄를 **따라가고**
잠 15:9	미워하여도 공의를 **따라가는** 자는 그가
잠 19:7	하지 아니하겠느냐 **따라가며** 말하려
렘 2:25	사랑하였은즉 그를 **따라가겠노라**
렘 42:16	땅으로 **따라가서** 너희에게 미칠 것이
요 …	기근이 애굽으로 급히 **따라가서**
겔 5:12	또 그 뒤를 **따라가며** 칼을 빼리라
호 2:13	사랑하는 자를 **따라가서** 나를 잊어버리
호 12:1	동풍을 **따라가서** 종일토록 거짓과 포학
암 2:4	조상들이 **따라가던** 거짓 것에 미혹되었
마 9:19	예수께서 일어나 **따라가시매** 제자들도
막 1:20	배에 버려 두고 예수를 **따라가니라**
막 1:36	함께 있는 자들이 예수의 뒤를 **따라가**
막 5:24	그와 함께 가실새 큰 무리가 **따라가며**
막 14:13	가는 사람을 만나리니 그를 **따라가서**
막 14:51	홑이불을 두르고 예수를 **따라가다가**
눅 22:54	들어갈새 베드로가 멀찍이 **따라가니라**
요 11:31	무덤에 가는 줄로 생각하고 **따라가더니**
유 1:7	음란하며 다른 육체를 **따라가다가** 영원
계 14:4	어린 양이 어디로 인도하든지 **따라가는**

따라다니다(follow, come)

대상 17:7	목장 곧 양 떼를 **따라다니던** 데에서
시 49:5	죄악이 나를 **따라다니며** 나를 에워싸는
렘 25:6	신을 **따라다니며** 섬기거나 경배하지
마 23:34	동네에서 저 동네로 **따라다니며** 박해
행 8:13	전심으로 빌립을 **따라다니며** 그 나타나

따라오다(come back with, come from, follow)

창 24:8	여자가 너를 **따라오려고** 하지 아니하면
삿 9:37	상수리나무 길을 **따라오는도다**
왕하 6:19	성읍도 아니니 나를 **따라오라** 내가 너희
잠 18:3	악한 자가 이를 때에는 멸시도 **따라오고**

마 4:19	나를 **따라오라** 내가 너희를 사람을 낚는
마 9:27	두 맹인이 **따라오며** 소리 질러 이르되
마 16:24	누구든지 나를 **따라오려거든** 자기를
막 1:17	**따라오라** 내가 너희로 사람을 낚는 어부
막 8:34	누구든지 나를 **따라오려거든** 자기를
눅 9:23	나를 **따라오려거든** 자기를 부인하고
눅 23:27	우는 여자의 큰 무리가 **따라오는지라**
요 10:4	양들이 그의 음성을 아는 고로 **따라오되**
요 13:36	**따라올** 수 없으나 후에는 **따라오리라**
행 12:8	천사가 또 이르되 겉옷을 입고 **따라오라**
벧전 2:21	너희에게 본을 끼쳐 그 자취를 **따라오게**

따라잡다(overtake, catch up with)

출 15:9	뒤쫓아 **따라잡아** 탈취물을 나누리라
수 2:5	그리하면 그들을 **따라잡으리라** 하였
삼상 30:8	내가 이 군대를 추격하면 **따라잡겠나** 이까 하니 … 네가 반드시 **따라잡고**
삼상 31:3	패전하매 활 쏘는 자가 **따라잡으니** 사울

따로(apart, by oneself)

창 21:28	아브라함이 일곱 암양 새끼를 **따로** 놓으
창 21:29	일곱 암양 새끼를 **따로** 놓음은 어찜이냐
창 30:40	양을 **따로** 두어 라반의 양과 섞이지
창 43:32	형제들에게 **따로** 차리고 그와 함께 먹 는 애굽 사람에게도 **따로** 차리니 애굽
삼하 10:8	돕과 마아가 사람들은 **따로** 들에 있더라
대상 19:9	도우러 온 여러 왕은 **따로** 들에 있더라
슥 12:12	족속이 **따로** 애통하되 … **따로** 하고 그들의 아내들이 **따로** 하며 나단의 족 속이 **따로** 하고 그들의 아내들이 **따로**
슥 12:13	레위의 족속이 **따로** 하고 그들의 아내 들이 **따로** 하며 시므이의 족속이 **따로** 하고 그들의 아내들이 **따로** 하며
슥 12:14	각기 **따로** 하고 그들의 아내들이 **따로**
마 14:13	배를 타고 떠나사 **따로** 빈들에 가시니
마 14:23	기도하러 **따로** 산에 올라가시니라
마 17:1	요한을 데리시고 **따로** 높은 산에 올라
마 20:17	제자를 **따로** 데리시고 길에서 이르시되
막 6:31	**따로** 한적한 곳에 가서 잠깐 쉬어라
막 6:32	이에 배를 타고 **따로** 한적한 곳에 갈새
막 7:33	그 사람을 **따로** 데리고 무리를 떠나사
막 9:2	야고보와 요한을 데리시고 **따로** 높은
눅 9:10	예수께 여쭈니 데리시고 **따로** 벳새다

【 따르다 】　　　　　　　　　　　　　　　　　　　　　　　　　　　　　　【 따르다 】

눅 9:18	예수께서 **따로** 기도하실 때에 제자들이
눅 10:1	**따로** 칠십 인을 세우사 친히 가시려는
눅 18:11	바리새인은 서서 **따로** 기도하여 이르되
요 5:32	위하여 증언하시는 이가 **따로** 있으니
행 28:16	한 군인과 함께 **따로** 있게 허락하더라
고전 15:40	**따로** 있고 땅에 속한 것의 영광이 **따로**
고후 5:6	몸으로 있을 때에는 주와 **따로** 있는
고후 6:17	그들 중에서 나와서 **따로** 있고 부정한

따로 세우다

삿 7:5	물을 핥는 자들을 너는 **따로** 세우고
스 8:24	그의 형제 열 명을 **따로** 세우고
행 13:2	위하여 바나바와 사울을 **따로** 세우라
행 19:9	그들을 떠나 제자들을 **따로** 세우고

따르다(pour, come back with)

1. 기름 등을 따르다(pour)

출 37:16	대접과 숟가락과 잔과 **따르는** 병을 순금
레 14:15	취하여 자기 왼쪽 손바닥에 **따르고**
레 14:26	그 기름을 자기 왼쪽 손바닥에 **따르고**

2. 남의 뒤를 좇거나 어떤 것을 본떠서 그대로 하다
(come back with, do, follow, pursue)

모세오경

창 1:26	하나님이 이르시되 우리의 형상을 **따라**
창 10:32	이들은 그 백성들의 족보에 **따르면** 노아
창 19:31	온 세상의 도리를 **따라** 우리의 배필 될
창 23:16	아브라함이 에브론의 말을 **따라** 에브론
창 24:5	이르되 여자가 나를 **따라** 이 땅으로
창 27:13	저주는 내게로 돌리리니 내 말만 **따르고**
창 27:43	아들아 내 말을 **따라** 일어나 하란으로
창 28:7	야곱이 부모의 명을 **따라** 밧단아람으로
창 36:30	이들은 그들의 족속들에 **따라** 세일 땅에
창 43:7	묻는 말에 **따라** 그에게 대답한 것이니
창 43:33	앞에 앉되 그들의 나이에 **따라** 앉게
창 47:12	아버지의 온 집에 그 식구를 **따라** 먹을
창 48:7	밧단에서 올 때에 라헬이 나를 **따르는**
창 50:9	병거와 기병이 요셉을 **따라** 올라가니
창 50:12	그들에게 명령한 대로 그를 위해 **따라**
출 6:14	조상을 **따라** 집의 어른은 이러하니라
출 11:8	너와 너를 **따르는** 온 백성은 나가라
출 15:20	모든 여인도 그를 **따라** 나오며 소고를
출 18:22	그들이 때를 **따라** 백성을 재판하게 하라
출 21:22	재판장의 판결을 **따라** 낼 것이니라

출 23:2	다수를 **따라** 악을 행하지 말며 송사에
출 25:9	장막을 짓고 기구들도 그 모양을 **따라**
레 5:15	네가 지정한 가치를 **따라** 성소의 세겔로
레 18:3	거주하던 애굽 땅의 풍속을 **따르지** 말며
레 18:4	너희는 내 법도를 **따르며** 내 규례를
레 18:30	가증한 풍속을 하나라도 **따름으로**
레 20:6	박수무당을 음란하게 **따르는** 자에게는
레 26:33	칼을 빼어 너희를 **따르게** 하리니 너희의
레 27:18	희년까지 남은 연수를 **따라** 그 값을
민 1:2	조상의 가문에 **따라** 그 명수대로 계수
민 2:17	자기의 위치에서 자기들의 기를 **따라**
민 3:16	모세가 여호와의 말씀을 **따라** 그 명령
민 4:2	그들의 종족과 조상의 가문에 **따라** 집계
민 4:31	그들이 직무를 **따라** 회막에서 할 모든
민 6:21	몸을 구별하는 법을 **따라** 할 것이니라
민 8:4	자기에게 보이신 양식을 **따라** 이 등잔대
민 9:5	명령하신 것을 다 **따라** 행하였더라
민 9:18	**따라** 행진하였고 여호와의 명령을 **따라**
민 13:3	모세가 여호와의 명령을 **따라** 바란 광야
민 14:19	주의 인자의 광대하심을 **따라** 이 백성의
민 14:25	내일 돌이켜 홍해 길을 **따라** 광야로
민 15:12	너희가 준비하는 수효를 **따라** 각기 수효
민 15:39	마음과 눈의 욕심을 **따라** 음행하지 않게
민 16:47	아론이 모세의 명령을 **따라** 향로를
민 17:2	조상의 가문을 **따라** 지팡이 하나씩을
민 18:16	성소의 세겔을 **따라** 은 다섯 세겔로
민 20:27	모세가 여호와의 명령을 **따라** 그들과
민 25:8	이스라엘 남자를 **따라** 그의 막사에 들어
민 26:2	총수를 그들의 조상의 가문을 **따라** 조사
민 26:55	조상 지파의 이름을 **따라** 얻게 할지니라
민 27:21	회중은 엘르아살의 말을 **따라** 나가며
민 29:6	전제 외에 그 규례를 **따라** 향기로운
민 29:24	숫양과 어린 양의 수효를 **따라** 규례대로
민 31:16	브올 사건에 발람의 꾀를 **따라** 이스라엘
민 32:11	이는 그들이 나를 온전히 **따르지** 아니
민 33:2	그 노정을 **따라** 그들이 행진한 것을
민 33:54	종족을 **따라** 그 땅을 제비 뽑아 나눌 것이니 수가 … 조상의 지파를 **따라**
신 1:15	각 지파를 **따라** 천부장과 백부장과
신 1:40	방향을 돌려 홍해 길을 **따라** 광야로
신 6:14	네 사면에 있는 백성의 신들을 **따르지**
신 8:19	다른 신들을 **따라** 그들을 섬기며 그들
신 11:6	장막과 그들을 **따르는** 온 이스라엘의

【 따르다 】　　　　　　　　　　　　　　　　【 따르다 】

신 11:28 못하던 다른 신들을 **따르면** 저주를
신 12:15 네게 주신 복을 **따라** 각 성에서 네 마음
신 13:4 너희의 하나님 여호와를 **따르며** 그를
신 13:8 그를 **따르지** 말며 듣지 말며 긍휼히
신 16:17 여호와께서 주신 복을 **따라** 그 힘대로
신 16:18 네 지파를 **따라** 재판장들과 지도자들
신 16:20 마땅히 공의만을 **따르라** 그리하면 네가
신 25:2 앞에서 그의 죄에 **따라** 수를 맞추어
신 28:12 때를 **따라** 비를 내리시고 네 손으로
신 30:2 네게 명령한 것을 온전히 **따라** 마음을
신 31:16 음란히 그 땅의 이방 신들을 **따르며**

역사서

수 4:8 이스라엘 자손들의 지파의 수를 **따라**
수 8:5 나를 **따르는** 모든 백성은 다 성읍으로
수 11:23 구분에 **따라** 기업으로 주매 그 땅에
수 18:4 땅에 두루 다니며 그들의 기업에 **따라**
수 21:3 이스라엘 자손이 여호와의 명령을 **따라**
수 22:16 오늘 여호와를 **따르는** 데서 돌아서서
삿 2:12 주위에 있는 백성의 신들을 **따라** 그들
삿 3:22 칼자루도 날을 **따라** 들어가서 그 끝이
삿 3:27 자손이 산지에서 그를 **따라** 내려오니
삿 3:28 나를 **따르라** 여호와께서 너희의 원수
들인 모압을 … 에훗을 **따라** 내려가
삿 4:10 게데스로 부르니 만 명이 그를 **따라**
삿 6:35 그들도 모여서 그를 **따르고** 또 사자들을
삿 7:1 기드온과 그를 **따르는** 모든 백성이
삿 7:18 나를 **따르는** 자가 다 나팔을 불거든
삿 8:35 이스라엘에 베푼 모든 은혜를 **따라** 그
삿 9:4 경박한 사람들을 사서 자기를 **따르게**
삿 9:37 백성이 밭 가운데를 **따라** 내려오고
삿 9:49 나뭇가지를 찍어서 아비멜렉을 **따라**
삿 18:29 그들의 조상 단의 이름을 **따라** 그 성읍
룻 1:15 돌아가나니 너도 너의 동서를 **따라**
룻 1:16 어머니를 **따르지** 말고 돌아가라 강권
룻 2:3 룻이 가서 베는 자를 **따라** 밭에서 이삭을
룻 3:10 젊은 자를 **따르지** 아니하였으니 네가
삼상 8:3 자기 아버지의 행위를 **따르지** 아니하고
삼상 10:7 네게 임하거든 너는 기회를 **따라** 행하라
삼상 11:7 사울과 사무엘을 **따르지** 아니하면 그의
삼상 12:14 왕이 너희의 하나님 여호와를 **따르면**
삼상 12:21 구원하지도 못하는 헛된 것을 **따르지**
삼상 13:4 백성이 길갈로 모여 사울을 **따르니라**
삼상 14:7 당신과 마음을 같이하여 **따르리이다**

삼상 14:12 나를 **따라** 올라오라 여호와께서 그들을
삼상 17:13 장성한 세 아들은 사울을 **따라** 싸움에
삼상 24:14 이스라엘 왕이 누구를 **따라** 나왔으며
삼상 25:20 나귀를 타고 산 호젓한 곳을 **따라** 내려
삼상 25:27 예물을 내 주를 **따르는** 이 소년들에게
삼상 26:3 사울이 자기를 **따라** 광야로 들어옴을
삼상 26:23 그의 공의와 신실을 **따라** 갚으시리니
삼상 30:21 피곤하여 능히 자기를 **따르지** 못하므로
삼하 1:6 병거와 기병은 그를 급히 **따르는데**
삼하 2:10 있으니라 유다 족속은 다윗을 **따르니**
삼하 2:25 베냐민 족속은 함께 모여 아브넬을 **따라**
삼하 7:8 목장 곧 양을 **따르는** 데에서 데려다가
삼하 15:16 가족을 다 **따르게** 하고 후궁 열 명을
삼하 15:18 블렛 사람과 및 왕을 **따라** 가드에서 온
삼하 17:9 압살롬을 **따르는** 자 가운데에서 패함을
삼하 19:41 왕의 집안과 왕을 **따르는** 모든 사람을
삼하 20:2 다윗 **따르기를** … **따르나** 유다 사람들
은 그들의 … 예루살렘까지 **따르니라**
삼하 20:7 요압을 **따르는** 자들과 … 아비새를 **따라**
삼하 21:14 왕의 명령을 **따라** 행하니라 그 후에야
삼하 22:21 여호와께서 내 공의를 **따라** 상 주시며
왕상 1:7 아비아달과 모의하니 그들이 **따르고**
왕상 1:35 그를 **따라** 올라오라 그가 와서 내 왕위
왕상 2:28 그가 다윗을 떠나 압살롬을 **따르지** 아
니하였으나 아도니야를 **따랐음이더라**
왕상 4:28 그들이 각기 직무를 **따라** 말과 준마에게
왕상 6:12 네가 만일 내 법도를 **따르며** 내 율례를
왕상 7:36 옆판에는 각각 빈 곳을 **따라** 그룹들과
왕상 9:6 아주 돌아서서 나를 **따르지** 아니하며
왕상 11:2 돌려 그들의 신들을 **따르게** 하리라
왕상 11:5 암몬 사람의 가증한 밀곰을 **따름이라**
왕상 11:6 여호와를 온전히 **따름같이 따르지**
왕상 12:14 어린 사람들의 자문을 **따라** 그들에게
왕상 12:24 여호와의 말씀을 듣고 그 말씀을 **따라**
왕상 12:20 유다 지파 외에는 다윗의 집을 **따르는**
왕상 14:8 명령을 지켜 전심으로 나를 **따르며**
왕상 16:21 아들 디브니를 **따라** 그를 왕으로 삼으
려 하고 그 절반은 오므리를 **따랐더니**
왕상 16:24 그 산 주인이었던 세멜의 이름을 **따라**
왕상 16:31 아들 여로보암의 죄를 **따라** 행하는
왕상 18:21 만일 하나님이면 그를 **따르고** 바알이
만일 하나님이면 그를 **따를지니라**
왕상 18:28 그들의 규례를 **따라** 피가 흐르기까지

【 따르다 】 　　　　　　　　　　　　　　　　　　　　　　　　【 따르다 】

왕상 18:31	지파의 수효를 **따라** 엘리야가 돌 열두
왕상 19:20	후에 내가 당신을 **따르리이다** 엘리야가
왕하 3:3	죄를 **따라** 행하고 떠나지 아니하였더라
왕하 6:19	이 성읍도 아니니 나를 **따라** 오라 내가
왕하 11:15	그를 **따르는** 자는 모두 칼로 죽이라
왕하 14:19	반역한 무리가 사람을 라기스로 **따라**
왕하 16:3	사람의 가증한 일을 **따라** 자기 아들
왕하 21:3	아합의 행위를 **따라** 바알을 위하여 제단
왕하 23:3	백성이 다 그 언약을 **따르기로** 하니라
왕하 23:25	모세의 모든 율법을 **따라** 여호와께로
왕하 24:19	여호야김의 모든 행위를 **따라** 여호와
대상 6:19	무시리 그 조상에 **따라** 레위의 종족은
대상 10:3	쏘는 자가 사울에게 **따라** 미치매 사울
대상 12:29	사울의 집을 **따르나** 그 중에서 나온
대상 12:34	방패와 창을 가지고 **따르는** 자가 삼만
대하 8:13	모세의 명령을 **따라** 매일의 일과대로
대하 8:14	그의 아버지 다윗의 규례를 **따라** 제사장
대하 13:7	난봉꾼과 잡배가 모여 **따르므로** 스스로
대하 13:9	이방 백성들의 풍속을 **따라** 제사장을
대하 17:4	이스라엘의 행위를 **따르지** 아니하였음
대하 25:5	여러 족속을 **따라** 천부장들과 백부장
대하 25:27	사람을 라기스로 **따라** 보내어 그를 거기
대하 30:16	율법을 **따라** 제사장들이 레위 사람을
대하 31:2	그들의 반열에 **따라** 각각 그들의 직임을
대하 34:32	조상들의 하나님의 언약을 **따르니라**
스 6:14	스가랴의 권면을 **따랐으므로** 성전 건
	축하는 … 아닥사스다의 조서를 **따라**
스 7:18	여기는 일에 너희 하나님의 뜻을 **따라**
스 7:25	네 하나님의 지혜를 **따라** 네 하나님의
스 10:8	방백들과 장로들의 훈시를 **따라** 삼일
느 2:15	그 밤에 시내를 **따라** 올라가서 성벽을
느 8:15	기록한 바를 **따라** 초막을 지으라 하라
느 8:18	날에 규례를 **따라** 성회를 열었느니라
느 10:29	귀족들을 **따라** 저주로 맹세하기를 … 하
	나님의 율법을 **따라** 우리 주 여호와의
느 12:9	박부야와 운노는 직무를 **따라** 그들의
느 12:24	다윗의 명령대로 순서를 **따라** 주를 찬양
느 13:19	나를 **따르는** 종자 몇을 성문마다 세워
에 1:12	내시가 전하는 왕명을 **따르기를**
에 2:20	명령을 양육 받을 때와 같이 **따름이더라**
에 9:26	이름을 **따라** 이 두 날을 부림이라
시가서	
욥 13:8	하나님의 낯을 **따르려느냐** 그를 위하여
욥 39:10	골짜기에서 너를 **따라** 써레를 끌겠느냐
욥 39:27	만드는 것이 어찌 네 명령을 **따름이냐**
시 1:1	복 있는 사람은 악인들의 꾀를 **따르지**
시 1:3	시냇가에 심은 나무가 철을 **따라** 열매를
시 7:8	나의 의와 나의 성실함을 **따라** 나를
시 7:17	여호와께 그의 의를 **따라** 감사함이여
시 17:4	나는 주의 입술의 말씀을 **따라** 스스로
시 18:20	손의 깨끗함을 **따라** 내게 갚으셨으니
시 23:6	**따르리니** 내가 여호와의 집에 영원히
시 25:7	주의 인자하심을 **따라** 주께서 나를 기억
시 34:14	선을 행하며 화평을 찾아 **따를지어다**
시 49:17	영광이 그를 **따라** 내려가지 못함이로다
시 51:1	하나님이여 주의 인자를 **따라** 내게 은혜
시 58:5	술객의 요술도 **따르지** 아니하는 독사
시 63:8	나의 영혼이 주를 가까이 **따르니** 주의
시 65:5	의지할 주께서 의를 **따라** 엄위하신 일로
시 69:16	많은 긍휼에 **따라** 내게로 돌이키소서
시 79:11	정해진 자도 주의 크신 능력을 **따라**
시 81:13	말을 들으라 이스라엘아 내 도를 **따르라**
시 94:15	마음이 정직한 자가 다 **따르리로다**
시 101:6	길에 행하는 자가 나를 **따르리로다**
시 103:10	죄를 **따라** 우리를 처벌하지는 아니하
	시며 우리의 죄악을 **따라** 우리에게
시 104:27	이것들은 다 주께서 때를 **따라** 먹을
시 105:45	율례를 지키고 그의 율법을 **따르게** 하려
시 106:45	기억하시고 그 크신 인자하심을 **따라**
시 107:17	그들의 죄악의 길을 **따르고** 그들의 악을
시 109:26	나를 도우시며 주의 인자하심을 **따라**
시 110:4	멜기세덱의 서열을 **따라** 영원한 제사장
시 119:1	여호와의 율법을 **따라** 행하는 자들은
시 119:9	주의 말씀만 지킬 **따름이니이다**
시 119:85	주의 법을 **따르지** 아니하는 교만한 자들
시 119:88	주의 인자하심을 **따라** 나를 살아나게
시 119:150	악을 **따르는** 자들이 가까이 왔사오니
시 145:15	주를 앙망하오니 주는 때를 **따라** 그들
시 148:8	눈과 안개와 그의 말씀을 **따르는** 광풍
시 150:2	지극히 위대하심을 **따라** 찬양할지어다
잠 1:10	아들아 악한 자가 너를 꾈지라도 **따르지**
잠 3:31	말며 그의 어떤 행위도 **따르지** 말라
잠 11:19	생명에 이르고 악을 **따르는** 자는 사망에
잠 12:11	방탕한 것을 **따르는** 자는 지혜가 없느니
잠 13:21	재앙은 죄인을 **따르고** 선한 보응은 의인
잠 18:1	자기 소욕을 **따르는** 자라 온갖 참 지혜

【 따르다 】   　　　　　　　　　　　　【 따르다 】

잠 21:21	공의와 인자를 **따라** 구하는 자는 생명과	겔 44:10	그 우상을 **따라** 나를 멀리 떠났으니 그
잠 26:4	미련한 자의 어리석은 것을 **따라** 대답	겔 45:11	호멜의 용량을 **따라** 밧은 십분의 일
잠 28:19	방탕을 **따르는** 자는 궁핍함이 많으리라	겔 47:10	고기가 각기 종류를 **따라** 큰 바다의
잠 29:19	아니하나니 이는 그가 알고도 **따르지**	겔 47:19	애굽 시내를 **따라** 대해에 이르나니
전 3:11	모든 것을 지으시되 때를 **따라** 아름답게	겔 48:13	제사장의 경계선을 **따라** 레위 사람의
전 8:14	악인들의 행위에 **따라** 벌을 받는 의인	단 1:14	그가 그들의 말을 **따라** 열흘 동안 시험
아 1:4	우리가 너를 **따라** 달려가리라 우리가	단 4:8	신의 이름을 **따라** 벨드사살이라 이름한
아 1:8	양 떼의 발자취를 **따라** 목자들의 장막	단 6:8	고치지 아니하는 규례를 **따라** 그것을
선지서		단 9:16	주는 주의 공의를 **따라** 주의 분노를
사 8:12	너희는 그 모든 말을 **따라** 반역자가	호 2:5	나는 나를 사랑하는 자들을 **따르리니**
사 8:20	마땅히 율법과 증거의 말씀을 **따를지니**	호 3:3	다른 남자를 **따르지** 말라 나도 네게
사 36:15	여호와를 신뢰하게 하려는 것을 **따르지**	호 4:10	여호와를 버리고 **따르지** 아니하였음이
사 44:13	아름다움을 **따라** 사람의 모양을 만들어	호 8:3	선을 버렸으니 원수가 그를 **따를** 것이라
사 45:14	속할 것이요 그들이 너를 **따를** 것이라	호 11:10	여호와를 **따를** 것이라 여호와께서 소리
사 51:1	**따르며** 여호와를 찾아 구하는 너희는	호 13:2	정교함을 **따라** 우상을 만들었으며
사 59:13	우리 하나님을 **따르는** 데에서 돌이켜	암 6:1	이스라엘 집이 그들을 **따르는도다**
사 63:7	사랑을 **따라**, 그의 많은 자비를 **따라**	암 7:15	떼를 **따를** 때에 여호와께서 나를 데려다
사 65:2	손을 펴서 자기 생각을 **따라** 옳지 않은	미 6:16	예법을 지키고 그들의 전통을 **따르니**
사 66:17	가운데에 있는 자를 **따라** 돼지고기와	습 1:6	여호와를 배반하고 **따르지** 아니한 자들
렘 2:5	나를 멀리 하고 가서 헛된 것을 **따라**	**복음서**	
렘 5:8	이웃의 아내를 **따르며** 소리지르는도다	마 4:20	곧 그물을 버려두고 예수를 **따르니라**
렘 5:24	이른 비와 늦은 비를 때를 **따라** 주시며	마 4:25	건너편에서 수많은 무리가 **따르니라**
렘 7:9	알지 못하는 다른 신들을 **따르면서**	마 8:19	어디로 가시든지 저는 **따르리이다**
렘 9:14	마음의 완악함을 **따라** 그 조상들이 자	마 8:22	자들을 장사하게 하고 너는 나를 **따르라**
	기에게 가르친 바알들을 **따랐음이라**	마 9:9	나를 **따르라** 하시니 일어나 **따르니라**
렘 11:3	언약의 말을 **따르지** 않는 자는 저주를	마 10:38	십자가를 지고 나를 **따르지** 않는 자도
렘 11:4	순종하고 나의 모든 명령을 **따라** 행하라	마 16:24	자기 십자가를 지고 나를 **따를** 것이니라
렘 30:11	내가 법에 **따라** 너를 징계할 것이요	마 19:2	큰 무리가 **따르거늘** 예수께서 거기서
렘 30:18	보루는 규정에 **따라** 사람이 살게 되리라	마 19:21	네게 있으리라 그리고 와서 나를 **따르라**
렘 39:4	동산 길을 **따라** 두 담 샛문을 통하여	마 19:28	보좌에 앉을 때에 나를 **따르는** 너희도
렘 52:14	사령관을 **따르는** 갈대아 사람의 모든	마 20:34	곧 보게 되어 그들이 예수를 **따르니라**
애 3:32	풍부한 인자하심에 **따라** 긍휼히 여기실	마 24:45	사람들을 맡아 때를 따라 양식을 나눠
겔 1:15	있는데 그 네 얼굴을 **따라** 하나씩 있고	마 26:58	베드로가 멀찍이 예수를 **따라** 대제사장
겔 4:10	하루 이십 세겔씩 때를 **따라** 먹고	막 1:18	곧 그물을 버려두고 **따르니라**
겔 9:5	너희는 그를 **따라** 성읍 중에 다니며	막 2:14	나를 **따르라** 하시니 일어나 **따르니라**
겔 11:20	율례를 **따르며** 내 규례를 지켜 행하게	막 2:15	많이 있어서 예수를 **따름이러라**
겔 11:21	가증한 것을 마음으로 **따르는** 자는 내가	막 6:1	고향으로 가시니 제자들도 **따르니라**
겔 12:5	목전에서 성벽을 뚫고 그리로 **따라**	막 8:34	자기 십자가를 지고 나를 **따를** 것이니라
겔 13:3	심령을 **따라** 예언하는 어리석은 선지자	막 11:9	앞에서 가고 뒤에서 **따르는** 자들이 소리
겔 18:5	의로워서 정의와 공의를 **따라** 행하며	막 15:41	예수께서 갈릴리에 계실 때에 **따르며**
겔 18:9	율례를 **따르며** 내 규례를 지켜 진실하게	막 16:17	믿는 자들에게는 이런 표적이 **따르리니**
겔 20:16	마음으로 우상을 **따라** 나의 규례를	막 16:20	함께 역사하사 그 **따르는** 표적으로 말씀
겔 37:7	이에 내가 명령을 **따라** 대언하니 대언할	눅 1:9	제사장의 전례를 **따라** 제비를 뽑아 주의

693

【 따르다 】　　　　　　　　　　　　　　　　　　　　　　　　　　　　　【 따르다 】

눅 1:59	아버지의 이름을 **따라** 사가랴라 하고자
눅 2:39	율법을 **따라** 모든 일을 마치고 갈릴리
눅 2:42	이 절기의 관례를 **따라** 올라갔다가
눅 9:23	제 십자가를 지고 나를 **따를** 것이니라
눅 12:42	종들을 맡아 때를 **따라** 양식을 나누어
눅 14:27	자기 십자가를 지고 나를 **따르지** 않는
눅 22:39	예수께서 나가사 습관을 **따라** 감람산에
눅 23:26	그에게 십자가를 지워 예수를 **따르게**
눅 23:56	향유를 준비하더라 계명을 **따라** 안식일
요 1:37	제자가 그의 말을 듣고 예수를 **따르거늘**
요 1:38	그 **따르는** 것을 보시고 물어 이르시되
요 1:40	예수를 **따르는** 두 사람 중의 하나는
요 2:6	예식을 **따라** 두세 통 드는 돌항아리
요 3:21	진리를 **따르는** 자는 빛으로 오나니 이는
요 6:2	무리가 **따르니** 이는 병자들에게 행하시
요 8:12	**따르는** 자는 어둠에 다니지 아니하고
요 8:15	육체를 **따라** 판단하나 나는 아무도
요 10:5	못하는 고로 타인을 **따르지** 아니하고
요 10:27	그들을 알며 그들은 나를 **따르느니라**
요 12:19	보라 온 세상이 그를 **따르는도다** 하니라
요 12:26	나를 섬기려면 나를 **따르라** 나 있는
요 18:15	예수를 **따르니** 이 제자는 대제사장과
요 21:19	베드로에게 이르시되 나를 **따르라**
요 21:20	예수께서 사랑하시는 그 제자가 **따르는**
요 21:22	상관이냐 너는 나를 **따르라** 하시더라

역사서 - 예언서

행 2:4	말하게 하심을 **따라** 다른 언어들로
행 2:45	소유를 팔아 각 사람의 필요를 **따라**
행 4:35	그들이 각 사람의 필요를 **따라** 나누어
행 5:36	**따르더니** 그가 죽임을 당하매 **따르던**
행 5:37	꾀어 **따르게** 하다가 그도 망한즉 **따르던**
행 8:6	한마음으로 그가 하는 말을 **따르더라**
행 9:2	그 도를 **따르는** 사람을 만나면 남녀를
행 13:36	당시에 하나님의 뜻을 **따라** 섬기다
행 13:43	바울과 바나바를 **따르니** 두 사도가
행 14:4	**따르는** 자도 있고 두 사도를 **따르는**
행 16:14	마음을 열어 바울의 말을 **따르게** 하신
행 17:4	권함을 받고 바울과 실라를 **따르나**
행 20:30	제자들을 끌어 자기를 **따르게** 하려고
행 21:36	그를 없이하자고 외치며 **따라** 감이러라
행 22:12	율법에 **따라** 경건한 사람으로 거기 사는
행 23:1	나는 범사에 양심을 **따라** 하나님을
행 23:21	그들의 청함을 **따르지** 마옵소서 그들

행 24:14	그들이 이단이라 하는 도를 **따라** 조상의
행 26:5	가장 엄한 파를 **따라** 바리새인의 생활을
롬 2:5	회개하지 아니한 마음을 **따라** 진노의
롬 2:8	진리를 **따르지** 아니하고 불의를 **따르는**
롬 4:12	믿음의 자취를 **따르는** 자들에게도
롬 8:4	육신을 **따르지** 않고 그 영을 **따라**
롬 8:5	**따르는** 자는 육신의 일을, 영을 **따르는**
롬 9:11	악을 행하지 아니한 때에 택하심을 **따라**
롬 9:30	의를 **따르지** 아니한 이방인들이 의를
롬 11:5	택하심을 **따라** 남은 자가 있느니라

"이에 예수께서 제자들에게 이르시되 누구든지 나를 따라오려거든 자기를 부인하고 자기 십자가를 지고 나를 따를 것이니라"(마 16:24)

롬 13:4	악을 행하는 자에게 진노하심을 **따라**
롬 13:5	때문에 할 것이 아니라 양심을 **따라**
롬 14:23	믿음을 **따라** 하지 아니하였기 때문이라 믿음을 **따라** 하지 아니하는 것은
롬 15:32	하나님의 뜻을 **따라** 기쁨으로 너희에게
롬 16:26	하나님의 명을 **따라** 선지자들의 글로 말미암아 … 그 신비의 계시를 **따라**
고전 1:1	하나님의 뜻을 **따라** 그리스도 예수의
고전 1:26	육체를 **따라** 지혜로운 자가 많지 아니하
고전 3:3	어찌 육신에 속하여 사람을 **따라** 행함이
고전 3:10	하나님의 은혜를 **따라** 내가 지혜로운
고전 10:4	이는 그들을 **따르는** 신령한 반석으로
고전 10:18	육신을 **따라** 난 이스라엘을 보라 제물을
고전 12:8	어떤 사람에게는 같은 성령을 **따라** 지식
고전 14:27	세 사람이 차례를 **따라** 하고 한 사람이
고전 16:2	너희 각 사람이 수입에 **따라** 모아 두어서
고후 1:17	계획하기를 육체를 **따라** 계획하여
고후 5:10	선악간에 그 몸으로 행한 것을 **따라**
고후 5:16	사람도 육신을 **따라** 알지 아니하노라 비록 우리가 그리스도도 육신을 **따라**
고후 8:5	하나님의 뜻을 **따라** 우리에게 주었도다
고후 10:13	그 범위의 한계를 **따라** 하노니 곧 너희
고후 10:15	우리의 규범을 **따라** 너희 가운데서 더욱
고후 11:17	내가 말하는 것은 주를 **따라** 하는 말이

【 따르다 】   【 따르다 】

고후 11:18	여러 사람이 육신을 **따라** 자랑하니 나도	딤전 4:6	믿음의 말씀과 네가 **따르는** 좋은 교훈
고후 13:10	내게 주신 그 권한을 **따라** 엄하지 않게	딤전 6:3	경건에 관한 교훈을 **따르지** 아니하면
갈 1:4	아버지의 뜻을 **따라** 이 악한 세대에서	딤전 6:11	믿음과 사랑과 인내와 온유를 **따르며**
갈 1:6	떠나 다른 복음을 **따르는** 것을 내가	딤전 6:21	이것을 **따르는** 사람들이 있어 믿음에서
갈 1:11	사람의 뜻을 **따라** 된 것이 아니니라	딤후 1:8	오직 하나님의 능력을 **따라** 복음과
갈 2:2	계시를 **따라** 올라가 내가 이방 가운데서	딤후 2:22	함께 의와 믿음과 사랑과 화평을 **따르라**
갈 2:14	진리를 **따라** 바르게 … 이방인을 **따르고**	딤후 2:26	사로잡힌 바 되어 그 뜻을 **따르게** 하실
갈 4:23	여종에게서는 육체를 **따라** 났고 자유	딤후 4:3	귀가 가려워서 자기의 사욕을 **따를** 스승
갈 4:29	**따라** 난 자가 성령을 **따라** 난 자를	딤후 4:4	돌이켜 허탄한 이야기를 **따르리라**
갈 5:5	우리가 성령으로 믿음을 **따라** 의의 소망	딛 1:4	믿음을 **따라** 나의 참 아들 된 디도에게
갈 5:16	이르노니 너희는 성령을 **따라** 행하라	딛 1:14	배반하는 사람들의 명령을 **따르지** 않게

> **'뒤를 따르다'와 관련된 성구**
>
> 출 14:4, 8, 9, 17, 28; 수 3:3; 6:8, 9, 13; 삿 5:15; 6:34; 20:45; 삼하 18:22; 왕하 7:15; 9:19; 대하 26:17; 느 12:32, 38; 렘 2:23; 7:6; 겔 5:2; 12:14; 슥 6:6; 마 21:9; 눅 23:55; 딤전 5:24; 계 14:8, 9

		딛 3:5	그의 긍휼하심을 **따라** 중생의 씻음과
		딛 3:7	영생의 소망을 **따라** 상속자가 되게 하려
		히 2:4	자기의 뜻을 **따라** 성령이 나누어 주신
		히 3:16	모세를 **따라** 애굽에서 나온 모든 사람이
		히 4:16	긍휼하심을 받고 때를 **따라** 돕는 은혜를
		히 5:6	멜기세덱의 반차를 **따르는** 제사장이라
		히 6:20	예수께서 멜기세덱의 반차를 **따라** 영원
		히 7:5	율법을 **따라** 아브라함의 허리에서 난
		히 7:11	**따르지** 않고 멜기세덱의 반차를 **따르는**
		히 7:16	한 계명의 법을 **따르지** 아니하고 오직 불멸의 생명의 능력을 **따라** 되었으니
		히 7:17	멜기세덱의 반차를 **따르는** 제사장이라
		히 8:4	율법을 **따라** 예물을 드리는 제사장이
		히 8:5	산에서 네게 보이던 본을 **따라** 지으라
엡 1:7	풍성함을 **따라** 그의 피로 말미암아	히 9:9	이에 **따라** 드리는 예물과 제사는 섬기는
엡 1:9	그의 기뻐하심을 **따라** 그리스도 안에서	히 9:22	율법을 **따라** 거의 모든 물건이 피로써
엡 1:11	**따라** 우리가 예정을 입어 그 안에서	히 10:8	하셨고 (이는 다 율법을 **따라** 드리는
엡 1:19	그의 힘의 위력으로 역사하심을 **따라**	히 10:10	뜻을 **따라** 예수 그리스도의 몸을 단번에
엡 2:2	풍조를 **따르고** 공중의 권세 잡은 자를	히 11:7	정죄하고 믿음을 **따르는** 의의 상속자가
엡 2:3	육체의 욕심을 **따라** 지내며 육체와 마음	히 11:13	사람들은 다 믿음을 **따라** 죽었으며 약속
엡 3:7	하나님의 은혜의 선물을 **따라** 내가 일꾼	히 12:14	화평함과 거룩함을 **따르라** 이것이 없이
엡 3:16	그의 영광의 풍성함을 **따라** 그의 성령	약 1:18	자기의 뜻을 **따라** 진리의 말씀으로 우리
엡 4:22	욕심을 **따라** 썩어져 가는 구습을 **따르는**	벧전 1:2	하나님 아버지의 미리 아심을 **따라** 성령
엡 4:24	하나님을 **따라** 의와 진리의 거룩함으로	벧전 1:14	전에 알지 못할 때에 **따르던** 너희 사욕
빌 1:20	간절한 기대와 소망을 **따라** 아무 일에	벧전 3:7	이와 같이 지식을 **따라** 너희 아내와
골 1:11	영광의 힘을 **따라** 모든 능력으로 능하게	벧전 3:11	행하고 화평을 구하며 그것을 **따르라**
골 1:25	직분을 **따라** 하나님의 말씀을 이루려	벧전 4:2	정욕을 **따르지** 않고 하나님의 뜻을 **따라**
골 1:29	능력으로 역사하시는 이의 역사를 **따라**	벧전 4:3	이방인의 뜻을 **따라** 행한 것은 지나간
골 2:18	것에 의지하여 그 육신의 생각을 **따라**	벧전 4:6	영으로는 하나님을 **따라** 살게 하려
골 2:23	오직 육체 **따르는** 것을 금하는 데는	벧전 5:2	하나님의 뜻을 **따라** 자원함으로 하며
골 3:10	자기를 창조하신 이의 형상을 **따라** 지식	벧후 2:2	여럿이 그들의 호색하는 것을 **따르리니**
살전 4:5	모르는 이방인과 같이 색욕을 **따르지**	벧후 2:10	특별히 육체를 **따라** 더러운 정욕 가운데
살전 5:15	모든 사람을 대하든지 항상 선을 **따르라**		
살후 2:9	악한 자의 나타남은 사탄의 활동을 **따라**		
딤전 1:1	예수의 명령을 **따라** 그리스도 예수의		
딤전 1:18	너를 지도한 예언을 **따라** 그것으로 선한		
딤전 4:1	영과 귀신의 가르침을 **따르리라**		

695

【 따름 】 　　　　　　　　　　　　　　　　　　　　　　　　　【 딸 】

벧후 2:15　브올의 아들 발람의 길을 **따르는도다**
벧후 3:3　자기의 정욕을 **따라** 행하며 조롱하여
요이 1:6　우리가 그 계명을 **따라** 행하는 것이요
유 1:11　몰려갔으며 고라의 패역을 **따라** 멸망을
계 13:3　온 땅이 놀랍게 여겨 짐승을 **따르고**
계 19:14　옷을 입고 백마를 타고 그를 **따르더라**
계 20:12　행위를 **따라** 책들에 기록된 대로 심판을

따르다 + 기타 본문

모세오경　창 24:8, 39; 27:8; 36:40; 출 6:25; 18:26; 레 20:23; 민 1:18, 20, 22, 24, 26, 28, 30, 32, 34, 36, 38, 40, 42, 45; 2:31, 32, 34; 3:15, 39; 4:22, 29, 34, 38, 40, 42, 44, 46, 49; 8:20, 22; 9:20, 23; 10:13, 28; 21:4; 29:33, 37; 34:14; 신 13:2; 28:14, 45; 31:18　**역사서**　수 12:7; 17:4; 22:18, 23, 29; 삿 2:19; 5:14; 7:2; 8:5; 룻 2:7, 9; 삼상 8:5; 12:20; 15:11; 삼하 17:16; 20:11, 13, 14; 왕상 1:40; 11:4, 5, 6, 10; 19:21; 20:10, 19; 왕하 13:6; 17:15, 22; 18:12; 25:23, 24; 대상 15:15; 23:6, 24; 24:19, 30; 25:2; 26:13; 대하 10:14; 11:16; 22:4, 5; 23:14; 24:21; 29:15; 30:6; 32:7; 35:4, 6, 10; 스 6:17; 7:14; 10:3, 16; 느 4:13, 23; 12:45; 에 1:15; 3:12　**시가서, 선지서**　욥 13:10; 34:11; 시 18:24; 119:149, 156, 159; 잠 26:5; 렘 11:10; 13:10; 16:12; 35:15; 39:5; 50:17; 겔 4:11; 16:34; 20:18, 19, 21, 30; 23:30; 25:14; 34:26; 35:6; 48:28　**신약**　마 4:22; 8:1, 10; 12:15; 20:29; 막 3:7; 9:38; 10:21, 32, 52; 14:54; 눅 5:11, 27, 28; 7:9; 9:49, 57, 59, 61; 17:23; 18:22, 43; 21:8; 22:10; 요 1:43; 행 8:10, 11; 고후 10:2, 3; 골 2:22

따름 (only-KJV)

대하 2:6　그 앞에 분향하려 할 **따름이니이다**
욥 22:2　자도 자기에게 유익할 **따름이니라**
잠 21:5　조급한 자는 궁핍함에 이를 **따름이니라**
사 10:4　당한 자 아래에 엎드러질 **따름이니라**
겔 33:31　마음으로는 이익을 **따름이라**
행 18:25　가르치나 요한의 세례만 알 **따름이라**
행 24:21　이 한 소리만 있을 **따름이니이다** 하니
고전 7:19　오직 하나님의 계명을 지킬 **따름이니라**

따먹다 (take and eat)

창 3:6　여자가 그 열매를 **따먹고** 자기와 함께
창 3:22　나무 열매도 **따먹고** 영생할까 하노라
막 11:14　사람이 네게서 열매를 **따먹지** 못하리라

따지다 (besiege)

눅 11:53　달려들어 여러 가지 일을 **따져** 묻고

딱지 (scab)

사 3:17　시온의 딸들의 정수리에 **딱지**가 생기게

딱하게 여기다 (sorry)

마 18:31　보고 몹시 **딱하게 여겨** 주인에게 가서

딸 (daughter)

모세오경

창 6:1　시작할 때에 그들에게서 **딸들**이 나니
창 6:2　하나님의 아들들이 사람의 **딸들**의
창 19:8　가까이하지 아니한 두 **딸**이 있노라
창 24:3　지방 가나안 족속의 **딸** 중에서 내 아들
창 24:13　중 사람의 **딸들**이 물 길으러 나오겠사
창 24:23　누구의 **딸**이냐 청하건대 내게 말하라
창 24:24　나홀에게서 낳은 아들 브두엘의 **딸**이니
창 26:34　브에리의 **딸** 유딧과 헷 족속 엘론의 **딸**
창 28:2　외삼촌 라반의 **딸** 중에서 아내를 맞이하
창 28:9　이스마엘의 **딸**이요 느바욧의 누이인
창 29:6　**딸** 라헬이 지금 양을 몰고 오느니라
창 29:10　야곱이 그의 외삼촌 라반의 **딸** 라헬과
창 29:16　라반에게 두 **딸**이 있으니 언니의 이름은
창 29:23　저녁에 그의 **딸** 레아를 야곱에게로 데려
창 30:21　그가 **딸**을 낳고 그의 이름을 디나라
창 34:1　야곱에게 낳은 **딸** 디나가 그 땅의 **딸들**
창 36:3　이스마엘의 **딸** 느바욧의 누이 바스맛을
창 36:18　**딸**이요 에서의 아내인 오홀리바마로
창 36:39　므헤다벨이니 마드렛의 **딸**이요 메사합
창 38:2　가나안 사람 수아라 하는 자의 **딸**을
창 41:45　온의 제사장 보디베라의 **딸** 아스낫을
출 1:16　아들이거든 그를 죽이고 **딸**이거든 살려
출 2:5　**딸**이 목욕하러 나일 강으로 내려오고
출 2:16　미디안 제사장에게 일곱 **딸**이 있었더니
출 2:21　기뻐하매 그가 그의 **딸** 십보라를 모세
출 6:23　암미나답의 **딸** 나손의 누이 엘리세바를
출 6:25　엘르아살은 부디엘의 **딸** 중에서 아내를
출 20:10　너나 네 아들이나 네 **딸**이나 네 남종이

[**딸**]

출 21:31	아들을 받든지 **딸**을 받든지 이 법규대로
출 22:17	아버지가 **딸**을 그에게 주기를 거절하면
레 12:6	아들이나 **딸**이나 정결하게 되는 기한이
레 12:7	이는 아들이나 **딸**을 생산한 여인에게
레 18:9	아버지의 **딸**이나 네 어머니의 **딸**이나
레 19:29	네 **딸**을 더럽혀 창녀가 되게 하지 말라
레 21:9	제사장의 **딸**이든지 행음하여 자신을
레 24:11	슬로밋이요 단 지파 디브리의 **딸**이었더
레 26:29	아들의 살을 먹을 것이요 **딸**의 살을
민 21:29	그의 **딸**들을 아모리인의 왕 시혼의 포로
민 25:15	이름은 고스비이니 수르의 **딸**이라
민 26:33	**딸**뿐이라 그 **딸**의 이름은 말라와 노아와
민 26:46	아셀의 **딸**의 이름은 세라
민 26:59	요게벳이니 레위의 **딸**이요 애굽에서
민 27:1	**딸**들이 찾아왔으니 그의 **딸**들의 이름은
민 27:7	슬로브핫 **딸**들의 말이 옳으니 너는
민 27:9	**딸**도 없으면 그의 기업을 그의 형제에게
민 30:16	아버지가 자기 집에 있는 어린 **딸**에
민 36:2	슬로브핫의 기업을 그의 **딸**들에게 주게
신 18:10	그의 아들이나 **딸**을 불 가운데로 지나게

역사서

수 7:24	그의 아들들과 그의 **딸**들과 그의 소들과
수 15:16	내 **딸** 악사를 아내로 주리라 하였더니
삿 11:34	그의 **딸**이 소고를 잡고 춤추며 나와서
삿 11:40	**딸**들이 해마다 가서 길르앗 사람 입다 의 **딸**을 위하여 나흘씩 애곡하더라
삿 14:1	블레셋 사람의 **딸**들 중에서 한 여자를
삿 19:24	보라 여기 내 처녀 **딸**과 이 사람의 첩을
삿 21:1	누구든지 **딸**을 베냐민 사람에게 아내
삿 21:21	실로의 **딸** 중에서 각각 하나를 붙들어
룻 1:11	나오미가 이르되 내 **딸**들아 돌아가라
삼상 8:13	그가 또 너희의 **딸**들을 데려다가 향료
삼상 14:50	아히마아스의 **딸**이요 그의 군사령관의
삼상 18:19	사울의 **딸** 메랍을 다윗에게 줄 시기에
삼상 18:20	사울의 **딸** 미갈이 다윗을 사랑하매
삼하 1:24	이스라엘 **딸**들아 사울을 슬퍼하여 울지
삼하 3:3	압살롬이라 그술 왕 달매의 **딸** 마아가의
삼하 3:7	리스바요 아야의 **딸**이더라 이스보셋이
삼하 11:3	그는 엘리암의 **딸**이요 헷 사람 우리아의
삼하 17:25	나하스의 **딸** 아비갈과 동침하여 그를
삼하 21:8	**딸** 리스바에게서 … 사울의 **딸** 메랍이
왕상 3:1	더불어 혼인 관계를 맺으니 그의 **딸**을
왕상 4:11	솔로몬의 **딸** 다밧을 아내로 삼았으며
왕상 4:15	그는 솔로몬의 **딸** 바스맛을 아내로
왕상 7:8	든 바로의 **딸**을 위하여 집을 지었는데
왕상 9:16	성읍을 자기 **딸** 솔로몬의 아내에게 예물
왕상 9:24	바로의 **딸**이 다윗 성에서부터 올라와
왕상 15:2	이름은 마아가요 아비살롬의 **딸**이더라
왕상 16:31	시돈 사람의 왕 엣바알의 **딸** 이세벨을
왕상 22:42	어머니의 이름은 아수바라 실히의 **딸**이
왕하 8:18	아합의 **딸**이 그의 아내가 되었음이라
왕하 9:34	여자를 찾아 장사하라 그는 왕의 **딸**
왕하 11:2	요람 왕의 **딸** 아하시야의 누이 여호세바
왕하 15:33	어머니의 이름은 여루사라 사독의 **딸**이
왕하 18:2	이름은 아비요 스가랴의 **딸**이더라
왕하 19:21	**딸** 시온이 … 비웃었으며 **딸** 예루살렘이
왕하 21:19	므술레멧이요 욧바 하루스의 **딸**이더라
왕하 22:1	이름은 여디다요 보스갓 아다야의 **딸**이
왕하 23:31	하무달이라 립나 예레미야의 **딸**이더라
왕하 23:36	이름은 스비다라 루마 브다야의 **딸**이더
왕하 24:8	느후스다요 예루살렘 엘라단의 **딸**이더
왕하 24:18	하무달이요 립나인 예레미야의 **딸**이더라
대상 1:50	메사합의 손녀요 마드렛의 **딸**이더라
대상 2:3	가나안 사람 수아의 **딸**이 유다에게 낳아
대상 2:21	길르앗의 아버지 마길의 **딸**에게 장가들
대상 2:34	세산은 아들이 없고 **딸**뿐이라 그에게
대상 2:49	스와를 낳았으며 갈렙의 **딸**은 악사더라
대상 3:2	압살롬이라 그술 왕 달매의 **딸** 마아가의
대상 3:5	사람은 다 암미엘의 **딸** 밧수아의 소생
대상 4:18	메렛이 아내로 맞은 바로의 **딸** 비디아의
대상 4:27	시므이에게는 아들 열여섯과 **딸** 여섯이
대상 7:15	이름은 슬로브핫이니 슬로브핫은 **딸**들
대상 7:24	에브라임의 **딸**은 세에라이니 그가 아래
대상 14:3	다윗이 다시 아들들과 **딸**들을 낳았으니
대상 23:22	아들이 없이 죽고 **딸**만 있더니 그의
대상 25:5	하나님이 헤만에게 열네 아들과 세 **딸**을
대하 8:11	솔로몬이 바로의 **딸**을 데리고 다윗 성에
대하 11:18	여리못의 **딸** 마할랏을 아내로 삼았으 니 마할랏은 이새의 아들 엘리압의 **딸**
대하 11:20	압살롬의 **딸** 마아가에게 장가들었더니
대하 13:2	우리엘의 **딸**이더라 아비야와 여로보암
대하 20:31	어머니의 이름은 아수바라 실히의 **딸**이
대하 21:6	아합의 **딸**이 그의 아내가 되었음이라
대하 22:11	왕의 **딸** 여호사브앗이 아하시야의 아 들 요아스를 … 여호람 왕의 **딸**이요
대하 27:1	어머니의 이름은 여루사요 사독의 **딸**이

697

[딸]   [딸]

대하 29:1	이름은 아비야요 스가랴의 **딸**이더라
스 2:61	바르실래의 **딸** 중의 한 사람을 아내로
느 3:12	할로헤스의 아들 살룸과 그의 **딸**들이
느 6:18	베레갸의 아들 므술람의 **딸**을 아내로
느 7:63	길르앗 사람 바르실래의 **딸** 중의 하나로
에 2:7	삼촌의 딸 하닷사 곧 에스더는 부모가
	… 모르드개가 자기 딸같이 양육하더라

시가서, 선지서

욥 1:2	그에게 아들 일곱과 **딸** 셋이 태어나니라
욥 42:14	첫째 **딸**은 여미마라 이름하였고 둘째
	딸은 긋시아라 이름하였고 셋째 **딸**은
시 9:14	**딸** 시온의 문에서 주의 구원을 기뻐하리
시 45:9	**딸**이 있으며 왕후는 오빌의 금으로
시 45:10	**딸**이여 듣고 보고 귀를 기울일지어다
시 45:12	두로의 **딸**은 예물을 드리고 백성 중
시 45:13	왕의 **딸**은 궁중에서 모든 영화를 누리니
시 48:11	시온 산은 기뻐하고 유다의 **딸**들은
시 97:8	심판을 듣고 기뻐하며 유다의 **딸**들이
시 137:8	멸망할 **딸** 바벨론아 네가 우리에게 행한
시 144:12	우리 **딸**들은 궁전의 양식대로 아름답게
잠 30:15	거머리에게는 두 **딸**이 있어 다오 다오
아 1:5	예루살렘 **딸**들아 내가 비록 검으나
아 3:11	시온의 **딸**들아 나와서 솔로몬 왕을 보라
사 1:8	**딸** 시온은 포도원의 망대같이, 참외
사 3:16	시온의 **딸**들이 교만하여 늘인 목, 정을
사 10:30	갈림아 큰 소리로 외칠지어다 라이사
사 16:2	모압의 **딸**들은 아르논 나루에서 떠나듯
사 23:10	**딸** 다시스여 나일같이 너희 땅에 넘칠
사 23:12	학대 받은 처녀 **딸** 시돈아 네게 다시
사 47:1	처녀 **딸** 바벨론이여 내려와서 티끌에
	앉으라 **딸** 갈대아여 보좌가 없어졌으니
렘 6:26	**딸** 내 백성이 굵은 베를 두르고 재에서
렘 31:22	반역한 **딸**아 네가 어느 때까지 방황하겠
렘 32:35	자기들의 아들들과 딸들을 몰렉 앞으로
렘 46:11	처녀 **딸** 애굽이여 길르앗으로 올라가서
렘 48:18	디본에 사는 **딸**아 네 영화에서 내려와
렘 49:3	너희 랍바의 **딸**들아 부르짖을지어다
렘 49:4	**딸**아 어찌하여 골짜기 곧 네 흐르는
렘 50:42	**딸** 바벨론아 그들이 말을 타고 무사
렘 52:1	하무달이라 립나인 예레미야의 **딸**이더
애 1:6	**딸** 시온의 모든 영광이 떠나감이여
애 1:15	처녀 **딸** 유다를 내 주께서 술틀에 밟으
애 2:5	견고한 성들을 무너뜨리사 **딸** 유다에

애 4:21	우스 땅에 사는 **딸** 에돔아 즐거워하며
겔 16:44	말하기를 어머니가 그러하면 **딸**도
단 11:6	남방 왕의 **딸**이 북방 왕에게 가서 화친
단 11:17	여자의 **딸**을 그에게 주어 그의 나라를
호 1:3	이에 그가 가서 디블라임의 **딸** 고멜을
호 1:6	고멜이 또 임신하여 **딸**을 낳으매 여호와
미 1:13	라기스는 **딸** 시온의 죄의 근본이니 이는

신약

마 9:18	이르되 내 **딸**이 방금 죽었사오나 오셔서
마 9:22	그를 보시며 이르시되 **딸**아 안심하라
마 10:35	**딸**이 어머니와, 며느리가 시어머니와
마 10:37	아들이나 **딸**을 나보다 더 사랑하는 자도
마 14:6	헤롯의 생일이 되어 헤로디아의 **딸**이
마 15:22	나를 불쌍히 여기소서 내 **딸**이 흉악하게
마 21:5	시온 **딸**에게 이르기를 네 왕이 네게
막 7:26	수로보니게 족속이라 자기 **딸**에게서
눅 2:36	지파 바누엘의 **딸** 안나라 하는 선지자
눅 8:49	**딸**이 죽었나이다 선생님을 더 괴롭게
눅 13:16	아브라함의 **딸**을 안식일에 이 매임에서
눅 23:28	예루살렘의 **딸**들아 나를 위하여 울지
요 12:15	시온 **딸**아 두려워하지 말라 보라 너의
행 7:21	버려진 후에 바로의 **딸**이 그를 데려다가
행 21:9	그에게 **딸** 넷이 있으니 처녀로 예언하는

📖 **딸 - 기타 본문**

모세오경 창 6:4; 11:29; 19:14, 15, 16, 30, 36; 24:37, 47, 48; 25:20; 27:46; 28:1, 6, 8; 29:24, 28, 29; 30:13; 31:26, 28, 31, 41, 43, 50, 55; 34:3, 5, 7, 8, 9, 16, 17, 19, 21; 36:2, 14, 25; 38:12; 41:50; 46:7, 15, 18, 20, 25; 출 1:22; 2:7, 8, 9, 10, 20; 21:4, 7, 9; 34:16; 레 18:11, 17; 20:17; 21:2; 22:12; 민 25:18; 27:8; 36:6, 8, 10, 11; 신 5:14; 7:3; 22:16, 17; 27:22 **역사서** 수 15:17; 17:3; 삿 1:12, 13; 3:6; 11:35, 36, 39; 12:9; 14:2, 3; 21:7, 18; 룻 1:12, 13; 2:2, 8, 22; 3:1, 10, 11, 16, 18; 삼상 2:21; 14:49; 17:25; 18:21, 27, 28; 25:44; 삼하 1:20; 3:13; 5:13; 6:16, 20, 23; 12:3; 14:27; 21:10, 11; 왕상 11:1; 15:10; 왕하 14:9; 대상 2:35; 15:29; 대하 11:21; 13:21; 25:18; 스 9:2; 12; 느 5:5; 10:30; 13:25; 에 2:15; 9:29 **시가서** 욥 42:13, 15; 아 2:7; 3:5, 10; 5:8, 16; 7:1; 8:4 **선지서** 사 3:17; 4:4; 10:32; 16:1; 22:4; 32:9; 37:22; 43:6; 47:5; 49:22; 52:2; 56:5; 60:4; 62:11; 렘

[땀]　　　　　　　　　　　　　　　　　　　　　　　　[땅]

3:24; 4:11, 31; 6:2, 23; 8:11, 19, 21, 22; 9:1, 7, 20; 14:16, 17; 19:9; 29:6; 41:10; 43:6; 46:19, 24; 48:46; 51:33; 애 2:1, 2, 4, 8, 10, 11, 13, 15, 18; 3:48; 4:3, 6, 10, 22; 겔 16:45, 46, 48, 49, 53, 55, 57, 61; 22:11; 23:2; 26:6, 8; 30:18; 호 4:13, 14; 미 4:8, 10, 13; 5:1; 7:6; 습 3:10, 14; 슥 2:10; 9:9; 말 2:11　신약　마 15:28; 막 5:23, 34, 35; 6:22; 7:25, 29; 눅 8:48, 50; 12:53; 벧전 3:6

땀(sweat, perspire)
창 3:19　흙으로 돌아갈 때까지 얼굴에 **땀**을 흘려
겔 44:18　가는 베 바지를 입고 **땀**이 나게 하는
눅 22:44　간절히 기도하시니 **땀**이 땅에 떨어지는

땅(earth, land)
　모세오경, 역사서
창 1:2　**땅**이 혼돈하고 공허하며 흑암이 깊음
창 1:10　하나님이 뭍을 **땅**이라 부르시고 모인
창 1:11　이르시되 **땅**은 풀과 씨 맺는 채소와
창 1:26　새와 가축과 온 **땅**과 **땅**에 기는 모든
창 2:7　하나님이 **땅**의 흙으로 사람을 지으시고
창 2:9　하나님이 그 **땅**에서 보기에 아름답고
창 3:17　열매를 먹은즉 **땅**은 너로 말미암아
창 3:18　**땅**이 네게 가시덤불과 엉겅퀴를 낼 것이
창 3:23　내보내어 그의 근원이 된 **땅**을 갈게
창 4:3　**땅**의 소산으로 제물을 삼아 여호와께
창 5:29　노아라 하여 이르되 여호와께서 **땅**을
창 6:1　사람이 **땅** 위에 번성하기 시작할 때에
창 6:4　**땅**에는 네피림이 있었고 그 후에도
창 6:6　**땅** 위에 사람 지으셨음을 한탄하사 마음
창 6:12　**땅**이 부패하였으니 이는 **땅**에서 모든
창 7:6　홍수가 **땅**에 있을 때에 노아가 육백 세라
창 7:12　사십 주야를 비가 **땅**에 쏟아졌더라
창 8:22　**땅**이 있을 동안에는 심음과 거둠과 추위
창 9:1　이르시되 생육하고 번성하여 **땅**에 충만
창 10:32　홍수 후에 이들에게서 그 **땅**의 백성들이
창 11:1　온 **땅**의 언어가 하나요 말이 하나였더라
창 11:9　여호와께서 거기서 온 **땅**의 언어를 혼잡
창 11:31　우르를 떠나 가나안 **땅**으로 가고자
창 12:1　집을 떠나 내가 네게 보여 줄 **땅**으로
창 12:7　이 **땅**을 네 자손에게 주리라 하신지라
창 13:15　보이는 **땅**을 내가 너와 네 자손에게 주리
창 13:16　**땅**의 티끌 같게 하리니 사람이 **땅**의

창 13:17　너는 일어나 그 **땅**을 종과 횡으로 두루
창 15:16　자손은 사대 만에 이 **땅**으로 돌아오리니
창 15:18　**땅**을 애굽 강에서부터 그 큰 강 유브라데
창 22:14　아브라함이 그 **땅** 이름을 여호와 이레라
창 26:12　이삭이 그 **땅**에서 농사하여 그 해에
창 27:28　하나님은 하늘의 이슬과 **땅**의 기름짐이
출 1:7　매우 강하여 온 **땅**에 가득하게 되었더라
출 2:15　바로의 낯을 피하여 미디안 **땅**에 머물며
출 3:5　네가 선 곳은 거룩한 **땅**이니 네 발에서
출 20:12　여호와가 네게 준 **땅**에서 네 생명이
출 23:10　여섯 해 동안은 너의 **땅**에 파종하여
출 23:29　그러나 그 **땅**이 황폐하게 됨으로 들짐승
출 23:30　번성하여 그 **땅**을 기업으로 얻을 때
출 33:3　젖과 꿀이 흐르는 **땅**에 이르게 하려니와
레 11:21　발에 뛰는 다리가 있어서 **땅**에서 뛰는
레 11:29　**땅**에 기는 길짐승 중에 네게 부정한
레 25:4　일곱째 해에는 그 **땅**이 쉬어 안식하게
레 25:5　열매를 거두지 말라 이는 **땅**의 안식년임
레 25:10　**땅**에 있는 모든 주민을 위하여 자유를
레 25:19　**땅**은 그것의 열매를 내리니 너희가 배불
레 25:24　너희 기업의 온 **땅**에서 그 토지 무르기
민 13:25　사십 일 동안 **땅**을 정탐하기를 마치고
민 14:23　그들의 조상들에게 맹세한 **땅**을 결단코
민 15:2　너희는 내가 주어 살게 할 **땅**에 들어가
민 15:19　**땅**의 양식을 먹을 때에 여호와께 거제를
민 18:13　여호와께 드리는 그 **땅**의 처음 익은
민 18:20　이스라엘 자손의 **땅**에 기업도 없겠고
민 26:10　**땅**이 그 입을 벌려서 그 무리와 고라를
민 26:53　명수대로 **땅**을 나눠 주어 기업을 삼게
민 33:54　너희의 종족을 따라 그 **땅**을 제비 뽑아
민 36:2　자손에게 제비 뽑아 그 기업의 **땅**을
신 1:36　밟은 **땅**을 내가 그와 그의 자손에게
신 1:38　이스라엘에게 그 **땅**을 기업으로 차지하
신 1:39　내가 그 **땅**을 그들에게 주어 산업이
신 3:27　눈으로 그 **땅**을 바라보라 너는 이 요단
신 4:1　여호와께서 너희에게 주시는 **땅**에 들어
신 4:40　주시는 **땅**에서 한 없이 오래 살리라
신 5:16　여호와가 네게 준 **땅**에서 네 생명이
신 8:7　하나님 여호와께서 너를 아름다운 **땅**에
신 9:6　네게 이 아름다운 **땅**을 기업으로 주신
신 11:8　너희가 건너가 차지할 **땅**에 들어가서
신 11:12　여호와께서 돌보아 주시는 **땅**이라 연초
신 11:14　너희의 **땅**에 이른 비, 늦은 비를 적당한

699

[땅]   [땅]

신 12:16	그 피는 먹지 말고 물같이 **땅**에 쏟을
신 12:19	네 **땅**에 거주하는 동안에 레위인을
신 26:2	하나님 여호와께서 네게 주신 **땅**에서
신 28:11	조상들에게 맹세하신 **땅**에서 네게 복을
신 28:12	네 **땅**에 때를 따라 비를 내리시고
신 28:63	들어가 차지할 **땅**에서 뽑힐 것이요
신 29:28	통한하심으로 그들을 이 **땅**에서 뽑아
신 30:16	네가 가서 차지할 **땅**에서 네게 복을
수 1:2	곧 이스라엘 자손에게 주는 그 **땅**을
수 1:6	그들에게 주리라 한 **땅**을 이 백성에게
수 2:14	**땅**을 주실 때에는 인자하고 진실하게
수 2:18	우리가 이 **땅**에 들어올 때에 우리를
수 5:11	유월절 이튿날에 그 **땅**의 소산물을 먹되
수 6:22	여호수아가 그 **땅**을 정탐한 두 사람에게
수 18:11	뽑은 **땅**의 경계는 유다 자손과 요셉
수 19:49	기업의 **땅** 나누기를 마치고 자기들 중에
룻 1:1	사사들이 치리하던 때에 그 **땅**에 흉년이
삼상 13:19	그 때에 이스라엘 온 **땅**에 철공이 없었
삼하 21:14	하나님이 그 **땅**을 위한 기도를 들으시
삼하 22:8	이에 **땅**이 진동하고 떨며 하늘의 기초가
삼하 22:43	내가 그들을 **땅**의 티끌같이 부스러뜨
왕상 8:34	조상들에게 주신 **땅**으로 돌아오게
왕상 17:7	**땅**에 비가 내리지 아니하므로 얼마 후에
왕하 13:18	이스라엘 왕에게 이르되 **땅**을 치소서
왕하 24:7	유브라데 강까지 애굽 왕에게 속한 **땅**
왕하 25:24	두려워하지 말고 이 **땅**에 살며 바벨론
대상 16:30	온 **땅**이여 그 앞에서 떨지어다 세계가
대상 16:31	하늘은 기뻐하고 **땅**은 즐거워하며 모든
대상 16:33	즐거이 노래하리니 주께서 **땅**을 심판
대상 28:8	너희가 이 아름다운 **땅**을 누리고 너희
대하 14:1	그의 시대에 그 **땅**이 십 년 동안 평안
대하 16:9	여호와의 눈은 온 **땅**을 두루 감찰하사
대하 19:3	왕이 아세라 목상들을 이 **땅**에서 없애고
대하 36:21	이에 토지가 황폐하여 **땅**이 안식년을
스 4:3	이로부터 그 **땅** 백성이 유다 백성의
느 9:23	차지하라고 말씀하신 **땅**으로 인도하여

시가서, 선지서

욥 2:2	**땅**을 두루 돌아 여기 저기 다녀왔나
욥 7:1	**땅**에 사는 인생에게 힘든 노동이 있지
욥 28:24	그가 **땅** 끝까지 감찰하시며 온 천하
욥 34:13	**땅**을 그에게 맡겼느냐 누가 온 세상
욥 37:17	**땅**이 고요할 때에 남풍으로 말미암아
욥 38:4	내가 **땅**의 기초를 놓을 때에 네가 어디
욥 38:18	**땅**의 너비를 네가 측량할 수 있느냐
시 2:8	유업으로 주리니 네 소유가 **땅** 끝까지
시 7:5	생명을 **땅**에 짓밟게 하고 내 영광을
시 8:1	이름이 온 **땅**에 어찌 그리 아름다운지요
시 16:3	**땅**에 있는 성도들은 존귀한 자들이니
시 19:4	그의 소리가 온 **땅**에 통하고 그의 말씀
시 21:10	그들의 후손을 **땅**에서 멸함이여 그들의
시 22:27	**땅**의 모든 끝이 여호와를 기억하고 돌아
시 24:1	**땅**과 거기에 충만한 것과 세계와
시 25:13	평안히 살고 그의 자손은 **땅**을 상속하리
시 27:13	내가 산 자들의 **땅**에서 여호와의 선하심
시 33:8	온 **땅**은 여호와를 두려워하며 세상의
시 35:20	평안히 **땅**에 사는 자들을 거짓말로 모략

성경에 나오는 '땅'

가나안 땅 – 창 12:5; 13:12; 16:3; 17:8;
23:2, 19; 31:18; 33:18; 35:6; 36:5, 6;
37:1; 42:5, 13, 29, 32; 44:8; 45:17,
25; 46:6, 12, 31; 47:1, 4, 13, 14, 15;
48:3, 7; 49:30; 50:5, 13; 출 6:4;
16:35; 레 14:34; 18:3; 25:38; 민 13:2,
17; 26:19; 32:30, 32; 33:40, 51; 34:2,
29; 35:10, 14; 신 1:7; 11:30; 32:49;
수 5:12; 7:9; 13:4; 14:1; 17:12; 21:2;
22:9, 10, 11, 32; 24:3; 삿 1:27; 21:12;
대상 16:18; 시 105:11; 옵 1:20; 행
7:11; 13:19

가불 땅 – 왕상 9:13
갈대아 사람의 땅 – 행 7:4
갈릴리 땅 – 왕상 9:11
거라사인의 땅 – 눅 8:26, 37
게네사렛 땅 – 마 14:34; 막 6:53
고모라 땅 – 마 10:15
고센 땅 – 창 45:10; 46:28, 34; 47:1, 27;
50:8; 출 8:22; 9:26; 수 10:41; 11:16
구스 땅 – 창 2:13
그발 족속의 땅 – 수 13:5
기브온 땅 – 삼하 2:24
긴네렛 땅 – 왕상 15:20

[땅]   [땅]

시 37:3	여호와를 의뢰하고 선을 행하라 **땅**에
시 37:9	여호와를 소망하는 자들은 **땅**을 차지하
시 37:11	온유한 자들은 **땅**을 차지하며 풍성한
시 37:22	주의 복을 받은 자들은 **땅**을 차지하고
시 37:29	의인이 **땅**을 차지함이여 거기서 영원히
시 37:34	네가 **땅**을 차지하게 하실 것이라 악인이
시 37:35	본래의 **땅**에 서 있는 나무 잎이 무성함
시 44:2	조상들을 이 **땅**에 뿌리 박게 하시며
시 44:3	자기 칼로 **땅**을 얻어 차지함이 아니요
시 44:25	속에 파묻히고 우리 몸은 **땅**에 붙었나이
시 46:2	그러므로 **땅**이 변하든지 산이 흔들려
시 46:6	흔들렸더니 그가 소리를 내시매 **땅**이
시 46:8	행적을 볼지어다 그가 **땅**을 황무지로
시 46:9	**땅** 끝까지 전쟁을 쉬게 하심이여 활을
시 47:2	여호와는 두려우시고 온 **땅**에 큰 왕이
시 47:7	하나님은 온 **땅**의 왕이심이라 지혜로
시 48:10	주의 이름과 같이 찬송도 **땅** 끝까지
시 59:13	야곱 중에서 다스리심을 **땅** 끝까지 알게
시 60:2	주께서 **땅**을 진동시키사 갈라지게 하셨
시 61:2	마음이 약해 질 때에 **땅** 끝에서부터
시 63:1	황폐한 **땅**에서 내 영혼이 주를 갈망하며
시 63:9	멸하려 하는 그들은 **땅** 깊은 곳에 들어
시 65:5	우리 구원의 하나님이시여 **땅**의 모든
시 65:8	**땅** 끝에 사는 자가 주의 징조를 두려워
시 65:9	**땅**을 돌보사 물을 대어 … 이같이 **땅**
시 66:1	**땅**이여 하나님께 즐거운 소리를 낼지어

시 66:4	온 **땅**이 주께 경배하고 주를 노래하며
시 67:2	도를 **땅** 위에, 주의 구원을 모든 나라
시 67:4	공평히 심판하시며 **땅** 위의 나라들을
시 67:6	**땅**이 그의 소산을 내어 주었으니 하나님
시 67:7	우리에게 복을 주시리니 **땅**의 모든 끝이
시 68:6	거역하는 자들의 거처는 메마른 **땅**이로
시 68:8	**땅**이 진동하며 하늘이 하나님 앞에서
시 68:32	**땅**의 왕국들아 하나님께 노래하고 주께
시 71:20	주께서 우리를 다시 살리시며 **땅** 깊은
시 72:6	**땅**을 적시는 소낙비같이 내리리니
시 72:8	바다까지와 강에서부터 **땅** 끝까지
시 72:19	**땅**에 그의 영광이 충만할지어다 아멘
시 73:9	하늘에 두고 그들의 혀는 **땅**에 두루
시 73:25	**땅**에서는 주 밖에 내가 사모할 이 없나
시 74:7	계신 곳을 더럽혀 **땅**에 엎었나이다
시 74:17	주께서 **땅**의 경계를 정하시며 주께서
시 74:20	**땅**의 어두운 곳에 포악한 자의 처소가
시 75:3	**땅**의 기둥은 내가 세웠거니와 **땅**과
시 76:8	선포하시매 **땅**이 두려워 잠잠하였나니
시 76:9	하나님이 **땅**의 모든 온유한 자를 구원
시 77:18	비추며 **땅**이 흔들리고 움직였나이다
시 78:17	범죄하여 메마른 **땅**에서 지존자를 배반
시 78:69	같이, 영원히 두신 **땅**같이 지으셨도다
시 79:1	나라들이 주의 기업의 **땅**에 들어와서
시 79:2	주의 성도들의 육체를 **땅**의 짐승에게
시 80:9	그 뿌리가 깊이 박혀서 **땅**에 가득하며
시 82:5	흑암 중에 왕래하니 **땅**의 모든 터가

성경에 나오는 '땅'

길르앗 땅 – 민 32:1, 29; 신 3:10, 13; 34:1;
　　수 17:6; 22:13, 15, 32; 삿 10:4; 20:1;
　　삼상 13:7; 삼하 17:26; 왕상 4:19; 왕하
　　10:33; 대상 2:22; 5:9, 10; 슥 10:10
납달리 땅 – 왕상 15:29; 마 4:15
놋 땅 – 창 4:16
니므롯 땅 – 미 5:6
답부아 땅 – 수 17:8
닷딤훗시 땅 – 삼하 24:6
데만 족속의 땅 – 창 36:34; 대상 1:45
돕 땅 – 삿 11:3, 5
라이스 땅 – 삿 18:14
르바임의 땅 – 신 2:20; 3:13; 수 17:15

모리아 땅 – 창 22:2
모압 땅 – 민 21:26; 신 1:5; 2:9; 29:1;
　　32:49; 34:5, 6; 삿 11:15, 18; 대상 8:8;
　　렘 48:24, 33
므낫세 땅 – 신 34:2; 왕하 10:33; 대하 31:1
미디안 땅 – 합 3:7; 행 7:29
미스바 땅 – 수 11:3
바산 땅 – 신 3:10; 대상 5:11
바알랏 땅 – 왕상 9:18
베냐민 땅 – 삿 21:21; 삼상 9:16; 삼하 21:14;
　　대하 11:10, 23
베림 땅 – 삼하 20:14
벧스안 땅 – 왕상 4:12

【 땅 】 　　　　　　　　　　　　　　　　　　　　　　　　　【 땅 】

시 83:10	그들은 엔돌에서 패망하여 **땅**에 거름이
시 85:1	여호와여 주께서 주의 **땅**에 은혜를
시 85:9	영광이 우리 **땅**에 머무르리이다
시 85:11	진리는 **땅**에서 솟아나고 의는 하늘에서
시 85:12	좋은 것을 주시리니 우리 **땅**이 그 산물
시 88:12	흑암 중에서 주의 기적과 잊음의 **땅**에서
시 89:11	하늘이 주의 것이요 **땅**도 주의 것이라
시 95:4	**땅**의 깊은 곳이 그의 손 안에 있으며
시 96:1	노래로 여호와께 노래하라 온 **땅**이여
시 96:9	여호와께 예배할지어다 온 **땅**이여
시 96:11	하늘은 기뻐하고 **땅**은 즐거워하며
시 96:13	그가 임하시되 **땅**을 심판하러 임하실
시 97:1	여호와께서 다스리시나니 **땅**은 즐거워
시 97:4	번개가 세계를 비추니 **땅**이 보고 떨었도
시 97:5	산들이 여호와의 앞 곧 온 **땅**의 주 앞에
시 97:9	여호와여 주는 온 **땅** 위에 지존하시고
시 98:3	인자와 성실을 기억하셨으므로 **땅** 끝까
시 98:4	**땅**이여 여호와께 즐거이 소리칠지어다
시 98:9	그가 **땅**을 심판하러 임하실 것임이로다
시 99:1	그룹 사이에 좌정하시니 **땅**이 흔들릴
시 100:1	**땅**이여 여호와께 즐거운 찬송을 부를
시 101:6	눈이 이 **땅**의 충성된 자를 살펴 나와
시 101:8	내가 이 **땅**의 모든 악인을 멸하리니
시 102:15	여호와의 이름을 경외하며 이 **땅**의 모든
시 102:19	굽어보시며 하늘에서 **땅**을 살펴보셨으
시 102:25	주께서 옛적에 **땅**의 기초를 놓으셨사오
시 103:11	하늘이 **땅**에서 높음같이 그를 경외하는
시 104:5	**땅**에 기초를 놓으사 영원히 흔들리지
시 104:6	옷으로 덮임같이 주께서 **땅**을 깊은
시 104:9	돌아와 **땅**을 덮지 못하게 하셨나이다
시 104:13	하시는 일의 결실이 **땅**을 만족시켜
시 104:14	채소를 자라게 하시며 **땅**에서 먹을 것이
시 104:24	지으신 것들이 **땅**에 가득하니이다
시 104:32	그가 **땅**을 보신즉 **땅**이 진동하며 산들을
시 104:35	죄인들을 **땅**에서 소멸하시며 악인들을
시 105:7	우리 하나님이시라 그의 판단이 온 **땅**에
시 105:12	그들의 사람 수가 적어 그 **땅**의 나그네
시 105:16	그가 또 그 **땅**에 기근이 들게 하사 그들
시 106:24	기쁨의 **땅**을 멸시하며 그 말씀을 믿지
시 107:33	샘이 변하여 마른 **땅**이 되게 하시며
시 108:5	주의 영광이 온 **땅**에서 높임 받으시기를
시 112:2	그의 후손이 **땅**에서 강성함이여 정직한
시 114:7	**땅**이여 너는 주 앞 곧 야곱의 하나님
시 115:16	여호와의 하늘이라도 **땅**은 사람에게
시 116:9	생명이 있는 **땅**에서 여호와 앞에 행하리
시 119:19	나는 **땅**에서 나그네가 되었사오니 주의
시 119:64	여호와여 주의 인자하심이 **땅**에 충만하
시 119:90	주께서 **땅**을 세우셨으므로 **땅**이 항상
시 125:3	악인의 규가 의인들의 **땅**에서는 그 권세
시 135:12	그들의 **땅**을 기업으로 주시되 자기 백성
시 136:6	**땅**을 물 위에 펴신 이에게 감사하라
시 136:21	그들의 **땅**을 기업으로 주신 이에게 감사
시 137:4	우리가 이방 **땅**에서 어찌 여호와의 노래
시 139:15	은밀한 데서 지음을 받고 **땅**의 깊은

성경에 나오는 '땅'

브루기아와 갈라디아 땅 – 행 16:6; 18:23
블레셋 사람의 땅 – 창 21:32, 34; 출 13:17; 삼상 30:16; 31:9; 왕상 4:21; 왕하 8:2, 3; 대상 10:9; 대하 9:26; 습 2:5
비드론 땅 – 삼하 2:29
사알림 땅 – 삼상 9:4
살리사 땅 – 삼상 9:4
세겜 땅 – 창 48:22
세일 땅 – 창 32:3; 36:30
소돔 땅 – 마 10:15; 11:24
소라 땅 – 삿 13:2
수알 땅 – 삼상 13:17
숩 땅 – 삼상 9:5

스불론 땅 – 삿 12:12; 마 4:15
시날 땅 – 창 10:10; 단 1:2; 슥 5:11
시돈 사람의 땅 – 수 13:6; 눅 4:26
시혼 땅 – 수 13:27
아라랏 땅 – 왕하 19:37
아르곱 땅 – 왕상 4:13
아말렉 족속의 땅 – 창 14:7
아모리인/족속의 땅 – 민 21:31; 수 24:8; 삿 6:10; 10:8; 암 2:10
아스돗 땅 – 대하 26:6
아위 족속의 땅 – 수 13:3
암몬 족속의 땅 – 신 2:19, 37; 수 13:25; 삼하 10:2; 대상 19:2; 20:1

【 땅 】　　　　　　　　　　　　　　　　　　　　　　　　　　　　　　　　　　　　　　【 땅 】

시 142:5	살아 있는 사람들의 **땅**에서 나의 분깃이	사 34:17	줄을 띠어 그 **땅**을 그것들에게 나누어
시 143:10	주의 영은 선하시니 나를 공평한 **땅**에	사 35:1	광야와 메마른 **땅**이 기뻐하며 사막이
시 147:6	악인들은 **땅**에 엎드러뜨리시는도다	사 40:12	하늘을 쟀으며 **땅**의 티끌을 되에 담아
시 148:7	용들과 바다여 **땅**에서 여호와를 찬양	사 40:21	**땅**의 기초가 창조될 때부터 너희가 깨달
잠 2:21	자는 **땅**에 거하며 완전한 자는 **땅**에	사 40:28	여호와, **땅** 끝까지 창조하신 이는 피곤
잠 2:22	**땅**에서 끊어지겠고 간사한 자는 **땅**에	사 45:12	내가 **땅**을 만들고 그 위에 사람을 창조
잠 3:19	여호와께서는 지혜로 **땅**에 터를 놓으셨	사 45:18	하나님이시니 그가 **땅**을 지으시고 그것
잠 8:23	만세 전부터, 태초부터, **땅**이 생기기	사 45:22	**땅**의 모든 끝이여 내게로 돌이켜 구원을
잠 8:26	아직 **땅**도, 들도, 세상 진토의 근원도	사 48:13	과연 내 손이 **땅**의 기초를 정하였고
잠 8:29	못하게 하시며 또 **땅**의 기초를 정하실	사 49:6	나의 구원을 베풀어서 **땅** 끝까지 이르게
잠 8:31	사람이 거처할 **땅**에서 즐거워하며 인자	사 49:13	하늘이여 노래하라 **땅**이여 기뻐하라
잠 17:24	미련한 자는 눈을 **땅** 끝에 두느니라	사 49:19	파멸을 당하였던 **땅**이 이제는 주민이
잠 25:3	하늘의 높음과 **땅**의 깊음같이 왕의	사 51:13	하늘을 펴고 **땅**의 기초를 정하고 너를
잠 25:25	**땅**에서 오는 좋은 기별은 목마른 사람	사 53:2	순 같고 마른 **땅**에서 나온 뿌리 같아
잠 30:4	**땅**의 모든 끝을 정한 자가 누구인지,	사 55:9	하늘이 **땅**보다 높음같이 내 길은 너희
잠 30:14	가난한 자를 **땅**에서 삼키며 궁핍한 자를	사 57:13	나를 의뢰하는 자는 **땅**을 차지하겠고
잠 30:24	**땅**에 작고도 가장 지혜로운 것 넷이	사 60:18	다시는 강포한 일이 네 **땅**에 들리지
전 1:4	한 세대는 오되 **땅**은 영원히 있도다	사 61:11	**땅**이 싹을 내며 동산이 거기 뿌린 것을
전 3:21	짐승의 혼은 아래 곧 **땅**으로 내려가는	사 62:11	여호와께서 **땅** 끝까지 선포하시되 너희
전 5:9	**땅**의 소산물은 모든 사람을 위하여 있나	사 63:18	거룩한 백성이 **땅**을 차지한 지 오래
전 12:7	흙은 여전히 **땅**으로 돌아가고 영은 그것	사 65:17	내가 새 하늘과 새 **땅**을 창조하나니
아 2:12	비둘기의 소리가 우리 **땅**에 들리는구나	사 66:1	하늘은 나의 보좌요 **땅**은 나의 발판이니
사 1:2	하늘이여 들으라 **땅**이여 귀를 기울이라	사 66:22	새 하늘과 새 **땅**이 내 앞에 항상 있는
사 1:7	너희의 **땅**은 황폐하였고 너희의 성읍	렘 1:14	북방에서 일어나 이 **땅**의 모든 주민들
사 1:19	순종하면 **땅**의 아름다운 소산을 먹을	렘 4:3	너희 묵은 **땅**을 갈고 가시덤불에 파종
사 14:1	이스라엘을 다시 택하여 그들의 **땅**에	렘 4:5	이 **땅**에서 나팔을 불라 하며 또 크게

성경에 나오는 '땅'

앗수르 땅 – 미 5:6
야셀 땅 – 민 32:1
애굽 땅 – 창 12:10; 13:10; 21:21; 41:19, 29, 30, 33, 34, 36, 41, 44, 45, 46, 48, 53, 54, 55, 56; 45:8, 18, 19, 20, 26; 46:20; 47:6, 11, 13, 14, 15, 21, 28; 50:7; 출 5:12; 6:13, 26, 28; 7:3, 19, 21; 8:5, 6, 7, 16, 17, 24; 9:9, 22, 23, 25; 10:12, 13, 14, 15, 19, 21, 22; 11:3, 5, 6, 9; 12:1, 12, 13, 17, 29, 41, 42, 51; 13:18; 16:3, 6, 32; 19:1; 20:2; 22:21; 23:9; 29:46; 32:1, 4, 7, 8, 11, 23; 33:1; 레 11:45; 18:3; 19:34, 36; 22:33; 23:43; 25:38, 42, 55; 26:13, 45; 민 1:1; 3:13; 8:17; 9:1; 14:2; 15:41; 26:4; 33:38; 신 1:27; 5:6, 15; 6:12; 8:14; 9:7; 10:19; 11:10; 13:5, 10; 15:15; 16:3; 20:1; 24:22; 29:2, 16; 수 24:17; 삿 2:12; 19:30; 삼상 12:6; 27:8; 왕상 6:1; 8:9, 21; 9:9; 12:28; 왕하 17:7; 대하 6:5; 7:22; 20:10; 시 78:12; 81:5, 10; 사 11:16; 19:19, 20; 27:13; 렘 2:6; 7:22; 25; 11:4, 7; 16:14; 23:7; 24:8; 31:32; 32:20, 21; 34:13; 42:14; 16; 43:7, 11, 12, 13; 44:1, 8; 12, 13, 14, 15, 24, 26, 27, 28; 46:13; 겔 19:4; 20:5, 6, 8, 9, 10, 36; 23:19, 27; 29:9, 10, 12, 19, 20; 30:13, 25; 32:15; 단

땅

렘 4:7	멸하는 자가 나아 왔으되 네 **땅**을 황폐
렘 4:20	패망에 패망이 연속하여 온 **땅**이 탈취
렘 4:23	보라 내가 **땅**을 본즉 혼돈하고 공허하며
렘 6:8	하여 주민이 없는 **땅**으로 만들리라
렘 6:12	내가 그 **땅** 주민에게 내 손을 펼 것인즉
렘 6:19	**땅**이여 들으라 내가 이 백성에게 재앙을
렘 6:22	북방에서 오며 큰 나라가 **땅** 끝에서부터
렘 7:20	들나무와 **땅**의 소산에 부으리니 불같이
렘 9:24	여호와는 사랑과 정의와 공의를 **땅**에
렘 10:12	여호와께서 그의 권능으로 **땅**을 지으셨
렘 10:13	그는 **땅** 끝에서 구름이 오르게 하시며
렘 12:5	네가 평안한 **땅**에서는 무사하려니
렘 12:14	내가 그들을 그 **땅**에서 뽑아 버리겠고
렘 12:15	각 사람을 그 **땅**으로 다시 인도하리니
렘 16:13	너희를 이 **땅**에서 쫓아내어 너희와 너 희 조상들이 알지 못하던 **땅**에 이르게
렘 22:28	자손이 쫓겨나서 알지 못하는 **땅**에 들어
렘 22:29	**땅**이여, **땅**이여, **땅**이여, 여호와의 말을
렘 25:11	이 모든 **땅**이 폐허가 되어 놀랄 일이
렘 27:6	**땅**을 내 종 바벨론의 왕 느부갓네살
렘 31:16	그의 대적의 **땅**에서 돌아오리라 여호와
렘 40:4	보라 온 **땅**이 네 앞에 있나니 네가 좋게
렘 40:9	이 **땅**에 살면서 바벨론의 왕을 섬기라
렘 42:10	너희가 이 **땅**에 눌러 앉아 산다면 내가
겔 8:12	여호와께서 이 **땅**을 버리셨다 하느니라
겔 16:3	근본과 난 **땅**은 가나안이요 네 아버지
겔 48:10	거룩한 **땅**은 제사장에게 돌릴지니
단 12:2	**땅**의 티끌 가운데서 자는 자 중에서
호 1:11	한 우두머리를 세우고 그 **땅**에서부터
호 2:3	마른 **땅**같이 되게 하여 목말라 죽게
호 2:21	하늘에 응답하고 하늘은 **땅**에 응답하고
호 2:23	그를 이 **땅**에 심고 긍휼히 여김을 받지
호 4:1	이 **땅** 주민과 논쟁하시나니 이 **땅**에는
호 6:3	**땅**을 적시는 늦은 비와 같이 우리에게
호 9:3	**땅**에 거주하지 못하며 에브라임은
호 10:12	인애를 거두라 너희 묵은 **땅**을 기경하라
욜 2:21	**땅**이여 두려워하지 말고 기뻐하며
욜 2:30	이적을 하늘과 **땅**에 베풀리니 곧 피와
암 3:2	내가 **땅**의 모든 족속 가운데 너희만을
암 8:11	내가 기근을 **땅**에 보내리니 양식이 없어
암 9:6	궁창의 기초를 **땅**에 두시며 바닷물을
암 9:9	알갱이도 **땅**에 떨어지지 아니하리라
미 1:3	강림하사 **땅**의 높은 곳을 밟으실 것이라
미 5:4	이제 그가 창대하여 **땅** 끝까지 미치리라
미 7:13	**땅**은 그 주민의 행위의 열매로 말미암아
합 2:20	여호와는 그 성전에 계시니 온 **땅**은
학 1:10	이슬을 그쳤고 **땅**은 산물을 그쳤으며
학 2:4	**땅** 모든 백성아 스스로 굳세게 하여
학 2:6	하늘과 **땅**과 바다와 육지를 진동시킬
슥 1:10	여호와께서 **땅**에 두루 다니라고 보내신
슥 2:12	거룩한 **땅**에서 자기 소유를 삼으시고
슥 9:16	보석같이 여호와의 **땅**에 빛나리로다

성경에 나오는 '땅'

9:15; 11:42; 호 2:15; 7:16; 11:5; 12:9; 13:4; 암 2:10; 3:1, 9; 9:7; 미 6:4; 7:15; 슥 10:10; 행 7:40; 13:17; 히 8:9

에돔 땅 – 창 36:16, 17, 21, 31; 민 20:23; 21:4; 33:37; 삿 11:18; 왕상 9:26; 대상 1:43; 대하 8:17; 사 34:6; 겔 35:15; 36:5

에브라임 땅 – 삿 12:15

여부스 족속의 땅 – 창 15:21; 수 12:8; 대상 11:4

유다/유대 땅 – 신 34:2; 룻 1:7; 삼상 22:5; 30:16; 왕하 23:24; 25:22; 대상 6:55; 대하 9:11; 11:5; 17:2; 느 2:5; 5:14; 사 26:1; 렘 31:23; 37:1; 39:10; 40:12;
43:4, 5; 44:9, 21, 28; 암 7:12; 슥 1:21; 요 3:22; 행 10:39; 26:20

이스라엘 땅 – 왕하 5:2, 4; 6:23; 10:32; 대상 22:2; 대하 2:17; 30:25; 34:7; 마 2:20, 21

젖과 꿀이 흐르는 땅 – 출 3:8, 17; 13:5; 33:3; 레 20:24; 민 14:8; 16:13, 14; 신 6:3; 11:9; 26:9, 15; 27:3; 31:20; 수 5:6; 렘 11:5; 32:22; 겔 20:6, 15

하드락 땅 – 슥 9:1

하맛 땅 – 왕하 23:33; 25:21

하윌라 땅 – 창 2:11

헤벨 땅 – 왕상 4:10

헷 족속/사람의 땅 – 수 1:4; 삿 1:26

【 땅 】   【 땅 】

슥 11:16	내가 한 목자를 이 **땅**에 일으키리니	눅 8:8	좋은 **땅**에 떨어지매 나서 백 배의
슥 12:1	하늘을 펴시며 **땅**의 터를 세우시며 사람	눅 8:15	**땅**에 있다는 것은 착하고 좋은 마음
말 3:12	**땅**이 아름다워지므로 모든 이방인들	눅 12:49	내가 불을 **땅**에 던지러 왔노니 이 불이
신약		눅 13:7	못하니 찍어버리라 어찌 **땅**만 버리게
마 2:6	**땅** 베들레헴아 너는 유대 고을 중에서	눅 14:35	**땅**에도, 거름에도 쓸 데 없어 내버리느
마 4:16	사망의 **땅**과 그늘에 앉은 자들에게 빛이	눅 16:3	내가 무엇을 할까 주인이 **땅**을 파자니 힘이
마 5:5	온유한 자는 복이 있나니 그들이 **땅**을	눅 19:44	자식들을 **땅**에 메어치며 돌 하나도
마 5:35	**땅**으로도 하지 말라 이는 하나님의	눅 21:23	**땅**에 큰 환난과 이 백성에게 진노가
마 6:10	하늘에서 이루어진 것같이 **땅**에서도	눅 21:25	**땅**에서는 민족들이 바다와 파도의 성난
마 6:19	위하여 보물을 **땅**에 쌓아 두지 말라	눅 22:44	**땅**이 **땅**에 떨어지는 핏방울같이 되더라
마 10:29	아니하시면 그 하나도 **땅**에 떨어지지	눅 23:44	해가 빛을 잃고 온 **땅**에 어둠이 임하여
마 12:40	밤낮 사흘 동안 **땅** 속에 있으리라	눅 24:5	얼굴을 **땅**에 대니 두 사람이 이르되
마 12:42	지혜로운 말을 들으려고 **땅** 끝에서 왔음	요 1:11	자기 **땅**에 오매 자기 백성이 영접하지
마 13:8	더러는 좋은 **땅**에 떨어지매 어떤 것은	요 3:12	**땅**의 일을 말하여도 너희가 믿지 아니
마 13:23	좋은 **땅**에 뿌려졌다는 것은 말씀을 듣고	요 3:31	**땅**에서 난 이는 **땅**에 속하여 **땅**에 속한
마 16:19	**땅**에서 무엇이든지 매면 하늘에서도	요 9:6	말씀을 하시고 **땅**에 침을 뱉어 진흙을
	매일 것이요 네가 **땅**에서 무엇이든지	요 11:48	로마인들이 와서 우리 **땅**과 민족을
마 18:18	**땅**에서 매면 하늘에서도 매일 것이요	요 12:24	한 알의 밀이 **땅**에 떨어져 죽지 아니하면
	무엇이든지 **땅**에서 풀면 하늘에서도	요 12:32	내가 **땅**에서 들리면 모든 사람을 내게로
마 18:19	사람이 **땅**에서 합심하여 무엇이든지	행 1:8	예루살렘과 온 유대와 사마리아와 **땅**
마 23:9	**땅**에 있는 자를 아버지라 하지 말라	행 2:19	아래로 **땅**에서는 징조를 베풀리니
마 23:35	사가랴의 피까지 **땅** 위에서 흘린 의로운	행 3:25	아브라함에게 이르시기를 **땅** 위의 모든
마 24:30	때에 **땅**의 모든 족속들이 통곡하며 그들	행 7:3	친척을 떠나 내가 네게 보일 **땅**으로
마 25:18	한 달란트 받은 자는 가서 **땅**을 파고	행 7:6	다른 **땅**에서 나그네가 되리니 그 **땅**
마 25:25	달란트를 **땅**에 감추어 두었었나이다	행 7:33	네가 서 있는 곳은 거룩한 **땅**이니라
마 26:39	얼굴을 **땅**에 대시고 엎드려 기도하여	행 7:49	**땅**은 나의 발등상이니 너희가 나를 위하
마 27:45	**땅**에 어둠이 임하여 제구시까지 계속	행 13:47	이방의 빛으로 삼아 너로 **땅** 끝까지
마 27:51	찢어져 둘이 되고 **땅**이 진동하며 바위가	행 17:26	혈통으로 만드사 온 **땅**에 살게 하시고
마 28:18	하늘과 **땅**의 모든 권세를 내게 주셨으니	고전 10:26	**땅**과 거기 충만한 것이 주의 것임이라
막 2:10	인자가 **땅**에서 죄를 사하는 권세가 있는	고전 15:40	**땅**에 속한 형체도 있으나 하늘에 속한
막 4:8	좋은 **땅**에 떨어지매 자라 무성하여 결실		것의 영광이 따로 있고 **땅**에 속한 것의
막 4:20	좋은 **땅**에 뿌려졌다는 것은 곧 말씀을	고전 15:47	첫 사람은 **땅**에서 났으니 흙에 속한
막 4:26	하나님의 나라는 사람이 씨를 **땅**에 뿌림	고후 5:1	**땅**에 있는 우리의 장막 집이 무너지면
막 4:28	**땅**이 스스로 열매를 맺되 처음에는 싹이	엡 1:10	하늘에 있는 것이나 **땅**에 있는 것이
막 4:31	**땅**에 심길 때에는 **땅** 위의 모든 씨보다	엡 3:14	내가 하늘과 **땅**에 있는 각 족속에게
막 8:6	예수께서 무리를 명하여 **땅**에 앉게	엡 4:9	올라가셨다 하였은즉 **땅** 아래 낮은 곳으
막 9:20	**땅**에 엎드러져 구르며 거품을 흘리더라	엡 6:3	이로써 네가 잘되고 **땅**에서 장수하리라
막 13:27	자들을 **땅** 끝으로부터 하늘 끝까지	빌 2:10	**땅**에 있는 자들과 **땅** 아래 있는 자들
막 14:35	나아가사 **땅**에 엎드리어 될 수 있는	빌 3:19	그들의 부끄러움에 있고 **땅**의 일을 생각
막 15:33	제육시가 되매 온 **땅**에 어둠이 임하여	골 1:16	하늘과 **땅**에서 보이는 것들과 보이지
눅 2:14	**땅**에서는 하나님이 기뻐하신 사람들	골 1:20	**땅**에 있는 것들이나 하늘에 있는 것들이
눅 4:25	**땅**에 큰 흉년이 들었을 때에 이스라엘	골 3:2	위의 것을 생각하고 **땅**의 것을 생각하지
눅 5:24	인자가 **땅**에서 죄를 사하는 권세가 있는	골 3:5	**땅**에 있는 지체를 죽이라 곧 음란과

【 땅 】 【 땅 】

히 1:10	태초에 주께서 **땅**의 기초를 두셨으며
히 6:7	**땅**이 그 위에 자주 내리는 비를 흡수하
히 8:4	예수께서 만일 **땅**에 계셨더라면 제사장
히 11:8	장래의 유업으로 받을 **땅**에 나아갈새
히 11:9	이방의 **땅**에 있는 것같이 약속의 **땅**에
히 11:13	**땅**에서는 외국인과 나그네임을 증언하
약 5:7	농부가 **땅**에서 나는 귀한 열매를 바라고
약 5:12	맹세하지 말지니 하늘로나 **땅**으로나
약 5:17	기도한즉 삼 년 육 개월 동안 **땅**에 비가
약 5:18	비를 주고 **땅**이 열매를 맺었느니라
벧후 3:5	옛적부터 있는 것과 **땅**이 물에서 나와
벧후 3:7	**땅**은 그 동일한 말씀으로 불사르기
벧후 3:10	뜨거운 불에 풀어지고 **땅**과 그 중에
벧후 3:13	의가 있는 곳인 새 하늘과 새 **땅**을 바라
계 1:5	**땅**의 임금들의 머리가 되신 예수
계 1:7	**땅**에 있는 모든 족속이 그로 말미암아
계 3:10	세상에 임하여 **땅**에 거하는 자들을 시험
계 5:3	하늘 위에나 **땅** 위에나 **땅** 아래에 능히
계 5:10	그들이 **땅**에서 왕 노릇 하리로다 하더라
계 5:13	하늘 위에와 **땅** 위에와 **땅** 아래와 바다
계 8:5	제단의 불을 담아다가 **땅**에 쏟으매 우레
계 9:3	연기 가운데로부터 **땅** 위에 나오매
계 11:4	**땅**의 주 앞에 서 있는 두 감람나무와
계 12:9	천하를 꾀는 자라 그가 **땅**으로 내쫓기니
계 13:8	이 **땅**에 사는 자들은 다 그 짐승에게
계 13:11	짐승이 **땅**에서 올라오니 어린 양같이
계 14:3	새 노래를 부르니 **땅**에서 속량함을 받은
계 16:1	하나님의 진노의 일곱 대접을 **땅**에 쏟으
계 17:8	**땅**에 사는 자들로서 창세 이후로
계 17:18	여자는 **땅**의 왕들을 다스리는 큰 성이라
계 18:3	**땅**의 왕들이 그와 더불어 음행하였으며 **땅**의 상인들도 그 사치의 세력으로
계 18:9	사치하던 **땅**의 왕들이 그가 불타는 연기
계 18:11	**땅**의 상인들이 그를 위하여 울고 애통
계 18:23	너의 상인들은 **땅**의 왕족이라 네 복술
계 19:2	음행으로 **땅**을 더럽게 한 큰 음녀를
계 20:11	보니 **땅**과 하늘이 그 앞에서 피하여
계 21:1	새 **땅**을 보니 처음 하늘과 처음 **땅**이
계 21:24	**땅**의 왕들이 자기 영광을 가지고 그리로

📖 **땅 - 기타 본문**

모세오경 창 1:12, 15, 17, 20, 22, 24, 25, 28, 30; 2:4, 5, 6, 12; 4:10, 11, 12, 14; 6:11, 13, 17, 20;

7:4, 8, 10, 14, 17, 18, 19, 21, 23, 24; 8:1, 3, 7, 11, 13, 14, 17, 19, 21; 9:2, 7, 10, 11, 14, 16, 17, 19; 10:5, 11; 11:9; 12:3, 6, 10; 13:6, 7, 9, 15; 15:7, 8; 18:2; 19:1, 25, 31; 20:1, 15; 21:23; 23:7, 12, 13, 15; 24:3, 5, 7, 37, 52; 25:6; 26:1, 2, 3, 4, 22; 27:39, 46; 28:4, 12, 13, 14, 15; 29:1; 30:25; 31:3; 32:2; 33:3, 17; 34:1, 2, 10, 21, 30; 35:12, 22; 36:7, 20; 37:10; 38:9; 40:15; 41:31, 52; 42:6, 30, 33; 43:1, 11, 26; 44:11, 14; 45:6; 47:20, 23; 48:4, 12, 21; 50:11, 24; 출 1:10; 3:8; 4:3, 9; 5:5; 6:1, 8, 11; 7:2, 4, 5; 8:2, 14, 21, 25; 9:5, 33; 10:5, 6; 12:25, 33; 13:5, 7; 14:3, 16, 21; 15:12, 19; 18:27; 20:4, 11; 23:10, 29, 31, 33; 32:13; 34:8, 10, 12, 15, 24; 레 11:41, 42, 44, 46; 16:22; 18:25, 27, 28; 19:9, 23, 33; 20:22, 25; 22:24; 23:10, 22; 25:2, 7, 18, 22, 45; 26:1, 4, 5, 6, 19, 20, 32, 33, 34, 35, 36, 38, 39, 41, 42, 43, 44; 27:21, 24, 30; 민 10:9; 11:12; 13:16, 18, 19, 20, 21, 26, 28, 29, 30, 32; 14:3, 6, 7, 9, 14, 16, 24, 30, 31, 34, 36, 37, 38; 15:18; 16:30, 32, 33, 34; 20:12, 17, 24; 21:22, 24, 34, 35; 22:6, 13; 26:55; 27:12; 32:4, 5, 7, 8, 9, 11, 17, 22, 29, 30, 33; 33:52, 53, 55; 34:2, 12, 13, 17, 18; 35:28, 32, 33, 34; 신 1:8, 21, 22, 25, 35; 2:5, 12, 21, 24, 27, 29, 31, 36; 3:2, 8, 12, 18, 20, 25, 28; 4:5, 14, 17, 18, 21, 22, 25, 26, 36, 38, 39, 46, 47, 48; 5:31, 33; 6:1, 10, 18-19, 23; 7:1, 13; 8:1, 9, 15; 9:4, 5, 23, 28; 10:7, 11, 14; 11:6, 11, 17, 21, 25, 29, 31; 12:1, 10, 24, 29; 13:7; 15:4-5, 7, 11, 23; 16:20; 17:14; 18:6, 9; 19:1, 2, 3, 8, 14; 21:1, 23; 22:6; 23:7, 13, 20; 24:4, 14; 25:15, 19; 26:1, 3; 27:2; 28:8, 10, 21, 23, 24, 25, 26, 49, 52, 56, 64; 29:22, 23, 24, 27; 30:5, 18, 19, 20; 31:3, 4, 7, 13, 16, 21, 23, 28; 32:1, 13, 22, 43, 47, 52; 33:13, 16, 17, 28; 34:4 **역사서** 수 1:11, 13, 14, 15; 2:1, 2, 3, 9, 11, 24; 3:11, 13, 17; 4:22, 24; 5:12, 14; 6:27; 7:2, 6; 8:1; 9:24; 10:40, 42; 11:22, 23; 12:1, 2, 5, 6, 7; 13:1, 2, 6, 7, 12, 21; 14:4, 5, 7, 9, 15; 15:1, 19; 17:10, 16; 18:1, 3, 4, 5, 6, 8, 9, 10; 19:51; 21:43; 22:9, 33; 23:5, 13, 15, 16; 24:8, 13, 15, 18; 삿 1:2, 3, 32, 33; 2:1, 2, 6; 3:11, 25, 30; 4:21; 5:4, 22, 31; 6:5, 9, 37, 39, 40; 8:28; 11:12, 13, 17, 19, 21, 23; 13:20; 16:24;

706

【 땅 】

18:1, 2, 7, 9, 10, 17, 30; 20:6, 21, 25; 룻 2:10; 삼상 2:8, 10; 3:19; 4:5; 5:3, 4; 6:5; 9:4; 13:3; 14:14, 15, 25, 29, 32, 45; 17:46, 49; 20:31, 41; 21:11; 23:23, 27; 24:8; 25, 41; 26:7, 8, 20; 27:1, 9; 28:3, 9, 13, 14, 20, 23; 29:11; 30:16; 삼하 1:2; 2:22; 3:12; 4:11; 5:6; 7:9, 23; 8:2; 9:10; 12:16, 17, 20; 13:31; 14:4, 11, 14, 20, 22, 33; 15:4, 23; 17:12; 18:8, 9, 11, 28; 19:9; 20:10; 23:4; 24:13, 20, 25; 왕상 1:23, 31, 40, 52; 4:11, 19; 8:23, 27, 37, 40, 43, 46, 47, 48; 9:7, 8, 19, 21; 13:34; 14:15, 24; 15:12; 18:5, 6, 42; 20:27; 22:46; 왕하 2:8, 15; 3:20; 4:37, 38; 8:1, 6; 10:10; 13:20; 15:5, 19, 20; 17:5, 26, 27; 18:25, 33, 35; 19:17, 24; 21:8; 24:14; 25:3, 12; 대상 1:19; 4:40; 5:22, 23, 25; 9:2; 13:2; 16:14, 19, 23; 17:21; 19:3; 21:12, 16, 21; 22:8, 18; 대하 1:9; 6:18, 25, 27, 28, 31, 33, 36, 37, 38; 7:3, 14, 20, 21; 8:6, 8; 14:6, 7; 15:5, 8; 20:7, 8, 18, 24; 23:13, 20, 21; 26:23; 30:9; 32:4, 13, 31; 33:8; 34:8, 33; 36:1; 스 4:10, 17, 20; 6:21; 9:1, 11, 12; 10:2; 느 5:16; 8:6; 9:6, 15, 17, 24, 25, 35, 36, 37; 10:30, 31; 에 1:6 시가서 욥 1:7, 10, 20; 2:13; 3:16, 21; 5:10, 25; 9:6; 10:21, 22; 11:9; 12:8, 15; 14:8, 19; 15:19, 29; 16:13, 18; 18:4, 10, 17; 19:25; 20:27; 24:2; 26:7; 28:5, 13; 30:3; 35:11; 37:3, 6, 8, 12, 13; 38:13, 14, 24, 26, 33; 39:6, 14, 24; 42:15; 시 8:9; 10:16; 17:11; 18:7; 34:16; 50:4; 52:5; 58:2, 11; 72:16; 74:8; 75:8; 89:39, 44; 90:2; 105:23, 27, 30, 32, 35, 36, 41, 44; 106:17, 38; 107:35; 109:15; 135:7; 143:3, 6; 147:8, 15; 148:11, 13; 잠 10:30; 30:16; 31:23; 전 5:2; 10:7; 11:2, 3 선지서 사 2:7, 8, 19, 21; 3:26; 4:2; 5:2, 8, 26, 30; 6:3, 12, 13; 7:16, 22, 24, 25; 8:8, 21, 22; 9:2, 19; 11:12; 12:5; 13:5, 9, 13; 14:2, 7, 12, 16, 20, 21, 25; 15:9; 16:1, 4; 18:1, 6; 21:1, 9; 23:10; 24:1, 3, 4, 5, 6, 11, 16, 17, 18, 19, 20, 21; 25:5, 12; 26:5, 9, 10, 15, 18, 19, 21; 28:2, 22, 24; 29:4; 30:6, 23; 32:2, 13; 33:9, 17; 34:1, 7, 9, 11; 35:7; 36:10, 17, 18; 37:18, 24; 38:11; 40:22, 24; 41:5, 9, 18; 42:5, 10; 43:6; 44:3, 23, 24; 45:8, 19; 47:1; 48:20; 49:8, 23; 51:6, 16, 23; 52:10; 53:8; 54:5, 9; 55:10; 58:14; 60:2, 21; 61:7; 62:4; 63:6; 65:16;

【 땅 】

렘 1:18; 2:2, 7, 15, 31; 3:1, 2, 9, 16, 18, 19; 4:16, 26, 27, 28; 5:19, 30; 7:7, 33, 34; 8:16, 19; 9:3, 12, 19; 10:10, 11, 17, 18; 11:19; 12:4, 10, 11, 12; 13:13; 14:2, 4, 8, 15, 18; 15:3, 7, 14; 16:2, 3, 4, 6, 15, 18, 19; 17:4, 6; 18:16; 19:7; 22:12, 27; 23:8, 10, 15; 24:6, 10; 25:5, 9, 13, 31, 32, 33, 38; 26:20; 27:5, 7, 10, 11; 28:8; 30:3, 10; 31:8, 37; 32:15, 41, 43; 33:10-11, 15; 34:1, 19, 20; 35:7, 11, 15; 36:29; 37:2, 7, 19; 40:6, 7; 41:2, 18; 42:13, 18; 44:22; 45:4; 46:8, 12, 26, 27; 47:2; 49:21; 50:3, 8, 12, 18, 22, 34, 38, 41, 46; 51:2, 5, 15, 16, 27, 28, 29, 42, 43, 46, 47, 48, 52, 62; 52:6; 애 2:1, 2, 9, 10, 11; 3:29; 겔 1:15, 19, 21; 6:14; 7:2, 7, 23; 8:17; 9:9; 10:16, 19; 11:15; 12:6, 12, 13, 19, 20; 13:14; 14:15, 16, 17, 19; 15:8; 16:29; 17:4, 5, 13; 19:7, 12, 13; 20:28, 38, 40, 42; 21:19, 30; 22:24, 29, 30; 23:48; 24:7; 26:11, 16, 20; 27:4; 28:17, 18, 25; 29:14; 30:5, 11, 12; 31:12; 32:4, 6, 8; 33:2, 3, 24, 25, 26, 28, 29; 34:13, 25, 27, 28, 29; 35:10, 14; 36:10, 17, 18, 20, 28, 34, 35; 37:14, 21, 22, 25; 38:8, 9, 12, 15, 16, 20; 39:12, 13, 14, 15, 16, 26, 28; 40:17, 18; 41:16, 20; 43:2, 3, 14; 44:4; 45:1, 2, 4, 7, 8, 16, 22; 46:3, 9; 47:11, 13, 14, 15, 21, 22; 48:1, 8, 9, 11, 12, 14, 15, 18, 19, 20, 21, 22, 29; 단 4:10, 11, 15, 20, 22, 23, 35; 6:25, 27; 7:4, 23; 8:5, 7, 9, 10, 12, 17, 18; 10:9, 10, 15; 11:16, 19, 30, 39, 41; 호 2:18, 22; 4:3; 10:1; 13:5; 욜 1:2, 6, 14; 2:1, 3, 10, 18, 20; 3:2, 16, 19; 암 3:5, 11, 14; 4:7, 13; 5:2, 7; 7:2, 10, 11, 17; 8:4, 8, 9; 9:5, 15; 옵 1:3; 욘 2:6; 미 1:2; 4:13; 5:5, 11; 6:2; 7:17; 나 1:5; 2:13; 3:13; 합 1:6; 2:8; 습 1:2, 3, 18; 3:8; 학 1:11; 2:21; 슥 1:11; 2:6; 3:9; 5:3, 6; 6:6, 7; 7:5, 14; 8:7, 12; 9:10; 11:6; 12:12; 13:2, 8; 14:10, 17; 말 4:6 신약 마 9:26, 31; 15:35; 눅 11:31; 요 4:5; 6:21; 8:6, 8; 18:6; 행 5:3, 4, 8; 7:5, 45; 8:33; 9:4, 8; 10:11, 12; 11:6; 22:7; 26:14; 27:39; 롬 9:17, 28; 10:18; 고전 8:5; 히 12:25, 26; 약 3:15; 5:5; 계 5:6; 6:4, 8, 10, 13, 15; 7:1, 2, 3; 8:7, 13; 9:1, 4; 10:2, 5, 6, 8; 11:6, 10, 16, 18; 12:4, 12, 13, 16; 13:3, 12, 13, 14; 14:6, 7, 15, 16, 18, 19; 16:2, 18; 17:2, 5; 18:1, 24; 19:19; 20:8

【 땋다 】

땋다(braid, interweave)
출 28:14 사슬을 땋고 그 **땋은** 사슬을 그 테에
출 28:22 순금으로 노끈처럼 **땋은** 사슬을 흉패
출 28:24 **땋은** 두 금 사슬로 흉패 두 끝 두 고리에
출 28:25 두 **땋은** 사슬의 다른 두 끝을 에봇
출 39:15 순금으로 노끈처럼 사슬을 **땋아** 흉패
출 39:17 **땋은** 두 금 사슬을 흉패 끝 두 고리에
출 39:18 그 **땋은** 두 사슬의 다른 두 끝을 에봇
왕상 7:17 사슬 모양으로 **땋은** 것을 만들었으니
아 1:10 두 뺨은 **땋은** 머리털로, 네 목은 구슬
딤전 2:9 단장하고 **땋은** 머리와 금이나 진주나

때(time, day)
<ins>모세오경</ins>
창 2:4 천지가 창조될 **때**에 하늘과 땅의 내력
창 3:19 네가 흙으로 돌아갈 **때**까지 얼굴에 땀을
창 4:8 들에 있을 **때**에 가인이 그의 아우 아벨
창 4:26 에노스라 하였으며 그 **때**에 사람들이
창 5:1 하나님이 사람을 창조하실 **때**에 하나님
창 6:1 사람이 땅 위에 번성하기 시작할 **때**에
창 6:11 그 **때**에 온 땅이 하나님 앞에 부패하여
창 7:6 홍수가 땅에 있을 **때**에 노아가 육백
창 9:14 내가 구름으로 땅을 덮을 **때**에 무지개가
창 10:25 벨렉이라 하였으니 그 **때**에 세상이
창 12:4 하란을 떠날 **때**에 칠십오 세였더라
창 16:16 이스마엘을 낳았을 **때**에 아브람이 팔십
창 17:1 구십구 세 **때**에 여호와께서 아브람에게
창 17:24 아브라함이 그의 포피를 벤 **때**는 구십
창 21:5 이삭이 그에게 태어날 **때**에 백 세라
창 24:63 이삭이 저물 **때**에 들에 나가 묵상하다
창 25:26 리브가가 그들을 낳을 **때**에 이삭이 육십
창 26:1 아브라함 **때**에 첫 흉년이 들었더니
창 27:41 아버지를 곡할 **때**가 가까웠은즉 내가
창 30:14 거둘 **때** 르우벤이 나가서 들에서 합환채
창 30:16 저물 **때**에 야곱이 들에서 돌아오매 레아
창 30:25 라헬이 요셉을 낳았을 **때**에 야곱이 라반
창 32:25 그 사람과 씨름할 **때**에 어긋났더라
창 32:31 그가 브니엘을 지날 **때**에 해가 돋았고
창 38:5 셀라를 낳을 **때**에 유다는 거십에 있었더
창 38:9 형수에게 들어갔을 **때**에 그의 형에게
출 1:16 히브리 여인을 위하여 해산을 도울 **때**에
출 2:5 나일 강 가를 거닐 **때**에 그가 갈대 사이
출 3:3 어찌하여 타지 아니하는고 하니

【 때 】

출 3:21 너희가 나갈 **때**에 빈손으로 가지 아니
출 7:5 자손을 그 땅에서 인도하여 낼 **때**에야
출 7:7 그들이 바로에게 말할 **때**에 모세는 팔십
출 9:31 **때**에 보리는 이삭이 나왔고 삼은 꽃이
출 12:6 해 질 **때**에 이스라엘 회중이 그 양을
출 12:13 애굽 땅을 칠 **때**에 그 피가 너희가 사는 집에 있어서 … 내가 피를 볼 **때**에
출 13:8 예식은 내가 애굽에서 나올 **때**에 여호와
출 13:15 **때**에 바로가 완악하여 우리를 보내지
출 16:12 너희가 해 질 **때**에는 고기를 먹고 아침
출 23:15 아빕월의 정한 **때**에 이레 동안 무교병을
출 23:30 땅을 기업으로 얻을 **때**까지 내가 그들을
출 28:29 아론이 성소에 들어갈 **때**에는 이스라엘
출 30:7 향을 사르되 등불을 손질할 **때**에 사를
출 30:8 등불을 켤 **때**에 사를지니 이 향은
출 30:15 대속하기 위하여 여호와께 드릴 **때**에
출 31:10 제사직을 행할 **때**에 입는 정교하게
출 31:18 모세에게 이르시기를 마치신 **때**에
출 33:9 모세가 회막에 들어갈 **때**에 구름 기둥
출 33:22 내 영광이 지나갈 **때**에 내가 너를 반석
출 34:21 날에는 쉴지니 밭 갈 **때**에나 거둘 **때**에
출 34:24 여호와 네 하나님을 뵈려고 올 **때**에
출 40:36 구름이 성막 위에서 떠오를 **때**에는
레 5:3 부정이든지 그것을 깨달았을 **때**에는
레 16:2 법궤 위 속죄소 앞에 아무 **때**나 들어오
레 19:9 너희가 너희의 땅에서 곡식을 거둘 **때**에
레 19:15 너희는 재판할 **때**에 불의를 행하지 말며
레 23:4 정한 **때**에 성회로 공포할 여호와의 절기
레 23:10 너희의 곡물을 거둘 **때**에 너희의 곡물의
레 23:22 너희 땅의 곡물을 벨 **때**에 밭모퉁이까지
레 23:43 애굽 땅에서 인도하여 내던 **때**에 초막
레 26:43 사람이 없을 **때**에 그 땅은 황폐하여
레 27:21 되어서 그 밭이 돌아오게 될 **때**에는
민 1:51 성막을 운반할 **때**에는 레위인이 그것을 걷고 성막을 세울 **때**에는 레위인이
민 8:2 아론에게 말하여 이르라 등불을 켤 **때**에
민 8:19 자손이 성소에 가까이 할 **때**에 그들
민 9:3 열넷째 날 해 질 **때**에 너희는 그것을
민 9:17 성막에서 떠오르는 **때**에는 이스라엘
민 10:3 나팔 두 개를 불 **때**에는 온 회중이 회막
민 11:5 우리가 애굽에 있을 **때**에는 값없이 생선
민 11:9 밤에 이슬이 진영에 내릴 **때**에 만나도
민 11:18 애굽에 있을 **때**가 우리에게 좋았다 하는

【때】

민 18:16	사람을 대속할 **때**에는 난 지 한 달 이후	삿 2:18	사사들을 세우실 **때**에는 그 사사와 함께
민 26:9	아론을 거슬러 여호와께 반역할 **때**	삿 2:21	여호수아가 죽을 **때**에 남겨 둔 이방
민 27:14	광야에서 회중이 분쟁할 **때**에 너희가	삿 7:22	삼백 명이 나팔을 불 **때**에 여호와께서
민 28:4	양 한 마리는 해 질 **때**에 드릴 것이요	삿 8:1	네가 미디안과 싸우러 갈 **때**에 우리를
민 28:26	여호와께 새 소제를 드릴 **때**에도 성회로	삿 11:31	내가 암몬 자손에게서 평안히 돌아올 **때**
민 33:39	아론이 호르 산에서 죽던 **때**의 나이는	삿 11:34	입다가 미스바에 있는 자기 집에 이를 **때**
민 34:2	가나안 땅에 들어가는 **때**와 그 땅은	삿 15:1	얼마 후 밀 거둘 **때**에 삼손이 염소 새끼
민 35:8	너희가 성읍을 줄 **때**에 많이 받은 자에	삿 15:20	블레셋 사람의 **때**에 삼손이 이스라엘
민 35:26	살인자가 어느 **때**든지 그 피하였던 도피	삿 16:30	삼손이 죽을 **때**에 죽인 자가 살았을 **때**
신 4:7	기도할 **때**마다 우리에게 가까이 하심과	삿 17:6	그 **때**에는 이스라엘에 왕이 없었으므로
신 4:14	**때**에 여호와께서 내게 명령하사 너희에	삿 19:1	이스라엘에 왕이 없을 그 **때**에 에브라임
신 5:28	여호와께서 너희가 내게 말할 **때**에 너희	삿 21:25	그 **때**에 이스라엘에 왕이 없으므로 사람
신 6:7	집에 앉았을 **때**에든지 길을 갈 **때**에든지	룻 1:1	사사들이 치리하던 **때**에 그 땅에 흉년이
	누워 있을 **때**에든지 일어날 **때**에든지	룻 1:19	베들레헴에 이르러 온 성읍이 그들로
신 9:23	가데스 바네아에서 떠나게 하실 **때**에	룻 1:22	그들이 보리 추수 시작할 **때**에 베들레헴
신 9:25	그 **때**에 여호와께서 너희를 멸하겠다	룻 2:14	식사할 **때**에 보아스가 룻에게 이르되
신 10:8	그 **때**에 여호와께서 레위 지파를 구별	룻 2:15	룻이 이삭을 주우러 일어날 **때**에 보아스
신 11:14	이른 비, 늦은 비를 적당한 **때**에 내리시	룻 3:4	그가 누울 **때**에 너는 그가 눕는 곳을
신 11:19	앉아 있을 **때**에든지, 길을 갈 **때**에든	삼상 1:7	한나가 여호와의 집에 올라갈 **때**마다
	지, 누워 있을 **때**에든지, 일어날 **때**에	삼상 1:20	한나가 임신하고 **때**가 이르매 아들을
신 12:27	번제를 드릴 **때**에는 그 고기와 피를	삼상 1:21	매년제와 서원제를 드리러 올라갈 **때**에
신 15:10	줄 **때**에는 아끼는 마음을 품지 말 것이	삼상 2:18	사무엘은 어렸을 **때**에 세마포 에봇을
신 15:13	그를 놓아 자유하게 할 **때**에는 빈손으로	삼상 2:19	그의 남편과 함께 올라갈 **때**마다 작은
신 16:6	초저녁 해 질 **때**에 유월절 제물을 드리	삼상 2:27	바로의 집에 속하였을 **때**에 내가 그들
신 16:14	절기를 지킬 **때**에는 너와 네 자녀와	삼상 3:1	엘리 앞에서 여호와를 섬길 **때**에는
신 19:9	항상 그의 길로 행할 **때**에는 이 셋 외에	삼상 4:15	그 **때**에 엘리의 나이가 구십팔 세라
신 22:8	집을 지을 **때**에 지붕에 난간을 만들어	삼상 4:18	하나님의 궤를 말할 **때**에 엘리가 자기
신 23:9	적군을 치러 출진할 **때**에 모든 악한	삼상 7:10	사무엘이 번제를 드릴 **때**에 블레셋 사람
신 23:11	해 질 **때**에 목욕하고 해 진 후에 진에	삼상 8:6	주어 우리를 다스리게 하라 했을 **때**에
신 23:13	대변을 볼 **때**에 그것으로 땅을 팔 것이	삼상 10:9	몸을 돌이킬 **때**에 하나님이 새 마음을
신 24:10	이웃에게 무엇을 꾸어줄 **때**에 너는 그의	삼상 13:1	사울이 왕이 될 **때**에 사십 세라 그가
신 24:13	해 질 **때**에 그 전당물을 반드시 그에게	삼상 13:19	그 **때**에 이스라엘 온 땅에 철공이 없었
신 24:19	네가 밭에서 곡식을 벨 **때**에 그 한 뭇을	삼상 28:22	잡수시고 길 가실 **때**에 기력을 얻으소서
신 28:12	네 땅에 **때**를 따라 비를 내리시고	삼하 2:10	이스보셋이 이스라엘 왕이 될 **때**에 나이
신 31:11	택하신 곳에 모일 **때**에 이 율법을 낭독	삼하 4:5	레갑과 바아나가 길을 떠나 볕이 쬘 **때**
신 32:35	그들이 실족할 그 **때**에 내가 보복하리라	삼하 5:2	사울이 우리의 왕이 되었을 **때**에도
신 34:7	모세가 죽을 **때** 나이 백이십 세였으나	삼하 5:24	공격하라 그 **때**에 여호와가 너보다 앞서
역사서		삼하 6:4	하나님의 궤를 싣고 나올 **때**에 아효는
수 2:5	그 사람들이 어두워 성문을 닫을 **때**쯤	삼하 6:14	춤을 추는데 그 **때**에 다윗이 베 에봇을
수 4:7	언약궤가 요단을 건널 **때**에 요단 물이	삼하 6:16	여호와의 궤가 다윗 성으로 들어올 **때**에
수 8:29	해 질 **때**에 명령하여 그의 시체를 나무	삼하 7:12	조상들과 함께 누울 **때**에 내가 네 몸에
수 15:18	악사가 출가할 **때**에 그에게 청하여 자기	삼하 11:1	해가 돌아와 왕들이 출전할 **때**가 되매
삿 1:14	악사가 출가할 **때**에 그에게 청하여 자기	삼하 21:20	또 가드에서 전쟁할 **때**에 그 곳에 키가

【 때 】

왕상 1:22 밧세바가 왕과 말할 때에 선지자 나단이
왕상 3:16 그 때에 창기 두 여자가 왕에게 와서
왕상 8:9 여호와께서 저희와 언약을 맺으실 때에
왕상 8:30 향하여 기도할 때에 주는 그 간구함을
왕상 8:44 주께서 보내신 길로 나갈 때에 그들이
왕상 8:53 애굽에서 인도하여 내실 때에 주의
왕상 8:65 그 때에 솔로몬이 칠 일과 칠 일 도합
왕상 11:4 솔로몬의 나이가 많을 때에 그의 여인들
왕상 14:21 르호보암이 왕위에 오를 때에 나이가
왕상 14:28 왕이 여호와의 성전에 들어갈 때마다
왕상 15:29 왕이 될 때에 여로보암의 온 집을 쳐서
왕상 16:11 시므리가 왕이 되어 왕위에 오를 때에
왕상 16:34 그 터를 쌓을 때에 맏아들 아비람을 잃
었고 그 성문을 세울 때에 막내 아들
왕상 17:10 사르밧으로 가서 성문에 이를 때에
왕상 18:4 여호와의 선지자들을 멸할 때에
왕상 18:7 오바댜가 길에 있을 때에 엘리야가 그를
왕상 22:42 여호사밧이 왕이 될 때에 나이가 삼십
왕상 22:47 그 때에 에돔에는 왕이 없고 섭정 왕이
왕하 2:1 엘리야를 하늘로 올리고자 하실 때에
왕하 8:17 여호람이 왕이 될 때에 나이가 삼십이
왕하 8:20 여호람 때에 에돔이 유다의 손에서 배반
왕하 8:26 아하시야가 왕이 될 때에 나이가 이십
왕하 8:29 요람 왕이 아람 왕 하사엘과 싸울 때에
왕하 11:21 요아스가 왕이 될 때에 나이가 칠 세였
왕하 20:1 그 때에 히스기야가 병들어 죽게 되매
왕하 21:1 므낫세가 왕이 될 때에 나이가 십이
왕하 21:19 아몬이 왕이 될 때에 나이가 이십이
왕하 22:1 요시야가 왕위에 오를 때에 나이가
왕하 23:31 여호아하스가 왕이 될 때에 나이가
왕하 23:36 여호야김이 왕이 될 때에 나이가 이십
왕하 24:8 여호야긴이 왕이 될 때에 나이가 십팔
왕하 24:18 시드기야가 왕이 될 때에 나이가 이십
대상 1:19 벨렉이라 하였으니 이는 그 때에 땅이
대상 6:15 예루살렘 백성을 옮기실 때에 여호사닥
대상 6:32 예루살렘에서 여호와의 성전을 세울 때
대상 7:2 대대로 용사이더니 다윗 때에 이르러는
대상 11:2 전에 곧 사울이 왕이 되었을 때에도
대상 11:15 아둘람 굴 다윗에게 이를 때에 블레셋
대상 12:1 말미암아 시글락에 숨어 있을 때에
대상 12:15 요단 강 물이 모든 언덕에 넘칠 때에
대상 12:18 그 때에 성령이 삼십 명의 우두머리
대상 15:29 언약궤가 다윗 성으로 들어올 때에

【 때 】

대상 17:1 다윗이 그의 궁전에 거주할 때에 다윗이
대상 17:10 백성 이스라엘을 다스리던 때와 같이
대상 20:1 해가 바뀌어 왕들이 출전할 때가 되매
대상 20:6 전쟁할 때에 그 곳에 키 큰 자 하나는
대상 21:29 성막과 번제단이 그 때에 기브온 산당
대하 6:21 이스라엘이 이 곳을 향하여 기도할 때에
대하 6:26 비가 내리지 않는 주의 벌을 받을 때에
대하 6:34 주께서 보내신 길로 나갈 때에 그들이
대하 12:13 르호보암이 왕위에 오를 때에 나이가
대하 13:20 아비야 때에 여로보암이 다시 강성하지
대하 20:22 그 노래와 찬송이 시작될 때에 여호와
대하 21:5 여호람이 왕위에 오를 때에 나이가 삼십
대하 22:2 아하시야가 왕이 될 때에 나이가 사십
대하 24:1 요아스가 왕위에 오를 때에 나이가
대하 25:1 아마샤가 왕위에 오를 때에 나이가 이십
대하 26:3 웃시야가 왕위에 오를 때에 나이가 십육
대하 27:1 요담이 왕위에 오를 때에 나이가 이십
대하 28:1 아하스가 왕위에 오를 때에 나이가 이십
대하 28:22 아하스 왕이 곤고할 때에 더욱 여호와
대하 29:1 히스기야가 왕위에 오를 때에 나이가
대하 29:19 아하스 왕이 왕위에 있어 범죄할 때에
대하 32:24 그 때에 히스기야가 병들어 죽게 되었
대하 33:1 므낫세가 왕위에 오를 때에 나이가 십이
대하 33:21 아몬이 왕위에 오를 때에 나이가 이십
대하 34:1 요시야가 왕위에 오를 때에 나이가
대하 36:2 여호아하스가 왕위에 오를 때에 나이가
대하 36:5 여호야김이 왕위에 오를 때에 나이가
대하 36:9 여호야긴이 왕위에 오를 때에 나이가
대하 36:11 시드기야가 왕위에 오를 때에 나이가
스 1:11 예루살렘으로 데리고 갈 때에 세스바살
스 3:6 여호와께 번제를 드렸으나 그 때에
스 3:10 여호와의 성전의 기초를 놓을 때에
스 4:5 바사 왕 다리오가 즉위할 때까지 관리들
스 4:6 또 아하수에로가 즉위할 때에 그들이
스 4:7 아닥사스다 때에 비슬람과 미드르닷과
스 6:17 하나님의 성전 봉헌식을 행할 때에 수소
스 7:1 아닥사스다가 왕위에 있을 때에 에스라
스 10:1 엎드려 울며 기도하여 죄를 자복할 때에
느 1:11 그 때에 내가 왕의 술 관원이 되었느니
느 4:21 무리의 절반은 동틀 때부터 별이 나기까
느 4:23 물을 길으러 갈 때에도 각각 병기를
느 5:14 또한 유다 땅 총독으로 세움을 받은 때
느 7:3 성문을 열지 말고 아직 파수할 때에

| 때 | | 때 |

느 8:4	그 때에 학사 에스라가 특별히 지은
느 8:5	그들 목전에 책을 펴니 책을 펼 때에
느 8:17	눈의 아들 여호수아 때로부터 그 날까지
느 9:24	그들 앞에 복종하게 하실 때에 가나안
느 9:27	환난을 당하여 주께 부르짖을 때에
느 9:32	백성이 앗수르 왕들의 때로부터 오늘까
느 10:38	레위 사람들이 십일조를 받을 때에는
느 12:46	아삽의 때에는 노래하는 자의 지도자가
에 1:1	일은 아하수에로 왕 때에 있었던 일이니
에 1:14	그 때에 왕에게 가까이 하여 왕의 기색
에 2:6	왕 여고냐와 백성을 사로잡아 갈 때에
에 2:8	헤개의 수하에 나아갈 때에 에스더도
에 4:14	이 때에 네가 만일 잠잠하여 말이 없으면 … 자리를 얻은 것이 이 때를 위함이
에 5:6	잔치의 술을 마실 때에 왕이 에스더에게

시가서

욥 1:13	음식을 먹으며 포도주를 마실 때에
욥 3:11	어머니가 해산할 때에 내가 죽지 아니
욥 4:13	말미암아 생각이 번거로울 때에
욥 4:15	그 때에 영이 내 앞으로 지나매 내 몸에
욥 7:4	누울 때면 말하기를 언제나 일어날까,
욥 17:16	우리가 흙 속에서 쉴 때에는 희망이
욥 20:22	풍족할 때에도 괴로움이 이르리니 모든
욥 27:8	그의 영혼을 거두실 때에는 무슨 희망이
욥 27:9	환난이 그에게 닥칠 때에 하나님이 어찌
욥 33:15	잠들 때에나 꿈에나 밤에 환상을 볼 때
욥 38:4	기초를 놓을 때에 네가 어디 있었느냐
시 4:1	의의 하나님이여 내가 부를 때에 응답
시 4:2	인생들아 어느 때까지 나의 영광을 바꾸
시 4:3	그를 부를 때에 여호와께서 들으시리
시 4:7	새 포도주가 풍성할 때보다 더하니
시 9:9	당하는 자의 요새이시요 환난 때의
시 10:1	멀리 서시며 어찌하여 환난 때에 숨으
시 13:1	어느 때까지니이까 나를 영원히 잊으시나이까 … 나에게서 어느 때까지
시 14:7	포로 된 곳에서 돌이키실 때에 야곱이
시 17:15	얼굴을 뵈오리니 깰 때에 주의 형상
시 20:9	우리가 부를 때에 우리에게 응답하소서
시 21:9	노하실 때에 그들을 풀무불 같게 할
시 22:24	그가 울부짖을 때에 들으셨도다
시 27:7	여호와여 내가 소리 내어 부르짖을 때에
시 28:2	주께 부르짖을 때에 나의 간구하는 소리
시 29:10	여호와께서 홍수 때에 좌정하셨음이여

시 30:6	형통할 때에 말하기를 영원히 흔들리지
시 30:9	내가 무덤에 내려갈 때에 나의 피가 무슨
시 31:13	의논할 때에 내 생명을 빼앗기로 꾀하였
시 31:22	부르짖을 때에 주께서 나의 간구하는
시 32:3	입을 열지 아니할 때에 종일 신음하므로
시 33:19	그들이 굶주릴 때에 그들을 살리시는
시 35:13	그들이 병들었을 때에 굵은 베 옷을
시 35:17	주여 어느 때까지 관망하시려 하나이까
시 37:19	환난 때에 부끄러움을 당하지 아니하며
시 37:39	오나니 그는 환난 때에 그들의 요새이시
시 39:1	악인이 내 앞에 있을 때에 내가 내 입에
시 41:3	그가 누워 있을 때마다 그의 병을 고쳐
시 41:5	그가 어느 때에나 죽고 그의 이름이
시 42:2	어느 때에 나아가서 하나님의 얼굴을
시 48:14	하나님이시니 그가 우리를 죽을 때까지
시 49:16	집의 영광이 더할 때에 너는 두려워
시 51:4	주께서 말씀하실 때에 의로우시다 하고 주께서 심판하실 때에 순전하시다
시 68:13	너희가 양 우리에 누울 때에는 그 날개
시 68:14	왕들을 그 중에서 흩으실 때에는 살몬에
시 69:13	여호와여 나를 반기시는 때에 내가 주께
시 69:21	음식물로 주며 목마를 때에는 초를
시 71:5	소망이시요 내가 어릴 때부터 신뢰한
시 71:9	늙을 때에 나를 버리지 마시며 내 힘이 쇠약할 때에 나를 떠나지 마소서
시 71:18	늙어 백발이 될 때에도 나를 버리지
시 71:23	내가 주를 찬양할 때에 나의 입술이
시 72:7	풍성함이 달이 다할 때까지 이르리
시 72:12	그는 궁핍한 자가 부르짖을 때에 건지며
시 73:4	죽을 때에도 고통이 없고 그 힘이 강건
시 73:17	하나님의 성소에 들어갈 때에야 그들의
시 76:7	주께서 한 번 노하실 때에 누가 주의
시 79:5	여호와여 어느 때까지니이까 영원히
시 80:4	기도에 대하여 어느 때까지 노하시리이
시 81:5	애굽 땅을 치러 나아가시던 때에 요셉
시 84:6	눈물 골짜기로 지나갈 때에 그 곳에
시 87:6	여호와께서 민족들을 등록하실 때에는
시 88:15	주께서 두렵게 하실 때에 당황하였나이
시 89:9	파도가 일어날 때에 잔잔하게 하시나이
시 89:19	그 때에 주께서 환상 중에 주의 성도들
시 89:47	나의 때가 얼마나 짧은지 기억하소서
시 91:6	어두울 때 퍼지는 전염병과 밝을 때
시 91:15	그들이 환난 당할 때에 내가 그와 함께

【 때 】

시 94:13	악인을 위하여 구덩이를 팔 **때**까지 평안
시 94:18	미끄러진다고 말할 **때**에 주의 인자하심
시 94:19	내 속에 근심이 많을 **때**에 주의 위안이
시 102:13	지금은 그에게 은혜를 베푸실 **때**라 정한
시 102:22	그 **때**에 민족들과 나라들이 함께 모여
시 104:19	절기를 정하심이여 해는 그 지는 **때**를
시 104:27	이것들은 다 주께서 **때**를 따라 먹을
시 105:12	그 **때**에 그들의 사람 수가 적어 그 땅에
시 105:19	곧 여호와의 말씀이 응할 **때**까지라 그의
시 105:38	그들이 떠날 **때**에 애굽이 기뻐하였으니
시 106:44	그들의 부르짖음을 들으실 **때**에 그들의
시 109:7	심판을 받을 **때**에 죄인이 되어 나오게
시 109:28	내게 복을 주소서 그들은 일어날 **때**에
시 116:6	내가 어려울 **때**에 나를 구원하셨도다
시 116:10	크게 고통을 당하였다고 말할 **때**에도
시 119:6	계명에 주의할 **때**에는 부끄럽지 아니하
시 119:7	주의 의로운 판단을 배울 **때**에는 정직한
시 119:46	왕들 앞에서 주의 교훈들을 말할 **때**에
시 119:126	지금은 여호와께서 일하실 **때**니이다
시 120:7	나는 화평을 원할지라도 내가 말할 **때**에
시 126:1	시온의 포로를 돌려 보내실 **때**에 우리는
시 127:5	원수와 담판할 **때**에 수치를 당하지 아니
시 129:1	그들이 내가 어릴 **때**부터 여러 번 나를
시 139:15	기이하게 지음을 받은 **때**에 나의 형체가
시 139:18	내가 깰 **때**에도 여전히 주와 함께 있나
시 140:9	에워싸는 자들이 그들의 머리를 들 **때**에
시 141:1	내가 주께 부르짖을 **때**에 내 음성에
시 142:3	내 영이 내 속에서 상할 **때**에도 주께서
시 145:15	주는 **때**를 따라 그들에게 먹을 것을
잠 1:22	자들은 지식을 미워하니 어느 **때**까지
잠 1:26	만날 **때**에 내가 웃을 것이며 너희에게 두려움이 임할 **때**에 내가 비웃으리라
잠 3:24	누울 **때**에 두려워하지 아니하겠고 네가
잠 4:12	다닐 **때**에 네 걸음이 곤고하지 아니하 겠고 달려갈 **때**에 실족하지 아니하리라
잠 5:11	네 육체가 쇠약할 **때**에 네가 한탄하여
잠 6:8	예비하며 추수 **때**에 양식을 모으느니라
잠 6:9	**때**까지 누워 있겠느냐 네가 어느 **때**에
잠 6:22	네가 다닐 **때**에 너를 인도하며 네가 잘 **때**에 너를 보호하며 네가 깰 **때**에 너와
잠 6:30	도둑이 만일 주릴 **때**에 배를 채우려고
잠 7:9	저물 **때**, 황혼 **때**, 깊은 밤 흑암 중에라
잠 11:7	악인은 죽을 **때**에 그 소망이 끊어지나니

【 때 】

잠 14:13	웃을 **때**에도 마음에 슬픔이 있고 즐거움
잠 15:23	얻나니 **때**에 맞는 말이 얼마나 아름다운
잠 16:10	말씀이 왕의 입술에 있은즉 재판할 **때**에
잠 17:17	형제는 위급한 **때**를 위하여 났느니라
잠 18:5	재판할 **때**에 의인을 억울하게 하는 것이
잠 24:17	**때**에 즐거워하지 말며 그가 엎드러질 **때**
잠 24:23	재판할 **때**에 낯을 보아 주는 것이 옳지
전 3:1	범사에 기한이 있고 천하만사가 다 **때**가
전 3:2	날 **때**가 있고 죽을 **때**가 있으며 심을 **때**가 있고 심은 것을 뽑을 **때**가 있으며
전 3:3	죽일 **때**가 있고 치료할 **때**가 있으며 헐 **때**가 있고 세울 **때**가 있으며
전 3:4	울 **때**가 있고 웃을 **때**가 있으며 슬퍼할 **때**가 있고 춤출 **때**가 있으며
전 3:5	버릴 **때**가 있고 돌을 거둘 **때**가 있으며 안을 **때**가 있고 안는 일을 멀리 할 **때**가
전 3:6	찾을 **때**가 있고 잃을 **때**가 있으며 지킬 **때**가 있고 버릴 **때**가 있으며
전 3:7	찢을 **때**가 있고 꿰맬 **때**가 있으며 잠잠 할 **때**가 있고 말할 **때**가 있으며
전 3:8	사랑할 **때**가 있고 미워할 **때**가 있으며 전쟁할 **때**가 있고 평화할 **때**가 있느니라
전 3:11	지으시되 **때**를 따라 아름답게 하셨고
전 3:17	소망하는 일과 모든 행사에 **때**가 있음
전 5:1	하나님의 집에 들어갈 **때**에 네 발을
전 8:5	지혜자의 마음은 **때**와 판단을 분변하나
전 8:6	무슨 일에든지 **때**와 판단이 있으므로
전 11:9	어린 **때**를 즐거워하며 네 청년의 날들
전 11:10	어릴 **때**와 검은 머리의 시절이 다 헛되
전 12:1	청년의 **때**에 너의 창조주를 기억하라
아 1:12	왕이 침상에 앉았을 **때**에 나의 나도
아 2:12	꽃이 피고 새가 노래할 **때**가 이르렀는데
아 3:11	혼인날 마음이 기쁠 **때**에 그의 어머니가

선지서

사 1:15	너희가 손을 펼 **때**에 내가 내 눈을 너희
사 2:19	진동시키려고 일어나실 **때**에 그의 위엄
사 6:5	그 **때**에 내가 말하되 화로다 나여 망하
사 6:6	그 **때**에 그 스랍 중의 하나가 부젓가락
사 6:8	우리를 위하여 갈꼬 하시니 그 **때**에
사 6:11	주여 어느 **때**까지니이까 하였더니
사 7:1	유다의 아하스 왕 **때**에 아람의 르신
사 7:3	그 **때**에 여호와께서 이사야에게 이르시
사 11:6	그 **때**에 이리가 어린 양과 함께 살며

【 때 】   【 때 】

사 20:4	앗수르 왕에게 끌려갈 때에 젊은 자나	렘 39:15	예레미야가 감옥 뜰에 갇혔을 때에
사 26:16	주의 징벌이 그들에게 임할 때에 그들이	렘 50:16	파종하는 자와 추수 때에 낫을 잡은
사 27:8	견책하사 쫓아내실 때에 동풍 부는 날에	렘 50:31	너의 날 곧 내가 너를 벌할 때가 이르렀
사 30:19	그가 들으실 때에 네게 응답하시리라	렘 51:6	여호와의 보복의 때니 그에게 보복하시
사 35:6	그 때에 저는 자는 사슴같이 뛸 것이며	렘 51:18	조롱거리이니 징벌하시는 때에 멸망할
사 38:1	그 때에 히스기야가 병들어 죽게 되니	렘 51:59	왕과 함께 바벨론으로 갈 때에 선지자
사 38:9	병들었다가 그의 병이 나은 때에 기록	렘 52:1	시드기야가 왕위에 오를 때에 나이가
사 40:2	외치라 그 노역의 때가 끝났고 그 죄악	애 3:27	사람은 젊었을 때에 멍에를 메는 것이
사 40:21	땅의 기초가 창조될 때부터 너희가	애 3:50	하늘에서 살피시고 돌아보실 때까지니
사 43:2	지날 때에 내가 너와 … 강을 건널 때	겔 1:1	그발 강 가 사로잡힌 자 중에 있을 때에
	에 물이 … 네가 불 가운데로 지날 때	겔 1:9	날개는 다 서로 연하였으며 갈 때에는
사 49:8	은혜의 때에 내가 네게 응답하였고 구원	겔 4:10	하루 이십 세겔씩 때를 따라 먹고
사 49:20	자식을 잃었을 때에 낳은 자녀가 후일	겔 4:11	물도 육분의 일 힌씩 되어서 때를 따라
사 52:8	시온으로 돌아오실 때에 그들의 눈이	겔 6:8	너희가 여러 나라에 흩어질 때에 내가
사 53:7	곤욕을 당하여 괴로울 때에도 그의 입을	겔 6:10	그 때에야 그들이 나를 여호와인 줄
사 54:4	젊었을 때의 수치를 잊겠고 과부 때의	겔 11:13	내가 예언할 때에 브나야의 아들 블라댜
사 55:6	때에 찾으라 가까이 계실 때에 그를	겔 12:4	포로의 행장같이 하고 저물 때에 너는
사 57:13	네가 부르짖을 때에 네가 모은 우상들에	겔 12:6	캄캄할 때에 그들의 목전에서 어깨에
사 58:9	네가 부를 때에는 나 여호와가 응답하	겔 16:4	네가 날 때에 네 배꼽 줄을 자르지 아니
	겠고 네가 부르짖을 때에는 내가 여기	겔 16:56	교만하던 때에 네 아우 소돔을 네 입으
사 60:22	약한 자가 강국을 이룰 것이라 때가	겔 16:60	내가 너의 어렸을 때에 너와 세운 언약
사 63:11	백성이 옛적 모세의 때를 기억하여	겔 21:29	곧 죄악의 마지막 때가 이름이로다
렘 2:17	여호와가 너를 길로 인도할 때에 네가	겔 22:3	피를 흘려 벌 받을 때가 이르게 하며
렘 2:27	환난을 당할 때에는 이르기를 일어나	겔 23:3	애굽에서 행음하되 어렸을 때에 행음하
렘 3:6	요시야 왕 때에 여호와께서 또 내게	겔 23:5	오홀라가 내게 속하였을 때에 행음하여
렘 3:16	땅에서 번성하여 많아질 때에는 사람들	겔 23:21	네가 젊었을 때에 행음하여 애굽 사람이
렘 3:17	그 때에 예루살렘이 그들에게 여호와의	겔 28:22	거룩함을 나타낼 때에 무리가 나를
렘 5:24	이른 비와 늦은 비를 때를 따라 주시며	겔 28:26	내가 심판할 때에 그들이 평안히 살며
렘 8:7	제비와 두루미는 그들이 올 때를 지키거	겔 34:26	사방에 복을 내리며 때를 따라 소낙비
렘 8:20	추수할 때가 지나고 여름이 다하였으나	겔 37:7	대언할 때에 소리가 나고 움직이며
렘 11:14	부르짖을 때에 내가 그들에게서 듣지	겔 46:11	명절과 성회 때에 그 소제는 수송아지
렘 12:1	여호와여 내가 주와 변론할 때에는 주께	단 3:15	모든 악기 소리를 들을 때 내가 만든
렘 14:8	고난당한 때의 구원자시여 어찌하여	단 5:31	나라를 얻었는데 그 때에 다리오는 육십
렘 15:11	재앙과 환난의 때에 네게 간구하게 하리	단 7:22	원한을 풀어 주셨고 때가 이르매 성도들
렘 23:5	때가 이르리니 내가 다윗에게 한 의로운	단 9:20	위하여 내 하나님 여호와 앞에 간구할 때
렘 26:1	여호야김이 다스리기 시작한 때에	단 9:21	내가 기도할 때에 이전에 환상 중에 본
렘 30:7	그 날은 야곱의 환난의 때가 됨이로다		그 사람 가브리엘이 … 제사를 드릴 때
렘 31:9	인도함을 받고 간구할 때에 내가 그들	단 9:25	예루살렘을 중건하라는 영이 날 때부터
렘 33:1	갇혀 있을 때에 여호와의 말씀이 그에게	단 11:35	희게 되어 마지막 때까지 이르게 하리니
렘 33:15	그 때에 내가 다윗에게서 한 공의로운	단 11:40	마지막 때에 남방 왕이 그와 힘을 겨룰
렘 35:11	느부갓네살 왕이 이 땅에 올라왔을 때에	단 12:4	다니엘아 마지막 때까지 이 말을 간수
렘 36:13	바룩이 백성의 귀에 책을 낭독할 때에	단 12:7	반드시 한 때 두 때 반 때를 지나서 성도
렘 38:6	구덩이에 던져 넣을 때에 예레미야를	단 12:9	말은 마지막 때까지 간수하고 봉함할

【 때 】

단 12:11	가증한 것을 세울 때부터 천이백구십	마 15:2	떡 먹을 때에 손을 씻지 아니하나이다
호 1:2	호세아에게 말씀하실 때 여호와께서	마 16:27	함께 오리니 그 때에 각 사람이 행한
호 5:15	그들이 고난 받을 때에 나를 간절히	마 17:3	그 때에 모세와 엘리야가 예수와 더불어
호 7:1	이스라엘을 치료하려 할 때에 에브라임	마 17:5	말할 때에 홀연히 빛난 구름이 그들을
호 10:12	여호와를 찾을 때니 마침내 여호와께서	마 17:9	산에서 내려올 때에 예수께서 명하여
호 12:9	애굽 땅에 있을 때부터 나는 네 하나님	마 17:22	갈릴리에 모일 때에 예수께서 제자들에
욜 1:8	너희는 처녀가 어렸을 때에 약혼한 남자	마 18:24	결산할 때에 만 달란트 빚진 자 하나를
욜 2:29	그 때에 내가 또 내 영을 남종과 여종에	마 19:28	영광의 보좌에 앉을 때에 나를 따르는
욘 2:7	내 속에서 피곤할 때에 내가 여호와를	마 20:17	예루살렘으로 올라가려 하실 때에
욘 4:2	내가 고국에 있을 때에 이러하겠다고	마 21:1	벳바게에 이르렀을 때에 예수께서
욘 4:8	해가 뜰 때에 하나님이 뜨거운 동풍을	마 21:18	이른 아침에 성으로 들어오실 때에 시장
합 1:2	듣지 아니하시니 어느 때까지리이까	마 21:22	기도할 때에 무엇이든지 믿고 구하는
합 2:3	이 묵시는 정한 때가 있나니 그 종말이	마 21:34	열매 거둘 때가 가까우매 그 열매를
슥 14:5	유다 왕 웃시야 때에 지진을 피하여	마 21:40	포도원 주인이 올 때에 그 농부들을
슥 14:7	낮도 아니라 어두워 갈 때에 빛이 있으	마 21:41	포도원은 제 때에 열매를 바칠 만한
말 2:9	율법을 행할 때에 사람에게 치우치게	마 22:28	부활 때에 일곱 중의 누구의 아내가
복음서		마 22:30	부활 때에는 장가도 아니 가고 시집도
마 1:11	바벨론으로 사로잡혀 갈 때에 요시야는	마 22:44	원수를 네 발 아래에 둘 때까지 내 우편
마 1:17	다윗부터 바벨론으로 사로잡혀 갈 때	마 23:39	주의 이름으로 오시는 이여 할 때까지
마 2:1	헤롯 왕 때에 예수께서 유대 베들레헴	마 24:1	성전에서 나와서 가실 때에 제자들이
마 2:7	박사들을 불러 별이 나타난 때를 자세히	마 24:3	감람 산 위에 앉으셨을 때에 제자들이
마 5:11	거슬러 모든 악한 말을 할 때에는 너희		조용히 와서 … 어느 때에 이런 일이
마 5:25	너를 고발하는 자와 함께 길에 있을 때	마 24:36	그 때는 아무도 모르나니 하늘의 천사들
마 6:2	구제할 때에 외식하는 자가 사람에게서	마 24:37	노아의 때와 같이 인자의 임함도 그러하
마 6:3	구제할 때에 오른손이 하는 것을 왼손	마 24:44	생각하지 않은 때에 인자가 오리라
마 6:5	너희는 기도할 때에 외식하는 자와 같이	마 24:45	사람들을 맡아 때를 따라 양식을 나눠
마 6:6	너는 기도할 때에 네 골방에 들어가	마 24:46	주인이 올 때에 그 종이 이렇게 하는
마 6:7	기도할 때에 이방인과 같이 중언부언하	마 25:13	너희는 그 날과 그 때를 알지 못하느니
마 6:16	금식할 때에 너희는 외식하는 자들과	마 25:14	타국에 갈 때 그 종들을 불러 자기 소유
마 6:17	너는 금식할 때에 머리에 기름을 바르고	마 25:31	천사와 함께 올 때에 자기 영광의 보좌
마 9:10	마태의 집에서 앉아 음식을 잡수실 때에	마 25:35	주릴 때에 너희가 먹을 것을 주었고 목
마 11:12	요한의 때부터 지금까지 천국은 침노를		마를 때에 마시게 … 나그네 되었을 때
마 12:20	아니하기를 심판하여 이길 때까지 하리	마 25:36	헐벗었을 때에 옷을 입혔고 병들었을
마 12:41	심판 때에 니느웨 사람들이 일어나		때에 돌보았고 옥에 갇혔을 때에 와서
마 12:42	심판 때에 남방 여왕이 일어나 이 세대	마 26:21	그들이 먹을 때에 이르시되 내가 진실로
마 12:43	더러운 귀신이 사람에게서 나갔을 때에	마 26:26	그들이 먹을 때에 예수께서 떡을 가지사
마 13:19	천국 말씀을 듣고 깨닫지 못할 때는	마 26:45	자고 쉬라 보라 때가 가까이 왔으니
마 13:21	환난이나 박해가 일어날 때에는 곧 넘어	마 26:47	말씀하실 때에 열둘 중의 하나인 유다가
마 13:25	사람들이 잘 때에 그 원수가 와서 곡식	마 27:19	총독이 재판석에 앉았을 때에 그의 아내
마 13:26	싹이 나고 결실할 때에 가라지도 보이	마 27:57	저물었을 때에 아리마대의 부자 요셉
마 13:30	추수 때까지 함께 자라게 두라 추수 때	마 27:63	저 속이던 자가 살아 있을 때에 말하되
마 13:39	추수 때는 세상 끝이요 추수꾼은 천사들	마 28:11	여자들이 갈 때 경비병 중 몇이 성에
마 14:15	빈들이요 때도 이미 저물었으니 무리를	마 28:13	우리가 잘 때에 그를 도둑질하여 갔다

714

【때】

막 1:15	이르시되 때가 찼고 하나님의 나라가	막 13:35	저물 때일는지, 밤중일는지, 닭 울 때
막 1:32	저물어 해 질 때에 모든 병자와 귀신	막 14:3	나병환자 시몬의 집에서 식사하실 때에
막 2:15	그의 집에 앉아 잡수실 때에 많은 세리	막 14:22	그들이 먹을 때에 예수께서 떡을 가지사
막 2:19	신랑과 함께 있을 때에 금식할 수 있느	막 14:35	때가 자기에게서 지나가기를 구하여
막 2:25	먹을 것이 없어 시장할 때에 한 일을	막 14:41	자고 쉬라 그만 되었다 때가 왔도다
막 2:26	아비아달 대제사장 때에 하나님의 전에	막 15:25	때가 제삼시가 되어 십자가에 못 박으니
막 3:11	더러운 귀신들도 어느 때든지 예수를	막 16:2	안식 후 첫날 매우 일찍이 해 돋은 때에
막 4:10	예수께서 홀로 계실 때에 함께한 사람	막 16:12	사람이 걸어서 시골로 갈 때에 예수께서
막 4:15	말씀을 들었을 때에 사탄이 즉시 와서	막 16:14	열한 제자가 음식 먹을 때에 예수께서
막 4:16	말씀을 들을 때에 즉시 기쁨으로 받으나	눅 1:5	왕 헤롯 때에 아비야 반열에 제사장
막 4:17	환난이나 박해가 일어나는 때에는	눅 1:20	때가 이르면 내 말이 이루어지리라 하더
막 4:29	대나니 이는 추수 때가 이르렀음이라	눅 2:1	그 때에 가이사 아구스도가 영을 내려
막 4:31	겨자씨 한 알과 같으니 땅에 심길 때에	눅 2:2	구레뇨가 수리아 총독이 되었을 때에
막 4:34	혼자 계실 때에 그 제자들에게 모든	눅 2:42	예수께서 열두 살 되었을 때에 그들이
막 4:35	저물 때에 제자들에게 이르시되 우리가	눅 2:43	날들을 마치고 돌아갈 때에 아이 예수는
막 5:18	예수께서 배에 오르실 때에 귀신 들렸던	눅 3:2	가야바가 대제사장으로 있을 때에
막 5:35	예수께서 말씀하실 때에 회당장의 집에서	눅 3:21	세례를 받으시고 기도하실 때에 하늘이
막 6:11	나갈 때에 발 아래 먼지를 떨어버려	눅 3:23	예수께서 가르치심을 시작하실 때에
막 6:20	들을 때에 크게 번민을 하면서도 달갑게	눅 4:25	땅에 큰 흉년이 들었을 때에 이스라엘
막 6:35	때가 저물어가매 제자들이 예수께 나아	눅 4:27	선지자 엘리사 때에 이스라엘에 많은
막 8:19	떡 다섯 개를 오천 명에게 떼어 줄 때에	눅 6:3	자기와 함께한 자들이 시장할 때에
막 8:20	또 일곱 개를 사천 명에게 떼어 줄 때에	눅 6:22	악하다 하여 버릴 때에는 너희에게 복이
막 8:38	거룩한 천사들과 함께 올 때에 그 사람	눅 7:12	성문에 가까이 이르실 때에 사람들이
막 10:6	창조 때로부터 사람을 남자와 여자로	눅 8:13	바위 위에 있다는 것은 말씀을 들을 때
막 10:46	여리고에서 나가실 때에 디매오의 아들		에 기쁨으로 받으나 … 시련을 당할 때
막 11:1	벳바게와 베다니에 이르렀을 때에 예수	눅 8:23	행선할 때에 예수께서 잠이 드셨더니
막 11:11	둘러보시고 때가 이미 저물매 열두 제자	눅 8:49	말씀하실 때에 회당장의 집에서 사람이
막 11:12	그들이 베다니에서 나왔을 때에 예수께	눅 9:5	성에서 떠날 때에 너희 발에서 먼지를
막 11:13	아무 것도 없더라 이는 무화과의 때가	눅 9:18	따로 기도하실 때에 제자들이 주와 함께
막 11:20	아침에 지나갈 때에 무화과나무가 뿌리	눅 9:26	천사들의 영광으로 올 때에 그 사람을
막 11:25	기도할 때에 아무에게나 혐의가 있거든	눅 9:29	기도하실 때에 용모가 변화되고 그 옷이
막 11:27	성전에서 거니실 때에 대제사장들과	눅 9:57	가실 때에 어떤 사람이 여짜오되 어디
막 12:2	때가 이르매 농부들에게 포도원 소출	눅 10:14	심판 때에 두로와 시돈이 너희보다
막 12:23	부활 때 곧 그들이 살아날 때에 그 중에	눅 10:35	더 들면 내가 돌아올 때에 갚으리라
막 12:25	사람이 죽은 자 가운데서 살아날 때에	눅 10:38	그들이 길 갈 때에 예수께서 한 마을에
막 12:36	원수를 네 발 아래에 둘 때까지 내 우편	눅 11:2	이르시되 너희는 기도할 때에 이렇게
막 12:38	예수께서 가르치실 때에 이르시되	눅 11:21	무장을 하고 자기 집을 지킬 때에는
막 13:1	예수께서 성전에서 나가실 때에 제자	눅 11:31	심판 때에 남방 여왕이 일어나 이 세대
막 13:3	마주 대하여 앉으셨을 때에 베드로와	눅 11:32	심판 때에 니느웨 사람들이 일어나
막 13:7	난리와 난리의 소문을 들을 때에 두려워	눅 11:36	등불의 빛이 너를 비출 때와 같이 온전
막 13:32	그 날과 그 때는 아무도 모르나니 하늘	눅 11:37	예수께서 말씀하실 때에 한 바리새인이
막 13:33	주의하라 깨어 있으라 그 때가 언제인지	눅 11:53	거기서 나오실 때에 서기관과 바리새인
막 13:34	가령 사람이 집을 떠나 타국으로 갈 때	눅 12:40	생각하지 않은 때에 인자가 오리라

【 때 】

눅 12:42	종들을 맡아 **때**를 따라 양식을 나누어		요 4:6	우물곁에 그대로 앉으시니 **때**가 여섯
눅 12:43	주인이 이를 **때**에 그 종이 그렇게 하는		요 4:21	너희가 아버지께 예배할 **때**가 이르리라
눅 12:58	법관에게 갈 **때**에 길에서 화해하기를		요 4:23	진리로 예배할 **때**가 오나니 곧 이 **때**라
눅 13:28	밖에 쫓겨난 것을 볼 **때**에 거기서 슬피		요 4:35	넉 달이 지나야 추수할 **때**가 이르겠다
눅 14:8	잔치에 청함을 받았을 **때**에 높은 자리에		요 4:52	시작한 **때**를 물은즉 어제 일곱 시에
눅 14:31	임금과 싸우러 갈 **때**에 먼저 앉아 일만		요 5:7	물이 움직일 **때**에 나를 못에 넣어주는
눅 14:32	아직 멀리 있을 **때**에 사신을 보내어		요 5:25	음성을 들을 **때**가 오나니 곧 이 **때**라
눅 15:25	집에 가까이 왔을 **때**에 풍악과 춤추는		요 5:35	너희가 한**때** 그 빛에 즐거이 있기를
눅 16:9	재물이 없어질 **때**에 그들이 너희를		요 7:27	그리스도께서 오실 **때**에는 어디서
눅 16:16	율법과 선지자는 요한의 **때**까지요		요 7:30	그 **때**가 아직 이르지 아니하였음이
눅 16:25	살았을 **때**에 좋은 것을 받았고 나사로는		요 8:56	아브라함은 나의 **때** 볼 것을 즐거워하다
눅 17:11	예루살렘으로 가실 **때**에 사마리아와		요 9:1	예수께서 길을 가실 **때**에 날 **때**부터
눅 17:22	**때**가 이르리니 너희가 인자의 날 하루를		요 9:4	**때**가 아직 낮이매 … 우리가 하여야 하
눅 17:26	노아의 **때**에 된 것과 같이 인자의 **때**에			리라 밤이 오리니 그 **때**는 아무도 일할
눅 17:28	**때**와 같으니 사람들이 먹고 마시고		요 10:22	예루살렘에 수전절이 이르니 **때**는 겨울
눅 18:8	인자가 올 **때**에 세상에서 믿음을 보겠느		요 11:24	마르다가 이르되 마지막 날 부활할 **때**에
눅 18:35	여리고에 가까이 가셨을 **때**에 한 맹인이		요 12:17	죽은 자 가운데서 살리실 **때**에 함께
눅 19:11	말씀을 듣고 있을 **때**에 비유를 더하여		요 12:23	이르시되 인자가 영광을 얻을 **때**가
눅 19:12	받아가지고 오려고 먼 나라로 갈 **때**에		요 13:1	돌아가실 **때**가 이른 줄 아시고 세상에
눅 19:13	이르되 내가 돌아올 **때**까지 장사하라		요 15:26	진리의 성령이 오실 **때**에 그가 나를
눅 19:29	베다니에 가까이 가셨을 **때**에 제자		요 16:2	출교할 뿐 아니라 **때**가 이르면 무릇
눅 19:33	새끼를 풀 **때**에 그 임자들이 이르되		요 16:25	**때**가 이르면 다시는 비유로 너희에게
눅 19:36	가실 **때**에 그들이 자기의 겉옷을 길에		요 16:32	나를 혼자 둘 **때**가 오나니 벌써 왔도다
눅 20:10	**때**가 이르매 포도원 소출 얼마를 바치게		요 17:1	아버지여 **때**가 이르렀사오니 아들을
눅 20:33	부활 **때**에 그 중에 누구의 아내가 되리		요 17:12	내가 그들과 함께 있을 **때**에 내게 주신
눅 20:43	네 발등상으로 삼을 **때**까지 내 우편에		요 19:14	유월절의 준비일이요 **때**는 제육시라
눅 21:24	예루살렘은 이방인의 **때**가 차기까지		요 20:1	일찍이 아직 어두울 **때**에 막달라 마리아
눅 22:18	하나님의 나라가 임할 **때**까지 포도나무		요 20:19	안식 후 첫날 저녁 **때**에 제자들이 유대
눅 22:35	신발도 없이 보내었을 **때**에 부족한 것이		요 20:24	도마는 예수께서 오셨을 **때**에 함께 있지
눅 22:47	말씀하실 **때**에 한 무리가 오는데 열둘		요 20:26	제자들이 다시 집 안에 있을 **때**에 도마
눅 22:60	아직 말하고 있을 **때**에 닭이 곧 울더라		요 21:4	날이 새어갈 **때**에 예수께서 바닷가에
눅 23:42	예수여 당신의 나라에 임하실 **때**에 나를		요 21:22	내가 올 **때**까지 그를 머물게 하고자
눅 23:44	**때**가 제육시쯤 되어 해가 빛을 잃고		**역사서**	
눅 24:4	이로 인하여 근심할 **때**에 문득 찬란한		행 1:7	이르시되 **때**와 시기는 아버지께서 자기
눅 24:6	갈릴리에 계실 **때**에 너희에게 어떻게		행 1:10	올라가실 **때**에 제자들이 자세히 하늘을
눅 24:15	서로 이야기하며 문의할 **때**에 예수께서		행 1:21	주 예수께서 우리 가운데 출입하실 **때**에
눅 24:29	우리와 함께 유하사이다 **때**가 저물어		행 2:15	**때**가 제삼시니 너희 생각과 같이 이
눅 24:30	그들과 함께 음식 잡수실 **때**에 떡을		행 2:18	그 **때**에 내가 내 영을 내 남종과 여종들
눅 24:32	우리에게 성경을 풀어주실 **때**에 우리		행 3:21	만물을 회복하실 **때**까지는 하늘이
눅 24:49	능력으로 입혀질 **때**까지 이 성에 머물라		행 3:24	**때**부터 이어 말한 모든 선지자도 이 **때**
눅 24:51	축복하실 **때**에 그들을 떠나 [하늘로		행 4:1	사도들이 백성에게 말할 **때**에 제사장
요 1:48	무화과나무 아래에 있을 **때**에 보았노라		행 5:4	땅이 그대로 있을 **때**에는 네 땅이 아니
요 2:4	상관이 있나이까 내 **때**가 아직 이르지		행 5:15	베드로가 지날 **때**에 혹 그의 그림자라도

【 때 】   【 때 】

행 5:37	호적할 **때**에 갈릴리의 유다가 일어나	롬 5:13	율법이 없었을 **때**에는 죄를 죄로 여기지
행 7:17	아브라함에게 약속하신 **때**가 가까우매	롬 6:20	죄의 종이 되었을 **때**에는 의에 대하여
행 7:26	이스라엘 사람끼리 싸울 **때**에 모세가	롬 7:5	육신에 있을 **때**에는 율법으로 말미암는
행 8:33	굴욕을 당했을 **때** 공정한 재판도 받지	롬 7:9	깨닫지 못했을 **때**에는 내가 살았더니
행 9:39	도르가가 그들과 함께 있을 **때**에 지은	롬 9:9	약속의 말씀은 이것이니 명년 이 **때**
행 10:10	먹고자 하매 사람들이 준비할 **때**에 황홀	롬 9:11	선이나 악을 행하지 아니한 **때**에 택하심
행 10:19	베드로가 그 환상에 대하여 생각할 **때**에	롬 11:27	내가 그들의 죄를 없이 할 **때**에 그들에
행 10:25	베드로가 들어올 **때**에 고넬료가 맞извест	롬 13:11	깰 **때**가 벌써 되었으니 … 믿을 **때**보다
행 10:44	베드로가 이 말을 할 **때**에 성령이 말씀	롬 15:23	서바나로 갈 **때**에 너희에게 가기를
행 11:2	베드로가 예루살렘에 올라갔을 **때**에	롬 15:29	내가 너희에게 나아갈 **때**에 그리스도의
행 11:5	내가 욥바 시에서 기도할 **때**에 황홀	고전 2:1	하나님의 증거를 전할 **때**에 말과 지혜의
행 11:15	내가 말을 시작할 **때**에 성령이 그들에게	고전 2:3	너희 가운데 거할 **때**에 약하고 두려워
행 11:17	믿을 **때**에 주신 것과 같은 선물을 그들	고전 4:5	**때**가 이르기 전 곧 주께서 오시기까지
행 11:28	흉년이 들리라 하더니 글라우디오 **때**에		아무 것도 판단하지 말라 … 그 **때**에
행 12:3	베드로도 잡으려 할새 **때**는 무교절 기간	고전 6:4	너희가 세상 사건이 있을 **때**에 교회에서
행 13:2	주를 섬겨 금식할 **때**에 성령이 이르시되	고전 7:21	종으로 있을 **때**에 부르심을 받았느냐
행 13:20	선지자 사무엘 **때**까지 사사를 주셨더니	고전 7:22	같이 자유인으로 있을 **때**에 부르심을
행 13:25	요한이 그 달려갈 길을 마칠 **때**에 말하	고전 9:18	내가 복음을 전할 **때**에 값없이 전하고
행 13:41	내가 너희 **때**를 당하여 한 일을 행할	고전 10:27	불신자 중 누가 너희를 청할 **때**에 너희
행 14:20	제자들이 둘러섰을 **때**에 바울이 일어나	고전 11:18	교회에 모일 **때**에 너희 중에 분쟁이
행 16:4	여러 성으로 다녀갈 **때**에 예루살렘에	고전 11:21	먹을 **때**에 각각 자기의 만찬을 먼저
행 16:10	바울이 그 환상을 보았을 **때** 우리가	고전 11:25	행하여 마실 **때**마다 나를 기념하라
행 16:14	한 여자가 말을 듣고 있을 **때** 주께서	고전 11:26	**때**마다 주의 죽으심을 그가 오실 **때**까지
행 18:12	갈리오가 아가야 총독 되었을 **때**에	고전 11:33	형제들아 먹으러 모일 **때**에 서로 기다
행 18:14	바울이 입을 열고자 할 **때**에 갈리오가	고전 11:34	내가 언제든지 갈 **때**에 바로잡으리라
행 19:1	아볼로가 고린도에 있을 **때**에 바울이	고전 12:2	너희가 이방인으로 있을 **때**에 말 못하는
행 19:2	너희가 믿을 **때**에 성령을 받았느냐	고전 13:10	온전한 것이 올 **때**에는 부분적으로 하던
행 21:26	사람을 위하여 제사 드릴 **때**까지의 결례	고전 13:11	어렸을 **때**에는 말하는 것이 어린 아이
행 21:31	그를 죽이려 할 **때**에 온 예루살렘이	고전 14:16	영으로 축복할 **때**에 알지 못하는 처지
행 22:6	가는 중 다메섹에 가까이 갔을 **때**에	고전 14:26	형제들아 어찌할까 너희가 모일 **때**에
행 22:17	돌아와서 성전에서 기도할 **때**에 황홀한	고전 15:23	다음에는 그가 강림하실 **때**에 그리스도
행 22:20	스데반이 피를 흘릴 **때**에 내가 곁에	고전 15:24	나라를 아버지 하나님께 바칠 **때**라
행 24:20	내가 공회 앞에 섰을 **때**에 무슨 옳지	고전 15:25	모든 원수를 그 발 아래에 둘 **때**까지
행 26:4	예루살렘에서 젊었을 **때**부터 생활한 상황	고전 15:54	죽을 것이 죽지 아니함을 입을 **때**에는
행 26:10	또 죽일 **때**에 내가 찬성 투표를 하였고	고전 16:2	수입에 따라 모아 두어서 내가 갈 **때**에
행 28:10	후한 예로 우리를 대접하고 떠날 **때**에	고전 16:3	내가 이를 **때**에 너희가 인정한 사람에게
행 28:25	서로 맞지 아니하여 흩어질 **때**에 바울이	고후 1:17	이렇게 계획할 **때**에 어찌 경솔히 하였으
서신서		고후 2:3	이같이 쓴 것은 내가 갈 **때**에 마땅히
롬 2:14	율법의 일을 행할 **때**에는 이 사람은	고후 3:14	오늘까지도 구약을 읽을 **때**에 그 수건이
롬 3:4	의롭다 함을 얻으시고 판단 받으실 **때**에	고후 3:15	오늘까지 모세의 글을 읽을 **때**에 수건이
롬 5:6	연약할 **때**에 기약대로 그리스도께서	고후 5:6	항상 담대하여 몸으로 있을 **때**에는 주와
롬 5:8	우리가 아직 죄인 되었을 **때**에 그리스도	고후 6:2	베풀 **때**에 너에게 … 받을 만한 **때**요
롬 5:10	되었을 **때**에 그의 아들의 죽으심으로	고후 7:5	우리가 마게도냐에 이르렀을 **때**에도

【 때 】

고후 10:2	너희와 함께 있을 **때**에 나로 하여금
고후 10:6	너희의 복종이 온전하게 될 **때**에 모든
고후 10:10	그가 몸으로 대할 **때**는 약하고 그 말도
고후 11:4	받지 아니한 다른 복음을 받게 할 **때**에
고후 11:9	내가 너희와 함께 있을 **때** 비용이 부족
고후 12:10	이는 내가 약한 그 **때**에 강함이라
고후 13:9	약할 **때**에 너희의 강한 것을 기뻐하고
갈 1:13	내가 이전에 유대교에 있을 **때**에 행한
갈 2:11	게바가 안디옥에 이르렀을 **때**에 책망
갈 3:23	매인 바 되고 계시될 믿음의 **때**까지
갈 4:2	아버지가 정한 **때**까지 후견인과 청지기
갈 4:4	**때**가 차매 하나님이 그 아들을 보내사
갈 4:8	너희가 그 **때**에는 하나님을 알지 못하여
갈 6:9	포기하지 아니하면 **때**가 이르매 거두리
엡 1:9	그리스도 안에서 **때**가 찬 경륜을 위하여
엡 1:16	기도할 **때**에 기억하며 너희로 말미암아
엡 5:16	세월을 아끼라 **때**가 악하니라
빌 1:3	너희를 생각할 **때**마다 나의 하나님께
빌 1:4	간구할 **때**마다 너희 무리를 위하여 기쁨
빌 2:12	**때**뿐 아니라 더욱 지금 나 없을 **때**에도
빌 4:15	마게도냐를 떠날 **때**에 주고받는 내 일에
빌 4:16	데살로니가에 있을 **때**에도 너희가
골 1:3	너희를 위하여 기도할 **때**마다 하나님
골 3:4	그리스도께서 나타나실 그 **때**에 너희도
골 3:7	그 가운데 살 **때**에는 그 가운데서 행하
살전 1:2	하나님께 감사하며 기도할 **때**에 너희를
살전 2:5	아무 **때**에도 아첨하는 말이나 탐심의
살전 2:13	하나님의 말씀을 받을 **때**에 사람의 말로
살전 2:19	강림하실 **때** 우리 주 예수 앞에 너희가
살전 3:4	우리가 너희와 함께 있을 **때**에 장차
살전 3:13	모든 성도와 함께 강림하실 **때**에 하나님
살전 4:15	주께서 강림하실 **때**까지 우리 살아남아
살전 5:1	형제들아 **때**와 시기에 관하여는 너희
살전 5:23	강림하실 **때**에 흠 없게 보전되기를 원하
살후 1:7	함께 불꽃 가운데 나타나실 **때**에
살후 2:6	그의 **때**에 나타나게 하려 하여 막는
살후 2:7	있어 그 중에서 옮겨질 **때**까지 하리라
살후 2:8	**때**에 불법한 자가 나타나리니 주 예수
살후 3:10	있을 **때**에도 너희에게 명하기를 누구든
살후 3:16	**때**마다 일마다 너희에게 평강을 주시고
딤전 1:3	마게도냐로 갈 **때**에 너를 권하여 에베소
딤전 1:13	내가 믿지 아니할 **때**에 알지 못하고
딤전 4:13	내가 이를 **때**까지 읽는 것과 권하는
딤전 4:14	장로의 회에서 안수 받을 **때**에 예언을
딤전 5:11	그리스도를 배반할 **때**에 시집가고자
딤전 6:14	그리스도께서 나타나실 **때**까지 흠도
딤후 1:17	로마에 있을 **때**에 나를 부지런히 찾아와
딤후 3:1	너는 이것을 알라 말세에 고통하는 **때**가
딤후 4:2	말씀을 전파하라 **때**를 얻든지 못 얻든지
딤후 4:3	**때**가 이르리니 사람이 바른 교훈을 받지
딤후 4:11	네가 올 **때**에 마가를 데리고 오라 그가
딤후 4:13	네가 올 **때**에 내가 드로아 가보의 집에
딤후 4:16	내가 처음 변명할 **때**에 나와 함께한
딛 1:3	자기 **때**에 자기의 말씀을 전도로 나타내
딛 3:4	자비와 사람 사랑하심이 나타날 **때**에
몬 1:4	하나님께 감사하고 기도할 **때**에 너를
히 1:5	하나님께서 어느 **때**에 천사 중 누구에게
히 1:6	세상에 다시 들어오게 하실 **때**에 하나님
히 3:14	우리가 시작할 **때**에 확신한 것을 끝까지
히 4:3	세상을 창조할 **때**부터 그 일이 이루어졌
히 4:9	안식할 **때**가 하나님의 백성에게 남아
히 4:16	긍휼하심을 받고 **때**를 따라 돕는 은혜
히 5:7	육체에 계실 **때**에 자기의 죽음에서 능히
히 5:12	**때**가 오래 되었으므로 너희가 마땅히
히 6:13	아브라함에게 약속하실 **때**에 가리켜
히 7:10	멜기세덱이 아브라함을 만날 **때**에 레위
히 8:5	모세가 장막을 지으려 할 **때**에 지시하심
히 9:10	육체의 예법일 뿐이며 개혁할 **때**까지
히 9:15	첫 언약 **때**에 범한 죄에서 속량하려
히 9:26	창조한 **때**부터 자주 고난을 받았어야
히 10:5	세상에 임하실 **때**에 이르시되 하나님이
히 10:13	원수들을 자기 발등상이 되게 하실 **때**
히 11:8	아브라함은 부르심을 받았을 **때**에
히 11:17	아브라함은 시험을 받을 **때**에 믿음으로
히 11:21	믿음으로 야곱은 죽을 **때**에 요셉의
히 11:23	모세가 났을 **때**에 그 부모가 아름다운
히 12:5	그에게 꾸지람을 받을 **때**에 낙심하지
히 12:26	그 **때**에는 그 소리가 땅을 진동하였거니
약 1:13	사람이 시험을 받을 **때**에 내가 하나님께
약 2:2	옷을 입은 가난한 사람이 들어올 **때**에
약 2:21	아들 이삭을 제단에 바칠 **때**에 행함으로
약 2:25	길로 나가게 할 **때**에 행함으로 의롭다
벧전 1:7	예수 그리스도께서 나타나실 **때**에 칭찬
벧전 1:13	그리스도께서 나타나실 **때**에 너희에게
벧전 1:14	전에 알지 못할 **때**에 따르던 너희 사욕
벧전 1:17	나그네로 있을 **때**를 두려움으로 지내라

718

【때】

벧전 3:20 오래 참고 기다리실 **때**에 복종하지 아니
벧전 4:2 뜻을 따라 육체의 남은 **때**를 살게 하려
벧전 4:3 뜻을 따라 행한 것은 지나간 **때**로
벧전 4:13 영광을 나타내실 **때**에 너희로 즐거워
벧전 4:17 하나님의 집에서 심판을 시작할 **때**가
벧전 5:4 목자장이 나타나실 **때**에 시들지 아니
벧전 5:6 손아래에서 겸손하라 **때**가 되면 너희를
벧후 1:17 아들이요 내 기뻐하는 자라 하실 **때**에
벧후 2:4 구덩이에 두어 심판 **때**까지 지키게
벧후 2:13 흠이라 너희와 함께 연회할 **때**에 그들의
벧후 3:4 잔 후로부터 만물이 처음 창조될 **때**와
벧후 3:6 그 **때**에 세상은 물이 넘침으로 멸망하였
요일 2:18 마지막 **때**라 … 마지막 **때**인 줄 아노라
요일 2:28 강림하실 **때**에 우리로 담대함을 얻어
요일 4:12 어느 **때**나 하나님을 본 사람이 없으되
요일 5:2 그의 계명들을 지킬 **때**에 이로써 우리가
유 1:9 마귀와 다투어 변론할 **때**에 감히 비방
유 1:18 마지막 **때**에 자기의 경건하지 않은 정욕

예언서

계 1:3 지키는 자는 복이 있나니 **때**가 가까움
계 1:12 음성을 알아 보려고 돌이킬 **때**에 일곱
계 2:13 사탄이 사는 곳에서 죽임을 당할 **때**에도
계 2:25 너희에게 있는 것을 내가 올 **때**까지
계 3:3 내가 도둑같이 이르리니 어느 **때**에
계 3:10 너를 지켜 시험의 **때**를 면하게 하리니
… 땅에 거하는 자들을 시험할 **때**라
계 4:9 이에게 영광과 존귀와 감사를 돌릴 **때**에
계 6:3 둘째 인을 떼실 **때**에 내가 들으니 둘째
계 6:10 갚아주지 아니하시기를 어느 **때**까지
계 9:5 사람을 쏠 **때**에 괴롭게 함과 같더라
계 10:3 그가 외칠 **때**에 일곱 우레가 그 소리를
계 10:4 우레가 말을 할 **때**에 내가 기록하려고
계 10:7 그의 나팔을 불려고 할 **때**에 하나님이
계 11:6 물을 피로 변하게 하고 아무 **때**든지
계 11:7 그 증언을 마칠 **때**에 무저갱으로부터
계 12:12 마귀가 자기의 **때**가 얼마 남지 않은
계 12:14 낯을 피하여 한 **때**와 두 **때**와 반 **때**를
계 14:15 곡식이 다 익어 거둘 **때**가 이르렀음
계 22:8 요한이니 내가 듣고 볼 **때**에 이 일을
계 22:10 예언의 말씀을 인봉하지 말라 **때**가

때 - 기타 본문

모세오경 창 3:8; 12:6, 11, 12, 14; 14:10, 13, 17;

15:11, 12, 17; 16:3; 17:25; 18:1, 14; 19:15, 23, 29; 20:13; 21:21, 22; 24:11, 30, 41, 62; 26:15, 18; 27:5, 40; 29:7; 30:33, 38; 31:10, 19, 49; 32:2; 33:6; 34:25; 35:1, 7, 18, 22; 36:24; 37:2, 12, 28; 38:17, 25, 27, 28; 39:5, 11; 40:13, 20; 41:10, 46; 42:1, 6, 21; 44:3, 30; 45:1; 46:34; 48:7; 50:17; 출 1:10; 2:18; 4:14, 24, 26; 5:13, 20; 8:15, 32; 9:24; 10:3, 7; 11:1; 12:23, 25, 27; 13:18; 14:10, 15:1; 16:3, 4, 28, 32; 17:8; 18:22, 26; 19:19; 20:18; 22:14; 28:30, 35, 43; 29:30; 30:12, 20; 33:8; 34:29, 30, 34; 35:19; 39:1, 41; 40:32, 37; 레 5:4, 5; 10:9; 11:38, 39; 12:2, 5; 13:14; 14:34, 37, 57; 15:25, 26; 16:23; 19:5, 35; 22:7, 13; 25:41, 50; 26:5, 6, 26, 34, 35, 44; 27:9; 민 3:1; 4:5, 15, 19; 5:29, 30; 6:7, 12; 7:89; 9:5, 6, 11, 19, 20, 21; 10:4, 5, 6, 7, 9, 28, 33, 34, 35, 36; 11:25; 13:20; 14:10, 11, 27; 15:3, 8, 13, 14, 19, 32; 16:7, 42, 48; 18:2, 26; 19:14; 20:3; 21:17; 22:4, 31; 23:23; 24:2, 17, 23; 25:2, 6; 28:8; 30:3, 6, 14; 32:8, 10; 33:4; 35:23; 신 1:4, 9, 16, 17, 18, 19, 41; 2:8, 14, 31, 32, 34; 3:4, 8, 12, 18, 21, 23, 29; 4:25, 41; 5:5; 6:11; 7:1, 2, 19; 8:13; 9:9, 19, 20; 10:1, 10; 11:4, 29; 12:10, 29; 13:9; 16:4; 17:14; 19:1, 5, 8; 20:1, 10, 19, 20; 21:10; 22:14, 19; 23:4, 24, 25; 25:11, 18, 19; 26:1, 3, 13; 29:7, 25; 31:17, 18, 21; 32:8, 23, 36; 33:5 **역사서** 수 2:10, 14, 18; 3:14; 5:2, 8, 13; 6:5, 16, 20, 26; 8:5, 14, 30; 10:1, 8, 11, 22, 27, 33; 11:7, 10, 21; 14:6, 10, 11; 18:3; 20:9; 21:1; 22:1, 7; 삿 3:10, 15, 29; 4:4, 22; 5:4, 8, 11, 13, 19, 22; 6:3, 18, 33; 7:19; 8:3, 9, 10, 22; 9:33, 35; 10:12, 14, 17; 11:5, 9, 16, 29; 12:1, 2, 6; 13:9, 17; 14:4, 17; 15:14; 16:12, 13, 25; 18:1, 3, 17, 22; 19:11, 22, 26; 20:15, 27, 40; 21:9, 14, 22, 24; 룻 3:14; 삼상 1:9; 2:13; 3:2, 7; 4:5, 13, 19, 20; 6:12; 9:5, 14, 17, 24, 26; 10:5, 8, 10, 26; 11:6, 9, 11; 12:17; 13:21; 14:18, 19, 24, 26, 27, 28, 36; 15:2, 6, 17, 27; 16:16, 23; 17:15, 19, 23, 34, 48, 57; 18:6, 10, 30; 19:9, 20; 20:6, 15, 24, 36; 22:6, 9; 23:6, 19; 25:30, 31; 28:1; 30:1, 17; 삼하 1:12, 23; 2:2, 24, 32; 3:13, 22; 4:4; 7:1, 11; 8:3; 11:17; 12:18, 21, 22; 13:6, 11, 28, 30; 14:4, 26, 32; 15:2, 8, 11, 12, 16, 19, 28, 30, 32; 16:6, 13,

【 때 】

16, 23; 17:2, 17, 27; 18:5, 9, 18, 24, 25, 29, 33; 19:7, 16, 18, 25, 32; 20:8; 21:9, 10, 17, 18, 19; 22:16; 23:13, 14, 20; 24:11, 15; 왕상 1:5, 14, 21, 41, 42; 2:7, 8, 26; 3:2; 6:7; 7:24; 8:10, 12, 14, 21, 35; 9:1, 24; 11:15, 17, 24, 29; 13:1, 4, 20; 14:1, 5, 6, 12, 17; 16:9, 15, 21; 17:11; 18:2, 13, 17, 21, 29, 36; 20:10, 12, 28, 36, 39; 21:13, 27; 22:27; 왕하 2:23; 3:6, 15, 20; 4:8, 16, 17; 5:18, 26; 6:5, 8, 20, 26, 30, 32, 33; 7:2, 17, 19; 8:4, 5, 6, 7, 16, 22; 9:15, 25; 10:24, 32; 11:8; 12:17; 13:23; 14:2, 21; 15:2, 16, 29, 37; 16:2, 5; 17:25; 18:2, 4, 16; 19:3, 37; 20:12; 21:15; 23:29; 24:10, 11, 12, 20; 25:14; 대상 4:31, 41; 5:10, 17, 20, 22; 6:31; 11:16, 22; 12:19, 20, 22; 13:3; 16:19, 33; 20:4, 5; 21:15, 20, 28; 22:13; 26:27; 대하 4:3, 16; 5:10, 11, 13; 6:1, 3; 7:6, 8, 13; 8:17; 9:10; 12:5, 11; 13:7, 15, 18; 15:4, 5, 19; 16:7, 10, 12; 18:26; 19:6; 20:10, 16, 20, 31; 21:8, 10; 22:6, 8; 23:7, 15; 24:15, 22; 25:14, 16; 26:19; 27:8; 28:16; 30:3, 26, 27; 31:11; 32:21, 31; 34:3, 14; 35:17, 22; 36:20; 스 5:3, 16; 7:7; 8:1, 21, 24, 34; 9:4, 5, 7; 10:9, 13; 느 2:2, 6; 3:1, 26; 4:16, 22; 5:1; 6:1, 17; 11:17; 12:7, 12, 22, 23, 26, 47; 13:6, 15, 19, 23; 에 2:13, 15, 19, 20, 21; 7:2; 8:9; 9:27 시가서 욥 2:11; 4:16; 5:20, 21, 26; 7:13, 19; 8:2, 12; 11:13; 13:26; 14:6, 13; 15:21; 18:2; 19:2; 20:4, 23, 24; 22:16; 24:1, 14; 27:15; 28:27; 29:2, 3, 4, 5, 7, 21, 24; 30:24; 31:13, 14, 18; 37:4, 17, 21; 38:1, 7, 8, 9, 21, 23, 32, 41; 39:1, 2, 18, 25; 40:6, 24; 41:20, 30; 42:10; 시 2:5; 6:3; 9:3; 10:15; 12:8; 13:2, 4; 18:15; 22:9, 10; 27:8; 37:33, 34, 36; 38:16; 39:3, 5, 11, 12; 40:7; 51:19; 53:6; 55:1; 58:11; 61:2; 63:6; 66:14; 68:7, 9; 76:9; 78:30, 34, 43, 65; 95:9, 12; 101:2; 106:7, 30; 114:1; 116:3; 122:1; 124:2, 3, 4, 5; 126:2; 129:2; 잠 1:28; 7:10, 12; 8:26, 27, 29; 10:5, 7; 18:3; 20:4; 21:13; 25:8; 26:1; 29:21; 전 2:3; 5:14; 8:8, 9; 9:14; 10:3, 17; 아 5:5, 6; 6:11; 8:1 선지서 사 2:21; 3:24; 4:4; 5:17; 6:12; 7:15, 17; 8:21; 9:3; 10:3; 13:22; 14:25; 17:6; 18:5, 7; 20:2; 24:23; 25:4; 26:9; 28:7, 18, 19; 29:23; 30:25, 32; 31:4; 32:16; 33:2, 23; 35:5; 36:22; 37:9, 38; 39:1; 40:20; 41:17; 48:16, 21; 49:21;

50:6; 51:2; 54:6; 59:10; 60:5; 64:3; 66:18; 렘 2:2, 28; 3:18, 24, 25; 4:11, 21; 5:18; 6:15; 7:34; 8:1, 12, 15; 10:15; 11:15, 18; 12:5; 13:21; 16:10; 18:5, 7, 9, 23; 19:9; 20:8; 22:15, 21, 22, 23; 27:1, 20; 29:2, 29; 31:1, 2, 13, 19, 20, 22, 23, 29; 32:2, 3-5, 26; 33:20; 34:1, 7, 13; 35:1, 12; 36:22; 37:4, 21; 38:7; 41:5, 7; 42:18; 44:17, 19; 45:1; 46:21; 47:5; 48:27; 49:2, 8; 50:4, 20, 27; 51:33, 39; 52:18; 애 2:12, 22; 4:10, 15; 겔 1:17, 19, 21, 24, 25; 2:2; 3:12, 18, 20, 27; 7:7, 12, 26; 9:8; 10:3, 11, 16, 19; 11:1, 3, 22; 12:7, 12, 27; 13:10; 14:23; 15:5, 7; 16:6, 8, 22, 43, 61; 17:10, 17; 20:41, 42; 21:25; 23:8, 19; 25:3; 26:7, 10, 15, 16, 19; 27:20, 32, 33, 34; 28:25; 29:18; 30:3, 4, 8, 11, 18; 31:16; 32:7, 9, 10, 14; 33:22, 29, 33; 35:5, 11, 14; 36:8, 17, 31; 38:12, 17; 39:26, 27; 40:42; 42:14; 43:3, 6; 44:7, 10, 15, 17, 19, 21, 27; 45:1; 46:8, 9, 10, 12; 48:11; 단 2:9, 14, 21, 29, 35; 3:5, 8, 24; 4:4, 7, 16, 23, 25, 31, 32, 33, 36; 5:2, 5, 8, 11; 6:14; 7:11, 25; 8:2, 5, 8, 13, 14, 15, 17, 18, 19, 23, 25; 10:2, 5, 8, 9, 15; 11:4, 6, 13, 14, 21, 24, 27, 34, 36; 12:1, 6; 호 2:7, 15; 6:11; 7:6, 12; 8:5; 9:12; 10:8, 10, 14; 11:1; 13:4, 13; 욜 2:18; 3:1; 암 4:2; 5:13; 6:10; 7:1, 10, 15; 9:13; 미 2:3, 4; 3:4; 5:5, 6; 나 3:7; 습 1:12; 3:9, 11, 19, 20; 학 1:4, 13, 15; 2:5, 15, 16; 슥 1:20; 2:2; 3:2; 4:7; 5:7; 7:2, 6, 7; 8:14; 10:1, 5, 11; 12:2; 13:3, 4; 14:3, 12, 14, 18; 말 3:2, 4, 16, 18 복음서 마 1:20; 2:16; 3:1, 5, 13; 4:1, 17; 7:23; 8:29; 9:14, 15, 18, 32; 10:19; 11:20, 25; 12:1, 3, 22, 38, 46; 13:43; 14:1; 15:1, 28; 16:21; 17:18, 19; 18:1, 21; 19:13; 20:20, 29; 22:41; 23:30; 24:9, 10, 16, 21, 23, 30, 40; 25:1, 34, 37, 38, 39, 42, 43, 44; 26:3, 6, 14, 16, 18, 20, 31, 55; 27:3, 16, 17, 38; 막 1:9; 3:31; 9:9, 21; 13:4, 11, 14, 21, 24, 26, 27; 14:7, 18, 43; 15:41, 42; 눅 1:39, 44; 2:6, 38; 5:12, 17, 34; 6:12; 7:21, 36, 44, 45; 8:42, 45; 9:33, 34, 36, 42; 10:21; 11:22, 24, 27, 29; 12:12, 39; 13:1, 10, 26, 31, 35; 14:9, 10; 17:20; 20:45; 21:7, 8, 9, 21, 27; 22:6, 14, 53; 23:7, 26, 30; 24:33, 36, 41, 44; 요 1:19, 39; 4:27, 53; 5:28, 37; 6:59, 66; 7:6, 8, 46; 8:20, 44; 12:27; 13:19; 14:29; 16:4, 21; 18:6, 18; 19:27; 20:8; 21:23 역

【 때때로 】　　　　　　　　　　　　　　　　　　　【 땔감 】

사서 행 1:6, 15; 2:5; 6:1; 7:2, 11, 20, 41, 45; 9:10, 32, 37; 10:9; 11:19, 27; 12:1; 19:23; 20:3; 21:35, 37; 25:15 서신서 롬 3:26; 6:21; 고전 7:29, 36; 13:12; 14:7; 15:27, 28; 고후 10:11; 12:19, 20, 21; 13:2, 10; 갈 1:16; 4:3, 18, 29; 엡 2:2, 11, 12; 4:8; 살전 5:3; 살후 2:5; 딛 3:12; 히 1:13; 벧전 1:11; 벧후 1:15 예언서 계 2:17; 6:1, 5, 7, 9, 12; 8:1; 11:13, 18

때때로(regularly, continually)
대하 24:11 가져다 두었더라 **때때로** 이렇게 하여
사 27:3 포도원지기가 됨이여 **때때로** 물을 주며

때리다(beat, bruise)
출 5:14 이스라엘 자손의 기록원들을 **때리며**
출 21:25 때린 것은 **때림**으로 갚을지니라
민 22:27 자기 지팡이로 나귀를 **때리는지라**
민 22:28 하였기에 나를 이같이 세 번 **때리느냐**
민 22:32 나귀를 이같이 세 번 **때렸느냐** 보라
느 13:25 그들 중 몇 사람을 **때리고** 그들의 머리
잠 17:10 매 백 대로 미련한 자를 **때리는** 것보다
잠 17:26 귀인을 정직하다고 **때리는** 것은 선하지
잠 19:25 거만한 자를 **때리라** 그리하면 어리석은
잠 20:30 상하게 **때리는** 것이 악을 없이하나니
잠 23:13 채찍으로 그를 **때릴지라도** 그가 죽지
잠 23:14 네가 그를 채찍으로 **때리면** 그의 영혼을
잠 23:35 사람이 나를 **때려도** 나는 아프지 아니
사 10:24 막대기로 너를 **때리며** 몽둥이를 들어
렘 2:30 내가 너희 자녀들을 **때린** 것이 무익함은
렘 20:2 바스훌이 선지자 예레미야를 **때리고**
렘 37:15 노여워하여 예레미야를 **때려서** 서기관
겔 7:9 여호와가 **때리는** 이임을 네가 알리라
마 24:49 동료들을 **때리며** 술친구들과 더불어
마 24:51 엄히 **때리고** 외식하는 자가 받는 벌에
마 26:67 치고 어떤 사람은 손바닥으로 **때리며**
막 12:3 그들이 종을 잡아 심히 **때리고** 거저
막 12:5 종들도 더러는 **때리고** 더러는 죽인지라
눅 10:30 강도들이 그 옷을 벗기고 **때려** 거의
눅 12:45 더디 오리라 하여 남녀종들을 **때리며**
눅 12:46 주인이 이르러 엄히 **때리고** 신실하지
눅 20:10 농부들이 종을 몹시 **때리고** 거저
눅 20:11 다른 종을 보내니 그도 몹시 **때리고**
눅 22:63 사람들이 예수를 희롱하고 **때리며**
눅 23:16 그러므로 **때려서** 놓겠노라
눅 23:22 죽일 죄를 찾지 못하였나니 **때려서** 놓으
요 19:3 평안할지어다 하며 손으로 **때리더라**
행 16:37 정하지 아니하고 공중 앞에서 **때리고**
행 18:17 소스데네를 잡아 법정 앞에서 **때리되**
행 22:19 사람들을 가두고 또 각 회당에서 **때리고**

때문(because, for, why)
창 20:6 가까이 하지 못하게 함이 이 **때문이니**
창 29:9 그의 양들을 치고 있었기 **때문이더라**
사 53:5 **때문이요** 그가 상함은 우리의 죄악 **때문**
빌 3:8 아는 지식이 가장 고상하기 **때문이라**

📖 **때문 - 기타 본문**

모세오경, 역사서 창 32:11; 출 4:26; 29:33; 레 11:43; 19:20, 28; 민 22:3, 29; 신 1:37; 3:26; 7:7; 수 5:1; 9:18; 11:8; 17:1; 삿 11:13; 20:6; 삼상 1:16; 3:13; 4:21; 18:16; 23:10; 24:10; 26:12; 30:6; 삼하 12:25; 13:2; 16:12; 22:18; 왕상 15:30; 16:13, 19; 21:6; 왕하 13:23; 19:4, 6, 20; 23:26; 24:3; 대상 7:4; 10:13; 16:21; 스 4:15; 9:4; 10:9; 느 9:15; 11:23; 12:44; 에 4:5 시가서, 선지서 욥 1:10; 7:11; 10:15; 17:7, 8; 18:4; 22:4; 23:17; 시 18:17; 31:9, 10, 11; 33:21; 37:1, 7; 38:16, 20; 44:16; 50:8; 55:3; 68:18; 78:22, 62; 82:8; 89:16, 18; 95:3, 7; 106:32; 107:17, 19, 26, 28; 109:16; 119:50, 75, 93; 전 2:17; 3:22; 5:12; 7:3, 12, 20; 9:4; 사 7:25; 53:8; 57:11; 렘 1:8, 17; 2:34; 4:17; 7:32; 21:12; 22:22; 23:2, 9; 25:16; 29:19, 32; 30:14, 15; 31:15, 34; 47:3; 50:34; 51:64; 애 3:39; 4:13; 5:16; 겔 7:16; 14:15; 21:7; 22:16; 23:30; 34:8; 단 1:10; 2:30; 욜 1:11; 욘 1:8, 12, 14; 나 3:11; 슥 1:15; 말 1:7; 2:14 신약 마 14:9; 19:8; 24:9; 막 2:4; 9:31; 눅 5:19; 6:48; 9:53; 요 12:11, 39, 42; 15:19; 행 4:21; 7:29; 17:18; 22:29; 28:22; 롬 1:26; 2:24; 4:25; 13:5; 14:23; 고전 2:14; 4:10; 11:15; 고후 3:7; 12:21; 갈 2:4; 빌 1:5, 28; 골 4:3; 살전 5:2; 약 1:12; 4:2, 3; 벧후 1:4; 요일 2:21; 3:2, 20; 계 16:21; 20:4

땔감(altar fire, fuel)
사 40:16 레바논은 **땔감**에도 부족하겠고 그 짐승
사 44:15 나무는 사람이 **땔감**을 삼는 것이거늘

【 땔나무 】   【 떠나다 】

겔 15:4	불에 던질 **땔감**이 될 뿐이라 불이
겔 15:6	포도나무를 불에 던질 **땔감**이 되게

땔나무(wood)

삼하 24:22	번제에 대하여는 소가 있고 **땔나무**에

땜질(welding)

사 41:7	메질꾼을 격려하며 이르되 **땜질**이

떠나가다(leave, part company, turn away)

창 13:9	온 땅이 있지 아니하냐 나를 **떠나가라**
창 38:19	일어나 **떠나가서** 그 너울을 벗고 과부의
창 42:24	요셉이 그들을 **떠나가서** 울고 다시 돌아
출 8:29	내가 왕을 **떠나가서** 여호와께 간구
출 10:28	너는 나를 **떠나가고** 스스로 삼가 다시
민 12:10	구름이 장막 위에 **떠나갔고** 미리암은
수 5:9	애굽의 수치를 너희에게서 **떠나가게**
삿 17:8	베들레헴을 **떠나가다가** 에브라임 산지
삿 19:28	우리가 **떠나가자** 하나 아무 대답이 없는
삼상 10:2	네가 오늘 나를 **떠나가다가** 베냐민 경계
삼상 15:6	아말렉 사람 중에서 **떠나가라** 그들이
삼상 26:12	창과 물병을 가지고 **떠나가되** 아무도
삼상 30:22	각자의 처자만 데리고 **떠나가게** 하라
삼하 20:21	내가 이 성벽에서 **떠나가리라** 하니라
왕상 20:36	나를 **떠나갈** 때에 사자가 너를 죽이리
	라 그 사람이 그의 곁을 **떠나가더니**
왕하 8:14	그가 엘리사를 **떠나가서** 그의 주인에게
왕하 10:15	거기서 **떠나가다가** 자기를 맞이하러
왕하 12:18	하사엘이 예루살렘에서 **떠나갔더라**
대하 18:31	그들을 감동시키사 그를 **떠나가게** 하신
욥 20:28	가산이 **떠나가며** 하나님의 진노의 날에
사 49:17	황폐하게 하던 자들은 너를 **떠나가리라**
렘 8:4	사람이 **떠나갔으면** 어찌 돌아오지 아니
렘 9:2	백성을 **떠나가리니** 그들은 다 간음하는
렘 10:20	자녀가 나를 **떠나가고** 있지 아니하니
마 2:14	그의 어머니를 데리고 애굽으로 **떠나가**
마 2:22	하심을 받아 갈릴리 지방으로 **떠나가**
마 7:23	불법을 행하는 자들아 내게서 **떠나가라**
마 8:15	그의 손을 만지시니 열병이 **떠나가고**
마 9:27	예수께서 거기서 **떠나가실새** 두 맹인
마 11:1	전도하시려고 거기 **떠나가시니라**
마 12:15	예수께서 아시고 거기 **떠나가시니**
마 16:4	없느니라 하시고 그들을 **떠나가시니라**

마 22:22	듣고 놀랍게 여겨 예수를 **떠나가니라**
막 1:42	나병이 그 사람에게서 **떠나가고** 깨끗하
눅 1:38	이루어지이다 하매 천사가 **떠나가니라**
눅 8:37	예수께 **떠나가시기를** 구하더라 예수
눅 9:10	따로 벳새다라는 고을에 **떠나가셨으나**
눅 9:39	몹시 상하게 하고야 겨우 **떠나가나이다**
눅 13:27	행악하는 모든 자들아 나를 **떠나가라**
요 6:15	아시고 다시 혼자 산으로 **떠나가시니라**
요 6:66	제자 중에서 많은 사람이 **떠나가고**
요 12:36	이 말씀을 하시고 그들을 **떠나가서**
요 16:7	내가 **떠나가는** 것이 너희에게 유익이
	라 내가 **떠나가지** 아니하면 보혜사가
요 19:30	머리를 숙이니 영혼이 **떠나가시니라**
행 22:21	나더러 또 이르시되 **떠나가라** 내가 너를
행 25:4	구류된 것과 자기도 멀지 않이 **떠나갈**
행 27:4	우리가 **떠나가다가** 맞바람을 피하여
고후 12:8	내게서 **떠나가게** 하기 위하여 내가
벧후 3:10	그 날에는 하늘이 큰 소리로 **떠나가고**
계 6:14	두루마리가 말리는 것같이 **떠나가고**

떠나다(leave, get out of, take away)

모세오경

창 2:24	남자가 부모를 **떠나** 그의 아내와 합하여
창 4:16	가인이 여호와 앞을 **떠나서** 에덴 동쪽
창 11:31	갈대아 인의 우르를 **떠나** 가나안 땅으로
창 12:1	집을 **떠나** 내가 네게 보여 줄 땅으로
창 12:4	하란을 **떠날** 때에 칠십오 세였더라
창 13:3	네게브에서부터 길을 **떠나** 벧엘에 이르
창 13:11	동으로 옮기니 그들이 서로 **떠난지라**
창 13:14	롯이 아브람을 **떠난** 후에 여호와께서
창 17:22	말씀을 마치시고 그를 **떠나** 올라가셨더라
창 19:14	이 곳에서 **떠나라** 하되 그의 사위들은
창 20:13	아버지의 집을 **떠나** 두루 다니게 하실
창 21:32	군대 장관 비골은 **떠나** 블레셋 사람의
창 22:3	번제에 쓸 나무를 쪼개어 가지고 **떠나**
창 22:19	그의 종들에게로 돌아가서 함께 **떠나**
창 24:7	고향 땅에서 **떠나게** 하시고 내게 말씀하
창 24:10	모든 좋은 것을 가지고 **떠나** 메소보다
창 25:6	아들 이삭을 **떠나** 동방 곧 동쪽 땅으로
창 26:16	우리보다 크게 강성한즉 우리가 **떠나라**
창 28:10	야곱이 브엘세바에서 **떠나** 하란으로
창 28:15	허락한 것을 다 이루기까지 너를 **떠나지**
창 29:1	야곱이 길을 **떠나** 동방 사람의 땅에

【 떠나다 】   【 떠나다 】

창 31:13	지금 일어나 이 곳을 **떠나서** 네 출생지
창 31:20	말하지 아니하고 가만히 **떠났더라**
창 31:49	우리가 서로 **떠나** 있을 때에 여호와께서
창 31:55	입맞추며 그들에게 축복하고 **떠나** 고향
창 33:12	에서가 이르되 우리가 **떠나자** 내가 너와
창 35:5	**떠났으나** 하나님이 그 사면 고을들로
창 35:13	말씀하시던 곳에서 그를 **떠나** 올라가
창 35:16	그들이 벧엘에서 길을 **떠나** 에브랏에
창 35:18	죽게 되어 그의 혼이 **떠나려** 할 때에
창 35:21	이스라엘이 다시 길을 **떠나** 에델 망대를
창 36:6	재물을 이끌고 그의 동생 야곱을 **떠나**
창 38:1	유다가 자기 형제들로부터 **떠나** 내려
창 41:46	그가 바로 앞을 **떠나** 애굽 온 땅을 순찰
창 42:26	곡식을 나귀에 싣고 그 곳을 **떠났더니**
창 43:13	아우도 데리고 **떠나** 다시 그 사람에게로
창 44:22	아버지를 **떠나지** 못할지니 **떠나면** 그의
창 46:1	모든 소유를 이끌고 **떠나** 브엘세바에
창 46:5	야곱이 브엘세바에서 **떠날** 새 이스라엘
창 49:10	규가 유다를 **떠나지** 아니하며 통치자 의 지팡이가 그 발 사이에서 **떠나지**

"돈을 사랑하지 말고 있는 바를 족한 줄로 알라 그가 친히 말씀하시기를 내가 결코 너희를 버리지 아니하고 너희를 떠나지 아니하리라 하셨느니라" (히 13:5)

출 5:20	바로를 **떠나** 나올 때에 모세와 아론이
출 8:8	내 백성에게서 개구리를 **떠나게** 하라
출 8:11	백성을 **떠나서** 나일 강에만 있으리이다
출 8:12	아론이 바로를 **떠나** 나가서 바로에게
출 8:29	백성을 **떠나려니와** 바로는 이 백성
출 10:17	구하여 이 죽음만은 내게서 **떠나게** 하라
출 12:31	백성 가운데서 **떠나** 너희의 말대로
출 12:37	이스라엘 자손이 라암셋을 **떠나서** 숙곳
출 13:20	숙곳을 **떠나서** 광야 끝 에담에 장막을
출 13:22	불기둥이 백성 앞에서 **떠나지** 아니하나
출 14:3	멀리 **떠나** 광야에 갇힌 바 되었다 하리
출 16:1	엘림에서 **떠나** 엘림과 시내 산 사이에
출 17:1	명령대로 신 광야에서 **떠나** 그 노정대로
출 19:1	자손이 애굽 땅을 **떠난** 지 삼 개월이
출 19:2	르비딤을 **떠나** 시내 광야에 이르러

출 32:8	명령한 길을 속히 **떠나** 자기를 위하여
출 33:1	함께 여기를 **떠나서** 내가 아브라함
출 33:7	진 밖에 쳐서 진과 멀리 **떠나게** 하고
출 33:11	수종자 여호수아는 회막을 **떠나지** 아니
레 15:31	부정에서 **떠나게** 하여 그들 가운데
레 25:41	자녀와 함께 네게서 **떠나** 그의 가족과
레 26:43	땅을 **떠나서** 사람이 없을 때에 그 땅은
민 4:15	진영을 **떠날** 때에 아론과 그의 아들들이
민 10:6	남쪽 진영들이 행진할 것이라 **떠나려**
민 10:31	우리를 **떠나지** 마소서 당신은 우리가
민 10:33	산에서 **떠나** 삼 일 길을 갈 때에
민 10:35	**떠날** 때에는 모세가 말하되 여호와여
민 12:9	그들을 향하여 진노하시고 **떠나시매**
민 12:16	백성이 하세롯을 **떠나** 바란 광야에 진을
민 14:9	그들의 보호자는 그들에게서 **떠났고**
민 14:44	언약궤와 모세는 진영을 **떠나지** 아니
민 16:21	이 회중에게서 **떠나라** 내가 순식간에
민 16:24	다단과 아비람의 장막 사방에서 **떠나라**
민 20:6	모세와 아론이 회중 앞을 **떠나** 회막
민 20:22	온 회중이 가데스를 **떠나** 호르 산에
민 21:7	이 뱀들을 우리에게서 **떠나게** 하소서
민 21:10	자손이 그 곳을 **떠나** 오봇에 진을 쳤고
민 21:11	오봇을 **떠나** 모압 앞쪽 해 돋는 쪽 광야
민 22:1	이스라엘 자손이 또 길을 **떠나** 모압
민 22:7	장로들이 손에 복채를 가지고 **떠나**
민 25:4	진노가 이스라엘에게서 **떠나리라**
민 32:15	돌이켜 여호와를 **떠나면** 여호와께서
민 33:1	대오를 갖추어 애굽을 **떠난** 이스라엘
민 33:3	열다섯째 날에 라암셋을 **떠났으니**
민 33:5	자손이 라암셋을 **떠나** 숙곳에 진을 치고
민 33:6	숙곳을 **떠나** 광야 끝 에담에 진을 치고
민 33:7	에담을 **떠나** 바알스본 앞 비하히롯으로
민 33:8	하히롯 앞을 **떠나** 광야를 바라보고 바다
민 33:9	마라를 **떠나** 엘림에 이르니 엘림에는
민 33:10	엘림을 **떠나** 홍해 가에 진을 치고
민 33:11	홍해 가를 **떠나** 신 광야에 진을 치고
민 33:12	신 광야를 **떠나**
민 33:13	돕가에 진을 치고 돕가를 **떠나** 알루스에
민 33:14	알루스를 **떠나** 르비딤에 진을 쳤는데
민 33:15	르비딤을 **떠나** 시내 광야에 진을 치고
민 33:16	시내 광야를 **떠나** 기브롯핫다아와에
민 33:17	기브롯핫다아와를 **떠나** 하세롯에 진을
민 33:18	하세롯을 **떠나** 릿마에 진을 치고

떠나다			떠나다	
민 33:19	릿마를 **떠나** 림몬베레스에 진을 치고		신 18:6	사는 곳을 **떠날지라도** 여호와께서 택하
민 33:20	림몬베레스를 **떠나** 립나에 진을 치고		신 20:15	네게서 멀리 **떠난** 성읍들 곧 이 민족들
민 33:21	립나를 **떠나** 릿사에 진을 치고		신 23:14	보시지 않으므로 너를 **떠나시** 아니하시
민 33:22	릿사를 **떠나** 그헬라다에 진을 치고		신 28:14	명령하는 그 말씀을 **떠나** 좌로나 우로나
민 33:23	그헬라다를 **떠나** 세벨 산에 진을 치고		신 29:18	마음이 우리 하나님 여호와를 **떠나서**
민 33:24	세벨 산을 **떠나** 하라다에 진을 치고		신 31:6	너를 **떠나지** 아니하시며 버리지 아니
민 33:25	하라다를 **떠나** 막헬롯에 진을 치고		신 31:8	너와 함께하사 너를 **떠나지** 아니하시며
민 33:26	막헬롯을 **떠나** 다핫에 진을 치고		신 31:29	너희에게 명령한 길을 **떠나** 여호와의
민 33:27	다핫을 **떠나** 데라에 진을 치고		역사서	
민 33:28	데라를 **떠나** 밋가에 진을 치고		수 1:5	너를 **떠나지** 아니하며 버리지 아니하리
민 33:29	밋가를 **떠나** 하스모나에 진을 치고		수 1:8	율법책을 네 입에서 **떠나지** 말게 하며
민 33:30	하스모나를 **떠나** 모세롯에 진을 치고		수 3:1	자손들과 더불어 싯딤에서 **떠나** 요단
민 33:31	모세롯을 **떠나** 브네야아간에 진을 치고		수 8:6	그 성읍에서 멀리 **떠날** 것이라 우리가
민 33:32	브네야아간을 **떠나** 홀하깃갓에 진을		수 9:12	당신들에게로 오려고 **떠나던** 날에 우리
민 33:33	홀하깃갓을 **떠나** 욧바다에 진을 치고		수 18:8	사람들이 일어나 **떠나니** 여호수아가
민 33:34	욧바다를 **떠나** 아브로나에 진을 치고		수 22:3	오래도록 너희가 너희 형제를 **떠나지**
민 33:35	아브로나를 **떠나** 에시온게벨에 진을		수 22:9	땅 실로에서 이스라엘 자손을 **떠나**
민 33:36	에시온게벨을 **떠나** 신 광야 가데스에		수 22:32	갓 자손을 **떠나** 길르앗 땅에서 가나안
민 33:37	가데스를 **떠나** 에돔 땅 변경의 호르		수 23:5	목전에서 그들을 **떠나게** 하시리니 너희
민 33:41	호르 산을 **떠나** 살모나에 진을 치고		수 23:6	다 지켜 행하라 그것을 **떠나** 우로나
민 33:42	살모나를 **떠나** 부논에 진을 치고		삿 2:17	행하던 길을 속히 치우쳐 **떠나서** 그와
민 33:43	부논을 **떠나** 오봇에 진을 치고		삿 4:11	헤벨이 **떠나** 게데스에 가까운 사아난님
민 33:44	오봇을 **떠나** 모압 변경 이예아바림에		삿 6:18	주 앞에 드리기까지 이 곳을 **떠나지**
민 33:45	이임을 **떠나** 디본갓에 진을 치고		삿 6:21	사자는 **떠나서** 보이지 아니한지라
민 33:46	디본갓을 **떠나** 알몬디블라다임에 진을		삿 7:3	떠는 자는 길르앗 산을 **떠나** 돌아가라
민 33:47	알몬디블라다임을 **떠나** 느보 앞 아바림		삿 16:17	머리가 밀리면 내 힘이 내게서 **떠나고**
민 33:48	아바림 산을 **떠나** 여리고 맞은편 요단		삿 16:20	여호와께서 이미 자기를 **떠나신** 줄을
신 1:19	명령하신 대로 우리가 호렙 산을 **떠나**		삿 18:13	무리가 거기서 **떠나** 에브라임 산지 미가
신 2:8	동족 에서의 자손을 **떠나서** 아라바를		삿 18:21	물건들을 앞세우고 길을 **떠나더니**
신 2:14	가데스 바네아에서 **떠나** 세렛 시내를		삿 18:22	그들이 미가의 집을 멀리 **떠난** 때에
신 4:4	너희의 하나님 여호와께 붙어 **떠나지**		삿 19:2	행음하고 남편을 **떠나** 유다 베들레헴
신 4:9	그 일들이 네 마음에서 **떠나지** 않도록		룻 1:16	이르되 내게 어머니를 **떠나며** 어머니
신 7:4	아들을 유혹하여 그가 여호와를 **떠나고**		룻 2:11	부모와 고국을 **떠나** 전에 알지 못하던
신 9:12	명령한 도를 속히 **떠나** 자기를 위하여		삼상 4:21	영광이 이스라엘에서 **떠났다** 하고 아이
신 9:16	명령하신 도를 빨리 **떠났기로**		삼상 10:9	사무엘에게서 **떠나려고** 몸을 돌이킬
신 9:23	가데스 바네아에서 **떠나게** 하실 때에		삼상 13:15	사무엘이 일어나 길갈에서 **떠나** 베냐민
신 10:6	브네야아간에서 길을 **떠나** 모세라에		삼상 16:14	여호와의 영이 사울에게서 **떠나고**
신 10:7	**떠나** 굿고다에 이르고 굿고다를 **떠나**		삼상 16:23	낫ої 악령이 그에게서 **떠나더라**
신 10:11	백성보다 먼저 길을 **떠나라** 내가 그들		삼상 18:12	여호와께서 사울을 **떠나** 다윗과 함께
신 11:28	명령하는 도에서 돌이켜 **떠나** 너희의		삼상 20:42	다윗은 일어나 떠났고 요나단은 성읍으
신 13:10	여호와에게서 너를 꾀어 **떠나게** 하려		삼상 22:5	**떠나** 유다 땅으로 들어가라 다윗이 **떠나**
신 15:16	네게 향하여 내가 주인을 **떠나지** 아니		삼상 23:13	일어나 그일라를 **떠나서** 갈 수 있는
신 17:20	명령에서 **떠나** 좌로나 우로나 치우치지		삼상 28:15	하나님은 나를 **떠나서** 다시는 선지자로

【 떠나다 】　　　　　　　　　　　　　　　【 떠나다 】

삼상 28:16	사무엘이 이르되 여호와께서 너를 **떠나**	대상 21:4	요압이 **떠나** 이스라엘 땅에 두루 다닌
삼상 29:10	일어나서 밝거든 곧 **떠나라** 하니라	대상 28:20	너와 함께 계시사 네게서 **떠나지** 아니하
삼하 1:23	죽을 때에도 서로 **떠나지** 아니하였도다	대하 6:26	인정하고 그들의 죄에서 **떠나거든**
삼하 4:5	레갑과 바아나가 길을 **떠나** 볕이 쬘	대하 7:14	그들의 악한 길에서 **떠나** 스스로 낮추고
삼하 10:14	요압이 암몬 자손을 **떠나** 예루살렘으	대하 11:14	산업을 **떠나** 유다와 예루살렘에 이르렀
삼하 12:10	칼이 네 집에서 영원토록 **떠나지** 아니하	대하 16:3	약조를 깨뜨려 그가 나를 **떠나게** 하라
삼하 19:24	그는 왕이 **떠난** 날부터 평안히 돌아오는	대하 18:23	여호와의 영이 나를 **떠나** 어디로 가서
삼하 22:22	악을 행함으로 내 하나님을 **떠나지** 아니	대하 20:32	아사의 길로 행하여 돌이켜 **떠나지** 아니
왕상 2:28	그가 다윗을 **떠나** 압살롬을 따르지 아니	대하 21:20	아끼는 자 없이 세상을 **떠났으며** 무리
왕상 8:35	찬양하고 그들의 죄에서 **떠나거든**	대하 29:10	맹렬한 노를 우리에게서 **떠나게** 할 마음
왕상 8:57	함께 계시옵고 우리를 **떠나지** 마시오며	대하 30:8	섬겨 그의 진노가 너희에게서 **떠나게**
왕상 11:9	하나님 여호와를 **떠나므로** 여호와께서	대하 32:31	하나님이 히스기야를 **떠나시고** 그의
왕상 11:18	미디안을 **떠나** 바란에 이르고 거기서	대하 34:33	하나님 여호와께 복종하고 **떠나지** 아니
왕상 13:33	악한 길에서 **떠나** 돌이키지 아니하고	대하 35:15	그 직무에서 **떠날** 것이 없었으니 이는
왕상 15:19	약조를 깨뜨려서 그가 나를 **떠나게** 하라	대하 35:22	요시야가 몸을 돌이켜 **떠나기를** 싫어
왕상 17:3	너는 여기서 **떠나** 동쪽으로 가서 요단	스 7:9	초하루에 바벨론에서 길을 **떠났고**
왕상 18:12	내가 당신을 **떠나간** 후에 여호와의 영이	스 8:31	아하와 강을 **떠나** 예루살렘으로 갈새
왕상 19:21	엘리사가 그를 **떠나** 돌아가서 한 겨릿소	스 9:1	사람들이 이 땅 백성들에게서 **떠나지**
왕상 22:24	여호와의 영이 나를 **떠나** 어디로 가서	스 10:14	하나님의 진노가 우리에게서 **떠나게**
왕하 2:2	내가 당신을 **떠나지** 아니하겠나이다	느 9:19	구름 기둥이 그들에게서 **떠나지** 아니하
왕하 3:3	죄를 따라 행하고 **떠나지** 아니하였더라	느 13:28	내가 쫓아내어 나를 **떠나게** 하였느니라
왕하 3:27	격노함이 임하매 그들이 **떠나** 각기 고국	느 13:30	이방 사람을 **떠나게** 하여 그들을 깨끗
왕하 4:30	당신을 **떠나지** 아니하리이다 엘리사	에 7:7	일어나서 잔치 자리를 **떠나** 왕궁 후원
왕하 5:5	나아만이 곧 **떠날** 새 은 십 달란트와	**시가서**	
왕하 10:29	금송아지를 섬기는 죄에서는 **떠나지**	욥 1:1	하나님을 경외하며 악에서 **떠난** 자더라
왕하 10:31	범하게 한 그 죄에서 **떠나지** 아니하였더	욥 1:8	하나님을 경외하며 악에서 **떠난** 자는
왕하 13:2	죄를 따라가고 거기서 **떠나지** 아니하	욥 2:3	하나님을 경외하며 악에서 **떠난** 자가
왕하 13:6	여로보암 집의 죄에서 **떠나지** 아니하고	욥 9:34	그의 막대기를 내게서 **떠나게** 하시고
왕하 13:11	여로보암의 모든 죄에서 **떠나지** 아니	욥 14:20	사람을 영원히 이기셔서 **떠나게** 하시며
왕하 14:24	여로보암의 모든 죄에서 **떠나지** 아니	욥 15:30	어두운 곳을 **떠나지** 못하리니 불꽃이
왕하 15:9	여로보암의 죄에서 **떠나지** 아니한지라	욥 21:14	하나님께 말하기를 우리를 **떠나소서**
왕하 15:18	여로보암의 죄에서 평생 **떠나지** 아니한	욥 22:17	우리를 **떠나소서** 하며 또 말하기를
왕하 15:24	여로보암의 죄에서 **떠나지** 아니한지라	욥 28:28	주를 경외함이 지혜요 악을 **떠남이** 명철
왕하 15:28	여로보암의 죄에서 **떠나지** 아니하였더	욥 31:7	내 걸음이 길에서 **떠났거나** 내 마음이
왕하 17:13	악한 길에서 **떠나** 나의 명령과 율례를	시 6:8	악을 행하는 너희는 다 나를 **떠나라**
왕하 17:21	이스라엘을 몰아 여호와를 **떠나고**	시 18:21	악하게 내 하나님을 **떠나지** 아니하였으
왕하 17:22	죄를 따라 행하여 거기서 **떠나지** 아니하	시 27:9	나를 버리지 마시고 **떠나지** 마소서
왕하 18:6	여호와께 연합하여 그에게서 **떠나지**	시 37:27	악에서 **떠나** 선을 행하라 그리하면 영원
왕하 18:14	내가 범죄하였나이다 나를 **떠나** 돌아가	시 38:10	쇠하여 내 눈의 빛도 나를 **떠났나이다**
왕하 19:8	앗수르 왕이 이미 라기스에서 **떠났다**	시 39:13	주는 나를 용서하사 내가 **떠나** 없어지기
왕하 19:36	산헤립이 **떠나** 돌아가서 니느웨에 거주	시 44:18	걸음도 주의 길을 **떠나지** 아니하였으나
왕하 21:8	조상들에게 준 땅에서 **떠나** 유리하지	시 49:10	재물은 남에게 남겨 두고 **떠나는** 것을
왕하 25:21	유다가 사로잡혀 본토에서 **떠났더라**	시 55:11	압박과 속임수가 그 거리를 **떠나지** 아니

【 떠나다 】   【 떠나다 】

시 71:9	힘이 쇠약할 때에 나를 **떠나지** 마소서	잠 22:6	그리하면 늙어도 그것을 **떠나지** 아니
시 73:27	망하리니 음녀같이 주를 **떠난** 자를	잠 25:10	네게 대한 악평이 네게서 **떠나지** 아니
시 78:60	세우신 장막 곧 실로의 성막을 **떠나시고**	잠 27:8	**떠나** 유리하는 사람은 보금자리를 **떠나**
시 88:8	내가 아는 자를 내게서 멀리 **떠나게**	전 8:10	거룩한 곳을 **떠나** 그들이 그렇게 행한
시 88:18	친구를 멀리 **떠나게** 하시며 내가 아는	전 10:4	너는 네 자리를 **떠나지** 말라 공손함이
시 101:4	사악한 마음이 내게서 **떠날** 것이니 악한	전 11:10	근심이 네 마음에서 **떠나게** 하며 악이
시 105:38	그들이 **떠날** 때에 애굽이 기뻐하였으니	《선지서》	
시 109:10	황폐한 집을 **떠나** 빌어먹게 하소서	사 7:17	여호와께서 에브라임이 유다를 **떠날**
시 109:17	아니하더니 복이 그를 멀리 **떠났으며**	사 10:27	그의 무거운 짐이 네 어깨에서 **떠나고**
시 119:10	주를 찾았사오니 주의 계명에서 **떠나지**	사 13:13	땅을 흔들어 그 자리에서 **떠나게** 하리니
시 119:21	주의 계명들에서 **떠나는** 자들을 주께서	사 14:25	그의 멍에가 이스라엘에게서 **떠나고**
시 119:22	비방과 멸시를 내게서 **떠나게** 하소서	사 16:10	즐거움과 기쁨이 기름진 밭에서 **떠났고**
시 119:29	거짓 행위를 내게서 **떠나게** 하시고 주의	사 28:9	떨어져 품을 **떠난** 자들에게 하려는가
시 119:39	두려워하는 비방을 내게서 **떠나게**	사 29:13	마음은 내게서 멀리 **떠났나니** 그들이
시 119:43	진리의 말씀이 내 입에서 조금도 **떠나지**	사 30:11	거룩하신 이를 우리 앞에서 **떠나시게**
시 119:51	나는 주의 법을 **떠나지** 아니하였나이다	사 37:8	앗수르 왕이 라기스를 **떠났다** 함을 듣고
시 119:102	내가 주의 규례들에서 **떠나지** 아니하였	사 37:37	앗수르의 산헤립 왕이 **떠나** 돌아가서
시 119:110	나는 주의 법도들에서 **떠나지** 아니하였	사 38:12	목자의 장막을 걷음같이 나를 **떠나**
시 119:115	너희 행악자들이여 나를 **떠날지어다**	사 46:12	마음이 완악하여 공의에서 멀리 **떠난**
시 119:118	주의 율례들에서 **떠나는** 자는 주께서	사 49:19	너를 삼켰던 자들이 멀리 **떠날** 것이니라
시 119:157	나는 주의 증거들에서 **떠나지** 아니하였	사 52:11	너희는 **떠날지어다 떠날지어다** 거기서
시 139:7	내가 주의 영을 **떠나** 어디로 가며 주의	사 54:10	산들이 **떠나며** 언덕들은… **떠나지** 아니
시 139:19	즐기는 자들아 나를 **떠날지어다**	사 57:8	나를 **떠나** 벗고 올라가서 네 침상을
잠 1:8	훈계를 들으며 네 어미의 법을 **떠나지**	사 59:15	성실이 없어지므로 악을 **떠나는** 자가
잠 2:13	이 무리는 정직한 길을 **떠나** 어두운	사 59:20	야곱의 자손 가운데서 죄과를 **떠나는**
잠 3:3	인자와 진리가 네게서 **떠나지** 말게 하고	사 59:21	네 후손의 후손의 입에서 **떠나지** 아니
잠 3:7	여호와를 경외하며 악을 **떠날지어다**	사 63:17	우리로 주의 길에서 **떠나게** 하시며 우리
잠 3:21	지키고 이것들이 네 눈앞에서 **떠나지**	렘 2:17	인도할 때에 네가 그를 **떠남으로** 이를
잠 4:2	너희에게 전하노니 내 법을 **떠나지**	렘 2:35	진노가 참으로 내게서 **떠났다** 하거니
잠 4:15	지나가지 말며 돌이켜 **떠나갈지어다**	렘 3:1	아내를 버리므로 그가 그에게서 **떠나**
잠 4:21	네 눈에서 **떠나게** 하지 말며 네 마음	렘 3:19	나를 나의 아버지라 하고 나를 **떠나지**
잠 4:27	치우치지 말고 네 발을 악에서 **떠나게**	렘 3:20	아내가 그의 남편을 속이고 **떠나감같이**
잠 6:20	명령을 지키며 네 어미의 법을 **떠나지**	렘 4:7	처소를 **떠났은즉** 네 성읍들이 황폐하여
잠 7:19	남편은 집을 **떠나** 먼 길을 갔는데	렘 8:5	이 예루살렘 백성이 항상 나를 **떠나**
잠 13:19	미련한 자는 악에서 **떠나기를** 싫어하느	렘 9:19	그 땅을 **떠난** 것은 그들이 우리 거처를
잠 14:7	미련한 자의 앞을 **떠나라** 그 입술에	렘 17:5	마음이 여호와에게서 **떠난** 그 사람은
잠 14:16	지혜로운 자는 두려워하여 악을 **떠나**	렘 17:11	그의 중년에 그것이 **떠나겠고** 마침내
잠 15:24	아래에 있는 스올을 **떠나게** 되느니라	렘 17:13	무릇 여호와를 **떠나는** 자는 흙에 기록이
잠 16:6	경외함으로 말미암아 악에서 **떠나게**	렘 21:2	도로 행하시면 그가 우리를 **떠나리라**
잠 16:17	악을 **떠나는** 것은 정직한 사람의 대로	렘 41:17	애굽으로 가려고 **떠나** 베들레헴 근처에
잠 17:13	선을 갚으면 악이 그 집을 **떠나지**	렘 43:12	자기 몸에 두르고 평안히 그 곳을 **떠날**
잠 19:27	아들아 지식의 말씀에서 **떠나게** 하는	렘 52:27	유다가 사로잡혀 본국에서 **떠났더라**
잠 21:16	명철의 길을 **떠난** 사람은 사망의 회중	애 1:6	시온의 모든 영광이 **떠나감이여** 그의

726

【 떠나다 】

애 2:12	어머니들의 품에서 혼이 **떠날** 때에	마 10:11	찾아내어 너희가 **떠나기**까지 거기
애 3:17	심령이 평강에서 멀리 **떠나게** 하시니	마 19:1	마치시고 갈릴리를 **떠나** 요단 강 건너
겔 3:18	그의 악한 길을 **떠나** 생명을 구원하게	마 19:5	그 부모를 **떠나서** 아내에게 합하여
겔 6:9	음란한 마음으로 나를 **떠나고** 음란한	마 25:15	사람에게는 한 달란트를 주고 **떠났더니**
겔 10:18	여호와의 영광이 성전 문지방을 **떠나서**	마 25:41	저주를 받은 자들아 나를 **떠나** 마귀와
겔 16:42	질투가 네게서 **떠나고** 마음이 평안하여	마 27:50	크게 소리 지르시고 영혼이 **떠나시니라**
겔 18:21	모든 죄에서 돌이켜 **떠나** 내 모든 율례	마 28:8	무덤을 **떠나** 제자들에게 알리려고
겔 18:23	길에서 **떠나** 사는 것을 어찌 기뻐하지	막 1:31	손을 잡아 일으키시니 열병이 **떠나고**
겔 18:24	의인이 돌이켜 그 공의에서 **떠나** 범죄	막 5:17	예수께 그 지방에서 **떠나시기를** 간구
겔 18:27	악인이 그 행한 악을 **떠나** 정의와 공의	막 6:10	집에 들어가거든 그 곳을 **떠나기까지**
겔 18:28	죄악에서 돌이켜 **떠났으니** 반드시 살고	막 13:34	사람이 집을 **떠나** 타국으로 갈 때에
겔 18:30	회개하고 모든 죄에서 **떠날지어다** 그리	눅 2:15	천사들이 **떠나** 하늘로 올라가니 목자가
겔 20:8	애굽의 우상들을 **떠나지** 아니하므로	눅 2:37	성전을 **떠나지** 아니하고 주야로 금식
겔 33:8	경고하여 그의 길에서 **떠나게** 하지 아니	눅 4:13	시험을 다 한 후에 얼마 동안 **떠나니라**
겔 33:11	그의 길에서 돌이켜 **떠나** 사는 것을 기	눅 4:39	열병을 꾸짖으신대 병이 **떠나고** 여자가
	뻐하노라 … 너희 악한 길에서 **떠나라**	눅 4:42	자기에게서 **떠나시지** 못하게 만류하
겔 33:12	악인이 돌이켜 그 악에서 **떠나는** 날에는	눅 5:8	나를 **떠나소서** 나는 죄인이로소이다
겔 44:15	행하여 나를 **떠날** 때에 사독의 자손	눅 5:13	받으라 하신대 나병이 곧 **떠나니라**
겔 46:18	백성이 각각 그 산업을 **떠나** 흩어지지	눅 7:24	요한이 보낸 자가 **떠난** 후에 예수께서
단 4:14	짐승들을 그 아래에서 **떠나게** 하고 새들	눅 8:22	저편으로 건너가자 하시매 이에 **떠나**
단 4:31	나라의 왕위가 네게서 **떠났느니라**	눅 9:4	거기서 머물다가 거기서 **떠나라**
단 9:5	주의 법도와 규례를 **떠났사오며**	눅 9:5	성에서 **떠날** 때에 너희 발에서 먼지를
단 9:13	우리의 죄악을 **떠나고** 주의 진리를	눅 22:41	그들을 **떠나** 돌 던질 만큼 가서 무릎을
단 9:16	주의 거룩한 산에서 **떠나게** 하옵소서	눅 24:51	축복하실 때에 그들을 **떠나** [하늘로
호 1:2	나라가 여호와를 **떠나** 크게 음란함이니	요 4:3	유대를 **떠나사** 다시 갈릴리로 가실새
호 9:1	음행하여 네 하나님을 **떠나고** 각 타작	요 4:43	예수께서 거기를 **떠나** 갈릴리로 가시며
암 7:11	반드시 사로잡혀 그 땅에서 **떠나겠다**	요 7:3	제자들도 보게 여기를 **떠나** 유대로
욘 3:8	악한 길과 손으로 행한 강포에서 **떠날**	요 13:1	세상을 **떠나** 아버지께로 돌아가실 때
욘 3:10	악한 길에서 돌이켜 **떠난** 것을 보시고	요 15:5	나를 **떠나서는** 너희가 아무 것도 할 수
미 2:4	백성의 산업을 옮겨 내게서 **떠나게** 하시	요 16:28	다시 세상을 **떠나** 아버지께로 가노라
나 3:1	포악이 가득하며 탈취가 **떠나지** 아니	역사서	
슥 1:4	악한 길, 악한 행위를 **떠나서** 돌아오라	행 1:4	분부하여 이르시되 예루살렘을 **떠나지**
슥 13:2	귀신을 이 땅에서 **떠나게** 할 것이라	행 5:5	엎드러져 혼이 **떠나니** 이 일을 듣는
슥 14:6	빛이 없겠고 광명한 것들이 **떠날** 것이라	행 5:41	기뻐하면서 공회 앞을 **떠나니라**
말 2:6	많은 사람을 돌이켜 죄악에서 **떠나게**	행 7:3	이르시되 네 고향과 친척을 **떠나** 내가
말 2:8	옳은 길에서 **떠나** 많은 사람을 율법에	행 7:4	아브라함이 갈대아 사람의 땅을 **떠나**
말 3:7	나의 규례를 **떠나** 지키지 아니하였도다	행 9:17	아나니아가 **떠나** 그 집에 들어가서 그에
복음서		행 10:7	마침 말하던 천사가 **떠나매** 고넬료가
마 2:13	그들이 **떠난** 후에 주의 사자가 요셉에게	행 12:19	헤롯이 유대를 **떠나** 가이사랴로 내려
마 4:11	이에 마귀는 예수를 **떠나고** 천사들이	행 13:13	요한은 그들에게서 **떠나** 예루살렘으로
마 4:13	나사렛을 **떠나** 스불론과 납달리 지경	행 15:38	바울은 밤빌리아에서 자기들을 **떠나**
마 8:34	나가서 보고 그 지방에서 **떠나시기를**	행 15:40	주의 은혜에 부탁함을 받고 **떠나**
마 9:9	예수께서 그 곳을 **떠나** 지나가시다가	행 16:3	그를 데리고 **떠나고자** 할새 그 지역

떠나다   떠돌아다니다

행 16:10	곧 **떠나**기를 힘쓰니 이는 하나님이
행 16:11	드로아에서 배로 **떠나** 사모드라게로
행 18:1	그 후에 바울이 아덴을 **떠나** 고린도에
행 18:2	유대인을 명하여 로마에서 **떠나라** 한
행 18:18	수리아로 **떠날** 새 브리스길라와
행 18:21	오리라 하고 배를 타고 에베소를 **떠나**
행 19:9	그들을 **떠나** 제자들을 따로 세우고
행 19:12	병든 사람에게 얹으면 그 병이 **떠나고**
행 20:1	제자들을 불러 권한 후에 작별하고 **떠나**
행 20:6	무교절 후에 빌립보에서 배로 **떠나** 이에
행 21:7	**떠나** 항해를 다 마치고 돌레마이에
행 21:8	이튿날 **떠나** 가이사랴에 이르러 일곱
행 28:11	난 알렉산드리아 배를 타고 **떠나니**
서신서	
고전 5:3	실로 몸으로는 **떠나** 있으나 영으로는
고후 5:8	원하는 바는 차라리 몸을 **떠나** 주와
고후 5:9	몸으로 있든지 **떠나든지** 주를 기쁘시게
고후 10:1	너희를 대면하면 유순하고 **떠나** 있으면
고후 11:3	진실함과 깨끗함에서 **떠나** 부패할까
갈 1:6	이같이 속히 **떠나** 다른 복음을 따르는
갈 2:12	할례자들을 두려워하여 **떠나** 물러가매
엡 4:18	말미암아 하나님의 생명에서 **떠나** 있도
엡 5:31	사람이 부모를 **떠나** 그의 아내와 합하여
빌 1:23	차라리 세상을 **떠나서** 그리스도와 함께
빌 1:27	내가 너희에게 가 보나 **떠나** 있으나
빌 4:15	복음의 시초에 내가 마게도냐를 **떠날**
골 1:21	전에 악한 행실로 멀리 **떠나** 마음으로
골 2:5	내가 육신으로는 **떠나** 있으나 심령으로
살전 2:17	우리가 잠시 너희를 **떠난** 것은 얼굴이요
살후 1:9	힘의 영광을 **떠나** 영원한 멸망의 형벌
살후 3:6	아니하는 모든 형제에게서 **떠나라**
딤전 4:1	사람들이 믿음에서 **떠나** 미혹하는 영과
딤전 6:10	미혹을 받아 믿음에서 **떠나** 많은 근심
딤후 2:19	부르는 자마다 불의에서 **떠날지어다**
딤후 4:6	부어지고 나의 **떠날** 시각이 가까웠도다
몬 1:15	그가 잠시 **떠나게** 된 것은 너로 하여금
히 7:26	더러움이 없고 죄인에게서 **떠나** 계시고
히 11:22	임종시에 이스라엘 자손들이 **떠날** 것
히 11:27	믿음으로 애굽을 **떠나** 왕의 노함을
히 13:5	아니하고 너희를 **떠나지** 아니하리라
약 5:19	너희 중에 미혹되어 진리를 **떠난** 자를
벧전 3:11	악에서 **떠나** 선을 행하고 화평을 구하며
벧후 2:15	그들이 바른 길을 **떠나** 미혹되어 브올의

떠나다 – 기타 본문

모세오경, 역사서 창 12:5; 18:3, 22; 26:17, 27; 37:17; 출 8:30, 31; 9:33; 민 10:34; 16:26, 27, 45; 21:12, 13; 수 3:3, 14; 8:16; 삿 9:55; 18:7; 19:5, 8, 9, 10, 27; 20:31; 룻 1:17; 2:8; 삼상 4:22; 6:6; 15:6; 16:13; 18:13; 20:34; 21:5; 22:1; 25:10; 29:11; 삼하 13:9; 왕상 19:19; 20:24; 왕하 2:4, 6; 5:12, 19; 7:9, 12; 8:6; 25:5; 대하 20:10 **시가서, 선지서** 욥 19:13; 28:4; 34:27; 렘 18:14; 27:10; 29:2, 14; 32:40; 34:21; 36:7; 37:5, 9, 11, 12; 41:10; 48:28; 52:8; 애 1:16; 겔 8:6; 10:16; 11:15, 24; 13:22; 14:6, 7, 11; 18:26; 31:12; 33:9, 14, 18, 19; 36:20; 44:10; 호 5:6; 7:13; 9:12; 10:5; 14:4; 욜 2:20; 3:6; 암 7:17; 미 1:16; 2:10 **신약** 마 11:7; 12:9; 13:36, 53; 14:13, 24; 15:29; 19:15; 20:29; 21:17; 막 4:36; 6:1; 7:17, 24, 33; 8:13; 9:30; 10:1, 7; 눅 9:33; 13:31; 요 11:54; 14:31; 행 5:10; 12:10, 17; 16:39; 17:15, 33; 18:23; 20:7, 11, 15, 29; 21:5; 27:12, 21; 28:10; 롬 16:17; 고후 10:11; 13:2, 10; 벧전 1:15; 유 1:6; 계 18:14

떠내다 (quarry, cut)
전 10:9 돌들을 **떠내는** 자는 그로 말미암아 상할
사 51:1 **떠낸** 반석과 너희를 파낸 우묵한 구덩이

떠내려가다 (drift away)
히 2:1 유념함으로 우리가 흘러 **떠내려가지**
계 12:15 강같이 토하여 여자를 물에 **떠내려가게**

떠다니다 (float, flutter)
창 7:18 땅에 넘치매 방주가 물 위에 **떠다녔으며**
사 16:2 딸들은 아르논 나루에서 **떠다니는**

떠돌다 (stray, tumbleweed)
시 39:12 나의 모든 조상들처럼 **떠도나이다**
잠 26:2 까닭 없는 저주는 참새가 **떠도는** 것과
잠 27:8 사람은 보금자리를 떠나 **떠도는** 새와
사 17:13 흩어짐 같겠으나 폭풍 앞에 **떠도는** 티끌
호 9:17 여러 나라 가운데에 **떠도는** 자가 되리라

떠돌아다니다 (wander, wanderer)
삼하 15:20 너를 우리와 함께 **떠돌아다니게** 하리요

【 떠들다 】

시 105:13 다른 민족에게로 **떠돌아다녔도다**

떠들다 (brawler, stir, prophesy, uproar)
룻 1:19 그들로 말미암아 **떠들며** 이르기를
삼상 4:14 이르되 이 **떠드는** 소리는 어찌 됨이냐
삼상 18:10 집 안에서 정신없이 **떠들어** 대므로
왕상 18:29 그들이 미친 듯이 **떠들어** 저녁 소제
시 46:6 뭇 나라가 **떠들며** 왕국이 흔들렸더니
시 74:4 대적이 주의 회중 가운데에서 **떠들며**
시 74:23 주께 항거하는 자의 **떠드는** 소리가 항상
시 83:2 주의 원수들이 **떠들며** 주를 미워하는
시 94:4 지껄이며 오만하게 **떠들며** 죄악을 행하
잠 7:11 이 여인은 **떠들며** 완악하며 그의 발이
잠 9:13 여인이 **떠들며** 어리석어서 아무것도
잠 20:1 독주는 **떠들게** 하는 것이라 이에 미혹
사 5:14 그들의 많은 무리와 그들의 **떠드는** 것과
사 13:4 열국 민족이 함께 모여 **떠드는** 소리라
사 22:2 소란하며 **떠들던** 성, 즐거워하던 고을
사 31:4 그들의 **떠듦**으로 말미암아 굴복하지
사 52:5 관할하는 자들이 **떠들며** 내 이름을
사 66:6 **떠드는** 소리가 성읍에서부터 들려오며
렘 3:23 큰 산 위에서 **떠드는** 것은 참으로 헛된
렘 10:22 북방에서부터 크게 **떠드는** 소리가 들리
렘 20:16 낮에는 **떠드는** 소리를 듣게 하였더면
렘 48:45 모압의 살쩍과 **떠드는** 자들의 정수리를
애 2:7 그들이 여호와의 전에서 **떠들기를** 절기
겔 1:24 전능자의 음성과도 같으며 **떠드는** 소리
암 6:7 기지개 켜는 자의 **떠드는** 소리가 그치
미 2:12 양 떼같이 하리니 사람들이 크게 **떠들**
마 9:23 피리 부는 자들과 **떠드는** 무리를 보시고
막 5:38 회당장의 집에 함께 가서 **떠드는** 것과
막 5:39 너희가 어찌하여 **떠들며** 우느냐 이 아이
행 20:10 몸을 안고 말하되 **떠들지** 말라 생명이
행 22:23 **떠들며** 옷을 벗어 던지고 티끌을 공중
행 22:24 그에 대하여 **떠드는지** 알고자 하여
행 23:9 **떠들** 새 바리새인 편에서 몇 서기관
엡 4:31 악독과 노함과 분냄과 **떠드는** 것과 비방

떠메다 (carry)
사 46:1 실렸으니 너희가 **떠메고** 다니던

떠오르다 (left, rise)
창 7:17 물이 많아져 방주가 땅에서 **떠올랐고**

【 떡 】

출 19:18 옹기 가마 연기같이 **떠오르고** 온 산이
출 40:36 성막 위에서 **떠오를** 때에는 이스라엘
출 40:37 구름이 **떠오르지** 않을 때에는 **떠오르는**
민 9:17 성막에서 **떠오르는** 때에는 이스라엘
민 9:21 구름이 **떠오를** 때에는 … **떠오르면**
민 9:22 행진하지 아니하다가 **떠오르면** 행진
민 10:11 구름이 증거의 성막에서 **떠오르매**
왕하 6:6 베어 물에 던져 쇠도끼를 **떠오르게** 하고
욥 39:26 매가 **떠올라서** 날개를 펼쳐 남쪽으로
사 34:10 연기가 끊임없이 **떠오를** 것이며 세세에
사 40:15 작은 티끌 같으며 섬들은 **떠오르는** 먼지
사 58:10 빛이 흑암 중에서 **떠올라** 네 어둠이
렘 44:21 기억하셨고 그의 마음에 **떠오른** 것이
말 4:2 공의로운 해가 **떠올라서** 치료하는 광선
벧후 1:19 샛별이 너희 마음에 **떠오르기까지**

떡 (bread, loaf)
구약
창 14:18 왕 멜기세덱이 **떡**과 포도주를 가지고
창 18:5 내가 **떡**을 조금 가져오리니 당신들이
창 18:6 스아를 가져다가 반죽하여 **떡**을 만들라
창 21:14 아브라함이 아침에 일찍이 일어나 **떡**과
창 25:34 야곱이 **떡**과 팥죽을 에서에게 주매 에서
창 27:17 자기가 만든 별미와 **떡**을 자기 아들
창 28:20 지키시고 먹을 **떡**과 입을 옷을 주시어
창 31:54 형제들을 불러 **떡**을 먹으니 그들이 **떡**을
창 40:1 술 맡은 자와 **떡** 굽는 자가 그들의 주인
창 45:23 아버지에게 길에서 드릴 곡식과 **떡**과
출 8:3 화덕과 네 **떡** 반죽 그릇에 들어갈 것이
출 16:3 **떡**을 배불리 먹던 때에 여호와의 손에
출 16:8 아침에는 **떡**으로 배불리시리니 이는
출 18:12 함께 하나님 앞에서 **떡**을 먹으니라
출 29:23 무교병 광주리에서 **떡** 한 개와 기름
출 29:32 숫양의 고기와 광주리에 있는 **떡**을 먹을
출 29:34 고기나 **떡**이 아침까지 남아 있으면
출 34:28 사십 야를 거기 있으면서 **떡**도 먹지
출 40:23 여호와 앞 그 상 위에 **떡**을 진설하니
레 8:26 기름 섞은 **떡** 한 개와 전병 한 개를 가져
레 8:31 광주리 안의 **떡**과 아울러 그 곳에서
레 8:32 고기와 **떡**의 나머지는 불사를지며
레 23:14 예물을 가져오는 그 날까지 **떡**이든지
레 23:17 십분의 이 에바로 만든 **떡** 두 개를 가져
레 23:18 너희는 또 이 **떡**과 함께 일 년 된 흠 없는

【 떡 】

레 23:20	제사장은 그 첫 이삭의 떡과 함께	왕하 4:42	처음 만든 떡 곧 보리떡 이십 개와
레 24:5	고운 가루를 가져다가 떡 열두 개를	왕하 6:22	떡과 물을 그들 앞에 두어 먹고 마시게
레 24:8	안식일마다 이 떡을 여호와 앞에 항상	왕하 18:32	떡과 포도원이 있는 지방이요 기름 나는
레 24:9	이 떡은 아론과 그의 자손에게 돌리고	대상 9:32	진설하는 떡을 맡아 안식일마다 준비
레 26:26	열 여인이 한 화덕에서 너희 떡을 구워	대하 2:4	항상 떡을 차려 놓으며 안식일과 초하루
민 4:7	또 항상 진설하는 떡을 그 위에 두고	대하 18:26	돌아올 때까지 고난의 떡과 고난의 물
민 15:20	너희의 처음 익은 곡식 가루 떡을 거제	대하 29:18	모든 그릇들과 떡을 진설하는 상과
신 8:3	사람이 떡으로만 사는 것이 아니요	욥 31:17	나만 혼자 내 떡 덩이를 먹고 고아에게
신 9:9	사십 주 사십 야를 산에 머물며 떡도	시 14:4	그들이 떡 먹듯이 내 백성을 먹으면서
신 10:18	나그네를 사랑하여 그에게 떡과 옷을	시 41:9	신뢰하여 내 떡을 나눠 먹던 나의 가까
신 16:3	이레 동안은 무교병 곧 고난의 떡을	시 53:4	그들이 떡 먹듯이 내 백성을 먹으면서
신 23:4	애굽에서 나올 때에 떡과 물로 너희를	시 78:20	능히 떡도 주시며 자기 백성을 위하여
신 28:5	네 광주리와 떡 반죽 그릇이 복을 받을	시 78:25	힘센 자의 떡을 먹었으며 그가 음식을
신 29:6	너희에게 떡도 먹지 못하며 포도주나	시 127:2	수고의 떡을 먹음이 헛되도다 그러므로
수 9:5	옷을 입고 다 마르고 곰팡이가 난 떡을	시 132:15	복을 주고 떡으로 그 빈민을 만족하게
삿 7:13	보리떡 한 덩어리가 미디안 진영으로	시 147:17	우박을 떡 부스러기같이 뿌리시나니
삿 8:5	그들에게 떡 덩이를 주라 나는 미디안의	잠 4:17	떡을 먹으며 강포의 술을 마심이니라
삿 8:6	네 군대에게 떡을 주겠느냐 하는지라	잠 6:26	사람이 한 조각 떡만 남게 됨이며 음란
삿 19:5	그의 사위에게 이르되 떡을 조금 먹고	잠 9:17	도둑질한 물이 달고 몰래 먹는 떡이
룻 2:14	와서 떡을 먹으며 네 떡 조각을 초에	잠 17:1	마른 떡 한 조각만 있고도 화목하는
삼상 8:13	요리하는 자와 떡 굽는 자로 삼을 것이	잠 28:21	조각 떡으로 말미암아 사람이 범법하는
삼상 17:17	볶은 곡식 한 에바와 이 떡 열 덩이를	전 11:1	네 떡을 물 위에 던져라 여러 날 후에
삼상 21:3	떡 다섯 덩이나 무엇이나 있는 대로	사 4:1	우리 떡을 먹으며 우리 옷을 입으리니
삼상 21:4	떡은 내 수중에 없으나 거룩한 떡은	사 16:7	길하레셋 건포도 떡을 위하여 그들이
삼상 22:13	나를 대적하여 그에게 떡과 칼을 주고	사 21:14	목마른 자에게 주고 떡을 가지고 도피
삼상 25:11	내가 어찌 내 떡과 물과 내 양털 깎는	사 30:20	주께서 너희에게 환난의 떡과 고생의
삼상 28:22	왕 앞에 한 조각 떡을 드리게 하시고	사 36:17	곡식과 포도주와 떡과 포도원이 있는
삼상 30:11	그를 다윗에게로 데려다가 떡을 주어	사 44:15	피워 떡을 굽기도 하고 신상을 만들어
삼상 30:12	밤낮 사흘 동안 떡도 먹지 못하였고	사 44:19	그 숯불 위에서 떡도 굽고 고기도 구워
삼하 3:35	해 지기 전에 떡이나 다른 모든 것을	렘 16:7	슬퍼하는 자와 떡을 떼며 위로하는 자가
삼하 9:7	너는 항상 내 상에서 떡을 먹을지니라	렘 38:9	모든 일은 악하니이다 성 중에 떡이
삼하 9:10	므비보셋은 항상 내 상에서 떡을 먹으리	렘 41:1	이르러 미스바에서 함께 떡을 먹다가
삼하 13:5	떡을 먹이되 내가 보는 데에서 먹게	애 4:4	아이들이 떡을 구하나 떼어줄 사람이
삼하 16:1	두 나귀에 떡 이백 개와 건포도 백 송	겔 4:9	너를 위하여 떡을 만들어 네가 옆으로
왕상 13:8	이 곳에서는 떡도 먹지 아니하고 물도	겔 4:13	거기서 이같이 부정한 떡을 먹으리라
왕상 14:3	그대의 손에 떡 열 개와 과자와 꿀 한	겔 4:16	백성이 근심 중에 떡을 달아 먹고 두려
왕상 17:6	떡과 고기를, 저녁에도 떡과 고기를	겔 4:17	떡과 물이 부족하여 피차에 두려워하여
왕상 17:11	네 손에 떡 한 조각을 내게로 가져오라	겔 13:19	너희가 두어 움큼 보리와 두어 조각 떡
왕상 17:12	나는 떡이 없고 다만 통에 가루 한 움큼	겔 44:7	내 떡과 기름과 피를 드릴 때에 그들로
왕상 17:13	나를 위하여 작은 떡 한 개를 만들어	겔 45:21	명절로 지키며 누룩 없는 떡을 먹을 것
왕상 18:4	오십 명씩 굴에 숨기고 떡과 물을 먹였	단 10:3	이레가 차기까지 좋은 떡을 먹지 아니
왕상 19:6	머리맡에 숯불에 구운 떡과 한 병 물이	암 7:12	도망하여 가서 거기에서나 떡을 먹으며
왕상 22:27	돌아올 때까지 고생의 떡과 고생의	학 2:12	옷자락이 만일 떡에나 국에나 포도주에

730

【 떡 】

말 1:7	너희가 더러운 **떡**을 나의 제단에 드리고	눅 9:16	예수께서 **떡** 다섯 개와 물고기 두 마리
신약		눅 11:5	말하기를 벗이여 **떡** 세 덩이를 내게
마 4:3	아들이어든 명하여 이 돌들로 **떡** 덩이가	눅 14:1	지도자의 집에 **떡** 잡수시러 들어가시니
마 4:4	사람이 **떡**으로만 살 것이 아니요 하나님	눅 14:15	하나님의 나라에서 **떡**을 먹는 자는 복이
마 7:9	누가 아들이 **떡**을 달라 하는데 돌을	눅 22:19	**떡**을 가져 감사 기도 하시고 떼어 그들
마 14:17	우리에게 있는 것은 **떡** 다섯 개와	눅 24:30	그들과 함께 음식 잡수실 때에 **떡**을
마 14:19	축사하시고 **떡**을 떼어 제자들에게 주시	눅 24:35	예수께서 **떡**을 떼심으로 자기들에게
마 15:2	**떡** 먹을 때에 손을 씻지 아니하나이다	요 6:5	우리가 어디서 **떡**을 사서 이 사람들을
마 15:26	자녀의 **떡**을 취하여 개들에게 던짐이	요 6:7	받게 할지라도 이백 데나리온의 **떡**이
마 15:33	어디서 이런 무리가 배부를 만큼 **떡**을	요 6:11	예수께서 **떡**을 가져 축사하신 후에 앉아
마 15:34	**떡**이 몇 개나 있느냐 이르되 일곱 개와	요 6:23	여럿이 **떡** 먹던 그 곳에 가까이 왔더라
마 15:36	**떡** 일곱 개와 그 생선을 가지사 축사하	요 6:26	아니요 **떡**을 먹고 배부른 까닭이로다
마 16:5	제자들이 건너편으로 갈새 **떡** 가져가기	요 6:31	하늘에서 그들에게 **떡**을 주어 먹게 하였
마 16:7	우리가 **떡**을 가져오지 아니하였도다	요 6:32	**떡**을 준 것이 아니라 내 아버지께서 너
마 16:8	믿음이 작은 자들아 어찌 **떡**이 없으므로		희에게 하늘로부터 참 **떡**을 주시나니
마 16:9	깨닫지 못하느냐 **떡** 다섯 개로 오천	요 6:33	하나님의 **떡**은 하늘에서 내려 세상에
마 16:10	**떡** 일곱 개로 사천 명을 먹이고 주운	요 6:34	주여 이 **떡**을 항상 우리에게 주소서
마 16:11	내 말한 것이 **떡**에 관함이 아닌 줄을	요 6:35	생명의 **떡**이니 내게 오는 자는 결코
마 16:12	그제서야 제자들이 **떡**의 누룩이 아니요	요 6:41	하늘에서 내려온 **떡**이라 하시므로
마 26:26	그들이 먹을 때에 예수께서 **떡**을 가지사	요 6:48	내가 곧 생명의 **떡**이니라
막 6:37	이백 데나리온의 **떡**을 사다 먹이리이까	요 6:50	하늘에서 내려오는 **떡**이니 사람으로
막 6:38	**떡** 몇 개나 있는지 가서 보라 하시니	요 6:51	살아 있는 **떡**이니 사람이 이 **떡**을 먹으
	알아보고 이르되 **떡** 다섯 개와 물고기		면 영생하리라 내가 줄 **떡**은 곧 세상
막 6:41	**떡** 다섯 개와 물고기 두 마리를 가지사	요 6:58	하늘에서 내려온 **떡**이니 조상들이 먹고
	하늘을 우러러 축사하시고 **떡**을 떼어		도 죽은 그것과 같지 아니하여 이 **떡**을
막 6:43	남은 **떡** 조각과 물고기를 열두 바구니에	요 13:18	**떡**을 먹는 자가 내게 발꿈치를 들었다
막 6:44	**떡**을 먹은 남자는 오천 명이었더라	요 13:26	**떡** 한 조각을 적셔다 주는 자가 그니라
막 6:52	그들이 그 **떡** 떼시던 일을 깨닫지 못하	요 21:9	그 위에 생선이 놓였고 **떡**도 있더라
막 7:2	씻지 아니한 손으로 **떡** 먹는 것을 보았	요 21:13	예수께서 가서서 **떡**을 가져다가 그들에
막 7:5	준행하지 아니하고 부정한 손으로 **떡**	행 2:42	교제하고 **떡**을 떼며 오로지 기도하기를
막 7:27	자녀의 **떡**을 취하여 개들에게 던짐이	행 2:46	집에서 **떡**을 떼며 기쁨과 순전한 마음으
막 8:4	어디서 **떡**을 얻어 이 사람들로 배부르게	행 20:7	주간의 첫날에 우리가 **떡**을 떼려 하여
막 8:5	너희에게 **떡** 몇 개나 있느냐 이르되	행 20:11	올라가 **떡**을 떼어 먹고 오랫동안 곧
막 8:6	**떡** 일곱 개를 가지사 축사하시고 떼어	행 27:35	**떡**을 가져다가 모든 사람 앞에서 하나님
막 8:14	**떡** 가져오기를 잊었으매 배에 **떡** 한 개	롬 11:16	가루가 거룩한즉 **떡** 덩이도 그러하고
막 8:16	수군거리기를 이는 우리가 **떡**이 없음	고전 5:8	오직 순전함과 진실함의 **떡**으로 하자
막 8:17	어찌 **떡**이 없음으로 수군거리느냐	고전 10:16	떼는 **떡**은 그리스도의 몸에 참여함이
막 8:19	내가 **떡** 다섯 개를 오천 명에게 떼어	고전 10:17	**떡**이 하나요 많은 우리가 한 몸이니 이
막 14:22	예수께서 **떡**을 가지사 축복하시고 떼어		는 우리가 다 한 **떡**에 참여함이라
눅 4:3	아들이어든 이 돌들에게 명하여 **떡**이	고전 11:23	주 예수께서 잡히시던 밤에 **떡**을 가지사
눅 4:4	기록된 바 사람이 **떡**으로만 살 것이	고전 11:26	너희가 이 **떡**을 먹으며 이 잔을 마실
눅 7:33	세례 요한이 와서 **떡**도 먹지 아니하며	고전 11:27	누구든지 주의 **떡**이나 잔을 합당하지
눅 9:13	우리가 **떡** 다섯 개와 물고기 두 마리	고전 11:28	자기를 살피고 그 후에야 이 **떡**을 먹고

【 떨기나무 】 【 떨다 】

┌─ 떡 - 기타 본문 ─┐
창 40:2, 5, 16, 20, 22; 41:10; 출 16:12; 민 15:21; 신 9:18; 28:17; 수 9:12; 삿 8:15; 삼상 2:36; 10:3, 4; 16:20; 21:6; 25:18; 삼하 6:19; 16:2; 왕상 13:9, 15, 16, 17, 18, 19, 22, 23; 18:13; 대상 16:3; 렘 37:21; 겔 4:12, 15; 호 2:5; 9:4

떨기나무 (bush)
출 3:2 　사자가 떨기나무 가운데로부터 … 보니 떨기나무에 불이 … 그 떨기나무가
출 3:3 　큰 광경을 보리라 떨기나무가 어찌하여
출 3:4 　하나님이 떨기나무 가운데서 그를 불러
욥 30:4 　떨기나무 가운데에서 짠 나물을 꺾으며
욥 30:7 　떨기나무 가운데에서 부르짖으며
렘 17:6 　사막의 떨기나무 같아서 좋은 일이 오는

떨다 (tremble, beat)
1. 흔들리거나 무서워하거나 겁내다 (tremble, quake)
창 7:33 　이삭이 심히 크게 떨며 이르되 그러면
창 42:28 　그들이 혼이 나서 떨며 서로 돌아보며
출 15:14 　나라가 듣고 떨며 블레셋 주민이 두려움
출 19:16 　진중에 있는 모든 백성이 다 떨더라
출 20:18 　연기를 본지라 그들이 볼 때에 떨며
신 2:25 　명성을 듣고 떨며 너로 말미암아 근심
신 20:3 　겁내지 말며 두려워하지 말며 떨지 말며
신 28:65 　네 마음을 떨게 하고 눈을 쇠하게 하고
신 31:6 　두려워하지 말라 그들 앞에서 떨지 말라
삿 7:3 　두려워 떠는 자는 길르앗 산을 떠나
삼상 13:7 　있고 그를 따른 모든 백성은 떨더라
삼상 14:15 　떨었고 부대와 노략꾼들도 떨었으며 땅도 진동하였으니 … 떨림이었더라
삼상 16:4 　장로들이 떨며 그를 영접하여 이르되
삼상 21:1 　아히멜렉이 떨며 다윗을 영접하여
삼하 22:8 　이에 땅이 진동하고 떨며 하늘의 기초가
삼하 22:46 　그들의 견고한 곳에서 떨며 나오리로다
대상 16:30 　온 땅이여 그 앞에서 떨지어다 세계도
스 9:4 　하나님의 말씀으로 말미암아 떠는 자가
스 10:3 　하나님의 명령을 떨며 준행하는 자의
스 10:9 　이 일과 큰 비 때문에 떨고 있더니
욥 23:15 　내가 그 앞에서 떨며 지각을 얻어 생각
욥 26:5 　죽은 자의 영들이 물 밑에서 떨며 물에
욥 34:20 　백성은 떨며 사라지고 세력 있는 자도
욥 37:1 　마음이 떨며 그 자리에서 흔들렸도다

시 2:11 　여호와를 경외함으로 섬기고 떨며
시 4:4 　너희는 떨며 범죄하지 말지어다 자리에
시 6:10 　부끄러움을 당하고 심히 떨이여
시 18:45 　쇠잔하여 그 견고한 곳에서 떨며 나오리
시 96:9 　온 땅이여 그 앞에서 떨지어다
시 97:4 　세계를 비추니 땅이 보고 떨었도다
시 99:1 　다스리시니 만민이 떨 것이요 여호와
시 104:29 　주께서 낯을 숨기신즉 그들이 떨고 주께
시 114:7 　곧 야곱의 하나님 앞에서 떨지어다
시 119:120 　육체가 주를 두려워함으로 떨며 내가
전 12:3 　그런 날에는 집을 지키는 자들이 떨 것
사 10:29 　게바에서 유숙하매 라마는 떨고 사울의
사 15:4 　그들의 혼이 속에서 떠는도다
사 19:16 　그들 위에 흔들림으로 말미암아 떨며
사 32:11 　안일한 여자들아 떨지어다 너희 염려
사 33:14 　경건하지 아니한 자들이 떨며 이르기를
사 41:5 　두려워하며 땅 끝이 무서워 떨며 함께
사 64:2 　이방 나라들로 주 앞에서 떨게 하옵소서
사 66:2 　심령에 통회하며 내 말을 듣고 떠는
사 66:5 　여호와의 말씀으로 말미암아 떠는 자들
렘 2:12 　놀랄지어다 심히 떨지어다 두려워할지
렘 5:22 　앞에서 떨지 아니하겠느냐 내가 모래를
렘 30:5 　우리가 무서워 떠는 자의 소리를 들으니
겔 3:15 　나아가 그 중에서 두려워 떨며 칠 일을
겔 4:16 　근심 중에 떡을 달아 먹고 두려워 떨며
겔 4:17 　부족하여 피차에 두려워하여 떨며
겔 12:18 　인자야 너는 떨면서 네 음식을 먹고
겔 26:16 　땅에 앉아서 너로 말미암아 무시로 떨며
겔 38:20 　사람이 내 앞에서 떨 것이며 모든 산이
단 5:19 　사람들이 그의 앞에서 떨며 두려워하
단 6:26 　하나님 앞에서 떨며 두려워할지니
단 10:7 　보지 못하였어도 그들이 크게 떨며 도망
단 10:10 　나를 어루만지기로 내가 떨었더니 그가
단 10:11 　이 말을 한 후에 내가 떨며 일어서니
호 11:10 　자손들이 서쪽에서부터 떨며 오되
호 11:11 　앗수르에서부터 비둘기같이 떨며 오리
호 13:1 　말을 하면 사람들이 떨었도다
욜 2:1 　소리를 질러 이 땅 주민들로 다 떨게
욜 2:10 　진동하며 하늘이 떨며 해와 달이 캄캄
암 8:8 　말미암아 땅이 떨지 않겠으며 그가운
미 7:17 　기는 벌레처럼 떨며 그 좁은 구멍에서
마 28:4 　지키던 자들이 그를 무서워하여 떨며
막 5:33 　이루어진 일을 알고 두려워하여 떨며

【 떨리다 】　　　　　　　　　　　　　　　　　　【 떨어지다 】

막 16:8	여자들이 몹시 놀라 **떨며** 나와 무덤에서	렘 19:3	그것을 듣는 모든 자의 귀가 **떨리니**
눅 8:47	스스로 숨기지 못할 줄 알고 **떨며**	렘 23:9	뼈가 **떨리며** 내가 취한 사람 같으며
행 16:29	뛰어들어가 무서워 **떨며** 바울과 실라	렘 33:9	평안으로 말미암아 두려워하며 **떨리라**
고전 2:3	때에 약하고 두려워하고 심히 **떨었노라**	렘 49:24	몸을 돌이켜 달아나려 하니 **떨림**이 그를
고후 7:15	사람들이 두려움과 **떪**으로 자기를 영접	겔 7:27	주민의 손은 **떨리리라** 내가 그 행위대로
엡 6:5	종들아 두려워하고 **떨며** 성실한 마음	겔 26:16	수놓은 옷을 버리고 **떨림**을 입듯 하고
약 2:19	잘하는도다 귀신들도 믿고 **떠느니라**	겔 32:10	자기 생명을 위하여 무시로 **떨리로다**
벧후 2:10	당돌하고 자긍하며 **떨지** 않고 영광 있는	합 3:16	내 몸은 내 처소에서 **떨리는도다**
2. (붙은 것을) **떨어지게 하다**(beat, empty, thresh)		빌 2:12	항상 복종하여 두렵고 **떨림**으로 너희
신 24:20	네가 네 감람나무를 떤 후에 그 가지를	히 12:21	모세도 이르되 내가 심히 두렵고 **떨린다**
신 25:4	곡식 **떠는** 소에게 망을 씌우지 말지니라		
룻 2:17	저녁까지 줍고 그 주운 것을 **떠니** 보리	**떨어뜨리다**(drip, topple)	
대상 21:23	곡식 **떠는** 기계는 화목으로, 밀은 소제	삼하 18:11	어찌하여 당장에 쳐서 땅에 **떨어뜨리지**
사 27:12	애굽 시내까지 과실을 **떠는** 것같이	시 62:4	높은 자리에서 **떨어뜨리기**만 꾀하고
사 28:27	도리깨로 **떨지** 아니하며 … 소회향은	잠 5:3	대저 음녀의 입술은 꿀을 **떨어뜨리며**
	작대기로 **떨고** 대회향은 막대기로 **떨며**	사 33:9	갈멜은 나뭇잎을 **떨어뜨리는도다**
단 4:14	그 가지를 자르고 그 잎사귀를 **떨고**	겔 39:3	**떨어뜨리고** … 오른손에서 **떨어뜨리리니**
합 1:17	그물을 **떨고는** 계속하여 여러 나라를	단 8:10	군대와 별들 중의 몇을 땅에 **떨어뜨리고**
고전 9:9	모세의 율법에 곡식을 밟아 **떠는** 소에게	호 7:12	그 위에 공중의 새처럼 **떨어뜨리고** 쳐서
고전 9:10	곡식 **떠는** 자는 … 가지고 **떠는** 것이라	욜 3:18	산들이 단 포도주를 **떨어뜨릴** 것이며
딤전 5:18	곡식을 밟아 **떠는** 소의 입에 망을 씌우	암 3:14	그 제단의 뿔들을 꺾어 땅에 **떨어뜨리고**
		슥 1:21	흩뜨린 여러 나라의 뿔들을 **떨어뜨리려**
떨어 버리다		마 26:51	대제사장의 종을 쳐 그 귀를 **떨어뜨리니**
마 10:14	나가 너희 발의 먼지를 **떨어 버리라**	막 14:47	제사장의 종을 쳐 그 귀를 **떨어뜨리니라**
막 6:11	발아래 먼지를 **떨어 버려** 그들에게	눅 4:29	끌고 가서 밀쳐 **떨어뜨리고자**
눅 9:5	발에서 먼지를 **떨어 버려** 그들에게	눅 22:50	종을 쳐 그 오른쪽 귀를 **떨어뜨린지라**
눅 10:11	묻은 먼지도 너희에게 **떨어 버리노라**		
행 13:51	발의 티끌을 **떨어 버리고** 이고니온으로	**떨어지다**(be gone, drop, fall)	
행 28:5	바울이 그 짐승을 불에 **떨어 버리매**	1. 물이나 돈 또는 양식 등이 바닥나다(be gone)	
		창 21:15	가죽부대의 물이 **떨어진지라** 그 자식을
떨리다(terrify, tremble)		창 47:15	돈이 **떨어진지라** … 돈이 **떨어졌사오니**
출 15:15	두령들이 놀라고 모압 영웅이 **떨림**에	창 47:16	가축을 내라 돈이 **떨어졌은즉** 내가 너희
삼상 14:15	진동하였으니 이는 큰 **떨림**이었더라	삼하 3:29	양식이 **떨어진** 자가 끊어지지 아니할
삼상 28:5	두려워서 그의 마음이 크게 **떨린지라**	왕상 17:14	통의 가루가 **떨어지지** 아니하고
욥 4:14	**떨림**이 내게 이르러서 모든 뼈마디가	왕상 17:16	말씀같이 통의 가루가 **떨어지지** 아니
시 6:2	나의 뼈가 **떨리오니** 나를 고치소서	왕하 25:3	심하여 그 땅 백성의 양식이 **떨어졌더라**
시 6:3	나의 영혼도 매우 **떨리나이다** 여호와여	사 28:9	젖 **떨어져** 품을 떠난 자들에게 하려는가
시 48:6	거기서 **떨림**이 그들을 사로잡으니 고통	렘 37:21	성중에 떡이 **떨어질** 때까지 이르니라
시 55:5	두려움과 **떨림**이 내게 이르고 공포가	렘 38:9	성 중에 떡이 **떨어졌거늘** 그들이 그를
시 69:23	그들의 허리가 항상 **떨리게** 하소서	렘 52:6	심하여 그 땅 백성의 양식이 **떨어졌더라**
사 19:17	그 소문을 듣는 자마다 **떨리라**	호 9:2	기르지 못할 것이며 새 포도주도 **떨어질**
사 21:4	서광이 변하여 내게 **떨림**이 되도다	욜 1:10	곡식이 **떨어지며** 새 포도주가 말랐고
사 35:3	약한 손을 강하게 하며 **떨리는** 무릎을	암 4:6	너희의 각 처소에서 양식이 **떨어지게**

【 떨어지다 】   【 떨어지다 】

눅 22:32	너를 위하여 네 믿음이 **떨어지지** 않기를	시 65:11	주의 길에는 기름방울이 **떨어지며**
요 2:3	포도주가 **떨어진지라** 예수의 어머니가	시 65:12	들의 초장에도 **떨어지니** 작은 산들이
고전 13:8	사랑은 언제까지나 **떨어지지** 아니하되	시 68:8	하늘이 하나님 앞에서 **떨어지며** 저 시내
	2. 거리나 사이 등이 벌어지다(drop)	시 78:28	그것들을 그들의 진중에 **떨어지게** 하사
창 21:16	화살 한 바탕 거리 **떨어져** 마주 앉아	시 140:10	뜨거운 숯불이 그들 위에 **떨어지게**
민 36:3	기업에서 **떨어져** 나가고 그들이 속할 그	잠 19:13	아내는 이어 **떨어지는** 물방울이니라
	지파의 … 제비 뽑은 기업에서 **떨어져**	잠 27:15	여자는 비 오는 날에 이어 **떨어지는**
신 25:18	피곤할 때에 네 뒤에 **떨어진** 약한 자들	아 4:11	네 입술에서는 꿀방울이 **떨어지고**
삿 5:11	쏘는 자들의 소리로부터 멀리 **떨어진**	아 5:5	손가락에서 문빗장에 **떨어지는구나**
느 4:19	크고 넓으므로 우리가 성에서 **떨어져**	아 5:13	몰약의 즙이 뚝뚝 **떨어지는구나**
호 8:9	그들이 홀로 **떨어진** 들나귀처럼 앗수르	사 5:24	마른 풀이 불 속에 **떨어짐같이** 그들의
갈 5:4	끊어지고 은혜에서 **떨어진** 자로다	사 14:11	영화가 스올에 **떨어졌음이여** 네 비파
히 3:12	살아 계신 하나님에게서 **떨어질까**	사 14:12	어찌 그리 하늘에서 **떨어졌으며** 너 열국
	3. 뒤 또는 아래로 내려지다(fall)	사 14:15	곧 구덩이 맨 밑에 **떨어짐을** 당하리로
창 49:17	물어서 그 탄 자를 뒤로 **떨어지게**	사 14:19	칼에 찔려 돌구덩이에 **떨어진** 주검들에
출 28:28	에봇 띠 위에 붙여 **떨어지지** 않게 하라	사 18:5	추수하기 전에 꽃이 **떨어지고** 포도가
레 11:32	무엇에 쓰는 그릇에든지 **떨어지면** 부정	사 21:9	신상들이 다 부서져 땅에 **떨어졌도다**
레 11:33	어떤 것이 어느 질그릇에 **떨어지면**	사 22:25	그 못이 부러져 **떨어지므로** 그 위에
레 11:35	주검이 물건 위에 **떨어지면** 그것이 모두	사 24:20	그 위의 죄악이 중하므로 **떨어져서** 다시
레 11:37	이것들의 주검이 심을 종자에 **떨어지면**	렘 9:18	우리의 눈에서 눈물이 **떨어지게** 하며
레 11:38	그것이 그 위에 **떨어지면** 너희에게 부정	렘 9:22	시체가 분토같이 들에 **떨어질** 것이며
레 19:9	거두지 말고 네 **떨어진** 이삭도 줍지	렘 15:9	대낮에 그의 해가 **떨어져서** 그에게 수치
레 19:10	네 포도원에 **떨어진** 열매도 줍지 말고	렘 25:34	귀한 그릇이 **떨어짐같이** 될 것이라
레 23:22	다 베지 말며 **떨어진** 것을 줍지 말고	렘 48:44	도망하는 자는 함정에 **떨어지겠고** 함정
신 22:8	지붕에 난간을 만들어 사람이 **떨어지지**	렘 50:35	지혜로운 자의 위에 **떨어지리라**
신 28:40	열매가 **떨어지므로** 그 기름을 네 몸에	렘 50:36	위에 **떨어지리니** … 위에 **떨어지리니**
삿 15:14	그의 결박되었던 손에서 **떨어진지라**	렘 50:37	위에 **떨어지리니** … 위에 **떨어지리니**
삼상 3:19	그의 말이 하나도 땅에 **떨어지지** 않게	애 5:16	머리에서는 면류관이 **떨어졌사오니**
삼상 14:45	머리털 하나도 땅에 **떨어지지** 아니할	겔 13:11	폭우가 내리며 큰 우박덩이가 **떨어지며**
삼하 4:4	급히 도망하다가 아이가 **떨어져** 절게	겔 29:5	네가 지면에 **떨어지고** 다시는 거두거나
삼하 14:11	아들의 머리카락 하나도 땅에 **떨어지지**	겔 30:22	팔을 꺾어서 칼이 그 손에서 **떨어지게**
삼하 20:8	그가 나아갈 때에 칼이 빠져 **떨어졌더라**	겔 31:12	모든 골짜기에 **떨어졌고** 그 굵은 가지가
왕상 1:52	그의 머리털 하나도 땅에 **떨어지지** 아니	겔 31:16	백성들이 그 **떨어지는** 소리로 말미암아
왕상 1:2	그의 다락 난간에서 **떨어져** 병들매 사자	겔 38:20	무너지며 절벽이 **떨어지며** 모든 성벽이
왕하 2:13	엘리야의 몸에서 **떨어진** 겉옷을 주워	단 3:23	타는 풀무불 가운데 **떨어졌더라**
왕하 2:14	엘리야의 몸에서 **떨어진** 그의 겉옷을	암 9:1	부서져서 무리의 머리에 **떨어지게** 하라
왕하 2:19	토산이 익지 못하고 **떨어지나이다**	암 9:9	알갱이도 땅에 **떨어지지** 아니하리라
왕하 6:5	벨 때에 쇠도끼가 물에 **떨어진지라**	나 3:12	흔들기만 하면 먹는 자의 입에 **떨어짐과**
왕하 10:10	말씀은 하나도 땅에 **떨어지지** 아니하리	말 3:11	포도나무 열매가 기한 전에 **떨어지지**
욥 1:16	하나님의 불이 하늘에서 **떨어져서** 양과	마 10:29	그 하나도 땅에 **떨어지지** 아니하리라
욥 15:33	**떨어짐** 같고 감람 꽃이 곧 **떨어짐** 같으	마 13:4	뿌릴새 더러는 길 가에 **떨어지매** 새들이
욥 31:22	내 팔이 어깨뼈에서 **떨어지고** 내 팔	마 13:5	더러는 흙이 얕은 돌밭에 **떨어지매** 흙이
시 35:8	잡히게 하시며 멸망 중에 **떨어지게**	마 13:7	가시떨기 위에 **떨어지매** 가시가 자라서

734

【 떨치다 】　　　　　　　　　　　　　　　　　　　　　　　【 떼 】

마 13:8	더러는 좋은 땅에 **떨어지매** 어떤 것은
마 15:27	개들도 제 주인의 상에서 **떨어지는** 부스
마 21:44	이 돌 위에 **떨어지는** 자는 깨지겠고 이
	돌이 사람 위에 **떨어지면** 그를 가루로
마 24:29	별들이 하늘에서 **떨어지며** 하늘의 권능
막 4:4	뿌릴새 더러는 길 가에 **떨어지매** 새들이
막 4:5	흙이 얕은 돌밭에 **떨어지매** 흙이 깊지
막 4:7	더러는 가시떨기에 **떨어지매** 가시가
막 4:8	더러는 좋은 땅에 **떨어지매** 자라 무성
막 13:25	별들이 하늘에서 **떨어지며** 하늘에 있는
눅 8:5	길 가에 **떨어지매** 밟히며 공중의 새들이
눅 8:6	바위 위에 **떨어지매** 싹이 났다가 습기
눅 8:7	더러는 가시떨기 속에 **떨어지매** 가시가
눅 8:8	좋은 땅에 **떨어지매** 나서 백 배의 결실
눅 8:14	가시떨기에 **떨어졌다**는 것은 말씀을
눅 10:18	사탄이 하늘로부터 번개같이 **떨어지는**
눅 16:17	율법의 한 획이 **떨어짐**보다 천지가 없어
눅 16:21	부자의 상에서 **떨어지는** 것으로 배불
눅 20:18	사람 위에 **떨어지면** 그를 가루로 만들어
눅 22:44	간절히 기도하시니 땀이 땅에 **떨어지는**
요 12:24	알의 밀이 땅에 **떨어져** 죽지 아니하면
행 20:9	이기지 못하여 삼 층에서 **떨어지거늘**
약 1:11	**떨어져** 그 모양의 아름다움이 없어지
벧전 1:24	꽃과 같으니 풀은 마르고 꽃은 **떨어지되**
벧후 3:17	이끌려 너희가 굳센 데서 **떨어질까**
계 6:13	열매가 **떨어지는** 것같이 땅에 **떨어지며**
계 6:16	바위에게 말하되 우리 위에 **떨어져** 보좌
계 8:10	**떨어져** 강들의 … 물샘에 **떨어지니**
계 9:1	하늘에서 땅에 **떨어진** 별 하나가 있는데

4. 기타(fall, bring down)

삿 15:18	받지 못한 자들의 손에 **떨어지겠나이다**
요 4:52	어제 일곱 시에 열기가 **떨어졌나이다**
행 19:27	천하가 위하는 그의 위엄도 **떨어질까**
딤전 6:9	어리석고 해로운 욕심에 **떨어지나니**
계 2:5	어디서 **떨어졌는지**를 생각하고 회개

떨치다(resist, shake)

삿 16:20	나가서 몸을 **떨치리라** 하였으나 여호와
삼하 8:13	쳐죽이고 돌아와서 명성을 **떨치니라**
욥 39:18	그러나 그것이 몸을 **떨쳐** 뛰어갈 때에는
시 35:23	나의 하나님, 나의 주여 **떨치고** 깨셔서
렘 6:22	나라가 땅 끝에서부터 **떨쳐** 일어나나니
단 11:5	그보다 강하여 권세를 **떨치리니** 그의
단 11:25	그가 그의 힘을 **떨치며** 용기를 다하여
단 11:32	아는 백성은 강하여 용맹을 **떨치리라**

떨쳐 버리다

창 27:40	그 멍에를 네 목에서 **떨쳐 버리리라**
욥 30:18	큰 능력으로 나의 옷을 **떨쳐 버리시며**
욥 38:13	악한 자들을 그 땅에서 **떨쳐 버린** 일이

떼 (herd, flock, group)

창 18:7	아브라함이 또 가축 떼 있는 곳으로

성경에 나오는 '떼'

나귀 떼와 낙타 떼 – 사 21:7

돼지 떼 – 마 8:30, 31; 막 5:11, 13; 눅 8:32, 33

메뚜기 떼 / 황충 떼 – 삿 6:5; 사 33:4; 나 3:17

벌 떼 – 신 1:44; 삿 14:8

소 떼 – 창 26:14; 47:17; 50:8; 민 11:22; 삼상 30:20; 대상 27:29; 대하 32:29; 잠 27:23; 전 2:7; 사 65:10; 렘 3:24; 5:17; 31:12; 호 5:6; 욜 1:18; 욘 3:7

양 떼 – 창 26:14; 29:2, 3, 10; 30:31, 32, 36, 38, 41, 43; 31:4, 8, 10, 12, 38, 41, 43; 32:5; 33:13; 37:12, 14; 47:4, 17; 50:8; 출 2:16, 17, 19; 3:1; 레 5:6, 15, 18; 6:6; 민 11:22; 31:9, 28, 30; 32:26; 삼상 8:17; 17:34; 30:20; 대상 4:39, 41; 17:7; 21:17; 27:30; 대하 32:28; 35:7; 욥 21:11; 24:2; 30:1; 시 65:13; 77:20; 78:48, 52; 80:1; 107:41; 잠 27:23; 전 2:7; 아 1:8; 2:16; 6:2, 3, 6; 사 13:20; 40:11; 61:5; 63:11; 65:10; 렘 3:24; 5:17; 6:3; 10:21; 13:17, 20; 23:1, 2, 3; 25:34, 35, 36; 31:10, 12, 24; 33:12, 13; 49:20, 29; 50:6, 8, 45; 51:23; 겔 24:4-5; 25:5; 34:2, 3, 6, 8, 10, 17, 22; 36:37, 38; 호 5:6; 욜 1:18; 암 6:4; 7:15; 욘 3:7; 미 2:12; 4:8; 5:8; 7:14; 습 2:6, 7; 슥 9:16; 11:4, 7, 17; 마 26:31; 눅 2:8; 행 20:28, 29; 고전 9:7

염소 떼 – 창 27:9; 왕상 20:27; 아 4:1; 6:5

파리 떼 / 쇠파리 떼 – 출 8:21, 29, 31; 시 78:45; 105:31; 렘 46:20

[떼다]

떼 - 기타 본문

창 29:3, 8; 30:30, 38; 32:7, 8, 10, 16, 19; 33:8, 13; 38:17; 47:18; 50:9; 출 3:1; 레 1:10; 민 32:1; 삿 9:34, 37, 44; 왕하 5:2; 13:20, 21; 23:5; 대상 12:21; 대하 1:16; 17:11; 26:11; 욥 6:19; 잠 30:27; 겔 27:25; 34:12; 36:38; 38:6, 9; 43:23, 25; 45:15; 호 6:9; 7:1; 미 5:1; 나 3:3; 습 2:14; 말 1:14; 마 8:32; 막 6:39, 40; 눅 9:14; 행 17:5

떼다 (break, remove, wean)

창 21:8	자라매 젖을 떼고 이삭이 젖을 떼는
출 33:5	진멸하리니 너희는 장신구를 떼어 내라
출 33:6	호렙 산에서부터 그들의 장신구를 떼어
레 3:4	간에 덮인 꺼풀을 콩팥과 함께 떼어 낼
레 4:19	기름은 다 떼어 제단 위에서 불사르되
민 35:8	많이 떼어서 주고 적게 받은 자에게서는 적게 떼어 줄 것이라 각기 받은 기업
삿 8:21	낙타 목에 있던 초승달 장식들을 떼어서
삼상 1:22	아이를 젖 떼거든 내가 그를 데리고
삼상 1:23	젖 떼기까지 기다리라 오직 여호와께서 그의 말씀대로 … 그가 젖 떼기까지
삼상 6:7	소에 수레를 메우고 그 송아지들은 떼어
삼상 15:28	이스라엘 나라를 왕에게서 떼어 왕보다
삼상 28:17	네게 행하사 나라를 네 손에서 떼어
왕상 11:20	바로의 궁중에서 젖을 떼게 하매
왕하 16:17	물두멍 받침의 옆판을 떼내고 물두멍을
욥 36:7	눈을 의인에게서 떼지 아니하시고 그를
렘 16:7	슬퍼하는 자와 떡을 떼며 위로하는 자가
애 4:4	아이들이 떡을 구하나 떼어 줄 사람이
겔 13:20	부적을 내가 너희 팔에서 떼어 버리고
마 14:19	우러러 축사하시고 떡을 떼어 제자들
마 15:36	생선을 가지사 축사하시고 떼어 제자들
마 26:26	떡을 가지사 축복하시고 떼어 제자들
막 6:41	축사하시고 떡을 떼어 제자들에게
막 6:52	그 떡 떼시던 일을 깨닫지 못하고
막 8:6	일곱 개를 가지사 축사하시고 떼어 제자
막 8:19	내가 떡 다섯 개를 오천 명에게 떼어
막 8:20	일곱 개를 사천 명에게 떼어 줄 때에
막 14:22	떡을 가지사 축복하시고 떼어 제자들
눅 5:3	시몬의 배라 육지에서 조금 떼기를
눅 9:16	우러러 축사하시고 떼어 제자들에게
눅 22:19	떡을 가져 감사 기도 하시고 떼어 그들
눅 24:30	떡을 가지사 축사하시고 떼어 그들에게
눅 24:35	예수께서 떡을 떼심으로 자기들에게
행 2:42	교제하고 떡을 떼며 오로지 기도하기를
행 2:46	모이기를 힘쓰고 집에서 떡을 떼며 기쁨
행 20:7	주간의 첫날에 우리가 떡을 떼려 하여
행 20:11	떡을 떼어 먹고 오랫동안 곧 날이 새기
행 27:32	군인들이 거룻줄을 끊어 떼어 버리니라
행 27:35	하나님께 축사하고 떼어 먹기를 시작하
고전 10:16	우리가 떼는 떡은 그리스도의 몸에 참여
고전 11:24	축사하시고 떼어 이르시되 이것은 너희
계 5:2	두루마리를 펴며 그 인을 떼기에 합당
계 5:5	그 두루마리와 그 일곱 인을 떼시리라
계 5:9	인봉을 떼기에 합당하시도다 일찍이
계 6:1	일곱 인 중의 하나를 떼시는데 그 때에

떼다 - 기타 본문

레 3:10, 15; 4:8, 9, 10, 31, 35; 7:4; 8:25; 계 6:3, 5, 7, 9, 12; 8:1

뗏목 (raft)

왕상 5:9	내가 그것을 바다에서 뗏목으로 엮어

[또]

또 (also, and, more)

창 1:15	또 광명체들이 하늘의 궁창에 있어 땅을

또 - 기타 본문

모세오경 창 1:16, 30; 3:16; 4:2; 8:8, 10, 12; 9:17, 26; 10:8, 16; 11:4, 29; 13:7; 14:13, 16; 15:3, 5, 7; 16:10, 11; 17:3, 9, 15; 18:7, 20, 29, 31, 32; 19:9, 12; 20:6, 10, 12; 21:7; 22:18; 24:25, 30, 44, 46; 26:1, 21; 27:16, 25, 36; 28:1, 6, 7, 8, 12, 13; 29:24, 27, 29, 34, 35; 30:28, 32; 31:8, 38, 46, 49, 51, 54; 32:9, 17, 20; 33:8; 35:14, 17; 36:3; 37:9, 22; 39:3; 41:3, 6, 19, 23, 34, 41, 45; 42:2, 5, 13, 25, 36; 43:6, 29; 44:2, 20, 21, 23; 45:15, 20, 22, 23, 27; 46:17; 47:4, 12, 31; 48:21; 49:11; 50:18, 25; 출 3:6, 14, 15; 4:6; 5:5, 8; 7:19; 9:25; 10:6, 26; 11:3; 14:11; 16:8, 9, 33; 18:18, 21; 19:22; 20:4; 21:6; 24:1; 25:19, 28, 35; 26:9, 37; 27:6, 20; 28:23, 26, 27, 36, 42; 29:15, 22, 23, 36, 40; 30:8, 22; 31:6; 32:9; 33:20, 21; 34:16; 35:34; 36:10, 16, 20, 26, 31, 35; 37:10, 15, 17, 21, 25; 38:1, 9, 23; 39:1, 2, 6, 8, 15, 16, 19, 20, 27, 30; 40:3, 4, 5, 6, 7, 8, 9, 10,

【또】

11, 12, 14, 19, 20, 21, 22, 23, 24, 25, 26, 28, 29, 30, 33; 레 1:6, 17; 2:1; 3:3; 4:7, 8, 18; 6:6; 7:13, 32; 8:11, 12, 13, 14, 16, 18 , 22, 24, 25; 9:3, 4, 7, 12, 13, 14, 15, 16, 17, 18, 19; 10:11; 13:5, 6, 33, 34, 54; 14:5, 10, 15, 19, 29, 39, 41, 44; 16:7, 12, 14, 15, 16, 19, 33; 17:8, 15; 18:17; 20:2, 26; 23:18, 19, 38; 24:7; 25:38, 45; 26:8, 18, 40; 27:25, 31; 민 2:14, 22, 29; 3:5, 32, 40, 41, 45; 4:1, 7, 16, 17, 21; 6:11; 7:1, 14, 15, 20, 21, 26, 27, 32, 33, 38, 39, 44, 45, 50, 51, 56, 57, 62, 63, 68, 69, 74, 75, 80, 81, 86, 87; 8:1, 8, 19, 21, 23; 9:23; 10:7, 9, 10; 11:18; 12:8; 13:20, 22, 23; 14:9, 23; 15:25; 16:8, 40; 17:10; 18:8, 20; 19:18; 21:32; 22:1; 23:27; 24:17, 20, 21, 23; 26:21; 28:3, 5, 7, 15, 17, 22, 30; 29:5; 30:3, 6; 31:8, 30; 32:5, 36, 38; 34:4, 9, 11, 12, 16, 18; 35:2, 9, 32; 36:2; 신 1:28, 39; 2:4, 23; 4:19, 47; 6:2, 8, 9, 24; 7:3, 15, 20; 8:3, 13, 15; 9:13, 20; 10:1, 7, 8; 11:4, 5, 9, 15, 18, 19, 20; 12:3, 14, 18, 30; 13:16; 14:19, 23; 16:4, 19; 18:4; 19:9; 20:8; 21:5, 13; 26:5, 17; 27:5, 7; 28:17, 25, 28, 51, 56, 61; 29:12, 13, 17, 20, 23, 28; 30:5, 16, 20; 31:1, 9, 13, 16, 18, 23; 32:14; 34:2 역사서수 1:4, 12; 2:8, 24; 3:1, 5, 6, 10; 4:9, 10; 5:8 , 10, 12; 6:7, 12, 23; 8:29; 9:10, 13; 10:1, 30 , 31, 36, 41; 11:11, 21; 12:3; 13:3, 4, 5, 6; 15:1, 2, 7, 8, 9, 10, 11; 16:6, 8; 17:9, 11; 18:12, 13, 16, 17, 19, 24, 28; 19:6, 7, 8, 13, 15, 30; 21:13, 17, 21, 23, 25, 27, 32, 38, 41; 22:2; 23:7; 24:5, 7, 8, 13, 18, 32; 삿 1:5, 10, 18; 2:1, 3, 14; 3:6, 12; 4:1, 20; 6:1, 10, 13, 26, 35, 39; 7:4, 5, 22, 25; 8:9, 24, 26, 33, 35; 9:2, 10, 12, 37, 57; 10:9, 12; 11:17, 33, 37; 13:17; 19:13; 20:45; 21:8, 17, 19; 룻 1:15; 2:16, 20, 21; 4:10; 삼상 3:17; 4:7, 22; 7:14, 17; 8:12, 13, 14, 15, 16; 9:21, 27; 10:22; 12:14; 14:34, 44; 15:18; 16:11, 22; 17:10, 37, 38, 44, 47; 19:15, 24; 20:3, 13, 38; 21:9; 22:17; 23:14; 25:22, 33, 43; 26:10, 18; 28:19, 20; 30:9, 20; 삼하 1:9; 2:3, 7; 3:12, 19, 29; 5:13; 7:10, 11, 19; 8:2, 8; 9:7; 10:9, 18; 11:8; 12:11, 30; 14:17; 15:4, 27; 16:6, 11, 19; 17:1, 8, 13; 18:26; 19:9, 13, 29, 38; 21:5, 20; 22:10, 20, 24, 36, 41, 44; 23:13, 18, 20, 21, 24; 24:6, 23; 왕상 1:37, 46; 2:14, 36, 35, 44; 3:6,

【또】

13, 14, 24; 4:7, 13, 28, 29, 33; 5:6, 15; 6:5, 10, 15 , 16, 33, 36; 7:4, 6, 7, 8, 12 , 16, 18, 23, 27, 29, 35, 36, 38, 40, 41, 42, 43, 48, 49, 50; 8:21, 41, 43, 59; 9:18, 19, 25; 10:12, 13, 15, 17, 18, 20; 11:7, 8, 11, 18, 23; 12:23, 25, 31; 13:2, 11, 17, 32; 14:24, 26; 15:13, 30; 16:7, 13, 33; 17:18, 20; 18:33, 34, 38; 19:12, 16; 20:1, 21, 24, 25, 34, 37; 21:19, 22, 27; 22:5, 20, 22, 23, 28; 왕하 2:6; 3:7; 4:6, 42; 6:28; 9:9, 20, 26; 10:2, 11; 11:19; 12:11, 12, 15; 13:6, 16, 18; 14:7, 14, 15, 27; 16:3, 4, 9, 13, 14, 15, 17, 18; 17:7, 11, 12, 13, 15, 16, 17, 32, 34, 37, 38, 41; 18:16; 19:7, 18, 29; 20:6, 18, 19; 21:5, 6, 7 , 11, 13, 16; 22:6, 10, 14; 23:5, 6, 7, 8, 10, 11 , 13, 14, 15, 20, 24, 33; 24:4, 13, 14, 16, 17; 25:13, 14, 15, 16, 19, 25; 대상 1:10, 14; 2:19, 49; 3:4, 6, 9, 20, 21; 4:18, 22, 33, 34, 36, 37, 42; 5:9, 12, 15; 6:60, 67, 70, 72, 78, 80; 7:21, 28, 29; 8:7, 11, 13; 9:9, 12, 13, 15, 16, 29, 30, 32, 33; 10:13; 11:22, 23, 26; 12:3, 4, 28, 38, 40; 13:2; 14:3, 14; 15:1, 11, 27; 16:4, 41, 42; 17:9, 10, 17; 18:2, 8; 19:10, 18; 20:2, 6; 22:3, 4, 14, 15, 17; 23:8, 10, 28, 29, 31, 32; 26:9; 27:4; 28:12, 13, 14 , 15, 16, 17, 18, 20, 21; 29:2, 12, 17, 19, 21, 25, 30; 대하 2:7, 8, 12, 14; 3:5, 6, 7, 8; 4:1, 2, 6, 7, 8, 9, 11, 12, 13, 14, 19, 21, 22; 5:12; 6:6, 11, 33, 41; 7:7; 8:4, 5, 6, 14; 9:11, 12, 14, 16, 17, 19; 13:8, 10, 11; 14:5, 15; 15:8, 9, 12, 18; 16:10, 14; 17:2, 8, 13, 19; 18:4, 21, 22, 27; 19:5, 8; 21:7, 11, 13, 15; 23:10, 19; 24:7, 12, 14; 25:6, 12, 24; 26:10, 11, 15; 27:3; 28:3, 4, 5, 10, 24; 29:5, 7, 17, 19, 22, 33; 30:1, 23; 31:3, 4, 5, 6, 17, 18; 32:5, 17, 23, 24, 30; 33:5, 6, 7, 14, 19; 34:4, 6, 12, 13, 17, 18; 35:3, 9, 11; 36:3, 4, 7, 18, 19; 스 1:7; 3:7; 4:6; 5:10, 14; 6:5, 8, 9, 11, 17, 22; 7:16, 28; 8:16, 18, 25, 27, 35, 36; 10:13, 19, 20; 느 2:7, 8, 18; 3:1, 2, 13, 15, 16; 4:22; 5:9, 15, 17; 6:7, 19; 7:3, 71; 8:10, 15; 9:5, 11, 13, 15, 18, 20, 22, 30; 10:9, 14, 32, 34, 36, 37; 11:5, 11, 12, 13, 14, 16, 17, 26, 28, 29, 30, 31; 12:9, 29, 30, 31, 33, 35 , 40, 42, 47; 13:5, 10, 16, 22, 23, 26, 30, 31; 에 1:5; 2:9, 18; 3:13; 4:8; 5:8, 12; 7:1; 8:5; 9:6, 7, 12, 15 시가서욥 1:16, 17, 18; 2:1; 8:6; 19:28; 22:17, 23; 24:13; 27:1; 28:28; 32:3; 40:1; 42:13;

【 또 】   【 또 】

시 18:9, 35, 40; 19:11, 13; 22:15; 28:9; 35:3, 21; 37:4; 38:20; 52:6; 56:6; 65:10, 13; 71:22; 75:10; 77:10, 12; 78:16, 55, 67, 70; 81:16; 89:25, 27, 29, 37; 95:8; 105:16, 25, 36, 40; 106:27, 28, 32; 107:7, 35, 38; 109:3, 18, 23, 25; 113:9; 118:14; 119:46, 48, 120; 121:7; 123:3; 144:14; 145:19; 148:6; 잠 2:16, 19, 20; 7:12; 8:29; 9:4, 16; 16:23; 17:2; 18:16; 22:21, 23; 23:33; 24:4, 25; 25:10; 29:17; 30:3; 전 2:3, 8; 3:11, 16; 4:4, 8, 11; 5:8; 6:3, 5; 7:24; 8:17; 9:13; 10:7; 12:9, 12 **선지서** 사 1:25; 2:13; 3:4, 16; 4:6; 5:2, 6, 26; 6:8; 7:10, 13; 9:7, 21; 10:6, 13; 12:1, 4; 14:23; 22:10, 11, 22; 25:7; 26:8; 29:12; 30:16, 22, 33; 32:2; 36:16; 37:7, 24, 30; 38:6, 11, 15; 39:7, 8; 40:19; 41:22, 23; 44:5, 16; 45:11, 21; 48:3, 12, 15; 49:6; 53:10, 11; 56:6, 8; 57:7, 8, 9, 17; 58:7; 60:5; 62:3, 7, 12; 65:15; 66:19; 렘 1:11; 2:18, 25, 34; 3:6, 15; 4:5, 16; 5:24, 28; 6:17; 7:18; 8:4; 9:3, 17; 11:5, 9; 13:14; 14:11; 16:1; 17:4; 19:5, 9; 20:5; 21:4, 6, 14; 23:17, 34, 37; 24:4, 9; 25:19; 26:20; 27:6, 10, 16; 28:4; 34:21; 36:17, 31; 38:23, 25; 39:6, 7; 41:3; 42:14; 43:10, 13; 44:12; 46:21; 49:37; 51:1; 52:10, 17, 22, 25; 애 2:7; 겔 1:11, 13; 3:1, 4, 10, 20, 22; 4:3, 4, 7, 13, 16; 5:2, 4, 12, 14, 17; 6:7; 7:1, 20, 22; 8:6, 9, 12, 13, 14, 15, 16, 17; 9:1, 7; 11:17; 12:1, 8, 11, 13, 14, 17, 21, 23, 26; 13:15, 21, 22; 14:12; 16:1, 13, 17, 18, 19, 20, 28, 34, 36, 37, 38, 39, 49; 17:5, 7, 11, 13; 18:1, 14; 19:5; 20:7, 12, 15, 20, 23, 25, 27, 28, 31, 41, 45; 21:1, 8; 22:1; 23:1, 23, 26, 35, 36, 37, 40, 42, 45; 24:9, 15; 25:1; 26:12; 28:1, 8, 11, 20; 29:21; 30:1, 10, 15; 31:14; 32:13; 34:25; 35:1; 36:10, 15, 16, 26, 27, 30; 37:4, 6, 8, 9, 11, 14, 15, 16, 26; 38:14, 22; 39:6; 40:8, 9, 11, 14, 24, 26, 35, 42, 47; 41:13; 43:8, 11, 25; 44:4, 5, 13, 16, 20, 24, 30; 45:5, 15, 23, 24; 46:7, 14, 21; 47:2, 9, 10, 17; 48:29; 단 1:5, 17; 2:22, 34, 39, 47, 48, 49; 3:25; 4:13, 16, 17, 23, 26, 36; 5:21, 23; 6:2, 15, 22; 7:4, 6, 7, 8, 13, 20, 24, 25; 8:9, 11, 12, 25; 9:6, 24, 26, 27; 10:3, 6, 18; 11:1, 2, 4, 10, 15, 17, 21, 32 , 35, 38, 41; 12:1; 호 1:6, 8; 2:9, 18, 22; 3:1; 8:4; 12:3; 욜 2:29; 3:3, 6; 암 1:8; 2:11, 12; 4:6, 7; 6:2, 10; 7:4, 7, 12; 옵 1:19;

욘 1:5; 미 1:6; 3:1; 4:10; 5:12, 14, 15; 나 2:2, 13; 3:6; 합 1:5; 2:5, 8; 습 1:5, 17; 학 1:8; 슥 1:5; 2:1; 3:4, 7; 4:2, 8; 5:6, 9; 6:1, 13; 9:11; 11:14, 15, 16; 14:10, 15; 말 1:13; 2:17; 3:1, 17; 4:3 **복음서** 마 2:6; 4:7, 8; 5:19, 27, 31, 32, 33, 38, 40, 41, 43, 47; 6:5, 7, 28; 8:11, 21, 28; 10:12, 18, 22, 38, 42; 11:27; 12:5, 27, 32; 13:24, 31, 33, 41, 45, 47; 15:4; 16:18; 17:20; 18:5; 19:29; 20:3, 5, 6; 21:15, 23, 30; 23:4, 18, 21, 22; 24:3; 25:14, 16, 17, 20, 22, 41; 26:27, 44, 72; 27:56; 28:7; 막 1:39; 2:14, 27; 3:8, 13, 14, 17, 18, 19, 24; 4:9, 13, 16, 18, 21, 24, 26, 30; 5:40; 6:10, 15, 20, 23, 41; 7:1, 4, 9, 10, 13, 20; 8:1, 7, 18, 20, 29; 9:1, 31, 42; 10:12; 11:8; 12:5, 33; 13:10, 13, 27; 14:23, 70; 15:4, 12, 40, 41; 16:1, 15; 눅 1:17; 2:24, 35, 36; 3:18, 19; 4:5, 9, 24, 27; 5:14, 36; 6:5, 6, 35, 39, 43; 7:16, 21, 31; 9:23, 45, 48, 59, 61; 10:9, 22, 32; 11:5, 9, 16, 46, 49, 52; 12:16, 18, 19, 22, 25, 54, 57; 13:4, 20; 14:5, 12, 19, 20, 31; 15:5, 9, 11; 16:7; 17:21, 22, 28; 18:6, 9, 12; 19:20, 44; 20:9; 21:2, 10, 11, 17; 22:19, 24, 59; 23:27, 32; 24:10, 24, 39, 44, 46, 47; 요 1:21, 22, 25, 32, 35, 51; 2:25; 4:6, 10, 12, 15; 5:20, 24, 27, 46; 6:22, 65; 7:42; 8:12, 28, 53, 55; 10:12, 16, 28; 11:8, 11, 33, 52; 12:29; 13:3; 14:1, 7, 16, 17; 15:16, 23, 24; 16:16, 17, 18, 19, 27, 30; 17:19, 20, 23, 26; 18:15, 27, 40; 19:27, 32, 37, 42; 20:7, 18, 21, 31; 21:1, 2, 16 **역사서** 행 1:20; 2:9, 13, 19, 40, 45, 47; 3:20, 25; 4:13, 14, 25, 29; 5:9; 6:5, 14; 7:6, 7, 13, 28, 38; 8:7; 9:29; 10:13, 15; 11:7, 9; 12:7, 8, 17; 13:34, 35, 39; 14:22; 15:8, 16; 16:12; 17:12, 17, 25, 34; 18:8; 19:19, 31; 20:15, 35; 21:21, 28; 22:5, 14, 19, 20, 21, 29; 23:6, 24, 25, 30; 24:3, 6, 26; 25:5; 26:10, 11; 27:4, 24; 28:21 **서신서** 롬 5:16; 8:10, 30; 9:27; 10:9; 11:9; 15:10, 11, 12, 20, 23, 31; 16:5, 8, 15; 고전 1:2; 2:6, 14; 3:20; 4:12; 7:12, 37; 8:3; 9:15; 11:2, 9; 12:3, 6, 13, 16; 13:2, 3; 14:15; 15:1, 14, 15, 30, 37, 44; 16:15, 16; 고후 1:1, 10; 2:3; 3:3; 4:5; 5:11, 18; 8:5, 18, 22; 9:14; 11:9, 27; 12:15, 20, 21; 13:9, 11; 갈 1:17; 2:9; 3:8, 11, 14; 4:1; 5:21; 엡 1:22; 2:6, 16, 17; 6:4, 19, 22; 빌 1:10; 2:27, 29; 4:3, 18; 골 2:11,

【 또는 】 　　　　　　　　　　　　　　　　　　　　【 똑똑히 】

12, 13; 3:17; 4:14, 16; 살전 1:6, 10; 3:6, 12; 4:11; 5:14, 23; 살후 3:4; 딤전 2:5, 9; 5:13, 18; 6:16; 딤후 1:12, 18; 2:2, 19; 3:15; 4:4, 13, 18; 딛 3:14; 몬 1:9; 히 1:2, 6, 7, 10; 2:15; 3:17, 18; 4:12; 7:8, 20; 8:9, 10, 11; 9:3; 10:17, 21, 23; 11:12, 13, 22, 35, 36; 12:2, 5, 9, 15, 26, 27; 약 1:27; 2:2, 3, 5 , 25; 3:4, 9; 벧전 3:7, 13; 4:18; 벧후 1:19; 3:15, 16; 요일 1:8; 2:11, 21, 27; 3:19; 4:4, 14; 5:11, 19, 20; 요이 1:6; 유 1:6, 10, 12, 15, 23 예언서 계 1:5, 20; 2:2, 3, 14, 17, 21, 22, 23, 28; 4:3, 4, 11; 5:2, 6, 11, 13; 6:2, 4, 6; 7:2, 13, 15; 8:3, 13; 9:3, 8, 9, 10, 17, 19, 21; 10:1, 8; 11:1, 6, 18, 19; 12:3, 10, 11; 13:5, 7, 11, 15; 14:1, 6, 8, 9, 13, 14, 15, 17, 18; 15:1, 2, 5; 16:1, 7, 9, 10, 12, 13, 18, 21; 17:1, 6, 10, 14, 15, 16; 18:3, 4, 22; 19:4, 6, 9, 11, 12, 13, 15, 17, 19; 20:1, 4, 10, 11, 12, 13; 21:1, 2, 5, 6; 22:1, 6, 9, 10, 17

또는 (or)
창 17:12 남자는 집에서 난 자나 **또는** 너희 자손
창 24:55 아이로 하여금 며칠 **또는** 열흘을 우리

📖 또는 - 기타 본문
출 17:7; 22:9; 레 25:47, 49; 민 5:14, 30; 신 3:17; 7:8; 12:10; 19:15; 22:2; 24:3; 수 20:6; 22:23; 24:15; 삿 5:6; 삼상 15:9; 26:10; 왕상 22:15, 36; 대하 35:5; 욥 3:16; 사 45:9; 마 7:16; 10:19, 24; 막 6:40; 눅 6:44; 22:30; 요 8:48; 9:21; 10:9; 13:13, 14; 행 20:28; 24:12; 25:19; 롬 3:8; 15:4; 고전 14:36; 갈 4:14; 살후 2:2; 딤후 1:8; 벧전 1:11; 요일 3:10; 계 9:20; 21:17

또다시 (again, second time, still)
창 38:5 **또다시** 아들을 낳고 그의 이름을 셀라라
요 12:28 영광스럽게 하였고 **또다시** 영광스럽게

📖 또다시 - 기타 본문
출 37:21; 삼상 5:4; 삼하 14:29; 21:19; 왕상 19:7; 전 4:7; 겔 8:17; 히 1:5; 2:13; 4:5; 10:30

또한 (also, and, too)
창 29:30 야곱이 **또한** 라헬에게로 들어갔고 그가

롬 6:4 살리심과 같이 우리로 **또한** 새 생명
고전 10:13 시험 당할 즈음에 **또한** 피할 길을 내사

📖 또한 - 기타 본문
구약 출 19:9; 21:35; 레 11:43; 신 14:27; 19:15; 31:4, 5; 32:37; 수 7:11; 24:9; 삼하 18:22; 왕상 1:48; 6:13; 11:26; 왕하 2:3; 17:33; 18:30, 31; 23:15; 대상 17:7; 대하 15:6; 29:31; 30:12; 36:13; 느 5:13, 14, 15; 6:17; 에 9:12, 23; 욥 1:21; 5:15; 12:7; 37:11; 시 7:13; 18:23; 27:7; 69:36; 71:19; 78:21; 전 3:13; 5:19; 7:21; 8:12; 12:5; 24:5; 44:19; 57:6, 15; 66:4; 렘 2:36; 4:28; 27:7; 겔 48:32, 33, 34; 호 6:11; 미 2:3; 학 2:7; 슥 4:9 신약 마 5:30; 12:12, 45; 23:10; 눅 4:11; 5:33; 7:5; 8:2; 10:27; 12:5, 8; 13:26; 16:1; 19:2; 23:8, 15, 22; 요 5:37; 14:12; 행 1:3; 3:24; 20:30; 롬 1:28, 32; 2:12, 27; 3:26, 29, 30; 4:12, 21, 25; 5:2, 11, 15, 21; 6:5, 8; 8:17, 23, 29, 30; 9:7, 10, 23, 29; 11:17; 13:11; 15:22, 27; 16:7; 고전 1:16; 6:14; 7:40; 8:4, 6; 10:11; 11:25; 12:21, 31; 15:18, 49, 50; 고후 1:22; 3:6; 4:10, 11, 13; 10:2; 11:15; 갈 2:8; 5:25; 6:14; 엡 1:13; 4:21; 빌 1:1, 18, 29; 2:4; 3:8; 4:3, 10; 골 1:6, 17, 3:15; 4:3; 살전 1:5; 2:6, 13; 4:12; 5:24; 살후 1:5; 3:2; 딤전 3:7; 5:7; 6:7; 딤후 1:12; 2:11, 12, 22; 3:11; 몬 1:24; 히 2:10, 14; 3:5; 5:3, 5, 6; 7:9; 9:21; 10:15, 38; 11:6; 약 2:11; 벧전 2:8, 18; 3:19; 4:19; 벧후 2:1; 요일 1:10; 2:23; 4:21; 5:1, 8, 15, 20; 요삼 1:14; 계 3:10; 18:8

똑같다 / 똑같이 (alike, just as)
겔 1:16 그 넷은 **똑같은** 모양을 가지고 있으며
히 4:15 모든 일에 우리와 **똑같이** 시험을 받으신

똑똑히 (listen, see with your own eyes)
대하 29:8 하신 것을 너희가 **똑똑히** 보는 바라
대하 30:7 버려 두신 것을 너희가 **똑똑히** 보는
욥 37:2 입에서 나오는 소리를 **똑똑히** 들으라
시 37:34 끊어질 때에 네가 **똑똑히** 보리로다
시 54:7 보응 받는 것을 내 눈이 **똑똑히** 보게
시 91:8 너는 **똑똑히** 보리니 악인들의 보응을

【 똥 】　　　　　　　　　　　　　　　　　　　　　　　　　　　　　　【 뛰다 】

똥(offal-NIV, refuse-NASV)
출 29:14　수소의 고기와 가죽과 **똥**을 진 밖에서
레 4:12　**똥** 곧 그 송아지의 전체를 진영 바깥
레 8:17　가죽과 고기와 **똥**은 진영 밖에서 불살랐
레 16:27　고기와 **똥**을 밖으로 내다가 불사를
민 19:5　그 가죽과 고기와 피와 **똥**을 불사르게
왕하 6:25　비둘기 **똥** 사분의 일 갑에 은 다섯 세겔
욥 20:7　자기의 **똥**처럼 영원히 망할 것이라 그를
말 2:3　**똥** 곧 너희 절기의 희생의 **똥**을 너희

뚜껑(covering, lid)
창 8:13　방주 **뚜껑**을 제치고 본즉 지면에서
민 19:15　**뚜껑**을 열어 놓고 덮지 아니한 그릇은
왕하 12:9　궤를 가져다가 그것의 **뚜껑**에 구멍을
렘 37:16　예레미야가 **뚜껑** 씌운 웅덩이에 들어간

뚜렷하다(form, completely)
아 6:10　빛같이 **뚜렷하고** 달같이 아름답고
겔 16:7　아름다우며 유방이 **뚜렷하고** 네 머리
고전 6:7　너희 가운데 이미 **뚜렷한** 허물이 있나니

뚝뚝
아 5:13　몰약의 즙이 **뚝뚝** 떨어지는구나

뚝심(strength)
욥 40:16　힘은 허리에 있고 그 **뚝심**은 배의 힘줄

뚫다(pierce, break)
출 21:6　송곳으로 그의 귀를 **뚫을** 것이라 그는
출 22:2　도둑이 **뚫고** 들어오는 것을 보고 그를
신 15:17　귀를 문에 대고 **뚫으라** 그리하면 그가
삿 5:26　시스라를 쳐서 그의 머리를 **뚫되**
왕하 12:9　뚜껑에 구멍을 **뚫어** 여호와의 전문 어귀
욥 24:16　어둠을 틈타 집을 **뚫는** 자는 낮에는
욥 28:3　어둠을 **뚫고** 모든 것을 끝까지 탐지하여
욥 28:4　멀리 떠나 갱도를 깊이 **뚫어** 발길이
시 45:5　왕의 원수의 염통을 **뚫으니** 만민이 왕의
잠 7:23　필경은 화살이 그 간을 **뚫게** 되리라
렘 2:34　그들이 담 구멍을 **뚫었기** 때문이 아니라
겔 12:5　그들의 목전에서 성벽을 **뚫고** 그리로
겔 12:7　손으로 성벽을 **뚫고** 캄캄할 때에 행장
겔 12:12　성벽을 **뚫고** 행장을 그리로 가지고
겔 41:6　벽에 붙어 있는데 성전 벽 속을 **뚫지는**

마 6:19　동록이 해하며 도둑이 구멍을 **뚫고**
마 6:20　도둑이 구멍을 **뚫지도** 못하고 도둑질
마 24:43　깨어 있어 그 집을 **뚫지** 못하게 하였으
눅 12:39　이를 줄 알았더라면 그 집을 **뚫지** 못하

뚫어지다(with hole)
학 1:6　삯을 받아도 그것을 구멍 **뚫어진** 전대에

뛰놀다/뛰어놀다(dance, leap, skip)
출 32:6　앉아서 먹고 마시며 일어나서 **뛰놀더라**
삼상 18:7　여인들이 **뛰놀며** 노래하여 이르되 사울
삼하 6:16　다윗 왕이 여호와 앞에서 **뛰놀며** 춤추는
삼하 6:21　섰으니 내가 여호와 앞에서 **뛰놀리라**
왕상 18:26　그들이 그 쌓은 제단 주위에서 **뛰놀더라**
대상 13:8　하나님 앞에서 힘을 다하여 **뛰놀며** 노래
대상 15:29　다윗 왕이 춤추며 **뛰노는** 것을 보고
욥 40:20　들짐승들이 **뛰노는** 산은 그것을 위하여
시 46:3　바닷물이 솟아나고 **뛰놀든지** 그것이
시 60:6　말씀하시되 내가 **뛰놀리라** 내가 세겜을
시 68:3　의인은 기뻐하여 하나님 앞에서 **뛰놀며**
시 68:4　여호와이시니 그의 앞에서 **뛰놀지어다**
시 87:7　노래하는 자와 **뛰어노는** 자들이 말하기
시 114:4　산들은 숫양들같이 **뛰놀며** 작은 산들이
시 114:6　숫양들같이 **뛰놀며** … 양들같이 **뛰놂**
렘 5:22　이기지 못하며 **뛰노나** 그것을 넘지
호 9:1　너는 이방 사람처럼 기뻐 **뛰놀지** 말라
암 8:8　솟아오르며 애굽 강같이 **뛰놀다가** 낮아
욘 1:15　바다에 던지매 바다가 **뛰노는** 것이
슥 8:5　소녀들이 가득하여 거기에서 **뛰놀리라**
눅 1:41　아이가 복중에서 **뛰노는지라** 엘리사벳
눅 1:44　내 복중에서 기쁨으로 **뛰놀았도다**
눅 6:23　기뻐하고 **뛰놀라** 하늘에서 너희 상이
고전 10:7　앉아서 먹고 마시며 일어나서 **뛰논다**

뛰다(run, rush)
레 11:21　발에 **뛰는** 다리가 있어서 땅에서 **뛰는**
삿 7:21　온 진영의 군사들이 **뛰고** 부르짖으며
삼하 6:6　소들이 **뛰므로** 웃사가 손을 들어 하나님
대상 13:9　소들이 **뛰므로** 웃사가 손을 펴서 궤를
대하 23:12　아달랴가 백성들이 **뛰며** 왕을 찬송하는
욥 39:20　그것으로 메뚜기처럼 **뛰게** 하였느냐
시 29:6　송아지같이 **뛰게** … **뛰게** 하시도다
시 38:10　내 심장이 **뛰고** 내 기력이 쇠하여

【 뛰어가다 】   【 뜨겁다/뜨거워지다 】

욜 2:5   산꼭대기에서 **뛰는** 소리는 병거 소리와
욜 2:9   성중에 **뛰어** 들어가며 성 위에 달리며
나 3:2   병거 바퀴 소리, **뛰는** 말, 달리는 병거
말 4:2   외양간에서 나온 송아지같이 **뛰리라**
막 10:50   맹인이 겉옷을 내버리고 **뛰어** 일어나
행 3:8   **뛰어** 서서 ⋯ 걷기도 하고 **뛰기**도 하며

뛰어 들어가다

행 14:14   옷을 찢고 무리 가운데 **뛰어** 들어가서
행 16:29   등불을 달라고 하며 **뛰어** 들어가

뛰어가다(run)

욥 39:18   그러나 그것이 몸을 떨쳐 **뛰어갈** 때에는

뛰어나다(set above, distinguish among, greater)

창 49:26   형제 중 **뛰어난** 자의 정수리로 돌아오
신 26:19   민족 위에 **뛰어나게** 하사 찬송과 명예
신 28:1   모든 민족 위에 **뛰어나게** 하실 것이라
신 28:43   위에 **뛰어나고** 너는 점점 낮아질 것이며
왕상 4:30 애굽의 모든 지혜보다 **뛰어난지라**
왕상 14:22 조상들이 행한 모든 일보다 **뛰어나게**
대상 5:2   유다는 형제보다 **뛰어나고** 주권자가
대상 11:21 둘째 세 명 가운데 가장 **뛰어나** 그들
대상 11:25 삼십 명 중에서는 **뛰어나나** 첫째 세
대상 29:25 이스라엘 모든 왕보다 **뛰어나게** 하셨더
느 7:2   하나님을 경외함이 무리 중에서 **뛰어난**
느 9:5   송축이나 찬양에서 **뛰어남**이니이다
시 45:1   혀는 글솜씨가 **뛰어난** 서기관의 붓끝라
시 45:7   왕에게 부어 왕의 동료보다 **뛰어나게**
시 136:2   신들 중에 **뛰어난** 하나님께 감사하라
시 136:3   주들 중에 **뛰어난** 주께 감사하라
시 148:13 영광이 땅과 하늘 위에 **뛰어나심**이로다
잠 31:29   그대는 모든 여자보다 **뛰어나다** 하느니
전 2:13   **뛰어남**이 빛이 어둠보다 **뛰어남** 같도다
전 3:19   사람이 짐승보다 **뛰어남**이 없음은 모든
아 5:10   붉어 많은 사람 가운데서 **뛰어나구나**
사 2:2   작은 산 위에 **뛰어나리니** 만방이 그리로
사 10:10   사마리아의 신상들보다 **뛰어났느니라**
겔 19:11   많은 가지 가운데에서 **뛰어나** 보이다가
겔 31:16   레바논의 **뛰어나고** 아름다운 나무들이
겔 32:19   어떤 사람들보다도 **뛰어나도냐** 너는
단 6:3   총리들과 고관들 위에 **뛰어나므로** 왕이
미 4:1   산들 위에 **뛰어나고** 민족들이 그리로

엡 1:21   세상에 일컫는 모든 이름 위에 **뛰어나게**
빌 2:9   지극히 높여 모든 이름 위에 **뛰어난**
빌 4:7   **뛰어난** 하나님의 평강이 그리스도
히 1:4   천사보다 훨씬 **뛰어남**은 그들보다 더욱
히 1:9   주께 부어 주를 동류들보다 **뛰어나게**

뛰어나오다(spring)

신 33:22   단은 바산에서 **뛰어나오는** 사자의 새끼

뛰어내리다(throw down, jump into)

마 4:6   만일 하나님의 아들이어든 **뛰어내리라**
눅 4:9   아들이어든 여기서 **뛰어내리라**
요 21:7   두른 후에 바다로 **뛰어내리더라**
행 27:43   명하여 물에 **뛰어내려** 먼저 육지에

뛰어넘다(scale, pass over)

삼하 22:30 의지하고 성벽을 **뛰어넘나이다**
시 18:29   하나님을 의지하고 담을 **뛰어넘나이다**
사 31:5   호위하며 건지며 **뛰어넘어** 구원하리라
습 1:9   그 날에 문턱을 **뛰어넘어서** 포악과 거짓

뛰어오르다(swarm, jump on)

사 33:4   노략물을 모을 것이며 메뚜기가 **뛰어오름**같이 그들이 그 위로 **뛰어오르리라**
행 19:16   악귀 들린 사람이 그들에게 **뛰어올라**

뜨겁다/뜨거워지다(heat, hot, warm, shame)

창 18:1   **뜨거울** 때에 그가 장막 문에 앉아 있다
출 16:21   햇볕이 **뜨겁게** 쬐면 그것이 스러졌더라
수 9:12   우리들의 집에서 아직도 **뜨거운** 것을
대하 32:21 앗수르 왕이 낯이 **뜨거워** 그의 고국으로
스 9:6   낯이 **뜨거워서** 감히 나의 하나님을
시 39:3   내 마음이 내 속에서 **뜨거워서** 작은
시 58:9   가시나무 불이 가마를 **뜨겁게** 하기 전에
시 140:10 **뜨거운** 숯불이 그들 위에 떨어지게 하시
사 11:15   유브라데 하수 위에 흔들어 **뜨거운** 바람
사 35:7   **뜨거운** 사막이 변하여 못이 될 것이며
렘 4:11   **뜨거운** 바람이 광야에 있는 헐벗은 산에
겔 24:11   숯불 위에 놓아 **뜨겁게** 하며 그 가마를
단 3:19   그 풀무불을 **뜨겁게** 하기를 평소보다
단 3:22   엄하고 풀무불이 심히 **뜨거우므로**
호 7:5   왕의 날에 지도자들은 술의 **뜨거움**으로
호 7:7   다 화덕같이 **뜨거워져서** 그 재판장

【 뜨다 】　　　　　　　　　　　　　　　　　　　　　　　　　【 뜯어먹다 】

욘 4:8	해가 뜰 때에 하나님이 **뜨거운** 동풍을
눅 24:32	우리 속에서 마음이 **뜨겁지** 아니하더냐
행 28:3	불에 넣으니 **뜨거움**으로 말미암아 독사
약 1:11	해가 돋고 **뜨거운** 바람이 불어 풀
벧전 1:22	이르렀으니 마음으로 **뜨겁게** 서로 사랑
벧전 4:8	무엇보다도 **뜨겁게** 서로 사랑할지니
벧후 3:10	떠나가고 물질이 **뜨거운** 불에 풀어지고
벧후 3:12	풀어지고 물질이 **뜨거운** 불에 녹아지려
계 3:15	차지도 아니하고 **뜨겁지도** 아니하도다
	네가 차든지 **뜨겁든지** 하기를 원하도다
계 3:16	이같이 미지근하여 **뜨겁지도** 아니하고
계 7:16	**뜨거운** 기운에 상하지도 아니하리니

뜨다(put between, soar)
1. 짐승의 고기를 일정한 크기로 떼어 내다
   → '각' 항목을 보라.
2. 거리가 생기거나 간격이 생기다(put between)

| 창 30:36 | 야곱의 사이를 사흘 길이 **뜨게** 하였고 |

3. 날 짐승이 날다(soar)

| 욥 39:27 | 공중에 **떠서** 높은 곳에 보금자리를 |

4. 감은 눈을 열다(see a vision, open man's eyes)

민 24:4	보는 자, 엎드러서 눈을 **뜬** 자가 말하기
민 24:16	보는 자, 엎드러서 눈을 **뜬** 자가 말하기
왕하 4:35	일곱 번 재채기 하고 눈을 **뜨는지라**
왕하 19:16	여호와여 눈을 **떠서** 보시옵소서 산헤립
왕하 19:22	눈을 높이 **떴느냐** 이스라엘의 거룩한
욥 14:12	하늘이 없어지기까지 눈을 **뜨지** 못하며
욥 27:19	것이요 눈을 **뜬즉** 아무것도 없으리라
욥 40:24	그것이 눈을 **뜨고** 있을 때 누가 능히
시 119:148	내가 새벽녘에 눈을 **떴나이다**
잠 20:13	눈을 **뜨라** 그리하면 양식이 족하리라
사 37:17	여호와여 눈을 **뜨고** 보시옵소서 산헤립
단 9:18	눈을 **떠서** 우리의 황폐한 상황과 주의
요 9:10	묻되 그러면 네 눈이 어떻게 **떠** 졌느냐
요 9:14	예수께서 진흙을 이겨 눈을 **뜨게** 하신
요 9:17	사람이 네 눈을 **뜨게** 하였으니 너는
요 9:21	누가 그 눈을 **뜨게** 하였는지 우리는
요 9:26	하였느냐 어떻게 네 눈을 **뜨게** 하였느냐
요 9:30	사람이 내 눈을 **뜨게** 하였으되 당신들
요 9:32	맹인으로 난 자의 눈을 **뜨게** 하였다
요 10:21	귀신이 맹인의 눈을 **뜨게** 할 수 있느냐
요 11:37	말하되 맹인의 눈을 **뜨게** 한 이 사람이
행 9:8	사울이 땅에서 일어나 눈을 **떴으나** 아무
행 9:40	일어나라 하니 그가 눈을 **떠** 베드로를
행 26:18	그 눈을 **뜨게** 하여 어둠에서 빛으로,

5. 액체나 가루 등을 푸다(take some water)

출 4:9	나일 강 물을 조금 **떠다가** 땅에 부으라
삿 14:9	꿀을 사자의 몸에서 **떠왔다고는** 알리지
사 30:14	물웅덩이에서 물을 뜰 것도 얻지 못하리
요 2:8	**떠서** 연회장에게 갖다 주라 하시매
요 2:9	물 **떠온** 하인들은 알더라 연회장이 신랑
요 13:5	대야에 물을 **떠서** 제자들의 발을 씻으시

6. 해 달 별 구름 등이 솟아오르다
   (at sunrise, high above)

수 13:5	족속의 땅과 해 **뜨는** 곳의 온 레바논
수 19:12	사릿에서부터 동쪽으로 돌아 해 **뜨는**
수 19:27	해 **뜨는** 쪽으로 돌아 벧 다곤에 이르며
수 19:34	서쪽은 아셀에 이르며 해 **뜨는** 쪽은
삿 9:33	아침 해 뜰 때에 당신이 일찍 일어나
삿 11:18	땅의 해 **뜨는** 쪽으로 들어가 아르논
느 7:3	그들에게 이르기를 해가 높이 **뜨기** 전에
욥 9:7	명령하여 **뜨지** 못하게 하시며 별들을
욥 31:26	만일 해가 빛남과 달이 밝게 **뜬** 것을
욥 35:5	우러러보라 그대보다 높이 **뜬** 구름을
전 1:5	해는 **뜨고** 해는 지되 그 떴던 곳으로
사 45:6	해 **뜨는** 곳에서든지 지는 곳에서든지
욘 4:8	해가 뜰 때에 하나님이 뜨거운 동풍을
나 3:17	해가 **뜨면** 날아감과 같으니 그 있는
슥 8:7	해가 **뜨는** 땅과 해가 지는 땅에서부터
말 1:11	여호와가 이르노라 해 **뜨는** 곳에서

7. 들어 옮기다(remove from)

| 왕상 5:17 | 명령을 내려 크고 귀한 돌을 **떠다가** |

뜯다(pasture, pull, uncut)

창 29:7	양에게 물을 먹이고 가서 풀을 **뜯게**
스 9:3	머리털과 수염을 **뜯으며** 기가 막혀
욥 8:12	순이 돋아 아직 **뜯을** 때가 되기 전에
시 7:2	그들이 사자같이 나를 찢고 **뜯을까**
사 22:12	통곡하며 애곡하며 머리털을 **뜯으며**
미 3:2	가죽을 벗기고 그 뼈에서 살을 **뜯어**
막 2:4	계신 곳의 지붕을 **뜯어** 구멍을 내고

뜯어먹다(eat away, graze, lick up)

창 40:19	새들이 당신의 고기를 **뜯어먹으리이다**
창 41:2	강가에서 올라와 갈밭에서 **뜯어먹고**
창 41:18	나일 강 가에 올라와 갈밭에서 **뜯어먹고**

[뜯]					[뜰]

민 22:4	소가 밭의 풀을 **뜯어먹음**같이 우리 사방에 있는 것을 다 **뜯어먹으리로다**	

뜰(court, courtyard)

출 27:9	성막의 뜰을 만들지니 남쪽을 향하여 뜰
출 27:12	뜰 옆 곧 서쪽에 너비 쉰 규빗의 포장
출 27:13	뜰 동쪽의 너비도 쉰 규빗이 될지며
출 27:17	뜰 주위 모든 기둥의 가름대와 갈고리는
출 27:18	뜰의 길이는 백 규빗이요 너비는 쉰
출 27:19	말뚝과 뜰의 포장 말뚝을 다 놋으로
출 35:17	뜰의 포장과 그 기둥과 그 받침과 뜰
출 35:18	장막 말뚝과 뜰의 말뚝과 그 줄과
출 38:9	뜰을 만들었으니 남으로 뜰의 남쪽에는
출 38:16	뜰 주위의 포장은 세마포요
출 38:17	뜰의 모든 기둥에 은 가름대를 꿰었으며
출 38:18	뜰의 휘장 문은 … 너비와 높이는 뜰의
출 38:20	성막 말뚝과 뜰 주위의 말뚝은 모두
출 38:31	뜰 주위의 기둥 받침과 … 뜰 주위의
레 6:16	누룩을 넣지 말고 거룩한 곳 회막 뜰에
레 6:26	곧 회막 뜰 거룩한 곳에서 먹을 것이며
민 3:37	뜰 사방 기둥과 그 받침과 그 말뚝과
민 4:32	뜰 둘레의 기둥들과 그 받침들과 그
삼하 17:18	그의 뜰에 있는 우물 속으로 내려가니
왕상 7:8	주랑 뒤 다른 뜰에 있으니 그 양식이
왕상 7:9	처마까지와 외면에서 큰 뜰에 이르기까
왕상 7:12	또 큰 뜰 주위에는 다듬은 돌 세 켜와
대상 23:28	여호와의 성전과 뜰과 골방에서 섬기고
대상 26:18	뜰에 있는 큰 길에 네 사람 그리고 뜰에
대상 28:6	성전을 건축하고 내 여러 뜰을 만들리니
대상 28:12	여호와의 성전의 뜰과 사면의 모든
대하 6:13	높이가 세 규빗이라 뜰 가운데에 두었더
대하 20:5	여호사밧이 여호와의 전 새 뜰 앞에서
대하 23:5	기초문에 있고 백성들은 여호와의 전 뜰
대하 24:21	그를 여호와의 전 뜰 안에서 돌로 쳐죽
대하 29:16	여호와의 전 뜰에 이르매 레위 사람들
느 8:16	혹은 뜰 안에, 혹은 하나님의 전 뜰에,
느 13:7	하나님의 전 뜰에 방을 만든 악한 일을
에 1:5	왕궁 후원 뜰에서 칠 일 동안 잔치를
에 2:11	모르드개가 날마다 후궁 뜰 앞으로 왕래
에 5:2	왕후 에스더가 뜰에 선 것을 본즉 매우
에 6:4	왕이 이르되 누가 뜰에 있느냐 하매
에 6:5	신하들이 아뢰되 하만이 뜰에 섰나이다
시 65:4	뜰에 살게 하신 사람은 복이 있나이다

시 92:13	우리 하나님의 뜰 안에서 번성하리로다
시 116:19	성전 뜰에서 지키리로다 할렐루야
시 135:2	곧 우리 하나님의 성전 뜰에 서 있는
사 62:9	그것을 나의 성소 뜰에서 마시리라 하셨
렘 19:14	여호와의 집 뜰에 서서 모든 백성에게
렘 26:2	여호와의 성전 뜰에 서서 유다 모든
렘 32:2	왕의 궁중에 있는 시위대 뜰에 갇혔으니
렘 32:8	하나멜이 시위대 뜰 안 나에게 와서
렘 32:12	시위대 뜰에 앉아 있는 유다 모든 사람
렘 33:1	예레미야가 아직 시위대 뜰에 갇혀 있을
렘 36:10	바룩이 여호와의 성전 위 뜰 곧 여호와
렘 36:20	엘리사마의 방에 두고 뜰에 들어가 왕께
렘 37:21	예레미야를 감옥 뜰에 두고 떡 만드는 자의 거리에서 … 예레미야가 감옥 뜰에
렘 38:6	예레미야를 끌어다가 감옥 뜰에 있는
렘 38:13	끌어낸지라 예레미야가 시위대 뜰에
렘 38:28	함락되는 날까지 감옥 뜰에 머물렀더라
렘 39:14	사람을 보내어 예레미야를 감옥 뜰에서
렘 39:15	감옥 뜰에 갇혔을 때에 여호와의 말씀
겔 9:7	성전을 더럽혀 시체로 모든 뜰에 채우라
겔 10:4	여호와의 영화로운 광채가 뜰에 가득하
겔 40:14	스무 척이요 현관 사방에 뜰이 있으며
겔 40:17	바깥뜰에 들어가니 뜰 삼면에 박석 깔린
겔 40:47	그가 또 그 뜰을 측량하니 길이는
겔 41:10	너비가 스무 척 되는 뜰이 둘려 있으며
겔 41:12	서쪽 뜰 뒤에 건물이 있는데 너비는
겔 41:13	서쪽 뜰과 그 건물과 그 벽을 합하여

'뜰'과 관련된 성구

뒤뜰 – 겔 41:15

뜰 문 – 출 27:16; 35:17; 38:15; 39:40; 40:8, 33; 대하 4:9; 겔 8:7

뜰의 휘장 문 – 민 3:26; 4:26

바깥뜰 – 에 6:4; 겔 10:5; 40:17, 20, 31, 34, 37; 42:3, 8, 9, 14; 44:19; 46:20, 21; 마 26:69

안뜰 – 왕상 6:36; 7:12; 에 4:11; 5:1; 겔 8:3, 16; 10:3; 40:19, 23, 27, 28, 32, 44; 42:3; 43:5; 44:17, 21, 27; 45:19; 46:1

앞뜰 – 왕상 8:64; 대하 7:7; 겔 42:1; 막 14:68

{ 뜻 }　　　　　　　　　　　　　　　　　　　　　　　　{ 뜻 }

겔 41:14	백 척이요 그 앞 동쪽을 향한 뜰의 너비
겔 41:15	백 척이더라 내전과 외전과 그 뜰과
겔 42:1	나를 데리고 밖으로 나가 북쪽 뜰로
겔 42:6	방은 삼층인데도 뜰의 기둥 같은 기둥
겔 42:7	방의 바깥 담 곧 뜰의 담과 마주 대한
겔 42:10	남쪽 골방 뜰 맞은쪽과 남쪽 건물 맞은
겔 42:13	내게 이르되 좌우 골방 뜰 맞은 곧 북쪽과
겔 46:21	본즉 그 뜰 매 구석에 또 뜰이 있는데
겔 46:22	뜰의 네 구석 안에는 집이 있으니 길이 는 마흔 … 서른 척이라 구석의 네 뜰이
겔 46:23	작은 네 뜰 사방으로 돌아가며 부엌이
슥 3:7	네가 내 집을 다스릴 것이요 내 뜰을
마 26:58	대제사장의 집 뜰에까지 가서 그 결말을
막 14:54	대제사장의 집 뜰 안까지 들어가서 아랫
막 14:66	베드로는 아랫뜰에 있더니 대제사장의
막 15:16	브라이도리온이라는 뜰 안으로 들어가
눅 22:55	뜰 가운데 불을 피우고 함께 앉았는지라
요 18:15	예수와 함께 대제사장의 집 뜰에 들어가
요 19:13	돌을 깐 뜰(히브리 말로 가바다)에 있는

뜻(meaning, reason, relent)

모세오경
창 20:10	아브라함에게 이르되 네가 무슨 뜻으로
창 23:8	장사하게 하는 일이 당신들의 뜻일진대
창 41:11	하룻밤에 꿈을 꾼즉 각기 뜻이 있는
출 12:26	자녀가 묻기를 이 예식이 무슨 뜻이냐
출 34:27	내가 이 말들의 뜻대로 너와 이스라엘
신 6:20	증거와 규례와 법도가 무슨 뜻이냐
신 11:18	너희의 마음과 뜻에 두고 또 그것을
신 17:10	네게 보이는 판결의 뜻대로 네가 행하되
신 17:11	가르치는 율법의 뜻대로, 그들이 네게
신 25:8	정한 뜻대로 말하기를 내가 그 여자를
신 29:24	크고 맹렬한 노하심은 무슨 뜻이냐

역사서
수 4:6	이르되 이 돌들은 무슨 뜻이냐 하거든
수 4:21	아버지에게 묻기를 이 돌들은 무슨 뜻이
수 23:14	너희 모든 사람은 마음과 뜻으로 아는
삿 2:18	슬피 부르짖으므로 여호와께서 뜻을
삿 14:16	수수께끼를 말하고 그 뜻을 내게 알려
삼상 2:35	내 마음, 내 뜻대로 행할 것이라 내가
삼하 7:21	주의 뜻대로 이 모든 큰일을 행하사
삼하 16:2	왕이 시바에게 이르되 네가 무슨 뜻이냐
왕상 8:48	마음과 온 뜻으로 주께 돌아와서 주께서
왕상 14:13	여호와를 향하여 선한 뜻을 품었음이
왕하 9:15	예후가 이르되 너희 뜻에 합당하거든
왕하 18:25	여호와의 뜻이 아니고야 이제 이 곳을
대상 17:19	주의 뜻대로 이 모든 큰일을 행하사 이
대상 22:19	이제 너희는 마음과 뜻을 바쳐서 너희
대상 28:9	온전한 마음과 기쁜 뜻으로 섬길지어다
대하 6:38	마음과 온 뜻으로 주께 돌아와서 주께서
대하 24:4	요아스가 여호와의 전을 보수할 뜻을
대하 34:22	살았더라 그들이 그에게 이 뜻을 전하매
스 5:17	왕의 기쁘신 뜻을 우리에게 보이소서
스 7:13	예루살렘으로 올라갈 뜻이 있는 자는
스 7:18	여기는 일에 너희 하나님의 뜻을 따라
스 7:27	여호와의 성전을 아름답게 할 뜻을 두시
스 10:11	자복하고 그의 뜻대로 행하여 그 지방
느 8:8	하나님의 율법책을 낭독하고 그 뜻을
에 8:8	유다인에게 조서를 뜻대로 쓰고 왕의
에 9:27	뜻을 정하고 자기들과 자손과 자기들과

시가서
욥 10:13	품으셨나이다 이 뜻이 주께 있는 줄을
욥 23:13	뜻이 일정하시니 누가 능히 돌이키랴
욥 34:14	그가 만일 뜻을 정하시고 그의 영과
욥 34:33	그대의 뜻대로 속전을 치르시겠느냐
시 24:4	손이 깨끗하며 마음이 청결하며 뜻을
시 26:2	여호와여 나를 살피시고 시험하사 내
시 40:8	나의 하나님이여 내가 주의 뜻 행하기를
시 41:2	그를 그 원수들의 뜻에 맡기지 마소서
시 103:21	그에게 수종들며 그의 뜻을 행하는 모든
시 105:22	그의 뜻대로 모든 신하를 다스리며
시 106:33	그들이 그의 뜻을 거역함으로 말미암아
시 106:45	크신 인자하심을 따라 뜻을 돌이키사
시 107:11	말씀을 거역하며 지존자의 뜻을 멸시함
시 139:23	아시며 나를 시험하사 내 뜻을 아옵소서
시 143:10	나를 가르쳐 주의 뜻을 행하게 하소서
잠 6:13	눈짓을 하며 발로 뜻을 보이며 손가락질
잠 19:21	계획이 있어도 오직 여호와의 뜻만이
잠 21:27	가증하거든 하물며 악한 뜻으로 드리는

선지서
사 10:7	그의 뜻은 이같지 아니하며 그의 마음의
사 19:12	애굽에 대하여 정하신 뜻을 알 것이요
사 25:1	기사를 옛적에 정하신 뜻대로 성실함
사 36:10	땅을 멸하는 것이 여호와의 뜻이 없음
사 46:10	이르기를 나의 뜻이 설 것이니 내가
사 46:11	먼 나라에서 나의 뜻을 이룰 사람을

【 뜻 】

사 48:14	나의 기뻐하는 **뜻**을 바벨론에 행하리니
사 53:10	여호와께서 기뻐하시는 **뜻**을 성취하리
사 55:11	나의 기뻐하는 **뜻**을 이루며 내가 보낸
렘 34:11	후에 그들이 **뜻**이 변하여 자유를 주었던
겔 37:18	이것이 무슨 **뜻**인지 우리에게 말하지
단 1:8	다니엘은 **뜻**을 정하여 왕의 음식과 그가
단 4:17	자기의 **뜻**대로 그것을 누구에게든지
단 4:25	자기의 **뜻**대로 그것을 누구에게든지
단 4:32	나라를 다스리시며 자기의 **뜻**대로 그것
단 4:35	땅의 사람에게든지 그는 자기 **뜻**대로
단 5:20	그가 마음이 높아지며 **뜻**이 완악하여
단 5:21	다스리시며 자기의 **뜻**대로 누구든지
단 6:1	다리오가 자기의 **뜻**대로 고관 백이십
단 8:15	나 다니엘이 이 환상을 보고 그 **뜻**을
단 8:27	환상으로 말미암아 놀랐고 그 **뜻**을 깨달
암 3:3	사람이 **뜻**이 같지 않은데 어찌 동행하겠
암 4:13	창조하며 자기 **뜻**을 사람에게 보이며
욘 1:14	여호와께서는 주의 **뜻**대로 행하심이니
미 4:12	그들이 여호와의 **뜻**을 알지 못하며 그의
습 3:8	나를 기다리라 내가 **뜻**을 정하고 나의
슥 4:11	좌우의 두 감람나무는 무슨 **뜻**이니이까
슥 4:12	감람나무 두 가지는 무슨 **뜻**이니이까

<u>복음서</u>

마 6:10	임하시오며 **뜻**이 하늘에서 이루어진
마 7:21	아버지의 **뜻**대로 행하는 자라야 들어가
마 9:13	아니하노라 하신 **뜻**이 무엇인지 배우라
마 11:26	이렇게 된 것이 아버지의 **뜻**이니이다
마 12:7	제사를 원하지 아니하노라 하신 **뜻**을
마 12:50	하늘에 계신 내 아버지의 **뜻**대로 하는
마 18:14	하늘에 계신 너희 아버지의 **뜻**이 아니니
마 20:14	사람에게 너와 같이 주는 것이 내 **뜻**이니
마 20:15	내 것을 가지고 내 **뜻**대로 할 것이 아니
마 21:31	그 둘 중의 누가 아버지의 **뜻**대로 하였
마 27:46	어찌하여 나를 버리셨나이까 하는 **뜻**이
막 3:35	누구든지 하나님의 **뜻**대로 행하는 자가
막 7:34	에바다 하시니 이는 열리라는 **뜻**이라
막 15:34	어찌하여 나를 버리셨나이까 하는 **뜻**이
눅 1:22	몸짓으로 **뜻**을 표시하며 그냥 말 못하는
눅 7:30	자신을 위한 하나님의 **뜻**을 저버리니라
눅 8:9	제자들이 이 비유의 **뜻**을 물으니
눅 10:21	이렇게 된 것이 아버지의 **뜻**이니이다
눅 12:47	**뜻**을 알고도 준비하지 아니하고 그
눅 22:42	만일 아버지의 **뜻**이거든 이 잔을 내게서

【 뜻 】

눅 23:25	예수는 넘겨 주어 그들의 **뜻**대로 하게
요 1:13	육정으로나 사람의 **뜻**으로 나지 아니
요 4:34	보내신 이의 **뜻**을 행하며 그의 일을
요 5:30	나의 **뜻**대로 하려 하지 않고 나를 보내
요 6:38	내려온 것은 내 **뜻**을 행하려 함이 아니
요 6:39	보내신 이의 **뜻**은 내게 주신 자 중에
요 6:40	아버지의 **뜻**은 아들을 보고 믿는 자마다
요 7:17	하나님의 **뜻**을 행하려 하면 이 교훈이
요 9:7	번역하면 보냄을 받았다는 **뜻**이라
요 9:31	경건하여 그의 **뜻**대로 행하는 자의 말은
요 13:28	말씀을 무슨 **뜻**으로 하셨는지 그 앉은

<u>역사서</u>

행 1:19	아겔다마라 하니 이는 피밭이라는 **뜻**
행 2:23	그가 하나님께서 정하신 **뜻**과 미리 아신
행 4:28	권능과 **뜻**대로 이루려고 예정하신
행 4:32	믿는 무리가 한마음과 한 **뜻**이 되어
행 10:17	베드로가 본 바 환상이 무슨 **뜻**인지
행 13:22	맞는 사람이라 내 **뜻**을 다 이루리라
행 13:36	다윗은 당시에 하나님의 **뜻**을 따라 섬기
행 17:3	**뜻**을 풀어 그리스도가 해를 받고 죽은
행 17:20	귀에 들려주니 그 무슨 **뜻**인지 알고자
행 18:21	작별하여 이르되 만일 하나님의 **뜻**이면
행 20:27	꺼리지 않고 하나님의 **뜻**을 다 여러분
행 21:14	우리가 주의 **뜻**대로 이루어지이다 하고
행 22:14	너로 하여금 자기 **뜻**을 알게 하시며
행 27:13	그들이 **뜻**을 이룬 줄 알고 닻을 감아
행 27:43	그들의 **뜻**을 막고 헤엄칠 줄 아는 사람

<u>서신서, 예언서</u>

롬 1:10	어떻게 하든지 이제 하나님의 **뜻** 안에서
롬 2:18	율법의 교훈을 받아 하나님의 **뜻**을 알고
롬 8:20	자기 **뜻**이 아니요 오직 굴복하게 하시는
롬 8:27	성령이 하나님의 **뜻**대로 성도를 위하여
롬 8:28	그의 **뜻**대로 부르심을 입은 자들에게는
롬 9:11	택하심을 따라 되는 하나님의 **뜻**이 행위
롬 9:19	허물하시느냐 누가 그 **뜻**을 대적하느냐
롬 12:2	기뻐하시고 온전하신 **뜻**이 무엇인지
롬 15:5	그리스도 예수를 본받아 서로 **뜻**이 같게
롬 15:32	나로 하나님의 **뜻**을 따라 기쁨으로 너희
고전 1:1	하나님의 **뜻**을 따라 그리스도 예수의
고전 1:10	같은 마음과 같은 **뜻**으로 온전히 합하라
고전 4:5	드러내고 마음의 **뜻**을 나타내시리니

【 뜻 】　　　　　　　　　　　　　　　　　　　　　　　　【 뜻하다 】

고전 7:37	자기 **뜻**대로 할 권리가 있어서 그 약혼
고전 7:39	자유로워 자기 **뜻**대로 시집갈 것이나
고전 7:40	내 **뜻**에는 그냥 지내는 것이 더욱 복이
고전 12:11	행하사 그의 **뜻**대로 각 사람에게 나누어
고전 14:10	소리의 종류가 많으나 **뜻** 없는 소리는
고전 14:11	내가 그 소리의 **뜻**을 알지 못하면 내가
고전 15:38	**뜻**대로 그에게 형체를 주시되 각 종자
고전 16:12	지금은 갈 **뜻**이 전혀 없으나 기회가
고후 1:1	하나님의 **뜻**으로 말미암아 그리스도
고후 7:9	하나님의 **뜻**대로 근심하게 된 것은
고후 7:10	하나님의 **뜻**대로 하는 근심은 후회할
고후 7:11	보라 하나님의 **뜻**대로 하게 된 이 근심
고후 8:5	하나님의 **뜻**을 따라 우리에게 주었도다
고후 8:10	이 일에 관하여 나의 **뜻**을 알리노니
갈 1:4	아버지의 **뜻**을 따라 이 악한 세대에서
갈 1:11	내가 전한 복음은 사람의 **뜻**을 따라 된
갈 4:17	내는 것은 좋은 **뜻**이 아니요 오직 너희

'뜻'과 관련된 성구

뜻을 다하다 – 신 4:29; 6:5; 10:12;
　11:13; 13:3; 26:16; 30:2, 6, 9-
　10; 왕하 23:3, 25; 대하 15:15; 마
　22:37; 막 12:30; 눅 10:27
뜻을 돌이키다 – 출 32:12, 14; 렘 15:6;
　18:8, 10; 26:3, 13, 19; 42:10; 욜
　2:13, 14; 암 7:3, 6; 욘 3:9, 10;
　4:2
속뜻 – 시 64:6
한뜻 – 빌 1:27; 계 17:13

엡 1:1	하나님의 **뜻**으로 말미암아 그리스도
엡 1:5	기쁘신 **뜻**대로 우리를 예정하사 예수
엡 1:9	**뜻**의 비밀을 우리에게 알리신 것이요
엡 1:11	모든 일을 그의 **뜻**의 결정대로 일하시는
엡 3:11	그리스도 예수 안에서 예정하신 **뜻**대로
엡 5:17	어리석은 자가 되지 말고 오직 주의 **뜻**
엡 6:6	종들처럼 마음으로 하나님의 **뜻**을 행하
빌 1:15	어떤 이들은 착한 **뜻**으로 그리스도를
빌 2:2	같은 사랑을 가지고 **뜻**을 합하며 한마음
빌 2:13	하나님이시니 자기의 기쁘신 **뜻**을 위하
빌 2:20	이는 **뜻**을 같이하여 너희 사정을 진실히
골 1:1	하나님의 **뜻**으로 말미암아 그리스도
골 1:9	하나님의 **뜻**을 아는 것으로 채우게 하시
골 4:12	하나님의 모든 **뜻** 가운데서 완전하고
살전 4:3	하나님의 **뜻**은 이것이니 너희의 거룩함
살전 5:18	안에서 너희를 향하신 하나님의 **뜻**이니
딤후 1:1	하나님의 **뜻**으로 말미암아 그리스도
딤후 1:9	오직 자기의 **뜻**과 영원 전부터 그리스도
딤후 2:26	사로잡힌 바 되어 그 **뜻**을 따르게
히 2:4	자기의 **뜻**을 따라 성령이 나누어 주신
히 4:12	또 마음의 생각과 **뜻**을 판단하나니
히 6:17	받는 자들에게 그 **뜻**이 변하지 아니함을
히 10:7	기록된 것과 같이 하나님의 **뜻**을 행하러
히 10:9	내가 하나님의 **뜻**을 행하러 왔나이다
히 10:10	**뜻**을 따라 예수 그리스도의 몸을 단번
히 10:36	너희가 하나님의 **뜻**을 행한 후에 약속
히 12:10	그들은 잠시 자기의 **뜻**대로 우리를 징계
히 13:21	온전하게 하사 자기 **뜻**을 행하게 하시고
약 1:18	자기의 **뜻**을 따라 진리의 말씀으로 우리
약 3:4	지극히 작은 키로써 사공의 **뜻**대로 운행
약 4:15	너희가 도리어 말하기를 주의 **뜻**이면
벧전 3:17	고난 받는 것이 하나님의 **뜻**일진대 악을
벧전 4:2	하나님의 **뜻**을 따라 육체의 남은 때를
벧전 4:3	우상 숭배를 하여 이방인의 **뜻**을 따라
벧전 4:19	그러므로 하나님의 **뜻**대로 고난을 받는
벧전 5:2	하나님의 **뜻**을 따라 자원함으로 하며
벧후 1:21	예언은 언제든지 사람의 **뜻**으로 낸 것이
요일 2:17	오직 하나님의 **뜻**을 행하는 자는 영원히
요일 5:14	담대함이 이것이니 그의 **뜻**대로 무엇을
계 2:23	나는 사람의 **뜻**과 마음을 살피는 자인
계 4:11	만물이 주의 **뜻**대로 있었고 또 지으심을
계 17:9	지혜 있는 **뜻**이 여기 있으니 그 일곱
계 17:17	**뜻**대로 할 마음을 그들에게 주사 한뜻

뜻밖에(unexpectedly)

눅 21:34	**뜻밖에** 그 날이 덫과 같이 너희에게

뜻하다(will, purpose)

민 24:11	존귀하게 하기로 **뜻하였더니** 여호와
삼상 2:25	그들을 죽이기로 **뜻하셨음이더라**
잠 16:15	왕의 희색은 생명을 **뜻하나니** 그의 은택
렘 19:5	이는 내가 명령하거나 말하거나 **뜻한**
렘 23:20	여호와의 진노가 내 마음의 **뜻하는** 바를
렘 30:24	여호와의 진노는 그의 마음의 **뜻한** 바를
렘 51:11	바벨론을 멸하기로 **뜻하시나니** 이는

746

【 띠다 】											【 띠 】

슥 1:6   우리에게 행하시려고 **뜻하신** 것을 우리
슥 8:14 그들에게 재앙을 내리기로 **뜻하고** 뉘우
슥 8:15 족속에게 은혜를 베풀기로 **뜻하였나니**

띄다 (see)
행 27:39 경사진 해안으로 된 항만이 눈에 **띄거늘**

띄우다 (float, stretch)
대하 2:16 벌목하여 떼를 엮어 바다에 **띄워** 욥바
욥 38:5   누가 그 줄을 그것의 위에 **띄웠는지**
시 6:6   눈물로 내 침상을 **띄우며** 내 요를
시 107:23 배들을 바다에 **띄우며** 큰물에서 일을
사 18:2   배를 물에 **띄우고** 그 사자를 수로로

띠 (arm, belt, crossbar)
출 12:11 허리에 **띠를** 띠고 발에 신을 신고 손에
출 26:26 너는 조각목으로 **띠를** 만들지니 성막
출 26:28 널판 가운데에 있는 중간 **띠는** 이 끝에
출 26:29 **띠를** 꿸 금 고리를 만들고 그 **띠를** 금으
출 28:4   속옷과 관과 **띠라** 그들이 네 형 아론
출 28:8   에봇 위에 매는 **띠는** 에봇 짜는 법으로
출 28:27 가까운 쪽 곧 정교하게 짠 **띠** 위쪽에
출 28:28 정교하게 짠 에봇 **띠** 위에 붙여 떨어지
출 28:39 가는 베 실로 관을 만들고 **띠를** 수놓아
출 28:40 아들들을 위하여 **띠를** 만들며 그들을
출 29:5   에봇에 정교하게 짠 **띠를** 띠게 하고
출 29:9   아론과 그의 아들들에게 **띠를** 띠우며
출 35:11 갈고리와 그 널판과 그 **띠와** 그 기둥과
출 36:31 그가 또 조각목으로 **띠를** 만들었으니
출 36:33 중간 **띠를** 만들되 널판 중간 이 끝에
출 36:34 **띠를** 꿸 금 고리를 만들고 그 **띠도** 금으
출 39:5   에봇을 매는 **띠는** 에봇과 같은 모양으로
출 39:20 가까운 쪽 곧 정교하게 짠 에봇 **띠** 위쪽
출 39:21 흉패로 정교하게 짠 에봇 **띠** 위에 붙여
출 39:29 수놓아 **띠를** 만들었으니 여호와께서
출 39:33 그 널판들과 그 **띠들과** 그 기둥들과
출 40:18 그 널판들을 세우고 그 **띠를** 띠우고
레 8:7   속옷을 입히며 **띠를** 띠우고 겉옷을 입히
         며 … 에봇의 장식 **띠를** 띠워서 에봇을
레 8:13   속옷을 입히고 **띠를** 띠우며 관을 씌웠으
레 16:4   세마포 **띠를** 띠며 세마포 관을 쓸지니
민 3:36   널판과 그 **띠와** 그 기둥과 그 받침과
민 4:31   장막의 널판들과 그 **띠들과** 그 기둥들과

삼상 2:4   꺾이고 넘어진 자는 힘으로 **띠를** 띠도다
삼상 18:4 자기의 군복과 칼과 활과 **띠도** 그리하였
삼하 18:11 네게 은 열 개와 **띠** 하나를 주었으리라
삼하 20:8 요압이 군복을 입고 **띠를** 띠고 칼집에
삼하 22:40 능력으로 내게 **띠** 띠우사 일어나 나를
왕상 2:5   자기의 허리에 띤 **띠와** 발에 신은 신에
왕하 1:8   허리에 가죽 **띠를** 띠었더이다 하니 왕이
욥 12:21 멸시를 쏟으시며 강한 자의 **띠를** 푸시며
욥 38:31 있으며 삼성의 **띠를** 풀 수 있겠느냐
시 18:32 이 하나님이 힘으로 내게 **띠** 띠우시며
시 18:39 능력으로 내게 **띠** 띠우사 일어나 나를
시 30:11 나의 베옷을 벗기고 기쁨으로 **띠** 띠우셨
시 65:6   힘으로 산을 세우시며 권능으로 **띠를**
시 65:12 작은 산들이 기쁨으로 **띠를** 띠었나이다
시 93:1   능력의 옷을 입으시며 **띠를** 띠셨으므로
시 109:19 옷 같고 항상 띠는 **띠와** 같게 하소서

> ### 성경에 나오는 '띠'
>
> 가죽 띠 – 마 3:4; 막 1:6
> 경문 띠 – 마 23:5
> 금 띠/순금 띠 – 단 10:5; 계 1:13; 15:6
> 베띠 – 렘 13:1
> 허리띠 – 사 11:5; 엡 6:14

잠 31:24 그는 베로 옷을 지어 팔며 **띠를** 만들어
사 3:20   화관과 발목 사슬과 **띠와** 향합과 호신부
사 3:24   노끈이 **띠를** 대신하고 대머리가 숱한
사 8:9   허리에 **띠를** 띠라 그러나 끝내 패망하
사 22:21 네 옷을 그에게 입히며 네 **띠를** 그에게
사 45:5   못하였을지라도 나는 네 **띠를** 동일 것이
렘 13:2   여호와의 말씀대로 **띠를** 사서 내 허리에
렘 13:4   너는 사서 네 허리에 띤 **띠를** 가지고
렘 13:6   명령하여 거기 감추게 한 **띠를** 가져오라
렘 13:7   감추었던 곳을 파고 **띠를** 가져오니 **띠가**
렘 13:10 절하니 그들이 이 **띠가** 쓸 수 없음같이
렘 13:11 여호와의 말씀이니라 **띠가** 사람의 허리
겔 23:15 그 형상은 허리를 **띠로** 동이고 머리를
겔 27:31 굵은 베로 **띠를** 띠고 마음이 아프게
눅 12:35 허리에 **띠를** 띠고 등불을 켜고 서 있으
눅 12:37 주인이 **띠를** 띠고 그 종들을 자리에
눅 17:8   먹을 것을 준비하고 **띠를** 띠고 내가
요 21:18 스스로 **띠** 띠고 원하는 곳으로 다녔거

【 띠다/띠우다 】   【 띠다/띠우다 】

행 12:8   니와 … 남이 네게 띠 띠우고 원하지
행 21:11 띠를 띠고 신을 신으라 하거늘 베드로가
골 3:14   우리에게 와서 바울의 띠를 가져다가
         자기 수족을 잡아매고 … 이 띠 임자를
         더하라 이는 온전하게 매는 띠니라

띠다/띠우다(clothe, sad)
     1. 허리에 묶다
     (clothe, fasten, tuck)
출 12:11 허리에 띠를 띠고 발에 신을 신고 손에
출 29:5   에봇에 정교하게 짠 띠를 띠게 하고
출 29:9   아론과 그의 아들들에게 띠를 띠우며
출 40:18 그 널판들을 세우고 그 띠를 띠우고
레 8:7   입히며 띠를 띠우고 겉옷을 입히며 …
         에봇의 장식 띠를 띠워서 에봇을
레 8:13   그들에게 속옷을 입히고 띠를 띠우며
레 16:4   몸에 입고 세마포 띠를 띠며 세마포
삼상 2:4 꺾이고 넘어진 자는 힘으로 띠를 띠도다
삼하 3:31 옷을 찢고 굵은 베를 띠고 아브넬 앞에
삼하 20:8 요압이 군복을 입고 띠를 띠고 칼집에
삼하 22:40 능력으로 내게 띠 띠우사 일어나 나를
왕상 2:5 전쟁의 피를 자기의 허리에 띤 띠와
왕하 1:8 허리에 가죽 띠를 띠었더이다 하니 왕이
시 18:32 이 하나님이 힘으로 내게 띠 띠우시며
시 18:39 능력으로 내게 띠 띠우사 일어나 나를
시 30:11 벗기고 기쁨으로 띠 띠우셨나이다
시 65:6   산을 세우시며 권능으로 띠를 띠시며

시 65:12 작은 산들이 기쁨으로 띠를 띠었나이다
시 93:1   능력의 옷을 입으시며 띠를 띠셨으므로
사 8:9   너희 허리에 띠를 띠라 그러나 끝내
사 22:12 머리털을 뜯으며 굵은 베를 띠라 하셨
사 22:21 띠를 그에게 띠워 힘 있게 하고 네 정권
사 34:17 그의 손으로 줄을 띠어 그 땅을 그것들
사 49:18 장식처럼 몸에 차며 그것을 띠기를 신부
렘 13:1   너는 가서 베띠를 사서 네 허리에 띠고
렘 13:2   말씀대로 띠를 사서 내 허리에 띠니라
렘 13:4   너는 사서 네 허리에 띤 띠를 가지고
애 2:8   성벽을 헐기로 결심하시고 줄을 띠고
겔 27:31 굵은 베로 띠를 띠고 마음이 아프게
단 10:5   허리에는 우바스 순금 띠를 띠었더라
마 3:4   가죽 띠를 띠고 음식은 메뚜기와 석청
막 1:6   가죽 띠를 띠고 메뚜기와 석청을 먹더라
눅 12:35 허리에 띠를 띠고 등불을 켜고 서 있으
눅 12:37 띠를 띠고 그 종들을 자리에 앉히고
눅 17:8   먹을 것을 준비하고 띠를 띠고 내가
요 21:18 젊어서는 스스로 띠 띠고 원하는 곳으
         로 다녔거니와 … 남이 네게 띠 띠우고
행 12:8   천사가 이르되 띠를 띠고 신을 신으라
엡 6:14   그런즉 서서 진리로 너희 허리띠를 띠고
계 15:6   세마포 옷을 입고 가슴에 금 띠를 띠고
     2. 감정이 드러나다(sad)
사 35:10 희락을 띠고 기쁨과 즐거움을 얻으리니
막 10:22 말씀으로 인하여 슬픈 기색을 띠고 근심
눅 24:17 사람이 슬픈 빛을 띠고 머물러 서더라

ㄹ

라가(raca)
마 5:22　형제를 대하여 **라가**라 하는 자는 공회에

라갈(Racal)　유다 남쪽 지역
삼상 30:29 **라갈**에 있는 자와 여라므엘 사람의 성읍

라겜(Rakem)　므낫세의 손자 마길의 아들
대상 7:16 세레스의 아들들은 울람과 **라겜**이요

라기스(Lachish)　예루살렘 남서쪽 40km 지점의 성읍
수 10:3　야르뭇 왕 비람과 **라기스** 왕 야비아와

📖 **라기스 - 기타 본문**
수 10:5, 23, 31, 32, 33, 34, 35; 12:11; 15:39; 왕하 14:19; 18:14, 17; 19:8; 대하 11:9; 25:27; 32:9; 느 11:30; 사 36:2; 37:8; 렘 34:7; 미 1:13

라단(Ladan)
　1. 에브라임 족속이며 여호수아의 선조
대상 7:26 아들은 **라단**이요 그의 아들은 암미훗
　2. 레위의 후손으로 게르손의 아들
대상 23:7 게르손 자손 **라단**과 시므이라
대상 23:8 **라단**의 아들들은 우두머리 여히엘과
대상 23:9 사람이니 이는 **라단**의 우두머리들이며
대상 26:21 곧 **라단**에게 … 게르손 사람 **라단**에게

라마　**1**(Ramah)　사무엘의 출생지
수 18:25　기브온과 **라마**와 브에롯과

📖 **라마 1 - 기타 본문**
수 19:8, 29, 36; 삿 4:5; 19:13; 삼상 1:19; 2:11; 7:17; 8:4; 15:34; 16:13; 19:18, 19, 22, 23; 20:1; 25:1; 28:3; 왕상 15:17, 21, 22; 왕하 8:29; 대상 27:27; 대하 16:1, 5, 6; 22:6; 스 2:26; 느 7:30; 11:33; 사 10:29; 렘 31:15; 40:1; 호 5:8; 마 2:18

라마　**2**(Lama)
마 27:46　이르시되 엘리 엘리 **라마** 사박다니 하시
막 15:34　소리 지르시되 엘리 엘리 **라마** 사박다니

라마다임 소빔(Ramathaim-zophim-KJV, Ramathaim-NIV)　라마와 같은 지명
삼상 1:1　에브라임 산지 **라마다임 소빔**에

라맘(Lahmas-NIV, Lahmam-KJV)　유다 평지에 있는 성읍
수 15:40　갑본과 **라맘**과 기들리스와

라맛 레히(Ramath-Lehi)　삼손이 블레셋인 1,000명을 죽였던 곳
삿 15:17　그 곳을 **라맛 레히**라 이름하였더라

라맛 미스베(Ramath-Mizpah)　길르앗의 미스바
수 13:26　헤스본에서 **라맛 미스베**와 브도님까지

라먀(Ramiah)　바로스의 자손
스 10:25　바로스 자손 중에서는 **라먀**와 잇시야와

【 라멕 】   【 라이스 】

라멕 (Lamech)
1. 가인의 후손
창 4:18   므드사엘을 낳고 므드사엘은 **라멕**을
창 4:19   **라멕**이 두 아내를 맞이하였으니 하나의
창 4:23   **라멕**이 아내들에게 … 들으라 **라멕**의
창 4:24   벌이 칠 배일진대 **라멕**을 위하여는 벌이
2. 노아의 아버지
창 5:25   므두셀라는 백팔십칠 세에 **라멕**을 낳고
창 5:26   **라멕**을 낳은 후 칠백팔십이 년을 지내며
창 5:28   **라멕**은 백팔십 이 세에 아들을 낳고
창 5:30   **라멕**은 노아를 낳은 후 오백구십오 년을
대상 1:3 에녹, 므두셀라, **라멕**

라못 (Ramoth)
1. 네겝 지방의 한 성읍
삼상 30:27 벧엘에 있는 자와 남방 **라못**에 있는
2. 레위 사람 게르손 자손이 살던 마을
대상 6:73 **라못**과 그 초원과 아넴과 그 초원을
3. 길르앗에 있는 갓 지파의 성읍
         → '길르앗 라못'을 보라

라바 (Rapha)
1. 야곱의 아들 베냐민의 다섯째 아들
대상 8:2 넷째 노하와 다섯째 **라바**이며
2. 사울 왕의 자손
대상 8:37 비느아의 아들은 **라바**요 그의 아들은

라반 (Laban) 리브가의 오빠이자 야곱의 삼촌
창 24:29 이름은 **라반**이라 그가 우물로 달려가
창 46:18 이들은 **라반**이 그의 딸 레아에게 준

🔖 라반 – 기타 본문
    창 24:31, 32, 50; 25:20; 27:43; 28:2, 5; 29:5,
    10, 13, 14, 15, 16, 19, 20, 21, 22, 24, 25, 26, 28,
    29, 30; 30:25, 27, 31, 34, 36, 40, 42; 31:1, 2, 12,
    19, 20, 22, 23, 24, 25, 26, 31, 33, 34, 35, 36, 43,
    47, 48, 51, 55; 32:4; 46:25

라부 (Raphu) 베냐민 지파의 대표였던 발디의 아버지
민 13:9   베냐민 지파에서는 **라부**의 아들 발디요

라사 (Lasha) 가나안 족속이 살고 있던 땅의 경계
창 10:19 아드마와 스보임을 지나 **라사**까지였으며

라새아 (Lasea) 그레데 섬에 있는 성읍
행 27:8   미항이라는 곳에 이르니 **라새아** 시에서

라아다 (Laadah) 유다 자손으로 셀라의 가족
대상 4:21 마레사의 아버지 **라아다**와 세마포 짜는

라아마 (Raamah)
1. 인명 : 함의 손자이자 구스의 아들
창 10:7   **라아마**와 삽드가요 **라아마**의 아들은
대상 1:9 **라아마**와 삽드가요 **라아마**의 자손은
2. 지명 : 동남 아라비아의 성읍
겔 27:22 스바와 **라아마**의 상인들도 너의 상인

라아먀 (Raamiah) 포로지에서 귀환한 사람
느 7:7   아사랴와 **라아먀**와 나하마니와

라암셋 (Rameses) 출애굽 때의 출발지
창 47:11 애굽의 좋은 땅 **라암셋**을 그들에게 주어
출 1:11   바로를 위하여 국고성 비돔과 **라암셋**
출 12:37 이스라엘 자손이 **라암셋**을 떠나서 숙곳
민 33:3   열다섯째 날에 **라암셋**을 떠났으니
민 33:5   이스라엘 자손이 **라암셋**을 떠나 숙곳

라엘 (Lael) 게르손 자손이며 엘리아삽의 아버지
민 3:24   **라엘**의 아들 엘리아삽은 게르손 사람

라오디게아/-인 (Laodicea) 소아시아의 도시와 주민

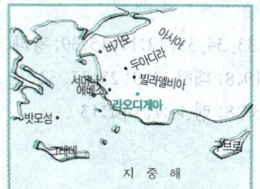

골 2:1   **라오디게아**에 있는 자들
골 4:13   **라오디게아**에 있는 자들
골 4:15   **라오디게아**에 있는 형제
골 4:16   **라오디게아**인의 … **라오디게아**로부터
계 1:11   빌라델비아, **라오디게아** 등 일곱 교회에
계 3:14   **라오디게아** 교회의 사자에게 편지하라

라이사 (Laishah) 베냐민 지파의 한 성읍
사 10:30 소리로 외칠지어다 **라이사**야 자세히

라이스 (Laish)
1. 다윗의 아내 미갈을 아내로 취한 발디의 아버지
삼상 25:44 갈림에 사는 **라이스**의 아들 발디에게

[라함]   [랍비]

삼하 3:15 그의 남편 라이스의 아들 발디엘에게서
2. 요단 강 계곡 상류에 있던 시돈 사람의 성읍
삿 18:7   이에 다섯 사람이 떠나 라이스에 이르러
삿 18:14 전에 라이스 땅을 정탐하러 갔던 다섯
삿 18:27 제사장을 취하여 라이스에 이르러 한가
삿 18:29 그 성읍의 본 이름은 라이스였더라

라함(Raham) 갈렙의 자손으로 아버지는 세마
대상 2:44 라함을 낳았으니 라함은 요르그암의

라합(Rahab)
  1. 여리고 성에 살고 있던 기생
수 2:1   그들이 가서 라합이라 하는 기생의 집에

📖 라합 1 - 기타 본문

수 2:3, 8, 15, 16, 21; 6:17, 23, 25; 마 1:5; 히 11:31; 약 2:25

  2. 바닷속에 사는 신비한 괴물의 이름
욥 9:13   라합을 돕는 자들이 그 밑에 굴복하겠
욥 26:12 바다를 잔잔하게 하시며 지혜로 라합을
시 87:4   라합과 바벨론이 나를 아는 자 중에
시 89:10 주께서 라합을 죽임 당한 자같이 깨뜨
사 30:7   가만히 앉은 라합이라 일컬었느니라
사 51:9   라합을 저미시고 용을 찌르신 이가 어찌

라핫(Lahad) 유다 지파로 소라 사람의 조상
대상 4:2 야핫은 아후매와 라핫을 낳았으니 이는

라헬(Rachel) 라반의 둘째 딸로 야곱의 아내
창 29:6   그의 딸 라헬이 지금 양을 몰고 오느니
렘 31:15 라헬이 그 자식 때문에 애곡하는
마 2:18   라헬이 그 자식을 위하여 애곡하며

📖 라헬 - 기타 본문

창 29:9, 10, 11, 12, 16, 17, 18, 20, 25, 28, 29, 30; 31; 30:1, 2, 3, 6, 7, 8, 14, 15, 22, 25; 31:4, 14, 19, 32, 33, 34, 35; 33:1, 2, 7; 35:16, 19, 20, 24, 25; 46:19, 22, 25; 48:7; 룻 4:11; 삼상 10:2

라흐미(Lahmi) 블레셋 장수 골리앗의 동생
삼하 21:19 가드 골리앗의 아우 라흐미를 죽였는데
대상 20:5 라흐미를 죽였는데 이 사람의 창자루

락갓(Rakkath) 납달리 지파에게 분배된 성읍
수 19:35 싯딤과 세르와 함맛과 락갓과 긴네렛

락곤(Rakkon) 단 지파에게 분배된 성읍
수 19:46 메얄곤과 락곤과 욥바 맞은편 경계까지

락굼(Lakkum) 납달리 지파에게 분배된 성읍
수 19:33 아다미 네겝과 얍느엘을 지나 락굼까지

람(Ram)
  1. 유다 지파 헤스론의 아들이며
  암미나답의 아버지로 예수님의 직계 조상
룻 4:19   헤스론은 람을 낳았고 람은 암미나답을
대상 2:9   헤스론이 낳은 아들은 여라므엘과 람과
대상 2:10 람은 암미나답을 낳고 암미나답은 나손
마 1:3   베레스는 헤스론을 낳고 헤스론은 람을
마 1:4   람은 암미나답을 낳고 암미나답은 나손
  2. 헤스론의 손자이며 여라므엘의 맏아들
대상 2:25 여라므엘의 아들은 맏아들 람과 그 다음
대상 2:27 여라므엘의 맏아들 람의 아들은 마아스
  3. 부스 사람 바라겔의 아들 엘리후의 조상
욥 32:2   람 종족 부스 사람 바라겔의 아들

랍바(Rabbah) 얍복 강 상류에 위치한 곳
신 3:11   아직도 암몬 족속의 랍바에 있지 아니

📖 랍바 - 기타 본문

수 13:25; 15:60; 삼하 11:1; 12:26, 27, 29; 17:27; 대상 20:1; 렘 49:2, 3; 겔 21:20; 25:5; 암 1:14

랍비(Rabbi)
마 23:7   랍비라 칭함을 받는 것을 좋아하느니라
마 23:8   그러나 너희는 랍비라 칭함을 받지 말라
마 26:25 대답하여 이르되 랍비여 나는 아니지요
마 26:49 예수께 나아와 랍비여 안녕하시옵니까
막 9:5   베드로가 예수께 고하되 랍비여 우리
막 11:21 생각이 나서 여짜오되 랍비여 보소서
막 14:45 예수께 나아와 랍비여 하고 입을 맞추니
요 1:38   랍비여 어디 계시오니이까 하니 (랍비
요 1:49   대답하되 랍비여 당신은 하나님의 아들
요 3:2   이르되 랍비여 우리가 당신은 하나님
요 3:26   요한에게 가서 이르되 랍비여 선생님

【 랍비돗 】

요 4:31 　제자들이 청하여 이르되 **랍비**여 잡수소
요 6:25 　바다 건너편에서 만나 **랍비**여 언제 여기
요 9:2 　제자들이 물어 이르되 **랍비**여 이 사람이
요 11:8 　말하되 **랍비**여 방금도 유대인들이 돌로

랍비돗(Lappidoth) 여선지자 드보라의 남편
삿 4:4 　때에 **랍비돗**의 아내 여선지자 드보라가

랍빗(Labbith) 잇사갈 지파에 속해 있던 성읍
수 19:20 　**랍빗**과 기시온과 에베스와

랍사게(field commander-NIV, Rabshakeh
-KJV) 바벨론과 앗수르의 왕에게 술 따르
는 자들의 장(長)
왕하 18:17 랍사리스와 **랍사게**로 하여금 대군을

랍사게 - 기타 본문

왕하 18:19, 26, 27, 28, 37; 19:4, 8; 사 36:2, 4, 11,
12, 13, 22; 37:4

랍사리스(chief officer-NIV, Rabsaris-KJV)
바벨론과 앗수르의 고위 관리를 부르던 칭호
왕하 18:17 　다르단과 **랍사리스**와 랍사게로 하여금

랍오니(Rabboni)
요 20:16 　마리아가 돌이켜 히브리 말로 **랍오니**

랏대(Raddai) 이새의 다섯째 아들로 다윗의 형
대상 2:14 　넷째로 느다넬과 다섯째로 **랏대**와

랏사론(Lasharon) 여호수아가 정복한 요단
서편 땅
수 12:18 　아벡 왕이요 하나는 **랏사론** 왕이요

레가 1(Lecah) 유다의 아들 셀라의 후손
대상 4:21 　셀라의 자손은 **레가**의 아버지 에르와

레가 2(Rechah) 유다 지파의 성읍
대상 4:12 　드힌나를 낳았으니 이는 다 **레가** 사람

레갑(Recab)
1. 사울의 아들 이스보셋이 지휘하는 부대의 군장
삼하 4:2 　사람의 이름은 **레갑**이라 베냐민 족속

【 레바 1 】

삼하 4:5 　브에롯 사람 림몬의 아들 **레갑**과 바아나
삼하 4:6 　**레갑**과 그의 형제 바아나가 밀을 가지러
삼하 4:9 　다윗이 브에롯 사람 림몬의 아들 **레갑**
2. 예후를 도와 바알 숭배자들을 죽였던 여호나답의 아버지로 레갑 족속의 선조
왕하 10:15 맞이하러 오는 **레갑**의 아들 여호나답을

레갑 2 - 기타 본문

왕하 10:23; 대상 2:55; 렘 35:2, 3, 5, 6, 8, 14, 16,
18, 19

3. 예루살렘 성의 분문을 중수했던 말기야의 아버지
느 3:14 　벧학게렘 지방을 다스리는 **레갑**의 아들

레겜 1(Regem) 갈렙의 자손으로 야대의 아들
대상 2:47 　야대의 아들은 **레겜**과 요단과 게산과

레겜 2(Rekem)
1. 모세 때 무찌른 미디안 다섯 왕 중의 하나
민 31:8 　미디안의 왕들은 에위와 **레겜**과 수르와
수 13:21 　미디안의 귀족 에위와 **레겜**과 술과 훌과
2. 갈렙 자손 중의 하나
대상 2:43 　아들들은 고라와 답부아와 **레겜**과 세마
대상 2:44 　라함은 요르그암의 아버지이며 **레겜**
3. 베냐민 성읍 중 하나
수 18:27 　**레겜**과 이르브엘과 다랄라와

레겜멜렉(Regem-Melech) 다리우스 왕 때
금식 문제를 질문하기 위해 보냈던 메신저
슥 7:2 　사레셀과 **레겜멜렉**과 그의 부하들을

레기온(Rhegium) 이탈리아 서남단에 위치한 항구
행 28:13 　거기서 둘러가서 **레기온**에 이르러 하루

레멕(Lamech) 노아의 아버지 라멕과 동일인
눅 3:36 　셈이요 그 위는 노아요 그 위는 **레멕**이

레멧(Remeth) 잇사갈 지파에게 분배된 성읍
수 19:21 　**레멧**과 엔 간님과 엔핫다와 벧 바세스

레바 1(Reba) 미디안 다섯 왕 가운데 하나
민 31:8 　에위와 레겜과 수르와 후르와 **레바**이며

레바 2

수 13:21　레겜과 술과 훌과 **레바**와 함께 죽였으며

레바 2(Rephah) 에브라임 지파 브리아의 아들
대상 7:25　브리아의 아들들은 **레바**와 레셉이요

레바논(Lebanon) 팔레스타인 북부 시리아의 산맥
신 1:7　해변과 가나안 족속의 땅과 **레바논**과

'레바논 나무궁' 과 관련된 성구
왕상 10:17, 21; 대하 9:16, 20

레바논 - 기타 본문
신 3:25; 11:24; 수 1:4; 9:1; 11:17; 12:7; 13:5, 6; 삿 3:3; 9:15; 왕상 4:33; 5:6, 9, 14; 7:2; 9:19; 10:17, 21; 왕하 14:9; 19:23; 대하 2:8, 16; 8:6; 25:18; 스 3:7; 시 29:5, 6; 72:16; 92:12; 104:16; 아 3:9; 4:8, 11, 15; 5:15; 7:4; 사 2:13; 10:34; 14:8; 29:17; 33:9; 35:2; 37:24; 40:16; 60:13; 렘 18:14; 22:6, 20, 23; 겔 17:3; 27:5; 31:3, 15, 16; 호 14:5, 6, 7; 나 1:4; 합 2:17; 슥 10:10; 11:1

레사(Rhesa) 스룹바벨의 아들이며 예수님의 조상
눅 3:27　그 위는 **레사**요 그 위는 스룹바벨이요

레센(Resen) 니므롯이 건설한 앗수르의 성읍
창 10:12　**레센**을 건설하였으니 이는 큰 성읍이라

레셈(Leshem) 팔레스타인 북쪽에 있던 지역
수 19:47　단 자손이 올라가서 **레셈**과 싸워 … 조상 단의 이름을 따라서 **레셈**을 단이라

레셉 1(Resheph) 에브라임의 자손으로 브리아의 아들
대상 7:25　레바와 **레셉**이요 **레셉**의 아들은 델라

레셉 2(Rezeph) 산헤립이 히스기야에게 보낸 편지 내용에 있던 성읍
왕하 19:12　고산과 하란과 **레셉**과 들라살에 있는
사 37:12　고산과 하란과 **레셉**과 및 들라살에 있는

레아(Leah) 야곱의 첫째 부인
창 29:16　딸이 있으니 언니의 이름은 **레아**요

레아 - 기타 본문
창 29:17, 23, 24, 25, 30, 31, 32; 30:9, 10, 11, 12, 13, 14, 15, 16, 17, 18, 19, 20; 31:4, 14, 33; 33:1, 2, 7; 34:1; 35:23, 26; 46:15, 18; 49:31; 룻 4:11

레위(Levi)
1. 야곱의 세 번째 아들로 어머니는 레아
창 29:34　연합하리로다 하고 그의 이름을 **레위**라

레위 1 - 기타 본문
창 34:25, 30; 35:23; 46:11; 49:5; 출 1:2; 6:16; 민 3:17; 16:1; 26:59; 대상 2:1; 6:1, 16, 19, 38, 43, 47; 23:6; 스 8:18; 히 7:5, 6, 9, 10, 11

2. 예수님의 족보에 들어있는 조상으로 멜기의 아들이며 맛닷의 아버지
눅 3:24　그 위는 맛닷이요 그 위는 **레위**요

3. 예수님의 족보에 들어있는 조상으로 시므온의 아들이며 맛닷의 아버지
눅 3:29　그 위는 맛닷이요 그 위는 **레위**요

4. 가버나움 지방에 살던 세리
막 2:14　지나가시다가 알패오의 아들 **레위**가
눅 5:27　그 후에 예수께서 나가사 **레위**라 하는
눅 5:29　**레위**가 예수를 위하여 자기 집에서

5. 레위 지파 혹은 레위의 후손들을 지칭
출 6:19　이들은 그들의 족보대로 **레위**의 족장

레위 5 - 기타 본문
민 17:3, 8; 26:58; 신 10:9; 18:1; 27:12; 33:8; 삿 18:3; 대상 9:33, 34; 21:6; 24:31; 대하 23:18; 겔 40:46; 48:31; 말 2:4, 5, 8; 행 4:36

'레위' 와 관련된 성구들
레위 가족 - 출 2:1; 수 21:27, 40
레위 계통 - 히 7:11
레위 사람 - 출 4:14; 6:25; 38:21; 레 25:32, 33; 신 17:9, 18; 18:1; 24:8; 27:14; 31:25; 수 3:3; 8:33; 14:4; 18:7; 21:1, 3, 4, 8, 20, 34, 41; 삿 18:15; 19:1; 20:4; 삼하 15:24; 왕상

레이

8:4; 대상 6:48; 9:2, 14, 26, 31; 13:2;
15:2, 4, 11, 12, 14, 16, 17, 22, 26,
27; 16:4; 23:2, 3, 26; 24:6; 26:17,
20; 27:17; 28:13, 21; 대하 5:4, 12;
7:6; 8:14, 15; 11:13, 14, 16; 13:9,
10; 17:8; 19:8, 11; 20:14, 19; 23:2,
4, 6, 7, 8; 24:5, 6, 11; 29:4, 5, 12,
16, 25, 26, 30, 34; 30:15, 16, 17, 21,
22, 25, 27; 31:2, 4, 9, 12, 17, 19;
34:9, 12, 13, 30; 35:3, 8, 9, 10, 11,
14, 15, 18; 스 1:5; 2:40, 70; 3:8, 9,
10, 12; 6:16, 18, 20; 7:7, 13, 24;
8:20, 29, 30, 33; 9:1; 10:5, 15, 23;
느 3:17; 7:1, 43, 73; 8:7, 9, 11, 13;
9:4, 5, 38; 10:9, 28, 34, 37, 38; 11:3,
15, 16, 18, 20, 22, 36; 12:1, 8, 22,
27, 30, 44, 47; 13:5, 10, 11, 13, 22,
29, 30; 렘 33:18; 겔 43:19; 44:10,
15; 45:5; 48:11, 13, 22

레위인 – 민 1:47, 51, 53; 2:17, 33; 3:9,
12, 20, 32, 39, 41, 45, 46, 49; 4:18,
46; 7:5, 6; 8:6, 9, 10, 11, 12, 13, 14,
18, 19, 20, 21, 22, 24, 26; 18:3, 4, 6,
23, 24, 26, 30; 26:57, 62; 31:30, 47;
35:2, 4, 6, 7, 8; 신 12:12, 18, 19;
14:27, 29; 16:11, 14; 18:6, 7; 26:11,
12, 13; 삿 17:7, 9, 10, 11, 12, 13; 삼
상 6:15; 대하 5:5; 사 66:21; 렘
33:21, 22; 겔 48:12; 눅 10:32; 요
1:19

레위 자손 – 출 32:26, 28; 민 3:15; 4:2;
16:7, 8, 10; 18:21; 신 21:5; 31:9; 수
14:3; 21:10; 왕상 12:31; 대상 6:64;
9:18; 12:26; 15:15; 23:24, 27; 24:20,
30; 스 8:15; 느 10:39; 12:23; 말 3:3

레위 족속 – 레 25:32; 대하 35:5; 느 12:24;
시 135:20; 슥 12:13

레위 지파 – 민 1:49; 3:6; 18:2; 신 10:8; 수
13:14, 33; 대상 23:14; 계 7:7

레이(Rei) 다윗의 신하
왕상 1:8   선지자 나단과 시므이와 **레이**와 다윗

레판(Rephan) 바벨론 토성신의 이름
행 7:43   몰록의 장막과 신 **레판**의 별을 받들었음

로도

레히(Lehi) 삼손이 나귀 턱뼈로 블레셋 사람 1,000명을 쳐서 죽인 곳
삿 15:9   유다에 진을 치고 **레히**에 가득한지라
삿 15:14   삼손이 **레히**에 이르매 블레셋 사람들이
삿 15:19   하나님이 **레히**에서 한 우묵한 곳을 터 뜨리시니 … 그 샘이 오늘까지 **레히**에

렙돈(copper coin) 그리스의 가장 작은 화폐의 단위
막 12:42   과부는 와서 두 **렙돈** 곧 한 고드란트를
눅 21:2   또 어떤 가난한 과부가 두 **렙돈** 넣는

로가(Rohgah) 아셀의 후손이며 소멜의 아들로 족장임
대상 7:34 소멜의 아들들은 아히와 **로가**와 호바와

로글림(Rogelim) 길르앗에 있던 성읍
삼하 17:27 암미엘의 아들 마길과 **로글림** 길르앗
삼하 19:31 요단을 건너가게 하려고 **로글림**에서

로단(Lotan) 세일 땅에 거하던 호리 족속의 족장
창 36:20   세일의 자손은 **로단**과 소발과 시브온과
창 36:22   로단의 자녀는 호리와 헤맘과 **로단**의
창 36:29   호리 족속의 족장들은 곧 **로단** 족장,
대상 1:38 세일의 아들은 **로단**과 소발과 시브온과
대상 1:39 **로단**의 아들은 호리와 호맘이요 **로단**의

로데(Rhoda) 마가 요한의 어머니 마리아 집의 여종
행 12:13   베드로가 대문을 두드린대 **로데**라 하는

로데발(Lo Debar) 암미엘의 아들 마길의 고향
삼하 17:27 소비와 **로데발** 사람 암미엘의 아들 마길

로뎀 나무(broom tree)
왕상 19:4 하룻길쯤 가서 한 **로뎀 나무** 아래에
왕상 19:5 **로뎀 나무** 아래에 누워 자더니 천사가
시 120:4   날카로운 화살과 **로뎀 나무** 숯불이리

로도(Rhodes) 바울이 3차 전도 여행 시 방문한 섬
행 21:1   바로 고스로 가서 이튿날 **로도**에 이르러

【 로드 】   【 루딤 】

로드(Lod) 욥바의 남동쪽 사론 평원의 성읍
스 2:33 로드와 하딧과 오노 자손이 칠백이십오
느 7:37 로드와 하딧과 오노 자손이 칠백이십일
느 11:35 로드와 오노와 장인들의 골짜기에 거주

로드발(Lo Debar) 로데발과 같은 명칭
삼하 9:4 시바가 왕께 아뢰되 로드발 암미엘의
삼하 9:5 다윗 왕이 사람을 보내어 로드발 암미엘

로루하마(Lo-Ruhamah) 호세아와 고멜의 딸
호 1:6 이름을 로루하마라 하라 내가 다시는
호 1:8 고멜이 로루하마를 젖뗀 후에 또 임신

로마(Rome) 이탈리아 반도에 위치한 도시
요 19:20 히브리와 로마와 헬라 말로 기록되었

'로마'와 관련된 성구들

| 로마 사람 – 행 16:21, 37, 38; 23:27; 25:16 |
| 로마 시민 – 행 22:25, 26, 27, 29 |
| 로마인 – 요 11:48; 행 28:17, 18 |

로마 – 기타 본문
행 2:10; 16:12; 18:2; 19:21; 23:11; 28:14; 롬 1:7, 15; 딤후 1:17

로맘디에셀(Romamti-ezer) 성가대 24번째 반열의 책임자
대상 25:4 깃달디와 로맘디에셀과 요스브가사와
대상 25:31 스물넷째는 로맘디에셀이니 그의 아들

로스(Rosh)
1. 애굽으로 내려간 70인 중 하나로 베냐민의 아들
창 46:21 게라와 나아만과 에히와 로스와 뭅빔과
2. 곡과 같은 곳
겔 38:2 인자야 너는 마곡 땅에 있는 로스와
겔 38:3 말씀하시기를 로스와 메섹과 두발
겔 39:1 이같이 말씀하시되 로스와 메섹과

로암미(Lo-Ammi) 호세아의 아들
호 1:9 이름을 로암미라 하라 너희는 내 백성

로이스(Lois) 디모데의 외조모이며 유니게의 어머니
딤후 1:5 외조모 로이스와 네 어머니 유니게

롯 1(Lot) 하란의 아들 로 아브라함의 조카
창 11:27 낳고 하란은 롯을 낳았으며
눅 17:28 또 롯의 때와 같으리니 사람들이 먹고
벧후 2:7 고통 당하는 의로운 롯을 건지셨으니

롯 1 – 기타 본문
창 11:31; 12:4, 5; 13:1, 5, 7, 8, 10, 11, 12, 14; 14:12, 16; 19:1, 3, 5, 6, 9, 10, 12, 14, 15, 16, 18, 23, 26, 29, 30, 36; 신 2:9, 19; 시 83:8; 눅 17:29, 32

롯 2(Lod) 세멧에 의해 건설된 베냐민 지파의 성읍
대상 8:12 오노와 롯과 그 주변 마을들을 세웠고

루가오니아(Lycaonia) 소아시아 중부
행 14:6 도망하여 루가오니아의 두 성 루스드라
행 14:11 바울이 한 일을 보고 루가오니아 방언

루기아(Lycia) 소아시아 남서부 해안의 산악 지대
행 27:5 밤빌리아 바다를 건너 루기아의 무라

루기오(Lucius) 구레네 출신의 안디옥 교회의 선지자
행 13:1 시므온과 구레네 사람 루기오와 분봉

루디아(Lydia) 바울의 설교를 듣고 그리스도 인이 된 최초의 유럽인
행 16:14 하나님을 섬기는 루디아라 하는 한 여
행 16:40 옥에서 나와 루디아의 집에 들어가서

루딤(Ludite-NIV, Ludim-KJV) 미스라임의 아들
창 10:13 미스라임은 루딤과 아나밈과 르하빔
대상 1:11 미스라임은 루딤과 아나밈과 르하빔
렘 46:9 활을 당기는 루딤 사람이여 나올지니라

【 루마 】   【 르말리야 】

루마(Rumah) 여호야김의 모친 스비다의 고향
왕하 23:36 어머니의 이름은 스비다라 **루마** 브다야

루빔(Libya-NIV, Lubim-KJV) 애굽 서편에 위치한 곳
나 3:9 끝이 없었고 붓과 **루빔**이 그를 돕는

루사니아(Lysanias) 아빌레네의 로마 분봉왕
눅 3:1 분봉 왕으로, **루사니아**가 아빌레네

루스(Luz)
  1. 벧엘의 원래 이름으로
     야곱이 사닥다리 꿈을 꾼 곳
창 28:19 하였더라 이 성의 옛 이름은 **루스**더라
창 35:6 모든 사람이 가나안 땅 **루스** 곧 벧엘에
창 48:3 가나안 땅 **루스**에서 전능하신 하나님이
수 16:2 벧엘에서부터 **루스**로 나아가 아렉 족속
수 18:13 거기서부터 **루스**로 나아가서 **루스** 남쪽에 이르나니 **루스**는 곧 벧엘이며
삿 1:23 하였는데 그 성읍의 본 이름은 **루스**라
  2. 헷 사람의 땅에 세워진 성읍
삿 1:26 건축하고 그것의 이름을 **루스**라 하였

루스드라(Lystra) 갈라디아 남부 루가오니아 지역의 도시
행 14:6 루가오니아의 두 성 **루스드라**와 더베와
행 14:8 **루스드라**에 발을 쓰지 못하는 한 사람이
행 14:21 제자로 삼고 **루스드라**와 이고니온과
행 16:1 바울이 더베와 **루스드라**에도 이르매
행 16:2 디모데는 **루스드라**와 이고니온에 있는
딤후 3:11 안디옥과 이고니온과 **루스드라**에서

루시아(Lysias) 예루살렘에 주둔한 로마 수비대를 지휘한 천부장
행 23:26 글라우디오 **루시아**는 총독 벨릭스
행 24:22 이르되 천부장 **루시아**가 내려오거든

루포(Rufus)
  1. 로마 교회 성도 중 하나
롬 16:13 택하심을 입은 **루포**와 그의 어머니에게
  2. 예수님의 십자가를 대신 진
     구레네 시몬의 아들
막 15:21 알렉산더와 **루포**의 아버지인 구레네

루하마(my loved one-NIV, Ruhamah-KJV) 하나님의 은혜가 다시 내려질 것을 상징적으로 나타낸 이름
호 2:1 암미라 하고 너희 자매에게는 **루하마**

루힛(Luhith) 모압 남쪽의 성읍
사 15:5 **루힛** 비탈길로 올라가며 호로나임 길에
렘 48:5 그들이 **루힛** 언덕으로 올라가면서 울고

룹 사람(Libyan-NIV, Lubim-KJV)
대하 16:8 구스 사람과 **룹 사람**의 군대가 크지

룻 1(Lud) 셈의 아들
창 10:22 엘람과 앗수르와 아르박삿과 **룻**과 아람
대상 1:17 엘람과 앗수르와 아르박삿과 **룻**과 아람
사 66:19 뿔과 활을 당기는 **룻**과 및 두발과 야완
겔 27:10 바사와 **룻**과 붓이 네 군대 가운데에서
겔 30:5 구스와 붓과 **룻**과 모든 섞인 백성과

룻 2(Ruth) 모압 여인으로 다윗의 증조 할머니
룻 1:4 이름은 **룻**이더라 그들이 거기에 거주한

✝ 룻 2 ~ 기타 본문
룻 1:14, 16, 18, 22; 2:2, 3, 8, 10, 13, 14, 15, 17, 19, 21, 22, 23; 3:1, 5, 7, 9, 14, 15, 16; 4:5, 10, 13; 마 1:5

룻다(Lydda) 사론 평원에 있던 베냐민 지파의 성읍
행 9:32 다니다가 **룻다**에 사는 성도들에게도
행 9:35 **룻다**와 사론에 사는 사람들이 다 그를
행 9:38 **룻다**가 욥바에서 가까운지라 제자들이

르두시(Letushite) 르두시 족속의 조상
창 25:3 드단의 자손은 앗수르 족속과 **르두시**

르말랴(Remaliah) 이스라엘 왕 베가의 아버지
왕하 15:25 장관 **르말랴**의 아들 베가가 반역하여

✝ 르말랴 ~ 기타 본문
왕하 15:27, 30, 32, 37; 16:1, 5; 대하 28:6

르말리야(Remaliah) '르말랴'와 동일인
사 7:1 르신 왕과 **르말리야**의 아들 이스라엘의

[르무엘]　　　　　　　　　　　　　　　　　　　　　　　[르신]

사 7:4	조용하라 르신과 아람과 **르말리야**의
사 7:5	아람과 에브라임과 **르말리야**의 아들이
사 7:9	사마리아의 머리는 **르말리야**의 아들이
사 8:6	물을 버리고 르신과 **르말리야**의 아들을

르무엘(Lemuel) 잠언 31장에 기록된 왕
| 잠 31:1 | **르무엘** 왕이 말씀한 바 곧 그의 어머니 |
| 잠 31:4 | **르무엘**아 포도주를 마시는 것이 왕들 |

르바 족속(Rephaite) 르바임 골짜기에 살던 주민
창 14:5	아스드롯 가르나임에서 **르바 족속**을
창 15:20	헷 족속과 브리스 족속과 **르바 족속**과
수 12:4	르바의 남은 **족속**으로서 아스다롯과
수 13:12	르바의 남은 **족속**으로서 아스다롯과

르바나(Lebanah) 스룹바벨과 함께 귀환했던 자손
| 스 2:45 | **르바나** 자손과 하가바 자손과 악굽 자손 |
| 느 7:48 | **르바나** 자손과 하가바 자손과 살매 자손 |

르바야(Rephaiah)
　1. 솔로몬의 자손으로 아르난의 아버지
| 대상 3:21 | **르바야**의 아들 아르난의 아들들, 오바댜 |
　2. 시므온의 자손으로 이시의 아들
| 대상 4:42 | 블라댜와 느아랴와 **르바야**와 웃시엘 |
　3. 잇사갈 지파 돌라의 아들
| 대상 7:2 | 아들들은 웃시와 **르바야**와 여리엘 |
　4. 사울 자손으로 비느아의 아들
| 대상 9:43 | 비느아의 아들은 **르바야**요 그의 아들은 |
　5. 후르의 아들로 예루살렘 성벽을 건축한 사람
| 느 3:9 | 다스리는 후르의 아들 **르바야**가 중수 |

르바엘(Rephael) 레위인으로 성전을 지키는 문지기
| 대상 26:7 | 오드니와 **르바엘**과 오벳과 엘사밧이며 |

르바옷(Lebaoth) 유다 지파의 남쪽에 있는 성읍
| 수 15:32 | **르바옷**과 실힘과 아인과 림몬이니 모두 |
| 수 19:6 | **르바옷**과 사루헨이니 열세 성읍이요 |

르바임(Rephaim) 르바임 골짜기에 살던 원주민들
신 2:11	아낙 족속과 같이 **르바임**이라 불렸으나
신 2:20	**르바임**의 땅이라 하였나니 전에 **르바임**
신 3:11	**르바임** 족속의 남은 자는 바산 왕 옥뿐
신 3:13	바산을 옛적에는 **르바임**의 땅이라
수 17:15	브리스 족속과 **르바임** 족속의 땅 삼림

르바임 골짜기(Valley of Rephaim) 베들레헴 근처의 땅
수 15:8	올라가나니 이곳은 **르바임 골짜기** 북쪽
수 18:16	**르바임 골짜기** 북쪽 힌놈의 아들
삼하 5:18	이르러 **르바임 골짜기**에 가득한지라
삼하 5:22	올라와서 **르바임 골짜기**에 가득한지라
삼하 23:13	한 무리가 **르바임 골짜기**에 진 쳤더라
대상 11:15	군대가 **르바임 골짜기**에 진 쳤더라
대상 14:9	이르러 **르바임 골짜기**로 쳐들어온지라
사 17:5	이삭을 벤 것 같이 **르바임 골짜기**에서

르보나(Lebonah) 벧엘 북쪽으로 실로와 세겜 사이에 위치
| 삿 21:19 | 벧엘 북쪽 **르보나** 남쪽 벧엘에서 세겜 |

르비딤(Rephidim) 이스라엘이 신 광야를 떠나 진을 쳤던 곳
출 17:1	노정대로 행하여 **르비딤**에 장막을
출 17:8	아말렉이 와서 이스라엘과 **르비딤**에서
출 19:2	그들이 **르비딤**을 떠나 시내 광야에
민 33:14	알루스를 떠나 **르비딤**에 진을 쳤는데
민 33:15	**르비딤**을 떠나 시내 광야에 진을 치고

르손(Rezon) 소바 왕 하닷에셀의 신하
왕상 11:23	엘리아다의 아들 **르손**을 일으켜 솔로몬
왕상 11:24	소바 사람을 죽일 때에 **르손**이 사람들을
왕상 11:25	하닷이 끼친 환난 외에 **르손**이 수리아

르신(Rezin)
　1. 아람의 마지막 왕
왕하 15:37	아람 왕 **르신**과 르말랴의 아들 베가를
왕하 16:5	이 때에 아람의 왕 **르신**과 이스라엘의
왕하 16:6	당시에 아람의 왕 **르신**이 엘랏을 회복
왕하 16:9	사로잡아 기르로 옮기고 또 **르신**을 죽였
2. 포로지에서 귀환한 느디님 사람 중 한 집안의 조상
스 2:48	**르신** 자손과 느고다 자손과 갓삼 자손
느 7:50	르아야 자손과 **르신** 자손과 느고다 자손

【 르아야 】　　　　　　　　　　　　　　　　　　【 르호보딜 】

르아야(Reaiah)
1. 소발의 아들로 야핫의 아버지이며 유다 지파
대상 4:2　소발의 아들 **르아야**는 야핫을 낳고 야핫
2. 르우벤 지파로 미가의 아들이며 바알의 아버지
대상 5:5　아들은 **르아야**요 그의 아들은 바알이요
3. 포로지에서 귀환한 느디님 사람 중 한 집안의 조상
스 2:47　깃델 자손과 가할 자손과 **르아야** 자손과
느 7:50　**르아야** 자손과 르신 자손과 느고다 자손

르엘라야(Reelaiah) 포로지에서 귀환한 사람
스 2:2　느헤미야와 스라야와 **르엘라야**와

르우(Reu) 셈의 5대 자손으로 예수님의 조상
창 11:18　벨렉은 삼십 세에 **르우**를 낳고
창 11:19　**르우**를 낳은 후에 이백구 년을 지내며
창 11:20　**르우**는 삼십이 세에 스룩을 낳고
눅 3:35　위는 스룩이요 그 위는 **르우**요 그 위는

르우마(Reumah) 아브라함의 동생 나홀의 첩
창 22:24　나홀의 첩 **르우마**라 하는 자도 데바와

르우벤(Reuben)
1. 야곱과 레아의 아들로 야곱의 첫째 아들
창 29:32　아들을 낳고 그 이름을 **르우벤**이라 하여

르우벤 1 - 기타 본문
창 30:14; 35:22, 23; 37:21, 22, 29; 42:22, 37; 46:8, 9; 48:5; 49:3; 출 1:2; 6:14; 민 1:20; 26:5; 대상 2:1; 5:1, 3

2. 르우벤을 시조로 한 열두 지파 중 하나
민 2:10　**르우벤** 군대 진영의 군기가 있을 것이라 **르우벤** 자손의 지휘관은 스데울의

르우벤 2 - 기타 본문
민 2:16; 10:18; 신 27:13; 29:8; 33:6; 수 18:7; 대상 5:26; 26:32; 겔 48:6, 7, 31

'르우벤'과 관련된 성구들
르우벤 사람 - 수 12:6; 22:1; 왕하 10:33; 대상 5:11; 27:16
르우벤 시냇가 - 삿 5:15, 16

르우벤 자손 - 민 2:10; 7:30; 16:1; 26:5; 32:1, 2, 6, 25, 29, 31, 33, 37; 34:14; 신 3:12, 16; 11:6; 수 4:12; 13:15, 23; 15:6; 18:17; 22:9, 10, 11, 13, 15, 21, 25, 30, 31, 32, 33, 34; 대상 5:6, 18; 11:42; 12:37
르우벤 족속 - 수 13:8 / 르우벤 종족 - 민 26:7
르우벤 지파 - 민 1:5, 21; 13:4; 신 4:43; 수 1:12; 20:8; 21:7, 36; 대상 6:63, 78; 계 7:5

르우엘(Reuel)
1. 에서와 바스맛의 낳은 아들
창 36:4　에서에게 낳았고 바스맛은 **르우엘**을
창 36:10　에서의 아내 바스맛의 아들은 **르우엘**
창 36:13　**르우엘**의 아들들은 나핫과 세라와 삼마
창 36:17　아들 **르우엘**의 … 땅에 있는 **르우엘**의
대상 1:35　에서의 아들은 엘리바스와 **르우엘**과
대상 1:37　**르우엘**의 아들은 나핫과 세라와 삼마

2. 미디안의 제사장으로 모세의 장인
출 2:18　그들이 그들의 아버지 **르우엘**에게 이르
민 10:29　모세의 장인 미디안 사람 **르우엘**의 아들

3. 엘리아삽의 아버지로 갓 지파 사람
민 2:14　지휘관은 **르우엘**의 아들 엘리아삽

4. 베냐민 지파로 이브니야의 아들
대상 9:8　이브니야의 증손 **르우엘**의 손자 스바댜

르움미(Leummite) 아브라함의 손자인 드단의 자손
창 25:3　앗수르 족속과 르투시 족속과 **르움미**

르하뱌(Rehabiah) 모세의 손자이자 엘리에셀의 아들
대상 23:17　엘리에셀의 아들들은 우두머리 **르하뱌**
대상 24:21　**르하뱌**에게 이르러는 그의 아들들 중에
대상 26:25　그의 아들 **르하뱌**와 그의 아들 여사야

르하빔(Lehabite) 미스라임의 셋째 아들
창 10:13　미스라임은 루딤과 아나밈과 **르하빔**
대상 1:11　미스라임은 루딤과 아나밈과 **르하빔**

르호보딜(Rehoboth Ir) 니므롯이 세운 앗수르의 성읍
창 10:11　앗수르로 나아가 니느웨와 **르호보딜**과

르호보암

르호보암(Rehoboam) 솔로몬의 아들
왕상 11:43 그의 아들 **르호보암**이 대신하여 왕이
마 1:7 　솔로몬은 **르호보암**을 낳고 **르호보암**

📖 르호보암 - 기타 본문
왕상 12:1, 3, 5, 6, 12, 17, 18, 21, 23, 27; 14:21, 25, 27, 29, 30, 31; 15:6; 대상 3:10; 대하 9:31; 10:1, 3, 5, 6, 12, 13, 17, 18; 11:1, 3, 5, 11, 12, 13, 17, 18, 21, 22, 23; 12:1, 2, 5, 10, 12, 13, 14, 15, 16; 13:7

르호봇(Rehoboth)
　　1. 이삭의 종들이
　브엘세바 근처에 팠던 우물의 이름
창 26:22 이름을 **르호봇**이라 하여 이르되 이제는
　　2. 유브라데 강변에 있던 성읍
창 36:37 유브라데 강변 **르호봇**의 사울이 그를
대상 1:48 사믈라가 죽으매 강 가의 **르호봇** 사울이

르홉(Rehob)
　　1. 소바 왕 하닷에셀의 아버지
삼하 8:3 **르홉**의 아들 소바 왕 하닷에셀이 자기
삼하 8:12 소바 왕 **르홉**의 아들 하닷에셀에게서
　　2. 언약 갱신 문서에 도장을 찍은 레위 사람
느 10:11 미가, **르홉**, 하사뱌
　　3. 12명의 정탐꾼들이 탐지한
　가나안 땅 가운데 가장 북쪽에 있던 성읍
민 13:21 광야에서부터 하맛 어귀 **르홉**에 이르렀
삼하 10:8 **르홉** 아람 사람과 돕과 마아가 사람들은
　　4. 아셀 지파에게 분배된 성읍
수 19:28 에브론과 **르홉**과 함몬과 가나를 지나
수 19:30 움마와 아벡과 **르홉**이니 모두 스물두
수 21:31 헬갓과 그 목초지와 **르홉**과 그 목초지를
삿 1:31 헬바와 아빅과 **르홉** 주민을 쫓아내지
대상 6:75 후곡과 그 초원과 **르홉**과 그 초원을

르훔(Rehum)
　　1. 포로지에서 귀환한 이스라엘 지도자
스 2:2 미스발과 비그왜와 **르훔**과 바아나 등과
2. 성벽 재건을 반대하고자 참소의 글을 쓴 사람
스 4:8 방백 **르훔**과 서기관 심새가 아닥사스다
스 4:9 방백 **르훔**과 서기관 심새와 그의 동료
스 4:17 방백 **르훔**과 서기관 심새와 사마리아
스 4:23 아닥사스다 왕의 조서 초본이 **르훔**과

3. 바니의 아들로 성벽 재건에 참여한 사람
느 3:17 사람 바니의 아들 **르훔**이 중수하였고
4. 언약 갱신 문서에 도장 찍은 사람
느 10:25 **르훔**, 하삽나, 마아세야
5. 바벨론 포로지에서 돌아온 제사장
느 12:3 스가냐와 **르훔**과 므레못과

리노(Linus) 바울이 안부를 전한 로마 성도
딤후 4:21 으불로와 부데와 **리노**와 글라우디아와

리밧(Riphath) 야벳의 손자로 고멜의 아들
창 10:3 고멜의 아들은 아스그나스와 **리밧**과

리배(Ribai) 기브아 출신 베냐민 사람
삼하 23:29 자손에 속한 기브아 사람 **리배**의 아들
대상 11:31 베냐민 자손에 속한 기브아 사람 **리배**

리브가(Rebekah) 이삭의 아내
창 22:23 밀가의 소생이며 브두엘은 **리브가**를

📖 리브가 - 기타 본문
창 24:15, 29, 30, 45, 51, 53, 55, 58, 59, 60, 61, 64, 65, 67; 25:20, 21, 26, 28; 26:7, 8, 35; 27:5, 6, 11, 15, 42, 46; 28:5; 29:12; 35:8; 49:31; 롬 9:10, 12

리블라(Riblah) 가나안 땅의 동편 경계 지역
민 34:11 그 경계가 또 스밤에서 **리블라**로 내려
렘 52:9 그를 하맛 땅 **리블라**에 있는 바벨론
렘 52:10 앞에서 죽이고 또 **리블라**에서 유다의

리비아/리비야(Libya) 애굽의 서쪽 아프리
　카 지역
대하 12:3 백성 곧 **리비아**와 숙과 구스 사람이
단 11:43 보물을 차지할 것이요 **리비아** 사람과
행 2:10 애굽과 및 구레네에 가까운 **리비야**

리스바(Rizpah) 호리 족속 아야의 딸로 사울
　의 첩
삼하 3:7 **리스바**요 아야의 딸이더라 이스보셋이
삼하 21:8 왕이 이에 아야의 딸 **리스바**에게서
삼하 21:10 아야의 딸 **리스바**가 굵은 베를 가져다가
삼하 21:11 아야의 딸 사울의 첩 **리스바**가 행한

【 리시아 】　　　　　　　　　　　　　　　　　　　　　　　　　　　　【 릿사 】

리시아(Rezia) 아셀 지파 족장으로 울라의 아들
대상 7:39　아들들은 아라와 한니엘과 **리시아**이니

리워야단(Leviathan)
욥 3:8　곧 **리워야단**을 격동시키기에 익숙한
욥 41:1　낚시로 **리워야단**을 끌어낼 수 있겠느냐
시 74:14　**리워야단**의 머리를 부수시고 그것을
시 104:26　주께서 지으신 **리워야단**이 그 속에서
사 27:1　**리워야단** 곧 꼬불꼬불한 뱀 **리워야단**을

리트라(seventy-five pounds)
요 19:39　침향 섞은 것을 백 **리트라**쯤 가지고

릭히(Likhi) 므낫세 지파로 스미다의 아들
대상 7:19　아히안과 세겜과 **릭히**와 아니암이더라

린나(Rinnah) 유다 지파 시몬의 아들
대상 4:20　아들들은 암논과 **린나**와 벤하난과

림모노(Rimmono) 스불론에 있던 레위인의 성읍
대상 6:77　스불론 지파 중에서 **림모노**와 그 초원

림몬(Rimmon)
1. 브에롯 출신의 베냐민 지파 사람
삼하 4:2　족속 브에롯 사람 **림몬**의 아들들이더라
삼하 4:5　브에롯 사람 **림몬**의 아들 레갑과 바아나
삼하 4:9　다윗이 브에롯 사람 **림몬**의 아들 레갑과
2. 유다 남부 네게브의 에돔 근처에 있던 장소
수 15:32　르바옷과 실힘과 아인과 **림몬**이니 모두
수 19:7　아인과 **림몬**과 에델과 아산이니 네 성읍
대상 4:32　에담과 아인과 **림몬**과 도겐과 아산 다섯
슥 14:10　게바에서 예루살렘 남쪽 **림몬**까지 이를
3. 스불론에 한 땅에 있던 레위인의 성읍
수 19:13　네아까지 연결된 **림몬**으로 나아가서
4. 기브아 근처에 있던 바위 절벽
삿 20:45　도망하였으나 **림몬** 바위에 이르는
삿 20:47　도망하여 **림몬** 바위에 이르러 거기에서
삿 21:13　회중이 **림몬** 바위에 있는 베냐민 자손
5. 아람의 신
왕하 5:18　내 주인께서 **림몬**의 신당에 들어가 …
　　　　　내가 **림몬**의 신당에서 … 내가 **림몬**의

림몬베레스(Rimmon Perez) 시내 광야에서
이스라엘 백성들이 네 번째로 진을 쳤던 장소
민 33:19　릿마를 떠나 **림몬베레스**에 진을 치고
민 33:20　**림몬베레스**를 떠나 립나에 진을 치고

립나(Libnah)
1. 시내 광야에서 다섯 번째로 진을 쳤던 장소
민 33:20　림몬베레스를 떠나 **립나**에 진을 치고
민 33:21　**립나**를 떠나 릿사에 진을 치고
2. 유다 지파에게 분배된 성읍
수 10:29　막게다에서 **립나**로 나아가서 **립나**와

📖 립나 2 - 기타 본문
수 10:31, 32, 39; 12:15; 15:42; 21:13; 왕하 8:22; 19:8; 23:31; 24:18; 대상 6:57; 대하 21:10; 사 37:8; 렘 52:1

3. 하맛 부근의 성읍
왕하 23:33　느고가 그를 하맛 땅 **립나**에 가두어

📖 립나 3 - 기타 본문
왕하 25:6, 20, 21; 렘 39:5, 6; 52:26, 27

립니(Libni)
1. 게르손의 첫째 아들
출 6:17　아들들은 그들의 가족대로 **립니**와
민 3:18　그들의 종족대로 이러하니 **립니**와
민 3:21　게르손에게서는 **립니** 종족과 시므이
민 26:58　레위 종족들은 이러하니 **립니** 종족과
대상 6:17　아들들의 이름은 이러하니 **립니**와
대상 6:20　그의 아들 **립니**요 그의 아들은 야핫이요
2. 므라리의 손자로 말리의 아들이며 시므이의 아버지
대상 6:29　아들은 **립니**요 그의 아들은 시므이요

릿마(Rithmah) 시내 산을 떠나서 세 번째로 진을 친 곳
민 33:18　하세롯을 떠나 **릿마**에 진을 치고
민 33:19　**릿마**를 떠나 림몬베레스에 진을 치고

릿사(Rissah) 시내 산을 떠나 여섯 번째로 진을 친 곳
민 33:21　립나를 떠나 **릿사**에 진을 치고
민 33:22　**릿사**를 떠나 그헬라다에 진을 치고

ㅁ

마가(Mark) 바나바의 조카로 마가복음의 저자
행 12:12 마가라 하는 요한의 어머니 마리아의
행 12:25 일을 마치고 **마가**라 하는 요한을 데리고
행 15:37 바나바는 **마가**라 하는 요한도 데리고
행 15:39 바나바는 **마가**를 데리고 배 타고
골 4:10 바나바의 생질 **마가**와 (이 **마가**에 대하
딤후 4:11 네가 올 때에 **마가**를 데리고 오라 그가
몬 1:24 또한 나의 동역자 **마가**, 아리스다고,
벧전 5:13 너희에게 문안하고 내 아들 **마가**도 그리

마가단(Magadan) 갈릴리 호수 서안의 성읍
마 15:39 보내시고 배에 오르사 **마가단** 지경으로

마가스(Makaz) 솔로몬 때의 식량 관장
왕상 4:9 **마가스**와 사알빔과 벧세메스와

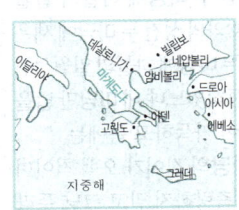

마게도냐(Macedonia) 그리스 북부 지역
행 16:10 우리가 곧 **마게도냐**로
행 16:12 이르니 이는 **마게도냐** 지방의
행 18:5 디모데가 **마게도냐**로부터 내려오매
딤전 1:3 **마게도냐**로 갈 때에 너를 권하여 에베소

✝ 마게도냐 – 기타 본문
행 19:21, 22; 20:1, 3; 롬 15:26; 고전 16:5; 고후 1:16; 2:13; 7:5; 8:1; 11:9; 빌 4:15; 살전 1:7, 8; 4:10

마게도냐 사람/마게도냐인(man of Macedonia)
행 16:9 바울에게 보이니 **마게도냐 사람** 하나가
행 19:29 바울과 같이 다니는 **마게도냐 사람**
고후 9:2 위하여 **마게도냐인**들에게 아가야
고후 9:4 혹 **마게도냐인**들이 나와 함께 가서

마곡(Magog)
　　1. 인 명
　　(1) 야벳의 둘째 아들
창 10:2 야벳의 아들은 고멜과 **마곡**과 마대와
대상 1:5 야벳의 자손은 고멜과 **마곡**과 마대와
　　(2) 멸망당할 악을 상징
계 20:8 사방 백성 곧 곡과 **마곡**을 미혹하고
　　2. 지명 : 곡이 다스린 땅
겔 38:2 인자야 너는 **마곡** 땅에 있는 로스와
겔 39:6 불을 **마곡**과 및 섬에 평안히 거주하는

마골밋사빕(Magor–Missabib) 바스훌의 별명
렘 20:3 바스훌이라 아니하시고 **마골밋사빕**이

마귀(魔鬼, devil)
마 4:1 예수께서 성령에게 이끌리어 **마귀**에게
마 13:39 가라지를 뿌린 원수는 **마귀**요 추수 때는
눅 4:2 **마귀**에게 시험을 받으시더라 이 모든
눅 8:12 **마귀**가 가서 그들이 믿어 구원을 얻지
요 6:70 그러나 너희 중의 한 사람은 **마귀**니라
요 13:2 **마귀**가 벌써 시몬의 아들 가룟 유다의
행 13:10 악행이 가득한 자요 **마귀**의 자식이요
딤전 3:6 교만하여져서 **마귀**를 정죄하는 그 정죄

【 마기 】　　　　　　　　　　　　　　　【 마대 】

딤후 2:26　깨어 **마귀**의 올무에서 벗어나 하나님
약 4:7　　하나님께 복종할지어다 **마귀**를 대적
벧전 5:8　 깨어라 너희 대적 **마귀**가 우는 사자같이
요일 3:10　하나님의 자녀들과 **마귀**의 자녀들이
계 2:10　 볼지어다 **마귀**가 장차 너희 가운데서
계 12:9　 **마귀**라고도 하고 사탄이라고도 하며
계 20:2　 잡으니 곧 옛 뱀이요 **마귀**요 사탄이라

　📖 **마귀 - 기타 본문**

마 4:5, 8, 11; 25:41; 눅 4:3, 5, 13; 요 8:44; 행 10:38; 엡 4:27; 6:11; 딤전 3:7; 히 2:14; 요일 3:8; 유 1:9; 계 12:12; 20:10

마기(Maki) 갓 지파 그우엘의 아버지
민 13:15　지파에서는 **마기**의 아들 그우엘이니

마길(Makir)
1. 므낫세의 맏아들
창 50:23　므낫세의 아들 **마길**의 아들들도 요셉의
민 26:29　므낫세의 자손 중 **마길**에게서 난 자손은 **마길** 종족이라 **마길**이 길르앗을 낳았고

　📖 **마길 1 - 기타 본문**

민 27:1; 32:39, 40; 36:1; 신 3:15; 수 13:31; 17:1, 3; 대상 2:21, 23; 7:14, 15, 16, 17

2. 므낫세의 자손
삿 5:14　**마길**에게서는 명령하는 자들이 내려
3. 암미엘의 아들
삼하 9:4　 암미엘의 아들 **마길**의 집에 있나이다
삼하 9:5　 로드발 암미엘의 아들 **마길**의 집에서
삼하 17:27 사람 암미엘의 아들 **마길**과 로글림
4. 므낫세 맏아들의 자손 중 마길 가족
민 26:29　므낫세의 자손 중 **마길**에게서 난 자손은 **마길** 종족이라 **마길**이 길르앗을

마나엔(Manaen) 분봉왕 헤롯의 젖동생
행 13:1　왕 헤롯의 젖동생 **마나엔**과 및 사울이라

마나핫(Manahath)
1. 지명: 유다 성읍으로 베냐민 사람이 옮겨진 곳
대상 8:6　우두머리로서, 사로잡혀 **마나핫**으로
2. 인 명

(1) 에돔의 호리 족속 소발의 아들
창 36:23　알완과 **마나핫**과 에발과 스보와 오남이
대상 1:40　소발의 아들은 알란과 **마나핫**과 에발과
(2) 마나핫 종족
대상 2:54　아다롯벳요압과 **마나핫** 종족의 절반과

마네(mina) 고대 그리스의 금액의 단위
왕상 10:17 매 방패에 든 금이 삼 **마네**라 왕이 이것
스 2:69　 육만 천 다릭이요 은이 오천 **마네**요
느 7:71　 금 이만 드라크마와 은 이천이백 **마네**를
느 7:72　 은 이천 **마네**와 제사장의 의복 육십칠
겔 45:12　이십오 세겔과 십오 세겔로 너희 **마네**가

마노(瑪瑙, onyx)
대상 29:2 **마노**와 가공할 검은 보석과 채석과 다른

마노아(Manoah) 삼손의 아버지
삿 13:2　 소라 땅에 단 지파의 가족 중에 **마노아**
삿 13:8　 **마노아**가 여호와께 기도하여 이르되

　📖 **마노아 - 기타 본문**

삿 13:9, 11, 12, 13, 15, 16, 17, 19, 20, 21; 16:31

마늘(garlic)
민 11:5　파와 **마늘**들을 먹은 것이 생각나거늘

마당(floor, courtyard, court)
창 50:11　가나안 백성들이 아닷 **마당**의 애통을
출 8:13　 개구리가 집과 **마당**과 밭에서부터 나와
왕하 21:5　여호와의 성전 두 **마당**에 하늘의 일월
왕하 23:12 므낫세가 여호와의 성전 두 **마당**에 세운
대하 33:5　여호와의 전 두 **마당**에 하늘의 일월성신
사 1:12　 너희에게 요구하였느냐 내 **마당**만 밟을
욜 2:24　 **마당**에는 밀이 가득하고 독에는
겔 42:20　사방 담 안 **마당**의 길이가 오백 척이며
계 11:2　 바깥 **마당**은 측량하지 말고 그냥 두라

마당질하다(threshing sledge)
삼하 24:22 나무에 대하여는 **마당질하는** 도구와

마대(Madai) 노아의 손자로 야벳의 아들
창 10:2　 야벳의 아들은 고멜과 마곡과 **마대**와
대상 1:5　 야벳의 자손은 고멜과 마곡과 **마대**와

【 마돈 】

마돈(Madon) 가나안 사람의 성읍
수 11:1 이 소식을 듣고 **마돈** 왕 요밥과 시므론
수 12:19 하나는 **마돈** 왕이요 하나는 하솔 왕이요

마드렛(Matred) 므헤다벨의 아버지
창 36:39 아내의 이름은 므헤다벨이니 **마드렛**
대상 1:50 메사합의 손녀요 **마드렛**의 딸이더라

마드리(Matri) 베냐민 지파 마드리 가족의 선조
삼상 10:21 오게 하였더니 **마드리**의 가족이 뽑혔고

마디 1(word)
욥 9:3 변론하기를 좋아할지라도 천 **마디**에
고전 14:19 다섯 **마디** 말을 … 일만 **마디** 방언으로

> **'한마디'와 관련된 성구**
> 삼하 3:11; 왕상 18:21; 왕하 18:36; 욥
> 2:13; 잠 17:10; 렘 26:2; 38:14; 마
> 22:46; 27:14

마디 2(joint-KJV)
삿 19:29 자기 첩의 시체를 거두어 그 **마디**를
단 5:6 넓적다리 **마디**가 녹는 듯하고 그의 무릎
엡 4:16 그에게서 온 몸이 각 **마디**를 통하여
골 2:19 몸이 머리로 말미암아 **마디**와 힘줄로

마땅하다/마땅히(fit, deserve, right)
출 18:20 율례와 법도를 가르치서 **마땅히** 갈 길과
마 10:10 일꾼이 자기의 … 받는 것이 **마땅함**이라

> **마땅하다/마땅히 - 기타 본문**
> 민 9:10; 신 12:2; 13:15; 14:22; 16:20; 삿 13:16;
> 18:14; 21:17; 삼상 15:21; 20:5; 26:16; 삼하 3:9, 35;
> 12:5; 13:12; 19:6, 21; 왕상 2:7, 23, 26; 8:36; 19:2;
> 20:10; 대상 12:32; 21:6; 대하 6:27; 15:13; 29:31;
> 35:3; 스 1:4; 10:12; 느 8:11; 9:5; 욥 31:40; 시 28:4;
> 33:1; 76:11; 94:2; 147:1; 잠 3:27; 22:6; 31:4; 전
> 5:2; 아 1:4; 사 8:20; 48:17; 53:8; 렘 42:3; 겔 21:27;
> 32:27; 34:2; 45:13; 마 15:26; 18:33; 25:27; 막 7:27;
> 눅 10:7; 12:5, 12; 15:32; 행 1:16; 3:21; 5:29; 6:2;
> 8:1; 13:46; 15:5; 24:19; 25:10; 롬 3:8; 8:26; 12:3;
> 15:1, 27; 고전 4:1; 8:2; 11:7, 13; 고후 2:3, 6; 12:11;
> 엡 5:3, 4; 빌 1:7; 골 3:18; 4:4, 6; 살전 2:7; 4:1; 살후

【 마련하다/마련되다 】

2:13; 딤전 2:10; 5:13, 18; 6:1; 딤후 2:6, 24; 딛
1:11; 몬 1:8; 히 2:1, 17; 53, 12; 약 3:10; 벧후 3:11;
요일 3:16; 4:11; 요삼 1:8; 계 4:1; 13:10

> **마땅히 여기다**
> 삼하 19:6 죽었더면 왕이 **마땅히 여기실** 뻔하였
> 행 8:1 그가 죽임 당함을 **마땅히 여기더라**

마라 1(Mara) 나오미가 스스로 부른 이름
룻 1:20 나를 나오미라 부르지 말고 나를 **마라라**

마라 2(Marah) 이스라엘이 홍해를 건너 처음 진 친 곳
출 15:23 마시지 못하겠으므로 그 이름을 **마라**
민 33:8 에담 광야로 사흘 길을 가서 **마라**에
민 33:9 **마라**를 떠나 엘림에 이르니 엘림에는

마랄라(Maralah) 스불론 지파 서쪽 경계 성읍
수 19:11 올라가서 **마랄라**에 이르러 답베셋을

마레사(Mareshah)
1. 지명 : 유다 서남부의 성읍
수 15:44 그일라와 악십과 **마레사**니 아홉 성읍과

> **마레사 1 - 기타 본문**
> 대하 11:8; 14:9, 10; 20:37; 미 1:15

2. 인명 : 갈렙의 손자
대상 2:42 십의 아버지요 그 아들은 **마레사**니
대상 4:21 레가의 아버지 에르와 **마레사**의 아버지

마련하다/마련되다(prepare)
창 43:15 그 형제들이 예물을 **마련하고** 갑절의
신 23:12 진영 밖에 변소를 **마련하고** 그리로 나가
삼하 18:18 자기를 위하여 한 비석을 **마련하여**
왕상 6:19 성전 안에 내소를 **마련하였는데**
대상 15:1 하나님의 궤를 둘 곳을 **마련하고** 그것을
대상 15:3 여호와의 궤를 그 **마련한** 곳으로 메어
대상 15:12 몸을 성결하게 하고 내가 **마련한** 곳으로
욥 18:7 피곤하여지고 그가 **마련한** 꾀에 스스로
욥 29:7 내 자리를 거리에 **마련하기도** 하였으니
욥 38:41 그것을 위하여 먹이를 **마련하는** 이가
시 49:8 너무 엄청나서 영원히 **마련하지** 못할 것
시 74:16 주께서 빛과 해를 **마련하셨으며**

{ 마롯 }　　　　　　　　　　　　　　　　　　　　　　　　{ 마르다 2 }

아 7:13　새 것, 묵은 것으로 **마련되었구나**
눅 22:12　그가 자리를 **마련한** 큰 다락방을 보이리
몬 1:22　오직 너는 나를 위하여 숙소를 **마련하라**

마롯(Maroth) 유다의 성읍
미 1:12　**마롯** 주민이 근심 중에 복을 바라니

마루(floor)
왕상 6:15　**마루**에서 천장까지의 … **마루**를 놓고
왕상 6:16　이십 규빗 되는 곳에 **마루**에서 천장까지
왕상 6:30　내외 성전 **마루**에는 금으로 입혔으며
왕상 7:7　재판하는 주랑을 짓고 온 **마루**를 백향목

마루턱(summit)
삼하 15:32　하나님을 경배하는 **마루턱**에 이를 때에
삼하 16:1　다윗이 **마루턱**을 조금 지나니 므비보셋

마르다 1(Martha) 나사로의 누이이며 마리아
　의 언니
눅 10:38　들어가시매 **마르다**라 이름하는 한 여자
요 11:1　마리아와 그 자매 **마르다**의 마을 베다니

　마르다 1 – 기타 본문
　눅 10:40, 41; 요 11:5, 19, 20, 21, 24, 30, 39; 12:2

마르다 2(dry, thirsty, wither, waste away)
창 8:7　까마귀가 물이 땅에서 **마르기**까지 날아
출 16:14　그 이슬이 **마른** 후에 광야 지면에 작고
레 7:10　소제물은 기름 섞은 것이나 **마른** 것이나
민 5:21　여호와께서 네 넓적다리가 **마르고** 네
신 29:19　내 마음이 완악하여 젖은 것과 **마른** 것
수 2:10　너희 앞에서 홍해 물을 **마르게** 하신
수 4:23　요단 물을 너희 앞에서 **마르게** 하사
수 9:5　신을 신고 낡은 옷을 입고 다 **마르고**
삿 6:37　이슬이 양털에만 있고 주변 땅은 **마르면**
삿 16:7　삼손이 그에게 이르되 만일 **마르지** 아니
왕상 17:7　얼마 후에 그 시내가 **마르니라**
욥 6:17　따뜻하면 **마르고** 더우면 그 자리에서
욥 12:15　그가 물을 막으신즉 곧 **마르고** 물을
욥 13:25　낙엽을 놀라게 하시며 **마른** 검불을
욥 14:11　바다에서 줄어들고 강물이 잦아서 **마름**
욥 30:3　캄캄하고 메마른 땅에서 **마른** 흙을
시 1:3　그 잎사귀가 **마르지** 아니함 같으니

시 32:4　진액이 빠져서 여름 가뭄에 **마름**같이
시 74:15　늘 흐르는 강들을 **마르게** 하셨나이다
시 90:6　자라다가 저녁에는 시들어 **마르나이다**
시 129:6　그것은 자라기 전에 **마르는** 것이라
잠 17:1　**마른** 떡 한 조각만 있고도 화목하는 것
사 1:30　너희는 잎사귀 **마른** 상수리나무 같으며
사 5:24　그루터기를 삼킴같이, **마른** 풀이 불
사 15:6　니므림 물이 **마르고** 풀이 시들었으며
사 19:5　없어지겠고 강이 잦아서 **마르겠고**
사 27:11　가지가 **마르면** 꺾이나니 여인들이 와서
사 33:9　레바논은 부끄러워하고 **마르며** 사론은
사 50:2　보라 내가 꾸짖어 바다를 **마르게** 하며
렘 12:4　온 지방의 채소가 **마르리이까** 짐승과
렘 18:14　흘러내리는 찬물이 어찌 **마르겠느냐**
렘 23:10　슬퍼하며 광야의 초장들이 **마르나니**
애 4:8　뼈들에 붙어 막대기같이 **말랐으니**
겔 17:9　잎사귀가 **마르게** 하지 아니하겠느냐
겔 37:2　지면에 뼈가 심히 많고 아주 **말랐더라**
호 13:15　그의 근원이 마르며 그의 샘이 **마르고**
욜 1:10　밭이 황무하고 토지가 **마르니** 곡식이
　떨어지며 새 포도주가 **말랐고** 기름이
욜 1:12　시들었고 무화과나무가 **말랐으며** 이
　러므로 사람의 즐거움이 **말랐도다**
암 1:2　초장이 **마르고** 갈멜 산 … **마르리로다**
암 4:7　한 부분은 비를 얻지 못하여 **말랐으매**
암 5:24　정의를 물같이, 공의를 **마르지** 않는
나 1:10　술을 마신 것같이 취한 그들은 **마른**
학 2:17　손으로 지은 모든 일에 곡식을 **마르게**

　'마르다 2'와 관련된 성구

　동풍에 마르다 – 창 41:6, 23, 27; 겔 19:12
　마른 나무 – 사 56:3; 겔 17:24; 20:47; 눅
　　23:31
　마른 땅 – 출 14:16, 21; 15:19; 수 3:17;
　　4:22; 왕하 2:8; 욥 30:3; 시 68:6;
　　78:17; 105:41; 107:33, 35; 143:6;
　　사 25:5; 32:2; 35:1, 7; 41:18; 44:3;
　　53:2; 렘 50:12; 51:43; 호 2:3; 13:5
　목이 마르다 – 삿 4:19; 룻 2:9; 시 69:3
　손 마른 사람 – 마 12:10; 막 3:1, 3; 눅
　　6:6, 8
　풀이 마르다 – 사 40:7, 8; 벧전 1:24

【 마르스나 】　　　　　　　　　　　　【 마리아 】

슥 10:11	나일의 깊은 곳이 다 **마르겠고** 앗수르	
슥 11:17	그의 팔이 아주 **마르고** 그의 오른쪽	
마 13:6	돋은 후에 타서 뿌리가 없으므로 **말랐고**	
마 21:19	하시니 무화과나무가 곧 **마른지라**	
마 21:20	무화과나무가 어찌하여 곧 **말랐나이까**	
막 5:29	이에 그의 혈루 근원이 곧 **마르매** 병이	
막 11:20	때에 무화과나무가 뿌리째 **마른** 것을	
눅 8:6	싹이 났다가 습기가 없으므로 **말랐고**	
요 5:3	맹인, 다리 저는 사람, 혈기 **마른** 사람	
요 15:6	가지처럼 밖에 버려져 **마르나니** 사람	

✝ 마르다 2 - 기타 본문

창 8:14; 민 5:22, 27; 수 9:12 삿 6:39, 40; 16:8; 욥 8:12; 18:16; 시 63:1; 106:9; 잠 17:22; 사 16:8; 19:6; 34:4; 42:15; 44:27; 겔 17:10; 30:12; 37:4, 11; 욜 1:20; 암 4:9; 막 4:6; 11:21

마르스나(Marsena) 아하수에로 왕의 일곱 방백 중 하나
에 1:14　다시스와 메레스와 **마르스나**와

마리

창 27:9	염소 새끼 두 **마리**를 내게로 가져오면
출 10:26	가축도 우리와 함께 가고 한 **마리**도
레 23:19	년 된 어린 숫양 두 **마리**를 화목제물로
민 7:3	소 열두 **마리** … 소가 한 **마리**씩이라
민 7:16	속죄제물로 숫염소 한 **마리**이며
왕상 7:25	바다를 소 열두 **마리**가 받쳤으니 셋은
마 10:29	참새 두 **마리**가 한 앗사리온에 팔리지
마 12:11	어떤 사람이 양 한 **마리**가 있어 안식일
마 14:17	다섯 개와 물고기 두 **마리**뿐이니이다
마 18:12	백 **마리**가 있는데 … 아흔아홉 **마리**를
눅 12:6	참새 다섯 **마리**가 두 앗사리온에 팔리는
눅 15:4	양 백 **마리**가 … 아흔아홉 **마리**를 들에
요 6:9	보리떡 다섯 개와 물고기 두 **마리**를
요 21:11	가득히 찬 큰 물고기가 백쉰세 **마리**라

✝ 마리 - 기타 본문

구약 출 11:7; 22:1; 29:15, 38; 레 5:7, 11; 8:2; 12:8; 14:4, 10, 12, 21, 30, 31, 49; 15:14, 15, 17, 29; 16:5; 23:18, 20; 민 6:10, 14; 7:7, 8, 15, 17, 21, 22, 23, 27, 28, 29, 33, 34, 35, 39, 40, 41, 45, 46, 47, 51, 52, 53, 57, 58, 59, 63, 64, 65, 69, 70, 71, 75, 76, 77, 81, 82, 83, 87, 88; 8:8; 15:11, 24; 16:15; 23:1, 29; 28:3, 4,

7, 9, 11, 12, 14, 15, 19, 20, 21, 22, 27, 28, 29, 30; 29:2, 4, 5, 8, 9, 10, 11, 13, 14, 15, 16, 17, 19, 20, 22, 23, 25, 26, 28, 29, 31, 32, 34, 36, 38; 31:32, 33, 34, 36, 38, 39, 43, 44, 45; 삿 12:14; 15:4; 19:3, 10; 삼상 1:24; 6:4, 7; 25:2, 18; 삼하 12:3; 23:20; 왕상 4:23; 7:44; 8:63; 18:23, 25; 왕하 3:4; 4:22; 5:17; 7:13; 8:9; 18:23; 대상 5:21; 11:22; 15:26; 29:21; 대하 1:6; 4:3, 4, 15; 7:5; 13:9; 15:11; 17:11; 18:2; 29:21, 32; 30:24; 35:7, 8, 9; 스 6:17; 8:35; 10:19; 느 5:18; 7:68, 69; 욥 1:3; 겔 24:4-5; 43:19, 22, 23, 25; 45:15, 18, 22, 23, 24; 46:4, 6, 11, 13 **신약** 마 14:19; 15:34; 18:13; 막 5:13; 6:38, 41; 8:7; 눅 9:13, 16

마리아(Mary)
1. 예수님의 어머니
마 1:16　낳았으니 **마리아**에게서 그리스도라
눅 1:30　천사가 이르되 **마리아**여 무서워하지

✝ 마리아 1 - 기타 본문

마 1:18, 20; 2:11; 13:55; 막 6:3; 눅 1:27, 34, 38, 39, 41, 46, 56; 2:5, 16, 34; 행 1:14

2. 막달라 출신의 여인
마 27:56　중에는 막달라 **마리아**와 또 야고보와

✝ 마리아 2 - 기타 본문

마 27:61; 28:1; 막 15:40, 47; 16:1, 9; 눅 8:2; 24:10; 요 19:25; 20:1, 11, 15, 16, 18

3. 야고보와 요셉의 어머니
마 27:56　요셉의 어머니 **마리아**와 또 세베대

✝ 마리아 3 - 기타 본문

마 27:61; 28:1; 막 15:40, 47; 16:1; 눅 24:10

4. 마르다의 동생
눅 10:39　그에게 **마리아**라 하는 동생이 있어 주의

✝ 마리아 4 - 기타 본문

눅 10:42; 요 11:1, 2, 19, 20, 28, 29, 31, 32, 45; 12:3

5. 마가 요한의 어머니
행 12:12　마가라 하는 요한의 어머니 **마리아**

【 마문/말문 】　　　　　　　　　　　　　　　　　　　　　　　　　　　　【 마시다 】

6. 로마의 여자 신자
롬 16:6　위하여 많이 수고한 **마리아**에게 문안

마문/말문(馬門, Horse Gate) 예루살렘 성전 동남의 문
대하 23:15　그가 왕궁 **말문** 어귀에 이를 때에
느 3:28　**마문** 위로부터는 제사장들이 각각 자기

마므레(Mamre)
1. 지명 : 헤브론 북쪽의 곳
창 13:18　헤브론에 있는 **마므레** 상수리 수풀에
창 18:1　여호와께서 **마므레**의 상수리나무들이

📖 마므레 1 – 기타 본문
　창 23:17, 19; 25:9; 35:27; 49:30; 50:13

2. 인명 : 아모리 사람으로 아브라함의 동맹자
창 14:13　**마므레**의 상수리 … **마므레**는 에스골의
창 14:24　동행한 아넬과 에스골과 **마므레**의 분깃

마병(馬兵, horse, horseman)
출 14:9　병거들과 그 **마병**과 그 군대가 그들을
출 14:17　그의 병거와 **마병**으로 말미암아 영광을
대하 8:6　모든 병거성들과 **마병**의 성들을 건축
슥 8:22　우리를 도울 보병과 **마병**을 왕에게 구하
잠 21:31　싸울 날을 위하여 **마병**을 예비하거니와
사 31:1　병거의 많음과 **마병**의 심히 강함을 의지
단 11:40　북방 왕이 병거와 **마병**과 많은 배로
호 1:7　전쟁이나 말과 **마병**으로 구원하지 아니
합 1:8　**마병**은 먼 … 빨리 달려오는 **마병**이라

📖 마병 – 기타 본문
　출 14:18, 23, 26; 15:19; 수 24:6; 삼상 13:5; 삼하
　8:4; 10:18; 왕상 4:26; 9:19, 22; 10:26; 20:20; 왕
　하 2:12; 13:7, 14; 대상 19:6; 대하 1:14; 8:9;
　9:25; 12:3; 느 2:9; 사 22:6, 7

마병대(馬兵隊, team of horse, mounted troop)
사 21:7　**마병대**가 쌍쌍이 오는 것과 나귀 떼와
사 21:9　**마병대**가 쌍쌍이 오나이다 하니 그가
계 9:16　**마병대**의 수는 이만 만이니 내가 그들의

마살(Mashal) 아셀에 있던 제사장의 성읍

대상 6:74　아셀 지파 중에서 **마살**과 그 초원과

마세야(Mahseiah) 예레미야의 서기 바룩의 조부
렘 32:12　매매 증서를 **마세야**의 손자 네리야의
렘 51:59　**마세야**의 손자 네리야의 아들 스라야는

마술/–하다(魔術, sorcery, invoke)
나 3:4　**마술**에 능숙한 미모의 음녀가 많은 음행
행 8:9　**마술**을 행하여 사마리아 백성을 놀라게
행 8:11　**마술**에 놀랐으므로 그들이 따르더니
행 19:13　**마술하는** 어떤 유대인들이 시험삼아
행 19:19　**마술**을 행하던 많은 사람이 그 책을

마술사(魔術師, magician)
출 7:11　바로도 현인들과 **마술사**들을 부르매
사 8:19　속살거리는 신접한 자와 **마술사**에게
사 19:3　우상과 **마술사**와 신접한 자와 요술객
행 13:6　하는 유대인 거짓 선지자인 **마술사**를
행 13:8　**마술사** 엘루마는(이 이름을 번역하면

마스(Meshech) 아람의 아들
창 10:23　아들은 우스와 훌과 게델과 **마스**며

마스길(maskil) 교훈시나 묵상시를 가리킴
시 32, 42, 44, 45, 52, 53, 54, 55, 74, 78, 88, 89, 142편의 제목

마스레가(Masrekah) 에돔 왕 삼라의 출생지
창 36:36　하닷이 죽고 **마스레가**의 삼라가 그를
대상 1:47　하닷이 죽으매 **마스레가**의 사믈라가

마시다(drink)
📖 모세오경
창 24:14　나로 **마시게** 하라 하리니 그의 대답이
　　　　　마시라 내가 당신의 낙타에게도 **마시게**
창 24:18　이르되 내 주여 **마시소서** 하며 급히
　　　　　그 물동이를 손에 내려 **마시게** 하고
창 24:46　**마시라** … **마시게** 하리라 하기로 내가
　　　　　마시매 … 낙타에게도 **마시게** 한지라
창 24:54　동행자들이 먹고 **마시고** 유숙하고 아침
창 25:34　에서에게 주매 에서가 먹으며 **마시고**
창 26:30　잔치를 베풀매 그들이 먹고 **마시고**
창 43:34　다섯 배나 주매 그들이 **마시며** 요셉과

【 마시다 】　　　　　　　　　　　　　　　　　　　　　　　　　　　　　　【 마시다 】

창 44:5	내 주인이 가지고 **마시며** 늘 점치는	스 3:7	사람에게 먹을 것과 **마실** 것과 기름을
출 15:23	써서 **마시지** 못하겠으므로 그 이름을	느 8:10	것을 먹고 단 것을 **마시되** 준비하지
출 17:1	르비딤에 장막을 쳤으나 백성이 **마실**	느 8:12	백성이 곧 가서 먹고 **마시며** 나누어
출 17:6	물이 나오리니 백성이 **마시리라** 모세가	에 1:7	금잔으로 **마시게** 하니 잔의 모양이 각기
출 24:11	그들은 하나님을 뵙고 먹고 **마셨더라**	에 1:8	**마시는** 것도 법도가 있어 사람으로 억지
출 32:6	백성이 앉아서 먹고 **마시며** 일어나서	에 3:15	하만과 함께 앉아 **마시되** 수산 성은
출 32:20	물에 뿌려 이스라엘 자손에게 **마시게**	에 4:16	밤낮 삼 일을 먹지도 말고 **마시지도**
레 11:34	그 같은 그릇에 담긴 **마실** 것도 부정할	**시가서, 선지서**	
민 20:5	없고 석류도 없고 **마실** 물도 없도다	욥 1:4	세 명도 청하여 함께 먹고 **마시더라**
민 20:11	회중과 그들의 짐승이 **마시니라**	욥 21:20	보게 하며 전능자의 진노를 **마시게**
민 33:14	진을 쳤는데 거기는 백성이 **마실** 물이	시 75:8	땅의 모든 악인이 기울여 **마시리로다**
역사서		시 78:15	물처럼 흡족하게 **마시게** 하셨으며
삿 4:19	우유 부대를 열어 그에게 **마시게** 하고	시 78:44	피로 변하여 그들로 **마실** 수 없게
삿 7:5	누구든지 무릎을 꿇고 **마시는** 자들도	시 80:5	먹이시며 많은 눈물을 **마시게** 하셨나이
삿 9:27	신당에 들어가서 먹고 **마시며** 아비멜렉	시 104:11	들짐승에게 **마시게** 하시니 들나귀들
삿 19:4	그와 함께 머물며 먹고 **마시며** 거기서	잠 23:7	그가 네게 먹고 **마시라** 할지라도 그의
룻 2:9	길어 온 것을 **마실지니라** 하는지라	잠 31:7	그는 **마시고** 자기의 빈궁한 것을 잊으
룻 3:3	사람이 먹고 **마시기를** 다 하기까지는	전 2:24	사람이 먹고 **마시며** 수고하는 것보다
룻 3:7	보아스가 먹고 **마시고** 마음이 즐거워	전 3:13	먹고 **마시는** 것과 수고함으로 낙을
삼상 1:9	그들이 실로에서 먹고 **마신** 후에 한나가	전 5:18	그 일평생에 먹고 **마시며** 해 아래에서
삼상 30:16	약탈하였음으로 말미암아 먹고 **마시며**	전 8:15	사람이 먹고 **마시고** 즐거워하는 것보다
삼하 11:11	집으로 가서 먹고 **마시고** 내 처와 같이	사 21:5	파수꾼을 세우고 먹고 **마시도다** 너희
삼하 12:3	먹는 것을 먹으며 그의 잔으로 **마시며**	사 29:8	비고 목마른 자가 꿈에 **마셨을지라도**
삼하 16:2	들에서 피곤한 자들에게 **마시게**	사 32:6	목마른 자에게서 **마실** 것을 없어지게
삼하 23:16	다윗에게로 왔으나 다윗이 **마시기를**	사 34:5	칼이 하늘에서 족하게 **마셨은즉**
삼하 23:17	아니니이까 하고 **마시기를** 즐겨하지	사 43:20	내 백성, 내가 택한 자에게 **마시게**
왕상 1:25	아도니야 앞에서 먹고 **마시며** 아도니야	사 51:17	이미 비틀걸음치게 하는 큰 잔을 **마셔**
왕상 4:20	모래같이 많게 되매 먹고 **마시며**	사 51:22	손에서 거두어서 네가 다시는 **마시지**
왕상 10:21	솔로몬 왕이 **마시는** 그릇은 다 금이요	사 62:9	그것을 나의 성소 뜰에서 **마시리라** 하셨
왕상 16:9	왕궁 맡은 자 아르사의 집에서 **마시고**	사 65:13	나의 종들은 **마실** 것이로되 너희는 갈할
왕상 18:41	이르되 올라가서 먹고 **마시소서**	렘 16:7	위로의 잔을 그들에게 **마시게** 할 자가
왕상 19:8	먹고 **마시고** 그 음식물의 힘을 의지하여	렘 22:15	아버지가 먹거나 **마시지** 아니하였으며
왕상 20:12	벤하닷이 왕들과 장막에서 **마시다가**	렘 25:15	그 모든 나라로 하여금 **마시게** 하라
왕상 20:16	왕 삼십이 명과 더불어 **마시고** 취한	렘 25:16	그들이 **마시고** 비틀거리며 미친 듯이
왕하 3:17	가축과 짐승이 **마시리라** 하셨나이다	렘 35:5	가득한 종지와 술잔을 놓고 **마시라**
왕하 6:23	그들이 먹고 **마시매** 놓아보내니 그들은	렘 49:12	**마시는** 습관이 없는 자도 … **마시겠거든**
왕하 7:8	장막에 들어가서 먹고 **마시고** 거기서	겔 23:32	네 형의 잔을 네가 **마시고** 코웃음과
왕하 9:34	예후가 들어가서 먹고 **마시고** 이르되	겔 34:19	발로 더럽힌 것을 **마시는도다** 하셨느
대상 11:18	다윗이 **마시기를** 기뻐하지 아니하고	단 1:5	왕의 음식과 그가 **마시는** 포도주에서
대상 12:39	함께 사흘을 지내며 먹고 **마셨으니**	단 1:16	지정된 음식과 **마실** 포도주를 제하고
대상 29:22	여호와 앞에서 먹고 **마셨더라** 무리가	단 5:3	후궁들과 더불어 그것으로 **마시더라**
대하 9:20	솔로몬 왕이 **마시는** 그릇은 다 금이요	호 4:18	**마시기를** 다 하고는 이어서 음행하였으
대하 28:15	신을 신기며 먹고 **마시게** 하며 기름을	욜 3:3	소녀를 술과 바꾸어 **마셨음이니라**

767

【 마시다 】   【 마시다 】

'마시다'와 관련된 성구

독을 마시다 - 욥 6:4; 막 16:18
독주를 마시다 - 레 10:9; 신 29:6; 삿 13:4, 7, 14; 삼상 1:15; 사 5:11; 56:12
물을 마시게 하다 - 창 21:19; 24:17, 19, 43; 출 17:2; 민 5:24, 26, 27; 20:8; 신 2:28; 삿 4:19; 삼상 30:11; 삼하 23:15; 왕상 13:18; 17:10; 왕하 6:22; 대상 11:17; 욥 22:7; 시 36:8; 잠 25:21; 렘 8:14; 9:15; 23:15; 단 1:12
물도/물(을) 마시다 - 출 7:18, 21, 24; 34:28; 민 20:17, 19; 21:22; 신 2:6; 9:9, 18; 삿 7:6; 15:19; 삼상 30:12; 왕상 13:8, 9, 16, 17, 19, 22, 23; 17:4, 6; 19:6; 왕하 18:31; 19:24; 스 10:6; 욥 15:16; 34:7; 시 73:10; 102:9; 110:7; 잠 5:15; 사 36:16; 37:25; 44:12; 렘 2:18; 애 5:4; 겔 4:11, 16; 12:18, 19; 31:14, 16; 34:18; 암 4:8; 욘 3:7; 요 4:13, 14
소변을 마시게 하다 - 왕하 18:27
소변을 마시다 - 사 36:12
술을 마시게 하다 - 창 19:32, 33, 34, 35; 신 32:14; 아 8:2; 암 4:1
술을 마시다 - 에 5:6; 7:2; 잠 4:17; 31:5; 단 5:1, 2, 4, 23; 미 6:15; 나 1:10; 눅 1:15
우유를 마시다 - 아 5:1
젖을 마시다 - 겔 25:4
초를 마시게 하다 - 시 69:21
초를 마시다 - 민 6:3
포도주를 마시게 하다 - 시 60:3; 사 62:8; 암 2:12; 마 27:34; 막 15:36
포도주를/포도주도 마시다 - 창 9:21; 27:25; 레 10:9; 민 6:20; 신 28:39; 29:6; 32:38; 삿 13:4, 7, 14; 삼상 1:15; 욥 1:13, 18; 시 78:65; 잠 9:5; 31:4; 전 9:7; 아 5:1; 사 5:22; 22:13; 24:9; 렘 35:6, 8, 14; 51:7; 겔 44:21; 암 2:8; 5:11; 6:6; 9:14; 습 1:13; 슥 10:7; 눅 5:39; 7:33; 롬 14:21; 계 14:10
포도즙을 마시다 - 민 6:3
피를 마시게 하다 - 계 16:6
피를 마시다 - 민 23:24; 대상 11:19; 시 50:13; 렘 46:10; 겔 39:17, 18, 19; 슥 9:15; 요 6:53, 54, 56

옵 1:16	너희가 내 성산에서 **마신** 것같이 만국인이 항상 **마시리니** 곧 **마시고** 삼켜서
합 2:16	너도 **마시고** 너의 할례 받지 아니한
학 1:6	**마실지라도** 흡족하지 못하며 입어도
슥 7:6	먹고 **마실** 때에 그것은 너희를 위하여 먹고 너희를 위하여 **마시는** 것이 아니냐

신약

마 6:25	무엇을 **마실까** 몸을 위하여 무엇을
마 6:31	무엇을 먹을까 무엇을 **마실까** 무엇을
마 11:18	와서 먹지도 않고 **마시지도** 아니하매
마 11:19	인자는 와서 먹고 **마시매** 말하기를 보라
마 20:22	마시려는 잔을 너희가 **마실** 수 있느냐
마 20:23	내 잔을 **마시려니와** 내 좌우편에 앉는
마 24:38	사람들이 먹고 **마시고** 장가들고 시집
마 24:49	때리며 술친구들과 더불어 먹고 **마시게**
마 25:35	목마를 때에 **마시게** 하였고 나그네 되었
마 26:27	이르시되 너희가 다 이것을 **마시라**
마 26:29	너희와 함께 **마시는** 날까지 **마시지** 아니
마 26:42	아버지여 만일 내가 **마시지** 않고는
마 27:34	예수께서 맛보시고 **마시고자** 하지 아니
마 27:48	포도주에 적시어 갈대에 꿰어 **마시게**
막 10:38	**마시는** 잔을 너희가 마실 수 있으며
막 10:39	내가 **마시는** 잔을 **마시며** 내가 받는
막 14:23	하시고 그들에게 주시니 다 이를 **마시매**
막 14:25	**마시는** 날까지 다시 **마시지** 아니하리라
눅 5:30	세리와 죄인과 함께 먹고 **마시느냐**
눅 5:33	당신의 제자들은 먹고 **마시나이다**
눅 7:34	인자는 와서 먹고 **마시매** 너희 말이
눅 10:7	유하며 주는 것을 먹고 **마시라** 일꾼이
눅 12:19	평안히 쉬고 먹고 **마시고** 즐거워하자
눅 12:29	너희는 무엇을 먹을까 무엇을 **마실까**
눅 12:45	남녀종들을 때리며 먹고 **마시고** 취하게
눅 17:8	**마시는** 동안에 … 그 후에 먹고 **마시라**
눅 17:27	사람들이 먹고 **마시고** 장가들고 시집
눅 17:28	사람들이 먹고 **마시고** 사고팔고 심고
눅 22:18	포도나무에서 난 것을 다시 **마시지** 아니
눅 22:30	내 상에서 먹고 **마시며** 또는 보좌에
요 4:12	아들들과 짐승이 다 **마셨는데** 당신이
요 7:37	목마르거든 내게로 와서 **마시라**
요 18:11	아버지께서 주신 잔을 내가 **마시지** 아니
행 9:9	사흘 동안 보지 못하고 먹지도 **마시지도**
행 23:12	전에는 먹지도 아니하고 **마시지도**
롬 12:20	목마르거든 **마시게** 하라 그리함으로

【 마아가 】　　　　　　　　　　　　　　　　　　【 마아세야 】

롬 14:17 하나님의 나라는 먹는 것과 **마시는** 것이
고전 9:4 우리가 먹고 **마실** 권리가 없겠느냐
고전 10:4 신령한 음료를 **마셨으니** 이는 그들을
　　　　　따르는 신령한 반석으로부터 **마셨으매**
고전 10:7 앉아서 먹고 **마시며** 일어나서 뛰논다
고전 10:21 귀신의 잔을 겸하여 **마시지** 못하고 주의
고전 10:31 너희가 먹든지 **마시든지** 무엇을 하든지
고전 12:13 몸이 되었고 또 다 한 성령을 **마시게**
고전 15:32 못한다면 내일 죽을 터이니 먹고 **마시자**
골 2:16 　**마시는** 것과 절기나 초하루나 안식일
딤전 5:23 이제부터는 물만 **마시지** 말고 네 위장과
히 9:10 　먹고 **마시는** 것과 여러 가지 씻는 것과

＋ 마시다 - 기타 본문

창 24:22, 44, 45; 출 15:24; 삿 19:6, 21; 삼하 11:13; 왕상 18:42; 렘 16:8; 25:17, 18, 26, 27, 28; 겔 23:34; 단 1:8, 10; 마 25:37, 42; 눅 13:26; 행 23:21; 고전 11:22, 25, 26, 27, 28, 29

마아가(Maacah)
　1. 지명 : 헤르몬 산 남쪽 수리아 사람의 한 지역
삼하 10:6 **마아가** 왕과 그의 사람 천 명과 돕 사람
삼하 10:8 돕과 **마아가** 사람들은 따로 들에 있더라
대상 19:7 병거 삼만 이천 대와 **마아가** 왕과 그의
　2. 인 명
　　(1) 아브라함의 형제 나홀의 아들
창 22:24 가함과 다하스와 **마아가**를 낳았더라
　　(2) 마아가 사람
수 12:5 **마아가** 사람의 경계까지의 길르앗 절반
삼하 23:34 **마아가** 사람의 손자 아하스배의 아들
왕하 25:23 **마아가** 사람의 아들 야아사니아와 그들
대상 4:19 그일라의 아버지와 **마아가** 사람
렘 40:8 **마아가** 사람의 아들 여사냐와 그들의
　　(3) 그술 왕 달매의 딸이며 다윗의 아내이며 압살롬의 어머니
삼하 3:3 그술 왕 달매의 딸 **마아가**의 아들이요
대상 3:2 그술 왕 달매의 딸 **마아가**의 아들이요
　　(4) 가드 왕 마옥
왕상 2:39 가드 왕 **마아가**의 아들 아기스에게로
　　(5) 압살롬의 딸
왕상 15:2 어머니의 이름은 **마아가**요 아비살롬
대하 11:20 그 후에 압살롬의 딸 **마아가**에게 장가
대하 11:21 압살롬의 딸 **마아가**를 모든 처첩보다

대하 11:22 르호보암은 **마아가**의 아들 아비야를
　　(6) 아사 왕의 어머니
왕상 15:10 어머니의 이름은 **마아가**라 아비살롬의
왕상 15:13 어머니 **마아가**가 혐오스러운 아세라
대하 15:16 아사 왕의 어머니 **마아가**가 아세라의
　　(7) 갈렙의 첩
대상 2:48 갈렙의 소실 **마아가**는 세벨과 디르하
　　(8) 므낫세의 아들 마길의 아내
대상 7:15 숩빔의 누이 **마아가**라 하는 이에게 장가
대상 7:16 마길의 아내 **마아가**는 아들을 낳아 그의
　　(9) 기브온의 어머니이며 사울의 선조
대상 8:29 거주하였으니 그 아내의 이름은 **마아가**
대상 9:35 그의 아내의 이름은 **마아가**라
　　(10) 다윗의 용사이며 하난의 아버지
대상 11:43 **마아가**의 아들 하난과 미덴 사람 요사밧
　　(11) 다윗 시대 시므온 사람의 관장 스바댜의 아버지
대상 27:16 시므온 사람의 지도자는 **마아가**의 아들

마아갓/-족속(Maachathi) 헤르몬 산 남쪽 마아가의 주민
신 3:14 　**마아갓** 족속의 경계까지의 아르곱
수 13:11 　**마아갓** 족속의 지역과 온 헤르몬 산과
수 13:13 　**마아갓** 족속은 이스라엘 자손이 쫓아
　　　　내지 아니하였으므로 그술과 **마아갓**이

마아대(Maadai) 이방 여인을 취했던 바니의 아들
스 10:34 바니 자손 중에서는 **마아대**와 아므람과

마아댜(Moadiah) 스룹바벨 시대의 제사장
느 12:5 미야민과 **마아댜**와 빌가와

마아랏(Maarath) 유다 남부의 성읍
수 15:59 **마아랏**과 벧 아놋과 엘드곤이니 여섯

마아새(Maasai) 포로 귀환 때 제사장이며 아디엘의 아들
대상 9:12 **마아새**니 그는 아디엘의 아들이요

마아세야(Maaseiah)
　1. 다윗 시대 악사
대상 15:18 **마아세야**와 맛디디야와 엘리블레후와
대상 15:20 엘리압과 **마아세야**와 브나야는 비파를
　2. 아다야의 아들

769

【 마아스 】   【 마을 】

대하 23:1   아다야의 아들 **마아세야**와 시그리의
3. 웃시야의 병영장
대하 26:11 병영장 **마아세야**가 직접 조사한 수효대
4. 아하스 왕의 아들
대하 28:7   아들 **마아세야**와 궁내대신 아스리감
5. 요시야 때의 관리
대하 34:8   시장 **마아세야**와 서기관 요아하스의
6. 이방 여인을 아내로 취한 사람들
스 10:18   요사닥의 아들과 그의 형제 **마아세야**와
스 10:21   자손 중에서는 **마아세야**와 엘리야와
스 10:22   엘료에내와 **마아세야**와 이스마엘과
스 10:30   글랄과 브나야와 **마아세야**와 맛다냐와
7. 아사랴의 아버지
느 3:23   아나냐의 손자 **마아세야**의 아들 아사랴
8. 율법 읽는 에스라의 옆에 서 있던 사람
느 8:4   아나야와 우리야와 힐기야와 **마아세야**
느 8:7   호디야와 **마아세야**와 그리다와 아사랴
9. 율법 준수 조약에 조인한 백성의 두목
느 10:25   르훔, 하삽나, **마아세야**,
10. 유다 자손 바룩의 아들
느 11:5   또 **마아세야**니 그는 바룩의 아들이요
11. 베냐민 사람
느 11:7   골라야의 현손이요 **마아세야**의 오대
12. 포로 귀환 후 성벽 낙성식에 참가한 제사장
느 12:41   제사장 엘리아김과 **마아세야**와 미냐민
13. 포로 귀환 후 낙성식에 참가한 레위인
느 12:42   또 **마아세야**와 스마야와 엘르아살과
14. 시드기야 왕 때 스바냐의 아버지
렘 21:1   바스훌과 제사장 **마아세야**의 아들
렘 29:25   **마아세야**의 아들 스바냐와 모든 제사장
렘 35:4   문을 지키는 살룸의 아들 **마아세야**의
렘 37:3   여후갈과 **마아세야**의 아들 제사장
15. 거짓 선지자 시드기야의 아버지
렘 29:21   아합과 **마아세야**의 아들 시드기야에

마아스(Maaz) 유다 자손 람의 아들
대상 2:27 여라므엘의 맏아들 람의 아들은 **마아스**

마아시야(Maaziah)
1. 다윗 시대 제 24반의 제사장
대상 24:18 들라야요 스물넷째는 **마아시야**
2. 율법 준수 언약에 조인한 제사장
느 10:8   **마아시야**, 빌개, 스마야이니 이는

마앗(Maath) 예수님의 선조 중 한 사람
눅 3:26   그 위는 **마앗**이요 그 위는 맛다디아요

마애(Maai) 예루살렘 성벽 낙성식에 악기를
         잡은 제사장
느 12:36   밀랄래와 길랄래와 **마애**와 느다넬과

마옥(Maoch) 가드 왕 아기스의 아버지
삼상 27:2 가드 왕 **마옥**의 아들 아기스에게로 건너

마온(Maon)
1. 지명 : 유다의 성읍
수 15:55   **마온**과 갈멜과 십과 웃다와
삿 10:12   시돈 사람과 아말렉 사람과 **마온** 사람이
삼상 23:24 광야 남쪽 **마온** 광야 아라바에 있더니
삼상 23:25 **마온** 황무지에 있더니 사울이 듣고 **마온**
삼상 25:2 **마온**에 한 사람이 있는데 그의 생업이
대하 20:1 암몬 자손이 **마온** 사람들과 함께 와서
대하 26:7 아라비아 사람들과 **마온** 사람들을 치게
2. 인명 : 유다 자손 벧술의 아버지
대상 2:45 삼매의 아들은 **마온**이라 **마온**은 벧술의

마을(village)
민 32:42   노바는 가서 그낫과 그 **마을**들을 빼앗고
수 13:23   가족대로 받은 성읍들과 주변 **마을**들이
시 10:8   **마을** 구석진 곳에 앉으며 그 은밀한
사 42:11   사람이 사는 **마을**들은 소리를 높이라
렘 49:2   그 **마을**들은 불에 탈 것이며 그 때에
겔 45:5   거주지를 삼아 **마을** 스물을 세우게
마 9:35   예수께서 모든 도시와 **마을**에 두루
마 10:11   어떤 성이나 **마을**에 들어가든지 그 중에
마 21:2   너희는 맞은편 **마을**로 가라 그리하면
막 1:38   우리가 다른 가까운 **마을**들로 가자
막 6:36   무리를 보내어 두루 촌과 **마을**로 가서
막 11:2   맞은편 **마을**로 가라 그리로 들어가면
눅 5:17   가르치실 때에 갈릴리의 각 **마을**과
눅 8:1   예수께서 각 성과 **마을**에 두루 다니시며
눅 9:6   제자들이 나가 각 **마을**에 두루 다니며
눅 9:12   무리를 보내어 두루 **마을**과 촌으로 가서
눅 19:30   맞은편 **마을**로 가라 그리로 들어가면
눅 24:13   이십오 리 되는 엠마오라 하는 **마을**로
요 7:42   살던 **마을** 베들레헴에서 나오리라
행 8:25   사마리아인의 여러 **마을**에서 복음을

【 마음 】

마음 - 기타 본문

수 13:28; 15:32, 36, 41, 44, 45, 46, 47, 51, 54, 57, 59, 60, 62; 16:9; 17:11, 16; 18:24, 28; 19:6, 7, 8, 15, 16, 22, 23, 30, 31, 38, 39, 48; 삿 1:27; 5:7, 11; 11:26; 삼상 6:18; 왕상 4:13; 대상 5:16; 6:54, 56; 7:28, 29; 8:12; 9:16, 22, 25; 27:25; 대하 11:14; 28:18; 느 11:25, 30; 12:28, 29; 마 14:15; 막 5:14; 6:56; 8:23, 26, 27; 눅 8:34; 9:52, 56; 10:38; 13:22; 17:12; 24:28; 요 11:1, 30

마음(heart)

모세오경

창 8:21	사람의 **마음**이 계획하는 바가 어려서
창 34:3	**마음**이 … 소녀를 사랑하여 그의 **마음**을
창 34:8	세겜이 **마음**으로 너희 딸을 연연하여
창 42:21	애걸할 때에 그 **마음**의 괴로움을 보고도
출 6:9	전하나 그들이 **마음**의 상함과 가혹한
출 10:1	바로에게로 들어가라 내가 그의 **마음**과
출 28:3	너는 무릇 **마음**에 지혜 있는 모든 자
출 36:2	지혜로운 … **마음**에 여호와께로부터
레 19:17	너는 네 형제를 **마음**으로 미워하지 말며
레 26:11	**마음**이 너희를 싫어하지 아니할 것이며
레 26:15	내 규례를 멸시하며 **마음**에 내 법도를
레 26:30	우상들 위에 던지고 내 **마음**이 너희를
민 14:24	갈렙은 그 **마음**이 그들과 달라서 나를
민 15:39	방종하게 하는 자신의 **마음**과 눈의 욕심
민 21:5	물도 없도다 우리 **마음**이 이 하찮은
신 6:5	너는 **마음**을 다하고 뜻을 다하고 힘을
신 8:2	너를 시험하사 네 **마음**이 어떠한지 그
신 8:17	**마음**에 이르기를 내 능력과 내 손의
신 11:16	**마음**에 미혹하여 돌이켜 다른 신들을
신 11:18	이 말을 너희의 **마음**과 뜻에 두고 또
신 12:20	지경을 넓히신 후에 네 **마음**에 고기를
신 17:17	**마음**이 미혹되게 하지 말 것이며 자기를
신 19:6	피를 복수하는 자의 **마음**이 복수심에
신 20:8	**마음**이 허약한 … **마음**도 그의 **마음**
신 28:65	거기에서 네 **마음**을 떨게 하고 눈을
신 28:67	네 **마음**의 두려움과 눈이 보는 것으로
신 29:18	오늘 그 **마음**이 우리 하나님 여호와를
신 30:1	모든 나라 가운데서 이 일이 **마음**에서
신 30:6	여호와께서 네 **마음**과 네 자손의 **마음**을

역사서

수 23:14	모든 사람은 **마음**과 뜻으로 아는 바라
수 24:23	**마음**을 이스라엘의 하나님 여호와께
삿 5:9	내 **마음**이 이스라엘의 방백을 사모함은
삿 9:3	그들의 **마음**이 아비멜렉에게로 기울어
삿 16:15	당신의 **마음**이 내게 있지 아니하면서
삼상 2:1	**마음**이 여호와로 말미암아 즐거워하며
삼상 2:35	사람은 내 **마음**, 내 뜻대로 행할 것이라
삼상 4:13	그의 **마음**이 하나님의 궤로 말미암아
삼상 7:3	너희 **마음**을 여호와께로 향하여 그만을
삼상 14:7	가소서 내가 당신과 **마음**을 같이 하여
삼상 16:6	엘리압을 보고 **마음**에 이르기를 여호와
삼상 17:28	네 교만과 네 **마음**의 완악함을 아노니
삼상 18:1	요나단의 **마음**이 다윗의 **마음**과 하나가
삼상 20:4	**마음**의 소원이 무엇이든지 내가 너를
삼상 28:5	군대를 보고 두려워서 그의 **마음**이 크게
삼하 13:28	암논의 **마음**이 술로 즐거워할 때를
삼하 13:39	다윗 왕의 **마음**이 압살롬을 향하여 간절
삼하 14:1	왕의 **마음**이 압살롬에게로 향하는 줄
삼하 19:14	유다 사람들의 **마음**을 하나같이 기울게
왕상 2:44	**마음**으로 아는 모든 악 곧 내 아버지에
왕상 3:26	아들을 위하여 **마음**이 불붙는 것 같아서

"너는 마음을 다하고 뜻을 다하고 힘을 다하여 네 하나님 여호와를 사랑하라"(신 6:5)

왕상 8:18	성전을 건축할 **마음**이 있으니 이 **마음**이
왕상 8:23	주께서는 온 **마음**으로 주의 앞에서
왕상 9:3	눈길과 내 **마음**이 항상 거기에 있으리니
왕상 10:24	솔로몬의 **마음**에 주신 지혜를 들으며
왕상 11:4	왕의 **마음**이 그의 아버지 다윗의 **마음**과
왕상 12:26	그의 **마음**에 스스로 이르기를 나라가
왕상 12:27	이 백성의 **마음**이 유다 왕 된 그들의
왕상 15:3	**마음**이 그의 조상 다윗의 **마음**과 같지
왕상 18:37	주는 그들의 **마음**을 되돌이키심을 알게
왕하 5:26	너를 맞이할 때에 내 **마음**이 함께 가지
왕하 10:15	**마음**이 네 **마음**을 향하여 진실함과 같
	이 네 **마음**도 진실하냐 하니 여호나답
대상 5:26	불의 **마음**을 … 디글랏빌레셀의 **마음**을
대상 12:17	내 **마음**이 너희 **마음**과 하나가 되려니와
대상 15:29	뛰노는 것을 보고 그 **마음**에 업신여겼더

[마음]　　　　　　　　　　　　　　　　　　　　　　　　　　　　　　　　　[마음]

대상 22:7	이름을 위하여 성전을 건축할 **마음**이	시 10:3	악인은 그의 **마음**의 욕심을 자랑하며
대상 22:19	너희는 **마음**과 뜻을 바쳐서 너희 하나님	시 10:6	그의 **마음**에 이르기를 나는 흔들리지
대상 28:2	봉안할 성전을 건축할 **마음**이 있어서	시 10:11	그가 그의 **마음**에 이르기를 하나님이
대상 29:3	**마음**이 내 하나님의 성전을 사모하므로	시 10:13	그의 **마음**에 이르기를 주는 감찰하지
대하 1:11	이런 **마음**이 네게 있어서 부나 재물이나	시 12:2	아첨하는 입술과 두 **마음**으로 말하는도
대하 6:7	위하여 성전을 건축할 **마음**이 있었더니	시 13:5	나의 **마음**은 주의 구원을 기뻐하리이다
대하 6:8	성전을 건축할 **마음**이 있으니 이 **마음**	시 14:1	어리석은 자는 그의 **마음**에 이르기를
대하 6:14	주께서는 온 **마음**으로 주의 앞에서	시 15:2	공의를 실천하며 그의 **마음**에 진실을
대하 6:29	자기의 **마음**에 재앙과 고통을 깨닫고	시 15:4	그의 **마음**에 서원한 것은 해로울지라도
대하 6:38	**마음**과 온 뜻으로 주께 돌아와서 주께서	시 17:10	그들의 **마음**은 기름에 잠겼으며 그들의
대하 7:16	눈과 내 **마음**이 항상 여기에 있으리라	시 19:14	**마음**의 묵상이 주님 앞에 열납되기를
대하 9:23	솔로몬의 **마음**에 주신 지혜를 들으며	시 20:4	**마음**의 소원대로 허락하시고 네 모든
대하 29:10	노를 우리에게서 떠나게 할 **마음**이 내게	시 21:2	그의 **마음**의 소원을 들어 주셨으며 그의
대하 32:26	히스기야가 **마음**의 교만함을 뉘우치고	시 22:14	어그러졌으며 내 **마음**은 밀랍 같아서
스 1:5	**마음**이 하나님께 감동을 받고 올라가서	시 22:26	그를 찬송할 것이라 너희 **마음**은 영원히
스 7:27	왕의 **마음**에 예루살렘 여호와의 성전을	시 25:17	**마음**의 근심이 많사오니 나를 고난에서
느 2:12	내 **마음**에 주신 것을 내가 아무에게도	시 27:3	**마음**이 두렵지 아니하며 전쟁이 일어나
느 6:8	이런 일은 없는 일이요 네 **마음**에서	시 27:8	내가 **마음**으로 주께 말하되 여호와여
느 9:8	그의 **마음**이 주 앞에서 충성됨을 보시고	시 28:3	화평을 말하나 그들의 **마음**에는 악독이
시가서		시 28:7	**마음**이 그를 의지하여 … 내 **마음**이
욥 1:5	아들들이 죄를 범하여 **마음**으로 하나님	시 32:2	**마음**에 간사함이 없고 여호와께 정죄를
욥 6:7	**마음**이 이런 것을 만지기도 싫어하나니	시 33:15	그들 모두의 **마음**을 지으시며 그들이
욥 7:11	영혼의 아픔 때문에 말하며 내 **마음**의	시 37:4	**마음**의 소원을 네게 이루어 주시리로다
욥 8:10	**마음**에서 나오는 말을 하지 아니하겠느	시 37:31	그의 **마음**에는 하나님의 법이 있으니
욥 12:5	평안한 자의 **마음**은 재앙을 멸시하나	시 44:21	무릇 주는 **마음**의 비밀을 아시나이다
욥 15:12	네 **마음**에 불만스러워하며 네 눈을 번쩍	시 45:1	내 **마음**이 좋은 말로 왕을 위하여 지은
욥 16:4	너희 **마음**이 내 **마음** 자리에 있다 하자		
욥 17:4	그들의 **마음**을 가리어 깨닫지 못하게		"또 여호와를 기뻐하라 그가 네
욥 17:11	계획, 내 **마음**의 소원이 다 끊어졌구나		**마음**의 소원을 네게 이루어 주
욥 20:20	그는 **마음**에 평안을 알지 못하니 그가		시리로다"(시 37:4)
욥 21:25	사람은 **마음**에 고통을 품고 죽으므로	시 49:3	입은 지혜를 말하겠고 내 **마음**은 명철을
욥 23:13	**마음**에 하고자 하시는 것이면 그것을	시 53:1	어리석은 자는 그의 **마음**에 이르기를
욥 27:6	놓지 아니하리니 내 **마음**이 나의 생애를	시 55:4	**마음**이 내 속에서 심히 아파하며 사망의
욥 30:27	**마음**이 들끓어 고요함이 없구나 환난	시 55:21	**마음**은 전쟁이요 그의 말은 기름보다
욥 31:7	내 **마음**이 내 눈을 따랐거나 내 손에	시 73:7	그들의 소득은 **마음**의 소원보다 많으며
욥 31:9	내 **마음**이 여인에게 유혹되어 이웃의	시 73:26	**마음**은 쇠약하나 하나님은 내 **마음**의
욥 31:27	**마음**이 슬며시 유혹되어 내 손에 입맞추	시 77:6	심령으로, 내가 내 **마음**으로 간구하기를
욥 33:3	내 **마음**의 정직함이 곧 내 말이며 내	시 78:37	그들의 **마음**이 정함이 없으며 그의 언약
욥 33:20	음식을 싫어하고 그의 **마음**은 별미를	시 78:72	그들을 자기 **마음**의 완전함으로 기르고
욥 33:22	그의 **마음**은 구덩이에, 그의 생명은	시 81:12	내가 그의 **마음**을 완악한 대로 버려
욥 36:13	**마음**이 경건하지 아니한 자들은 분노를	시 84:2	**마음**과 육체가 살아 계시는 하나님께
욥 37:1	말미암아 내 **마음**이 떨며 그 자리에서	시 84:5	**마음**에 시온의 대로가 있는 자는 복이
시 7:9	사람의 **마음**과 양심을 감찰하시나이다	시 102:4	**마음**이 풀같이 시들고 말라 버렸사오며

【 마음 】　　　　　　　　　　　　　　　　　　　　　【 마음 】

시 119:36　마음을 주의 증거들에게 향하게 하시고
시 119:70　그들의 마음은 살져서 기름덩이 같으나
시 119:80　내 마음으로 주의 율례들에 완전하게
시 119:111　삼았사오니 이는 내 마음의 즐거움이
시 119:161　핍박하오나 나의 마음은 주의 말씀만
시 141:4　마음이 악한 일에 기울어 죄악을 행하는
시 143:4　내 마음이 내 속에서 참담하니이다
잠 2:10　곧 지혜가 네 마음에 들어가며 지식이
잠 3:1　잊어버리지 말고 네 마음으로 나의 명령
잠 3:3　네 목에 매며 네 마음 판에 새기라
잠 3:5　너는 마음을 다하여 여호와를 신뢰하고
잠 5:12　훈계를 싫어하며 내 마음이 꾸지람을
잠 6:16　그의 마음에 싫어하시는 것이 예닐곱
잠 6:25　마음에 그의 아름다움을 탐하지 말며
잠 7:3　네 손가락에 매며 이것을 네 마음 판에
잠 7:25　네 마음이 음녀의 길로 치우치지 말며

잠 10:20　순은과 같거니와 악인의 마음은 가치가
잠 12:20　악을 꾀하는 자의 마음에는 속임이 있고
잠 12:23　미련한 자의 마음은 미련한 것을 전파
잠 12:25　근심이 사람의 마음에 있으면 그것으로
잠 13:4　게으른 자는 마음으로 원하여도 얻지
　　　　　못하나 부지런한 자의 마음은 풍족함을
잠 13:19　소원을 성취하면 마음에 달아도 미련한
잠 14:10　마음의 고통은 자기가 알고 마음의
잠 14:13　웃을 때에도 마음에 슬픔이 있고 즐거움
잠 14:33　지혜는 명철한 자의 마음에 머물거니와
잠 15:7　전파하여도 미련한 자의 마음은 정함이
잠 15:11　드러나거든 하물며 사람의 마음이리요
잠 15:13　마음의 즐거움은…마음의 근심은
잠 15:14　명철한 자의 마음은 지식을 요구하고
잠 15:28　마음은 대답할 말을 깊이 생각하여도
잠 16:1　마음의 경영은 사람에게 있어도 말의

성경에 나오는 '마음'

간절한 마음 - 행 17:11
감사하는 마음 - 골 3:16
같은 마음 - 벧전 4:1
거만한 마음 - 잠 16:18
겸손한 마음 - 대하 30:11; 빌 2:3
고집과 회개하지 아니한 마음 - 롬 2:5
교만한 마음 - 전 7:8; 고전 4:6
굳건한 마음 - 행 11:23
급한 마음 - 전 5:2; 7:9
기쁜 마음 - 출 25:2; 대상 28:21; 욥 33:32; 엡 6:7
기쁨과 순전한 마음 - 행 2:46
기쁨과 즐거운 마음 - 신 28:47
깨끗한 마음 - 딤후 2:22
깨닫는 마음 - 신 29:4
깨달은 마음 - 고전 14:19
능력과 사랑과 절제하는 마음 - 딤후 1:7
담대한 마음 - 렘 30:21
두려워하는 마음 - 대하 19:7; 딤후 1:7
멸시하는 마음 - 겔 25:15
무서운 마음 - 히 10:27
반역하는 마음 - 렘 5:23
반항하는 마음 - 욥 23:2
분한 마음 - 겔 3:14
사랑과 온유한 마음 - 고전 4:21
사악한 마음 - 시 101:4

상하고 통회하는 마음 - 시 51:17
성실과 공의와 정직한 마음 - 왕상 3:6
성실한 마음 - 수 14:7; 엡 6:5; 골 3:22
슬기로운 마음 - 욥 20:3
악한 계교를 꾀하는 마음 - 잠 6:18
악한 마음 - 잠 26:23; 렘 3:17; 7:24; 11:8; 16:12; 겔 3:19
어지러운 마음 - 사 19:14
연단된 마음 - 벧후 2:14
온전한 마음 - 창 20:5, 6; 대상 28:9; 대하 25:2
완악한 마음 - 사 9:9; 10:12
완전한 마음 - 시 101:2
음란한 마음 - 겔 6:9; 호 4:12; 5:4
자족하는 마음 - 딤전 6:6
정직한 마음 - 대상 29:17; 시 119:7
정한 마음 - 시 51:10
즐거운 마음 - 대상 29:14; 전 9:7
즐거워하는 마음 - 겔 36:5
지혜로운 마음 - 출 31:6; 35:35; 시 90:12
착하고 좋은 마음 - 눅 8:15
참는 마음 - 전 7:8
청결한 마음 - 딤전 1:5
초조한 마음 - 욥 20:2
평온한 마음 - 잠 14:30
허탄한 마음 - 사 44:20

[마음]

잠 16:9	**마음**으로 자기의 길을 계획할지라도
잠 16:23	지혜로운 자의 **마음**은 그의 입을 슬기롭
잠 17:22	**마음**의 즐거움은 양약이라도 심령의
잠 18:12	사람의 **마음**의 교만은 멸망의 선봉이요
잠 18:15	명철한 자의 **마음**은 지식을 얻고 지혜로
잠 19:3	자기 길을 굽게 하고 **마음**으로 여호와를
잠 19:18	징계하되 죽일 **마음**은 두지 말지니라
잠 19:21	사람의 **마음**에는 많은 계획이 있어도
잠 20:5	**마음**에 있는 모략은 깊은 물 같으니라
잠 21:1	왕의 **마음**이 여호와의 손에 있음이 마치
잠 21:10	악인의 **마음**은 남의 재앙을 원하나니
잠 22:11	**마음**의 정결을 사모하는 자의 입술에는
잠 22:15	아이의 **마음**에는 미련한 것이 얽혔으나
잠 23:7	그 **마음**의 생각과 … 마음은 너와 함께
잠 23:17	**마음**으로 죄인의 형통을 부러워하지
잠 23:19	너는 듣고 지혜를 얻어 네 **마음**을 바른
잠 23:26	아들아 네 **마음**을 내게 주며 네 눈으로
잠 23:33	괴이한 것이 보일 것이요 네 **마음**은
잠 24:2	**마음**은 강포를 품고 그들의 입술은
잠 24:12	**마음**을 저울질하시는 이가 어찌 통찰
잠 25:3	땅의 깊음같이 왕의 **마음**은 헤아릴 수

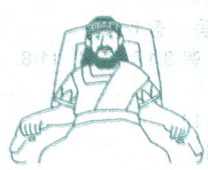

"너는 **마음**을 다하여
여호와를 신뢰하고
네 명철을 의지하지
말라 (잠 3:5)

잠 25:13	그 주인의 **마음**을 시원하게 하느니라
잠 26:25	믿지 말 것은 그 **마음**에 일곱 가지 가증
잠 27:19	서로 같은 것같이 사람의 **마음**도 서로
잠 28:26	자기의 **마음**을 믿는 자는 미련한 자요
잠 29:17	평안하게 하겠고 또 네 **마음**에 기쁨을
잠 31:11	**마음**은 그를 믿나니 산업이 핍절하지
전 1:16	**마음**이 지혜와 지식을 많이 만나 보았음
전 2:1	**마음**에 이르기를 자 내가 시험삼아
전 2:3	**마음**으로 깊이 생각하기를 내가 어떻게 하여야 내 **마음**을 지혜로 다스리면서
전 2:22	모든 수고와 **마음**에 애쓰는 것이 무슨
전 2:23	**마음**이 밤에도 쉬지 못하나니 이것도
전 6:9	눈으로 보는 것이 **마음**으로 공상하는
전 7:4	지혜자의 **마음**은 초상집에 있으되 우매한 자의 **마음**은 혼인집에 있느니라
전 7:22	저주하였다는 것을 네 **마음**도 알고

전 7:26	**마음**은 올무와 그물 같고 손은 포승
전 7:28	내 **마음**이 계속 찾아보았으나 아직도
전 8:5	지혜자의 **마음**은 때와 판단을 분변하나
전 9:3	인생의 **마음**에는 악이 가득하여 그들이
전 10:2	**마음**은 오른쪽에 있고 우매자의 **마음**은
전 11:10	근심이 네 **마음**에서 떠나게 하며 악이
아 1:7	내 **마음**으로 사랑하는 자야 네가 양 치는
아 3:1	내가 밤에 침상에서 **마음**으로 사랑하는
아 5:2	내가 잘지라도 **마음**은 깨었는데 나의
아 6:12	부지중에 내 **마음**이 나를 내 귀한 백성

선지서

사 1:5	머리는 병들었고 온 **마음**은 피곤하였으
사 1:14	내 **마음**이 너희의 월삭과 정한 절기를
사 7:2	왕의 **마음**과 그의 백성의 **마음**이 숲이
사 10:7	**마음**의 생각도 이같지 아니하고 다만 그의 **마음**은 허다한 나라를 파괴하며
사 14:13	네가 네 **마음**에 이르기를 내가 하늘에
사 15:5	**마음**이 모압을 위하여 부르짖는도다
사 16:11	이러므로 내 **마음**이 모압을 위하여 수금
사 29:13	그들의 **마음**은 내게서 멀리 떠났나니
사 29:24	**마음**이 혼미하던 자들도 총명하게 되며
사 32:4	조급한 자의 **마음**이 지식을 깨닫고 어눌
사 33:18	**마음**은 두려워하던 것을 생각해 내리라
사 44:19	**마음**에 생각도 없고 지식도 없고 총명도
사 47:8	평안히 지내며 **마음**에 이르기를 나뿐이
사 47:10	네 **마음**에 이르기를 나뿐이라 나 외에
사 49:21	네 **마음**에 이르기를 누가 나를 위하여
사 57:17	패역하여 자기 **마음**의 길로 걸어가도다
사 59:13	패역을 말하며 거짓말을 **마음**에 잉태하
사 66:3	자기의 길을 택하며 그들의 **마음**은 가증
렘 4:4	할례를 행하여 너희 **마음** 가죽을 베고
렘 4:14	예루살렘아 네 **마음**의 악을 씻어 버리라
렘 4:18	네가 악함이라 그 고통이 네 **마음**에까지
렘 5:9	**마음**이 이런 나라에 보복하지 않겠느냐
렘 5:24	또 너희 **마음**으로 우리에게 이른 비와
렘 5:29	**마음**이 이 같은 나라에 보복하지 아니하
렘 6:8	**마음**이 너를 싫어하고 너를 황폐하게
렘 9:8	이웃에게 평화를 말하나 **마음**으로는
렘 9:9	**마음**이 이런 나라에 보복하지 않겠느냐
렘 9:14	그 **마음**의 완악함을 따라 그 조상들이
렘 12:2	주께 가까우나 그들의 **마음**은 머니이다
렘 12:3	**마음**이 주를 향하여 어떠함을 감찰하시
렘 12:7	내 **마음**으로 사랑하는 것을 그 원수의

【 마음 】　　　　　　　　　　　　　　　　【 마음 】

렘 13:10	마음의 완악한 대로 행하며 다른 신들을
렘 13:22	네가 마음으로 이르기를 어찌하여 이런
렘 14:14	마음의 거짓으로 너희에게 예언하는도
렘 15:1	내 마음은 이 백성을 향할 수 없나니
렘 15:16	내게 기쁨과 내 마음의 즐거움이오나
렘 17:1	마음 판과 그들의 제단 뿔에 새겨졌거늘
렘 17:5	그의 힘을 삼고 마음이 여호와에게서
렘 17:9	거짓되고 심히 부패한 것은 마음이라
렘 22:17	눈과 마음은 탐욕과 무죄한 피를 흘림과
렘 22:27	그들의 마음에 돌아오기를 사모하는
렘 23:16	묵시는 자기 마음으로 말미암은 것이요
렘 23:20	마음의 뜻하는 바를 행하여 이루기까지

"나는 마음이 온유하고 겸손하니 나의 멍에를 메고 내게 배우라 그리하면 너희 마음이 쉼을 얻으리니"(마 11:29)

렘 23:26	마음을 품겠느냐 … 그 마음의 간교한
렘 29:13	너희가 온 마음으로 나를 구하면 나를
렘 30:24	마음의 뜻한 바를 행하여 이루기까지는
렘 32:41	마음과 정성을 다하여 그들을 이 땅에
렘 48:29	오만과 자랑과 그 마음의 거만이로다
렘 48:36	마음이 모압을 위하여 … 나의 마음이
렘 48:41	모압 용사의 마음이 산고를 당하는 여인
렘 49:16	네 마음의 교만이 너를 속였도다 네가
렘 49:22	에돔 용사의 마음이 진통하는 여인같이
렘 50:19	그의 마음이 에브라임과 길르앗 산에서
렘 51:46	너희 마음을 나약하게 말며 이 땅에서
애 2:18	그들의 마음이 주를 향하여 부르짖기를
애 2:19	마음을 주의 얼굴 앞에 물 쏟듯 할지어
애 3:20	마음이 그것을 기억하고 내가 낙심이
애 3:41	우리의 마음과 손을 아울러 하늘에 계신
애 5:15	우리의 마음에는 기쁨이 그쳤고 우리의
겔 3:10	모든 말을 너는 마음으로 받으며 귀로
겔 5:13	분이 풀려서 내 마음이 가라앉으리라
겔 11:5	말하였도다 너희 마음에서 일어나는
겔 11:21	가증한 것을 마음으로 따르는 자는 내가
겔 14:3	우상을 마음에 들이며 죄악의 걸림돌을
겔 16:30	방자한 음녀의 행위라 네 마음이 어찌

겔 18:31	버리고 마음과 영을 새롭게 할지어다
겔 20:16	마음으로 우상을 따라 나의 규례를
겔 23:29	그들이 미워하는 마음으로 네게 행하여
겔 24:21	마음에 아낌이 되거니와 내가 더럽힐
겔 24:25	그 마음이 간절하게 생각하는 자녀를
겔 28:2	마음이 … 마음이 하나님의 마음 같은
겔 33:31	사랑을 나타내어도 마음으로는 이익을
겔 38:10	그 날에 네 마음에서 여러 가지 생각이
겔 40:4	귀로 들으며 네 마음으로 생각할지어다
겔 44:7	마음과 몸에 할례 받지 아니한 이방인을
겔 44:9	이방인 중에 마음과 몸에 할례를 받지
단 2:30	왕이 마음으로 생각하던 것을 왕에게
단 4:16	그 마음은 변하여 사람의 마음 같지 아니하고 짐승의 마음을 받아 일곱 때를
단 4:19	놀라며 마음으로 번민하는지라 왕이
단 5:21	그의 마음이 들짐승의 마음과 같았고
단 8:25	마음에 스스로 큰 체하며 또 평화로운
단 11:27	이 두 왕이 마음에 서로 해하고자 하여
단 11:28	그는 마음으로 거룩한 언약을 거스르며
호 7:6	그들이 가까이 올 때에 그들의 마음은
호 11:8	마음이 내 속에서 돌이키어 나의 긍휼이
욜 2:14	주께서 혹시 마음과 뜻을 돌이키시고
암 2:16	용사 가운데 그 마음이 굳센 자도 그
옵 1:3	마음의 교만이 너를 속였도다 … 거주하며 높은 곳에 사는 자여 네가 마음
옵 1:7	아래에 함정을 파니 네 마음에 지각이
미 7:1	마음에 사모하는 처음 익은 무화과가
미 7:3	권세자는 자기 마음의 욕심을 말하며
합 2:4	마음은 교만하며 그 속에서 정직하지
학 1:14	마음과 여호사닥의 아들 대제사장 여호수아의 마음과 남은 모든 백성의 마음을
슥 7:10	서로 해하려고 마음에 도모하지 말라
슥 7:12	마음을 금강석 같게 하여 율법과 만군의
슥 8:17	마음에 서로 해하기를 도모하지 말며
슥 11:8	마음에 그들을 싫어하였고 그들의 마음

복음서

마 5:28	여자를 보는 자마다 마음에 이미 간음
마 6:21	보물 있는 그곳에는 네 마음도 있느니라
마 9:4	너희가 어찌하여 마음에 악한 생각을
마 9:21	이는 제 마음에 그 겉옷만 만져도 구원
마 11:29	나는 마음이 온유하고 겸손하니 … 그리하면 너희 마음이 쉼을 얻으리니
마 12:34	마음에 가득한 것을 입으로 말함이라

【 마음 】　　　　　　　　　　　　　　　　　　　　　　　　　　　　　　　【 마음 】

마 13:19	그 **마음**에 뿌려진 것을 빼앗나니 이는
마 15:8	입술로는 나를 공경하되 **마음**은 내게서
마 15:18	나오는 것들은 **마음**에서 나오나니
마 15:19	**마음**에서 나오는 것은 악한 생각과 살인
마 18:35	각각 **마음**으로부터 형제를 용서하지
마 19:8	너희 **마음**의 완악함 때문에 아내 버림을
마 26:41	기도하라 **마음**에는 원이로되 육신이
막 6:51	그치는지라 제자들이 **마음**에 심히
막 7:6	입술로는 나를 공경하되 **마음**은 내게서
막 7:19	이는 **마음**으로 들어가지 아니하고 배로
막 7:21	사람의 **마음**에서 나오는 것은 악한 생각
막 11:23	이루어질 줄 믿고 **마음**에 의심하지
막 14:34	**마음**이 심히 고민하여 죽게 되었으니
막 14:38	깨어 있어 기도하라 **마음**에는 원이로되
눅 1:17	아버지의 **마음**을 자식에게, 거스르는
눅 1:47	**마음**이 하나님 내 구주를 기뻐하였음은
눅 1:51	그의 팔로 힘을 보이사 **마음**의 생각이
눅 2:35	사람의 **마음**의 생각을 드러내려 함이니
눅 6:45	선한 사람은 **마음**에 쌓은 선에서 선을 내고 악한 자는 … 이는 **마음**에 가득한
눅 7:39	바리새인이 그것을 보고 **마음**에 이르되
눅 8:12	얻지 못하게 하려고 말씀을 그 **마음**에서

'마음'과 관련된 성구

같은 마음을 품다 - 빌 4:2
굳은 마음을 제거하다 - 겔 36:26
그리스도의 마음을 갖다 - 고전 2:16
높은 마음을 품다 - 롬 11:20
두 마음 품다 - 대상 12:33; 시 119:113; 호 10:2; 약 1:8; 4:8
마음 들이다 - 느 4:6
마음에 간직하다 - 단 7:28
마음에 감동을 받다 - 출 35:26
마음에 걸리다 - 삼상 25:31
마음에 겁내다 - 신 20:3
마음에 격분하다 - 행 17:16
마음에 근심이 가득하다 - 요 16:6
마음에 근심이 있다 - 느 2:2
마음에 근심하다/되다 - 창 6:6; 26:35; 삿 10:16; 왕상 21:5; 욥 30:25; 시 13:2; 잠 31:6; 사 19:10; 54:6; 요 14:1, 27
마음에 기록하다 - 렘 31:33
마음에 기뻐하다 - 삿 18:20; 삼상 25:36; 잠 24:17; 전 5:20; 11:9; 사 42:1; 마 12:18
마음에 기쁨이 있다 - 출 4:14
마음에(으로) 깨닫다 - 왕상 8:38; 사 6:10; 마 13:15; 요 12:40; 행 28:27
마음에 달다 - 잠 16:24
마음에 닿다 - 사 40:2
마음에 두다 - 출 9:21; 신 32:46; 삼상 21:12; 삼하 19:19; 욥 22:22; 시 4:7; 31:12; 119:11; 잠 4:4; 전 7:2; 8:9; 9:1; 사 17:10; 41:22; 42:25; 46:8; 47:7; 57:1, 11; 렘 12:11; 31:21; 32:35, 40; 51:50; 애 3:21; 슥 11:16; 말 2:2; 막 9:10; 눅 1:66; 2:51; 행 5:4; 히 10:16
마음에 들다 - 왕상 3:10; 렘 48:38
마음에 떠오르다 - 렘 44:21
마음에 만족하게 하다 - 행 14:17
마음에 맞다 - 삼상 13:14; 행 13:22
마음에 미워하다 - 삼하 5:8; 시 11:5
마음에 믿다 - 롬 10:9
마음에 불의를 품다 - 사 32:6
마음에 새기다 - 신 6:6; 잠 6:21; 눅 2:19; 롬 2:15
마음에 생각나다 - 사 65:17
마음에(으로) 생각하다 - 창 6:5; 신 8:5; 삼상 27:1; 사 65:17; 렘 7:31; 호 7:2; 마 24:48; 막 2:6, 8; 눅 5:22; 12:45; 고전 2:9
마음에서 떠나다 - 신 4:9
마음에 실망하다 - 전 2:20
마음에 싫어하다 - 겔 23:28
마음에 심다 - 약 1:21
마음에 악한 생각을 품다 - 신 15:9
마음에 애쓰다 - 전 2:22
마음에 원하다 - 출 35:5, 22; 36:2; 신 12:15, 20, 21; 14:26; 삼상 2:16; 삼하 3:21; 왕상 11:37; 대하 29:31; 전 11:9; 롬 10:1; 고후 8:11
마음에 위안을 받다 - 골 2:2
마음에 유익하다 - 전 7:3
마음에 있다 - 신 30:14; 삼상 9:19; 14:7; 삼하 7:3; 왕상 8:17; 10:2; 왕하 10:30; 대

【 마음 】　　　　　　　　　　　　　　【 마음 】

눅 9:47	예수께서 그 마음에 변론하는 것을	롬 1:24	마음의 정욕대로 더러움에 내버려 두사
눅 12:34	보물 있는 곳에는 너희 마음도 있으리라	롬 1:28	그들이 마음에 하나님 두기를 싫어하매
눅 16:15	너희 마음을 하나님께서 아시나니 사람	롬 2:29	할례는 마음에 할지니 영에 있고 율법
눅 24:25	선지자들이 말한 모든 것을 마음에 더디	롬 5:5	하나님의 사랑이 우리 마음에 부은 바
눅 24:38	두려워하며 어찌하여 마음에 의심이	롬 6:17	전하여 준 바 교훈의 본을 마음으로
요 10:24	우리 마음을 의혹하게 하려 하나이까	롬 7:23	한 다른 법이 내 마음의 법과 싸워 내
요 13:2	유다의 마음에 예수를 팔려는 생각을	롬 7:25	내 자신이 마음으로는 하나님의 법을

역사서 - 예언서

행 5:3	사탄이 네 마음에 가득하여 네가 성령을	롬 9:1-2	근심이 있는 것과 마음에 그치지 않는
행 5:17	사두개인의 당파가 다 마음에 시기가	롬 10:6	네 마음에 누가 하늘에 올라가겠느냐
행 7:39	거절하며 그 마음이 도리어 애굽으로	롬 10:10	사람이 마음으로 믿어 의에 이르고
행 7:51	목이 곧고 마음과 귀에 할례를 받지	롬 12:16	마음을 … 높은 데 마음을 두지 말고
		롬 14:5	날을 같게 여기나니 각각 자기 마음으로

'마음'과 관련된 성구

　　상 17:2; 대하 9:1; 잠 12:25; 20:5; 사 51:7; 63:4; 롬 10:8; 고후 7:3; 빌 1:7
마음에 자원하다 - 출 35:29
마음에 자책하다 - 삼하 24:10
마음에 정하다 - 고후 9:7
마음에 죄악을 품다 - 시 66:18
마음에 즐거워하다 - 왕상 8:66; 대하 7:10; 사 30:29; 슥 10:7
마음에 찔리다 - 행 2:37; 7:54
마음에 패역을 품다 - 잠 6:14
마음에 품다 - 욥 10:13; 아 8:6; 겔 20:32; 행 8:22
마음에 할례를 받다 - 렘 9:26
마음에 할례를 베풀다 - 신 30:6
마음에 할례를 행하다 - 신 10:16
마음에 합하다 - 렘 3:15
마음으로 영접하다 - 고후 7:2
마음을 감동시키다 - 대하 36:22; 스 1:1; 학 1:14
마음을 감동하다 - 느 7:5
마음을 감찰하다 - 대상 28:9; 29:17; 잠 21:2; 렘 11:20; 살전 2:4
마음을 강하게 하다 - 대하 15:8; 32:7
마음을 갖다 - 삼하 17:10; 고후 4:13
마음을 같이하다 - 삼상 14:7; 행 1:14; 2:46; 5:12; 롬 12:16; 고후 13:11; 빌 2:2; 벧전 3:8
마음을 격동시키다 - 대하 21:16
마음을 겸손하게 하다 - 시 107:12
마음을 괴롭게 하다 - 욥 19:2; 사 58:3, 5

마음을 괴롭히다 - 욥 19:2
마음을 굳건하게 하다 - 살전 3:13; 약 5:8
마음을 굳게 정하다 - 시 112:7
마음을 굳게 하다 - 대하 11:16; 12:14; 행 14:22
마음을 굳세게 하다 - 요일 3:19
마음을 근심하게 하다 - 겔 13:22
마음을 기쁘게 하다 - 룻 2:13; 시 19:8; 104:15; 잠 15:30; 27:11; 전 2:24
마음을 기울이다 - 대하 19:3; 시 119:112
마음을 깨끗이 하다 - 행 15:9
마음을 깨끗하게 하다 - 시 73:13
마음을 낮추다 - 잠 16:19; 단 5:22
마음을 넓히다 - 시 119:32; 고후 6:13
마음을 높이다 - 딤전 6:17
마음을 다스리다 - 잠 16:32
마음을 다하다 - 신 4:29; 6:5; 10:12; 11:13; 13:3; 26:16; 30:2, 6, 9-10; 수 22:5; 삼상 12:20, 24; 왕상 2:4; 왕하 23:3, 25; 대하 15:12, 15; 34:31; 시 108:1; 잠 3:5; 전 1:13; 8:16; 겔 25:6; 욜 2:12; 마 22:37; 막 12:30, 33; 눅 10:27; 골 3:23
마음을 닫다 - 요일 3:17
마음을 돌리다 - 왕상 11:2, 4, 9; 스 6:22
마음을 돌아서게 하다 - 왕상 11:3
마음을 돌이키게 하다 - 말 4:6
마음을 돌이키다 - 출 13:17; 신 30:3, 17; 겔 14:6
마음을 두다 - 욥 7:17; 시 62:10; 잠 2:2;

【 마음 】

'마음'과 관련된 성구

22:17; 27:23; 전 7:21; 호 4:8; 롬 12:16
마음을 둔하게 하다 – 사 6:10
마음을 무겁게 하다 – 전 6:1
마음을 미혹하다 – 롬 16:18
마음을 바치다 – 왕상 8:61
마음을 받다 – 단 7:4
마음을 번뇌하게 하다 – 겔 32:9
마음을 부추기다 – 렘 51:11
마음을 빼앗다 – 아 4:9
마음을 살피다 – 롬 8:27; 계 2:23
마음을 상쾌하게 하다 – 창 18:5
마음을 상하게 하다 – 시 69:20; 잠 13:12; 15:4; 행 21:13
마음을 새롭게 하다 – 롬 12:2
마음을 선동하다 – 행 14:2
마음을 성결하게 하다 – 약 4:8
마음을 소생시키다 – 사 57:15
마음을 소생하게 하다 – 시 69:32
마음을 속이다 – 렘 42:20
마음을 슬프게 하다 – 삼상 2:33
마음을 시원하게 하다 – 고전 16:18
마음을 시험하다 – 시 17:3
마음을 쓰다 – 삼하 18:3; 전 1:17; 단 6:14
마음을 알다 – 왕상 8:39; 대하 6:30; 시 139:23; 행 1:24; 15:8; 롬 11:34; 고전 2:16
마음을 약하게 하다 – 레 26:36; 욥 23:16
마음을 얻게 하다 – 시 90:12
마음을 얻고자 하다 – 행 24:27; 25:9
마음을 얻다 – 행 28:15
마음을 연단하다 – 잠 17:3
마음을 열다 – 눅 24:45; 행 16:14
마음을 온전히 하다 – 왕상 9:4
마음을 완강하게 하다 – 출 8:15, 32; 10:1
마음을 완고하게 하다 – 신 2:30; 사 63:17; 요 12:40; 히 3:8, 15; 4:7
마음을 완악하게 하다 – 출 4:21; 7:3; 9:12, 34; 10:20, 27; 11:10; 14:4, 8, 17; 신 15:7; 삼상 6:6; 대하 36:13; 시 95:8; 잠 28:14
마음을 위로하게 하다 – 골 4:8
마음을 위로하다 – 삼하 19:7; 엡 6:22; 살후 2:17

마음을 인도하다 – 살후 3:5
마음을 일깨우다 – 벧후 3:1
마음을 자제하다 – 민 30:13
마음을 정하게 하다 – 잠 20:9
마음을 정하다 – 대하 20:33; 욥 11:13; 시 108:1; 112:7; 고전 7:37
마음을 제거하다 – 겔 11:19
마음을 제어하다 – 잠 25:28
마음을 주다 – 왕상 3:9, 12; 4:29; 대상 29:19; 전 3:11; 렘 24:7; 애 3:65; 겔 11:19
마음을 준비하다 – 대상 29:18; 시 10:17
마음을 즐거워하다 – 전 2:10
마음을 즐겁게 하다 – 삿 19:6, 9, 22; 왕상 21:7; 잠 27:9
마음을 지키다 – 신 4:9; 잠 4:23
마음을 찌르듯 하다 – 눅 2:35
마음을 찢다 – 욜 2:13
마음을 토하다 – 시 62:8
마음을 편하게 하다 – 사 1:24
마음을 품다 – 신 5:29; 15:10; 전 9:3; 렘 23:26; 갈 5:10; 빌 2:5
마음을 혼란하게 하다 – 행 15:24
마음을 혼미하게 하다 – 고후 4:4
마음을 훔치다 – 삼하 15:6
마음을 흡족하게 하다 – 렘 31:14
마음을 힘 있게 하다 – 시 104:15
마음이 가난하다 – 사 66:2
마음이 갈라지다 – 고전 7:34
마음이 감동되다 – 삼상 10:26
마음이 강하다 – 시 76:5
마음이 견고하다 – 시 112:8
마음이 견디다 – 겔 22:14
마음이 겸손하다 – 잠 29:23; 사 57:15
마음이 고민하다 – 마 26:38
마음이 괴롭다 – 삼상 1:10; 욥 10:1; 요 12:27
마음이 교만하다 – 신 8:14; 17:20; 왕하 14:10; 대하 25:19; 26:16; 32:25; 시 101:5; 131:1; 잠 16:5; 21:4; 겔 28:2, 5, 17; 31:10; 호 13:6
마음이 굳다 – 겔 2:4; 3:7; 행 19:9
마음이 굳어지다 – 엡 4:18
마음이 굽다 – 잠 11:20; 12:8; 14:14;

【 마음 】

'마음'과 관련된 성구

17:20
마음이 궤사하다 – 잠 13:2
마음이 기뻐하다 – 에 5:9; 시 28:7; 전 2:10; 행 2:26
마음이 기쁘다 – 에 5:9; 욥 29:13; 시 16:9; 아 3:11; 사 66:14; 요 16:22
마음이 깊다 – 시 64:6
마음이 낮아지다 – 레 26:41
마음이 넓어지다 – 고후 6:11
마음이 녹다 – 수 2:11; 5:1; 7:5; 사 13:7; 19:1; 겔 21:7
마음이 놀라다 – 사 60:5
마음이 높아지다 – 단 5:20; 11:12
마음이 담대하다 – 전 8:11
마음이 답답하다 – 렘 4:19
마음이 둔하다 – 막 8:17
마음이 둔하여지다 – 막 6:52; 눅 21:34
마음이 든든하다 – 암 6:1
마음이 뜨겁다 – 시 39:3; 눅 24:32
마음이 미혹되다 – 시 95:10; 히 3:10
마음이 민첩하다 – 단 5:12; 6:3
마음이 바르다 – 시 11:2; 행 8:21
마음이 번뇌하다 – 삿 16:16
마음이 번민하다 – 창 41:8; 단 2:1, 3
마음이 변하게 하다 – 시 105:25
마음이 변하다 – 출 14:5
마음이 병들다 – 렘 8:18; 애 1:22
마음이 복받치다 – 창 43:30
마음이 부드러워지다 – 왕하 22:19
마음이 부패하여지다 – 딤전 6:5
마음이 분주하다 – 눅 10:40
마음이 불붙는 것 같다 – 렘 20:9
마음이 불안하다 – 왕하 6:11; 시 38:8
마음이 산란하다 – 시 73:21
마음이 상하다 – 민 21:4; 시 34:18; 42:4; 109:16; 119:20; 잠 25:20; 사 61:1; 렘 23:9; 애 1:20
마음이 생기다 – 삼하 7:27; 대상 17:25; 겔 23:17
마음이 쉼을 얻다 – 마 11:29
마음이 슬기롭다 – 출 35:25
마음이 슬프다 – 삼상 1:8, 15; 30:6; 사 65:14
마음이 신실하다 – 잠 11:13

마음이 싫어하다 – 겔 23:18
마음이 아프다 – 룻 1:13; 삼하 18:33; 욥 3:20; 겔 27:31
마음이 약하다 – 살전 5:14
마음이 약해지다 – 시 61:2
마음이 어두워지다 – 사 44:18; 롬 1:21
마음이 어지럽다 – 사 21:4
마음이 연약하다 – 대하 13:7; 34:27
마음이 온유하다 – 마 11:29
마음이 온전하다 – 왕상 15:14; 대하 15:17
마음이 완강하다 – 출 7:14; 9:7
마음이 완고하다 – 고후 3:14
마음이 완악하게 되다 – 출 8:19
마음이 완악하다 – 출 7:13, 22; 9:35; 신 29:19; 수 11:20; 사 46:12; 렘 18:12; 23:17; 막 3:5; 10:5; 16:14
마음이 완악하여지다 – 마 13:15
마음이 우둔하여지다 – 행 28:27
마음이 움직이다 – 아 5:4
마음이 원통하다 – 삼상 22:2
마음이 위축되다 – 시 44:18
마음이 정결하다 – 시 73:1
마음이 정직하다 – 신 9:5; 시 7:10; 32:11; 36:10; 64:10; 78:8; 94:15; 97:11; 125:4
마음이 조급하다 – 욥 21:4; 잠 14:29
마음이 즐거워하다 – 시 33:21; 전 2:10
마음이 즐겁다 – 삿 16:25; 룻 3:7; 대상 16:10; 시 105:3; 잠 15:15; 사 24:7; 65:14; 슥 10:7
마음이 지혜롭다 – 출 35:10; 36:1, 2, 8; 욥 9:4; 잠 10:8; 11:29; 16:21; 23:15
마음이 찔리다 – 삼상 24:5
마음이 청결하다 – 시 24:4; 마 5:8
마음이 초조하다 – 욥 19:27
마음이 평안하다 – 겔 16:42
마음이 피곤하다 – 애 5:17
마음이 허약하다 – 신 20:8
마음이 확정되다 – 시 57:7
마음이 흔들리다 – 살후 2:2
부드러운 마음을 주다 – 겔 36:26
새 마음을 주다 – 삼상 10:9; 겔 36:26
악한 마음을 품다 – 히 3:12
자기 마음을 속이다 – 약 1:26

[마음]   [마음속]

고전 1:10 분쟁이 없이 같은 **마음**과 같은 뜻을
고전 4:5 감추인 것들을 드러내고 **마음**의 뜻을
고전 14:25 **마음**의 숨은 일들이 드러나게 되므로
고후 1:22 보증으로 우리 **마음**에 성령을 주셨으니
고후 2:4 내가 **마음**에 큰 눌림과 걱정이 있어
고후 3:2 너희는 우리의 편지라 우리 **마음**에 썼고
고후 3:3 쓴 것이 아니요 오직 육의 **마음** 판에
고후 3:15 읽을 때에 수건이 그 **마음**을 덮었도다
고후 4:6 아는 빛을 우리 **마음**에 비추셨느니라
고후 5:12 기회를 너희에게 주어 **마음**으로 하지
고후 7:3 너희가 우리 **마음**에 있어 함께 죽고
고후 7:13 많이 기뻐함은 그의 **마음**이 너희 무리로
고후 8:12 **마음**만 있으면 있는 대로 받으실 터이요
고후 8:16 같은 간절함을 디도의 **마음**에도 주시는
고후 11:3 **마음**이 그리스도를 향하는 진실함과
갈 4:6 아들의 영을 우리 **마음** 가운데 보내사
엡 1:18 너희 **마음**의 눈을 밝히사 그의 부르심의
엡 2:3 욕심을 따라 지내며 육체와 **마음**의
엡 3:17 그리스도께서 너희 **마음**에 계시게
엡 4:17 이방인이 그 **마음**의 허망한 것으로
엡 5:19 화답하며 너희 **마음**으로 주께 노래
엡 6:6 그리스도의 종들처럼 **마음**으로 하나님
빌 4:7 예수 안에서 너희 **마음**과 생각을 지키시
골 1:21 악한 행실로 멀리 떠나 **마음**으로 원수가
골 3:15 그리스도의 평강이 너희 **마음**을 주장하
살전 2:17 떠난 것은 얼굴이요 **마음**은 아니니
살전 5:14 **마음**이 약한 자들을 격려하고 힘이 없는
딤후 3:8 사람들은 그 **마음**이 부패한 자요 믿음에
딛 1:15 깨끗한 것이 없고 오직 그들의 **마음**과
히 4:12 찔러 쪼개기까지 하며 또 **마음**의 생각과
히 8:10 그들의 **마음**에 이것을 기록하리라 나는
히 10:22 우리가 **마음**에 뿌림을 … 참 **마음**과
히 10:38 내 **마음**이 그를 기뻐하지 아니하리라
히 13:9 교훈에 끌리지 말라 **마음**은 은혜로써
약 1:21 영혼을 능히 구원할 바 **마음**에 심어진
약 5:5 살륙의 날에 너희 **마음**을 살찌게 하였도
벧전 1:13 너희 **마음**의 허리를 동이고 근신하여
벧전 1:22 사랑하기에 이르렀으니 **마음**으로
벧전 3:4 **마음**에 숨은 사람을 온유하고 안정한
벧전 3:15 **마음**에 그리스도를 주로 삼아 거룩하게
벧후 1:19 새어 샛별이 너희 **마음**에 떠오르기까지
요일 3:20 **마음**이 혹 … 우리 **마음**보다 크시고
요일 3:21 사랑하는 자들아 만일 우리 **마음**이 우리
계 17:17 하나님이 자기 뜻대로 할 **마음**을
계 18:7 그가 **마음**에 말하기를 나는 여왕으로

🕮 마음 – 기타 본문

왕상 8:48, 58; 욥 7:15; 아 3:2, 3, 4; 겔 14:4, 28:6;
고전 14:15, 25; 몬 1:7, 20

마음껏(soul-KJV)

창 27:4 죽기 전에 내 **마음껏** 네게 축복하게

🕮 마음껏 – 기타 본문

창 27:19, 25, 31

마음대로(at one's disposal, presumptuously)

민 24:13 **마음대로** 행하지 못하고 여호와께서
민 36:6 슬로브핫의 딸들은 **마음대로** 시집가려
신 18:20 명령하지 아니한 말을 제 **마음대로** 내
신 18:22 선지자가 제 **마음대로** 한 말이니 너는
신 21:14 그의 **마음대로** 가게 하고 결코 돈을
신 23:24 **마음대로** 그 포도를 배불리 먹어도
왕상 12:33 그가 자기 **마음대로** 정한 달 곧 여덟째
대상 21:11 여호와의 말씀이 너는 **마음대로** 택하라
에 1:8 관리에게 명령하여 각 사람이 **마음대로**
에 9:5 자기를 미워하는 자에게 **마음대로**
렘 34:16 그들의 **마음대로** 자유롭게 하였던 노비
겔 13:2 **마음대로** 예언하는 자에게 말하기를
겔 13:17 자기 **마음대로** 예언하는 여자들에게
단 11:3 권세로 다스리며 자기 **마음대로** 행하리
단 11:16 오직 와서 치는 자가 자기 **마음대로**
단 11:28 거스르며 자기 **마음대로** 행하고 본토로
단 11:36 그 왕은 자기 **마음대로** 행하며 스스로
행 5:4 판 후에도 네 **마음대로** 할 수가 없더냐
롬 1:28 상실한 **마음대로** 내버려 두사 합당하지

마음먹다(in one's own heart)

겔 14:5 그들이 **마음먹은** 대로 그들을 잡으려

마음속(in one's heart)

신 18:21 네가 **마음속**으로 이르기를 그 말이
에 1:12 진노하여 **마음속**이 불붙는 듯하더라
시 35:25 그들이 **마음속**으로 이르기를 아하 소원
시 36:1 악인의 죄가 그의 **마음속**으로 이르기를
시 74:8 그들이 **마음속**으로 이르기를 우리가

【 마주 】　　　　　　　　　　　　　　　　　　　　　　　【 마지아니하다 】

시 140:2	그들이 **마음속**으로 악을 꾀하고 싸우기	민 10:25	군대는 모든 진영의 **마지막** 진영이었다
잠 4:21	눈에서 떠나게 하지 말며 네 **마음속**에	삼하 23:1	이는 다윗의 **마지막** 말이라 이새의 아들
전 1:16	내가 내 **마음속**으로 말하여 이르기를	욥 6:11	기다리겠느냐 내 **마지막**이 어떠하겠기
전 2:15	**마음속**으로 … 내 **마음속**으로 이르기를	잠 5:11	**마지막**에 이르러 네 몸, 네 육체가 쇠약
전 3:17	내가 내 **마음속**으로 이르기를 의인과	사 44:6	나는 처음이요 나는 **마지막**이라 나 외에
전 3:18	내가 내 **마음속**으로 이르기를 인생들의	사 48:12	그니 나는 처음이요 또 나는 **마지막**이라
렘 4:19	슬프고 아프다 내 **마음속**이 아프고 내	렘 5:31	그것을 좋게 여기니 **마지막**에는 너희가
습 1:12	**마음속**에 스스로 이르기를 여호와께서	렘 50:12	그가 나라들 가운데의 **마지막**과 광야와
습 2:15	염려 없이 거주하며 **마음속**에 이르기를	단 8:23	이 네 나라 **마지막** 때에 반역자들이 가득
슥 12:5	유다의 우두머리들이 **마음속**에 이르기	단 9:26	**마지막**은 홍수에 휩쓸림 같을 것이며
막 8:12	예수께서 **마음속**으로 깊이 탄식하시며	단 10:14	**마지막** 날에 네 백성이 당할 일을 네게
약 3:14	**마음속**에 독한 시기와 다툼이 있으면	단 12:13	너는 가서 **마지막**을 기다리라 이는 네가
		롬 6:21	일을 부끄러워하나니 이는 그 **마지막**이
마주(toward)		롬 6:22	이르는 열매를 맺었으니 그 **마지막**은
삿 15:14	그에게로 **마주** 나가며 소리 지를 때	고전 15:24	그 후에는 **마지막**이니 그가 모든 통치와
왕상 20:27	**마주** 나가서 그들 앞에 진영을 치니	고전 15:45	생령이 되었다 함과 같이 **마지막** 아담은
대하 14:10	아사가 **마주** 나가서 마레사의 스바다	고전 15:51	잠 잘 것이 아니요 **마지막** 나팔에
		고후 11:15	대단한 일이 아니니라 그들의 **마지막**은
마주 달려가다		고후 13:11	**마지막**으로 말하노니 형제들아 기뻐하
창 24:17	**마주 달려가서** 이르되 청하건대 네	히 1:2	이 모든 날 **마지막**에는 아들을 통하여
		히 6:8	당하고 저주함에 가까워 그 **마지막**은
마주 대하다		벧전 3:8	**마지막**으로 말하노니 너희가 다 마음을
창 15:10	그 쪼갠 것을 **마주 대하여** 놓고 그 새는	벧전 4:7	**마지막**이 가까이 왔으니 그러므로 너희
왕상 7:4	창이 세 층으로 서로 **마주 대하였고**	벧전 4:17	순종하지 아니하는 자들의 그 **마지막**은
대상 5:11	르우벤 사람을 **마주 대하여** 바산 땅에	계 1:17	두려워하지 말라 나는 처음이요 **마지막**
렘 34:3	입을 **마주 대하여** 말할 것이요 너는	계 2:8	**마지막**이요 죽었다가 살아나신 이가
막 13:3	**마주 대하여** 앉으셨을 때에 베드로와	계 15:1	**마지막** 재앙이라 하나님의 진노가 이것
		계 21:6	알파와 오메가요 처음과 **마지막**이라
마주 - 기타 본문		계 21:9	**마지막** 일곱 재앙을 담은 일곱 천사 중
	창 21:16; 24:65; 30:40; 출 26:5, 35; 39:19; 40:24;	계 22:13	알파와 오메가요 처음과 **마지막**이요
	신 1:44; 수 5:13; 삼상 9:14; 17:48; 25:20; 왕상		
	7:5; 8:22; 21:10; 대상 8:32; 9:38; 14:14; 대하	**'마지막' 과 관련된 성구**	
	6:12; 느 3:10, 16, 26, 27, 28, 29, 30, 31; 사 52:8;		마지막 날 - 렘 48:47; 호 3:5; 요 6:39,
	겔 3:8; 40:23; 42:3, 7; 단 11:30		40, 44, 54; 11:24; 12:48
			마지막 때 - 겔 21:25, 29; 35:5; 단 11:35,
마주치다(meet)			40; 12:4, 9; 요일 2:18; 유 1:18
삼하 18:9	압살롬이 다윗의 부하들과 **마주치니라**		
수 2:16	뒤쫓는 사람들이 너희와 **마주칠까**	**마지못하다**(be constrained-KJV)	
		행 28:19	**마지못하여** 가이사에게 상소함이요
마지기(amount of seed required for)			
레 27:16	여호와께 드리려 하면 **마지기** 수대로	**마지아니하다**(keep on)	
		시 35:15	나를 치며 찢기를 **마지아니하도다**
마지막(finally, last, time of the end)			

{ 마차 }   { 마치다 }

사 14:6	민족을 치되 치기를 **마지아니하였고**
겔 23:8	때부터 행음함을 **마지아니하였느니라**
요 8:7	그들이 묻기를 **마지아니하는지라** 이에
행 6:13	거슬러 말하기를 **마지아니하는도다**

마차(馬車, chariot)
왕상 18:44 비에 막히지 아니하도록 **마차**를 갖추고
왕상 18:45 큰 비가 내리는지라 아합이 **마차**를 타고

마찬가지로(like)
레 14:13 속건제물은 속죄제물과 **마찬가지로**
렘 41:8 그의 형제와 **마찬가지로** 죽이지 아니

마치(like as)
왕상 7:12 판자 한 켜를 놓았으니 **마치** 여호와의
욥 5:26 무덤에 이르리니 **마치** 곡식단을
욥 41:20 콧구멍에서는 연기가 나오니 **마치** 갈대
시 74:5 그들은 **마치** 도끼를 들어 삼림을 베는
시 106:9 인도하여 바다 건너가기를 **마치** 광야를
잠 3:12 사랑하시는 자를 징계하시기를 **마치**
잠 11:22 삼가지 아니하는 것은 **마치** 돼지 코에
잠 21:1 여호와의 손에 있음이 **마치** 봇물과
잠 26:1 영예가 적당하지 아니하니 **마치** 여름에
사 30:13 이 죄악이 너희에게 **마치** 무너지려고
사 53:3 아는 자라 **마치** 사람들이 그에게서
사 54:6 **마치** 버림을 받아 마음에 근심하는
렘 3:20 이스라엘 족속아 **마치** 아내가 그의 남편
애 4:3 내 백성은 잔인하여 **마치** 광야의 타조
겔 10:10 그 모양은 넷이 꼭 같은데 **마치** 바퀴
호 10:11 에브라임은 **마치** 길들인 암소 같아서
합 1:8 빨리 달려오는 마병이라 **마치** 먹이를
슥 4:1 다시 와서 나를 깨우니 **마치** 자는 사람
마 13:31 비유를 들어 이르시되 천국은 **마치** 사람
마 20:1 천국은 **마치** 품꾼을 얻어 포도원에
마 22:2 천국은 **마치** 자기 아들을 위하여 혼인
마 25:1 그 때에 천국은 **마치** 등을 들고 신랑을
눅 12:36 너희는 **마치** 그 주인이 혼인집에서
히 3:3 영광을 받을 만한 것이 **마치** 집 지은
약 1:6 의심하는 자는 **마치** 바람에 밀려 요동하

❖ **마치 - 기타 본문**
신 2:22; 32:11; 잠 10:26; 25:13; 사 17:5; 30:28;
53:7; 58:2; 62:5; 렘 48:11; 마 13:33, 44, 45, 47,

52; 눅 13:19, 21; 행 2:3

마치다(finish, complete)
모세오경
창 2:2 **마치시니** 그가 하시던 모든 일을 그치고
창 2:3 만드시던 모든 일을 **마치시고** 그 날에
창 17:22 아브라함과 말씀을 **마치시고** 그를 떠나
창 18:33 아브라함과 말씀을 **마치시고** 가시니
창 24:15 말을 **마치기도** 전에 리브가가 물동이를
창 24:45 마음속으로 말하기를 **마치기도** 전에
창 27:30 축복하기를 **마치매** 야곱이 그의 아버지
창 49:33 명하기를 **마치고** 그 발을 침상에 모으고
출 5:13 때와 같이 그 날의 일을 그 날에 **마치라**
출 31:17 일곱째 날에 일을 **마치고** 쉬었음이니라
출 31:18 **마치신** 때에 증거판 둘을 모세에게
출 34:33 그들에게 말하기를 **마치고** 수건으로
출 39:32 역사를 **마치되** 여호와께서 모세에게
출 39:42 이스라엘 자손이 모든 역사를 **마치매**
출 39:43 **마친** 모든 것을 본즉 여호와께서 명령하
출 40:33 다니라 모세가 이같이 역사를 **마치니**
레 9:22 속죄제와 번제와 화목제를 **마치고**
레 16:20 속죄하기를 **마친** 후에 살아 있는 염소를
레 23:39 토지 소산 거두기를 **마치거든** 일곱째 달
민 4:15 **마치거든** 고핫 자손들이 와서 멜 것이니
민 13:25 사십 일 동안 땅을 정탐하기를 **마치고**
민 16:31 이 모든 말을 **마치자**마자 그들이 섰던
신 20:9 **마친** 후에 군대의 지휘관들을 세워 무리
신 26:12 내기를 **마친** 후에 그것을 레위인과 객과
신 31:24 율법의 말씀을 다 책에 써서 **마친** 후에
신 32:45 온 이스라엘에게 말하기를 **마치고**
신 33:12 날이 **마치도록** 보호하시고 그를 자기

역사서 - 선지서
수 3:17 건너기를 **마칠** 때까지 모든 이스라엘은
수 4:1 요단을 건너가기를 **마치매** 여호와께서
수 4:10 **마치기**까지 궤를 멘 제사장들이 요단
수 4:11 **마친** 후에 여호와의 궤와 제사장들이
수 5:8 할례 행하기를 **마치매** 백성이 진중 각
수 6:8 이르기를 **마치매** 제사장 일곱은 양각
수 8:24 진멸하기를 **마치고** 온 이스라엘이 아이
수 19:49 땅 나누기를 **마치고** 자기들 중에서 눈의
수 19:51 이에 땅 나누는 일을 **마쳤더라**
삿 3:18 공물 바치기를 **마친** 후에 공물을 메고
삿 15:17 그가 말을 **마치고** 턱뼈를 자기 손에서

【 마치다 】　　　　　　　　　　　　　　　　　　　　　　　【 마침 】

룻 2:21	**마치기까지** 너는 내 소년들에게 가까이
룻 2:23	추수를 **마치기까지** 이삭을 주우며 그의
삼상 10:13	사울이 예언하기를 **마치고** 산당로 올라
삼상 13:10	번제 드리기를 **마치자** 사무엘이 온지라
삼상 18:1	말하기를 **마치매** 요나단의 마음이 다윗
삼상 24:16	**마치매** 사울이 이르되 내 아들 다윗아
삼상 25:9	모든 말을 나발에게 말하기를 **마치매**
삼하 6:18	드리기를 **마치고** 만군의 여호와의 이름
삼하 11:19	일을 네가 왕께 보고하기를 **마친** 후에
삼하 11:27	그 장례를 **마치매** 다윗이 사람을 보내
삼하 13:36	말을 **마치자** 왕자들이 이르러 소리를
왕상 1:41	먹기를 **마칠** 때에 다 들은지라 요압이
왕상 6:9	건축을 **마치니라** 그 성전은 백향목
왕상 6:14	솔로몬이 성전 건축하기를 **마치고**
왕상 6:22	금으로 입히기를 **마치고** 내소에 속한
왕상 7:40	여호와의 전의 모든 일을 **마쳤으니**
왕상 7:51	모든 일을 **마친지라** 이에 솔로몬이 그의
왕상 8:54	아뢰기를 **마치고** 여호와의 제단 앞에서
왕상 9:1	건축하기를 **마치며** 자기가 이루기를
왕상 9:10	왕궁을 이십 년 만에 건축하기를 **마치고**
왕상 9:25	이에 성전 짓는 일을 **마치니라**
대상 16:2	드리기를 **마치고** 여호와의 이름으로
대상 28:20	모든 일을 **마치기까지** 여호와 하나님
대하 4:11	하나님의 성전에서 할 일을 **마쳤으니**
대하 5:1	모든 일을 **마친지라** 이에 솔로몬이 그의
대하 7:1	**마치매** 불이 하늘에서부터 내려와서
대하 7:11	왕궁 건축을 **마치고** 솔로몬의 심중에
대하 8:1	이십 년 동안에 건축하기를 **마치고**
대하 24:10	백성들이 기뻐하여 **마치기까지** 돈을
대하 24:14	공사를 **마친** 후에 그 남은 돈을 왕과
대하 29:17	하여 첫째 달 십육 일에 이르러 **마치고**
대하 29:28	불어 번제를 **마치기까지** 이르니라
대하 29:29	제사 드리기를 **마치매** 왕과 그와 함께
대하 29:34	일을 **마치기까지** 돕고 다른 제사장들이
대하 31:7	쌓기 시작하여 일곱째 달에 **마친지라**
대하 34:8	성전을 정결하게 하기를 **마치고** 그의
대하 35:20	정돈하기를 **마친** 후에 애굽 왕 느고가
스 5:3	이 성전을 건축하고 이 성곽을 **마치게**
스 5:9	성전을 건축하고 이 성곽을 **마치라고**
스 5:16	건축하여 오나 아직도 **마치지** 못하였다
스 10:17	맞이한 자의 일 조사하기를 **마치니라**
느 4:2	하루에 일을 **마치려는가** 불탄 돌을
에 2:12	써서 몸을 정결하게 하기한을 **마치며**
욥 14:6	그의 날을 **마칠** 때까지 그를 홀로 있게
사 65:24	말을 **마치기** 전에 내가 들을 것이며
렘 26:8	전하기를 **마치매** 제사장들과 선지자들
렘 43:1	그들에게 이르신 이 모든 말씀을 말하기
겔 42:15	성전 측량하기를 **마친** 후에 나를 데리고
겔 43:23	하기를 **마친** 후에는 흠 없는 수송아지
단 8:19	**마친** 후에 될 일을 내가 네게 알게
슥 4:9	그 일을 **마치리라** 하셨나니 만군의

신약

마 7:28	이 말씀을 **마치시매** 무리들이 그의
마 11:1	명하기를 **마치시고** 이에 그들의 여러
마 13:53	이 모든 비유를 **마치신** 후에 그 곳을
마 19:1	말씀을 **마치시고** 갈릴리를 떠나 요단
마 26:1	이 말씀을 다 **마치시고** 제자들에게
막 16:19	말씀을 **마치신** 후에 하늘로 올려지사
눅 2:39	모든 일을 **마치고** 갈릴리로 돌아가 본
눅 2:43	그 날들을 **마치고** 돌아갈 때에 아이
눅 5:4	말씀을 **마치시고** 시몬에게 이르시되
눅 7:1	주시기를 **마치신** 후에 가버나움으로
눅 11:1	기도하시고 **마치시매** 제자 중 하나가
행 1:9	말씀을 **마치시고** 그들이 보는데 올려져
행 12:25	사울이 부조하는 일을 **마치고** 마가라
행 13:25	요한이 그 달려갈 길을 **마칠** 때에
행 15:13	말을 **마치매** 야고보가 대답하여 이르되
행 20:24	**마치려** 함에는 나의 생명조차 조금도
행 21:7	**마치고** 돌레마이에 이르러 형제들에게
롬 10:4	이루기 위하여 율법의 **마침**이 되시니라
롬 15:28	이 일을 **마치고** 이 열매를 그들에게
갈 3:3	이제는 육체로 **마치겠느냐**
빌 3:19	그들의 **마침**은 멸망이요 그들의 신은
딤후 4:7	싸우고 나의 달려갈 길을 **마치고** 믿음을
계 11:7	그 증언을 **마칠** 때에 무저갱으로부터
계 15:1	하나님의 진노가 이것으로 **마치리로다**
계 15:8	일곱 재앙이 **마치기까지**는 성전에 능히
계 22:13	처음과 마지막이요 시작과 **마침**이라

마침 (and, meanwhile, right then)

창 19:1	**마침** 롯이 소돔 성문에 앉아 있다가
창 31:35	이르되 **마침** 생리가 있어 일어나서 영접
삿 6:11	**마침** 요아스의 아들 기드온이 미디안
룻 2:4	**마침** 보아스가 베들레헴에서부터 와서
룻 4:1	앉아 있더니 **마침** 보아스가 말하던 기업
삼상 9:14	사무엘이 **마침** 산당으로 올라가려고

【 마침내 】　　　　　　　　　　　　　　　　　　　【 마하네단 】

삼상 11:5	**마침** 사울이 밭에서 소를 몰고 오다가
삼상 17:20	**마침** 군대가 전장에 나와서 싸우려고
삼상 17:23	말할 때에 **마침** 블레셋 사람의 싸움
삼하 4:5	집에 이르니 **마침** 그가 침상에서 낮잠을
삼하 20:1	**마침** 거기에 불량배 하나가 있으니 그의
왕상 13:1	이르니 **마침** 여로보암이 제단 곁에 서서
왕하 13:21	**마침** 사람을 장사하는 자들이 그 도적
에 6:4	**마침** 하만이 자기가 세운 나무에
욘 1:3	욥바로 내려갔더니 **마침** 다시스로 가는
마 8:30	**마침** 멀리서 많은 돼지 떼가 먹고 있는
마 14:6	**마침** 헤롯의 생일이 되어 헤로디아의
막 1:23	**마침** 그들의 회당에 더러운 귀신 들린
막 5:11	**마침** 거기 돼지의 큰 떼가 산 곁에서
막 6:21	**마침** 기회가 좋은 날이 왔으니 곧 헤롯
막 9:7	**마침** 구름이 와서 그들을 덮으며 구름
막 15:21	**마침** 알렉산더와 루포의 아버지인
눅 1:8	**마침** 사가랴가 그 반열의 차례대로
눅 2:27	감동으로 성전에 들어가매 **마침** 부모가
눅 2:38	**마침** 이 때에 나아와서 하나님께 감사
눅 7:21	**마침** 그 때에 예수께서 질병과 고통과
눅 8:23	드셨더니 **마침** 광풍이 호수로 내리치매
눅 8:32	**마침** 그 곳에 많은 돼지 떼가 산에서
눅 10:31	**마침** 한 제사장이 그 길로 내려가다가
눅 13:1	**마침** 두어 사람이 와서 빌라도가 어떤
요 6:4	**마침** 유대인의 명절인 유월절이 가까운
행 10:7	**마침** 말하던 천사가 떠나매 고넬료를
행 10:17	**마침** 고넬료가 보낸 사람들이 시몬의
행 10:25	**마침** 베드로가 들어올 때에 고넬료가
행 11:11	**마침** 세 사람이 내가 유숙한 집 앞에

마침내(in the end)

창 12:5	떠나서 **마침내** 가나안 땅에 들어갔더라
창 26:13	사람이 창대하고 왕성하여 **마침내**
민 32:13	그 세대가 **마침내**는 다 끊어졌느니라
신 2:15	치사 진영 중에서 멸하신 고로 **마침내**
신 7:23	크게 혼란하게 하여 **마침내** 진멸하시고
신 7:24	당할 자가 없이 네가 **마침내** 그들을
신 8:16	너를 낮추시며 너를 시험하사 **마침내**
신 28:21	네가 들어가 차지할 땅에서 **마침내** 너
신 28:24	그것들이 하늘에서 네 위에 내려 **마침내**
신 28:45	와서 너를 따르고 네게 이르러 **마침내**
신 28:48	그가 철 멍에를 네 목에 메워 **마침내**
신 28:51	먹어 **마침내** 너를 멸망시키며 또 곡식
	이나 … **마침내** 너를 멸절시키리라
수 23:13	너희가 **마침내** 너희의 하나님 여호와께
삿 1:35	힘이 강성하매 아모리 족속이 **마침내**
삿 4:24	눌러서 **마침내** 가나안 왕 야빈을 진멸
삿 9:45	성을 쳐서 **마침내**는 점령하고 거기 있는
삼하 2:26	**마침내** 참혹한 일이 생길 줄을 알지
왕하 17:20	넘기시고 **마침내** 그의 앞에서 쫓아내시
욥 19:25	대속자가 살아 계시니 **마침내** 그가 땅
시 105:37	**마침내** 그들을 인도하여 은 금을 가지고
시 112:8	대적들이 받는 보응을 **마침내** 보리로다
잠 20:21	속히 잡은 산업은 **마침내** 복이 되지
잠 23:32	그것이 **마침내** 뱀같이 물 것이요 독사
잠 25:8	**마침내** 네가 이웃에게서 욕을 보게 될
전 6:6	**마침내** 다 한 곳으로 돌아가는 것뿐이
사 32:15	**마침내** 위에서부터 영을 우리에게 부어
렘 17:11	그의 중년에 그것이 떠나겠고 **마침내**
겔 6:11	행하므로 **마침내** 칼과 기근과 전염병에
겔 28:15	모든 길에 완전하더니 **마침내** 네게서
호 10:12	여호와를 찾을 때니 **마침내** 여호와께서
미 7:9	당하려니와 **마침내** 주께서 나를 위하여
행 27:44	**마침내** 사람들이 다 상륙하여 구조되니

마태(Matthew)　예수님의 12제자 중의 하나

| 마 9:9 | **마태**라 하는 사람이 |
| 행 1:13 | 도마와 바돌로매, **마태**와 및 알패오의 |

📖 마태 - 기타 본문

마 9:10; 10:3; 막 3:18; 눅 6:15

마필(馬匹, horse)

| 사 2:7 | 무한하며 그 땅에는 **마필**이 가득하고 |

마하나임(Mahanaim)　요단 강 동편 갓 지파의 성읍

| 창 32:2 | 군대라 하고 그 땅 이름을 **마하나임**이라 |

📖 마하나임 - 기타 본문

수 13:26, 30; 21:38; 삼하 2:8, 12, 29; 17:24, 27; 19:32; 왕상 2:8, 4:14; 대상 6:80; 아 6:13

마하네단(Mahaneh Dan)　기럇여아림 서쪽의 성읍

| 삿 13:25 | **마하네단**에서 여호와의 영이 그를 |
| 삿 18:12 | **마하네단**이며 그 곳은 기럇여아림 |

마하래(Maharai) 다윗의 30 용사 중 하나
삼하 23:28 사람 살몬과 느도바 사람 마하래와
대상 11:30 느도바 사람 마하래와 느도바 사람
대상 27:13 느도바 사람 마하래이니 그의 반에 이만

마하시옷(Mahazioth) 헤만의 아들로 성전 악사장
대상 25:4 말로디와 호딜과 마하시옷이라
대상 25:30 스물셋째는 마하시옷이니 그의 아들들

마하위(Mahavite) 엘리엘의 출신지
대상 11:46 마하위 사람 엘리엘과 엘라암의 아들

마할랄렐(Mahalalel)
1. 아담의 손자인 에노스의 손자로 셋계의 족장
창 5:12 게난은 칠십 세에 마할랄렐을 낳았고

🔖 마할랄렐 1 - 기타 본문
창 5:13, 15; 대상 1:2

2. 유다 사람 베레스의 자손
느 11:4 스바댜의 현손이요 마할랄렐의

3. 예수님의 선조
눅 3:37 그 위는 야렛이요 그 위는 마할랄렐이요

마할랏(Mahalath)
1. 에서의 아내로 이스마엘의 딸
창 28:9 누이인 마할랏을 아내로 맞이하였더라
2. 다윗의 손녀로 르호보암의 아내
대하 11:18 딸 마할랏을 아내로 삼았으니 마할랏은

마핫(Mahath)
1. 레위 사람으로 선지자 사무엘의 선조
대상 6:35 엘가나는 마핫의 아들이요 마핫은
2. 레위 사람 그핫의 자손으로 아미새의 아들
대하 29:12 아미새의 아들 마핫과 아사랴의 아들
대하 31:13 마핫과 브나야는 고나냐와 그의 아우

마헬살랄하스바스(Maher-Shalal-Hash-Baz) 이사야가 둘째 아들에게 붙인 상징적인 이름
사 8:1 통용 문자로 마헬살랄하스바스라 쓰라
사 8:3 그의 이름을 마헬살랄하스바스라 하라

마홀(Mahol) 헤만과 갈골과 다르다의 아버지
왕상 4:31 마홀의 아들 헤만과 갈골과 다르다보다

마흔(四十, forty)
신 1:3 마흔째 해 열한째 달 그 달 첫째 날에

> **'마흔'과 관련된 수**
> 마흔 개 - 출 26:19, 21; 36:24, 26
> 마흔두 달 - 계 11:2; 13:5
> 마흔 척 - 겔 41:2; 46:22

마흘리(Mahli)
1. 레위 지파 므라리의 아들
출 6:19 므라리의 아들들은 마흘리와 무시니
대상 23:21 아들들은 마흘리와 무시요 마흘리의
대상 24:26 므라리의 아들들은 마흘리와 무시요
대상 24:28 마흘리의 아들 중에는 엘르아살이니
2. 레위 지파 므라리의 손자로 무시의 아들
대상 23:23 마흘리와 에델과 여레못 세 사람이더라
대상 24:30 아들들은 마흘리와 에델과 여리못이니

막(幕, curtain)
출 26:7 덮는 막 곧 휘장을 염소털로 만들되
출 26:11 고를 꿰어 연결하여 한 막이 되게 하고
출 26:12 그 막 곧 휘장의 그 나머지 반 폭은 성막
출 26:13 막 곧 휘장의 길이의 남은 것은 이쪽에
출 26:14 물 들인 숫양의 가죽으로 막의 덮개를
출 36:13 갈고리로 두 휘장을 연결하여 한 막을
출 36:14 덮는 막 곧 휘장을 염소 털로 만들되
출 36:19 물 들인 숫양의 가죽으로 막의 덮개를
출 39:33 곧 막과 그 모든 기구와 그 갈고리들과
출 40:19 성막 위에 막을 펴고 그 위에 덮개를

막게다(Makkedah) 여호수아가 취한 가나안 성읍
수 10:10 추격하여 아세가와 막게다까지 이르니

🔖 막게다 - 기타 본문
수 10:16, 17, 21, 28, 29; 12:16; 15:41

막나드배(Macnadebai) 이방 여인을 취한 사람
스 10:40 막나드배와 사새와 사래와

막내/-아들 (youngest)

창 42:13	가나안 땅 … 아들들이라 **막내아들**은
수 6:26	그 문을 세울 때에 그의 **막내아들**을
삿 9:5	여룹바알의 **막내아들** 요담은 스스로
삼상 16:11	이새가 이르되 아직 **막내**가 남았는데

막내/-아들 - 기타 본문
창 42:15, 20, 32, 34; 44:23, 26; 삼상 17:14; 왕상 16:34; 대상 24:31; 대하 21:17; 22:

막다 (oppose, interfere)

창 6:14	칸들을 **막고** 역청을 그 안팎에 칠하라
창 20:6	너를 **막아** 내게 범죄하지 아니하게
창 31:7	하나님이 그를 **막으사** 나를 해치지
민 4:5	들어가서 칸 **막는** 휘장을 걷어 증거궤를
민 24:11	그대를 **막아** 존귀하지 못하게 하셨도다
신 9:14	나를 **막지** 말라 내가 그들을 멸하여
수 10:18	큰 돌을 굴려 **막고** 사람을 그 곁에 두어
삼상 7:13	사는 날 동안에 블레셋 사람을 **막으시매**
삼하 23:12	서서 **막아** 블레셋 사람들을 친지라
왕상 22:35	아람 사람을 **막다가** 저녁에 이르러
대하 13:7	그들의 입을 능히 **막지** 못하였느니라
스 4:5	뇌물을 주어 그 계획을 **막았으며**
에 9:2	그들을 두려워하여 능히 **막을** 자가 없고
욥 9:12	누가 **막을** 수 있으며 무엇을 하시나이까
시 7:6	노를 **막으시며** 나를 위하여 깨소서
잠 28:17	달려갈 것이니 그를 **막지** 말지니라
전 2:10	내가 **막지** 아니하였으니 이는 나의 모든
사 14:6	열방을 억압하여도 그 억압을 **막을** 자
렘 2:24	그것을 **막으리요** 그것을 찾는 것들이
애 1:10	이방인들을 **막아** 주의 성회에 들어오지
겔 20:22	손을 **막아** 달리 행하였나니 내가 그들을
단 6:17	굴 어귀를 **막으매** 왕이 그 도장을
호 2:6	그 길을 **막으며** 담을 쌓아 그로 그 길을
암 9:11	그것들의 틈을 **막으며** 그 허물어진 것을
옵 1:14	도망하는 자를 **막지** 않을 것이며 고난의
욘 2:6	빗장으로 나를 오래도록 **막았사오나**
미 7:16	그 입을 **막을** 것이요 귀는 막힐 것이며
나 2:5	급히 성에 이르러 **막을** 것을 준비하도다
슥 7:11	돌리며 듣지 아니하려고 귀를 **막으며**
마 13:7	떨어지매 가시가 자라서 기운을 **막았고**
막 4:7	기운을 **막으므로** 결실하지 못하였으며
눅 8:7	가시가 함께 자라서 기운을 **막았고**
요 11:38	가시니 무덤이 굴이라 돌로 **막았거늘**
행 7:57	지르며 귀를 **막고** 일제히 그에게 달려
롬 1:18	진리를 **막는** 사람들의 모든 경건하지
갈 5:7	너희를 **막아** 진리를 순종하지 못하게
살전 2:18	하였으나 사탄이 우리를 **막았도다**
살후 2:6	나타나게 하려 하여 **막는** 것이 있는
딛 1:11	그들의 입을 **막을** 것이라 이런 자들이
히 11:33	받기도 하며 사자들의 입을 **막기도** 하며
벧전 2:15	사람들의 무식한 말을 **막으시는** 것이라

막다 - 기타 본문
창 11:6; 26:15; 민 20:20; 22:22, 32, 34; 수 10:27; 삼상 25:26, 33, 34; 대하 18:34; 28:12; 32:4, 30; 스 5:5; 6:7; 8:22; 욥 11:10; 12:15; 19:8; 28:11; 31:16; 33:17; 시 28:1; 57:6; 58:4; 138:7; 144:14; 잠 30:32; 사 33:15; 43:13; 렘 5:25; 애 3:9; 겔 22:30; 27:9, 27; 단 10:13; 슥 9:8; 막 4:19; 눅 11:52; 행 11:17; 27:43; 롬 3:19; 살후 2:7

막달라 (Magdalene) 갈릴리 호수 서안 지역

마 27:56	그 중에는 **막달라** 마리아와 또 야고보와

막달라 - 기타 본문
마 27:61; 28:1; 막 15:40, 47; 16:1, 9; 눅 8:2; 24:10; 요 19:25; 20:1, 18

막대기 (staff)

민 13:23	둘이 **막대기**에 꿰어 메고 또 석류와
삿 3:31	소 모는 **막대기**로 블레셋 사람 육백
삼상 17:40	**막대기**를 가지고 시내에서 매끄러운
삼상 17:43	개로 여기고 **막대기**를 가지고 내게
삼하 23:21	그가 **막대기**를 가지고 내려가 그 애굽
대상 11:23	그가 **막대기**를 가지고 내려가서 그 애굽
욥 9:34	주께서 그의 **막대기**를 내게서 떠나게
욥 40:18	뼈는 놋관 같고 그 뼈대는 쇠 **막대기**
시 23:4	함께 하심이라 주의 지팡이와 **막대기**가
잠 26:3	미련한 자의 등에는 **막대기**니라
사 9:4	압제자의 **막대기**를 주께서 꺾으시되
사 10:5	내 진노의 **막대기**요 그 손의 몽둥이는
사 10:15	**막대기**가 자기를 드는 자를 움직이려
사 10:24	애굽이 한 것처럼 **막대기**로 너를 때리며
사 10:26	**막대기**를 드시되 바다를 향하여 애굽에
사 11:4	그의 입의 **막대기**로 세상을 치며 그의

【 막대 저울 】　　　　　　　　　　　　　　　　　　　　　　　　【 막히다 】

사 14:29　**막대기**가 부러졌다고 기뻐하지 말라
사 28:27　작대기로 떨고 대회향은 **막대기**로
사 30:31　낙담할 것이며 주께서는 **막대기**로 치실
렘 48:17　강한 **막대기**, 아름다운 지팡이가 부러졌
애 4:8　　뼈들에 붙어 **막대기**같이 말랐으니 어느
겔 20:37　너희를 **막대기** 아래로 지나가게 하며
겔 37:16　너는 **막대기** … 다른 **막대기** … **막대기**
겔 37:17　**막대기**들을 서로 합하여 하나가 되게
겔 37:19　**막대기**를…**막대기**에 붙여서 한 **막대기**
겔 37:20　그 글 쓴 **막대기**들을 무리의 눈 앞에서
호 4:12　그 **막대기**는 그들에게 고하나니 이는
미 5:1　　에워쌌으니 **막대기**로 이스라엘 재판자
슥 11:7　**막대기** 둘을 취하여 하나는 은총이라
슥 11:10　이에 은총이라 하는 **막대기**를 취하여
슥 11:14　둘째 **막대기**를 꺾었으니 이는 유다와

막대 저울(balance)
사 40:12　저울로 산들을, **막대 저울**로 언덕들을

막데스(Market) 예루살렘의 한 지역
습 1:11　**막데스** 주민들아 너희는 슬피 울라

막디엘(Magdiel) 에서에게서 나온 에돔의 족장
창 36:43　**막디엘** 족장, 이람 족장이라 이들은
대상 1:54　**막디엘** 족장과 이람 족장이라 에돔의

막론하다(莫論, including, both)
창 17:12　돈으로 산 자를 **막론하고** 난 지 팔 일 만

┌ '막론하다' 와 관련된 성구 ──────────────┐
│ 귀천을 **막론하다** - 에 1:20; 시 49:2
│ 남녀를 **막론하다** - 출 21:29; 36:6; 레
│ 　　25:44; 민 5:3; 삼하 6:19; 대상 16:3;
│ 　　대하 15:13; 에 4:11; 행 9:2
│ 노소를 **막론하다** - 창 19:4; 왕하 23:2;
│ 　　25:26; 대하 34:30
│ 높고 낮은 자를 **막론하다** - 시 115:13; 욥 3:5
│ 누구를 **막론하다** - 대하 13:9; 스 6:11; 단
│ 　　5:7; 롬 2:1
│ 대소를 **막론하다** - 창 19:11; 대상 26:13;
│ 　　대하 31:15
│ 부정한 자를 **막론하다** - 신 12:15, 22
│ 원근을 **막론하다** - 왕상 8:46; 대하 6:36;
└──────────────────────────┘
　　　　에 9:20
　　　　짐승을 **막론하다** - 출 9:25; 12:12; 13:2

📖 **막론하다 – 기타 본문**
출 12:19; 19:13; 22:4; 레 18:9; 22:28; 민 26:56; 신 12:2; 삼상 30:19; 왕상 8:37; 대상 25:8; 대하 6:28; 에 3:13; 렘 42:6; 단 2:38

막반내(Macbannai) 갓 지파의 다윗의 용사
대상 12:13 열째는 예레미야요 열한째는 **막반내**라

막베나(Macbenah) 갈렙의 첩의 아들로 된 지명
대상 2:49　또 **막베나**와 기브아의 아버지 스와를

막벨라(Machpelah) 아브라함의 가족 묘지 동굴
창 23:9　　그의 **막벨라** 굴을 내게 주도록 하되

📖 **막벨라 – 기타 본문**
창 23:17, 19; 25:9; 49:30; 50:13

막비스(Magbish) 포로에서 귀환한 막비스 자손의 선조
스 2:30　　**막비스** 자손이 백오십육 명이요

막비아스(Magpiash) 율법 엄수 언약에 조인한 두목
느 10:20　**막비아스**, 므술람, 헤실,

막사(幕舍, tent)
민 1:52　이스라엘 자손은 **막사**를 치되 그 진영별
민 25:8　그의 **막사**에 들어가 이스라엘 남자와

막헬롯(Makheloth) 이스라엘이 진 쳤던 곳
민 33:25　하라다를 떠나 **막헬롯**에 진을 치고
민 33:26　**막헬롯**을 떠나 다핫에 진을 치고

막히다(stop)
왕상 18:44 비에 **막히지** 아니하도록 마차를 갖추고
욥 7:15　　차라리 숨이 **막히는** 것과 죽는 것을
시 63:11　거짓말하는 자의 입은 **막히리로다**
사 6:10　　귀가 **막히고** 그들의 눈이 감기게 하라
미 7:16　　그 입을 막을 것이요 귀는 막힐 것이며

【 만 1 】　　　　　　　　　　　　　　　　　　　　　　　　　　　　　　　　　　　　　【 만국 】

마 13:22　재물의 유혹에 말씀이 **막혀** 결실치 못
롬 1:13　하려 함이로되 지금까지 길이 **막혔도다**
고후 11:10　아가야 지방에서 나의 이 자랑이 **막히지**
엡 2:14　원수 된 것 곧 중간에 **막힌** 담을 자기
벧전 3:7　기도가 **막히지** 아니하게 하려 함이라

막히다 - 기타 본문
레 15:3; 스 9:3, 4; 겔 39:11; 43:8; 단 10:15; 눅 8:14; 롬 15:22

만 1(萬, ten thousand)
레 26:8　너희 백이 **만**을 쫓으리니 너희 대적들이
신 32:30　하나가 천을 쫓으며 둘이 **만**을 도망하게

만 명
삿 1:4　넘겨주시니 그들이 베섹에서 **만 명**을
삿 3:29　모압 사람 약 **만 명**을 죽였으니 모두
삿 4:6　자손 **만 명**을 거느리고 다볼 산으로
삿 4:10　게데스로 부르니 **만 명**이 그를 따라
삿 4:14　바락이 **만 명**을 거느리고 다볼 산에서
삿 7:3　이천 명이요 남은 자가 **만 명**이었더라
삿 20:10　천 명에 백 명, **만 명**에 천 명을 뽑아
삿 20:34　**만 명**이 기브아에 이르러 치매 싸움이
삼상 15:4　이십만 명이요 유다 사람이 **만 명**이라
삼하 18:3　우리 **명**보다 중하시오니 왕은 성읍에
왕상 5:14　한 달에 **만 명**씩 번갈아 레바논으로
왕하 13:7　보병 **만 명** 외에는 여호아하스에게 남겨
왕하 14:7　에돔 사람 **만 명**을 죽이고 또 전쟁을
왕하 24:14　용사 **만 명**과 모든 장인과 대장장이를
대하 25:11　이르러 세일 자손 **만 명**을 죽이고
대하 25:12　**만 명**을 사로잡아 가지고 바위 꼭대기에
시 91:7　**만 명**이 네 오른쪽에서 엎드러지나 이

만 가지
호 8:12　내 율법을 **만 가지**로 기록하였으나

만 2(滿, full)
창 41:1　**만** 이 년 후에 바로가 꿈을 꾼즉 자기
레 25:29　판 지 **만** 일 년 안에는 무를 수 있나니

만 3(only)
왕상 8:39　갚으시옵소서 주**만** 홀로 사람의 마음을
대하 6:30　행한대로 갚으시옵소서 주**만** 홀로 사람

대하 20:12　알지 못하옵고 오직 주**만** 바라보나이다
욥 42:5　귀로 듣기**만** 하였사오나 이제는 눈으로
시 51:4　주께**만** 범죄하여 주의 목전에 악을
시 83:18　이름하신 주**만** 온 세계의 지존자로 알게
시 86:10　행하시오니 주**만** 이 하나님이시니이다
사 26:13　관할하였사오나 우리는 주**만** 의지하고
사 37:20　천하만국이 주**만** 이 여호와이신 줄을
마 24:36　천사들과 아들도 모르고 오직 아버지**만**
막 5:36　이르되 두려워하지 말고 믿기**만** 하라
막 13:32　아들도 모르고 아버지**만** 아시느니라
눅 8:50　두려워하지 말고 믿기**만** 하라 그리하면
요 6:22　그 배에 오르지 아니하시고 제자들**만**
행 8:16　오직 주 예수의 이름으로 세례**만** 받을
행 18:25　자세히 말하며 가르치나 요한의 세례**만**
고전 7:39　시집 갈 것이나 주 안에서**만** 할 것이니
딤후 4:11　누가**만** 나와 함께 있느니라 네가 올
약 1:22　행하는 자가 되고 듣기**만** 하여 자신을
계 15:4　주**만** 거룩하시니이다 주의 의로우신

만국(萬國, all the nations)
대상 16:26　**만국**의 모든 신은 헛것이나 여호와께서
대상 16:35　**만국** 가운데에서 건져내시고 모으사
대하 22:5　**만국**에 명성과 영광이 있게 하여야
대하 36:23　세상 **만국**을 내게 주셨고 나에게 명령
시 96:5　**만국**의 모든 신들은 우상들이지만
시 96:7　**만국**의 족속들아 영광과 권능을 여호와
사 12:4　그의 행하심을 **만국** 중에 선포하며 그의
겔 22:4　이방의 능욕을 받으며 **만국**의 조롱 거리
욜 3:2　내가 **만국**을 모아 데리고 여호사밧
암 9:9　족속을 **만국** 중에서 체질하기를 체로
암 9:12　내 이름으로 일컫는 **만국**을 기업으로
옵 1:15　여호와께서 **만국**을 벌할 날이 가까웠나
막 13:10　또 복음이 먼저 **만국**에 전파되어야 할
딤전 3:16　**만국**에서 전파되시고 세상에서 믿은
계 2:26　일을 지키는 그에게 **만국**을 다스리는
계 12:5　철장으로 **만국**을 다스릴 남자라 그 아이
계 15:3　크고 놀라우시도다 **만국**의 왕이시여
계 15:4　의로우신 일이 나타났으매 **만국**이 와서
계 16:19　**만국**의 성들도 무너지니 큰 성 바벨론이
계 18:3　포도주로 말미암아 **만국**이 무너졌으며
계 18:23　왕족들이라 네 복술로 말미암아 **만국**이
계 19:15　그것으로 **만국**을 치겠고 친히 그들을
계 20:3　**만국**을 미혹하지 못하게 하였는데

788

【 만국인 】   【 만나 】

계 21:24 만국이 그 빛 가운데로 다니고 땅의
계 21:26 사람들이 만국의 영광과 존귀를 가지고
계 22:2 잎사귀들은 만국을 치료하기 위하여

천하만국

왕하 19:15 천하만국에 홀로 하나님이시라 주께서
왕하 19:19 천하만국이 주 여호와가 홀로 하나님이
사 37:16 천하만국에 유일하신 하나님이시라
사 37:20 천하만국이 주만이 여호와이신 줄을
슥 12:3 크게 상할 것이라 천하만국이 그것을
마 4:8 지극히 높은 산으로 가서 천하만국과
눅 4:5 이끌고 올라가서 순식간에 천하만국을

만국인(萬國人, nations)

옵 1:16 만국인이 항상 마시리니 곧 마시고

만군(萬軍, all the host of heaven)

왕상 22:19 하늘의 만군이 그의 좌우편에 모시고
대하 18:18 하늘의 만군이 그의 좌우편에 모시고

'만군'과 관련된 성구

만군의 여호와 – 삼상 1:3, 11; 4:4; 15:2
17:45; 삼하 6:2, 18; 7:8, 26, 27; 왕
상 18:15; 왕하 3:14; 대상 11:9,
17:7, 24; 시 24:10; 46:7, 11; 48:8;
69:6; 84:1, 3, 12; 사 1:9, 24; 2:12;
3:1, 15; 5:7, 9, 16, 24; 6:3, 5;
8:13, 18; 9:7, 13, 19; 10:16, 23,
24, 26, 33; 13:4, 13; 14:22, 23,
24, 27; 17:3; 18:7; 19:4, 12, 16,
17, 18, 20, 25; 21:10; 22:5, 12,
14, 15, 25; 23:9; 24:23; 25:6;
28:5, 29:6; 31:4, 5; 37:16, 32;
39:5; 44:6; 45:13; 47:4; 48:2;
51:15; 54:5; 렘 2:19; 6:3, 9; 7:3,
21; 8:3; 9:7, 15, 17; 10:16; 11:17,
20, 22; 16:9; 19:3, 11, 15; 20:12;
23:15, 16, 36; 25:8, 27, 28, 29,
32; 26:18; 27:4, 18, 19, 21; 28:2,
14; 29:4, 8, 17, 21, 25; 30:8;
31:23, 35; 32:14, 15, 18; 33:10–
11, 12; 35:13, 17, 18, 19; 42:15,
18; 43:10; 44:2, 11, 25; 46:10, 18,
25; 48:1, 15; 49:5, 7, 26, 35;

50:18, 25, 31, 33, 34; 51:5, 14,
19, 33, 57, 58; 암 9:5; 미 4:4; 나
2:13; 3:5; 합 2:13; 습 2:9, 10; 학
1:2, 5, 7, 9, 14; 2:4, 6, 7, 8, 9,
11, 17, 23; 슥 1:3, 4, 6, 12, 14,
16, 17; 2:8, 9, 11; 3:7, 9, 10;
4:6, 9; 5:4; 6:12, 15; 7:3, 4, 9,
12, 13; 8:1, 2, 3, 4, 6, 7, 9, 11,
14, 18, 19, 20, 21, 22, 23; 9:15;
10:3; 12:5; 13:2, 7; 14:16, 17,
21; 말 1:4, 6, 8, 9, 10, 11, 13,
14; 2:2, 4, 7, 8, 12, 16; 3:1, 5,
7, 10, 11, 12, 14, 17; 4:1, 3
만군의 주 – 롬 9:29; 약 5:4
만군의 주 여호와 – 사 28:22
만군의 하나님 – 삼하 5:10; 왕상 19:10,
14; 시 59:5; 80:4, 7, 14, 19; 84:8;
89:8; 렘 5:14; 15:16; 38:17; 44:7;
호 12:5; 암 3:13; 4:13; 5:14, 15,
16, 27; 6:8, 14

만기(滿期, end)

행 21:26 제사 드릴 때까지의 결례 기간이 만기된

만나(manna)

출 16:31 이스라엘 족속이 그 이름을 만나라
출 16:33 가져다가 그 속에 만나 한 오멜을
출 16:35 자손이 사십 년 동안 만나를 먹었으니 … 이르기까지 그들이 만나를 먹었더라
민 11:6 우리의 기력이 다하여 이 만나 외에는
민 11:7 만나는 깟씨와 같고 모양은 진주와 같은
민 11:9 이슬이 진영에 내릴 때에 만나도 함께
신 8:3 조상들도 알지 못하던 만나를 네게
신 8:16 조상들도 알지 못하던 만나를 광야에서
수 5:12 소산물을 먹은 다음 날에 만나가 … 사람들이 다시는 만나를 얻지 못하였고
느 9:20 주의 만나가 그들의 입에서 끊어지지
시 78:24 그들에게 만나를 비같이 내려 먹이시며
요 6:31 조상들은 광야에서 만나를 먹었나이다
요 6:49 조상들은 광야에서 만나를 먹었어도
히 9:4 있고 그 안에 만나를 담은 금 항아리와
계 2:17 그에게는 내가 감추었던 만나를 주고

【 만나다 】   【 만나다 】

만나다(find, overtake, experience, find, meet)
모세오경, 역사서

창 4:14 나를 **만나는** 자마다 나를 죽이겠나이다
창 4:15 그를 **만나는** 모든 사람에게서 죽임을
창 11:2 동방으로 옮기다가 시날 평지를 **만나**
창 16:7 샘물 곁 곧 술 길 샘 곁에서 그를 **만나**
창 19:19 없나이다 두렵건대 재앙을 **만나** 죽을까
창 24:12 순조롭게 **만나게** 하사 내 주인 아브라함
창 27:20 나로 순조롭게 **만나게** 하셨음이니이다
창 32:1 하나님의 사자들이 그를 **만난지라**
창 32:6 거느리고 주인을 **만나려고** 오더이다
창 32:17 너를 **만나** 묻기를 네가 누구의 사람이며
창 32:19 너희도 에서를 **만나거든** 곧 이같이
창 33:8 에서가 또 이르되 내가 **만난** 바 이 모든
창 37:15 어떤 사람이 그를 **만난즉** 그가 들에서
창 37:17 따라 가서 도단에서 그들을 **만나니라**
출 4:14 **만나러** 나오나니 그가 너를 볼 때에
출 4:24 여호와께서 그를 **만나사** 그를 죽이려
출 4:27 하나님의 산에서 모세를 **만나** 그에게
출 25:22 너와 **만나고** 속죄소 위 곧 증거궤 위에
출 29:42 드릴 번제라 내가 거기서 너희와 **만나고**
출 29:43 이스라엘 자손을 **만나리니** 내 영광으로
출 30:6 그 속죄소는 내가 너와 **만날** 곳이며
출 30:36 향 얼마를 곱게 찧어 내가 너와 **만날**
민 17:4 회막 안에서 내가 너희와 **만나는** 곳인
민 23:3 나를 **만나시리니** 그가 내게 지시하시는
민 35:19 자신이 죽일 것이니 그를 **만나면** 죽일
민 35:21 피를 보복하는 자는 살인자를 **만나면**
민 35:27 그 살인자를 **만나** 죽일지라도 피 흘린
신 4:29 뜻을 다하여 그를 찾으면 **만나리라**
신 22:23 남자가 그를 성읍 중에서 **만나** 동침하면
신 22:25 들에서 **만나서** 강간하였으면 그 강간한
신 22:27 처녀를 들에서 **만난** 까닭에 그 약혼자
신 22:28 처녀를 **만나** 그를 붙들고 동침하는 중에
신 25:18 너를 길에서 **만나** 네가 피곤할 때에 네
신 32:10 광야에서 **만나시고** 호위하시며 보호
수 9:11 그들을 **만나서** 그들에게 이르기를 우리
수 16:7 내려가 여리고를 **만나서** 요단에
수 19:11 답베셋을 **만나** 욕느암 앞 시내를 **만나고**
수 19:26 미살이며 그 경계의 서쪽은 갈멜을 **만나**
수 19:27 **만나고** 북쪽으로 입다 엘 골짜기를 **만나**
삿 1:5 아도니 베섹을 **만나** 그와 싸워서 가나안
삿 18:10 가면 평화로운 백성을 **만날** 것이요

삿 18:27 백성을 **만나** 칼날로 그들을 치며 그
삿 20:48 성읍과 가축을 **만나는** 자를 다 칼날로
룻 2:22 사람을 **만나지** 아니하는 것이 좋으니라
삼상 9:11 소녀들을 **만나** 그들에게 묻되 선견자가
삼상 9:13 올라가기 전에 곧 **만나리이다** 그가 오기 전에는 … 그를 **만나리이다**
삼상 10:2 사람을 **만나리니** 그들이 네게 이르기를
삼상 10:3 세 사람을 **만나리니** 한 사람은 염소
삼상 10:5 앞세우고 예언하며 내려오는 것을 **만날**
삼상 15:12 **만나려고** 아침에 일찍이 일어났더니
삼상 24:19 사람이 그의 원수를 **만나면** 그를 평안히
삼상 25:20 마주 내려오는 것을 **만나니라**
삼상 30:11 하나를 **만나** 그를 다윗에게로 데려다가
삼하 2:13 **만나** 함께 앉으니 이는 못 이쪽이요
삼하 17:12 그 **만날** 만한 곳에서 그를 기습하기를
삼하 17:20 찾아도 **만나지** 못하고 예루살렘으로
왕상 11:29 그를 **만나니** 아히야가 새 의복을 입었고
왕상 13:24 그를 **만나** 물어 죽이매 그의 시체가
왕상 18:7 엘리야가 그를 **만난지라** 그가 알아보고
왕상 18:16 오바댜가 가서 아합을 **만나** 그에게 말하매 아합이 엘리야를 **만나러** 가다가
왕상 19:19 엘리사를 **만나니** 그가 열두 겨릿소를
왕상 20:36 떠나가더니 사자가 그를 **만나** 죽였더라
왕상 20:37 사람을 **만나** 이르되 너는 나를 치라
왕상 21:18 아합 왕을 **만나라** 그가 나봇의 포도원을
왕하 1:3 사자를 **만나** 그에게 이르기를 이스라엘
왕하 1:6 우리를 **만나** 이르되 너희는 너희를 보낸
왕하 1:7 너희를 **만나** 이 말을 너희에게 한 그
왕하 4:29 사람을 **만나거든** 인사하지 말며 사람이
왕하 4:39 들포도덩굴을 **만나** 그것에서 들호박을
왕하 9:18 가서 **만나** 이르되 왕의 말씀이 평안하냐
왕하 9:21 이스르엘 사람 나봇의 토지에서 **만나매**
왕하 10:13 형제들을 **만나** 묻되 너희는 누구냐 하니
왕하 10:15 레갑의 아들 여호나답을 **만난지라** 그의
왕하 16:10 왕 디글랏 빌레셀을 **만나러** 다메섹에
왕하 19:8 립나로 가서 앗수르 왕을 **만났으니** 왕이
왕하 23:29 므깃도에서 **만났을** 때에 죽인지라
왕하 25:19 성 중에서 **만난** 바 왕의 시종 다섯 사람과 … 사람과 성중에서 **만난** 바 백성
대상 28:9 네가 만일 그를 찾으면 **만날** 것이요
대하 15:2 너희와 **만나게** 되시려니와 너희가
대하 15:4 찾으매 그가 그들과 **만나게** 되셨나니
대하 15:15 그들을 **만나** 주시고 그들의 사방에 평안

【 만나다 】　　　　　　　　　　　　　　　　　　　　　　　　　　　　　【 만나다 】

대하 20:16	여루엘 들 앞에서 그들을 **만나려니와**	겔 35:6	내가 너에게 피를 **만나게** 한즉 피가
대하 22:8	아하시야를 섬기는 자들을 **만나서**	호 2:7	그들을 찾을지라도 **만나지** 못할 것이라
느 6:2	오노 평지 한 촌에서 서로 **만나자** 하니	호 5:6	여호와를 찾으러 갈지라도 **만나지** 못할

시가서, 선지서

욥 5:14	어두움을 **만나고** 대낮에도 더듬기를	호 9:10	**만나기**를 광야에서 포도를 만남같이
욥 23:9	그가 왼쪽에서 일하시나 내가 **만날** 수	호 12:4	하나님은 벧엘에서 그를 **만나셨고** 거기
욥 24:8	산중에서 **만난** 소나기에 젖으며 가릴	호 13:8	그들을 **만나** 그의 염통 꺼풀을 찢고
시 32:6	경건한 자는 주를 **만날** 기회를 얻어서	암 4:12	이스라엘아 네 하나님 **만나기**를 준비하
시 46:1	피난처시요 힘이시니 환난 중에 **만날**	암 5:19	곰을 **만나거나** 혹은 집에 들어가서 손을
시 76:5	그들에게 도움을 줄 손을 **만날** 수 없도	욘 1:3	다시스로 가는 배를 **만난지라** 여호와의
시 85:10	인애와 진리가 같이 **만나고** 의와 화평이	욘 1:12	이 큰 폭풍을 **만난** 것이 나 때문인 줄을
시 116:3	이르므로 내가 환난과 슬픔을 **만났을**	미 3:6	밤을 **만나리니** 이상을 보지 못할 것이
잠 1:26	재앙을 **만날** 때에 내가 웃을 것이며		요 어둠을 **만나리니** 점치지 못하리라

신약

잠 1:28	찾으리라 그래도 나를 **만나지** 못하리니	마 8:28	나와 예수를 **만나니** 그들은 몹시 사나워
잠 7:15	나와 네 얼굴을 찾다가 너를 **만났도다**	마 8:34	온 시내가 예수를 **만나려고** 나가서 보고
잠 8:17	간절히 찾는 자가 나를 **만날** 것이니라	마 18:28	빚진 동료 한 사람을 **만나** 붙들어 목을
잠 17:12	암곰을 **만날지언정** 미련한 일을 행하	마 22:9	사람을 **만나는** 대로 혼인 잔치에 청하여
	는 미련한 자를 **만나지** 말 것이니라	마 22:10	선한 자나 **만나는** 대로 모두 데려오니
잠 20:6	자랑하나니 충성된 자를 누가 **만날** 수	마 27:32	구레네 사람을 **만나매** 그에게 예수의
아 3:2	찾으리라 하고 찾으나 **만나지** 못하였노	마 28:9	**만나** 이르시되 평안하냐 하시거늘
아 3:3	**만나서** 묻기를 내 마음으로 사랑하는	막 1:37	**만나서** 이르되 모든 사람이 주를 찾나이
아 3:4	사랑하는 자를 **만나서** 그를 붙잡고 내	막 5:2	무덤 사이에서 나와 예수를 **만나니라**
아 5:6	내가 그를 찾아도 못 **만났고** 불러도	막 14:13	한 동이를 가지고 가는 사람을 **만나리니**
아 5:7	나를 **만나매** 나를 쳐서 상하게 하였고	막 14:16	예수께서 하시던 말씀대로 **만나** 유월절
아 5:8	사랑하는 자를 **만나거든** 내가 사랑하므	눅 2:45	**만나지** 못하매 찾으면서 예루살렘에
아 8:1	밖에서 너를 **만날** 때에 입을 맞추어도	눅 2:46	사흘 후에 성전에서 **만난즉** 그가 선생들
사 7:3	밭 큰 길에 나가서 아하스를 **만나**	눅 4:42	무리가 찾다가 **만나서** 자기들에게서
사 13:15	**만나는** 자마다 창에 찔리겠고 잡히는	눅 8:27	예수를 **만나니** 그 사람은 오래 옷을
사 34:14	들짐승이 이리와 **만나며** 숫염소가 그	눅 10:30	강도를 **만나매** 강도들이 그 옷을 벗기고
사 35:9	그것을 **만나지** 못하겠고 오직 구속함을	눅 10:36	사람 중에 누가 강도 **만난** 자의 이웃이
사 37:8	돌아가다가 그 왕을 **만나니** 립나를 치고	눅 17:12	나병환자 열 명이 예수를 **만나** 멀리
사 41:12	너와 싸우던 자들을 **만나지** 못할 것이요	눅 19:32	자들이 가서 그 말씀하신 대로 **만난지라**
사 55:6	너희는 여호와를 **만날** 만한 때에 찾으라	눅 22:10	한 동이를 가지고 가는 사람을 **만나리니**
렘 2:24	아니하고 그 발정기에 **만나리라**	눅 22:13	말씀대로 **만나** 유월절을 준비하니라
렘 15:10	싸우는 자를 **만날** 자로 낳으셨도다 내가	요 1:41	우리가 메시야를 **만났다** 하고(메시야는
렘 29:13	구하면 나를 찾을 것이요 나를 **만나리라**	요 1:43	나가려 하시다가 빌립을 **만나** 이르시되
렘 29:14	너희들을 **만날** 것이며 너희를 포로된	요 1:45	기록한 그이를 우리가 **만났으니** 요셉의
렘 41:6	그들을 **만나** 아히감의 아들 그다랴에게	요 4:51	종들이 오다가 **만나서** 아이가 살아 있다
렘 41:12	기브온 큰 물 가에서 그를 **만나매**	요 5:14	사람을 **만나** 이르시되 보라 네가 나았으
렘 50:7	그들을 **만나는** 자들은 그들을 삼키며	요 6:25	바다 건너편에서 **만나** 랍비여 언제 여기
렘 52:25	성중에서 **만난** 왕의 내시 칠 명과 군인	요 7:34	나를 찾아도 **만나지** 못할 터이요 나
	을… 성 안에서 **만난** 평민 육십 명이라	요 7:35	**만나지** 못하리요 헬라인 중에 흩어져
겔 26:21	영원히 **만나지** 못하리라 주 여호와의	요 7:36	찾아도 **만나지** 못할 터이요 나 있는

【 만대 】　　　　　　　　　　　　　　　　　　　　　　　　　　　　【 만들다 】

요 9:35	말을 들으셨더니 그를 **만나사** 이르시되	출 20:11	모든 것을 **만들고** 일곱째 날에 쉬었음이
행 9:2	사람을 **만나면** 남녀를 막론하고 결박하	출 25:38	집게와 불 똥 그릇도 순금으로 **만들지니**
행 9:33	사람을 **만나매** 그는 중풍병으로 침상	출 26:7	염소털로 **만들되** 열한 폭을 **만들며**
행 11:26	**만나매** 안디옥에 데리고 와서 둘이 교회	출 26:37	싸고 그 갈고리도 금으로 **만들지며**
행 13:6	유대인 거짓 선지자임 마술사를 **만나니**	출 27:6	조각목으로 **만들고** 놋으로 쌀지며
행 13:22	이새의 아들 다윗을 **만나니** 내 마음에	출 27:8	널판으로 속이 비게 **만들되** 산에서 네
행 16:16	점치는 귀신 들린 여종 하나를 **만나니**		게 보인 대로 그들이 **만들게** 하라
행 17:17	장터에서는 날마다 **만나는** 사람들과	출 30:32	이와 같은 것을 **만들지** 말라 이는
행 18:2	한 사람을 **만나니** 글라우디오가 모든	출 30:33	이와 같은 것을 **만드는** 모든 자와
행 19:1	다녀 에베소에 와서 어떤 제자들을 **만나**	출 31:4	연구하여 금과 은과 놋으로 **만들게** 하며
행 20:14	바울이 앗소에서 우리를 **만나니** 우리가	출 31:5	기술로 나무를 새겨 **만들게** 하리라
행 21:2	베니게로 건너가는 배를 **만나서** 타고	출 31:6	네게 명령한 것을 다 **만들게** 할지니
행 27:6	알렉산드리아 배를 **만나** 우리를 오르게	출 31:11	네게 명령한 대로 그들이 **만들지니라**
행 27:41	흐르는 곳을 **만나** 배를 걸매 이물은	출 32:16	하나님이 **만드신** 것이요 글자는 하나님
행 28:14	형제들을 **만나** 그들의 청함을 받아 이레	출 35:10	여호와께서 명령하신 것을 다 **만들지니**
고전 10:11	말세를 **만난** 우리를 깨우치기 위하여	출 35:19	섬기기 위하여 정교하게 **만든** 옷 곧
고후 2:13	디도를 **만나지** 못하므로 내 심령이	출 35:29	모든 것을 **만들기** 위하여 물품을 드렸으
갈 1:17	사도 된 자들을 **만나려고** 예루살렘으로	출 36:3	모든 것을 **만들기** 위하여 가져온 예물을
딤후 1:17	나를 부지런히 찾아와 **만났음이라**	출 36:36	네 받침은 은으로 부어 **만들었으며**
히 7:1	쳐서 죽이고 돌아오는 아브라함을 **만나**	출 37:8	한 덩이로 그 양쪽에 **만들었으니**
히 7:10	멜기세덱이 아브라함을 **만날** 때에 레위	출 37:24	기구는 순금 한 달란트로 **만들었더라**

만나 보다

		출 38:7	제단은 널판으로 속이 비게 **만들었더라**
		출 38:8	수종드는 여인들의 거울로 **만들었더라**
민 23:15	저기서 여호와를 **만나 뵐** 동안에 여기	출 38:22	모세에게 명령하신 모든 것을 **만들었고**
전 1:16	지혜와 지식을 많이 **만나 보았음이로다**	레 2:4	기름을 섞어 **만든** 무교병이나 기름을
눅 7:9	이만한 믿음은 **만나 보지** 못하였노라	레 2:7	고운 가루와 기름을 섞어 **만들지니라**
행 16:40	집에 들어가서 형제들을 **만나 보고**	레 2:8	이것들로 **만든** 소제물을 여호와께로
		레 7:9	철판에서 **만든** 소제물은 모두 그 드린

만대(萬代, generations)

사 41:4	처음부터 **만대**를 불러내었느냐 나
골 1:26	만세와 **만대**로부터 감추어졌던 것인데

레 13:48	씨에나 혹 가죽에나 가죽으로 **만든** 모든
레 13:49	가죽으로 **만든** 모든 것에 병색이 푸르거
레 13:51	가죽으로 **만든** 것에 퍼졌으면 이는 악성
레 13:52	모든 가죽으로 **만든** 것을 불사를지니
레 13:53	씨에나 모든 가죽으로 **만든** 것에 퍼지지
레 13:57	가죽으로 **만든** 모든 것에 색점이 여전히
레 13:58	가죽으로 **만든** 모든 것에 그 색점이
레 13:59	씨에나 가죽으로 **만든** 모든 것에 발생한
레 23:17	이 에바로 **만든** 떡 두 개를 가져다가

만들다(make, bake, forge)

모세오경, 역사서

창 1:25	모든 것을 그 종류대로 **만드시니** 하나님
창 2:3	그 창조하시며 **만드시던** 모든 일을
창 6:15	네가 **만들** 방주는 이러하니 그 길이는
창 27:17	자기가 **만든** 별미와 떡을 자기 아들
창 40:17	윗광주리에 바로를 위하여 **만든** 각종
출 5:8	그들에게 **만들게** 하고 감하지 말라
출 5:14	어찌하여 어제와 오늘에 **만드는** 벽돌을
출 5:19	너희가 매일 **만드는** 벽돌을 조금도
출 20:4	물 속에 있는 어떤 형상도 **만들지**

민 8:4	이러하니 곧 금을 쳐서 **만든** 것인데 밑
	판에서 그 꽃까지 쳐서 **만든** 것이라
민 31:20	가죽으로 **만든** 모든 것과 염소털로 **만**
	든 모든 것과 나무로 **만든** 모든 것을
민 31:51	그들에게서 그 금으로 **만든** 모든 패물을
신 4:18	있는 어떤 어족의 형상이든지 **만들지**

792

만들다

'만들다'와 관련된 성구

가루로 만들다 - 마 21:44; 눅 20:18
가루를 만들다 - 출 32:20; 왕하 23:6, 15; 대하 34:7
가마를 만들다 - 아 3:9
가증한 물건을 만들다 - 사 44:19
갈고리를 만들다 - 출 36:38; 38:28
갈고리와 대접과 종지를 만들다 - 대상 28:17
갑판을 만들다 - 겔 27:6
강도의 소굴을 만들다 - 마 21:13; 막 11:17; 눅 19:46
강보를 만들다 - 욥 38:9
거리를 만들다 - 왕상 20:34
겉옷의 네 귀에 술을 만들다 - 신 22:12
겉을 만들다 - 눅 11:40
고를 만들다 - 출 36:11
고리를 만들다 - 출 38:5
골방을 만들다 - 왕상 6:5
과원을 만들다 - 암 9:14
과자를 만들다 - 민 11:8; 삼하 13:6, 8; 렘 7:18; 44:19; 호 7:4
관유를 만들다 - 출 30:25
관을 만들다 - 출 28:39, 40; 39:28
광명체를 만들다 - 창 1:16
구름장을 만들다 - 욥 37:18
궁창을 만들다 - 창 1:7
궤를 만들다 - 출 37:1; 신 10:3; 대하 24:8
그룹을 만들다 - 출 25:18; 37:7; 왕상 6:23; 대하 3:10
그릇을 만들다 - 출 27:3; 왕상 7:45; 대하 24:14; 렘 18:4; 롬 9:21
그물을 만들다 - 출 27:4
금 갈고리를 만들다 - 출 26:6; 36:13
금 고리를 만들다 - 출 25:12, 26; 28:23, 26, 27; 30:4; 36:34; 37:3, 13, 27; 39:16, 19, 20
금 기구를 만들다 - 대상 28:14
금송아지를 만들다 - 왕상 12:28
금신을 만들다 - 출 32:31
금, 은 그릇을 만들다 - 대상 29:5
금잔을 만들다 - 대상 28:17
금테를 만들다 - 출 37:2
기구를 만들다 - 창 4:22; 출 25:39; 대하 29:2; 대하 4:19
기둥 가름대를 만들다 - 출 38:28

기둥머리를 만들다 - 왕상 7:16
기둥 받침을 만들다 - 출 38:27
기둥을 만들다 - 출 26:32, 37; 36:36; 왕상 7:18; 대하 3:15
길을 만들다 - 히 12:13
꽃받침과 가지를 만들다 - 출 25:36; 37:22
난간을 만들다 - 신 22:8; 왕상 10:12
남자 우상을 만들다 - 겔 16:17
낫을 만들다 - 사 2:4; 미 4:3
널판을 만들다 - 출 26:15, 18, 22, 23; 36:20, 23, 25, 27, 28
노를 만들다 - 겔 27:6
놋 갈고리를 만들다 - 출 26:11; 36:18
놋 고리를 만들다 - 출 27:4
놋 그물을 만들다 - 출 38:4
놋기둥을 만들다 - 왕상 7:15
놋대야와 기둥과 놋그릇들을 만들다 - 대상 18:8
놋뱀을 만들다 - 민 21:9
놋 제단과 놋 그물과 제단의 모든 기구를 만들다 - 출 38:30
눈을 만들다 - 시 94:9
다른 신을 만들다 - 왕상 14:9
다섯 므나를 만들다 - 눅 19:18
대를 만들다 - 대하 6:13
대접을 만들다 - 왕상 7:40; 대하 4:8
도랑을 만들다 - 왕상 18:32
돌판을 만들다 - 출 34:1, 4
동산과 과원을 만들다 - 전 2:5
돛대를 만들다 - 겔 27:5
돛을 만들다 - 겔 27:7
들보를 만들다 - 대하 34:11
등잔대를 만들다 - 출 25:31; 37:17; 대하 4:7
등잔대와 등잔을 만들다 - 대상 28:15
등잔을 만들다 - 출 25:37
땅과 하늘을 만들다 - 창 2:4
땅을 만들다 - 사 45:12
땅을 황무지로 만들다 - 시 46:8; 렘 12:10
떡(을) 만들다 - 창 18:6; 왕상 17:13; 렘 37:21; 겔 4:9
뜰과 뜰 문을 만들다 - 대하 4:9
뜰을 만들다 - 출 38:9; 대상 28:6
띠를 만들다 - 출 28:39, 40; 39:29; 잠

【 만들다 】

'만들다'와 관련된 성구

31:24
막의 덮개를 만들다 - 출 26:14; 36:19
말뚝을 만들다 - 출 38:31
말을 만들다 - 욥 24:25
면류관을 만들다 - 슥 6:11
모든 족속을 한 혈통으로 만들다 - 행 17:26
목상을 만들다 - 대하 15:16
목책을 만들다 - 렘 6:6
못을 만들다 - 겔 15:3
묘성과 삼성을 만들다 - 암 5:8
무교병을 만들다 - 삿 6:19; 삼상 28:24
무교 전병을 만들다 - 출 29:2
무기와 방패를 만들다 - 대하 32:5
무더기를 만들다 - 수 8:28
무덤을 만들다 - 마 23:29; 눅 11:47, 48
문과 빗장을 만들다 - 대하 14:7
문설주를 만들다 - 왕상 6:33
문을 만들다 - 왕상 6:31
물두멍을 만들다 - 출 30:18; 38:8; 왕상 7:38; 대하 4:6
물들의 근원을 만들다 - 계 14:7
미운 물건을 만들다 - 겔 7:20
바다를 만들다 - 왕상 7:23, 24; 대하 4:2, 3
바다를 백발로 만들다 - 욥 41:32
받침 수레를 만들다 - 왕상 7:37
받침을 만들다 - 출 26:19, 37
방울을 만들다 - 출 39:25
방을 만들다 - 왕하 4:10; 느 13:5, 7
방주를 만들다 - 창 6:14
방패를 만들다 - 왕상 10:16, 17; 14:27; 대하 9:15, 16; 12:10
배낭을 만들다 - 눅 12:33
배를 만들다 - 대하 20:36
번개를 만들다 - 시 135:7
번제단을 만들다 - 출 38:1
법령을 만들다 - 사 10:1
벽돌을 만들다 - 창 11:3; 출 5:16
변소를 만들다 - 왕하 10:27
별들을 만들다 - 창 1:16
별미를 만들다 - 창 27:4, 7, 9, 14, 31
병과 잔을 만들다 - 출 25:29
병을 만들다 - 출 37:16
보금자리를 만들다 - 욥 39:27
보습을 만들다 - 사 2:4; 미 4:3

보좌를 만들다 - 왕상 10:18; 대하 9:17
부삽과 대접을 만들다 - 대하 4:11
부스러기를 만들다 - 사 41:15
부어 만든 우상 - 민 33:52; 대하 34:3, 4; 시 106:19; 사 30:22; 41:29; 42:17; 렘 10:14; 51:17; 단 11:8
북두성과 삼성과 묘성과 남방의 밀실을 만들다 - 욥 9:9
불뱀을 만들다 - 민 21:8
불 옮기는 그릇을 만들다 - 출 27:3; 38:3
불집게와 불 똥 그릇을 만들다 - 출 37:23
비구름의 길과 우레의 법칙을 만들다 - 욥 28:26
비방거리를 만들다 - 신 22:14, 17
뿔을 만들다 - 출 27:2; 38:2; 왕상 22:11; 대하 18:10
사람과 짐승들을 만들다 - 렘 27:5
사람을 만들다 - 창 1:26
사람의 모양을 만들다 - 사 44:13
사슬을 만들다 - 대하 3:16
산들을 겨같이 만들다 - 사 41:15
상을 만들다 - 출 25:23; 37:10; 대상 28:16; 대하 4:8
석류를 만들다 - 왕상 7:18; 대하 3:16
성막을 만들다 - 출 26:1
성막의 뜰을 만들다 - 출 27:9
성문을 만들다 - 사 54:12
성읍을 돌무더기로 만들다 - 사 25:2
성읍을 만들다 - 렘 22:6
성전의 모든 기구를 만들다 - 왕상 7:48
세마포를 만들다 - 사 19:9
속바지를 만들다 - 출 28:42; 39:28
속옷을 만들다 - 출 28:40
속죄소를 만들다 - 출 25:17; 37:6
송아지를 만들다 - 출 32:8, 35; 신 9:16; 느 9:18; 행 7:41
송아지 형상을 만들다 - 출 32:4; 왕하 17:16
쇠 멍에를 만들다 - 렘 28:13
쇠사슬을 만들다 - 겔 7:23
수건을 만들다 - 겔 13:18
수금과 비파를 만들다 - 왕상 10:12; 대하 9:11
수도를 만들다 - 왕하 20:20

【 만들다 】　　　　　　　　　　　　　　　　　【 만들다 】

'만들다'와 관련된 성구

수레를 만들다 - 삼상 6:7; 왕상 7:27, 37
신상 모형을 만들다 - 행 19:24
신상을 만들다 - 출 20:23; 34:17; 레 19:4; 삿 17:3, 4; 왕하 17:29; 사 44:10, 15; 단 3:1
신을 만들다 - 출 32:1, 23; 사 46:6
실을 만들다 - 출 39:3
아세라 (목)상을 만들다 - 왕상 14:15; 15:13; 16:33; 왕하 17:16; 21:3; 대하 33:3
악을 만들다 - 시 37:8
안뜰을 만들다 - 왕상 6:36
어깨받이를 만들다 - 출 39:4
에봇과 드라빔을 만들다 - 삿 17:5
에봇 받침 긴 옷을 만들다 - 출 39:22
에봇을 만들다 - 출 39:2; 삿 8:27
여름과 겨울을 만들다 - 시 74:17
여자를 만들다 - 창 2:22
연장을 만들다 - 사 44:12
예루살렘을 무더기로 만들다 - 렘 9:11
예물을 만들다 - 출 36:6
옷단 귀에 술을 만들다 - 민 15:38
옷을 만들다 - 출 39:1; 욥 38:9
우상을 만들다 - 출 20:4; 레 26:1; 신 4:16; 5:8; 9:12; 왕상 14:9; 대하 28:2; 시 115:8; 사 40:20; 44:9, 10, 17; 45:16; 겔 22:3; 호 8:4; 13:2; 계 13:14
웅덩이와 굴과 산성을 만들다 - 삿 6:2
윗덮개를 만들다 - 출 26:14; 36:19
은 기구를 만들다 - 대상 28:14
은 나팔을 만들다 - 민 10:2
은 받침을 만들다 - 출 36:24, 26
은사슬을 만들다 - 사 40:19
은상을 만들다 - 대상 28:16
은잔을 만들다 - 대상 28:17
음식을 만들다 - 왕상 17:12
인내를 만들다 - 약 1:3
일을 만들다 - 살후 3:11; 딤전 5:13
입을 칼같이 만들다 - 사 49:2
잔을 만들다 - 출 25:29
장사하는 집을 만들다 - 요 2:16
재를 만들다 - 암 2:1
저수지를 만들다 - 사 22:11

제단을 만들다 - 출 27:1; 30:1; 37:25; 왕하 16:11; 대하 4:1; 스 3:2; 겔 43:18; 호 8:11
조각목으로 띠를 만들다 - 출 26:26; 36:31
줄과 멍에를 만들다 - 렘 27:2
중간띠를 만들다 - 출 36:33
쥐의 형상을 만들다 - 삼상 6:5
즙 짜는 틀을 만들다 - 막 12:1
지성소를 만들다 - 왕상 6:16
집을 거름더미로 만들다 - 단 2:5
차일을 만들다 - 겔 27:7
창녀의 지체를 만들다 - 고전 6:15
창문을 만들다 - 렘 22:14
창을 만들다 - 욜 3:10
채를 만들다 - 출 25:13, 28; 27:6; 30:5; 37:4, 15, 28; 38:6
채찍을 만들다 - 요 2:15
천막을 만들다 - 행 18:3
천지를 만들다 - 왕하 19:15; 사 37:16
철판을 만들다 - 민 16:38
청색 고를 만들다 - 출 26:4
층대를 만들다 - 대하 9:11
치는 기구를 만들다 - 신 20:20
칼을 만들다 - 수 5:2, 3; 삿 3:16; 욜 3:10
칼이나 창을 만들다 - 삼상 13:19
턱을 만들다 - 출 25:25; 37:12
텃밭을 만들다 - 렘 29:5
테를 만들다 - 출 25:25; 28:13; 37:12
틀을 만들다 - 마 21:33
판결 흉패를 만들다 - 출 28:15
판자를 만들다 - 겔 27:5
패를 만들다 - 출 28:36; 39:30
포도원을 만들다 - 신 20:6; 겔 28:26; 마 21:33; 막 12:1; 눅 20:9
포도주를 만들다 - 요 4:46
풋말을 만들다 - 렘 31:21
하나를 만들다 - 엡 2:14
향기름을 만들다 - 출 30:25; 대상 9:30
향료 만들다 - 삼상 8:13
향을 만들다 - 출 25:6; 30:35; 35:8; 37:29
화염의 빛을 만들다 - 사 4:5
휘장을 만들다 - 출 26:1, 7, 31, 36; 36:14, 37

795

【 만들다 】

신 4:28	손으로 **만든** 바 보지도 못하며 듣지도
신 5:8	있는 것의 어떤 형상도 **만들지** 말며
신 9:21	너희가 **만든** 송아지를 가져다가 불살라
신 10:5	**만든** 궤에 넣었더니 지금까지 있느니라
신 27:15	그것을 **만들어** 은밀히 세우는 자는 저주
신 28:36	네가 거기서 목석으로 **만든** 다른 신들을
신 32:6	그가 너를 **만드시고** 너를 세우셨도다
수 8:31	새 돌로 **만든** 제단이라 무리가 여호와께
삿 18:14	신상과 부어 **만든** 신상이 있는 줄을
삿 18:17	신상과 에봇과 드라빔과 부어 **만든** 신상
삿 18:18	드라빔과 부어 **만든** 신상을 가지고
삿 18:24	**만든** 신들과 제사장을 빼앗아 갔으니
삿 18:27	단 자손이 미가가 **만든** 것과 그 제사장
삿 18:31	미가가 **만든** 바 새긴 신상이 단 자손에
삼상 6:8	금으로 **만든** 물건들은 상자에 담아 궤
삼상 8:12	자기 무기와 병거의 장비도 **만들게** 할
삼하 6:5	잣나무로 **만든** 여러 가지 악기와 수금과
삼하 7:9	이름같이 네 이름을 위대하게 **만들어**
삼하 13:10	다말이 자기가 **만든** 과자를 가지고 침실
왕상 6:32	감람나무로 **만든** 그 두 문짝에 그룹과
왕상 7:5	네모지게 **만들었는데** 창과 창이 세
왕상 7:17	땋은 것을 **만들었으니** 이 머리에 일곱
왕상 7:19	네 규빗은 백합화 모양으로 **만들었으며**
왕상 7:26	양식으로 잔 가와 같이 **만들었으니**
왕상 7:30	아래쪽에 부어 **만들었고** 화환은 각각
왕상 7:33	테와 살과 통이 다 부어 **만든** 것이며
왕상 7:42	위하여 **만든** 바 매 그물에 두 줄씩으로
왕상 7:51	위하여 **만드는** 바 모든 일을 마칠지라 이에
왕상 10:20	나라에도 이같이 **만든** 것이 없었더라
왕상 12:32	그가 **만든** 송아지에게 제사를 드렸으며
왕상 14:26	솔로몬이 **만든** 금 방패를 다 빼앗은지라
왕상 17:13	그 후에 너와 네 아들을 위하여 **만들라**
왕상 20:34	아버지께서 사마리아에 **만든** 것같이
왕하 3:2	**만든** 바알의 주상을 없이하였음이라
왕하 4:42	처음 **만든** 떡 곧 보리떡 이십 개와
왕하 12:13	아무 금 그릇이나 은 그릇도 **만들지**
왕하 17:19	사람들이 **만든** 관습을 행하였으므로
왕하 17:30	**만들었고** 굿 사람들은 네르갈을 **만들었고** 하맛 사람들은 아시마를 **만들었고**
왕하 17:31	다르닥을 **만들었고** 스발와임 사람들은
왕하 18:4	모세가 **만들었던** 놋뱀을 이스라엘 자손
왕하 19:18	손으로 **만든** 것 곧 나무와 돌 뿐이므로
왕하 21:7	자기가 **만든** 아로새긴 아세라 목상을

왕하 23:4	일월 성신을 위하여 **만든** 모든 그릇들
왕하 24:13	솔로몬이 **만든** 것 곧 여호와의 성전의
왕하 25:15	금으로 **만든** 것이나 은으로 **만든** 것이나
왕하 25:16	여호와의 성전을 위하여 **만든** 두 기둥과
대상 16:3	야자열매로 **만든** 과자와 건포도로 **만든**
대상 17:8	자들의 이름 같은 이름을 네게 **만들어**
대상 23:5	찬송을 드리기 위하여 **만든** 악기로
대상 28:18	설계도대로 **만들** 금의 무게를 정해 주니
대하 3:5	잣나무로 **만들고** 또 순금으로 입히고
대하 4:5	백합화의 모양으로 **만들었으니** 그 바다
대하 4:13	또 그 그물들을 위하여 **만든** 각 그물에
대하 4:16	솔로몬 왕을 위하여 빛나는 놋으로 **만들**
대하 4:18	매우 많이 **만들었으므로** 그 놋 무게를
대하 4:21	금으로 **만든** 꽃과 등잔과 부젓가락이며
대하 4:22	순금으로 **만든** 불집게와 주발과 숟가락
대하 5:1	여호와의 전을 위하여 **만드는** 모든 일
대하 7:6	감사하게 하려고 **만들어서** 여호와의
대하 8:5	있게 하여 견고한 성읍으로 **만들고**
대하 9:19	어떤 나라에도 이같이 **만든** 것이 없었
대하 11:15	숫염소 우상과 자기가 **만든** 송아지 우상
대하 12:9	모두 빼앗고 솔로몬이 **만든** 금 방패도
대하 13:8	신으로 **만든** 금송아지들이 너희와 함께
대하 16:14	법대로 **만든** 각양 향 재료를 가득히
대하 33:7	자기가 **만든** 아로새긴 목상을 하나님
대하 33:22	므낫세가 **만든** 아로새긴 모든 우상에게
느 3:16	이르고 또 파서 **만든** 못을 지나 용사의
에 1:6	금과 은으로 **만든** 걸상을 화반석, 백석,

시가서, 선지서

욥 7:17	주께서 그를 크게 **만드사** 그에게 마음을
욥 10:8	나를 빚으셨으며 **만드셨는데** 이제
욥 31:15	나를 태속에 **만드신** 이가 그도 **만들지**
욥 40:19	하나님이 **만드신** 것 중에 으뜸이라
시 7:13	도구를 또한 예비하심이여 그가 **만든**
시 7:15	웅덩이를 파 **만듦이여** 제가 만든 함정에
시 8:3	손가락으로 **만드신** 주의 하늘과 주께서
시 8:6	손으로 **만드신** 것을 다스리게 하시고
시 78:54	오른손으로 **만드신** 산으로 인도하시고
시 95:5	그의 것이라 그가 **만드셨고** 육지도 그의
시 115:4	은과 금이요 사람이 손으로 **만든** 것이라
시 119:73	주의 손이 나를 **만들고** 세우셨사오니
시 135:15	우상은 은금이요 사람의 손으로 **만든**
시 135:18	그것을 **만든** 자와 그것을 의지하는 자가
시 139:13	나의 모태에서 나를 **만드셨나이다**

【 만들다 】　　　　　　　　　　　　　　　　　　【 만류하다 】

잠 26:10	장인이 온갖 것을 **만들지라도** 미련한
전 10:1	향기름을 악취가 나게 **만드는** 것같이
	적은 우매가 … 난처하게 **만드느니라**
아 1:11	위하여 금 사슬에 은을 박아 **만들리라**
아 7:1	둥글어서 숙련공의 손이 **만든** 구슬꿰미
사 2:8	손으로 짓고 자기 손가락으로 **만든** 것을
사 2:20	경배하려고 **만들었던** 은 우상과 금 우상
사 17:8	자기 손으로 **만든** 제단을 바라보지
사 31:7	손으로 **만들어** 범죄한 은 우상, 금 우상
사 37:19	손으로 **만든** 것일 뿐이요 나무와 돌이라
사 43:7	내가 지었고 그를 내가 **만들었느니라**
사 44:2	너를 **만들고** 너를 모태에서부터 지어 낸
사 45:9	무엇을 **만드느냐** 또는 네가 **만든** 것이
사 45:18	그것을 **만드셨으며** 그것을 견고하게
사 48:5	신상과 부어 **만든** 신상이 명령한 바라
사 59:8	스스로 **만드나니** 무릇 이 길을 밟는
사 60:21	내가 손으로 **만든** 것으로서 나의 영광을
렘 1:16	손으로 **만든** 것들에 절하였은즉 내가
렘 2:7	내 기업을 역겨운 것으로 **만들었으며**
렘 2:28	네가 **만든** 네 신들이 어디 있느냐 그들
렘 3:16	찾지 아니할 것이요 다시는 **만들지**
렘 6:8	하여 주민이 없는 땅으로 **만들리라**
렘 10:3	기술공의 두 손이 도끼로 **만든** 것이라
렘 10:9	손으로 **만들었고** … 정교한 솜씨로 **만든**
렘 10:15	망령되이 **만든** 것인즉 징벌하실 때에
렘 14:22	주께서 이 모든 것을 **만드셨음이니이다**
렘 18:4	진흙으로 **만든** 그릇이 토기장이의
렘 25:6	손으로 **만든** 것으로써 나의 노여움을
렘 25:7	손으로 **만든** 것으로써 나의 노여움을
렘 32:24	성을 빼앗으려고 **만든** 참호가 이 성에
렘 32:30	손으로 **만든** 것을 가지고 나를 격노하게
렘 33:2	그것을 **만들며** 성취하시는 여호와, 그의
렘 44:8	너희 손이 **만든** 것으로 나의 노여움을
렘 52:19	금으로 **만든** 물건의 금과 은으로 **만든**
렘 52:20	여호와의 성전을 위하여 **만든** 두 기둥과
애 4:2	토기장이가 **만든** 질항아리같이 여김이
겔 4:12	보리떡처럼 **만들어** 먹되 그들의 목전에
겔 6:9	분향제단들이 찍히며 너희가 **만든** 것이
겔 22:4	네가 **만든** 우상으로 말미암아 스스로
겔 25:5	내가 랍바를 낙타의 우리로 **만들며**
겔 29:3	내 것이라 내가 나를 위하여 **만들었다**
겔 29:9	강은 내 것이라 내가 **만들었다** 하도다
겔 32:23	무덤이 구덩이 깊은 곳에 **만들어졌고**
겔 40:42	또 다음은 돌로 **만들어** 번제에 쓰는
겔 41:22	나무로 **만들었더라** 그가 내게 이르되
단 3:15	내가 **만든** 신상 앞에 엎드려 절하면
단 5:4	은, 구리, 쇠, 나무, 돌로 **만든** 신들을
단 5:23	구리, 쇠와 나무, 돌로 **만든** 신상들을
호 8:6	장인이 **만든** 것이라 참 신이 아니니
호 13:2	그것은 다 은장색이 **만든** 것이거늘
호 14:3	손으로 **만든** 것을 향하여 너희는 우리의
암 5:26	너희를 위하여 **만든** 신들의 별 형상을
미 5:13	네 손으로 **만든** 것을 다시는 섬기지
미 6:16	조소 거리로 **만들리라** 너희가 내 백성의
합 2:18	새긴 우상은 그 새겨 **만든** 자에게 무엇
	이 유익하겠느냐 부어 **만든** 우상은 거짓
말 2:15	충만하였으나 오직 하나를 **만들지** 아
	니하셨느냐 … 하나만 **만드셨느냐**

신약

마 19:12	사람이 **만든** 고자도 있고 천국을 위하여
눅 11:40	겉을 **만드신** 이가 속도 **만들지** 아니하셨
눅 12:27	실도 **만들지** 않고 짜지도 아니하느니라
눅 20:14	그 유산을 우리의 것으로 **만들자** 하고
행 7:40	우리를 위하여 **만들라** 애굽 땅에서
행 7:41	앞에 제사하며 자기 손으로 **만든** 것을
행 7:43	너희가 절하고자 하여 **만든** 형상이로다
행 7:44	명하사 그가 본 그 양식대로 **만들게**
행 19:26	사람의 손으로 **만든** 것들은 신이 아니라
롬 1:20	영원하신 능력과 신성이 그가 **만드신**
롬 7:13	나를 죽게 **만들었으니** 이는 계명으로
롬 9:20	자에게 어찌 나를 이같이 **만들었느냐**
갈 2:18	내가 나를 범법한 자로 **만드는** 것이라
엡 2:10	우리는 그가 **만드신** 바라 그리스도 예수
히 9:24	손으로 **만든** 성소에 들어가지 아니하시
히 12:27	진동할 것들 곧 **만드신** 것들이 변동될
벧후 1:16	알게 한 것이 교묘히 **만든** 이야기를
요일 1:10	이로 **만드는** 것이니 또한 그의 말씀이
요일 5:10	하나님을 거짓말하는 자로 **만드나니**
계 18:12	철과 대리석으로 **만든** 각종 그릇이요

📖 **만들다 – 기타 본문**
출 30:1, 4, 18, 35, 37, 38; 32:35; 36:14; 37:17; 민 10:2; 사 40:19; 44:12; 49:2

만류하다(挽留, detain, keep from)

| 창 24:56 | 나를 **만류하지** 마소서 여호와께서 내게 |

[만만]　　　　　　　　　　　　　　　　　　　　[만민]

눅 4:42　떠나시지 못하게 **만류하려** 하매

만만(萬萬, ten thousands)
신 33:17　에브라임의 자손은 **만만**이요 므낫세의
삼상 18:7　죽인 자는 천천이요 다윗은 **만만**이로다
삼상 18:8　다윗에게는 **만만**을 돌리고 내게는
삼상 21:11　다윗은 **만만**이로다 하지 아니하였나이
삼상 29:5　다윗은 **만만**이로다 하던 그 다윗이
시 68:17　하나님의 병거는 천천이요 **만만**이라
시 144:13　우리의 양은 들에서 천천과 **만만**으로
단 7:10　모셔 선 자는 **만만**이며 심판을 베푸는데
계 5:11　천사의 음성이 있으니 그 수가 **만만**이요

　만만의 강물
미 6:7　**만만의 강물** 같은 기름을 기뻐하실까

만물(萬物, everything, all things)
창 2:1　천지와 **만물**이 다 이루어지니라
신 10:14　**만물**은 본래 네 하나님 여호와께 속한
대상 29:11　주는 높으사 **만물**의 머리이심이니이다
대상 29:12　주는 **만물**의 주재가 되사 손에 권세와
느 9:6　땅 위의 **만물**과 바다와 그 가운데 모든
시 8:6　만드신 것을 다스리게 하시고 **만물**을
시 119:91　오늘까지 있음은 **만물**이 주의 종이 된
시 146:6　그 중의 **만물**을 지으시며 영원히 진실함
전 1:8　모든 **만물**이 피곤하다는 것을 사람이
사 42:10　바다 가운데의 **만물**과 섬들과 거기에
사 44:24　나는 **만물**을 지은 여호와라 홀로 하늘을
렘 10:16　그는 **만물**의 조성자요 이스라엘은 그의
렘 17:9　**만물**보다 거짓되고 심히 부패한 것은
렘 51:19　그는 **만물**을 지으신 분이요 이스라엘은
요 1:3　**만물**이 그로 말미암아 지은 바 되었으니
요 3:31　**만물** 위에 계시고 땅에서 난 이는 땅에
　　　… 오시는 이는 **만물** 위에 계시나니
요 3:35　아들을 사랑하사 **만물**을 다 그의 손에
요 10:29　그들을 주신 내 아버지는 **만물**보다
행 3:21　**만물**을 회복하실 때까지는 하늘이
행 4:24　바다와 그 가운데 **만물**을 지은 이시요
행 14:15　그 가운데 **만물**을 지으시고 살아 계신
행 17:24　가운데 있는 **만물**을 지으신 하나님께서
행 17:25　만민에게 생명과 호흡과 **만물**을 친히
롬 1:20　만드신 **만물**에 분명히 보여 알려졌나니
롬 9:5　그는 **만물** 위에 계셔서 세세에 찬양할

롬 11:36　이는 **만물**이 주에게서 나오고 주로
롬 14:20　**만물**이 다 깨끗하되 거리낌으로 먹는
고전 3:21　자랑하지 말라 **만물**이 다 너희 것임이라
고전 4:13　세상의 더러운 것과 **만물**의 찌꺼기같이
고전 8:6　**만물**이 그에게서 났고 우리도 … 또한
　　　한 주 예수 그리스도께서 계시니 **만물**이
고전 15:27　**만물**을 그의 발아래에 … **만물**을 아래
　　　에 둔다 말씀하실 때에 **만물**을 그의
고전 15:28　**만물**을 그에게 복종하게 하실 때에는
　　　아들 자신도 그 때에 **만물**을 자기에게
엡 1:22　**만물**을 그의 발아래에 … 하시고 그를
　　　만물 위에 교회의 머리로 삼으셨느니라
엡 1:23　몸이니 **만물** 안에서 **만물**을 충만하게
엡 3:9　영원부터 **만물**을 창조하신 하나님 속에
엡 4:10　하늘 위에 오르신 자니 이는 **만물**을
빌 3:21　**만물**을 자기에게 복종하게 하실 수 있는
골 1:16　**만물**이 그에게서 … 통치자들이나 권세
　　　들이나 **만물**이 다 그로 말미암고 그를
골 1:17　**만물**보다 먼저 계시고 **만물**이 그 안에
골 1:18　나신 이시니 이는 친히 **만물**의 으뜸이
골 1:20　이루사 **만물** 곧 땅에 있는 것들이나
딤전 6:13　**만물**을 살게 하신 하나님 앞과 본디오
히 1:3　능력의 말씀으로 **만물**을 붙드시며 죄를
히 2:8　**만물**을 그 발아래에 … **만물**로 그에게
　　　복종하게 … 우리가 **만물**이 아직 그에게
히 2:10　그러므로 **만물**이 그를 위하고 또한 그로
히 3:4　집마다 지은 이가 있으니 **만물**을 지으신
히 4:13　**만물**이 벌거벗은 것같이 드러나느니라
벧전 4:7　**만물**의 마지막이 가까이 왔으니
벧후 3:4　**만물**이 처음 창조될 때와 같이 그냥
계 4:11　주께서 **만물**을 지으신지라 **만물**이 주의
계 21:5　내가 **만물**을 새롭게 하노라 하시고 또

만민(萬民, all, all men, all nations)
창 18:18　천하 **만민**은 그로 말미암아 복을 받게
창 22:18　천하 **만민**이 복을 받으리니 이는 네가
창 26:4　자손으로 말미암아 천하 **만민**이 복을
창 27:29　**만민**이 너를 섬기고 열국이 네게 굴복
출 33:16　주의 백성을 천하 **만민** 중에 구별하심이
레 20:24　너희를 **만민** 중에서 구별한 너희의
레 20:26　소유로 삼으려고 너희를 **만민** 중에서
신 2:25　천하 **만민**이 너를 무서워하며 너를
신 4:19　천하 **만민**을 위하여 배정하신 것을 보고

798

【 만민 】   【 만세 1 】

신 7:6	지상 **만민** 중에서 너를 자기 기업이	겔 28:19	**만민** 중에 너를 아는 자가 너로
신 7:14	**만민**보다 훨씬 더하여 너희 중의 남녀와	겔 29:13	내가 **만민** 중에 흩은 애굽 사람을 다시
신 10:15	후손인 너희를 **만민** 중에서 택하셨음이	겔 34:13	**만민** 가운데에서 끌어내며 여러 백성
신 14:2	지상 **만민** 중에서 너를 택하여 자기	겔 36:15	**만민**의 비방을 다시 받지 아니하게 하며
신 28:64	끝에서 저 끝까지 **만민** 중에 흩으시리니	겔 39:27	내가 그들을 **만민** 중에서 돌아오게 하고
왕상 8:43	땅의 **만민**이 주의 이름을 알고 주의	단 4:12	**만민**의 먹을 것이 될 만하고 들짐승이
왕상 8:53	세상 **만민** 가운데에서 그들을 구별하여	단 4:21	**만민**의 먹을 것이 될 만하고 들짐승은
왕상 8:60	세상 **만민**에게 여호와께서만 하나님이	호 10:10	두 가지 죄에 걸릴 때에 **만민**이 모여서
대상 16:8	그가 행하신 일을 **만민** 중에 알릴지어다	욜 2:28	**만민**에게 부어 주리니 너희 자녀들이
대상 16:24	기이한 행적을 **만민** 중에 선포할지어다	미 4:5	**만민**이 각각 자기의 신의 이름을 의지하
대하 6:33	땅의 **만민**이 주의 이름을 알고 주의	습 3:20	천하 **만민** 가운데서 명성과 칭찬을 얻게
에 3:8	법률이 **만민**의 것과 달라서 왕의 법률을	막 11:17	내 집은 **만민**이 기도하는 집이라 칭함을
욥 12:24	**만민**의 우두머리들의 총명을 빼앗으시	막 16:15	다니며 **만민**에게 복음을 전파하라
욥 36:31	이런 것들로 **만민**을 심판하시며 음식을	눅 2:31	이는 **만민** 앞에 예비하신 것이요
시 7:8	여호와께서 **만민**에게 심판을 행하시오	요 17:2	**만민**을 다스리는 권세를 아들에게
시 9:8	심판하심이여 정직으로 **만민**에게 판결	행 17:25	이는 **만민**에게 생명과 호흡과 만물을
시 45:5	원수의 염통을 뚫으니 **만민**이 왕의 앞에	골 1:23	이 복음은 천하 **만민**에게 전파된 바요
시 45:17	기억하게 하리로다 그러므로 **만민**이 왕을	히 12:23	**만민**의 심판자이신 하나님과 및 온전하
시 47:1	너희 **만민**들아 손바닥을 치고 즐거운		
시 47:3	여호와께서 **만민**을 우리에게, 나라들을	**만방**(萬邦, all nations)	
시 57:9	**만민** 중에서 주께 감사하오며 뭇 나라	사 2:2	작은 산 위에 뛰어나리니 **만방**이 그리로
시 65:7	물결의 흔들림과 **만민**의 소요까지		
시 66:8	**만민**들아 우리 하나님을 송축하며 그의	**만사**(萬事, every activity, all things)	
시 68:30	**만민**의 송아지를 꾸짖으시고 은 조각을	삼하 23:5	**만사**에 구비하고 견고하게 하셨으니
시 96:3	그의 기이한 행적을 **만민** 가운데에	전 3:1	범사에 기한이 있고 천하 **만사**가 다
시 96:10	그가 **만민**을 공평하게 심판하시리라	전 11:5	**만사**를 성취하시는 하나님의 일을 네가
시 99:1	여호와께서 다스리시니 **만민**이 떨		
시 105:1	그가 하는 일을 **만민** 중에 알게 할지어	**만삭되다**(滿朔, due-KJV)	
시 108:3	**만민** 중에서 주께 감사하고 뭇 나라	욥 39:2	그것이 몇 달 만에 **만삭되는지** 아느냐
사 11:10	**만민**의 기치로 설 것이요 열방이 그에게	시 58:8	**만삭되지** 못하여 출생한 아이가 햇빛을
사 25:6	**만민**을 위하여 기름진 것과 오래 저장	고전 15:8	맨 나중에 **만삭되지** 못하여 난 자 같으
사 51:4	나갈 것임이라 내가 내 공의를 **만민**의		
사 51:5	팔이 **만민**을 심판하리니 섬들이 나를	**만상**(萬象, host, starry host)	
사 55:4	그를 **만민**에게 증인으로 세웠고 **만민**	시 33:6	하늘이 지음이 되었으며 그 **만상**을 그의
사 56:7	집은 **만민**이 기도하는 집이라 일컬음이	사 34:4	하늘의 **만상**이 사라지고 하늘들이 두
사 60:2	캄캄함이 **만민**을 가리려니와 오직		루마리같이 말리되 그 **만상**의 쇠잔함
사 61:9	후손을 **만민** 가운데에 알리리니 무릇	사 40:26	보라 주께서는 수효대로 **만상**을 이끌어
사 62:10	수축하라 돌을 제하라 **만민**을 위하여	렘 19:13	하늘의 **만상**에 분향하고 다른 신들에게
사 63:3	**만민** 가운데 나와 함께 한 자가 없이	렘 33:22	하늘의 **만상**은 셀 수 없으며 바다의
사 63:6	**만민**을 밟았으며 내가 분함으로		
겔 11:17	너희를 **만민** 가운데에서 모으며 너희	**만세** 1(萬歲, Long live)	
겔 25:7	너를 **만민** 중에서 끊어 버리리라	삼상 10:24	모든 백성이 왕의 **만세**를 외쳐 부르니라
겔 26:2	**만민**의 문이 깨져서 내게로 돌아왔도다	삼하 16:16	왕이여 **만세**, 왕이여 **만세** 하니

799

【 만세 2 】　　　　　　　　　　　　　　　　　　　　　　　　　　　　　　　　　　　　　　【 만일 】

왕하 11:12　삼으매 무리가 박수하며 왕의 **만세를**

만세 2(萬世, ages, all generations, eternity)
시 45:17　왕의 이름을 **만세**에 기억하게 하리니
잠 8:23　**만세** 전부터, 태초부터, 땅이 생기기
합 1:12　**만세** 전부터 계시지 아니하시니이까
눅 1:48　보라 이제 후로는 **만세**에 나를 복이
고전 2:7　우리의 영광을 위하여 **만세** 전에 미리

만세와 만대
골 1:26　**만세와 만대**로부터 감추어졌던 것인데

만세수(萬歲壽, long live)
왕상 1:25　아도니야 왕은 **만세수**를 하옵소서
왕상 1:31　내 주 다윗 왕은 **만세수**를 하옵소서
왕상 1:34　뿔 나팔을 불며 솔로몬 왕은 **만세수**를
왕상 1:39　백성이 솔로몬 왕은 **만세수**를 하옵소서
대하 23:11　이르기를 왕이여 **만세수**를 누리소서
느 2:3　왕은 **만세수**를 하옵소서 내 조상들의

만수무강(萬壽無疆, live forever)
단 2:4　왕에게 말하되 왕이여 **만수무강** 하옵
단 3:9　왕에게 이르되 왕이여 **만수무강** 하옵
단 5:10　왕이여 **만수무강** 하옵소서 왕의 생각
단 6:6　다리오 왕이여 **만수무강** 하옵소서
단 6:21　왕이여 원하건대 왕은 **만수무강** 하옵

만왕(萬王, Prince of princes, King of kings)
단 8:25　**만왕**의 왕을 대적할 것이나 그가 사람의
딤전 6:15　유일하신 주권자이시며 **만왕**의 왕이시
계 17:14　**만왕**의 왕이시므로 그들을 이기실
계 19:16　쓴 것이 있으니 **만왕**의 왕이요 만주의

만유(萬有, all)
시 103:19　하늘에 세우시고 그의 왕권으로 **만유**를
행 10:36　**만유**의 주 되신 예수 그리스도로
고전 15:28　이는 하나님이 **만유**의 주로서 **만유** 안에
엡 4:6　**만유**의 아버지시라 **만유** 위에 계시로
만유를 통일하시고 **만유** 가운데 계시도
골 3:11　오직 그리스도는 **만유**시요 **만유** 안에
히 1:2　이 아들을 **만유**의 상속자로 세우시고

만인(萬人, they)

시 106:8　큰 권능을 **만인**이 알게 하려 하심이로다

만일(if)
구약
창 18:26　내가 **만일** 소돔 성읍 가운데에서 의인
출 4:8　**만일** 그들이 너를 믿지 아니하며 그 처음
출 22:25　네가 **만일** 너와 함께 한 내 백성 중에서
출 22:26　**만일** 이웃의 옷을 전당 잡히든 해가
출 23:4　**만일** 네 원수의 길 잃은 소나 나귀를
레 25:25　**만일** 네 형제가 가난하여 그의 기업
신 4:29　**만일** 마음을 다하고 뜻을 다하여 그를
신 5:25　**만일** 우리가 우리 하나님 여호와의 음성
신 8:19　**만일** 네 하나님 여호와를 잊어버리고
신 11:22　**만일** 내가 너희에게 명하는 이 모든
신 15:12　**만일** 여섯 해 동안에 너를 섬겼거든 일곱
신 28:15　네가 **만일** 네 하나님 여호와의 말씀을
신 28:58　**만일** 이 책에 기록한 이 율법의 모든
수 24:15　**만일** 여호와를 섬기는 것이 너희에게
삿 16:17　**만일** 내 머리가 밀리면 내 힘이 내게서
룻 1:17　**만일** 내가 죽는 일 외에 어머니를
룻 4:4　**만일** 네가 무르려면 무르려니와 **만일**
삼상 1:11　**만일** 주의 여종의 고통을 돌보시고 나를
삼상 12:14　너희가 **만일** 여호와를 경외하여 그를
삼상 12:15　너희가 **만일** 여호와의 목소리를 듣지
왕상 2:4　**만일** 네 자손들이 그들의 길을 삼가
왕상 3:14　**만일** 네 아버지 다윗이 행함같이 내
왕상 6:12　**만일** 내 법도를 따르며 내 율례를
대상 28:9　**만일** 그를 찾으면 만날 것이요 **만일**
대하 6:24　**만일** 주의 백성 이스라엘이 주께 범죄하
느 1:8　**만일** 너희가 범죄하면 내가 너희를 여러
느 1:9　**만일** 내게로 돌아와 내 계명을 지켜
느 2:5　**만일** 좋게 여기시고 종이 왕의 목전에서
에 4:14　이 때에 네가 **만일** 잠잠하여 말이 없으면
에 5:8　내가 **만일** 왕의 목전에서 은혜를 입었고
욥 8:5　네가 **만일** 하나님을 찾으며 전능하신
욥 11:13　**만일** 네가 마음을 바로 정하고 주를
잠 2:1　내 아들아 네가 **만일** 나의 말을 받으며
잠 4:8　너를 높여 들리라 **만일** 그를 품으면
잠 24:10　네가 **만일** 환난 날에 낙담하면 네 힘이
사 58:13　**만일** 안식일에 네 발을 금하여 내 성일
렘 4:1　네가 **만일** 나의 목전에서 가증한 것을
렘 12:5　**만일** 네가 보행자와 함께 달려도 피곤하
겔 18:26　**만일** 의인이 그 공의를 떠나 죄악을

만일

겔 18:27	**만일** 악인이 그 행한 악을 떠나 정의와
미 6:11	**만일** 부정한 저울을 썼거나 주머니에
학 2:12	옷자락이 **만일** 떡에나 국에나 포도주
슥 3:7	네가 **만일** 내 도를 행하며 내 규례를

신약

마 4:3	네가 **만일** 하나님의 아들이어든 명하여
마 5:13	소금이 **만일** 그 맛을 잃으면 무엇으로
마 8:31	**만일** 우리를 쫓아 내시려거든 돼지 떼에
마 14:28	주여 **만일** 주님이시거든 나를 명하사
마 16:26	사람이 **만일** 온 천하를 얻고도 제 목숨
마 17:20	**만일** 너희에게 믿음이 겨자씨 한 알
마 18:8	**만일** 네 손이나 네 발이 너를 범죄하게
마 18:9	**만일** 네 눈이 너를 범죄하게 하거든
막 8:36	사람이 **만일** 온 천하를 얻고도 자기
막 9:43	**만일** 네 손이 너를 범죄하게 하거든
막 13:20	**만일** 주께서 그 날들을 감하지 아니하셨
눅 4:3	이르되 네가 **만일** 하나님의 아들이어든
눅 4:7	**만일** 내게 절하면 다 네 것이 되리라
눅 4:9	네가 **만일** 하나님의 아들이어든 여기서
눅 6:32	너희가 **만일** 너희를 사랑하는 자만을
눅 6:33	너희가 **만일** 선대하는 자만을 선대하면
눅 9:25	사람이 **만일** 온 천하를 얻고도 자기를
눅 14:34	소금도 **만일** 그 맛을 잃으면 무엇으로
눅 16:11	너희가 **만일** 불의한 재물에도 충성하지
요 18:36	**만일** 내 나라가 이 세상에 속한 것이었더
요 21:25	**만일** 낱낱이 기록된다면 이 세상이라도
롬 4:14	**만일** 율법에 속한 자들이 상속자이면
롬 6:8	**만일** 우리가 그리스도와 함께 죽었으면
롬 8:9	**만일** 너희 속에 하나님의 영이 거하시면
롬 10:9	**만일** 네 입으로 예수를 주로 시인하며
롬 11:6	**만일** 은혜로 된 것이면 행위로 말미암
롬 14:15	**만일** 음식으로 말미암아 네 형제가
고전 2:8	**만일** 알았더라면 영광의 주를 십자가에
고전 7:9	**만일** 절제할 수 없거든 결혼하라 정욕이
고전 8:2	**만일** 누구든지 무엇을 아는 줄로 생각
고전 8:13	**만일** 음식이 내 형제를 실족하게 한다면
고전 9:16	내가 부득불 할 일임이라 **만일** 복음을
고전 15:13	**만일** 죽은 자의 부활이 없으면 그리스도
고후 5:1	**만일** 땅에 있는 우리의 장막 집이
고후 5:13	우리가 **만일** 미쳤어도 하나님을 위한
고후 10:7	너희는 외모만 보는도다 **만일** 사람이
갈 2:21	**만일** 의롭게 되는 것이 율법으로
갈 5:15	**만일** 서로 물고 먹으면 피차 멸망할까
갈 5:18	너희가 **만일** 성령의 인도하시는 바가
갈 5:25	**만일** 우리가 성령으로 살면 또한 성령
갈 6:3	**만일** 누가 아무 것도 되지 못하고 된
약 2:8	**만일** 성경에 기록된 대로 네 이웃 사랑
약 2:9	**만일** 너희가 사람을 차별하여 대하면
약 3:2	실수가 많으니 **만일** 말에 실수가 없는
약 4:11	**만일** 율법을 판단하면 율법의 준행자가
벧전 4:11	**만일** 누가 말하려면 하나님의 말씀을
벧전 4:16	**만일** 그리스도인으로 고난을 받으면
요일 1:6	**만일** 우리가 하나님과 사귐이 있다 하고
요일 1:8	**만일** 우리가 죄가 없다고 말하면 스스로
요일 1:9	**만일** 우리가 우리 죄를 자백하면 그는
요일 4:12	**만일** 우리가 서로 사랑하면 하나님이

만일 - 기타 본문

모세오경 창 24:8, 41, 42; 27:46; 31:50; 34:15, 17; 42:38; 43:5, 9; 44:29; 출 8:2, 21, 26; 9:2; 10:4; 18:23; 21:3, 4, 5, 8, 9, 10, 13, 30, 32; 22:12, 13, 14, 15, 17, 23; 23:5; 레 1:10, 14; 3:1, 6, 7, 12; 4:3, 13, 22, 27, 32; 5:1, 2, 3, 4, 7, 11, 17; 7:12, 18, 20, 21; 11:38; 13:2, 27, 28, 31, 47; 14:21, 44; 15:25; 19:20; 20:9; 22:13, 14, 21; 24:19; 25:20, 26, 33, 47, 51, 52; 26:18; 27:2, 13, 14, 15, 16, 17, 18, 19, 20, 22, 27, 31; 민 5:8, 12, 27; 9:14; 15:27; 16:30; 21:2; 22:33; 30:3; 32:5, 15, 20, 23, 29, 30; 33:55; 35:16, 17, 18, 20; 36:3; 신 4:25; 11:13, 27, 28; 12:21; 13:18; 15:4-5, 16; 17:4, 12, 14; 18:20, 22; 19:11, 16; 20:11, 12; 21:11, 22; 22:25, 28; 25:3, 7; 30:17; 32:29, **역사서** 수 22:19, 22, 28; 23:12, 16; 24:20; 삿 4:8, 20; 6:17, 37; 7:10; 8:19; 9:15, 19; 11:9; 12:5; 16:7, 11, 13; 21:22; 룻 3:13; 삼상 2:25; 6:9; 7:3; 11:3; 12:25; 14:9, 10; 17:9; 20:6, 7, 13, 22; 26:19; 삼하 3:35; 7:14; 10:11; 12:8; 14:32; 15:8, 25, 33, 34; 17:13; 18:13, 25; 19:6, 7; 왕상 1:52; 8:31, 33, 35, 37; 9:4, 6; 11:38; 12:7, 27; 18:21; 20:23, 31, 39; 21:2, 6; 왕하 1:10, 12; 3:14; 7:4, 9; 10:6; 18:23; 20:19; 21:8; 대상 12:17; 13:2; 19:12; 22:13; 28:7; 대하 6:22, 26, 28; 7:17, 19; 10:7; 15:2; 20:9; 25:8; 30:9; 33:8; 스 4:13; 6:12; 느 2:7; 에 1:19; 7:3, 4; 8:5; 9:13 **시가서** 욥 13:10; 19:28; 22:23; 31:5, 7, 9, 13, 19, 20, 21, 24, 25, 26, 38, 39; 32:22; 33:23, 32, 33; 34:14, 16; 36:11, 12; 시 55:6; 73:15; 89:30; 잠 6:1, 30; 9:12; 22:27;

【 만장일치 】　　　　　　　　　　　　　　　　　【 만지다 】

23:2, 15, 16; 30:32 **선지서** 사 7:9; 58:9; 렘 5:1, 19; 7:5; 15:2, 19; 17:24, 27; 18:8, 10; 23:22; 25:28; 27:18; 38:17, 18, 21, 25; 40:4; 42:13, 15; 겔 14:9; 18:5, 21, 24; 21:13; 33:18, 19; 43:11; 46:12, 16, 17; 단 2:5, 6, 9; 3:15; 욜 3:4; 미 2:11; 5:8; 학 2:13; 슥 6:15; 14:18; 말 2:2 **복음서** 마 4:6, 9; 5:29, 30; 9:45, 47, 50; 10:13; 11:14; 12:26; 15:14; 17:4; 18:12, 13, 15, 16, 17; 19:10; 21:3, 21, 25, 26; 22:24; 23:30; 24:43, 48; 26:39, 42, 54; 27:40; 28:14; 막 2:21, 22; 3:24, 25, 26; 8:3; 9:45, 47, 50; 11:3, 31; 눅 4:7, 9; 5:36, 37; 7:39; 10:6; 11:18, 20, 34; 12:39, 45; 13:3, 5, 9; 14:32; 16:12, 30; 17:3, 4, 31; 19:8, 31, 40; 20:5, 6, 28; 22:42; 23:35, 37; 요 1:25; 3:27; 4:10; 5:31, 43; 8:16, 24, 55; 10:37; 11:48; 13:32 **역사서** 행 4:9; 5:39; 9:2; 13:15; 16:15; 18:14, 15, 21; 19:38, 39; 24:19; 25:5, 11; 26:32 **서신서** 롬 2:25; 3:6; 4:2; 6:5; 7:2, 3, 16, 20; 8:25, 31; 9:22, 29; 11:22; 15:27; 고전 3:12, 14; 5:10, 11; 7:11, 12, 36; 10:30; 11:6, 14, 15, 34; 12:15, 17, 19, 26; 14:5, 8, 14, 27, 28, 30, 35, 37, 38; 15:2,14, 15, 16, 19, 29; 16:4, 7, 22; 고후 2:10; 4:3; 11:4, 16; 12:6; 갈 1:9; 2:17, 18; 3:18, 21; 5:2; 6:1; 빌 1:22; 2:17; 3:4, 15; 골 1:23; 딤전 2:15; 3:15; 5:4, 16; 몬 1:18; 히 4:8; 6:8; 8:4; 약 2:2, 14, 15; 벧전 4:17; 벧후 2:20; 요일 1:10; 2:1, 19; 3:21; 5:9 **예언서** 계 2:5, 22; 3:3; 11:5; 14:9; 22:18, 19

만장일치(滿場一致, all agree)
행 15:25-26 너희에게 보내기를 **만장일치**로 결정

만족/-하다/-시키다(滿足, content)
수 7:7　　저쪽을 **만족**하게 여겨 거주하였더면
삿 17:11　**만족**하게 생각했으니 이는 그 청년이
대하 31:10 우리가 **만족**하게 먹었으나 남은 것이
에 5:13　　모든 일이 **만족**하지 아니하도다 하니
시 17:14　자녀로 **만족**하고 그들의 남은 산업을
시 17:15　깰 때에 주의 형상으로 **만족**하리이다
시 63:5　　나의 영혼이 **만족**할 것이라 나의 입이
시 65:4　　성전의 아름다움으로 **만족**하리이다
시 81:16　나오는 꿀로 너를 **만족**하게 하리라
시 90:14　우리를 **만족**하게 하사 우리를 일생 동안
시 91:16　그를 **만족**하게 하며 나의 구원을 그에게
시 103:5　네 소원을 **만족**하게 하사 네 청춘을

시 104:13 일의 결실이 땅을 **만족**시켜 주는도다
시 104:28 그들이 좋은 것으로 **만족**하다가
시 105:40 또 하늘의 양식으로 그들을 **만족**하게
시 107:9　영혼에게 **만족**을 주시며 주린 영혼에게
시 132:15 떡으로 그 빈민을 **만족**하게 하리로다
시 145:16 생물의 소원을 **만족**하게 하시나이다
잠 18:20　나는 것으로 말미암아 **만족**하게
잠 27:20　**만족**함이 없고 사람의 눈도 **만족**함이
전 5:10　　자는 은으로 **만족**하지 못하고 풍요를 사랑하는 자는 소득으로 **만족**하지
전 6:3　　그러한 행복으로 **만족**하지 못하고 또
사 34:6　　염소의 피에 **만족**하고 기름 곧 숫양의
사 53:11　영혼의 수고한 것을 보고 **만족**하게 여길
사 58:10　괴로워하는 자의 심정을 **만족**하게 하면
사 58:11　영혼을 **만족**하게 하며 네 뼈를 견고하게
사 66:11　그 위로하는 품에서 **만족**하겠고 젖을
렘 31:14　내 복으로 내 백성을 **만족**하게 하리라
렘 31:25　연약한 심령을 **만족**하게 하였음이라
렘 50:10　그를 약탈하는 자마다 **만족**하리라
렘 50:19　에브라임과 길르앗 산에서 **만족**하리라
겔 45:9　　너희에게 **만족**하니라 너희는 포악과
암 4:8　　마시러 가서 **만족**하게 마시지 못하였으
옵 1:5　　이르렀을지라도 **만족**할 만큼 훔치면
막 15:15　빌라도가 무리에게 **만족**을 주고자 하여
행 14:17　여러분의 마음에 **만족**하게 하셨느니라
고후 3:5　**만족**할 것이 아니니 우리의 **만족**은 오직
고후 3:6　언약의 일꾼 되기에 **만족**하게 하셨으니

만주의 주(萬主, Lord of lords)
딤전 6:15 만왕의 왕이시며 **만주의 주**시요
계 17:14　양은 **만주의 주**시요 만왕의 왕이시므로
계 19:16　있으니 만왕의 왕이요 **만주의 주**라

만지다(touch)
구약
창 3:3　　너희는 먹지도 말고 **만지지도** 말라
창 27:12　나를 **만지실진대** 내가 아버지의 눈에
창 27:22　이삭이 **만지며** 이르되 음성은 야곱의
레 5:2　　곤충의 사체를 **만졌으면** 부지중이라고
레 6:18　　소득이 됨이라 이를 **만지는** 자마다
레 7:21　무슨 물건을 **만지고** 여호와께 속한
레 11:8　　주검도 **만지지** 말라 이것들은 너희에게
레 11:24　이것들의 주검을 **만지면** 저녁까지 부정

만지다

레 11:26	주검은 다 네게 부정하니 **만지는** 자는
레 11:27	네게 부정하니 그 주검을 **만지는** 자는
레 11:31	그 주검을 **만지는** 모든 자는 저녁까지
레 11:39	주검을 **만지는** 자는 저녁까지 부정할
레 12:4	성물을 **만지지도** 말며 성소에 들어가지
레 15:11	아무든지 **만지면** 그 자는 그의 옷을
레 15:12	유출병이 있는 자가 **만진** 질그릇은
레 15:19	그를 **만지는** 자마다 저녁까지 부정할
레 15:21	그의 침상을 **만지는** 자는 다 그의 옷을
레 15:22	앉은 자리를 **만지는** 자도 다 그들의
레 15:23	자리 위에 있는 것을 **만지는** 모든 자도
레 15:27	그것들을 **만지는** 자는 다 부정한즉 그의
레 21:1	그의 백성 중에서 죽은 자를 **만짐으로**
민 4:15	성물은 **만지지** 말라 그들이 죽으리라
민 16:26	아무 것도 **만지지** 말라 그들의 모든
민 19:11	시체를 **만진** 자는 이레 동안 부정하리니
민 19:13	죽은 사람의 시체를 **만지고** 자신을
민 19:16	시체나 사람의 뼈나 무덤을 **만졌으면**
민 19:18	당한 자나 시체나 무덤을 **만진** 자에게
민 19:21	정결하게 하는 물을 **만지는** 자는 저녁까지
민 19:22	부정한 자가 만진 것은 … **만지는** 자도
민 31:19	죽임을 당한 사체를 **만진** 자는 셋째
신 14:8	것이며 그 사체도 **만지지** 말 것이니라
삼하 23:7	그것들을 **만지는** 자는 철과 창자루를
에 5:2	가까이 가서 금 규 끝을 **만진지라**
욥 6:7	마음이 이런 것을 **만지기도** 싫어하나니
시 104:32	땅이 진동하며 산들을 **만지신즉** 연기가
시 115:7	손이 있어도 **만지지** 못하며 발이 있어도
잠 6:29	이와 같을 것이라 그를 **만지는** 자마다
사 52:11	부정한 것을 **만지지** 말지어다 그 가운데
애 4:14	피에 더러워졌으므로 그들이 **만질** 수
애 4:15	**만지지** 말라 하였음이여 그들이 도망하
단 10:16	입술을 **만진지라** 내가 곧 입을 열어
단 10:18	모양 같은 것 하나가 나를 **만지며** 나를
암 9:5	만군의 여호와는 땅을 **만져** 녹게 하사
학 2:13	시체를 **만져서** 부정하여진 자가 만일
	그것들 가운데 하나를 **만지면** 그것이

신약

마 8:15	그의 손을 **만지시니** 열병이 떠나가고
마 9:20	예수의 뒤로 와서 그 겉옷 가를 **만지니**
마 9:21	제 마음에 그 겉옷만 **만져도** 구원을
마 9:29	그들의 눈을 **만지시며** 이르시되 너희
마 20:34	그들의 눈을 **만지시니** 곧 보게 되어
막 3:10	고생하는 자들이 예수를 **만지고자** 하여
눅 6:19	무리가 예수를 **만지려고** 힘쓰니 이는
눅 7:39	자기를 **만지는** 이 여자가 누구며 어떠한
눅 22:51	하시고 그 귀를 **만져** 낫게 하시더라
고후 6:17	따로 있고 부정한 것을 **만지지** 말라
골 2:21	붙잡지도 말고 맛보지도 말고 **만지지도**
히 12:18	너희는 만질 수 있고 불이 붙는 산과
요일 1:1	자세히 보고 우리의 손으로 **만진** 바라
요일 5:18	악한 자가 그를 **만지지도** 못하느니라

만져 보다

창 27:21	에서인지 아닌지 내가 너를 **만져 보려**
눅 24:39	나를 **만져 보라** 영은 살과 뼈가 없으되

만져 주다

막 10:13	예수께서 **만져 주심을** 바라고 어린
눅 18:15	예수께서 **만져 주심을** 바라고 자기

만찬/-석(晩餐, supper)

요 21:20	따르는 것을 보니 그는 **만찬석**에서
고전 11:20	너희가 함께 모여서 주의 **만찬**을 먹을
고전 11:21	자기의 **만찬**을 먼저 갖다 먹으므로 어떤

만홀히(漫忽, spurn)

사 1:4	거룩하신 이를 **만홀히** 여겨 멀리하고

많다/많아지다(increase, full)

모세오경

창 7:17	사십 일 동안 계속된지라 물이 **많아져**
창 7:18	물이 더 **많아져** 땅에 넘치매 방주가
창 14:10	구덩이가 **많은지라** 소돔 왕과 고모라
창 26:14	소가 떼를 이루고 종이 심히 **많으므로**
창 27:11	내 형 에서는 털이 **많은** 사람이요 나는
창 30:43	양 떼와 노비와 낙타와 나귀가 **많았더라**
창 41:47	해 풍년에 토지 소출이 심히 **많은** 지라
출 1:9	이스라엘 자손이 우리보다 **많고** 강하도
출 1:10	더 **많게** 되면 전쟁이 일어날 때에 우리
출 5:5	이 땅의 백성이 **많아졌거늘** 너희가
출 16:17	하였더니 그 거둔 것이 **많기도** 하고
출 34:6	인자와 진실이 **많은** 하나님이라
레 25:16	연수가 **많으면** 너는 그것의 값을 많이
레 25:51	남은 해가 **많으면** 그 연수대로 팔린
민 3:46	이백칠십삼 명이 더 **많은즉** 속전으로

【 많다/많아지다 】

민 13:18	그 땅 거민이 강한지 약한지 **많은**지	대상 23:17	없고 르하뱌의 아들들은 심히 **많았**으며
민 21:6	이스라엘 백성 중에 죽은 자가 **많은**	대상 24:4	이다말의 자손보다 **많으므로** 나눈 것이
민 24:7	그 씨는 **많은** 물가에 있으리로다 그의	대상 29:2	다른 모든 보석과 옥돌이 매우 **많으며**
신 1:11	너희를 현재보다 천 배나 **많게** 하시며	대하 1:15	평지의 뽕나무같이 **많게** 하였더라
신 2:10	아낙 족속같이 강하고 **많고** 키가 크므로	대하 9:27	평지의 뽕나무같이 **많게** 하였더라
신 2:21	백성은 아낙 족속과 같이 강하고 **많고**	대하 12:3	구스 사람이 헤아릴 수 없이 **많더라**
신 3:5	외에 성벽 없는 고을이 심히 **많았느니라**	대하 14:13	노략한 물건이 매우 **많았더라**
신 7:1	**많고** 힘이 센 일곱 족속을 쫓아내실	대하 15:9	돌아오는 자가 **많았음이더라**
신 7:17	나보다 **많으니** 내가 어찌 그를 쫓아낼	대하 16:8	심히 **많지** 아니하더이까 그러나 왕이
신 11:21	너희의 자녀의 날이 **많아서** 하늘이 땅을	대하 20:25	그 물건이 너무 **많아** … **많으므로** 사흘
신 20:1	말과 병거와 백성이 너보다 **많음**을	대하 24:11	관리에게 가지고 가서 돈이 **많은** 것을
신 28:11	새끼와 토지의 소산을 **많게** 하시며	대하 25:9	여호와께서 능히 이보다 **많은** 것을
신 30:9-10	네 토지소산을 **많게** 하시고 네게 복을	대하 29:35	전제들이 **많더라** 이와 같이 여호와의
역사서		대하 30:24	성결하게 한 제사장도 **많았더라**
수 10:11	자보다 우박에 죽은 자가 더 **많았더라**	대하 31:10	남은 것이 **많으니** 이는 여호와께서 그의
수 11:4	모래 같고 말과 병거도 심히 **많았으며**	대하 32:29	양 떼와 **많은** 소 떼를 위하여 성읍들을
수 19:9	자기들에게 너무 **많으므로** 시므온 자손	느 4:10	아직도 **많거늘** 짐을 나르는 자의 힘이
삿 7:2	너무 **많은즉** 내가 그들의 손에 미디안	느 5:2	우리 자녀가 **많으니** 양식을 얻어먹고
삿 7:12	낙타의 수가 **많아** 해변의 모래가 **많음**	느 6:18	유다에서 그와 동맹한 자가 **많음이라**
삿 8:30	기드온이 아내가 **많으므로** 그의 몸에서	에 5:11	자녀가 **많은** 것과 왕이 자기를 들어
삿 9:40	부상하여 엎드러진 자가 **많아** 성문 입구	에 8:17	두려워하여 유다인 되는 자가 **많더라**
삿 16:30	살았을 때에 죽인 자보다 더욱 **많았더라**	**시가서**	
삼상 1:16	원통함과 격분됨이 **많기** 때문이니이다	욥 5:25	네 자손이 **많아지며** 네 후손이 땅의
삼상 14:6	여호와의 구원은 사람이 **많고** 적음에	욥 29:18	날은 모래알같이 **많으리라** 하였느니라
삼상 14:30	살륙함이 더욱 **많지** 아니하였겠느냐	욥 31:25	풍부함과 손으로 얻은 것이 **많음**으로
삼상 25:10	주인에게서 억지로 떠나는 종이 **많도다**	욥 35:9	사람은 학대가 **많으므로** 부르짖으며
삼하 1:4	죽은 자도 **많았고** 사울과 그의 아들	욥 38:21	태어났으리니 네 햇수가 **많음이니라**
삼하 12:2	그 부한 사람은 양과 소가 심히 **많으나**	시 3:1	여호와여 나의 대적이 어찌 그리 **많은지**
삼하 15:12	돌아오는 백성이 **많아지니라**	시 일어나 나를 치는 자가 **많으니이다**	
삼하 17:11	바닷가의 **많은** 모래같이 당신께로	시 38:19	부당하게 나를 미워하는 자가 **많으며**
삼하 18:7	그 곳에서 전사자가 **많아** 이만 명에	시 40:5	주의 생각도 **많아** … 너무 **많아** 그 수를
삼하 18:8	죽은 자가 칼에 죽은 자보다 **많았더라**	시 40:12	죄가 나의 머리털보다 **많으므로** 내가
왕상 10:2	**많고** 향품과 심히 **많은** 금과 보석을	시 55:18	나를 대적하는 자 **많더니** 나를 치는
왕상 10:27	평지의 뽕나무같이 **많게** 하였더라	시 56:2	나를 교만하게 치는 자들이 **많사오니**
왕상 18:25	너희는 **많으니** 먼저 송아지 한 마리를	시 69:4	나의 머리털보다 **많고** 부당하게 나의
왕하 1:8	털이 **많은** 사람인데 허리에 가죽 띠를	시 73:7	그들의 소득은 마음의 소원보다 **많으며**
왕하 6:16	자가 그들과 함께 한 자보다 **많으니라**	시 104:24	주께서 하신 일이 어찌 그리 **많은지요**
왕하 9:22	음행과 술수가 이렇게 **많으니** 어찌 평안	시 105:30	땅에 개구리가 **많아져서** 왕의 궁실에
왕하 12:10	그 궤 가운데 은이 **많은** 것을 보면 왕의	시 119:157	대적들이 **많으나** 나는 주의 증거들에서
대상 5:22	죽임을 당한 자가 **많았으니** 이 싸움이	시 139:17	그 수가 어찌 그리 **많은지요**
대상 7:4	명이니 이는 그 처자가 **많기** 때문이며	잠 9:11	지혜로 말미암아 네 날이 **많아질** 것이요
대상 8:40	손자가 **많아** 모두 백오십 명이었더라	잠 12:11	먹을 것이 **많거니와** 방탕한 것을 따르는
대상 23:11	아들이 **많지** 아니하므로 그들과 그 조상	잠 13:23	양식이 **많아지거니와** 불의로 말미암아

【 많다/많아지다 】

잠 14:4	소의 힘으로 얻는 것이 **많으니라**
잠 20:15	금도 있고 진주도 **많거니와** 지혜로운
잠 23:28	중에 사악한 자가 **많아지게** 하느니라
잠 28:2	주관자가 **많아져도** 명철과 지식 있는
잠 28:19	경작하는 자는 먹을 것이 **많으려니와** 방탕을 따르는 자는 궁핍함이 **많으리라**
잠 28:28	그가 멸망하면 의인이 **많아** 지느니라
잠 29:2	의인이 **많아지면** 백성이 즐거워하고
잠 29:16	악인이 **많아지면** 죄도 **많아지나니**
잠 29:22	성내는 자는 범죄함이 **많으니라**
잠 29:26	은혜를 구하는 자가 **많으나** 사람의 일의
잠 31:29	덕행 있는 여자가 **많으나** 그대는 모든
전 1:18	지혜가 **많으면** 번뇌도 **많으니** 지식을
전 5:11	재산이 **많아지면** 먹는 자들도 **많아지** 나니 그 소유주들은 눈으로 보는 것
전 5:12	노동자는 먹는 것이 **많든지** 적든지 잠을
전 6:3	장수하여 사는 날이 **많을지라도** 그의
전 9:14	작고 인구가 **많지** 아니한 어떤 성읍에
전 11:8	캄캄한 날들이 **많으리니** 그 날들을

선지서

사 6:12	가운데에 황폐한 곳이 **많을** 때까지니라
사 22:9	다윗 성의 무너진 곳이 **많은** 것도 보며
사 31:1	말을 의지하며 병거의 **많음과** 마병의
사 32:12	열매 **많은** 포도나무로 인하여 가슴을
사 32:14	인구 **많던** 성읍이 적막하며 오벨과
사 42:20	네가 **많은** 것을 볼지라도 유의하지
사 49:19	이제는 주민이 **많아** 좁게 될 것이며
사 53:11	**많은** 사람을 의롭게 하며 또 그들의
사 54:1	남편 있는 자의 자식보다 **많음이라**
사 59:12	주의 앞에 심히 **많으며** 우리의 죄가
사 65:20	날 수가 **많지** 못하여 죽는 어린이와
사 66:16	여호와께 죽임 당할 자가 **많으리니**

'많다'와 관련된 성구

가축이 많다 – 신 3:19
걱정이 많다 – 전 5:3
고기가 많다 – 겔 47:9
고난이 많다 – 시 34:19
군대가 많다 – 시 33:17
근심이 많다 – 시 25:17; 94:19
긍휼과 평강과 사랑이 많다 – 유 1:2
긍휼이 많다 – 시 103:8; 112:4; 116:5; 119:156; 145:8
기구가 많다 – 왕상 7:47
기적이 많다 – 시 40:5
꿈이 많다 – 전 5:7
나무가 많다 – 겔 47:7
나이(가) 많다 – 창 18:11; 24:1; 27:1; 35:29; 44:12; 수 13:1; 23:1, 2; 삿 8:32; 삼상 4:18; 17:12; 왕상 1:1; 11:4; 14:4; 대상 23:1; 29:28; 대하 24:15; 스 3:12; 욥 15:10; 32:7; 슥 8:4; 눅 1:7, 18; 2:36; 몬 1:9; 히 11:11
능력이 많다 – 시 147:5
땅의 티끌같이 많다 – 대하 1:9
많은 가지 – 겔 19:11
많은 가축 – 출 12:38; 수 22:8; 렘 49:32
많은 가축 떼 – 민 32:1
많은 감사 – 고후 9:12

많은 거짓 선지자 – 요일 4:1
많은 계략 – 사 47:13
많은 계획 – 잠 19:21
많은 고기 – 시 78:27; 단 7:5
많은 고난 – 애 1:3; 마 16:21; 막 8:31; 9:12; 눅 9:22; 17:25
많은 과부 – 눅 4:25
많은 관 – 계 19:12
많은 괴로움 – 막 5:26; 갈 3:4
많은 군대 – 시 33:16; 단 11:10
많은 군사 – 왕하 6:14
많은 귀신 – 막 1:34; 6:13; 눅 8:30
많은 권능 – 마 7:22
많은 근심 – 전 5:17; 고후 2:7; 딤전 6:10
많은 금과 보석 – 왕상 10:2; 대하 9:1
많은 긍휼 – 시 51:1; 69:16
많은 기쁨과 위로 – 몬 1:7
많은 기업 – 민 33:54
많은 꾀 – 전 7:29
많은 나라 – 삼하 7:23; 느 13:26; 시 135:10; 렘 27:7; 단 11:41; 슥 2:11
많은 나무 – 사 30:33; 약 3:5
많은 나병 환자 – 눅 4:27
많은 날 – 수 24:7; 왕상 18:1; 호 3:3, 4
많은 노래 – 사 23:16
많은 녹 – 겔 24:12

'많다'와 관련된 성구

많은 놋 – 삼하 8:8; 대상 18:8; 22:3
많은 뇌물 – 욥 36:18
많은 눈물 – 시 80:5; 고후 2:4
많은 능력 – 마 13:58
많은 동산 – 암 4:9
많은 돼지 떼 – 마 8:30; 눅 8:32
많은 땅 – 렘 28:8
많은 말 – 눅 22:65
많은 말들 – 계 9:9
많은 맹인 – 눅 7:21
많은 목자 – 렘 12:10
많은 무리 – 대하 14:11; 28:5; 30:18; 잠 5:14; 사 5:14; 렘 3:1; 단 8:25; 11:44; 막 3:8; 눅 6:17; 7:11
많은 물 – 삼하 22:17; 대하 32:4; 시 18:16; 29:3; 아 8:7; 사 17:13; 렘 10:13; 51:16, 55; 계 17:1
많은 물가 – 렘 51:13
많은 물건 – 대하 14:14; 단 11:13
많은 물소리 – 시 93:4; 겔 1:24; 43:2; 계 1:15; 14:2; 19:6
많은 민족 – 신 28:12; 시 89:50; 사 17:12; 겔 27:36; 39:27; 미 4:3; 합 2:10; 롬 4:17, 18
많은 바리새인 – 마 3:7
많은 배 – 단 11:40
많은 백단목과 보석 – 왕상 10:11
많은 백성 – 창 48:4; 50:20; 민 20:20; 신 9:2; 왕상 3:9; 5:7; 대하 1:10; 스 10:1; 시 35:18; 사 2:3, 4; 13:4; 겔 17:9; 32:3, 9, 10; 38:6, 9, 15, 22; 미 5:7, 8; 슥 8:22; 눅 6:17; 계 10:11
많은 번개 – 시 18:14
많은 범죄 – 롬 5:16
많은 변론 – 행 15:7
많은 병거 – 왕하 19:23
많은 병자 – 막 6:13; 요 5:3
많은 보물 – 잠 15:6
많은 비누 – 렘 2:22
많은 비유 – 막 4:33
많은 사람 – 삿 16:24; 대하 30:17; 욥 11:19; 21:33; 36:28; 시 3:2; 40:3; 109:30; 잠 7:26; 20:6; 아 5:10; 사 8:15; 52:14; 53:11, 12; 렘 42:2;

46:16; 겔 17:17; 단 9:27; 11:26, 33, 34; 12:2, 3, 4, 10; 말 2:6, 8; 마 7:22; 8:11; 12:15; 20:28; 24:5, 10, 11, 12; 26:28; 27:53; 막 1:34; 2:2; 3:10; 6:2, 33; 9:26; 10:45, 48; 11:8; 12:37; 13:6; 14:24; 눅 1:14; 2:34; 7:12; 14:16; 21:8; 요 2:23; 6:9, 66; 7:31; 8:30; 10:20, 41, 42; 11:55; 행 8:7; 9:42; 14:21; 19:19; 롬 5:15, 18, 19; 12:5; 고전 9:19; 10:33; 고후 1:11; 2:6; 4:15; 6:10; 9:2; 히 9:28; 12:15; 계 8:11
많은 사마리아인 – 요 4:39
많은 샘 – 시 84:6
많은 선 – 전 9:18
많은 선물 – 잠 6:35
많은 선지자와 의인 – 마 13:17
많은 선지자와 임금 – 눅 10:24
많은 성도 – 행 26:10
많은 성읍 – 슥 8:20
많은 세리와 죄인 – 마 9:10; 막 2:15
많은 소득 – 잠 16:8
많은 소산 – 느 9:37
많은 손해 – 행 27:10
많은 수 – 삿 7:12
많은 순금 – 시 19:10
많은 슬픔 – 시 32:10
많은 시련 – 고후 8:2
많은 시종 – 대하 9:1
많은 신 – 고전 8:5
많은 싸움 – 살전 2:2
많은 아들 – 히 2:10
많은 어부 – 렘 16:16
많은 여인 – 왕상 11:1
많은 여자 – 마 27:55
많은 열매 – 요 12:24
많은 유대인 – 요 11:19, 45; 12:11; 19:20
많은 유익 – 행 18:27
많은 음모 – 렘 11:15
많은 음행 – 나 3:4
많은 의복 – 수 22:8
많은 의사 – 막 5:26
많은 이방 사람 – 미 4:2, 11
많은 이적 – 민 14:11

【 많다/많아지다 】

'많다'와 관련된 성구

- 많은 인자 – 시 69:13
- 많은 일 – 전 6:11; 눅 10:41; 행 26:9
- 많은 자녀 – 삼상 2:5
- 많은 자비 – 사 63:7
- 많은 자손 – 욥 1:20
- 많은 재물 – 삼상 17:25; 잠 22:1; 사 33:23; 단 11:28
- 많은 재산 – 수 22:8
- 많은 적그리스도 – 요일 2:18
- 많은 종 – 막 12:5
- 많은 종자 – 신 28:38
- 많은 죄 – 눅 7:47
- 많은 주 – 고전 8:5
- 많은 주문 – 사 47:9
- 많은 주술 – 사 47:12
- 많은 중풍병자 – 행 8:7
- 많은 증거 – 행 1:3
- 많은 증인 – 딤전 6:12; 딤후 2:2
- 많은 지체 – 롬 12:4; 고전 12:12
- 많은 참새 – 마 10:31; 눅 12:7
- 많은 창 – 욥 41:7
- 많은 책을 짓다 – 전 12:12
- 많은 천사 – 계 5:11
- 많은 친구 – 잠 18:24; 19:4
- 많은 탈취물 – 시 119:162
- 많은 포수 – 렘 16:16
- 많은 표적 – 요 11:47; 12:37
- 많은 학문 – 행 26:24
- 많은 향 – 계 8:3
- 많은 향품 – 왕상 10:10; 대하 9:9
- 많은 해 – 잠 3:2
- 많은 허물 – 시 5:10
- 많은 형제 – 롬 8:29
- 많은 환난 – 행 14:22; 살전 1:6
- 많은 황소 – 시 22:12
- 많은 회군 – 시 40:9, 10
- 많은 후손 – 히 11:12
- 말이 많다 – 욥 11:2; 잠 10:19; 전 5:3, 7; 겔 26:10; 히 5:11
- 무역이 많다 – 겔 28:16
- 물고기가 많다 – 요 21:6
- 물이 많다 – 겔 19:10; 31:5; 요 3:23
- 믿는 사람이 많다 – 행 17:12
- 믿는 자가 많다 – 행 4:4
- 바닷(가)의 모래같이 많다 – 창 32:12; 41:49; 왕상 4:20
- 백성이 많다 – 민 22:3; 수 11:4; 삿 7:4; 스 10:13; 잠 14:28; 행 18:10
- 복이 많다 – 잠 28:20
- 뼈가 많다 – 겔 37:2
- 사람과 가축이 많다 – 슥 2:4
- 사람이 많다 – 애 1:1; 막 6:31; 눅 1:2; 19:3; 요 5:13
- 사랑이 많다 – 살전 3:12
- 소유가 많다 – 창 13:6
- 수가 많다 – 창 16:10; 민 26:54; 33:54; 신 4:27; 삿 7:12; 왕상 8:5; 대하 5:6; 시 25:19; 139:18; 겔 36:11; 욜 1:6
- 수효가 많다 – 신 7:7; 왕상 3:8; 히 7:23
- 시내가 많다 – 신 10:7
- 시체가 많다 – 암 8:3
- 실수가 많다 – 약 3:2
- 악행이 많다 – 렘 30:14, 15
- 연륜이 많다 – 욥 32:7
- 열매가 많다 – 겔 19:10; 호 10:1
- 욕심이 많다 – 잠 28:25
- 은혜와 평강이 많다 – 벧전 1:2
- 인자가 많다 – 민 14:18
- 일이 많다 – 눅 10:40
- 잔디가 많다 – 요 6:10
- 재물과 무역품이 많다 – 겔 27:33
- 재물이 많다 – 잠 13:7; 렘 51:13; 마 19:22; 막 10:22
- 젖이 많다 – 사 7:22
- 제품이 많다 – 겔 27:18
- 죄가 많다 – 렘 30:14; 애 1:5
- 죄악이 많다 – 스 9:6; 욥 13:23; 겔 28:18; 호 9:7
- 지략이 많다 – 잠 11:14; 15:22; 24:6
- 지혜가 많다 – 전 1:18
- 친구가 많다 – 잠 14:20
- 탄식이 많다 – 애 1:22
- 품꾼이 많다 – 눅 15:17
- 하늘의 별같이/별처럼 많다 – 출 32:13; 신 1:10; 10:22; 28:62; 대상 27:23; 느 9:23
- 해변의 모래같이 많다 – 삼상 13:5
- 허물이 많다 – 렘 5:6; 암 5:12

【 많다/많아지다 】　　　　　　　　　　　　　　【 많다/많아지다 】

렘 3:16	이 땅에서 번성하여 **많아질** 때에는
렘 14:7	타락함이 **많으니이다** 우리가 주께 범죄
렘 15:8	바다 모래보다 더 **많아졌느니라** 내가
렘 46:23	황충보다 **많아서** 셀 수 없으므로 조사할
겔 16:7	들의 풀같이 **많게** 하였더니 네가 크게
겔 17:7	털이 **많은** 큰 독수리 하나가 있었는데
겔 22:5	어지러움이 **많은** 자여 가까운 자나 먼
겔 22:25	탈취하며 과부를 그 가운데에 **많게**
겔 31:9	그 가지를 **많게** 하여 모양이 아름답게
겔 33:24	우리가 **많은즉** 더욱 이 땅을 우리에게
겔 36:10	너희 위에 **많게** 하리니 이들은 이스라엘
겔 36:11	짐승을 **많게** 하되 그들의 수가 **많고**
겔 36:37	그들의 수효를 양 떼같이 **많아지게**
겔 47:10	큰 바다의 고기같이 심히 **많으려니와**
단 4:12	그 열매는 **많아서** 만민의 먹을 것이
단 4:21	그 열매는 **많아서** 만민의 먹을 것이
단 8:21	털이 **많은** 숫염소는 곧 헬라 왕이요
호 10:1	그 열매는 **많을수록** 제단을 **많게** 하며
호 10:13	길과 네 용사의 **많음을** 의뢰하였음이라
욜 2:2	이는 **많고** 강한 백성이 이르렀음이라
욜 3:14	**많음이여**, 심판의 골짜기에 사람이 **많음**
나 1:12	그들이 비록 강하고 **많을지라도** 반드시
나 3:15	스스로 **많게** … 스스로 **많게** 할지어다
나 3:16	하늘의 별보다 **많게** 하였으나 느치
학 1:9	너희가 **많은** 것을 바랐으나 도리어

복음서

마 3:11	나보다 능력이 **많으시니** 나는 그의 신을
마 7:13	길이 넓어 그리로 들어가는 자가 **많고**
마 9:37	이르시되 추수할 것은 **많되** 일꾼이
마 19:30	나중 된 자로서 먼저 될 자가 **많으니라**
마 22:14	청함을 받은 자는 **많되** 택함을 입은
마 24:11	거짓 선지자가 많이 일어나 **많은** 사람을
마 25:21	내가 **많은** 것을 네게 맡기리니 네 주인
마 25:23	내가 **많은** 것을 네게 맡기리니 네 주인
마 27:13	얼마나 **많은** 것으로 증언하는지 듣지
막 1:7	능력 **많으신** 이가 내 뒤에 오시나니
막 5:9	이름은 군대니 우리가 **많음이니이다**
막 8:38	누구든지 이 음란하고 죄 **많은** 세대에서
막 10:31	나중 된 자로서 먼저 될 자가 **많으니라**
막 14:56	거짓 증언 하는 자가 **많으나** 그 증언이
막 15:4	얼마나 **많은** 것으로 너를 고발하는가
눅 3:16	나보다 능력이 **많으신** 이가 오시나니
눅 5:6	고기를 잡은 것이 심히 **많아** 그물이
눅 7:47	이는 그의 사랑함이 **많음이라** 사함을
눅 10:2	추수할 것은 **많되** 일꾼이 적으니
눅 13:24	구하여도 못하는 자가 **많으리라**
요 4:1	요한보다 **많다** 하는 말을 바리새인들이
요 4:41	말씀으로 말미암아 믿는 자가 더욱 **많아**
요 7:12	수군거림이 **많아** 어떤 사람은 좋은 사람
요 7:31	이 사람이 행한 것보다 더 **많으랴** 하니
요 8:26	판단할 것이 **많으나** 나를 보내신 이가
요 12:42	그를 믿는 자가 **많되** 바리새인들 때문에
요 14:2	아버지 집에 거할 곳이 **많도다** 그렇지
요 16:12	이를 것이 **많으나** 지금은 너희가 감당하
요 21:11	백쉰세 마리라 이같이 **많으나** 그물이
요 21:25	외에도 **많으니** 만일 낱낱이 기록된다면

역사서 – 예언서

행 5:14	믿고 주께로 나아오는 자가 더 **많으니**
행 6:1	그 때에 제자가 더 **많아졌는데** 헬라파
행 6:7	제자의 수가 더 심히 **많아지고** 허다한
행 7:17	백성이 애굽에서 번성하여 **많아졌더니**
행 9:31	위로로 진행하여 수가 더 **많아지니라**
행 9:36	선행과 구제하는 일이 심히 **많더니**
행 17:22	너희를 보니 범사에 종교심이 **많도다**
행 26:29	말이 적으나 **많으나** 당신뿐만 아니라
행 27:12	겨울을 지내자 하는 자가 더 **많으니**
롬 3:2	범사에 **많으니** 우선은 그들이 하나님의
고전 1:26	지혜로운 자가 **많지** 아니하며 능한 자가 **많지** 아니하며 문벌 좋은 자가 **많지**
고전 4:15	아버지는 **많지** 아니하니 그리스도 예수
고전 10:17	떡이 하나요 **많은** 우리가 한 몸이니
고전 11:30	약한 자와 병든 자가 **많고** 잠자는 자도
고전 12:12	**많은** 지체가 있고 몸의 지체가 **많으나**
고전 12:20	이제 지체는 **많으나** 몸은 하나라
고전 14:10	소리의 종류가 **많으나** 뜻 없는 소리는
고전 14:27	두 사람이나 **많아야** 세 사람이 차례를
고전 16:9	열렸으나 대적하는 자가 **많음이라**
고후 7:4	담대한 것도 **많고** 너희를 위하여 자랑 하는 것도 **많으니** 내가 우리의 모든
갈 4:27	남편 있는 자의 자녀보다 **많음이라**
딛 1:10	속이는 자가 **많은** 중 할례파 가운데
딛 2:3	모함하지 말며 **많은** 술의 종이 되지
벧전 1:3	그의 **많으신** 긍휼대로 예수 그리스도를
요이 1:12	내가 너희에게 쓸 것이 **많으나** 종이와
요삼 1:13	쓸 것이 **많으나** 먹과 붓으로 쓰기를
계 2:19	네 나중 행위가 처음 것보다 **많도다**

【많이】   【많이】

많이(enough, many, large)
모세오경, 역사서
출 7:3 　이적을 애굽 땅에서 **많이** 행할 것이나
출 16:18 오멜로 되어 본즉 **많이** 거둔 자도 남음
출 19:21 와서 보려고 하다가 **많이** 죽을까
출 36:5 너무 **많이** 가져오므로 여호와께서
레 25:16 연수가 많으면 너는 그것의 값을 **많이**
민 20:11 물이 **많이** 솟아나오므로 회중과 그들의
민 22:15 더 높은 고관들을 더 **많이** 보내매
민 26:54 많은 자에게는 기업을 **많이** 줄 것이요
민 35:8 줄 때에 **많이** 받은 자에게서는 **많이**
신 17:16 **많이** 두지 말 것이요 병마를 **많이**
신 17:17 아내를 **많이** 두어 … 은금을 **많이** 쌓지
수 13:1 얻을 땅이 매우 **많이** 남아 있도다
삿 6:5 올라와 메뚜기 떼같이 **많이** 들어오니
왕상 1:19 송아지와 양을 **많이** 잡고 왕의 모든
왕상 1:25 송아지와 양을 **많이** 잡고 왕의 모든
왕하 3:16 골짜기에 개천을 **많이** 파라 하셨나이다
왕하 6:23 음식을 **많이** 베풀고 그들이 먹고 마시매
왕하 10:18 조금 섬겼으나 예후는 **많이** 섬기리라
왕하 21:6 여호와께서 보시기에 악을 **많이** 행하여
왕하 21:16 또 무죄한 자의 피를 심히 **많이** 흘려
대상 11:13 보리가 **많이** 난 밭이 있더라 백성들이
대상 12:40 음식을 **많이** … 양도 **많이** 가져왔으니
대상 22:4 백향목을 다윗에게로 **많이** 수운하여
대상 22:8 피를 심히 **많이** 흘렸고 … 피를 **많이**
대상 22:15 네게 **많이** 있나니 곧 석수와 목수와
대상 28:3 전쟁을 **많이** 한 사람이라 피를 **많이**
대하 4:18 매우 **많이** 만들었으므로 그 놋 무게를
대하 11:23 후히 주고 아내를 **많이** 구하여 주었더라
대하 14:15 천막을 치고 양과 낙타를 **많이** 이끌고
대하 16:14 또 그것을 위하여 **많이** 분향하였더라
대하 17:13 공사를 **많이** 하고 또 예루살렘에 크게
대하 18:2 소를 **많이** 잡고 함께 가서 길르앗 라못
대하 20:25 재물과 의복과 보물을 **많이** 있으므로
대하 24:11 때때로 이렇게 하여 돈을 **많이** 거두매
대하 25:13 죽이고 물건을 **많이** 노략하였더라
대하 26:10 **많이** 파고 고원과 평지에 가축을 **많이**
대하 27:3 건축하고 또 오벨 성벽을 **많이** 증축하고
대하 28:8 그들의 재물을 **많이** 노략하여 사마리아
대하 30:13 지키려 하여 예루살렘에 **많이** 모이니
대하 31:5 드렸고 또 모든 것의 십일조를 **많이**
대하 32:5 견고하게 하며 무기와 방패를 **많이**

대하 33:6 여호와 보시기에 악을 **많이** 행하여
에 1:18 멸시와 분노가 **많이** 일어나리이다
에 2:8 처녀들이 도성 수산에 **많이** 모여 헤개의
시가서, 선지서
욥 1:3 종도 **많이** 있었으니 이 사람은 동방
욥 16:2 내가 **많이** 들었나니 너희는 다 재난을
욥 23:14 이루실 것이라 이런 일이 그에게 **많이**
욥 34:37 하나님을 거역하는 말을 **많이** 하는구나
욥 35:16 헛되이 입을 열어 지식 없는 말을 **많이**
잠 25:27 꿀을 **많이** 먹는 것이 좋지 못하고
전 1:16 **많이** 얻었으므로 … 지식을 **많이** 만나
전 2:7 소와 양 떼의 소유를 더 **많이** 가졌으며
전 2:8 기뻐하는 처첩들을 **많이** 두었노라
전 10:14 우매한 자는 말을 **많이** 하거니와 사람은
전 12:9 생각하고 연구하여 잠언을 **많이** 지었으
전 12:12 많은 책들을 짓는 것은 끝이 없고 **많이**
아 5:1 나의 사랑하는 사람들아 **많이** 마시라
사 1:15 너희가 **많이** 기도할지라도 내가 듣지
사 53:3 간고를 **많이** 겪었으며 질고를 아는 자라
렘 22:15 네가 백향목을 **많이** 사용하여 왕이 될
렘 40:12 포도주와 여름 과일을 심히 **많이** 모으니
렘 46:11 치료를 **많이** 받아도 효력이 없어 낫지
겔 11:6 성읍에서 **많이** 죽어 그 거리를 시체로
겔 16:15 음란을 **많이** 행하므로 네 몸이 그들의
겔 21:15 내가 그들에 낙담하여 **많이** 엎드러지게
단 11:18 바닷가로 돌려 **많이** 점령할 것이나 한
호 8:11 제단을 **많이** 만들더니 그 제단이 그에게
호 12:10 이상을 **많이** 보였으며 선지자들을
욘 4:11 가축도 **많이** 있나니 내가 어찌 아끼지
학 1:9 모으기를 모래같이 **많이** 할 것이요
학 1:6 너희가 **많이** 뿌릴지라도 수확이 적으며
슥 14:14 은과 의복이 심히 **많이** 모여질 것이요
신약
마 6:7 그들은 말을 **많이** 하여야 들으실 줄
마 8:16 귀신 들린 자를 **많이** 데리고 예수께
마 11:20 가장 **많이** 행하신 고을들이 회개하지
마 21:36 처음보다 **많이** 보내니 그들에게도
마 24:11 거짓 선지자가 **많이** 일어나 많은 사람을
마 26:60 거짓 증인이 **많이** 왔으나 얻지 못하더니
마 27:19 사람으로 인하여 애를 **많이** 태웠나이다
마 27:52 열리며 자던 성도의 몸이 **많이** 일어나되
막 1:45 일을 **많이** 전파하여 널리 퍼지게 하니
막 2:15 그러한 사람들이 **많이** 있어서 예수를

[많이]　　　　　　　　　　　　　　　　　　　　　　　　　　　　　　　　[맏아들]

막 3:12	나타내지 말라고 **많이** 경고하시니라	요1 1:7	미혹하는 자가 세상에 **많이** 나왔나니
막 5:43	그들을 **많이** 경계하시고 이에 소녀에게		
막 7:13	말씀을 폐하며 또 이 같은 일을 **많이**		
막 12:41	돈 넣는가를 보실새 여러 부자는 **많이**		
막 12:43	넣는 모든 사람보다 **많이** 넣었도다		
막 15:41	올라온 여자들도 **많이** 있었더라		
눅 1:16	하나님께로 **많이** 돌아오게 하겠음이라		
눅 5:29	다른 사람이 **많이** 함께 앉아 있는지라		
눅 7:21	악귀 들린 자를 **많이** 고치시며 또 많은		
눅 7:43	생각에는 **많이** 탕감함을 받은 자이니이다		
눅 12:47	뜻대로 행하지 아니한 종은 **많이** 맞을		
눅 12:48	무릇 **많이** 받은 자에게는 **많이** 요구할		
	것이요 **많이** 맡은 자에게는 **많이** 달라		
눅 21:3	다른 모든 사람보다 **많이** 넣었도다		
요 14:30	내가 너희와 말을 **많이** 하지 아니하리니		
요 15:5	거하면 사람이 열매를 **많이** 맺나니		
요 15:8	열매를 **많이** 맺으면 내 아버지께서		
요 20:30	책에 기록되지 아니한 다른 표적도 **많이**		
행 2:43	말미암아 기사와 표적이 **많이** 나타나니		
행 5:12	민간에 표적과 기사가 **많이** 일어나매		
행 10:2	하나님을 경외하며 백성을 **많이** 구제하		
행 13:43	경건한 사람들이 **많이** 바울과 바나바를		
행 16:23	**많이** 친 후에 옥에 가두고 간수에게		
행 19:18	믿은 사람들이 **많이** 와서 자복하여 행한		
행 20:8	모인 윗다락에 등불을 **많이** 켰는데		
행 22:28	돈을 **많이** 들여 이 시민권을 얻었노라		
행 28:23	그가 유숙하는 집에 **많이** 오니 바울이		
롬 16:6	너희를 위하여 **많이** 수고한 마리아에게		
롬 16:12	**많이** 수고하고 사랑하는 버시에게		
고전 15:10	모든 사도보다 더 **많이** 수고하였으나		
고전 16:12	내가 **많이** 권하였으되 지금은 갈 뜻이		
고후 6:4	일꾼으로 자천하여 **많이** 견디는 것과		
고후 7:13	우리가 더욱 **많이** 기뻐함은 그의 마음이		
고후 8:15	기록된 것같이 **많이** 거둔 자도 남지		
고후 9:6	거두고 **많이** 심는 자는 **많이** 거둔다		
고후 11:23	더 **많이** 하고 매도 수없이 맞고 여러 번		
골 4:13	히에라볼리에 있는 자들을 위하여 **많이**		
살전 4:1	너희가 행하는 바라 더욱 **많이** 힘쓰라		
딤전 6:18	선한 사업을 **많이** 하고 나누어 주기를		
딤후 1:18	또 그가 에베소에서 **많이** 봉사한 것을		
딤후 4:3	자기의 사욕을 따를 스승을 **많이** 두고		
딤후 4:14	내게 해를 **많이** 입혔으매 주께서 그		
약 3:1	심판을 받을 줄 알고 선생이 **많이** 되지		

['많이'와 관련된 성구]

많이 쌓다 – 신 17:17; 대하 31:10; 겔 24:10; 호 8:14; 눅 12:19

많이 준비하다 – 대상 22:3, 5, 14; 대하 2:9; 느 5:18; 단 11:13

많이 주다 – 왕상 4:29; 대하 32:29; 단 2:48; 마 28:12

맏딸(older daughter)
삼상 14:49 이러하니 **맏딸**의 이름은 메랍이요
삼상 18:17 **맏딸** 메랍을 네게 아내로 주리니 오직

맏물(firstfruit)
신 26:2 모든 소산의 **맏물**을 거둔 후에 그것을
신 26:10 주신 토지소산의 **맏물**을 가져왔나이다
느 10:35 우리 토지소산의 **맏물**과 각종 과목의

[맏물 포도]
삿 8:2 포도가 아비에셀의 **맏물 포도**보다 낫지

맏아들(firstborn, older son)
창 22:21 그의 **맏아들**은 우스요 우스의 형제는
창 27:1 어두워 잘 보지 못하더니 **맏아들** 에서를
창 27:15 **맏아들** 에서의 좋은 의복을 가져다가
창 27:19 나는 아버지의 **맏아들** 에서로소이다
창 27:32 아들 곧 아버지의 **맏아들** 에서로소이다
창 27:42 **맏아들** 에서의 이 말이 리브가에게
창 46:8 그의 아들들 곧 야곱의 **맏아들** 르우벤과
수 6:26 쌓을 때에 그의 **맏아들**을 잃을 것이요
삿 8:20 그의 **맏아들** 여델에게 이르되 일어나
삼하 3:2 아들들을 낳았으되 **맏아들**은 암논이라
왕상 16:34 그 터를 쌓을 때에 **맏아들** 아비람을
왕하 3:27 왕이 될 **맏아들**을 데려와 성 위에서
대상 1:13 가나안은 **맏아들** 시돈과 헷을 낳고
대상 1:29 **맏아들**은 느바욧이요 다음은 게달과
대상 2:3 유다의 **맏아들** 에르는 여호와 보시기에
대상 2:13 **맏아들** 엘리압과 둘째로 아비나답과
대상 2:25 **맏아들** 여라므엘의 아들은 **맏아들** 람과
대상 2:27 여라므엘의 **맏아들** 람의 아들은 마아스
대상 2:42 아우 갈렙의 아들 곧 **맏아들**은 메사이니

810

【 맏이 】 【 말 3 】

대상 2:50 에브라다의 **맏아들** 훌의 아들은
대상 3:1 **맏아들**은 암논이라 이스르엘 여인
대상 3:15 요시야의 아들들은 **맏아들** 요하난과
대상 4:4 아버지 에브라다의 **맏아들** 훌의
대상 6:28 사무엘의 아들들은 **맏아들** 요엘이요
대상 8:1 베냐민이 낳은 자는 **맏아들** 벨라와 둘째
대상 8:39 **맏아들**은 울람이요 둘째는 여우스요
대상 9:5 사람 중에서는 **맏아들** 아사야와 그의
대상 9:31 **맏아들** 맛디댜 하는 레위 사람은 전병
대상 9:36 그의 **맏아들**은 압돈이요 다음은 술과
대상 26:2 **맏아들** 스가랴와 둘째 여디아엘과
대상 26:4 아들들은 **맏아들** 스마야와 둘째
대상 26:10 본래 **맏아들**이 아니나 그의 아버지가
느 10:36 우리의 **맏아들**들과 가축의 처음 난 것과
욥 1:13 자녀들이 그 **맏아들**의 집에서 음식을
욥 1:18 그들의 **맏아들**의 집에서 음식을 먹으며
미 6:7 **맏아들**을, 내 영혼의 죄로 말미암아
마 21:28 **맏아들**에게 가서 이르되 얘 오늘 포도원
눅 15:25 **맏아들**은 밭에 있다가 돌아와 집에
롬 8:29 형제 중에서 **맏아들**이 되게 하려 하심이
히 1:6 **맏아들**을 이끌어 세상에 다시 들어오게

맏이(first one)
마 22:25 우리 중에 칠 형제가 있었는데 **맏이**가
막 12:20 칠 형제가 있었는데 **맏이**가 아내를
눅 20:29 칠 형제가 있었는데 **맏이**가 아내를

말 1(bowl, measure)
마 5:15 등불을 켜서 **말** 아래에 두지 아니하고
막 4:21 **말** 아래에나 평상 아래에 두려 함이냐

†말 1 - 기타 본문
마 13:33; 눅 11:33; 13:21; 16:6

말 2(末, down)
렘 1:3 시드기야의 십일년 **말**까지 곧 오월에

말 3(馬, horse)

모세오경, 역사서
창 47:17 요셉이 그 **말**과 양 떼와 소 떼와 나귀를 받고
출 9:3 네 가축 곧 **말**과 나귀와 낙타와 소와
출 14:9 바로의 **말**들, 병거들과 그 마병과 그
출 14:23 애굽 사람들과 바로의 **말**들, 병거들과
출 15:1 높고 영화로우심이요 **말**과 그 탄 자를
출 15:19 바로의 **말**과 병거와 마병이 함께 바다에
출 15:21 **말**과 그 탄 자를 바다에 던지셨음이로다
신 11:4 그 **말**과 그 병거에 행하신 일 곧 그들이
수 11:4 해변의 수많은 모래 같고 **말**과 병거도
수 11:9 그들의 **말** 뒷발의 힘줄을 끊고 그들의
삼하 8:1 병거와 **말**을 어거하게 하리니 그들이
삼하 8:4 **말**만 남기고 다윗이 그 외의 병거의 **말**
삼하 15:1 병거와 **말**들을 준비하고 호위병 오십
왕상 4:26 솔로몬의 병거의 **말** 외양간이 사만이요

'말(을) 타다'와 관련된 성구
왕하 9:18; 18:23; 전 10:7; 사 30:16; 렘 6:23; 17:25; 50:42; 겔 23:6, 12, 23; 27:20; 38:15; 암 2:15; 합 3:8, 15

왕상 4:28 **말**과 준마에게 먹일 보리와 꼴을 그 **말**
왕상 10:25 갑옷과 향품과 **말**과 노새라 해마다
왕상 10:28 솔로몬의 **말**들은 애굽에서 들여왔으니
왕상 10:29 **말**은 한 필에 백오십 세겔이라 이와
왕상 18:5 **말**과 노새를 살리리니 짐승을 다 잃지
왕상 20:1 **말**과 병거들이 있더라 이에 올라가서
왕상 22:4 내 **말**도 당신의 **말**들과 같으니이다
왕하 3:7 내 **말**들도 당신의 **말**들과 같으니이다
왕하 5:9 **말**들과 병거들을 거느리고 이르러
왕하 6:14 **말**과 병거와 많은 군사를 보내매 그들이
왕하 6:15 일어나서 나가보니 군사와 **말**과 병거가
왕하 7:6 아람 군대로 병거 소리와 **말** 소리와 큰
왕하 7:7 그 장막과 **말**과 나귀를 버리고 진영을
왕하 7:13 남아 있는 **말** 다섯 마리를 취하고 사람
왕하 7:14 병거 둘과 그 **말**들을 취한지라 왕이
왕하 9:17 한 사람을 **말**에 태워 보내어 맞이하여
왕하 9:19 사람을 **말**에 태워 보내었더니 그들에게
왕하 9:33 피가 담과 **말**에게 튀더라 예후가 그의
왕하 10:2 병거와 **말**과 견고한 성과 무기가 너희에
왕하 11:16 그가 왕궁의 **말**이 다니는 길로 가다가
왕하 14:20 시체를 **말**에 실어다가 예루살렘에서
왕하 18:23 낼 수 있다면 나는 네게 **말** 이천 마리를
왕하 23:11 **말**들을 제하여 버렸으니 이 **말**들은
대상 18:4 **말**들만 남기고 그 외의 병거의 **말**은

811

【 말 3 】　　　　　　　　　　　　　　　　　　　　　【 말 4/-하다 】

대하 1:16	말들은 애굽과 구에에서 사들였으니	겔 39:20	상에서 말과 기병과 용사와 모든 군사를
대하 1:17	말은 백오십 세겔이라 이와 같이 헷	호 1:7	활과 칼이나 전쟁이나 말과 마병으로
대하 9:24	복과 갑옷과 향품과 말과 노새라 해마다	호 14:3	말을 타지 아니하며 다시는 우리의
대하 9:25	솔로몬의 병거 메는 말의 외양간은	욜 2:4	그의 모양은 말 같고 그 달리는 것은
대하 9:28	애굽과 각국에서 말들을 가져왔더라	암 4:10	너희 말들을 노략하게 하며 너희 진영을
대하 16:8	말과 병거가 심히 많지 아니하더이까	암 6:12	말들이 어찌 바위 위에서 달리겠으며
대하 25:28	시체를 말에 실어다가 그의 조상들과	나 3:2	병거 바퀴 소리, 뛰는 말, 달리는 병거
스 2:66	말이 칠백삼십육이요 노새가 이백사십	학 2:22	탄 자를 엎드러뜨리리니 말과 그 탄
느 7:68	말이 칠백삼십육 마리요 노새가 이백	슥 1:8	한 사람이 붉은 말을 … 나무 사이에
에 6:8	왕께서 타시는 말과 머리에 쓰시는 왕관		섰고 그 뒤에는 붉은 말과 자줏빛 말과
에 6:9	왕복과 말을 왕의 신하 중 가장 존귀한	슥 6:2	붉은 말들이, 둘째 병거는 검은 말들이
	자의 손에 … 옷을 입히고 말을 태워서	슥 6:3	셋째 병거는 흰 말들이, 넷째 병거는
에 6:10	네 말대로 속히 왕복과 말을 가져다가		어룽지고 건장한 말들이 메었는지라
에 6:11	왕복과 말을 가져다가 모르드개에게	슥 6:6	말은 북쪽 땅으로 나가고 흰 말은 그
	옷을 입히고 말을 태워 성 중 거리로		뒤를 따르고 어룽진 말은 남쪽 땅으로
		슥 6:7	건장한 말은 나가서 땅에 두루 다니고자
【 시가서 - 신약 】		슥 9:10	예루살렘의 말을 끊겠고 전쟁하는 활도
욥 39:18	몸을 떨쳐 뛰어갈 때에는 말과 그 위에	슥 10:5	그들이 싸워 말 탄 자들을 부끄럽게
욥 39:19	말의 힘을 네가 주었느냐 그 목에	슥 12:4	말을 쳐서 놀라게 하며 그 탄 자를 … 모
시 20:7	어떤 사람은 병거, 어떤 사람은 말을		든 민족의 말을 쳐서 눈이 멀게 하리니
시 32:9	너희는 무지한 말이나 노새같이 되지	슥 14:15	또 말과 노새와 낙타와 나귀와 그 진에
시 76:6	주께서 꾸짖으시매 병거와 말이 다 깊이	계 6:2	내가 보니 흰 말이 있는데 그 탄 자가
시 147:10	여호와는 말의 힘이 세다 하여 기뻐하지	계 6:4	다른 붉은 말이 나오더라 그 탄 자가
잠 26:3	말에게는 채찍이요 나귀에게는 재갈이	계 6:5	검은 말이 나오는데 그 탄 자가 손에
사 31:1	그들은 말을 의지하며 병거의 많음과	계 6:8	청황색 말이 나오는데 그 탄 자의 이름
사 36:8	내가 네게 말 이천 필을 주어도 너는	계 9:7	준비한 말들 같고 그 머리에 금 같은
사 43:17	병거와 말과 군대의 용사를 이끌어 내어	계 9:9	많은 말들이 전쟁터로 달려 들어가는
사 63:13	광야에 있는 말같이 넘어지지 않게 하신	계 9:17	말들과 그 위에 … 또 말들의 머리는
사 66:20	나의 성산 예루살렘으로 말과 수레와	계 9:19	이 말들의 힘은 입과 꼬리에 있으니
렘 4:13	그의 말들은 독수리보다 빠르도다	계 18:13	소와 양과 말과 수레와 종들과 사람의
렘 8:6	전쟁터로 향하여 달리는 말같이 각각	계 19:18	살과 말들과 그것을 탄 자들의 살과
렘 8:16	말의 부르짖음이 단에서부터 들리고	계 19:19	그 말 탄 자와 그의 군대와 더불어
렘 12:5	능히 말과 경주하겠느냐 네가 평안한	계 19:21	그 나머지는 말 탄 자의 입으로부터
렘 46:4	말에 안장을 지워 타며 투구를 쓰고		
렘 46:9	말들아 달려라 병거들아 정신 없이	【 말 4/-하다(language, speech) 】	
렘 50:37	칼이 그들의 말들과 병거들과 그들 중에	【 모세오경 】	
렘 51:21	말과 기마병을 분쇄하며 네가 병거와	창 3:17	네 아내의 말을 듣고 내가 네게 먹지
렘 51:27	치되 극성스런 메뚜기같이 그 말들을	창 4:23	라멕의 아내들이여 내 말을 들으라 나의
겔 17:15	애굽에 보내 말과 군대를 구함이로다	창 11:1	땅의 언어가 하나요 말이 하나였더라
겔 23:20	말 같은 음란한 간부를 사랑하였도다	창 14:23	말이 내가 아브람으로 치부하게 하였다
겔 26:7	북쪽에서 말과 병거와 기병과 군대와	창 17:20	이스마엘에 대하여는 내가 네 말을
겔 26:10	말이 많으므로 그 티끌이 너를 가릴	창 18:5	그들이 이르되 네 말대로 그리하라
겔 27:14	족속은 말과 군마와 노새를 네 물품과	창 21:12	사라가 네게 이른 말을 다 들으라 이삭
겔 38:4	너와 기마병 곧 네 온 군대를		

【 말 4/-하다 】　　　　　　　　　　　　　　　　　　　　　　　　【 말 4/-하다 】

창 22:18	이는 네가 나의 **말을** 준행하였음이니라	민 36:5	이르되 요셉 자손 지파의 **말이** 옳도다
창 23:8	내 **말을** 듣고 나를 위하여 소할의 아들	신 1:23	**말을** 좋게 여겨 너희 중 각 지파에서
창 24:15	**말을** 마치기도 전에 리브가가 물동이를	신 2:26	사자를 보내어 평화의 **말로** 이르기를
창 27:8	아들아 내 **말을** 따라 내가 네게 명하는	신 3:26	내게 진노하사 내 **말을** 듣지 아니하시고
창 30:34	라반이 이르되 내가 네 **말대로** 하리라	신 4:2	내가 너희에게 명령하는 **말을** 너희는
창 31:1	라반의 아들들이 하는 **말을** 들은즉	신 5:28	그 말소리를 내가 들은즉 그 **말이** 다
창 34:3	소녀를 사랑하여 그의 마음을 말로 위로	신 9:2	아낙 자손이라 그에 대한 말을 네가
창 34:24	하몰과 그의 아들 세겜의 **말을** 들으러	신 10:2	네가 깨뜨린 처음 판에 쓴 **말을** 내가
창 37:8	그의 꿈과 그의 말로 말미암아 그를	신 11:18	너희는 나의 이 **말을** 너희의 마음과
창 39:17	이 말로 그에게 **말하여** 이르되 당신이	신 12:28	네게 명령하는 이 모든 **말을** 너는 듣고
창 41:54	요셉의 **말과** 같이 일곱 해 흉년이 들기	신 13:3	선지자나 꿈 꾸는 자의 **말을** 청종하지
창 42:14	정탐꾼들이라 한 **말이** 이것이니라	신 17:4	그 일과 **말이** 확실하여 이스라엘 중에
창 43:7	묻는 **말에** 따라 그에게 대답한 것이니	신 18:14	말하는 자나 점쟁이의 **말을** 듣거니와
창 44:10	이르되 그러면 너희의 **말과** 같이 하리라	신 21:5	투쟁이 그들의 **말대로** 판결될 것이니라
창 45:9	아버지의 아들 요셉의 **말에** 하나님이	신 23:5	여호와께서 발람의 **말을** 듣지 아니하시
출 3:18	그들이 네 **말을** 들으리니 너는 그들의	신 32:2	교훈은 비처럼 내리고 내**말은** 이슬처럼
출 4:1	믿지 아니하며 내 **말을** 듣지 아니하고	**역사서**	
출 6:9	노역으로 말미암아 모세의 **말을** 듣지	수 1:13	하였나니 너희는 그 **말을** 기억하라
출 8:13	여호와께서 모세의 **말대로** 하시니	수 2:21	라합이 이르되 너희의 **말대로** 할 것이라
출 9:12	**말을** 듣지 아니하였으니 여호와께서	수 6:10	입에서 아무 **말도** 내지 말라 그리하다
출 11:9	바로가 너희의 **말을** 듣지 아니하리라	수 7:8	앞에서 돌아섰으니 내가 무슨 **말을**
출 12:31	너희의 **말대로** 가서 여호와를 섬기며	수 8:35	앞에서 낭독하지 아니한 **말이** 하나도
출 14:12	애굽에서 당신에게 이른 **말이** 이것이	수 22:33	싸워 그것을 멸하자 하는 **말을** 다시
출 15:26	하나님 나 여호와의 **말을** 들어 순종	삿 7:11	그들이 하는 **말을** 들으라 그 후에 네
출 16:8	너희가 원망하는 그 **말을** 들으셨음이라	삿 8:3	기드온이 이 **말을** 하매 그 때에 그들의
출 17:10	여호수아가 모세의 **말대로** 행하여	삿 9:3	**말을** 세겜의 모든 사람들의 귀에 말하매
출 18:24	장인의 **말을** 듣고 그 모든 **말대로** 하여	삿 11:10	**말대로** 우리가 그렇게 행하리이다
출 19:5	너희가 내 **말을** 잘 듣고 내 언약을	삿 12:4	에브라임의 **말이** 너희 길르앗 사람은
출 23:22	목소리를 잘 청종하고 내 모든 **말대로**	삿 15:17	그가 **말을** 마치고 턱뼈를 자기 손에서
출 32:28	레위 자손이 모세의 **말대로** 행하매 이	삿 16:16	그 말로 그를 재촉하여 조르매 삼손의
출 34:1	네가 깨뜨린 처음 판에 있던 **말을** 내가	삿 20:13	그들의 형제 이스라엘 자손의 **말을** 듣지
레 10:20	모세가 그 **말을** 듣고 좋게 여겼더라	룻 2:7	**말이** 나로 베는 자를 따라 단 사이에서
민 11:18	우리에게 좋았다 하는 **말이** 여호와께	룻 3:11	내가 네 **말대로** 네게 다 행하리라 네가
민 12:8	**말하고** 은밀한 **말로** 하지 아니하며	삼상 2:3	오만한 **말을** 너희의 입에서 내지 말지
민 14:20	이르시되 내가 네 **말대로** 사하노라	삼상 3:19	그의 **말이** 하나도 땅에 떨어지지 않게
민 16:31	이 모든 **말을** 마치자마자 그들이 섰던	삼상 4:1	사무엘의 **말이** 온 이스라엘에 전파되니
민 17:5	너희에게 대하여 원망하는 **말을** 내	삼상 8:7	네게 한 **말을** 다 들으라 이는 그들이
민 20:14	당신의 형제 이스라엘의 **말에** 우리가	삼상 9:10	**말이** 옳다 가자 하고 그들이 하나님의
민 22:7	발람에게 이르러 발락의 **말을** 그에게	삼상 10:15	너희에게 이른 **말을** 내게 말하라
민 23:2	발락이 발람의 **말대로** 준비한 후에	삼상 11:6	사울이 이 **말을** 들을 때에 하나님의
민 27:7	슬로브핫 딸들의 **말이** 옳으니 너는	삼상 12:1	너희가 내게 한 **말을** 내가 다 듣고
민 30:4	서약을 듣고도 그에게 아무 **말이** 없으면	삼상 15:24	그들의 **말을** 청종하였음이니이다
민 35:30	살인한 자는 증인들의 **말을** 따라서 죽일	삼상 17:11	블레셋 사람의 이 **말을** 듣고 놀라 크게

【 말 4/-하다 】

삼상 18:8 사울이 그 말에 불쾌하여 심히 노하여
삼상 19:6 사울이 요나단의 말을 듣고 맹세하되
삼상 20:7 그의 말이 좋다 하면 네 종이 평안하려
삼상 21:12 다윗이 이 말을 그의 마음에 두고
삼상 24:7 다윗이 이 말로 자기 사람들을 금하여
삼상 25:9 다윗의 이름으로 이 모든 말을 나발에게
삼상 26:19 내 주 왕은 이제 종의 말을 들으소서
삼상 28:20 사무엘의 말로 말미암아 심히 두려워
삼하 3:8 아브넬이 이스보셋의 말을 매우 분하게
삼하 12:18 왕이 그 말을 듣지 아니하셨나니 어떻게
삼하 13:14 암논이 그 말을 듣지 아니하고 다말보다
삼하 14:3 요압이 그의 입에 할 말을 넣어 주니라
삼하 17:4 장로들이 다 그 말을 옳게 여기더라
삼하 19:11 왕을 왕궁으로 도로 모셔오자 하는 말이
삼하 19:43 사람의 말이 이스라엘 사람의 말보다
삼하 20:17 여종의 말을 들으소서 하니 대답하되
삼하 23:1 이는 다윗의 마지막 말이라 이새의 아들
삼하 24:19 명령하신 바 갓의 말대로 올라가니라
왕상 1:6 어찌하여 그리 하였느냐고 하는 말로
왕상 2:8 악독한 말로 나를 저주하였느니라
왕상 3:12 네 말대로 하여 네게 지혜롭고 총명한
왕상 5:7 솔로몬의 말을 듣고 크게 기뻐하여
왕상 6:12 내가 네 아버지 다윗에게 한 말을 네게
왕상 10:3 솔로몬이 그가 묻는 말에 다 대답하였으
왕상 12:13 왕이 포학한 말로 백성에게 대답할새
왕상 15:20 벤하닷이 아사 왕의 말을 듣고 그의
왕상 16:16 모반하여 왕을 죽였다는 말을 들은지라
왕상 17:1 말이 없으면 수 년 동안 비도 이슬도
왕상 18:21 말 한마디도 대답하지 아니하는지라

【 말 4/-하다 】

왕상 20:12 이 말을 듣고 그의 신하들에게 이르되
왕상 22:13 당신의 말도 그들 중 한 사람의 말처럼
왕하 1:7 이 말을 너희에게 한 그 사람은 어떤
왕하 2:22 물이 엘리사가 한 말과 같이 고쳐져서
왕하 5:4 소녀의 말이 이러이러하더이다 하니
왕하 6:18 말대로 그들의 눈을 어둡게 하신지라
왕하 7:17 하나님의 사람의 말대로 죽었으니 곧
왕하 8:2 일어나서 하나님의 사람의 말대로
왕하 9:5 내가 당신에게 할 말이 있나이다
왕하 11:15 제사장의 이 말은 여호와의 성전에서는
왕하 18:28 유다 말로 크게 소리 질러 불러 이르되
왕하 19:16 비방하러 보낸 말을 들으시옵소서
왕하 20:13 히스기야가 사자들의 말을 듣고 자기
왕하 22:11 왕이 율법책의 말을 듣자 곧 그의 옷을
대상 17:18 다윗이 다시 주께 무슨 말을 하오리이까
대상 21:12 내가 무슨 말로 나를 보내신 이에게
대상 28:2 나의 형제들, 나의 백성들아 내 말을
대하 9:2 솔로몬이 그가 묻는 말에 다 대답하였
대하 10:13 왕이 포학한 말로 대답할새 르호보암이
대하 13:22 그의 말은 선지자 잇도의 주석 책에
대하 15:8 아사가 이 말 곧 선지자 오뎃의 예언을
대하 16:4 벤하닷이 아사 왕의 말을 듣고 그의 군대
대하 18:12 당신의 말도 그들 중 한 사람처럼 좋게
대하 20:20 예루살렘 주민들아 내 말을 들을지어다
대하 23:14 제사장의 이 말은 여호와의 전에서는
대하 24:17 왕에게 절하매 왕이 그들의 말을 듣고
대하 28:11 내 말을 듣고 너희의 형제들 중에서
대하 29:5 사람들아 내 말을 들으라 이제 너희는
대하 32:6 자기 앞에 무리를 모으고 말로 위로하여

'말 4'와 관련된 성구

교만한 말 – 삼상 2:3; 왕하 19:28
말로 호리다 – 잠 2:16; 7:5
말을 거역하다 – 민 20:24
말을 굽게 하다 – 출 23:8; 신 16:19
말을 순종하다 – 창 26:5; 신 21:18; 34:9; 수 22:2; 렘 25:7; 26:5; 35:8; 살후 3:14
말을 전하다 – 창 50:16; 출 18:6; 삼상 11:5; 왕하 10:5; 18:37; 렘 26:2; 행 12:17
말을 준행하다 – 창 22:18; 렘 22:4
말을 지키다 – 잠 7:1; 렘 1:12; 슥 11:11; 요 8:51, 52; 14:23, 24; 15:20; 계 3:8; 22:9

말이 많다 – 욥 11:2; 잠 10:19; 전 5:3, 7; 겔 26:10; 히 5:11
무지한 말 – 욥 38:2; 42:3; 시 32:9
바른 말 – 요 18:23; 딤전 6:3; 딤후 1:13; 딛 2:8
백성의 말 – 출 19:8, 9; 삼상 8:21; 왕상 12:15; 대하 10:15
선지자(들)의 말 – 왕상 22:13; 대하 18:12; 렘 23:16, 25; 27:14, 16; 행 3:23; 13:27; 28:23
선한 말 – 대하 10:7; 시 39:2; 잠 12:25; 15:26; 16:24; 렘 29:10; 33:14; 마

【 말 4/-하다 】　　　　　　　　　　　　　【 말 4/-하다 】

대하 34:26	말씀하시기를 네가 들은 말을 의논하건	욥 19:2	마음을 괴롭히며 말로 나를 짓부수기를
대하 35:22	하나님의 입에서 나온 느고의 말을 듣지	욥 21:2	너희는 내 말을 자세히 들으라 이것이
스 8:17	느디님 사람들에게 할 말을 일러 주고	욥 22:13	네 말은 하나님이 무엇을 아시며 흑암
스 10:5	온 이스라엘에게 이 말대로 행하기를	욥 23:4	호소하며 변론할 말을 내 입에 채우고
느 1:1	아들 느헤미야의 말이라 아다사스다	욥 24:25	말을 거짓되다고 지적하거나 내 말을
느 2:19	아라비아 사람 게셈이 이 말을 듣고	욥 29:9	유지들은 말을 삼가고 손으로 입을
느 5:6	백성의 부르짖음과 이런 말을 듣고 크게	욥 31:30	그가 죽기를 구하는 말로 그의 생명을
느 6:6	하나니 네가 그 말과 같이 왕이 되려	욥 32:1	의인으로 여기므로 그 세 사람이 말을
느 8:12	그 읽어 들려 준 말을 밝히 앎이라	욥 33:12	말에 그대가 의롭지 못하니 하나님은
느 13:24	방언은 못하니 그 하는 말이 각 족속	욥 34:2	지혜 있는 자들아 내 말을 들으며 지식
에 1:21	왕과 지방관들이 그 말을 옳게 여기지	욥 35:16	헛되이 입을 열어 지식 없는 말을 많이
	라 왕이 므무간의 말대로 행하여	욥 36:4	진실로 내 말은 거짓이 아니라 온전한
에 2:4	그 말을 좋게 여겨 그대로 행하니라	욥 37:19	할 말을 그대는 우리에게 가르치라
에 4:9	돌아와 모르드개의 말을 에스더에게	시 4:6	사람의 말이 우리에게 선을 보일 자
에 5:14	하만이 그 말을 좋게 여기고 명령하여	시 5:1	여호와여 나의 말에 귀를 기울이사 나의
에 6:10	네 말대로 속히 왕복과 말을 가져다가	시 17:6	불렀사오니 내게 귀를 기울여 내 말을
에 7:8	이 말이 왕의 입에서 나오매 무리가	시 34:11	너희 자녀들아 와서 내 말을 들으라
에 9:26	이 글의 모든 말과 이 일에 보고 당한	시 35:27	여호와는 위대하시다 하는 말을 그들이
시가서		시 36:3	입에서 나오는 말은 죄악과 속임이라
욥 2:10	말이 한 어리석은 여자의 말 같도다	시 38:14	같아서 내 입에는 반박할 말이 없나이다
욥 4:4	넘어지는 자를 말로 붙들어 주었고	시 42:3	사람들이 종일 내게 하는 말이 네
욥 6:3	그러므로 나의 말이 경솔하였구나	시 49:4	기울이고 수금으로 나의 오묘한 말을
욥 8:2	네가 어느 때까지 이런 말을 하겠으며	시 50:17	네가 교훈을 미워하고 내 말을 네 뒤로
욥 9:14	대답하겠으며 그 앞에서 무슨 말을	시 52:4	남을 해치는 모든 말을 좋아하는도다
욥 11:3	자랑하는 말이 어떻게 사람으로 잠잠하	시 55:21	그의 말은 기름보다 유하나 실상은 뽑힌
욥 12:20	충성된 사람들의 말을 물리치시며 늙은	시 56:5	그들이 종일 내 말을 곡해하며 나를
욥 13:17	너희들은 내 말을 분명히 들으라 내가	시 58:11	사람의 말이 진실로 의인에게 갚음이
욥 15:20	말에 이르기를 악인은 그의 일평생에	시 59:12	그들의 입술의 말은 곧 그들의 입의
욥 16:4	나도 그럴 듯한 말로 너희를 치며 너희	시 64:3	연마하며 화살같이 독한 말로 겨누고

'말 4'와 관련된 성구

12:34; 엡 4:29
악한 말 - 민 11:1; 느 6:13; 마 5:11; 벧전 3:10; 요삼 1:10
여호와의 말이니라 - 사 14:22, 23; 22:25; 37:34; 39:6; 45:13; 66:21, 22; 렘 1:8, 15, 19; 19:6; 겔 5:15, 17; 11:21; 12:25, 28; 14:14, 18; 15:8; 16:8, 14, 58; 30:12; 34:24; 호 11:11; 습 1:3; 3:20; 학 2:4, 7, 8, 9, 23; 슥 1:3, 4, 16; 8:6, 17; 10:12; 말 1:13, 14; 2:16; 3:12; 4:3
완악한 말 - 시 31:18; 말 3:13; 유 1:15
입의 말(들) - 신 32:1; 욥 8:2; 시 19:14;

54:2; 78:1; 잠 4:5; 5:7; 6:2; 7:24; 8:8; 18:4; 전 10:12, 13; 겔 3:17; 33:7; 호 6:5; 8:9
저주의 말 - 민 5:23; 신 29:19
좋은 말 - 왕상 12:7; 시 45:1 렘 12:6
지혜로운 말 - 잠 23:9; 마 12:42; 눅 11:31
패역한 말 - 사 32:6; 렘 28:16; 29:32
헛된 말 - 욥 16:3; 사 44:25; 렘 2:25; 호 10:4; 엡 5:6; 딤전 1:6; 6:20; 딤후 2:16; 딛 1:10
히브리 말 - 요 5:2; 19:13, 17; 20:16; 행 21:40; 22:2; 26:14

【 말 4/-하다 】　　　　　　　　　　　　　　　　　　　　　　　　　　　【 말 4/-하다 】

		선지서	
시 81:13	내 백성아 내 말을 들으라 이스라엘아	사 8:10	말을 해 보아라 끝내 시행되지 못하리라
시 102:24	나의 말이 나의 하나님이여 나의 중년에	사 10:1	법령을 만들며 불의한 말을 기록하며
시 109:3	미워하는 말로 나를 두르고 까닭 없이	사 28:23	목소리를 들으라 자세히 내 말을 들으라
시 119:82	나의 말이 주께서 언제나 나를 안위하	사 29:18	날에 못 듣는 사람이 책의 말을 들을
시 137:7	그들의 말이 헐어 버리라 헐어 버리라	사 30:10	우리에게 부드러운 말을 하라 거짓된
시 139:4	여호와여 내 혀의 말을 알지 못하시는	사 31:3	그들의 말들은 육체요 영이 아니라
시 141:6	내 말이 달므로 무리가 들으리로다	사 32:4	어눌한 자의 혀가 민첩하여 말을 분명히
잠 1:6	지혜 있는 자의 말과 그 오묘한 말을	사 33:19	말이 이상하여 네가 깨닫지 못하는
잠 2:1	내 아들아 네가 만일 나의 말을 받으며	사 35:6	말 못하는 자의 혀는 노래하리니 이는
잠 4:4	내 말을 네 마음에 두라 내 명령을	사 36:16	히스기야의 말을 듣지 말라 앗수르 왕이
잠 6:24	이방 여인의 혀로 호리는 말에 빠지지	사 37:6	왕의 종들이 나를 능욕한 말로 말미암아
잠 12:6	악인의 말은 사람을 엿보아 피를 흘리자	사 39:3	사람들이 무슨 말을 하였으며 어디서
잠 14:15	어리석은 자는 온갖 말을 믿으나 슬기	사 41:26	주는 자도 없고 너희 말을 듣는 자도
잠 15:1	하여도 과격한 말은 노를 격동하느니라	사 44:26	그의 종의 말을 세워 주며 그의 사자들
잠 16:1	있어도 말의 응답은 여호와께로부터	사 50:4	곤고한 자를 말로 어떻게 도와 줄 줄을
		사 51:16	내가 내 말을 네 입에 두고 내 손 그늘로
		사 52:6	그 날에는 그들이 이 말을 하는 자가
		사 55:11	입에서 나가는 말도 이와 같이 헛되이
		사 58:9	멍에와 손가락질과 허망한 말을 제하여
		사 59:21	영과 네 입에 둔 나의 말이 이제부터
		사 66:2	심령에 통회하며 내 말을 듣고 떠는 자
		렘 1:9	보라 내가 내 말을 네 입에 두었노라
		렘 2:31	이 세대여 여호와의 말을 들어 보라

"마음의 경영은 사람에게 있어도 말의 응답은 여호와께로부터 나오느니라"(잠 16:1)

잠 17:4	사악한 입술이 하는 말을 잘 듣고 … 악한 혀가 하는 말에 귀를 기울이느니라	렘 3:12	너는 가서 북을 향하여 이 말을 선포하
잠 18:17	송사에서는 먼저 온 사람의 말이 바른	렘 5:15	나라 말을 네가 알지 못하며 그 말을
잠 21:6	속이는 말로 재물을 모으는 것은 죽음을	렘 6:19	그들이 내 말을 듣지 아니하며 내 율법
잠 22:12	사악한 사람의 말은 패하게 하시느니라	렘 7:2	너는 여호와의 집 문에 서서 이 말을
잠 23:8	아름다운 말도 헛된 데로 돌아가리라	렘 8:9	보라 그들이 여호와의 말을 버렸으니
잠 24:26	적당한 말로 대답함은 입맞춤과 같으니	렘 10:5	그것이 둥근 기둥 같아서 말도 못하며
잠 25:11	경우에 합당한 말은 아로새긴 은 쟁반에	렘 11:2	너희는 이 언약의 말을 듣고 유다인과
잠 26:22	말 하기를 좋아하는 자의 말은 별식과	렘 13:10	이 악한 백성이 내 말 듣기를 거절하고
잠 29:19	좋은 말로만 하면 고치지 아니하나니	렘 14:17	너는 이 말로 그들에게 이르라 내 눈이
잠 31:8	너는 말 못하는 자와 모든 고독한 자의	렘 16:10	네가 이 모든 말로 백성에게 말할 때에
전 1:8	피곤하다는 것을 사람이 말로 다 말할	렘 18:2	거기에서 내 말을 네게 들려 주리라
전 5:2	급한 마음으로 말을 내지 말라 … 그런 즉 마땅히 말을 적게 할 것이라	렘 19:2	거기에서 내가 네게 이른 말을 선포하여
		렘 21:11	왕의 집에 대한 여호와의 말을 들으라
		렘 22:1	집에 내려가서 거기에서 이 말을 선언
전 7:21	사람들이 하는 모든 말에 네 마음을	렘 23:16	너희에게 예언하는 선지자들의 말을
전 8:4	왕의 말은 권능이 있나니 누가 그에게	렘 25:13	책에 기록한 나의 모든 말을 그 땅에
전 9:17	지혜자들의 말들이 우매한 자들을	렘 26:10	유다의 고관들이 이 말을 듣고 왕궁에서
전 10:14	우매한 자는 말을 많이 하거니와 사람은	렘 27:16	너희에게 예언하는 선지자들의 말을
전 12:10	힘써 아름다운 말들을 구하였나니	렘 28:9	예언자의 말이 응한 후에야 그가 진실로

렘 30:2	네게 일러 준 모든 **말**을 책에 기록하라	학 2:5	너희와 언약한 **말**과 나의 영이 계속하여
렘 31:23	그 성읍들에서 다시 이 **말**을 쓰리니 곧	슥 1:6	선지자들에게 명령한 내 **말**과 내 법도들
렘 34:18	그 **말**을 실행하지 아니하여 내 계약을	슥 3:8	네 앞에 앉은 네 동료들은 내 **말**을 들을
렘 36:2	내가 네게 일러 준 모든 **말**을 거기에	슥 7:12	옛 선지자들을 통하여 전한 **말**을 듣지
렘 38:1	백성에게 이르는 **말**을 들은즉 이르기를	슥 8:23	날에는 **말**이 다른 이방 백성 열 명이
렘 39:16	나의 **말**이 그 날에 네 눈 앞에 이루리라	말 2:17	너희가 **말**로 여호와를 괴롭게 하고도
렘 40:16	이스마엘에 대하여 한 **말**은 진정이	말 3:13	우리가 무슨 **말**로 주를 대적하였나이까
렘 42:4	내가 너희 **말**을 들었은즉 너희 **말**대로	**복음서**	
렘 44:17	입에서 낸 모든 **말**을 반드시 실행하여	마 2:9	박사들이 왕의 **말**을 듣고 갈새 동방에서
렘 44:29	너희에게 재난을 내리리라 한 **말**이	마 5:37	너희 **말**은 옳다 옳다, 아니라 아니라
렘 45:1	이 모든 **말**을 책에 기록하니라 그 때에	마 6:7	그들은 **말**을 많이 하여야 들으실 줄
애 1:18	백성들아 내 **말**을 듣고 내 고통을	마 7:24	누구든지 나의 이 **말**을 듣고 행하는
겔 2:8	너 인자야 내가 네게 이르는 **말**을 듣고	마 9:5	죄 사함을 받았느니라 하는 **말**과 일어나
겔 3:5	**말**이 어려운 백성에게 보내는 것이	마 10:14	너희 **말**을 듣지도 아니하거든 그 집이나
겔 6:10	그들에게 내리겠다 한 **말**이 헛되지	마 12:32	누구든지 **말**로 인자를 거역하면 사
겔 11:3	그들의 **말**이 집 건축할 때가 가깝지 아니		함을 얻되 누구든지 **말**로 성령을 거역
겔 12:25	내가 하는 **말**이 다시는 더디지 아니하고	마 15:30	**말** 못하는 사람과 기타 여럿을 데리고
겔 13:6	사람들에게 그 **말**이 확실히 이루어지기	마 17:5	기뻐하는 자니 너희는 그의 **말**을 들으라
겔 14:9	만일 선지자가 유혹을 받고 **말**을 하면	마 18:16	증인의 입으로 **말**마다 확증하게 하라
겔 20:8	반역하여 내 **말**을 즐겨 듣지 아니하고	마 19:11	사람마다 이 **말**을 받지 못하고 오직
겔 33:8	네가 그 악인에게 **말**로 경고하여 그의	마 21:3	누가 무슨 **말**을 하거든 주가 쓰시겠다
겔 35:12	욕하는 모든 **말**을 나 여호와가 들은 줄을	마 22:15	어떻게 하면 예수를 **말**의 올무에 걸리게
겔 43:6	성전에서 내게 하는 **말**을 내가 듣고	마 23:3	본받지 말라 그들은 **말**만 하고 행하지
단 1:14	그들의 **말**을 따라 열흘 동안 시험하더니	마 24:35	천지는 없어질지언정 내 **말**은 없어지지
단 2:9	너희가 거짓말과 망령된 **말**을 내 앞에서	마 26:65	그가 신성 모독 하는 **말**을 하였으니 …
단 5:12	능히 꿈을 해석하며 은밀한 **말**을 밝히며		지금 이 신성 모독 하는 **말**을 들었도다
단 6:14	왕이 이 **말**을 듣고 그로 말미암아 심히	마 27:11	예수께서 대답하시되 네 **말**이 옳도다
단 7:8	있고 또 입이 있어 큰 **말**을 하였더라	마 28:14	만일 이 **말**이 총독에게 들리면 우리가
단 10:11	내가 네게 이르는 **말**을 깨닫고 일어서	막 1:44	삼가 아무에게 아무 **말**도 하지 말고
	라 … 그가 내게 이 **말**을 한 후에 내가	막 2:9	사함을 받았느니라 하는 **말**과 일어나
단 11:36	비상한 **말**로 신들의 신을 대적하며	막 5:36	예수께서 그 하는 **말**을 곁에서 들으시고
단 12:4	마지막 때까지 이 **말**을 간수하고	막 6:11	너희 **말**을 듣지도 아니하거든 거기서
호 2:14	거친 들로 데리고 가서 **말**로 위로하고	막 7:14	너희는 다 내 **말**을 듣고 깨달으라
호 7:16	거친 **말**로 말미암아 칼에 엎드러지리니	막 8:38	세대에서 나와 내 **말**을 부끄러워하면
호 13:1	에브라임이 **말**을 하면 사람들이 떨었고	막 9:6	그가 무슨 **말**을 할지 알지 못함이더라
암 4:1	바산의 암소들아 이 **말**을 들으라 너희는	막 10:47	나사렛 예수시란 **말**을 듣고 소리 질러
암 5:1	대하여 애가로 지은 이 **말**을 들으라	막 11:29	한 **말**을 너희에게 물으리니 대답하라
암 7:10	모반하나니 그 모든 **말**을 이 땅이 견딜	막 13:11	무슨 **말**을 할까 미리 염려하지 말고 …
암 8:4	망하게 하려는 자들아 이 **말**을 들으라		그 때에 너희에게 주시는 그 **말**을 하라
미 2:6	예언할 것이 아니거늘 욕하는 **말**을	막 14:58	우리가 그의 **말**을 들으니 손으로 지은
미 3:9	자들아 원하노니 이 **말**을 들을지어다	막 15:2	예수께서 대답하여 이르시되 네 **말**이
습 2:8	암몬 자손이 조롱하는 **말**을 들었나니	막 16:8	아무에게 아무 **말**도 하지 못하더라
학 1:12	목소리와 선지자 학개의 **말**을 들었으니	눅 1:22	나와서 그들에게 **말**을 못하니 백성들

【 말 4/-하다 】　　　　　　　　　　　　【 말 4/-하다 】

눅 2:19	마리아는 이 모든 **말**을 마음에 새기어	요 18:21	내가 무슨 **말**을 하였는지 들은 자들에
눅 4:22	은혜로운 **말**을 놀랍게 여겨 이르되 이		게 물어 보라 그들이 내가 하던 **말**을
눅 5:23	**말**과 일어나 걸어가라 하는 **말**이 어느	요 19:8	빌라도가 이 **말**을 듣고 더욱 두려워하여
눅 6:47	나아와 내 **말**을 듣고 행하는 자마다	요 20:14	이 **말**을 하고 뒤로 돌이켜 예수께서 서
눅 7:15	죽었던 자가 일어나 앉고 **말**도 하거늘	요 21:7	주님이라 하는 **말**을 듣고 겉옷을 두른
눅 9:21	경고하사 이 **말**을 아무에게도 이르지	역사서	
눅 10:16	너희 **말**을 듣는 자는 곧 내 **말**을 듣는	행 1:19	그들의 **말**로는 그 밭을 아겔다마라 하니
눅 11:18	너희 **말**이 내가 바알세불을 힘입어	행 2:22	이스라엘 사람들아 이 **말**을 들으라
눅 12:10	누구든지 **말**로 인자를 거역하면 사하심	행 3:22	무엇이든지 그의 모든 **말**을 들을 것이라
눅 14:15	먹는 사람 중의 하나가 이 **말**을 듣고	행 4:14	있는 것을 보고 비난할 **말**이 없는지라
눅 16:1	소유를 낭비한다는 **말**이 그 주인에게	행 5:5	아나니아가 이 **말**을 듣고 엎드러져 혼이
눅 18:22	예수께서 이 **말**을 들으시고 이르시되	행 6:5	무리가 이 **말**을 기뻐하여 믿음과 성령이
눅 19:22	종아 내가 네 **말**로 너를 심판하노니	행 7:54	이 **말**을 듣고 마음에 찔려 그를 향하여
눅 20:3	한 **말**을 너희에게 물으리니 내게 **말하라**	행 9:7	보지 못하여 **말**을 못하고 서 있더라
눅 21:33	천지는 없어지겠으나 내 **말**은 없어지지	행 10:22	당신을 그 집으로 청하여 **말**을 들으려
눅 23:3	대답하여 이르시되 네 **말**이 옳도다	행 11:15	내가 **말**을 시작할 때에 성령이 그들에게
눅 24:11	사도들은 그들의 **말**이 허탄한 듯이 들려	행 13:15	백성을 권할 **말**이 있거든 **말하라** 하니
		행 15:32	선지자라 여러 **말**로 형제를 권면하여
		행 16:14	**말**을 듣고 있을 때 주께서 그 마음을
			열어 바울의 **말**을 따르게 하신지라
		행 17:8	무리와 읍장들이 이 **말**을 듣고 소동하여
		행 18:28	힘있게 유대인의 **말**을 이김이러라
		행 19:28	그들이 이 **말**을 듣고 분노가 가득하여
		행 20:2	여러 **말**로 제자들에게 권하고 헬라에
		행 21:12	우리가 그 **말**을 듣고 그 곳 사람들과
		행 22:1	여러분 앞에서 변명하는 **말**을 들으라
		행 23:7	**말**을 한즉 바리새인과 사두개인 사이에
		행 24:9	이에 참가하여 이 **말**이 옳다 주장하니라

"무릇 더러운 **말**은 너희 입 밖에도 내지 말고 오직 덕을 세우는 데 소용되는 대로 선한 **말**을 하여 듣는 자들에게 은혜를 끼치게 하라"(엡 4:29)

요 1:23	나는 선지자 이사야의 **말**과 같이 주의	행 25:22	나도 이 사람의 **말**을 듣고자 하노라
요 3:7	거듭나야 하겠다 하는 **말**을 놀랍게	행 26:3	**말**을 너그러이 들으시기를 바라나이다
요 4:1	요한보다 많다 하는 **말**을 바리새인들이	행 26:28	적은 **말**로 나를 권하여 그리스도인이
요 5:24	내 **말**을 듣고 또 나 보내신 이를 믿는	행 27:11	선주의 **말**을 바울의 **말**보다 더 믿더라
요 6:61	이르시되 이 **말**이 너희에게 걸림이	행 28:25	바울이 한 **말**로 이르되 성령이 선지자
요 7:26	말하되 그들이 아무 **말**도 아니하는도다	서신서 – 예언서	
요 8:37	내 **말**이 너희 안에 있을 곳이 없으므로	롬 3:8	비방하여 우리가 이런 **말**을 한다고 하니
요 9:9	비슷하다 하거늘 자기 **말**은 내가 그라	롬 6:1	우리가 무슨 **말**을 하리요 은혜를 더하게
요 10:20	귀신 들려 미쳤거늘 어찌하여 그 **말**을	롬 7:7	우리가 무슨 **말**을 하리요 율법이 죄냐
요 11:20	마르다는 예수께서 오신다는 **말**을 듣고	롬 8:31	이 일에 대하여 우리가 무슨 **말** 하리요
요 12:47	내 **말**을 듣고 지키지 아니할지라도	롬 9:14	우리가 무슨 **말**을 하리요 하나님께 불의
요 13:13	하니 너희 **말**이 옳도다 내가 그러하다	롬 11:19	네 **말**이 가지들이 꺾인 것은 나로 접붙
요 14:10	내가 너희에게 이르는 **말**은 스스로 하는	롬 16:18	교활한 **말**과 아첨하는 **말**로 순진한
요 15:3	내가 일러준 **말**로 이미 깨끗하여졌으니	고전 1:10	모두가 같은 **말**을 하고 너희 가운데
요 16:19	내 **말**이 조금 있으면 나를 보지 못하겠	고전 2:1	하나님의 증거를 전할 때에 **말**과 지혜의
요 17:13	세상에서 이 **말**을 하옵는 것은 그들로		

818

【 말 4/-하다 】

고전 4:19 교만한 자들의 **말**이 아니라 오직 그
고전 5:10 이 **말**은 이 세상의 음행하는 자들이나
고전 6:5 부끄럽게 하려 하여 이 **말**을 하노니
고전 7:6 이 **말**을 함은 허락이요 명령은 아니니라
고전 9:15 이 **말**을 쓰는 것은 내게 이같이 하여
고전 10:15 내가 이르는 **말**을 스스로 판단하라
고전 11:22 내가 너희에게 무슨 **말**을 하랴 너희를
고전 12:2 **말** 못하는 우상에게로 끄는 그대로 끌려
고전 13:1 내가 사람의 방언과 천사의 **말**을 할지라
고전 14:19 깨달은 마음으로 다섯 마디 **말**을 하는
고전 15:2 내가 전한 그 **말**을 굳게 지키고 헛되이
고후 1:18 너희에게 한 **말**은 예 하고 아니라 함이
고후 7:3 이 **말**을 하는 것은 너희를 정죄하려
고후 8:7 오직 너희는 믿음과 **말**과 지식과 모든
고후 9:6 심는 자는 많이 거둔다 하는 **말**이로다
고후 10:10 그들의 **말**이 그의 편지들은 무게가 있고 … 약하고 그 **말**도 시원하지 않다
고후 11:6 내가 비록 **말**에는 부족하나 지식에는
고후 12:4 가서 **말**로 표현할 수 없는 **말**을 들었으니 사람이 가히 이르지 못할 **말**이로다
고후 13:1 두세 증인의 입으로 **말**마다 확정하리라
갈 4:16 너희에게 참된 **말**을 하므로 원수가
엡 4:29 더러운 **말**은 너희 입 밖에도 내지 말고
엡 5:4 어리석은 **말**이나 희롱의 **말**이 마땅치 아니하니 오히려 감사하는 **말**을 하라
엡 6:20 이 일에 당연히 할 **말**을 담대히 하게
빌 3:1 너희에게 같은 **말**을 쓰는 것이 내게는
골 2:4 아무도 교묘한 **말**로 너희를 속이지
골 3:8 비방과 너희 입의 부끄러운 **말**이라
골 4:4 마땅히 할 **말**로써 이 비밀을 나타내리라
살전 1:5 우리 복음이 너희에게 **말**로만 이른 것이
살전 2:5 우리가 아무 때에도 아첨하는 **말**이나
살전 4:18 그러므로 이러한 **말**로 서로 위로하라
살후 2:2 영으로나 또는 **말**로나 또는 우리에게서
딤전 1:15 모든 사람이 받을 만한 이 **말**이여
딤전 3:1 미쁘다 이 **말**이여, 곧 사람이 감독을
딤전 4:12 오직 **말**과 행실과 사랑과 믿음과 정절에
딤후 2:11 이 **말**이여 우리가 주와 함께 죽었으면
딤후 4:15 그를 주의하라 그가 우리 **말**을 심히
딛 3:8 이 **말**이 미쁘도다 원하건대 너는 이
히 8:1 지금 우리가 하는 **말**의 요점은 이러하니
히 11:32 내가 무슨 **말**을 더 하리요 기드온, 바락,
히 13:22 권면의 **말**을 용납하라 내가 간단히

약 2:12 율법대로 심판 받을 자처럼 **말**도 하고
약 3:2 **말**에 실수가 없는 자라면 곧 온전한
벧전 2:1 시기와 모든 비방하는 **말**을 버리고
벧전 3:1 **말**로 말미암지 않고 그 아내의 행실로
벧후 2:3 그들이 탐심으로써 지어낸 **말**을 가지고
벧후 2:18 허탄한 자랑의 **말**을 토하며 그릇되게
요일 2:18 적그리스도가 오리라 **말**을 너희가
요일 3:18 자녀들아 우리가 **말**과 혀로만 사랑하지
요일 4:3 오리라 한 **말**을 너희가 들었거니와 지금
유 1:16 그 입으로 자랑하는 **말**을 하며 이익을
계 10:4 우레가 **말**을 할 때에 내가 기록하려
계 13:11 어린 양같이 두 뿔이 있고 용처럼 **말**을
계 21:5 이 **말**은 신실하고 참되니 기록하라
계 22:6 **말**하기를 이 **말**은 신실하고 참된지라

📖 **말 4/-하다 – 기타 본문**

모세오경 창 23:11, 13, 15, 16; 24:52; 27:13, 34, 42, 43; 31:48, 49; 34:17, 18, 23; 37:11, 17; 39:19; 42:16, 20; 44:16; 45:12, 26, 27; 50:17, 21; 출 4:9, 10,11, 12, 14, 15; 6:12, 27, 29, 30; 7:4, 13, 22; 8:15, 19, 31; 12:35; 16:12; 18:19; 19:6; 34:27; 민 11:23; 12:2; 14:27, 28, 39; 24:22:20, 35; 23:30; 27:21 30:7, 11, 14; 신 4:10; 9:19; 10:10; 12:32; 17:19; 18:15, 17, 18, 19, 20, 21, 22; 32:46 **역사서** 수 22:30; 삿 7:15; 9:7, 30; 11:11; 삼상 2:25; 8:9, 19, 22; 11:4; 17:23, 28, 31; 18:23, 26; 20:26; 24:9; 25:12, 24, 35, 36; 28:22, 23; 삼하 13:36; 14:19; 17:5; 23:1; 왕상 2:23, 31; 3:17; 10:7; 12:16; 13:4; 17:13, 15; 18:24; 20:25; 20:25, 33; 왕하 1:16; 5:14; 6:30, 33; 8:14; 9:12; 10:6; 18:20, 27, 31; 19:4, 10; 20:14; 22:16, 18, 19; 대하 9:6; 10:16; 15:2; 16:10; 32:8; 34:27; 느 1:4 2:18; 5:8, 12, 13; 6:7, 19; 에 4:12, 14; 6:14; 7:9; 9:30 **시가서** 욥 6:25, 26; 8:10; 11:4; 12:11; 15:3; 16:2; 19:23; 21:28; 23:6; 29:21, 22; 31:40; 32:10, 11, 12, 15, 16, 18, 20; 33:1, 3, 13, 31, 32, 33; 34:3, 10, 33, 34, 35, 37; 35:1, 2; 36:1, 2; 시 12:2; 38:13; 49:13; 64:5; 119:42; 잠 1:23, 33; 4:10, 20, 24; 6:12; 7:13, 21, 24; 14:23; 15:23, 28; 16:13; 17:7, 10, 27; 18:8, 23; 21:28; 23:33; 24:2; 26:25; 29:20; 전 9:16 **선지서** 사 10:13; 29:11; 30:12; 32:7, 9; 36:5, 21, 22; 37:4, 9, 10, 17; 41:28; 45:19, 23, 24; 51:21; 58:13; 65:24; 렘 1:1; 2:35; 5:14; 7:27; 11:3, 6, 10; 13:12, 21; 18:18, 20; 19:15;

말감 1

22:4, 5, 21, 29; 23:18, 22, 25, 28, 29, 30, 36; 25:8, 30; 26:7, 12, 15, 20, 21; 27:17; 28:6, 7; 29:19, 23; 36:10, 13, 16, 17, 18, 20, 24, 28, 29, 32; 38:24, 27; 44:16, 20, 28; 51:64; 겔 2:6, 7, 10; 3:4, 6, 7, 10, 18, 26; 12:27, 28; 20:39; 32:21; 33:31, 32, 33; 단 2:4, 14; 4:31; 5:10; 7:20, 25, 28; 10:12, 15; 12:9; 호 14:8; 욜 2:32; 암 5:14; 미 2:7 **신약** 마 7:26; 9:32; 10:19; 12:34, 36, 37; 18:17; 19:12; 21:16, 24; 22:12; 26:61, 70; 27:43; 28:15; 막 6:20, 55; 7:29, 32, 35; 9:7, 17, 23, 25; 13:31, 37; 14:64; 16:14; 눅 1:20, 29, 64, 65, 66; 2:33, 51; 4:41; 7:33, 34, 40; 9:26, 33, 34, 44; 11:54; 12:12; 16:2; 20:20, 26; 22:37, 60, 65; 23:9; 24:19, 36, 44; 요 1:20, 37, 40; 4:17, 18, 20, 21, 37, 39, 42; 5:34, 47; 6:63; 7:17, 36, 51; 8:6, 43, 48; 9:19, 31, 35; 10:21; 11:29, 40, 41, 42, 51, 52; 12:6, 27, 48; 14:25, 28, 30; 15:7, 20, 25; 16:4, 6, 26; 18:23, 34, 37, 38; 19:13, 20; 20:16; 행 2:11, 14, 37, 40, 41; 4:13, 19, 23; 5:24; 6:10, 11, 14; 7:12, 22, 29, 35, 60; 8:6; 10:44; 11:18; 12:15; 13:27; 15:13, 24, 27, 31; 16:36, 38; 17:18, 28, 32; 18:14; 19:32; 20:7, 30, 36, 38; 21:34, 37; 23:17, 18, 19, 35; 26:11, 25, 29; 27:21; 28:24; 롬 9:23, 30; 15:18; 고전 1:11, 17; 2:4, 13; 4:20; 7:29, 35; 10:15; 12:10; 14:2, 9, 16; 고후 7:14; 8:8; 11:17, 21, 23; 12:16; 골 2:4; 3:17; 4:6; 살전 2:4, 13; 살후 2:15, 17; 딤전 4:9; 5:13; 딤후 2:17; 몬 1:4; 약 3:2; 벧전 2:15; 벧후 2:22; 요일 4:5, 6; 유 1:17

말감 1(Malcam) 베냐민 자손 사하라임의 아들
대상 8:9 자는 요밥과 시비야와 메사와 **말감**과

말감 2(Molech) 암몬 사람의 우상신
렘 49:1 **말감**이 갓을 점령하며 그 백성이 그
렘 49:3 **말감**과 그 제사장들과 그 고관들이 다
습 1:5 여호와께 맹세하면서 **말감**을 가리켜

말갛다(bare, burn up, strip off, wash away)
왕상 14:10 여로보암의 집을 **말갛게** 쓸어 버릴지라
시 29:9 삼림을 **말갛게** 벗기시니 그의 성전에서
시 51:2 나의 죄악을 **말갛게** 씻으시며 나의 죄를
렘 6:9 이스라엘의 남은 자를 **말갛게** 주우리라
욜 1:7 무화과나무를 긁어 **말갛게** 벗겨서

말기야

말거리(sport, byword)
시 69:11 내가 그들의 **말거리**가 되었나이다
렘 24:9 **말거리**가 되게 하며 조롱과 저주를 받게
겔 36:3 사람의 **말거리**와 백성의 비방 거리가

말고(Malchus) 대제사장의 종으로 귀가 잘린 사람
요 18:10 베어버리니 그 종의 이름은 **말고**라

말굴레(bridle)
계 14:20 **말굴레**까지 닿았고 천육백 스다디온

말굽(heel, hoof)
창 49:17 독사로다 **말굽**을 물어서 그 탄 자를
삿 5:22 군마가 빨리 달리니 **말굽** 소리가 땅을
사 5:28 그들의 **말굽**은 부싯돌 같고 병거 바퀴는
사 28:28 **말굽**으로 밟게 할지라도 부수지는
겔 26:11 그가 그 **말굽**으로 네 모든 거리를 밟을

말기람(Malkiram) 여고냐(여호야긴)의 왕자
대상 3:18 **말기람**과 브다야와 세낫살과 여가먀와

말기수아(Malki-Shua) 사울의 아들
삼상 14:49 이스위와 **말기수아**요 그의 두 딸의 이름

말기수아 - 기타 본문
삼상 31:2; 대상 8:33; 9:39; 10:2

말기야(Malkijah)
1. 바스훌의 아버지
렘 21:1 **말기야**의 아들 바스훌과 제사장
렘 38:1 셀레먀의 아들 유갈과 **말기야**의 아들
2. 느헤미야 시대의 제사장
느 12:42 여호하난과 **말기야**와 엘람과 에셀이
3. 학사 에스라를 도운 사람
느 8:4 미사엘과 **말기야**와 하숨과 하스밧다나
4. 율법 엄수 언약에 인친 사람
느 10:3 바스훌, 아마랴, **말기야**,
5. 레위 사람으로 성전 악사
대상 6:40 아들이요 바아세야는 **말기야**의 아들
6. 포로 귀환자로 바로스의 아들
스 10:25 **말기야**와 미야민과 엘르아살과 **말기야**
7. 포로에서 귀환한 사람으로 하림 자손
스 10:31 엘리에셀과 잇시야와 **말기야**와 스마야

【 말기엘 】　　　　　　　　　　　　　　　　　　　　　　　　　　【 말론 】

느 3:11　하림의 아들 **말기야**와 바핫모압의 아들

8. 포로에서 귀환한 사람으로 레갑의 아들

느 3:14　레갑의 아들 **말기야**가 중수하여 문을

9. 포로에서 귀환한 사람으로 금장색

느 3:31　다음은 금장색 **말기야**가 함밉갓 문과

10. 예레미야 시대의 왕자

렘 38:6　왕의 아들 **말기야**의 구덩이에 던져 넣을

11. 제사장 아다야의 증조 할아버지

대상 9:12　바스훌의 손자요 **말기야**의 증손이며
느 11:12　오대 손이요 **말기야**의 육대 손이며

12. 다윗 당시의 제사장

대상 24:9　다섯째는 **말기야**요 여섯째는 미야민이

말기엘(Malkiel)

1. 아셀 자손으로 브리아의 아들

창 46:17　브리아의 아들은 헤벨과 **말기엘**이니
민 26:45　헤벨 종족과 **말기엘**에게서 난 **말기엘**
대상 7:31　헤벨과 **말기엘**이니 **말기엘**은 비르사잇

2. 말기엘 가족의 조상

민 26:45　헤벨 종족과 **말기엘**에게서 난 **말기엘**

말끔하다(clean)

욥 37:21　바람이 불어 하늘이 **말끔**하게 되었을

말년(末年, after many days, latter part)

욥 42:12　여호와께서 욥의 **말년**에 욥에게 처음
겔 38:8　여러 날 후 곧 **말년**에 네가 명령을 받을

말다(not, refrain, roll)

1. 그만두다(not, refrain)

삿 20:28　싸우리이까 **말리이까** 하니 여호와께서
왕상 22:6　싸우랴 **말랴** 그들이 이르되 올라가소서
왕상 22:15　싸우러 가랴 또는 **말랴** 그가 왕께
대하 18:5　싸우랴 **말랴** 하니 그들이 이르되 올라
대하 18:14　싸우러 가랴 **말랴** 하는지라 이르되

2. 돌돌 감아 싸다(roll)

왕하 2:8　엘리야가 겉옷을 가지고 **말아** 물을 치매
사 38:12　직공이 베를 걷어 말음같이 내가 내 생
　　　　　명을 **말았도다** 주께서 나를 틀에서

말다툼(quarreling about word)

시 31:20　감추사 **말다툼**에서 면하게 하시리이다
딤후 2:14　기억하게 하여 **말다툼**을 하지 말라고

말똥가리(kite)

레 11:14　**말똥가리**와 **말똥가리** 종류와

말뚝(tent peg, stake)

출 27:19　성막에서 쓰는 모든 기구와 그 **말뚝**과
출 38:31　모든 **말뚝**과 뜰 주위의 모든 **말뚝**을
출 39:40　그 **말뚝**들과 성막 곧 회막에서 사용할
민 3:37　그 받침과 그 **말뚝**과 그 줄들이니라
민 4:32　**말뚝**들과 그 줄들과 그 모든 기구들와
삿 4:21　**말뚝**을 그의 관자놀이에 박으매 **말뚝**이
삿 4:22　엎드러져 죽었고 **말뚝**이 그의 관자놀이
사 33:20　**말뚝**이 영영히 뽑히지 아니할 것이요
사 54:2　길게 하며 너의 **말뚝**을 견고히 할지어다
슥 10:4　모퉁잇돌이 그에게서, **말뚝**이 그에게서,

> **성경에 나오는 '말뚝'**
>
> 뜰의 말뚝 – 출 35:18
> 뜰의 포장 말뚝 – 출 27:19
> 뜰 주위의 말뚝 – 출 38:20, 31
> 성막 말뚝 – 출 38:20
> 장막 말뚝 – 출 35:18; 삿 4:21; 5:26

말라(Mahlah)

1. 슬로브핫의 다섯 딸 중 하나

민 26:33　딸의 이름은 **말라**와 노아와 호글라와

> **말라 – 기타 본문**
>
> 민 27:1; 36:11; 수 17:3

**2. 길르앗의 누이인
함몰레겟이 낳은 자녀**

대상 7:18　이스홋과 아비에셀과 **말라**를 낳았고

말라기(Malachi) 말라기의 저자

말 1:1　여호와께서 **말라기**를 통하여 이스라엘

말로디(Mallothi) 성전 악사 헤만의 아들

대상 25:4　요스브가사와 **말로디**와 호딜과
대상 25:26　열아홉째는 **말로디**니 그의 아들들과

말론(Mahlon) 나오미의 아들이자 룻의 남편

룻 1:2　이름은 **말론**과 기룐이니 유다 베들레헴

【 말루기 】   【 말미암다 】

> 말론 – 기타 본문
> 룻 1:5; 4:9, 10

말루기(Malluch) 제사장 가족의 일원
느 12:14   **말루기** 족속에는 요나단이요 스바냐

말룩(Malluch)
　　1. 레위 사람으로 하사뱌의 아들
대상 6:44   기시는 압디의 아들이요 압디는 **말룩**의
대상 6:45   **말룩**은 하사뱌의 아들이요 하사뱌는
　　2. 바니의 아들
스 10:29   므술람과 **말룩**과 아다야와 야숩과 스알
　　3. 하림의 아들
스 10:32   베냐민과 **말룩**과 스마랴요
　　4. 느헤미야 때 율법 엄수 언약에 인친 제사장
느 10:4   핫두스, 스바냐, **말룩**
　　5. 느헤미야 때 율법 엄수 언약에 인친 두목
느 10:27   **말룩**, 하림, 바아나이니라
　　6. 스룹바벨과 함께 귀환한 제사장
느 12:2   아마랴와 **말룩**과 핫두스와

말리(Mahli)
　　1. 레위 지파 므라리의 아들
민 3:20   그들의 종족대로 **말리**와 무시이니 이는

> 말리 1 – 기타 본문
> 대상 6:19, 29; 스 8:18

　　2. 레위 지파 므라리의 손자
대상 6:47   세멜은 말리의 아들이요 **말리**는 무시의
　　3. 레위 지파 므라리의 종족
민 3:33   므라리에게서는 **말리** 종족과 무시 종족
민 26:58   헤브론 종족과 **말리** 종족과 무시 종족과

말리다(roll up, not let, stop, dry up, wither)
　　1. 감기다(roll up)
사 34:4   두루마리같이 **말리되** 그 만상의 쇠잔함
계 6:14   두루마리가 **말리는** 것같이 떠나가고
　　2. 못하게 하다(deter, keep, not let, stop)
민 11:28   이르되 내 주 모세여 그들을 **말리소서**
삼하 14:6   그들을 **말리는** 사람이 아무도 없으므로
마 3:14   요한이 **말려** 이르되 내가 당신에게서
행 14:18   말하여 겨우 무리를 **말려** 자기들에게

행 19:30   들어가고자 하나 제자들이 **말리고**
　　3. 마르게 하다(dry up, wither)
수 4:23   홍해를 **말리시고** 우리를 건너게 하심과
수 5:1   자손들 앞에서 **말리시고** 우리를 건너게
왕하 19:24   애굽의 모든 강들을 **말렸노라** 하였도다
욥 15:30   가지를 **말릴** 것이라 하나님의 입김으로
사 11:15   해만을 **말리시고** 그의 손을 유브라데
사 37:25   애굽의 모든 하수를 **말리리라** 하였도다
사 51:10   바다를, 넓고 깊은 물을 **말리시고** 바다
렘 50:38   물 위에 내리어 그것을 **말리리니** 이는
렘 51:36   그의 바다를 **말리며** 그의 샘을 **말리리니**
겔 17:24   나무를 **말리고** 마른 나무를 무성하게
겔 26:14   그물 **말리는** 곳이 되고 다시는 건축되지
나 1:4   **말리시며** 모든 강을 **말리시나니** 바산과
약 1:11   바람이 불어 풀을 **말리면** 꽃이 떨어져

말문 1(馬門, Horse Gate) 예루살렘 성전 동
　　남의 문
대하 23:15   왕궁 **말문** 어귀에 이를 때에 거기서

말문 2(speechless)
단 10:15   얼굴을 땅에 향하고 **말문**이 막혔더니

말미(末尾, permission)
삼상 11:3   우리에게 이레 동안 **말미**를 주어 우리가
느 13:6   나아갔다가 며칠 후에 왕에게 **말미**를

말미암다(because of, with, for, through)
　모세오경
창 4:23   상함으로 **말미암아** 소년을 죽였도다
창 12:13   그대로 **말미암아** 안전하고 내 목숨이
　　　　그대로 **말미암아** 보존되리라 하니라
창 20:3   여인으로 **말미암아** 네가 죽으리니 그는
창 21:12   아이나 네 여종으로 **말미암아** 근심하지
창 22:18   네 씨로 **말미암아** 천하 만민이 복을
창 26:7   리브가로 **말미암아** 자기를 죽일까 하여
창 27:41   축복으로 **말미암아** 에서가 야곱을
창 31:1   우리 아버지의 소유로 **말미암아** 이 모든
창 32:31   그의 허벅다리로 **말미암아** 절었더라
창 36:7   가축으로 **말미암아** 그들을 용납할 수
창 38:18   그가 유다로 **말미암아** 임신하였더라
창 41:36   흉년으로 **말미암아** 망하지 아니하리니
창 42:21   아우의 일로 **말미암아** 범죄하였도다

【 말미암다 】

창 48:10	이스라엘의 눈이 나이로 **말미암아**	룻 1:19	성읍이 그들로 **말미암아** 떠들며 이르기
창 49:12	그의 이는 우유로 **말미암아** 희리로다	룻 4:12	젊은 여자로 **말미암아** 네게 상속자를
출 2:23	고된 노동으로 **말미암아** 탄식하며 부르짖으니 그 고된 노동으로 **말미암아**	삼상 2:1	구원으로 **말미암아** 기뻐함이니이다
		삼상 4:13	하나님의 궤로 **말미암아** 떨릴 즈음이라
출 3:7	감독자로 **말미암아** 부르짖음을 듣고	삼상 8:18	왕으로 **말미암아** 부르짖되 그 날에
출 6:1	강한 손으로 **말미암아** 바로가 그들을 보내리라 강한 손으로 **말미암아** 바로가	삼상 24:5	옷자락 벰으로 **말미암아** 다윗의 마음이
		삼상 25:31	보복하셨다든지 함으로 **말미암아**
출 8:24	땅에 이르니 파리로 **말미암아** 그 땅이	삼상 30:16	약탈하였음으로 **말미암아** 먹고 마시며
출 9:11	악성 종기로 **말미암아** 모세 앞에 서지	삼하 6:7	웃사가 잘못함으로 **말미암아** 진노하사
출 12:42	인도하여 내심으로 **말미암아** 여호와	삼하 9:1	요나단으로 **말미암아** 그 사람에게 은총
출 14:4	온 군대로 **말미암아** 영광을 얻어 애굽	삼하 13:2	누이 다말 때문에 울화로 **말미암아** 병이
출 15:9	그들로 **말미암아** 내 욕망을 채우리라	삼하 18:22	소식으로 **말미암아서는** 너는 상을 받지
출 34:29	말하였음으로 **말미암아** 얼굴 피부에	삼하 19:21	그로 **말미암아** 죽어야 마땅하지 아니
레 5:6	잘못으로 **말미암아** 여호와께 속죄제를	삼하 22:13	있는 광채로 **말미암아** 숯불이 피었도다
레 10:6	여호와께서 치신 불로 **말미암아** 슬퍼할	왕상 5:3	전쟁으로 **말미암아** 그의 하나님 여호와
레 11:44	길짐승으로 **말미암아** 스스로 더럽히지	왕상 6:8	나사 모양 층계로 **말미암아** 하층에서
레 14:19	부정함으로 **말미암아** 정결함을 받을	왕상 8:11	구름으로 **말미암아** 능히 서서 섬기지
레 19:8	더럽힘으로 **말미암아** 죄를 담당하리니	왕하 6:27	타작 마당으로 **말미암아** 하겠느냐 포도주 틀로 **말미암아** 하겠느냐 하니라
레 21:1	죽은 자를 만짐으로 **말미암아** 스스로를		
레 26:10	곡식으로 **말미암아** 묵은 곡식을 치우게	대상 10:3	사울이 그 쏘는 자로 **말미암아** 심히
민 18:8	부음을 받았음으로 **말미암아** 그것을	대상 12:1	사울로 **말미암아** 시글락에 숨어 있을 때
민 21:4	땅을 우회하려 하였다가 길로 **말미암아**	대상 13:10	궤를 붙듦으로 **말미암아** 여호와께서
민 22:3	많음으로 **말미암아** 모압이 이스라엘	대하 5:14	구름으로 **말미암아** 능히 서서 섬기지
신 7:8	사랑하심으로 **말미암아**, 또는 … 하신 맹세를 지키려 하심으로 **말미암아**	대하 10:15	하나님께로 **말미암아** 난 것이라 여호와
		대하 11:4	내게로 **말미암아** 난 것이라 하셨다 하라
신 8:10	주셨음으로 **말미암아** 그를 찬송하리라	대하 13:14	앞뒤의 적병으로 **말미암아** 여호와께
신 9:5	마음이 정직함으로 **말미암음도** 아니요	대하 20:15	무리로 **말미암아** 두려워하거나 놀라지
신 12:7	복 주심으로 **말미암아** 너희와 너희의	대하 21:19	그 병으로 **말미암아** 빠져나오매 그가
신 15:15	그것으로 **말미암아** 내가 오늘 이같이	대하 32:7	온 무리로 **말미암아** 두려워하지 말며
신 20:3	떨지 말며 그들로 **말미암아** 놀라지 말라	느 4:9	기도하며 그들로 **말미암아** 파수꾼을
신 22:19	누명을 씌움으로 **말미암아** 그에게서	느 12:44	레위 사람들로 **말미암아** 즐거워하기
신 24:16	아버지는 그 자식들로 **말미암아** 죽임을	에 4:14	유다인은 다른 데로 **말미암아** 놓임과
신 26:11	모든 복으로 **말미암아** 너는 레위인과	에 9:25	왕 앞에 나아감으로 **말미암아** 왕이 조서
신 28:47	여호와를 섬기지 아니함으로 **말미암아**	**시가서**	
역사서		욥 18:12	기근으로 **말미암아** 쇠하고 그 곁에는
수 6:1	이스라엘 자손들로 **말미암아** 여리고는	욥 22:16	터는 강물로 **말미암아** 함몰되었느니라
수 7:1	물건으로 **말미암아** 범죄하였으니 이는	욥 30:30	검어졌고 내 뼈는 열기로 **말미암아**
수 9:20	맹약으로 **말미암아** 진노가 우리에게	욥 31:23	그의 위엄으로 **말미암아** 그런 일을
수 11:6	그들로 **말미암아** 두려워하지 말라	욥 33:26	그로 **말미암아** 기뻐 외치며 하나님이
삿 9:19	아비멜렉으로 **말미암아** 기뻐할 것이요 아비멜렉도 너희로 **말미암아** 기뻐하려	욥 35:12	악인의 교만으로 **말미암아** 거기에서
		욥 37:17	고요할 때에 남풍으로 **말미암아** 그대의
삿 10:16	이스라엘의 곤고로 **말미암아** 마음에	시 5:8	나의 원수들로 **말미암아** 주의 의로 나를
삿 16:5	무엇으로 **말미암아** 그 큰 힘이 생기는지	시 6:7	눈이 근심으로 **말미암아** 쇠하며 내 모

【 말미암다 】   【 말미암다 】

든 대적으로 **말미암아** 어두워졌나이다   으로 **말미암아** 크게 즐거워하리이다
시 8:2   주의 대적으로 **말미암아** 어린 아이들과   시 38:3 진노로 **말미암아** 내 살에 성한 곳이
시 12:5 궁핍한 자들의 탄식으로 **말미암아** 내가   시 40:15 자기 수치로 **말미암아** 놀라게 하소서
시 18:12 앞에 광채로 **말미암아** 빽빽한 구름이   시 42:5 **말미암아** 내가 여전히 찬송하리로다
시 20:5 너의 승리로 **말미암아** 개가를 부르며   시 43:2 억압으로 **말미암아** 슬프게 다니나이까
시 21:1 힘으로 **말미암아** 기뻐하며 주의 구원   시 44:26 주의 인자하심으로 **말미암아** 우리를

'말미암다' 와 관련된 성구

계명으로 말미암아 – 롬 7:8, 11, 13

공의(로움)로 말미암아 – 신 9:4, 5; 시 89:16; 잠 16:2

규례들로 말미암아 – 대하 19:10; 시 119:62, 164

그로 말미암아 – 창 12:16; 16:2; 18:18; 26:9; 30:3; 출 21:29; 레 18:5; 22:9; 민 6:7; 10:10; 삼상 17:32; 삼하 19:21; 왕상 11:20; 22:8; 대상 2:24, 35; 대하 18:7; 욥 33:26; 시 72:17; 잠 23:24; 전 10:9; 사 8:15; 52:15; 겔 18:26; 20:11, 13, 21; 31:15; 33:19; 단 2:1; 4:5; 6:14; 나 1:5, 6; 요 1:3, 10; 3:17; 13:32; 롬 1:5; 5:2, 9; 고전 8:6; 15:2; 고후 1:20; 엡 2:18; 골 1:20; 히 1:2; 12:11; 벧전 2:2; 요일 4:9; 계 1:7; 18:20

그리스도로 말미암아 – 요 1:17; 행 10:36; 롬 1:8; 2:16; 5:1, 11, 21; 7:25; 16:27; 고전 15:57; 고후 1:5; 3:4; 5:18; 갈 6:14; 엡 1:5; 빌 1:11; 살전 5:9; 딛 3:6; 히 13:21; 벧전 1:21; 2:5; 4:11; 유 1:25; 계 1:5

나로 말미암아 – 왕상 12:24; 욥 29:13; 시 30:1; 35:19, 24; 60:8; 69:6; 잠 8:15, 16; 렘 4:2; 호 14:8; 미 7:8; 마 5:11; 10:18; 11:6; 막 13:9; 눅 7:23; 요 6:57; 10:9; 갈 1:24; 빌 1:26; 딤후 4:17

너로 말미암아 – 창 3:17; 12:3; 30:27; 48:20; 신 2:25; 아 1:4; 8:5; 사 14:8, 9; 54:15; 애 2:17; 겔 26:16; 27:35; 28:19; 32:10; 38:16; 습 3:17; 롬 9:17; 갈 3:8; 몬 1:7, 20

너희로 말미암아 – 신 4:21; 수 2:11; 삿 9:19; 룻 1:13; 삼상 10:2; 겔 20:41; 36:23; 미 3:12; 학 1:10; 롬 11:28; 16:19; 엡 1:16; 살전 3:9

독주로 말미암아 – 사 28:7; 29:9

뜻으로 말미암아 – 고후 1:1; 엡 1:1; 골 1:1; 딤후 1:1

말로 말미암아 – 창 37:8; 삼상 28:20; 대하 32:8; 사 37:4, 6; 단 5:10; 10:12; 호 7:16; 요 17:20; 행 20:38; 유 1:15

말씀으로 말미암아 – 삼하 7:21; 왕상 13:1; 스 9:4; 사 66:5; 렘 20:8; 마 13:21; 요 4:41; 10:19

(목)소리로 말미암아 – 왕상 1:40; 시 102:5; 104:7; 전 5:6; 12:4; 사 6:4; 24:18; 30:19; 31:4; 33:3; 겔 19:7; 26:10; 31:16; 단 7:11; 합 3:16

미디안으로 말미암아 – 삿 6:2, 6, 7

믿음으로 말미암아 – 합 2:4; 롬 1:12, 17; 3:22, 30, 31; 갈 3:8, 14, 24, 26; 엡 2:8; 3:12, 17; 골 2:12; 살전 3:7; 살후 1:4; 딤후 3:15; 히 10:38; 11:39; 벧전 1:5

범죄함으로 말미암아 – 민 15:25; 왕상 8:35; 대상 9:1; 대하 6:26

병거와 마병으로 말미암아 – 출 14:17, 18

복음으로 말미암아 – 고전 9:14, 18; 엡 3:6; 딤후 2:9

사람으로 말미암아 – 창 8:21; 삼하 12:5; 잠 28:2; 롬 5:12, 16; 9:10; 히 11:12

상처로 말미암아 – 창 4:23; 렘 14:17

성령으로 말미암아 – 롬 5:5; 고전 12:8; 엡 3:16; 딤후 1:14; 히 9:14; 요일 3:24

수고로 말미암아 – 전 2:10; 3:9

시체로 말미암아 – 민 6:11; 9:6, 7, 10

아들로 말미암아 – 창 21:11; 삼하 13:37; 요 14:13

아버지로 말미암아 – 창 19:32, 34, 36; 신 24:16; 왕하 14:6; 대하 25:4; 요 6:57; 10:32; 갈 1:1

악으로 말미암아 – 레 18:25; 시 94:23;

【 말미암다 】　　　　　　　　　　　　　　　　　　　　　　　　　　　　　　　　　　　　【 말미암다 】

'말미암다'와 관련된 성구

107:34; 잠 11:5; 렘 11:17; 겔 20:43; 31:11; 단 8:12; 호 10:15

악함으로 말미암아 – 신 9:4, 5

악행으로 말미암아 – 신 31:18; 렘 4:4; 26:3; 33:5

약속으로 말미암아 – 갈 3:18; 벧후 1:4

여호와(께)로 말미암아 – 창 4:1; 삼상 2:1; 왕상 12:15; 시 64:10; 97:12; 104:34; 사 29:19; 41:16; 45:25; 61:10; 욜 2:23; 옵 1:1; 미 1:12; 합 3:18; 슥 10:7; 12:5

여호와의 인자하심과 인생에게 행하신 기적으로 말미암아 그를 찬송할지로다 – 시 107:8, 15, 21, 31

열매로 말미암아 – 잠 12:14; 18:20; 아 8:11; 미 7:13

영광으로 말미암아 – 출 29:43; 겔 43:2; 롬 6:4; 고후 3:10

예수로 말미암아 – 요 7:43; 행 3:16; 살전 4:2; 히 13:15

우리로 말미암아 – 고후 2:14; 3:3; 5:12; 9:11

우상들로/우상으로 말미암아 – 겔 14:5; 20:7, 18, 31; 22:4; 36:18

유출병으로 말미암아 – 레 15:2, 3, 15

율법으로 말미암아 – 롬 2:12; 갈 2:19; 3:11

은혜로 말미암아 – 신 33:16; 왕상 8:66; 대하 7:10; 행 18:27; 롬 12:3; 15:15; 고전 1:4; 고후 9:14; 히 2:9

음식으로 말미암아 – 롬 14:15, 20; 히 13:9

의로 말미암아 – 시 72:3; 잠 25:5; 사 42:21; 겔 33:12; 롬 5:21; 8:10

이로 말미암아 – 창 24:14; 29:35; 30:6; 출 7:17; 8:22; 민 18:32; 신 15:10; 왕상 11:39; 대상 2:53; 대하 29:9; 스 4:16; 6:11; 9:15; 욥 17:8; 37:1; 시 32:6; 119:71; 149:2; 사 5:24; 29:19; 41:16; 렘 4:8, 28; 51:8; 애 1:16; 단 2:12; 호 13:6; 욜 2:19; 암 8:8; 옵 1:9; 요 5:18; 7:21; 10:17; 11:4; 롬 8:37; 9:11; 고전 4:4, 17; 고후 7:13; 엡 1:15; 5:6; 딤후 1:12; 히 9:15; 11:7; 12:15, 28; 벧후 2:2; 3:6

이름으로 말미암아 – 수 9:9; 시 25:11;

63:4; 89:12, 24; 109:21; 사 66:5; 렘 3:17; 마 10:22; 막 13:13; 눅 21:12, 17; 요 15:21; 요일 2:12

일로 말미암아 – 창 42:21; 레 18:24; 민 6:21; 16:28; 신 4:3; 12:18; 18:12; 28:34; 32:47; 삼상 24:19; 삼하 12:14; 대상 17:21; 27:24; 느 9:38; 13:14; 시 92:4; 잠 31:31; 전 11:9; 렘 2:12; 9:6; 31:37; 겔 5:9; 9:4; 16:54; 22:13; 33:29; 36:31; 눅 3:19; 요 10:33; 14:11

자녀로 말미암아 – 왕하 14:6; 대하 25:4

자손으로 말미암아 – 창 26:4; 28:14; 출 1:12

재앙으로 말미암아 – 잠 24:16; 렘 19:8; 49:17

전염병으로 말미암아 – 렘 32:24, 36

죄로 말미암아 – 레 4:3, 28; 5:11; 16:16; 26:18, 24, 28, 39; 신 24:16; 왕상 14:16; 왕하 14:6; 대하 24:18; 25:4; 스 9:13; 10:19; 느 9:37; 시 38:3; 사 40:2; 렘 15:13; 17:3; 암 1:3, 6, 9, 11, 13; 2:1, 4, 6; 미 6:7, 13; 롬 5:12, 16, 17; 8:3, 10

죄악으로 말미암아 – 수 22:17; 스 9:7; 시 106:43; 사 14:21; 50:1; 57:17; 64:7; 렘 25:12; 31:30; 36:31; 51:6; 겔 7:13; 18:26; 33:6, 8, 9, 13; 39:23; 단 9:16; 호 5:5

주로 말미암아 – 시 66:6; 70:4; 호 14:3; 마 7:17; 마 21:42; 막 12:11

죽음으로 말미암아 – 삼하 1:12; 암 8:10; 골 1:22; 히 7:23

지혜로 말미암아 – 잠 9:11; 24:3

포도주로 말미암아 – 사 28:7; 29:9; 호 7:14; 계 18:3

피로 말미암아 – 대하 24:25; 겔 22:4; 슥 9:11; 롬 5:9; 엡 1:7

하나님으로 말미암아 – 사 61:10; 합 3:18; 갈 4:9

행위로 말미암아 – 겔 36:32; 습 3:11; 롬 5:18

환상으로 말미암아 – 욥 4:13; 단 4:5; 8:27; 10:16

825

【 말미암다 】

시 48:11	심판으로 **말미암아** 시온 산은 기뻐하고
시 59:9	힘으로 **말미암아** 내가 주를 바라리이다
시 66:3	주의 큰 권능으로 **말미암아** 주의 원수가
시 69:18	구원하시며 내 원수로 **말미암아** 나를
시 70:3	자기 수치로 **말미암아** 뒤로 물러가게
시 80:16	주의 면책으로 **말미암아** 멸망하오니
시 88:9	곤란으로 **말미암아** 내 눈이 쇠하였나이
시 95:10	세대로 **말미암아** 근심하여 이르기를
시 104:31	자신께서 행하시는 일들로 **말미암아**
시 105:14	아니하시고 그들로 **말미암아** 왕들을
시 106:33	거역함으로 **말미암아** 모세가 그의
시 107:30	평온함으로 **말미암아** 기뻐하는 중에
시 119:28	영혼이 눌림으로 **말미암아** 녹사오니
시 135:14	종들로 **말미암아** 위로를 받으시리로다
시 138:2	성실하심으로 **말미암아** 주의 이름에
시 149:2	지으신 이로 **말미암아** 즐거워하며 … 왕으로 **말미암아** 즐거워할지어다
잠 5:23	아니함으로 **말미암아** 죽겠고 심히 미련함으로 **말미암아** 혼미하게 되느니라
잠 6:26	음녀로 **말미암아** 사람이 한 조각 떡만
잠 11:9	지식으로 **말미암아** 구원을 얻느니라
잠 12:12	그 뿌리로 **말미암아** 결실하느니라
잠 13:23	불의로 **말미암아** 가산을 탕진하는 자가
잠 15:23	입의 대답으로 **말미암아** 기쁨을 얻나니
잠 16:6	경외함으로 **말미암아** 악에서 떠나게
잠 18:20	입술에서 나는 것으로 **말미암아** 만족
잠 20:28	왕위도 인자함으로 **말미암아** 견고하니
잠 23:24	자식을 낳은 자는 그로 **말미암아** 즐거울
잠 24:3	**말미암아** 건축되고 명철로 **말미암아**
잠 28:21	떡으로 **말미암아** 사람이 범법하는 것도
전 4:4	모든 재주로 **말미암아** 이웃에게 시기를
아 3:8	밤의 두려움으로 **말미암아** 각기 허리에

선지서

사 1:29	상수리나무로 **말미암아** 너희가 부끄러움을 … 택한 동산으로 **말미암아** 수치를
사 5:13	무지함으로 **말미암아** 사로잡힐 것이요
사 9:19	진노로 **말미암아** 이 땅이 불타리니
사 19:16	흔들림으로 **말미암아** 떨며 두려워할
사 20:5	애굽으로 **말미암아** 그들이 놀라고
사 22:4	패망하였음으로 **말미암아** 나를 위로하
사 23:2	상인들로 **말미암아** 부요하게 된 너희
사 24:14	위엄으로 **말미암아** 바다에서부터
사 30:5	민족으로 **말미암아** 수치를 당하리니

【 말미암다 】

사 31:4	소리로 **말미암아** 놀라지 아니할 것이요 그들의 떠듦으로 **말미암아** 굴복하지
사 33:3	소리로 **말미암아** 민족들이 도망하며 주께서 일어나심으로 **말미암아** 나라들
사 38:15	내 영혼의 고통으로 **말미암아** 내가
사 39:2	히스기야가 사자들로 **말미암아** 기뻐하
사 43:23	제물로 **말미암아** 너를 수고롭게 하지 아니하였고 유향으로 **말미암아** 너를
사 47:13	계략으로 **말미암아** 피곤하게 되었도다
사 50:1	**말미암아** 팔렸고 너희의 어미는 너희의 배역함으로 **말미암아** 내보냄을
사 54:15	일으키는 자는 너로 **말미암아** 패망하리
사 57:11	누구로 **말미암아** 놀랐기에 거짓을
사 61:7	능욕 대신에 몫으로 **말미암아** 즐거워할
사 63:3	내가 노함으로 **말미암아** 무리를 밟았고 분함으로 **말미암아** 짓밟았으므로
사 65:18	창조하는 것으로 **말미암아** 영원히
사 66:10	성의 기쁨으로 **말미암아** 그 성과 함께
렘 2:36	앗수르로 **말미암아** 수치를 당함같이 또한 애굽으로 **말미암아** 수치를 당할
렘 4:29	함성으로 **말미암아** 모든 성읍 사람들이
렘 9:9	이 일들로 **말미암아** 그들에게 벌하지
렘 10:6	그 권능으로 **말미암아** 크시니이다
렘 11:14	고난으로 **말미암아** 내게 부르짖을 때에
렘 12:13	**말미암아** 스스로 수치를 당하리니 이는 여호와의 분노로 **말미암음**이니라
렘 13:17	교만으로 **말미암아** 은밀한 곳에서 울 것이며 … 사로잡힘으로 **말미암아** 눈물에
렘 14:16	기근과 칼로 **말미암아** 예루살렘 거리에
렘 15:4	행한 것으로 **말미암아** 내가 그들을 세계
렘 16:7	죽은 자로 **말미암아** 슬퍼하는 자와 떡을
렘 23:10	저주로 **말미암아** 땅이 슬퍼하며 광야의
렘 25:38	극렬한 진노로 **말미암아** 그들의 땅이
렘 33:9	모든 평안으로 **말미암아** 두려워하며
렘 48:13	그모스로 **말미암아** 수치를 당하리로다
렘 50:13	여호와의 진노로 **말미암아** 주민이 없어
렘 51:17	자기가 만든 신상으로 **말미암아** 수치를
애 1:22	죄악들로 **말미암아** 내게 행하신 것같이
애 3:1	여호와의 분노의 매로 **말미암아** 고난
애 5:10	굶주림의 열기로 **말미암아** 우리의 피부
겔 7:20	그 화려한 장식으로 **말미암아** 교만을
겔 12:19	포악으로 **말미암아** 땅에 가득한 것이
겔 16:14	화려함으로 **말미암아** 네 명성이 이방인

826

【 말미암다 】　　　　　　　　　　　　　　　　　　　　　　　【 말미암다 】

겔 28:5	더하고 그 재물로 **말미암아** 네 마음이	행 11:19	환난으로 **말미암아** 흩어진 자들이
겔 31:15	모든 나무를 그로 **말미암아** 쇠잔하게	행 15:12	하나님께서 자기들로 **말미암아** 이방인
겔 32:31	무리로 **말미암아** 위로를 받을 것임이여	행 16:3	유대인으로 **말미암아** 그를 데려다가
겔 36:20	그들로 **말미암아** 더러워졌나니 곧	행 19:23	이 도로 **말미암아** 적지 않은 소동이
겔 39:27	그들로 **말미암아** 나의 거룩함을 나타낼	행 20:19	유대인의 간계로 **말미암아** 당한 시험을
겔 42:5	회랑들로 **말미암아** 아래층과 가운데	행 21:19	사역으로 **말미암아** 이방 가운데서
단 4:19	해석으로 **말미암아** 번민할 것이 아니니	행 21:34	소동으로 **말미암아** 진상을 알 수 없어
단 11:22	넘침으로 **말미암아** 패할 것이요 동맹한	행 22:11	그 빛의 광채로 **말미암아** 볼 수 없게
호 4:19	그들이 그 제물로 **말미암아** 부끄러운	행 23:6	소망 곧 부활로 **말미암아** 내가 심문을
호 7:14	새 포도주로 **말미암아** 모이며 나를	행 24:3	당신의 선견으로 **말미암아** 여러 가지로
호 8:10	임금이 지워 준 짐으로 **말미암아** 쇠하기	행 26:7	소망으로 **말미암아** 내가 유대인들에게
호 10:5	벧아웬의 송아지로 **말미암아** 두려워할	행 28:3	뜨거움으로 **말미암아** 독사가 나와 그
호 13:1	바알로 **말미암아** 범죄하므로 망하였거	서신서, 예언서	
호 14:1	돌아오라 네가 불의함으로 **말미암아**	롬 3:24	속량으로 **말미암아** 하나님의 은혜로
욜 1:8	남자로 **말미암아** 굵은 베로 동이고	롬 5:10	**말미암아** 하나님과 … **말미암아** 구원을
욥 1:10	포학으로 **말미암아** 부르짖음을 당하고	롬 7:4	그리스도의 몸으로 **말미암아** 율법에
욘 1:7	이 재앙이 누구로 **말미암아** 우리에게	롬 8:3	율법이 육신으로 **말미암아** 연약하여
욘 2:2	내가 받은 고난으로 **말미암아** 여호와께	롬 8:11	그의 영으로 **말미암아** 너희 죽을 몸도
욘 4:6	박넝쿨로 **말미암아** 크게 기뻐하였더니	롬 11:28	너희로 **말미암아** … 조상들로 **말미암아**
미 3:8	여호와의 영으로 **말미암아** 능력과 정의	롬 15:9	긍휼하심으로 **말미암아** 하나님께 영광
합 1:2	내가 강포로 **말미암아** 외쳐도 주께서	롬 16:26	선지자들의 글로 **말미암아** 모든 민족이
합 3:11	주의 창의 광채로 **말미암아** 해와 달이	고전 7:5	절제 못함으로 **말미암아** 사탄이 너희를
습 3:18	내가 절기로 **말미암아** 근심하는 자들을	고전 10:29	자유가 남의 양심으로 **말미암아** 판단을
학 1:1	선지자 학개로 **말미암아** 스알디엘의	고전 11:10	여자는 천사들로 **말미암아** 권세 아래에
슥 8:10	사람이 원수로 **말미암아** 평안히 출입	고후 1:11	은사로 **말미암아** 많은 사람이 우리를
복음서, 역사서		고후 4:15	많은 사람의 감사로 **말미암아** 은혜가
마 13:58	그들이 믿지 않음으로 **말미암아** 거기서	고후 8:9	가난함으로 **말미암아** 너희를 부요하게
마 14:24	바람이 거스르므로 물결로 **말미암아**	고후 9:12	많은 감사로 **말미암아** 넘쳤느니라
마 18:7	일들이 있음으로 **말미암아** 세상에 화가	갈 4:13	육체의 약함으로 **말미암아** 너희에게
막 10:5	완악함으로 **말미암아** 이 명령을 기록하	갈 6:12	그리스도의 십자가로 **말미암아** 박해를
눅 5:9	고기 잡힌 것으로 **말미암아** 놀라고	엡 3:10	교회로 **말미암아** 하늘에 있는 통치자들
눅 6:22	**말미암아** 사람들이 너희를 미워하며	엡 4:18	마음이 굳어짐으로 **말미암아** 하나님의
눅 15:7	의인 아흔아홉으로 **말미암아** 기뻐하는	엡 5:13	모든 것은 빛으로 **말미암아** 드러나나니
눅 23:19	살인으로 **말미암아** 옥에 갇힌 자러라	빌 1:14	매임으로 **말미암아** 주 안에서 신뢰함으
요 1:7	자기로 **말미암아** 믿게 하려 함이라	골 2:19	온 몸이 머리로 **말미암아** 마디와 힘줄로
요 5:27	인자됨으로 **말미암아** 심판하는 권한을	골 3:6	이것들로 **말미암아** 하나님의 진노가
요 13:31	인자로 **말미암아** 영광을 받으셨도다	살전 1:2	우리가 너희 모두로 **말미암아** 항상
요 16:21	기쁨으로 **말미암아** 그 고통을 다시 기억	살전 5:13	그들의 역사로 **말미암아** 사랑 안에서
요 17:10	그들로 **말미암아** 영광을 받았나이다	딤후 1:10	나타나심으로 **말미암아** 나타났으니
행 2:43	사도들로 **말미암아** 기사와 표적이 많이	히 2:9	고난 받으심으로 **말미암아** 영광과 존귀
행 3:25	너의 씨로 **말미암아** 복을 받으리라	히 4:6	순종하지 아니함으로 **말미암아** 들어가
행 4:16	그들로 **말미암아** 유명한 표적 나타난	히 5:7	그의 경건하심으로 **말미암아** 들으심을
행 10:45	성령 부어 주심으로 **말미암아** 놀라니	히 6:12	참음으로 **말미암아** 약속들을 기업으로

【 말방울 】　　　　　　　　　　　　　　　　　　　　　【 말씀/-하다 】

히 7:9	아브라함으로 **말미암아** 십분의 일을	고전 10:11	**말세**를 만난 우리를 깨우치기 위하여
히 9:11	더 크고 온전한 장막으로 **말미암**	딤후 3:1	너는 이것을 알라 **말세**에 고통하는 때가
히 10:10	단번에 드리심으로 **말미암아** 우리가	약 5:3	살을 먹으리라 너희가 **말세**에 재물을
히 11:3	나타난 것으로 **말미암아** 된 것이 아니	벧전 1:20	이 **말세**에 너희를 위하여 나타내신 바
약 3:13	선행으로 **말미암아** 지혜의 온유함으로	벧후 3:3	먼저 이것을 알지니 **말세**에 조롱하는
약 5:1	너희에게 임할 고생으로 **말미암아** 울고		
벧전 1:3	부활하게 하심으로 **말미암아** 우리를	**말소리**(accent, say, sound of words, voice)	
벧전 3:1	아내의 행실로 **말미암아** 구원을 받게	신 1:34	여호와께서 너희의 **말소리**를 들으시고
벧전 5:12	실루아노로 **말미암아** 너희에게 간단히	신 4:12	너희가 그 **말소리**만 듣고 형상은 보지
벧후 2:7	음란한 행실로 **말미암아** 고통 당하는	신 5:28	그 **말소리**를 내가 들은즉 그 말이 다
벧후 3:2	사도들로 **말미암아** 명하신 것을 기억하	욥 29:10	지도자들은 **말소리**를 낮추었으니
계 1:9	증언하였음으로 **말미암아** 밧모라 하는	욥 33:8	나는 그대의 **말소리**를 들었느니라
계 6:9	증거로 **말미암아** 죽임을 당한 영혼들이	욥 34:16	이것을 들으며 내 **말소리**에 귀를 기울
계 9:2	구멍의 연기로 **말미암아** 어두워지며	사 29:4	네 **말소리**가 나직이 티끌에서 날 것이
계 9:18	유황으로 **말미암아** 사람 삼분의 일이		라 네 목소리가 … 나며 네 **말소리**가
계 14:8	음행으로 **말미암아** 진노의 포도주를	사 30:21	네 뒤에서 **말소리**가 네 귀에 들려
계 15:8	능력으로 **말미암아** 성전에 연기가 가득	단 10:6	놋과 같고 그의 **말소리**는 무리의 소리와
계 16:11	아픈 것과 종기로 **말미암아** 하늘의	마 26:73	도당이라 네 **말소리**가 너를 표명한다
계 18:3	포도주로 **말미암아** 만국이 무너졌으며		

　말미암다 - 기타 본문

창 18:28, 29, 31, 32; 20:11; 26:20; 27:46; 36:18;
38:24, 25; 출 6:9; 레 21:3, 11; 26:32; 민 22:22;
신 7:25; 28:67; 수 9:24; 삿 16:6, 15; 삼상 2:20;
삼하 6:12; 9:7; 13:20; 22:16; 에 9:26, 31; 욥
22:30; 시 5:10, 11; 18:15; 42:9, 11; 43:5; 59:12;
69:33; 107:36; 119:53, 104; 잠 11:11; 12:13;
16:26; 24:4, 19; 사 5:23; 19:20; 23:5; 31:9; 63:5;
66:11; 렘 2:37; 4:31; 10:14; 15:15; 23:27; 51:46,
48; 애 3:48; 겔 28:25; 욘 4:9; 학 1:8; 눅 23:25;
요 1:17; 13:32; 행 21:35; 24:16; 28:20; 롬 7:13;
15:30; 고전 7:14, 26; 11:12; 고후 1:19; 9:13, 15;
히 6:18; 7:11; 10:28; 벧전 1:6; 3:20, 21; 벧후
2:16; 계 18:15, 23

말방울(bell of the horse)

슥 14:20	그 날에는 **말방울**에까지 여호와께

말세(末世, in the last days, in the last time, fulfillment of the ages)

행 2:17	**말세**에 내가 내 영을 모든 육체에 부어

말씀/-하다(word, speak, say)

모세오경, 역사서

창 17:22	하나님이 아브라함과 **말씀**을 마치시고
출 24:7	모든 **말씀**을 우리가 준행하리이다
레 1:1	모세를 부르시고 그에게 **말씀하여**
민 3:1	시내 산에서 모세와 **말씀하실** 때에
신 1:1	이스라엘 무리에게 선포한 **말씀**이니라
수 1:1	아들 여호수아에게 **말씀하여** 이르시되
삿 2:4	이스라엘 모든 자손에게 이 **말씀**을
룻 2:13	마음을 기쁘게 하는 **말씀**을 하셨나이다
삼상 1:23	여호와께서 그의 **말씀**대로 이루시기를
왕상 1:14	거기서 왕과 **말씀하실** 때에 나도 뒤이어
	들어가서 당신의 **말씀**을 확증하리이다
왕하 1:11	사람이여 왕의 **말씀**이 속히 내려오라
대상 11:2	여호와께서도 왕에게 **말씀하시기**를
대하 2:15	주께서 **말씀하신** 밀과 보리와 기름과
스 1:1	예레미야의 입을 통하여 하신 **말씀**을
느 1:9	돌아오게 하리라 하신 **말씀**을 이제
에 8:3	에스더가 다시 왕 앞에서 **말씀하며** 왕의

시가서, 선지서

욥 4:12	어떤 **말씀**이 내게 가만히 이르고 그
시 17:4	주의 입술의 **말씀**을 따라 스스로 삼가서
잠 1:5	훈계를 알게 하며 명철의 **말씀**을 깨닫게
전 1:1	예루살렘 왕 전도자의 **말씀**이라

【 말씀/-하다 】   【 말씀/-하다 】

사 1:2	여호와께서 **말씀**하시기를 내가 자식을	단 9:2	여호와께서 **말씀**으로 선지자 예레미야
렘 2:2	여호와께서 이와 같이 **말씀**하시기를	호 1:2	호세아에게 **말씀**하실 때 여호와께서
겔 1:28	보고 엎드려 **말씀**하시는 이의 음성을	욜 3:8	팔리라 여호와께서 **말씀**하셨느니라

'말씀'과 관련된 성구

그리스도의 말씀 – 롬 10:17; 골 3:16; 딤전 6:3
다윗에게 하신 말씀 – 왕상 5:5; 8:24, 26; 대하 6:17
말씀을 믿다 – 시 106:12, 24; 요 2:22; 4:50
말씀을 이루다 – 왕상 12:15; 왕하 23:3, 24; 대하 34:31; 36:22; 스 1:1; 단 9:12; 마 1:22; 4:14; 21:4; 요 12:38; 롬 9:28; 골 1:25
말씀을 전하다 – 출 4:30; 신 31:1; 느 2:18; 행 4:29, 31; 8:4; 11:19; 15:36; 16:6
말씀을 지키다 – 신 28:58; 29:9; 31:12; 32:46; 왕상 8:24, 25; 대상 10:13; 대하 6:15, 16; 34:21; 시 105:28; 119:17, 57, 67, 101, 158; 요 8:55; 17:6; 요일 2:5; 계 3:10; 22:7
말씀을 청종하다 – 신 4:30; 26:14; 27:10; 28:2, 45, 62; 30:2, 8, 9–10, 20
명령하신 말씀 – 대상 16:15; 시 105:8; 렘 26:8; 애 2:17
모세에게 말씀하여 이르시되 – 출 6:2, 10, 29; 14:1; 16:11; 25:1; 30:11, 17; 31:1, 12; 40:1; 레 4:1; 5:14; 6:1, 8, 19, 24; 7:22, 28; 8:1; 12:1; 14:1; 17:1; 18:1; 19:1; 20:1; 21:16; 22:1, 17, 26; 23:1, 9, 23, 26, 33; 24:1, 13; 25:1; 27:1; 민 1:1, 48; 3:5, 11, 14, 44; 4:21; 5:1, 5, 11; 6:1, 22; 7:4; 8:1, 5, 23; 9:1, 9; 10:1; 13:1; 15:1, 17, 37; 16:23, 36, 44; 17:1; 18:25; 20:7; 25:10, 16; 26:52; 27:6; 28:1; 31:1, 25; 33:50; 34:1, 16; 35:1, 9; 신 32:48
생명의 말씀 – 행 5:20; 빌 2:16; 요일 1:1
선지자로 하신 말씀 – 마 1:22; 2:23
선지자를 통하여 말씀하시다 – 마 2:15; 13:35
선한 말씀 – 수 21:45; 23:14, 15; 슥 1:13; 히 6:5
아버지의 말씀 – 창 47:30; 요 14:24; 17:6;

14, 17
여호와께서 모세와 아론에게 말씀하여 이르시되 – 출 7:8; 레 11:1; 13:1; 14:33; 15:1; 민 2:1; 4:1, 17; 14:26; 16:20; 19:1
여호와의 말씀 – 모세오경 창 12:4; 15:1, 4; 출 4:22; 7:13, 22; 8:1, 19; 9:13, 20, 21; 레 10:3; 민 3:16, 51; 11:24; 14:28; 15:31; 24:13; 36:5; 신 5:5; 6:18–19; 13:18; 15:4–5; 26:14; 27:10; 28:1, 2, 15, 45, 62; 30:2, 8, 9–10; 34:5 역사서 수 3:9; 7:13; 8:8; 삼상 2:27; 3:1, 7, 21; 15:1, 10, 23, 26; 16:4; 삼하 7:4; 12:9; 22:31; 24:11; 왕상 6:11; 11:31; 12:24; 13:1, 2, 5, 9, 17, 18, 20, 21, 26, 32; 14:7; 16:1, 7, 12; 17:2, 5, 8, 14, 24; 18:1, 31; 19:9; 20:13, 14, 28, 35, 36, 42; 21:17, 19, 21, 28; 22:5, 11, 17, 19; 왕하 1:4, 6, 16, 17; 2:21; 3:12, 16; 4:43; 7:1, 16; 9:3, 6, 12, 26; 18:12; 19:6, 20, 33; 20:1, 4, 5, 16, 17, 19; 22:15, 16; 23:16; 24:3, 13; 대상 10:13; 12:23; 15:15; 17:4; 21:10, 11; 22:8; 대하 11:2, 4; 12:7; 18:4, 16, 18; 29:15; 30:12; 34:21; 36:12 시가서 시 12:5, 6; 18:30; 33:4, 6; 103:20; 105:19 대선지서 사 1:10; 2:3; 7:7; 17:3, 6; 19:4; 21:17; 22:14; 28:14; 31:9; 38:4; 39:5, 8; 43:12; 54:17; 55:8; 59:20, 21; 66:5, 17; 렘 1:2, 4, 11, 13; 2:1, 3, 4, 9, 12, 19, 22, 29; 3:1, 10, 12, 13, 14, 16, 20; 4:9, 17; 5:9, 11, 15, 18, 22, 29; 6:10, 12, 15; 7:2, 11, 13, 19; 8:1, 3, 4, 12, 13, 17; 9:3, 6, 9, 20, 22, 24, 25; 12:17; 13:2, 3, 8, 11, 12, 13, 14, 25; 14:1; 15:3, 9, 20; 16:1, 5, 14, 16; 17:15, 20, 24; 18:5, 6, 11; 19:3, 12; 20:8; 21:7, 10, 13, 14; 22:2, 5, 16, 24; 23:1, 2, 4, 5,

829

【 말씀/-하다 】

'말씀'과 관련된 성구

7, 11, 12, 17, 23, 24, 28, 29, 30, 31; 32, 33; 24:4; 25:3, 7, 9, 12, 29, 31; 26:4; 27:8, 11, 15, 18, 22; 28:4, 12, 13; 29:9, 11, 14, 19, 20, 23, 30, 32; 30:3, 8, 10, 11, 17, 21; 31:1, 10, 14, 16, 17, 20, 27, 28, 31, 32, 33, 34, 36, 37, 38; 32:1, 3-5, 6, 8, 26, 30, 44; 33:1, 10-11, 14, 19, 23; 34:2, 4, 5, 12, 17, 22; 35:12, 13; 36:6, 11, 27, 29; 37:6, 39:15, 17, 18; 42:7, 11, 13, 15; 43:1, 8; 44:24, 26, 29; 45:5; 46:1, 5, 13, 23, 26, 28; 47:1; 48:8, 25, 30, 35, 38, 40, 43, 44, 47; 49:2, 5, 6, 13, 16, 26, 30, 31, 32, 34, 37, 38, 39; 50:4, 10, 20, 21, 30, 31, 35, 40; 51:24, 25, 26, 39, 48, 52, 53; 겔 1:3; 2:4; 3:11, 16, 27; 6:1, 3; 7:1; 11:5, 14, 16, 17; 12:1, 8, 10, 17, 21, 26, 28; 13:1, 2, 3, 7, 8, 16, 18; 14:2, 6, 11, 12, 16, 20, 23; 15:1; 16:1, 19, 23, 30, 35, 43, 48, 63; 17:1, 9, 11, 16, 19; 18:1, 3, 9, 23, 30, 32; 20:2, 3, 31, 33, 36, 40, 44, 45, 47; 21:1, 3, 7, 8, 9, 13, 18; 22:1, 12, 17, 23, 31; 23:1, 34; 24:1, 14, 15, 20, 21; 25:1, 3, 14; 26:1, 5, 14, 21; 27:1; 28:1, 10, 11, 12, 20; 29:1, 17, 20; 30:1, 6, 20; 31:1, 18; 32:1, 8, 14, 16, 17, 31, 32; 33:1, 11, 23; 34:1, 7, 8, 9, 15, 30, 31; 35:1, 6, 11; 36:1, 4, 14, 15, 16, 23, 32; 37:4, 14, 15; 38:1, 18, 21; 39:5, 8, 10, 13, 20, 29; 43:19, 27; 44:12, 15, 27; 45:9, 15; 47:23; 48:29 소선지서 호 1:1; 2:13; 4:1; 욜 1:1; 2:12; 암 2:11, 16; 3:10, 15; 4:3, 5, 6, 8, 9, 10, 11; 5:17; 6:8, 14; 7:16; 8:3, 9, 11, 12; 9:7, 8, 12, 13, 15; 옵 1:4; 8; 욘 1:1; 3:1, 3; 미 1:1; 2:3; 4:2; 6:1; 나 2:13; 3:5; 습 1:1; 2:5; 학 1:1, 3; 2:1, 10, 14, 20; 슥 1:1, 7, 14, 17; 7:4, 8; 8:1, 11, 18; 9:1; 11:11 여호와의 엄중한 말씀 - 렘 23:33, 34, 36, 38 예수의 말씀 - 마 26:75; 막 12:13; 눅 6:17;

24:8; 요 4:41; 21:23
예언의 말씀 - 계 1:3; 22:7, 10, 18, 19
왕의 말씀 - 출 8:10; 삼상 28:21; 삼하 14:17, 19; 19:11; 왕상 2:38; 20:4; 22:27; 왕하 1:9, 11; 9:18, 19; 18:19, 28, 29
율법의 (모든) 말씀 - 신 27:3, 8, 26; 28:58; 29:29; 31:12, 24; 32:46; 수 8:34; 왕하 23:24; 대하 34:19; 느 8:9, 13
이르신 말씀 - 출 34:32; 신 18:21; 삼상 28:21; 왕하 10:17; 대상 11:10; 대하 10:15
입의 말씀 - 욥 23:12; 시 138:4; 사 1:20; 58:14; 렘 9:12, 20
주의 말씀 - 창 44:24; 민 11:21; 32:27; 신 33:3, 9; 삼하 7:21, 28; 왕상 18:36; 시 63:6; 75:2; 119:9, 11, 16, 17, 25, 28, 38, 41, 42, 50, 57, 58, 65, 67, 74, 81, 82, 89, 101, 103, 105, 107, 114, 116, 130, 133, 139, 140, 147, 148, 154, 158, 160, 161, 162, 169, 170, 172; 130:5; 138:2; 렘 15:16; 32:24; 눅 22:61; 행 8:25; 11:16; 13:49; 15:18, 35, 36; 16:32; 19:10, 20; 롬 3:4; 고후 6:18; 살전 1:8; 4:15; 살후 3:1; 벧전 1:25
진리의 말씀 - 시 119:43; 잠 22:21; 전 12:10; 고후 6:7; 엡 1:13; 골 1:5; 딤후 2:15; 약 1:18
친히 말씀하시다 - 행 20:35; 히 13:5
하나님의 말씀 - 창 3:3; 민 22:18; 24:4, 16; 삼상 9:27; 왕상 12:22; 대상 17:3; 25:5; 스 9:4; 욥 22:22; 시 107:11; 잠 16:10; 30:5; 사 40:8; 57:21; 렘 23:36; 25:27; 39:16; 암 3:13; 마 15:6; 막 7:13; 눅 3:2; 5:1; 8:11, 21; 11:28; 요 3:34; 8:47; 10:35; 행 4:19, 29, 31; 6:2, 7; 8:14; 11:1; 12:24; 13:5, 7, 44, 46, 48; 17:13; 18:5, 11; 롬 3:2; 9:6; 고전 14:36; 고후 2:17; 4:2; 엡 6:17; 빌 1:14; 골 1:25; 살전 2:13; 딤전 4:5; 딤후 2:9; 딛 2:5; 히 4:12; 5:12; 11:3; 13:7; 벧전 1:23; 4:11; 벧후 3:5; 요일 2:14; 계 1:2, 9; 6:9; 17:17; 19:13; 20:4

【 말씀/-하다 】 　　　　　　　　　　　　　　【 말씀/-하다 】

암 1:1　대하여 이상으로 받은 **말씀**이라
옵 1:1　에돔에 대하여 이와 같이 **말씀하시니라**
욘 2:10　물고기에게 **말씀하시매** 요나를 육지에
미 4:4　여호와의 입이 이같이 **말씀하셨음이라**
나 1:12　여호와께서 이같이 **말씀하시기를**
합 2:1　내게 무엇이라 **말씀하실는지** 기다리고
슥 1:4　여호와께서 이같이 **말씀하시기를**
말 1:1　통하여 이스라엘에게 **말씀하신** 경고라

신약

마 3:3　선지자 이사야를 통하여 **말씀하신** 자라
막 2:2　예수께서 그들에게 도를 **말씀하시더니**
눅 1:2　목격자와 **말씀**의 일꾼 된 자들이 전하여
요 1:1　**말씀**이 계시니라 이 **말씀**이 하나님과
　　　 함께 계셨으니 이 **말씀**은 곧 하나님이시
행 1:3　하나님 나라의 일을 **말씀하시니라**
롬 4:18　네 후손이 이같으리라 하신 **말씀**대로
고전 4:6　기록된 **말씀** 밖으로 넘어가지 말라
갈 3:16　아브라함과 그 자손에게 **말씀하신**
엡 5:26　씻어 **말씀**으로 깨끗하게 하사 거룩하게
살전 1:6　성령의 기쁨으로 **말씀**을 받아 우리와
딤전 4:1　성령이 밝히 **말씀하시기를** 후일에 어떤
딛 1:3　자기의 **말씀**을 전도로 나타내셨으니
히 1:1　우리 조상들에게 **말씀하신** 하나님이
약 1:21　구원할 바 마음에 심어진 **말씀**을 온유함
벧전 1:25　**말씀**은 세세토록 있도다 하였으니 너
　　　희에게 전한 복음이 곧 이 **말씀**이니라
요일 1:10　그의 **말씀**이 우리 속에 있지 아니하니라
계 2:7　교회들에게 하시는 **말씀**을 들을지어다

말씀/-하다 – 기타 본문

모세오경 창 8:15; 9:8; 17:3, 23; 18:30, 33; 21:1, 2; 24:7; 27:6; 31:11, 29; 32:12; 35:13, 14, 15; 42:30; 44:7, 18, 22, 23; 출 4:28; 5:1; 6:13, 28; 8:15, 20; 9:1, 12, 35; 10:3, 29; 11:4; 12:1; 13:17; 16:23; 19:3, 7; 20:1, 19; 24:3, 4, 8; 30:22; 32:14, 27; 33:4, 9, 11, 12; 34:28; 35:1; 레 10:8; 16:1; 민 7:89; 11:25; 12:2; 14:17; 15:22; 20:23; 22:9, 16, 19, 38; 23:5, 12, 16, 17, 19, 26; 24:13; 26:1, 65; 신 1:6, 14; 2:1, 17; 4:12, 15, 33, 36; 5:4, 22, 24, 27; 6:6, 7; 8:3; 9:3, 10, 13, 23; 10:9; 11:19, 25; 18:2, 22; 19:8; 26:18, 19; 27:3; 28:14, 68; 29:1, 13; 30:14; 31:3, 13, 28, 30; 32:20, 37, 44, 45 **역사서** 수 1:18; 4:1, 15; 5:14; 11:23; 13:14, 33; 14:10;

12, 20:1; 22:4; 23:5, 10; 24:2, 26, 27; 삿 2:15; 5:23; 6:8, 17, 27, 36, 37; 11:36; 13:11, 12, 17, 23; 17:2; 20:18, 23; 룻 3:5; 삼상 3:9, 10, 17; 8:10; 9:21; 10:18; 14:28; 15:24; 25:30; 28:17; 삼하 3:18; 5:2, 19; 7:5, 8, 17, 19, 20, 25, 28, 29; 11:20; 14:12, 15, 18; 15:26; 16:23; 19:5, 7; 22:1; 23:2, 3; 24:12; 왕상 1:36; 2:4, 14, 17, 24, 27, 38, 42; 3:10; 5:6, 8, 12; 8:12, 15, 20, 29, 53, 56, 59; 11:2, 11; 13:2, 3, 11, 26; 14:11, 18; 15:29; 16:34; 17:16; 18:11, 14; 21:23, 27; 22:8, 14, 18, 20, 23, 24, 28, 38; 왕하 4:44; 5:22; 6:12; 8:19; 9:36; 10:10; 14:25; 15:12; 17:12, 15, 23; 18:26; 19:3, 21; 20:9; 21:10; 22:13, 18; 23:2, 3; 24:2; 대상 11:3; 16:15; 17:7, 15, 17, 23; 21:9, 19; 22:11; 27:23; 대하 2:15; 6:1, 4, 10, 20; 12:5; 18:7, 10, 13, 17, 19, 22, 23, 27; 20:15; 21:7, 12; 23:3; 24:20; 33:18; 34:23, 24, 26, 30; 35:6; 36:16, 21; 스 7:11; 9:10; 10:12; 느 5:12; 9:8, 13, 15, 23, 34; 11:17 **시가서** 욥 6:10; 11:5; 13:3, 22; 15:11; 23:5; 28:28; 33:14; 38:1; 40:1, 6; 42:7; 시 19:3, 4; 33:9; 50:1; 51:4; 56:4, 10; 60:6; 62:11; 68:11, 22; 81:5; 85:8; 89:19; 90:3; 99:7; 105:31, 34, 42; 106:34; 107:20; 108:7; 110:1; 119:49, 50, 76, 123; 143:8; 147:15, 18, 19; 148:8; 잠 16:20; 19:27; 22:17, 21; 23:12; 24:23; 30:1, 6; 31:1; 전 5:1; 12:11 **선지서** 사 1:11, 18, 24; 2:1; 3:16; 5:9, 24; 7:10; 8:5, 16, 20; 9:8; 14:22; 16:13, 14; 20:2; 24:3; 25:8; 28:11, 13; 29:22; 30:12, 15; 31:2; 36:4, 16; 37:3, 6, 21; 38:1, 5, 7, 15; 40:5; 42:5; 43:1; 45:1, 14, 18; 48:22; 49:5; 51:22; 52:3, 4, 5; 54:1, 6, 8, 10; 56:1, 4; 57:15; 63:8; 65:8, 13, 25; 66:1, 12; 렘 4:27; 5:13, 14; 6:9, 16, 21, 22; 7:1, 3, 20, 21, 30, 32; 9:7, 13, 15, 17, 23; 10:1, 2, 18; 11:1, 3, 21, 22; 12:14; 13:9, 15; 14:10, 15; 15:2, 19; 16:3, 9, 11; 17:5, 19, 21; 18:1, 13, 18; 19:1, 11, 15; 20:4; 21:1, 4, 8, 12; 22:1, 3, 6, 11, 18, 30; 23:2, 9, 15, 16, 35, 37; 24:5, 8; 25:1, 8, 28, 32; 26:1, 2, 18; 27:1, 2, 4, 12, 13, 16, 19, 21, 22; 28:2, 11, 14, 16; 29:4, 10, 16, 17, 21, 25, 31, 32; 30:1, 2, 4, 5, 12; 31:2, 7, 15, 16, 23, 35, 37; 32:3-5, 14, 15, 28, 36, 42; 33:4, 10-11, 12, 13, 17, 20, 25; 34:1, 2, 4, 6, 8, 13, 17; 35:1, 13, 17, 18, 19; 36:1, 4, 8, 16, 27, 30; 37:2, 7, 9, 17; 38:2, 3, 17, 21, 25; 40:1, 3;

【 말씀/-하다 】 　　　　　　　　　　　【 맛/-보다/-있다 】

42:5, 15, 18, 19, 20, 21; 43:1, 10; 44:1, 2, 7, 11, 25, 26, 30; 45:2, 4; 46:2, 25; 47:2; 48:1, 12; 49:1, 7, 12, 18, 23, 28; 50:33; 51:1, 12, 33, 36, 57, 58, 59, 60, 61, 62; 겔 2:2; 3:24; 6:3; 7:2; 10:2, 5; 11:7; 12:23; 13:6, 8; 15:6; 16:3, 36; 17:3, 22; 20:3, 5, 27, 30, 39, 47; 21:24, 26, 28; 22:3, 19, 29; 23:22, 28, 32, 35, 46; 24:3, 6, 9; 25:3, 6, 8, 12, 13, 15, 16; 26:3, 7, 15, 19; 27:3; 28:2, 6, 22, 25; 29:3, 8, 13, 19; 30:2, 6, 10, 13, 22; 31:10, 15; 32:3, 11; 33:25, 27, 30; 34:2, 10, 11, 20; 35:3, 14; 36:2, 3, 4, 5, 6, 7, 13, 22, 33, 37; 37:5, 9, 12, 19, 21; 38:3, 10, 14, 17; 39:1, 17, 25; 43:18; 44:6, 9; 45:9, 18; 46:1, 16; 47:13; 단 9:6; 10:17, 19; 호 12:4; 14:2; 암 1:3, 5, 6, 8, 9, 11, 13, 15; 2:1, 3, 4, 6; 3:1, 8, 11, 12; 5:3, 4, 16, 27; 7:3, 17; 8:2; 옵 1:18; 욘 3:10; 4:2; 미 4:6; 슥 2:8; 4:6; 6:12; 7:7; 12:1 **복음서** 마 3:3, 17; 4:4, 10; 7:28; 8:8, 16, 17; 9:6, 18; 10:20; 11:7, 10; 12:17, 46; 13:3, 10, 19, 20, 21, 22, 23, 33, 34, 57; 15:12, 23; 16:12; 17:13; 19:1, 22; 21:45; 22:20, 22, 31; 23:1; 26:1, 18, 38, 40, 44, 47, 55; 27:9; 28:6; 28:18; 막 2:10; 3:23; 4:14, 15, 16, 17, 18, 19, 20, 33, 34; 5:30, 35; 6:50; 8:32; 9:10, 31, 32; 10:22, 24, 32, 51; 11:14; 12:1, 12, 26, 32; 14:14, 16, 37, 39, 43, 48, 72; 15:5; 16:7, 19, 20; 눅 1:37, 38, 45, 55, 70; 2:24, 29, 50; 4:21, 32, 36; 5:5, 15, 24; 6:39; 7:1, 7, 24, 27, 29; 40; 8:4, 8, 12, 13, 14, 15, 49; 9:28, 45; 10:39; 11:27, 29, 37, 45; 12:1; 13:6, 17; 14:7; 15:1; 18:1, 9, 23, 34; 19:11, 28, 32; 20:9, 19, 21, 39; 21:38; 22:11, 13, 47; 23:46; 24:6, 32, 40; 요 1:33; 2:5, 21; 4:27, 53; 6:6, 59, 60, 61, 68, 71; 7:9, 39, 40; 8:12, 20, 27, 30; 9:6, 29, 40; 10:6, 19, 24; 11:11, 13, 42, 43; 12:33, 36, 50; 13:21, 22, 24, 28; 16:17, 18, 29; 17:1, 8; 18:1, 9, 22, 32; 19:26; 20:9, 18, 20, 22; 21:19 **역사서 - 예언서** 행 1:9, 16; 2:16, 17, 34; 3:21; 4:25; 6:4; 7:6, 38, 44; 9:27; 10:19, 36, 44; 11:14; 13:26, 29, 40, 42; 14:3; 15:7, 15; 17:11; 18:9; 20:32; 21:11; 22:9, 18; 27:25; 28:25; 롬 9:9; 10:8, 18; 12:19; 13:9; 고전 9:10; 12:8; 14:26; 15:27, 54; 고후 4:6; 5:19; 13:3; 갈 5:14; 6:6; 엡 6:19; 딤전 4:6; 5:17; 딤후 4:2, 17; 딛 1:9; 히 1:2, 3, 6; 2:2, 3; 4:2, 3, 8; 5:5, 6, 13; 7:21, 28; 8:8, 13; 10:8, 9, 30; 11:18; 12:5, 19; 12:25; 약

1:22, 23; 2:23; 4:5; 벧전 2:8; 3:1, 2, 7; 요일 2:7; 계 2:11, 17, 29; 3:13, 22; 12:11; 19:9; 21:6; 22:17

말일(末日, last days)
사 2:2　말일에 여호와의 전의 산이 모든 산 꼭
렘 49:39　말일에 이르러 내가 엘람의 포로를 돌아

말쟁이(gossip, babbler)
잠 16:28　다툼을 일으키고 **말쟁이**는 친한 벗을
잠 26:20　불이 꺼지고 **말쟁이**가 없어지면 다툼
행 17:18　이 **말쟁이**가 무슨 말을 하고자 하느냐

맑다(press, fair, clear)
욥 26:13　입김으로 하늘을 **맑게** 하시고 손으
아 6:10　해같이 **맑고** 깃발을 세운 군대같이
겔 32:14　그 물을 **맑게** 하여 그 강이 기름같이
계 15:6　**맑고** 빛난 세마포 옷을 입고 가슴에
계 21:11　보석 같고 벽옥과 수정같이 **맑더라**

> **성경에 나오는 '맑은' 것**
>
> 맑은 기름 - 왕상 5:11
> 맑은 물 - 겔 34:18; 36:25; 히 10:22
> 맑은 생명수의 강 - 계 22:1
> 맑은 유리 - 계 21:18, 21
> 맑은 포도주 - 사 25:6

맛/-보다/-있다(taste)
출 16:31　깟씨같이 희고 **맛은** 꿀 섞은 과자 같았
민 11:8　그 **맛이** 기름 섞은 과자 **맛** 같았더라
삼상 14:24　모든 백성이 음식물을 **맛보지** 못하고
삼상 14:29　꿀 조금을 **맛보고도** 내 눈이 이렇게
삼상 14:43　꿀을 조금 **맛보았을** 뿐이오나 내가 죽이
삼하 3:35　모든 것을 **맛보면** 하나님이 내게 벌
삼하 19:35　음식의 **맛을** 알 수 있사오리이까 이 종이
욥 6:6　닭의 알 흰자위가 **맛이** 있겠느냐
욥 12:11　입이 음식의 **맛을** 구별함같이 귀가 말을
욥 21:25　고통을 품고 죽으므로 행복을 **맛보지**
욥 34:3　입이 음식물의 **맛을** 분별함같이 귀가
시 34:8　여호와의 선하심을 **맛보아** 알지어다
시 119:103주의 말씀의 **맛이** 내게 어찌 그리 단지요
잠 9:17　물이 달고 몰래 먹는 떡이 **맛이** 있다
잠 20:17　속이고 취한 음식물은 사람에게 **맛이**

【 맛다나 】　　　　　　　　　　　　　　　　　　　　　　　　　　　　　　　【 맛드내 】

잠 23:3	그의 **맛있는** 음식을 탐하지 말라 그것은
잠 23:6	음식을 먹지 말며 그의 **맛있는** 음식을
사 30:24	쇠스랑으로 까부르고 **맛있게** 한 먹이를
렘 48:11	그 맛이 남아 있고 냄새가 변하지 아니
호 2:9	새 포도주를 그것이 **맛** 들 시기에 도로
마 5:13	소금이 만일 그 **맛**을 잃으면 무엇으로
마 27:34	**맛보시고** 마시고자 하지 아니하시더라
막 9:50	소금이 그 **맛**을 잃으면 무엇으로 이를
눅 14:24	내 잔치를 **맛보지** 못하리라 하였으니
눅 14:34	소금도 만일 그 맛을 잃으면 무엇으로
요 2:9	포도주를 **맛보고도** 어디서 났는지 알지
요 8:52	내 말을 지키면 영원히 죽음을 **맛보지**
골 2:21	붙잡지도 말고 **맛보지도** 말고 만지지도
골 4:6	소금으로 맛을 냄과 같이 하라 그리하면
히 2:9	사람을 위하여 죽음을 **맛보려** 하심이라
히 6:4	하늘의 은사를 **맛보고** 성령에 참여한
히 6:5	선한 말씀과 내세의 능력을 **맛보고도**
벧전 2:3	너희가 주의 인자하심을 **맛보았으면**
계 18:14	과일이 네게서 떠났으며 **맛있는** 것들

맛다나(Mattanah) 모압 성읍
| 민 21:18 | 그들은 광야에서 **맛다나**에 이르렀고 |
| 민 21:19 | **맛다나**에서 나할리엘에 이르렀고 |

맛다냐(Mattaniah)
　　　　1. 미가의 아들
| 대상 9:15 | 갈랄과 **맛다냐**이니 그는 미가의 아들 |

　맛다냐 1 - 기타 본문
　느 11:17; 12:8, 35

　　2. 아삽 자손으로 야하시엘의 조상
| 대하 20:14 | 아삽 자손 **맛다냐**의 현손이요 여이엘은 |
　　3. 헤만의 아들로 성전 나팔을 부는 자
| 대상 25:4 | 북기야와 **맛다냐**와 웃시엘과 스브엘 |
| 대상 25:16 | 아홉째는 **맛다냐**니 그의 아들들과 형제 |
　　4. 히스기야 왕의 종교 개혁을 도운 아삽 자손
| 대하 29:13 | 아삽의 자손 중 스가랴와 **맛다냐**와 |
　　5. 이방 여인과 결혼한 사람으로 엘람자손
| 스 10:26 | 엘람 자손 중에서는 **맛다냐**와 스가랴 |
　　6. 이방 여인과 결혼한 사람으로 삿두 자손
| 스 10:27 | 엘리아십과 **맛다냐**와 여레못과 사밧 |
　　7. 이방 여인과 결혼한 사람으로 바핫모압 자손
| 스 10:30 | 마아세야와 **맛다냐**와 브살렐과 빈누이 |
　　8. 이방 여인과 결혼한 사람으로 바니 자손
| 스 10:37 | **맛다냐**와 맛드내와 야아수와 |
　　9. 웃시의 증조부
| 느 11:22 | 미가의 현손 **맛다냐**의 증손 하사뱌의 |
　　10. 성전 문지기로 성전 곳간 파수
| 느 12:25 | **맛다냐**와 박부갸와 오바댜와 므술람과 |
　　11. 하난의 조부
| 느 13:13 | **맛다냐**의 손자 삭굴의 아들 하난을 버금 |

맛다니야(Mattaniah) 시드기야 왕의 본명
왕하 24:17 여호야긴의 숙부 **맛다니야**를 대신하여

맛다다(Mattahta) 나단의 아들로 다윗 왕의 손자
눅 3:31 **맛다다**요 그 위는 나단이요 그 위는

맛다디아(Mattathias)
　　1. 예수의 조상으로 아모스의 아들
눅 3:25 그 위는 **맛다디아**요 그 위는 아모스요
　　2. 예수의 조상으로 서머인의 아들
눅 3:26 그 위는 **맛다디아**요 그 위는 서머인이요

맛단(Mattan)
　　1. 바알의 제사장
왕하 11:18 바알의 제사장 **맛단**을 죽이니라 제사장
대하 23:17 앞에서 바알의 제사장 **맛단**을 죽이니라
　　2. 스바댜의 아버지
렘 38:1 **맛단**의 아들 스바댜와 바스훌의 아들
　　3. 예수님의 조상으로 요셉의 조부
마 1:15 엘르아살은 **맛단**을 낳고 **맛단**은 야곱을

맛닷(Matthat)
　　1. 예수님의 족보에 나오는 요셉의 조부
눅 3:24 그 위는 **맛닷**이요 그 위는 레위요 그
　　2. 예수님의 족보에 나오는 레위의 아들
눅 3:29 그 위는 요림이요 그 위는 **맛닷**이요 그

맛닷다(Mattattah) 이방 여인과 결혼한 사람
스 10:33 맛드내와 **맛닷다**와 사밧과 엘리벨렛과

맛드내(Mattenai)
　　1. 이방 여인과 결혼한 사람으로 하숨 자손
스 10:33 하숨 자손 중에서는 **맛드내**와 맛닷다

833

【 맛디댜 】

2. 이방 여인과 결혼한 사람으로 바니 자손
스 10:37 맛다냐와 맛드내와 야아수와
　　3. 제사장으로 요야립 족속의 족장
느 12:19 요야립 족속에는 맛드내요 여다야 족속

맛디댜(Mattithiah)
　　1. 고라 자손으로 살룸의 장자
대상 9:31 살룸의 맏아들 맛디댜라 하는 레위 사람
　　2. 에스라를 도운 사람 가운데 한 사람
느 8:4 오른쪽에 선 자는 맛디댜와 스마와

맛디디아(Mattithiah) 법궤 앞에서 섬긴 우두머리
대상 16:5 스미라못과 여히엘과 맛디디아와

맛디디야(Mattithiah)
　　1. 다윗의 성전에서 찬양을 담당한 자
대상 15:18 마아세야와 맛디디야와 엘리블레후

맛디디야 1 – 기타 본문
대상 15:21; 25:3, 21

　　2. 이방 여인과 결혼한 사람으로 느보 자손
스 10:43 여이엘과 맛디디야와 사밧과 스비내

맛디아(Matthias) 가룟 유다 대신 뽑힌 제자
행 1:23 하는 요셉이요 하나는 맛디아라
행 1:26 맛디아를 얻으니 그가 열한 사도의 수에

맛만나(Madmannah) 유다 남부의 갈렙 자손의 성읍
수 15:31 시글락과 맛만나와 산산나와
대상 2:49 맛만나의 아버지 사압을 낳았고 또

맛메나(Madmenah) 베냐민의 성읍
사 10:31 맛메나는 피난하며 게빔 주민은 도망

맛멘(Madmen) 모압의 한 성읍
렘 48:2 맛멘이여 너도 조용하게 되리니 칼이

맛사(Massa)
　　1. 인명 : 이스마엘의 일곱째 아들
창 25:14 미스마와 두마와 맛사와

【 망대 】

　　2. 지명 : 르비딤에 붙여진 지명
출 17:7 그가 그 곳 이름을 맛사 또는 므리바라 불렀으니 이는 이스라엘

맛사 2 – 기타 본문
신 6:16; 9:22; 33:8; 대상 1:30; 시 95:8

망(muzzle)
신 25:4 곡식 떠는 소에게 망을 씌우지 말지니라
고전 9:9 곡식을 밟아 떠는 소에게 망을 씌우지
딤전 5:18 곡식을 밟아 떠는 소의 입에 망을 씌우지

망대(望臺, tower)
삿 8:9 평안히 돌아올 때에 이 망대를 헐리라
삿 9:51 성읍 중에 견고한 망대가 있으므로…문을 잠그고 망대 꼭대기로 올라간지라
삿 9:52 아비멜렉이 망대 앞에 … 망대의 문에
삼하 22:3 나의 높은 망대시요 그에게 피할 나의
왕하 17:9 모든 성읍에 망대로부터 견고한 성에
왕하 18:8 그 사방에 이르고 망대에서부터 견고한
대상 27:25 성읍과 마을과 망대의 곳간을 맡았고
대하 14:7 성곽과 망대와 문과 빗장을 만들자
대하 20:24 유다 사람이 들 망대에 이르러 그 무리
대하 26:9 골짜기 문과 성굽이에 망대를 세워 견고
대하 26:10 또 광야에 망대를 세우고 물 웅덩이를
대하 26:15 망대와 성곽 위에 두어 화살과 큰 돌을
대하 27:4 견고한 진영들과 망대를 건축하고
대하 32:5 성벽을 보수하되 망대까지 높이 쌓고
느 3:25 왕의 윗 궁에서 내민 망대 맞은편 곧
느 3:26 마주 대한 곳에서부터 내민 망대까지
느 3:27 큰 망대와 마주 대한 곳에서부터 오벨
시 48:12 그곳을 둘러보고 그 망대들을 세어 보라
시 61:3 원수를 피하는 견고한 망대이심이니
잠 18:10 여호와의 이름은 견고한 망대라 의인은
아 4:4 용사의 모든 방패가 달린 망대 같고
아 8:10 내 유방은 망대 같으니 그러므로 나는
사 1:8 시온은 포도원의 망대같이, 참외밭의
사 2:15 모든 높은 망대와 모든 견고한 성벽과
사 5:2 그 중에 망대를 세웠고 또 그 안에 술틀
사 21:8 내가 늘 망대에 서 있었고 밤이 새도록
사 23:13 망대를 세우고 궁전을 헐어 황무하게
사 30:25 크게 살륙하는 날 망대가 무너질 때에

망령되다/망령되이

사 32:14	오벨과 **망대**가 영원히 굴혈이 되며
사 33:18	어디 있느냐 **망대**를 계수하던 자가 어디
렘 6:27	내 백성 중에 **망대**와 요새로 삼아 그들의
겔 26:4	성벽을 무너뜨리며 그 **망대**를 헐 것이요
겔 26:9	성을 치며 도끼로 **망대**를 찍을 것이며
겔 27:11	여러 **망대**에 있었음이여 네 사방 성 위에
미 4:8	너 양 떼의 **망대**요 딸 시온의 산이여
습 1:16	견고한 성읍들을 치며 높은 **망대**를 치는
습 3:6	**망대**가 파괴되었고 내가 그들의 거리
마 21:33	즙 짜는 틀을 만들고 **망대**를 짓고 농부
막 12:1	짜는 틀을 만들고 **망대**를 지어서 농부
눅 13:4	실로암에서 **망대**가 무너져 치어 죽은
눅 14:28	누가 **망대**를 세우고자 할진대 자기가

성경에 나오는 '망대'

- 다윗의 망대 – 아 4:4
- 레바논 망대 – 아 7:4
- 브누엘 망대 – 삿 8:17
- 상아 망대 – 아 7:4
- 세겜 망대 – 삿 9:46, 47, 49
- 에델 망대 – 창 35:21
- 은 망대 – 아 8:9
- 이스르엘 망대 – 왕하 9:17
- 하나넬 망대 – 느 3:1; 12:39; 렘 31:38; 슥 14:10
- 함메아 망대 – 느 3:1; 12:39
- 화덕 망대 – 느 3:11; 12:38

망령되다/망령되이 (妄靈, misuse, foolish)

출 20:7	여호와의 이름을 **망령되게** 부르지 말라 … 그의 이름을 **망령되게** 부르는
신 5:11	**망령되이** 일컫지 … 내 이름을 **망령되이**
수 7:15	가운데에서 **망령된** 일을 행하였음이라
삿 19:23	들어왔으니 이런 **망령된** 일을 행하지
삿 19:24	이 사람에게는 이런 **망령된** 일을 행하지
삿 20:6	이스라엘 중에서 음행과 **망령된** 일을
삿 20:10	이스라엘 중에서 **망령된** 일을 행한 대로
삼상 13:13	왕이 **망령되이** 행하였도다 왕이 왕의
대하 16:9	왕이 **망령되이** 행하였은즉 이 후부터는
대하 28:19	아하스가 유다에서 **망령되이** 행하여
시 15:4	그의 눈은 **망령된** 자를 멸시하며 여호와
시 35:16	그들은 연회에서 **망령되이** 조롱하는
시 106:33	모세의 그 입술로 **망령되이** 말하였음

망하다

잠 6:19	거짓을 말하는 **망령된** 증인과 및 형제
잠 13:11	**망령되이** 얻은 재물은 줄어가고 손으로
잠 19:28	**망령된** 증인은 정의를 업신여기고 악인
잠 21:24	교만한 자를 이름하여 **망령된** 자라
전 2:12	돌이켜 지혜와 **망령됨**과 어리석음을
사 9:17	모든 입으로 **망령되이** 말하니 그러므로
렘 10:15	**망령되이** 만든 것인즉 징벌하실 때에
렘 23:36	하나님의 말씀을 **망령되이** 사용함이
단 2:9	거짓말과 **망령된** 말을 내 앞에서 꾸며
슥 5:4	내 이름을 가리켜 **망령되이** 맹세하는
딤전 1:9	거룩하지 아니한 자와 **망령된** 자와
딤전 4:7	**망령되고** 허탄한 신화를 버리고 경건에
딤전 6:20	디모데야 **망령되고** 헛된 말과 거짓된
딤후 2:16	**망령되고** 헛된 말을 버리라 그들은
히 12:16	장자의 명분을 판 에서와 같이 **망령된**

망명하다 (亡命, leave)

삼상 29:3	그가 **망명하여** 온 날부터 오늘까지 내가

망사 (網紗, headband, network)

사 3:18	발목 고리와 머리의 **망사**와 반달 장식
렘 52:22	꾸민 **망사**와 석류가 다 놋이며 또 다른

망치 (hammer)

사 41:7	목공은 금장색을 격려하며 **망치**로
사 44:12	숯불로 일하며 **망치**를 가지고 그것을
렘 50:23	온 세계의 **망치**가 어찌 그리 꺾여 부서

망치다 (waste)

삿 16:24	우리의 땅을 **망쳐** 놓고 우리의 많은

망하다 (ravage, ruin, die, downfall)

[모세오경, 역사서]

창 41:36	흉년으로 말미암아 **망하지** 아니하리
출 10:7	애굽이 **망한** 줄을 알지 못하시나이까
레 26:38	민족 중에서 **망하리니** 너희의 원수들
민 16:33	덮이니 그들이 회중 가운데서 **망하니라**
민 17:12	**망하게** 되었나이다 다 **망하게** 되었나
민 17:13	죽사오니 우리가 다 **망하여야** 하리이까
신 4:26	땅에서 속히 **망할** 것이라 너희가 거기서
신 28:20	책망을 내리사 **망하며** 속히 파멸하게
신 28:63	너희를 **망하게** 하시며 멸하시기를
신 30:18	너희가 반드시 **망할** 것이라 너희가 요단

【 망하다 】　　　　　　　　　　　　　　　　　　　　　【 맞다 】

삿 5:31	주의 원수들은 다 이와 같이 **망하**게
삼상 5:6	아스돗과 그 지역을 쳐서 **망하**게 하니
삼상 26:10	이르거나 또는 전장에 나가서 **망하**리라
삼하 1:27	싸우는 무기가 **망하였도다** 하였더라
왕하 14:10	자취하여 너와 유다가 함께 **망하**고자
대하 25:19	너와 유다가 함께 **망하**고자 하느냐 하나
대하 28:23	신이 아하스와 온 이스라엘을 **망하**게

■ 시가서

욥 4:7	죄 없이 **망한** 자가 누구인가 정직한
욥 20:7	자기의 똥처럼 영원히 **망할** 것이라
욥 22:20	우리의 원수가 **망하였고** 그들의 남은
시 1:6	인정하시나 악인들의 길은 **망하**리로다
시 2:12	너희가 길에서 **망하**리니 그의 진노가
시 9:3	주 앞에서 넘어져 **망함이니이다**
시 18:37	**망하기** 전에는 돌아서지 아니하리이다
시 49:10	무지한 자도 함께 **망하**며 그들의 재물은
시 68:2	악인이 하나님 앞에서 **망하**게 하소서
시 73:27	주를 멀리하는 자는 **망하**리니 음녀같이
잠 6:32	행하는 자는 자기의 영혼을 **망하**게
잠 11:3	사악한 자의 패역은 자기를 **망하**게
잠 11:9	**망하**게 하여도 의인은 그의 지식으로
잠 11:14	지략이 없으면 백성이 **망하여도** 지략이
잠 14:11	악한 자의 집은 **망하**겠고 정직한 자의
잠 19:9	거짓말을 뱉는 자는 **망할** 것이니라
잠 29:16	죄도 많아지나니 의인은 그들의 **망함**을
전 7:7	뇌물이 사람의 명철을 **망하**게 하느니라

■ 선지서

사 3:25	칼에, 너희의 용사는 전란에 **망할** 것
사 6:5	화로다 나여 **망하**게 되었도다 나는 입술
사 14:20	네가 네 땅을 **망하**게 하였고 네 백성을
사 15:1	모압 알이 **망하여** 황폐할 것이며 하룻 밤에 모압 기르가 **망하여** 황폐할 것이라
사 16:4	토색하는 자가 **망하였고** 멸절하는 자가
사 66:17	먹는 자가 다 함께 **망하**리라 여호와
렘 9:19	우리가 아주 **망하였구나** 우리가 크게
렘 10:11	땅 위에서, 이 하늘 아래에서 **망하**리라
렘 46:17	애굽의 바로 왕이 **망하였도다** 그가
렘 48:46	그모스의 백성이 **망하였도다** 네 아들
겔 13:14	그 가운데에서 **망하**리니 나를 여호와
단 2:44	영원히 **망하지도** 아니할 것이요 그 국권
단 8:13	제사와 **망하**게 하는 죄악에 대한 일과
단 11:17	그 나라를 **망하**게 하려 할 것이나
단 11:20	싸움이 없이 몇 날이 못 되어 **망할** 것
호 4:6	백성이 지식이 없으므로 **망하는도다**
호 4:14	깨닫지 못하는 백성은 **망하**리라
호 10:15	이스라엘 왕이 새벽에 정녕 **망하**리로다
호 13:1	말미암아 범죄하므로 **망하였거늘**
암 8:4	힘없는 자를 **망하**게 하려는 자들아
옵 1:5	네가 어찌 그리 **망하였는고**
욘 1:6	우리를 생각하사 **망하지** 아니하게
미 2:4	우리가 온전히 **망하**게 되었도다 그가
슥 11:9	**망하**는 자는 **망하**는 대로, 나머지는

■ 신약

막 3:26	일어나 분쟁하면 설 수 없고 **망하**느니라
눅 13:3	아니하면 다 이와 같이 **망하**리라
눅 13:5	아니하면 다 이와 같이 **망하**리라
요 11:50	민족이 **망하지** 않게 되는 것이 너희에게
행 5:37	그도 **망한즉** 따르던 모든 사람들이 흩어
행 8:20	네 은과 네가 함께 **망할지어다**
롬 2:12	율법 없이 **망하**고 무릇 율법이 있고
롬 14:15	형제를 네 음식으로 **망하**게 하지 말라
고전 15:18	안에서 잠자는 자도 **망하였으**리니
고후 2:15	**망하**는 자들에게나 하나님 앞에서
고후 4:3	우리의 복음이 가리었으면 **망하**는 자들
고후 4:9	거꾸러뜨림을 당하여도 **망하지** 아니
딤후 2:14	하나 없고 도리어 듣는 자들을 **망하**게
계 11:18	땅을 **망하**게 하는 자들을 멸망시키실
계 17:10	일곱 왕이라 다섯은 **망하였고** 하나는
계 17:16	음녀를 미워하여 **망하**게 하고 벌거벗게
계 18:17	한 시간에 **망하였도다** 모든 선장과 각처
계 18:19	치부하였더니 한 시간에 **망하였도다**

> **'망하다' 와 관련된 성구**
>
> 기근과 전염병에 망하다 - 겔 6:11; 7:15
> 기근으로 망하다 - 창 41:30
> 칼과 기근에 망하다 - 렘 16:4; 44:12, 27
> 칼로 망하다 - 마 26:52
> 칼에 망하다 - 민 14:43; 욥 36:12

맞다(after one's own heart, beat, marry, meet)

1. 어울리다(after one's own heart)

민 15:12	수효를 따라 각기 수효에 **맞**게 하라
삼상 13:14	여호와께서 그의 마음에 **맞**는 사람을
왕상 6:35	금으로 입히되 그 새긴 데에 **맞**게 하였고
잠 15:23	기쁨을 얻나니 때에 **맞**는 말이 얼마나

【 맞다 】   【 맞서다 】

잠 26:16	게으른 자는 사리에 **맞게** 대답하는 사람
사 8:20	말씀에 **맞지** 아니하면 그들이 정녕 아침
행 13:22	다윗을 만나니 내 마음에 **맞는** 사람
행 28:25	서로 **맞지** 아니하여 흩어질 때에 바울이

2. 때림을 당하다(beat)

삼하 11:15	너희는 뒤로 물러가서 그로 **맞아** 죽게
대하 22:6	싸울 때에 라마에서 **맞아** 상한 것을
대하 25:16	어찌하여 **맞으려** 하느냐 하니 선지자가
욥 33:18	칼에 **맞아** 멸망하지 않게 하시느니라
사 1:6	상한 것과 터진 것과 새로 **맞은** 흔적뿐
사 30:26	그들의 **맞은** 자리를 고치시는 날에는
사 44:14	나무를 정하며 나무를 심고 비를 **맞고**
사 53:4	징벌을 받아 하나님께 **맞으며** 고난을
렘 18:21	그 청년은 전장에서 칼을 **맞게** 하시며
눅 12:47	행하지 아니한 종은 많이 **맞을** 것이요
눅 12:48	**맞을** 일을 행한 종은 적게 **맞으리라**
행 16:33	간수가 그들을 데려다가 그 **맞은** 자리를
고후 11:25	세 번 태장으로 **맞고** 한 번 돌로 **맞고**
딤전 4:2	양심이 화인을 **맞아서** 외식함으로

'맞다 2' 와 관련된 성구

- 돌에 맞다 – 왕상 21:14, 15
- 매를 맞다/매 맞음 – 출 5:16; 사 1:5; 호 9:16; 고전 4:11; 고후 6:5; 11:23, 24; 벧전 2:20
- 채찍에 맞다 – 사 53:5; 벧전 2:24

3. 받아들이다(marry, meet)

창 31:39	도둑을 **맞았든지** 밤에 도둑을 **맞았든지**
창 46:29	그의 아버지 이스라엘을 **맞으며** 그에게
출 4:27	모세를 **맞으라** 하시매 그가 가서 하나님
출 7:15	서서 그를 **맞으며** 그 뱀 되었던 지팡이
출 18:7	모세가 나가서 그의 장인을 **맞아** 절하고
출 19:17	하나님을 **맞으려고** 백성을 거느리고
출 22:7	도둑을 **맞았는데** 그 도둑이 잡히면 갑절
출 22:12	자기에게서 도둑 **맞았으면** 그 임자에게
민 21:33	거느리고 나와서 그들을 **맞아** 에드레이
삿 3:6	딸들을 **맞아** 아내로 삼으며 자기 딸들을
삿 4:22	추격할 때에 야엘이 나가서 그를 **맞아**
삿 14:3	가서 아내를 **맞으려** 하느냐 하니 삼손이
삿 20:31	베냐민 자손이 나와서 백성을 **맞더니**
삼상 13:10	사무엘이 온지라 사울이 나가 **맞으며**

삼하 10:5	왕이 그들을 **맞으러** 보내 이르기를 너희
삼하 20:8	바위 곁에 이르매 아마사가 **맞으러** 오니
왕하 4:26	달려가서 그를 **맞아** 이르기를 너는 평안
왕하 4:31	엘리사를 **맞아** 그에게 말하여 아이가
왕하 9:21	예후를 **맞을새** 이스르엘 사람 나봇의
대상 12:17	다윗이 나가서 **맞아** 그들에게 말하여
대상 14:3	예루살렘에서 또 아내들을 **맞아** 다윗이
대상 19:5	그들을 **맞으러** 보내 왕이 이르기를 너희
대하 15:2	그가 나가서 아사를 **맞아** 이르되 아사
대하 22:7	예후를 **맞았으니** 그는 여호와께서 기름
대하 28:15	포로를 **맞고** 노략하여 온 것 중에서
느 13:23	아스돗과 암몬과 모압 여인을 **맞아** 아내
욥 39:21	앞으로 나아가서 군사들을 **맞되**
잠 7:10	옷을 입은 간교한 여인이 그를 **맞으니**
잠 7:15	내가 너를 **맞으려고** 나와 네 얼굴을
렘 51:31	보발꾼을 **맞으려고** 달리며 전령은 전령 을 **맞으려고** 달려가 바벨론의 왕에게
단 11:25	한 군대를 거느리고 **맞아** 싸울 것이나
슥 2:3	나가고 다른 천사가 나와서 그를 **맞으며**
마 25:6	소리가 나되 보라 신랑이로다 **맞으러**
눅 9:37	산에서 내려오시니 큰 무리가 **맞을새**
요 12:13	종려나무 가지를 가지고 **맞으러** 나가
요 12:18	무리가 예수를 **맞음은** 이 표적 행하심을
행 10:25	베드로가 들어올 때에 고넬료가 **맞아**
행 28:15	트레스 타베르네까지 **맞으러** 오니

'맞다 3' 와 관련된 성구

- 남편을 맞다 – 민 30:6; 렘 29:6
- 다윗을 맞다 – 삼하 6:20; 15:32; 16:1
- 도둑 맞다 – 출 22:12; 사 42:22
- 신랑을 맞다 – 마 25:1
- 아내로 맞다 – 삼상 25:43; 대상 4:18; 느 13:27
- 왕을 맞다 – 삼하 19:15, 16, 24, 25; 대하 19:2

맞대다(retaliate)

벧전 2:23 당하시되 **맞대어** 욕하지 아니하시고

맞바람(contrary wind)

행 27:4 거기서 우리가 떠나가다가 **맞바람**을

맞서다(stand against, against)

【 맞아들이다 】　　　　　　　　　　　　　　　　　　　　　　　　　　　　　　　　【 맞이하다 】

창 14:9	네 왕이 곧 그 다섯 왕과 **맞서니라**
레 26:37	넘어지리니 너희가 원수들을 **맞설** 힘이
수 7:12	그들의 원수 앞에 능히 **맞서지** 못하고
수 7:13	네 원수들 앞에 능히 **맞서지** 못하리라
수 9:2	여호수아와 이스라엘에 **맞서서** 싸우려
수 10:25	강하고 담대하라 너희가 **맞서서** 싸우는
수 21:44	그들과 **맞선** 자가 하나도 없었으니 이는
수 23:9	오늘까지 너희에게 **맞선** 자가 하나도
삿 9:34	네 떼로 나누어 세겜에 **맞서** 매복하였
삿 20:30	올라가서 전과 같이 기브아에 **맞서** 전열
삼상 11:1	길르앗 야베스에 **맞서** 진 치매 아베스
삼하 10:9	요압이 자기와 **맞서** 앞뒤에 친 적진을
삼하 12:28	남은 군사를 모아 그 성에 **맞서** 진 치고
왕하 9:14	하사엘과 **맞서서** 길르앗 라못을 지키다
왕하 23:29	요시야 왕이 **맞서** 나갔더니 애굽 왕이
대상 18:10	벌써 도우와 **맞서** 여러 번 전쟁이 있던
대상 19:17	진을 치매 그들이 다윗과 **맞서** 싸우더니
대하 20:6	능력이 있사오니 능히 주와 **맞설** 사람이
대하 20:17	그들을 **맞서** 나가라 여호와가 너희와
전 4:12	두 사람이면 **맞설** 수 있나니 세 겹 줄은
사 47:12	주문과 많은 주술을 가지고 **맞서** 보라

맞아들이다 (receive)

눅 15:27	건강한 그를 다시 **맞아들이게** 됨으로
행 17:7	야손이 그들을 **맞아들였도다** 이 사람들
요삼 1:9	디오드레베가 우리를 **맞아들이지** 아니
요삼 1:10	부족하여 형제들을 **맞아들이지도** 아니하고 **맞아들이고자** 하는 자를 금하여

맞은쪽 (opposite)

삼하 2:24	길 가 기아 **맞은쪽** 암마 산에 이를 때에
삼하 24:5	성읍 아로엘 오른쪽 곧 야셀 **맞은쪽에**
겔 40:23	이 문간에서 **맞은쪽** 문간까지 측량하니
겔 40:27	문간에서 **맞은쪽** 문간까지 측량하니
겔 42:10	골방 뜰 **맞은쪽과** 남쪽 건물 **맞은쪽에**
겔 47:20	남쪽 경계선에서부터 **맞은쪽** 하맛 어귀

맞은편 (nearby, across)

창 18:2	사람 셋이 **맞은편**에 서 있는지라 그가
창 25:18	술까지 이르러 그 모든 형제의 **맞은편에**
출 30:6	증거궤 위 속죄소 **맞은편** 곧 증거궤
민 22:5	그들이 지면에 덮여서 우리 **맞은편에**
신 32:52	자손에게 주는 땅을 **맞은편에서** 바라
삼하 5:23	뒤로 돌아서 뽕나무 수풀 **맞은편에서**
왕하 2:15	**맞은편** 여리고에 있는 선지자의 제자들
왕하 3:22	물에 비치므로 **맞은편** 물이 붉어 피와
대상 14:14	돌아 뽕나무 수풀 **맞은편에서** 그들을
느 3:19	성 굽이에 있는 군기고 **맞은편까지**
느 3:23	자기 집 **맞은편** 부분을 중수하였고
느 3:25	우새의 아들 발랄은 성 굽이 **맞은편과**
느 7:3	파수하되 자기 집 **맞은편을** 지키게 하라
느 12:9	웃노는 직무를 따라 그들의 **맞은편에**
느 12:24	그들의 형제의 **맞은편에** 있어 하나님의
에 5:1	**맞은편에** 서니 왕이 어전에서 전 문을
단 5:5	촛대 **맞은편** 석회벽에 글자를 쓰는데
마 21:2	너희는 **맞은편** 마을로 가라 그리하면
막 5:21	배를 타시고 다시 **맞은편으로** 건너가
막 11:2	**맞은편** 마을로 가라 그리로 들어가면
눅 19:30	너희는 **맞은편** 마을로 가라 그리로 들어

성경에 나오는 '맞은편'

갈릴리 맞은편 – 눅 8:26
길갈 맞은편 – 신 11:30
니도 맞은편 – 행 27:7
모압 맞은편 – 삿 3:28
바알스본 맞은편 – 출 14:2, 9
벳브올 맞은편 – 신 3:29; 4:46; 34:6
숩 맞은편 – 신 1:1
아둠밈 비탈 맞은편 – 수 15:7; 18:17
아라바 맞은편 – 수 18:18
여리고 맞은편 – 민 22:1; 26:3; 63;
　31:12; 33:48, 50; 34:15; 35:1;
　36:13; 신 32:49; 34:1; 수 13:32;
　대상 6:78
여부스 맞은편 – 삿 19:10
욥바 맞은편 – 수 19:46

맞이하다 (marry, take)

창 4:19	라멕이 두 아내를 **맞이하였으니** 하나의
창 24:67	장막으로 들이고 그를 **맞이하여** 아내로
창 25:20	이삭은 사십 세에 리브가를 **맞이하여**
창 26:34	딸 바스맛을 아내로 **맞이하였더니**
창 28:2	라반의 딸 중에서 아내를 **맞이하라**
창 28:6	아내를 **맞이하게** 하였고 또 그에게 축복하고…아내를 **맞이하지** 말라 하였고
창 28:9	누이인 마할랏을 아내로 **맞이하였더라**
창 31:50	다른 아내들을 **맞이하면** 우리와 함께

【 맞이하다 】

창 33:4	에서가 달려와서 그를 **맞이하여** 안고
창 36:2	오홀리바마를 자기 아내로 **맞이하고**
창 36:3	느바욧의 누이 바스맛을 **맞이하였더니**
출 6:20	누이 요게벳을 아내로 **맞이하였고** 그는
출 6:23	누이 엘리세바를 아내로 **맞이하였고**
출 6:25	부디엘의 딸 중에서 아내를 **맞이하였고**
신 22:13	누구든지 아내를 **맞이하여** 그에게
신 22:14	여자를 **맞이하였더니** 그와 동침할 때
신 24:1	사람이 아내를 **맞이하여** 데려온 후에
신 24:3	그를 아내로 **맞이한** 둘째 남편이 죽었다
신 24:4	다시 아내로 **맞이하지** 말지니 이 일은
신 24:5	새로이 아내를 **맞이하였으면** …집에 있으면서 그가 **맞이한** 아내를 즐겁게
신 25:5	그에게로 들어가서 그를 **맞이하여** 아내
신 25:7	그 형제의 아내 **맞이하기**를 즐겨하지
신 25:8	여자를 **맞이하기**를 즐겨하지 아니하
삿 14:2	이제 그를 **맞이하여** 내 아내로 삼게
삿 14:8	삼손이 그 여자를 **맞이하려고** 다시 가다
삿 15:2	대신하여 동생을 아내로 **맞이하라** 하니
룻 1:4	그들의 아내를 **맞이하였는데** 하나의
룻 4:10	여인 룻을 사서 나의 아내로 **맞이하고**
룻 4:13	보아스가 룻을 **맞이하여** 아내로 삼고
왕상 3:1	혼인 관계를 맺어 그의 딸을 **맞이하고**
왕하 5:21	수레에서 내려 **맞이하여** 이르되 평안
왕하 5:26	수레에서 내려 너를 **맞이할** 때에 내
왕하 8:8	하나님의 사람을 **맞이하고** 내가 이 병
왕하 8:9	하사엘이 그를 **맞이하러** 갈새 다메섹
왕하 9:17	사람을 말에 태워 보내어 **맞이하여** 평안
왕하 10:15	떠나가다가 자기를 **맞이하러** 오는 레갑
스 9:2	그들의 딸을 **맞이하여** 아내와 며느리로
느 6:18	므술람의 딸을 아내로 **맞이하였으므로**
욥 29:23	봄비를 **맞이하듯** 입을 벌렸느니라
렘 16:2	이 땅에서 아내를 **맞이하지** 말며 자녀를
렘 29:6	아내를 **맞이하여** … **맞이하며** 너희 딸

'맞이하다' 와 관련된 성구

어려서 **맞이한** 아내 – 말 2:14, 15
음란한 여자를 **맞이하다** – 호 1:2
이방 여인을 아내로 **맞이한** 자 – 스 10:17, 18, 44
이방 여자를 **맞이하다** – 스 10:2
첩을 **맞이하다** – 삿 19:1
후처를 **맞이하다** – 창 25:1

호 1:3	고멜을 **맞이하였더니** 고멜이 임신하여
요 11:20	말을 듣고 곧 나가 **맞이하되** 마리아는
요 11:30	마르다가 **맞이했던** 곳에 그대로 계시

맞추다(head into, strum on)

신 19:5	도끼가 … 그의 이웃을 **맞춰** 그를
신 25:2	그의 죄에 따라 수를 **맞추어** 때리게
대상 15:20	브나야는 비파를 타서 … **맞추는** 자요
대상 15:21	수금을 타서 여덟째 음에 **맞추어** 인도
애 3:13	화살들로 내 허리를 **맞추셨도다**
겔 21:16	모이라 오른쪽을 치라 대열을 **맞추라**
암 6:5	비파 소리에 **맞추어** 노래를 지절거리며
행 27:15	배가 밀려 바람을 **맞추어** 갈 수 없어
행 27:40	돛을 달고 바람에 **맞추어** 해안을 향하여

'입(을) 맞추다' 와 관련된 성구

출 18:7; 룻 1:9, 14; 삼상 20:41; 삼하 14:33; 15:5; 19:39; 20:9; 아 8:1; 마 26:49; 막 14:45; 눅 15:20; 22:48; 행 20:37

맞히다(be struck)
왕상 22:34 이스라엘 왕의 갑옷 솔기를 **맞힌지라**

【 맡기다 】

맡기다(appoint, lay on, place, put)

창 30:35	것들을 가려 자기 아들들의 손에 **맡기고**
창 32:16	떼로 나누어 종들의 손에 **맡기고** 그의
창 33:1	레아와 라헬과 두 여종에게 **맡기고**
창 39:22	죄수를 다 요셉의 손에 **맡기므로** 그
창 39:23	그의 손에 **맡긴** 것을 무엇이든지 살펴
창 42:37	내 손에 **맡기소서** 내가 그를 아버지께로
출 22:7	돈이나 물품을 이웃에게 **맡겨** 지키게
출 22:10	짐승을 이웃에게 **맡겨** 지키게 하였다가
레 6:2	곧 이웃이 **맡긴** 물건이나 전당물을
레 16:21	머리에 두어 미리 정한 사람에게 **맡겨**
민 3:9	아들들에게 **맡기라** … 온전히 **맡겨진**
민 4:27	그들이 멜 짐을 그들에게 **맡길** 것이니라
신 24:5	직무도 그에게 **맡기지** 말 것이며 그는
삼상 2:36	직분 하나를 내게 **맡겨** 내게 떡 조각을 먹게
삼상 17:20	지키는 자에게 **맡기고** 이새가 명령한
삼상 17:22	짐 지키는 자의 손에 **맡기고** 군대로
삼상 17:28	들에 있는 양들을 누구에게 **맡겼느냐**
삼하 10:10	수하에 **맡겨** 암몬 자손과 싸우려고

{ 맡기다 }

삼하 12:8 유다 족속을 네게 **맡겼느니라** 만일
왕상 14:27 문을 지키는 시위대 대장의 손에 **맡기매**
왕하 22:7 그들의 손에 **맡긴** 은을 회계하지 말지니
왕하 22:9 성전을 맡은 감독자의 손에 **맡겼나이다**
대상 29:8 게르손 사람 여히엘의 손에 **맡겨** 여호와
대하 12:10 지키는 경호 책임자들의 손에 **맡기매**
느 13:30 반열을 세워 각각 자기의 일을 **맡게**
에 2:3 헤개의 손에 **맡겨** 그 몸을 정결하게
에 3:9 왕의 일을 맡은 자의 손에 **맡겨** 왕의
에 3:13 조서를 역졸에게 **맡겨** 왕의 각 지방에
에 6:9 신하 중 가장 존귀한 자의 손에 **맡겨서**
욥 1:12 네 손에 **맡기노라** 다만 그의 몸에는
욥 2:6 그를 네 손에 **맡기노라** 다만 그의 생명
욥 34:13 땅을 그에게 **맡겼느냐** 누가 온 세상
욥 39:11 네 수고를 그것에게 **맡기겠느냐**
시 27:12 생명을 내 대적에게 **맡기지** 마소서
시 41:2 그를 그 원수들의 뜻에 **맡기지** 마소서
잠 31:15 주며 여종들에게 일을 정하여 **맡기며**
잠 31:24 팔며 띠를 만들어 상인들에게 **맡기며**
아 8:11 지키는 자들에게 **맡겨** 두고 그들로 각기
사 22:21 그의 손에 **맡기리니** 그가 예루살렘
사 50:6 등을 **맡기며** 나의 수염을 뽑는 자들에
게 나의 뺨을 **맡기며** 모욕과 침 뱉음을
렘 13:20 네게 **맡겼던** 양 떼, 네 아름다운 양 떼
렘 40:7 그 땅을 **맡기고** 남녀와 유아와 바벨론
렘 43:6 그다랴에게 **맡겨** 둔 모든 사람과 선지자
겔 23:24 재판을 그들에게 **맡기즉** 그들이 그들의
겔 44:14 가운데서 행하는 모든 일을 **맡기리라**
겔 44:16 나아와 내게 수종들어 내가 **맡긴** 직분을
마 24:47 그의 모든 소유를 그에게 **맡기리라**
마 25:21 많은 것을 네게 **맡기리니** 네 주인의
마 25:23 많은 것을 네게 **맡기리니** 네 주인의
마 25:27 취리하는 자들에게나 **맡겼다가** 내가
막 13:34 각각 사무를 **맡기며** 문지기에게 깨어
눅 12:44 주인이 그 모든 소유를 그에게 **맡기리라**
눅 16:11 누가 참된 것으로 너희에게 **맡기겠느냐**
눅 19:23 돈을 은행에 **맡기지** 아니하였느냐
눅 22:29 내게 **맡기신** 것같이 … 너희에게 **맡겨**
요 5:22 심판을 다 아들에게 **맡기셨으니**
요 13:3 손에 **맡기신** 것과 또 자기가 하나님께
행 6:3 택하라 우리가 이 일을 그들에게 **맡기고**
행 12:4 군인 넷씩인 네 패에게 **맡겨** 지키고
행 27:1 백부장 율리오란 사람에게 **맡기니**

{ 맡다 }

롬 12:19 진노하심에 **맡기라** 기록되었으되 원수
딤전 1:11 교훈은 내게 **맡기신** 바 복되신 하나님의
딛 1:3 구주 하나님이 명하신 대로 내게 **맡기신**
히 9:10 예법일 뿐이며 개혁할 때까지 **맡겨** 둔

'맡기다' 와 관련된 성구

곳간을 맡기다 – 느 12:44
소유를 맡기다 – 창 24:2; 마 25:14
수하에 맡기다 – 삼하 10:10; 대상 19:11;
　　　　　　　대하 23:18
여호와께 맡기다 – 시 37:5; 55:22; 잠 16:3
주께 맡기다 – 시 22:10; 벧전 5:7
직무를 맡다 – 대상 24:3; 대하 3:17
직분을 맡기다 – 출 29:9; 대하 8:14; 35:2;
　　　　　　　딤전 1:12; 3:10
직분을 맡긴 자 – 대상 6:31; 9:22

맡다(appoint, charge, smell)
1. 책임을 넘겨 받다(appoint, charge)

창 24:2 모든 소유를 **맡은** 늙은 종에게 이르되
출 5:19 일을 **맡은** 이스라엘 자손들이 너희가
출 22:11 두 사람 사이에 **맡은** 자가 이웃의 것을
레 6:4 착취한 것이나 **맡은** 것이나 잃은 물건을
민 3:8 모든 기구를 **맡아** 지키며 이스라엘
민 3:25 게르손 자손이 회막에서 **맡을** 일은 성막
민 3:31 그들이 **맡을** 것은 증거궤와 상과 등잔대
민 3:36 자손이 **맡을** 것은 성막의 널판과 그 띠와
민 4:16 제사장 아론의 아들 엘르아살이 **맡을**
민 4:26 기구를 메며 이 모든 것을 이렇게 **맡아**
민 4:32 너희는 그들이 **맡아** 멜 모든 기구의
민 31:30 일을 가져다가 여호와의 성막을 **맡은**
민 31:47 장막을 **맡은** 레위인에게 주었으니
왕상 4:12 아들 바아나가 **맡았으니** 벧스안에서
왕상 4:27 그 지방 관장들은 각각 자기가 **맡은**
왕하 10:22 예후가 예복 **맡은** 자에게 이르되 예복을
대상 6:48 하나님의 집 장막의 모든 일을 **맡았더라**
대상 9:19 일을 **맡아** 성막 문들을 지켰으니
대상 9:28 쓰는 기구를 **맡아서** 그 수효대로
대상 9:29 기름과 유향과 향품을 **맡았으며**
대상 9:31 레위 사람은 전병을 굽는 일을 **맡았으며**
대상 9:32 어떤 자는 진설하는 떡을 **맡아** 안식일
대상 23:29 것이나 또 모든 저울과 자를 **맡고**
대상 26:30 모든 일과 왕을 섬기는 직임을 **맡았으며**

【 맡다 】

대상 27:27 라마 사람 시므이는 포도원을 **맡았고**
대상 27:28 평야의 감람나무와 뽕나무를 **맡았고**
대상 27:29 사론에서 먹이는 소 떼를 **맡았고** …
　　　　　사밧은 골짜기에 있는 소 떼를 **맡았고**
대상 27:30 낙타를 **맡았고** … 나귀를 **맡았고** 하갈
대상 27:31 왕의 재산을 **맡은** 자들이 이러하였더라
대하 24:13 기술자들이 **맡아서** 수리하는 공사가
대하 31:14 예물을 **맡아** 여호와께 드리는 것과 모든
대하 31:15 성읍들에 있어서 직임을 **맡아** 그의 형제
대하 31:17 반열대로 직무를 **맡은** 레위 사람들에게
느 11:11 하나님의 전을 **맡은** 자 스라야니 그는
느 11:16 그들은 하나님의 전 바깥 일을 **맡았고**
느 11:22 하나님의 전 일을 **맡아** 다스렸으니
느 12:8 그의 형제와 함께 찬송하는 일을 **맡았고**
느 13:4 전의 방을 **맡은** 제사장 엘리아십이
에 3:9 일만 달란트를 왕의 일을 **맡은** 자의
렘 40:5 성읍들을 **맡도록** 세운 사반의 손자
겔 44:11 성전 문을 **맡을** 것이며 성전에서 수종
마 24:45 집 사람들을 **맡아** 때를 따라 양식을
눅 4:20 덮어 그 **맡은** 자에게 주시고 앉으시니
눅 12:42 종들을 **맡아** 때를 따라 양식을 나누어
눅 12:48 요구할 것이요 많이 **맡은** 자에게는 많이
요 19:17 예수를 **맡으매** 예수께서 자기의 십자가
행 1:17 참여하여 이 직무의 한 부분을 **맡았던**
행 8:27 간다게의 모든 국고를 **맡은** 관리인 내시
행 12:20 침소 **맡은** 신하 블라스도를 설득하여
롬 3:2 그들이 하나님의 말씀을 **맡았음이니라**

'맡다 1'과 관련된 성구

곳간을 맡다 – 대상 26:20, 22, 24, 26: 27:25, 27, 28
국고를 맡다 – 사 22:15
돈궤를 맡다 – 요 12:6; 13:29
성소를 맡다 – 민 3:28, 32
성전 맡은 자 – 행 4:1; 5:24, 26
성전 맡은 감독자 – 왕하 22:5, 9
성전 맡은 자 – 왕하 12:11; 대상 9:11
성전 맡은 직분 – 대상 9:27
술 맡은 관원장 – 창 40:2, 9, 20, 21, 23; 41:9
술 맡은 자 – 창 40:1, 5, 13
왕궁 맡은 자 – 왕상 16:9; 18:3; 사 22:15; 36:3, 22; 37:2
직분을 맡다 – 대상 9:26

【 매 3 】

고전 4:1 하나님의 비밀을 **맡은** 자로 여길지어다
고전 4:2 **맡은** 자들에게 구할 것은 충성이니라
고후 8:19 우리가 **맡은** 은혜의 일로 우리와 동행
고후 8:20 조심함은 우리가 **맡은** 이 거액의 연보에
갈 2:7 전함을 **맡은** 것이 … **맡음과** 같은 것을
히 3:6 그리스도는 하나님의 집을 **맡은** 아들
벧전 4:10 여러 가지 은혜를 **맡은** 선한 청지기
벧전 5:3 **맡은** 자들에게 주장하는 자세를 하지

2. 코로 냄새를 느끼다(smell)

창 27:27 향취를 **맡고** 그에게 축복하여 이르되
출 30:38 냄새를 **맡으려고** 이 같은 것을 만드는
신 4:28 먹지도 못하며 냄새도 **맡지** 못하는 목석
욥 39:25 싸움 냄새를 **맡고** 지휘관들의 호령과
시 115:6 못하며 코가 있어도 냄새 **맡지** 못하며
고전 12:17 온 몸이 듣는 곳이면 냄새 **맡는** 곳은

매 1(rod)

출 5:16 종들이 **매를** 맞사오니 이는 당신의
출 21:20 **매로** 그 남종이나 여종을 쳐서 당장에
신 25:3 그것을 넘겨 **매를** 지나치게 때리면 네가
삼하 7:14 **매와** 인생의 채찍으로 징계하려니와
욥 21:9 두려움이 없고 하나님의 **매가** 그들 위에
잠 20:30 악을 없이하나니 **매는** 사람 속에 깊이
사 1:5 너희가 어찌하여 **매를** 더 맞으려고 패역
애 3:1 분노의 **매로** 말미암아 고난 당한 자는
미 6:9 **매가** 예비되었나니 그것을 정하신 이가
고전 4:11 주리고 목마르며 헐벗고 **매** 맞으며
고전 4:21 **매를** 가지고 너희에게 나아가랴 사랑과
고후 11:23 갇히기도 더 많이 하고 **매도** 수없이
고후 11:24 사십에서 하나 감한 **매를** 다섯 번 맞았
벧전 2:20 죄가 있어 **매를** 맞고 참으면 무슨 칭찬

매 2(hawk)

신 14:13 **매와** 새매와 **매의** 종류와
욥 28:7 솔개도 알지 못하고 **매의** 눈도 보지 못
욥 39:26 **매가** 떠올라서 날개를 펼쳐 남쪽으로
렘 12:9 무늬 있는 **매가** 아니냐 **매들이** 그것을

매 3(each)

출 36:9 **매** 폭의 길이는 스물여덟 규빗, 너비는
민 28:10 상번제와 그 전제 외에 **매** 안식일의 번제
민 28:12 **매** 수송아지에는 고운 가루 십분의 삼에
민 28:13 **매** 어린 양에는 고운 가루 십분의 일을

【 매기다/매겨지다 】　　　　　　　　　　　　　　　　　　【 매달다/매달리다 】

신 14:28	매 삼 년 끝에 그 해 소산의 십분의 일을
신 15:1	매 칠 년 끝에는 면제하라
신 31:10	이르기를 매 칠 년 끝 해 곧 면제년의
왕상 7:24	박이 있는데 매 규빗에 열 개씩 있어서
왕상 7:27	수레 열을 만들었으니 매 받침 수레의
왕상 7:38	사십 밧을 담게 하였으며 매 물두멍의
왕상 7:42	매 그물에 두 줄씩으로 기둥 위의 공
왕상 10:16	이백 개를 만들었으니 매 방패에 든 금
왕상 10:17	삼백 개를 만들었으니 매 방패에 든 금
욥 21:26	둘이 매 한 가지로 흙 속에 눕고 그들
겔 46:21	지나가게 하시는데 본즉 그 뜰 매 구석

매기다/매겨지다(increase, decrease)
| 레 25:16 | 값을 많이 매기고 … 적게 매길지니 |
| 마 27:9 | 그 가격 매겨진 자 … 가격 매긴 자의 |

매끄럽다(smooth)
| 삼상 17:40 | 막대기를 가지고 시내에서 매끄러운 돌 |
| 사 57:6 | 골짜기 가운데 매끄러운 돌들 중에 네 |

매끈매끈하다(smooth)
| 창 27:11 | 털이 많은 사람이요 나는 매끈매끈한 |
| 창 27:16 | 가죽을 그의 손과 목의 매끈매끈한 곳에 |

매년(每年, year, each year)
출 23:14	매년 세 번 내게 절기를 지킬지니라
출 23:17	모든 남자는 매년 세 번씩 주 여호와께
출 34:23	모든 남자는 매년 세 번씩 주 여호와
출 34:24	네가 매년 세 번씩 여호와 네 하나님
레 23:41	매년 이레 동안 여호와께 이 절기를
레 25:53	주인은 그를 매년의 삯꾼과 같이 여기고
신 14:22	너는 마땅히 매년 토지 소산의 십일조를
신 15:20	너와 네 가족은 매년 여호와께서 택하신
삿 21:19	길 동쪽 실로에 매년 여호와의 명절이
삼상 1:3	이 사람이 매년 자기 성읍에서 나와서
삼상 1:7	매년 한나가 여호와의 집에 올라갈 때
삼상 2:19	어머니가 매년 드리는 제사를 드리러

매년제(annual sacrifice)
| 삼상 1:21 | 그의 온 집이 여호와께 매년제와 서원제 |
| 삼상 20:6 | 온 가족을 위하여 거기서 매년제를 드릴 |

매다(tie, tether)

창 38:28	홍색 실을 가져다가 그 손에 매었더니
창 49:11	나귀를 포도나무에 매며 그의 암나귀
창 49:13	배 매는 해변이라 그의 경계가 시돈까지
출 28:8	에봇 위에 매는 띠는 에봇 짜는 법으로
출 28:24	사슬로 흉패 두 끝 두 고리에 꿰어 매고
출 28:25	에봇 앞 두 어깨받이의 금 테에 매고
출 28:27	두 어깨받이 아래 매는 자리 가까운
출 28:37	청색 끈으로 관 위에 매되 곧 관 전면에
출 39:5	에봇 위에 에봇을 매는 띠를 에봇과
출 39:18	에봇 앞 두 어깨받이의 금 테에 매고
출 39:20	에봇 앞 두 어깨받이 아래 매는 자리
레 8:7	장식 띠를 띠워서 에봇을 몸에 매고
신 6:8	너는 또 그것을 네 손목에 매어 기호를
신 11:18	그것을 너희의 손목에 매어 기호를 삼고
수 2:18	달아 내린 창문에 이 붉은 줄을 매고
수 2:21	가게 하고 붉은 줄을 창문에 매니라
삿 15:4	꼬리와 꼬리를 매고 홰를 가지고 그
삿 16:21	놋 줄로 매고 그에게 옥에서 맷돌을
왕하 5:23	전대에 넣어 매고 옷 두 벌을 아울러
욥 12:18	맨 것을 풀어 그들의 허리를 동이시며
욥 38:31	묘성을 매어 묶을 수 있으며 삼성의
욥 39:10	네가 능히 줄로 매어 들소가 이랑을
욥 41:5	여종들을 위하여 그것을 매어 두겠느냐
시 2:3	그들의 맨 것을 끊고 그의 결박을 벗어
시 66:11	어려운 짐을 우리 허리에 매어 두셨으며
시 107:14	인도하여 내시고 그들의 얽וּ 맨 줄을
잠 3:3	떠나지 말게 하고 그것을 네 목에 매며
잠 6:21	항상 네 마음에 새기며 네 목에 매라
잠 7:3	네 손가락에 매며 이것을 네 마음판에
잠 26:8	영예를 주는 것은 돌을 물매에 매는
렘 51:63	다한 후에 책에 돌을 매어 유브라데
겔 13:18	손목마다 부적을 꿰어 매고 키가 큰
겔 20:37	지나가게 하며 언약의 줄로 매려니와
마 18:18	땅에서 매면 하늘에서도 매일 것이요
눅 8:29	고랑에 매어 지켰으되 그 맨 것을 끊고
요 19:29	신 포도주를 적신 해면을 우슬초에 매어
행 10:11	큰 보자기 같고 네 귀를 매어 땅에
행 11:5	그릇이 네 귀에 매어 하늘로부터 내리어
행 22:25	가죽 줄로 바울을 매니 바울이 곁에
엡 4:3	평안의 매는 줄로 성령이 하나 되게
골 3:14	사랑을 더하라 이는 온전하게 매는 띠

매달다/매달리다(hang, hold fast, put up)

【 매매/-하다 】　　　　　　　　　　　　　　　　　　　　　　　　　　　　　　　　　【 매우 】

창 40:22	떡 굽는 관원장은 **매달리니** 요셉이 그들
창 41:13	나는 복직되고 그는 **매달렸나이다**
민 21:8	불뱀을 만들어 장대 위에 **매달아라**
수 10:26	다섯 나무에 **매달고** 저녁까지 나무에
삼하 4:12	헤브론 못 가에 **매달고** 이스보셋의 머리
에 5:14	나무에 **매달기를** 구하고 왕과 함께
에 7:10	모르드개를 **매달려고** 한 나무에 하만
에 8:7	살해하려 하므로 나무에 **매달렸고**
에 9:13	열 아들의 시체를 나무에 **매달게** 하소서
에 9:14	하만의 열 아들의 시체가 **매달리니라**
욥 28:4	사람이 없는 곳에 **매달려** 흔들리느니라
시 119:31	주의 증거들에 **매달렸사오니** 여호와여
애 5:12	지도자들은 그들의 손에 **매달리고** 장로
행 28:4	손에 **매달려** 있음을 보고 서로 말하되

매매/-하다 (賣買, trade, sell, buy and sell)

창 34:10	여기 머물러 **매매하며** 여기서 기업을
창 34:21	그들이 여기서 거주하며 **매매하게** 하고
왕하 7:1	한 스아를 한 세겔로 **매매하고** 보리
	두 스아를… **매매하리라** 하셨느니라
왕하 7:18	한 세겔로 **매매하고**… **매매하리라** 한즉
욥 20:18	돌려주며 **매매하여** 얻은 재물로 즐거움
고전 7:30	기쁘지 않은 자같이 하며 **매매하는**
계 13:17	이 표를 가진 자 외에는 **매매를** 못하게

> '매매'와 관련된 성구
> 매매 증서 – 렘 32:11, 12, 14, 16
> 성전 안에서 매매 – 마 21:12; 막 11:15

매복하다/매복시키다 (埋伏, ambush)

수 8:4	성읍을 향하여 **매복하되** 그 성읍에서
수 8:7	너희는 **매복한** 곳에서 일어나 그 성읍을
수 8:9	아이 사이에 **매복하였고** 여호수아는
수 8:12	서쪽 벧엘과 아이 사이에 **매복시키니**
삿 9:25	꼭대기에 사람을 **매복시켜** 아비멜렉을
삿 9:32	더불어 밤에 일어나 밭에 **매복하였다가**
삿 9:34	떼로 나누어 세겜에 맞서 **매복하였더니**
삿 9:35	그와 함께 있는 백성이 **매복하였던** 곳
삿 9:43	세 무리로 나누어 밭에 **매복시켰더니**
삿 16:2	밤새도록 성문에 **매복하고** 밤새도록
삿 16:9	사람을 방 안에 **매복시켰으므로** 삼손
삿 16:12	그 때에도 사람이 방 안에 **매복하였더라**
삿 20:29	기브아 주위에 군사를 **매복하니라**
삿 20:36	사람이 기브아에 매복한 군사를 믿고
삼상 22:8	오늘이라도 **매복하였다가** 나를 치려
삼상 22:13	오늘이라도 **매복하였다가** 나를 치게
왕하 7:12	들에 **매복하고** 스스로 이르기를 그들이
스 8:31	우리를 도우사 대적과 길에 **매복한** 자
잠 23:28	강도같이 **매복하며** 사람들 중에 사악한
렘 5:26	악인이 있어서 새 사냥꾼이 **매복함같이**
렘 51:12	파수꾼을 세우며 복병을 **매복시켜** 방비
애 4:19	우리를 잡으려고 **매복하였도다**
미 7:2	피를 흘리려고 **매복하며** 각기 그물로
행 23:16	바울의 생질이 그들이 **매복하여** 있다
행 25:3	길에 **매복하였다가** 그를 죽이고자 함

매사 (每事, all–NIV, every work–KJV)

사 19:14	그들이 애굽을 **매사에** 잘못 가게 함이

매수하다 (買收, secretly persuade)

행 6:11	사람들을 **매수하여** 말하게 하되 이 사람

매우 (greatly, very)

창 30:43	사람이 **매우** 번창하여 양 떼와 노비와
신 30:14	오직 그 말씀이 네게 **매우** 가까워서
수 3:16	**매우** 멀리 있는 아담 성읍 변두리에
수 9:13	여행이 **매우** 길었으므로 낡아졌나이다
삿 18:9	땅을 본즉 **매우** 좋더라 너희는 가만히
삼상 25:15	**매우** 선대하였으므로 우리가 다치거나
삼하 3:8	이스보셋의 말을 **매우** 분하게 여겨
대상 4:38	지도자들의 이름이라 그들이 **매우** 번성
대하 16:12	발이 병들어 **매우** 위독했으나 병이 있을
대하 26:8	**매우** 강성하여 이름이 애굽 변방까지
에 5:2	뜰에 선 것을 본즉 **매우** 사랑스러우므로
에 8:14	왕의 어명을 **매우** 급하게 역졸을 왕의
시 6:3	**매우** 떨리나이다 여호와여 어느 때까지
시 78:15	광야에서 반석을 쪼개시고 **매우** 깊은
시 79:8	우리가 **매우** 가련하게 되었나이다
시 89:7	자의 모임 가운데에서 **매우** 무서워할
시 92:5	크심이요 주의 생각이 **매우** 깊으시니
시 93:5	주의 증거들이 **매우** 확실하고 거룩함
시 119:107	나의 고난이 **매우** 심하오니 여호와여
사 49:6	돌아오게 할 것은 **매우** 쉬운 일이라
단 2:31	크고 광채가 **매우** 찬란하며 그 모양이
욘 4:1	요나가 **매우** 싫어하고 성내며

843

[매월]   [매일]

'매우'와 관련된 성구

매우 강하다 – 출 1:7, 20; 대하 11:12; 단 7:7
매우 근심하다 – 창 21:11; 에 4:4; 마 17:23
매우 노하다 – 에 3:5; 5:9
매우 놀라다 – 막 9:15; 10:26; 12:17
매우 높다 – 대하 33:14; 겔 40:2
매우 늙다 – 삼상 2:22; 삼하 19:32
매우 많다 – 수 13:1; 삼하 8:8; 대상 29:2; 대하 4:18; 9:1, 9; 14:13; 눅 2:36
매우 작다 – 옵 1:2; 고전 4:3
매우 크다 – 창 17:20; 출 19:16; 삿 11:33; 삼하 18:17; 대하 30:13; 겔 27:25; 슥 14:4; 마 2:10

슥 9:2   임하리니 그들이 **매우** 지혜로움이니라
마 26:7 한 여자가 **매우** 귀한 향유 한 옥합을
마 26:38 말씀하시되 내 마음이 **매우** 고민하여
막 9:3   희게 할 수 없을 만큼 **매우** 희어졌더라
막 14:3 한 여자가 **매우** 값진 향유 곧 순전한
막 16:2 안식 후 첫날 **매우** 일찍이 해 돋을 때
눅 23:8 헤롯이 예수를 보고 **매우** 기뻐하니 이는
행 21:40 손짓하여 **매우** 조용히 한 후에 히브리
롬 10:20 이사야는 **매우** 담대하여 내가 나를 찾을

매월(每月, each new moon)

민 28:14 사분의 일 힌이니 이는 일 년 중 **매월**
사 66:23 **매월** 초하루와 매 안식일에 모든 혈육이

매이다(slave, be chained, be bound to)

창 27:40   **매임**을 벗을 때에는 그 멍에를 네 목
왕상 14:10 이스라엘 가운데 **매인** 자나 놓인 자나
왕상 21:21 남자는 이스라엘 가운데 **매인** 자나
왕하 7:10 **매여** 있고 장막들이 그대로 있더이다
왕하 9:8   이스라엘 중에 **매인** 자나 놓인 자나
왕하 14:26 이스라엘의 고난이 심하여 **매인** 자도
욥 39:5   누가 빠른 나귀의 **매인** 것을 풀었느냐
시 105:18 차고 그의 몸이 쇠사슬에 **매였으니**
잠 5:22   악에 걸리며 그 죄의 줄에 **매이나니**
막 5:4   이는 여러 번 고랑과 쇠사슬에 **매였어도**
막 9:42   **매여** 바다에 던져지는 것이 나으리라
막 11:2   타 보지 않은 나귀 새끼가 **매여** 있는
막 11:4   나귀 새끼가 문 앞 거리에 **매여** 있는
눅 13:16   아브라함의 딸을 안식일에 이 **매임**에서
눅 17:2   연자맷돌이 그 목에 **매여** 바다에 던져
눅 19:30   나귀 새끼가 **매여** 있는 것을 보리니
행 16:26   곧 다 열리며 모든 사람의 **매인** 것이
롬 7:2   생전에는 법으로 그에게 **매인** 바 되나
고전 7:27 네가 아내에게 **매였느냐** 놓이기를
고전 7:39 살아 있는 동안에 **매여** 있다가 남편이
빌 1:7   나의 **매임**과 복음을 변명함과 확정함
빌 1:13   **매임**이 그리스도 안에서 모든 시위대
빌 1:14   다수가 나의 **매임**으로 말미암아 주 안
빌 1:17   나의 **매임**에 괴로움을 더하게 할 줄로
골 4:3   내가 이 일 때문에 **매임**을 당하였노라
골 4:18   내가 **매인** 것을 생각하라 은혜가 너희
딤후 2:9   **매이는** 데까지⋯ 말씀은 **매이지** 아니
히 2:15   한평생 **매여** 종노릇 하는 모든 자들을

'매이다'와 관련된 성구

머리카락에 매이다 – 아 7:5
불의에 매이다 – 행 8:23
사망에 매이다 – 행 2:24
사슬에 매여다 – 사 45:14; 딤후 1:16
사탄에게 매이다 – 눅 13:16
성령에 매이다 – 행 20:22
쇠사슬에 매이다 – 시 105:18; 107:10; 잠 7:22; 막 5:4; 행 12:6; 28:20; 엡 6:20
율법 아래에 매이다 – 갈 3:23
족쇄에 매이다 – 욥 36:8
죄의 줄에 매이다 – 잠 5:22

매일(每日, each day)

출 5:19   자손들이 너희가 매일 만드는 벽돌을
출 29:36   매일 수송아지 하나로 속죄하기 위하여
출 29:38   제단 위에 드릴 것은 이러하니라 매일
민 28:3   흠 없는 숫양을 매일 두 마리씩 상번제
민 28:24   동안 매일 여호와께 향기로운 화제의
수 6:3   성을 둘러 성 주위를 매일 한 번씩 돌되
삼상 23:14 사울이 매일 찾되 하나님이 그를 그의
대상 26:17 북쪽 문에 매일 네 사람이요 남쪽 문에
           매일 네 사람이요 곳간에는 둘씩이며
대하 13:11 매일 아침 저녁으로 여호와앞에 번제를
스 3:4   초막절을 지켜 번제를 매일 정수대로
느 5:18   매일 나를 위하여 소 한 마리와 살진
시 7:11   의로우신 재판장이심이여 매일 분노

【 매장지 】   【 맷돌 】

시 61:8	이름을 영원히 찬양하며 **매일** 나의 서원
시 88:9	내가 **매일** 주를 부르며 주를 향하여
시 140:2	꾀하고 싸우기 위하여 **매일** 모이오며
렘 37:21	떡 만드는 자의 거리에서 **매일** 떡 한 개
겔 43:25	칠 일 동안은 **매일** 염소 한 마리를
겔 45:23	**매일** 흠 없는 … **매일** 숫염소 한 마리
히 3:13	일컫는 동안에 **매일** 피차 권면하여
히 10:11	제사장마다 **매일** 서서 섬기며 자주 같은

'매일'과 관련된 성구
매일 드리는 제사 - 단 8:11, 12, 13; 11:31; 12:11
매일의 구제 - 행 6:1
매일의 일과 - 대하 8:14

대상 7:32 호담과 그들의 **매제** 수아를 낳았으며

매주(每週, every week)
고전 16:2 **매주** 첫날에 너희 각 사람이 수입에 따라

매질하다(flog)
막 13:9 회당에서 **매질하겠으며** 나로 말미암아

맥(脈, courage)
삼하 4:1 **맥**이 풀렸고 온 이스라엘이 놀라니라

맥추(麥秋, firstfruit of the wheat harvest)
출 34:22 칠칠절 곧 **맥추**의 초실절을 지키고 세말

맥추절(麥秋節, Feast of Harvest)
출 23:16 **맥추절**을 지키라 이는 네가 수고하여

매장지(埋葬地, burial place)
창 49:30 함께 사서 그의 **매장지**를 삼았으므로
창 50:13 에브론에게 밭과 함께 사서 **매장지**를
출 14:11 모세에게 이르되 애굽에 **매장지**가 없어
겔 39:11 통행하는 골짜기를 **매장지**로 주리니

맨 1
창 40:17 **맨** 윗광주리에 바로를 위하여 만든 각종
수 22:11 땅의 **맨** 앞쪽 요단 언덕 가 이스라엘
사 14:15 곧 구덩이 **맨** 밑에 떨어짐을 당하리로다
고전 15:8 **맨** 나중에 만삭되지 못하여 난 자 같은
고전 15:26 **맨** 나중에 멸망 받을 원수는 사망이니라

매장하다/매장되다(埋葬, bury)
창 23:4   내게 **매장할** 소유지를 주어 내가 나의
창 23:9   당신들 중에서 **매장할** 소유지가 되게
창 23:20 아브라함이 **매장할** 소유지로 확정되었
삼하 4:12 아브넬의 무덤에 **매장하였더라**
왕상 2:34 광야에 있는 자기의 집에 **매장되니라**
시 79:3   물같이 흘렸으나 그들을 **매장하는** 자가
렘 7:32   자리가 없을 만큼 **매장했기** 때문이니라
렘 16:6   그들이 **매장되지** 못할 것이며 그들을
렘 19:11 **매장할** 자리가 없을 만큼 **매장하리라**
렘 22:19 문 밖에 던져지고 나귀같이 **매장함을**
렘 25:33 **매장하여** 주는 자도 없으리니 그들은
겔 39:12 일곱 달 동안에 그들을 **매장하여** 그
겔 39:13 백성이 그들을 **매장하고** 그로 말미암아
겔 39:14 순행하며 **매장할** 사람이 … **매장하여**
겔 39:15 **매장하는** … 하몬곡 골짜기에 **매장하게**

맨 2(bare)
겔 24:7   티끌이 덮이게 하지 않고 **맨** 바위 위에
겔 24:8   **맨** 바위 위에 두고 덮지 아니하게
겔 26:4   티끌을 그 위에서 쓸어 버려 **맨** 바위가
겔 26:14 너를 **맨** 바위가 되게 한즉 네가 그물

맨발(barefoot)
삼하 15:30 머리를 그가 가리고 **맨발**로 울며 가고

맵시(take care of)
삼하 19:24 발을 **맵시** 내지 아니하며 그의 수염을

맷돌(millstone)

출 11:5   바로의 장자로부터 **맷돌** 뒤에 있는 몸종의
민 11:8   그것을 거두어 **맷돌**
신 24:6   사람이 **맷돌**이나 그 위짝을 전당 잡지
삿 9:53   한 여인이 **맷돌** 위짝을 아비멜렉의 머리
삿 16:21 줄로 매고 그에게 옥에서 **맷돌**을 돌리게

매제(妹弟, sister)
대상 3:19 므술람과 하나냐와 그의 **매제** 슬로밋
대상 4:3 잇바스와 그들의 **매제** 하술렐보니와
대상 7:30 브리아의 **매제**는 세라이며

【 맷돌질/-하다 】　　　　　　　　　　　　【 맹세/-하다/-시키다 】

삼하 11:21	여인 하나가 성에서 **맷돌** 위짝을 그 위
욥 31:10	내 아내가 타인의 **맷돌**을 돌리며 타인
욥 41:24	가슴은 돌처럼 튼튼하며 **맷돌** 아래짝
전 12:4	길거리 문들이 닫혀질 것이며 **맷돌** 소리
사 47:2	**맷돌**을 가지고 가루를 갈고 너울을
렘 25:10	신랑의 소리와 신부의 소리와 **맷돌** 소리
애 5:13	청년들이 **맷돌**을 지며 아이들이 나무
마 18:6	차라리 연자 **맷돌**이 그 목에 달려서 깊은
눅 17:35	두 여자가 함께 **맷돌**을 갈고 있으매
계 18:21	힘 센 천사가 큰 **맷돌** 같은 돌을 들어
계 18:22	**맷돌** 소리가 결코 다시 네 안에서 들리지

맷돌질/-하다 (grinder, grind)

전 12:3	자들이 구부러질 것이며 **맷돌질하는**
사 3:15	얼굴에 **맷돌질하느냐** 주 만군의 여호와
마 24:41	여자가 **맷돌질**을 하고 있으매 한 사람

맹독(猛毒, deadly poison)

신 32:33	포도주는 뱀의 독이요 독사의 **맹독**이라

맹렬하다/맹렬히(猛烈, fierce)

창 49:7	분기가 **맹렬하니** 저주를 받을 것이라
출 9:24	우박에 섞여 내림이 심히 **맹렬하니** 나라
출 22:24	**맹렬하므로** 내가 칼로 너희를 죽이리니
신 28:53	적군에게 에워싸이고 **맹렬한** 공격을
신 28:55	모든 성읍을 에워싸고 **맹렬히** 너를 쳐서
신 28:57	생명을 에워싸고 **맹렬히** 쳐서 곤란하게
신 29:24	크고 **맹렬하게** 노하심은 무슨 뜻이냐

'맹렬하다/맹렬히'와 관련된 성구

맹렬한 노 – 출 32:12; 대하 29:10; 시 69:24; 렘 4:8
맹렬한 노여움 – 시 78:49; 겔 38:19
맹렬한 불 – 출 24:17; 신 9:3; 잠 16:27; 사 30:27; 렘 15:14; 애 2:3; 히 10:27
맹렬한 불꽃 – 사 29:6; 겔 20:47
맹렬한 진노 – 수 7:26; 욥 20:23; 사 42:25; 렘 4:26; 애 2:3; 4:11; 호 11:9
맹렬한 진노의 포도주 – 계 16:19; 19:15
맹렬한 화염 – 사 30:30; 66:15
맹렬히 노하는 날 – 사 13:9, 13
맹렬히 타는 풀무불 – 단 3:6, 11, 15, 17, 21, 23, 26

삼하 2:17	그 날에 싸움이 심히 **맹렬하더니** 아브넬
삼하 11:15	너희가 우리아를 **맹렬한** 싸움에 앞세워
왕상 22:35	전쟁이 **맹렬하였으므로** 왕이 병거
대상 10:3	**맹렬히** 치며 활 쏘는 자가 사울에게
대하 18:34	전쟁이 **맹렬하였으므로** 이스라엘 왕이
욥 39:24	땅을 삼킬 듯이 **맹렬히** 성내며 나팔
시 106:40	자기 백성에게 **맹렬히** 노하시며 자기
시 119:53	악인들로 말미암아 내가 **맹렬한** 분노에
시 124:3	노여움이 우리에게 **맹렬하여** 우리를
잠 19:19	노하기를 **맹렬히** 하는 자는 벌을 받을
잠 21:14	품 안의 뇌물은 **맹렬한** 분을 그치게
사 10:16	불이 붙는 것같이 **맹렬히** 타게 하실
렘 6:29	풀무불을 **맹렬히** 불면 그 불에 납이
렘 17:4	내 노를 **맹렬하게** 하여 영원히 타는
겔 36:5	진실로 내 **맹렬한** 질투로 남아 있는
암 1:11	**맹렬히** 화를 내며 분을 끝없이 품었음

맹세/-하다/-시키다(盟誓, oath)

<u>모세오경</u>

창 21:23	하나님을 가리켜 내게 **맹세하라** 내가
창 22:16	나를 가리켜 **맹세하노니** 네가 이같이
창 24:7	내게 **맹세하여** 이르시기를 이 땅을 네
창 25:33	내게 **맹세하라** 에서가 **맹세하고** 장자
창 26:3	네 아버지 아브라함에게 **맹세한** 것을
창 31:53	이삭이 경외하는 이를 가리켜 **맹세하고**
창 47:31	야곱이 또 이르되 내게 **맹세하라** 하매
	그가 **맹세하니** 이스라엘이 침상 머리
창 50:5	아버지가 나로 **맹세하게** 하여 이르되
출 13:19	이스라엘 자손으로 단단히 **맹세하게**
출 17:16	여호와께서 **맹세하시기를** 여호와가
출 22:11	여호와께 **맹세할** 것이요 그 임자는 그
출 32:13	주를 가리켜 **맹세하여** 이르시기를 내가
레 5:4	만일 누구든지 입술로 **맹세하여** 악한
	일이든지 … 함부로 말하여 **맹세한**
민 5:19	여인에게 **맹세하게** 하여 그에게 이르기
민 14:21	온 세계에 충만할 것을 두고 **맹세하노니**
민 32:10	여호와께서 진노하사 **맹세하여** 이르
신 1:34	말소리를 들으시고 노하사 **맹세하여**
신 2:14	여호와께서 그들에게 **맹세하신** 대로
신 4:21	못하게 하리라고 **맹세하셨은즉**
신 6:13	그를 섬기며 그의 이름으로 **맹세할**
신 7:8	또는 너희의 조상들에게 하신 **맹세를**
신 9:5	이삭과 야곱에게 하신 **맹세를** 이루려

846

【 맹세/-하다/-시키다 】

신 10:20 의지하고 그의 이름으로 **맹세하라**
신 28:9 여호와께서 네게 **맹세하신** 대로 너를
신 29:12 여호와께서 오늘 네게 하시는 **맹세**에

역사서
수 2:12 이름으로 내게 **맹세하고** 내게 증표를
수 5:6 여호와께서 그들에게 대하여 **맹세하사**
수 6:22 여인에게 **맹세한** 대로 그와 그에게 속한
수 9:15 회중 족장들이 그들에게 **맹세하였더라**
수 14:9 그날에 모세가 **맹세하여** 이르되 네가
삿 2:15 그들에게 **맹세하신** 것과 같아서 그들의
삿 15:12 치지 아니하겠다고 내게 **맹세하라** 하매
삿 21:1 미스바에서 **맹세하여** 이르기를 우리
삼상 1:26 당신의 사심으로 **맹세하나이다** 나는
삼상 3:14 엘리의 집에 대하여 **맹세하기를** 엘리
삼상 14:24 백성에게 **맹세시켜** 경계하여 이르기를
삼상 17:55 왕이여 왕의 사심으로 **맹세하옵나니**
삼상 19:6 사울이 요나단의 말을 듣고 **맹세하되**
삼상 20:3 다윗이 또 **맹세하여** 이르되 내가 네게
     은혜 받은 줄 을 … **맹세하노니** 나와
삼상 20:17 사랑이 그를 다시 **맹세하게** 하였으니
삼상 24:21 이제 여호와의 이름으로 내게 **맹세하라**
삼상 28:10 여호와의 이름으로 그에게 **맹세하여**
삼상 30:15 하나님의 이름으로 내게 **맹세하소서**
삼하 3:9 여호와께서 다윗에게 **맹세하신** 대로
삼하 19:23 아니하리라 하고 그에게 **맹세하니라**
삼하 21:2 **맹세하였거늘** 사울이 이스라엘과 유다
삼하 21:17 다윗의 추종자들이 그에게 **맹세하여**
왕상 1:13 왕이 여종에게 **맹세하여** 이르시기를
왕상 1:17 여종에게 **맹세하시기를** 네 아들 솔로몬
왕상 8:31 범죄함으로 **맹세시킴을** 받고 그가 와
     서 … 주의 제단 앞에서 **맹세하거든**
왕상 18:10 당신을 보지 못하였다는 **맹세**를 하게
왕상 22:16 몇 번이나 네게 **맹세하게** 하여야 네가
왕하 11:4 여호와의 성전에서 **맹세하게** 한 후에
왕하 25:24 따르는 군사들에게 **맹세하여** 이르되
대상 16:16 언약이며 이삭에게 하신 **맹세**이며
대하 6:22 이웃에게 범죄하므로 **맹세시킴을** 받
     고 … 주의 제단 앞에서 **맹세하거든**
대하 15:14 피리와 나팔을 불어 여호와께 **맹세하매**
대하 15:15 이 **맹세를** 기뻐한지라 … **맹세하고** 뜻을
대하 18:15 내가 몇 번이나 네게 **맹세하게** 하여야
스 10:5 **맹세하게** 하매 무리가 **맹세하는지라**
느 5:12 그 말대로 행하겠다고 **맹세하게**
느 10:29 저주로 **맹세하기를** 우리가 하나님의

시가서
욥 27:2 전능자의 사심을 두고 **맹세하노니**
시 63:11 하나님을 즐거워하리니 주께 **맹세한**
시 89:3 맺으며 내 종 다윗에게 **맹세하기를**
시 102:8 자들이 나를 가리켜 **맹세하나이다**
시 105:9 맺은 언약이고 이삭에게 하신 **맹세**이며
시 110:4 여호와는 **맹세하고** 변하지 아니하시리
시 119:106 의로운 규례들을 지키기로 **맹세하고**
시 132:2 여호와께 **맹세하며** 야곱의 전능자에게
시 132:11 다윗에게 성실히 **맹세하셨으니**
시 139:20 주의 이름으로 헛되이 **맹세하나이다**
전 9:2 일반이니 선인과 죄인, **맹세하는** 자와

'맹세'와 관련된 성구

거짓 맹세 – 레 6:3, 5; 19:12; 시 24:4; 렘 5:2; 7:9; 호 10:4; 슥 8:17; 말 3:5; 딤전 1:10

노하여 맹세하다 – 시 95:11; 히 3:11; 4:3

맹세하지 말다 – 수 23:7; 호 4:15; 마 5:34; 약 5:12

맹세한(하신) 땅 – 창 50:24; 출 6:8; 민 11:12; 14:16, 23; 32:11; 신 6:10, 23; 7:13; 8:1; 10:11; 11:21; 26:3; 28:11; 30:20; 31:7, 21, 23; 삿 2:1; 겔 20:28, 42

살아 계심을 두고 맹세하다 – 삿 8:19; 룻 3:13; 삼상 14:39, 45; 19:6; 20:21; 25:26, 34; 26:10, 16; 28:10; 29:6; 삼하 2:27; 4:9; 11:11; 12:5; 14:11, 19; 왕상 1:29; 2:24; 17:1, 12; 18:10, 15; 22:14; 왕하 3:14; 4:30; 5:16, 20; 대하 18:13; 렘 5:2; 16:14, 15; 38:16; 44:26

삶을 두고 맹세하다 – 민 14:28; 렘 4:2; 겔 5:11; 14:16, 18, 20; 16:48; 17:16, 19; 18:3; 20:31, 33; 33:11; 27; 34:8; 35:6, 11; 습 2:9

생명으로 맹세하다 – 창 42:15, 16

성전으로 맹세 – 마 23:16, 21

손을 들어 그들에게 맹세하다 – 시 106:26; 겔

【 맹세/-하다/-시키다 】 【 맹세/-하다/-시키다 】

맹세하기를 무서워하는 자가 일반이
선지서
사 14:24	만군의 여호와께 **맹세하여** 이르시되	단 12:7	살아 계시는 이를 가리켜 **맹세하여**
사 45:23	내가 나를 두고 **맹세하기를** 내 입에서 …무릎이 꿇겠고 모든 혀가 **맹세하리라**	암 4:2	자기의 거룩함을 두고 **맹세하시되**
		암 6:8	당신을 두고 **맹세하셨노라** 내가 야곱의
		암 8:7	야곱의 영광을 두고 **맹세하시되** 내가
사 49:18	나의 삶으로 **맹세하노니** 네가 반드시	습 1:5	**맹세하면서** 말감을 가리켜 **맹세하는**
사 54:9	**맹세한** 것같이 내가 네게 노하지 아니 하며 … 아니하기로 **맹세하였노니**	슥 5:3	이쪽 글대로 끊어지고 **맹세하는** 자는
		신약	
사 62:8	능력의 팔로 **맹세하시되** 내가 다시는	마 5:33	네 **맹세한** 것을 주께 지키라 하였다는
사 65:16	하나님으로 **맹세하리니** 이는 이전 환난	마 14:7	헤롯이 **맹세로** 그에게 무엇이든지 달라
렘 5:7	신이 아닌 것들로 **맹세하였으며** 내가	마 14:9	자기가 **맹세한** 것과 그 함께 앉은 사람
렘 11:5	너희 조상들에게 한 **맹세는** 그들에게	마 23:16	금으로 **맹세하면** 지킬지라 하는도다
렘 12:16	내 이름으로 **맹세하기를** 자기들이 내 백성을 가리켜 바알로 **맹세하게 한** 것	마 26:63	살아 계신 하나님께 **맹세하게 하노니**
		막 5:7	하나님 앞에 **맹세하고** 나를 괴롭히지
렘 22:5	나를 두고 **맹세하노니** 이 집이 황폐하	막 6:23	또 **맹세하기를** 무엇이든지 네가 내게
렘 22:24	삶으로 **맹세하노니** 유다 왕 여호야김	막 6:26	자기가 **맹세한** 것과 그 앉은 자들로
렘 38:16	**맹세하여** 이르되 우리에게 이 영혼을	막 14:71	베드로가 저주하며 **맹세하되** 나는 너희
렘 40:9	사람에게 **맹세하며** 이르되 너희는	눅 1:73	우리 조상 아브라함에게 하신 **맹세라**
렘 44:26	이름으로 **맹세하였은즉** 애굽 온 땅에	행 2:30	하나님이 이미 **맹세하사** 그 자손 중에
렘 46:18	나의 삶으로 **맹세하노니** 그가 과연 산들	행 23:12	유대인들이 당을 지어 **맹세하되** 바울
렘 49:13	나를 두고 **맹세하노니** 보스라가 놀램과	행 23:14	먹지 않기로 굳게 **맹세하였으니**
렘 51:14	목숨을 두고 **맹세하시되** 내가 진실로	행 23:21	먹지도 않고 마시지도 않기로 **맹세한** 자
겔 16:8	**맹세하고** 언약하여 너를 내게 속하게	히 3:18	하나님이 누구에게 **맹세하사** 그의 안식
겔 17:13	그에게 **맹세하게 하고** 또 그 땅의 능한	히 6:13	가리켜 **맹세할** … 가리켜 **맹세하여**
겔 17:18	내밀어 언약하였거늘 **맹세를** 업신여겨	히 6:16	큰 자를 가리켜 **맹세하나니 맹세는** 그들
겔 17:19	그가 내 **맹세를** 업신여기고 내 언약을	히 6:17	나타내시려고 그 일을 **맹세로** 보증하
겔 20:3	나의 목숨을 걸고 **맹세하거니와** 너희로	히 7:20	예수께서 제사장이 되신 것은 **맹세 없이**
겔 36:7	내가 **맹세하였은즉** 너희 사방에 있는	히 7:21	**맹세 없이** 제사장이 … 말미암아 **맹세** 로 되신 … **맹세하시고** 뉘우치지 아니
단 9:11	율법에 기록된 **맹세대로** 되었사오니	히 7:28	율법 후에 하신 **맹세의** 말씀은 영원히

'맹세'와 관련된 성구

20:6
손을 들어 맹세하다 - 창 14:22; 느 9:15; 겔 20:5; 47:14
아브라함과 이삭과 야곱에게 맹세하다 - 창 50:24; 출 33:1; 민 32:11; 신 1:8; 29:13; 34:2
여호와께서 살아 계심과 당신의 영혼이 살아 있음을 두고 맹세하노니 - 왕하 2:2, 4, 6
여호와를 가리켜 맹세하다 - 창 24:3; 사 19:18
여호와를 두고 맹세하다 - 삼하 19:7; 21:7; 왕상 2:8, 23, 42

여호와의 사심으로 맹세하다 - 렘 23:7, 8
여호와의 이름으로 맹세하다 - 삼상 20:42; 사 48:1
제단으로 맹세하다 - 마 23:18, 20
조상(들)에게 맹세하다 - 출 13:5, 11; 민 14:23; 신 4:31; 6:18-19, 23; 7:12, 13; 8:1, 18; 10:11; 11:9; 13:17; 19:8; 26:3, 15; 28:11; 31:20; 수 1:6; 5:6; 21:43, 44; 삿 2:1; 렘 32:22; 미 7:20
하나님을 가리켜 맹세하다 - 대하 36:13; 느 13:25; 전 8:2
헛 맹세 - 마 5:33

【 맹셋거리 】   【 맺다 】

계 10:6   물건을 창조하신 이를 가리켜 **맹세하여**

> 맹세/-하다/-시키다 – 기타 본문

창 21:24, 31; 24:8, 9, 37, 41; 26:28, 31; 50:6, 25;
민 5:21; 14:30; 신 1:35; 29:14; 수 2:17, 20; 6:26;
9:18, 19, 20; 삿 21:5, 7, 18; 삼상 14:26, 27, 28;
24:22; 삼하 3:10, 35; 21:7; 왕상 1:30, 51; 스
10:19; 시 89:35, 49; 겔 16:59; 20:5, 15, 23; 암
8:14; 슥 5:4; 마 23:18, 20, 21, 22; 26:72, 74

맹셋거리(denounce)
민 5:21   백성 중에 저줏거리, **맹셋거리**가 되게

맹수(猛獸, beast)
고전 15:32 에베소에서 **맹수**와 더불어 싸웠다면

맹약/-하다(盟約, oath, swear allegiance to)
수 9:20   그들에게 맹세한 **맹약**으로 말미암아
삼상 20:8 여호와 앞에서 너와 **맹약**하게 하였음
삼상 22:8 내 아들이 이새의 아들과 **맹약**하였으되
사 28:15 언약하였고 스올과 **맹약**하였은즉
사 28:18 스올과 더불어 맺은 **맹약**이 서지 못하여
사 30:1   나로 말미암지 아니하며 **맹약**을 맺으나
겔 21:23 전에 그들에게 **맹약**한 자들은 그것을

맹인(盲人, blind man, blind)
레 19:14 귀먹은 자를 저주하지 말며 **맹인** 앞에
신 27:18 **맹인**에게 길을 잃게 하는 자는 저주를
삼하 5:6 결코 이리로 들어오지 못하리라 **맹인**과
사 42:16 내가 **맹인**들을 그들이 알지 못하는 길로
렘 31:8   그들 중에는 **맹인**과 다리 저는 사람과
애 4:14   거리 거리에서 **맹인**같이 방황함이
습 1:17   내가 사람들에게 고난을 내려 **맹인**같이
마 9:27   예수께서 … 떠나가실새 두 **맹인**이
마 15:30 장애인과 **맹인**과 말 못하는 사람과
마 23:17 어리석은 **맹인**들이여 어느 것이 크냐
막 8:22   벳새다에 이르매 사람들이 **맹인** 한 사람
막 10:46 디매오의 아들인 **맹인** 거지 바디매오가
눅 7:21   많이 고치시며 또 많은 **맹인**을 보게
눅 18:35 여리고에 가까이 가셨을 때에 한 **맹인**이
요 5:3   그 안에 많은 병자, **맹인**, 다리 저는 사람
요 9:1   길을 가실 때에 날 때부터 **맹인** 된
요 9:41   너희가 **맹인**이 되었더라면 죄가 없으려

롬 2:19   **맹인**의 길을 인도하는 자요 어둠에 있는
벧후 1:9 이런 것이 없는 자는 **맹인**이라 멀리

> '**맹인**' 과 관련된 성구
>
> **맹인의 눈** – 욥 29:15; 시 146:8; 사 29:18; 35:5; 요 10:21; 11:37
> **맹인으로 나다** – 요 9:2, 19, 20, 32
> **맹인으로 있다** – 요 9:18, 25
> **맹인이 되다** – 출 4:11; 사 29:9; 마 15:14; 요 9:39, 41; 행 13:11
> **맹인이 맹인을 인도하다** – 마 15:14; 눅 6:39
> **맹인이 보다** – 마 11:5; 15:31; 눅 7:22

> 맹인 – 기타 본문

레 21:18; 신 28:29; 삼하 5:8; 사 42:18, 19; 56:10;
59:10; 마 9:28; 15:31; 20:30; 21:14; 23:19, 24; 막
8:23; 10:49, 50, 51; 눅 14:13, 21; 18:38; 요 9:13,
17, 24, 40

맺다(bear, make)
창 1:11   하나님이 이르시되 땅은 풀과 씨 **맺는**
창 1:12   땅이 풀과 각기 종류대로 씨 **맺는** 채소
창 1:29   이르시되 내가 온 지면의 씨 **맺는**
레 25:5   가꾸지 아니한 포도나무가 **맺은** 열매
레 26:42 내가 야곱과 **맺은** 내 언약과 이삭과 **맺은** 내 언약을 … 아브라함과 **맺은** 내
레 26:44 그들과 **맺은** 내 언약을 폐하지 아니하
신 31:16 나를 버리고 내가 그들과 **맺은** 언약을
왕상 3:1 바로와 더불어 혼인 관계를 **맺어** 그의
왕상 5:12 두 사람이 함께 약조를 **맺었더라**
대하 18:1 혼인함으로 인척 관계를 **맺었더라**
욥 18:2   어느 때에 가서 말의 끝을 **맺겠느냐**
시 89:28 인자함을 영원히 지키고 그와 **맺은** 나의
시 105:9 이것은 아브라함과 **맺은** 언약이고 이삭
사 5:2   좋은 포도 **맺기**를 … 들포도를 **맺었도다**
사 5:4   **맺기**를 기다렸거늘 들포도를 **맺음**은
사 28:18 스올과 더불어 **맺은** 맹약이 서지 못하여
사 30:1   나로 말미암지 아니하며 맹약을 **맺으나**
렘 11:10 그들의 조상들과 **맺은** 언약을 깨뜨렸
렘 31:32 애굽 땅에서 인도하여 내던 날에 **맺은**
렘 31:33 그 날 후에 내가 이스라엘 집과 **맺을**

【 맺히다 】　　　　　　　　　　　　　　　　　　　【 머리 】

렘 33:25	주야와 **맺은** 언약이 없다든지 천지와
단 9:27	한 이레 동안의 언약을 굳게 **맺고** 그가
단 11:30	자기 땅에 돌아가서는 **맺은** 거룩한
호 8:7	혹시 **맺을지라도** 이방 사람이 삼키리라
학 2:19	감람나무에 열매가 **맺지** 못하였느니라
요 15:5	사람이 열매를 많이 **맺나니** 나를 떠나
요 15:8	너희가 열매를 많이 **맺으면** 내 아버지
롬 16:5	아시아에서 그리스도께 처음 **맺은** 열매
갈 5:20	우상 숭배와 주술과 원수 **맺는** 것과
히 8:9	인도하여 내던 날에 그들과 **맺은** 언약
히 8:10	그 날 후에 내가 이스라엘 집과 **맺을**
히 10:16	후로는 그들과 **맺을** 언약이 이것이
약 3:12	포도나무가 무화과를 **맺겠느냐** 이와

> **'맺다' 와 관련된 성구**
>
> **계약을 맺다** – 창 26:28; 욥 41:4; 렘 34:8, 15; 호 12:1
>
> **언약을 맺다** – 창 31:44; 수 24:25; 삿 2:2; 삼상 18:3; 삼하 3:12, 13, 21; 5:3; 왕상 8:9; 왕하 11:4, 17; 대상 11:3; 욥 5:23; 시 89:3; 사 55:3; 61:8; 렘 31:31; 34:13, 18; 겔 34:25; 호 2:18; 히 8:8
>
> **열매(를) 맺다** – 창 1:11, 12, 29; 레 26:4, 20; 왕하 2:21; 19:30; 시 1:3; 사 37:31; 렘 11:16; 12:2; 겔 17:8, 23; 34:27; 36:8; 47:12; 호 8:7; 9:16; 10:1; 욜 2:22; 슥 8:12; 마 3:8, 10; 7:17, 18, 19; 21:19; 21:43; 막 4:28; 눅 3:8, 9; 6:43; 요 12:24; 15:2, 4, 16; 롬 1:13; 6:22; 7:4, 5; 고전 14:14; 골 1:6, 10; 히 12:11; 약 5:18; 계 22:2
>
> **조약을 맺다** – 수 9:6, 7, 11, 15, 16; 왕상 20:34

맺히다 (become a ripening)

신 32:2	내 말은 이슬처럼 **맺히나니** 연한 풀 위
사 18:5	꽃이 떨어지고 포도가 **맺혀** 익어갈 때
호 9:10	무화과나무에서 처음 **맺힌** 첫 열매를
막 7:35	그의 귀가 열리고 혀가 **맺힌** 것이 곧

머금다 (anoint, overwhelm)

시 45:2	입술에 **머금으니** 그러므로 하나님이

잠 10:6	임하나 악인의 입은 독을 **머금었느니라**
잠 10:11	악인의 입은 독을 **머금었느니라**

머리 (head)

모세오경

창 3:15	후손은 네 **머리**를 상하게 할 것이요
창 40:16	꿈에 보니 흰 떡 세 광주리가 내 **머리**에
창 40:17	새들이 내 **머리**의 광주리에서 그것을
창 47:31	이스라엘이 침상 **머리**에서 하나님께
창 48:14	오른손을 펴서 차남 에브라임의 **머리**에 얹고 왼손을 펴서 므낫세의 **머리**
창 48:17	오른손을 에브라임의 **머리**에 얹은 것을 보고 … **머리**에서 므낫세의 **머리**로
창 48:18	이는 장자이니 오른손을 그의 **머리**에
출 12:9	물에 삶아서 먹지 말고 **머리**와 다리와
출 28:32	두 어깨 사이에 **머리** 들어갈 구멍을
출 29:17	다리는 씻어 각을 뜬 고기와 그 **머리**와
출 38:19	그 갈고리는 은이요 그 **머리** 싸개와
레 1:8	자손 제사장들은 그 뜬 각과 **머리**와
레 1:12	그는 그것의 각을 뜨고 그것의 **머리**와
레 1:15	제단으로 가져다가 그것의 **머리**를 비틀
레 4:11	그 모든 고기와 그것의 **머리**와 정강이
레 5:8	속죄제물을 먼저 드리되 그 **머리**를 목에
레 8:20	숫양의 각을 뜨고 모세가 그 **머리**와
레 9:13	제물 곧 그의 각과 **머리**를 그에게로
레 13:12	환자의 **머리**부터 발끝까지 퍼졌으면
레 13:29	남자나 여자의 **머리**에나 수염에 환부가
레 13:30	옴이니라 **머리**에나 수염에 발생한 나병
레 13:44	부정하다고 할 것은 그 환부가 그 **머리**
레 14:18	정결함을 받는 자의 **머리**에 바르고
레 14:29	정결함을 받는 자의 **머리**에 발라 여호와
레 16:21	죄를 염소의 **머리**에 두어 미리 정한
레 19:27	**머리** 가를 둥글게 깎지 말며 수염 끝을
레 24:14	그들의 손을 그의 **머리**에 얹게 하고
민 6:5	절대로 그의 **머리**에 대지 말 것이라
민 6:7	하나님께 드리는 표가 그의 **머리**에 있음
민 6:9	스스로 구별한 자의 **머리**를 더럽히면
민 6:11	그는 그 날에 그의 **머리**를 성결하게
신 28:13	여호와께서 너를 **머리**가 되고 꼬리가
신 28:23	네 **머리** 위의 하늘은 놋이 되고 네 아래
신 28:44	그는 **머리**가 되고 너는 꼬리가 될 것
신 32:42	피요 대적의 우두머리의 **머리**로다
신 33:16	요셉의 **머리**에, 그의 형제 중 구별한

850

【 머리 】   【 머리 】

역사서

수 7:6 궤 앞에서 땅에 엎드려 **머리**에 티끌을
수 11:10 하솔은 본래 그 모든 나라의 **머리**였더니
삿 5:26 시스라를 쳐서 그의 **머리**를 뚫되 곧
삿 7:25 오렙과 스엡의 **머리**를 요단 강 건너편
삿 9:53 여인이 맷돌 위짝을 아비멜렉의 **머리**
삿 10:18 그가 길르앗 모든 주민의 **머리**가 되리라
삿 11:8 우리 길르앗 모든 주민의 **머리**가 되리라
삿 11:9 넘겨주시면 내가 과연 너희의 **머리**가
삿 11:11 백성이 그를 자기들의 **머리**와 장관을
삿 13:5 임신하여 아들을 낳으리니 그의 **머리**
삿 16:17 그에게 이르되 내 **머리** 위에는 삭도를 대지 아니하였나니… 만일 내 **머리**가
삼상 1:11 삭도를 그 **머리**에 대지 아니하겠나
삼상 4:12 자기의 옷을 찢고 자기의 **머리**에 티끌
삼상 5:4 얼굴이 땅에 닿았고 그 **머리**와 두 손목
삼상 12:2 나는 늙어 **머리**가 희어졌고 내 아들들도
삼상 15:17 이스라엘 지파의 **머리**가 되지 아니하셨
삼상 17:54 블레셋 사람의 **머리**를 예루살렘으로
삼상 17:57 그 블레셋 사람의 **머리**가 그의 손에
삼상 19:16 염소 털로 엮은 것이 그 **머리**에 있었더
삼상 26:7 진영 가운데 누워 자고 창은 **머리** 곁
삼상 26:11 너는 그의 **머리** 곁에 있는 창과 물병
삼상 26:12 다윗이 사울의 **머리** 곁에서 창과 물병
삼상 26:16 왕의 창과 왕의 **머리** 곁에 있던 물병
삼상 28:2 내가 너를 영원히 내 **머리** 지키는 자를
삼상 29:4 사람들의 **머리**로 하지 아니하겠나이까
삼하 1:2 옷은 찢어졌고 **머리**에는 흙이 있더라
삼하 1:10 그의 곁에 서서 죽이고 그의 **머리**에
삼하 2:16 각기 상대방의 **머리**를 잡고 칼로 상대방
삼하 3:8 유다의 개 **머리**냐 내가 오늘 당신의
삼하 3:29 그 죄가 요압의 **머리**와 그의 아버지의
삼하 4:7 목을 베어 그의 **머리**를 가지고 밤새도록
삼하 4:8 다윗 왕에게 이스보셋의 **머리**를 드리며 아뢰되 … 이스보셋의 **머리**가 여기
삼하 4:12 이스보셋의 **머리**를 가져다가 헤브론
삼하 12:30 그 왕의 **머리**에서 보석 박힌 왕관을
삼하 13:19 자기의 **머리**에 덮어쓰고 … **머리** 위에
삼하 15:32 후새가 옷을 찢고 흙을 **머리**에 덮어쓰고
삼하 18:9 압살롬의 **머리**가 그 상수리나무에 걸려
삼하 20:21 요압에게 이르되 그의 **머리**를 성벽에
왕상 2:33 그들의 피는 영영히 요압의 **머리**와 그
왕상 2:44 여호와께서 네 악을 네 **머리**로 돌려보내

왕상 7:16 한쪽 **머리**의 높이도 … 다른쪽 **머리**의
왕상 7:17 기둥 꼭대기에 있는 **머리**를 위하여 바둑판…이 **머리**에 일곱이요 저 **머리**에
왕상 7:18 꼭대기에 있는 **머리**에 두르게 하였고
왕상 7:19 주랑 기둥 꼭대기에 있는 **머리**의 네
왕상 7:20 그물 결 곧 그 **머리**의 공같이 둥근 곳
왕상 7:41 그 기둥 꼭대기의 공 같은 **머리** 둘과
왕상 10:19 보좌 뒤에 둥근 **머리**가 있고 앉는 자리
왕하 2:3 당신의 선생을 당신의 **머리** 위로 데려
왕하 2:5 당신의 선생을 당신의 **머리** 위로 데려
왕하 4:19 아버지에게 이르되 내 **머리**야 내 **머리**야
왕하 6:25 성중에 크게 주려서 나귀 **머리** 하나에
왕하 6:31 엘리사의 **머리**가 오늘 그 몸에 붙어
왕하 9:6 청년이 그의 **머리**에 기름을 부으며 그
왕하 10:6 주의 아들된 사람들의 **머리**를 가지고
왕하 10:7 그들의 **머리**를 광주리에 담아 이스르엘
왕하 10:8 무리가 왕자들의 **머리**를 가지고 왔나
왕하 25:17 꼭대기에 놋 **머리**가 … 그 **머리**에 둘린
대상 10:9 곧 사울의 옷을 벗기고 그의 **머리**와
대상 10:10 그들의 신전에 두고 그의 **머리**를 다곤
대상 12:19 우리 **머리**가 위태할까 하노라 함이라
대상 20:2 다윗이 그 왕의 **머리**에서 보석 있는
대상 28:4 유다 지파를 택하사 **머리**를 삼으시고
대상 29:11 주는 높으사 만물의 **머리**이심이니이다
대하 3:15 각 기둥 꼭대기의 **머리**가 다섯 규빗이라
대하 4:12 그 기둥 꼭대기의 공 같은 **머리** 둘과
대하 13:12 우리의 **머리**가 되시고 그의 제사장
에 6:12 번뇌하여 **머리**를 싸고 급히 집으로

시가서

욥 2:12 하늘을 향하여 티끌을 날려 자기 **머리**에
욥 10:16 내가 **머리**를 높이 들면 주께서 젊은
욥 15:10 우리 중에는 **머리**가 흰 사람도 있고
욥 19:9 거두어가시며 나의 관모를 **머리**에서
욥 20:6 그 존귀함이 하늘에 닿고 그 **머리**가
욥 29:3 그의 등불이 내 **머리**에 비치었고
욥 39:23 그의 **머리** 위에서는 화살통과 빛나는
욥 41:7 그 가죽을 찌르거나 작살을 그 **머리**에
시 27:6 이제 내 **머리**가 나를 둘러싼 내 원수
시 38:4 내 죄악이 내 **머리**에 넘쳐서 무거운
시 60:7 에브라임은 내 **머리**의 투구요 유다는
시 66:12 사람들이 우리 **머리**를 타고 가게 하셨
시 68:21 원수들의 **머리** 곧 죄를 짓고 다니는
시 74:13 바다를 나누시고 물 가운데 용들의 **머리**

[머리]   [머리]

시 74:14	리워야단의 **머리**를 부수시고 그것을
시 108:8	에브라임은 내 **머리**의 투구요 유다는
시 141:5	**머리**의 기름같이 여겨서 내 **머리**가
잠 1:9	네 **머리**의 아름다운 관이요 네 목의
잠 4:9	그가 아름다운 관을 네 **머리**에 두겠고
잠 10:6	의인의 **머리**에는 복이 임하나 악인의
잠 11:26	파는 자는 그의 **머리**에 복이 임하리라
잠 25:22	그리 하는 것은 핀 숯을 그의 **머리**에
전 2:14	지혜자는 그의 눈이 그의 **머리** 속에
전 9:8	의복을 항상 희게 하며 네 **머리**에 향
전 11:10	어릴 때와 검은 **머리**의 시절이 다 헛되
아 2:6	그가 왼팔로 내 **머리**를 고이고 오른팔
아 3:11	그의 어머니가 씌운 왕관이 그 **머리**에
아 5:2	완전한 자야 문을 열어 다오 내 **머리**에
아 5:11	**머리**는 순금 같고 머리털은 고불고불
아 7:5	**머리**는 갈멜 산 같고 드리운 머리털은
아 8:3	왼팔로는 내 **머리**를 고이고 오른손으로

선지서

사 1:5	온 **머리**는 병들었고 온 마음은 피곤하였
사 1:6	발바닥에서 **머리**까지 성한 곳이 없이
사 3:18	그들이 장식한 발목 고리와 **머리**의 망사
사 3:23	손 거울과 세마포 옷과 **머리** 수건과
사 7:8	**머리**는 다메섹이요 다메섹의 **머리**는
사 7:9	에브라임의 **머리**는 사마리아요 사마리
	아의 **머리**는 르말리야의 아들이니라
사 9:14	하루 사이에 이스라엘 중에서 **머리**와
사 9:15	그 **머리**는 곧 장로와 존귀한 자요 그

사 19:15	애굽에서 **머리**나 꼬리며 종려나무 가지
사 35:10	시온에 이르러 그들의 **머리** 위에 영영한
사 51:11	영원한 기쁨이 그들의 **머리** 위에 있고
사 58:5	그의 **머리**를 갈대같이 숙이고 굵은
사 59:17	자기의 **머리**에 써서 투구로 삼으시며
렘 2:37	두 손으로 네 **머리**를 싸고 거기서도
렘 9:1	어찌하면 내 **머리**는 물이 되고 내 눈은
렘 22:6	내게 길르앗 같고 레바논의 **머리**이나
렘 30:23	폭풍과 회오리바람처럼 악인의 **머리**
렘 52:22	기둥 위에 놋 **머리**가 있어 그 높이가 다
	섯 규빗이요 **머리** 사면으로 돌아가며
애 1:5	대적들이 **머리**가 되고 그의 원수들이
애 2:10	티끌을 **머리**에 덮어쓰고… **머리**를 땅에
애 3:54	물이 내 **머리** 위로 넘치니 내가 스스로
애 5:16	**머리**에서는 면류관이 떨어졌사오니
겔 1:22	그 생물의 **머리** 위에는 … **머리** 위에
겔 1:25	그 **머리** 위에 있는 궁창 위에서부터
겔 1:26	그 **머리** 위에 있는 궁창 위에 보좌의
겔 7:18	수치가 있고 모든 **머리**는 대머리가 될
겔 10:1	보니 그룹들 **머리** 위 궁창에 남보석
겔 10:11	몸을 돌리지 아니하고 그 **머리** 향한
겔 13:18	키가 큰 자나 작은 자의 **머리**를 위하여
겔 23:15	허리를 띠로 동이고 **머리**를 긴 수건으로
겔 27:30	티끌을 **머리**에 덮어쓰며 재 가운데
단 1:10	너희 때문에 내 **머리**가 왕 앞에서 위태
단 2:32	우상의 **머리**는 순금이요 가슴과 두 팔
단 2:38	다스리게 하셨으니 왕은 곧 그 금 **머리**

'머리'와 관련된 성구

교회의 머리 – 엡 1:22; 5:23; 골 1:18
기둥 머리 – 출 36:38; 38:17, 28; 왕상 7:16, 18, 20; 대하 3:16; 4:12; 암 9:1
긴 머리 – 고전 11:14, 15
머리로 돌아가다 – 창 49:26; 수 2:19; 삼하 1:16; 왕상 2:33, 37; 시 7:16; 겔 33:4; 욥 1:15; 행 18:6
머리를 가리다 – 삼하 15:30; 왕상 7:41, 42; 대하 4:12, 13; 시 140:7; 렘 14:3, 4; 고전 11:6, 13
머리를 깎다 – 행 18:18; 21:24
머리를 꾸미다 – 왕하 9:30; 벧전 3:3
머리를 들다 – 창 40:13, 19, 20; 삿 8:28; 왕하 25:27; 욥 10:15; 시 3:3; 24:7, 9; 83:2; 110:7; 140:9; 렘 52:31; 슥 1:21; 눅 21:28
머리를 밀다 – 민 6:9; 신 21:12; 고전 11:5
머리를 베다 – 삼상 17:51; 31:9; 삼하 16:9; 20:22; 왕하 6:32
머리(를) 숙이다 – 창 24:26, 48; 43:28; 출 4:31; 12:27; 민 22:31; 대상 29:20; 요 19:30
머리를 욕되게 하다 – 고전 11:4, 5
머리를 치다 – 시 110:6; 렘 23:19; 암 9:1; 합 3:13; 마 27:30; 막 15:19
머리를 풀다 – 레 10:6; 13:45; 21:10; 민 5:18
머리(를) 흔들다 – 왕하 19:21; 욥 16:4; 시

【 머리 】 　　　　　　　　　　　　　　　　　【 머리 】

단 7:1	침상에서 꿈을 꾸며 **머리** 속으로 환상을	요 13:9	주여 내 발뿐 아니라 손과 **머리**도 씻어
단 7:6	짐승에게 또 **머리** 넷이 있으며 권세를	요 20:7	또 **머리**를 쌌던 수건은 세마포와 함께
단 7:15	나 다니엘이 중심에 근심하며 내 **머리**	요 20:12	**머리** 편에, 하나는 발 편에 앉았더라
단 7:20	또 그것의 **머리**에는 열 뿔이 있고 그	행 24:10	총독이 바울에게 **머리**로 표시하여
암 2:7	힘 없는 자의 **머리**를 티끌 먼지 속에	행 28:11	배를 타고 떠나니 그 배의 **머리** 장식은
암 6:1	마음이 든든한 자 곧 백성들의 **머리**인	롬 12:20	그리함으로 네가 숯불을 그 **머리**에 쌓아
암 8:10	베로 허리를 동이게 하며 모든 **머리**를	고전 11:3	남자의 **머리**는 그리스도요 여자의 머
암 9:1	무리의 **머리**에 떨어지게 하라 내가 그		리는 남자요 그리스도의 **머리**는 하나님
욘 2:5	나를 에워싸고 바다 풀이 내 **머리**를	고전 11:4	남자로서 **머리**에 무엇을 쓰고 기도나
욘 4:6	그의 **머리**를 위하여 그늘이 지게 하며	고전 11:5	무릇 여자로서 **머리**에 쓴 것을 벗고
욘 4:8	해는 요나의 **머리**에 쪼이매 요나가 혼미	고전 11:7	하나님의 형상과 영광이니 그 **머리**를
미 1:16	네 **머리**가 크게 벗어지게 하기를 독수리	고전 11:10	권세 아래에 있는 표를 그 **머리** 위에
합 3:14	주께서 그들의 전사의 **머리**를 그들의	고전 12:21	또한 **머리**가 발더러 내가 너를 쓸 데가

신약

마 5:36	네 **머리**로도 하지 말라 이는 네가 한	엡 4:15	그에게까지 자랄지라 그는 **머리**니
마 6:17	금식할 때에 **머리**에 기름을 바르고 얼굴	엡 5:23	남편이 아내의 **머리** 됨이 그리스도께서
마 8:20	거처가 있으되 인자는 **머리** 둘 곳이	골 2:10	그는 모든 통치자와 권세의 **머리**시라
마 14:8	세례 요한의 **머리**를 소반에 얹어 여기서	골 2:19	**머리**를 붙들지 … 온 몸이 **머리**로
마 14:11	그 **머리**를 소반에 얹어서 그 소녀에게	딤전 2:9	정절로써 자기를 단장하고 땋은 **머리**와
마 27:37	그 **머리** 위에 이는 유대인의 왕 예수	히 11:21	축복하고 그 지팡이 **머리**에 의지하여
막 6:24	어머니가 이르되 세례 요한의 **머리**를	계 1:5	임금들의 **머리**가 되신 예수 그리스도로
막 6:25	세례 요한의 **머리**를 소반에 얹어 곧	계 1:14	그의 **머리**와 털의 희기가 흰 양털 같고
막 6:27	시위병 하나를 보내어 요한의 **머리**를	계 4:4	이십사 장로들이 흰 옷을 입고 **머리**에
막 6:28	그 **머리**를 소반에 얹어다가 소녀에게	계 9:7	준비한 말들 같고 그 **머리**에 금 같은 관
막 12:4	다시 다른 종을 보내니 그의 **머리**에	계 9:17	또 말들의 **머리**는 사자 **머리** 같고 그
눅 7:46	내 **머리**에 감람유도 붓지 아니하였으되	계 9:19	꼬리는 뱀 같고 또 꼬리에 **머리**가 있어
눅 9:58	새도 집이 있으되 인자는 **머리** 둘 곳이	계 10:1	내려오는데 그 **머리** 위에 무지개가 있고
		계 12:1	발 아래에는 달이 있고 그 **머리**에는

'머리'와 관련된 성구

22:7; 44:14; 64:8; 109:25; 사 37:22; 렘 18:16; 48:27; 애 2:15; 마 27:39; 막 15:29

머리 속으로 받은 환상 – 단 2:28; 4:5, 10, 13

머리에 감다 – 삿 9:57; 겔 9:10; 11:21

머리에 관을 씌우다 – 출 29:6; 레 8:9; 에 2:17

머리에 돌리다 – 삼상 25:39; 왕상 8:32; 대하 6:23; 느 4:4; 에 9:25; 겔 17:19; 욜 3:4, 7

머리에 보응하다 – 겔 16:43; 22:31

머리에 붓다 – 출 29:7; 레 8:12; 삼상 10:1; 왕하 9:3; 시 23:5; 마 26:7; 막 14:3

머리에 쓰다 – 삼하 12:30; 왕상 20:31, 32; 대상 20:2; 에 6:8; 욥 31:36; 겔 44:18

머리에 씌우다 – 삼상 17:38; 19:13; 시 21:3; 겔 16:12; 23:42; 슥 3:5; 6:11; 마 27:29; 요 19:2

머리에 안수하다 – 출 29:10; 레 1:4; 3:2, 8, 13; 4:4, 15, 24, 29, 33; 8:14, 18, 22; 16:21; 민 8:12

머리 위에 안수하다 – 출 29:15, 19

센 머리 – 레 19:32

수건으로 머리를 동이다 – 겔 24:17, 23

일곱 머리 – 계 17:3, 7, 9

흰 머리 – 창 42:38; 44:29, 31

【 머리맡 】   【 머물다/머무르다 】

계 12:3	보라 한 큰 붉은 용이 있어 **머리**가 일곱이요 뿔이 열이라 그 여러 **머리**에
계 13:1	**머리**가 일곱이라…그 **머리**들에는 신성
계 13:3	그의 **머리** 하나가 상하여 죽게 된 것
계 14:14	인자와 같은 이가 앉으셨는데 그 **머리**
계 18:19	티끌을 자기 **머리**에 뿌리고 울며 애통
계 19:12	그 눈은 불꽃 같고 그 **머리**에는 많은

머리맡(by one's head)
왕상 19:6 **머리맡**에 숯불에 구운 떡과 한 병 물이

머리카락(tress, hair)
삼하 14:11	아들의 **머리카락** 하나도 땅에 떨어지지
아 7:5	자주 빛이 있으니 왕이 그 **머리카락**에
사 15:2	그들이 각각 **머리카락**을 밀고 각각 수염
행 27:34	너희 중 **머리카락** 하나도 잃을 자가

머리털(hair, head)
레 13:40	그 **머리털**이 빠지면
레 14:9	털을 밀되 **머리털**과
삿 16:13	만일 나의 **머리털** 일곱
삿 16:14	들릴라가 바디로 그 **머리털**을 단단히
삿 16:19	사람을 불러 그의 **머리털** 일곱 가닥을
삿 16:22	그의 **머리털**이 밀린 후에 다시 자라기
삼하 14:26	그의 **머리털**이 무거우므로 연말마다 깎았으며 … 그 **머리털**이 왕의 저울로
스 9:3	속옷과 겉옷을 찢고 **머리털**과 수염을
느 13:25	몇 사람을 때리고 그들의 **머리털**을 뽑고
시 40:12	죄가 나의 **머리털**보다 많으므로 내가
시 69:4	나를 미워하는 자가 나의 **머리털**보다
아 1:10	네 두 뺨은 땋은 **머리털**로, 네 목은 구슬
아 4:1	눈이 비둘기 같고 네 **머리털**은 길르앗
아 5:2	내 머리에는 이슬이, 내 **머리털**에는
아 5:11	머리는 순금 같고 **머리털**은 고불고불
아 6:5	네 **머리털**은 길르앗 산 기슭에 누운
아 7:5	머리는 갈멜 산 같고 드리운 **머리털**은
사 3:24	대머리가 숱한 **머리털**을 대신하고 굵은
사 7:20	앗수르 왕으로 네 백성의 **머리털**과 발
사 22:12	애곡하며 **머리털**을 뜯으며 굵은 베를
렘 7:29	너의 **머리털**을 베어 버리고 벗은 산
겔 5:1	칼을 가져다가 삭도로 삼아 네 **머리털**과
겔 8:3	손 같은 것을 펴서 내 **머리털** 한 모숨
겔 16:7	유방이 뚜렷하고 네 **머리털**이 자랐으나
겔 29:18	수고하여 모든 **머리털**이 무지러졌고
단 3:27	해하지 못하였고 **머리털**도 그을리지
단 4:33	몸이 하늘 이슬에 젖고 **머리털**이 독수리
단 7:9	희기가 눈 같고 그의 **머리털**은 깨끗한
눅 21:18	너희 **머리털** 하나도 상하지 아니하리라
요 11:2	마리아는 향유를 주께 붓고 **머리털**로
요 12:3	예수의 발에 붓고 자기 **머리털**로 그의
계 9:8	여자의 **머리털** 같은 **머리털**이 있고 그

┌─ '**머리털**' 과 관련된 성구 ─┐
| **머리털**까지 다 세다 – 마 10:30; 눅 12:7 |
| **머리털**로 닦다 – 눅 7:38, 44 |
| **머리털**을 길게 자라게 하다 – 민 6:5; 겔 44:20 |
| **머리털**을 깎다 – 레 21:5; 겔 44:20; 미 1:16 |
| **머리털**을 밀다 – 민 6:18, 19; 욥 1:20; 렘 16:6; 겔 27:31; 44:20 |
| **머리털** 하나도 땅에 떨어지지 아니하다 – 삼상 14:45; 왕상 1:52 |

머릿돌(capstone)
시 118:22	버린 돌이 집 모퉁이의 **머릿돌**이 되었나니
슥 4:7	**머릿돌**을 내놓을 때에 무리가 외치기를
마 21:42	버린 돌이 모퉁이의 **머릿돌**이 되었나니
막 12:10	건축자들이 버린 돌이 모퉁이의 **머릿돌**
눅 20:17	돌이 모퉁이의 **머릿돌**이 되었느니라
행 4:11	버린 돌로서 집 모퉁이의 **머릿돌**이
벧전 2:7	버린 그 돌이 모퉁이의 **머릿돌**이

머릿짓(motion)
| 요 13:24 | 베드로가 **머릿짓**을 하여 말하되 말씀 |

머물다/머무르다(live, remain, stay)
모세오경
창 13:12	그 지역의 도시들에 **머무르며** 그 장막을
창 19:17	**머물지** 말고 산으로 도망하여 멸망함을
창 21:23	후대한 대로 너도 나와 네가 **머무는**
창 24:55	열흘을 우리와 함께 **머물게** 하라 그 후
창 32:4	거류하며 지금까지 **머물러** 있었사오며
창 33:15	몇 사람을 네게 **머물게** 하리라 야곱이
창 34:10	너희 앞에 있으니 여기 **머물러** 매매하며
창 44:33	종으로 그 아이를 대신하여 **머물러** 있어

【 머물다/머무르다 】　　　　　　　　　　　【 머물다/머무르다 】

출 9:28	너희가 다시는 **머물지** 아니하리라	삼하 2:23	죽은 곳에 이르는 자마다 **머물러** 섰더라
출 10:24	양과 소는 **머물러** 두고 너희 어린 것들	삼하 2:28	요압이 나팔을 불매 온 무리가 **머물러**
출 20:10	가축이나 네 문안에 **머무는** 객이라도	삼하 10:5	자라기까지 여리고에서 **머물다가** 돌아
출 24:16	시내 산 위에 **머무르고** 구름이 엿새	삼하 15:29	도로 메어다 놓고 거기 **머물러** 있으니라
출 34:10	**머무는** 나라 백성이 다 여호와의 행하심	삼하 17:17	에느로겔 가에 **머물고** 어떤 여종은 그들
레 8:35	칠 주야를 회막 문에 **머물면서** 여호와	삼하 19:7	한 사람도 왕과 함께 **머물지** 아니할지라
레 14:8	자기 장막 밖에 이레를 **머물** 것이요	삼하 19:32	왕이 마하나임에 **머물** 때에 그가 왕을
민 25:1	이스라엘이 싯딤에 **머물러** 있더니 그	삼하 20:3	전에 **머물러** 왕궁을 지키게 한 후궁
민 27:18	여호수아는 그 안에 영이 **머무는** 자니	삼하 21:5	이스라엘 영토 내에 **머물지** 못하게
민 35:28	**머물러야** 할 것이라 대제사장이	왕상 11:16	함께 여섯 달 동안 그 곳에 **머물렀더라**
신 1:46	가데스에 여러 날 동안 **머물렀나니** 곧	왕상 17:5	곧 가서 요단 앞 그릿 시냇가에 **머물매**
	너희가 그 곳에 **머물던** 날 수 대로니라	왕상 17:9	사르밧으로 가서 거기 **머물라** 내가 그
신 3:19	내가 너희에게 준 성읍에 **머무르게** 하라	왕상 19:3	이르러 자기의 사환을 그 곳에 **머물게**
신 21:8	이스라엘 중에 **머물러** 두지 마옵소서	왕상 19:9	굴에 들어가 거기서 **머물더니** 여호와
신 31:15	기둥은 장막 문 위에 **머물러** 있더라	왕하 2:2	너는 여기 **머물라** 여호와께서 나를 벧엘
역사서		왕하 2:4	여기 **머물라** 여호와께서 나를 여리고
수 2:22	사흘을 거기 **머물매** 뒤쫓는 자들이 그들	왕하 2:6	여기 **머물라** 여호와께서 나를 요단으로
수 10:12	기브온 위에 **머무르라** 달아 너도 아얄론	왕하 2:15	엘리사 위에 **머물렀다** 하고 가서 그에
수 10:13	태양이 **머물고** 달이 멈추기를 백성이	왕하 4:10	우리에게 이르면 거기에 **머물리이다**
	그 대적에게 … 태양이 중천에 **머물러서**	왕하 7:4	우리가 여기서 **머무르면** 역시 우리가
삿 2:23	여호와께서 그 이방 민족들을 **머물러**	대하 15:9	저희 중에 **머물러** 사는 자들을 모았으니
삿 5:17	배에 **머무름이** 어찌 됨이냐 아셀은 해변	스 1:4	있는 백성이 어느 곳에 **머물러** 살든지
삿 6:18	너 돌아올 때까지 **머무르리라** 하니라	스 8:32	예루살렘에 이르러 … 삼 일 간 **머물고**
삿 7:8	돌려보내고 그 삼백 명은 **머물게** 하니	느 2:11	예루살렘에 이르러 **머무른** 지 사흘 만에
삿 11:17	이스라엘이 가데스에 **머물렀더니**	느 6:10	전으로 가서 외소 안에 **머물고** 그 문을
삿 13:15	구하옵나니 당신은 우리로 **머물러서**	**시가서, 선지서**	
삿 13:16	네가 비록 나를 **머물게** 하나 내가 네	욥 14:2	시들며 그림자같이 지나가며 **머물지**
삿 15:8	내려가서 에담 바위 틈에 **머물렀더라**	욥 24:13	도를 알지 못하며 그 길에 **머물지**
삿 19:4	그를 **머물게** 하매 … 함께 **머물며** 먹고	욥 28:20	지혜는 어디서 오며 명철이 **머무는** 곳
삿 19:8	기력을 돋우고 해가 기울도록 **머물라**	욥 39:9	일하겠으며 네 외양간에 **머물겠느냐**
룻 1:16	머무시는 곳에서 나도 **머물겠나이다**	욥 39:24	맹렬히 성내며 나팔 소리에 **머물러** 서지
룻 3:13	여기서 **머무르라** 아침에 그가 기업 무를	시 5:4	신이 아니시니 악이 주와 함께 **머물지**
삼상 14:2	석류나무 아래에 **머물렀고** 함께 한 백성	시 26:8	주께서 계신 집과 주의 영광이 **머무는**
삼상 18:2	그 날에 사울은 다윗을 **머무르게** 하고	시 55:7	멀리 날아가서 광야에 **머무르리로다**
삼상 21:7	한 사람이 여호와 앞에 **머물러** 있었는데	시 120:5	메섹에 **머물며** 게달의 장막 중에 **머무는**
삼상 23:14	십 광야 산골에도 **머물었으므로** 사울이	잠 14:33	명철한 자의 마음에 **머물거니와** 미련한
삼상 23:18	다윗은 수풀에 **머물고** 요나단은 자기	전 7:9	노는 우매한 자들의 품에 **머무름이니라**
삼상 26:5	아브넬이 **머무는** 곳을 본즉 사울이	사 23:7	발로 먼 지방까지 가서 **머물던** 성읍이냐
삼상 30:9	뒤떨어진 자를 거기 **머물게** 했으되	렘 4:14	생각이 네 속에 얼마나 오래 **머물겠느냐**
삼상 30:10	건너지 못하는 이백 명을 **머물게** 했고	렘 9:2	광야에서 나그네가 **머무를** 곳을 얻는
삼상 30:21	브솔 시내에 **머물게** 한 이백 명에게	렘 35:7	너희가 **머물러** 사는 땅에서 너희 생명이
삼상 30:24	분깃이나 소유물 곁에 **머물렀던** 자의	렘 41:17	근처에 있는 게롯김함에 **머물렀으니**
삼하 1:1	다윗이 시글락에서 이틀을 **머물더니**	렘 42:17	거기에 **머물러** 살기로 고집하는 모든

【 머물다/머무르다 】 【 머물다/머무르다 】

렘 42:22	너희가 가서 **머물려고** 하는 곳에서 칼과
렘 44:8	너희가 가서 **머물러** 사는 애굽 땅에서
렘 44:14	거기에 **머물러** 살려는 유다의 남은 자
렘 44:28	애굽 땅에 들어가서 거기에 **머물러** 사는
렘 49:18	가운데에 **머물러** 살 사람이 아무도 없으
렘 49:33	그 가운데에 **머물러** 사는 사람이 아무도
렘 50:40	그 가운데에 **머물러** 사는 사람이 아무도
겔 3:23	여호와의 영광이 거기에 **머물렀는데**
겔 9:3	그룹에 **머물러** 있던 이스라엘 하나님의
겔 10:18	문지방을 떠나서 그룹들 위에 **머물으니**
겔 10:19	동문에 **머물고** 이스라엘 하나님의 영광
겔 20:38	그들을 그 **머물러** 살던 땅에서는 나오게
겔 47:22	제비 뽑아 너희와 너희 가운데에 **머물러**
겔 47:23	타국인이 **머물러** 사는 그 지파에서 그
단 10:13	바사 왕국의 왕들과 함께 **머물러** 있더니
호 12:14	주께서 그의 피로 그의 위에 **머물러**
학 2:5	너희 가운데 **머물러** 있나니 너희는
슥 2:10	내가 와서 네 가운데에 **머물** 것임이라
슥 2:11	나는 네 가운데에 **머물리라** 네가 만군
슥 9:1	다메섹에 **머물리니** 사람들과 이스라엘

신약

마 2:9	아기 있는 곳 위에 **머물러** 서 있는지라
마 10:11	너희가 떠나기까지 거기서 **머물라**
마 20:32	예수께서 **머물러** 서서 그들을 불러
마 26:38	너희는 여기 **머물러** 나와 함께 깨어
막 10:49	예수께서 **머물러** 서서 그를 부르라
막 14:34	죽게 되었으니 너희는 여기 **머물러** 깨어
눅 9:4	들어가든지 거기서 **머물다가** 거기서
눅 10:6	너희의 평안이 그에게 **머물** 것이요
눅 18:40	**머물러** 서서 명하여 데려오라 하셨더니
눅 24:17	사람이 슬픈 빛을 띠고 **머물러** 서더라
요 1:32	내려와서 그의 위에 **머물렀더라**
요 1:33	누구 위에든지 **머무는** 것을 보거든
요 3:36	하나님의 진노가 그 위에 **머물러** 있나니
요 7:9	말씀을 하시고 갈릴리에 **머물러** 계시니
요 11:54	제자들과 함께 거기 **머무르시니라**
요 21:22	올 때까지 그를 **머물게** 하고자 할지라
요 21:23	올 때까지 그를 **머물게** 하고자 할지라
행 9:43	하는 무두장이의 집에서 **머무니라**
행 10:48	그들이 베드로에게 며칠 더 **머물기**를
행 11:23	굳건한 마음으로 주와 함께 **머물러** 있을
행 12:19	떠나 가이사랴로 내려가서 **머무니라**
행 14:22	믿음에 **머물러** 있으라 권하고 또 우리가
행 16:15	유하라 하고 강권하여 **머물게** 하니라
행 17:14	실라와 디모데는 아직 거기 **머물더라**
행 18:11	일 년 육 개월을 **머물며** 그들 가운데서
행 18:18	여러 날 **머물다가** 형제들과 작별하고
행 18:19	에베소에 와서 그들을 거기 **머물게** 하고
행 20:6	있는 그들에게 가서 이레를 **머무니라**
행 21:4	제자들을 찾아 거기서 이레를 **머물더니**
행 21:8	빌립의 집에 들어가서 **머무르니라**
행 21:10	여러 날 **머물러** 있더니 아가보라 하는
행 28:7	영접하여 사흘이나 친절히 **머물게** 하더
행 28:14	이레를 함께 **머무니라** 그래서 우리는
행 28:30	바울이 온 이태를 자기 셋집에 **머물면서**
롬 11:22	인자하심에 **머물러** 있으면 그 인자가
롬 11:23	믿지 아니하는 데 **머무르지** 아니하면
고전 16:6	너희와 함께 **머물며** 겨울을 지낼 듯도
고전 16:7	얼마 동안 너희와 함께 **머물기**를 바람
고후 12:9	그리스도의 능력이 내게 **머물게** 하려 함
갈 1:18	올라가서 그와 함께 십오 일을 **머무는**
살전 3:1	참다 못하여 우리만 아덴에 **머물기**를
딤후 4:20	고린도에 **머물러** 있고 드로비모는 병
몬 1:13	그를 내게 **머물러** 있게 하여 내 복음을

'머물다'와 관련된 성구

구름이 머물다 – 민 9:17; 10:12

구름이 성막 위에 머물다 – 민 9:18, 19, 20, 22

땅에 머물다 – 창 10:5; 45:10; 출 2:15; 23:33; 수 1:14; 왕하 15:20; 25:22; 시 37:3; 85:9; 렘 27:11; 44:12

뜰에 머물다 – 렘 37:21; 38:13, 28

산에 머물다 – 창 8:4; 신 9:9; 10:10; 겔 11:23

성에 머물다 – 렘 38:2; 눅 24:49

에베소에 머물다 – 고전 16:8; 딤전 1:3

여리고에 머물다 – 왕하 2:18; 대상 19:5

예루살렘에 머물다 – 삼하 11:12; 왕상 2:38; 사 4:3; 눅 2:43; 행 2:5

요새에 머물다 – 삼상 23:29; 렘 51:30

장막에 머물다 – 스 8:15; 시 15:1; 61:4

진영에 머물다 – 민 9:18, 20, 22; 11:26

집에 머물다 – 욥 19:15; 잠 7:11; 호 11:11; 슥 5:4; 행 21:16

처소에 머물다 – 수 5:8; 욥 37:8; 슥 5:11

【 머뭇머뭇하다 】　　　　　　　　　　　　　　　　　　　【 먹다 】

히 8:9	내 언약 안에 **머물러** 있지 아니하므로
약 4:13	일 년을 **머물며** 장사하여 이익을 보리라
요일 3:14	사랑하지 아니하는 자는 사망에 **머물러**
계 17:10	이르면 반드시 잠시 동안 **머무르리라**

머뭇머뭇하다(waver)

| 왕상 18:21 | 둘 사이에서 **머뭇머뭇하려느냐** |

먹(ink)

렘 36:18	불러 주기로 내가 **먹**으로 책에 기록하였
겔 9:2	허리에 서기관의 **먹** 그릇을 찼더라 그들
겔 9:3	가는 베 옷을 입고 서기관의 **먹** 그릇을
겔 9:11	가는 베 옷을 입고 허리에 **먹** 그릇을
고후 3:3	그리스도의 편지니 이는 **먹**으로 쓴 것
요이 1:12	종이와 **먹**으로 쓰기를 원하지 아니하고
요삼 1:13	**먹**과 붓으로 쓰기를 원하지 아니하고

먹다(eat)

모세오경

창 2:9	보기에 아름답고 **먹**기에 좋은 나무가
창 2:17	네가 **먹**는 날에는 반드시 죽으리라
창 3:2	동산 나무의 열매를 우리가 **먹**을 수
창 3:5	너희가 그것을 **먹**는 날에는 너희 눈이
창 3:6	있는 남편에게도 주매 그도 **먹은지라**
창 3:11	네게 알렸느냐 내가 네게 **먹지** 말라 명한 그 나무 열매를 네가 **먹었느냐**
창 3:12	열매를 내게 주므로 내가 **먹었나이다**
창 3:13	뱀이 나를 꾀므로 내가 **먹었나이다**
창 3:14	배로 다니고 살아 있는 동안 흙을 **먹**을
창 3:18	엉겅퀴를 낼 것이라 네가 **먹**을 것은 밭
창 3:19	얼굴에 땀을 흘려야 **먹**을 것을 **먹으리니**
창 6:21	**먹**을 모든 양식을 네게로 가져다가 저축하라 이것이 너와 그들의 **먹**을 것이
창 9:3	산 동물은 너희의 **먹**을 것이 될지라
창 14:24	오직 젊은이들이 **먹**은 것과 나와 동행
창 18:8	나무 아래에 모셔 서매 그들이 **먹으니라**
창 19:3	무교병을 구우니 그들이 **먹으니라**
창 25:30	그 붉은 것을 내가 **먹게** 하라 한지라
창 25:34	에서에게 주매 에서가 **먹으며** 마시고
창 27:4	별미를 만들어 내게로 가져와서 **먹게**
창 27:7	별미를 만들어 내가 **먹게** 하여 죽기 전
창 27:25	야곱이 그에게로 가져가매 그가 **먹고**
창 28:20	가는 이 길에서 나를 지키시고 **먹**을 떡
창 30:38	양 떼가 와서 **먹**는 개천의 물 구유에 세워 … 그 떼가 물을 **먹**으러 올 때에
창 31:46	이루매 무리가 거기 무더기 곁에서 **먹고**
창 39:6	요셉의 손에 위탁하고 자기가 **먹**는 음식
창 40:17	내 머리의 광주리에서 그것을 **먹더라**
창 41:21	**먹었으나 먹**은 듯 하지 아니하고 여전히
창 41:54	기근이 있으나 애굽 온 땅에는 **먹**을 것
창 43:32	애굽 사람은 히브리 사람과 같이 **먹으면**
창 45:18	너희가 나라의 기름진 것을 **먹으리라**
창 49:20	아셀에게서 나는 **먹**을 것은 기름진 것
창 49:27	아침에는 빼앗은 것을 **먹고** 저녁에는
출 10:5	남은 것을 **먹으며** 너희를 위하여 들에서 자라나는 모든 나무를 **먹**을 것이며
출 12:4	각 사람이 **먹**을 수 있는 분량에 따라서
출 12:7	피를 양을 **먹**을 집 좌우 문설주와 인방
출 12:8	구워 무교병과 쓴 나물과 아울러 **먹되**
출 12:11	이렇게 **먹을지니** 허리에 띠를 띠고 … 손에 지팡이를 잡고 급히 **먹으라** 이것이
출 12:16	아무 일도 하지 말고 각자의 **먹**을 것만
출 12:19	유교물을 **먹**는 자는 타국인이든지 본국
출 12:44	돈으로 산 종은 할례를 받은 후에 **먹**을
출 12:46	한 집에서 **먹되** 그 고기를 조금도 집
출 16:25	모세가 이르되 오늘은 그것을 **먹으라**
출 22:5	짐승을 놓아 남의 밭에서 **먹게** 하면
출 23:11	네 백성의 가난한 자들이 **먹게** 하라 … 들짐승이 **먹으리라** 네 포도원과 감람원
출 29:33	쓰는 것을 **먹되** 타인은 먹지 못할지니
레 6:16	아론과 그의 자손이 **먹되** 누룩을 넣지 말고 거룩한 곳 회막 뜰에서 **먹을지니라**
레 6:18	남자는 모두 이를 **먹을지니** 이는 여호와
레 6:26	제사장이 그것을 **먹되** 곧 회막 뜰 거룩
레 6:29	남자는 모두 그것을 **먹을지니** 그것은
레 7:6	제사장인 남자는 모두 **먹되**
레 7:15	고기는 드리는 그 날에 **먹**을 것이요
레 7:16	서원이나 … 그 제물을 드린 날에 **먹**을 것이요 그 남은 것은 이튿날에도 **먹되**
레 7:18	조금이라도 **먹으면** 그 제사는 기쁘게 받아들여지지 않을 것이라 … **먹**는 자
레 7:19	그 고기는 깨끗한 자만 **먹**을 것이니
레 7:25	제물의 기름을 먹으면 그 **먹**는 자는
레 7:27	무슨 피든지 **먹**는 사람이 있으면 그

【 먹다 】   【 먹다 】

레 8:31	아론과 그의 아들들은 **먹으라** 하셨은즉 너희는 … 아울러 그 곳에서 **먹고**
레 10:12	누룩을 넣지 말고 제단 곁에서 **먹되**
레 10:14	정결한 곳에서 **먹을지니** 이는 이스라엘
레 11:2	너희가 **먹을** 만한 생물은 이러하니
레 11:3	되고 새김질하는 것은 너희가 **먹되**
레 11:9	너희가 **먹을** 만한 것은 이것이니 강과 바다와 … 비늘 있는 것은 너희가 **먹되**
레 11:21	땅에서 뛰는 것은 너희가 **먹을지니**
레 11:22	팥중이 종류는 너희가 **먹으려니와**
레 11:34	**먹을** 만한 축축한 식물이 거기 담겼으면
레 11:39	**먹을** 만한 짐승이 죽은 때에 그 주검을
레 11:40	**먹는** 자는 그 옷을 빨 것이요 저녁까지
레 11:47	정한 것과 **먹을** 생물과 **먹지** 못할 생물
레 14:47	빨 것이요 그 집에서 **먹는** 자도 그
레 17:10	거류민 중에 무슨 피든지 **먹는** 자가
레 17:13	거류민이 **먹을** 만한 짐승이나 새를 사냥
레 17:15	들짐승에게 찢겨 죽은 것을 **먹은** 모든
레 19:6	이튿날에 **먹고** 셋째 날까지 남았거든
레 19:7	조금이라도 **먹으면** 가증한 것이 되어
레 19:8	**먹는** 자는 여호와의 성물을 더럽힘으로
레 21:22	음식이 지성물이든지 성물이든지 **먹을**
레 22:8	시체나 찢겨 죽은 짐승을 **먹음으로** 자기
레 22:11	그것을 **먹을** 것이며 그의 집에서 출생
레 22:13	그는 그의 아버지 몫의 음식을 **먹을** 것
레 22:30	제물은 그 날에 **먹고** 이튿날까지 두지
레 25:6	안식년의 소출은 너희가 **먹을** 것이니
레 25:7	들짐승들이 다 그 소출로 **먹을** 것을 삼을
레 25:20	못하면 우리가 무엇을 **먹으리요** 하겠
레 25:22	묵은 소출을 **먹을** 것이며 아홉째 해에 그 땅에 소출이 … 묵은 것을 **먹으리라**
레 26:16	너희의 대적이 그것을 **먹을** 것임이며
레 26:26	달아 주리니 너희가 **먹어도** 배부르지
민 9:11	무교병과 쓴 나물을 아울러 **먹을** 것이
민 11:5	파와 마늘들을 **먹은** 것이 생각나거늘
민 11:18	내일 고기 **먹기를** 기다리라 너희가 울며
민 11:19	닷새나 열흘이나 스무 날만 **먹을** 뿐
민 11:20	싫어하기까지 한 달 동안 **먹게** 하시리니
민 18:10	지극히 거룩하게 여김으로 **먹으라** 이는
민 18:11	네 집의 정결한 자마다 **먹을** 것이니라
민 18:13	네 집에서 정결한 자마다 **먹을** 것이라
민 18:31	어디서든지 이것을 **먹을** 수 있음은 이는
민 21:5	이 곳에는 **먹을** 것도 없고 물도 없도다
민 23:24	움킨 것을 **먹으며** 죽인 피를 마시기
민 25:2	이스라엘 백성을 청하매 백성이 **먹고**
신 2:6	양식을 사서 **먹고** 돈으로 그들에게서
신 2:28	돈을 받고 양식을 팔아 내가 **먹게** 하고
신 8:9	**먹을** 것에 모자람이 없고 네게 아무
신 8:10	**먹어서** 배부르고 네 하나님 여호와께
신 8:12	네가 **먹어서** 배부르고 아름다운 집을
신 12:15	노루나 사슴을 **먹는** 것같이 **먹으려니와**
신 12:18	레위인과 함께 그것을 **먹고** 또 네 손으로
신 12:21	네가 마음에 원하는 모든 것을 **먹되**
신 12:22	노루나 사슴을 **먹는** 것같이 **먹을** 수

'먹다'와 관련된 성구

갖다 먹다 – 고전 11:21; 계 10:9, 10
개가 먹다 – 왕상 14:11; 16:4; 21:24
거룩한 곳에서 먹다 – 레 6:26; 7:6; 10:13, 17, 18; 24:9
고기를 먹다 – 창 27:25; 출 16:12; 22:31; 레 7:20, 21; 11:8, 11; 신 12:15, 20; 14:8; 시 50:13; 사 9:20; 22:13; 65:4; 단 7:5; 슥 11:16; 고전 8:13
곡식을 먹다 – 레 26:10; 수 5:11
구워먹다 – 출 12:9; 신 16:7; 사 44:16, 19
기름을 먹다 – 레 7:23, 25; 신 32:38; 겔 16:13; 34:3
꿀을 먹다 – 아 4:5; 겔 34:14, 18
꿀을 먹다 – 잠 24:13; 25:27; 아 5:1; 사 7:15, 22
나빠서 먹을 수 없다 – 렘 24:2, 3, 8
녹을 먹다 – 창 47:22; 눅 5:14
느치가 먹다 – 욜 1:4; 나 3:15
다 먹다 – 창 27:33; 31:15; 43:2; 출 10:15; 민 18:10; 스 6:21; 암 4:9; 7:2
대변을 먹다 – 왕하 18:27; 사 36:12
더불어 먹다 – 삼하 12:17; 마 24:49; 계 3:20
따 먹다 – 사 28:4; 막 11:14
떡도 먹지 말다 – 왕상 13:9, 17, 22
떡도 먹지 못하다 – 신 29:6; 삼상 30:12
떡도 먹지 않다 – 출 34:28; 신 9:9; 왕상 13:8, 16; 눅 7:33
떡을 먹다 – 창 31:54; 출 18:12; 29:32; 룻

【 먹다 】   【 먹다 】

신 12:27	제단 위에 붓고 그 고기는 **먹을지니라**
신 14:4	너희가 **먹을** 만한 짐승은 이러하니 곧
신 14:6	새김질도 하는 모든 것은 너희가 **먹을**
신 14:9	너희가 **먹을** 것이니 지느러미와 비늘 있는 모든 것은 너희가 **먹을** 것이요
신 14:11	정한 새는 모두 너희가 **먹으려니와**
신 14:20	정한 새는 모두 너희가 **먹을지니라**
신 14:23	기름의 십일조를 **먹으며** … 처음 난 것을 **먹고** 네 하나님 여호와 경외하기를
신 15:22	네 성중에서 **먹되** … 다같이 **먹기를** 노루와 사슴을 **먹음같이** 할 것이요
신 18:1	여호와의 화제물과 그 기업을 먹을 것이며
신 20:6	전사하면 타인이 그 과실을 **먹을까**
신 20:14	적군에게서 빼앗은 것을 **먹을지니라**
신 20:19	너희가 **먹을** 것이 될 것임이니 찍지 말라
신 27:7	화목제를 드리고 거기에서 **먹으며** 네
신 28:33	알지 못하는 민족이 **먹겠고** 너는 항상
신 28:38	들에 뿌릴지라도 메뚜기가 **먹으므로**
신 28:39	가꿀지라도 벌레가 **먹으므로** 포도를
신 28:42	나무와 토지 소산은 메뚜기가 **먹을** 것
신 28:55	자기가 **먹는** 그 자녀의 살을 그 중 누구
신 28:57	남몰래 **먹으리니** 이는 네 적군이 네
신 31:20	인도하여 들인 후에 그들이 **먹어** 배부르

역사서

삿 1:7	상 아래에서 **먹을** 것을 줍더니 하나님
삿 6:4	멸하여 이스라엘 가운데 **먹을** 것을
삿 7:7	물을 핥아 **먹은** 삼백 명으로 너희를 구원
삿 14:9	꿀을 떠서 걸어가며 **먹고** 그의 부모에게 이르러 … 드려서 **먹게** 하였으나 그
삿 14:14	그들에게 이르되 **먹는** 자에게서 **먹는**
삿 19:5	떡을 조금 **먹고** 그대의 기력을 돋운 후
삿 19:21	나귀에게 먹이니 그들이 발을 씻고 **먹고**
삼상 1:18	은혜 입기를 원하나이다 하고 가서 **먹고**
삼상 2:36	내게 떡 조각을 **먹게** 하소서 하리라
삼상 7:9	사무엘이 젖 **먹는** 어린 양 하나를 가져
삼상 9:7	주머니에 **먹을** 것이 다하였으니 하나님
삼상 9:13	그가 **먹으러** 산당에 올라가기 전에 곧 만나리이다 … 받은 자가 **먹음이니이다**
삼상 9:24	네 앞에 놓고 **먹으라** 내가 백성을 청할
삼상 14:24	아무 음식물이든지 **먹는** 사람은 저주를
삼상 14:32	그것을 땅에서 잡아 피째 **먹었더니**
삼상 14:33	고기를 피째 **먹어** 여호와께 범죄하였
삼상 14:34	피째로 **먹어** 여호와께 범죄하지 말라
삼상 28:25	신하들 앞에 내놓으니 그들이 **먹고** 일어
삼상 30:12	마시지 못하였음이니라 그가 **먹고** 정신
삼하 11:11	집으로 가서 **먹고** 마시고 내 처와 같이
삼하 12:3	함께 자라며 그가 **먹는** 것을 **먹으며**
삼하 12:20	음식을 그 앞에 차리게 하고 **먹은지라**
삼하 13:9	암논이 **먹기를** 거절하고 암논이 이르되
삼하 13:10	네 손에서 **먹으리라** 하니 다말이 자기
삼하 16:2	떡과 과일은 청년들이 **먹게** 하고 포도주
삼하 17:29	백성에게 **먹게** 하였으니 이는 그들 생각
삼하 19:28	종을 왕의 상에서 음식 **먹는** 자 가운데
삼하 20:3	별실에 가두고 **먹을** 것만 주고 그들에게

'먹다' 와 관련된 성구

2:14; 삼하 9:7, 10; 13:5; 왕상 13:15, 19, 22, 23; 시 14:4; 53:4; 78:25; 127:2; 잠 4:17; 사 4:1; 렘 41:1; 겔 4:13; 45:21; 단 10:3; 암 7:12; 마 15:2; 막 6:44; 7:2, 5; 눅 14:15; 요 6:23, 26, 51, 58; 13:18; 고전 11:26, 28

떼어 먹다 - 행 20:11; 27:35
만나를 먹다 - 출 16:35; 요 6:31, 49
먹고 남다 - 룻 2:14, 18; 왕하 4:43, 44; 마 14:20; 15:37; 막 8:8; 요 6:13
먹고 마시는 것 - 전 3:13; 고전 11:29; 골 2:16; 히 9:10
먹고 마시는 자 - 고전 11:27, 29
먹고 마시다 - 창 24:54; 26:30; 출 24:11; 32:6; 삿 9:27; 19:4, 6, 21; 룻 3:3, 7; 삼상 1:9; 30:16; 삼하 11:11, 13; 왕상 1:25; 4:20; 18:41, 42; 19:6, 8; 왕하 6:22, 23; 7:8; 9:34; 대상 12:39; 느 8:12; 욥 1:4; 잠 23:7; 전 2:24; 3:13; 5:18; 8:15; 사 21:5; 22:13; 슥 7:6; 마 11:19; 24:38, 49; 눅 5:30, 33; 7:34; 10:7; 12:19, 45; 13:26; 17:8, 27, 28; 22:30; 고전 9:4; 10:7; 11:22, 27, 29; 15:32; 골 2:16; 히 9:10
먹고 배부르다 - 신 11:15; 14:29; 26:12; 시 22:26; 78:29; 사 44:16; 눅 9:17; 요 6:26
먹고 즐기다 - 신 14:26; 전 2:25; 9:7; 눅

【 먹다 】   【 먹다 】

왕상 1:41   그와 함께 한 손님들이 **먹기**를 마칠 때
왕상 4:27   **먹을** 것을 공급하여 부족함이 없게 하였
왕상 17:12 내 아들을 위하여 음식을 만들어 **먹고**
왕상 17:15 엘리야와 그의 식구가 여러 날 **먹었으나**
왕상 19:5   그에게 이르되 일어나서 **먹으라** 하는
왕상 19:7   일어나 **먹으라** 네가 갈 길을 다 가지
왕상 21:23 이스르엘 성읍 곁에서 이세벨을 **먹을**
왕하 4:40   무리가 국을 **먹다가** 그들이 외쳐 이르되
왕하 6:28   우리가 오늘 **먹고** 내일은 내 아들을 **먹자**
왕하 6:29   아들을 내놓아라 우리가 **먹으리라** 하나
왕하 9:10   개들이 이세벨을 **먹으리니** 그를 장사
왕하 19:29 스스로 자라난 것을 **먹고** … 난 것을 **먹**
           되 제삼년에는 … 그 열매를 **먹으리라**
대하 7:13   혹 메뚜기들에게 토산을 **먹게** 하거나
대하 18:26 고난의 떡과 고난의 물을 **먹게** 하라
대하 30:18 유월절 양을 **먹어** 기록한 규례를 어긴
대하 30:22 칠 일 동안에 무리가 **먹으며** 화목제를
대하 31:10 우리가 만족하게 **먹었으나** 남은 것이
스 3:7   사람에게 **먹을** 것과 마실 것과 기름을
스 4:14   우리가 이제 왕궁의 소금을 **먹으므로**
스 9:12   땅의 아름다운 것을 **먹으며** 그 땅을
느 8:10   너희는 가서 살진 것을 **먹고** 단 것을

시가서

욥 5:5   그가 추수한 것을 주린 자가 **먹되** 덫에
욥 13:28   썩은 물건의 낡아짐 같으며 좀 **먹은** 의복
욥 18:13   사망의 장자가 그의 지체를 **먹을** 것이며
욥 20:21   남기는 것이 없이 모두 **먹으니** 그런즉

욥 24:5   일하며 **먹을** 것을 부지런히 구하니
욥 24:20   구더기가 그를 달게 **먹을** 것이라 그는
욥 31:8   내가 심은 것을 타인이 **먹으며** 나의
욥 31:17   나만 혼자 내 떡덩이를 **먹고** 고아에게
시 22:29   풍성한 자가 **먹고** 경배할 것이요 진토
시 41:9   신뢰하여 내 떡을 나눠 **먹던** 나의 가까운
시 59:15   그들은 **먹을** 것을 찾아 유리하다가
시 63:5   골수와 기름진 것을 **먹음과** 같이 나의
시 78:30   욕심을 버리지 아니하여 그들의 **먹을**
시 80:13   상해하며 들짐승들이 **먹나이다**
시 102:9   재를 양식같이 **먹으며** 나는 눈물 섞인
시 104:14 채소를 자라게 하시며 땅에서 **먹을** 것이
시 106:20 영광을 풀 먹는 소의 형상으로 바꾸었
시 128:2   네가 네 손이 수고한 대로 **먹을** 것이라
잠 6:8   **먹을** 것을 여름 동안에 예비하며 추수
잠 9:5   내 식물을 **먹으며** 내 혼합한 포도주를
잠 9:17   도둑질한 물이 달고 몰래 **먹는** 떡이
잠 12:11   자기의 토지를 경작하는 자는 **먹을** 것이
잠 23:8   조금 **먹은** 것도 토하겠고 네 아름다운
잠 24:13   이것이 좋으니라 송이꿀을 **먹으라**
잠 25:16   꿀을 보거든 족하리만큼 **먹으라** 과식함
잠 26:11   토한 것을 도로 **먹는** 것같이 미련한
잠 27:18   그 과실을 **먹고** 자기 주인에게 시중드는
잠 27:27   음식이 되며 네 여종의 **먹을** 것이 되느
잠 28:19   자기의 토지를 경작하는 자는 **먹을** 것
잠 30:20   음녀의 자취도 그러하니라 그가 **먹고**
잠 30:25   힘이 없는 종류로되 **먹을** 것을 여름에

'먹다'와 관련된 성구

15:23
먹기를 탐하다 – 마 11:19; 눅 7:34
먹을 것을 사다 – 마 14:15; 눅 9:13; 요 4:8
먹을 것을 주다 – 창 47:12, 17, 19; 삿 17:10; 시 104:27; 136:25; 145:15; 146:7; 147:9; 마 14:16; 25:35, 42; 막 5:43; 6:37; 눅 8:55; 9:13
먹을 것이 없다 – 창 47:13; 욥 38:41; 합 3:17; 마 15:32; 막 2:25; 8:1, 2
먹을 만큼만 거두다 – 출 16:16, 18, 21
먹을 양식 – 삿 19:19; 왕상 11:18; 사 23:18; 요 4:32; 고후 9:10
먹지 말다 – 창 2:17; 3:1, 3, 11, 17; 9:4; 출 12:9, 20; 13:3; 21:28; 22:31; 레 3:17;

6:23; 7:19, 23, 24, 26; 11:8, 11, 13, 42; 17:12, 14; 19:23, 26; 22:4; 23:14; 민 6:3, 4; 신 12:16, 17, 23, 24, 25; 14:3, 8, 10, 19, 21; 15:23; 16:3; 삿 13:4, 7, 14; 왕상 13:9, 17, 22; 스 2:63; 느 7:65; 에 4:16; 시 141:4; 잠 23:6; 겔 24:17; 44:31; 욘 3:7; 고전 10:28; 살후 3:10; 딤전 4:3
먹지 못하다 – 출 12:43, 45, 48; 29:33, 34; 34:3; 레 6:30; 11:4, 41, 47; 22:6, 10, 12, 13; 신 12:23; 14:7, 12; 20:6; 28:31; 29:6; 삼상 28:20; 30:12; 왕하 4:40; 7:2, 19; 막 11:14; 행 27:21, 33; 고후 6:5

{ 먹다   먹다 }

전 5:11	재산이 많아지면 먹는 자들도 많아지나		사 59:5	거미줄을 짜나니 그 알을 먹는 자는
전 5:12	노동자는 먹는 것이 많든지 적든지 잠을		사 61:6	이방 나라들의 재물을 먹으며 그들의
전 5:17	일평생을 어두운 데에서 먹으며 많은		사 62:9	추수한 자가 그것을 먹고 나 여호와를
전 10:17	기력을 보하려고 정한 때에 먹는 나라여		사 65:13	나의 종들은 먹을 것이로되 너희는 주릴
아 4:16	동산에 들어가서 그 아름다운 열매 먹기		사 65:25	먹을 것이며 사자가 소처럼 짚을 먹을
아 5:1	나의 친구들아 먹으라 나의 사랑하는		사 66:17	물건과 쥐를 먹는 자가 다 함께 망하

선지서

			렘 2:7	아름다운 것을 먹게 하였거늘 너희가
사 5:17	자들이 부자의 버려진 밭에서 먹으리라		렘 5:17	먹을 추수 곡물과 양식을 먹으며 … 소
사 9:20	주리고 왼쪽으로 먹을지라도 배부르지			떼를 먹으며 … 열매를 먹으며 네가
사 9:21	므낫세를 먹을 것이요 또 그들이 합하여		렘 7:21	번제물의 고기를 아울러 먹으라
사 14:30	가난한 자의 장자는 먹겠고 궁핍한 자		렘 22:15	아버지가 먹거나 마시지 아니하였으며
사 27:10	송아지가 거기에서 먹고 거기에 누우		렘 29:17	상하여 먹을 수 없는 몹쓸 무화과 같게
	며 그 나무 가지를 먹어 없이하리라		렘 30:16	너를 먹는 모든 자는 잡아먹힐 것이며
사 29:8	주린 자가 꿈에 먹었을지라도 깨면 그		렘 44:17	먹을 것이 풍부하며 복을 받고 재난을
사 30:23	땅이 먹을 것을 내며 … 먹을 것이요		렘 50:17	처음에는 앗수르 왕이 먹었고 다음에
사 30:24	까부르고 맛있게 한 먹이를 먹을 것이며		렘 51:34	바벨론의 느부갓네살 왕이 나를 먹으며
사 37:30	스스로 난 것을 먹을 것이요 둘째 해에		렘 52:33	평생 동안 항상 왕의 앞에서 먹게 하였
	는 또 거기에서 난 것을 먹을 것이요		애 1:11	이으려고 보물로 먹을 것들을 바꾸었
사 44:20	그는 재를 먹고 허탄한 마음에 미혹되어		애 2:20	낳은 아이들을 먹으오며 제사장들과
사 49:9	그들이 길에서 먹겠고 모든 헐벗은 산		겔 2:8	입을 벌리고 내가 네게 주는 것을 먹으라
사 50:9	같이 해어지며 좀이 그들을 먹으리라		겔 3:1	너는 발견한 것을 먹으라 너는 이 두루
사 51:8	옷같이 좀이 그들을 먹을 것이며 양털			마리를 먹고 가서 이스라엘 족속에게
	같이 좀벌레가 그들을 먹을 것이나		겔 3:3	창자에 채우라 하시기에 내가 먹으니
사 55:1	너희는 와서 사 먹되 돈 없이, 값 없이		겔 4:9	눕는 날수 곧 삼백구십 일 동안 먹되
사 55:2	너희가 좋은 것을 먹을 것이며 너희 자신		겔 4:10	하루 이십 세겔씩 때를 따라 먹고
사 55:10	종자를 주며 먹는 자에게 양식을 줌과		겔 4:12	너는 그것을 보리떡처럼 만들어 먹되
사 56:9	숲 가운데의 모든 짐승들아 와서 먹으라		겔 4:16	백성이 근심 중에 떡을 달아 먹고 두려워

'먹다'와 관련된 성구

먹지 않다 – 창 24:33; 31:38; 32:32; 삼상 1:7, 8; 9:13; 20:34; 28:23; 왕상 13:28; 스 10:6 사 65:22; 겔 4:14; 마 11:18 막 7:4; 눅 22:16; 행 10:14; 23:12, 14, 21; 롬 14:3, 6, 21; 고전 8:8; 살후 3:8

무교병을 먹다 – 출 12:15, 18, 20; 13:6, 7; 23:15; 34:18; 레 23:6; 민 28:17; 신 16:8; 왕하 23:9

무화과를 먹다 – 왕하 18:31; 사 36:16

묻지 말고 먹다 – 고전 10:25, 27

배불리 먹다 – 출 16:3; 레 25:19; 26:5; 신 6:11; 23:24; 룻 2:14, 18; 느 9:25; 사 23:18; 겔 39:19; 마 14:20; 15:37; 막 6:42; 7:27; 8:8

백성을 먹다 – 시 14:4; 53:4

부스러기를 먹다 – 마 15:27; 막 7:28

살을 먹다 – 레 26:29; 신 28:53; 왕하 9:36; 시 27:2; 사 49:26; 렘 19:9; 겔 39:17, 18; 미 3:3; 슥 11:9; 요 6:53, 54, 56; 약 5:3; 계 17:16; 19:18

삶아 먹다 – 왕하 6:29; 애 4:10

상에서 먹다 – 삼하 9:11, 13; 왕상 2:7; 18:19; 눅 22:30

새가 먹다 – 왕상 14:11; 16:4; 21:24; 눅 8:5

성물을 먹다 – 레 22:4, 6, 7, 10, 12, 14, 16; 신 26:14

소를 먹다 – 창 41:4, 20; 잠 15:17

【 먹다 】   【 먹다 】

겔 24:17	초상집에서 **먹는** 음식물을 **먹지** 말라
겔 32:4	짐승이 너를 **먹어** 배부르게 하리로다
겔 33:25	너희가 고기를 피째 **먹으며** 너희 우상
겔 34:2	자기만 **먹는** 이스라엘 목자들은 화 있을
겔 34:19	양은 너희 발로 밟은 것을 **먹으며** 너희
겔 39:4	각종 사나운 새와 들짐승에게 넘겨 **먹게**
겔 39:18	어린 양이나 염소나 수송아지를 **먹듯**
겔 42:13	거기에서 **먹을** 것이며 지성물 곧 소제
겔 47:12	**먹을** 과실나무가…열매는 **먹을** 만하고
단 1:10	너희 **먹을** 것과 너희 마실 것을 지정하셨
단 4:12	**먹을** 것이 될 … **먹을** 것을 얻더라
단 4:21	열매는 많아서 만민의 **먹을** 것이 될 만
단 7:7	쇠로 된 큰 이가 있어서 **먹고** 부서뜨리
단 7:19	발톱은 놋이니 **먹고** 부서뜨리고 나머지
호 2:12	수풀이 되게 하며 들짐승들에게 **먹게**
호 4:10	**먹어도** 배부르지 아니하며 음행하여도
호 8:13	제물로 드리고 **먹을지라도** 여호와는
호 9:3	앗수르에서 더러운 것을 **먹을** 것이니라
호 9:4	떡과 같아서 그것을 **먹는** 자는 더러워
호 11:4	지나니 그들의 떡은 자기의 **먹기**에만
호 11:4	되었으며 그들 앞에 **먹을** 것을 두었노라
호 12:1	에브라임은 바람을 **먹으며** 동풍을 따라
욜 1:4	메뚜기가 **먹고** 메뚜기가 남긴 것을 느
욜 1:4	치가 **먹고** 느치가 … 황충이 **먹었도다**
욜 1:16	**먹을** 것이 우리 눈앞에 끊어지지 아니
욜 2:25	황충과 팥중이가 **먹은** 햇수대로 너희
욜 2:26	**먹되** 풍족하고 **먹고** 너희에게 놀라운

암 6:4	양과 우리에서 송아지를 잡아서 **먹고**
암 7:4	큰 바다를 삼키고 육지까지 **먹으려** 하는
옵 1:7	네 **먹을** 것을 **먹는** 자들이 네 아래에
미 6:14	네가 **먹어도** 배부르지 못하고 항상 속이
미 7:1	포도를 거둔 후 같아서 **먹을** 포도송이
나 2:11	젊은 사자가 **먹을** 곳이 어디냐 전에는
나 3:12	익은 열매가 흔들기만 하면 **먹는** 자의
합 1:16	소득이 풍부하고 **먹을** 것이 풍성하게
습 3:13	거짓된 혀가 없으며 **먹고** 누울지라도
학 1:6	많이 뿌릴지라도 수확이 적으며 **먹어도**
슥 7:6	너희를 위하여 **먹고** 너희를 위하여
말 1:12	그 위에 있는 과일 곧 **먹을** 것은 경멸히

복음서

마 6:25	목숨을 위하여 무엇을 **먹을까** 무엇을
마 6:31	염려하여 이르기를 무엇을 **먹을까**
마 8:30	멀리서 많은 돼지 떼가 **먹고** 있는지라
마 10:10	일꾼이 자기의 **먹을** 것 받는 것이 마땅함
마 12:1	제자들이 시장하여 이삭을 잘라 **먹으니**
마 13:4	떨어지매 새들이 와서 **먹어** 버렸고
마 14:21	**먹은** 사람은 여자와 어린이 외에 오천 명
마 15:20	씻지 않은 손으로 **먹는** 것은 사람을
마 15:38	**먹은** 자는 여자와 어린이 외에 사천 명
마 26:21	그들이 **먹을** 때에 이르시되 내가 진실로
마 26:26	그들이 **먹을** 때에 … **먹으라** 이것은 내
막 1:6	가죽 띠를 띠고 메뚜기와 석청을 **먹더라**
막 4:4	길 가에 떨어지매 새들이 와서 **먹어**
막 5:11	거기 돼지의 큰 떼가 산 곁에서 **먹고**

'먹다'와 관련된 성구

소산물을 먹다 – 수 5:11, 12

소산을 먹다 – 창 3:17; 신 28:51; 32:13; 삿 13:14; 사 1:19; 말 3:11

소출을 먹다 – 레 25:12, 22; 수 5:12; 욥 31:39

신 포도를 먹다 – 렘 31:29, 30; 겔 18:2

앉아 먹다 – 렘 16:8; 막 14:18; 눅 22:27; 고전 8:10

양식을 먹다 – 민 15:19; 왕하 25:29; 잠 31:27; 렘 5:17; 행 12:20; 살후 3:12

여호와 앞에서 먹다 – 신 12:7; 15:20; 대상 29:22

열매를 먹다 – 창 3:1, 17; 레 19:25; 수 24:13; 왕하 19:29; 느 9:36; 시 105:35; 잠 1:31; 18:21; 사 3:10; 37:30; 65:21; 렘 5:17; 29:5, 28; 겔 25:4; 호 10:13; 암 9:14; 고전 9:7

유교병을 먹다 – 출 12:15; 13:3

음식물을 먹다 – 삼상 14:28; 전 9:7; 겔 24:17, 22

음식을 먹다 – 창 37:25; 43:25; 레 22:11, 13; 삿 13:16; 삼상 20:24; 28:20; 왕하 4:8; 욥 1:13, 18; 20:23; 42:11; 시 102:4; 106:28; 잠 23:1, 6; 애 4:5; 겔 12:18, 19; 44:3; 단 1:13, 15; 11:26; 막 7:3; 14:14; 16:14; 행 2:46; 9:19; 10:41; 27:33, 34; 고전 10:3

임의로 먹다 – 창 2:16; 삼상 14:30

먹다

막 6:31	오고 가는 사람이 많아 음식 **먹을** 겨를도
막 6:36	마을로 가서 무엇을 사 **먹게** 하옵소서
막 7:28	아이들이 **먹던** 부스러기를 **먹나이다**
막 14:22	그들이 **먹을** 때에 예수께서 떡을 가지사
눅 3:11	옷 없는 자에게 나눠 줄 것이요 **먹을**
눅 6:1	이삭을 잘라 손으로 비비어 **먹으니**
눅 8:32	그 곳에 많은 돼지 떼가 산에서 **먹고**
눅 9:12	유하며 **먹을** 것을 얻게 하소서 우리가
눅 10:8	너희를 … 앞에 차려놓는 것을 **먹고**
눅 12:22	너희 목숨을 위하여 무엇을 **먹을까** 몸을
눅 12:29	너희는 무엇을 **먹을까** 무엇을 마실까
눅 12:33	도둑도 가까이 하는 일이 없고 좀도 **먹지**
눅 15:2	죄인을 영접하고 음식을 같이 **먹는다**
눅 15:16	돼지 **먹는** 쥐엄 열매로 배를 채우고자
눅 17:7	그더러 곧 와 앉아서 **먹으라** 말할 자가
눅 17:8	내 **먹을** 것을 준비하고 띠를 띠고 내가
눅 22:8	유월절을 준비하여 우리로 **먹게** 하라
눅 22:11	내 제자들과 함께 유월절을 **먹을** 객실이
눅 22:15	이 유월절 **먹기**를 원하고 원하였노라
눅 24:41	이르시되 여기 무슨 **먹을** 것이 있느냐
요 4:32	내게는 너희가 알지 못하는 **먹을** 양식이
요 6:50	사람으로 하여금 **먹고** 죽지 아니하게
요 6:57	나를 **먹는** 그 사람도 나로 말미암아
요 6:58	조상들이 **먹고도** 죽은 그것과 같지 아니
요 18:28	유월절 잔치를 **먹고자** 하여 관정에 들어

역사서 – 예언서

행 9:9	사흘 동안 보지 못하고 **먹지도** 마시지도

행 10:10	시장하여 **먹고자** 하매 사람들이 준비
행 27:38	배부르게 **먹고** 밀을 바다에 버려 배를
롬 14:2	모든 것을 **먹을** … 채소만 **먹느니라**
롬 14:3	**먹는** 자는 **먹지** 않는 자를 업신여기지 말고 **먹지** 않는 자는 **먹는** 자를 비판
롬 14:6	**먹는** 자도 주를 위하여 **먹으니** 이는
롬 14:17	하나님의 나라는 **먹는** 것과 마시는 것
롬 14:20	깨끗하되 거리낌으로 **먹는** 사람에게는
롬 14:23	의심하고 **먹는** 자는 정죄되었나니 이는
고전 8:7	우상의 제물로 알고 **먹는** 고로 그들의
고전 8:8	더 못사는 것도 아니고 **먹는다고** 해서
고전 9:13	성전에서 나는 것을 **먹으며** 제단에서
고전 10:31	너희가 **먹든지** 마시든지 무엇을 하든
고전 11:20	함께 모여서 주의 만찬을 **먹을** 수 없으니
고전 11:21	이는 **먹을** 때에 각각 자기의 만찬을
고전 11:33	내 형제들아 **먹으러** 모일 때에 서로
고전 11:34	누구든지 시장하거든 집에서 **먹을지니**
갈 5:15	물고 **먹으면** 피차 멸망할까 조심하라
딤전 6:8	**먹을** 것과 입을 것이 있은즉 족한 줄로
히 5:12	단단한 음식은 못 **먹고** 젖이나 **먹어야**
히 13:10	섬기는 자들은 그 제단에서 **먹을** 권한이
계 10:10	입에는 꿀같이 다나 **먹은** 후에 내 배

먹을거리 (food)

창 1:29	너희에게 주노니 너희의 **먹을거리**가
창 1:30	내가 모든 푸른 풀을 **먹을거리**로 주노라
창 47:15	우리에게 **먹을거리**를 주소서 어찌 주

'먹다'와 관련된 성구

저녁 먹다 – 눅 22:20; 요 13:3
젖 먹는 아이 – 민 11:12; 신 32:25; 삼상 15:3; 사 11:8; 애 2:11
젖 먹는 자 – 삼상 22:19; 렘 44:7; 욜 2:16
젖을 먹다 – 시 22:9; 아 8:1; 사 7:22; 고전 9:7; 히 5:13
제물을 먹다 – 출 34:15; 레 10:19; 겔 18:6, 11, 15; 22:9; 44:29; 호 4:8; 고전 8:4, 10; 10:18; 계 2:14, 20
조반 먹다 – 요 21:12, 15
주어 먹게 하다 – 출 16:15; 민 11:4, 13, 18, 21; 신 14:21; 삼상 30:11; 왕상 19:21; 왕하 4:40, 41, 42, 43; 겔 16:19; 단 1:12; 요 6:31, 52; 계 2:7

지성물을 먹다 – 스 2:63; 느 7:65
진설병을 먹다 – 마 12:4; 막 2:26; 눅 6:4
채소를 먹다 – 출 10:12; 시 105:35; 잠 15:17
풀을 먹다 – 욥 1:14; 40:15; 사 5:17; 11:7; 단 4:25, 32, 33; 5:21
피는 먹지 말다 – 신 12:16, 23; 15:23
피를 먹다 – 레 3:17; 17:10, 12, 14; 신 12:25
함께 먹다 – 창 43:16, 32; 신 12:23; 14:26; 16:3; 삿 19:6, 8; 삼상 9:19, 24; 욥 1:4; 사 11:7; 65:25; 막 2:16; 14:18; 눅 5:30; 14:15; 행 11:3; 고전 5:11; 갈 2:12; 유 1:12

【 먹음직하다 】   【 먹이다 】

| 욥 30:4 | 나물을 꺾으며 대싸리 뿌리로 **먹을거리** |
| 시 37:3 | 머무는 동안 그의 성실을 **먹을거리로** |

먹음직하다(good for food)
| 창 3:6 | 여자가 그 나무를 본즉 **먹음직도하고** |

먹이(feed, fodder, food, prey)
창 42:27	한 사람이 여관에서 나귀에게 **먹이를**
창 43:24	발을 씻게 하며 그들의 나귀에게 **먹이를**
민 14:9	그들은 우리의 **먹이**라 그들의 보호자
욥 9:26	지나가는 것이 빠른 배 같고 **먹이**에 날아
욥 38:39	사자를 위하여 **먹이**를 사냥하겠느냐
욥 38:41	그것을 위하여 **먹이**를 마련하는 이가
욥 39:29	거기서 **먹이**를 살피나니 그 눈이 멀리
욥 40:20	뛰노는 산은 그것을 위하여 **먹이**를
시 63:10	칼의 세력에 넘겨져 승냥이의 **먹이가**
시 104:21	젊은 사자들은 그들의 **먹이**를 쫓아 부르짖으며 그들의 **먹이**를 하나님께
사 5:29	그들이 부르짖으며 **먹이**를 움켜 가져가
사 30:24	쇠스랑으로 까부르고 맛있게 한 **먹이**를
사 31:4	사자가 자기의 **먹이**를 움키고 으르렁
렘 34:20	공중의 새와 땅의 짐승의 **먹이가** 될
겔 19:3	젊은 사자가 되어 **먹이** 물어뜯기를 배워
겔 19:6	사자 가운데에 왕래하며 **먹이** 물어뜯기
겔 29:5	너를 들짐승과 공중의 새의 **먹이**로 주었
겔 34:10	입에서 건져내어서 다시는 그 **먹이가**
나 2:12	수사자가 그 새끼를 위하여 **먹이**를
합 1:8	**먹이**를 움키려 하는 독수리의 날음과

먹이다(food, eat, water)
모세오경, 역사서
출 2:16	그들의 아버지의 양 떼에게 **먹이려**
출 2:17	그들을 도와 그 양 떼에게 **먹이니라**
출 16:8	너희에게 고기를 주어 **먹이시고** 아침
출 22:5	밭에서나 포도원에서 짐승을 **먹이다가**
신 8:3	알지 못하던 만나를 네게 **먹이신** 것은
신 8:16	만나를 광야에서 네게 **먹이셨나니** 이는
신 32:14	아름다운 밀을 **먹이시며** 또 포도즙의
삿 19:19	우리에게는 나귀들에게 **먹일** 짚과 여물
삿 19:21	자기 집에 들어가서 나귀에게 **먹이니**
삼하 7:7	내 백성 이스라엘을 **먹이라고** 명령한
삼하 13:6	만들어 그의 손으로 내게 **먹여** 주게
삼하 13:11	그에게 **먹이려고** 가까이 가지고 갈 때
왕상 4:28	각기 직무를 따라 말과 준마에게 **먹일**
왕상 17:4	명령하여 거기서 너를 **먹이게** 하리라
왕상 18:4	굴에 숨기고 떡과 물을 **먹였더라**
왕상 18:13	떡과 물로 **먹인** 일이 내 주에게 들리지
왕상 22:27	고생의 떡과 고생의 물을 **먹이라** 하였으
왕하 3:9	따라가는 가축을 **먹일** 물이 없는지라
대상 17:6	내 백성을 **먹이라고** 명령한 이스라엘
대상 27:29	사론 사람 시드래는 사론에서 **먹이는**
대하 28:15	신을 신기며 **먹이고** 마시게 하며 기름을

시가서, 선지서
욥 31:17	고아에게 그 조각을 **먹이지** 아니하였
시 39:1	내가 내 입에 재갈을 **먹이리라** 하였도다
시 78:24	그들에게 만나를 비같이 내려 **먹이시며**
시 80:5	그들에게 눈물의 양식을 **먹이시며**
시 81:16	기름진 밀을 그들에게 **먹이며** 반석에
잠 25:21	원수가 배고파하거든 음식을 **먹이고**
잠 30:8	필요한 양식으로 나를 **먹이시옵소서**
아 1:8	곁에서 너의 염소 새끼를 **먹일지니라**
렘 6:3	치고 각기 그 처소에서 **먹이리로다**
애 4:3	젖을 주어 그들의 새끼를 **먹이나** 딸 내
겔 3:2	그가 그 두루마리를 내게 **먹이시며**
겔 34:3	그 털을 입되 양 떼는 **먹이지** 아니하는
겔 34:8	자기만 **먹이고** 내 양 떼를 **먹이지** 아니
겔 34:10	양을 **먹이지** 못할 … 자기도 **먹이지**
겔 34:13	그 땅 모든 거주지에서 **먹이되**
겔 34:14	좋은 꼴을 **먹이고** 그 우리를 이스라엘
겔 34:16	없애고 정의대로 그것들을 **먹이리라**
겔 34:23	그들 위에 세워 **먹이게** 하리니 그는 내 종 다윗이라 그가 그들을 **먹이고**
겔 39:20	모든 군사를 배부르게 **먹일지니라**
호 4:16	들에서 **먹임같이** 그들을 **먹이시겠느냐**
호 13:6	그들이 **먹여** 준 대로 배가 불렀고 배가
미 7:14	바산과 길르앗에서 **먹이시옵소서**
슥 11:9	이르되 내가 너희를 **먹이지** 아니하리라
슥 11:16	강건한 자를 **먹이지** 아니하고 오히려

신약
마 16:9	떡 다섯 개로 오천 명을 **먹이고** 주운
마 16:10	떡 일곱 개로 사천 명을 **먹이고** 주운
막 6:37	이백 데나리온의 떡을 사다 **먹이리이까**
눅 11:6	내게 왔으나 내가 **먹일** 것이 없노라 하면
눅 11:27	당신을 밴 태와 당신을 **먹인** 젖이 복이
눅 23:29	해산하지 못한 배와 **먹이지** 못한 젖이
요 6:5	떡을 사서 이 사람들을 **먹이겠느냐**

864

{ 먹줄 }   { 먼저 }

요 21:15   이르시되 내 어린 양을 **먹이라** 하시고
요 21:17   예수께서 이르시되 내 양을 **먹이라**
롬 12:20   네 원수가 주리거든 **먹이고** 목마르거든
고전 3:2   너희를 젖으로 **먹이고** 밥으로 아니하
계 14:8   진노의 포도주를 **먹이던** 자로다 하더라

'먹이다'와 관련된 성구

떡을 먹이다 – 창 31:54; 삼하 13:5; 왕상 13:18
물을 먹이다 – 창 29:2, 3, 7, 8, 10; 왕상 18:4; 22:27; 눅 13:15
쑥을 먹이다 – 렘 9:15; 23:15
양 떼를 먹이다 – 창 30:31; 대상 4:41; 아 2:16; 6:2, 3; 사 40:11; 겔 34:2, 8; 미 7:14; 습 2:7; 슥 11:4, 7
젖(을) 먹이다 – 창 21:7; 출 2:7, 9; 왕상 3:21; 마 24:19; 눅 21:23

먹줄(measuring line)
슥 1:16   건축되리니 예루살렘 위에 **먹줄이** 쳐

먹히다(be eated)
욥 6:6   싱거운 것이 소금 없이 **먹히겠느냐**
잠 30:17   쪼이고 독수리 새끼에게 **먹히리라**
겔 33:27   들짐승에게 넘겨 **먹히게** 하고 산성과
행 12:23   사자가 곧 치니 벌레에게 **먹혀** 죽으니라

먼바다(farthest seas)
시 65:5   하나님이시여 땅의 모든 끝과 **먼바다에**

먼저(first)
구약
창 11:28   데라보다 **먼저** 고향 갈대아인의 우르
창 29:26   아우를 **먼저** 주는 것은 우리 지방에서
레 17:4   **먼저** 회막 문으로 끌고 가서 여호와
민 5:25   **먼저** 그 여인의 손에서 의심의 소제물을
신 1:33   너희보다 **먼저** 그 길을 가시며 장막 칠
신 10:11   백성보다 **먼저** 길을 떠나라 내가 그들
신 13:9   죽이되 죽일 때에 네가 **먼저** 하고
신 20:10   나아가서 치려 할 때에는 그 성읍에 **먼저**
신 31:3   하나님 여호와께서 너보다 **먼저** 건너
삼상 2:16   그 사람이 이르기를 반드시 **먼저** 기름을
삼상 23:24   사울보다 **먼저** 십으로 가니라 다윗의

삼하 17:9   혹 무리 중에 몇이 **먼저** 엎드러지면
삼하 19:20   요셉의 온 족속 중 내가 **먼저** 내려와
왕상 17:13   네 말대로 하려니와 **먼저** 그것으로 나를
왕상 18:25   너희는 많으니 **먼저** 송아지 한 마리를
왕상 22:5   청하건대 **먼저** 여호와의 말씀이 어떠
대상 6:54   아론 자손 곧 그핫 종족이 **먼저** 제비
대상 11:6   다윗이 이르되 **먼저** 여부스 사람을 치는
대상 24:2   아비후가 그들의 아버지보다 **먼저** 죽고
대하 18:4   왕에게 이르되 청하건대 **먼저** 여호와의
욥 41:11   **먼저** 내게 주고 나로 하여금 갚게 하겠
전 1:16   나보다 **먼저** 예루살렘에 있던 모든 사람
전 2:7   나보다 **먼저** 예루살렘에 있던 모든 자들
사 60:9   나를 앙망하고 다시스의 배들이 **먼저**
단 10:21   오직 내가 **먼저** 진리의 글에 기록된
슥 12:7   여호와가 **먼저** 유다 장막을 구원하리니

복음서, 역사서
마 6:33   그런즉 너희는 **먼저** 그의 나라와 그의
마 7:5   **먼저** 네 눈 속에서 들보를 빼어라 그
마 12:29   사람이 **먼저** 강한 자를 결박하지 않고
마 13:30   가라지는 **먼저** 거두어 불사르게 단으로
마 17:25   예수께서 **먼저** 이르시되 시몬아 네 생각
마 21:31   창녀들이 너희보다 **먼저** 하나님의 나라
마 23:26   눈 먼 바리새인이여 너는 **먼저** 안을
막 3:27   사람이 **먼저** 강한 자를 결박하지 않고
막 7:27   자녀로 **먼저** 배불리 먹게 할지니 자녀의
막 13:10   복음이 **먼저** 만국에 전파되어야 할 것
막 16:9   쫓아내어 주신 막달라 마리아에게 **먼저**
눅 6:42   외식하는 자여 **먼저** 네 눈 속에서 들보를
눅 9:61   내가 주를 따르겠나이다마는 나로 **먼저**
눅 12:1   예수께서 **먼저** 제자들에게 말씀하여
눅 14:28   족할는지 **먼저** 앉아 그 비용을 계산하지
눅 17:25   **먼저** 많은 고난을 받으며 이 세대에게
요 1:41   그가 **먼저** 자기의 형제 시몬을 찾아
요 2:10   말하되 사람마다 **먼저** 좋은 포도주를
요 5:4   움직인 후에 **먼저** 들어가는 자는 어떤
요 8:7   너희 중에 죄 없는 자가 **먼저** 돌로 치라
요 15:18   너희를 미워하면 너희보다 **먼저** 나를
요 18:13   **먼저** 안나스에게로 끌고 가니 안나스
요 20:4   베드로보다 더 빨리 달려가서 **먼저** 무덤
행 1:1   내가 **먼저** 쓴 글에는 무릇 예수께서
행 7:12   애굽에 곡식 있다는 말을 듣고 **먼저**
행 13:24   그가 오시기에 앞서 요한이 **먼저** 회개의
행 26:20   **먼저** 다메섹과 예루살렘에 있는 사람과

[먼저]　　　　　　　　　　　　　　　　　　　　　　　　　　　　　[멀다]

행 27:43　사람들을 명하여 물에 뛰어내려 **먼저**

서신서
롬 1:8　　**먼저** 내가 예수 그리스도로 말미암아
롬 10:19　이스라엘이 알지 못하였느냐 **먼저** 모세
롬 12:10　우애하고 존경하기를 서로 **먼저** 하며
롬 15:24　지나가는 길에 너희를 보고 **먼저** 너희
롬 16:7　　여겨지고 또한 나보다 **먼저** 그리스도
고전 11:18　**먼저** 너희가 교회에 모일 때에 너희
고전 14:30　다른 이에게 계시가 있으면 **먼저** 하던
고전 15:3　받은 것을 **먼저** 너희에게 전하였노니
고후 1:15　은혜를 얻게 하기 위하여 **먼저** 너희에게
고후 8:5　 우리가 바라던 것뿐 아니라 그들이 **먼저**
고후 9:5　 내가 이 형제들로 **먼저** 너희에게 가서
갈 1:17　　**먼저** 사도 된 자들을 만나려고 예루살렘
갈 3:8　　 성경이 미리 알고 **먼저** 아브라함에게
엡 3:3　　 내게 비밀을 알게 하신 것은 내가 **먼저**
살전 2:2　아는 바와 같이 우리가 **먼저** 빌립보에서
살전 4:16　그리스도 안에서 죽은 자들이 **먼저**
살후 2:3　너희가 미혹되지 말라 **먼저** 배교하는
딤전 1:16　내게 **먼저** 일체 오래 참으심을 보이사
딤전 2:13　이는 아담이 **먼저** 지음을 받고 하와가
딤전 3:10　**먼저** 시험하여 보고 그 후에 책망할
딤전 5:4　손자들이 있거든 그들로 **먼저** 자기 집
딤후 1:5　믿음은 **먼저** 네 외조모 로이스와 네
히 7:2　　이름을 해석하면 **먼저**는 의의 왕이요
벧전 4:17　우리에게 **먼저** 하면 하나님의 복음을
벧후 1:20　**먼저** 알 것은 성경의 모든 예언은
벧후 3:3　**먼저** 이것을 알지니 말세에 조롱하는
요일 4:19　사랑함은 그가 **먼저** 우리를 사랑하셨

'먼저'와 관련된 성구
먼저 가다 – 신 1:30; 마 5:24; 8:21; 막 6:33; 눅 9:59; 요 20:8; 행 20:5
먼저 갈릴리로 가다 – 마 26:32; 28:7; 막 14:28; 16:7
먼저 계시다 – 요 1:15, 30; 골 1:17
먼저 나가다 – 삿 10:18; 왕상 20:17
먼저 나다 – 욥 15:7; 골 1:15, 18; 계 1:5
먼저 나오다 – 창 25:25; 38:28; 계 13:12
먼저는 유대인에게 – 롬 1:16; 2:9, 10
먼저 되다 – 마 19:30; 20:16; 막 10:31; 눅 13:30
먼저 드리다 – 레 5:8; 롬 11:35
먼저 말하다 – 겔 40:25; 눅 10:5

먼저 받다 – 딤후 2:6; 히 4:6
먼저 보내다 – 창 45:5, 7; 신 1:22; 행 3:26; 딛 3:13
먼저 오다 – 마 17:10, 11; 막 9:11, 12; 눅 1:17; 마 20:10
먼저 온 자(사람) – 잠 18:17; 마 20:8, 10; 눅 16:5; 요 10:8
먼저 올라가다 – 삿 1:1; 20:18; 대상 11:6
먼저 있다 – 느 5:15; 렘 34:5; 단 7:24; 눅 21:9
먼저 측량하다 – 겔 40:21, 24, 29, 33

먼저 – 기타 본문
신 17:7; 33:21; 삼하 19:43; 대상 16:7; 전 2:9; 사 65:7; 마 17:27; 눅 14:31; 요 5:7; 행 13:46; 26:23; 고전 11:21; 15:23, 46; 고후 8:10; 딤전 5:24; 히 7:27

먼지(dirt, dust)
삼하 16:13　향하여 돌을 던지며 **먼지**를 날리더라
시 7:5　　땅에 짓밟게 하고 내 영광을 **먼지** 속에
시 78:27　**먼지**처럼 많은 고기를 비같이 내리시고
시 103:14　체질을 아시며 우리가 단지 **먼지**뿐임을
시 104:29　거두신즉 그들은 죽어 **먼지**로 돌아가
시 113:7　**먼지** 더미에서 일으키시며 궁핍한 자를
사 40:15　같으며 섬들은 떠오르는 **먼지** 같으리니
암 2:7　　힘 없는 자의 머리를 티끌 **먼지** 속에
마 10:14　집이나 성에서 나가 너희 발의 **먼지**를
막 6:11　　발 아래 **먼지**를 떨어버려 그들에게 증거
눅 9:5　　발에서 **먼지**를 떨어 버려 그들에게 증거
눅 10:11　묻은 **먼지**도 너희에게 떨어버리노라

멀다(blind, far away)
1. 눈이 보이지 않게 되다(blind)
신 15:21　절거나 눈이 **멀었거나** 무슨 흠이 있으면
욥 17:5　비난하는 자는 그의 자손들의 눈이 **멀게**
슥 11:17　오른쪽 눈이 아주 **멀어** 버릴 것이라
슥 12:4　돌보고 모든 민족의 말을 쳐서 눈이 **멀게**
마 12:22　귀신 들려 눈 **멀고** 말 못하는 사람을
요 12:40　그들의 눈을 **멀게** 하시고 그들의 마음
요일 2:11　그 어둠이 그의 눈을 **멀게** 하였음이라

멀다 1 – 기타 본문
신 28:28; 레 22:22; 욥 17:5; 말 1:8; 눅 4:18

【 멀리/멀리서 】　　　　　　　　　　　　　　　【 멀리/멀리서 】

2 거리가 많이 떨어져 있다(far away)

창 27:39　기름짐에서 **멀고** … 이슬에서 **멀** 것이며
신 12:21　네게서 **멀거든** 내가 네게 명령한 대로
신 13:7　네게서 **멀든지** 땅 이 끝에서 저 끝까지
신 14:24　너무 **멀고** 행로가 어려워서 네 하나님
신 19:6　살인자를 뒤쫓는데 그 가는 길이 **멀면**
신 22:2　네 형제가 네게서 **멀거나** 또는 네가
삿 18:7　시돈 사람들과 거리가 **멀고** 어떤 사람
삿 18:28　거리가 **멀고** 상종하는 사람도 없음이
삼상 26:13　**멀리** 산 꼭대기에 서니 거리가 **멀더라**
욥 5:4　구원에서 **멀고** 성문에서 억눌리나
욥 21:16　악인의 계획은 나에게서 **멀구나**
전 7:24　이미 있는 것은 **멀고** 또 깊고 깊도다
사 46:13　**멀지** 아니하니 나의 구원이 지체하지
사 57:10　**멀어서** 피곤할지라도 헛되다 말하지
사 59:9　그러므로 정의가 우리에게서 **멀고** 공의
사 59:11　구원을 바라나 우리에게서 **멀도다**
렘 51:33　때가 이른 타작 마당과 같은지라 **멀지**
암 6:3　너희는 흉한 날이 **멀다** 하여 포악한 자리
마 15:8　나를 공경하되 마음은 내게서 **멀도다**
막 7:6　나를 공경하되 마음은 내게서 **멀도다**
막 12:34　네가 하나님의 나라에서 **멀지** 않도다
눅 7:6　그 집이 **멀지** 아니하여 백부장이 벗들을
행 25:4　가이사랴에 구류된 것과 자기도 **멀지**

삼상 26:13　다윗이 건너편으로 가서 **멀리** 산꼭대기
왕하 4:25　하나님의 사람이 **멀리서** 그를 보고 자기
대하 26:15　그의 이름이 **멀리** 퍼짐은 기이한 도우심
욥 11:14　네 손에 죄악이 있거든 **멀리** 버리라 불의
욥 39:25　나팔 소리가 날 때마다 힝힝 울며 **멀리서**
시 55:7　**멀리** 날아가서 광야에 머무르리로다
시 103:12　죄과를 우리에게서 **멀리** 옮기셨으며
시 138:6　낮은 자를 굽어살피시며 **멀리서도** 교만
시 139:2　내가 앉고 일어섬을 아시고 **멀리서도**
잠 22:15　얽혔으나 징계하는 채찍이 이를 **멀리**
사 6:12　여호와께서 사람들을 **멀리** 옮기셔서
사 10:3　벌하시는 날과 **멀리서** 오는 환난 때에
사 17:13　꾸짖으시리니 그들이 **멀리** 도망함이
사 22:3　너의 **멀리** 도망한 자들도 발견되어 다
사 59:14　정의가 뒤로 물리침이 되고 공의가 **멀리**
렘 27:10　땅에서 **멀리** 떠나게 하며 또 내가 너희
겔 11:16　내가 비록 그들을 **멀리** 이방인 가운데
겔 43:9　**멀리** 제거하여 버려야 할 것이라 그리
미 4:7　남은 백성이 되게 하며 **멀리** 쫓겨났던
마 8:30　**멀리서** 많은 돼지 떼가 먹고 있는지라
막 5:6　그가 **멀리서** 예수를 보고 달려와 절하며
막 8:3　기진하리라 그 중에는 **멀리서** 온 사람
막 11:13　**멀리서** 잎사귀 있는 한 무화과나무를
눅 16:23　음부에서 고통중에 눈을 들어 **멀리**
행 17:27　우리 각 사람에게서 **멀리** 계시지 아니

멀리 2 - 기타 본문

창 48:7; 민 9:10; 신 30:11; 수 9:6, 9, 22; 삼상 26:20; 왕상 8:41; 왕하 19:23; 20:14; 대상 17:17; 대하 6:32; 욥 36:3, 25; 시 65:5; 103:12; 잠 7:19; 25:25; 27:10; 31:14; 사 5:26; 7:18; 8:9; 13:5; 17:6; 23:7; 33:13; 43:6; 46:11; 49:1, 12; 57:9, 19; 60:4, 9, 66:19; 렘 4:16; 5:15; 6:20; 8:14, 19; 23:23; 30:10; 31:10; 46:27; 50:26; 51:50; 겔 6:12; 22:5; 23:40; 단 9:7; 욜 3:8; 미 4:3; 합 1:8; 슥 6:15; 10:9; 눅 15:13; 19:12; 행 2:39

멀리/멀리서(at a distance)

창 22:4　아브라함이 눈을 들어 그 곳을 **멀리**
출 2:4　누이가 어떻게 되는지를 알려고 **멀리**
출 24:1　여호와께로 올라와 **멀리서** 경배하고
신 28:49　곧 여호와께서 **멀리** 땅 끝에서 한 민족
신 29:22　뒤에 일어나는 너희의 자손과 **멀리서**
삿 5:11　활 쏘는 자들의 소리로부터 **멀리** 떨어

'멀리/멀리서'와 관련된 성구

멀리 가다 - 창 44:4; 출 8:28; 렘 49:30
멀리 들리다 - 스 3:13; 느 12:43
멀리 떠나다 - 출 14:3; 33:7; 신 20:15; 수 8:6, 16; 삿 18:22; 욥 19:13; 28:4; 시 88:8, 18; 109:17; 사 29:13; 46:12; 49:19; 렘 27:10; 애 1:16; 3:17; 겔 8:6; 11:15; 44:10; 욜 2:20; 3:6; 골 1:21
멀리 보다 - 욥 2:12; 39:29; 벧후 1:9
멀리 서다 - 출 20:18, 21; 왕하 2:7; 시 10:1; 38:11; 옵 1:11; 눅 17:12; 18:13; 23:49; 계 18:10, 15, 17
멀리서 바라보다 - 마 27:55; 막 15:40
멀리서 보다 - 창 37:18; 히 11:13
멀리 있다 - 수 3:16; 겔 12:27; 눅 14:32; 엡 2:13

[**멀리하다**] [**멍에**]

행 22:21 너를 멀리 이방인에게로 보내리라

멀리하다(stay away, abstain)
민 6:3 포도주와 독주를 멀리하며 포도주로
신 7:15 또 모든 질병을 네게서 멀리하사
신 7:26 그것을 멀리하며 심히 미워하라 그것
스 6:6 아바삭 사람들은 그 곳을 멀리하여
시 22:1 어찌 나를 멀리하여 돕지 아니하시오며
시 22:11 멀리하지 마옵소서 환난이 가까우나
시 22:19 여호와여 멀리하지 마옵소서 나의 힘
시 35:22 잠잠하지 마옵소서 주여 나를 멀리하지
시 38:11 상처를 멀리하고 내 친척들도 멀리 섰
시 38:21 나의 하나님이여 나를 멀리하지 마소서
시 73:27 주를 멀리하는 자는 망하리니 음녀같이
잠 30:8 것과 거짓말을 내게서 멀리하옵시며
전 3:5 때가 있고 안을 일을 멀리할 때가 있으
사 1:4 거룩하신 이를 만홀히 여겨 멀리하고
렘 2:5 무슨 불의함을 보았기에 나를 멀리하고
호 11:2 점점 멀리하고 바알들에게 제사하며
눅 6:22 미워하며 멀리하고 욕하고 너희 이름을
행 15:20 목매어 죽인 것과 피를 멀리하라고 편지
행 15:29 목매어 죽인 것과 음행을 멀리할지니라
딛 3:10 사람을 한두 번 훈계한 후에 멀리하라
요일 5:21 너희 자신을 지켜 우상에게서 멀리하라

📖 **멀리하다 - 기타 본문**
출 23:7; 수 8:4; 욥 22:23; 30:10; 시 71:12; 잠 4:24; 5:8; 15:29; 19:7; 20:3; 22:5; 전 7:23

멀어지다(go astray, far from)
시 58:3 모태에서부터 멀어졌음이여 나면서
시 119:155 구원이 악인들에게서 멀어짐은 그들이
사 54:14 설 것이며 학대가 네게서 멀어질 것인즉

멀찍이(at a distance)
마 26:58 베드로가 멀찍이 예수를 따라 대제사장
막 14:54 베드로가 예수를 멀찍이 따라 대제사장
눅 22:54 들어갈새 베드로가 멀찍이 따라가니라

멈추다(stop)
창 29:35 유다라 하였고 그의 출산이 멈추었더라
수 3:13 물을 밟고 멈추면 요단 물 곧 위에서
수 10:13 태양이 머물고 달이 멈추기를 백성이

삼하 15:17 따라서 벧메르학에 이르러 멈추어 서니
삼하 20:12 거기에 이르는 자도 다 멈추어 서는
왕상 4:24 나를 위하여 달려가기를 멈추지 말라
스 6:8 끊임없이 주어 그들로 멈추지 않게
느 12:39 지나 양문에 이르러 감옥 문에 멈추매
욥 37:4 그 음성이 들릴 때에 번개를 멈추게
렘 14:10 발을 멈추지 아니하므로 여호와께서
렘 31:16 네 울음 소리와 네 눈물을 멈추어라
렘 51:50 칼을 피한 자들이여 멈추지 말고 걸어
암 4:7 석 달 전에 내가 너희에게 비를 멈추게
합 3:11 해와 달이 그 처소에 멈추었나이다
행 8:38 수레를 멈추고 빌립과 내시가 둘 다

멍에(yoke)
창 27:40 매임을 벗을 때에는 그 멍에를 네 목에
레 26:13 너희의 멍에의 빗장을 부수고 너희를
삼하 24:22 마당질 하는 도구와 소의 멍에가 있나
사 9:4 그들이 무겁게 멘 멍에와 그들의 어깨의
사 10:27 그의 멍에가 … 기름진 까닭에 멍에가
사 14:25 그의 멍에가 이스라엘에게서 떠나고
사 47:6 늙은이에게 네 멍에를 심히 무겁게 메우
사 58:6 결박을 풀어 주며 멍에의 줄을 끌러 주며
사 58:9 너희 중에서 멍에와 손가락질과 허망한
렘 27:2 말씀하시되 너는 줄과 멍에를 만들어
렘 28:10 예레미야의 목에서 멍에를 빼앗아
렘 28:11 느부갓네살의 멍에를 이와 같이 꺾으
렘 31:18 징벌하시매 멍에에 익숙하지 못한

'멍에'와 관련된 성구

멍에를 가볍게 하다 - 왕상 12:9; 대하 10:9
멍에를 꺾다 - 사 58:6; 렘 2:20; 5:5; 28:12, 13; 30:8; 겔 30:18
멍에를 더욱 무겁게 하다 - 왕상 12:11, 14; 대하 10:11
멍에를 메다 - 민 19:2; 신 21:3; 삼상 6:7; 애 3:27; 마 11:29; 21:5; 갈 5:1
멍에를 무겁게 하다 - 왕상 12:4, 10, 14; 대하 10:4, 10, 14
멍엣소 - 렘 51:23
무거운 멍에 - 왕상 12:4, 11; 대하 10:4, 11
바벨론 왕의 멍에 - 렘 27:8, 11, 12; 28:2, 4
쇠 멍에 - 렘 28:13, 14
철 멍에 - 신 28:48

【 메꾸어지다 】   【 메다 】

애 1:14	죄악의 **멍에**를 그의 손으로 묶고 얽어	왕상 8:6	자기의 처소로 **메어** 들였으니 곧 성전
겔 34:27	**멍에**의 나무를 꺾고 그들을 종으로	왕상 22:37	죽으매 그의 시체를 **메어** 사마리아에
호 10:11	아름다운 목에 **멍에**를 메우고 에브라임	대상 13:13	다윗 성으로 **메어** … 집으로 **메어** 가니
호 11:4	목에서 **멍에**를 벗기는 자같이 되었으며	대상 15:3	궤를 그 마련한 곳으로 **메어** 올리고자
나 1:13	네게 지운 그의 **멍에**를 내가 깨뜨리고	대상 15:13	전에는 너희가 **메지** 아니하였으므로
마 11:30	이는 내 **멍에**는 쉽고 내 짐은 가벼움이라	대상 15:25	언약궤를 즐거이 **메고** 오벧에돔의 집
행 15:10	능히 메지 못하던 **멍에**를 제자들의 목에	대하 1:4	그것을 위하여 준비한 곳으로 **메어** 올렸
고후 6:14	너희는 믿지 않는 자와 **멍에**를 함께	대하 5:2	다윗 성 곧 시온에서부터 **메어** 올리고자
빌 4:3	참으로 나와 **멍에**를 같이한 네게 구하	대하 5:5	레위인 제사장들이 그것들을 **메고** 올라
딤전 6:1	**멍에** 아래에 있는 종들은 자기 상전들	대하 9:25	병거 **메는** 말의 외양간은 사천이요 마병
		욥 21:32	무덤으로 **메어** 가고 사람이 그 무덤을
메꾸어지다(be closed)		사 9:6	어깨에는 정사를 **메었고** 그의 이름은
느 4:7	중수되어 그 허물어진 틈이 **메꾸어져**	렘 10:5	걸어다니지도 못하므로 사람이 **메어야**
		겔 12:12	어깨에 행장을 **메고** 나가며 눈으로 땅을
메네/-메네 데겔 우바르신(MENE, MENE,		슥 6:3	어룽지고 건장한 말들이 **메었는지라**
TEKEL, PARSIN)		막 6:55	듣는 대로 병든 자를 침상째로 **메고**
단 5:25	이것이니 곧 **메네 메네 데겔 우바르신**	눅 5:18	한 중풍병자를 사람들이 침상에 **메고**
단 5:26	그 글을 해석하건대 **메네**는 하나님이	눅 5:19	무리 때문에 **메고** 들어갈 길을 얻지
		눅 7:12	사람들이 한 죽은 자를 **메고** 나오니
메다(set on one's shoulder, bring up)		행 3:2	못 걷게 된 이를 사람들이 **메고** 오니
창 47:30	애굽에서 **메어다가** 조상의 묘지에 장사	행 5:6	젊은 사람들이 일어나 시신을 싸서 **메고**
창 49:15	짐을 **메고** 압제 아래에서 섬기리로다		
창 50:13	그를 가나안 땅으로 **메어다가** 마므레	'메다'와 관련된 성구	
창 50:25	당신들은 여기서 내 해골을 **메고** 올라		
출 37:14	고리가 턱 곁에 있어서 상을 **메는** 채를	궤를 메다 − 출 25:14; 37:5; 신 10:8;	
출 38:7	양쪽 고리에 그 채를 꿰어 **메게** 하였으며	31:9, 25; 수 3:7, 6, 14; 6:6, 12; 삼	
레 10:4	성소 앞에서 진영 밖으로 **메고** 나가라	하 6:2, 15, 17; 15:24; 왕상 2:26;	
레 10:5	그들을 옷 입은 채 진영 밖으로 **메어**	8:3; 대상 13:5, 6; 15:2, 12, 14, 28;	
민 4:10	해달의 가죽 덮개 안에 넣어 **메는** 틀	16:1; 대하 5:4; 24:11	
민 4:12	해달의 가죽 덮개로 덮어 **메는** 틀 위에	기구를 메다 − 민 4:26; 대하 5:5; 사 52:11	
민 4:25	해달의 가죽 덮개와 회막 휘장 문을 **메며**	놋 단창을 메다 − 삼상 17:6	
민 4:47	세부터 오십 세까지 회막 봉사와 **메는**	멍에를(를) 메다 − 민 19:2; 신 21:3; 삼상	
민 4:49	짐을 **메는** 일을 따라 모세에게 계수되었	6:7; 애 3:27; 마 11:29; 21:5; 갈 5:1	
민 7:9	그들의 성소의 직임은 그 어깨로 **메는**	성막/성물을 메다 − 민 10:17, 21	
민 13:23	막대기에 꿰어 **메고** 또 석류와 무화과	어깨에 메다 − 창 9:23; 21:14; 24:15; 45;	
삿 3:18	바치기를 마친 후에 공물을 **메고** 온	출 12:34; 28:12; 수 4:5; 삿 9:48;	
삼하 6:10	자기에게로 **메어** 가기를 즐겨하지 아	16:3; 대상 15:15; 대하 35:3; 욥	
	니하고 … 오벧에돔의 집으로 **메어** 간	31:36; 사 46:7; 49:22; 겔 12:6, 7;	
삼하 6:12	하나님의 궤를 기쁨으로 **메고** 오벧에돔	눅 15:5	
삼하 15:25	하나님의 궤를 성읍으로 도로 **메어** 가라	여호와의 궤를 메다 − 수 6:12; 삼하 6:15,	
삼하 15:29	궤를 예루살렘으로 도로 **메어다** 놓고	17; 왕상 2:26; 대상 15:2, 12, 14	
왕상 8:1	시온에서 **메어** 올리고자 하여 이스라엘	제단을 메다 − 출 27:7; 30:4; 37:27	
왕상 8:4	**메고** 올라가되 … 제사장들이 그것을 **메고**	하나님의 궤를 메다 − 삼하 6:2; 대상 13:5,	
		6; 16:1	
		화살통을 메다 − 사 22:6	

【 메닷 】　　　　　　　　　　　　　　　　　　【 메레스 】

행 5:9	앞에 이르렀으니 또 너를 메어 내가리라
행 5:10	죽은 것을 보고 메어다가 그의 남편
행 5:15	심지어 병든 사람을 메고 거리에 나가
행 15:10	조상과 우리도 능히 메지 못하던 멍에를
고후 6:14	믿지 않는 자와 멍에를 함께 메지 말라

메닷(Medad) 모세 때 70인의 장로 중 한 사람
민 11:26　기명된 자 중 엘닷이라 하는 자와 메닷
민 11:27　엘닷과 메닷이 진중에서 예언하나이다

메대(Media) 카스피해 남서쪽 지방
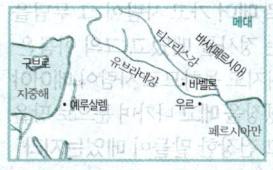
스 6:2　메대도 악메다 궁성에서
사 21:2　엘람이여 올라가고 메대여 에워싸라
단 5:28　베레스는 왕의 나라가 나뉘어서 메대와

'메대 사람'과 관련된 성구
왕하 17:6, 18:11; 사 13:17, 18; 렘 51:28;
단 5:31, 11:1; 행 2:9

메대 - 기타 본문
에 1:3; 1:14, 18, 19; 10:2; 렘 25:25; 51:11, 28; 단 6:8, 12, 15; 8:20; 9:1

메덱암마(Metheg Ammah) 다윗이 빼앗은 성읍
삼하 8:1　블레셋 사람들의 손에서 메덱암마를

메드바(Medeba) 모압의 성읍
민 21:30　디본까지 멸하였고 메드바에 가까운
수 13:9　성읍과 디본까지 이르는 메드바 온 평지
수 13:16　골짜기 가운데 있는 성읍과 메드바 곁의
대상 19:7　그들이 와서 메드바 앞에 진 치매 암몬
사 15:2　모압은 느보와 메드바를 위하여 통곡

메뚜기(locust)
출 10:4　보내기를 거절하면 내일 내가 메뚜기를
출 10:5　메뚜기가 지면을 덮어서 사람이 땅을 볼 수 없을 것이라 메뚜기가 네게 남은
출 10:12　네 손을 내밀어 메뚜기를 애굽 땅에
출 10:13　아침이 되매 동풍이 메뚜기를 불어들인
출 10:14　메뚜기가 애굽 온 땅에 이르러 그 사방에 내리매 … 이런 메뚜기는 전에도
출 10:15　메뚜기가 온 땅을 … 메뚜기가 우박에
출 10:19　메뚜기를 홍해에 … 메뚜기가 하나도
레 11:22　그 중에 메뚜기 종류와 베짱이 종류와
민 13:33　우리는 스스로 보기에도 메뚜기 같으니
신 28:38　많은 종자를 들에 뿌릴지라도 메뚜기
신 28:42　모든 나무와 토지 소산은 메뚜기가 먹을
삿 6:5　메뚜기 떼같이 많이 들어오니 그 사람
삿 7:12　메뚜기의 많은 수와 같고 그들의 낙타
왕상 8:37　시들거나 깜부기가 나거나 메뚜기나
대하 6:28　깜부기가 나거나 메뚜기나 황충이
대하 7:13　혹 메뚜기들에게 토산을 먹게 하거나
욥 39:20　그것으로 메뚜기처럼 뛰게 하였느냐
시 78:46　그들이 수고한 것을 메뚜기에게 주셨
시 105:34　말씀하신즉 황충과 수많은 메뚜기가
시 109:23　석양 그림자같이 지나가고 또 메뚜기
잠 30:27　없으되 다 떼를 지어 나아가는 메뚜기
전 12:5　메뚜기도 짐이 될 것이며 정욕이 그치
사 33:4　노략물을 모을 것이며 메뚜기가 뛰어
사 40:22　땅에 사는 사람들은 메뚜기 같으니라
렘 51:14　사람을 메뚜기같이 네게 가득하게
렘 51:27　극성스런 메뚜기같이 그 말들을 몰아
욜 1:4　남긴 것을 메뚜기가 먹고 메뚜기가
욜 2:25　너희에게 보낸 큰 군대 곧 메뚜기와
암 7:1　움돋기 시작할 때에 주께서 메뚜기를
암 7:2　메뚜기가 땅의 풀을 다 먹은지라 내가
나 3:15　스스로 많게 할지어다 네가 메뚜기같이
나 3:17　네 방백은 메뚜기 … 큰 메뚜기 떼가
말 3:11　내가 너희를 위하여 메뚜기를 금하여
마 3:4　가죽 띠를 띠고 음식은 메뚜기와 석청
막 1:6　허리에 가죽 띠를 띠고 메뚜기와 석청

메랍(Merab) 사울의 맏딸
삼상 14:49 맏딸의 이름은 메랍이요 작은 딸의 이름
삼상 18:17 사울이 다윗에게 이르되 내 맏딸 메랍
삼상 18:19 사울의 딸 메랍을 다윗에게 줄 시기에
삼하 21:8 사울의 딸 메랍에게서 난 자 곧 므홀랏

메레스(Meres) 아하수에로 왕의 방백
에 1:14　다시스와 메레스와 마르스나와

【 메렛 】 　　　　　　　　　　　　　　　　　　　　　　　　【 메시야 】

메렛(Mered) 에스라의 아들
대상 4:17 예델과 **메렛**과 에벨과 얄론이며 **메렛**
대상 4:18 **메렛**이 아내로 맞은 바로의 딸 비디아

메로놋(Meronothite) 미스바와 기브온 근처 지역
대상 27:30 낙타를 맡았고 **메로놋** 사람 예드야는
느 3:7 다음은 기브온 사람 믈라댜와 **메로놋**

메로스(Meroz) 여호와의 사자로부터 저주 받은 곳
삿 5:23 여호와의 사자의 말씀에 **메로스**를 저주

메롬(Merom) 여호수아가 승리한 물가
수 11:5 이스라엘과 싸우려고 **메롬** 물가에
수 11:7 여호수아가 모든 군사와 함께 **메롬**

메마르다(dry)
민 13:20 토지가 비옥한지 **메마른지** 나무가 있는
욥 30:3 파리하며 캄캄하고 **메마른** 땅에서 마른
시 68:6 오직 거역하는 자들의 거처는 **메마른**
시 78:17 하나님께 범죄하여 **메마른** 땅에서 지존
사 35:1 광야와 **메마른** 땅이 기뻐하며 사막이
사 35:7 사막이 변하여 못이 될 것이며 **메마른**
사 58:11 너를 항상 인도하여 **메마른** 곳에서도
렘 48:18 영화에서 내려와 **메마른** 데 앉으라
겔 19:13 광야, **메마르고** 가물이 든 땅에 심어진
욜 2:20 멀리 떠나게 하여 **메마르고** 적막한 땅
습 2:13 황폐하게 하여 사막같이 **메마르게**

메바앗(Mephaath) 르우벤 지파의 땅
수 13:18 야하스와 그데못과 **메바앗**과
대상 6:79 그데못과 그 초원과 **메바앗**과 그 초원
렘 48:21 이르렀나니 곧 홀론과 야사와 **메바앗**과

메사(Mesha)
1. 인 명
(1) 모압의 왕
왕하 3:4 모압 왕 **메사**는 양을 치는 자라 새끼 양
(2) 갈렙의 맏아들이며 십의 아버지
대상 2:42 갈렙의 아들 곧 맏아들은 **메사**이니
(3) 사하라임의 자녀
대상 8:9 낳은 자는 요밥과 시비야와 **메사**와 말감

2. 지명 : 욕단의 후손이 거하던 땅
창 10:30 그들이 거주하는 곳은 **메사**에서부터

메사합(Me-Zahab) 므헤다벨의 조부
창 36:39 므헤다벨이니 마드렛의 딸이요 **메사합**
대상 1:50 므헤다벨이라 **메사합**의 손녀요 마드렛

메삭(Meshach) 미사엘의 바벨론 이름
단 1:7 미사엘은 **메삭**이라 하고 아사랴는

┌─ '사드락과 메삭과 아벳느고'와 관련된 성구 ─┐
│ 단 2:49; 3:12, 13, 14, 16, 19, 20, 22, 23, 26, │
│ 　　28, 29, 30 │
└─────────────────────────────────┘

메섹(Meshech)
1. 인 명
(1) 야벳의 아들과 그의 후손들
창 10:2 마곡과 마대와 야완과 두발과 **메섹**과

▶ 메섹 1-(1) – 기타 본문
대상 1:5; 겔 27:13; 32:26; 38:2, 3; 39:1

(2) 셈의 아들
대상 1:17 아람과 우스와 훌과 게델과 **메섹**이라

2. 지명 : 메섹의 후손이 살던 곳
시 120:5 **메섹**에 머물며 게달의 장막 중에 머무는

메소밥(Meshobab) 시므온 자손
대상 4:34 **메소밥**과 야믈렉과 아마시야의 아들

메소보다미아(Aram Naharaim, Mesopotamia) 티그리스와 유프라테스 강 사이의 유역
창 24:10 떠나 **메소보다미아**로 가서 나홀의 성에
신 23:4 영접하지 아니하고 **메소보다미아**의
삿 3:8 그들을 **메소보다미아** 왕 구산 리사다임
삿 3:10 **메소보다미아** 왕 구산 리사다임을
행 2:9 메대인과 엘람인과 또 **메소보다미아**,
행 7:2 하란에 있기 전 **메소보다미아**에 있을

메시야(Messiah)
요 1:41 우리가 **메시야**를 만났다 하고 (**메시야**는
요 4:25 여자가 이르되 **메시야** 곧 그리스도라

【 메얄곤 】　　　　　　　　　　　　　　　　　　　　　　　　　　　　　　　　　　【 며느리 】

메얄곤(Me Jarkon)　단 지파의 성읍
수 19:46　메얄곤과 락곤과 욥바 맞은편 경계까지

메어치다/메치다(dash)
왕하 8:12　칼로 죽이며 어린 아이를 **메치며** 아이
시 137:9　어린 것들을 바위에 **메어치는** 자는 복이
사 13:16　아이들은 그들의 목전에서 **메어침**을
나 3:10　모퉁이에 **메어침**을 당하여 부서졌으며
눅 19:44　자식들을 땅에 **메어치며** 돌 하나도 돌 위

메우다(fill, set it on one's shoulder)
　　1. 빈 곳을 채우게 하다(fill)
창 26:15　판 모든 우물을 막고 흙으로 **메웠더라**
창 26:18　블레셋 사람이 그 우물들을 **메웠음이라**
왕하 3:19　좋은 나무를 베고 모든 샘을 **메우고**
왕하 3:25　모든 샘을 **메우고** 모든 좋은 나무를
눅 3:5　모든 골짜기가 **메워지고** 모든 산과 작은
　　2. 얹어서 메다(set it on one's shoulder)
창 21:14　하갈의 어깨에 **메워** 주고 그 아이를
출 28:12　이름을 그 두 어깨에 **메워서** 기념이
신 28:48　네 목에 **메워** 마침내 너를 멸할 것이라
삼상 6:7　소에 수레를 **메우고** 그 송아지들은 떼어
삼상 6:10　소 둘을 끌어다가 수레를 **메우고**
왕상 12:4　우리에게 시킨 고역과 **메운** 무거운 멍에
왕상 12:9　아버지가 우리에게 **메운** 멍에를 가볍게
왕하 9:21　**메우라** 하매 그의 병거를 **메운지라**
대하 10:4　고역과 **메운** 무거운 멍에를 가볍게
대하 10:9　아버지께서 우리에게 **메운** 멍에를
사 47:6　네 멍에를 심히 무겁게 **메우며**
렘 28:14　멍에로 이 모든 나라의 목에 **메워** 바벨론
애 3:28　주께서 그것을 그에게 **메우셨음이라**
호 10:11　아름다운 목에 멍에를 **메우고** 에브라임
미 1:13　준마에 병거를 **메울지어다** 라기스는
막 2:3　중풍병자를 네 사람에게 **메워** 가지고

메질꾼(who smooths with the hammer)
사 41:7　고르게 하는 자는 **메질꾼**을 격려하며

메추라기(quail)
출 16:13　**메추라기**가 와서 진에 덮이고 아침에
민 11:31　바다에서부터 **메추라기**를 몰아 진영
민 11:32　종일토록 **메추라기**를 모으니 적게 모은
삼상 26:20　산에서 **메추라기**를 사냥하는 자와 같이

시 105:40　그들이 구한즉 **메추라기**를 가져오시고

멘나(Menna)　다윗의 증손자
눅 3:31　그 위는 멜레아요 그 위는 **멘나**요 그

멜기(Melki)　레위의 아버지
눅 3:24　그 위는 레위요 그 위는 **멜기**요 그 위
눅 3:28　그 위는 **멜기**요 그 위는 앗디요 그 위

멜기세덱(Melchizedek)　살렘 왕
창 14:18　왕 **멜기세덱**이 떡과 포도주를 가지고
시 110:4　**멜기세덱**의 서열을 따라 영원한 제사장

> '**멜기세덱의 반차**'와 관련된 성구
> 히 5:6, 10; 6:20; 7:11, 17

> 멜기세덱 – 기타 본문
> 창 14:20; 히 5:11; 7:1, 6, 10, 15

멜레아(Melea)　멘나의 아버지
눅 3:31　그 위는 **멜레아**요 그 위는 멘나요 그

멜렉(Melech)　미가의 아들
대상 8:35　미가의 아들들은 비돈과 **멜렉**과 다레아
대상 9:41　미가의 아들들은 비돈과 **멜렉**과 다레아

멜리데(Malta)　지중해의 섬
행 28:1　구조된 후에 안즉 그 섬은 **멜리데**라

멧돼지(boar)
시 80:13　숲 속의 **멧돼지**들이 상해하며 들짐승

멧부리(mountain)
겔 34:6　내 양 떼가 모든 산과 높은 **멧부리**에
겔 35:8　당한 자를 네 여러 **멧부리**와, 골짜기와
겔 36:4　산들과 **멧부리**들과 시내들과 골짜기들
겔 36:6　그 산들과 **멧부리**들과 시내와 골짜기

멧비둘기(dove)
시 74:19　주의 **멧비둘기**의 생명을 들짐승에게

며느리(sons' wife)

【 며칠 】　　　　　　　　　　　　　　　　　　　　　【 면제/-하다 】

창 6:18	아내와 네 **며느리**들과 함께 그 방주로		얼굴이요 둘째 **면**은 사람의 얼굴이요
창 7:7	아내와 **며느리**들과 함께 홍수를 피하여	겔 41:22	그 모퉁이와 옆과 **면**을 다 나무로 만들
창 7:13	셈, 함, 야벳과 노아의 아내와 세 **며느리**	겔 43:14	밑받침 **면**에서 … 이 아래층 **면**에서 이
창 8:16	네 아내와 네 아들들과 네 **며느리**들과		
창 8:18	아들들과 그의 아내와 그 **며느리**들과	**면도칼**(knife)	
창 11:31	롯과 그의 **며느리** 아브람의 아내 사래를	렘 36:23	서너 쪽을 낭독하면 왕이 **면도칼**로 그
창 38:11	유다가 그의 **며느리** 다말에게 이르되		
창 38:16	그의 **며느리**인 줄을 알지 못하였음이라	**면류관**(冕旒冠, crown)	
창 38:24	네 **며느리** 다말이 행음하였고 그 행음	대하 23:11	인도해 내어 **면류관**을 씌우며 율법
창 46:26	애굽에 들어간 자는 야곱의 **며느리**들	잠 14:18	슬기로운 자는 지식으로 **면류관**을
레 18:15	너는 네 **며느리**의 하체를 범하지 말라	잠 14:24	지혜로운 자의 재물은 그의 **면류관**이요
레 20:12	누구든지 그의 **며느리**와 동침하거든	잠 27:24	재물은 영원히 있지 못하나니 **면류관**이
신 7:3	그들의 딸도 네 **며느리**로 삼지 말 것은	사 23:8	**면류관**을 씌우던 자요 그 상인들은 고관
룻 1:6	**며느리**와 함께 일어나 모압 지방에서	사 28:2	물이 넘침같이 손으로 그 **면류관**을
룻 1:7	있던 곳에서 나오고 두 **며느리**도 그와	애 5:16	머리에서는 **면류관**이 떨어졌사오니
룻 1:8	나오미가 두 **며느리**에게 이르되 너희는	슥 6:11	금을 받아 **면류관**을 만들어 여호사닥
룻 1:22	나오미가 모압 지방에서 그의 **며느리**	슥 6:14	그 **면류관**은 헬렘과 도비야와 여다야
룻 2:20	자기 **며느리**에게 이르되 그가 여호와	빌 4:1	기쁨이요 **면류관**인 사랑하는 자들아
룻 2:22	나오미가 **며느리** 룻에게 이르되 내 딸	계 3:11	굳게 잡아 아무도 네 **면류관**을 빼앗지
룻 4:15	일곱 아들보다 귀한 네 **며느리**가 낳은	계 6:2	그 탄 자가 활을 가졌고 **면류관**을 받고
삼상 4:19	**며느리**인 비느하스의 아내가 임신하여		
대상 2:4	유다의 **며느리** 다말이 유다에게 베레스		
스 9:2	그들의 딸을 맞이하여 아내와 **며느리**로		
겔 22:11	그의 **며느리**를 더럽혀 음행하였으며		
호 4:13	딸들은 음행하며 너희 **며느리**들은 간음		
호 4:14	음행하며 너희 **며느리**들이 간음하여도		
미 7:6	어머니를 대적하며 **며느리**가 시어머니		
마 10:35	딸이 어머니와, **며느리**가 시어머니와		
눅 12:53	**며느리**와, **며느리**가 시어머니와 분쟁		

> **성경에 나온 '면류관'**
>
> 교만한 면류관 – 사 28:1,3
> 금 면류관 – 계 14:14
> 노인의 면류관 – 잠 17:6
> 생명의 면류관 – 약 1:12
> 영광의 면류관 – 렘 13:18
> 영화의/영화로운 면류관 – 잠 4:9, 16:31; 사 28:5
> 의의 면류관 – 딤후 4:8
> 자랑의 면류관 – 살전 2:19
> 지아비의 면류관 – 잠 12:4

며칠(several days)

창 24:55	아이로 하여금 **며칠** 또는 열흘을 우리와
창 29:20	사랑하는 까닭에 칠 년을 **며칠**같이
느 13:6	왕에게 나아갔다가 **며칠** 후에 왕에게
눅 15:13	**며칠**이 안 되어 둘째 아들이 재물을
행 9:19	다메섹에 있는 제자들과 함께 **며칠**
행 10:48	그들이 베드로에게 **며칠** 더 머물기를
행 15:36	**며칠** 후에 바울이 바나바더러 말하되

면(面, face, side)

출 30:3	제단 상면과 전후 좌우 **면**과 뿔을 순금
왕상 7:31	**면**은 직경 … 그 나머지 **면**에는 아로새긴
겔 10:14	각기 네 **면**이 있는데 첫째 **면**은 그룹의

면전(面前, to one's face)

욥 21:31	누가 능히 그의 **면전**에서 그의 길을

면제/-하다(免除, cancel)

출 34:7	벌을 **면제하지는** 아니하고 아버지의
신 15:1	매 칠 년 끝에는 **면제하라**
신 15:2	**면제**의 규례는 … 모든 채주는 그것을 **면제하고** 그의 이웃에게나 … 여호와를 위하여 **면제**를 선포하였음이라
신 15:3	꾸어준 것은 네 손에서 **면제하라**

【 면제년 】　　　　　　　　　　　　　　　　　　　【 멸망/-하다/-시키다 】

삼상 17:25　이스라엘 중에서 세금을 **면제하게** 하시
에 2:18　　지방의 세금을 **면제하고** 왕의 이름으로

면제년(免除年, year for canceling debts)
신 15:9　　일곱째 해 **면제년**이 가까이 왔다 하고
신 31:10　매 칠 년 끝 해 곧 **면제년**의 초막절에

면책(免責, rebuke)
시 80:16　베임을 당하며 주의 **면책**으로 말미암아
잠 27:5　　**면책**은 숨은 사랑보다 나으니라

면하다(免, escape, take away)
창 4:15　　사람에게서 죽임을 **면하게** 하시니라
창 11:4　　이름을 내고 온 지면에 흩어짐을 **면하자**
창 19:17　산으로 도망하여 멸망함을 **면하라**
출 10:5　　곧 우박을 **면하고** 남은 것을 먹으며
출 21:19　그를 친 자가 형벌은 **면하되** 그간의
출 30:20　씻어 죽기를 **면할** 것이요 제단에 가까이
출 30:21　수족을 씻어 죽기를 **면할지니** 이는 그와
레 8:35　　사망을 **면하리라** 내가 이같이 명령을
레 10:6　　진노가 온 회중에게 미침을 **면하게** 하라
레 14:36　모든 것이 부정을 **면하게** 하기 위하여
레 26:13　그들에게 종된 것을 **면하게** 한 너희
민 5:19　　되게 하는 이 쓴 물의 해독을 **면하리라**
삼상 5:11　백성이 죽임 당함을 **면하게** 하자 하니
삼상 14:41　요나단과 사울이 … 백성은 **면한지라**
왕하 5:20　아람 사람 나아만에게 **면하여** 주고
시 31:20　감추사 말다툼에서 **면하게** 하시리이다
시 121:7　너를 지켜 모든 환난을 **면하게** 하시며
시 141:10　걸리게 하시고 나만은 온전히 **면하게**
잠 10:19　말이 많으면 허물을 **면하기** 어려우나
사 4:1　　부르게 하여 우리가 수치를 **면하게**
렘 48:8　　이를 것인즉 한 성읍도 **면하지** 못할
렘 49:12　온전히 면하겠느냐 **면하지** 못하리니

'면하다' 와 관련된 성구
벌을 면하다 – 잠 6:29; 11:21; 16:5;
　　19:5, 9
사로잡힘을 면하다 – 느 1:2, 3
죽음을 면하다 – 레 10:6, 7, 9; 시 78:50
형벌을 면하다 – 출 21:21, 28; 잠 17:5;
　　28:20; 렘 25:29

단 11:42　그의 손을 펴리니 애굽 땅도 **면하지**
욘 4:6　　괴로움을 **면하게** 하려 하심이었더라
말 3:15　　하나님을 시험하는 자가 화를 **면한다**
마 17:26　그렇다면 아들들은 세를 **면하리라**
요 12:27　이때를 **면하게** 하여 주옵소서 그러나
행 27:21　이 타격과 손상을 **면하였더라면** 좋을
갈 6:12　　십자가로 말미암아 박해를 **면하려** 함
빌 2:27　　여기사 내 근심 위에 근심을 **면하게**
약 5:9　　심판을 **면하리라** 보라 심판주가 문밖에
약 5:12　　것은 아니라 하여 정죄 받음을 **면하라**
계 3:10　　너를 지켜 시험의 때를 **면하게** 하리니

멸망/-하다/-시키다(滅亡, destroy, punish)
모세오경 - 시가서
창 19:17　머물지 말고 산으로 도망하여 **멸망함**을
창 34:30　그러면 나와 내 집이 **멸망하리라**
민 16:26　죄중에서 너희도 **멸망할까** 두려워하
민 21:29　그모스의 백성아 네가 **멸망하였도다**
민 24:20　으뜸이나 그의 종말은 **멸망**에 이르리
민 24:24　괴롭힐 것이나 그도 **멸망하리로다**
민 32:15　너희가 이 모든 백성을 **멸망시키리라**
신 2:16　　군인이 사망하여 백성 중에서 **멸망한**
신 3:6　　행한 것과 같이 그 성읍들을 **멸망시키**
　　　　　되 각 성읍의 … 유아를 **멸망시켰으나**
신 4:3　　너희 가운데에서 **멸망시키셨으되**
신 8:19　　증거하노니 너희가 반드시 **멸망할**
신 8:20　　너희 앞에서 **멸망시킨** … **멸망하리니**
신 12:30　너는 스스로 삼가 네 앞에서 **멸망한**
신 28:51　마침내 너를 **멸망시키며** 또 곡식이나
신 28:61　재앙을 네가 **멸망하기**까지 여호와께서
신 29:19　젖은 것과 마른 것이 **멸망할지라도** 내게
신 32:25　방 안에서는 놀람에 **멸망하리니** 젊은
수 7:7　　손에 넘겨 **멸망시키려** 하셨나이까 우리
수 22:20　죄악으로 **멸망한** 자가 그 한 사람만이
왕상 13:34　그 집이 땅 위에서 끊어져 **멸망하게**
왕하 7:13　이스라엘 온 무리 곧 **멸망한** 이스라엘
왕하 9:8　　아합의 온 집이 **멸망하리니** 이스라엘
대하 30:7　여호와께서 **멸망하도록** 버려두신 것
에 4:14　　아버지 집은 **멸망하리라** 네가 왕후
에 8:6　　화 당함을 차마 보며 내 친척의 **멸망함**
욥 3:3　　내가 난 날이 **멸망하였더라면**, 사내
욥 4:9　　다 하나님의 입 기운에 **멸망하고** 그의
욥 5:21　　채찍을 피하여 숨을 수가 있고 **멸망이**

【 멸망/-하다/-시키다 】

욥 5:22	**멸망**과 기근을 비웃으며 들짐승과
욥 6:18	삭막한 들에 들어가 **멸망하느니라**
욥 9:22	온전한 자나 악한 자나 **멸망시키신다**
욥 21:20	자기의 **멸망**을 자기의 눈으로 보게 하며
욥 26:6	스올도 벗은 몸으로 드러나며 **멸망도**
욥 28:22	**멸망**과 사망도 이르기를 우리가 귀로
욥 31:12	**멸망하도록** 사르는 불이니 나의 모든
욥 31:29	나를 미워하는 자의 **멸망**을 기뻐하고
욥 33:18	칼에 맞아 **멸망하지** 않게 하시느니라
시 5:6	거짓말하는 자들을 **멸망시키시리이다**
시 10:16	나라들이 주의 땅에서 **멸망하였나이다**
시 16:10	거룩한 자를 **멸망시키지** 않으실 것임
시 35:8	**멸망**이 순식간에 … 하시며 멸망 중에
시 37:20	악인들은 **멸망하고** 여호와의 원수들
시 49:12	존귀하나 장구하지 못함이여 **멸망하는**
시 49:20	깨닫지 못하는 사람은 **멸망하는** 짐승
시 71:13	영혼을 대적하는 자들을 수치와 **멸망**
시 78:38	죄악을 덮어 주시어 **멸망시키지** 아니
시 80:16	주의 면책으로 말미암아 **멸망하오니**
시 83:17	놀라게 하시며 낭패와 **멸망**을 당하게
시 88:11	주의 성실하심을 **멸망** 중에서 선포할
시 119:92	내가 내 고난 중에 **멸망하였으리이다**
시 137:7	여호와여 예루살렘이 **멸망하던** 날을
시 137:8	**멸망할** 딸 바벨론아 네가 우리에게 행한
잠 1:32	자의 안일은 자기를 **멸망시키려니와**
잠 3:25	악인에게 닥치는 **멸망**도 두려워하지
잠 6:15	재앙이 갑자기 내려 당장에 **멸망하여**
잠 10:8	받거니와 입이 미련한 자는 **멸망하리라**
잠 10:10	끼치고 입이 미련한 자는 **멸망하느니라**
잠 10:14	미련한 자의 입은 **멸망**에 가까우니라
잠 10:15	가난한 자의 궁핍은 그의 **멸망**이니라
잠 10:29	산성이요 행악하는 자에게는 **멸망**이
잠 13:3	입술을 크게 벌리는 자에게는 **멸망**이
잠 18:7	미련한 자의 입은 그의 **멸망**이 되고
잠 18:12	마음의 교만은 **멸망**의 선봉이요 겸손은
잠 24:22	재앙은 속히 임하리니 그 둘의 **멸망**을
잠 28:24	죄가 아니라 하는 자는 **멸망** 받게 하는
잠 28:28	일어나면 사람이 숨고 그 **멸망하면**
잠 29:4	내게 하는 자는 나라를 **멸망시키느니라**
잠 31:3	쓰지 말며 왕들을 **멸망시키는** 일을 행하
전 7:15	의로움에도 불구하고 **멸망하는** 의인이
선지서	
사 1:28	패망하고 여호와를 버린 자도 **멸망할**

사 3:8	예루살렘이 **멸망하였고** 유다가 엎드러
사 9:16	미혹하니 인도를 받는 자들이 **멸망을**
사 13:6	날이 가까웠으니 전능자에게서 **멸망이**
사 13:19	바벨론이 하나님께 **멸망** 당한 소돔과
사 14:23	**멸망**의 빗자루로 청소하리라 나 만군의
사 19:18	성읍이 있을 것이며 그 중 하나를 **멸망**
사 28:22	대저 온 땅을 **멸망시키기로** 작정하신
사 37:19	돌이라 그러므로 **멸망**을 당하였나이다
사 38:17	영혼을 사랑하사 **멸망**의 구덩이에서
사 41:11	아무것도 아닌 것같이 될 것이며 **멸망할**
사 51:19	너를 위하여 슬퍼하랴 곧 황폐와 **멸망**
렘 4:6	내가 북방에서 재난과 큰 **멸망**을 가져
렘 4:13	우리에게 화 있도다 우리는 **멸망하도다**
렘 4:30	**멸망**을 당한 자여 네가 어떻게 하려느냐
렘 8:14	성읍들로 들어가서 거기에서 **멸망하자**
렘 9:12	어찌하여 **멸망하여** 광야같이 불타서
렘 10:15	만든 것인즉 징벌하실 때에 **멸망할**
렘 15:15	나로 **멸망하지** 아니하게 하옵시며 주를
렘 17:18	임하게 하시며 배나 되는 **멸망**으로
렘 20:8	파멸과 **멸망**을 선포하므로 여호와의
렘 25:18	그들이 **멸망**과 놀람과 비웃음과 저주를
렘 27:8	그들이 **멸망하기**까지 칼과 기근과
렘 27:10	너희를 몰아내게 하며 너희를 **멸망하게**
렘 27:15	예언하는 선지자들이 **멸망하리라**
렘 30:11	모든 이방을 내가 **멸망시키리라** 그럴
	지라도 너만은 **멸망시키지** 아니하리라
렘 31:28	전복하며 **멸망시키며** 괴롭게 하던 것과
렘 40:15	유다의 남은 자로 **멸망**을 당하게 하랴
렘 48:4	모압이 **멸망**을 당하여 그 어린이들의
렘 48:8	골짜기가 **멸망하였으며** 평지는 파멸
렘 48:42	자만하였으므로 **멸망하고** 다시 나라를
렘 49:10	자손과 형제와 이웃이 **멸망하였은즉**
렘 49:18	성읍들이 **멸망한** 것같이 거기에 사는
렘 49:37	뒤로 칼을 보내어 그들을 **멸망시키리라**
렘 51:18	조롱거리이니 징벌하시는 때에 **멸망할**
애 1:7	대적들은 그의 **멸망**을 비웃는도다
애 3:47	두려움과 함정과 파멸과 **멸망**이 우리
애 4:10	딸 내 백성이 **멸망할** 때에 자비로운
겔 5:16	**멸망하게** 하는 기근의 독한 화살을 너희
겔 20:26	그들을 더럽혔음은 그들을 **멸망하게**
겔 26:17	하였더니 어찌 그리 **멸망하였는고**
겔 30:11	땅을 **멸망시킬** 때에 칼을 빼어 애굽을
겔 43:8	내가 노하여 **멸망시켰거니와**

【 멸망/-하다/-시키다 】　　　　　　　　　　　　　　　【 멸시/-하다 】

단 2:44	모든 나라를 쳐서 **멸망시키고** 영원히		행 3:23	아니하는 자는 백성 중에서 **멸망** 받으
단 6:26	그의 나라는 **멸망하지** 아니할 것이요		행 13:41	너희는 놀라고 **멸망하라** 내가 너희 때
단 7:14	영원한 권세요 그의 나라는 **멸망하지**		고전 8:11	약한 자가 **멸망하나니** 그는 그리스도
단 7:26	그는 권세를 빼앗기고 완전히 **멸망할**		고전 10:5	그들이 광야에서 **멸망**을 받았느니라
단 11:16	설 것이요 그의 손에는 **멸망**이 있으리라		고전 10:9	시험하다가 뱀에게 **멸망하였나니** 우리
단 11:31	드리는 제사를 폐하며 **멸망하게** 하는		고전 10:10	**멸망시키는** 자에게 **멸망하였나니** 너희
단 11:44	많은 무리를 다 죽이며 **멸망시키고자**		고전 15:26	맨 나중에 **멸망** 받을 원수는 사망이니라
단 12:11	매일 드리는 제사를 폐하며 **멸망하게**		갈 5:15	만일 서로 물고 먹으면 피차 **멸망할까**
호 9:6	보라 그들이 **멸망**을 피하여 갈지라도		빌 1:28	그들에게는 **멸망**의 증거요 너희에게는
호 10:7	물 위에 있는 거품같이 **멸망할** 것이며		빌 3:19	그들의 마침은 **멸망**이요 그들의 신은
호 13:14	재앙이 어디 있느냐 스올아 네 **멸망**이		살전 5:3	해산의 고통이 이름과 같이 **멸망**이
욜 1:15	가까왔나니 곧 **멸망**같이 전능자에게		살후 1:9	힘의 영광을 떠나 영원한 **멸망**의 형벌
암 1:8	남아 있는 자가 **멸망하리라** 주 여호와		살후 2:3	불법의 사람 곧 **멸망**의 아들이 나타나기
욘 1:14	우리를 **멸망시키지** 마옵소서 무죄한		딤전 6:9	사람으로 파멸과 **멸망**에 빠지게 하는
욘 3:9	우리가 **멸망하지** 않게 하시리라 그렇지		히 1:11	그것들은 **멸망할** 것이나 오직 주는 영존
미 2:10	반드시 멸하리니 그 **멸망**이 크리라		히 10:39	우리는 뒤로 물러가 **멸망할** 자가 아니요
합 1:17	여러 나라를 무자비하게 **멸망시키는**		벧후 2:1	그들은 **멸망하게** 할 이단을 가만히 끌
슥 13:8	땅에서 삼분의 이는 **멸망하고** 삼분의			어들여 … 주를 부인하고 임박한 **멸망**을
【신약】			벧후 2:3	지체하지 아니하며 그들의 **멸망**은 잠들
마 7:13	좁은 문으로 들어가라 **멸망**으로 인도		벧후 2:6	소돔과 고모라 성을 **멸망하기로** 정하여
눅 17:29	비오듯하여 그들을 **멸망시켰느니라**		벧후 2:12	비방하고 그들의 **멸망** 가운데서 **멸망**을
눅 21:20	에워싸이는 것을 보거든 그 **멸망**이 가까		벧후 2:19	자신들은 **멸망**의 종들이니 누구든지
요 3:16	그를 믿는 자마다 **멸망하지** 않고 영생		벧후 3:6	세상은 물이 넘침으로 **멸망하였으되**
요 10:10	도둑질하고 죽이고 **멸망시키려는** 것		벧후 3:7	경건하지 아니한 사람들의 심판과 **멸망**
요 17:12	하나도 **멸망하지** 않고 다만 **멸망**의		벧후 3:9	아무도 **멸망하지** 아니하고 다 회개하기
			벧후 3:16	억지로 풀다가 스스로 **멸망**에 이르느니
■ '멸망'과 관련된 성구			유 1:10	본능으로 아는 그것으로 **멸망하느니라**
기근에/기근으로 **멸망하다** – 렘 14:15; 44:18; 겔 5:12; 34:29			유 1:11	고라의 패역을 따라 **멸망**을 받았도다
			계 11:18	망하게 하는 자들을 **멸망시키실** 때로
다 **멸망하다** – 신 2:14, 15; 삼상 12:25; 렘 22:20; 44:12; 눅 17:27; 요 3:16			계 17:8	장차 무저갱으로부터 올라와 **멸망**으로
			계 17:11	일곱 중에 속한 자라 그가 **멸망**으로
멸망시키는 자 – 욥 15:21; 렘 51:1, 56; 고전 10:20				
			【 멸시/-하다 】(蔑視, despise)	
멸망시킬 자 – 렘 6:26; 51:53			**모세오경 – 시가서**	
멸망의 가증한 것 – 마 24:15; 막 13:14			창 16:4	임신함을 알고 그의 여주인을 **멸시한**
멸망의 산 – 왕하 23:13; 렘 51:25			창 16:5	자기의 임신함을 알고 나를 **멸시하니**
멸망자 – 시 35:17			민 14:11	백성이 어느 때까지 나를 **멸시하겠느냐**
멸망하는 자 – 사 27:13; 고전 1:18; 살후 2:10			신 31:20	신들을 섬기며 나를 **멸시하여** 내 언약
			삼상 2:17	그들이 여호와의 제사를 **멸시함이었**
속히 **멸망하다** – 신 11:17; 수 23:16			삼상 2:30	내가 존중히 여기고 나를 **멸시하는** 자
영원히 **멸망하다** – 시 9:6; 92:7; 요 10:28			삼상 10:27	구원하겠느냐 하고 **멸시하며** 예물을
함께 **멸망하다** – 창 19:15; 시 37:38; 사 31:3; 렘 6:21; 히 11:31			삼하 19:6	부하들을 **멸시하심**을 나타내심이라
			삼하 19:43	어찌 우리를 **멸시하여** 우리 왕을 모셔

876

【 멸시/-하다 】　　　　　　　　　　　　　【 멸절/-하다/-되다/-시키다 】

왕하 19:21	시온이 너를 **멸시하며** 너를 비웃으며	렘 23:17	항상 그들이 나를 **멸시하는** 자에게
에 1:17	그들도 그들의 남편을 **멸시할** 것인즉	렘 33:24	내 백성을 **멸시하여** 자기들 앞에서
에 1:18	지방관들에게 그렇게 말하리니 **멸시와**	렘 49:15	가운데에서 **멸시를** 받게 하였느니라
욥 10:3	학대하시며 **멸시하시고** 악인의 꾀에	애 2:6	진노하사 왕과 제사장을 **멸시하셨도다**
욥 12:5	평안한 자의 마음은 재앙을 **멸시하나**	겔 16:57	블레셋의 딸들이 너를 **멸시하기** 전이
욥 12:21	귀인들에게 **멸시를** 쏟으시며 강한 자	겔 16:59	맹세를 **멸시하여** 언약을 배반하였은즉
욥 36:5	하나님은 능하시나 아무도 **멸시하지**	겔 20:24	율례를 **멸시하며** 내 안식일을 더럽히고
시 10:3	여호와를 배반하여 **멸시하나이다**	겔 25:6	마음을 다하여 **멸시하며** 즐거워하였
시 10:5	그는 그의 모든 대적들을 **멸시하며**	겔 25:15	미워하여 **멸시하는** 마음으로 원수를
시 10:13	어찌하여 악인이 하나님을 **멸시하여**	겔 28:24	사방에서 그들을 **멸시하는** 자 중에 찌르
시 15:4	눈은 망령된 자를 **멸시하며** 여호와를	겔 28:26	사방에서 **멸시하던** 모든 자를 내가 심판
시 22:24	곤고한 자의 곤고를 **멸시하거나** 싫어	겔 36:5	즐거워하는 마음과 **멸시하는** 심령으로
시 51:17	통회하는 마음을 주께서 **멸시하지**	암 2:4	율법을 **멸시하며** 그 율례를 지키지 아니
시 69:33	자기로 말미암아 갇힌 자를 **멸시하지**	암 5:21	너희 절기들을 미워하여 **멸시하며**
시 73:20	그들의 형상을 **멸시하시리이다**	옵 1:2	하였으므로 네가 크게 **멸시를** 받느니라
시 102:17	돌아보시며 그들의 기도를 **멸시하지**	미 7:6	아버지를 **멸시하며** 딸이 어머니를 대적
시 106:24	그 기쁨의 땅을 **멸시하며** 그 말씀을	합 1:10	왕들을 **멸시하며** 방백을 조소하며 모든
시 107:11	거역하며 지존자의 뜻을 **멸시함이라**	슥 4:10	작은 일의 날이라고 **멸시하는** 자가 누구
시 119:22	교훈들을 지켰사오니 비방과 **멸시를**	말 2:9	백성 앞에서 **멸시와** 천대를 당하게 하였
시 119:118	주께서 다 **멸시하셨으니** 그들의 속임수	막 9:12	기록하기를 많은 고난을 받고 **멸시를**
시 119:141	미천하여 **멸시를** 당하나 주의 법도를	눅 18:9	의롭다고 믿고 다른 사람을 **멸시하는**
시 123:3	은혜를 베푸소서 심한 **멸시가** 우리에게	롬 2:4	길이 참으심이 풍성함을 **멸시하느냐**
시 123:4	안일한 자의 조소와 교만한 자의 **멸시가**	고전 1:28	하나님께서 세상의 천한 것들과 **멸시**
잠 1:7	자는 지혜와 훈계를 **멸시하느니라**	고전 16:11	누구든지 그를 **멸시하지** 말고 평안히
잠 1:25	나의 모든 교훈을 **멸시하며** 나의 책망을	살전 5:20	예언을 **멸시하지** 말고
잠 6:30	도둑질하면 사람이 그를 **멸시하지는**	벧후 2:10	주관하는 이를 **멸시하는** 자들에게는
잠 11:12	지혜 없는 자는 그의 이웃을 **멸시하나**		
잠 12:8	받으려니와 마음이 굽은 자는 **멸시를**		
잠 14:31	그를 지으신 이를 **멸시하는** 자요		
잠 17:5	지으신 주를 **멸시하는** 자요 사람의 재앙		
잠 18:3	악한 자가 이를 때에는 **멸시도** 따라오고		
전 9:16	나으나 가난한 자의 지혜가 **멸시를**		
아 8:7	사랑과 바꾸려 할지라도 오히려 **멸시를**		

【 선지서, 신약 】

사 9:1	납달리 땅이 **멸시를** 당하게 하셨더니
사 23:9	교만하던 자가 **멸시를** 받게 하려 하심
사 33:8	성읍들을 **멸시하며** 사람을 생각하지
사 37:22	딸 시온이 너를 **멸시하며** 조소하였고
사 49:7	사람에게 **멸시를** 당하는 자, 백성에게
사 53:3	**멸시를** 받아 사람들에게 버림 받았으 며 … 가리는 것같이 **멸시를** 당하였고
사 60:14	네게 나아오며 너를 **멸시하던** 모든 자가
렘 4:30	너를 **멸시하여** 네 생명을 찾느니라

'멸시'와 관련된 성구

규례를 멸시하다 - 레 26:15, 43; 겔 20:13
말씀을 멸시하다 - 민 15:31; 대하 36:16; 잠 13:13; 사 5:24
멸시하는 사람 - 민 14:23; 행 13:41
여호와를 멸시하다 - 민 11:20; 16:30
이름을 멸시하다 - 말 1:6

멸절/-하다/-되다/-시키다 (滅絶, destroy)

창 6:17	육체를 천하에서 **멸절하리니** 땅에 있는
레 23:30	내가 그의 백성 중에서 **멸절시키리니**
민 24:19	남은 자들을 그 성읍에서 **멸절하리로다**
신 6:15	너를 지면에서 **멸절시키실까** 두려워
신 12:29	그 민족들을 네 앞에서 **멸절하시고**
신 19:1	여호와께서 이 여러 민족을 **멸절하시고**
신 28:51	아니하고 마침내 너를 **멸절시키리라**

【 멸하다 】

수 11:21	온 산지에서 아낙 사람들을 **멸절**하고
수 23:15	아름다운 땅에서 너희를 **멸절**하기까지
수 24:8	나는 그들을 너희 앞에서 **멸절**시켰으며
삼상 28:9	박수를 이 땅에서 **멸절**시켰음을 아나니
왕하 11:1	일어나 왕의 자손을 모두 **멸절**하였으나
왕하 13:7	왕이 여호아하스의 백성을 **멸절**하여
왕하 13:17	왕이 아람 사람을 **멸절**하도록 아벡에서
사 10:7	허다한 나라를 파괴하며 **멸절**하려 하는
사 16:4	너 모압은 **멸하는** 자 … 토색하는 자 가 망하였고 **멸절하는** 자가 그쳤고 압 제하는 자가 이 땅에서 **멸하였으며**
사 17:3	아람의 남은 자가 **멸절**하여 이스라엘
사 37:11	어떻게 **멸절**시켰는지 네가 들었으리니
사 48:9	영광을 위하여 내가 참고 너를 **멸절**하지
렘 6:2	우아한 시온의 딸을 내가 **멸절**하리니
렘 9:21	거리에서는 청년들을 **멸절**하려 하느
렘 12:4	짐승과 새들도 **멸절**하게 되었사오니
렘 24:10	조상들에게 준 땅에서 **멸절**하기까지
렘 44:7	여자와 아이와 젖 먹는 자를 **멸절**하여
렘 44:27	사람이 칼과 기근에 망하여 **멸절**되리라
렘 49:26	엎드러지겠고 모든 군사는 **멸절**될
렘 50:30	군사들이 **멸절**되리라 여호와의 말씀
애 3:54	스스로 이르기를 이제는 **멸절**되었다
겔 17:17	사다리를 세우고 많은 사람을 **멸절**하려
겔 21:28	칼이 뽑히도다 죽이며 **멸절**하며 번개
옵 1:9	사람은 다 죽임을 당하여 **멸절**되리라
옵 1:10	부끄러움을 당하고 영원히 **멸절**되리라
미 5:10	내가 네 군마를 네 가운데서 **멸절**하며
미 5:13	주상을 너희 가운데서 **멸절**하리니
나 1:12	많을지라도 반드시 **멸절**을 당하리니
나 1:14	우상과 부은 우상을 **멸절**하며 네 무덤
습 1:3	내가 사람을 땅 위에서 **멸절**하리라 나
습 1:4	남아 있는 바알을 그 곳에서 **멸절**하며 그마림이란 이름과 … 아울러 **멸절**하며
습 1:6	구하지도 아니한 자들을 **멸절**하리라
습 1:18	주민을 **멸절**하되 놀랍게 **멸절**할 것임

'멸절'과 관련된 성구

다 멸절되다 – 삿 21:16; 겔 37:11
다 멸절하다 – 수 5:6; 왕하 9:8; 겔 11:13

멸하다(滅, cut off, put an end to, destroy)

모세오경

창 9:11	모든 생물을 홍수로 **멸하지** 아니할 것
창 9:15	다시는 물이 모든 육체를 **멸하는** 홍수
창 13:10	여호와께서 소돔과 고모라를 **멸하시기**
창 18:24	주께서 그 곳을 **멸하시고** 그 오십 의인
창 18:28	내가 거기서 사십오 명을 찾으면 **멸하지**
창 18:29	사십 명으로 말미암아 **멸하지** 아니하
창 18:32	내가 십 명으로 말미암아 **멸하지** 아니
창 19:13	여호와 앞에 크므로 … **멸하시려고** 우 리를 보내셨나니 우리가 **멸하리라**
창 19:25	땅에 난 것을 다 엎어 **멸하셨더라**
창 20:4	주께서 의로운 백성도 **멸하시나이까**
출 12:13	재앙이 너희에게 내려 **멸하지** 아니하
출 12:23	여호와께서 그 문을 넘으시고 **멸하는**
출 15:9	내 칼을 빼리니 내 손이 그들을 **멸하리라**
출 22:20	신에게 제사를 드리는 자는 **멸할지니라**
레 26:22	자녀를 움키고 너희 가축을 **멸하며**
민 16:21	떠나라 내가 순식간에 그들을 **멸하려**
민 16:45	내가 순식간에 그들을 **멸하려** 하노라
민 21:28	아르논 높은 곳의 주인을 **멸하였도다**
민 21:30	헤스본을 디본까지 **멸하였고** 메드바에
신 1:27	아모리 족속의 손에 넘겨 **멸하시려고**
신 2:12	에서의 자손이 그들을 **멸하고** 그 땅에
신 2:15	그들을 치사 진영 중에서 **멸하신** 고로
신 2:21	암몬 족속 앞에서 그들을 **멸하셨으므로**
신 2:22	에서 자손 앞에서 호리 사람을 **멸하심과**
신 2:23	각 촌에 거주하는 아위 사람을 **멸하고**
신 4:31	버리지 아니하시며 너를 **멸하지** 아니
신 7:4	진노하사 갑자기 너희를 **멸하실** 것임
신 7:10	자에게는 당장에 보응하여 **멸하시나니**
신 7:20	너를 피하여 숨은 자를 **멸하시리니**
신 7:22	너는 그들을 급히 **멸하지** 말라 들짐승이
신 9:3	여호와께서 그들을 **멸하사** 네 앞에 엎 드러지게 … 쫓아내며 속히 **멸할** 것이라
신 9:8	여호와께서 진노하사 너희를 **멸하려**
신 9:14	나를 막지 말라 내가 그들을 **멸하여**
신 9:19	심히 분노하사 너희를 **멸하려** 하셨으
신 9:20	아론에게 진노하사 그를 **멸하려** 하셨기
신 9:25	그 때에 여호와께서 너희를 **멸하겠다**
신 9:26	백성 곧 주의 기업을 **멸하지** 마옵소서
신 10:10	내 말을 들으사 너를 참아 **멸하지** 아니
신 11:4	홍해 물로 그들을 덮어 **멸하사** 오늘까
신 12:3	찍어 그 이름을 그 곳에서 **멸하라**

【 멸하다 】　　　　　　　　　　　　　　　　　　　　　　　　　　　　【 멸하다 】

신 28:21	차지할 땅에서 마침내 너를 **멸하실** 것
신 28:24	네 위에 내려 마침내 너를 **멸하리라**
신 28:45	네게 이르러 마침내 너를 **멸하리니**
신 28:48	네 목에 메워 마침내 너를 **멸할** 것이라
신 28:63	너희를 망하게 하시며 **멸하시기를** 기뻐
신 29:23	여호와께서 진노와 격분으로 **멸하신**
신 31:3	이 민족들을 네 앞에서 **멸하시고** 네가
신 33:27	그가 네 앞에서 대적을 쫓으시며 **멸하라**

역사서

수 6:21	소와 양과 나귀를 칼날로 **멸하니라**
수 7:12	바친 물건을 너희 중에서 **멸하지** 아니
수 9:24	땅의 모든 주민을 당신들 앞에서 **멸하라**
수 11:20	모세에게 명령하신 대로 그들을 **멸하려**
수 22:33	가서 싸워 그것을 **멸하자** 하는 말
수 23:13	주신 이 아름다운 땅에서 **멸하리라**
수 24:20	재앙을 내리시고 너희를 **멸하시리라**
삿 6:4	토지소산을 **멸하여** 이스라엘 가운데에
삿 6:5	그들이 그 땅에 들어와 **멸하려** 하니
삼상 15:6	떠나가라 그들과 함께 너희를 **멸하게**
삼상 15:21	다만 백성이 그 마땅히 **멸할** 것 중에서
삼상 24:21	내 아버지의 집에서 내 이름을 **멸하지**
삼하 7:9	네 모든 원수를 네 앞에서 **멸하였은즉**
삼하 11:1	그들이 암몬 자손을 **멸하고** 랍바를 에워
삼하 20:20	그렇지 아니하다 삼키거나 **멸하거나**
삼하 21:5	또 우리를 **멸하여** 이스라엘 영토 내에
삼하 22:38	내가 내 원수를 뒤쫓아 **멸하였사오며**
삼하 24:16	손을 들어 **멸하려** … 백성을 **멸하는**
왕상 3:11	자기 원수의 생명을 **멸하기도** 구하지
왕상 16:12	바아사의 온 집을 **멸하였는데** 선지자
왕상 18:4	이세벨이 여호와의 선지자들을 **멸할**
왕상 20:42	여호와의 말씀이 내가 **멸하기로** 작정
왕하 8:19	다윗을 위하여 유다 **멸하기를** 즐겨하지
왕하 10:19	예후가 바알 섬기는 자를 **멸하려** 하여
왕하 10:28	이스라엘 중에서 바알을 **멸하였으나**
왕하 13:23	불쌍히 여기시며 돌보사 **멸하기를** 즐겨
왕하 18:25	이 곳을 **멸하러** 올라왔겠느냐 여호
왕하 19:12	내 조상들이 **멸하신** 여러 민족 곧 고산
왕하 19:18	곧 나무와 돌 뿐이므로 **멸하였나이다**
왕하 19:25	너로 견고한 성들을 **멸하여** 무너진 돌
왕하 21:9	이스라엘 자손 앞에서 **멸하신** 여러 민족
왕하 24:2	여호야김에게로 보내 유다를 쳐 **멸하려**
대상 5:25	하나님이 그들 앞에서 **멸하신** 그 땅
대상 17:8	네 모든 대적을 네 앞에서 **멸하였은즉**

대상 21:12	천사가 이스라엘 온 지경을 **멸할** 일이든
대상 21:15	예루살렘을 **멸하러** … 천사가 **멸하려** 할 때에 … **멸하는** 천사에게 이르시되
대하 1:11	영광이나 원수의 생명 **멸하기를** 구하지
대하 12:7	겸비하였으니 내가 **멸하지** 아니하고
대하 20:10	이에 돌이켜 그들을 떠나고 **멸하지** 아니
대하 20:23	세일 주민들을 **멸한** 후에는 그들이 서로
대하 21:7	여호와께서 다윗의 집을 **멸하기를** 즐겨
대하 22:7	기름을 부으시고 아합의 집을 **멸하게**
대하 25:16	하나님이 왕을 **멸하시기로** 작정하신
대하 32:21	큰 용사와 대장과 지휘관들을 **멸하신**
대하 33:9	이스라엘 자손 앞에서 **멸하신** 모든 나라
대하 35:21	거스르지 말라 그대를 **멸하실까** 하노라
스 6:12	하나님이 그들을 **멸하시기를** 원하노라
스 9:14	주께서 어찌 우리를 **멸하시고** 남아 피할
에 4:7	하만이 유다인을 **멸하려고** 왕의 금고에
에 9:12	오백 명을 죽이고 **멸하고** 또 하만의
에 9:24	제비를 뽑아 그들을 죽이고 **멸하려** 하였

시가서

욥 5:2	시기가 어리석은 자를 **멸하느니라**
욥 6:9	나를 **멸하시기를** 기뻐하사 하나님이
욥 10:8	만드셨는데 이제 나를 **멸하시나이다**
욥 20:26	사람이 피우지 않은 불이 그를 **멸하며**
욥 33:22	마음은 구덩이에, 그의 생명은 **멸하는**
시 9:5	나라들을 책망하시고 악인을 **멸하시며**
시 21:10	왕이 그들의 후손을 땅에서 **멸함이여**
시 52:5	하나님이 영원히 너를 **멸하심이여**
시 54:5	주의 성실하심으로 그들을 **멸하소서**
시 55:9	주여 그들을 **멸하소서** 그들의 혀를 잘라
시 74:11	품에서 손을 빼내시어 그들을 **멸하소서**
시 83:4	말하기를 가서 그들을 **멸하여** 다시 나라
시 101:5	이웃을 은근히 헐뜯는 자를 내가 **멸할**
시 101:8	내가 이 땅의 모든 악인을 **멸하리니**
시 106:23	그들을 **멸하리라** … 돌이켜 **멸하시지**
시 106:34	그들은 여호와께서 **멸하라고** 말씀하신 그 이방 민족들을 **멸하지** 아니하고
시 119:95	악인들이 나를 **멸하려고** 엿보오나 나는
전 5:6	진노하사 네 손으로 한 것을 **멸하시게**

선지서

사 10:25	분을 그치고 그들은 내 진노로 **멸하리라**
사 13:9	그 중에서 죄인들을 **멸하리니**
사 25:8	사망을 영원히 **멸하실** 것이라 주 여호와
사 26:14	주께서 벌하여 그들을 **멸하사** 그들의

【 멸하다 】　　　　　　　　　　　　　　　　【 멸하다 】

사 30:28	미치는 하수 같은즉 그가 **멸하는** 키로	겔 22:27	얻으려고 피를 흘려 영혼을 **멸하거늘**
사 32:7	거짓말로 가련한 자를 **멸하며** 가난한 자	겔 22:30	막아서서 나로 하여금 **멸하지** 못하게
사 37:12	나의 조상들이 **멸하신** 열방 고산과 하란	겔 22:31	내 진노의 불로 **멸하여** 그들 행위대로
사 51:13	너를 **멸하려고** 준비하는 저 학대자의	겔 25:7	패망하게 하여 **멸하리니** 내가 주 여호와
렘 4:7	수풀에서 올라왔으며 나라들을 **멸하는**	겔 28:16	불타는 돌들 사이에서 **멸하였도다**
렘 5:3	알지 못하며 그들을 **멸하셨을지라도**	겔 30:8	그 모든 돕는 자를 **멸할** 때에 그들이
렘 5:6	사막의 이리가 그들을 **멸하며** 표범이	겔 32:12	폐하며 그 모든 무리를 **멸하리로다**
렘 8:14	여호와께서 우리를 **멸하시며** 우리에게	겔 32:13	모든 짐승을 큰 물 가에서 **멸하리니**
렘 12:17	그 나라를 뽑으리라 뽑아 **멸하리라**	단 8:24	강한 자들과 거룩한 백성을 **멸하리라**
렘 13:14	아끼지 아니하고 **멸하리라** 하셨다 하라	단 8:25	또 평화로운 때에 많은 무리를 **멸하며**
렘 14:12	전염병으로 내가 그들을 **멸하리라**	단 11:26	그의 음식을 먹는 자들이 그를 **멸하리니**
렘 15:6	네게로 내 손을 펴서 너를 **멸하였노니**	호 4:5	넘어지리라 내가 네 어머니를 **멸하리라**
렘 15:7	그 자식을 끊어서 내 백성을 **멸하였나니**	호 11:9	내가 다시는 에브라임을 **멸하지** 아니
렘 17:18	배나 되는 멸망으로 그들을 **멸하소서**	욜 1:7	내 포도나무를 **멸하며** 내 무화과나무를
렘 18:7	국가를 뽑거나 부수거나 **멸하려** 할 때	암 2:3	그 중에서 재판장을 **멸하며** 지도자들
렘 23:1	내 목장의 양 떼를 **멸하며** 흩어지게	암 2:9	아모리 사람을 그들 앞에서 **멸하였나니**
렘 46:8	땅을 덮어 성읍들과 그 주민을 **멸할** 것	암 5:6	불같이 요셉의 집에 임하여 **멸하시리니**
렘 49:9	오면 그 욕심이 차기까지 **멸하느니라**	암 9:8	내가 그것을 지면에서 **멸하리라** 그러나
렘 49:38	고관들을 그 곳에서 **멸하리라** 여호와	옵 1:8	지혜 있는 자를 **멸하며** 에서의 산에서
렘 51:11	마음을 부추기사 바벨론을 **멸하기로**		지각 있는 자를 **멸하지** 아니하겠느냐
렘 51:20	분쇄하며 네가 국가들을 **멸하며**	미 2:10	반드시 **멸하리니** 그 멸망이 크리라
렘 51:25	온 세계를 **멸하는** 멸망의 산아 보라	미 5:11	땅의 성읍들을 **멸하며** 네 모든 견고한
렘 51:34	나를 먹으며 나를 **멸하며** 나를 빈 그릇	미 5:14	빼버리고 네 성읍들을 **멸할** 것이며
애 3:66	여호와의 하늘 아래에서 **멸하소서**	나 2:13	네 젊은 사자들을 칼로 **멸할** 것이며
겔 6:3	임하게 하여 너희 산당을 **멸하리니**	합 2:10	네가 많은 민족을 **멸한** 것이 네 집에
겔 9:8	이스라엘의 남은 자를 모두 **멸하려**	습 2:5	너희를 치나니 내가 너를 **멸하여** 주민
겔 14:9	이스라엘 가운데에서 그를 **멸할** 것이라	습 2:13	손을 펴서 앗수르를 **멸하며** 니느웨를
겔 20:13	광야에서 그들에게 쏟아 **멸하리라**	학 2:22	나라의 세력을 **멸할** 것이요 그 병거들
겔 20:17	내가 그들을 아껴서 광야에서 **멸하여**	슥 12:9	이방 나라들을 그 날에 내가 **멸하기를**
겔 21:31	너를 짐승 같은 자 곧 **멸하기에** 익숙한	신약	
겔 22:15	더러운 것을 네 가운데에서 **멸하리라**	마 10:28	오직 몸과 영혼을 능히 지옥에 **멸하실** 수

'멸하다'와 관련된 성구

거의 멸하다 – 수 10:20; 시 119:87
다 멸하다 – 민 21:2, 3; 24:17; 왕상 9:21; 15:29; 21:21; 대하 8:8; 12:12; 에 3:6; 시 73:27; 143:12; 145:20; 사 65:8; 렘 46:28; 애 2:22; 마 24:39
다시 멸하다 – 창 8:21; 욥 12:23
땅을 멸하다 – 창 9:11; 사 13:5; 36:10; 렘 36:29; 51:62
삼켜 멸하다 – 렘 10:25; 15:3
성을 멸하다 – 창 19:14, 29; 삼하 20:19
성읍을 멸하다 – 창 18:28; 19:21; 삼상 23:10; 겔 43:3
아주 멸하다 – 레 26:44; 느 9:31
온전히 멸하다 – 암 9:8; 나 1:9
이미 멸하다 – 신 31:4; 수 23:4
찾아 멸하다 – 시 40:14; 63:9
쳐서 멸하다 – 민 14:12; 32:4; 신 4:46; 수 10:30, 32; 11:14; 12:7; 왕하 18:25; 사 36:10
함께 멸하다 – 창 6:13; 18:23

【 명 1 】   【 명년 】

막 1:24   우리를 **멸하러** 왔나이까 나는 당신이
눅 4:34   우리를 **멸하러** 왔나이까 나는 당신이
눅 9:54   하늘로부터 내려 저들을 **멸하라** 하기를
행 9:21   이름을 부르는 사람을 **멸하려던** 자가
행 13:19   가나안 땅 일곱 족속을 **멸하사** 그 땅을
롬 9:22   그의 능력을 알게 하고자 하사 **멸하기로**
고전 1:19 지혜 있는 자들의 지혜를 **멸하고** 총명한
고전 3:17 하나님이 그 사람을 **멸하시리라** 하나님
고전 5:5   육신은 **멸하고** 영은 주 예수의 날에
고전 15:24 권세와 능력을 **멸하시고** 나라를 아버지
갈 1:13   하나님의 교회를 심히 박해하여 **멸하고**
갈 1:23   우리를 박해하던 자가 전에 **멸하려던**
히 2:14   세력을 잡은 자 곧 마귀를 **멸하시며**
히 11:28   장자를 **멸하는** 자로 그들을 건드리지
히 11:34   세력을 **멸하기도** 하며 칼날을 피하기
약 4:12   능히 구원하기도 하시며 **멸하기도**
요일 3:8   나타나신 것은 마귀의 일을 **멸하려 하심**
유 1:5   후에 믿지 아니하는 자들을 **멸하셨으며**

명 1(名, man)
창 14:14   훈련된 자 삼백십팔 **명**을 거느리고 단

명 1 - 기타 본문
모세오경 창 18:28, 30, 31; 32:6; 33:1; 46:15, 18, 22, 25, 26, 27; 47:2; 출 24:1; 32:28; 38:26; 민 1:21, 23, 25, 27, 29, 31, 33, 35, 37, 39, 41, 43, 46; 2:4, 6, 8, 9, 11, 13, 15, 16, 19, 21, 23, 24, 26, 28, 30, 31, 32; 3:22, 28, 34, 39, 43, 46; 4:36, 40, 44, 48; 11:16, 21; 16:2, 35, 49; 25:9; 26:7, 10, 14, 18, 22, 25, 27, 34, 37, 41, 43, 47, 50, 51, 62; 31:4, 5, 6, 35, 40, 46
역사서 수 3:12; 4:13; 7:3, 4, 5; 8:3, 12, 25; 23:10; 삿 1:4, 7; 3:29, 31; 4:6, 10, 14; 5:8; 7:3, 6, 7, 8, 16, 19, 22; 8:4, 10, 14, 30; 9:2, 5, 18, 24, 49, 56; 10:4; 12:6, 9, 14; 14:11, 19; 15:11, 15, 16; 16:27; 18:11, 16; 20:2, 10, 15, 16, 17, 21, 25, 31, 34, 35, 39, 44, 45, 46, 47; 21:10, 12; 룻 4:2; 삼상 4:2, 10; 6:19; 9:22; 10:19; 11:8; 13:2, 5, 15; 14:2, 14; 15:4; 18:27; 22:2, 18; 23:13, 23; 24:2; 25:5, 13; 26:2; 27:2; 29:2; 30:9, 10, 17, 21; 삼하 2:15, 30, 31; 6:1; 8:4, 5, 13; 9:10; 10:6, 18; 15:1, 11, 16, 18; 17:1; 18:3, 4, 7, 15; 19:17; 20:3; 23:8, 18, 24, 39; 24:9, 15; 왕상 1:5; 4:26; 5:13, 14, 15, 16; 9:23; 10:26; 11:3; 12:21; 18:4, 13, 19, 22; 19:18; 20:1, 15, 16,

29, 30; 22:6, 31 왕하 1:9, 10, 11, 12, 13, 14; 2:7, 16, 17, 24; 3:26; 4:22, 43; 10:1, 6, 7, 14, 24; 13:7; 14:7; 15:25; 19:35; 24:14, 16; 25:19, 25; 대상 4:42; 5:13, 18, 21; 7:2, 4, 5, 7, 9, 11, 40; 8:40; 9:6, 9, 13, 22; 11:11, 20, 21, 25, 42; 12:4, 18, 24, 25, 26, 27, 28, 29, 30, 31, 32, 33, 34, 35, 36, 37; 15:5, 6, 7, 8, 9, 10; 16:38; 18:4, 5, 12; 19:18; 21:5, 14, 20; 23:3, 4, 5; 24:4; 25:7, 9, 10, 11, 12, 13, 14, 15, 16, 17, 18, 19, 20, 21, 22, 23, 24, 25, 26, 27, 28, 29, 30; 26:8, 9, 11, 30, 32; 27:1, 2, 4, 5, 6, 7, 8, 9, 10, 11, 12, 13, 14, 15; 대하 1:14; 2:2, 17, 18; 5:12; 8:10; 9:25; 11:1, 21; 12:3; 13:3, 17; 14:8, 9; 17:14, 15, 16, 17, 18; 18:5; 25:5, 6, 11, 12, 13; 26:12, 13, 17; 28:6, 8; 스 2:3, 4, 5, 6, 7, 8, 9, 10, 11, 12, 13, 14, 15, 16, 17, 18, 19, 20, 21, 22, 23, 24, 25, 26, 27, 28, 29, 30, 31, 32, 33, 34, 35, 36, 37, 38, 39, 40, 41, 42, 58, 60, 64, 65; 8:3, 4, 5, 6, 7, 8, 9, 10, 11, 12, 13, 14, 19, 20, 24; 느 5:17; 7:8, 9, 10, 11, 12, 13, 14, 15, 16, 17, 18, 19, 20, 21, 22, 23, 24, 25, 26, 27, 28, 29, 30, 31, 32, 33, 34, 35, 36, 37, 38, 39, 40, 41, 42, 43, 44, 45, 60, 62, 66, 67; 11:4, 6, 8, 12, 13, 14, 18, 19; 에 9:6, 12, 15, 16 **시가서 - 신약** 욥 1:4; 시 91:7; 전 6:3; 7:19; 아 3:7; 6:8; 사 60:22; 렘 38:10; 41:5; 52:25, 28, 29, 30; 겔 8:11; 11:1; 단 5:1; 6:1; 11:12; 암 5:3; 욘 4:11; 슥 1:20; 8:23; 마 14:21; 15:38; 16:9, 10; 막 6:40, 44; 8:9, 19, 20; 눅 9:14; 12:1; 14:31; 17:12; 행 1:15; 5:36; 21:20, 38; 23:13, 21, 23; 27:37; 롬 11:4; 고전 10:8; 벧전 3:20; 계 3:6

명 2(命, bid, command)
창 28:7   야곱이 부모의 **명**을 따라 밧단아람으로
창 43:17   청지기가 요셉의 **명**대로 하여 그 사람
눅 15:29   내가 여러 해 아버지를 섬겨 **명**을 어김이
행 17:7   이 사람들이 다 가이사의 **명**을 거역하여
행 23:31   보병이 **명**을 받은 대로 밤에 바울을 데리
행 25:23   접견 장소에 들어오고 베스도의 **명**으로
롬 13:2   권세를 거스르는 자는 하나님의 **명**을
롬 16:26   영원하신 하나님의 **명**을 따라 선지자
골 4:10   마가에 대하여 너희가 **명**을 받았으매

명년(明年, appointed time)
롬 9:9   약속의 말씀은 이것이니 **명년** 이 때에

【 명단 】　　　　　　　　　　　　　　　　　　　　　　　【 명령/-하다 】

명단(名單, name)
대상 4:41 이 명단에 기록된 사람들이 유다 왕

명령/-하다(command)

모세오경

창 21:4	팔 일 만에 그가 하나님이 **명령하신**
창 26:5	아브라함이 내 말을 순종하고 내 **명령**과
창 41:40	내 백성이 다 네 **명령**에 복종하리니 내가
창 44:2	넣으라 하매 그가 요셉의 **명령**대로 하고
창 45:17	요셉에게 이르되 네 형들에게 **명령하기**
창 50:12	아들들이 아버지가 그들에게 **명령한**
출 4:10	주께서 주의 종에게 **명령하신** 후에도
출 7:2	네게 **명령한** 바를 너는 네 형 아론에게
출 8:27	제사를 드리되 우리에게 **명령하시는**
출 12:28	여호와께서 모세와 아론에게 **명령하신**
출 19:7	여호와께서 자기에게 **명령하신** 그 모든
출 21:30	속죄금을 부과하면 무릇 그 **명령한** 것을
출 23:15	네게 **명령한** 대로 아빕월의 정한 때에
출 25:22	이스라엘 자손을 위하여 네게 **명령할**
출 29:35	너는 내가 네게 한 모든 **명령**대로 아론
출 31:6	지혜를 주어 그들이 내가 네게 **명령한**
출 32:8	내가 그들에게 **명령한** 길을 속히 떠나
출 34:11	너는 내가 오늘 네게 **명령하는** 것을
출 35:1	여호와께서 너희에게 **명령하사** 행하게
출 38:22	여호와께서 모세에게 **명령하신**
레 7:38	드리라 **명령하신** 날에 … **명령하셨더라**
레 8:5	여호와께서 행하라고 **명령하신** 것이
레 9:6	너희에게 하라고 **명령하신** 것이니
레 10:18	제물은 너희가 내가 **명령한** 대로 거룩한
레 13:54	제사장은 **명령하여** 그 색점 있는 것을
레 14:4	정결함을 받을 자를 위하여 **명령하여**
레 25:21	내가 **명령하여** 여섯째 해에 내 복을
민 3:16	말씀을 따라 그 **명령하신** 대로 계수하니
민 4:27	아론과 그의 아들들의 **명령**대로 할 것
민 8:20	레위인에 대하여 모세에게 **명령하신** 것
민 9:5	여호와께서 모세에게 **명령하신** 것을
민 10:13	그들이 여호와께서 모세에게 **명령하신**
민 15:23	모세를 통하여 너희에게 **명령한** 모든
민 16:37	아론의 아들 엘르아살에게 **명령하여**
민 20:8	목전에서 너희는 반석에게 **명령하여**
민 21:16	여호와께서 모세에게 **명령하시기를**
민 27:11	모세에게 **명령한** 대로 이스라엘 자손
민 29:40	여호와께서 모세에게 **명령하신** 모든
민 30:16	모세에게 **명령하신** 규례니 남편이
민 31:21	여호와께서 모세에게 **명령하신** 율법
민 32:28	자손 지파의 수령들에게 **명령하니라**
민 34:13	지파 반 쪽에게 주라고 **명령하셨나니**
민 36:2	여호와께서 … **명령하사** … **명령하사**
신 1:3	그들을 위하여 자기에게 주신 **명령**을
신 2:1	돌려 여호와께서 내게 **명령하신** 대로
신 3:28	여호수아에게 **명령하고** 그를 담대하게
신 4:2	내가 너희에게 **명령하는** 말을 너희는
신 5:12	네 하나님 여호와가 네게 **명령한** 대로
신 6:1	너희에게 가르치라고 명하신 **명령**과
신 7:11	오늘 내가 네게 명하는 **명령**과 규례와
신 8:1	내가 오늘 명하는 모든 **명령**을 너희는

'명령'과 관련된 성구

명령대로 행하다 – 민 32:25; 삼하 5:25; 왕하 11:9; 16:16; 대상 14:16; 겔 12:7; 24:18

명령을 거역하다 – 민 27:14; 신 1:26, 43; 9:23; 수 1:18; 삼상 12:14, 15; 대하 24:20; 에 3:3; 애 1:18; 단 3:28

명령을 내리다 – 출 36:6; 신 31:14; 삼하 14:8; 왕상 5:6, 17; 15:22; 대하 30:5; 스 6:11; 사 23:11; 단 2:5; 3:10; 4:6

명령을 듣지 아니하다 – 신 11:28; 느 9:16; 습 3:2

명령을 따르다 – 민 3:39; 9:18, 20, 23; 13:3; 16:47; 20:27; 수 17:4; 21:3; 삼하 21:14; 대상 25:2; 대하 8:13; 24:21; 30:6; 35:10; 느 12:45; 에 1:15; 3:12; 욥 39:27; 렘 11:4; 겔 37:7; 딤전 1:1; 딛 1:14

명령을 받다 – 창 45:19; 출 6:26; 레 8:35; 10:13; 왕상 14:6; 겔 38:8; 행 16:24; 17:15; 히 7:5

명령을 받들다 – 삿 3:20; 에 3:15

명령을 변조하다 – 스 6:11, 12

명령을 순종하다 – 삿 2:17; 렘 35:14, 18

명령을 어기다 – 출 1:17; 욥 23:12

명령을 전하다 – 출 6:13; 스 4:21; 시 2:7

명령을 준행하지 아니하다 – 레 26:14; 스 7:26

명령을 지키다 – 레 18:30; 22:9; 민 9:19; 15:22; 신 4:2, 40; 5:29; 6:2; 8:2, 6;

【 명령/-하다 】　　　　　　　　　　　　　　　　　　　　　　　【 명령/-하다 】

신 9:12	내가 그들에게 **명령**한 도를 속히 떠나
신 10:5	내려와서 여호와께서 내게 **명령하신**
신 11:13	오늘 너희에게 명하는 내 **명령**을 너희
신 12:11	그 곳으로 내가 **명령하는** 것을 모두
신 13:5	여호와께서 네게 행하라 **명령하신** 도
신 15:4-5	오늘 네게 내리는 그 **명령**을 다 지켜
신 17:3	내가 **명령하지** 아니한 일월성신에게
신 18:18	그에게 **명령하는** 것을 그가 무리에게
신 19:7	그러므로 내가 네게 **명령하기**를 세 성읍
신 20:17	여호와께서 네게 **명령하신** 대로 하라
신 24:8	너희는 내가 그들에게 **명령**한 대로 지켜
신 26:13	내게 **명령하신 명령**대로 하였사오니
신 26:14	청종하여 주께서 내게 **명령하신** 대로
신 27:1	내가 오늘 너희에게 **명령하는** 이 **명령**을
신 28:1	삼가 듣고 내가 오늘 네게 **명령하는**
신 29:1	여호와께서 모세에게 **명령하여** 모압
신 30:2	내가 오늘 네게 **명령**한 것을 온전히
신 31:5	너희에게 명한 모든 **명령**대로 그들에게
신 31:29	너희는 **명령**한 길을 떠나 여호와의
신 32:46	너희의 자녀에게 **명령하여** 이 율법의
신 33:4	모세가 우리에게 율법을 **명령하였으니**

역사서

수 1:7	나의 종 모세가 네게 **명령**한 그 율법을
수 4:8	이스라엘 자손들이 여호수아가 **명령**한
수 6:10	그리하다가 내가 너희에게 **명령하여**
수 7:11	그들에게 **명령**한 나의 언약을 어겼으며
수 8:8	보라 내가 너희에게 **명령하였느니라**
수 9:24	여호와께서 그의 종 모세에게 **명령하사**
수 10:27	해 질 때에 여호수아가 **명령하매** 그들이
수 11:15	그의 종 모세에게 **명령하신** 것을 모세
	는 여호수아에게 **명령하였고** 여호수아
수 13:6	내가 **명령**한 대로 그 땅을 이스라엘에
수 14:5	여호와께서 모세에게 **명령하신** 것과
수 15:13	여호와께서 여호수아에게 **명령하신**
수 17:4	여호와께서 모세에게 **명령하사** 우리
수 21:2	여호와께서 모세에게 **명령하사** 우리
수 22:2	너희에게 **명령**한 것을 … **명령**한 모든
수 23:16	여호와께서 너희에게 **명령하신** 언약
삿 2:20	내가 그들의 조상들에게 **명령**한 언약을
삿 3:4	그들의 조상들에게 이르신 **명령**들을
삿 5:14	마길에게서는 **명령하는** 자들이 내려
삿 13:14	그에게 **명령**한 것은 다 지킬 것이니
룻 2:9	그 소년들에게 **명령하여** 너를 건드리지
룻 3:6	내려가서 시어머니의 **명령**대로 다 하니
삼상 2:29	어찌하여 내가 내 처소에서 **명령**한 내
삼상 13:14	여호와께서 왕에게 **명령하신** 바를 왕이
삼상 14:27	아버지가 백성에게 맹세하여 **명령할**
삼상 16:16	신하들에게 **명령하여** 수금을 잘 타는
삼상 17:20	이새가 **명령**한 대로 가지고 가서 진영에
삼상 18:22	사울이 그의 신하들에게 **명령하되** 너희
삼상 20:29	나의 형이 내게 오기를 **명령하였으니**
삼상 21:2	**명령하고** 이르시기를 … **명령**한 일은
삼하 1:18	**명령하여** 그것을 유다 족속에게 가르
삼하 2:26	그의 형제 쫓기를 그치라 **명령하겠느냐**
삼하 4:12	청년들에게 **명령하매** 곧 그들을 죽이고
삼하 7:7	이스라엘을 먹이라고 **명령**한 이스라엘

'명령'과 관련된 성구

11:8; 13:4, 18; 19:9; 26:18; 28:1, 9; 삼상 13:13; 왕상 2:3, 43; 3:14; 11:10, 38; 13:21; 14:8; 왕하 17:19; 시 78:56; 잠 3:1; 4:4; 6:20; 7:2; 전 8:2, 5; 12:13; 말 3:14; 딤전 6:14

명령을 행하다 – 신 30:8; 삼상 15:11, 13; 대하 14:4; 욜 2:11

명령이 내리다 – 대하 31:5; 단 2:8, 13; 9:23

명령하여 이르다 – 창 32:4, 17, 19; 50:16; 출 1:22; 5:6; 19:23; 레 6:9; 민 16:24; 34:13; 36:5; 신 2:4; 3:18; 21; 15:11; 27:1, 11; 31:10, 23, 25; 수 1:10, 11; 13; 3:3, 8; 4:3, 17; 6:10; 8:4; 18:8; 삿

21:10, 20; 룻 2:15; 삼하 11:19; 13:28; 18:5, 12; 왕상 1:28; 2:1; 12:12; 13:9; 22:31; 왕하 11:5; 11:15; 14:6; 16:15; 17:27, 35; 22:12; 23:21; 대하 10:12; 18:30; 19:9; 25:4; 32:12; 34:20; 스 9:11; 느 1:8; 렘 7:23; 26:2; 32:13; 35:6; 36:5; 38:10; 39:11; 단 3:19; 암 9:9

모세가 명령하다 – 출 36:6; 레 9:5, 21; 수 8:35; 11:12; 삿 1:20; 왕하 18:12; 21:8

모세를 통하여 명령하시다 – 레 8:36; 느 8:14

모세에게 명령하신 계명 – 레 27:34; 왕하 18:6; 느 1:7

모세의 명령대로 – 출 16:24; 38:21

【 명령/-하다 】　　　　　　　　　　　　　　　　【 명령/-하다 】

삼하 9:11 왕께서 모든 일을 종에게 **명령하신** 대로
삼하 12:20 왕궁으로 돌아와 **명령하여** 음식을 그
삼하 13:28 너희에게 **명령한** 것이 아니냐 너희는
삼하 14:19 왕의 종 요압이 내게 **명령하였고** 그가
삼하 16:11 여호와께서 그에게 **명령하신** 것이니
삼하 17:14 좋은 계략을 물리치라고 **명령하셨음**
삼하 18:5 군지휘관에게 **명령할** 때에 백성들이
왕상 2:46 여호야다의 아들 브나야에게 **명령하매**
왕상 8:58 우리 조상들에게 **명령하신** 계명과 법도
왕상 9:4 내 앞에서 행하며 내가 네게 **명령한**
왕상 11:10 이 일에 대하여 **명령하사** 다른 신을
왕상 15:5 정직히 행하고 자기에게 **명령하신**
왕상 17:4 내가 까마귀들에게 **명령하여** 거기서
왕하 18:22 사람에게 **명령하기를** 예루살렘 이 제단
왕하 18:36 이는 왕이 **명령하여** 대답하지 말라
왕하 21:8 만일 이스라엘이 나의 모든 **명령과**
왕하 23:4 문을 지킨 자들에게 **명령하여** 바알과
대상 6:49 모세의 모든 **명령대로** 이스라엘을
대상 14:12 그 곳에 버렸으므로 다윗이 **명령하여**
대상 15:15 모세가 여호와의 말씀을 따라 **명령한**
대상 16:15 너희는 그의 언약 곧 천 대에 **명령하신**
대상 16:40 기록하여 이스라엘에게 **명령하신** 대로
대상 17:6 내 백성을 먹이라고 **명령한** 이스라엘
대상 21:3 어찌하여 이 일을 **명령하시나이까**
대상 22:2 다윗이 **명령하여** 이스라엘 땅에 거류
대상 23:31 번제를 여호와께 드리되 그가 **명령하신**
대상 28:21 지휘관과 백성이 온전히 네 **명령** 아래
대상 29:23 온 이스라엘이 그의 **명령에** 순종하며
대하 1:2 방백들과 족장들에게 **명령하여**

대하 7:17 내가 네게 **명령한** 모든 것을 행하여
대하 8:14 다윗이 전에 이렇게 **명령하였음이라**
대하 23:8 제사장 여호야다가 **명령한** 모든 것을
대하 29:15 왕이 여호와의 말씀대로 **명령한** 것을
대하 30:12 말씀대로 전한 **명령을** 한 마음으로 준행
대하 31:4 또 예루살렘에 사는 백성을 **명령하여**
대하 33:8 만일 이스라엘 사람이 내가 **명령한** 일들
대하 34:16 왕께서 종들에게 **명령하신** 것을 종들이
대하 35:15 헤만과 왕의 선견자 여두둔이 **명령한**
대하 36:23 나에게 **명령하여** 유다 예루살렘에 성전
스 1:2 나라를 내게 주셨고 나에게 **명령하사**
스 2:63 방백이 그들에게 **명령하여** 우림과 둠밈
스 3:7 바사 왕 고레스의 **명령대로** 백향목을
스 4:3 바사 왕 고레스가 우리에게 **명령하신**
스 5:3 이르되 누가 너희에게 **명령하여** 이
스 7:23 하늘의 하나님이 **명령하신** 것은 삼가
느 8:1 여호와께서 이스라엘에게 **명령하신**
느 9:14 율례와 율법을 그들에게 **명령하시고**
느 12:24 하나님의 사람 다윗의 **명령대로** 순서를
에 1:8 모든 궁내 관리에게 **명령하여** 각 사람
에 2:3 각 지방에 관리를 **명령하여** 아리따운
에 3:14 **명령을** 각 지방에 전하기 위하여 조서
에 4:5 하닥을 불러 **명령하여** 모르드개에게
에 5:14 하만이 그 말을 좋게 여기고 **명령하여**
에 6:1 왕이 잠이 오지 아니하므로 **명령하여**
에 9:31 모르드개와 왕후 에스더가 **명령한** 바와

시가서 – 신약

욥 9:7 그가 해를 **명령하여** 뜨지 못하게 하시며
욥 36:32 번갯불을 **명령하사** 과녁을 치시도다

'**명령**'과 관련된 성구

바로의 명령대로 – 창 45:21; 47:11
아론에게 명령하다 – 출 7:19; 8:5, 16
여호와께서 명령하시다 – 출 7:10, 20; 19:8;
　35:4, 10; 36:1, 5; 39:43; 레 7:36;
　10:1; 민 15:23; 19:2; 34:29; 신 4:5;
　5:16; 6:20; 9:16; 28:8; 수 10:40; 22:3;
　삼하 24:19; 왕하 14:6; 17:15; 대하 25:4;
　시 107:25; 사 22:12; 렘 26:8; 암 6:11;
　7:4
여호와께서 모세에게 명령하신 대로 – 출 16:
　34; 39:1, 5, 7, 21, 26, 29, 31, 32, 42;
　40:19, 21, 23, 25, 27, 29, 32; 레 16:34;

　24:23; 민 1:19, 54; 2:34; 4:37, 45, 49;
　15:36; 27:23; 31:7, 31; 36:10; 신 34:9;
　수 11:20; 14:2; 21:8; 22:9
여호와께서 모세에게 명령하심과 같다 – 레
　8:17, 21, 29; 9:10; 민 2:33; 3:51; 8:3;
　31:41, 47
여호와께서 이같이 명령하시다 – 출 16:16, 32;
　삿 4:6
여호와께서 자기에게 명령하신 대로 하다 – 출
　40:16; 레 8:4; 민 3:42; 17:11; 27:22; 수
　11:9
여호와의 명령 – 창 24:51; 출 6:26; 17:1;

【 명령/-하다 】　　　　　　　　　　　　　　　　　【 명령/-하다 】

욥 37:12	있는 모든 자들에게 **명령하시느니라**		렘 23:32	보내지 아니하였으며 **명령하지** 아니
욥 38:12	네가 너의 날에 아침에게 **명령하였느냐**		렘 27:4	그들에게 **명령하여** 그들의 주에게 말하
욥 42:9	여호와께서 자기들에게 **명령하신** 대로		렘 29:23	간음하며 내가 그들에게 **명령하지** 아니
시 7:6	깨소서 주께서 심판을 **명령하셨나이다**		렘 32:23	주께서 행하라 **명령하신** 일을 행하지
시 33:9	말씀하시매 이루어졌으며 **명령하시매**		렘 34:22	보라 내가 그들에게 **명령하여** 이 성읍
시 68:28	네 하나님이 너의 힘을 **명령하셨도다**		렘 35:8	우리 선조 요나답이 우리에게 **명령한**
시 71:3	주께서 나를 구원하라 **명령하셨으니**		렘 36:8	예레미야가 자기에게 **명령한** 대로 하여
시 78:5	조상들에게 **명령하사** 그들의 자손에게		렘 37:21	이에 시드기야 왕이 **명령하여** 예레미야
시 78:23	그가 위의 궁창을 **명령하시며** 하늘 문을		렘 38:27	왕이 **명령한** 모든 말대로 대답하였으
시 91:11	너를 위하여 그의 천사들을 **명령하사**		렘 47:7	여호와께서 이를 명령하셨은즉 어떻게
시 105:8	그의 언약 곧 천 대에 걸쳐 **명령하신**		렘 50:21	진멸하되 내가 너희에게 **명령한** 대로
시 119:4	주께서 **명령하사** 주의 법도를 잘 지키게		렘 51:59	예레미야가 그에게 말씀을 **명령하니**
시 133:3	복을 **명령하셨나니** 곧 영생이로다		애 1:10	성회에 들어오지 못하도록 **명령하신**
시 147:15	그의 **명령**을 땅에 보내시니 그의 말씀		애 2:17	일을 행하시고 옛날에 **명령하신** 말씀을
시 148:5	이름을 찬양함은 그가 **명령하시므로**		겔 9:11	주께서 내게 **명령하신** 대로 내가 준행
잠 6:23	**명령**은 등불이요 법은 빛이요 훈계의		겔 10:6	가는 베 옷을 입은 자에게 **명령하시기를**
잠 8:29	한계를 정하여 물이 **명령**을 거스르지		겔 14:17	칼이 그 땅에 임하게 하고 **명령하기를**
사 10:6	내가 그에게 **명령하여** 나를 노하게 한		겔 37:10	이에 내가 그 **명령**대로 대언하였더니
사 13:3	거룩하게 구별한 자들에게 **명령하고**		단 2:12	모든 지혜자들을 다 죽이라 **명령하니라**
사 34:16	이는 여호와의 입이 이를 **명령하셨고**		단 3:20	군대 중 용사 몇 사람에게 **명령하여**
사 36:7	유다와 예루살렘에 **명령하기를** 너희는		단 4:17	이는 순찰자들의 **명령**대로요 거룩한
사 45:11	한 일에 관하여 내게 **명령하려느냐**		단 6:16	이에 왕이 **명령하매** 다니엘을 끌어다가
사 48:5	신상과 부어 만든 신상이 **명령한** 바라		호 5:11	에브라임은 사람의 **명령** 뒤따르기를
렘 1:7	너는 가며 내가 네게 무엇을 **명령하든지**		암 2:12	선지자에게 **명령하여** 예언하지 말라
렘 7:22	대하여 말하지 아니하며 **명령하지**		암 9:3	거기에서 뱀을 **명령하여** 물게 할 것이요
렘 11:4	이끌어내던 날에 그들에게 **명령한** 것		나 1:14	여호와가 네게 대하여 **명령하였나니**
렘 13:5	내가 여호와께서 내게 **명령하신** 대로		슥 1:6	나의 종 선지자들에게 **명령한** 내 말과
렘 14:14	아니하였고 그들에게 **명령하거나**		슥 3:4	자기 앞에 선 자들에게 **명령하사**
렘 17:22	너희 조상들에게 **명령함같이** 안식일		말 2:1	이제 너희에게 이같이 **명령하노라**
렘 19:5	이는 내가 **명령하거나** 말하거나 뜻한		말 4:4	내 종 모세에게 **명령한** 법 곧 율례와

'명령'과 관련된 성구

34:4; 레 9:7; 10:15; 17:2; 24:12; 민 3:39; 4:41; 9:18, 19, 20, 23; 13:3; 14:41; 20:27; 30:1; 33:2, 38; 36:6; 신 1:26, 43; 4:2; 8:6, 11; 9:23; 10:13; 11:27, 28; 28:9, 13; 수 17:4; 19:50; 21:3; 삿 2:17; 삼상 12:14; 15:13, 24; 삼하 5:25; 왕상 2:3; 11:10; 18:18; 왕하 17:19; 대하 24:20; 시 2:7

왕의 **명령** – 출 1:17; 삼하 24:4; 대상 21:4, 6; 대하 31:5; 35:16; 스 7:26; 느 11:23; 에 1:15; 3:2, 3, 15; 4:3; 전 8:2; 단 2:13;

15; 3:22, 28; 히 11:23

왕의 **명령**을 따라 – 삼하 21:14; 대상 25:2; 대하 24:21; 30:6; 35:10

이스라엘 자손에게 **명령하다** – 출 14:2; 15; 25:2; 27:20; 레 24:2; 민 5:2; 9:4; 15:38; 26:4; 28:2; 34:2, 13; 35:2; 36:5, 13; 수 8:31

주의 **명령** – 민 32:25; 신 26:13; 느 9:16; 34; 애 3:37; 고전 7:12; 14:37

하나님의 **명령** – 삿 3:20; 대상 14:16; 스 6:14; 7:26; 10:3

【 명령자 】   【 명심하다 】

마 27:58	이에 빌라도가 내주라 **명령하거늘**
막 10:5	마음이 완악함으로 말미암아 이 **명령을**
눅 17:10	이와 같이 너희도 **명령** 받은 것을 다
요 11:57	신고하여 잡게 하라 **명령하였음이러라**
요 12:49	말할 것과 이를 것을 친히 **명령하여**
고전 7:6	이 말을 함은 허락이요 **명령은** 아니니라
고후 8:8	내가 **명령으로** 하는 말이 아니요 오직
골 2:22	쓰이고는 없어지리라) 사람의 **명령과**
살전 4:2	말미암아 너희에게 무슨 **명령을**
히 12:20	돌로 침을 당하리라 하신 **명령을** 그들이
벧후 2:21	의의 도를 안 후에 받은 거룩한 **명령을**

◆ **명령/-하다 - 기타 본문**
출 7:6; 12:50; 31:11; 34:18, 32, 34; 35:29; 레 8:9, 13, 31, 34; 14:5, 36, 40; 민 8:22; 9:8; 15:31; 16:40; 20:9; 32:31; 신 1:18, 19, 41; 4:13, 14, 40; 5:15, 31, 32, 33; 6:17, 24, 25; 11:22, 28; 12:14, 21, 28, 32; 15:15; 17:20; 18:20; 24:18, 22; 26:16, 17; 27:4, 10; 28:13, 14, 15, 45; 30:8, 9-10, 11, 12, 13, 16; 수 1:9, 16; 4:10, 16; 8:27, 29, 33; 22:5; 삿 3:19; 삼하 7:11; 13:29; 왕상 11:11, 34, 38; 17:9; 왕하 7:13, 16, 34; 23:35; 대상 15:16; 17:10; 21:17, 18, 27; 22:13, 17; 대하 7:19; 8:15; 29:21, 24, 25, 27, 30; 31:11, 13; 33:16; 35:21; 스 1:8; 4:19; 5:9; 느 1:7; 7:65; 에 1:10, 17; 2:8, 10, 20; 4:17; 9:32; 욥 37:15; 시 119:138; 148:6; 사 36:21; 45:12; 48:18; 렘 1:17; 7:31; 11:8; 13:6; 32:35; 35:10, 14, 16, 18; 36:26; 50:44; 애 1:17; 단 2:24; 4:24; 암 9:4, 9; 습 2:2; 말 2:4; 마 27:64; 요 12:50

명령자(命令者, commander)
사 55:4 만민의 인도자와 **명령자로** 삼았나니

명백하다/명백히(明白, clear, plain)
민 12:8	그와는 내가 대면하여 **명백히** 말하고
시 98:2	뭇 나라의 목전에서 **명백히** 나타내셨
단 6:22	나의 무죄함이 그 앞에 **명백함이오며**
합 2:2	묵시를 기록하여 판에 **명백히** 새기되

명부(名簿, list)
딤전 5:9 과부로 **명부에** 올릴 자는 나이가 육십

명분(名分, birthright, rights)

창 25:31	야곱이 이르되 형의 장자의 **명분을** 오늘
창 25:32	내가 죽게 되었으니 이 장자의 **명분이**
창 25:33	에서가 맹세하고 장자의 **명분을** 야곱
창 25:34	에서가 장자의 **명분을** 가볍게 여김이
창 27:36	전에는 나의 장자의 **명분을** 빼앗고
대상 5:1	장자의 **명분이** 이스라엘의 아들 요셉
대상 5:2	유다에게서 났으나 장자의 **명분은**
갈 4:5	우리로 아들의 **명분을** 얻게 하려 하심
히 12:16	음식을 위하여 장자의 **명분을** 판 에서와

명성(名聲, fame)
창 6:4	그들은 용사라 고대에 **명성이** 있는 사람
민 14:15	주의 **명성을** 들은 여러 나라가 말하여
신 2:25	네 **명성을** 듣고 떨며 너로 말미암아
삼하 7:23	자기 백성으로 삼아 주의 **명성을** 내시며
삼하 8:13	쳐 죽이고 돌아와서 **명성을** 떨치니라
왕상 10:1	솔로몬의 **명성을** 듣고 와서 어려운 문제
대상 14:17	다윗의 **명성이** 온 세상에 퍼졌고 여호와
대상 22:5	만국에 **명성과** 영광이 있게 하여야 할
대하 9:1	스바 여왕이 솔로몬의 **명성을** 듣고 와서
에 9:4	이 사람 모르드개의 **명성이** 각 지방에
사 66:19	두발과 야완과 또 나의 **명성을** 듣지도
겔 16:14	화려함으로 말미암아 네 **명성이** 이방인
겔 16:15	네 화려함을 믿고 네 **명성을** 가지고
단 9:15	오늘과 같이 **명성을** 얻으신 우리 주
습 3:19	수욕 받는 자에게 칭찬과 **명성을** 얻게
습 3:20	천하 만민 가운데서 **명성과** 칭찬을 얻게

명수(名數, number of names, list of names)
민 1:2	가문에 따라 그 **명수대로** 계수할지니
민 3:40	일 개월 이상으로 다 계수하여 그 **명수**
민 26:53	이 **명수대로** 땅을 나눠 주어 기업을
스 2:2	나온 이스라엘 백성의 **명수가** 이러하니
느 7:7	함께 나온 이스라엘 백성의 **명수가** 이러
욥 1:5	아침에 일어나서 그들의 **명수대로** 번제

◆ '그 명수대로 다 계수하다' 와 관련된 성구
민 1:20, 22, 24, 26, 28, 30, 32, 34, 36, 38, 40, 42

명심하다(銘心, make up one's mind)
신 4:39 다른 신이 없는 줄을 알아 **명심하고**

【 명예 】 　　　　　　　　　　　　　　　　　【 명철/-하다/-자 】

눅 21:14　것을 미리 궁리하지 않도록 **명심**하라

명예(名譽, fame, good name)
신 26:19　찬송과 **명예**와 영광을 삼으시고 그가
느 9:10　주께서 오늘과 같이 **명예**를 얻으셨나
잠 22:1　재물보다 **명예**를 택할 것이요 은이나
렘 13:11　내 이름과 **명예**와 영광이 되게 하려

명의(名義, name)
에 8:8　너희는 왕의 **명의**로 유다인에게 조서
에 8:10　아하수에로 왕의 **명의**로 쓰고 왕의

명절(名節, Feast)
민 28:17　그 달 열다섯째 날부터는 **명절**이니
삿 21:19　길 동쪽 실로에 매년 여호와의 **명절**이
에 8:17　잔치를 베풀고 그 날을 **명절**로 삼으니
에 9:19　아달월 십사일을 **명절**로 삼아 잔치를
시 81:3　초하루와 보름과 우리의 **명절**에 나팔
겔 45:17　**명절**과 초하루와 … 모든 정한 **명절**에
겔 45:21　유월절을 칠 일 동안 **명절**로 지키며
겔 45:23　**명절** 칠 일 동안에는 그가 나 여호와를
겔 45:25　칠 일 동안 **명절**을 지켜 속죄제와 번제
겔 46:11　**명절**과 성회 때에 그 소제는 수송아지
호 2:11　절기와 월삭과 안식일과 모든 **명절**을
호 9:5　너희는 **명절**날과 여호와의 절기의 날
호 12:9　장막에 거주하게 하기를 **명절**날에 하던
마 26:5　민란이 날까 하노니 **명절**에는 하지 말자
마 27:15　**명절**이 되면 총독이 무리의 청원대로
막 14:2　민란이 날까 하노니 **명절**에는 하지 말자
막 15:6　**명절**이 되면 백성들이 요구하는 대로
요 4:45　자기들도 **명절**에 갔다가 예수께서 **명절**
요 5:1　후에 유대인의 **명절**이 되어 예수께서
요 6:4　유대인의 **명절**인 유월절이 가까운지라
요 7:2　유대인의 **명절**인 초막절이 가까운지라
요 7:8　너희는 **명절**에 올라가라 내 때가 아직
요 7:10　형제들이 **명절**에 올라간 후에 자기도
요 7:11　**명절** 중에 유대인들이 예수를 찾으면
요 7:14　**명절**의 중간이 되어 예수께서 성전에
요 7:37　**명절** 끝날 곧 큰 날에 예수께서 서서
요 11:56　너희 생각에는 어떠하냐 그가 **명절**에
요 12:12　그 이튿날에는 **명절**에 온 큰 무리가
요 12:20　**명절**에 예배하러 올라온 사람 중에
요 13:29　**명절**에 우리가 쓸 물건을 사라 하시는

고전 5:8　우리가 **명절**을 지키되 묵은 누룩으로

명철/-하다/-자(名哲, wise, discerning)
창 41:33　이제 바로서는 **명철**하고 지혜 있는
창 41:39　너와 같이 **명철**하고 지혜 있는 자가
대상 26:14　스가랴는 **명철**한 모사라 모사를 위하여
대하 2:12　**명철**과 총명을 주시사 능히 여호와를
스 8:16　또 **명철**한 사람 요야립과 엘라단을 불러
스 8:18　한 **명철**한 사람을 데려오고 또 세레뱌
욥 12:12　지혜가 있고 장수하는 자에게는 **명철**이
욥 12:13　하나님께 있고 계략과 **명철**도 그에게
욥 28:12　지혜는 어디서 얻으며 **명철**이 있는 곳
욥 28:20　지혜는 어디서 오며 **명철**이 머무는 곳
욥 28:28　경외함이 지혜요 악을 떠남이 **명철**이
시 49:3　지혜를 말하겠으니 내 마음의 **명철**을 작은
시 119:66　믿었사오니 좋은 **명철**과 지식을 내게
시 119:99　읊조리므로 나의 **명철**함이 나의 모든
시 119:100　나의 **명철**함이 노인보다 나으니이다
시 119:104　주의 법도들로 말미암아 내가 **명철**하게
잠 1:2　지혜와 훈계를 알게 하며 **명철**의 말씀을
잠 1:5　학식이 더할 것이요 **명철**한 자는 지략을
잠 2:2　지혜에 기울이며 네 마음을 **명철**에 두며
잠 2:3　지식을 불러 구하며 **명철**을 얻으려고
잠 2:6　여호와는 지혜를 주시며 지식과 **명철**
잠 2:11　근신이 너를 지키며 **명철**이 너를 보호
잠 3:5　여호와를 신뢰하고 네 **명철**을 의지하지
잠 3:13　지혜를 얻은 자와 **명철**을 얻은 자는
잠 3:19　지혜로 땅에 터를 놓으셨으며 **명철**로
잠 4:1　아비의 훈계를 들으며 **명철**을 얻기에
잠 4:5　지혜를 얻으며 **명철**을 얻으라 내 입의
잠 4:7　네가 얻은 모든 것을 가지고 **명철**을
잠 5:1　내 지혜에 주의하며 내 **명철**에 네 귀를
잠 7:4　지혜에게 너는 내 누이라 하며 **명철**에게
잠 8:1　지혜가 부르지 아니하느냐 **명철**이 소리
잠 8:5　어리석은 자들아 너희는 **명철**할지니라
잠 8:12　나 지혜는 **명철**로 주소를 삼으며 지식
잠 8:14　계략과 참 지식이 있으며 나는 **명철**이라
잠 9:6　생명을 얻으며 **명철**의 길을 행하라
잠 9:10　거룩하신 자를 아는 것이 **명철**이니라
잠 10:13　**명철**한 자의 입술에는 지혜가 있어도
잠 10:23　낙을 삼는 것같이 **명철**한 자는 지혜
잠 11:12　이웃을 멸시하나 **명철**한 자는 잠잠하
잠 14:6　못하거니와 **명철**한 자는 지식 얻기가

【 명칭 】　　　　　　　　　　　　　　　　　　　　【 명하다 】

잠 14:29	더디 하는 자는 크게 **명철하여도**
잠 14:33	지혜는 **명철한** 자의 마음에 머물거니와
잠 15:14	**명철한** 자의 마음은 지식을 요구하고
잠 15:21	미련한 것을 즐겨 하여도 **명철한** 자는
잠 16:16	**명철**을 얻는 것이 은을 얻는 것보다
잠 16:21	마음이 지혜로운 자는 **명철하다** 일컬음
잠 16:22	**명철한** 자에게는 그 **명철**이 생명의 샘
잠 17:24	지혜는 **명철한** 자 앞에 있거늘 미련한
잠 17:27	지식이 있고 성품이 냉철한 자는 **명철**
잠 18:2	미련한 자는 **명철**을 기뻐하지 아니하고
잠 18:4	**명철한** 사람의 입의 말은 깊은 물과
잠 18:15	**명철한** 자의 마음은 지식을 얻고 지혜
잠 19:8	자기 영혼을 사랑하고 **명철**을 지키는
잠 19:25	**명철한** 자를 견책하라 그리하면 그가
잠 20:5	그럴지라도 **명철한** 사람은 그것을 길어
잠 21:16	**명철**의 길을 떠난 사람은 사망의 회중에
잠 21:30	지혜로도 못하고, **명철**로도 못하고 모략
잠 23:23	팔지는 말며 지혜와 훈계와 **명철**도 그리
잠 24:3	건축되고 **명철**로 말미암아 견고하게
잠 28:2	주관자가 많아져도 **명철**과 지식 있는
잠 28:11	가난해도 **명철한** 자는 자기를 살펴 아는
전 7:7	우매하게 하고 뇌물이 사람의 **명철**을
전 7:25	지혜와 **명철**을 살피고 연구하여 악한
전 9:11	**명철자**들이라고 재물을 얻는 것도 아니
사 5:21	지혜롭다 하며 스스로 **명철하다** 하는
사 29:14	지혜가 없어지고 **명철자**의 총명이 가려
사 40:28	곤비하지 않으시며 **명철**이 한이 없으
렘 3:15	그들이 지식과 **명철**로 너희를 양육하
렘 9:24	**명철하여** 나를 아는 것과 나 여호와
렘 10:12	세계를 세우셨고 그의 **명철**로 하늘을
렘 49:7	**명철한** 자에게 책략이 끊어졌느냐 그들
렘 51:15	세계를 세우셨고 그의 **명철**로 하늘들을
단 2:14	나가매 다니엘이 **명철하고** 슬기로운
단 5:11	왕의 부친 때에 있던 자로서 **명철**과
단 5:14	**명철**과 총명과 비상한 지혜가 있다

명칭(名稱, name)

| 행 18:15 | 문제가 언어와 **명칭**과 너희 법에 관한 |

명하다(命, command, give orders, direct)
구약

| 창 3:11 | 네게 먹지 말라 **명한** 그 나무 열매를 |
| 창 12:20 | 바로가 사람들에게 그의 일을 **명하매** |

창 18:19	그 자식과 권속에게 **명하여** 여호와의
창 27:8	내 말을 따라 내가 네게 **명하는** 대로
창 28:6	그에게 축복하고 **명하기를** 너는 가나안
창 32:9	여호와여 주께서 전에 내게 **명하시기를**
창 49:33	야곱이 아들에게 **명하기를** 마치고 그
창 50:2	그 수종 드는 의원에게 **명하여** 아버지
신 6:1	너희에게 가르치라고 **명하신** 명령과
신 6:2	여호와를 경외하며 내가 너희에게 **명한**
신 6:6	오늘 내가 네게 **명하는** 이 말씀을 너는
신 6:17	여호와께서 너희에게 **명하신** 명령과
신 7:11	너는 오늘 내가 네게 **명하는** 명령과
신 8:1	내가 오늘 **명하는** 모든 명령을 너희는
신 8:11	네게 **명하는** 여호와의 명령과 법도와
신 10:13	내가 오늘 네 행복을 위하여 네게 **명하는**
신 11:8	내가 오늘 너희에게 **명하는** 모든 명령을
신 11:13	내가 오늘 너희에게 **명하는** 내 명령을
신 11:22	만일 내가 너희에게 **명하는** 이 모든
신 11:27	너희가 만일 내가 오늘 너희에게 **명하는**
신 13:18	내가 네게 **명하는** 그 모든 명령을 지켜
신 19:9	또 너희가 오늘 내가 너희에게 **명하는**
신 31:5	너희는 내가 너희에게 **명한** 모든 명령
수 11:15	여호와께서 모세에게 **명하신** 모든 것을
대상 24:19	이스라엘의 하나님 여호와께서 **명하신**
대하 14:4	사람에게 **명하여** 그 조상들의 하나님
욥 36:10	귀를 열어 교훈을 듣게 하시며 **명하여**
욥 37:6	눈을 **명하여** 땅에 내리라 하시며 적은
	비와 큰 비도 내리게 **명하시느니라**
사 5:6	내가 또 구름에게 **명하여** 그 위에 비를
렘 42:21	나를 보내사 너희에게 **명하신** 말씀을
단 2:46	다니엘에게 절하고 **명하여** 예물과 향품
단 3:4	자들아 왕이 너희 무리에게 **명하시나니**
단 5:2	벨사살이 술을 마실 때에 **명하여** 그의
	부친 느부갓네살이 … **명하였으니** 이는
단 5:29	벨사살이 **명하여** 그들이 다니엘에게
단 6:23	심히 기뻐서 **명하여** 다니엘을 굴에서
욘 3:2	니느웨로 가서 내가 네게 **명한** 바를

신약

마 4:3	만일 하나님의 아들이어든 **명하여** 이
마 4:6	너를 위하여 그의 사자들을 **명하시리니**
마 8:4	몸을 보이고 모세가 **명한** 예물을 드려
마 8:18	보시고 건너편으로 가기를 **명하시니라**
마 11:1	열두 제자에게 **명하기를** 마치시고
마 14:9	함께 앉은 사람들 때문에 주라 **명하고**

【 명하다 】   【 명하다 】

마 14:19	무리를 **명하여** 잔디 위에 앉히시고 떡
마 14:28	만일 주님이시거든 나를 **명하사** 물 위
마 15:35	예수께서 무리에게 **명하사** 땅에 앉게
마 17:20	한 알 만큼만 있어도 이 산을 **명하여**
마 18:25	갚을 것이 없는지라 주인이 **명하여** 그
마 19:7	증서를 주어서 버리라 **명하였나이까**
마 20:21	하나는 주의 좌편에 앉게 **명하소서**
마 27:10	주께서 내게 **명하신** 바와 같으니라
막 1:27	더러운 귀신들에게 **명한즉** 순종하는
막 1:44	모세가 **명한** 것을 드려 그들에게 입증
막 3:9	대기하도록 제자들에게 **명하셨으니**
막 6:8	**명하시되** 여행을 위하여 지팡이 외에
막 6:27	요한의 머리를 가져오라 **명하니** 그 사람
막 6:39	제자들에게 **명하사** 그 모든 사람으로
막 8:6	예수께서 무리를 **명하여** 땅에 앉게
막 8:7	축복하시고 **명하사** 이것도 나누어 주게
막 9:25	못 듣는 귀신아 내가 네게 **명하노니**
막 10:3	모세가 어떻게 너희에게 **명하였느냐**
막 13:34	문지기에게 깨어 있으라 **명함과** 같으니
눅 4:3	아들이어든 이 돌들에게 **명하여** 떡이
눅 4:10	너를 위하여 그 사자들을 **명하사** 너를
눅 4:36	권위와 능력으로 더러운 귀신을 **명하매**
눅 8:25	그가 누구이기에 바람과 물을 **명하매**
눅 8:29	더러운 귀신을 **명하사** 그 사람에게서
눅 8:55	예수께서 먹을 것을 주라 **명하시니**
눅 9:21	말을 아무에게도 이르지 말라 **명하시고**
눅 9:54	주여 우리가 불을 **명하여** 하늘로부터
눅 10:40	그를 **명하사** 나를 도와 주라 하소서
눅 12:13	선생님 내 형을 **명하여** 유산을 나와
눅 18:40	예수께서 머물러 서서 **명하여** 데려오라
요 8:5	이러한 여자를 돌로 치라 **명하였거니와**
요 15:14	너희는 내가 **명하는** 대로 행하면 곧
요 15:17	내가 이것을 너희에게 **명함은** 너희로
행 1:2	택하신 사도들에게 성령으로 **명하시고**
행 4:15	**명하여** 공회에서 나가라 하고 서로
행 5:34	공회 중에 일어나 **명하여** 사도들을 잠깐
행 7:44	모세에게 말씀하신 이가 **명하사** 그가
행 8:38	**명하여** 수레를 멈추고 빌립과 내시가
행 10:33	이제 우리는 주께서 당신에게 **명하신**
행 10:42	우리에게 **명하사** 백성에게 전도하되
행 10:48	**명하여** 예수 그리스도의 이름으로 세례
행 11:12	성령이 내게 **명하사** 아무 의심 말고
행 12:19	파수꾼들을 심문하고 죽이라 **명하니라**
행 13:47	주께서 이같이 우리에게 **명하시되** 내가
행 15:5	율법을 지키라 **명하는** 것이 마땅하다
행 16:18	이름으로 내가 네게 **명하노니** 그에게
행 16:23	옥에 가두고 간수에게 **명하여** 든든히
행 17:30	이제는 어디든지 사람에게 다 **명하사**
행 18:2	글라우디오가 모든 유대인을 **명하여**
행 19:13	예수를 의지하여 너희에게 **명하노라**
행 21:33	잡아 두 쇠사슬로 결박하라 **명하고**
행 21:34	없어 그를 영내로 데려가라 **명하니라**
행 22:24	바울을 영내로 데려가라 **명하고** 그들
행 22:30	그 결박을 풀고 **명하여** 제사장들과 온
행 23:2	서 있는 사람들에게 그 입을 치라 **명하니**
행 23:10	군인을 **명하여** 내려가 무리 가운데서
행 23:24	보내기 위하여 짐승을 준비하라 **명하며**
행 23:35	하고 헤롯 궁에 그를 지키라 **명하니라**
행 24:23	백부장에게 **명하여** 바울을 지키되 자유
행 25:6	자리에 앉고 바울을 데려오라 **명하니**
행 25:17	이튿날 재판 자리에 앉아 **명하여** 그
행 25:21	보내기까지 지켜 두라 **명하였노라** 하니
행 27:43	헤엄칠 줄 아는 사람들을 **명하여** 물에
고전 7:10	결혼한 자들에게 내가 **명하노니** (**명하는**
고전 7:17	내가 모든 교회에서 이와 같이 **명하노라**
고전 9:14	말미암아 살리라 **명하셨느니라**
고전 11:17	내가 **명하는** 이 일에 너희를 칭찬하지
고전 16:1	내가 갈라디아 교회들에게 **명한** 것같이
살전 4:11	또 너희에게 **명한** 것같이 조용히 자기
살전 5:27	내가 주를 힘입어 너희를 **명하노니** 모든
살후 3:4	너희에 대하여는 우리가 **명한** 것을 너희
살후 3:6	그리스도의 이름으로 너희를 **명하노니**
살후 3:10	너희에게 **명하기를** 누구든지 일하기
살후 3:12	이런 자들에게 우리가 **명하고** 주 예수
딤전 1:3	사람들을 **명하여** 다른 교훈을 가르치지
딤전 1:18	내가 네게 이 교훈으로써 **명하노니**
딤전 4:11	너는 이것들을 **명하고** 가르치라

'명하다'와 관련된 성구

명하신 대로 – 창 6:22; 7:5, 9, 16; 27:19; 마 21:6; 눅 14:22; 요 14:31; 딛 1:3

명하여 이르다 – 창 2:16; 26:11; 44:1; 49:29; 신 1:16; 마 10:5; 17:9

명한 대로 – 눅 5:14; 17:9; 딛 1:5

엄히 명하다 – 딤전 5:21; 딤후 2:14; 4:1

【 몇 】　　　　　　　　　　　　　　　　　　　　　　　　　　　　　　　　　　　　　　【 모두 】

딤전 5:7　또한 이것을 **명하여** 그들로 책망 받을
딤전 6:13　예수 앞에서 내가 너를 **명하노니**
딤전 6:17　세대에서 부한 자들을 **명하여** 마음을
몬 1:8　담대하게 네게 마땅한 일로 **명할** 수도
히 9:20　이는 하나님이 너희에게 **명하신** 언약의
히 11:22　말하고 또 자기 뼈를 위하여 **명하였으며**
벧후 3:2　너희의 사도들로 말미암아 **명하신** 것을

몇 (few)

레 5:15　세겔로 **몇** 세겔 은에 상당한 흠 없는
삼상 23:23　유다 **몇** 천 명 중에서라도 그를 찾아
대상 6:66　그핫 자손의 **몇** 종족은 에브라임 지파
욥 39:2　그것이 **몇** 달 만에 만삭되는지 아느냐
단 3:12　이제 **몇** 유다 사람 사드락과 메삭과
단 11:13　**몇** 때 곧 **몇** 해 후에 대군과 많은 물건
마 15:34　너희에게 떡이 **몇** 개나 있느냐 이르되
마 16:9　오천 명을 먹이고 주운 것이 **몇** 바구니
마 16:10　주운 것이 **몇** 광주리였는지를 기억하지
막 6:38　너희에게 떡 **몇** 개나 있는지 가서 보라
막 8:5　너희에게 떡 **몇** 개나 있느냐 이르되 일곱
막 8:19　조각 **몇** 바구니를 거두었더냐 이르되
막 8:20　떼어 줄 때에 조각 **몇** 광주리를 거두었

┌─ '**몇**'과 관련된 성구 ─────────────┐
│ **몇 날** – 창 27:44; 느 2:6; 단 11:20; 행 1:5
│ **몇 명** – 느 7:73; 11:4; 벧전 3:20; 계 3:4
│ **몇 번** – 왕상 22:16; 대하 18:15; 욥 21:17;
│ 　　　　시 78:40; 마 18:21; 23:37; 눅 13:34
│ **몇 사람** – 창 33:15; 민 21:1; 수 2:2;
│ 　　　　10:20; 삼하 11:17, 24; 왕하 17:25; 대
│ 　　　　하 16:10; 21:4; 28:12; 30:11; 스 7:7;
│ 　　　　10:16; 느 12:35; 13:25; 렘 19:1;
│ 　　　　26:17, 22; 겔 12:16; 단 1:3; 3:20;
│ 　　　　11:35; 마 12:38; 막 7:2; 눅 7:3; 행
│ 　　　　11:20; 12:1; 15:2; 17:34; 27:1; 고전
│ 　　　　9:22; 계 2:10
│ **몇 해** – 단 11:6, 8, 13
└─────────────────────────┘

✝ **몇 – 기타 본문**

삼하 17:9; 대상 4:27; 스 2:70; 느 13:19; 사 39:7;
단 8:10; 마 28:11; 막 7:1; 눅 10:42; 21:16; 요
12:20; 행 17:6; 21:16; 23:9; 고전 12:28; 빌 4:22;
유 1:4; 계 3:9; 13:15

몇몇 (some, few)

왕상 11:17　에돔 사람 **몇몇**과 함께 도망하여 애굽
느 2:12　밤에 일어나 **몇몇** 사람과 함께 나갈새

모독/–하다 (冒瀆, blasphemy)

출 22:28　너는 재판장을 **모독하지** 말며 백성을
느 9:18　하여 하나님을 크게 **모독하였사오나**
느 9:26　죽여 주를 심히 **모독하였나이다**
마 9:3　이르되 이 사람이 신성을 **모독하도다**
마 12:31　모든 죄와 **모독**은 사하심을 얻되 성령
막 3:28　사람의 모든 죄와 모든 **모독하는** 일은
행 26:11　강제로 **모독하는** 말을 하게 하고 그들
롬 2:24　너희 때문에 이방인 중에서 **모독**을 받는
딤전 1:20　신성을 **모독하지** 못하게 하려 함이라

┌─ '**모독하다**'와 관련된 성구 ─────────┐
│ 성령을 모독하다 – 마 12:31; 막 3:29; 눅
│ 　　　　12:10
│ 여호와의 이름을 모독하다 – 레 24:11, 16
│ 하나님을 모독하다 – 행 6:11; 계 17:3
└─────────────────────────┘

모두 (all)

창 34:7　그들 **모두**가 근심하고 심히 노하였으니
마 22:10　만나는 대로 **모두** 데려오니 혼인 잔치에

✝ **모두 – 기타 본문**

창 41:8; 46:18, 22, 25, 27; 47:14; 출 1:5, 14;
3:22; 7:19; 18:22; 29:2; 30:29; 31:14; 36:1;
38:20, 27; 레 6:18, 29; 7:3, 6, 9, 10; 11:35, 36;
민 3:28, 34, 39; 7:85, 86; 16:17; 17:6; 19:15;
21:9; 35:7; 36:8; 신 12:11; 14:11, 20; 수 1:3;
6:17; 8:25; 11:5, 17; 12:24; 15:32; 19:15, 22,
30, 38; 수 21:19, 26, 33, 39, 41; 삿 3:29; 9:51;
16:3; 19:14, 20; 20:15, 33, 46, 48; 삼상 30:19;
삼하 21:14, 20; 왕상 4:24; 6:18, 29; 7:9; 14:26;
15:18; 왕하 1:18; 11:1, 15; 16:11; 18:16; 25:11,
15, 23; 대상 1:33; 2:4, 6, 23; 6:60; 7:3, 8, 11;
8:40; 9:13, 22; 17:2; 20:6; 대하 2:17; 3:11, 13;
9:12; 12:9; 22:10; 26:12; 28:15; 30:14; 33:18;
스 1:11; 2:42, 60; 8:20; 35; 10:44; 느 2:18;
5:13; 7:45, 62; 11:6, 8, 12, 13, 14, 18, 19; 12:22,
45; 13:3; 욥 6:2; 17:10; 20:21; 40:11; 시 33:15;
39:5, 11; 49:1; 76:5; 잠 16:2; 21:2; 22:2;

【 모든 】　　　　　　　　　　　　　　　　　　　　　【 모든 】

29:13; 전 1:14; 2:14, 16, 17; 9:1, 2, 11; 사 9:12, 17; 14:18; 39:6; 52:10; 53:6; 렘 2:3; 36:23; 51:47; 겔 9:8; 13:15; 20:38; 37:22, 24; 40:17, 41; 41:6; 46:6; 단 3:29; 나 1:10; 2:8; 합 1:15; 마 26:33; 요 13:18; 행 19:7; 고전 1:10; 고후 2:3, 5; 살전 1:2; 약 2:10

16:12; 17:12, 23, 27; 18:21; 19:25; 20:8, 18; 23:10, 17, 18; 24:2, 10, 20, 36; 25:5, 18; 26:11, 15; 27:37; 28:22; 29:3, 13; 30:13; 31:1, 12, 18, 21; 32:10; 33:8, 13; 34:22, 23, 24, 25, 29; 35:2, 4, 6; 36:6; 37:35; 39:5, 8; 41:35, 39, 51, 55, 56; 42:6; 45:1, 10, 11, 13, 27; 46:1, 7, 32; 47:1, 17, 20; 48:16; 49:10; 50:15; 출 1:6, 22; 4:28, 29, 30; 7:19; 9:6, 11, 14, 22, 25; 10:5, 12; 11:5, 10; 12:12, 20, 21, 29, 48; 13:2; 12, 13, 15; 14:7, 17; 15:20, 26; 16:22; 18:1, 8, 11, 12, 14, 23, 24, 26; 19:7, 16; 20:1, 9, 11, 24; 23:13, 17, 22, 27; 24:3, 4, 7, 8; 25:2, 22, 39; 27:17, 19; 28:3; 29:13, 35, 37; 30:14, 27, 28, 33, 38; 31:6, 7, 8, 9; 32:3; 33:9, 10; 34:15, 19, 23, 31; 35:3, 13, 16, 21, 24, 25, 26, 27, 29; 36:1, 2, 3, 4, 7, 8, 22; 37:24; 38:3, 17, 22, 30, 31; 39:32, 33, 36, 37, 39, 40, 42, 43; 40:9, 10, 36, 38;

모든 (every, all)

창 1:21 　움직이는 **모든** 생물을 … **모든** 새를
마 4:4 　입으로부터 나오는 **모든** 말씀으로

모든 - 기타 본문

모세오경 창 1:21, 25, 26, 28, 29, 30, 31; 2:2, 3, 20; 3:1, 14, 20; 4:15, 21; 6:2, 5, 12, 13, 19, 20, 21; 7:2, 4, 8, 14, 16, 21, 23; 8:1, 17, 19, 20, 21; 9:2, 3, 10, 11, 12, 17; 12:5, 20; 13:1; 14:11, 16; 15:10;

'모든'과 관련된 성구

모든 나라 – 신 3:21; 11:23; 28:25; 30:1; 수 11:10; 23:3, 4; 삼상 8:5; 10:18; 삼하 8:11; 왕상 4:21, 31; 대상 16:31; 29:30; 대하 17:10; 20:6, 29; 32:13, 14, 17, 23; 33:9; 스 1:2; 3:3; 시 22:27, 28; 59:5, 8; 67:2; 82:8; 96:10; 113:4; 117:1; 사 37:11; 61:11; 렘 16:15; 24:9; 25:9, 15, 17, 26; 27:7; 28:14; 34:1; 36:2; 겔 32:12; 단 2:44; 학 2:7; 계 14:8

모든 땅 – 창 26:3, 4; 민 21:26; 신 2:36; 11:25; 수 13:4; 대하 34:33; 스 4:20; 욥 42:15; 렘 25:11; 27:6; 51:28; 겔 20:6, 15; 행 8:1

모든 무릎 – 사 45:23; 겔 7:17; 21:7; 롬 14:11; 빌 2:10

모든 무리 – 민 16:5, 6; 사 49:18; 렘 44:20; 겔 7:12, 13, 14; 23:23; 27:27; 32:12, 16, 20, 24, 25, 26, 31, 32; 38:22; 39:4, 11; 행 21:27; 25:24

모든 물건 – 레 6:5; 민 31:23; 왕하 12:12; 대상 29:16; 단 2:40; 행 2:44; 4:32; 히 9:22

모든 민족 – 출 19:5; 신 7:7, 16, 19; 17:14; 26:19; 28:1; 37; 29:18; 삼하 22:44, 50; 왕상 9:7; 대상 16:24;

17:21; 대하 7:20; 에 3:14; 9:2; 시 67:3, 5; 72:11, 17; 86:9; 99:2; 사 25:7; 렘 9:26; 25:13; 26:6; 28:11; 겔 39:21; 욜 3:9; 합 2:8; 슥 12:2, 3, 4, 6; 마 24:9, 14; 25:32; 28:19; 행 14:16; 롬 16:26; 계 14:6

모든 신하 – 창 40:20; 41:37; 50:7; 출 8:4; 10:6; 11:8; 12:30; 신 29:2; 34:11; 삼상 18:22, 30; 19:1; 22:6, 14; 삼하 13:36; 15:14, 18; 16:6, 11; 왕상 3:15; 느 9:10; 에 3:2; 시 105:22; 135:9

모든 왕 – 수 5:1; 9:1; 10:40, 42; 11:12, 18; 왕상 4:34; 10:15, 29; 16:33; 왕하 25:28; 대상 29:25; 대하 1:17; 9:22, 26; 35:18; 스 7:12; 시 72:11; 102:15; 138:4; 사 14:9, 18; 렘 25:20, 22, 24, 25, 26; 애 4:12; 겔 26:16; 단 2:47

모든 육체 – 창 6:17; 9:15, 16; 레 17:14; 민 16:22; 27:16; 욥 34:15; 시 65:2; 136:25; 145:21; 사 40:5, 6; 49:26; 렘 12:12; 25:31; 32:27; 45:5; 겔 21:4, 5; 슥 2:13; 마 24:22; 막 13:20; 눅 3:6; 행 2:17; 벧전 1:24

모든 족속 – 창 12:3; 28:14; 삿 9:6; 시 22:27; 렘 1:15; 2:4; 암 3:1, 2; 마 24:30; 눅 24:47; 행 3:25; 17:26; 계 1:7

【 모든 】

레 2:2, 11, 13, 16; 3:3, 9, 14, 16, 17; 4:8, 11, 26, 31, 35; 6:3, 23, 27; 7:10, 26; 8:10, 11, 16, 25, 36; 9:5; 10:11; 11:2, 3, 9, 10, 21, 25, 26, 27, 31, 41, 42, 46; 13:48, 49, 52, 53, 57, 58, 59; 14:8, 9, 36, 45; 15:17, 23, 25, 26; 16:16, 21, 22, 30, 34; 17:2, 3, 13, 14, 15; 18:24, 27, 29; 19:24, 37; 20:5, 22, 23; 22:5; 23:38; 24:14; 25:10; 26:14, 15; 27:25, 28; 민 1:2, 3, 50; 2:17, 32; 3:8, 12, 26, 31, 36, 41, 42, 45; 4:3, 9, 10, 12, 14, 15, 16, 23, 26, 27, 30, 31, 32, 33, 35, 37, 39, 41, 43, 47; 5:2, 9; 6:4, 5, 6, 8; 7:1, 85; 8:16, 17, 18; 9:3, 12; 10:25; 11:11, 12, 13, 14, 22, 29; 12:3; 13:32; 14:10, 39; 15:22, 23, 39, 40; 16:10, 26, 28, 29, 30, 31, 32, 33; 17:2, 9; 18:3, 4, 7, 8, 9, 11, 13, 14, 15, 19, 28, 29; 19:18; 20:14; 21:15, 25; 22:2; 23:6; 26:2, 43, 62; 29:40; 30:4, 913; 31:4, 20, 51; 32:15, 26; 33:3, 4; 35:15, 30; 신 1:18, 30; 2:7, 14, 16, 32, 33, 34, 37; 3:1, 2, 3, 5, 7, 10, 21; 4:3, 6, 19, 30; 5:13, 14, 21, 22, 29, 31, 33; 6:2, 18–19, 24, 25; 7:12, 15; 8:1, 3; 9:10; 10:12, 14; 11:6, 7, 8, 22, 32; 12:2, 5, 10, 11, 14, 18, 21, 28, 32; 13:15, 18; 14:6, 9, 10, 21, 26; 15:2, 10; 16:4, 15, 16; 17:19; 18:5, 7, 12; 19:3, 9, 15; 20:11, 14, 18; 21:5, 6, 21; 23:9, 19; 24:19; 25:16, 19; 26:2, 11, 12, 18; 27:3, 8, 14, 15, 16, 17, 18, 19, 20, 21, 22, 23, 24, 25, 26; 28:2, 8, 10, 12, 15, 20, 26, 40, 42, 45, 46, 47, 48, 52, 55, 58, 60, 61; 29:9, 10, 20, 21, 27, 29; 30:3, 7, 8, 9–10, 16; 31:5, 9, 12, 18, 28; 32:4, 27, 44, 45, 46; 33:3, 5; 34:12 역사서
수 1:2, 14; 2:13, 23, 24; 3:1, 17; 4:1, 11, 14, 24; 5:4, 8; 6:3, 17, 21, 22, 23, 24, 25; 7:3, 9, 15, 23, 24; 8:5, 16, 24, 34; 9:9, 10, 11, 19, 24; 10:5, 7, 21, 24, 25, 28, 30, 32, 35, 37, 39; 11:4, 7, 11, 14, 15; 13:2, 6, 10, 17, 21, 25, 30; 15:46; 16:9; 17:16; 19:8; 20:9; 21:42, 44; 22:2, 5; 23:1, 14, 15; 24:1, 2, 17, 18, 26, 27, 31; 삿 2:4, 7, 14; 3:1, 3; 4:13, 15; 6:9, 13, 31; 7:1, 8, 12, 14, 15, 18; 8:10, 34, 35; 9:2, 3, 14, 25, 34, 46, 47, 48, 49, 57; 10:8, 18; 11:8, 20, 21, 26; 13:23; 16:27, 30; 20:1, 2, 8, 10, 11, 16, 26; 21:11; 룻 2:11; 4:7, 9, 11; 삼상 1:4; 2:14, 22, 23, 28, 32, 33; 3:17; 5:8, 11; 6:18; 7:16; 8:4, 8, 10; 9:2, 21; 10:11, 19, 20, 24, 25; 11:1, 4, 7, 15; 12:7, 18, 19, 12:20; 13:7; 14:15, 20, 22, 34, 39, 47; 15:3, 6, 8, 9; 17:19, 24; 18:6, 14; 19:7; 22:2, 15,

22; 23:8, 23; 25:6, 9, 12, 21, 22, 30; 26:24; 29:1; 30:18, 31; 31:6, 12; 삼하 1:11; 3:18, 19, 21, 23, 25, 31, 35; 5:1, 3; 6:2, 12, 19; 7:1, 3, 7, 9, 11, 17, 21; 8:15; 9:7, 11; 11:9, 18, 19, 22; 12:29, 31; 13:9, 21, 24, 27, 29, 30; 14:19; 15:10, 11, 17, 23, 24, 30, 36; 16:8, 15, 18, 21, 23; 17:2, 3, 12, 16, 22, 24; 18:4, 5, 31; 19:2, 5, 7, 8, 9, 14, 41, 42; 20:7, 12, 14, 15, 22; 22:1, 23, 31; 23:5; 24:2, 7; 왕상 1:9, 19, 25, 29, 39, 40; 2:2, 6, 44; 4:13, 27, 30, 31; 5:6, 10; 6:7, 12; 7:5, 14, 40, 45, 48, 51; 8:1, 2, 4, 16, 39, 50, 56, 58, 63, 66; 9:1, 9, 19, 20; 10:4; 11:32, 38, 41; 12:12; 13:11, 32; 14:21, 22, 23, 24, 29; 15:3, 5, 7, 12, 23, 31, 33; 16:5, 7, 13, 14, 25, 26, 30; 18:5, 20, 21, 30, 36, 39; 19:1; 20:8, 15, 34; 21:26, 27; 22:10, 12, 22, 23, 39, 43; 왕하 3:19, 21, 25; 4:3, 4; 5:12, 15; 8:4, 6, 9, 12, 21, 23; 9:5, 8; 10:5, 19, 21, 22, 32, 34; 11:8, 9; 12:2, 4, 9, 18, 19; 13:8, 11, 12,; 14:14, 24, 28; 15:3, 6, 16, 20, 21, 26, 31, 34, 36; 16:4, 10, 15, 16; 17:9, 10, 11, 13, 16, 22, 23, 39; 18:3, 12, 13, 16, 21, 35; 19:24; 20:13, 17, 20, 21:7, 8, 10, 14, 17, 21; 22:2, 13, 16, 17, 20; 23:1, 2, 4, 5, 8, 19, 24, 25, 26, 28, 32, 37; 24:3, 5, 9, 13, 14, 16, 19; 25:1, 4, 5, 9, 14, 16, 23; 대상 4:23, 31, 33; 5:16; 6:48, 49, 64; 7:5; 8:38; 9:26, 29; 10:7, 9, 11; 11:3; 12:15, 32, 33, 37, 38; 13:1, 14, 14:8, 17; 15:27; 16:9, 25, 26, 32, 36; 17:6, 8, 10, 15, 19; 18:11, 14; 19:7; 20:3; 22:9, 13, 15, 17; 23:2, 3, 26, 28, 29, 31; 25:7; 26:26, 30, 32; 27:1, 3; 28:1, 5, 8, 9, 12, 13, 14, 19, 20, 21; 29:2, 3, 4, 5, 6, 8, 12, 14, 17, 19, 24; 대하 2:5, 14; 4:16, 18, 19; 5:1, 2, 3, 5, 6, 13; 6:5, 12, 13, 30, 33; 7:3, 4, 5, 17, 22; 8:4, 6, 7, 16; 10:12; 11:3, 13, 16, 21, 23; 12:13; 14:5, 14; 15:5; 16:4, 17:2, 9; 18:21, 22; 19:8, 11; 20:4, 13, 27; 21:4, 9, 14, 17, 18; 22:1; 23:2, 6, 8, 13, 16, 19, 20, 21; 24:2, 5, 7, 10, 14, 23; 25:24; 26:4, 20; 27:2, 7; 28:4, 26; 29:2, 16, 18, 19, 34; 30:17, 22, 25; 31:1, 5, 14, 19, 21; 32:1, 3, 4, 5, 21, 22, 30, 32; 33:3, 7, 8, 14, 15, 19, 22; 34:7, 9, 13, 21, 24, 25, 28, 29, 30; 35:5, 7, 12, 13, 20, 25, 26; 36:8, 14, 19; 스 2:58; 3:5, 11; 6:20, 21; 7:16, 21, 25, 28; 8:16, 21, 22, 34; 9:13; 10:3, 9, 12, 14; 느 5:16, 19; 6:16; 7:60; 8:1, 2, 5, 6, 9, 11, 15; 9:2, 5, 6, 25, 32, 33, 38; 10:28, 29, 31, 33, 37;

【 모든 】　　　　　　　　　　　　　　　　　　　　　　　【 모든 】

11:2, 20; 12:26, 44; 13:11, 14, 17, 18, 27; 에 1:3, 8, 17, 18, 20, 22; 2:15, 17, 18; 3:1, 13; 4:1, 7, 13; 5:11, 13, 14; 6:13; 9:3, 5, 20, 24, 26, 30; 10:2, 3 **시가서** 욥 1:10, 11, 22; 2:4, 10, 11; 4:14; 9:28; 12:7, 10; 13:27; 14:14; 19:13; 20:22; 21:33; 28:3, 21; 30:23; 31:12; 33:1, 11, 29; 34:21, 27; 36:25; 37:7, 12, 24; 38:18; 40:12, 20; 41:34; 42:10, 11, 15; 시 1:3; 2:12; 3:7; 5:5, 11; 6:7, 10; 7:1; 8:7; 9:1, 17; 10:4, 5; 12:3; 16:3; 18:22, 30; 20:3, 4, 5; 21:8; 22:14, 17, 23, 29; 25:10, 18, 22; 26:7; 29:9; 31:11, 23; 32:6; 33:8, 13, 14; 34:4, 6, 10, 17, 19, 20; 35:10; 37:37; 38:9; 39:8, 12; 42:7; 44:17; 45:8, 13; 47:9; 50:11; 51:9; 52:4; 54:7; 56:5; 57:2; 64:9; 65:5; 67:7; 69:34; 70:4; 71:18; 73:28; 74:3, 6, 8; 75:3, 8; 76:9, 11; 77:12; 78:38, 51; 80:12; 82:5; 83:11; 85:2, 3; 87:2, 7; 88:7; 89:7, 40, 42, 47; 90:9; 91:11; 95:3; 96:4, 5, 12; 97:6, 9; 98:3; 101:8; 103:2, 3, 6, 21, 22; 104:20; 105:2, 21, 35, 36; 106:46, 48; 107:18, 27, 42; 115:3; 116:11, 12, 14, 15, 18; 119:6, 13, 14, 63, 86, 96, 99, 101, 104, 119, 128, 151, 168, 172; 121:7; 130:8; 132:1; 134:1; 135:5, 6, 11; 138:2; 139:3; 143:5, 9, 10, 14, 16; 145:17, 18; 148:2, 9, 10, 11, 14; 149:9; 잠 1:19, 25, 30; 2:9; 3:15; 4:7, 23, 26; 5:21; 8:11, 16; 10:12; 14:23; 16:33; 20:8; 28:5; 30:4; 31:5, 8, 29; 전 1:2, 3, 7, 8, 13, 14, 16; 2:7, 9, 10, 11, 18, 19, 20, 22; 3:11, 14, 17, 19; 4:1, 4, 8, 16; 5:9, 18; 6:2; 12; 7:2, 15, 18, 21, 23, 28; 8:9, 17; 9:1, 2, 3, 4, 6; 9; 11:9; 12:8, 13, 14; 아 4:4, 14 **선지서** 사 2:2, 12, 13, 14, 15, 16; 3:1; 4:3, 5; 5:28; 7:19, 25; 8:7, 12; 9:9, 17; 11:9; 13:7; 18:3; 21:2; 22:24; 23:9; 24:11, 15; 25:8; 26:12, 14, 15; 27:9; 28:8; 29:7, 11; 32:13, 20; 34:1, 12; 36:1, 6; 37:17, 25; 38:13, 17; 39:2, 6; 40:2, 17, 26; 42:15; 43:7, 14; 44:23, 28; 45:7, 12, 13, 22; 46:3, 10; 48:6; 49:9, 11; 51:3, 18; 54:13, 17; 55:1, 12; 56:2, 9; 57:5; 58:6; 60:14; 61:2; 63:7, 9; 66:2, 16, 20, 23, 24; 렘 1:14, 16; 2:20, 34; 3:6, 7, 10, 13, 17; 4:26, 29; 5:19; 7:10, 13, 15, 23, 27; 10:20, 21; 11:4, 6, 8; 12:14; 13:12, 13; 14:22; 15:13; 16:10, 16; 17:3, 19, 20, 25; 19:3, 8, 14, 15; 20:4, 5, 6; 21:2, 14, 22; 23:3, 8, 9, 17; 25:1, 2, 4, 19, 23, 29, 30; 26:2, 7, 8, 9, 11, 12, 15; 16, 18, 19, 20, 21; 27:12, 16, 20; 28:1, 3, 4, 5, 6, 7,

11; 29:1, 4, 14, 16, 20, 22, 25, 26, 31; 30:2, 6, 11, 16, 20; 31:1, 24, 25, 37, 40; 32:12, 19, 23, 32, 37, 42; 33:5, 8, 9, 12; 34:6, 7, 8, 10, 19; 35:3, 8, 15, 17, 18; 36:3, 4, 6, 8, 9, 10, 12, 13, 14, 16, 17, 18, 20, 21, 24, 28, 31, 32; 38:1, 4, 9, 22, 27; 39:1, 3, 4, 6, 13; 40:7, 11, 12, 13, 15; 41:3, 10, 11, 12, 13, 14, 16; 42:1, 2, 5, 8, 17; 43:1, 2, 4, 5, 6; 44:1, 2, 4, 15, 17, 18, 24, 26, 27, 28; 45:1; 47:2; 48:17, 24, 37, 38, 39; 49:13, 17, 26, 29; 50:13, 14; 51:24, 32, 48, 60, 61; 52:2, 4, 7, 8, 10, 13, 14, 18, 20, 22; 애 1:3, 4, 6, 7, 8, 10, 11, 12, 15, 18, 21, 22; 2:2, 3, 4, 5, 15, 16; 3:14, 34, 46, 51, 61; 겔 3:10; 5:9, 11, 14; 6:6, 9, 11, 13; 7:3, 8, 18; 8:10; 9:4, 7; 11:18, 25; 12:16, 19, 22, 23; 14:4, 6, 7, 11, 22, 23; 15:2; 16:15, 22, 23, 24, 25, 30, 31, 33, 37, 43, 47, 51, 54, 63; 17:18, 21, 24; 18:4, 10, 13, 14, 19, 21, 24, 28, 30, 31; 20:28, 30, 40, 43, 47, 48; 21:10, 12, 15, 24; 22:2, 6; 23:7, 23, 29, 48, 49; 24:4-5, 14; 25:8; 26:11, 15, 16, 17; 27:9, 21, 29; 28:15, 18, 26; 29:4, 5, 6, 7, 18; 30:5, 8, 12; 31:4, 5, 6, 9, 12, 13, 14, 15, 16, 18; 32:6, 8, 13, 15, 29, 30; 33:13, 16, 29; 34:5, 6, 8, 12, 13, 21; 35:8, 12; 36:25, 29, 31, 33; 37:4, 22, 23; 38:6, 9, 20, 21; 39:13, 20; 41:8; 43:11, 27; 44:5, 6, 7, 14, 24, 30; 45:16, 17, 20, 22; 46:5, 7, 9, 11; 47:9, 21; 48:1, 19, 23; 단 1:4, 17, 20; 2:12, 30, 48; 3:2, 3, 5, 7, 10, 15; 4:1, 6, 12, 18, 28, 35; 5:19, 23; 6:7, 25; 7:7, 14, 16, 19, 27; 9:13, 14; 11:2, 36, 37, 43; 12:1, 7, 8; 호 2:11; 7:2, 10; 9:8, 15; 12:8; 13:10, 15; 14:2; 욜 1:2, 7, 12, 14, 19; 3:18; 암 1:6, 9; 2:8; 3:14; 4:6; 5:16, 17; 7:10; 8:7, 8, 10; 9:10; 옵 1:7; 욘 2:8; 미 1:2; 5:9, 11; 6:16; 7:19; 나 1:4, 5; 2:7, 10; 3:10, 12; 합 1:10; 2:17; 습 1:2, 4, 18; 2:3, 11; 3:6, 7, 8, 11; 학 1:11, 12, 14; 2:4, 14, 17; 슥 8:10, 12, 17; 9:1; 11:10; 12:14; 14:5, 12, 15, 20, 21; 말 2:9, 17; 3:12 **복음서** 마 1:17, 22; 2:4, 16; 3:15; 4:4, 9, 23, 24; 5:11, 15; 6:29, 32, 33; 8:33; 9:35; 10:1, 22, 23; 11:13, 21, 23, 27; 12:31; 13:32, 34, 41, 51, 53, 56; 14:35; 15:17; 17:11; 18:25; 19:20, 27; 21:12, 26; 22:4; 23:5, 20, 27; 24:2, 8, 33, 47; 25:31; 26:35, 70; 27:1; 28:11, 18, 20; 막 1:32, 37; 2:12; 3:28; 4:11, 13, 31, 32, 34; 5:20, 33; 6:6, 33, 39, 41; 7:3, 19, 23, 37; 8:25; 9:12; 10:28, 44; 11:11, 32; 12:28, 33, 43, 44; 13:4, 13, 23, 37;

【 모든 】　　　　　　　　　　　　　　　　　　　　　　　　　　　　　　　　　　【 모략 】

14:31, 36; 눅 2:3, 6, 10, 37, 65, 71; 2:3, 19, 20, 38, 39, 51; 3:5, 15, 16, 19; 4:2, 6, 13; 5:9, 11, 28; 6:19, 26; 7:1, 18, 35; 8:37, 47, 52; 9:1, 7, 10, 13, 43, 48; 10:13, 19, 22; 11:4, 41, 42, 50; 12:3, 15, 18, 27, 30, 41, 44; 13:2, 4, 17, 27, 28; 14:10, 17, 33; 15:1; 16:14; 18:31; 19:37; 20:38, 45; 21:3, 12, 15, 17, 22, 24, 29, 32, 35, 36, 38; 22:28; 24:9, 14, 19, 25, 27, 44, 48; 요 1:7; 2:24; 4:25, 29, 39, 45; 5:23, 11:48; 12:32, 13:3, 35; 14:26; 15:21; 16:13, 30; 17:2; 18:20; 19:28; 21:17　역사서　행 1:19; 2:14, 39; 3:9, 11, 16, 18, 22, 24; 4:10, 16, 21; 5:34, 36, 37; 6:2; 7:10, 22, 50; 8:27; 9:14, 39; 10:33, 38, 39, 41, 43, 44; 11:10, 23; 12:11; 13:10, 24, 39; 14:27; 15:4, 17; 16:26, 32; 17:21, 31; 18:2, 17, 23; 19:19; 20:19, 26, 32, 36; 21:21, 24, 28; 22:3, 5, 10, 12, 15; 24:8, 13; 26:2, 3, 11, 29; 27:35; 28:31　서신서　롬 1:5, 7, 8, 16, 18, 29; 3:19, 22, 23; 4:11, 16; 5:12; 8:28, 32, 37; 10:4, 12; 11:32; 12:1, 4, 17, 18; 13:1, 7; 14:2, 5; 15:11, 13, 14, 33; 16:4, 15, 16, 19, 26; 고전 1:2, 5, 7; 2:9, 10, 15; 6:12; 7:7, 17; 8:7; 9:19, 23, 25; 10:23, 33; 11:2, 12, 16; 12:6, 11, 26; 13:2, 3, 7; 14:18, 24, 26, 31, 33, 40; 15:7, 10, 19, 22, 24, 25; 16:14, 16, 20; 고후 1:1, 3, 4; 4:15; 5:14, 15, 18; 6:4, 10; 7:4, 15; 8:7, 18; 9:8, 11, 13; 10:4, 5, 6; 11:6, 9, 28; 12:12, 19; 13:2, 12; 갈 1:2; 2:14; 3:8, 10, 22; 4:1; 6:6, 10; 엡 1:3, 8, 11, 15, 21; 3:3, 18, 19, 20; 4:2, 10, 19, 31; 5:9, 13; 6:13, 16, 18, 21, 24; 빌 1:1, 9, 13; 2:9, 11, 14, 29; 3:8; 4:5, 6, 7, 12, 13, 18, 19, 22; 골 1:4, 9, 10, 11, 15, 19, 28; 2:2, 3, 9, 10, 13, 22; 3:8, 14, 16, 20, 22; 4:12; 살전 1:7; 2:15; 3:7, 9, 12, 13; 4:6, 10; 5:14, 15, 26, 27; 살후 1:4; 10, 11; 2:4, 9, 10, 12, 17; 3:2, 6, 16; 딤전 1:15; 2:1, 2, 4, 6; 3:4, 11; 4:4, 9, 10, 15; 5:10, 20; 6:17; 딤후 1:15; 2:10, 21, 24; 3:11, 16, 17; 4:5, 8, 17, 18, 21; 딛 1:15, 16; 2:10, 11, 14, 15; 3:1, 2; 몬 1:5; 히 1:2, 6, 14; 2:2, 9, 15; 3:16; 4:4, 15; 5:9; 6:16; 7:2; 8:5; 9:6, 19, 21; 11:3, 26; 12:1, 9, 14; 13:4, 18, 21, 24, 25; 약 1:5, 8, 21; 3:16; 벧전 1:15; 2:1, 13; 5:10, 14; 벧후 1:3, 20; 3:10, 11, 16; 요일 1:7, 9; 2:16, 20, 21, 27; 3:20; 5:17; 요이 1:1; 유 1:5, 15　예언서　계 2:23; 5:13; 6:15; 7:11, 17; 8:3; 13:12, 16; 16:3; 18:17, 19, 24; 19:17, 18, 21; 21:4, 8; 22:18, 21

모래(sand)
창 22:17 하늘의 별과 같고 바닷가의 **모래**와 같게
창 32:12 네 씨로 바다의 셀 수 없는 **모래**와 같이
창 41:49 쌓아 둔 곡식이 바다 **모래**같이 심히
출 2:12   사람을 쳐 죽여 **모래** 속에 감추니라
신 28:24 여호와께서 비 대신에 티끌과 **모래**를
신 33:19 **모래**에 감추어진 보배를 흡수하리로다
수 11:4   백성이 많아 해변의 수많은 **모래** 같고
삿 7:12   낙타의 수가 많아 해변의 **모래**가 많음
삼상 13:5 백성은 해변의 **모래**같이 많더라 그들이
삼하 17:11 브엘세바까지 바닷가의 많은 **모래**같이
왕상 4:20 인구가 바닷가의 **모래**같이 많게 되매
왕상 4:29 넓은 마음을 주시되 바닷가의 **모래**같이
욥 6:3   바다의 **모래**보다도 무거울 것이라
시 78:27 나는 새를 바다의 **모래**같이 내리셨도다
시 139:18 내가 세려고 할지라도 그 수가 **모래**보다
잠 20:17 그의 입에 **모래**가 가득하게 되리라
잠 27:3   무겁고 **모래**도 가볍지 아니하거니와
사 10:22 이스라엘이여 네 백성이 바다의 **모래**
사 48:19 자손이 **모래** 같았겠고 네 몸의 소생이
렘 5:22   내가 **모래**를 두어 바다의 한계를 삼되
렘 15:8   그들의 과부가 내 앞에 바다 **모래**보다
렘 33:22 바다의 **모래**는 측량할 수 없나니 내가
호 1:10   이스라엘 자손의 수가 바닷가의 **모래**
합 1:9   사로잡아 모으기를 **모래**같이 많이 할
마 7:26   그 집을 **모래** 위에 지은 어리석은 사람
롬 9:27   자손들의 수가 비록 바다의 **모래** 같을
히 11:12 해변의 무수한 **모래**와 같이 많은 후손
계 12:17 더불어 싸우려고 바다 **모래** 위에 서 있
계 20:8   싸움을 붙이리니 그 수가 바다의 **모래**

모래알(grains of sand)
욥 29:18 나의 날은 **모래알**같이 많으리라 하였
사 48:19 네 몸의 소생이 **모래알** 같아서 그의

모략(謀略, counsel)
신 32:28 그들은 **모략**이 없는 민족이라 그들 중
삼하 15:31 아히도벨의 **모략**을 어리석게 하옵소서
삼하 15:34 나를 위하여 아히도벨의 **모략**을 패하게
시 35:20 땅에 사는 자들을 거짓말로 **모략**하며
잠 20:5   사람의 마음에 있는 **모략**은 깊은 물
잠 21:30 명철로도 못하고 **모략**으로도 여호와
잠 22:20 내가 **모략**과 지식의 아름다운 것을 너를

【 모레 1 】　　　　　　　　　　　　　　　　　【 모반하다 】

사 11:2　　지혜와 총명의 영이요 **모략**과 재능과
렘 49:30　왕이 너를 칠 **모략**과 너를 칠 계책을

모레 1(Moreh) 세겜 인근의 지역
창 12:6　　아브람이 그 땅을 지나 세겜 땅 **모레**
신 11:30　길갈 맞은편 **모레** 상수리나무 곁에
삿 7:1　　진영은 그들의 북쪽이요 **모레** 산 앞

모레 2(the day after tomorrow)
삼상 20:12　내가 내일이나 **모레** 이맘때에 내 아버지
눅 13:33　그러나 오늘과 내일과 **모레**는 내가 갈

모레셋(Moresheth) 선지자 미가의 고향
렘 26:18　히스기야 시대에 **모레셋** 사람 미가가
미 1:1　　히스기야 시대에 **모레셋** 사람 미가에

모르다(unaware, don't know)
창 42:7　　형들인 줄을 아나 **모르는** 체하고 엄한
대하 9:2　솔로몬이 **몰라서** 대답하지 못한 것이
욥 6:10　　그칠 줄 **모르는** 고통 가운데서도 기뻐
욥 8:18　　자리도 **모르는** 체하고 이르기를 내가
욥 29:16　아버지도 되며 내가 **모르는** 사람의
욥 39:22　두려움을 **모르고** 겁내지 아니하며 칼
잠 7:13　　그에게 입맞추며 부끄러움을 **모르는**
잠 30:9　　배불러서 하나님을 **모른다** 여호와
전 4:13　　둔하여 경고를 더 받을 줄 **모르는** 왕
전 9:5　　죽은 자들은 아무것도 **모르며** 그들이
사 29:12　또 그 책을 글 **모르는** 자에게 주며 …
　　　　　대답하기를 나는 글을 **모른다** 할 것이
사 47:8　　자녀를 잃어버리는 일도 **모르리라** 하는
사 63:16　아브라함은 우리를 **모르고** 이스라엘은
렘 40:15　내가 가서 사람이 **모르게** 느다냐의 아들
겔 45:20　칠일에도 모든 과실범과 **모르고** 범죄
호 8:4　　내가 **모르는** 바이며 그들이 또 그 은,
암 3:10　　바른 일 행할 줄을 **모르느니라** 여호와
합 2:5　　족한 줄 **모르고** 자기에게로 여러 나라
습 2:1　　수치를 **모르는** 백성아 모일지어다
마 6:3　　오른손이 하는 것을 왼손이 **모르게** 하여
마 24:36　그 날과 그 때는 아무도 **모르나니** 하늘
막 7:24　　아무도 **모르게** 하시려 하나 숨길 수
막 13:32　아무도 **모르나니** … 아들도 **모르고**
눅 6:35　　그는 은혜를 **모르는** 자와 악한 자에게도
눅 22:34　네가 세 번 나를 **모른다고** 부인하리라

행 25:20　어떻게 심리할는지 **몰라서** 바울에게
롬 1:13　　너희가 **모르기**를 원하지 아니하노니
롬 10:3　　하나님의 의를 **모르고** 자기 의를 세우려
롬 11:25　이 신비를 너희가 **모르기**를 내가 원하지
고후 1:8　당한 환난을 너희가 **모르기**를 원하지
고후 12:2　몸 밖에 있었는지 나는 **모르거니와**
고후 12:3　몸 밖에 있었는지 나는 **모르거니와**
갈 4:27　　산고를 **모르는** 자여 소리 질러 외치라
살전 4:5　하나님을 **모르는** 이방인과 같이 색욕을
살후 1:8　하나님을 **모르는** 자들과 우리 주 예수

모르드개(Mordecai)
1. 야일의 아들 모르드개

에 2:5　　이름은 **모르드**
　　　　　개라 그는 베냐민 자손
에 3:2　　**모르드개**는 꿇지
　　　　　도 아니하고 절하지도

모르드개 1 - 기타 본문
에 2:6, 7, 10, 11, 15, 19, 20, 21, 22; 3:3, 4, 5, 6;
4:1, 4, 5, 6, 7, 9, 10, 12, 13, 15, 17; 5:9, 13, 14;
6:2, 3, 4, 10, 11, 12, 13; 7:9, 10; 8:1, 2, 7, 9, 15;
9:3, 4, 20, 23, 29, 31; 10:2, 3

2. 스룹바벨과 함께 바벨론 귀환을 이끈 지도자
스 2:2　　　르엘라야와 **모르드개**와 빌산과 미스발
느 7:7　　　나하마니와 **모르드개**와 빌산과

모리아(Moriah)
1. 아브라함이 이삭을 번제로 드리려했던 산
창 22:2　　독자 이삭을 데리고 **모리아** 땅으로 가서
2. 예루살렘 북쪽의 언덕으로
솔로몬이 성전을 지은 곳
대하 3:1　솔로몬이 예루살렘 **모리아** 산에 여호

모면하다(謀免, exempt)
왕상 15:22　한 사람도 **모면하지** 못하게 하여 바아사
전 8:8　　전쟁할 때를 **모면할** 사람도 없으니 악이

모반하다(謀反, plot against, plot to revolt)
삼하 15:31　압살롬과 함께 **모반한** 자들 가운데
왕상 15:27　바아사가 그를 **모반하여** 블레셋 사람
왕상 16:9　통솔한 지휘관 시므리가 왕을 **모반하여**

【 모발 】

왕상 16:16 진 중 백성들이 시므리가 **모반하여** 왕을
느 6:6　유다 사람들이 **모반하려** 하여 성벽을
암 7:10　아모스가 왕을 **모반하나니** 그 모든 말을

모발(毛髮, hair)

레 13:33　그는 **모발**을 밀되 환부는 밀지 말 것이

모본(模本, example, embodiment)

행 20:35　범사에 여러분에게 **모본**을 보여준 바와
롬 2:20　율법에 있는 지식과 진리의 **모본**을 가진

모사 1(Mozah)

1. 베냐민 지파에게 분배된 성읍

수 18:26　미스베와 그비라와 **모사**와

2. 갈렙의 아들

대상 2:46　갈렙의 소실 에바는 하란과 **모사**를

3. 사울의 자손으로 시므리의 아들

대상 8:36　시므리를 낳고 시므리는 **모사**를 낳고
대상 8:37　**모사**는 비느아를 낳았으며 비느아
대상 9:42　시므리를 낳고 시므리는 **모사**를 낳고
대상 9:43　**모사**는 비느아를 낳았으며 비느아

모사 2(謀士, counsellor)

삼하 15:12 다윗의 **모사** 길로 사람 아히도벨을 그의
대상 26:14 스가라는 명철한 **모사**라 **모사**를 위하여
대상 27:32 **모사**가 되며 서기관도 되었고 학모니의
대상 27:33 아히도벨은 왕의 **모사**가 되었고 아렉
대하 25:16 우리가 너를 왕의 **모사**로 삼았느냐
스 8:25　그들에게 왕과 **모사**들과 방백들과 또
욥 3:14　폐허를 일으킨 세상 임금들과 **모사**들
욥 12:17　**모사**를 벌거벗겨 끌어가시며 재판장
사 1:26　네 **모사**들을 본래와 같이 회복할 것이라
사 3:3　오십부장과 귀인과 **모사**와 정교한 장인
사 9:6　이름은 기묘자라, **모사**라, 전능하신
사 19:11 가장 지혜로운 **모사**의 책략은 우둔하여
사 40:13 여호와의 영을 지도하였으며 그의 **모사**
단 3:2　총독과 수령과 행정관과 **모사**와 재무관
단 3:3　총독과 수령과 행정관과 **모사**와 재무관
단 3:24 **모사**에게 물어 이르되 우리가 결박
단 3:27 총독과 지사와 행정관과 왕의 **모사**들이
단 4:36 나의 **모사**들과 관원들이 내게 찾아오니
미 4:9　왕이 없어졌고 네 **모사**가 죽었으므로
롬 11:34 주의 마음을 알았느냐 누가 그의 **모사**

【 모세 】

모서리(edge)

암 3:12　사마리아에서 침상 **모서리**에나 걸상의

모세(Moses)

출 2:10　그가 그 이름을 **모세**라 하여 가로되
출 2:11　**모세**가 장성한 후에 한번은 자기 형제
출 2:15　**모세**를 죽이고자 … **모세**가 바로의 낯을
출 3:4　불러 이르시되 **모세**야 **모세**야 하시매
출 5:22　**모세**가 여호와께 돌아와서 고하되 주여
출 6:1　여호와께서 **모세**에게 이르시되 이제
출 6:2　하나님이 **모세**에게 말씀하여 가라사대
출 6:9　**모세**가 이와 같이 이스라엘 자손에게
　　　… 역사의 혹독함을 인하여 **모세**를 듣지
출 12:50 여호와께서 **모세**와 아론에게 명령하신
레 23:44 **모세**는 이와 같이 여호와의 절기를
민 12:3　이 사람 **모세**는 온유함이 지면의 모든
민 20:14 **모세**가 가데스에서 에돔 왕에게 사신을
민 21:9　**모세**가 놋뱀을 만들어 장대 위에 다니
신 1:1　이는 **모세**가 요단 저쪽 숲 맞은편에
신 1:5　**모세**가 요단 저쪽 모압 땅에서 이 율법
신 4:45　애굽에서 나온 후에 **모세**가 증언과 규례
신 32:45 **모세**가 이 모든 말씀을 온 이스라엘에게
신 34:7 **모세**가 죽을 때 나이 백이십 세였으나
신 34:8 모압 평지에서 **모세**를 위하여 애곡하는
　　　… **모세**를 위하여 삼십 일을 애곡하니
신 34:9 **모세**가 눈의 아들 … **모세**에게 명령하신
수 1:1　**모세**가 죽은 후에 … **모세**의 수종자 눈의
수 1:5　내가 **모세**와 함께 있었던 것같이 너와
수 11:15 그의 종 **모세**에게 명령하신 것을 **모세**
　　　는 여호수아에게 … **모세**에게 명하신
왕하 23:25 **모세**의 모든 율법을 따라 여호와께로
사 63:12 영광의 팔이 **모세**의 오른손을 이끄시
마 8:4　제사장에게 네 몸을 보이고 **모세**의 명한
마 17:3 **모세**와 엘리야가 예수로 더불어 말씀
마 19:7 어찌하여 **모세**는 이혼 증서를 주어서
마 23:2 서기관들과 바리새인들이 **모세**의 자리
막 10:3 대답하여 가라사대 **모세**가 어떻게 너희
막 12:26 하나님께서 **모세**에게 이르시되 나는
요 1:17 율법은 **모세**로 말미암아 주신 것이요
요 3:14 **모세**가 광야에서 뱀을 든 것같이 인자
요 9:28 너는 그의 제자나 우리는 **모세**의 제자라
행 6:11 이 사람이 **모세**와 및 하나님을 모독하는
행 7:26 사람이 싸울 때에 **모세**가 와서 화목시키

896

【 모세 】 【 모세 】

행 15:21　각 성에서 **모세**를 전하는 자가 있어
롬 5:14　　아담으로부터 **모세**까지 아담의 범죄
고후 3:15　오늘까지 **모세**의 글을 읽을 때에 수건이
히 3:3　　 저는 **모세**보다 더욱 영광을 받을만한
히 8:5　　 **모세**가 장막을 지으려 할 때에 지시하심
유 1:9　　 천사장 미가엘이 **모세**의 시체에 관하여

모세 – 기타 본문

모세오경 출 2:14, 17, 21, 22; 3:1, 3, 6, 11, 13, 14, 15; 4:1, 3, 4, 10, 13, 14, 18, 19, 20, 21, 24, 27, 28, 29, 30; 5:1, 4, 20; 6:10, 12, 13, 20, 26, 27, 28, 29, 30; 7:1, 6, 7, 8, 10, 14, 19, 20; 8:1, 5, 8, 9, 10, 12, 13, 16, 20, 25, 26, 29, 30, 31; 9:1, 8, 10, 11, 12, 13, 22, 23, 27, 29, 33, 35; 10:1, 3, 8, 9, 12, 13, 16, 21, 22, 24, 25, 28, 29; 11:1, 3, 4, 9, 10; 12:1, 21, 28, 31, 35, 43, 50; 13:1, 3, 19; 14:1, 11, 13, 15, 21, 26, 27, 31; 15:1, 22, 24, 25; 16:2, 4, 6, 8, 9, 11, 15, 19, 20, 22, 23, 24, 25, 28, 32, 33, 34; 17:2, 3, 4, 5, 6, 9, 10, 11, 14, 15; 18:3, 6, 7, 8, 13, 15, 24, 25, 26, 27; 19:3, 7, 8, 9, 10, 14, 15, 17, 19, 20, 21, 23, 25; 20:19, 20, 21, 22; 24:1, 2, 3, 4, 6, 8, 9, 12, 13, 15, 16, 18; 25:1; 30:11, 17, 22, 34; 31:1, 12, 18; 32:1, 7, 9, 11, 15, 17, 18, 20, 21, 23, 25, 26, 27, 28, 29, 30, 31, 33; 33:1, 5, 7, 8, 9, 11, 12, 15, 17, 18; 34:1, 4, 8, 27, 28, 29, 31, 32, 33, 34; 35:1, 4, 20, 30; 36:2, 3, 5, 6, 21, 22; 39:1, 5, 7, 21, 26, 29, 31, 32, 33, 42, 43; 40:1, 16, 18, 19, 21, 23, 25, 27, 29, 31, 32, 33, 35; 레 1:1; 4:1; 5:14; 6:1, 8, 19, 24; 7:22, 28, 38; 8:1, 4, 5, 6, 9, 10, 13, 14, 15, 16, 17, 19, 20, 21, 23, 24, 28, 29, 30, 31, 36; 9:1, 5, 6, 7, 10, 21, 23; 10:3, 4, 5, 6, 7, 11, 12, 16, 19, 20; 11:1; 12:1; 13:1; 14:1, 33; 15:1; 16:1, 2, 34; 17:1; 18:1; 19:1; 20:1; 21:1, 16; 22:1, 17, 26; 23:1, 9, 23, 26, 33; 24:1, 11, 13, 23; 25:1; 26:46; 27:1, 34; 민 1:17, 19, 44, 48, 54; 2:1, 33, 34; 3:1, 5, 11, 14, 16, 38, 39, 40, 42, 44, 49, 51; 4:1, 17, 21, 34, 37, 41, 45, 46, 49; 5:1, 4, 5, 11; 6:1, 22; 7:1, 4, 6, 11, 89; 8:1, 3, 4, 5, 20, 22, 23; 9:1, 4, 5, 6, 8, 9, 23; 10:1, 13, 31, 35; 11:2, 10, 11, 16, 21, 23, 24, 25, 27, 28, 29, 30; 12:1, 2, 4, 7, 8, 11, 13, 14; 13:1, 3, 16, 17, 26, 30; 14:2, 5, 11, 13, 26, 36, 39, 41, 44; 15:1, 17, 22, 23, 33, 35, 36, 37; 16:2, 3, 4, 8, 12, 15, 16, 18, 20, 23, 25, 26, 28, 36, 40, 41, 42, 43, 44, 46, 47, 50; 17:1, 6, 7, 8, 9, 10, 11, 12; 18:25; 19:1; 20:2, 3, 7, 10, 12, 14, 23, 28; 20:6, 9, 11, 27; 21:5, 7, 8, 16, 24, 32, 34; 23:44; 25:4, 5, 6, 10, 16; 26:1, 3, 4, 9, 52, 59, 63, 64; 27:2, 5, 6, 11, 12, 15, 18, 22, 23; 28:1; 29:40; 30:1, 16; 31:1, 3, 6, 7, 12, 13, 14, 15, 21, 25, 31, 41, 42, 47, 48, 49, 51, 54; 32:2, 6, 16, 20, 25, 28, 29, 33, 40; 33:1, 2, 50; 34:1, 8, 13, 16, 35:1, 9; 36:1, 5, 10, 13; 신 1:3, 4; 4:41, 44, 46; 5:1; 10:6; 27:1, 9, 11; 29:1, 2; 31:1, 7, 9, 10, 14, 16, 22, 24, 25, 30, 44, 45, 48; 33:4; 34:1, 10 **역사서 – 선지서** 수 1:2, 3, 7, 14, 17; 3:7; 4:10, 12, 14; 8:32, 35; 9:24; 11:20, 23; 13:12, 15, 21, 24, 29, 32, 33; 14:2, 3, 5, 9, 10, 11; 17:4; 20:2; 21:2, 8; 22:7, 9; 24:5; 삿 1:20; 3:4; 18:30; 삼상 12:6, 8; 왕상 8:9, 53, 56; 왕하 18:4, 6; 21:8; 대상 6:3; 15:15; 21:29; 22:13; 23:13, 15; 26:24; 대하 5:10; 8:13; 33:8; 34:14; 35:6; 느 1:7, 8; 8:14; 9:14; 시 77:20; 99:6; 103:7; 105:26; 106:16, 23, 32, 33; 사 63:11; 렘 15:1; 미 6:4; 말 4:4 **신약** 마 17:4; 19:8; 22:24; 막 1:44; 7:10; 9:4, 5; 10: 4; 12:19; 눅 5:14; 9:30, 33; 16:29, 31; 20:28, 37; 24:27; 요 1:45; 3:14; 5:45; 6:32; 7:19,

'모세'와 관련된 성구

모세의 법 – 눅 2:22; 행 15:1; 히 10:28
모세의 손 – 출 17:12; 34:29; 35:29
모세의 얼굴 – 출 34:30, 35; 고후 3:7
모세의 율법 – 왕상 2:3; 대하 23:18; 30:16; 스 3:2; 7:6; 단 9:11, 13; 눅 24:44; 요 7:23; 행 13:39; 15:5; 28:23; 고전 9:9
모세의 율법책 – 수 8:31; 23:6; 왕하 14:6; 대하 25:4; 느 8:1
모세의 장인 – 출 18:1, 2, 5, 12, 14, 17; 민 10:29; 삿 1:16; 4:11
모세의 책 – 대하 35:12; 스 6:18; 느 13:1; 막 12:26
여호와의 종 모세 – 신 34:5; 수 1:1, 13, 15; 8:31, 33; 11:12; 12:6; 13:8; 14:7; 18:7; 22:2, 4, 5; 왕하 18:12; 대하 1:3; 24:6
하나님의 사람 모세 – 신 33:1; 수 14:6; 대하 23:14; 대하 30:16; 스 3:2
하나님의 종 모세 – 대상 6:49; 대하 24:9; 느 10:29; 단 9:11; 계 15:3

【 모세라 】　　　　　　　　　　　　　　　　【 모압 】

22; 8:5; 9:29; 행 3:22; 6:14; 7:20, 22, 27, 29, 31,
32, 35, 37, 39, 40, 44; 21:21; 26:22; 롬 9:15; 10:5,
19; 고전 10:2; 고후 3:13; 딤후 3:8; 히 3:2, 5, 16;
7:14; 8:5; 9:19; 11:23, 24; 12:21; 계 15:3

모세라(Moserah) **이스라엘 백성이 광야에서 머문 곳**
신 10:6　길을 떠나 **모세라**에 이르러 아론이

모세롯(Moseroth) **이스라엘이 광야에서 진 친 곳**
민 33:30　하스모나를 떠나 **모세롯**에 진을 치고

모숨(lock–KJV)
겔 8:3　내 머리털 한 **모숨**을 잡으며 주의 영이

모습(vision, form, look like)
삿 8:18　하나같이 왕자들의 **모습**과 같더라
삿 13:6　내게 오셨는데 그의 **모습**이 하나님의
욥 16:8　나의 파리한 **모습**이 일어나서 대면하여
욥 41:9　그것의 **모습**을 보기만 해도 그는 기가
사 52:14　그의 **모습**이 사람들보다 상하였으므로
겔 1:1　하늘이 열리며 하나님의 **모습**이 내게
겔 8:4　거기에 있는데 내가 들에서 본 **모습**과
고전 9:22　여러 사람에게 여러 **모습**이 된 것은
약 1:24　제 자신을 보고 가서 그 **모습**이 어떠했

모시(linen, fabric)
겔 16:10　가는 베로 두르고 **모시**로 덧입히고
겔 16:13　가는 베와 **모시**와 수 놓은 것을 입으며

모시다(serve, attend)
창 18:8　차려 놓고 나무 아래에 **모셔** 서매 그
창 45:13　내 아버지께 아뢰고 속히 **모시고** 내려
창 45:19　아내를 태우고 너희 아버지를 **모셔** 오라
삿 3:19　조용히 하라 하매 **모셔** 선 자들이 다
삿 20:28　비느하스가 그 앞에 **모시고** 섰더라
삼상 16:16　당신 앞에서 **모시는** 신하들에게 명령
삼상 16:21　사울에게 이르러 그 앞에 **모셔** 서매
삼상 16:22 다윗을 내 앞에 **모셔** 세게 하라 그가
삼상 20:5　내가 마땅히 왕을 **모시고** 앉아 식사를
삼하 13:31　신하들도 다 옷을 찢고 **모셔** 선지라
삼하 19:10　어찌하여 왕을 도로 **모셔** 올 일에 잠잠

삼하 19:11　왕궁으로 도로 **모셔** 오자 하는 말이
　　　　…어찌하여 왕을 궁으로 **모시는** 일에
삼하 19:12　어찌하여 왕을 도로 **모셔** 오는 일에
삼하 19:36　당신의 종은 왕을 **모시고** 요단을 건너려
삼하 19:43　우리 왕을 **모셔** 오는 일에 먼저 우리
왕상 1:2　왕을 받들어 **모시게** 하고 왕의 품에
왕상 12:6　솔로몬의 생전에 그 앞에 **모셨던** 노인들
왕상 12:8　자기 앞에 **모셔** 있는 자기와 함께 자라
왕상 22:19　하늘의 만군이 그의 좌우편에 **모시고** 서
왕하 11:14　나팔수가 왕의 곁에 **모셔** 섰으며 온 백성
대상 16:39　산당에서 여호와의 성막 앞에 **모시게**
대상 18:17　다윗의 아들들은 왕을 **모시는** 사람들
대하 7:6　제사장들은 직분대로 **모셔** 서고 레위
대하 10:6　솔로몬의 생전에 그 앞에 **모셨던** 원로들
대하 10:8　앞에 **모시고** 있는 자기와 함께 자라난
대하 17:19　이는 다 왕을 **모시는** 자요 이 외에 또
대하 18:18　하늘의 만군이 그의 좌우편에 **모시고**
대하 23:13　나팔수들이 왕의 곁에 **모셔** 서 있으며
에 7:9　왕을 모신 내시 중에 하르보나가 왕에게
시 16:8　내가 여호와를 항상 내 앞에 **모심이여**
사 6:2　스랍들이 **모시고** 섰는데 각기 여섯 날개
단 7:10　앞에서 **모셔** 선 자는 만만이며 심판을
단 7:16　내가 그 곁에 **모셔** 선 자들 중 하나에게
단 7:23　**모신** 자가 이처럼 이르되 넷째 짐승은
합 3:8　구원의 병거를 **모시오니** 강들을 분히
막 4:36　예수를 배에 계신 그대로 **모시고** 가매
요 19:27　그 때부터 그 제자가 자기 집에 **모시니라**
행 10:41　부활하신 후 그를 **모시고** 음식을 먹은
롬 10:6　올라가겠느냐 함은 그리스도를 **모셔**
롬 10:7　그리스도를 죽은 자 가운데서 **모셔** 올리
요이 1:9　다 하나님을 **모시지** 못하되 교훈 안에
　　　　거하는…아버지와 아들을 **모시느니라**

모아다(Moadiah) **바벨론에서 귀환한 족속**
느 12:17　시그리요 미냐민 곧 **모아다** 족속에는

모아들이다(store away, gather)
렘 21:4　그것들을 이 성 가운데 **모아들이리라**
렘 32:37　모든 지방에서 그들을 **모아들여** 이 곳
마 6:26　창고에 **모아들이지도** 아니하되 너희

모압(Moab)
1. 인명: 롯의 맏딸의 아들로 모압의 조상

【 모압 】　　　　　　　　　　　　　　　　　　　　　　　　　　　　　　　　　　　　【 모양 】

창 19:37　이름을 **모압**이라… 오늘날 **모압**의 조상

'모압 1'과 관련된 성구

- 모압 고관 – 민 22:21; 23:6, 17
- 모압 귀족 – 민 22:8, 14
- 모압 도적 떼 – 왕하 13:20
- 모압 사람 – 신 2:11, 29; 23:3; 삿 3:29; 삼하 8:2; 왕하 3:18, 22, 23, 24; 23:13; 대상 11:46; 18:2; 스 9:1; 느 13:1
- 모압 산당 – 렘 48:35
- 모압 소녀 – 룻 2:6
- 모압 아리엘의 아들 – 삼하 23:20; 대상 11:22
- 모압 여인 – 룻 1:22; 2:2, 21; 4:5, 10; 대하 24:26; 느 13:23
- 모압 여자 – 민 25:1; 룻 1:4
- 모압 영웅 – 출 15:15
- 모압의 교만 – 사 16:6; 렘 48:29
- 모압의 군사들 – 사 15:4
- 모압의 부대 – 왕하 24:2
- 모압의 손 – 왕하 3:10, 13
- 모압의 신 – 삿 10:6; 왕상 11:33
- 모압의 영화 – 사 16:14
- 모압(의) 왕 – 민 21:26; 22:4, 10; 23:7; 수 24:9; 삿 3:12, 14, 15, 17; 11:17, 25; 삼상 12:9; 22:3, 4; 왕하 3:4, 5, 7, 26; 렘 27:3; 미 6:5
- 모압 자손 – 대하 20:1, 10, 23

모압 1 – 기타 본문

민 22:3; 삿 3:28, 30; 삼상 14:47; 삼하 8:2, 12; 왕상 11:1; 왕하 1:1; 3:7; 대상 4:22; 18:11; 대하 20:22; 시 83:6; 사 11:14; 15:2, 5; 16:4, 7, 11, 13; 25:10; 렘 9:26; 25:21; 48:11, 13, 20, 26, 31, 36, 38, 39, 40, 41, 44, 45; 겔 25:11; 단 11:41; 암 2:1, 2, 8, 9

2. 지명: 사해 남동쪽 해안 지역

민 21:11　오봇을 떠나 **모압** 앞쪽 해 돋는 쪽 광야

'모압 2'와 관련된 성구

- 모압 광야 길 – 신 2:8
- 모압 들 – 창 36:35; 민 21:20; 대상 1:46
- 모압 땅 – 신 1:5; 29:1; 32:49; 34:5, 6; 삿 11:15, 18; 대상 8:8; 렘 48:24, 33
- 모압 미스베 – 삼상 22:3
- 모압 변경 – 민 22:36; 33:44; 신 2:18
- 모압의 경계 – 민 21:15; 삿 11:18
- 모압의 아르 – 민 21:28
- 모압 지방 – 룻 1:1, 2, 6, 22; 2:6; 4:3
- 모압 평지 – 민 22:1; 26:3, 63; 31:12; 33:48, 49, 50; 35:1; 36:13; 신 34:1, 8; 수 13:32

모압 2 – 기타 본문

민 21:13; 24:17; 신 2:9; 사 15:1, 8, 9; 48:15, 18, 43, 47; 겔 25:8, 9

모양 (模樣, form, figure)

모세오경 – 시가서

창 1:26　우리의 **모양**대로 우리가 사람을 만들고
창 5:1　창조하실 때에 하나님의 **모양**대로 지으
창 5:3　아담은 백삼십 세에 자기의 **모양** 곧
출 25:9　무릇 내가 네게 보이는 **모양**대로 장막
출 39:5　에봇과 같은 **모양**으로 금 실과 청색
출 39:8　에봇과 같은 **모양**으로 금 실과 청색
민 9:15　성막 위에 불 **모양** 같은 것이 나타나서
민 9:16　그것을 덮었고 밤이면 불 **모양**이 있었
민 11:7　만나는 깟씨와 같고 **모양**은 진주와 같은
수 9:4　꾀를 내어 사신의 **모양**을 꾸미되 해어진
삼상 28:14　사울이 그에게 이르되 그의 **모양**이 어떠
왕상 6:8　나사 **모양** 층계로 말미암아 하층에서
왕상 6:25　두 그룹은 같은 크기와 같은 **모양**이요
왕상 7:17　그물과 사슬 **모양**으로 땋은 것을 만들었
왕상 7:23　**모양**이 둥글며 그 높이는 다섯 규빗
대하 4:2　**모양**이 둥글며 그 높이는 다섯 규빗
대하 24:13　하나님의 전을 이전 **모양**대로 견고하게
에 1:7　금 잔으로 마시게 하니 잔의 **모양**이
욥 9:27　얼굴 빛을 고쳐 즐거운 **모양**을 하자

선지서

사 52:14　전에는 그의 **모양**이 타인보다 상하였고
사 53:2　고운 **모양**도 없고 풍채도 없은즉 우리
겔 1:5　그들의 **모양**이 이러하니 그들에게 사람
겔 1:10　그 얼굴들의 **모양**은 넷의 앞은 사람의
겔 1:13　생물들의 **모양**은 … 횃불 **모양** 같은데
겔 1:14　생물들은 번개 **모양**같이 왕래하더라
겔 1:16　그 바퀴의 **모양**과 그 구조는 황옥 …

【 모양 】

	똑같은 **모양**을 … 그들의 **모양**과 구조
겔 1:26	보좌의 형상이 있는데 그 **모양**이 남보석
겔 1:27	**모양**은 단 쇠 같아서 … 아래의 **모양**도
겔 1:28	광채의 **모양**은 … 형상의 **모양**이라
겔 8:2	그 허리 아래의 **모양**은 불 같고 허리
겔 10:9	한 바퀴가 있으며 그 바퀴 **모양**은 황옥
겔 10:10	그 **모양**은 넷이 꼭 같은데 마치 바퀴
겔 10:22	얼굴이며 그 **모양**과 그 몸도 그러하며
겔 31:8	동산의 어떤 나무도 그 아름다운 **모양**
겔 40:3	**모양**이 놋같이 빛난 사람 하나가 손에
겔 42:11	그 방들의 **모양**은 북쪽 방 같고 그 길이
겔 43:3	그 **모양**이 내가 본 환상 곧 전에 성읍을
단 2:31	광채가 매우 찬란하며 그 **모양**이 심히
단 3:25	그 넷째의 **모양**은 신들의 아들과 같도다
단 4:11	하늘에 닿았으니 그 **모양**이 땅 끝에서도
단 7:3	짐승 넷이 바다에서 나왔는데 그 **모양**이
단 7:20	큰 말을 하는 입도 있고 그 **모양**이 그의
욜 2:4	그의 **모양**은 말 같고 그 달리는 것은
나 2:4	이리저리 빨리 달리니 그 **모양**이 횃불
슥 5:6	이르되 온 땅에서 그들의 **모양**이 이러

신약

막 16:12	예수께서 다른 **모양**으로 그들에게
행 24:3	우리가 어느 **모양**으로나 어느 곳에서
롬 1:23	기어다니는 동물 **모양**의 우상으로 바꾸
롬 6:5	그의 부활과 같은 **모양**으로 연합한 자도
롬 8:3	아들을 죄 있는 육신의 **모양**으로 보내어
갈 6:12	무릇 육체의 **모양**을 내려 하는 자들이
골 2:23	지혜 있는 **모양**이나 오직 육체 따르는
살전 5:22	악은 어떤 **모양**이라도 버리라
딤후 3:5	경건의 **모양**은 있으나 경건의 능력은
히 1:1	여러 부분과 여러 **모양**으로 우리 조상
히 2:14	또한 같은 **모양**으로 혈과 육을 함께
약 1:11	꽃이 떨어져 그 **모양**의 아름다움이 없어
계 4:3	앉으신 이의 **모양**이 … **모양**이 녹보석
계 9:7	황충들의 **모양**은 전쟁을 위하여 준비한

'모양'과 관련된 성구

모양이 아름답다 – 겔 31:7, 9
백합화(의) 모양 – 왕상 7:19; 대하 4:5
사람(의) 모양 – 사 44:13; 겔 1:26; 단 8:15; 10:18; 빌 2:8
화환 모양 – 왕상 7:29, 36

【 모욕/-하다 】

모여들다(flock, gather)

민 20:2	없으므로 모세와 아론에게로 **모여드니**
느 12:28	느도바 사람의 마을에서 **모여들고**
느 12:29	들에서 **모여들었으니** 이 노래하는 자들
사 2:2	뛰어나리니 만방이 그리로 **모여들** 것이
렘 26:9	예레미야를 향하여 **모여드니라**
마 13:2	큰 무리가 그에게로 **모여들거늘** 예수
막 4:1	가르치시니 큰 무리가 **모여들거늘** 예수
막 7:1	예루살렘에서 와서 예수께 **모여들었다**
막 10:1	무리가 다시 **모여들거늘** 예수께서 다시

모여오다(gather, come together)

대상 11:13	블레셋 사람들이 그 곳에 **모여와서**
대상 19:7	모든 성읍으로부터 **모여와서** 싸우려
대하 20:4	유다 모든 성읍에서 **모여와서** 여호와
스 9:4	죄 때문에 다 내게로 **모여오더라**
사 45:20	피난한 자들아 너희는 **모여오라** 함께
렘 49:14	너희는 **모여와서** 그를 치며 일어나서
겔 39:17	짐승에게 이르기를 너희는 **모여오라**
눅 5:15	자기 병도 고침을 받고자 하여 **모여오되**

모욕/-하다(侮辱, insult, despise)

창 16:5	아브람에게 이르되 내가 받는 **모욕**은
삼상 11:2	온 이스라엘을 이같이 **모욕하리라**
삼상 17:25	참으로 이스라엘을 **모욕하러** 왔도다
삼상 17:45	여호와의 이름 곧 네가 **모욕하는**
삼상 25:14	거늘 주인이 그들을 **모욕하였나이다**
삼상 25:39	나발에게 당한 나의 **모욕**을 갚아 주사
삼상 31:4	나를 찌르고 **모욕할까** 두려워하노라
왕하 19:3	오늘은 환난과 징벌과 **모욕**의 날이라
왕하 19:6	나를 **모욕하는** 말 때문에 두려워하지
욥 16:10	나를 **모욕하여** 뺨을 치며 함께 모여
사 50:6	뺨을 맡기며 **모욕**과 침 뱉음을 당하여
렘 51:51	책망을 들으며 수치를 당하여 **모욕**이
마 22:6	그 남은 자들은 종들을 잡아 **모욕하고**
막 7:10	어머니를 **모욕하는** 자는 죽임을 당하리
눅 6:28	축복하며 너희를 **모욕하는** 자를 위하여

'모욕'과 관련된 성구

군대를 모욕하다 – 삼상 17:10, 26, 36
모욕 거리 – 렘 20:8; 겔 5:14
예수를 모욕하다 – 마 27:39; 막 15:29

900

【 모우님 사람 】　　　　　　　　　　　　　　　　　【 모으다/모아지다/모아들이다 】

눅 11:45　말씀하시니 우리까지 **모욕하심이니**
행 14:5　그 관리들이 두 사도를 **모욕하며** 돌로
고전 4:12　손으로 일을 하며 **모욕**을 당한즉 축복
고전 5:11　우상 숭배를 하거나 **모욕하거나** 술 취하
고전 6:10　술 취하는 자나 **모욕하는** 자나 속여

모우님 사람(Meunim) 세일 산지에 살던 종족
대상 4:41　거기에 있는 **모우님 사람**을 쳐서 진멸

모으다/모아지다/모아들이다(assemble)
〔모세오경, 역사서〕
창 12:5　하란에서 **모은** 모든 소유와 얻은 사람
창 31:1　말미암아 이 모든 재물을 **모았다** 하는
창 31:18　그 **모은** 바 모든 가축과 … 그가 밧단아람에서 **모은** 가축을 이끌고 가나안 땅
창 31:46　또 그 형제들에게 돌을 **모으라** 하니
창 36:6　가나안 땅에서 **모은** 모든 재물을 이끌고
창 49:33　그 발을 침상에 **모으고** 숨을 거두니
출 8:14　사람들이 **모아** 무더기로 쌓으니 땅에서
레 8:3　온 회중을 회막 문으로 **모으라**
민 11:16　지도자가 될 만한 자 칠십 명을 **모아**
민 11:22　바다의 모든 고기를 **모은들** 족하오리
민 11:24　백성의 장로 칠십 인을 **모아** 장막에
민 11:32　메추라기를 **모으니** 적게 **모은** 자도 열
민 16:19　고라가 온 회중을 회막 문으로 모아 놓고
민 20:10　회중을 그 반석 앞에 **모으고** 모세가
민 21:16　명령하시기를 백성을 **모으라** 내가 그들
신 4:10　내게 이르시기를 나에게 백성을 **모으라**
신 13:16　차지한 물건을 다 거리에 **모아 놓고** 그
신 30:3　그 모든 백성 중에서 너를 **모으시리니**
신 30:4　여호와께서 거기서 너를 **모으실 것이며**
신 31:12　거류하는 타국인을 **모으고** 그들에게
신 31:28　장로와 관리들을 내 앞에 **모으라** 내가
수 2:18　네 아버지의 가족을 다 네 집에 **모으라**
수 24:1　모든 지파를 세겜에 **모으고** 이스라엘
삿 3:13　암몬과 아말렉 자손들을 **모아** 가지고
삿 4:13　에서부터 기손 강으로 **모은지라**
삿 11:20　그의 모든 백성을 **모아** 야하스에 진 치고
삿 18:23　무슨 일로 이같이 **모아** 가지고 왔느냐
삼상 29:1　모든 군대를 아벡에 **모았고** 이스라엘
삼하 3:21　내 주 왕의 앞에 **모아** 더불어 언약을
삼하 17:11　많은 모래같이 당신께로 **모으고** 친히
삼하 20:5　아마사가 유다 사람을 **모으러** 가더니

왕상 10:26　솔로몬이 병거와 마병을 **모으매** 병거
왕상 11:24　르손이 사람들을 자기에게 **모으고** 그
왕상 12:21　베냐민 지파를 **모으니** 택한 용사가 십
왕상 18:19　선지자 사백 명을 갈멜 산으로 **모아** 내게
왕상 22:6　이에 선지자 사백 명쯤 **모으고** 그들에게
왕하 10:18　예후가 뭇 백성을 **모으고** 그들에게 이
왕하 23:1　살렘의 모든 장로를 자기에게로 **모으고**
대상 15:3　온 무리를 예루살렘으로 **모으고** 여호와
대상 15:4　다윗이 아론 자손과 레위 사람을 **모으니**
대상 16:35　만국 가운데에서 건져내시고 **모으사**
대상 22:2　땅에 거류하는 이방 사람을 **모으고** 석수
대상 23:2　방백과 제사장과 레위 사람을 **모았더라**
대하 1:14　솔로몬이 병거와 마병을 **모으매** 병거가
대하 11:1　유다와 베냐민 족속을 **모으니** 택한 용사
대하 15:9　중에 머물러 사는 자들을 **모았으니** 이는
대하 18:5　선지자 사백 명을 **모으고** 그들에게
대하 23:2　이스라엘 족장들을 **모아** 예루살렘에
대하 24:5　제사장들과 레위 사람들을 **모으고** 그들
대하 25:5　아마샤가 유다 사람들을 **모으고** 그 여러
대하 28:24　하나님의 전의 기구들을 **모아** 하나님
대하 29:4　레위 사람들을 동쪽 광장에 **모으고**
스 7:28　이스라엘 중에 우두머리들을 **모아** 나와
스 8:15　강 가에 **모으고** 거기서 삼 일 동안 장막
느 1:9　내가 거기서부터 그들을 **모아** 내 이름을
느 7:5　귀족들과 민장과 백성을 **모아** 그 계보
에 2:3　처녀를 다 도성 수산으로 **모아** 후궁으로
〔시가서, 선지서〕
욥 24:24　천대를 받을 것이며 잘려 **모아진** 곡식
욥 39:12　타작 마당에 곡식 **모으기**를 그것에게
시 33:7　바닷물을 **모아** 무더기같이 쌓으시며
시 50:5　이르시되 나의 성도들을 내 앞에 **모으라**
시 106:47　여러 나라로부터 **모으시고** 우리가 주의
시 107:3　동서 남북 각 지방에서부터 **모으셨도다**
시 147:2　이스라엘의 흩어진 자들을 **모으시며**
잠 6:8　예비하며 추수 때에 양식을 **모으느니라**
잠 6:10　좀더 자자, 좀더 졸자, 손을 **모으고** 좀더
잠 13:11　재물은 줄어가고 손으로 **모은** 것은 늘어
잠 21:6　속이는 말로 재물을 **모으는** 것은 죽음을
잠 24:33　네가 좀더 자자, 좀더 졸자, 손을 **모으고**
잠 30:4　바람을 그 장중에 **모은** 자가 누구인지,
전 2:26　노고를 주시고 그가 **모아** 쌓게 하사
사 11:12　이스라엘의 쫓긴 자들을 **모으시며** 땅
　… 유다의 흩어진 자들을 **모으시리니**

【 모으다/모아지다/모아들이다 】　　　　　　【 모으다/모아지다/모아들이다 】

사 13:14	그들이 쫓긴 노루나 **모으는** 자 없는 양
사 22:9	보며 너희가 아랫못의 물도 **모으며**
사 27:4	내가 그것을 밟고 모아 불사르리라
사 27:12	것같이 너희를 하나하나 **모으시리라**
사 33:4	사람이 너희의 노략물을 **모을** 것이며
사 34:15	낳아 까서 그 그늘에 **모으며** 솔개들
사 40:11	어린 양을 그 팔로 **모아** 품에 안으시며
사 43:5	오게 하며 서쪽에서부터 너를 **모을** 것
사 54:7	너를 버렸으나 큰 긍휼로 너를 **모을** 것
사 56:8	쫓겨난 자를 **모으시는** 주 여호와가 …
	내가 이미 **모은** 백성 외에 또 **모아** 그
사 57:13	네가 부르짖을 때에 네가 **모은** 우상들
사 66:18	나라와 언어가 다른 민족들을 **모으리니**
렘 12:9	들짐승들을 **모아다가** 그것을 삼키게
렘 21:4	그것들을 이 성 가운데 **모아들이리라**
렘 23:3	모든 지방에서 **모아** 다시 그 우리로 돌아
렘 29:14	나라들과 모든 곳에서 **모아** 사로잡혀
렘 31:8	땅 끝에서부터 **모으리라** 그들 중에는
렘 32:37	모든 지방에서 그들을 **모아들여** 이 곳
렘 40:10	포도주와 여름 과일과 기름을 **모아** 그릇
렘 40:12	포도주와 여름 과일을 심히 많이 **모으니**
렘 48:36	소리 내나니 이는 그가 **모은** 재물이 없어
렘 49:5	쫓겨 나갈 것이요 도망하는 자들을 **모을**
애 1:15	성회를 **모아** 내 청년들을 부수심이여
겔 11:17	너희를 만민 가운데서 **모으며** 너희
	를 … 가운데에서 **모아** 내고 이스라엘
겔 16:37	모든 자를 **모으되** 사방에서 **모아** 너를
겔 20:34	너희의 흩어진 여러 지방에서 **모아** 내고
겔 20:41	흩어진 여러 민족 가운데에서 **모아** 낼
겔 22:19	내가 너희를 예루살렘 가운데로 **모으고**
겔 22:20	노여움과 분으로 너희를 **모아** 거기에
겔 24:4-5	좋은 덩이를 그 가운데에 **모아** 넣으며
겔 28:25	흩어져 있는 이스라엘 족속을 **모으고**
겔 29:5	떨어지고 다시는 거두거나 **모으지** 못할
겔 34:13	여러 백성 가운데에서 **모아** 그 본토로
겔 36:24	여러 민족 가운데서 **모아** 데리고 고국
겔 37:21	인도하며 그 사방에서 **모아서** 그 고국
겔 39:27	적국에서 **모아** 내어 많은 민족이 보는
겔 39:28	후에는 내가 그들을 **모아** 고국 땅에
호 8:10	내가 그들을 **모으리니** 그들은 지도자
호 9:6	그들을 **모으고** 놉은 그들을 장사하리
욜 1:14	너희 하나님 여호와의 성전에 **모으고**
욜 2:16	백성을 **모아** 그 모임을 거룩하게 … 어

욜 3:2	만국을 **모아** 데리고 여호사밧 골짜기
미 1:7	그가 기생의 값으로 **모았은즉** 그것을
미 2:12	반드시 이스라엘의 남은 자를 **모으고**
미 4:6	그 날에는 내가 저는 자를 **모으며** 쫓겨
	난 자와 내가 환난 받게 한 자를 **모아**
미 4:12	마당에 **모음** 같이 그들을 **모으셨나니**
미 5:1	딸 군대여 너는 떼를 **모을지어다** 그들이
나 3:18	백성은 산들에 흩어지나 그들을 **모을**
합 1:9	나아가며 사람을 사로잡아 **모으기를**
합 1:15	그물로 잡으며 투망으로 **모으고** 그리고
합 2:5	나라를 모으며 여러 백성을 **모으나니**
합 2:6	자기 소유 아닌 것을 **모으는** 자여 언제
습 3:8	나라를 소집하며 왕국들을 **모으리라**
습 3:18	말미암아 근심하는 자들을 **모으리니**
습 3:19	구원하며 쫓겨난 자를 **모으며** 온 세상
습 3:20	그 때에 너희를 **모을지라** 내가 너희
슥 10:10	그들을 앗수르에서부터 **모으며** 길르앗
슥 14:2	내가 이방 나라들을 **모아** 예루살렘과

신약

마 2:4	대제사장과 백성의 서기관들을 **모아**
마 3:12	알곡은 모아 곳간에 들이고 쭉정이는
마 6:26	창고에 **모아들이지도** 아니하되 너희
마 12:30	나와 함께 **모으지** 아니하는 자는 헤치는
마 13:30	단으로 묶고 곡식은 **모아** 내 곳간에 넣으
마 23:37	날개 아래에 **모음같이** … **모으려** 한 일
마 24:31	끝에서 저 끝까지 사방에서 **모으리라**
마 25:24	거두고 헤치지 않은 데서 **모으는** 줄을
마 25:26	거두고 헤치지 않은 데서 **모으는** 줄로
마 25:32	모든 민족을 그 앞에 **모으고** 각각 구분
마 27:27	들어가서 온 군대를 그에게로 **모으고**
막 13:27	부터 하늘 끝까지 사방에서 **모으리라**
눅 3:17	알곡은 모아 곳간에 들이고 쭉정이는
눅 11:23	나와 함께 **모으지** 아니하는 자는 헤치는
눅 13:34	암탉이 제 새끼를 날개 아래에 **모음같**
	이 내가 너희의 자녀를 **모으려** 한 일이
요 4:36	영생에 이르는 열매를 **모으나니** 이는
요 11:52	흩어진 하나님의 자녀를 **모아** 하나가
요 15:6	사람들이 그것을 **모아다가** 불에 던져
행 10:24	친척과 가까운 친구들을 **모아** 기다리
행 14:27	그들이 이르러 교회를 **모아** 하나님이
행 19:19	많은 사람이 그 책을 **모아** 가지고 와서
행 19:25	그러한 영업하는 자들을 **모아** 이르되

【 모의/-하다 】

고전 16:2 사람이 수입에 따라 **모아** 두어서 내가
계 16:14 있을 전쟁을 위하여 그들을 **모으더라**
계 16:16 이라 하는 곳으로 왕들을 **모으더라**
계 20:8 마곡을 미혹하고 **모아** 싸움을 붙이리

'모으다'와 관련된 성구

- 공회를 모으다 – 요 11:47; 행 22:30
- 군대를 모으다 – 삼상 17:1; 왕하 6:24; 단 11:10; 막 15:16
- 군사를 모으다 – 삼하 12:28, 29
- 다 모으다 – 창 29:22; 출 9:19; 민 21:23; 삿 12:4; 삼하 2:30; 왕상 20:1; 에 4:16; 미 2:12; 눅 15:13; 행 5:21
- 다시 모으다 – 삼하 6:1; 에 2:19; 겔 29:13
- 무리를 모으다 – 대하 15:9; 32:6; 겔 38:13; 행 15:30
- 방백을 모으다 – 삼상 5:8, 11
- 불러 모으다 – 삼하 20:4; 왕상 3:10, 13; 대하 34:29; 느 13:11; 렘 51:27; 눅 9:1; 15:6, 9; 23:13
- 여호와 앞에 모으다 – 삿 20:1; 삼상 10:17
- 이스라엘을 모으다 – 삼상 28:4; 삼하 10:17; 대상 19:17
- 장로들을 모으다 – 출 3:16; 4:29; 욜 2:16
- 회중을 모으다 – 출 35:1; 민 1:18; 8:9; 10:7; 20:8

모으다/모아지다/모아들이다 – 기타 본문

민 10:7; 왕상 18:20; 대하 29:15, 20; 에 2:19; 사 33:4; 34:16; 54:7; 렘 31:10; 49:5; 겔 22:21; 미 5:1; 나 3:18; 습 3:20; 슥 10:8

모의/-하다 (謀議, council, confer with)

창 49:6 내 혼아 그들의 **모의**에 상관하지 말지
왕상 1:7 요압과 제사장 아비아달과 **모의하니**
요 11:53 그들이 예수를 죽이려고 **모의하니라**
요 12:10 나사로까지 죽이려고 **모의하니**

모이다/모여들다 (come together)

모세오경, 역사서

창 1:9 물이 한 곳으로 **모이고** 물이 드러나라
창 1:10 하나님이 뭍을 땅이라 부르시고 **모인**

【 모이다/모여들다 】

창 14:3 싯딤 골짜기 곧 지금의 염해에 **모였더라**
창 29:3 모든 떼가 **모이면** 그들이 우물 아귀에
창 29:7 해가 아직 높은즉 가축 **모일** 때가 아니
창 34:30 수가 적은즉 그들이 **모여** 나를 치고 나를
창 49:1 이르되 너희는 **모이라** 너희가 후일에
창 49:2 너희는 **모여** 들으라 야곱의 아들들아
출 32:1 내려옴이 더딤을 보고 **모여** 백성이 아론
레 8:4 대로 하매 회중이 회막 문에 **모인지라**
레 26:25 너희가 성읍에 **모일지라도** 너희 중에
민 10:3 회중이 회막 문 앞에 **모여서** 네게로
민 10:4 천부장 된 지휘관들이 **모여서** 네게로
민 14:35 나 여호와가 말하였거니와 **모여** 나를
민 16:3 그들이 **모여서** 모세와 아론을 거슬러
민 20:2 모세와 아론에게로 **모여드니라**
민 27:3 여호와를 거슬러 **모인** 고라의 무리가
신 31:11 여호와 앞 그가 택하신 곳에 **모일** 때에
신 33:5 백성의 수령이 **모이고** 이스라엘 모든
수 8:16 그들을 추격하려고 **모여** 여호수아를
수 9:2 **모여서** 일심으로 여호수아와 이스라엘
수 11:5 이 왕들이 모두 **모여** 나아와서 이스라엘
삿 6:35 그들도 **모여서** 그를 따르고 또 사자들을
삿 9:6 모든 사람과 밀로 모든 족속이 **모여서**
삿 9:47 모든 사람들이 **모인** 것을 아비멜렉에
삿 10:17 그 때에 암몬 자손이 **모여서** 길르앗에 진을…이스라엘 자손도 **모여서** 미스바
삿 11:3 잡류가 그에게로 **모여** 와서 그와 함께
삿 12:1 에브라임 사람들이 **모여** 북쪽으로 가서
삿 18:22 미가의 이웃집 사람들이 **모여서** 단 자손
삿 20:1 미스바에서 여호와 앞에 **모였으니**
삿 20:11 합심하여 그 성읍을 치려고 **모였더라**
삿 20:14 도리어 성읍들로부터 기브아에 **모이고**
삼상 7:5 온 이스라엘은 미스바로 **모이라** 내가
삼상 8:4 이스라엘 모든 장로가 **모여** 라마에 있는
삼상 13:4 그 백성이 길갈로 **모여** 사울을 따르니라
삼상 13:5 이스라엘과 싸우려고 **모였는데** 병거가
삼상 13:11 블레셋 사람은 믹마스에 **모였음**을 내가
삼상 14:20 함께 한 모든 백성이 **모여** 전장에 가서
삼상 17:2 사울과 이스라엘 사람들이 **모여서** 엘라
삼상 22:2 원통한 자가 다 그에게로 **모였고** 그는
삼상 25:1 이스라엘 무리가 **모여** 그를 두고 슬퍼
삼상 28:4 블레셋 사람들이 **모여** 수넴에 이르러
삼하 22:12 그가 흑암 곧 **모인** 물과 공중의 빽빽한
삼하 23:9 사람들이 싸우려고 거기에 **모이매**

903

【 모이다/모여들다 】　　　　　　　　　　　　　　　　　　　　【 모이다/모여들다 】

삼하 23:11	가득한 한쪽 밭에 **모이**매 백성들은		겔 21:16	**모이**라 오른쪽을 치라 대열을 맞추라
왕상 8:2	일곱째 달 절기에 솔로몬 왕에게 **모이**고		겔 33:31	백성이 **모이**는 것같이 네게 나아오며
왕상 8:5	솔로몬 왕과 그 앞에 **모인** 이스라엘		겔 38:7	스스로 예비하되 너와 네게 **모인** 무리
대상 11:1	온 이스라엘이 헤브론에 **모여** 다윗을		겔 38:8	여러 나라에서 **모여** 들어오며 이방에
대상 13:2	전령을 보내 그들을 우리에게로 **모이**게		겔 38:12	여러 나라에서 **모여서** 짐승과 재물을
대하 5:3	모든 사람이 다 왕에게로 **모이**고		단 3:27	왕의 모사들이 **모여** 이 사람들을 본즉
대하 5:6	그 앞에 **모인** 모든 이스라엘 회중이 궤		단 6:6	총리들과 고관들이 **모여** 왕에게 나아
대하 13:7	난봉꾼과 잡배가 **모여** 따르므로 스스로		단 6:11	무리들이 **모여서** 다니엘이 자기 하나님
대하 20:26	무리가 브라가 골짜기에 **모여서** 거기		단 6:15	그 무리들이 또 **모여** 왕에게로 나아와
대하 35:7	요시야가 그 **모인** 모든 이를 위하여		호 7:14	곡식과 새 포도주로 말미암아 **모이**며
대하 35:17	그 때에 **모인** 이스라엘 자손이 유월절		호 10:10	죄에 걸릴 때에 만민이 **모여서** 그들을
대하 35:18	제사장들과 레위 사람들과 **모인** 온 유다		욜 3:11	민족들아 너희는 속히 와서 **모일지어다**
스 10:1	아이의 큰 무리가 그 앞에 **모인**지라		암 3:9	사마리아 산들에 **모여** 그 성 중에서
스 10:7	공포하기를 너희는 예루살렘으로 **모이**라		미 4:11	이제 많은 이방 사람들이 **모여서** 너를
느 4:20	나팔 소리를 듣거든 그리로 **모여서** 우리		나 2:8	니느웨는 예로부터 물이 **모인** 못 같더니
느 5:16	모든 종자들도 **모여서** 일을 하였으며		습 2:1	모르는 백성아 **모일지어다 모일지어다**
느 8:1	수문 앞 광장에 **모여** 학사 에스라에		슥 12:3	천하만국이 그것을 치려고 **모이리라**
느 8:13	알고자 하여 학사 에스라에게 **모여서**		**신약**	
에 9:2	왕의 각 지방, 각 읍에 **모여** 자기들에		마 17:22	갈릴리에 모일 때에 예수께서 제자들
에 9:15	수산에 있는 유다인이 **모여** 또 삼백 명		마 18:20	두세 사람이 내 이름으로 **모인** 곳에는
에 9:16	다른 유다인들이 **모여** 스스로 생명을		마 22:34	함을 바리새인들이 듣고 **모였**는데
에 9:18	유다인들은 십삼일과 십사일에 **모였**고		마 22:41	바리새인들이 **모였을** 때에 예수께서
시가서, 선지서			마 24:28	주검이 있는 곳에는 독수리들이 **모일**
욥 30:7	부르짖으며 가시나무 아래에 **모여** 있느		마 26:3	가야바라 하는 대제사장의 관정에 **모여**
시 35:15	알지 못하는 중에 **모여서** 나를 치며		마 26:57	거기 서기관과 장로들이 **모여** 있더라
시 48:4	왕들이 **모여서** 함께 지나갔음이여		마 27:17	그들이 **모였을** 때에 빌라도가 물어
시 56:6	**모여** 숨어 내 발자취를 지켜보나이다		마 27:62	바리새인들이 함께 빌라도에게 **모여**
시 59:3	강한 자들이 **모여** 나를 치려하오니		막 1:33	온 동네가 그 문 앞에 **모였**더라
시 94:21	그들이 **모여** 의인의 영혼을 치려하며		막 2:2	많은 사람이 **모여서** 문 앞까지도 들어설
시 140:2	꾀하고 싸우기 위하여 매일 **모이**오며		막 3:20	집에 들어가시니 무리가 다시 **모이**므로
잠 5:14	무리들이 **모인** 중에서 큰 악에 빠지게		막 5:21	무리가 그에게로 **모이**거늘 이에 바닷
사 24:22	죄수가 깊은 옥에 모임같이 **모이**게		막 6:30	사도들이 예수께 **모여** 자기들이 행한
사 34:15	각각 제 짝과 함께 거기에 **모이리라**		막 9:25	예수께서 무리가 달려와 **모이**는 것을
사 43:9	열방은 **모였**으며 민족들이 회집하였		눅 11:29	무리가 **모였을** 때에 예수께서 말씀하
사 49:5	그에게로 **모이**는도다 그러므로 내가		눅 12:1	그 동안에 무리 수만 명이 **모여** 서로
사 60:7	게달의 양 무리는 다 네게로 **모일** 것		눅 17:37	주검 있는 곳에는 독수리가 **모이**느니라
렘 3:17	백성이 그리로 **모이**리니 곧 여호와의		눅 22:66	대제사장들과 서기관들이 **모여서** 예수
렘 4:5	외쳐 이르기를 너희는 **모이**라 우리가		눅 23:48	이를 구경하러 모인 무리도 그 된 일
렘 5:7	간음하며 창기의 집에 허다히 **모이**며		눅 24:33	제자 및 그들과 함께 한 자들이 **모여**
렘 6:11	*거리에 있는 아이들과 **모인** 청년에게*		요 18:2	예수께서 제자들과 **모이시는** 곳이므로
렘 8:14	가만히 앉았으랴 **모일지어다** 우리가		요 18:20	모든 유대인들이 **모이**는 회당과 성전
렘 26:9	에서 예레미야를 향하여 **모여**드니라		요 20:19	유대인들을 두려워하여 **모인** 곳의 문들
렘 40:15	네게 **모인** 모든 유다 사람을 흩어지게		행 1:6	그들이 **모였을** 때에 예수께 여쭈어

【 모이다/모여들다 】　　　　　　　　　　　　　　　　　　　　【 모질다 】

행 1:15	모인 무리의 수가 약 백이십 명이나
행 2:1	이르매 그들이 다같이 한 곳에 **모였더니**
행 2:6	이 소리가 나매 큰 무리가 **모여** 각각
행 2:46	마음을 같이하여 성전에 **모이기를**
행 4:28	그것을 행하려고 이 성에 **모였나이다**
행 4:31	빌기를 다하매 **모인** 곳이 진동하더니
행 5:16	부근의 수많은 사람들도 **모여** 병든 사람
행 10:27	말하며 들어가 여러 사람이 **모인** 것을
행 11:26	둘이 교회에 일 년간 **모여** 있어 큰 무리
행 12:12	사람이 거기에 **모여** 기도하고 있더라
행 13:44	다 하나님의 말씀을 듣고자 하여 **모이니**
행 15:6	사도와 장로들이 이 일을 의논하러 **모여**
행 16:13	강가에 나가 거기 앉아서 **모인** 여자들
행 19:32	저런 말을 하니 **모인** 무리가 분란하여
행 20:7	우리가 떡을 떼려 하여 **모였더니** 바울
행 20:8	**모인** 윗다락에 등불을 많이 켰는데
행 21:30	소동하여 백성이 달려와 **모여** 바울을
행 28:17	그들이 **모인** 후에 이르되 여러분 형제
고전 11:18	먼저 너희가 교회에 **모일** 때에 너희 중

'모이다' 와 관련된 성구

- **다 모이다** – 창 19:4; 29:8; 출 32:26; 민 16:11; 수 10:6; 삿 7:24; 16:23; 삼하 10:15; 20:14; 왕하 3:21; 느 9:1; 사 44:11; 48:14; 49:18; 60:4; 막 14:53
- **대회로 모이다** – 민 29:35; 사 1:13
- **많이 모이다** – 대하 30:13; 32:4; 에 2:8; 슥 14:14
- **미스바에 모이다** – 삼상 7:6, 7
- **성회로 모이다** – 레 23:7, 8, 35, 36; 민 28:18, 25, 26; 29:1, 7, 12; 신 16:8
- **실로에 모이다** – 수 18:1; 22:12
- **예루살렘에 모이다** – 대하 12:5; 15:10; 30:3, 21; 스 3:1; 스 10:9; 렘 3:17; 행 4:5
- **함께 모이다** – 수 10:5; 삿 6:33; 삼하 2:25; 에 8:11; 욥 16:10; 시 102:22; 사 13:4; 41:5; 호 1:11; 마 28:12; 행 1:4; 4:26; 고전 5:4; 11:20; 14:23
- **행각에 모이다** – 행 3:11; 5:12
- **회중이 모이다** – 민 16:42; 왕상 8:65; 대하 7:8

고전 11:33	그런즉 내 형제들아 먹으러 **모일** 때에
고전 14:26	형제들아 어찌할까 너희가 **모일** 때에
히 10:25	**모이기를** 폐하는 어떤 사람들의 습관
계 18:2	각종 더럽고 가증한 새들이 **모이는** 곳
계 19:17	이르되 와서 하나님의 큰 잔치에 **모여**
계 19:19	땅의 임금들과 그들의 군대들이 **모여**

모임(gathering)

대하 30:13	예루살렘에 많이 모이니 매우 큰 **모임**
스 10:8	적몰하고 사로잡혔던 자의 **모임**에서
시 1:5	죄인들이 의인들의 **모임**에 들지 못하리
시 7:7	민족들의 **모임**이 주를 두르게 하시고
시 35:15	그들이 기뻐하여 서로 **모임**이여 불량배
시 47:9	뭇 나라의 고관들이 **모임**이여 아브라함
시 82:1	하나님은 신들의 **모임** 가운데에 서시며
시 89:5	주의 성실도 거룩한 자들의 **모임** 가운데
시 89:7	하나님은 거룩한 자의 **모임** 가운데에
시 107:32	백성의 **모임**에서 그를 높이며 장로들
시 111:1	할렐루야, 내가 정직한 자들의 **모임**과
시 149:1	여호와께 노래하며 성도의 **모임** 가운데
사 24:22	죄수가 깊은 옥에 **모임**같이 모이게
렘 15:17	내가 기뻐하는 자의 **모임** 가운데 앉지
욜 2:16	백성을 모아 그 **모임**을 거룩하게 하고
행 13:43	회당의 **모임**이 끝난 후에 유대인과 유대
행 19:41	이에 그 **모임**을 흩어지게 하니라
행 24:18	결례를 행하였고 **모임**도 없고 소동도
고전 11:17	너희의 **모임**이 유익이 못되고 도리어
고전 11:34	이는 너희의 **모임**이 판단 받는 **모임**이
살후 2:1	강림하심과 우리가 그 앞에 **모임**에 관하
히 12:23	하늘에 기록된 장자들의 **모임**과 교회

모자(帽子, turban)

욥 29:14	나의 정의는 겉옷과 **모자** 같았느니라
단 3:21	사람들을 겉옷과 속옷과 **모자**와 다른

모자라다(scarce, too little)

신 8:9	네가 먹을 것에 **모자람**이 없고 네게
전 1:15	구부러진 것도 곧게 할 수 없고 **모자란**
고후 8:15	적게 거둔 자도 **모자라지** 아니하였느

모질다(harshly)

욥 39:16	그 새끼에게 **모질게** 대함이 제 새끼가
사 22:18	반드시 너를 **모질게** 감싸서 공같이

【 모집하다 】 　　　　　　　　　　　　　　　【 모해하다 】

모집하다(募集, recruit)
삼상 28:1 　군대를 **모집한지라** 아기스가 다윗에게
딤후 2:4 　이는 병사로 **모집한** 자를 기쁘게 하려

모친(母親, mother)
왕하 3:13 　부친의 선지자들과 당신의 **모친**의
눅 24:10 　요안나와 야고보의 **모친** 마리아라 또

모태(母胎, mother's womb)
민 12:12 　살이 반이나 썩어 **모태**로부터 죽어서
삿 16:17 　내가 **모태**에서부터 하나님의 나실인
욥 1:21 　내가 **모태**에서 알몸으로 나왔사온즉
욥 3:10 　이는 내 **모태**의 문을 닫지 아니하여
욥 24:20 　**모태**가 그를 잊어버리고 구더기가 그를
욥 38:8 　바다가 그 **모태**에서 터져 나올 때에
시 22:9 　주께서 나를 **모태**에서 나오게 하시고
시 22:10 　날 때부터 주께 맡긴 바 되었고 **모태**
시 58:3 　악인은 **모태**에서부터 멀어졌음이여
시 71:6 　내가 **모태**에서부터 주를 의지하였으며
시 139:13 　내장을 지으시며 나의 **모태**에서 나를
전 5:15 　그가 **모태**에서 벌거벗고 나왔은즉 그가
사 44:2 　너를 만들고 너를 **모태**에서부터 지어 낸
사 44:24 　네 구속자요 **모태**에서 너를 지은 나
사 48:8 　이는 네가 정녕 배신하여 **모태**에서부터
렘 1:5 　너를 **모태**에 짓기 전에 너를 알았고
호 12:3 　야곱은 **모태**에서 그의 형의 발뒤꿈치를
눅 1:15 　독한 술을 마시지 아니하며 **모태**로부터
요 3:4 　두 번째 **모태**에 들어갔다가 날 수 있나

모퉁이(corner)
출 25:26 　넷을 만들어 그 네 발 위 네 **모퉁이**
출 26:23 　성막 뒤 두 **모퉁이** 쪽을 위하여는 널판
출 26:24 　윗고리에 이르게 하고 두 **모퉁이** 쪽을
출 27:2 　그 네 **모퉁이** 위에 뿔을 만들되 그 뿔이
출 27:4 　그물을 만들고 그 위 네 **모퉁이**에 놋
출 36:28 　장막 뒤 두 **모퉁이** 편을 위하여는 널판
출 36:29 　윗고리에 이르게 하고 두 **모퉁이** 쪽을
출 37:13 　넷을 부어 만들어 네 발 위, 네 **모퉁이**
출 38:2 　네 **모퉁이** 위에 그 뿔을 만들되 그 뿔
출 38:5 　그 놋 그물 네 **모퉁이**에 채를 꿸 고리
민 20:16 　이제 우리가 당신의 변방 **모퉁이** 한
왕상 7:34 　받침 수레 네 **모퉁이**에 어깨 같은 것
욥 1:19 　큰 바람이 와서 집 네 **모퉁이**를 치매

잠 7:8 　거리를 지나 음녀의 골목 **모퉁이**로 가까
잠 7:12 　어떤 때에는 광장 또 **모퉁이**마다 서서
사 41:9 　땅 끝에서부터 너를 붙들며 땅 **모퉁이**
사 51:20 　그물에 걸린 영양같이 온 거리 **모퉁이**
렘 31:38 　이 성은 하나넬 망대로부터 **모퉁이**
렘 31:40 　모든 고지 곧 동쪽 마문의 **모퉁이**에
겔 41:22 　길이는 두 척이며 그 **모퉁이**와 옆과
겔 43:20 　제단의 네 뿔과 아래층 네 **모퉁이**와
겔 45:19 　성전 문설주와 제단 아래층 네 **모퉁이**
나 3:10 　그의 어린 아이들은 길 **모퉁이 모퉁이**
슥 9:15 　동이와도 같고 피 묻은 제단 **모퉁이**와
계 7:1 　내가 네 천사가 땅 네 **모퉁이**에 선 것

> **성경에 나오는 '모퉁이'**
>
> **모퉁이의 머릿돌** – 시 118:22; 마 21:42; 막 12:10; 눅 20:17; 행 4:11; 벧전 2:7
> **밭 모퉁이** – 레 19:9; 23:22
> **성 모퉁이** – 왕하 14:13; 대하 25:23; 26:9; 느 3:24, 31, 32; 슥 14:10
> **집 모퉁이** – 느 3:21; 시 118:22; 행 4:11

모퉁잇돌(cornerstone)
욥 38:6 　무엇 위에 세웠으며 그 **모퉁잇돌**을
시 144:12 　양식대로 아름답게 다듬은 **모퉁잇돌**
사 19:13 　그들은 애굽 종족들의 **모퉁잇돌**이거늘
렘 51:26 　사람이 네게서 집 **모퉁잇돌**이나 기촛돌
슥 10:4 　**모퉁잇돌**이 그에게서, 말뚝이 그에게서
엡 2:20 　그리스도 예수께서 친히 **모퉁잇돌**이
벧전 2:6 　보라 내가 택한 보배로운 **모퉁잇돌**을

모함하다(謀陷, false accuse)
신 19:18 　그 형제를 거짓으로 **모함한** 것이 판명
삼하 19:27 　종인 나를 내 주 왕께 **모함하였나이다**
딤전 3:11 　이와 같이 정숙하고 **모함하지** 아니하며
딤후 3:3 　원통함을 풀지 아니하며 **모함하며** 절제
딛 2:3 　행실이 거룩하며 **모함하지** 말며 많은

모해하다(謀害, harm)
삼하 21:5 　영토 내에 머물지 못하게 하려고 **모해한**
시 71:13 　나를 **모해하려** 하는 자들에게는 욕과
시 71:24 　나를 **모해하려** 하던 자들이 수치와 무안

【 모형 】　　　　　　　　　　　　　　　　　　　　　【 목걸이 】

애 3:60	그들이 내게 보복하며 나를 **모해함을**
애 3:61	그들이 나를 비방하며 나를 **모해하는**
애 3:62	나를 **모해하는** 것들을 들으셨나이다

모형(模型, replica, copy)
수 22:28	우리 조상이 지은 여호와의 제단 **모형을**
행 19:24	은장색이 은으로 아데미의 신상 **모형을**
롬 5:14	노릇 하였나니 아담은 오실 자의 **모형**
히 8:5	섬기는 것은 하늘에 있는 것의 **모형과**
히 9:23	그러므로 하늘에 있는 것들의 **모형은**

목(neck)
창 27:16	염소 새끼의 가죽을 그의 손과 **목의**
창 27:40	매임을 벗을 때에는 그 멍에를 네 **목에서**
창 49:8	네 손이 네 원수의 **목을** 잡을 것이요
출 17:3	거기서 백성이 **목이** 말라 물을 찾으매
레 5:8	머리를 **목에서** 비틀어 끊고 몸은 아주
수 10:24	이 왕들의 **목을** 발로 밟으라 하매 그들
	이 가까이 가서 그들의 **목을** 밟으매
삿 15:18	삼손이 심히 **목이** 말라 여호와께 부르짖
삼상 4:18	넘어져 문 곁에서 **목이** 부러져 죽었으니
왕하 17:14	믿지 아니하던 그들 조상들의 **목같이**
욥 15:26	그는 **목을** 세우고 방패를 들고 하나님
욥 39:19	말의 힘을 네가 주었느냐 그 **목에** 흩날
시 75:5	뿔을 높이 들지 말며 교만한 **목으로**
잠 1:9	아름다운 관이요 네 **목의** 금 사슬이니라
잠 3:22	네 영혼의 생명이 되며 네 **목에** 장식이
잠 23:2	음식을 탐하는 자이거든 네 **목에** 칼을
아 1:10	네 두 뺨은 땋은 머리털로, 네 **목은** 구슬
아 4:4	네 **목은** 무기를 두려고 건축한 다윗의
아 4:9	네 눈으로 한 번 보는 것과 네 **목의** 구슬
사 3:16	시온의 딸들이 교만하여 늘인 **목**, 정을
사 8:8	유다에 들어와서 가득하여 **목에까지**
사 10:27	그의 멍에가 네 **목에서** 벗어지되 기름진
사 30:28	그의 호흡은 마치 창일하여 **목에까지**
사 48:4	내가 알거니와 너는 완고하며 네 **목은**
사 52:2	사로잡힌 딸 시온이여 네 **목의** 줄을
렘 2:25	벗은 발이 되게 하지 말며 **목을** 갈하게
렘 27:8	느부갓네살을 섬기지 아니하며 그 **목**
렘 27:11	그러나 그 **목으로** 바벨론의 왕의 멍에
렘 27:12	바벨론 왕의 멍에를 **목에** 메고 그와
렘 28:10	하나냐가 선지자 예레미야의 **목에서**
렘 28:11	이 년 안에 모든 민족의 **목에서** 바벨론
렘 28:12	하나냐가 선지자 예레미야의 **목에서**
렘 28:14	쇠 멍에로 이 모든 나라의 **목에** 메워
렘 29:26	**목에** 씌우는 쇠 고랑을 채우게 하심이
렘 30:8	그 날에 내가 네 **목에서** 그 멍에를 꺾어
애 1:14	그의 손으로 묶고 얽어 내 **목에** 올리사
애 5:5	뒤쫓는 자들이 우리의 **목을** 눌렀사오
겔 21:29	너를 중상한 악인의 **목** 위에 두리니
호 10:11	내가 그의 아름다운 **목에** 멍에를 메우고
호 11:4	그 **목에서** 멍에를 벗기는 자같이 되었
미 2:3	재앙을 계획하나니 너희의 **목이** 이에서
마 18:6	연자 맷돌이 그 **목에** 달려서 깊은 바다
마 18:28	빚진 동료 한 사람을 만나 붙들어 **목을**
막 6:16	헤롯은 듣고 이르되 내가 **목** 벤 요한
막 6:27	그 사람이 나가 옥에서 요한을 **목** 베어
행 15:10	능히 메지 못하던 멍에를 제자들의 **목에**
롬 16:4	그들은 내 목숨을 위하여 자기들의 **목**
계 20:4	하나님의 말씀 때문에 **목** 베임을 당한

'목'과 관련된 성구

낙타 목 - 삿 8:21, 26
목에 걸다 - 창 41:42; 렘 27:2; 겔 16:11; 단 5:7, 16, 29
목에 매다 - 잠 3:3; 6:21
목에 매이다 - 막 9:42; 눅 17:2
목에 씌우는 나무 고랑 - 렘 20:2, 3; 29:26
목을 곧게 하다 - 신 10:16; 왕하 17:14; 대하 30:8; 36:13; 렘 17:23; 19:15
목을 굳게 하다 - 느 9:16, 17, 29; 렘 7:26
목을 꺾다 - 출 13:13; 34:20; 신 21:4, 6; 사 66:3
목을 베다 - 삼상 17:46; 삼하 4:7; 왕상 5:6; 사 44:14; 마 14:10; 눅 9:9
목을 안다 - 창 45:14; 눅 15:20; 행 20:37
목을 어긋맞추다 - 창 33:4; 46:29
목이 곧다 - 출 33:3, 5; 신 9:6, 13; 31:27; 잠 29:1
목이 뻣뻣하다 - 출 32:9; 34:9

목걸이(necklace)
출 35:22	팔찌와 귀고리와 가락지와 **목걸이와**
민 31:50	인장 반지, 귀 고리, **목걸이들을** 여호와
시 73:6	교만이 그들의 **목걸이요** 강포가 그들의

【 목격자 】   【 목상 】

겔 16:11 팔고리를 손목에 끼우고 **목걸이**를 목에   사 32:6   주린 자의 속을 비게 하며 **목마른** 자
                                                       사 44:3   **목마른** 자에게 물을 주며 마른 땅에
목격자(目擊者, eyewitness)   사 48:21 그들이 **목마르지** 아니하게 하시되 그들
눅 1:2   처음부터 **목격자**와 말씀의 일꾼 된 자들   사 49:10 그들이 주리거나 **목마르지** 아니할 것
                                                       사 55:1   오호라 너희 모든 **목마른** 자들아 물로
목격하다(目擊, see)   애 4:4   젖먹이가 **목말라서** 혀가 입천장에 붙음
시 35:21 크게 벌리고 하하 우리가 **목격하였다**   호 2:3   마른 땅같이 되게 하여 **목말라** 죽게
                                                       마 5:6   의에 주리고 **목마른** 자는 복이 있나니
목공(木工, craftsman)   마 25:35 먹을 것을 주었고 **목마를** 때에 마시게
사 41:7   **목공**은 금장색을 격려하며 망치로 고르   마 25:37 음식을 대접하였으며 **목마르신** 것을
사 44:13 **목공**은 줄을 늘여 재고 붓으로 긋고   마 25:42 먹을 것을 주지 아니하였고 **목마를** 때에
렘 24:1   여고냐와 유다 고관들과 **목공**들과 철공   마 25:44 주께서 주리신 것이나 **목마르신** 것이나
                                                       요 4:13   물을 마시는 자마다 다시 **목마르려니와**
목구멍(throat)   요 4:14   주는 물을 마시는 자는 영원히 **목마르지**
시 5:9   심중이 심히 악하며 그들의 **목구멍**은   요 4:15   그런 물을 내게 주사 **목마르지도** 않고
시 115:7 있어도 걷지 못하며 **목구멍**이 있어도   요 6:35   나를 믿는 자는 영원히 **목마르지** 아니
롬 3:13   그들의 **목구멍**은 열린 무덤이요 그 혀로   요 7:37   외쳐 이르시되 누구든지 **목마르거든**
                                                       요 19:28 하려 하사 이르시되 내가 **목마르다**
목덜미(naper of the neck)   롬 12:20 원수가 주리거든 먹이고 **목마르거든**
욥 41:22 그것의 힘은 그의 **목덜미**에 있으니 그   고전 4:11 이 시각까지 우리가 주리고 **목마르며**
                                                       고후 11:27 여러 번 자지 못하고 주리며 **목마르고**
목도꾼(目睹, charge of laborer)   계 7:16   다시는 주리지도 아니하며 **목마르지도**
대하 34:13 그들은 또 **목도꾼**을 감독하며 모든 공사   계 21:6   생명수 샘물을 **목마른** 자에게 값 없이
                                                       계 22:17 듣는 자도 오라 할 것이요 **목마른** 자도

목도리(cape)   **목매다**(strangle, hang oneself)
사 3:22   예복과 겉옷과 **목도리**와 손 주머니와   민 25:4   태양을 향하여 여호와 앞에 **목매어** 달라
                                                       삼하 17:23 집을 정리하고 스스로 **목매어** 죽으매
목마르다(thirsty)   삼하 21:6 여호와 앞에서 **목매어** 달겠나이다
출 17:3   우리 자녀와 우리 가축이 **목말라** 죽게   삼하 21:9 그 산 위에서 여호와 앞에 **목매어** 달매
신 28:48 네가 주리고 **목마르고** 헐벗고 모든 것   마 27:5   던져 넣고 물러가서 스스로 **목매어** 죽은
삿 15:18 내가 이제 **목말라** 죽어서 할례 받지 못   행 15:20 우상의 더러운 것과 음행과 **목매어** 죽인
삼하 17:29 들에서 시장하고 곤하고 **목마르겠다**   행 15:29 우상의 제물과 피와 **목매어** 죽인 것과
대하 32:11 어찌 너희를 주림과 **목마름**으로 죽게   행 21:25 우리가 우상의 제물과 피와 **목매어** 죽인
느 9:15   양식을 주시며 그들의 **목마름** 때문에
느 9:20   **목마름**을 인하여 그들에게 물을 주어   **목사**(牧師, pastor)
욥 22:7   **목마른** 자에게 물을 마시게 하지 아니   엡 4:11   복음 전하는 자로, 어떤 사람은 **목사**와
욥 24:11 담 사이에서 기름을 짜며 **목말라** 하면
시 69:21 쓸개를 나의 음식물로 주며 **목마를** 때   **목상**(木像, sacred stone, pole)
잠 25:21 배고파하거든 음식을 먹이고 **목말라**   왕하 10:26 바알의 신당에서 **목상**들을 가져다가
잠 25:25 먼 땅에서 오는 좋은 기별은 **목마른**   왕하 10:27 바알의 **목상**을 헐며 바알의 신당을 헐어
사 5:13   굶주릴 것이오 무리는 **목마를** 것이라   대하 15:16 아세라의 가증한 **목상**을 만들었으므로
사 21:14 물을 가져다가 **목마른** 자에게 주고 떡을   대하 33:7 자기가 만든 아로새긴 **목상**을 하나님
사 29:8   그 속은 여전히 비고 **목마른** 자가 꿈에

908

【 목석 】　　　　　　　　　　　　　　　　　　　　　　　　【 목숨 】

미 1:7　내가 그 **목상**들을 다 깨뜨리리니 그가

┌─ '아세라 목상' 과 관련된 성구 ─┐
신 7:5; 왕하 13:6; 17:16; 18:4; 21:3, 7;
23:14, 15; 대하 17:6; 19:3; 24:18; 31:1;
33:3, 19; 34:3, 4, 7; 미 5:14
└──────────────────┘

목석(木石, wood and stone)
신 4:28　맡지 못하는 **목석**의 신들을 섬기리라
신 28:36　네가 거기서 **목석**으로 만든 다른 신들
신 28:64　네 조상들이 알지 못하던 **목석** 우상을
신 29:17　그들 중에 있는 가증한 것과 **목석**과
겔 20:32　여러 나라 족속같이 되어서 **목석**을
계 9:20　다니거나 하지 못하는 금, 은, 동과 **목석**

목소리(voice)
수 24:24　우리가 섬기고 그의 **목소리**를 우리가
삿 18:25　단 자손이 그에게 이르되 네 **목소리**를
삼상 24:16　내 아들 다윗아 이것이 네 **목소리**냐
욥 38:34　네가 **목소리**를 구름에까지 높여 넘치는
시 3:4　나의 **목소리**로 여호와께 부르짖으니
전 5:6　어찌 하나님께서 네 **목소리**로 말미암아
아 2:8　내 사랑하는 자의 **목소리**로구나 보라

┌─ '목소리' 와 관련된 성구 ─┐
목소리를 내다 – 렘 10:13; 51:16; 욜 3:16
목소리를 높이다 – 삿 9:7; 사 42:2
목소리를 듣다 – 창 4:23; 출 5:2; 민 7:89;
　21:3; 수 10:14; 삿 2:2; 6:10; 13:9; 삼
　상 12:14, 15; 욥 4:16; 사 6:8; 28:23;
　30:30; 32:9; 렘 3:13; 7:23; 18:19; 단
　9:10, 11, 14; 미 6:1
목소리를 순종하다 – 삿 2:20; 삼상 28:18;
　렘 7:28; 9:13; 11:4, 7; 32:23; 42:6;
　43:4, 7; 44:23
목소리를 청종하다 – 출 23:21, 22; 민
　14:22; 신 13:4; 삼상 15:19, 20, 22; 잠
　5:13; 사 50:10; 렘 18:10; 22:21; 26:13
여호와의 목소리 – 삼상 12:15; 15:19, 20;
　28:18; 사 30:31; 렘 3:25; 7:28; 26:13;
　38:20; 42:21; 43:4, 7; 44:23; 단 9:10;
　학 1:12
└──────────────────┘

사 29:4　네 **목소리**가 신접한 자의 **목소리**같이
사 58:1　**목소리**를 아끼지 말라 네 **목소리**를
사 58:4　너희의 **목소리**를 상달하게 하려는 것
사 66:6　**목소리**가 성전에서부터 들리니 … 그
　의 원수에게 보응하시는 **목소리**로다
렘 6:23　잔인하여 사랑이 없으며 그 **목소리**는
렘 40:3　여호와께 범죄하고 그의 **목소리**에 순종
렘 42:6　여호와께 보냄은 그의 **목소리**가 우리
렘 50:42　그들의 **목소리**는 바다가 설레임 같도다
단 7:11　내가 작은 뿔이 말하는 큰 **목소리**로
단 8:16　강 두 언덕 사이에서 사람의 **목소리**가
욘 2:9　나는 감사하는 **목소리**로 주께 제사를
나 2:13　네 파견자의 **목소리**가 다시는 들리지
합 3:16　창자가 흔들렸고 그 **목소리**로 말미암아

목수(木手, carpenter)
삼하 5:11　다윗에게 사절들과 백향목과 **목수**와
왕하 12:11　여호와의 성전을 수리하는 **목수**와 건축
왕하 22:6　곧 **목수**와 건축자와 미장이에게 주게
대상 14:1　사신들과 백향목과 석수와 **목수**를 보내
대상 22:15　석수와 **목수**와 온갖 일에 익숙한 모든
대하 24:12　감독자에게 주어 석수와 **목수**를 고용
대하 34:11　곧 **목수**들에게 건축하는 자들에게 주어
스 3:7　이에 석수와 **목수**에게 돈을 주고 또
마 13:55　그 **목수**의 아들이 아니냐 그 어머니
막 6:3　이 사람이 마리아의 아들 **목수**가 아니냐

목숨(life)
창 12:13　그대로 말미암아 안전하고 내 **목숨**이
수 2:13　모든 사람을 살려 주어 우리 **목숨**을
수 2:14　누설하지 아니하면 우리의 **목숨**으로
삿 5:18　스불론은 죽음을 무릅쓰고 **목숨**을 아끼
삼하 1:9　내게 이르시되 내 **목숨**이 아직 내게
왕상 20:42　네 **목숨**은 그의 **목숨**을 대신하고 네
왕하 7:7　진영을 그대로 두고 **목숨**을 위하여 도망
욥 12:10　모든 사람의 육신의 **목숨**이 다 그의
욥 34:14　만일 뜻을 정하시고 그의 영과 **목숨**을
시 74:19　주의 가난한 자의 **목숨**을 영원히 잊지
시 78:50　진노로 길을 닦으사 그들의 **목숨**이 죽음
렘 21:9　살 것이나 그의 **목숨**은 전리품같이
렘 51:14　만군의 여호와께서 자기의 **목숨**을 두고
애 1:19　제사장들과 장로들은 그들의 **목숨**을
겔 7:13　그 죄악으로 말미암아 자기의 **목숨**을

【 목욕/-하다 】　　　　　　　　　　　　【 목자 】

마 2:20	아기의 **목숨**을 찾던 자들이 죽었느니라
마 6:25	너희에게 이르노니 **목숨**을 위하여 무엇을 … 염려하지 말라 **목숨**이 음식보다
눅 12:22	너희 **목숨**을 위하여 무엇을 먹을까 몸
눅 12:23	**목숨**이 음식보다 중하고 몸이 의복보다
눅 14:26	더욱이 자기 **목숨**까지 미워하지 아니
눅 17:33	무릇 자기 **목숨**을 보전하고자 하는 자는
롬 11:3	헐어 버렸고 나만 남았는데 내 **목숨**도
롬 16:4	내 **목숨**을 위하여 자기들의 목까지도
살전 2:8	하나님의 복음뿐 아니라 우리의 **목숨**

'목숨'과 관련된 성구

- 목숨과 바꾸다 – 마 16:26; 막 8:37
- 목숨을 건지다 – 에 4:13; 렘 38:2
- 목숨을 걸다 – 삼하 23:17; 겔 20:3; 고후 1:23
- 목숨을 구원하고자 하다 – 마 16:25; 막 8:35; 눅 9:24
- 목숨을 구할 수 없다 – 암 2:14, 15
- 목숨을 노리다 – 출 4:19; 시 17:9
- 목숨을 다 하다 – 대하 15:12; 34:31; 마 22:37; 막 12:30; 눅 10:27
- 목숨을 돌보지 않다 – 삿 12:3; 빌 2:30
- 목숨을 버리다 – 요 10:11, 15, 17; 13:37, 38; 15:13; 요일 3:16
- 목숨을 얻다 – 렘 39:18; 마 10:39
- 목숨을 잃다 – 수 9:24; 마 10:39; 16:25, 26; 막 8:35, 36; 눅 9:24
- 자기 목숨을 많은 사람의 대속물로 주다 – 마 20:28; 막 10:45

목욕/-하다 (沐浴, bath)

출 2:5	바로의 딸이 **목욕하러** 나일 강으로 내려
신 23:11	해 질 때에 **목욕하고** 해 진 후에 진에
룻 3:3	그런즉 너는 **목욕하고** 기름을 바르고
삼하 11:2	한 여인이 **목욕**을 하는데 심히 아름다워
왕상 22:38	거기는 창기들이 **목욕하는** 곳이었더라
아 6:6	이는 **목욕하고** 나오는 암양 떼와 같으니
겔 23:40	그들을 위하여 **목욕하며** 눈썹을 그리며
요 13:10	예수께서 이르시되 이미 **목욕한** 자는

목욕장 (沐浴場, washing)

아 4:2	네 이는 **목욕장**에서 나오는 털 깎인

목욕통 (沐浴桶, washbasin)

시 60:8	나의 **목욕통**이라 에돔에는 나의 신발을
시 108:9	모압은 내 **목욕통**이라 에돔에는 내 신발

목자 (牧者, shepherd)

모세오경 – 시가서

창 13:7	가축의 **목자**와 롯의 가축의 **목자**가
창 13:8	나나 너나 내 **목자**나 네 **목자**나 서로
창 26:20	그랄 **목자**들이 이삭의 **목자**와 다투어
창 29:2	양 세 떼가 누워 있으니 이는 **목자**들이
창 29:8	떼가 다 모이고 **목자**들이 우물 아귀에서
창 46:32	그들은 **목자**들이라 목축하는 사람들
창 47:3	바로에게 대답하되 종들은 **목자**이온데
창 49:24	야곱의 전능자 이스라엘의 반석인 **목자**
출 2:17	**목자**들이 와서 그들을 쫓는지라 모세가
출 2:19	한 애굽 사람이 우리를 **목자**들의 손에서
삼상 25:7	네 **목자**들이 우리와 함께 있었으나 우리
시 23:1	여호와는 나의 **목자**시니 내게 부족함이
시 28:9	그들의 **목자**가 되시어 영원토록 그들을
시 49:14	사망이 그들의 **목자**일 것이라 정직한
전 12:11	잘 박힌 못 같으니 다 한 **목자**가 주신

선지서, 신약

사 13:20	장막을 치지 아니하며 **목자**들도 그 곳
사 31:4	그것을 치려 여러 **목자**를 불러 왔다
사 40:11	**목자**같이 양 떼를 먹이시며 어린 양을
사 44:28	고레스에 대하여는 이르기를 내 **목자**라
사 56:11	그들은 몰지각한 **목자**들이라 다 제 길로
사 63:11	백성과 양 떼의 **목자**를 바다에서 올라
렘 3:15	또 내 마음에 합한 **목자**들을 너희에게
렘 6:3	**목자**들이 그 양 떼를 몰고 와서 주위에
렘 10:21	**목자**들은 어리석어 여호와를 찾지 아니
렘 12:10	많은 **목자**가 내 포도원을 헐며 내 몫을
렘 17:16	**목자**의 직분에서 물러가지 아니하고
렘 22:22	네 **목자**들은 다 바람에 삼켜질 것이요
렘 23:1	양 떼를 멸하며 흩어지게 하는 **목자**에게
렘 23:2	내 백성을 기르는 **목자**에게 이와 같이
렘 23:4	내가 그들을 기르는 **목자**들을 그들 위에
렘 25:34	**목자**들아 외쳐 애곡하라 너희 양 떼의
렘 25:35	**목자**들은 도망할 수 없겠고 양 떼의
렘 25:36	**목자**들이 부르짖는 소리와 양 떼의 인도
렘 31:10	흩으신 자가 그를 모으시고 **목자**가 그
렘 33:12	그 모든 성읍에 다시 **목자**가 살 곳이

【 목자 】　　　　　　　　　　　　　　　　　　　　　　　　　　　　　　　　　　　　　【 목전 】

렘 43:12	그들을 사로잡을 것이요 **목자**가 그의
렘 49:19	다툴 자 누구며 내 앞에 설 **목자**가 누구
렘 50:6	백성은 잃어 버린 양 떼로다 그 **목자**들
렘 50:44	명령할 자가 누구며 내 앞에 설 **목자**가
렘 51:23	네가 **목자**와 그 양 떼를 분쇄하며 네가
겔 34:2	곧 **목자**들에게 … **목자**들이 양 떼를
겔 34:5	**목자**가 없으므로 그것들이 흩어지고
겔 34:7	그러므로 **목자**들아 여호와의 말씀을
겔 34:8	**목자**가 없기 때문이라 내 **목자**들이
겔 34:9	그러므로 너희 **목자**들아 여호와의 말씀
겔 34:10	내가 **목자**들을 … 찾으리니 **목자**들이
겔 34:12	**목자**가 양 가운데 있는 날에 양이
겔 34:23	내가 한 **목자**를 그들 위에 세워 먹이 게 하리니 … 그들의 **목자**가 될지라
겔 37:24	그들 모두에게 한 **목자**가 있을 것이라
암 1:1	전 이년에 드고아 **목자** 중 아모스가
암 1:2	**목자**의 초장이 마르고 갈멜 산 꼭대기
암 3:12	말씀하시되 **목자**가 사자 입에서 양
암 7:14	선지자의 아들도 아니라 나는 **목자**요
미 5:5	밟을 때에는 우리가 일곱 **목자**와 여덟
나 3:18	앗수르 왕이여 네 **목자**가 자고 네 귀족
습 2:6	해변은 풀밭이 되어 **목자**의 움막과 양
슥 10:2	백성들이 양같이 유리하며 **목자**가 없으
슥 10:3	**목자**들에게 노를 발하며 내가 숫염소
슥 11:3	**목자**들의 곡하는 소리가 남이여 그들의
슥 11:5	그들의 **목자**들은 그들을 불쌍히 여기지
슥 11:8	한 달 동안에 내가 그 세 **목자**를 제거
슥 11:15	어리석은 **목자**의 기구들을 빼앗을지니

┌─ '**목자**'와 관련된 성구 ─────────────┐
│ **목자**가 양털 깎는 집 - 왕하 10:12, 14
│ **목자**를 치다 - 슥 13:7; 마 26:31; 막 14:27
│ **목자** 없는 양 - 민 27:17; 왕상 22:17; 대
│ 　　　　　　　하 18:16; 마 9:36; 막 6:34
│ **목자**의 장막 - 아 1:8; 사 38:12
│ **목자**의 제구 - 삼상 17:40
│ **목자**의 지팡이 - 레 27:32
│ **목자**의 피리 부는 소리 - 삿 5:16
│ 선한 **목자** - 요 10:11, 14
│ 양의 **목자** - 겔 34:15; 요 10:2
│ 이스라엘(의) **목자** - 삼하 5:2; 대상 11:2;
│ 　　　　　　　시 80:1; 겔 34:2; 마 2:6
└─────────────────────────────┘

슥 11:16	내가 한 **목자**를 이 땅에 일으키리니
슥 11:17	화 있을진저 양 떼를 버린 못된 **목자**여
슥 13:7	칼아 깨어서 내 **목자**, 내 짝된 자를 치라
마 25:32	각각 구분하기를 **목자**가 양과 염소를
눅 2:8	그 지역에 **목자**들이 밤에 밖에서 자기
눅 2:15	천사들이 떠나 하늘로 올라가니 **목자**가
눅 2:18	듣는 자가 다 **목자**들이 그들에게 말한
눅 2:20	**목자**들은 자기들에게 이르던 바와 같이
요 10:12	삯꾼은 **목자**가 아니요 양도 제 양이
요 10:16	음성을 듣고 한 무리가 되어 한 **목자**
히 13:20	양들의 큰 **목자**이신 우리 주 예수를
벧전 2:25	이제는 너희 영혼의 **목자**와 감독 되신
유 1:12	자기 몸만 기르는 **목자**요 바람에 불려
계 7:17	어린 양이 그들의 **목자**가 되사 생명수

목자장(牧者長, head shepherd)

| 삼상 21:7 | 에돔 사람이요 사울의 **목자장**이었더라 |
| 벧전 5:4 | 그리하면 **목자장**이 나타나실 때에 시들 |

목장(牧場, pasture)

삼하 7:8	내가 너를 **목장** 곧 양을 따르는 데에서
대상 4:39	양 떼를 위하여 **목장**을 구하고자 하여
대상 4:40	기름지고 아름다운 **목장**을 발견하였
대상 4:41	그들의 양 떼를 먹일 **목장**이 거기에
대상 17:7	내가 너를 **목장** 곧 양 떼를 따라다니던
시 79:13	우리는 주의 백성이요 주의 **목장**의 양
시 83:12	말하기를 우리가 하나님의 **목장**을 우리
사 30:23	가축이 광활한 **목장**에서 먹을 것이요
렘 9:10	울며 부르짖으며 광야 **목장**을 위하여
렘 23:1	여호와의 말씀이니라 내 **목장**의 양 떼
렘 25:37	평화로운 **목장**들이 여호와의 진노하시
렘 50:19	이스라엘을 다시 그의 **목장**으로 돌아
욜 1:19	불이 **목장**의 풀을 살랐고 불꽃이 들의

목적(目的, goal)

수 22:24	우리가 **목적**이 있어서 주의하고 이같이
왕상 2:13	화평한 **목적**으로 왔느냐 … **목적**이니
시 64:5	그들은 악한 **목적**으로 서로 격려하며
딤전 1:5	이 교훈의 **목적**은 청결한 마음과 선한

목전(目前, under one's eyes, before one's eyes)
모세오경

| 출 7:20 | 바로와 그의 신하의 **목전**에서 지팡이 |

【 목전 】　　　　　　　　　　　　　　　　　　　　　　　　　　　　　　　　　　【 목초지 】

출 8:26	우리가 만일 애굽 사람의 **목전**에서 제사	렘 16:17	그들의 죄악이 내 **목전**에서 숨겨지지
출 9:8	모세가 바로의 **목전**에서 하늘을 향하여	렘 19:10	함께 가는 자의 **목전**에서 그 옹기를
출 17:6	모세가 이스라엘 장로들의 **목전**에서	겔 4:12	보리떡처럼 만들어 먹되 그들의 **목전**
출 33:17	내가 하리니 너는 내 **목전**에 은총을	겔 5:8	곧 내가 너를 치며 이방인의 **목전**에서
레 25:53	네 **목전**에서 엄하게 부리지 말지니라	겔 5:14	모든 지나가는 자의 **목전**에 모욕 거리가
민 19:3	진영 밖으로 끌어내어서 자기 **목전**에서	겔 10:2	위에 흩으라 하시매 그가 내 **목전**에서
민 19:5	암소를 자기 **목전**에서 불사르게 하되	겔 12:3	행장을 꾸리고 낮에 그들의 **목전**에서
민 20:8	**목전**에서 너희는 반석에게 명령하여	겔 12:4	그들의 **목전**에서 네 포로의… **목전**에서
민 20:27	그들과 함께 회중의 **목전**에서 호르 산에	겔 12:5	그들의 **목전**에서 성벽을 뚫고 그리로
민 27:14	내 거룩함을 그들의 **목전**에 나타내지		
민 27:19	온 회중 앞에 세우고 그들의 **목전**에서		

'목전'과 관련된 성구

백성의 목전 – 출 19:11; 수 4:11
여호와의 목전 – 민 32:13; 신 9:18; 12:28;
　13:18; 17:2; 31:29; 삿 2:11; 3:7, 12;
　4:1; 6:1; 10:6; 13:1; 삼상 12:17
왕의 목전 – 느 2:5; 에 5:8; 7:3; 8:5
이스라엘의 목전 – 신 31:7; 34:12; 수 3:7;
　4:14; 10:12; 대상 29:25
이스라엘 자손의 목전 – 민 20:12; 수 8:42
주의 목전 – 창 47:19; 출 33:13, 16; 민
　11:11; 시 5:5; 31:22; 51:4; 76:7;
　90:4; 사 38:3; 렘 17:16; 18:23; 욘
　2:4

민 33:3	애굽 모든 사람의 **목전**에서 큰 권능으로
신 1:30	애굽에서 너희를 위하여 너희 **목전**에서
신 4:34	애굽에서 너희를 위하여 너희의 **목전**
신 6:22	곧 여호와께서 우리의 **목전**에서 크고
신 9:17	두 손으로 들어 던져 너희의 **목전**에서
신 28:31	네 소를 네 **목전**에서 잡았으나 네가
	먹지 … 나귀를 네 **목전**에서 빼앗겨도
신 29:2	애굽 땅에서 너희의 **목전**에 바로와 그

역사서, 시가서

수 23:5	그들을 쫓아내사 너희 **목전**에서 그들을
수 23:13	민족들을 너희 **목전**에서 다시는 쫓아
수 24:17	우리 **목전**에서 그 큰 이적들을 행하시고
삼상 12:16	여호와께서 너희 **목전**에서 행하시는
삼상 29:9	네가 내 **목전**에 하나님의 전령같이
느 8:5	모든 백성 위에 서서 그들 **목전**에 책을
욥 21:8	함께 굳게 서고 자손이 그들의 **목전**에서
시 5:8	나를 인도하시고 주의 길을 내 **목전**에
시 18:24	내 의를 따라 갚으시되 그의 **목전**에서
시 23:5	주께서 내 원수의 **목전**에서 내게 상을
시 26:3	주의 인자하심이 내 **목전**에 있나이다
시 78:12	기이한 일을 그들의 조상들의 **목전**에서
시 79:10	피 흘림에 대한 복수를 우리의 **목전**에서
시 98:2	공의를 뭇 나라의 **목전**에서 명백히 나타
시 101:7	거짓말하는 자는 내 **목전**에 서지 못하리

선지서

사 1:7	너희의 토지는 너희 **목전**에서 이방인
사 1:16	스스로 깨끗하게 하여 내 **목전**에서 너희
사 13:16	어린 아이들은 그들의 **목전**에서 메어침
사 52:10	열방의 **목전**에서 그의 거룩한 팔을 나타
사 66:4	그들이 듣지 않고 오직 나의 **목전**에서
렘 4:1	네가 만일 나의 **목전**에서 가증한 것을
렘 16:9	신부의 소리를 내가 네 **목전**, 네 시대에

목책(木柵, siege ramp)

렘 6:6　예루살렘을 향하여 **목책**을 만들라 이는

목초지(牧草地, pastureland)

수 14:4	성읍들과 가축과 재산을 위한 **목초지**만
수 21:2	가축을 위해 그 **목초지**들을 우리에게
수 21:3	이 성읍들과 그 **목초지**들을 레위 사람
수 21:8	레위 사람에게 준 성읍들과 그 **목초지**
수 21:11	헤브론과 그 주위의 **목초지**를 그들에게
수 21:13	그 **목초지**요 또 립나와 그 **목초지**와
수 21:14	**목초지**와 에스드모아와 그 **목초지**와
수 21:15	홀론과 그 **목초지**와 드빌과 그 **목초지**
수 21:16	아인과 그 **목초지**와 윳다와 그 **목초지**
	와 벧 세메스와 그 **목초지**이니 이 두
수 21:17	기브온과 그 **목초지**와 게바와 그 **목초지**
수 21:18	아나돗과 그 **목초지**와 알몬과 그 **목초지**
수 21:19	성읍은 모두 열세 성읍과 그 **목초지**들
수 21:21	그 **목초지**요 또 게셀과 그 **목초지**와
수 21:22	그 **목초지**와 벧호론과 그 **목초지**이니

【 목축/-하다 】　　　　　　　　　　　　　　　　　　　　　　　　　　　　　　　【 몰다 】

수 21:23	그 **목초지**와 깁브온과 그 **목초지**와
수 21:24	**목초지**와 가드 림몬과 그 **목초지**이니
수 21:25	**목초지**와 가드 림몬과 그 **목초지**이니
수 21:26	모두 열 성읍과 그 **목초지**들이었더라
수 21:28	그 **목초지**와 다브랏과 그 **목초지**와
수 21:29	그 **목초지**와 엔 간님과 그 **목초지**를
수 21:30	미살과 그 **목초지**와 압돈과 그 **목초지**
수 21:31	헬갓과 그 **목초지**와 르홉과 그 **목초지**
수 21:32	또 함못 돌과 그 **목초지**와 가르단과
수 21:33	모두 열세 성읍과 그 **목초지**들이었더라
수 21:34	그 **목초지**와 가르다와 그 **목초지**
수 21:35	그 **목초지**와 나할랄과 그 **목초지**이니
수 21:36	그 **목초지**와 야하스와 그 **목초지**와
수 21:37	그 **목초지**와 므바앗과 그 **목초지**이니
수 21:38	**목초지**이요 또 마하나임과 그 **목초지**
수 21:39	그 **목초지**와 야셀과 그 **목초지**이니
수 21:41	마흔여덟 성읍이요 또 그 **목초지**들이라
수 21:42	이 각 성읍의 주위에 **목초지**가 있었고
대상 6:64	모든 성읍과 그 **목초지**를 레위 자손에

　　　　'목초지를 주다' 와 관련된 성구
　　　　　　수 21:27, 29, 31, 32

목축/-하다 (牧畜, cattle breeding)

창 34:5	자기의 아들들이 들에서 **목축하므로**
창 46:32	그들은 목자들이라 **목축하는** 사람들
창 46:34	지금까지 **목축하는** … **목축**을 가증히
민 32:1	길르앗 땅을 본즉 그 곳이 **목축할** 만한
민 32:4	회중 앞에서 쳐서 멸하신 땅은 **목축할**
미 5:4	위엄을 의지하고 서서 **목축하니** 그들이

몫 (share, portion)

신 18:3	제사장이 백성에게서 받을 **몫**은 이러
신 18:8	사람의 **몫**은 그들과 같을 것이요 그
대하 31:4	레위 사람들 **몫**의 음식을 주어 그들에게
전 2:10	모든 수고로 말미암아 얻은 **몫**이로다
전 2:21	수고하지 아니한 자에게 그의 **몫**으로
전 3:22	이는 그것이 그의 **몫**이기 때문이라
전 5:18	내가 보았나니 그것이 그의 **몫**이로다
전 9:6	모든 일 중에서 그들에게 돌아갈 **몫**은
전 9:9	해 아래에서 수고하고 얻은 네 **몫**이니라
사 17:14	우리를 노략한 자들의 **몫**이요 우리를
사 57:6	매끄러운 돌들 중에 네 **몫**이 있으니
사 61:7	능욕 대신에 **몫**으로 말미암아 즐거워
렘 12:10	포도원을 헐며 내 **몫**을 짓밟아서 내가
렘 13:25	여호와의 말씀이니라 이는 네 **몫**이요
겔 48:1	땅 동쪽에서 서쪽까지는 단의 **몫**이요
겔 48:2	동쪽에서 서쪽까지는 아셀의 **몫**이요
겔 48:3	동쪽에서 서쪽까지는 납달리의 **몫**이요
겔 48:4	동쪽에서 서쪽까지는 므낫세의 **몫**이요
겔 48:5	동쪽에서 서쪽까지는 에브라임의 **몫**
겔 48:6	동쪽에서 서쪽까지는 르우벤의 **몫**이요
겔 48:7	동쪽에서 서쪽까지는 유다의 **몫**이요
겔 48:8	이만 오천 척이요 길이는 다른 **몫**의
겔 48:21	경계선 앞 이만 오천 척이라 다른 **몫**들
겔 48:23	동쪽에서 서쪽까지는 베냐민의 **몫**이요
겔 48:24	동쪽에서 서쪽까지는 시므온의 **몫**이요
겔 48:25	동쪽에서 서쪽까지는 잇사갈의 **몫**이요
겔 48:26	동쪽에서 서쪽까지는 스불론의 **몫**이요
겔 48:27	동쪽에서 서쪽까지는 갓의 **몫**이며
겔 48:29	이것들은 그들의 **몫**이니라 주 여호와의

　　　　'몫' 과 관련된 성구
　　　두 몫 – 신 21:17; 겔 47:13
　　　모세의 몫 – 레 8:29
　　　몫을 누리다 – 단 12:13
　　　몫을 받다 – 전 5:19; 사 53:12
　　　몫을 주다 – 느 12:47; 13:10; 겔 48:13
　　　아버지 몫의 음식 – 레 22:13
　　　열 몫 – 삼하 19:43
　　　영구한 몫의 음식 – 민 18:8, 11, 19
　　　제 몫을 얻다 – 단 4:15, 23

몰다 (drive)

창 29:6	딸 라헬이 지금 양을 **몰고** 오느니라
창 33:13	하루만 지나치게 **몰면** … 죽으리니
민 11:31	바다에서부터 메추라기를 **몰아** 진영
삿 3:31	삼갈이 있어 소 **모는** 막대기로 블레셋
삼상 11:5	마침 사울이 밭에서 소를 **몰고** 오다가
삼상 30:20	그 가축들을 앞에 **몰고** 가며 이르되
삼하 6:3	웃사와 아효가 그 새 수레를 **모니라**
왕상 22:34	왕이 그 병거 **모는** 자에게 이르되 내가
왕하 4:24	자기 사환에게 이르되 **몰고** 가라 내가
왕하 9:20	그 병거 **모는** 것이 님시의 손자 예후
	가 **모는** 것같이 미치게 **모나이다**

【 몰두하다 】　　　　　　　　　　　　　　　　　　　　　　【 몰아내다 】

왕하 17:21　여로보암이 이스라엘을 **몰아** 여호와를
대상 13:7　집에서 나오는데 웃사와…수레를 **몰며**
대하 18:33　왕이 그의 병거 **모는** 자에게 이르되
사 32:20　소와 나귀를 그리로 **모는** 너희는 복이
렘 6:3　목자들이 그 양 떼를 몰고 와서 주위에
합 1:11　이에 바람같이 급히 **몰아** 지나치게
마 13:47　바다에 치고 각종 물고기를 **모는** 그물과

몰려들다 (come rolling)
욥 30:14　그 파괴한 가운데로 **몰려드는** 것같이

몰려오다 (come, surging)
시 105:34　하나님 황충과 수많은 메뚜기가 **몰려와**
사 17:12　큰 물이 **몰려옴**같이 그들도 충돌하였
사 17:13　열방이 충돌하기를 많은 물이 **몰려옴**과
사 21:1　네겝 회오리바람같이 **몰려왔도다**
막 3:10　예수를 만지고자 하여 **몰려왔음**이더라
눅 5:1　무리가 **몰려와서** 하나님의 말씀을 들을

몰두하다 (沒頭, devote oneself to)
딤전 1:4　신화와 끝없는 족보에 **몰두하지** 말게

몰라다 (Moladah) 유다 지파 남쪽 성읍
수 15:26　아말과 세마와 **몰라다**와
수 19:2　기업은 브엘세바 곧 세바와 **몰라다**와
대상 4:28　곳은 브엘세바와 **몰라다**와 하살수알과
느 11:26　또 예수아와 **몰라다**와 벧벨렛과

몰록 (Moloch) 암몬 족속이 섬기던 우상
왕상 11:7　암몬 자손의 가증한 **몰록**을 위하여
왕하 23:10　어떤 사람도 **몰록**에게 드리기 위하여
행 7:43　**몰록**의 장막과 신 레판의 별을 받들었음

몰리다 (be driven)
사 59:19　여호와께서 그 기운에 **몰려** 급히 흐르는
단 7:2　하늘의 네 바람이 큰 바다에 **몰려** 불더니
눅 8:29　그 맨 것을 끊고 귀신에게 **몰려** 광야로

몰락하다 (沒落, fall)
렘 51:64　재난 때문에 이같이 **몰락하여** 다시 일어
단 11:33　약탈을 당하여 여러 날 동안 **몰락하리라**
단 11:34　그들이 **몰락할** 때에 도움을 조금 얻을
단 11:35　몇 사람이 **몰락하여** 무리 중에서 연단을

몰릿 (Molid) 유다의 후손 아비술의 아들
대상 2:29　아비하일이 아반과 **몰릿**을 그에게 낳아

몰래 (secretly)
창 34:25　칼을 가지고 가서 **몰래** 그 성읍을 기습
대하 22:11　죽임을 당하는 중에서 **몰래** 빼내어 그와
욥 13:10　만일 너희가 **몰래** 낯을 따를진대 그가
잠 9:17　도둑질한 물이 달고 **몰래** 먹는 떡이 맛이

몰사하다 (沒死, be drowned)
삼하 17:16　그를 따르는 모든 백성이 **몰사할까**
마 8:32　바다에 들어가서 물에서 **몰사하거늘**
막 5:13　내리달아 바다에서 **몰사하거늘**
눅 8:33　내리달아 호수에 들어가 **몰사하거늘**

몰렉 (Molech) 암몬이 섬기던 황소 우상
레 18:21　너는 결단코 자녀를 **몰렉**에게 주어 불로
레 20:2　자식을 **몰렉**에게 주면 반드시 죽이되
레 20:3　이는 그가 그의 자식을 **몰렉**에게 주어서
레 20:4　그가 그의 자식을 **몰렉**에게 주는 것을
레 20:5　그를 본받아 **몰렉**을 음란하게 섬기는
사 57:9　네가 기름을 가지고 **몰렉**에게 나아가되
렘 32:35　자기들의 아들들과 딸들을 **몰렉** 앞으로

몰살시키다 (沒殺, slain)
수 11:6　이스라엘 앞에 넘겨 주어 **몰살시키리니**

몰수하다 (沒收, confiscation)
스 7:26　귀양 보내거나 가산을 **몰수하거나** 옥에

몰아가다 (drive away)
출 12:32　너희 양과 너희 소도 **몰아가고** 나를
욥 24:3　고아의 나귀를 **몰아가며** 과부의 소를
사 64:6　죄악이 바람같이 우리를 **몰아가나이다**

몰려가다 (stream to)
렘 23:3　양 떼의 남은 것을 그 **몰려갔던** 모든
렘 51:44　민족들이 다시는 그에게로 **몰려가지**
미 4:1　뛰어나고 민족들이 그리로 **몰려갈** 것
유 1:11　발람의 어그러진 길로 **몰려갔으며** 고라

몰아내다 (expel)
민 21:32　그 곳에 있던 아모리인을 **몰아내었더라**

【 몰아넣다 】　　　　　　　　　　　　　　　　　　　　　　　　　　【 몸 】

민 22:6	그들을 쳐서 이겨 이 땅에서 **몰아내리라**	마 2:11	보배함을 열어 황금과 유향과 **몰약**을
민 22:11	혹 그들을 쳐서 **몰아낼** 수 있으리라	막 15:23	**몰약**을 탄 포도주를 주었으나 예수께
민 33:52	원주민을 너희 앞에서 다 **몰아내고** 그	요 19:39	**몰약**과 침향 섞은 것을 백 리트라쯤
민 33:55	원주민을 너희 앞에서 **몰아내지** 아니		
왕하 11:15	그를 대열 밖으로 **몰아내라** 그를 따르는	**몰지각하다**(沒知覺, lack understanding)	
대하 23:14	반열 밖으로 **몰아내라** 그를 따르는 자	사 56:11	그들은 **몰지각한** 목자들이라 다 제 길로
욥 24:4	가난한 자를 길에서 **몰아내나니** 세상		
욥 27:21	것이며 그의 처소에서 그를 **몰아내리라**	**몸**(body)	
시 35:5	여호와의 천사가 그들을 **몰아내게** 하소	〔모세오경, 역사서〕	
시 68:2	연기가 불려 가듯이 그들을 **몰아내소서**	창 15:4	네 상속자가 아니라 네 **몸**에서 날 자가
렘 23:2	내 양 떼를 흩으며 그것을 **몰아내고**	창 18:2	장막 문에서 달려나가 영접하며 **몸**을
렘 27:10	또 내가 너희를 **몰아내게** 하며 너희를	창 33:3	자기는 그들 앞에서 나아가되 **몸**을 일곱
렘 27:15	예언하니 내가 너희를 **몰아내리니** 너희	창 38:14	너울로 얼굴을 가리고 **몸**을 휩싸고 딤나
렘 46:15	여호와께서 그들을 **몰아내신** 까닭이니	창 44:29	재해가 그 **몸**에 미치면 나의 흰 머리
막 1:12	성령이 곧 예수를 광야로 **몰아내신지라**	창 46:26	이는 다 야곱의 **몸**에서 태어난 자이며
		창 47:18	아무것도 남지 아니하고 우리의 **몸**과
몰아넣다(drive in)		창 47:19	우리 **몸**과 우리 토지를 먹을 것을 주고
출 10:19	메뚜기를 홍해에 **몰아넣으시니** 애굽	창 47:23	내가 바로를 위하여 너희 **몸**과 너희
삿 1:34	단 자손을 산지로 **몰아넣고** 골짜기에	창 50:2	의원에게 명하여 아버지의 **몸**을 향으로
		창 50:26	백십 세에 죽으매 그들이 그의 **몸**에 향
몰아들이다(drive into)		출 5:19	감하지 못하리라 함을 듣고 화가 **몸**에
삿 15:5	곡식밭으로 **몰아들여서** 곡식 단과	출 22:3	배상할 것이 없으면 그 **몸**을 팔아 그
		출 30:32	사람의 **몸**에 붓지 말며 이 방법대로
몰아오다(send up)		출 33:4	슬퍼하여 한 사람도 자기의 **몸**을 단장
렘 51:27	메뚜기같이 그 말들을 **몰아오게** 하라	레 5:2	부지중이라고 할지라도 그 **몸**이 더러워
		레 5:8	머리를 목에서 비틀어 끊고 **몸**은 아주
몰아치다(burst forth)		레 8:7	에봇의 장식 띠를 띠워서 에봇을 **몸**에
겔 13:11	덩이가 떨어지며 폭풍이 **몰아치리니**	레 15:2	누구든지 그 **몸**에 유출병이 있으면
		레 15:3	그의 **몸**에서 흘러 나오든지 그의 **몸**에서
몰약(沒藥, myrrh)		레 15:10	그의 **몸** 아래에 닿았던 것에 접촉한 자
창 37:25	낙타들에 향품과 유향과 **몰약**을 싣고	레 15:19	어떤 여인이 유출을 하되 그의 **몸**에
창 43:11	유향 조금과 꿀 조금과 향품과 **몰약**과	레 16:4	세마포 속바지를 **몸**에 입고 세마포 띠를
출 30:23	너는 상등 향품을 가지되 액체 **몰약** 오백	레 25:50	그 연수를 따라서 그 **몸**의 값을 정할
에 2:12	여섯 달은 **몰약** 기름을 쓰고 여섯 달은	민 11:18	백성에게 이르기를 너희는 **몸**을 거룩히
시 45:8	왕의 모든 옷은 **몰약**과 침향과 육계의	민 22:25	나귀가 여호와의 사자를 보고 **몸**을 담에
잠 7:17	**몰약**과 침향과 계피를 뿌렸노라	신 26:14	부정한 **몸**으로 이를 떼어두지 아니하였
아 1:13	나의 사랑하는 자는 내 품 가운데 **몰약**	신 28:4	네 **몸**의 자녀와 네 토지의 소산과 네
아 3:6	**몰약**과 유향과 상인의 여러 가지 향품	신 28:21	여호와께서 네 **몸**에 염병이 들게 하사
아 4:6	그림자가 사라지기 전에 내가 **몰약** 산	신 28:60	질병을 네게로 가져다가 네 **몸**에 들어
아 4:14	창포와 계수와 각종 유향목과 **몰약**과	신 28:68	거기서 너희가 너희 **몸**을 적군에게 남녀
아 5:1	내가 내 동산에 들어와서 나의 **몰약**과	신 29:5	너희 **몸**의 옷이 낡아지지 아니하였고
아 5:5	문을 열 때 몰약이 내 손에서, **몰약**의	삿 3:22	그가 칼을 그의 **몸**에서 빼내지 아니하였
아 5:13	입술은 백합화 같고 **몰약**의 즙이 뚝뚝	삿 8:30	기드온이 아내가 많으므로 그의 **몸**에서

【 몸 】

삼상 17:5 머리에는 놋 투구를 썼고 **몸**에는 비늘
삼상 17:16 조석으로 나와서 **몸**을 나타내었더라
삼상 25:37 그가 낙담하여 **몸**이 돌과 같이 되었더니
삼하 7:12 조상들과 함께 누울 때에 내가 네 **몸**에서
삼하 16:11 모든 신하들에게 이르되 내 **몸**에서 난
왕상 8:19 네 **몸**에서 낳을 네 아들 그가 내 이름
왕상 17:21 아이 위에 **몸**을 … 그의 **몸**에 돌아오게
왕상 17:22 그 아이의 혼이 **몸**으로 돌아와 살아난
왕상 21:19 개들이 네 피 곧 네 **몸**의 피도 핥으리라
왕하 4:34 그의 **몸**에 엎드리니 아이의 살이 차차
왕하 5:10 가서 요단 강에 **몸**을 일곱 번 씻으라
왕하 5:14 요단 강에 일곱 번 **몸**을 잠그니 그의
왕하 6:31 엘리사의 머리가 오늘 그 **몸**에 붙어
대하 32:21 신의 전에 들어갔을 때에 그의 **몸**에서
느 6:11 도망하며 나 같은 **몸**이면 누가 외소에
느 9:37 소산을 얻고 그들이 우리의 **몸**과 가축을
에 5:9 일어나지도 아니하고 **몸**을 움직이지도

시가서, 선지서

욥 1:12 다 네 손에 맡기노라 다만 그의 **몸**에는
욥 2:8 질그릇 조각을 가져다가 **몸**을 긁고 있더
욥 3:25 무서워하는 그것이 내 **몸**에 미쳤구나
욥 4:15 영이 내 앞으로 지나매 내 **몸**에 털이
욥 10:9 기억하옵소서 주께서 내 **몸** 지으시기를
욥 18:9 그의 발 뒤꿈치는 덫에 치이고 그의 **몸**
욥 20:25 **몸**에서 그의 화살을 빼낸즉 번쩍번쩍
욥 21:6 불안하고 두려움이 내 **몸**을 잡는구나
욥 31:20 만일 나의 양털로 그의 **몸**을 따뜻하게
욥 36:14 그들의 **몸**은 젊어서 죽으며 그들의 생명
시 31:9 근심 때문에 눈과 영혼과 **몸**이 쇠하였
시 44:25 영혼은 진토 속에 파묻히고 우리 **몸**은
시 105:18 그의 발은 차꼬를 차고 그의 **몸**은 쇠사슬
잠 3:8 이것이 네 **몸**에 양약이 되어 네 골수를
잠 5:11 두렵건대 마지막에 이르러 네 **몸**, 네
잠 11:17 잔인한 자는 자기의 **몸**을 해롭게 하는
전 4:5 팔짱을 끼고 있으면서 자기의 **몸**만 축내
전 11:10 악이 네 **몸**에서 물러가게 하라 어릴 때
전 12:12 많이 공부하는 것은 **몸**을 피곤하게 하는
아 5:14 **몸**은 아로새긴 상아에 청옥을 입힌 듯
사 11:5 허리띠를 삼으며 성실로 자기의 **몸**의 띠를
사 17:4 야곱의 영광이 쇠하고 그의 살진 **몸**이
사 28:20 좁아서 능히 **몸**을 싸지 못할 같으리라
사 42:25 깨닫지 못하며 **몸**이 타나 마음에 두지
사 49:18 모든 무리를 장식처럼 **몸**에 차며 그것을
렘 26:15 반드시 무죄한 피를 너희 **몸**과 이 성과
렘 41:5 수염을 깎고 옷을 찢으며 **몸**에 상처를 내고
렘 43:12 목자가 그의 **몸**에 옷을 두름같이 애굽
땅을 자기 **몸**에 두르고 평안히 그 곳을
렘 47:5 네가 네 **몸** 베기를 어느 때까지 하겠느냐
렘 49:10 그가 그 **몸**을 숨길 수 없을 것이라 그
애 4:7 존귀한 자들의 **몸**이 눈보다 깨끗하고
겔 4:8 네가 에워싸는 날이 끝나기까지 **몸**을
겔 10:22 그 모양과 그 **몸**도 그러하며 각기 곧게

'몸'과 관련된 성구

그리스도의 몸 – 롬 7:4; 고전 10:16; 12:27; 엡 4:12; 히 10:10
마음과 몸에 할례 받지 아니한 이방인 – 겔 44:7, 9
몸 불편한 자들 – 눅 14:13, 21
몸에 바르다 – 신 28:40; 암 6:6; 미 6:15
몸을 가리다 – 출 22:27; 겔 1:11, 23; 호 2:9
몸을 구별하다 – 레 11:44; 민 6:2, 4, 5, 6, 7, 8, 12, 13, 18, 19, 21
몸을 구푸리다 – 삼상 4:19; 욥 39:3
몸을 굽히다 – 창 23:7, 12; 삿 16:30; 삼상 25:41; 왕상 1:16, 47; 왕하 5:18; 대하 20:18; 29:30; 느 8:6; 시 35:14; 사 60:14; 렘 2:20; 요 8:6, 8
몸을 깨끗하게 하다 – 민 31:19; 대하 29:31

몸을 더럽히다 – 레 20:25; 21:3; 민 5:20, 27; 6:7, 12; 신 24:4; 약 3:6
몸을 덥게 하다 – 사 44:15, 16
몸을 돌리다 – 신 23:13; 삿 20:42, 45; 왕하 5:12; 겔 10:11
몸을 돌이키다 – 룻 3:8; 삼상 10:9; 왕하 23:16; 대하 35:22; 렘 49:24; 계 1:12
몸을 동이다 – 왕상 21:27; 사 15:3
몸을 드러내다 – 삼하 6:20; 사 32:11; 겔 16:36
몸을 떨치다 – 삿 16:20; 욥 39:8
몸을 물로(에) 씻다 – 레 14:9; 17:16; 22:6
몸을 베다 – 신 14:1; 렘 16:6
몸을 보이다 – 마 8:4; 눅 5:14; 17:14
몸을 볼모 잡다 – 잠 20:16; 27:13
몸을 상하게/상해 하다 – 왕상 18:28; 행 16:28

【 몸 】

겔 11:19	그 속에 새 영을 주며 그 몸에서 돌 같은	마 26:26	받아서 먹으라 이것은 내 몸이니라
겔 16:5	네가 나던 날에 네 몸이 천하게 여겨져	마 27:52	무덤들이 열리며 자던 성도의 몸이 많이
겔 16:15	음란을 많이 행하므로 네 몸이 그들의	막 1:44	가서 네 몸을 제사장에게 보이고 네가
겔 16:39	네 장식품을 빼앗고 네 몸을 벌거벗겨	막 5:5	소리 지르며 돌로 자기 몸을 해치고
겔 23:8	몸에 음란을 쏟음을 당한 바 되었더니	막 5:29	마르매 병이 나은 줄을 몸에 깨달으니라
겔 46:9	들어온 문으로 도로 나가지 말고 그 몸이	막 14:8	그는 힘을 다하여 내 몸에 향유를 부어
단 3:27	불이 능히 그들의 몸을 해하지 못하였고	막 14:22	이르시되 받으라 이것은 내 몸이니라
단 3:28	자기를 의뢰하고 그들의 몸을 바쳐 왕의	눅 11:34	네 몸의 등불은 눈이라 … 네 몸도 어두
단 4:33	소처럼 풀을 먹으며 몸이 하늘 이슬	눅 12:4	내가 내 친구 너희에게 말하노니 몸을
단 5:21	소처럼 풀을 먹으며 그의 몸이 하늘 이슬	눅 12:22	위하여 무엇을 먹을까 몸을 위하여
단 6:23	다니엘을 굴에서 올린즉 그의 몸이 조금	눅 12:23	목숨이 음식보다 중하고 몸이 의복보다
단 7:5	둘째는 곰과 같은데 그것이 몸 한쪽을	눅 22:19	너희를 위하여 주는 내 몸이라 너희가
단 8:2	내가 그것을 볼 때에 내 몸은 엘람 지방	요 2:24	예수는 그의 몸을 그들에게 의탁하지
단 10:6	또 그의 몸은 황옥 같고 그의 얼굴은	행 1:18	삯으로 밭을 사고 후에 몸이 곤두박질
단 10:8	큰 환상을 볼 때에 내 몸에 힘이 빠졌고	행 19:12	심지어 사람들이 바울의 몸에서 손수건
단 10:17	내 몸에 힘이 없어졌고 호흡이 남지 아니	행 20:10	그 위에 엎드려 그 몸을 안고 말하되
호 9:10	부끄러운 우상에게 몸을 드림으로 저희	롬 1:24	더러움에 내버려 두사 그들의 몸을 서로
미 6:7	영혼의 죄로 말미암아 내 몸의 열매를	롬 6:12	죽을 몸을 지배하지 … 몸의 사욕에
합 3:16	뼈에 들어왔으며 내 몸은 내 처소에서	롬 7:24	곤고한 사람이로다 이 사망의 몸에서
【신약】		롬 8:10	그리스도께서 너희 안에 계시면 몸은
마 6:22	눈은 몸의 등불이니 그러므로 네 눈이	롬 8:11	말미암아 너희 죽을 몸도 살리시리라
마 6:25	무엇을 … 몸을 위하여 … 몸이 의복보다	롬 8:13	죽을 것이로되 영으로써 몸의 행실을
마 9:18	오셔서 그 몸에 손을 얹어 주소서 그러면	롬 8:23	탄식하여 양자 될 것 곧 우리 몸의 속량
마 10:28	몸은 죽여도 영혼은 … 오직 몸과 영혼	롬 12:1	너희를 권하노니 너희 몸을 하나님이
마 18:25	주인이 명하여 그 몸과 아내와 자식들	고전 5:3	내가 실로 몸으로는 떠나 있으나 영으로
마 26:12	이 여자가 내 몸에 이 향유를 부은 것은	고전 6:13	몸은 음란을 … 주는 몸을 위하여 계시

'몸'과 관련된 성구

16:28; 빌 3:2

몸을 성결하게 하다 – 출 19:22; 대상 15:12, 14; 23:13

몸을 씻다 – 레 14:8; 15:5, 7, 8, 10, 11, 13, 18, 21, 22, 27; 16:4, 24, 26, 28; 17:15; 민 19:7, 8, 19; 삼하 12:20; 왕하 5:12; 욥 9:25

몸을 정결하게 하다 – 민 6:9; 8:7; 스 6:20; 느 12:30; 13:22; 에 2:3, 9, 12

몸을 쪼개다 – 단 2:5; 3:29

몸을 찢다 – 레 1:17; 대상 13:11; 애 3:11

몸의 소생 – 신 28:11, 18, 53; 30:9–10; 시 132:11; 사 48:19

몸의 지체 – 고전 12:12, 22; 엡 5:30

몸이 부정하다 – 레 7:20; 22:3

몸이 죽다 – 롬 4:19; 6:6; 약 2:26

몸이 팔리다 – 레 25:39, 50

벌거벗은 몸 – 겔 16:22; 23:29; 호 2:9; 미 1:8; 나 2:7

벗은 몸 – 삼상 19:24; 욥 24:7; 26:6; 사 20:2, 3, 4; 겔 16:36, 37; 미 1:11; 막 14:51, 52; 행 19:16

사자의 몸 – 삿 14:8, 9

엘리야의 몸 – 왕하 2:13, 14

왕의 몸 – 삿 3:21; 왕하 20:18

육의 몸 – 고전 15:44; 골 2:11

주의 몸 – 고전 11:27, 29

한 몸 – 창 2:24; 마 19:5, 6; 막 10:8; 롬 12:4, 5; 고전 6:16; 10:17; 12:12, 13; 엡 2:16; 골 3:15; 히 10:5

[몸]

고전 6:15	너희 **몸**이 그리스도의 지체인 줄을 알지
고전 6:18	범하는 죄마다 **몸** 밖에 있거니와 음행하는 자는 자기 **몸**에 죄를 범하느니라
고전 6:19	너희 **몸**은 너희가 하나님께로부터 받은
고전 6:20	너희 **몸**으로 하나님께 영광을 돌리라
고전 7:4	아내는 자기 **몸**을 … 자기 **몸**을 주장하
고전 7:34	주의 일을 염려하여 **몸**과 영을 다 거룩
고전 9:27	내가 내 **몸**을 쳐 복종하게 함은 내가
고전 11:24	이것은 너희를 위하는 내 **몸**이니 이것을
고전 12:12	**몸**은 하나인데 … **몸**의 … 한 **몸**임과
고전 12:14	**몸**은 한 지체뿐만 아니요 여럿이니
고전 12:15	나는 손이 아니니 **몸**에 … **몸**에 붙지
고전 12:16	귀가 이르되 나는 … **몸**에 붙지 아니하였다 할지라도 이로써 **몸**에 붙지 아니한
고전 12:18	원하시는 대로 지체를 각각 **몸**에 두셨
고전 12:19	만일 다 한 지체뿐이면 **몸**은 어디냐
고전 12:20	이제 지체는 많으나 **몸**은 하나라
고전 12:23	우리가 **몸**의 덜 귀히 여기는 그것들을
고전 12:24	오직 하나님이 **몸**을 고르게 하여 부족한
고전 12:25	**몸** 가운데서 분쟁이 없고 오직 여러 지체
고전 13:3	구제하고 또 내 **몸**을 불사르게 내줄지라
고전 15:35	다시 살아나며 어떠한 **몸**으로 오느냐
고전 15:44	신령한 **몸**으로 … 영의 **몸**도 있느니라
고후 4:10	우리가 항상 예수의 죽음을 **몸**에 짊어짐은 … 또한 우리 **몸**에 나타나게 하려
고후 5:6	우리가 항상 담대하여 **몸**으로 있을 때
고후 5:8	담대하여 원하는 바는 차라리 **몸**을 떠나
고후 5:9	그런즉 우리는 **몸**으로 있든지 떠나든
고후 5:10	각각 선악간에 그 **몸**으로 행한 것을 따라
고후 10:10	그가 **몸**으로 대할 때는 약하고 그 말도
고후 12:2	**몸** 안에 있었는지 **몸** 밖에 있었는지
고후 12:3	그가 **몸** 안에 있었는지 **몸** 밖에 있었
갈 1:4	우리 죄를 대속하기 위하여 자기 **몸**
갈 6:17	내 **몸**에 예수의 흔적을 지니고 있노라
엡 1:23	교회는 그의 **몸**이니 만물 안에서 만물을
엡 4:4	**몸**이 하나요 성령도 한 분이시니 이와
엡 4:16	각 지체의 분량대로 역사하여 그 **몸**
엡 5:23	머리 됨과 같음이니 그가 바로 **몸**
빌 1:20	죽든지 내 **몸**에서 그리스도가 존귀하
빌 3:21	우리의 낮은 **몸**을 자기 영광의 **몸**이
골 1:18	그는 **몸**인 교회의 머리시라 그가 근본
골 1:24	그리스도의 남은 고난을 **몸**된 교회
골 2:17	장래 일의 그림자이나 **몸**은 그리스도의
골 2:23	자의적 숭배와 겸손과 **몸**을 괴롭게 하는
살전 5:23	너희의 온 영과 혼과 **몸**이 우리 주 예수
히 10:22	악한 양심으로부터 벗어나고 **몸**은 맑은
히 13:3	너희도 **몸**을 가졌은즉 학대 받는 자를
약 2:8	네 이웃 사랑하기를 네 **몸**과 같이 하라
약 2:16	배부르게 하라 하며 그 **몸**에 쓸 것을
벧전 2:24	친히 나무에 달려 그 **몸**으로 우리 죄를
유 1:12	애찬에 암초요 자기 **몸**만 기르는 목자요
계 17:3	짐승의 **몸**에 하나님을 모독하는 이름들

몸값(personal vow)

출 21:2	일곱째 해에는 **몸값**을 물지 않고 나가
왕하 12:4	통용하는 은이나 각 사람의 **몸값**으로

몸뚱이(body)

삼상 5:4	문지방에 있고 다곤의 **몸뚱이**만 남았

몸속(into one's body)

시 109:18	저주가 물같이 그의 **몸속**으로 들어가며

몸종(slave girl)

출 11:5	바로의 장자로부터 맷돌 뒤에 있는 **몸종**

몸짓/-하다(sign)

눅 1:22	환상을 본 줄 알았더라 그가 **몸짓**으로
눅 1:62	아버지께 **몸짓하여** 무엇으로 이름을

몹시(very)

창 4:5	아니하신지라 가인이 **몹시** 분하여 안색

몹시 - 기타 본문

욥 7:2; 마 8:6, 28; 18:31; 19:25; 26:22; 막 9:6; 16:8; 눅 9:39; 20:10, 11

몹쓸(bad)

렘 29:17	상하여 먹을 수 없는 **몹쓸** 무화과 같게

[못 1]

못 1(pool, pond)

출 7:19	강들과 운하와 **못**과 모든 호수 위에
출 8:5	강들과 운하들과 **못** 위에 펴서 개구리
삼하 2:13	이는 **못** 이쪽이요 그는 **못** 저쪽이라
느 3:16	만든 **못**을 지나 용사의 집까지 이르렀고
시 107:35	광야가 변하여 **못**이 되게 하시며 마른

【못 2】

시 114:8	반석을 쳐서 **못** 물이 되게 하시며 차돌
전 2:6	기르는 삼림에 물을 주기 위하여 **못**들을
사 35:7	뜨거운 사막이 변하여 **못**이 될 것이며
사 41:18	샘이 나게 하며 광야가 **못**이 되게 하며
사 42:15	섬이 되게 하며 **못**들을 마르게 할 것이라
나 2:8	니느웨는 예로부터 물이 모인 **못** 같더니
요 5:4	천사가 가끔 **못**에 내려와 물을 움직이게
요 5:7	주여 물이 움직일 때에 나를 **못**에 넣어

성경에 나오는 '못 1'

- 기브온 못 – 삼하 2:13
- 베데스다 못 – 요 5:2
- 불못 – 계 20:14, 15; 21:8
- 사마리아 못 – 왕상 22:38
- 셀라 못 – 느 3:15
- 실로암 못 – 요 9:7
- 아랫 못 – 사 22:9
- 옛 못 – 사 22:11
- 왕의 못 – 느 2:14
- 윗못 – 왕하 18:17; 사 7:3; 36:2
- 유황못 – 계 19:20; 20:10; 21:8
- 헤브론 못 – 삼하 4:12

못 2(fasten, nail)

삼상 31:10	그의 시체는 벧산 성벽에 **못** 박으매
대상 22:3	다윗이 또 문짝 **못**과 거멀못에 쓸 철을
대하 3:9	**못** 무게가 금 오십 세겔이요 다락들도
스 9:8	거룩한 처소에 박힌 **못**과 같게 하시고
전 12:11	스승들의 말씀들은 잘 박힌 **못** 같으니
사 22:23	**못**이 단단한 곳에 박힘같이 그를 견고
사 22:25	그 날에는 단단한 곳에 박혔던 **못**이 삭으리니 그 **못**이 부러져 떨어지므로 그
사 41:7	**못**을 단단히 박아 우상을 흔들리지 아니
렘 10:4	금으로 그것에 꾸미고 **못**과 장도리로
겔 15:3	그것으로 무슨 그릇을 걸 **못**을 만들 수
요 20:25	그의 손의 **못** 자국을 … 그 **못** 자국에

(십자가에) 못 박다/박히다

마 20:19	채찍질하며 십자가에 **못** 박게 할 것
마 23:34	십자가에 **못** 박고 그 중에서 더러는
마 26:2	인자가 십자가에 **못** 박히기 위하여
마 27:22	다 이르되 십자가에 **못** 박혀야 하겠나
마 27:23	십자가에 **못** 박혀야 하겠나이다 하는
마 27:26	예수는 채찍질하고 십자가에 **못** 박히게
마 27:31	옷을 입혀 십자가에 **못** 박으려고 끌고
마 27:35	그들이 예수를 십자가에 **못** 박은 후에
마 27:38	십자가에 **못** 박히니 하나는 우편에,
마 27:44	함께 십자가에 **못** 박힌 강도들도 이와
마 28:5	십자가에 **못** 박히신 예수를 너희가
막 15:13	소리 지르되 그를 십자가에 **못** 박게
막 15:14	지르되 십자가에 **못** 박게 하소서 하는
막 15:15	채찍질하고 십자가에 **못** 박히게 넘겨
막 15:20	옷을 입히고 십자가에 **못** 박으려고
막 15:24	십자가에 **못** 박고 그 옷을 나눌새 누가
막 15:25	제삼시가 되어 십자가에 **못** 박으니라
막 15:27	둘을 예수와 함께 십자가에 **못** 박으니
막 15:32	십자가에 **못** 박힌 자들도 예수를 욕하
막 16:6	너희가 십자가에 **못** 박히신 나사렛
눅 23:21	이르되 그를 십자가에 **못** 박게 하소서 십자가에 **못** 박게 하소서 하는지라
눅 23:23	재촉하여 십자가에 **못** 박기를 구하니
눅 23:33	예수를 십자가에 **못** 박고 두 행악자도
눅 24:7	십자가에 **못** 박히고 제삼일에 다시
눅 24:20	넘겨 주어 십자가에 **못** 박았느니라
요 19:6	십자가에 **못** 박으소서 십자가에 **못** 박으소서 하는지라 빌라도가 … 너희가 친히 데려다가 십자가에 **못** 박으라
요 19:10	놓을 권한도 있고 십자가에 **못** 박을
요 19:15	그를 십자가에 **못** 박게 하소서 … 너희 왕을 십자가에 **못** 박으랴 대제사장
요 19:16	예수를 십자가에 **못** 박도록 그들에게
요 19:18	거기서 예수를 십자가에 **못** 박을새
요 19:20	예수께서 **못** 박히신 곳이 성에서 가까운
요 19:23	군인들이 예수를 십자가에 **못** 박고
요 19:32	군인들이 가서 예수와 함께 **못** 박힌
요 19:41	예수께서 십자가에 **못** 박히신 곳에
행 2:23	법 없는 자들의 손을 빌려 **못** 박아 죽였
행 2:36	십자가에 **못** 박은 이 예수를 하나님이
행 4:10	너희가 십자가에 **못** 박고 하나님이
롬 6:6	십자가에 **못** 박힌 것은 죄의 몸이 죽어
고전 1:13	너희를 위하여 십자가에 **못** 박혔으며
고전 1:23	십자가에 **못** 박힌 그리스도를 전하니
고전 2:2	그가 십자가에 **못** 박히신 것 외에는
고후 13:4	십자가에 **못** 박히셨으나 하나님의 능력

【 못 3 】　　　　　　　　　　　　　　　　　　　　【 못하다 】

갈 2:20　그리스도와 함께 십자가에 **못 박혔나니**
갈 3:1　십자가에 **못 박히신** 것이 너희 눈앞에
갈 5:24　정욕과 탐심을 십자가에 **못 박았느니라**
갈 6:14　십자가에 **못 박히고** 내가 또한 세상을
골 2:14　제하여 버리사 십자가에 **못 박으시고**
히 6:6　아들을 다시 십자가에 **못 박아** 드러내
계 11:8　주께서 십자가에 **못 박히신** 곳이라

'말(을) 못하다'와 관련된 성구

시 31:18; 38:13; 잠 31:8; 사 35:6; 겔 3:26; 마 9:32,33; 12:22, 15:30, 31; 막 7:37; 9:17, 25; 눅 1:20, 22; 11:14; 행 9:7; 고전 12:2

못 3(no, not)

레 21:20　등 굽은 자나 키 **못** 자란 자나 눈에 백막
욥 42:2　무슨 계획이든지 **못** 이루실 것이 없는
사 29:11　그것이 봉해졌으니 나는 **못** 읽겠노라
요 8:57　아직 오십 세도 **못** 되었는데 아브라함
행 1:5　몇 날이 **못** 되어 성령으로 세례를 받으

'못 3'과 관련된 성구

못 걷다 - 행 3:2, 8:7
못 듣다 - 시 38:13; 사 29:18; 35:5; 42:18, 19; 마 11:5; 막 7:37; 9:25; 눅 7:22
못 믿다 - 행 26:8
못 본 체하다 - 레 20:4; 신 22:1, 3, 4; 욥 31:19; 잠 28:27

못가(at the pool)

삼하 2:13　다윗의 신복들도 나와 기브온 **못가**에서
삼하 4:12　수족을 베어 헤브론 **못가**에 매달고
느 3:15　왕의 동산 근처 셀라 **못가**의 성벽을

못되다(bad)

눅 6:43　**못된** 열매 맺는 좋은 나무가 없고 또 좋은 열매 맺는 **못된** 나무가 없느니라

못쓰다(ruin)

눅 5:37　포도주가 쏟아지고 부대도 **못쓰게** 되리

못하다(not)

창 4:7　낯을 들지 **못하겠느냐** 선을 행하지 아니

못하다 - 기타 본문

모세오경 창 4:9, 14; 11:7, 30; 13:6; 16:1; 18:14; 19:33, 35; 20:6; 21:10, 16, 26; 27:1, 2, 23; 28:8,

16; 29:8, 31, 33; 30:1, 7; 32:25; 34:7, 14; 38:16, 20, 22, 23; 40:23; 41:19, 31; 42:8, 15, 23, 38; 43:3, 5, 12, 22; 44:15, 22, 23, 28; 45:1, 3 ,6, 26; 47:9; 48:10, 11; 49:4; 출 1:8; 4:10, 11; 5:2, 19; 7:21; 8:18; 9:11; 10:6, 7, 26; 12:23, 34, 39, 43, 45, 48; 14:20; 15:22, 23; 16:15, 27; 17:14; 18:17; 19:13, 23,24; 21:7, 8; 22:6; 23:26, 33; 29:33, 34, 30; 32:1; 33:20, 23; 34:3, 24, 29; 레 2:13; 4:13; 5:4, 5, 7, 11; 6:2, 30; 7:1; 11:4, 7, 41, 47; 12:8; 14:21, 32; 16:17; 19:7; 20:23; 21:17, 18, 21, 23; 22:6, 10, 12, 13, 20, 23; 25:20, 30, 34, 54; 26:35; 27:8, 10, 11, 20, 26, 28, 29, 33; 민 9:7; 13:31; 14:23, 30, 41; 15:22, 23, 34; 16:40; 18:3, 4; 19:13; 20:12, 18, 20, 24; 22:18, 34, 37; 23:13; 24:11, 13; 26:64; 30:5, 12; 31:18, 23, 35; 32:11; 35:23; 신 1:37, 39; 2:36, 37; 3:27; 4:12, 15, 21, 22, 24, 27, 28; 5:5, 14; 7:14; 8:3, 16; 11:2, 28; 12:9, 23, 31; 13:2, 6, 11, 13; 14:7, 8, 12; 15:21; 20:5, 6, 7; 21:1, 7; 22:2, 14, 17, 29; 23:1, 2, 3, 17; 25:3; 28:27, 29, 30, 31, 33, 35, 36, 39, 40, 41, 44, 49, 57, 62, 64, 65; 29:6, 23, 26; 30:18; 31:2, 13; 32: 17, 52; 33:9, 11; 34:4, 10 역사서 수 2:4, 5, 22; 3:4; 5:5, 6, 7, 12; 7:12, 13; 8:14, 22; 9:18, 19, 26; 10:19; 11:20; 15:63; 17:12, 16; 18:2; 22:17, 27; 24:19, 27; 삿 1:19, 21, 27, 29, 30, 31, 32, 33; 2:10, 14; 3:1, 2, 28, 29; 4:9; 5:19, 30; 6:27; 8:20, 28; 9:41; 11:2, 20, 35, 39; 12:6; 13:2, 3, 16; 14:4, 13, 14, 18; 15:1, 11, 18; 16:9, 20; 18:1; 20:34; 21:12, 18, 22; 룻 1:12; 2:11, 13; 3:14; 4:6; 삼상 1:5; 2:5, 12; 3:2, 7, 14; 4:15; 5:7; 7:13; 8:7; 9:4; 10:14, 21; 11:13; 12:21; 13:12; 14:3, 24, 27; 15:23, 26; 16:1; 17:39, 55; 20:30, 31, 39; 21:8; 23:17; 24:7; 25:11, 25; 26:12, 16, 19; 28:20; 29:3, 4, 6, 8, 9; 30:10, 12, 21; 삼하 1:20; 2:26; 3:11, 13, 26, 38; 5:6, 8; 7:10; 11:20; 13:12; 14:10, 11, 14, 24, 28; 15:11, 14; 17:17,

【 못하다 】　　　　　　　　　　　　　　　　　　　　　　【 못하다 】

19, 20, 22, 23; 18:20, 22, 29; 19:22; 21:5, 10; 22:39, 44; 23:19, 23; 왕상 1:11, 18; 2:6, 32; 3:7; 5:3; 8:11, 19, 27; 9:21; 10:3, 7, 12; 11:4; 13:4, 16, 22; 14:2, 4; 15:3, 17, 22; 18:10, 12, 40; 19:4, 7; 20:7, 11; 22:48; 왕하 1:4, 6, 16; 2:17, 19, 21; 3:17, 26; 4:39, 40; 6:23; 7:2, 19; 9:15, 35, 37; 10:4, 23, 25; 16:5; 17:26; 18:29; 19:25, 32, 33; 20:1, 20; 23:9, 10, 33; 24:7; 대상 4:27; 5:1; 10:4; 11:5, 21, 25; 12:19; 13:13; 17:9; 21:30; 22:8; 27:24; 28:3; 대하 2:6; 5:14; 6:9, 18; 7:2; 8:11; 9:2, 6, 11; 11:14; 13:7, 12, 20; 14:11; 15:5; 16:1; 17:10; 20:12, 37; 21:18; 22:9, 11; 23:6, 19; 24:20; 25:13, 15; 28:13; 29:34; 30:3, 5, 17, 19; 32:13, 15, 17; 34:28; 35:18; 스 1:10; 2:62; 3:6, 13; 4:14, 21; 5:5, 16; 7:25; 9:6, 15; 10:13; 느 2:16; 4:10, 11; 5:9; 6:1, 3, 9; 7:4, 64; 8:10; 13:1, 19, 24; 에 1:19; 2:14; 4:2, 11; 6:13; 7:4 시가서 욥 3:7, 9; 4:16; 5:12; 6:30; 7:7, 8, 9, 10; 8:15, 18; 9:3, 5, 7, 11, 15, 18; 10:15, 21; 11:14, 20; 12:3, 9, 14; 13:2, 16; 14:5, 12, 21; 15:9, 19, 22, 29, 30, 32, 34; 16:18, 22; 17:4, 8; 18:21; 19:8; 20:4, 5, 9, 17, 18, 20, 21, 25, 29; 22:11, 14; 24:1, 13, 15, 16, 18, 21; 25:5; 27:14, 15, 19; 28:7, 8, 13, 15, 16, 19, 22; 30:1; 31:34; 32:3, 6, 15, 22; 33:7, 12; 34:27, 30, 32, 35; 37:19; 38:11; 41:8, 10, 16, 26, 28; 42:3, 7, 8; 시 1:5; 3:2; 5:4, 5; 8:5; 9:19; 10:5, 18; 17:3; 18:38, 43; 19:13; 21:11; 22:29; 25:2; 30:1; 32:6; 33:16, 17; 35:11, 15, 19, 24, 25; 36:11; 37:25, 36; 38:14; 39:6; 41:8, 11; 44:6, 12 ;49:7, 8, 12, 17, 19, 20; 55:2, 23; 58:8; 59:15; 69:15, 20, 23, 27; 77:4; 78:8, 39, 50, 64; 81:5; 82:5; 83:4; 89:43; 91:7, 10; 92:6; 94:7; 95:10, 11; 101:7; 103:16; 104:9, 35; 106:7, 11; 107:4; 113:9; 115:5, 6, 7, 17; 119:122, 133; 125:3; 129:2; 131:1; 135:16, 17; 139:4, 6, 12, 15; 140:8, 10, 11; 145:3; 147:20; 148:6; 잠 1:28; 2:19; 4:16, 19; 5:6; 6:29; 7:23; 8:29; 9:13, 18; 10:30; 11:21; 12:3; 13:4; 14:6, 7, 10; 16:5; 17:5, 20, 26; 19:2, 5, 9, 10; 20:4, 14, 23; 21:10, 17, 30; 24:7, 12, 23; 25:8, 19, 27; 27:24; 28:5, 13, 20, 21, 22; 29:1; 30:3, 15, 16, 18; 전 1:7; 2:16, 23; 4:3, 8; 5:1, 10, 12, 15; 6:3, 5, 6; 7:14, 28; 8:5, 7, 13, 16, 17; 9:1, 5, 12; 10:14, 15; 11:2, 4, 5, 6; 아 1:6, 8; 3:1, 2;

5:6; 8:7 선지서 사 1:3, 6, 13; 3:9; 5:6; 6:9; 7:1, 7, 8, 9, 17, 25; 8:10, 20; 9:20; 10:11; 14:20, 21; 17:1; 21:3; 22:14; 23:4, 12; 24:9, 20; 25:2; 26:14, 18; 27:3, 9; 28:15, 18, 20; 30:5, 14; 33:19, 21, 23; 35:8, 9; 36:8, 14; 37:26, 27, 33, 34; 38:1, 11, 18; 40:21, 28; 41:3, 12; 42:16, 25; 43:2, 8, 17, 19; 44:8, 9, 18, 20; 45:1, 4, 5, 20; 46:2, 7; 47:1, 5, 11, 14; 48:5, 6, 7, 8; 50:2; 51:22; 52:15; 54:1, 9, 11, 14; 55:2, 5; 56:10, 11; 57:20; 59:1, 8, 9, 14; 62:7, 8; 63:19; 64:3; 65:20; 66:19; 렘 1:6, 19; 2:2, 8, 13, 29, 37; 3:3; 4:22; 5:3, 4, 15, 21, 22; 6:10; 7:9, 17; 8:2, 7, 20, 22; 9:3, 16, 22, 25, 26; 10:5, 10, 21, 25; 11:12, 19; 12:4, 12; 13:12; 14:3, 9, 18; 15:14, 20; 16:6, 13, 17; 17:4, 6; 18:6; 19:4; 20:11, 12, 27, 28, 30; 23:10, 40; 25:29; 27:18; 29:32; 31:18, 36, 40; 32:3-5; 33:3; 34:3, 9; 38:18, 23; 42:18; 44:3; 45:3; 46:6, 11, 15, 21; 47:3; 48:2, 8, 30, 33, 42; 49:12; 50:20, 24; 51:39, 57, 62, 64; 애 1:3, 6, 10; 2:9, 14; 3:2, 7, 44; 4:12, 15, 17; 5:12, 14; 겔 3:6, 25, 26; 4:8; 7: 13, 19; 12:13, 23, 24; 13:9, 19, 22, 23; 14:15, 16, 18, 20; 16:29, 63; 17:12, 14, 17, 18; 18:3, 13; 20:25, 32, 38; 21:26, 27, 32; 22:24, 30; 23:27; 26:14, 20, 21; 27:36; 28:3, 19; 29:5, 15, 16, 18; 30:13, 21; 31:8, 14, 18; 32:7, 9, 13, 24, 25, 26, 27, 28, 29, 30, 32; 33:12; 34:10; 36:31; 38:14; 42:14; 44:2, 9, 13, 13, 25; 46:18; 47:5, 11; 48:14; 단 1:10; 2:1, 39; 3:27; 4:7, 18; 5:8, 15, 23; 6:4, 5, 8, 12, 15, 17, 22; 8:22; 10:7; 11:6, 12, 17, 20, 24, 25, 27, 29, 38, 42; 12:8, 10; 호 2:6, 7, 8, 23; 4:6, 10, 14, 15; 5:3, 4, 6, 13; 7:9; 8:7; 9:2, 3, 4, 14, 16; 11:3, 5; 13:13; 욜 1:13; 2:17; 3:17; 암 4:7, 8; 5:2, 11; 6:10; 8:11, 12, 14; 9:1; 욘 1:13; 4:11; 미 1:11; 2:3; 3:6; 4:12; 6:14, 15; 합 1:4, 13; 2:4, 18, 19; 3:17; 습 1:13, 18; 3:5, 17; 학 1:6; 2:19; 슥 1:21; 4:5, 13; 7:14; 8:10; 9:8; 11:17; 12:7; 13:2, 3; 말 1:10; 3:11 복음서 마 3:11; 5:14, 20, 26; 6:1, 20, 24, 29; 7:3, 17, 18, 23, 8:8, 10; 9:32, 33; 10:23, 24, 28; 12:2, 3, 5, 19, 22, 24, 25, 31, 32, 43; 13:13, 14, 17, 19, 22, 48; 15:17, 20, 32; 16:9, 10, 11, 18; 17:12, 16, 19, 20, 18:3; 19:5, 6, 11; 20:22; 21:19, 27; 22:29, 32; 23:13, 39; 24:2, 22, 39, 42, 43, 50; 25:12, 13; 26:60, 70, 72, 74;

【 못하다 】　　　　　　　　　　　　　　　　　　　　　　　　　　【 묘성 】

27:13; 막 1:7, 45; 2:12, 24, 25; 3:27, 29; 4:7, 12, 13, 19, 27; 5:43; 6:4, 19, 52; 7:15, 18; 8:17, 18, 21; 9:6, 18, 23, 28, 32; 10:9, 15, 30, 38; 11:14, 33; 12:11, 24, 26; 13:14, 20, 33, 35; 14:40, 55, 56, 68, 71; 16:8; 눅 1:7, 34, 36, 37; 2:43, 45, 49, 50; 3:16; 4:27, 42; 5:19; 6:2, 3, 40, 41, 42, 44, 48; 7:6, 7, 9; 8:10, 12, 14, 19, 43, 47; 9:33, 40, 45; 10:24; 11:24, 44; 12:4, 10, 21, 26, 27, 39, 46, 48, 56, 59; 13:6, 7, 11, 24, 25, 27, 35; 14:6, 20, 24, 26, 27, 29, 30, 32, 33; 15:19, 21; 16:2; 17:21, 22; 18:13, 17, 30, 34; 19:44, 48; 20:7, 26; 22:57, 60; 23:14, 22, 29, 34; 24:16, 18, 23, 24, 41; 요 1:5, 10, 26, 27, 31, 33; 2:9; 3:8, 10, 36; 4:22, 32, 44, 48; 5:13, 37; 7:8, 28, 34, 35, 36, 49, 52; 8:14, 19, 21, 22, 27, 35, 43, 44, 55; 9:12, 21, 25, 29, 30, 32, 39; 10:5, 6, 35; 11:49; 12:16, 35, 39, 40, 42; 13:7, 8, 16; 14:5, 9, 11, 17, 19; 15:15, 20, 21, 24; 16:3, 10, 12, 16, 17, 18, 19; 17:25; 18:38; 19:4, 6; 20:2, 14, 29; 21:3, 4 역사서 행 2:34; 3:17; 4:17, 21; 5:7, 22, 26; 6:10; 7:18, 19, 25, 32, 40, 51; 8:21, 33, 39; 9:7, 8, 9; 12:9, 14, 18, 19; 13:8, 11, 25, 27, 28, 39, 41; 14:8, 18; 15:1, 10; 16:6, 21; 17:6, 23, 30; 19:2, 32, 35; 20:9, 22, 25, 38; 22:9; 23:5; 24:12; 25:7, 24; 26:8, 26; 27:21, 31, 33, 39; 28:4, 19, 21, 26 서신서, 예언서 롬 1:20, 28; 2:1, 4; 3:17, 23; 6:3, 9, 12, 14, 16; 7:1, 7, 9, 15; 8:25, 26; 9:31; 10:14, 19; 11:2, 6, 7, 8, 10, 33; 15:21; 고전 1:15, 16, 21, 29; 2:8, 9, 11; 3:2, 16; 4:4; 5:6; 6:2, 3, 9, 10, 15, 16, 19; 7:4, 5, 14, 31, 36; 8:2, 8; 9:1, 13, 15, 24; 10:1, 13, 21; 11:17, 29; 12:1, 2, 21, 23; 14:5, 8, 11, 14, 16, 17, 24, 38; 15:8, 9, 13, 14, 29, 32, 34, 36, 50; 고후 2:11, 13; 3:7, 13; 4:4; 5:21; 6:5; 7:5; 8:20; 10:14; 11:27; 12:4, 13, 20; 13:5; 갈 1:19, 22; 3:11, 15, 17; 4:8, 21, 27, 30; 5:7; 엡 5:5, 6; 빌 1:17, 22; 골 2:1, 4, 16, 18; 살전 3:1, 5; 4:13, 15; 5:3, 4; 살후 2:5, 10; 딤전 1:7, 13, 20; 3:5; 4:12; 6:4, 7, 16; 딤후 2:5; 3:3, 9; 4:2; 히 2:7, 8, 9; 3:10, 11, 18, 19; 4:1, 2, 3, 5, 6, 15; 5:4, 12, 13; 6:18; 7:19, 23; 9:14; 10:4, 11, 28; 11:6, 8, 13, 38, 39, 40; 12:14, 15, 17, 20, 25; 13:9; 약 1:20; 3:12; 4:2, 3, 4, 14; 벧전 1:8, 14; 2:10; 벧후 1:9; 2:12, 14, 19, 21; 3:16; 요일 2:11, 21; 3:1, 6,

7, 9; 4:8, 18, 20; 5:18; 요이 1:9; 요삼 1:11; 유 1:9, 10; 계 2:24; 3:2, 3, 11, 17; 9:5, 6, 20; 11:6, 9; 12:8; 13:8, 17; 14:11; 17:8, 12; 18:14; 20:3, 5; 21:22, 27

몽둥이(club)
욥 41:29 몽둥이도 지푸라기같이 여기고 창이
사 10:5 진노의 막대기요 그 손의 몽둥이는 내
사 10:15 드는 자를 움직이려 하며 몽둥이가
사 10:24 때리며 몽둥이를 들어 너를 칠지라도
사 14:5 여호와께서 악인의 몽둥이와 통치자
사 30:32 여호와께서 예정하신 몽둥이를 앗수르
겔 7:10 정한 재앙이 이르렀으니 몽둥이가 꽃이
겔 7:11 일어나서 죄악의 몽둥이가 되었은즉
겔 39:9 활과 화살과 몽둥이와 창을 가지고 일곱

몽설하다(夢泄, nocturnal emission)
신 23:10 너희 중에 누가 밤에 몽설함으로 부정

몽치(club)
마 26:47 큰 무리가 칼과 몽치를 가지고 그와
마 26:55 칼과 몽치를 가지고 나를 잡으러 나왔
막 14:43 파송된 무리가 검과 몽치를 가지고 그와
막 14:48 강도를 잡는 것같이 검과 몽치를 가지
눅 22:52 잡는 것같이 검과 몽치를 가지고 나왔

묘(墓, tomb)

창 35:20 라헬의 묘에 비를 세웠더니 지금까지
삼하 2:32 조상 묘에 장사하고 요압과 그의 부하
삼하 17:23 목매어 죽으매 그의 조상의 묘에 장사
삼하 19:37 부모의 묘 곁에서 죽으려 하나이다
삼하 21:14 기스의 묘에 장사하되 모두 왕의 명령
행 2:29 다윗이 죽어 장사되어 그 묘가 오늘까지

묘비(墓碑, pillar)
창 35:20 비를 세웠더니 지금까지 라헬의 묘비라

묘성(昴星, Pleiades)
욥 9:9 북두성과 삼성과 묘성과 남방의 밀실을
욥 38:31 묘성을 매어 묶을 수 있으며 삼성의
암 5:8 묘성과 삼성을 만드시며 사망의 그늘을

【 묘실 】

묘실(墓室, tomb)
창 23:6 우리 **묘실** 중에서 … 자기 **묘실**
창 50:5 가나안 땅에 내가 파 놓은 **묘실**에 나를
삿 8:32 그의 아버지 요아스의 **묘실**에 장사되었
삼상 10:2 베냐민 경계 셀사에 있는 라헬의 **묘실**
왕상 13:30 시체를 자기의 **묘실**에 두고 오호라
왕상 13:31 하나님의 사람을 장사한 **묘실**에 나를
왕상 14:13 오직 이 아이만 **묘실**에 들어가리니
왕하 9:28 조상들과 함께 그의 **묘실**에 장사하니라
왕하 13:21 시체를 엘리사의 **묘실**에 들이던지매
왕하 21:26 아몬이 웃사의 동산 자기 **묘실**에 장사
왕하 23:17 하나님의 사람의 **묘실**이니이다 하니라
대하 16:14 자기를 위하여 파 두었던 **묘실**에 무리가
대하 21:20 열왕의 **묘실**에는 두지 아니하였더라
대하 24:16 다윗 성 여러 왕의 **묘실** 중에 장사하였
대하 26:2 아마샤 왕이 그의 열조들의 **묘실**에 누운
대하 32:33 주민이 그를 다윗 자손의 **묘실** 중 높은
느 3:16 느헤미야가 중수하여 다윗의 **묘실**과
사 22:16 너를 위하여 **묘실**을 … **묘실**을 팠고

> '**묘실**'과 관련된 성구
> 왕들의 묘실 – 대하 24:25; 26:23; 28:27
> 조상들의 묘실 – 왕상 13:22; 대하 35:24; 느 2:3, 5
> 평안히 묘실로 들어가게 하다 – 왕하 22:20; 대하 34:28

묘지(墓地, grave)
창 47:30 애굽에서 메어다가 조상의 **묘지**에 장사
왕하 23:6 가루를 만들어 그 가루를 평민의 **묘지**에
렘 26:23 시체를 평민의 **묘지**에 던지게 하니라
마 27:7 토기장이의 밭을 사서 나그네의 **묘지**를

묘책(妙策, perfect plan)
시 64:6 우리가 **묘책**을 찾았다 하나니 각 사람

무겁다(heavy)
창 4:13 내 죄짐을 지기가 너무 **무거우니이다**
창 18:20 짖음이 크고 그 죄악이 심히 **무거우니**
출 5:9 사람들의 노동을 **무겁게** 함으로 수고
삼하 14:26 머리털이 **무거우므로** 연말마다 깎았
왕상 12:11 나는 너희의 멍에를 더욱 **무겁게** 할지라

【 무게 】

대하 10:14 나는 더 **무겁게** 할지라 내 아버지는
욥 6:3 바다의 모래보다도 **무거울** 것이라
욥 23:2 내가 받는 재앙이 탄식보다 **무거움이라**
시 144:14 우리 수소는 **무겁게** 실었으며 또 우리
잠 27:3 돌은 **무겁고** … 이 둘보다 **무거우니라**
전 6:1 보았나니 이는 사람의 마음에 **무겁게**
사 9:4 그들이 **무겁게** 멘 멍에와 그들의 어깨의
사 47:6 늙은이에게 네 멍에를 심히 **무겁게** 메우
애 3:7 못하게 하시고 내 사슬을 **무겁게** 하셨
애 4:6 백성의 죄가 소돔의 죄악보다 **무겁도다**
암 5:12 너희의 허물이 많고 죄악이 **무거움을**
합 2:6 이르겠느냐 볼모 잡은 것으로 **무겁게**
슥 12:3 예루살렘을 모든 민족에게 **무거운** 돌이
히 10:29 형벌은 얼마나 더 **무겁겠느냐** 너희는
히 12:1 허다한 증인들이 있으니 모든 **무거운**
요일 5:3 지키는 것이라 그의 계명들은 **무거운**

> '**무겁다**' 와 관련된 성구
> 멍에를 무겁게 하다 – 왕상 12:4, 10, 14; 대하 10:4, 10, 14
> 무거운 멍에 – 왕상 12:4, 11; 대하 10:4, 11
> 무거운 우박 – 출 9:18
> 무거운 짐 – 출 1:11; 6:6, 7; 욥 7:20; 시 38:4; 사 1:14; 10:27; 46:1; 마 11:28; 23:4

무게(weight)
레 19:35 길이나 **무게**나 양을 잴 때 불의를 행하
대상 22:3 쓸 철을 많이 준비하고 또 **무게**를 달 수
대상 22:14 은 백만 달란트와 놋과 철을 그 **무게**
스 8:30 성전으로 가져가려 하여 그 **무게대로**

> '**무게**' 와 관련된 성구
> 금의 무게 – 대상 28:14, 15, 16, 17, 18
> 놋 무게 – 왕상 7:47; 왕하 25:16; 대하 4:18; 렘 52:20
> 세겔 무게 – 창 24:22; 민 7:13, 14, 19, 20, 25, 26, 31, 32, 37, 38, 43, 44, 49, 50, 55, 56, 61, 62, 67, 68, 73, 74, 79, 80, 85, 86
> 은의 무게 – 대상 28:14, 15, 17

【 무교병 】　　　　　　　　　　　　　　　　　　　　　　【 무기 】

스 8:34	다 세고 달아 보고 그 **무게**의 총량을
욥 28:25	바람의 **무게**를 정하시며 물의 분량을
고후 10:10	그들의 말이 그의 편지들은 **무게**가 있고

무교병(無酵餠, baking bread without yeast)

창 19:3	위하여 식탁을 베풀고 **무교병**을 구우니
출 12:8	불에 구워 **무교병**과 쓴 나물과 아울러
출 12:15	너희는 칠일 동안 **무교병**을 먹을찌니
출 12:18	이십일일 저녁까지 너희는 **무교병**을
출 12:20	유하는 곳에서 **무교병**을 먹을찌니라
출 12:39	발효되지 못한 반죽으로 **무교병**을 구웠
출 13:6	**무교병**을 먹고 제 칠일에는 여호와께
출 13:7	칠일 동안에는 **무교병**을 먹고 유교병을
출 23:15	**무교병**의 절기를 … **무교병**을 먹을찌니
출 29:2	**무교병**과 기름 섞인 무교 과자와 기름
출 29:23	여호와 앞에 있는 **무교병** 광주리에서
출 34:18	기한에 칠일 동안 **무교병**을 먹으라
레 2:4	고운 가루에 기름을 섞어 만든 **무교병**
레 7:12	기름 섞은 **무교병**과 기름 바른 무교전병
레 8:2	수송아지와 수양 둘과 **무교병** 한 광주리
레 8:26	여호와 앞 **무교병** 광주리에서 **무교병**
레 23:6	무교절이니 칠일 동안 너희는 **무교병**을
민 6:15	**무교병** 한 광주리와 고운 가루에 기름
민 6:17	화목제물로 수양에 **무교병** 한 광주리를
민 6:19	수양의 어깨와 광주리 가운데 **무교병**
민 9:11	어린 양에 **무교병**과 쓴 나물을 아울러
민 28:17	절일이니 칠일 동안 **무교병**을 먹을 것
신 16:3	칠일 동안은 **무교병** 곧 고난의 떡을
신 16:8	육일 동안은 **무교병**을 먹고 제 칠일에
수 5:11	소산을 먹되 그 날에 **무교병**과 볶은
삼상 28:24	가루를 취하여 뭉쳐 **무교병**을 만들고
왕하 23:9	그 형제 중에서 **무교병**을 먹을 뿐이었

'무교'와 관련된 성구

　무교 과자 – 출 29:2
　무교 전병 – 출 29:2; 레 2:4; 7:12; 민
　　6:15, 19; 삿 6:19, 20, 21; 대상
　　23:29

무교절(無酵節, Feast of Unleavened Bread)

출 12:17	너희는 **무교절**을 지키라 이 날에 내가
출 34:18	너는 **무교절**을 지키되 내가 네게 명한
레 23:6	**무교절**이니 칠일 동안 너희는 무교병을
신 16:16	남자는 일년 삼차 곧 **무교절**과 칠칠절
대하 8:13	세 절기 **무교절**과 칠칠절과 초막절에
대하 30:13	백성이 **무교절**을 지키려 하여 예루살렘
대하 30:21	칠일 동안 **무교절**을 지켰고 레위 사람들
대하 35:17	유월절을 지키고 연하여 **무교절**을 칠일
스 6:22	즐거우므로 칠일 동안 **무교절**을 지켰
막 14:1	유월절과 **무교절**이라 대제사장들과
눅 22:1	유월절이라 하는 **무교절**이 가까우매
행 20:6	우리는 **무교절** 후에 빌립보에서 배로

'무교절'과 관련된 성구

　무교절의 첫날 – 마 26:17; 막 14:12
　무교절일 – 눅 22:7; 행 12:3

무궁하다(無窮, firm in his purpose, be no end)

욥 36:5	아니하시며 그의 지혜가 **무궁하사**
시 102:24	주의 연대는 대대에 **무궁하니이다**
시 102:27	같으시고 주의 연대는 **무궁하리이다**
시 147:5	많으시며 그의 지혜가 **무궁하시도다**
사 9:7	정사와 평강의 더함이 **무궁하며** 또 다윗
애 3:22	인자와 긍휼이 **무궁하시므로** 우리가
단 6:26	아니할 것이요 그의 권세는 **무궁할** 것
합 3:6	산이 무너지며 **무궁한** 작은 산이 엎드러
눅 1:33	다스리실 것이며 그 나라가 **무궁하리라**
벧전 4:11	영광과 권능이 세세에 **무궁하도록** 있느

'세세 무궁'과 관련된 성구

　롬 16:27; 딤후 4:18; 히 13:21; 벧전
　5:11

무기(武器, armor, weapon)

삼상 8:12	**무기**와 병거의 장비도 만들게 할 것이며
삼상 20:40	요나단이 그의 **무기**를 아이에게 주며
삼하 1:27	엎드러졌으며 싸우는 **무기**가 망하였
왕하 10:2	견고한 성과 **무기**가 너희에게 있으니
대하 26:15	재주 있는 사람들에게 **무기**를 고안하게
대하 32:5	밀로를 견고하게 하고 **무기**와 방패를
시 78:9	에브라임 자손은 **무기**를 갖추며 활을
전 9:18	지혜가 **무기**보다 나으니라 그러나 죄인
아 4:4	네 목은 **무기**를 두려고 건축한 다윗의
렘 21:4	손의 **무기**를 내가 뒤로 돌릴 것이요

【 무기고 】　　　　　　　　　　　　　　　　　【 무너지다 】

렘 50:25	병기창을 열고 분노의 **무기**를 꺼냄이
렘 51:20	철퇴 곧 **무기**라 나는 네가 나라들을
겔 9:1	각기 죽이는 **무기**를 손에 들고 나아오게
겔 23:24	그들이 **무기**와 병거와 수레와 크고 작은
겔 39:9	그들의 **무기**를 불태워 사르되 큰 방패와
겔 39:10	그 **무기**로 불을 피울 것이므로 그들이
욜 2:8	자기의 길로 나아가며 **무기**를 돌파하고
고후 10:4	우리의 싸우는 **무기**는 육신에 속한 것이

'무기'와 관련된 성구

무기를 가지다 – 신 1:41; 삼상 21:8; 대상 10:4, 5; 12:33, 37; 대하 28:14; 렘 22:7; 겔 32:27; 요 18:3
무기를 들다 – 삿 9:54; 삼상 14:1, 6, 7, 12, 13, 14, 17; 16:21; 31:4, 5, 6; 삼하 18:15
무기를 잡다 – 삼하 23:37; 왕상 11:8, 11; 대상 11:39; 대하 23:7, 10; 겔 9:2
무기를 지니다 – 삿 18:11, 16, 17
불의의 무기 – 롬 6:13
의의 무기 – 롬 6:13; 고후 6:7

무기고(武器庫, storehouse)
사 39:2　보배로운 기름과 모든 **무기고**에 있는

무남독녀(無男獨女, only child)
삿 11:34　나와서 영접하니 이는 그의 **무남독녀**라

무너뜨리다/무너뜨려지다(destroy, overturn, sweep away)

삿 7:13	그것을 쳐서 **무너뜨려** 위쪽으로 엎으니
욥 5:13	간교한 자의 계략을 **무너뜨리시므로**
시 9:6	주께서 **무너뜨린** 성읍들을 기억할 수
시 89:40	하시며 그 요새를 **무너뜨리셨으므로**
사 7:6	그것을 **무너뜨리고** 다브엘의 아들을
사 22:5	혼란의 날이여 성벽의 **무너뜨림**과
사 23:11	그 견고한 성들을 **무너뜨리게** 하시고
사 30:14	이 나라를 **무너뜨리시되** 토기장이의
렘 5:10	올라가 **무너뜨리되** 다 **무너뜨리지** 말고
렘 19:7	예루살렘의 계획을 **무너뜨려** 그들로
렘 20:16	여호와께서 **무너뜨리시고** 후회하지
렘 31:28	그들을 뿌리 뽑으며 **무너뜨리며** 전복
애 2:5	견고한 성들을 **무너뜨리사** 딸 유다에
겔 13:13	큰 우박덩어리로 **무너뜨리리라**
겔 35:4	네 성읍들을 **무너뜨리며** 네가 황폐하게
단 9:26	성읍과 성소를 **무너뜨리려니와** 그의
호 10:14	전쟁의 날에 벧아벨을 **무너뜨린** 것같이
미 5:11	네 모든 견고한 성을 **무너뜨릴** 것이며
말 1:4	말하기를 … **무너뜨림**을 당하였으나
마 24:2	돌 위에 남지 않고 다 **무너뜨려지리라**
막 13:2	돌 위에 남지 않고 다 **무너뜨려지리라**
눅 21:6	돌 위에 남지 않고 다 **무너뜨려지리라**
행 5:39	**무너뜨릴** 수 없겠고 도리어 하나님을
고후 10:5	대적하여 높아진 것을 다 **무너뜨리고**
딤후 2:18	어떤 사람들의 믿음을 **무너뜨리느니라**
딛 1:11	가르쳐 가정들을 온통 **무너뜨리는도다**

📖 무너뜨리다/무너뜨려지다 – 기타 본문
욥 9:5; 사 22:5; 렘 19:11; 애 2:8, 17; 겔 26:4, 12; 암 4:11; 말 1:4; 고후 10:4, 8

무너지다(collapse, destroy)
역사서, 시가서

신 29:23	아드마와 스보임의 **무너짐**과 같음을
수 6:5	성벽이 **무너져** 내리리니 백성은 각기
수 6:20	성벽이 **무너져** 내린지라 백성은 각기
삿 16:30	몸을 굽히매 그 집이 곧 **무너져** 그 안에
삼상 14:16	사람들이 **무너져** 이리 저리 흩어지더라
왕상 11:27	아버지 다윗의 성읍의 **무너진** 것을 수축
왕상 20:30	이만 칠천 명 위에 **무너지고** 벤하닷은
스 4:15	이 성읍이 **무너짐도** 이 때문이니이다
스 9:9	성전을 세우게 하시며 그 **무너진** 것을
느 4:3	성벽은 여우가 올라가도 곧 **무너지리라**
욥 1:19	청년들 위에 **무너지므로** 그들이 죽었
욥 4:19	하루살이 앞에서라도 **무너질** 자이겠
욥 8:13	같고 저속한 자의 희망은 **무너지리니**
욥 14:18	**무너지는** 산은 반드시 흩어지고 바위
시 11:3	터가 **무너지면** 의인이 무엇을 하랴
잠 11:11	입으로 말미암아 **무너지느니라**
잠 15:22	의논이 없으면 경영이 **무너지고** 지략은
잠 24:31	거친 풀로 덮였고 돌담이 **무너져** 있기로
잠 25:28	아니하는 자는 성읍이 **무너지고**
전 9:18	죄인 한 사람이 많은 선을 **무너지게**

선지서
| 사 9:10 | 벽돌이 **무너졌으나** 우리는 다듬은 돌로 |

【 무너지다 】　　　　　　　　　　　　　　　　　　　【 무더기 】

사 17:1　성읍을 이루지 못하고 **무너진** 무더기가
사 22:9　너희가 다윗 성의 **무너진** 곳이 많은
사 30:13　죄악이 너희에게 마치 **무너지려고** 터
　　　　진 … 순식간에 **무너짐** 같게 되리라
사 30:25　살륙하는 날 망대가 **무너질** 때에 고산
사 58:12　너를 일컬어 **무너진** 데를 보수하는 자라
사 61:4　옛부터 **무너진** 곳을 … 대대로 **무너져**
렘 4:26　앞 그의 맹렬한 진노 앞에 **무너졌으니**
렘 10:20　장막이 **무너지고** 나의 모든 줄이 끊어
렘 50:15　요새는 **무너졌고** 그 성벽은 허물어졌
애 4:6　순식간에 **무너지더니** 이제는 딸 내 백성
겔 13:5　너희 선지자들이 성 **무너진** 곳에 올라
겔 13:11　그것이 **무너지리라** 폭우가 내리며 큰
겔 13:12　담이 **무너진즉** 어떤 사람이 너희에게
겔 13:14　기초를 드러낼 것이라 담이 **무너진즉**
겔 22:30　땅을 위하여 성을 쌓으며 성 **무너진**
겔 26:10　사람이 **무너진** 성 구멍으로 들어가는
겔 26:18　네가 **무너지는** 그날에 섬들이 진동할
겔 36:35　황량하고 적막하고 **무너진** 성읍들에
겔 36:36　여호와가 **무너진** 곳을 건축하며 황폐
겔 38:20　떨 것이며 모든 산이 **무너지며** 절벽이
　　　　떨어지며 모든 성벽이 땅에 **무너지리라**
호 10:8　작은 산더러 우리 위에 **무너지라** 하리라
호 10:14　산성들이 다 **무너지되** 살만이 전쟁의
욜 1:17　**무너졌으니** 이는 곡식이 시들었음이
암 3:15　파괴되며 큰 궁들이 **무너지리라** 여호와
암 4:3　너희가 성 **무너진** 데를 통하여 각기
욘 3:4　지나면 니느웨가 **무너지리라** 하였더니
합 3:6　산이 **무너지며** 무궁한 작은 산이 엎드러
습 1:10　작은 산들에서는 **무너지는** 소리가 일어

| 신약 |
마 7:25　집에 부딪치되 **무너지지** 아니하나니
마 7:27　그 집에 부딪치매 **무너져** 그 **무너짐이**
눅 6:49　탁류가 부딪치매 집이 곧 **무너져** 파괴

| 성경에 나오는 '무너진' 것 |
무너진 돌무더기 - 왕하 19:25
무너진 망대 - 눅 13:4
무너진 성 - 대하 32:5; 계 16:19; 18:2
무너진 성벽 - 히 11:30; 느 2:13; 렘
　　　　51:44
무너진 장막 - 암 9:11; 행 15:16
무너진 제단 - 왕상 18:30

눅 11:17　스스로 분쟁하는 집은 **무너지느니라**
눅 23:30　우리 위에 **무너지라** 하며 작은 산들을
행 5:38　사람으로부터 났으면 **무너질** 것이요
롬 14:20　하나님의 사업을 **무너지게** 하지 말라
고후 5:1　우리의 장막 집이 **무너지면** 하나님께서
계 11:13　성 십분의 일이 **무너지고** 지진에 죽은
계 14:8　따라 말하되 **무너졌도다 무너졌도다**
계 18:3　포도주로 말미암아 만국이 **무너졌으며**

무능하다(無能, weak)
사 40:29　**무능한** 자에게는 힘을 더하시나니

무늬(colored, speckled)
출 36:8　자색 홍색 실로 그룹들을 **무늬** 놓아
레 19:28　문신을 하지 말며 **무늬를** 놓지 말라
잠 7:16　침상에는 요와 애굽의 **무늬** 있는 이불
렘 12:9　소유가 내게 대하여는 **무늬** 있는 매가

| '무늬' 와 관련된 성구 |
붉은 무늬 - 레 14:37
얼룩무늬 - 창 30:35, 40; 31:8, 10, 12
흰 무늬 - 창 30:37

무당(巫堂, sorcery)
출 22:18　너는 무당을 살려두지 말라
신 18:10　말하는 자나 요술하는 자나 **무당**이나
사 57:3　무당의 자식, 간음자와 음녀의 자식들

무더기(heap)
창 31:46　그들이 돌을 가져다가 **무더기를** 이루
　　　　매 무리가 거기 **무더기** 곁에서 먹고
창 31:48　라반의 말에 오늘 이 **무더기가** 너와
창 31:51　내가 나와 너 사이에 둔 이 **무더기를**
창 31:52　이 **무더기가** 증거가 되고 … 내가 이
　　　　무더기를 넘어 … 네가 이 **무더기**, 이
출 8:14　사람들이 모아 **무더기로** 쌓으니 땅에
수 8:28　그것으로 영원한 **무더기를** 만들었더니
왕하 10:8　**무더기로** 쌓아 내일 아침까지 문어귀에
시 33:7　바닷물을 모아 **무더기** 같이 쌓으시며
시 78:13　바다를 갈라 물을 **무더기** 같이 서게
사 17:1　성읍을 이루지 못하고 무너진 **무더기가**
렘 9:11　예루살렘을 **무더기로** 만들며 승냥이

【 무덤 】

미 1:6	내가 사마리아를 들의 **무더기** 같게 하고
미 3:12	예루살렘은 **무더기**가 되고 성전의 산은
나 3:3	주검의 큰 **무더기**, 무수한 시체여 사람

'무더기'와 관련된 성구

나무 무더기 - 겔 24:9
돌 무더기 - 수 7:26; 8:29; 삼하 18:17;
  왕하 19:25; 욥 8:17; 15:28; 시 79:1;
  사 25:2; 37:26; 렘 26:18; 51:37; 호
  12:11
흙 무더기 - 느 4:2, 10

무덤 (grave, tomb)
모세오경, 역사서

민 19:16	사람의 뼈나 **무덤**을 만졌으면 이레 동안
민 19:18	뼈나 죽임을 당한 자나 시체나 **무덤**을
삼하 3:32	아브넬의 **무덤**에서 왕이 소리를 높여
삼하 4:12	헤브론에서 아브넬의 **무덤**에 매장하였
왕하 23:16	산에 있는 **무덤**들을 … 그 **무덤**에서
왕하 23:30	예루살렘으로 돌아와 그의 **무덤**에 장사
대하 34:4	가루를 만들어 제사하던 자들의 **무덤**에

시가서, 선지서

욥 3:22	**무덤**을 찾아 얻으면 심히 기뻐하고
욥 5:26	장수하다가 **무덤**에 이르리니 마치
욥 10:19	태에서 바로 **무덤**으로 옮겨졌으리이다
욥 17:1	날이 다하였고 **무덤**이 나를 위하여
욥 17:14	**무덤**에게 너는 내 아버지라, 구더기에
욥 21:32	그를 **무덤**으로 … 사람이 그 **무덤**을
시 5:9	열린 **무덤** 같고 그들의 혀로는 아첨하나
시 30:3	살리사 **무덤**으로 내려가지 아니하게
시 30:9	내가 **무덤**에 내려갈 때에 나의 피가
시 88:5	죽임을 당하여 **무덤**에 누운 자 같으니
시 88:11	주의 인자하심을 **무덤**에서, 주의 성실
사 14:19	너는 자기 **무덤**에서 내쫓겼으니 가증한
사 53:9	그의 **무덤**이 악인들과 함께 있었으며
사 65:4	**무덤** 사이에 앉으며 은밀한 처소에서
렘 5:16	화살통은 열린 **무덤**이요 그 사람들은
렘 8:1	예루살렘 주민의 뼈를 그 **무덤**에서 끌어
렘 20:17	어머니를 내 **무덤**이 되지 않게 하셨으며
겔 32:22	엎드러진 자라 그 **무덤**이 사방에
겔 32:23	그 **무덤**이 구덩이 … 그 **무덤** 사방에
겔 32:24	무리가 그 **무덤** 사방에 있음이여 그들
겔 32:25	여러 **무덤**은 사방에 있음이여 그들은
겔 32:26	여러 **무덤**은 사방에 있음이여 그들은
나 1:14	부은 우상을 멸절하며 네 **무덤**을 준비

신약

마 8:28	귀신 들린 자 둘이 **무덤** 사이에서 나와
마 23:27	회칠한 **무덤** 같으니 겉으로는 아름답게
마 23:29	선지자들의 **무덤**을 만들고 의인들의
마 27:52	**무덤**들이 열리며 자던 성도의 몸이 많이
마 27:53	예수의 부활 후에 그들이 **무덤**에서 나와
마 27:61	막달라 마리아와 다른 마리아가 **무덤**
마 27:64	그러므로 명령하여 그 **무덤**을 사흘까지
마 27:66	돌을 인봉하고 **무덤**을 굳게 지키니라
마 28:1	마리아와 다른 마리아가 **무덤**을 보려고
마 28:8	무서움과 큰 기쁨으로 빨리 **무덤**을 떠나
막 5:2	귀신 들린 사람이 **무덤** 사이에서 나와
막 5:3	그 사람은 **무덤** 사이에 거처하는데 이제
막 5:5	밤낮 **무덤** 사이에서나 산에서나 늘 소리
막 16:2	매우 일찍이 해 돋을 때에 그 **무덤**으로
막 16:5	**무덤**에 들어가서 흰 옷을 입은 한 청년
막 16:8	떨며 나와 **무덤**에서 도망하고 무서워
눅 8:27	집에 거하지도 아니하고 **무덤** 사이에
눅 11:44	너희는 평토장한 **무덤** 같아서 그 위를
눅 11:47	선지자들의 **무덤**을 만드는도다 그들을
눅 11:48	너희는 **무덤**을 만드니 너희가 너희 조상
눅 23:55	함께 온 여자들이 뒤를 따라 그 **무덤**과
눅 24:1	여자들이 그 준비한 향품을 가지고 **무덤**
눅 24:2	돌이 **무덤**에서 굴려 옮겨진 것을 보고
눅 24:9	**무덤**에서 돌아가 이 모든 것을 열한
눅 24:12	베드로는 일어나 **무덤**에 달려가서 구부
눅 24:22	하였으니 이는 그들이 새벽에 **무덤**에
눅 24:24	두어 사람이 **무덤**에 가 과연 여자들이
요 5:28	**무덤** 속에 있는 자가 다 그의 음성을
요 11:17	와서 보시니 나사로가 **무덤**에 있은 지
요 11:31	**무덤**에 가는 줄로 생각하고 따라가더니
요 11:38	여기시며 **무덤**에 가시니 **무덤**이 굴이라
요 12:17	나사로를 **무덤**에서 불러내어 죽은 자
요 19:41	사람을 장사한 일이 없는 새 **무덤**이
요 19:42	준비일이요 또 **무덤**이 가까운 고로 예수
요 20:1	마리아가 **무덤**에 와서 돌이 **무덤**에서
요 20:2	주님을 **무덤**에서 가져다가 어디 두었
요 20:3	베드로와 그 다른 제자가 나가서 **무덤**
요 20:4	베드로보다 더 빨리 달려가서 먼저 **무덤**
요 20:6	시몬 베드로는 따라와서 **무덤**에 들어

【 무두장이 】　　　　　　　　　　　　　　　　　　　　　　　　　【 무릎쓰다 】

요 20:8	그 때에야 **무덤**에 먼저 갔던 그 다른
요 20:11	마리아는 **무덤** 밖에 서서 울고 있더니
	울면서 구부려 **무덤** 안을 들여다보니
행 7:16	자손에게서 은으로 값 주고 산 **무덤**에
행 13:29	나무에서 내려다가 **무덤**에 두었으나
롬 3:13	그들의 목구멍은 열린 **무덤**이요 그 혀로
계 11:9	사흘 반 동안을 보며 **무덤**에 장사하지

'무덤'과 관련된 성구

무덤 문 – 마 27:60; 막 15:46; 16:3
무덤에 내려 가는 자 – 시 28:1; 88:4;
　143:7; 잠 1:12
무덤에 넣어 두다 – 마 27:60; 막 15:46;
　눅 23:53
무덤을 열다 – 겔 37:12, 13

무두장이(tanner)

행 9:43	시몬이라 하는 **무두장이**의 집에서 머무
행 10:6	그는 **무두장이** 시몬의 집에 유숙하니
행 10:32	바닷가 **무두장이** 시몬의 집에 유숙하느

무디다/무디어지다(dull)

전 10:10	**무디어졌는데도** 날을 갈지 아니하면
삼상 13:21	쇠스랑이나 도끼나 쇠채찍이 **무딜** 때에

무라(Myra) 소아시아 루기아 남쪽 연안의 성읍

행 27:5	밤빌리아 바다를 건너 루기아의 **무라**

무력하다/무력화하다(無力, disarm)

신 32:36	그들의 **무력함**과 갇힌 자나 놓인 자가
골 2:15	통치자들과 권세들을 **무력화하여** 드러

무렵(during, those, days)

왕하 7:5	아람 진으로 가려 하여 해 질 **무렵**에
왕하 7:7	해질 **무렵**에 일어나서 도망하되 그 장막
막 8:1	그 **무렵**에 또 큰 무리가 있어 먹을 것
눅 4:40	해 질 **무렵**에 사람들이 온갖 병자들을

무례하다/무례히(無禮, pride, proud)

시 31:18	교만하고 완악한 말로 **무례히** 의인을
잠 21:24	교만하고 거만한 자를 이름하여 망령된
고전 13:5	**무례히** 행하지 아니하며 자기의 유익

무르다(redeem)

1. 익어서 녹실녹실하게 되다

겔 24:4-5	가마 속의 뼈가 **무르도록** 삶을지어다

2. 샀던 것을 도로 주고 돈을 되찾다(redeem)

레 25:24	온 땅에서 그 토지 **무르기**를 허락할지니
레 25:26	**무를** 사람이 없고 … **무를** 힘이 있으면
레 25:28	자기가 **무를** 힘이 없으면 그 판 것이
레 25:29	팔았으면 판 지 만 일 년 안에는 무
	를 수 있나니 곧 그 기한 안에 **무르려니와**
레 25:30	일 년 안에 **무르지** 못하면 그 성 안의
레 25:31	가옥은 나라의 전토와 같이 **물러** 주기도
레 25:32	레위 사람이 언제든지 **무를** 수 있으나
레 25:33	만일 레위 사람이 **무르지** 아니하면 그의
레 27:13	만일 그가 그것을 **무르려면** 네가 정한
레 27:15	만일 그 사람이 자기 집을 **무르려면**
레 27:19	드린 자가 그것을 **무르려면** 네가 값을
레 27:20	그가 그 밭을 **무르지** 아니하려거나 타
	인에게 팔았으면 다시는 **무르지** 못하고
레 27:27	오분의 일을 더하여 **무를** 것이요 만일
	무르지 아니하려면 네가 정한 값대로
레 27:28	팔든지 팔지도 못하고 **무르지도** 못할
레 27:29	바쳐진 그 사람은 다시 **무르지** 못하나
레 27:33	바꾸면 둘 다 거룩하리니 **무르지** 못할
룻 4:4	만일 네가 **무르려면** **무르려니와** 만일
	네가 **무르지** 아니하려거든 … **무를** 자
	가 없느니라 하니 … 내가 **무르리라**
룻 4:6	나를 위하여 **무르지** 못하노니 내가 무
	를 것을 네가 **무르라** 나는 **무르지** 못하
룻 4:7	이스라엘 중에는 모든 것을 **무르거나**

'무르다'와 관련된 성구

기업 무를 자 – 레 25:25; 룻 3:13; 4:6
십일조를 무르다 – 레 27:31

무릅쓰다(risk, dust on their head)

창 31:40	더위와 밤에는 추위를 **무릅쓰고** 눈붙일
삿 5:18	죽음을 **무릅쓰고** 목숨을 아끼지 아니한
삿 9:17	우리 아버지가 전에 죽음을 **무릅쓰고**
느 9:1	굵은 베 옷을 입고 티끌을 **무릅쓰며**
애 5:9	죽기를 **무릅써야** 양식을 얻사오니
미 1:11	수치를 **무릅쓰고** 나갈지어다 사아난
고전 15:30	우리가 언제나 위험을 **무릅쓰리요**

【 무릇 】　　　　　　　　　　　　　　　　　　　　　　　　　　【 무리 】

무릇(just, every, ever)
창 4:14　무릇 나를 만나는 자마다 나를 죽이겠

무릇 - 기타 본문
창 6:17; 7:15; 출 9:19; 12:15, 19; 20:17; 21:30;
24:14; 25:9; 28:3; 30:13; 31:11; 35:10, 23; 레
22:5; 신 23:23; 왕상 8:56; 대하 29:31; 스 3:8;
7:21, 23, 26; 에 6:10; 욥 36:16; 시 1:6; 35:20;
44:21; 51:3; 57:10; 62:5; 69:26; 73:27; 74:20;
75:6; 83:2; 85:8; 86:10; 88:3; 89:6; 129:5; 잠
13:16; 16:5; 사 5:7; 45:24; 59:8; 61:3, 8, 9; 64:6;
66:2; 렘 8:3; 9:21, 26; 17:7, 13; 18:15; 32:23;
42:4, 17; 단 11:39; 마 13:12; 25:29; 눅 6:40;
12:48; 14:11, 15, 26; 16:18; 17:33; 18:14, 27;
19:26; 20:18; 요 11:26; 12:46; 15:2; 16:2, 5;
18:37; 19:12; 행 1:1; 25:16; 롬 2:12, 28; 3:19;
4:9; 6:3; 8:14; 고전 10:20, 25; 11:4, 5; 15:48; 갈
3:10; 6:12, 16; 엡 4:29; 골 2:1; 딤전 6:1; 딤후
3:12; 히 12:11; 요일 3:10; 5:4; 계 3:19

무릎(knee)
창 48:12　요셉이 아버지의 무릎 사이에서 두 아들
신 28:35　여호와께서 네 무릎과 다리를 쳐서 고치
왕상 18:42　꿇어 엎드려 그의 얼굴을 무릎 사이에
왕하 4:20　데려갔더니 낮까지 어머니의 무릎에
욥 3:12　어찌하여 무릎이 나를 받았던가 어찌
욥 4:4　말로 붙들어 주었고 무릎이 약한 자를
시 109:24　금식하므로 내 무릎이 흔들리고 내 육체
사 66:12　것이며 너희를 옆에 안기며 그 무릎에
겔 7:17　모든 손은 피곤하고 모든 무릎은 물과
겔 21:7　모든 무릎이 물과 같이 약해지리라 보라
겔 47:4　무릎에 오르고 다시 천 척을 측량하고
단 5:6　녹는 듯하고 그의 무릎이 서로 부딪친
단 10:10　무릎과 손바닥이 땅에 닿게 일으키고
나 2:10　주민이 낙담하여 그 무릎이 서로 부딪
눅 5:8　시몬 베드로가 이를 보고 예수의 무릎

'무릎'과 관련된 성구
무릎을 굳게 하다 - 사 35:3
무릎을 꿇게 하다 - 빌 2:10
무릎을 꿇다 - 삿 7:5, 6; 왕상 8:54;
　　19:18; 왕하 1:13; 대하 6:13; 스
　　9:5; 에 3:5; 시 95:6; 사 45:23; 단
　　6:10; 마 27:29; 눅 22:41; 행 7:60;
　　9:40; 20:36; 21:5; 롬 11:4; 14:11;
　　엡 3:15
무릎에 두다 - 창 30:3
무릎을 베다 - 삿 16:19
무릎을 세우다 - 히 12:12

무리(men, people)
모세오경, 역사서
창 11:6　무리가 한 족속이요 언어도 하나이므로
창 19:6　롯이 문 밖의 무리에게로 나가서 뒤로
창 19:11　문 밖의 무리를 대소를 막론하고 그
창 31:46　돌을 가져다가 무더기를 이루매 무리가
창 32:21　그에 앞서 보내고 그는 무리 가운데서
창 41:43　버금 수레에 그를 태우매 무리가 그의
창 47:18　새 해가 되매 무리가 요셉에게 와서
출 12:51　여호와인 줄 알게 하리라 하시매 무리가
출 16:21　무리가 아침마다 각 사람은 먹을 만큼
레 24:11　저주하므로 무리가 끌고 모세에게로
민 16:11　너와 너의 무리가 다 모여서 여호와를
민 16:27　무리가 고라와 다단과 아비람의 장막
민 22:4　이제 이 무리가 소가 밭의 풀을 뜯어
민 26:10　입을 벌려서 그 무리와 고라를 삼키매
신 18:18　명령하는 것을 그가 무리에게 다 말하
신 20:9　군대의 지휘관들을 세워 무리를 거느리
신 29:25　사람들이 대답하기를 그 무리가 자기
수 6:24　무리가 그 성과 그 가운데에 있는 모든
수 8:31　무리가 여호와께 번제물과 화목제물
수 9:14　무리가 그들의 양식을 취하고는 어떻게
수 9:21　무리에게 이르되 그들을 살리라 하니
삿 1:7　무리가 그를 끌고 예루살렘에 이르렀
삿 2:9　무리가 그의 기업의 경내 에브라임 산지
삿 3:28　무리가 에훗을 따라 내려가 모압 맞은
삿 4:7　그의 병거들과 그의 무리를 기손 강으로
삿 5:8　무리가 새 신들을 택하였으므로 그 때에
삿 5:21　기손 강은 그 무리를 표류시켰으니 이
삿 6:35　그 무리도 올라와 그를 영접하더라
삿 8:25　무리가 대답하되 우리가 즐거이 드리리
삿 14:11　무리가 삼손을 보고 삼십 명을 데려와
삿 18:13　무리가 거기서 떠나 에브라임 산지 미가
삿 19:25　무리가 듣지 아니하므로 그 사람이 자기
삿 20:10　기브아에 가서 그 무리가 이스라엘 중
삼상 6:14　무리가 수레의 나무를 패고 그 암소들

【 무리 】

삼상 11:9 **무리**가 와 있는 전령들에게 이르되 너희
삼상 14:33 **무리**가 사울에게 전하여 이르되 보소서
삼상 14:36 **무리**가 이르되 왕의 생각에 좋은 대로
삼상 15:15 그것은 **무리**가 아말렉 사람에게서 끌어
삼상 17:47 **무리**에게 알게 하리라 전쟁은 여호와께
삼상 18:6 **무리**가 돌아올 때 곧 다윗이 블레셋
삼상 21:11 **무리**가 춤추며 이 사람의 일을 노래하여
삼상 30:11 **무리**가 들에서 애굽 사람 하나를 만나
삼상 30:19 그들이 약탈하였던 것 곧 **무리**의 자녀
삼상 30:20 **무리**가 그 가축들을 앞에 몰고 가며
삼하 1:4 도망하기도 하였고 **무리** 가운데서
삼하 2:26 네가 언제 **무리**에게 그의 형제 쫓기를
삼하 2:27 말하지 아니하였더면 **무리**가 아침에
삼하 2:30 아브넬 쫓기를 그치고 돌아와 **무리**를
삼하 2:32 **무리**가 아사헬을 들어올려 베들레헴에
삼하 3:36 무슨 일을 하든지 **무리**가 다 기뻐하매로
삼하 6:1 다윗이 이스라엘에서 뽑은 **무리** 삼만 명
삼하 17:9 혹 **무리** 중에 몇이 먼저 엎드러지면
삼하 20:14 온 땅에 이르니 **무리**도 다 모여 그를
삼하 20:22 나팔을 불매 **무리**가 흩어져 성읍에서
삼하 24:8 그들 **무리**가 국내를 두루 돌아 아홉 달
왕상 1:44 **무리**가 왕의 노새에 솔로몬을 태우다가
왕상 1:45 왕으로 삼고 **무리**가 그 곳에서 올라오며
왕상 11:24 **무리**의 괴수가 되어 다메섹으로 가서
왕상 12:3 **무리**가 사람을 보내 그를 불렀더라
왕상 12:28 금송아지를 만들고 **무리**에게 말하기를
왕상 14:24 국민의 모든 가증한 일을 **무리**가 본받아
왕상 21:13 **무리**가 그를 성읍 밖으로 끌고 나가서
왕상 22:17 여호와의 말씀이 이 **무리**에게 주인이
왕하 2:17 **무리**가 그로 부끄러워하도록 강청하매
왕하 2:18 머무는 중에 **무리**가 그에게 돌아오니
왕하 4:40 퍼다가 **무리**에게 주어 … **무리**가 국을
왕하 4:41 퍼다가 **무리**에게 주어 먹게 하라 하매
왕하 4:42 드린지라 그가 이르되 **무리**에게 주어
왕하 4:43 이르되 **무리**에게 주어 먹게 하라 여호와
왕하 6:4 드디어 그들과 함께 가니라 **무리**가 요단
왕하 6:18 원하건대 저 **무리**의 눈을 어둡게 하옵
왕하 6:20 이 **무리**의 눈을 열어서 보게 하옵소서
왕하 6:33 **무리**와 말을 할 때에 그 사자가 그에게
왕하 9:12 **무리**가 이르되 당치 아니한 말이라
왕하 9:13 **무리**가 각각 자기의 옷을 급히 가져다가
왕하 10:8 **무리**가 왕자들의 머리를 가지고 왔내
왕하 10:21 **무리**가 바알의 신당에 들어가매 바알

【 무리 】

왕하 10:24 **무리**가 번제와 다른 제사를 드리려고
왕하 11:12 왕으로 삼으매 **무리**가 박수하며 왕의
왕하 11:20 아달랴를 **무리**가 왕궁에서 칼로 죽였
왕하 14:19 예루살렘에서 **무리**가 그를 반역한 …
　　　　 도망하였더니 반역한 **무리**가 사람을
왕하 17:27 그 땅 신의 법을 **무리**에게 가르치게
왕하 20:7 **무리**가 가져다가 그 상처에 놓으니
왕하 23:2 언약책의 모든 말씀을 읽어 **무리**의 귀에
왕하 23:18 그의 뼈를 옮기지 말라 하매 **무리**가
왕하 25:11 항복한 자들과 **무리** 중 남은 자는 시위
대상 9:20 비느하스가 옛적에 그의 **무리**를 거느
대상 11:7 산성에 살았으므로 **무리**가 다윗 성이라
대상 12:15 언덕에 넘칠 때에 이 **무리**가 강물을
대상 12:21 **무리**가 다윗을 도와 도둑 떼를 쳤으니
대상 12:39 **무리**가 거기서 다윗과 함께 사흘을 지내
대상 14:11 **무리**가 바알브라심으로 올라갔더니
대상 15:26 **무리**가 수송아지 일곱 마리와 숫양 일곱
대상 19:11 남은 **무리**는 그의 아우 아비새의 수하에
대상 25:8 이 **무리**의 큰 자나 작은 자나 스승이나
대상 29:22 **무리**가 크게 기뻐하여 … **무리**가 다윗
대하 7:6 제사장들은 **무리** 앞에서 나팔을 불고
대하 7:9 여덟째 날에 **무리**가 한 성회를 여니라
대하 10:3 **무리**가 사람을 보내어 그를 불렀더라
대하 11:17 **무리**가 삼 년 동안을 다윗과 솔로몬의
대하 14:14 백성을 두렵게 하시니 **무리**가 그의 모든
대하 15:14 **무리**가 큰 소리로 외치며 피리와 나팔
대하 15:15 **무리**가 마음을 다하여 맹세하고 뜻을
대하 16:14 파 두었던 묘실에 **무리**가 장사하되 그의
대하 18:16 이 **무리**가 주인이 없으니 각각 평안히
대하 20:24 들 망대에 이르러 그 **무리**를 본즉 땅에
대하 20:26 넷째 날에 **무리**가 브라가 골짜기에 모여
대하 21:20 세상을 떠났으며 **무리**가 그를 다윗 성에
대하 22:9 예후가 찾으매 **무리**가 그를 예후에게
대하 23:3 여호야다가 **무리**에게 이르되 여호와
대하 23:11 **무리**가 왕자를 인도해 내어 면류관을
대하 23:15 이에 **무리**가 그에게 길을 열어 주었고
대하 23:21 성중이 평온하더라 아달랴를 **무리**가
대하 24:16 **무리**가 다윗 성 여러 왕의 묘실 중에
대하 24:21 **무리**가 함께 꾀하고 왕의 명령을 따라
대하 25:10 그 **무리**가 유다 사람에게 심히 노하여
대하 25:27 예루살렘에서 **무리**가 그를 반역하였
　　　　 으므로 그가 … 반역한 **무리**가 사람을
대하 30:14 **무리**가 일어나 예루살렘에 있는 제단

930

【 무리 】 　　　　　　　　　　　　　　　　　　　　　　　　【 무리 】

대하 30:22	칠 일 동안에 **무리**가 먹으며 화목제를
대하 34:4	**무리**가 왕 앞에서 바알의 제단들을 헐었
대하 34:14	**무리**가 여호와의 전에 헌금한 돈을 꺼낼
대하 34:30	언약책의 모든 말씀을 읽어 **무리**의 귀에
대하 36:20	**무리**가 거기서 갈대아 왕과 그의 자손
스 3:3	**무리**가 모든 나라 백성을 두려워하여
스 4:13	성곽을 완공하면 저 **무리**가 다시는 조공
스 8:15	내가 **무리**를 아하와로 흐르는 강 가에
스 8:36	**무리**가 또 왕의 조서를 왕의 총독들과
스 10:5	행하기를 맹세하게 하매 **무리**가 맹세
스 10:9	**무리**가 하나님의 성전 앞 광장에 앉아서
느 4:21	우리가 이같이 공사하는데 **무리**의 절반
느 7:2	하나님을 경외함이 **무리** 중에서 뛰어난
느 8:18	율법책을 낭독하고 **무리**가 이레 동안
느 9:5	너희 **무리**는 마땅히 일어나 영원부터
느 12:38	감사 찬송하는 다른 **무리**는 왼쪽으로
느 12:43	**무리**가 큰 제사를 드리고 심히 즐거워
느 13:3	듣고 곧 섞인 **무리**를 이스라엘 가운데
에 3:7	니산월에 **무리**가 하만 앞에서 날과 달에
에 7:8	입에서 나오매 **무리**가 하만의 얼굴을
에 9:26	**무리**가 부르는 이름을 따라 이 두 날을

시가서

욥 15:34	경건치 못한 **무리**는 자식을 낳지 못할
욥 16:10	**무리**들은 나를 향하여 입을 크게 벌리며
욥 29:21	**무리**는 내 말을 듣고 희망을 걸었으며
욥 30:5	**무리**가 그들에게 소리를 지름으로 도둑
욥 30:11	곤고하게 하심으로 **무리**가 내 앞에서
시 22:16	개들이 나를 에워쌌으며 악한 **무리**가
시 26:12	평탄한 데에 섰사오니 **무리** 가운데에서
시 42:4	전에 성일을 지키는 **무리**와 동행하여
시 55:14	의논하며 **무리**와 함께 하여 하나님의 집
시 66:6	육지가 되게 하셨으므로 **무리**가 걸어서
시 68:27	유다의 고관과 그들의 **무리**와 스불론
시 68:30	들짐승과 수소의 **무리**와 만민의 송아지
시 69:12	나를 비난하며 독주에 취한 **무리**가 나를
시 69:35	유다 성읍들을 건설하시리니 **무리**가
시 71:7	**무리**에게 이상한 징조같이 되었사오나
시 86:14	포악한 자의 **무리**가 내 영혼을 찾았사
시 141:6	내려 던져졌도다 내 말이 달므로 **무리**가
잠 2:13	이 **무리**는 정직한 길을 떠나 어두운
잠 18:1	**무리**에게서 스스로 갈라지는 자는 자기
잠 30:11	축복하지 아니하는 **무리**가 있느니라
잠 30:12	더러운 것을 씻지 아니하는 **무리**가
잠 30:13	눈꺼풀이 높이 들린 **무리**가 있느니라
잠 30:14	궁핍한 자를 사람 중에서 삼키는 **무리**가

선지서

사 2:4	**무리**가 그들의 칼을 쳐서 보습을 만들고
사 5:13	귀한 자는 굶주릴 것이요 **무리**는 목마를
사 13:4	산에서 **무리**의 소리가 남이여 많은 백성
사 13:5	**무리**가 먼 나라에서, 하늘 끝에서 왔음
사 13:10	별들과 별 **무리**가 그 빛을 내지 아니
사 14:7	온 땅이 조용하고 평온하니 **무리**가 소리
사 24:14	**무리**가 소리를 높여 부를 것이며 여호
사 29:5	대적의 **무리**는 … 강포한 자의 **무리**는
사 41:20	**무리**가 보고 여호와의 손이 지으신 바요
사 44:11	그와 같은 **무리**들이 다 수치를 당할
사 60:4	네 눈을 들어 사방을 보라 **무리**가 다
사 63:3	노함으로 말미암아 **무리**를 밟았고 분함
렘 1:16	**무리**가 나를 버리고 다른 신들에게 분향
렘 5:4	말하기를 이 **무리**는 비천하고 어리석은
렘 6:18	너희 나라들아 들으라 **무리**들아 그들이
렘 9:2	다 간음하는 자요 반역한 자의 **무리**가
렘 12:13	**무리**가 밀을 심어도 가시를 거두며 수고
렘 14:2	유다가 슬퍼하며 성문의 **무리**가 피곤
렘 17:20	**무리**에게 이르기를 이 문으로 들어오는
렘 22:18	**무리**가 그를 위하여 슬프다 내 형제여,
렘 33:4	여호와께서 말씀하시니라 **무리**가 이
렘 38:20	예레미야가 이르되 그 **무리**가 왕을 그들
렘 48:2	**무리**가 그를 해하려고 악을 도모하고
렘 48:31	**무리**가 길헤레스 사람을 위하여 신음
렘 50:9	큰 민족의 **무리**를 북쪽에서 올라오게
렘 51:4	**무리**가 갈대아 사람의 땅에서 죽임을
렘 52:15	항복한 자와 **무리**의 남은 자를 사로잡아
애 2:22	**무리**를 부름같이 하셨나이다 여호와
겔 3:25	너 인자야 보라 **무리**가 네 위에 줄을
겔 7:11	그들도, 그 **무리**도, 그 재물도 하나도
겔 12:12	**무리**가 성벽을 뚫고 행장을 그리로 가지
겔 16:40	**무리**를 데리고 와서 너를 돌로 치며
겔 21:23	왕은 그 죄악을 기억하고 그 **무리**를
겔 23:42	**무리**와 편히 지껄이고 즐겼으며 또 광야
겔 23:46	그들에게 **무리**를 올려 보내 그들이 공포
겔 23:47	**무리**가 그들을 돌로 치며 칼로 죽이고
겔 28:22	내 거룩함을 나타낼 때에 **무리**가 나를
겔 28:23	엎드러질 것인즉 **무리**가 나를 여호와인
겔 29:19	그 **무리**를 잡아가며 물건을 노략하며
겔 30:6	믹돌에서부터 수에네까지 **무리**가 그

{ 무리 } { 무리 }

겔 30:15	성읍 신에 쏟고 또 노 나라의 **무리**를
겔 31:2	너는 애굽의 바로 왕과 그 **무리**에게
겔 32:12	나는 네 **무리**가 용사 곧 모든 나라의
겔 32:23	**무리**가 그 무덤 사방에 있음이여 그들은
겔 34:21	병든 자를 뿔로 받아 **무리**를 밖으로
겔 37:20	너는 그 글 쓴 막대기들을 **무리**의 눈
겔 46:10	군주가 **무리** 가운데에 있어서 그들이
단 1:19	왕이 그들과 말하여 보매 **무리** 중에
단 3:4	언어로 말하는 자들아 왕이 너희 **무리**
단 6:11	**무리**들이 모여서 다니엘이 자기 하나님
단 6:15	그 **무리**들이 또 모여 왕에게로 나아와서
단 10:6	빛난 놋과 같고 그의 말소리는 **무리**의
단 11:11	그 **무리**는 그의 손에 넘겨 준 바 되리라
단 11:24	재물을 **무리**에게 흩어 주며 계략을 세워
단 11:35	몇 사람이 몰락하여 **무리** 중에서 연단을
호 8:5	내 진노가 **무리**를 향하여 타오르나니
호 12:11	길갈에서는 **무리**가 수송아지로 제사를
욜 2:6	그 앞에서 백성들이 질리고, **무리**의
암 5:10	**무리**가 성문에서 책망하는 자를 미워
암 9:1	그것으로 부서져서 **무리**의 머리에 떨어
욘 1:8	**무리**가 그에게 이르되 청하건대 이 재앙
욘 1:11	바다가 점점 흉용한지라 **무리**가 그에게
욘 1:14	**무리**가 여호와께 부르짖어 이르되
미 2:12	내가 반드시 너희 **무리**를 다 모으며
미 4:3	이방 사람을 판결하시리니 **무리**가 그
미 7:2	**무리**가 다 피를 흘리려고 매복하며 각기
합 2:6	그 **무리**가 다 속담으로 그를 평론하며
합 3:16	**무리**가 우리를 치러 올라오는 환난 날을
슥 4:7	머릿돌을 내놓을 때에 **무리**가 외치기를
슥 10:1	**무리**에게 소나기를 내려서 밭의 채소를
슥 10:3	만군의 여호와가 그 **무리** 곧 유다 족속
슥 12:8	하나님 같고 **무리** 앞에 있는 여호와의

신약

마 7:28	예수께서 이 말씀을 마치시매 **무리**들이
마 8:18	**무리**가 자기를 에워싸는 것을 보시고
마 9:8	**무리**가 보고 두려워하며 이런 권능을
마 9:25	**무리**를 내보낸 후에 예수께서 들어가사
마 9:33	**무리**가 놀랍게 여겨 이르되 이스라엘
마 11:7	그들이 떠나매 예수께서 **무리**에게 요한
마 12:23	**무리**가 다 놀라 이르되 이는 다윗의
마 12:46	**무리**에게 말씀하실 때에 그의 어머니와
마 13:34	예수께서 이 모든 것을 **무리**에게 비유
마 14:5	요한을 죽이려 하되 **무리**가 그를 선지자
마 14:13	빈 들에 가시니 **무리**가 듣고 여러 고을
마 14:19	**무리**를 명하여 잔디 위에 앉히시고 떡 다섯 개와 물고기 두 마리 … **무리**에게
마 15:10	**무리**를 불러 이르시되 듣고 깨달으라
마 15:31	맹인이 보는 것을 **무리**가 보고 놀랍게
마 15:33	우리가 어디서 이런 **무리**가 배부를 만큼
마 15:35	예수께서 **무리**에게 명하사 땅에 앉게
마 15:36	제자들에게 주시니 제자들이 **무리**에게
마 15:39	예수께서 **무리**를 흩어 보내시고 배에

'무리'와 관련된 성구

고라의 무리 – 민 16:40; 26:9; 27:3

너희 무리 – 고전 16:24; 고후 7:13; 13:13; 빌 1:4, 7, 8, 25; 2:17, 26; 살후 3:18; 딛 3:15

두 무리 – 삿 9:44; 왕상 20:27; 느 12:40

많은 무리 – 대하 14:11; 28:5; 30:18; 사 5:14; 렘 3:1; 겔 17:17; 단 8:25; 11:44; 막 3:8; 눅 6:17; 7:11

모든 무리 – 민 16:5, 6; 사 49:18; 렘 44:20; 겔 7:12, 13, 14, 23:23; 27:27; 32:12, 16, 20, 24, 25, 26, 31; 38:22; 39:4, 11; 행 21:27; 25:24

무리가 알다 – 겔 35:15; 욘 1:10; 눅 9:11

무리를 떠나다 – 마 13:36; 막 4:36; 7:17, 33

무리를 모으다 – 대하 15:9; 32:6; 겔 38:13; 행 15:30

무리를 보내다 – 삼하 10:7; 대상 19:8; 마 14:15, 22, 23; 막 6:36, 45; 눅 9:12

무리를 보다 – 왕상 20:13; 왕하 9:17; 마 5:1; 9:23, 36; 14:14; 막 6:34; 행 13:45

무리를 불쌍히 여기다 – 마 15:32; 막 8:2

무리를 위하다 – 겔 32:16, 18, 25; 요 11:42; 빌 1:4, 7

무리를 충동하다 – 막 15:11; 행 14:19; 21:27

무리의 비방 – 시 31:13; 렘 20:10

백성의 무리 – 왕상 20:10; 렘 44:15; 겔 26:7; 32:3; 38:6; 행 21:36

선지자의 무리 – 삼상 10:5, 10; 19:20; 왕상 20:35

세 무리 – 삿 9:43; 욥 1:17

【 무리 】　　【 무리 】

마 17:14	그들이 **무리**에게 이르매 한 사람이 예수	막 10:1	건너편으로 가시니 **무리**가 다시 모여
마 20:31	**무리**가 꾸짖어 잠잠하라 하되 더욱 소리	막 11:18	이는 **무리**가 다 그의 교훈을 놀랍게
마 21:8	**무리**의 대다수는 그들의 겉옷을 길에	막 12:12	잡고자 하되 **무리**를 두려워하여 예수를
마 21:9	앞에서 가고 뒤에서 따르는 **무리**가 소리	막 12:41	**무리**가 어떻게 헌금함에 돈 넣는가를
마 21:11	**무리**가 이르되 갈릴리 나사렛에서 나온	막 14:43	파송된 **무리**가 검과 몽치를 가지고
마 21:46	잡고자 하나 **무리**를 무서워하니 이는	막 14:48	예수께서 **무리**에게 말씀하여 이르시되
마 22:33	**무리**가 듣고 그의 가르치심에 놀라더라	막 14:51	두르고 예수를 따라가다가 **무리**에게
마 23:1	예수께서 **무리**와 제자들에게 말씀하여	막 15:8	**무리**가 나아가서 전례대로 하여 주기를
마 26:55	예수께서 **무리**에게 말씀하시되 너희가	막 15:15	**무리**에게 만족을 주고자 하여 바라바를
마 27:15	명절이 되면 총독이 **무리**의 청원대로	눅 3:7	요한이 세례 받으러 나아오는 **무리**에게
마 27:20	장로들이 **무리**를 권하여 바라바를 달라	눅 3:10	**무리**가 물어 이르되 그러면 우리가 무엇
마 27:24	물을 가져다가 **무리** 앞에서 손을 씻으며	눅 4:35	귀신이 그 사람을 **무리** 중에 넘어뜨리고
막 2:4	**무리**들 때문에 예수께 데려갈 수 없으	눅 4:42	한적한 곳에 가시니 **무리**가 찾다가 만나
막 3:9	예수께서 **무리**가 에워싸 미는 것을 피하	눅 5:1	**무리**가 몰려와서 하나님의 말씀을 들을
막 3:20	집에 들어가시니 **무리**가 다시 모이므로	눅 5:3	앉으사 배에서 **무리**를 가르치시더니
막 3:32	**무리**가 예수를 둘러 앉았다가 여짜오되	눅 5:19	**무리** 때문에 메고 … **무리** 가운데로
막 5:27	예수의 소문을 듣고 **무리** 가운데 끼어	눅 6:10	**무리**를 둘러보시고 그 사람에게 이르시
막 5:30	스스로 아시고 **무리** 가운데서 돌이켜	눅 7:9	따르는 **무리**에게 이르시되 내가 너희
막 5:31	제자들이 여짜오되 **무리**가 에워싸 미는	눅 7:24	떠난 후에 예수께서 **무리**에게 요한에
막 6:46	**무리**를 작별하신 후에 기도하러 산으로	눅 8:19	어머니와 그 동생들이 왔으나 **무리**로
막 7:14	**무리**를 다시 불러 이르시되 너희는 다	눅 8:40	예수께서 돌아오시매 **무리**가 환영하니
막 8:6	**무리**를 명하여 땅에 앉게 하시고 떡	눅 8:42	예수께서 가실 때에 **무리**가 밀려들더라
막 8:34	**무리**와 제자들을 불러 이르시되 누구	눅 8:45	베드로가 이르되 주여 **무리**가 밀려들어
막 9:15	**무리**가 곧 예수를 보고 매우 놀라며	눅 9:16	떼어 제자들에게 주어 **무리**에게 나누어
막 9:17	**무리** 중의 하나가 대답하되 선생님 말	눅 9:18	물어 이르시되 **무리**가 나를 누구라고
막 9:25	예수께서 **무리**가 달려와 모이는 것을	눅 9:23	또 **무리**에게 이르시되 아무든지 나를

'무리'와 관련된 성구

수많은 무리 – 마 4:25; 8:1; 눅 5:15; 14:25
애굽의 무리 – 겔 30:4, 10; 32:18
양 무리 – 신 15:14; 삼하 24:17; 사 17:2; 60:7; 겔 36:38; 벧전 5:2, 3
열방의 무리 – 사 29:7, 8
예후의 무리 – 왕하 9:17
온 무리 – 민 16:16; 삼하 2:28; 10:7; 왕하 7:13; 대상 13:8; 15:3; 19:8; 대하 32:7; 겔 32:22; 마 13:2; 막 4:1; 눅 13:17; 19:37
유다 무리 – 대하 16:6; 17:5; 32:9
유다와 베냐민의 무리 – 대하 15:2, 9
이스라엘 무리 – 출 18:25; 신 1:1; 삼상 25:1; 삼하 3:21; 6:19; 15:6; 16:22; 17:10, 26; 18:17; 왕상 11:16; 16:16, 17; 왕하 7:13; 대상 13:8; 15:3, 28; 16:3; 17:6; 대하 11:3; 13:4; 31:1; 35:18; 스 2:70; 8:25
적은 무리 – 대하 24:24; 렘 42:2; 눅 12:32
제사장의 무리 – 스 10:18; 호 6:9; 행 6:7
죄인의 무리 – 민 32:14
큰 무리 – 왕상 20:13; 대하 13:8; 20:2, 12, 15; 스 10:1; 느 12:31; 욥 31:34; 시 68:11; 사 16:14; 렘 31:8; 44:15; 겔 26:7; 38:4, 15; 단 11:11, 12; 마 13:2; 14:14; 15:30; 19:2; 20:29; 26:47; 막 2:13; 3:7; 4:1; 5:21, 24; 6:34; 8:1; 9:14; 눅 8:4; 9:37; 23:27; 요 6:2, 5; 12:9, 12; 행 2:6; 5:14; 11:24, 26; 17:4; 계 7:9
한 무리 – 창 37:25; 삼하 2:25; 23:13; 왕상 9:17; 느 12:31; 눅 22:47; 요 10:16
허다한 무리 – 막 10:46; 행 14:1; 계 19:1, 6

933

【 무리 】　　　　　　　　　　　　　　　　　　　　　　　　　　　　　　　　　　　　【 무서워하다 】

눅 9:38	무리 중의 한 사람이 소리 질러 이르되	행 19:9	무리 앞에서 이 도를 비방하거늘 바울이
눅 11:14	사람이 말하는지라 무리들이 놀랍게	행 19:32	무리가 분란하여 태반이나 어찌하여
눅 11:27	이 말씀을 하실 때에 무리 중에서 한	행 19:33	유대인들이 무리 가운데서 알렉산더를
눅 11:29	무리가 모였을 때에 예수께서 말씀하	행 19:35	서기장이 무리를 진정시키고 이르되
눅 12:1	그 동안에 무리 수만 명이 모여 서로	행 21:34	무리 가운데서 어떤 이는 이런 말로,
눅 12:13	무리 중에 한 사람이 이르되 선생님	행 21:35	바울이 층대에 이를 때에 무리의 폭행
눅 12:54	또 무리에게 이르시되 너희가 구름이	행 23:7	사두개인 사이에 다툼이 생겨 무리가
눅 13:14	분 내어 무리에게 이르되 일할 날이	행 23:10	군인을 명하여 내려가 무리 가운데서
눅 18:36	무리가 지나감을 듣고 이 무슨 일이냐	행 24:12	시중에서 무리를 소동하게 하는 것을
눅 19:39	무리 중 어떤 바리새인들이 말하되	행 26:18	나를 믿어 거룩하게 된 무리 가운데서
눅 22:6	유다가 허락하고 예수를 무리가 없을	엡 2:11	육체에 행한 할례를 받은 무리라 칭하
눅 23:1	무리가 다 일어나 예수를 빌라도에게		는 … 할례를 받지 않은 무리라 칭함을
눅 23:4	대제사장들과 무리에게 이르되 내가	계 17:15	음녀가 앉아 있는 물은 백성과 무리와
눅 23:5	무리가 더욱 강하게 말하되 그가 온		
눅 23:18	무리가 일제히 소리 질러 이르되 이	**무리하다**(無理, unreasonable)	
눅 23:48	구경하러 모인 무리도 그 된 일을 보고	행 25:27	죄수를 보내는 것이 무리한 일인 줄
요 6:22	바다 건너편에서 있던 무리가 배 한 척		
요 6:24	무리가 거기에 예수도 안 계시고 제자	**무명하다**(無名, unknown)	
요 7:12	예수에 대하여 무리 중에서 수군거림	고후 6:9	무명한 자 같으나 유명한 자요 죽은 자
요 7:20	무리가 대답하되 당신은 귀신이 들렸	**무법하다**(無法, detestable, lawless)	
요 7:31	무리 중의 많은 사람이 예수를 믿고	신 17:12	사람이 만일 무법하게 행하고 네 하나님
요 7:32	무리가 수군거리는 것이 바리새인들	신 17:13	두려워하여 다시는 무법하게 행하지
요 7:40	말씀을 들은 무리 중에서 어떤 사람은	벧전 4:3	술취함과 방탕과 향락과 무법한 우상
요 7:43	예수로 말미암아 무리 중에서 쟁론이	벧후 2:7	무법한 자들의 음란한 행실로 말미암아
요 7:49	율법을 알지 못하는 이 무리는 저주를	벧후 3:17	무법한 자들의 미혹에 이끌려 너희가
요 12:17	가운데서 살리실 때에 함께 있던 무리		
요 12:18	무리가 예수를 맞음은 이 표적 행하심	**무사**(武士, soldier)	
요 12:29	곁에 서서 들은 무리는 천둥이 울었다	렘 50:42	말을 타고 무사같이 각기 네 앞에서
요 12:34	무리가 대답하되 우리는 율법에서	욜 2:7	그들이 용사같이 달리며 무사같이 성을
행 1:15	모인 무리의 수가 약 백이십 명이나	나 2:3	용사들의 방패는 붉고 그의 무사들의
행 4:31	진동하더니 무리가 다 성령이 충만하여		
행 4:32	믿는 무리가 한마음과 한 뜻이 되어	**무사하다/무사히**(無私, no danger, safely)	
행 4:33	주 예수의 부활을 증언하니 무리가 큰	삼상 20:21	맹세하노니 네가 평안 무사할 것이니
행 8:6	무리가 빌립의 말도 듣고 행하는 표적	렘 12:5	네가 평안한 땅에서는 무사하려니와
행 14:4	시내의 무리가 나뉘어 유대인을 따르는	행 23:24	벨릭스에게로 무사히 보내기 위하여
행 14:11	무리가 바울이 한 일을 보고 루가오니아		
행 14:13	대문 앞에 와서 무리와 함께 제사하고	**무색하다**(無色, precious)	
행 14:14	듣고 옷을 찢고 무리 가운데 뛰어 들어	욥 29:24	얼굴 빛을 무색하게 아니하였느니라
행 14:18	이렇게 말하여 겨우 무리를 말려 자기		
행 16:22	무리가 일제히 일어나 고발하니 상관	**무서워하다**(dread, fear, afraid)	
행 17:8	무리와 읍장들이 이 말을 듣고 소동하되	창 9:2	너희를 무서워하리니 이것들은 너희
행 17:13	거기도 가서 무리를 움직여 소동하게	신 1:29	너희에게 말하기를 그들을 무서워하지

【 무섭다 】　　　　　　　　　　　　　【 무성하다 】

신 2:25	만민이 너를 **무서워하며** 너를 두려워	삼하 17:2	그를 **무섭게** 하면 그와 함께 있는 모든
신 11:25	너희를 두려워하고 **무서워하게** 하시	욥 15:21	그의 귀에는 **무서운** 소리가 들리고 그가
삼하 9:7	다윗이 그에게 이르되 **무서워하지** 말라	욥 18:11	**무서운** 것이 사방에서 그를 놀라게 하고
욥 3:25	**무서워하는** 그것이 내 몸에 미쳤구나	욥 30:22	불려가게 하시며 **무서운** 힘으로 나를
시 27:1	능력이시니 내가 누구를 **무서워하리요**	사 41:5	두려워하며 땅 끝이 **무서워** 떨며 함께
시 89:7	가운데에서 매우 **무서워할** 이시오며	렘 5:30	이 땅에 **무섭고** 놀라운 일이 있도다
전 9:2	맹세하는 자와 맹세하기를 **무서워하는**	렘 15:21	악한 자의 손에서 건지며 **무서운** 자의
사 8:13	그를 너희가 두려워하며 **무서워할** 자로	렘 30:5	말씀하시되 우리가 **무서워** 떠는 자의
사 66:4	그들이 **무서워하는** 것을 그들에게 임하	렘 50:38	신상의 땅이요 그들은 **무서운** 것을 보고
겔 2:6	두려워하지 말며 그 얼굴을 **무서워하지**	겔 1:18	높고 **무서우며** 네 둘레로 돌아가면서
겔 3:9	그들의 얼굴을 **무서워하지** 말라 하시니	겔 32:12	용사 곧 모든 나라의 **무서운** 자들의
슥 9:5	아스글론이 보고 **무서워하며** 가사도	단 7:7	넷째 짐승은 **무섭고** 놀라우며 또 매우
마 1:20	마리아 데려오기를 **무서워하지** 말라	단 7:19	짐승과 달라서 심히 **무섭더라** 그 이는
마 2:22	가기를 **무서워하더니** 꿈에 지시하심	합 1:7	**무서우며** 당당함과 위엄이 자기들에게
마 8:26	이르시되 어찌하여 **무서워하느냐**	마 14:30	바람을 보고 **무서워** 빠져 가는지라 소리
마 14:26	보고 놀라 유령이라 하며 **무서워하여**	마 21:26	요한을 선지자로 여기니 백성이 **무섭다**
마 21:46	잡고자 하나 무리를 **무서워하니** 이는	마 28:8	여자들이 **무서움과** 큰 기쁨으로 빨리
마 28:4	지키던 자들이 그를 **무서워하여** 떨며	눅 12:32	무리여 **무서워** 말라 너희 아버지께서
마 28:5	**무서워하지** 말라 십자가에 못 박히신	눅 21:11	**무서운** 일과 하늘로부터 큰 징조들이
마 28:10	예수께서 이르시되 **무서워하지** 말라	행 7:32	하신대 모세가 **무서워** 감히 바라보지
막 4:40	이렇게 **무서워하느냐** 너희가 어찌 믿음	행 16:29	뛰어 들어가 **무서워** 떨며 바울과 실라
막 9:6	이는 그들이 몹시 **무서워하므로** 그가	히 10:27	오직 **무서운** 마음으로 심판을 기다리는
막 16:8	도망하고 **무서워하여** 아무에게 아무 말	히 10:31	손에 빠져 들어가는 것이 **무서울진저**
눅 1:12	사가랴가 보고 놀라며 **무서워하니**	히 12:21	그 보이는 바가 이렇듯 **무섭기로** 모세도
눅 1:13	그에게 이르되 사가랴여 **무서워하지**		
눅 1:30	천사가 이르되 마리아여 **무서워하지**	**무성하다**(茂盛, fruitful, healthy, leafy)	
눅 2:9	그들을 두루 비추매 크게 **무서워하는**	시 37:35	본래의 땅에 서 있는 나무 잎이 **무성함**
눅 2:10	천사가 이르되 **무서워하지** 말라 보라	사 35:2	**무성하게** 피어 기쁜 노래로 즐거워하며
눅 5:10	시몬에게 이르시되 **무서워하지** 말라	겔 17:24	마른 나무를 **무성하게** 하는 줄 알리라
눅 9:34	들어갈 때에 그들이 **무서워하더니**	호 7:9	백발이 **무성할지라도** 알지 못하는도다
눅 19:21	엄한 사람인 것을 내가 **무서워함이라**	막 4:8	좋은 땅에 떨어지매 자라 **무성하여**
눅 21:26	임할 일을 생각하고 **무서워하므로** 기절		
눅 24:37	그들이 놀라고 **무서워하여** 그 보는 것	'무성하다' 와 관련된 성구	
요 9:22	결의하였으므로 그들을 **무서워함이러**	가지가 무성하다 – 겔 17:23; 19:10	
롬 8:15	**무서워하는** 종의 영을 받지 아니하고	무성한 가지 – 창 49:22	
히 2:15	죽기를 **무서워하므로** 한평생 매여 종	무성한 나무 가지 – 레 23:40; 느 8:15	
히 11:23	숨겨 왕의 명령을 **무서워하지** 아니하	무성한 나무/가지/잎 – 겔 17:23; 19:10	
히 11:27	애굽을 떠나 왕의 노함을 **무서워하지**	무성한 무화과나무 – 합 3:17	
히 13:6	내가 **무서워하지** 아니하겠노라 사람	무성한 상수리나무 –겔 6:13	
계 18:10	고통을 **무서워하여** 멀리 서서 이르되	무성한 수풀/숲 – 왕하 19:23; 사 66:14; 슥 11:2	
계 18:15	그의 고통을 **무서워하여** 멀리 서서 울고	무성한 이삭 – 창 41:5, 7, 22	
		무성한 포도나무 – 호 10:1	

무섭다(terror, ruthless, fearful)

【 무쇠 】

무쇠(iron)
미 4:13　네 뿔을 **무쇠** 같게 하며 네 굽을 놋 같게

무수하다/무수히(無數, teem)
출 8:3　개구리가 나일 강에서 **무수히** 생기고
출 8:24　여호와께서 그와 같이 하시니 **무수한**
삿 6:5　낙타가 **무수함이라** 그들이 그 땅에 들어
삼하 12:30　성읍에서 노략한 물건을 **무수히** 내오고
대상 20:2　또 그 성에서 노략한 물건을 **무수히**
대상 22:4　백향목을 **무수히** 준비하였으니 이는
대상 22:16　은과 놋과 철이 **무수하니** 너는 일어나
에 4:3　옷을 입고 재에 누운 자가 **무수하더라**
시 104:25　곧 크고 작은 동물들이 **무수하니이다**
전 4:16　백성들이 **무수하였을지라도** 후에 오는
아 6:8　후궁이 팔십 명이요 시녀가 **무수하되**
사 1:11　여호와께서 말씀하시되 너희의 **무수한**
사 2:7　마필이 가득하고 병거가 **무수하며**
사 47:9　**무수한** 주술과 많은 주문을 빌릴지라도
나 3:3　주검의 큰 무더기, **무수한** 시체여 사람
히 11:12　해변의 **무수한** 모래와 같이 많은 후손이

무술람(Meshullam)
1. 베냐민 자손으로 스바댜의 아들
대상 9:8　르우엘의 손자 스바댜의 아들 **무술람**
2. 레위 사람 그핫 자손
대하 34:12　그핫 자손들 중 스가랴와 **무술람이라**

무슨(how, what)

'무슨'과 관련된 성구

무슨 뜻 – 창 20:10; 출 12:26; 신 6:20; 29:24; 수 4:6, 21; 삼하 16:2; 겔 37:18; 슥 4:11, 12; 요 13:28; 행 10:17; 17:20
무슨 방도 – 눅 22:2; 빌 1:18
무슨 이유 – 왕상 1:13; 렘 2:31
무슨 일 – 창 21:17, 22; 삿 18:23, 24; 삼상 10:11; 11:5; 삼하 3:36; 14:5; 18:29; 왕하 6:28; 대하 8:15; 23:19; 에 4:5; 욥 13:13; 잠 27:1; 전 2:12; 6:12; 8:6; 렘 48:19; 욘 4:5; 미 6:3; 눅 15:26; 18:36; 24:19; 요 18:29; 행 10:4, 21, 29; 20:22; 21:33; 22:24, 30; 23:28; 고후 2:10; 3:5; 11:21; 빌 1:28; 골 3:23

【 무시로 】

창 18:12　주인도 늙었으니 내게 **무슨** 즐거움이

무슨 – 기타 본문

모세오경, 역사서　창 20:9; 23:15; 27:46; 31:14, 36; 33:8; 38:18; 44:16; 레 6:7; 7:21, 26, 27; 14:35; 17:10; 22:5; 민 22:19; 23:17; 신 4:25; 15:21; 수 5:14; 7:8; 22:24; 삿 11:12; 삼상 20:26; 26:18; 삼하 7:20; 16:10; 19:22, 28; 왕상 1:13; 8:37, 38; 9:8; 11:22; 12:16; 17:18; 18:9; 왕하 3:13; 4:13; 8:14; 9:11; 20:8, 14; 23:17; 대상 17:18; 21:12; 대하 6:28, 29; 7:21; 10:16; 35:21; 스 9:10; 에 6:3　**시가서, 선지서**　욥 6:11; 7:20; 9:14; 10:2; 21:15, 21; 22:3; 27:8; 30:21; 35:3, 6; 42:2; 시 30:9; 139:24; 전 2:2, 15, 22; 3:9; 6:8, 11; 11:2; 사 22:16; 38:15; 39:3; 40:18; 66:1; 렘 2:5; 8:9; 12:1; 13:21; 37:18; 겔 15:3, 4; 24:19; 33:30; 호 14:8; 욜 3:4; 학 1:9; 말 3:13　**복음서**　마 5:46; 8:29; 12:36; 19:16; 21:3, 23, 24; 24:3; 26:8, 70; 27:4, 23; 막 1:24; 4:30; 5:7; 9:6, 23; 11:28, 29, 146, 33; 13:4, 11; 15:14; 16:18; 눅 4:34; 5:22; 8:28; 20:2, 8; 21:7; 23:22; 24:41; 요 1:46; 2:4, 5, 18; 7:36; 12:27; 16:17, 18; 18:21; 21:22, 23　**역사서, 서신서**　행 4:7; 7:49; 8:36; 17:18; 18:14; 19:3; 23:17; 24:20; 25:11; 롬 3:5, 27; 6:1, 21; 7:7; 8:31; 9:11, 14, 23, 30; 고전 5:12; 11:22; 14:16; 15:32; 갈 6:1, 8; 빌 2:1; 4:8; 살전 4:2; 히 11:32; 약 2:14, 16; 벧전 2:20

무시(Mushi)　레위의 손자로 므라리의 둘째 아들
출 6:19　므라리의 아들들은 마흘리와 **무시니**

'무시 종족'과 관련된 성구

민 3:33; 26:58

무시 – 기타 본문

민 3:20; 대상 6:19, 47; 23:21, 23; 24:26, 30

무시로(無時, every moment)
겔 26:16　앉아서 너로 말미암아 **무시로** 떨며 놀랄
겔 32:10　자기 생명을 위하여 **무시로** 떨리로다

【 무시아 】

무시아(Mysia) 소아시아 북서쪽 지방

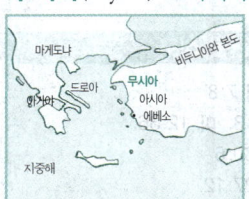

행 16:7 **무시아** 앞에 이르러 비두니아로 가고자
행 16:8 **무시아**를 지나 드로아로 내려갔는데

무시하다/무시당하다 (無視, not regard)
욥 37:24 하는 모든 자를 **무시하시느니라**
시 73:20 사람이 깬 후에는 꿈을 **무시함**같이
눅 18:2 두려워하지 않고 사람을 **무시하는**
눅 18:4 두려워하지 않고 사람을 **무시하나**
요 8:49 이거늘 너희가 나를 **무시하는도다**
행 19:27 여신 아데미의 신전도 **무시당하게** 되고

무식하다 (無識, without knowledge)
욥 34:35 **무식하게** 말하니 그의 말이 지혜롭지
렘 10:14 사람마다 어리석고 **무식하도다** 은장이
렘 51:17 사람마다 어리석고 **무식하도다** 금장색
딤후 2:23 어리석고 **무식한** 변론을 버리라 이에
히 5:2 **무식하고** 미혹된 자를 능히 용납할 수
벧전 2:15 선행으로 어리석은 사람들의 **무식**
벧후 3:16 어려운 것이 더러 있으니 **무식한** 자들

무실레못(Meshillemoth) 에브라임 자손
대하 28:12 아사랴와 **무실레못**의 아들 베레갸와

무심코 (無心, random)
왕상 22:34 한 사람이 **무심코** 활을 당겨 이스라엘
대하 18:33 한 사람이 **무심코** 활을 당겨 이스라엘

무안 (無顔, be put to shame)
시 70:2 영혼을 찾는 자들이 수치와 **무안**을 당하
시 71:24 하던 자들이 수치와 **무안**을 당함이니

무엇(what)
창 2:19 아담이 **무엇**이라고 부르나 보시려고

무엇 - 기타 본문
모세오경 창 4:10; 15:2, 8; 25:32; 27:37; 30:31; 31:32, 36, 37, 43; 32:27; 37:10, 15, 26; 38:16; 39:23; 46:15; 47:3; 출 3:13; 4:2; 15:24; 16:15;

【 무역/-하다 】

22:27; 33:16; 레 5:4; 11:32; 13:2; 19:26; 22:2; 신 5:25; 10:12; 14:3; 24:10 **역사서** 수15:18; 삿 1:14; 6:15; 13:17; 14:18; 16:5, 6, 10, 13, 15; 18:3, 18, 24; 19:19; 삼상 3:17; 6:4; 9:7; 13:11; 17:29; 18:8, 18; 19:3; 20:1, 4, 8, 32; 21:3; 26:18; 28:13; 29:3, 4, 8; 30:22; 삼하 2:22; 7:18; 9:8; 13:26; 15:35; 24:13, 17; 왕상 2:3; 3:5; 21:5; 왕하 4:2, 13, 14, 39; 5:20; 6:27; 8:13; 18:19; 20:15; 대상 17:16; 21:17; 26:28; 29:14; 대하 1:7; 32:10; 스 7:20; 느 2:4, 12, 16, 19; 4:2; 에 4:5; 5:3, 6; 7:2; 9:12 **시가서** 욥 6:22, 25; 7:17; 9:12; 11:8; 15:9; 16:3; 22:13, 17, 28; 31:2, 14; 34:4; 35:7; 38:6; 40:4; 시 8:4; 11:3; 39:7; 116:12; 119:9; 120:3; 144:3; 잠 4:19; 30:4; 31:2; 전 1:3, 10; 2:10; 3:22; 5:11, 16; 6:8, 10, 12; 8:4; 아 5:9; 8:8 **선지서** 사 1:11; 5:4; 36:4; 38:22; 39:4; 40:6; 45:9, 10; 렘 1:7, 11, 13; 8:6; 11:15; 16:10; 23:33, 35, 37; 24:3; 애 2:13; 겔 12:9; 15:2, 3; 19:2; 20:29; 단 1:10; 4:35; 6:7; 호 9:5, 14; 10:3; 암 7:8; 8:2; 욘 1:8; 미 1:5; 3:5; 6:3, 6, 8; 나 1:9; 합 2:1, 18; 슥 1:9, 19, 21; 4:2, 4, 5, 7, 13; 5:2, 5, 6; 6:4; 말 3:14 **복음서** 마 5:13, 47; 6:25, 31; 7:12; 9:13; 10:19; 11:7, 8, 16; 14:7; 16:19, 26; 18:18, 19, 20, 27; 20:20, 21, 32; 21:22; 26:50; 막 4:24; 5:9; 6:22, 23, 24, 36; 7:15, 18; 8:23, 36, 37; 9:10, 16, 22, 33, 50; 10:17, 35, 36, 51; 11:5, 13, 24; 12:28; 13:11, 15; 14:40, 68; 눅 1:62; 3:10, 12, 14; 6:32, 33; 7:24, 25, 26, 31; 8:30; 9:25, 36; 10:25, 26; 12:22, 29, 49; 13:18, 20; 14:34; 16:3; 18:18, 41; 23:8; 24:17; 요 1:22, 38; 4:27; 6:30; 9:17; 10:6; 13:2; 14:13, 14; 15:7, 16, 18, 23; 18:35, 38 **역사서 - 예언서** 행 3:5, 22; 17:19, 25; 19:36, 39; 20:20; 22:10; 23:19; 롬 3:1; 4:1, 3; 10:8; 11:4, 15; 12:2; 14:14, 21; 15:4; 16:2 고전 3:5; 4:7, 21; 6:12; 8:2; 9:18; 10:19, 27, 31; 11:4; 14:6, 35; 15:29; 고후 6:3; 12:13; 갈 3:19; 4:30; 6:7; 엡 1:18; 4:9; 5:10, 17; 6:21; 빌 1:18, 22; 3:7; 4:8; 골 3:17; 살전 2:19; 히 2:6; 8:3; 약 1:7; 4:14; 5:12; 벧전 4:8; 요일 3:22; 5:14, 15; 요삼 1:5; 유 1:10; 계 21:27

무역/-하다 (貿易, trade)
창 42:34 너희가 이 나라에서 **무역하리라** 하더
왕상 10:15 그 외에 또 상인들과 **무역하는** 객상과
사 23:18 그 **무역한** 것과 이익을 거룩히 여호와

【 무역상 】　　　　　　　　　　　　　　　　　　　　　【 무저갱 】

	께 돌리고 … **무역**한 것이 여호와 앞에
사 45:14	애굽의 소득과 구스가 **무역**한 것과 스바
겔 26:12	네 재물을 빼앗을 것이며 네가 **무역**한
겔 27:9	사공들이 네 가운데에서 **무역**하였도다
겔 28:5	큰 지혜와 네 **무역**으로 재물을 더하고
겔 28:16	**무역**이 많으므로 네 가운데에 강포가
겔 28:18	네가 죄악이 많고 **무역**이 불의하므로

무역상(貿易商, merchant)
대하 1:16	**무역상**들이 떼로 값을 정하여 산 것이
대하 9:14	그 외에 또 **무역상**과 객상들이 가져온
사 23:8	**무역상**들은 세상에 존귀한 자들이었던

무역품(貿易品, ware)
겔 27:33	네 재물과 **무역품**이 많으므로 세상 왕
겔 27:34	깊은 데에서 파선한 때에 네 **무역품**과

무용(武勇, warrior)
삼상 16:18	용기와 **무용**과 구변이 있는 준수한 자

무용지물(無用之物, worthless)
욥 34:18	왕에게라도 **무용지물**이라 하시며

무익하다(無益, useless)
에 3:8	용납하는 것이 왕에게 **무익**하니이다
욥 33:27	것을 그르쳤으나 내게 **무익**하였구나
욥 34:9	사람이 하나님을 기뻐하나 **무익**하다
잠 10:2	재물은 **무익**하여도 공의는 죽음에서
잠 11:4	재물은 진노하시는 날에 **무익**하나 공의
전 2:11	잡는 것이며 해 아래에서 **무익**한 것이
사 30:7	애굽의 도움은 헛되고 **무익**하니라
사 44:9	원하는 것들은 **무익**한 것이거늘 그것
사 49:4	헛되이 수고하였으며 **무익**하게 공연히
사 57:12	네가 행한 일이 네게 **무익**하니라
렘 2:8	예언하고 **무익**한 것들을 따랐느니라
렘 2:11	그의 영광을 **무익**한 것과 바꾸었도다
렘 2:30	자녀들을 때린 것이 **무익**함은 그들이
렘 16:19	이루지 못하리니 그에게 **무익**하리라
요 6:63	살리는 것은 영이니 육은 **무익**하니라
롬 3:12	다 치우쳐 함께 **무익**하게 되고 선을
고후 12:1	**무익**하나마 내가 부득불 자랑하노니
딛 3:9	대한 다툼은 피하라 이것은 **무익**한
몬 1:11	전에는 네게 **무익**하였으나 이제는 나와

히 7:18	계명은 연약하고 **무익**하므로 폐하고

'무익하다'와 관련된 성구
- 무익한 거짓말 – 렘 7:8
- 무익한 말 – 욥 15:3; 마 12:36
- 무익한 민족 – 사 30:6
- 무익한 사람 – 욥 27:12
- 무익한 우상 – 사 44:10
- 무익한 종 – 마 25:30; 눅 17:10

무자비하다(無慈悲, without mercy)
합 1:17	여러 나라를 **무자비**하게 멸망시키는
롬 1:31	배약하는 자요 무정한 자요 **무자비**한

무장/-하다/-시키다(武裝, arm)
민 31:3	나갈 사람들을 **무장**시키고 미디안을
민 31:5	중에서 만 이천 명을 택하여 **무장**을
민 32:17	우리는 **무장**하고 이스라엘 자손을 그곳
민 32:20	만일 이 일을 행하여 **무장**하고 여호와
민 32:21	너희가 다 **무장**하고 여호와 앞에서
민 32:27	종들은 우리 주의 말씀대로 **무장**하고
민 32:29	르우벤 자손이 만일 각각 **무장**하고 너희
민 32:30	그들이 너희와 함께 **무장**하고 건너지
민 32:32	우리가 **무장**하고 여호와 앞에서 가나안
신 3:18	너희의 군인들은 **무장**하고 너희의 형제
수 1:14	용사들은 **무장**하고 너희의 형제보다
수 4:12	모세가 그들에게 이른 것같이 **무장**하고
수 4:13	**무장**한 사만 명 가량이 여호와 앞에서
수 6:7	나아가서 그 성을 돌되 **무장**한 자들이
수 6:9	**무장**한 자들은 나팔 부는 제사장들 앞
수 6:13	나팔을 불고 **무장**한 자들은 그 앞에
눅 11:21	강한 자가 **무장**을 하고 자기 집을 지킬
눅 11:22	그가 믿던 **무장**을 빼앗고 그의 재물을

무저갱(無低坑, Abyss)
눅 8:31	**무저갱**으로 들어가라 하지 마시기를
롬 10:7	누가 **무저갱**에 내려가겠느냐 하지 말라
계 9:1	떨어진 별 하나가 있는데 그가 **무저갱**의
계 9:2	**무저갱**을 여니 그 구멍에서 큰 화덕의
계 9:11	왕이 있으니 **무저갱**의 사자라 히브리어
계 11:7	마칠 때에 **무저갱**으로부터 올라오는
계 17:8	장차 **무저갱**으로부터 올라와 멸망으로
계 20:1	천사가 **무저갱**의 열쇠와 큰 쇠사슬을

【 무정하다 】　　　　　　　　　　　　　　【 무찌르다 】

계 20:3　무저갱에 던져 넣어 잠그고 그 위에

무정하다 (無情, heartless)
롬 1:31　배약하는 자요 **무정한** 자요 무자비한
딤후 3:3　**무정하며** 원통함을 풀지 아니하며 모함

무죄하다 (無罪, innocent)
출 23:7　멀리 하며 **무죄한** 자와 의로운 자를
민 5:31　남편은 **무죄할** 것이요 여인은 죄가 있으
민 32:22　이스라엘 앞에서나 **무죄하여** 돌아오
신 23:22　서원하지 아니하였으면 **무죄하리라**
신 27:25　**무죄한** 자를 죽이려고 뇌물을 받는 자
삼하 3:28　나라는 여호와 앞에 영원히 **무죄하니**
욥 9:23　재난이 닥쳐 죽을지라도 **무죄한** 자의
시 10:8　은밀한 곳에서 **무죄한** 자를 죽이며 그
시 15:5　뇌물을 받고 **무죄한** 자를 해하지 아니
시 26:6　여호와여 내가 **무죄하므로** 손을 씻고
시 73:13　내 손을 씻어 **무죄하다** 한 것이 실로
시 94:21　영혼을 치려 하며 **무죄한** 자를 정죄하여
렘 2:35　말하기를 나는 **무죄하니** 그의 진노를
렘 30:11　징계할 것이요 결코 **무죄한** 자로만
렘 46:28　결코 **무죄한** 자로 여기지 아니하리라
렘 50:7　범하였음인즉 우리는 **무죄하다**
단 6:22　나의 **무죄함**이 그 앞에 명백함이오며
호 8:5　그들이 어느 때에야 **무죄하겠느냐**
마 12:7　너희가 알았더라면 **무죄한** 자를 정죄
마 27:24　사람의 피에 대하여 나는 **무죄하니**

'무죄한 피'와 관련된 성구
신 19:10, 13; 21:8; 삼상 19:5; 25:31;
시 106:38; 사 59:7; 렘 22:3, 17; 26:15;
욜 3:19; 욘 1:14; 마 27:4

무지개 (rainbow)
창 9:13　**무지개**를 구름 속에 두었나니 이것이 나와 세상 사이의

창 9:14　구름으로 땅을 덮을 때에 **무지개**가 구름
창 9:16　**무지개**가 구름 사이에 있으리니 내가
겔 1:28　비 오는 날 구름에 있는 **무지개** 같으니
계 4:3　벽옥과 홍보석 같고 또 **무지개**가 있어
계 10:1　머리 위에 **무지개**가 있고 그 얼굴은 해

무지러지다 (rub bare)
겔 29:18　머리털이 **무지러졌고** 모든 어깨가 벗어

무지하다 (無知, without knowledge)
욥 38:2　**무지한** 말로 생각을 어둡게 하는 자가
욥 42:3　**무지한** 말로 이치를 가리는 자가 누구
시 14:4　죄악을 행하는 자는 다 **무지하냐** 그들이
시 32:9　너희는 **무지한** 말이나 노새같이 되지
시 49:10　어리석고 **무지한** 자도 함께 망하며 그들
시 53:4　죄악을 행하는 자들은 **무지하냐** 그들이
시 73:22　우매 **무지함**으로 주 앞에 짐승이오나
시 92:6　어리석은 자도 알지 못하며 **무지한** 자
시 94:8　너희는 생각하라 **무지한** 자들아 너희
잠 6:32　여인과 간음하는 자는 **무지한** 자라 이것
잠 15:21　**무지한** 자는 미련한 것을 즐겨 하여도
잠 17:16　미련한 자는 **무지하거늘** 손에 값을
잠 28:16　**무지한** 치리자는 포학을 크게 행하거니
사 5:13　**무지함**으로 말미암아 사로잡힐 것이요
사 45:20　신에게 기도하는 자들은 **무지한** 자들
사 56:10　맹인이요 다 **무지하며** 벙어리 개들이라
렘 4:22　있으나 선을 행하기에는 **무지하도다**
렘 10:8　그들은 다 **무지하고** 어리석은 것이니

무질서/-하다 (無秩序, disorder, idle)
고전 14:33　하나님은 **무질서의** 하나님이 아니시오
살후 3:7　우리가 너희 가운데서 **무질서하게**

무찌르다 (overcome, devastate, rout)
출 17:13　아말렉과 그 백성을 쳐서 **무찌르니라**
민 14:45　가나안인이 내려와 그들을 **무찌르고**
민 21:24　그들을 쳐서 **무찌르고** 그 땅을 아르논
민 24:17　이쪽에서 저쪽까지 쳐서 **무찌르고** 또
삿 11:33　아벨 그라밈까지 매우 크게 **무찌르니**
삿 12:4　에브라임을 쳐서 **무찔렀으니** 이는
삼하 7:1　주의 모든 원수를 **무찌르사** 왕으로
삼하 8:9　하닷에셀의 온 군대를 쳐서 **무찔렀다**
삼하 8:10　하닷에셀을 쳐서 **무찌름이라** 요람이
삼하 22:15　그들을 흩으시며 번개로 **무찌르셨도다**
삼하 22:38　**무찌르기** 전에는 돌이키지 아니하였
삼하 22:39　그들을 **무찔러** 전멸시켰더니 그들이
왕하 13:25　벤하닷을 세 번 쳐서 **무찌르고** 이스라엘
대상 4:41　그들의 장막을 쳐서 **무찌르고** 거기서
대상 18:9　하닷에셀의 온 군대를 쳐서 **무찔렀다**

무한하다

대상 18:10 다윗이 하닷에셀을 쳐서 **무찔렀음이라**
대하 13:17 백성이 크게 **무찌르니** 이스라엘이 택한
욥 26:13 손으로 날랩한 뱀을 **무찌르시나니**
시 144:6 주의 화살을 쏘아 그들을 **무찌르소서**
겔 27:26 바다 한가운데에서 너를 **무찔렀도다**

무한하다(無限, beyond one's reach)

욥 37:23 권능이 지극히 크사 정의나 **무한한**
사 2:7 은금이 가득하고 보화가 **무한하며**
나 2:9 저축한 것이 **무한하고** 아름다운 기구

무할례(無割禮, uncircumcise)

롬 2:25 율법을 범하면 네 할례는 **무할례**가 되
롬 2:26 율법의 규례를 지키면 그 **무할례**를
롬 4:10 어떻게 여겨졌느냐 할례시냐 **무할례**
　　　　 시냐 할례시가 아니요 **무할례** 시니라
롬 4:11 그가 할례의 표를 받은 것은 **무할례** 시
롬 4:12 조상 아브라함이 **무할례** 시에 가졌던
갈 5:6 예수 안에서는 할례나 **무할례**나 효력
갈 6:15 할례나 **무할례**가 아무 것도 아니로되
골 2:13 육체의 **무할례**로 죽었던 너희를 하나님

무할례자(無割禮者, uncircumcised man, gentile)

행 11:3 **무할례자**의 집에 들어가 함께 먹었다
롬 2:26 **무할례자**가 율법의 규례를 지키면
롬 2:27 본래 **무할례자**가 율법을 온전히 지키면
롬 3:30 믿음으로 말미암아 또한 **무할례자**도
롬 4:9 할례자에게냐 혹은 **무할례자**에게도냐
고전 7:18 **무할례자**가 되지 말며 **무할례자**로
갈 2:7 그들은 내가 **무할례자**에게 복음 전함

무할례파(無割禮派, uncircumcised)

골 3:11 유대인이나 할례파나 **무할례파**나

무화과(無花果, fig)

민 13:23 석류와 **무화과**
민 20:5 파종할 곳이 없고 **무화과**도 없고 포도도
신 8:8 밀과 보리의 소산지요 포도와 **무화과**와
왕하 18:31 포도나무와 **무화과**를 먹고 또한 각각 자기
느 13:15 포도주와 포도와 **무화과**와 여러 가지
사 28:4 익은 **무화과**와 같으리니 보는 자가 그
사 36:16 자기의 포도와 자기의 **무화과**를 먹으며
사 38:21 이사야가 이르기를 한 뭉치 **무화과**를
렘 8:13 **무화과**가 없을 것이며 그 잎사귀가 마를
렘 24:1 성전 앞에 놓인 **무화과** 두 광주리를 내
렘 24:2 극히 좋은 **무화과**가 있고 한 광주리에
　　　　 는… 먹을 수 없는 극히 나쁜 **무화과**가
렘 24:3 대답하되 **무화과**이온데 그 좋은 **무화과**
렘 24:5 포로를 이 좋은 **무화과**같이 잘 돌볼
렘 24:8 나빠서 먹을 수 없는 이 나쁜 **무화과**
렘 29:17 상하여 먹을 수 없는 몹쓸 **무화과** 같게
미 7:1 마음에 사모하는 처음 익은 **무화과**가
마 7:16 또는 엉겅퀴에서 **무화과**를 따겠느냐
막 11:13 아무 것도 없더라 이는 **무화과**의 때가
눅 6:44 가시나무에서 **무화과**를, 또는 찔레에
약 3:12 포도나무가 **무화과**를 맺겠느냐 이와

'무화과'와 관련된 성구

돌무화과나무 - 눅 19:4
무화과 과자 - 대상 12:40
무화과나무 - 창 3:7; 삿 9:10, 1; 왕상 4:25; 시 105:33; 잠 27:18; 아 2:13; 사 34:4; 렘 5:17; 8:13; 호 2:12; 9:10; 욜 1:7, 12; 2:22; 암 4:9; 미 4:4; 나 3:12; 합 3:17; 학 2:19; 슥 3:10; 마 21:19, 20, 21; 24:32; 막 11:13, 20, 21; 13:28; 눅 13:6, 7; 21:29; 요 1:48, 50; 약 3:12; 계 6:13
무화과 뭉치 - 삼상 25:18; 30:12
무화과 반죽 - 왕하 20:7;

무효/-하다(無效, nullify, thwart)

민 6:12 더럽혔은즉 지나간 기간은 **무효**니라
민 30:8 경솔하게 입술로 말한 서약은 **무효**가
민 30:12 남편이 그것을 듣는 날에 **무효**하게
민 30:13 그것을 지키게도 할 수 있고 **무효**하게
민 30:15 그것을 **무효**하게 하면 그가 아내의 죄
시 33:10 민족들의 사상을 **무효**하게 하시도다

무흠하다(無欠, nothing wrong)

히 8:7 첫 언약이 **무흠하였더라면** 둘째 것을

묵다(old, unplowed, last)

1. 오래되다(old, unplowed, last)

레 25:22 **묵은** 소출을 먹을 것이며 아홉째 해에

【 묵도하다 】　　　　　　　　　　　　　　　　　　　　　　　　　　　　　　【 문 】

레 26:10　그 땅에 소출이 … **묵은** 것을 먹으리라
　　　　　너희는 오래 두었던 **묵은** 곡식을 먹다
　　　　　가 새 곡식으로 말미암아 **묵은** 곡식을
아 7:13　귀한 열매가 새 것, **묵은** 것으로 마련
렘 4:3　　**묵은** 땅을 갈고 가시덤불에 파종하지
호 4:11　음행과 **묵은** 포도주와 새 포도주가 마음
호 10:12　**묵은** 땅을 기경하라 지금이 곧 여호와
눅 5:39　**묵은** 포도주를 … 이는 **묵은** 것이 좋다
롬 7:6　　섬길 것이요 율법 조문의 **묵은** 것으로
고전 5:7　새 덩어리가 되기 위하여 **묵은** 누룩을
고전 5:8　우리가 명절을 지키되 **묵은** 누룩으로다

2. 나그네로 날을 보내다
삿 20:5　나를 치러 일어나서 밤에 내가 **묵고** 있던

묵도하다(默禱, hinder devotion, pray)
느 2:4　　내가 곧 하늘의 하나님께 **묵도하고**
욥 15:4　그만두어 하나님 앞에 **묵도하기를**

묵묵히(默默, without saying a word)
창 24:21　사람이 그를 **묵묵히** 주목하며 여호와

묵상/-하다(默想, meditate)
창 24:63　이삭이 저물 때에 들에 나가 **묵상하다가**
수 1:8　　주야로 그것을 **묵상하여** 그 안에 기록된
왕상 18:27　그는 신인즉 **묵상하고** 있는지 혹은 그가
시 1:2　　그의 율법을 주야로 **묵상하는도다**
시 19:14　마음의 **묵상**이 주님 앞에 열납되기를

묵시(默示, vision, revelation)
잠 29:18　**묵시**가 없으면 백성이 방자히 행하거니
사 21:2　혹독한 **묵시**가 내게 보였도다 속이는
렘 23:16　말한 **묵시**는 자기 마음으로 말미암은
겔 7:13　**묵시**가 그 모든 무리에게 돌아오지 아니
겔 7:26　선지자에게서 **묵시**를 구하나 헛될 것
겔 12:10　이스라엘 온 족속에 대한 **묵시**라 하셨다
겔 12:22　날이 더디고 모든 **묵시**가 사라지리라
겔 12:23　그들에게 이르기를 날과 모든 **묵시**의
겔 12:27　이스라엘 족속의 말이 그가 보는 **묵시**라
옵 1:1　　오바댜의 **묵시**라 주 여호와께서 에돔
미 1:1　　곧 사마리아와 예루살렘에 관한 **묵시**라
나 1:1　　곧 엘고스 사람 나훔의 **묵시**의 글이라
합 1:1　　선지자 하박국이 **묵시**로 받은 경고라
합 2:2　　이 **묵시**를 기록하여 판에 명백히 새기되
합 2:3　　이 **묵시**는 정한 때가 있나니 그 종말이

> **'묵시'와 관련된 성구**
> 여호와의 묵시 – 애 2:9
> 평강의 묵시 – 겔 13:16
> 하나님의 묵시 – 대하 26:5
> 허탄한 묵시 – 겔 12:24; 13:7, 9, 23
> 헛되고 어리석은 묵시 – 애 2:14

묵시 책
대하 9:29　아히야의 예언과 선견자 잇도의 **묵시 책**
대하 32:32　선지자 이사야의 **묵시 책**과 유다와

묵히다(unused)
출 23:11　갈지 말고 **묵혀** 두어서 네 백성의 가난

묶다/묶이다(bind)
창 37:7　우리가 밭에서 곡식 단을 **묶더니** 내 단은
창 37:34　옷을 찢고 굵은 베로 허리를 **묶고** 오래
창 44:30　아이의 생명이 서로 하나로 **묶여** 있거늘
왕하 4:29　네 허리를 **묶고** 내 지팡이를 손에 들고
욥 38:3　대장부처럼 허리를 **묶고** 내가 네게 묻는
욥 38:31　네가 묘성을 매어 **묶을** 수 있으며 삼성
욥 40:7　너는 대장부처럼 허리를 **묶고** 내가 네게
시 129:7　이런 것은 베는 자의 손과 **묶는** 자의
잠 31:17　힘 있게 허리를 **묶으며** 자기의 팔을
애 1:14　죄악의 멍에를 그의 손으로 **묶고** 얽어
겔 7:18　굵은 베로 허리를 **묶을** 것이요 두려움
겔 27:24　노끈으로 **묶어** 가지고 너와 거래하여
나 2:1　허리를 견고히 **묶고** 네 힘을 크게 굳게
마 13:30　거두어 불사르게 단으로 **묶고** 곡식은
마 22:13　사환들에게 말하되 그 손발을 **묶어** 바깥
마 23:4　무거운 짐을 **묶어** 사람의 어깨에 지우되

묶음(pile, bunch)
출 12:22　우슬초 **묶음**을 가져다가 그릇에 담은
행 28:3　나무 한 **묶음**을 거두어 불에 넣으니

문(門, door)
모세오경
창 4:7　죄가 **문**에 엎드려 있느니라 죄가 너를
창 6:16　규빗을 내고 그 **문**은 옆으로 내고 상 중

【문】

창 7:16	그를 들여보내고 문을 닫으시니라
창 19:6	문 밖의 무리에게로 나서서 뒤로 문을
창 19:9	밀치며 가까이 가서 그 문을 부수려고
창 19:10	내밀어 롯을 집으로 끌어들이고 문을
창 19:11	그 눈을 어둡게 하니 그들이 문을 찾느라
창 43:19	가까이 나아가 그 집 문 앞에서 그에게
출 12:23	여호와께서 그 문을 넘으시고 멸하는
출 21:6	그를 문이나 문설주 앞으로 데리고 가서
출 27:14	문 이쪽을 위하여 포장이 열다섯 규빗
출 27:15	문 저쪽을 위하여도 포장이 열다섯 규빗
출 32:27	칼을 차고 진 이 문에서 저 문까지 왕래
출 38:14	문 이쪽의 포장이 열다섯 규빗이요
출 38:15	문 저쪽도 그와 같으니 뜰 문 이쪽, 저
레 14:38	제사장은 그 집 문으로 나와 그 집을 이레
신 3:5	성읍이 높은 성벽으로 둘려 있고 문과
신 5:14	가축이나 네 문 안에 유하는 객이라도
신 15:17	송곳을 가져다가 그의 귀를 문에 대고
신 22:21	그 처녀를 그의 아버지 집 문에서 끌어
역사서	
수 2:19	누구든지 네 집 문을 나가서 거리로
수 6:26	그 문을 세울 때에 그의 막내아들을
삿 9:51	도망하여 들어가서 문을 잠그고 망대
삼상 3:15	여호와의 집의 문을 열었으나 그 이상
삼상 4:18	넘어져 문 곁에서 목이 부러져 죽었으니
삼상 23:7	그가 문과 문빗장이 있는 성읍에 들어
삼하 18:4	내가 행하리라 하고 문 곁에 왕이 서매
삼하 18:24	때에 다윗이 두 문 사이에 앉아 있더라
	파수꾼이 성 문 위층에 올라가서 눈을
삼하 18:33	마음이 심히 아파 문 위층으로 올라가서
삼하 19:8	백성에게 말하되 왕이 문에 앉아 계신
왕상 6:8	중층 골방의 문은 성전 오른쪽에 있는데
왕상 6:31	들어가는 곳에는 감람나무로 문을
왕상 6:32	감람나무로 만든 그 두 문짝에 그룹과
왕상 14:6	문으로 들어올 때에 아히야가 그 발소리
왕상 14:27	놋으로 방패를 만들어 왕궁 문을 지키는
왕하 4:4	너는 네 두 아들과 함께 들어가서 문을
왕하 4:5	두 아들과 함께 문을 닫은 후에 그들은
왕하 4:15	부르라 하여 부르매 여인이 문에 서니라
왕하 4:21	하나님의 사람의 침상 위에 두고 문을
왕하 4:33	들어가서는 문을 닫으니 두 사람 뿐이라
왕하 5:9	거느리고 이르러 엘리사의 집 문에
왕하 6:32	사자가 오거든 문을 닫고 문 안에 들이지
왕하 9:3	문을 열고 도망하되 지체하지 말지니

【문】

왕하 9:10	하셨느니라 하고 곧 문을 열고 도망하
왕하 9:31	예후가 문에 들어오매 이르되 주인을
왕하 11:6	호위대 뒤에 있는 문에 있어서 이와 같이
왕하 11:19	호위병의 문 길을 통하여 왕궁에 이르매
왕하 12:9	여호와의 전 문 어귀 오른쪽 곧 제단 옆
	에 두매 여호와를… 모든 은을 다 문
왕하 14:13	에브라임 문에서 성 모퉁이 문까지 사백
왕하 15:35	요담이 여호와의 성전의 윗 문을 건축
왕하 22:4	성전에 드린 은 곧 문 지킨 자가 수납한
왕하 23:4	부제사장들과 문을 지킨 자들에게 명령
대상 9:18	사람들은 전에 왕의 문 동쪽 곧 레위
대상 9:19	여호와의 진영을 맡고 출입 문을 지켰
대상 9:27	밤을 지내며 아침마다 문을 여는 책임이
대상 15:23	베레갸와 엘가나는 궤 앞에서 문을 지키
대상 15:24	여히야는 궤 앞에서 문을 지키는 자이
대상 16:42	여두둔의 아들에게 문을 지키게 하였
대상 26:13	문을 지키기 위하여 그의 조상의 가문
대상 26:17	동쪽 문에 레위 사람이 여섯이요 북쪽
	문에 매일 네 사람이요 남쪽 문에 매일
대하 8:14	반열을 따라 각 문을 지키게 하였으니
대하 14:7	성곽과 망대와 문과 빗장을 만들자 우리
대하 23:4	당번인 자들의 삼분의 일은 문을 지키고
대하 23:19	여러 문에 두어 무슨 일에든지 부정한
대하 34:9	돈은 문을 지키는 레위 사람들이 므낫세
대하 35:15	문지기들은 각 문에 있고 그 직무에서
느 2:8	속한 영문의 문과 성곽과 내가 들어갈
느 2:13	밤에 골짜기 문으로 나가서 용정으로
느 3:13	주민이 중수하여 문을 세우며 문짝을
느 3:14	말기야가 중수하여 문을 세우며 문짝
느 3:15	살룬이 중수하여 문을 세우고 덮었으며
느 3:20	대제사장 엘리아십의 집 문에 이르렀고
느 3:21	엘리아십의 집 문에서부터 엘리아십의
느 7:3	문을 닫고 빗장을 지르며 또 예루살렘
느 12:39	망대를 지나 양문에 이르러 감옥 문에
에 2:21	모르드개가 대궐 문에 앉았을 때에 문
에 5:1	왕이 어전에서 전 문을 대하여 왕좌에
에 6:2	그 속에 기록하기를 문을 지키던 왕의
시가서	
욥 3:10	내 모태의 문을 닫지 아니하여 내 눈을
욥 31:9	문을 엿보아 문에서 숨어 기다렸다면
욥 31:32	아니하도록 나는 행인에게 내 문을 열어
욥 38:8	그 모태에서 터져 나올 때에 문으로
욥 38:17	네게 나타났느냐 사망의 그늘진 문을

942

【 문 】

시 24:7	문들아 너희 머리를 들지어다 영원한 문들아 들릴지어다 영광의 왕이 들어
시 24:9	문들아 너희 머리를 들지어다 영원한 문들아 들릴지어다 영광의 왕이 들어
시 100:4	감사함으로 그의 문에 들어가며 찬송
시 141:3	파수꾼을 세우시고 내 입술의 문을 지키
잠 5:8	길을 그에게서 멀리 하라 그의 집 문에
잠 8:3	문 어귀와 여러 출입하는 문에서 불러
잠 8:34	누구든지 내게 들으며 날마다 내 문 곁
잠 9:14	자기 집 문에 앉으며 성읍 높은 곳에
잠 17:19	자기 문을 높이는 자는 파괴를 구하는
전 12:4	길거리 문들이 닫혀질 것이며 맷돌 소리
아 5:2	문을 두드려 이르기를 … 문을 열어
아 5:5	일어나 내 사랑하는 자를 위하여 문을
아 5:6	내 사랑하는 자를 위하여 문을 열었으나
아 7:13	합환채가 향기를 뿜어내고 우리의 문 앞
아 8:9	그가 문이라면 우리는 백향목 판자로

선지서

사 13:2	손을 흔들어 그들을 존귀한 자의 문에
사 24:18	위에 있는 문이 열리고 땅의 기초가
사 26:2	너희는 문들을 열고 신의를 지키는
사 26:20	문을 닫고 분노가 지나기까지 잠깐 숨으
사 45:1	문들을 열고 성문들이 닫히지 못하게
사 57:8	기념표를 문과 문설주 뒤에 두었으며
렘 7:2	너는 여호와의 집 문에 서서 이 말을 선포하여 … 예배하러 이 문으로 들어가는
렘 17:19	평민의 문과 예루살렘 모든 문에 서서
렘 17:20	문으로 들어오는 유다 왕들과 유다
렘 22:2	문들로 들어오는 네 백성은 여호와의
렘 22:4	병거와 말을 타고 이 집 문으로 들어오
렘 35:4	문을 지키는 살룸의 아들 마아세야의
렘 38:14	여호와의 성전 셋째 문으로 데려오게
렘 51:58	성벽은 훼파되겠고 그 높은 문들은 불에
겔 3:24	이르시되 너는 가서 네 집에 들어가 문

성경에 나오는 '문'

갓 문 – 겔 48:34
곁문 – 왕하 25:4; 렘 52:7
골짜기 문 – 대하 26:9; 느 2:13, 15; 3:13
궁 문 – 대하 12:10
기초 문 – 대하 23:5
납달리 문 – 겔 48:34
낭실 문 – 대하 29:7
내전의 문 – 대하 4:22
놋문 – 시 107:16; 사 45:2
다락문 – 삿 3:23, 24, 25
단 문 – 겔 48:32
대궐 문 – 에 2:19, 21; 3:2, 3; 4:2, 6; 5:9, 13; 6:10, 12
뜰 문 – 출 27:16; 35:15; 39:40; 40:8, 33; 대하 4:9; 겔 8:7
레위 문 – 겔 48:31
르우벤 문 – 겔 48:31
마문 – 느 3:28; 렘 31:40
말문 – 대하 23:15
망대 문 – 삿 9:52
무덤 문 – 마 27:60; 막 15:46; 16:3
미문 – 행 3:2, 10
바깥 문 – 신 6:9; 11:20; 겔 40:15, 19; 44:1; 46:2; 47:2
바드랍빔 문 – 아 7:4; 렘 20:2

분문 – 느 2:13; 3:13, 14; 12:31
베냐민 문 – 렘 20:2; 37:13; 38:7; 겔 48:32; 슥 14:10
사망의 문 – 욥 38:17; 시 9:13; 107:18
살래겟 문 – 대상 26:16
새 문 – 렘 36:10
샘 문 – 느 2:14; 3:15; 12:37
샛문 – 렘 39:4
성막 문 – 출 26:36; 35:15; 40:5, 6; 대상 9:19
성 모퉁이 문 – 대하 25:23; 26:9; 슥 14:10
성전 문 – 왕하 18:16; 대하 4:22; 24:8; 28:24; 29:3, 13; 겔 8:16; 41:25; 44:11; 47:1; 행 3:2
성문/성읍 문 – 창 19:1; 22:17; 23:10, 18; 24:60; 34:20, 24; 40:28, 29; 신 17:5; 20:11; 21:19; 22:15, 24; 24:14; 25:7; 수 2:5, 7; 7:5; 8:17, 29; 삿 5:8, 11; 9:35, 40, 44; 삼상 9:18; 삼하 3:27; 10:8; 11:23; 15:2; 19:8; 23:15, 16; 왕상 16:34; 17:10; 22:10; 왕하 7:1, 3, 17, 20; 15:16; 23:8; 대상 9:23; 11:17, 18; 19:9; 대하 18:9; 32:6; 느 1:3; 2:3, 13, 17; 6:1; 7:3; 12:30; 13:19, 22; 욥 5:4; 29:7; 31:21; 시 69:12; 122:2; 127:5; 잠 1:21; 8:3; 22:22; 24:7; 31:23; 31; 사

[문]   [문]

겔 8:3	안뜰로 들어가는 북향한 문에 이르시니
겔 8:8	하시기로 내가 그 담을 허니 한 문이
겔 11:1	동향한 문에 이르시기로 보니 그 문에
겔 26:2	만민의 문이 깨어져서 내게로 돌아왔도다
겔 33:30	인자야 네 민족이 담 곁에서와 집 문에
겔 38:11	성벽도 없고 문이나 빗장이 없어도 염려
겔 40:3	삼줄과 측량하는 장대를 가지고 문에
겔 40:6	동쪽을 향한 문에 … 그 문의 통로를 측량하니 길이가 한 장대요 그 문 안쪽
겔 40:7	그 앞에 현관이 있고 그 앞에 안 문이
겔 40:8	또 안 문의 현관을 측량하니 한 장대며
겔 40:9	안 문의 현관을 또 측량하니 … 그 문의
겔 40:15	바깥 문 통로에서부터 안 문 현관 앞까
겔 40:16	문 안 좌우편에 있는 벽 사이에도 창이
겔 40:38	문 벽 곁에 문이 있는 방이 있는데
겔 40:39	그 문의 현관 이쪽에 … 문의 현관 저쪽
겔 40:41	문 곁 이쪽에 상이 넷이 있고 저쪽에
겔 40:48	성전 문 현관에 이르러 그 문의 … 두께는 문 이쪽도 세 척이요 문 저쪽도
겔 41:11	그 골방 문은 다 빈 터로 향하였는데 한 문은 북쪽으로 향하였고 한 문은
겔 41:23	내전과 외전에 각기 문이 있는데
겔 41:24	문마다 각기 두 문짝 곧 접는 두 문짝이 있어 이 문에 두 짝이요 저 문에 두 짝
겔 42:2	너비는 쉰 척이며 그 문은 북쪽을 향하
겔 42:4	백 척이며 그 문들은 북쪽을 향하였으며
겔 42:11	너비도 같으며 그 출입구와 문도 그와
겔 42:12	남쪽 방에 출입하는 문이 있는데 담
겔 42:15	동쪽을 향한 문의 길로 나가서 사방
겔 43:1	나를 데리고 문에 … 동쪽을 향한 문이
겔 44:1	바깥 문에 돌아오시니 그 문이 닫혔더라
겔 44:2	여호와께서 내게 이르시되 이 문은 닫고

성경에 나오는 '문'

3:26; 14:31; 22:7; 24:12; 28:6; 29:21; 45:1; 54:12; 60:11, 18; 62:10; 렘 1:15; 14:2; 15:7; 17:24, 25, 27; 49:31; 애 1:4; 2:9; 4:12; 5:14; 겔 21:15, 22; 26:10; 암 5:10, 12, 15; 옵 1:11, 13; 미 1:9, 12, 13; 나 3:13; 슥 8:16; 말 1:10; 행 9:24; 21:5; 히 13:12; 계 21:25

수르 문 – 왕하 11:6
수문 – 느 3:26; 8:1, 3 16; 12:37; 나 2:6
스불론 문 – 겔 48:33
스올의 문 – 욥 17:16; 사 38:10
시므온 문 – 겔 48:33
시온의 문 – 시 9:14; 87:2
아셀 문 – 겔 48:34
양문 – 느 3:1, 32; 12:39; 요 5:2
어문 – 대하 33:14; 느 3:3; 12:39; 습 1:10
에남임 문 – 창 38:14
에브라임 문 – 왕하 14:13; 대하 25:23; 느 8:16; 12:39
여호와의 문 – 시 118:20
열린 문 – 계 3:8; 4:1
영문 – 대하 17:2; 느 2:8; 12:39; 히 13:11, 13
예루살렘 문 – 렘 17:21, 27; 22:19
옛 문 – 느 3:6; 7:2
왕궁 문 – 삼하 11:9
외소 문 – 왕상 7:50

요셉 문 – 겔 48:32
윗문 – 왕하 15:35; 대하 23:20; 27:3; 겔 9:2
유다 문 – 겔 48:31
의의 문 – 시 118:19
의인의 문 – 잠 14:19
잇사갈 문 – 겔 48:33
장막 문 – 출 18:1, 2, 10; 33:8, 10; 36:37; 민 11:10; 12:5; 16:27; 신 31:15; 삿 4:20
제단 문 – 겔 8:5
좁은 문 – 마 7:13; 눅 13:24
중문 – 렘 39:3
지성소 문 – 왕상 7:50; 대하 4:22
진 문 – 출 32:26;
하늘(의) 문 – 창 28:17; 시 78:23; 말 3:10
하시드 문 – 렘 19:2
함밉갓 문 – 느 3:31
회막 문 – 출 29:4, 11, 32, 42; 33:9, 10; 38:8, 30; 40:12; 레 1:3, 5; 3:2; 4:4, 7,18; 8:3, 4, 31, 33, 35; 10:7; 12:6; 14:11, 23; 15:14, 29; 16:7; 17:4, 5, 6, 9; 19:21; 민 6:10, 13, 18; 10:3; 16:18, 19
휘장 문 – 출 26:37; 36:38; 38:18, 27, 31; 39:38; 민 3:25, 26; 4:25, 26, 50; 20:6; 25:6; 27:2; 수 19:51; 삼상 2:22; 대하 3:14; 31:2

[문]　　　　　　　　　　　　　　　　　　　　　　　　　　　　　[문간]

겔 44:3	왕은 왕인 까닭에 안 길로 이 **문** 현관
겔 44:17	안뜰 **문**에 들어올 때에나 안뜰 **문**과
겔 46:1	동쪽을 향한 **문**은 일하는 엿새 동안에
겔 46:2	밖으로 나가고 그 **문**은 저녁까지 닫지
겔 46:3	백성도 안식일과 초하루에 이 **문** 입구
겔 46:8	올 때에는 이 **문** 현관을 통하여 들어오
겔 46:12	동쪽을 향한 **문**을 열고 그가 번제와 감사제를 … 나간 후에 **문**을 닫을지니라
겔 46:19	그 후에 그가 나를 데리고 **문** 곁 통행
겔 48:31	그 성읍의 **문**들은 … 북쪽으로 **문**이
겔 48:32	너비는 사천오백 척이니 또한 **문**이
호 2:15	소망의 **문**을 삼아 주리니 그가 거기서
미 7:5	누운 여인에게라도 네 입의 **문**을 지킬
슥 11:1	레바논아 네 **문**을 열고 불이 네 백향목
슥 14:10	베냐민 **문**에서부터 첫 **문** 자리와 성

신약

마 6:6	너는 기도할 때에 네 골방에 들어가 **문**
마 7:7	**문**을 두드리라 그리하면 너희에게 열릴
마 7:13	멸망으로 인도하는 **문**은 크고 그 길이
마 7:14	생명으로 인도하는 **문**은 좁고 길이 협착
마 23:13	너희는 천국 **문**을 사람들 앞에서 닫고
마 24:33	일을 보거든 인자가 가까이 곧 **문** 앞에
마 25:10	혼인 잔치에 들어가고 **문**은 닫힌지라
막 1:33	온 동네가 그 **문** 앞에 모였더라
막 2:2	사람이 모여서 **문** 앞까지도 들어설 자리
막 11:4	가서 본즉 나귀 새끼가 **문** 앞 거리에
막 13:29	보거든 인자가 가까이 곧 **문** 앞에 이른
눅 11:7	**문**이 이미 닫혔고 아이들이 나와 함께
눅 11:9	**문**을 두드리라 그러면 너희에게 열릴
눅 12:36	혼인 집에서 돌아와 **문**을 두드리면 곧
눅 13:25	일어나 **문**을 한 번 … **문**을 두드리며
요 10:1	너희에게 이르노니 **문**을 통하여 양의
요 10:2	**문**으로 들어가는 이는 양의 목자라
요 10:3	문지기는 그를 위하여 **문**을 열고 양은
요 10:7	너희에게 말하노니 나는 양의 **문**이라
요 10:9	내가 **문**이니 누구든지 나로 말미암아
요 18:16	다른 제자가 나가서 **문** 지키는 여자에
요 18:17	**문** 지키는 여종이 베드로에게 말하되
요 20:19	유대인들을 두려워하여 모인 곳의 **문**
요 20:26	도마도 함께 있고 **문**들이 닫혔는데
행 5:9	사람들의 발이 **문** 앞에 이르렀으니 또
행 5:23	사람들이 **문**에 서 있으되 **문**을 열고
행 12:10	쇠문에 이르니 **문**이 저절로 열리는지라

행 12:14	기뻐하여 **문**을 미처 열지 못하고 달려
행 12:16	**문** 두드리기를 … **문**을 열어 베드로를
행 14:27	이방인들에게 믿음의 **문**을 여신 것을
행 16:26	옥터가 움직이고 **문**이 곧 다 열리며
행 21:30	성전 밖으로 끌고 나가니 **문**들이 곧
고후 2:12	드로아에 이르매 주 안에서 **문**이 내게
계 3:20	볼지어다 내가 **문** 밖에 서서 두드리노니 누구든지 내 음성을 듣고 **문**을 열면
계 21:12	높은 성곽이 있고 열두 **문**이 있는데 **문**에 열두 천사가 있고 그 **문**들 위에
계 21:13	동쪽에 세 **문**, 북쪽에 세 **문**, 남쪽에 세 **문**, 서쪽에 세 **문**이니
계 21:15	말하는 자가 그 성과 그 **문**들과 성곽을
계 21:21	열두 **문**은 열두 진주니 각 **문**마다 한 개
계 22:14	생명나무에 나아가며 **문**들을 통하여

'문'과 관련된 성구

문 벽 – 겔 40:9, 16, 26, 31, 34, 37, 38, 49; 41:1; 46:2

문 인방 – 출 12:22, 23; 왕상 6:31; 대상 9:17, 18

문 통로 – 겔 40:7, 11, 15; 41:2, 3, 16, 17, 20; 46:2

문간(門間, gateway, jamb)

겔 40:7	그 **문간**에 문지기 방들이 있는데 각기
겔 40:13	그 **문간**을 측량하니 이 방 지붕 가에
겔 40:18	위치는 각 **문간**의 … 그 너비가 **문간**
겔 40:19	아래 **문간** 앞에서부터 안뜰 바깥 **문간**
겔 40:20	그가 바깥뜰 북쪽을 향한 **문간**의 길이
겔 40:21	그 벽과 그 현관도 먼저 측량한 **문간**
겔 40:22	동쪽을 향한 **문간**과 같으며 그 **문간**
겔 40:23	북쪽 **문간**과 동쪽 **문간**과 마주 대한 **문간**들이 … 이 **문간**에서 맞은쪽 **문간**
겔 40:24	남으로 간즉 남쪽을 향한 **문간**이 있는
겔 40:25	그 **문간**과 현관 좌우에 … 그 **문간**의
겔 40:27	남쪽을 향한 **문간**이 있는데 그가 남쪽을 향한 그 **문간**에서 맞은쪽 **문간**까지
겔 40:29	**문간**과 그 현관 좌우에도 창이 있으며
겔 40:31	종려나무를 새겼으며 그 **문간**으로 올라
겔 40:32	안뜰 동쪽으로 가서 그 **문간**을 측량하니
겔 40:33	측량한 것과 같으며 그 **문간**과 그 현관

【 문득 】　　　　　　　　　　　　　　　　　　　　　　　　【 문안/-하다 】

겔 40:34　종려나무를 새겼으며 그 **문간**으로 올라
겔 40:37　종려나무를 새겼으며 그 **문간**으로 올라
겔 40:49　길이는 열한 척이며 **문간**으로 올라가는

동문간
겔 40:10　그 **동문간**의 문지기 방은 왼쪽에 셋이

문득 (suddenly)
마 2:9　별이 **문득** 앞서 인도하여 가다가 아기
막 9:8　**문득** 둘러보니 아무도 보이지 아니하고
눅 9:30　**문득** 두 사람이 예수와 함께 말하니
눅 24:4　이로 인하여 근심할 때에 **문득** 찬란한

문란하다 (紊亂, perversion)
레 18:23　그것과 교접하지 말라 이는 **문란한** 일

문밖 (outside, out the door)
창 19:6　롯이 **문밖**의 무리에게로 나가서 뒤로
출 12:22　아침까지 한 사람도 자기 집 **문밖**에
대하 24:8　한 궤를 만들어 여호와의 전 **문밖**에
렘 22:19　그가 끌려 예루살렘 **문밖**에 던져지고
요 18:16　베드로는 **문밖**에 서 있는지라 대제사장
행 10:17　사람들이 시몬의 집을 찾아 **문밖**에 서서
행 12:6　누워 자는데 파수꾼들이 **문밖**에서 옥을
행 16:13　기도할 곳이 있을까 하여 **문밖** 강가에
약 5:9　심판을 면하리라 보라 심판주가 **문밖**
계 3:20　볼지어다 내가 **문밖**에 서서 두드리노니

문벌 (門閥, noble birth)
고전 1:26　능한 자가 많지 아니하며 **문벌** 좋은 자

문빗장 (bolt of gate)
신 33:25　네 **문빗장**은 철과 놋이 될 것이니 네가
삿 16:3　문짝들과 두 문설주와 **문빗장**을 빼어
삼상 23:7　그가 문과 **문빗장**이 있는 성읍에 들어
삼하 13:17　이제 내보내고 곧 **문빗장**을 지르라 하니
삼하 13:18　그를 끌어내고 곧 **문빗장**을 지르니라
대하 8:5　성벽과 문과 **문빗장**이 있게 하여 견고한
욥 38:10　한계를 정하여 **문빗장**을 지르고
시 147:13　네 **문빗장**을 견고히 하시고 네 가운데
잠 18:19　어려운즉 이러한 다툼은 산성 **문빗장**
아 5:5　즙이 내 손가락에서 **문빗장**에 떨어지는
렘 49:31　평안히 사는 백성 곧 성문이나 **문빗장**

렘 51:30　거처는 불타고 그 **문빗장**은 부러졌으며

문상하다 (問喪, express sympathy to)
대상 19:2　그의 아버지 죽음을 **문상하게** 하니라
다윗의 … 하눈에게 나아가 **문상하매**

문서창고 (文書倉庫, archive)
스 6:1　다리오 왕이 조서를 내려 **문서창고** 곧

문설주 (門楔柱, doorframe)
출 12:7　먹을 집 좌우 **문설주**
출 12:23　좌우 **문설주**의 피를
출 21:6　**문설주** 앞으로 데리고
신 6:9　집 **문설주**와 바깥 문
신 11:20　또 네 집 **문설주**와 바깥 문에 기록하라
삿 16:3　성 문짝들과 두 **문설주**와 문빗장을 빼어
삼상 1:9　제사장 엘리는 여호와의 전 **문설주** 곁
왕상 6:31　그 문인방과 **문설주**는 벽의 오분의 일
왕상 6:33　외소의 문을 위하여 감람나무로 **문설주**
왕상 7:5　문과 **문설주**를 다 큰 나무로 네모지게
잠 8:34　내 문 곁에서 기다리며 **문설주** 옆에서
사 57:8　기념표를 문과 **문설주** 뒤에 두었으며
겔 41:21　외전 **문설주**는 네모졌고 내전 전면에
겔 43:8　곁에 두며 그 **문설주**를 내 **문설주** 곁에
겔 45:19　가져다가 성전 **문설주**와 제단 아래층

문신 (文身, tattoo)
레 19:28　너희의 살에 **문신**을 하지 말며 무늬를

문안/-하다 (問安, greet)
구약
출 18:7　입 맞추고 그들이 서로 **문안하고** 함께
삿 18:15　미가의 집에 이르러 그에게 **문안하고**
삼상 10:4　그들이 네게 **문안하고** 떡 두 덩이를
삼상 13:10　온지라 사울이 나가 맞으며 **문안하매**
삼상 17:22　군대로 달려가서 형들에게 **문안하고**
삼상 25:5　이르러 내 이름으로 그에게 **문안하고**
삼상 25:14　다윗이 우리 주인에게 **문안하러** 광야
삼상 30:21　다윗이 그 백성에게 이르러 **문안하매**
삼하 8:10　다윗 왕에게 **문안하고** 축복하게 하니
왕하 10:13　왕자들과 태후의 아들들에게 **문안하러**
대상 18:10　다윗 왕에게 **문안하고** 축복하게 하니
신약

【 문안/-하다 】　　　　　　　　　　　　　　　　　　　　　　　　　　　　　　　【 문제 】

마 5:47	너희 형제에게만 **문안하면** 남보다 더하	골 4:12	에바브라가 너희에게 **문안하느니라**
마 23:7	시장에서 **문안** 받는 것과 사람에게 랍비	골 4:14	또 데마가 너희에게 **문안하느니라**
막 9:15	보고 매우 놀라며 달려와 **문안하거늘**	골 4:15	그 여자의 집에 있는 교회에 **문안하고**
막 12:38	입고 다니는 것과 시장에서 **문안** 받는	골 4:18	바울은 친필로 **문안하노니** 내가 매인
눅 1:40	집에 들어가 엘리사벳에게 **문안하니**	살전 5:26	입맞춤으로 모든 형제에게 **문안하라**
눅 1:44	네 **문안하는** 소리가 내 귀에 들릴 때	살후 3:17	바울은 친필로 **문안하노니** 이는 편지
눅 10:4	말며 길에서 아무에게도 **문안하지**	딤후 4:19	및 오네시보로의 집에 **문안하라**
눅 11:43	회당의 높은 자리와 시장에서 **문안** 받는	딤후 4:21	모든 형제가 다 네게 **문안하느니라**
눅 20:46	시장에서 **문안** 받는 것과 회당의 높은	딛 3:15	네게 **문안하니** 믿음 … 너도 **문안하라**
행 15:23	있는 이방인 형제들에게 **문안하노라**	몬 1:24	데마, 누가가 **문안하느니라**
행 21:19	바울이 **문안하고** 하나님이 자기의 사역	히 13:24	성도들에게 **문안하라** 이달리야에서
행 23:26	총독 벨릭스 각하께 **문안하나이다**		온 자들도 너희에게 **문안하느니라**
행 25:13	왕과 버니게가 베스도에게 **문안하러**	약 1:1	흩어져 있는 열두 지파에게 **문안하노라**
롬 16:3	브리스가와 아굴라에게 **문안하라**	벧전 5:13	교회가 너희에게 **문안하고** 내 아들 마가
롬 16:5	저의 집에 있는 교회에도 **문안하라** 내	벧전 5:14	사랑의 입맞춤으로 서로 **문안하라**
	가 사랑하는 에배네도에게 **문안하라**	요이 1:13	자매의 자녀들이 네게 **문안하느니라**
롬 16:6	많이 수고한 마리아에게 **문안하라**	요삼 1:15	여러 친구가 네게 **문안하느니라** 너는
롬 16:7	안드로니고와 유니아에게 **문안하라**		친구들의 이름을 들어 **문안하라**
롬 16:8	내 사랑하는 암블리아에게 **문안하라**		
롬 16:9	나의 사랑하는 스다구에게 **문안하라**	**문어귀**(entrance)	
롬 16:10	인정함을 받은 아벨레에게 **문안하라**	수 20:4	그 성읍에 들어가는 **문어귀**에 서서 그
	아리스도불로의 권속에게 **문안하라**	왕하 10:8	무더기로 쌓아 내일 아침까지 **문어귀**에
롬 16:11	헤로디온에게 **문안하라** 나깃수의 가	잠 8:3	성문 곁과 **문어귀**와 여러 출입하는 문
	족 중 주 안에 있는 자들에게 **문안하라**	렘 19:2	하시드 **문어귀** 곁에 있는 힌놈의 아들
롬 16:12	드루배나와 드루보사에게 **문안하라** …	렘 36:10	여호와의 성전에 있는 새 **문어귀** 곁에
	수고하고 사랑하는 버시에게 **문안하라**		
롬 16:13	어머니에게 **문안하라** 그의 어머니는	**문의하다**(問議, ask)	
롬 16:14	그들과 함께 있는 형제들에게 **문안하라**	막 9:10	말씀을 마음에 두며 서로 **문의하되**
롬 16:15	함께 있는 모든 성도에게 **문안하라**	눅 24:15	서로 이야기하며 **문의할** 때에 예수께서
롬 16:16	**문안하라** … 너희에게 **문안하느니라**	요 16:19	나를 보려라 하므로 서로 **문의하느냐**
롬 16:21	소시바더가 너희에게 **문안하느니라**		
롬 16:22	주 안에서 너희에게 **문안하노라**	**문인방**(門引枋, jamb)	
롬 16:23	**문안하고** … 너희에게 **문안하느니라**	왕상 6:31	문을 만들었는데 그 **문인방**과 문설주
고전 16:19	아시아의 교회들이 너희에게 **문안하**		
	고 아굴라와 브리스가와 … **문안하고**	**문자**(文字, script)	
고전 16:20	**문안하니** 너희는 … 서로 **문안하라**	스 4:7	아람 **문자**와 아람 방언으로 써서 진술
고전 16:21	바울은 친필로 **문안하노니**	에 1:22	백성의 **문자**와 언어로 모든 지방에
고후 13:11	거룩하게 입맞춤으로 서로 **문안하라**	에 3:12	각 지방의 **문자**와 각 민족의 언어로
고후 13:12	모든 성도가 너희에게 **문안하느니라**	에 8:9	각 지방의 **문자**와 … 유다인 **문자**와
빌 4:21	예수 안에 있는 성도에게 각각 **문안하**	사 8:1	위에 통용 **문자**로 마헬살랄하스바스라
	라 나와 함께 … 너희에게 **문안하고**		
빌 4:22	성도들이 너희에게 **문안하되** 특히	**문제**(問題, question)	
골 4:11	하는 예수도 너희에게 **문안하느니라**	창 23:15	나와 당신 사이에 무슨 **문제**가 되리이까

| 문중 | | | 문짝 |

삼하 21:4	사울과 그의 집과 우리 사이의 **문제**는 은금에 있지 … 사람을 죽이는 **문제**도		느 12:47	노래하는 자들과 **문지기**들에게 날마다
왕상 10:1	명성을 듣고 와서 어려운 **문제**로 그를		느 13:5	노래하는 자들과 **문지기**들에게 십일조
행 15:2	형제들이 이 **문제**에 대하여 바울과		렘 37:13	이리야라 이름하는 **문지기**의 우두머리
행 18:15	만일 **문제**가 언어와 명칭과 너희 법에		막 13:34	사무를 맡기며 **문지기**에게 깨어 있으라
행 23:29	고발하는 것이 그들의 율법 **문제**에			
행 25:19	그 일에 관한 **문제**로 고발하는 것뿐		'문지기'와 관련된 성구	
행 26:3	당신이 유대인의 모든 풍속과 **문제**를		문지기 방 – 겔 40:7, 10, 16, 21, 29, 33, 36	
고전 7:1	너희가 쓴 **문제**에 대하여 말하면 남자		문지기의 반장 – 대상 26:12	
			문지기의 직책 – 대상 26:19	
문중(門中, family)			성전 문지기 – 왕하 25:18; 시 84:10; 렘 52:24	
행 4:6	알렉산더와 및 대제사장의 **문중**이 다			

문지기(gatekeeper)

삼하 18:26	파수꾼이 **문지기**에게 외쳐 이르되 보라
왕하 7:10	성읍 **문지기**를 불러 그들에게 말하여
왕하 7:11	그가 **문지기**들을 부르매 그들이 왕궁
왕하 25:18	부제사장 스바냐와 성전 **문지기** 세 사람
대상 9:17	**문지기**는 살룸과 악굽과 달몬과 아히만
대상 9:18	동쪽 곧 레위 자손의 진영의 **문지기**
대상 9:21	므셀레먀의 아들 스가랴는 회막 **문지기**
대상 9:22	**문지기** 된 자가 모두 이백열두 명이니
대상 9:24	이 **문지기**가 동, 서, 남, 북 사방에 섰고
대상 9:26	이는 **문지기**의 우두머리 된 레위 사람
대상 15:18	엘리블레후와 믹네야와 **문지기** 오벧
대상 16:38	오벧에돔과 호사를 **문지기**로 삼았고
대상 23:5	사천 명은 **문지기**요 사천 명은 그가
대상 26:1	고라 사람들의 **문지기** 반들은 이러하
대하 8:14	수종들게 하며 또 **문지기**들에게 그 반열
대하 23:19	**문지기**를 여호와의 전 여러 문에 두어
대하 34:13	레위 사람은 서기와 관리와 **문지기**가
대하 35:15	자기 처소에 있고 **문지기**들은 각 문에
스 2:70	노래하는 자들과 **문지기**들과 느디님
스 7:7	사람들과 노래하는 자들과 **문지기**들
스 7:24	노래하는 자들과 **문지기**들과 느디님
스 10:24	문지기 중에서는 살룸과 델렘과 우리
느 7:1	성벽이 건축되매 문짝을 달고 **문지기**
느 7:73	레위 사람들과 **문지기**들과 노래하는
느 10:28	레위 사람들과 **문지기**들과 노래하는
느 10:39	제사장들과 **문지기**들과 노래하는 자
느 11:19	성 **문지기**는 악굽과 달몬과 그 형제이니
느 12:25	달몬과 악굽은 다 **문지기**로서 순서대로
느 12:45	노래하는 자들과 **문지기**들도 그러하

문지방(門地枋, threshold)

삿 19:27	그의 두 손이 **문지방**에 있는 것을 보고
삼상 5:4	그 머리와 두 손목은 끊어져 **문지방**에
삼상 5:5	아스돗에 있는 다곤의 **문지방**을 밟지
왕상 14:17	디르사로 돌아가서 집 **문지방**에 이를
대하 3:7	금으로 성전과 그 들보와 **문지방**과 벽
사 6:4	소리로 말미암아 **문지방**의 터가 요동
겔 9:3	하나님의 영광이 성전 **문지방**에 이르
겔 10:4	그룹에서 올라가 성전 **문지방**에 이르니
겔 10:18	여호와의 영광이 성전 **문지방**을 떠나서
겔 43:8	그들이 그 **문지방**을 내 **문지방** 곁에
겔 47:1	앞면이 동쪽을 향하였는데 그 **문지방**
암 9:1	기둥머리를 쳐서 **문지방**이 움직이게

문짝(door)

삿 16:3	성 **문짝**들과 두 문설주와 문빗장을 빼
왕상 6:32	감람나무로 만든 그 두 **문짝**에 그룹과
왕상 6:34	그 두 **문짝**은 잣나무라 이쪽 **문짝**도 두 짝으로 접게 되었고 저쪽 **문짝**도
왕상 6:35	**문짝**에 그룹들과 종려와 핀 꽃을 아로
대상 22:3	다윗이 또 **문짝** 못과 거멀 못에 쓸 철을
대하 3:7	문지방과 벽과 **문짝**에 입히고 벽에
대하 4:9	뜰과 큰 뜰과 뜰 문을 만들고 그 **문짝**
느 3:1	양문을 건축하여 성별하고 **문짝**을 달고
느 3:3	들보를 얹고 **문짝**을 달고 자물쇠와 빗장
느 3:6	므술람이 중수하여 그 들보를 얹고 **문짝**
느 3:13	문을 세우며 **문짝**을 달고 자물쇠와 빗장
느 3:14	세우며 **문짝**을 달고 자물쇠와 빗장을
느 3:15	세우고 덮었으며 **문짝**을 달고 자물쇠
느 6:1	내가 아직 성문에 **문짝**을 달지 못한 때

【 문턱 】   【 묻다 】

| 느 7:1 | 성벽이 건축되매 **문짝**을 달고 문지기 |
| 겔 41:24 | 각기 두 **문짝** 곧 접는 두 **문짝**이 있어 |

문턱(threshold)
| 습 1:9 | 그 날에 **문턱**을 뛰어넘어서 포악과 거짓 |
| 습 2:14 | 창에서 울 것이며 **문턱**이 적막하리니 |

문틈(latch)
| 아 5:4 | 사랑하는 자가 **문틈**으로 손을 들이밀매 |

문하(門下, under)
| 행 22:3 | 가말리엘의 **문하**에서 우리 조상들의 |

묻다(bury, spatter, ask)
1. 덮어 감추다(bury)
왕상 2:31	그를 죽여 **묻으라** 요압이 까닭 없이
욥 40:13	그들을 함께 진토에 **묻고** 그들의 얼굴
렘 16:4	아무도 슬퍼하지 않을 것이며 **묻어** 주지

2. 들러붙다(spatter, stick, cling)
레 6:27	그 피가 어떤 옷에든지 **묻었으면** 묻은
레 11:38	종자에 물이 **묻었을** 때에 그것이 그 위
레 15:17	정수가 **묻은** 모든 옷과 가죽은 물에
욥 31:7	내 손에 더러운 것이 **묻었다면**
사 9:5	싸우는 군인들의 신과 피 **묻은** 겉옷이
렘 2:34	가난한 자를 죽인 피가 **묻었나니**
애 1:9	더러운 것이 그의 옷깃에 **묻어** 있으나
겔 23:45	여자들이요 또 피가 그 손에 **묻었음이**
슥 9:15	피가 가득한 동이와도 같고 피 **묻은**
눅 10:11	동네에서 우리 발에 **묻은** 먼지도 너희

3. 대답을 구하다(ask)
모세오경, 역사서
창 24:47	그에게 **묻기를** 네가 뉘 딸이냐 한즉
창 24:57	우리가 소녀를 불러 그에게 **물으리라**
창 26:7	사람들이 그의 아내에 대하여 **물으매**
창 32:17	너를 만나 **묻기를** 네가 누구의 사람이
창 32:29	어찌하여 내 이름을 **묻느냐** 하고 거기
창 33:5	여인들과 자식들을 보고 **묻되** 너와
창 35:4	세겜 근처 상수리나무 아래에 **묻고**
창 40:7	신하들에게 **묻되** 어찌하여 오늘 당신
창 43:7	아우가 있느냐 하기로 그 **묻는** 말에
창 44:19	이전에 내 주께서 종들에게 **물으시되**
창 46:33	불러서 너희의 직업이 무엇이냐 **묻거든**
창 47:3	바로가 요셉의 형들에게 **묻되** 너희 생업
창 47:8	바로가 야곱에게 **묻되** 네 나이가 얼마냐
출 3:13	그들이 내게 **묻기를** 그의 이름이 무엇
출 12:26	이 후에 너희의 자녀가 **묻기를** 이 예식
출 13:14	후일에 네 아들이 네게 **묻기를** 이것이
민 27:21	앞에 물을 것이며 그와 온 이스라엘
신 6:20	네 아들이 네게 **묻기를** 우리 하나님
신 13:14	자세히 **묻고** 살펴 보아서 이런 가증한
신 17:9	당시 재판장에게 나아가서 **물으라**
신 29:23	무너짐과 같음을 보고 **물을 것이요**
신 29:24	사람들도 **묻기를** 여호와께서 어찌하여
신 32:7	어른들에게 **물으라** 그들이 네게 말하리
수 5:13	여호수아가 나아가서 그에게 **묻되** 너는
수 9:8	그들에게 **묻되** 너희는 누구며 어디서
수 15:18	나귀에서 내리매 갈렙이 그에게 **묻되**
삿 1:14	나귀에서 내리매 갈렙이 **묻되** 네가 무엇
삿 4:20	네게 **묻기를** 여기 어떤 사람이 있느냐
삿 12:5	길르앗 사람이 그에게 **묻기를** 네가
삿 13:6	내가 **묻지** 못하였고 그도 자기 이름을
삿 13:11	그에게 **묻되** 당신이 이 여인에게 말씀
삿 13:18	내 이름을 **묻느냐** 내 이름은 기묘자라
삿 17:9	미가가 그에게 **묻되** 너는 어디서부터
삿 18:8	그들에게 **묻되** 너희가 보기에 어떠하
삿 18:18	제사장이 그들에게 **묻되** 너희가 무엇을
삿 19:17	노인이 **묻되** 그대는 어디로 가며 어디서
삼상 9:9	하나님께 가서 **물으려** 하면 말하기를
삼상 9:11	소녀들을 만나 그들에게 **묻되** 선견자
삼상 17:55	아브넬에게 **묻되** 아브넬아 이 소년이
삼상 17:56	이 청년이 누구의 아들인가 **물어보라**
삼상 17:58	그에게 **묻되** 소년이여 누구의 아들이냐
삼상 20:27	요나단에게 **묻되** 이새의 아들이 어찌
삼상 23:4	여호와께 다시 **묻자온대** 여호와께서
삼상 25:8	네 소년들에게 **물으면** 그들이 네게 말
삼상 28:7	내가 그리로 가서 그에게 **물으리라** 하니
삼상 28:16	되셨거늘 네가 어찌하여 내게 **묻느냐**
삼하 1:3	다윗이 그에게 **묻되** 너는 어디서 왔느냐
삼하 1:5	자기에게 알리는 청년에게 **묻되** 사울
삼하 1:13	다윗이 그 소식을 전한 청년에게 **묻되**
삼하 11:7	안부와 싸움이 어떠했는지를 **묻고**
삼하 12:19	신하들에게 **묻되** 아이가 죽었느냐 하니
삼하 14:18	**묻는** 것을 내게 숨기지 말라 여인이
삼하 17:20	여인에게 **묻되** 아히마아스와 요나단
삼하 18:32	왕이 구스 사람에게 **묻되** 젊은 압살롬
삼하 20:18	아벨에게 가서 **물을 것이라** 하고 그 일

【 묻다 】　　　　　　　　　　　　　　　　　　　　　【 묻다 】

삼하 21:2	기브온 사람을 불러 그들에게 **물으니라**	호 4:12	내 백성이 나무에게 **묻고** 그 막대기는
삼하 21:3	다윗이 그들에게 **묻되** 내가 너희를 위하	암 6:10	그 집 깊숙한 곳에 있는 자에게 **묻기를**
왕상 10:3	솔로몬이 그가 **묻는** 말에 다 대답하였	슥 1:19	말하는 천사에게 **묻되** 이들이 무엇이
왕상 14:5	병 들었으므로 네게 **물으러** 오나니 너는	슥 4:2	그가 내게 **묻되** 네가 무엇을 보느냐
왕상 22:7	이 외에 우리가 물을 만한 여호와의	슥 5:2	내게 **묻되** 네가 무엇을 보느냐 하기로
왕상 22:8	그로 말미암아 여호와께 **물을** 수 있으나	슥 5:6	내가 **묻되** 이것이 무엇이니까 하니
왕하 8:14	왕이 그에게 **묻되** 엘리사가 네게 무슨	슥 5:10	내가 내게 말하는 천사에게 **묻되** 그들이
왕하 9:11	한 사람이 그에게 **묻되** 평안하냐 그	슥 13:6	어떤 사람이 그에게 **묻기를** 네 두 팔
왕하 9:17	맞이하여 평안하냐 **묻게** 하라 하는지라	**신약**	
왕하 10:13	아하시야의 형제들을 만나 **묻되** 너희	마 2:4	그리스도가 어디서 나겠느냐 **물으니**
대상 13:3	사울 때에는 우리가 궤 앞에서 **묻지**	마 19:17	어찌하여 선한 일을 내게 **묻느냐** 선한
대하 9:2	솔로몬이 그가 **묻는** 말에 다 대답하였	마 21:24	나도 한 말을 너희에게 **물으리니**
에 1:13	현자들에게 **묻되** … 자에게 **묻는** 전례	마 22:35	한 율법사가 예수를 시험하여 **묻되**
에 6:6	들어오거늘 왕이 **묻되** 왕이 존귀하게	마 22:41	때에 예수께서 그들에게 **물으시되**
시가서, 선지서		마 22:46	그 날부터 감히 그에게 **묻는** 자도 없더
욥 21:29	너희가 길 가는 사람들에게 **묻지** 아니	막 4:10	더불어 그 비유들에 대하여 **물으니**
욥 35:3	내게 무슨 유익이 있겠느냐고 **묻지마는**	막 5:9	**물으시되** 네 이름이 무엇이냐 이르되
욥 38:3	대장부처럼 허리를 묶고 내가 네게 **묻는**	막 5:31	누가 내게 손을 대었느냐 **물으시나이까**
욥 40:7	허리를 묶고 내가 네게 **묻겠으니** 내게	막 7:17	가시니 제자들이 그 비유를 **묻자온대**
욥 42:4	주는 들으시고 내가 주께 **묻겠사오니**	막 8:5	예수께서 **물으시되** 너희에게 떡 몇 개나
전 7:10	어찜이냐 하지 말라 이렇게 **묻는** 것은	막 8:23	안수하시고 무엇이 보이느냐 **물으시니**
아 3:3	성 안을 순찰하는 자들을 만나서 **묻기를**	막 8:29	**물으시되** 너희는 나를 누구라 하느냐
사 30:2	애굽으로 내려갔으되 나의 입에 **묻지**	막 9:16	예수께서 **물으시되** 너희가 무엇을 그들
사 39:3	히스기야 왕에게 나아와 **묻되** 그 사람	막 9:32	이 말씀을 깨닫지 못하고 **묻기도** 두려워
사 45:10	낳았소 하고 **묻고** … 하였소 하고 **묻는**	막 9:33	제자들에게 **물으시되** 너희가 길에서
사 65:1	나를 구하지 아니하던 자에게 **물음을**	막 10:2	예수께 나아와 그를 시험하여 **묻되** 사람
렘 16:10	백성에게 말할 때에 그들이 네게 **묻기를**	막 10:10	집에서 제자들이 다시 이 일을 **물으니**
렘 23:33	네게 **물어** 이르기를 … 무엇인가 **묻거**	막 10:17	꿇어 앉아 **묻자오되** 선한 선생님이여
	든 … 엄중한 말씀이 무엇이냐 **묻느냐**	막 11:3	너희에게 왜 이렇게 하느냐 **묻거든** 주가
렘 23:35	이웃과 형제에게 **묻기를** 여호와께서	막 11:29	한 말을 너희에게 **물으리니** 대답하라
겔 12:9	반역하는 족속이 네게 **묻기를** 무엇을	막 12:28	**묻되** 모든 계명 중에 첫째가 무엇이니
겔 14:3	내게 **묻기를** 내가 조금인들 용납하랴	막 15:2	빌라도가 **묻되** 네가 유대인의 왕이냐
겔 14:7	자기를 위하여 내게 **묻고자** 하여 선지자	막 15:44	백부장을 불러 죽은 지가 오래냐 **묻고**
겔 14:10	선지자의 죄악과 그에게 **묻는** 자의 죄악	눅 1:62	무엇으로 이름을 지으려 하는가 **물으니**
겔 17:12	너는 반역하는 족속에게 **묻기를** 너희	눅 2:46	그들에게 듣기도 하시며 **묻기도** 하시니
겔 20:3	내게 **물으려고** 왔느냐 … 내게 **묻기를**	눅 6:9	너희에게 **묻노니** 안식일에 선을 행하는
겔 20:31	이스라엘 족속아 내가 너희에게 **묻기를** 내	눅 8:9	제자들이 이 비유의 뜻을 **물으니**
	가 용납하겠느냐 … 내게 **묻기를** 내가	눅 8:30	네 이름이 무엇이냐 **물으신즉** 이르되
겔 21:7	그들이 네게 **묻기를** 네가 어찌하여 탄식	눅 9:45	그들은 이 말씀을 **묻기도** 두려워하더라
겔 21:21	화살들을 흔들어 우상에게 **묻고** 희생	눅 11:53	달려들어 여러 가지 일을 따져 **묻고**
단 1:20	왕이 그들에게 모든 일을 **묻는** 중에	눅 17:20	어느 때에 임하나이까 **묻거늘** 예수께서
단 6:20	소리 질러 다니엘에게 **묻되** 살아 계시	눅 19:31	어찌하여 푸느냐 **묻거든** 말하기를 주가
단 8:13	거룩한 이가 그 말하는 이에게 **묻되**	눅 20:3	나도 한 말을 너희에게 **물으리니** 내게

950

【 묻다 】　　　　　　　　　　　　　　　　　　　　　　　　　　【 물 】

눅 22:23	그들이 서로 **묻되** 우리 중에서 이 일을		요 9:18	믿지 아니하고 그 부모를 불러 **묻되**
눅 22:68	내가 **물어도** 너희가 대답하지 아니할		요 16:5	너희 중에서 나더러 어디로 가는지 **묻는**
눅 23:6	듣고 그가 갈릴리 사람이냐 **물어**		요 16:19	예수께서 그 **묻고자** 함을 아시고 이르
눅 23:9	여러 말로 **물으나** 아무 말도 대답하지		요 16:23	너희가 아무 것도 내게 **묻지** 아니하리라
요 1:21	**묻되** 그러면 누구냐 … 또 **묻되** 네가		요 16:30	또 사람의 물음을 기다리시지 않는 줄
요 4:27	어찌하여 그와 말씀하시나이까 **묻는**		요 18:7	다시 누구를 찾느냐고 **물으신대** 그들이
요 5:12	그들이 **묻되** 너에게 자리를 들고 걸어		요 18:19	제자들과 그의 교훈에 대하여 **물으니**
요 6:28	**묻되** 우리가 어떻게 하여야 하나님의		요 18:25	불을 쬐더니 사람들이 **묻되** 너도 그
요 6:30	그들이 **묻되** 그러면 우리가 보고 당신을		요 21:20	주님을 파는 자가 누구오니이까 **묻던**
요 7:35	이에 유대인들이 서로 **묻되** 이 사람이		행 4:7	사도들을 가운데 세우고 **묻되** 너희가
요 7:45	그들이 **묻되** 어찌하여 잡아오지 아니		행 5:27	공회 앞에 세우니 대제사장이 **물어**
요 8:7	그들이 **묻기를** 마지 아니하는지라 이에		행 8:34	빌립에게 말하되 청컨대 내가 **묻노니**
요 8:19	그들이 **묻되** 네 아버지가 어디 있느냐		행 10:18	**묻되** 베드로라 하는 시몬이 여기 유숙
요 9:10	**묻되** 그러면 네 눈이 어떻게 떠졌느냐		행 10:29	사양하지 아니하고 왔노라 **묻노니** 무슨
요 9:15	그가 어떻게 보게 되었는지를 **물으니**		행 21:33	그가 무슨 일을 하였느냐 **물으니**
요 9:17	맹인되었던 자에게 다시 **묻되** 그 사람이		행 23:20	자세한 것을 **묻기** 위함이라 하고 내일
			행 23:34	읽고 바울더러 어느 영지 사람이냐 **물어**
			행 25:9	바울더러 **묻되** 네가 예루살렘에 올라
			행 25:20	바울에게 **묻되** 예루살렘에 올라가서
			롬 10:20	내게 **묻지** 아니한 자들에게 나타났노라
			고전 10:25	시장에서 파는 것은 양심을 위하여 **묻지**
			고전 10:27	무엇이든지 양심을 위하여 **묻지** 말고
			고전 15:35	누가 **묻기를** 죽은 자들이 어떻게 다시
			벧전 3:15	속에 있는 소망에 관한 이유를 **묻는**

'묻다 3'과 관련된 성구

감히 묻다 – 막 12:34; 요 21:12
물어 이르다 – 창 3:1; 37:15; 38:21; 수 4:6;
　삿 6:29; 삼상 19:22; 26:6; 삼하 19:25;
　대상 14:10; 에 7:2; 렘 23:33; 36:17;
　37:17; 단 2:15; 3:14, 24; 학 2:11; 슥
　4:4, 11, 12; 6:4; 7:3; 마 12:10; 16:13;
　17:10; 22:23; 27:11, 17; 막 1:27;
　8:27; 14:60, 61; 15:4; 눅 3:10, 14;
　9:18; 18:18, 40; 20:21; 21:7; 22:64;
　23:3; 요 1:25, 38; 9:2; 행 2:37; 13:15
바알세붑에게 묻다 – 왕하 1:3, 6, 16
아버지에게 묻다 – 신 32:7; 수 4:21; 막 9:21
안부를 묻다 – 창 43:27; 왕하 10:15; 행
　18:22; 21:7
여호와께 묻다 – 창 25:22; 수 9:14; 삿
　20:27; 삼상 10:22; 22:10; 23:2; 28:6;
　30:8; 왕상 22:8; 왕하 3:11; 8:8; 22:13,
　18; 대상 10:14; 대하 18:7; 34:21; 26;
　겔 20:1
예수께 묻다 – 마 26:62; 막 7:5; 9:11
자세히 묻다 – 삼상 20:6, 18; 마 2:7; 행
　23:15
조용히 묻다 – 막 9:28; 13:3; 행 23:19
하나님께 묻다 – 출 18:15; 삿 18:5; 삼상
　14:37; 22:13, 15; 삼하 16:23; 대상
　14:10, 14; 21:30

묻히다(bury, spatter, stain)
　1. **묻음을 당하다**(bury)

신 34:6	오늘까지 그의 **묻힌** 곳을 아는 자가
룻 1:17	나도 죽어 거기 **묻힐** 것이라 만일 내가
욥 3:16	낙태되어 땅에 **묻힌** 아이처럼 나는 존재
욥 27:15	자들은 죽음의 병이 돌 때에 **묻히리니**
렘 8:2	뼈가 거두어지거나 **묻히지** 못하여 지면
렘 20:6	거기서 죽어 거기 **묻힐** 것이라 너와 너
애 2:9	성문이 땅에 **묻히며** 빗장이 부서져 파괴
요 7:4	스스로 나타나기를 구하면서 **묻혀서**
행 13:36	섬기다가 잠들어 그 조상들과 함께 **묻혀**

　2. **묻게 하다**(spatter, stain)

왕상 2:5	띠와 발에 신은 신에 **묻혔으니**
겔 23:37	행음하였으며 피를 손에 **묻혔으며**

물(water)

모세오경, 역사서

창 1:6	하나님이 이르시되 **물** 가운데 궁창

[물]

창 1:7	궁창을 만드사 궁창 아래의 **물**과 궁창
창 1:9	하나님이 이르시되 천하의 **물**이 한 곳
창 1:10	모인 **물**을 바다라 부르시니 하나님이
창 1:21	짐승들과 물에서 번성하여 움직이는
창 7:17	사십 일 동안 계속된지라 **물**이 많아져
창 8:1	바람을 땅 위에 불게 하시매 **물**이 줄어
창 8:7	까마귀가 **물**이 땅에서 마르기까지
창 8:8	비둘기를 내놓아 지면에서 물이 줄어
출 7:20	지팡이를 들어 나일 강을 치니 그 **물**이
출 7:21	나일 강의 고기가 죽고 그 **물**에서는
출 7:24	나일 강 가를 두루 파서 마실 **물**을
레 1:9	정강이를 **물**로 씻을 것이요 제사장은
민 5:17	토기에 거룩한 **물**을 담고 … **물**에 넣고
민 5:22	저주가 되게 하는 이 **물**이 네 창자에
민 5:24	저주가 되게 하는 **물**이 그의 속에 들어
민 8:7	속죄의 **물**을 그들에게 뿌리고 그들에
민 19:9	부정을 씻는 **물**을 위해 간직할지니
민 19:13	정결하게 하는 **물**을 그에게 뿌리지
민 19:18	우슬초를 가져다가 그 **물**을 찍어 장막
민 19:21	정결하게 하는 **물**을 뿌린 자는 자기의 옷을 … 정결하게 하는 **물**을 만지는 자
신 2:6	사서 먹고 돈으로 그들에게서 **물**을
신 8:15	위하여 단단한 반석에서 **물**을 내셨으며
신 11:4	홍해**물**로 그들을 덮어 멸하사 오늘까지
신 21:4	성읍의 장로들이 **물**이 항상 흐르고
신 23:4	애굽에서 나올 때에 떡과 **물**로 너희를
수 2:10	너희 앞에서 홍해 **물**을 마르게 하신 일
수 3:13	위에서부터 흘러내리던 **물**이 끊어지고
수 3:16	위에서부터 흘러내리던 **물**이 그쳐서 사르단에 가까운 … 흘러가는 **물**은
수 9:21	온 회중을 위하여 나무를 패며 **물**을
수 9:23	나무를 패며 **물** 긷는 자가 되리라
수 9:27	나무를 패며 **물** 긷는 자들로 삼았더니
삿 5:4	하늘이 물을 내리고 구름도 물을 내렸나
삿 5:25	시스라가 **물**을 구하매 우유를 주되 곧
삿 6:38	양털에서 이슬을 짜니 **물**이 그릇에
삿 7:5	**물** 가에 내려가매 여호와께서 기드온
삿 7:6	백성은 다 무릎을 꿇고 **물**을 마신지라
삿 15:19	거기서 **물**이 솟아나오는지라 삼손이
삼하 5:20	다윗이 말하되 여호와께서 **물**을 흩음
삼하 14:14	땅에 쏟아진 **물**을 다시 담지 못함 같으
삼하 17:21	당신들은 일어나 빨리 **물**을 건너가소서
삼하 23:15	베들레헴 성문 곁 우물 **물**을 누가 내게
삼하 23:16	우물 **물**을 길어 가지고 다윗에게로 … 기뻐하지 아니하고 그 **물**을 여호와께
왕상 17:10	그릇에 **물**을 조금 가져다가 내가 마시게
왕상 18:33	통 넷에 **물**을 채워다가 번제물과 나무
왕상 18:35	**물**이 제단으로 … **물**이 가득 찼더라
왕상 19:6	숯불에 구운 떡과 한 병 **물**이 있더라
왕상 22:27	고생의 떡과 고생의 **물**을 먹이라 하였다
왕하 2:8	겉옷을 가지고 말아 **물**을 치매 **물**이
왕하 2:14	**물**을 치며 … **물**을 치매 **물**이 이리 저리

'물'과 관련된 성구

깊은 물 – 출 15:5; 느 9:11; 욥 28:14; 38:16; 41:31; 시 33:7; 69:2, 14; 잠 18:4; 20:5; 사 51:10; 겔 31:4

나일 강 물 – 출 4:9; 7:21, 24

단 물 – 약 3:11, 12

많은 물 – 민 24:7; 삼하 22:17; 대하 14:14; 32:4; 시 18:16; 29:3; 93:4; 아 8:7; 사 17:13; 렘 10:13; 51:13, 16, 55; 겔 1:24; 43:2; 단 11:13; 계 1:15; 14:2; 17:1; 19:6

맑은 물 – 겔 34:18; 36:25; 히 10:22

물 가 – 시 81:7; 사 32:20; 43:2, 16; 렘 13:5; 17:8; 41:12; 51:13; 겔 17:5, 8; 19:10; 26:12; 31:7, 12, 14; 32:13; 마 13:48

물과 피 – 요일 5:6, 8

물 구유 – 창 30:38

물로 세례를 베풀다 – 마 3:11; 막 1:8; 요 1:26, 31, 33; 행 1:5; 10:47; 11:16

물로 씻(기)다 – 출 29:4; 30:20; 40:12; 레 1:9, 13; 8:6; 14:8; 15:5, 6, 7, 8, 10, 12, 16, 18, 21, 22, 27; 16:4, 24, 26, 28; 17:15, 16; 22:6; 민 19:7, 8, 19; 욥 9:30; 겔 16:4, 9; 엡 5:26; 히 10:22

물 밑 – 삼하 22:16; 욥 26:5; 38:16; 시 18:15

물을 긷다 – 창 24:11, 19, 20, 43; 출 2:16, 19; 수 9:21, 23, 27; 삼상 7:6; 삼하 23:16; 대상 11:18; 느 4:23; 사 12:3; 나 3:14; 요 4:7, 15

물(을) 들이다 – 출 25:5; 26:14; 35:7, 23;

【 물 】

왕하 2:19 성읍의 위치는 좋으나 물이 나쁘므로
왕하 2:21 엘리사가 물 근원으로 나아가서 소금을 그 가운데에 던지며 … 내가 이 물을
왕하 2:22 그 물이 엘리사가 한 말과 같이 고쳐져
왕하 3:9 따라가는 가축을 먹일 물이 없는지라
왕하 6:5 나무를 벨 때에 쇠도끼가 물에 떨어진
왕하 8:15 하사엘이 이불을 물에 적시어 왕의 얼굴
대상 14:11 다윗이 이르되 하나님이 물을 쪼갬
스 10:6 음식도 먹지 아니하며 물도 마시지 아니
느 4:23 우리의 옷을 벗지 아니하였으며 물을

시가서, 선지서

욥 3:24 탄식이 나며 내가 앓는 소리는 물이
욥 5:10 비를 땅에 내리시고 물을 밭에 보내시
욥 9:30 내가 눈 녹은 물로 몸을 씻고 잿물로
욥 11:16 네가 기억할지라도 물이 흘러감 같을
욥 14:19 물은 돌을 닳게 하고 넘치는 물은 땅의
욥 24:18 그들은 물 위에 빨리 흘러가고 그들의
욥 29:19 내 뿌리는 물로 뻗어가고 이슬이 내
욥 34:7 욥과 같으랴 욥이 비방하기를 물마시
욥 41:31 깊은 물을 솥의 물이 끓음 같게 하며
시 18:11 물의 흑암과 공중의 빽빽한 구름으로
시 22:14 나는 물같이 쏟아졌으며 내 모든 뼈는
시 58:7 그들이 급히 흐르는 물같이 사라지게
시 63:1 내가 간절히 주를 찾되 물이 없어
시 69:1 하나님이여 나를 구원하소서 물들이
시 124:5 그 때에 넘치는 물이 우리 영혼을 삼켰

시 136:6 땅을 물 위에 펴신 이에게 감사하라 그
시 148:4 하늘 위에 있는 물들도 그를 찬양할지
잠 5:15 네 우물에서 물을 마시며 … 흐르는 물
잠 17:14 다투는 시작은 둑에서 물이 새는 것
잠 18:4 명철한 사람의 입의 말은 깊은 물과
사 1:22 찌꺼기가 되었고 네 포도주에는 물이
사 11:9 상함도 없을 것이니 이는 물이 바다를
사 12:3 구원의 우물들에서 물을 길으리로다
사 33:16 양식은 공급되고 그의 물은 끊어지지
사 35:6 노래하리니 이는 광야에서 물이 솟겠고
사 48:21 바위에서 물이 흘러나게 … 물이 솟아
사 50:2 강들을 사막이 되게 하며 물이 없어졌
사 63:12 영원하게 하려 하사 그들 앞에서 물을
사 64:2 불이 섶을 사르며 불이 물을 끓임 같게
렘 2:13 웅덩이를 판 것인데 그것은 그 물을
렘 15:18 주께서는 내게 대하여 물이 말라서 속이
렘 31:9 내가 그들을 넘어지지 아니하고 물 있는
렘 31:12 심령은 물 댄 동산 같겠고 다시는 근심
애 1:16 내가 우니 내 눈에 눈물이 물같이 흘러
애 2:19 네 마음을 주의 얼굴 앞에 물 쏟듯 할
겔 4:16 떡을 달아 먹고 두려워 떨며 물을 되어
겔 7:17 모든 손은 피곤하고 모든 무릎은 물과
겔 12:18 먹고 놀라고 근심하면서 네 물을 마시며
겔 31:4 물들이 그것을 기르며 깊은 물이 그것을 자라게 하며 … 둑의 물이 들의 모든
겔 47:1 그 문지방 밑에서 물이 나와 동쪽으로

'물'과 관련된 성구

36:19, 39:34
물을 마시다 – 출 7:21, 24; 민 5:24, 26, 27; 20:19; 삿 7:6; 삼상 30:11; 왕상 13:18, 19, 22, 23; 왕하 18:31; 19:24; 시 102:9; 잠 5:15; 25:21; 사 36:16; 37:25; 44:12; 렘 2:18; 8:14; 9:15; 23:15; 애 5:4; 겔 12:18, 19; 31:14, 16; 34:18; 암 4:8; 요 4:13, 14
물을 먹(이)다 – 창 29:2, 3, 7, 8, 10; 30:38; 왕상 18:4; 22:27; 대하 18:26; 눅 13:15
물을 붓다 – 왕상 3:11; 시 104:13; 겔 24:4-5
물을 뿌리다 – 민 19:21; 막 7:4
물을 주다 – 창 24:32; 43:24; 출 17:2; 민 21:16; 신 2:28; 느 9:20; 전 2:6; 사 27:3; 30:20; 44:3; 단 1:12; 고전 3:6

물을 핥다 – 삿 7:5, 7; 왕상 18:38
물이 가득차다 – 왕상 18:35
물이 가득하다 – 왕하 3:17; 시 26:10; 65:9; 겔 7:5; 눅 8:23
물이 없다 – 창 37:24; 출 17:1; 민 20:2; 33:14; 신 8:15; 왕하 3:9; 시 63:1; 사 41:17; 50:2; 렘 38:6; 암 8:11
물주머니 – 욥 38:37
쓴 물 – 민 5:18, 19, 23, 24; 약 3:11; 계 8:11
요단 물 – 수 3:8, 13; 4:7, 18, 23; 5:1
큰 물 – 출 15:8; 느 9:11; 시 69:15; 74:15; 77:19; 93:3; 98:8; 107:23; 144:7; 사 17:12; 23:3; 28:2; 43:16; 렘 41:12; 겔 17:5, 8; 26:19; 27:26; 31:7, 15; 32:13; 합 3:15; 눅 6:48

【 물 】

욜 3:18	모든 시내가 물을 흘릴 것이며 여호와
욘 3:7	곧 먹지도 말 것이요 물도 마시지 말
미 1:4	앞의 밀초 같고 비탈로 쏟아지는 물
나 1:8	그가 범람하는 물로 그곳을 진멸하시고
나 3:14	너는 물을 길어 에워싸일 것을 대비하
합 2:14	이는 물이 바다를 덮음같이 여호와의
슥 9:11	내가 네 갇힌 자들을 물 없는 구덩이에

신약

마 3:16	예수께서 세례를 받으시고 곧 물에서
마 8:32	비탈로 내리달아 바다에 들어가서 물
마 14:28	만일 주님이시거든 나를 명하사 물 위
마 14:29	배에서 내려 물 위로 걸어서 예수께로
마 17:15	자주 불에도 넘어지며 물에도 넘어지
마 27:24	민란이 나려는 것을 보고 물을 가져다
막 1:10	물에서 올라오실새 하늘이 갈라짐과
막 9:22	죽이려고 불과 물에 자주 던졌나이다
막 9:41	그리스도에게 속한 자라 하여 물 한
막 14:13	물 한 동이를 가지고 가는 사람을 만나
눅 3:16	나는 물로 너희에게 세례를 베풀거니
눅 8:25	그가 누구이기에 바람과 물을 명하매
눅 16:24	손가락 끝에 물을 찍어 내 혀를 서늘하
눅 22:10	너희가 성내로 들어가면 물 한 동이를
요 2:7	그들에게 이르시되 항아리에 물을
요 2:9	연회장은 물로 된 포도주를 맛보고도 어디서 났는지 알지 못하되 물 떠온
요 3:5	사람이 물과 성령으로 나지 아니하면
요 3:23	애논에서 세례를 베푸니 거기 물이
요 4:7	물을 길으러 왔으매 예수께서 물을 좀
요 4:9	사마리아 여자인 나에게 물을 달라
요 4:10	하나님의 선물과 또 네게 물 좀 달라
요 4:14	내가 주는 물은 그 속에서 영생하도록
요 4:15	여자가 이르되 주여 그런 물을 내게
요 4:46	가나에 이르시니 전에 물로 포도주를
요 5:4	천사가 가끔 못에 내려와 물을 움직이
요 5:7	병자가 대답하되 주여 물이 움직일 때
요 13:5	대야에 물을 떠서 제자들의 발을 씻으
요 19:34	옆구리를 찌르니 곧 피와 물이 나오더
행 8:36	길 가다가 물 있는 곳에 이르러 그 내시 가 말하되 보라 물이 있으니 내가 세례
행 8:38	빌립과 내시가 둘 다 물에 내려가 빌립
행 8:39	물에서 올라올새 주의 영이 빌립을
행 27:41	두 물이 합하여 흐르는 곳을 만나 배를
행 27:43	사람들을 명하여 물에 뛰어내려 먼저

【 물 】

딤전 5:23	이제부터는 물만 마시지 말고 네 위장
히 9:19	송아지와 염소의 피 및 물과 붉은 양털
벧전 3:20	방주에서 물로 말미암아 구원을 얻은
벧후 3:5	물에서 나와 물로 성립된 것도 하나님
벧후 3:6	말미암아 그 때에 세상은 물이 넘침으
계 8:11	물이 쓴 물이 되므로 많은 사람이 죽더
계 11:6	권능을 가지고 물을 피로 변하게 하고
계 12:15	여자의 뒤에서 뱀이 그 입으로 물을 강 같이 토하여 여자를 물에 떠내려 가게
계 16:5	내가 들으니 물을 차지한 천사가 이르되

물 – 기타 본문

모세오경 창 7:18; 8:9, 11, 13; 9:15; 13:10; 21:14, 15, 19; 24:13, 16, 17, 20; 24:43; 26:20, 32; 출 7:15, 18; 8:20; 12:9; 14:21, 22, 26, 27; 29; 15:8, 10, 22, 25, 27; 17:3, 6; 23:25; 29:4; 30:18, 20; 34:28; 39:34; 40:7, 12 30; 레 1:13; 6:28; 8:6; 11:9, 10, 32, 38, 46; 14:8, 51, 52; 14:5, 6, 50; 민 19:8, 19, 20, 24; 20:5, 8, 10, 11, 13; 21:5; 24:6, 7, 14; 27:14; 31:23; 신 9:9, 18; 11:10; 12:16, 24; 15:23; 32:51; 33:8, 13 **역사서** 수 3:8, 13, 15, 16; 7:5; 18:15; 삼상 25:11; 30:12; 삼하 22:12, 16, 17; 왕상 13:8, 9, 16, 17, 22; 14:15; 18:13; 왕하 3:11, 20, 22; 3:22; 6:6, 22; 20:20; 대상 11:17, 18; 12:15; 14:11; 대하 18:26; 26:10; 32:3, 4; 느 9:15 **시가서** 욥 6:16; 8:16; 12:15; 24:19; 26:5; 27:20; 40:23; 시 18:15; 29:3; 33:7; 65:9, 10; 66:12; 69:2; 73:10; 74:13; 77:17; 78:13, 15, 16, 20; 79:3; 88:17; 102:9; 104:6, 7, 13, 16; 105:29, 41; 106:11, 32; 109:18; 124:4; 144:7; 147:18; 잠 5:17; 8:29; 9:17; 20:5; 30:4, 16; 전 2:6; 11:1 **선지서** 사 3:1; 8:6; 14:23; 15:6, 9; 18:2; 19:8; 21:14; 22:9, 11; 28:17; 30:14; 30:20; 40:15; 41:17; 43:2, 16, 20; 51:10; 55:1; 57:20; 58:11; 렘 2:18; 9:1, 15, 8; 10:13; 13:1; 14:3; 46:7; 47:2, 8, 19; 48:34; 50:38; 51:16, 55; 겔 4:9, 17; 17:7; 19:10; 21:7; 26:12; 31:5, 14; 32:2, 6, 13, 14; 34:18; 47:2, 3, 4, 5, 8, 9, 12, 19; 단 1:12; 11:10, 22, 40; 호 2:5; 5:10; 10:7; 암 4:8; 5:24; 8:11; 욘 2:3, 5; 나 2:8; 3:8; 합 3:15 **신약** 마 3:11; 12:43; 막 1:8; 7:4; 눅 6:48; 7:44; 8:23; 11:24; 13:15; 요 1:26, 31, 33; 4:11, 13; 5:3; 행 1:5; 10:47; 11:16; 27:28; 고전 3:6, 7, 8; 엡 5:26; 히 10:22; 약 3:11; 벧전 3:21; 벧후 2:17; 요일 5:6, 8;

【 물가 】

유 1:12; 계 14:7; 16:4; 17:1, 15

물가(beside a river, at the waters)
민 24:6   침향목들 같고 **물가**의 백향목들 같도
민 27:14 너희가 내 명령을 거역하고 그 **물가**에
수 3:15   궤를 멘 제사장들의 발이 **물가**에 잠기
삿 7:4   그들을 인도하여 **물가**로 내려가라
왕상 9:26 솔로몬 왕이 에돔 땅 홍해 **물가**의 엘롯
시 23:2   푸른 풀밭에 누이시며 쉴 만한 **물가**로
사 32:20 모든 **물가**에 씨를 뿌리고 소와 나귀를
렘 17:8   그는 **물가**에 심어진 나무가 그 뿌리를
렘 41:12 싸우러 가다가 기브온 큰 **물가**에서
렘 51:13 많은 **물가**에 살면서 재물이 많은 자여
겔 17:5   옥토에 심되 수양버들 가지처럼 큰 **물가**
겔 19:10 피의 어머니는 **물가**에 심겨진 포도나무
겔 31:7   그 뿌리가 큰 **물가**에 있으므로 그 나무
겔 31:12 그 굵은 가지가 그 땅 모든 **물가**에 꺾어

'물가'와 관련된 성구
메롬 물가 – 수 11:5, 7
므깃도 물가 – 삿 5:19
므리바 물가 – 신 32:51; 33:8; 시 81:7
요단 물가 – 수 3:8
유브라데 물가 – 렘 13:5

물가 – 기타 본문
민 24:7; 삿 7:5; 겔 17:8; 31:14; 32:13; 마 13:48

물건(物件, goods)

모세오경, 역사서
창 31:37 내 **물건**을 … 외삼촌의 집안 **물건** 중
창 34:29 아내들을 사로잡고 집 속의 **물건**을 다
창 38:25 시아버지에게 이르되 이 **물건** 임자로
레 6:2   이웃이 맡긴 **물건**이나 전당물을 속이거
레 6:5   거짓 맹세한 모든 **물건**을 돌려보내되
         곧 그 본래 **물건**에 오분의 일을 더하여
레 7:19   고기가 부정한 **물건**에 접촉되었으면
레 7:21   부정하고 가증한 무슨 **물건**을 만지고
레 11:35 주검이 **물건** 위에 떨어지면 그것이 모두
레 14:11 정결함을 받을 자와 그 **물건들**을 회막
민 4:15   회막 **물건** 중에서 이것들은 고핫 자손
민 16:26 장막에서 떠나고 그들의 **물건**은 아무

【 물건 】

민 31:23 불에 견딜 만한 모든 **물건**은 불을 지나
민 31:27 얻은 **물건**을 반분하여 그 절반은 전쟁
신 13:16 속에서 빼앗아 차지한 **물건**을 다 거리에
신 13:17 너는 이 진멸할 **물건**을 조금도 네 손에
수 7:11   도둑질하며 속이고 그것을 그들의 **물건**
수 7:21   보소서 이제 그 **물건**들을 내 장막 가
수 7:22   장막에 달려가 본즉 **물건**이 그의 장막
수 7:25   이스라엘이 그를 돌로 치고 **물건**들도
삿 18:21 가축과 값진 **물건**들을 앞세우고 길을
삼상 6:8 금으로 만든 **물건**들은 상자에 담아 궤
삼상 14:32 백성이 이에 탈취한 **물건**에 달려가서
삼상 30:22 도로 찾은 **물건**은 무엇이든지 그들에
왕상 7:51 다윗이 드린 **물건** 곧 은과 금과 기구
왕상 10:13 스바의 여왕에게 **물건**을 준 것 외에
왕하 5:24 언덕에 이르러서는 게하시가 그 **물건**
왕하 12:12 성전을 수리할 모든 **물건**을 위하여 쓰게
대상 2:7 진멸할 **물건**을 범하여 이스라엘을
대상 21:24 네 **물건**을 빼앗지 아니하겠고 값 없이
대상 26:27 싸울 때에 노략하여 얻은 **물건** 중에서
대상 29:16 저축한 이 모든 **물건**이 다 주의 손에
대하 4:6 번제에 속한 **물건**을 거기서 씻게 하였
대하 14:14 가운데에 있는 많은 **물건**을 노략하고
대하 15:11 노략하여 온 **물건** 중에서 소 칠백 마리
대하 20:25 적군의 **물건**을 … 탈취하는데 그 **물건**
대하 25:13 삼천 명을 죽이고 **물건**을 많이 노략하
스 1:4   은과 금과 그 밖의 **물건**과 짐승으로
느 13:16 물고기와 각양 **물건**을 가져다가 안식일
느 13:20 장사꾼들과 각양 **물건** 파는 자들이

시가서 – 신약
욥 13:28 나는 썩은 **물건**의 낡아짐 같으며 좀
욥 29:17 불의한 자의 턱뼈를 부수고 노획한 **물건**
잠 20:25 함부로 이 **물건**은 거룩하다 하여 서원
잠 28:24 부모의 **물건**을 도둑질하고서도 죄가
사 22:25 그 위에 걸린 **물건**이 부서지리라 하셨다
사 29:16 지음을 받은 **물건**이 … 받은 **물건**
사 30:22 금을 더럽게 하여 불결한 **물건**을 던짐
렘 11:13 수치스러운 **물건**의 제단 곧 바알에게
렘 52:19 만든 **물건**의 금과 은으로 만든 **물건**의
겔 27:27 재물과 상품과 바꾼 **물건**과 네 사공과
겔 29:19 무리를 잡아가며 **물건**을 노략하며 빼앗
겔 33:15 저당물을 도로 주며 강탈한 **물건**을 돌려
겔 38:13 **물건**을 크게 약탈하여 가고자 하느냐
겔 44:29 이스라엘 중에서 구별하여 드리는 **물건**

【 물결/-치다 】　　　　　　　　　　　【 물다 】

단 2:40	쇠는 모든 **물건**을 부서뜨리고 이기는
단 11:13	몇 해 후에 대군과 많은 **물건**을 거느리
욘 1:5	배를 가볍게 하려고 그 가운데 **물건**들
말 1:13	코웃음치고 훔친 **물건**과 저는 것, 병든
마 24:17	지붕 위에 있는 자는 집 안에 있는 **물건**
막 11:16	아무나 **물건**을 가지고 성전 안으로 지나
눅 12:14	나를 너희의 재판장이나 **물건** 나누는
눅 12:18	모든 곡식과 **물건**을 거기 쌓아 두리라
눅 12:19	영혼아 여러 해 쓸 **물건**을 많이 쌓아
요 13:29	우리가 쓸 **물건**을 사라 하시는지 혹은
행 2:44	믿는 사람이 다 함께 있어 모든 **물건**을
행 4:32	한마음과 한 뜻이 되어 모든 **물건**을
행 27:44	남은 사람들은 널조각 혹은 배 **물건**
롬 9:20	지음을 받은 **물건**이 지은 자에게 어찌
고전 7:31	세상 **물건**을 쓰는 자들은 다 쓰지
히 9:22	율법을 따라 거의 모든 **물건**이 피로써
계 10:6	가운데 있는 **물건**이며 땅과 … **물건** 이며 바다와 … 있는 **물건**을 창조하신

성경에 나오는 '물건'

가증한 **물건** – 대하 15:8; 사 44:19; 66:17; 렘 32:34; 겔 37:23; 계 17:4
구별한 **물건** – 민 5:10; 대하 15:18; 31:12
노략한 **물건** – 수 7:21; 삼하 3:22; 12:30; 대상 20:2; 대하 14:13; 24:23;
미운 **물건** – 렘 16:18; 겔 5:11; 7:20; 11:18
바친 **물건** – 수 6:18; 7:1, 11, 12, 13, 15; 22:20
신전(의) **물건** – 행 19:37; 롬 2:22
아름다운 **물건** – 신 6:11; 느 9:25
잃은 **물건** – 출 22:9; 레 6:3, 4
탈취한 **물건** – 삼상 14:32; 사 3:14

물결/-치다 (wave, overflowing)

시 42:7	모든 파도와 **물결**이 나를 휩쓸었나이다
시 65:7	**물결**의 흔들림과 만민의 소요까지 진정
시 93:3	소리를 높였으니 큰 물이 그 **물결**을
시 107:29	광풍을 고요하게 하사 **물결**도 잔잔하게
사 51:15	바다를 휘저어서 그 **물결**을 뒤흔들게
렘 47:2	북쪽에서 일어나 **물결치는** 시내를 이루
렘 51:55	파도가 사나우며 그 **물결**은 요란한 소리
겔 27:28	선장이 부르짖는 소리에 **물결**이 흔들리
마 8:24	바다에 큰 놀이 일어나 배가 **물결**에 덮이
마 14:24	바람이 거스르므로 **물결**로 말미암아
막 4:37	큰 광풍이 일어나며 **물결**이 배에 부딪쳐
눅 8:24	예수께서 잠을 깨사 바람과 **물결**을

성경에 나오는 '물결'

바다 물결 – 욥 9:8; 시 107:25; 사 5:30; 48:18; 슥 10:11; 약 1:6
바다의 거친 물결 – 유 1:13
사망의 물결 – 삼하 22:5
큰 물결 – 욘 2:3; 행 27:41

물고기 (fish)

창 1:26	그들로 바다의 **물고기**와 하늘의 새와
창 1:28	**물고기**와 하늘의 새와 땅에 움직이는
창 9:2	바다의 모든 **물고기**가 너희를 두려워
왕상 4:33	새와 기어다니는 것과 **물고기**에 대하여
느 13:16	두로 사람이 예루살렘에 살며 **물고기**와
시 8:8	공중의 새와 바다의 **물고기**와 바닷길에
시 105:29	피가 되게 하사 그들의 **물고기**를 죽이
전 9:12	**물고기**들이 재난의 그물에 걸리고 새들
사 50:2	그 **물고기**들이 악취를 내며 갈하여
욘 1:17	여호와께서 이미 큰 **물고기**를 예비 하사 … 요나가 밤낮 삼 일을 **물고기**
욘 2:1	요나가 **물고기** 뱃속에서 그의 하나님
욘 2:10	여호와께서 그 **물고기**에게 말씀하시매
마 12:40	요나가 밤낮 사흘 동안 큰 **물고기** 뱃속
마 13:47	바다에 치고 각종 **물고기**를 모는 그물
막 6:43	남은 떡 조각과 **물고기**를 열두 바구니
요 6:11	나눠 주시고 **물고기**도 그렇게 그들의
요 21:3	베드로가 나는 **물고기** 잡으러 가노라
요 21:6	이에 던졌더니 **물고기**가 많아 그물
요 21:8	작은 배를 타고 **물고기** 든 그물을 끌고
요 21:11	가득히 찬 큰 **물고기**가 백쉰세 마리라
고전 15:39	하나는 새의 육체요 하나는 **물고기**의

'떡 다섯 개와 물고기 두 마리'와 관련된 성구

마 14:17, 19; 막 6:38, 41; 눅 9:13, 16; 요 6:9

물다 (bite, restore)

1. 상처를 내다 (bite)

| 창 49:17 | 샛길의 독사로다 말굽을 **물어서** 그 탄 |

【 물동이 】　　　　　　　　　　　　　　　　　　　　　【 물러가다 】

민 21:6　백성을 **물게** 하시므로 이스라엘 백성
삼상 17:34　곰이 와서 양 떼에서 새끼를 **물어** 가면
왕상 13:24　사자가 길에서 그를 만나 **물어** 죽이매
욥 13:14　내가 어찌하여 내 살을 내 이로 **물고**
욥 20:13　아니하고 입천장에 **물고** 있을지라도
시 78:45　떼를 그들에게 보내어 그들을 **물게**
암 9:3　거기에서 뱀을 명령하여 **물게** 할 것이
요 10:12　버리고 달아나나니 이리가 양을 **물어**
행 28:3　말미암아 독사가 나와 그 손을 **물고**
갈 5:15　만일 서로 **물고** 먹으면 피차 멸망할까
　2. **치르다**(make restitution, restore)
레 24:21　짐승을 죽인 자는 그것을 **물어** 줄 것
시 69:4　빼앗지 아니한 것도 **물어** 주게 되었나

물동이(jar, water jar)
창 24:14　청하건대 너는 **물동이**를 기울여 나로
창 24:15　리브가가 **물동이**를 어깨에 메고 나오니
창 24:16　우물로 내려가서 물을 그 **물동이**에 채워
창 24:17　네 **물동이**의 물을 내게 조금 마시게
창 24:18　내 주여 마시소서 하며 급히 그 **물동이**
창 24:20　**물동이**의 물을 구유에 붓고 다시 길으
창 24:43　청하기를 너는 **물동이**의 물을 내게
창 24:45　리브가가 **물동이**를 어깨에 메고 나와서
창 24:46　그가 급히 **물동이**를 어깨에서 내리며
요 4:28　여자가 **물동이**를 버려 두고 동네로 들어

물돼지(badger-KJV)
겔 16:10　수 놓은 옷을 입히고 **물돼지** 가죽신을

물두멍(basin)
출 30:18　너는 **물두멍**을 놋
　　으로 만들고 그 받침도
출 30:28　그 모든 기구와 **물**
　　두멍과 그 받침에 발라
출 31:9　번제단과 그 모든 기구와 **물두멍**과 그
출 35:16　그물과 그 채와 그 모든 기구와 **물두멍**
출 38:8　그가 놋으로 **물두멍**을 만들고 그 받침
출 39:39　채들과 그 모든 기구와 **물두멍**과 그
출 40:7　또 **물두멍**을 회막과 제단 사이에 놓고
출 40:11　또 **물두멍**과 그 받침에 발라 거룩하게
출 40:30　그는 또 **물두멍**을 회막과 제단 사이에
레 8:11　제단과 그 모든 기구와 **물두멍**과 그
왕상 7:30　**물두멍** 아래쪽에 부어 만들었고 화환

왕상 7:38　또 **물두멍** 열 개를 … **물두멍**마다 각각
　　　… 매 **물두멍**의 직경은 … 각각 **물두멍**
왕상 7:40　**물두멍**과 부삽과 대접들을 만들었더
왕상 7:43　받침 수레 위의 열 개의 **물두멍**과
왕하 16:17　왕이 **물두멍** 받침의 … **물두멍**을 그
대하 4:6　**물두멍** 열 개 만들어 다섯 개는 오른쪽
대하 4:14　또 받침과 받침 위의 **물두멍**과

물들이다/물들다(dye, pollute)
출 25:5　붉은 **물들인** 숫양의 가죽과 해달의 가죽
출 26:14　붉은 **물들인** 숫양의 가죽으로 막의 덮개
출 35:7　붉은 **물들인** 숫양의 가죽과 해달의 가죽
출 35:23　가는 베 실과 염소 털과 붉은 **물들인**
출 36:19　붉은 **물들인** 숫양의 가죽으로 막의 덮개
약 1:27　자기를 지켜 세속에 **물들지** 아니하는

물러가다(recede)
[구약]
창 8:3　물이 땅에서 **물러가고** 점점 **물러가서**
창 45:1　모든 사람을 자기에게서 **물러가라** 하고
출 12:28　이스라엘 자손이 **물러가서** 그대로 행하
출 14:21　밤새도록 바닷물을 **물러가게** 하시니
삿 20:39　이스라엘 사람은 싸우다가 **물러가고**
삼하 2:23　그가 **물러가기**를 거절하매 아브넬이
삼하 14:24　왕이 이르되 그를 그의 집으로 **물러가게**
왕하 4:5　여인이 **물러가서** 그의 두 아들과 함께
왕하 5:11　노하여 **물러가며** 이르되 내 생각에는
욥 1:12　사탄이 곧 여호와 앞에서 **물러가니라**
욥 2:7　사탄이 이에 여호와 앞에서 **물러가서**
시 6:10　떨리여 갑자기 부끄러워 **물러가리로다**
시 35:4　상해하려 하는 자들이 **물러가** 낭패를
시 40:14　나의 해를 기뻐하는 자는 다 **물러가**
시 53:3　각기 **물러가** 함께 더러운 자가 되고
시 56:9　아뢰는 날에 내 원수들이 **물러가리니**
시 80:18　우리가 주에게서 **물러가지** 아니하오리
시 104:22　해가 돋으면 **물러가서** 그들의 굴 속에
잠 30:30　강하여 아무 짐승 앞에서도 **물러가지**
전 8:3　왕 앞에서 **물러가기**를 급하게 하지 말며
전 11:10　악이 네 몸에서 **물러가게** 하라 어릴 때
사 31:9　두려움으로 말미암아 **물러가겠고**
사 38:8　뒤로 십 도를 **물러가게** 하리라 하셨느
　　　하라 … 그림자가 십 도를 **물러가니라**
사 60:20　해가 지지 아니하며 네 달이 **물러가지**

957

【 물러나다 】　　　　　　　　　　　　　　　　　　　　【 물리치다 】

렘 17:16　목자의 직분에서 **물러가지** 아니하고
렘 46:5　그들이 놀라 **물러가며** 그들의 용사는
애 1:8　　업신여김이여 그는 탄식하며 **물러가는도다**
애 1:13　나로 **물러가게** 하셨음이여 종일토록
단 11:9　갈 것이나 자기 본국으로 **물러가리라**
호 11:7　내 백성이 끝끝내 내게서 **물러가나니**

신약
마 4:10　말씀하시되 사탄아 **물러가라** 기록되
마 4:12　들으시고 갈릴리로 **물러가셨다가**
마 9:24　이르시되 **물러가라** 이 소녀가 죽은 것
마 27:5　은을 성소에 던져 넣고 **물러가서** 스스로
막 3:7　　제자들과 함께 바다로 **물러가시니**
눅 5:16　예수는 **물러가사** 한적한 곳에서 기도
요 18:6　내가 그니라 하실 때에 그들이 **물러가서**
행 22:29　사람들이 곧 그에게서 **물러가고** 천부장
행 23:19　천부장이 그의 손을 잡고 **물러가서**
행 26:31　**물러가** 서로 말하되 이 사람은 사형이나
갈 2:12　할례자들을 두려워하여 떠나 **물러가매**

'뒤로 물러가다' 와 관련된 성구
삼하 1:22; 11:15; 왕하 20:11; 시 70:2,
　　3; 사 50:5; 막 8:33; 히 10:38, 39

물러나다(get out, remove)
창 19:9　그들이 이르되 너는 **물러나라** 또 이르되
창 48:12　무릎 사이에서 두 아들을 **물러나게** 하고
삼하 7:15　내가 네 앞에서 **물러나게** 한 사울에게
삼하 18:30 **물러나** 거기 서 있으라 하매 **물러나서**
삼하 20:22 성읍에서 **물러나** 각기 장막으로 돌아
삼하 24:4 인구를 조사하려고 왕 앞에서 **물러나**
왕하 5:27 계시기가 그 앞에서 **물러나오매** 나병
왕하 9:18 네게 상관이 있느냐 내 뒤로 **물러나라**
욥 39:22　아니하며 칼을 대할지라도 **물러나지**

물려내다(remove)
삼상 21:6 여호와 앞에서 **물려낸** 떡밖에 없었
음… 더운 떡을 드리는 날에 **물려낸**

물려주다(leave)
스 9:12　**물려주어** 영원한 유산으로 **물려주게**
시 17:14 어린 아이들에게 **물려주는** 자니이다
마 22:25 그 아내를 그 동생에게 **물려주고**
벧전 1:18 너희가 알거니와 너희 조상들 **물려준**

물론(勿論, whoever he may be)
말 2:12 깨는 자나 응답하는 자는 **물론**이요

물리다(be bitten, set, rein, put bit)
1. 긂을 당하다(be bitten)
창 31:39　**물려** 찢긴 것은 내가 외삼촌에게로
민 21:8　불뱀을 만들어 장대 위에 매달아라 **물린**
민 21:9　만들어 장대 위에 다니 뱀에게 **물린** 자
전 10:8　것이요 담을 허는 자는 뱀에게 **물리리라**
렘 8:17　그것들이 너희를 **물리라** 하시도다
암 5:19　손을 벽에 대었다가 뱀에게 **물림** 같도다
2. 물건 사이에 혹은 이어서 끼우다(set)
출 25:7　호마노며 에봇과 흉패에 **물릴** 보석
출 28:20 호마노 벽옥으로 다 금 테에 **물릴지니**
출 28:11 그 두 보석에 새겨 금 테에 **물리고**
출 28:17 네 줄로 보석을 **물리되** 첫 줄은 홍보석
출 31:5　보석을 깎아 **물리며** 여러 가지 기술로
출 35:9　호마노며 에봇과 흉패에 **물릴** 보석
출 35:27 호마노와 및 에봇과 흉패에 **물릴** 보석
출 35:33 보석을 깎아 **물리며** 나무를 새기는
출 39:6　호마노를 깎아 금 테에 **물려** 도장을
아 5:14　손은 황옥을 **물린** 황금 노리개 같으며
3. 입에 넣어 두다(rein, put bit)
왕하 19:28 재갈을 네 입에 **물려** 너를 오던 길로
욥 41:13 벗기겠으며 그것에게 겹재갈을 **물릴** 수
사 30:28 입에 미혹하는 재갈을 **물리시니**
사 37:29 재갈을 네 입에 **물려** 너를 오던 길로
약 1:26 자기 혀를 재갈 **물리지** 아니하고 자기
약 3:3　우리가 말들의 입에 재갈 **물리는** 것은

물리치다(repulse, ward off)
출 23:27 모든 백성을 **물리치고** 네 모든 원수들
삼하 5:6 다리 저는 자라도 너를 **물리치리라**
삼하 17:14 좋은 계략을 **물리치라고** 명령하셨음
왕하 4:27 와서 그를 **물리치고자** 하매 하나님의
왕하 17:11 또 여호와께서 그들 앞에서 **물리치신**
왕하 18:24 지휘관 한 사람인들 **물리치며** 애굽
왕하 23:27 내가 이스라엘을 **물리친** 것같이 유다
도 내 앞에서 **물리치며** 내가 택한
왕하 24:3 그들을 자기 앞에서 **물리치고자** 하심
욥 12:20 충성된 사람들의 말을 **물리치시며** 늙은
욥 27:2 나의 정당함을 **물리치신** 하나님, 나의
욥 41:28 화살이라도 그것을 **물리치지** 못하겠고

958

【 물매 】　　　　　　　　　　　　　　　　【 물어보다 】

시 66:20　그가 내 기도를 **물리치지** 아니하시고
시 78:66　그의 대적들을 쳐 **물리치셔** 영원히 그들
시 89:38　부음 받은 자에게 노하사 **물리치셔서**
잠 10:3　악인의 소욕은 **물리치시느니라**
사 28:6　성문에서 싸움을 **물리치는** 자에게는
사 36:9　작은 총독 한 사람인들 **물리칠** 수 있으랴
사 42:17　우리의 신이라 하는 자는 **물리침**을
사 44:25　지혜로운 자들을 **물리쳐** 그들의 지식
사 47:11　이를 **물리칠** 능력이 없을 것이며 파멸이
사 59:14　뒤로 **물리침**이 되고 공의가 멀리 섰으며
렘 5:25　너희 허물이 이러한 일들을 **물리쳤고**
애 3:8　도움을 구하나 내 기도를 **물리치시며**
눅 12:15　모든 탐심을 **물리치라** 사람의 생명이
히 11:34　이방 사람들의 진을 **물리치기도** 하며
약 4:6　교만한 자를 **물리치시고** 겸손한 자에게

물매(sling)
삿 20:16　칠백 명은 다 왼손잡이라 **물매**로 돌을
삼상 17:40　손에 **물매**를 가지고 블레셋 사람에게
삼상 17:49　돌을 가지고 **물매**로 던져 블레셋 사람
삼상 17:50　다윗이 이같이 **물매**와 돌로 블레셋 사람
삼상 25:29　원수들의 생명은 **물매**로 던지듯 여호와
대상 12:2　가지며 좌우 손을 놀려 **물매**도 던지며
대하 26:14　투구와 갑옷과 활과 **물매** 돌을 준비하고
잠 26:8　영예를 주는 것은 돌을 **물매**에 매는 것

물매꾼(man armed with sling)
왕하 3:25　길하레셋의 돌들은 남기고 **물매꾼**이

물맷돌(slingstone)
욥 41:28　물리치지 못하겠고 **물맷돌**도 그것에
슥 9:15　그들이 원수를 삼키며 **물맷돌**을 밟을

물목(物目, amount of the material)
출 38:21　레위 사람이 쓴 재료의 **물목**은 제사장

물방울(drop of water)
욥 36:27　**물방울**을 가늘게 하시며 빗방울이 증발
잠 19:13　다투는 아내는 이어 떨어지는 **물방울**
잠 27:15　비 오는 날에 이어 떨어지는 **물방울**이라

물병(water jug)
삼상 26:11　머리 곁에 있는 창과 **물병**만 가지고

삼상 26:12　머리 곁에서 창과 **물병**을 가지고 떠나
삼상 26:16　왕의 머리 곁에 있던 **물병**이 어디 있나

물살(stream that overflow)
욥 6:15　변덕스럽고 그들은 개울의 **물살**같이

물샘(spring of water)
출 15:27　거기에 **물샘** 열둘과 종려나무 일흔
계 8:10　강들의 삼분의 일과 여러 **물샘**에 떨어

물소리(thunder of waters, roar of rushing waters)
시 93:4　여호와의 능력은 많은 **물소리**와 바다
겔 1:24　그 날개 소리를 들으니 많은 **물소리**와
겔 43:2　하나님의 음성이 많은 **물소리** 같고 땅은
계 1:15　주석 같고 그의 음성은 많은 **물소리**와
계 14:2　나는 소리를 들으니 많은 **물소리**와도
계 19:6　무리의 음성과도 같고 많은 **물소리**와

물속(in the waters)
출 20:4　아래로 땅에 있는 것이나 땅 아래 **물속**
신 4:18　땅 아래 **물속**에 있는 어떤 어족의 형상
신 5:8　아래로 땅에 있는 것이나 땅밑 **물속**에

물수리(black vulture)
레 11:13　말지니 곧 독수리와 솔개와 **물수리**와
신 14:12　못할지니 곧 독수리와 솔개와 **물수리**

물어뜯다(ravenous, tear)
창 49:27　베냐민은 **물어뜯는** 이리라 아침에는
겔 19:3　젊은 사자가 되어 먹이 **물어뜯기**를
겔 19:6　사자 가운데 왕래하며 먹이 **물어뜯기**

물어보다(inquire, consult)
삿 18:5　우리를 위하여 하나님께 **물어보아서**
삼상 17:56이 청년이 누구의 아들인가 **물어보라**
왕상 22:5　말씀이 어떠하신지 **물어보소서**
왕하 1:2　바알세붑에게 이 병이 낫겠나 **물어보라**
대하 18:4　말씀이 어떠하신지 오늘 **물어보소서**
스 5:9　우리가 그 장로들에게 **물어보기**를
욥 12:7　이제 모든 짐승에게 **물어보라** 그것들
이 네게 가르치리라 … **물어보라** 그것
렘 18:13　나라 가운데 **물어보라** 처녀 이스라엘

【 물웅덩이 】　　　　　　　　　　　　　　　　　　　　　　　　　　　　　　　　　　　【 뭉치 】

렘 30:6　해산하는 남자가 있는가 **물어보라**
요 9:21　알지 못하나이다 그에게 **물어보소서**
요 9:23　장성하였으니 그에게 **물어보소서** 하였
요 18:21　들은 자들에게 **물어보라** 그들이 내가
행 23:15　사실을 더 자세히 **물어보려는** 척하면

물웅덩이(cistern)
대하 26:10　광야에 망대를 세우고 **물웅덩이**를
사 14:23　고슴도치의 굴혈과 **물웅덩이**가 되게
사 30:14　**물웅덩이**에서 물을 뜰 것도 얻지 못할

물음(question)
사 65:1　나를 구하지 아니하던 자에게 **물음**을
요 16:30　**물음**을 기다리지 않는 줄 아나이다

물줄기(wake-NIV, path-KJV)
욥 41:32　그것의 뒤에서 빛나는 **물줄기**가 나오니

물질(物質, elements)
벧후 3:10　하늘이 큰 소리로 떠나가고 **물질**이
벧후 3:12　하늘이 불에 타서 풀어지고 **물질**이

물통(bucket)
민 24:7　그 **물통**에서는 물이 넘치겠고 그 씨는

물품(goods)
창 14:21　사람은 내게 보내고 **물품**은 네가 가지라
창 45:23　수나귀 열 필에 애굽의 아름다운 **물품**
출 3:22　너희는 애굽 사람들의 **물품**을 취하리라
출 12:36　그들이 애굽 사람의 **물품**을 취하였더라
출 22:7　사람이 돈이나 **물품**을 이웃에게 맡겨
출 22:8　이웃의 **물품**에 손 댄 여부의 조사를
출 35:29　모든 것을 만들기 위하여 **물품**을 드렸
출 40:4　또 상을 들여놓고 그 위에 **물품**을 진설
왕하 8:9　다메섹의 모든 좋은 **물품**으로 예물을
스 1:6　은그릇과 금과 **물품**들과 짐승과 보물로
스 7:17　소제와 그 전제의 **물품**을 신속히 사서
느 10:31　안식일에 **물품**이나 온갖 곡물을 가져
에 2:3　손에 맡겨 그 몸을 정결하게 하는 **물품**
에 2:9　몸을 정결하게 할 **물품**과 일용품을 곧
에 2:12　향품과 여자에게 쓰는 다른 **물품**을 써
겔 27:12　은과 철과 주석과 납을 네 **물품**과 바꾸
겔 27:14　군마와 노새를 네 **물품**과 바꾸었으며

겔 27:15　상아와 박달나무를 네 **물품**과 바꾸어
겔 27:16　가는 베와 산호와 홍보석을 네 **물품**과
겔 27:17　꿀과 기름과 유향을 네 **물품**과 바꾸어
겔 27:19　실로 네 **물품**을 거래하였음이여 가공한
겔 27:22　각종 보석과 황금으로 네 **물품**을 바꾸었
겔 27:24　이들이 아름다운 **물품** 곧 청색 옷과
　　　　　수 놓은 **물품**과 … 네 **물품**을 바꾸어
겔 27:33　**물품**을 바다로 실어 낼 때에 네가 여러

뭅빔(Muppim) 베냐민의 아들
창 46:21　게라와 나아만과 에히와 로스와 **뭅빔**과

뭇 1 (every, all)
시 50:10　이는 삼림의 짐승들과 **뭇** 산의 가축이

'뭇'과 관련된 성구

뭇 나라 – 시 46:6, 10; 47:9; 57:9; 98:2;
102:15; 108:3; 110:6; 111:6; 115:2;
118:10; 126:2; 149:7; 사 49:22;
61:9; 66:12, 18, 19, 20; 애 3:45; 겔
22:15; 30:23; 단 2:40

뭇 민족 – 렘 25:31; 51:7; 나 3:5

뭇 백성 – 출 20:18; 신 13:9; 17:7; 삼하
3:35; 왕하 10:9, 19; 23:21; 대상
13:4; 16:43; 느 8:3, 13; 에 1:11, 16;
시 44:2, 14; 47:8; 49:1; 56:7; 94:10;
105:20; 106:27; 렘 51:28; 겔 30:23

뭇 사람 – 막 1:22; 9:35; 눅 4:15; 19:7;
행 1:24; 고후 3:2; 벧전 2:17; 요삼
1:12; 유 1:15

뭇 왕 – 사 60:16; 62:2

뭇 2 (sheaf)
신 24:19　네가 밭에서 곡식을 벨 때에 그 한 **뭇**을

뭇별(stars, all the stars)
창 15:5　하늘을 우러러 **뭇별**을 셀 수 있나 보라
사 14:13　내가 하늘에 올라 하나님의 **뭇별** 위에
렘 8:2　해와 달과 하늘의 **뭇별** 아래에서 펼쳐
습 1:5　또 지붕에서 하늘의 **뭇별**에게 경배하는

뭉치(cake)
삿 6:37　보소서 내가 양털 한 **뭉치**를 타작 마당

【 뭉치다 】　　　　　　　　　　　　　　　【 므단 】

삼상 25:18 건포도 백 송이와 무화과 **뭉치** 이백 개
삼상 30:12 그에게 무화과 **뭉치**에서 뗀 덩이 하나
사 38:21 이사야가 이르기를 한 **뭉치** 무화과를

뭉치다(knead)
삼상 28:24 가루를 가져다가 **뭉쳐** 무교병을 만들고
욥 10:9 주께서 내 몸 지으시기를 흙을 **뭉치듯**

뭍(dry ground, land)
창 1:9 물이 한 곳으로 모이고 **뭍**이 드러나라
창 1:10 하나님이 **뭍**을 땅이라 부르시고 모인
겔 32:4 내가 너를 **뭍**에 버리며 들에 던져 공중
막 6:47 바다 가운데 있고 예수께서는 홀로 **뭍**에

므게랏(Mekerathite) 다윗을 도왔던 용사 헤벨
대상 11:36 **므게랏** 사람 헤벨과 블론 사람 아히야

므고나(Meconah) 포로 귀환 백성이 거주한 곳
느 11:28 시글락과 **므고나**와 그 주변 동네들에

므깃도(Megiddo) 갈멜 산 남쪽에 위치한 성읍
수 12:21 다아낙 왕이요 하나는 **므깃도** 왕이요
수 17:11 다아낙 주민과 그 마을들과 **므깃도** 주민

📖 므깃도 - 기타 본문
삿 1:27; 5:19; 왕상 4:12; 9:15; 왕하 9:27; 23:29, 30; 대상 7:29; 대하 35:22; 슥 12:11

므나(Mina) 중량을 재는 단위
눅 19:13 종 열을 불러 은화 열 **므나**를 주며

📖 므나 - 기타 본문
눅 19:16, 18, 20, 24, 25

므나헴(Menahem) 이스라엘의 왕
왕하 15:14 가디의 아들 **므나헴**이 디르사에서부터

📖 므나헴 - 기타 본문
왕하 15:16, 17, 19, 21, 22, 23

므낫세(Manasseh)
1. 요셉의 장남
창 41:51 요셉이 그 장남의 이름을 **므낫세**라

창 46:20 아스낫이 요셉에게 낳은 **므낫세**와

> **'므낫세 1'과 관련된 성구**
>
> 므낫세 반 지파 - 민 32:33; 신 3:13; 29:8; 수 1:12; 4:12; 12:6; 13:7, 8, 29; 18:7; 21:5, 6, 25, 27; 22:7, 9, 10, 11, 13, 15, 21; 대상 5:18, 23, 26; 6:61, 70, 71; 12:31, 37; 26:32; 27:20, 21
>
> 므낫세 지파 - 민 1:10, 35; 2:20; 13:11; 신 4:43; 수 17:1; 20:48; 대상 6:62; 12:19, 20; 계 7:6

📖 므낫세 1 - 기타 본문
창 48:1, 5, 13, 14, 17, 20; 50:23; 민 1:34; 7:54; 10:23; 26:28, 29, 34; 27:1; 32:39, 40, 41; 34:14, 23; 36:1, 12; 신 3:14; 33:17; 34:2; 수 13:31; 14:4; 16:4, 9; 17:2, 3, 5, 6, 7, 8, 9, 10, 11, 12, 17; 20:8; 22:30, 31; 삿 1:27; 6:15, 35; 7:23; 11:29; 12:4; 왕상 4:13; 왕하 10:33; 대상 7:14, 15, 17, 29; 9:3; 대하 15:9; 30:1, 10, 11, 18; 31:1; 32:33; 33:1, 9, 10, 11, 13, 18, 20, 22, 23; 34:6, 9; 시 60:7; 80:2; 108:8; 사 9:21; 렘 15:4; 겔 48:4, 5; 마 1:10

2. 유다 왕인 히스기야의 아들
왕하 20:21 아들 **므낫세**가 대신하여 왕이 되니라

📖 므낫세 2 - 기타 본문
왕하 21:1, 2, 9, 11, 16, 18, 20; 23:26; 24:3; 대상 3:13

3. 에스라 때 이방 여인과 결혼한 사람
스 10:30 맛다냐와 브살렐과 빈누이와 **므낫세**요
스 10:33 엘리벨렛과 여레매와 **므낫세**와 시므이

므누홋(Manahathites) 기럇여아림의 아버지
대상 2:52 소발의 자손은 하로에와 **므누홋** 사람

므니(Destiny) 가나안인들이 섬기던 이방신
사 65:11 갓에게 상을 베풀며 **므니**에게 섞은 술

므단(Medan) 아브라함 후처 그두라의 아들
창 25:2 시므란과 욕산과 **므단**과 미디안과

961

【 므두셀라 】　　　　　　　　　　　　　　　　　　【 므립바알 】

대상 1:32　시므란과 욕산과 **므단**과 미디안과

므두셀라(Methuselah)　에녹의 아들
창 5:21　에녹은 육십오 세에 **므두셀라**를 낳았고

> **므두셀라 – 기타 본문**
> 창 5:22, 25; 대상 1:3; 눅 3:37

므드사엘(Methushael)　가인의 후손
창 4:18　**므드사엘**을 낳고 **므드사엘**은 라멕을

므라다임(Merathaim)　바벨론을 상징하는 명칭
렘 50:21　너희는 올라가서 **므라다임**의 땅을 치며

므라리(Merari)　레위의 아들
창 46:11　레위의 아들은 게르손과 그핫과 **므라리**

> **'므라리 종족'과 관련된 성구**
> 민 3:33, 35; 26:57

> **므라리 – 기타 본문**
> 출 6:16, 19; 민 3:17, 20, 36; 4:29, 33, 42, 45; 7:8; 10:17; 26:57; 수 21:7, 34, 40; 대상 6:1, 16, 19, 29, 44, 47, 63, 77; 9:14; 15:6, 17; 23:6, 21; 24:26, 27; 26:10, 19; 대하 29:12; 34:12; 스 8:19

므라야(Meraiah)　요아김 시대의 제사장
느 12:12　스라야 족속에는 **므라야**요 예레미야

므라욧(Meraioth)
1. 레위 지파 중 그핫 자손
대상 6:6　스라히야를 낳고 스라히야는 **므라욧**을
대상 6:7　**므라욧**은 아마랴를 낳고 아마랴는
대상 6:52　그의 아들은 **므라욧**이요 그의 아들은
2. 아버지는 아히둡이고 아들은 제사장 사독
대상 9:11　사독의 증손이요 **므라욧**의 현손이요
스 7:3　아사랴의 팔대 손이요 **므라욧**의 구대 손
느 11:11　사독의 증손이요 **므라욧**의 현손이요
3. 요아김 대제사장 때의 제사장 가문
느 12:15　하림 족속에는 아드나요 **므라욧** 족속

므레못(Meremoth)

1. 제사장 우리야의 아들
스 8:33　제사장 우리아의 아들 **므레못**의 손에

> **므레못 – 기타 본문**
> 기타본문 – 느 3:4, 21

2. 이방인 아내를 보내기로 인친 사람
스 10:36　와냐와 **므레못**과 에라십과
3. 율법을 지키겠다고 인친 제사장
느 10:5　하림, **므레못**, 오바댜,
4. 스룹바벨을 좇아서 귀환한 제사장
느 12:3　스가냐와 르훔과 **므레못**과

므로닥(Marduk)　바벨론의 주신(主神)
렘 50:2　수치를 당하며 **므로닥**이 부스러지며

므로닥 발라단(Merodach-Baladan)　발라단의 아들
사 39:1　발라단의 아들 바벨론 왕 **므로닥 발라단**

므리바(Meribah)
1. 호렙 부근의 샘
출 17:7　이름을 맛사 또는 **므리바**라 불렀으니
2. 가데스 부근의 샘

민 20:13　이를 **므리바** 물이라 하니라 여호와
시 95:8　너희는 **므리바**에서와 같이 또 광야

> **'므리바'와 관련된 성구**
> 므리바 물 – 민 20:24; 27:14; 시 106:32
> 므리바 물가 – 신 32:51; 33:8; 시 81:7

므리바가데스(Meribah Kadesh)　가데스 부근의 샘
겔 48:28　다말에서부터 **므리바가데스** 샘에

므리봇 가데스(Meriboth-Kadesh)　므리바 가데스와 같은 곳
겔 47:19　남쪽은 다말에서부터 **므리봇 가데스**

므립바알(Merib-Baal)　므비보셋의 원래 이름

【 므무간 】　　　　　　　　　　　　　　　　　　　　　　　　　　　　　　【 므술람 】

대상 8:34 아들은 **므립바알**이라 **므립바알**은
대상 9:40 아들은 **므립바알**이라 **므립바알**은

므무간(Memucan) 바사와 메대의 방백
에 1:14　다시스와 메레스와 마르스나와 **므무간**
에 1:16　**므무간**이 왕과 지방관 앞에서 대답하여
에 1:21　그 말을 옳게 여긴지라 왕이 **므무간**의

므바앗(Mephaath) 므라리 자손에게 준 성읍
수 21:37　그데못과 그 목초지와 **므바앗**과 그 목초

므분내(Mebunnai) 다윗의 용사 중 한 명
삼하 23:27 사람 아비에셀과 후사 사람 **므분내**와

므비보셋(Mephibosheth)

1. 요나단의 아들
삼하 4:4　아들 하나가 있었
　　　　으니 이름은 **므비보셋**이라
삼하 19:30 **므비보셋**이 왕께 아뢰되 내 주 왕께서
삼하 21:7　사울의 손자 요나단의 아들 **므비보셋**

▸ 므비보셋 - 기타 본문
삼하 9:6, 10, 11, 12, 13; 16:1, 4; 19:24, 25

2. 사울이 리스바와의 사이에서 낳은 아들
삼하 21:8 사울의 두 아들 알모니와 **므비보셋**과

므세사벨(Meshezabel)
1. 느헤미야 때 성벽 재건에 동참했던 사람
느 3:4　다음은 **므세사벨**의 손자 베레갸의 아들
2. 포로 귀환 뒤 갱신된 언약에 인친 사람
느 10:21 **므세사벨**, 사독, 얏두아
3. 유다의 아들 세라의 자손
느 11:24 유다의 아들 세라의 자손 곧 **므세사벨**

므셀레먀(Meshelemiah) 다윗 왕 때에 문지기
대상 9:21 **므셀레먀**의 아들 스가랴는 회막 문지기
대상 26:1 아삽의 가문 중 고레의 아들 **므셀레먀**
대상 26:2 **므셀레먀**의 아들들인 맏아들 스가랴와
대상 26:9 **므셀레먀**의 아들과 형제 열여덟 명은

므소바(Mezobaite) 야아시엘의 고향
대상 11:47 엘리엘과 오벳과 **므소바** 사람 야아시엘

므술람(Meshullam)
1. 요시야 왕 때 서기관이던 사반의 조부
왕하 22:3 요시야 왕 열여덟째 해에 왕이 **므술람**
2. 스룹바벨의 아들들 가운데 하나
대상 3:19 스룹바벨의 아들은 **므술람**과 하나냐와
3. 바산에 거한 갓 자손의 족장
대상 5:13 형제들은 미가엘과 **므술람**과 세바와
4. 베냐민 지파로 엘바알의 아들
대상 8:17 스바댜와 **므술람**과 히스기와 헤벨과
5. 베냐민 지파에 속한 살루의 아버지
대상 9:7　증손 호다위아의 손자 **므술람**의
느 11:7　**므술람**의 아들이요 요엣의 손자
6. 대제사장 사독의 아들
대상 9:11 힐기야의 아들이요 **므술람**의 손자요
느 11:11 힐기야의 아들이요 **므술람**의 손자요
7. 포로 귀환 후 예루살렘에 거한 제사장
대상 9:12 **므술람**의 증손이요 므실레밋의 현손
8. 잇도에게 보낸 사람
스 8:16　엘라단과 나단과 스가랴와 **므술람**을
9. 이방 여인과의 결혼 파기를 반대한 한 사람
스 10:15 **므술람**과 레위 사람 삽브대가 그들을
10. 이방 여인과 결혼한 사람
스 10:29 바니 자손 중에서는 **므술람**과 말룩과
11. 예루살렘 성벽 재건에 참여한 사람
느 3:4　베레갸의 아들 **므술람**이 중수하였고
느 3:30　베레갸의 아들 **므술람**이 자기의 방과
느 6:18　베레갸의 아들 **므술람**의 딸을 아내로
12. 예루살렘의 옛 문을 수리했던 사람
느 3:6　요야다와 브소드야의 아들 **므술람**이
13. 에스라가 율법을 낭독할 때 좌편에 선 사람
느 8:4　하숨과 하스밧다나와 스가랴와 **므술람**
14. 갱신된 새 언약에 서명한 제사장
느 10:7　**므술람**, 아비야, 미야민,
15. 갱신된 새 언약에 서명한 이스라엘 족장
느 10:20 막비아스, **므술람**, 헤실,
16. 에스라 제사장 가문 족장
느 12:13 에스라 족속에는 **므술람**이요 아마랴
17. 요야김 때 긴느돈 제사장 가문 족장
느 12:16 스가랴요 긴느돈 족속에는 **므술람**이요
18. 대제사장 요야김 때 곳간의 문지기
느 12:25 맛다냐와 박부갸와 오바댜와 **므술람**과
19. 예루살렘 성벽 낙성식에 참여한 사람
느 12:33 또 아사랴와 에스라와 **므술람**과

【 므술레멧 】　　　　　　　　　　　　　　　　　　【 미가야 】

므술레멧(Meshullemeth) 므낫세의 아내
왕하 21:19 므술레멧이요 욧바 하루스의 딸이더라

므실레못(Meshillemoth) 제사장 임멜의 후손
느 11:13 아흐새의 손자요 **므실레못**의 증손이요

므실레밋(Meshillemith) 제사장 임멜의 아들
대상 9:12 므술람의 증손이요 **므실레밋**의 현손

므아라(Mearah) 시돈 사람에게 속했던 지명
수 13:4 시돈 사람에게 속한 **므아라**와 아모리

므오노대(Meonothai) 오브라의 아버지
대상 4:14 **므오노대**는 오브라를 낳고 스라야는

므오느님(Meonenim-KJV, soothsayers' tree-NIV) 팔레스타인 중부의 평야 지역
삿 9:37 한 때는 **므오느님** 상수리나무 길을 따라

므우님(Mehunim) 느디님에 속한 자들
스 2:50 아스나 자손과 **므우님** 자손과 느부심
느 7:52 베새 자손과 **므우님** 자손과 느비스심

므헤다벨(Mehetabel)
　　1. 에돔 왕 하달/하닷의 아내
창 36:39 아내의 이름은 **므헤다벨**이니 마드렛
대상 1:50 아내의 이름은 **므헤다벨**이라 메사흡
　　2. 느헤미야 시대의 거짓 선지자 스마야의 조부
느 6:10 **므헤다벨**의 손자 들라야의 아들 스마야

므홀랏(Meholah) 아드리엘의 고향
삼상 18:19 메랍을 다윗에게 줄 시기에 **므홀랏** 사람
삼하 21:8 메랍에게서 난 자 곧 **므홀랏** 사람 바르

므후만(Mehuman) 아하수에로 왕의 내시
에 1:10 내시 **므후만**과 비스다와 하르보나를

므후야엘(Mehujael) 에녹의 손자
창 4:18 이랏은 **므후야엘**을 낳고 **므후야엘**은

므히다(Mehida) 포로 귀환 성전 문지기
스 2:52 바슬룻 자손과 **므히다** 자손과 하르사
느 7:54 바슬릿 자손과 **므히다** 자손과 하르사

므힐(Mehir) 글룹의 아들이자 에스돈의 아버지
대상 4:11 글룹이 **므힐**을 낳았으니 **므힐**은 에스돈

믈라댜(Melatiah) 성벽 재건을 도운 사람
느 3:7 기브온 사람 **믈라댜**와 메로놋 사람 야돈

미가(Micah)
　　1. 사사 시대에 에브라임 산지 사람
삿 17:1 에브라임 산지에 **미가**라 이름하는 사람
삿 18:2 에브라임 산지에 가서 **미가**의 집에

　📖 미가 1 - 기타 본문
삿 17:3, 4, 5, 8, 9, 10, 11, 12, 13; 18:3, 4, 13, 15, 18, 22, 23, 24, 26, 27, 31

　　2. 요나단의 아들인 므비보셋의 아들
삼하 9:12 이름은 **미가**더라 시바의 집에 사는 자

　📖 미가 2 - 기타 본문
대상 8:34, 35; 9:40, 41

　　3. 예루살렘에 살았던 레위 사람 맛다냐의 아버지
대상 9:15 그는 **미가**의 아들이요 시그리의 손자
느 11:17 아삽의 증손 삽디의 손자 **미가**의 아들
느 11:22 노래하는 자들인 아삽 자손 중 **미가**의

　　4. 언약 갱신에 인친 레위 사람
느 10:11 **미가**, 르홉, 하사뱌,

　　5. 이사야와 동시대의 선지자
렘 26:18 히스기야 시대에 모레셋 사람 **미가**가
미 1:1 모레셋 사람 **미가**에게 임한 여호와의

　　6. 르우벤 사람 시므이의 아들
대상 5:5 아들은 **미가**요 그의 아들은 르아야요

　　7. 레위 사람 고핫 자손으로 웃시엘의 아들
대상 23:20 웃시엘의 아들들은 우두머리 **미가**와
대상 24:24 웃시엘의 아들들은 미가요 **미가**의 아들
대상 24:25 **미가**의 아우는 잇시야요 잇시야의 아들

　　8. 압돈의 아버지
대하 34:20 사반의 아들 아히감과 **미가**의 아들 압돈

미가야(Micaiah)
　　1. 아합 시대 선지자
왕상 22:8 이믈라의 아들 **미가야** 한 사람이 있으니

【 미가엘 】　　　　　　　　　　　　　　　　　　　　　　　　【 미글롯 】

📖 미가야 1 - 기타 본문
왕상 22:9, 13, 14, 15, 19, 24, 25, 26, 28; 대하 18:7, 8, 12, 13, 14, 18, 23, 24, 25, 27

2. 악불의 아버지
왕하 22:12 아히감과 **미가야**의 아들 악불과 서기관

3. 유다 왕 아비야의 어머니
대하 13:2 그의 어머니의 이름은 **미가야**요 기브아

4. 유다 왕 여호사밧의 방백
대하 17:7 오바댜와 스가랴와 느다넬과 **미가야**를

5. 느헤미야 때의 제사장으로 맛다냐의 증손
느 12:35 스마야의 손자 맛다냐의 증손 **미가야**의

6. 느헤미야 시대의 제사장
느 12:41 **미가야**와 엘료에내와 스가랴와 하나냐

7. 유다의 여호야김 왕 때 그마랴의 아들
렘 36:11 사반의 손자요 그마랴의 아들인 **미가야**
렘 36:13 **미가야**가 바룩이 백성의 귀에 책을 낭독

미가엘(Michael)

1. 가나안 땅을 정탐한 아셀 지파의 대표
민 13:13 아셀 지파에서는 **미가엘**의 아들 스둘

2. 갓 사람 길르앗 가족의 대표
대상 5:13 조상의 가문의 형제들은 **미가엘**과
대상 5:14 길르앗의 증손이요 **미가엘**의 현손이요

3. 레위 사람 바아세야의 아들
대상 6:40 **미가엘**의 아들이요 **미가엘**은 바아세야

4. 잇사갈 지파 이스라히야의 아들
대상 7:3 이스라히야의 아들들은 **미가엘**과

5. 베냐민 사람 브리아의 아들
대상 8:16 **미가엘**과 이스바와 요하는 다 브리아

6. 다윗의 용사로 므낫세의 천부장
대상 12:20 요사밧과 여디아엘과 **미가엘**과 요사밧

7. 잇사갈의 관장으로 오므리의 아버지
대상 27:18 잇사갈의 지도자는 **미가엘**의 아들

8. 유다 왕 여호사밧의 아들
대하 21:2 스가랴와 아사랴와 **미가엘**과 스바댜는

9. 포로 귀환민의 지도자
스 8:8 스바댜 자손 중에서는 **미가엘**의 아들

10. 성경에 이름이 언급된 천사장
단 10:13 가장 높은 군주 중 하나인 **미가엘**이

📖 미가엘 10 - 기타 본문
단 10:21; 12:1; 유 1:9; 계 12:7

미각(味覺, mouth-NIV, taste-KJV)
욥 6:30 어찌 불의한 것이 있으랴 내 **미각**이

미간(眉間, forehead)
출 13:9 이것으로 네 손의 기호와 네 **미간**의 표
출 13:16 네 손의 기호와 네 **미간**의 표가 되리라
신 6:8 손목에 매어 기호를 삼으며 네 **미간**에
신 11:18 손목에 매어 기호를 삼고 너희 **미간**에

미갈(Michal) 사울 왕의 둘째 딸로 메랍의 동생
삼상 14:49 메랍이요 작은 딸의 이름은 **미갈**이며

📖 미갈 - 기타 본문
삼상 18:20, 27, 28; 19:11, 12, 13, 14, 17; 25:44; 삼하 3:13, 14; 6:16, 20, 21, 23; 대상 15:29

미골(尾骨, backbone)
레 3:9 화제를 드리지니 그 기름 곧 **미골**에서

미끄러지다(slip)
삼하 22:37 걸음을 넓게 하셨고 내 발이 **미끄러지지**
시 73:2 넘어질 뻔하였고 나의 걸음이 **미끄러질**
시 94:18 여호와여 나의 발이 **미끄러진다고** 말할

미끄럽다(slippery)
시 35:6 길을 어둡고 **미끄럽게** 하시며 여호와의
시 55:21 그의 입은 우유 기름보다 **미끄러우나**
시 73:18 주께서 참으로 그들을 **미끄러운** 곳에
잠 5:3 그의 입은 기름보다 **미끄러우나**
아 7:9 내 사랑하는 자를 위하여 **미끄럽게** 흘러
렘 23:12 그들에게 어두운 가운데 **미끄러운** 곳과

미그론(Migron)

1. 기브아 변경의 땅
삼상 14:2 기브아 변두리 **미그론**에 있는 석류나무

2. 믹마스 북쪽의 땅
사 10:28 아얏에 이르러 **미그론**을 지나 믹마스

미그리(Micri) 포로 귀환한 엘라의 조부
대상 9:8 여로함의 아들 이브느야와 **미그리**의

미글롯(Mikloth)

1. 기브온의 조상 여이엘의 자손

【 미냐민 】

대상 8:32 **미글롯**은 시므아를 낳았으며 그들에
대상 9:37 그들과 아히오와 스가랴와 **미글롯**이며
대상 9:38 **미글롯**은 시므암을 낳았으니 그들은
　　　　2. 다윗의 부대 둘째 갈래의 부지휘관
대상 27:4 **미글롯**이 그의 반의 주장이 되었으니

미냐민(Miniamin)
　1. 히스기야 당시 지성물을 나눠 주던 레위인
대하 31:15 그의 수하의 에덴과 **미냐민**과 예수아
　　　　2. 대제사장 요야김 시대의 족속의 이름
느 12:17 아비야 족속에는 시그리요 **미냐민** 곧
　　　　3. 예루살렘 성벽 봉헌식 때 나팔을 분 제사장
느 12:41 제사장 엘리아김과 마아세야와 **미냐민**

미덴(Mithnite) 다윗의 30 용사 중 한 사람
대상 11:43 마아가의 아들 하난과 **미덴** 사람 요사밧

미둘레네(Mitylene) 에게 해에 위치한 항구
행 20:14 우리가 배에 태우고 **미둘레네**로 가서

미드르닷(Mithredath)
　1. 바사 왕 고레스의 창고지기
스 1:8 고레스가 창고지기 **미드르닷**에게 명령
　　　　2. 성전 재건에 반대하던 바사의 관리
스 4:7 아닥사스다 때에 비슬람과 **미드르닷**과

미디안(Midian) 아브라함의 넷째 아들
창 25:2 시므란과 욕산과 므단과 **미디안**과

'미디안'과 관련된 성구

미디안 땅 – 출 2:15; 합 3:7; 행 7:29
미디안 사람 – 창 37:28, 36; 민 10:29; 삿
　　　　6:11, 16; 7:2
미디안 왕 – 민 31:8; 삿 8:5, 12, 26
미디안의 귀족 – 수 13:21
미디안의 손 – 삿 6:1, 2, 13, 14; 8:22; 9:17
미디안 장로 – 민 22:4, 7
미디안 제사장 – 출 2:16; 3:1; 18:1
미디안 족속 – 창 36:35
미디안 진영 – 삿 7:8, 13

'미디안 – 기타 본문

창 25:4; 출 4:19; 민 25:6, 14, 15, 17, 18; 31:2, 3,

【 미련/–하다 】

7, 9; 삿 6:3, 6, 7, 33; 7:1, 7, 12, 14, 15, 23, 24, 25;
8:1, 3, 28; 왕상 11:18; 대상 1:32, 33, 46; 시 83:9;
사 9:4; 10:26; 60:6

미래(未來, future)
시 37:37 모든 화평한 자의 **미래**는 평안이로다
시 37:38 멸망하리니 악인의 **미래**는 끊어질 것
전 9:1 알지 못하는 것은 모두 그들의 **미래**의
렘 29:11 재앙이 아니니라 너희에게 **미래**와 희망

미련/–하다(fool, senseless)
삼하 24:10 심히 **미련**하게 행하였나이다 하니라
대상 21:8 심히 **미련**하게 행하였나이다 하니라
욥 4:18 아니하시며 그의 천사라도 **미련**하다
잠 5:23 심히 **미련**함으로 말미암아 혼미하게
잠 13:16 **미련**한 자는 자기의 **미련**한 것을 나타내
잠 14:24 **미련**한 자의 소유는 다만 **미련**한 것이
잠 15:2 베풀고 **미련**한 자의 입은 **미련**한 것을
잠 15:14 **미련**한 자의 입은 **미련**한 것을 즐기느니
잠 15:21 무지한 자는 **미련**한 것을 즐겨 하여도
잠 16:22 **미련**한 자에게는 그 **미련**한 것이 징계가
잠 17:12 **미련**한 일을 행하는 **미련**한 자를 만나는
잠 18:13 듣기 전에 대답하는 자는 **미련**하여
잠 19:3 **미련**하므로 자기 길을 굽게 하고 마음
잠 22:15 **미련**한 것이 얽혔으나 징계하는 채찍이
잠 26:11 **미련**한 자는 그 **미련**한 것을 거듭 행하
잠 27:22 공이로 찧을지라도 그의 **미련**은 벗겨

'미련한'과 관련된 성구

미련한 놈 – 마 5:22
미련한 백성 – 롬 10:19
미련한 아들 – 잠 10:1; 17:25; 19:13
미련한 여인 – 잠 9:13; 14:1
미련한 자 – 삼상 25:25; 삼하 3:33; 욥 5:2,
　　　　3; 30:8; 시 107:17; 잠 1:7, 22, 32;
　　　　3:35; 7:22; 8:5; 10:8, 10, 14, 18, 21,
　　　　23; 11:29; 12:15, 16, 23; 13:16, 19,
　　　　20; 14:3, 7, 8, 9, 24, 33; 15:2, 5, 7,
　　　　14, 20; 16:22; 17:7, 10, 12, 16, 21,
　　　　24, 28; 18:2, 6, 7; 19:1, 10; 20:3;
　　　　21:20; 23:9; 24:7, 9; 26:1, 3, 4, 5,
　　　　6, 7, 8, 9, 10, 11, 12; 27:3, 22;
　　　　28:26; 29:9, 20; 30:22; 마 25:3, 8

【 미루다 】　　　　　　　　　　　　　　　　　　　　　【 미사 】

잠 30:32　만일 네가 **미련**하여 스스로 높은 체하였
전 1:17　미친 것들과 **미련**한 것들을 알고자 하여
렘 4:22　지각이 없는 **미련**한 자식이라 악을 행하
마 25:2　그 중의 다섯은 **미련**하고 다섯은 슬기
눅 24:25　**미련**하고 선지자들이 말한 모든 것을
롬 1:21　생각이 허망하여지며 **미련**한 마음이
롬 16:19　선한 데 지혜롭고 악한 데 **미련**하기를
고전 1:18　멸망하는 자들에게는 **미련**한 것이요
고전 1:20　세상의 지혜를 **미련**하게 하신 것이 아니
고전 1:21　전도의 **미련**한 것으로 믿는 자들을 구원
고전 1:23　거리끼는 것이요 이방인에게는 **미련**한
고전 1:27　하나님께서 세상의 **미련**한 것들을

미루다(carefully investigate)
신 24:15　당일에 주고 해 진 후까지 **미루지** 말라
눅 1:3　모든 일을 근원부터 자세히 **미루어**

미르마(Mirmah) 사하라임의 아들들
대상 8:10　여우스와 사갸와 **미르마**이니 이 아들

미리(ahead, before)
창 46:28　야곱이 유다를 요셉에게 **미리** 보내어
대상 29:16　성전을 건축하려고 **미리** 저축한 이 모든
막 13:11　넘겨 줄 때에 무슨 말을 할까 **미리** 염려
눅 21:14　너희는 변명할 것을 **미리** 궁리하지
요 13:19　지금부터 일이 일어나기 전에 **미리** 너희
행 10:41　**미리** 택하신 증인 곧 죽은 자 가운데서
롬 1:2　아들에 관하여 성경에 **미리** 약속하신
히 4:7　오늘이라고 **미리** 이같이 일렀으되 오늘
벧전 1:11　고난과 후에 받으실 영광을 **미리** 증언
유 1:4　옛적부터 이 판결을 받기로 **미리** 기록된
유 1:17　그리스도의 사도들이 **미리** 한 말을 기억

'미리'와 관련된 성구
미리 말씀하다 – 행 1:16
미리 말하다 – 마 24:25; 막 13:23; 요 11:52;
　　롬 9:29; 고후 13:2; 살전 3:4; 4:6
미리 보다 – 행 2:31
미리 알다 – 행 2:23; 3:18; 롬 8:29; 11:2 갈
　　3:8; 벧전 1:2, 20; 벧후 3:17
미리 정하다 – 레 16:21; 롬 8:29, 30; 고전
　　2:7; 갈 3:17
미리 준비하다 – 막 14:8; 고후 9:5

미리암(Miriam)
1. 모세와 아론의 누이
출 15:20　아론의 누이 선지자 **미리암**이 손에 소고

📖 미리암 1 – 기타 본문
출 15:21; 민 12:1, 4, 5, 10, 15; 20:1; 26:59; 신
24:9; 대상 6:3; 미 6:4

2. 유다 자손으로 메렛의 아들
대상 4:17　메렛은 **미리암**과 삼매와 에스드모아르

미명(微明, daybreak)
삿 19:25　여자를 능욕하다가 새벽 **미명**에 놓은

미모(美貌, alluring)
나 3:4　이는 마술에 능숙한 **미모**의 음녀가 많은

미문(美門, gate called Beautiful)
행 3:2　구걸하기 위하여 날마다 **미문**이라는
행 3:10　그가 본래 성전 **미문**에 앉아 구걸하던

미쁘다(sure, trustworthy, faithful)
행 13:34　다윗의 거룩하고 **미쁜** 은사를 너희에게
롬 3:3　믿지 아니하였으니 하나님의 **미쁘심**을 폐하
고전 1:9　교제하게 하시는 하나님은 **미쁘시도다**
고전 10:13　오직 하나님은 **미쁘사** 너희가 감당하지
고후 1:18　하나님은 **미쁘시니라** 우리가 너희에게
살전 5:24　너희를 부르시는 이는 **미쁘시니** 그가
살후 3:3　주는 **미쁘사** 너희를 굳건하게 하시고
딤전 1:15　**미쁘다** 모든 사람이 받을 만한 이 말이
딤전 3:1　**미쁘다** 이 말이여, 곧 사람이 감독의
딤전 4:9　**미쁘다** 이 말이여 모든 사람들이 받을
딤후 2:11　**미쁘다** 이 말이여 우리가 주와 함께
딤후 2:13　**미쁨**이 없을지라도 주는 항상 **미쁘시니**
딛 1:9　**미쁜** 말씀의 가르침을 그대로 지켜야
딛 3:8　이 말이 **미쁘도다** 원하건대 너는 이
히 10:23　또 약속하신 이는 **미쁘시니** 우리가 믿는
히 11:11　약속하신 이를 **미쁘신** 줄 알았음이라
벧전 4:19　선을 행하는 가운데 그 영혼을 **미쁘신**
요일 1:9　죄를 자백하면 그는 **미쁘시고** 의로우사

미사(Mizzah) 에돔 족속 르우엘의 아들
창 36:13　나핫과 세라와 삼마와 **미사**니 이들은

【 미사엘 】　　　　　　　　　　　　　　【 미스베 】

창 36:17　세라 족장, 삼마 족장, **미사** 족장이니

미사엘(Mishael)
1. 레위 지파에 속한 고핫의 자손
출 6:22　웃시엘의 아들들은 **미사엘**과 엘사반
레 10:4　아론의 삼촌 웃시엘의 아들 **미사엘**과
2. 에스라를 도운 사람
느 8:4　브다야와 **미사엘**과 말기야와 하숨과
3. 다니엘의 세 친구 중 한 사람
단 1:6　다니엘과 하나냐와 **미사엘**과 아사랴

▣ 미사엘 3 - 기타 본문
단 1:7, 11, 19; 2:17

미살(Mishal)　아셀 지파에게 분배된 지역
수 19:26　알람멜렉과 아맛과 **미살**이며 그 경계과
수 21:30　아셀 지파 중에서는 **미살**과 그 목초지

미살 산(Mount Mizar)　헤르몬산과 같이 언급된 산
시 42:6　내가 요단 땅과 헤르몬과 **미살 산**에서

미삼(Misham)　엘바알의 아들
대상 8:12　엘바알의 아들들은 에벨과 **미삼**과 세멧

미소하다(微笑, smile)
욥 29:24　그들이 의지 없을 때에 내가 **미소하면**

미숙하다(未熟, inexperienced)
대상 22:5　솔로몬은 어리고 **미숙하고** 여호와를
대상 29:1　아직 어리고 **미숙하며** 이 공사는 크도다

미스갑(stronghold-NIV, Misgab-KJV)
모압 땅에 속해 있던 성읍
렘 48:1　수치를 당하여 점령되었고 **미스갑**이

미스라(Mishraites)　기랏여아림 족속
대상 2:53　붓 종족과 수맛 종족과 **미스라** 족속이

미스라임(Mizraim)　함의 둘째 아들
창 10:6　함의 아들은 구스와 **미스라임**과 붓과
창 10:13　**미스라임**은 루딤과 아나밈과 르하빔
대상 1:8　함의 자손은 구스와 **미스라임**과 붓과
대상 1:11　**미스라임**은 루딤과 아나밈과 르하빔

미스르봇마임(Misrephoth Maim)　시돈 성읍
수 11:8　시돈과 **미스르봇마임**까지 추격하고
수 13:6　레바논에서부터 **미스르봇마임**까지

미스마(Mishma)
1. 이스마엘의 아들이자 아랍 족속의 조상
창 25:14　**미스마**와 두마와 맛사와
대상 1:30　**미스마**와 두마와 맛사와 하닷과 데마
2. 시므온 지파에 속한 밉삼의 아들
대상 4:25　아들은 밉삼이요 그의 아들은 **미스마**요
대상 4:26　**미스마**의 아들은 함무엘이요 그의

미스만나(Mishmannah)　다윗의 용사 중 한 명
대상 12:10　넷째는 **미스만나**요 다섯째는 예레미야

미스바(Mizpah)
1. 압복 강 북쪽 라반의 돌무더기
창 31:49　**미스바**라 하였으니 이는 그의 말에
2. 헤르몬 부근의 땅
수 11:3　여부스 족속과 **미스바** 땅 헤르몬 산
수 11:8　동쪽으로는 **미스바** 골짜기까지 추격
3. 요단 동편의 길르앗 미스바
삿 10:17　이스라엘 자손도 모여서 **미스바**에 진을

▣ 미스바 3 - 기타 본문
삿 11:11, 34; 호 5:1

4. 요단 서편 유다 지파의 미스바
삿 20:1　그 회중이 일제히 **미스바**에서 여호와

▣ 미스바 4 - 기타 본문
삿 20:3; 21:1, 5, 8; 삼상 7:5, 6, 7, 11, 12, 16; 10:17;
왕상 15:22; 왕하 25:23, 25; 대하 16:6; 느 3:7, 15,
19; 렘 40:6, 8, 10, 12, 13, 15; 41:1, 3, 6, 10, 14, 16

미스발(Mispar)　스룹바벨과 함께 귀환한 사람
스 2:2　모르드개와 빌산과 **미스발**과 비그왜

미스베(Mizpeh)
1. 유다 지역의 평지
수 13:26　헤스본에서 라맛 **미스베**와 브도님까지
수 15:38　딜르안과 **미스베**와 욕드엘과
2. 예루살렘 북쪽 베냐민의 성읍

{ 미스베렛 }   { 미워하다 }

수 18:26 미스베와 그비라와 모사와
         3. 길르앗의 성읍
삿 11:29 길르앗의 미스베에 이르고 … 미스베에
         4. 모압의 성읍
삼상 22:3 다윗이 거기서 모압 미스베로 가서 모압

미스베렛(Mispereth) 미스발과 동일인
느 7:7   빌산과 미스베렛과 비그왜와 느훔과

미야민(Mijamin)
         1. 다윗 시대의 제사장
대상 24:9 다섯째는 말기야요 여섯째는 미야민
         2. 바벨론 포로 때 이방 여인과 결혼한 사람
스 10:25 말기야와 미야민과 엘르아살과 말기야
         3. 느헤미야 때 새 언약에 인친 제사장
느 10:7   므술람, 아비야, 미야민,
         4. 스룹바벨과 함께 귀환한 제사장
느 12:5   미야민과 마아댜와 빌가와

미약하다(微弱, least, small)
삼상 9:21 가족 중에 가장 미약하지 아니하니이까
느 4:2   미약한 유다 사람들이 하는 일이 무엇
욥 8:7   시작은 미약하였으나 네 나중은 심히
잠 24:10 낙담하면 네 힘이 미약함을 보임이니
겔 5:11   긍휼을 베풀지 아니하고 미약하게 하리
겔 29:14 그들이 거기에서 미약한 나라가 되ار
겔 29:15 나라 가운데에 지극히 미약한 나라가
암 7:2   야곱이 미약하오니 어떻게 서리이까
암 7:5   그치소서 야곱이 미약하오니 어떻게

미움(detest, not love, stench, unloved)
신 21:15 하나는 미움을 받다가 그 사랑을 받는
         자와 미움을 … 그 미움을 받는 자의
신 21:16 아들을 장자로 삼아 참 장자 곧 미움을
신 21:17 반드시 그 미움을 받는 자의 아들을
삼상 13:4 이스라엘이 블레셋 사람들의 미움을
삼상 27:12 이스라엘에게 심히 미움을 받게 되었
삼하 10:6 암몬 자손들이 자기들이 다윗에게 미움
삼하 13:15 미워하는 미움이 전에 사랑하던 사랑
잠 10:12 미움은 다툼을 일으켜도 사랑은 모든
잠 10:18 미움을 감추는 자는 거짓된 입술을 가진
잠 11:20 마음이 굽은 자는 여호와께 미움을 받으
잠 12:22 거짓 입술은 여호와께 미움을 받아도

잠 14:17 계교를 꾀하는 자는 미움을 받느니라
잠 14:20 가난한 자는 이웃에게도 미움을 받게
잠 17:15 두 사람은 다 여호와께 미움을 받느니라
잠 19:7   형제들에게도 미움을 받거든 하물며
잠 24:9   거만한 자는 사람에게 미움을 받느니라
잠 24:24 저주를 받을 것이요 국민에게 미움을
잠 26:26 속임으로 그 미움을 감출지라도 그의
잠 29:27 의인에게 미움을 … 악인에게 미움을
잠 30:23 미움 받는 여자가 시집 간 것과 여종이
전 9:1   사랑을 받을는지 미움을 받을는지 사람
전 9:6   사랑과 미움과 시기도 없어진 지 오래
사 49:7   백성에게 미움을 받는 자, 관원들에게
사 60:15 버림을 당하며 미움을 당하였으므로
마 10:22 사람에게 미움을 받을 것이나 끝까지
마 24:9   내 이름 때문에 모든 민족에게 미움을
막 13:13 사람에게 미움을 받을 것이나 끝까지
눅 16:15 높임을 받는 그것은 하나님 앞에 미움을
눅 21:17 말미암아 모든 사람에게 미움을 받을

미워하다(hate, hostile)
[모세오경 ~ 시가서]
창 26:27 너희가 나를 미워하여 나에게 너희를
창 27:41 에서가 야곱을 미워하여 심중에 이르기
창 37:4   그를 더 사랑함을 보고 그를 미워하여
창 37:5   말하매 그들이 그를 더욱 미워하였더라
창 37:8   말로 말미암아 그를 더욱 미워하더니
창 50:15 요셉이 혹시 우리를 미워하여 우리가
출 8:26   그들이 그것을 미워하여 우리를 돌로
출 18:21 불의한 이익을 미워하는 자를 살펴서
출 23:5   네가 만일 너를 미워하는 자의 나귀가
레 19:17 너는 네 형제를 마음으로 미워하지 말며
레 26:17 너희를 미워하는 자가 너희를 다스릴
레 26:44 그들을 내버리지 아니하며 미워하지
민 35:20 만일 미워하는 까닭에 밀쳐 죽이거나
신 1:27   여호와께서 우리를 미워하시므로 아모리
신 7:10   그를 미워하는 … 자기를 미워하는 자
신 7:15   너를 미워하는 모든 자에게 걸리게 하실
신 9:28   미워하기도 하사 광야에서 죽이려고
신 19:11 이웃을 미워하여 엎드려 그를 기다리다
신 22:13 그에게 들어간 후에 그를 미워하여
신 22:16 아내로 주었더니 그가 미워하여
신 23:7   미워하지 말라 … 애굽 사람을 미워하지
신 24:3   그의 둘째 남편도 그를 미워하여 이혼

【 미워하다 】　　　　　　　　　　　　　　　　　　　　　【 미워하다 】

신 30:7	여호와께서 네 적군과 너를 **미워하고**
신 32:19	여호와께서 보시고 **미워하셨으니** 그
신 33:11	대적하여 일어나는 자와 **미워하는** 자
수 20:5	본래 **미워함**이 없이 부지중에 그의 이웃
삼하 5:8	다윗의 마음에 **미워하는** 다리 저는 사람
삼하 13:15	이제 **미워하는** 미움이 전에 사랑하던
삼하 13:22	그를 **미워하여** 암논에 대하여 잘잘못을
삼하 16:21	왕께서 왕의 아버지가 **미워하는** 바 됨을
삼하 19:6	왕께서 **미워하는** 자는 사랑하시며 사
	랑하는 자는 **미워하시고** 오늘 지휘관
삼하 22:18	원수와 **미워하는** 자에게서 건지셨음
왕상 11:25	이스라엘을 대적하고 **미워하였더라**
왕상 22:8	내가 그를 **미워하나이다** 여호사밧이
대하 18:7	예언하기로 내가 그를 **미워하나이다**
대하 19:2	여호와를 **미워하는** 자들을 사랑하는
에 9:1	자기들을 **미워하는** 자들을 제거하게
에 9:5	도륙하고 진멸하고 자기를 **미워하는**
에 9:16	벗어나며 자기들을 **미워하는** 자 칠만
욥 8:22	너를 **미워하는** 자는 부끄러움을 당할
욥 34:17	정의를 **미워하시는** 이시라면 어찌 그대
시 5:5	주는 모든 행악자를 **미워하시며**
시 11:5	좋아하는 자를 마음에 **미워하시도다**
시 18:17	원수와 **미워하는** 자에게서 건지셨음
시 21:8	왕의 오른손이 왕을 **미워하는** 자들을
시 26:5	내가 행악자의 집회를 **미워하오니** 악
시 31:6	숭상하는 자들을 **미워하고** 여호와를
시 34:21	악인을 죽일 것이라 의인을 **미워하는**
시 36:2	죄악은 드러나지 아니하고 **미워함**을
시 44:7	구원하시고 우리를 **미워하는** 자로 수치
시 44:10	우리를 **미워하는** 자가 자기를 위하여
시 50:17	네가 교훈을 **미워하고** 내 말을 네 뒤로
시 55:12	**미워하는** 자가 아니라 **미워하는** 자일
시 78:59	분내어 이스라엘을 크게 **미워하사**
시 81:15	여호와를 **미워하는** 자는 그에게 복종
시 89:23	대적들을 박멸하며 그를 **미워하는** 자들
시 89:39	주의 종의 언약을 **미워하사** 그의 관을
시 101:3	배교자들의 행위를 내가 **미워하오리니**
시 105:25	백성을 미워하게 하시며 그의 종들에게
시 106:10	그 **미워하는** 자의 손에서 구원하시며
시 106:40	노하시며 자기의 유업을 **미워하사**
시 106:41	손에 넘기시매 그들을 **미워하는** 자들
시 109:3	**미워하는** 말로 나를 두르고 까닭 없이
시 109:5	악으로 나의 선을 갚으며 **미워함**으로

시 119:104	모든 거짓 행위를 **미워하나이다**
시 119:113	내가 두 마음 품는 자들을 **미워하고**
시 119:128	여기고 모든 거짓 행위를 **미워하나이다**
시 119:163	나는 거짓을 **미워하며** 싫어하고 주의
시 120:6	내가 화평을 **미워하는** 자들과 함께 오래
시 129:5	무릇 시온을 **미워하는** 자들은 수치를
시 139:21	주를 **미워하는** 자들을 **미워하지** 아니
	하오며 … 일어나는 자들을 **미워하지**
잠 1:22	미련한 자들은 지식을 **미워하니** 어느
잠 1:29	너희가 지식을 **미워하며** 여호와 경외
잠 8:7	말하며 내 입술은 악을 **미워하느니라**
잠 8:13	악한 행실과 패역한 입을 **미워하느니라**
잠 9:8	책망하지 말라 그가 너를 **미워할까** 두려
잠 13:5	의인은 거짓말을 **미워하나** 악인은 행위
잠 13:24	아끼는 자는 그의 자식을 **미워함이라**
잠 15:17	살진 소를 먹으며 서로 **미워하는** 것보다
잠 16:12	악을 행하는 것은 왕들이 **미워할** 바니
잠 25:17	그가 너를 싫어하며 **미워할까** 두려우니
잠 26:28	자기가 해한 자를 **미워하고** 아첨하는
잠 28:16	크게 행하거니와 탐욕을 **미워하는**
잠 29:10	온전한 자를 **미워하고** 정직한 자의 생명
잠 29:24	자기의 영혼을 **미워하는** 자라 그는 저주
전 2:17	내가 사는 것을 **미워하였노니** 이는 해
전 2:18	수고를 **미워하였노니** 이는 내 뒤를 이을
전 3:8	사랑할 때가 있고 **미워할** 때가 있으며

선지서, 신약

사 7:16	네가 **미워하는** 두 왕의 땅이 황폐하게
사 61:8	불의의 강탈을 **미워하여** 성실히 그들
사 66:5	너희를 **미워하며** 내 이름으로 말미암아
렘 12:8	내므로 내가 그를 **미워하였음이로라**
렘 14:21	주의 이름을 위하여 우리를 **미워하지**
렘 44:4	너희는 내가 **미워하는** 이 가증한 일을
애 2:7	성소를 **미워하시며** 궁전의 성벽들을
겔 16:27	일용할 양식을 감하고 너를 **미워하는**
겔 16:37	**미워하던** 모든 자를 모으되 사방에서
겔 20:43	악으로 말미암아 스스로 **미워하리라**
겔 23:28	네가 **미워하는** 자와 네 마음에 싫어하는
겔 23:29	그들이 **미워하는** 마음으로 네게 행하여
겔 25:15	옛날부터 **미워하여** 멸시하는 마음으로
겔 35:6	네가 피를 **미워하지** 아니하였은즉 피가
겔 35:11	네가 그들을 **미워하여** 노하며 질투하
단 4:19	꿈은 왕을 **미워하는** 자에게 응하며 그
호 9:15	내가 거기에서 그들을 **미워하였노라**

【 미워하다 】 　　　　　　　　　　　　　　【 미치다 】

암 5:10	성문에서 책망하는 자를 **미워하며**	롬 1:30	비방하는 자요 하나님께서 **미워하시는**
암 5:21	내가 너희 절기들을 **미워하여** 멸시하	롬 7:15	행하지 아니하고 도리어 **미워하는** 것을
암 6:8	궁궐들을 **미워하므로** 이 성읍과 거기에	롬 9:13	야곱은 사랑하고 에서는 **미워하였다**
미 3:2	너희가 선을 **미워하고** 악을 기뻐하여	엡 5:29	누구든지 언제나 자기 육체를 **미워하지**
미 3:9	정의를 **미워하고** 정직한 것을 굽게 하는	딛 3:3	가증스러운 자요 피차 **미워한** 자였으나
슥 8:17	내가 **미워하는** 것이니라 여호와의	히 1:9	의를 사랑하시고 불법을 **미워하셨으니**
말 1:3	에서는 **미워하였으며** 그의 산들을 황폐	요일 3:13	형제들아 세상이 너희를 **미워하여도**
말 2:16	옷으로 학대를 가리는 자를 **미워하노라**	유 1:23	더럽힌 옷까지도 **미워하되** 두려움으로
마 5:43	이웃을 사랑하고 네 원수를 **미워하라**	계 2:6	니골라 당의 행위를 **미워하는도다** 나도
마 6:24	이를 **미워하고** 저를 사랑하거나 혹 이	계 17:16	열 뿔과 짐승은 음녀를 **미워하여** 망하게
마 24:10	서로 잡아 주고 서로 **미워하겠으며**		
눅 1:71	원수에게서와 우리를 **미워하는** 모든	**미장이**(mason)	
눅 6:22	말미암아 사람들이 너희를 **미워하며**	왕하 12:12	또 **미장이**와 석수에게 주고 또 여호와
눅 6:27	원수를 사랑하며 너희를 **미워하는** 자	왕하 22:6	건축자와 **미장이**에게 주게 하고 또 재목
눅 14:26	목숨까지 **미워하지** 아니하면 능히 내		
눅 16:13	혹 이를 **미워하고** 저를 사랑하거나 혹	**미지근하다**(lukewarm)	
눅 19:14	백성이 그를 **미워하여** 사자를 뒤로 보내	계 3:16	이같이 **미지근하여** 뜨겁지도 아니하고
요 3:20	악을 행하는 자마다 빛을 **미워하여** 빛		
요 7:7	너희를 **미워하지** 아니하되 나를 미워	**미처**(yet)	
요 12:25	자기의 생명을 **미워하는** 자는 영생	스 3:6	때에 여호와의 성전 지대는 **미처** 놓지
요 15:18	세상이 너희를 **미워하면** 너희보다 먼저	느 7:4	주민은 적으며 가옥은 **미처** 건축하지
요 15:19	때문에 세상이 너희를 **미워하느니라**	행 12:14	문을 **미처** 열지 못하고 달려 들어가
요 15:23	나를 **미워하는** 자는 … **미워하느니라**		
요 15:24	내 아버지를 보았고 또 **미워하였도다**	**미천하다**(微賤, lowly)	
요 17:14	세상이 그들을 **미워하였사오니** 이는	시 119:141	내가 **미천하여** 멸시를 당하나 주의 법도

　'미워하다' 와 관련된 성구

나를 미워하다 – 창 26:27; 출 20:5; 신 5:9; 32:41; 삿 11:7; 14:16; 삼하 22:41; 욥 19:19; 30:10; 31:29; 시 9:13; 18:40; 35:19; 38:19; 41:7; 55:12; 69:4; 14; 86:17; 118:7; 잠 8:36; 슥 11:8; 요 7:7; 15:18, 23, 25

심히 미워하다 – 신 7:26; 삿 15:2; 삼하 13:15; 시 25:19; 139:22

악을 미워하다 – 시 45:7; 97:10; 잠 8:7, 13; 암 5:15; 롬 12:9

여호와께서 미워하시다 – 신 16:22; 잠 3:32; 6:16; 11:1; 15:8, 9, 26; 16:5; 20:10, 23

주를 미워하다 – 민 10:35; 시 68:1; 83:2; 139:21

형제를 미워하다 – 요일 2:9, 11; 3:15; 4:20

미치광이(madman)

삼상 21:14	이 사람이 **미치광이**로다 어찌하여 그를
삼상 21:15	내게 **미치광이**가 부족하여서 너희가

미치다(insane, frantic, extend, afford)

1. 정신에 이상이 생기다(insane, mad, frantic)

신 28:28	여호와께서 또 너를 **미치는** 것과 눈
신 28:34	보이는 일로 말미암아 네가 **미치리라**
삼상 21:13	행동을 변하여 **미친** 체하고 대문짝에
삼상 21:15	내 앞에서 **미친** 짓을 하게 하느냐 이
왕상 18:29	그들이 **미친** 듯이 떠들어 저녁 소제
왕하 9:11	그 **미친** 자가 무슨 까닭으로 그대에게
왕하 9:20	예후가 모는 것같이 **미치게** 모나이다
시 102:8	내게 대항하여 **미칠** 듯이 날뛰는 자들
잠 26:18	쏘아서 사람을 죽이는 **미친** 사람이 있나
전 1:17	지혜를 알고자 하며 **미친** 것들과 미련한
전 2:2	그것은 **미친** 것이라 하였고 희락에

【 미치다 】   【 미치다 】

전 7:25   어리석은 것이 얼마나 **미친** 것인 줄을
전 9:3   평생에 **미친** 마음을 품고 있다가 후에
전 10:13 그의 입의 결말들은 심히 **미친** 것이니
사 44:25 점 치는 자들을 **미치게** 하며 지혜로운
렘 25:16 비틀거리며 **미친** 듯이 행동하리니
렘 29:26 **미친** 자와 선지자 노릇을 하는 자들을
렘 51:7   민족이 그 포도주를 마심으로 **미쳤도다**
호 9:7   신에 감동하는 자가 **미쳤나니** 이는 네
나 2:4   그 병거는 **미친** 듯이 거리를 달리며
슥 12:4   그 탄 자를 **미치게** 하되 유다 족속은
막 3:21   그를 붙들러 나오니 이는 그가 **미쳤다**
요 10:20 그가 귀신 들려 **미쳤거늘** 어찌하여 그
행 12:15 말하되 네가 **미쳤다** 하나 여자 아이는
행 26:24 바울아 네가 **미쳤도다** … 너를 **미치게**
행 26:25 베스도 각하여 내가 **미친** 것이 아니요
고전 14:23 들어와서 너희를 **미쳤다** 하지 아니하
고후 5:13 우리가 만일 **미쳤어도** 하나님을 위한
벧후 2:16 말하여 이 선지자의 **미친** 행동을 저지

2. 닿거나 이르다(come, extend, afford)
모세오경, 역사서

창 39:5   집과 밭에 있는 모든 소유에 **미친지라**
창 42:4   생각에 재난이 그에게 **미칠까** 두려워
창 42:38 그에게 **미치면** 너희가 내 흰 머리를
창 44:29 그 몸에 **미치면** 나의 흰 머리를 슬퍼
창 44:34 두렵건대 재해가 내 아버지에게 **미침**
창 47:9   연조에 **미치지** 못하나 험악한 세월을
출 5:19   못하리라 함을 듣고 화가 몸에 **미친** 줄
출 14:9   곁 해변 그들이 장막 친 데에 **미치니라**
출 26:28 중간 띠는 이 끝에서 저 끝에 **미치게**
출 36:33 널판 중간 이 끝에서 저 끝에 **미치게**
레 5:7   어린 양을 바치는 데에 **미치지** 못하면
레 5:11   두 마리에도 **미치지** 못하면 그의 범죄로
레 10:6   온 회중에게 **미침**을 면하게 하라 오직
레 12:8   어린 양을 바치기에 힘이 **미치지** 못하면
레 14:21 가난하여 그의 힘이 **미치지** 못하면
레 14:22 그의 힘이 **미치는** 대로 산비둘기 둘이
레 14:30 그는 힘이 **미치는** 대로 산비둘기 한
레 14:31 그의 힘이 **미치는** 대로 한 마리는 속죄
레 14:32 그의 힘이 **미치지** 못한 자의 규례니
레 26:5   포도 딸 때까지 **미치며** 너희의 포도
         따는 것은 파종할 때까지 **미치리니**
민 6:21   힘이 **미치는** 대로 하려니와 그가 서원
민 18:5   이스라엘 자손에게 **미치지** 아니하리라

민 21:24 암몬 자손에게까지 **미치니** 암몬 자손
수 23:16 여호와의 진노가 너희에게 **미치리니**
삿 20:34 사람은 화가 자기에게 **미친** 줄을 알지
삿 20:41 화가 자기들에게 **미친** 것을 보고 심히
삼상 23:17 사울의 손이 네게 **미치지** 못할 것이요
삼하 11:23 그들을 쳐서 성문 어귀까지 **미쳤더니**
삼하 23:19 첫 세 사람에게는 **미치지** 못하였더라
삼하 23:23 세 사람에게는 **미치지** 못하였더라 다윗
왕상 4:12 이르고 욕느암 바깥까지 **미쳤으며**
왕상 4:21 애굽 지경에 **미치기**까지의 모든 나라
왕하 5:27 네 자손에게 **미쳐** 영원토록 이르리라
왕하 7:9 우리에게 **미칠지니** 이제 떠나 왕궁에
대상 10:3 사울에게 따라 **미치매** 사울이 그 쏘는
대상 11:21 첫째 세 명에게는 **미치지** 못하니라
대상 11:25 세 사람에게는 **미치지** 못하니라 다윗
대하 36:16 그의 백성에게 **미치게** 하여 회복할 수
스 9:6   우리 허물이 커서 하늘에 **미침이니이다**

시가서, 선지서

욥 3:25   무서워하는 그것이 내 몸에 **미쳤구나**
욥 5:19   환난이라도 그 재앙이 네게 **미치지** 않게
욥 20:6   닿고 그 머리가 구름에 **미칠지라도**
시 10:5   그에게 **미치지** 못하오니 그는 그의 모든
시 32:6   홍수가 범람할지라도 그에게 **미치지**
시 48:10 땅 끝까지 **미쳤으며** 주의 오른손에는
시 57:10 하늘에 **미치고** 주의 진리는 궁창에 이르
시 61:6   나이가 여러 대에 **미치게** 하시리이다
시 69:9   주를 비방하는 비방이 내게 **미쳤나이다**
시 69:24 주의 맹렬하신 노가 그들에게 **미치게**
시 80:11 바다까지 뻗고 넝쿨이 강까지 **미쳤거늘**
시 91:10 화가 네게 **미치지** 못하며 재앙이 네
시 119:143 환난과 우환이 내게 **미쳤으나** 주의 계명
시 139:6 높아서 내가 능히 **미치지** 못하나이다
잠 24:7   미련한 자가 **미치지** 못할 것이므로
사 8:8   가득하여 목에까지 **미치리라** 임마누엘
사 10:10 우상을 섬기는 나라들에 **미쳤나니** 그들
사 15:8   이르며 부르짖음이 브엘엘림에 **미치며**
사 16:8   야셀에 **미쳐** 광야에 이르고 그 싹이
사 25:12 땅에 내리시되 진토에 **미치게** 하시리라
사 26:5   땅에 엎으시되 진토에 **미치게** 하셨도다
사 28:15 우리에게 **미치지** 못하리니 우리는 거짓
사 30:28 목에까지 **미치는** 하수 같은즉 그가 멸하
사 51:8   있겠으나 나의 구원은 세세에 **미치리라**
사 59:9   우리에게 **미치지** 못한즉 우리가 빛을

972

【 미항 】　　　　　　　　　　　　　　　　　　　　　　　【 미혹/-하다/-되다 】

렘 4:18	그 고통이 네 마음에까지 **미치느니라**	사 30:28	여러 민족의 입에 **미혹하는** 재갈을 물리
렘 25:32	나라에 **미칠** 것이며 큰 바람이 땅 끝에서	사 36:14	히스기야에게 **미혹되지** 말라 그가 능히
렘 25:33	땅 저 끝에 **미칠** 것이나 그들을 위하여	사 44:20	마음에 **미혹되어** 자기의 영혼을 구원
겔 31:4	둑의 물이 들의 모든 나무에까지 **미치매**	렘 23:32	백성을 **미혹하게** 하는 자를 내가 치리라
겔 32:6	산에 **미치게** 하며 그 모든 개천을 채우	렘 29:8	점쟁이에게 **미혹되지** 말며 너희가 꾼 꿈
렘 39:5	시드기야에게 **미쳐** 그를 잡아서 데리고	애 2:14	그들이 거짓 경고와 **미혹하게** 할 것만
렘 42:16	너희에게 **미칠** 것이요 너희가 두려워	겔 14:11	이스라엘 족속이 다시는 **미혹되어** 나를
렘 51:9	화가 하늘에 **미쳤고** 궁창에 달하였음	호 4:12	마음에 **미혹되어** 하나님을 버리고 음행
겔 48:1	경계선에 **미치는** 땅 동쪽에서 서쪽까지	암 2:4	따라가던 거짓 것에 **미혹되었음이라**
단 4:22	권세는 땅 끝까지 **미치심이니이다**	나 3:4	그의 음행으로 여러 나라를 **미혹하고**
단 4:24	명령하신 것이 내 주 왕에게 **미칠** 것이라		그의 마술로 여러 족속을 **미혹하느니라**
단 8:10	하늘 군대에 **미칠** 만큼 커져서 그 군대	마 24:4	사람의 **미혹을** 받지 않도록 주의하라
호 2:7	따라갈지라도 **미치지** 못하며 그들을	마 24:5	많은 사람을 **미혹하리라**
호 9:12	때에는 그들에게 화가 **미치리로다**	마 24:11	많이 일어나 많은 사람을 **미혹하겠으며**
암 5:9	하신즉 그 패망이 산성에 **미치느니라**	마 24:24	있으면 택하신 자들도 **미혹하리라**
암 9:10	화가 우리에게 **미치지** 아니하며 이르등	막 13:5	너희가 사람의 **미혹을** 받지 않도록 주의
욘 2:7	이르렀사오며 주의 성전에 **미쳤나이다**	막 13:6	내가 그라 하여 많은 사람을 **미혹하리라**
미 1:9	성문 곧 예루살렘에도 **미쳤음이니라**	막 13:22	할 수만 있으면 택하신 자들을 **미혹하려**
미 5:4	그가 창대하여 땅 끝까지 **미치리라**	눅 21:8	이르시되 **미혹을** 받지 않도록 주의하라
슥 14:15	모든 가축에게 **미칠** 재앙도 그 재앙과	눅 23:2	우리 백성을 **미혹하고** 가이사에게 세금
신약		눅 23:14	백성을 **미혹하는** 자라 하여 내게 끌고
마 16:22	이 일이 결코 주께 **미치지** 아니하리이	요 7:12	어떤 사람은 아니라 무리를 **미혹한다**
눅 2:10	온 백성에게 **미칠** 큰 기쁨의 좋은 소식	요 7:47	대답하되 너희도 **미혹되었느냐**
행 13:40	말씀하신 것이 너희에게 **미칠까** 삼가라	롬 16:18	순진한 자들의 마음을 **미혹하느니라**
롬 3:22	모든 믿는 자에게 **미치는** 하나님의 의	고전 6:9	**미혹을** 받지 말라 음행하는 자나 우상
롬 15:3	비방이 내게 **미쳤나이다** 함과 같으니	고후 11:3	뱀이 그 간계로 하와를 **미혹한** 것같이
고후 10:14	우리가 너희에게 **미치지** 못할 자로서	살후 2:3	너희가 **미혹되지** 말라 먼저 배교하는
갈 3:14	이방인에게 **미치게** 하고 또 우리로	살후 2:11	하나님이 **미혹의** 역사를 그들에게 보내
		딤전 4:1	믿음에서 떠나 **미혹하는** 영과 귀신의
미항(美港, Fair Havens)		딤전 6:10	탐내는 자들은 **미혹을** 받아 믿음에서
행 27:8	간신히 그 연안을 지나 **미항**이라는 곳	히 3:10	마음이 **미혹되어** 내 길을 알지 못하는
		히 5:2	무식하고 **미혹된** 자를 능히 용납할 수
미혹/-하다/-되다(迷惑, entice, go astray)		약 1:14	받는 것은 자기 욕심에 끌려 **미혹됨이니**
신 4:19	배정하신 것을 보고 **미혹하여** 그것에	약 5:19	내 형제들아 너희 중에 **미혹되어** 진리를
신 11:16	마음에 **미혹하여** 돌이켜 다른 신들을	약 5:20	너희가 알 것은 죄인을 **미혹된** 길에서
신 17:17	마음이 **미혹되게** 하지 말 것이며 자기를	벧후 2:15	바른 길을 떠나 **미혹되어** 브올의 아들
대하 21:11	음행하게 하고 또 유다를 **미혹하게** 하였	벧후 3:17	무법한 자들의 **미혹에** 이끌려 너희가
시 95:10	마음이 **미혹된** 백성이라 내 길을 알지	요일 2:26	너희를 **미혹하는** 자들에 관하여 내가
잠 7:25	치우치지 말며 그 길에 **미혹되지** 말지	요일 3:7	너희를 **미혹하지** 못하게 하라 의를 행하
잠 12:26	악인의 소행은 자신을 **미혹하느니라**	요일 4:6	진리의 영과 **미혹의** 영을 이로써 아는
잠 20:1	이에 **미혹되는** 자마다 지혜가 없느니라	요이 1:7	**미혹하는** 자가 세상에 많이 나왔나니
사 9:16	그들을 **미혹하니** 인도를 받는 자들이		… 부인하는 자라 이런 자가 **미혹하는**
사 19:13	놉의 방백들은 **미혹되었도다** 그들은	계 13:14	거하는 자들을 **미혹하며** 땅에 거하는

[믹네야]   [민족]

계 18:23 복술로 말미암아 만국이 **미혹되었도다**
계 19:20 표적으로 **미혹하던** 자라 이 둘이 산 채
계 20:3   다시는 만국을 **미혹하지** 못하게 하였
계 20:8   마곡을 **미혹하고** 모아 싸움을 붙이리니
계 20:10 그들을 **미혹하는** 마귀가 불과 유황 못에

믹네야(Mikneiah) 찬양을 인도하던 레위인
대상 15:18 **믹네야**와 문지기 오벧에돔과 여이엘
대상 15:21 엘리블레후와 **믹네야**와 오벧에돔과

믹다렐(Migdal El) 납달리 자손의 성읍
수 19:38 이론과 **믹다렐**과 호렘과 벧 아낫과

믹달갓(Migdal Gad) 유다 지파의 성읍
수 15:37 스난과 하다사와 **믹달갓**과

믹돌(Migdol)
1. 홍해를 건너기 전 이스라엘이 진을 친 곳
출 14:2   바다와 **믹돌** 사이의 비하히롯 앞 곧
민 33:7   비하히롯으로 돌아가서 **믹돌** 앞에 진을
2. 예레미야 때 유대인들이 살던 애굽 성읍
렘 44:1   유다 사람 곧 **믹돌**과 다바네스와 놉과

🔖 믹돌 2 – 기타 본문
렘 46:14; 겔 29:10; 30:6

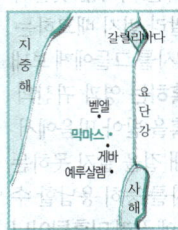

믹마스(Michmash) 베냐민 지파 성읍
삼상 13:2 자기와 함께 **믹**
          마스와 벧엘 산에 있게

🔖 믹마스 – 기타 본문
삼상 13:5, 11, 16, 23; 14:5,
31; 스 2:27; 느 7:31; 11:31; 사 10:28

믹므다/믹므닷(Micmethath) 에브라임과
므낫세의 경계지
수 16:6   북쪽 **믹므다**에 이르고 동쪽으로 돌아
수 17:7   세겜 앞 **믹므닷**까지이며 그 오른쪽으로

민간(民間, people)
대하 19:4 에브라임 산지까지 **민간**에 두루 다니며
행 4:17   이것이 **민간**에 더 퍼지지 못하게 그들을

행 5:12   사도들의 손을 통하여 **민간**에 표적과
행 6:8   충만하여 큰 기사와 표적을 **민간**에

민니(Minni) 바벨론을 쳐서 멸망시킨 나라
렘 51:27 아라랏과 **민니**와 아스그나스 나라를

민닛(minnith) 입다가 정복한 성읍
삿 11:33 아로엘에서부터 **민닛**에 이르기까지
겔 27:17 상인이 되었음이여 **민닛** 밀과 과자와

민둥산(bare hilltop)
사 13:2   너희는 **민둥산** 위에 기치를 세우고 소리

민란(民亂, riot, uproar, uprising)
마 26:5   말하기를 **민란**이 날까 하노니 명절에는
마 27:24 도리어 **민란**이 나려는 것을 보고 물을
막 14:2   이르되 **민란**이 날까 하노니 명절에는
막 15:7   **민란**을 꾸미고 그 **민란** 중에 살인하고
눅 23:19 바라바는 성중에서 일어난 **민란**과 살인
눅 23:25 곧 **민란**과 살인으로 말미암아 옥에 갇힌

민장(民長, official)
느 4:14   귀족들과 **민장**들과 남은 백성에게 말하
느 4:16   방패와 활을 가졌고 **민장**은 유다 온
느 4:19   내가 귀족들과 **민장**들과 남은 백성에게
느 5:7   귀족들과 **민장**들을 꾸짖어 그들에게
느 5:17   유다 사람들과 **민장**들 백오십 명이 있고
느 7:5   귀족들과 **민장**들과 백성을 모아 그 계보
느 12:40 전에 섰고 또 나와 **민장**의 절반도 함께
느 13:11 내가 모든 **민장**들을 꾸짖어 이르기를

민족(民族, nation, people)
📖 모세오경 – 시가서
창 17:6   네게서 **민족**들이 나게 하며 왕들이 네게
창 17:16 그를 여러 **민족**의 어머니가 … **민족**의
창 25:23 두 **민족**이 네 복중에서부터 나누이리라
레 20:17 그들의 **민족** 앞에서 그들이 끊어질지니
레 26:45 하나님이 되기 위하여 **민족**들이 보는
민 22:11 애굽에서 나온 **민족**이 지면에 덮였으니
민 24:20 아말렉은 **민족**들의 으뜸이나 그의 종말
신 7:17   심중에 이르기를 이 **민족**들이 나보다
신 7:22   여호와께서 이 **민족**들을 네 앞에서 조금
신 8:20   멸망시키신 **민족**들같이 너희도 멸망

974

【 민족 】　　　　　　　　　　　　　　　　　　　　【 민족 】

신 9:4	이 **민족**들이 악함으로 말미암아 여호와
신 9:5	**민족**들이 악함으로 말미암아 네 하나님
신 12:2	너희가 쫓아낼 **민족**들이 그들의 신들을
신 12:29	네가 들어가서 쫓아낼 그 **민족**들을 네
신 12:30	이 **민족**들은 그 신들을 어떻게 섬겼는
신 13:7	사방을 둘러싸고 있는 **민족** 혹 네게서 가깝든지 … 저 끝까지에 있는 **민족**이
신 18:9	너는 그 **민족**들의 가증한 행위를 본받지
신 18:14	이 **민족**들은 길흉을 말하는 자나 점쟁이
신 20:15	성읍들 곧 이 **민족**에게 속하지 아니
신 20:16	이 **민족**들의 성읍에서는 호흡 있는 자를
신 26:5	거기에서 크고 강하고 번성한 **민족**이
신 28:33	네가 알지 못하는 **민족**이 먹겠고 너는
신 28:49	땅 끝에서 한 **민족**을 독수리가 날아오는 것 … 언어를 알지 못하는 **민족**이요
신 28:50	용모가 흉악한 **민족**이라 노인을 보살피
신 31:3	**민족**들을 네 앞에서 멸하시고 네가 그
신 32:8	지극히 높으신 자가 **민족**들에게 기업을
신 32:21	**민족**으로 그들의 분노를 일으키리로다
신 32:28	모략이 없는 **민족**이라 그들 중에 분별력
신 32:43	너희 **민족**들아 주의 백성과 즐거워하라
신 33:17	이것으로 **민족**들을 받아 땅 끝까지
수 23:7	남아 있는 이 **민족**들 중에 들어 가지
수 23:12	이 **민족**들을 가까이 하여 더불어 혼인
수 23:13	여호와께서 의 **민족**들을 너희 목전에
삿 14:18	우리 **민족**에게 수수께끼를 말하고 그
삼하 22:48	보복하시고 **민족**들이 내게 복종하게
왕상 4:24	사방에 둘린 **민족**과 평화를 누렸으니
왕하 17:26	거주하게 하신 **민족**들이 그 땅 신의
왕하 17:29	각 **민족**이 … 산당들에 두되 각 **민족**이
왕하 17:33	**민족**의 풍속대로 자기의 신들도 섬겼
왕하 18:33	**민족**의 신들 중에 어느 한 신이 그의
왕하 18:35	**민족**의 모든 신들 중에 누가 그의 땅을
대상 16:20	**민족**에게서 저 **민족**에게로, 이 나라
에 1:22	**민족**의 언어로 말하게 하라 하였더라
에 2:10	에스더가 자기의 **민족**과 종족을 말하지
에 2:20	종족과 **민족**을 말하지 아니하니 그가
에 3:6	그들이 모르드개의 **민족**을 하만에게 알리므로 … 곧 모르드개의 **민족**을 다
에 3:12	각 **민족**의 관원에게 … 문자와 각 **민족**의
에 4:8	그 앞에서 자기 **민족**을 위하여 간절히
에 7:3	내게 주시고 내 요구대로 내 **민족**을
에 7:4	나와 내 **민족**이 팔려서 죽임과 도륙을

에 8:6	어찌 내 **민족**이 화 당함을 차마 보며
에 8:9	각 **민족**의 언어와 유다인의 문자와 언어
에 8:13	각 **민족**에게 반포하고 유다인들에게
욥 12:23	**민족**들을 커지게도 … **민족**들을 널리
욥 34:29	그는 **민족**에게나 인류에게나 동일하시
시 2:1	나라들이 분노하며 **민족**들이 헛된 일을
시 7:7	**민족**들의 모임이 주를 두르게 하시고
시 18:47	보복해 주시고 **민족**들이 내게 복종하게
시 33:10	폐하시며 **민족**들의 사상을 무효하게
시 44:14	**민족** 중에서 머리 흔듦을 당하게 하셨
시 67:3	하나님이여 **민족**들이 주를 찬송하게
시 67:4	주는 **민족**들을 공평히 심판하시며 땅
시 67:5	하나님이여 **민족**들이 주를 찬송하게
시 77:14	하나님이시라 **민족**들 중에 주의 능력을
시 79:6	주를 알지 아니하는 **민족**들과 주의 이름
시 80:8	애굽에서 가져다가 **민족**들을 쫓아내
시 87:6	여호와께서 **민족**들을 등록하실 때에는
시 102:22	그 때에 **민족**들과 나라들이 함께 모여
시 105:44	그들에게 주시며 **민족**들이 수고한 것을
시 147:20	그는 어느 **민족**에게도 이와 같이 행하지
시 149:7	이것으로 뭇 나라에 보수하며 **민족**들

선지서

사 8:9	**민족**들아 함성을 질러 보아라 그러나
사 13:4	열국 **민족**이 함께 모여 떠드는 소리라
사 14:2	**민족**들이 그들을 데리고 그들의 본토에
사 24:13	세계 **민족** 중에 이러한 일이 있으리니
사 25:3	강한 **민족**이 주를 영화롭게 하며 포학
사 30:5	**민족**으로 말미암아 … 그 **민족**이 돕지
사 30:6	땅을 지나 자기에게 무익한 **민족**에게
사 33:3	소리로 말미암아 **민족**들이 도망하며
사 33:12	**민족**들은 불에 굽는 횟돌 같겠고 잘라서
사 34:1	나아와 들을지어다 **민족**들이여 귀를
사 41:1	섬들아 내 앞에 잠잠하라 **민족**들아 힘을
사 43:9	열방은 모였으며 **민족**들이 회집하였
사 49:22	나의 손을 들고 **민족**들을 향하여 나의
사 66:8	**민족**이 어찌 한 순간에 태어나겠느냐
렘 5:15	강하고 오랜 **민족**이라 그 나라 말을
렘 7:28	교훈을 받지 아니하는 **민족**이라 진실이
렘 8:3	이 악한 **민족**의 남아 있는 자, 무릇 내게
렘 16:19	환난날의 피난처시여 **민족**들이 땅 끝
렘 18:7	어느 **민족**이나 국가를 뽑거나 부수거나
렘 18:8	만일 내가 말한 그 **민족**이 그의 악에
렘 18:9	내가 어느 **민족**이나 국가를 건설하게

【 민족 】　　　　　　　　　　　　　　　　　　　　　　　【 믿다 】

렘 25:11	이 **민족**들은 칠십 년 동안 바벨론의 왕
렘 25:20	모든 섞여 사는 **민족**들과 우스 땅의
렘 25:24	왕과 광야에서 섞여 사는 **민족**들의
렘 27:8	칼과 기근과 전염병으로 그 **민족**을 벌하
렘 46:16	**민족**에게로, 우리 고향으로 돌아가자
렘 50:9	보라 내가 큰 **민족**의 무리를 북쪽에서
렘 51:44	입에서 끌어내리니 **민족**들이 다시는
렘 51:58	수고는 헛될 것이요 **민족**들의 수고는
겔 3:11	사로잡힌 네 **민족**에게로 가서 그들에
겔 33:2	인자야 너는 네 **민족**에게 말하여 이르라
겔 33:12	인자야 너는 네 **민족**에게 이르기를 의인
겔 33:17	그래도 네 **민족**은 말하기를 주의 길이
겔 33:30	인자야 네 **민족**이 담 곁에서와 집 문에
겔 35:10	두 **민족**과 두 땅은 다 내 것이며 내 기업
겔 37:18	네 **민족**이 네게 말하여 이르기를 이것이
겔 37:22	두 **민족**이 되지 아니하며 두 나라로
겔 39:7	이스라엘의 거룩한 자인 줄을 **민족**들이
단 12:1	네 **민족**을 호위하는 큰 군주 미가엘이
욜 3:11	사면의 **민족**들아 너희는 속히 와서 모일
욜 3:12	**민족**들은 일어나서 … 사면의 **민족**들을
욘 1:8	나라가 어디며 어느 **민족**에 속하였느냐
미 4:1	산들 위에 뛰어나고 **민족**들이 그리로
합 2:13	**민족**들이 불탈 것으로 수고하는 것과

신약

마 24:7	**민족**이 **민족**을, 나라가 나라를 대적하
막 13:8	**민족**이 **민족**을, 나라가 나라를 대적하
눅 7:5	그가 우리 **민족**을 사랑하고 또한 우리
눅 21:10	이르시되 **민족**이 **민족**을, 나라가 나라
눅 21:25	땅에서는 **민족**들이 바다와 파도의 성난
요 11:48	로마인들이 와서 우리 땅과 **민족**을 빼앗
요 11:50	온 **민족**이 망하지 않게 되는 것이 너희
요 11:51	대제사장이므로 예수께서 그 **민족**을
요 11:52	**민족**만 위할 뿐 아니라 흩어진 하나님
행 24:3	이 **민족**이 당신의 선견으로 말미암아
행 24:10	이 **민족**의 재판장 된 것을 내가 알고
행 24:17	여러 해 만에 내가 내 **민족**을 구제할 것
행 26:4	처음부터 내 **민족**과 더불어 예루살렘
행 28:19	내 **민족**을 고발하려는 것이 아니니라

민첩하다(敏捷, fluent, keen)

사 18:2	**민첩**한 사절들아 너희는 강들이 흘러
사 32:4	어눌한 자의 혀가 **민첩**하여 말을 분명
단 5:12	다니엘은 마음이 **민첩**하고 지식과 총명
단 6:3	다니엘은 마음이 **민첩**하여 총리들과

민회(民會, legal assembly)

| 행 19:39 | 원하면 정식으로 **민회**에서 결정할지라 |

믿다(believe, trust)

모세오경 - 시가서

창 45:26	그들의 말을 **믿지** 못하여 어리둥절하
출 4:1	그들이 나를 **믿지** 아니하며 내 말을
출 4:5	여호와가 네게 나타난 줄을 **믿게** 하려
출 4:8	나중 표적의 표징은 **믿으리라**

'민족'과 관련된 성구

다른 민족 – 신 4:34; 7:7; 28:32; 시 44:2; 105:13; 114:1; 사 66:18; 겔 25:7; 31:12; 단 2:43

많은 민족 – 신 28:12; 시 89:50; 사 17:12; 겔 27:36; 39:27; 미 4:3; 합 2:10; 롬 4:17, 18

모든 민족 – 출 19:5; 신 7:7, 16, 19; 17:14; 26:19; 28:1, 37; 29:18; 삼하 22:44, 50; 왕상 9:7; 대상 16:24; 17:21; 대하 7:20; 에 3:14; 9:2; 시 67:3, 5; 72:11, 17; 86:9; 99:2; 사 25:7; 렘 9:26; 25:13; 26:6; 28:11; 겔 39:21; 욜 3:9; 합 2:8; 슥 12:2, 3, 4, 6; 마 24:9, 14; 25:32; 28:19; 행 14:16; 롬 16:26; 계 14:6

뭇 민족 – 렘 25:31; 51:7; 나 3:5

여러 민족 – 창 17:4, 5, 16; 48:19; 레 26:33, 38; 민 23:9; 신 4:6, 27, 38; 7:1; 19:1; 28:65; 왕하 17:41; 19:17; 21:9; 시 18:43; 44:11; 사 14:6; 30:28; 렘 15:4; 22:8; 25:14; 31:7; 50:37; 겔 20:23, 41; 26:3; 28:25; 29:12; 36:24; 39:21, 23; 호 7:8

이방 민족 – 삿 2:21, 23; 3:2, 4; 대상 14:17; 18:11; 시 106:34; 말 1:11, 14

큰 민족 – 창 12:2; 21:18; 46:3; 수 17:14, 15, 17; 렘 50:9

한 민족 – 창 21:13; 34:16, 22; 민 22:5; 신 4:34; 28:49; 에 3:8; 렘 6:22; 50:41; 욜 1:6

【 믿다 】

출 4:9	이 두 이적을 **믿지** 아니하며 네 말을
출 4:31	백성이 **믿으며** 여호와께서 이스라엘
출 14:31	여호와와 그의 종 모세를 **믿었더라**
출 19:9	너를 영영히 **믿게** 하려 함이니라 모세가
출 22:11	그대로 **믿을** 것이며 그 사람은 배상하지
레 19:31	신접한 자와 박수를 **믿지** 말며 그들을
민 14:11	행하였으나 어느 때까지 나를 **믿지**
민 20:12	너희가 나를 **믿지** 아니하고 이스라엘
신 9:23	거역하여 **믿지** 아니하고 그 말씀을 듣지
삿 11:20	시혼이 이스라엘을 **믿지** 아니하여
삿 20:36	매복한 군사를 **믿고** 잠깐 베냐민 사람
삼상 27:12	아기스가 다윗을 **믿고** 말하기를 다윗
왕상 10:7	말들을 **믿지** 아니하였더니 이제 와서
왕하 19:10	네가 **믿는** 네 하나님이 예루살렘을
대하 9:6	내가 그 말들을 **믿지** 아니하였더니
대하 32:15	그를 **믿지도** 말라 어떤 백성이나 어떤
욥 4:18	그의 종이라도 그대로 **믿지** 아니하시며
욥 8:14	그가 **믿는** 것이 끊어지고 그가 의지하는
욥 9:16	내 음성을 들으셨다고는 내가 **믿지** 아니
욥 15:15	하나님은 거룩한 자들을 **믿지** 아니하시
욥 15:31	스스로 속아 허무한 것을 **믿지** 아니할
시 27:13	선하심을 보게 될 줄 확실히 **믿었도다**
시 78:32	범죄하여 그의 기이한 일들을 **믿지** 아니
시 116:10	당하였다고 말할 때에도 나는 **믿었도다**
시 119:66	내가 주의 계명들을 **믿었사오니** 좋은
잠 14:15	온갖 말을 **믿으나** 슬기로운 자는 자기
잠 14:16	방자하여 스스로 **믿느니라**
잠 26:25	그 말이 좋을지라도 **믿지** 말 것은
잠 28:26	자기의 마음을 **믿는** 자는 미련한 자요
잠 31:11	남편의 마음은 그를 **믿나니** 산업이 핍절

선지서

사 7:9	너희가 굳게 **믿지** 아니하면 너희는 굳게
사 20:6	우리가 **믿던** 나라 곧 우리가 앗수르 왕
사 28:16	그것을 **믿는** 이는 다급하게 되지 아니
사 30:12	업신여기고 압박과 허망을 **믿어** 그것을
사 36:4	말씀하시기를 네가 **믿는** 바 그 **믿는**
사 36:5	네가 이제 누구를 **믿고** 나를 반역하느냐
사 36:6	그를 **믿는** 모든 자에게 이와 같으니라
사 43:10	나를 알고 **믿으며** 내가 그인 줄 깨닫게
사 53:1	우리가 전한 것을 누가 **믿었느냐** 여호
렘 5:17	**믿는** 견고한 성들을 칼로 파멸하리라
렘 7:4	여호와의 성전이라 하는 거짓말을 **믿지**
렘 9:4	어떤 형제든지 **믿지** 말라 형제마다 완전
렘 12:6	좋은 말을 할지라도 너는 **믿지** 말지니라
렘 17:5	사람을 **믿으며** 육신으로 그의 힘을 삼고
렘 29:8	너희가 꾼 꿈도 곧이 듣고 **믿지** 말라
렘 39:18	나를 **믿었음이라** 여호와의 말씀이니라
렘 40:14	아히감의 아들 그다랴가 **믿지** 아니한
애 4:12	왕들과 천하 모든 백성이 **믿지** 못하였
겔 16:15	네 화려함을 **믿고** 네 명성을 가지고
겔 33:13	공의를 스스로 **믿고** 죄악을 행하면 그
미 7:5	너희는 이웃을 **믿지** 말며 친구를 의지
합 1:5	너희에게 말할지라도 너희가 **믿지** 아니

복음서

마 8:13	네 **믿은** 대로 될지어다 하시니 그 즉시
마 9:28	이 일 할 줄을 **믿느냐** 대답하되 주여
마 13:58	그들이 **믿지** 않음으로 말미암아 거기서
마 18:6	나를 **믿는** 이 작은 자 중 하나를 실족
마 21:22	무엇이든지 **믿고** 구하는 것은 다 받으
마 21:25	그를 **믿지** 아니하였느냐 할 것이요
마 21:32	그를 **믿지** … 세리와 창녀는 **믿었으며**
마 21:32	너희는 … 끝내 뉘우쳐 **믿지** 아니하였
마 24:23	여기 있다 혹은 저기 있다 하여도 **믿지**
마 24:26	골방에 있다 하여도 **믿지** 말라
마 27:42	그리하면 우리가 **믿겠노라**
막 1:15	가까이 왔으니 회개하고 복음을 **믿으라**
막 5:36	이르시되 두려워하지 말고 **믿기만** 하라
막 6:6	그들이 **믿지** 않음을 이상히 여기셨더라
막 9:23	무슨 말이냐 **믿는** 자에게는 능히 하지
막 9:42	누구든지 나를 **믿는** 이 작은 자들 중
막 11:23	**믿고** 마음에 의심하지 아니하면 그대
막 11:24	받은 줄로 **믿으라** 그리하면 너희에게
막 11:31	어찌하여 그를 **믿지** 아니하였느냐
막 13:21	여기 있다 보라 저기 있다 하여도 **믿지**
막 15:32	우리가 보고 **믿게** 할지어다 하며 함께
막 16:11	보이셨다는 것을 듣고도 **믿지** 아니하
막 16:13	제자들에게 알리었으되 역시 **믿지** 아니
막 16:16	구원을 얻을 것이요 **믿지** 않는 사람은
막 16:17	**믿는** 자들에게는 이런 표적이 따르리니
눅 1:20	네가 내 말을 **믿지** 아니함이거니와 때가
눅 1:45	이루어지리라고 **믿은** 그 여자에게 복이
눅 8:12	그들이 **믿어** 구원을 얻지 못하게 하려고
눅 8:13	잠깐 **믿다가** 시련을 당할 때에 배반하는
눅 8:50	두려워하지 말고 **믿기만** 하라 그리하면
눅 11:22	그가 **믿던** 무장을 빼앗고 그의 재물을
눅 18:9	의롭다고 **믿고** 다른 사람을 멸시하는

【 믿다 】　　　　　　　　　　　　　　　　　　　　　　　　【 믿다 】

눅 20:5	어찌하여 그를 **믿지** 아니하였느냐 할
눅 22:67	내가 말할지라도 너희가 **믿지** 아니할
눅 24:11	말이 허탄한 듯이 들려 **믿지** 아니하나
눅 24:25	모든 것을 마음에 더디 **믿는** 자들이여
눅 24:41	기쁘므로 아직도 **믿지** 못하고 놀랍게
요 1:7	모든 사람이 자기로 말미암아 **믿게** 하려
요 1:50	보았다 하므로 **믿느냐** 이보다 더 큰 일
요 2:11	나타내시매 제자들이 그를 **믿으니라**
요 3:12	내가 땅의 일을 말하여도 너희가 **믿지**
	아니하거든 … 말하면 어떻게 **믿겠느냐**
요 3:15	그를 **믿는** 자마다 영생을 얻게 하려
요 3:16	그를 **믿는** 자마다 멸망하지 않고 영생
요 3:18	**믿는** 자는 심판을 받지 … **믿지** 아니
요 3:36	아들을 **믿는** 자에게는 영생이 있고
요 4:21	여자여 내 말을 **믿으라** 이 산에서도
요 4:41	예수의 말씀으로 말미암아 **믿는** 자가
요 4:42	이제 우리가 **믿는** 것은 네 말로 인함이
요 4:48	기사를 보지 못하면 도무지 **믿지** 아니
요 4:53	알고 자기와 그 온 집안이 다 **믿으니라**
요 5:24	나 보내신 이를 **믿는** 자는 영생을 얻었
요 5:38	이는 그가 보내신 이를 **믿지** 아니함이
요 5:44	영광을 구하지 아니하니 어찌 나를 **믿을**
요 5:46	모세를 **믿었더라면** 또 나를 **믿었으리니**
요 5:47	글도 **믿지** 아니하거든 … **믿겠느냐**
요 6:29	보내신 이를 **믿는** 것이 하나님의 일이
요 6:30	우리가 보고 당신을 **믿도록** 행하시는
요 6:35	나를 **믿는** 자는 영원히 목마르지 아니
요 6:36	나를 보고도 **믿지** 아니하는도다 하였
요 6:40	아들을 보고 **믿는** 자마다 영생을 얻는
요 6:47	너희에게 이르노니 **믿는** 자는 영생을
요 6:69	거룩하신 자이신 줄 **믿고** 알았사옵나
요 7:38	나를 **믿는** 자는 성경에 이름과 같이
요 7:39	그를 **믿는** 자들이 받을 성령을 가리켜
요 7:48	당국자들이나 바리새인 중에 그를 **믿는**
요 8:24	그인 줄 **믿지** 아니하면 너희 죄 가운데
요 8:30	이 말씀을 하시매 많은 사람이 **믿더라**
요 8:31	예수께서 자기를 **믿은** 유대인들에게
요 8:45	진리를 말하므로 너희가 나를 **믿지** 아니
요 8:46	말하는데도 어찌하여 나를 **믿지** 아니하
요 9:18	보게 된 것을 **믿지** 아니하고 그 부모를
요 9:35	만나사 이르시되 네가 인자를 **믿느냐**
요 9:36	누구시오니이까 내가 **믿고자** 하나이다
요 9:38	주여 내가 **믿나이다** 하고 절하는지라

요 10:25	말하였으되 **믿지** 아니하는도다
요 10:26	내 양이 아니므로 **믿지** 아니하는도다
요 10:37	행하지 아니하거든 나를 **믿지** 말려니와
요 10:38	나를 **믿지** 아니할지라도 … **믿으라**
요 11:15	이는 너희로 **믿게** 하려 함이라 그러나
요 11:25	나는 부활이요 생명이니 나를 **믿는** 자는
요 11:26	나를 **믿는** 자는 영원히 … 네가 **믿느냐**
요 11:27	하나님의 아들이신 줄 내가 **믿나이다**
요 11:40	내 말이 네가 **믿으면** 하나님의 영광을
요 11:42	나를 보내신 것을 그들로 **믿게** 하려 함
요 11:45	일을 본 많은 유대인이 그를 **믿었으나**
요 11:48	그를 **믿을** 것이요 그리고 로마인들이
요 12:36	빛이 있을 동안에 빛을 **믿으라** 그리하
요 12:37	그들 앞에서 행하셨으나 그를 **믿지** 아니
요 12:38	들은 바를 누가 **믿었으며** 주의 팔이
요 12:39	그들이 능히 **믿지** 못한 것은 이 때문
요 12:42	관리 중에도 그를 **믿는** 자가 많되
요 12:44	이르시되 나를 **믿는** 자는 나를 믿는 것
	이 아니요 나를 보내신 이를 **믿는** 것이
요 12:46	나를 **믿는** 자로 어둠에 거하지 않게
요 13:19	내가 그인 줄 너희가 **믿게** 하려 함이로
요 14:1	말라 하나님을 **믿으니** 또 나를 **믿으라**
요 14:10	네가 **믿지** 아니하느냐 내가 너희에게
요 14:11	아버지께서 내 안에 계심을 **믿으라**
	행하는 그 일로 말미암아 나를 **믿으라**
요 14:12	나를 **믿는** 자는 내가 하는 일을 그도 할
요 14:29	일이 일어날 때에 너희로 **믿게** 하려 함
요 16:9	죄에 대하여라 함은 그들이 나를 **믿지**
요 16:27	하나님께로부터 온 줄 **믿었으므로**
요 16:30	나오심을 우리가 **믿사옵나이다**
요 16:31	대답하시되 이제는 너희가 **믿느냐**
요 17:8	나를 보내신 줄도 **믿었사옵나이다**
요 17:20	그들의 말로 말미암아 나를 **믿는** 사람들
요 17:21	아버지께서 나를 보내신 것을 **믿게** 하옵
요 19:35	참인 줄 알고 너희로 **믿게** 하려 함이니
요 20:8	그 다른 제자도 들어가 보고 **믿더라**
요 20:25	옆구리에 넣어 보지 않고는 **믿지** 아니
요 20:29	본 고로 **믿느냐** 보지 못하고 **믿는** 자들
요 20:31	하나님의 아들 그리스도이심을 **믿게**
	하려 함이요 또 너희로 **믿고** 그 이름을

역사서

| 행 2:44 | **믿는** 사람이 다 함께 있어 모든 물건을 |
| 행 4:4 | 말씀을 들은 사람 중에 **믿는** 자가 많으 |

978

【 믿다 】   【 믿다 】

행 4:32	믿는 무리가 한마음과 한 뜻이 되어
행 5:12	믿는 사람이 다 마음을 같이하여 솔로몬
행 5:14	믿고 주께로 나아오는 자가 더 많으니
행 8:12	전도함을 그들이 믿고 남녀가 다 세례를
행 9:26	두려워하여 그가 제자 됨을 믿지 아니
행 9:42	사람이 알고 많은 사람이 주를 믿더라
행 10:43	믿는 사람들이 다 그의 이름을 힘입어
행 11:17	예수 그리스도를 믿을 때에 주신 것과
행 11:21	수많은 사람들이 믿고 주께 돌아오더라
행 13:8	그들을 대적하여 총독으로 믿지 못하게
행 13:12	총독이 그렇게 된 것을 보고 믿으며
행 13:39	이 사람을 힘입어 믿는 자마다 의롭다
행 13:41	도무지 믿지 못할 일이라 하였느니라
행 13:48	영생을 주시기로 작정된 자는 다 믿더라
행 14:1	유대와 헬라의 허다한 무리가 믿더라
행 14:23	금식 기도 하며 그들이 믿는 주께 그들
행 15:5	바리새파 중에 어떤 믿는 사람들이
행 15:7	복음의 말씀을 들어 믿게 하시려고 오래
행 15:11	예수의 은혜로 구원 받는 줄을 믿노라
행 16:1	어머니는 믿는 유대 여자요 아버지는
행 16:15	나를 주 믿는 자로 알거든 내 집에
행 17:12	믿는 사람이 많고 또 헬라의 귀부인과
행 17:31	모든 사람에게 믿을 만한 증거를 주셨음
행 17:34	그를 가까이하여 믿으니 그 중에는
행 18:8	온 집안과 더불어 주를 믿으며 수많은 고린도 사람도 듣고 믿어 세례를 받더라
행 18:27	은혜로 말미암아 믿은 자들에게 많은
행 19:2	너희가 믿을 때에 성령을 받았느냐
행 19:4	내 뒤에 오시는 이를 믿으라 하였으니
행 19:18	믿은 사람들이 많이 와서 자복하여 행한
행 21:20	유대인 중에 믿는 자 수만 명이 있으니
행 21:25	주를 믿는 이방인에게는 우리가 우상의
행 22:19	주님 내가 주 믿는 사람들을 가두고
행 24:14	선지자들의 글에 기록된 것을 다 믿으며
행 24:24	바울을 불러 그리스도 예수 믿는 도를
행 26:8	사람을 살리심을 어찌하여 못 믿을 것
행 26:18	죄 사함과 나를 믿어 거룩하게 된 무리
행 26:26	아시지 못함이 없는 줄 믿나이다
행 26:27	선지자를 믿으시나이까 믿으시는 줄
행 27:11	선주의 말을 바울의 말보다 더 믿더라
행 28:24	말을 믿는 사람도 있고 믿지 아니하는

서신서

롬 1:5	이방인 중에서 믿어 순종하게 하나니
롬 1:16	복음은 모든 믿는 자에게 구원을 주시는
롬 2:20	어린 아이의 선생이라고 스스로 믿으니
롬 3:3	어떤 자들이 믿지 … 그 믿지 아니함이
롬 3:22	믿음으로 말미암아 모든 믿는 자에게
롬 3:26	예수 믿는 자를 의롭다 하려 하심이라
롬 4:17	믿은 바 하나님은 죽은 자를 살리시며
롬 4:18	바랄 수 없는 중에 바라고 믿었으니
롬 4:24	죽은 자 가운데서 살리신 이를 믿는 자
롬 6:8	또한 그와 함께 살 줄을 믿노니
롬 9:33	그를 믿는 자는 부끄러움을 당하지 아니
롬 10:4	그리스도는 모든 믿는 자에게 의를
롬 10:9	살리신 것을 네 마음에 믿으면 구원을
롬 10:10	마음으로 믿어 의에 이르고 입으로 시인
롬 10:11	누구든지 그를 믿는 자는 부끄러움을
롬 10:14	그들이 믿지 아니하는 이를 어찌 부르리요 듣지도 못한 이를 어찌 믿으리요
롬 10:16	전한 것을 누가 믿었나이까 하였으니
롬 11:20	그들은 믿지 아니하므로 꺾이고 너는 믿으므로 섰느니라 높은 마음을 품지
롬 11:23	믿지 아니하는 데 머무르지 아니하면
롬 13:11	구원이 처음 믿을 때보다 가까웠음이라
롬 16:26	모든 민족이 믿어 순종하게 하시려고
고전 1:21	미련한 것으로 믿는 자들을 구원하시
고전 3:5	주신 대로 너희로 하여금 믿게 한 사역
고전 11:18	있다 함을 듣고 어느 정도 믿거니와
고전 14:22	그러므로 방언은 믿는 자들을 위하지 아니하고 … 믿는 자들을 위함이니라
고전 15:2	믿지 아니하였으면 그로 말미암아
고전 15:11	전파하매 너희도 이같이 믿었느니라
고후 6:14	너희는 믿지 않는 자와 멍에를 함께
고후 6:15	조화되며 믿는 자와 믿지 않는 자가
고후 8:22	그가 너희를 크게 믿으므로 더욱 간절
고후 9:4	우리가 이 믿던 것에 부끄러움을 당할까
고후 9:13	복음을 진실히 믿고 복종하는 것과 그들
고후 10:7	그리스도에게 속한 줄을 믿을진대
갈 1:14	유대교를 지나치게 믿어 내 조상의 전통
엡 1:13	그 안에서 또한 믿어 약속의 성령으로
엡 1:19	역사하심을 따라 믿는 우리에게 베푸신
엡 4:13	하나님의 아들을 믿는 것과 아는 일에
빌 1:29	그를 믿을 뿐 아니라 또한 그를 위하여
살전 1:7	아가야에 있는 모든 믿는 자의 본이
살전 2:10	우리가 너희 믿는 자들을 향하여 어떻게
살전 2:13	너희 믿는 자 가운데에서 역사하느니

【 믿다 】　　　　　　　　　　　　　【 믿음 】

살전 4:14 다시 살아나심을 **믿을진대** 이와 같이
살후 1:10 모든 **믿는** 자들에게서 놀랍게 여김을
살후 2:11 그들에게 보내사 거짓 것을 **믿게** 하심
살후 2:12 진리를 **믿지** 않고 불의를 좋아하는 모든
딤전 1:13 **믿지** 아니할 때에 알지 못하고 행하였
딤전 1:16 주를 **믿어** 영생 얻는 자들에게 본이
딤전 3:16 세상에서 **믿은** 바 되시고 영광 가운데
딤전 4:3 하나님이 지으신 바니 **믿는** 자들과 진리
딤전 4:10 모든 사람 특히 **믿는** 자들의 구주시라
딤전 5:16 만일 **믿는** 여자에게 과부 친척이 있거든
딤전 6:2 **믿는** 상전이 … **믿는** 자요 사랑을 받는
딤후 1:12 **믿는** 자를 내가 알고 또한 내가 의탁한
딛 1:6 불순종하는 일이 없는 **믿는** 자녀를 둔
히 3:12 누가 **믿지** 아니하는 악한 마음을 품고
히 3:19 그들이 **믿지** 아니하므로 능히 들어가지
히 4:3 이미 **믿는** 우리들은 저 안식에 들어가는
히 11:6 찾는 자들에게 상 주시는 이심을 **믿어**
약 2:19 네가 하나님은 한 분이신 줄을 **믿느냐** 잘하는도다 귀신들도 **믿고** 떠느니라

'믿다'와 관련된 성구

거짓을 **믿게** 하다 – 렘 28:15; 29:31
말씀을 **믿다** – 시 106:12; 요 2:22; 4:50
말씀을 **믿지** 아니하다 – 시 106:24
믿고 세례를 받다 – 막 16:16; 행 8:13
믿는 도리 – 히 3:1; 4:14; 10:23
믿지 아니하는 자 – 요 3:18; 6:64; 고전 6:6; 7:15; 14:22, 23, 24; 고후 4:4; 딛 1:15; 벧전 2:7; 요일 5:10; 유 1:5; 계 21:8
애굽을 **믿다** – 사 36:6, 9
여호와를 **믿다** – 창 15:6
여호와를 **믿지** 아니하다 – 신 1:32; 왕하 17:14
예수를 **믿다** – 요 4:39; 7:31; 10:42; 12:11; 행 16:31; 갈 2:16
예수를 **믿지** 아니하다 – 요 7:5
이름을 **믿다** – 요 1:12; 2:23; 행 3:16; 요일 3:23; 5:13
이름을 **믿지** 아니하다 – 요 3:18
칼을 **믿다** – 창 27:40; 겔 33:26
하나님을 **믿다** – 단 6:23; 욘 3:5; 막 11:22; 요 14:1; 행 16:34; 27:25; 롬 4:3; 갈 3:6; 딛 3:8; 약 2:23
하나님을 **믿지** 아니하다 – 시 78:22; 요일 5:10

벧전 1:8 이제도 보지 못하나 **믿고** 말할 수 없는
벧전 2:6 그를 **믿는** 자는 부끄러움을 당하지 아니
벧전 2:7 **믿는** 너희에게는 보배이나 **믿지** 아니
요일 4:1 영을 다 **믿지** 말고 오직 영들이 하나님
요일 4:16 사랑을 우리가 알고 **믿었노니** 하나님
요일 5:1 그리스도이심을 **믿는** 자마다 하나님께
요일 5:5 하나님의 아들이심을 **믿는** 자가 아니면
요일 5:10 하나님의 아들을 **믿는** … 증거를 **믿지**

믿음(faith)

구약
삼상 14:33 너희가 **믿음** 없이 행하였도다 이제 큰

복음서, 역사서
마 9:2 그들의 **믿음**을 보시고 중풍병자에게
마 9:22 네 **믿음**이 너를 구원하였다 하시니 여자
마 9:29 만지시며 이르시되 너희 **믿음**대로 되라
마 14:31 **믿음**이 작은 자여 왜 의심하였느냐
마 15:28 여자여 네 **믿음**이 크도다 네 소원대로
마 17:17 이르시되 **믿음**이 없고 패역한 세대여
마 17:20 너희 **믿음**이 … 만일 너희에게 **믿음**이
마 21:21 너희가 **믿음**이 있고 의심하지 아니하면
마 23:23 긍휼과 **믿음**은 버렸도다 그러나 이것
막 2:5 예수께서 그들의 **믿음**을 보시고 중풍
막 4:40 무서워하느냐 너희가 어찌 **믿음**이 없느
막 5:34 네 **믿음**이 너를 구원하였으니 평안히
막 9:19 대답하여 이르시되 **믿음**이 없는 세대여
막 9:24 믿나이다 나의 **믿음** 없는 것을 도와
막 10:52 가라 네 **믿음**이 너를 구원하였느니라
막 16:14 그들의 **믿음** 없는 것과 마음이 완악함
눅 5:20 예수께서 그들의 **믿음**을 보시고 이르시
눅 7:9 이만한 **믿음**은 만나보지 못하였노라
눅 7:50 여자에게 이르시되 네 **믿음**이 너를 구원
눅 8:25 이르시되 너희 **믿음**이 어디 있느냐
눅 8:48 예수께서 이르시되 딸아 네 **믿음**이
눅 9:41 이르시되 **믿음**이 없고 패역한 세대여
눅 17:5 여짜오되 우리에게 **믿음**을 더하소서
눅 17:6 겨자씨 한 알만한 **믿음**이 있었더라면
눅 17:19 일어나 가라 네 **믿음**이 너를 구원하였
눅 18:8 인자가 올 때에 세상에서 **믿음**을 보겠
눅 18:42 보라 네 **믿음**이 너를 구원하였느니라
눅 22:32 내가 너를 위하여 네 **믿음**이 떨어지지
요 20:27 그리하여 **믿음** 없는 자가 되지 말고
행 3:16 예수로 말미암아 난 **믿음**이 너희 모든

【 믿음 】　　　　　　　　　　　　　　　　　　　　　　　　　　　　【 믿음 】

행 6:5	이 말을 기뻐하여 **믿음**과 성령이 충만	고후 5:7	우리가 **믿음**으로 행하고 보는 것이
행 11:24	성령과 **믿음**이 충만한 사람이라 이에	고후 8:7	오직 너희는 **믿음**과 말과 지식과 모든
행 14:9	구원 받을 만한 **믿음**이 그에게 있는	고후 10:15	오직 너희 **믿음**이 자랄수록 우리의 규범
행 14:22	마음을 굳게 하여 이 **믿음**에 머물러	고후 13:5	너희는 **믿음** 안에 있는가 너희 자신을
행 14:27	이방인들에게 **믿음**의 문을 여신 것을	갈 1:23	멸하려던 그 **믿음**을 지금 전한다 함을
행 15:9	**믿음**으로 그들의 마음을 깨끗이 하사	갈 2:16	그리스도를 **믿음**으로써 의롭다 함을
행 16:5	이에 여러 교회가 **믿음**이 더 굳건해지고	갈 2:20	하나님의 아들을 믿은 **믿음** 안에서
행 20:21	주 예수 그리스도께 대한 **믿음**을 증언	갈 3:2	율법의 행위로냐 혹은 듣고 **믿음**으로냐
서신서, 예언서		갈 3:5	율법의 행위에서냐 혹은 듣고 **믿음**에
롬 1:8	너희 **믿음**이 온 세상에 전파됨이로다	갈 3:9	**믿음**으로 말미암은 자는 **믿음**이 있는
롬 1:17	의가 나타나서 **믿음**으로 **믿음**에 이르게	갈 3:11	분명하니 이는 의인은 **믿음**으로 살리라
롬 3:22	예수 그리스도를 **믿음**으로 말미암아	갈 3:12	율법은 **믿음**에서 난 것이 아니니 율법
롬 3:27	법으로냐 행위로냐 아니라 오직 **믿음**	갈 3:23	**믿음**이 오기 전에 … 계시될 **믿음**의 때
롬 3:28	행위에 있지 않고 **믿음**으로 되는 줄	갈 3:25	**믿음**이 온 후로는 우리가 초등교사
롬 4:5	이를 믿은 자에게는 그의 **믿음**을 의로	갈 5:6	사랑으로써 역사하는 **믿음**뿐이니라
롬 4:9	아브라함에게는 그 **믿음**이 의로 여겨	갈 6:10	착한 일을 하되 더욱 **믿음**의 가정들에
롬 4:11	무할례시에 **믿음**으로 된 의를 인친 것	엡 1:15	주 예수 안에서 너희 **믿음**과 모든 성도
롬 4:12	**믿음**의 자취를 따르는 자들에게도 그러	엡 4:5	주도 한 분이시요 **믿음**도 하나요 세례
롬 4:13	오직 **믿음**의 의로 말미암은 것이니라	엡 6:16	모든 것 위에 **믿음**의 방패를 가지고
롬 4:14	상속자이면 **믿음**은 헛것이 되고 약속은	엡 6:23	평안과 **믿음**을 겸한 사랑이 형제들에게
롬 4:16	은혜에 속하기 위하여 **믿음**으로 되나	빌 1:25	내가 살 것과 너희 **믿음**의 진보와 기쁨
	니 … 아브라함의 **믿음**에 속한 자에게	빌 2:17	만일 너희 **믿음**의 제물과 섬김 위에
롬 4:20	**믿음**이 없어 … 의심하지 않고 **믿음**	빌 3:9	곧 **믿음**으로 하나님께로부터 난 의라
롬 5:1	우리가 **믿음**으로 의롭다 하심을 받았	골 1:4	이는 그리스도 예수 안에 너희의 **믿음**
롬 5:2	**믿음**으로 서 있는 이 은혜에 들어감을	골 1:23	만일 너희가 **믿음**에 거하고 터 위에
롬 9:30	이방인들이 의를 얻었으니 곧 **믿음**에서	골 2:5	믿는 너희 **믿음**이 굳건한 것을 기쁘게
롬 10:8	곧 우리가 전파하는 **믿음**의 말씀이라	살전 1:3	너희의 **믿음**의 역사와 사랑의 수고와
롬 10:17	그러므로 **믿음**은 들음에서 나며 들음은	살전 1:8	너희 **믿음**의 소문이 각처에 퍼졌으므로
롬 12:3	각 사람에게 나누어 주신 **믿음**의 분량	살전 3:2	굳건하게 하고 너희 **믿음**에 대하여
롬 12:6	은사가 각각 다르니 혹 예언이면 **믿음**	살전 3:5	**믿음**을 알기 위하여 그를 보내었노니
롬 14:1	**믿음**이 연약한 자를 너희가 받되 그의	살전 3:6	**믿음**과 사랑의 기쁜 소식을 우리에게
롬 14:2	먹을 만한 **믿음**이 있고 **믿음**이 연약	살전 3:10	너희 **믿음**이 부족한 것을 보충하게
롬 14:22	네게 있는 **믿음**을 하나님 앞에서 스스로	살전 5:8	정신을 차리고 **믿음**과 사랑의 호심경
롬 15:1	**믿음**이 강한 우리는 마땅히 **믿음**이	살후 1:3	너희의 **믿음**이 더욱 자라고 너희가 다
고전 2:5	**믿음**이 사람의 지혜에 있지 아니하고	살후 1:11	모든 선을 기뻐함과 **믿음**의 역사를
고전 9:5	게바와 같이 **믿음**의 자매 된 아내를	살후 2:13	거룩하게 하심과 진리를 **믿음**으로
고전 12:9	같은 성령으로 **믿음**을, 어떤 사람에게	살후 3:2	건지시옵소서 하라 **믿음**은 모든 사람
고전 13:2	모든 **믿음**이 있을지라도 사랑이 없으면	딤전 1:2	**믿음** 안에서 참 아들 된 디모데에게
고전 13:13	그런즉 **믿음**, 소망, 사랑, 이 세 가지는	딤전 1:4	이런 것은 **믿음** 안에 있는 하나님의
고전 15:14	전파하는 것도 헛것이요 또 너희 **믿음**	딤전 1:5	양심과 거짓이 없는 **믿음**에서 나오는
고전 15:17	너희의 **믿음**도 헛되고 너희가 여전히	딤전 1:19	**믿음**과 착한 양심을 … **믿음**에 관하여
고후 1:24	너희 **믿음**을…이는 너희가 **믿음**에 섰음	딤전 2:7	**믿음**과 진리 안에서 내가 이방인의
고후 4:13	우리가 같은 **믿음**의 마음을 가졌으니	딤전 2:15	정숙함으로써 **믿음**과 사랑과 거룩함

【 믿음 】

딤전 3:9	깨끗한 양심에 **믿음**의 비밀을 가진 자
딤전 4:1	어떤 사람들이 **믿음**에서 떠나 미혹하
딤전 4:6	좋은 일꾼이 되어 **믿음**의 말씀과 네가
딤전 4:12	사랑과 **믿음**과 정절에 있어서 믿는 자
딤전 5:8	가족을 돌보지 아니하면 **믿음**을 배반
딤전 5:12	처음 **믿음**을 저버렸으므로 정죄를
딤전 6:10	미혹을 받아 **믿음**에서 떠나 많은 근심
딤전 6:11	경건과 **믿음**과 사랑과 인내와 온유를
딤전 6:12	**믿음**의 선한 싸움을 싸우라 영생을
딤전 6:21	사람들이 있어 **믿음**에서 벗어났느니
딤후 1:5	거짓이 없는 **믿음**이 있음을 생각함이
	라 이 **믿음**은 먼저 네 외조모 로이스와
딤후 2:18	어떤 사람들의 **믿음**을 무너뜨리느니
딤후 2:22	의와 **믿음**과 사랑과 화평을 따르라
딤후 3:8	마음이 부패한 자요 **믿음**에 관하여는
딤후 3:10	교훈과 행실과 의향과 **믿음**과 오래
딤후 4:7	달려갈 길을 마치고 **믿음**을 지켰으니
딛 1:1	택하신 자들의 **믿음**과 경건함에 속한
딛 1:13	이는 그들로 하여금 **믿음**을 온전하게
딛 2:2	신중하며 **믿음**과 사랑과 인내함에
딛 3:15	문안하니 **믿음** 안에서 우리를 사랑하
몬 1:5	성도에 대한 네 사랑과 **믿음**이 있음을
몬 1:6	이로써 네 **믿음**의 교제가 우리 가운데
히 4:2	못한 것은 듣는 자가 **믿음**과 결부시키
히 6:12	게으르지 아니하고 **믿음**과 오래 참음
히 10:22	참 마음과 온전한 **믿음**으로 하나님께
히 10:39	오직 영혼을 구원함에 이르는 **믿음**을
히 11:1	**믿음**은 바라는 것들의 실상이요
히 11:3	**믿음**으로 모든 세계가 하나님의 말씀
히 11:4	**믿음**으로 아벨은 가인보다 더 나은 제
	사를 … 그가 죽었으나 그 **믿음**으로써
히 11:5	**믿음**으로 에녹은 죽음을 보지 않고
히 11:6	**믿음**이 없이는 하나님을 기쁘시게
히 11:7	**믿음**으로 노아는 아직 보이지 않는 일
히 11:8	**믿음**으로 아브라함은 부르심을 받았
히 11:9	**믿음**으로 그가 이방의 땅에 있는 것
히 11:11	**믿음**으로 사라 자신도 나이가 많아
히 11:17	받을 때에 **믿음**으로 이삭을 드렸으니
히 11:20	**믿음**으로 이삭은 장차 있을 일에 대하
히 11:21	**믿음**으로 야곱은 죽을 때에 요셉의 각
히 11:22	**믿음**으로 요셉은 임종시에 이스라엘
히 11:23	**믿음**으로 모세가 났을 때에 그 부모가
히 11:24	**믿음**으로 모세는 장성하여 바로의 공

【 믿음 】

히 11:27	**믿음**으로 애굽을 떠나 왕의 노함을
히 11:28	**믿음**으로 유월절과 피 뿌리는 예식을
히 11:29	**믿음**으로 그들은 홍해를 육지같이
히 11:30	**믿음**으로 칠 일 동안 여리고를 도니
히 11:31	**믿음**으로 기생 라합은 정탐꾼을 평안
히 11:33	그들은 **믿음**으로 나라들을 이기기도
히 12:2	**믿음**의 주요 또 온전하게 하시는 이인
히 13:7	결말을 주의하여 보고 그들의 **믿음**을
약 1:3	이는 너희 **믿음**의 시련이 인내를 만들
약 1:6	오직 **믿음**으로 구하고 조금도 의심하
약 2:1	예수 그리스도에 대한 **믿음**을 너희가
약 2:5	가난한 자를 택하사 **믿음**에 부요하게
약 2:14	내 형제들아 만일 사람이 **믿음**이 있노
	라 하고 행함이 없으면 … 그 **믿음**이
약 2:18	어떤 사람은 말하기를 너는 **믿음**이 있
	고 … 네 **믿음**을 내게 보이라 나는 행함
	으로 내 **믿음**을 네게 보이리라 하리라
약 2:22	네가 보거니와 **믿음**이 그의 행함과 함
	께 일하고 행함으로 **믿음**이 온전하게
약 2:24	의롭다 하심을 받고 **믿음**으로만은
약 5:15	믿음의 기도는 병든 자를 구원하리니
벧전 1:7	너희 **믿음**의 확실함은 불로 연단하여
벧전 1:9	**믿음**의 결국 곧 영혼의 구원을 받음이
벧전 1:21	믿는 자니 너희 **믿음**과 소망이 하나님

'믿음'과 관련된 성구

믿음에 굳게 서다 – 고전 16:13; 골 2:7

믿음으로 말미암다 – 롬 3:25; 10:6; 갈 2:16; 3:7, 9, 22; 빌 3:9

믿음으로 말미암아 – 롬 1:12; 3:22, 30, 31; 갈 3:8, 14, 24, 26; 엡 2:8; 3:12, 17; 골 2:12; 살전 3:7; 살후 1:4; 딤후 3:15; 히 11:39; 벧전 1:5

믿음으로 말미암아 살리라 – 합 2:4; 롬 1:17; 히 10:38

믿음을 따르다 – 롬 14:23; 갈 5:5; 딛 1:4; 히 11:7, 13

믿음이 약한 자 – 롬 15:1; 고전 8:9, 10, 11

믿음이 작은 자들아 – 마 6:30; 8:26; 16:8; 눅 12:28

예수 안에 있는 믿음 – 딤전 1:14; 3:13; 딤후 1:13; 3:15

행함이 없는 믿음 – 약 2:17, 20, 26

【 밀 1 】   【 밀가루 】

벧전 5:9	믿음을 굳건하게 하여 그를 대적하라	욜 2:24	마당에는 밀이 가득하고 독에는 새
벧후 1:1	보배로운 믿음을 우리와 함께 받은 자	암 5:11	그에게서 밀의 부당한 세를 거두었으니
벧후 1:5	너희가 더욱 힘써 너희 믿음에 덕을,	암 8:5	우리가 밀을 내게 할꼬 에바를 작게
요일 5:4	승리는 이것이니 우리의 믿음이니라	암 8:6	가난한 자를 사며 찌꺼기 밀을 팔자
유 1:3	단번에 주신 믿음의 도를 위하여 힘써	눅 16:7	밀 백 석이니이다 이르되 여기 네 증서
유 1:20	지극히 거룩한 믿음 위에 자신을 세우	눅 22:31	사탄이 너희를 밀 까부르듯 하려고
계 2:13	때에도 나를 믿는 믿음을 저버리지	요 12:24	한 알의 밀이 땅에 떨어져 죽지 아니하
계 2:19	내가 네 사업과 사랑과 믿음과 섬김과	행 27:38	배부르게 먹고 밀을 바다에 버려 배를
계 13:10	성도들의 인내와 믿음이 여기 있느니	고전 15:37	밀이나 다른 것의 알맹이 뿐이로되
계 14:12	하나님의 계명과 예수에 대한 믿음을	계 6:6	한 데나리온에 밀 한 되요 한 데나리온
		계 18:13	밀가루와 밀이요 소와 양과 말과 수레

밀 1 (wax)

시 68:2   불 앞에서 밀이 녹음같이 악인이

밀가(Milcah)

1. 아브라함의 남동생 나홀의 아내

창 11:29   하란은 밀가의 아버지이며 또 이스가

밀 2 (wheat)

출 9:32	밀과 쌀보리는 자라지 아니한 고로
신 32:14	지극히 아름다운 밀을 먹이시며
삿 6:11	알리지 아니하려 하여 밀을 포도주
삿 15:1	얼마 후 밀 거둘 때에 삼손이 염소 새끼
룻 2:23	보리 추수와 밀 추수를 마치기까지
삼상 6:13	골짜기에서 밀을 베다가 눈을 들어
삼상 12:17	밀 베는 때가 아니냐 내가 여호와께
삼하 4:6	레갑과 그의 형제 바아나가 밀을
삼하 17:28	질그릇과 밀과 보리와 밀가루와 볶은
왕상 5:11	음식물로 밀 이만 고르와 맑은 기름
대상 21:20	오르난이 밀을 타작하다가 돌이켜
대상 21:23	밀은 소제물로 삼으시기 위하여 다
대하 2:10	종들에게 찧은 밀 이만 고르와 보리
대하 2:15	주께서 말씀하신 밀과 보리와 기름과
대하 27:5	밀 만 고르와 보리 만 고르를 바쳤고
스 6:9	밀과 소금과 포도주와 기름을 예루살렘
스 7:22	밀은 백 고르까지, 포도주는 백 밧까지,
느 10:37	처음 익은 밀의 가루와 거제물과 각종
시 81:16	기름진 밀을 그들에게 먹이며 반석에
시 147:14	평안하게 하시고 아름다운 밀로 너를
렘 12:13	무리가 밀을 심어도 가시를 거두며
렘 41:8	우리가 밀과 보리와 기름과 꿀을 밭에
겔 4:9	너는 밀과 보리와 콩과 팥과 조와 귀리
겔 27:17	민닛 밀과 과자와 꿀과 기름과 유향을
겔 45:13	밀 한 호멜에서는 육분의 일 에바를
욜 1:11	밀과 보리 때문이라 밭의 소산이 다

2. 슬로브핫의 다섯 딸 중 넷째 딸

민 26:33   말라와 노아와 호글라와 **밀가**와 디르사

📖 **밀가 2 - 기타 본문**

민 27:1; 36:11; 수 17:3

밀가루(flour, dough)

출 29:2	바른 무교 전병을 모두 고운 **밀가루**로
출 29:40	한 어린 양에 고운 **밀가루** 십분의 일
삼상 1:24	수소 세 마리와 **밀가루** 한 에바와
삼하 13:8	다말이 **밀가루**를 가지고 반죽하여
삼하 17:28	보리와 **밀가루**와 볶은 곡식과 콩과 팥
왕상 4:22	솔로몬의 하루의 음식물은 가는 **밀가루** 삼십 고르요 굵은 **밀가루**가 육십
왕하 7:1	고운 **밀가루** 한 스아를 한 세겔로
왕하 7:16	고운 **밀가루** 한 스아에 한 세겔이
왕하 7:18	고운 **밀가루** 한 스아를 한 세겔로
대상 12:40	**밀가루** 과자와 무화과 과자와 건포도
겔 16:13	고운 **밀가루**와 꿀과 기름을 먹음으로
겔 16:19	고운 **밀가루**와 기름과 꿀을 네가 그
겔 44:30	첫 **밀가루**를 제사장에게 주어 그들에
겔 45:24	한 마리에는 **밀가루** 한 에바요 숫양 한 마리에도 한 에바며 **밀가루** 한 에바에
겔 45:25	속죄제와 번제며 그 **밀가루**와 기름을

【 밀곰 】

겔 46:5	그 소제는 숫양 하나에는 **밀가루** 한 에바 … **밀가루** 한 에바에는 기름 한
겔 46:7	수송아지에는 **밀가루** 한 에바요 숫양에도 **밀가루** … 것이요 **밀가루** 한 에바
겔 46:11	수송아지 한 마리에 **밀가루** 한 에바요 … 그 힘대로 할 것이며 **밀가루** 한 에바
겔 46:14	**밀가루** 육분의 일 에바와 기름 삼분의
겔 46:15	어린 양과 **밀가루**와 기름을 준비하여
계 18:13	고운 **밀가루**와 밀이요 소와 양과 말과

밀곰(Molech-NIV, Milcom-KJV) 암몬 사람의 국가신

왕상 11:5	암몬 사람의 가증한 **밀곰**을 따름이라
왕상 11:33	암몬 자손의 신 **밀곰**을 경배하며 그의
왕하 23:13	자손의 가증한 **밀곰**을 위하여 세웠던

밀다(push, crush, shove, shave)

1. 힘을 주어 앞으로 나아가게 하다(push, shove)

출 19:21	백성이 **밀고** 들어와 나 여호와에게로
레 11:42	배로 **밀어** 다니는 것이나 네 발로 걷는
시 44:19	승냥이의 처소에 **밀어** 넣으시고 우리
막 5:24	큰 무리가 따라가며 에워싸 **밀더라**
눅 8:45	이르되 주여 무리가 밀려들어 **미나이다**

2. 반반해지도록 깎다(shave)

레 13:33	**밀되** 환부는 **밀지** 말 것이요 제사장은
레 14:8	모든 털을 **밀고** 물로 몸을 씻을 것이라
레 14:9	**밀되** 머리털과 수염과 눈썹을 다 **밀되**
민 6:9	머리를 **밀** 것이니 곧 일곱째 날에 **밀** 것
민 6:18	머리털을 **밀고** 그것을 화목제물 밑에
민 8:7	삭도로 **밀게** 하고 그 의복을 빨게 하여
신 14:1	말며 눈썹 사이 이마 위의 털을 **밀지**
신 21:12	데려갈 것이요 그는 그 머리를 **밀고**
삿 16:19	머리털 일곱 가닥을 **밀고** 괴롭게 하여
욥 1:20	겉옷을 찢고 머리털을 **밀고** 땅에 엎드려
사 7:20	백성의 머리 털과 발 털을 **미실** 것이요
사 15:2	그들이 각각 머리카락을 **밀고** 각각 수염
사 44:13	대패로 **밀고** 곡선자로 그어 사람의
렘 48:37	사람이 수염을 **밀었으며** 손에 칼자국
겔 27:31	머리털을 **밀고** 굵은 베로 띠를 띠고
겔 44:20	그들은 또 머리털을 **밀지도** 말며

밀단(mound of wheat)

아 7:2	둥근 잔 같고 허리는 백합화로 두른 **밀단**

【 밀리다 】

밀랄래(Milalai) 악기를 연주한 사람

느 12:36	스마야와 아사렐과 **밀랄래**와 길랄래

밀랍(蜜蠟, wax)

시 22:14	마음은 **밀랍** 같아서 내 속에서 녹았으며
시 97:5	온 땅의 주 앞에서 **밀랍**같이 녹았도다

밀레도(Miletus) 에베소의 외항

행 20:15	사모에 들르고 또 그 다음 날 **밀레도**
행 20:17	바울이 **밀레도**에서 사람을 에베소로
딤후 4:20	드로비모는 병들어서 **밀레도**에 두었

밀려가다(be driven)

약 3:4	광풍에 **밀려가는** 것들을 지극히 작은
벧후 2:17	광풍에 **밀려가는** 안개니 그들을 위하여

밀려들다(crush)

눅 8:42	예수께서 가실 때에 무리가 **밀려들더라**
눅 8:45	베드로가 이르되 주여 무리가 **밀려들어**

밀려오다(sweep)

사 28:15	재앙이 **밀려올지라도** 우리에게 미치지
사 28:18	재앙이 **밀려올** 때에 너희가 그것에게

밀로(Millo)

1. 인명 : 아비멜렉을 왕으로 삼은 족속

삿 9:6	세겜의 모든 사람과 **밀로** 모든 족속이
삿 9:20	세겜 사람들과 **밀로**의 집을 사를 것 이요 세겜 사람들과 **밀로**의 집에서도

2. 지명 : 다윗이 예루살렘 성을 쌓은 기점

삼하 5:9	다윗이 **밀로**에서부터 안으로 성을

> **밀로 2 – 기타 본문**
> 왕상 9:15, 24; 11:27; 왕하 12:20; 대상 11:8; 대하 32:5

밀리다(be blown, be shaved)

1. 약해지거나 뒤처지게 되다(be blown)

행 27:15	배가 **밀려** 바람을 맞추어 갈 수 없어
엡 4:14	교훈의 풍조에 **밀려** 요동하지 않게
약 1:6	마치 바람에 **밀려** 요동하는 바다 물결

2. 문질러 닦이다(be shaved)

삿 16:17	내 머리가 **밀리면** 내 힘이 내게서 떠나

【 밀밭 】　　　　　　　　　　　　　　　　　　　　　【 및 】

삿 16:22　그의 머리털이 **밀린** 후에 다시 자라기

밀밭(grainfield)
마 12:1　예수께서 안식일에 **밀밭** 사이로 가실새
막 2:23　안식일에 예수께서 **밀밭** 사이로 지나
눅 6:1　안식일에 예수께서 **밀밭** 사이로 지나

밀실(密室, constellation, chamber)
욥 9:9　북두성과 삼성과 묘성과 남방의 **밀실**
욥 37:9　폭풍우는 그 **밀실**에서 나오고 추위는
사 26:20　갈지어다 네 **밀실**에 들어가서 네 문을

밀어내다(push, banish)
렘 23:12　그들이 **밀어냄**을 당하여 그 길에 엎드러
행 19:33　앞으로 **밀어내니** 알렉산더가 손짓하며

밀어뜨리다(shave, push)
겔 34:21　옆구리와 어깨로 **밀어뜨리고** 모든 병든
행 7:27　해치는 사람이 모세를 **밀어뜨려** 이르되

밀착되다(密着, join)
욥 41:23　그것의 살껍질은 서로 **밀착되어** 탄탄

밀초(wax)
미 1:4　불 앞의 **밀초** 같고 비탈로 쏟아지는 물

밀치다(shove, push)
민 35:20　만일 미워하는 까닭에 **밀쳐** 죽이거나
민 35:22　악의가 없이 우연히 사람을 **밀치거나**
대하 25:12　거기서 **밀쳐** 내려뜨려서 그들의 온 몸이
시 118:13　너는 나를 **밀쳐** 넘어뜨리려 하였으나
시 140:4　그들은 나의 걸음을 **밀치려** 하나이다
눅 4:29　낭떠러지까지 끌고 가서 **밀쳐** 떨어뜨리

밉다(vile, stench, begrudge)
출 5:21　신하의 눈에 **미운** 것이 되게 하고 그들
대상 19:6　다윗에게 **밉게** 한 줄 안지라 하눈과
겔 11:21　그러나 **미운** 것과 가증한 것을 마음으로

'미운'과 관련된 성구
　　미운 눈 – 신 28:54, 56
　　미운 물건 – 렘 16:18; 겔 5:11; 7:20; 11:18

겔 36:31　가증한 일로 말미암아 스스로 **밉게** 보리

밉살(Mibzar) 에돔 족장 중 하나
창 36:42　그나스 족장, 데만 족장, **밉살** 족장,
대상 1:53　그나스 족장과 데만 족장과 **밉살** 족장

밉삼(Milbsam)
　　1. 이스마엘 자손 중 한 사람
창 25:13　그 다음은 게달과 앗브엘과 **밉삼**과
대상 1:29　다음은 게달과 앗브엘과 **밉삼**과
　　2. 시므온 지파 중 한 사람
대상 4:25　아들은 **밉삼**이요 그의 아들은 미스마

밉할(Milbhar) 다윗의 용사 중 한 사람
대상 11:38　아우 요엘과 하그리의 아들 **밉할**과

밋가(Mithcah) 광야에 진 쳤던 장소
민 33:28　데라를 떠나 **밋가**에 진을 치고
민 33:29　**밋가**를 떠나 하스모나에 진을 치고

밋딘(Middin) 유대 지파에 분배된 땅
수 15:61　광야에는 벧 아라바와 **밋딘**과 스가가

밋사(Mizzah) 에서의 자손 중 르우엘의 아들
대상 1:37　아들은 나핫과 세라와 삼마와 **밋사**요

및(and)
창 9:12　내가 나와 너희와 **및** 너희와 함께하는

📖 **및 - 기타 본문**

창 9:15; 17:7; 32:28; 출 3:22; 35:8, 27; 36:1, 2; 민 3:26; 신 14:29; 16:11; 29:11; 31:4; 수 12:5; 13:11; 삿 1:18; 9:33, 48; 21:11; 삼상 6:11; 삼하 3:23, 31; 15:18; 왕상 8:62; 대상 15:27; 24:6; 28:1; 대하 15:2; 28:18; 34:21; 스 7:16; 느 3:7; 10:28; 욥 35:4; 잠 6:19; 30:31; 사 8:18; 14:3; 19:24; 30:6; 37:12; 66:19; 렘 9:26; 21:7; 33:10–11; 46:25; 겔 30:5; 39:6; 47:18; 단 3:5, 7, 10, 15; 9:12; 습 1:4; 마 10:4; 27:54; 막 1:36; 2:16, 25; 3:18; 눅 5:9; 6:3; 7:21; 9:32; 19:44; 20:35; 23:27; 24:33; 행 1:13, 25; 2:10; 4:6; 7:55; 8:12; 13:1, 13, 16, 27; 15:2; 20:4, 32; 롬 16:14; 딤후 4:19; 딛 3:13; 몬 1:1, 5; 히 2:4, 13;

【 밑 】   【 밑판 】

4:12; 9:13, 19; 11:9, 32; 12:23, 24; 13:24; 계
18:24; 19:10; 21:22; 22:1, 15, 19

밑(under)
창 24:2   청하건대 내 허벅지 **밑**에 네 손을 넣으
창 35:8   상수리나무 **밑**에 장사하고 그 나무
출 6:6   무거운 짐 **밑**에서 너희를 빼내며 그들
출 6:7   무거운 짐 **밑**에서 너희를 빼낸 너희의
출 36:24 널판 **밑**에 은 받침 … 곧 이 널판 **밑**에
          도 두 받침이 … 저 널판 **밑**에도 두
출 36:26 **밑**에도 받침이 둘이요 저 판 **밑**에도
출 36:30 열여섯 개라 각 널판 **밑**에 두 개씩이었
민 6:18   밀고 그것을 화목제물 **밑**에 있는 불에
민 22:27 발람 **밑**에 엎드리니 발람이 노하여
수 7:21   속에 감추었는데 은은 그 **밑**에 있나이
수 7:22   감추어져 있는데 은은 그 **밑**에 있는지
왕상 5:3 원수들을 그의 발바닥 **밑**에 두시기를
왕상 7:32 바퀴는 옆판 **밑**에 있고 바퀴 축은 받침
왕하 9:13 예후의 **밑**에 깔고 나팔을 불며 이르되
느 13:21 성 **밑**에서 자느냐 다시 이같이 하면
욥 9:13   라합을 돕는 자들이 그 **밑**에 굴복하겠
욥 18:16 **밑**으로 그의 뿌리가 마르고 위로는
욥 20:12 그는 비록 악을 달게 여겨 혀 **밑**에
욥 26:8   물을 빽빽한 구름에 싸시나 그 **밑**이
욥 28:5   땅으로부터 나오나 그 **밑**은 불처럼

┌─ '밑'과 관련된 성구 ─────────────┐
│ 날개 **밑** – 겔 1:8; 10:8, 21   │
│ 제단 **밑** – 출 29:12; 레 4:7, 18, 25, 30; │
│   34; 5:9; 8:15; 9:9; 겔 43:13   │
└─────────────────────────────┘

욥 36:30 자기의 사면에 펼치시며 바다 **밑**까지
시 10:7   충만하며 그의 혀 **밑**에는 잔해와 죄악
전 7:6   웃음 소리는 솥 **밑**에서 가시나무가
아 4:11   네 혀 **밑**에는 꿀과 젖이 있고 네 의복
사 14:15 네가 스올 곧 구덩이 맨 **밑**에 떨어짐을
사 33:23 돛대의 **밑**을 튼튼히 하지 못하였고 돛
렘 31:37 하늘을 측량할 수 있으며 **밑**에 있는 땅
렘 31:39 측량줄이 곧게 가렙 언덕 **밑**에 이르고
렘 38:11 왕궁 곳간 **밑** 방에 들어가서 거기에서
겔 1:23   궁창 밑에 생물들의 날개가 서로 향하
겔 10:2   너는 그룹 **밑**에 있는 바퀴 사이로 들어
겔 24:4-5 가마 밑에 나무를 쌓아 넣고 잘 삶되
겔 31:6   가는 가지 **밑**에 새끼를 낳으며 모든 큰
겔 41:8   골방 **밑** 지대의 높이는 한 장대 곧 큰
겔 47:1   문지방 **밑**에서 물이 나와 동쪽으로
암 9:3   바다 **밑**에 숨을지라도 내가 거기에서
말 4:3   너희 발바닥 **밑**에 재와 같으리라 만군

밑받침(gutter)
겔 43:13 제단 **밑받침**의 높이는 한 척이요 … 너
          비는 한 뼘이니 이는 제단 **밑받침**이요
겔 43:14 이 땅에 닿은 **밑받침** 면에서 아래층의
겔 43:17 네모반듯하고 그 **밑받침**에 둘린 턱이

밑층(below deck)
욘 1:5   요나는 배 **밑층**에 내려가서 누워 깊이

밑판(base)
출 25:31 그 **밑판**과 줄기와 잔과 꽃받침과 꽃을
출 37:17 그 **밑판**과 줄기와 잔과 꽃받침과 꽃이
민 8:4   금을 쳐서 만든 것인데 **밑판**에서 그 꽃

ㅂ

바구니(basketful, basket)
마 14:20 배불리 먹고 남은 조각을 열두 **바구니**에
마 16:9 오천 명을 먹이고 주운 것이 몇 **바구니**
막 6:43 남은 떡 조각과 물고기를 열두 **바구니**에
막 8:19 떼어 줄 때에 조각 몇 **바구니**를 거두었
눅 9:17 그 남은 조각을 열두 **바구니**에 거두니라
요 6:13 먹고 남은 조각이 열두 **바구니**에 찼더라

바기엘(Pagiel) 아셀 지파 오그란의 아들
민 1:13 지파에서는 오그란의 아들 **바기엘**이요
민 2:27 지휘관은 오그란의 아들 **바기엘**이요
민 7:72 오그란의 아들 **바기엘**이 헌물을 드렸
민 7:77 이는 오그란의 아들 **바기엘**의 헌물이뇨
민 10:26 지파의 군대는 오그란의 아들 **바기엘**이

바깥(outside, across, out)
출 26:35 그 휘장 **바깥** 북쪽에 상을 놓고 남쪽에

> '바깥' 과 관련된 성구
> 바깥 길 – 겔 47:2
> 바깥 담 – 겔 42:7 / 바깥 들 – 삼하 11:11
> 바깥뜰 – 에 6:4; 겔 10:5; 40:17, 20, 31, 34, 37; 42:3, 8, 9, 14; 44:19; 46:20, 21; 마 26:69
> 바깥 마당 – 계 11:2
> 바깥 문 – 신 6:9; 11:20; 겔 40:15; 44:1; 46:2; 47:2
> 바깥 벽 – 겔 41:9 / 바깥 일 – 느 11:16
> 바깥 회막 – 출 33:7

레 4:12 송아지의 전체를 진영 **바깥** 재 버리는
레 6:11 옷을 입고 그 재를 진영 **바깥** 정결한
왕상 4:12 아벨므홀라에 이르고 욕느암 **바깥**까지
왕상 6:6 성전의 벽 **바깥**으로 돌아가며 턱을 내어
왕하 23:4 예루살렘 **바깥** 기드론 밭에서 불사르고
왕하 23:6 상을 내다가 예루살렘 **바깥** 기드론
대하 29:16 레위 사람들이 받아 **바깥** 기드론 시내로
겔 40:5 본즉 집 **바깥** 사방으로 담이 있더라
겔 40:40 북문 **바깥** 곧 입구로 올라가는 곳 이쪽
마 8:12 나라의 본 자손들은 **바깥** 어두운 데
마 22:13 손발을 묶어 **바깥** 어두운 데에 내던지라
마 25:30 무익한 종을 **바깥** 어두운 데로 내쫓으라
막 1:45 **바깥** 한적한 곳에 계셨으나 사방에서

바꾸다/바뀌다/바꾸어지다(change, exchange)
구약
창 31:41 내 품삯을 열 번이나 **바꾸셨으며**
창 35:2 정결하게 하고 너희들의 의복을 **바꾸어**
창 47:16 떨어졌은즉 내가 너희의 가축과 **바꾸어**
창 47:17 그 모든 가축과 **바꾸어서** 그 해 동안에
창 50:20 하나님은 그것을 선으로 **바꾸사** 오늘과
레 27:10 그것을 변경하여 우열간 **바꾸지** 못할
레 27:33 그 우열을 가리거나 **바꾸거나** 하지 말라
민 32:38 건축하고 그 이름을 **바꾸었고** 또
신 14:25 돈으로 **바꾸어** 그 돈을 싸 가지고 네
삼하 14:20 요압이 이 일의 형편을 **바꾸려** 하여
왕상 21:6 포도원을 내게 주되 돈으로 **바꾸거나**
왕상 21:15 나봇이 돈으로 **바꾸어** 주기를 싫어하던
욥 2:4 가죽을 **바꾸오니** … 생명을 **바꾸올지라**

【 바나바 】　　　　　　　　　　　　　　　　　　　　　　　　　　【 바다 1 】

욥 10:17	주께서 자주자주 증거하는 자를 **바꾸어**
욥 28:15	순금으로도 **바꿀** 수 없고 은을 달아도
욥 28:17	비교할 수 없고 정금 장식품으로도 **바꿀**
시 4:2	어느 때까지 나의 영광을 **바꾸어** 욕되게
시 102:26	의복같이 **바꾸시면** 바뀌려니와
시 106:20	풀 먹는 소의 형상으로 **바꾸었도다**
아 8:7	가산을 다 주고 사랑과 **바꾸려** 할지라도
렘 2:11	**바꾼** 일이 … 무익한 것과 **바꾸었도다**
렘 2:36	네가 어찌하여 네 길을 **바꾸어** 부지런히
애 1:11	보물로 먹을 것들을 **바꾸었더니** 지금도
겔 27:12	철과 주석과 납을 네 물품과 **바꾸어**
겔 27:13	놋그릇을 가지고 네 상품을 **바꾸어**
겔 27:14	군마와 노새를 네 물품과 **바꾸었으며**
겔 27:15	상아와 박달나무를 네 물품과 **바꾸어**
겔 27:16	산호와 홍보석을 네 물품과 **바꾸어**
겔 27:17	꿀과 기름과 유향을 네 물품과 **바꾸어**
겔 27:22	각종 보석과 황금으로 네 물품을 **바꾸어**
겔 27:24	너와 거래하여 네 물품을 **바꾸어** 갔도다
겔 27:27	네 재물과 상품과 **바꾼** 물건과 네 사공
겔 48:14	그들이 그 땅을 팔지도 못하며 **바꾸지도**
단 2:21	그는 때와 계절을 **바꾸시며** 왕들을 폐하
단 3:19	아벳느고를 향하여 얼굴빛을 **바꾸고**
욜 3:3	기생과 **바꾸며** 소녀를 술과 **바꾸어**
암 5:7	정의를 쓴 쑥으로 **바꾸며** 공의를 땅에
암 5:8	**바꾸시고** 낮은 어두운 밤으로 **바꾸시며**
암 6:12	**바꾸며** 공의의 열매를 쓴 쑥으로 **바꾸랴**

▣ 신약
마 16:26	무엇을 주고 제 목숨과 **바꾸겠느냐**
마 21:12	돈 **바꾸는** 사람들의 상과 비둘기 파는
막 8:37	무엇을 주고 자기 목숨과 **바꾸겠느냐**
막 11:15	돈 **바꾸는** 자들의 상과 비둘기 파는
요 2:14	돈 **바꾸는** 사람들이 앉아 있는 것을
요 2:15	돈 **바꾸는** 사람들의 돈을 쏟으시며 상을
롬 1:23	동물 모양의 우상으로 **바꾸었느니라**
롬 1:25	하나님의 진리를 거짓 것으로 **바꾸어**
롬 1:26	여자들도 순리대로 쓸 것을 **바꾸어** 역리
히 7:12	제사 직분이 **바꾸어졌은즉** 율법도 반드시 **바꾸어지리니**
약 4:9	너희 즐거움을 근심으로 **바꿀지어다**
유 1:4	은혜를 도리어 방탕한 것으로 **바꾸고**

바나바(Barnabas)　구브로 출신의 유대인
| 행 4:36 | 사도들이 일컬어 **바나바라**(번역하면 |

▣ 바나바 – 기타 본문
행 9:27; 11:22, 24, 25, 30; 12:25; 13:1, 2, 7, 43, 46, 50; 14:12, 14, 20; 15:2, 12, 22, 25–26, 35, 36, 37, 39; 고전 9:6; 갈 2:1, 9, 13; 골 4:10

바누엘(Phanuel)　여선지자인 안나의 아버지
| 눅 2:36 | 아셀 지파 **바누엘**의 딸 안나라 하는 |

바늘귀(eye of a needle)
마 19:24	낙타가 **바늘귀**로 들어가는 것이 부자가
막 10:25	낙타가 **바늘귀**로 나가는 것이 부자가
눅 18:25	낙타가 **바늘귀**로 들어가는 것이 부자가

바니(Bani)
　1. 갓 지파 사람으로 다윗 용사 중 하나
| 삼하 23:36 | 하갈 사람 이갈과 갓 사람 **바니와** |
　2. 다윗 시대의 성막 봉사자
| 대상 6:46 | 암시는 **바니의** 아들이요 **바니**는 세멜의 |
　3. 포로기 후 예루살렘에 살았던 사람
| 대상 9:4 | 이므리의 증손이요 **바니**의 현손이며 |
　4. 스룹바벨과 함께 돌아온 바니의 후손들
| 스 2:10 | **바니** 자손이 육백사십이 명이요 |
| 스 10:29 | **바니** 자손 중에서는 므술람과 말룩과 |
　5. 이방 여인을 아내로 맞은 사람
| 스 10:34 | **바니** 자손 중에서는 마아대와 아므람과 |
| 스 10:38 | **바니**와 빈누이와 시므이와 |
　6. 레위 사람 건축가
| 느 3:17 | 다음은 레위 사람 **바니**의 아들 르훔이 |
　7. 에스라 시대에 백성을 가르친 사람
| 느 8:7 | 예수아와 **바니**와 세레뱌와 야민과 악굽 |
　8. 에스라 시대의 성전 봉사자
| 느 9:4 | 레위 사람 예수아와 **바니**와 갓미엘과 |
| 느 9:5 | 레위 사람 예수아와 갓미엘과 **바니**와 |
　9. 느헤미야와 언약을 봉인한 레위인
| 느 10:13 | 호디야, **바니**, 브니누요 |
　10. 언약에 서명한 백성들의 지도자
| 느 10:14 | 바로스, 바핫모압, 엘람, 삿두, **바니**, |
　11. 예루살렘 레위인들을 감독한 웃시의 아버지
| 느 11:22 | 하사뱌의 손자 **바니**의 아들 웃시는 |

바다 1(sea, deep, ocean, water)
▣ 모세오경, 역사서
| 창 1:10 | 뭍을 땅이라 부르시고 모인 물을 **바다라** |

【 바다 1 】   【 바다 1 】

창 1:21	하나님이 큰 **바다** 짐승들과 물에서 번성
창 1:28	땅에 충만하라, 땅을 정복하라, **바다**의
창 9:2	기는 모든 것과 **바다**의 모든 물고기가
출 14:2	**바다**와 믹돌 사이의 비하히롯 앞 곧
출 14:16	지팡이를 들고 손을 **바다** 위로 내밀어
	… 자손이 **바다** 가운데서 마른 땅으로
출 14:22	이스라엘 자손이 **바다** 가운데로 육지로
출 14:23	다 그들의 뒤를 추격하여 **바다** 가운데
출 14:26	네 손을 **바다** 위로 내밀어 물이 애굽
출 14:27	손을 **바다** 위로 내밀매 새벽이 되어 **바**
	다의 힘이 … 사람들을 **바다** 가운데
출 14:28	**바다**에 들어간 바로의 군대를 다 덮으니
출 14:29	이스라엘 자손은 **바다** 가운데로 육지로
출 15:1	영화로우심이요 말과 그 탄 자를 **바다**에
출 15:4	병거와 그의 군대를 **바다**에 던지시니
출 15:8	파도가 언덕같이 일어서고 큰물이 **바다**
출 15:10	주께서 바람을 일으키시매 **바다**가 그들
출 15:19	말과 병거와 마병이 함께 **바다**에 들어가
	매 … 이스라엘 자손은 **바다** 가운데서
출 15:21	말과 그 탄 자를 **바다**에 던지셨음이로다
출 20:11	여호와가 하늘과 땅과 **바다**와 그 가운데
출 23:31	홍해에서부터 블레셋 **바다**까지, 광야에
레 11:9	**바다**와 다른 물에 있는 모든 것 중에서
민 11:31	여호와에게서 나와 **바다**에서부터
민 33:8	광야를 바라보고 **바다** 가운데를 지나
민 34:5	애굽 시내를 지나 **바다**까지 이르느니
신 3:17	긴네렛에서 아라바 **바다** 곧 염해와
신 30:13	이것이 **바다** 밖에 있는 것이 아니니 네
	가 이르기를 누가 우리를 위하여 **바다**를
신 33:19	**바다**의 풍부한 것과 모래에 감추어진
수 15:4	이르러 애굽 시내로 나아가 **바다**에
수 15:11	지나고 얍느엘에 이르나니 그 끝은 **바다**
수 24:7	애굽 사람들 사이에 흑암을 두고 **바다**를
왕상 5:9	**바다**로 운반하겠고 내가 그것을 **바다**
왕상 9:27	히람이 자기 종 곧 **바다**에 익숙한 사공
왕상 10:22	왕이 **바다**에 다시스 배들을 두어 히람의
왕상 18:43	그의 사환에게 이르되 올라가 **바다**쪽을
왕상 18:44	**바다**에서 사람의 손만한 작은 구름이
왕하 14:25	하맛 어귀에서부터 아라바 **바다**까지
대상 16:32	**바다**와 거기 충만한 것이 외치며 밭과
대하 2:16	쓰실 만큼 벌목하여 떼를 엮어 **바다**에
대하 20:2	무리가 **바다** 저쪽 아람에서 왕을 치러
느 9:6	땅 위의 만물과 **바다** 가운데 모든
느 9:11	**바다**를 갈라지게 하사 그들이 **바다**

시가서

욥 7:12	내가 **바다**니이까 **바다** 괴물이니이까
욥 11:9	크심은 땅보다 길고 **바다**보다 넓으니라
욥 12:8	네게 가르치리라 **바다**의 고기도 네게
욥 14:11	물이 **바다**에서 줄어들고 강물이 잦아서
욥 26:12	그는 능력으로 **바다**를 잔잔하게 하시며
욥 28:14	**바다**가 이르기를 나와 함께 있지 아니
욥 36:30	번갯불을 자기의 사면에 펼치시며 **바다**
욥 38:8	**바다**가 그 모태에서 터져 나올 때에
욥 38:16	네가 **바다**의 샘에 들어갔었느냐 깊은
욥 38:30	돌같이 굳어지고 깊은 **바다**의 수면은
욥 41:31	물을 솥의 물이 끓음 같게 하며 **바다**를
욥 41:32	물줄기가 나오니 그는 깊은 **바다**를 백발

"이는 물이 바다를 덮음 같이 여호와의 영광을 인정하는 것이 세상에 가득함이니라" (합 2:14)

시 8:8	공중의 새와 **바다**의 물고기와 바닷길에
시 24:2	여호와께서 그 터를 **바다** 위에 세우심
시 36:6	산들과 같고 주의 심판은 큰 **바다**와
시 42:7	폭포 소리에 깊은 **바다**가 서로 부르며
시 46:2	변하든지 산이 흔들려 **바다** 가운데에
시 65:5	땅의 모든 끝과 먼 **바다**에 있는 자가
시 65:7	**바다**의 설렘과 물결의 흔들림과 만민의
시 66:6	하나님이 **바다**를 변하여 육지가 되게
시 68:22	바산에서 돌아오게 하며 **바다** 깊은 곳에
시 69:34	천지가 그를 찬송할 것이요 **바다**와 그
시 72:8	**바다**에서부터 **바다**까지 강에서부터
시 74:13	주께서 주의 능력으로 **바다**를 나누시고
시 77:19	주의 길이 **바다**에 있었고 주의 곧은 길
시 78:13	그가 **바다**를 갈라 물을 무더기같이 서게
시 78:53	두려움이 없었으나 그들의 원수는 **바다**
시 80:11	그 가지가 **바다**까지 뻗고 넝쿨이 강까지
시 89:9	**바다**의 파도를 다스리시며 그 파도가
시 89:25	그의 손을 **바다** 위에 놓으며 오른손을
시 93:4	여호와의 능력은 많은 물 소리와 **바다**의
시 95:5	**바다**도 그의 것이라 그가 만드셨고 육지
시 96:11	땅은 즐거워하며 **바다**와 거기에 충만한
시 98:7	**바다**와 거기 충만한 것과 세계와
시 104:6	덮음같이 주께서 땅을 깊은 **바다**로

【 바다 1 】　　　　　　　　　　　　　　　　　　　　【 바다 1 】

시 104:25	거기에는 크고 넓은 **바다**가 있고 그 속	렘 51:36	위하여 보복하여 그의 **바다**를 말리며
시 106:7	인자를 기억하지 아니하고 **바다** 곧 홍해	렘 51:42	**바다**가 바벨론에 넘침이여 그 노도 소리
시 106:9	그들을 인도하여 **바다** 건너가기를 마치	애 2:13	너의 파괴됨이 **바다**같이 크니 누가 너를
시 107:23	배들을 **바다**에 띄우며 큰물에서 일을	겔 26:3	두로야 내가 너를 대적하여 **바다**가 그
시 107:24	기이한 일들을 깊은 **바다**에서 보나니	겔 26:5	**바다** 가운데에 그물 치는 곳이 되게
시 114:3	**바다**가 보고 도망하며 요단은 물러갔으	겔 26:16	그 때에 **바다**의 모든 왕이 그 보좌에서
시 135:6	천지와 **바다**와 모든 깊은 데서 다 행하	겔 26:17	너와 너의 주민이 **바다** 가운데에 있어
시 139:9	내가 새벽 날개를 치며 **바다** 끝에 가서	겔 26:18	**바다** 가운데의 섬들이 네 결국을 보고
시 146:6	여호와는 천지와 **바다**와 그 중의 만물을	겔 26:19	깊은 **바다**가 네 위에 오르게 하며 큰물
시 148:7	너희 용들과 **바다**여 땅에서 여호와를	겔 27:3	두로를 향하여 이르기를 **바다** 어귀에
잠 3:20	그의 지식으로 깊은 **바다**를 갈라지게	겔 27:4	네 땅이 **바다** 가운데에 있음이여 너를
잠 8:24	**바다**가 생기지 아니하였고 큰 샘들이	겔 27:9	**바다**의 모든 배와 그 사공들은 네
잠 8:28	구름 하늘을 견고하게 하시며 **바다**의	겔 27:25	네가 **바다** 중심에서 풍부하여 영화가
잠 8:29	**바다**의 한계를 정하여 물이 명령을 거스	겔 27:32	두로와 같이 **바다** 가운데에서 적막한
잠 23:34	**바다** 가운데에 누운 자 같을 것이요	겔 27:33	네 물품을 **바다**로 실어 낼 때에 네가
잠 30:19	**바다**로 지나다니는 배의 자취와 남자가	겔 27:34	네가 **바다** 깊은 데에서 파선한 때에
전 1:7	강물은 다 **바다**로 흐르되 **바다**를 채우지	겔 28:2	내가 하나님의 자리 곧 **바다** 가운데에
선지서		겔 28:8	구덩이에 빠뜨려서 너를 **바다** 가운데
사 5:30	그 날에 그들이 **바다** 물결 소리같이		에서 죽임을 당한 자의 죽음같이 **바다**
사 10:26	막대기를 드시되 **바다**를 향하여 애굽	겔 31:15	위하여 슬프게 울게 하며 깊은 **바다**를
사 11:9	물이 **바다**를 덮음같이 여호와를 아는	겔 32:2	생각하였더니 실상은 **바다** 가운데의
사 16:8	광야에 이르고 그 싹이 자라서 **바다**를	겔 38:20	**바다**의 고기들과 공중의 새들과 들의
사 17:12	**바다** 파도가 치는 소리같이 그들이 소동	겔 39:11	이스라엘 땅 곧 **바다** 동쪽 사람이 통행
사 23:2	**바다**에 왕래하는 시돈 상인들로 말미암	겔 47:8	흘러 아라바로 내려가서 **바다**에 이르리
사 23:4	대저 **바다** 곧 **바다**의 요새가 말하기를		니 이 흘러 내리는 물로 그 **바다**의 물이
사 23:11	여호와께서 **바다** 위에 그의 손을 펴사	단 7:2	보았는데 하늘의 네 바람이 큰 **바다**로
사 24:14	여호와의 위엄으로 말미암아 **바다**에서	단 7:3	짐승 넷이 **바다**에서 나왔는데 그 모양이
사 24:15	**바다** 모든 섬에서 이스라엘의 하나님	단 11:45	장막 궁전을 **바다**와 영화롭고 거룩한
사 27:1	리워야단을 벌하시며 **바다**에 있는 용을	호 4:3	나는 새가 다 쇠잔할 것이요 **바다**의
사 42:10	**바다** 가운데의 만물과 섬들과 거기에	암 7:4	불이 큰 **바다**를 삼키고 육지까지 먹으려
사 43:16	**바다** 가운데에 길을, 큰 물 가운데에	암 8:12	사람이 이 **바다**에서 저 **바다**까지, 북쪽
사 50:2	내가 꾸짖어 **바다**를 마르게 하며 강들을	암 9:3	내 눈을 피하여 **바다** 밑에 숨을지라도
사 51:10	**바다**를, 넓고 깊은 물을 말리시고 **바다**	욘 1:4	큰 바람을 **바다** 위에 내리시매 **바다**
사 51:15	네 하나님 여호와라 **바다**를 휘저어서		
사 57:20	솟구쳐 내는 요동하는 **바다**와 같으니라	**'바다 1'과 관련된 성구**	
사 60:5	**바다**의 부가 네게로 돌아오며 이방 나라	바다 모래 – 창 32:12; 41:49; 욥 6:3; 시 78:27; 사 10:22; 렘 15:8; 33:22; 롬 9:27; 계 12:17; 20:8	
사 63:11	백성과 양 떼의 목자를 **바다**에서 올라오		
렘 5:22	내가 모래를 두어 **바다**의 한계를 삼되	바다 물결 – 욥 9:8; 시 107:25; 사 5:30; 48:18; 약 1:6	
렘 6:23	그 목소리는 **바다**처럼 포효하는 소리라		
렘 25:14	시돈의 모든 왕과 **바다** 건너쪽 섬의	바다 섬들 – 에 10:1; 사 11:11	
렘 31:35	**바다**를 뒤흔들어 그 파도로 소리치게	바다 풀 – 욘 2:5	
렘 48:32	너의 가지가 **바다**를 넘어 야셀 **바다**까지		
렘 50:42	그들의 목소리는 **바다**가 설레임 같도다		

【 바다 1 】　　　　　　　　　　　　　　　　　　　　　　　【 바다 2 】

욘 1:5	가볍게 하려고 그 가운데 물건들을 **바다**	약 3:7	**바다**의 생물은 다 사람이 길들일 수
욘 1:9	**바다**와 육지를 지으신 하늘의 하나님	유 1:13	자기 수치의 거품을 뿜는 **바다**의 거친
욘 1:11	**바다**가 점점 흉용한지라 무리가 그에게 이르되 우리가 … **바다**가 우리를	계 4:6	보좌 앞에 수정과 같은 유리 **바다**가
		계 5:13	하늘 위에와 땅 위에와 땅 아래와 **바다**
욘 2:3	나를 깊음 속 **바다** 가운데에 던지셨으	계 7:1	**바다**나 각종 나무에 불지 못하게
미 7:12	강까지, 이 **바다**에서 저 **바다**까지,	계 7:2	**바다**를 해롭게 할 권세를 받은 네 천사
미 7:19	모든 죄를 깊은 **바다**에 던지시리이다	계 7:3	이마에 인치기까지 땅이나 **바다**나
나 1:4	그는 **바다**를 꾸짖어 그것을 말리시며	계 8:8	**바다**에 던져지매 **바다**의 삼분의 일이
나 3:8	**바다**가 성루가 되었고 **바다**가 방어벽이	계 8:9	**바다** 가운데 생명 가진 피조물들의 삼분
합 1:14	주께서 어찌하여 사람을 **바다**의 고기	계 10:2	그 오른 발은 **바다**를 밟고 왼 발은 땅을
합 2:14	물이 **바다**를 덮음같이 여호와의 영광을	계 12:12	땅과 **바다**는 화 있을진저 이는 마귀가
합 3:8	강들을 노여워하심이니이까 **바다**를	계 13:1	내가 보니 **바다**에서 한 짐승이 나오는데
합 3:10	창수가 넘치고 **바다**가 소리를 지르며	계 14:7	하늘과 땅과 **바다**와 물들의 근원을
합 3:15	주께서 말을 타시고 **바다** 곧 큰 물의	계 15:2	내가 보니 불이 섞인 유리 **바다** 같은
습 1:3	공중의 새와 **바다**의 고기와 거치게 하는	계 16:3	그 대접을 **바다**에 쏟으매 **바다**가 곧 죽은 자의 피같이 되니 **바다** 가운데
학 2:6	조금 있으면 내가 하늘과 땅과 **바다**와		
슥 9:4	그를 정복하시며 그의 권세를 **바다**에	계 18:17	선객들과 선원들과 **바다**에서 일하는
슥 9:10	**바다**에서 **바다**까지 이르고 유브라데	계 18:19	있도다 이 큰 성이여 **바다**에서 배 부리
슥 10:11	고난의 **바다**를 지나갈 때에 **바다** 물결을	계 18:21	큰 맷돌 같은 돌을 들어 **바다**에 던져
		계 20:13	**바다**가 그 가운데에서 죽은 자들을
복음서, 역사서		계 21:1	처음 하늘과 처음 땅이 없어졌고 **바다**도

📖 바다 1 - 기타 본문

창 1:26; 출 14:21; 레 11:10; 민 11:22; 수 15:46; 16:3, 8; 17:9, 10; 19:29; 24:6; 시 114:5; 겔 27:26, 27, 29; 47:10, 18; 욘 1:12, 13, 15; 계 10:5, 6, 8

마 18:6	연자 맷돌이 그 목에 달려서 깊은 **바다**
마 21:21	산더러 들려 **바다**에 던져지라 하여도
마 23:15	한 사람을 얻기 위하여 **바다**와 육지를
막 9:42	연자맷돌이 그 목에 매여 **바다**에 던져
막 11:23	산더러 들리어 **바다**에 던져지라 하며
눅 17:2	연자 맷돌이 그 목에 매여 **바다**에 던져
눅 17:6	뽕나무더러 뿌리가 뽑혀 **바다**에 심기어
눅 21:25	땅에서는 민족들이 **바다**와 파도의 성난
행 4:24	대주재여 천지와 **바다**와 그 가운데 만물
행 14:15	천지와 **바다**와 그 가운데 만물을 지으시
행 17:14	형제들이 곧 바울을 내보내어 **바다**까지
행 27:5	길리기아와 밤빌리아 **바다**를 건너
행 27:18	이튿날 사공들이 짐을 **바다**에 풀어
행 27:27	우리가 아드리아 **바다**에서 이리 저리
행 27:30	닻을 내리는 체하고 거룻배를 **바다**에
행 27:38	배부르게 먹고 밀을 **바다**에 버려 배를
행 27:40	닻을 끊어 **바다**에 버리는 동시에 키를
행 28:4	**바다**에서는 구조를 받았으나 공의가

서신서, 예언서

고전 10:1	조상들이 다 구름 아래에 있고 **바다**
고전 10:2	모세에게 속하여 다 구름과 **바다**에서
고후 11:25	파선하고 일 주야를 깊은 **바다**에서
고후 11:26	광야의 위험과 **바다**의 위험과 거짓 형제

바다 2 (bronze Sea, Sea from the bronze, Sea of cast metal)

왕상 7:23	**바다**를 부어 만들었으
왕상 7:24	**바다** 주 위에 둘렀으니 … 박은 **바다**를
왕상 7:25	그 **바다**를 소 열두 마리가 받쳤으니 … 셋은 동쪽을 향하였으며 **바다**를 그 위에
왕상 7:26	**바다**의 두께는 한 손 너비만 하고 그것의 가는 백합화의 양식으로 … 그 **바다**
왕상 7:39	성전 오른쪽 동남쪽에는 그 **바다**를 두었
왕상 7:44	한 **바다**와 그 **바다** 아래의 소 열두 마리
왕하 16:17	놋 **바다**를 놋소 위에서 내려다가 돌판
왕하 25:13	여호와의 성전의 놋 **바다**를 깨뜨려 그

【 바다 3 】　　　　　　　　　　　　　　　　　　　　　【 바닷물 】

왕하 25:16 만든 두 기둥과 한 **바다**와 받침들을
대하 4:2 놋을 부어 **바다**를 만들었으니 지름이
대하 4:3 **바다** 주위에 둘렸으니 그 소는 **바다**를
대하 4:4 **바다**를 놋쇠 황소 … 향하였으며 **바다**를
대하 4:5 **바다**의 두께는 한 손 너비만 하고 그
　　　　둘레는 잔 둘레와 같이 … 그 **바다**에는
대하 4:6 **바다**는 제사장들이 씻기 위한 것이더
대하 4:10 **바다**는 성전 오른쪽 동남방에 두었더
대하 4:15 한 **바다**와 그 **바다** 아래에 소 열두 마리
렘 52:20 성전을 위하여 만든 두 기둥과 한 **바다**

바다 3 (lake, Sea of Galilee, Sea of Kinnereth)
　　　갈릴리 호수

수 13:27 강가에서부터 요단 동쪽 긴네렛 **바다**까
마 4:18 그의 형제 안드레가 **바다**에 그물 던지는
마 8:24 **바다**에 큰 놀이 일어나 배가 물결에
마 8:26 일어나사 바람과 **바다**를 꾸짖으시니
마 8:27 어떠한 사람이기에 바람과 **바다**도 순종
마 8:32 온 떼가 비탈로 내리달아 **바다**에 들어
마 13:47 천국은 마치 **바다**에 치고 각종 물고기를
마 14:25 밤 사경에 예수께서 **바다** 위로 걸어서
마 14:26 제자들이 그가 **바다** 위로 걸어오심을
마 17:27 네가 **바다**에 가서 낚시를 던져 먼저
막 1:16 시몬과 그 형제 안드레가 **바다**에 그물
막 3:7 예수께서 제자들과 함께 **바다**로 물러
막 4:1 **바다**에 떠 있는 배에 올라 앉으시고
막 4:39 예수께서 깨어 바람을 꾸짖으시며 **바다**
막 4:41 누구이기에 바람과 **바다**도 순종하는가
막 5:1 예수께서 **바다** 건너편 거라사인의 지방
막 5:13 **바다**를 향하여 비탈로 내리달아 **바다**
막 6:47 저물매 배는 **바다** 가운데 있고 예수께서
막 6:48 밤 사경쯤에 **바다** 위로 걸어서 그들에게
막 6:49 제자들이 그가 **바다** 위로 걸어 오심을
요 6:1 예수께서 디베랴의 갈릴리 **바다** 건너편
요 6:16 저물매 제자들이 **바다**에 내려가서
요 6:17 배를 타고 **바다**를 건너 가버나움으로
요 6:19 예수께서 **바다** 위로 걸어 배에 가까이
요 6:22 **바다** 건너편에 서 있던 무리가 배 한 척
요 6:25 **바다** 건너편에서 만나 랍비여 언제 여기
요 21:7 말을 듣고 겉옷을 두른 후에 **바다**로

바다라 (Patara) 소아시아 루기아 지방의 항구
행 21:1 로도에 이르러 거기서부터 **바다라**에

바닥 (floor, base, hearth)
민 5:17 토기에 거룩한 물을 담고 성막 **바닥**의
왕상 22:35 상처의 피가 흘러 병거 **바닥**에 고였더라
욥 41:30 지나갈 때는 진흙 **바닥**에 도리깨로 친
아 3:10 기둥은 은이요 **바닥**은 금이요 자리는
겔 43:15 번제하는 **바닥**에서 솟은 뿔이 넷이며
겔 43:16 번제하는 **바닥**의 길이는 열두 척이요
단 6:24 그들이 굴 **바닥**에 닿기도 전에 사자들이
합 3:13 집의 머리를 치시며 그 기초를 **바닥**까지

바닷가 1 (by the sea, on the seashore)
창 10:5 각기 언어와 종족과 나라대로 **바닷가**
창 22:17 하늘의 별과 같고 **바닷가**의 모래와 같게
출 14:2 바알스본 맞은편 **바닷가**에 장막을 치게
출 14:30 이스라엘이 **바닷가**에서 애굽 사람들이
삼하 17:11 단부터 브엘세바까지 **바닷가**의 많은
왕상 4:20 유다와 이스라엘의 인구가 **바닷가**의
왕상 4:29 또 넓은 마음을 주시되 **바닷가**의 모래
대하 8:17 솔로몬이 에돔 땅의 **바닷가** 에시온게벨
렘 49:23 흉한 소문을 듣고 낙담함이니라 **바닷가**
겔 47:17 그 경계선이 **바닷가**에서부터 다메섹
단 11:18 그 후에 그가 그의 얼굴을 **바닷가**로
호 1:10 이스라엘 자손의 수가 **바닷가**의 모래
요 21:4 예수께서 **바닷가**에 서셨으나 제자들이
행 10:32 그가 **바닷가** 무두장이 시몬의 집에 유숙
행 21:5 우리가 **바닷가**에서 무릎을 꿇고 기도

바닷가 2 (by the lake) 갈릴리 호숫가
마 13:1 그 날 예수께서 집에서 나가사 **바닷가**에
막 2:13 다시 **바닷가**에 나가시매 큰 무리가
막 4:1 예수께서 다시 **바닷가**에서 가르치시
　　　니 … 온 무리는 **바닷가** 육지에 있더라
막 5:21 무리가 그에게로 모이거늘 이에 **바닷가**

바닷길 (path of the sea)
대하 8:18 그의 신복들에게 부탁하여 배와 **바닷길**
시 8:8 공중의 새와 바다의 물고기와 **바닷길**

바닷물 (water of the sea, salt water)
창 1:22 여러 **바닷물**에 충만하라 새들도 땅에
출 14:21 여호와께서 큰 동풍이 밤새도록 **바닷물**
출 15:19 여호와께서 **바닷물**을 그들 위에 되돌려
시 33:7 그가 **바닷물**을 모아 무더기같이 쌓으

바대인

시 46:3	바닷물이 솟아나고 뛰놀든지 그것이
사 19:5	바닷물이 없어지겠고 강이 잦아서 마르
사 40:12	누가 손바닥으로 바닷물을 헤아렸으며
겔 47:9	흘러 들어가므로 바닷물이 되살아나
암 5:8	어두운 밤으로 바꾸시며 바닷물을 불러
암 9:6	궁창의 기초를 땅에 두시며 바닷물을

바대인(Parthians) 파르티아 제국 사람들
행 2:9	바대인과 메대인과 엘람인과 또

바돈(Padon) 느디님 사람들의 조상
스 2:44	게로스 자손과 시아하 자손과 바돈 자손
느 7:47	게로스 자손과 시아 자손과 바돈 자손

바돌로매(Bartholomew) 예수님의 열두 제자 중 하나
마 10:3	빌립과 바돌로매, 도마와 세리 마태,
막 3:18	안드레와 빌립과 바돌로매와 마태와
눅 6:14	야고보와 요한과 빌립과 바돌로매와
행 1:13	안드레와 빌립, 도마와 바돌로매, 마태

바둑판(interweave)
왕상 7:17	꼭대기에 있는 머리를 위하여 바둑판

바드랍빔(Bath Rabbim) 헤스본 성문 이름
아 7:4	눈은 헤스본 바드랍빔 문 곁에 있는

바드로바(Patrobas) 로마 교회의 그리스도인
롬 16:14	허메와 바드로바와 허마와 및 그들과

바드로스(Upper Egypt) 상부 이집트
사 11:11	백성을 앗수르와 애굽과 바드로스와
렘 44:1	놉과 바드로스 지방에 사는 자에 대하여
렘 44:15	애굽 땅 바드로스에 사는 모든 백성이
겔 29:14	바드로스 땅 곧 그 고국 땅으로 돌아
겔 30:14	내가 바드로스를 황폐하게 하며 소안에

바드루심(Pathrusites) 미스라임의 아들
창 10:14	바드루심과 가슬루힘과 갑도림을 낳았
대상 1:12	바드루심과 가슬루힘과 갑도림을 낳았

바디(pin)
삿 16:14	삼손이 잠을 깨어 베틀의 바디와 날실을

바라다

바디매오(Bartimaeus) 여리고 길가의 소경
막 10:46	디매오의 아들인 맹인 거지 바디매오가

바라(Parah) 베냐민 지파의 동편 성읍
수 18:23	아윔과 바라와 오브라와

바라갸(Berekiah) 제사장 사가랴의 아버지
마 23:35	너희가 죽인 바라갸의 아들 사가랴의

바라겔(Barakel) 엘리후의 아버지
욥 32:2	부스 사람 바라겔의 아들 엘리후가 화를
욥 32:6	부스 사람 바라겔의 아들 엘리후가 대답

바라다(want, desire, expect, wait for)
구약
창 50:17	악을 행하였을지라도 이제 바라건대
출 10:17	바라건대 이번만 나의 죄를 용서하고
민 23:10	나의 종말이 그와 같기를 바라노라
신 3:27	눈을 들어 동서남북을 바라보라
신 24:15	가난하므로 그 품삯을 간절히 바람이
삼상 20:8	바라건대 네 종에게 인자하게 행하라
삼상 26:24	나를 구하여 내시기를 바라나이다
삼상 27:5	아기스에게 이르되 바라건대 내가 당신
삼하 14:18	바라노니 내가 네게 묻는 것을 내게
삼하 19:13	내게 벌 위에 벌을 내리시기를 바라노라
왕상 5:8	재목에 대하여는 당신이 바라시는 대로
왕하 5:23	나아만이 이르되 바라건대 두 달란트를
에 9:1	대적들이 그들을 제거하기를 바랐더니
욥 3:21	이러한 자는 죽기를 바라도 오지 아니
욥 6:20	거기 와서는 바라던 것을 부끄러워하고
욥 7:2	좋은 저녁 그늘을 몹시 바라고 품꾼은
욥 15:22	어두운 데서 나오기를 바라지 못하고
욥 21:14	우리가 주의 도리 알기를 바라지 아니
욥 24:15	간음하는 자의 눈은 저물기를 바라며
욥 31:6	그가 나의 온전함을 아시기를 바라노라
욥 31:8	소출이 뿌리째 뽑히기를 바라노라
욥 31:10	타인과 더불어 동침하기를 바라노라
욥 31:12	모든 소출을 뿌리째 뽑기를 바라노라
욥 31:22	그 자리에서 부스러지기를 바라노라
욥 31:35	바라노라 나를 고발하는 자가 있다면
욥 37:20	고할 수 있으랴 삼켜지기를 바랄 자가
욥 40:19	자기의 칼을 가져 오기를 바라노라
시 27:4	여호와께 바라는 한 가지 일 그것을

[바라다]　　　　　　　　　　　　　　　　　　　　　　[바라바]

시 33:22	우리가 주께 **바라는** 대로 주의 인자하심	눅 3:15	백성들이 **바라고** 기다리므로 모든 사람
시 39:7	주여 이제 내가 무엇을 **바라리요** 나의	눅 6:34	너희가 받기를 **바라고** 사람들에게 꾸어
시 69:20	**바라나** 없고 궁휼히 여길 자를 **바라나**	눅 6:35	사랑하고 선대하며 아무것도 **바라지**
시 104:27	따라 먹을 것을 주시기를 **바라나이다**	눅 23:8	무엇이나 이적 행하심을 볼까 **바랐던**
시 104:34	기도를 기쁘게 여기시기를 **바라나니**	눅 24:21	이스라엘을 속량할 자라고 **바랐노라**
시 107:30	여호와께서 그들이 **바라는** 항구로 인도	요 5:45	고발하는 이가 있으니 곧 너희가 **바라는**
전 6:2	어떤 사람은 그의 영혼이 **바라는** 모든	행 5:15	그림자라도 누구에게 덮일까 **바라고**
사 5:2	좋은 포도 맺기를 **바랐더니** 들포도를	행 24:26	바울에게서 돈을 받을까 **바라는** 고로
사 20:5	그들이 **바라던** 구스와 자랑하던 애굽	행 26:3	말을 너그러이 들으시기를 **바라나이다**
사 20:6	앗수르 왕에게서 벗어나기를 **바라고**	행 26:6	조상에게 약속하신 것을 **바라는** 까닭
사 37:4	**바라건대** 당신은 이 남아 있는 자를	행 26:7	받들어 섬김으로 얻기를 **바라는** 바
사 49:23	나를 **바라는** 자는 수치를 당하지 아니	롬 4:18	아브라함이 **바랄** 수 없는 중에 **바라고**
애 2:16	우리가 그를 삼켰도다 우리가 **바라던**	롬 8:21	**바라는** 것은 피조물도 썩어짐의 종 노릇
애 3:24	그러므로 내가 그를 **바라리라** 하도다	롬 8:24	소망이 아니니 보는 것을 누가 **바라리요**
애 4:17	우리가 헛되이 도움을 **바라므로** 우리의	롬 8:25	만일 우리가 보지 못하는 것을 **바라면**
겔 13:6	그 말이 확실히 이루어지기를 **바라게**	롬 15:23	갈 때에 너희에게 가기를 **바라고**
미 5:9	네 모든 원수를 진멸하기를 **바라노라**	롬 15:24	너희가 그리로 보내주기를 **바람이라**
학 1:9	너희가 많은 것을 **바랐으나** 도리어 적을	고전 13:7	모든 것을 **바라며** 모든 것을 견디느니라
신약		고전 15:19	만일 그리스도 안에서 우리가 **바라는**
마 19:13	안수하고 기도해 주심을 **바라고** 어린	고전 16:7	너희와 함께 머물기를 **바람이라**
눅 2:38	예루살렘의 속량을 **바라는** 모든 사람	고후 1:10	이 후에도 건지시기를 그에게 **바라노라**
		고후 1:13	너희가 완전히 알기를 내가 **바라는** 것은
'바라다' 와 관련된 성구		고후 5:11	너희 양심에도 알리어지기를 **바라노라**
공의/정의를 바라다 – 사 5:7; 59:11		고후 8:5	우리가 **바라던** 것뿐 아니라 그들이 먼저
광명/빛을 바라다 – 욥 3:9; 사 59:9; 렘 13:16		고후 10:15	더욱 풍성하여지기를 **바라노라**
구원을 바라다 – 시 119:166; 애 3:26		고후 13:6	아니한 것을 너희가 알기를 내가 **바라고**
규례를 바라다 – 시 119:43		엡 1:12	우리가 그리스도 안에서 전부터 **바라던**
만져 주심을 바라다 – 막 10:13; 눅 18:15		빌 2:19	주 안에서 **바람은** 너희의 사정을 앎으로
말씀을 바라다 – 시 119:74, 81, 82, 114, 147; 130:5		빌 2:23	보아서 곧 이 사람을 보내기를 **바라고**
복을 바라다 – 욥 30:26; 미 1:12		딤전 3:14	내가 속히 네게 가기를 **바라나** 이것을
신실히 바라다 – 사 38:18		딤후 4:22	네 심령에 함께 계시기를 **바라노니**
여호와를 바라다 – 시 31:24; 33:20; 37:34; 130:7; 131:3		몬 1:22	너희에게 나아갈 수 있기를 **바라노라**
이름을 바라다 – 마 12:21		히 9:28	죄와 상관 없이 자기를 **바라는** 자들에게
인자하심을 바라다 – 시 33:18; 147:11		히 11:1	믿음은 **바라는** 것들의 실상이요 보이지
주를 바라다 – 시 5:3; 25:3, 21; 38:15; 59:9; 69:6		히 11:10	지으실 터가 있는 성을 **바랐음이라**
평강을 바라다 – 렘 8:15; 14:19		약 5:7	농부가 땅에서 나는 귀한 열매를 **바라고**
하나님을 바라다 – 시 62:1, 5; 69:3; 호 12:6		벧전 1:13	가져다 주실 은혜를 온전히 **바랄지어다**
하나님의 영광을 바라다 – 롬 5:2		요삼 1:14	속히 보기를 **바라노니** 또한 우리가 대면

바라바(Barabbas) 예수님 대신에 풀려난 폭도

마 27:16	그 때에 **바라바**라 하는 유명한 죄수
마 27:17	놓아 주기를 원하느냐 **바라바냐**
마 27:20	**바라바**를 달라 하게 하고 예수를 죽이자

994

【 바라보다 】   【 바란 】

마 27:21 놓아 주기를 원하느냐 이르되 **바라바**로
마 27:26 **바라바**는 그들에게 놓아 주고 예수는
막 15:7   살인하고 체포된 자 중에 **바라바**라 하는
막 15:11 무리를 충동하여 도리어 **바라바**를 놓아
막 15:15 무리에게 만족을 주고자 하여 **바라바**는
눅 23:18 이 사람을 없이하고 **바라바**를 우리에게
눅 23:19 이 **바라바**는 성중에서 일어난 민란과
요 18:40 **바라바**라 하니 **바라바**는 강도였더라

바라보다(look, see, behold, watch, peer)

모세오경
창 13:10 롯이 눈을 들어 요단 지역을 **바라본즉**
창 13:14 남쪽 그리고 동쪽과 서쪽을 **바라보라**
창 21:16 바탕 거리 떨어져 마주 앉아 **바라보며**
창 22:4   눈을 들어 그 곳을 멀리 **바라본지라**
창 24:64 리브가가 눈을 들어 이삭을 **바라보고**
창 42:1   어찌하여 서로 **바라보고만** 있느냐
출 16:10 말하매 그들이 광야를 **바라보니** 여호와
출 33:8   모세가 회막에 들어가기까지 **바라보며**
민 16:42 아론을 칠 때에 회막을 **바라본즉** 구름이
민 23:9   작은 산에서 그들을 **바라보니** 이 백성은
민 24:17 내가 그를 **바라보아도** 가까운 일이 아니
민 24:20 아말렉을 **바라보며** 예언하여 이르기를
민 24:21 겐 족속을 **바라보며** 예언하여 이르기를
민 27:12 이스라엘 자손에게 준 땅을 **바라보라**
민 33:8   하히롯 앞을 떠나 광야를 **바라보고** 바다
신 3:27   눈으로 그 땅을 **바라보라** 너는 이 요단
신 15:9   궁핍한 형제를 악한 눈으로 **바라보며**
신 28:54 그의 남은 자녀를 미운 눈으로 **바라보며**
신 28:56 자기 자녀를 미운 눈으로 **바라보며**
신 32:49 기업으로 주는 가나안 땅을 **바라보라**
신 32:52 주는 땅을 맞은편에서 **바라보기는**

역사서 - 선지서
삿 5:28   어머니가 창문을 통하여 **바라보며**
삼상 14:16 파수꾼이 **바라본즉** 허다한 블레셋
삼하 24:20 아라우나가 **바라보다가** 왕과 그의 부하
왕상 18:43 이르되 올라가 바다 쪽을 **바라보라**
왕하 2:7 오십 명이 가서 멀리 서서 **바라보매**
왕하 9:30 머리를 꾸미고 창에서 **바라보다가**
대하 20:12 알지 못하옵고 오직 주만 **바라보나이다**
욥 6:19   데마의 떼들이 그것을 **바라보고** 스바
욥 27:23 사람들은 그를 **바라보며** 손뼉치고 그의
욥 35:5   그대보다 높이 뜬 구름을 **바라보라**

시 25:15 눈이 항상 여호와를 **바라봄은** 내 발을
시 27:4   여호와의 아름다움을 **바라보며** 그의
시 63:2   같이 성소에서 주를 **바라보았나이다**
시 123:2 **바라보는** 종들의 … 손을 **바라보는** 여종
          의 눈같이 … 우리 하나님을 **바라보며**
전 11:4   구름만 **바라보는** 자는 거두지 못하리라
사 5:30   사람이 그 땅을 **바라보면** 흑암과 고난이
사 8:17   나는 기다리며 그를 **바라보리라**
사 17:7   자기를 지으신 이를 **바라보겠으며** 그의
사 17:8   자기 손으로 만든 제단을 **바라보지** 아니
사 22:8   네가 수풀 곳간의 병기를 **바라보았고**
애 4:17   못할 나라를 **바라보고 바라보았도다**
겔 8:5   너는 눈을 들어 북쪽을 **바라보라** 하시
          기로 내가 눈을 들어 북쪽을 **바라보니**
겔 24:23 죄악 중에 패망하여 피차 **바라보고** 탄식
겔 29:16 돌이켜 그들을 **바라보지** 아니하므로
단 10:5   내가 눈을 들어 **바라본즉** 한 사람이
욘 2:4   주의 성전을 **바라보겠다** 하였나이다
미 4:11   우리 눈으로 **바라보기를** 원하노라
미 7:7   나를 구원하시는 하나님을 **바라보나니**
합 2:1   말씀하실지 기다리고 **바라보며** 나의
슥 12:10 그들이 그 찌른 바 그를 **바라보고** 그를

신약
마 27:55 많은 여자가 거기 있어 멀리서 **바라보고**
막 15:40 멀리서 **바라보는** 여자들도 있었는데
행 3:5   무엇을 얻을까 하여 **바라보거늘**
행 7:32   모세가 무서워 감히 **바라보지** 못하더라
행 21:3   구브로를 **바라보고** 이를 왼편에 두고
히 11:26 여겼으니 이는 상 주심을 **바라봄이라**
히 12:2   온전하게 하시는 이인 예수를 **바라보자**
벧후 3:12 하나님의 날이 임하기를 **바라보고**
벧후 3:13 곳인 새 하늘과 새 땅을 **바라보도다**
벧후 3:14 자들아 너희가 이것을 **바라보나니**

바락(Barak) 드보라 때의 군대 사령관
삿 4:6   사람을 보내어 아비노암의 아들 **바락**을

바락 - 기타 본문
삿 4:8, 9, 10, 12, 14, 15, 16, 22; 5:1, 12, 15; 히 11:32

바란(Paran, Maon)
1. 시내 반도 중앙에 위치한 광야

995

【 바란 산 】　　　　　　　　　　　　　　　【 바람 】

창 21:21　**바란** 광야에 거주할 때에 그의 어머니
민 10:12　자기 길을 가더니 **바란** 광야에 구름이
민 12:16　백성이 하세롯을 떠나 **바란** 광야에 진을
민 13:3　여호와의 명령을 따라 **바란** 광야에서
민 13:26　**바란** 광야 가데스에 이르러 모세와 아론
삼상 25:1　다윗이 일어나 **바란** 광야로 내려가니라
　　　2. 미디안과 애굽 사이에 있는 장소
신 1:1　숩 맞은편의 아라바 광야 곧 **바란**과
왕상 11:18　미디안을 떠나 **바란**에 이르고 거기서

바란 산 (Mount Paran) 아카바 만에서 서쪽
에 있는 산
신 33:2　세일 산에서 일어나시고 **바란 산**에서
합 3:3　오시며 거룩한 자가 **바란 산**에서부터

바람 (wind, breeze, breath, air)
　모세오경, 역사서
창 3:8　**바람**이 불 때 동산에 거니시는 여호와
창 8:1　하나님이 **바람**을 땅 위에 불게 하시매
출 15:10　주께서 **바람**을 일으키시매 바다가 그들
레 26:36　그들은 **바람**에 불린 잎사귀 소리에도
민 11:31　**바람**이 여호와에게서 나와 바다에서
왕상 18:45　조금 후에 구름과 **바람**이 일어나서 하늘
왕상 19:11　강한 **바람**이 산을 가르고 바위를 부수
　　　나 **바람** … 아니하며 **바람** 후에 지진이
왕하 3:17　너희가 **바람**도 보지 못하고 비도 보지
　시가서
욥 1:19　들에서 큰 **바람**이 와서 집 네 모퉁이를
욥 6:26　생각을 하나 실망한 자의 말은 **바람**
욥 7:7　생명이 한낱 **바람** 같음을 생각하옵소서
욥 8:2　어느 때까지 네 입의 말이 거센 **바람**과
욥 21:18　그들이 **바람** 앞에 검불같이, 폭풍에
욥 28:25　**바람**의 무게를 정하시며 물의 분량을
욥 30:15　그들이 내 품위를 **바람**같이 날려 버리
욥 30:22　나를 **바람** 위에 들어 불려가게 하시며
욥 37:21　**바람**이 불어 하늘이 말끔하게 되었을
욥 41:16　서로 달라붙어 있어 **바람**이 그 사이로
시 1:4　악인들은 그렇지 아니함이여 오직 **바람**
시 11:6　불과 유황과 태우는 **바람**이 그들의 잔에
시 18:42　내가 그들을 **바람** 앞에 티끌같이 부숴
시 35:5　**바람** 앞에 겨와 같게 하시고 여호와
시 78:39　가고 다시 돌아오지 못하는 **바람**임을
시 83:13　같게 하시며 **바람**에 날리는 지푸라기

시 103:16　그것은 **바람**이 지나가면 없어지나니
시 104:4　**바람**을 자기 사신으로 삼으시고 불꽃
시 135:7　비를 위하여 번개를 만드시며 **바람**을
시 147:18　그것들을 녹이시고 **바람**을 불게 하신즉
잠 11:29　집을 해롭게 하는 자의 소득은 **바람**이
잠 25:14　자랑하는 자는 비 없는 구름과 **바람**
잠 27:16　제어하기가 **바람**을 제어하는 것 같고
잠 30:4　**바람**을 그 장중에 모은 자가 누구인지
전 1:6　**바람**은 남으로 … 저리 돌아 **바람**은
전 1:14　보라 모두 다 헛되어 **바람**을 잡으려는
전 1:17　**바람**을 잡으려는 것인 줄을 깨달았도
전 2:11　내가 수고한 모든 것이 다 헛되어 **바람**
전 2:17　모두 다 헛되어 **바람**을 잡으려는 것이기
전 2:26　주게 하시지만 이것도 헛되어 **바람**을
전 4:4　시기를 받으니 이것도 헛되어 **바람**을
전 4:6　두 손에 가득하고 수고하며 **바람**을 잡는
전 4:16　아니하리니 이것도 헛되어 **바람**을
전 5:16　어떻게 왔든지 그대로 가리니 **바람**을
전 6:9　것보다 나으나 이것도 헛되어 **바람**을
전 8:8　**바람**을 주장하여 **바람**을 움직이게 할
전 11:5　**바람**의 길이 어떠함과 아이 밴 자의
　예언서
사 7:2　마음과 그의 백성의 마음이 숲이 **바람**에
사 11:15　유브라데 하수 위에 흔들어 뜨거운 **바람**
사 17:13　그들이 멀리 도망함이 산에서 겨가 **바람**
사 26:18　잉태하고 산고를 당하였을지라도 **바람**
사 41:29　그들이 부어 만든 우상들은 **바람**이요
사 57:13　너를 구원하게 하라 그것들은 다 **바람**
사 64:6　우리의 죄악이 **바람**같이 우리를 몰아
렘 4:11　뜨거운 **바람**이 광야에 있는 헐벗은 산에
렘 4:12　더 강한 **바람**이 나를 위하여 오리니
렘 5:13　선지자들은 **바람**이라 말씀이 그들의
렘 10:13　번개치게 하시며 그 곳간에서 **바람**을
렘 13:24　내가 그들을 사막 **바람**에 불려가는 검불
렘 22:22　네 목자들은 다 **바람**에 삼켜질 것이요
렘 25:32　나라에서 나라에 미칠 것이며 큰 **바람**이
렘 49:36　사방 **바람**을 엘람에 오게 하여 그들을
렘 51:16　그의 곳간에서 **바람**을 내시거늘
겔 5:2　삼분의 일은 **바람**에 흩으라 내가 그
단 2:35　여름 타작마당의 겨같이 되어 **바람**에
단 7:2　환상을 보았는데 하늘의 네 **바람**이 큰
호 12:1　에브라임은 **바람**을 먹으며 동풍을 따라
호 13:15　광야에서 일어나는 여호와의 **바람**이라

[바람막이]   [바로 3]

암 4:13	산들을 지으며 **바람**을 창조하며 자기	서 칭찬하므로 그 여인을 **바로**의 궁으로
욘 1:4	여호와께서 큰 **바람**을 바다 위에 내리시	
합 1:11	**바람**같이 급히 몰아 지나치게 행하여	**성경에 나오는 '바로'**
슥 2:6	너희를 하늘 사방에 **바람**같이 흩어지게	바로 느고 - 왕하 23:29, 33, 34, 35; 렘 46:2
슥 5:9	날개 같은 날개가 있고 그 날개에 **바람**	바로 호브라 - 렘 44:30
슥 6:5	하늘의 네 **바람**인데 온 세상의 주 앞에	

신약

마 7:25	비가 내리고 창수가 나고 **바람**이 불어
마 7:27	비가 내리고 창수가 나고 **바람**이 불어
마 8:26	일어나사 **바람**과 바다를 꾸짖으시니
마 8:27	어떠한 사람이기에 **바람**과 바다도 순종
마 11:7	무엇을 보려고 광야에 나갔더냐 **바람**에
마 14:24	이미 육지에서 수 리나 떠나서 **바람**이
마 14:30	**바람**을 보고 무서워 빠져 가는지라 소리
마 14:32	배에 함께 오르매 **바람**이 그치는지라
막 4:39	**바람**을 꾸짖으시며 … 하시니 **바람**이
막 4:41	누구이기에 **바람**과 바다도 순종하는가
막 6:48	**바람**이 거스르므로 제자들이 힘겹게
막 6:51	배에 올라 그들에게 가시니 **바람**이 그치
눅 7:24	무엇을 보려고 광야에 나갔더냐 **바람**에
눅 8:24	예수께서 잠을 깨사 **바람**과 물결을 꾸짖
눅 8:25	그가 누구이기에 **바람**과 물을 명하매
요 3:8	**바람**이 임의로 불매 네가 그 소리는
요 6:18	큰 **바람**이 불어 파도가 일어나더라
행 2:2	홀연히 하늘로부터 급하고 강한 **바람**
행 27:15	배가 밀려 **바람**을 맞추어 갈 수 없어
행 27:40	돛을 달고 **바람**에 맞추어 해안을 향하여
히 1:7	그는 그의 천사들을 **바람**으로, 그의
약 1:6	의심하는 자는 마치 **바람**에 밀려 요동
약 1:11	해가 돋고 뜨거운 **바람**이 불어 풀을
유 1:12	자기 몸만 기르는 목자요 **바람**에 불려
계 7:1	땅의 사방의 **바람**을 붙잡아 **바람**으로

바람 날개

삼하 22:11	그룹을 타고 날으심이여 **바람 날개**
시 18:10	그룹을 타고 다니심이여 **바람 날개**를
시 104:3	수레를 삼으시고 **바람 날개**로 다니시

바람막이 (lee)

행 27:7 앞을 지나 그레데 해안을 **바람막이**로

바로 1 (Pharaoh) 애굽의 왕을 가리키는 칭호
창 12:15 **바로**의 고관들도 그를 보고 **바로** 앞에

모세오경 창 12:16, 17, 18, 20; 37:36; 39:1; 40:2, 7, 11, 13, 14, 17, 19, 20, 21; 41:1, 4, 7, 8, 9, 10, 14, 15, 16, 17, 25, 28, 32, 33, 34, 35, 37, 38, 41, 43, 44, 46, 55; 42:15, 16; 44:18; 45:2, 8, 16, 17, 21; 46:5, 31, 33; 47:1, 2, 3, 4, 5, 7, 8, 9, 10, 11, 14, 19, 20, 22, 23, 24, 25, 26; 50:4, 6, 7; 출 1:11, 19, 22; 2:5, 7, 8, 9, 10, 15; 3:10, 11; 4:21, 22; 5:1, 2, 5, 6, 10, 14, 15, 17, 20, 21, 23; 6:1, 11, 12, 13, 27, 29, 30; 7:1, 2, 3, 4, 7, 9, 10, 11, 13, 14, 15, 20, 22, 23; 8:1, 8, 9, 12, 15, 19, 20, 24, 25, 28, 29, 30, 31, 32; 9:1, 7, 8, 10, 12, 13, 20, 27, 33, 34, 35; 10:1, 3, 6, 7, 8, 10, 11, 16, 18, 20, 24, 27, 28; 11:1, 3, 4, 5, 8, 9, 10; 12:29, 30, 31; 13:15, 17; 14:3, 4, 5, 8, 9, 10, 17, 18, 23, 28; 15:4, 19; 18:4, 8, 10; 신 6:21, 22; 7:8, 18; 11:3; 29:2; 34:11 **역사서** 삼상 2:27; 6:6; 왕상 3:1; 7:8; 9:16, 24; 11:1, 18, 19, 20, 21, 22; 왕하 17:7; 18:21; 23:29, 33, 34, 35; 대상 4:18; 대하 8:11; 느 9:10 **시가서 - 신약** 시 135:9; 136:15; 아 1:9; 사 19:11; 30:2, 3; 36:6; 렘 25:19; 37:5, 7, 11; 43:9; 44:30; 46:2, 17, 25; 47:1; 겔 17:17; 29:2, 3; 30:21, 22, 24, 25; 31:2, 18; 32:2, 31, 32; 행 7:10, 13, 21; 롬 9:17; 히 11:24

바로 2 (very, same, just)
출 12:51 **바로** 그 날에 여호와께서 이스라엘 자손

바로 2 - 기타 본문
신 32:48; 수 3:16; 삿 7:19; 대하 18:24; 욥 11:13; 23:11; 시 49:13; 겔 42:14; 단 4:33; 호 5:14; 합 3:9; 마 25:16; 행 14:10; 롬 13:6; 14:22; 고전 4:11; 엡 5:23; 히 9:24

바로 3 (straight, correctly, what is right, firm)
레 26:13 멍에의 빗장을 부수고 너희를 **바로** 서서

【 바로스 】　　　　　　　　　　　　　　　　　　　　　　　【 바르다 】

		모세오경	
삿 12:6	에브라임 사람이 그렇게 **바로** 말하지	출 12:7	먹을 집 좌우 문설주와 인방에 **바르고**
삼상 6:12	암소가 벧세메스 길로 **바로** 행하여 대로	출 29:2	**바른** 무교 전병을 모두 고운 밀가루로
욥 10:19	없던 것같이 되어서 태에서 **바로** 무덤	출 29:7	가져다가 그의 머리에 부어 **바르고**
시 20:8	엎드러지고 우리는 일어나 **바로** 서도다	출 29:12	피를 네 손가락으로 제단 뿔들에 **바르고**
잠 4:25	네 눈은 **바로** 보며 네 눈꺼풀은 네 앞을	출 29:20	**바르고** 그 … 오른발 엄지에 **바르고**
잠 9:15	자기 길을 **바로** 가는 행인들을 불러	출 29:23	기름 **바른** 과자 한 개와 전병 한 개를
암 4:3	앞으로 **바로** 나가서 하르몬에 던져지리	출 30:26	너는 그것을 회막과 증거궤에 **바르고**
눅 20:21	우리가 아노니 당신은 **바로** 말씀하시고	출 30:28	모든 기구와 물두멍과 그 받침에 **발라**
행 21:1	**바로** 고스로 가서 이튿날 로도에 이르러	출 30:30	아론과 그의 아들들에게 기름을 **발라**
		출 40:9	성막과 그 안에 있는 모든 것에 **발라**
바로스 (Parosh) 귀환한 사람들의 조상 중 하나		출 40:10	너는 또 번제단과 그 모든 기구에 **발라**
스 2:3	**바로스** 자손이 이천백칠십 이 명이요	출 40:11	너는 또 물두멍과 그 받침에 **발라** 거룩
스 8:3	스가냐 자손 곧 **바로스** 자손 중에서는	레 2:4	만든 무교병이나 기름을 **바른** 무교전병
스 10:25	**바로스** 자손 중에서는 라먀와 잇시야와	레 4:7	회막 안 향단 뿔들에 **바르고** 그 송아지
느 3:25	다음은 **바로스**의 아들 브다야가 중수	레 4:18	여호와 앞에 있는 제단 뿔들에 **바르고**
느 7:8	**바로스** 자손이 이천 백칠십 이 명이요	레 4:25	손가락으로 찍어 번제단 뿔들에 **바르고**
느 10:14	우두머리들 곧 **바로스**, 바핫모압, 엘람,	레 4:30	그 피를 찍어 번제단 뿔들에 **바르고**
		레 4:34	손가락으로 찍어 번제단 뿔들에 **바르고**
바로잡다 (restore, give further direction)		레 7:12	기름 **바른** 무교전병과 고운 가루에 기름
고전 11:34	내가 언제든지 갈 때에 **바로잡으리라**	레 8:10	성막과 그 안에 있는 모든 것에 **발라**
갈 6:1	온유한 심령으로 그러한 자를 **바로잡고**	레 8:11	모든 기구와 물두멍과 그 받침에 **발라**
		레 8:12	관유를 아론의 머리에 붓고 그에게 **발라**
바루아 (Paruah) 솔로몬의 12관장 중 하나인 여호사밧의 아버지		레 8:15	그 피를 제단의 네 귀퉁이 뿔에 **발라**
		레 8:23	그의 오른쪽 엄지발가락에 **바르고**
왕상 4:17	잇사갈에는 **바루아**의 아들 여호사밧	레 8:24	오른쪽 엄지발가락에 그 피를 **바르고**
		레 9:9	피를 찍어 제단 뿔들에 **바르고** 그 피는
바룩 (Baruch) 네리야의 아들로 스라야의 형제		레 14:14	오른쪽 엄지발가락에 **바를** 것이요
느 3:20	다음은 삽배의 아들 **바룩**이 한 부분을	레 14:17	곧 속건제물의 피 위에 **바를** 것이며
		레 14:18	그 정결함을 받는 자의 머리에 **바르고**
바룩 – 기타 본문		레 14:25	오른쪽 엄지발가락에 **바를** 것이요
느 10:6; 11:5; 렘 32:12, 13, 16; 36:4, 5, 8, 10, 13, 14, 15, 16, 17, 18, 19, 26, 27, 32; 43:3, 6; 45:1, 2		레 14:28	속건제물의 피를 **바른** 곳에 **바를** 것이며
		레 14:29	정결함을 받는 자의 머리에 **발라** 여호와
바르고스 (Barkos) 느디님 사람들의 조상 중 하나		레 14:42	대신하며 다른 흙으로 집에 **바를지니라**
스 2:53	**바르고스** 자손과 시스라 자손과 데마	레 14:43	집을 긁고 고쳐 **바른** 후에 색점이 집에
느 7:55	**바르고스** 자손과 시스라 자손과 데마	레 14:48	집을 고쳐 **바른** 후에 제사장이 들어가
		레 16:18	가져다가 제단 귀퉁이 뿔들에 **바르고**
바르낙 (Parnach) 스불론 지파 엘리사반의 아버지		민 6:15	기름 **바른** 무교전병들과 그 소제물과
민 34:25	스불론 자손 지파에서는 지휘관 **바르낙**	민 7:1	끝내고 그것에 기름을 **발라** 거룩히 구별
		민 7:10	제단에 기름을 **바르던** 날에 지휘관들이
바르다		민 7:84	곧 제단에 기름 **바르던** 날에 이스라엘
1. 액체나 가루 따위를 다른 물체에 묻히다 (anoint, put, use, plaster)		민 7:88	제단에 기름 **바른** 후에 드린 바 제단의
		신 27:2	큰 돌들을 세우고 석회를 **바르라**

【 바르다 】   【 바른길 】

신 27:4   에발 산에 세우고 그 위에 석회를 **바를**
신 28:40 기름을 네 몸에 **바르지** 못할 것이며
역사서 – 신약
룻 3:3   그런즉 너는 목욕하고 기름을 **바르고**
삼하 12:20 땅에서 일어나 몸을 씻고 기름을 **바르고**
삼하 14:2 상복을 입고 기름을 **바르지** 말고
대하 28:15 먹이고 마시게 하며 기름을 **바르고**
욥 29:4   내 장막에 기름을 **발라** 주셨도다
사 21:5   일어나 방패에 기름을 **바를지어다**
겔 16:9   피를 씻어 없애고 네게 기름을 **바르고**
겔 43:20 모퉁이와 사방 가장자리에 **발라** 속죄하
겔 45:19 아랫층 네 모퉁이와 안뜰 문설주에 **바를**
단 10:3   입에 대지 아니하며 또 기름을 **바르지**
암 6:6   마시며 귀한 기름을 몸에 **바르면서** 요셉
미 6:15   열매를 밟아도 기름을 네 몸에 **바르지**
말 2:3   희생의 똥을 너희 얼굴에 **바를** 것이라
마 6:17   금식할 때에 머리에 기름을 **바르고** 얼굴
막 6:13   쫓아내며 많은 병자에게 기름을 **발라**
막 16:1   가서 예수께 **바르기** 위하여 향품을 사다
요 9:6   뱉어 진흙을 이겨 그의 눈에 **바르시고**
요 9:11   그 사람이 진흙을 이겨 내 눈에 **바르고**
요 9:15   사람이 진흙을 내 눈에 **바르매** 내가
약 5:14   그들은 주의 이름으로 기름을 **바르며**
계 3:18   앟게 하고 안약을 사서 눈에 **발라** 보게

2. 비뚤어지거나 굽지 않고 곧다
(right, sound, just, straight)
신 32:4   공의로우시고 **바르시도다**
삼하 15:3 네 일이 옳고 **바르다마는** 네 송사를
왕상 9:4   행함같이 마음을 온전히 하고 **바르게**
시 11:2   마음이 **바른** 자를 어두운 데서 쏘려
시 75:2   내가 정한 기약이 이르면 내가 **바르게**
시 119:128 범사에 모든 주의 법도들을 **바르게** 여기
잠 12:15 미련한 자는 자기 행위를 **바른** 줄로
잠 14:12 사람이 보기에 **바르나** 필경은 사망의
잠 15:21 하여도 명철한 자는 그 길을 **바르게**
잠 16:25 사람이 보기에 **바르나** 필경은 사망의
잠 18:17 송사에서는 먼저 온 사람의 말이 **바른**
잠 29:27 **바르게** 행하는 자는 악인에게 미움을
사 30:10 우리에게 **바른** 것을 보이지 말라 우리
사 32:7   가난한 자가 말을 **바르게** 할지라도
렘 7:3   너희 길과 행위를 **바르게** 하라 그리하면
렘 7:5   너희가 만일 길과 행위를 참으로 **바르게**
렘 34:15 너희는 이제 돌이켜 내 눈 앞에서 **바른**

겔 33:17 주의 길이 **바르지** 아니하다 하는도다
겔 33:20 너희가 이르기를 주의 길이 **바르지** 아니
암 3:10   겁탈을 쌓는 자들이 **바른** 일 행할
행 8:21   하나님 앞에서 네 마음이 **바르지** 못하니
갈 2:14   그들이 복음의 진리를 따라 **바르게** 행하
딤전 1:10 기타 **바른** 교훈을 거스르는 자를 위함
딤후 3:16 책망과 **바르게** 함과 의로 교육하기에
딤후 4:3 때가 이르리니 사람이 **바른** 교훈을 받지
딛 1:9   능히 **바른** 교훈으로 권면하고 거슬러
딛 2:1   너는 **바른** 교훈에 합당한 것을 말하여

바르발(Pharpar) 수리아 강 중 하나
왕하 5:12 다메섹 강 아바나와 **바르발**은 이스라엘

바르실래(Barzillai)

1. 로글림의 길르앗에 살던 노인
삼하 17:27 마길과 로글림 길르앗 사람 **바르실래**가
삼하 19:31 길르앗 사람 **바르실래**가 왕이 요단을
삼하 19:32 **바르실래**는 매우 늙어 나이가 팔십
삼하 19:33 왕이 **바르실래**에게 이르되 너는 나와
삼하 19:34 **바르실래**가 왕께 아뢰되 내 생명의
삼하 19:39 왕이 **바르실래**에게 입을 맞추고 그에
왕상 2:7 마땅히 길르앗 **바르실래**의 아들들에게

2. 므홀랏 사람
삼하 21:8 므홀랏 사람 **바르실래**의 아들 아드리엘

3. 바르실래의 딸을 아내로 삼은 제사장
스 2:61   학고스 자손과 **바르실래** 자손이니 **바르**
          실래는 길르앗 사람 **바르실래**의 딸 중
          의 한 사람을 아내로 삼고 **바르실래**의
느 7:63   학고스 자손과 **바르실래** 자손이니 **바**
          르실래는 길르앗 사람 **바르실래**의 딸
          중의 하나로 아내를 삼고 **바르실래**의

바르와임(Parvaim) 솔로몬 성전을 장식하는
데 사용된 금의 산지
대하 3:6   화려하게 하였으니 그 금은 **바르와임**

바르훔 사람(Barhumite) 다윗의 용사 중 하나
삼하 23:31 아르바 사람 아비알본과 **바르훔 사람**

바른길(right way, right path, straight way)
창 24:48 하나님 여호와께서 나를 **바른길**로 인도
대하 27:6 여호와 앞에서 **바른길**을 걸었으므로

【 바른말 】　　　　　　　　　　　　　　　　　　　　【 바벨론 】

시 107:7 　**바른길**로 인도하사 거주할 성읍에 이르
잠 10:9 　**바른길**로 행하는 자는 걸음이 평안하려
잠 23:19 　지혜를 얻어 네 마음을 **바른길**로 인도
사 30:11 　너희는 **바른길**을 버리며 첩경에서 돌이
사 30:21 　네 귀에 들려 이르기를 이것이 **바른길**이
사 57:2 　**바른길**로 가는 자들은 그들의 침상에서
행 13:10 　주의 **바른길**을 굽게 하기를 그치지 아니
벧후 2:15 　그들이 **바른길**을 떠나 미혹되어 브올의

바른말(truth, sound instruction)
요 18:23 　**바른말**을 하였으면 네가 어찌하여 나를
딤전 6:3 　**바른말** 곧 우리 주 예수 그리스도의
딤후 1:13 　내게 들은 바 **바른말**을 본받아 지키되
딛 2:8 　책망할 것이 없는 **바른말**을 하게 하라

바리(sprinkling bowl, bowl)
민 7:13 　하나와 칠십 세겔 무게의 은 **바리** 하나

▨ 바리 - 기타 본문
민 7:19, 25, 31, 37, 43, 49, 55, 61, 67, 73, 79, 84, 85; 렘 52:19

바리새인(Pharisee)　유대의 3대 분파 중 하나
마 3:7 　요한이 많은 **바리새인**들과 사두개인들
행 26:5 　가장 엄한 파를 따라 **바리새인**의 생활
빌 3:5 　히브리인이요 율법으로는 **바리새인**이

▨ 바리새인 - 기타 본문
마 5:20; 9:11, 14, 34; 12:2, 14, 24, 38; 15:1, 12; 16:1, 6, 11, 12; 19:3; 21:45; 22:15, 34, 41; 23:2, 13, 15, 23, 25, 27, 29; 27:62; 막 2:16, 18, 24; 3:6; 7:1, 3, 5; 8:11, 15; 10:2; 12:13; 눅 5:17, 21, 30, 33; 6:2, 7; 7:30, 36, 37, 39; 11:37, 38, 39, 42, 43, 53; 12:1; 13:31; 14:1, 3; 15:2; 16:14; 17:20; 18:10, 11, 14; 19:39; 요 1:24; 3:1; 4:1; 7:32, 45, 47, 48; 8:3, 13; 9:13, 15, 40; 11:46, 47, 57; 12:19, 42; 18:3; 행 5:34; 15:5; 23:6, 7, 8, 9

바리아(Bariah)　다윗의 후손인 스마야의 아들
대상 3:22 　핫두스와 이갈과 **바리아**와 느아랴와

바마(Bamah)　우상숭배가 행해지는 산당을 조롱하는 표현

겔 20:29 　(그것을 오늘날까지 **바마**라 일컫느니라)

바마스다(Parmashta)　하만의 열 명의 아들 중 하나
에 9:9 　**바마스다**와 아리새와 아리대와 왜사다

바메나(Parmenas)　초대교회에서 선출된 일곱 집사 중 하나
행 6:5 　디몬과 **바메나**와 유대교에 입교했던

바못(Bamoth)　모압 성읍
민 21:19 　이르렀고 나할리엘에서 **바못**에 이르렀
민 21:20 　**바못**에서 모압 들에 있는 골짜기에 이르

바못 바알(Bamoth Baal)　모압 성읍
수 13:17 　디본과 **바못 바알**과 벧 바알 므온과

바벨(Babylon, Babel)　시날 평지에 있는 한 장소
창 10:10 　그의 나라는 시날 땅의 **바벨**과 에렉과
창 11:9 　그 이름을 **바벨**이라 하니 이는 여호와

바벨론
(Babylon)
바빌로니아 제국과 그 수도 바벨론

왕하 17:24 　앗수르 왕이 **바벨론**과 구다와 아와와

▨ 바벨론 - 기타 본문
역사서 왕하 20:12, 14, 17, 18; 24:1, 7, 10, 11, 12, 15, 16, 17, 20; 25:1, 6, 7, 8, 11, 13, 20, 21, 22, 23, 24, 27, 28; 대상 9:1; 대하 32:31; 33:11; 36:6, 7, 10, 18, 20; 스 1:11; 2:1; 5:12, 13, 14, 17; 6:1, 5; 7:6, 9, 16; 8:1; 느 7:6; 13:6; 에 2:6 시가서, 선지서 시 87:4; 137:1, 8; 사 13:1, 19; 14:4, 22; 21:9; 39:1, 3, 6, 7; 43:14; 47:1; 48:14, 20; 렘 20:4, 5, 6; 21:2, 4, 7, 10; 22:25; 24:1; 25:1, 9, 11, 12; 27:6, 8, 9, 11, 12, 13, 14, 16, 17, 18, 20, 22; 28:2, 3, 4, 6, 11, 14; 29:1, 3, 4, 10, 15, 20, 21, 22, 28; 32:2, 3-5, 28, 36; 34:1, 2, 3, 7, 21; 35:11; 36:29; 37:1, 17, 19; 38:3, 17, 18, 22, 23; 39:1, 3, 5, 6, 7, 9, 11, 13; 40:1, 4, 5, 7, 9, 11; 41:2, 18; 42:11; 43:3, 10; 44:30; 46:2, 13, 26; 49:28, 30; 50:1, 2, 8, 9, 13, 14, 16, 17, 18, 23, 24, 28, 29, 34, 35, 42,

43, 45, 46; 51:1, 2, 6, 7, 8, 9, 11, 12, 24, 29, 30, 31, 33, 34, 35, 37, 41, 42, 44, 47, 48, 49, 53, 54, 55, 56, 58, 59, 60, 61,64; 52:3, 4, 9, 10, 11, 12, 15, 17, 26, 27, 31, 32, 34; 겔 12:13; 17:12, 15, 16, 20; 19:9; 21:19, 21, 23; 24:2; 26:7; 29:18, 19; 30:10, 24, 25; 32:11; 단 1:1; 2:12, 14, 18, 24, 48, 49; 3:1, 12, 30; 4:6, 29, 30; 5:7; 7:1; 미 4:10; 슥 2:7; 6:10 신약 마 1:11, 12, 17; 행 7:43; 벧전 5:13; 계 14:8; 16:19; 17:5; 18:2, 10, 14, 15, 21

바벨론 사람(Babylonian, man from Babylon)
왕하 17:30 바벨론 사람들은 숙곳브놋을 만들었
스 4:9 아렉 사람과 바벨론 사람과 수산 사람
겔 23:15 그의 고향 갈대아 바벨론 사람 같은
겔 23:17 바벨론 사람이 나아와 연애하는 침상에
겔 23:23 그들은 바벨론 사람과 갈대아 모든

바보(Paphos) 구브로 섬의 수도

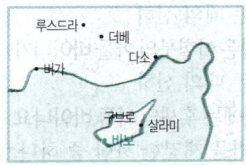

행 13:6 바보에 이르러 바예수라 하는 유대인
행 13:13 사람들이 바보에서

바사(Persia)
페르시아 제국
대하 36:20 노예가 되어 바사 국이 통치할 때까지

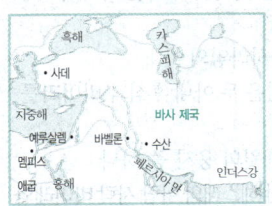

바사 - 기타 본문
대하 36:22, 23; 스 1:1, 2, 8; 3:7; 4:3, 5, 7, 24; 6:14; 7:1; 9:9; 느 12:22; 에 1:3, 14, 18, 19; 10:2; 겔 27:10; 38:5; 단 6:8, 12, 15; 8:20; 10:1, 13, 20; 11:2

바사바(Barsabbas)
1. 초대 교회 교인 중 하나
행 1:23 하나는 바사바라고도 하고 별명은
2. 예루살렘 총회의 결의문을 가지고 안디옥으로 보냄을 받은 사람
행 15:22 형제 중에 인도자인 바사바라 하는 유다

바사 사람(Persian)
단 5:28 메대와 바사 사람에게 준 바 되었다
단 6:28 바사 사람 고레스 왕의 시대에 형통하

바삭(Pasach) 아셀 지파 야블렛의 아들
대상 7:33 야블렛의 아들들은 바삭과 빔할과

바산(Bashan) 길르앗과 헬몬 산의 중간 지대에 있는 비옥한 땅
민 21:33 바산 길로 올라가매 바산 왕 옥이 그의

바산 - 기타 본문
민 32:33; 신 1:4; 3:1, 3, 4, 10, 11, 13, 14; 4:47; 29:7; 32:14; 33:22; 수 9:10; 12:4, 5; 13:11, 12, 30, 31; 17:1, 5; 21:6; 22:7; 왕상 4: 19; 왕하 10:33; 대상 5:11, 12, 23; 6:62; 느 9:22; 시 22:12; 68:15, 22; 135:11; 136:20; 사 2:13; 33:9; 렘 22:20; 50:19; 겔 27:6; 39:18; 암 4:1; 미 7:14; 나 1:4; 슥 11:2

바산 골란/바산의 골란(Golan in Bashan)
요단 동쪽 바산 지방에 있는 성읍
신 4:43 하나는 바산 골란이라 므낫세 지파를
수 20:8 므낫세 지파 중에서 바산 골란을 구별
수 21:27 살인자의 도피성 바산 골란과 그 목초
대상 6:71 바산의 골란과 그 초원과 아스다롯과

바산 길르앗(Gilead, in Bashan) 바산 지방과 연이어 있는 지역
대상 5:16 그들이 바산 길르앗과 그 마을과 사론

바산다다(Parshandatha) 하만의 장자 이름
에 9:7 또 바산다다와 달본과 아스바다와

바산 아르곱(Argob in Bashan) 바산 동북편에 있는 한 지방
왕상 4:13 바산 아르곱 땅의 성벽과 놋빗장 있는

바세아(Paseah)
1. 유다 자손 에스돈의 아들
대상 4:12 베드라바와 바세아와 이르나하스의
2. 느디님 사람들 중의 한 족속의 이름
스 2:49 웃사 자손과 바세아 자손과 베새 자손과

【 바스담밈 】　　　　　　　　　　　　　　　【 바아세야 】

느7:51　갓삼 자손과 웃사 자손과 **바세아** 자손과
3. 예루살렘 옛 문을 수리했던 요야다의 아버지
느3:6　문은 **바세아**의 아들 요야다와 브소드야

바스담밈(Pas Dammim) 다윗의 용사인 엘르아살이 블레셋 사람과 싸운 장소
대상 11:13 그가 **바스담밈**에서 다윗과 함께 있었

바스맛(Basemath)
　　1. 헷 족속 엘론의 딸이며 에서의 아내
창 26:34 헷 족속 엘론의 딸 **바스맛**을 아내로
　　2. 이스마엘의 딸이며 에서의 또 다른 아내
창 36:3　이스마엘의 딸 느바욧의 누이 **바스맛**을
창 36:4　에서에게 낳았고 **바스맛**은 르우엘을
창 36:10　에서의 아내 **바스맛**의 아들은 르우엘
창 36:13　이들은 에서의 아내 **바스맛**의 자손이며
창 36:17　이들은 에서의 아내 **바스맛**의 자손이며
　　3. 솔로몬의 딸이며 아히마아스의 아내
왕상 4:15 그는 솔로몬의 딸 **바스맛**을 아내로 삼았

바스훌(Pashhur)
　　1. 바벨론 포로지에서 귀환한
　　　제사장 아다야의 조부와 그 자손
대상 9:12 여로함의 아들이요 **바스훌**의 손자요
스 2:38　**바스훌** 자손이 천이백사십칠 명이요
스 10:22 **바스훌** 자손 중에서는 엘료에내와
느 7:41　**바스훌** 자손이 천이백사십칠 명이요
　　2. 언약 갱신을 체결한 제사장 중 하나
느 10:3　**바스훌**, 아마랴, 말기야,
　　3. 제사장이며 임멜의 아들
렘 20:1　임멜의 아들 제사장 **바스훌**은 여호와의
렘 20:2　**바스훌**이 선지자 예레미야를 때리고
렘 20:3　다음날 **바스훌**이 … 네 이름을 **바스훌**
렘 20:6　**바스훌**아 너와 네 집에 사는 모든 사람
　　4. 말기야의 아들이며 시드기야 왕의 심복
렘 21:1　시드기야 왕이 말기야의 아들 **바스훌**과
렘 38:1　말기야의 아들 **바스훌**이 예레미야를
　　5. 그다랴의 아버지
느 11:12 스가랴의 현손이요 **바스훌**의 오대 손이
렘 38:1 **바스훌**의 아들 그다랴와 셀레먀의 아들

바슬룻(Bazluth) 바벨론에서 귀환한 느디님 사람 중 하나

스 2:52　**바슬룻** 자손과 므히다 자손과 하르사

바슬릿(Bazluth) 바슬룻과 동일 인물
느 7:54　**바슬릿** 자손과 므히다 자손과 하르사

바아나(Baanah)
　　1. 사울의 아들 이스보셋의 군 지휘관 중 하나
삼하 4:2　한 사람의 이름은 **바아나**요 한 사람의
삼하 4:5　브에롯 사람 림몬의 아들 레갑과 **바아나**
삼하 4:6　레갑과 그의 형제 **바아나**가 밀을 가지러
삼하 4:9　레갑과 그의 형제 **바아나**에게 대답하여
　　2. 다윗의 용사 중 하나이며 헬렙의 아버지
삼하 23:29 느도바 사람 **바아나**의 아들 헬렙과
대상 11:30 마하래와 느도바 사람 **바아나**의 아들
　　3. 언약 갱신을 체결한 사람 중 하나
스 2:2　르훔과 **바아나** 등과 함께 나온 이스라엘
느 7:7　느훔과 **바아나**와 함께 나온 이스라엘
느 10:27 말룩, 하림, **바아나**이니라
　　4. 솔로몬 때의 신하
왕상 4:12 벧스안 온 땅은 아힐룻의 아들 **바아나**가
　　5. 솔로몬 때의 신하
왕상 4:16 아셀과 아롯에는 후새의 아들 **바아나**요
　　6. 예루살렘 북쪽 성벽을 재건한 사람 중 하나
느 3:4　그 다음은 **바아나**의 아들 사독이 중수

바아라(Baara) 사하라임의 아내
대상 8:8　사하라임은 두 아내 후심과 **바아라**를

바아래(Paarai) 다윗의 용사 중 하나
삼하 23:35 갈멜 사람 헤스래와 아랍 사람 **바아래**와

바아사(Baasha) 디르사에서 통치한 북 이스라엘의 왕
왕상 15:16 아사와 이스라엘의 왕 **바아사** 사이에

> 바아사 - 기타 본문
> 왕상 15:17, 19, 21, 22, 27, 28, 32, 33, 34; 16:1, 3, 4, 5, 6, 7, 8, 11, 12, 13; 21:22; 왕하 9:9; 대하 16:1, 3, 5, 6; 렘 41:9

바아세야(Baaseiah) 다윗이 조직한 성가대의 일원
대상 6:40 **바아세야**의 아들이요 **바아세야**는

바알 1(Baal)

1. 가나안과 수리아에서 섬겼던 남성 우상

삿 2:11	목전에 악을 행하여 **바알**들을 섬기며
삿 2:13	여호와를 버리고 **바알**과 아스다롯을
삿 3:7	**바알**들과 아세라들을 섬긴지라
렘 32:35	힌놈의 아들의 골짜기에 **바알**의 산당을
롬 11:4	나를 위하여 **바알**에게 무릎을 꿇지 아니

바알의 신당

왕하 10:21	무리가 **바알의 신당**에 들어가매 바알
왕하 10:23	**바알의 신당**에 들어가서 바알을 섬기는
왕하 10:26	**바알의 신당** 있는 성으로 가서 **바알의 신당**에서 목상들을 가져다가 불사르고
왕하 10:27	바알의 목상을 헐며 **바알의 신당**을
왕하 11:18	백성이 **바알의 신당**으로 가서 그 신당
대하 23:17	국민이 **바알의 신당**으로 가서 그 신당

바알 1-1 - 기타 본문

삿 6:25, 28, 30, 31, 32; 8:33; 10:6, 10; 삼상 7:4; 12:10; 왕상 16:31, 32; 18:18, 19, 21, 22, 25, 26, 40; 19:18; 22:53; 왕하 3:2; 10:18, 19, 20, 21, 22, 23, 27, 28; 11:18; 17:16; 21:3; 23:4, 5; 대하 17:3; 23:17; 24:7; 28:2; 33:3; 34:4; 시 106:28; 렘 2:8, 23; 7:9; 9:14; 11:13, 17; 12:16; 19:5; 23:13, 27; 32:29, 35; 호 2:8, 13, 16, 17; 11:2; 13:1; 습 1:4

2. 르우벤 지파 르아야의 아들

대상 5:5	아들은 르아야요 그의 아들은 **바알**이

3. 사울 왕가 여이엘의 아들

대상 8:30	압돈이요 다음은 술과 기스와 **바알**과
대상 9:36	다음은 술과 기스와 **바알**과 넬과 나답과

바알 2(Baalath) 시므온의 성읍

대상 4:33	주민들의 경계가 **바알**까지 다다랐으니

바알갓(Baal Gad) 레바논 골짜기의 중심 성읍

수 11:17	헤르몬 산 아래 레바논 골짜기의 **바알갓**
수 12:7	서쪽 레바논 골짜기의 **바알갓**에서부터
수 13:5	헤르몬 산 아래 **바알갓**에서부터 하맛에

바알다말(Baal Tamar) 기브아 근처 마을

삿 20:33	처소에서 일어나서 **바알다말**에서 전열

바알라(Baalah)

1. 유다 지파의 북쪽 경계에 있는 성읍

수 15:9	나아가고 또 **바알라** 곧 기럇 여아림으로
수 15:10	또 **바알라**에서부터 서쪽으로 돌이켜
대상 13:6	**바알라** 곧 유다에 속한 기럇 여아림에

2. 식그론 근처에 있는 산등성이

수 15:11	식그론으로 접어들어 **바알라** 산을 지나

3. 유다 지파 네게브의 한 성읍

수 15:29	**바알라**와 이임과 에셈과

바알랏(Baalath) 단 지파의 성읍

수 19:44	엘드게와 깁브돈과 **바알랏**과
왕상 9:18	**바알랏**과 그 땅의 들에 있는 다드몰과
대하 8:6	**바알랏**과 자기에게 있는 모든 국고성들

바알랏 브엘(Baalath Beer) 유다 지파 남쪽 네게브에 있는 성읍

수 19:8	네겝의 라마 곧 **바알랏 브엘**까지

바알레유다(Baalah of Judah) 기럇여아림의 옛 명칭

삼하 6:2	**바알레유다**로 가서 거기서 하나님의

바알리스(Baalis) 예레미야 시대의 암몬 왕

렘 40:14	암몬 자손의 왕 **바알리스**가 네 생명을

바알므온(Baal Meon) 르우벤 지파가 아모리 왕 시혼의 땅에 세운 성읍들 중 하나

민 32:38	느보와 **바알므온**들을 건축하고 그 이름
대상 5:8	그가 아로엘에 살면서 느보와 **바알므온**
겔 25:9	벧여시못과 **바알므온**과 기랴다임과

바알브라심(Baal Perazim) 예루살렘 르바임 골짜기 근처의 한 장소

삼하 5:20	다윗이 **바알브라심**에 이르러 … 하므로 그 곳 이름을 **바알브라심**이라
대상 14:11	무리가 **바알브라심**으로 올라갔더니 … 하므로 그곳 이름을 **바알브라심**이라

바알브릿(Baal-Berith) 세겜 사람들이 섬기던 우상

삿 8:33	음행하였으며 또 **바알브릿**을 자기들의
삿 9:4	**바알브릿** 신전에서 은 칠십 개를 내어

【 바알브올 】　　　　　　　　　　　　　　　　　　　　　　　　【 바울 】

바알브올(Baal of Peor) 모압의 우상
민 25:3　이스라엘이 **바알브올**에게 가담한지라
민 25:5　너희는 각각 **바알브올**에게 가담한 사람
신 4:3　여호와께서 **바알브올**의 일로 말미암
　　　　아 행하신 바를 … **바알브올**을 따른
호 9:10　그들이 **바알브올**에 가서 부끄러운 우상

바알 살리사(Baal Shalishah) 에브라임 성읍
왕하 4:42　한 사람이 **바알 살리사**에서부터 와서

바알세불(Beelzebub) 바알세붑과 동일한 신
마 10:25　주인을 **바알세불**이라 하였거든 하물며
마 12:24　귀신의 왕 **바알세불**을 힘입지 않고는
마 12:27　내가 **바알세불**을 힘입어 귀신을 쫓아내
막 3:22　서기관들은 그가 **바알세불**이 지폈다
눅 11:15　귀신의 왕 **바알세불**을 힘입어 귀신을
눅 11:18　말이 내가 **바알세불**을 힘입어 귀신을
눅 11:19　내가 **바알세불**을 힘입어 귀신을 쫓아

바알세붑(Baal-Zebub) 블레셋 에그론 사람들이 섬기던 우상
왕하 1:2　에그론의 신 **바알세붑**에게 이 병이 낫겠
왕하 1:3　너희가 에그론의 신 **바알세붑**에게 물어
왕하 1:6　네가 에그론의 신 **바알세붑**에게 물으
왕하 1:16　사자를 보내 에그론의 신 **바알세붑**에게

바알스본(Baal Zephon) 출애굽한 이스라엘 백성이 홍해를 건너기 전에 머문 장소
출 14:2　믹돌 사이의 비하히롯 앞 곧 **바알스본**
출 14:9　그들의 뒤를 따라 **바알스본** 맞은편 비하
민 33:7　에담을 떠나 **바알스본** 앞 비하히롯으로

바알의 산당(Bamoth Baal) 모압 성읍
민 22:41　그를 인도하여 **바알의 산당**에 오르매

바알하난(Baal-Hanan)
1. 에돔 왕
창 36:38　사울이 죽고 악볼의 아들 **바알하난**이
창 36:39　악볼의 아들 **바알하난**이 죽고 하달이
대상 1:49　악볼의 아들 **바알하난**이 대신하여 왕이
대상 1:50　**바알하난**이 죽으매 하닷이 대신하여
2. 게델 사람이며 감람나무와 뽕나무 관리자
대상 27:28　게델 사람 **바알하난**은 평야의 감람나무

바알 하몬(Baal Hamon) 솔로몬의 포도원이 있던 장소
아 8:11　솔로몬이 **바알 하몬**에 포도원이 있어

바알하솔(Baal Hazor) 압살롬이 암논을 죽인 장소
삼하 13:23　에브라임 곁 **바알하솔**에서 압살롬이

바알 헤르몬(Baal Hermon)
1. 레바논 산 동쪽에 위치한 산
삿 3:3　시돈 족속과 **바알 헤르몬** 산에서부터
2. 요단 강 동쪽 헤르몬 산 근처에 있는 성읍
대상 5:23　바산에서부터 **바알 헤르몬**과 스닐과

바예수(Bar-Jesus) 바울과 실라가 구브로 섬에서 만난 유대인
행 13:6　바보에 이르러 **바예수**라 하는 유대인

바왜(Binnui) 성벽 재건에 참여했던 사람
느 3:18　절반을 다스리는 헤나닷의 아들 **바왜**

바요나 시몬(Simon son of Jonah) 베드로
마 16:17　**바요나 시몬**아 네가 복이 있도다 이를

바우(Pau) 에돔 왕 하닷의 도성
창 36:39　도성 이름은 **바우**며 그의 아내의 이름은

바울(Paul) 초대 교회 복음 전도자

행 13:9　**바울**이라고 하는 사울이 성령이 충만하여 그를 주목하고

바울 – 기타 본문
행 13:13, 16, 43, 45, 46, 50; 14:9, 11, 12, 14, 19, 20; 15:2, 12, 22, 25-26, 35, 36, 38, 40; 16:1, 3, 9, 10, 14, 17, 18, 19, 25, 28, 29, 36, 37; 17:2, 4, 10, 13, 14, 15, 16, 18, 22, 33; 18:1, 2, 4, 5, 6, 9, 12, 14, 18; 19:1, 3, 4, 6, 8, 9, 11, 12, 13, 15, 21, 26, 29, 30, 31; 20:1, 7, 9, 10, 13, 14, 16, 17, 37; 21:4, 11, 12, 13, 18, 19, 20, 26, 27, 29, 30, 32, 33, 35, 37, 39, 40; 22:24, 25, 27, 28, 30; 23:1, 2, 3, 5, 6, 10, 11, 12, 14, 15, 16, 17, 18, 20, 21, 24, 31, 32, 33, 34; 24:1,

【 바위 】   【 바위틈 】

2, 10, 23, 24, 25, 26, 27; 25:2, 3, 4, 6, 8, 9, 10, 14,
19, 20, 21, 23; 26:1, 24, 25, 28, 29; 27:1, 3, 9, 11,
21, 24, 31, 33, 43; 28:3, 5, 8, 15, 16, 17, 23, 25, 30;
롬 1:1; 고전 1:1, 12, 13; 3:4, 5, 22; 16:21; 고후
1:1; 10:1; 갈 1:1; 5:2; 엡 1:1; 3:1; 빌 1:1; 골 1:1;
23; 4:18; 살전 1:1; 2:18; 살후 1:1; 3:17; 딤전 1:1;
딤후 1:1; 딛 1:1; 몬 1:1, 9, 19; 벧후 3:15

바위 (cliff, rock, stone, crag)

모세오경 – 시가서

민 23:9   **바위** 위에서 그들을 보며 작은 산에서
민 24:21 거처가 견고하고 네 보금자리는 **바위**에
삿 6:20   고기와 무교병을 가져다가 이 **바위** 위에
삿 6:21   불이 **바위**에서 나와 고기와 무교병을
삿 9:5   자기 형제 칠십 명을 한 **바위** 위에서
삿 9:18   그의 아들 칠십 명을 한 **바위** 위에서
삿 13:19 소제물을 가져다가 **바위** 위에서 여호와
삼상 14:4 험한 **바위**가 있고 저쪽에도 험한 **바위**가
삼상 14:5 한 **바위**는 북쪽에서 믹마스 앞에 일어
삼상 20:20 과녁을 쏘려 함같이 화살 셋을 그 **바위**
삼상 20:41 아이가 가매 다윗이 곧 **바위** 남쪽에서
삼상 23:25 다윗이 **바위**로 내려가 마온 황무지에
삼하 20:8 기브온 큰 **바위** 곁에 이르매 아마사가
삼하 21:10 자기를 위하여 **바위** 위에 펴고 곡식
왕상 19:11 크고 강한 바람이 산을 가르고 **바위**를
대상 11:15 삼십 우두머리 중 세 사람이 **바위**로
대하 25:12 **바위** 꼭대기에 올라가서 거기서 밀쳐
욥 14:18 무너지는 산은 반드시 흩어지고 **바위**는
욥 18:4   너 때문에 땅이 버림을 받겠느냐 **바위**가
욥 24:8   소나기에 젖으며 가릴 것이 없어 **바위**
욥 28:9   굳은 **바위**에 손을 대고 산을 뿌리까
욥 29:6   젖으로 내 발자취를 씻으며 **바위**가 나를
욥 30:6   침침한 골짜기와 흙구덩이와 **바위** 굴에
욥 39:28 낭떠러지에 집을 지으며 뾰족한 **바위**
시 18:2   그 안에 피할 나의 **바위**시요 나의 방패
시 27:5   은밀한 곳에 나를 숨기시며 높은 **바위**
시 31:2   건지시고 내게 견고한 **바위**와 구원하
시 61:2   부르짖으리니 나보다 높은 **바위**에
시 71:3   내가 항상 피하여 숨으며 **바위**가 되소서
시 74:15 주께서 **바위**를 쪼개어 큰 물을 내시며
시 78:16 또 **바위**에서 시내를 내사 물이 강같이
시 89:26 나의 하나님이시요 나의 구원의 **바위**
시 92:15 여호와의 정직하심과 나의 **바위** 되심

시 104:18 높은 산들은 산양을 위함이여 **바위**는
시 137:9 네 어린 것들을 **바위**에 메어치는 자는
시 141:6 그들의 재판관들이 **바위** 곁에 내려 던져
잠 30:26 약한 종류로되 집을 **바위** 사이에 짓는

선지서, 신약

사 32:2   냇물 같을 것이며 곤비한 땅에 큰 **바위**
사 33:16 견고한 **바위**가 그의 요새가 되며 그의
사 48:21 **바위**에서 물이 흘러나게 하시며 **바위**를
렘 4:29   수풀에 들어가고 **바위**에 기어오르며
렘 5:3   그들의 얼굴을 **바위**보다 굳게 하여 돌아
렘 18:14 레바논의 눈이 어찌 들의 **바위**를 떠나
렘 21:13 골짜기와 평원 **바위**의 주민아 보라 너희
렘 23:29 내 말이 불 같지 아니하냐 **바위**를 쳐서
렘 48:28 너희는 성읍을 떠나 **바위** 사이에 살지
렘 51:25 손을 네 위에 펴서 너를 **바위**에서 굴리
겔 24:7   티끌이 덮이게 하지 않고 맨 **바위** 위에
겔 24:8   내가 그 피를 맨 **바위** 위에 두고 덮이지
겔 26:4   티끌을 그 위에서 쓸어 버려 맨 **바위**가
겔 26:14 너를 맨 **바위**가 되게 한즉 네가 그물
암 6:12   말들이 어찌 **바위** 위에서 달리겠으며
나 1:6   불처럼 쏟아지니 그로 말미암아 **바위**들
마 27:51 찢어져 둘이 되고 땅이 진동하며 **바위**가

성경에 나오는 '바위'

들염소 바위 – 삼상 24:2
림몬 바위 – 삿 20:45, 47; 삿 21:13
소헬렛 바위 – 왕상 1:9
아그랍빔 비탈의 바위 – 삿 1:36
에담 바위 – 삿 15:8, 11
에셀 바위 – 삼상 20:19
오렙 바위 – 삿 7:25; 사 10:26

마 27:60 **바위** 속에 판 자기 새 무덤에 넣어 두고
막 15:46 그것으로 싸서 **바위** 속에 판 무덤에
눅 8:6   더러는 **바위** 위에 떨어지매 싹이 났다가
눅 8:13   **바위** 위에 있다는 것은 말씀을 들을
눅 23:53 장사한 일이 없는 **바위**에 판 무덤에
롬 9:33 내가 걸림돌과 거치는 **바위**를 시온에
벧전 2:8 걸려 넘어지게 하는 **바위**가 되었다 하였
계 6:16 산들과 **바위**에게 말하되 우리 위에 떨어

바위틈 (rock)

삿 15:13 밧줄 둘로 결박하고 **바위틈**에서 그를

1005

[바이]　　　　　　　　　　　　　　　　　　　　　　　　　　　　　　[바퀴]

삼상 13:6	굴과 수풀과 **바위틈**과 은밀한 곳과	레 27:28	여호와께 온전히 **바친** 모든 것은 사람이
아 2:14	**바위틈** 낭떠러지 은밀한 곳에 있는 나의		든지 … 무르지도 못하나니 **바친** 것은
사 2:10	너희는 **바위틈**에 들어가며 진토에 숨어	민 28:2	그 정한 시기에 삼가 내게 **바칠지니라**
사 2:21	험악한 **바위틈**에 들어가서 여호와께	수 6:17	있는 모든 것은 여호와께 온전히 **바치되**
사 7:19	와서 거친 골짜기와 **바위틈**과 가시나무	수 6:18	너희는 온전히 **바치고** 그 **바친** 것 중에
사 57:5	골짜기 가운데 **바위틈**에서 자녀를 도		서 … 너희가 이스라엘 진영으로 **바치는**
렘 13:4	유브라데로 가서 거기서 그것을 **바위틈**	수 6:21	성 안에 있는 모든 것을 온전히 **바치되**
렘 16:16	모든 산과 모든 언덕과 **바위틈**에서 사냥	수 7:1	자손들이 온전히 **바친** 물건으로 말미
렘 49:16	**바위틈**에 살며 산꼭대기를 점령한 자여		암아 … 아간이 온전히 **바친** 물건을
옵 1:3	마음의 교만이 너를 속였도다 **바위틈**	수 7:11	그들이 온전히 **바친** 물건을 가져가고
계 6:15	모든 종과 자유인이 굴과 산들의 **바위틈**	수 7:12	**바친** 것이 됨이라 그 온전히 **바친** 물건
		수 7:13	너희 가운데에 온전히 **바친** 물건이 있
			나니 너희가 그 온전히 **바친** 물건을

바이 (Pau) 하닷이 정한 수도

대상 1:50	그의 도성 이름은 **바이**요 그의 아내의	수 7:15	온전히 **바친** 물건을 가진 자로 뽑힌
		수 22:20	아간이 온전히 **바친** 물건에 대하여 범죄

바잇 (Bajith-KJV) 사해 남쪽에 있는 모압 성읍

		삼상 2:20	여호와께 간구하여 얻어 **바친** 아들을
사 15:2	그들은 **바잇**과 디본 산당에 올라가서	왕하 3:4	마리의 털을 이스라엘 왕에게 **바치더니**
		대하 27:5	암몬 자손이 그와 같이 **바쳤더라**

바지 (undergarment)

		에 4:7	왕의 금고에 **바치기**로 한 은의 정확한
겔 44:18	가는 베 **바지**를 입고 땀이 나게 하는	아 8:11	그 열매로 말미암아 은 천을 **바치게**
		마 21:41	포도원은 제 때에 열매를 **바칠** 만한

바치다 (devote, bring, offer, present)

		막 12:17	하나님의 것은 하나님께 **바치라** 하시니
창 47:20	모든 토지를 다 사서 바로에게 **바치니**	눅 20:10	때가 이르매 포도원 소출 얼마를 **바치게**
출 5:18	벽돌은 너희가 수량대로 **바칠지니라**	눅 20:25	하나님의 것은 하나님께 **바치라** 하시니
출 22:29	추수한 것과 네가 짜낸 즙을 **바치기를**	고전 15:24	멸하시고 나라를 아버지 하나님께 **바칠**
레 27:21	여호와께 **바친** 성물이 되어 영영히 드린	히 7:9	말미암아 십분의 일을 **바쳤다고** 할 수
		약 2:21	아브라함이 그 아들 이삭을 제단에 **바칠**

'바치다'와 관련된 성구

공물/조공을 바치다 – 신 20:11; 삿 3:15,
17, 18; 삼하 8:6; 대상 18:2, 6; 대하
17:11; 26:8; 스 4:13, 20; 에 10:1

세금/조세를 바치다 – 스 4:13, 20; 느 5:4;
시 72:10; 마 22:17, 21; 막 12:14,
15; 눅 20:22; 23:2; 롬 13:6, 7

속전을 바치다 – 시 49:7

어린 양을 바치다 – 레 5:7; 12:8

예물을 바치다 – 출 25:2; 삼상 10:27; 습
3:10

제물을 바치다 – 민 8:11; 왕상 13:2; 시
106:37; 말 1:8; 3:3

진멸하여 바치다 – 수 8:26; 10:28, 35,
37, 39, 40; 11:12, 20, 21; 삿 21:11

바퀴 (wheel)

출 14:25	그들의 병거 **바퀴**를 벗겨서 달리기가
왕상 7:30	받침 수레에 각각 네 놋 **바퀴**와 놋 축이
왕상 7:32	네 **바퀴**는 옆판 밑에 있고 **바퀴** 축은 받
	침 수레에 연결되었는데 **바퀴**의 높이
왕상 7:33	그 **바퀴**의 구조는 병거 **바퀴**의 구조
잠 20:26	악인들을 키질하며 타작하는 **바퀴**를
전 12:6	항아리가 샘 곁에서 깨지고 **바퀴**가 우물
사 5:28	말굽은 부싯돌 같고 병거 **바퀴**는 회오리
렘 47:3	달리는 병거 **바퀴**가 진동하는 소리 때문
겔 1:15	그 생물들 곁에 있는 땅 위에는 **바퀴**가
겔 1:16	**바퀴**의 모양과 그 구조는 황옥같이 …
	그들의 모양과 구조는 **바퀴** 안에 **바퀴**가
겔 1:19	그 생물들이 갈 때에 **바퀴**들도 그 곁에
	서 가며 … 땅에서 들릴 때에 **바퀴**들도

1006

바탕 1

겔 1:20	가고 **바퀴**들도 그 곁에서 들리니 이는 생물의 영이 그 **바퀴**들 가운데에 있음
겔 1:21	이는 생물의 영이 그 **바퀴** 가운데에
겔 3:13	부딪치는 소리와 생물 곁의 **바퀴** 소리
겔 10:2	너는 그룹 밑에 있는 **바퀴** 사이로 들어
겔 10:6	**바퀴** 사이 곧 그룹들 사이에서 불을 가져 가라 하셨으므로 그가 들어가 **바퀴**
겔 10:9	네 **바퀴**가 있는데 … 한 **바퀴**가 있고 … 한 **바퀴**가 있으며 그 **바퀴** 모양은
겔 10:10	마치 **바퀴** 안에 **바퀴**가 있는 것 같으며
겔 10:12	날개와 **바퀴** 곧 네 그룹의 **바퀴**의 둘레
겔 10:13	내가 들으니 그 **바퀴**들을 도는 것이라
겔 10:16	나아갈 때에는 **바퀴**도 그 곁에서 나아가고 … 올라가려 할 때에도 **바퀴**가
겔 10:17	이는 생물의 영이 **바퀴** 가운데에 있음이
겔 10:19	그들이 나갈 때에 **바퀴**도 그 곁에서
겔 11:22	그 때에 그룹들이 날개를 드는데 **바퀴**도
단 7:9	그의 보좌는 불꽃이요 그의 **바퀴**는
나 3:2	윙윙 하는 병거 **바퀴** 소리, 뛰는 말, 달리

바탕 1 (bowshot)

창 21:16	화살 한 **바탕** 거리 떨어져 마주 앉아

바탕 2 (have)

창 30:35	암염소 중 흰 **바탕**에 아롱진 것과

바트 (bath) 액체를 재는 도량 단위

사 5:10	포도원에 겨우 포도주 한 **바트**가 나겠고

바하룸 사람 (Baharumite) 다윗의 30인 용사 중 하나인 아스마웻 출신지

대상 11:33	**바하룸 사람** 아스마웻과 사알본 사람

바핫모압 (Pahath-Moab) 바핫모압 자손 선조

스 2:6	**바핫모압** 자손 곧 예수아와 요압 자손이
스 8:4	**바핫모압** 자손 중에서는 스라히야의
스 10:30	**바핫모압** 자손 중에서는 앗나와 글랄과
느 3:11	하림의 아들 말기야와 **바핫모압**의 아들
느 7:11	**바핫모압** 자손 곧 예수아와 요압 자손
느 10:14	우두머리들 곧 바로스, **바핫모압**, 엘람,

바후림 (Bahurim) 길갈로 가는 길에 있는 성읍

삼하 3:16	남편이 그와 함께 오며 울며 **바후림**까지
삼하 16:5	다윗 왕이 **바후림**에 이르매 거기서 사울
삼하 17:18	두 사람이 빨리 달려서 **바후림** 어떤
삼하 19:16	**바후림**에 있는 베냐민 사람 게라의 아들
왕상 2:8	**바후림** 베냐민 사람 게라의 아들 시므이

박 (gourd)

왕상 6:18	안에 입힌 백향목에는 **박**과 핀 꽃을
왕상 7:24	가장자리 아래에는 돌아가며 **박**이 있는데 … 그 **박**은 바다를 부어 만들 때에

박 넝쿨

욘 4:6	여호와께서 **박 넝쿨**을 예비하사 요나를 가리게 하셨으니 … 요나가 **박 넝쿨**로
욘 4:7	이튿날 새벽에 그 **박 넝쿨**을 갉아먹게
욘 4:9	네가 이 **박 넝쿨**로 말미암아 성내는
욘 4:10	말라 버린 이 **박 넝쿨**을 아꼈거든

박다/박히다 (peg, drive, root, crucify)

삿 4:21	**박으매** 말뚝이 꿰뚫고 땅에 **박히니** 그가
삿 4:22	말뚝이 그의 관자놀이에 **박혔더라**
삼상 17:49	돌이 그의 이마에 **박히니** 땅에 엎드러지
삼상 18:11	내가 다윗을 벽에 **박으리라** 하고 사울이
삼상 19:10	사울이 단창으로 다윗을 벽에 **박으려** 하였으나 … 사울의 창은 벽에 **박힌지라**
삼하 12:30	왕의 머리에서 보석 **박힌** 왕관을 가져
왕상 6:6	골방 들보들로 성전의 벽에 **박히지** 아니
욥 6:4	전능자의 화살이 내게 **박히매** 나의 영이

'박다' 와 관련된 성구

못 박다 – 삼상 31:10; 스 9:8; 전 12:11; 사 22:23, 25; 41:7

뿌리 박다 – 삿 5:14; 시 44:2; 80:9; 사 27:6; 37:31; 40:24; 렘 12:2; 호 14:5; 갈 6:14; 엡 3:17; 골 2:7

십자가에 못 박다 – 마 20:19; 23:34; 26:2; 27:22, 23, 26, 31, 35, 38, 44; 28:5; 막 15:13, 14, 15, 20, 24, 25, 27, 32; 16:6; 눅 23:21, 23, 33; 24:7; 20; 요 19:6, 10, 15, 16, 18, 20, 23, 32, 41; 행 2:23, 36; 4:10; 롬 6:6; 고전 1:13, 23; 2:2, 8; 고후 13:4; 갈 2:20; 3:21; 5:24; 골 2:14; 히 6:6; 계 11:8

【 박달나무 】　　　　　　　　　　　　　　　　　　　　　　　【 박해/-하다 】

잠 17:10　때리는 것보다 더욱 깊이 **박히**느니라
아 1:11　너를 위하여 금 사슬에 은을 **박아**
아 5:12　씻은 듯하고 아름답게도 **박혔**구나
겔 40:43　넓이만한 갈고리가 사방에 **박혔**으며
딤전 3:8　술에 인 **박히**지 아니하고 더러운 이를

박달나무(ebony)
겔 27:15　상아와 **박달나무**를 네 물품과 바꾸어

박대하다(薄待, mistreat, prey)
창 31:50　네가 내 딸을 **박대하거나** 내 딸들 외에
욥 24:21　그는 임신하지 못하는 여자를 **박대하며**

박멸하다(撲滅, crush, destroy)
시 89:23　내가 그의 앞에서 그 대적들을 **박멸하며**
렘 11:19　우리가 그 나무와 열매를 함께 **박멸하자**

박박갈(Bakbakkar) 바벨론에서 귀환한 사람
대상 9:15　**박박갈**과 헤레스와 갈랄과 맛다나이니

박부갸(Bakbukiah) 바벨론에서 귀환한 레위인
느 11:17　형제 중에 **박부갸**가 버금이 되었으며
느 12:9　그들의 형제 **박부갸**와 운노는 직무를
느 12:25　맛다냐와 **박부갸**와 오바댜와 므술람과

박북(Bakbuk) 바벨론에서 귀환한 느디님 자손
스 2:51　**박북** 자손과 하그바 자손과 할훌 자손과
느 7:53　**박북** 자손과 하그바 자손과 할훌 자손과

박사(博士, magi)
마 2:1　동방으로부터 **박사**들이 예루살렘에
마 2:7　헤롯이 가만히 **박사**들을 불러 별이 나타
마 2:9　**박사**들이 왕의 말을 듣고 갈새 동방에서
마 2:16　헤롯이 **박사**들에게 … 사내아이를 **박사**

박석(薄石, pavement)
겔 40:17　뜰 삼면에 **박석** 깔린 땅이 있고 그 **박석**
겔 40:18　그 **박석** 깔린 땅의 위치는 각 문간의 좌우편인데 … 이는 아래 **박석** 땅이며
겔 42:3　한 방의 회랑은 바깥뜰 **박석** 깔린 곳과

박수(spiritist, magician)
레 19:31　너희는 신접한 자와 **박수**를 믿지 말며
레 20:6　접신한 자와 **박수** 무당을 음란하게
레 20:27　남자나 여자가 접신하거나 **박수** 무당이
신 18:11　진언자나 신접자나 **박수**나 초혼자를
삼상 28:3　사울은 신접한 자와 **박수**를 그 땅에서
삼상 28:9　그가 신접한 자와 **박수**를 이 땅에서
왕하 21:6　신접한 자와 **박수**를 신임하여 여호와
대하 33:6　신접한 자와 **박수**를 신임하여 여호와
단 1:20　지혜와 총명이 온 나라 **박수**와 술객보다
단 2:2　그의 꿈을 자기에게 알려 주도록 **박수**와
단 2:10　**박수**에게나 술객에게나 갈대아인들에
단 2:27　지혜자나 술객이나 **박수**나 점쟁이가
단 4:7　**박수**와 술객과 갈대아 술사와 점쟁이가
단 5:11　**박수**와 술객과 갈대아 술사와 점쟁이의

박수장(chief of the magicians)
단 4:9　**박수장** 벨드사살아 네 안에는 거룩한

박수하다/박수치다(拍手, clap)
왕하 11:12　무리가 **박수하며** 왕의 만세를 부르니라
시 98:8　여호와 앞에서 큰 물은 **박수할지어다**
애 2:15　자들이 다 너를 향하여 **박수치며** 딸

박쥐(bat)
레 11:19　황새와 백로 종류와 오디새와 **박쥐**니라
신 14:18　학과 황새 종류와 대승과 **박쥐**며
사 2:20　금 우상을 그 날에 두더지와 **박쥐**에게

박탈하다(剝脫, deprive)
사 10:2　가난한 내 백성의 권리를 **박탈하며** 과부

박하(薄荷, mint)
마 23:23　바리새인들이여 너희가 **박하**와 회향
눅 11:42　바리새인이여 너희가 **박하**와 운향과

박해/-하다(迫害, persecute, pursue, oppress)
욥 19:22　어찌하여 하나님처럼 나를 **박해하느냐**
시 119:121　나를 **박해하는** 자들에게 나를 넘기지
시 119:122　교만한 자들이 나를 **박해하지** 못하게
시 119:134　사람의 **박해**에서 나를 구원하소서 그리
렘 15:15　돌보시사 나를 **박해하는** 자에게 보복
렘 17:18　나를 **박해하는** 자로 치욕을 당하게
렘 20:11　함께 하시므로 나를 **박해하는** 자들이
마 5:10　의를 위하여 **박해**를 받은 자는 복이

| 박해자 | | 밖 1 |

마 5:11	나로 말미암아 너희를 욕하고 **박해하고**	
마 5:12	선지자들도 이같이 **박해하였느니라**	
마 5:44	너희를 **박해하는** 자를 위하여 기도하라	
마 10:23	동네에서 너희를 **박해하거든** 저 동네로	
마 13:21	환난이나 **박해가** 일어날 때에는 곧 넘어	
마 23:34	저 동네로 따라다니며 **박해하리라**	
막 4:17	환난이나 **박해가** 일어나는 때에는 곧	
막 10:30	전토를 백 배나 받되 **박해를** 겸하여	
눅 11:49	그 중에서 더러는 죽이며 또 **박해하리라**	
눅 21:12	너희에게 손을 대어 **박해하며** 회당과	
요 5:16	하여 유대인들이 예수를 **박해하게**	
요 15:20	나를 **박해하였은즉** 너희도 **박해할**	
행 7:52	선지자들 중의 누구를 **박해하지**	
행 8:1	예루살렘에 있는 교회에 큰 **박해가**	
행 9:4	사울아 네가 어찌하여 나를 **박해하느냐**	
행 9:5	이르시되 나는 네가 **박해하는** 예수라	
행 13:50	바울과 바나바를 **박해하게** 하여 그	
행 22:4	이 도를 **박해하여** 사람을 죽이기까지	
행 22:7	네가 왜 나를 **박해하느냐** 하시거늘	
행 22:8	나는 네가 **박해하는** 나사렛 예수라 하시	
행 26:11	외국 성에까지 가서 **박해하였고**	
행 26:14	사울아 네가 어찌하여 나를 **박해하느냐**	
행 26:15	주께서 이르시되 나는 네가 **박해하는**	
롬 8:35	환난이나 곤고나 **박해나** 기근이나 적신	
롬 12:14	너희를 **박해하는** 자를 축복하라 축복	
고전 4:12	모욕을 당한즉 축복하고 **박해를** 받은	
고전 15:9	나는 하나님의 교회를 **박해하였으므로**	
고후 4:9	**박해를** 받아도 버린 바 되지 아니하며	
고후 12:10	능욕과 궁핍과 **박해와** 곤고를 기뻐하노	
갈 1:13	하나님의 교회를 심히 **박해하여** 멸하고	
갈 1:23	우리를 **박해하던** 자가 전에 멸하려던	
갈 4:29	난 자가 성령을 따라 난 자를 **박해한**	
갈 5:11	전한다면 어찌하여 지금까지 **박해를**	
갈 6:12	그리스도의 십자가로 말미암아 **박해를**	
빌 3:6	열심으로는 교회를 **박해하고** 율법의	
살후 1:4	너희가 견디고 있는 모든 **박해와** 환난	
딤후 3:11	**박해를** 받음과 고난과 … 당한 일과 어	
	떠한 **박해를** 받은 것을 네가 과연 보고	
딤후 3:12	경건하게 살고자 하는 자는 **박해를** 받으	
계 12:13	보고 남자를 낳은 여자를 **박해하는지라**	

박해자 (迫害者, persecutor)

딤전 1:13 내가 전에는 비방자요 **박해자요**

밖 1 (outside, out of, in the street, beyond)

창 9:22	함이 그의 아버지의 하체를 보고 **밖으로**
창 15:5	이끌고 **밖으로** 나가 이르시되 하늘을
창 19:17	그 사람들이 그들을 **밖으로** 이끌어
창 24:31	들어오소서 어찌 **밖에** 서 있나이까 내가
창 39:12	옷을 그 여인의 손에 버려두고 **밖으로**
창 39:18	그가 그의 옷을 내게 버려두고 **밖으로**
레 16:27	그 가죽과 고기와 똥을 **밖으로** 내다가
민 35:4	성읍들의 들은 성벽에서부터 **밖으로**

'밖 1'과 관련된 성구

그리스도 밖 - 엡 2:12
기록된 말씀 밖 - 고전 4:6
다메섹 밖 - 암 5:27 / 대열 밖 - 왕하 11:15
동네 밖 - 눅 4:29 / 마을 밖 - 막 8:23
몸 밖 - 고전 6:18; 고후 12:2, 3
무덤 밖 - 요 20:11
문 밖 - 창 19:6, 11; 출 12:22; 대하 24:8;
  욥 31:34 렘 22:19; 겔 40:44; 요 18:16;
  행 10:17; 12:6, 14; 16:13; 약 5:9; 계
  3:20
바다 밖 - 신 30:13 / 바벨론 밖 - 행 7:43
반열 밖 - 대하 23:14 / 방 밖 - 느 13:8
성문 밖 - 행 21:5; 히 13:12
성 밖 - 창 19:12, 16; 24:11; 레 14:40, 41,
  45, 53; 민 35:5; 대하 32:3; 33:14, 15;
  느 13:20; 렘 21:4; 마 21:17; 막 11:19;
  행 7:58; 계 14:20; 22:15
성소 밖 - 겔 43:21 / 성읍 밖 - 왕상 21:13
성전 밖 - 대상 26:29; 겔 41:6; 행 21:30
세상 밖 - 고전 5:10 / 영문 밖 - 히 13:11, 13
예루살렘 밖 - 눅 13:33 / 육체 밖 - 욥 19:26
이스라엘 나라 밖 - 엡 2:12
이스라엘 지역 밖 - 말 1:5
입 밖 - 엡 4:29 / 장막 밖 - 레 14:8
지경 밖 - 민 35:26, 27
진 밖 - 출 29:14; 33:7
진영 밖 - 레 4:21; 8:17; 9:11; 10:4, 5;
  13:46; 17:3; 24:14, 23; 민 5:2, 3, 4;
  12:14, 15; 15:35, 36; 19:3, 9; 31:13,
  19; 신 23:10, 12; 수 6:23
집 밖 - 출 12:46; 잠 5:16; 암 6:10
포도원 밖 - 마 21:39; 막 12:8; 눅 20:15
휘장 밖 - 출 27:21; 30:6; 40:22; 레 24:3

밖 1

신 23:13	작은 삽을 더하여 **밖**에 나가서 대변을
신 24:11	**밖**에 서 있고 … 전당물을 **밖**으로 가지
신 32:25	**밖**으로는 칼에, 방 안에서는 놀람에
신 33:18	스불론이여 너는 **밖**으로 나감을 기뻐
삿 12:9	딸들을 **밖**으로 시집 … 위하여는 **밖**에서
삿 19:25	첩을 붙잡아 그들에게 **밖**으로 끌어내
삼상 9:26	두 사람 사울과 사무엘이 함께 **밖**으로
왕상 2:42	네가 **밖**으로 나가서 어디든지 가는 날에
왕상 8:8	앞 성소에서 보이나 **밖**에서는 보이지
왕하 4:3	이르되 너는 **밖**에 나가서 모든 이웃에게
왕하 10:24	예후가 팔십 명을 **밖**에 두며 이르되
왕하 10:25	지휘관들이 칼로 그들을 죽여 **밖**에 던지
왕하 16:18	왕이 **밖**에서 들어가는 낭실을 앗수르
대하 5:9	그 끝이 본전 앞에서 보이나 **밖**에서는
스 10:13	큰 비가 내리는 때니 능히 **밖**에 서지
잠 22:13	게으른 자는 말하기를 사자가 **밖**에 있은
잠 24:27	네 일을 **밖**에서 다스리며 너를 위하여
아 8:1	**밖**에서 너를 만날 때에 입을 맞추어도
사 33:7	보라 그들의 용사가 **밖**에서 부르짖으며
렘 9:21	**밖**에서는 자녀들을 거리에서 청년
애 1:20	**밖**에서는 칼이 내 아들을 빼앗아 가고
겔 7:15	**밖**에는 칼이 있고 안에는 전염병과 기근
겔 12:4	네 포로의 행장을 **밖**에 내놓기를 끌려 가는 포로의 행장 … 목전에서 **밖**으로
겔 34:21	병든 자를 뿔로 받아 무리를 **밖**으로
겔 42:1	그가 나를 데리고 **밖**으로 나가 북쪽 뜰
겔 46:2	군주는 문 통로에서 예배한 후에 **밖**으로
겔 46:12	안식일에 드림같이 드리고 **밖**으로 나갈
호 7:1	안으로 들어가 도둑질하고 **밖**으로 떼
마 5:13	아무 쓸 데 없어 다만 **밖**에 버려져 사람
마 12:46	동생들이 예수께 말하려고 **밖**에 섰더니
마 12:47	동생들이 당신께 말하려고 **밖**에 서 있나
마 26:75	나를 부인하리라 하심이 생각나서 **밖**에
막 3:31	예수의 어머니와 동생들이 와서 **밖**에
막 3:32	어머니와 동생들과 누이들이 **밖**에서
막 7:15	무엇이든지 **밖**에서 사람에게로 들어
막 7:18	**밖**에서 들어가는 것이 능히 사람을 더럽
눅 1:10	모든 백성은 그 분향하는 시간에 **밖**에서
눅 2:8	그 지역에 목자들이 밤에 **밖**에서 자기
눅 8:20	어머니와 동생들이 당신을 보려고 **밖**에
눅 13:25	너희가 **밖**에 서서 문을 두드리며 주여
눅 13:28	너희는 **밖**에 쫓겨난 것을 볼 때에 거기
눅 22:62	**밖**에 나가서 심히 통곡하니라

반 1

요 15:6	내 안에 거하지 아니하면 가지처럼 **밖**에
요 18:29	빌라도가 **밖**으로 나가서 그들에게 말하
요 19:4	빌라도가 다시 **밖**에 나가 말하되 보라
행 5:34	일어나 명하여 사도들을 잠깐 **밖**에 나가
고전 5:12	**밖**에 있는 사람들을 판단하는 것이야
고전 5:13	**밖**에 있는 사람들은 하나님이 심판하시

밖 2(beside, except, only, but)
삼상 2:2 주 **밖**에 다른 이가 없고 우리 하나님

밖 2 - 기타 본문
삼상 14:43; 21:6, 9; 대하 14:11; 스 1:4, 10; 4:10; 에 5:12; 시 16:2; 73:25; 사 45:5, 6; 단 3:28; 호 13:4; 마 12:39; 16:4; 20:12; 21:19; 막 8:14; 눅 3:18; 9:13; 11:29; 요 13:10; 행 24:11; 26:22; 고전 8:4; 10:13; 11:34; 고후 2:2; 12:13; 빌 1:13; 2:20; 계 2:17; 14:3; 19:12

반 1(半, equally, half, lethek)

출 21:35	**반**으로 나누고 또한 죽은 것도 **반**으로
출 24:6	**반**은 여러 양푼에 담고 **반**은 제단에
출 25:10	궤를 짜되 길이는 두 규빗 **반**, 너비는 한 규빗 **반**, 높이는 한 규빗 **반**이 되게
민 12:12	살이 **반**이나 썩어 모태로부터 죽어서
왕상 3:25	나누어 **반**은 이 여자에게 주고 **반**은
시 55:23	속이는 자들은 그들의 날의 **반**도 살지
호 3:2	은 열다섯 개와 보리 한 호멜 **반**으로

'반 1'과 관련된 성구
반나절 - 삼상 14:14
반 때 - 단 7:25; 12:7; 계 12:14
반분 - 민 31:27
반 세겔 - 창 24:22; 출 30:13, 15; 38:26; 마 17:24
반수 - 출 30:23
반 지파 - 민 32:33; 34:15; 신 3:13; 29:8; 수 1:12; 4:12; 12:6; 13:7, 8, 29; 14:2, 3; 18:7; 21:5, 6, 25, 27; 22:1, 7, 9, 10, 11, 13, 15, 21; 대상 5:18, 23, 26; 6:61, 70, 71; 12:31, 37; 26:32; 27:20, 21
반쪽 - 민 34:13, 14

반 2

계 8:1 　일곱째 인을 떼실 때에 하늘이 **반** 시간
계 11:9 　사람들이 그 시체를 사흘 **반** 동안을
계 11:11 　삼 일 **반** 후에 하나님께로부터 생기가

📖 **반 1 - 기타 본문**

출 25:17, 23; 26:12, 16; 36:21; 37:1, 6, 10; 민
15:9, 10; 28:14; 왕상 7:32, 35; 겔 40:42; 43:17

반 2 (班, group, division)

대상 23:6 　게르손과 그핫과 므라리에 따라 각 **반**으
대상 26:1 　사람들의 문지기 **반**들은 이러하니라
대상 27:1 　관원들이 그들의 숫자대로 **반**이 나뉘어
대상 27:2 　첫째 달 **반**의 반장은 삽디엘의 아들 야
　　　　소브암이요 그의 **반**에 이만 사천 명이라
대상 27:3 　첫째 달 **반**의 모든 지휘관의 우두머리가
대상 27:4 　둘째 달 **반**의 반장은 아호아 사람 …
　　　　미글롯이 그의 **반** … 그의 **반**에 이만
대상 27:5 　여호야다의 아들 브나야요 그의 **반**에
대상 27:6 　그의 **반** 중에 그의 아들 암미사밧이
대상 27:7 　그의 아들 스바댜이니 그의 **반**에 이만
대상 27:8 　이스라 사람 삼훗이니 그의 **반**에 이만
대상 27:9 　익게스의 아들 이라이니 그의 **반**에 이만
대상 27:10 　발론 사람 헬레스이니 그의 **반**에 이만
대상 27:11 　후사 사람 십브개이니 그의 **반**에 이만
대상 27:12 　아나돗 사람 아비에셀이니 그의 **반**에
대상 27:13 　느도바 사람 마하래이니 그의 **반**에 이만
대상 27:14 　비라돈 사람 브나야이니 그의 **반**에 이만
대상 27:15 　느도바 사람 헬대니 그 **반**에 이만 사천
대상 28:21 　제사장과 레위 사람의 **반**이 있으니 하나

반기다 (favor)

시 69:13 　여호와여 나를 **반기시**는 때에 내가 주께

반달 (crescent)

사 3:18 　발목 고리와 머리의 망사와 **반달** 장식과

반대하다/반대되다 (反對, oppose, object)

스 10:15 　아들 야스야가 일어나 그 일을 **반대하고**
겔 40:13 　척인데 문은 서로 **반대되**었으며
마 12:30 　함께 아니하는 자는 나를 **반대하는** 자요
막 9:40 　우리를 **반대하지** 않는 자는 우리를 위하
눅 9:50 　너희를 **반대하지** 않는 자는 너희를 위하
눅 11:23 　함께 하지 아니하는 자는 나를 **반대하는**

눅 13:17 　모든 **반대하는** 자들은 부끄러워하고
행 24:19 　그들이 만일 나를 **반대할** 사건이 있으면
행 28:19 　유대인들이 **반대하기로** 내가 마지 못하
행 28:22 　이 파에 대하여는 어디서든지 **반대를**
갈 3:21 　율법이 하나님의 약속들과 **반대되는**

반드시 (surely, certainly, be sure to)

창 2:17 　먹는 날에는 **반드시** 죽으리라 하시니라

📖 **반드시 - 기타 본문**

모세오경 창 9:5; 15:13; 18:10; 20:7; 27:33;
28:22; 32:12; 46:4; 50:25; 출 3:12; 11:1; 13:19;
19:12; 21:12, 15, 16, 17, 20, 22, 28; 22:3, 6, 14,
19, 23; 23:4; 31:15; 레 19:17; 20:2, 9, 10, 11,
12, 13, 15, 16, 27; 24:16, 17, 29; 민 14:35;
15:35; 18:15; 26:65; 27:7; 32:23; 35:16, 17, 18,
21, 31; 신 8:19; 11:31; 15:4-5, 8, 10, 11; 17:15;
21:17; 22:1, 4, 7; 23:21; 24:13; 30:18; 31:18 **역
사서** 수 3:10; 22:5; 삿 4:9; 6:16; 12:1; 13:22;
21:5; 삼상 2:16; 9:6; 14:39, 44; 22:16, 22;
24:20; 25:28; 26:25; 30:8; 삼하 5:19; 9:7;
12:14; 15:8; 18:2; 왕상 1:13, 17, 30; 2:37; 11:2,
11; 13:32; 19:2; 20:23, 25; 왕하 1:4, 6, 16; 8:10,
14, 30; 대상 21:24; 대하 32:8; 느 6:10 **시가서** 욥
8:6; 11:15; 13:10; 14:18; 34:34; 시 23:6; 126:6;
139:11, 19 **선지서** 사 14:24; 22:18; 36:15;
43:19; 46:11; 49:18; 56:3; 60:12; 65:6; 렘
12:17; 22:6, 22; 25:28; 26:8, 15; 31:20; 32:3-5;
34:3; 36:29; 37:9; 38:3; 39:18; 44:17, 25, 29;
49:12, 20; 50:34, 45; 51:56; 겔 18:9, 13, 17, 19,
21, 28; 20:33; 21:7; 33:8, 15, 16; 36:7; 단
11:36; 12:7; 호 5:9; 암 5:5; 7:11, 17; 미 2:10,
12; 나 1:12; 합 2:3 **신약** 마 15:4; 눅 1:45; 4:23;
행 26:22; 27:26; 롬 8:13; 고전 15:25, 53; 고후
5:10; 갈 3:21; 히 6:14; 7:12; 11:6; 계 1:1; 11:5;
17:10; 20:3; 22:6

반듯하다 (be square)

출 30:2 　너비가 한 규빗으로 네모가 **반듯하게**
출 37:25 　너비도 한 규빗이라 네모가 **반듯하고**
출 38:1 　너비도 다섯 규빗이라 네모가 **반듯하고**
출 39:9 　너비가 한 뼘으로 네모가 **반듯하고**
겔 45:2 　너비가 오백 척이니 네모가 **반듯하며**

[반론]   [반역/-하다]

계 21:16 성은 네모가 **반듯하여** 길이와 너비

> '네모반듯하다'와 관련된 성구
> 출 27:1; 28:16; 겔 40:47; 43:16, 17;
> 48:20

반론(反論, opposing idea)
딤전 6:20 거짓된 지식의 **반론**을 피함으로 네게

반문하다(反問, talk back)
롬 9:20 누구이기에 감히 하나님께 **반문하느냐**

반박하다(反駁, talk against, reply)
시 38:14 못하는 자 같아서 내 입에는 **반박할**
행 13:45 가득하여 바울이 말한 것을 **반박하고**

반석(磐石, rock, stronghold, strength)
창 49:24 이스라엘의 **반석**인 목자의 손을 힘입음
출 17:6 내가 호렙 산에 있는 그 **반석** 위 거기서
        네 앞에 서리니 너는 그 **반석**을 치라
출 33:21 한 장소가 있으니 너는 그 **반석** 위에
출 33:22 너를 **반석** 틈에 두고 내가 지나도록
민 20:8 너희는 **반석**에게 명령하여 물을 내라
        하라 네가 그 **반석**이 물을 내게 하여
민 20:10 모세와 아론이 회중을 그 **반석** 앞에 …
        우리가 너희를 위하여 이 **반석**에서 물을
민 20:11 손을 들어 그의 지팡이로 **반석**을 두 번
신 8:15 너를 위하여 단단한 **반석**에서 물을 내셨
신 32:4 그는 **반석**이시니 그가 하신 일이 완전
신 32:13 **반석**에서 꿀을, 굳은 **반석**에서 기름을
신 32:15 자기를 구원하신 **반석**을 업신여겼도다
신 32:18 낳은 **반석**을 네가 상관하지 아니하고
신 32:30 그들의 **반석**이 그들을 팔지 아니하였고
신 32:31 그들의 **반석**이 우리의 **반석**과 같지 아니
신 32:37 어디 있으며 그들이 피하던 **반석**이 어디
삼상 2:2 하나님 같은 **반석**도 없으심이니이다
삼하 22:2 여호와는 나의 **반석**이시요 나의 요새
삼하 22:3 내가 피할 나의 **반석**의 하나님이시요
삼하 22:32 우리 하나님 외에 누가 **반석**이냐
삼하 22:47 나의 **반석**을 찬송하며 내 구원의 **반석**
삼하 23:3 이스라엘의 **반석**이 내게 이르기를
느 9:15 그들의 목마름 때문에 그들에게 **반석**

욥 28:10 **반석**에 수로를 터서 각종 보물을 눈으로
시 18:2 여호와는 나의 **반석**이시요 나의 요새
시 18:31 우리 하나님 외에 누가 **반석**이냐
시 18:46 여호와는 살아 계시니 나의 **반석**을 찬송
시 19:14 나의 **반석**이시요 나의 구속자이신
시 28:1 나의 **반석**이여 내게 귀를 막지 마소서
시 31:3 주는 나의 **반석**과 산성이시니 그러므로
시 40:2 발을 **반석** 위에 두사 내 걸음을 견고하
시 42:9 내 **반석**이신 하나님께 말하기를 어찌
시 62:2 그만이 나의 **반석**이시요 나의 구원이시
시 62:6 그만이 나의 **반석**이시요 나의 구원이시
시 62:7 힘의 **반석**과 피난처도 하나님께 있도다
시 71:3 주께서 나의 **반석**이시요 나의 요새이심
시 73:26 하나님은 내 마음의 **반석**이시요 영원한
시 78:15 광야에서 **반석**을 쪼개시고 매우 깊은
시 78:20 그가 **반석**을 쳐서 물을 내시니 시내가
시 78:35 하나님이 그들의 **반석**이시며 지존하신
시 81:16 **반석**에서 나오는 꿀로 너를 만족하게
시 94:22 나의 하나님은 내가 피할 **반석**이시라
시 95:1 우리의 구원의 **반석**을 향하여 즐거이
시 105:41 **반석**을 여신즉 물이 흘러나와 마른 땅에
시 114:8 그가 **반석**을 쳐서 못물이 되게 하시며
시 144:1 나의 **반석**이신 여호와를 찬송하리로다
잠 30:19 **반석** 위로 기어 다니는 뱀의 자취와
사 8:14 걸림돌과 걸려 넘어지는 **반석**이 되실
사 17:10 네 능력의 **반석**을 마음에 두지 아니한
사 22:16 **반석**에 자기를 위하여 처소를 쪼아 내었
사 26:4 신뢰하라 주 여호와는 영원한 **반석**이심
사 30:29 이스라엘의 **반석**에게로 나아가는 자
사 31:9 **반석**은 두려움으로 말미암아 물러가겠
사 44:8 외에 신이 있겠느냐 과연 **반석**은 없나니
사 51:1 너희를 떠내신 **반석**과 너희를 파낸 우묵한
합 1:12 **반석**이시여 주께서 경계하기 위하여
마 7:24 그 집을 **반석** 위에 지은 지혜로운 사람
마 7:25 무너지지 아니하나니 이는 주춧돌이 **반석**
마 16:18 베드로라 내가 이 **반석** 위에 내 교회를
눅 6:48 깊이 파고 주춧돌을 **반석** 위에 놓은 사람
고전 10:4 신령한 **반석**으로부터 마셨으매 그 **반석**

반역/-하다(反逆, unfaithful, treachery, rebel, conspire)

모세오경, 역사서
민 14:33 너희의 자녀들은 너희 **반역한** 죄를 지고

【 반역/-하다 】 　　　　　　　　　　　　　　　　　　　　　　　　　【 반열 】

민 17:10	거기 간직하여 **반역한** 자에 대한 표징	렘 6:28	그들은 다 심히 **반역한** 자며 비방하며
민 20:10	**반역한** 너희여 들으라 우리가 너희를	렘 9:2	다 간음하는 자요 **반역한** 자의 무리가
민 23:21	이스라엘의 **반역**을 보지 아니하시는	렘 11:9	유다인과 예루살렘 주민 중에 **반역이**
민 26:9	모세와 아론을 거슬러 여호와께 **반역할**	렘 12:1	악한 자의 길이 형통하며 **반역한** 자가
신 31:27	내가 너희의 **반역함**과 목이 곧은 것을	렘 31:22	**반역한** 딸아 네가 어느 때까지 방황하겠
삼하 15:12	**반역하는** 일이 커가매 압살롬에게로	애 1:20	나의 마음이 상하오니 나의 **반역이** 심히
왕상 8:47	우리가 범죄하여 **반역**을 행하며 악을	애 3:42	우리의 범죄함과 우리의 **반역함**을 주께
왕상 16:20	시므리의 남은 행위와 그가 **반역한** 일은	겔 3:9	그들이 비록 **반역하는** 족속이라도 두려
왕하 9:23	아하시야에게 이르되 아하시야여 **반역**	겔 3:27	듣지 아니하리니 그들은 **반역하는** 족속
왕하 11:14	외치되 **반역이로다 반역이로다** 하매	겔 12:2	네가 **반역하는** 족속 중에 거주하는도다
왕하 12:20	**반역하여** 실라로 내려가는 길 가의 밀로		… 듣지 아니하나니 그들은 **반역하는**
왕하 14:19	무리가 그를 **반역한** 고로 그가 라기스	겔 12:3	그들이 보면 비록 **반역하는** 족속이라도
	로 도망하였더니 **반역한** 무리가 사람을	겔 12:9	**반역하는** 족속이 네게 묻기를 무엇을
왕하 15:10	야베스의 아들 살룸이 그를 **반역하여**	겔 12:25	**반역하는** 족속이여 내가 너희 생전에
왕하 15:15	살룸의 남은 사적과 그가 **반역한** 일은	겔 17:12	너는 **반역하는** 족속에게 묻기를 너희가
왕하 15:25	장관 르말랴의 아들 베가가 **반역하여**	겔 17:20	나를 **반역한** 그 **반역**을 거기에서 심판
왕하 15:30	엘라의 아들 호세아가 **반역하여** 르말랴	겔 20:8	**반역하여** 내 말을 즐겨 듣지 아니하고
왕하 18:20	누구를 의뢰하고 나를 **반역하였느냐**	겔 20:13	족속이 광야에서 내게 **반역하여**
왕하 21:23	그의 신복들이 그에게 **반역하여** 왕을	겔 20:21	그들의 자손이 내게 **반역하여** 사람이
왕하 21:24	그 국민이 아몬 왕을 **반역한** 사람들을	겔 20:38	너희 가운데에서 **반역하는** 자와 내게
대하 23:13	찢으며 외치되 **반역이로다 반역이로다**	겔 22:25	그 가운데에서 선지자들의 **반역함이**
대하 24:25	아들들의 피로 말미암아 **반역하여** 그를	겔 24:3	이 **반역하는** 족속에게 비유를 베풀어
대하 24:26	**반역한** 자들은 암몬 여인 시므앗의 아들	겔 44:6	너는 **반역하는** 자 곧 이스라엘 족속에게
대하 25:27	무리가 그를 **반역하였으므로** 그가 라	단 9:5	범죄하여 패역하며 행악하며 **반역하여**
	기스로 도망하였더니 **반역한** 무리가	호 6:7	어기고 거기에서 나를 **반역하였느니라**
대하 33:24	신하가 **반역하여** 왕을 궁중에서 죽이매	호 9:15	그들의 지도자들은 다 **반역한** 자니라
대하 33:25	백성들이 아몬 왕을 **반역한** 사람들을	호 14:4	그들의 **반역**을 고치고 기쁘게 그들을
스 4:15	예로부터 그 중에서 항상 **반역하는** 일을	요 19:12	왕이라 하는 자는 가이사를 **반역하는**
스 4:19	그 중에서 항상 패역하고 **반역하는** 일을		

시가서 - 신약

			반역자(反逆者, rebel, conspiracy)
욥 34:37	그의 죄에 **반역**을 더하며 우리와 어울려	시 68:18	사람들에게서 받으시며 **반역자들**로부
잠 17:11	악한 자는 **반역**만 힘쓰나니 그러므로	잠 24:21	여호와와 왕을 경외하고 **반역자와**
사 36:5	네가 이제 누구를 믿고 나를 **반역하느냐**	사 8:12	이 백성이 **반역자가** 있다고 말하여도
사 63:10	그들이 **반역하여** 주의 성령을 근심하게		너희는 그 모든 말을 따라 **반역자라**
렘 2:8	관리들도 나에게 **반역하며** 선지자들은	단 8:23	네 나라 마지막 때에 **반역자들이** 가득할
렘 2:19	악이 너를 징계하겠으며 네 **반역이** 너를		
렘 3:7	**반역한** 자매 유다는 그것을 보았느니라	**반열**(班列, division, rank)	
렘 3:8	**반역한** 자매 유다가 두려워하지 아니	대상 27:1	**반열**이 이만 사천 명씩이라 일 년 동안
렘 3:10	그의 **반역한** 자매 유다가 진심으로 내게	대상 28:13	제사장과 레위 사람의 **반열**과 여호와의
렘 3:11	배역한 이스라엘은 **반역한** 유다보다	대하 5:11	제사장들이 그 **반열**대로 하지 아니하고
렘 5:6	이는 그들의 허물이 많고 **반역이** 심함	대하 8:14	규례를 따라 제사장들의 **반열**을 정하
렘 5:11	유다의 집이 내게 심히 **반역하였느니라**		여 섬기게 … 문지기들에게 그 **반열**을
렘 5:23	너희 백성은 배반하며 **반역하는** 마음을	대하 23:14	**반열** 밖으로 몰아내라 그를 따르는 자는

1013

【 반원형 】　　　　　　　　　　　　　　　　　　　　【 받다 】

대하 23:18　이들은 다윗이 전에 그들의 **반열**을 나누
대하 31:2　**반열**을 정하고 그들의 **반열**에 따라 각각
대하 31:15　그의 형제들에게 **반열**대로 대소를 막론
대하 31:16　**반열**대로 직무에 수종드는 자들에게
대하 31:17　이십세 이상에서 그 **반열**대로 직무를
대하 35:4　너희 족속대로 **반열**을 따라 스스로 준비
대하 35:10　레위 사람들은 그들의 **반열**대로 서고
느 13:30　제사장과 레위 사람의 **반열**을 세워 각각
눅 1:5　헤롯 때에 아비야 **반열**에 제사장 한
눅 1:8　사가랴가 그 **반열**의 차례대로 하나님

반원형(半圓形, circular frame)
왕상 7:31　그 면은 직경 한 규빗 반 되게 **반원형**

반장(班長, chief man, commander)
대상 26:12　이상은 다 문지기의 **반장**으로서 그 형제
대상 27:2　첫째 달 반의 **반장**은 삽디엘의 아들
대상 27:4　둘째 달 반의 **반장**은 아호아 사람 도대
대상 28:1　지파의 어른과 왕을 섬기는 **반장**들과

반점(斑點, spot)
렘 13:23　피부를, 표범이 그의 **반점**을 변하게

반죽/-하다(knead, dough, poultice)
창 18:6　고운 가루 세 스아를 가져다가 **반죽하여**
출 8:3　네 화덕과 네 떡 **반죽** 그릇에 들어갈
출 12:34　발교되지 못한 **반죽** 담은 그릇을 옷에
출 12:39　발교되지 못한 **반죽**으로 무교병을 구웠
레 6:21　그것을 기름으로 **반죽하여** 철판에 굽고
신 28:5　네 광주리와 떡 **반죽** 그릇이 복을 받을
신 28:17　광주리와 떡 **반죽** 그릇이 저주를 받을
삼하 13:8　다말이 밀가루를 가지고 **반죽하여** 그가
왕하 20:7　이사야가 이르되 무화과 **반죽**을 가져
대상 23:29　과자를 굽는 것이나 **반죽하는** 것이나
렘 7:18　부녀들은 가루를 **반죽하여** 하늘의 여왕
호 7:4　그가 **반죽**을 뭉침으로 발효되기까지만

반지(斑指, signet ring)
창 41:42　자기의 인장 **반지**를 빼어 요셉의 손에
민 31:50　인장 **반지**, 귀 고리, 목걸이들을 여호와
에 3:10　왕이 **반지**를 손에서 빼어 유다인의 대적
에 3:12　민족의 언어로 쓰고 왕의 **반지**로 인치니
에 8:2　하만에게서 거둔 **반지**를 빼어 모르드개
에 8:8　**반지**로 인을 칠지어다 왕의 이름을 쓰
고 왕의 **반지**로 인친 조서는 누구든지
에 8:10　아하수에로 왕의 명의로 쓰고 왕의 **반지**
사 3:21　**반지**와 코 고리와
렘 22:24　고니야가 나의 오른손의 인장 **반지**라

반차(班次, order)
히 5:6　네가 영원히 멜기세덱의 **반차**를 따르는
히 5:10　하나님께 멜기세덱의 **반차**를 따른
히 6:20　예수께서 멜기세덱의 **반차**를 따라
히 7:11　**반차**를 따르지 않고 멜기세덱의 **반차**를
히 7:17　네가 영원히 멜기세덱의 **반차**를 따르는

반포 속옷(斑布, woven tunic)
출 28:4　흉패와 에봇과 겉옷과 **반포 속옷**과
출 28:39　너는 가는 베 실로 **반포 속옷**을 짜고

반포하다/반포되다(頒布, declare, preach, proclaim)
신 4:13　그의 언약을 너희에게 **반포하시고**
에 1:20　왕의 조서가 이 광대한 전국에 **반포되면**
에 2:8　왕의 조서와 명령이 **반포되매** 처녀들이
에 3:15　그 조서가 도성 수산에도 **반포되니** 왕은
에 6:9　거리로 다니며 그 앞에서 **반포하여**
에 6:11　거리로 다니며 그 앞에서 **반포하되**
에 8:13　각 민족에게 **반포하고** 유다인들에게
에 8:14　그 조서가 도성 수산에도 **반포되니라**
사 48:20　땅 끝까지 **반포하여** 이르기를 여호와
행 10:37　요한이 그 세례를 **반포한** 후에 갈릴리

반항하다(反抗, complaint, rebel)
욥 23:2　오늘도 내게 **반항하는** 마음과 근심이
시 78:40　그들이 광야에서 그에게 **반항하며** 사막
시 78:56　지존하신 하나님을 시험하고 **반항하여**

받다(take, receive, gore)
1. 주는 것을 갖거나 손으로 잡다(take, receive)
창 15:8　땅을 소유로 **받을** 것을 무엇으로 알리
창 47:17　그 말과 양 떼와 소 떼와 나귀를 **받고**
레 7:34　이스라엘 자손에게서 **받을** 영원한 소득
레 22:32　중에서 거룩하게 함을 **받을** 것이니라
수 14:1　이스라엘 자손이 가나안 땅에서 **받은**
전 6:2　부요와 존귀를 하나님께 **받았으나**

'받다 1'과 관련된 성구

가르침/가르치심을 받다 – 사 29:13; 요 6:45; 행 2:42; 갈 6:6; 엡 4:21; 살전 4:9; 살후 2:15; 히 5:12
가리어짐을 받다 – 롬 4:7
감동/감동하심을 받다 – 출 35:26; 스 1:5; 벧후 1:21
감사함으로 받다 – 딤전 4:3, 4
값을 받다 – 사 23:17; 겔 16:34
건지심/건짐을 받다 – 욥 22:30; 눅 1:74; 롬 15:31; 딤후 4:17
견책받다 – 잠 15:12, 32
결산을 받다 – 히 4:13
경계(를) 받다 – 잠 13:18; 15:5; 전 12:12
경고/경고하심을 받다 – 출 21:29; 시 19:11; 전 4:13; 겔 33:5; 히 11:7
경외 받다 – 시 76:7
경책을 받다 – 대하 24:27
계명을 받다 – 잠 10:8; 요일 4:21
계수함을 받다 – 민 1:44; 2:31; 7:2
계시를 받다 – 마 11:27; 눅 10:22; 고후 12:7
고난도 받다 – 롬 8:17; 빌 1:29
고난(을) 받다 – 느 9:9; 욥 36:6; 시 107:17; 잠 15:15; 호 5:15; 마 16:21; 17:12; 막 8:31; 9:12; 눅 6:18; 9:22; 16:25; 17:25; 22:15; 24:26, 46; 행 1:3; 3:18; 9:16; 26:23; 살전 2:14; 살후 1:5; 딤후 1:8, 12; 2:3, 9; 4:5; 히 2:9; 9:26; 11:25; 13:12; 벧전 2:19, 20, 21; 3:14, 17; 4:1, 15, 16, 19; 계 14:10
고문을 받다 – 히 11:35
고침을 받다 – 사 6:10; 마 13:15; 눅 5:15; 6:17, 18; 8:2, 43; 13:14; 요 5:13; 12:40; 행 28:9; 히 12:13
고통(을) 받다 – 욥 7:3; 사 23:5; 눅 16:28; 고전 12:26
곡식을 받다 – 딤후 2:6
곤고를 받다 – 애 1:4
공격을 받다 – 신 28:53; 렘 49:28
공급함을 받다 – 골 2:19
공문을 받다 – 행 22:5
관세를 받다 – 롬 13:7
관유로 부음을 받다 – 레 21:10
광명을 받다 – 욥 25:3

광주리를 받다 – 신 26:4
괴로움을 받다 – 사 64:12; 막 5:26; 눅 16:25; 행 5:16; 7:34; 갈 3:4; 계 20:10
교훈을 받다 – 욥 22:22; 시 2:10; 94:12; 잠 1:30; 21:11; 아 8:2; 사 29:24; 54:13; 렘 7:28; 17:23; 31:19; 32:33; 35:13; 습 3:2, 7; 행 22:3; 롬 2:18; 골 2:7; 딤후 4:3; 계 2:24
구별함을 받다 – 대하 26:18
구속(함)을 받다 – 사 1:27; 35:9; 51:10, 11
구원을 받다 – 삼상 11:9; 삼하 22:4; 시 3:2; 잠 28:18; 사 45:17, 22; 렘 23:6; 단 12:1; 욥 1:21; 마 9:22; 막 5:23, 28; 13:13; 눅 8:36; 13:23; 요 3:17; 5:34; 10:9; 행 2:21, 40, 47; 4:9, 12; 11:14; 14:9; 15:1, 11; 16:30, 31; 롬 5:9, 10; 9:27; 10:1, 9, 13; 11:26; 고전 1:18; 3:15; 5:5; 10:33; 15:2; 고후 1:6; 2:15; 엡 2:5, 8; 살전 2:16; 5:9; 살후 2:10, 13; 딤전 2:4; 딤후 2:10; 히 1:14; 벧전 1:9; 3:1; 4:18
구조를 받다 – 행 28:4
군량을 받다 – 왕상 20:27
궁핍을 받다 – 히 11:37
권능을 받다 – 행 1:8; 계 4:11
권면을 받다 – 고전 14:31
권세를 받다 – 단 7:6; 11:7; 계 7:2; 9:3; 13:5, 7, 15; 16:8; 17:12; 20:4; 22:14
권유를 받다 – 렘 20:7
권한을 받다 – 행 9:14; 21:14; 26:10, 12
권함을 받다 – 눅 16:31; 행 17:4; 고후 8:17
그리스도 예수를 주로 받다 – 골 2:6
글을 받다 – 사 37:14
금 고리를 받다 – 출 32:4
금을 받다 – 슥 6:11
긍휼을 받다 – 히 4:16
기도를 받다 – 대하 33:13; 시 6:9
기름 부음을 받다 – 출 40:15; 레 4:3, 5, 16; 6:20, 22; 16:32; 민 3:3; 18:8; 35:25; 삼상 2:10, 35; 12:3, 5; 24:6, 10; 26:9, 11, 16, 23; 삼하 1:14, 16, 21; 3:39; 23:1; 왕상 5:1; 대상 14:8; 대하 6:42; 시 2:2; 18:50; 20:6; 28:8; 89:38, 51; 132:10, 17; 사 45:1; 겔

【 받다 】

'받다 1'과 관련된 성구

28:14; 단 9:24, 25, 26; 합 3:13; 슥 4:14; 요일 2:20

기뻐하심을 받다 – 잠 11:20; 12:22

기쁘게 받다 – 레 1:3, 4; 19:5, 7; 22:25, 27, 29; 23:11; 26:41, 43; 삼하 24:23; 욥 42:8, 9; 전 9:7; 겔 20:40; 벧전 2:5

기쁨으로 받다 – 마 13:20; 막 4:16; 눅 8:13

기업을 받다 – 민 32:18, 19; 33:54; 34:14, 15, 29; 수 13:8; 16:4; 17:6; 18:7; 삿 18:1; 겔 46:16

깨끗함을 받다 – 마 8:3; 11:5; 막 1:41; 눅 5:13; 7:22; 17:14, 17

깨우침을 받다 – 겔 3:21

꾐/꾀임을 받다 – 왕하 21:9; 대하 32:15; 33:9

꾸지람을 받다 – 히 12:5

나음을 받다 – 사 53:5

날개를 받다 – 계 12:14

내보냄을 받다 – 사 50:1

녹을 받다 – 창 47:22

높임(을) 받다 – 삼하 6:22; 시 12:8; 21:13; 46:10; 47:9; 108:5; 사 2:11, 17; 5:16; 눅 16:15; 요 4:44

놓임을 받다 – 스 2:1; 느 7:6

뇌물을 받다 – 출 23:8; 신 10:17; 16:19; 27:25; 삼상 8:3; 12:3; 대하 19:7; 느 6:12; 욥 15:34; 시 15:5; 잠 17:23; 사 33:15; 겔 22:12; 단 11:39; 암 5:12

능욕(을) 받다 – 느 1:3; 잠 6:33; 9:7; 겔 22:4; 행 5:41

다른 복음을 받다 – 고후 11:4

다른 영을 받다 – 고후 11:4

다스림을 받다 – 사 63:19

달란트를 받다 – 왕하 5:23; 마 25:16, 17, 18, 20, 22, 24

대가를 받다 – 창 23:9

대속함을 받다 – 벧전 1:18

대접(을) 받다 – 마 7:12; 눅 6:31; 행 27:3

더럽힘을 받다 – 겔 22:26; 25:3; 요 18:28

데나리온을 받다 – 마 20:9, 10

도로 받다 – 눅 6:38; 히 11:19

도움/도우심을 받다 – 사 31:3; 행 26:22; 엡 4:16

돈을 받다 – 신 2:28; 21:14; 마 28:15; 행 24:26

들림을 받다 – 대상 14:2

땅을 받다 – 레 20:24; 신 3:20; 마 5:5

마음을 받다 – 단 4:16; 7:4

말/말씀을 받다 – 신 33:3; 잠 2:1; 4:10; 렘 9:12, 20; 23:28; 겔 3:10; 마 19:11, 12; 막 4:20; 요 10:35; 12:48; 행 2:41; 7:38; 8:14; 11:1; 17:11; 살전 1:6; 2:13; 약 1:21

면류관을 받다 – 계 6:2

멸망(을) 받다 – 잠 28:24; 행 3:23; 고전 10:5; 15:26; 유 1:11

멸시(를) 받다 – 잠 12:8; 전 9:16; 아 8:7; 사 23:9; 53:3; 렘 49:15; 고전 1:28

명령/명을 받다 – 창 45:19; 출 6:26; 레 8:35; 10:13; 왕상 14:6; 겔 38:8; 눅 17:10; 행 16:24; 17:15; 23:31; 골 4:10; 히 7:5

모독을 받다 – 롬 2:24

몫을 받다 – 전 5:19; 사 53:12

무저갱의 열쇠를 받다 – 계 9:1

묵시를 받다 – 애 2:9

문안 받다 – 마 23:7; 막 12:38; 눅 11:43; 20:46

물리침을 받다 – 사 42:17

물을 받다 – 겔 17:7

물음을 받다 – 사 65:1

미움/미워함을 받다 – 신 21:15, 16, 17; 삼상 27:12; 시 36:2; 잠 11:20; 12:22; 14:20; 19:7; 24:24; 29:27; 30:23; 전 9:1; 사 49:7; 마 10:22; 24:9; 막 13:13; 눅 16:15

미혹을 받다 – 마 24:4; 막 13:5; 눅 21:8, 17; 고전 6:9; 딤전 6:10

민족들을 받다 – 신 33:17

박해를 받다 – 마 5:10; 막 10:30; 고전 4:12; 고후 4:9; 갈 5:11; 딤후 3:11, 12

반대를 받다 – 행 28:22

버림(을) 받다 – 사 27:10; 53:3; 54:6; 62:4, 12; 마 5:32; 고후 13:5, 6, 7; 딤후 3:8

번제를 받다 – 삿 13:23; 시 20:3; 렘 6:20

벌/형벌을 받다 – 창 4:15; 출 21:20; 레 22:16; 민 14:18; 신 18:19; 왕상 8:35; 대하 6:26; 시 34:21, 22; 잠 7:22;

【 받다 】

'받다 1'과 관련된 성구

19:19; 21:11; 전 8:14; 사 24:22; 40:2; 53:8; 렘 2:3; 6:6; 46:21; 48:44; 50:27; 겔 22:3; 호 10:2; 나 1:3; 행 22:5; 고후 2:6; 유 1:7

변화를 받다 – 롬 12:2

보냄/보내심을 받다 – 민 14:36; 삼하 3:22; 왕하 19:4; 스 7:14; 잠 17:11; 사 37:4; 단 10:11; 옵 1:1; 마 15:24; 눅 1:19, 26; 4:26, 43; 19:32; 요 1:6; 3:28; 9:7; 13:16; 행 13:4; 롬 10:15; 계 5:6

보배로운 믿음을 받다 – 벧후 1:1

보살핌 받다 – 눅 19:44

보석금을 받다 – 행 17:9

보응(을) 받다 – 시 54:7; 59:10; 92:11; 사 3:11; 눅 23:41; 롬 1:27; 골 3:25; 히 2:2

보호(를)/보호하심을 받다 – 룻 2:12; 시 37:28; 호 12:13; 습 3:12; 벧전 1:5

복/축복을 받다 – 창 18:18; 22:18; 24:31; 26:4, 29; 27:29, 33; 28:14; 민 22:6, 12; 24:9; 신 4:40; 5:29; 6:3, 18–19; 7:14; 15:4–5; 28:3, 4, 5, 6; 33:24; 삿 5:24; 17:2; 룻 2:20; 삼상 15:13; 23:21; 삼하 2:5; 7:29; 왕상 2:45; 욥 2:10; 시 21:6; 24:5; 34:12; 37:22, 26; 41:2; 72:17; 115:15; 잠 22:9; 24:25; 사 61:9; 렘 7:23; 15:11; 17:7; 38:20; 44:17; 마 25:34; 행 3:25; 갈 3:8; 히 6:7; 약 1:25

복음을 위탁받다 – 살전 2:4

복음 전함을 받다 – 히 4:2, 6

부름/부르심을 받다 – 민 1:16; 26:9; 삿 6:34; 7:23; 에 4:11; 단 5:13; 롬 1:1, 6, 7; 고전 1:1, 2, 24; 7:18, 20, 21, 22, 24; 엡 4:1, 4; 골 3:15; 딤전 6:12; 히 3:1; 5:4; 11:8; 벧전 2:21; 3:9; 유 1:1; 계 17:14

부탁함을 받다 – 행 15:40

분깃을 받다 – 시 17:14; 렘 37:12; 욜 2:32

분배를 받다 – 수 18:2

비난을 받다 – 딛 1:6

비방을 받다 – 시 69:7; 겔 36:15; 눅 2:34; 롬 14:16; 고전 4:13; 10:30; 고후 6:3; 딤전 6:1; 딛 2:5; 벧후 2:2

비용을 받다 – 고후 11:8

비판을 받다 – 마 7:1, 2; 눅 6:37

빛을 받다 – 히 6:4; 10:32

뿌림을 받다 – 민 19:20; 히 10:22

사랑/사랑하심을 받다 – 창 29:31, 33; 신 21:15, 16; 삼상 20:29; 에 10:3; 전 9:1; 호 3:1; 요 14:21; 롬 1:7; 엡 5:1; 6:21; 빌 4:8; 골 3:12; 4:7, 9, 14; 살전 1:4; 살후 2:10; 딤전 6:2; 몬 1:1, 16

사모함을 받다 – 갈 4:18

사명을 받다 – 고전 9:17

사죄함을 받다 – 사 33:24

사함/사하심을 받다 – 레 4:20, 31, 35; 5:10, 13, 16, 18; 6:7; 19:22; 민 15:25, 26; 신 21:8; 시 32:1; 사 40:2; 눅 7:47; 롬 4:7; 약 5:15; 요일 2:12

사형 선고를 받다 – 고후 1:9

사형을 받다 – 눅 23:32

삯을/삯도 받다 – 렘 31:16; 학 1:6; 슥 8:10; 눅 10:7; 12:10; 요 4:36; 딤전 5:18

살리심을 받다 – 골 3:1; 벧전 3:18

상속 받다 – 마 25:34

상을 받다 – 삼하 18:22; 전 8:14; 9:5; 마 6:1, 2, 5, 16; 10:41; 고전 3:8, 14; 9:24; 골 3:24; 요이 1:8

상함을 받다 – 잠 6:33; 사 53:10

생명수를 받다 – 계 22:17

선택 받다 – 렘 48:15

섬김을 받다 – 마 20:28; 막 10:45; 행 17:25

성령(을) 받다 – 요 20:22; 행 2:33; 8:15, 18, 19; 10:47; 19:2; 갈 3:2

성령의 선물을 받다 – 행 2:38

성령의/성령으로 충만함을 받다 – 눅 1:41, 67; 행 2:4; 엡 5:18

성물을 받다 – 출 28:38

성읍을 받다 – 수 21:4, 5, 6, 7

세겔을 받다 – 신 22:19; 마 17:24

세례(를) 받다 – 마 3:13, 14, 16; 막 1:9; 10:39; 16:16; 눅 3:7, 12, 21; 7:29, 30; 행 1:5; 2:38, 41; 8:12, 13, 17, 36; 9:18; 11:16; 16:15, 33; 19:3, 5; 22:16; 롬 6:3, 4; 고전 1:13, 15; 10:2; 12:13; 15:29; 갈 3:27

【 받다 】

'받다 1'과 관련된 성구

세례만 받다 – 행 8:16
세상의 영을 받다 – 고전 2:12
세움/세우심을 받다 – 느 5:14; 잠 8:23; 단 4:36; 눅 2:34; 롬 14:4; 고전 14:17; 빌 1:16; 골 2:7; 살전 3:3
소식을 받다 – 롬 15:21
소제를 받다 – 삿 13:23
속량(함을) 받다 – 레 25:48; 시 107:2; 사 35:10; 계 14:3, 4
속전을 받다 – 민 3:49; 35:31, 32
속죄함을 받다 – 삼상 3:14
속함을 받다 – 민 35:33
송축을 받다 – 대상 29:10; 대하 2:12
수레와 소를 받다 – 민 7:6
수욕 받다 – 습 3:19
수치를 받다 – 겔 34:29; 호 10:6
순종함을 받다 – 롬 6:16
술잔/잔을 받다 – 렘 25:15, 17, 28; 눅 22:17; 계 16:19
숭배함을 받다 – 살후 2:4
시기를 받다 – 전 4:4
시련도 받다 – 히 11:36
시험(을) 받다 – 욥 34:36; 마 4:1; 막 1:13; 눅 4:2; 갈 6:1; 히 2:18; 4:15; 11:17; 약 1:13, 14; 계 2:10
신뢰 받다 – 왕하 10:11
신성 모독을 말하는 입을 받다 – 계 13:5
신을 받다 – 암 2:6
신 포도주를 받다 – 요 19:30
심문을 받다 – 마 12:36; 행 24:21; 25:9, 10, 20; 26:6
심판(을) 받다 – 시 9:19; 109:7; 마 5:21, 22; 눅 20:47; 요 3:18; 16:11; 롬 2:12; 3:7; 갈 5:10; 살후 2:12; 약 2:12; 3:1; 벧전 4:6; 계 20:12, 13
십일조를 받다 – 느 10:37, 38
씻음과 거룩함과 의롭다 하심을 받다 – 고전 6:11
씻음을 받다 – 히 10:22
아기를 받다 – 룻 4:16
안수 받다 – 딤전 4:14
안위를 받다 – 사 54:11; 빌 2:19; 히 6:18
압박을 받다 – 시 106:42
압제를 받다 – 호 5:11; 행 7:24

약속을 받다 – 갈 3:14; 히 6:12, 15, 17; 7:6; 11:9, 13, 17, 33
약속하신 나라를 받다 – 약 2:5
양육(을) 받다 – 에 2:20; 딤전 4:6; 계 12:14
양자의 영을 받다 – 롬 8:15
언약의 돌판들을 받다 – 신 9:9
업신여김을 받다 – 갈 6:7; 딛 2:15
여러 배를 받다 – 마 19:29; 눅 18:30
연단(을) 받다 – 단 11:35; 12:2, 10; 히 5:14; 12:11
열매를 받다 – 마 21:34; 롬 8:23
영광(을) 받다 – 잠 3:35; 요 7:39; 11:4; 13:31, 32; 14:13; 15:8; 17:10; 롬 8:17; 9:23; 살후 1:10, 12; 히 3:3; 벧전 4:11; 벧후 1:17; 계 4:11
영생을 받다 – 막 10:30; 눅 18:30
영접을 받다 – 행 15:4
영혼을 받다 – 행 7:59
예물을 받다 – 창 33:10, 11; 출 36:3; 왕하 5:15; 겔 48:12
예언을 받다 – 렘 14:16
옷을 받다 – 왕하 5:26
왕위를 받다 – 눅 19:12, 15
욕을 받다 – 사 45:16, 17
용서(를) 받다 – 전 10:4; 눅 6:37
우상을 받다 – 삿 18:20
위로(를) 받다 – 창 37:35; 38:12; 룻 1:9; 욥 6:10; 시 77:2; 135:14; 사 66:13; 렘 8:18; 31:15; 겔 14:22, 23; 31:16; 32:31; 마 2:18; 5:4; 눅 6:24; 16:25; 행 20:12; 고후 1:6; 7:13; 13:11; 살전 3:7; 몬 1:7
위안을 받다 – 골 2:2
위임을 받다 – 출 29:29; 학 1:13; 행 26:12
유업을 받다 – 갈 4:7
유익을 받다 – 딤전 6:2
유인을 받다 – 수 8:6, 16
유혹을 받다 – 신 30:17; 렘 20:10; 겔 14:9
율법을 받다 – 행 7:53; 히 7:11
은사를 받다 – 벧전 4:10
은을 받다 – 삼하 18:12; 왕하 5:26; 12:7, 8, 15; 잠 8:10; 암 2:6; 슥 6:11
은총/은혜를 받다 – 창 32:5; 39:21; 출 11:3; 삼상 20:3; 잠 12:2; 18:22; 단

【 받다 】

'받다 1'과 관련된 성구

10:11, 19; 눅 1:28; 행 4:33; 7:46; 고후 6:1, 2; 히 12:28
은혜와 의의 선물을 받다 – 롬 5:17
응답 받다 – 단 10:12
의롭다 함/하심을 받다 – 마 12:37; 눅 18:14; 롬 4:2; 5:1, 9, 18; 딤전 3:16; 약 2:21, 24, 25
이어 받다 – 겔 46:17; 고전 15:50
이자(를) 받다 – 출 22:25; 레 25:36; 신 23:19, 20; 느 5:10; 시 15:5; 사 24:2; 겔 18:8, 13, 17; 22:12; 마 25:27
인도(함을) 받다 – 시 45:14, 15; 사 9:16; 55:12; 렘 31:9; 롬 8:14
인정/인정함(을) 받다 – 신 1:13, 15; 잠 31:23; 렘 28:9; 롬 16:10; 고전 11:19; 고후 10:18; 11:12
인치심/인침을 받다 – 엡 1:13; 4:30; 계 7:4, 5, 8; 9:4
일곱 나팔을 받다 – 계 8:2
일으키심을 받다 – 골 2:12
일컬음을 받다 – 삼하 12:28; 대상 13:6; 잠 16:21; 사 5:16; 47:1, 5; 48:1; 54:5; 61:3, 6; 63:19; 렘 7:10, 11, 14, 30; 14:9; 15:16; 23:6; 25:29; 34:15; 마 5:9, 19; 21:13; 눅 1:76; 행 11:26; 15:17; 롬 9:26; 히 11:16; 요일 3:1
자극을 받다 – 욥 16:3
자원제물을 받다 – 시 119:108
장립을 받다 – 대하 13:9
재앙을 받다 – 대상 7:23
재판도 받다 – 행 8:33
재판을 받다 – 수 20:6
저주를 받다 – 창 3:14, 17; 9:25; 27:12, 29; 49:7; 민 22:6; 24:9; 신 11:28; 21:23; 27:15, 16, 17, 18, 19, 20, 21, 22, 23, 24, 25, 26; 28:16, 17, 18, 19; 수 6:26; 삿 21:18; 삼상 14:24, 28; 26:19; 왕하 9:34; 시 37:22; 119:21; 잠 11:26; 24:24; 사 65:20; 렘 11:3; 17:5; 20:14, 15; 24:9; 48:10; 말 1:14; 3:9; 마 25:41; 요 7:49; 롬 9:3; 고전 16:22; 갈 1:8; 9; 3:13
전송을 받다 – 행 15:3, 33
접붙임을 받다 – 롬 11:19, 23, 24

정결함을 받다 – 레 14:4, 7, 8, 11, 14, 17, 18, 19, 25, 28, 29, 31; 수 22:17
정죄하심/정죄(함을) 받다 – 잠 12:2; 마 12:37; 막 16:16; 눅 6:37; 23:40; 롬 3:8; 고전 11:19; 약 5:12
제물을 받다 – 삼상 26:19
조각을 받다 – 요 13:27, 30
조공과 관세와 통행세를 받다 – 스 7:24
조롱을 받다 – 렘 24:9
조사를 받다 – 출 22:8; 30:12
조세를 받다 – 롬 13:7
존경(을) 받다 – 삼상 9:6; 에 10:3; 애 5:12; 마 13:57; 막 6:4; 15:43; 행 5:34
존귀를 받다 – 벧후 1:17; 계 4:11
종의 영을 받다 – 롬 8:15
죄 값을 받다 – 민 5:8
죄를 받다 – 욥 13:26
죄 사함을 받다 – 마 9:2, 5; 막 1:4; 2:5, 9; 눅 3:3; 5:20, 23; 7:48; 24:47; 행 2:38; 10:43; 엡 1:7
죄 없이함을 받다 – 사 27:9; 행 3:19
주의 자비하심을 받다 – 고전 7:25
즐겁게 받다 – 겔 43:27
증거를 받다 – 롬 3:21; 히 11:5, 39; 요삼 1:12
증언을 받다 – 요 2:25; 3:11, 32, 33; 요일 5:9; 계 19:10
지명 받다 – 스 8:20
지시/지시하심을 받다 – 민 15:34; 마 2:12, 22; 눅 2:26; 행 10:22
지식을 받다 – 히 10:26
지음/지으심/빚음을 받다 – 욥 22:23; 시 103:22; 139:15; 148:5; 사 29:16; 43:10; 겔 21:30; 롬 9:20; 고전 11:9; 갈 6:15; 엡 2:10; 4:24; 딤전 2:13; 약 3:9
지키심을 받다 – 유 1:1
지휘를 받다 – 대상 26:28
직분을 받다 – 롬 1:5; 고후 4:1; 히 7:5
진노를 받다 – 말 1:4
진액을 받다 – 롬 11:17
징계/징벌을 받다 – 욥 5:17; 시 73:14; 94:12; 잠 15:10; 사 53:4, 5; 렘 5:3; 31:18; 고전 11:19; 고후 6:9; 히 12:7

【 받다 】

'받다 1'과 관련된 성구

찍힘을 받다 – 롬 11:24
찔림 받다 – 애 4:9
찬송/찬양을 받다 – 삼하 22:4; 욥 1:21; 시 18:3; 48:1; 113:3; 119:12; 135:21; 148:14; 사 62:7; 막 14:61; 롬 9:5; 계 5:12
창조함을 받다 – 시 102:18
책망(을) 받다 – 레 19:20; 잠 1:25; 29:1; 눅 3:19; 행 19:40; 갈 2:11; 엡 5:13; 딤전 5:7; 6:14; 벧후 2:16
천대를 받다 – 욥 24:24
청함을 받다 – 삼상 9:13; 삼하 15:11; 에 5:12; 마 22:14; 눅 14:7, 8, 10; 요 2:2; 행 28:14; 계 19:9
청혼을 받다 – 아 8:8
추격을 받다 – 창 49:19
충동을 받다 – 렘 50:41
충만함을 받다 – 눅 1:15
치료/치유를 받다 – 신 28:27; 렘 8:22; 14:19; 46:11
치리를 받다 – 전 4:16
칭송을 받다 – 눅 4:15; 행 2:47
칭찬(을) 받다 – 삼하 14:25; 시 49:18; 잠 12:8; 31:30, 31; 렘 51:41; 눅 6:32, 33, 34; 행 6:3; 16:2; 롬 13:3; 고후 8:18; 12:11; 빌 4:8
칭함/칭하심(을) 받다 – 마 23:7, 8, 10; 막 11:17; 눅 22:25; 고전 15:9; 엡 2:11; 히 5:10; 11:24; 약 2:23
칼을 받다 – 렘 15:2; 계 6:4
타격을 받다 – 암 6:11; 계 8:12
탄원을 받다 – 렘 37:20
탕감함을 받다 – 눅 7:43
택함/택하심을 받다 – 민 16:2; 대상 16:41; 시 89:19; 눅 9:35; 고후 8:19; 딤전 5:21; 딤후 2:10; 벧전 1:2; 5:13; 요이 1:1, 13; 계 17:14
판결을 받다 – 민 35:12; 유 1:4
판단(을) 받다 – 롬 3:4; 고전 2:15; 4:3; 10:29; 11:19, 31, 34; 14:24
편지도 받다 – 행 28:21
편지를 받다 – 왕하 19:14; 대하 30:6
평안을 받다 – 눅 10:6
표를 받다 – 계 13:16; 14:9, 11; 16:2; 19:20; 20:4
표징을 받다 – 출 4:8
피를 받다 – 창 4:11; 대하 29:22; 30:16; 35:11
피 흘림을 받다 – 민 35:33
하나님으로부터 온 영을 받다 – 고전 2:12
하나님의 나라를 유업으로 받다 – 고전 6:9, 10; 갈 5:21
하나님의 영을 받다 – 고전 7:40
학대(를) 받다 – 출 1:12; 신 28:33; 왕하 13:4; 욥 24:4, 14; 시 74:21; 전 4:1; 사 1:17; 23:12; 렘 50:33; 호 5:11; 히 11:37; 13:3
할례(를) 받다 – 창 17:10, 12, 13, 14, 26, 27; 34:14, 15, 17, 22, 24; 출 12:44, 48; 레 19:23; 26:41; 수 5:5; 삿 14:3; 15:18; 삼상 14:6; 17:26, 36; 31:4; 삼하 1:20; 대상 10:4; 사 52:1; 렘 6:10; 9:25, 26; 28:10; 31:18; 32:19, 21, 24, 25, 26, 27, 28, 29, 30, 32; 겔 44:7, 9; 합 2:16; 요 7:23; 행 7:51; 10:45; 15:1; 롬 4:12; 고전 7:19; 갈 2:3; 5:2, 3; 6:12, 13; 엡 2:11; 빌 3:5; 골 2:11
할례의 표를 받다 – 롬 4:11
항복을 받다 – 삼하 8:1; 대상 18:1
향기를 받다 – 창 8:21
향을 받다 – 계 8:3
해도 받다 – 고후 7:9
해(를) 받다 – 민 5:28; 잠 26:6; 막 16:18; 눅 13:2; 행 17:3; 고전 3:15; 계 2:11
햇빛을 받다 – 욥 8:16
허락(을) 받다 – 에 5:12; 계 6:4
헤아림을 받다 – 사 53:12; 마 7:2; 막 4:24
협박을 받다 – 잠 13:8
형벌을 받다 – 살후 1:9
화를 받다 – 욥 2:10
환난을 받다 – 왕상 2:26; 미 4:6; 살후 1:6, 7; 히 11:37; 계 2:10
환상을 받다 – 단 7:1
환영을 받다 – 눅 4:24
훈계를 받다 – 잠 1:3; 5:23; 8:10; 15:32; 19:20; 24:32; 렘 6:8; 딤전 1:20
흔들리지 않는 나라를 받다 – 히 12:28
희생제물을 받다 – 렘 46:10

【 받다 】　　　　　　　　　　　　　　　　　　　　　　　　　　　　　　　　　　【 받침 】

받다 1 – 기타 본문

모세오경 창 4:4, 5; 16:5; 21:30; 23:13; 32:20; 33:11; 43:23; 48:6; 출 25:2, 3; 레 7:36; 22:19, 20, 21, 23, 25, 33; 민 3:47, 50; 7:5; 18:26, 28, 29; 23:20; 27:7, 11; 31:30, 43, 50; 34:13; 35:2, 8 ; 신 4:14; 15:18; 18:3; 19:1; 25:10; 33:11 **역사서** 수 13:23, 28, 31; 15:12, 20; 16:5, 8; 17:1; 18:20, 21, 28; 19:2, 8, 9, 16, 23, 31, 39, 48; 21:33, 40, 41; 22:9, 25, 27; 24:33; 삿 2:18; 삼상 10:4; 25:35; 삼하 16:23; 20:1; 왕상 5:9; 8:31; 12:16; 17:19; 18:26; 20:33; 왕하 5:16, 20, 24, 26; 25:30; 대상 28:12; 29:14; 대하 6:22; 10:16; 29:16; 32:25; 스 7:6; 8:30; 느 13:10; 에 4:4 **시가서** 욥 3:12; 20:29; 23:2; 27:13; 34:11; 35:7; 36:17; 41:33; 시 9:13; 28:4; 44:22; 68:18; 72:14; 89:50; 104:28; 106:2, 46; 109:20; 112:8; 잠 3:4, 27; 6:35; 12:9; 28:13 **선지서** 사 1:6; 2:1; 13:1; 44:5; 56:7; 60:7; 렘 14:10; 12; 30:14; 37:17; 51:5, 35; 52:34; 애 5:1; 겔 10:7; 20:41; 24:18; 단 2:28; 4:5, 10, 13, 27; 7:4; 8:4; 호 2:23; 14:2; 암 1:1; 5:22; 옵 1:15; 욘 2:2; 합 1:1; 슥 6:10; 13:6; 14:19; 말 1:8, 10; 2:13 **신약** 마 5:7; 6:9; 7:8; 10:8, 10; 11:14; 13:17; 19:12; 20:10, 11; 21:22, 43; 24:51; 25:29; 26:26; 막 4:24, 25; 6:2; 9:49; 10:30, 38, 39; 11:24; 12:2, 40; 14:22; 15:23; 눅 3:14; 6:34; 11:2, 10; 12:46, 48, 50; 16:25; 20:35; 22:37; 24:43; 요 1:16; 3:27; 6:7; 7:39; 10:18; 14:21; 15:16; 16:24; 17:8; 행 3:21; 7:45; 10:35; 16:21; 20:24, 35; 27:36; 롬 4:6, 24; 8:36; 12:6; 14:1, 3; 15:7, 16, 31; 고전 2:14; 3:15; 4:7; 6:4, 19; 7:7; 11:23; 15:1, 3, 50; 고후 1:4, 5, 6; 2:17; 3:1; 4:17; 5:10; 7:7, 13; 8:12; 11:4, 16; 갈 1:12; 엡 6:8; 빌 4:9, 18; 골 1:24; 4:17; 살전 3:4; 살후 1:5; 2:2; 3:6; 딤전 1:15; 2:3; 4:9, 14; 5:4, 19; 히 5:8; 7:8, 9; 10:28, 29, 36; 11:8, 26, 39; 12:8; 약 4:3; 벧전 1:11; 벧후 1:21; 2:21; 3:15; 요일 2:27; 요이 1:4; 요삼 1:7; 유 1:3; 계 2:10, 17, 27; 3:3; 13:14; 17:1; 18:4; 21:7

2. 소가 받다 (gore)

출 21:28 　소가 남자나 여자를 **받아서** 죽이면
출 21:29 　소가 본래 **받는** … 막론하고 받아
출 21:32 　소가 만일 남종이나 여종을 **받으면**
출 21:35 　이 사람의 소가 저 사람의 소를 **받아**
출 21:36 　그 소가 본래 **받는** 버릇이 있는 줄을

받들다 (put, present, lift up, serve)

창 40:21 　회복하매 그가 잔을 바로의 손에 **받들어**
민 6:20 　흔든 가슴과 **받들어** 올린 넓적다리는
민 18:32 　너희가 그 중 아름다운 것을 **받들어**
삿 3:20 　내가 하나님의 명령을 **받들어** 왕에게
왕상 1:2 　그로 왕을 **받들어** 모시게 하고 왕의
왕상 1:4 　처녀는 심히 아름다워 그가 왕을 **받들어**
왕상 15:15 　여호와의 성전에 **받들어** 드렸으니 곧
에 3:15 　역졸이 왕의 명령을 **받들어** 급히 나가매
사 52:13 　내 종이 형통하리니 **받들어** 높이 들려서
겔 43:24 　여호와 앞에 **받들어다가** 제사장은 그
마 4:6 　그들이 손으로 너를 **받들어** 발이 돌에
막 10:15 　나라를 어린 아이와 같이 **받들지** 않는
눅 2:51 　나사렛에 이르러 순종하여 **받드시더라**
눅 4:11 　그들이 손으로 너를 **받들어** 네 발이
눅 16:22 　그 거지가 죽어 천사들에게 **받들려**
행 7:43 　장막과 신 레판의 별을 **받들었음이여**
행 26:7 　밤낮으로 간절히 하나님을 **받들어** 섬김
히 7:13 　한 사람도 제단 일을 **받들지** 않는 다른

받아들이다 (bring back, accept, admit, receive)

창 8:9 　내밀어 방주 안 자기에게로 **받아들이고**
레 7:18 　그 제사는 기쁘게 **받아들여지지** 않을
수 20:4 　들은 그를 성읍에 **받아들여** 한 곳을
왕하 12:5 　각각 아는 자에게서 **받아들여** 성전의
대상 12:18 　다윗이 그들을 **받아들여** 군대 지휘관을
렘 2:30 　무익함은 그들이 징계를 **받아들이지**
눅 9:53 　가시기 때문에 그들이 **받아들이지** 아니
눅 18:17 　나라를 어린 아이와 같이 **받아들이지**
롬 11:15 　그 **받아들이는** 것이 죽은 자 가운데서
히 11:35 　죽은 자들을 부활로 **받아들이기도**
히 12:6 　그가 **받아들이시는** 아들마다 채찍질

받치다 (stand)

왕상 7:25 　바다를 소 열두 마리가 **받쳤으니** 셋은
대하 4:4 　바다를 놋쇠 황소 열두 마리가 **받쳤으니**

받침 (base, stand)

출 26:19 　은**받침** 마흔 개를 만들지니 … 그 두 촉
을 위하여 두 **받침**을 만들고 저쪽 널판

【받침】   【발】

	아래에도 … 위하여 두 **받침**을 만들지며
출 26:37	기둥을 위하여 **받침** 다섯 개를 놓으르
출 28:31	너는 에봇 **받침** 겉옷을 전부 청색으로
출 29:5	아론에게 속옷과 에봇 **받침** 겉옷과 에봇
민 3:36	그 띠와 그 기둥과 **받침**과 그 모든
왕하 16:17	아하스 왕이 물두멍 **받침**의 옆판을 떼내
왕하 25:13	여호와의 성전의 두 놋 기둥과 **받침**들

✝ 받침 - 기타 본문

출 26:21, 25, 32; 27:10, 11, 12, 14, 15, 16, 17,
18; 30:18, 28; 31:9; 35:11, 16, 17; 36:24, 26, 30,
36, 38; 38:8, 10, 11, 12, 14, 15, 17, 19, 27, 30, 31;
39:22, 33, 39, 40; 40:11, 18; 레 8:11; 민 3:37;
4:31, 32; 왕상 7:27, 28, 30, 31, 32, 34, 35, 37, 38,
39, 43; 왕하 25:16; 대하 4:14; 아 5:15; 렘 27:19;
52:17, 20

발(feet)

모세오경

창 24:32	사료를 낙타에게 주고 그 사람의 **발**과
창 30:30	내 **발**이 이르는 곳마다 여호와께서
창 43:24	요셉의 집으로 인도하고 물을 주어 **발**을
창 49:10	통치자의 지팡이가 그 **발** 사이에서 떠나
창 49:33	아들에게 명하기를 마치고 그 **발**을
출 3:5	네가 선 곳은 거룩한 땅이니 네 **발**에서
출 4:25	그의 아들의 포피를 베어 그의 **발**에
출 12:11	허리에 띠를 띠고 **발**에 신을 신고 손에
출 21:24	눈으로, 이는 이로, 손은 … **발**은 **발**로,
출 25:12	금 고리 넷을 부어 만들어 그 네 **발**에
출 25:26	금 고리 넷을 만들어 그 네 **발** 위 네
출 37:3	금 고리 넷을 부어 만들어 네 **발**에 달았
출 37:13	금 고리 넷을 부어 만들어 네 **발** 위, 네
레 11:20	날개가 있고 네 **발**로 기어 다니는 곤충
레 11:21	**발**로 기어 다니는 모든 곤충 중에 그
레 11:27	**발**로 다니는 모든 짐승 중 발바닥으로
레 11:42	네 **발**로 걷는 것이나 여러 **발**을 가진
레 21:19	**발** 부러진 자나 손 부러진 자나
신 11:10	너희가 파종한 후에 **발**로 물 대었기
신 19:21	손에는 손으로, **발**에는 **발**로이니라
신 25:9	그의 **발**에서 신을 벗기고 그의 얼굴에
신 29:5	옷이 낡아지지 아니하였고 너희 **발**의
신 32:15	그런데 여수룬이 기름지매 **발**로 찼도다
신 33:24	기쁨이 되며 그의 **발**이 기름에 잠길지

역사서

수 3:15	궤를 멘 제사장들의 **발**이 물가에 잠기자
수 4:3	요단 가운데 제사장들의 **발**이 굳게 선
수 4:9	언약궤를 멘 제사장들의 **발**이 선 곳에
수 5:15	네 **발**에서 신을 벗으라 네가 선 곳은
수 9:5	그 **발**에는 낡아서 기운 신을 신고 낡은
삿 3:24	왕이 분명히 서늘한 방에서 그의 **발**을
삼상 2:9	그가 그의 거룩한 자들의 **발**을 지키실
삼상 25:24	다윗의 **발**에 엎드려 이르되 내 주여
삼하 2:18	아사헬의 **발**은 들노루같이 빠르더라
삼하 3:34	네 손이 결박되지 아니하였고 네 **발**이
삼하 8:4	다윗이 그 외의 병거의 말은 다 **발**의
삼하 9:13	예루살렘에 사니라 그는 두 **발**을 다
삼하 19:24	평안히 돌아오는 날까지 그의 **발**을 맵시
삼하 22:34	나의 **발**로 암사슴 **발** 같게 하시며 나를
삼하 22:37	내 **발**이 미끄러지지 아니하게 하셨나이
왕상 2:5	피를 자기의 허리에 띤 띠와 **발**에 신은
왕상 14:12	네 **발**이 성읍에 들어갈 때에 그 아이가
왕상 15:23	그러나 그는 늘그막에 **발**에 병이 들었더
왕하 4:27	하나님의 사람에게 나아가서 그 **발**을
왕하 9:35	그 두골과 **발**과 그의 손 외에는 찾지
왕하 21:8	내가 그들의 **발**로 다시는 그의 조상들에
대상 18:4	그 외의 병거의 말은 다 **발**의 힘줄을
대상 20:6	손과 **발**에 가락이 여섯씩 모두 스물넷이
대하 16:12	그의 **발**이 병들어 매우 위독했으나 병이
대하 33:8	그들의 **발**로 다시는 그의 조상들에게

시가서

욥 13:27	**발**을 차꼬에 채우시며 나의 모든 길을
욥 18:8	그의 **발**이 그물에 빠지고 올가미에 걸려
욥 23:11	**발**이 그의 걸음을 바로 따랐으며 내가
욥 29:15	맹인의 눈도 되고 다리 저는 사람의 **발**
욥 30:12	그들이 내 오른쪽에서 일어나 내 **발**을
욥 31:5	허위와 함께 동행하고 내 **발**이 속임수
욥 33:11	**발**을 차꼬에 채우시고 나의 모든 길을
욥 39:15	**발**에 깨어질 것이나 들짐승에게 밟힐
시 9:15	자기가 숨긴 그물에 자기 **발**이 걸렸도다
시 18:33	나의 **발**을 암사슴 **발** 같게 하시며 나를
시 25:15	여호와를 바라봄은 내 **발**을 그물에서
시 26:12	내 **발**이 평탄한 데에 섰사오니 무리
시 31:8	가두지 아니하였고 내 **발**을 넓은 곳에
시 36:11	교만한 자의 **발**이 내게 이르지 못하게
시 40:2	내 **발**을 반석 위에 두사 내 걸음을 견고
시 68:23	그들을 심히 치고 그들의 피에 네 **발**을

【발】   【발】

시 74:3	영구히 파멸된 곳을 향하여 주의 **발**을
시 91:12	그들의 손으로 너를 붙들어 **발**이 돌에
시 91:13	독사를 밟으며 젊은 사자와 뱀을 **발**로
시 94:18	여호와여 나의 **발**이 미끄러진다고 말할
시 105:18	**발**은 차꼬를 차고 그의 몸은 쇠사슬
시 115:7	손이 있어도 만지지 못하며 **발**이 있어도
시 116:8	내 눈을 눈물에서, 내 **발**을 넘어짐에서
시 119:101	내가 주의 말씀을 지키려고 **발**을 금하여
시 119:105	주의 말씀은 내 **발**에 등이요 내 길에
시 122:2	예루살렘아 우리 **발**이 네 성문 안에
잠 1:15	그들과 함께 길에 다니지 말라 네 **발**을
잠 1:16	그 **발**은 악으로 달려가며 피를 흘리는
잠 3:23	길을 평안히 행하겠고 네 **발**이 거치지
잠 3:26	여호와는 네가 의지할 이시니라 네 **발**을
잠 4:26	네 **발**이 행할 길을 평탄하게 하며 네
잠 4:27	좌로나 우로나 치우치지 말고 네 **발**을
잠 5:5	그의 **발**은 사지로 내려가며 그의 걸음은
잠 6:13	눈짓을 하며 **발**로 뜻을 보이며 손가락질
잠 6:18	마음과 빨리 악으로 달려가는 **발**과
잠 6:28	사람이 숯불을 밟고서야 어찌 그의 **발**이
잠 7:11	이 여인은 떠들며 완악하며 그의 **발**이
잠 19:2	지식 없는 소원은 선하지 못하고 **발**이
잠 25:19	의뢰하는 것은 부러진 이와 위골된 **발**
잠 26:6	기별하는 것은 자기의 **발**을 베어 버림
전 5:1	하나님의 집에 들어갈 때에 네 **발**을
아 7:1	귀한 자의 딸아 신을 신은 네 **발**이 어찌

선지서

사 3:16	아기작거려 걸으며 **발**로는 쟁쟁한 소리
사 6:2	둘로는 자기의 **발**을 가리었고 그 둘로는
사 20:2	네 **발**에서 … 몸과 벗은 **발**로 다니라
사 20:3	삼 년 동안 벗은 몸과 벗은 **발**로 다니며
사 20:4	벗은 몸과 벗은 **발**로 볼기까지 드러내어
사 23:7	자기 **발**로 먼 지방까지 가서 머물던
사 26:6	**발**이 그것을 … 빈궁한 자의 **발**과 곤핍
사 28:3	술취한 자들의 교만한 면류관이 **발**에
사 41:3	그의 **발**로 가 보지 못한 길을 안전히
사 49:23	얼굴을 땅에 대고 네게 절하고 네 **발**의
사 52:7	통치하신다 하는 자의 산을 넘는 **발**이
사 58:13	안식일에 네 **발**을 금하여 내 성일에
사 59:7	그 **발**은 행악하기에 빠르고 무죄한 피를
사 60:13	나의 **발** 둘 곳을 영화롭게 할 것이라
렘 2:23	**발**이 빠른 암낙타가 그의 길을 어지러이
렘 2:25	네 **발**을 제어하여 벗은 **발**이 되게 하지
렘 13:16	어둠을 일으키시기 전, 너희 **발**이
렘 14:10	어그러진 길을 사랑하여 그들의 **발**을
렘 18:22	내 **발**을 빠뜨리려고 올무를 놓았음이니
렘 38:22	너를 꾀어 이기고 네 **발**이 진흙에 빠짐
렘 46:6	**발**이 빠른 자도 도망하지 못하며 용사도
겔 2:1	네 **발**로 일어서라 내가 네게 말하리
겔 2:2	영이 내게 임하사 나를 일으켜 내 **발**로
겔 3:24	나를 일으켜 내 **발**로 세우시고 내게
겔 6:11	손뼉을 치고 **발**을 구르며 말할지어다
겔 24:17	수건으로 머리를 동이고 **발**에 신을 신고
겔 24:23	**발**에 신을 신은 채로 두고 슬퍼하지도
겔 25:6	이스라엘 땅에 대하여 손뼉을 치며 **발**
겔 29:11	**발**도 지나가지 아니하며 짐승의 **발**도
겔 32:2	강에서 튀어 일어나 **발**로 물을 휘저어
겔 32:13	사람의 **발**이나 짐승의 굽이 다시는
겔 43:7	내 **발**을 두는 처소, 내가 이스라엘 족속
단 2:33	그 **발**은 얼마는 쇠요 얼마는 진흙이었나
단 2:34	신상의 쇠와 진흙의 **발**을 쳐서 부서뜨리
단 2:41	왕께서 그 **발**과 **발**가락이 얼마는 토기장
단 7:4	땅에서 들려서 사람처럼 두 **발**로 서게
단 10:6	그의 눈은 횃불 같고 그의 팔과 **발**은
암 2:7	힘없는 자의 머리를 티끌 먼지 속에 **발**
암 2:15	활을 가진 자도 설 수 없으며 **발**이 빠른
미 4:7	**발**을 저는 자는 남은 백성이 되게 하며

'발'과 관련된 성구

발로 더럽히다 – 겔 34:18, 19
발로 밟다 – 수 10:24; 14:9; 애 3:34; 겔 34:18, 19; 단 7:7, 19; 미 7:19; 마 7:6
발 앞 – 삿 5:27; 왕하 4:37; 잠 29:5; 사 41:2; 애 1:13; 마 15:30; 요 11:32; 행 4:35, 37; 5:2, 10; 7:58; 10:25; 계 1:17; 3:9; 19:10; 22:8
발을 닦다 – 요 11:2; 12:3
발을 씻다 – 창 18:4; 19:2; 24:32; 삿 19:21; 삼상 25:41; 삼하 11:8; 시 58:10; 아 5:3; 눅 7:44; 요 13:5, 6, 12, 14; 딤전 5:10
발이 부르트다 – 신 8:4; 느 9:21
발 털 – 사 7:20
발 편 – 요 20:12
쪽**발** – 레 11:3, 7, 26

【 발 】　　　　　　　　　　　　　　　　　　　　　　【 발견하다/발견되다 】

나 1:3	광풍에 있고 구름은 그의 **발**의 티끌이로	계 2:18	그 눈이 불꽃 같고 그 **발**이 빛난 주석과
나 1:15	화평을 전하는 자의 **발**이 산 위에 있도	계 10:1	얼굴은 해 같고 그 **발**은 불기둥 같으며
합 3:19	나의 **발**을 사슴과 같게 하사 나를 나의	계 11:11	그들이 **발**로 일어서니 구경하는 자들이
슥 14:4	그 날에 그의 **발**이 예루살렘 앞 곧 동쪽	계 13:2	그 **발**은 곰의 **발** 같고 그 입은 사자의

　복음서, 역사서

발가락(toe)

마 4:6	그들이 손으로 너를 받들어 **발**이 돌에	삼하 21:20	키가 큰 자 하나는 손가락과 **발가락**이
마 10:14	그 집이나 성에서 나가 너희 **발**의 먼지	단 2:41	왕께서 그 발과 **발가락**이 얼마는 토기장
마 18:8	네 **발**이 너를 … 두 손과 두 **발**을 가지고	단 2:42	그 **발가락**이 얼마는 쇠요 얼마는 진흙
마 28:9	여자들이 나아가 그 **발**을 붙잡고 경배하		
막 9:45	네 **발**이 너를 … 두 **발**을 가지고 지옥에	**발각되다**(發覺, betray, be found)	
눅 1:79	비치고 우리 **발**을 평강의 길로 인도하시	사 16:3	숨기며 도망한 자들을 **발각되게** 하지
눅 4:11	네 **발**이 돌에 부딪치지 않게 하시리라	렘 50:24	네가 여호와와 싸웠으므로 **발각되어**
눅 7:38	**발** 곁에 서서 … **발**을 적시고 … 그 **발**		
눅 7:44	눈물로 내 **발**을 적시고 그 머리털로	**발걸음**(footstep)	
눅 7:45	내가 들어올 때부터 내 **발**에 입맞추	시 119:133	**발걸음**을 주의 말씀에 굳게 세우시고
눅 7:46	붓지 아니하였으되 그는 향유를 내 **발**에		
눅 9:5	그 성에서 떠날 때에 너희 **발**에서 먼지	**발견하다/발견되다**(發見, find, discover)	
눅 10:11	너희 동네에서 우리 **발**에 묻은 먼지도	창 31:32	무엇이든지 외삼촌의 것이 **발견되거든**
눅 15:22	손에 가락지를 끼우고 발에 신을 신기라	창 36:24	칠 때에 광야에서 온천을 **발견하였고**
눅 24:39	내 손과 **발**을 보고 나인 줄 알라 또 나를	창 37:32	우리가 이것을 **발견하였으니** 아버지
눅 24:40	이 말씀을 하시고 손과 **발**을 보이시나	창 44:9	당신의 종들 중 누구에게서 **발견되든지**
요 12:3	나드 한 근을 가져다가 예수의 **발**에	창 44:10	그것이 누구에게든지 **발견되면** 그는
요 13:9	주여 내 **발**뿐 아니라 손과 머리도 씻어	창 44:12	그 잔이 베냐민의 자루에서 **발견된지라**
요 13:10	이미 목욕한 자는 **발**밖에 씻을 필요가	창 44:16	우리와 이 잔이 **발견된** 자가 다 내 주의
행 3:7	오른손을 잡아 일으키니 **발**과 발목이	창 44:17	잔이 그 손에서 **발견된** 자만 내 종이
행 5:9	남편을 장사하고 오는 사람들의 **발**이	출 12:19	너희 집에서 **발견되지** 아니하도록
행 7:33	네 **발**의 신을 벗으라 네가 서 있는 곳은	민 15:32	어떤 사람이 나무하는 것을 **발견한지라**
행 10:12	땅에 있는 각종 네 **발** 가진 짐승과 기는	민 15:33	그 나무하는 자들이 그를
행 11:6	땅에 네 **발** 가진 것과 들짐승과 기는	신 21:1	시체가 들에 엎드러진 것을 **발견하고**
행 13:25	나는 그 **발**의 신발끈을 풀기도 감당하	신 22:28	동침하는 중에 그 두 사람이 **발견되면**
행 13:51	두 사람이 그들을 향하여 **발**의 티끌을	신 24:1	수치되는 일이 있음을 **발견하고** 그를
행 14:8	루스드라에 **발**을 쓰지 못하는 한 사람이	신 24:7	종으로 삼거나 판 것이 **발견되면** 그
행 14:10	네 **발**로 바로 일어서라 하니 그 사람이	수 10:17	다섯 왕들이 숨은 것을 **발견하였나이다**
행 16:24	그들을 깊은 옥에 가두고 그 **발**을 차꼬	왕하 2:17	보냈더니 사흘 동안을 찾되 **발견하지**
행 26:16	일어나 너의 **발**로 서라 내가 네게 나타	왕하 22:8	성전에서 율법책을 **발견하였노라** 하고

　서신서, 예언서

롬 3:15	그 **발**은 피 흘리는 데 빠르지라	왕하 22:13	이 **발견한** 책의 말씀에 대하여 여호와께
롬 10:15	좋은 소식을 전하는 자들의 **발**이여 함과	왕하 23:2	여호와의 성전 안에서 **발견한** 언약책
고전 12:15	만일 **발**이 이르되 나는 손이 아니니	왕하 23:24	힐기야가 여호와의 성전에서 **발견한**
고전 12:21	머리가 **발**더러 내가 너를 쓸 데가 없다	대상 4:40	아름다운 목장을 **발견하였는데** 그
히 12:13	너희 **발**을 위하여 곧은 길을 만들어	대하 34:14	전한 여호와의 율법책을 **발견하고**
계 1:13	촛대 사이에 인자 같은 이가 **발**에 끌리	대하 34:15	전에서 율법책을 **발견하였노라** 하고
계 1:15	그 **발**은 풀무불에 단련한 빛난 주석과	대하 34:17	여호와의 전에서 **발견한** 돈을 쏟아서

1024

【 발교되다 】　　　　　　　　　　　　　　　　　　　　　　　　　　　　【 발라단 】

대하 34:21 이 **발견된** 책의 말씀에 대하여 여호와께
대하 34:30 왕이 여호와의 전 안에서 **발견한** 언약책
대하 36:8 그에게 **발견된** 악행이 이스라엘과 유다
욥 23:3 내가 어찌하면 하나님을 **발견하고** 그의
욥 28:10 터서 각종 보물을 눈으로 **발견하고**
욥 40:11 노를 비우고 교만한 자를 **발견하여** 모두
욥 40:12 모든 교만한 자를 **발견하여** 낮아지게
시 37:36 그는 없어졌나니 내가 찾아도 **발견하지**
시 132:5 야곱의 전능자의 성막을 **발견하기까지**
사 22:3 멀리 도망한 자들도 **발견되어** 다 함께
렘 23:11 내 집에서도 그들의 악을 **발견하였노라**
렘 48:27 그가 도둑 가운데에서 **발견되었느냐**
겔 3:1 내게 이르시되 인자야 너는 **발견한** 것을
단 6:11 앞에 기도하며 간구하는 것을 **발견하고**
마 13:44 사람이 이를 **발견한** 후 숨겨 두고 기뻐
마 13:46 값진 진주 하나를 **발견하매** 가서 자기의
행 17:6 **발견하지** 못하매 야손과 몇 형제들을
행 17:27 하나님을 더듬어 찾아 **발견하게** 하려
행 23:29 결박할 사유가 없음을 **발견하였나이다**
고전 15:15 하나님의 거짓 증인으로 **발견되리니**
고후 5:3 우리가 벗은 자들로 **발견되지** 않으려
빌 3:9 그 안에서 **발견되려** 함이니 내가 가진
계 18:24 피가 그 성 중에서 **발견되었느니라**

발교되다(醱酵, leaven)
출 12:34 그 백성이 **발교되지** 못한 반죽 담은
출 12:39 애굽으로부터 가지고 나온 **발교되지**

발굽(hoof)
렘 47:3 군마의 **발굽** 소리와 달리는 병거 바퀴와
렘 50:11 타작하는 송아지같이 **발굽**을 구르며

발굽질하다(paw)
욥 39:21 골짜기에서 **발굽질하고** 힘 있음을 기뻐

발길(step, foot)
삼상 15:12 기념비를 세우고 **발길**을 돌려 길갈로
욥 28:4 갱도를 깊이 뚫고 **발길**이 닿지 않는 곳
시 119:59 주의 증거들을 향하여 내 **발길**을 돌이켰

발꿈치(heel)
창 3:15 너는 그의 **발꿈치**를 상하게 할 것이나
창 25:26 아우는 손으로 에서의 **발꿈치**를 잡았

시 41:9 친구도 나를 대적하여 그의 **발꿈치**를
요 13:18 내 떡을 먹는 자가 내게 **발꿈치**를 들었

발끝(foot)
레 13:12 발생하였으되 그 환자의 머리부터 **발끝**

발뒤꿈치(body, heel)
렘 13:22 네 치마가 들리고 네 **발뒤꿈치**가 상함
호 12:3 야곱은 모태에서 그의 형의 **발뒤꿈치**를

발등상(footstool)
시 99:5 하나님을 높여 그의 **발등상** 앞에서 경배
시 132:7 **발등상** 앞에서 엎드려 예배하리로다
마 5:35 하나님의 **발등상**이요 예루살렘으로
눅 20:43 네 원수를 네 **발등상**으로 삼을 때까지
행 2:35 네 원수를 네 **발등상**이 되게 하기까지
행 7:49 나의 **발등상**이니 너희가 나를 위하여
히 1:13 네 원수를 네 **발등상**이 되게 하기까지
히 10:13 자기 원수들을 자기 **발등상**이 되게 하실
약 2:3 너는 거기 서 있든지 내 **발등상** 아래에

발디 1(Palti) 정탐꾼 중 한 명
민 13:9 베냐민 지파에서는 라부의 아들 **발디**요

발디 2(Paltiel) 미갈과 결혼한 베냐민 사람
삼상 25:44 미갈을 갈림에 사는 라이스의 아들 **발디**

발디 3(Paltite) 다윗의 용사 중 한 명
삼하 23:26 **발디** 사람 헬레스와 드고아 사람 익게스

발디엘(Paltiel)
　　1. 잇사갈 지파의 족장
민 34:26 지파에서는 지휘관 앗산의 아들 **발디엘**
　　2. 미갈의 두 번째 남편
삼하 3:15 남편 라이스의 아들 **발디엘**에게서 그를

발라(Balah) 시므온 지파에게 분배된 성읍
수 19:3 하살 수알과 **발라**와 에셈과

발라단(Baladan) 므로닥발라단(브로닥발라단)
의 아버지
왕하 20:12 **발라단**의 아들 바벨론의 왕
사 39:1 **발라단**의 아들 바벨론 왕

{ 발락 }   { 발아래 }

발락(Balak) 모압 왕, 십볼의 아들
민 22:2   아들 **발락**이 이스라엘이 아모리인에

📖 **발락 - 기타 본문**
민 22:4, 7, 10, 13, 14, 15, 16, 18, 35, 36, 37, 38, 39, 40, 41; 23:1, 2, 3, 5, 6, 7, 11, 13, 15, 16, 17, 18, 25, 26, 27, 28, 29, 30; 24:10, 12, 13, 25; 수 24:9; 삿 11:25; 미 6:5; 계 2:14

발랄(Palal) 성벽 재건에 참여한 사람
느 3:25   우새의 아들 **발랄**은 성 굽이 맞은편과

발람(Balaam) 브돌에 살았던 복술가
민 22:5   아들 **발람**의 고향인 … 보내어 **발람**을

📖 **발람 - 기타 본문**
민 22:7, 8, 9, 10, 12, 13, 14, 16, 18, 20, 21, 22, 23, 25, 27, 28, 29, 30, 31, 34, 35, 36, 37, 38, 39, 40, 41; 23:1, 2, 3, 4, 5, 7, 11, 12, 15, 16, 17, 18, 25, 26, 27, 28, 29, 30; 24:1, 3, 10, 12, 15, 25; 31:8, 16; 신 23:4, 5; 수 13:22; 24:9, 10; 느 13:2; 미 6:5; 벧후 2:15; 유 1:11; 계 2:14

발론 사람(Pelonite) 헬레스의 고향 발론
대상 27:10 에브라임 자손에 속한 **발론 사람**

발루(Pallu) 르우벤의 둘째 아들
창 46:9   르우벤의 아들 하녹과 **발루**와 헤스론과
출 6:14   르우벤의 아들은 하녹과 **발루**와 헤스론
민 26:5   하녹 종족과 **발루**에게서 난 **발루** 종족과
민 26:8   **발루**의 아들은 엘리압이요
대상 5:3 르우벤의 아들들은 하녹과 **발루**와

발목(ankle)
겔 47:3   내게 그 물을 건너게 하시니 물이 **발목**
행 3:7   오른손을 잡아 일으키니 발과 **발목**이

📗 '**발목**' 과 관련된 성구
발목 고리 - 민 *31:50*; 사 *3:18*
발목 사슬 - 사 *3:20*
발목 힘줄 - 창 *49:6*

발밑(step)
왕상 7:30 놋축이 있고 받침 수레 네 **발밑**에는
합 3:5   불덩이가 그의 **발밑**에서 나오는도다

발바닥(sole, foot, paw)
레 11:27 네 발로 다니는 모든 짐승 중 **발바닥**
신 11:24 너희의 **발바닥**으로 밟는 곳은 다 너희의
신 28:35 종기를 생기게 하여 **발바닥**에서부터
신 28:56 온유하고 연약하여 자기 **발바닥**으로
신 28:65 평안함을 얻지 못하며 네 **발바닥**이 쉴
수 1:3   너희 **발바닥**으로 밟는 곳은 모두 내가
수 3:13   제사장들의 **발바닥**이 요단 물을 밟고
수 4:18   그 **발바닥**으로 육지를 밟는 동시에 요단
삼하 14:25 그는 **발바닥**부터 정수리까지 흠이 없음
왕상 5:3 원수들을 그의 **발바닥** 밑에 두시기를
왕하 19:24 나의 **발바닥**으로 애굽의 모든 강들을
욥 2:7   욥을 쳐서 **발바닥**에서 정수리까지
사 1:6   **발바닥**에서 머리까지 성한 곳이 없이
사 37:25 물을 마셨으니 내 **발바닥**으로 애굽의
겔 1:7   그들의 **발바닥**은 송아지 **발바닥** 같고
말 4:3   내가 정한 날에 너희 **발바닥** 밑에 재와

발붙이다(set one's foot, foot)
창 8:9   비둘기가 **발붙일** 곳을 찾지 못하고 방주
행 7:5   그러나 여기서 **발붙일** 만한 땅도 유업

발생하다(發生, break out, infectious)
레 13:12 나병이 그 피부에 크게 **발생하였으되**
레 13:30 옴이니라 머리에나 수염에 **발생한** 나병
레 13:39 이는 피부에 **발생한** 어루러기라 그는
레 13:42 대머리에나 이마 대머리에 **발생함이**
레 13:43 불그스름하여 피부에 **발생한** 나병과
레 13:47 의복에 나병 색점이 **발생하여** 털옷
레 13:59 가죽으로 만든 모든 것에 **발생한** 나병
레 14:34 어떤 집에 나병 색점을 **발생하게** 하거든

발소리(sound of one's footstep)
왕상 14:6 아히야가 그 **발소리**를 듣고 말하되
왕하 6:32 그의 주인의 **발소리**가 그의 뒤에서 나지

발아래(feet)
출 24:10 그의 **발아래**에는 청옥을 편 듯하고 하늘
신 33:3   **발아래**에 앉아서 주의 말씀을 받는도다

【 발육하다 】　　　　　　　　　　　　　　　【 발하다 】

삼하 22:10	강림하시니 그의 **발아래**는 어두컴컴하
삼하 22:39	내 **발아래**에 엎드러지고 능히 일어나지
에 8:3	왕의 **발아래** 엎드려 아각 사람 하만이
시 8:6	다스리게 하시고 만물을 그의 **발아래**
시 18:9	드리우시고 강림하시니 그의 **발아래**는
시 18:38	못하게 하리니 그들이 내 **발아래**에
시 47:3	나라들을 우리 **발아래**에 복종하게 하시
시 68:30	은 조각을 **발아래**에 밟으소서 그가 전쟁
사 60:14	멸시하던 모든 자가 네 **발아래**에 엎드려
마 22:44	내가 네 원수를 네 **발아래**에 둘 때까지
막 5:22	와서 예수를 보고 **발아래** 엎드리어
막 6:11	거기서 나갈 때에 **발아래** 먼지를 떨어
막 7:25	예수의 소문을 듣고 곧 와서 그 **발아래**
막 12:36	네 원수를 네 **발아래**에 둘 때까지
눅 8:41	예수의 **발아래**에 엎드려 자기 집에 오시
눅 17:16	예수의 **발아래**에 엎드리어 감사하니
롬 16:20	속히 사탄을 너희 **발아래**에서 상하게
고전 15:25	원수를 그 **발아래**에 둘 때까지 반드시
고전 15:27	만물을 그의 **발아래**에 두셨다 하셨으니
엡 1:22	만물을 그의 **발아래**에 복종하게 하시고
히 2:8	그 **발아래**에 복종하게 하셨느니라
계 12:1	한 여자가 있는데 그 **발아래**에는 달이

발육하다(發育, make grow)
| 사 17:11 | 아침에 네 씨가 잘 **발육하도록** 하였으나 |

발음하다(發音, pronounce)
| 삿 12:6 | 이르기를 쉽볼렛이라 **발음하라** 하여 에브라임 … 십볼렛이라 **발음하면** |

발자국(footprint, put one's foot on)
| 신 2:5 | 그들의 땅은 한 **발자국**도 너희에게 주지 |
| 호 6:8 | 악을 행하는 자의 고을이라 피 **발자국** |

발자취(sole, step, path, footprint, track)
욥 13:27	나의 모든 길을 살피사 내 **발자취**를
욥 29:6	젖으로 내 **발자취**를 씻으며 바위가 나를
시 56:6	모여 숨어 내 **발자취**를 지켜보나이다
시 77:19	주의 **발자취**를 알 수 없었나이다
아 1:8	양 떼의 **발자취**를 따라 목자들의 장막

발정기(發情期, in one's craving, in one's heat)
| 렘 2:24 | 그 **발정기**에 누가 그것을 막으리요 그들 |

| | 을…아니하고 그 **발정기**에 만나리라 |

발짓하다(kicking)
| 겔 16:6 | 네가 피투성이가 되어 **발짓하는** 것을 |
| 겔 16:22 | 피투성이가 되어서 **발짓하던** 것을 기억 |

발치(foot)
룻 3:4	들어가서 그의 **발치** 이불을 들고 거기
룻 3:7	룻이 가만히 가서 그의 **발치** 이불을
룻 3:8	돌이켜 본즉 한 여인이 자기 **발치**에
룻 3:14	룻이 새벽까지 그의 **발치**에 누웠다가
눅 8:35	예수의 **발치**에 앉아 있는 것을 보고
눅 10:39	마리아라 하는 동생이 있어 주의 **발치**에

발톱(paw, claw)
삼상 17:37	나를 사자의 **발톱**과 곰의 **발톱**에서 건져
단 4:33	손톱은 새 **발톱**과 같이 되었더라
단 7:19	그 **발톱**은 놋이니 먹고 부서뜨리고

발판(footstool)
대상 28:2	언약궤 곧 우리 하나님의 **발판**을 봉안할
대하 9:18	보좌에는 여섯 층계와 금 **발판**이 있으
시 110:1	네 원수들로 네 **발판**이 되게 하기까지
사 66:1	하늘은 나의 보좌요 땅은 나의 **발판**이니
애 2:1	그의 진노의 날에 그의 **발판**을 기억하지

발하다(發, bear, unleash, speak out, burn)
창 49:21	아름다운 소리를 **발하는**도다
출 15:7	주께서 진노를 **발하시니** 그 진노가 그들
신 5:26	하나님의 음성이 불 가운데에서 **발함**을
삼상 7:10	블레셋 사람에게 큰 우레를 **발하여** 그들
삼상 17:28	그가 다윗에게 노를 **발하여** 이르되 네가
왕하 5:27	앞에서 물러나오매 나병이 **발하여**
욥 25:5	눈에는 달이라도 빛을 **발하지** 못하고
욥 37:4	그 후에 음성을 **발하시며** 그의 위엄
욥 41:18	그것이 재채기를 한즉 빛을 **발하고** 그
시 2:5	그 때에 분을 **발하며** 진노하사 그들을
잠 1:21	성문 어귀와 성중에서 그 소리를 **발하여**
전 7:9	급한 마음으로 노를 **발하지** 말라 노는
사 5:25	자기 백성에게 노를 **발하시고** 그들 위에
사 16:11	모압을 위하여 수금같이 소리를 **발하며**
사 55:12	언덕들이 너희 앞에서 노래를 **발하고**
사 60:1	일어나라 빛을 **발하라** 이는 네 빛이

1027

| { 발효되다 } | | { 밟다 } |

합 3:12 주께서 노를 **발하사** 땅을 두르셨으며
슥 10:3 목자들에게 노를 **발하며** 내가 숫염소

발효되다(醱酵, rise)
호 7:4 그가 반죽을 뭉침을 **발효되기**까지만

밝다/밝아지다(dawn, light, daylight)
창 3:5 그것을 먹는 날에는 너희 눈이 **밝아져**
창 3:7 그들의 눈이 **밝아져** 자기들이 벗은 줄을
창 44:3 아침이 **밝을** 때에 사람들과 그들의 나귀
출 4:11 말 못 하는 자나 못 듣는 자나 눈 **밝은**
출 14:20 이쪽에는 밤이 **밝으므로** 밤새도록 저쪽
출 23:8 뇌물은 **밝은** 자의 눈을 어둡게 하고
삿 19:26 집 문에 이르러 엎드러져 **밝기**까지 거기
삼상 14:27 손을 돌려 입에 대매 눈이 **밝아졌더라**
삼상 14:29 맛보고도 내 눈이 이렇게 **밝아졌거든**
삼상 25:34 **밝은** 아침에는 과연 나발에게 한 남자도
삼상 25:36 아비가일이 **밝은** 아침까지는 아무 말도
삼상 29:10 너희는 새벽에 일어나서 **밝거든** 곧 떠나
삼하 2:32 헤브론에 이른 때에 날이 **밝았더라**
왕하 7:9 만일 **밝을** 아침까지 기다리면 벌이 우리
욥 11:17 네 생명의 날이 대낮보다 **밝으리니** 어둠
욥 24:14 사람을 죽이는 자는 **밝을** 때에 일어나서
욥 28:11 감추어져 있던 것을 **밝은** 데로 끌어내느
욥 31:26 만일 해가 빛남과 달이 **밝게** 뜬 것을
욥 37:21 하늘이 말끔하게 되었을 때 그 **밝은**
시 19:8 여호와의 계명은 순결하여 눈을 **밝게**
시 91:6 **밝을** 때 닥쳐오는 재앙을 두려워하지
시 119:147 내가 날이 **밝기** 전에 부르짖으며 주의
시 148:3 해와 달아 그를 찬양하며 **밝은** 별들아
잠 8:5 자들아 너희는 마음을 **밝을지니라**
잠 15:30 눈이 **밝은** 것은 마음을 기쁘게 하고
사 35:5 그 때에 맹인의 눈이 **밝을** 것이며 못
사 59:9 우리가 빛을 바라나 어둠뿐이요 **밝은**
겔 32:8 하늘의 모든 **밝은** 빛을 내가 네 위에서
미 2:1 날이 **밝으면** 그 손에 힘이 있으므로
마 6:22 그러므로 네 눈이 성하면 온 몸이 **밝을**
마 9:30 그 눈들이 **밝아진지라** 예수께서 엄히
막 1:35 새벽 아직도 **밝기** 전에 예수께서 일어나
눅 4:42 날이 **밝으매** 예수께서 나오사 한적한
눅 6:13 **밝으매** 그 제자들을 부르사 그 중에서
눅 11:34 네 눈이 성하면 온 몸이 **밝을** 것이요
눅 11:36 네 온 몸이 **밝아** 조금도 어두운 데가

… 온전히 **밝으리라** 하시니라
눅 24:31 눈이 **밝아져** 그인 줄 알아 보더니
요 9:7 이에 가서 씻고 **밝은** 눈으로 왔더라
행 26:13 하늘로부터 해보다 더 **밝은** 빛이 나와

밝히(very well, clearly, plainly, distinctly)
삼상 12:17 범한 죄악이 큼을 너희에게 **밝히** 알게

📖 밝히 - 기타 본문
삼상 20:3; 28:1; 대하 26:5; 느 8:12-13; 시 139:2; 잠 8:9; 사 42:18; 단 4:18; 마 7:5, 23; 막 8:25; 눅 6:42; 요 10:24; 11:14; 16:25, 29; 행 10:3; 18:5; 갈 3:1; 딤전 4:1; 5:24-25

밝히다(turn into light, explain, enlighten)
창 21:19 하나님이 하갈의 눈을 **밝히셨으므로**
민 22:31 여호와께서 발람의 눈을 **밝히시매**
삼하 22:29 여호와께서 나의 어둠을 **밝히시리이다**
스 2:59 선조가 이스라엘에 속하였는지 **밝힐**
스 9:8 하나님이 우리 눈을 **밝히사** 우리가
시 13:3 응답하시고 나의 눈을 **밝히소서** 두렵건
시 18:28 내 하나님이 내 흑암을 **밝히시리이다**
시 105:39 삼으시고 밤에는 불로 **밝히셨으며**
잠 18:17 같으나 그의 상대자가 와서 **밝히느니라**
사 42:7 네가 눈먼 자들의 눈을 **밝히며** 갇힌
단 5:12 능히 꿈을 해석하며 은밀한 말을 **밝히며**
행 25:27 죄목도 **밝히지** 아니하고 죄수를 보내는
고전 3:13 나타날 터인데 그 날이 공적을 **밝히리니**
엡 1:18 너희 마음의 눈을 **밝히사** 그의 부르심이
빌 2:16 생명의 말씀을 **밝혀** 나의 달음질이

밟다(set one's foot, trample, tread, step on)
모세오경 - 시가서
신 1:36 그가 **밟은** 땅을 내가 그와 그의 자손에
신 11:24 너희의 발바닥으로 **밟는** 곳은 다 너희
신 11:25 너희가 **밟은** 모든 땅 사람들에게 너희
신 12:30 네 앞에서 멸망한 그들의 자취를 **밟아**
신 28:56 자기 발바닥으로 땅을 **밟아** 보지도 아니
신 33:29 네가 그들의 높은 곳을 **밟으리로다**
수 1:3 너희 발바닥으로 **밟는** 곳은 모두 내가
수 3:13 제사장들의 발바닥이 요단 물을 **밟고**
수 4:18 발바닥으로 육지를 **밟는** 동시에 요단
수 4:22 이스라엘이 마른 땅을 **밟고** 이 요단을

【 밟다 】 　　　　　　　　　　　　　　　　　【 밟히다 】

수 10:24	이 왕들의 목을 발로 **밟으라** 하매 그	애 3:34	모든 갇힌 자들을 발로 **밟는** 것과
	들이 가까이 가서 그들의 목을 **밟으매**	겔 26:11	그가 그 말굽으로 네 모든 거리를 **밟을**
수 14:9	네 발로 **밟은** 땅은 영원히 너와 네 자손	겔 34:18	어찌하여 남은 꼴을 발로 **밟았느냐** 너희
삿 5:21	내 영혼아 네가 힘 있는 자를 **밟았도다**	겔 34:19	나의 양은 너희 발로 **밟은** 것을 먹으며
삿 9:27	밭에 가서 포도를 거두어다가 **밟아** 짜서	단 7:7	부서뜨리고 그 나머지를 발로 **밟았으며**
삼상 2:29	내 제물과 예물을 **밟으며** 네 아들들을	단 7:19	부서뜨리고 나머지는 발로 **밟았으며**
삼상 5:5	아스돗에 있는 다곤의 문지방을 **밟지**	단 7:23	달라서 온 천하를 삼키고 **밟아** 부서뜨릴
삼상 17:51	다윗이 달려가서 블레셋 사람을 **밟고**	호 10:11	마치 길들인 암소 같아서 곡식 **밟기를**
삼하 19:17	그와 함께 하여 요단 강을 **밟고** 건너	욜 3:13	와서 **밟을지어다** 포도주 틀이 가득함
삼하 22:43	거리의 진흙같이 **밟아** 헤쳤나이다	암 2:7	티끌 먼지 속에 발로 **밟고** 연약한 자의
왕하 7:17	백성이 성문에서 그를 **밟으매** 하나님	암 4:13	땅의 높은 데를 **밟은** 이는 그의 이름이
왕하 7:20	백성이 성문에서 그를 **밟으매** 죽었더라	암 5:11	너희가 힘없는 자를 **밟고** 그에게서 밀의
왕하 9:33	튀더라 예후가 그의 시체를 **밟으니라**	암 9:13	포도를 **밟은** 자가 씨 뿌리는 자의 뒤를
느 13:15	안식일에 술틀을 **밟고** 곡식단을 나귀에	미 1:3	강림하사 땅의 높은 곳을 **밟으실** 것이라
욥 9:8	하늘을 펴시며 바다 물결을 **밟으시며**	미 5:5	우리 궁들을 **밟을** 때에는 우리가 일곱
욥 22:15	네가 악인이 **밟던** 옛적 길을 지키려느냐	미 5:6	우리 지경을 **밟을** 때에는 그가 우리를
욥 24:11	짜며 목말라 하면서 술틀을 **밟느니라**	미 5:8	그가 지나간즉 **밟고** 찢으리니 능히 구원
욥 28:8	용맹스러운 짐승도 **밟지** 못하였고	미 6:15	감람 열매를 **밟아도** 기름을 네 몸에 바르
시 44:5	자를 주의 이름으로 **밟으리이다**		지 못할 것이며 포도를 **밟아도** 술을
시 60:12	그는 우리의 대적을 **밟으실** 이심이로다	미 7:19	여기셔서 우리의 죄악을 발로 **밟으시고**
시 68:30	은 조각을 발아래에 **밟으소서** 그가 전쟁	나 3:14	진흙에 들어가서 흙을 **밟아** 벽돌 가마를
시 91:13	네가 사자와 독사를 **밟으며** 젊은 사자와	합 3:12	분을 내사 여러 나라를 **밟으셨나이다**
시 108:13	그는 우리의 대적들을 **밟으실** 자이심이	합 3:15	바다 곧 큰물의 파도를 **밟으셨나이다**
잠 1:15	네 발을 금하여 그 길을 **밟지** 말라	슥 9:15	그들이 원수를 삼키며 물맷돌을 **밟을**
잠 6:28	사람이 숯불을 **밟고서야** 어찌 그의 발이	슥 10:5	거리의 진흙 중에 원수를 **밟을** 것이라
선지서, 신약		말 4:3	너희가 악인을 **밟을** 것이니 그들이 내가
사 1:12	너희에게 요구하였느냐 내 마당만 **밟을**	마 7:6	그들이 그것을 발로 **밟고** 돌이켜 너희를
사 7:25	그 땅은 소를 풀어 놓으며 양이 **밟은**	눅 10:19	너희에게 뱀과 전갈을 **밟으며** 원수의
사 16:10	틀에는 포도를 **밟을** 사람이 없으리니	눅 11:44	평토장한 무덤 같아서 그 위를 **밟은**
사 18:2	강성하여 대적을 **밟은** 백성에게로 가라	고전 9:9	모세의 율법에 곡식을 **밟아** 떠는 소에게
사 18:7	대적을 **밟은** 백성이 만군의 여호와께	딤전 5:18	성경에 일렀으되 곡식을 **밟아** 떠는 소의
사 26:6	발이 그것을 **밟으리니** 곧 빈궁한 자의	계 10:2	발은 바다를 **밟고** 왼 발은 땅을 **밟고**
사 27:4	대적하여 싸운다 하자 내가 그것을 **밟고**	계 10:5	바다와 땅을 **밟고** 서 있는 천사가 하늘
사 28:28	말굽으로 **밟게** 할지라도 부수지는	계 10:8	네가 가서 바다와 땅을 **밟고** 서 있는
사 41:25	석회같이, 토기장이가 진흙을 **밟음같이**	계 19:15	이의 맹렬한 진노의 포도주 틀을 **밟겠고**
사 59:8	무릇 이 길을 **밟은** 자는 평강을 알지		
사 63:2	의복이 붉으며 네 옷이 포도즙을 **밟은**	**밟히다** (be trampled)	
사 63:3	내가 홀로 포도즙틀을 **밟았는데** 내가	욥 39:15	들짐승에게 **밟힐** 것을 생각하지 아니
사 63:6	노함으로 말미암아 만민을 **밟았으며**	사 14:19	주검들에 둘러싸였으니 **밟힌** 시체와
렘 25:30	모든 주민에 대하여 포도 **밟는** 자같이	사 22:5	여호와께로부터 이르는 소란과 **밟힘**
렘 48:33	포도주가 끊어지게 하리니 외치며 **밟는**	사 25:10	초개가 **밟힘같이** 자기 처소에서 **밟힐**
애 1:15	유다를 내 주께서 술틀에 **밟으셨도다**	사 28:3	교만한 면류관이 발에 **밟힐** 것이라
		사 28:18	밀려올 때에 너희가 그것에게 **밟힘을**

【밤】 　　　　　　　　　　　　　　　　　　　　　　　　　　　　【밤】

사 59:5	그 알이 **밟힌즉** 터져서 독사가 나올
미 7:10	그가 거리의 진흙같이 **밟히리니** 그것을
마 5:13	밖에 버려져 사람에게 **밟힐** 뿐이니라
눅 8:5	더러는 길 가에 떨어지매 **밟히며** 공중의
눅 12:1	무리 수만 명이 모여 서로 **밟힐** 만큼
눅 21:24	때가 차기까지 이방인들에게 **밟히리라**
계 14:20	성 밖에서 그 틀이 **밟히니** 틀에서 피가

밤(night)

모세오경

창 1:5	빛을 낮이라 부르시고 어둠을 **밤**이
창 1:14	궁창에 광명체들이 있어 낮과 **밤**을 나뉘
창 1:16	작은 광명체로 **밤**을 주관하게 하시며
창 1:18	낮과 **밤**을 주관하게 하시고 빛과 어둠을
창 8:22	여름과 겨울과 낮과 **밤**이 쉬지 아니하리
창 14:15	그와 그의 가신들이 나뉘어 **밤**에 그들을
창 19:2	아니라 우리가 거리에서 **밤**을 새우리라
창 19:5	오늘 **밤**에 네게 온 사람들이 어디 있느
창 20:3	그 **밤**에 하나님이 아비멜렉에게 현몽
창 26:24	그 **밤**에 여호와께서 그에게 나타나 이르
창 30:15	오늘 **밤**에 내 남편이 언니와 동침하리라
창 30:16	합환채로 당신을 샀노라 그 **밤**에 야곱이
창 31:24	**밤**에 하나님이 아람 사람 라반에게 현몽
창 31:29	너희 아버지의 하나님이 어제 **밤**에 내게
창 31:39	낮에 도둑을 맞았든지 **밤**에 도둑을 맞았
창 31:40	낮에는 더위와 **밤**에는 추위를 무릅쓰고
창 31:42	손의 수고를 보시고 어제 **밤**에 외삼촌
창 31:54	그들이 떡을 먹고 산에서 **밤**을 지내고
창 32:13	야곱이 거기서 **밤**을 지내고 그 소유
창 32:21	앞서 보내고 그는 무리 가운데서 **밤**을
창 46:2	그 **밤**에 하나님이 이상 중에 이스라엘
출 12:12	내가 그 **밤**에 애굽 땅에 두루 다니며
출 12:30	그 **밤**에 바로와 그 모든 신하와 모든
출 12:31	**밤**에 바로가 모세와 아론을 불러서 이르
출 12:42	이 **밤**은 그들을 애굽 땅에서 인도하여 내심으로 말미암아 여호와 앞에 지킬 것이니 이는 여호와의 **밤**이라
민 22:8	발람이 그들에게 이르되 이 **밤**에 여기서
민 22:19	그이제 너희도 이 **밤**에 여기서 유숙하라
민 22:20	**밤**에 하나님이 발람에게 임하여 이르
신 16:1	아빕월에 네 하나님 여호와께서 **밤**
신 16:4	첫날 해 질 때에 제사 드린 고기를 **밤**
신 23:10	너희 중에 누가 **밤**에 몽설함으로 부정

역사서

수 4:3	그것을 가져다가 오늘 **밤** 너희가 유숙할
수 8:3	올라가려 하여 용사 삼만 명을 뽑아 **밤**
수 8:9	여호수아는 그 **밤**에 백성 가운데에서
수 8:13	여호수아가 그 **밤**에 골짜기 가운데로
삿 6:25	그날 **밤**에 여호와께서 기드온에게 이르
삿 6:27	이 일을 감히 낮에 행하지 못하고 **밤**
삿 6:40	그 **밤**에 하나님이 그대로 행하시니 곧
삿 7:9	그 **밤**에 여호와께서 기드온에게 이르
삿 9:32	당신과 함께 있는 백성과 더불어 **밤**
삿 9:34	그와 함께 있는 모든 백성이 **밤**에 일어
삿 19:6	이 **밤**을 여기서 유숙하여 그대의 마음을
삿 19:9	날이 저물어 가니 청하건대 이 **밤**도
삿 19:10	사람이 다시 **밤**을 지내고자 하지 아니
삿 20:5	사람들이 나를 치러 일어나서 **밤**에
룻 1:12	오늘 **밤**에 남편을 두어 아들들을 낳는다
룻 3:2	그가 오늘 **밤**에 타작마당에서 보리를
룻 3:13	이 **밤**에 여기서 머무르라 아침에 그가
삼상 14:34	그 **밤**에 모든 백성이 각각 자기의 소를
삼상 14:36	우리가 **밤**에 블레셋 사람들을 추격하여
삼상 15:11	사무엘이 근심하여 온 **밤**을 여호와께
삼상 19:10	창은 벽에 박힌지라 다윗이 그 **밤**에
삼상 19:11	당신이 이 **밤**에 당신의 생명을 구하지
삼상 26:7	다윗과 아비새가 **밤**에 그 백성에게 나아
삼상 28:8	그들이 **밤**에 그 여인에게 이르러서는
삼상 28:25	그들이 먹고 일어나서 그 **밤**에 가니라
삼하 7:4	그 **밤**에 여호와의 말씀이 나단에게 임하
삼하 17:1	오늘 **밤**에 내가 일어나서 다윗의 뒤를
삼하 17:16	오늘 **밤**에 광야 나루터에서 자지 말고
삼하 19:7	왕이 만일 나가지 아니하시면 오늘 **밤**
삼하 21:10	**밤**에는 들짐승이 범하지 못하게 한지라
왕상 3:19	**밤**에 저 여자가 그의 아들 위에 누우므로
왕하 6:14	그들이 **밤**에 가서 그 성읍을 에워쌌더라
왕하 7:12	왕이 **밤**에 일어나 그의 신복들에게 이르
왕하 8:21	**밤**에 일어나 자기를 에워싼 에돔 사람과
왕하 19:35	이 **밤**에 여호와의 사자가 나와서 앗수르
대상 9:27	성전 주위에서 **밤**을 지내며 아침마다
대상 17:3	그 **밤**에 하나님의 말씀이 나단에게 임하
대하 21:9	**밤**에 일어나서 자기를 에워싼 에돔 사람
느 4:22	**밤**에는 우리를 위하여 파수하겠고 낮에
느 6:10	저들이 반드시 **밤**에 와서 너를 죽이리라

시가서

| 욥 3:3 | 사내 아이를 배었다 하던 그 **밤**도 그러 |

【 밤 】　　　　　　　　　　　　　　　　　　　　　　　　　　　　　　　　　　　　　　　【 밤 】

욥 3:6	그 **밤**이 캄캄한 어둠에 잡혔더라면,
욥 3:7	그 **밤**에 자식을 배지 못하였더라면, 그 **밤**에 즐거운 소리가 나지 않았더라면,
욥 3:8	격동시키기에 익숙한 자들이 그 **밤**을
욥 3:9	**밤**에 새벽 별들이 어두웠더라면, 그 **밤**에
욥 4:13	그 **밤**에 본 환상으로 말미암아 생각이
욥 5:14	대낮에도 더듬기를 **밤**과 같이 하느니라
욥 7:3	여러 달째 고통을 받으니 고달픈 **밤**이
욥 7:4	언제나 **밤**이 갈까 하며 새벽까지 이리
욥 17:12	그들은 **밤**으로 낮을 삼고 빛 앞에서 어둠
욥 20:8	다시 찾을 수 없을 것이요 **밤**에 보이는
욥 24:7	의복이 없어 벗은 몸으로 **밤**을 지내며
욥 24:14	가난한 자를 죽이고 **밤**에는 도둑같이
욥 27:20	그에게 닥칠 것이요 폭풍이 **밤**에 그를
욥 29:19	이슬이 내 가지에서 **밤**을 지내고 갈 것이
욥 30:17	**밤**이 되면 내 뼈가 쑤시니 나의 아픔이
욥 33:15	깊이 잠들 때에나 꿈에나 **밤**에 환상을
욥 34:25	그들의 행위를 아시고 그들을 **밤** 사이에

욥 35:10	**밤**에 노래를 주시는 자가 어디 계시냐고
욥 36:20	그대는 **밤**을 사모하지 말라 인생들이 **밤**에 그들이 있는 곳에서 끌려 가리라
시 6:6	탄식함으로 피곤하여 **밤**마다 눈물로
시 16:7	**밤**마다 내 양심이 나를 교훈하도다
시 17:3	주께서 내 마음을 시험하시고 **밤**에 내게
시 19:2	날은 날에게 말하고 **밤**은 **밤**에게 지식을
시 22:2	내가 낮에도 부르짖고 **밤**에도 잠잠하지
시 42:8	**밤**에는 그의 찬송이 내게 있어 생명의
시 59:15	유리하다가 배부름을 얻지 못하면 **밤**
시 74:16	낮도 주의 것이요 **밤**도 주의 것이라
시 77:2	내가 주를 찾았으며 **밤**에는 내 손을
시 77:6	**밤**에 부른 노래를 내가 기억하여 내
시 78:14	낮에는 구름으로, **밤**에는 불빛으로 인도
시 90:4	천 년이 지나간 어제 같으며 **밤**의 한
시 91:5	너는 **밤**에 찾아오는 공포와 낮에 날아
시 92:1-3	**밤**마다 주의 성실하심을 베풂이 좋으
시 102:7	내가 **밤**을 새우니 지붕 위의 외로운

성경에 나오는 '밤'에 일어난 사건

- 가룟 유다가 예수님을 배반 – 요 13:30
- 갈대아 왕 벨사살이 죽임 당함 – 단 5:30
- 그리스도의 재림의 시기가 될 수도 있음 – 막 13:35
- 기드온이 바알의 단을 헐어버림 – 삿 6:27
- 느헤미야가 예루살렘 성벽을 조사 – 느 2:12-15
- 니고데모가 예수님을 찾아옴 – 요 3:2; 19:39
- 다니엘이 이상들을 봄 – 단 7:2, 7, 13
- 다윗이 사울을 피해 달아남 – 삼상 19:10, 11
- 롯의 두 딸이 아비에게 술을 마시우고 동침함 – 창 19:33, 34, 35
- 만나가 내림 – 민 11:9
- 바닷물이 동풍에 물러감 – 출 14:21
- 바울이 가이사랴로 호송됨 – 행 23:23, 31
- 바울이 광주리를 타고 도피함 – 행 9:25
- 바울이 마게도냐 사람의 환상을 봄 – 행 16:9
- 바울이 밤에 주님의 말씀을 들음 – 행 18:9; 23:11
- 베드로가 예수님을 세 번 부인함 – 마 26:34, 69-75; 막 14:30
- 빌립보 간수가 회개함 – 행 16:29-33
- 아브람이 왕들을 치고 롯을 구출함 – 창 14:15
- 아하수에로 왕이 역대 일기를 읽음 – 에 6:1
- 애굽의 장자를 치심 – 출 12:12-31
- 야곱이 천사와 씨름함 – 창 32:22-24
- 여호와께서 동풍을 일으키심 – 출 10:13
- 여호와께서 솔로몬의 꿈에 나타나심 – 왕상 3:5; 대하 1:7; 7:12
- 여호와의 사자가 앗수르 군대를 침 – 왕하 19:35
- 예수님께서 바다 위로 걸으심 – 마 14:25; 막 6:48
- 예수님께서 밤이 새도록 기도하심 – 눅 6:12
- 예수님께서 체포당하심 – 요 18:3, 12
- 요셉과 마리아가 애굽으로 도피함 – 마 2:14
- 유월절 예식을 행함 – 출 12:8, 42; 신 16:1, 4; 3
- 정탐꾼을 여리고로 보냄 – 수 2:2
- 천사가 베드로를 옥에서 구출함 – 행 12:6
- 천사가 사도들을 옥에서 구출함 – 행 5:19
- 천사들이 목자들에게 나타남 – 눅 2:8
- 하나님께서 이스라엘을 불기둥으로 인도하심 – 출 13:21, 22; 14:20; 40:38; 민 9:16; 14:14; 신 1:33; 느 9:12, 19

【 밤 】

시 104:20	주께서 흑암을 지어 **밤**이 되게 하시니
시 105:39	덮개를 삼으시고 **밤**에는 불로 밝히셨으
시 119:55	여호와여 내가 **밤**에 주의 이름을 기억하
시 121:6	상하게 하지 아니하며 **밤**의 달도 너를
시 134:1	**밤**에 여호와의 성전에 서 있는 여호와의
시 136:9	달과 별들로 **밤**을 주관하게 하신 이에게
시 139:11	나를 두른 빛이 **밤**이 되리라 할지라도
시 139:12	주에게서는 흑암이 숨기지 못하며 **밤**이
잠 7:9	저물 때, 황혼 때, 깊은 **밤** 흑암 중에라
잠 31:15	**밤**이 새기 전에 일어나서 자기 집안
잠 31:18	장사가 잘 되는 줄을 깨닫고 **밤**에 등불
전 2:23	그의 마음이 **밤**에도 쉬지 못하나니 이것
아 3:1	내가 **밤**에 침상에서 마음으로 사랑하는
아 3:8	**밤**의 두려움으로 말미암아 각기 허리에

예언서

사 4:5	낮이면 구름과 연기, **밤**이면 화염의
사 5:11	일찍이 일어나 독주를 마시며 **밤**이 깊도
사 16:3	대낮에 **밤**같이 그늘을 지으며 쫓겨난
사 21:8	낮에 늘 망대에 서 있었고 **밤**이 새도록
사 21:11	**밤**이 어떻게 되었느냐 파수꾼이여 **밤**이
사 21:12	파수꾼이 이르되 아침이 오나니 **밤**도
사 26:9	**밤**에 내 영혼이 주를 사모하였사온즉
사 29:7	모든 자는 꿈같이, **밤**의 환상같이 되리
사 30:29	너희가 거룩한 절기를 지키는 **밤**에 하듯
사 34:10	낮에나 **밤**에나 꺼지지 아니하고 그 연기
사 65:4	은밀한 처소에서 **밤**을 지내며 돼지고기
렘 6:5	우리가 **밤**에 올라가서 그 요새들을 헐자
렘 31:35	달과 별들을 **밤**의 빛으로 정하였고 바다
렘 33:20	**밤**에 대한 나의 언약을 깨뜨려 주야로
렘 36:30	버림을 당하여 낮에는 더위, **밤**에는
렘 39:4	**밤**에 왕의 동산 길을 따라 두 담 샛문을
렘 49:9	**밤**에 도둑이 오면 그 욕심이 차기까지
애 1:2	**밤**에는 슬피 우니 눈물이 뺨에 흐름이여
단 2:19	이 은밀한 것이 **밤**에 환상으로 다니엘
단 6:18	왕이 궁에 돌아가서는 **밤**이 새도록 금식
호 4:5	함께 있는 선지자는 **밤**에 넘어지리라
욜 1:13	너희는 와서 굵은 베 옷을 입고 **밤**이
암 5:8	낮을 어두운 **밤**으로 바꾸시며 바닷물을
미 3:6	너희가 **밤**을 만나리니 이상을 보지 못할
슥 1:8	내가 **밤**에 보니 한 사람이 붉은 말을
슥 14:7	낮도 아니요 **밤**도 아니라 어두워 갈

복음서

마 28:13	제자들이 **밤**에 와서 우리가 잘 때에
눅 5:5	우리들이 **밤**이 새도록 수고하였으되
눅 12:20	어리석은 자여 오늘 **밤**에 네 영혼을
눅 17:34	그 **밤**에 둘이 한 자리에 누워 있으매
눅 21:37	**밤**에는 나가 감람원이라 하는 산에서
요 3:2	**밤**에 예수께 와서 이르되 랍비여 우리가
요 9:4	**밤**이 오리니 그 때는 아무도 일할 수
요 11:10	**밤**에 다니면 빛이 그 사람 안에 없는
요 19:39	예수께 **밤**에 찾아왔던 니고데모도 몰약
요 21:3	배에 올랐으나 그 날 **밤**에 아무 것도

역사서 – 예언서

행 16:33	그 **밤** 그 시각에 간수가 그들을 데려다
행 17:10	**밤**에 형제들이 곧 바울과 실라를 베뢰아
행 27:23	하나님의 사자가 어제 **밤**에 내 곁에
행 27:27	열 나흘째 되는 날 **밤**에 우리가
롬 13:12	**밤**이 깊고 낮이 가까웠으니 그러므로
고전 11:23	주 예수께서 잡히시던 **밤**에 떡을 가지사
살전 5:2	주의 날이 **밤**에 도둑같이 이를 줄을
살전 5:5	**밤**이나 어둠에 속하지 아니하나니
살전 5:7	**밤**에 자고 취하는 자들은 **밤**에 취하되
계 8:12	삼분의 일은 비추임이 없고 **밤**도 그러하
계 21:25	닫지 아니하리니 거기에는 **밤**이 없음

밤나무 (terebinth)

사 6:13	**밤나무**와 상수리나무가 베임을 당하여

밤낮 (night and day)

민 9:21	구름이 **밤낮** 있다가 떠오르면 곧 행진
삼상 19:24	사무엘 앞에서 예언을 하며 하루 **밤낮**
삼상 25:16	그들이 우리와 함께 있을 **밤낮** 우리에게
삼상 28:20	그가 하루 **밤낮**을 음식을 먹지 못하였음
삼상 30:12	그가 **밤낮** 사흘 동안 떡도 먹지 못하였
에 4:16	**밤낮** 삼 일을 먹지도 말고 마시지도
욥 2:13	**밤낮** 칠 일 동안 그와 함께 땅에 앉았으
전 8:16	세일을 보았는데 **밤낮**으로 자지 못하는
사 27:3	때때로 물을 주며 **밤낮**으로 간수하여
렘 14:17	내 눈이 **밤낮**으로 그치지 아니하고 눈물
애 2:18	딸 시온의 성벽아 너는 **밤낮**으로 눈물을
욘 1:17	삼키게 하셨으므로 요나가 **밤낮** 삼 일을
마 4:2	사십 일을 **밤낮**으로 금식하신 후에 주리
마 12:40	요나가 **밤낮** 사흘 동안 큰 물고기 뱃속
	에 있었던 것같이 인자도 **밤낮** 사흘
막 4:27	그가 **밤낮** 자고 깨고 하는 중에 씨가
막 5:5	**밤낮** 무덤 사이에서나 산에서나 늘 소리

밤빌리아			밧단아람

눅 18:7 　하나님께서 그 **밤낮** 부르짖는 택하신
행 9:24 　그들이 그를 죽이려고 **밤낮**으로 성문
행 20:31 　내가 삼 년이나 **밤낮** 쉬지 않고 눈물로
행 26:7 　열두 지파가 **밤낮**으로 간절히 하나님
살전 2:9 　**밤낮**으로 일하면서 너희에게 하나님의
딤후 1:3 　내가 **밤낮** 간구하는 가운데 쉬지 않고
계 4:8 　그들이 **밤낮** 쉬지 않고 이르기를 거룩
계 7:15 　그의 성전에서 **밤낮** 하나님을 섬기매
계 12:10 　우리 하나님 앞에서 **밤낮** 참소하던 자가
계 14:11 　이름 표를 받는 자는 누구든지 **밤낮**
계 20:10 　거짓 선지자도 있어 세세토록 **밤낮**

밤빌리아(Pamphylia) 소아시아 남부 해안 지역

행 2:10 　브루기아와 **밤빌리아**, 애굽과 및 구레네
행 13:13 　바보에서 배 타고 **밤빌리아**에 있는 버가
행 14:24 　비시디아 가운데 지나서 **밤빌리아**에
행 15:38 　**밤빌리아**에서 자기들을 떠나 함께 일하
행 27:5 　길리기아와 **밤빌리아** 바다를 건너

밤새도록(all night, overnight)

출 14:20 　이쪽에는 밤이 밝으므로 **밤새도록** 저쪽
출 14:21 　여호와께서 큰 동풍이 **밤새도록** 바닷물
레 19:13 　품꾼의 삯을 아침까지 **밤새도록** 네게
민 14:1 　높여 부르짖으며 백성이 **밤새도록** 통곡
신 21:23 　시체를 나무 위에 **밤새도록** 두지 말고
수 10:9 　여호수아가 길갈에서 **밤새도록** 올라가
삿 16:2 　그를 에워싸고 **밤새도록** 성문에 매복 하고 **밤새도록** 조용히 하며 이르기를
삿 19:25 　**밤새도록** 그 여자를 능욕하다가 새벽
삼상 31:12 　모든 장사들이 일어나 **밤새도록** 달려가
삼하 2:29 　아브넬과 그의 부하들이 **밤새도록** 걸어
삼하 2:32 　요압과 그의 부하들이 **밤새도록** 걸어
삼하 4:7 　그의 머리를 가지고 **밤새도록** 아라바
삼하 12:16 　안에 들어가서 **밤새도록** 땅에 엎드렸으
호 7:6 　그들의 분노는 **밤새도록** 자고 아침에

밤이슬(dampness of the night)

아 5:2 　내 머리털에는 **밤이슬**이 가득하였다

밤중(midnight, middle of the night)

출 11:4 　말씀하시기를 **밤중**에 내가 애굽 가운데
출 12:29 　**밤중**에 여호와께서 애굽 땅에서 모든

삿 16:3 　삼손이 **밤중**까지 누워 있다가 그 **밤중**에
룻 3:8 　**밤중**에 그가 놀라 몸을 돌이켜 본즉 한
왕상 3:20 　그가 **밤중**에 일어나서 이 여종 내가
왕하 25:4 　모든 군사가 **밤중**에 두 성벽 사이 왕의
시 119:62 　주의 의로운 규례들로 말미암아 **밤중**에
렘 52:7 　군사가 **밤중**에 그 성에서 나가 두 성벽
옵 1:5 　강도가 **밤중**에 네게 이르렀을지라도
마 25:6 　**밤중**에 소리가 나되 보라 신랑이로다
막 13:35 　언제 올는지 혹 저물 때일지, **밤중**
눅 11:5 　**밤중**에 그에게 가서 말하기를 벗이여
행 20:7 　그들에게 강론할새 말을 **밤중**까지 계속

밥(food)

신 28:26 　공중의 모든 새와 땅의 짐승들의 **밥**이
시 79:2 　종들의 시체를 공중의 새에게 **밥**으로,
렘 7:33 　시체가 공중의 새와 땅의 짐승의 **밥**이
렘 16:4 　시체는 공중의 새와 땅의 짐승의 **밥**이
렘 19:7 　시체를 공중의 새와 땅의 짐승의 **밥**이
겔 34:5 　흩어지고 흩어져서 모든 들짐승의 **밥**이
겔 34:8 　모든 들짐승의 **밥**이 된 것은 목자가
고전 3:2 　내가 너희를 젖으로 먹이고 **밥**으로 아니

밥상(table)

시 69:22 　그들의 **밥상**이 올무가 되게 하시며 그들
단 11:27 　서로 해하고자 하여 한 **밥상**에 앉았을
롬 11:9 　그들의 **밥상**이 올무와 덫과 거치는 것과

밧(bath) 액체의 용량을 재는 도량 단위

왕상 7:26 　만들었으니 그 바다에는 이천 **밧**을 담겠

🔖 밧 - 기타 본문

왕상 7:38; 대하 2:10; 4:5; 스 7:22; 겔 45:10, 11, 14

밧단(Paddan) 야곱이 머물렀던 곳

창 48:7 　내가 이전에 **밧단**에서 올 때에 라헬이

밧단아람(Paddan Aram) 유브라데 강 상류 지역

창 25:20 　리브가는 **밧단아람**의 아람 족속 중

🔖 밧단아람 - 기타 본문

창 28:2, 5, 6, 7; 31:18; 33:18; 35:9, 26; 46:15

[밧모] [방]

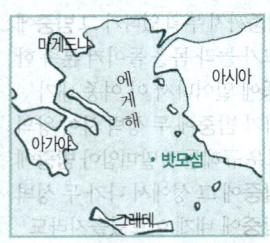

밧모(Patmos) 에게 해 스포라데스 제도에 속한 섬
계 1:9 증언하였음으로 말미암아 **밧모**라

밧세바(Bathsheba) 우리아의 아내였다가 다윗의 아내가 됨
삼하 11:3 헷 사람 우리아의 아내 **밧세바**가 아니냐

📖 밧세바 - 기타 본문
삼하 12:24; 왕상 1:11, 15, 16, 22, 28, 31; 2:13, 14, 16, 18, 19, 20

밧수아(Bathsheba) 밧세바의 다른 이름
대상 3:5 네 사람은 다 암미엘의 딸 **밧수아**요

밧줄(rope, cord, bough)
삿 15:13 새 **밧줄** 둘로 결박하고 바위 틈에서
삿 15:14 그의 팔 위의 **밧줄**이 불탄 삼과 같이
삿 16:11 만일 쓰지 아니한 새 **밧줄**들로 나를
삿 16:12 들릴라가 새 **밧줄**들을 가져다가 그것을
삼하 17:13 온 이스라엘이 **밧줄**을 가져다가 그 성을
욥 41:2 너는 **밧줄**로 그 코를 꿸 수 있겠느냐
시 118:27 **밧줄**로 절기 제물을 제단 뿔에 맬지어다
렘 38:11 구덩이에 있는 예레미야에게 **밧줄**로

방(房, room, chamber, storeroom, alcove)
🟦 모세오경 - 시가서
창 24:31 **방**과 낙타의 처소를 준비하였나이다
신 32:25 밖으로는 칼에, **방** 안에서는 놀람을

삿 3:24 왕이 분명히 서늘한 **방**에서 그의 발을
삿 15:1 **방**에 들어가 내 아내를 보고자 하노라
삿 16:9 사람을 **방** 안에 매복시켰으므로 삼손
삿 16:12 그 때에도 사람이 **방** 안에 매복하였더라
왕상 17:23 그 아이를 안고 다락에서 **방**으로 내려가
왕하 4:10 우리가 그를 위하여 작은 **방**을 담 위에
왕하 4:11 하루는 엘리사가 거기에 이르러 그 **방**에
느 3:30 므술람이 자기의 **방**과 마주 대한 부분을
느 13:5 도비야를 위하여 한 큰 **방**을 만들었으니 그 **방**은 원래 소제물과 유향과 그릇
느 13:8 근심하여 도비야의 세간을 그 **방** 밖으로
느 13:9 그 **방**을 정결하게 하고 하나님의 전의
잠 7:27 그의 집은 스올의 길이라 사망의 **방**으로
아 1:4 왕이 나를 그의 **방**으로 이끌어 들이시니
아 3:4 나를 잉태한 이의 **방**으로 가기까지 놓지

🟦 선지서
렘 35:2 그들을 여호와의 집 한 **방**으로 데려다가
겔 40:12 **방** 앞에 간막이 벽이 있는데 이쪽 간막이 벽도 한 척이요 … 그 **방**은 이쪽도
겔 40:13 이 **방** 지붕 가에서 저 **방** 지붕 가까지
겔 40:17 그 박석 깔린 땅 위에 여러 **방**이 있는데
겔 40:45 남쪽을 향한 이 **방**은 성전을 지키는
겔 40:46 북쪽을 향한 **방**은 제단을 지키는 제사장
겔 42:1 뜰로 가서 두 **방**에 이르니 그 두 **방**의
겔 42:2 그 **방**들의 자리의 길이는 백 척이요
겔 42:3 그 **방** 삼층에 회랑들이 있는데 한 **방**의 회랑은 스무 척 되는 … 다른 한 **방**의
겔 42:4 그 두 **방** 사이에 통한 길이 있어 너비는
겔 42:5 그 위층의 **방**은 가장 좁으니 이는 회랑
겔 42:6 **방**은 삼층인데도 뜰의 기둥 같은 기둥
겔 42:7 그 한 **방**의 바깥 담 곧 뜰의 담과 마주
겔 42:8 바깥뜰로 향한 **방**의 길이는 쉰 척이며 성전 앞을 향한 **방**은 백 척이며

성경에 나오는 '방'

고관들의 방 - 렘 35:4
그마랴의 방 - 렘 36:10
노래하는 자의 방 - 겔 40:44
마아세야의 방 - 렘 35:4
문지기 방 - 겔 40:7, 10, 16, 21, 29, 33, 36
번제물을 씻는 방 - 겔 40:38
서기관의 방 - 렘 36:12
성전 곳간의 방 - 느 10:38; 렘 38:11
성전 뜰의 방 - 느 13:7
성전에 있는 방 - 대상 9:26; 28:12; 대하 31:11; 느 10:37; 13:4
엘리사마의 방 - 렘 36:20, 21
여호하난의 방 - 스 10:6
우상의 방 - 겔 8:12

【 방관하다 】   【 방백 】

겔 42:9	이 **방**들 아래에 동쪽에서 들어가는
겔 42:10	뜰 맞은쪽과 남쪽 건물 맞은쪽에도 **방**
겔 42:11	그 두 **방** 사이에 길이 있고 그 **방**들의 모양은 북쪽 **방** 같고 그 길이와 너비도
겔 42:12	이 남쪽 **방**에 출입하는 문이 있는데
겔 42:13	남쪽에 있는 **방**들은 거룩한 **방**이라
겔 42:14	수종드는 그 의복을 그 **방**에 두고 다른
겔 44:19	수종드는 옷을 벗어 거룩한 **방**에 두고
겔 46:19	거룩한 **방**에 들어가시니 그 **방** 뒤 서쪽
욜 2:16	신랑을 그 **방**에서 나오게 하며 신부도

방관하다 (傍觀, look down, tolerate)
옵 1:12	형제의 날 곧 그 재앙의 날에 **방관**할
옵 1:13	네가 그 고난을 **방관하지** 않을 것이며
합 1:13	거짓된 자들을 **방관하시며** 악인이 자기

방금 (方今, just, a short while ago)
| 마 9:18 | 딸이 **방금** 죽었사오나 오셔서 그 몸에 |
| 요 11:8 | 제자들이 말하되 랍비여 **방금**도 유대인 |

방도 (方道, counsel, way, mean)
사 16:3	너는 **방도**를 베풀며 공의로 판결하며
막 14:1	예수를 흉계로 잡아 죽일 **방도**를
눅 19:48	귀를 기울여 들으므로 어찌할 **방도**를
눅 22:2	서기관들이 예수를 무슨 **방도**로 죽일까
눅 22:4	가서 예수를 넘겨 줄 **방도**를 의논하매
빌 1:18	무슨 **방도**로 하든지 전파되는 것은
딤전 6:5	경건을 이익의 **방도**로 생각하는 자들의

방랑하다 (放浪, wander)
| 신 26:5 | 내 조상은 **방랑하는** 아람 사람으로서 |

방망이 (hammer, club)
삿 4:21	야엘이 장막 말뚝을 가지고 손에 **방망이**
삿 5:26	오른손에 일꾼들의 **방망이**를 들고
왕상 6:7	건축하는 동안에 성전 속에서는 **방망이**
잠 25:18	거짓 증거하는 사람은 **방망이**요 칼이요
렘 23:29	바위를 쳐서 부스러뜨리는 **방망이** 같지

방문하다 (訪問, see, get acquaint with)
대하 22:6	이스르엘에 내려가서 **방문하였더라**
행 15:36	다시 가서 형제들이 어떠한가 **방문하자**
갈 1:18	삼 년 만에 내가 게바를 **방문하려고**

방백 (方伯, governor, ruler, prince, leader, official)

삿 5:9	내 마음이 이스라엘의 **방백**을 사모함은
삿 5:15	잇사갈의 **방백**들이 드보라와 함께 하니
삿 7:25	미디안의 두 **방백** 오렙과 스엡을 사로
삿 8:3	하나님이 미디안의 **방백** 오렙과 스엡을
삿 8:6	숙곳의 **방백**들이 이르되 세바와 살문
삿 8:14	숙곳의 **방백**들과 장로들 칠십칠 명을
삿 9:30	성읍의 **방백** 스불이 에벳의 아들 가알
삿 10:18	길르앗 백성과 **방백**들이 서로 이르되
삿 16:5	블레셋 사람의 **방백**들이 그 여인에게로
삿 16:8	블레셋 사람의 **방백**들이 마르지 아니한
삿 16:18	블레셋 사람들의 **방백**들을 불러 이르되 … 올라오라 하니 블레셋 **방백**들이
삿 16:23	블레셋 사람의 **방백**들이 이르되 우리의
삿 16:27	블레셋 모든 **방백**들도 거기에 있고 지붕
삿 16:30	무너져 그 안에 있는 모든 **방백**들과 온
삼상 5:8	블레셋 사람들의 모든 **방백**을 모으고
삼상 5:11	블레셋 모든 **방백**을 모으고 이르되
삼상 6:4	블레셋 사람의 **방백**의 수효대로 금 독종
삼상 6:12	블레셋 **방백**들은 벧세메스 경계선까지
삼상 6:16	블레셋 다섯 **방백**이 이것을 보고 그
삼상 6:18	다섯 **방백**들에게 속한 블레셋 사람들의
삼상 7:7	**방백**들이 이스라엘을 치러 올라온
삼상 18:30	블레셋 사람들의 **방백**들이 싸우러 나오
삼상 29:3	블레셋 사람들의 **방백**들이 이르되 … 아기스가 블레셋 사람들의 **방백**들에게
삼상 29:4	**방백**들이 그에게 노한지라 블레셋 **방백**
삼상 29:9	블레셋 사람들의 **방백**들은 말하기를
대상 2:10	낳았으니 나손은 유다 자손의 **방백**
대상 7:40	정선된 용감한 장사요 **방백**의 우두머리
대상 12:19	블레셋 사람들의 **방백**이 서로 의논하고
대상 19:3	암몬 자손의 **방백**들이 하눈에게 말하되
대상 22:17	다윗이 또 이스라엘 모든 **방백**에게 명령
대상 23:2	이스라엘 모든 **방백**과 제사장과 레위
대상 24:6	서기관 스마야가 왕과 **방백**과 제사장
대상 29:24	**방백**과 용사와 다윗 왕의 여러 아들들이
대하 1:2	온 이스라엘의 **방백**들과 족장들에게
대하 9:14	아라비아 왕들과 그 나라 **방백**들도 금과
대하 12:5	유다 **방백**들이 시삭의 일로 예루살렘 에 모였는지라 … 르호보암과 **방백**들

【 방백 】　　　　　　　　　　　　　　　　　　　　　　　　　　　　　　　　【 방언 】

대하 12:6	이스라엘 **방백**들과 왕이 스스로 겸비
대하 17:7	그의 **방백**들 벤하일과 오바댜와 스가랴
대하 21:4	그의 모든 아우들과 이스라엘 **방백**들
대하 22:8	유다 **방백**들과 아하시야의 형제들의
대하 23:20	존귀한 자들과 백성의 **방백**들과 그 땅에
대하 24:10	모든 **방백**들과 백성들이 기뻐하여 마치
대하 24:17	여호야다가 죽은 후에 유다 **방백**들이
대하 24:23	백성 중에서 모든 **방백**들을 다 죽이고
대하 28:14	포로와 노략한 물건을 **방백**들과 온 회중
대하 28:21	아하스가 여호와의 전과 왕궁과 **방백**
대하 30:2	왕이 **방백**들과 예루살렘 온 회중과
대하 30:6	보발꾼들이 왕과 **방백**들의 편지를 받아
대하 30:12	왕과 **방백**들이 여호와의 말씀대로 전한
대하 30:24	**방백**들은 수송아지 천 마리와 양 만 마리
대하 31:8	히스기야와 **방백**들이 와서 쌓인 더미를
대하 32:3	**방백**들과 용사들과 더불어 의논하고
대하 32:31	바벨론 **방백**들이 히스기야에게 사신을
대하 35:8	**방백**들도 즐거이 희생을 드려 백성과
대하 36:18	여호와의 전의 보물과 왕과 **방백**들의
스 2:63	**방백**이 그들에게 명령하여 우림과 둠밈
스 4:8	**방백** 르훔과 서기관 심새가 아닥사스다
스 4:9	**방백** 르훔과 서기관 심새와 그의 동료
스 4:17	**방백** 르훔과 서기관 심새와 사마리아
스 7:28	권세 있는 모든 **방백**의 앞에서 은혜를
스 8:20	다윗과 **방백**들이 레위 사람들을 섬기라
스 8:25	왕과 모사들과 **방백**들과 또 그 곳에
스 9:1	일 후에 **방백**들이 내게 나아와 이르되
스 9:2	**방백**들과 고관들이 이 죄에 더욱 으뜸이
스 10:8	누구든지 **방백**들과 장로들의 훈시를
스 10:14	이제 온 회중을 위하여 우리의 **방백**들을
느 2:16	**방백**들은 내가 어디 갔었으며 무엇을
	하였는지 … 귀족들에게나 **방백**들에게
느 9:32	왕들과 **방백**들과 제사장들과 선지자들
느 9:34	왕들과 **방백**들과 제사장들과 조상들이
느 9:38	**방백**들과 레위 사람들과 제사장들이
느 12:31	이에 내가 유다의 **방백**들을 성벽 위에
잠 8:15	말미암아 왕들이 치리하며 **방백**들이
잠 19:10	못하거든 하물며 종이 **방백**을 다스림이
사 19:11	소안의 **방백**은 어리석고 바로의 가장
사 19:13	소안의 **방백**들은 어리석었고 놉의 **방백**
사 32:1	공의로 통치할 것이요 **방백**들이 정의로
사 34:12	아무도 없겠고 그 모든 **방백**도 없게 될
겔 32:30	북쪽 모든 **방백**과 모든 시돈 사람이

나 3:17	네 **방백**은 메뚜기 같고 너의 장수들은
합 1:10	왕들을 멸시하며 **방백**을 조소하며 모든
습 1:8	여호와의 희생의 날에 내가 **방백**들과
습 3:3	그 가운데 **방백**들은 부르짖는 사자요

방법(方法, formula, way, reason)

출 28:15	너는 판결 흉패를 에봇 짜는 **방법**으로
출 30:32	사람의 몸에 붓지 말며 이 **방법**대로
출 30:37	너희를 위하여는 그 **방법**대로 만들지
사 28:26	그의 하나님이 그에게 적당한 **방법**을
행 4:21	그들을 어떻게 처벌할지 **방법**을 찾지
행 7:19	그가 우리 족속에게 교활한 **방법**을 써서
고전 15:32	내가 사람의 **방법**으로 에베소에서 맹수

방벽(防壁, stronghold)

잠 21:22	올라가서 그 성이 의지하는 **방벽**을 허느

방비하다(防備, guard, defense)

왕하 6:10	경계한 곳으로 사람을 보내 **방비하기**가
대하 11:5	유다 땅에 **방비하는** 성읍들을 건축하였
대하 11:11	르호보암이 그 **방비하는** 성읍들을 더욱
대하 35:20	요시야가 나가서 **방비하였더니**
느 4:9	파수꾼을 두어 주야로 **방비하는데**
렘 51:12	세우며 복병을 매복시켜 **방비하라**

방석(方席, bed)

암 3:12	걸상의 **방석**에 앉은 이스라엘 자손도

방식(方式, manner)

수 6:15	전과 같은 **방식**으로 그 성을 일곱 번

방어벽(防禦壁, wall)

나 3:8	바다가 성루가 되었고 바다가 **방어벽**이

방어하다(防禦, strengthen, defense)

대하 17:1	강하게 하여 이스라엘을 **방어하되**
욥 13:12	속담이요 너희가 **방어하는** 것은 토성

방언(方言, language, tongue)

대하 32:18	산헤립의 신하가 유다 **방언**으로 크게
스 4:7	글은 아람 문자와 아람 **방언**으로 써서
느 13:24	**방언**을 절반쯤은 하여도 유다 **방언**은 못
	하니 그 하는 말이 각 족속의 **방언**이므

[방울] [방주]

사 19:18	그 날에 애굽 땅에 가나안 **방언**을 말하		출 39:25	순금으로 **방울**을 만들어 그 옷 가장자리
사 28:11	입술과 다른 **방언**으로 그가 이 백성에게		출 39:26	**방울**과 석류를 서로 간격을 두고 번갈아
사 33:19	그 백성은 **방언**이 어려워 네가 알아듣지		욥 38:28	비에게 아비가 있느냐 이슬 **방울**은 누가
사 36:11	아람 **방언**을 아오니 청하건대 그 **방언**		시 65:11	관 씌우시니 주의 길에는 기름 **방울**이
	으로 … 유다 **방언**으로 말하지 마소서		아 4:11	신부야 네 입술에서는 꿀 **방울**이 떨어지
사 36:13	랍사게가 일어서서 유다 **방언**으로 크게		사 40:15	그에게는 열방이 통의 한 **방울** 물과
막 16:17	내 이름으로 귀신을 쫓아내며 새 **방언**을		슥 14:20	그 날에는 말 **방울**에까지 여호와께 성결
행 2:6	큰 무리가 모여 각각 자기의 **방언**으로			
행 2:8	우리가 우리 각 사람이 난 곳 **방언**으로		**방임하다**(放任, let, give)	
행 10:46	**방언**을 말하며 하나님 높임을 들음이		행 14:16	자기들의 길들을 가게 **방임**하셨으나
행 14:11	루가오니아 **방언**으로 소리 질러 이르되		엡 4:19	자신을 방탕에 **방임하여** 모든 더러운
행 19:6	성령이 그들에게 임하시므로 **방언**도			
고전 12:10	**방언** 말함을, 어떤 사람에게는 **방언**들		**방자하다/방자히**(放恣, brazen, run wild,	
고전 12:28	다스리는 것과 각종 **방언**을 말하는 것이		get out of control)	
고전 12:30	다 **방언**을 말하는 자이겠느냐 다 통역		출 32:25	**방자하니** 이는 아론이 그들을 **방자하게**
고전 13:1	내가 사람의 **방언**과 천사의 말을 할지라		잠 14:16	어리석은 자는 **방자하여** 스스로 믿느니
고전 13:8	예언도 폐하고 **방언**도 그치고 지식도		잠 29:18	묵시가 없으면 백성이 **방자히** 행하거니
고전 14:2	**방언**을 말하는 자는 사람에게 하지 아니		겔 16:30	이는 **방자한** 음녀의 행위라 네 마음이
고전 14:4	**방언**을 말하는 자는 자기의 덕을 세우고			
고전 14:5	너희가 다 **방언** 말하기를 원하나 특별		**방종하다**(放縱, prostitute, self-indulgence)	
	히 예언하기를 원하노라 만일 **방언**을		민 15:39	너희를 **방종하게** 하는 자신의 마음과
고전 14:6	**방언**으로 말하고 계시나 지식이나 예언		약 5:5	너희가 땅에서 사치하고 **방종하여** 살륙
고전 14:13	**방언**을 말하는 자는 통역하기를 기도할			
고전 14:14	만일 **방언**으로 기도하면 나의 영이 기도		**방주**(方舟, ark)	
고전 14:18	내가 너희 모든 사람보다 **방언**을 더		창 6:14	고페르 나무로 너를 위하여 **방주**를 만들
고전 14:19	일만 마디 **방언**으로 말하는 것보다 나으		창 6:15	네가 만들 **방주**는 이러하니 그 길이는
고전 14:21	다른 **방언**을 말하는 자와 다른 입술로		창 6:18	아내와 네 며느리들과 함께 그 **방주**로
고전 14:22	**방언**은 믿는 자들을 위하지 아니하고		창 6:19	생물을 너는 각기 암수 한 쌍씩 **방주**로
고전 14:23	온 교회가 함께 모여 다 **방언**으로 말하		창 7:1	너와 네 온 집은 **방주**로 들어가라
고전 14:26	계시도 있으며 **방언**도 있으며 통역함도		창 7:7	며느리들과 함께 홍수를 피하여 **방주**에
고전 14:27	만일 누가 **방언**으로 말하거든 두 사람이		창 7:9	암수 둘씩 노아에게 나아와 **방주**로 들어
고전 14:39	형제들아 예언하기를 사모하며 **방언**		창 7:13	노아의 아내와 세 며느리가 다 **방주**로
계 5:9	각 족속과 **방언**과 백성과 나라 가운데		창 7:15	육체가 둘씩 노아에게 나아와 **방주**로
계 7:9	나라와 족속과 백성과 **방언**에서 아무도		창 7:17	물이 많아져 **방주**가 땅에서 떠올랐고
계 10:11	많은 백성과 나라와 **방언**과 임금에게		창 7:18	물이 더 많아져 땅에 넘치매 **방주**가
계 11:9	백성들과 족속과 **방언**과 나라 중에서		창 7:23	노아와 그와 함께 **방주**에 있던 자들만
계 13:7	족속과 백성과 **방언**과 나라를 다스리는		창 8:1	하나님이 노아와 그와 함께 **방주**에 있는
계 14:6	모든 민족과 종족과 **방언**과 백성에게		창 8:4	일곱째 달 곧 그 달 열이렛날에 **방주**가
계 17:15	백성과 무리와 열국과 **방언**들이니라		창 8:6	사십 일을 지나서 노아가 그 **방주**에 낸
			창 8:9	발붙일 곳을 찾지 못하고 **방주**로 돌아와
방울(bell)				그에게로 오는지라 … **방주** 안 자기에게
출 28:33	석류를 수 놓고 금 **방울**을 간격을 두어		창 8:10	칠 일을 기다려 다시 비둘기를 **방주**에서
출 28:34	금 **방울**, 한 석류, 한 금 **방울**, 한 석류가		창 8:13	노아가 **방주** 뚜껑을 제치고 본즉 지면

[방책] | [방패]

창 8:16 네 아들들과 네 며느리들과 함께 **방주**
창 8:19 모든 새도 그 종류대로 **방주**에서 나왔
창 9:10 **방주**에서 나온 모든 것 곧 땅의 모든
창 9:18 **방주**에서 나온 노아의 아들들은 셈과
마 24:38 홍수 전에 노아가 **방주**에 들어가던 날까
눅 17:27 노아가 **방주**에 들어가던 날까지 사람
히 11:7 경외함으로 **방주**를 준비하여 그 집을
벧전 3:20 노아의 날 **방주**를 준비할 동안 … 복종
하지 아니하던 자들이라 **방주**에서 물로

방책(方策, verdict, way)
삿 20:7 여기 있은즉 너희의 의견과 **방책**을 낼지
삼하 14:14 생명을 빼앗지 아니하시고 **방책**을 베푸

방침(方針, advice)
출 18:19 내가 네게 **방침**을 가르치니 하나님이

방탕/-하다(放蕩, debauchery, profligate, vulgar, orgy)
신 21:20 우리 말을 듣지 아니하고 **방탕하며** 술에
삿 9:4 아비멜렉이 그것으로 **방탕하고** 경박한
삼하 6:20 **방탕한** 자가 염치없이 자기의 몸을 드러
잠 12:11 **방탕한** 것을 따르는 자는 지혜가 없느니
잠 28:19 **방탕**을 따르는 자는 궁핍함이 많으리라
마 23:25 그 안에는 탐욕과 **방탕**으로 가득하게
눅 21:34 **방탕함**과 술취함과 생활의 염려로 마음
롬 13:13 낮에와 같이 단정히 행하고 **방탕하거나**
갈 5:21 투기와 술 취함과 **방탕함**과 또 그와
엡 4:19 감각 없는 자가 되어 자신을 **방탕**에
엡 5:18 술 취하지 말라 이는 **방탕한** 것이니
딛 1:6 **방탕하다**는 비난을 받거나 불순종하는
벧전 4:3 음란과 정욕과 술취함과 **방탕**과 향락과
벧전 4:4 그들과 함께 그런 극한 **방탕**에 달음질
유 1:4 우리 하나님의 은혜를 도리어 **방탕한**

방패(防牌, shield)

창 15:1 나는 네 **방패**요 너의 지극히
신 33:29 그는 너를 돕는 **방패**시요
삿 5:8 사만 명 중에 **방패**와 창이
삼상 17:7 철 육백 세겔이며 **방패**
삼상 17:41 블레셋 사람이 **방패** 든
삼하 1:21 두 용사의 **방패**가 버린
바 됨이니라 곧 사울의 **방패**가

삼하 8:7 하닷에셀의 신복들이 가진 금 **방패**를
삼하 22:3 나의 **방패**시요 나의 구원의 뿔이시요
삼하 22:31 자기에게 피하는 모든 자에게 **방패**시로
삼하 22:36 주께서 또 주의 구원의 **방패**를 내게
왕상 10:16 큰 **방패** 이백 개를 만들었으니 매
왕상 10:17 **방패** 삼백 개를 만들었으니 매 **방패**에
왕상 14:26 또 솔로몬이 만든 금 **방패**를 다 빼앗은
왕상 14:27 르호보암 왕이 그 대신 놋으로 **방패**를
왕상 14:28 시위하는 자가 그 **방패**를 들고 갔다가
왕하 11:10 다윗 왕의 창과 **방패**를 백부장들에게
왕하 19:32 **방패**를 성을 향하여 세우지 못하며 치려
대상 5:18 능히 **방패**와 칼을 들며 활을 당겨 쏘며
대상 12:8 용사요 싸움에 익숙하여 **방패**와 창을
대상 12:24 유다 자손 중에서 **방패**와 창을 들고
대상 12:34 납달리 중에서 지휘관 천 명과 **방패**
대상 18:7 하닷에셀의 신하들이 가진 금 **방패**
대하 9:15 큰 **방패** 이백 개를 만들었으니 **방패**
대하 9:16 작은 **방패** 삼백 개를 만들었으니 **방패**
대하 11:12 모든 성읍에 **방패**와 창을 두어 매우
대하 12:9 솔로몬이 만든 금 **방패**도 빼앗은지라
대하 12:10 르호보암 왕이 그 대신에 놋으로 **방패**를
대하 12:11 경호하는 자가 그 **방패**를 들고 갔다가
대하 14:8 큰 **방패**와 창을 잡는 자가 삼십만 명이
요 베냐민 중에서 작은 **방패**를 잡으며
대하 17:17 엘리아다는 활과 **방패**를 잡은 자 이십만
대하 23:9 다윗 왕의 창과 큰 **방패**와 작은 **방패**를
대하 25:5 이십 세 이상으로 계수하여 창과 **방패**를
대하 26:14 웃시야가 그의 온 군대를 위하여 **방패**와
대하 32:5 밀로를 견고하게 하고 무기와 **방패**를
대하 32:27 은금과 보석과 향품과 **방패**와 온갖 보배
느 4:16 절반은 갑옷을 입고 창과 **방패**와 활을
욥 15:26 그는 목을 세우고 **방패**를 들고 하나님께
시 3:3 여호와 주는 나의 **방패**시요 나의 영광
시 5:12 **방패**와 같은 은혜로 그를 호위하시리이
시 7:10 나의 **방패**는 마음이 정직한 자를 구원하
시 18:2 나의 **방패**시요 나의 구원의 뿔이시요
시 18:30 그는 자기에게 피하는 모든 자의 **방패**
시 18:35 주의 구원의 **방패**를 내게 주시며
시 28:7 여호와는 나의 힘과 나의 **방패**이시니
시 33:20 바람이여 그는 우리의 도움과 **방패**시로
시 35:2 **방패**와 손 **방패**를 잡으시고 일어나 나를
시 47:9 세상의 모든 **방패**는 하나님의 것임이여
시 59:11 우리 **방패** 되신 주여 주의 능력으로

1038

방해하다			밭

시 76:3	거기서 그가 화살과 **방패**와 칼과 전쟁
시 84:9	우리 **방패**이신 하나님이여 주께서 기름
시 84:11	여호와 하나님은 해요 **방패**이시라
시 89:18	우리의 **방패**는 여호와께 속하였고 우리
시 91:4	진실함은 **방패**와 손 **방패**가 되시나니
시 115:9	그는 너희의 도움이시요 너희의 **방패**
시 115:10	그는 너희의 도움이시요 너희의 **방패**
시 115:11	그는 너희의 도움이시요 너희의 **방패**
시 119:114	주는 나의 은신처요 **방패**시라 내가 주의
시 144:2	나를 건지시는 이시요 나의 **방패**이시니
잠 2:7	행실이 온전한 자에게 **방패**가 되시나니
잠 30:5	하나님은 그를 의지하는 자의 **방패**시니
아 4:4	곧 **방패** 천 개, 용사의 모든 **방패**가 달린
사 21:5	너희 고관들아 일어나 **방패**에 기름을
사 22:6	마병이 함께 하였고 기르 사람은 **방패**를
사 37:33	**방패**를 가지고 성에 가까이 오지도 못하
렘 46:3	너희는 작은 **방패**와 큰 **방패**를 예비하고
렘 46:9	용사여 나오라 **방패** 잡은 구스 사람과
렘 51:11	화살을 갈며 둥근 **방패**를 준비하라
겔 23:24	수레와 크고 작은 **방패**를 이끌고 투구
겔 26:8	사다리를 세우며 토성을 쌓으며 **방패**를
겔 27:10	네 가운데에서 **방패**와 투구를 달아 네
겔 27:11	사방 성 위에 **방패**를 달아 네 아름다움
겔 38:4	갑옷을 입고 큰 **방패**와 작은 **방패**를
겔 38:5	그들과 함께 한 **방패**와 투구를 갖춘
겔 39:9	큰 **방패**와 작은 **방패**와 활과 화살과
나 2:3	용사들의 **방패**는 붉고 그의 무사들의
엡 6:16	모든 것 위에 믿음의 **방패**를 가지고

방해하다 (妨害, make afraid to)
| 스 4:4 | 손을 약하게 하여 그 건축을 **방해하되** |

방향 (方向, turn around, turn back)
신 1:7	**방향**을 돌려 행진하여 아모리 족속의
신 1:40	너희는 **방향**을 돌려 홍해 길을 따라
신 2:1	우리가 **방향**을 돌려 여호와께서 내게

방황하다 (彷徨, wander)
창 21:14	나가서 브엘세바 광야에서 **방황하더니**
창 37:15	그를 만난즉 그가 들에서 **방황하는지라**
민 14:33	사십 년을 광야에서 **방황하는** 자가
민 32:13	그들에게 사십 년 동안 광야에 **방황하게**
수 14:10	이스라엘이 광야에서 **방황한** 이 사십
욥 12:24	그들을 길 없는 거친 들에서 **방황하게**
시 107:4	그들이 광야 사막 길에서 **방황하며** 거주
시 119:176	잃은 양같이 내가 **방황하오니** 주의
사 38:15	말미암아 내가 종신토록 **방황하리이다**
렘 31:22	딸아 네가 어느 때까지 **방황하겠느냐**
애 4:14	거리거리에서 맹인같이 **방황함이여**
애 4:15	그들이 도망하여 **방황할** 때에 이방인들

밭 (field, land)
모세오경
창 2:5	들에는 초목이 아직 없었고 **밭**에는 채소
창 3:18	엉겅퀴를 낼 것이라 네가 먹을 것은 **밭**
창 23:11	내가 그 **밭**을 당신에게 드리고 그 속의
창 23:17	마므레 앞 막벨라에 있는 에브론의 **밭**
창 23:17	곧 그 **밭**과 거기에 속한 굴과 그 **밭**과
창 23:19	가나안 땅 마므레 앞 막벨라 **밭** 굴에
창 23:20	그 **밭**과 거기에 속한 굴이 헷 족속으로
창 25:9	헷 족속 소할의 아들 에브론의 **밭**에
창 25:10	아브라함이 헷 족속에게서 산 **밭**이
창 27:27	향취는 여호와께서 복 주신 **밭**의 향취
창 33:19	장막을 친 **밭**을 세겜의 아버지 하몰의
창 37:7	우리가 **밭**에서 곡식 단을 묶더니 내
창 39:5	여호와의 복이 그의 집과 **밭**에 있는
창 41:48	각 성읍 주위의 **밭**의 곡물을 그 성읍
창 49:29	나를 헷 사람 에브론의 **밭**에 있는 굴에
창 49:30	앞 막벨라 **밭**에 있는 것이라 아브라함
창 49:32	이 **밭**과 거기 있는 굴은 헷 사람에게서
창 50:13	앞 막벨라 **밭** 굴에 장사하였으니 이는
창 50:13	아브라함이 헷 족속 에브론에게 **밭**과
출 8:13	개구리가 집과 마당과 **밭**에서부터 나와
출 9:22	우박이 애굽 땅의 사람과 짐승과 **밭**의
출 9:25	온 땅에서 사람과 짐승을 막론하고 **밭**에
출 9:25	있는 모든 것을 쳤으며 우박이 또 **밭**의
출 10:12	우박에 상하지 아니한 **밭**의 모든 채소
출 10:15	아니한 **밭**의 채소와 나무 열매를 다 먹
출 10:15	었으므로 애굽 온 땅에서 나무나 **밭**의
출 22:5	사람이 **밭**에서나 포도원에서 짐승을 먹
출 22:5	이다가 자기의 짐승을 놓아 남의 **밭**에
출 22:5	서 먹게 하면 자기 **밭**의 가장 좋은 것과
출 22:6	낟가리나 거두지 못한 곡식이나 **밭**을
출 23:16	수고하여 **밭**에 뿌린 것의 첫 열매를 거
출 23:16	둠이니라…이룬 것을 연말에 **밭**에서부

[밭]

레 19:9	너는 밭 모퉁이까지 다 거두지 말고 네
레 19:19	네 밭에 두 종자를 섞어 뿌리지 말며
레 23:22	너희 땅의 곡물을 벨 때에 밭 모퉁이까
레 25:3	너는 육 년 동안 그 밭에 파종하며 육 년
레 25:4	그 밭에 파종하거나 포도원을 가꾸지
레 25:12	너희에게 거룩함이니라 너희는 밭의
레 26:4	땅은 그 산물을 내고 밭의 나무는 열매
레 27:16	사람이 자기 기업된 밭 얼마를 성별하여
레 27:17	만일 그가 그 밭을 희년부터 성별하여
레 27:18	그 밭을 희년 후에 성별하여 드렸으면
레 27:19	만일 밭을 성별하여 드린 자가 그것을
레 27:20	만일 그가 그 밭을 무르지 아니하려거나
레 27:21	희년이 되어서 그 밭이 돌아오게 될
레 27:22	기업이 아닌 밭을 여호와께 성별하여
레 27:24	그가 판 밭은 희년에 그 판 사람 곧 그 땅
레 27:28	가축이든지 기업의 밭이든지 팔지도
민 16:14	밭도 포도원도 우리에게 기업으로 주지
민 20:17	우리가 밭으로나 포도원으로 지나가지
민 21:22	밭에든지 포도원에든지 들어가지
민 22:4	이 무리가 소가 밭의 풀을 뜯어먹음
민 22:23	길에서 벗어나 밭으로 들어간지라 발람
신 5:21	이웃의 집이나 그의 밭이나 그의 남종이
신 23:25	네 이웃의 곡식 밭에 들어갈 때에는 네
	가 손으로 … 네 이웃의 곡식 밭에 낫을
신 24:19	밭에서 곡식을 벨 때에 그 한 뭇을 밭에
신 32:13	밭의 소산을 먹게 하시며 반석에서
신 32:32	소돔의 포도나무요 고모라의 밭의 소산
역사서, 시가서	
수 15:18	그에게 청하여 자기 아버지에게 밭을
수 21:12	그 성읍의 밭과 그 촌락들은 여분네의
수 24:32	하몰의 자손들에게서 산 밭이라 그것이
삿 1:14	그에게 청하여 자기 아버지에게 밭을
삿 9:27	그들이 밭에 가서 포도를 거두어다가
삿 9:32	백성과 더불어 밤에 일어나 밭에 매복
삿 9:37	보라 백성이 밭 가운데를 따라 내려오
삿 9:42	백성이 밭으로 나오매 사람들이 그것을
삿 9:43	자기 백성을 세 무리로 나누어 밭에
삿 9:44	두 무리는 밭에 있는 자들에게 돌격하여
삿 13:9	여인이 밭에 앉았을 때에 하나님의 사자
삿 15:5	그것을 블레셋 사람들의 곡식 밭에
삿 19:16	저녁때에 한 노인이 밭에서 일하다가
룻 2:2	내가 밭으로 가서 내가 누구에게 은혜
룻 2:3	따라 밭에서 이삭을 줍는데 우연히 엘

[밭]

룻 2:8	리멜렉의 친족 보아스에게 속한 밭에
룻 2:9	이삭을 주우러 다른 밭으로 가지 말며
룻 2:17	그들이 베는 밭을 보고 그들을 따르라
룻 2:22	룻이 밭에서 저녁까지 줍고 그 주운 것
룻 4:5	그의 소녀들과 함께 나가고 다른 밭에서
삼상 6:14	네가 나오미의 손에서 그 밭을 사는 날
삼상 6:18	수레가 벧세메스 사람 여호수아의 밭
삼상 8:14	돌은 벧세메스 사람 여호수아의 밭에
삼상 11:5	또 너희의 밭과 포도원과 감람원에서
삼상 22:7	마침 사울이 밭에서 소를 몰고 오다가
삼하 1:21	아들이 너희에게 각기 밭과 포도원
삼하 9:7	비가 내리지 아니하며 제물 낼 밭도
삼하 14:30	내가 네 할아버지 사울의 모든 밭을 다
삼하 14:31	요압의 밭이 내 밭 근처에 있고 … 압
	살롬의 종들이 그 밭에 불을 질렀더니
삼하 19:29	어찌하여 네 종들이 내 밭에 불을 질렀
삼하 20:12	내가 이르노니 너는 시바와 밭을 나누라
삼하 23:11	아마사를 큰길에서부터 밭으로 옮겼으
삼하 23:12	거기 녹두나무가 가득한 한쪽 밭에 모이
왕상 3:19	그는 그 밭 가운데 서서 막아 블레셋
왕상 3:25	모든 샘을 메우고 돌로 모든 좋은 밭을
왕상 8:6	돌을 던져 모든 좋은 밭에 가득하게
왕상 9:25	떠날 때부터 이제까지 그의 밭의 소출을
왕하 9:26	가져다가 이스르엘 사람 나봇의 밭에
왕하 9:37	시체를 가져다가 이 밭에 던질지니라
왕하 18:17	이스르엘 토지에서 거름같이 밭에
왕하 23:4	윗못 수도 곁 곧 세탁자의 밭에 있는
대상 6:56	예루살렘 바깥 기드론 밭에서 불사르고
대상 11:13	성의 밭과 마을은 여분네의 아들 갈렙
대상 11:14	거기에 보리가 많이 난 밭이 있더라
대상 16:32	그 밭 가운데서 서서 그 밭을 보호하여
대상 27:25	밭과 그 가운데 모든 것은 즐거워할지로
대하 26:10	웃시야의 아들 요나단은 밭과 성읍
대하 31:5	여러 산과 좋은 밭에 농부와 포도원을
느 5:3	기름과 꿀과 밭의 모든 소산의 첫 열매
느 5:4	밭과 포도원과 집이라도 저당 잡히고
느 5:5	밭과 포도원으로 돈을 빚내서 왕에게
느 5:11	우리의 밭과 포도원이 이미 남의 것이
느 12:44	오늘이라도 그들의 밭과 포도원과
느 13:10	십일조를 모든 성읍 밭에서 거두어
욥 5:10	노래하는 자들이 각각 자기 밭으로 도망
욥 24:6	비를 땅에 내리시고 물을 밭에 보내시며
	밭에서 남의 꼴을 베며 악인이 남겨 둔

1040

【 밭 】   【 밭 】

시 96:12	밭과 그 가운데에 있는 모든 것은 즐거	욜 1:11	이는 밀과 보리 때문이라 밭의 소산이
시 105:35	모든 채소를 먹으며 그들의 밭에 있는	욜 1:12	사과나무와 밭의 모든 나무가 다 시들었
시 107:37	밭에 파종하며 포도원을 재배하여 풍성	미 2:2	밭들을 탐하여 빼앗고 집들을 탐하여
시 132:6	에브라다에 있다 함을 들었더니 나무 밭	미 2:4	우리 밭을 나누어 패역자에게 주시는도
잠 13:23	가난한 자는 밭을 경작함으로 양식이	미 3:12	너희로 말미암아 시온은 갈아엎은 밭이
잠 23:10	지계석을 옮기지 말며 고아들의 밭을	합 3:17	감람나무에 소출이 없으며 밭에 먹을
잠 24:27	너를 위하여 밭에서 준비하고 그 후에	슥 10:1	무리에게 소나기를 내려서 밭의 채소를
잠 24:30	내가 게으른 자의 밭과 지혜 없는 자의	말 3:11	너희 밭의 포도나무 열매가 기한 전에
잠 27:26	양의 털은 네 옷이 되며 염소는 밭을	신약	
잠 31:16	밭을 살펴보고 사며 자기의 손으로 번	마 12:1	예수께서 안식일에 밀 밭 사이로 가실새
전 5:9	모든 사람을 위하여 있나니 왕도 밭의	마 13:24	천국은 좋은 씨를 제 밭에 뿌린 사람과
선지서		마 13:27	주여 밭에 좋은 씨를 뿌리지 아니하였
사 1:8	시온은 포도원의 망대같이, 참외 밭의	마 13:31	천국은 마치 사람이 자기 밭에 갖다
사 5:17	유리하는 자들이 부자의 버려진 밭에서	마 13:36	밭의 가라지의 비유를 우리에게 설명
사 7:3	스알야숩을 윗못 수도 끝 세탁자의 밭	마 13:38	밭은 세상이요 좋은 씨는 천국의 아들
사 10:18	그의 숲과 기름진 밭의 영광이 전부	마 13:44	천국은 마치 밭에 감추인 보화와 같으
사 16:8	헤스본의 밭과 십마의 포도나무가 말랐		니 … 자기의 소유를 다 팔아 그 밭을
사 16:10	기쁨이 기름진 밭에서 떠났고 포도원	마 22:5	한 사람은 자기 밭으로, 한 사람은 자기
사 19:7	나일 강 가까운 곡식 밭이 다 말라서	마 24:18	밭에 있는 자는 겉옷을 가지러 뒤로
사 29:17	밭으로 변하지 아니하겠으며 기름진 밭	마 24:40	두 사람이 밭에 있으매 한 사람은 데려
사 32:12	그들은 좋은 밭으로 인하여 열매 많은	마 27:7	이것으로 토기장이의 밭을 사서 나그네
사 32:15	아름다운 밭이 되며 아름다운 밭을	마 27:8	오늘날까지 그 밭을 피 밭이라 일컫느
사 32:16	광야에 거하며 공의가 아름다운 밭에	막 2:23	안식일에 예수께서 밀 밭 사이로 지나
사 36:2	그가 윗못 수도 곁 세탁자의 밭 큰 길에	막 13:16	밭에 있는 자는 겉옷을 가지러 뒤로
렘 4:17	그들이 밭을 지키는 자같이 예루살렘을	눅 6:1	안식일에 예수께서 밀 밭 사이로 지나
렘 6:12	그들의 집과 밭과 아내가 타인의 소유로	눅 12:16	말하여 이르시되 한 부자가 그 밭에
렘 6:25	밭에도 나가지 말라 길로도 다니지	눅 14:18	한 사람은 이르되 나는 밭을 샀으매
렘 8:10	그들의 밭을 그 차지할 자들에게 주리니	눅 15:25	맏아들은 밭에 있다가 돌아와 집에
렘 26:18	시온은 밭같이 경작지가 될 것이며	눅 17:7	종이 있어 밭에서 돌아오면 그더러 곧
렘 32:7	너는 아나돗에 있는 내 밭을 사라	눅 17:31	밭에 있는 자도 그와 같이 뒤로 돌이키
렘 32:8	베냐민 땅 아나돗에 있는 나의 밭을	요 4:35	눈을 들어 밭을 보라 희어져 추수하게
렘 32:9	하나멜의 아나돗에 있는 밭을 사는데		
렘 32:15	사람이 이 땅에서 집과 밭과 포도원을		
렘 32:25	주께서 내게 은으로 밭을 사며 증인을		
렘 32:43	되었다 하는 이 땅에서 사람들이 밭을		
렘 32:44	네겝의 성읍들에 있는 밭을 은으로 사고		
렘 35:9	포도원이나 밭이나 종자도 가지지 아니		
렘 39:10	그 날에 포도원과 밭을 그들에게 주었더		
렘 41:8	우리가 밀과 보리와 기름과 꿀을 밭에		
겔 7:15	안에는 전염병과 기근이 있어서 밭에		
겔 34:27	밭에 나무가 열매를 맺으며 땅이 그		
겔 36:30	또 나무의 열매와 밭의 소산을 풍성하게		
욜 1:10	밭이 황무하고 토지가 마르니 곡식이		

'밭'과 관련된 성구

밭 값 - 창 23:13; 마 27:10
밭을 갈게 하다 - 삼상 8:12
밭(을) 갈다 - 창 4:12; 출 34:21; 삿 14:18; 왕상 19:19; 대상 27:26; 욥 1:14; 4:8; 시 129:3; 141:7; 잠 20:4; 사 30:24; 렘 14:4; 27:11; 호 10:11, 13; 암 6:12; 눅 17:7; 고전 9:10; 히 6:7
밭을 일구다 - 렘 29:28

【 밭갈이 】 　　　　　　　　　　　　　　【 배 2 】

행 1:18	사람이 불의의 삯으로 밭을 사고 후에
행 1:19	그 밭을 아겔다마 하니 이는 피 밭이
행 4:34	이는 밭과 집 있는 자는 팔아 그 판 것의
행 4:37	그가 밭이 있으매 팔아 그 값을 가지고
고전 3:9	하나님의 밭이요 하나님의 집이니라
약 5:4	보라 너희 밭에서 추수한 품꾼에게 주지

밭갈이(plowing)
창 45:6	아직 오 년은 밭갈이도 못하고 추수도

밭고랑(furrow)
시 65:10	주께서 밭고랑에 물을 넉넉히 대사

밭머리(end of field)
창 23:9	그의 밭머리에 있는 그의 막벨라 굴을

밭이랑(furrow)
욥 31:38	밭이 나를 향하여 부르짖고 밭이랑이
호 10:4	언약을 세우니 그 재판이 밭이랑에 돋는
호 12:11	제사를 드리며 그 제단은 밭이랑에 쌓인

배 1(belly)
구약
창 3:14	더욱 저주를 받아 배로 다니고 살아
레 11:42	기어 다니는 모든 기는 것 중에 배로
민 5:21	네 배가 부어서 네가 네 백성 중에
민 5:22	물이 네 창자에 들어가서 네 배를 붓게
민 5:27	그의 배가 부으며 그의 넓적다리가 마르
민 25:8	이스라엘 남자와 그 여인의 배를 꿰뚫어
삼하 2:23	아브넬이 창 뒤 끝으로 그의 배를 찌르
삼하 3:27	성문 안으로 들어가 거기서 배를 찔러
삼하 4:6	집 가운데로 들어가서 그의 배를 찌르고
삼하 20:10	요압이 칼로 그의 배를 찌르매 그의
욥 20:15	토할 것은 하나님이 그의 배에서 도로
욥 20:23	그가 배를 불리려 할 때에 하나님이
욥 32:19	보라 내 배는 봉한 포도주통 같이 터질
욥 40:16	그것의 힘은 허리에 있고 그 뚝심은 배
시 17:14	그들은 주의 재물로 배를 채우고 자녀
시 71:6	나의 어머니의 배에서부터 주께서 나를
잠 6:30	도둑이 만일 주릴 때에 배를 채우려고
잠 13:25	의인은 포식하여도 악인의 배는 주리느
사 44:12	배가 고프면 기운이 없고 물을 마시지
사 46:3	배에서 태어남으로부터 내게 안겼고

렘 1:5	배에서 나오기 전에 너를 성별하였고
렘 20:17	그의 배가 부른 채로 항상 있지 않게
렘 51:34	나의 좋은 음식으로 그 배를 채우고
겔 3:3	네게 주는 이 두루마리를 네 배에 넣고
단 2:32	가슴과 두 팔은 은이요 배와 넓적다리는
호 13:6	그들이 먹여 준 대로 배가 불렀고 배가
호 13:16	부서뜨리며 아이 밴 여인은 배가 갈라
암 1:13	길르앗의 아이 밴 여인의 배를 갈랐음

신약
마 15:17	입으로 들어가는 모든 것은 배로 들어가
막 7:19	이는 마음으로 들어가지 아니하고 배에
눅 15:16	그가 돼지 먹는 쥐엄 열매로 배를 채우
눅 23:29	해산하지 못한 배와 먹이지 못한 젖이
요 7:38	그 배에서 생수의 강이 흘러나오리라
행 1:18	몸이 곤두박질하여 배가 터져 창자가
롬 16:18	다만 자기들의 배만 섬기나니 교활한
고전 6:13	음식은 배를 위하여 있고 배는 음식을
빌 3:19	마침은 멸망이요 그들의 신은 배요
딛 1:12	거짓말쟁이며 악한 짐승이며 배만 위하
계 10:9	배에는 쓰나 네 입에는 꿀같이 달리라
계 10:10	입에는 꿀같이 다나 먹은 후에 내 배에

배 2(倍, times)
구약
창 4:15	죽이는 자는 벌을 칠 배나 받으리라
창 4:24	가인을 위하여는 벌이 칠 배일진대 라 멕을 위하여는 벌이 칠십칠 배이리로다
창 26:12	그 땅에서 농사하여 그 해에 백 배
창 43:34	베냐민에게는 다른 사람보다 다섯 배나
레 26:18	내가 너희를 일곱 배나 더 징벌하리라
레 26:21	내가 너희의 죄대로 너희에게 일곱 배나
레 26:24	너희 죄로 말미암아 너희를 칠 배나
레 26:28	너희의 죄로 말미암아 칠 배나 더 징벌
신 1:11	여호와께서 너희를 현재보다 천 배나
신 15:18	그가 여섯 해 동안에 품꾼의 삯의 배나
삼하 12:6	그 양 새끼를 네 배나 갚아 주어야 하리
삼하 24:3	여호와께서 백 배나 더하게 하사
대상 21:3	여호와께서 그 백성을 지금보다 백 배나
시 79:12	비방한 그 비방을 그들의 품에 칠 배
잠 6:31	들키면 칠 배를 갚아야 하리니 심지어
사 30:26	햇빛은 일곱 배가 되어 일곱 날의 빛과
사 40:2	말미암아 여호와의 손에서 벌을 배나
사 61:7	너희가 수치 대신에 보상을 배나 얻으며

【 배 3 】

렘 16:18	내가 우선 그들의 악과 죄를 배나 갚을		사 2:16	다시스의 모든 배와 모든 아름다운
렘 17:18	날을 그들에게 임하게 하시며 배나		사 23:1	다시스의 배들아 너희는 슬피 부르짖을
단 1:20	술객보다 십 배나 나은 줄을 아니라		사 23:14	다시스의 배들아 너희는 슬피 부르짖을
단 3:19	풀무불을 뜨겁게 하기를 평소보다 칠 배		사 33:21	노 젓는 배나 큰 배가 통행하지 못하리

신약

마 13:8	어떤 것은 백 배, 어떤 것은 육십 배, 어		사 60:9	섬들이 나를 앙망하고 다시스의 배들이
	떤 것은 삼십 배의 결실을 하였느니라		겔 27:9	지혜자들이 네 가운데에서 배의 틈을 막
마 13:23	결실하여 어떤 것은 백 배, 어떤 것은			는 자가 되었음이여 바다의 모든 배와
	육십 배, 어떤 것은 삼십 배가 되느니라		겔 27:25	다시스의 배는 떼를 지어 네 화물을 나르
마 19:29	자식이나 전토를 버린 자마다 여러 배를		겔 27:27	네 사공과 선장과 네 배의 틈을 막는
마 23:15	두루 다니다가 생기면 너희보다 배나		겔 27:29	사공과 바다의 선장들이 다 배에서 내려
막 4:8	삼십 배나 육십 배나 백 배가 되었느니		겔 30:9	그 날에 사절들이 내 앞에서 배로 나아
막 4:20	받아 삼십 배나 육십 배나 백 배의 결실		단 11:30	이는 깃딤의 배들이 이르러 그를 칠
막 10:30	자식과 전토를 백 배나 받되 박해를		단 11:40	북방 왕이 병거와 마병과 많은 배로
눅 8:8	더러는 좋은 땅에 떨어지매 나서 백 배		욘 1:3	배를 만난지라 여호와의 … 다시스로
눅 18:30	현세에 여러 배를 받고 내세에 영생을			가려고 배 삯을 주고 배에 올랐더라
딤전 5:17	잘 다스리는 장로들은 배나 존경할 자로		욘 1:4	폭풍이 일어나 배가 거의 깨지게 된지라
			욘 1:5	배를 가볍게 하려고 그 가운데 물건들을
				바다에 던지니라 그러나 요나는 배 밑층
	배 3(ship, boat)		욘 1:13	그 사람들이 힘써 노를 저어 배를 육지

구약

신약

창 49:13	해변에 거주		마 4:21	그의 아버지 세베대와 함께 배에서 그물
	하리니 그곳은 배 매는		마 4:22	그들이 곧 배와 아버지를 버려 두고
민 24:24	깃딤 해변에서 배들이 와서 앗수르를		마 8:23	배에 오르시매 제자들이 따랐더니
신 28:68	여호와께서 너를 배에 싣고 전에 네게		마 8:24	큰 놀이 일어나 배가 물결에 덮이게
삿 5:17	요단 강 저쪽에 거주하며 단은 배에		마 14:24	배가 이미 육지에서 수 리나 떠나서
왕상 9:26	엘롯 근처 에시온게벨에서 배들을 지은		마 14:29	베드로가 배에서 내려 물 위로 걸어서
왕상 9:27	사공들을 솔로몬의 종과 함께 그 배로		마 14:33	배에 있는 사람들이 예수께 절하며 이르
왕상 10:11	오빌에서부터 금을 실어온 히람의 배들		막 1:19	형제 요한을 보시니 그들도 배에 있어
왕상 10:22	바다에 다시스 배들을 두어 히람의 배와		막 1:20	아버지 세베대를 품꾼들과 함께 배에
	함께 있게 하고 그 다시스 배로 삼 년에		막 3:9	작은 배를 대기하도록 제자들에게 명하
왕상 22:48	그 배가 에시온게벨에서 파선하였으므		막 4:36	배에 계신 그대로 모시고 가매 다른 배
왕상 22:49	내 종으로 당신의 종과 함께 배에 가게		막 4:37	물결이 배에 부딪쳐 들어와 배에 가득하
대하 8:18	후람이 그의 신복들에게 부탁하여 배		막 5:2	배에서 나오시매 곧 더러운 귀신 들린
대하 9:21	왕의 배들이 후람의 종들과 함께 다시		막 6:47	배는 바다 가운데 있고 예수께서는
	스로 다니며 그 배들이 삼년에 일 차씩		막 6:54	배에서 내리니 사람들이 곧 예수신 줄을
대하 20:36	서로 연합하고 배를 만들어 다시스로		막 8:14	제자들이 떡 가져오기를 잊었으매 배
	보내고자 하여 에시온게벨에서 배를		눅 5:2	호숫가에 배 두 척이 있는 것을 보시니
대하 20:37	이에 그 배들이 부서져서 다시스로 가지			어부들은 배에서 나와서 그물을 씻는지
욥 9:26	그 지나가는 것이 빠른 배 같고 먹이에		눅 5:3	한 배에 오르니 그 배는 시몬의 배라
시 48:7	동풍으로 다시스의 배를 깨뜨리시도			… 청하시고 앉으사 배에서 무리를 가르
시 104:26	그 곳에는 배들이 다니며 주께서 지으신		눅 5:7	다른 배에 있는 동무들에게 손짓하여
잠 30:19	바다로 지나다니는 배의 자취와 남자가			와서 도와 … 두 배에 채우매 잠기게
잠 31:14	상인의 배와 같아서 먼 데서 양식을		눅 5:11	그들이 배들을 육지에 대고 모든 것을

1043

【 배고프다 】　　　　　　　　　　　　【 배반하다 】

> **'배 3'과 관련된 성구**
>
> 배를 띄우다 – 시 107:23; 사 18:2
> 배를 타다 – 사 43:14; 마 14:13, 22; 막 5:21; 6:32, 45; 요 6:17, 24; 21:8; 행 13:4, 13; 14:26; 15:39; 16:11; 18:18, 21; 20:3, 13, 16; 21:1, 2; 27:1
> 배에 오르다 – 마 9:1; 13:2; 14:32; 15:39; 막 4:1; 5:18; 6:51; 8:10, 13; 눅 8:22, 37; 요 6:22; 21:3; 행 21:6; 27:2

눅 8:23　광풍이 호수로 내리치매 **배**에 물이 가득
요 6:19　예수께서 바다 위로 걸어 **배**에 가까이
요 6:21　기뻐서 **배**로 영접하니 **배**는 곧 그들이
요 6:22　**배** 한 척 외에 다른 **배**가 거기 없는 것과
요 6:23　디베랴에서 **배**들이 주께서 축사하신
요 21:6　그물을 **배** 오른편에 던지라 그리하면
행 20:6　무교절 후에 빌립보에서 **배**로 떠나 닷새
행 20:14　앗소에서 우리를 만나니 우리가 **배**에
행 20:38　근심하고 **배**에까지 그를 전송하니라
행 21:3　두로에서 상륙하니 거기서 **배**의 짐을
행 27:6　알렉산드리아 **배**를 만나 우리를 오르게
행 27:7　**배**가 더디 가 여러 날 만에 간신히 니도
행 27:10　이번 항해가 하물과 **배**만 아니라 우리
행 27:15　**배**가 밀려 바람을 맞추어 갈 수 없어
행 27:19　사흘째 되는 날에 **배**의 기구를 그들의
행 27:22　아무런 손상이 없겠고 오직 **배**뿐
행 27:31　이 사람들이 **배**에 있지 아니하면 너희가
행 27:37　**배**에 있는 우리의 수는 전부 이백칠십육
행 27:38　배부르게 먹고 밀을 바다에 버려 **배**를
행 27:39　항만이 눈에 띄거늘 **배**를 거기에 들여
행 27:41　두 물이 합하여 흐르는 곳을 만나 **배**를
행 27:44　그 남은 사람들은 널조각 혹은 **배** 물건에
행 28:10　대접하고 떠날 때에 우리 쓸 것을 **배**에
행 28:11　**배**를 타고 떠나니 그 **배**의 머리 장식은
약 3:4　**배**를 보라 그렇게 크고 광풍에 밀려는
계 8:9　피조물들의 삼분의 일이 죽고 **배**들의
계 18:19　바다에서 **배** 부리는 모든 자들이 너의

배고프다(hungry)
잠 25:21　네 원수가 **배고파**하거든 음식을 먹이고

빌 4:12　배부름과 **배고픔**과 풍부와 궁핍에도

배교자(背敎者, faithless man)
시 101:3　**배교자**들의 행위를 내가 미워하오리니

배교하다(背敎, rebellion)
살후 2:3　먼저 **배교하는** 일이 있고 저 불법의

배꼽(navel)
아 7:2　**배꼽**은 섞은 포도주를 가득히 부은 둥근
겔 16:4　날 때에 네 **배꼽** 줄을 자르지 아니하

배다(conceive, have a child, pregnant, mate)
창 30:38　물을 먹으러 올 때에 새끼를 **배니**
창 30:39　가지 앞에서 새끼를 **배므로** 얼룩얼룩한
창 30:41　튼튼한 양이 새끼 **밸** 때에는 야곱이 개 천에다가 … 곁에서 새끼를 **배게** 하고
창 31:10　그 양 떼가 새끼 **밸** 때에 내가 꿈에 눈을
민 11:12　이 모든 백성을 내가 **배었나이까** 내가
욥 3:3　사내 아이를 **배었다** 하던 그 밤도 그러
욥 3:7　그 밤에 자식을 **배지** 못하였더라면,
욥 21:10　그들의 수소는 새끼를 **배고** 그들의 암소
시 7:14　악인이 죄악을 낳음이여 재앙을 **배어**
잠 30:16　스올과 아이 **배지** 못하는 태와 물로
호 9:11　해산하는 것이나 아이 **배는** 것이나 임신
호 9:14　아이 **배지** 못하는 태와 젖 없는 유방을
눅 1:36　엘리사벳이 늙어서 아들을 **배었느니라**
계 12:2　이 여자가 아이를 **배어** 해산하게 되매

배려(配慮, go to all trouble)
왕하 4:13　이같이 우리를 위하여 세심한 **배려**를

배반하다(背叛, rebel, turn away, forsake, disloyal)
창 14:4　섬기다가 제십삼년에 **배반한지라**
창 17:14　그가 내 언약을 **배반하였음이니라**
레 26:15　아니하며 내 언약을 **배반할진대**
민 14:43　여호와를 **배반하였으니** 여호와께서
신 13:5　너희의 하나님 여호와를 **배반하게**
삿 9:23　사람들이 아비멜렉을 **배반하였으니**
왕상 12:19　이스라엘이 다윗의 집을 **배반하여** 오늘
왕하 1:1　모압이 이스라엘을 **배반하였더라**
왕하 3:5　모압 왕이 이스라엘 왕을 **배반한지라**

배반하다

왕하 3:7	모압 왕이 나를 **배반하였으니** 당신이
왕하 8:20	에돔이 유다의 손에서 **배반하여** 자기
왕하 8:22	유다의 수하에서 **배반하였더니** 오늘까지 … 그 때에 립나도 **배반하였더라**
왕하 9:14	아들 예후가 요람을 **배반하였으니**
왕하 10:9	나는 내 주를 **배반하여** 죽였거니와
왕하 17:4	앗수르 왕이 호세아가 **배반함**을 보고
왕하 18:7	저가 앗수르 왕을 **배반하고** 섬기지 아니
왕하 24:1	섬기다가 돌아서 그를 **배반하였더니**
왕하 24:20	시드기야가 바벨론 왕을 **배반하니라**
대하 10:19	이스라엘이 다윗의 집을 **배반하여** 오늘
대하 13:6	일어나 자기의 주를 **배반하고**
대하 13:10	우리가 그를 **배반하지** 아니하였고
대하 13:11	지키나 너희는 그를 **배반하였느니라**
대하 21:8	여호람 때에 에돔이 **배반하여** 유다의
대하 21:10	에돔이 **배반하여** 유다의 지배하에서 벗어났더니 … 립나도 **배반하여** 여호람의
대하 36:13	그가 왕을 **배반하고** 목을 곧게 하며
스 8:22	자기를 **배반하는** 모든 자에게는 권능과
느 2:19	무엇이냐 너희가 왕을 **배반하고자** 하는
욥 24:13	또 광명을 **배반하는** 사람들은 이러하니
시 10:3	탐욕을 부리는 자는 여호와를 **배반하여**
시 55:20	자를 치고 그의 언약을 **배반하였도다**
시 78:17	마른 땅에서 지존자를 **배반하였도다**
시 78:57	그들의 조상들같이 **배반하고** 거짓을
잠 15:10	도를 **배반하는** 자는 엄한 징계를 받을
사 1:20	거절하여 **배반하면** 칼에 삼켜지리라
사 43:27	너의 교사들이 나를 **배반하였나니**
사 59:13	우리가 여호와를 **배반하고** 속였으며
렘 3:13	네 하나님 여호와를 **배반하고** 네 길로
렘 5:23	그러나 너희 백성은 **배반하며** 반역하는 마음이 있어서 이미 **배반하고** 갔으며
렘 52:3	시드기야가 바벨론 왕을 **배반하니라**
애 1:2	친구들도 다 **배반하여** 원수들이 되었도
겔 2:3	패역한 백성, 나를 **배반하는** 자에게
겔 14:5	말미암아 나를 **배반하였으므로** 내가
겔 16:59	맹세를 멸시하여 언약을 **배반하였은즉**
겔 17:15	바벨론 왕을 **배반하였으니** 형통하겠느냐 … 피하겠느냐 언약을 **배반하고야**
겔 17:16	맹세를 저버리고 언약을 **배반하였은즉**
겔 17:18	맹세를 업신여겨 언약을 **배반하고**
겔 17:19	업신여기고 내 언약을 **배반하였은즉**
단 11:30	맺은 거룩한 언약을 **배반하는** 자들을
단 11:32	그가 또 언약을 **배반하고** 악행하는 자를
호 13:16	그들의 하나님을 **배반하였으므로**
습 1:6	여호와를 **배반하고** 따르지 아니한 자들
눅 8:13	잠깐 믿다가 시련을 당할 때에 **배반하는**
행 21:21	모세를 **배반하고** 아들들에게 할례를
딤전 5:8	믿음을 **배반한** 자요 불신자보다 더 악한
딤전 5:11	정욕으로 그리스도를 **배반할** 때에 시집
딛 1:14	허탄한 이야기와 진리를 **배반하는**
히 12:25	하늘로부터 경고하신 이를 **배반하는**
계 3:8	내 말을 지키며 내 이름을 **배반하지**

배부르다/배불리 (gorge, eat one's fill, eat fat)

구약

창 24:19	물을 길어 그것들도 **배불리** 마시게 하리
출 16:3	떡을 **배불리** 먹던 때에 여호와의 손에
출 16:8	아침에는 떡으로 **배불리시리니**
출 16:12	먹고 아침에는 떡으로 **배부르리니**
레 25:19	너희가 **배불리** 먹고 거기 안전하게 거주
레 26:5	너희가 음식을 **배불리** 먹고 너희의 땅에
레 26:26	너희가 먹어도 **배부르지** 아니하리라
신 6:11	감람나무를 차지하게 하사 네게 **배불리**
신 8:10	먹어서 **배부르고** 네 하나님 여호와께
신 8:12	네가 먹어서 **배부르고** 아름다운 집을
신 11:15	풀이 나게 하시리니 네가 먹고 **배부를**
신 14:29	고아와 과부들이 와서 먹고 **배부르게**
신 23:24	마음대로 그 포도를 **배불리** 먹어도 되느
신 26:12	네 성읍 안에서 먹고 **배부르게**
신 31:20	들인 후에 그들이 먹어 **배부르고**
룻 2:14	볶은 곡식을 주매 룻이 **배불리** 먹고
룻 2:18	**배불리** 먹고 남긴 것을 내어 시어머니
느 9:25	허다한 과목을 차지하여 **배불리** 먹어
욥 27:14	그의 후손은 음식물로 **배부르지** 못할
욥 31:31	장막 사람들은 주인의 고기에 **배부르지**
시 22:26	겸손한 자는 먹고 **배부를** 것이며 여호
시 59:15	먹을 것을 찾아 유리하다가 **배부름**을
시 78:29	그들이 먹고 심히 **배불렀나니** 하나님이
시 147:14	아름다운 밀로 너를 **배불리시며**
잠 1:31	열매를 먹으며 자기 꾀에 **배부르리라**
잠 18:20	나오는 열매로 말미암아 **배부르게**
잠 27:7	**배부른** 자는 꿀이라도 싫어하고 주린
잠 30:9	**배불러서** 하나님을 모른다 여호와가
잠 30:22	미련한 자가 음식으로 **배부른** 것과
사 1:11	번제와 살진 짐승의 기름에 **배불렀고**

【 배상하다 】   【 배역하다 】

사 9:20   왼쪽으로 먹을지라도 **배부르지** 못하여   출 22:6   불 놓은 자가 반드시 **배상할지니라**
사 23:18 여호와 앞에 사는 자가 **배불리** 먹을   출 22:7   그 도둑이 잡히면 갑절을 **배상할** 것이요
사 44:16 절반으로는 고기를 구워 먹고 **배불리며**   출 22:9   그 상대편에게 갑절을 **배상할지니라**
사 55:2   **배부르게** 하지 못할 것을 위하여 수고   출 22:11 그대로 믿을 것이며 그 사람은 **배상하지**
렘 5:7   내가 그들을 **배불리** 먹인즉 그들이 간음 출 22:12 도둑 맞았으면 그 임자에게 **배상할** 것이
렘 46:10 칼이 **배부르게** 삼키며 그들의 피를 넘치 출 22:13 그 찢긴 것에 대하여 **배상하지** 아니할
애 3:15   쓴 것들로 **배불리시고** 쑥으로 취하게   출 22:14 상하거나 죽으면 반드시 **배상하려니와**
애 3:30   뺨을 돌려대어 치욕으로 **배불릴지어다**   출 22:15 임자가 그것과 함께 있었으면 **배상하지**
애 5:6   악수하고 양식을 얻어 **배불리고자** 하였
겔 32:4   온 땅의 짐승이 너를 먹어 **배부르게**   **배석자**(陪席者, council)
겔 39:19 예비한 잔치의 기름을 너희가 **배불리**   행 25:12 베스도가 **배석자**들과 상의하고 이르되
겔 39:20 모든 군사를 **배부르게** 먹일지니라
호 4:10   그들이 먹어도 **배부르지** 아니하며 음행 **배설물**(排泄物, excrement, rubbish)
미 6:14   네가 먹어도 **배부르지** 못하고 항상 속이 신 23:13 땅을 팔 것이요 몸을 돌려 그 **배설물을**
학 1:6   수확이 적으며 먹을지라도 **배부르지**   빌 3:8   위하여 모든 것을 잃어버리고 **배설물로**

<신약>

마 5:6   목마른 자는 복이 있나니 그들이 **배부를**   **배설하다**(排設,
마 14:20 **배불리** 먹고 남은 조각을 열두 바구니   hold, prepare)
마 15:33 어디서 이런 무리가 **배부를** 만큼 떡을
마 15:37 **배불리** 먹고 남은 조각을 일곱 광주리   삼상 25:36 그의
막 6:42   다 **배불리** 먹고   집에 **배설하고**
막 7:27   예수께서 이르시되 자녀로 먼저 **배불리**   삼하 3:20 한 사람을 위하여 잔치를 **배설하였더라**
막 8:4   어디서 떡을 얻어 이 사람들로 **배부르게**
막 8:8   **배불리** 먹고 남은 조각 일곱 광주리를   **배신자**(背信者, treacherous)
눅 1:53   주리는 자를 좋은 것으로 **배불리셨으며**   사 24:16 **배신자**들은 배신하고 배신자들이 크게
눅 6:21   주린 자는 복이 있나니 너희가 **배부름을**
눅 6:25   지금 **배부른** 자여 너희는 주리리로다   **배신하다**(背信, betray, treacherous)
눅 9:17   먹고 다 **배불렀더라** 그 남은 조각을   사 24:16 **배신자**들은 배신하고 … **배신하였도다**
눅 16:21 상에서 떨어지는 것으로 **배불리려**   사 48:8   네가 정녕 **배신하여** 모태에서부터 네가
요 6:12   그들이 **배부른** 후에 예수께서 제자들에   딤후 3:4   **배신하며** 조급하며 자만하며 쾌락을
요 6:26   본 까닭이 아니요 떡을 먹고 **배부른**
행 27:38 **배부르게** 먹고 밀을 바다에 버려 배를   **배약하다**(背約, faithless)
고전 4:8   너희가 이미 **배부르며** 이미 풍성하며   롬 1:31   우매한 자요 **배약하는** 자요 무정한 자요
빌 4:12   **배부름과** 배고픔과 풍부와 궁핍에도
약 2:16   덥게 하라, **배부르게** 하라 하며 그 몸에 **배역하다**(背逆, transgression, faithless, rebel)
계 19:21 모든 새가 그들의 살로 **배불리더라**   수 22:18 너희가 오늘 여호와를 **배역하면** 내일은
                                                   왕하 17:9 행하여 그 하나님 여호와를 **배역하여**
배상하다(賠償, pay, restitute)   시 5:10   그들이 주를 **배역함이니이다**
출 21:19 그간의 손해를 **배상하고** 그가 완치되게   사 48:8   모태에서부터 네가 **배역한** 자라 불린
출 22:3   반드시 **배상할** 것이나 **배상할** 것이 없   사 50:1   어미는 너희의 **배역함으로** 말미암아
          으면 … 도둑질한 것을 **배상할** 것이요   렘 3:6   **배역한** 이스라엘이 행한 바를 보았느냐
출 22:4   양을 막론하고 갑절을 **배상할지니라**   렘 3:8   내게 **배역한** 이스라엘이 간음을 행하였
출 22:5   가장 좋은 것으로 **배상할지니라**   렘 3:11   **배역한** 이스라엘은 반역한 유다보다
                                                   렘 3:12   **배역한** 이스라엘아 돌아오라 나의 노한

1046

【 배우다 】　　　　　　　　　　　　　　　　　　　　　　　　　【 백 】

렘 3:14	**배역한** 자식들아 돌아오라 나는 너희
렘 3:22	**배역한** 자식들아 돌아오라 내가 너희의 **배역함**을 고치리라 하시니라

배우다(learn)
구약
신 4:10	사는 날 동안 나를 경외함을 **배우게**
신 5:1	규례와 법도를 듣고 그것을 **배우며** 지켜
신 14:23	네 하나님 여호와 경외하기를 항상 **배울**
신 17:19	그의 하나님 여호와 경외하기를 **배우며**
신 31:12	그들에게 듣고 **배우고** 네 하나님 여호와
신 31:13	네 하나님 여호와 경외하기를 **배우게**
대상 25:7	여호와 찬송하기를 **배워** 익숙한 자의
욥 8:8	조상들이 터득한 일을 **배울지어다**
시 106:35	나라들과 섞여서 그들의 행위를 **배우며**
시 119:7	내가 주의 의로운 판단을 **배울** 때에는
시 119:71	말미암아 내가 주의 율례들을 **배우게**
시 119:73	내가 깨달아 주의 계명들을 **배우게** 하소
잠 30:3	지혜를 **배우지** 못하였고 또 거룩하신
사 1:17	선행을 **배우며** 정의를 구하며 학대 받는
사 26:9	때에 세계의 거민이 의를 **배움이니이다**
사 26:10	악인은 은총을 입을지라도 의를 **배우지**
렘 10:2	여러 나라의 길을 **배우지** 말라 이방
렘 12:16	그들이 내 백성의 도를 부지런히 **배우며**
겔 19:3	젊은 사자가 되어 먹이 물어뜯기를 **배워**
겔 19:6	왕래하며 먹이 물어뜯기를 **배워** 사람을

신약
마 9:13	아니하노라 하신 뜻이 무엇인지 **배우라**
마 11:29	나의 멍에를 메고 내게 **배우라** 그리하면
마 24:32	무화과나무의 비유를 **배우라** 그 가지가
막 13:28	무화과나무의 비유를 **배우라** 그 가지가
요 7:15	이 사람은 **배우지** 아니하였거늘 어떻게
행 7:22	모세가 애굽 사람의 모든 지혜를 **배워**
행 18:25	그가 일찍이 주의 도를 **배워** 열심으로
롬 16:17	너희가 **배운** 교훈을 거슬러 분쟁을 일으
고전 4:6	넘어가지 말라 한 것을 우리에게서 **배워**
고전 14:31	너희는 다 모든 사람으로 **배우게** 하고
고전 14:35	만일 무엇을 **배우려거든** 집에서 자기
갈 1:12	사람에게서 받은 것도 아니요 **배운** 것도
엡 4:20	오직 너희는 그리스도를 그같이 **배우지**
빌 4:9	너희는 내게 **배우고** 받고 듣고 본 바를
빌 4:11	어떠한 형편에든지 나는 자족하기를 **배웠노니**
빌 4:12	처할 줄 아는 일체의 비결을 **배웠노라**
골 1:7	에바브라에게 너희가 **배웠나니**
살전 4:1	할 수 있는지를 우리에게 **배웠으니**
딤전 2:11	여자는 일체 순종함으로 조용히 **배우라**
딤전 5:4	부모에게 보답하기를 **배우게** 하라
딤후 3:7	항상 **배우나** 끝내 진리의 지식에 이를
딤후 3:14	거하라 너는 네가 누구에게서 **배운** 것을
딛 3:14	준비하는 좋은 일에 힘 쓰기를 **배우게**
히 5:8	받으신 고난으로 순종함을 **배워서**
계 14:3	사천 밖에는 능히 이 노래를 **배울**

배정하다(配定, apportion)
신 4:19	천하 만민을 위하여 **배정하신** 것을 보고

배척하다(排斥, defy, take offense)
잠 18:1	온갖 참 지혜를 **배척하느니라**
마 13:57	예수를 **배척한지라** 예수께서 그들에게
막 6:3	있지 아니하냐 하고 예수를 **배척한지라**
행 28:17	우리 조상의 관습을 **배척한** 일이 없는데

배필(配匹, helper, man around to lie with us)
창 2:18	내가 그를 위하여 돕는 **배필**을 지으리라
창 2:20	이름을 주니라 아담이 돕는 **배필**이 없으
창 19:31	온 세상의 도리를 따라 우리의 **배필** 될

배회하다(徘徊, walketh-KJV)
창 24:65	종에게 말하되 들에서 **배회하다가** 우리

백(百, hundred)
창 11:10	셈은 **백** 세 곧 홍수 후 이 년에 아르박삿

'백'과 관련된 성구
백 개 – 출 38:27; 삼상 18:25; 삼하 3:14; 16:1; 대하 3:16; 4:8; 렘 52:23
백만 – 민 31:5; 대상 22:14; 대하 14:9
백말 – 슥 16:6
백 배 – 창 26:12; 삼하 24:3; 대상 21:3; 마 13:8, 23; 막 4:8, 20; 10:30; 눅 8:8
백 번 – 전 8:12
백 분의 일 – 느 5:11
백 세 – 창 11:10; 17:17; 21:5; 사 65:20; 롬 4:19
백 송이 – 삼상 25:18; 삼하 16:1

백 - 기타 본문

창 17:17; 21:5; 33:19; 출 27:9, 11, 18; 38:9, 11, 27; 레 26:8; 신 22:19; 수 24:32; 삿 7:19; 삼상 18:25; 25:18; 삼하 3:14; 왕상 4:23; 7:2; 18:4, 13; 왕하 4:43; 23:33; 대하 3:16; 4:8; 25:6, 9, 23; 29:32; 스 2:69; 6:17; 7:22; 8:26; 잠 17:10; 전 6:3; 사 65:20; 렘 52:23; 겔 40:19, 23, 27, 47; 41:13, 14, 15; 42:2, 4, 8; 암 5:3; 마 18:12, 28; 막 6:40; 눅 15:4; 16:7; 요 19:39; 롬 4:19

백곡(百穀, every kind of provision)
시 144:13 곳간에는 **백곡**이 가득하며 우리의 양은

백골(白骨, bone)
겔 32:27 그 **백골**이 자기 죄악을 졌음이여 생존

백단목(白檀木, almugwood)
왕상 10:11 히람의 배들이 오빌에서 많은 **백단목**과
왕상 10:12 왕이 **백단목**으로 … 이같은 **백단목**은
대하 2:8 레바논에서 백향목과 잣나무와 **백단목**
대하 9:10 오빌에서 금을 실어 올 때에 **백단목**과
대하 9:11 왕이 **백단목**으로 여호와의 전과 왕궁의

백로(白鷺, heron)
레 11:19 황새와 **백로** 종류와 오디새와 박쥐니라

백마(白馬, white horse)
슥 1:8 뒤에는 붉은 말과 자줏빛 말과 **백마**가
계 19:11 하늘이 열린 것을 보니 보라 **백마**와
계 19:14 희고 깨끗한 세마포 옷을 입고 **백마**를

백마노(白瑪瑙, agate)
출 28:19 셋째 줄은 호박 **백마노** 자수정이요
출 39:12 셋째 줄은 호박 **백마노** 자수정이요

백막(白膜, eye defect)
레 21:20 키 못 자란 자나 눈에 **백막**이 있는 자나

백발(白髮, gray head, white hair, gray hair)
신 32:25 젊은 남자도 처녀도 **백발** 노인과 함께
왕상 2:6 네 지혜대로 행하여 그의 **백발**이 평안히
왕상 2:9 그의 **백발**이 피 가운데 스올에 내려가게
욥 41:32 물줄기가 나오니 그는 깊은 바다를 **백발**

시 71:18 하나님이여 내가 늙어 **백발**이 될 때에도
잠 16:31 **백발**은 영화의 면류관이라 공의로운
잠 20:29 그의 힘이요 늙은 자의 아름다움은 **백발**
사 46:4 **백발**이 되기까지 내가 너희를 품을 것이
호 7:9 알지 못하고 **백발**이 무성할지라도 알지

백부장(百部將, centurion, commander of hundred)

출 18:21 백성 위에 세워 천부장과 **백부장**과
출 18:25 천부장과 **백부장**과 오십부장과 십부장
민 31:14 싸움에서 돌아온 천부장들과 **백부장**들
민 31:48 지휘관들 곧 천부장과 **백부장**들이
민 31:52 천부장과 **백부장**들이 여호와께 드린
민 31:54 엘르아살이 천부장과 **백부장**들에게
신 1:15 지파를 따라 천부장과 **백부장**과
삼상 22:7 포도원을 주며 너희를 천부장, **백부장**을
삼하 18:1 백성을 찾아가서 천부장과 **백부장**을
왕하 11:4 사람의 **백부장**들과 호위병의 **백부장**들
왕하 11:9 **백부장**들이 이에 제사장 여호야다의
왕하 11:10 다윗 왕의 창과 방패를 **백부장**들에게
왕하 11:15 여호야다가 군대를 거느린 **백부장**들에
왕하 11:19 또 **백부장**들과 가리 사람과 호위병과
대상 12:14 그 작은 자는 **백부장**이요, 그 큰 자는
대상 13:1 다윗이 천부장과 **백부장** 곧 모든 지휘관
대상 26:26 가문의 우두머리와 천부장과 **백부장**과
대상 27:1 가문의 우두머리와 천부장과 **백부장**과
대상 28:1 반장들과 천부장들과 **백부장**들과 및
대상 29:6 지도자들과 천부장과 **백부장**과 왕의
대하 1:2 온 이스라엘의 천부장들과 **백부장**들과
대하 23:1 여호야다가 용기를 내어 **백부장** 곧
대하 23:9 창과 큰 방패와 작은 방패를 **백부장**들에
대하 23:14 여호야다가 군대를 거느린 **백부장**들을
대하 23:20 **백부장**들과 존귀한 자들과 백성의 방백
대하 25:5 족속을 따라 천부장들과 **백부장**들을
마 8:5 가버나움에 들어가시니 한 **백부장**이
마 8:8 **백부장**이 대답하여 이르되 주여 내 집에
마 8:13 예수께서 **백부장**에게 이르시되 가라
마 27:54 **백부장**과 및 함께 예수를 지키던 자들이
막 15:39 예수를 향하여 섰던 **백부장**이 그렇게
막 15:44 이상히 여겨 **백부장**을 불러 죽은 지가
막 15:45 **백부장**에게 알아 본 후에 요셉에게 시체
눅 7:2 어떤 **백부장**의 사랑하는 종이 병들어

【 백색 】   【 백성 】

눅 7:6	백부장이 벗들을 보내어 이르되 주여
눅 23:47	백부장이 그 된 일을 보고 하나님께
행 10:1	이달리야 부대라 하는 군대의 백부장
행 10:22	백부장 고넬료는 의인이요 하나님을
행 21:32	급히 군인들과 백부장들을 거느리고
행 22:25	바울이 곁에 서 있는 백부장더러 이르되
행 22:26	백부장이 듣고 가서 천부장에게 전하여
행 23:17	바울이 한 백부장을 청하여 이르되
행 23:23	백부장 둘을 불러 이르되 밤 제 삼 시에
행 24:23	백부장에게 명하여 바울을 지키되 자유
행 27:1	아구스도대의 백부장 율리오란 사람에
행 27:6	백부장이 이달리야로 가려 하는
행 27:11	백부장이 선장과 선주의 말을 바울의
행 27:31	바울이 백부장과 군인들에게 이르되
행 27:43	백부장이 바울을 구원하려 하여 그들의

백색(白色, white)
에 1:6 백색, 녹색, 청색 휘장을 자색 가는 베

백석(白石, marble)
에 1:6 금과 은으로 만든 걸상을 화반석, 백석,

백성(百姓, people)
모세오경
창 10:5	이들로부터 여러 나라 백성으로 나뉘어
창 17:14	포피를 베지 아니한 자는 백성 중에서
창 26:7	그 곳 백성이 리브가로 말미암아 자기를
창 47:23	요셉이 백성에게 이르되 오늘 내가 바로
창 49:10	그에게 모든 백성이 복종하리로다
출 1:20	산파들에게 은혜를 베푸시니 그 백성은
출 16:4	백성이 나가서 일용할 것을 날마다 거둘
출 24:7	언약서를 가져다가 백성에게 낭독하여
출 33:4	백성이 이 준엄한 말씀을 듣고 슬퍼하여
출 36:3	백성이 아침마다 자원하는 예물을 연하
레 4:3	부음을 받은 제사장이 범죄하여 백성의
레 16:15	백성을 위한 속죄제 염소를 잡아 그 피를
레 18:29	가증한 모든 일을 행하는 자는 그 백성
레 21:4	제사장은 그의 백성의 어른인즉 자신을
레 23:30	어떤 일이라도 하는 자는 내가 그의 백성
민 5:27	그 여인이 그 백성 중에서 저줏거리가
민 11:1	백성이 악한 말로 원망하매 여호와께서
민 14:11	백성이 어느 때까지 나를 멸시하겠느냐
민 21:2	주께서 만일 이 백성을 내 손에 넘기시면

민 33:14	르비딤에 진을 쳤는데 거기는 백성이
신 1:28	그 백성은 우리보다 장대하며 그 성읍들
신 9:2	크고 많은 백성은 네가 아는 아낙 자손
신 17:13	온 백성이 듣고 두려워하여 다시는 무법
신 27:16	받을 것이라 할 것이요 모든 백성은
신 32:8	이스라엘 자손의 수효대로 백성들의

역사서
수 1:6	그들에게 주리라 한 땅을 이 백성에게
수 7:13	너는 일어나서 백성을 거룩하게 하여
수 11:4	백성이 많아 해변의 수많은 모래 같고
수 14:8	올라갔던 내 형제들은 백성의 간담을
수 24:28	백성을 보내어 각기 기업으로 돌아가게
삿 2:4	이 말씀을 이르매 백성이 소리를 높여
삿 5:2	백성이 즐거이 헌신하였으니 여호와를
삿 9:35	아비멜렉과 그와 함께 있는 백성이 매복
삿 18:7	거기 있는 백성을 본즉 염려 없이 거주
삿 21:15	백성들이 베냐민을 위하여 뉘우쳤으니
룻 1:15	네 동서는 그의 백성과 그의 신들에게로
룻 3:11	현숙한 여자인 줄 나의 성읍 백성이
룻 4:9	보아스가 장로들과 모든 백성에게 이르
삼상 2:13	그 제사장들이 백성에게 행하는 관습은
삼상 8:19	백성이 사무엘의 말 듣기를 거절하여
삼상 15:15	백성이 당신의 하나님 여호와께 제사하
삼상 26:5	사울이 진영 가운데에 누웠고 백성은
삼상 31:9	자기들의 신당과 백성에게 알리기 위하
삼하 3:31	모든 백성에게 이르되 너희는 옷을 찢고
삼하 6:18	만군의 여호와의 이름으로 백성에게
삼하 18:3	백성들이 이르되 왕은 나가지 마소서
삼하 24:2	인구를 조사하여 백성의 수를 내게 보고
삼하 24:21	여호와께 제단을 쌓아 백성에게 내리는
왕상 1:39	이에 뿔나팔을 불고 모든 백성이 솔로몬
왕상 8:50	주께 범죄한 백성을 용서하시며 주께
왕상 13:33	다시 일반 백성을 산당의 제사장으로
왕상 21:9	금식을 선포하고 나봇을 백성 가운데
왕상 22:43	백성이 아직도 산당에서 제사를 드리며
왕하 7:16	백성들이 나가서 아람 사람의 진영을
왕하 11:18	백성이 바알의 신당으로 가서 그 신당
왕하 18:36	백성이 잠잠하고 한 마디도 그에게 대답
왕하 22:17	이는 이 백성이 나를 버리고 다른 신에
왕하 23:35	백성들 각 사람의 힘대로 액수를 정하고
대상 13:4	뭇 백성의 눈에 이 일을 좋게 여기므로
대상 21:22	그리하면 전염병이 백성 중에서 그치리
대상 23:25	여호와께서 평강을 그의 백성에게 주시

【 백성 】　　　　　　　　　　　　　　　　　　　　　　　　　　　　　【 백성 】

대상 28:21	또 모든 지휘관과 **백성**이 온전히 네 명령
대상 29:9	**백성**들은 자원하여 드렸으므로 기뻐하
대하 1:9	땅의 티끌같이 많은 **백성**의 왕으로
대하 7:5	모든 **백성**이 하나님의 전의 낙성식을
대하 17:9	유다 성읍들로 두루 다니며 **백성**들을
대하 24:10	방백들과 **백성**들이 기뻐하여 마치기
대하 30:20	히스기야의 기도를 들으시고 **백성**을
스 1:4	그 남아 있는 **백성**이 어느 곳에 머물러
스 3:11	모든 **백성**이 여호와의 성전 기초가 놓임
스 4:17	건너편 다른 땅 **백성**에게 조서를 내리니
스 6:12	왕들이나 **백성**이 이 명령을 변조하고
스 8:36	**백성**과 하나님의 성전을 도왔느니라
느 4:14	민장들과 남은 **백성**에게 말하기를 너희
느 5:6	내가 **백성**의 부르짖음과 이런 말을 듣고
느 7:5	귀족들과 민장들과 **백성**을 모아 그 계보
느 8:8	그 뜻을 해석하여 **백성**에게 그 낭독하는
느 11:2	모든 자를 위하여 **백성**들이 복을 빌었으
에 1:22	각 지방 각 **백성**의 문자와 언어로 모든
에 2:6	유다 왕 여고냐와 **백성**을 사로잡아 갈
에 10:3	**백성**의 이익을 도모하며 그의 모든 종족

시가서

욥 12:2	너희만 참으로 **백성**이로구나 너희가
욥 17:6	하나님이 나를 **백성**의 속담거리가 되게
욥 18:19	그의 **백성** 가운데 후손도 없고 후예도
욥 34:20	**백성**은 떨며 사라지고 세력 있는 자도
시 14:7	여호와께서 그의 **백성**을 포로된 곳에서
시 22:6	사람의 비방 거리요 **백성**의 조롱 거리니
시 47:8	하나님이 뭇 **백성**을 다스리시며 하나님
시 78:71	**백성**인 야곱, 그의 소유인 이스라엘을
시 100:3	우리는 그의 것이니 그의 **백성**이요 그
시 111:9	여호와께서 그의 **백성**을 속량하시며
잠 11:14	지략이 없으면 **백성**이 망하여도 지략이
잠 14:34	공의는 나라를 영화롭게 하고 죄는 **백성**
잠 29:18	묵시가 없으면 **백성**이 방자히 행하거니
전 4:16	그의 치리를 받는 모든 **백성**들이 무수하
전 12:9	전도자는 지혜자이어서 여전히 **백성**에

예언서

사 3:5	**백성**이 서로 학대하며 각기 이웃을 잔해
사 11:16	그의 남아 있는 **백성** 곧 앗수르에서
사 26:11	**백성**을 위하시는 주의 열성을 보면 부끄
사 34:5	에돔 위에 내리며 진멸하시기로 한 **백성**
사 42:5	땅 위의 **백성**에게 호흡을 주시며 땅에
사 51:22	네 주 여호와, 그의 **백성**의 억울함을

렘 5:23	너희 **백성**은 배반하며 반역하는 마음이
렘 11:14	너는 이 **백성**을 위하여 기도하지 말라
렘 23:33	이 **백성**이나 선지자나 제사장이 네게
렘 36:6	여호와의 성전에 있는 **백성**의 귀에 낭독
렘 46:24	딸 애굽이 수치를 당하여 북쪽 **백성**의
애 1:18	모든 **백성**들아 내 말을 듣고 내 고통을
애 4:12	세상의 모든 왕들과 천하 모든 **백성**이
겔 4:16	**백성**이 근심 중에 떡을 달아 먹고 두려
겔 26:7	기병과 군대와 **백성**의 큰 무리를 거느리
겔 32:9	많은 **백성**의 마음을 번뇌하게 할 것임
겔 42:14	다른 옷을 입고 **백성**의 뜰로 나갈 것이
겔 45:15	**백성**을 속죄하기 위하여 이것들을 소제
단 2:44	그 국권이 다른 **백성**에게로 돌아가지도
단 7:14	**백성**과 나라들과 다른 언어를 말하는
단 10:14	이제 내가 마지막 날에 네 **백성**이 당할
단 12:1	그 때에 네 **백성** 중 책에 기록된 모든
호 4:4	네 **백성**들이 제사장과 다투는 자처럼
호 4:9	장차는 **백성**이나 제사장이나 동일함이
호 10:5	그 **백성**이 슬퍼하며 그것을 기뻐하던
호 10:14	그러므로 너희 **백성** 중에 요란함이 일어
욜 2:6	그 앞에서 **백성**들이 질리고, 무리의
욜 2:16	**백성**을 모아 그 모임을 거룩하게 하고
욜 2:18	극진히 사랑하시어 그의 **백성**을 불쌍히
욜 3:16	그의 **백성**의 피난처, 이스라엘
암 3:6	성읍에서 나팔이 울리는데 **백성**이 어찌
암 6:1	**백성**들의 머리인 지도자들이여
미 1:2	**백성**들아 너희는 다 들을지어다 땅과
미 4:7	발을 저는 자는 남은 **백성**이 되게 하며
미 4:13	네가 여러 **백성**을 쳐서 깨뜨릴 것이라
미 5:7	남은 자는 많은 **백성** 가운데 있으리니
미 5:8	많은 **백성** 가운데 있으리니 그들은
나 3:18	네 **백성**은 산들에 흩어지나 그들을 모을
합 2:5	여러 나라를 모으며 여러 **백성**을
습 3:9	그 때에 내가 여러 **백성**의 입술을 깨끗
습 3:10	내게 구하는 **백성**들 곧 내가 흩은 자의
학 1:2	**백성**이 말하기를 여호와의 전을 건축할
학 1:14	남은 모든 **백성**의 마음을 감동시키시매
학 2:2	대제사장 여호수아와 남은 **백성**에게
학 2:14	여호와의 말씀에 내 앞에서 이 **백성**이
슥 7:5	예루살렘과 사면 성읍에 **백성**이 평온할
슥 8:20	다시 여러 **백성**과 많은 성읍의 주민이
슥 8:22	많은 **백성**과 강대한 나라들이 예루살렘
슥 10:2	그 위로가 헛되므로 **백성**들이 양같이

1050

[백성] [백성]

슥 11:10	이는 모든 **백성**들과 세운 언약을 폐하려	요 18:14	가야바는 유대인들에게 한 사람이 **백성**
슥 14:12	예루살렘을 친 모든 **백성**에게 여호와	행 2:47	하나님을 찬미하며 또 온 **백성**에게 칭송
말 2:9	나도 너희로 하여금 모든 **백성** 앞에서	행 3:9	**백성**이 그 걷는 것과 하나님을 찬송함을
신약		행 4:2	죽은 자의 부활이 있다고 **백성**을
마 4:23	천국 복음을 전파하시며 **백성** 중의 모든	행 12:22	**백성**들이 크게 부르되 이것은 신의 소리
마 13:15	**백성**들의 마음이 완악하여져서 그 귀는	행 19:4	**백성**에게 말하되 내 뒤에 오시는 이를
마 15:8	**백성**이 입술로는 나를 공경하되 마음은	행 28:27	**백성**들의 마음이 우둔하여져서 그 귀로
마 21:23	대제사장들과 **백성**의 장로들이 나아와	롬 15:11	열방아 주를 찬양하며 모든 **백성**들아
마 26:3	대제사장들과 **백성**의 장로들이 가야바	고전 10:7	기록된 바 **백성**이 앉아서 먹고 마시며
마 27:1	모든 대제사장과 **백성**의 장로들이 예수	고전 14:21	다른 입술로 이 **백성**에게 말할지라도
막 7:6	이 **백성**이 입술로는 나를 공경하되 마음	히 2:17	신실한 대제사장이 되어 **백성**의 죄를
막 11:32	참 선지자로 여기므로 그들이 **백성**을	히 5:3	그러므로 **백성**을 위하여 속죄제를 드림
막 15:6	명절이 되면 **백성**들이 요구하는 대로	히 7:27	다음에 **백성**의 죄를 위하여 날마다 제사
눅 1:21	**백성**들이 사가랴를 기다리며 그가 성전	히 9:7	자기와 **백성**의 허물을 위하여 드리는
눅 1:68	주 이스라엘의 하나님이여 그 **백성**을	히 10:30	주께서 그의 **백성**을 심판하리라 말씀
눅 2:10	내가 온 **백성**에게 미칠 큰 기쁨의 좋은	히 13:12	예수도 자기 피로써 **백성**을 거룩하게
눅 3:21	**백성**이 다 세례를 받을새 예수도 세례	벧후 2:1	**백성** 가운데 또한 거짓 선지자들이 일어
눅 7:1	예수께서 모든 말씀을 **백성**에게 들려	유 1:5	주께서 **백성**을 애굽에서 구원하여 내시
눅 18:43	예수를 따르니 **백성**이 다 이를 보고	계 5:9	방언과 **백성**과 나라 가운데에서 사람들
눅 20:1	하루는 예수께서 성전에서 **백성**을 가르	계 10:11	많은 **백성**과 나라와 방언과 임금에게
눅 22:2	죽일까 궁리하니 이는 그들이 **백성**을	계 11:9	**백성**들과 족속과 방언과 나라 중에서
눅 23:2	우리 **백성**을 미혹하고 가이사에게 세금	계 13:7	족속과 **백성**과 방언과 나라를 다스리는
요 8:2	아침에 다시 성전으로 들어오시니 **백성**	계 14:6	모든 민족과 종족과 방언과 **백성**에게
요 11:50	사람이 **백성**을 위하여 죽어서 온 민족이	계 17:15	음녀가 앉아 있는 물은 **백성**과 무리와

성경에 나오는 '백성'

가나안 백성 – 창 50:11; 습 1:11
가난한 백성 – 시 72:4; 잠 28:15; 렘 52:16
가증한 백성 – 스 9:14
강포한 백성 – 사 33:19
강한 백성 – 욜 2:2
거룩한 백성 – 출 19:6; 사 62:12; 63:18; 단 7:27; 8:24
거슬러 말하는 백성 – 롬 10:21
고모라의 백성 – 사 1:10
곤고한 백성 – 삼하 22:28; 시 18:27; 습 3:12
귀한 백성 – 아 6:2
그가 기르시는 백성 – 시 95:7
그 나라의 열매 맺는 백성 – 마 21:43
그 땅의 백성 – 창 10:32; 23:12, 13; 42:6; 민 14:9; 신 9:28; 삿 18:30; 왕상 15:5; 25:3; 대상 5:25; 대하 23:13, 20, 21;
　36:1; 스 4:4; 렘 1:18; 52:6; 겔 33:2; 38:8; 39:13
그를 가까이 하는 백성 – 시 148:14
그모스의 백성 – 민 21:29; 렘 48:46
그의 보배로운 백성 – 신 26:18
그의 소유가 된 백성 – 벧전 2:9
길르앗 백성 – 삿 10:18
깨닫지 못하는 백성 – 호 4:14
나의/내 백성 – 창 41:40; 출 3:7, 10; 5:1; 6:7; 7:4, 16; 8:1, 8, 20, 21, 22, 23; 9:1, 13, 17, 27; 10:3, 4; 12:31; 22:25; 레 26:12; 민 24:14; 삿 12:2; 14:3; 룻 4:4; 삼상 2:29; 9:16, 17; 15:30; 삼하 3:18; 5:2; 7:7, 8, 10, 11; 22:44; 왕상 6:13; 8:16; 14:7; 16:2; 22:4; 왕하 3:7; 4:13; 20:5; 대상 11:2; 17:6, 7, 9, 10; 28:2; 29:14; 대하

【 백성 】   【 백성 】

성경에 나오는 '백성'

1:11; 6:5, 6; 7:13, 14; 18:3; 시 14:4; 50:7; 53:4; 59:11; 78:1; 81:8, 11, 13; 144:2; 사 1:3; 3:12, 15; 5:13; 10:2, 24; 19:25; 26:20; 32:13, 18; 40:1; 43:20; 45:13; 47:6; 51:4, 16; 52:4, 5, 6; 53:8; 57:14; 58:1; 63:8; 65:10, 19, 22; 렘 2:11, 13, 31, 32; 4:22; 5:26, 31; 6:14, 27; 7:12, 23; 8:7; 9:2; 11:4; 12:14, 16; 13:11; 15:7; 18:15; 23:2, 13, 22, 27, 32; 24:7; 29:32; 30:3, 22; 31:1, 14, 33; 32:38; 33:24; 50:6; 51:45; 애 3:14; 겔 11:20; 13:9, 10, 18, 19, 21, 23; 14:8, 9, 11; 21:12; 25:14; 33:31; 34:30; 36:8, 12, 28; 37:12, 13, 23, 27; 38:14, 16; 39:7; 44:23; 45:8, 9; 단 9:20; 호 1:9, 10; 2:23; 4:6, 8, 12; 6:11; 11:7; 욜 2:26, 27; 3:2, 3; 암 7:8, 15; 8:2; 9:10, 14; 옵 1:13; 미 1:9; 2:4, 8, 9; 3:2, 5; 6:3, 5, 16; 습 2:8, 9; 슥 2:11; 8:7, 8; 13:9; 마 2:6; 행 7:34; 18:10; 롬 9:25, 26; 고후 6:16; 계 18:4

내 노를 일으키는 백성 – 사 65:3
내 딸 백성 – 사 22:4; 렘 4:11; 9:7
대적을 밟는 백성 – 사 18:2
듣지 못하는 백성 – 사 43:8; 렘 5:21
딸 내 백성 – 렘 6:26; 8:11, 19, 21, 22; 9:1; 14:17; 애 2:11; 3:48; 4:3, 6, 10
땅의 사방 백성 – 계 20:8
마음에 내 율법이 있는 백성 – 사 51:7
말이 어려운 백성 – 겔 3:5
목이 뻣뻣한/곧은 백성 – 출 32:9; 33:3, 5; 34:9; 신 9:6, 13
미디안 백성 – 민 25:15
미련한 백성 – 롬 10:19
미혹된 백성 – 시 95:10
바로의 백성 – 출 8:29
본토 백성 – 에 8:17
사납고 성급한 백성 – 합 1:6
사로잡아 간 백성 – 렘 52:28
사로잡힌 백성 – 겔 3:15
사마리아 백성 – 행 8:9
선택된 백성 – 시 33:12

섬 백성 – 겔 27:3
세상 백성 – 사 24:4; 겔 31:12; 눅 12:30
소돔 백성 – 창 19:4
수치를 모르는 백성 – 습 2:1
아람 백성 – 암 1:5
악한 백성 – 렘 13:10
애굽 백성 – 창 41:55, 56; 47:15
어머니의 백성 – 룻 1:10, 16
여호아하스의 백성 – 왕하 13:7
여호와의 백성 – 민 16:41; 신 27:9; 삿 5:11; 삼상 2:24; 삼하 1:12; 6:21; 왕하 9:6; 11:17; 대하 23:16; 시 116:14; 겔 36:20; 습 2:10
영원한 백성 – 사 44:7
영원한 진노를 받은 백성 – 말 1:4
예루살렘 백성 – 왕하 24:14; 대상 6:15; 대하 28:10; 스 4:8; 렘 8:5; 36:9
예언을 받은 백성 – 렘 14:16
왕의 백성 – 출 8:9, 11; 단 9:26
우매한 백성 – 시 74:18
유다 땅 백성 – 렘 44:21
유다 백성 – 삼하 19:40; 왕하 14:21; 대상 6:15; 대하 20:3; 26:1; 스 4:4; 렘 17:20, 25
유대 백성 – 행 12:11
의로운 백성 – 창 20:4
이 땅의 백성 – 출 5:5; 스 9:1; 느 10:30, 31; 렘 34:19; 겔 12:19; 22:29; 45:16, 22; 46:3, 9; 학 2:4
이방 백성 – 대하 13:9; 32:13; 스 9:11; 슥 8:23
이스라엘 백성 – 출 12:36; 민 21:6; 22:3, 41; 25:2; 수 8:20, 33; 삿 7:8; 삼상 14:24; 삼하 16:15; 18:7; 19:40; 왕상 16:21; 대상 21:14; 스 2:2; 7:13; 9:1; 느 7:7; 11:20; 행 4:10, 27; 7:17; 13:17, 24; 28:17
입술이 부정한 백성 – 사 6:5
자기 기업의 백성 – 신 4:20; 7:6; 14:2
자기 백성 – 창 25:17; 출 18:1; 32:11, 12; 레 7:20, 21, 25, 27; 17:4; 21:14; 신 29:13; 32:9, 26, 43; 삿 9:43; 11:23; 14:17; 룻 1:6; 삼상 12:22; 27:12; 삼하 7:23; 대상 17:21; 대하 2:11;

【 백성 】

성경에 나오는 '백성'

32:15; 시 29:11; 50:4; 53:6; 78:20, 52; 94:14; 105:24; 106:40; 135:12, 14; 149:4; 사 3:14; 5:25; 25:8; 28:5; 30:26; 미 6:2; 슥 9:16; 마 1:21; 눅 7:16; 요 1:11; 롬 11:1, 2; 딤후 2:19; 딛 2:14

자기 이름을 위할 백성 – 행 15:14
장대하고 준수한 백성 – 사 18:2
전쟁을 즐기는 백성 – 시 68:30
주의 백성 – 출 5:23; 15:16; 32:12; 33:13, 16; 신 9:26, 29; 21:8; 26:15; 32:43; 삼하 7:23, 24; 왕상 3:9; 8:30, 33, 34, 36, 38, 41, 43, 44, 51, 52, 59; 대상 17:21, 22; 21:17; 29:17, 18; 대하 1:10; 6:21, 24, 25, 27, 29, 32, 33, 34, 39; 20:7; 느 1:10; 시 3:8; 28:9; 44:12; 60:3; 68:7; 72:2; 77:15, 20; 79:13; 80:4; 83:3; 85:2, 6; 94:5; 106:4; 110:3; 사 2:6; 63:14; 64:9; 렘 31:7; 32:21; 단 9:15, 16, 19; 욜 2:17; 미 7:14; 합 3:13; 눅 1:77; 2:32; 롬 15:10

즐겁게 소리칠 줄 아는 백성 – 시 89:15
지방 백성 – 에 3:8; 4:11; 8:11
지혜 없는 백성 – 신 32:6
창조함을 받을 백성 – 시 102:18
칼에서 벗어난 백성 – 렘 31:2;
패역한 백성 – 사 30:9; 65:2; 겔 2:3;
평안히 사는/거주하는 백성 – 렘 49:31; 겔 38:11
평화로운 백성 – 삿 18:10
하나님을 아는 백성 – 단 11:32
하나님의 백성 – 삿 20:2; 삼하 14:13; 시 47:9; 히 4:9; 11:25; 벧전 2:10; 계 21:3
허물진 백성 – 사 1:4
흑암에 앉은 백성 – 마 4:16
흑암에 행하던 백성 – 사 9:2

백성 – 기타 본문

모세오경 창 19:25; 26:10, 11; 35:11; 41:57; 47:12; 48:4; 49:16, 33; 50:20; 출 1:9, 22; 3:12, 21; 4:16, 21, 30, 31; 5:4, 6, 7, 10, 12, 16, 22; 7:14; 8:3, 4, 31, 32; 9:7, 14, 15; 11:2, 3, 8; 12:27, 33, 34; 13:3, 17, 18, 22; 14:5, 6, 13, 31; 15:13, 17, 24; 16:27, 30; 17:1, 2, 3, 4, 5, 6, 13; 18:10, 13, 14, 15, 18, 19, 21, 22, 23, 25, 26; 19:7, 8, 9, 10, 11, 12, 14, 15, 16, 17, 21, 23, 24, 25; 20:18, 20, 21; 21:1; 23:11, 27; 24:2, 3, 8; 30:33, 38; 31:14; 32:1, 3, 6, 7, 14, 17, 21, 22, 25, 28, 30, 31, 34, 35; 33:1, 8, 10, 12; 34:10; 36:5, 6; 레 9:7, 15, 18, 22, 23, 24; 10:3; 16:24, 33; 17:9, 10; 19:8, 16; 20:3, 5, 6, 18; 21:1, 15; 23:29; 민 5:21; 9:13; 11:2, 8, 10, 11, 12, 13, 14, 16, 17, 18, 21, 24, 29, 32, 33, 34, 35; 12:15, 16; 13:30, 31, 32; 14:1, 13, 14, 15, 16, 19, 39; 15:26, 30; 16:47; 20:1, 3, 20; 21:4, 5, 7, 16, 18, 23, 33, 34, 35; 22:6, 12, 17; 23:9, 24; 25:1, 4; 31:3; 32:15; 신 2:4, 16, 21, 32, 33; 3:1, 2, 3, 28; 4:6, 10; 5:28; 6:14; 9:12, 27; 10:11; 11:23; 13:9; 16:18; 17:7, 16; 18:3; 20:1, 2, 5, 8, 9; 27:1, 11, 12, 15, 17, 18, 19, 20, 21, 22, 23, 24, 25, 26; 28:10; 30:3; 31:7, 12, 16; 32:21, 44; 33:3, 5, 7, 19, 21, 29 **역사서** 수 1:2, 10, 11; 3:3, 5, 6, 14, 16, 17; 4:1, 2, 10, 11, 14, 19, 24; 5:4, 5, 8; 6:5, 7, 8, 10, 16, 20; 7:3, 4, 5, 7; 8:1, 5, 9, 10, 14, 16; 10:13, 21, 33; 24:2, 16, 17, 18, 19, 21, 22, 24, 25, 27; 삿 1:16; 2:6, 7, 12, 20; 4:13; 5:9, 13, 14, 18; 7:1, 2, 3, 4, 5, 6, 7; 8:5; 9:29, 32, 33, 34, 36, 37, 38, 42, 45, 48, 49, 51; 11:11, 20, 21; 16:24, 30; 18:20, 27; 20:8, 16, 26, 31; 21:2, 4, 9; 룻 2:11; 4:11; 삼상 2:23; 4:3, 4, 17; 5:10, 11; 6:6, 19; 8:7, 10, 21; 9:2, 12, 13, 24; 10:17, 23, 24, 25; 11:4, 5, 7, 11, 12, 14, 15; 12:5, 6, 10, 18, 19, 20; 13:2, 4, 5, 7, 8, 11, 14, 15, 16, 22; 14:2, 3, 15, 17, 20, 26, 27, 28, 30, 31, 32, 33, 34, 39, 40, 41, 45; 15:1, 4, 8, 9, 21, 24; 17:27, 30; 18:5, 13; 23:8; 26:7, 14, 15; 30:4, 6, 21; 삼하 3:32, 34, 35, 36, 37; 5:12; 6:19; 8:15; 10:10, 12, 13; 12:28, 31; 14:15; 15:12, 17, 23, 24, 30; 16:6, 14, 18; 17:2, 3, 8, 16, 22, 29; 18:1, 2, 4, 5, 6, 16; 19:2, 3, 8, 9, 39; 20:12, 15, 22; 23:10, 11; 24:3, 9, 10, 15, 16, 17; 왕상 1:40; 3:2, 8; 5:7, 16; 8:56, 66; 9:23; 11:2; 12:5, 6, 7, 9, 10, 12, 13, 15, 23,

[백성]   [백향목]

27, 30, 31; 14:2; 16:15, 16, 22; 18:21, 22, 24, 30,
37, 39; 19:21; 20:8, 10, 15, 42; 21:12, 13; 22:28;
왕하 6:30; 7:17, 20; 8:21; 10:9, 18; 11:13, 14,
19, 20; 12:3, 8; 14:4; 15:4, 10, 29, 35; 16:9;
17:28; 18:26; 19:26; 21:9; 22:4, 13; 23:2, 3, 21,
30; 25:11, 19, 22, 26; 대상 10:9; 11:13; 14:2;
16:2, 20, 36, 43; 18:14; 19:13; 20:2, 3; 21:3, 5;
22:18; 대하 2:18; 7:4, 10; 8:10; 10:5, 6, 7, 9, 10,
12, 15; 12:3; 13:17; 14:13, 14; 16:10; 18:27;
20:20, 21, 25, 33; 21:14, 19; 23:5, 6, 10, 12;
24:20, 23; 25:11, 15; 26:21; 27:2; 28:17; 29:36;
30:3, 13, 27; 31:4, 8, 10; 32:4, 6, 8, 14, 17, 18;
33:10, 17, 25; 34:25, 30, 33; 35:3, 5, 7, 8, 12, 13;
36:14, 15, 16, 23; 스 1:3; 2:70; 3:3, 13; 4:10;
5:12; 7:16, 25; 8:15; 9:13; 10:1, 13; 느 4:6, 13,
14, 22; 5:1, 10, 13, 15, 18, 19; 7:72, 73; 8:1, 3, 5,
6, 7, 9, 11, 12, 13, 16; 9:10, 32; 10:14, 28, 34;
11:1, 24; 12:30, 38; 13:1, 3; 에 1:5, 11, 16; 3:11
시가서, 선지서 욥 34:30; 시 9:11; 18:43; 22:31;
35:18; 44:2, 14; 45:10, 12; 49:1; 56:7; 62:8;
67:4; 68:35; 72:3; 73:10; 78:62; 85:8; 89:19;
94:8, 10; 96:3, 13; 97:6; 98:9; 105:20, 25, 27,
43; 106:27, 48; 107:32; 113:8; 116:18; 117:1;
125:2; 136:16; 144:15; 148:11; 잠 11:26; 14:28;
24:24; 29:2; 사 2:3, 4; 3:7, 13; 5:30; 6:9, 10;
7:2, 17, 20; 8:6, 9, 11, 12, 19; 9:9, 13, 16, 17, 19;
10:6, 22; 11:11, 14; 13:4; 14:20, 32; 18:7; 23:7,
13; 24:2; 27:7, 8, 11; 28:11, 14; 29:13, 14; 30:8,
19; 33:24; 36:11; 40:7; 42:6, 22; 43:4, 21; 49:1,
7, 8, 13; 52:9; 56:3, 8; 60:12, 21; 62:10; 63:11;
65:18; 렘 3:17; 4:10; 5:14; 6:19, 21; 7:16, 33;
9:15; 14:10, 11; 15:1, 20; 16:5, 10; 19:1, 11, 14;
21:7, 8; 22:2, 4; 23:34; 25:1, 2, 19; 26:7, 8, 9,
11, 12, 16, 17, 18, 24; 27:8, 12, 13; 28:1, 5, 7,
11, 15; 29:1, 16, 25; 32:42; 33:9; 34:1, 8, 10;
35:16; 36:7, 10, 13, 14; 37:2, 4, 12, 18; 38:1, 4;
39:8, 9, 14; 40:5, 6; 41:10, 13, 14, 16; 42:1, 8;
43:1, 4; 44:15, 20, 24; 49:1; 51:28, 58; 52:15; 애
1:7, 11; 겔 11:1; 13:17; 17:9; 18:18; 24:18, 19;
26:11; 27:33; 30:5, 23, 26; 31:16; 32:3, 10;
33:3, 6; 34:13; 36:3, 13, 14, 15; 38:6, 9, 12, 15,
22; 39:4; 44:11, 12, 19; 46:18, 20, 24; 단 3:4, 7,
29; 4:1; 5:19; 6:25; 8:12, 13; 9:24; 11:14, 23,

33, 39; 미 2:11; 학 1:12, 13; 슥 7:5; 8:6, 11, 12;
10:9; 14:2 신약 마 2:4; 21:26; 26:47; 27:25, 64;
눅 1:10, 17, 22; 3:15, 18; 6:17; 7:29; 8:37;
15:15; 19:14, 47, 48; 20:6, 9, 19, 26, 45; 21:23,
38; 22:66; 23:5, 13, 14, 27, 35; 24:19; 행 3:11,
12, 23; 4:1, 8, 21; 5:13, 20, 25, 26, 34, 37; 6:12;
7:36; 8:5; 10:2, 41, 42; 12:4, 21; 13:15, 31;
17:5; 19:30, 33; 21:28, 30, 36, 39, 40; 23:5;
28:26; 히 7:5, 11; 8:10; 9:19; 계 7:9

백주(白晝, midday, broad daylight)
신 28:29   네가 **백주**에도 더듬고 네 길이 형통하지
삼하 12:11 사람들이 네 아내들과 더불어 **백주**에
삼하 12:12 나는 온 이스라엘 앞에서 **백주**에 이
암 8:9   내가 해를 대낮에 지게 하여 **백주**에

백체(百體, body)
마 5:29   네 **백체** 중 하나가 없어지고 온 몸이
마 5:30   네 **백체** 중 하나가 없어지고 온 몸이

백탁병자(白濁病者, running sore)
삼하 3:29 요압의 집에서 **백탁병자**나 나병 환자나

백합화(百合花, lily)
왕상 7:19 머리의 네 귀빗은 **백합화** 모양으로 만들
왕상 7:22 그 두 기둥 꼭대기에는 **백합화** 형상이
왕상 7:26 그것의 가는 **백합화**의 양식으로 잔 가와
대하 4:5 그 둘레는 잔 둘레와 같이 **백합화**의
아 2:1   나는 사론의 수선화요 골짜기의 **백합화**
아 2:2   사랑은 가시나무 가운데 **백합화** 같도다
아 2:16   그가 **백합화** 가운데에서 양 떼를 먹이
아 4:5   네 두 유방은 **백합화** 가운데에 꼴을
아 5:13   입술은 **백합화** 같고 몰약의 즙이 뚝뚝
아 6:2   동산 가운데에서 양 떼를 먹이며 **백합화**
아 6:3   그가 **백합화** 가운데에서 그 양 떼를
아 7:2   둥근 잔 같고 허리는 **백합화**로 두른
사 35:1 땅이 기뻐하며 사막이 **백합화**같이 피어
호 14:5 그가 **백합화**같이 피겠고 레바논 백향목
마 6:28   들의 **백합화**가 어떻게 자라는가 생각
눅 12:27 **백합화**를 생각하여 보라 실도 만들지

백향목(柏香木, cedar wood)
레 14:4 정결한 새 두 마리와 **백향목**과 홍색

【 백향목 】   【 뱀 】

민 19:6	제사장은 **백향목**과 우슬초와 홍색 실을	시 148:9	모든 작은 산과 과수와 모든 **백향목**이며
민 24:6	심으신 침향목들 같고 물 가의 **백향목**	아 1:17	우리 집은 **백향목** 들보, 잣나무 서까래
삿 9:15	가시나무에서 나와서 레바논의 **백향목**	아 5:15	생김새는 레바논 같으며 **백향목**처럼
삼하 5:11	히람이 다윗에게 사절들과 **백향목**과	아 8:9	그가 문이라면 우리는 **백향목** 판자로
삼하 7:2	나는 **백향목** 궁에 살거늘 하나님의 궤는	사 2:13	또 레바논의 높고 높은 모든 **백향목**과
왕상 4:33	레바논의 **백향목**으로부터 담에 나는	사 9:10	우리는 **백향목**으로 그것을 대신하리라
왕상 5:6	나를 위하여 레바논에서 **백향목**을 베어	사 14:8	향나무와 레바논의 **백향목**도 너로
왕상 5:8	**백향목** 재목과 잣나무 재목에 대하여는	사 37:24	높은 **백향목**과 아름다운 향나무를 베고
왕상 6:9	그 성전은 **백향목** 서까래와 널판으로	사 41:19	내가 광야에는 **백향목**과 싯딤 나무와
왕상 6:10	다락방을 건축하되 **백향목** 들보로 성전	사 44:14	자기를 위하여 **백향목**을 베며 디르사
왕상 6:15	**백향목** 널판으로 성전의 안벽 곧 성전	렘 22:7	아름다운 **백향목**을 찍어 불에 던지리라
왕상 6:16	마루에서 천장까지 **백향목** 널판으로	렘 22:14	창문을 만들고 그것에 **백향목**으로 입히
왕상 6:18	성전 안에 입힌 **백향목**에는 박과 핀 꽃	렘 22:15	네가 **백향목**을 많이 사용하여 왕이 될
	을 아로새겼고 모두 **백향목**이라 돌이	렘 22:23	레바논에 살면서 **백향목**에 깃들이는
왕상 6:20	정금으로 입혔으며 **백향목** 제단에도 입혔	겔 17:3	큰 독수리가 레바논에 이르러 **백향목**
왕상 6:36	**백향목** 두꺼운 판자 한 켜로 둘러 안뜰	겔 17:22	내가 **백향목** 꼭대기에서 높은 가지를
왕상 7:2	삼십 규빗이라 **백향목** 기둥이 네 줄의	겔 17:23	열매를 맺어서 아름다운 **백향목**이 될
	요 기둥 위에 **백향목** 들보가 있으며	겔 27:5	너를 위하여 레바논의 **백향목**을 가져다
왕상 7:3	들보 사십오 개를 **백향목**으로 덮었는데	겔 27:24	수놓은 물품과 빛난 옷을 **백향목** 상자에
왕상 7:7	주랑을 짓고 온 마루를 **백향목**으로 덮었	겔 31:3	꼭대기가 구름에 닿은 레바논 **백향목**
왕상 7:11	크기대로 다듬은 귀한 돌도 있고 **백향목**	겔 31:8	하나님의 동산의 **백향목**이 능히 그를
왕상 7:12	다듬은 돌 세 켜와 **백향목** 두꺼운 판자	호 14:5	레바논 **백향목**같이 뿌리가 박힐 것이라
왕상 9:11	그 온갖 소원대로 **백향목**과 잣나무와	호 14:6	그의 향기는 레바논 **백향목** 같으리니
왕상 10:27	**백향목**을 평지의 뽕나무같이 많게 하였	암 2:9	그 키는 **백향목** 높이와 같고 강하기는
왕하 14:9	레바논 가시나무가 레바논 **백향목**에게	습 2:14	문턱이 적막하리니 **백향목**으로 지은
왕하 19:23	레바논 깊은 곳에 이르러 높은 **백향목**과	슥 11:1	레바논아 네 문을 열고 불이 네 **백향목**
대상 14:1	히람이 다윗에게 사신들과 **백향목**과	슥 11:2	잣나무여 곡할지어다 **백향목**이 넘어졌
대상 17:1	나는 **백향목** 궁에 거주하거늘 여호와의		
대상 17:6	너희가 어찌하여 내 **백향목** 집을 건축	🕮 **백향목 → 기타 본문**	
대상 22:4	또 **백향목**을 무수히 준비하였으니 이	레 14:6, 49, 51, 52; 삼하 7:7; 왕상 5:10	
	는 시돈 사람과 두로 사람이 **백향목**		
대하 1:15	**백향목**을 평지의 뽕나무같이 많게 하였	**뱀**(serpent, snake)	
대하 2:3	당신이 전에 내 아버지 다윗에게 **백향목**	창 3:1	**뱀**은 여호와 하나님이 지으신 들짐승
대하 2:8	레바논에서 **백향목**과 잣나무와 백단목		중에 가장 간교하니라 **뱀**이 여자에게
대하 9:27	**백향목**을 평지의 뽕나무같이 많게 하였	창 3:2	여자가 **뱀**에게 말하되 동산 나무의 열매
대하 25:18	레바논 가시나무가 레바논 **백향목**에게	창 3:4	**뱀**이 여자에게 이르되 너희가 결코 죽지
스 3:7	바사 왕 고레스의 명령대로 **백향목**을	창 3:13	여자가 이르되 **뱀**이 나를 꾀므로 내가
욥 40:17	그것이 꼬리 치는 것은 **백향목**이 흔들리	창 3:14	여호와 하나님이 **뱀**에게 이르시되 네가
시 29:5	여호와의 소리가 **백향목**을 꺾으심이	창 49:17	단은 길섶의 **뱀**이요 샛길의 독사로다
	여 여호와께서 레바논 **백향목**을 꺾어	출 4:3	그것이 **뱀**이 된지라 모세가 **뱀** 앞에서
시 80:10	가리고 그 가지는 하나님의 **백향목**	출 7:9	앞에 던지라 하라 그것이 **뱀**이 되리라
시 92:12	같이 번성하며 레바논의 **백향목**	출 7:10	신하 앞에 지팡이를 던지니 **뱀**이 된지
시 104:16	그가 심으신 레바논 **백향목**들이로다	출 7:12	각 사람이 지팡이를 던지매 **뱀**이 되었으

뱃속 】   【 버금 】

> **성경에 나타난 '뱀'**
>
> 꼬불꼬불한 뱀 리워야단 – 사 27:1
> 놋뱀 – 민 21:9; 왕하 18:4
> 불뱀 – 민 21:6, 8; 신 8:15; 사 14:29; 30:6
> 옛 뱀 – 계 12:9; 20:2

출 7:15	나일 강 가에 서서 그를 맞으며 그 **뱀**
민 21:7	여호와께 기도하여 이 **뱀**들을 우리에게
신 32:33	그들의 포도주는 **뱀**의 독이요 독사의
욥 20:16	그는 독사의 독을 빨며 **뱀**의 혀에 죽을
욥 26:13	하늘을 맑게 하시고 손으로 날렵한 **뱀**을
시 58:4	그들의 독은 **뱀**의 독 같으며 그들은 귀
시 91:13	사자와 독사를 밟으며 젊은 사자와 **뱀**을
시 140:3	**뱀**같이 그 혀를 날카롭게 하니 그 입술
잠 23:32	그것이 마침내 **뱀**같이 물 것이요 독사
잠 30:19	반석 위로 기어 다니는 **뱀**의 자취와
전 10:8	거기에 빠질 것이요 담을 허는 자는 **뱀**
전 10:11	주술을 베풀기 전에 **뱀**에게 물렸으면
사 65:25	사자가 소처럼 짚을 먹을 것이며 **뱀**은
렘 8:17	내가 술법으로도 제어할 수 없는 **뱀**과
렘 46:22	애굽의 소리가 **뱀**의 소리 같으리니 이는
렘 49:33	하솔은 큰 **뱀**의 거처가 되어 영원히
렘 51:34	나를 빈 그릇이 되게 하며 큰 **뱀**같이
암 5:19	집에 들어가서 손을 벽에 대었다가 **뱀**
암 9:3	밑에 숨을지라도 내가 거기에서 **뱀**을
미 7:17	그들이 **뱀**처럼 티끌을 핥으며 땅에 기는
마 7:10	생선을 달라 하는데 **뱀**을 줄 사람이
마 10:16	너희는 **뱀**같이 지혜롭고 비둘기같이
마 23:33	**뱀**들아 독사의 새끼들아 너희가 어떻게
막 16:18	**뱀**을 집어 올리며 무슨 독을 마실지라도
눅 10:19	내가 너희에게 **뱀**과 전갈을 밟으며 원수
눅 11:11	생선을 달라 하는데 생선 대신에 **뱀**을
요 3:14	모세가 광야에서 **뱀**을 든 것같이 인자
고전 10:9	어떤 사람들이 주를 시험하다가 **뱀**에게
고후 11:3	**뱀**이 그 간계로 하와를 미혹한 것같이
계 9:19	꼬리는 **뱀** 같고 또 꼬리에 머리가 있어
계 12:14	그 **뱀**의 낯을 피하여 한 때와 두 때와
계 12:15	여자의 뒤에서 **뱀**이 그 입으로 물을

뱃속(womb, inmost part, inside, belly)

욥 15:35	죄악을 낳으며 그들의 **뱃속**에 속임을
욥 20:14	음식이 창자 속에서 변하며 **뱃속**에서
욥 31:15	우리를 **뱃속**에 지으신 이가 한 분이
잠 18:8	별식과 같아서 **뱃속** 깊은 데로 내려가느
잠 26:22	별식과 같아서 **뱃속** 깊은 데로 내려가느
욘 1:17	요나가 밤낮 삼 일을 물고기 **뱃속**에
욘 2:1	요나가 물고기 **뱃속**에서 그의 하나님
욘 2:2	내가 스올의 **뱃속**에서 부르짖었더니
마 12:40	요나가 밤낮 사흘 동안 큰 물고기 **뱃속**

뱉다(spit, pour out)

레 15:8	있는 자가 정한 자에게 침을 **뱉으면**
민 12:14	그의 얼굴에 침을 **뱉었을지라도**
신 25:9	신을 벗기고 그의 얼굴에 침을 **뱉으며**
욥 17:6	하시니 그들이 내 얼굴에 침을 **뱉는구나**
욥 30:10	서슴지 않고 내 얼굴에 침을 **뱉는도다**
잠 14:5	거짓 증인은 거짓말을 **뱉느니라**
잠 14:25	생명을 구원하여도 거짓말을 **뱉은** 사람
잠 19:9	벌을 면하지 못할 것이요 거짓말을 **뱉은**
사 50:6	모욕과 침 **뱉음**을 당하여도 내 얼굴을
마 26:67	예수의 얼굴에 침 **뱉으며** 주먹으로 치고
마 27:30	그에게 침 **뱉고** 갈대를 빼앗아 그의
막 7:33	손가락을 그의 양 귀에 넣고 침을 **뱉어**
막 8:23	눈에 침을 **뱉으시며** 그에게 안수하시고
막 10:34	그들은 능욕하며 침 **뱉으며** 채찍질하고
막 14:65	그에게 침 **뱉으며** 그의 얼굴을 가리고
막 15:19	갈대로 그의 머리를 치며 침 **뱉으며**
눅 18:32	희롱을 당하고 능욕을 당하고 침 **뱉음**을
요 9:6	땅에 침을 **뱉어** 진흙을 이겨 그의 눈에

버가(Perga) 밤빌리아 지역의 작은 도시

행 13:13	바보에서 배 타고 밤빌리아에 있는 **버가**
행 13:14	그들은 **버가**에서 더 나아가 비시디아
행 14:25	말씀을 **버가**에서 전하고 앗달리아로

버가모(Pergamum) 무시아 지방의 도시

계 1:11	서머나, **버가모**, 두아디라, 사데
계 2:12	**버가모** 교회의 사자에게 편지하라

버금(second, assistant)

창 41:43	자기에게 있는 **버금** 수레에 그를 태우매

【 버니게 】　　　　　　　　　　　　　　　　　　　　　　　【 버리다/버려지다 】

대하 35:24　그의 **버금** 병거에 태워 예루살렘에 이른
느 11:9　핫스누아의 아들 유다는 **버금**이 되어
느 11:17　형제 중에 박부갸가 **버금**이 되었으며
느 13:13　맛다냐의 손자 삭굴의 아들 하난을 **버금**

버니게(Bernice)　헤롯 아그립바 2세의 누이
행 25:13　아그립바 왕과 **버니게**가 베스도에게
행 25:23　아그립바와 **버니게**가 크게 위엄을 갖추
행 26:30　왕과 총독과 **버니게**와 그 함께 앉은

버드나무(poplar)
창 30:37　야곱이 **버드나무**와 살구나무와 신풍
시 137:2　그 중의 **버드나무**에 우리가 우리의 수금
사 15:7　재물과 쌓았던 것을 가지고 **버드나무**
호 4:13　참나무와 **버드나무**와 상수리나무 아래

버들(poplar)
레 23:40　무성한 나무 가지와 시내 **버들**을 취하여
욥 40:22　연 잎 그늘이 덮으며 시내 **버들**이 그를
사 44:4　가운데에서 솟아나기를 시냇가의 **버들**

버러지(worm)
사 41:14　**버러지** 같은 너 야곱아, 너희 이스라엘

버려두다(leave, desert, abandon, give over)
창 39:12　자기의 옷을 그 여인의 손에 **버려두고**
창 39:13　요셉이 그의 옷을 자기 손에 **버려두고**
창 39:15　그의 옷을 내게 **버려두고** 도망하여 나갔
창 39:18　그의 옷을 내게 **버려두고** 밖으로 도망
출 2:20　너희가 어찌하여 그 사람을 **버려두고**
출 23:5　그것을 **버려두지** 말고 그것을 도와
레 19:10　사람과 거류민을 위하여 **버려두라**
삿 11:37　내게 허락하사 나를 두 달만 **버려두소서**
삼하 16:11　것이니 그가 저주하게 **버려두라**
대하 30:7　여호와께서 멸망하도록 **버려두신** 것을
스 9:9　우리를 그 종살이하는 중에 **버려두지**
느 9:28　주께서 그들을 원수들의 손에 **버려두사**
느 10:39　우리가 우리 하나님의 전을 **버려두지**
욥 8:4　주께서 그들을 그 죄에 **버려두셨나니**
욥 10:20　그치지 나를 **버려두사** 잠시나마
욥 13:13　너희는 잠잠하고 나를 **버려두어** 말하게
욥 39:14　그것이 알을 땅에 **버려두어** 흙에서 더워
시 37:33　여호와는 그를 악인의 손에 **버려두지**

시 81:12　내가 그의 마음을 완악한 대로 **버려두어**
시 141:8　내 영혼을 빈궁한 대로 **버려두지** 마옵
잠 29:15　임의로 행하게 **버려둔** 자식은 어머니를
겔 16:39　빼앗고 네 몸을 벌거벗겨 **버려두며**
겔 24:21　너희의 **버려둔** 자녀를 칼에 엎드러지게
호 4:17　우상과 연합하였으니 **버려두라**
마 4:20　곧 그물을 **버려두고** 예수를 따르니
마 4:22　그들이 곧 배와 아버지를 **버려두고** 예수
마 24:40　데려가고 한 사람은 **버려둠**을 당할 것이
마 24:41　사람은 데려가고 한 사람은 **버려둠**을
막 1:18　곧 그물을 **버려두고** 따르니라
막 1:20　세베대를 품꾼들과 함께 배에 **버려두고**
눅 5:11　배들을 육지에 대고 모든 것을 **버려두고**
눅 17:34　하나는 데려감을 얻고 하나는 **버려둠**을
눅 17:35　하나는 데려감을 얻고 하나는 **버려둠**을
요 4:28　물동이를 **버려두고** 동네로 들어가서
요 14:18　너희를 고아와 같이 **버려두지** 아니하
행 5:38　이 사람들을 상관하지 말고 **버려두라**
행 7:42　하늘의 군대 섬기는 일에 **버려두셨으니**

버릇(habit)
출 21:29　소가 본래 받는 **버릇**이 있고 그 임자는
출 21:36　그 소가 본래 받는 **버릇**이 있는 줄을
민 22:30　내가 언제 당신에게 이같이 하는 **버릇**이

버리다/버려지다(get rid of, abandon,
　　throw, forsake)
【모세오경】
창 35:2　너희 중에 있는 이방 신상들을 **버리고**
레 1:16　것은 제거하여 제단 동쪽 재 **버리는**
레 4:12　전체를 진영 바깥 재 **버리는** 곳인 정
　　　　결한 곳으로 … 재 **버리는** 곳에서
레 14:40　돌을 빼내어 성 밖 부정한 곳에 **버리게**
레 14:41　흙을 성 밖 부정한 곳에 쏟아 **버리게**
민 4:13　제단의 재를 **버리고** 그 제단 위에 자색
민 32:15　다시 이 백성을 광야에 **버리시리니**
신 4:31　너를 **버리지** 아니하시며 너를 멸하지
신 22:19　그 여자는 그 남자가 평생에 **버릴** 수
신 29:25　내실 때에 더불어 세우신 언약을 **버리고**
신 31:6　너를 떠나지 아니하시며 **버리지** 아니
신 31:16　나를 **버리고** 내가 그들과 맺은 언약을
신 31:17　내가 그들에게 진노하여 그들을 **버리며**
신 32:15　자기를 지으신 하나님을 **버리고** 자기를

【 버리다/버려지다 】

역사서

수 1:5	너를 떠나지 아니하며 **버리지** 아니하리
수 24:16	우리가 결단코 여호와를 **버리고** 다른
수 24:20	너희가 여호와를 **버리고** 이방 신들을
삿 2:12	조상들의 하나님 여호와를 **버리고**
삿 2:13	여호와를 **버리고** 바알과 아스다롯을
삿 6:13	여호와께서 우리를 **버리사** 미디안의
삿 9:9	내가 어찌 그것을 **버리고** 가서 나무들
삿 9:11	아름다운 열매를 내가 어찌 **버리고** 가서
삿 9:13	포도주를 내가 어찌 **버리고** 가서 나무들
삿 10:6	여호와를 **버리고** 그를 섬기지 아니하므
삿 10:10	우리가 우리 하나님을 **버리고** 바알들을
삿 10:13	너희가 나를 **버리고** 다른 신들을 섬기니
삼상 8:7	그들이 너를 **버림**이 아니요 나를 버려
삼상 8:8	그들이 모든 행사로 나를 **버리고**
삼상 10:19	내신 너희의 하나님을 오늘 **버리고**
삼상 12:10	여호와를 **버리고** 바알들과 아스다롯을
삼상 12:22	이름을 위해서라도 자기 백성을 **버리지**
삼상 15:23	**버렸으므로** 여호와께서도 왕을 버려
삼상 15:26	**버렸으므로** 여호와께서 왕을 **버려**
삼상 16:1	내가 이미 사울을 **버려** 이스라엘 왕이
삼상 16:7	보지 말라 내가 이미 그를 **버렸노라**
삼상 20:15	대적들을 지면에서 다 끊어 **버리신**
삼상 30:13	전에 병이 들매 주인이 나를 **버렸나이다**
삼상 31:7	죽었음을 보고 성읍들을 **버리고** 도망
삼하 5:21	사람들이 그들의 우상을 **버렸으므로**
삼하 6:21	네 아버지와 그의 온 집을 **버리시고**
삼하 22:23	그의 규례를 **버리지** 아니하였음이로다
왕상 6:13	내 백성 이스라엘을 **버리지** 아니하리라
왕상 8:57	떠나지 마시오며 **버리지** 마시옵고
왕상 9:9	내신 그들의 하나님 여호와를 **버리고**
왕상 11:33	그들이 나를 **버리고** 시돈 사람의 여신
왕상 12:8	왕이 노인들이 자문하는 것을 **버리고**
왕상 12:13	대답할새 노인의 자문을 **버리고**
왕상 14:9	노엽게 하고 나를 네 등 뒤에 **버렸도다**
왕상 14:16	죄로 말미암아 이스라엘을 **버리시리니**
왕상 18:18	여호와의 명령을 **버렸고** 당신이 바알들
왕상 19:10	이스라엘 자손이 주의 언약을 **버리고**
왕상 19:14	이스라엘 자손이 주의 언약을 **버리고**
왕상 19:20	그가 소를 **버리고** 엘리야에게로 달려가
왕하 7:7	그 장막과 말과 나귀를 **버리고** 진영을
왕하 17:16	하나님 여호와의 모든 명령을 **버리고**
왕하 17:20	이스라엘의 온 족속을 **버리사** 괴롭게
왕하 21:14	내가 나의 기업에서 남은 자들을 **버려**
왕하 21:22	그의 조상들의 하나님 여호와를 **버리고**
왕하 22:17	이는 이 백성이 나를 **버리고** 다른 신에
왕하 23:27	거기에 두리라 한 이 성전을 **버리리라**
대상 10:7	죽은 것을 보고 그 성읍들을 **버리고**
대상 14:12	그들의 우상을 그곳에 **버렸으므로**
대상 28:9	버리면 그가 너를 영원히 **버리시리라**
대상 28:20	떠나지 아니하시고 너를 **버리지** 아니
대하 7:19	너희 앞에 둔 내 율례와 명령을 **버리고**
대하 7:20	거룩하게 한 이 성전을 내 앞에서 **버려**
대하 7:22	내신 자기 하나님 여호와를 **버리고**
대하 10:8	왕은 원로들이 가르치는 것을 **버리고**
대하 10:13	르호보암이 원로들의 가르침을 **버리고**
대하 12:1	여호와의 율법을 **버리니** 온 이스라엘
대하 12:5	**버렸으므로** 나도 너희를 **버려** 시삭의
대하 15:2	그를 버리면 그도 너희를 **버리시리라**
대하 21:10	하나님 여호와를 **버렸음이더라**
대하 24:18	조상들의 하나님 여호와의 전을 **버리고**
대하 24:20	너희가 여호와를 **버렸으므로** 여호와 께서도 너희를 **버리셨느니라** 하나
대하 24:24	조상들의 하나님 여호와를 **버렸음이라**
대하 24:25	크게 부상하매 적군이 그를 **버리고** 간
대하 28:6	조상들의 하나님 여호와를 **버렸음이라**
대하 29:6	보시기에 악을 행하여 하나님을 **버리고**
대하 34:25	이 백성들이 나를 **버리고** 다른 신들에게
느 9:17	인자가 풍부하시므로 그들을 **버리지**
느 9:19	크신 긍휼로 그들을 광야에 **버리지**
느 9:31	아주 멸하지 아니하시며 **버리지도**

시가서

욥 8:20	하나님은 순전한 사람을 **버리지** 아니
욥 11:14	네 손에 죄악이 있거든 멀리 **버리라**
욥 18:4	너 때문에 땅이 **버림**을 받겠느냐 바위가
욥 19:14	내 친척은 나를 **버렸으며** 가까운 친지
욥 20:13	아껴서 **버리지** 아니하고 입천장에 물고
욥 20:19	그가 가난한 자를 학대하고 **버렸음이요**
욥 27:5	내가 죽기 전에는 나의 온전함을 **버리지**
욥 33:17	사람에게 그의 행실을 **버리게** 하려 하심
시 9:10	주를 찾는 자들을 **버리지** 아니하심이
시 16:10	주께서 내 영혼을 스올에 **버리지** 아니
시 18:22	내게서 그의 율례를 **버리지** 아니하였음
시 22:1	하나님이여 어찌 나를 **버리셨나이까**
시 27:9	주의 종을 노하여 **버리지** 마소서 … 구원의 하나님이시여 나를 **버리지** 마시고

1058

【 버리다/버려지다 】　　　　　　　　　　　【 버리다/버려지다 】

시 27:10	부모는 나를 **버렸으나** 여호와는 나를
시 34:14	악을 **버리고** 선을 행하며 화평을 찾아
시 37:8	분을 그치고 노를 **버리며** 불평하지 말라
시 37:25	어려서부터 늙기까지 의인이 **버림을**
시 37:28	정의를 사랑하시고 그의 성도를 **버리지**
시 38:21	여호와여 나를 **버리지** 마소서 나의
시 43:2	어찌하여 나를 **버리셨나이까**
시 44:9	이제는 주께서 우리를 **버려** 욕을 당하게
시 44:23	일어나시고 우리를 영원히 **버리지** 마소
시 53:5	하나님이 그들을 **버리셨으므로** 네가
시 60:1	하나님이여 주께서 우리를 **버려** 흩으셨
시 60:10	하나님이여 주께서 우리를 **버리지** 아니
시 71:9	늙을 때에 나를 **버리지** 마시며 내 힘이
시 71:11	하나님이 그를 **버리셨은즉** 따라 잡으라
시 71:18	백발이 될 때에도 나를 **버리지** 마시며
	… 사람에게 전하기까지 나를 **버리지**
시 74:1	어찌하여 우리를 영원히 **버리시나이까**
시 77:7	주께서 영원히 **버리실까**, 다시는 은혜를
시 78:30	그들이 그들의 욕심을 **버리지** 아니하여
시 78:67	요셉의 장막을 **버리시며** 에브라임 지파
시 88:14	어찌하여 나의 영혼을 **버리시며**
시 89:30	그의 자손이 내 법을 **버리며** 내 규례
시 89:38	노하사 물리치셔서 **버리셨으며**
시 94:14	여호와께서는 자기 백성을 **버리지** 아니
시 108:11	주께서 우리를 **버리지** 아니하셨나이까
시 119:8	율례들을 지키오리니 나를 아주 **버리지**
시 119:87	나는 주의 법도들을 **버리지** 아니하였사
시 119:119	모든 악인들을 찌꺼기같이 **버리시니**
시 138:8	손으로 지으신 것을 **버리지** 마옵소서
잠 2:17	그는 젊은 시절의 짝을 **버리며** 그의
잠 4:6	지혜를 **버리지** 말라 그가 너를 보호하리
잠 4:24	구부러진 말을 네 입에서 **버리며** 비뚤어
잠 5:7	나에게 들으며 내 입의 말을 **버리지**
잠 8:33	들어서 지혜를 얻으라 그것을 **버리지**
잠 9:6	어리석음을 **버리고** 생명을 얻으라 명철
잠 10:17	행하여도 징계를 **버리는** 자는 그릇 가느
잠 23:4	말고 네 사사로운 지혜를 **버릴지어다**
잠 27:10	네 친구와 네 아비의 친구를 **버리지**
잠 28:13	자복하고 **버리는** 자는 불쌍히 여김을
전 3:6	잃을 때가 있으며 지킬 때가 있고 **버릴**

선지서

사 1:4	자식이로다 그들이 여호와를 **버리며**
사 1:16	내 목전에서 너희 악한 행실을 **버리며**

사 1:25	하며 네 혼잡물을 다 제하여 **버리고**
사 2:6	백성 야곱 족속을 **버리셨음은** 그들에게
사 5:17	유리하는 자들이 부자의 **버려진** 밭에서
사 5:24	그들이 만군의 여호와의 율법을 **버리며**
사 7:15	그가 악을 **버리며** 선을 택할 줄 알 때가
사 7:16	이 아이가 악을 **버리며** 선을 택할 줄
사 8:6	천천히 흐르는 실로아 물을 **버리고**
사 17:2	아로엘의 성읍들이 **버림을** 당하리니
사 22:3	함께 도망하였다가 활을 **버리고** 결박을
사 30:11	너희는 바른 길을 **버리며** 첩경에서 돌이
사 41:9	내가 너를 택하고 싫어하여 **버리지** 아니
사 41:17	이스라엘의 하나님이 그들을 **버리지**
사 42:16	내가 이 일을 행하여 그들을 **버리지**
사 49:14	이르기를 여호와께서 나를 **버리시며**
사 53:12	그가 자기 영혼을 **버려** 사망에 이르게
사 54:6	마치 **버림을** 받아 마음에 근심하는 아내
	곧 어릴 때에 아내가 되었다가 **버림을**
사 54:7	내가 잠시 너를 **버렸으나** 큰 긍휼로
사 55:7	불의한 자는 그의 생각을 **버리고** 여호와
사 60:15	전에는 네가 **버림을** 당하며 미움을 당하
사 65:11	오직 나 여호와를 **버리며** 나의 성산을

"그가 우리를 위하여 목숨을 버리셨으니 우리가 이로써 사랑을 알고 우리도 형제들을 위하여 목숨을 버리는 것이 마땅하니라"

(요일 3:16)

렘 1:16	무리가 나를 **버리고** 다른 신들에게 분향
렘 2:19	하나님 여호와를 **버림과** 네 속에 나를
렘 2:37	자들을 나 여호와가 **버렸으므로**
렘 3:1	그의 아내를 **버리므로** 그가 그에게서
렘 4:1	만일 나의 목전에서 가증한 것을 **버리고**
렘 4:29	성읍이 **버림을** 당하여 거기 사는 사람이
렘 5:7	자녀가 나를 **버리고** 신이 아닌 것들로
렘 5:19	너희가 여호와를 **버리고** 너희 땅에서
렘 6:30	될 것은 여호와께서 그들을 **버렸음이라**
렘 8:9	여호와의 말을 **버렸으니** 그들에게
렘 9:13	그들의 앞에 세운 나의 율법을 **버리고**

【 버리다/버려지다 】　　　　　　　　　　　　　　　　　　【 버리다/버려지다 】

렘 9:22	추수하는 자의 뒤에 **버려져** 거두지 못한
렘 12:7	내가 내 집을 **버리며** 내 소유를 내던져
렘 14:9	일컬음을 받는 자이오니 우리를 **버리지**
렘 14:19	주께서 유다를 온전히 **버리시나이까**
렘 15:6	여호와께서 이르시되 네가 나를 **버렸고**
렘 15:19	네가 만일 헛된 것을 **버리고** 귀한 것을
렘 16:11	나를 **버리고** 다른 신들을 따라서 그들을 섬기며 그들에게 절하고 나를 **버려**
렘 17:13	주를 **버리는** 자는 다 수치를 당할 … 근원이신 여호와를 **버림이니이다**
렘 19:4	그들이 나를 **버리고** 이 곳을 불결하게
렘 22:9	자기 하나님 여호와의 언약을 **버리고**
렘 23:33	여호와의 말씀에 내가 너희를 **버리리라**
렘 24:8	수 없는 이 나쁜 무화과같이 **버리되**
렘 25:5	각자의 악한 길과 악행을 **버리고** 돌아
렘 31:37	일로 말미암아 그들을 다 **버리리라**
렘 33:24	그들 중에 두 가계를 **버리셨다** 한 것을
렘 33:26	야곱과 내 종 다윗의 자손을 **버리고**
렘 36:30	그의 시체는 **버림을** 당하여 낮에는
렘 49:11	고아들을 **버려도** 내가 그들을 살리리라
렘 51:9	치료하려 하여도 낫지 아니한즉 **버리고**
애 2:7	여호와께서 또 자기 제단을 **버리시며**
애 3:31	영원하도록 **버리지** 아니하실 것임이
애 5:20	우리를 이같이 오래 **버리시나이까**
애 5:22	우리를 아주 **버리셨사오며** 우리에게
겔 5:6	그들이 내 규례를 **버리고** 내 율례를
겔 8:12	여호와께서 이 땅을 **버리셨다**
겔 9:9	여호와께서 이 땅을 **버리셨으며** 여호와
겔 16:5	천하게 여겨져 네가 들에 **버려졌느니라**
겔 18:31	너희는 너희가 범한 모든 죄악을 **버리고**
겔 20:7	눈을 끄는 바 가증한 것을 각기 **버리고**
겔 20:8	눈을 끄는 바 가증한 것을 각기 **버리지**
겔 23:35	잊었고 또 나를 네 등 뒤에 **버렸은즉**
겔 26:16	수놓은 옷을 **버리고** 떨림을 입듯 하고
겔 31:12	세상 모든 백성이 그를 **버리고** 그 그늘
겔 32:4	너를 뭍에 **버리며** 들에 던져 공중의
단 11:6	때에 도와주던 자가 다 **버림을** 당하리
호 4:6	네가 지식을 **버렸으니** 나도 너를 **버려**
호 4:10	여호와를 **버리고** 따르지 아니하였음이
호 4:12	*마음에 미혹되어 하나님을 **버리고***
호 8:3	이스라엘이 이미 선을 **버렸으니** 원수가
호 8:5	사마리아여 네 송아지는 **버려졌느니라**
호 9:17	내 하나님이 그들을 **버리시니** 그들이

호 11:8	내가 어찌 너를 **버리겠느냐**
욜 1:7	껍질 말갛게 벗겨서 **버리니**
암 1:11	그의 형제를 쫓아가며 긍휼을 **버리며**
욘 2:8	자기에게 베푸신 은혜를 **버렸사오나**
습 2:4	가사는 **버림을** 당하며 아스글론은 폐허

복음서, 역사서

마 5:13	아무 쓸 데 없어 다만 밖에 **버려져** 사람
마 5:19	중의 지극히 작은 것 하나라도 **버리고**
마 5:31	누구든지 아내를 **버리려거든** 이혼 증서
마 5:32	음행한 이유 없이 아내를 **버리면**
마 9:17	터져 포도주도 쏟아지고 부대도 **버리게**
마 19:3	어떤 이유가 있으면 그 아내를 **버리는**
마 19:7	모세는 이혼 증서를 주어서 **버리라** 명하
마 19:8	마음의 완악함 때문에 아내 **버림을** 허락
마 19:9	음행한 이유 외에 아내를 **버리고**
마 19:27	모든 것을 **버리고** 주를 따랐사온대
마 23:23	정의와 긍휼과 믿음은 **버렸도다** 그러나 이것도 행하고 저것도 **버리지** 말아야
마 23:38	너희 집이 황폐하여 **버려진** 바 되리라
마 26:31	오늘 밤에 너희가 다 나를 **버리리라**
마 26:33	**버릴지라도** 나는 결코 **버리지** 않겠나
마 26:56	제자들이 다 예수를 **버리고** 도망하니라
마 27:46	하나님, 어찌하여 나를 **버리셨나이까**
막 2:22	부대를 터뜨려 포도주와 부대를 **버리게**
막 7:8	너희가 하나님의 계명은 **버리고** 사람의
막 10:2	사람이 아내를 **버리는** 것이 옳으니이까
막 10:4	모세는 이혼 증서를 써주어 **버리기를**
막 10:11	누구든지 그 아내를 **버리고** 다른 데
막 10:12	아내가 남편을 **버리고** 다른 데로 시집
막 10:28	보소서 우리가 모든 것을 **버리고** 주를
막 14:27	이르시되 너희가 다 나를 **버리리라**
막 14:29	베드로가 여짜오되 다 **버릴지라도** 나는
막 14:50	제자들이 다 예수를 **버리고** 도망하니라
막 14:52	베 홑이불을 **버리고** 벗은 몸으로 도망
막 15:34	하나님 어찌하여 나를 **버리셨나이까**
눅 5:28	그가 모든 것을 **버리고** 일어나 따르니라
눅 6:22	너희 이름을 악하다 하여 **버릴** 때에는
눅 10:30	벗기고 때려 거의 죽은 것을 **버리고**
눅 11:42	하나님께 대한 사랑은 **버리는도다** 그러나 이것도 행하고 저것도 **버리지** 말아야
눅 13:7	못하니 찍어 버리라 어찌 땅만 **버리게**
눅 14:33	누구든지 자기의 모든 소유를 **버리지**
눅 16:18	자기 아내를 **버리고** 다른 데 장가드는

【 버리다/버려지다 】　　　　　　　　　　　　　　　【 버리다/버려지다 】

	자도 간음함이요 무릇 **버림** 당한 여자
눅 16:20	헌데 투성이로 그의 대문 앞에 **버려진**
눅 18:28	우리가 우리의 것을 다 **버리고** 주를
요 6:12	그 남은 조각을 거두고 **버리는** 것이
요 10:11	양들을 위하여 목숨을 **버리거니와**
요 10:12	이리가 오는 것을 보면 양을 **버리고**
요 10:15	나는 양을 위하여 목숨을 **버리노라**
요 10:17	내가 내 목숨을 **버리는** 것은 그것을
요 10:18	내가 스스로 버리노라 나는 **버릴** 권세도
요 13:37	주를 위하여 내 목숨을 **버리겠나이다**
요 13:38	네가 나를 위하여 네 목숨을 **버리겠느냐**
요 15:2	아버지께서 그것을 제거해 **버리시고**
요 15:6	거하지 아니하면 가지처럼 밖에 **버려져**
요 15:13	친구를 위하여 자기 목숨을 **버리면**
행 1:25	유다는 이 직무를 **버리고** 제 곳으로
행 2:27	내 영혼을 음부에 **버리지** 아니하시며
행 2:31	음부에 **버림**이 되지 않고 그의 육신이
행 3:26	하여금 돌이켜 각각 그 악함을 **버리게**
행 7:21	**버려진** 후에 바로의 딸이 그를 데려다가
행 13:46	너희가 그것을 **버리고** 영생을 얻기에
행 14:15	전하는 것은 이런 헛된 일을 **버리고**
행 27:38	배부르게 먹고 밀을 바다에 **버려** 배를
행 27:40	닻을 끊어 바다에 **버리는** 동시에 키를
서신서, 예언서	
롬 1:27	남자들도 순리대로 여자 쓰기를 **버리고**
롬 11:1	하나님이 자기 백성을 **버리셨느냐** 그럴
롬 11:2	그 미리 아신 자기 백성을 **버리지**
롬 11:15	그들을 **버리는** 것이 세상의 화목이 되거
고전 7:11	남편도 아내를 **버리지** 말라
고전 7:12	함께 살기를 좋아하거든 그를 **버리지**
고전 7:13	살기를 좋아하거든 그 남편을 **버리지**
고전 9:27	자신이 도리어 **버림**을 당할까 두려워함
고전 13:11	되어서는 어린 아이의 일을 **버렸노라**
고후 4:2	숨은 부끄러움의 일을 **버리고** 속임으
갈 2:20	위하여 자기 자신을 **버리신** 하나님
갈 4:14	업신여기지도 아니하며 **버리지도**
엡 4:25	거짓을 **버리고** 각각 그 이웃과 더불어
엡 4:31	비방하는 것을 모든 악의와 함께 **버리고**
엡 5:2	우리를 위하여 자신을 **버리사** 향기로운
골 2:14	쓴 증서를 지우시고 제하여 **버리사**
살전 1:9	너희가 어떻게 우상을 **버리고** 하나님께
살전 4:3	너희의 거룩함이라 곧 음란을 **버리고**
살전 5:22	악은 어떤 모양이라도 **버리라**
딤전 1:19	가지라 어떤 이들은 이 양심을 **버렸고**
딤전 4:4	선하매 감사함으로 받으면 **버릴** 것이
딤전 4:7	망령되고 허탄한 신화를 **버리고** 경건
딤후 2:16	망령되고 헛된 말을 **버리라** 그들은 경건
딤후 2:23	어리석고 무식한 변론을 **버리라** 이에서
딤후 4:10	데마는 이 세상을 사랑하여 나를 **버리고**
딤후 4:16	자가 하나도 없고 다 나를 **버렸으나**
딛 1:16	아니하는 자요 모든 선한 일을 **버리는**
딛 2:12	않은 것과 이 세상 정욕을 다 **버리고**
히 6:1	우리가 그리스도의 도의 초보를 **버리고**
히 6:8	가시와 엉겅퀴를 내면 **버림**을 당하고
히 10:35	담대함을 **버리지** 말라 이것이 큰 상을
히 13:5	내가 결코 너희를 **버리지** 아니하고 너희
벧전 2:1	시기와 모든 비방하는 말을 **버리고**
요일 3:16	우리를 위하여 목숨을 **버리셨으니** …
	형제들을 위하여 목숨을 **버리는** 것이
계 2:4	있나니 너의 처음 사랑을 **버렸느니라**

버리다/버려지다 – 기타 본문

모세오경 창 27:40; 31:15; 35:2; 출 32:32-33; 레 1:16; 4:12; 11:35; 13:56; 14:40-41; 민 4:13; 32:15; 신 4:31; 7:24; 17:12; 22:19, 29; 25:12, 19; 29:20, 25; 31:6, 8, 16-17; 32:15 **역사서** 수 1:5; 24:14, 16, 20, 23; 삿 2:12-13; 6:13; 9:9, 11, 13; 10:6, 10, 13, 16; 20:13; 룻 2:16; 삼상 2:33; 8:7-8; 10:19; 12:10, 22; 15:23, 26; 16:1, 7; 20:15; 30:13; 31:7; 삼하 5:21; 6:21; 22:23, 41; 왕상 6:13; 8:57; 9:7, 9; 11:33; 12:8, 13; 14:9-10, 14, 16; 18:18; 19:10,14, 20; 왕하 7:7; 17:15-16, 20; 21:13-14, 22; 22:17; 23:8, 11-12, 27; 대상 10:7; 14:12;28:9, 20; 대하 7:19-20, 22; 10:8, 13; 12:1, 5; 15:2; 21:10; 24:18, 20, 24-25; 28:6; 29:6; 32:12; 34:3, 25, 33; 스 10:11; 느 5:13; 9:17, 19, 31 **시가서** 욥 1:16; 6:9; 7:21; 8:20; 9:25; 11:14; 14:19; 18:4; 19:14; 20:13, 19; 22:16; 27:5, 22; 30:15, 18, 22; 33:17; 시 2:3; 9:10; 16:10; 18:22, 40, 42; 22:1; 27:9-10; 34:14; 37:8, 25, 28; 38:21; 43:2; 44:9, 23; 53:5; 55:9; 60:1, 10; 71:9, 11, 18; 74:1; 77:7; 78:30, 67; 88:14; 89:30, 38; 94:14; 102:4; 108:11; 109:14; 119:8, 87, 119; 137:7; 138:8; 잠 2:17; 4:6, 24; 5:7; 8:33; 9:6; 10:17; 21:20; 23:4; 26:6; 27:10; 28:13; 전 3:5, 6 **선지서** 사 1:4, 16, 25; 2:6; 3:1; 5:17, 24, 29; 7:15-16;

【 버림받다 】　　　【 번개 】

8:6; 14:8; 17:2; 18:5; 22:3;30:11; 31:7; 36:7; 41:9, 16-17; 42:16; 49:14; 52:2; 53:12; 54:6-7; 55:7; 57:14; 58:9; 60:15; 62:4; 65:11; 렘 1:16; 2:19, 37; 3:1; 4:1, 14, 29; 5:7, 10, 19; 6:30; 7:29; 8:9; 9:13, 16, 22; 12:7, 14; 14:9, 19; 15:6, 19; 16:11; 17:13; 18:17; 19:4; 22:9; 23:33; 24:8; 25:5; 28:11; 30:8; 31:37; 33:24, 26; 36:30; 44:8, 11; 47:4; 48:35; 49:11; 50:16; 51:9; 애 2:6-7; 3:31; 5:20, 22; 겔 4:13; 5:6, 12; 8:12; 9:9; 11:18; 13:20; 16:5; 18:31; 20:7-8, 38; 23:25, 35; 25:7; 26:4,16; 31:12; 32:4; 43:9; 45:9; 단 8:11; 11:6; 호 4:6, 10, 12; 8:3, 5; 9:17; 11:8; 욜 1:7; 3:2; 암 1:11; 욘 2:8; 미 5:14; 습 2:4; 3:6; 학 1:9; 슥 3:4; 11:17; 말 2:3, 12 신약 마 5:13, 19, 31-32; 9:17; 10:14; 13:4, 48; 19:3, 7-9, 27; 23:23, 38; 26:31, 33, 56; 27:46; 막 2:22; 4:4; 7:8; 9:43, 45, 47; 10:2, 4, 11-12, 28; 14:27, 29, 50, 52; 15:34; 눅 5:28; 6:22; 8:5; 9:5; 10:11, 30; 11:42; 13:7, 9; 14:33; 16:18, 20; 18:29; 6:12; 10:11-12, 15, 17-18; 13:37-38; 15:2, 6, 13; 18:10; 행 1:25; 2:27, 31; 3:26; 7:21; 13:46, 51; 14:15; 22:22; 27:18, 32, 38, 40;28:5; 롬 1:27; 11:1-3, 15; 고전 7:11-13; 9:27; 13:11; 고후 4:2; 갈 2:20; 4:14; 5:12; 엡 4:22, 25, 31; 5:2; 골 2:14; 3:8-9; 살전 1:9; 4:3; 5:22; 딤전 1:19; 4:4, 7; 딤후 2:16, 23; 4:10, 16; 딛 1:16; 2:12; 히 6:1, 8; 10:35; 12:1; 13:5; 벧전 2:1; 3:21; 요일 3:16; 계 2:4;3:16; 6:4; 8:7; 10:9-10; 11:5; 20:9; 22:19

버림받다 (abandon, reject, desert, forsake, fail)
사 27:10 적막하고 거처가 황무하며 **버림받아**
사 53:3 멸시를 받아 사람들에게 **버림받았으며**
사 62:4 다시는 너를 **버림받은** 자라 부르지 아니
사 62:12 너를 일컬어 찾은 바 된 자요 **버림받지**
렘 51:5 하나님 만군의 여호와에게 **버림된**
마 5:32 누구든지 **버림받은** 여자에게 장가드는
고후 13:5 그렇지 않으면 너희는 **버림받은** 자니라
고후 13:6 우리가 **버림받은** 자 되지 아니한 것을
고후 13:7 오직 우리는 **버림받은** 자 같을지라도
딤후 3:8 부패한 자들 믿음에 관하여는 **버림받은**

버시 (Persis) 로마 교회의 여자 성도
롬 16:12 주 안에서 많이 수고하고 사랑하는 **버시**

버짐 (running sore)
레 21:20 습진이나 **버짐**이 있는 자나 고환 상한

버터 (butter)
삼하 17:29 꿀과 **버터**와 양과 치즈를 가져다가 다윗

버티다 (support)
삿 16:26 나에게 이 집을 **버틴** 기둥을 찾아 그것
삿 16:29 삼손이 집을 **버틴** 두 기둥 가운데 하나
시 89:43 그가 전장에서 더 이상 **버티지** 못하게

버팀대 (support)
왕상 7:35 또 받침 수레 위의 **버팀대**와 옆판들이
왕상 7:36 **버팀대** 판과 옆판에는 각각 빈 곳을

번갈다 (alternate)
출 39:26 방울과 석류를 서로 간격을 두고 **번갈아**
왕상 5:14 그들을 한 달에 만 명씩 **번갈아**
욥 10:17 진노를 더하시니 군대가 **번갈아서** 치는

번개 (lightning)
출 19:16 셋째 날 아침에 우레와 **번개**와 빽빽한
출 20:18 뭇 백성이 우레와 **번개**와 나팔 소리와
삼하 22:15 화살을 날려 그들을 흩으시며 **번개**로
욥 37:4 음성이 들릴 때에 **번개**를 멈추게 아니하
욥 37:11 **번개**로 구름을 흩어지게 하시느니라
욥 37:15 그 구름의 **번개**로 번쩍거리게 하시는
욥 38:25 물길을 터 주셨으며 우레와 **번개** 길을
욥 38:35 네가 **번개**를 보내어 가게 하되 **번개**가
시 18:14 그들을 흩으심이여 많은 **번개**로 그들을
시 77:18 **번개**가 세계를 비추며 땅이 흔들리고
시 97:4 그의 **번개**가 세계를 비추니 땅이 보고
시 135:7 비를 위하여 **번개**를 만드시며 바람을
시 144:6 **번개**를 번쩍이사 원수들을 흩으시며
렘 10:13 비를 위하여 **번개**치게 하시며 그 곳간
렘 51:16 비를 위하여 **번개**를 치게 하시며 그의
겔 1:13 불은 광채가 있고 그 가운데에서는 **번개**
겔 1:14 생물들은 **번개** 모양같이 왕래하더라
겔 21:10 빛남이 **번개**같이 되기 위함이니 우리
겔 21:15 오호라 그 칼이 **번개** 같고 죽이기 위하
겔 21:28 멸절하며 **번개**같이 되기 위하여 빛났
나 2:4 모양은 횃불 같고 빠르기가 **번개** 같도다
나 3:3 번쩍이는 칼, **번개** 같은 창, 죽임 당한

【 번갯불 】　　　　　　　　　　　　　　　　　　【 번성하다 】

슥 9:14	그들의 화살을 **번개**같이 쏘아내실 것이
마 24:27	**번개**가 동편에서 나서 서편까지 번쩍임
마 28:3	그 형상이 **번개** 같고 그 옷은 눈같이
눅 10:18	사탄이 하늘로부터 **번개**같이 떨어지는
눅 17:24	**번개**가 하늘 아래 이쪽에서 번쩍이어
계 4:5	보좌로부터 **번개**와 음성과 우렛소리가
계 8:5	땅에 쏟으매 우레와 음성과 **번개**와 지진
계 11:19	**번개**와 음성들과 우레와 지진과 큰 우박
계 16:18	**번개**와 음성들과 우렛소리가 있고 또

번갯불(lightning)

욥 36:30	그가 **번갯불**을 자기의 사면에 펼치시며
욥 36:32	**번갯불**을 손바닥 안에 넣으시고 그가 **번갯불**을 명령하사 과녁을 치시도다
욥 37:3	그 소리를 천하에 펼치시며 **번갯불**을
시 78:48	가축을 우박에, 그들의 양 떼를 **번갯불**

번거롭다(disquiet, bother)

욥 4:13	환상으로 말미암아 생각이 **번거로울**
말 1:13	말하기를 이 일이 얼마나 **번거로운고**
눅 18:5	이 과부가 나를 **번거롭게** 하니 내가

번뇌/-하다(煩惱, torment, grief, trouble)

삿 16:16	삼손의 마음이 **번뇌하여** 죽을 지경이라
삼상 16:14	부리시는 악령이 그를 **번뇌하게**
삼상 16:15	부리시는 악령이 왕을 **번뇌하게**
에 6:12	하만은 **번뇌하여** 머리를 싸고 급히
잠 12:25	마음에 있으면 그것으로 **번뇌하게**
잠 15:16	경외하는 것이 크게 부하고 **번뇌하는**
전 1:18	지혜가 많으면 **번뇌**도 많으니 지식을
겔 32:9	백성의 마음을 **번뇌하게** 할 것임이여

번뜩거리다(flash)

욥 15:12	불만스러워하며 네 눈을 **번뜩거리며**

번민/-하다(煩悶, trouble, dread, disturb)

창 41:8	아침에 그의 마음이 **번민하여** 사람을
민 22:3	이스라엘 자손 때문에 **번민하더라**
시 13:2	나의 영혼이 **번민**하며 종일토록 마음에
단 2:1	그로 말미암아 마음이 **번민하여** 잠을
단 2:3	꿈을 알고자 하여 마음이 **번민하도다**
단 4:5	환상으로 말미암아 **번민하였었노라**
단 4:19	다니엘이 **번민하는지라** 왕이 이르되
단 5:6	게 … 해석으로 말미암아 **번민**할 것이 그 생각이 **번민하여** 넓적다리 마디가
단 5:9	벨사살 왕이 크게 **번민하여** 그의 얼굴
단 5:10	왕의 생각을 **번민하게** 하지 말며 얼굴
단 7:15	내 머리 속의 환상이 나를 **번민하게**
단 7:28	다니엘은 중심에 **번민하였으며** 내 얼굴
단 11:44	그를 **번민하게** 하므로 그가 분노하여
막 6:20	말을 들을 때에 크게 **번민**을 하면서도

번성하다(繁盛, teem, increase, fruitful)
모세오경

창 1:20	이르시되 물들은 생물을 **번성하게**
창 1:21	큰 바다 짐승들과 물에서 **번성하여**
창 1:22	생육하고 **번성하여** … 땅에 **번성하라**
창 1:28	생육하고 **번성하여** 땅에 충만하라, 땅을
창 6:1	사람이 땅 위에 **번성하기** 시작할 때에
창 8:17	땅에서 생육하고 땅에서 **번성하리라**
창 9:1	그들에게 이르시되 생육하고 **번성하여**
창 9:7	너희는 생육하고 **번성하며** 땅에 가득 하여 그 중에서 **번성하라** 하셨더라
창 16:10	내가 네 씨를 크게 **번성하여** 그 수가
창 17:2	너 사이에 두어 너를 크게 **번성하게**
창 17:6	내가 너로 심히 **번성하게** 하리니 내가
창 17:20	매우 크게 생육하고 **번성하게** 할지라
창 22:17	큰 복을 주고 네 씨가 크게 **번성하여**
창 26:4	네 자손을 하늘의 별과 같이 **번성하게**
창 26:22	땅에서 우리가 **번성하리로다** 하였더라
창 26:24	네게 복을 주어 네 자손을 **번성하게**
창 28:3	네가 생육하고 **번성하게** 하여 네가 여러
창 30:30	외삼촌의 소유가 적더니 **번성하여** 떼를
창 35:11	전능한 하나님이라 생육하며 **번성하라**
창 41:52	내가 수고한 땅에서 **번성하게** 하셨다
창 47:27	생업을 얻어 생육하고 **번성하였더라**
창 48:4	너로 생육하고 **번성하게** 하여 네게서
출 1:7	자손은 생육하고 불어나 **번성하고**
출 1:12	학대를 받을수록 더욱 **번성하여** 퍼져
출 1:20	은혜를 베푸시니 그 백성은 **번성하고**
출 23:29	황폐하게 됨으로 들짐승이 **번성하여**
출 23:30	네가 **번성하여** 그 땅을 기업으로 얻을
레 26:9	내가 너희를 돌보아 너희를 **번성하게**
신 1:10	하나님 여호와께서 너희를 **번성하게**
신 6:3	흐르는 땅에서 네가 크게 **번성하리라**
신 7:13	사랑하시고 복을 주사 너를 **번성하게**

【 번식하다/번식되다 】　　　　　　　　　　　　　　　　【 번제/-하다 】

신 7:22	급히 멸하지 말라 들짐승이 **번성하여**
신 8:1	행하라 그리하면 너희가 살고 **번성하고**
신 8:13	네 소와 양이 **번성하며** 네 은금이 증식
신 13:17	맹세하심같이 너를 **번성하게** 하실
신 26:5	거기에서 크고 강하고 **번성한** 민족이
신 28:63	선을 행하시고 너희를 **번성하게** 하시기
신 30:5	너를 네 조상들보다 더 **번성하게** 하실
신 30:16	그리하면 네가 생존하며 **번성할** 것이요

역사서 – 신약

수 24:3	두루 행하게 하고 그의 씨를 **번성하게**
삼하 18:9	그 노새가 큰 상수리나무 **번성한** 가지
대상 4:27	온 종족이 유다 자손처럼 **번성하지** 못하
대상 4:38	이름이라 그들이 매우 **번성한지라**
대상 5:23	그 땅에 거주하면서 그들이 **번성하여**
욥 27:14	그의 자손은 **번성하여도** 칼을 위함이요
시 44:2	하시고 우리 조상들은 **번성하게**
시 92:12	의인은 종려나무같이 **번성하며** 레바논
시 92:13	우리 하나님의 뜰 안에서 **번성하리로다**
시 105:24	자기의 백성을 크게 **번성하게** 하사
시 107:38	또 복을 주사 그들이 크게 **번성하게**
시 144:13	양은 들에서 천천과 만만으로 **번성하며**
잠 11:28	의인은 푸른 잎사귀 같아서 **번성하리라**
렘 3:16	이 땅에서 **번성하여** 많아질 때에는
렘 23:3	돌아오게 하리니 그들의 생육이 **번성할**
렘 29:6	너희가 거기에서 **번성하고** 줄어들지
렘 30:19	내가 그들을 **번성하게** 하리니 그들의
렘 33:22	나를 섬기는 레위인을 **번성하게** 하리라
겔 17:9	말씀에 그 나무가 능히 **번성하겠느냐**
겔 17:10	그것이 심어졌으나 **번성하겠느냐**
겔 31:5	나무보다 크며 굵은 가지가 **번성하며**
겔 36:11	그들의 수가 많고 **번성하게** 할 것이라
겔 37:26	그들을 견고하고 **번성하게** 하며 내 성소
겔 47:9	이 강물이 이르는 곳마다 **번성하는** 모든
호 4:7	그들은 **번성할수록** 내게 범죄하니 내가
슥 10:8	전에 번성하던 것같이 **번성하리라**
말 3:15	악을 행하는 자가 **번성하며** 하나님을
행 7:17	이스라엘 백성이 애굽에서 **번성하여**
히 6:14	너를 **번성하게** 하고 **번성하게** 하리라

번식하다/번식되다 (繁殖, increase)

창 48:16	이들이 세상에서 **번식되게** 하시기를
신 7:13	풍성하게 하시고 네 소와 양을 **번식하게**
대상 5:9	길르앗 땅에서 그 가축이 **번식함이라**

번역하다 (飜譯, mean, translate)

마 1:23	이를 **번역한즉** 하나님이 우리와 함께
막 5:41	**번역하면** 곧 내가 네게 말하노니 소녀야
막 15:22	골고다라 하는 곳(**번역하면** 해골의 곳)
막 15:34	**번역하면** 나의 하나님, 나의 하나님
요 1:38	계시오니이까 하니 (랍비는 **번역하면**
요 1:41	하고 (메시야는 **번역하면** 그리스도
요 1:42	하리라 하시니라 (게바는 **번역하면**
요 9:7	가서 씻으라 하시니 (실로암은 **번역하면**
행 4:36	바나바라(**번역하면** 위로의 아들이라)
행 9:36	그 이름을 **번역하면** 도르가라 선행과
행 13:8	마술사 엘루마는 (이 이름을 **번역하면**

번영/-하다 (繁榮, prosperity)

시 128:5	너는 평생에 예루살렘의 **번영**을 보며
호 10:1	그 땅이 **번영할수록** 주상을 아름답게

번제/-하다 (燔祭, burnt offering)

모세오경

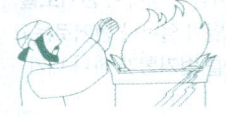

창 8:20	새 중에서 제물을 취하여 **번제**로 제단에 드렸더니
창 22:2	네게 일러 준 한 산 거기서 그를 **번제**로
창 22:13	숫양을 가져다가 아들을 대신하여 **번제**로
출 20:24	그 위에 네 양과 소로 네 **번제**와 화목제
출 24:5	청년들을 보내어 여호와께 소로 **번제**와
출 29:18	불사르라 이는 여호와께 드리는 **번제**요
출 29:42	여호와 앞 회막 문에서 늘 드릴 **번제**라
출 30:9	**번제**나 소제를 드리지 말며 전제의 술을
출 32:6	이튿날에 그들이 일찍이 일어나 **번제**를
레 1:3	그 예물이 소의 **번제**이면 흠 없는 수컷
레 1:9	그 전부를 제단 위에서 불살라 **번제**를
레 1:17	불 위에 있는 나무 위에서 불살라 **번제**를
레 5:10	그 다음 것은 규례대로 **번제**를 드릴지니
레 6:10	제단 위에서 불태운 **번제**의 재를 가져다
레 7:37	**번제**와 소제와 속죄제와 속건제와
레 8:18	또 **번제**의 숫양을 드릴새 아론과 그의
레 8:21	향기로운 냄새를 위하여 드리는 **번제**라
레 9:2	**번제**를 위하여 흠 없는 숫양을 여호와
레 9:3	또 **번제**를 위하여 일 년 되고 흠 없는
레 9:7	속죄제와 네 **번제**를 드려서 너를 위하
레 9:13	그들이 또 **번제**의 제물 곧 그의 각과
레 9:22	속죄제와 **번제**와 화목제를 마치고 내려

【 번제/-하다 】　　　　　　　　　　　　　　　　　　　　　　　　　　　　　　　　【 번제/-하다 】

레 10:19	그들이 그 속죄제와 **번제**를 여호와께
레 12:6	그 여인은 **번제**를 위하여 일 년 된 어린
레 14:20	제사장은 그 **번제**와 소제를 제단에 드려
레 14:31	한 마리는 소제와 함께 **번제**로 드릴 것이
레 15:15	한 마리는 **번제**로 드려 그의 유출병으로
레 16:24	자기의 **번제**와 백성의 **번제**를 드려 자기
레 17:8	그들 중에 거류하는 거류민이 **번제**나
레 22:18	서원제물이나 자원제물로 **번제**와
레 23:12	흠 없는 숫양을 여호와께 **번제**로 드리고
레 23:18	제물과 함께 여호와께 드려서 **번제**로
레 23:37	**번제**와 소제와 희생제물과 전제를 각각
민 6:16	여호와 앞에 가져다가 속죄제와 **번제**를
민 15:3	여호와께 화제나 **번제**나 서원을 갚는
민 15:5	**번제**나 다른 제사로 드리는 제물이 어린
민 15:8	**번제**로나 서원을 갚는 제사로나 화목제
민 28:10	그 전제 외에 매 안식일의 **번제**니라
민 28:11	숫양 일곱 마리로 여호와께 **번제**를 드리
민 28:13	일에 기름 섞은 소제를 향기로운 **번제**로
민 28:14	이는 일 년 중 매월 초하루의 **번제**며
민 28:19	여호와께 화제를 드려 **번제**가 되게 할
민 28:23	아침의 **번제** 곧 상번제 외에 그것들을
민 28:27	일곱 마리로 여호와께 향기로운 **번제**를
민 29:39	서원제나 낙헌제로 드리는 **번제**, 소제,
신 12:6	너희의 **번제**와 너희의 제물과 너희의
신 27:6	위에 네 하나님 여호와께 **번제**를 드릴
신 33:10	주 앞에 분향하고 온전한 **번제**를 주의

역사서

수 22:23	그 위에 **번제**나 소제를 드리려 함이
삿 6:26	네가 찍은 아세라 나무로 **번제**를 드릴
삿 13:16	내가 네 음식을 먹지 아니하리라 **번제**를
삿 20:26	날이 저물도록 금식하고 **번제**와 화목제
삿 21:4	거기에 한 제단을 쌓고 **번제**와 화목제
삼상 6:15	벧세메스 사람이 여호와께 **번제**와
삼상 7:9	어린 양 하나를 가져다가 온전한 **번제**를
삼상 7:10	사무엘이 **번제**를 드릴 때에 블레셋 사람
삼상 10:8	내가 네게로 내려가서 **번제**와 화목제를
삼상 13:9	사울이 이르되 **번제**와 화목제물을 이
	리로 가져오라 하여 **번제**를 드렸더니
삼하 6:17	다윗이 **번제**와 화목제를 여호와 앞에
삼하 24:22	**번제**에 대하여는 소가 있고 땔 나무로
삼하 24:24	값없이는 내 하나님 여호와께 **번제**를
왕상 3:4	솔로몬이 그 제단에 일천 **번제**를 드렸더
왕상 9:25	해마다 세 번씩 **번제**와 감사제를

왕하 3:27	맏아들을 데려다 성 위에서 **번제**를 드린
대상 16:1	장막 가운데 두고 **번제**와 화목제를
대상 23:31	안식일과 초하루와 절기에 모든 **번제**를
대상 29:21	제사를 드리고 또 여호와께 **번제**를 드리
대하 1:6	위에 천 마리 희생으로 **번제**를 드렸더
대하 2:4	여호와의 절기에 아침저녁으로 **번제**를
대하 4:6	**번제**에 속한 물건을 거기서 씻게 하였
대하 8:12	여호와의 제단 위에 여호와께 **번제**를
대하 13:11	매일 아침저녁으로 여호와 앞에 **번제**를
대하 23:18	여호와께 **번제**를 드리며 자기들의 정한
대하 24:14	모든 날에 여호와의 전에 항상 **번제**를
대하 29:7	이스라엘의 하나님께 **번제**를 드리지
대하 29:24	온 이스라엘을 위하여 **번제**와 속죄제를
대하 31:3	기록된 대로 **번제** 곧 아침과 저녁의 **번제**와 안식일과 초하루와 절기의 **번제**에
대하 35:14	아론의 자손 제사장들이 **번제**와 기름을
대하 35:16	유월절을 지키며 **번제**를 여호와의 제단
스 3:2	율법에 기록한 대로 **번제**를 그 위에
스 3:3	위에서 아침저녁으로 여호와께 **번제**를
스 3:4	초막절을 지켜 **번제**를 매일 정수대로
스 3:5	그 후에는 항상 드리는 **번제**와 초하루와 여호와의 모든 거룩한 절기의 **번제**와
스 3:6	초하루부터 비로소 여호와께 **번제**를
스 6:9	하나님께 드릴 **번제**의 수송아지와 숫양
느 10:33	항상 드리는 소제와 항상 드리는 **번제**와

시가서 - 신약

욥 1:5	일어나서 그들의 명수대로 **번제**를 드렸
욥 42:8	욥에게 가서 너희를 위하여 **번제**를 드리
시 20:3	네 **번제**를 받아 주시기를 원하노라
시 40:6	예물을 기뻐하지 아니하시며 **번제**와
시 50:8	너를 책망하지는 아니하리니 네 **번제**가
시 51:16	드렸을 것이라 주는 **번제**를 기뻐하지
시 51:19	의로운 제사와 **번제**와 온전한 **번제**를
시 66:15	향기와 함께 살진 것으로 주께 **번제**를
사 1:11	**번제**와 살진 짐승의 기름에 배불렀고
사 40:16	땔감에도 부족하겠고 그 짐승들은 **번제**
사 43:23	네 **번제**의 양을 내게로 가져오지 아니
사 56:7	그들의 **번제**와 희생을 나의 제단에서
렘 6:20	그들의 **번제**를 받지 아니하며 그들의
렘 7:22	애굽 땅에서 인도하여 낸 날에 **번제**나
렘 14:12	**번제**와 소제를 드릴지라도 내가 그것을
렘 17:26	**번제**와 희생과 소제와 유향과 감사제물
렘 19:5	자기 아들들을 바알에게 **번제**로 불살라

[**번제단**]   [**번제물**]

렘 33:18 내 앞에서 **번제**를 드리며 소제를 사르며
겔 40:39 그 위에서 **번제**와 속죄제와 속건제를
겔 40:42 돌로 만들어 **번제**에 쓰는 상 넷이 …
         높이는 한 척이라 **번제**의 희생제물을
겔 43:16 그 **번제하는** 바닥의 길이는 열두 척이요
겔 44:11 백성의 **번제**의 희생물과 다른 희생물을
겔 45:15 이것들을 소제와 **번제**와 감사 제물로
겔 45:23 나 여호와를 위하여 **번제**를 준비하되
겔 45:25 속죄제와 **번제**며 그 밀가루와 기름을
겔 46:2 제사장이 그를 위하여 **번제**와 감사제를
겔 46:13 흠 없는 어린 양 한 마리를 **번제**를 갖추
호 6:6 제사를 원하지 아니하며 **번제**보다
암 5:22 너희가 내게 **번제**나 소제를 드릴지라도
히 10:6 **번제**와 속죄제는 기뻐하지 아니하시나
히 10:8 주께서는 제사와 예물과 **번제**와 속죄

🔖 **번제/-하다 – 기타 본문**
창 22:3, 6, 7, 8; 레 1:10, 13, 14; 15:30; 민 29:2, 6,
8, 13, 36; 신 12:11, 13, 14, 27; 수 22:26, 27, 28,
29; 삿 13:23; 삼상 13:10, 12; 15:22; 삼하 6:18;
24:25; 왕상 3:15; 왕하 10:24, 25; 대상 16:2;
21:24; 대하 29:27, 28, 34, 35; 31:2; 겔 43:15, 18,
24, 27; 45:17; 46:4, 12

번제단(燔祭壇, altar of burnt offering)
출 30:28 **번제단**과 그 모든 기구와 물두멍과
출 31:9 **번제단**과 그 모든 기구와 물두멍과
출 35:16 **번제단**과 그 놋 그물과 그 채와 그 모든
출 38:1 또 조각목으로 **번제단**을 만들었으니
출 40:6 또 **번제단**을 회막의 성막 문 앞에 놓고
출 40:10 너는 또 **번제단**과 그 모든 기구에 발라
출 40:29 또 회막의 성막 문 앞에 **번제단**을 두고
레 4:7 송아지의 피 전부를 회막 문 앞 **번제단**
레 4:10 제사장은 그것을 **번제단** 위에서 불사를
레 4:18 그 피 전부는 회막 문 앞 **번제단** 밑에
레 4:25 **번제단** 뿔들에 바르고 그 피는 **번제단**
레 4:30 손가락으로 그 피를 찍어 **번제단** 뿔들에
레 4:34 피를 손가락으로 찍어 **번제단** 뿔들에
대상 6:49 아론과 그의 자손들은 **번제단**과 향단
대상 16:40 항상 아침 저녁으로 **번제단** 위에 여호와
대상 21:26 여호와께서 하늘에서부터 **번제단** 위에
대상 21:29 여호와의 성막과 **번제단**이 그 때에
대상 22:1 성전이요 이는 이스라엘의 **번제단**이라

대하 29:18 우리가 여호와의 온 전과 **번제단**과
겔 43:15 **번제단** 위층의 높이는 네 척이며

번제물(燔祭物, burnt offering)
🔖 **모세오경**
출 10:25 여호와께 드릴 제사와 **번제물**을 우리에
출 18:12 모세의 장인 이드로가 **번제물**과 희생
출 29:25 가져다가 제단 위에서 **번제물**을 더하여
레 1:4 그는 **번제물**의 머리에 안수할지니 그를
레 1:6 그는 또 그 **번제물**의 가죽을 벗기고
레 3:5 위의 불 위에 있는 나무 위의 **번제물**
레 4:24 머리에 안수하고 여호와 앞 **번제물**을
레 4:29 머리에 안수하고 그 제물을 **번제물**
레 4:33 제물의 머리에 안수하고 **번제물**을
레 5:7 하나는 속죄제물을 삼고 하나는 **번제물**
레 6:9 **번제물**은 아침까지 제단 위에 있는 석쇠
레 6:12 나무를 그 위에서 태우고 **번제물**을 그
레 6:25 여호와 앞 **번제물**을 잡는 곳에서 그
레 7:2 **번제물**을 잡는 곳에서 속건제의 **번제물**
레 7:8 그 제사장은 그 드린 **번제물**의 가죽을
레 8:28 가져다가 제단 위에 있는 **번제물** 위에
레 9:12 아론이 또 **번제물**을 잡으매 아론의 아들
레 9:14 씻어서 단 위에 있는 **번제물** 위에서
레 9:16 또 **번제물**을 드리되 규례대로 드리고
레 9:17 **번제물**에 더하여 제단 위에서 불사르
레 9:24 여호와 앞에서 나와 제단 위의 **번제물**과
레 12:8 하나는 **번제물**로, 하나는 속죄제물로
레 14:13 속죄제와 **번제물** 잡는 곳에서 잡을 것이
레 14:19 위하여 속죄하고 그 후에 **번제물**을
레 14:22 하나는 속죄제물로, 하나는 **번제물**로
레 16:3 속죄제물로 삼고 숫양을 **번제물**로 삼고
레 16:5 **번제물**로 삼기 위하여 숫양 한 마리를
민 6:11 하나를 속죄제물로, 하나를 **번제물**로
민 6:14 **번제물**로 일 년 된 흠 없는 숫양 한 마리
민 8:12 하나는 속죄제물로, 하나는 **번제물**로
민 10:10 초하루에는 **번제물**을 드리고 화목제물
민 23:3 발람이 발락에게 이르되 당신의 **번제물**
민 23:6 발락과 모압의 모든 고관이 **번제물** 곁에
민 23:15 만나뵐 동안에 여기 당신의 **번제물** 곁에
민 23:17 발람이 가서 본즉 발락이 **번제물** 곁에

🔖 **역사서 – 신약**
수 8:31 무리가 여호와께 **번제물**과 화목제물을
삿 11:31 그를 **번제물**로 드리겠나이다 하니라

【 번째 】　　　　　　　　　　　　　　　　　　　　　　　　　　　　【 벌 1/-받다 】

삼상 6:14	수레의 나무를 패고 그 암소들을 **번제물**
왕상 8:64	놋제단이 작으므로 **번제물**과 소제물과
왕상 18:33	통 넷에 물을 채워다가 **번제물**과 나무
왕상 18:38	여호와의 불이 내려서 **번제물**과 나무와
왕하 5:17	이제부터는 종이 **번제물**과 다른 희생
왕하 16:13	자기의 **번제물**과 소제물을 불사르고
왕하 16:15	아침 **번제물**과 … 왕의 **번제물**과 … 국민의 **번제물**과 … 불사르고 또 **번제물**과
대상 21:23	소들은 **번제물**로, 곡식 떠는 기계는
대하 7:1	하늘에서부터 내려와서 그 **번제물**과
대하 7:7	**번제물**과 화목제의 기름을 드렸으니 이는 솔로몬이 지은 … 그 **번제물**과
대하 29:31	무릇 마음에 원하는 자는 또한 **번제물**도
대하 29:32	회중이 가져온 **번제물**의 수효는 수소가 칠십 마리요 … 여호와께 **번제물**로
대하 30:15	**번제물**을 가지고 여호와의 전에 이르러
대하 35:12	**번제물**을 옮겨 족속의 서열대로 모든
스 8:35	열두 마리니 모두 여호와께 드린 **번제물**
시 66:13	**번제물**을 가지고 주의 집에 들어가서
렘 7:21	희생제물과 **번제물**의 고기를 아울러
겔 40:38	문이 있는 방이 있는데 그것은 **번제물**을
겔 46:15	기름을 준비하여 항상 드리는 **번제물**로
미 6:6	**번제물**로 일 년 된 송아지를 가지고
막 12:33	전체로 드리는 모든 **번제물**과 기타 제물

번제물 – 기타 본문

민 7:15, 21, 27, 33, 39, 45, 51, 57, 63, 69, 75, 81, 87; 8:8

번째 (time)
창 22:15　여호와의 사자가 하늘에서부터 두 **번째**

번째 – 기타 본문

창 27:36; 레 27:32; 민 10:6; 28:8; 수 6:16; 삼상 3:8; 19:21; 왕상 18:34, 44; 왕하 1:13; 느 6:5; 렘 33:1; 단 7:8; 욘 3:1; 마 26:42, 44; 막 14:41, 72; 눅 20:12; 23:22; 요 3:4; 4:54; 9:24; 21:14, 16, 17; 행 10:15; 11:9; 고후 12:14; 13:1, 2; 히 9:28; 계 19:3

번쩍번쩍하다 (gleaming, flashing)
욥 20:25	**번쩍번쩍하는** 촉이 그의 쓸개에서
겔 1:4	그 속에서 불이 **번쩍번쩍하여** 빛이
겔 21:15	그 모든 성문을 향하여 **번쩍번쩍하는**

번쩍이다/번쩍거리다 (flash, spark)
신 32:41	내가 내 **번쩍이는** 칼을 갈며 내 손이
신 33:2	그의 오른손에는 그들을 위해 **번쩍이는**
욥 37:15	그 구름의 번개로 **번쩍거리게** 하시는
욥 39:23	화살통과 빛나는 창과 투창이 **번쩍이며**
시 144:6	번개를 **번쩍이사** 원수들을 흩으시며
잠 23:31	포도주는 붉고 잔에서 **번쩍이며** 순하게
나 2:3	벌이는 날에 병거의 쇠가 **번쩍이고**
나 3:3	충돌하는 기병, **번쩍이는** 칼, 번개 같은
합 3:11	날아가는 주의 화살의 빛과 **번쩍이는**
마 24:27	번개가 동편에서 나서 서편까지 **번쩍임**
눅 17:24	번개가 하늘 아래 이쪽에서 **번쩍이어**

번창하다 (繁昌, prosperous, increase, rich)
창 30:43	이에 그 사람이 매우 **번창하여** 양 떼와
시 115:14	너희와 너희의 자손을 더욱 **번창하게**
렘 5:27	가득하도다 그러므로 너희가 **번창하고**

번홍화 (番紅花, saffron)
아 4:14　나도와 **번홍화**와 창포와 계수와 각종

벌 1/-받다 (罰, vengeance, judgement)

창 4:15	가인을 죽이는 자는 **벌**을 칠 배나 받으리라 하시고 가인에게 표를
창 4:24	**벌**이 칠 배일진대 라멕을 위하여는 **벌**이
출 34:7	**벌**을 면제하지는 아니하고 아버지의
레 5:17	부지중에 범하여도 허물이라 **벌**을 당할
민 12:11	청하건대 그 **벌**을 우리에게 돌리지 마소
민 16:29	당하는 **벌**이 모든 사람이 당하는 **벌**과
민 33:4	여호와께서 그들의 신들에게도 **벌**을
룻 1:17	여호와께서 내게 **벌**을 내리시고 더 내리
삼상 3:17	하나님이 네게 **벌**을 내리시고 또 내리시
삼상 14:44	그렇지 않으면 하나님이 내게 **벌**을 내리
삼상 20:13	여호와께서 나 요나단에게 **벌**을 내리시
삼상 25:22	하나님은 다윗에게 **벌**을 내리시고 또
삼상 28:10	네가 이 일로는 **벌**을 당하지 아니하리라
삼하 3:9	아브넬에게 **벌** 위에 **벌**을 내리심이
삼하 3:35	하나님이 내게 **벌** 위에 **벌**을 내리심이
삼하 19:13	하나님이 내게 **벌** 위에 **벌**을 내리시기를
왕상 2:23	하나님이 내게 **벌** 위에 **벌**을 내리심이

【 벌 1/-받다 】　　　　　　　　　　　　　　　　　　　　　　　　　　　　【 벌거벗다/벌거벗기다 】

왕상 19:2	신들이 내게 벌 위에 벌을 내림이 마땅	시 34:21	의인을 미워하는 자는 벌을 받으리로다
왕상 20:10	신들이 내게 벌 위에 벌을 내림이 마땅	시 34:22	그에게 피하는 자는 다 벌을 받지 아니
왕하 6:31	하나님이 내게 벌 위에 벌을 내리실지로	잠 7:22	미련한 자가 벌을 받으려고 쇠사슬에
왕하 7:9	아침까지 기다리면 벌이 우리에게 미칠	잠 19:19	노하기를 맹렬히 하는 자는 벌을 받을
에 7:7	왕이 자기에게 벌을 내리기로 결심한	잠 21:11	거만한 자가 벌을 받으면 어리석은 자
욥 35:15	지금은 그가 진노하심으로 벌을 주지	전 8:14	악인들의 행위에 따라 벌을 받는 의인
욥 36:17	이제는 악인의 받을 벌이 그대에게 가득	사 40:2	여호와의 손에서 벌을 배나 받았느니라
시 94:2	일어나사 교만한 자들에게 마땅한 벌을	렘 2:3	그를 삼키는 자면 모두 벌을 받아 재앙
잠 6:29	만지는 자마다 벌을 면하지 못하리라	애 3:39	사람은 자기 죄들 때문에 벌을 받나니
잠 11:21	악인은 피차 손을 잡을지라도 벌을 면하	호 10:2	두 마음을 품었으니 이제 벌을 받을 것
잠 16:5	손을 잡을지라도 벌을 면하지 못하리		
잠 19:5	거짓 증인은 벌을 면하지 못할 것이요		벌 2(bee, hornet)
잠 19:9	거짓 증인은 벌을 면하지 못할 것이요	출 23:28	벌이 히위 족속과 가나안
렘 6:6	향하여 목책을 만들라 이는 벌받을	신 1:44	너희에게 마주 나와 벌 떼
렘 46:21	재난의 날이 이르렀고 벌받는 때가 왔음	삿 14:8	본즉 사자의 몸에 벌 떼
렘 48:44	이는 내가 모압에 벌받을 해가 임하게	시 118:12	벌들처럼 나를 에워쌌으나 가시덤불의
렘 50:27	그들의 날, 그 벌받는 때가 이르렀음	사 7:18	먼 곳의 파리와 앗수르 땅의 벌을 부르시
겔 5:8	치며 이방인의 목전에서 너에게 벌을		
겔 5:10	내가 벌을 네게 내리고 너희 중에 남은		벌 3(set, extra tunic)
겔 5:15	내 노와 분과 중한 책망으로 네게 벌을	창 45:22	한 벌씩을 주되 … 은 삼백과 옷 다섯 벌
겔 11:9	타국인의 손에 넘겨 너희에게 벌을 내리	수 7:21	시날 산의 아름다운 외투 한 벌과 은
겔 14:21	내가 나의 네 가지 중한 벌 곧 칼과 기근	삿 14:12	내가 베옷 삼십 벌과 겉옷 삼십 벌을
겔 22:3	자기 가운데에 피를 흘려 벌받을 때가	마 10:10	여행을 위하여 배낭이나 두 벌 옷이나
겔 25:11	모압에 벌을 내리리니 내가 주 여호와	막 6:9	신만 신고 두 벌 옷도 입지 말라 하시고
호 2:13	섬긴 시일대로 내가 그에게 벌을 주리라	눅 3:11	대답하여 이르되 옷 두 벌 있는 자는
암 1:3	죄로 말미암아 내가 그 벌을 돌이키지	눅 9:3	배낭이나 양식이나 돈이나 두 벌
암 1:6	서너 가지 죄로 말미암아 내가 그 벌을		
암 1:9	서너 가지 죄로 말미암아 내가 그 벌을	📖 벌 3 - 기타 본문	
암 1:11	서너 가지 죄로 말미암아 내가 그 벌을	삿 14:13; 17:10; 왕하 5:5, 22, 23; 스 2:69; 느 7:70, 72	
암 1:13	서너 가지 죄로 말미암아 내가 그 벌을		
암 2:1	죄로 말미암아 내가 그 벌을 돌이키지		
암 2:4	서너 가지 죄로 말미암아 내가 그 벌을	**벌거벗다/벌거벗기다**(go naked, strip)	
암 2:6	서너 가지 죄로 말미암아 내가 그 벌을	창 2:25	그의 아내 두 사람이 벌거벗었으나
나 1:3	벌할 자를 결코 내버려두지 아니하시	창 9:21	취하여 그 장막 안에서 벌거벗은지라
슥 14:19	올라오지 아니하는 자가 받을 벌이	삼상 20:30	네 수치와 네 어미의 벌거벗은 수치
마 24:51	엄히 때리고 외식하는 자가 받는 벌에	욥 12:17	모사를 벌거벗겨 끌어가시며 재판장을
눅 12:46	신실하지 아니한 자의 받는 벌에 처하리	욥 12:19	제사장들을 벌거벗겨 끌어가시고 권력
고후 2:6	이러한 사람은 많은 사람에게서 벌받음	욥 24:10	그들이 옷이 없어 벌거벗고 다니며 곡식
		전 5:15	그가 모태에서 벌거벗고 나왔은즉 그가
═══ 벌을 받다 ═══		사 57:8	그들의 침상을 사랑하여 그 벌거벗은
신 18:19	듣지 아니하는 자는 내게 벌을 받을 것	애 4:21	이를지니 네가 취하여 벌거벗으리라
왕상 8:35	비가 없어서 주께 벌을 받을 때에 이곳	겔 16:7	자랐으나 네가 여전히 벌거벗은 알몸
대하 6:26	비가 내리지 않는 주의 벌을 받을 때에	겔 16:8	내 옷으로 너를 덮어 벌거벗은 것을

【 벌금 】　　　　　　　　　　　　　　　　　　　　　　　　　【 벌써 】

겔 16:22	네가 어렸을 때에 **벌거벗은** 몸이었으며
겔 16:39	네 장식품을 빼앗고 네 몸을 **벌거벗겨**
겔 23:29	모든 수고한 것을 빼앗고 너를 **벌거벗은**
호 2:3	그렇지 아니하면 내가 그를 **벌거벗겨서**
호 2:9	그들의 **벌거벗은** 몸을 가릴 내 양털과
암 2:16	마음이 굳센 자도 그 날에는 **벌거벗고**
미 1:8	애통하며 애곡하고 **벌거벗은** 몸으로
나 2:7	정한 대로 왕후가 **벌거벗은** 몸으로 끌려
나 3:5	네 **벌거벗은** 것을 나라들에게 보이며
히 4:13	받으실 이의 눈 앞에 만물이 **벌거벗은**
계 3:17	가난한 것과 눈 먼 것과 **벌거벗은** 것을
계 3:18	흰 옷을 사서 입어 **벌거벗은** 수치를
계 16:15	누구든지 깨어 자기 옷을 지켜 **벌거벗고**
계 17:16	음녀를 미워하여 망하게 하고 **벌거벗게**

벌금(罰金, fine, levy)

출 21:22	남편의 청구대로 반드시 **벌금**을 내되
신 22:19	은 일백 세겔을 **벌금**으로 받아 여자의
왕하 23:33	은 백 달란트와 금 한 달란트를 **벌금**으로
대하 36:3	은 백 달란트와 금 한 달란트를 **벌금**으로
암 2:8	그들의 신전에서 **벌금**으로 얻은 포도주

벌다(earning)

| 신 23:18 | 창기가 **번** 돈과 개 같은 자의 소득은 |

벌레(maggot, crawling thing, worm, reptile)

출 16:20	아침까지 두었더니 **벌레**가 생기고
출 16:24	냄새도 나지 아니하고 **벌레**도 생기지
레 22:5	사람을 부정하게 하는 **벌레**에 접촉된
신 28:39	네가 포도원을 심고 가꿀지라도 **벌레**가
욥 25:6	하물며 구더기 같은 사람, **벌레** 같은
시 22:6	나는 **벌레**요 사람이 아니라 사람의 비방
사 51:8	양털같이 좀 **벌레**가 그들을 먹을 것이
사 66:24	**벌레**가 죽지 아니하며 그 불이 꺼지지
겔 38:20	땅에 기는 모든 **벌레**와 지면에 있는
욘 4:7	하나님이 **벌레**를 예비하사 이튿날 새벽
미 7:17	뱀처럼 티끌을 핥으며 땅에 기는 **벌레**
합 1:14	다스리는 자 없는 **벌레** 같게 하시나이까
행 12:23	주의 사자가 곧 치니 **벌레**에게 먹혀
약 3:7	짐승과 새와 **벌레**와 바다의 생물은

벌리다(open, reach out, hold out, stretch out)

창 4:11	그 입을 **벌려** 네 손에서부터 네 아우의
민 26:10	땅이 그 입을 **벌려서** 그 무리와 고라를
신 11:6	땅이 입을 **벌려서** 그들과 그들의 가족과
신 25:11	구하려 하여 가까이 가서 손을 **벌려**
욥 5:5	그의 재산을 향하여 입을 **벌리느니라**
욥 16:10	무리들은 나를 향하여 입을 크게 **벌리며**
욥 29:23	봄비를 맞이하듯 입을 **벌렸느니라**
욥 41:14	누가 그것의 턱을 **벌릴** 수 있겠느냐
시 22:13	내게 그 입을 **벌림**이 찢으며 부르짖는
시 35:21	그들이 나를 향하여 입을 크게 **벌리고**
잠 13:3	입술을 크게 **벌리는** 자에게는 멸망이
잠 20:19	남의 비밀을 누설하나니 입술을 **벌린**
사 5:14	크게 내어 한량없이 그 입을 **벌린즉**
사 9:12	블레셋 사람이라 그들이 모두 입을 **벌려**
사 10:14	날개를 치거나 입을 **벌리거나** 지저귀는
사 57:4	누구를 향하여 입을 크게 **벌리며** 혀를
애 2:16	그들의 입을 **벌리며** 비웃고 이를 갈며
애 3:46	향하여 그들의 입을 크게 **벌렸나이다**
겔 2:8	네 입을 **벌리고** 내가 네게 주는 것을
겔 3:2	내가 입을 **벌리니** 그가 그 두루마리를
겔 16:25	모든 지나가는 자에게 다리를 **벌려** 심히
겔 21:22	입을 **벌리고** 죽이며 소리를 높여 외치며
욥 1:12	그 고난의 날에 네가 입을 크게 **벌릴**
요 21:18	다녔거니와 늙어서는 네 팔을 **벌리리니**
롬 10:21	백성에게 내가 종일 내 손을 **벌렸노라**
계 12:16	땅이 여자를 도와 그 입을 **벌려** 용의
계 13:6	짐승이 입을 **벌려** 하나님을 향하여 비방

벌목/-하다(伐木, cut wood, fall a tree)

신 19:5	그 이웃과 함께 **벌목하러** 삼림에 들어가 서 손에 도끼를 들고 **벌목하려고** 찍을
왕상 5:6	우리 중에는 시돈 사람처럼 **벌목**을 잘하
대하 2:8	당신의 종은 레바논에서 **벌목**을 잘하나
대하 2:10	내가 당신의 **벌목하는** 종들에게 찧은
대하 2:16	레바논에서 당신이 쓰실 만큼 **벌목하여**
대하 2:18	팔만 명은 산에서 **벌목하게** 하였고 삼천
렘 46:22	이는 그들의 군대가 **벌목하는** 자같이
겔 39:10	주워 오지 아니하며 숲에서 **벌목하지**

벌써(by now, already, soon, long ago)

| 창 43:10 | 우리가 지체하지 아니하였더라면 **벌써** |

📖 **벌써 - 기타 본문**

민 22:33; 대상 18:10; 느 5:7; 시 10:14; 94:17; 전

【 벌어지다 】　　　　　　　　　　　　　　　　　【 벌하다 】

9:7; 아 5:6; 마 11:21; 막 15:44; 16:4; 눅 10:13;
요 3:18; 5:6; 11:39; 13:2; 16:32; 롬 13:11; 딤후
4:6; 요일 2:8; 4:3

벌어지다 (spread out)
민 24:6　　그 **벌어짐**이 골짜기 같고 강가의 동산

벌이 (business)
행 19:24　　직공들에게 적지 않은 **벌이**를 하게 하더

벌이다 (arrange, lay out, deploy, draw up)
창 22:9　　그 곳에 제단을 쌓고 나무를 **벌여**
출 39:37　　등잔대와 그 잔 곧 **벌여** 놓는 등잔대
레 1:7　　위에 불을 붙이고 불 위에 나무를 **벌여**
레 1:8　　제단 위의 불 위에 있는 나무에 **벌여**
레 1:12　　제단 위의 불 위에 있는 나무 위에 **벌여**
레 6:12　　번제물을 그 위에 **벌여** 놓고 화목제의
수 2:6　　지붕에 올라가서 그 지붕에 **벌여** 놓은
삼상 4:2　　이스라엘에 대하여 전열을 **벌이니라**
삼상 17:2　　사람들을 대하여 전열을 **벌였으니**
삼상 17:8　　어찌하여 나와서 전열을 **벌였느냐**
삼상 17:21　　블레셋 사람들이 전열을 **벌이고**
왕상 18:33　　또 나무를 **벌이고** 송아지의 각을 떠서
렘 6:23　　말을 타고 전사같이 다 대열을 **벌이고**
렘 50:9　　대열을 **벌이고** 쳐서 정복할 것이라
렘 50:14　　바벨론을 둘러 대열을 **벌이고** 활을 당기
겔 40:16　　그 창은 안 좌우편으로 **벌여** 있으며 각
욜 2:5　　군사가 줄을 **벌이고** 싸우는 것 같으니
나 2:3　　무사들의 옷도 붉으며 그 항오를 **벌이는**

벌집 (honeycomb)
삼상 14:27　　손에 가진 지팡이 끝을 내밀어 **벌집**을

벌하다 (罰, punish, reckon, avenge)
레 18:25　　그 악으로 말미암아 **벌하고** 그 땅도
수 22:23　　함이거든 여호와는 친히 **벌하시옵소서**
삼상 15:2　　대적한 일로 내가 그들을 **벌하노니**
시 59:5　　일어나 모든 나라들을 **벌하소서** 악을
시 89:32　　채찍으로 그들의 죄악을 **벌하리로다**
시 149:7　　뭇 나라에 보수하며 민족들을 **벌하며**
잠 17:26　　의인을 **벌하는** 것과 귀인을 정직하다고
사 10:3　　**벌하시는** 날과 멀리서 오는 환난 때에
사 10:12　　열매와 높은 눈의 자랑을 **벌하시리라**

사 13:11　　내가 세상의 악과 악인의 죄를 **벌하며**
사 24:21　　**벌하시며** 땅에서 … 왕들을 **벌하시리니**
사 26:14　　주께서 **벌하여** 그들을 멸하사 그들의
사 26:21　　나오사 땅의 거민의 죄악을 **벌하실** 것이
사 27:1　　꼬불꼬불한 뱀 리워야단을 **벌하시며**
렘 5:9　　내가 어찌 이 일들에 대하여 **벌하지**
렘 5:29　　내가 이 일들에 대하여 **벌하지** 아니하겠
렘 6:15　　내가 그들을 **벌하리니** 그 때에 그들이
렘 8:12　　내가 그들을 **벌할** 때에 그들이 거꾸러지
렘 9:9　　이 일들로 말미암아 그들에게 **벌하지**
렘 9:25　　할례 받지 못한 자를 내가 다 **벌하리니**
렘 11:22　　보라 내가 그들을 **벌하리니** 청년들은
렘 11:23　　재앙을 내리리니 곧 그들을 **벌할** 해에
렘 14:10　　죄를 기억하시고 그 죄를 **벌하시리라**
렘 15:3　　내가 그들을 네 가지로 **벌하리니** 곧
렘 21:14　　내가 너희 행위대로 너희를 **벌할** 것이요
렘 23:12　　그들을 **벌하는** 해에 내가 그들에게 재앙
렘 23:34　　내가 그 사람과 그 집안을 **벌하리라**
렘 25:12　　그 죄악으로 말미암아 **벌하여** 영원히
렘 27:8　　기근과 전염병으로 그 민족을 **벌하리라**
렘 29:32　　사람 스마야와 그의 자손을 **벌하리니**
렘 30:20　　압박하는 모든 사람은 내가 다 **벌하리라**
렘 36:31　　그들의 죄악으로 말미암아 **벌할** 것이라
렘 44:13　　칼과 기근과 전염병으로 **벌하리니**
렘 44:29　　내가 이 곳에서 너희를 **벌할** 표징이
렘 46:25　　바로와 및 그를 의지하는 자들을 **벌할**
렘 49:8　　재난을 그에게 닥치게 하여 그를 **벌할**
렘 50:18　　왕을 **벌한** 것같이 … 그 땅을 **벌하고**
렘 50:31　　날 곧 내가 너를 **벌할** 때가 이르렀음
렘 51:44　　내가 벨을 바벨론에서 **벌하고** 그가 삼킨
렘 51:47　　이르리니 내가 바벨론의 우상들을 **벌할**
렘 51:52　　날이 이르리니 내가 그 우상들을 **벌할**
애 4:22　　딸 에돔아 주께서 네 죄악을 **벌하시며**
겔 7:4　　행위대로 너를 **벌하여** 네 가증한 일이
겔 7:9　　네 행위대로 너를 **벌하여** 너의 가증한
겔 16:41　　여러 여인의 목전에서 너를 **벌할지라**
호 4:9　　내가 그들의 행실대로 **벌하며** 그들의
호 4:14　　며느리들이 간음하여도 내가 **벌하지**
호 5:2　　깊이 빠졌으매 내가 그들을 다 **벌하노라**
호 5:9　　**벌하는** 날에 에브라임이 황폐할 것이니
호 8:13　　죄악을 기억하여 그 죄를 **벌하리니**
호 9:9　　그 악을 기억하시고 그들의 죄를 **벌하시리라**
호 12:2　　그 행실대로 **벌하시며** 그의 행위대로

【 범람하다 】 　　　　　　　　　　　　　　　　【 범죄/-하다 】

암 3:14	보응하는 날에 벧엘의 제단들을 **벌하여**
옵 1:15	여호와께서 만국을 벌할 날이 가까웠나
습 1:8	이방인의 옷을 입은 자들을 **벌할** 것이며
습 1:9	주인의 집에 채운 자들을 내가 **벌하리라**
습 1:12	하는 자를 등불로 두루 찾아 **벌하리니**
습 3:8	일어나 **벌할** 날까지 너희는 나를 기다
습 3:19	너를 괴롭게 하는 자를 다 **벌하고** 저는
슥 10:3	노를 발하며 내가 숫염소들을 **벌하리라**
고후 7:11	얼마나 열심 있게 하며 얼마나 **벌하게**
고후 10:6	모든 복종하지 않는 것을 **벌하려고** 준비

범람하다(汎濫, rise, cover, overwhelm)

시 32:6	진실로 홍수가 **범람할지라도** 그에게
사 54:9	다시는 노아의 홍수로 땅 위에 **범람하지**
나 1:8	그가 **범람하는** 물로 그곳을 진멸하시고

범법/-하다(犯法, transgression, wrong)

잠 28:21	조각 떡으로 말미암아 사람이 **범법하는**
겔 15:8	하리니 이는 그들이 **범법함이니라**
롬 4:15	하나니 율법이 없는 곳에는 **범법도** 없느
갈 2:18	것을 다시 세우면 내가 나를 **범법한**
갈 3:19	율법은 무엇이냐 **범법하므로** 더하여진

범법자(犯法者, lawbreaker)

약 2:9	죄를 짓는 것이니 율법이 너희를 **범법자**

범사(凡事, all circumstances, everything)

창 24:1	여호와께서 그에게 **범사에** 복을 주셨더
창 39:3	여호와께서 그의 **범사에** 형통하게 하심
창 39:23	여호와께서 그를 **범사에** 형통하게 하셨
신 14:29	여호와께서 네 손으로 하는 **범사에** 네게
신 15:18	네 하나님 여호와께서 네 **범사에** 네게
신 23:20	차지할 땅에서 네 손으로 하는 **범사에**
수 1:17	우리는 **범사에** 모세에게 순종한 것같이
시 119:128	내가 **범사에** 모든 주의 법도들을 바르게
잠 3:6	너는 **범사에** 그를 인정하라 그리하면
전 3:1	**범사에** 기한이 있고 천하만사가 다 때가
전 10:19	생명을 기쁘게 하는 것이나 돈은 **범사에**
행 17:22	사람들아 너희를 보니 **범사에** 종교심
행 20:35	**범사에** 여러분에게 모본을 보여준 바와
행 23:1	형제들아 오늘까지 나는 **범사에** 양심을
롬 3:2	**범사에** 많으니 우선은 그들이 하나님의
고전 9:12	**범사에** 참는 것은 그리스도의 복음에
고후 2:9	너희가 **범사에** 순종하는지 그 증거를
고후 7:16	내가 **범사에** 너희를 신뢰하게 된 것을
엡 4:15	사랑 안에서 참된 것을 하여 **범사에**
엡 5:20	**범사에** 우리 주 예수 그리스도의 이름
엡 5:24	그리스도에게 하듯 아내들도 **범사에**
골 1:10	주께 합당하게 행하여 **범사에** 기쁘시게
살전 5:18	**범사에** 감사하라 이것이 그리스도 예수
살전 5:21	**범사에** 헤아려 좋은 것을 취하고
딤전 4:8	경건은 **범사에** 유익하니 금생과 내생에
딤전 6:1	종들은 자기 상전들을 **범사에** 마땅히
딤후 2:7	말하는 것을 생각해 보라 주께서 **범사에**
딤후 4:2	**범사에** 오래 참음과 가르침으로 경책
딛 2:7	**범사에** 네 자신이 선한 일의 본을 보이며
딛 2:9	종들은 자기 상전들에게 **범사에** 순종하
딛 2:10	이는 **범사에** 우리 구주 하나님의 교훈을
딛 3:2	**범사에** 온유함을 모든 사람에게 나타낼
히 2:17	그가 **범사에** 형제들과 같이 되심이 마땅
벧전 2:18	사환들아 **범사에** 두려워함으로 주인들
벧전 4:11	이는 **범사에** 예수 그리스도로 말미암아
요삼 1:2	네가 **범사에** 잘되고 강건하기를 내가

범위(範圍, field)

고후 10:13	우리에게 나누어 주신 그 **범위의** 한계를

범인(凡人, ordinary man)

행 4:13	그들을 본래 학문 없는 **범인**으로 알았다

범죄/-하다(犯罪, sin, offend, commit)
<u>모세오경</u>

창 20:6	너를 막아 내게 **범죄하지** 아니하게 하였
창 40:1	그들의 주인 애굽 왕에게 **범죄한지라**
창 42:21	아우의 일로 말미암아 **범죄하였도다**
출 9:27	이번은 내가 **범죄하였노라** 여호와는
출 9:34	그친 것을 보고 다시 **범죄하여** 마음을
출 20:20	시험하고 너희로 경외하여 **범죄하지**
출 23:33	너를 내게 **범죄하게** 할까 두려움이
출 32:33	누구든지 내게 **범죄하면** 내가 내 책에서
레 4:3	기름 부음을 받은 제사장이 **범죄하여**
레 5:11	그의 **범죄로** 말미암아 고운 가루 십분의
레 5:15	성물에 대하여 부지중에 **범죄하였으면**
레 5:18	제사장은 그가 부지중에 **범죄한** 허물을
레 6:2	여호와께 신실하지 못하여 **범죄하되**
레 6:3	모든 일 중의 하나라도 행하여 **범죄하면**

1071

[범죄/-하다]　　　　　　　　　　　　　　　　　　　　[범죄/-하다]

민 5:27　그 남편에게 **범죄하였으면** 그 저주가
민 14:40　우리가 **범죄하였음이니이다**
민 15:22　너희가 그릇 **범죄하여** 여호와가 모세에
민 15:24　**범죄하였거든** 온 회중은 수송아지
민 15:25　**범죄함이며** 또 부지중에 **범죄함으로**
민 15:26　온 백성이 부지중에 **범죄하였음이니라**
민 15:27　만일 한 사람이 부지중에 **범죄하면**
민 15:28　제사장은 그 부지중에 **범죄한** 사람을
민 15:29　타국인이든지 누구든 부지중에 **범죄한**
민 16:22　하나님이여 한 사람이 **범죄하였거늘**
민 16:38　사람들은 **범죄하여** 그들의 생명을
민 21:7　향하여 원망함으로 **범죄하였사오니**
민 22:34　**범죄하였나이다** 당신이 나를 막으려
민 31:16　브올의 사건에서 여호와 앞에 **범죄하게**
민 32:23　그같이 아니하면 여호와께 **범죄함이니**
신 1:41　우리가 여호와께 **범죄하였사오니**
신 9:16　너희의 하나님 여호와께 **범죄하여**
신 20:18　너희의 하나님 여호와께 **범죄하게**
신 24:4　네게 기업으로 주시는 땅을 **범죄하게**
신 32:51　이스라엘 자손 중 내게 **범죄하여**

역사서
수 7:1　바친 물건으로 말미암아 **범죄하였으니**
수 7:11　이스라엘이 **범죄하여** 내가 그들에게
수 7:20　이스라엘의 하나님 여호와께 **범죄하여**
수 22:16　어찌하여 이스라엘 하나님께 **범죄하여**
수 22:20　온전히 바친 물건에 대하여 **범죄하므로**
수 22:22　여호와를 거역함이거나 **범죄함이거든**
삿 10:10　섬김으로 주께 **범죄하였나이다**
삿 10:15　여쭈되 우리가 **범죄하였사오니**
삼상 2:24　너희가 여호와의 백성으로 **범죄하게**
삼상 2:25　**범죄하면** 하나님이 심판하시려니와
　　　　　만일 사람이 여호와께 **범죄하면** 누가
삼상 7:6　우리가 여호와께 **범죄하였나이다** 하니
삼상 12:10　아스다롯을 섬김으로 **범죄하였나이다**
삼상 14:33　피째 먹어 여호와께 **범죄하였나이다**
삼상 14:34　피째로 먹어 여호와께 **범죄하지** 말라
삼상 15:24　이르되 내가 **범죄하였나이다**
삼상 15:30　사울이 이르되 내가 **범죄하였을지라도**
삼상 19:4　왕은 신하 다윗에게 **범죄하지** 마옵소서
삼상 19:5　다윗을 죽여 무죄한 피를 흘려 **범죄하려**
삼상 24:11　해하려 하시나 나는 왕에게 **범죄한** 일이
삼상 26:21　내가 **범죄하였도다** 내 아들 다윗아 돌아
삼하 19:20　왕의 종 내가 **범죄한** 줄 아옵기에 오늘

삼하 24:17　나는 **범죄하였고** 악을 행하였거니와
왕상 8:31　만일 어떤 사람이 그 이웃에게 **범죄함**
왕상 8:33　주의 백성 이스라엘이 주께 **범죄하여**
왕상 8:35　만일 그들이 주께 **범죄함으로** 말미암아
왕상 8:46　**범죄하지** 아니하는 사람이 없사오니 그
　　　　　들이 주께 **범죄함으로** 주께서 그들에게
왕상 8:47　우리가 **범죄하여** 반역을 행하며 악을
왕상 8:50　주께 **범죄한** 백성을 용서하시며 주께
왕상 14:16　그도 **범죄하고** 이스라엘로 **범죄하게**
왕상 15:30　이는 여로보암이 **범죄하고** 또 이스라엘
왕상 16:2　내 백성 이스라엘에게 **범죄하게** 하여
왕상 16:13　**범죄하고** 또 이스라엘에게 **범죄하게**
왕상 16:19　보시기에 악을 행하여 **범죄하였기**
왕상 21:22　나를 노하게 하고 이스라엘이 **범죄하게**
왕상 22:52　이스라엘에게 **범죄하게** 한 느밧의 아들
왕하 10:29　이스라엘에게 **범죄하게** 한 느밧의 아들
왕하 13:2　이스라엘에게 **범죄하게** 한 느밧의 아들
왕하 13:6　이스라엘에게 **범죄하게** 한 여로보암
왕하 13:11　이스라엘에게 **범죄하게** 한 느밧의 아들
왕하 14:24　이스라엘에게 **범죄하게** 한 느밧의 아들
왕하 15:9　이스라엘로 **범죄하게** 한 느밧의 아들
왕하 15:18　이스라엘로 **범죄하게** 한 느밧의 아들
왕하 15:24　이스라엘로 **범죄하게** 한 느밧의 아들
왕하 15:28　이스라엘로 **범죄하게** 한 느밧의 아들
왕하 18:14　왕에게 이르되 내가 **범죄하였나이다**
왕하 21:11　그들의 우상으로 유다를 **범죄하게** 하였
왕하 21:16　유다에게 **범죄하게** 하여 여호와께서
왕하 23:15　이스라엘에게 **범죄하게** 한 느밧의 아들
대상 5:25　그들의 조상들의 하나님께 **범죄하여**
대상 9:1　유다가 **범죄함으로** 말미암아 바벨론으
대상 10:13　사울이 죽은 것은 여호와께 **범죄하였기**
대상 21:3　어찌하여 이스라엘이 **범죄하게** 하시나
대상 21:17　**범죄하고** 악을 행한 자는 곧 나이니이다
대하 6:22　어떤 사람이 그의 이웃에게 **범죄하므로**
대하 6:24　주의 백성 이스라엘이 주께 **범죄하여**
대하 6:26　만일 그들이 주께 **범죄함으로** 말미암아
대하 6:36　주께 **범죄하지** 아니하는 사람이 없사
　　　　　오니 그들이 주께 **범죄하므로** 주께서
대하 6:37　우리가 **범죄하여** 패역을 행하며 악을
대하 6:39　주께 **범죄한** 주의 백성을 용서하옵소서
대하 12:2　여호와께 **범죄하였으므로** 르호보암
대하 26:16　행하여 그의 하나님 여호와께 **범죄하되**
대하 26:18　성소에서 나가소서 왕이 **범죄하였으니**

[범죄/-하다]　　　　　　　　　　　　　　　　　　[범죄/-하다]

대하 28:10	너희는 너희의 하나님 여호와께 **범죄함**		사 31:7	손으로 만들어 **범죄한** 은 우상, 금 우상
대하 28:19	여호와께 크게 **범죄하였으므로** 여호와		사 42:24	아니시냐 우리가 그에게 **범죄하였도다**
대하 28:22	곤고할 때에 더욱 여호와께 **범죄하여**		사 43:27	네 시조가 **범죄하였고** 너의 교사들이
대하 29:6	우리 조상들이 **범죄하여** 우리 하나님		사 64:5	**범죄하므로** 주께서 진노하셨사오며
대하 29:19	아하스 왕이 왕위에 있어 **범죄할** 때에		렘 3:25	여호와께 **범죄하여** 우리 하나님 여호와
대하 30:7	하나님 여호와께 **범죄하였으므로**		렘 8:14	우리가 여호와께 **범죄하였으므로** 우리
대하 33:23	겸손하지 아니하고 더욱 **범죄하더니**		렘 14:7	우리가 주께 **범죄하였나이다**
대하 36:14	우두머리들과 백성도 크게 **범죄하여**		렘 14:20	우리가 주께 **범죄하였나이다**
스 9:15	주께 **범죄하였사오니** 이로 말미암아		렘 32:35	가증한 일을 행하여 유다로 **범죄하게**
스 10:2	우리가 우리 하나님께 **범죄하여** 이 땅		렘 40:3	이는 너희가 여호와께 **범죄하고** 그의
스 10:10	너희가 **범죄하여** 이방 여자를 아내로		렘 44:23	분향하여 여호와께 **범죄하였으며**
스 10:13	우리가 이 일로 크게 **범죄하였은즉** 하루		렘 50:7	여호와께 **범죄하였음인즉** 우리는 무죄
느 1:6	이스라엘 자손이 주께 **범죄한** 죄들을		렘 50:14	쏘라 그가 여호와께 **범죄하였음이라**
	자복하오니 … 아버지의 집이 **범죄하여**		애 1:8	예루살렘이 크게 **범죄함으로** 조소거리
느 1:8	만일 너희가 **범죄하면** 내가 너희를 여러		애 3:42	우리의 **범죄함**과 우리의 반역함을 주께
느 6:13	두렵게 하고 이렇게 함으로 **범죄하게**		애 5:7	우리의 조상들은 **범죄하고** 없어졌으며
느 13:26	솔로몬이 이 일로 **범죄하지** 아니하였		애 5:16	떨어졌사오니 오호라 우리의 **범죄**
	느냐 … 이방 여인이 그를 **범죄하게**		겔 2:3	그들과 그 조상들이 내게 **범죄하여** 오늘
느 13:27	악을 행하여 우리 하나님께 **범죄하는**		겔 3:21	네가 그 의인을 깨우쳐 **범죄하지** 아니
시가서				하게 함으로 그가 **범죄하지** 아니하면
욥 1:22	이 모든 일에 욥이 **범죄하지** 아니하고		겔 4:5	내가 그들의 **범죄한** 햇수대로 네게 날수
욥 2:10	이 모든 일에 욥이 입술로 **범죄하지**		겔 14:13	내게 **범죄하므로** 내가 손을 그 위에
욥 7:20	감찰하시는 이여 내가 **범죄하였던들**		겔 18:4	영혼도 내게 속하였나니 **범죄하는**
욥 10:14	내가 **범죄하면** 주께서 나를 죄인으로		겔 18:20	**범죄하는** 그 영혼은 죽을지라 아들은
욥 31:30	그의 생명을 저주하여 내 입이 **범죄하게**		겔 18:22	그 **범죄한** 것이 하나도 기억함이 되지
욥 33:27	내가 **범죄하여** 옳은 것을 그르쳤으나		겔 18:24	돌이켜 그 공의에서 떠나 **범죄하고**
욥 34:31	내가 죄를 지었사오니 다시는 **범죄하지**		겔 20:27	너희 조상들이 또 내게 **범죄하여** 나를
욥 35:3	**범죄하지** 않는 것이 내게 무슨 유익이		겔 20:38	반역하는 자와 내게 **범죄하는** 자를 모두
욥 35:6	그대가 **범죄한들** 하나님께 무슨 영향이		겔 25:12	원수를 갚음으로 심히 **범죄하였도다**
시 4:4	너희는 떨며 **범죄하지** 말지어다 자리에		겔 28:16	강포가 가득하여 네가 **범죄하였도다**
시 17:3	내가 결심하고 입으로 **범죄하지** 아니하		겔 33:12	의인이 **범죄하는** 날에는 그 공의가 구원
시 39:1	나의 행위를 조심하여 내 혀로 **범죄하지**			하지 못할 것이요 … 의인이 **범죄하는**
시 41:4	주께 **범죄하였사오니** 나를 고치소서		겔 37:23	내가 그들을 그 **범죄한** 모든 처소에서
시 51:4	내가 주께만 **범죄하여** 주의 목전에 악을		겔 39:23	그들이 내게 **범죄하였으므로** 내 얼굴을
시 78:17	그들은 계속해서 하나님께 **범죄하여**		겔 39:24	내가 그들의 더러움과 그들의 **범죄한**
시 78:32	이러함에도 그들은 여전히 **범죄하여**		겔 45:20	**범죄한** 자를 위하여 역시 그렇게 하여
시 106:6	우리가 우리의 조상들처럼 **범죄하여**		단 9:5	우리는 이미 **범죄하여** 패역하며 행악하
시 119:11	내가 주께 **범죄하지** 아니하려 하여 주의		단 9:8	우리가 주께 **범죄하였음이니이다**마는
잠 29:6	악인이 **범죄하는** 것은 스스로 올무가		단 9:11	이는 우리가 주께 **범죄하였음이니이다**
잠 29:22	다툼을 일으키고 성내는 자는 **범죄함**이		단 9:15	우리 주 하나님이여 우리는 **범죄하였고**
전 5:6	네 입으로 네 육체가 **범죄하게** 하지		호 4:7	그들은 번성할수록 내게 **범죄하니** 내가
선지서			호 7:13	그들이 내게 **범죄하였음이니라** 내가
사 1:4	슬프다 **범죄한** 나라요 허물 진 백성이요		호 8:11	그 제단이 그에게 **범죄하게** 하는 것이

【 범죄자 】 　　　　　　　　　　　　　　　　　【 범하다 】

호 10:9	기브아 시대로부터 **범죄하더니** 지금까
	지 죄를 짓는구나 그러니 **범죄한** 자손
호 13:1	높이더니 바알로 말미암아 **범죄하므로**
호 13:2	이제도 그들은 더욱 **범죄하여** 그 은으로
암 4:4	너희는 벧엘에 가서 **범죄하며** 길갈에
암 9:8	보라 주 여호와의 눈이 **범죄한** 나라를
미 7:9	내가 여호와께 **범죄하였으니** 그의 진노
합 1:11	급히 몰아 지나치게 행하여 **범죄하리라**
습 1:17	그들이 나 여호와께 **범죄하였음이라**
습 3:11	그 날에 네가 내게 **범죄한** 모든 행위로

【 신약 】

마 18:8	만일 네 손이나 네 발이 너를 **범죄하게**
마 18:9	만일 네 눈이 너를 **범죄하게** 하거든
막 9:43	만일 네 손이 너를 **범죄하게** 하거든
막 9:45	만일 네 발이 너를 **범죄하게** 하거든
막 9:47	만일 네 눈이 너를 **범죄하게** 하거든
롬 2:12	율법 없이 **범죄한** 자는 또한 율법 없
	이 망하고 무릇 율법이 있고 **범죄한**
롬 4:25	예수는 우리가 **범죄한** 것 때문에 내줌이
롬 5:14	아담의 **범죄**와 같은 죄를 짓지 아니한
롬 5:15	이 은사는 그 **범죄**와 같지 아니하니 곧
	한 사람의 **범죄**를 인하여 많은 사람이
롬 5:16	선물은 **범죄한** 한 사람으로 말미암은
	것과 같지 아니하니 … 많은 **범죄로**
롬 5:17	사람의 **범죄**로 말미암아 사망이 그
롬 5:18	그런즉 한 **범죄**로 많은 사람이 정죄에
롬 5:20	율법이 들어온 것은 **범죄**를 더하게 하려
갈 6:1	형제들아 사람이 만일 무슨 **범죄한** 일이
골 2:13	**범죄**와 육체의 무할례로 죽었던 너희를
딤전 5:20	**범죄한** 자들을 모든 사람 앞에서 꾸짖어
히 2:2	**범죄함**과 순종하지 아니함이 공정한
히 3:17	그들의 시체가 광야에 엎드러지던 **범죄한**
벧후 2:4	하나님이 **범죄한** 천사들을 용서하지
벧후 2:14	음심이 가득한 눈을 가지고 **범죄하기**를
요일 1:10	만일 우리가 **범죄하지** 아니하였다 하면
요일 3:6	**범죄하지** 아니하나니 **범죄하는** 자마다
요일 3:8	속하나니 마귀는 처음부터 **범죄함이라**
요일 3:9	그도 **범죄하지** 못하는 것은 하나님께로
요일 5:18	하나님께로부터 난 자는 다 **범죄하지**

범죄자(犯罪者, sinner, transgressor)

욥 24:19	스올이 **범죄자**에게도 그와 같이 하느니
시 37:38	**범죄자들**은 함께 멸망하리니 악인의

시 51:13	내가 **범죄자**에게 주의 도를 가르치리니
사 53:12	**범죄자** 중 하나로 헤아림을 받았음이니
	라 … 죄를 담당하며 **범죄자**를 위하여
요일 5:16	사망에 이르지 아니하는 **범죄자들**을

범하다(犯, wrong, commit, sin, transgress)

【 모세오경 】

창 20:9	내가 무슨 죄를 네게 **범하였기에** 네가
창 26:11	이 사람이나 그의 아내를 **범하는** 자는
창 26:29	이는 우리가 너를 **범하지** 아니하고 선한
창 49:9	암사자 같으니 누가 그를 **범할** 수 있으
출 32:30	이르되 너희가 큰 죄를 **범하였도다**
출 32:31	만들었사오니 큰 죄를 **범하였나이다**
레 4:2	계명 중 하나라도 그릇 **범하였으되**
레 5:13	제사장이 그가 이 중에서 하나를 **범하여**
레 5:17	계명 중 하나를 부지중에 **범하여도** 허물
레 6:4	이는 죄를 **범하였고** 죄가 있는 자니
레 16:16	이스라엘 자손의 부정과 그들이 **범한**
레 18:6	가까이 하여 그의 하체를 **범하지**
레 19:22	제사장은 그가 **범한** 죄를 위하여 그 속
	건제의 숫양으로 … 그가 **범한** 죄를
민 14:41	이제 여호와의 명령을 **범하느냐**
민 15:28	부지중에 여호와 앞에 **범한** 죄를 위하여
민 15:30	고의로 무엇을 **범하면** 누구나 여호와를
민 35:31	고의로 살인죄를 **범한** 살인자는 생명의
신 21:22	사람이 만일 죽을 죄를 **범하므로** 네가
신 26:13	내가 주의 명령을 **범하지도** 아니하였고

【 역사서 】

수 22:31	너희가 이 죄를 여호와께 **범하지** 아니
수 23:16	너희에게 명령하신 언약을 **범하고**
삼상 12:17	여호와의 목전에서 **범한** 죄악이 큼을
삼상 12:23	죄를 여호와 앞으로 결단코 **범하지** 아니
삼하 7:14	그가 만일 죄를 **범하면** 내가 사람의
삼하 12:13	내가 여호와께 죄를 **범하였노라** 하매
삼하 21:10	밤에는 들짐승이 **범하지** 못하게 한지라
삼하 24:10	이 일을 행함으로 큰 죄를 **범하였나이다**
왕상 8:50	**범죄한** 백성을 용서하시며 주께 **범한**
왕상 14:22	모든 일보다 뛰어나게 하여 그 **범한** 죄로
왕상 15:26	그가 이스라엘에게 **범하게** 한 그 죄
왕상 16:19	그가 이스라엘에게 죄를 **범하게** 한
왕상 18:9	내가 무슨 죄를 **범하였기에** 당신이 당신
왕하 3:3	여로보암이 이스라엘에게 **범하게** 한
왕하 10:31	여로보암이 이스라엘에게 **범하게** 한

1074

【 범하다 】 【 법 】

왕하 17:7	여호와께 죄를 **범하고** 또 다른 신들을	마 18:15	죄를 **범하거든** 가서 너와 그 사람과
왕하 21:17	사적과 그가 행한 모든 일과 **범한** 죄는	마 18:21	형제가 내게 죄를 **범하면** 몇 번이나
대상 2:7	진멸시킬 물건을 **범하여** 이스라엘을	마 27:4	내가 무죄한 피를 팔고 죄를 **범하였도다**
대상 21:8	일을 행함으로 큰 죄를 **범하였나이다**	눅 17:3	네 형제가 죄를 **범하거든** 경고하고 회개
대하 19:10	경고하여 여호와께 죄를 **범하지** 않게	요 5:14	것이 생기지 않게 다시는 죄를 **범하지**
느 9:29	주의 규례를 **범하여** 고집하는 어깨를	요 5:18	안식일을 **범할** 뿐만 아니라 하나님을
느 13:17	이 악을 행하여 안식일을 **범하느냐**	요 7:23	모세의 율법을 **범하지** 아니하려고 사람
시가서, 선지서		요 8:11	가서 다시는 죄를 **범하지** 말라 하시니라
욥 1:5	혹시 내 아들들이 죄를 **범하여** 마음으로	요 8:34	진실로 너희에게 이르노니 죄를 **범하는**
시 107:17	죄악의 길을 따르고 그들의 악을 **범하기**	행 25:8	내가 도무지 죄를 **범하지** 아니하였노라
시 125:5	여호와께서 죄를 **범하는** 자들과 함께	행 25:25	내가 살피건대 죽일 죄를 **범한** 일이 없더
잠 14:21	이웃을 업신여기는 자는 죄를 **범하는**	롬 2:23	율법을 자랑하는 네가 율법을 **범함으로**
잠 21:8	크게 **범한** 자의 길은 심히 구부러지고	롬 2:25	**범하면** 네 할례는 무할례가 되느니라
전 7:20	선을 행하고 전혀 죄를 **범하지** 아니하는	롬 2:27	할례를 가지고 율법을 **범하는** 너를 정죄
사 3:8	그의 영광의 눈을 **범하였음이라**	롬 3:23	모든 사람이 죄를 **범하였으매** 하나님의
사 24:5	그들이 율법을 **범하며** 율례를 어기며	고전 6:18	**범하는** 죄마다 몸 밖에 있거니와 음행
렘 2:35	네 말이 나는 죄를 **범하지** 아니하였다		하는 자는 자기 몸에 죄를 **범하느니라**
렘 16:10	우리가 우리 하나님 여호와께 **범한** 죄는	히 9:15	첫 언약 때에 **범한** 죄에서 속량하려고
렘 33:8	내게 **범한** 그 모든 죄악에서 정하게 하	히 10:26	아는 지식을 받은 후 짐짓 죄를 **범한즉**
	며 그들이 내게 **범하며** 행한 모든 죄악	약 2:10	하나를 **범하면** 모두 범한 자가 되나니
렘 37:18	이 백성에게 무슨 죄를 **범하였기에** 나를	약 2:11	아니하여도 살인하면 율법을 **범한**
겔 16:51	사마리아는 네 죄의 절반도 **범하지** 아니	약 5:15	혹시 죄를 **범하였을지라도** 사하심을
겔 16:52	그들보다 더욱 가증한 죄를 **범하므로**	벧전 2:22	그는 죄를 **범하지** 아니하시고 그 입에
겔 18:10	죄악 중 하나를 **범하여** 강포하거나 살인	요일 2:1	죄를 **범하지** 않게 하려 함이라 만일 누
겔 18:24	그 **범한** 허물과 그 지은 죄로 죽으리		가 죄를 **범하여도** 아버지 앞에서 우리
겔 18:31	너희는 너희가 **범한** 모든 죄악을 버리고	요일 5:16	사망에 이르지 아니하는 죄 **범하는**
겔 22:26	제사장들은 내 율법을 **범하였으며** 나의		
겔 23:38	더럽히며 내 안식일을 **범하였도다**		**범하다 – 기타 본문**
겔 33:15	율례를 지켜 행하여 죄악을 **범하지**	레 4:3, 13, 14, 22, 23, 26, 27, 28, 35; 16:21; 18:7,
겔 33:16	그가 본래 **범한** 모든 죄가 기억되지	8, 9, 10, 11, 12, 13, 14, 15, 16, 17, 18, 19; 20:11,
겔 33:18	돌이켜 그 공의에서 떠나 죄악을 **범하면**	17, 18, 19, 20, 21; 민 5:6; 왕상 15:30, 34; 16:26;
겔 39:26	부끄러움을 품고 내게 **범한** 죄를 뉘우치	왕하 17:21; 느 13:18
단 9:7	그들이 주께 죄를 **범하였음이니이다**	
단 9:11	이스라엘이 주의 율법을 범하고 치우쳐	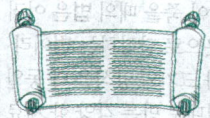
호 4:15	너는 음행하여도 유다는 죄를 **범하지**	**법**(法, law, instruction,
호 8:1	내 언약을 어기며 내 율법을 **범함이로다**	justice, custom)
합 2:10	네 영혼에게 죄를 **범하게** 하는 것이	출 12:49	이방인에게
습 3:4	성소를 더럽히고 율법을 **범하였도다**		이 **법이** 동일하니라
슥 2:8	**범하는** 자는 그의 눈동자를 **범하는** 것	민 5:30	여호와 앞에 두고 제사장이 이 **법대로**
신약		민 6:21	헌물을 드림과 행할 **법이며** … 자기의
마 12:5	성전 안에서 안식을 **범하여도**		몸을 구별하는 **법을** 따라 할 것이니라
마 15:2	어찌하여 장로들의 전통을 **범하나이까**	민 15:13	향기로운 화제를 드릴 때에는 이 **법대로**
마 15:3	전통으로 하나님의 계명을 **범하느냐**	민 15:29	누구든 부지중에 범죄한 자에 대한 **법이**
		민 19:2	여호와께서 명령하시는 **법의** 율례를

1075

[법]   [법도]

성경에 나오는 '법'

그 땅 신의 법 – 왕하 17:26, 27
그리스도의 법 – 갈 6:2
나실인의 법 – 민 6:13
남편의 법 – 롬 7:2
도량법 – 욥 38:5
도장을 새기는 법 – 출 28:21, 36
등잔대 제작법 – 민 8:4
로마 사람의 법 – 행 25:16
마음의 법 – 롬 7:23
모세의 법 – 눅 2:22; 행 15:1; 히 10:28
믿음의 법 – 롬 3:27
사람의 법 – 삼하 7:19
생명의 성령의 법 – 롬 8:2
성전의 법 – 겔 43:12
어미의 법 – 잠 1:8; 6:20
에봇 짜는 법 – 출 28:8
여호와를 경외하는 법 – 시 34:11
여호와의 법 – 시 19:9; 사 30:9
의심의 법 – 레 24:22; 민 5:29
의의 법 – 롬 9:31
인애의 법 – 잠 31:26
장례법 – 요 19:40
죄와 사망의 법 – 롬 8:2
죄의 법 – 롬 7:23, 25
주의 법 – 시 40:8; 94:12; 119:29, 34,
51, 55, 61, 70, 77, 85, 92, 97, 109,
113, 126, 136, 150, 165
주의 입의 법 – 시 119:72
진리의 법 – 말 2:6
하나님의 법 – 시 37:31; 사 1:10; 렘 5:4,
5; 롬 7:22, 25; 8:7
향을 제조하는 법 – 출 30:25, 35; 37:29

민 19:14 장막에서 사람이 죽을 때의 **법**은 이러
삼하 13:18 공주는 이런 옷으로 단장하는 **법**이라
왕상 7:37 부어 만든 **법**과 크기와 양식을 다 동일
대하 16:14 그의 시체를 **법**대로 만든 각양 향 재료
에 4:11 왕에게 나가면 오직 죽이는 **법**이요
시 89:30 그의 자손이 내 **법**을 버리며 내 규례
잠 3:1 내 아들아 나의 **법**을 잊어버리지 말고
잠 4:2 선한 도리를 너희에게 전하노니 내 **법**을
잠 6:23 명령은 등불이요 **법**은 빛이요 훈계의
잠 7:2 내 계명을 지켜 살며 내 **법**을 네 눈동자

잠 31:5 술을 마시다가 **법**을 잊어버리고 모든
렘 30:11 그러나 내가 **법**에 따라 너를 징계할 것
렘 31:33 내가 나의 **법**을 그들의 속에 두며 그들
렘 32:11 **법**과 규례대로 봉인하고 봉인하지 아니
겔 23:24 그들에게 맡긴즉 그들이 그들의 **법**대로
단 2:9 알게 하지 아니하면 너희를 처치할 **법**이
단 7:25 그가 또 때와 **법**을 고치고자 할 것이며
말 4:4 모세에게 명령한 **법** 곧 율례와 법도를
눅 13:33 선지자가 예루살렘 밖에서는 죽는 **법**이
요 18:31 너희가 그를 데려다가 너희 **법**대로 재판
요 19:7 우리에게 **법**이 있으니 그 **법**대로 하면
행 2:23 너희가 **법** 없는 자들의 손을 빌려 못
행 18:15 만일 문제가 언어와 명칭과 너희 **법**에
롬 6:14 이는 너희가 **법** 아래에 있지 아니하고
롬 6:15 우리가 **법** 아래에 있지 아니하고 은혜
롬 7:1 내가 **법** 아는 자들에게 … **법**이 사람이
롬 7:3 남편이 죽으면 그 **법**에서 자유롭게 되나
롬 7:21 그러므로 내가 한 **법**을 깨달았노니 곧
갈 5:23 온유와 절제니 이 같은 것을 금지할 **법**
딤후 2:5 경기하는 자가 **법**대로 경기하지 아니
히 7:16 그는 육신에 속한 한 계명의 **법**을 따르
히 8:10 **법**을 그들의 생각에 두고 그들의 마음
히 10:16 **법**을 그들의 마음에 두고 그들의 생각
약 2:8 네 몸과 같이 하라 하신 최고의 **법**을

법관(法官, judge, magistrate, adviser)
창 19:9 들어와서 거류하면서 우리의 **법관**이
스 7:25 네 하나님의 율법을 아는 자를 **법관**과
단 6:7 나라의 모든 총리와 지사와 총독과 **법관**
눅 12:58 네가 너를 고발하는 자와 함께 **법관**에게

법궤(法櫃, ark)
레 16:2 성소의 휘장 안 **법궤** 위 속죄소 앞에

법규(法規, law, decree)
출 21:1 네가 백성 앞에 세울 **법규**는 이러하니라
출 21:31 아들을 받든지 딸을 받든지 이 **법규**대로
대하 7:17 모든 것을 행하여 내 율례와 **법규**를
렘 44:10 나의 율법과 나의 **법규**를 지켜 행하지
렘 44:23 여호와의 율법과 **법규**와 여러 증거대로

법도(法道, law, decree, statute, precept)
창 26:5 명령과 내 계명과 내 율례와 **법도**를

1076

【 법도 】　　　　　　　　　　　　　　　　　　　　　　　　　　　　　【 법도 】

출 15:25 여호와께서 그들을 위하여 **법도**와	왕상 11:33 보기에 정직한 일과 내 **법도**와 내 율례
출 18:16 재판하여 하나님의 율례와 **법도**를	왕상 11:34 내 종 다윗이 내 명령과 내 **법도**를 지켰
출 18:20 그들에게 율례와 **법도**를 가르쳐서	왕하 17:34 야곱의 자손에게 명령하신 율례와 **법도**
레 18:4 너희는 내 **법도**를 따르며 내 규례를	왕하 17:37 너희를 위하여 기록한 율례와 **법도**와
레 18:5 내 규례와 **법도**를 지키라 사람이 이를	왕하 23:3 여호와께 순종하고 그의 계명과 **법도**와
레 18:26 거류민이나 내 규례와 내 **법도**를 지키고	대상 16:12-13 그의 이적과 그의 입의 **법도**를 기억
레 19:37 내 모든 규례와 내 모든 **법도**를 지켜	대상 16:14 우리 하나님이시라 그의 **법도**가 온 땅에
레 20:22 나의 모든 규례와 **법도**를 지켜 행하라	대상 22:13 명령하신 모든 규례와 **법도**를 삼가 행하
레 25:18 너희는 내 규례를 행하며 내 **법도**를 지켜	대상 28:7 만일 나의 계명과 **법도**를 힘써 준행
레 26:15 마음에 내 **법도**를 싫어하여 내 모든	대하 34:31 그의 계명과 **법도**와 율례를 지켜 이 책
레 26:43 **법도**를 싫어하며 내 규례를 멸시하였으	에 1:8 마시는 것도 **법도**가 있어 사람으로 억지
레 26:46 모세를 통하여 세우신 규례와 **법도**와	시 78:5 증거를 야곱에게 세우시며 **법도**를
민 15:16 거류하는 타국인에게나 같은 **법도**, 같은	시 103:18 그의 언약을 지키고 그의 **법도**를 기억하
신 4:1 너희에게 가르치는 규례와 **법도**를 듣고	시 111:7 진실과 정의이며 그의 **법도**는 다 확실
신 4:5 여호와께서 명령하신 대로 규례와 **법도**	시 119:4 주께서 명령하사 주의 **법도**를 잘 지키게
신 4:8 그 규례와 **법도**가 공의로운 큰 나라가	시 119:15 내가 주의 **법도**들을 작은 소리로 읊조리
신 4:14 규례와 **법도**를 교훈하게 하셨나니	시 119:27 나에게 주의 **법도**들의 길을 깨닫게 하여
신 4:45 증언과 규례와 **법도**를 선포하였으니	시 119:40 내가 주의 **법도**들을 사모하였사오니
신 5:1 너희의 귀에 말하는 규례와 **법도**를 듣고	시 119:45 내가 주의 **법도**들을 구하였사오니 자유
신 5:31 내가 모든 명령과 규례와 **법도**를 네게	시 119:56 내 소유는 이것이니 곧 주의 **법도**들을
신 6:1 가르치라고 명하신 명령과 규례와 **법도**	시 119:63 주를 경외하는 모든 자들과 주의 **법도**
신 6:20 명령하신 증거와 규례와 **법도**가 무슨	시 119:69 전심으로 주의 **법도**들을 지키리이다
신 7:11 명하는 명령과 규례와 **법도**를 지켜 행할	시 119:78 나는 주의 **법도**들을 작은 소리로 읊조리
신 7:12 너희가 이 모든 **법도**를 듣고 지켜 행하면	시 119:87 주의 **법도**들을 버리지 아니하였사오
신 8:11 여호와의 명령과 **법도**와 규례를 지키지	시 119:93 내가 주의 **법도**들을 영원히 잊지 아니
신 11:1 사랑하여 그가 주신 책무와 **법도**와	시 119:94 나를 구원하소서 내가 주의 **법도**들만을
신 11:32 베푸는 모든 규례와 **법도**를 너희는 지켜	시 119:100 주의 **법도**들을 지키므로 나의 명철함이
신 12:1 너희가 평생에 지켜 행할 규례와 **법도**는	시 119:104 주의 **법도**들로 말미암아 내가 명철하게
신 26:16 하나님 여호와께서 이 규례와 **법도**를	시 119:110 나는 주의 **법도**들에서 떠나지 아니하였
신 26:17 그의 규례와 명령과 **법도**를 지키며 그의	시 119:128 내가 범사에 모든 주의 **법도**들을 바르게
신 30:16 그의 명령과 규례와 **법도**를 지키라 하는	시 119:134 그리하시면 내가 주의 **법도**들을 지키리
신 33:10 주의 **법도**를 야곱에게, 주의 율법을	시 119:141 미천하여 멸시를 당하나 주의 **법도**를
신 33:21 공의와 이스라엘과 세우신 **법도**를	시 119:159 내가 주의 **법도**들을 사랑함을 보옵소서
수 24:25 그들을 위하여 율례와 **법도**를 제정하였	시 119:168 내가 주의 **법도**들과 증거들을 지켰사오
삼하 22:23 그의 모든 **법도**를 내 앞에 두고 그의	시 119:173 내가 주의 **법도**들을 택하였사오니 주의
왕상 3:3 사랑하고 그의 아버지 다윗의 **법도**를	시 147:20 그들은 그의 **법도**를 알지 못하였도다
왕상 3:14 길로 행하며 내 **법도**와 명령을 지키면	렘 31:36 이 **법도**가 내 앞에서 폐할진대 이스라엘
왕상 6:12 네가 만일 내 **법도**를 따르며 내 율례를	렘 46:28 내가 너를 **법도**대로 징계할 것이요 결코
왕상 8:58 조상들에게 명령하신 계명과 **법도**와	겔 43:11 모든 규례와 그 모든 **법도**와 그 모든
왕상 8:61 오늘과 같이 그의 **법도**를 행하며 그의	율례를 알게 하고 … 그 모든 **법도**와
왕상 9:4 온갖 일에 순종하여 내 **법도**와 율례를	겔 44:24 모든 정한 절기에는 내 **법도**와 율례를
왕상 9:6 앞에 둔 나의 계명과 **법도**를 지키지	단 6:15 왕께서 세우신 금령과 **법도**는 고치지
왕상 11:11 언약과 내가 네게 명령한 **법도**를 지키지	단 9:5 행악하며 반역하여 주의 **법도**와 규례를

1077

【 법령 】　　　　　　　　　　　　　　　　　　　　　　　　　　　　【 벗기다 】

슥 1:6　선지자들에게 명령한 내 말과 내 **법도**들
말 4:4　모세에게 명령한 법 곧 율례와 **법도**를

법령(法令, law)
사 10:1　불의한 **법령**을 만들며 불의한 말을 기록

법률(法律, decree, justice, law, custom, edict)
왕상 2:3　**법률**과 계명과 율례와 증거를 모세에
에 1:13　규례와 **법률**을 아는 자에게 묻는 전례
에 1:19　바사와 메대의 **법률**에 기록하여 변개함
에 3:8　**법률**이 만민의 것과 달라서 왕의 **법률**을
단 6:7　왕에게 한 **법률**을 세우며 한 금령을

법률사(法律士, magistrate)
단 3:2　재무관과 재판관과 **법률사**와 각 지방
단 3:3　재무관과 재판관과 **법률사**와 각 지방

법정(法廷, court)
행 18:12　일제히 일어나 바울을 대적하여 **법정**
행 18:16　그들을 **법정**에서 쫓아내니
행 18:17　사람이 회당장 소스데네를 잡아 **법정**
약 2:6　부자는 너희를 억압하며 **법정**으로 끌고

법조문(法條文, regulation)
엡 2:15　**법조문**으로 된 계명의 율법을 폐하셨으
골 2:14　거스르고 불리하게 하는 **법조문**을

법칙(法則, decree, path, dominion, law)
욥 28:26　내리는 **법칙**을 정하시고 … 우레의 **법칙**
욥 38:33　하늘로 하여금 그 **법칙**을 땅에 베풀게
렘 33:25　언약이 없다든지 천지의 **법칙**을 내가

벗(personal adviser, friend, companion)
왕상 4:5　아들 사붓은 제사장이니 왕의 **벗**이
대상 27:33　되었고 아렉 사람 후새는 왕의 **벗**이
욥 30:29　나는 이리의 형제요 타조의 **벗**이로구나
잠 16:28　다툼을 일으키고 말쟁이는 친한 **벗**을
잠 17:9　그것을 거듭 말하는 자는 친한 **벗**을
사 41:8　내가 택한 야곱아 나의 **벗** 아브라함의
렘 20:10　친한 **벗**도 다 내가 실족하기를 기다리며
눅 7:6　백부장이 **벗**들을 보내어 이르되 주여
눅 11:5　**벗**이 있는데 밤중에 그에게 가서 말하기를 **벗**이여 떡 세 덩이를 내게 꾸어

눅 11:6　내 **벗**이 여행 중에 내게 왔으나 내가
눅 11:8　비록 **벗** 됨으로 인하여서는 일어나서
눅 14:10　너를 청한 자가 와서 너더러 **벗**이여
눅 14:12　점심이나 저녁이나 베풀거든 **벗**이나
눅 15:6　집에 와서 그 **벗**과 이웃을 불러 모으고
눅 15:9　찾아낸즉 **벗**과 이웃을 불러 모으고 말하
눅 15:29　염소 새끼라도 주어 나와 내 **벗**으로
눅 21:16　부모와 형제와 친척과 **벗**이 너희를 넘겨
약 2:23　이루어졌고 그는 하나님의 **벗**이라 칭함
약 4:4　세상과 **벗**된 것이 하나님과 원수 됨을
알지 못하느냐 … 세상과 **벗**이 되고자

벗겨지다(remove, expose, be taken away)
레 13:58　모든 것에 그 색점이 **벗겨졌**으면 그것을
잠 27:22　찧을지라도 그의 미련은 **벗겨지지** 아니
겔 24:12　많은 녹이 그 속에서 **벗겨지지** 아니하며
습 2:14　백향목으로 지은 것이 **벗겨졌**음이라
고후 3:14　구약을 읽을 때에 그 수건이 **벗겨지지**
고후 3:16　주께로 돌아가면 그 수건이 **벗겨지리라**

벗기다(peel, strip, skin, be rid of, remove)
창 30:37　가져다가 그것들의 껍질을 **벗겨** 흰 무늬
창 30:38　그 껍질 **벗긴** 가지를 양 떼가 와서 먹는
창 37:23　옷 곧 그가 입은 채색옷을 **벗기고**
출 14:25　그들의 병거 바퀴를 **벗겨서** 달리기가
레 1:6　그는 또 그 번제물의 가죽을 **벗기고**
민 20:26　아론의 옷을 **벗겨** 그의 아들 엘르아살
민 20:28　아론의 옷을 **벗겨** 그의 아들 엘르아살
신 25:9　나아가서 그의 발에서 신을 **벗기고**
신 25:10　이스라엘 중에서 그의 이름을 신 **벗김**
삼상 31:8　블레셋 사람들이 죽은 자를 **벗기러** 왔다
삼상 31:9　사울의 머리를 베고 그의 갑옷을 **벗기고**
삼하 1:10　왕관과 팔에 있는 고리를 **벗겨서** 내
왕하 18:16　자기가 모든 기둥에 입힌 금을 **벗겨**
왕하 25:29　죄수의 의복을 **벗게** 하고 그의 일평생
대상 10:8　와서 죽임을 당한 자의 옷을 **벗기다가**
대상 10:9　곧 사울의 옷을 **벗기고** 그의 머리와
대하 29:34　모든 번제 짐승들의 가죽을 능히 **벗기지**
대하 35:11　사람들은 잡은 짐승의 가죽을 **벗기고**
에 4:4　굵은 베 옷을 **벗기고자** 하나 모르드개가
욥 19:9　나의 관모를 머리에서 **벗기시고**
욥 19:26　가죽이 **벗김**을 당한 뒤에도 내가 육체
욥 22:6　잡으며 헐벗은 자의 의복을 **벗기며**

1078

벗다

욥 41:13	그것의 겉가죽을 **벗기겠으며** 그것에	왕상 20:41	급히 자기의 눈을 가린 수건을 **벗으니**
시 29:9	하시고 삼림을 말갛게 **벗기시니**	대하 28:15	온 것 중에서 옷을 가져다가 **벗은** 자들
시 30:11	베옷을 **벗기고** 기쁨으로 띠 띠우셨나	느 4:23	우리가 다 우리의 옷을 **벗지** 아니하였으
시 81:6	내가 그의 어깨에서 짐을 **벗기고** 그의	욥 24:7	의복이 없어 **벗은** 몸으로 밤을 지내며
아 5:7	파수하는 자들이 나의 겉옷을 **벗겨**	욥 26:6	하나님 앞에서는 스올도 **벗은** 몸으로
사 22:8	유다에게 덮였던 것을 **벗기매** 그 날에	욥 30:11	무리가 내 앞에서 굴레를 **벗었음이니라**
렘 49:10	그러나 내가 에서의 옷을 **벗겨** 그 숨은	시 2:3	맨 것을 끊고 그의 결박을 **벗어** 버리자
겔 16:39	네 높은 대를 부수며 네 의복을 **벗기고**	잠 25:20	추운 날에 옷을 **벗음** 같고 소다 위에
겔 21:26	관을 제거하며 왕관을 **벗길지라** 그대로	아 5:3	내가 옷을 **벗었으니** 어찌 다시 입겠으며
겔 23:26	네 옷을 **벗기며** 네 장식품을 빼앗을지라	사 10:27	그의 멍에가 네 목에서 **벗어지되** 기름진
호 11:4	목에서 멍에를 **벗기는** 자같이 되었으며	사 14:25	짐이 그들의 어깨에서 **벗어질** 것이라
욜 1:7	내 무화과나무를 긁어 말갛게 **벗겨서**	사 20:2	**벗을지니라** 하시매 … **벗은** 몸과 **벗은**
미 2:8	자들의 의복에서 겉옷을 **벗기며**	사 20:3	이사야가 삼 년 동안 **벗은** 몸과 **벗은**
미 3:2	악을 기뻐하여 내 백성의 가죽을 **벗기고**	사 20:4	늙은 자가 다 **벗은** 몸과 **벗은** 발로 볼기
미 3:3	가죽을 **벗기며** 그 뼈를 꺾어 다지기를	사 32:11	옷을 벗어 몸을 드러내고 베로 허리를
슥 3:4	명령하사 그 더러운 옷을 **벗기라**	사 47:2	**벗으며** 치마를 걷어 다리를 드러내고
마 27:28	그의 옷을 **벗기고** 홍포를 입히며	사 57:8	네가 나를 떠나 **벗고** 올라가서 네 침상
마 27:31	희롱을 다 한 후 홍포를 **벗기고** 도로	렘 2:25	네 발을 제어하여 **벗은** 발이 되게 하지
막 15:20	희롱을 다 한 후 자색 옷을 **벗기고** 도로	렘 7:29	머리털을 베어 버리고 **벗은** 산 위에서
눅 5:19	지붕에 올라가 기와를 **벗기고** 병자를	렘 12:12	파괴하는 자들이 광야의 모든 **벗은** 산
눅 10:30	강도를 만나매 강도들이 그 옷을 **벗기고**	렘 14:6	들 나귀들은 **벗은** 산 위에 서서 승냥이
행 16:22	상관들이 옷을 찢어 **벗기고** 매로 치라	애 1:8	돌리던 모든 사람이 그의 **벗었음을** 보고
		겔 16:36	정든 자와 행음함으로 **벗은** 몸을 드러내
벗다 (naked, take off, remove, throw off)		겔 16:37	네 **벗은** 몸을 그 앞에 드러내 그들이
구약		겔 18:7	주린 자에게 음식물을 주며 **벗은** 자에게
창 3:7	그들의 눈이 밝아져 자기들이 **벗은** 줄을	겔 18:16	주린 자에게 음식물을 주며 **벗은** 자에게
창 3:10	하나님의 소리를 듣고 내가 **벗었으므로**	겔 23:29	음행의 **벗은** 몸 곧 네 음란하며 행음하
창 3:11	이르시되 누가 너의 **벗었음을** 네게 알렸	겔 26:16	왕이 그 보좌에서 내려 조복을 **벗으며**
창 27:40	매임을 **벗을** 때에는 그 멍에를 네 목에	겔 44:19	나갈 때에는 수종드는 옷을 **벗어** 거룩한
창 38:14	그 과부의 의복을 **벗고** 너울로 얼굴을	욘 3:6	왕이 보좌에서 일어나 왕복을 **벗고** 굵은
창 38:19	너울을 **벗고** 과부의 의복을 도로 입으니	미 1:11	사빌 주민아 너는 **벗은** 몸에 수치를
출 3:5	거룩한 땅이니 네 발에서 신을 **벗으라**	**신약**	
출 34:34	말할 때에는 나오기까지 수건을 **벗고**	막 14:51	청년이 **벗은** 몸에 베 홑이불을 두르고
레 6:11	그 옷을 **벗고** 다른 옷을 입고 그 재를	막 14:52	베 홑이불을 버리고 **벗은** 몸으로 도망
레 16:23	들어갈 때에 입었던 세마포 옷을 **벗어**	요 13:4	잡수시던 자리에서 일어나 겉옷을 **벗고**
신 21:13	또 포로의 의복을 **벗고** 네 집에 살며	요 21:7	시몬 베드로가 **벗고** 있다가 주님이라
수 5:15	네 발에서 신을 **벗으라** 네가 선 곳은	행 7:33	네 발의 신을 **벗으라** 네가 서 있는 곳은
룻 4:7	확정하기 위하여 사람이 그의 신을 **벗어**	행 7:58	증인들이 옷을 **벗어** 사울이라 하는 청년
룻 4:8	위하여 사라 하고 그의 신을 **벗는지라**	행 19:16	그들이 상하여 **벗은** 몸으로 그 집에서
삼상 17:39	입고 가지 못하겠나이다 하고 곧 **벗고**	롬 13:12	우리가 어둠의 일을 **벗고** 빛의 갑옷을
삼상 18:4	요나단이 자기가 입었던 겉옷을 **벗어**	고전 11:5	여자로서 머리에 쓴 것을 **벗고** 기도하
삼상 19:24	옷을 **벗고** 사무엘 … 하루 밤낮을 **벗은**	고후 3:18	우리가 다 수건을 **벗은** 얼굴로 거울을
왕상 20:11	갑옷 입는 자가 갑옷 **벗은** 자같이 자랑	고후 5:3	이렇게 입음은 우리가 **벗은** 자들로 발견

【 벗어나다 】　　　　　　　　　　　　　　　　　　　　　　　　【 베 】

고후 5:4　짐진 것같이 탄식하는 것은 **벗고자**
엡 4:22　가는 구습을 따르는 옛 사람을 **벗어**
골 2:11　곧 육의 몸을 **벗은** 것이요 그리스도의
골 3:8　이제는 너희가 이 모든 것을 **벗어** 버리
골 3:9　하지 말라 옛 사람과 그 행위를 **벗어**
히 12:1　얽매이기 쉬운 죄를 **벗어** 버리고 인내

벗어나다(escape, keep from, get relief, release)
민 22:23　길에 선 것을 보고 길에서 **벗어나** 밭으로
삼상 27:1　내가 그의 손에서 **벗어나리라** 하고
삼하 3:18　모든 대적의 손에서 **벗어나게** 하리라
삼하 7:11　너를 모든 원수에게서 **벗어나** 편히 쉬게
왕하 13:5　자손이 아람 사람의 손에서 **벗어나**
왕하 17:7　애굽의 왕 바로의 손에서 **벗어나게** 하신
대상 4:10　나를 도우사 나로 환난을 **벗어나** 내게
대하 16:7　왕의 군대가 왕의 손에서 **벗어났나이다**
대하 21:8　유다의 지배 하에서 **벗어나** 자기 위에
대하 21:10　**벗어났더니** … 지배 하에서 **벗어났으니**
대하 30:6　앗수르 왕의 손에서 **벗어난** 자에게로
에 9:16　보호하여 대적들에게서 **벗어나며**
에 9:22　유다인들이 대적에게서 **벗어나서** 평안
욥 6:18　대상들은 그들의 길을 **벗어나서** 삭막한
욥 10:7　주의 손에서 나를 **벗어나게** 할 자도
욥 23:7　내가 심판자에게서 영원히 **벗어나리라**
시 17:9　목숨을 노리는 원수들에게서 **벗어나게**
시 19:12　누구리요 나를 숨은 허물에서 **벗어나게**
시 19:13　정직하여 큰 죄과에서 **벗어나겠나이다**
시 25:15　내 발을 그물에서 **벗어나게** 하실 것임
시 31:20　곳에 숨기사 사람의 꾀에서 **벗어나게**
시 68:20　사망에서 **벗어남은** 주 여호와로 말미암
시 124:7　**벗어난** 새같이 … 우리가 **벗어났도다**
시 140:4　보전하사 포악한 자에게서 **벗어나게**
시 141:9　악을 행하는 자들의 함정에서 **벗어나게**
잠 6:5　**벗어나는** 것같이 … 손에서 **벗어나는**
잠 12:13　걸려도 의인은 환난에서 **벗어나느니라**
잠 13:14　샘이니 사망의 그물에서 **벗어나게**
잠 14:27　샘이니 사망의 그물에서 **벗어나게**
전 7:18　자는 이 모든 일에서 **벗어날** 것임
사 14:31　북방에서 오는데 그 대열에서 **벗어난**
사 20:6　우리가 앗수르 왕에게서 **벗어나기를**
사 40:27　내 송사는 내 하나님에게서 **벗어난다**
렘 31:2　칼에서 **벗어난** 백성이 광야에서 은혜를
렘 32:3-5　갈대아인의 손에서 **벗어나지** 못하고

렘 34:3　그의 손에서 **벗어나지** 못하고 반드시
렘 38:18　너는 그들의 손을 **벗어나지** 못하리라
렘 38:23　너는 그들의 손에서 **벗어나지** 못하고
렘 39:4　두 담 샛문을 통하여 성읍을 **벗어나서**
렘 42:17　그들에게 내리는 재난을 **벗어나서** 남을
겔 12:16　남겨 칼과 기근과 전염병에서 **벗어나게**
겔 38:8　백성은 칼을 **벗어나서** 여러 나라에서
단 6:27　구원하여 사자의 입에서 **벗어나게**
단 8:7　숫양을 그 손에서 **벗어나게** 할 자가
단 11:41　지도자들은 그의 손에서 **벗어나리라**
미 2:3　목이 이에서 **벗어나지** 못할 것이요
요 10:39　잡고자 하였으나 그 손에서 **벗어나**
행 12:11　백성의 모든 기대에서 **벗어나게** 하신
롬 6:7　죽은 자가 죄에서 **벗어나** 의롭다 하심을
롬 7:2　죽으면 남편의 법에서 **벗어나느니라**
롬 7:6　죽었으므로 율법에서 **벗어났으니**
고후 11:33　성벽을 내려가 그 손에서 **벗어났노라**
딤전 1:6　사람들이 이에서 **벗어나** 헛된 말에
딤전 6:21　사람들이 있어 믿음에서 **벗어났느니라**
딤후 2:26　그들로 깨어 마귀의 올무에서 **벗어나**
히 10:22　받아 악한 양심으로부터 **벗어나고**
벧후 1:14　나도 나의 장막을 **벗어날** 것이 임박한
계 15:2　이름의 수를 이기고 **벗어난** 자들이 유리

벗어던지다(toss, throw)
시 108:9　에돔에는 내 신발을 **벗어던질지며**
행 22:23　떠들며 옷을 **벗어던지고** 티끌을 공중에

벗어지다(remove, bald, fall, come loose)
출 39:21　에봇 띠 위에 붙여서 에봇에서 **벗어지지**
사 14:25　짐이 그들의 어깨에서 **벗어질** 것이라
겔 29:18　무지러졌고 모든 어깨가 **벗어졌으나**
미 1:16　머리가 크게 **벗어지게** 하기를 독수리
행 9:18　사울의 눈에서 비늘 같은 것이 **벗어져**
행 12:7　하니 쇠사슬이 그 손에서 **벗어지더라**
행 16:26　모든 사람의 매인 것이 다 **벗어진지라**

벙어리(mute)
사 56:10　맹인이요 다 무지하며 **벙어리** 개들이라

베(linen, sackcloth)
출 28:42　그들을 위하여 **베로** 속바지를 만들어
출 39:27　직조한 가는 **베로** 아론과 그의 아들들을

{ 베가 1 }　　　　　　　　　　　　　　　　　　　　　　　{ 베노니 }

성경에 나오는 '베'의 종류

가는 베 – 대하 2:14; 에 1:6; 8:15; 겔 16:10, 13; 27:7, 16; 44:18
고운 베 – 대하 3:14
굵은 베 – 창 37:34; 삼하 3:31; 21:10; 왕상 20:31, 32; 21:27; 왕하 6:30; 19:1, 2; 대상 21:16; 시 69:11; 사 15:3; 22:12; 50:3; 58:5; 렘 4:8; 6:26; 48:37; 49:3; 애 2:10; 겔 7:18; 27:31; 욜 1:8, 13; 암 8:10

레 13:48　베나 털의 날에나 씨에나 혹 가죽에나
레 13:52　털이나 베의 날이나 씨나 모든 가죽으로
삼하 6:14　춤을 추는데 그 때에 다윗이 베 에봇을
대상 15:27　세마포 겉옷을 입었으며 다윗은 또 베
잠 31:24　그는 베로 옷을 지어 팔며 띠를 만들어
사 19:9　세마포를 만드는 자와 베 짜는 자들이
사 20:2　허리에서 베를 끄르고 네 발에서 신을
사 32:11　옷을 벗어 몸을 드러내고 베로 허리를
사 38:12　베를 걷어 말음같이 내가 내 생명을
렘 13:1　너는 가서 베 띠를 사서 네 허리에 띠고
겔 27:7　삼았음이여 엘리사 섬의 청색 자색 베로
겔 27:16　남보석과 자색 베와 수놓은 것과 가는
막 14:51　청년이 벗은 몸에 베 홑이불을 두르고
막 14:52　베 홑이불을 버리고 벗은 몸으로 도망하
요 11:44　죽은 자가 수족을 베로 동인 채로 나오는

베가 1(Pekah) 브가히야의 장관이었다가 모반한 북 이스라엘의 왕
왕하 15:25　장관 르말랴의 아들 **베가**가 반역하여

📖 베가 1 – 기타 본문
왕하 15:27, 29, 30, 31, 32, 37; 16:1, 5; 대하 28:6; 사 7:1

베가 2(beka) 반 세겔에 해당하는 유대의 화폐 단위
출 38:26　성소의 세겔로 각 사람에게 은 한 **베가**

베개(cushion)
창 28:11　그 곳의 한 돌을 가져다가 **베개**로 삼고
창 28:18　야곱이 아침에 일찍이 일어나 **베개**로
겔 32:27　스올에 내려가서 자기의 칼을 **베개**로
막 4:38　예수께서는 고물에서 **베개**를 베고 주무

베겔(Beker)
　1. 베냐민의 둘째 아들
창 46:21　베냐민의 아들 곧 벨라와 **베겔**과 아스벨
대상 7:6　베냐민의 아들들은 벨라와 **베겔**과
대상 7:8　**베겔**의 아들들은… 여레못과 아비야와 아나돗과 알레멧이니 **베겔**의 아들들은
　2. 에브라임 지파 베겔 가족의 조상
민 26:35　수델라 종족과 **베겔**에게서 난 **베겔** 종족

베고랏(Becorath) 사울의 고조 할아버지
삼상 9:1　아들이요 스롤의 손자요 **베고랏**의

베냐민(Benjamin) 야곱과 라헬의 막내아들
창 35:18　아버지는 그를 **베냐민**이라 불렀더라

📖 베냐민 – 기타 본문
모세오경 창 35:24; 42:4, 36; 43:14, 15, 16, 29, 34; 44:12; 45:12, 14, 22; 46:19, 21; 49:27; 출 1:3; 민 1:11, 36, 37; 2:22; 7:60; 10:24; 13:9; 26:38, 41; 34:21; 신 27:12; 33:12 **역사서** 수 18:11, 20, 21, 28; 21:4, 17; 삿 1:21; 3:15; 5:14; 10:9; 19:14, 16; 20:3, 4, 10, 12, 13, 15, 17, 18, 20, 21, 23, 25, 28, 30, 31, 34, 35, 36, 39, 40, 41, 43, 44, 46, 47, 48; 21:1, 6, 13, 14, 15, 16, 17, 18, 20, 21, 23; 삼상 4:12; 9:1, 4, 16, 21; 10:2, 20, 21; 13:2, 15, 16; 14:16; 22:7; 삼하 2:9, 15, 25, 31; 3:19; 4:2; 16:11; 19:16, 17; 20:1, 14; 23:29; 왕상 2:8; 4:18; 12:21, 23; 15:22; 대상 2:2; 6:60, 65; 7:6, 10; 8:1, 40; 9:3, 7; 11:31; 12:2, 16, 29; 21:6; 27:12, 21; 대하 11:1, 3, 10, 12, 23; 14:8; 15:2, 8, 9; 17:17; 25:5; 31:1; 34:9, 32; 스 1:5; 4:1; 10:9, 32; 느 3:23; 11:4, 7, 31, 36; 12:34; 에 2:5 **시가서 – 신약** 시 68:27; 80:2; 렘 1:1; 6:1; 17:26; 20:2; 32:8, 44; 33:13; 37:12, 13; 38:7; 48:22, 23, 24, 32; 호 5:8; 옵 1:19; 슥 14:10; 행 13:21; 롬 11:1; 빌 3:5; 계 7:8

베노니(Ben-Oni) 베냐민의 다른 이름
창 35:18　떠나려 할 때에 아들의 이름을 **베노니**라

【 베니게 】   【 베다 1/베이다 】

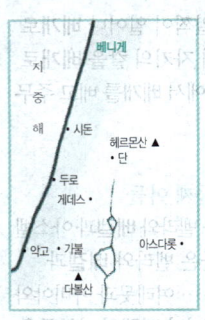

베니게(Phoenicia)
수리아 서쪽에 있던 고대 국가

행 11:19   말미암아 흩어진 자들이 **베니게**와
행 15:3   전송을 받고 **베니게**와 사마리아로
행 21:2   **베니게**로 건너가는 배를 만나서 타고

베다 1/베이다(circumcise, cut, harvest, trim)

1. 자르거나 상처를 내다(circumcise, cut, harvest)

창 17:11   너희는 포피를 **베어라** 이것이 나와 너희
창 17:14   포피를 **베지** 아니한 자는 백성 중에서
창 17:23   남자를 데려다가 그 포피를 **베었으니**
창 17:24   아브라함이 그의 포피를 **벤** 때는 구십구
창 17:25   이스마엘이 그의 포피를 **벤** 때는 십삼
출 4:25   아들의 포피를 **베어** 그의 발에 갖다
레 3:9   그 기름 곧 미골에서 **벤** 기름진 꼬리와
레 12:3   여덟째 날에는 그 아이의 포피를 **벨**
레 21:5   수염 양쪽을 깎지 말며 살을 **베지** 말고
레 22:22   눈 먼 것이나 상한 것이나 지체에 **베임**
레 22:24   치였거나 터졌거나 **베임**을 당한 것은
레 23:22   곡물을 **벨** 때에 밭 모퉁이까지 다 **베지**
민 13:23   거기서 포도송이가 달린 가지를 **베어**
민 13:24   자손이 거기서 포도를 **베었으므로**
신 14:1   죽은 자를 위하여 자기 몸을 **베지** 말며
신 21:12   그는 그 머리를 밀고 손톱을 **베고**
신 24:19   네가 밭에서 곡식을 **벨** 때에 그 한 뭇을
삿 15:5   곡식 단과 아직 **베지** 아니한 곡식과
룻 2:3   룻이 가서 **베는** 자를 따라 밭에서 이삭
룻 2:4   보아스가 베들레헴에서부터 와서 **베는**
룻 2:5   보아스가 **베는** 자들을 거느린 사환에게
룻 2:6   **베는** 자를 거느린 사환이 대답하여
룻 2:7   말이 나로 **베는** 자를 따라 단 사이에서
룻 2:9   그들이 **베는** 밭을 보고 그들을 따르라
룻 2:14   룻이 곡식 **베는** 자 곁에 앉으니 그가
삼상 6:13 골짜기에서 밀을 **베다가** 눈을 들어 궤를
삼상 12:17 오늘은 밀 **베는** 때가 아니냐 내가
삼상 17:46 네 목을 **베고** 블레셋 군대의 시체를 오늘
삼상 17:51 그 칼로 그를 죽이고 그의 머리를 **베니**
삼상 24:4 사울의 겉옷 자락을 가만히 **베니라**
삼상 24:11 죽이지 아니하고 겉옷 자락을 **베었은즉**

삼상 31:9 사울의 머리를 **베고** 그의 갑옷을 벗기고
삼하 4:7   그를 쳐 죽이고 목을 **베어** 그의 머리를
삼하 4:12 그들을 죽이고 수족을 **베어** 헤브론
삼하 16:9 내가 건너가서 그의 머리를 **베게** 하소서
삼하 20:22 비그리의 아들 세바의 머리를 **베어** 요압
삼하 21:9 곡식 **베는** 첫날 곧 보리를 **베기** 시작하
삼하 21:10 곡식 **베기** 시작할 때부터 하늘에서 비가
왕하 3:19 모든 좋은 나무를 **베고** 모든 샘을 메우고
왕하 3:25 샘을 메우고 모든 좋은 나무를 **베고**
왕하 6:4   무리가 요단에 이르러 나무를 **베더니**
왕하 6:5   사람이 나무를 **벨** 때에 쇠도끼가 물에
왕하 6:6   엘리사가 나뭇가지를 **베어** 물에 던져
왕하 6:32 살인한 자의 아들이 내 머리를 **베려고**
왕하 19:23 높은 백향목과 아름다운 잣나무를 **베고**
욥 24:6   밭에서 남의 꼴을 **베며** 악인이 남겨 둔
시 37:2   풀과 같이 속히 **베임**을 당할 것이며
시 72:6   그는 **벤** 풀 위에 내리는 비같이, 땅은
시 74:5   그들은 마치 도끼를 들어 삼림을 **베는**
시 75:10   악인들의 뿔을 다 **베고** 의인의 뿔은
시 80:16   그것이 불타고 **베임**을 당하며 주의 면책
시 129:7   이런 것은 **베는** 자의 손과 묶는 자의
잠 10:31   지혜를 내어도 패역한 혀는 **베임**을 당할
잠 26:6   기별하는 것은 자기의 발을 **베어** 버림과
잠 27:25   풀을 **벤** 후에는 새로 움이 돋나니 산에
사 6:13   밤나무와 상수리나무가 **베임**을 당하여
사 10:34   레바논이 권능 있는 자에게 **베임**을 당하
사 14:8   올라와서 우리를 **베어** 버릴 자 없다
사 17:5   거두어 가지고 그의 손으로 이삭을 **벤**
사 18:5   내가 낫으로 그 연한 가지를 **베며** 퍼진
사 37:24   높은 백향목과 아름다운 향나무를 **베고**
사 44:14   자기를 위하여 백향목을 **베며** 디르사
렘 4:4   할례를 행하여 너희 마음 가죽을 **베고**
렘 6:6   나무를 **베어서** 예루살렘을 향하여 목책
렘 7:29   머리털을 **베어** 버리고 벗은 산 위에서
렘 10:3   삼림에서 **벤** 나무요 기술공의 두 손이
렘 16:6   몸을 **베거나** 머리털을 미는 자도 없을
렘 36:23   왕이 면도칼로 그것을 연하여 **베어** 화로
렘 47:5   네 몸 **베기**를 어느 때까지 하겠느냐
단 4:14   그 나무를 **베고** 그 가지를 자르고 그
단 4:23   나무를 **베어** 없애라 그러나 그 뿌리의
암 7:1   풀을 **벤** 후 풀이 다시 움돋기 시작할
나 3:15   불이 너를 삼키며 칼이 너를 **베기를**
마 14:10   사람을 보내어 옥에서 요한의 목을 **베어**

1082

【 베다 2 】　　　　　　　　　　　　　　　　　　　　　　　　【 베들레헴 】

마 21:8　다른 이들은 나뭇가지를 **베어** 길에 펴고
막 6:16　헤롯은 듣고 이르되 내가 목 **벤** 요한
막 6:27　그 사람이 나가 옥에서 요한을 목 **베어**
막 11:8　또 다른 이들은 들에서 **벤** 나뭇가지를
눅 9:9　이르되 요한은 내가 목을 **베었거늘**
요 18:10　대제사장의 종을 쳐서 오른편 귀를 **베어**
갈 5:12　어지럽게 하는 자들은 스스로 **베어**
계 20:4　하나님의 말씀 때문에 목 **베임**을 당한
2. 누워서 베개 등으로 머리를 받치다(sleep on)
삿 16:19　들릴라가 삼손에게 자기 무릎을 **베고**
막 4:38　예수께서는 고물에서 베개를 **베고** 주무

베다 2(Betah)　하닷에셀의 수도
삼하 8:8　다윗 왕이 하닷에셀의 고을 **베다**와

베다니(Bethany)　예루살렘 근처의 성읍
마 21:17　그들을 떠나 성 밖으로 **베다니**에 가서
마 26:6　예수께서 **베다니** 나병환자 시몬의 집에
막 11:1　가까이 와서 감람 산 벳바게와 **베다니**에
막 11:11　저물매 열두 제자를 데리시고 **베다니**에
막 11:12　그들이 **베다니**에서 나왔을 때에 예수
막 14:3　예수께서 **베다니** 나병환자 시몬의 집에
눅 19:29　산쪽에 있는 벳바게와 **베다니**에 가까이
눅 24:50　예수께서 그들을 데리고 **베다니** 앞까지
요 1:28　세례 베풀던 곳 요단 강 건너편 **베다니**
요 11:1　그 자매 마르다의 마을 **베다니**에 사는
요 11:18　**베다니**는 예루살렘에서 가깝기가 한
요 12:1　유월절 엿새 전에 예수께서 **베다니**에

베단(Barak–NIV, Bedam–KJV)　이스라엘 사사
삼상 12:11　여호와께서 여룹바알과 **베단**과 입다를

베데로 산(rugged hill)　아가서에 나오는 산
아 2:17　사라지기 전에 돌아와서 **베데로 산**을

베데스다(Bethesda)　성전 양문 옆에 있는 못
요 5:2　양문 곁에 히브리 말로 **베데스다**라

베덴(Beten)　아셀 지파에서 분배된 성읍
수 19:25　그들의 지역은 헬갓과 할리와 **베덴**과

베델리엄(aromatic resin)　하윌라 땅의 특산물
창 2:12　금은 순금이요 그 곳에는 **베델리엄**과

베드라바(Beth Rapha)　레가 사람 에스돈의 아들
대상 4:12　**베드라바**와 바세아와 이르나하스의

베드로(Peter)　예수님의 수석 제자
마 4:18　**베드로**라 하는 시몬과 그의 형제 안드레

　　　　　베드로 – 기타 본문

마 8:14; 10:2; 14:28, 29; 15:15; 16:16, 18, 22, 23; 17:1, 4, 24, 26; 18:21; 19:27; 26:33, 35, 37, 40, 58, 69, 70, 72, 73, 75; 막 3:16; 5:37; 8:29, 32, 33; 9:2, 5; 10:28; 11:21; 13:3; 14:29, 31, 33, 37, 54, 66, 67, 68, 70, 71, 72; 16:7; 눅 5:8; 6:14; 8:45, 51; 9:20, 28, 32, 33; 12:41; 18:28; 22:8, 34, 54, 55, 56, 57, 58, 60, 61; 24:12; 요 1:40, 42, 44; 6:8, 68; 13:6, 8, 9, 24, 36, 37; 18:10, 11, 15, 16, 17, 18, 25, 26, 27; 20:2, 3, 4, 6; 21:2, 3, 7, 11, 15, 17, 19, 20, 21; 행 1:13, 15; 2:14, 37, 38; 3:1, 3, 4, 6, 11, 12; 4:8, 13, 19; 5:3, 8, 9, 10, 15, 29; 8:14, 20; 9:32, 34, 38, 39, 40, 41, 43; 10:5, 9, 13, 14, 17, 18, 19, 21, 23, 25, 26, 32, 34, 44, 45, 47, 48; 11:2, 4, 7, 13; 12:3, 5, 6, 7, 8, 9, 11, 13, 14, 16, 17, 18; 15:7; 갈 2:7, 8; 벧전 1:1; 벧후 1:1

베드르홉(Beth Rehob)　라이스 성읍 근처 지역
삿 18:28　그 성읍이 **베드르홉** 가까운 골짜기에

베드야(Bedeiah)　이방인 아내를 돌려보낸 사람
스 10:35　브나야와 **베드야**와 글루히와

베들레아브라(Beth Ophrah)　블레셋 성읍
미 1:10　**베들레아브라**에서 티끌에 굴렸도다

베들레헴(Bethlehem)
　　1. 인명 : 갈렙 자손 중 하나
대상 2:51　**베들레헴**의 아버지 살마와 벧가델을
대상 2:54　살마의 자손들은 **베들레헴**과 느도바
대상 4:4　이는 다 **베들레헴**의 아버지 에브라다의
　　2. 지 명
　　(1) 스불론의 베들레헴
수 19:15　나할랄과 시므론과 이달라와 **베들레헴**
　　(2) 유다의 베들레헴
창 35:19　라헬이 죽으매 에브랏 곧 **베들레헴** 길에

【 베라 】　　　　　　　　　　　　　　　　　　　　　　　　　　　　　　　　　【 베새 1 】

> 베들레헴 2 - (2) - 기타 본문

창 48:7; 삿 12:8, 10; 17:7, 8, 9; 19:1, 2, 18; 룻 1:1, 2, 19, 22; 2:4; 4:11; 삼상 16:1, 4, 18; 17:12, 15, 58; 20:6, 28; 삼하 2:32; 21:19; 23:14, 15, 16, 24; 대상 11:16, 17, 18, 26; 대하 11:6; 스 2:21; 느 7:26; 렘 41:17; 미 5:2; 마 2:1, 5, 6, 8, 16; 눅 2:4, 15; 요 7:42

베라(Bera) 아브라함 시대의 소돔 왕
창 14:2　　소돔 왕 **베라**와 고모라 왕 비르사와

베레갸(Berekiah)
　　1. 여호야긴의 자손 중 하나
대상 3:20　하수바와 오헬과 **베레갸**와 하사댜와
　　2. 회막에서 찬송하는 직무를 맡았던 사람
대상 6:39　**베레갸**의 아들이요 **베레갸**는 시므아의
　　3. 바벨론에서 귀환한 레위인 중 하나
대상 9:16　여두둔의 증손이며 또 **베레갸**이니
　　4. 다윗 시대의 궤 앞 문지기
대상 15:23 **베레갸**와 엘가나는 궤 앞에서 문을 지키
　　5. 유다 포로를 풀어 주라고 한 에브라임 자손
대하 28:12 아사랴와 무실레못의 아들 **베레갸**와
　　6. 성벽을 수리한 므술람의 아버지
느 3:4　　그 다음은 므세사벨의 손자 **베레갸**의
느 3:30　다음은 **베레갸**의 아들 므술람이 자기와
느 6:18　도비야의 아들 여호하난도 **베레갸**의
　　7. 스가랴 선지자의 아버지
슥 1:1　　여호와의 말씀이 잇도의 손자 **베레갸**의
슥 1:7　　손자 **베레갸**의 아들 선지자 스가랴에

베레스 1(Perez) 유다와 다말 사이에 태어난 아이
창 38:29　하였으므로 그 이름을 **베레스**라 불렀고
룻 4:18　**베레스**의 계보는 이러하니라 **베레스**는
마 1:3　　**베레스**와 세라를 낳고 **베레스**는 헤스론

> 베레스 1 - 기타 본문

창 46:12; 민 26:20, 21; 룻 4:12; 대상 2:4, 5; 4:1; 9:4; 27:3; 느 11:4, 6; 눅 3:33

베레스 2(Peresh) 므낫세 반 지파 중 한 명
대상 7:16　아들을 낳아 그의 이름을 **베레스**라

베레스 3(Peres) 벨사살 왕이 본 벽에 쓰인 글자
단 5:28　**베레스**는 왕의 나라가 나뉘어서 메대와

베레스 웃사(Perez Uzzah) 나곤의 타작마당의 새 이름
삼하 6:8　다윗이 분하여 그 곳을 **베레스 웃사**라
대상 13:11 다윗이 노하여 그 곳을 **베레스 웃사**라

베레야(Berekiah) 회막에서 찬송을 했던 사람
대상 15:17 아들 헤만과 그의 형제 중 **베레야**의

베렛(Bered)
　　1. 지명 : 브엘라해로이 근처 장소
창 16:14　불렀으며 그것은 가데스와 **베렛** 사이에
　　2. 인명 : 수델라의 아들
대상 7:20 수델라요 그의 아들은 **베렛**이요

베로대(Berothai) 수리아에 있는 성읍
삼하 8:8　하닷에셀의 고을 베다와 **베로대**에서

베롯 사람(Berothite) 다윗의 용사인 나하래의 고향
대상 11:39 요압의 무기 잡은 자 **베롯 사람** 나하래

베뢰아(Berea) 데살로니가 서남쪽에 있는 성읍
행 17:10 형제들이 곧 바울과 실라를 **베뢰아**로
행 17:11 **베뢰아**에 있는 사람들은 데살로니가에
행 17:13 바울이 하나님의 말씀을 **베뢰아**에서도
행 20:4　아시아까지 함께 가는 자는 **베뢰아** 사람

베리(Beri) 아셀 지파 사람 중 하나
대상 7:36 하르네벨과 수알과 **베리**와 이므라와

베림(Berite) 세바와 요압 군대가 지나간 성읍
삼하 20:14 아벨과 벧마아가와 **베림** 온 땅에 이르니

베배(Bebai) 에스라와 함께 귀환한 사람
스 8:11　**베배** 자손 중에서는 **베배**의 아들 스가랴
스 10:28 **베배** 자손 중에서는 여호하난과 하나냐
느 10:15 분니, 아스갓, **베배**,

베새 1(Bezai)
　　1. 스룹바벨과 함께 귀환한 사람
스 2:17　**베새** 자손이 삼백이십삼 명이요
느 7:23　**베새** 자손이 삼백이십사 명이요
　　2. 느헤미야와 함께 언약에 인친 족장
느 10:18 호디야, 하숨, **베새**,

1084

베새 2

베새 2(Besai) 스룹바벨과 함께 귀환한 사람
- 스 2:49   웃사 자손과 바세아 자손과 **베새** 자손과
- 느 7:52   **베새** 자손과 므우님 자손과 느비스심

베섹(Bezek)
1. 유다 지파가 가나안인과 브리스인을 죽인 장소
- 삿 1:4   손에 넘겨 주시니 그들이 **베섹**에서
- 삿 1:5   또 **베섹**에서 아도니 베섹을 만나 그와
2. 사울이 길르앗 야베스를 구하기 위해
   군사를 모집한 장소
- 삼상 11:8   사울이 **베섹**에서 그들의 수를 세어 보니

베셀(Bezer)
1. 지명: 도피성이 있었던 르우벤 지파의 땅
- 신 4:43   광야 평원에 있는 **베셀**이라 르우벤
- 수 20:8   르우벤 지파 중에서 평지 광야의 **베셀**과
- 수 21:36   르우벤 지파 중에서 준 것은 **베셀**과 그
- 대상 6:78   르우벤 지파 중에서 광야의 **베셀**과 그
2. 인명: 아셀 지파 사람 중 하나
- 대상 7:37   **베셀**과 훗과 사마와 실사와 이드란과

베스도(Festus) 벨릭스 뒤를 이은 유대 총독
- 행 24:27   보르기오 **베스도**가 벨릭스의 소임을

📖 베스도 – 기타 본문
행 25:1, 3, 4, 6, 9, 12, 13, 14, 22, 23, 24; 26:24, 25, 32

베실(linen)
- 출 25:4   청색 자색 홍색 실과 가는 **베실**과 염소
- 신 22:11   양 털과 **베실**로 섞어 짠 것을 입지 말지

📖 베실 – 기타 본문
출 26:1, 31, 36; 27:16; 28:5, 6, 8, 15, 39; 35:6, 23, 25, 35; 36:8, 35, 37; 38:18, 23; 39:2, 3, 5, 8, 24, 28, 29

베어내다(cut)
- 레 1:12   머리와 그것의 기름을 **베어낼** 것이요
- 왕상 5:6   위하여 레바논에서 백향목을 **베어내**

베옷(linen clothing, linen garment, sackcloth)
- 레 13:47   색점이 발생하여 털옷에나 **베옷**에나
- 레 13:59   털옷에나 **베옷**에나 그 날에나 씨에나
- 삿 14:12   내가 **베옷** 삼십 벌과 겉옷 삼십 벌을
- 삿 14:13   내게 말하지 못하면 너희가 내게 **베옷**
- 느 9:1   모여 금식하며 굵은 **베옷**을 입고 티끌을
- 에 4:1   일을 알고 자기의 옷을 찢고 굵은 **베옷**
- 에 4:2   굵은 **베옷**을 입은 자는 대궐 문에 들어
- 에 4:3   **베옷**을 입고 재에 누운 자가 무수하더라
- 에 4:4   모르드개에게 보내어 그 굵은 **베옷**을
- 시 30:11   **베옷**을 벗기고 기쁨으로 띠 띠우셨나이
- 시 35:13   병들었을 때에 굵은 **베옷**을 입으며 금식
- 사 3:24   **베옷**이 화려한 옷을 대신하고 수치스러
- 사 37:1   듣고 자기의 옷을 찢고 굵은 **베옷**을
- 사 37:2   어른들도 굵은 **베옷**을 입으니라 왕이
- 겔 9:2   그 중의 한 사람은 가는 **베옷**을 입고
- 겔 9:3   여호와께서 그 가는 **베옷**을 입고 서기관
- 겔 9:11   가는 **베옷**을 입고 허리에 먹 그릇을
- 겔 10:2   하나님이 가는 **베옷**을 입은 사람에게
- 겔 10:6   하나님이 가는 **베옷**을 입은 자에게 명령
- 겔 10:7   사이에 있는 불을 집어 가는 **베옷**을
- 겔 44:17   양털 옷을 입지 말고 가는 **베옷**을 입을
- 단 9:3   내가 금식하며 **베옷**을 입고 재를 덮어
- 욜 1:13   너희는 와서 굵은 **베옷**을 입고 밤이
- 욘 3:5   높고 낮은 자를 막론하고 굵은 **베옷**을
- 욘 3:6   왕복을 벗고 굵은 **베옷**을 입고 재 위에
- 욘 3:8   사람이든지 짐승이든지 다 굵은 **베옷**을
- 마 11:21   그들이 벌써 **베옷**을 입고 재에 앉아
- 눅 10:13   그들이 벌써 **베옷**을 입고 재에 앉았
- 눅 16:19   한 부자가 있어 자색 옷과 고운 **베옷**을
- 계 11:3   그들이 굵은 **베옷**을 입고 천이백육십

베짱이(katydid)
- 레 11:22   그 중에 메뚜기 종류와 **베짱이** 종류와

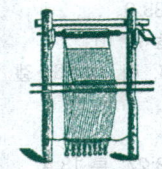

베틀(fabric, weaver)
- 삿 16:13   나의 머리털 일곱 가닥을 **베틀**의 날실에
- 삿 16:14   삼손이 잠을 깨어 **베틀**의 바디와 날실을
- 욥 7:6   나의 날은 **베틀**의 북보다 빠르니 희망

베틀채(weaver's rod)
- 삼상 17:7   창 자루는 **베틀채** 같고 창날은 철 육백
- 삼하 21:19   죽였는데 그 자의 창 자루는 **베틀채**

【 베풀다 】   【 베풀다 】

대상 11:23 그 손에 든 창이 **베틀채** 같으나 그가
대상 20:5 죽였는데 이 사람의 창자루는 **베틀채**

베풀다(prepare, show, hold, give)
삼하 19:37 왕의 처분대로 그에게 **베푸소서** 하니라

삼하 19:38 네가 좋아하는 대로 그에게 **베풀겠고**
시 8:3 주의 하늘과 주께서 **베풀어** 두신 달과
잠 21:26 의인은 아끼지 아니하고 **베푸느니라**
눅 14:12 점심이나 저녁이나 **베풀거든** 벗이나
갈 3:19 중보자의 손으로 **베푸신** 것인데 약속한

'베풀다'와 관련된 성구

거처를 베풀다 - 겔 25:4
계교를 베풀다 - 사 30:1
계략을 베풀다 - 삼하 16:23; 17:7
공의를 베풀다 - 욥 36:6; 시 36:10; 82:3
공평을 베풀다 - 골 4:1
관작을 베풀다 - 에 6:3
교훈을 베풀다 - 욥 36:22; 합 2:19
구원을 베풀다 - 삿 15:18; 삼상 11:13; 시 44:4; 74:12; 98:1; 144:10; 사 26:18; 45:21; 46:13; 49:6; 59:16; 습 3:17; 슥 9:9
권능을 베풀다 - 시 118:15, 16; 행 2:22
규례와 법도를 베풀다 - 신 11:32
긍휼을 베풀다 - 출 33:19; 느 1:5; 시 77:9; 145:9; 애 3:43; 겔 5:11; 8:18; 9:5, 10; 슥 7:9; 롬 11:31, 32; 롬 12:8; 딤후 1:16
기름과 향을 베풀다 - 겔 16:18
꾀를 베풀다 - 시 10:2; 단 8:25
꿀을 베풀다 - 겔 16:19
능력을 베풀다 - 대하 16:9; 사 51:9; 엡 1:19
방도를 베풀다 - 사 16:3
방책을 베풀다 - 삼하 14:14
법을 베풀다 - 시 119:29
법칙을 베풀다 - 욥 38:33
보좌를 베풀다 - 계 4:2
복을 베풀다 - 느 9:35; 렘 33:9
비유를 베풀다 - 겔 24:3; 호 12:10
사랑을 베풀다 - 사 63:15; 렘 30:18; 겔 39:25; 요일 3:1
상을 베풀다 - 사 65:11
선을 베풀다 - 스 8:22; 잠 3:27; 롬 13:4
성실/성실하심을 베풀다 - 시 92:1-3; 98:3; 미 7:20
세례를 베풀다 - 마 3:7, 11; 22:2; 28:19; 막 1:8; 눅 3:16; 요 1:25, 26, 28, 31,

33; 3:22, 23, 26; 10:40; 행 1:5; 8:38; 10:47, 48; 11:16; 19:4; 고전 1:14, 16, 17
식탁을 베풀다 - 창 19:3; 시 78:19; 사 21:5
심판을 베풀다 - 사 66:16; 단 7:10
어둠을 베풀다 - 겔 32:8
연회를 베풀다 - 삿 9:27; 사 25:6; 렘 51:39
영예를 베풀다 - 대상 17:18
은덕을 베풀다 - 시 13:6
은총을 베풀다 - 창 32:10; 삼하 9:1, 3; 10:2; 왕상 2:7; 대하 6:42; 시 40:13; 사 63:7
은혜를 베풀다 - 창 20:13; 24:12, 14; 32:9, 12; 33:11; 40:14; 43:14,29; 출 1:20; 18:9; 20:6; 33:19; 민 6:25; 11:15; 신 5:10; 7:13; 삿 8:35; 21:22; 룻 2:10, 20; 삼하 2:5, 6; 3:8; 왕상 3:6; 8:23, 66; 왕하 13:23; 대하 1:8; 6:14; 7:10; 24:22; 스 9:8; 느 5:19; 에 2:9; 욥 33:26; 시 4:1; 6:2; 9:13; 25:16; 26:11; 30:10; 31:9; 19; 37:21; 26; 41:4, 10; 51:1; 56:1; 57:1; 59:5; 67:1; 77:7, 9; 85:1; 86:3; 15, 16; 102:13; 106:4; 109:12; 112:5; 119:58; 132; 123:2, 3; 잠 3:34; 13:15; 사 27:11; 30:18, 19; 33:2; 렘 16:13; 32:18; 욘 2:8; 슥 8:15; 고후 6:2
음식을 베풀다 - 창 24:33; 왕하 6:23
의를 베풀다 - 골 4:1
이적과 기사/표적을 베풀다 - 신 6:22; 느 9:10; 욜 2:30; 행 2:22
인애를 베풀다 - 신 7:9, 12; 룻 3:10; 시 109:12; 슥 7:9
인자/인자하심을 베풀다 - 창 19:19; 출 34:7; 삼상 20:14; 삼하 22:51; 시 18:50; 33:22; 36:10; 42:8; 98:3; 109:16; 단 9:4

'베풀다'와 관련된 성구

- 자리를 베풀다 – 왕상 2:19
- 자비를 베풀다 – 사 63:7, 15; 눅 10:37
- 잔치를 베풀다 – 창 21:8; 26:30; 40:20; 삿 14:10; 에 1:3, 9; 2:18; 5:4, 5, 8, 12; 6:14; 8:17; 9:17, 18, 19, 22; 욥 1:4; 단 5:1; 눅 14:13, 16
- 장막을 베풀다 – 시 19:4
- 재판을 베풀다 – 슥 8:16
- 정의를 베풀다 – 삼하 15:4; 시 140:12; 사 42:1
- 존귀를 베풀다 – 에 6:3
- 주술을 베풀다 – 전 10:11
- 지략을 베풀다 – 잠 20:18
- 지식을 베풀다 – 잠 15:2
- 지혜를 베풀다 – 욥 39:17; 잠 31:26
- 진리를 베풀다 – 삼하 2:6
- 진실하심을 베풀다 – 창 32:10
- 징조를 베풀다 – 행 2:19
- 추를 베풀다 – 왕하 21:13
- 침상을 베풀다 – 사 57:7
- 평강/평안을 베풀다 – 사 26:12; 렘 33:9
- 할례를 베풀다 – 신 30:6
- 호의를 베풀다 – 대상 19:2
- 화평을 베풀다 – 욥 25:2
- 희락을 베풀다 – 전 10:19

벤(Ben-KJV) 다윗 시대에 법궤 앞에서 악기를 연주하고 찬양하던 사람
대상 15:18 다음으로 그들의 형제 스가랴와 **벤**과

벤게벨(Ben-Geber) 솔로몬 열두 관장 중 하나
왕상 4:13 길르앗 라못에는 **벤게벨**이니 그는

벤데겔(Ben-Deker) 솔로몬의 열두 관장 중 하나
왕상 4:9 벧세메스와 엘론벧하난에는 **벤데겔**이

벤소헷(Ben-Zoheth) 유다 지파 이시의 아들
대상 4:20 이시의 아들들은 소헷과 **벤소헷**이더라

벤아비나답(Ben-Abinadab) 솔로몬의 열두 관장 중 하나
왕상 4:11 돌 높은 땅 온 지방에는 **벤아비나답**이니

벤암미(Ben-Ammi) 롯과 작은 딸 사이에 태어난 아들
창 19:38 작은 딸도 아들을 낳아 이름을 **벤암미**라

벤하난(Ben-Hanan) 유다 지파 시몬의 아들
대상 4:20 시몬의 아들들은 암논과 린나와 **벤하난**

벤하닷(Ben-Hadad) 다메섹 아람 왕을 가리키는 명칭
왕상 15:18 다브림몬의 아들 **벤하닷**에게 보내며

벤하닷 – 기타 본문
왕상 15:20; 20:1, 2, 5, 9, 10, 12, 16, 17, 20, 26, 30, 32, 33, 34; 왕하 6:24; 8:7, 9; 13:3, 24, 25; 대하 16:2, 4; 렘 49:27; 암 1:4

벤하일(Ben-Hail) 여호사밧 왕 당시의 유다 방백 중 하나
대하 17:7 방백들 **벤하일**과 오바댜와 스가랴와

벤헤셋(Ben-Hesed) 솔로몬의 열두 관장 중 하나
왕상 4:10 아룹봇에는 **벤헤셋**이니 소고와 헤벨

벤훌(Ben-Hur) 솔로몬의 열두 관장 중 하나
왕상 4:8 이러하니라 에브라임 산지에는 **벤훌**이

벧가델(Beth Gader) 하렙의 아들
대상 2:51 베들레헴의 아버지 살마와 **벧가델**의

벧가물(Beth Gamul) 모압 성읍
렘 48:23 기랴다임과 **벧가물**과 벧므온과

벧갈(Beth Car) 이스라엘이 블레셋을 추격한 장소
삼상 7:11 블레셋 사람들을 추격하여 **벧갈** 아래에

벧길갈(Beth Gilgal) 예루살렘 성곽을 봉헌할 때 노래한 레위인 중 하나
느 12:29 **벧길갈**과 게바와 아스마웻에서 모여

벧니므라(Beth Nimrah) 요단 동편 갓 지파 성읍
민 32:36 벧니므라와 벧하란들의 견고한 성읍을
수 13:27 골짜기에 있는 벧 하람과 벧니므라와

벧다곤(Beth Dagon)
　　　　1. 유다 지파의 성읍
수 15:41 그데롯과 벧다곤과 나아마와 막게다
　　　　2. 아셀 지파의 서쪽 경계 성읍
수 19:27 해 뜨는 쪽으로 돌아 벧다곤에 이르며

벧답부아(Beth Tappuah) 유다 지파의 산지 성읍
수 15:53 야님과 벧답부아와 아베가와

벧디불라다임(Beth Diblathaim) 모압 성읍
렘 48:22 디본과 느보와 벧디불라다임과

벧르바옷(Beth Lebaoth) 유다 지파의 성읍 중 시므온 지파에게 다시 분배된 성읍
수 19:6 　벧르바옷과 사루헨이니 열세 성읍이요

벧르홉(Beth Rehob) 단 지파에게 분배된 성읍
삼하 10:6 암몬 자손들이 사람을 보내 벧르홉 아람

벧마아가(Beth Maacah) 납달리 지파의 최북단 요새
삼하 20:14 아벨과 벧마아가와 베림 온 땅에 이르니
삼하 20:15 그들이 벧마아가 아벨로 가서 세바를
왕상 15:20 이욘과 단과 아벨 벧마아가와 긴네렛

벧말가봇(Beth Marcaboth) 유다 지파의 성읍 중 시므온 지파에게 다시 분배된 성읍
수 19:5 　시글락과 벧말가봇과 하살수사와
대상 4:31 벧말가봇과 하살수심과 벧비리와

벧메르학(place some distance away) 기드론 시내를 건너기 전에 있던 별궁
삼하 15:17 모든 백성이 다 따라서 벧메르학에 이르

벧므온(Beth Meon) 모압 성읍
렘 48:23 기랴다임과 벧가물과 벧므온과

벧바라(Beth Barah) 벧산 남쪽 요단 강 나루터
삿 7:24 벧바라와 요단 강에 … 모여 벧바라

벧바세스(Beth Pazzez) 잇사갈 지파 성읍
수 19:21 레멧과 엔 간님과 엔핫다와 벧바세스

벧바알므온(Beth Baal Meon) 요단 동편 르우벤 지파 성읍
수 13:17 곧 디본과 바못 바알과 벧바알므온과

벧벨렛(Beth Pelet) 에돔과의 국경 지대에 있는 유다 지파 성읍
수 15:27 하살갓다와 헤스몬과 벧벨렛과
느 11:26 또 예수아와 몰라다와 벧벨렛과

벧비리(Beth Biri) 시므온 지파에게 분배된 성읍
대상 4:31 벧말가봇과 하살수심과 벧비리와

벧산(Beth Shan) 이스르엘 계곡의 동쪽과 요단 계곡이 만나는 지점에 있는 성읍
삼상 31:10 집에 두고 그의 시체는 벧산 성벽에 못
삼상 31:12 사그의 아들들의 시체를 벧산 성벽에서
삼하 21:12 블레셋 사람들이 벧산 거리에 매단 것을

벧세메스(Beth Shemesh, temple of the sun) 유다 지파의 북쪽에 있는 성읍
수 15:10 그살론 곁 북쪽에 이르고 또 벧세메스로

📖 **벧세메스 – 기타 본문**
　　수 19:22, 38; 21:16; 삿 1:33; 삼상 6:9, 12, 13,
　　14, 15, 18, 19, 20; 왕상 4:9; 왕하 14:11, 13; 대상
　　6:59; 대하 25:21, 23; 28:18; 렘 43:13

벧술(Beth Zur)
　1. 지명 : 헤브론 북쪽에 있는 유다 지파 성읍
수 15:58 할훌과 벧술과 그돌과
대하 11:7 벧술과 소고와 아둘람과
느 3:16 다음은 벧술 지방 절반을 다스리는
　　　　2. 인명 : 마온의 아들
대상 2:45 삼매의 아들은 마온이라 마온은 벧술의

벧스안(Beth Shan) 벧산의 다른 이름
수 17:11 벧스안과 그 마을들과 이블르암과 그
수 17:16 모든 가나안 족속에게는 벧스안과 그
삿 1:27 므낫세가 벧스안과 그에 딸린 마을들의
왕상 4:12 벧스안 온 땅은 … 맡았으니 벧스안

【 벧싯다 】　　　　　　　　　　　　　　　　　　【 벧호글라 】

대상 7:29　므낫세 자손의 지계에 가까운 **벧스안**과

미 1:11　사아난 주민은 나오지 못하고 **벧에셀**이

벧싯다(Beth Shittah)　기드온 군대가 미디안 군대를 물리친 장소
삿 7:22　적군이 도망하여 스레라의 **벧싯다**에

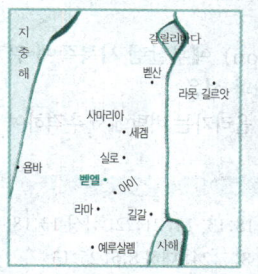

벧엘(Bethel)　야곱이 개명한 예루살렘 북쪽 성읍
창 12:8　거기서 **벧엘** 동쪽 산으로 옮겨 장막을 치니 서쪽은 **벧엘**이요 동쪽은

벧아낫(Beth Anath)　납달리 지파의 성읍
수 19:38　이론과 믹다렐과 호렘과 **벧아낫**과
삿 1:33　납달리는 벧세메스 주민과 **벧아낫** 주민

벧아놋(Beth Anoth)　헤브론 북동쪽에 있는 유다 지파 성읍
수 15:59　마아랏과 **벧아놋**과 엘드곤이니 여섯

■ 벧엘 - 기타 본문
창 13:3; 28:19; 31:13; 35:1, 3, 6, 7, 8, 15, 16; 수 7:2; 8:9, 12, 17; 12:9, 16; 16:1, 2; 18:13, 22; 삿 1:22, 23; 4:5; 20:18, 26, 31; 21:2, 19; 삼상 7:16; 10:3; 13:2; 30:27; 왕상 12:29, 32, 33; 13:1, 4, 10, 11, 32; 16:34; 왕하 2:2, 3, 23; 10:29; 17:28; 23:4, 15, 17, 19; 대상 7:28; 대하 13:19; 스 2:28; 느 7:32; 11:31; 렘 48:13; 호 10:15; 12:4; 암 3:14; 4:4; 5:5, 6; 7:10, 13; 슥 7:2

벧아라바(Beth Arabah)　여리고와 사해 사이에 있는 광야 지대의 성읍
수 15:6　벧 호글라로 올라가서 **벧아라바** 북쪽을
수 15:61　광야에는 **벧아라바**와 밋딘과 스가가와
수 18:22　**벧아라바**와 스마라임과 벧엘과

벧여시못(Beth Jeshimoth)　아모리 왕 시혼의 소유였으나 르우벤 지파에게 분배된 성읍
민 33:49　모압 평지의 진영이 **벧여시못**에서부터
수 12:3　동방 아라바의 바다 곧 염해의 **벧여시못**
수 13:20　벳브올과 비스가 산기슭과 **벧여시못**과
겔 25:9　영화로운 성읍들 **벧여시못**과 바알므온

벧아벨(Beth Arbel)　살만에셀에 의해 훼파된 성읍
호 10:14　살만이 전쟁의 날에 **벧아벨**을 무너뜨린

벧하란(Beth Haran)　갓 지파에게 분배된 성읍
민 32:36　벧니므라와 **벧하란**들의 견고한 성읍을

벧아스마웻(Beth Azmaveth)　베냐민 지파의 성읍
느 7:28　**벧아스마웻** 사람이 사십이 명이요

벧하람(Beth Haram)　갓 지파에게 분배된 모압 평지 성읍
수 13:27　골짜기에 있는 **벧하람**과 벧니므라와

벧아웬(Beth Aven)　믹마스 서편에 있는 성읍
수 7:2　사람을 벧엘 동쪽 **벧아웬** 곁에 있는
수 18:12　넘어서 또 올라가서 **벧아웬** 황무지에
삼상 13:5　올라와 **벧아웬** 동쪽 믹마스에 진 치매
삼상 14:23　구원하시므로 전쟁이 **벧아웬**을 지나니
호 4:15　너희는 길갈로 가지 말며 **벧아웬**으로
호 5:8　**벧아웬**에서 외치기를 베냐민아 네 뒤를
호 10:5　사마리아 주민이 **벧아웬**의 송아지로

벧학게렘(Beth Hakkerem)　예루살렘 동남쪽에 위치한 유다 지파 성읍
느 3:14　분문은 **벧학게렘** 지방을 다스리는 레갑
렘 6:1　드고아에서 나팔을 불고 **벧학게렘**에서

벧에덴(Beth Eden)　아람 성읍
암 1:5　주민들을 끊으며 **벧에덴**에서 규 잡는

벧호글라(Beth Hoglah)　유다 지파 땅과 경계를 이루는 베냐민 지파의 성읍
수 15:6　**벧호글라**로 올라가서 벧 아라바 북쪽을

벧에멕(Beth Emek)　아셀 자손의 성읍
수 19:27　북쪽으로 입다 엘 골짜기를 만나 **벧에멕**

벧에셀(Beth Ezel)　블레셋 평원에 있던 유다 지파 성읍

【 벧호론 】　　　　　　　　　　　　　　　　　　　　　　　　　　　　　【 벳브올 】

수 18:19 　북으로 벧호글라 곁을 지나서 요단 남쪽
수 18:21 　받은 성읍들은 여리고와 벧호글라와

벧호론 (Beth Horon) 예루살렘 서북쪽에 위치한 에브라임 지파 성읍

수 10:10 　벧호론에 올라가는 비탈에서 추격하여

📖 벧호론 - 기타 본문

수 10:11; 16:3, 5; 18:13, 14; 21:22; 삼상 13:18;
왕상 9:17; 대상 6:68; 7:24; 대하 8:5; 25:13

벨 (Bel) 바벨론의 신인 마르둑의 히브리식 이름

사 46:1 　벨은 엎드러졌고 느보는 구부러졌도다
렘 50:2 　바벨론이 함락되고 벨이 수치를 당하며
렘 51:44 　내가 벨을 바벨론에서 벌하고 그가 삼킨

벨드사살 (Belteshazzar) 바벨론 환관장이 부여한 다니엘 이름

단 1:7 　그들의 이름을 고쳐 다니엘은 벨드사살
단 2:26 　왕이 대답하여 벨드사살이라 이름한

📖 벨드사살 - 기타 본문

단 4:8, 9, 18, 19; 5:12; 10:1

벨라 (Bela)

1. 인 명
(1) 브올의 아들인 에돔 왕

창 36:32 　브올의 아들 벨라가 에돔의 왕이 되었
창 36:33 　벨라가 죽고 보스라 사람 세라의 아들
대상 1:43 　브올의 아들 벨라니 그의 도성 이름은
대상 1:44 　벨라가 죽으매 보스라 세라의 아들 요밥

(2) 베냐민의 맏아들

창 46:21 　베냐민의 아들 곧 벨라와 베겔과 아스벨

📖 벨라 1 - (2) - 기타 본문

민 26:38, 40; 대상 7:6, 7; 8:1, 3

(3) 르우벤 지파 아사스의 아들

대상 5:8 　벨라니 벨라는 아사스의 아들이요

2. 지명 : 소알의 본래 지명으로 사해 근처의 성읍

창 14:2 　스보임 왕 세메벨과 벨라 곧 소알 왕과
창 14:8 　아드마 왕과 스보임 왕과 벨라 곧 소알

벨렉 (Peleg) 셈의 자손으로 에벨의 아들

창 10:25 　하나의 이름을 벨렉이라 하였으니 그
　　　　　 때에 세상이 나뉘었음이요 벨렉의 아우
창 11:16 　에벨은 삼십사 세에 벨렉을 낳았고

📖 벨렉 - 기타 본문

창 11:17, 18; 대상 1:19, 25; 눅 3:35

벨렛 (Peleth)

1. 르우벤 사람이며 온의 아버지

민 16:1 　엘리압의 아들 다단과 아비람과 벨렛의

2. 요나단의 아들

대상 2:33 　요나단의 아들들은 벨렛과 사사라

3. 갈렙 집안 야대의 아들

대상 2:47 　아들은 레겜과 요담과 게산과 벨렛과

4. 베냐민 지파 아스마웻 아들

대상 12:3 　또 아스마웻 아들 여시엘과 벨렛과 또

벨리알 (Belial) 사탄

고후 6:15 　그리스도와 벨리알이 어찌 조화되며

벨릭스 (Felix) 유대를 다스리던 로마 총독

행 23:24 　바울을 태워 총독 벨릭스에게로 무사히
행 23:26 　글라우디오 루시아는 총독 벨릭스 각하

📖 벨릭스 - 기타 본문

행 24:3, 22, 24, 25, 27; 25:14

벨사살 (Belshazzar) 바벨론의 마지막 왕

단 5:1 　벨사살 왕이 그의 귀족 천 명을 위하여

📖 벨사살 - 기타 본문

단 5:2, 9, 22, 29, 30; 7:1; 8:1

벳바게 (Bethphage) 감람산 동편에 위치한 성읍

마 21:1 　예루살렘에 가까이 가서 감람 산 벳바게
막 11:1 　예루살렘에 가까이 와서 감람 산 벳바게
눅 19:29 　감람원이라 불리는 산쪽에 있는 벳바게

벳브올 (Beth Peor) 벧브올의 다른 이름

신 3:29 　그 때에 우리가 벳브올 맞은편 골짜기에
신 4:46 　요단 동쪽 벳브올 맞은편 골짜기에서
신 34:6 　벳브올 맞은편 모압 땅에 있는 골짜기에

【 벳새다 】 　　　　　　　　　　　　【 변경하다 】

수 13:20　벳브올과 비스가 산기슭과 벧여시못과

벳새다(Bethsaida)　요단 강 동편 성읍
마 11:21　고라신아 화 있을진저 **벳새다**야,
막 6:45　배 타고 앞서 건너편 **벳새다**로 가게
막 8:22　**벳새다**에 이르매 사람들이 맹인 한 사람
눅 9:10　예수께 여쭈니 데리시고 따로 **벳새다**
눅 10:13　고라신아, 화 있을진저 **벳새다**야,
요 1:44　안드레와 베드로와 한 동네 **벳새다**
요 12:21　그들이 갈릴리 **벳새다** 사람 빌립에게

벼룩(flea)
삼상 24:14　누구의 뒤를 쫓나이까 죽은 개나 **벼룩**을
삼상 26:20　이스라엘 왕이 한 **벼룩**을 수색하러 나오

벼리다(sharpen)
삼상 13:20　삽이나 도끼나 괭이를 **벼리려면**

벽(壁, wall, jamb)
출 14:22　걸어가고 물은 그들의 좌우에 **벽이**
레 14:37　색점을 볼 때에 그 집 **벽**에 푸르거나
　　　　　붉은 무늬의 색점이 있어 **벽**보다 우묵
삼상 18:11　내가 다윗을 **벽**에 박으리라 하고 사울이
왕상 6:5　성전의 **벽** 곧 성소와 지성소의 **벽**에
왕하 20:2　히스기야가 낯을 **벽**으로 향하고 여호
대상 29:4　순은 칠천 달란트라 모든 성전 **벽**에
스 5:8　성전을 큰 돌로 세우며 **벽**에 나무를
아 2:9　우리 **벽** 뒤에 서서 창으로 들여다보며
사 38:2　히스기야가 얼굴을 **벽**으로 향하고
겔 8:10　이스라엘 족속의 모든 우상을 그 사방 **벽**
겔 23:14　**벽**에 그린 사람의 형상 곧 갈대아 사람
겔 40:7　각방 사이 **벽**이 다섯 척이며 안쪽 문
겔 41:5　성전의 **벽**을 측량하니 두께가 여섯 척이
겔 41:6　그 삼면 골방이 성전 **벽** 밖으로 그 **벽**
　　　　　에 붙어 있는데 성전 **벽** 속을 뚫지는
겔 41:9　성전에 붙어 있는 그 골방 바깥 **벽** 두께
암 5:19　집에 들어가서 손을 **벽**에 대었다가 뱀에

📖 벽 – 기타 본문
출 14:29; 레 14:39; 삼상 19:10; 20:25; 왕상 6:6,
15, 27, 29, 31, 33; 대하 3:7, 11, 12; 겔 40:9, 10,
12, 16, 21, 24, 26, 29, 31, 33, 34, 36, 37, 38, 48,
49; 41:1, 2, 3, 12, 13, 16, 17, 20, 25; 46:2

벽돌(brick)
창 11:3　서로 말하되 자, **벽돌**을 만들
　　　　　어 견고히 굽자 하고 이에 **벽돌**로
출 1:14　흙 이기기와 **벽돌** 굽기와 농사
출 5:7　백성에게 다시는 **벽돌**에 쓸
출 5:8　또 그들이 전에 만든 **벽돌**
출 5:14　오늘에 만드는 **벽돌**의
출 5:16　그들이 우리에게 **벽돌**을
출 5:18　**벽돌**은 너희가 수량대로
출 5:19　너희가 매일 만드는 **벽돌**
삼하 12:31　톱질과 써레질과 철도끼질과 **벽돌** 구이
사 9:10　**벽돌**이 무너졌으나 우리는 다듬은 돌로
렘 43:9　바로의 궁전 대문의 **벽돌**로 쌓은 축대에
나 3:14　진흙에 들어가서 흙을 밟아 **벽돌** 가마를

벽옥(碧玉, jasper)
출 28:20　넷째 줄은 녹보석 호마노 **벽옥**으로 다
출 39:13　넷째 줄은 녹보석 호마노 **벽옥**이라 다
욥 28:18　진주와 **벽옥**으로도 비길 수 없나니 지혜
계 4:3　앉으신 이의 모양이 **벽옥**과 홍보석 같고
계 21:11　성의 빛이 지극히 귀한 보석 같고 **벽옥**
계 21:18　성곽은 **벽옥**으로 쌓였고 그 성은 정금
계 21:19　첫째 기초석은 **벽옥**이요 둘째는 남보석

변개하다(變改, change, repeal)
삼상 15:29　지존자는 거짓이나 **변개함**이 없으시
　　　　　니 … 결코 **변개하지** 않으심이니이다
에 1:19　바사와 메대의 법률에 기록하여 **변개함**

변경(邊境, border, region)
민 20:23　여호와께서 에돔 땅 **변경** 호르 산에서
민 22:36　발람이 온다 함을 듣고 모압 **변경**의 끝
민 33:37　가데스를 떠나 에돔 땅 **변경**의 호르 산에
민 33:44　오봇을 떠나 모압 **변경** 이예아바림에
신 2:18　네가 오늘 모압 **변경** 아르를 지나리니
사 19:19　그 **변경**에는 여호와를 위하여 기둥이
겔 11:10　이스라엘 **변경**에서 너희를 심판하리
겔 11:11　너희를 이스라엘 **변경**에서 심판하리
옵 1:7　약조한 모든 자들이 다 너를 쫓아 **변경**

변경하다(變更, change)
창 31:7　속여 품삯을 열 번이나 **변경하였느니라**
레 27:10　그것을 **변경하여** 우열 간 바꾸지 못할

변덕스럽다

변덕스럽다(變德, undependable)
욥 6:15 내 형제들은 개울과 같이 **변덕스럽고**

변돈(usury)
겔 22:12 네가 **변돈**과 이자를 받았으며 이익을

변동되다(變動, not ~ remain)
히 12:27 만드신 것들이 **변동될** 것을 나타내심이

변두리(outskirt)
수 3:16 매우 멀리 있는 아담 성읍 **변두리**에
삼상 14:2 사울이 기브아 **변두리** 미그론에 있는
대상 5:16 모든 들에 거주하여 그 사방 **변두리**에

변론/-하다(辯論, argue, dispute, debate, reason)
삼하 19:9 이스라엘 모든 지파 백성들이 **변론하여**
욥 9:3 하나님께 **변론하기를** 좋아할지라도
욥 10:2 까닭으로 나와 더불어 **변론하시는지**
욥 13:3 말씀하려 하며 하나님과 **변론하려** 하노
욥 13:6 너희는 나의 **변론을** 들으며 내 입술의
욥 13:8 따르려느냐 그를 위하여 **변론하려느냐**
욥 13:19 나와 **변론할** 자가 누구이랴 그러면 내가
욥 15:3 이야기, 무익한 말로 **변론하겠느냐**
욥 23:4 그 앞에서 내가 호소하며 **변론할** 말을
욥 23:7 거기서는 정직한 자가 그와 **변론할** 수
잠 25:9 너는 이웃과 다투거든 **변론만** 하고 남의
사 1:18 말씀하시되 오라 우리가 서로 **변론하자**
사 3:13 여호와께서 **변론하러** 일어나시며 백성
사 43:26 우리가 함께 **변론하자** 너는 말하여 네가
렘 12:1 여호와와 내가 주와 **변론할** 때에는 주께
미 6:1 너는 일어나서 산을 향하여 **변론하여**
미 6:2 **변론을** 들으라 여호와께서 자기 백성과 **변론하시며** 이스라엘과 **변론하실**
합 1:3 겁탈과 강포가 내 앞에 있고 **변론과** 분쟁
막 9:14 서기관들이 그들과 더불어 **변론하고**
막 9:16 너희가 무엇을 그들과 **변론하느냐**
막 12:28 서기관 중 한 사람이 그들이 **변론하는**
눅 9:46 제자 중에서 누가 크냐 하는 **변론이**
눅 9:47 예수께서 그 마음에 **변론하는** 것을 아시
요 3:25 더불어 정결예식에 대하여 **변론이**
행 9:29 유대인들과 함께 말하며 **변론하니**
행 15:2 그들 사이에 적지 아니한 다툼과 **변론이**
행 15:7 많은 **변론이** 있은 후에 베드로가 일어나

행 17:17 날마다 만나는 사람들과 **변론하니**
행 18:19 회당에 들어가서 유대인들과 **변론하니**
행 24:12 그들은 내가 성전에서 누구와 **변론하는**
딤전 1:4 경륜을 이룸보다 도리어 **변론을** 내는
딤전 6:4 교만하여 아무 것도 알지 못하고 **변론과**
딤후 2:23 어리석고 무식한 **변론을** 버리라 이에서
딛 3:9 그러나 어리석은 **변론과** 족보 이야기와
유 1:9 시체에 관하여 마귀와 다투어 **변론할**

변론가(辯論家, philosopher)
고전 1:20 선비가 어디 있느냐 이 세대에 **변론가**

변리(邊利, interest, usury)
잠 28:8 중한 **변리로** 자기 재산을 늘이는 것은
겔 18:8 **변리를** 위하여 꾸어 주지 아니하며 이자
겔 18:13 **변리를** 위하여 꾸어 주거나 이자를 받거
겔 18:17 가난한 자를 압제하지 아니하며 **변리나**

변명/-하다(辨明, plea, defense)

욥 13:6 내 입술의 **변명을** 들어
욥 31:35 누구든지 나의 **변명을**
눅 21:14 그러므로 너희는 **변명할** 것을 미리 궁리
행 19:33 손짓하며 백성에게 **변명하려** 하나
행 22:1 내가 지금 여러분 앞에서 **변명하는** 말을
행 24:10 내 사건에 대하여 기꺼이 **변명하나이다**
행 25:8 바울이 **변명하여** 이르되 유대인의
행 25:16 고소 사건에 대하여 **변명할** 기회가 있기
행 26:1 하니 이에 바울이 손을 들어 **변명하되**
행 26:2 오늘 당신 앞에서 **변명하게** 된 것을
행 26:24 바울이 이같이 **변명하매** 베스도가 크게
롬 2:15 혹은 **변명하여** 그 마음에 새긴 율법을
고전 9:3 나를 비판하는 자들에게 **변명할** 것이
고후 12:19 너희는 이 때까지 우리가 자기 **변명을**
빌 1:7 나의 매임과 복음을 **변명함과** 확정함에
딤후 4:16 내가 처음 **변명할** 때에 나와 함께 한

변박하다(辨駁, contradict)
눅 21:15 모든 대적이 능히 대항하거나 **변박할**

변방(邊方, territory, border)
민 20:16 이제 우리가 당신의 **변방** 모퉁이 한

【 변소 】 　　　　　　　　　　　　　　　　　　　【 변하다 】

대하 26:8　매우 강성하여 이름이 애굽 **변방**까지

변소(便所, latrine)
신 23:12　네 진영 밖에 **변소**를 마련하고 그리로
왕하 10:27　바알의 신당을 헐어서 **변소**를 만들었더

변장하다(變裝, disguise)
삼상 28:8　다른 옷을 입어 **변장**하고 두 사람
왕상 14:2　일어나 **변장**하여 사람들이 그대가
왕상 20:38　수건으로 자기의 눈을 가리어 **변장**하고
왕상 22:30　나는 **변장**하고 … 왕이 **변장**하고 전쟁터
대하 18:29　나는 **변장**하고 … 왕이 **변장**하고 둘이
대하 35:22　떠나기를 싫어하고 오히려 **변장**하고

변조하다(變造, change)
스 6:11　명령을 **변조**하면 그의 집에서 들보를
스 6:12　왕들이나 백성이 이 명령을 **변조**하고

변증하다(辨證, clear, defense)
고후 7:11　얼마나 **변증**하게 하며 얼마나 분하게
빌 1:16　이들은 내가 복음을 **변증**하기 위하여

변질하다(變質, dull)
애 4:1　금이 빛을 잃고 순금이 **변질**하였으며

변하다(變, downcast, change, turn, pervert)
구약
창 4:5　가인이 몹시 분하여 안색이 **변하**니
창 4:6　분하여 함은 어찌 됨이며 안색이 **변함**
출 7:17　나일 강을 치면 그것이 피로 **변하**고
출 7:20　나일 강을 치니 그 물이 다 피로 **변하**고
출 14:5　그 백성에 대하여 마음이 **변하**여 이르되
레 13:5　그가 보기에 그 환부가 **변하**지 아니하고
레 13:16　생살이 **변하**여 다시 희어지면 제사장에
레 13:55　빤 곳을 볼지니 그 색점의 빛이 **변하**지
신 23:5　여호와께서 그 저주를 **변하**여 복이 되게
삼상 10:6　너도 그들과 함께 예언을 하고 **변하**여
삼상 21:13　그들 앞에서 그의 행동을 **변하**여 미친
에 9:22　**변하**여 기쁨이 되고 애통이 **변하**여
욥 14:20　얼굴 빛을 **변하**게 하시고 쫓아보내시
욥 20:14　그의 음식이 창자 속에서 **변하**며 뱃속
욥 28:5　나오나 그 밑은 불처럼 **변하**였도다
욥 38:14　**변하**여 진흙에 인친 것같이 되었고

시 15:4　서원한 것은 해로울지라도 **변하**지
시 30:11　주께서 나의 슬픔이 **변하**여 내게 춤이
시 46:2　그러므로 땅이 **변하**든지 산이 흔들려
시 55:19　그들은 **변하**지 아니하며 하나님을 경외
시 66:6　하나님이 바다를 **변하**여 육지가 되게
시 78:44　그들의 강과 시내를 피로 **변하**여 그들로
시 89:34　입술에서 낸 것은 **변하**지 아니하리로다
시 105:25　또 그 대적들의 마음이 **변하**게 하여
시 105:29　그들의 물도 **변하**여 피가 되게 하사
시 107:33　**변하**여 광야가 되게 … 샘이 **변하**여
시 107:34　주민의 악으로 말미암아 옥토가 **변하**여
시 107:35　광야가 **변하**여 … 마른 땅이 **변하**여
시 109:7　나오게 하시며 그의 기도가 죄로 **변하**게
시 110:4　여호와는 맹세하고 **변하**지 아니하시리
시 132:11　다윗에게 성실히 맹세하셨으니 **변하**지
전 8:1　그의 얼굴의 사나운 것이 **변하**느니라
사 21:4　희망의 서광이 **변하**여 내게 떨림이 되도
사 29:17　레바논이 기름진 밭으로 **변하**지 아니
사 31:2　그의 말씀들을 **변하**게 하지 아니하시고
사 34:9　에돔의 시내들은 **변하**여 역청이 되고
사 35:7　사막이 **변하**여 … 메마른 땅이 **변하**여
렘 13:16　너희 바라는 빛이 사망의 그늘로 **변하**여
렘 13:23　그의 반점을 **변하**게 할 수 있느냐
렘 34:11　그들의 뜻이 **변하**여 자유를 주었던 노비
렘 48:11　맛이 남아 있고 냄새가 **변하**지 아니하
애 5:15　기쁨이 그쳤고 우리의 춤은 **변하**여 슬픔
단 2:9　내 앞에서 꾸며 말하여 때가 **변하**기를
단 3:27　겉옷 빛도 **변하**지 아니하였고 불 탄
단 4:16　그 마음은 **변하**여 사람의 마음 같지
단 5:6　이에 왕의 즐기던 얼굴 빛이 **변하**고
단 5:9　그의 얼굴빛이 **변하**였고 귀족들도 다
단 5:10　번민하게 하지 말며 얼굴빛을 **변할** 것도
단 6:26　계시는 하나님이시요 영원히 **변하**지
단 7:28　내 얼굴빛이 **변하**였으나 내가 이 일을
단 10:8　아름다운 빛이 **변하**여 썩은 듯하였고
호 4:7　내가 그들의 영화를 **변하**여 욕이 되게
욜 2:31　어두워지고 달이 핏빛같이 **변하**려니와
암 8:3　그 날에 궁전의 노래가 애곡으로 **변할**
암 8:10　너희 모든 노래를 애곡으로 **변하**게
슥 8:19　달의 금식과 열째 달의 금식이 **변하**여
말 3:6　여호와는 **변하**지 아니하나니 그러므로
신약
행 2:20　해가 **변하**여 어두워지고 달이 **변하**여

1093

【 변형되다 】　　　　　　　　　　　**【 별 1 】**

갈 1:7　교란하여 그리스도의 복음을 **변하**게
엡 6:24　우리 주 예수 그리스도를 **변함** 없이 사랑
빌 3:21　자기 영광의 몸의 형체와 같이 **변하**게
히 1:12　그것들은 옷과 같이 **변할** 것이나 주는
히 6:17　그 뜻이 **변하지** 아니함을 충분히 나타
히 6:18　두 가지 **변하지** 못할 사실로 말미암아
약 1:17　**변함**도 없으시고 회전하는 그림자도
계 11:6　권능을 가지고 물을 피로 **변하**게 하고

변형되다(變形, transfigure)
마 17:2　그들 앞에서 **변형되사** 그 얼굴이 해
막 9:2　올라가셨더니 그들 앞에서 **변형되사**

변호하다(辯護, uphold, plead, vindicate)
시 9:4　나의 의와 송사를 **변호하셨으며** 보좌
시 43:1　나라에 대하여 내 송사를 **변호하시며**
시 54:1　하시고 주의 힘으로 나를 **변호하소서**
시 119:154 주께서 나를 **변호하시고** 나를 구하사
시 140:12 여호와는 고난 당하는 자를 **변호해** 주시
사 1:17　신원하며 과부를 위하여 **변호하라** 하셨
렘 22:16　그는 가난한 자와 궁핍한 자를 **변호하고**

변호사(辯護士, lawyer)
행 24:1　아나니아가 어떤 장로들과 한 **변호사**

변화/~하다/~되다(變化, change, transform)
눅 9:29　기도하실 때에 용모가 **변화되고** 그 옷이
롬 12:2　말고 오직 마음을 새롭게 함으로 **변화**를
고전 15:51 나팔에 순식간에 홀연히 다 **변화되리니**
고전 15:52 다시 살아나고 우리도 **변화되리라**
고후 3:18 그와 같은 형상으로 **변화하여** 영광에서

별 1(star)
구약
창 1:16　밤을 주관하게 하시며 또 **별들**을
창 22:17　씨가 크게 번성하여 하늘의 **별**과 같이
창 26:4　네 자손을 하늘의 **별**과 같이 번성하게
창 37:9　내가 또 꿈을 꾼즉 해와 달과 열한 **별**이
출 32:13　내가 너희의 자손을 하늘의 **별**처럼 많게
민 24:17　한 **별**이 야곱에게서 나오며 한 규가
신 1:10　너희가 오늘날 하늘의 **별같이** 많거니와
신 4:19　눈을 들어 해와 달과 **별들**, 하늘 위의

신 10:22　여호와께서 너를 하늘의 **별같이** 많게
신 28:62　너희가 하늘의 **별같이** 많을지라도 네
삿 5:20　**별들**이 하늘에서부터 싸우되 그들이
왕하 23:5 **별** 떼와 하늘의 모든 **별**에게 분향하는
대상 27:23 이스라엘 사람을 하늘의 **별같이** 많게
느 4:21　무리의 절반은 동틀 때부터 **별**이 나기
느 9:23　주께서 그들의 자손을 하늘의 **별같이**
욥 9:7　명령하여 뜨지 못하게 하시며 **별들**을
욥 22:12　아니하냐 보라 우두머리 **별**이 얼마나
욥 25:5　달이라도 빛을 발하지 못하고 **별**도 빛나
욥 38:7　새벽 **별들**이 기뻐 노래하며 하나님의
욥 38:32　북두성을 다른 **별들**에게로 이끌어 갈
시 8:3　주께서 베풀어 두신 달과 **별들**을 내가
시 136:9　달과 **별들**로 밤을 주관하게 하신 이에
시 147:4　그가 **별들**의 수효를 세시고 그것들을
시 148:3　해와 달아 그를 찬양하며 밝은 **별들**아
전 12:2　해와 빛과 달과 **별들**이 어둡기 전에,
사 13:10　하늘의 **별들**과 **별** 무리가 그 빛을 내지
사 14:13　내가 하늘에 올라 하나님의 뭇 **별** 위에
사 47:13　하늘을 살피는 자와 **별**을 보는 자와
렘 8:2　경배하던 해와 달과 하늘의 뭇 **별** 아래
렘 31:35　해를 낮의 빛으로 주셨고 달과 **별들**을
겔 32:7　하늘을 가리어 **별**을 어둡게 하며 해를
단 8:10　그 군대와 **별들** 중의 몇을 땅에 떨어뜨
단 12:3　옳은 데로 돌아오게 한 자는 **별**과 같이
욜 2:10　해와 달이 캄캄하며 **별들**이 빛을 거두
욜 3:15　달이 캄캄하며 별들이 그 빛을 거두는
암 5:26　너희를 위하여 만든 신들의 **별** 형상을
옵 1:4　네가 독수리처럼 높이 오르며 **별** 사이에
나 3:16　네가 네 상인을 하늘의 **별보다** 많게
습 1:5　지붕에서 하늘의 뭇 **별에게** 경배하는

신약
마 2:2　우리가 동방에서 그의 **별**을 보고 그에게
마 2:7　가만히 박사들을 불러 **별**이 나타난
마 2:9　동방에서 보던 그 **별**이 문득 앞서
마 2:10　그들이 **별**을 보고 매우 크게 기뻐하고
마 24:29　달이 빛을 내지 아니하며 **별들**이 하늘
막 13:25　**별들**이 하늘에서 떨어지며 하늘에 있는
행 7:43　몰록의 장막과 신 레판의 **별**을 받들었음
행 27:20　여러 날 동안 해도 **별도** 보이지 아니하
고전 15:41 **별**의 영광도 다른데 **별과 별**의 영광
히 11:12　하늘의 허다한 **별과** 또 해변의 무수한
유 1:13　캄캄한 흑암으로 돌아갈 유리하는 **별들**

【 별 2 】　　　　　　　　　　　　　　　　　　　　　　　　　【 병 1 】

계 1:16　그의 오른손에 일곱 **별**이 있고 그의
계 1:20　**별**의 비밀과 또 일곱 금 촛대라 일곱 **별**
계 2:1　오른손에 있는 일곱 **별**을 붙잡고 일곱
계 3:1　하나님의 일곱 영과 일곱 **별**을 가지신
계 6:13　하늘의 **별**들이 무화과나무가 대풍에
계 8:10　횃불같이 타는 큰 **별**이 하늘에서 떨어
계 8:11　이 **별** 이름은 쓴 쑥이라 물의 삼분의
계 8:12　달 삼분의 일과 **별**들의 삼분의 일이
계 9:1　하늘에서 땅에 떨어진 **별** 하나가 있는데
계 12:1　달이 있고 그 머리에는 열두 **별**의 관을
계 12:4　그 꼬리가 하늘의 **별** 삼분의 일을 끌어

별 2(別, by)
민 1:3　너와 아론은 그 진영 **별**로 계수하되

― 기타 본문

민 1:18, 52; 2:3; 10:14, 18, 22, 25; 삼상 10:21

별궁(別宮, separate house)
왕하 15:5　죽는 날까지 나병환자가 되어 **별궁**에
대하 26:21　여호와의 전에서 끊어져 **별궁**에 살았

별다르다(another)
히 7:15　멜기세덱과 같은 **별다른** 한 제사장이

별도(別途, beside—KJV)
신 18:8　그가 조상의 것을 판 것은 **별도**의 소유

별명(別名, called, known)
창 25:30　그러므로 에서의 **별명**은 에돔이더라
행 1:23　바사바라고도 하고 **별명**은 유스도라고

별미(別味, tasty food, choicest meal)
창 27:4　즐기는 **별미**를 만들어 내게로 가져와서
창 27:7　나를 위하여 사냥하여 가져다가 **별미**를
창 27:9　아버지를 위하여 그가 즐기시는 **별미**를
창 27:14　아버지가 즐기는 **별미**를 만들었더니
창 27:17　자기가 만든 **별미**와 떡을 자기 아들
창 27:31　그가 **별미**를 만들어 아버지께로 가지
욥 33:20　음식을 싫어하고 그의 마음은 **별미**를

별세하다(別世, departure)
눅 9:31　장차 예수께서 예루살렘에서 **별세하실**

별식(別食, choice morsel)
잠 18:8　남의 말하기를 좋아하는 자의 말은 **별식**
잠 26:22　남의 말하기를 좋아하는 자의 말은 **별식**

별실(別室, house)
삼하 20:3　지키게 한 후궁 열 명을 잡아 **별실**에

별자리(constellation)
욥 38:32　너는 **별자리**들을 각각 제 때에 이끌어

병 1(病, sickness, sore, ill, disease, plague)
구약
출 23:25　복을 내리고 너희 중에서 **병**을 제하리니
레 13:3　제사장은 그 피부의 **병**을 진찰할지니
레 13:7　제사장에게 보인 후에 **병**이 피부에 퍼지
레 13:8　제사장은 진찰할지니 그 **병**이 피부에
레 13:22　그 **병**이 크게 피부에 퍼졌으면 제사장은
레 13:27　만일 **병**이 크게 피부에 퍼졌으면 그가
레 13:46　**병** 있는 날 동안은 늘 부정할 것이라
삼상 6:3　드려야 할지니라 그리하면 **병**도 낫고
삼하 13:2　다말 때문에 울화로 말미암아 **병**이 되니
왕하 8:8　하나님의 사람을 맞이하고 내가 이 **병**을
대하 16:12　**병**이 있을 때에 그가 여호와께 구하지
대하 21:15　창자에 중병이 들고 그 **병**이 날로 중하
대하 21:18　능히 고치지 못할 **병**이 그 창자에 들게
대하 21:19　그 **병**으로 말미암아 … 그 심한 **병**으로
대하 22:6　아합의 아들 요람이 **병**이 있으므로 유다
느 2:2　왕이 내게 이르시되 네가 **병**이 없거늘
욥 27:15　그 남은 자들은 죽음의 **병**이 돌 때에
잠 18:14　사람의 심령은 그의 **병**을 능히 이기려
전 6:2　누리나니 이것도 헛되이 악한 **병**이
렘 16:4　그들은 독한 **병**으로 죽어도 아무도 슬퍼
호 5:13　에브라임이 자기의 **병**을 깨달으며 유다
신약
마 8:17　연약한 것을 친히 담당하시고 **병**을 짊어
마 9:35　복음을 전파하시며 모든 **병**과 모든
막 3:10　**병**으로 고생하는 자들이 예수를 만지고
막 5:34　평안히 가라 네 **병**에서 놓여 건강할지
눅 13:12　여자여 네가 네 **병**에서 놓였다 하시고
요 5:6　예수께서 그 누운 것을 보시고 **병**이
요 11:4　예수께서 들으시고 이르시되 이 **병**은
행 19:12　**병**든 사람에게 얹으면 그 **병**이 떠나고
딤전 5:23　네 위장과 자주 나는 **병**을 위하여는

1095

병 2

'병 1'과 관련된 성구

병 고침을 받다 – 눅 5:15; 6:17; 8:2
병에 걸리다 – 마 4:24; 요 5:4
병(을) 고치다 – 시 41:3; 103:3; 마 4:23;
　　10:1; 12:10, 15; 19:2; 눅 5:17;
　　6:7; 9:1, 6, 11; 13:14, 32; 14:3;
　　요 4:47; 고전 12:9, 28, 30
병을 낫게 하다 – 행 4:30
병이 나다 – 아 5:8; 호 7:5
병이 낫다 – 왕하 1:2; 8:9; 사 38:9; 막
　　5:29; 요 5:10; 행 4:14, 22; 약 5:16
병(이) 들다 – 삼상 30:13; 왕상 15:23; 시
　　41:8; 막 1:34; 눅 7:2
병이 생기다 – 왕하 8:29; 아 2:5
죽을 병 – 왕하 13:14; 요 11:4

병 2 (瓶, pitcher, flask, pot, jug)

출 25:29　너는 대접과 숟가락과 **병**과 붓는 잔을
출 37:16　대접과 숟가락과 잔과 따르는 **병**을 순금
삼상 10:1　사무엘이 기름 **병**을 가져다가 사울의
삼상 16:13 사무엘이 기름 뿔 **병**을 가져다가 그
왕상 14:3　과자와 꿀 한 **병**을 가지고 그에게로
왕상 17:12 가루 한 움큼과 **병**에 기름 조금 뿐이라
왕상 17:14 그 **병**의 기름이 없어지지 아니하리라
왕상 17:16 떨어지지 아니하고 **병**의 기름이 없어
왕상 19:6　머리맡에 숯불에 구운 떡과 한 **병** 물이
왕하 9:1　너는 허리를 동이고 이 기름 **병**을 손에
왕하 9:3　기름 **병**을 가지고 그의 머리에 부으며
욥 41:31　끓음 같게 하며 바다를 기름 **병**같이
시 56:8　계수하셨사오니 나의 눈물을 주의 **병**에
렘 48:12　그릇을 비게 하고 그 **병**들을 부수리니

병거 (兵車, chariot)
모세오경, 역사서

창 50:9　**병거**와 기병이 요셉을 따라 올라가니 그
출 14:6　바로가 곧 그의 **병거**를 갖추고 그의
출 14:7　**병거** 육백 대와 애굽의 모든 **병거**를
출 14:9　애굽 사람들과 바로의 말들, **병거**들과
출 14:17 바로와 그의 모든 군대와 그의 **병거**와
출 14:18　바로와 그의 **병거**와 마병으로 말미암아
출 14:23　애굽 사람들과 바로의 말들, **병거**들과
출 14:25　그들의 **병거** 바퀴를 벗겨서 달리기가
출 14:26　물이 애굽 사람들과 그들의 **병거**들과
출 14:28　물이 다시 흘러 **병거**들과 기병들을 덮되
출 15:4　그가 바로의 **병거**와 그의 군대를 바다에
출 15:19　바로의 말과 **병거**와 마병이 함께 바다에
신 11:4　애굽 군대와 그 말과 그 **병거**에 행하신
신 20:1　적군과 싸우려 할 때에 말과 **병거**와
수 11:4　모래 같이 말과 **병거**도 심히 많았으며
수 11:6　말 뒷발의 힘줄을 끊고 그들의 **병거**를
수 11:9　말 뒷발의 힘줄을 끊고 그들의 **병거**를
수 17:16　거주하는 자이든지 다 철 **병거**가 있나
수 17:18　가나안 족속이 비록 철 **병거**를 가졌고
수 24:6　애굽 사람들이 **병거**와 마병을 거느리고
삿 1:19　골짜기의 주민들은 철 **병거**가 있으므로
삿 4:3　야빈 왕은 철 **병거** 구백 대가 있어 이십
삿 4:7　야빈의 군대 장관 시스라와 그의 **병거**
삿 4:13　시스라가 모든 **병거** 곧 철 **병거** 구백 대
삿 4:15　모든 **병거**와 … 시스라가 **병거**에서
삿 4:16　바락이 그 **병거**들과 군대를 추격하여
삿 5:28　**병거**가 어찌하여 더디 오는가 그의 **병거**
삼상 8:11　그의 **병거**와 말을 어거하게 … 그 **병거**
삼상 8:12　자기 무기와 **병거**의 장비도 만들게 할
삼상 13:5　**병거**가 삼만이요 마병이 육천 명이요
삼하 1:6　사울이 자기 창에 기대고 **병거**와 기병은
삼하 8:4　**병거** 일백 대 … 그 외의 **병거**의 말을
삼하 10:18 다윗이 아람 **병거** 칠백 대와 마병 사만
삼하 15:1　압살롬이 자기를 위하여 **병거**와 말들
왕상 1:5　자기를 위하여 **병거**와 기병과 호위병
왕상 4:26　솔로몬의 **병거**의 말 외양간이 사만이
왕상 7:33　그 바퀴의 구조는 **병거** 바퀴의 구조
왕상 9:22　고관과 대장이며 **병거**와 마병의 지휘관
왕상 10:26 솔로몬이 **병거**와 마병을 모으매 **병거**가
왕상 10:29 애굽에서 들여온 **병거**는 한 대에 은
왕상 16:9　**병거** 절반을 통솔한 지휘관 시므리가
왕상 20:1　함께 있고 또 말과 **병거**들이 있더라
왕상 20:21 이스라엘 왕이 나가서 말과 **병거**를 치고
왕상 20:25 말은 말대로, **병거**는 **병거**대로 보충하고
왕상 20:33 왕에게 나아오니 왕이 그를 **병거**에
왕상 22:31 아람 왕이 그의 **병거**의 지휘관 삼십
왕상 22:32 **병거**의 지휘관들이 여호사밧을 보고
왕상 22:33 **병거**의 지휘관들이 그가 이스라엘
왕상 22:34 왕이 그 **병거** 모는 자에게 이르되 내
왕상 22:35 **병거** 가운데에 … 피가 흘러 **병거** 바닥
왕상 22:38 그 **병거**를 사마리아 못에서 씻으매

【 병거 】　　　　　　　　　　　　　　　　　　　　　　　　　　　　　　【 병거성 】

왕하 2:12	아버지여 이스라엘의 **병거**와 그 마병	시 68:17	하나님의 **병거**는 천천이요 만만이라
왕하 5:9	나아만이 이에 말들과 **병거**들을 거느	시 76:6	주께서 꾸짖으시매 **병거**와 말이 다 깊이
왕하 6:14	왕이 이에 말과 **병거**와 많은 군사를	아 1:9	사랑아 내가 너를 바로의 **병거**의 준마
왕하 6:15	말과 **병거**가 성읍을 에워쌌는지라	사 2:7	땅에는 마필이 가득하고 **병거**가 무수하
왕하 6:17	그가 보니 불 말과 불 **병거**가 산에 가득	사 5:28	그들의 말굽은 부싯돌 같고 **병거** 바퀴는
왕하 7:6	아람 군대로 **병거** 소리와 말 소리와	사 22:6	엘람 사람은 화살통을 메었고 **병거** 탄
왕하 7:14	그들이 **병거** 둘과 그 말들을 취한지라	사 22:7	**병거**는 네 아름다운 골짜기에 가득하였
왕하 8:21	모든 **병거**를 … 에돔 사람과 그 **병거**의	사 31:1	그들은 말을 의지하며 **병거**의 많음과
왕하 9:16	예후가 **병거**를 타고 이스르엘로 가니	사 36:9	어찌 애굽을 믿고 **병거**와 기병을 얻으려
왕하 9:20	그 **병거** 모는 것이 님시의 손자 예후	사 37:24	나의 허다한 **병거**를 거느리고 산들의
왕하 9:21	**병거**를 메우라 … 각각 그의 **병거**를	사 43:17	**병거**와 말과 군대의 용사를 이끌어 내어
왕하 9:24	염통을 꿰뚫고 나오매 그가 **병거** 가운데	렘 4:13	그가 구름같이 올라오나니 그의 **병거**는
왕하 9:27	뒤를 쫓아가며 이르되 그도 **병거** 가운데	렘 17:25	앉아 있는 왕들과 고관들이 **병거**와 말
왕하 9:28	신복들이 그를 **병거**에 싣고 예루살렘	렘 22:4	앉을 왕들과 신하들과 백성이 **병거**와
왕하 10:2	**병거**와 말과 견고한 성과 무기가 너희	렘 46:9	달려라 **병거**들아 정신없이 달려라
왕하 10:15	손을 잡으니 예후가 끌어 **병거**에 올리며	렘 47:3	군마의 발굽 소리와 달리는 **병거** 바퀴
왕하 10:16	열심을 보라 하고 이에 자기 **병거**에	렘 50:37	칼이 그들의 말들과 **병거**들과 그들 중
왕하 13:7	마병 오십 명과 **병거** 열 대와 보병 만	렘 51:21	기마병을 분쇄하며 네가 **병거**와 **병거**대
왕하 13:14	내 아버지여 이스라엘의 **병거**와 마병	겔 23:24	그들이 무기와 **병거**와 수레와 크고 작은
왕하 18:24	애굽을 의뢰하고 **병거**와 기병을	겔 26:7	북쪽에서 말과 **병거**와 기병과 군대와
왕하 19:23	내가 많은 **병거**를 거느리고 여러 산	겔 26:10	기병과 수레와 **병거**의 소리로 말미암아
왕하 23:30	신복들이 그의 시체를 **병거**에 싣고	단 11:40	겨룰 것이나 북방 왕이 **병거**와 마병과
대상 18:4	**병거** 천 대와 … 그 **병거** … 외의 **병거**의	욜 2:5	산꼭대기에서 뛰는 소리는 **병거** 소리와
대상 19:6	아람마아가와 소바에 보내 **병거**와 마병	미 1:13	라기스 주민아 너는 준마에 **병거**를 메울
대상 19:7	곧 **병거** 삼만 이천 대와 마아가 왕과	미 5:10	가운데에서 멸절하며 네 **병거**를 부수며
대상 19:18	다윗이 아람 **병거** 칠천 대의 군사와	나 2:3	항오를 벌이는 날에 **병거**의 쇠가 번쩍
대하 1:14	솔로몬이 **병거**와 마병을 모으매 **병거**가	나 2:4	**병거**는 미친 듯이 거리를 달리며 대로
대하 1:17	애굽에서 사들인 **병거**는 한 대에 은	나 2:13	내가 네 대적이 되어 네 **병거**들을 불살라
대하 8:9	지휘관의 우두머리들과 그의 **병거**와	나 3:2	**병거** 바퀴 소리, 뛰는 말, 달리는 **병거**,
대하 9:25	솔로몬의 **병거** 메는 말의 외양간은 사천	합 3:8	말을 타시며 구원의 **병거**를 모시오니
대하 12:3	그에게 **병거**가 천이백 대요 마병이 육만	학 2:22	**병거**들과 그 탄 자를 엎드러뜨리리니
대하 14:9	군사 백만 명과 **병거** 삼백 대를 거느리	슥 6:1	**병거**가 두 산 사이에서 나오는데 그 산
대하 16:8	군대가 크지 아니하며 말과 **병거**가 심히	슥 6:2	첫째 **병거**는 붉은 말들이, 둘째 **병거**는
대하 18:30	아람 왕이 그의 **병거** 지휘관들에게	슥 6:3	셋째 **병거**는 흰 말들이, 넷째 **병거**는
대하 18:31	**병거**의 지휘관들이 여호사밧을 보고	슥 9:10	내가 에브라임의 **병거**와 예루살렘의
대하 18:32	**병거**의 지휘관들이 그가 이스라엘 왕	계 9:9	날개들의 소리는 **병거**와 많은 말들이
대하 18:33	왕이 그의 **병거** 모는 자에게 이르되		
대하 18:34	이스라엘 왕이 **병거**에서 겨우 지탱하며	**병거대**(兵車隊, chariot, driver)	
대하 21:9	모든 **병거**를 거느리고 … 그 **병거**의	왕상 20:25	말은 말대로, 병거는 **병거대**로 보충하고
대하 35:24	**병거**에서 내리게 하고 그의 버금 **병거**에	렘 51:21	기마병을 분쇄하며 네가 병거와 **병거대**

시가서 – 신약

시 20:7	어떤 사람은 **병거**, 어떤 사람은 말을	**병거성**(兵車省, town for one's chariot, chariot city)	
시 45:4	왕의 위엄을 세우시고 **병거**에 오르소서	왕상 9:19	국고성과 **병거성**들과 마병의 성들을

【 병기 】　　　　　　　　　　　　　　　　　　　　　　　　　　　　　　　　【 병자 】

왕상 10:26　병거성에도 두고 예루살렘 왕에게도
대하 1:14　병거성에도 두고 예루살렘 왕에게도
대하 8:6　모든 병거성들과 마병의 성들을 건축
대하 9:25　병거성에도 두고 예루살렘 왕에게도

병기(兵器, weapon)
왕하 7:15　버린 의복과 병기가 길에 가득하였더라
느 4:17　한 손으로 일을 하며 한 손에는 병기를
느 4:23　길으러 갈 때에도 각각 병기를 잡았으
욥 20:24　철 병기를 피할 때에는 놋화살을 쏘아
사 13:5　여호와 그의 진노의 병기라 온 땅을
사 22:8　그날에야 네가 수풀 곳간의 병기를 바라

병기창(兵器廠, arsenal)
렘 50:25　병기창을 열고 분노의 무기를 꺼냄은

병들다(sick)
창 48:1　말하기를 네 아버지가 병들었다 하므로
삼상 19:14　미갈이 이르되 그가 병들었느니라
왕상 17:17　그 집 주인 되는 여인의 아들이 병들어
왕하 1:2　다락 난간에서 떨어져 병들매 사자를
왕하 8:7　아람 왕 벤하닷이 병들었더니 왕에게
왕하 20:1　그때에 히스기야가 병들어 죽게 되매
대하 16:12　그의 발이 병들어 매우 위독했으나 병이
대하 32:24　그 때에 히스기야가 병들어 죽게 되었으
사 1:5　온 머리는 병들었고 온 마음은 피곤하였
사 33:24　거주민은 내가 병들었노라 하지 아니할
사 38:1　그 때에 히스기야가 병들어 죽게 되니
렘 8:18　받을 수 있을까 내 마음이 병들었도다
애 1:22　탄식이 많고 나의 마음이 병들었나이다
겔 34:4　병든 자를 고치지 아니하며 상한 자를
미 6:13　그러므로 나도 너를 쳐서 병들게 하였
마 8:16　귀신들을 쫓아내시고 병든 자들을 다
마 9:12　쓸 데 없고 병든 자에게라야 쓸 데 있느
마 10:8　병든 자를 고치며 죽은 자를 살리며
마 14:35　통지하여 모든 병든 자를 예수께 데리고
마 25:36　옷을 입혔고 병들었을 때에 돌보았으
마 25:43　병들었을 때와 옥에 갇혔을 때에 돌보지
막 2:17　쓸 데 없고 병든 자에게라야 쓸 데 있느
막 6:55　듣는 대로 병든 자를 침상째로 메고
막 16:18　병든 사람에게 손을 얹은즉 나으리라
눅 5:31　쓸 데 없고 병든 자에게라야 쓸 데 있느
눅 7:2　어떤 백부장의 사랑하는 종이 병들어

요 4:46　그의 아들이 가버나움에서 병들었더니
요 11:3　사랑하시는 자가 병들었나이다 하니
행 5:15　심지어 병든 사람을 메고 거리에 나가
행 9:37　그 때에 병들어 죽으매 시체를 씻어
행 19:12　병든 사람에게 얹으면 그 병이 떠나고
행 28:9　섬 가운데 다른 병든 사람들이 와서
고전 11:30　너희 중에 약한 자와 병든 자가 많고
빌 2:27　그가 병들어 죽게 되었으나 하나님이
딤후 4:20　드로비모는 병들어서 밀레도에 두었
약 5:14　너희 중에 병든 자가 있느냐 그는 교회
약 5:15　믿음의 기도는 병든 자를 구원하리니

　병들다 - 기타 본문
사 38:9; 렘 14:18; 겔 34:16, 21; 요 11:6; 행 5:16

병마(兵馬, horse)
신 17:16　병마를 많이 두지 말 것이요 병마를

병사(兵士, able man, fighting man, soldier)
대하 13:17　이스라엘이 택한 병사들이 죽임을 당하
욜 3:9　용사를 격려하고 병사로 다 가까이
눅 7:8　아래에도 병사가 있으니 이더러 가라
딤후 2:3　너는 그리스도 예수의 좋은 병사로 나와
딤후 2:4　병사로 복무하는 자는 … 이는 병사로
몬 1:2　우리와 함께 병사 된 아킵보와 네 집에

병상(病床, bed of pain, sickbed)
욥 33:19　사람이 병상의 고통과 뼈가 늘 쑤심으
시 41:3　여호와께서 그를 병상에서 붙드시고

병색(病色, sore-NIV, plague-KJV)
레 13:5　병색이 피부에 퍼지지 아니하였으면
레 13:6　엷어졌고 병색이 피부에 퍼지지 아니
레 13:49　병색이 푸르거나 붉으면 이는 나병의

병약하다(病弱, aged)
대하 36:17　노인과 병약한 사람을 긍휼히 여기지

병영장(兵營長, officer)
대하 26:11　병영장 마아세야가 직접 조사한 수효

병자(病者, invalid, sick, disabled)
사 10:18　병자가 점점 쇠약하여 감 같을 것이라

【 병정 】   【 보내다 】

마 14:14	불쌍히 여기사 그중에 있는 **병자**를 고쳐	삼하 24:2	조사하여 백성의 수를 내게 **보고하라**
막 1:32	때에 모든 **병자**와 귀신 들린 자를 예수	삼하 24:9	요압이 백성의 수를 왕께 **보고하니** 곧
막 6:5	**병자**에게 안수하여 고치실 뿐이었고	왕상 20:9	하니 사자들이 돌아가서 **보고하니라**
막 6:13	쫓아내며 많은 **병자**에게 기름을 발라	왕상 20:17	그들이 **보고하여** 이르되 사마리아에서
막 6:56	**병자**를 시장에 두고 예수께 그의 옷	왕하 22:9	왕에게 돌아가서 **보고하여** 이르되
눅 4:40	사람들이 온갖 **병자**들을 데리고 나아	왕하 22:20	하니 사자들이 왕에게 **보고하니라**
눅 5:19	**병자**를 침상째 무리 가운데로 예수 앞에	대상 21:2	내게 **보고하여** 그 수효를 알게 하라
눅 10:9	**병자**들을 고치고 또 말하기를 하나님의	대상 21:5	백성의 수효를 다윗에게 **보고하니**
요 5:3	그 안에 많은 **병자**, 맹인, 다리 저는 사람,	사 21:6	세우고 그가 보는 것을 **보고하게** 하되
요 5:5	거기 서른여덟 해 된 **병자**가 있더라	단 6:2	자기의 직무를 **보고하게** 하여 왕에게
요 5:7	**병자**가 대답하되 주여 물이 움직일 때에	행 14:27	믿음의 문을 여신 것을 **보고하고**
요 6:2	**병자**들에게 행하시는 표적을 보았음이	행 16:38	부하들이 이 말을 상관들에게 **보고하니**
요 11:1	**병자**가 있으니 이는 마리아와 그 자매	행 19:40	이 불법 집회에 관하여 **보고할** 자료가
행 4:9	**병자**에게 행한 착한 일에 대하여 이 사람	고후 7:7	열심 있는 것을 우리에게 **보고함**으로

병정(兵丁, soldier)
겔 27:10   네 군대 가운데에서 **병정**이 되었음이

보그루(Bokeru) 아셀의 여섯 아들 중 하나
대상 8:38   아스리감과 **보그루**와 이스마엘과
대상 9:44   아스리감과 **보그루**와 이스마엘과

병참감(兵站監, staff officer)
렘 51:59   말씀을 명령하니 스라야는 **병참감**이더

보금자리(nest, house)
민 24:21   거처가 견고하고 네 **보금자리**는 바위에
신 22:6   새의 **보금자리**에 새 새끼나 알이 있고
신 32:11   독수리가 자기의 **보금자리**를 어지럽게
욥 29:18   나는 내 **보금자리**에서 숨을 거두며 나의
욥 39:27   **보금자리**를 만드는 것이 어찌 네 명령을
시 84:3   얻고 제비도 새끼 둘 **보금자리**를 얻었
잠 27:8   사람은 **보금자리**를 떠나 떠도는 새와
사 10:14   새의 **보금자리**를 얻음 같고 온 세계를
사 16:2   **보금자리**에서 흩어진 새 새끼 같을 것이
사 60:8   비둘기들이 그 **보금자리**로 날아가는
렘 49:16   독수리같이 **보금자리**를 높은 데에 지었

병행하다(竝行, make)
전 7:14   하나님이 **병행하게** 하사 사람이 그의

볕(in the heat of the day, sun beat)
삼하 4:5   **볕**이 쬘 때 즈음에 이스보셋의 집에 이르
사 49:10   더위와 **볕**이 그들을 상하지 아니하리니

보게렛하스바임(Pokereth-Hazzebaim)
솔로몬 종들의 선조
스 2:57   하딜 자손과 **보게렛하스바임** 자손과
느 7:59   핫딜 자손과 **보게렛하스바임** 자손과

보김(Bokim) 벧엘과 실로 사이의 지역
삿 2:1   사자가 길갈에서부터 **보김**으로 올라와
삿 2:5   그러므로 그 곳을 이름하여 **보김**이라

보고(寶庫, storehouse)
신 28:12   **보고**를 여시사 네 땅에 때를 따라 비를

보내다(send, have)
1. 물건을 부치거나 사람을 파송하다(send)
<u>모세오경</u>
창 12:20   아내와 그의 모든 소유를 **보내었더라**
창 14:21   사람은 내게 **보내고** 물품은 네가 가지라
창 19:13   이곳을 멸하시려고 우리를 **보내셨나니**
창 24:54   나를 **보내어** 내 주인에게로 돌아가게

보고하다(報告, report)
민 13:26   그들에게 **보고하고** 그 땅의 과일을 보이
수 14:7   성실한 마음으로 그에게 **보고하였고**
수 22:32   자손에게 돌아와 그들에게 **보고하매**
삼상 23:23   곳을 정탐하고 실상을 내게 **보고하라**
삼하 11:18   전쟁의 모든 일을 다윗에게 **보고할새**
삼하 11:19   일을 네가 왕께 **보고하기**를 마친 후에

【 보내다 】　　　【 보내다 】

창 24:59	아브라함의 종과 그 동행자들을 **보내며**
창 26:31	이삭이 그들을 **보내매** 그들이 평안히
창 28:5	이삭이 야곱을 **보내매** 그가 밧단아람
창 30:25	나를 **보내어** 내 고향 나의 땅으로 가게
창 31:27	노래와 북과 수금으로 너를 **보내겠거늘**
창 32:18	자기 주 에서에게로 **보내는** 예물이오며
창 37:13	그들에게로 **보내리라** 요셉이 아버지
창 37:14	하고 그를 헤브론 골짜기에서 **보내니**
창 37:32	채색옷을 **보내어** 그의 아버지에게로
창 38:20	염소 새끼를 **보내고** 그 여인의 손에서
창 42:4	베냐민은 그의 형들과 함께 **보내지** 아니
창 42:16	너희 중 하나를 **보내어** 너희 아우를
창 45:5	나를 당신들보다 먼저 **보내셨나이다**
창 45:7	나를 당신들보다 먼저 **보내셨나니**
창 45:8	나를 이리로 **보낸** 이는 당신들이 아니요
창 45:23	또 이와 같이 그 아버지에게 **보내되**
창 46:28	미리 **보내어** 자기를 고센으로 인도하게
출 3:10	너를 바로에게 **보내어** 너에게 내 백성
출 3:12	섬기리니 이것이 내가 너를 **보낸** 증거
출 3:13	하나님이 나를 너희에게 **보내셨다** 하면
출 3:14	있는 자가 나를 너희에게 **보내셨다**
출 3:15	하나님께서 나를 너희에게 **보내셨다**
출 3:20	나라를 친 후에야 그가 너희를 **보내리라**
출 4:13	오 주여 보낼 만한 자를 **보내소서**
출 4:28	자기에게 분부하여 **보내신** 모든 말씀과
출 5:2	목소리를 듣고 이스라엘을 **보내겠느냐**
출 5:22	어찌하여 나를 **보내셨나이까**
출 6:1	말미암아 바로가 그들을 **보내리라**
출 8:2	만일 **보내기**를 거절하면 내가 개구리로
출 10:10	너희와 너희의 어린 아이들을 **보내면**
출 10:20	하셨으므로 이스라엘 자손을 **보내지**
출 10:27	하셨으므로 그들 **보내기**를 기뻐하지
출 11:10	이스라엘 자손을 그 나라에서 **보내지**
출 13:15	바로가 완악하여 우리를 **보내지** 아니
출 14:5	우리를 섬김에서 놓아 **보내었는가**
출 23:27	내 위엄을 네 앞서 **보내어** 네가 이를
출 33:12	**보낼** 자를 내게 지시하지 아니하시나
출 33:15	우리를 이 곳에서 올려 **보내지** 마옵소서
레 16:10	아사셀을 위하여 광야로 **보낼지니라**
레 16:21	*정한 사람에게 맡겨 광야로 **보낼지니***
레 16:26	아사셀에게 **보낸** 자는 그의 옷을 빨고
레 26:22	들짐승을 너희 중에 **보내리니** 그것을
레 26:25	너희 중에 염병을 **보내고** 너희를 대적

민 13:16	모세가 땅을 정탐하러 **보낸** 자들의 이름
민 13:17	가나안 땅을 정탐하러 그들을 **보내며**
민 13:27	당신이 우리를 **보낸** 땅에 간즉 과연
민 16:28	모세가 이르되 여호와께서 나를 **보내사**
민 16:29	벌과 같으면 여호와께서 나를 **보내심이**
민 22:5	발람의 고향인 강 가 브돌에 **보내어**
민 22:10	발락이 내게 **보낸** 자들이니이다 이르기를
민 22:15	더 높은 고관들을 더 많이 **보내매**
민 24:12	내게 **보낸** 사신들에게 내가 말하여
민 31:3	미디안을 치러 **보내어** 여호와의 원수를
민 31:4	지파에서 천 명씩을 전쟁에 **보낼지니라**
신 1:22	우리보다 먼저 **보내어** 우리를 위하여
신 4:27	여호와께서 너희를 쫓아 **보내실** 그 여러
신 28:48	여호와께서 **보내사** 너를 치게 하실 적군
신 32:24	기는 것의 독을 그들에게 **보내리로다**
신 34:11	여호와께서 그를 애굽 땅에 **보내사** 바로

역사서

수 1:16	당신이 우리를 **보내시는** 곳에는 우리가
수 2:21	그들을 **보내어** 가게 하고 붉은 줄을
수 6:17	우리가 **보낸** 사자들을 그가 숨겨 주었음
수 6:25	여리고를 정탐하려고 **보낸** 사자들을
수 8:9	그들을 **보내매** 그들이 매복할 곳으로
수 10:3	야비아와 에글론 왕 드빌에게 **보내어**
수 14:7	모세가 가데스 바네아에서 나를 **보내어**
수 14:11	모세가 나를 **보내던** 날과 같이 오늘도
수 15:19	나를 네겝 땅으로 **보내시오니**
수 18:4	내가 그들을 **보내리니** 그들은 일어나서
수 22:6	여호수아가 그들에게 축복하여 **보내매**
수 22:13	아들 비느하스를 길르앗 땅에 **보내고**
수 24:5	모세와 아론을 **보내었고** 또 애굽에 재앙
삿 1:15	아버지께서 나를 남방으로 **보내시니**
삿 1:25	그 사람과 그의 가족을 놓아 **보내매**
삿 3:18	후에 공물을 메고 온 자들을 **보내고**
삿 6:14	구원하라 내가 너를 **보낸** 것이 아니냐
삿 9:31	아비멜렉에게 가만히 **보내어** 이르되
삿 11:38	하고 두 달을 기한하고 그를 **보내니**
삿 13:8	주께서 **보내셨던** 하나님의 사람을 우리
삿 19:29	그것을 이스라엘 사방에 두루 **보내매**
삼상 5:10	하나님의 궤를 에그론으로 **보내니라**
삼상 5:11	**보내려거든** 거저 **보내지** 말고 그에게
삼상 6:3	**보내려거든** 거저 **보내지** 말고 그에게
삼상 9:19	내가 너를 **보내되** 네 마음에 있는 것을
삼상 11:7	이스라엘 모든 지역에 두루 **보내어** 이르

【 보내다 】 　　　　　　　　　　　　　　　　【 보내다 】

삼상 12:8　여호와께서 모세와 아론을 **보내사** 그
삼상 12:11　사무엘을 **보내사** 너희를 너희 사방 원수
삼상 12:17　여호와께서 우레와 비를 **보내사** 너희가
삼상 15:1　나를 **보내어** 왕에게 기름을 부어 그의
삼상 15:18　여호와께서 왕을 길로 **보내시며** 이르
삼상 15:20　여호와께서 **보내신** 길로 가서 아말렉 왕
삼상 16:1　베들레헴 사람 이새에게로 **보내리니**
삼상 16:20　그의 아들 다윗을 시켜 사울에게 **보내니**
삼상 18:5　사울이 보내는 곳마다 가서 지혜롭게
삼상 20:5　나를 **보내어** 셋째 날 저녁까지 들에
삼상 25:40　삼고자 하여 우리를 당신께 **보내더이다**
삼상 30:26　그의 친구 유다 장로들에게 **보내어** 이르
삼상 30:31　왕래하던 모든 곳에 **보내었더라**
삼상 31:9　블레셋 사람들의 땅 사방에 **보내고**
삼하 3:21　다윗이 아브넬을 **보내매** 그가 평안히
삼하 5:11　백향목과 목수와 석수를 **보내매** 그들이
삼하 8:10　그의 아들 요람을 **보내** 다윗 왕에게
삼하 10:5　왕이 그들을 맞으러 **보내** 이르기를 너희
삼하 10:7　듣고 요압과 용사의 온 무리를 **보내매**
삼하 11:6　헷 사람 우리아를 내게 **보내라** 하매
삼하 12:1　여호와께서 나단을 다윗에게 **보내시니**
삼하 12:25　나단을 **보내** 그의 이름을 여디디야라
삼하 13:16　나를 쫓아 **보내는** 이 큰 악은 아까 내게
삼하 13:27　모든 아들을 그와 함께 그에게 **보내니라**
삼하 14:32　내가 너를 왕께 **보내** 아뢰기 하기를 어
삼하 15:10　모든 지파 가운데에 두루 **보내** 이르기를
삼하 18:29　요압이 왕의 종 나를 **보낼** 때에 크게
삼하 19:14　하매 그들이 왕께 전갈을 **보내어** 이르되
삼하 24:13　나를 **보내신** 이에게 무엇을 대답하게
왕상 1:44　블렛 사람을 솔로몬과 함께 **보내셨는데**
왕상 2:25　여호야다의 아들 브나야를 **보내매** 그가
왕상 4:34　들은 천하 모든 왕들이 **보낸** 자들이더라
왕상 5:9　당신이 지정하는 곳으로 **보내고** 거기서
왕상 5:14　번갈아 레바논으로 **보내매** 그들이 한 달
왕상 8:44　주께서 **보내신** 길로 나갈 때에 그들이
왕상 9:14　일백이십 달란트를 왕에게 **보내었더라**
왕상 9:27　솔로몬의 종과 함께 그 배로 **보내매**
왕상 11:21　나를 **보내어** 내 고국으로 가게 하옵소서
왕상 15:18　다브림몬의 아들 벤하닷에게 **보내며**
왕상 20:2　이스라엘의 아합 왕에게 **보내** 이르기를
왕상 20:9　왕이 처음에 **보내** 종에게 구하신 것은
왕상 21:8　함께 사는 장로와 귀족들에게 **보내니**
왕상 21:11　그가 자기들에게 **보낸** 편지에 쓴 대로
왕상 22:48　오빌로 금을 구하러 **보내려** 하였더니
왕하 1:6　너희는 너희를 **보낸** 왕에게로 돌아가서
왕하 2:2　여호와께서 나를 벧엘로 **보내시느니라**
왕하 2:4　나를 여리고로 **보내시느니라** 엘리사가
왕하 2:6　나를 요단으로 **보내시느니라** 하니 그가
왕하 2:16　하니라 엘리사가 이르되 **보내지** 말라
왕하 2:17　그로 부끄러워하도록 강청하매 **보내라**
왕하 4:22　나귀 한 마리를 내게로 **보내소서** 내가
왕하 5:5　내가 이스라엘 왕에게 글을 **보내리라**
왕하 5:8　왕에게 **보내** 이르되 왕이 어찌하여 옷을
왕하 5:22　주인께서 나를 **보내시며** 말씀하시기
왕하 5:24　받아 집에 감추고 그들을 **보내** 가게 한
왕하 6:9　하나님의 사람이 이스라엘 왕에게 **보내**

"보혜사 곧 아버지께서 내 이름으로 보내실 성
령 그가 너희에게 모든 것을 가르치고 내가
너희에게 말한 모든 것을 생각나게 하리라"
(요 14:26)

왕하 6:23　그들이 먹고 마시매 놓아 **보내니** 그들이
왕하 7:14　아람 군대 뒤로 **보내며** 가서 정탐하라
왕하 8:9　왕 벤하닷이 나를 당신에게 **보내** 이르되
왕하 10:1　예후가 편지들을 써서 사마리아로 **보내서**
왕하 10:7　담아 이스르엘 예후에게로 **보내니라**
왕하 15:37　르신과 르말랴의 아들 베가를 **보내어**
왕하 16:11　우리아가 아하스 왕이 다메섹에서 **보낸**
왕하 18:27　네게만 이 말을 하라고 나를 **보내신** 것
왕하 19:2　아들 선지자 이사야에게로 **보내매**
왕하 19:16　하나님을 비방하러 **보낸** 말을 들으시옵
왕하 19:20　이사야가 히스기야에게 **보내** 이르되
왕하 20:12　듣고 편지와 예물을 그에게 **보내지라**
왕하 22:3　사반을 여호와의 성전에 **보내며** 이르되
왕하 23:1　왕이 **보내** 유다와 예루살렘의 모든 장로
왕하 23:16　무덤들을 보고 **보내어** 그 무덤에서 해골
왕하 24:2　여호야김에게로 **보내** 유다를 쳐 멸하려
대상 8:8　두 아내 후심과 바아라를 내 **보낸** 후에
대상 12:19　방백이 서로 의논하고 **보내며** 이르기를
대상 14:1　사신들과 백향목과 석수와 목수를 **보내**

【 보내다 】　　　　　　　　　　　　　　　　　　【 보내다 】

대상 18:10 하도람을 **보내서** 다윗 왕에게 문안하고
대상 19:5 다윗이 그들을 맞으러 **보내** 왕이 이르기
대상 19:6 아람마아가와 소바에 **보내** 병거와 마병
대상 21:12 무슨 말로 나를 **보내신** 이에게 대답할지
대하 2:3 다윗에게 백향목을 **보내어** 그가 거주
대하 2:8 잣나무와 백단목을 내게로 **보내소서**
대하 2:15 포도주를 주의 종들에게 **보내소서**
대하 2:16 떼를 엮어 바다에 띄워 욥바로 **보내리니**
대하 6:34 주께서 **보내신** 길로 나갈 때에 그들이
대하 16:2 아람 왕 벤하닷에게 **보내며** 이르되
대하 16:3 내가 당신에게 은금을 **보내노니** 와서
대하 17:7 미가야를 **보내어** 유다 여러 성읍에 가서
대하 17:8 사람들을 **보내고** 또 저희와 함께 제사
　　　　 장 엘리사마와 여호람을 **보내었더니**
대하 20:36 배를 만들어 다시스로 **보내고자** 하여
대하 21:12 엘리야가 여호람에게 글을 **보내어** 이르
대하 23:8 여호야다가 비번인 자들을 **보내지** 아니
대하 24:23 물건을 다메섹 왕에게로 **보내니라**

대하 32:17 산헤립이 또 편지를 써 **보내어** 이스라엘
대하 34:8 요아하스의 아들 요아를 **보낸지라**
대하 34:22 힐기야와 왕이 **보낸** 사람들이 여선지자
스 7:14 위하여 왕과 일곱 자문관의 **보냄**을 받았
스 7:26 죽이거나 귀양 **보내거나** 가산을 몰수하
스 8:17 가시뱌 지방으로 **보내어** 그 곳 족장
느 2:5 조상들의 묘실이 있는 성읍에 **보내어**
느 2:6 왕이 나를 **보내기**를 좋게 여기시기로
느 6:12 깨달은즉 그는 하나님께서 **보내신** 바가
에 3:13 역졸에게 맡겨 왕의 각 지방에 **보내니**
에 4:4 의복을 모르드개에게 **보내어** 그 굵은
에 9:20 원근을 막론하고 글을 **보내어** 이르기를
에 9:23 모르드개가 **보낸** 글대로 계속하여 행하
에 9:30 지방에 있는 유다 모든 사람에게 **보내어**

시가서, 선지서

욥 5:10 비를 땅에 내리시고 물을 밭에 **보내시며**
욥 7:6 북보다 빠르니 희망 없이 **보내는구나**
욥 12:15 물을 막으신즉 곧 마르고 물을 **보내신즉**

┌─────────────────────────────────┐
│ '보내다'와 관련된 성구 │
└─────────────────────────────────┘

구원자이자 보호자를 보내다 – 사 19:20
군대를 보내다 – 삼하 11:1; 마 22:7
군대 지휘관들을 보내다 – 왕상 15:20; 대하 16:4
군사를 보내다 – 왕하 1:9, 11, 13
그리스도 예수를 보내다 – 행 3:20
독생자를 보내다 – 요일 4:9
마병을 보내다 – 느 2:9
말과 병거와 많은 군사를 보내다 – 왕하 6:14
무리를 보내다 – 마 14:15, 22, 23; 15:39; 막 6:36, 45; 눅 9:12; 겔 23:46
백성을 보내다 – 출 4:21; 5:1; 7:14, 16; 8:1, 8, 20, 21, 29, 32; 9:1, 13 10:3, 4; 13:17; 수 7:3; 24:28; 삿 2:6; 삼상 10:25; 13:2
벗들을 보내다 – 눅 7:6
부하(들을)를 보내다 – 삼하 11:1; 슥 7:2; 행 16:35
불뱀들을 보내다 – 민 21:6
사람을 보내다 – 창 20:2; 27:42; 45; 31:4; 32:5; 38:25; 41:8, 14; 44:3; 출 9:7, 19, 27; 10:7; 민 13:2; 21:32; 22:37; 신 19:12; 수 2:1, 3; 7:2; 10:6; 11:3;

24:9; 삿 4:6; 11:28; 16:18; 18:2; 20:12; 21:13; 삼상 4:4; 5:8; 9:16; 16:11, 12, 22; 17:8, 10; 20:31; 22:11; 25:39; 삼하 3:15; 9:5; 10:6, 16; 11:3, 5, 18, 27; 13:7; 14:2, 29; 15:12; 17:16; 왕상 1:53; 2:36; 42; 5:2, 8; 7:13; 12:3, 20; 18:10, 19, 20; 20:5, 10; 왕하 5:7; 6:10, 13, 32; 7:13; 9:17, 19; 11:4; 14:9, 19; 18:14; 대상 10:9; 대하 2:7, 13; 10:3; 25:18, 27; 28:16; 30:1; 34:29; 36:10; 스 4:14; 느 6:2, 4, 8; 에 5:10; 시 105:17, 20; 사 37:17, 21; 43:14; 렘 2:10; 9:17; 23:38; 26:22; 37:17; 38:14; 39:14; 48:12; 단 3:2; 호 5:13; 마 2:16; 14:10; 27:19; 막 3:31; 6:17; 8:26; 12:13; 눅 14:4; 요 5:33; 11:3; 행 5:21; 7:14; 9:38; 10:5, 32, 33; 11:13; 13:15; 16:36; 19:22; 20:17; 빌 2:23
사신을 보내다 – 민 20:14; 21:21; 왕상 19:2; 왕하 3:7; 대상 14:1; 19:16; 대하 25:17; 32:31; 35:21; 36:15; 사 57:9; 눅 14:32

보내다

욥 14:20	빛을 변하게 하시고 쫓아 **보내시오니**	사 10:6	그를 **보내어** 경건하지 아니한 나라를
욥 38:35	번개를 **보내어** 가게 하되 번개가 네게	사 14:17	사로잡힌 자들을 집으로 놓아 **보내지**
시 43:3	주의 빛과 주의 진리를 **보내시어** 나를	사 16:1	광야를 지나 딸 시온 산으로 **보낼지니라**
시 57:3	하늘에서 **보내사** 나를 삼키려는 자의	사 20:1	왕이 다르단을 아스돗으로 **보내매**
	… 그의 인자와 진리를 **보내시리로다**	사 36:2	랍사게를 예루살렘으로 **보내되** 대군을
시 68:9	하나님이여 주께서 흡족한 비를 **보내사**	사 36:12	네 주와 네게만 말하라고 나를 **보내신**
시 78:45	그들에게 **보내어** … 개구리를 **보내어**	사 37:2	아들 선지자 이사야에게로 **보내매**
시 105:26	종 모세와 그의 택하신 아론을 **보내시니**	사 39:1	히스기야에게 글과 예물을 **보낸지라**
시 105:28	흑암을 **보내사** 그곳을 어둡게 하셨으나	사 42:19	내가 **보내는** 내 사자같이 못 듣는
시 107:20	그가 그의 말씀을 **보내어** 그들을 고치	사 55:11	뜻을 이루며 내가 **보낸** 일에 형통함이니
시 135:9	그의 모든 신하들에게 **보내셨도다**	사 61:1	나를 **보내사** 마음이 상한 자를 고치며
시 147:15	그의 명령을 땅에 **보내시니** 그의 말씀이	사 66:19	영광을 보지도 못한 먼 섬들로 **보내리니**
시 147:18	그의 말씀을 **보내사** 그것들을 녹이시고	렘 1:7	내가 너를 누구에게 **보내든지** 너는 가며
잠 22:21	너를 **보내는** 자에게 진리의 말씀으로	렘 7:25	너희에게 **보내되** 끊임없이 **보내었으나**
잠 25:13	충성된 사자는 그를 **보낸** 이에게 마치	렘 8:17	없는 뱀과 독사를 너희 가운데 **보내리니**
사 6:8	누구를 **보내며** 누가 우리를 위하여 갈꼬	렘 9:16	진멸되기까지 그 뒤로 칼을 **보내리라**
	… 내가 여기 있나이다 나를 **보내소서**	렘 14:14	그들을 **보내지** 아니하였고 그들에게
사 9:8	말씀을 **보내시며** 그것을 이스라엘에게	렘 19:14	여호와께서 자기를 **보내사** 예언하게

'보내다'와 관련된 성구

사자를 보내다 – 창 24:7, 40; 32:3; 출 23:20; 33:2; 신 2:26; 수 7:22; 삿 6:35; 7:24; 11:12, 14, 17, 19; 왕하 1:2, 16; 5:10; 14:8; 16:7; 17:4, 25, 26; 19:9; 느 6:3; 사 15:9; 18:2; 37:9; 말 3:1; 마 11:10; 막 1:2; 눅 7:27; 19:14; 계 22:16

사절을 보내다 – 대상 19:2, 3; 대하 2:3; 렘 49:14; 겔 17:15; 23:16, 40

사환을 보내다 – 렘 14:3

선지자를 보내다 – 삿 6:8; 대하 24:19; 25:15; 렘 25:4; 26:5; 35:15; 44:4; 말 4:5

선지자와 사도들을 보내다 – 눅 11:49

소년을 보내다 – 삼상 25:5, 25; 26:22

시녀를 보내다 – 출 2:5

신하를 보내다 – 삼하 10:2; 왕상 20:6; 왕하 5:6; 대하 32:9

아들을 보내다 – 출 4:23; 마 21:37; 눅 20:13; 요 3:17; 롬 8:3; 갈 4:4; 요일 4:10, 14

아이를 보내다 – 삼상 20:21

악한 영을 보내다 – 삿 9:23

여종을 보내다 – 잠 9:3

영을 보내다 – 사 48:16; 갈 4:6

왕벌을 보내다 – 출 23:28; 신 7:20; 수 24:12

용사를 보내다 – 수 8:3; 삿 21:10

일꾼들을 보내다 – 마 9:38; 눅 10:2

장인을 보내다 – 출 18:27

전령을 보내다 – 삼상 11:3; 16:19; 19:11, 14, 15; 삼하 2:5; 3:12, 14, 26; 11:4; 12:27; 대상 13:2

정탐꾼/정탐을 보내다 – 삼상 26:4; 눅 20:20

제자를 보내다 – 마 11:2; 21:1; 막 6:7; 11:1; 14:13; 눅 19:29

조객을 보내다 – 삼하 10:3

종(들)을 보내다 – 대하 8:18; 마 22:3, 4; 막 12:2, 3, 4, 5; 눅 7:19; 14:17; 20:10, 11, 12; 21:34

주의 영을 보내다 – 시 104:30

천사를 보내다 – 민 20:16; 대상 21:15; 대하 32:21; 시 78:49; 단 3:28; 6:22; 마 13:41; 24:31; 26:53; 막 13:27; 행 12:11; 계 1:1; 22:6

청년(들)을 보내다 – 출 24:5; 행 23:22

형제를 보내다 – 고후 8:18, 22; 9:3; 12:18

1103

[보내다]　　　　　　　　　　　　　　　　　　[보내다]

렘 21:1	아들 스바냐를 예레미야에게 **보내니라**
렘 23:21	선지자들은 내가 **보내지** 아니하였어도
렘 23:32	내가 그들을 **보내지** 아니하였으며 명령
렘 24:9	그들에게 내가 쫓아 **보낼** 모든 곳에서
렘 24:10	칼과 기근과 전염병을 그들 가운데 **보내**
렘 25:15	너를 **보내는** 바 그 모든 나라로 하여금
렘 27:3	왕과 두로의 왕과 시돈의 왕에게 **보내며**
렘 27:15	그들을 **보내지** 아니하였거늘 그들이
렘 28:9	여호와께서 **보내신** 선지자로 인정 받게
렘 28:15	여호와께서 너를 **보내지** 아니하셨거늘
렘 29:3	왕 시드기야가 바벨론으로 **보내어**
렘 29:20	내가 예루살렘에서 바벨론으로 **보낸**
렘 29:25	스바냐와 모든 제사장에게 글을 **보내**
렘 29:31	그를 **보내지** 아니하였거늘 스마야가
렘 32:37	그들을 쫓아 **보내었던** 모든 지방에서
렘 36:14	아들 여후디를 바룩에게 **보내** 이르되
렘 37:3	스바냐를 선지자 예레미야에게 **보내**
렘 37:7	너희를 **보내어** 내게 구하게 한 유다의
렘 38:26	나를 요나단의 집으로 되돌려 **보내지**
렘 40:5	그에게 양식과 선물을 주어 **보내매**
렘 40:14	이스마엘을 **보낸** 줄 네가 아느냐 하되

"… 나를 보내사 마음이 상한 자를 고치며 포로 된 자에게 자유를, 갇힌 자에게 놓임을 선포하며"(사 61:1하)

렘 42:5	여호와께서 당신을 **보내사** 우리에게
렘 49:37	뒤로 칼을 **보내어** 그들을 멸망시키리라
렘 50:27	그를 도살하려 내려 **보내라** 그들에게
렘 51:2	타국인을 바벨론에 **보내어** 키질하여
애 1:13	높은 곳에서 나의 골수에 불을 **보내어**
겔 2:3	백성, 나를 배반하는 자에게 **보내노라**
겔 5:16	기근의 독한 화살을 너희에게 **보내되**
겔 5:17	기근과 사나운 짐승을 너희에게 보내
겔 13:6	하거니와 그들은 여호와가 **보낸** 자라
겔 28:23	그에게 전염병을 **보내며** 그의 거리에
호 8:14	내가 그 성읍들에 불을 **보내어** 그 성들을
호 12:1	계약을 맺으며 기름을 애굽에 **보내도다**
욜 2:25	내가 전에 너희에게 보낸 큰 군대 곧

암 1:4	하사엘의 집에 불을 **보내리니** 벤하닷의
암 1:7	가사 성에 불을 **보내리니** 그 궁궐들을
암 1:10	두로 성에 불을 **보내리니** 그 궁궐들을
암 1:12	데만에 불을 **보내리니** 보스라의 궁궐
암 2:2	모압에 불을 **보내리니** 그리욧 궁궐들을
암 2:5	불을 **보내리니** 예루살렘의 궁궐들을
암 4:10	너희 중에 전염병 **보내기를** 애굽에서
암 7:10	이스라엘의 왕 여로보암에게 **보내어**
암 8:11	내가 기근을 땅에 **보내리니** 양식이 없어
학 1:12	여호와께서 그를 **보내셨음이라** 백성이
슥 1:10	여호와께서 땅에 두루 다니라고 **보내신**
슥 2:8	너희를 노략한 여러 나라로 **보내셨나니**
슥 2:9	너희가 만군의 여호와께서 나를 **보내신**

복음서

마 2:8	베들레헴으로 **보내며** 이르되 가서 아기
마 10:16	내가 너희를 **보냄이** 양을 이리 가운데로
마 10:40	나를 영접하는 자는 나를 **보내신** 이를
마 15:23	뒤에서 소리를 지르오니 그를 **보내소서**
마 15:24	잃어버린 양 외에는 다른 데로 **보내심을**
마 15:32	길에서 기진할까 하여 굶겨 **보내지** 못하
마 18:27	종의 주인이 불쌍히 여겨 놓아 **보내며**
마 21:3	쓰시겠다 하라 그리하면 즉시 **보내리라**
마 21:36	처음보다 많이 **보내니** 그들에게도
마 22:16	헤롯 당원들과 함께 예수께 **보내어**
마 23:34	지혜 있는 자들과 서기관들을 **보내매**
막 1:43	곧 **보내시며** 엄히 경고하사
막 3:14	자기와 함께 있게 하시고 또 **보내사**
막 5:12	우리를 돼지에게로 **보내어** 들어가게
막 6:27	시위병 하나를 **보내어** 요한의 머리를
막 8:3	그들을 굶겨 집으로 **보내면** 길에서 기진
막 8:9	예수께서 그들을 흩어 **보내시고**
막 9:37	나를 영접함이 아니요 나를 **보내신** 이를
막 11:3	하라 그리하면 즉시 이리로 **보내리라**
막 12:6	**보내며** 이르되 내 아들은 존대하리라
눅 1:3	데오빌로 각하에게 차례대로 써 **보내는**
눅 1:53	부자는 빈 손으로 **보내셨도다**
눅 4:18	내게 기름을 부으시고 나를 **보내사** 포로
눅 7:3	예수께 **보내어** 오셔서 그 종을 구해
눅 7:10	**보내었던** 사람들이 집으로 돌아가 보매
눅 7:20	요한이 우리를 **보내어** 당신께 여쭈어
눅 7:24	요한이 **보낸** 자가 떠난 후에 예수께서
눅 8:38	구하였으나 예수께서 그를 **보내시며**
눅 9:48	나를 영접하면 곧 나를 **보내신** 이를

【 보내다 】   【 보내다 】

눅 9:52	**보내시매** 그들이 가서 예수를 위하여	요 9:34	하고 이에 쫓아내어 **보내니라**
눅 10:1	동네와 각 지역으로 둘씩 앞서 **보내시며**	요 10:36	세상에 **보내신** 자가 나는 하나님의 아들
눅 10:3	너희를 **보냄이** 어린 양을 이리 가운데	요 11:42	아버지께서 나를 **보내신** 것을 그들로
눅 10:16	**보내신** 이를 저버리는 것이라 하시니라	요 12:44	것이 아니요 나를 **보내신** 이를 믿는
눅 15:15	그를 들로 **보내어** 돼지를 치게 하였	요 12:45	나를 보는 자는 나를 **보내신** 이를 보는
눅 16:24	나사로를 **보내어** 그 손가락 끝에 물을	요 12:49	나를 **보내신** 아버지께서 내가 말할 것과
눅 16:27	나사로를 내 아버지의 집에 **보내소서**	요 13:16	보냄을 받은 자가 **보낸** 자보다 크지
눅 22:8	예수께서 베드로와 요한을 **보내시며**	요 13:20	내가 **보낸** 자를 영접하는 자는 나를 영
눅 22:35	신발도 없이 **보내었을** 때에 부족한 것이		접하는 … 영접하는 자는 나를 **보내신**
눅 23:7	관할에 속한 줄을 알고 헤롯에게 **보내니**	요 14:24	나를 **보내신** 아버지의 말씀이니라
눅 23:11	빛난 옷을 입혀 빌라도에게 도로 **보내니**	요 14:26	아버지께서 내 이름으로 **보내실** 성령
눅 23:15	그를 우리에게 도로 **보내었도다** 보라	요 15:21	너희에게 하리니 이는 나를 **보내신** 이를
눅 24:49	약속하신 것을 너희에게 **보내리니**	요 15:26	내가 아버지께로부터 너희에게 **보낼**
요 1:19	레위인들을 요한에게 **보내어** 네가	요 16:5	지금 내가 나를 **보내신** 이에게로 가는데
요 1:22	우리를 **보낸** 이들에게 대답하게 하라	요 16:7	가면 내가 그를 너희에게로 **보내리니**
요 1:24	그들은 바리새인들이 **보낸** 자라	요 17:3	그가 **보내신** 자 예수 그리스도를 아는
요 1:33	나를 **보내어** 물로 세례를 베풀라 하신	요 17:8	아버지께서 나를 **보내신** 줄도 믿었사옵
요 3:34	하나님이 **보내신** 이는 하나님의 말씀을	요 17:18	아버지께서 나를 세상에 **보내신** 것같이
요 4:34	나의 양식은 나를 **보내신** 이의 뜻을	요 17:21	아버지께서 나를 **보내신** 것을 믿게 하옵
요 4:38	아니한 것을 거두러 **보내었노니**	요 17:23	아버지께서 나를 **보내신** 것과 또 나를
요 5:23	그를 **보내신** 아버지도 공경하지 아니	요 17:25	아버지께서 나를 **보내신** 줄 알았사옵나
요 5:24	내 말을 듣고 또 나 **보내신** 이를 믿는	요 18:24	그대로 대제사장 가야바에게 **보내니라**
요 5:30	나를 **보내신** 이의 뜻대로 하려 하므로	요 20:21	**보내신** 것같이 나도 너희를 **보내노라**
요 5:36	아버지께서 나를 **보내신** 것을 나를 위하	**역사서 – 예언서**	
요 5:37	**보내신** 아버지께서 친히 나를 위하여	행 3:26	너희에게 먼저 **보내사** 너희로 하여금
요 5:38	거하지 아니하니 이는 그가 **보내신** 이를	행 7:12	말을 듣고 먼저 우리 조상들을 **보내고**
요 6:29	하나님께서 **보내신** 이를 믿는 것이	행 7:13	재차 **보내매** 요셉이 자기 형제들에게
요 6:38	나를 **보내신** 이의 뜻을 행하려 함이니라	행 7:34	내가 너를 애굽으로 **보내리라** 하시니
요 6:39	**보내신** 이의 뜻은 내게 주신 자 중에	행 7:35	관리와 속량하는 자로서 **보내셨으니**
요 6:44	**보내신** 아버지께서 이끌지 아니하시면	행 8:14	함을 듣고 베드로와 요한을 **보내매**
요 6:57	아버지께서 나를 **보내시매** 내가 아버지	행 9:17	예수께서 나를 **보내어** 너로 다시 보게
요 7:16	아니요 나를 **보내신** 이의 것이니라	행 9:30	데리고 내려가서 다소로 **보내니라**
요 7:18	**보내신** 이의 영광을 구하는 자는 참되니	행 10:8	이 일을 다 이르고 욥바로 **보내니라**
요 7:28	나를 **보내신** 이는 참되시니 너희는 그를	행 10:17	고넬료가 **보낸** 사람들이 시몬의 집을
요 7:29	났고 그가 나를 **보내셨음이라**	행 10:20	함께 가라 내가 그들을 **보내었느니라**
요 7:32	그를 잡으려고 아랫사람들을 **보내니**	행 10:36	전하사 이스라엘 자손들에게 **보내신**
요 7:33	나를 **보내신** 이에게로 돌아가겠노라	행 11:11	있으니 가이사랴에서 내게로 **보낸** 사람
요 8:16	나를 **보내신** 이가 나와 함께 계심이	행 11:22	듣고 바나바를 안디옥까지 **보내니**
요 8:18	나를 **보내신** 아버지도 나를 위하여 증언	행 11:29	사는 형제들에게 부조를 **보내기로**
요 8:26	나를 **보내신** 이가 참되시매 내가 그에게	행 11:30	사울의 손으로 장로들에게 **보내니라**
요 8:29	나를 **보내신** 이가 나와 함께 하시도다	행 13:3	두 사람에게 안수하여 **보내니라**
요 8:42	온 것이 아니요 아버지께서 나를 **보내신**	행 13:26	이 구원의 말씀을 우리에게 **보내셨거늘**
요 9:4	나를 **보내신** 이의 일을 우리가 하여야	행 15:2	장로들에게 **보내기로** 작정하니라

【 보내다 】　　　　　　　　　　　　　　　　　　　　　　　　　　【 보다/뵈다 】

행 15:22	함께 안디옥으로 **보내기**를 결정하니	잠 17:11	그에게 잔인한 사자가 **보냄**을 받으리라
행 15:25-26	너희에게 **보내기**로 만장일치로 결정	사 37:4	상전 앗수르 왕의 **보냄**을 받고 살아
행 15:27	실라를 **보내니** 그들도 이 일을 말로	단 10:11	내가 네게 **보내심**을 받았느니라 하더라
행 15:33	자기를 **보내던** 사람들에게로 돌아가	옵 1:1	사자가 나라들 가운데에 **보내심**을 받고
행 17:10	곧 바울과 실라를 베뢰아로 **보내니**	눅 1:19	전하여 네게 말하라고 **보내심**을 받았
행 22:21	너를 멀리 이방인에게로 **보내리라** 하셨	눅 1:26	가브리엘이 하나님의 **보내심**을 받아
행 23:24	벨릭스에게로 무사히 **보내기** 위하여	눅 4:26	그 중 한 사람에게도 **보내심**을 받지
행 23:30	당신께로 **보내며** 또 고발하는 사람들도	눅 4:43	나는 이 일을 위해 **보내심**을 받았노라
행 25:21	내가 그를 가이사에게 **보내기**까지 지켜	눅 19:32	**보내심**을 받은 자들이 가서 그 말씀하
행 25:25	황제에게 상소한 고로 **보내기**로 결정	요 1:6	**보내심**을 받은 사람이 있으니 그의
행 25:27	죄수를 **보내는** 것이 무리한 일인 줄	요 3:28	앞에 **보내심**을 받은 자라고 한 것을
행 26:17	내가 너를 구원하여 그들에게 **보내어**	요 9:7	(실로암은 번역하면 **보냄**을 받았다는
행 28:28	구원이 이방인에게로 **보내어진** 줄 알라	요 13:16	주인보다 크지 못하고 **보냄**을 받은
롬 15:24	너희가 그리로 **보내** 주기를 바람이라	행 13:4	사람이 성령의 **보내심**을 받아 실루기아
고전 1:17	그리스도께서 나를 **보내심**은 세례를	롬 10:15	**보내심**을 받지 아니하였으면 어찌 전파
고전 4:17	디모데를 너희에게 **보내었으니** 그가	계 5:6	온 땅에 **보내심**을 받은 하나님의 일곱
고전 16:6	너희가 나를 내가 갈 곳으로 **보내어**		
고전 16:11	멸시하지 말고 평안히 **보내어** 내게로	**보내오니**	
고후 12:17	너희에게 **보낸** 자 중에 누구로 너희의	왕하 5:6	내 신하 나아만을 당신에게 **보내오니**
엡 6:22	내가 특별히 그를 너희에게 **보내었노라**	대하 2:13	재주 있고 총명한 사람을 **보내오니** 전에
빌 2:19	디모데를 속히 너희에게 **보내기**를		
빌 2:25	에바브로디도를 너희에게 **보내는** 것이	**보내다 1 ─ 기타 본문**	
빌 2:28	내가 더욱 급히 그를 **보낸** 것은 너희로	창 24:56; 28:6; 32:20, 21; 43:4, 5, 8; 44:33;	
빌 4:16	두 번이나 나의 쓸 것을 **보내었도다**	45:27; 46:5; 출 8:28; 9:2, 17, 28; 민 31:6; 삼상	
골 4:8	특별히 너희에게 **보내는** 것은 너희로	6:8, 21; 9:26; 12:18; 20:13, 22; 21:2; 25:32; 삼	
골 4:9	오네시모를 함께 **보내노니** 그는 너희	하 3:22, 23, 24; 11:12, 14, 22; 왕상 2:29; 11:22;	
살전 3:2	디모데를 **보내노니** 이는 너희를 굳건하	왕하 22:15, 18; 대하 34:23, 26; 렘 14:15; 25:17,	
살전 3:5	믿음을 알기 위하여 그를 **보내었노니**	27; 26:12, 15; 29:9, 14, 17; 36:21; 42:6, 9, 20,	
살후 2:11	미혹의 역사를 그들에게 **보내사** 거짓	21; 43:1, 2; 겔 2:4; 3:5, 6; 슥 2:11; 4:9; 6:15	
딤후 4:12	두기고는 에베소로 **보내었노라**		
딛 3:12	아데마나 두기고를 네게 **보내리니** 그	**2. 시간이나 세월을 지나가게 하다**(have)	
딛 3:13	세나와 및 아볼로를 급히 먼저 **보내어**	창 47:9	못하나 험악한 세월을 **보내었나이다**
히 1:14	상속자들을 위하여 섬기라고 **보내심**이	욥 30:25	고생의 날을 **보내는** 자를 위하여 내가
벧전 1:12	하늘로부터 **보내신** 성령을 힘입어 복음	욥 36:11	형통한 날을 **보내며** 즐거운 해를 지낼
벧전 2:14	자를 포상하기 위하여 **보낸** 총독에게	시 31:10	**보내며** 나의 연수를 탄식으로 **보냄이여**
계 1:11	라오디게아 등 일곱 교회에 **보내라** 하시	시 78:33	날들을 헛되이 **보내게** 하시며 그들의
계 11:10	기뻐하여 서로 예물을 **보내리라**		햇수를 두려움으로 **보내게** 하셨도다
		전 6:12	생명의 모든 날을 그림자같이 **보내는**
보내심/보냄을 받다		렘 20:18	날을 부끄러움으로 **보내는고** 하니라
민 14:36	**보냄**을 받고 땅을 정탐하고 돌아와서		
삼하 3:22	아브넬은 이미 **보냄**을 받아 평안히	**보다/뵈다**(see)	
왕하 19:4	그의 주 앗수르 왕의 **보냄**을 받고 와서	**모세오경**	
스 7:14	왕과 일곱 자문관의 **보냄**을 받았으니	창 2:19	아담이 무엇이라고 부르나 **보시려고**

【 보다/뵈다 】　　　　　　　　　　　　　　　　　　　【 보다/뵈다 】

창 3:6	나무를 **본즉** 먹음직도 하고 보암직도	출 26:5	개를 달고 그 고들을 서로 마주 **보게**
창 4:14	내가 주의 낯을 **뵈옵지** 못하리니 내가	출 32:1	모세가 산에서 내려옴이 더딤을 **보고**
창 6:2	사람의 딸들의 아름다움을 **보고** 자기들	레 9:24	백성이 이를 **보고** 소리 지르며 엎드렸
창 7:1	내 앞에 의로움을 내가 **보았음이니라**	레 13:55	빤 곳을 **볼지니** 그 색점의 빛이 변하지
창 8:13	노아가 방주 뚜껑을 제치고 **본즉** 지면	레 14:37	그 색점을 **볼** 때에 그 집 벽에 푸르거나
창 9:16	내가 **보고** 나 하나님과 모든 육체를	레 20:17	여자의 하체를 **보고** 여자는 그 남자의
창 9:22	아버지의 하체를 **보고** 밖으로 나가서	레 26:45	민족들이 **보는** 앞에서 애굽 땅으로부터
창 11:5	그 성읍과 탑을 **보려고** 내려오셨더라	민 11:23	내 말이 네게 응하는 여부를 **보리라**
창 12:12	그대를 **볼** 때에 이르기를 이는 그의	민 12:8	그는 또 여호와의 형상을 **보거늘** 너희가
창 15:5	하늘을 우러러 뭇별을 셀 수 있나 **보라**	민 12:10	미리암을 **본즉** 나병에 걸렸는지라
창 19:28	가마의 연기같이 치솟음을 **보았더라**	민 13:28	아니라 거기서 아낙 자손을 **보았으며**
창 21:9	**본즉** 아브라함의 아들 애굽 여인 하갈의	민 14:22	광야에서 행한 내 이적을 **보고서도**
창 31:51	이 무더기를 **보라** 또 이 기둥을 **보라**	민 14:31	그들은 너희가 싫어하던 땅을 **보려니와**
창 32:2	그들을 **볼** 때에 이르기를 이는 하나님의	민 20:29	아론이 죽은 것을 **보고** 그를 위하여
창 32:30	하나님과 대면하여 **보았으나** 내 생명이	민 21:8	물린 자마다 그것을 **보면** 살리라
창 37:25	음식을 먹다가 눈을 들어 **본즉** 한 무리	민 22:23	칼을 빼어 손에 들고 길에 선 것을 **보고**
창 37:29	르우벤이 돌아와 구덩이에 이르러 **본즉**	민 24:1	여호와께서 선히 여기심을 **보고** 전과
창 37:32	아버지 아들의 옷인가 **보소서** 하매	민 24:2	지파대로 천막 친 것을 **보는데** 그 때에
창 38:2	가나안 사람 수아라 하는 자의 딸을 **보고**	민 24:4	전능자의 환상을 **보는** 자, 엎드려서
창 39:3	여호와께서 그와 함께 하심을 **보며**	민 32:8	가데스바네아에서 그 땅을 **보라고** 보냈
창 48:11	네 얼굴을 **보리라고는** 생각하지 못하였	민 32:9	에스골 골짜기에 올라가서 그 땅을 **보고**
창 48:17	에브라임의 머리에 얹은 것을 **보고**	신 1:17	너희는 재판할 때에 외모를 **보지** 말고
창 49:15	쉴 곳을 **보고** 좋게 여기며 토지를 **보고**	신 1:19	우리가 호렙 산을 떠나 너희가 **보았던**
창 50:23	삼대를 **보았으며** 므낫세의 아들 마길의	신 1:28	우리가 또 거기서 아낙 자손을 **보았노라**
출 2:2	잘 생긴 것을 보고 석 달 동안 그를 숨겼	신 1:35	맹세한 좋은 땅을 볼 자가 하나도 없으
출 2:5	상자를 **보고** 시녀를 보내어 가져다가	신 1:36	그는 그것을 볼 것이요 그가 밟은 땅을
출 2:11	그들이 고되게 노동하는 것을 **보더니**	신 3:21	모든 일을 네 눈으로 **보았거니와** 네가
출 2:12	좌우를 살펴 사람이 없음을 **보고** 그	신 3:25	아름다운 산과 레바논을 **보게** 하옵소서
출 3:2	그가 **보니** 떨기나무에 불이 붙었으나	신 3:28	건너가서 네가 볼 땅을 그들이 기업으로
출 8:15	바로가 숨을 쉴 수 있게 됨을 **보았을**	신 4:3	너희가 눈으로 **보았거니와** 바알브올을
출 9:7	바로가 사람을 보내어 **본즉** 이스라엘의	신 4:19	천하 만민을 위하여 배정하신 것을 **보고**
출 12:13	내가 피를 볼 때에 너희를 넘어가리니	신 4:32	지금까지 지나간 날을 상고하여 **보라**
출 12:23	문 인방과 좌우 문설주의 피를 **보시면**	신 9:16	내가 **본즉** 너희가 너희의 하나님 여호와
출 14:10	눈을 들어 **본즉** 애굽 사람들이 자기들	신 9:27	완악함과 악과 죄를 **보지** 마옵소서
출 14:13	너희를 위하여 행하시는 구원을 **보라**	신 10:17	사람을 외모로 **보지** 아니하시며 뇌물을
출 14:24	구름 기둥 가운데서 애굽 군대를 **보시고**	신 11:7	모든 큰일을 너희의 눈으로 **보았느니라**
출 14:30	애굽 사람들이 죽어 있는 것을 **보았더라**	신 16:16	**뵈되** 빈손으로 여호와를 **뵈옵지** 말고
출 14:31	큰 능력을 **보았으므로** 백성이 여호와를	신 16:19	사람을 외모로 **보지** 말며 또 뇌물을
출 16:7	너희가 여호와의 영광을 **보리니** 이는	신 17:4	네가 듣거든 자세히 조사해 **볼지니** 만일
출 16:15	이스라엘 자손이 **보고** 그것이 무엇인지	신 18:16	다시는 이 큰 불을 **보지** 않게 하소서
출 16:18	오멜로 되어 **본즉** 많이 거둔 자도 남음	신 20:1	백성이 너보다 많음을 **볼지라도** 그들을
출 23:4	네 원수의 길 잃은 소나 나귀를 **보거든**	신 21:11	그 포로 중의 아리따운 여자를 **보고**
출 24:10	하나님을 **보니** 그의 발아래에는 청옥을	신 22:1	형제의 소나 양이 길 잃은 것을 **보거든**

1107

【 보다/뵈다 】   【 보다/뵈다 】

신 22:4	나귀나 소가 길에 넘어진 것을 **보거든**
신 22:6	그의 새끼나 알을 품은 것을 **보거든**
신 23:13	밖에 나가서 대변을 **볼** 때에 그것으로
신 26:7	우리의 고통과 신고와 압제를 **보시고**
신 26:15	주의 거룩한 처소 하늘에서 **보시고**
신 28:10	불리는 것을 **보고** 너를 두려워하리라
신 28:67	두려움과 눈이 **보는** 것으로 말미암아
신 29:2	땅에 행하신 모든 일을 너희가 **보았나니**
신 29:3	이적과 큰 기사를 네 눈으로 **보았느니라**
신 29:4	그러나 깨닫는 마음과 **보는** 눈과 듣는
신 29:17	목석과 은금의 우상을 **보았느니라**
신 29:22	그 땅에 유행시키시는 질병을 **보며**
신 29:23	스보임의 무너짐과 같음을 **보고** 물을
신 32:19	여호와께서 **보시고** 미워하셨으니
신 32:20	그들의 종말이 어떠함을 **보리니** 그들은
신 32:36	자나 놓인 자가 없음을 **보시는** 때에로다
신 34:4	땅이라 내가 네 눈으로 **보게** 하였거니와
역사서	
수 3:3	여호와의 언약궤 메는 것을 **보거든**
수 5:13	이르렀을 때에 눈을 들어 **본즉** 한 사람
수 7:22	**본즉** 물건이 그의 장막 안에 감추어져
수 8:14	아이 왕이 이를 **보고** 그 성읍 백성과
수 22:10	요단 가에 제단을 쌓았는데 **보기에** 큰
수 22:13	갓 자손과 므낫세 반 지파를 **보게** 하되
수 22:28	여호와의 제단 모형을 **보라** 이는 번제를
수 23:3	행하신 일을 너희가 다 **보았거니와**
수 24:7	행한 일을 너희의 눈이 **보았으며** 또
삿 1:24	성읍에서 한 사람이 나오는 것을 **보고**
삿 3:24	잠겼음을 **보고** 이르되 왕이 분명히 서늘
삿 3:25	열쇠를 가지고 열어 **본즉** 그들의 군주가
삿 4:22	사람을 내가 네게 **보이리라** 하매 바락이
삿 6:22	여호와의 사자를 대면하여 **보았나이다**
삿 6:28	사람들이 아침에 일찍이 일어나 **본즉**
삿 7:17	이르되 너희는 나만 **보고** 내가 하는
삿 11:35	이를 **보고** 자기 옷을 찢으며 이르되
삿 13:19	일어난지라 마노아와 그의 아내가 **본즉**
삿 13:20	**보고** 그들의 얼굴을 땅에 대고 엎드리니
삿 13:22	이르되 우리가 하나님을 **보았으니**
삿 14:1	사람의 딸들 중에서 한 여자를 **보고**
삿 14:16	*삼손이 그에게 이르되 보라 내가 그것을*
삿 15:1	내가 방에 들어가 내 아내를 **보고자**
삿 15:15	삼손이 나귀의 새 턱뼈를 **보고** 손을
삿 17:2	내 귀에도 말씀하셨더니 **보소서** 그 은이

룻 2:9	그들이 베는 밭을 **보고** 그들을 따르라
룻 3:8	그가 놀라 몸을 돌이켜 **본즉** 한 여인이
삼상 2:32	너는 내 처소의 환난을 **볼** 것이요 네
삼상 5:3	일찍이 일어나 **본즉** 다곤이 여호와의
삼상 9:4	다녀 **보았으나** 찾지 못하고 사알림 땅으
삼상 9:17	사무엘이 사울을 **볼** 때에 여호와께서
삼상 10:3	하나님을 **뵈오려고** 벧엘로 올라가는
삼상 11:8	사울이 베섹에서 그들의 수를 세어 **보니**
삼상 12:12	왕 나하스가 너희를 치러 옴을 **보고**
삼상 13:6	사람들이 위급함을 **보고** 절박하여 굴과
삼상 13:11	믹마스에 모였음을 내가 **보았으매**
삼상 13:15	자기와 함께 한 백성의 수를 세어 **보니**
삼상 14:20	한 모든 백성이 모여 전장에 가서 **본즉**
삼상 14:52	힘 센 사람이나 용감한 사람을 **보면**
삼상 16:18	베들레헴 사람 이새의 아들을 **본즉**
삼상 17:24	이스라엘 모든 사람이 그 사람을 **보고**
삼상 17:42	블레셋 사람이 둘러보다가 다윗을 **보고**
삼상 22:9	아히멜렉에게 이른 것을 내가 **보았는데**
삼상 23:15	빼앗으려고 나온 것을 **보았으므로**
삼상 25:23	아비가일이 다윗을 **보고** 급히 나귀에서
삼상 26:22	대답하여 이르되 왕은 창을 **보소서**
삼상 28:5	사울이 블레셋 사람들의 군대를 **보고**
삼상 28:7	그의 신하들이 그에게 이르되 **보소서**
삼상 28:12	여인이 사무엘을 **보고** 큰 소리로 외치며
삼하 4:10	전에 사람이 내게 알리기를 **보라** 사울이
삼하 11:2	그 곳에서 **보니** 한 여인이 목욕을 하는
삼하 12:19	신하들이 서로 수군거리는 것을 **보고**
삼하 13:5	네 아버지가 너를 **보러** 오거든 너는
삼하 13:6	왕이 와서 그를 **볼** 때에 암논이 왕께
삼하 13:8	밀가루를 가지고 반죽하여 그가 **보는**
삼하 13:28	술로 즐거워할 때를 자세히 **보다가**
삼하 14:24	내 얼굴을 **볼** 수 없게 하라 하매 압살롬
삼하 17:17	아히마아스가 사람이 **볼까** 두려워하여
삼하 17:18	**보고** 압살롬에게 알린지라 그 두 사람이
삼하 17:23	자기 계략이 시행되지 못함을 **보고**
삼하 24:17	다윗이 백성을 치는 천사를 **보고** 곧
왕상 1:48	왕위에 앉을 자를 주사 내 눈으로 **보게**
왕상 3:15	**보니** 꿈이더라 이에 예루살렘에 이르러
왕상 3:28	그의 속에 있어 판결함을 **봄이더라**
왕상 8:29	향하여 주의 눈이 주야로 **보시오며**
왕상 8:52	주의 백성 이스라엘의 간구함을 **보시고**
왕상 9:12	준 성읍들을 보고 눈에 들지 아니하여
왕상 10:5	여호와의 성전에 올라가는 층계를 **보고**

보다/뵈다

'보(시)기에'와 관련된 성구

보기에 – 창 2:9; 20:15; 24:16; 26:7; 출 15:26; 레 13:5; 수 22:10; 삿 18:8; 삼하 12:9; 18:27; 왕상 11:33; 14:8; 왕하 10:5, 30; 21:15; 에 1:11; 욥 15:15; 30:1; 잠 4:3; 14:12; 16:2, 25; 17:8; 21:2; 아 8:10; 사 53:2; 렘 18:10; 27:5; 겔 1:22; 36:17

여호와가(께서) 보시기에 – 창 38:7, 10; 신 6:18–19; 21:9; 삼하 11:27; 왕상 14:22; 15:5, 11, 26, 34; 16:7, 19, 25, 30; 21:20; 왕하 3:2, 18; 8:18, 27; 12:2; 13:2, 11; 14:3, 24; 15:3, 9, 18, 24, 28, 34; 17:2, 17; 18:3; 21:2, 6, 16, 20; 22:2; 23:32, 37; 24:9, 19; 대상 2:3; 대하 14:2; 20:32; 21:6; 22:4; 24:2; 25:2; 26:4; 27:2; 28:1; 29:2, 6; 31:20; 33:2, 6, 22; 34:2; 36:5, 9, 12; 시 116:15; 사 49:5; 렘 52:2

제사장이 보기에 – 레 13:12, 26, 31, 37, 53, 56

주께서 보시기에 – 삿 10:15; 왕하 20:3; 욥 11:4

하나님이 보시기에 – 창 1:4, 10, 12, 18, 21, 25, 31; 행 7:20

왕상 18:17 엘리야를 볼 때에 아합이 그에게 이르되
왕상 18:39 모든 백성이 **보고** 엎드려 말하되 여호와
왕상 19:3 형편을 **보고** 일어나 자기의 생명을 위해
왕상 21:29 아합이 내 앞에서 겸비함을 네가 **보느냐**
왕상 22:5 말씀이 어떠하신지 물어 **보소서**
왕하 1:13 오십 명의 생명을 당신은 귀히 **보소서**
왕하 2:19 **보시는** 바와 같이 이 성읍의 위치는
왕하 2:24 **보고** 여호와의 이름으로 저주하매 곧
왕하 3:14 여호사밧의 얼굴을 볼이 아니면 그
왕하 6:15 사환이 일찍이 일어나서 나가 **보니** 군사
왕하 6:17 그의 눈을 열어서 **보게** 하옵소서
왕하 7:19 네 눈으로 **보리라** 그러나 그것을 먹지는
왕하 8:29 아들 요람을 **보기** 위하여 내려갔으니
왕하 10:16 가서 여호와를 위한 나의 열심을 **보라**
왕하 11:1 죽은 것을 **보고** 일어나 왕의 자손을
왕하 11:14 **보매** 왕이 규례대로 단 위에 섰고 장관

왕하 12:5 파손된 것을 **보거든** 그것으로 수리하라
왕하 14:26 이스라엘을 도울 자도 없음을 **보셨으**
왕하 16:10 다메섹에 갔다가 거기 있는 제단을 **보고**
왕하 17:4 앗수르 왕이 호세아가 배반함을 **보고**
왕하 20:5 네 기도를 들었고 네 눈물을 **보았노라**
왕하 20:15 그들이 왕궁에서 무엇을 **보았나이까**
왕하 23:16 산에 있는 무덤들을 **보고** 보내어 그
대상 10:5 무기 가진 자가 사울이 죽는 것을 **보고**
대상 10:7 다 죽은 것을 **보고** 그 성읍들을 버리고
대상 21:28 타작 당에서 응답하심을 **보고** 거기서
대상 28:8 회중이 **보는** 데에서와 우리 하나님이
대상 29:17 자원하여 드리는 것을 **보오니** 심히
대하 6:20 눈이 주야로 **보시오며** 종이 이 곳을
대하 7:3 영광이 성전 위에 있는 것을 **보고**
대하 9:4 여호와의 전에 올라가는 층계를 **보고**
대하 9:6 와서 본즉 당신의 지혜가 크다 한 말이
대하 9:23 지혜를 들으며 그의 얼굴을 **보기** 원하여
대하 12:7 스스로 겸비함을 **보신지라** 여호와의
대하 15:9 여호와께서 그와 함께하심을 **보고**
대하 20:17 구원하는 것을 **보라** 유다와 예루살렘아
대하 31:8 쌓인 더미들을 **보고** 여호와를 송축하고
대하 32:2 산헤립이 예루살렘을 치러 온 것을 **보고**
스 3:11 여호와의 성전 기초가 놓임을 **보고**
스 5:17 다시 건축하라 하셨는지 **보시고** 왕은
느 2:13 이르는 동안에 보니 예루살렘 성벽이
느 2:17 우리가 당한 곤경은 너희도 **보고** 있는
느 7:5 얻었는데 거기에 기록된 것을 보면
느 8:14 율법에 기록된 바를 **본즉** 여호와께서
느 9:8 그의 마음이 주 앞에서 충성됨을 **보시고**
에 1:11 뭇 백성과 지방관들에게 **보이게** 하라
에 2:9 이 처녀를 좋게 **보고** 은혜를 베풀어
에 2:15 구하지 아니하였으나 모든 **보는** 자에게
에 3:4 모르드개의 일이 어찌 되나 **보고자**
에 3:5 아니하고 절하지도 아니함을 **보고** 매우
에 8:5 일을 좋게 여기시며 나를 좋게 **보실진대**
에 8:6 어찌 내 민족이 화 당함을 차마 **보며**
에 9:3 사무를 **보는** 자들이 모르드개를 두려워
에 9:26 모든 말과 이 일에 **보고** 당한 것으로

시가서

욥 1:8 네가 내 종 욥을 주의하여 **보았느냐**
욥 5:1 부르짖어 **보라** 네게 응답할 자가 있겠
욥 5:3 미련한 자가 뿌리 내리는 것을 **보고**
욥 9:25 빨리 사라져 버리니 복을 볼 수 없구나

보다/뵈다

욥 10:4	있나이까 주께서 사람처럼 **보시나이까**
욥 10:15	내 환난을 내 눈이 **보기** 때문이니이다
욥 11:11	않으시는 듯하나 다 **보시느니라**
욥 13:1	나의 눈이 이것을 다 **보았고** 나의 귀가
욥 16:9	되어 날카로운 눈초리로 나를 **보시고**
욥 17:2	내 눈이 그들의 충동함을 항상 **보는구나**
욥 19:26	내가 육체 밖에서 하나님을 **보리라**
욥 19:27	그를 **보리니** 내 눈으로 그를 **보기를**
욥 21:5	나를 **보면** 놀라리라 손으로 입을 가리리
욥 21:20	자기의 멸망을 자기의 눈으로 **보게** 하며
욥 22:19	의인은 **보고** 기뻐하고 죄 없는 자는
욥 23:9	오른쪽으로 돌이키시나 **뵈올** 수 없구나
욥 27:12	이것을 **보았거늘** 어찌하여 그토록 무익
욥 28:27	그 때에 그가 **보시고** 선포하시며 굳게
욥 29:8	나를 **보고** 젊은이들은 숨으며 노인들은
욥 29:11	귀가 들은즉 나를 축복하고 눈이 **본즉**
욥 31:26	해가 빛남과 달이 밝게 뜬 것을 **보고**
욥 32:5	세 사람의 입에 대답이 없음을 **보고**
욥 33:15	잠들 때에나 꿈에나 밤에 환상을 **볼**
욥 33:26	기뻐 외치며 하나님의 얼굴을 **보게** 하시
욥 33:28	하셨으니 내 생명이 빛을 **보겠구나** 하리
욥 34:29	가리신다면 누가 그를 **뵈올** 수 있으랴
욥 35:14	하물며 말하기를 하나님은 **뵈올** 수 없고
욥 36:25	우러러보나니 먼 데서도 **보느니라**
욥 37:21	때 그 밝은 빛을 아무도 볼 수 없느니라
욥 38:22	들어갔느냐 우박 창고를 **보았느냐**
욥 39:29	먹이를 살피나니 그 눈이 멀리 **봄이며**
욥 40:15	소같이 풀을 먹는 베헤못을 **볼지어다**
욥 41:8	손을 그것에게 얹어 **보라** 다시는 싸울
욥 41:9	모습을 **보기만** 해도 그는 기가 꺾이리라
욥 42:5	이제는 눈으로 주를 **뵈옵나이다**
욥 42:16	년을 살며 아들과 손자 사 대를 **보았고**
시 8:3	베풀어 두신 달과 별들을 내가 **보오니**
시 9:13	자에게서 받는 나의 고통을 **보소서**
시 10:14	주께서는 **보셨나이다** 주는 재앙과 원한
시 14:2	하나님을 찾는 자가 있는가 **보려** 하신즉
시 22:7	나를 **보는** 자는 다 나를 비웃으며 입술
시 22:17	있나이다 그들이 나를 주목하여 **보고**
시 25:18	나의 곤고와 환난을 **보시고** 내 모든
시 25:19	내 원수를 **보소서** 그들의 수가 많고
시 27:13	땅에서 여호와의 선하심을 **보게** 될 줄
시 31:7	주께서 나의 고난을 **보시고** 환난 중에
시 31:11	내 친구가 놀라고 길에서 **보는** 자가
시 35:22	여호와여 주께서 이를 **보셨사오니** 잠잠
시 36:9	주의 빛 안에서 우리가 빛을 **보리이다**
시 37:34	끊어질 때에 네가 똑똑히 **보리로다**

'보다'와 관련된 성구

보고 듣다 – 눅 7:22; 요 3:32; 행 2:33; 4:20; 19:26; 22:15; 벧후 2:8; 요일 1:3; 계 5:11; 8:13; 22:8

보기 좋다 – 아 5:15

보던 일을 셈하다 – 눅 16:2

보지 못하다 – **모세오경** 창 21:16; 27:1; 41:19; 43:3, 5; 44:23, 28; 48:10; 출 10:6; 33:20, 23; 민 14:23; 23:13; 32:11; 35:23; 신 4:12, 15; 22:14, 17; 33:9 **역사서** 수 3:4; 5:6; 삼상 3:2; 4:15; 14:24; 25:25; 29:3, 6; 삼하 3:13; 14:24, 28; 왕상 10:12; 14:4; 18:10; 왕하 3:17; 22:20; 대하 9:11; 34:28; 스 4:14; 느 4:11 **시가서** 욥 3:9, 16; 7:7, 8; 8:18; 9:11; 20:9, 17; 22:11, 14; 24:1, 15; 28:7; 시 37:25; 49:19; 58:1; 69:23; 94:7; 115:5; 135:16; 잠 14:7; 전 4:3; 6:5, 6 **선지서** 사 7:17; 8:20; 21:3; 38:11; 41:3; 43:8; 44:18; 렘 5:21; 7:17; 12:4; 17:6; 22:10, 12; 29:32; 42:18; 47:3; 겔 12:13; 13:23; 단 10:7; 미 3:6; 합 1:13 **복음서** 마 8:10; 13:13, 17; 22:32; 23:39; 24:2; 막 2:12; 8:18; 12:26; 눅 6:42; 7:9; 8:10; 10:24; 13:35; 17:22; 24:23, 24; 요 3:36; 4:48; 5:37; 9:39; 14:19; 16:10, 16, 17, 19; 20:29 **역사서** 행 5:22; 8:39; 9:7, 8, 9; 12:19; 13:11; 20:25, 38; 24:12 **서신서, 예언서** 롬 8:25; 11:8, 10; 고전 2:9; 9:1; 고후 12:20; 갈 1:19; 골 2:1; 딤전 6:16; 히 2:8; 12:14; 벧전 1:8; 벧후 1:9; 요일 4:20; 계 18:14; 21:22

보지 않다 – 민 11:15; 신 18:16; 욥 3:4; 시 49:9; 막 11:2; 12:14; 13:36; 눅 19:30; 요 5:19; 20:25; 히 11:5

【 보다/뵈다 】　　　　　　　　　　　　　　　　　　【 보다/뵈다 】

시 37:35 내가 악인의 큰 세력을 **본즉** 그 본래의	시 119:37 내 눈을 돌이켜 허탄한 것을 **보지** 말게
시 37:37 사람을 살피고 정직한 자를 **볼지어다**	시 119:74 경외하는 자들이 나를 **보고** 기뻐하는
시 40:3 많은 사람이 **보고** 두려워하여 여호와를	시 119:153 나의 고난을 **보시고** 나를 건지소서
시 41:6 나를 **보러** 와서는 거짓을 말하고 그의	시 119:158 아니하는 거짓된 자들을 내가 **보고**
시 42:2 때에 나아가서 하나님의 얼굴을 **뵈올까**	시 119:159 내가 주의 법도들을 사랑함을 **보옵소서**
시 45:12 부한 자도 네 얼굴 **보기를** 원하리로다	시 128:5 너는 평생에 예루살렘의 번영을 **보며**
시 48:5 그들이 **보고** 놀라고 두려워 빨리 지나	시 128:6 자식의 자식을 **볼지어다** 이스라엘에게
시 48:8 하나님의 성에서 **보았나니** 하나님이	시 135:16 말하지 못하며 눈이 있어도 **보지** 못하며
시 52:6 의인이 **보고** 두려워하며 또 그를 비웃어	시 139:16 이루어지기 전에 주의 눈이 **보셨으며**
시 53:2 하나님을 찾는 자가 있는가 **보려** 하신즉	시 139:24 내게 무슨 악한 행위가 있나 **보시고**
시 54:7 받는 것을 내 눈이 똑똑히 **보게** 하셨나	잠 1:17 **보는** 데서 그물을 치면 헛일이겠거늘
시 55:9 성내에서 강포와 분쟁을 **보았사오니**	잠 4:3 어머니 **보기에** 유약한 외아들이었노라
시 58:10 악인의 보복 당함을 **보고** 기뻐함이여	잠 4:25 네 눈은 바로 **보며** 네 눈꺼풀은 네 앞을
시 59:10 보응 받는 것을 내가 **보게** 하시리이다	잠 6:6 개미에게 가서 그가 하는 것을 보고 지혜
시 63:2 내가 주의 권능과 영광을 **보기** 위하여	잠 7:7 가운데에 한 지혜 없는 자를 **보았노라**
시 64:8 그들을 해함이라 그들을 **보는** 자가 다	잠 17:8 뇌물은 그 임자가 **보기에** 보석 같은즉
시 66:5 하나님께서 행하신 것을 **보라** 사람의	잠 20:12 듣는 귀와 **보는** 눈은 다 여호와께서
시 68:16 시기하여 **보느냐** 진실로 여호와께서	잠 22:3 슬기로운 자는 재앙을 **보면** 숨어 피하여
시 68:24 그들이 주께서 행차하심을 **보았으니**	잠 22:29 자기의 일에 능숙한 사람을 **보았느냐**
시 69:23 그들의 눈이 어두워 **보지** 못하게 하시며	잠 23:31 내려가나니 너는 그것을 **보지도** 말지어
시 69:32 자가 이를 **보고** 기뻐하나니 하나님을	잠 24:18 이것을 **보시고** 기뻐하지 아니하사 그의
시 73:3 내가 악인의 형통함을 **보고** 오만한 자를	잠 24:23 낯을 **보아** 주는 것이 옳지 못하니라
시 77:16 하나님이여 물들이 주를 **보았나이다**	잠 24:30 지혜 없는 자의 포도원을 지나며 **본즉**
시 82:2 불공평한 판단을 하며 악인의 낯 **보기를**	잠 24:32 내가 **보고** 생각이 깊었고 내가 **보고**
시 86:17 은총의 표적을 내게 **보이소서** 그러면	잠 25:8 마침내 네가 이웃에게서 욕을 **보게** 될
시 89:48 누가 살아서 죽음을 **보지** 아니하고 자기	잠 25:16 너는 꿀을 **보거든** 족하리만큼 먹으라
시 91:8 오직 너는 똑똑히 **보리니** 악인들의 보응	잠 26:12 스스로 지혜롭게 여기는 자를 **보느냐**
시 92:11 보응 받는 것을 내 눈으로 **보며** 일어나	잠 27:12 슬기로운 자는 재앙을 **보면** 숨어 피하여
시 95:9 일을 **보고서도** 나를 시험하고 조사하였	잠 28:21 사람의 낯을 **보아** 주는 것이 좋지 못하
시 97:4 번개가 세계를 비추니 땅이 **보고** 떨었도	잠 29:16 의인은 그들의 망함을 **보리라**
시 97:6 모든 백성이 그의 영광을 **보았도다**	잠 29:20 네가 말이 조급한 사람을 **보느냐** 그보다
시 98:3 것이 우리 하나님의 구원을 **보았도다**	전 1:8 눈은 **보아도** 족함이 없고 귀는 들어도
시 104:32 그가 땅을 **보신즉** 땅이 진동하며 산들을	전 1:10 무엇을 가리켜 이르기를 **보라** 이것이
시 106:5 내가 주의 택하신 자가 형통함을 **보고**	전 1:14 해 아래에서 행하는 모든 일을 **보았노라**
시 107:24 기이한 일들을 깊은 바다에서 **보나니**	전 1:16 지혜와 지식을 많이 만나 **보았음이로다**
시 107:42 정직한 자는 **보고** 기뻐하며 모든 사악한	전 3:10 주사 애쓰게 하신 것을 내가 **보았노라**
시 109:25 그들이 나를 **보면** 머리를 흔드나이다	전 3:16 또 내가 해 아래에서 **보건대** 재판하는
시 112:8 대적들이 받는 보응을 마침내 **보리로다**	전 3:22 더 나은 것이 없음을 **보았나니** 이는
시 112:10 악인은 이를 **보고** 한탄하여 이를 갈면서	전 4:4 내가 또 **본즉** 사람이 모든 수고와 모든
시 114:3 바다가 **보고** 도망하며 요단은 물러갔으	전 4:7 다시 해 아래에서 헛된 것을 **보았도다**
시 116:18 그의 모든 백성이 **보는** 앞에서 내가	전 4:15 내가 **본즉** 해 아래에서 다니는 인생들이
시 118:7 보응하시는 것을 내가 **보리로다**	전 5:8 정의와 공의를 짓밟는 것을 **볼지라도**
시 119:18 주의 율법에서 놀라운 것을 **보게** 하소서	전 5:11 소유주들은 눈으로 **보는** 것 외에 무엇이

1111

【 보다/뵈다 】   【 보다/뵈다 】

전 5:13	큰 폐단 되는 일이 있는 것을 **보았나니**
전 6:6	행복을 **보지** 못하면 마침내 다한 곳으로
전 6:9	눈으로 **보는** 것이 마음으로 공상하는
전 7:11	지혜는 유산같이 아름답고 햇빛을 **보는**
전 7:13	하나님께서 행하시는 일을 **보라** 하나님
전 8:9	내가 이 모든 것들을 **보고** 해 아래에서
전 10:5	해 아래에서 한 가지 재난이 **보았노니**
전 11:7	눈으로 해를 **보는** 것이 즐거운 일이로다
전 11:9	마음에 원하는 길들과 네 눈이 **보는**
아 2:14	내가 네 얼굴을 **보게** 하라 네 소리를
아 3:3	사랑하는 자를 너희가 **보았느냐**
아 3:11	시온의 딸들아 나와서 솔로몬 왕을 **보라**
아 4:9	네 눈으로 한 번 **보는** 것과 네 목의 구슬
아 5:15	레바논 같으며 백향목처럼 **보기** 좋고
아 7:12	석류꽃이 피었는지 **보자** 거기에서 내가
아 8:10	그가 **보기**에 화평을 얻은 자 같구나

선지서

사 5:19	속히 이루어 우리에게 **보게** 할 것이며
사 6:1	웃시야 왕이 죽던 해에 내가 **본즉** 주께
사 6:9	깨닫지 못할 것이요 **보기는** 보아도
사 9:2	흑암에 행하던 백성이 큰 빛을 **보고**
사 13:8	여자같이 고통하며 서로 **보고** 놀라며
사 14:16	**보는** 이가 주목하여 너를 자세히 살펴
사 18:3	산들 위에 기치를 세우거든 너희는 **보고**
사 21:7	나귀 떼와 낙타 떼를 **보거든** 귀 기울여
사 22:4	말하노니 돌이켜 나를 **보지** 말지어다
사 22:9	다윗 성의 무너진 곳이 많은 것도 **보며**
사 29:18	캄캄한 데에서 맹인의 눈이 볼 것이며
사 35:2	우리 하나님의 아름다움을 **보리로다**
사 37:14	사자들의 손에서 글을 받아 **보고** 여호와
사 37:17	여호와여 눈을 뜨고 **보시옵소서** 산헤립
사 38:5	네 기도를 들었고 네 눈물을 **보았노라**
사 38:11	내가 다시는 여호와를 **뵈옵지** 못하리니
사 39:4	왕의 궁전에서 무엇을 **보았나이까**
사 40:5	모든 육체가 그것을 함께 **보리라** 이는
사 42:1	곧 내가 택한 사람을 **보라** 내가 나의
사 42:18	자들아 들으라 너희 맹인들아 밝히 **보라**
사 42:20	많은 것을 **볼지라도** 유의하지 아니하며
사 43:8	눈이 있어도 **보지** 못하고 귀가 있어도
사 52:10	모두 우리 하나님의 구원을 **보았도다**
사 52:15	그들에게 전파되지 아니한 것을**볼것이요**
사 57:8	사랑하여 그 벌거벗은 것을 **보았으며**
사 59:16	사람이 없음을 **보시며** 중재자가 없음을

사 60:4	네 눈을 들어 사방을 **보라** 무리가 다
사 60:5	그 때에 네가 보고 기쁜 빛을 내며 네
렘 1:11	예레미야야 네가 무엇을 **보느냐**
렘 1:12	내게 이르시되 네가 잘 **보았도다**
렘 1:9	내게 이르시되 **보라** 내가 내 말을 네
렘 2:5	내게서 무슨 불의함을 **보았기**에 나를
렘 4:21	내가 저 깃발을 **보며** 나팔 소리 듣기를
렘 6:16	너희는 길에 서서 **보며** 옛적 길 곧 선한
렘 12:4	그가 우리의 나중 일을 **보지** 못하리라
렘 14:19	받기를 기다리나 두려움만 **보나이다**
렘 18:3	내가 토기장이의 집으로 내려가서 **본즉**
렘 34:3	네 눈은 바벨론 왕의 눈을 볼 것이며
렘 36:16	그 모든 말씀을 듣고 놀라 서로 **보며**
렘 39:4	시드기야 왕과 모든 군사가 그들을 **보고**
렘 41:13	있던 모든 군 지휘관을 **보고** 기뻐한지라
렘 42:2	당신이 **보는** 바와 같이 우리는 많은 사람
애 1:8	모든 사람이 그의 벗었음을 보고 업신
애 1:10	들어간 것을 예루살렘이 **보았나이다**
애 2:14	헛되고 어리석은 묵시를 **보았으므로**
애 2:16	우리가 얻기도 하고 **보기**도 하였으며
애 3:36	하는 것은 다 주께서 기쁘게 **보시는**
애 3:51	성읍의 모든 여자들을 내 눈으로 보니
겔 1:4	**보니** 북쪽에서부터 폭풍과 큰 구름이
겔 7:6	왔도다 끝이 너에게 왔도다 **볼지어다**
겔 14:22	행동과 소행을 **보면** 내가 예루살렘에
겔 18:14	아버지가 행한 모든 죄를 **보고** 두려워
겔 23:13	그도 더러워졌음을 내가 **보았노라**
겔 33:6	칼이 임함을 파수꾼이 **보고도** 나팔을
겔 39:15	사람의 뼈를 **보면** 그 곁에 푯말을 세우
겔 44:4	내가 **보니** 여호와의 영광이 여호와의
겔 47:6	이르시되 인자야 네가 이것을 **보았느냐**
단 1:10	못한 것을 그가 **보게** 할 것이 무엇이냐
단 1:13	소년들의 얼굴을 비교하여 **보아서** 당신
단 4:20	왕께서 **보신** 그 나무가 자라서 견고하여
단 5:5	왕이 그 글자 쓰는 손가락을 **본지라**
단 10:7	이 환상을 나 다니엘이 홀로 **보았고**
호 6:10	이스라엘 집에서 가증한 일을 **보았나니**
호 9:10	너희 조상들을 보기를 무화과나무에서
욜 2:28	꾸며 너희 젊은이는 이상을 볼 것이며
암 3:9	얼마나 큰 요란함과 학대함이 있나 **보라**
암 6:2	너희는 갈레로 건너가 **보고** 거기에서
암 7:8	이르시되 아모스야 네가 무엇을 **보느냐**
욘 3:10	악한 길에서 돌이켜 떠난 것을 **보시고**

【 보다/뵈다 】　　　　　　　　　　　　　　　　　　　　【 보다/뵈다 】

욘 4:5	성읍에 무슨 일이 일어나는가를 **보려고**	합 1:3	어찌하여 내게 죄악을 **보게** 하시며 패역
미 7:9	하시리니 내가 그의 공의를 **보리로다**	합 1:5	너희는 여러 나라를 **보고** 또 **보고**
나 3:7	너를 **보는** 자가 다 네게서 도망하며	합 1:13	정결하시므로 악을 차마 **보지** 못하시며
나 3:19	소식을 듣는 자가 다 너를 **보고** 손뼉을	학 2:18	성전 지대를 쌓던 날부터 기억하여 **보라**

강조법으로 사용된 '보라' 유형들

보라 – 모세오경 창 3:22; 13:17; 15:5; 31:12, 50, 51; 39:14; 42:28; 출 7:15; 10:10; 14:13; 16:4; 33:21; 34:10, 11; 민 18:8; 22:5, 32; 32:8; 신 4:32; 9:13; 22:17 역사서 수 6:2; 8:1, 8; 22:28; 24:27; 삿 1:2; 7:13; 8:15; 9:36, 37; 11:34; 13:3, 7; 14:16; 16:10; 19:9; 21:19; 룻 1:15; 3:2; 삼상 3:11; 9:17, 24; 12:1, 2, 13, 16; 14:8, 11, 17, 29; 18:22; 19:15; 20:21, 22; 26:16; 30:26; 삼하 4:10; 12:11; 14:30; 15:3, 25; 16:8; 18:26; 왕상 17:23; 왕하 1:2; 6:13; 10:16; 22:20; 대하 20:17 시가서 욥 4:7; 5:1, 27; 12:7; 13:6; 22:12; 28:28; 41:8; 시 48:12; 66:5; 87:4; 잠 1:23; 전 1:10, 14, 16; 2:1; 4:1; 7:13, 27; 아 2:8; 3:11 선지서 사 5:26; 6:7; 7:14; 17:1; 19:1; 23:13; 28:16; 30:27; 33:7, 20; 34:5; 35:4; 40:9, 10, 26; 41:27; 42:1, 18; 43:9, 19; 45:21; 47:12, 13; 48:6; 49:18; 50:1, 2, 9; 51:1, 2, 22; 52:13; 54:11; 58:3; 60:4; 62:11; 65:13, 17, 18; 66:12; 렘 1:9; 2:23, 31, 35; 3:2, 5; 4:23; 5:15; 6:10, 21, 22; 7:11, 12, 20; 8:9; 9:7, 15, 25; 10:18; 11:11, 22; 12:14; 13:13, 20; 16:9, 12, 14, 16, 21; 18:11; 19:3, 6, 15; 20:4; 21:4, 8, 13; 23:2, 5, 7, 15, 30, 31, 32; 25:32; 27:16; 29:17, 21, 32; 30:3, 18; 31:27, 31; 32:3-5, 28; 33:6, 14; 34:2, 22; 35:17; 38:5; 40:4; 43:10; 44:2, 11, 26; 45:4, 5; 46:25, 27; 47:2; 48:40; 49:2, 5, 12, 35; 50:12, 18, 31; 51:1, 25, 36, 47; 겔 2:9; 3:25; 4:15; 8:9, 16; 21:7; 단 11:2; 호 2:14; 암 3:9; 8:1, 11; 9:13; 합 2:19; 학 2:18; 슥 3:9; 6:12; 8:7; 9:9; 말 1:8, 9; 3:1;

10; 4:1 복음서 마 6:26, 28; 10:16; 11:10, 19; 12:49; 24:23; 24:26; 25:6; 26:45, 46, 65; 28:6, 7; 막 1:2; 3:34; 6:38; 13:21; 14:41, 42; 15:4, 35; 16:6; 눅 1:48; 2:10, 34, 48; 7:20, 25, 27, 34; 11:35; 12:27; 17:23; 18:31, 42; 21:29; 22:10, 21, 31; 23:14, 15; 24:39; 요 1:29, 36, 39, 46, 47; 4:29, 35; 5:14; 7:52; 11:36; 12:15, 19; 18:21; 19:4, 5, 14, 27; 20:27 역사서 – 예언서 행 2:7; 3:4; 5:9; 7:56; 8:36; 13:41; 22:13; 롬 9:33; 11:22; 고전 1:26; 10:18; 고후 5:17; 6:2, 9; 갈 5:2; 6:11; 엡 5:10; 빌 3:17; 딤후 2:7; 히 7:4; 약 3:4, 5; 5:7, 9; 벧전 2:6; 유 1:14; 계 4:2; 9:12; 11:14; 12:3; 13:18; 14:1; 19:11; 21:3, 5

보소서 – 창 19:20; 38:25; 민 14:40; 17:12; 수 2:2; 7:21; 9:12, 25; 14:10; 삿 6:15, 37; 9:31; 13:10; 17:2; 삼상 8:5; 9:8; 14:33; 16:15; 23:1, 3; 24:1, 4, 9, 11; 26:22; 28:7; 삼하 5:1; 9:6; 13:35; 15:15; 왕하 6:1; 대상 21:23; 대하 6:18; 욥 40:4; 시 51:6; 사 21:9; 렘 1:6; 3:22; 마 12:47; 19:27; 25:20, 22, 25; 막 3:32; 10:28; 11:21; 13:1; 눅 19:20; 22:38; 행 5:25

보시오 – 막 2:24

보아라 – 삼하 13:34

보옵소서/보시옵소서 – 사 38:17; 렘 14:13; 32:24; 애 1:20; 2:20; 눅 18:28; 19:8; 요 11:3; 히 10:7, 9

볼지어다 – 출 7:1, 17; 16:29; 35:30; 삼하 7:2; 욥 5:17, 27; 시 73:12; 아 3:7; 렘 5:14; 겔 7:5, 6, 10; 17:10; 31:3, 39:8; 나 1:15; 마 28:20; 눅 24:49; 요 12:19; 히 2:13; 8:8; 계 1:7, 18; 2:10, 22; 3:8, 20

【 보다/뵈다 】

슥 1:8　내가 밤에 **보니** 한 사람이 붉은 말을
슥 4:10　손에 다림줄이 있음을 **보고** 기뻐하리라
말 1:5　눈으로 **보고** 이르기를 여호와께서는

복음서
마 2:2　우리가 동방에서 그의 별을 **보고** 그에게
마 3:16　같이 내려 자기 위에 임하심을 **보시더니**
마 4:16　앉은 백성이 큰 빛을 **보았고** 사망의
마 4:18　그물 던지는 것을 **보시니** 그들은 어부라
마 5:8　복이 있나니 그들이 하나님을 볼 것임
마 5:16　그들로 너희 착한 행실을 **보고** 하늘에
마 5:28　음욕을 품고 여자를 **보는** 자마다 마음에
마 6:4　은밀하게 하라 은밀한 중에 **보시는**
마 6:26　공중의 새를 **보라** 심지도 않고 거두지도
마 6:28　어떻게 자라는가 생각하여 **보라** 수고도
마 7:3　형제의 눈 속에 있는 티는 **보고** 네 눈
마 12:49　나의 어머니와 나의 동생들을 **보라**
마 13:14　못할 것이요 **보기는** **보아도** 알지 못하리
마 13:15　이는 눈으로 **보고** 귀로 듣고 마음으로
마 20:3　제삼시에 나가 **보니** 장터에 놀고 서
마 21:2　나귀 새끼가 함께 있는 것을 **보리니**
마 26:45　오사 이르시되 이제는 자고 쉬고 **보라**
마 26:58　뜰에까지 가서 그 결말을 **보려고** 안에
마 26:64　구름을 타고 오는 것을 너희가 **보리라**
마 28:6　와서 그가 누우셨던 곳을 **보라**
마 28:10　가라 하라 거기서 나를 **보리라** 하시니라
마 28:17　예수를 **뵈옵고** 경배하나 아직도 의심하
막 1:10　같이 자기에게 내려오심을 **보시더니**
막 1:16　바다에 그물 던지는 것을 **보시니**
막 1:19　그 형제 요한을 **보시니** 그들도 배에
막 2:5　**보시고** 중풍병자에게 이르시되 작은
막 2:14　레위가 세관에 앉아 있는 것을 **보시고**
막 2:16　잡수시는 것을 **보고** 그의 제자들에게
막 3:11　귀신들도 어느 때든지 예수를 **보면**
막 3:34　이르시되 내 어머니와 내 동생들을 **보라**
막 4:12　이는 그들로 **보기는** **보아도** 알지 못하며
막 5:6　그가 멀리서 예수를 **보고** 달려와 절하며
막 5:14　사람들이 어떻게 되었는지를 **보려** 와서
막 6:49　그가 바다 위로 걸어오심을 **보고**
막 6:50　예수를 **보고** 놀람이라 이에 예수께서
막 7:2　아니한 손으로 떡 먹는 것을 **보았더라**
막 8:18　너희가 눈이 있어도 **보지** 못하며 귀가
막 9:1　임하는 것을 볼 자들도 있느니라 하시
막 10:14　**보시고** 노하시어 이르시되 어린아이들

막 13:2　이르시되 네가 이 큰 건물들을 **보느냐**
막 13:14　못할 곳에 선 것을 **보거든** 읽는 자는
막 13:26　영광으로 오는 것을 사람들이 **보리라**
막 13:29　너희가 이런 일이 일어나는 것을 **보거든**
막 14:62　구름을 타고 오는 것을 너희가 **보리라**
막 14:67　베드로가 불 쬐고 있는 것을 **보고** 주목
막 14:69　여종이 그를 **보고** 곁에 서 있는 자들에게
막 15:4　많은 것으로 너를 고발하는가 **보라**
막 15:32　우리가 **보고** 믿게 할지어다 하며 함께
눅 1:12　사가랴가 **보고** 놀라며 무서워하니
눅 2:12　아기를 **보리니** 이것이 너희에게 표적이
눅 2:15　알리신 바 이 이루어진 일을 **보자**
눅 2:17　**보고** 천사가 자기들에게 이 아기에
눅 2:26　그리스도를 **보기** 전에는 죽지 아니하리
눅 2:30　내 눈이 주의 구원을 **보았사오니**
눅 3:6　육체가 하나님의 구원하심을 **보리라**
눅 4:18　눈 먼 자에게 다시 **보게** 함을 전파하며
눅 5:2　배 두 척이 있는 것을 **보시니** 어부들은
눅 7:22　이르시되 너희가 가서 **보고** 들은 것을
눅 7:24　너희가 무엇을 **보려고** 광야에 나갔더냐
눅 9:27　죽기 전에 하나님의 나라를 볼 자들도
눅 9:32　영광과 및 함께 선 두 사람을 **보더니**
눅 10:23　너희가 **보는** 것을 **보는** 눈은 복이 있도
눅 10:24　너희가 **보는** 바를 **보고자** 하였으되 **보지**
눅 10:31　그 길로 내려가다가 그를 **보고** 피하여
눅 11:35　속에 있는 빛이 어둡지 아니한가 **보라**
눅 11:38　씻지 아니하심을 그 바리새인이 **보고**
눅 12:27　백합화를 생각하여 **보라** 실도 만들지
눅 13:12　예수께서 **보시고** 불러 이르시되 여자여
눅 13:28　오직 너희는 밖에 쫓겨난 것을 볼 때에
눅 12:37　**보면** 그 종들은 복이 있으리로다 내가
눅 14:7　높은 자리 택함을 **보시고** 그들에게
눅 14:29　이루지 못하면 **보는** 자가 다 비웃어
눅 15:19　나를 품꾼의 하나로 **보소서** 하리라 하고
눅 15:20　거리가 먼데 아버지가 그를 **보고** 측은히
눅 16:23　그의 품에 있는 나사로를 **보고**
눅 17:20　하나님의 나라는 볼 수 있게 임하는
눅 17:22　인자의 날 하루를 **보고자** 하되 **보지**
눅 18:8　올 때에 세상에서 믿음을 **보겠느냐**
눅 18:15　어린 아기를 데리고 오매 제자들이 **보고**
눅 18:24　예수께서 그를 **보시고** 이르시되 재물이
눅 18:41　원하느냐 이르되 주여 **보기를** 원하나이
눅 19:30　매여 있는 것을 **보리니** 풀어 끌고 오라

[보다/뵈다] [보다/뵈다]

눅 19:41	가까이 오사 성을 **보시고** 우시며		행 3:4	더불어 주목하여 이르되 우리를 **보라**
눅 20:14	농부들이 그를 **보고** 서로 의논하여		행 3:9	그 걷는 것과 하나님을 찬송함을 **보고**
눅 21:1	헌금함에 헌금 넣는 것을 **보시고**		행 7:55	예수께서 하나님 우편에 서신 것을 **보고**
눅 21:27	능력과 큰 영광으로 오는 것을 **보리라**		행 8:6	행하는 표적도 **보고** 한마음으로 그가
눅 21:29	무화과나무와 모든 나무를 **보라**		행 10:3	제 구 시쯤 되어 환상 중에 밝히 **보매**
눅 22:45	가서 슬픔으로 인하여 잠든 것을 **보시고**		행 10:4	고넬료가 주목하여 **보고** 두려워 이르되
눅 23:8	헤롯이 예수를 **보고** 매우 기뻐하니 이는		행 10:11	그릇이 내려오는 것을 **보니** 큰 보자기
눅 23:47	그 된 일을 **보고** 하나님께 영광을 돌려		행 16:10	바울이 그 환상을 **보았을** 때 우리가
눅 24:24	여자들이 말한 바와 같음을 **보았으나**		행 16:19	자기 수익의 소망이 끊어진 것을 **보고**
요 1:14	우리가 그의 영광을 **보니** 아버지의		행 19:21	거기 갔다가 후에 로마도 **보아야** 하리라
요 1:29	예수께서 자기에게 나아오심을 **보고**		행 28:26	**보기는 보아도** 도무지 알지 못하는도다
요 1:48	무화과나무 아래에 있을 때에 **보았노라**		행 28:27	이는 눈으로 **보고** 귀로 듣고 마음으로
요 3:3	거듭나지 아니하면 하나님의 나라를 **볼**			**서신서, 예언서**
요 3:32	그가 친히 **보고** 들은 것을 증언하되		롬 7:23	법으로 나를 사로잡는 것을 **보는도다**
요 4:19	이르되 주여 내가 **보니** 선지자로소이다		롬 8:24	소망으로 구원을 얻었으매 **보이는**
요 4:35	눈을 들어 밭을 **보라** 희어져 추수하게		롬 11:22	하나님의 인자하심과 준엄하심을 **보라**
요 4:45	하신 모든 일을 **보았음이더라**		롬 15:21	소식을 받지 못한 자들이 볼 것이요
요 5:6	누운 것을 **보시고** 병이 벌써 오래된		고전 13:12	우리가 지금은 거울로 **보는** 것같이
요 6:40	아버지의 뜻은 아들을 **보고** 믿는 자마다		고전 16:7	이제는 지나는 길에 너희 **보기를** 원하지
요 8:56	너희 조상 아브라함은 나의 때 볼 것을		고후 3:18	거울을 **보는** 것같이 주의 영광을 **보매**
요 8:57	못 되었는데 아브라함을 **보았느냐**		고후 5:7	우리가 믿음으로 행하고 **보는** 것으로
요 9:1	날 때부터 맹인 된 사람을 **보신지라**		고후 9:4	너희가 준비하지 아니한 것을 **보면** 너희
요 11:17	예수께서 와서 **보시니** 나사로가 무덤에		고후 10:7	너희는 외모만 **보는도다** 만일 사람이
요 11:40	네가 믿으면 하나님의 영광을 **보리라**		갈 2:7	할례자에게 맡음과 같은 것을 **보았고**
요 12:9	이는 예수만 **보기** 위함이 아니요 죽은		갈 2:14	행하지 아니함을 **보고** 모든 자 앞에서
요 12:14	예수는 한 어린 나귀를 **보고** 타시니		갈 6:11	이렇게 큰 글자로 쓴 것을 **보라**
요 12:21	선생이여 우리가 예수를 **뵈옵고자**		엡 5:10	할 것이 무엇인가 시험하여 **보라**
요 14:9	나를 **본** 자는 아버지를 **보았거늘** 어찌		히 2:9	영광과 존귀로 관을 쓰신 예수를 **보니**
요 14:17	그를 **보지도** 못하고 알지도 못함이라		히 3:9	사십 년 동안 나의 행사를 **보았느니라**
요 15:24	지금은 그들이 나와 내 아버지를 **보았고**		히 10:25	그 날이 가까움을 **볼수록** 더욱 그리하자
요 16:22	근심하나 내가 다시 너희를 **보리니**		벧전 2:12	선한 일을 **보고** 오시는 날에 하나님께
요 17:24	그들로 **보게** 하시기를 원하옵나이다		벧전 3:2	두려워하며 정결한 행실을 **봄이라**
요 19:6	예수를 **보고** 소리 질러 이르되 십자가에		벧전 3:10	생명을 사랑하고 좋은 날 **보기를** 원하는
요 19:26	서 있는 것을 **보시고** 자기 어머니께		요일 1:1	들은 바요 눈으로 **본** 바요 자세히 **보고**
요 19:37	성경에 그들이 그 찌른 자를 **보리라**		요일 1:2	영원한 생명을 우리가 **보았고** 증언하여
요 20:27	네 손가락을 이리 내밀어 내 손을 **보고**		요일 3:2	아는 것은 그의 참모습 그대로 **볼** 것이
요 19:33	죽으신 것을 **보고** 다리를 꺾지 아니하고		요일 3:17	형제의 궁핍함을 **보고도** 도와줄 마음을
요 20:1	와서 돌이 무덤에서 옮겨진 것을 **보고**		요일 4:14	보내신 것을 우리가 **보았고** 또 증언하노
요 20:18	제자들에게 내가 주를 **보았다** 하고 또		요일 4:20	**보는** 바 그 형제를 사랑하지 아니하는
	역사서		요일 5:16	죄 범하는 것을 **보거든** 구하라 그리하면
행 1:11	가심을 **본** 그대로 오시리라 하였느니라		요이 1:4	계명대로 진리를 행하는 자를 내가 **보니**
행 2:17	너희의 젊은이들은 환상을 **보고** 너희의		요삼 1:14	**보기를** 바라노니 또한 우리가 대면하여
행 2:33	아버지께 받아서 너희 **보고** 듣는 이것		계 1:11	이르되 네가 **보는** 것을 두루마리에 써서

【 보다/뵈다 】　　　　　　　　　　　　　【 보다/뵈다 】

계 3:18	않게 하고 안약을 사서 눈에 발라 **보게**
계 4:1	일들을 내가 네게 **보이리라** 하시더라
계 15:1	하늘에 크고 이상한 다른 이적을 **보매**
계 21:1	새 하늘과 새 땅을 **보니** 처음 하늘과
계 21:2	또 내가 **보매** 거룩한 성 새 예루살렘이
계 22:4	얼굴을 **볼** 터이요 그의 이름도 그들의

본 것

창 33:10	하나님의 얼굴을 **본 것** 같사오며 형님도
레 5:1	증인이 되어 그가 **본 것**이나 알고 있는
삼상 6:13	들어 궤를 보고 그 **본 것**을 기뻐하더니
삼하 18:21	네가 가서 **본 것**을 왕께 아뢰라 하매
욥 15:17	내게서 들으라 내가 **본 것**을 설명하리라
겔 13:3	여호와의 말씀이 **본 것**이 없이 자기
겔 40:4	**본 것**을 다 이스라엘 족속에게 전할지어
마 17:9	살아나기 전에는 **본 것**을 아무에게도
막 9:9	가운데서 살아날 때까지는 **본 것**을
눅 9:36	제자들이 잠잠하여 그 **본 것**을 무엇이든
요 3:11	아는 것을 말하고 **본 것**을 증언하노라
요 8:38	나는 내 아버지에게서 **본 것**을 말하고
골 2:18	그가 그 **본 것**에 의지하여 그 육신의
계 1:2	곧 자기가 **본 것**을 다 증언하였느니라
계 1:19	그러므로 네가 **본 것**과 지금 있는 일과
계 1:20	네가 **본 것**은 내 오른손의 일곱 별의

본 자

삿 2:7	행하신 모든 큰일을 **본 자**들이 사는
욥 7:8	나를 **본 자**의 눈이 다시는 나를 보지
욥 20:7	**본 자**가 이르기를 그가 어디 있느냐
사 64:4	들은 자도 없고 눈으로 **본 자**도 없나니
사 66:8	들은 자가 누구이며 이러한 일을 **본 자**
학 2:3	성전의 이전 영광을 **본 자**가 누구냐
막 5:16	당한 것과 돼지의 일을 **본 자**들이 그들
막 16:14	이는 자기가 살아난 것을 **본 자**들의
눅 8:36	어떻게 구원 받았는지를 **본 자**들이
요 6:46	아버지를 **본 자**가 있다는 것이 아니라
요 14:9	네가 나를 알지 못하느냐 나를 **본 자**는
요 19:35	이를 **본 자**가 증언하였으니 그 증언은
벧후 1:16	우리는 그의 크신 위엄을 친히 **본 자**라

보다 - 기타 본문

모세오경 창 6:5, 12; 12:14, 15; 13:17; 18:2, 21; 19:1; 21:19; 23:18; 24:30, 63; 26:28; 27:21; 28:6, 8, 12, 13; 29:2, 10, 25, 31; 30:1, 9; 31:2, 5, 10, 12, 42, 43; 32:25; 33:1, 5; 34:1, 2; 37:4, 14, 18, 20; 38:14, 15, 27; 39:13; 40:6, 9, 16; 41:2, 18, 22; 42:1, 7, 16, 21, 27, 35; 43:16, 29; 44:21, 26, 31, 34; 45:12, 27, 28; 46:30; 48:8; 50:11, 15; 출 2:6; 3:3, 4, 6, 7, 9, 16; 4:6, 7, 14; 5:20; 6:1; 9:34; 10:5, 23, 28; 18:14; 19:4, 21; 20:18, 22; 22:2; 23:5; 32:5, 9, 19, 25; 33:10, 12; 34:20, 30; 39:43; 40:38; 민 4:20; 15:39; 17:8, 9; 22:25, 27, 31, 33, 41; 23:13, 17; 24:16, 17; 25:7; 32:1; 신 22:4, 6 **역사서** 수 8:20, 21; 삿 9:33, 43, 48, 55; 14:2, 5, 8, 11; 16:1, 19, 24; 18:5, 7, 9, 26; 19:3, 17, 27, 30; 20:41; 21:8, 9, 21; 룻 1:18; 삼상 5:4, 7; 6:7, 9, 13, 16; 10:11, 24; 14:26; 15:4, 35; 16:1, 6, 7; 17:25, 39, 51, 55; 18:15, 23, 28; 19:3, 5, 16, 20; 20:29; 21:14; 22:9; 24:3; 26:5, 7, 12, 16; 28:13, 21; 29:8; 30:3; 31:7, 8; 삼하 1:6, 7; 3:13, 36; 10:9, 14, 15, 19; 14:32; 18:10, 11, 24, 26, 29; 20:12; 24:3, 13; 왕상 3:21; 10:7, 8; 11:28; 12:16; 13:12, 14, 25, 28; 16:18; 19:6; 20:13, 40; 22:17, 19, 25, 32, 33; 왕하 1:2, 9, 14; 2:10, 12, 15; 3:22, 26; 4:25, 32; 5:21; 6:20, 21, 30, 32; 7:2, 5, 10; 9:5, 16, 17, 22, 26, 27; 12:10; 13:4, 21; 16:12; 19:14, 16, 35; 대상 10:8; 11:1; 19:10, 15, 16, 19; 21:15, 16, 20, 21; 대하 18:16, 18, 22, 24, 31, 32; 20:11, 24, 25; 22:10; 23:13; 26:20; 29:8, 18; 30:7; 스 3:12; 4:23; 5:8; 느 13:15, 23; 에 5:2, 9, 13 **시가서** 욥 2:3, 12; 3:10; 4:7, 8; 13:6; 17:15; 18:3; 19:11; 22:11; 38:16, 17, 22; 39:1; 시 45:12; 48:8, 13; 49:9, 10; 50:18; 119:96; 전 2:11, 12, 13, 24, 25; 5:18; 6:1, 5; 8:10, 16; 9:11, 13; 10:7; 아 6:5, 9, 11, 13 **선지서** 사 6:10; 8:9, 10, 20; 22:15; 23:13; 28:4; 29:23; 30:20; 32:3; 33:17, 20; 34:10; 37:36; 40:9, 26; 41:3, 5, 20, 23, 27, 28; 43:9; 44:9, 16; 45:21; 47:10, 12, 13; 48:6; 49:7, 18; 51:1, 2; 52:8; 53:10, 11; 57:18; 58:7; 61:9; 62:2; 63:5, 15; 64:9; 66:14, 18, 19, 24; 렘 1:13; 2:5, 10, 23, 31; 3:2, 6, 7, 8; 4:24; 5:7:12; 9:17; 11:20; 12:3; 13:20, 27; 20:12, 18; 23:13, 14; 24:3; 27:3; 28:1, 5; 29:21; 31:26; 44:2; 46:5; 50:38; 51:6; 애 1:12, 18; 3:59, 60, 63; 겔 1:15, 27, 28; 8:2, 6, 7, 9, 10, 12, 13, 14, 15, 17; 9:2; 10:1, 9; 11:1; 12:3, 6, 13, 27; 13:6, 7, 8, 9, 16;

【 보다/뵈다 】　　　　　　　　　　　　　　　　　　　【 보리 】

14:23; 16:6, 8, 37, 50; 20:28; 21:29; 22:28; 23:11, 14, 16; 26:18; 28:18; 32:31; 33:3, 30; 36:31; 37:2, 8; 39:21, 27; 40:4, 5; 41:8; 43:5; 46:21; 47:2; 단 1:19; 2:8, 31, 34, 41, 43, 45; 3:25, 27; 4:10, 13, 23; 5:23; 7:2, 4, 6, 8, 9, 11, 13, 21; 8:2, 3, 4, 7, 15, 27; 9:18; 10:8; 11:2; 12:5; 호 9:13; 암 8:1, 2; 9:1; 미 7:10, 16; 합 3:6, 7, 10; 슥 1:11, 18; 2:1, 2; 3:9; 4:2; 5:1, 2, 5, 9; 6:1; 9:5, 8; 10:2, 7; 말 1:8, 9; 3:10 **복음서** 마 2:10, 11; 3:7; 4:21; 5:1; 6:6, 18; 7:5; 8:14, 18, 34; 9:2, 8, 9, 11, 22, 23, 33, 36; 11:4, 5, 7, 8, 9; 12:2, 22, 44; 13:17; 14:14, 26, 30; 15:31; 16:28; 17:8; 18:10, 31; 19:26; 20:6, 15, 34; 21:15, 19, 20, 32, 38; 22:11; 24:15, 30, 33, 46; 25:36, 37, 38, 39, 44; 26:8, 40, 43, 71; 27:3, 24, 49, 54; 28:1; 막 5:15, 22, 31, 38; 6:33, 34, 38, 48; 7:30; 8:24, 25, 33; 9:14, 15, 20, 25, 38; 10:21, 27, 51, 52; 11:2, 4, 13, 20; 12:26, 34, 41; 13:36; 14:37, 40; 15:36, 39; 16:5; 눅 5:8, 12, 20, 26, 27; 6:20, 41, 42; 7:9, 10, 13, 20, 21, 25, 26, 39, 44; 8:16, 20, 28, 34, 47; 9:49, 54; 10:18, 32, 33; 11:25, 33; 12:38, 43, 54, 55; 17:14, 15; 18:43; 19:3, 4, 7; 20:17; 21:2, 6, 20, 30, 31; 22:49, 56, 58, 61; 23:2, 4, 48, 49, 55; 24:2, 33, 37, 39; 요 1:32, 33, 34, 38, 42, 47, 50, 51; 2:14, 23; 6:2, 5, 14, 19, 22, 24, 30, 36, 46, 62; 7:3; 8:10, 51; 9:8, 11, 15, 18, 19, 21, 23, 25, 37, 39, 41; 10:12; 11:31, 32, 33, 34; 12:40, 41, 45; 13:22; 14:7; 19:26; 20:5, 6, 8, 14, 20, 25, 27, 29; 21:9, 20, 21 **역사서** 행 1:9; 3:3, 12, 16; 4:13, 14, 21; 5:10, 23; 6:15; 7:24, 34; 8:13, 18, 23, 27; 9:12, 17, 18, 27, 35, 40; 10:21, 27; 11:5, 6, 14, 23; 12:3, 9, 16; 13:12, 45; 14:8, 9, 11; 16:27; 17:16, 22, 23; 19:26; 20:9; 21:20, 27, 29, 32; 22:9, 11, 13, 14, 18; 23:9; 24:5, 18, 20; 25:24; 26:13; 27:10, 28; 28:4, 6, 15, 20 **서신서** 롬 1:11; 7:12; 15:24; 고전 1:26; 8:10; 10:18; 고후 12:6; 빌 1:27; 2:23, 28; 골 2:5; 살전 2:17; 3:6, 10; 딤전 3:10 딛 후 1:4; 2:7; 3:11; 히 3:19; 7:4, 15; 11:13, 23; 13:7, 23; 약 1:23, 24; 2:22, 24; 3:4; 4:13 **예언서** 계 1:17; 5:1, 2, 3, 4, 6; 6:1, 2, 5, 8, 9, 12; 7:1, 2, 9; 8:2; 9:1, 17, 20; 10:1; 11:9; 12:3, 13; 13:1, 11, 18; 14:1, 6, 14; 15:2, 5; 16:13; 17:3, 6, 8; 18:1, 9, 18; 19:11, 17, 19; 20:1, 4, 11, 12

보답하다(報答, repay)
신 32:6　백성아 여호와께 이같이 **보답**하느냐
삿 9:16　그의 손이 행한 대로 그에게 **보답**함이냐
룻 2:12　여호와께서 네가 행한 일에 **보답**하시기
대하 32:25　교만하여 그 받은 은혜를 **보답**하지
시 116:12　내가 여호와께 무엇으로 **보답**할까
고후 6:13　내가 자녀에게 말하듯 하노니 **보답**하는
살전 3:9　능히 어떠한 감사로 하나님께 **보답**할까
딤전 5:4　부모에게 **보답**하기를 배우게 하라

보디발(Potiphar) 요셉을 샀던 애굽 사람
창 37:36　신하 친위대장 **보디발**에게 팔았더라
창 39:1　신하 친위대장 애굽 사람 **보디발**이

보디베라(Potiphera) 애굽의 제사장이며 요셉의 장인
창 41:45　온의 제사장 **보디베라**의 딸 아스낫을
창 41:50　제사장 **보디베라**의 딸 아스낫이 그에게
창 46:20　온의 제사장 **보디베라**의 딸 아스낫을

보디올(Poteoli) 재판을 받으러 로마로 가던 바울이 체류한 곳
행 28:13　남풍이 일어나므로 이튿날 **보디올**에

보라다(Poratha) 하만의 열 아들 중 한 명
에 9:8　**보라다**와 아달리야와 아리다다와

보루(堡壘, stronghold)
삿 9:46　이를 듣고 엘브릿 신전의 **보루**로 들어
삿 9:49　아비멜렉을 따라 **보루** 위에 놓고 그것들
렘 30:18　언덕 위에 건축될 것이요 그 **보루**는

보르기오 베스도(Porcius Festus) 유대 지방의 로마 총독
행 24:27　이태가 지난 후 **보르기오 베스도**가

보름/-날/-달(full moon)
잠 7:20　가졌은즉 **보름날**에나 집에 돌아오리라
욥 26:9　그는 **보름달**을 가리시고 자기의 구름을
시 81:3　초하루와 **보름**과 우리의 명절에 나팔을

보리(barley)
출 9:31　때에 **보리**는 이삭이 나왔고 삼은 꽃이

【 보물 】　　　　　　　　　　　　　　【 보발꾼 】

레 27:16 값을 정하되 **보리** 한 호멜지기에는 은
민 5:15 제사장에게로 가서 그를 위하여 **보리**
신 8:8 밀과 **보리**의 소산지요 포도와 무화과와
룻 1:22 그들이 **보리** 추수 시작할 때에 베들레헴
룻 2:17 저녁까지 줍고 그 주운 것을 떠니 **보리**
룻 2:23 **보리** 추수와 밀 추수를 마치기까지 이삭
룻 3:2 오늘 밤에 타작마당에서 **보리**를 까불리
룻 3:15 그것을 펴서 잡으니 **보리**를 여섯 번
룻 3:17 이르되 그가 내게 이 **보리**를 여섯 번
삼하 14:30 거기 **보리**가 있으니 가서 불을 지르라
삼하 17:28 침상과 대야와 질그릇과 밀과 **보리**와
삼하 21:9 첫날 곧 **보리**를 베기 시작하는 때더라
왕상 4:28 준마에게 먹일 **보리**와 꼴을 그 말들이
왕하 7:1 **보리** 두 스아를 한 세겔로 매매하리라
왕하 7:16 **보리** 두 스아가 한 세겔이 되니 여호와
왕하 7:18 성문에서 **보리** 두 스아를 한 세겔로
대상 11:13 거기에 **보리**가 많이 난 밭이 있더라
대하 2:10 이만 고르와 **보리** 이만 고르와 포도주
대하 2:15 주께서 말씀하신 밀과 **보리**와 기름과
대하 27:5 **보리** 만 고르를 바쳤고 제이년과 제삼년
렘 41:8 우리가 밀과 **보리**와 기름과 꿀을 밭에
겔 4:9 너는 밀과 **보리**와 콩과 팥과 조와 귀리
겔 13:19 두어 움큼 **보리**와 두어 조각 떡
겔 45:13 **보리** 한 호멜에서도 육분의 일 에바를
호 3:2 **보리** 한 호멜 반으로 나를 위하여 그를
욜 1:11 이는 밀과 **보리** 때문이라 밭의 소산이
계 6:6 데나리온에 **보리** 석 되로다 또 감람유와

보리 떡

삿 7:13 꿈에 **보리 떡** 한 덩어리가 미디안 진영
왕하 4:42 처음 만든 떡 곧 **보리 떡** 이십 개와 또
겔 4:12 그것을 **보리 떡**처럼 만들어 먹되 그들의
요 6:9 한 아이가 있어 **보리 떡** 다섯 개와
요 6:13 이에 거두니 **보리 떡** 다섯 개로 먹고

보리 추수

룻 1:22 그들이 **보리 추수** 시작할 때에 베들레헴
룻 2:23 소녀들에게 가까이 있어서 **보리 추수**와

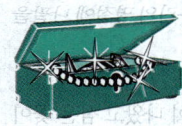

보물(寶物, treasure, valuable gift)

창 24:53 오라버니와 어머니에게도 **보물**을 주니라
신 33:13 여호와께 복을 받아 하늘의 **보물**인 이슬
삼상 6:15 그 궤와 함께 있는 금 **보물** 담긴 상자를
왕상 14:26 여호와의 성전의 **보물**과 왕궁의 **보물**을
왕하 24:13 그가 여호와의 성전의 모든 **보물**과
대하 12:9 여호와의 전 **보물**과 왕궁의 **보물**을 모두
대하 20:25 재물과 의복과 **보물**이 많이 있으므로
대하 21:3 아버지가 그들에게는 은금과 **보물**과
대하 32:23 여호와께 드리고 또 **보물**을 유다 왕
대하 36:18 여호와의 전의 **보물**과 왕과 방백들의
스 1:6 물품들과 짐승과 **보물**로 돕고 그 외에도
스 5:17 **보물**전각에서 조사하사 과연 고레스
스 6:1 바벨론의 **보물**을 쌓아둔 **보물**전각에서
느 7:70 제사장의 의복 오백삼십 벌을 **보물** 곳간
욥 28:10 반석에 수로를 터서 각종 **보물**을 눈으로
잠 15:6 의인의 집에는 많은 **보물**이 있어도 악인
사 30:6 그들의 **보물**을 낙타 안장에 얹고 암사자
사 39:2 기뻐하여 그들에게 **보물** 창고 곧 은금과
사 39:4 보이지 아니한 **보물**이 하나도 없나이다
렘 15:13 재산과 **보물**로 값 없이 탈취를 당하게
렘 17:3 내가 네 재산과 네 모든 **보물**과 산당들
렘 20:5 유다 왕들의 모든 **보물**을 그 원수의
렘 48:7 네가 네 업적과 **보물**을 의뢰하므로 너도
렘 50:37 **보물** 위에 떨어지리니 그것이 약탈되리
애 1:10 대적이 손을 펴서 그의 모든 **보물**들을
애 1:11 그 모든 백성이 생명을 이으려고 **보물**로
겔 22:25 영혼을 삼켰으며 재산과 **보물**을 탈취하
단 1:2 신전에 가져다가 그 신들의 **보물** 창고에
단 11:38 금 은 보석과 **보물**을 드려 공경할 것이
단 11:43 그가 권세로 애굽의 금 은과 모든 **보물**
욜 3:5 은과 금을 빼앗고 나의 진기한 **보물**을
옵 1:6 어찌 그리 수탈되었으며 그 감춘 **보물**이
마 6:19 너희를 위하여 **보물**을 땅에 쌓아 두지
마 6:20 오직 너희를 위하여 **보물**을 하늘에 쌓아
마 6:21 **보물** 있는 그 곳에는 네 마음도 있느니라
눅 12:33 곧 하늘에 둔 바 다함이 없는 **보물**이니
눅 12:34 **보물** 있는 곳에는 너희 마음도 있으리라

보물고(寶物庫, storehouse)

왕하 20:13 사자들의 말을 듣고 자기 **보물고**의

보발꾼(courier)

대하 30:6 **보발꾼**들이 왕과 방백들의 편지를 받아
대하 30:10 **보발꾼**이 에브라임과 므낫세 지방 각

【 보배/-롭다   【 보복/-하다

렘 51:31 보발꾼은 보발꾼을 맞으려고 달리며   대상 18:4 기병 칠천 명과 보병 이만 명을 빼앗고
                                                  대상 19:18 병거 칠천 대의 군사와 보병 사만 명을
보배/-롭다(寶貝, treasure, precious)   스 8:22   적군을 막고 우리를 도울 보병과 마병을
신 26:18 오늘 너를 그의 보배로운 백성이 되게   행 23:23 보병 이백 명과 기병 칠십 명과 창병
신 33:19 모래에 감추어진 보배를 흡수하리로다   행 23:31 보병이 명을 받은 대로 밤에 바울을
왕하 20:13 은금과 향품과 보배로운 기름과 그의
대하 32:27 향품과 방패와 온갖 보배로운 그릇들을   **보복/-하다**(報復, avenge)
스 8:27   금같이 보배로운 놋 그릇이 두 개라   민 35:19 피를 보복하는 자는 그 살인한 자를
욥 3:21   땅을 파고 숨긴 보배를 찾음보다 죽음을   민 35:21 피를 보복하는 자는 살인자를 만나면
시 36:7   인자하심이 어찌 그리 보배로우신지요   민 35:24 회중이 친 자와 피를 보복하는 자 간에
시 133:2 머리에 있는 보배로운 기름이 수염 곧   민 35:25 피를 보복하는 자의 손에서 살인자를
시 139:17 생각이 내게 어찌 그리 보배로우신지요   민 35:27 피를 보복하는 자가 도피성 지경 밖에서
잠 2:4   그것을 구하며 감추어진 보배를 찾는   신 19:6   두렵건대 그 피를 보복하는 자의 마음이
잠 20:15 지혜로운 입술이 더욱 귀한 보배니라   신 32:35 그들이 실족할 그 때에 내가 보복하리라
잠 21:20 지혜 있는 자의 집에는 귀한 보배와   삼상 14:24 곧 내가 내 원수에게 보복하는 때까지
잠 24:4   말미암아 각종 귀하고 아름다운 보배로   삼상 18:25 원수의 보복으로 블레셋 사람들의 포피
전 2:8   은금과 왕들이 소유한 보배와 여러 지방 삼상 24:12 나를 위하여 왕에게 보복하시려니와
사 33:6   여호와를 경외함이 네 보배니라   삼상 25:26 손으로 피를 흘려 친히 보복하시는
사 39:2   보물 창고 곧 은금과 향료와 보배로운   삼상 25:31 주께서 친히 보복하셨다든지 함으로
사 43:4   네가 내 눈에 보배롭고 존귀하며 내가   삼하 22:48 이 하나님이 나를 위하여 보복하시고
애 4:2   순금에 비할 만큼 보배로운 시온의 아들   시 18:47 하나님이 나를 위하여 보복해 주시고
호 13:15 둔바 모든 보배의 그릇이 약탈되리로다   시 58:10 악인의 보복 당함을 보고 기뻐함이여
학 2:7   진동시킬 것이며 모든 나라의 보배가   사 1:24   편하게 하겠고 내 원수에게 보복하리라
고후 4:7 우리가 이 보배를 질그릇에 가졌으니   사 34:8   이것은 여호와께서 보복하시는 날이요
벧전 1:19 어린 양 같은 그리스도의 보배로운 피로 사 35:4   보라 너희 하나님이 오사 보복하시며
벧전 2:4 택하심을 입은 보배로운 산 돌이신 예수   사 47:3   보복하되 사람을 아끼지 아니하리라
벧전 2:6 내가 택한 보배로운 모퉁잇돌을 시온에   사 59:17 보복을 속옷으로 삼으시며 열심을 입어
벧전 2:7 그러므로 믿는 너희에게는 보배이나   사 59:18 보응하시며 섬들에게 보복하실 것이라
벧후 1:1 의를 힘입어 동일하게 보배로운 믿음을   사 61:2   우리 하나님의 보복의 날을 선포하여
벧후 1:4 이로써 그 보배롭고 지극히 큰 약속을   렘 5:9   마음이 이런 나라에 보복하지 않겠느냐
계 18:19 배 부리는 모든 자들이 너의 보배로운   렘 5:29   이 같은 나라에 보복하지 아니하겠느냐
                                                 렘 9:9   마음이 이런 나라에 보복하지 않겠느냐
보배합(寶貝盒, treasure)   렘 11:20 그들에게 대한 주의 보복을 내가 보리이
마 2:11   아기께 경배하고 보배합을 열어 황금과   렘 15:15 나를 박해하는 자에게 보복하시고 주의
                                                 렘 20:12 보복하심을 나에게 보게 하옵소서
보병(步兵, foot soldier)   렘 50:15 행한 대로 그에게 내리시는 보복이라
삿 20:2   백성의 총회에 섰고 칼을 빼는 보병은   렘 50:28 우리 하나님 여호와의 보복하시는 것
삼상 4:10 보병의 엎드러진 자가 삼만 명이었으며 렘 51:6   보복의 때니 그에게 보복하시리라
삼상 15:4 그들을 들라임에서 세어 보니 보병이   렘 51:11 그의 성전을 위하여 보복하시는 것이라
삼하 8:4 마병 천칠백 명과 보병 이만 명을 사로 렘 51:36 네 송사를 듣고 너를 위하여 보복하여
삼하 10:6 소바 아람 사람의 보병 이만 명과 마아 렘 51:56 여호와는 보복의 하나님이시니 반드시
왕상 20:29 하루에 아람 보병 십만 명을 죽이매   애 3:60   그들이 내게 보복하며 나를 모해함을
왕하 13:7 마병 오십 명과 병거 열 대와 보병 만 명 애 3:4   내게 보복하겠느냐 만일 내게 보복하면

1119

{ 보복일 }   { 보세스 }

나 1:2   질투하시며 **보복하시는** 하나님이시니   출 25:7   호마노며 에봇과 흉패에 물릴 **보석**이니
                                                         출 28:10   그들의 나이대로 여섯 이름을 한 **보석**에
보복일(報復日, day of vengeance)   출 28:11   **보석**을 새기는 자가 도장에 새김같이
렘 46:10 그의 대적에게 원수 갚는 **보복일**이라   출 28:12   두 **보석**을 에봇의 두 어깨받이에 붙여
                                                         출 28:21   **보석**들은 이스라엘 아들들의 이름대로
보복자(報復者, avenger)   출 31:5   **보석**을 깎아 물리며 여러 가지 기술로
신 19:12 그를 거기서 잡아다가 **보복자**의 손에   출 35:9   호마노며 에봇과 흉패에 물릴 **보석**이니
수 20:3   이는 너희를 위해 피의 **보복자**를 피할   출 35:27   에봇과 흉패에 물릴 **보석**을 가져왔으며
수 20:5   **보복자**가 그의 뒤를 따라오다 할지라도   출 35:33   **보석**을 깎아 물리며 나무를 새기는 여러
수 20:9   피의 **보복자**의 손에 죽지 아니하게 하기   출 39:7   이스라엘의 아들들을 기념하는 **보석**을
시 8:2   이는 원수들과 **보복자**들을 잠잠하게   출 39:10   네 줄 **보석**을 물렸으니 곧 홍보석 황옥
                                                         출 39:14   이 **보석**들은 이스라엘의 아들들의 이름
보블리오(Publius) 지중해 멜리데 섬의 최고 관리   삼하 12:30 그 왕의 머리에서 **보석** 박힌 왕관을
행 28:7   이 섬에서 가장 높은 사람 **보블리오**라   왕상 10:2 향품과 심히 많은 금과 **보석**을 낙타에
행 28:8   **보블리오**의 부친이 열병과 이질에 걸려   왕상 10:10 많은 향품과 **보석**을 왕에게 드렸으니
                                                         왕상 10:11 많은 백단목과 **보석**을 운반하여 오매
보살피다(keep, respect, watch, shepherd)   대상 20:2 다윗이 그 왕의 머리에서 **보석** 있는
출 27:21 여호와 앞에 그 등불을 **보살피게** 하라   대상 29:2 검은 **보석**과 채석과 다른 모든 **보석**과
신 28:50 노인을 **보살피지** 아니하며 유아를   대상 29:8 **보석**을 가진 모든 사람은 게르손 사람
욥 10:12 은혜를 내게 주시고 나를 **보살피심**으로   대하 3:6   **보석**으로 성전을 꾸며 화려하게 하였으
잠 31:27 자기의 집안일을 **보살피고** 게을리 얻은   대하 9:1   향품과 많은 금과 **보석**을 낙타에 실었더
습 2:7   하나님 여호와가 그들을 **보살피사**   대하 9:9   매우 많은 향품과 **보석**을 왕께 드렸으니
눅 19:44 네가 **보살핌** 받는 날을 알지 못함을   대하 9:10 실어 올 때에 백단목과 **보석**을 가져온지
행 20:28 자기 피로 사신 교회를 **보살피게**   대하 32:27 이에 은금과 **보석**과 향품과 방패와
                                                         잠 17:8   뇌물은 그 임자가 보기에 **보석** 같은즉
{ **보살피는 자** }   전 3:12   만일 누구든지 금이나 은이나 **보석**이나
                                                         사 54:12   성문을 만들고 네 지경을 다 **보석**으로
대상 23:4 여호와의 성전의 일을 **보살피는 자**요   사 61:10   신랑이 사모를 쓰며 신부가 자기 **보석**으
대하 31:13 시므이의 수하에서 **보살피는 자**가 되니   겔 27:22   극상품 향 재료와 각종 **보석**과 황금으로
시 41:1   가난한 자를 **보살피는 자**에게 복이   겔 28:13   **보석** 곧 홍보석과 황보석과 금강석과
                                                         단 11:38   금 은 **보석**과 보물을 드려 공경할 것이
보상/-하다(補償, compensate, pay)   슥 9:16   그들이 왕관의 **보석**같이 여호와의 땅에
출 21:26 그 눈에 대한 **보상**으로 그를 놓아 줄   계 17:4   금과 **보석**과 진주로 꾸미고 손에 금
출 21:27 이에 대한 **보상**으로 그를 놓아 줄지니라   계 18:12   상품은 금과 은과 **보석**과 진주와 세마포
출 21:34 그 구덩이 주인이 잘 **보상하여** 짐승은   계 18:16   자주 옷과 붉은 옷을 입고 금과 **보석**과
레 5:16   잘못을 **보상하되** 그것에 오분의 일을   계 21:11   그 성의 빛이 지극히 귀한 **보석** 같고
욥 17:5   **보상**을 얻으려고 친구를 비난하는 자는   계 21:19   그 성의 성곽의 기초석은 각색 **보석**으로
시 138:8 여호와께서 나를 위하여 **보상해** 주시리
잠 6:35   어떤 **보상**도 받지 아니하며 많은 선물을   **보석금**(保釋金, pledge, security)
잠 22:4   겸손과 여호와를 경외함의 **보상**은 재물과   행 17:9   그 나머지 사람들에게 **보석금**을 받고
사 61:7   너희가 수치 대신에 **보상**을 배나 얻으며
겔 29:19 이것이 그 군대의 **보상**이 되리라   **보세스**(Bozez) 바위 이름

보석(寶石, precious stone, costly stone, jewel)   삼상 14:4   바위가 있는데 하나의 이름은 **보세스**요

보수

보수(報酬, wage)
민 18:31 회막에서 일한 너희의 **보수**임이니라
롬 4:4 그 삯이 은혜로 여겨지지 아니하고 **보수**

보수하다(補修, 報讐, restore, vengeance)
　1. 상했거나 부서진 것을 고치다(restore)
대하 24:4 그 후에 요아스가 여호와의 전을 **보수**할
대하 24:12 여호와의 전을 **보수**하며 또 철공과
대하 24:27 하나님의 전을 **보수**한 사적은 다 열왕기
대하 32:5 힘을 내어 무너진 모든 성벽을 **보수하되**
대하 33:16 여호와의 제단을 **보수**하고 화목제와
사 58:12 너를 일컬어 무너진 데를 **보수하는** 자
　2. 앙갚음하다(vengeance)
시 149:7 이것으로 뭇 나라에 **보수**하며 민족들

보스갓(Bozkath) 유다 지파에게 분배된 성읍
수 15:39 라기스와 **보스갓**과 에글론과
왕하 22:1 여디다는 **보스갓** 아다야의 딸이더라

보스라(Bozrah) 에돔의 성읍
창 36:33 벨라가 죽고 **보스라** 사람 세라의 아들
대상 1:44 **보스라** 세라의 아들 요밥이 대신하여
사 34:6 이는 여호와를 위한 희생이 **보스라**에
사 63:1 붉은 옷을 입고 **보스라**에서 오는 이
렘 48:24 **보스라**와 모압 땅 원근 모든 성읍에로다
렘 49:13 내가 나를 두고 맹세하노니 **보스라**가
렘 49:22 그의 날개를 **보스라** 위에 펴는 그 날에
암 1:12 데만에 불을 보내리니 **보스라**의 궁궐들
미 2:12 한 처소에 두기를 **보스라**의 양 떼같이

보습(plowshare)
삼상 13:20 온 이스라엘 사람들이 각기 **보습**이나
사 2:4 무리가 그들의 칼을 쳐서 **보습**을 만들고
사 7:25 **보습**으로 갈던 모든 산에도 찔레와 가시
욜 3:10 너희는 **보습**을 쳐서 칼을 만들지어다
미 4:3 그 칼을 쳐서 **보습**을 만들고 창을 쳐서

보아너게(Boanerges) 예수님이 야고보와 요한에게 주신 별명
막 3:17 이 둘에게는 **보아너게** 곧 우레의 아들

보아스(Boaz)
　1. 룻의 남편이자 다윗의 증조부

룻 2:1 유력한 자가 있으니 그의 이름은 **보아스**
대상 2:12 **보아스**는 오벳을 낳고 오벳은 이새를
마 1:5 라합에게서 **보아스**를 낳고 **보아스**는

† 보아스 1 – 기타 본문
룻 2:3, 4, 5, 8, 11, 14, 15, 19, 23; 3:2, 7, 14, 15;
4:1, 2, 3, 5, 8, 9, 13, 21; 대상 2:11, 12; 눅 3:32

　2. 솔로몬 성전 입구의 왼편에 세운 기둥
왕상 7:21 세우고 그 이름을 **보아스**라 하였으며
대하 3:17 부르고 왼쪽 것은 **보아스**라 불렀더라

보암직하다(pleasing to the eye)
창 3:6 먹음직도 하고 **보암직**도 하고 지혜롭게

보응/-하다/-받다(報應, punish)
출 32:34 그러나 내가 **보응**할 날에는 그들의 죄를
출 34:7 악행을 자손 삼사 대까지 **보응하리라**
신 7:10 당장에 **보응하여** 멸하시나니 여호와는
신 32:41 나를 미워하는 자들에게 **보응**할 것이라
욥 15:31 허무한 것이 그의 **보응**이 될 것임이라
욥 21:31 알려 주랴 누가 그의 소행을 **보응하랴**
시 41:10 나를 일으키사 내가 그들에게 **보응하게**
시 54:7 원수가 **보응받는** 것을 내 눈이 똑똑히
시 59:10 하나님이 나의 원수가 **보응받는** 것을
시 91:8 너는 똑똑히 보리니 악인들의 **보응**을
시 92:11 내 원수들이 **보응받는** 것을 내 눈으로
시 109:20 악담하는 자들이 여호와께 받는 **보응**이
시 112:8 대적들이 받는 **보응**을 마침내 보리로다
시 118:7 나를 미워하는 자들에게 **보응하시는**
잠 11:31 의인이라도 이 세상에서 **보응**을 받겠거
잠 13:21 재앙은 죄인을 따르고 선한 **보응**은 의인
잠 14:14 마음이 굽은 자는 자기 행위로 **보응**이
잠 24:12 그가 각 사람의 행위대로 **보응하시리라**
사 1:24 장차 내 대적에게 **보응하여** 내 마음을
사 3:11 행한 대로 그가 **보응**을 받을 것임이니라
사 17:14 몫이요 우리를 강탈한 자들의 **보응**이니
사 40:10 상급이 그에게 있고 **보응**이 그의 앞에
사 49:4 나의 **보응**이 나의 하나님께 있느니라
사 59:18 **보응하시며** 섬들에게 보복하실 것이라
사 62:11 상급이 그에게 있고 **보응**이 그 앞에
사 65:6 **보응하되** 그들의 품에 **보응하리라**
사 65:7 품에 **보응하리라** 여호와가 말하였느니

【 보이다 】   【 보이다 】

사 66:6	여호와께서 그의 원수에게 **보응**하시는	출 23:17	매년 세 번씩 주 여호와께 **보일**지니라
렘 17:10	그의 행위와 그의 행실대로 **보응**하나니	출 24:17	자손의 눈에 맹렬한 불같이 **보였**고
렘 23:2	악행 때문에 너희에게 **보응**하리라	출 25:9	무릇 내가 네게 **보이는** 모양대로 장막을
렘 32:19	그의 행위의 열매대로 **보응**하시나이다	출 33:13	원하건대 주의 길을 내게 **보이사** 내게
렘 51:56	하나님이시니 반드시 **보응**하시리로다	출 34:2	산에 올라와 산꼭대기에서 내게 **보이되**
애 3:64	손이 행한 대로 그들에게 **보응**하사	레 13:7	그가 정결한지를 제사장에게 보인 후에
겔 7:3	네 모든 가증한 일을 **보응**하리라	민 8:4	모세가 여호와께서 자기에게 **보이신**
겔 7:8	네 모든 가증한 일을 네게 **보응**하되	민 11:6	만나 외에는 **보이는** 것이 아무 것도
겔 14:4	그 우상의 수효대로 **보응**하리니	민 13:26	보고하고 그 땅의 과일을 **보이고**
겔 16:43	내가 네 행위대로 네 머리에 **보응**하리니	민 14:14	주 여호와께서 대면하여 **보이시며** 주의
겔 22:14	**보응하는** 날에 네 마음이 견디겠느냐	민 16:5	거룩한 자가 누구인지 **보이시고** 그 사람
겔 22:31	그들 머리에 **보응하였느니라** 주 여호와	신 5:24	그의 영광과 위엄을 우리에게 **보이시매**
겔 23:49	너희 음란으로 너희에게 **보응한즉**	신 17:10	그들이 네게 **보이는** 판결의 뜻대로 네가
겔 24:8	분노를 나타내어 **보응하려** 함이로라	신 34:1	길르앗 온 땅을 단까지 **보이시고**
호 9:7	형벌의 날이 이르렀고 **보응**의 날이 온	**역사서**	
호 12:2	그의 행위대로 그에게 **보응**하시리라	수 8:20	성읍에 연기가 하늘에 닿은 것이 **보이니**
암 3:2	너희 모든 죄악을 너희에게 **보응**하리라	수 24:15	너희에게 좋지 않게 **보이거든** 너희 조상
암 3:14	내가 이스라엘의 모든 죄를 **보응하는**	삿 1:24	성읍의 입구를 우리에게 **보이라**
눅 23:41	우리는 우리가 행한 일에 상당한 **보응**	삿 6:17	이가 주 되시는 표징을 내게 **보이소서**
롬 1:27	그들의 그릇됨에 상당한 **보응**을 그들	룻 2:18	시어머니에게 그 주운 것을 **보이고** 그가
롬 2:6	각 사람에게 그 행한 대로 **보응**하시되	삼상 3:1	말씀이 희귀하여 이상이 흔히 **보이지**
롬 11:9	덫과 거치는 것과 **보응**이 되게 하시옵고	삼상 14:41	원하건대 실상을 **보이소서** 하였더니
롬 13:4	진노하심을 따라 **보응하는** 자니라	삼하 11:2	하는데 심히 아름다워 **보이는지라**
골 3:25	불의를 행하는 자는 불의의 **보응**을 받으	삼하 15:25	내게 그 궤와 그 계신 데를 **보이시리라**
히 2:2	순종하지 아니함이 공정한 **보응**을 받았	삼하 17:13	하나도 **보이지** 아니하게 할 것이니이다
히 2:3	그 **보응**을 피하리요 이 구원은 처음에	삼하 22:26	자에게는 주의 완전하심을 **보이시며**
		삼하 22:27	자에게는 주의 깨끗하심을 **보이시며**
보이다(become visible)		삼하 24:12	내가 네게 세 가지를 **보이노니** 너를
모세오경		왕상 1:52	그에게 악한 것이 **보이면** 죽으리라 하고
창 8:5	초하룻날에 산들의 봉우리가 **보였더라**	왕상 8:8	성소에서 보이나 밖에서는 **보이지** 아니
창 12:1	집을 떠나 내가 네게 **보여** 줄 땅으로	왕상 13:5	여호와의 말씀으로 보인 징조대로 제단
창 13:15	**보이는** 땅을 내가 너와 네 자손에게	왕상 18:1	이르시되 너는 가서 아합에게 **보이라**
창 15:17	어두울 때에 연기 나는 화로가 **보이며**	왕상 19:29	또 네게 **보일** 징조가 이러하니 너희가
창 21:23	네가 머무는 이 땅에서 행하여 **보이라**	왕하 20:13	모든 것을 다 사자들에게 **보였는데**
창 27:12	아버지의 눈에 속이는 자로 **보일지라**	왕하 23:24	유다 땅과 예루살렘에 **보이는** 신접한
창 41:25	하실 일을 바로에게 **보이심이니이다**	대하 5:9	앞에서 보이나 밖에서는 **보이지** 아니
창 41:39	하나님이 이 모든 것을 네게 **보이셨으니**	대하 24:11	돈이 많은 것을 **보이면** 왕의 서기관과
출 7:9	이르기를 너희는 이적을 **보이라** 하거든	대하 32:24	대답하시고 또 이적을 **보이셨으나**
출 9:16	너를 세웠음은 나의 능력을 네게 **보이고**	스 5:17	기쁘신 뜻을 우리에게 **보이소서** 하였
출 10:1	나의 표징을 그들 중에 **보이기** 위함이며	에 1:11	뭇 백성과 지방관들에게 **보이게** 하라
출 11:3	백성의 눈에 아주 위대하게 **보였더라**	에 4:8	초본을 하닥에게 주어 에스더에게 **보여**
출 13:7	땅에서 누룩을 네게 **보이지** 아니하게	**시가서**	
출 18:20	갈 길과 할 일을 그들에게 **보이고**	욥 10:18	아무 눈에도 **보이지** 아니하였을 것이라

1122

【 보이다 】   【 보이다 】

욥 11:6	오묘함으로 네게 **보이시기를** 원하노라	사 41:21	말하노니 너희는 확실한 증거를 **보이라**
욥 15:17	내가 네게 **보이리니** 내게서 들으라 내가	사 43:12	구원하였으며 **보였고** 너희 중에 다른
욥 20:8	밤에 **보이는** 환상처럼 사라지리라	사 46:10	옛적부터 **보이고** 이르기를 나의 뜻이
욥 23:8	아니 계시고 뒤로 가도 **보이지** 아니하며	사 47:3	속살이 드러나고 네 부끄러운 것이 **보일**
욥 32:17	대답하고 나도 내 의견을 **보이리라**	사 57:12	네 공의를 내가 **보이리라** 네가 행한
욥 33:21	**보이지** 아니하고 **보이지** 않던 뼈가	사 66:5	기쁨을 우리에게 **보이시기를** 원하노라
욥 33:23	함께 있어서 그의 정당함을 **보일진대**	렘 7:11	너희 눈에는 도둑의 소굴로 **보이느냐**
욥 36:2	그대에게 **보이리니** 이는 내가 하나님을	렘 11:18	그들의 행위를 내게 **보이셨나이다**
시 4:6	말이 우리에게 선을 **보일** 자 누구뇨	렘 18:17	날에는 내가 그들에게 등을 **보이고**
시 16:11	주께서 생명의 길을 내게 **보이시리니**	렘 23:24	사람이 내게 **보이지** 아니하려고 누가
시 18:25	자에게는 주의 완전하심을 **보이시며**	렘 24:1	무화과 두 광주리를 내게 **보이셨는데**
시 18:26	자에게는 주의 거스르심을 **보이시리니**	렘 33:3	못하는 크고 은밀한 일을 네게 **보이리라**
시 25:4	주의 도를 내게 **보이시고** 주의 길을	렘 38:21	여호와께서 내게 **보이신** 말씀대로 되리
시 25:14	그의 언약을 그들에게 **보이시리로다**	렘 42:3	마땅히 갈 길과 할 일을 **보이시기를**
시 31:21	놀라운 사랑을 내게 **보이셨음이로다**	렘 42:14	전쟁도 **보이지** 아니하며 나팔 소리도
시 32:8	갈 길을 가르쳐 **보이고** 너를 주목하여	겔 1:1	열리며 하나님의 모습이 내게 **보이니**
시 50:23	자에게 내가 하나님의 구원을 **보이리라**	겔 1:4	가운데 단 쇠 같은 것이 나타나 **보이고**
시 60:3	주의 백성에게 어려움을 **보이시고**	겔 1:16	모양과 그 구조는 황옥같이 **보이는데**
시 71:20	여러 가지 심한 고난을 **보이신** 주께서	겔 11:25	여호와께서 내게 **보이신** 모든 일을
시 74:9	우리의 표적은 **보이지** 아니하며 선지자	겔 19:11	많은 가지 가운데에서 뛰어나 **보이다가**
시 78:11	**보이신** 그의 기이한 일을 잊었도다	겔 36:34	황폐하게 **보이던** 그 황폐한 땅이 장차
시 79:10	우리의 목전에서 이방 나라에게 **보여**	겔 40:4	내게 이르되 인자야 내가 네게 **보이는**
시 85:7	주의 인자하심을 우리에게 **보이시며**	겔 43:10	이 성전을 이스라엘 족속에게 **보여서**
시 86:17	은총의 표적을 내게 **보이소서** 그러면	겔 43:11	모든 형상을 **보이며** 또 그 모든 규례를
시 88:10	자에게 기이한 일을 **보이시겠나이까**	단 1:15	먹는 다른 소년보다 더 좋아 **보인지라**
시 91:16	나의 구원을 그에게 **보이리라** 하시도다	단 2:6	너희가 만일 꿈과 그 해석을 **보이면**
시 105:27	백성 중에서 여호와의 표적을 **보이고**	호 5:9	지파 중에서 반드시 있을 일을 **보였노라**
시 147:19	그가 그의 말씀을 야곱에게 **보이시며**	암 3:7	종 선지자들에게 **보이지** 아니하시고는
잠 1:23	부어 주며 내 말을 너희에게 **보이리라**	암 4:13	뜻을 사람에게 **보이며** 아침을 어둡게
잠 6:13	눈짓을 하며 발로 뜻을 **보이며** 손가락질	미 1:13	허물이 네게서 **보였음이니라**
잠 23:33	또 네 눈에는 괴이한 것이 **보일** 것이요	미 3:8	이스라엘의 죄를 그들에게 **보이리라**
잠 25:7	눈에 **보이는** 귀인 앞에서 저리로 내려	미 6:8	선한 것이 무엇임을 네게 **보이셨나니**

선지서

사 1:12	너희가 내 앞에 **보이러** 오니 이것을	미 7:15	그들에게 이적을 **보이리라** 하셨느니라
사 11:3	눈에 **보이는** 대로 심판하지 아니하며	나 3:5	것을 나라들에게 **보이며** 네 부끄러운
사 20:4	드러내어 애굽의 수치를 **보이리니**	학 2:3	이제 이것이 너희에게 어떻게 **보이느냐**
사 21:2	혹독한 묵시가 내게 **보였도다** 속이는	슥 1:9	이들이 무엇인지 내가 네게 **보이리라**
사 28:26	하나님이 그에게 적당한 방법으로 **보이사**	슥 1:18	눈을 들어 본즉 네 개의 뿔이 **보이기로**
사 30:10	우리에게 바른 것을 **보이지** 말라 우리	말 2:17	여호와의 눈에 좋게 **보이며** 그에게 기쁨
사 30:30	진노로 그의 팔의 치심을 **보이시되**		

복음서

사 39:2	전 국내의 소유를 **보이지** 아니한 것이	마 4:8	산으로 가서 천하만국과 그 영광을 **보여**
사 39:4	창고에 있는 것으로 **보이지** 아니한 보물	마 6:1	사람에게 **보이려고** 그들 앞에서 너희
사 40:14	가르쳤으며 통달의 도를 **보여** 주었느냐	마 8:4	제사장에게 네 몸을 **보이고** 모세가 명한
		마 12:38	우리에게 표적 **보여** 주시기를 원하나이

1123

【 보이다 】 　　　　　　　　　　　　　　　　　　　　　　　　　【 보이다 】

마 13:26	나고 결실할 때에 가라지도 **보이거늘**
마 16:1	시험하여 하늘로부터 오는 표적 **보이기**
마 17:3	더불어 말하는 것이 그들에게 **보이거늘**
마 22:19	세금 낼 돈을 내게 **보이라** 하시니
마 23:5	그들의 모든 행위를 사람에게 **보이고**
마 23:27	겉으로는 아름답게 **보이나** 그 안에는
마 24:1	성전 건물들을 가리켜 **보이려고** 나아
마 24:24	큰 표적과 기사를 **보여** 할 수만 있으면
마 24:30	때에 인자의 징조가 하늘에서 **보이겠고**
마 27:53	성에 들어가 많은 사람에게 **보이니라**
막 1:44	몸을 제사장에게 **보이고** 네가 깨끗하게
막 8:23	그에게 안수하시고 무엇이 **보이느냐**
막 12:15	데나리온 하나를 가져다가 내게 **보이라**
막 14:15	펴고 준비한 큰 다락방을 **보이리니**
막 16:9	주신 막달라 마리아에게 먼저 **보이시니**
눅 1:51	그의 팔로 힘을 **보이사** 마음의 생각이
눅 4:5	올라가서 순식간에 천하만국을 **보이며**
눅 5:14	제사장에게 네 몸을 **보이고** 또 네가
눅 6:47	누구와 같은 것을 너희에게 **보이리라**
눅 9:36	예수만 **보이더라** 제자들이 잠잠하여
눅 10:29	그 사람이 자기를 옳게 **보이려고** 예수께
눅 11:29	요나의 표적 밖에는 **보일** 표적이 없나니
눅 12:5	두려워할 자를 내가 너희에게 **보이리니**
눅 17:14	가서 제사장들에게 너희 몸을 **보이라**
눅 20:24	데나리온 하나를 내게 **보이라** 누구의
눅 22:12	자리를 마련한 큰 다락방을 **보이리니**
눅 24:3	주 예수의 시체가 **보이지** 아니하더라
눅 24:31	예수는 그들에게 **보이지** 아니하시는지
눅 24:34	과연 살아나시고 시몬에게 **보이셨다**
눅 24:40	이 말씀을 하시고 손과 발을 **보이시나**
요 2:18	무슨 표적을 우리에게 **보이겠느냐**
요 5:20	행하시는 것을 다 아들에게 **보이시고**
요 10:32	여러 가지 선한 일로 너희에게 **보였거늘**
요 12:33	죽음으로 죽을 것을 **보이심이러라**
요 13:15	너희도 행하게 하려 하여 본을 **보였노라**
요 14:8	아버지를 우리에게 **보여** 주옵소서
요 20:20	말씀을 하시고 손과 옆구리를 **보이시니**

역사서 – 예언서

행 1:3	사십 일 동안 그들에게 **보이시며** 하나님
행 1:9	가시니 구름이 그를 가리어 **보이지** 않게
행 1:25	직무를 대신할 자인지를 **보이시옵소서**
행 2:3	혀처럼 갈라지는 것들이 그들에게 **보여**
행 2:28	생명의 길을 내게 **보이셨으니** 주 앞에서
행 7:2	있을 때에 영광의 하나님이 그에게 **보여**
행 9:16	받아야 할 것을 내가 그에게 **보이리라**
행 9:41	불러 들여 그가 살아난 것을 **보이니**
행 11:6	기는 것과 공중에 나는 것들이 **보이더라**
행 13:31	올라간 사람들에게 여러 날 **보이셨으니**
행 16:9	바울에게 **보이니** 마게도냐 사람 하나가
행 20:35	범사에 여러분에게 모본을 **보여** 준 바와
행 26:19	왕이여 그러므로 하늘에서 **보이신** 것을
행 27:20	여러 날 동안 해도 별도 **보이지** 아니하
롬 1:19	알 만한 것이 그들 속에 **보임이라**
롬 1:20	창세로부터 그의 **보이지** 아니하는 것들
롬 8:24	소망으로 구원을 얻었으매 **보이는** 소망
롬 9:17	말미암아 내 능력을 **보이고** 내 이름이
롬 9:22	만일 하나님이 그의 진노를 **보이시고**
고전 2:10	이것을 우리에게 **보이셨으니** 성령은
고전 4:6	나와 아볼로를 들어서 본을 **보였으니**
고전 12:22	더 약하게 **보이는** 몸의 지체가 도리어
고전 12:31	또한 가장 좋은 길을 너희에게 **보이리라**
고전 15:5	게바에게 **보이시고** 후에 열두 제자
고전 15:6	오백여 형제에게 일시에 **보이셨나니**
고전 15:7	그 후에 야고보에게 **보이셨으며** 그 후에
고전 15:8	못하여 난 자 같은 내게도 **보이셨느니라**
고후 4:18	**보이는** 것이 아니요 **보이지** 않는 것이니
고후 8:24	우리 자랑의 증거를 그들에게 **보이라**
고후 12:20	너희가 원하지 않는 것과 같이 **보일까**
갈 3:1	밝히 **보이거늘** 누가 너희를 꾀더냐
골 1:15	**보이지** 아니하는 하나님의 형상이시요
골 1:16	땅에서 **보이는** 것들과 **보이지** 않는 것
살후 3:9	스스로 너희에게 본을 **보여** 우리를
딤전 1:16	내게 먼저 일체 오래 참으심을 **보이사**
딤전 1:17	썩지 아니하고 **보이지** 아니하고 홀로
딤전 3:16	천사들에게 **보이시고** 만국에서 전파되
딤전 6:15	하나님이 그의 나타나심을 **보이시리니**
딛 2:7	네 자신이 선한 일의 본을 **보이며**
히 8:5	모든 것을 산에서 네게 **보이던** 본을
히 9:8	**보이신** 것은 첫 장막이 서 있을 동안에
히 11:1	실상이요 **보이지** 않는 것들의 증거니
히 11:3	**보이는** 것은 나타난 것으로 말미암아
히 11:5	옮기심으로 다시 **보이지** 아니하였으니
히 11:7	믿음으로 노아는 아직 **보이지** 않는 일에
히 11:27	**보이지** 아니하는 자를 보는 것같이
히 12:11	징계가 당시에는 즐거워 **보이지** 않고
히 12:21	**보이는** 바가 이렇듯 무섭기로 모세도

【 보이다 】

약 2:18	행함이 없는 네 믿음을 내게 **보이라**
약 3:13	온유함으로 그 행함을 **보일지니라**
약 4:14	너희는 잠깐 **보이다**가 없어지는 안개
계 1:1	종들에게 **보이시려고** 그의 천사를 그
계 3:18	벌거벗은 수치를 **보이지** 않게 하고 안약
계 4:1	일들을 내가 네게 **보이리라** 하시더라
계 5:4	보거나 하기에 합당한 자가 **보이지** 아니
계 11:19	하나님의 언약궤가 **보이며** 또 번개와
계 12:1	하늘에 큰 이적이 **보이니** 해를 옷 입은
계 12:3	다른 이적이 **보이니** 보라 한 큰 붉은
계 16:15	자기의 부끄러움을 **보이지** 아니하는
계 17:1	큰 음녀가 받을 심판을 네게 **보이리라**
계 18:21	던져져 결코 다시 **보이지** 아니하리로다
계 18:22	결코 다시 네 안에서 **보이지** 아니하고
계 21:9	곧 어린 양의 아내를 네게 **보이리라**
계 21:10	내려오는 거룩한 성 예루살렘을 **보이니**
계 22:1	내게 **보이니** 하나님과 및 어린 양의
계 22:6	반드시 속히 되어질 일을 **보이시려고**
계 22:8	내게 **보이던** 천사의 발 앞에 경배하려고

보이지 않다

출 13:7	유교병을 네게 **보이지** 아니하게 하며
신 16:4	누룩이 **보이지** 않게 할 것이요 또 네가
신 31:17	얼굴을 숨겨 그들에게 **보이지** 않게 할
삿 6:21	사자는 떠나서 **보이지** 아니한지라
삿 13:23	모든 일을 **보이지** 아니하셨을 것이며
삼상 3:1	희귀하여 이상이 흔히 **보이지** 않았더라
삼하 17:13	작은 돌 하나도 **보이지** 아니하게 할
왕상 6:18	모두 백향목이라 돌이 **보이지** 아니하며
왕상 8:8	밖에서는 **보이지** 아니하며 그 궤는
왕하 2:12	**보이지** 아니하는지라 이에 엘리사가
왕하 20:13	히스기야가 그에게 **보이지** 아니한 것이
왕하 20:15	하나도 **보이지** 아니한 것이 없나이다
대하 5:9	보이나 밖에서는 **보이지** 아니하며
욥 10:18	아무 눈에도 **보이지** 아니하였을 것이라
욥 23:8	계시고 뒤로 가도 **보이지** 아니하며
욥 33:21	그의 살은 파리하여 **보이지** 아니하고
시 74:9	우리의 표적은 **보이지** 아니하며 선지자
사 39:2	소유를 **보이지** 아니한 것이 없는지라
사 39:4	**보이지** 아니한 보물이 하나도 없나이다
렘 18:17	등을 보이고 얼굴을 **보이지** 아니하리라
렘 23:24	사람이 내게 숨어서 **보이지** 아니하려고 누가
렘 42:14	우리는 전쟁도 **보이지** 아니하며 나팔

【 보자기 】

단 11:19	넘어지고 다시는 **보이지** 아니하리라
암 3:7	선지자들에게 **보이지** 아니하시고는
마 6:18	금식하는 자로 사람에게 **보이지** 않고
마 17:8	예수 외에는 아무도 **보이지** 아니하더라
막 9:8	문득 둘러보니 아무도 **보이지** 아니하고
눅 24:3	주 예수의 시체가 **보이지** 아니하더라
눅 24:31	그들에게 **보이지** 아니하시는지라
행 1:9	그를 가리어 **보이지** 않게 하더라
행 27:20	날 동안 해도 별도 **보이지** 아니하고
롬 1:20	창세로부터 그의 **보이지** 아니하는 것들
고후 4:18	보이는 것이 아니요 **보이지** 않는 것이
골 1:15	**보이지** 아니하는 하나님의 형상이시요
골 1:16	보이는 것들과 **보이지** 않는 것들과 혹은
딤전 1:17	**보이지** 아니하고 홀로 하나이신 하나님
히 11:1	실상이요 **보이지** 않는 것들의 증거니
히 11:5	다시 **보이지** 아니하였느니라
히 11:7	믿음으로 노아는 아직 **보이지** 않는
히 11:27	**보이지** 아니하는 자를 보는 것같이
히 12:11	징계가 당시에는 즐거워 **보이지** 않고
계 3:18	벌거벗은 수치를 **보이지** 않게 하고
계 5:4	합당한 자가 **보이지** 아니하기로 내가
계 16:15	자기의 부끄러움을 **보이지** 아니하는
계 18:21	던져져 결코 다시 **보이지** 아니하리로다
계 18:22	결코 다시 네 안에서 **보이지** 아니하고

보이다 - 기타 본문

구약 창 41:28; 46:29; 47:2; 출 13:8; 16:32; 25:40; 26:30; 27:8; 33:18; 34:23; 레 13:14, 19, 49, 57; 민 21:20; 23:28; 신 4:36; 5:24; 12:13; 13:1; 16:4; 17:11; 28:34; 31:17; 34:3; 삿 4:22; 5:8; 6:21; 13:23; 룻 3:3; 삼상 13:18; 14:8, 11, 12; 29:7; 삼하 6:22; 왕상 6:18; 18:2, 15; 왕하 2:12; 6:6; 11:4; 20:15; 23:17; 단 2:9, 10, 11, 19, 23, 27; 4:11, 20; 5:7, 15, 27; 7:20; 10:21; 11:2, 19; 호 12:10; 암 7:1, 4, 7; 8:1; 슥 1:20; 3:1 **신약** 마 6:5, 16, 18; 12:39; 16:4; 17:8; 23:28; 막 8:24; 9:8; 16:11; 요 14:9; 행 7:3, 30, 35

보자기(cloth)

민 4:6	순청색 **보자기**를 덮은 후에 그 채를
민 4:7	진설병의 상에 청색 **보자기**를 펴고
민 4:8	홍색 **보자기**를 그 위에 펴고 그것을
민 4:9	청색 **보자기**를 취하여 등잔대와 등잔들

【 보잘것없다/보잘것없이 】　　　　　　　　　　　　　　　　【 보좌 】

민 4:11　금제단 위에 청색 **보자기**를 펴고 해달의
민 4:12　모든 기구를 취하여 청색 **보자기**에 싸서
민 4:13　버리고 그 제단 위에 자색 **보자기**를
삼상 21:9　골리앗의 칼이 **보자기**에 싸여 에봇 뒤에
행 10:11　내려오는 것을 보니 큰 **보자기** 같고
행 11:5　황홀한 중에 환상을 보니 큰 **보자기**

보잘것없다/보잘것없이 (like nothing)
대상 16:19　너희 사람 수가 적어서 **보잘것없으며**
사 16:14　남은 수가 심히 적어 **보잘것없이** 되리라
학 2:3　보이느냐 이것이 너희 눈에 **보잘것없지**

보전하다/보전되다 (保全, reserve, endure)
창 32:30　보았으나 내 생명이 **보전되었다**
창 42:18　너희는 이같이 하여 생명을 **보전하라**
민 36:8　각기 조상의 기업을 **보전하게** 되어
신 4:42　그의 생명을 **보전하게** 하기 위함이라
삼하 7:16　**보전되고** 네 왕위가 영원히 견고하리라
삼하 22:44　나를 **보전하사** 모든 민족의 으뜸으로
시 97:10　그의 성도의 영혼을 **보전하사** 악인의
시 140:1　포악한 자에게서 나를 **보전하소서**
시 140:4　**보전하사** 포악한 자에게서 벗어나게
잠 2:8　성도들의 길을 **보전하려** 하심이니라
잠 13:3　자기의 생명을 **보전하나** 입술을 크게
잠 14:3　자의 입술은 자기를 **보전하느니라**
잠 16:17　자는 자기의 영혼을 **보전하느니라**
잠 21:23　자기의 영혼을 환난에서 **보전하느니라**
사 49:6　이스라엘 중에 **보전된** 자를 돌아오게
렘 38:20　왕이 복을 받아 생명을 **보전하시리이다**
겔 18:27　공의를 행하면 그 영혼을 **보전하리라**
겔 33:5　받았던들 자기 생명을 **보전하였을** 것이
겔 33:9　죽으려니와 너는 네 생명을 **보전하리라**
마 9:17　새 부대에 넣어야 둘이 다 **보전되느니라**
눅 17:33　무릇 자기 목숨을 **보전하고자** 하는 자는
요 12:25　미워하는 자는 영생하도록 **보전하리라**
요 17:11　아버지의 이름으로 그들을 **보전하사**
요 17:12　이름으로 그들을 **보전하고** 지키었나이
요 17:15　악에 빠지지 않게 **보전하시기**를 위함이
롬 11:18　뿌리를 **보전하는** 것이 아니요 뿌리가
살전 5:23　강림하실 때에 흠 없게 **보전되기**를 원하

보조 (步調, course)
고후 12:18　행하지 아니하더냐 동일한 **보조**로 하지

보조하다 (補助, contribute)
느 7:70　족장들은 역사를 위하여 **보조하였고**

보존하다/보존되다 (保存, keep alive, spare)
창 6:19　이끌어 들여 너와 함께 생명을 **보존하게**
창 6:20　네게로 나아오리니 그 생명을 **보존하게**
창 12:13　목숨이 그대로 말미암아 **보존되리라**
창 19:17　도망하여 생명을 **보존하라** 돌아보거나
창 19:20　아니니이까 내 생명이 **보존되리이다**
창 45:7　구원으로 당신들의 생명을 **보존하고**
민 4:19　접근할 때에 그들의 생명을 **보존하고**
신 19:5　도피하여 생명을 **보존할** 것이니라
느 6:11　외소에 들어가서 생명을 **보존하겠느냐**
느 9:6　모든 것을 지으시고 다 **보존하시오니**
욥 8:15　붙잡아 주어도 집이 **보존되지** 못하리라
욥 15:29　부요하지 못하고 재산이 **보존되지** 못하
욥 20:20　기뻐하는 것을 하나도 **보존하지** 못하겠
시 12:7　세대로부터 영원까지 **보존하시리이다**
시 64:1　두려움에서 나의 생명을 **보존하소서**
시 79:11　주의 크신 능력을 따라 **보존하소서**
시 86:2　나는 경건하오니 내 영혼을 **보존하소서**
잠 12:19　진실한 입술은 영원히 **보존되거니와**
잠 22:18　이것을 네 속에 **보존하며** 네 입술 위에
사 9:7　영원히 정의와 공의로 그것을 **보존하실**
렘 32:14　가지고 토기에 담아 오랫동안 **보존하게**
겔 3:19　죽으려니와 너는 네 생명을 **보존하리라**
겔 3:21　받음이며 너도 네 영혼을 **보존하리라**
단 7:12　권세를 빼앗겼으나 그 생명은 **보존되어**
미 6:14　감추어도 **보존되지** 못하겠고 **보존된**
벧후 2:5　그 일곱 식구를 **보존하시고** 경건하지
벧후 3:7　심판과 멸망의 날까지 **보존하여** 두신

보좌 (寶座, throne)
구약
왕상 7:7　심판하기 위하여 **보좌**의 주랑 곧 재판하
왕상 10:18　상아로 큰 **보좌**를 만들고 정금으로
왕상 10:19　**보좌**에는 여섯 층계가 있고 **보좌** 뒤에
왕상 22:19　여호와께서 그의 **보좌**에 앉으셨고 하늘
대하 9:17　또 상아로 큰 **보좌**를 만들고 순금으로
대하 9:18　그 **보좌**에는 여섯 층계와 금 발판이
대하 18:9　성문 어귀 광장에서 각기 **보좌**에 앉았고
대하 18:18　내가 보니 여호와께서 그의 **보좌**에
대하 23:20　왕궁에 이르러 왕을 나라 **보좌**에 앉히매

【 보좌 】 　　　　　　　　　　　　　　　　　　【 보증/-하다 】

시 9:4	나의 의와 송사를 변호하셨으며 **보좌**		**보좌**들 위에 이십사 장로들이 흰 옷을
시 9:7	앉으심이여 심판을 위하여 **보좌**를	계 4:5	**보좌**로부터 번개와 음성과 우렛소리가
시 11:4	그의 성전에 계시고 여호와의 **보좌**는	계 4:6	**보좌** 앞에 수정과 같은 유리 바다가 있고
시 45:6	하나님이여 주의 **보좌**는 영원하며 주의	계 4:9	생물들이 **보좌**에 앉으사 세세토록 살아
시 47:8	하나님이 그의 거룩한 **보좌**에 앉으셨도	계 4:10	이십사 장로들이 **보좌**에 앉으신 이 앞에
시 89:14	정의가 주의 **보좌**의 기초라 인자함과	계 5:1	내가 보매 **보좌**에 앉으신 이의 오른손에
시 93:2	주의 **보좌**는 예로부터 견고히 섰으며	계 5:6	내가 또 보니 **보좌**와 네 생물과 장로들
시 97:2	그를 둘렀고 공의와 정의가 그의 **보좌**의	계 5:7	그 어린 양이 나아와서 **보좌**에 앉으신
시 103:19	여호와께서 그의 **보좌**를 하늘에 세우시	계 5:11	내가 또 보고 들으매 **보좌**와 생물들과
시 122:5	**보좌**를 두셨으니 곧 다윗의 집의 **보좌**로	계 5:13	이르되 **보좌**에 앉으신 이와 어린 양에게
잠 16:12	**보좌**가 공의로 말미암아 굳게 섬이니라	계 6:16	말하되 우리 위에 떨어져 **보좌**에 앉으신
사 6:1	주께서 높이 들린 **보좌**에 앉으셨는데	계 7:9	손에 종려 가지를 들고 **보좌** 앞과 어린
사 22:23	아버지 집에 영광의 **보좌**가 될 것이요	계 7:10	소리로 외쳐 이르되 구원하심이 **보좌**에
사 47:1	갈대아여 **보좌**가 없어졌으니 땅에 앉으	계 7:11	모든 천사가 **보좌**와 장로들과 네 생물의
사 66:1	말씀하시되 하늘은 나의 **보좌**요 땅은	계 7:15	그러므로 그들이 하나님의 **보좌** 앞에
렘 3:17	예루살렘이 그들에게 여호와의 **보좌**라	계 7:17	**보좌** 가운데에 계신 어린 양이 그들의
렘 14:21	주의 영광의 **보좌**를 욕되게 마옵소서	계 8:3	모든 성도의 기도와 합하여 **보좌** 앞 금
렘 17:12	영화로우신 **보좌**여 시작부터 높이 계시	계 11:16	하나님 앞에서 자기 **보좌**에 앉아 있던
렘 49:38	나의 **보좌**를 엘람에 주고 왕과 고관들을	계 12:5	그 아이를 하나님 앞과 그 **보좌** 앞으로
애 5:19	주는 영원히 계시오며 주의 **보좌**는	계 13:2	용이 자기의 능력과 **보좌**와 큰 권세를
겔 1:26	머리 위에 있는 궁창 위에 **보좌**의 형상	계 14:3	그들이 **보좌** 앞과 네 생물과 장로들
겔 10:1	그들 위에 **보좌**의 형상이 있는 것 같더	계 16:17	큰 음성이 성전에서 **보좌**로부터 나서
겔 26:16	그 때에 바다의 모든 왕이 그 **보좌**에서	계 19:4	이십사 장로와 네 생물이 엎드려 **보좌**에
겔 43:7	내게 이르시되 인자야 이는 내 **보좌**의	계 19:5	**보좌**에서 음성이 나서 이르시되 하나님
단 7:9	그의 **보좌**는 불꽃이요 그의 바퀴는	계 20:4	내가 **보좌**들을 보니 거기에 앉은 자들이
욘 3:6	니느웨 왕에게 들리매 왕이 **보좌**에서	계 20:11	내가 크고 흰 **보좌**와 그 위에 앉으신
학 2:22	여러 왕국들의 **보좌**를 엎을 것이요 여러	계 20:12	그 **보좌** 앞에 서 있는데 책들이 펴 있고
신약		계 21:3	들으니 **보좌**에서 큰 음성이 나서 이르되
마 5:34	하지 말라 이는 하나님의 **보좌**임이요	계 21:5	**보좌**에 앉으신 이가 이르시되 보라 내가
마 19:28	인자가 자기 영광의 **보좌**에 앉을 때에	계 22:1	하나님과 및 어린 양의 **보좌**로부터
마 23:22	하늘로 맹세하는 자는 하나님의 **보좌**와	계 22:3	하나님과 그 어린 양의 **보좌**가 그 가운데
마 25:31	천사와 함께 올 때에 자기 영광의 **보좌**		
눅 22:30	상에서 먹고 마시며 또는 **보좌**에 앉아	**보좌관**(補佐官, adviser)	
행 7:49	주께서 이르시되 하늘은 나의 **보좌**요	스 7:28	나로 왕과 그의 **보좌관**들 앞과 왕의
히 1:8	주의 **보좌**는 영영하며 주의 나라의 규는		
히 4:16	은혜를 얻기 위하여 은혜의 **보좌** 앞에	**보증/-하다**(保證, ensure)	
히 8:1	그는 하늘에서 지극히 크신 이의 **보좌**	시 119:122	주의 종을 **보증하사** 복을 얻게 하시고
히 12:2	개의치 아니하시더니 하나님 **보좌** 우편	잠 6:1	담보하며 타인을 위하여 **보증하였으면**
계 1:4	장차 오실 이시며 그의 **보좌** 앞에 있는	잠 11:15	타인을 위하여 **보증**이 되는 자는 손해를
계 3:21	이기는 그에게는 내가 내 **보좌**에 함께	잠 17:18	잡고 그의 이웃 앞에서 **보증**이 되느니라
계 4:2	감동되었더니 보라 하늘에 **보좌**를	잠 20:16	타인을 위하여 **보증** 선 자의 옷을 취하
계 4:3	홍보석 같고 또 무지개가 있어 **보좌**를	잠 22:26	손을 잡지 말며 남의 빚에 **보증**을 서지
계 4:4	**보좌**에 둘려 이십사 **보좌**들이 있고 그	잠 27:13	타인을 위하여 **보증** 선 자의 옷을 취하

【 보충하다 】　　　　　　　　　　　　　　　　【 보호/-하다 】

고후 1:22　그가 또한 우리에게 인치시고 **보증**으로
고후 5:5　우리에게 이루게 하시고 **보증**으로
엡 1:14　우리 기업의 **보증**이 되사 그 얻으신
히 6:17　그 일을 맹세로 **보증하셨나니**
히 7:22　이와 같이 예수는 더 좋은 언약의 **보증**

보충하다(補充, supply)
창 31:39　내가 스스로 그것을 **보충하였으며**
왕상 20:25　같은 군대를 왕을 위하여 **보충하고**
에 7:4　왕의 손해를 **보충하지** 못하였으리이다
고후 8:14　그들의 부족한 것을 **보충함**은 후에 그들
고후 9:12　직무가 성도들의 부족한 것을 **보충할**
고후 11:9　나의 부족한 것을 **보충하였음이라**
살전 3:10　너희 믿음이 부족한 것을 **보충하게** 하려

보통(普通, ordinary)
신 3:11　그것을 사람의 **보통** 규빗으로 재면 그
삼상 21:4　대답하여 이르되 **보통** 떡은 내 수중에
삼상 21:5　내가 떠난 길이 **보통** 여행이라도 소년
왕상 12:31　레위 자손 아닌 **보통** 백성으로 제사장을

보하다(補, strengthen)
전 10:17　기력을 **보하려고** 정한 때에 먹는 나라여

보한(Bohan) **르우벤의 자손**
수 15:6　북쪽을 지나 르우벤 자손 **보한**의 돌에
수 18:17　나아가서 르우벤 자손 **보한**의 돌까지

보행자(步行者, man on foot)
민 11:21　이 백성의 **보행자**가 육십만 명이온데
렘 12:5　네가 **보행자**와 함께 달려도 피곤하면

보행하다(步行, on foot)
출 12:37　외에 **보행하는** 장정이 육십만 가량이요

보혜사(保惠師, Comforter)
요 14:16　그가 또 다른 **보혜사**를 너희에게 주사
요 14:26　**보혜사** 곧 아버지께서 내 이름으로 보낼
요 15:26　아버지께로부터 너희에게 보낼 **보혜사**
요 16:7　떠나가지 아니하면 **보혜사**가 너희에게

보호/-하다(保護, guard, defend, protect)
출 23:20　길에서 너를 **보호하여** 너를 내가 예비한

신 32:10　만나시고 호위하시며 **보호하시며**
신 33:12　그를 날이 마치도록 **보호하시고**
수 24:17　백성들 중에서 우리를 **보호하셨음이며**
룻 2:12　여호와께서 그의 날개 아래 **보호를**
삼상 26:15　네가 어찌하여 네 주 왕을 **보호하지**
삼상 26:16　기름 부음 받은 너희 주를 **보호하지**
삼상 30:23　여호와께서 우리를 **보호하시고**
왕하 19:34　종 다윗을 위하여 이 성을 **보호하여**
왕하 20:6　종 다윗을 위하므로 이 성을 **보호하리라**
대상 11:14　그 밭 가운데 서서 그 밭을 **보호하여**
대하 32:22　구원하여 내사 사면으로 **보호하시매**
에 8:11　함께 모여 스스로 생명을 **보호하여** 각
에 9:16　스스로 생명을 **보호하여** 대적들에게서
욥 29:2　지난 세월과 하나님이 나를 **보호하시던**
시 5:11　모든 사람은 다 기뻐하며 주의 **보호로**
시 25:21　성실과 정직으로 나를 **보호하소서**
시 31:23　진실한 자를 **보호하시고** 교만하게
시 32:7　환난에서 나를 **보호하시고** 구원의 노래
시 34:20　그의 모든 뼈를 **보호하심이여** 그 중에서
시 37:28　그들은 영원히 **보호**를 받으나 악인의
시 40:11　인자와 진리로 나를 항상 **보호하소서**
시 61:7　진리를 예비하사 그를 **보호하소서**
시 145:20　자기를 사랑하는 자들은 다 **보호하시고**
시 146:9　여호와께서 나그네들을 **보호하시며**
잠 2:8　대저 그는 정의의 길을 **보호하시며** 그의
잠 2:11　너를 지키며 명철이 너를 **보호하여**
잠 4:6　버리지 말라 그가 너를 **보호하리라**
잠 6:22　인도하며 네가 잘 때에 너를 **보호하며**
잠 13:6　공의는 행실이 정직한 자를 **보호하고**
잠 20:28　왕은 인자와 진리로 스스로 **보호하고**
사 31:5　새가 날개 치며 그 새끼를 **보호함같이**
사 37:35　내 종 다윗을 위하여 이 성을 **보호하며**
사 38:6　건져내겠고 내가 또 이 성을 **보호하리라**
사 42:6　네 손을 잡아 너를 **보호하며** 너를 세워
사 49:8　내가 장차 너를 **보호하여** 너를 백성의
습 3:12　여호와의 이름을 의탁하여 **보호를**
슥 12:8　여호와가 예루살렘 주민을 **보호하리니**
막 6:20　사람으로 알고 두려워하여 **보호하며**
행 7:24　사람이 원통한 일 당함을 보고 **보호하여**
엡 5:29　양육하여 **보호하기**를 그리스도께서
벧전 1:5　하나님의 능력으로 **보호하심**을 받았으
벧후 3:7　말씀으로 불사르기 위하여 **보호하신**
유 1:24　너희를 **보호하사** 거침이 없게 하시고

보호자(保護者, protection)

민 14:9	그들의 **보호자**는 그들에게서 떠났고
사 19:20	그들에게 한 구원자이자 **보호자**를 보내
렘 3:4	나의 청년 시절의 **보호자**이시오니
롬 16:2	여러 사람과 나의 **보호자**가 되었음이라

보화(寶貨, nugget, gold, valuable thing)

욥 22:24	네 **보화**를 티끌로 여기고 오빌의 금을
욥 22:25	그리하면 전능자가 네 **보화**가 되시며
잠 1:13	온갖 **보화**를 얻으며 빼앗은 것으로
사 2:7	그 땅에는 은금이 가득하고 **보화**가 무한
사 45:3	네게 흑암 중의 **보화**와 은밀한 곳에
겔 27:12	다시스는 각종 **보화**가 풍부하므로 너와
겔 27:18	제품이 많고 각종 **보화**가 풍부하므로
슥 14:14	이방 나라들의 **보화** 곧 금 은과 의복이
마 13:44	천국은 마치 밭에 감추인 **보화**와 같으니
마 19:21	그리하면 하늘에서 **보화**가 네게 있으리
막 10:21	그리하면 하늘에서 **보화**가 네게 있으리
눅 18:22	그리하면 하늘에서 네게 **보화**가 있으리
골 2:3	지혜와 지식의 모든 **보화**가 감추어져
히 11:26	애굽의 모든 **보화**보다 더 큰 재물로

복/-되다(福, blessing, prosperity)

모세오경

창 2:3	일곱째 날을 **복되게** 하사 거룩하게 하셨
창 27:12	속이는 자로 보일지라 **복**은 고사하고
창 27:35	아우가 와서 속여 네 **복**을 빼앗았도다
창 27:36	장자의 명분을 빼앗고 이제는 내 **복**을
창 27:38	이르되 내 아버지여 아버지가 빌 **복**이
창 30:11	이르되 **복되도다** 하고 그의 이름을
출 20:11	여호와가 안식일을 **복되게** 하여 그 날을
민 23:20	그가 주신 **복**을 내가 돌이키지 않으리라
신 5:33	그리하면 너희가 살 것이요 **복**이 너희
신 11:26	오늘 **복**과 저주를 너희 앞에 두나니
신 11:27	여호와의 명령을 들으면 **복**이 될 것이요
신 12:15	네 하나님 여호와께서 네게 주신 **복**을
신 12:28	너와 네 후손에게 영구히 **복**이 있으리라
신 16:17	네 하나님 여호와께서 주신 **복**을 따라
신 19:13	제하라 그리하면 네게 **복**이 있으리라
신 23:5	여호와께서 그 저주를 변하여 **복**이 되게
신 26:11	네 집에 주신 모든 **복**으로 말미암아
신 28:2	여호와의 말씀을 청종하면 이 모든 **복**이
신 30:1	내가 네게 진술한 모든 **복**과 저주가
신 30:15	내가 오늘 생명과 **복**과 사망과 화를
신 30:19	생명과 사망과 **복**과 저주를 네 앞에
신 33:16	계시던 이의 은혜로 말미암아 **복**이 요셉
신 33:23	여호와의 **복**이 가득한 납달리여 너는

역사서, 사가서

룻 2:19	너를 돌본 자에게 **복**이 있기를 원하노라
룻 3:1	너를 **복되게** 하여야 하지 않겠느냐
삼상 26:25	내 아들 다윗아 네게 **복**이 있을지로다
왕상 10:7	당신의 지혜와 **복**이 내가 들은 소문보다
왕상 10:8	**복되도다** 당신의 사람들이여 **복되도다**
대하 9:7	**복되도다** 당신의 사람들이여 **복되도다**
느 9:25	먹어 살찌고 주의 큰 **복**을 즐겼사오나
느 9:35	주께서 그들에게 베푸신 큰 **복**과 자기
느 13:2	저주를 돌이켜 **복**이 되게 하셨다 하였는
욥 1:10	주께서 그의 손으로 하는 바를 **복되게**
욥 5:17	하나님께 징계 받는 자에게는 **복**이 있나
욥 9:25	경주자보다 빨리 사라져 버리니 **복**을
욥 22:21	평안하라 그리하면 **복**이 네게 임하리라
욥 30:26	내가 **복**을 바랐더니 화가 왔고 광명을
욥 31:20	그의 허리가 나를 위하여 **복**을 빌게
시 2:12	여호와께 피하는 모든 사람은 다 **복**이
시 16:2	주 밖에는 나의 **복**이 없다 하였나이다
시 21:3	주의 아름다운 **복**으로 그를 영접하시고
시 21:6	그가 영원토록 지극한 **복**을 받게 하시며
시 32:1	자신의 죄가 가려진 자는 **복**이 있도다
시 32:2	정죄를 당하지 아니하는 자는 **복**이 있도
시 33:12	하나님의 기업으로 선택된 백성은 **복**이
시 34:8	알지어다 그에게 피하는 자는 **복**이
시 40:4	돌아보지 아니하는 자는 **복**이 있도다
시 41:1	가난한 자를 보살피는 자에게 **복**이 있음
시 65:4	뜰에 살게 하신 사람은 **복**이 있나이다
시 73:28	하나님께 가까이 함이 내게 **복**이라 내가
시 84:4	주의 집에 사는 자들은 **복**이 있나니
시 84:5	그 마음에 시온의 대로가 있는 자는 **복**이
시 84:6	샘이 있을 것이며 이른 비가 **복**을 채워
시 84:12	주께 의지하는 자는 **복**이 있나이다
시 89:15	즐겁게 소리칠 줄 아는 백성은 **복**이
시 94:12	주의 법으로 교훈하심을 받는 자가 **복**이
시 106:3	자들과 항상 공의를 행하는 자는 **복**이
시 109:17	축복하기를 기뻐하지 아니하더니 **복**이
시 112:1	그의 계명을 크게 즐거워하는 자는 **복**이
시 112:2	정직한 자들의 후손에게 **복**이 있으리로
시 118:26	여호와의 이름으로 오는 자가 **복**이 있음

【 복/-되다 】　　　　　　　　　　　　　　　　　　　　　　【 복/-되다 】

시 119:1	율법을 따라 행하는 자들은 복이 있음
시 119:2	전심으로 여호와를 구하는 자는 복이
시 119:122	주의 종을 보증하사 복을 얻게 하시고
시 122:9	내가 너를 위하여 복을 구하리로다
시 127:5	그의 화살통에 가득한 자는 복되도다
시 128:1	그의 길을 걷는 자마다 복이 있도다
시 128:2	수고한 대로 먹을 것이라 네가 복되고
시 128:4	여호와를 경외하는 자는 이같이 복을
시 129:8	지나가는 자들도 여호와의 복이 너희에
시 133:3	거기서 여호와께서 복을 명령하셨나니
시 137:8	행한 대로 네게 갚는 자가 복이 있으리
시 137:9	어린 것들을 바위에 메어치는 자는 복
시 144:15	이러한 백성은 복이 있나니 여호와를
시 146:5	자기의 소망을 두는 자는 복이 있도다
잠 3:13	지와 명철을 얻은 자는 복이 있나니
잠 3:18	생명나무라 지혜를 가진 자는 복되도다
잠 3:33	하거니와 의인의 집에는 복이 있느니라
잠 5:18	네 샘으로 복되게 하라 네가 젊어서
잠 8:32	내 도를 지키는 자가 복이 있느니라
잠 8:34	문설주 옆에서 기다리는 자는 복이 있나
잠 10:6	의인의 머리에는 복이 임하나 악인의
잠 10:22	여호와께서 주시는 복은 사람을 부하게
잠 11:26	파는 자는 그의 머리에 복이 임하리라
잠 14:21	빈곤한 자를 불쌍히 여기는 자는 복이
잠 16:20	여호와를 의지하는 자는 복이 있느니라
잠 17:20	마음이 굽은 자는 복을 얻지 못하고
잠 18:22	아내를 얻는 자는 복을 얻고 여호와께
잠 19:8	사랑하고 명철을 지키는 자는 복을
잠 20:7	의인이라 그의 후손에게 복이 있느니라
잠 20:21	처음에 속히 잡은 산업은 마침내 복이
잠 28:20	충성된 자는 복이 많아도 속히 부하고자
잠 29:18	율법을 지키는 자는 복이 있느니라
전 4:2	오랜 죽은 자들을 더 복되다 하였으며
전 4:3	보지 못한 자가 더 복되다 하였노라
전 10:17	정한 때에 먹는 나라여 네게 복이 있도다
아 6:9	여자들이 그를 보고 복된 자라 하고

선지서

사 3:10	너희는 의인에게 복이 있으리라 말하라
사 19:24	앗수르와 더불어 셋이 세계 중에 복이
사 30:18	그를 기다리는 자마다 복이 있도다
사 32:20	소와 나귀를 그리로 모는 너희는 복이
사 52:7	소식을 전하며 평화를 공포하며 복된
사 56:2	이와 같이 굳게 잡는 사람은 복이 있느
사 65:8	복이 있느니라 하나니 나도 내 종들을

'복'과 관련된 성구

복(을) 받다 – 창 18:18; 22:18; 24:31; 26:4, 29; 27:29, 33; 28:14; 민 22:6, 12; 24:9; 신 4:40; 5:29; 6:3, 18-19; 7:14; 15:4-5; 28:3, 4, 5, 6; 33:13, 24; 삿 5:24; 17:2; 룻 2:20; 삼상 15:13; 23:21; 삼하 2:5; 왕상 2:45; 욥 2:10; 시 24:5; 34:12; 37:22, 26; 41:2; 72:17; 115:15; 잠 22:9; 24:25; 28:10; 사 61:9; 렘 7:23; 17:7; 38:20; 44:17; 마 25:34; 행 3:25; 갈 3:9; 히 6:7; 약 1:25

복을 내리다 – 창 12:3; 39:5; 출 23:25; 32:29; 민 10:29, 32; 신 23:20; 24:19; 28:8; 수 24:20; 삼상 2:32; 대상 13:14; 시 3:8; 사 41:23; 렘 21:10; 32:42; 39:16; 44:27; 겔 34:26; 욜 2:14; 암 9:4; 습 1:12

복을 누리다 – 신 5:16; 6:24; 12:25; 22:7

복을 빌다 – 민 22:6; 신 29:19; 삼하 13:25; 14:22; 19:39; 21:3; 느 11:2; 욥 29:13; 렘 4:2; 히 7:1, 6; 벧전 3:9

복(을) 주다 – 창 1:22, 28; 5:2; 9:1; 12:2; 14:19; 17:16, 20; 22:17; 24:1, 35; 25:11; 26:3, 12, 24; 27:27; 28:3, 4; 30:27, 30; 35:9; 48:3, 16; 49:25; 출 20:24; 레 25:21; 민 6:24, 27; 신 1:11; 2:7; 7:13; 8:16; 12:7; 14:29; 15:6, 10, 14, 18; 16:10, 15; 26:15; 28:11, 12; 30:9-10, 16; 수 15:19; 17:14; 삿 1:15; 13:24; 17:13; 룻 2:4; 3:10; 삼하 6:11, 12; 7:29; 대상 4:10; 17:27; 26:5; 대하 31:10; 느 13:31; 욥 42:12; 시 5:12; 28:9; 29:11; 45:2; 65:10; 67:1, 6, 7; 107:38; 109:28; 115:12, 13; 128:5; 132:15; 134:3; 147:13; 사 19:25; 44:3; 51:2; 렘 10:5; 31:23; 32:40, 41; 학 2:19; 행 3:26; 엡 1:3; 히 6:14

【 복/-되다 】 　　　　　　　　　　　　　　　　　【 복도 】

사 65:16	땅에서 자기를 위하여 복을 구하는 자는
사 65:23	그들은 여호와의 복된 자의 자손이요
렘 14:11	이 백성을 위하여 복을 구하지 말라
렘 15:11	너에게 복을 받게 할 것이며 내가
렘 18:10	내가 그에게 유익하게 하리라고 한 복에
렘 20:14	어머니가 나를 낳던 날이 복이 없었더면
렘 29:32	내 백성에게 행하려 하는 복된 일을
렘 31:12	여호와의 복 곧 곡식과 새 포도주와
렘 31:14	마음을 흡족하게 하며 내 복으로 내
렘 32:39	후손의 복을 위하여 항상 나를 경외하게
렘 33:9	백성에게 베푼 모든 복을 들을 것이요
렘 42:6	순종하면 우리에게 복이 있으리이다
애 3:17	평강에서 멀리 떠나게 하시니 내가 복을
애 3:38	화와 복이 지존자의 입으로부터 나오지
겔 44:30	그들에게 네 집에 복이 내리도록 하게
단 12:12	일까지 이르는 그 사람은 복이 있으리라
미 1:12	복을 바라니 이는 재앙이 여호와께로
슥 8:13	너희를 구원하여 너희가 복이 되게 하리
말 2:2	복을 저주하리라 내가 이미 저주하였나
말 3:10	하늘 문을 열고 너희에게 복을 쌓을
말 3:12	모든 이방인들이 너희를 복되다 하리라
말 3:15	지금 우리는 교만한 자가 복되다 하며

복음서

마 5:3	심령이 가난한 자는 복이 있나니 천국이
마 5:4	애통하는 자는 복이 있나니 그들이 위로
마 5:5	온유한 자는 복이 있나니 그들이 땅을
마 5:6	의에 주리고 목마른 자는 복이 있나니
마 5:7	긍휼히 여기는 자는 복이 있나니 그들이
마 5:8	마음이 청결한 자는 복이 있나니 그들이
마 5:9	화평하게 하는 자는 복이 있나니 그들이
마 5:10	위하여 박해를 받은 자는 복이 있나니
마 5:11	악한 말을 할 때에는 너희에게 복이
마 11:6	말미암아 실족하지 아니하는 자는 복이
마 13:16	봄으로 너희 귀는 들음으로 복이 있도다
마 16:17	바요나 시몬아 네가 복이 있도다
마 24:46	것을 보면 그 종이 복이 있으리로다
눅 1:42	복이 있으며 네 태중의 아이도 복이
눅 1:45	이루어지리라고 믿은 그 여자에게 복이
눅 1:48	만세에 나를 복이 있다 일컬으리로다
눅 6:20	너희 가난한 자는 복이 있나니 하나님의
눅 6:21	주린 자는 복이 있나니 너희가 배부름을
눅 6:22	악하다 하여 버릴 때에는 너희에게 복이
눅 7:23	말미암아 실족하지 아니하는 자는 복이
눅 10:23	너희가 보는 것을 보는 눈은 복이 있도다
눅 11:27	당신을 밴 태와 당신을 먹인 젖이 복이
눅 11:28	하나님의 말씀을 듣고 지키는 자가 복이
눅 12:37	있는 것을 보면 그 종들은 복이 있으리
눅 12:38	하고 있는 것을 보면 그 종들은 복이
눅 12:43	그렇게 하는 것을 보면 그 종은 복이
눅 14:14	갚을 것이 없으므로 네게 복이 되리니
눅 14:15	나라에서 떡을 먹는 자는 복되도다
눅 23:29	못한 배와 먹이지 못한 젖이 복이 있다
요 13:17	너희가 이것을 알고 행하면 복이 있으리
요 20:29	못하고 믿는 자들은 복되도다 하시니라

역사서 – 예언서

행 20:35	주는 것이 받는 것보다 복이 있다 하심
롬 4:6	의로 여기심을 받는 사람의 복에 대하여
롬 4:7	죄가 가리어짐을 받는 사람들은 복이
롬 4:8	죄를 인정하지 아니하실 사람은 복이
롬 4:9	복이 할례자에게냐 혹은 무할례자에게
롬 14:22	정죄하지 아니하는 자는 복이 있도다
롬 15:29	나아갈 때에 그리스도의 충만한 복을
고전 7:40	그냥 지내는 것이 더욱 복이 있으리로다
갈 3:14	예수 안에서 아브라함의 복이 이방인에
갈 4:15	복이 지금 어디 있느냐 내가 너희에게
딤전 6:15	하나님은 복되시고 유일하신 주권자이
약 1:12	시험을 참는 자는 복이 있나니 이는 시련
약 5:11	인내하는 자를 우리가 복되다 하나니
벧전 3:14	의를 위하여 고난을 받으면 복 있는
벧전 4:14	이름으로 치욕을 당하면 복 있는 자로다
계 1:3	가운데에 기록한 것을 지키는 자는 복이
계 14:13	주 안에서 죽는 자들은 복이 있도다 하시
계 16:15	부끄러움을 보이지 아니하는 자는 복이
계 19:9	혼인 잔치에 청함을 받은 자들은 복이
계 20:6	첫째 부활에 참여하는 자들은 복이 있고
계 22:7	예언의 말씀을 지키는 자는 복이 있으리
계 22:14	두루마기를 빠는 자들은 복이 있으니

복구시키다 (復舊, restore)

사 44:26	그 황폐한 곳들을 복구시키리라 하며

복귀시키다 (復歸, restore)

왕하 14:22	엘랏을 건축하여 유다에 복귀시켰더라

복도 (複道, portico)

대상 28:11	성전의 복도와 그 집들과 그 곳간과

【 복락 】　　　　　　　　　　　　　　　　　　　　　　　　　　【 복음 】

복락(福樂, delight)
시 36:8　주께서 주의 **복락**의 강물을 마시게 하시

복록(福祿, good thing)
잠 12:14　사람은 입의 열매로 말미암아 **복록**에
잠 13:2　입의 열매로 인하여 **복록**을 누리거니와

복명하다(復命, report, answer back)
대하 34:16　책을 가지고 왕에게 나아가서 **복명하여**
대하 34:28　이에 사신들이 왕에게 **복명하니라**
겔 9:11　먹 그릇을 찬 사람이 **복명하여** 이르되

복무/-하다(服務, serve as a soldier)
민 4:23　오십 세까지 회막에서 **복무하고** 봉사할
민 4:30　오십 세까지 회막에서 **복무하고** 봉사할
민 4:35　오십 세까지 회막에서 **복무하고** 봉사할
민 4:43　오십 세까지 회막에서 **복무하고** 봉사할
민 8:24　회막에 들어가서 **복무하고** 봉사할 것이
고전 9:7　누가 자기 비용으로 군 **복무를** 하겠느냐
딤후 2:4　**복무하는** 자는 자기 생활에 얽매이는

복받치다(deeply move)
창 43:30　아우를 사랑하는 마음이 **복받쳐** 급히

복병/-하다/-시키다(伏兵, ambush)
수 8:2　아이 성 뒤에 **복병을** 둘지니라 하시니
수 8:13　서쪽에는 **복병이** 있었더라 여호수아가
수 8:14　싸우려 하나 성읍 뒤에 **복병이** 있는
수 8:19　그의 손을 드는 순간에 **복병이** 그들의
수 8:21　여호수아와 온 이스라엘이 그 **복병이**
수 8:22　**복병도** 성읍에서 나와 그들을 치매 그들
삿 20:33　이스라엘의 **복병은** 그 장소 곧 기브아
삿 20:37　**복병이** 급히 나와 기브아로 돌격하고
삿 20:38　처음에 이스라엘 사람과 **복병** 사이에
삼상 15:5　성에 이르러 골짜기에 **복병시키니라**
대하 13:13　유다의 뒤를 둘러 **복병하였으므로** 그
대하 20:22　찬송이 시작될 때에 여호와께서 **복병을**
렘 51:12　튼튼히 지키며 파수꾼을 세우며 **복병을**

복부(腹部, belly)
욥 15:2　대답하겠느냐 어찌 동풍을 그의 **복부에**

복수/-하다(復讐, vengeance, avenge)

민 35:12　이는 너희가 **복수할** 자에게서 도피하는
신 32:41　내 대적들에게 **복수하며** 나를 미워하는
신 32:43　그 대적들에게 **복수하시고** 자기 땅과
삼상 25:33　내가 피를 흘릴 것과 친히 **복수하는**
시 79:10　주의 종들이 피 흘림에 대한 **복수를**
시 94:1　**복수하시는** 하나님이여 **복수하시는**

복수심(復讐心, rage)
신 19:6　피를 보복하는 자의 마음이 **복수심에**

복수자(復讐者, avenger-KJV)
시 44:16　소리 때문이요 나의 원수와 나의 **복수자**

복술(卜術, divination, magic spell)
민 23:23　없고 이스라엘을 해할 **복술이** 없도다
왕하 17:17　지나가게 하며 **복술과** 사술을 행하고
겔 12:24　허탄한 묵시나 아첨하는 **복술이** 다시
겔 21:29　네게 대하여 거짓 **복술을** 하는 자가
겔 22:28　거짓 **복술을** 행하며 여호와가 말하지
미 5:12　내가 또 **복술을** 네 손에서 끊으리니 네게
계 9:21　또 그 살인과 **복술과** 음행과 도둑질을
계 18:23　상인들은 땅의 왕족들이라 네 **복술로**

복술가/복술자(卜術家, 卜術者, diviner)
삼상 6:2　블레셋 사람들이 제사장들과 **복술자들**
사 3:2　전사와 재판관과 선지자와 **복술자와**
렘 27:9　너희는 너희 선지자나 **복술가나** 꿈꾸는
슥 10:2　드라빔들은 허탄한 것을 말하며 **복술자**

복스럽다(bless)
딛 2:13　**복스러운** 소망과 우리의 크신 하나님

복역하다(服役, be forced labor)
사 31:8　그의 장정들은 **복역하는** 자가 될 것이라

복음(福音, good news)
복음서
마 4:23　천국 **복음을** 전파하시며 백성 중의 모든
마 9:35　천국 **복음을** 전파하시며 모든 병과 모든
마 11:5　죽은 자가 살아나며 가난한 자에게 **복음**
마 24:14　천국 **복음이** 모든 민족에게 증언되기
마 26:13　온 천하에 어디서든지 이 **복음이** 전파
막 1:1　하나님의 아들 예수 그리스도의 **복음의**

【 복음 】   【 복음 】

막 1:14	갈릴리에 오셔서 하나님의 **복음**을 전파	고전 9:14	이와 같이 주께서도 **복음** 전하는 자들이
막 1:15	가까이 왔으니 회개하고 **복음**을 믿으라	고전 9:16	**복음**을 전할지라도 자랑할 것이 없음은
막 8:35	누구든지 나와 **복음**을 위하여 자기 목숨	고전 9:18	그런즉 내 상이 무엇이냐 내가 **복음**을
막 10:29	나와 **복음**을 위하여 집이나 형제나 자매	고전 9:23	**복음**을 위하여 모든 것을 행함은 **복음**에
막 13:10	**복음**이 먼저 만국에 전파되어야 할 것이	고전 15:1	형제들아 내가 너희에게 전한 **복음**을
막 14:9	**복음**이 전파되는 곳에는 이 여자가 행한	고후 2:12	그리스도의 **복음**을 위하여 드로아에
막 16:15	천하에 다니며 만민에게 **복음**을 전파하	고후 4:3	**복음**이 가리웠으면 망하는 자들에게
눅 4:18	가난한 자에게 **복음**을 전하게 하시려고	고후 4:4	그리스도의 영광의 **복음**의 광채가 비치
눅 4:43	동네들에서도 하나님의 나라 **복음**을	고후 8:18	형제를 보내었으니 이 사람은 **복음**으로
눅 7:22	죽은 자가 살아나며 가난한 자에게 **복음**	고후 9:13	증거를 삼아 너희가 그리스도의 **복음**을
눅 8:1	**복음**을 전하실새 열두 제자가 함께 하였	고후 10:14	**복음**으로 너희에게까지 이른 것이라
눅 9:6	두루 다니며 곳곳에 **복음**을 전하며 병을	고후 10:16	아니하고 너희 지역을 넘어 **복음**을
눅 16:16	하나님 나라의 **복음**이 전파되어 사람마	고후 11:4	너희가 받지 아니한 다른 **복음**을 받게
눅 20:1	**복음**을 전하실새 대제사장들과 서기관	고후 11:7	나를 낮추어 하나님의 **복음**을 값없이
역사서 – 예언서		갈 1:6	이같이 속히 떠나 다른 **복음**을 따르는
행 8:4	그 흩어진 사람들이 두루 다니며 **복음**을	갈 1:7	다른 **복음**은 없나니 다만 어떤 사람들이
행 8:25	사마리아인의 여러 마을에서 **복음**을	갈 1:8	너희에게 전한 **복음** 외에 다른 **복음**을
행 8:35	글에서 시작하여 예수를 가르쳐 **복음**을	갈 1:9	너희가 받은 것 외에 다른 **복음**을 전하면
행 8:40	여러 성을 지나다니며 **복음**을 전하고	갈 1:11	너희에게 알게 하노니 내가 전한 **복음**은
행 10:36	화평의 **복음**을 전하사 이스라엘 자손들	갈 2:2	내가 이방 가운데서 전파하는 **복음**을
행 14:7	거기서 **복음**을 전하니라	갈 2:5	이는 **복음**의 진리가 항상 너희 가운데
행 14:15	여러분에게 **복음**을 전하는 것은 이런	갈 2:7	무할례자에게 **복음** 전함을 맡은 것이
행 14:21	**복음**을 그 성에서 전하여 많은 사람을	갈 2:14	그러므로 나는 그들이 **복음**의 진리를
행 15:7	이방인들로 내 입에서 **복음**의 말씀을	갈 3:8	아브라함에게 **복음**을 전하되 모든
행 16:10	하나님이 저 사람들에게 **복음**을 전하라	갈 4:13	약함으로 말미암아 너희에게 **복음**을
행 20:24	하나님의 은혜의 **복음**을 증언하는 일을	엡 1:13	진리의 말씀 곧 너희의 구원의 **복음**을
롬 1:1	하나님의 **복음**을 위하여 택정함을 입었	엡 3:6	이는 이방인들이 **복음**으로 말미암아
롬 1:2	이 **복음**은 하나님이 선지자들을 통하여	엡 3:7	**복음**을 위하여 그의 능력이 역사하시는
롬 1:9	그의 아들의 **복음** 안에서 내 심령으로	엡 4:11	어떤 사람은 **복음** 전하는 자로 어떤
롬 1:15	로마에 있는 너희에게도 **복음** 전하기를	엡 6:15	평안의 **복음**이 준비한 것으로 신을 신고
롬 1:16	내가 **복음**을 부끄러워하지 아니하노니	엡 6:19	나로 입을 열어 **복음**의 비밀을 담대히
롬 1:17	**복음**에는 하나님의 의가 나타나서 믿음	빌 1:5	너희가 첫날부터 이제까지 **복음**을 위한
롬 2:16	나의 **복음**에 이른 바와 같이 하나님이	빌 1:7	내 마음에 있음이며 나의 매임과 **복음**을
롬 10:16	그들이 다 **복음**을 순종하지 아니하였도	빌 1:12	형제들아 내가 당한 일이 도리어 **복음**
롬 11:28	**복음**으로 하면 그들이 너희로 말미암아	빌 1:16	이들은 내가 **복음**을 변증하기 위하여
롬 15:16	하나님의 **복음**의 제사장 직분을 하게	빌 1:27	오직 너희는 그리스도의 **복음**에 합당하
롬 15:19	그리스도의 **복음**을 편만하게 전하였노	빌 2:22	나와 함께 **복음**을 위하여 수고하였으니
롬 15:20	그리스도의 이름을 부르는 곳에는 **복음**	빌 4:3	네게 구하노니 **복음**에 나와 함께 힘쓰던
롬 16:25	나의 **복음**과 예수 그리스도를 전파함은	빌 4:15	빌립보 사람들아 너희도 알거니와 **복음**
롬 16:26	신비의 계시를 따라 된 것이니 이 **복음**을	골 1:5	너희가 전에 **복음** 진리의 말씀을 들은
고전 1:17	오직 **복음**을 전하게 하려 하심이로되	골 1:6	이 **복음**이 이미 너희에게 이르매 너희가
고전 4:15	그리스도 예수 안에서 내가 **복음**으로써	골 1:23	들은 바 **복음**의 … 이 **복음**은 … 이 **복음**
고전 9:12	그리스도의 **복음**에 아무 장애가 없게	살전 1:5	이는 우리 **복음**이 너희에게 말로만 이른

【 복장 】 　　　　　　　　　　　　　　　　　　　　　　　　【 복종/-하다/-시키다 】

살전 2:2	하나님의 **복음**을 너희에게 전하였노라	시 18:47	보복해 주시고 민족들이 내게 **복종하게**
살전 2:4	하나님께 옳게 여기심을 입어 **복음**을	시 47:3	나라들을 우리 발아래에 **복종하게**
살전 2:8	사모하여 하나님의 **복음**뿐 아니라	시 66:3	말미암아 주의 원수가 주께 **복종할** 것이
살전 2:9	일하면서 너희에게 하나님의 **복음**을	시 81:15	미워하는 자는 그에게 **복종하는**
살전 3:2	우리 형제 곧 그리스도의 **복음**을 전하는	시 106:42	받고 그들의 수하에 **복종하게** 되었도다
살후 1:8	모르는 자들과 우리 주 예수의 **복음**에	시 144:2	내 백성을 내게 **복종하게** 하셨나이다
살후 2:14	이를 위하여 우리의 **복음**으로 너희를	사 11:14	암몬 자손을 자기에게 **복종시키리라**
딤전 1:11	복되신 하나님의 영광의 **복음**을 따름이	렘 34:11	끌어다가 **복종시켜** 다시 노비로 삼았더
딤후 1:8	능력을 따라 **복음**과 함께 고난을 받으라	렘 34:16	너희에게 **복종시켜** 너희의 노비로 삼았
딤후 1:10	그는 사망을 폐하시고 **복음**으로써 생명	렘 42:13	너희 하나님 여호와의 말씀을 **복종하지**
딤후 1:11	내가 이 **복음**을 위하여 선포자와 사도와	단 7:24	다르고 또 세 왕을 **복종시킬** 것이며
딤후 2:8	내가 전한 **복음**대로 다윗의 씨로 죽은	단 7:27	있는 자들이 다 그를 섬기며 **복종하리라**
딤후 2:9	**복음**으로 말미암아 내가 죄인과 같이	행 6:7	제사장의 무리도 이 도에 **복종하니라**
몬 1:13	그를 내게 머물러 있게 하여 내 **복음**을	행 7:39	조상들이 모세에게 **복종하지** 아니하고
히 4:2	그들과 같이 우리도 **복음** 전함을 받은	롬 10:3	하나님의 의에 **복종하지** 아니하였느니
히 4:6	남아 있거니와 **복음** 전함을 먼저 받은	롬 13:1	사람은 위에 있는 권세들에게 **복종하라**
벧전 1:12	성령을 힘입어 **복음**을 전하는 자들로	롬 13:5	그러므로 **복종하지** 아니할 수 없으니
벧전 1:25	너희에게 전한 **복음**이 곧 이 말씀이니라	고전 9:27	내가 내 몸을 쳐 **복종하게** 함은 내가
벧전 4:6	죽은 자들에게도 **복음**이 전파되었으니	고전 14:34	율법에 이른 것같이 오직 **복종할** 것이
벧전 4:17	하나님의 **복음**을 순종하지 아니하는	고전 15:28	만물을 그에게 **복종하게** 하실 때에는
계 10:7	선지자들에게 전하신 **복음**과 같이	고후 9:13	복음을 진실히 믿고 **복종하는** 것과
계 14:6	방언과 백성에게 전할 영원한 **복음**을	고후 10:5	사로잡아 그리스도에게 **복종하게** 하니
		고후 10:6	너희의 **복종**이 온전하게 될 때에 모든
복장(服裝, robe)		갈 2:5	우리가 한시도 **복종하지** 아니하였으니
창 49:11	포도주에 빨며 그의 **복장**을 포도즙에	엡 1:22	만물을 그의 발아래에 **복종하게** 하시고
		엡 5:21	그리스도를 경외함으로 피차 **복종하라**
복종/-하다/-시키다(服從, submit, subdue)		엡 5:22	아내들이여 자기 남편에게 **복종하기**를
창 16:9	돌아가서 그 수하에 **복종하라**	엡 5:24	범사에 자기 남편에게 **복종할지니라**
창 41:40	내 백성이 다 네 명령에 **복종하리니**	빌 2:8	낮추시고 죽기까지 **복종하셨으니**
창 49:10	그에게 모든 백성이 **복종하리로다**	빌 2:12	나 없을 때에도 항상 **복종하여** 두렵고
민 27:20	자손의 온 회중을 그에게 **복종하게** 하라	빌 3:21	그는 만물을 자기에게 **복종하게** 하실
민 32:22	땅이 여호와 앞에 **복종하게** 하시기까지	골 3:18	남편에게 **복종하라** 이는 주 안에서 마땅
신 33:29	네 대적이 네게 **복종하리니** 네가 그들의	살후 1:8	우리 주 예수의 복음에 **복종하지** 않는
삿 8:28	미디안이 이스라엘 자손 앞에 **복종하여**	딤전 1:9	오직 불법한 자와 **복종하지** 아니하는
삼하 22:48	보복하시고 민족들이 내게 **복종하게**	딤전 3:4	자녀들로 모든 공손함으로 **복종하게**
왕상 21:26	모든 행함같이 우상에게 **복종하여**	딛 1:16	가증한 자요 **복종하지** 아니하는 자요
대상 17:10	모든 대적으로 네게 **복종하게** 하리라	딛 2:5	남편에게 **복종하게** 하라 이는 하나님의
대상 22:18	여호와와 그의 백성 앞에 **복종하게**	딛 3:1	권세 잡은 자들에게 **복종하며** 순종하며
대상 29:24	여러 아들들이 솔로몬 왕에게 **복종하니**	히 2:5	장차 올 세상을 천사들에게 **복종하게**
대하 34:33	조상들의 하나님 여호와께 **복종하고**	히 2:8	만물을 그 발아래에 **복종하게** 하셨느니
느 9:24	가나안 주민들이 그들 앞에 **복종하게**	히 12:9	모든 영의 아버지께 더욱 **복종하며**
느 9:29	주의 율법을 **복종하게** 하시려고 그들에	히 13:17	인도하는 자들에게 순종하고 **복종하라**
시 18:44	이방인들이 내게 **복종하리로다**	약 4:7	그런즉 너희는 하나님께 **복종할지어다**

【 복중 】　　　　　　　　　　　　　　　　　　　　　　　　　　　【 본디오 빌라도 】

벧전 3:20　참고 기다리실 때에 **복종하**지 아니하던
벧전 3:22　능력들이 그에게 **복종하**느니라

복중(腹中, womb)
창 25:23　두 민족이 네 **복중**에서부터 나누이리라
사 49:1　부르셨고 내 어머니의 **복중**에서부터
눅 1:41　아이가 **복중**에서 뛰노는지라 엘리사벳
눅 1:44　내 **복중**에서 기쁨으로 뛰놀았도다

복직되다(復職, be restored)
창 41:13　그 해석한 대로 되어 나는 **복직되**고

복채(卜債, fee for divination)
민 22:7　장로들과 미디안 장로들이 손에 **복채**를

볶다(roast)
레 2:14　여호와께 드리거든 첫 이삭을 **볶아** 찧은

볶은 곡식
레 23:14　그 날까지 떡이든지 **볶은 곡식**이든지
수 5:11　날에 무교병과 **볶은 곡식**을 먹었더라
룻 2:14　그가 **볶은 곡식**을 주매 룻이 배불리
삼상 17:17　형들을 위하여 이 **볶은 곡식** 한 에바와
삼상 25:18　요리한 양 다섯 마리와 **볶은 곡식** 다섯
삼하 17:28　**볶은 곡식**과 콩과 팥과 볶은 녹두와

본(本, example, model, at first)
1. 본보기(example, model)
요 13:15　너희도 행하게 하려 하여 **본**을 보였노라
롬 6:17　너희에게 전하여 준 바 교훈의 **본**을
고전 4:6　나와 아볼로를 들어서 **본**을 보였으니
살전 1:7　아가야에 있는 모든 믿는 자의 **본**이
살후 3:9　오직 스스로 너희에게 **본**을 보여 우리를
딤전 1:16　주를 믿어 영생 얻는 자들에게 **본**이 되게
딤전 4:12　믿음과 정절에 있어서 믿는 자에게 **본**이
딛 2:7　범사에 네 자신이 선한 일의 **본**을 보이며
히 4:11　순종하지 아니하는 **본**에 빠지지 않게
히 8:5　삼가 모든 것을 산에서 네게 보이던 **본**을
벧전 2:21　너희에게 **본**을 끼쳐 그 자취를 따라오게
벧전 5:3　자세를 하지 말고 양 무리의 **본**이 되라
벧후 2:6　후세에 경건하지 아니할 자들에게 **본**을

2. 대상이 말하는 이와 직접 관련됨(at first)
호 2:7　이르기를 내가 **본** 남편에게로 돌아가리

본 이름
수 15:15　드빌 주민을 쳤는데 드빌의 **본 이름**은
삿 1:10　달매를 죽였더라 헤브론의 **본 이름**은
삿 1:11　쳤으니 드빌의 **본 이름**은 기럇 세벨이라
삿 1:23　하였는데 그 성읍의 **본 이름**은 루스라
삿 18:29　그 성읍의 **본 이름**은 라이스였더라

본 자손
마 8:12　그 나라의 **본 자손**들은 바깥 어두운 데

본 족속
단 11:7　그러나 그 공주의 **본 족속**에게서 난 자

본곳(one's place)
수 4:18　요단 물이 **본곳**으로 도로 흘러서 전과
슥 12:6　다시 그 **본곳** 예루살렘에 살게 되리라

본국(本國, one's own country)
출 12:19　타국인이든지 **본국**에서 난 자든지를
왕상 10:13　그가 그의 신하들과 함께 **본국**으로 돌아
왕하 19:7　그로 소문을 듣고 그의 **본국**으로 돌아
대하 9:12　그가 그의 신하들과 더불어 **본국**으로
렘 52:27　이와 같이 유다가 사로잡혀 **본국**에서
단 11:9　왕국으로 쳐들어갈 것이나 자기 **본국**으로
단 11:28　북방 왕은 많은 재물을 가지고 **본국**으로

본궁(本宮, one's palace)
삼하 20:3　다윗이 예루살렘 **본궁**에 이르러 전에

본능(本能, instinct)
유 1:10　그들은 이성 없는 짐승같이 **본능**으로

본도(Pontus) 흑해 연안의 좁고 긴 해안 지역
행 2:9　메소보다미아, 유대와 갑바도기아, **본도**
행 18:2　**본도**에서 난 유대인 한 사람을 만나니
벧전 1:1　그리스도의 사도 베드로는 **본도**,

본동네(one's own town)
마 9:1　예수께서 배에 오르사 건너가 **본동네**에
눅 2:39　마치고 갈릴리로 돌아가 **본동네** 나사렛

본디오 빌라도(Pontius Pilate) 유대 총독
눅 3:1　**본디오 빌라도**가 유대의 총독으로,

[본래]   [본분]

| 행 4:27 | 과연 헤롯과 **본디오 빌라도**는 이방인과 |
| 딤전 6:13 | 하나님 앞과 **본디오 빌라도**를 향하여 |

본래(本來, beginning, very thing, already)
출 4:7	품에 넣었다가 내어보니 그의 손이 **본래**
출 4:10	나는 **본래** 말을 잘 하지 못하는 자이니이다
출 21:29	소가 **본래** 받는 버릇이 있고 그 임자는
출 21:36	그 소가 **본래** 받는 버릇이 있는 줄을
레 6:5	**본래** 물건에 오분의 일을 더하여 돌려
신 10:14	그 위의 만물은 **본래** 네 하나님 여호와께
신 11:28	여호와의 명령을 듣지 아니하고 **본래**
신 19:4	누구든지 **본래** 원한이 없이 부지중에
신 19:6	그 사람이 그에게 **본래** 원한이 없으니
수 11:10	하솔은 **본래** 그 모든 나라의 머리였더니
수 20:5	이는 **본래** 미워함이 없이 부지중에 그의
삿 12:4	너희 길르앗 사람은 **본래** 에브라임에서
삿 13:3	네가 **본래** 임신하지 못하므로 출산하지
삿 19:16	사람은 **본래** 에브라임 산지 사람으로서
왕상 22:3	길르앗 라못은 **본래** 우리의 것인 줄을
대상 26:10	시므리는 **본래** 맏아들이 아니나 그의
스 5:11	이는 **본래** 이스라엘의 큰 왕이 건축하여
욥 9:35	**본래** 그렇게 할 수 있는 자가 아니니라
욥 30:8	**본래** 미련한 자의 자식이요 이름 없는
시 37:35	**본래**의 땅에 서 있는 나무 잎이 무성함과
잠 21:27	악인의 제물은 **본래** 가증하거든 하물며
사 1:26	네 모사들을 **본래**와 같이 회복할 것이라
렘 44:17	모든 말을 반드시 실행하여 우리가 **본래**
겔 29:6	**본래** 이스라엘 족속에게 갈대 지팡이라
겔 32:30	그들이 **본래**는 강성하였으므로 두렵게
겔 33:16	**본래** 범한 모든 죄가 기억되지 아니하리
옵 1:16	삼켜서 **본래** 없던 것같이 되리라
마 19:4	지으신 이가 **본래** 그들을 남자와 여자로
마 19:8	아내 버림을 허락하였거니와 **본래**는
눅 1:36	**본래** 임신하지 못한다고 알려진 이가
요 1:18	**본래** 하나님을 본 사람이 없으되 아버지
요 11:5	**본래** 마르다와 그 동생과 나사로를
행 1:17	사람은 **본래** 우리 수 가운데 참여하여
행 3:10	그가 **본래** 성전 미문에 앉아 구걸하던
행 4:13	그들을 **본래** 학문 없는 범인으로 알았다
롬 2:27	또한 **본래** 무할례자가 율법을 온전히
롬 6:17	하나님께 감사하리로다 너희가 **본래**
갈 2:6	유력하다는 이들 중에 **본래** 어떤 이들이
갈 2:10	나도 **본래**부터 힘써 행하여 왔노라
갈 2:15	우리는 **본래** 유대인이요 이방 죄인이
벧후 2:12	그러나 이 사람들은 **본래** 잡혀 죽기
유 1:5	너희가 **본래** 모든 사실을 알고 있으나

본받다(follow, imitate)
출 23:24	그들의 행위를 **본받지** 말고 그것들을
레 20:5	그를 **본받아** 몰렉을 음란하게 섬기는
신 18:9	민족들의 가증한 행위를 **본받지** 말 것이
신 20:18	너희에게 가르쳐 **본받게** 하여 너희가
왕상 14:24	국민의 모든 가증한 일을 무리가 **본받아**
대하 12:1	버리니 온 이스라엘이 **본받은지라**
대하 28:3	이방 사람들의 가증한 일을 **본받아** 그
대하 33:2	이방 사람들의 가증한 일을 **본받아**
잠 22:25	그의 행위를 **본받아** 네 영혼을 올무에
렘 52:2	그가 여호야김의 모든 행위를 **본받아**
겔 23:48	여인이 정신이 깨어 너희 음행을 **본받지**
슥 1:4	너희 조상들을 **본받지** 말라 옛적 선지자
마 6:8	그러므로 그들을 **본받지** 말라 구하기
마 23:3	그들이 하는 행위는 **본받지** 말라 그들은
롬 8:29	또한 그 아들의 형상을 **본받게** 하기
롬 12:2	너희는 이 세대를 **본받지** 말고 오직
롬 15:5	너희로 그리스도 예수를 **본받아** 서로
고전 4:16	너희에게 권하노니 너희는 나를 **본받는**
고전 11:1	내가 그리스도를 **본받는** 자가 된 것
엡 5:1	자녀같이 너희는 하나님을 **본받는** 자가
빌 3:10	알고자 하여 그의 죽으심을 **본받아**
빌 3:17	형제들아 너희는 함께 나를 **본받으라**
살전 1:6	말씀을 받아 우리와 주를 **본받은** 자가
살전 2:14	유대에 있는 하나님의 교회들을 **본받은**
살후 3:7	어떻게 우리를 **본받아야** 할지를 너희가
살후 3:9	너희에게 본을 보여 우리를 **본받게** 하려
딤후 1:13	내게 들은 바 바른 말을 **본받아** 지키고
히 6:12	기업으로 받는 자들을 **본받는** 자 되게
히 13:7	주의하여 보고 그들의 믿음을 **본받으라**
벧전 1:14	때에 따르던 너희 사욕을 **본받지** 말고
요삼 1:11	사랑하는 자여 악한 것을 **본받지** 말고

본보기(example)
| 고전 10:6 | 이러한 일은 우리의 **본보기**가 되어 우리 |
| 고전 10:11 | 그들에게 일어난 이런 일은 **본보기**가 |

본분(本分, duty)
| 창 38:8 | 남편의 아우 된 **본분**을 행하여 네 형을 |

【 본성 1 】　　　　　　　　　　　　　　　　　　　　　　　　　　　　　【 볼모 】

욥 32:17　내 **본분**대로 대답하고 나도 내 의견을
전 12:13　이것이 모든 사람의 **본분**이니라
겔 45:17　군주의 **본분**은 번제와 소제와 전제를
미 3:1　들으라 정의를 아는 것이 너희의 **본분**이

본성 1(本城, one's own town)
대하 31:1　자손이 각각 자기들의 **본성** 기업으로

본성 2(本性, nature)
롬 2:14　율법 없는 이방인이 **본성**으로 율법의
롬 11:24　원 돌감람나무에서 찍힘을 받고 **본성**을
고전 11:14 부끄러움이 되는 것을 **본성**이 너희에게

본심(本心, willing)
애 3:33　근심하게 하심은 **본심**이 아니시로다

본전(本殿, inner sanctuary)
대하 5:7　들였으니 곧 **본전** 지성소 그룹들의 날개
대하 5:9　그 끝이 **본전** 앞에서 보이나 밖에서는

본질상(本質上, by nature)
갈 4:8　하나님을 알지 못하여 **본질상** 하나님이
엡 2:3　이들과 같이 **본질상** 진노의 자녀였더

본처 1(本妻, wife)
창 28:9　에서가 이스마엘에게 가서 그 **본처**들
막 10:11 장가 드는 자는 **본처**에게 간음을 행함

본처 2(本處, one's place)
슥 14:10 예루살렘이 높이 들려 그 **본처**에 있으리

본체(本體, one's being)
빌 2:6　근본 하나님의 **본체**시나 하나님과 동등
히 1:3　하나님의 영광의 광채시요 그 **본체**의

본토(本土, one's country, one's land)
레 26:34 너희의 **본토**가 황무할 것이므로 땅이
민 15:13 누구든지 **본토** 소생이 여호와께 향기
민 15:29 이스라엘 자손 중 **본토** 소생이든지 그들
왕하 18:32 그 곳은 너희 **본토**와 같은 지방 곧
왕하 25:21 이와 같이 유다가 사로잡혀 **본토**에서
느 9:24　가나안 사람들과 그들의 왕들과 **본토**
에 8:17　**본토** 백성이 유다인을 두려워하여

에 10:1　아하수에로 왕이 그의 **본토**와 바다 섬들
사 14:2　민족들이 그들을 데리고 그들의 **본토**에
사 36:17 내가 와서 너희를 너희 **본토**와 같이
겔 34:13 여러 백성 가운데에서 모아 그 **본토**로
겔 47:22 그 타국인을 **본토**에서 난 이스라엘
단 11:28 마음대로 행하고 **본토**로 돌아갈 것이며

본토인(本土人, native-born)
출 12:48 그는 **본토인**과 같이 될 것이나 할례
출 12:49 **본토인**에게나 너희 중에 거류하는
레 16:29 아무 일도 하지 말되 **본토인**이든지 너희
레 17:15 죽은 것을 먹은 모든 자는 **본토인**이거나
레 24:16 거류민이든지 **본토인**이든지 여호와의
레 24:22 거류민에게든지 **본토인**에게든지
민 9:14　거류민에게나 **본토인**에게나 그 율례는
민 15:30 **본토인**이든지 타국인이든지 고의로
수 8:33　재판장들과 **본토인**뿐 아니라 이방인까

본향(本鄉, one's land, country of one's own)
왕상 22:36 각기 성읍으로 또는 각기 **본향**으로
사 13:14 동족에게로 돌아가며 각기 **본향**으로
렘 42:12 **본향**으로 돌려보내리라 하셨느니라
히 11:14 이같이 말하는 것은 자기들이 **본향** 찾는
히 11:15 그들이 나온 바 **본향**을 생각하였더라면
히 11:16 그들이 이제는 더 나은 **본향**을 사모하니

볼(jowl)
신 18:3　앞다리와 두 볼과 위라 이것을 제사장에

볼기(buttock)
삼하 10:4 그들의 의복의 중동 **볼기**까지 자르고
대상 19:4 그 의복을 **볼기** 중간까지 자르고 돌려
사 20:4　벗은 몸과 벗은 발로 **볼기**까지 드러내어
렘 31:19 교훈을 받은 후에 내 **볼기**를 쳤사오니

볼기가 흰 노루(ibex)
신 14:5　산 염소와 **볼기가 흰 노루**와 뿔이 긴

볼모(hostage)
왕하 14:14 또 사람을 **볼모**로 잡고서 사마리아로
대하 25:24 사람들을 **볼모**로 잡아 가지고 사마리아
욥 22:6　까닭 없이 형제를 **볼모**로 잡으며 헐벗은

【 봄비 】   【 봉하다 】

욥 24:3   몰아가며 과부의 소를 **볼모** 잡으며
욥 24:9   빼앗으며 가난한 자의 옷을 **볼모** 잡으므
잠 20:16 보증 선 자는 그의 몸을 **볼모** 잡을지니
잠 27:13 보증 선 자는 그의 몸을 **볼모** 잡을지니
합 2:6   이르겠느냐 **볼모** 잡은 것으로 무겁게

민 4:12   성소에서 **봉사하는** 데에 쓰는 모든
민 4:14   **봉사하는** 데에 쓰는 모든 기구 곧 불

봉사자(奉事者, minister)
사 61:6   너희를 우리 하나님의 **봉사자**라 할 것이

봄비(spring rain)
욥 29:23 비를 기다리듯 나를 기다렸으며 **봄비**를
슥 10:1   **봄비**가 올 때에 여호와 곧 구름을 일게

봉쇄되다(封鎖, shut up)
렘 13:19 네겝의 성읍들이 **봉쇄되어** 열 자가 없고

봇물(watercourse)
잠 21:1   여호와의 손에 있음이 마치 **봇물**과

봉안하다(奉安, rest)
대상 28:2 언약궤 곧 우리 하나님의 발판을 **봉안할**

봉사/-하다(奉事, work, service)
창 31:41 외삼촌에게 **봉사하였거니와** 외삼촌에게
출 30:16 속전을 취하여 회막 **봉사**에 쓰라 이것이
민 1:50   모든 기구를 운반하며 거기서 **봉사하며**
민 4:23   회막에서 복무하고 **봉사할** 모든 자를
민 4:30   오십 세까지 회막에서 복무하고 **봉사할**
민 4:35   오십 세까지 회막에서 복무하고 **봉사할**
민 4:39   오십 세까지 회막 **봉사**에 참여하여 일할
민 4:43   오십 세까지 회막에서 복무하고 **봉사할**
민 4:47   삼십 세부터 오십 세까지 회막 **봉사**와
민 7:5   직임대로 회막 **봉사**에 쓰게 할지니라
민 8:11   이는 그들에게 여호와께 **봉사하게** 하기
민 8:15   그들이 회막에 들어가서 **봉사할** 것이니
민 8:19   이스라엘 자손을 대신하여 **봉사하게**
민 8:22   아들들 앞에서 **봉사하니라** 여호와께서
민 8:24   회막에 들어가서 복무하고 **봉사할** 것이
민 8:25   오십 세부터는 그 일을 쉬어 **봉사하지**
민 16:9   여호와의 성막에서 **봉사하게** 하시며
민 18:23 레위인은 회막에서 **봉사하며** 자기들의
사 16:12 그 산당에서 피곤하도록 **봉사하며**
행 1:25   **봉사**와 및 사도의 직무를 대신할 자인지
고후 9:12 이 **봉사**의 직무가 성도들의 부족한 것을
엡 4:12   이는 성도를 온전하게 하여 **봉사**의 일을
빌 3:3   하나님의 성령으로 **봉사하며** 그리스도
딤후 1:18 또 그가 에베소에서 많이 **봉사한** 것은
벧전 4:10 맡은 선한 청지기같이 서로 **봉사하라**
벧전 4:11 누가 **봉사하려면** 하나님이 공급하시는

봉양하다(奉養, provide)
창 45:11 거기서 아버지를 **봉양하리이다** 아버지
창 47:12 따라 먹을 것을 주어 **봉양하였더라**

봉양자(奉養者, sustain)
룻 4:15   노년의 **봉양자**라 곧 너를 사랑하며 일곱

봉우리(top of the mountain)
창 8:5   초하룻날에 산들의 **봉우리**가 보였더라

봉인하다(封印, seal)
욥 41:15 그의 자랑이로다 튼튼하게 **봉인하듯이**
렘 32:10 증서를 써서 **봉인하고** 증인을 세우고
렘 32:11 규례대로 **봉인하고** **봉인하지** 아니한
렘 32:14 이 증서 곧 **봉인하고** **봉인하지** 않은
렘 32:44 기록하여 **봉인하고** 증인을 세우리니

봉하다(封, seal)
신 32:34 내게 쌓여 있고 내 곳간에 **봉하여**
왕상 21:8 편지들을 쓰고 그 안을 치고 **봉하여**
왕하 12:10 있는 대로 그 은을 계산하여 **봉하고**
느 6:5   다섯 번째는 그 종자의 손에 **봉하지**
욥 14:17 내 허물을 주머니에 **봉하시고** 내 죄악을
욥 32:19 내 배는 **봉한** 포도주통 같고 터지게
시 107:42 모든 사악한 자는 자기 입을 **봉하리로다**
아 4:12   덮은 우물이요 **봉한** 샘이로구나
사 29:11 계시가 너희에게는 **봉한** 책의 말처럼
사 52:15 그로 말미암아 그들의 입을 **봉하리니**
단 6:17   도장과 귀족들의 도장으로 **봉하였으니**
단 6:22   사자들의 입을 **봉하셨으므로** 사자들이
계 5:1   안팎으로 썼고 일곱 인으로 **봉하였더라**

봉사하는 데(에) 쓰다
민 3:31   성소에서 **봉사하는** 데 쓰는 기구들과

【 봉함하다/봉함되다 】　　　　　　　　　　【 부끄럽다/부끄러워하다/부끄러이 】

봉함하다/봉함되다(封緘, seal)
사 8:16　율법을 내 제자들 가운데에서 **봉함하라**
단 12:4　이 말을 간수하고 이 글을 **봉함하라**
단 12:9　이 말은 마지막 때까지 간수하고 **봉함할**
호 13:12　에브라임의 불의가 **봉함되었고** 그 죄가

봉헌(奉獻, dedication)
민 7:10　지휘관들이 제단의 **봉헌**을 위하여 헌물

봉헌물(奉獻物, offering for the dedication)
민 7:11　하루 한 사람씩 제단의 **봉헌물**을 드릴지
민 7:84　지휘관들이 드린 바 제단의 **봉헌물**이라
민 7:88　바른 후에 드린 바 제단의 **봉헌물**이었더
말 1:13　너희가 이같이 **봉헌물**을 가져오니 내가
말 2:13　**봉헌물**을 돌아보지도 아니하시며
말 3:4　그 때에 유다와 예루살렘의 **봉헌물**이
말 3:8　하는도다 이는 곧 십일조와 **봉헌물**이라

봉헌식(奉獻式, dedication of the house)
왕상 8:63　여호와의 성전의 **봉헌식**을 행하였는데
스 6:16　자손이 즐거이 하나님의 성전 **봉헌식**을
스 6:17　하나님의 성전 **봉헌식**을 행할 때에 수소
느 12:27　수금을 타며 즐거이 **봉헌식**을 행하려

뵈닉스(Phoenix) 그레데 섬 남쪽 항구 도시
행 27:12　거기서 떠나 아무쪼록 **뵈닉스**에 가서

뵈뵈(Phoebe) 겐그레아의 교회 여집사
롬 16:1　교회의 일꾼으로 있는 우리 자매 **뵈뵈**를

부/-하다(富, wealth, rich)
삿 18:7　땅에는 부족한 것이 없으며 부를 누리며
삼상 2:7　여호와는 가난하게도 하시고 **부하게**
삼상 17:25　이 많은 재물로 **부하게** 하고 그의
삼상 25:2　그의 생업이 갈멜에 있고 심히 **부하여**
삼상 25:6　그 **부하게** 사는 자에게 이르기를 너는
삼하 12:1　두 사람이 있는데 한 사람은 **부하고**
삼하 12:2　**부한** 사람은 양과 소가 심히 많으나
왕상 3:11　부도 구하지 아니하며 자기 원수의 생명
대상 29:28　그가 나이 많아 늙도록 **부하고** 존귀를
대하 1:11　네게 있어서 부나 재물이나 영광이나
대하 1:12　내가 네게 지혜와 지식을 주고 부와
대하 32:27　히스기야가 부와 영광이 지극한지라

에 1:4　그의 영화로운 나라의 **부함**과 위엄을
시 45:12　딸은 예물을 드리고 백성 중 **부한** 자도
잠 10:4　손이 부지런한 자는 **부하게** 되느니라
잠 10:22　여호와께서 주시는 복은 사람을 **부하게**
잠 11:24　구제하여도 더욱 **부하게** 되는 일이
잠 13:7　스스로 **부한** 체하여도 아무 것도 없는
잠 15:16　여호와를 경외하는 것이 크게 **부하고**
잠 21:17　술과 기름을 좋아하는 자는 **부하게** 되지
잠 22:2　가난한 자와 **부한** 자가 함께 살거니와
잠 28:20　충성된 자는 복이 많아도 속히 **부하고자**
잠 30:8　가난하게도 마옵시고 **부하게도** 마옵시
사 60:5　바다의 **부**가 네게로 돌아오며 이방 나라
렘 9:23　용맹을 자랑하지 말라 부자는 그의 **부함**
렘 20:5　또 이 성읍의 모든 **부**와 그 모든 소득과
눅 14:12　형제나 친척이나 **부한** 이웃을 청하지
딤전 6:17　네가 이 세대에서 **부한** 자들을 명하여
약 1:11　아름다움이 없어지나니 **부한** 자도 그
약 5:1　**부한** 자들아 너희에게 임할 고생으로
계 5:12　어린 양은 능력과 부와 지혜와 힘과
계 18:17　그러한 부가 한 시간에 망하였도다 모든

부겔로(Phygelus) 바울을 떠나갔던 사람
딤후 1:15　일을 네가 아나니 그 중에는 **부겔로**와

부과하다/부과되다(賦課, tax)
출 21:30　만일 그에게 속죄금을 **부과하면** 무릇
왕하 23:35　그 돈을 주기 위하여 나라에 **부과하되**
눅 3:13　이르되 **부과된** 것 외에는 거두지 말라

부귀(富貴, rich)
왕상 3:13　또 네가 구하지 아니한 **부귀**와 영광도
대하 17:5　예물을 드렸으므로 그가 **부귀**와 영광을
대하 18:1　여호사밧이 **부귀**와 영광을 크게 떨쳤고
잠 3:16　장수가 있고 그의 왼손에는 **부귀**가 있나
잠 8:18　**부귀**가 내게 있고 장구한 재물과 공의도
잠 12:27　아니하나니 사람의 **부귀**는 부지런한

부끄럽다/부끄러워하다/부끄러이(shame)
모세오경 - 시가서
창 2:25　두 사람이 벌거벗었으나 **부끄러워하지**
창 30:23　하나님이 내 **부끄러움**을 씻으셨다
창 34:7　딸을 강간하여 이스라엘에게 **부끄러운**
창 38:23　그것을 가지게 두라 우리가 **부끄러움**을

【 부끄럽다/부끄러워하다/부끄러이 】　　　　　【 부끄럽다/부끄러워하다/부끄러이 】

레 20:17	그 남자의 하체를 보면 **부끄러운** 일이라
민 12:14	그가 이레 동안 **부끄러워하지** 않겠느냐
삼하 10:5	사람들이 크게 **부끄러워하므로** 왕이
삼하 19:3	그 날에 백성들이 싸움에 쫓겨 **부끄러워**
삼하 19:5	구원한 모든 부하들의 얼굴을 **부끄럽게**
왕하 2:17	무리가 그로 **부끄러워하도록** 강청하매
왕하 8:11	사람이 그가 **부끄러워하기까지** 그에
대상 19:5	사람들이 심히 **부끄러워하므로** 다윗이
대하 30:15	제사장과 레위 사람이 **부끄러워하여**
스 8:22	왕에게 구하기를 **부끄러워하였음이라**
스 9:6	나의 하나님이여 내가 **부끄럽고** 낯이
스 9:7	**부끄럽게** 하심이 오늘날과 같으니이다
욥 6:20	거기 와서는 바라던 것을 **부끄러워하고**
욥 8:22	미워하는 자는 **부끄러움**을 당할 것이라
욥 10:15	못하는 것은 내 속에 **부끄러움**이 가득
욥 11:3	네가 비웃으면 어찌 너를 **부끄럽게** 할
욥 19:3	학대하고도 **부끄러워** 아니하는구나
욥 20:3	나를 **부끄럽게** 하는 책망을 들었으므로
시 6:10	내 모든 원수들이 **부끄러움**을 당하고
시 14:6	너희가 가난한 자의 계획을 **부끄럽게**
시 25:2	주께 의지하였사오니 나를 **부끄럽지**
시 31:1	주께 피하오니 나를 영원히 **부끄럽게**
시 31:17	내가 주를 불렀사오니 나를 **부끄럽게**
시 34:5	내었으니 그들의 얼굴은 **부끄럽지**
시 35:4	내 생명을 찾는 자들이 **부끄러워** 수치를
시 35:26	재난을 기뻐하는 자들이 함께 **부끄러워**
시 37:19	환난 때에 **부끄러움**을 당하지 아니하며
시 74:21	학대 받은 자가 **부끄러이** 돌아가게 하지
시 86:17	보고 **부끄러워하오리니** 여호와여 주는
시 119:6	계명에 주의할 때에는 **부끄럽지** 아니하
시 119:116	하시고 내 소망이 **부끄럽지** 않게 하소서
잠 6:33	상함과 능욕을 받고 **부끄러움**을 씻을
잠 7:13	그를 붙잡고 그에게 입맞추며 **부끄러움**
잠 10:5	추수 때에 자는 자는 **부끄러움**을 끼치는
잠 13:5	악인은 행위가 흉악하여 **부끄러운** 데에
잠 17:2	슬기로운 종은 **부끄러운** 짓을 하는 주인
잠 18:3	때에는 멸시도 따라오고 **부끄러운** 것이
잠 19:26	어미를 쫓아내는 자는 **부끄러움**을

선지서

사 1:29	너희가 **부끄러움**을 당할 것이요
사 20:5	그들이 놀라고 **부끄러워할** 것이라
사 23:4	너는 **부끄러워할지어다** 대저 바다 곧
사 24:23	수치를 당하고 해가 **부끄러워하리니**
사 26:11	주의 열성을 보면 **부끄러워할** 것이라
사 29:22	이제는 **부끄러워하지** 아니하겠고
사 33:9	쇠잔하며 레바논은 **부끄러워하고**
사 45:16	우상을 만드는 자는 **부끄러움**을 당하며
사 45:17	너희가 영원히 **부끄러움**을 당하거나
사 45:24	노하는 자는 **부끄러움**을 당하리라
사 47:3	드러나고 네 **부끄러운** 것이 보일 것이라
사 50:7	도우시므로 내가 **부끄러워하지** 아니
사 54:4	네가 **부끄러움**을 보지 아니하리라
렘 3:24	**부끄러운** 그것이 우리가 청년의 때로
렘 6:15	일을 행할 때에 **부끄러워하였느냐**
렘 7:19	얼굴에 **부끄러움**을 자취함이 아니냐
렘 8:9	지혜롭다 하는 자들은 **부끄러움**을 당하
렘 8:12	일을 행할 때에 **부끄러워하였느냐**
렘 9:19	우리가 크게 **부끄러움**을 당하였구나
렘 14:3	빈 그릇으로 돌아오니 **부끄럽고** 근심하
렘 14:4	갈라지니 밭 가는 자가 **부끄러워서**
렘 15:15	주를 위하여 내가 **부끄러움** 당하는 줄을
렘 20:18	슬픔을 보며 나의 날을 **부끄러움**으로
렘 24:9	내가 쫓아 보낼 모든 곳에서 **부끄러움**을
렘 31:19	어렸을 때의 치욕을 지므로 **부끄럽고**
렘 48:39	모압이 **부끄러워서** 등을 돌렸도다
겔 16:27	여자 곧 네 더러운 행실을 **부끄러워하는**
겔 16:54	모든 일로 말미암아 **부끄럽게** 하리니
겔 16:61	네 행위를 기억하고 **부끄러워할** 것이라
겔 16:63	기억하고 놀라고 **부끄러워서** 다시는
겔 32:30	이제는 **부끄러움**을 품고 할례를 받지
겔 36:32	너희 행위로 말미암아 **부끄러워하고**
겔 39:26	두렵게 할 자가 없게 될 때에 **부끄러움**
겔 43:10	그들이 자기의 죄악을 **부끄러워하고**
겔 43:11	행한 모든 일을 **부끄러워하거든**
단 12:2	**부끄러움**을 당할 자도 있을 것이며
호 2:5	임신했던 자는 **부끄러운** 일을 행하였나
호 4:18	이어서 음행하였으며 그들은 **부끄러운**
호 4:19	그들이 그 제물로 말미암아 **부끄러운**
호 9:10	바알브올에 가서 **부끄러운** 우상에게
호 10:6	자기들의 계책을 **부끄러워할** 것이며
욜 1:11	농부들아 너희는 **부끄러워할지어다**
옵 1:10	포학으로 말미암아 **부끄러움**을 당하고
미 3:7	선견자가 **부끄러워하며** 술객이 수치를
미 7:10	대적이 이것을 보고 **부끄러워하리니**
미 7:16	보고 자기의 세력을 **부끄러워하여**
나 3:5	나라들에게 보이며 네 **부끄러운** 곳을

【 부끄럽다/부끄러워하다/부끄러이 】　　　　　　　　　【 부당하다 】

슥 10:5	그들이 싸워 말 탄 자들을 **부끄럽게**	벧전 4:16	고난을 받으면 **부끄러워하지** 말고
슥 13:4	그 환상을 각기 **부끄러워할** 것이며 사람	요일 2:28	그 앞에서 **부끄럽지** 않게 하려 함이라
신약		계 16:15	자기의 **부끄러움**을 보이지 아니하는
막 8:38	내 말을 **부끄러워하면** 인자도 아버지의		
눅 1:25	사람들 앞에서 내 **부끄러움**을 없게 하시	**부녀**(婦女, woman)	
눅 9:26	누구든지 나와 내 말을 **부끄러워하면**	창 14:16	그의 재물과 또 **부녀**와 친척을 다 찾아
눅 13:17	모든 반대하는 자들은 **부끄러워하고**	민 30:12	여호와께서 그 **부녀**를 사하시느니라
눅 14:9	그 때에 네가 **부끄러워** 끝자리로 가게	민 31:9	이스라엘 자손이 미디안의 **부녀**들과
눅 16:3	힘이 없고 빌어먹자니 **부끄럽구나**	신 28:56	너희 중에 온유하고 연약한 **부녀** 곧
롬 1:16	내가 복음을 **부끄러워하지** 아니하노니	삿 21:10	야베스 길르앗 주민과 **부녀**와 어린 아이
롬 1:26	때문에 하나님께서 그들을 **부끄러운**	왕하 8:12	어린 아이를 메치며 아이 밴 **부녀**를 가르
롬 1:27	남자가 남자와 더불어 **부끄러운** 일을	왕하 15:16	그 가운데에 아이 밴 **부녀**를 갈랐더라
롬 5:5	우리를 **부끄럽게** 하지 아니함은 우리에	느 12:43	**부녀**와 어린 아이도 즐거워하였으므로
롬 6:21	이제는 너희가 그 일을 **부끄러워하나니**	사 19:16	그 날에 애굽이 **부녀**와 같을 것이라 그들
롬 9:33	믿는 자는 **부끄러움**을 당하지 아니하리	렘 7:18	아버지들은 불을 피우며 **부녀**들은 가루
롬 10:11	누구든지 그를 믿는 자는 **부끄러움**을	렘 9:17	생각해 보고 곡하는 **부녀**를 불러오며 또
고전 1:27	지혜 있는 자들을 **부끄럽게** 하려 하시고		사람을 보내 지혜로운 **부녀**를 불러오되
고전 4:14	내가 너희를 **부끄럽게** 하려고 이것을	애 4:10	백성이 멸망할 때에 자비로운 **부녀**들이
고전 6:5	내가 너희를 **부끄럽게** 하려 하여 이	애 5:11	대적들이 시온에서 **부녀**들을, 유다 각
고전 11:6	깎거나 미는 것이 여자에게 **부끄러움**이	미 2:9	백성의 **부녀**들을 그들의 즐거운 집에서
고전 11:14	긴 머리가 있으면 자기에게 **부끄러움**이	슥 14:2	가옥이 약탈되며 **부녀**가 욕을 당하며
고전 11:22	빈궁한 자들을 **부끄럽게** 하느냐 내가	벧전 3:5	소망을 두었던 거룩한 **부녀**들도 이와
고전 14:35	교회에서 말하는 것은 **부끄러운** 것이라	요이 1:1	장로인 나는 택하심을 받은 **부녀**와 그의
고전 15:34	내가 너희를 **부끄럽게** 하기 위하여		
고후 4:2	숨은 **부끄러움**의 일을 버리고 속임으로	**부논**(Punon) 출애굽 여정 중 이스라엘 진친 곳	
고후 7:14	위하여 자랑한 것이더라도 **부끄럽지**	민 33:42	살모나를 떠나 **부논**에 진을 치고
고후 9:4	우리가 이 믿던 것에 **부끄러움**을 당할까		
고후 10:8	지나치게 자랑하여도 **부끄럽지** 아니	**부느엘**(Peniel) 여로보암이 건설한 성읍	
엡 5:12	행하는 것들은 말하기도 **부끄러운** 것들	왕상 12:25	또 거기서 나가서 **부느엘**을 건축하고
빌 1:20	따라 아무 일에든지 **부끄러워하지**		
빌 3:19	그 영광은 그들의 **부끄러움**에 있고 땅의	**부니**(Puite) 부와 자손	
골 3:8	악의와 비방과 너희 입의 **부끄러운** 말이	민 26:23	돌라 종족과 부와에게서 난 **부니** 종족과
살후 3:14	사귀지 말고 그로 하여금 **부끄럽게** 하라		
딤전 1:8	나를 **부끄러워하지** 말고 오직 하나님의	**부당하다**(不當, pervert, without reason)	
딤후 1:12	고난을 받으나 **부끄러워하지** 아니함은	창 18:25	악인을 같이 하심도 **부당하니이다**
딤후 1:16	내가 사슬에 매인 것을 **부끄러워하지**	출 8:26	그리함은 **부당하니이다** 우리가 우리
딤후 2:15	말씀을 옳게 분별하며 **부끄러울** 것이	출 23:2	행하지 말며 송사에 다수를 따라 **부당한**
딛 2:8	이는 대적하는 자로 하여금 **부끄러워**	시 35:19	**부당하게** 나의 원수된 자가 나로
히 2:11	형제라 부르시기를 **부끄러워하지**	시 38:19	내 원수가 활발하며 강하고 **부당하게**
히 11:16	일컬음 받으심을 **부끄러워하지** 아니하	시 69:4	나의 머리털보다 많고 **부당하게** 나의
히 12:2	**부끄러움**을 개의치 아니하시더니	겔 22:29	자를 압제하고 나그네를 **부당하게**
벧전 2:6	믿는 자는 **부끄러움**을 당하지 아니하리	암 5:11	힘없는 자를 밟고 그에게서 밀의 **부당한**
벧전 3:16	그 비방하는 일에 **부끄러움**을 당하게	합 2:9	자기 집을 위하여 **부당한** 이익을 취하는

【 부대 1 】　　　　　　　　　　　　　　　　　　　　　　　　　　　　　　【 부딪히다/부딪치다 】

살후 3:2　우리를 **부당하고** 악한 사람들에게서
벧전 2:19　**부당하게** 고난을 받아도 하나님을 생각

부대 1(負袋, skin)

창 21:14　일찍이 일어나 떡과 물과 가죽 **부대**를
창 21:15　가죽 **부대**의 물이 떨어진지라 그 자식을 관목덤불 아래에 두고
창 21:19　보고 가서 가죽 **부대**에 물을 채워다가
수 9:4　찢어져서 기운 가죽 포도주 **부대**를
수 9:13　우리가 포도주를 담은 이 가죽 **부대**도
삿 4:19　목이 마르다 하매 우유 **부대**를 열어
삼상 1:24　밀가루 한 에바와 포도주 한 가죽 **부대**
삼상 10:3　사람은 포도주 한 가죽 **부대**를 가진
삼상 16:20　이새가 떡과 한 가죽 **부대**의 포도주와
삼상 25:18　떡 이백 덩이와 포도주 두 가죽 **부대**와
삼하 16:1　포도주 한 가죽 **부대**를 싣고 다윗을
욥 32:19　포도주통 같고 터지게 된 새 가죽 **부대**
시 119:83　내가 연기 속의 가죽 **부대**같이 되었으나
렘 13:12　여호와의 말씀에 모든 가죽 **부대**가
마 9:17　포도주를 낡은 가죽 **부대**에 넣지 아니
막 2:22　포도주를 낡은 가죽 **부대**에 넣는 자가
눅 5:37　포도주를 낡은 가죽 **부대**에 넣는 자가
눅 5:38　새 **부대**에 넣어야 할 것이니라

부대 2(部隊, detachment, outpost, band)
삼상 13:23　블레셋 사람들의 **부대**가 나와서 믹마스
삼상 14:1　우리가 건너편 블레셋 사람들의 **부대**로
삼상 14:12　**부대** 사람들이 요나단과 그의 무기를
삼상 14:15　모든 백성들이 공포에 떨었고 **부대**와
왕하 6:23　이로부터 아람 군사의 **부대**가 다시는
왕하 24:2　갈대아의 **부대**와 아람의 **부대**와 모압의
대하 22:1　사람들과 함께 와서 진을 치던 **부대**가
겔 12:14　그 호위하는 자와 **부대**들을 다 사방으로
욜 2:20　그 앞의 **부대**는 동해로, 그 뒤의 **부대**는
행 10:1　이달리야 **부대**라 하는 군대의 백부장이

부데(Pudens)　바울의 동역자
딤후 4:21　으불로와 **부데**와 리노와 글라우디아와

부드럽다/부드러워지다(gentle)
왕하 22:19　마음이 **부드러워져서** 여호와 앞 곧 내

욥 33:25　그의 살이 청년보다 **부드러워지며**
욥 41:3　네게 계속하여 간청하겠느냐 **부드럽게**
시 65:10　단비로 **부드럽게** 하시고 그 싹에 복을
잠 25:15　설득할 수 있나니 **부드러운** 혀는 뼈를
아 2:14　소리는 **부드럽고** 네 얼굴은 아름답구나
사 1:6　싸매며 기름으로 **부드럽게** 함을 받지
사 30:10　우리에게 **부드러운** 말을 하라 거짓된
겔 11:19　마음을 제거하고 살처럼 **부드러운** 마음
겔 36:26　굳은 마음을 제거하고 **부드러운** 마음
마 11:8　**부드러운** 옷 입은 사람이냐 **부드러운**
눅 7:25　**부드러운** 옷 입은 사람이냐 보라 화려

부득불(不得不, be compelled)
고전 9:16　자랑할 것이 없음은 내가 **부득불** 할
고후 11:30　내가 **부득불** 자랑할진대 내가 약한 것을
고후 12:1　무익하나마 내가 **부득불** 자랑하노니

부득이하다(feel compelled to)
삼상 13:12　**부득이하여** 번제를 드렸나이다 하니라
고전 7:37　**부득이한** 일도 없고 자기 뜻대로 할

부들(papyrus)
사 19:6　줄들고 마르므로 갈대와 **부들**이 시들
사 35:7　승냥이의 눕던 곳에 풀과 갈대와 **부들**이

부디엘(Putiel)　엘르아살의 장인
출 6:25　아론의 아들 엘르아살은 **부디엘**의 딸

부딪히다/부딪치다(strike, knock)
시 91:12　손으로 너를 붙들어 발이 돌에 **부딪히지**
겔 3:13　이는 생물들의 날개가 서로 **부딪치는**
겔 17:10　**부딪힐** 때에 아주 마르지 아니하겠느냐
단 5:6　듯하고 그의 무릎이 서로 **부딪친지라**
욜 2:8　피차에 **부딪치지** 아니하고 각기 자기
나 2:10　그 무릎이 서로 **부딪치며** 모든 허리가
마 4:6　손으로 너를 받들어 발이 돌에 **부딪치지**
마 7:25　그 집에 **부딪치되** 무너지지 아니하나니
마 7:27　바람이 불어 그 집에 **부딪치매** 무너져
막 4:37　광풍이 일어나며 물결이 배에 **부딪쳐**
눅 4:11　너를 받들어 네 발이 돌에 **부딪히지**
눅 6:48　그 집에 **부딪치되** 잘 지었기 때문에
눅 6:49　탁류가 **부딪치매** 집이 곧 무너져 파괴됨
행 27:41　배를 걸매 이물은 **부딪쳐** 움직일 수

【 부라 】　　　　　　　　　　　　　　　　　　　　　　　　　　　　　　　　　【 부르다 】

롬 9:32	의지함이라 **부딪칠** 돌에 부딪쳤느니라
롬 14:13	비판하지 말고 도리어 **부딪칠** 것이나
벧전 2:8	또한 **부딪치는** 돌과 걸려 넘어지게 하는

부라(Purah) 기드온의 병기를 가진 부하
삿 7:10	부하 **부라**와 함께 그 진영으로 내려가서
삿 7:11	그의 부하 **부라**와 함께 군대가 있는

부락(部落, camp)
창 25:16	**부락**대로 된 이름이며 그 족속대로는

부러워하다(envy)
잠 3:31	포학한 자를 **부러워하지** 말며 그의 어떤
잠 23:17	네 마음으로 죄인의 형통을 **부러워하지**
잠 24:1	너는 악인의 형통함을 **부러워하지** 말며
잠 24:19	말며 악인의 형통함을 **부러워하지** 말라

부러지다(be broken, cripple)
레 21:19	발 **부러진** 자나 손 **부러진** 자나
삼상 4:18	뒤로 넘어져 문 곁에서 목이 **부러져**
욥 4:10	그치고 어린 사자의 이가 **부러지며**
시 37:15	찌르고 그들의 활은 **부러지리로다**
시 37:17	악인의 팔은 **부러지나** 의인은 여호와께
잠 25:19	의뢰하는 것은 **부러진** 이와 위골된 발
사 8:15	걸려 넘어질 것이며 **부러질** 것이며 덫에
사 10:27	기름진 까닭에 멍에가 **부러지리라**
사 14:29	너를 치던 막대기가 **부러졌다고** 기뻐
사 22:25	그 못이 **부러져** 떨어지므로 그 위에
사 28:13	그들이 가다가 뒤로 넘어져 **부러지며**
렘 48:17	막대기, 아름다운 지팡이가 **부러졌는고**
렘 48:25	모압의 뿔이 잘렸고 그 팔이 **부러졌도다**
렘 51:30	거처는 불타고 그 문빗장은 **부러졌으며**
겔 29:7	**부러져서** 그들의 모든 어깨를 찢었으며

부로(Pyrrhus) 소바더의 아버지
행 20:4	베뢰아 사람 **부로**의 아들 소바더와

부르(Pur) 하만이 유대인학살의 날을 정했던 도구
에 3:7	날과 달에 대하여 **부르** 곧 제비를 뽑아
에 9:24	유다인을 진멸하기를 꾀하고 **부르** 곧

부르다(enlarge, call)
　1. 배 속이 가득 차다(enlarge)
렘 20:17	그의 배가 **부른** 채로 항상 있지 않게
호 13:6	배가 **부르니** 그들의 마음이 교만하여
고전 4:8	너희가 이미 배 **부르며** 이미 풍성하며

　2. 무엇을 가리켜 이름을 붙이다(call)
창 1:5	**부르시고** 어둠을 밤이라 **부르시니라**
창 1:8	궁창을 하늘이라 **부르시니라** 저녁이
창 1:10	**부르시고** 모인 물을 바다라 **부르시니**
창 2:19	무엇이라고 **부르나** … 생물을 **부르는**
창 2:23	취하였은즉 여자라 **부르리라** 하니라
창 26:18	이름을 그의 아버지가 **부르던** 이름
창 33:17	그 땅 이름을 숙곳이라 **부르더라**
창 35:10	다시는 야곱이라 **부르지** 않겠으며 … 그 가 그의 이름을 이스라엘이라 **부르시고**
신 3:9	시돈 사람은 시룐이라 **부르고** 아모리
신 3:13	옛적에는 르바임의 땅이라 **부르더니**
수 7:26	오늘까지 아골 골짜기라 **부르더라**
삿 4:10	스불론과 납달리를 게데스로 **부르니**
삿 10:4	오늘까지 하봇야일이라 **부르더라**
룻 1:20	**부르지** 말고 나를 마라라 **부르라**
룻 1:21	너희가 어찌 나를 나오미라 **부르느냐**
삼하 5:20	그곳 이름을 바알브라심이라 **부르니라**
삼하 6:8	그곳을 베레스웃사라 **부르니** 그 이름이
대상 13:11	노하여 그 곳을 베레스 웃사라 **부르니**
대상 14:11	그곳 이름을 바알브라심이라 **부르니라**
대하 3:17	오른쪽 것은 야긴이라 **부르고** 왼쪽 것은
스 5:14	총독 세스바살이라고 **부르는** 자에게
시 49:11	그들의 토지를 자기 이름으로 **부르도다**
사 32:5	어리석은 자를 다시 존귀하다 **부르지**
사 48:2	거룩한 성 출신이라고 스스로 **부르며**
사 62:4	너를 버림 받은 자라 **부르지** 아니하며 다시는 네 땅을 황무지라 **부르지** 아니
사 65:15	내 종들은 다른 이름으로 **부르리라**
렘 6:30	그들을 내버린 은이라 **부르게** 될 것은
렘 19:6	힌놈의 아들의 골짜기라 **부르지** 아니하 고 오직 죽임의 골짜기라 **부르는** 날이
겔 10:13	들으니 그 바퀴들을 도는 것이라 **부르며**
눅 22:3	가룟인이라 **부르는** 유다에게 사탄이
롬 9:25	아니한 자를 사랑한 자라 **부르리라**
히 2:11	형제라 **부르시기를** 부끄러워하지 아니

　3. 남을 오라고 하다(call)
창 3:9	여호와 하나님이 아담을 **부르시며** 그에
창 19:5	롯을 **부르고** 그에게 이르되 오늘 밤에
창 22:1	그를 **부르시되** 아브라함아 하시니 그가

【 부르다 】

창 41:14	바로가 사람을 보내어 요셉을 **부르매**
출 7:11	현인들과 마술사들을 **부르매** 그 애굽
출 19:20	강림하시고 모세를 그리로 **부르시니**
출 24:16	구름 가운데서 모세를 **부르시니라**
출 31:2	아들인 브살렐을 지명하여 **부르고**
출 34:31	모세가 그들을 **부르시니** 아론과 회중의
출 35:30	아들인 브살렐을 지명하여 **부르시고**
출 36:2	하려고 마음에 원하는 모든 자를 **부르매**
레 1:1	회막에서 모세를 **부르시고** 그에게 말씀
민 12:5	미리암을 **부르시는지라** 그 두 사람이
민 16:12	다단과 아비람을 **부르러** 사람을 보냈더
민 22:5	발람을 **부르게** 하여 이르되 보라 한
민 22:20	그 사람들이 너를 **부르러** 왔거든 일어나
민 22:37	특별히 사람을 보내어 그대를 **부르지**
수 10:24	이스라엘 모든 사람을 **부르고** 자기와
수 24:1	재판장들과 관리들을 **부르매** 그들이
삿 4:10	납달리를 게데스로 **부르니** 만 명이 그를
삿 8:1	싸우러 갈 때에 우리를 **부르지** 아니하였
삿 12:2	내가 너희를 **부르되** 너희가 나를 그들의
삿 18:23	단 자손을 **부르는지라** 그들이 얼굴을
삼상 3:4	여호와께서 사무엘을 **부르시는지라**
삼상 3:5	나를 **부르셨기로** … 이르되 나는 **부르지**
삼상 3:6	사무엘을 **부르시는지라** … 당신이 나를 **부르셨기로** … 내가 **부르지** 아니
삼상 3:8	사무엘을 **부르시는지라** 그가 일어나 … 나를 **부르셨기로** … 아이를 **부르신**
삼상 3:9	가서 누웠다가 그가 너를 **부르시거든**
삼상 3:10	사무엘아 사무엘아 **부르시는지라**
삼상 22:11	놉에 있는 제사장들을 **부르매** 그들이
삼상 26:14	대답하여 이르되 왕을 **부르는** 너는 누구
삼하 1:7	사울이 뒤로 돌아 나를 보고 **부르시기로**
삼하 9:2	그를 다윗의 앞으로 **부르매** 왕이 그에게
삼하 14:29	요압에게 사람을 보내 **부르되** 그에게
삼하 14:33	왕이 압살롬을 **부르니** 그가 왕께 나아가
삼하 17:5	아렉 사람 후새도 **부르라** 우리가 이제
왕상 1:28	밧세바를 내 앞으로 **부르라** 하매 그가
왕상 1:32	브나야를 내 앞으로 **부르라** 하니 그들
왕상 22:13	미가야를 **부르러** 간 사신이 일러 이르되
왕하 4:12	여인을 **부르매** 여인이 그 앞에 선지라
왕하 4:15	이르되 다시 **부르라** 하여 **부르매** 여인이
왕하 4:36	수넴 여인을 불러오라 하니 곧 **부르매**
왕하 7:11	성의 문지기들을 **부르매** 그들이 왕궁에
왕하 8:1	여호와께서 기근을 **부르셨으니** 그대로
왕하 18:18	그들이 왕을 **부르매** 힐기야의 아들로서
대상 15:11	사독과 아비아달을 **부르고** 또 레위 사람
대하 18:12	미가야를 **부르러** 간 사자가 그에게 말하
스 8:16	므술람을 **부르고** 또 명철한 사람 요야립
에 5:5	하만을 급히 **부르라** 하고 이에 왕이
욥 19:29	분노는 칼의 형벌을 **부르나니** 너희가
시 42:7	깊은 바다가 서로 **부르며** 주의 모든
시 50:1	지는 데까지 세상을 **부르셨도다**
잠 1:20	지혜가 길거리에서 **부르며** 광장에서
잠 8:1	지혜가 **부르지** 아니하느냐 명철이 소리
잠 8:4	사람들아 내가 너희를 **부르며** 내가 인자
잠 19:26	부끄러움을 끼치며 능욕을 **부르는** 자식
사 4:1	당신의 이름으로 우리를 **부르게** 하여
사 7:18	파리와 앗수르 땅의 벌을 **부르시리니**
사 13:2	소리를 높여 그들을 **부르며** 손을 흔들어
사 21:11	세일에서 나를 **부르되** 파수꾼이여
사 34:12	국가를 이으려 하여 귀인들을 **부르되**
사 34:14	숫염소가 그 동류를 **부르며** 올빼미가
사 41:9	땅 모퉁이에서부터 너를 **부르고** 네게
사 43:22	야곱아 너는 나를 **부르지** 아니하였고
사 46:11	사나운 날짐승을 **부르며** 먼 나라에서
사 48:13	내가 그들을 **부르면** 그것들이 일제히
사 48:15	내가 그를 **부르며** 그를 인도하였나니
사 49:1	여호와께서 태에서부터 나를 **부르셨고**
사 51:2	내가 그를 **부르고** 그에게 복을 주어
사 54:6	여호와께서 너를 **부르시되** 마치 버림을
렘 4:18	길과 행위가 이 일들을 **부르게** 하였나니
렘 36:4	네리야의 아들 바룩을 **부르매** 바룩이
렘 42:8	낮은 자로부터 높은 자까지 다 **부르고**
애 2:22	**부르시기를** 절기 때 무리를 **부름같이**
겔 38:21	그를 칠 칼을 **부르리니** 각 사람이 칼로
단 2:2	점쟁이와 갈대아 술사를 **부르라** 말하매
단 5:12	이제 다니엘을 **부르소서** 그리하시면
미 6:9	성읍을 향하여 외쳐 **부르시나니** 지혜는
합 2:10	네 집에 욕을 **부르며** 네 영혼에게 죄를
마 4:21	배에서 그물 깁는 것을 보시고 **부르시니**
마 9:13	의인을 **부르러** … 죄인을 **부르러** 왔노라
마 10:1	열두 제자를 **부르사** 더러운 귀신을 쫓아
막 1:20	**부르시니** 그 아버지 세베대를 품꾼들과
막 2:17	의인을 **부르러** … 죄인을 **부르러** 왔노라
막 3:13	원하는 자들을 **부르시니** 나아온지라
막 3:31	밖에 서서 사람을 보내어 예수를 **부르니**
막 6:7	열두 제자를 **부르사** 둘씩 둘씩 보내시며

【 부르다 】　　　　　　　　　　　　　　　　　　　　　　　　　　　　　　【 부르다 】

막 10:49	그를 **부르라** 하시니 그들이 그 맹인을 **부르며** … 일어나라 그가 너를 **부르신다**	욥 13:22	주는 나를 **부르소서** 내가 대답하리이다
눅 5:32	내가 의인을 **부르러** 온 것이 아니요	욥 14:15	주께서는 나를 **부르시겠고** 나는 대답하
눅 6:13	밝으매 그 제자들을 **부르사** 그 중에서	시 14:4	백성을 먹으면서 여호와를 **부르지** 아니
눅 19:15	하였는지를 알고자 하여 그들을 **부르니**	시 16:4	입술로 그 이름도 **부르지** 아니하리로다
요 1:48	빌립이 너를 **부르기** 전에 네가 무화과	시 50:15	환난 날에 나를 **부르라** 내가 너를 건지
요 11:28	말하되 선생님이 오셔서 너를 **부르신다**	시 53:4	백성을 먹으면서 하나님을 **부르지** 아니
요 11:43	큰 소리로 나사로야 나오라 **부르시니**	시 79:6	이름을 **부르지** 아니하는 나라들에게
행 2:39	주 우리 하나님이 얼마든지 **부르시는**	시 80:18	하소서 우리가 주의 이름을 **부르리이다**
행 16:10	복음을 전하라고 우리를 **부르신** 줄로	시 88:9	여호와여 내가 매일 주를 **부르며** 주를
행 24:2	바울을 **부르매** 더둘로가 고발하여	시 89:26	내게 **부르기를** 주는 나의 아버지시오
행 24:25	가라 내가 틈이 있으면 너를 **부르리라**	시 99:6	그의 이름을 **부르는** 자들 중에는 사무엘
롬 4:17	없는 것을 있는 것으로 **부르시는** 이시	시 116:13	잔을 들고 여호와의 이름을 **부르며**
롬 8:30	정하신 그들을 또한 **부르시고** **부르신**	시 116:17	드리고 여호와의 이름을 **부르리이다**
롬 9:11	행위로 말미암지 않고 오직 **부르시는**	시 147:4	그것들을 다 이름대로 **부르시는도다**
롬 9:24	아니라 이방인 중에서도 **부르신** 자니라	잠 1:28	그 때에 너희가 나를 **부르리라** 그래도
롬 10:14	믿지 아니하는 이를 어찌 **부르리요**	사 12:4	그의 이름을 **부르며** 그의 행하심을 만국
고전 7:15	화평 중에서 너희를 **부르셨느니라**	사 26:13	주만 의지하고 주의 이름을 **부르리이다**
고전 7:17	하나님이 각 사람을 **부르신** 그대로 행하	사 40:26	그들의 모든 이름을 **부르시나니** 그의
갈 1:6	그리스도의 은혜로 너희를 **부르신** 이를	사 41:25	내 이름을 **부르는** 자를 해 돋는 곳에서
갈 1:15	택정하시고 그의 은혜로 나를 **부르신**	사 45:3	이름을 **부르는** 자가 나 여호와 이스라엘
갈 5:8	그 권면은 너희를 **부르신** 이에게서 난	사 55:6	찾으라 가까이 계실 때에 그를 **부르라**
빌 3:14	하나님이 위에서 **부르신** 부름의 상을	사 64:7	주의 이름을 **부르는** 자가 없으며 스스로
살전 2:12	이는 너희를 **부르사** 자기 나라와 영광에	사 65:1	내 이름을 **부르지** 아니하던 나라에 내가
살전 5:24	너희를 **부르시는** 이는 미쁘시니 그가	사 65:24	그들이 **부르기** 전에 내가 응답하겠고
살후 2:14	우리의 복음으로 너희를 **부르사** 우리	렘 44:26	다시는 내 이름을 **부르며** 주 여호와의
벧전 1:15	너희를 **부르신** 거룩한 이처럼 너희도	호 2:17	그의 이름을 기억하여 **부르는** 일이 없게
벧전 5:10	그리스도 안에서 너희를 **부르사** 자기의	욜 2:32	여호와의 이름을 **부르는** 자는 구원을
벧후 1:3	자기의 영광과 덕으로써 우리를 **부르신**	암 6:10	우리가 여호와의 이름을 **부르지** 못할
	4. 이름이나 대상을 부르다(call)	욘 1:5	자기의 신을 **부르고** 또 배를 가볍게
창 12:8	제단을 쌓고 여호와의 이름을 **부르더니**	습 3:9	다 여호와의 이름을 **부르며** 한 가지로
창 26:25	여호와의 이름을 **부르며** 거기 장막을	슥 13:9	그들이 내 이름을 **부르리니** 내가 들을
창 27:18	내 아버지여 하고 **부르니** 이르되 내가	행 2:21	누구든지 주의 이름을 **부르는** 자는 구원
출 20:7	망령되게 **부르지** 말라 … **부르는** 자를	행 9:14	여기서도 주의 이름을 **부르는** 모든 사람
출 23:13	다른 신들의 이름은 **부르지도** 말며	행 9:21	예루살렘에서 이 이름을 **부르는** 사람
수 23:7	신들의 이름을 **부르지** 말라 그것들을	롬 10:12	모든 사람의 주가 되사 그를 **부르는**
삼하 19:4	큰 소리로 **부르되** 내 아들 압살롬아	롬 10:13	누구든지 주의 이름을 **부르는** 자는 구원
왕상 18:24	너희 신의 이름을 **부르라** 나는 여호와 의 이름을 **부르리니** 이에 불로 응답하	롬 15:20	그리스도의 이름을 **부르는** 곳에는 복음
		고전 1:2	예수 그리스도의 이름을 **부르는** 모든
왕상 18:25	너희 신의 이름을 **부르라** 그러나 불을	갈 4:6	가운데 보내사 아빠 아버지라 **부르게**
왕하 5:11	그의 하나님 여호와의 이름을 **부르고**	엡 5:3	그 이름조차도 **부르지** 말라 이는 성도
에 2:14	기뻐하여 다시는 그의 이름을 **부르지** 아니하면	딤후 2:19	주의 이름을 **부르는** 자마다 불의에서
욥 9:16	**부르므로** 그가 내게 대답하셨을지라도	딤후 2:22	주를 깨끗한 마음으로 **부르는** 자들과
			5. 노래를 부르거나 소리 내어 외치다(sing, shout)

【 부르다 】   【 부르심/부름 】

민 23:21 계시니 왕을 **부르는** 소리가 그 중에
신 31:19 그들의 입으로 **부르게** 하여 이 노래로
신 31:21 그들의 자손이 **부르기를** 잊지 아니한
삼상 10:24 모든 백성이 왕의 만세를 외쳐 **부르니라**
왕상 18:27 큰 소리로 **부르라** 그는 신이즉 묵상하고
왕상 18:28 그들이 큰 소리로 **부르고** 그들의 규례를
왕하 11:12 무리가 박수하며 왕의 만세를 **부르니라**
대상 15:28 이스라엘 무리는 크게 **부르며** 뿔나팔과
대하 23:18 규례대로 즐거이 **부르고** 노래하게 하였
스 3:11 찬송하며 큰 소리로 즐거이 **부르며**
스 3:13 즐거이 **부르는** 소리와 통곡하는 소리를
에 8:15 앞에서 나오니 수산 성이 즐거이 **부르며**
시 20:5 승리로 말미암아 개가를 **부르며** 우리
시 25:2 원수들이 나를 이겨 개가를 **부르지** 못하
시 35:27 기꺼이 노래 **부르고** 즐거워하게 하시며
시 59:16 주의 인자하심을 높이 **부르오리니** 주는
시 63:7 주의 날개 그늘에서 즐겁게 **부르리이다**
시 68:25 처녀들 중에서 노래 **부르는** 자들은 앞서
시 94:3 악인이 언제까지 개가를 **부르리이까**
사 12:6 주민아 소리 높여 **부르라** 이스라엘
사 26:1 유다 땅에서 이 노래를 **부르리라** 우리
사 42:11 노래하며 산꼭대기에서 즐거이 **부르라**
사 42:13 전사같이 분발하여 외쳐 크게 **부르시며**
렘 25:30 그의 초장을 향하여 크게 **부르시고** 세상
겔 7:7 요란한 날이요 산에서 즐거이 **부르는**
겔 32:16 이것을 슬피 **부르리로다** 주 여호와의
습 3:17 너로 말미암아 즐거이 **부르며** 기뻐하시
슥 9:15 피를 마시고 즐거이 **부르기를** 술취한
행 12:22 백성들이 크게 **부르되** 이것은 신의 소리
골 3:16 찬송과 신령한 노래를 **부르며** 감사하는
계 14:3 생물과 장로들 앞에서 새 노래를 **부르니**

▌ 불러 모으다

삼상 14:52 사람을 보면 그들을 **불러 모았더라**
삼상 23:8 모든 백성을 군사로 **불러 모으고**
삼하 20:4 유다 사람을 큰 소리로 **불러 모으고**
왕하 3:10 여호와께서 이 세 왕을 **불러 모아** 모압
왕하 3:13 여호와께서 이 세 왕을 **불러 모아** 모압
대상 13:5 온 이스라엘을 **불러 모으고** 기럇여아림
대하 34:29 예루살렘의 모든 장로를 **불러 모으고**
느 13:11 레위 사람을 **불러 모아** 다시 제자리에
렘 51:27 아스그나스 나라를 **불러 모아** 그를
눅 9:1 예수께서 열두 제자를 **불러 모으사**

눅 15:6 집에 와서 그 벗과 이웃을 **불러 모으고**
눅 15:9 또 찾아낸즉 벗과 이웃을 **불러 모으고**
눅 23:13 관리들과 백성을 **불러 모으고**

▌ 불러 올리다

삼상 28:8 내가 네게 말하는 사람을 **불러 올리라**
삼상 28:11 내가 누구를 네게로 **불러 올리랴** 하니
삼상 28:15 사울이 이르되 사무엘을 **불러 올리라**
삼상 28:15 나를 **불러 올려서** 나를 성가시게 …
         알아보려고 당신을 **불러 올렸나이다**

부르심/부름 (call, calling)

창 39:15 나의 소리 질러 **부름을** 듣고 그의 옷을
민 1:16 그들은 회중에서 **부름을** 받은 자요 그
민 26:9 아비람은 회중 가운데서 **부름을** 받은
삿 6:34 그의 뒤를 따라 **부름을** 받으니라
삿 7:23 므낫세에서부터 **부름을** 받고 미디안을
에 4:11 남녀를 막론하고 **부름을** 받지 아니하
         고 안뜰에 … 이제 내가 **부름을** 입어
애 2:22 절기 때 무리를 **부름같이** 하셨나이다
겔 32:16 슬피 **부름이여** 애굽과 그 모든 무리를
단 5:13 다니엘 **부름을** 받아 왕의 앞에 나오매
욜 2:32 남은 자 중에 나 여호와의 **부름을** 받을
행 10:29 **부름을** 사양하지 아니하고 왔노라
롬 1:1 바울은 사도로 **부르심을** 받아 하나님
롬 1:6 예수 그리스도의 것으로 **부르심을** 받은
롬 1:7 **부르심을** 받은 모든 자에게 하나님
롬 8:28 그의 뜻대로 **부르심을** 입은 자들에게는
롬 11:29 하나님의 은사와 **부르심에는** 후회하심
고전 1:1 그리스도 예수의 사도로 **부르심을** 받은
고전 1:2 성도라 **부르심을** 받은 자들과 또 각처에
고전 1:24 **부르심을** 받은 자들에게는 유대인이나
고전 1:26 형제들아 너희를 **부르심을** 보라 육체를
고전 7:18 할례자로서 **부르심을** 받은 자가 있느
         냐 … 무할례자로 **부르심을** 받은 자가
고전 7:20 각 사람은 **부르심을** 받은 그 **부르심**
고전 7:21 종으로 있을 때에 **부르심을** 받았느냐
고전 7:22 주 안에서 **부르심을** 받은 자는 종이라
         도 주께 … 있을 때에 **부르심을** 받은
고전 7:24 각각 **부르심을** 받은 그대로 하나님과
갈 5:13 자유를 위하여 **부르심을** 입었으나
엡 1:18 **부르심의** 소망이 무엇이며 성도 안에서
엡 4:1 너희를 권하노니 너희가 **부르심을** 받은

| 부르짖다 | | 부르짖다 |

엡 4:4	부르심의 한 소망 안에서 **부르심**을 받았		삼상 5:10	이른즉 에그론 사람이 **부르짖어**
빌 3:14	하나님이 위에서 부르신 **부름**의 상을		삼상 5:12	성읍의 **부르짖음**이 하늘에 사무쳤더라
골 3:15	평강을 위하여 한 몸으로 **부르심**을 받았		삼상 8:18	너희가 택한 왕으로 말미암아 **부르짖되**
살전 4:7	하나님이 우리를 **부르심**은 부정하게		삼상 9:16	내 백성의 **부르짖음**이 내게 상달되었으
살후 1:11	하나님이 너희를 그 **부르심**에 합당한		삼하 19:28	왕께 **부르짖을** 수 있사오리이까 하니라
딤전 6:12	이를 위하여 네가 **부르심**을 받았고 많은		삼하 22:7	내 소리를 들으심이여 나의 **부르짖음**이
딤후 1:9	거룩하신 소명으로 **부르심**은 우리의		왕상 8:28	이 종이 오늘 주 앞에서 **부르짖음**과
히 3:1	하늘의 **부르심**을 받은 거룩한 형제들아		왕하 4:1	엘리사에게 **부르짖어** 이르되 당신의
히 5:4	**부르심**을 받은 자라야 할 것이니라		대하 6:19	주의 종이 주 앞에서 **부르짖는** 것과
히 9:15	죄에서 속량하려고 죽으사 **부르심**을		대하 32:20	하늘을 향하여 **부르짖어** 기도하였더니
히 11:8	믿음으로 아브라함은 **부르심**을 받았고		느 5:1	그들의 아내와 함께 크게 **부르짖어** 그들
벧전 2:21	이를 위하여 너희가 **부르심**을 받았으니		느 5:6	내가 백성의 **부르짖음**과 이런 말을 듣고
벧전 3:9	이를 위하여 너희가 **부르심**을 받았으니		느 9:9	홍해에서 그들의 **부르짖음**을 들으시고
벧후 1:10	더욱 힘써 너희 **부르심**과 택하심을 굳게		에 4:3	금식하며 울며 **부르짖고** 굵은 베 옷을
유 1:1	야고보의 형제인 유다는 **부르심**을 받은		에 9:31	유다인이 금식하며 **부르짖은** 것으로
계 17:14	있는 자들 곧 **부르심**을 받고 택하심을		시가서	
부르짖다(cry, outcry)			욥 5:1	너는 **부르짖어** 보라 네게 응답할 자가
모세오경, 역사서			욥 16:18	나의 **부르짖음**이 쉴 자리를 잡지 못하게
창 18:20	소돔과 고모라에 대한 **부르짖음**이 크고		욥 19:7	폭행을 당한다고 **부르짖으나** 응답이
창 18:21	내게 들린 **부르짖음**과 같은지 그렇지		욥 24:12	상한 자가 **부르짖으나** 하나님이 그들의
창 19:13	그들에 대한 **부르짖음**이 여호와 앞에		욥 27:9	닥칠 때에 하나님이 어찌 그의 **부르짖음**
창 41:55	바로에게 **부르짖어** 양식을 구하는		욥 29:12	이는 **부르짖는** 빈민과 도와 줄 자 없는
출 2:23	**부르짖으니** 그 … 말미암아 **부르짖는**		욥 30:7	떨기나무 가운데에서 **부르짖으며**
출 3:7	그들의 감독자로 말미암아 **부르짖음**을		욥 30:24	재앙을 당할 때에 어찌 도움을 **부르짖지**
출 3:9	이제 가라 이스라엘 자손의 **부르짖음**이		욥 30:28	회중 가운데 서서 도움을 **부르짖고** 있노
출 11:6	애굽 온 땅에 전무후무한 큰 **부르짖음**이		욥 31:38	내 밭이 나를 향하여 **부르짖고** 밭이랑이
출 12:30	애굽에 큰 **부르짖음**이 있었으니 이는		욥 34:28	**부르짖음**이 … 빈궁한 사람의 **부르짖음**
출 14:15	내게 **부르짖느냐** 이스라엘 자손에게		욥 35:9	사람은 학대가 많으므로 **부르짖으며**
출 22:23	**부르짖으면** 내가 반드시 그 **부르짖음**을		욥 35:12	거기에서 **부르짖으나** 대답하는 자가
출 22:27	내게 **부르짖으면** 내가 들으리니 나는		욥 36:19	그대의 **부르짖음**이나 그대의 능력이
출 32:18	승전가도 아니요 패하여 **부르짖는** 소리		시 5:2	나의 하나님이여 내가 **부르짖는** 소리를
민 11:2	백성이 모세에게 **부르짖으므로** 모세가		시 9:12	가난한 자의 **부르짖음**을 잊지 아니하시
민 14:1	온 회중이 소리를 높여 **부르짖으며** 백성		시 18:6	들으심이여 그의 앞에서 나의 **부르짖음**
민 16:34	이스라엘이 그들의 **부르짖음**을 듣고		시 18:41	그들이 **부르짖으나** 구원할 자가 없었고
신 32:10	황무지에서, 짐승이 **부르짖는** 광야에서		시 22:2	낮에도 **부르짖고** 밤에도 잠잠하지 아니
삿 2:18	슬피 **부르짖으므로** 여호와께서 뜻을		시 22:13	입을 벌림이 찢으며 **부르짖는** 사자 같으
삿 5:28	창살을 통하여 **부르짖기**를 그의 병거가		시 27:7	여호와여 내가 소리 내어 **부르짖을** 때에
삿 7:21	진영의 군사들이 뛰고 **부르짖으며** 도망		시 34:6	곤고한 자가 **부르짖으매** 여호와께서
삿 10:12	너희가 내게 **부르짖으므로** 내가 너희를		시 34:15	귀는 그들의 **부르짖음**에 기울이시는
삿 10:14	가서 너희가 택한 신들에게 **부르짖어**		시 34:17	의인이 **부르짖으매** 여호와께서 들으시
삼상 4:13	알리매 온 성읍이 **부르짖는지라**		시 39:12	나의 **부르짖음**에 귀를 기울이소서 내가
삼상 4:14	엘리가 그 **부르짖는** 소리를 듣고 이르되		시 40:1	기울이사 나의 **부르짖음**을 들으셨도다
			시 61:1	하나님이여 나의 **부르짖음**을 들으시며

【 부르짖다 】　　　　　　　　　　　　　　【 부르짖다 】

시 66:17	내가 나의 입으로 그에게 **부르짖으며**
시 69:3	**부르짖음**으로 피곤하여 나의 목이
시 72:12	그는 궁핍한 자가 **부르짖을** 때에 건지며
시 81:7	네가 고난 중에 **부르짖으매** 내가 너를
시 88:2	**부르짖음**에 주의 귀를 기울여 주소서
시 102:1	내 기도를 들으시고 나의 **부르짖음**을
시 102:2	귀를 내게 기울이사 내가 **부르짖는** 날에
시 104:21	그들의 먹이를 쫓아 **부르짖으며** 그들의
시 106:44	여호와께서 그들의 **부르짖음**을 들으실
시 119:145	전심으로 **부르짖었사오니** 내게 응답하
시 119:147	날이 밝기 전에 **부르짖으며** 주의 말씀
시 119:169	여호와여 나의 **부르짖음**이 주의 앞에
시 130:2	내 소리를 들으시며 나의 **부르짖는** 소리
시 142:6	나의 **부르짖음**을 들으소서 나는 심히
시 144:14	거리에는 슬피 **부르짖음**이 없을진대
시 145:19	**부르짖음**을 들으사 구원하시리로다
잠 19:12	왕의 노함은 사자의 **부르짖음** 같고 그의
잠 20:2	왕의 진노는 사자의 **부르짖음** 같으니
잠 21:13	가난한 자가 **부르짖는** 소리를 듣지 아
	니하면 자기가 **부르짖을** 때에도 들을
잠 28:15	압제하는 악한 관원은 **부르짖는** 사자와

선지서, 신약

사 5:7	바라셨더니 도리어 **부르짖음**이었도다
사 5:29	그들의 **부르짖음**은 암사자 같을 것이
	요 … 그들이 **부르짖으며** 먹이를 움켜
사 5:30	백성을 향하여 **부르짖으리니** 사람이
사 13:21	거기에 엎드리고 **부르짖는** 짐승이 그들
사 13:22	궁성에는 승냥이가 **부르짖을** 것이요
사 14:31	성읍이여 **부르짖을지어다** 너 블레셋이
사 15:4	엘르알레는 **부르짖으며** 그들의 소리
	는 야하스까지 … 크게 **부르짖으며**
사 15:5	모압을 위하여 **부르짖는도다** 그 피난민
사 15:8	사방에 둘렸고 슬피 **부르짖음**이 에글
	라임에 이르며 **부르짖음**이 브엘엘림에
사 21:8	파수꾼이 사자같이 **부르짖기**를 주여
사 22:5	무너뜨림과 산악에 사무쳐 **부르짖는**
사 23:1	너희는 슬피 **부르짖을지어다** 두로가
사 23:6	주민아 너희는 슬피 **부르짖을지어다**
사 23:14	너희는 슬피 **부르짖으라** 너희의 견고한
사 24:11	거리에서 **부르짖으며** 모든 즐거움이
사 26:17	산고를 겪으며 **부르짖음**같이 우리가
사 30:19	그가 네 **부르짖는** 소리로 말미암아 네게
사 33:7	그들의 용사가 밖에서 **부르짖으며** 평화

사 42:14	해산하는 여인같이 **부르짖으리니** 숨이
사 46:7	그에게 **부르짖어도** 능히 응답하지 못하
사 57:13	**부르짖을** 때에 네가 모은 우상들에게
사 58:9	여호와가 응답하겠고 네가 **부르짖을**
사 59:11	우리가 곰같이 **부르짖으며** 비둘기같이
사 65:19	우는 소리와 **부르짖는** 소리가 그 가운데

"너는 내게 부르짖으라 내가 네게 응답하겠고 네가 알지 못하는 크고 은밀한 일을 네게 보이리라"(렘 33:3)

렘 2:15	그를 향하여 **부르짖으며** 소리를 질러
렘 3:4	이제부터는 내게 **부르짖기**를 나의
렘 7:16	그들을 위하여 **부르짖어** 구하지 말라
렘 8:16	그 말의 **부르짖음**이 단에서부터 들리고
렘 8:19	내 백성의 심히 먼 땅에서 **부르짖는**
렘 9:10	내가 산들을 위하여 울며 **부르짖으며**
렘 11:11	내게 **부르짖을지라도** 내가 듣지 아니할
렘 11:12	신들에게 가서 **부르짖을지라도** 그 신들
렘 11:14	그들을 위하여 **부르짖거나** 구하지 말
	라 … 말미암아 내게 **부르짖을** 때에
렘 14:2	애통하니 예루살렘의 **부르짖음**이 위로
렘 14:12	내가 그 **부르짖음**을 듣지 아니하겠고
렘 18:22	집에서 **부르짖음**이 들리게 하옵소서
렘 20:16	아침에는 **부르짖는** 소리, 낮에는 떠드는
렘 25:36	목자들이 **부르짖는** 소리와 양 떼의
렘 29:12	너희가 내게 **부르짖으며** 내게 와서 기도
렘 30:15	상처 때문에 **부르짖느냐** 네 고통이 심하
렘 33:3	너는 내게 **부르짖으라** 내가 네게 응답
렘 46:12	네 **부르짖음**은 땅에 가득하였나니 용사
렘 46:17	그들이 그 곳에서 **부르짖기**를 애굽의
렘 47:2	사람들이 **부르짖으며** 그 땅 모든 주민이
렘 48:3	호로나임에서 **부르짖는** 소리여 황폐와
렘 48:4	멸망을 당하여 그 어린이들의 **부르짖음**
렘 48:20	너희는 울면서 **부르짖으며** 아르논 가에
렘 48:31	온 모압을 위하여 **부르짖으리니** 무르
렘 48:34	소리를 내어 **부르짖음**은 니므림의 물도
렘 49:3	너희 랍바의 딸들아 **부르짖을지어다**
렘 49:21	땅이 진동하며 그가 **부르짖는** 소리는

1148

【 부르짖다 】

렘 50:46	땅이 진동하며 그 **부르짖음**이 나라들
렘 51:54	바벨론으로부터 **부르짖는** 소리가 들리
애 2:19	초저녁에 일어나 **부르짖을지어다**
애 3:8	**부르짖어** 도움을 구하나 내 기도를
애 3:56	탄식과 **부르짖음**에 주의 귀를 가리지
겔 8:18	큰 소리로 내 귀에 **부르짖을지라도** 내가
겔 9:8	엎드려 **부르짖어** 이르되 아하 주 여호와
겔 11:13	내가 엎드려 큰 소리로 **부르짖어** 이르되
겔 21:12	인자야 너는 **부르짖어** 슬피 울지어다
겔 26:15	너희 가운데에 상한 자가 **부르짖으며**
겔 27:28	선장이 **부르짖는** 소리에 물결이 흔들리
호 7:7	그들 중에는 내게 **부르짖는** 자가 하나도
호 7:11	애굽을 향하여 **부르짖으며** 앗수르로
호 7:14	오직 침상에서 슬피 **부르짖으며** 곡식과
호 8:2	장차 내게 **부르짖기**를 나의 하나님이여
욜 3:16	시온에서 **부르짖고** 예루살렘에서
암 1:2	시온에서부터 **부르짖으시며** 예루살렘
암 3:4	어찌 수풀에서 **부르짖겠으며** 젊은 사자
암 3:8	사자가 **부르짖은즉** 누가 두려워하지
욘 2:2	내가 스올의 뱃속에서 **부르짖었더니**
욘 3:8	힘써 하나님께 **부르짖을** 것이며 각기
미 4:9	이제 네가 어찌하여 **부르짖느냐** 너희
합 1:2	여호와여 내가 **부르짖어도** 주께서 듣지
합 2:11	담에서 돌이 **부르짖고** 집에서 들보가

'부르짖다'와 관련된 성구

여호와께 부르짖다 – 출 14:10; 15:25; 17:4; 민 12:13; 20:16; 신 26:7; 수 24:7; 삿 3:9, 15; 4:3; 6:6, 7; 10:10; 15:18; 16:28; 삼상 7:8, 9; 12:8, 10; 15:11; 삼하 22:42; 왕상 17:20, 21; 대하 13:14; 14:11; 느 9:4; 시 3:4; 18:41; 107:6, 13, 19, 28; 118:5; 120:1; 142:1; 사 19:20; 욘 1:14; 욘 1:14; 미 3:4

주께 부르짖다 – 왕상 8:43, 52; 대하 6:33; 20:9; 느 9:27, 28; 욥 30:20; 시 22:5; 28:1, 2; 30:2, 8; 31:22; 61:2; 86:5, 7; 88:1, 13; 119:146; 130:1; 141:1; 142:5; 애 2:18; 욜 1:19

하나님께 부르짖다 – 대상 5:20; 욥 27:10; 38:41; 시 18:6; 55:16; 57:2; 77:1; 84:2

【 부리다 】

습 1:10	어문에서는 **부르짖는** 소리가, 제 이
습 3:3	그 가운데 방백들은 **부르짖는** 사자요
슥 11:3	어린 사자의 **부르짖는** 소리가 남이여
막 3:11	그 앞에 엎드려 **부르짖어** 이르되 당신은
막 5:7	소리로 **부르짖어** 이르되 지극히 높으신
눅 8:28	예수를 보고 **부르짖으며** 그 앞에 엎드려
눅 9:39	귀신이 그를 잡아 갑자기 **부르짖게** 하고
눅 18:7	하물며 하나님께서 그 밤낮 **부르짖는**
행 7:59	스데반이 **부르짖어** 이르되 주 예수여
롬 8:15	우리가 아빠 아버지라고 **부르짖느니라**
계 10:3	사자가 **부르짖는** 것같이 큰 소리로
계 12:2	되매 아파서 애를 쓰며 **부르짖더라**

부르트다(swell)

신 8:4	해어지지 아니하였고 네 발이 **부르트지**
느 9:21	해어지지 아니하였고 발이 **부르트지**

부리다(unload, make work, rule)

1. 짐을 내리다(unload)

창 24:32	라반이 낙타의 짐을 **부리고** 짚과 사료를

2. 일을 하게 하다(make work, rule, exercise)

레 25:39	몸이 팔리거든 너는 그를 종으로 **부리지**
레 25:43	그를 엄하게 **부리지** 말고 네 하나님
레 25:46	너희가 피차 엄하게 **부리지** 말지니라
레 25:53	네 목전에서 엄하게 **부리지** 말지니라
신 15:19	소의 첫 새끼는 **부리지** 말고 네 양의
신 21:3	성읍에서 아직 **부리지** 아니하고 멍에를
삼상 16:14	여호와께서 **부리시는** 악령이 그를 번뇌
삼상 16:15	하나님께서 **부리시는** 악령이 왕을 번뇌
삼상 16:16	하나님께서 **부리시는** 악령이 왕에게
삼상 16:23	하나님께서 **부리시는** 악령이 사울에게
삼상 18:10	하나님께서 **부리시는** 악령이 사울에게
삼상 19:9	여호와께서 **부리시는** 악령이 사울에게
삼하 13:17	**부리는** 종을 불러 이르되 이 계집을
잠 10:26	게으른 자는 그 **부리는** 사람에게 마치
잠 12:9	비천히 여김을 받을지라도 종을 **부리는**
잠 12:24	다스리게 되어도 게으른 자는 **부림**을

3. 재주나 꾀를 피우다(perform)

삿 16:25	우리를 위하여 재주를 **부리게** 하자 하 고 … 그들을 위하여 재주를 **부리니라**
삿 16:27	삼천 명 가량이라 다 삼손이 재주 **부리는**

4. 행동이나 성질 따위를 드러내다(greedy)

시 10:3	탐욕을 **부리는** 자는 여호와를 배반하여

| 부림/-일 | | | 부모 | |

렘 6:13	큰 자까지 다 탐욕을 **부리며** 선지자로
마 20:25	그 고관들이 그들에게 권세를 **부리는**
막 10:42	그 고관들이 그들에게 권세를 **부리는**
고전 5:11	음행하거나 탐욕을 **부리거나** 우상 숭배
고전 6:10	도적이나 탐욕을 **부리는** 자나 술 취하는

5. 배 등에 실려 있는 짐을 내려놓다(have ships)

| 계 18:19 | 배 **부리는** 모든 자들이 너의 보배로운 |

부림/-일(Purim) 유대인을 말살하려는 하만의 계략에서 벗어난 것을 기념하여 지키는 절기

에 9:26	이 두 날을 **부림**이라 하고 유다인이 이 글의 모든 말과
에 9:28	이 **부림일**을 유다인 중에서 폐하지 않게
에 9:29	모르드개가 전권으로 글을 쓰고 **부림**에
에 9:31	정한 기간에 이 **부림일**을 지키게 하였
에 9:32	에스더의 명령이 이 **부림**에 대한 일을

부모(父母, father and mother, parents)

창 2:24	남자가 **부모**를 떠나 그의 아내와 합하여
창 28:7	야곱이 **부모**의 명을 따라 밧단아람으로
출 20:12	네 **부모**를 공경하라 그리하면 너 하나님
레 19:3	사람은 **부모**를 경외하고 나의 안식일을
레 21:11	그의 **부모**로 말미암아서도 더러워지게
민 6:7	그의 **부모** 형제자매가 죽은 때에라도
신 5:16	여호와께서 명령한 대로 네 **부모**를 공경
신 21:13	그 **부모**를 위하여 한 달 동안 애곡한
신 21:18	순종하지 아니하고 **부모**가 징계하여도
신 21:19	그의 **부모**가 그를 끌고 성문에 이르러
신 22:15	처녀의 **부모**가 그 처녀의 처녀인 표를
신 22:17	그 **부모**가 그 자리옷을 그 성읍 장로들
신 27:16	그의 **부모**를 경홀히 여기는 자는 저주를
신 33:9	그는 그의 **부모**에게 대하여 이르기를
수 2:13	그리고 나의 **부모**와 나의 남녀 형제와
수 2:18	창문에 이 붉은 줄을 매고 네 **부모**와
수 6:23	라합과 그의 **부모**와 그의 형제와 그에게
삿 14:2	올라와서 자기 **부모**에게 말하여 이르되
삿 14:3	그의 **부모**가 그에게 이르되 네 형제들의
삿 14:4	그의 **부모**는 이 일이 여호와께로부터
삿 14:5	삼손이 그의 **부모**와 함께 딤나에 내려가
삿 14:6	그는 자기가 행한 일을 **부모**에게 알리지
삿 14:9	그의 **부모**에게 이르러 그들에게 그것을
삿 14:16	그것을 나의 **부모**에게도 알려 주지 아니
룻 2:11	**부모**와 고국을 떠나 전에 알지 못하던
삼상 22:3	나의 **부모**가 나와서 당신들과 함께 있게
삼상 22:4	**부모**를 인도하여 모압 왕 앞에 나아갔으
삼하 19:37	내가 내 고향 **부모**의 묘 곁에서 죽으려
왕상 19:20	나를 내 **부모**와 입맞추게 하소서 그리한
왕하 3:2	그의 **부모**와 같이 하지는 아니하였으니
에 2:7	에스더는 **부모**가 없었으나 용모가 곱고 아리따운 처녀라 그의 **부모**가 죽은
시 27:10	내 **부모**는 나를 버렸으나 여호와는 나를
잠 23:25	**부모**를 즐겁게 하며 너를 낳은 어미를
잠 28:24	**부모**의 물건을 도둑질하고서도 죄가
겔 22:7	네 가운데에서 **부모**를 업신여겼으며
겔 44:25	**부모**나 자녀나 형제나 시집 가지 아니한
슥 13:3	낳은 **부모**가 그에게 이르기를 … 살지 못하리라 하고 낳은 **부모**가 그가 예언할
마 10:21	자식들이 **부모**를 대적하여 죽게 하리라
마 15:4	하나님이 이르셨으되 네 **부모**를 공경하
마 15:6	**부모**를 공경할 것이 없다 하여 너희의
마 19:5	그러므로 사람이 그 **부모**를 떠나서 아내
마 19:19	**부모**를 공경하라, 네 이웃을 네 자신과
마 19:29	집이나 형제나 자매나 **부모**나 자식이나
막 5:40	아이의 **부모**와 또 자기와 함께 한 자들
막 7:10	네 **부모**를 공경하라 하고 또 아버지나
막 10:7	이러므로 사람이 그 **부모**를 떠나서
막 10:19	속여 빼앗지 말라, 네 **부모**를 공경하라
막 13:12	자식들이 **부모**를 대적하여 죽게 하리라
눅 2:27	마침 **부모**가 율법의 관례대로 행하고자
눅 2:33	그에 대한 말들을 놀랍게
눅 2:41	**부모**가 해마다 유월절이 되면 예루살렘
눅 2:43	예루살렘에 머무셨더라 그 **부모**는 이를
눅 2:48	**부모**가 보고 놀라며 그의 어머니
눅 2:50	**부모**가 그가 하신 말씀을 깨닫지 못하더
눅 8:51	야고보와 아이의 **부모** 외에는 함께 들어
눅 8:56	**부모**가 놀라는지라 예수께서 경고하사
눅 14:26	내게 오는 자가 자기 **부모**와 처자와
눅 18:20	거짓 증언 하지 말라, 네 **부모**를 공경하
눅 18:29	집이나 아내나 형제나 **부모**나 자녀를
눅 21:16	심지어 **부모**와 형제와 친척과 벗이 너희
요 6:42	요셉의 아들 예수가 아니냐 그 **부모**를
요 9:2	자기니이까 그의 **부모**니이까
요 9:3	이 사람이나 그 **부모**의 죄로 인한 것이

【 부복하다 】   【 부서지다 】

요 9:18   보게 된 것을 믿지 아니하고 그 **부모**를   대하 4:16   솥과 **부삽**과 고기 갈고리와 여호와의
요 9:20   그 **부모**가 대답하여 이르되 이 사람이   렘 52:18   가마들과 **부삽**들과 부집게들과 주발들
요 9:22   **부모**가 이렇게 말한 것은 이미 유대인
요 9:23   그 **부모**가 말하기를 그가 장성하였으니   **부상/-하다**(負傷, wound)
롬 1:30   악을 도모하는 자요 **부모**를 거역하는   삿 9:40   앞에서 도망하였고 **부상**하여 엎드러진
고후 12:14 어린 아이가 **부모**를 위하여 재물을 저축   왕상 22:34 내가 **부상**하였으니 네 손을 돌려 내가
           하는 것이 아니요 **부모**가 어린 아이를   왕하 8:28   아람 사람들이 요람에게 **부상**을 입힌지
엡 5:31   사람이 **부모**를 떠나 그의 아내와 합하여   왕하 8:29   아람 사람에게 당한 **부상**을 치료하려
엡 6:1   자녀들아 주안에서 너희 **부모**에게 순종   왕하 9:15   아람 사람에게 **부상**한 것을 치료하려
골 3:20   자녀들아 모든 일에 **부모**에게 순종하라   대하 18:33 내가 **부상**하였으니 네 손을 돌려 나를
딤전 5:4   자기 집에서 효를 행하여 **부모**에게 보답   대하 24:25 요아스가 크게 **부상**하매 적군이 그를
딤후 3:2   자랑하며 교만하며 비방하며 **부모**를   렘 30:12   상처는 고칠 수 없고 네 **부상**은 중하고
히 11:23   모세가 났을 때에 그 **부모**가 아름다운   나 3:19   상처는 고칠 수 없고 네 **부상**은 중하도

부복하다(俯伏, bow down)   **부상자**(負傷者, wounded, wounded men)
시 72:11   모든 왕이 그의 앞에 **부복**하며 모든   삼상 17:52 블레셋 사람들의 **부상자**들은 사아라임
                                                      렘 37:10   그 중에 **부상자**만 남긴다 할지라도 그들
부분/-적(部分, part)   렘 51:52   내가 그 우상들을 벌할 것이라 **부상자**들
민 18:29   아름다운 것 곧 거룩하게 한 **부분**을
수 18:5   그들이 그 땅을 일곱 **부분**으로 나누되   **부서뜨리다**(smash, crush, break, dash)
삼상 9:23   네게 두라고 말한 그 **부분**을 가져오라   단 2:34   쇠와 진흙의 발을 쳐서 **부서뜨리매**
암 4:7   땅 한 **부분**은 비를 얻고 한 **부분**은 비를   단 2:40   모든 물건을 **부서뜨리고** 이기는 것이
행 1:17   참여하여 이 직무의 한 **부분**을 맡았던   라 … 나라가 뭇 나라를 **부서뜨리고**
고전 12:27 그리스도의 몸이요 지체의 각 **부분**이라   단 2:45   쇠와 놋과 진흙과 은과 금을 **부서뜨린**
고전 13:9   우리는 **부분적**으로 알고 **부분적**으로   단 6:24   움켜서 그 뼈까지도 **부서뜨렸더라**
고전 13:10 온전한 것이 올 때에는 **부분적**으로 하던   단 7:7   큰 이가 있어서 먹고 **부서뜨리고**
고전 13:12 지금은 내가 **부분적**으로 아나 그 때에는   단 7:19   그 발톱은 놋이니 먹고 **부서뜨리고**
고후 1:14   우리를 **부분적**으로 알았으나 우리 주   단 7:23   온 천하를 삼키고 밟아 **부서뜨릴** 것이며
골 1:12   성도의 기업의 **부분**을 얻기에 합당하게   호 13:16   어린 아이는 **부서뜨려지며** 아이 밴 여인
히 1:1   옛적에 선지자들을 통하여 여러 **부분**과

  부분/-적 – 기타 본문   **부서지다**(be dashed, be shattered, brittle)
  수 18:6, 9; 느 3:11, 19, 20, 21, 23, 24, 25, 27, 28,   대하 20:37 이에 그 배들이 **부서져서** 다시스로 가지
  29, 30, 31   대하 25:12 내려뜨려서 그들의 온 몸이 **부서지게**
                                                      사 21:9   그들이 조각한 신상들이 다 **부서져** 땅에
                                                      사 22:25   그 위에 걸린 물건이 **부서지리라** 하셨다
부삽(shovel)   사 27:9   그가 제단의 모든 돌을 **부서진** 횟돌
출 27:3   재를 담는 통과 **부삽**과 대야와 고기   렘 50:23   어찌 그리 꺾여 **부서졌는고** 바벨론이
출 38:3   제단의 모든 기구 곧 통과 **부삽**과 대야   애 2:9   성문이 땅에 묻히며 빗장은 **부서져** 파괴
민 4:14   고기 갈고리들과 **부삽**들과 대야들과   단 2:35   은과 금이 다 **부서져** 여름 타작마당의
왕상 7:40   히람이 또 물두멍과 **부삽**과 대접들을   단 2:42   얼마는 든든하고 얼마는 **부서질** 만할
왕상 7:45   솥과 **부삽**과 대접들이라 히람이 솔로몬   호 10:14   어머니와 자식이 함께 **부서졌도다**
왕하 25:14 가마들과 **부삽**들과 부집게들과 숟가락   암 9:1   그것으로 **부서져서** 무리의 머리에 떨어
대하 4:11   또 솥과 **부삽**과 대접을 만들었더라   미 1:7   그 새긴 우상들은 다 **부서지고** 그 음행

1151

[부속품]   [부아]

나 3:10   메어침을 당하여 **부서졌으며** 그의 존귀

부속품(附屬品, belonging)
민 1:50   모든 기구와 그 모든 **부속품**을 관리하게

부수다(break, shatter)
창 19:9   가까이 가서 그 문을 **부수려고** 하는지라
출 15:6   주의 오른손이 원수를 **부수시니이다**
출 23:24   다 깨뜨리며 그들의 주상을 **부수고**
출 32:20   송아지를 가져다가 불살라 **부수어** 가루
레 26:13   너희의 멍에의 빗장을 **부수고** 너희를
레 26:30   너희의 분향단들을 **부수고** 너희의 시체
삿 7:19   불며 손에 가졌던 항아리를 **부수니라**
삿 7:20   나팔을 불며 항아리를 **부수고** 왼손에
왕상 19:11 산을 가르고 바위를 **부수나** 바람 가운데
왕하 18:4 **부수고** 느후스단이라 일컬었더라
대하 23:17 그 신당을 **부수고** 그의 제단들과 형상들
대하 28:24 하나님의 전의 기구들을 **부수고** 또
대하 36:19 그들의 모든 귀한 그릇들을 **부수고**
욥 29:17   불의한 자의 턱뼈를 **부수고** 노획한 물건
시 2:9   깨뜨림이여 질그릇같이 **부수리라** 하시
시 29:5   레바논 백향목을 꺾어 **부수시도다**
시 74:6   성소의 모든 조각품을 쳐서 **부수고**
시 74:14   리워야단의 머리를 **부수시고** 그것을
사 28:28   곡식은 **부수는가**, 아니라 늘 떨기만
사 30:14   깨뜨림같이 아낌이 없이 **부수시리니**
사 45:2   평탄하게 하며 놋문을 쳐서 **부수며**
렘 18:7   민족이나 국가를 뽑거나 **부수거나** 멸하
렘 48:12   그릇을 비게 하고 그 병들을 **부수리니**
렘 51:21   분쇄하며 네가 병거와 병거대를 **부수며**
애 1:15   내 청년들을 **부수심이여** 처녀 딸 유다를
겔 16:39   네 높은 대를 **부수며** 네 의복을 벗기고
겔 19:7   궁궐들을 헐고 성읍들을 **부수니** 그 우는
겔 30:13   신상들을 놉 가운데에서 **부수며** 애굽
단 2:40   모든 것을 **부수는** 것같이 그 나라가
미 5:10   가운데에서 멸절하며 네 병거를 **부수며**

부숴뜨리다/부숴지다(crush, beat)
레 26:30   너희의 시체들을 **부숴진** 우상들 위에
왕하 22:5 작업자에게 주어 성전에 **부숴진** 것을
욥 16:12   내 목을 잡아 나를 **부숴뜨리시며** 나를
시 18:42   그들을 바람 앞에 티끌같이 **부숴뜨리고**
사 19:10   기둥이 **부숴지고** 품꾼들이 다 마음에

부스(Buz)
   1. 아브라함의 동생 나홀의 아들
창 22:21   우스의 형제는 **부스**와 아람의 아버지
   2. 갓 자손으로 야도의 아들
대상 5:14 야도의 육대 손이요 **부스**의 칠대 손이며
   3. 욥의 친구 엘리후의 조상
욥 32:2   종족 **부스** 사람 바라겔의 아들 엘리후가
욥 32:6   **부스** 사람 바라겔의 아들 엘리후가 대답
렘 25:23   드단과 데마와 **부스**와 살쩍을 깎은 모든

부스러기(pebble, crush, crumb)
시 147:17 우박을 떡 **부스러기**같이 뿌리시나니
사 41:15   산들을 쳐서 **부스러기**를 만들 것이며
마 15:27   상에서 떨어지는 **부스러기**를 먹나이다
막 7:28   아이들이 먹던 **부스러기**를 먹나이다

부스러뜨리다(beat, break up)
삼하 22:43 땅의 티끌같이 **부스러뜨리고** 거리의
시 141:7   밭 갈아 흙을 **부스러뜨림**같이 우리의
렘 23:29   바위를 쳐서 **부스러뜨리는** 방망이 같지

부스러지다(dust, be broken)
왕상 20:10 사마리아의 **부스러진** 것이 나를 따르는
욥 4:20   아침과 저녁 사이에 **부스러져** 가루가
욥 31:22   팔 뼈가 그 자리에서 **부스러지기**를 바라
렘 50:2   므로닥이 **부스러지며** 그 신상들은 수
           치를 당하며 우상들은 **부스러진다**

부시(Buzi) 제사장이며 에스겔의 아버지
겔 1:3   여호와의 말씀이 **부시**의 아들 제사장

부싯돌(flint)
수 5:2   여호수아에게 이르시되 너는 **부싯돌**로
수 5:3   여호수아가 **부싯돌**로 칼을 만들어 할례
사 5:28   말굽은 **부싯돌** 같고 병거 바퀴는 회오리
사 50:7   내 얼굴을 **부싯돌**같이 굳게 하였으므로

부아(Puah)
1. 애굽에 있던 이스라엘 산파 가운데 한 사람
출 1:15   산파 십브라 하는 사람과 **부아**라 하는
   2. 잇사갈의 아들로 부와와 동일 인물
대상 7:1   잇사갈의 아들들은 돌라와 **부아**와 야숩
   3. 사사 돌라의 아버지

【 부엉이 】   【 부인/-하다 】

삿 10:1   도도의 손자 부아의 아들 돌라가 일어   계 3:17   나는 부자라 부요하여 부족한 것이 없다
                                                 계 3:18   내게서 불로 연단한 금을 사서 부요하게

부엉이(owl)
레 11:17   가마우지와 부엉이   **부위**(部位, part, spot)
신 14:28   올빼미와 부엉이와   왕하 5:11   이름을 부르고 그의 손을 그 부위 위에
시 102:6   황폐한 곳의 부엉이
사 34:11   부엉이와 까마귀가 거기에 살 것이라   ### 부유하다(富裕, prosper, rich)
사 34:15   부엉이가 거기에 깃들이고 알을 낳아   레 25:26   자기가 부유하게 되어 무를 힘이 있으면
                                                 레 25:47   거류민이나 동거인은 부유하게 되고
부엌(kitchen)   레 25:49   속량할 것이요 그가 부유하게 되면
겔 46:23   부엌이 있고 그 사방 부엌에 삶는 기구   시 49:6   자기의 재물을 의지하고 부유함을 자랑
겔 46:24   그가 내게 이르시되 이는 삶는 부엌이니 잠 28:6   부유하면서 굽게 행하는 자보다 나으니

부역(賦役, demand)   ### 부유스름하다(dull white)
느 5:18   아니하였음은 이 백성의 부역이 중함으   레 13:39   피부의 색점이 부유스름하면 이는 피부

부와(Puah) 잇사갈의 아들로 부아와 같은 이름   ### 부인/-하다(否認, lie, cheat, untrue)
창 46:13   잇사갈의 아들은 돌라와 부와와 욥과   창 18:15   사라가 두려워서 부인하여 이르되 내가
민 26:23   돌라 종족과 부와에게서 난 부니 종족과 레 6:2   착취하고도 사실을 부인하거나
                                                 레 6:3   잃은 물건을 줍고도 사실을 부인하여
부왕(父王, father the king)   수 24:27   너희의 하나님을 부인하지 못하도록
왕하 14:5   그의 손에 굳게 서매 그의 부왕을 죽인   욥 34:5   의로우나 하나님이 내 의를 부인하셨고
대하 25:3   굳게 서매 그의 부왕을 죽인 신하들을   욥 40:8   공의를 부인하려느냐 네 의를 세우려고
단 5:13   나의 부왕이 유다에서 사로잡아 온 유다   마 10:33   부인하면 … 앞에서 그를 부인하리라
                                                 마 16:24   자기를 부인하고 자기 십자가를 지고
부요/-하다(富饒, rich, abundance)   마 26:34   울기 전에 네가 세 번 나를 부인하리라
욥 15:29   그는 부요하지 못하고 재산이 보존되지   마 26:35   주와 함께 죽을지언정 주를 부인하지
잠 14:20   미움을 받게 되나 부요한 자는 친구가   마 26:70   베드로가 모든 사람 앞에서 부인하여
전 4:8   그의 눈은 부요를 족하게 여기지 아니   마 26:72   베드로가 맹세하고 또 부인하여 이르되
전 5:12   부자는 그 부요함 때문에 자지 못하느니   마 26:75   세 번 나를 부인하리라 하심이 생각나서
전 5:19   하나님이 재물과 부요를 그에게 주사   막 8:34   자기를 부인하고 자기 십자가를 지고
전 6:2   재물과 부요와 존귀를 하나님께 받았으   막 14:30   울기 전에 네가 세 번 나를 부인하리라
사 23:2   시돈 상인들로 말미암아 부요하게 된   막 14:31   주와 함께 죽을지언정 주를 부인하지
단 11:2   심히 부요할 것이며 그가 그 부요함으로   막 14:68   베드로 부인하여 이르되 나는 네가
슥 11:5   내가 부요하게 되었은즉 여호와께 찬송   막 14:70   부인하더라 조금 후에 곁에 서 있는
눅 6:24   그러나 화 있을진저 너희 부요한 자여   막 14:72   세 번 나를 부인하리라 하심이 기억되어
눅 12:21   하나님께 대하여 부요하지 못한 자가   눅 9:23   자기를 부인하고 날마다 제 십자가를
롬 10:12   부르는 모든 사람에게 부요하시도다   눅 12:9   나를 부인하는 자는 … 앞에서 부인을
고후 6:10   많은 사람을 부요하게 하고 아무 것도   눅 22:34   세 번 나를 모른다고 부인하리라 하시니
고후 8:9   너희가 알거니와 부요하신 이로서 너   눅 22:57   베드로가 부인하여 이르되 이 여자여
            희를 위하여 … 너희를 부요하게 하려   눅 22:61   네가 세 번 나를 부인하리라 하심이
약 2:5   가난한 자를 택하사 믿음에 부요하게   요 13:38   울기 전에 네가 세 번 나를 부인하리라
계 2:9   네가 부요한 자니라 자칭 유대인이라   요 18:25   베드로가 부인하여 이르되 나는 아니라

1153

【 부임하다 】   【 부정/-하다/-하여지다 】

요 18:27	베드로가 또 **부인하니** 곧 닭이 울더라
행 4:16	사람에게 알려졌으니 우리도 **부인할** 수
딤후 2:12	주를 부인하면 주도 우리를 **부인하실**
딤후 2:13	주는 항상 미쁘시니 자기를 **부인하실**
딤후 3:5	경건의 능력은 **부인하니** 이같은 자들에
딛 1:16	행위로는 **부인하니** 가증한 자요 복종하
벧후 2:1	자기들을 사신 주를 **부인하고** 임박한
요일 2:22	**부인하는** 자가…아들을 **부인하는** 그가
요일 2:23	아들을 **부인하는** 자에게는 또한 아버지
요이 1:7	그리스도께서 육체로 오심을 **부인하는**
유 1:4	주 예수 그리스도를 **부인하는** 자니라

부임하다(赴任, come)

| 행 25:1 | 베스도가 **부임한** 지 삼 일 후에 |

부자 1(父子, father and son)

| 렘 13:14 | 충돌하여 상하게 하되 **부자** 사이에도 |

부자 2(富者, rich, rich man, wealthy man)

출 30:15	여호와께 드릴 때에 **부자**라고 반 세겔에
삼하 12:4	행인이 그 **부자**에게 오매 **부자**가 자기에
삼하 19:32	큰 **부자**이므로 왕이 마하나임에 머물 때
왕하 15:20	은을 이스라엘 모든 큰 **부자**에게서 강탈
욥 34:19	가난한 자들 앞에서 **부자**의 낯을 세워
잠 18:23	간절한 말로 구하여도 **부자**는 엄한 말로
잠 22:16	가난한 자를 학대하는 자와 **부자**에게
전 5:12	**부자**는 그 부요함 때문에 자지 못하느니
전 10:6	지위들을 얻고 **부자**들이 낮은 지위에
전 10:20	침실에서라도 **부자**를 저주하지 말라
사 5:17	유리하는 자들이 **부자**의 버려진 밭에서
사 53:9	있었으며 그가 죽은 후에 **부자**와 함께
렘 9:23	자랑하지 말라 **부자**는 그의 부함을 자랑
겔 38:13	다시스의 상인과 그 **부자**들이 네게
호 12:8	나는 실로 **부자**라 내가 재물을 얻었는데
미 6:12	그 **부자**들은 강포가 가득하였고 그 주민
마 19:23	너희에게 이르노니 **부자**는 천국에 들어
마 19:24	바늘귀로 들어가는 것이 **부자**가 하나님
마 27:57	아리마대의 **부자** 요셉이라 하는 사람이
막 10:25	바늘귀로 나가는 것이 **부자**가 하나님의
막 12:41	돈 넣는가를 보실새 여러 **부자**는 많이
눅 1:53	배불리셨으며 **부자**는 빈 손으로 보내셨
눅 12:16	이르시되 한 **부자**가 그 밭에 소출이
눅 16:1	어떤 **부자**에게 청지기가 있는데 그가
눅 16:19	한 **부자**가 있어 자색 옷과 고운 베옷을
눅 16:21	**부자**의 상에서 떨어지는 것으로 배불리
눅 16:22	아브라함의 품에 들어가고 **부자**도 죽어
눅 18:23	사람이 큰 **부자**이므로 이 말씀을 듣고
눅 18:25	바늘귀로 들어가는 것이 **부자**가 하나님
눅 19:2	자가 있으니 세리장이요 또한 **부자**라
눅 21:1	예수께서 눈을 들어 **부자**들이 헌금함에
약 2:6	가난한 자를 업신여겼도다 **부자**는 너희
계 3:17	나는 **부자**라 부요하여 부족한 것이 없다
계 6:15	왕족들과 장군들과 **부자**들과 강한 자들
계 13:16	곧 작은 자나 큰 자나 **부자**나 가난한

부적(符籍, charm)

| 겔 13:18 | 손목마다 **부적**을 꿰어 매고 키가 큰 |
| 겔 13:20 | 영혼들을 사냥하는 그 **부적**을 내가 |

부젓가락(tong)

| 대하 4:21 | 금으로 만든 꽃과 등잔과 **부젓가락**이며 |
| 사 6:6 | 스랍 중의 하나가 **부젓가락**으로 제단에 |

부정/-하다/-하여지다(不淨, unclean, defile)

모세오경

창 7:2	정결한 짐승은 암수 일곱씩, **부정한**
창 7:8	정결한 짐승과 **부정한** 짐승과 새와 땅에
창 43:32	히브리 사람과 같이 먹으면 **부정**을 입음
출 20:25	정으로 그것을 쪼면 **부정하게** 함이니라
레 5:2	**부정한** 것들 곧 **부정한** 들짐승의 사체나
	부정한 가축의 사체나 **부정한** 곤충의
레 7:19	그 고기가 **부정한** 물건에 접촉되었으면
레 10:10	속된 것을 분별하며 **부정하고** 정한 것을
레 11:43	스스로 더럽혀 **부정하게** 되게 하지 말라
레 12:2	**부정하리니** 곧 월경할 때와 같이 **부정할**
레 13:3	제사장이 그를 진찰하여 그를 **부정하다**
레 14:19	속죄제를 드려 그 **부정함**으로 말미암아
레 15:2	있으면 그 유출병으로 말미암아 **부정한**
레 16:19	이스라엘 자손의 **부정**에서 제단을 성결
레 20:25	**부정함**과…**부정함**을…**부정한** 것으로
레 21:7	그들은 **부정한** 창녀나 이혼 당한 여인은
레 22:3	그의 몸이 **부정하면서도** 이스라엘 자손
레 22:4	성물을 먹지 말 것이요 시체의 **부정**에
민 5:2	주검으로 **부정하게** 된 자를 다 진영
민 18:15	태어난 **부정한** 짐승도 대속할 것이며
민 19:13	깨끗하게 되지 못하고 그 **부정함**이

【 부정/-하다/-하여지다 】　　　　　　　　　　　　　　　【 부족하다 】

민 19:15　덮지 아니한 그릇은 모두 **부정하니라**
신 12:15　정한 자나 **부정한** 자를 막론하고 노루나
신 14:8　새김질을 못하므로 너희에게 **부정하니**
신 14:10　말지니 이는 너희에게 **부정함이니라**
신 15:22　성중에서 먹되 **부정한** 자나 정한 자가
신 23:10　몽설함으로 **부정하거든** 진영 밖으로
신 26:14　성물을 먹지 아니하였고 **부정한** 몸으로

역사서 – 선지서
삿 13:4　독주를 마시지 말며 어떤 **부정한** 것도
삼상 20:26　**부정한가** 보다 정녕히 **부정한가** 보다
삼하 11:4　그 여자가 그 **부정함을** 깨끗하게 하였으
대하 23:19　무슨 일에든지 **부정한** 모든 자는 들어
대하 30:17　레위 사람들이 모든 **부정한** 사람을
스 2:62　그들을 **부정하게** 여겨 제사장의 직분을
느 7:64　그들을 **부정하게** 여겨 제사장의 직분을
욥 15:15　하늘이라도 그가 보시기에 **부정하거든**
욥 18:3　짐승으로 여기며 **부정하게** 보느냐
사 6:5　**부정한** 사람이요 나는 입술이 **부정한**
사 52:1　할례 받지 아니한 자와 **부정한** 자가
사 64:6　우리는 다 **부정한** 자 같아서 우리의
렘 22:13　그 집을 세우며 **부정하게** 그 다락방을
애 4:15　저리 가라 **부정하다**, 저리 가라, 저리
겔 4:13　거기서 이같이 **부정한** 떡을 먹으리라
겔 22:10　네 가운데에 월경하는 **부정한** 여인과
겔 22:26　구별하지 아니하였으며 **부정함과** 정한
겔 36:17　월경 중에 있는 여인의 **부정함과** 같았느
겔 44:23　구별을 가르치며 **부정한** 것과 정한 것을
학 2:13　**부정하여진** 자가 … 그것이 **부정하겠느**
　　　　　냐 하니 … 이르되 **부정하리라** 하더라

신약
막 7:2　제자 중 몇 사람이 **부정한** 손 곧 씻지
막 7:5　준행하지 아니하고 **부정한** 손으로 떡을
롬 6:19　전에 너희가 너희 지체를 **부정**과 불법에
고후 6:17　나와서 따로 있고 **부정한** 것을 만지지
갈 3:5　음란과 **부정**과 사욕과 악한 정욕과 탐심
살전 2:3　간사함이나 **부정**에서 난 것이 아니요
살전 4:7　우리를 부르심은 **부정하게** 하심이 아니
히 9:13　암송아지의 재를 **부정한** 자에게 뿌려
히 10:29　언약의 피를 **부정한** 것으로 여기고 은혜

부정/-하다/-하여지다 – 기타 본문
레 5:3; 7:20, 21; 11:4, 5, 6, 7, 8, 24, 25, 26, 27, 28,
29, 31, 32, 33, 34, 35, 36, 38, 39, 40; 12:5; 13:8, 11,
14, 15, 20, 22, 25, 27, 30, 36, 44, 45, 46, 51, 55, 59;
14:36, 40, 41, 44, 45, 46, 57; 15:3, 4, 5, 6, 7, 8, 9,
10, 11, 16, 17, 18, 19, 20, 21, 22, 23, 24, 25, 26, 27,
30, 31, 32; 16:16; 17:15; 22:5, 6; 27:27; 민 9:6, 7,
10; 19:7, 8, 9, 10, 11, 12, 14, 16, 17, 19, 20, 21, 22;
신 12:22; 14:7, 19; 삿 13:7, 14; 사 52:11; 학 2:14

부정하다(不正, misdemeanor, dishonest)
미 6:11　만일 **부정한** 저울을 썼거나 주머니에
행 18:14　이것이 무슨 **부정한** 일이나 불량한 행동

부제사장(副祭司長, priest next in rank)
왕하 23:4　대제사장 힐기야와 모든 **부제사장들과**
왕하 25:18　대제사장 스라야와 **부제사장** 스바냐와
렘 52:24　대제사장 스라야와 **부제사장** 스바냐와

부조/-하다(扶助, help, mission)
행 11:29　유대에 사는 형제들에게 **부조를** 보내기
행 12:25　바나바와 사울이 **부조하는** 일을 마치고

부족하다(不足, destitute, lack)
창 18:28　오 명이 **부족하다면** 그 오 명이 **부족함**
창 45:11　아버지께 속한 모든 사람에게 **부족함이**
출 16:18　적게 거둔 자도 **부족함이** 없이 각 사람
신 2:7　너와 함께 하셨으므로 네게 **부족함이**
신 8:9　아무 **부족함이** 없는 땅이며 그 땅의
신 28:48　모든 것이 **부족한** 중에서 여호와께서
수 22:17　그 죄악이 우리에게 **부족하여서**
삿 18:7　그 땅에는 **부족한** 것이 없으며 부를
삿 18:10　세상에 있는 것이 하나도 **부족함이** 없느
삿 19:19　무엇이든지 **부족함이** 없나이다 하는지
삿 21:14　그들에게 주었으나 아직도 **부족하므로**
삼상 21:15　내게 미치광이가 **부족하여서** 너희가
삼하 12:8　만일 그것이 **부족하였을** 것 같으면 내가
왕상 4:27　먹을 것을 공급하여 **부족함이** 없게 하였
왕상 11:22　네가 나와 함께 있어 무슨 **부족함이**
대하 29:34　제사장이 **부족하여** 그 모든 번제 짐승들
대하 30:3　성결하게 한 제사장들이 **부족하고** 백성
느 9:21　들에서 기르시되 **부족함이** 없게 하시므
에 3:5　모르드개만 죽이는 것이 **부족하다고**
욥 19:22　나를 박해하느냐 내 살로도 **부족하냐**
시 23:1　여호와는 나의 목자시니 내게 **부족함이**
시 34:9　경외하는 자에게는 **부족함이** 없도다

【 부지깽이 】　　　　　　　　　　　　　　　　　　　　　　　　　【 부추기다 】

시 34:10	찾는 자는 모든 좋은 것에 **부족함이**
전 6:2	바라는 모든 소원에 **부족함이** 없어 재물
전 10:3	길을 갈 때에도 지혜가 **부족하여** 각
사 40:16	땔감에도 **부족하겠고** … **부족할 것이라**
사 51:14	그의 양식이 **부족하지도** 아니하리라
겔 4:17	떡과 물이 **부족하여** 피차에 두려워하여
겔 16:28	그들과 행음하고도 아직도 **부족하게**
단 5:27	왕을 저울에 달아 보니 **부족함이** 보였다
슥 10:10	가리니 그들이 거할 곳이 **부족하리라**
마 19:20	아직도 무엇이 **부족하니이까**
마 25:9	너희가 쓰기에 다 **부족할까** 하노니
막 10:21	아직도 한 가지 **부족한** 것이 있으니
눅 18:22	아직도 한 가지 **부족한** 것이 있으니
눅 22:35	신발도 없이 보내었을 때에 **부족한** 것이
요 6:7	이백 데나리온의 떡이 **부족하리이다**
요 21:25	기록된 책을 두기에 **부족할** 줄 아노라
행 17:25	무엇이 **부족한** 것처럼 사람의 손으
고전 1:7	은사에 **부족함이** 없이 우리 주 예수
고전 12:24	몸을 고르게 하여 **부족한** 지체에게 귀중
고전 16:17	그들이 너희의 **부족한** 것을 채웠음이라
고후 8:14	그들의 **부족한** 것을 … 너희의 **부족한**
고후 9:12	봉사의 직무가 성도들의 **부족한** 것을
고후 11:5	지극히 크다는 사도들보다 **부족한** 것이
고후 11:6	비록 말에는 **부족하나** 지식에는 그렇지
고후 11:9	비용이 **부족하였으되** … 나의 **부족한**
고후 12:11	사도들보다 조금도 **부족하지** 아니하니
고후 12:13	다른 교회보다 **부족하게** 한 것이 무엇이
빌 2:30	섬기는 너희의 일에 **부족함을** 채우려
살전 3:10	너희 믿음이 **부족한** 것을 보충하게 하려
딛 3:13	급히 먼저 보내어 그들로 **부족함이** 없게
히 11:32	말하려면 내게 시간이 **부족하리로다**
약 1:4	온전하고 구비하여 조금도 **부족함이**
약 1:5	너희 중에 누구든지 지혜가 **부족하거든**
요삼 1:10	우리를 비방하고도 오히려 **부족하여**
계 3:17	나는 부자라 부요하여 **부족한** 것이 없다

부지깽이(firewood)
| 사 7:4 | 연기 나는 두 **부지깽이** 그루터기에 불과 |

부지런하다/**부지런히**(industrious)
신 6:7	네 자녀에게 **부지런히** 가르치며 집에
왕상 11:28	솔로몬이 이 청년의 **부지런함을** 보고
대하 36:15	**부지런히** 그의 사신들을 그 백성에게
스 5:8	벽에 나무를 얹고 **부지런히** 일하므로
욥 24:5	나가서 일하며 먹을 것을 **부지런히** 구하
잠 1:28	**부지런히** 나를 찾으리라 그래도 나를
잠 10:4	가난하게 되고 손이 **부지런한** 자는
잠 12:24	**부지런한** 자의 손은 사람을 다스리게
잠 12:27	아니하나니 사람의 부귀는 **부지런한**
잠 13:4	**부지런한** 자의 마음은 풍족함을 얻느니
잠 21:5	**부지런한** 자의 경영은 풍부함에 이를
잠 27:23	양 떼의 형편을 **부지런히** 살피며 네
잠 31:13	양털과 삼을 구하여 **부지런히** 손으로
렘 2:36	어찌하여 네 길을 바꾸어 **부지런히** 돌아
렘 7:13	**부지런히** 말하여도 듣지 아니하였고
렘 12:16	그들이 내 백성의 도를 **부지런히** 배우며
미 7:3	손으로 악을 **부지런히** 행하는도다 그
습 3:7	그들이 **부지런히** 그들의 모든 행위를
눅 15:8	찾아내기까지 **부지런히** 찾지 아니하겠
롬 12:8	다스리는 자는 **부지런함으로**, 긍휼을
롬 12:11	**부지런하여** 게으르지 말고 열심을 품고
딤후 1:17	로마에 있을 때에 나를 **부지런히** 찾아와
히 6:11	각 사람이 동일한 **부지런함을** 나타내어
벧전 1:10	선지자들이 연구하고 **부지런히** 살펴서

부지중(不知中, unintentional, unaware)
레 4:13	여호와의 계명 중 하나라도 **부지중에**
민 35:11	도피성으로 정하여 **부지중에** 살인한
신 4:42	과거에 원한이 없이 **부지중에** 살인한
신 19:4	본래 원한이 없이 **부지중에** 그의 이웃을
수 20:3	**부지중에** 실수로 사람을 죽인 자를
히 13:2	이로써 **부지중에** 천사들을 대접한 이들

부지중 – 기타 본문
레 4:22, 27; 5:2, 3, 15, 17, 18; 22:14; 민 15:24, 25, 26, 27, 28, 29; 35:15; 수 20:5, 9; 아 6:12

부집게(wick trimmer)
| 왕하 25:14 | 부삽들과 **부집게들과** 숟가락들과 |
| 렘 52:18 | 가마들과 부삽들과 **부집게들과** 주발들 |

부추(leek)
| 민 11:5 | **부추와** 파와 마늘들을 먹은 것이 생각 |

부추기다(incite, stir up)
| 렘 43:3 | 네리야의 아들 바룩이 너를 **부추겨서** |

【 부치다 】   【 부하 】

렘 51:1   멸망시키는 자의 심령을 **부추겨** 바벨론   행 15:40   형제들에게 주의 은혜에 **부탁함**을 받고
렘 51:11   메대 왕들의 마음을 **부추기사** 바벨론을   행 20:32   주와 및 그 은혜의 말씀에 **부탁하노니**
                                                   고후 5:19 하는 말씀을 우리에게 **부탁하셨느니라**
부치다(write, deed)   갈 2:10   자들을 기억하도록 **부탁하였으니**
1. 보내다(write)   딤전 6:20 피함으로 네게 **부탁한** 것을 지키라
왕하 10:6   예후가 다시 그들에게 편지를 **부치니**   딤후 1:14   말미암아 네게 **부탁한** 아름다운
에 8:10   조서를 역졸들에게 **부쳐** 전하게 하니   딤후 2:2   들은 바를 충성된 사람들에게 **부탁하라**
렘 32:12   손자 네리야의 아들 바룩에게 **부치며**   벧전 2:23 공의로 심판하시는 이에게 **부탁하시며**
행 15:23   그 편에 편지를 **부쳐** 이르되 사도와
고후 3:1   사람처럼 추천서를 너희에게 **부치거나**   ## 부패하다(腐敗, corrupt, deprave)
2. 지져 만들다(bake-KJV)   창 6:11   온 땅이 하나님 앞에 **부패하여** 포악함이
레 2:5   철판에 **부친** 것으로 소제의 예물을   창 6:12   **부패하였으니** 이는… **부패함**이었더라
                                                   출 32:7   인도하여 낸 네 백성이 **부패하였도다**
부친(父親, father)   신 4:16   **부패하여** 자기를 위해 어떤 형상대로
삼상 14:28 당신의 **부친**이 백성에게 맹세하여 엄히   신 4:25   스스로 **부패하여** 무슨 형상의 우상이
삼하 17:8   왕의 **부친**은 전쟁에 익숙한 사람인즉   신 9:12   스스로 **부패하여** 내가 그들에게 명령한
왕상 12:10 **부친**이 우리의 멍에를 무겁게 하였으나   신 31:29   스스로 **부패하여** 내가 너희에게 명령한
왕하 3:13   당신의 **부친**의 선지자들과 당신의 모친   대하 27:2   백성은 여전히 **부패하였더라**
왕하 13:25 자기 **부친** 여호아하스가 전쟁 중에 빼앗   욥 15:16   가증하고 **부패한** 사람을 용납하시겠느
대상 19:3   **부친**을 존경함인 줄로 여기시나이까   시 14:1   그들은 **부패하고** 그 행실이 가증하니
대상 28:4   나를 내 **부친**의 온 집에서 택하여 …   시 53:1   그들은 **부패하며** 가증한 악을 행함이여
         내 **부친**의 집을 택하시고 내 **부친**의   사 1:4   행악의 종자요 행위가 **부패한** 자식이로
단 5:2   그의 **부친** 느부갓네살이 예루살렘 성전   렘 17:9   만물보다 거짓되고 심히 **부패한** 것은
단 5:11   **부친** 때에 있던 … **부친** 느부갓네살   겔 16:47   모든 행위가 그보다 더욱 **부패하였도다**
단 5:18   하나님이 왕의 **부친** 느부갓네살에게   겔 23:11   그의 형보다 더 **부패하여** 졌느니라
눅 1:67   **부친** 사가랴가 성령의 충만함을 받아   호 9:9   기브아의 시대와 같이 심히 **부패한지라**
행 28:8   보블리오의 **부친**이 열병과 이질에 걸려   고후 11:3 진실함과 깨끗함에서 떠나 **부패할까**
                                                   딤전 6:5   마음이 **부패하여** 지고 진리를 잃어 버려
부탁하다(付託, charge, commit, entrust)   딤후 3:8   이 사람들은 그 마음이 **부패한** 자요
창 38:20   친구 아둘람 사람의 손에 **부탁하여** 염소   딛 2:7   선한 일의 본을 보이며 교훈에 **부패하지**
창 45:27   그들이 또 요셉이 자기들에게 **부탁한**   딛 3:11   네가 아는 바와 같이 **부패하여** 스스로
대상 22:6 위하여 성전 건축하기를 **부탁하여**
대하 8:18 후람이 그의 신복들에게 **부탁하여** 배와   ## 부풀다(leaven)
에 4:8   또 그에게 **부탁하여** 왕에게 나아가서   마 13:33   갖다 넣어 전부 **부풀게** 한 누룩과 같으
시 31:5   나의 영을 주의 손에 **부탁하나이다** 진리   눅 13:21   갖다 넣어 전부 **부풀게** 한 누룩과 같으
아 2:7   들사슴을 두고 너희에게 **부탁한다**
아 3:5   들사슴을 두고 너희에게 **부탁한다**   ## 부하(部下, aide, servant, officer)
아 5:8   딸들아 너희에게 내가 **부탁한다**   출 24:13   모세가 그의 **부하** 여호수아와 함께
아 5:9   이같이 우리에게 **부탁하는가**   삿 7:10   내려가기를 두려워하거든 네 **부하** 부라
아 8:4   딸들아 내가 너희에게 **부탁한다** 내   삿 7:11   기드온이 이에 그의 **부하** 부라와 함께
단 9:10   그의 종 선지자들에게 **부탁하여** 우리   삼상 18:27 다윗이 일어나서 그의 **부하들**과 함께
눅 23:46   내 영혼을 아버지 손에 **부탁하나이다**   삼상 27:12 그는 영원히 내 **부하**가 되리라고 생각
행 14:26   전에 하나님의 은혜에 **부탁하던** 곳이라   삼하 2:29   아브넬과 그의 **부하**들이 밤새도록 걸어

【 부하다 】 　　　　　　　　　　　　　　　　　　　　　　　【 부활/-하다 】

삼하 2:32 요압과 그의 **부하**들이 밤새도록 걸어서
삼하 3:20 아브넬과 **부하** 이십 명과 더불어 헤브론
삼하 5:6 왕과 그의 **부하**들이 예루살렘으로 가서
삼하 5:21 우상을 버렸으므로 다윗과 그의 **부하**들
삼하 11:1 **부하**들과 온 이스라엘 군대를 보내니
삼하 11:9 왕궁 문에서 그의 주의 모든 **부하**들과
삼하 11:11 주 요압과 내 왕의 **부하**들이 바깥들에
삼하 11:13 그의 주의 **부하**들과 더불어 침상에 눕고
삼하 11:17 다윗의 **부하** 중 몇 사람이 엎드러지고
삼하 11:24 왕의 **부하**들을 향하여 쏘매 왕의 **부하** 중
삼하 18:7 이스라엘 백성이 다윗의 **부하**들에게
삼하 18:9 압살롬이 다윗의 **부하**들과 마주치니라
삼하 19:5 생명을 구원한 모든 **부하**들의 얼굴을
삼하 19:6 오늘 지휘관들과 **부하**들을 멸시하심을
삼하 19:7 일어나 나가 왕의 **부하**들의 마음을 위로
삼하 19:14 당신께서는 모든 **부하**들과 더불어 돌아
삼하 20:6 네 주의 **부하**들을 데리고 그의 뒤를
삼하 21:15 다윗이 그의 **부하**들과 함께 내려가서
삼하 21:22 다윗의 손과 그의 **부하**들의 손에 다 넘어
삼하 24:20 왕과 그의 **부하**들이 자기를 향하여 건너
왕하 25:25 이스마엘이 **부하** 열 명을 거느리고 와서
대상 19:19 하닷에셀의 **부하**들이 자기가 이스라엘
대하 35:24 그 **부하**들이 그를 병거에서 내리게 하고
렘 40:7 들에 있는 모든 지휘관과 그 **부하**들이
슥 7:2 그의 **부하**들을 보내어 여호와께 은혜를
행 5:26 성전 맡은 자가 **부하**들과 같이 가서
행 10:7 고넬료가 집안 하인 둘과 **부하** 가운데
행 16:35 상관들이 **부하**를 보내어 이 사람들을

부하다(富, rich, wealth)
룻 3:10 가난하건 **부하**건 젊은 자를 따르지 아니
삼상 2:7 여호와는 가난하게도 하시고 **부하**게도
삼상 17:25 왕이 많은 재물로 **부하**게 하고 그의
삼상 25:2 심히 **부하여** 양이 삼천 마리요 염소가
삼상 25:6 **부하**게 사는 자에게 이르기를 너는 평강
삼하 12:1 한 사람은 **부하**고 한 사람은 가난하니
대상 29:28 그가 나이 많아 늙도록 **부하**고 존귀를
잠 10:4 손이 부지런한 자는 **부하**게 되느니라
잠 10:22 여호와께서 주시는 복은 사람을 **부하**게
잠 11:24 흩어 구제하여도 더욱 **부하**게 되는 일이
잠 15:16 크게 **부하**고 번뇌하는 것보다 나으니라
잠 21:17 술과 기름을 좋아하는 자는 **부하**게 되지
잠 28:20 속히 **부하**고자 하는 자는 형벌을 면하지

잠 30:8 나를 가난하게도 마옵시고 **부하**게도

부형(父兄, brother and father)
행 7:2 스데반이 이르되 여러분 **부형**들이여

부활/-하다(復活, resurrection)
마 22:23 **부활**이 없다 하는 사두개인들이 그날
마 22:28 **부활** 때에 일곱 중의 누구의 아내가
마 22:31 죽은 자의 **부활**을 논할진대 하나님이
마 27:53 예수의 **부활** 후에 그들이 무덤에서 나와
막 12:18 **부활**이 없다 하는 사두개인들이 예수께
막 12:23 **부활** 때 곧 그들이 살아날 때에 그 중의
눅 14:14 이는 의인들의 **부활** 시에 네가 갚음을
눅 20:27 **부활**이 없다고 주장하는 사두개인 중
눅 20:33 **부활** 때에 그 중에 누구의 아내가 되리
눅 20:35 죽은 자 가운데서 **부활**함을 얻기에 합당
눅 20:36 천사와 동등이요 **부활**의 자녀로서
요 5:29 생명의 **부활**로, … 자는 심판의 **부활**로
요 11:24 마지막 날 **부활** 때에는 다시 살아날
요 11:25 예수께서 이르시되 나는 **부활**이요 생명
행 1:22 예수께서 **부활**하심을 증언할 사람이
행 2:31 미리 본 고로 그리스도의 **부활**을 말하되
행 4:2 예수 안에 죽은 자의 **부활**이 있다고
행 4:33 사도들이 큰 권능으로 주 예수의 **부활**을
행 10:41 죽은 자 가운데서 **부활**하신 후 그를
행 17:18 예수와 **부활**을 전하기 때문이러라
행 17:32 죽은 자의 **부활**을 듣고 어떤 사람은
행 23:6 죽은 자의 소망 곧 **부활**로 말미암아
행 23:8 이는 사두개인은 **부활**도 없고 천사도
행 24:15 악인의 **부활**이 있으리라 함이니이다
행 24:21 내가 죽은 자의 **부활**에 대하여 오늘
롬 1:4 죽은 자들 가운데서 **부활**하사 능력으로
롬 6:5 또한 그의 **부활**과 같은 모양으로 연합한
고전 15:12 어찌하여 죽은 자 가운데서 **부활**이 없다
고전 15:13 죽은 자의 **부활**이 없으면 그리스도도
고전 15:21 죽은 자의 **부활**도 한 사람으로 말미암는
고전 15:42 죽은 자의 **부활**도 그와 같으니 썩을 것으
빌 3:10 그리스도와 그 **부활**의 권능과 그 고난에
빌 3:11 죽은 자 가운데서 **부활**에 이르려 하노니
딤후 2:18 **부활**이 이미 지나갔다 함으로 어떤 사람
히 6:2 세례들과 안수와 죽은 자의 **부활**과 영원

【 부흥하다 】　　　　　　　　　　　　　　　　　　　　　　　　　　　　　　　　　　【 북쪽 】

히 11:35　부활로 받아들이기도 … 더 좋은 부활을
벧전 1:3　죽은 자 가운데서 부활하게 하심으로
벧전 3:21　그리스도께서 부활하심으로 말미암아
계 20:5　차기까지 살지 못하더라) 이는 첫째 부활
계 20:6　이 첫째 부활에 참여하는 자들은 복이

부흥하다(復興, renew)
합 3:2　주는 주의 일을 이 수년 내에 부흥하게

북 1(tambourine)
창 31:27　내가 즐거움과 노래와 북과 수금으로

북 2(shuttle)
욥 7:6　나의 날은 베틀의 북보다 빠르니 희망

북 3(北, north)
신 2:3　다닌 지 오래니 돌이켜 북으로 나아가라
수 18:18　북으로 아라바 맞은편을 지나 아라바로
수 18:19　또 북으로 벧 호글라 곁을 지나서 요단
대상 9:24　이 문지기가 동, 서, 남, 북 사방에 섰고
전 1:6　바람은 남으로 불다가 북으로 돌아가며
전 11:3　나무가 남으로나 북으로나 쓰러지면
렘 1:13　그 윗면이 북에서부터 기울어졌나이다
렘 3:12　너는 가서 북을 향하여 이 말을 선포하여
렘 3:18　이스라엘 족속과 동행하여 북에서부터
렘 46:20　암송아지일지라도 북으로부터 쇠파리
겔 20:47　불꽃이 꺼지지 아니하고 남에서 북까지
겔 21:4　빼어 모든 육체를 남에서 북까지 치리니
슥 14:4　큰 골짜기가 되어서 산 절반이 북으로,

북극(北極, utmost height)
사 14:13　자리를 높이리라 내가 북극 집회의 산

북기(Bukki)
1. 가나안 땅 분배 모임에 지명된 단 지파의 족장
민 34:22　지휘관 요글리의 아들 북기요
2. 2차 포로 귀환을 주도한 에스라의 조상
대상 6:5　아비수아는 북기를 낳고 북기는 웃시를
대상 6:51　그의 아들은 북기요 그의 아들은 웃시요
스 7:4　웃시엘의 십일대 손이요 북기의 십이대

북야(Bukkiah) 성전에서 찬양의 직무를 한 사람
대상 25:4　헤만에게 이르러는 그의 아들들 북기야

대상 25:13　여섯째는 북기야니 그의 아들들과 형제

북두성(北斗星, Bear)
욥 9:9　북두성과 삼성과 묘성과 남방의 밀실을
욥 38:32　북두성을 다른 별들에게로 이끌어 갈

북문(北門, north gate)
겔 8:14　전으로 들어가는 북문에 이르시기로
겔 40:35　그가 또 나를 데리고 북문에 이르러
겔 40:40　그 북문 바깥 곧 입구로 올라가는 곳
겔 40:44　노래하는 자의 방 둘이 있는데 북문 곁에
겔 44:4　나를 데리고 북문을 통하여 성전 앞에
겔 46:9　나아올 때에는 북문으로 … 북문으로
겔 47:2　그가 또 나를 데리고 북문으로 나가서

북방(北方, north side, northern)
수 18:12　그들의 북방 경계는 요단에서부터
시 48:2　큰 왕의 성 곧 북방에 있는 시온 산이
사 14:31　연기가 북방에서 오는데 그 대열에서
렘 1:14　재앙이 북방에서 일어나 이 땅의 모든
렘 1:15　내가 북방 왕국들의 모든 족속들을 부를
렘 4:6　지체하지 말라, 내가 북방에서 재난과
렘 6:1　큰 파멸이 북방에서 엿보아 옴이니라
렘 6:22　보라 한 민족이 북방에서 오며 큰 나라
렘 10:22　들을지어다 북방에서부터 크게 떠드는
렘 13:20　너는 눈을 들어 북방에서 오는 자들을
렘 15:12　능히 철 곧 북방의 철과 놋을 꺾으리요
렘 16:15　이스라엘 자손을 북방 땅과 그 쫓겨
단 11:6　남방 왕의 딸이 북방 왕에게 가서 화친
단 11:7　왕위를 이어 권세를 받아 북방 왕의
단 11:8　몇 해 동안은 그가 북방 왕을 치지 아니
단 11:11　북방 왕과 싸울 것이라 북방 왕이 큰
단 11:15　북방 왕은 와서 토성을 쌓고 견고한
단 11:40　그와 힘을 겨룰 것이나 북방 왕이 병거
슥 2:6　너희는 북방 땅에서 도피할지어다

북을 돋우다(cultivate)
사 5:6　다시는 가지를 자름이나 북을 돋우지

북쪽(north, north side)
창 13:14　눈을 들어 너 있는 곳에서 북쪽과 남쪽
창 28:14　네가 서쪽과 동쪽과 북쪽과 남쪽으로
출 26:20　성막 다른 쪽 곧 북쪽을 위하여도

1159

[북쪽]

출 26:35	바깥 **북쪽**에 상을 놓고 남쪽에 등잔대를
출 27:11	그 **북쪽**에도 너비가 백 규빗의 포장을
출 36:25	성막 다른 쪽 곧 **북쪽**을 위하여도 널판
출 38:11	**북쪽**에도 백 규빗이라 그 기둥이 스물
출 40:22	그는 또 회막 안 곧 성막 **북쪽**으로 휘장
레 1:11	그가 제단 **북쪽** 여호와 앞에서 그것을
민 3:35	이 종족은 성막 **북쪽**에 진을 칠 것이며
민 34:9	하살에난에 이르나니 이는 너희의 **북쪽**
민 35:5	서쪽으로 이천 규빗, **북쪽**으로 이천
수 8:11	**북쪽**에 진 치니 그와 아이 사이에는
수 11:2	**북쪽** 산지와 긴네롯 남쪽 아라바와 평지
수 24:30	에브라임 산지 가아스 산 **북쪽**이었더라
삿 2:9	가아스 산 **북쪽** 담낫 헤레스에 장사하였
삿 7:1	미디안의 진영은 그들의 **북쪽**이요 모레
삿 12:1	에브라임 사람들이 모여 **북쪽**으로 가서
삿 21:19	벧엘 **북쪽** 르보나 남쪽 벧엘에서 세겜
삼상 14:5	한 바위는 **북쪽**에서 믹마스 앞에 일어
왕상 7:25	**북쪽**을 향하였고 셋은 서쪽을 향하였고
왕하 16:14	성전 사이에서 옮겨다가 그 제단 **북쪽**
대상 26:14	모사를 위하여 제비 뽑으니 **북쪽**을 뽑았
대상 26:17	**북쪽** 문에 매일 네 사람이요 남쪽 문으
대하 4:4	세 마리는 **북쪽**을 향하였고 세 마리는
욥 26:7	**북쪽**을 허공에 펴시며 땅을 아무것도
사 43:6	**북쪽**에게 이르기를 내놓으라 남쪽에게
사 49:12	어떤 사람은 **북쪽**과 서쪽에서, 어떤
렘 23:8	이스라엘 집 자손을 **북쪽** 땅, 그 모든
렘 25:9	내가 **북쪽** 모든 종족과 내 종 바벨론을
렘 31:8	**북쪽** 땅에서 인도하며 땅 끝에서부터
렘 46:6	그들이 다 **북쪽**에서 유브라데 강가에
렘 46:24	애굽이 수치를 당하여 **북쪽** 백성의 손에
렘 47:2	물이 **북쪽**에서 일어나 물결치는 시내를
렘 50:3	이는 한 나라가 **북쪽**에서 나와서 그를
렘 51:48	파멸시키는 자가 **북쪽**에서 그에게 옴이
겔 1:4	내가 보니 **북쪽**에서부터 폭풍과 큰 구름
겔 8:5	눈을 들어 **북쪽**을 바라보라 하시기로 … **북쪽**을 바라보니 제단문 어귀 **북쪽**에
겔 26:7	느부갓네살 왕으로 하여금 **북쪽**에서
겔 32:30	죽임을 당한 자와 함께 내려간 **북쪽**
겔 38:6	고멜과 그 모든 떼와 **북쪽** 끝의 도갈
겔 38:15	네가 네 고국 땅 **북쪽** 끝에서부터 많은 백성
겔 40:19	너비가 백 척이며 동쪽과 **북쪽**이 같더라
겔 40:20	그가 바깥뜰 **북쪽**을 향한 문간의 길이와
겔 41:11	**북쪽**으로 향하였고 한 문은 남쪽으로

[분/-하다/-히]

겔 47:15	경계선은 이러하니라 **북쪽**은 대해에서
겔 47:17	또 **북쪽** 끝에 있는 … 이는 **북쪽**이요
겔 47:18	**북쪽** 경계선에서부터 동쪽 바다까지
겔 48:1	**북쪽** 끝에서부터 헤들론 … **북쪽**으로
겔 48:10	땅은 제사장에게 돌릴지니 **북쪽**으로
단 8:4	본즉 그 숫양이 서쪽과 **북쪽**과 남쪽을
욜 2:20	**북쪽** 군대를 너희에게서 멀리 떠나게
암 8:12	이 바다에서 저 바다까지, **북쪽**에서
습 2:13	**북쪽**을 향하여 손을 펴서 앗수르를
슥 6:6	검은 말은 **북쪽** 땅으로 나가고 흰 말은
계 21:13	동쪽에 세 문, **북쪽**에 세 문, 남쪽에 세

북쪽 - 기타 본문

수 8:13; 13:3; 15:5, 6, 7, 8, 10, 11; 16:6; 17:9, 10; 18:5, 12, 16, 17, 19; 19:27; 렘 46:10; 50:9, 41; 겔 39:2; 40:23, 44; 42:1, 2, 4, 11, 13, 17; 46:19; 48:16, 17, 30, 31; 슥 6:8

북풍(北風, north wind)

욥 37:9	밀실에서 나오고 추위는 **북풍**을 타고
잠 25:23	**북풍**이 비를 일으킴같이 참소하는 혀는
아 4:16	**북풍**아 일어나라 남풍아 오라 나의 동산

북향하다(北向, to the north, face north)

| 겔 8:3 | 안뜰로 들어가는 **북향**한 문에 이르시니 |
| 겔 9:2 | 보니 여섯 사람이 **북향**한 윗문 길로부터 |

분/-하다/-히(憤, anger, arouse, wrath)

욥 17:8	자는 경건하지 못한 자 때문에 **분**을
시 2:5	그 때에 **분**을 발하며 진노하사 그들을
시 37:8	**분**은 잔인하고 노는 창수 같거니와 투기
시 78:38	모든 **분**을 다 쏟아 내지 아니하셨으니
잠 21:14	품 안의 뇌물은 맹렬한 **분**을 그치게
잠 24:19	너는 행악자들로 말미암아 **분**을 품지
잠 25:23	참소하는 혀는 사람의 얼굴에 **분**을 일으
잠 27:4	**분**은 잔인하고 노는 창수 같거니와 투기
전 10:4	주권자가 네게 **분**을 일으키거든 너는
사 10:25	오래지 아니하여 네게는 **분**을 그치고
사 63:5	내 팔이 나를 구원하며 내 **분**이 나를
렘 32:31	오늘까지 나의 노여움과 **분**을 일으키므
렘 36:7	백성에 대하여 선포하신 노여움과 **분**이
렘 42:18	노여움과 **분**을 예루살렘 주민에게 부 은 … 이를 때에 나의 **분**을 너희에게

1160

【 분간하다 】　　　　　　　　　　　　　　　　　　　　　　　　　【 분깃 】

렘 44:6　나의 분과 나의 노여움을 쏟아서 유다
겔 3:14　근심하고 분한 마음으로 가니 여호와의
겔 5:13　그들을 향한 분이 풀려서 내 마음이 가
　　　　라앉으리라 내 분이 그들에게 다한즉
겔 5:15　분과 중한 책망으로 네게 벌을 내린즉
겔 7:8　내가 속히 분을 네게 쏟고 내 진노를
단 3:19　느부갓네살이 분이 가득하여 사드락과
암 1:11　맹렬히 화를 내며 분을 끝없이 품었음이
합 3:8　구원의 병거를 모시오니 강들을 분히
마 20:24　제자가 듣고 그 두 형제에 대하여 분히
엡 4:26　죄를 짓지 말며 해가 지도록 분을 품지

분(을) 내다

삼하 19:42　너희가 어찌 이 일에 대하여 분 내느냐
시 78:59　하나님이 들으시고 분 내어 이스라엘을
시 78:62　그가 그의 소유 때문에 분 내사 그의
시 90:7　주의 노에 소멸되며 주의 분 내심에
잠 15:18　분을 쉽게 내는 자는 다툼을 일으켜도
사 13:9　여호와의 날 곧 잔혹히 분 냄과 맹렬히
사 14:6　그들이 분 내어 여러 민족을 치되 치기
사 34:2　그들의 만군을 향하여 분내사 그들을
애 4:11　여호와께서 그의 분을 내시며 그의
겔 23:25　분 내어 네 코와 귀를 깎아 버리고
합 3:12　노를 발하사 땅을 두르셨으며 분을 내사
눅 13:14　안식일에 병 고치시는 것을 분 내어
갈 5:20　분쟁과 시기와 분 냄과 당 짓는 것과
엡 4:26　분을 내어도 죄를 짓지 말며 해가
엡 4:31　너희는 모든 악독과 노함과 분 냄과
딛 1:7　고집대로 하지 아니하며 급히 분 내지
계 12:12　크게 분 내어 너희에게 내려갔음이라

분간하다 (分揀, distinguish, discern)

삼하 14:17　사자같이 선과 악을 분간하심이니이다
삼하 19:35　어떻게 좋고 흉한 것을 분간할 수 있사
스 3:13　통곡하는 소리를 백성들이 분간하지
욥 6:30　내 미각이 어찌 속임을 분간하지 못하랴
욥 12:11　맛을 구별함같이 귀가 말을 분간하지
눅 12:56　너희가 천지의 기상은 분간할 줄 알면
　　　　서 어찌 이 시대는 분간하지 못하느냐
롬 2:18　뜻을 알고 지극히 선한 것을 분간하며

분개하다 (憤慨, indignant)

마 26:8　제자들이 보고 분개하여 이르되 무슨

분기 (憤氣, fury)

창 49:7　분기가 맹렬하니 저주를 받을 것이라

분깃 (share, portion, tract)

창 14:24　분깃을 제할지니 그들이 그 분깃을 가질
창 31:14　아버지 집에서 무슨 분깃이나 유산이
출 29:26　요제를 삼으라 이것이 네 분깃이니라
출 29:28　그의 자손에게 돌릴 영원한 분깃이요
민 18:20　그들 중에 아무 분깃도 없을 것이나 내
　　　　가 이스라엘 자손 중에 네 분깃이요
신 10:9　레위는 그의 형제 중에 분깃이 없으며
신 12:12　레위인은 너희 중에 분깃이나 기업이
신 14:27　레위인은 너희 중에 분깃이나 기업이
신 14:29　너희 중에 분깃이나 기업이 없는 레위인
신 18:1　이스라엘 중에 분깃도 없고 기업도 없을
신 32:9　여호와의 분깃은 자기 백성이라 야곱은
신 33:21　입법자의 분깃으로 준비된 것이로다
수 14:4　이 땅에서 레위 사람에게 아무 분깃도
수 15:13　헤브론을 유다 자손 중에서 분깃으로
수 17:5　길르앗과 바산 외에 므낫세에게 열 분깃
수 17:14　기업을 위하여 한 제비, 한 분깃으로만
수 17:17　큰 권능이 있은즉 한 분깃만 가질 것이
수 18:7　레위 사람은 너희 중에 분깃이 없나니
수 19:9　이는 유다 자손의 분깃이 자기들에게
수 22:25　너희는 여호와께 받을 분깃이 없느니라
수 22:27　너희는 여호와께 받을 분깃이 없다 하지
삼상 1:4　제물의 분깃을 그의 아내 브닌나와 그의
삼상 30:24　분깃이나 소유물 … 분깃이 동일할지니
삼하 20:1　우리는 다윗과 나눌 분깃이 없으며
욥 20:29　이는 악인이 하나님께 받을 분깃이요
욥 27:13　악인이 하나님께 얻을 분깃, 포악자가
욥 31:2　하나님께서 내리시는 분깃이 무엇이겠
시 16:5　잔의 소득이시니 나의 분깃을 지키시
시 17:14　그들의 분깃을 받은 사람들에게서 주의
시 68:23　개의 혀로 네 원수들에게서 제 분깃을
시 73:26　마음의 반석이시요 영원한 분깃이시라
시 119:57　여호와는 나의 분깃이시니 나는 주의
시 142:5　살아 있는 사람들의 땅에서 나의 분깃
렘 10:16　야곱의 분깃은 이같지 아니하시니 그는
렘 13:25　내가 헤아려 정하여 네게 준 분깃이니
렘 37:12　땅에서 백성 가운데 분깃을 받으려고
렘 51:19　야곱의 분깃은 그와 같지 아니하시니
미 2:5　그러므로 여호와의 회중에서 분깃에

[**분노/-하다**]   [**분노/-하다**]

눅 15:12	재산 중에서 내게 돌아올 **분깃**을 내게		사 16:6	거만하며 교만하며 **분노함**도 들었거니
행 8:21	도에는 네가 관계도 없고 **분깃** 될 것도		사 26:20	문을 닫고 **분노**가 지나기까지 잠깐 숨을
			사 30:27	그의 입술에는 **분노**가 찼으며 그의 혀는
			사 37:28	네가 나를 거슬러 **분노함**을 내가 아노라

분노/-하다 (忿怒, anger, wrath)

모세오경 – 시가서

창 27:45	형의 **분노**가 풀려 네가 자기에게 행한		사 37:29	네가 나를 거슬러 **분노함**과 네 오만함이
창 49:6	그들이 그들의 **분노**대로 사람을 죽이고		사 51:13	**분노**를 어찌하여 … 학대자의 **분노**가
신 9:19	여호와께서 심히 **분노하사** 너희를 멸하		사 51:17	여호와의 손에서 그의 **분노**의 잔을 마신
신 29:20	그 위에 여호와의 **분노**와 질투의 불이		사 51:20	그들에게 향하신 여호와의 **분노**와 네 하나님의
신 32:21	어리석은 민족으로 그들의 **분노**를		사 51:22	**분노**의 큰 잔을 네 손에서 거두어서
신 32:22	그러므로 내 **분노**의 불이 일어나서 스올		사 59:18	그 원수에게 **분노하시며** 그 원수에게
왕하 5:12	아니하랴 하고 몸을 돌려 **분노하여**		사 64:9	여호와여, 너무 **분노하지** 마시오며 죄악
왕하 19:27	네 출입과 네가 내게 향한 **분노**를 내가		렘 4:4	악행으로 말미암아 나의 **분노**가 불같이
왕하 19:28	네가 내게 향한 **분노**와 네 교만한 말이		렘 6:11	그러므로 여호와의 **분노**가 내게 가득히
느 4:1	성을 건축한다 함을 듣고 크게 **분노하여**		렘 7:20	보라 나의 진노와 **분노**를 이 곳과 사람
느 4:7	메꾸어져 간다 함을 듣고 심히 **분노하여**		렘 10:10	땅이 진동하며 그 **분노하심**을 이방이
에 1:18	그렇게 말하리니 멸시와 **분노**가 많이		렘 10:25	주의 **분노**를 부으소서 그들은 야곱을
욥 15:13	네 영이 하나님께 **분노**를 터뜨리며 네		렘 12:13	수치를 당하리니 이는 여호와의 **분노**로
욥 19:29	칼을 두려워 할지니라 **분노**는 칼의 형벌		렘 15:17	주께서 **분노**로 내게 채우셨음이니이다
욥 36:13	마음이 경건하지 아니한 자들은 **분노**를		렘 18:20	내가 주의 **분노**를 그들에게서 돌이키려
욥 36:18	그대는 **분노하지** 않도록 조심하며 많은		렘 21:5	내가 든 손과 강한 팔 곧 진노와 **분노**와
시 2:1	어찌하여 이방 나라들이 **분노하며** 민족		렘 21:12	너희의 악행 때문에 내 **분노**가 불같이
시 6:1	여호와여 주의 **분노**로 나를 책망하지		렘 25:38	호통치시는 분의 **분노**와 그의 극렬한
시 7:11	재판장이심이여 매일 **분노하시는**		렘 32:37	보라 내가 노여움과 분함과 큰 **분노**로
시 38:1	**분노하심**으로 나를 징계하지 마소서		렘 50:25	여호와께서 그의 병기창을 열고 **분노**의
시 56:7	하나님이여 **분노하사** 뭇 백성을 낮추소		애 3:1	여호와의 **분노**의 매로 말미암아 고난
시 60:1	우리를 버려 흩으셨고 **분노하셨사오나**		겔 8:18	나도 **분노**로 갚아 불쌍히 여기지 아니
시 69:24	주의 **분노**를 그들의 위에 부으시며 주의		겔 9:8	여호와여 예루살렘을 향하여 **분노**를
시 78:49	그의 맹렬한 노여움과 진노와 **분노**와		겔 13:13	**분노하여** 폭풍을 … **분노하여** 큰 우박
시 85:3	주의 모든 **분노**를 거두시며 주의 진노를		겔 14:19	전염병을 내려 죽임으로 내 **분노**를 그
시 85:4	돌이키시고 우리에게 향하신 주의 **분노**		겔 16:42	그리한즉 나는 네게 대한 내 **분노**가
시 90:9	우리의 모든 날이 주의 **분노** 중에 지나		겔 16:43	이 모든 일로 나를 **분노하게** 하였은즉
시 102:10	주의 **분노**와 진노로 말미암음이라		겔 20:8	내가 애굽 땅에서 그들에게 나의 **분노**를
시 119:53	악인들로 말미암아 내가 맹렬한 **분노**에		겔 20:13	내가 내 **분노**를 광야에서 그들에게 쏟아
시 138:7	주의 손을 펴사 내 원수들의 **분노**를		겔 20:21	광야에서 그들에게 내 **분노**를 쏟으며
잠 6:34	남편이 투기로 **분노하여** 원수 갚는 날에		겔 20:28	제사를 드리고 **분노하게** 하는 제물을
잠 12:16	미련한 자는 당장 **분노**를 나타내거니와		겔 20:33	내가 능한 손과 편 팔로 **분노**를 쏟아
잠 15:1	유순한 대답은 **분노**를 쉬게 하여도 과격		겔 20:34	능한 손과 편 팔로 **분노**를 쏟아 너희를
잠 22:8	거두리니 그 **분노**의 기세가 쇠하리라		겔 21:17	내 손뼉을 치며 내 **분노**를 다 풀리로다
잠 27:3	*미련한 자의 **분노**는 이 둘보다 무거우니*		겔 21:31	내가 내 **분노**를 네게 쏟으며 내 진노의
전 5:17	근심과 질병과 **분노**가 그에게 있느니라		겔 22:21	너희를 모으고 내 **분노**의 불을 너희에게
			겔 22:22	여호와가 **분노**를 너희 위에 쏟은 줄을

대선지서

	겔 22:31	내가 내 **분노**를 그들 위에 쏟으며 내
사 10:5	막대기요 그 손의 몽둥이는 내 **분노**라	겔 24:8	덮지 아니하게 함은 **분노**를 나타내어

1162

【 분니 】 　　　　　　　　　　　　　　　　　　　　　　　　　　　　　　　　　　【 분명하다/분명히 】

겔 24:13	내가 네게 향한 **분노**를 풀기 전에는 네
겔 25:14	그들이 내 진노와 **분노**를 따라 에돔에
겔 30:15	**분노**를 애굽의 견고한 성읍 신에 쏟고
겔 36:6	내가 내 질투와 내 **분노**로 말하였나니
겔 36:18	자신들을 더럽혔으므로 내가 **분노**를
단 8:6	양에게로 나아가되 **분노**한 힘으로 그것
단 9:16	주는 주의 공의를 따라 주의 **분노**를
단 11:20	그는 **분노**함이나 싸움이 없이 몇 날이
단 11:30	거룩한 언약에 **분노**하였고 자기 땅에
단 11:36	형통하기를 **분노**하심이 그칠 때까지
단 11:44	그를 번민하게 하므로 그가 **분노**하여

소선지서, 신약

호 7:6	그들의 **분노**는 밤새도록 자고 아침에
호 13:11	**분노**하므로 네게 왕을 주고 진노하므로
미 5:15	진노와 **분노**로 순종하지 아니한 나라에
나 1:6	누가 능히 그의 **분노** 앞에 서며 누가
합 2:15	자기의 **분노**를 더하여 그에게 취하게
습 1:15	그날은 **분노**의 날이요 환난과 고통의
습 1:18	그들의 은과 금이 여호와의 **분노**의 날에
습 2:2	여호와의 **분노**의 날이 너희에게 이르기
습 2:3	너희가 혹시 여호와의 **분노**의 날에 숨김
습 3:8	뜻을 정하고 나의 **분노**와 모든 진노를
슥 8:2	위하여 크게 **분노**함으로 질투하노라
행 4:25	어찌하여 열방이 **분노**하며 족속들이
행 19:28	그들이 이 말을 듣고 **분노**가 가득하여
롬 2:8	불의를 따르는 자에게는 진노와 **분노**로
딤전 2:8	각처에서 남자들이 **분노**와 다툼이 없이
계 11:18	이방들이 **분노**하매 주의 진노가 내려
계 12:17	용이 여자에게 **분노**하여 돌아가서 그

분니(Bunni)
1. 에스라와 함께 회개의 기도를 드렸던 레위인

| 느 9:4 | **분니**와 세레뱌와 바니와 그나니는 단에 |

2. 언약 갱신서에 인친 백성들의 두목

| 느 10:15 | **분니**, 아스갓, 베배, |

3. 에스라와 함께 예루살렘에 거주했던 레위인

| 느 11:15 | 하사뱌의 증손이요 **분니**의 현손이며 |

분담하다(分擔, put one's shoulder)

| 느 3:5 | 그들의 주인들의 공사를 **분담**하지 |

분란/-하다(紛亂, confusion)

| 행 19:32 | 모인 무리가 **분란**하여 태반이나 어찌 |

분량(分量, amount, measure)

창 49:28	그들 각 사람의 **분량**대로 축복하였더라
출 12:4	각 사람이 먹을 수 있는 **분량**에 따라서
출 30:34	향품을 유향에 섞되 각기 같은 **분량**으로
욥 28:25	바람의 무게를 정하시며 물의 **분량**을
마 23:32	너희가 너희 조상의 **분량**을 채우라
롬 12:3	사람에게 나누어 주신 믿음의 **분량**대로
엡 4:7	그리스도의 선물의 **분량**대로 은혜를
엡 4:13	그리스도의 장성한 **분량**이 충만한
엡 4:16	각 지체의 **분량**대로 역사하여 그 몸을

분리하다(分離, exclude)

| 느 13:3 | 가운데서 모두 **분리**하였느니라 |

분명하다/분명히(分明, clear, sure)

창 26:9	이삭을 불러 이르되 그가 **분명히** 네
창 26:28	함께 계심을 우리가 **분명히** 보았으므로
창 37:33	잡아 먹었도다 요셉이 **분명히** 찢겼도다
출 3:7	애굽에 있는 내 백성의 고통을 **분명히**
출 21:5	만일 종이 **분명히** 말하기를 내가 상전과
레 27:2	여호와께 드리기로 **분명히** 서원하였으
신 27:8	돌들 위에 **분명하고** 정확하게 기록할지
수 9:24	당신의 종들에게 **분명히** 들리므로 당신
삿 3:24	왕이 **분명히** 서늘한 방에서 그의 발을
룻 2:11	백성에게로 온 일이 내게 **분명히** 알려
삼상 10:16	찾았다고 우리에게 **분명히** 말하더이다
삼상 23:10	꾀한다 함을 주의 종이 **분명히** 들었나이
왕상 2:37	너는 **분명히** 알라 네가 나가서 기드론
왕상 2:42	너는 **분명히** 알라 네가 밖으로 나가서
왕하 9:26	나봇의 피와 그의 아들들의 피를 **분명히**
에 6:13	그를 이기지 못하고 **분명히** 그 앞에
욥 13:17	너희들은 내 말을 **분명히** 들으라 내가
사 32:4	어눌한 자의 혀가 민첩하여 말을 **분명히**
렘 26:15	너희는 **분명히** 알아라 너희가 나를
렘 31:18	스스로 탄식함을 내가 **분명히** 들었노니
렘 32:41	기쁨으로 그들에게 복을 주되 **분명히**
렘 42:19	너희에게 경고한 것을 너희는 **분명히**
렘 42:22	기근과 전염병에 죽을 줄 **분명히** 알지니
단 2:8	**분명히** 아노라 너희가 나의 명령이
단 10:1	다니엘이 그 일을 **분명히** 알았고 그
말 3:16	여호와께서 그것을 **분명히** 들으시고
막 7:35	맺힌 것이 곧 풀려 말이 **분명하여졌더라**
롬 1:20	만드신 만물에 **분명히** 보여 알려졌나니

【 분문 】   【 분쇄하다 】

고전 14:8	만일 나팔이 **분명하지** 못한 소리를 내면
고전 15:27	그 중에 들지 아니한 것이 **분명하도다**
갈 3:11	의롭게 되지 못할 것이 **분명하니**
갈 5:19	육체의 일은 **분명하니** 곧 음행과 더러운
히 7:14	유다로부터 나신 것이 **분명하도다**
히 7:15	일어난 것을 보니 더욱 **분명하도다**

분문(糞門, Dung Gate) 예루살렘 남쪽 성벽 문
느 2:13	용정으로 **분문**에 이르는 동안에 보니
느 3:13	**분문**까지 성벽 천 규빗을 중수하였고
느 3:14	**분문**은 벧학게렘 지방을 다스리는 레갑
느 12:31	한 무리는 오른쪽으로 **분문**을 향하여

분반(分班, division)
| 스 6:18 | 제사장을 그 **분반**대로, 레위 사람을 |

분발하다(奮發, stir, strive)
사 42:13	전사같이 **분발하여** 외쳐 크게 부르시며
사 64:7	**분발하여** 주를 붙잡는 자가 없사오니
고후 9:2	열심이 퍽 많은 사람들을 **분발하게**

분방하다(分房, deprive)
| 고전 7:5 | 서로 **분방하지** 말라 다만 기도할 틈을 |

분배/-하다(分配, allocate, distribute)
레 7:10	아론의 모든 자손이 균등하게 **분배할**
수 13:6	그 땅을 이스라엘에게 **분배하여** 기업을
수 13:32	모압 평지에서 모세가 **분배한** 기업이
수 14:1	이스라엘 자손 지파의 족장들이 **분배한**
수 18:2	기업의 **분배**를 받지 못한 자가 아직도
수 18:10	자손의 분파대로 그 땅을 **분배하였더라**
삿 18:1	그 때까지 기업을 **분배** 받지 못하였음이
삼상 30:24	분깃이 동일할지니 같이 **분배할** 것이니
대하 35:13	삶아 모든 백성들에게 속히 **분배하고**
느 13:13	직분은 형제들에게 **분배하는** 일이었느
시 78:55	줄을 쳐서 그들의 소유를 **분배하시고**

분변하다(分辨, know, discern)
| 전 8:5 | 마음은 때와 판단을 **분변하나니** |
| 욘 4:11 | 니느웨에는 좌우를 **분변하지** 못하는 |

분별/-하다/-되다(分別, distinguish)
| 창 27:23 | 털이 있으므로 **분별하지** 못하고 축복 |

레 10:10	**분별하며** 부정하고 정한 것을 **분별하고**
레 11:47	먹을 생물과 먹지 못할 생물을 **분별한**
신 1:39	선악을 **분별하지** 못하던 너희의 자녀들
신 32:29	자기들의 종말을 **분별하였으리라**
왕상 3:9	재판하여 선악을 **분별하게** 하옵소서
왕상 3:11	오직 송사를 듣고 **분별하는** 지혜를 구하
욥 34:3	맛을 분별함같이 귀가 말을 **분별하나니**
겔 44:23	부정한 것과 정한 것을 **분별하게** 할
말 3:18	악인을 **분별하고** … 자를 **분별하리라**
마 16:3	**분별할** 줄 알면서 시대의 표적은 **분별할**
롬 12:2	온전하신 뜻이 무엇인지 **분별하도록**
고전 2:13	일은 영적인 것으로 **분별하느니라**
고전 2:14	그러한 일은 영적으로 **분별되기** 때문이
고전 11:29	주의 몸을 **분별하지** 못하고 먹고 마시는
고전 12:10	어떤 사람에게는 영들 **분별함**을, 다른
고전 14:7	그 음의 **분별**을 나타내지 아니하면 피리
고전 14:29	셋이나 말하고 다른 이들은 **분별할** 것이
빌 1:10	지극히 선한 것을 **분별하며** 또 진실하여
딤후 2:15	진리의 말씀을 옳게 **분별하며** 부끄러울
히 5:14	연단을 받아 선악을 **분별하는** 자들이니
요일 4:1	**분별하라** 많은 거짓 선지자가 세상에

분별력(分別力, discernment)
| 신 32:28 | 모략이 없는 민족이라 그들 중에 **분별력** |

분봉 왕(分封 王, tetrarch)
마 14:1	그 때에 **분봉 왕** 헤롯이 예수의 소문을
눅 3:1	갈릴리의 **분봉 왕**으로, … 드라고닛 지방의 **분봉 왕**으로, … **분봉 왕**으로,
눅 3:19	**분봉 왕** 헤롯은 그의 동생의 아내
눅 9:7	**분봉 왕** 헤롯이 이 모든 일을 듣고 심히
행 13:1	구레네 사람 루기오와 **분봉 왕** 헤롯의

분부/-하다(分付, command)
출 4:28	여호와께서 자기에게 **분부하여** 보내신
출 8:9	것이 좋을는지 내게 **분부하소서**
마 1:24	사자의 **분부**대로 행하여 그의 아내를
마 28:20	내가 너희에게 **분부한** 모든 것을 가르쳐
행 1:4	모이사 그들에게 **분부하여** 이르시되

분쇄하다(粉碎, shatter)
| 렘 51:20 | 네가 나라들을 **분쇄하며** 네가 국가들을 |
| 렘 51:21 | 말과 기마병을 **분쇄하며** 네가 병거와 |

【 분수 】

렘 51:22 여자를 **분쇄하며** 네가 노년과 유년을 **분쇄하며** 네가 청년과 처녀를 **분쇄하며**
렘 51:23 **분쇄하며** 네가 … **분쇄하도록** 하리로다

분수(分數, proportion, limit)
민 16:3 **분수**에 지나도다 회중이 다 각각 거룩
민 16:7 자손들아 너희가 너무 **분수**에 지나치
롬 12:6 다르니 혹 예언이면 믿음의 **분수**대로,
고후 10:13 그러나 우리는 **분수** 이상의 자랑을 하지
고후 10:15 남의 수고를 가지고 **분수** 이상의 자랑을
살전 4:6 이 일에 **분수**를 넘어서 형제를 해하지

분연히(奮然, rage)
대하 25:10 유다 사람에게 심히 노하여 **분연히** 고향

분열/-하다(分裂, divide, division)
갈 5:20 시기와 분냄과 당 짓는 것과 **분열함**과
유 1:19 사람들은 **분열**을 일으키는 자며 육에

분쟁/-하다(紛爭, rebel, strife, divide)
민 27:14 광야에서 회중이 **분쟁할** 때에 너희가
시 55:9 성내에서 강포와 **분쟁**을 보았사오니
잠 23:29 근심이 뉘게 있느뇨 **분쟁**이 뉘게 있느뇨
사 54:15 그들이 **분쟁**을 … 너와 **분쟁**을 일으키는
합 1:3 강포가 내 앞에 있고 변론과 **분쟁**이
마 12:25 스스로 **분쟁하는** 나라마다 황폐하여질 것이요 스스로 **분쟁하는** 동네나 집마다
마 12:26 사탄을 쫓아내면 스스로 **분쟁하는**
막 3:24 만일 나라가 스스로 **분쟁하면** 그 나라가
막 3:25 만일 집이 스스로 **분쟁하면** 그 집이
막 3:26 사탄이 자기를 거슬러 일어나 **분쟁하면**
눅 11:17 스스로 **분쟁하는** … **분쟁하는** 집은
눅 11:18 사탄이 스스로 **분쟁하면** 그의 나라가
눅 12:51 아니라 도리어 **분쟁하게** 하려 함이로라
눅 12:52 한 집에 다섯 사람이 있어 **분쟁하되**
눅 12:53 머느리가 시어머니와 **분쟁하리라** 하시
요 9:16 행하겠느냐 하여 그들 중에 **분쟁**이 있었
요 10:19 말미암아 유대인 중에 다시 **분쟁**이 일어
행 23:10 **분쟁**이 생기니 천부장은 바울이 그들에
롬 1:29 시기, 살인, **분쟁**, 사기, 악독이 가득한
롬 16:17 너희가 배운 교훈을 거슬러 **분쟁**을 일으
고전 1:10 같은 말을 하고 너희 가운데 **분쟁**이 없이
고전 1:11 곧 너희 가운데 **분쟁**이 있다는 것이라

【 분향/-하다 】

고전 3:3 너희 가운데 시기와 **분쟁**이 있으니 어찌
고전 11:18 너희 중에 **분쟁**이 있다 함을 듣고 어느
고전 12:25 몸 가운데서 **분쟁**이 없고 오직 여러 지체
갈 5:20 원수 맺는 것과 **분쟁**과 시기와 분냄과
빌 1:15 어떤 이들은 투기와 **분쟁**으로, 어떤
딤전 6:4 이로써 투기와 **분쟁**과 비방과 악한 생각
딛 3:9 어리석은 변론과 족보 이야기와 **분쟁**과

분주하다(奔走, be distracted)
눅 10:40 준비하는 일이 많아 마음이 **분주한지라**

분천(噴泉, pool of water)
신 8:7 골짜기든지 산지든지 시내와 **분천**과

분토(糞土, refuse)
사 5:25 거리 가운데에 **분토**같이 되었도다
렘 8:2 묻히지 못하여 지면에서 **분토** 같을 것이
렘 9:22 사람의 시체가 **분토**같이 들에 떨어질
렘 16:4 묻어 주지 않아 지면의 **분토**와 같을
렘 25:33 그들은 지면에서 **분토**가 되리로다
습 1:17 티끌같이 되며 그들의 살은 **분토**같이

분파(分派, division)
수 18:10 이스라엘 자손의 **분파**대로 그 땅을 분배

분하다(憤, angry, wrath)
창 4:5 아니하신지라 가인이 몹시 **분하여** 안색
창 4:6 네가 **분하여** 함은 어찌 됨이며 안색이
삼하 3:8 아브넬이 이스보셋의 말을 매우 **분하게**
삼하 6:8 다윗이 **분하여** 그 곳을 베레스웃사라
사 13:13 만군의 여호와가 **분하여** 맹렬히 노하는
사 63:3 **분함**으로 말미암아 짓밟았으므로 그들
사 63:6 내가 **분함**으로 말미암아 그들을 취하게
렘 32:37 내가 노여움과 **분함**과 큰 분노로 그들을
렘 33:5 내가 나의 노여움과 **분함**으로 그들을
겔 3:14 근심하고 **분한** 마음으로 가니 여호와
단 3:13 느부갓네살 왕이 노하고 **분하여** 사드락
고후 7:11 얼마나 **분하게** 하며 얼마나 두렵게
골 3:8 **분함**과 노여움과 악의와 비방과 너희

분향/-하다(焚香, incense)
<u>모세오경, 역사서</u>
출 25:6 관유에 드는 향료와 **분향할** 향을 만들

【 분향/-하다 】　　　　　　　　　　　　　　　　　　　　　　　【 분향단/분향 제단 】

출 30:1	**분향할** 제단을 만들지니 곧 조각목으로	대하 32:12	제단 앞에서 예배하고 그 위에 **분향하라**
출 35:8	관유에 드는 향품과 **분향할** 향을 만드는	대하 34:25	나를 버리고 다른 신들에게 **분향하며**

시가서 – 신약

출 35:15	분향단과 그 채와 관유와 **분향할** 향품과
출 35:28	등불과 관유와 **분향할** 향에 소용되는
출 37:25	그가 또 조각목으로 **분향할** 제단을 만들
레 10:1	불을 담아 여호와 앞에 **분향하였더니**
레 16:13	여호와 앞에서 **분향하여** 향연으로
민 16:35	불이 나와서 **분향하는** 이백오십 명을
민 16:40	여호와 앞에 **분향하러** 가까이 오지
신 33:10	주 앞에 **분향하고** 온전한 번제를 주의
삼상 2:28	내 제단에 올라 **분향하며** 내 앞에서
왕상 3:3	산당에서 제사하며 **분향하더라**
왕상 9:25	여호와 앞에 있는 제단에 **분향하니라**
왕상 11:8	그들이 자기의 신들에게 **분향하며** 제사
왕상 12:33	쌓은 제단에 올라가서 **분향하였더라**
왕상 13:1	제단 곁에 서서 **분향하는지라**
왕상 13:2	그가 네 위에 **분향하는** 산당 제사장을
왕상 22:43	산당에서 제사를 드리며 **분향하였더라**
왕하 12:3	산당에서 제사하며 **분향하였더라**
왕하 14:4	산당에서 제사를 드리며 **분향하였더라**
왕하 15:4	산당에서 제사를 드리며 **분향하였고**
왕하 15:35	산당에서 제사를 드리며 **분향하였더라**
왕하 16:4	아래에서 제사를 드리며 **분향하였더라**
왕하 17:11	모든 산당에서 **분향하며** 또 악을 행하여
왕하 18:4	이때까지 향하여 **분향하므로** 그것을
왕하 22:17	나를 버리고 다른 신에게 **분향하며**
왕하 23:5	산당들에서 **분향하며** … **분향하는**
왕하 23:8	제사장이 **분향하던** 산당을 게바에서부
대상 6:49	번제단과 향단 위에 **분향하며** 제사를
대상 23:13	거룩한 자가 되어 여호와 앞에 **분향하고**
대하 2:6	건축하리요 그 앞에 **분향하려** 할 따름
대하 13:11	여호와 앞에 번제를 드리며 **분향하며**
대하 16:14	또 그것을 위하여 많이 **분향하였더라**
대하 21:19	**분향하던** 것같이 그에게 **분향하지**
대하 25:14	그것들 앞에 경배하며 **분향한지라**
대하 26:16	들어가서 향단에 **분향하려** 한지라
대하 26:18	**분향하는** 일은… 오직 **분향하기** 위하여
대하 26:19	웃시야가 손으로 향로를 잡고 **분향하려**
대하 28:3	아들 골짜기에서 **분향하고** 여호와께서
대하 28:4	*아래에서 제사를 드리며* **분향하니라**
대하 28:25	산당을 세워 다른 신에게 **분향하여**
대하 29:7	등불을 끄고 성소에서 **분향하지** 아니
대하 29:11	수종들어 그를 섬기며 **분향하게** 하셨느

시 141:2	나의 기도가 주의 앞에 **분향함과** 같이
사 1:13	**분향은** 내가 가증히 여기는 바요 월삭과
사 65:3	벽돌 위에서 **분향하여** 내 앞에서 항상
사 65:7	그들이 산 위에서 **분향하며** 작은 산
사 66:3	**분향하는** 것은 우상을 찬송함과 다름이
렘 1:16	나를 버리고 다른 신들에게 **분향하며**
렘 7:9	거짓 맹세하며 바알에게 **분향하며** 너희
렘 11:12	예루살렘 주민이 그 **분향하는** 신들에게
렘 11:13	바알에게 **분향하는** 제단을 쌓았도다
렘 11:17	바알에게 **분향함으로** 나의 노여움을
렘 18:15	나를 잊고 허무한 것에게 **분향하거니와**
렘 19:4	알지 못하던 다른 신들에게 **분향하며**
렘 19:13	하늘의 만상에 **분향하고** 다른 신들에게
렘 32:29	그 지붕에서 바알에게 **분향하며** 다른
렘 34:5	**분향하던** 것같이 네게 **분향하며**
렘 44:3	다른 신들에게 나아가 **분향하여** 섬겨서
렘 44:5	다른 신들에게 여전히 **분향하여** 그들의
렘 44:8	다른 신들에게 **분향함으로** 끊어 버림을
렘 44:15	아내들이 다른 신들에게 **분향하는** 줄을
렘 44:17	하늘의 여왕에게 **분향하고** 그 앞에 전제
렘 44:18	우리가 하늘의 여왕에게 **분향하고** 그
렘 44:19	우리가 하늘의 여왕에게 **분향하고** 그
렘 44:21	예루살렘 거리에서 **분향한** 일을 여호와
렘 44:23	**분향하여** 여호와께 범죄하였으며
렘 44:25	여왕에게 **분향하고** 전제를 드리리라
렘 48:35	그 신들에게 **분향하는** 자를 내가 끊어
겔 6:13	그 우상에게 **분향하던** 곳에 있으리니
겔 20:28	또 **분향하고** 전제물을 부어 드리니라
호 4:13	작은 산 위에서 **분향하되** 참나무와
호 11:2	아로새긴 우상 앞에서 **분향하였느니라**
합 1:16	그물에 제사하며 투망 앞에 **분향하오니**
말 1:11	각처에서 내 이름을 위하여 **분향하며**
눅 1:9	뽑아 주의 성전에 들어가 **분향하고**
눅 1:10	**분향하는** 시간에 밖에서 기도하더니

분향단/분향 제단

(焚香壇/焚香祭壇,
altar of incense)

출 30:27	등잔대와 그 기구이며 **분향단**

【 붙다 】　　　　　　　　　　　　　　　　　　　　　　　　　　【 불 2 】

출 31:8	순금 등잔대와 그 모든 기구와 **분향단**과	레 1:7	제단 위에 불을 붙이고 불 위에 나무를
출 35:15	**분향단**과 그 채와 관유와 분향할 향품	레 6:13	불은 끊임이 없이 제단 위에 피워 꺼지
레 26:30	**분향단**들을 부수고 너희의 시체들을	레 9:24	불이 여호와 앞에서 나와 제단 위의
겔 6:4	황폐하고 **분향 제단**들이 깨뜨려질	레 10:1	명령하시지 아니하신 다른 불을
겔 6:6	**분향 제단**들이 찍히며 너희가 만든	레 16:12	여호와 앞 제단 위에서 피운 불을 그것
		레 18:21	자녀를 몰렉에게 주어 불로 통과하게

붇다(rise)

창 7:20	물이 **붇어서** 십오 규빗이나 오르니

민 3:4	시내 광야에서 여호와 앞에 다른 불을
민 6:18	그것을 화목제물 밑에 있는 불에 둘지며
민 9:15	저녁이 되면 성막 위에 불 모양 같은
민 11:1	여호와의 불을 그들 중에 붙여서 진영
민 11:2	모세가 여호와께 기도하니 불이 꺼졌
민 16:7	내일 여호와 앞에서 그 향로에 불을
민 19:6	암송아지를 사르는 불 가운데에 던질
민 21:28	헤스본에서 불이 나오며 시혼의 성에서
민 26:10	당시에 불이 이백오십 명을 삼켜 징표가
민 26:61	나답과 아비후는 다른 불을 여호와 앞에
민 31:23	불에 … 물건은 불을 … 할 것이며 불에
신 1:33	밤에는 불로, 낮에는 구름으로 너희가
신 4:24	하나님 여호와는 소멸하는 불이시요
신 4:33	어떤 국민이 불 가운데에서 말씀하시는
신 4:36	큰 불을 네게 보이시고 네가 불 가운데
신 5:4	여호와께서 산 위 가운데에서 너희와
신 9:3	여호와께서 맹렬한 불과 같이 네 앞에
신 18:10	그의 아들이나 딸을 불 가운데로 지나게

불 1(Pul) 앗수르의 왕 디글랏 빌레셀 3세의
바벨론식 이름

왕하 15:19	앗수르 왕 불이 와서 그 땅을 치려 하
	매 므나헴이 은 천 달란트를 불에게

불 2(fire)

모세오경

창 19:24	여호와께로부터 유황과 불을 소돔과
창 22:6	이삭에게 지우고 자기는 **불**과 칼을 손에
출 9:23	우렛소리와 우박을 보내시고 불을 내려
출 14:24	여호와께서 불과 구름 기둥 가운데서
출 27:3	부삽과 대야와 고기 갈고리와 불 옮기는
출 32:24	불에 던졌더니 이 송아지가 나왔나이다
출 38:3	부삽과 대야와 고기 갈고리와 **불** 옮기는
출 40:38	밤에는 **불**이 그 구름 가운데에 있음을

'불 2'와 관련된 성구

불(도/을) 피우다 – 출 35:3; 사 44:15; 50:11;
　렘 7:18; 11:16; 36:22; 겔 4:12; 24:10;
　39:10; 눅 22:55; 요 18:18; 행 28:2
불에 굽다 – 출 12:8, 9; 대하 35:13; 사 33:12
불에 던져지다 – 마 3:10; 7:19; 18:8, 9; 눅 3:9
불에 던지다 – 렘 22:7; 겔 5:4; 15:4, 6; 단
　7:11; 요 15:6
불에 데다 – 레 13:24
불에 들어가다 – 마 25:41; 막 9:43
불에/불로 사르다 – 출 29:34; 수 6:24; 11:9,
　11; 대상 14:12; 사 33:12; 44:16; 렘 7:31;
　겔 16:41; 23:25; 마 13:40; 계 17:16
불에 살라지다 – 계 18:8
불에 삼켜지다 – 습 1:18; 슥 9:4
불에 소멸되다 – 습 3:8
불(에) 타다 – 신 29:23; 사 1:7; 47:14; 64:11;
　렘 9:10; 46:19; 49:2; 51:58; 겔 19:12;

　욜 1:20; 나 3:13; 고전 3:15; 벧후 3:12
불에 태우다 – 마 3:12; 눅 3:17
불을 내다 – 겔 28:18
불(을) 놓다 – 출 22:6; 수 8:19; 삿 9:49; 렘
　17:27; 21:14; 32:29; 암 1:14
불을 붙이다 – 레 1:7; 삿 15:5; 왕상 18:25;
　사 30:14
불을 지르다 – 삼하 14:30, 31; 왕상 16:18; 왕하
　8:12; 렘 49:27; 50:32; 애 4:11; 겔 30:14
불을 쬐다 – 막 14:54, 67; 요 18:25
불이 나다 – 출 22:6; 렘 48:45
불(이) 붙다 – 출 3:2; 민 11:3; 신 4:11; 에
　1:12; 시 39:3; 사 34:9; 히 12:18; 계 8:8
불 일 듯하다 – 딤후 1:6
불(을) 일으키다 – 겔 30:8, 16; 호 7:4
불(을) 켜다 – 출 35:14; 40:4, 25; 레 24:2;
　대하 13:11

【 불 2 】　　　　　　　　　　　　　　　　　　　　　　　　【 불결하다 】

신 18:16	다시는 이 큰 불을 보지 않게 하소서
신 29:20	여호와의 분노와 질투의 불을 부으시며
신 32:22	불이 일어나서 스올의 깊은 곳까지
신 33:2	오른손에는 그들을 위해 번쩍이는 불

역사서 – 선지서

삿 6:21	고기와 무교병에 대니 불이 바위에서
삿 9:15	그리하지 아니하면 불이 가시나무에서
삼하 22:9	입에서 불이 나와 사름이여 그 불에
왕상 7:50	주발과 숟가락과 불을 옮기는 그릇이며
왕상 18:24	불로 응답하는 신 그가 하나님이니라
왕하 16:3	자기 아들을 불 가운데로 지나가게 하며
시 11:6	악인에게 그물을 던지시리니 불과 유황
시 18:8	입에서 불이 나와 사름이여 그 불에
시 105:39	덮개를 삼으시고 밤에는 불로 밝히셨으
잠 6:27	사람이 불을 품에 품고서야 어찌 그의
잠 26:21	타는 불에 나무를 더하는 것같이 다툼
사 10:17	이스라엘의 빛이 불이 되고 그의 거룩
사 31:9	여호와의 불은 시온에 있고 여호와의
사 33:14	너희의 호흡은 불이 되어 너희를 삼킬
사 43:2	불 가운데로 지날 때에 타지도 아니할
사 44:16	따뜻하다 내가 불을 보았구나 하면서
사 66:24	벌레가 죽지 아니하며 그 불이 꺼지지
렘 15:14	나의 진노의 맹렬한 불이 너희를 사르려
욜 2:30	하늘과 땅에 베풀리니 곧 피와 불과
암 1:4	하사엘의 집에 불을 보내리니 벤하닷의
옵 1:18	야곱 족속은 불이 될 것이며 요셉 족속
미 1:4	골짜기들이 갈라지기를 불 앞의 밀초
말 3:2	금을 연단하는 자의 불과 표백하는 자의

신약

마 3:11	성령과 불로 너희에게 세례를 베푸실
마 5:22	미련한 놈이라 하는 자는 지옥 불에
마 17:15	심히 고생하여 자주 불에도 넘어지며
막 9:22	귀신이 그를 죽이려고 불과 물에 자주
막 9:48	거기에서는 구더기도 죽지 않고 불도
막 9:49	사람마다 불로서 소금 치듯 함을 받으리
눅 3:16	성령과 불로 너희에게 세례를 베푸실
눅 9:54	주여 우리가 불을 명하여 하늘로부터
눅 12:49	내가 불을 땅에 던지러 왔노니 이 불이
눅 17:29	하늘로부터 불과 유황이 비오듯하여
행 2:19	땅에서는 징조를 베풀리니 곧 피와 불과
롬 1:27	서로 향하여 음욕이 불 일듯 하매 남자
고전 3:13	이는 불로 나타내고 그 불이 각 사람의
히 12:29	우리 하나님은 소멸하는 불이심이라
약 3:5	얼마나 작은 불이 얼마나 많은 나무를
약 3:6	혀는 곧 불이요 불의의 … 지옥 불에서
벧전 1:7	확실함은 불로 연단하여도 없어질
벧후 3:10	뜨거운 불에 풀어지고 땅과 그중에
유 1:23	어떤 자를 불에서 끌어내어 구원하라
계 3:18	내게서 불로 연단한 금을 사서 부요하게
계 9:17	입에서는 불과 연기와 유황이 나오더라
계 21:8	불과 유황으로 타는 못에 던져지리라

불 2 – 기타 본문

모세오경 – 시가서 창 22:7; 출 19:18; 레 1:8, 12, 17; 3:5; 4:12; 6:9, 12; 10:2, 6; 민 9:16; 16:18, 35, 37, 46; 신 5:5, 22, 23, 24, 25, 26; 9:10, 15; 10:4; 삿 9:20; 왕상 18:23, 38; 19:12; 왕하 1:10, 12, 14; 17:17; 19:18; 21:6; 23:10; 25:15; 대하 4:22; 7:1, 3; 33:6; 욥 1:16; 20:26; 22:20; 31:12; 시 50:3; 58:9; 66:12; 68:2; 78:21, 63; 83:14; 97:3; 106:18; 118:12; 140:10; 148:8; 잠 16:27; 26:20; 30:16; 아 8:6 **선지서** 사 5:24; 9:5, 19; 10:16; 26:11; 30:27, 33; 33:14; 37:19; 47:14; 64:2; 65:5; 66:15, 16; 렘 5:14; 7:20; 17:4, 27; 23:29; 애 1:13; 2:3; 겔 1:4, 13, 27; 5:4; 8:2; 10:6, 7; 15:5, 7; 16:21; 19:14; 20:31, 47, 48; 21:31, 32; 22:20, 21, 31; 24:12; 32:7; 38:22; 39:6; 단 3:24, 25, 27; 7:9, 10; 호 8:14; 욜 1:19; 2:3; 암 1:7, 10, 12; 2:2, 5; 5:6; 7:4; 나 3:15; 슥 2:5; 3:2; 11:1; 13:9; 말 4:1 **신약** 행 28:3, 5; 고전 3:15; 약 5:3; 벧후 3:12; 계 8:5, 7; 9:18; 11:5; 13:13; 14:10, 18; 15:2; 16:8; 20:9, 10

불같다/불같이(burn)

출 24:17	이스라엘 자손의 눈에 맹렬한 불같이
신 32:24	불같은 더위와 독한 질병에 삼켜질 것이
렘 4:4	나의 분노가 불같이 일어나 사르리니
렘 21:12	악행 때문에 내 분노가 불같이 일어나
고전 7:9	정욕이 불같이 타는 것보다 결혼하는

불결기(不潔期, monthly period)

레 15:25	그의 불결기가 아닌데도 … 그 불결기
레 15:33	불결기의 앓는 여인과 유출병이 있는

불결하다(不潔, impurity, indecent)

【 불경건하다 】　　　　　　　　　　　　　　　　　　　　　【 불꽃 】

레 15:19	이레 동안 **불결하니** 그를 만지는 자마다		불길(fire, flame)	
레 15:20	**불결할** 동안에는 그가 누웠던 자리도		신 4:11	산에 불이 붙어 **불길이** 충천하고 어둠과
레 15:24	여인과 동침하여 그의 **불결함에** 전염		신 4:12	여호와께서 **불길** 중에서 너희에게 말씀
레 15:25	유출하는 모든 날 동안은 그 **불결한**		신 4:15	호렙 산 **불길** 중에서 너희에게 말씀하시
레 15:26	그에게 **불결한** 때의 … 부정함이 **불결**		욥 41:21	입김은 숯불을 지피며 그의 입은 **불길을**
레 15:33	그리고 **불결한** 여인과 동침한 자에 대한		시 83:14	사르는 불과 산에 붙는 **불길같이**
레 18:19	너는 여인이 월경으로 **불결한** 동안에		아 8:6	질투는 스올같이 잔인하며 **불길같이**
신 23:14	네게서 **불결한** 것을 보시지 않으므로		렘 48:45	**불길이** 시혼 가운데서 나서 모압의 살쩍과
사 30:22	**불결한** 물건을 던짐같이 던지며 이르기			
렘 19:4	나를 버리고 이 곳을 **불결하게** 하며		불길하다(不吉, evil)	
애 1:17	예루살렘은 그들 가운데에 있는 **불결한**		수 23:15	여호와께서 모든 **불길한** 말씀도 너희
불경건하다(不敬虔, godless, hypocrite)			불꽃(flame)	
욥 27:8	**불경건한** 자가 이익을 얻었으나 하나님		출 3:2	**불꽃** 안에서 그에게 나타나시니라
			삿 13:20	**불꽃이** 제단에서부터 … 제단 **불꽃에**
불공평하다(不公平, unjust, favoritism)			욥 5:7	사람은 고생을 위하여 났으니 **불꽃이**
시 82:2	너희는 **불공평한** 판단을 하며 악인의		욥 15:30	어두운 곳을 떠나지 못하리니 **불꽃이**
사 10:2	가난한 자를 **불공평하게** 판결하여		욥 18:5	악인의 빛은 꺼지고 그의 **불꽃은** 빛나
딤전 5:21	이것들을 지켜 아무 일도 **불공평하게**		욥 41:19	입에서는 횃불이 나오고 **불꽃이** 튀어
			시 104:4	삼으시고 **불꽃으로** 자기 사역자를 삼으
불과(不過, about)			사 5:24	말미암아 **불꽃이** 그루터기를 삼킴같이
요 21:8	육지에서 거리가 **불과** 한 오십 칸쯤		사 10:17	거룩하신 이는 **불꽃이** 되실 것이니라
			사 13:8	보고 놀라며 얼굴이 **불꽃** 같으리로다
불구하다(不拘, even though, despite)			사 29:6	폭풍과 맹렬한 **불꽃으로** 그들을 징벌
삼상 12:12	너희의 왕이 되심에도 **불구하고** 너희가		사 43:2	아니할 것이요 **불꽃이** 너를 사르지도
느 13:18	그럼에도 **불구하고** 너희가 안식일을		사 47:14	그 **불꽃의** 세력에서 스스로 구원하지
전 7:15	자기의 의로움에도 **불구하고** 멸망하는		사 50:11	너희가 다 너희의 **불꽃** 가운데로 걸어
사 25:11	손이 능숙함에도 **불구하고** 그를 누르실		겔 20:47	맹렬한 **불꽃이** 꺼지지 아니하고 남에서
			단 3:22	**불꽃이** 사드락과 메삭과 아벳느고를
불그스름하다(reddish)			단 7:9	보좌는 **불꽃이요** 그 바퀴는 타오르는
레 13:19	종처에 흰 점이 돋거나 희고 **불그스름한**		단 11:33	그들이 칼날과 **불꽃과** 사로잡힘과 약탈
레 13:24	불에 데었는데 그 덴 곳에 **불그스름한**		호 7:6	자고 아침에 피우는 **불꽃** 같도다
레 13:42	이마 대머리에 희고 **불그스름한** 색점이		욜 1:19	불이 목장의 풀을 살랐고 **불꽃이** 들의
레 13:43	돋은 색점이 희고 **불그스름하여** 피부에		욜 2:3	불이 그들의 앞을 사르며 **불꽃이** 그들의
신 14:8	사슴과 노루와 **불그스름한** 사슴과 산		욜 2:5	소리와도 같고 **불꽃이** 검불을 사르는
			옵 1:18	요셉 족속은 **불꽃이** 될 것이요 에서
불기둥(pillar of fire)			눅 16:24	내가 이 **불꽃** 가운데서 괴로워하나이다
출 13:21	밤에는 **불기둥을** 그들에게 비추사 낮이		행 7:30	가시나무 떨기 **불꽃** 가운데서 그에게
출 13:22	밤에는 **불기둥이** 백성 앞에서 떠나지		살후 1:7	하늘로부터 **불꽃** 가운데에 나타나실
민 14:14	밤에는 **불기둥** 가운데에서 그들 앞에		히 1:7	사역자들을 **불꽃으로** 삼으시느니라
느 9:12	밤에는 **불기둥으로** 그들이 행할 길을		계 1:14	같고 눈 같으며 그의 눈은 **불꽃** 같고
느 9:19	밤에는 **불기둥이** 그들이 갈 길을 비추게		계 2:18	눈이 **불꽃** 같고 그 발이 빛난 주석과
계 10:1	얼굴은 해 같고 그 발은 **불기둥** 같으며		계 19:12	그 눈은 **불꽃** 같고 그 머리에는 많은

불다/불어오다

불다/불어오다(wind, blow, breeze, blast, sound, blow)

1. 바람이 불다(wind, blow, breeze)

창 3:8 그 날 바람이 불 때 동산에 거니시는
창 8:1 하나님이 바람을 땅 위에 **불게** 하시매
출 10:13 온 낮과 온 밤에 **불게** 하시니 아침에
출 10:19 강력한 서풍을 **불게** 하사 메뚜기를 홍해
욥 37:21 바람이 **불어** 하늘이 말끔하게 되었을 때
시 147:18 바람을 **불게** 하신즉 물이 흐르는도다
전 1:6 **불다가** 북으로 … 돌아 바람은 그 **불던**
아 4:16 동산에 **불어서** 향기를 날리라 나의 사랑
사 27:8 동풍 **부는** 날에 폭풍으로 그들을 옮기셨
사 40:7 여호와의 기운이 그 위에 **붊이라**
렘 4:11 내 딸 백성에게 **불어온다** 하리라 이는
겔 37:9 죽음을 당한 자에게 **불어서** 살아나게
슥 7:14 내가 그들을 바람으로 **불어** 알지 못하던
마 7:25 창수가 나고 바람이 **불어** 그 집에 부딪
마 7:27 창수가 나고 바람이 **불어** 그 집에 부딪
눅 12:55 남풍이 **부는** 것을 보면 말하기를 심히
요 3:8 바람이 임의로 **불매** 네가 그 소리를
요 6:18 큰 바람이 **불어** 파도가 일어나더라
행 27:13 남풍이 순하게 **불매** 그들이 뜻을 이룬 줄
약 1:11 돋고 뜨거운 바람이 **불어** 풀을 말리면
계 7:1 바다에나 각종 나무에 **불지** 못하게

2. 관악기를 불다(blast, sound)

출 19:13 길게 **불거든** 산 앞에 이를 것이니라
레 25:9 내되 전국에서 뿔나팔을 크게 **불지며**
레 23:24 이는 나팔을 **불어** 기념할 날이요 성회라
민 10:3 나팔 두 개를 불 때에는 온 회중이 회막
민 10:10 화목제물을 드리며 나팔을 **불라** 그로
민 29:1 말라 이는 너희가 나팔을 불 날이니라
수 6:4 돌며 그 제사장들은 나팔을 불 것이며
삿 3:27 이르러 에브라임 산지에서 나팔을 **불매**
삿 5:16 목자의 피리 **부는** 소리를 들음은 어찌
삿 6:34 기드온이 나팔을 **불매** 아비에셀이 그와
삿 7:18 나팔을 **불거든** … 주위에서 나팔을 **불며**
삼상 13:3 사울이 온 땅에 나팔을 **불어** 이르되
삼하 2:28 요압이 나팔을 **불매** 온 무리가 머물러
삼하 6:15 나팔을 **불고** 여호와의 궤를 메어오니라
삼하 18:16 요압이 나팔을 **불어** 백성들에게 그치게
삼하 20:1 그가 나팔을 **불며** 이르되 우리는 다윗과
삼하 20:22 요압이 나팔을 **불매** 무리가 흩어져 성을
왕상 1:34 뿔 나팔을 **불며** 솔로몬 왕은 만세수를
왕상 1:39 기름을 부으니 이에 뿔 나팔을 **불고**
왕하 9:13 예후의 밑에 깔고 나팔을 **불며** 이르되
왕하 11:14 백성이 즐거워하여 나팔을 **부는지라**
대상 15:24 하나님의 궤 앞에서 나팔을 **부는** 자요
대상 15:28 뿔나팔과 나팔을 **불고** 제금을 치며 비파
대상 25:5 헤만의 아들들이니 나팔을 **부는** 자들
대하 5:12 또 나팔 **부는** 제사장 백이십 명이 함께
대하 7:6 제사장들은 무리 앞에서 나팔을 **불고**
대하 13:12 전쟁의 나팔을 **불어** 너희를 공격하느니
대하 15:14 피리와 나팔을 **불어** 여호와께 맹세하며
대하 23:13 모든 백성들이 즐거워하여 나팔을 **불며**
대하 29:27 노래하고 나팔을 **불며** 이스라엘 왕 다윗
느 4:18 나팔 **부는** 자는 내 곁에 섰었느니라
욥 21:12 수금으로 노래하고 피리 **불어** 즐기며
시 81:3 보름과 우리의 명절에 나팔을 **불지어다**
사 18:3 너희는 보고 나팔을 **불거든** 너희는 들을
사 30:29 노래할 것이며 피리를 **불며** 여호와의
렘 4:5 이 땅에서 나팔을 **불라** 하며 또 크게
렘 6:1 드고아에서 나팔을 **불고** 벧학게렘에서
렘 51:27 나라들 가운데 나팔을 **불어서** 나라
겔 7:14 나팔을 **불어** 온갖 것을 준비하였으
겔 33:3 칼이 임함을 보고 나팔을 **불어** 백성에게
겔 33:6 파수꾼이 보고도 나팔을 **불지** 아니하여
호 5:8 뿔 나팔을 **불며** 라마에서 나팔을 **불며**
욜 2:1 시온에서 나팔을 **불며** 나의 거룩한 산에
욜 2:15 시온에서 나팔을 **불어** 거룩한 금식일을
습 1:16 나팔을 **불어** 경고하며 견고한 성읍들을
슥 9:14 여호와께서 나팔을 **불게** 하시며 남방
마 6:2 너희 앞에 나팔을 **불지** 말라 진실로
마 9:23 피리 **부는** 자들과 떠드는 무리를 보시고
마 11:17 우리가 너희를 향하여 피리를 **불어도**
눅 7:32 너희를 향하여 피리를 **불어도** 너희가
고전 14:7 피리 **부는** 것인지 거문고 타는 것인지
계 8:6 나팔을 가진 일곱 천사가 나팔 **불기를**
계 18:22 퉁소 부는 자와 나팔 **부는** 자들의 소리

🔖 **불다 2 - 기타 본문**

민 10:4, 5, 6, 7, 8, 9; 수 6:5, 8, 9, 13, 16, 20; 삿 7:19, 20, 22; 왕상 1:40; 대하 5:13; 29:28; 계 8:13; 9:1, 13; 11:15

3. 입김을 내어 보내다(blow)

사 54:16 보라 숯불을 **불어서** 자기가 쓸 만한

【 불덩이 】 　　　　　　　　　　　　　　　　　　　　　　　【 불리다/불리우다 】

렘 6:29	풀무불을 맹렬히 **불면** 그 불에 납이
겔 22:21	내 분노의 불을 너희에게 **불면** 너희가
학 1:9	그것을 집으로 가져갔으나 내가 **불어**
슥 10:8	그들을 향하여 휘파람을 **불어** 그들을

불덩이(lightning, pestilence)
| 출 9:24 | 우박이 내림과 **불덩이**가 우박에 섞여 |
| 합 3:5 | 역병이 그 앞에서 행하며 **불덩이**가 그의 |

불똥 그릇(jar)
| 민 4:9 | 등잔들과 불집게들과 **불똥 그릇**들과 |

불량배/불량자(不良輩, wicked man, attacker)
신 13:13	너희 가운데서 어떤 **불량배**가 일어나서
삿 19:22	성읍의 **불량배**들이 그 집을 에워싸고
삿 20:13	그 **불량배**들을 우리에게 넘겨 주어서
삼상 10:27	어떤 **불량배**는 이르되 이 사람이 어떻게
삼상 30:22	악한 자와 **불량배**들이 다 이르되 그들이
삼하 20:1	마침 거기에 **불량배** 하나가 있으니 그의
왕상 21:10	**불량자** 두 사람을 그의 앞에 마주 앉히
왕상 21:13	**불량자** 두 사람이 들어와 그의 앞에
시 35:15	**불량배**가 내가 알지 못하는 중에 모여서

불량하다(不良, wicked, scoundrel)
삼상 25:17	주인은 **불량한** 사람이라 더불어 말할 수
삼상 25:25	내 주는 이 **불량한** 사람 나발을 개의치
잠 6:12	**불량하고** 악한 자는 구부러진 말을 하고
잠 16:27	**불량한** 자는 악을 꾀하나니 그 입술에는
행 17:5	시기하여 저자의 어떤 **불량한** 사람들을
행 18:14	부정한 일이나 **불량한** 행동이었으면

불러내다(call, bring)
삿 16:25	옥에서 삼손을 **불러내매** 삼손이 그들을
삼하 10:16	강 건너쪽에 있는 아람 사람을 **불러내매**
대상 19:16	강 건너편에 있는 아람 사람을 **불러내니**
대하 23:14	군대를 거느린 백부장들을 **불러내어**
사 41:4	누가 처음부터 만대를 **불러내었느냐**
호 11:1	내 아들을 애굽에서 **불러냈거늘**
요 12:17	나사로를 무덤에서 **불러내어** 죽은 자
벧전 2:9	이는 너희를 어두운 데서 **불러내어** 그의

불러들이다(bring in)
| 단 1:18 | 왕이 말한 대로 그들을 **불러들일** 기한이 |

행 5:40	옳게 여겨 사도들을 **불러들여** 채찍질
행 9:41	성도들과 과부들을 **불러들여** 그가
행 10:23	베드로가 **불러들여** 유숙하게 하니라

불러오다(come back, bring, call)
창 27:45	사람을 보내어 너를 거기서 **불러오리라**
출 2:8	가서 그 아기의 어머니를 **불러오니**
왕하 3:15	이제 내게로 거문고 탈 자를 **불러오소서**
왕하 4:12	수넴 여인을 **불러오라** 하니 곧 여인을
왕하 4:36	수넴 여인을 **불러오라** 하니 곧 부르매
왕하 23:8	각 성읍에서 모든 제사장을 **불러오고**
사 31:4	그것을 치려고 여러 목자를 **불러왔다**
렘 9:17	곡하는 부녀를 **불러오며** 또 사람을 보내
렘 43:10	바벨론의 느부갓네살 왕을 **불러오리니**
겔 23:40	사절을 먼 곳에 보내 사람을 **불러오게**
단 5:7	갈대아 술사와 점쟁이를 **불러오게** 하고
요 4:16	이르시되 가서 네 남편을 **불러오라**

불러일으키다(conscript)
| 왕상 5:13 | 가운데서 역군을 **불러일으키니** |

불려지다(be mentioned, be called)
| 사 14:20 | 영원히 이름이 **불려지지** 아니하리로다 |
| 사 43:5 | 내 이름으로 **불려지는** 모든 자 곧 내가 |

불리하다(不利, against)
욥 15:6	네 입이라 네 입술이 네게 **불리하게**
사 3:9	그들의 안색이 **불리하게** 증거하며 그들
골 2:14	거스르고 **불리하게** 하는 법조문으로

불리다/불리우다(drive, windblown, be called, fill)

1. 바람을 받아서 날리어지다(drive, windblown)
욥 15:30	하나님의 입김으로 그가 **불려** 가리라
욥 30:22	바람 위에 들어 **불려** 가게 하시며
시 68:2	연기가 **불려** 가듯이 그들을 몰아내소서
시 109:23	지나가고 또 메뚜기같이 **불려** 가오며
잠 21:6	죽음을 구하는 것이라 곧 **불려** 다니는
사 40:24	회오리바람에 **불려** 가는 초개같도다
사 41:2	티끌 같게, 그의 활에 **불리는** 초개같게
사 57:13	바람에 날려 가겠고 기운에 **불려** 갈
렘 13:24	그들을 사막 바람에 **불려** 가는 검불같이
단 2:35	겨같이 되어 바람에 **불려** 간 곳이 없었

【 불만/-스러워하다 】　　　　　　　　　　　　　　　　　　　　【 불빛 】

유 1:12　바람에 불려 가는 물 없는 구름이요
　　2. 남에게 부름을 받다(be called, name)
신 28:10　여호와의 이름이 너를 위하여 불리는
삼하 6:2　여호와의 이름으로 불리는 것이라
욥 1:1　땅에 욥이라 불리는 사람이 있었는데
사 1:26　성읍이라, 신실한 고을이라 불리리라
사 57:1　악한 자들 앞에서 불리어 가도다
암 5:27　하나님이라 불리우는 여호와께서 말씀
눅 19:29　감람원이라 불리는 산 쪽에 있는 벳바게
요 20:24　디두모라 불리는 도마는 예수께서
행 3:11　솔로몬의 행각이라 불리우는 행각에
롬 2:17　유대인이라 불리는 네가 율법을 의지하
롬 9:7　난 자라야 네 씨라 불리리라 하셨으니
고전 8:5　신이라 불리는 자가 있어 많은 신과
살후 2:4　신이라고 불리는 모든 것과 숭배함을
　　3. 배를 불리다(fill)
욥 20:23　그가 배를 불리려 할 때에 하나님이

불만/-스러워하다(不滿, grievance, grumble)
욥 15:12　어찌하여 네 마음에 불만스러워하며
골 3:13　누구에게 불만이 있거든 서로 용납하여
유 1:16　사람들은 원망하는 자며 불만을 토하는

불말(horse of fire)
왕하 2:11　불수레와 불말들이 두 사람을 갈라놓고
왕하 6:17　그가 보니 불말과 불병거가 산에 가득

불멸(不滅, indestructible)
히 7:16　불멸의 생명의 능력을 따라 되었으니

불못(lake of fire)
계 20:14　사망과 음부도 불못에 던져지니 이것
　　은 둘째 사망 곧 불못이라
계 20:15　생명책에 기록되지 못한 자는 불못에

불뱀(venomous snake)
민 21:6　여호와께서 불뱀들을
민 21:8　불뱀을 만들어 장대 위에 매달아라 물린
신 8:15　불뱀과 전갈이 있고 물이 없는 간조한
사 14:29　그의 열매는 날아다니는 불뱀이 되리라
사 30:6　독사와 및 날아다니는 불뱀이 나오는

불법/-하다(不法, injustice, sin, evildoer)
겔 9:9　피가 가득하며 그 성읍에 불법이 찼나니
겔 14:13　어떤 나라가 불법을 행하여 내게 범죄
마 7:23　불법을 행하는 자들아 내게서 떠나가라
마 13:41　넘어지게 하는 것과 또 불법을 행하는
마 23:28　옳게 보이되 안으로는 외식과 불법이
행 19:40　우리는 이 불법 집회에 관하여 보고할
롬 6:19　부정과 불법에 내주어 불법에 이른 것
고후 6:14　의와 불법이 어찌 함께 하며 빛과 어둠
살후 2:3　배교하는 일이 있고 저 불법의 사람 곧
살후 2:8　불법한 자가 나타나리니 주 예수께서
딤전 1:9　오직 불법한 자와 복종하지 아니하는
딛 2:14　불법에서 우리를 속량하시고 우리를
히 1:9　의를 사랑하시고 불법을 미워하셨으니
히 10:17　죄와 그들의 불법을 내가 다시 기억하지
벧후 2:8　날마다 저 불법한 행실을 보고 들음으로
벧후 2:16　자기의 불법으로 말미암아 책망을 받되
요일 3:4　죄를 짓는 자마다 불법을 행하나니 죄
　　는 불법이라

불법자(不法者, transgressor)
눅 22:37　그는 불법자의 동류로 여김을 받았다

불병거(chariot of fire)
왕하 6:17　보니 불말과 불병거가 산에 가득하여

불붙다(burn, ablaze)
왕상 3:26　아들을 위하여 마음이 불붙는 것 같아서
에 1:12　진노하여 마음속이 불붙듯 하더라
시 58:9　생나무든지 불붙는 나무든지 강한 바람
시 79:5　주의 질투가 불붙듯 하시리이까
시 89:46　노가 언제까지 불붙듯 하시겠나이까
사 30:27　그의 진노가 불붙듯 하며 빽빽한 연기가
사 34:9　유황이 되고 그 땅은 불붙는 역청이
렘 20:9　나의 마음이 불붙는 것 같아서 골수에
호 11:8　나의 긍휼이 온전히 불붙듯 하도다
암 4:11　불붙는 가운데서 빼낸 나무 조각같이
계 8:8　천사가 나팔을 부니 불붙는 큰 산과

불빛(light, firelight)
시 78:14　낮에는 구름으로, 밤에는 불빛으로 인도
눅 22:56　여종이 베드로의 불빛을 향하여 앉은
계 9:17　위에 탄 자들을 보니 불빛과 자줏빛과

【 불사르다 】　　　　　　　　　　　　　　　　　　　　　　　　　　　　　【 불사르다 】

불사르다(burn)

모세오경
창 38:24　유다가 이르되 그를 끌어내어 **불사르**라
출 12:10　말며 아침까지 남은 것은 곧 **불사르**라
출 29:13　기름을 가져다가 제단 위에 **불사르**고
출 32:20　그들이 만든 송아지를 가져다가 **불살라**
레 1:9　그 전부를 제단 위에서 **불살라** 번제를
레 2:2　기념물로 제단 위에서 **불사를지니** 이는
레 5:12　여호와의 화제물 위에서 **불사를지니**
레 6:12　화목제의 기름을 그 위에서 **불사를지니**
레 8:16　가져다가 모세가 제단 위에 **불사르**고
레 9:10　콩팥과 간 꺼풀을 제단 위에서 **불사르**니
레 9:11　고기와 가죽은 진영 밖에서 **불사르**니라
레 10:16　드린 염소를 찾은즉 이미 **불살랐는지**라
레 13:52　가죽으로 만든 것을 **불사를지니** 이는
악성 나병인즉 그것을 **불사를지니**라
레 17:6　그 기름을 **불살라** 여호와께 향기로운
레 19:6　먹고 셋째 날까지 남았거든 **불사르**라
레 20:14　그들을 함께 **불사를지니** 이는 너희 중에
레 21:9　속되게 함이니 그를 **불사를지니**라
민 5:26　하는 소제물로 제단 위에 **불사르**고
민 16:35　분향하는 이백오십 명을 **불살랐더**라
민 18:9　지성물 중에 **불사르지** 아니한 것은 네
민 18:17　그 기름을 **불살라** 여호와께 향기로운
민 19:5　암소를 자기 목전에서 **불사르게** 하되
그 가죽과 고기와 피와 똥을 **불사를게**
민 19:8　송아지를 **불사른** 자도 자기의 옷을 물로
민 19:17　깨끗하게 하려고 **불사른** 재를 가져다가
민 31:10　거처하는 성읍들과 촌락을 다 **불사르**고
신 7:5　조각한 우상들을 **불사를** 것이니라
신 7:25　그들이 조각한 신상들을 **불사르**고
신 9:21　송아지를 가져다가 **불살라** 찧고 티끌
신 12:3　아세라 상을 **불사르**고 또 그 조각한
신 12:31　심지어 자기들의 자녀를 **불살라** 그들의
신 13:16　그 탈취물 전부를 **불살라** 네 하나님
신 32:22　깊은 곳까지 **불사르며** 땅과 그 소산을

역사서, 시가서
수 7:15　물건을 가진 자로 뽑힌 자를 **불사르**되
수 8:8　성읍을 취하거든 그것을 **불살라** 여호와
수 8:28　여호수아가 아이를 **불살라** 그것으로
수 11:6　힘줄을 끊고 그들의 병거를 **불사르**라
수 11:13　여호수아가 하솔만 **불살랐고** 산 위에
세운 성읍은 이스라엘이 **불사르지**

삿 1:8　칼날로 치고 그 성을 **불살랐으며**
삿 9:52　문에 가까이 나아가서 그것을 **불사르**려
삿 12:1　우리가 반드시 너와 네 집을 **불사르리**라
삿 14:15　네 아버지의 집을 **불사르리**라 너희가
삿 18:27　칼날로 그들을 치며 그 성읍을 **불사르**되
삼상 30:1　그들이 시글락을 쳐서 **불사르**고
삼상 31:12　야베스에 돌아가서 거기서 **불사르**고
삼하 23:7　그것들이 당장에 **불살리리로다** 하니라
왕상 9:16　올라와서 게셀을 탈취하여 **불사르**고
왕상 15:13　찍어 기드론 시냇가에서 **불살랐으**나
왕상 19:21　기구를 **불살라** 그 고기를 삶아 백성에게
왕하 10:26　신당에서 목상들을 가져다가 **불사르**고
왕하 16:13　번제물과 소제물을 **불사르**고 또 전제물
왕하 17:31　자녀를 **불살라** 그들의 신 아드람멜렉과
왕하 23:4　예루살렘 바깥 기드론 밭에서 **불사르**고
왕하 23:6　거기에서 **불사르**고 빻아서 가루를
왕하 23:11　있던 것이며 또 태양 수레를 **불사르**고
왕하 25:9　성전과 왕궁을 **불사르**고 예루살렘의
모든 집을 귀인의 집까지 **불살랐으며**
대하 15:16　빻아 기드론 시냇가에서 **불살랐으**니
대하 28:3　일을 본받아 그의 자녀들을 **불사르**고
대하 34:5　제사장들의 뼈를 제단 위에서 **불살라**
대하 36:19　하나님의 전을 **불사르며** 예루살렘 성벽
을 헐며 그들의 모든 궁실을 **불사르며**
시 46:9　창을 끊으며 수레를 **불사르시는도**다
시 57:4　내가 **불사르는** 자들 중에 누웠으니 곧
시 74:7　주의 성소를 **불사르며** 주의 이름이 계신
시 74:8　하나님의 모든 회당을 **불살랐나이**다
시 97:3　나와 사방의 대적들을 **불사르시는도**다

선지서
사 27:4　내가 그것을 밟고 모아 **불사르리**라
사 44:19　그것의 절반을 **불사르**고 또한 그 숯불
렘 5:14　백성을 나무가 되게 하여 **불사르리**라
렘 19:5　바알에게 번제로 **불살라** 드렸나니
렘 21:10　될 것이요 그는 그것을 **불사르리**라
렘 29:22　여호와께서 너를 바벨론 왕이 **불살라**
렘 34:2　손에 넘기리니 그가 이 성을 **불사를**
렘 36:27　기록한 말씀을 **불사른** 후에 여호와의
렘 36:28　여호야김 왕이 **불사른** 첫 두루마리에
렘 37:8　와서 이 성을 쳐서 빼앗아 **불사르리**라
렘 38:17　이 성이 **불사름**을 당하지 아니하겠고
렘 39:8　왕궁과 백성의 집을 **불사르며** 예루살렘
렘 43:12　느부갓네살이 그들을 **불사르며** 그들을

[불수레]   [불쌍하다/불쌍히]

렘 44:6	성읍들과 예루살렘 거리를 **불살랐더니**		
렘 52:13	성전과 왕궁을 **불사르고** 예루살렘의 모든 집과 고관들의 집까지 **불살랐으며**		
애 2:3	**불사름**같이 야곱을 **불사르셨도다**		
겔 5:2	터럭 삼분의 일은 성읍 안에서 **불사르고**		
겔 16:20	가서 드려 제물로 삼아 **불살랐느니라**		
겔 23:47	자녀도 죽이며 그 집들을 **불사르리라**		
겔 43:21	정한 처소 곧 성소 밖에서 **불사르지며**		
암 2:1	에돔 왕의 뼈를 **불살라** 재를 만들었음		
암 4:5	누룩 넣은 것을 **불살라** 수은제로 드리며		
암 6:10	시체를 **불사르는** 자가 그 뼈를 집 밖으로		
옵 1:18	그들 위에 붙어서 그들을 **불사를** 것인즉		
미 1:7	값은 다 **불살라** 지며 내가 그 목상들을		
나 2:13	네 병거들을 **불살라** 연기가 되게 하고		
슥 12:6	에워싼 모든 민족들을 **불사를** 것이요		
말 1:10	내 제단 위에 헛되이 **불사르지** 못하게

▣ 신약
마 13:30	가라지는 먼저 거두어 **불사르게** 단으로
마 22:7	자들을 진멸하고 그 동네를 **불사르고**
행 19:19	사람 앞에서 **불사르니** 그 책값을 계산
고전 13:3	내 몸을 **불사르게** 내줄지라도 사랑이
히 6:8	저주함에 가까워 그 마지막은 **불사름**이
히 13:11	그 육체는 영문 밖에서 **불사름**이라
약 3:6	더럽히고 삶의 수레바퀴를 **불사르나니**
벧후 3:7	그 동일한 말씀으로 **불사르기** 위하여

▣ **불사르다 - 기타 본문**
출 29:14, 18, 25; 레 1:13, 15, 17; 2:9, 16; 3:11, 16; 4:10, 12, 19, 21, 26, 31, 35; 6:15, 22, 23, 30; 7:5, 17, 19, 31; 8:17, 20, 21, 28, 32; 9:13, 14, 17, 20; 13:55, 57; 16:25, 27, 28; 수 7:25; 삿 15:6; 20:48; 삼상 30:14; 왕하 16:15, 23:15, 16, 20; 사 27:11; 렘 34:22; 36:25, 29, 37:10; 38:18, 23; 43:13

불수레(chariot of fire)
왕하 2:11 **불수레**와 불말들이 두 사람을 갈라놓고

불순종/-하다(不順從, disobedient, rebellious)
엡 2:2	**불순종**의 아들들 가운데서 역사하는
엡 5:6	하나님의 진노가 **불순종**의 아들들에게
딛 1:6	방탕하다는 비난을 받거나 **불순종하는**
딛 1:10	**불순종**하고 헛된 말을 하며 속이는 자가

불신자(不信者, unbeliever)
고전 10:27	**불신자** 중 누가 너희를 청할 때에 너희
딤전 5:8	믿음을 배반한 자요 **불신자**보다 더 악한

불쌍하다/불쌍히(mercy, pity, compassion)
▣ 모세오경 - 시가서
출 2:6	그가 그를 **불쌍히** 여겨 이르되 이는
신 7:2	그들을 **불쌍히** 여기지도 말 것이며
신 25:12	네 눈이 그를 **불쌍히** 여기지 말지니라
신 28:50	유아를 **불쌍히** 여기지 아니하며
신 32:36	종들을 **불쌍히** 여기시리니 곧 그의
삼하 12:6	**불쌍히** 여기지 아니하고 이런 일을
삼하 12:22	혹시 여호와께서 나를 **불쌍히** 여기사
왕상 8:50	**불쌍히** 여김을 … 그들을 **불쌍히** 여기
왕하 13:23	은혜를 베풀며 그들을 **불쌍히** 여기시며
스 9:9	바사 왕들 앞에서 우리를 **불쌍히** 여김
느 9:31	주는 은혜로우시고 **불쌍히** 여기시는
욥 19:21	**불쌍히** 여겨다오 나를 **불쌍히** 여겨다오
욥 33:24	하나님이 그 사람을 **불쌍히** 여기사 그를
시 69:20	충만하니 **불쌍히** 여길 자를 바라나
시 72:13	가난한 자와 궁핍한 자를 **불쌍히** 여기
시 90:13	언제까지니이까 주의 종들을 **불쌍히**
잠 14:21	빈곤한 자를 **불쌍히** 여기는 자는 복이
잠 14:31	궁핍한 사람을 **불쌍히** 여기는 자는 주를
잠 19:17	가난한 자를 **불쌍히** 여기는 것은
잠 28:8	가난한 사람을 **불쌍히** 여기는 자를
잠 28:13	죄를 자복하고 버리는 자는 **불쌍히** 여김

▣ 선지서, 신약
사 27:11	지으신 이가 **불쌍히** 여기지 아니하시며
사 60:10	나의 은혜로 너를 **불쌍히** 여겼은즉
렘 12:15	돌이켜 그들을 **불쌍히** 여겨서 각 사람
렘 13:14	내가 그들을 **불쌍히** 여기지 아니하며
렘 15:5	예루살렘아 너를 **불쌍히** 여길 자 누구
렘 21:7	긍휼히 여기지 아니하며 **불쌍히** 여기지
렘 31:20	반드시 그를 **불쌍히** 여기리라 여호와의
렘 33:26	돌아오게 하고 그를 **불쌍히** 여기리라
렘 42:12	**불쌍히** 여기리니 그도 너희를 **불쌍히**
렘 50:42	잔인하여 **불쌍히** 여기지 아니하며 그들
렘 51:3	장정들을 **불쌍히** 여기지 말며 그의
겔 7:4	너를 **불쌍히** 여기지 아니하며 긍휼히
겔 7:9	너를 **불쌍히** 여기지 아니하며 긍휼히
겔 8:18	분노로 갚아 **불쌍히** 여기지 아니하며
겔 9:5	그를 따라 성읍 중에 다니며 **불쌍히**

【 불쌍하다/불쌍히 】　　　　　　　　　　　　　　　　　　　　【 불의 2/-하다 】

겔 9:10	내가 그들을 **불쌍히** 여기지 아니하며		
겔 16:5	너를 **불쌍히** 여긴 자가 없었으므로 네가		
단 2:18	은밀한 일에 대하여 **불쌍히** 여기사		
욜 2:17	여호와여 주의 백성을 **불쌍히** 여기소서		
욜 2:18	사랑하시어 그의 백성을 **불쌍히** 여기실		
암 5:15	요셉의 남은 자를 **불쌍히** 여기시리라		
미 7:19	다시 우리를 **불쌍히** 여기셔서 우리의		
슥 1:12	성읍들을 **불쌍히** 여기지 아니하시려		
슥 1:16	내가 **불쌍히** 여기므로 예루살렘에		
슥 11:5	그들을 **불쌍히** 여기지 아니하는도다		
슥 11:6	다시는 이 땅 주민을 **불쌍히** 여기지		
말 1:9	우리를 **불쌍히** 여기소서 하여 보라		
마 9:27	자손이여 우리를 **불쌍히** 여기소서		
마 9:36	무리를 보시고 **불쌍히** 여기시니 이는		
마 14:14	무리를 보시고 **불쌍히** 여기사 그 중에		
마 15:22	다윗의 자손이여 나를 **불쌍히** 여기소서		
마 15:32	내가 무리를 **불쌍히** 여기노라 그들이		
마 17:15	아들을 **불쌍히** 여기소서 그가 간질로		
마 18:27	종의 주인이 **불쌍히** 여겨 놓아 보내며		
마 18:33	너를 **불쌍히** 여김과 같이 너도 네 동료		
	를 **불쌍히** 여김이 마땅하지 아니하냐		
마 20:30	주여 우리를 **불쌍히** 여기소서 다윗의		
마 20:31	주여 우리를 **불쌍히** 여기소서 다윗의		
마 20:34	예수께서 **불쌍히** 여기사 그들의 눈을		
막 1:41	예수께서 **불쌍히** 여기사 손을 내밀어		
막 5:19	큰 일을 행하사 너를 **불쌍히** 여기신		
막 6:34	목자 없는 양 같음으로 인하여 **불쌍히**		
막 8:2	내가 무리를 **불쌍히** 여기노라 그들이		
막 9:22	하실 수 있거든 우리를 **불쌍히** 여기사		
막 10:47	자손 예수여 나를 **불쌍히** 여기소서		
막 10:48	다윗의 자손이여 나를 **불쌍히** 여기소서		
눅 7:13	주께서 과부를 보시고 **불쌍히** 여기사		
눅 10:33	거기 이르러 그를 보고 **불쌍히** 여겨		
눅 17:13	선생님이여 우리를 **불쌍히** 여기소서		
눅 18:13	하나님이여 **불쌍히** 여기소서 나는 죄인		
눅 18:38	자손 예수여 나를 **불쌍히** 여기소서		
눅 18:39	다윗의 자손이여 나를 **불쌍히** 여기소서		
요 11:33	심령에 비통히 여기시고 **불쌍히** 여기사		
롬 9:15	**불쌍히** 여길 자를 **불쌍히** 여기리라		
고전 15:19	가운데 우리가 더욱 **불쌍한** 자이리라		
엡 4:32	친절하게 하며 **불쌍히** 여기며 서로		
히 10:28	두세 증인으로 말미암아 **불쌍히** 여김을		
벧전 3:8	형제를 사랑하며 **불쌍히** 여기며 겸손		

불쑥 나오다(bulge)
사 30:13　무너지려고 터진 담이 **불쑥 나와**

불안/-(해)하다(不安, terrify, anguish)
왕하 6:11　아람 왕의 마음이 **불안하여** 그 신복들을
욥 3:26　안일도 없고 휴식도 없고 다만 **불안만이**
욥 21:6　기억하기만 하여도 **불안하고** 두려움이
시 38:8　상하였으매 마음이 **불안하여** 신음하나
시 42:5　어찌하여 내 속에서 **불안해하는가** 너는
시 42:11　어찌하여 내 속에서 **불안해하는가** 너는
시 43:5　어찌하여 내 속에서 **불안해하는가** 너는
시 77:3　하나님을 기억하고 **불안하여** 근심하니
렘 50:34　평안함을 주고 바벨론 주민은 **불안하게**

불어나다(multiply, increase)
출 1:7　자손은 생육하고 **불어나** 번성하고
시 73:12　항상 평안하고 재물은 더욱 **불어나도다**
렘 46:7　출렁임 같고 나일 강이 **불어남** 같은
렘 46:8　애굽은 나일 강이 **불어남** 같고 강물이

불어넣다(breathe)
창 2:7　생기를 그 코에 **불어넣으시니** 사람이

불어오다(blow)
렘 4:11　백성에게 **불어온다** 하리라 이는 키질하

불완전하다(不完全, disfigured)
레 21:18　다리 저는 자나 코가 **불완전한** 자나

불 월(month of Bul) 유대력으로 여덟 번째 달
왕상 6:38　열한째 해 불 월 곧 여덟째 달에 그 설계

불의 1(不意, destruction)
삼하 22:5　사망의 물결이 나를 에우고 **불의의**
시 18:4　사망의 줄이 나를 얽고 **불의의** 창수가

불의 2/-하다(不義, evil, dishonest)
모세오경 ~ 시가서
출 18:21　진실하며 **불의한** 이익을 미워하는 자를
레 16:21　이스라엘 자손의 모든 **불의와** 그 범한
레 16:22　염소가 그들의 모든 **불의를** 지고 접근
레 19:15　너희는 재판할 때에 **불의를** 행하지 말며
레 19:35　길이나 무게나 양을 잴 때 **불의를** 행하

【 불의 2/-하다 】　　　　　　　　　　　　　　【 불의 2/-하다 】

삼하 3:34	**불의한** 자식의 앞에 엎드러짐같이 네가	겔 22:27	**불의한** 이익을 얻으려고 피를 흘려 영혼
왕하 17:9	이스라엘의 자손이 점차로 **불의**를 행하	겔 28:15	완전하더니 마침내 네게서 **불의**가 드러
대상 12:17	내 손에 **불의함**이 없으니 우리 조상들의	겔 28:18	네가 죄악이 많고 무역이 **불의하므로**
대하 19:7	여호와께서는 **불의함**도 없으시고	호 12:8	죄라 할 만한 **불의**를 내게서 찾아 낼 자
욥 6:30	내 혀에 어찌 **불의한** 것이 있으랴	호 12:11	길르앗은 **불의한** 것이냐 과연 그러하다
욥 11:14	죄악이 있거든 멀리 버리라 **불의**가 네	호 13:12	에브라임의 **불의**가 봉함되었고 그 죄가
욥 13:7	하나님을 위하여 **불의**를 말하려느냐	호 14:1	**불의함**으로 말미암아 엎드러졌느니라
욥 18:21	**불의한** 자의 집이 이러하고 하나님을	호 14:2	**불의**를 제거하시고 선한 바를 받으소서
욥 22:23	받을 것이며 또 네 장막에서 **불의**를	미 6:10	악인의 집에 아직도 **불의한** 재물이 있느
욥 24:20	기억되지 않을 것이니 **불의**가 나무처럼	합 2:12	성읍을 건설하며 **불의**로 성을 건축하는
욥 27:4	결코 내 입술이 **불의**를 말하지 아니하며	습 3:5	의로우사 **불의**를 행하지 아니하시고
욥 27:7	일어나 나를 치는 자는 **불의한** 자같이		… 자기의 공의를 비추시거늘 **불의한**
욥 29:17	**불의한** 자의 턱뼈를 부수고 노획한 물건	말 2:6	입술에는 **불의함**이 없었으며 그가
욥 31:3	**불의한** 자에게는 환난이 아니겠느냐	【신약】	
욥 33:9	깨끗하여 악이 아니며 순전하고 **불의**	마 5:45	비를 의로운 자와 **불의한** 자에게 내려
욥 34:10	전능자는 결코 **불의**를 행하지 아니하시	눅 16:9	**불의**의 재물로 친구를 사귀라 그리하면
욥 36:23	**불의**를 행하셨나이다 할 수 있으랴	눅 16:10	**불의한** 자는 큰 것에도 **불의하니라**
시 35:11	**불의한** 증인들이 일어나서 내가 알지	눅 16:11	너희가 만일 **불의한** 재물에도 충성하지
시 37:1	**불의**를 행하는 자들을 시기하지 말지어	눅 18:6	주께서 또 이르시되 **불의한** 재판장이
시 43:1	간사하고 **불의한** 자에게서 나를 건지소	눅 18:11	다른 사람들 곧 토색, **불의**, 간음을 하는
시 71:4	악인의 손 곧 **불의한** 자와 흉악한 자의	요 7:18	구하는 자는 참되니 그 속에 **불의**가
시 92:15	그에게는 **불의**가 없음이 선포되리로다	행 1:18	사람이 **불의**의 삯으로 밭을 사고 후에
시 119:3	그들은 **불의**를 행하지 아니하고 주의	행 8:23	악독이 가득하며 **불의**에 매인 바 되었
잠 4:17	**불의**의 떡을 먹으며 강포의 술을 마심	행 25:10	내가 유대들에게 **불의**를 행한 일이
잠 10:2	**불의**의 재물은 무익하여도 공의는 죽음	행 25:11	만일 내가 **불의**를 행하여 무슨 죽을죄를
잠 11:7	그 소망이 끊어지나니 **불의**의 소망이	롬 1:18	**불의**로 진리를 … 경건하지 않음과 **불의**
잠 12:12	악인은 **불의**의 이익을 탐하나 의인은	롬 1:29	모든 **불의**, 추악, 탐욕, 악의가 가득한
잠 13:23	**불의**로 말미암아 가산을 탕진하는 자가	롬 2:8	진리를 따르지 아니하고 **불의**를 따르는
잠 14:19	**불의한** 자는 의인의 문에 엎드리느니라	롬 3:5	우리 **불의**가 … 하나님이 **불의하시냐**
잠 16:8	소득이 **불의**를 겸한 것보다 나으니라	롬 6:13	지체를 **불의**의 무기로 죄에게 내주지
잠 29:27	**불의한** 자는 의인에게 미움을 받고	롬 9:14	하나님께 **불의**가 있느냐 그럴 수 없느
【선지서】		고전 6:1	구태여 **불의한** 자들 앞에서 고발하고
사 10:1	**불의한** 법령을 만들며 **불의한** 말을 기록	고전 6:7	차라리 **불의**를 당하는 것이 낫지 아니
사 26:10	정직한 자의 땅에서 **불의**를 행하고	고전 6:8	너희는 **불의**를 행하고 속이는구나 그는
사 27:9	**불의**가 속함을 얻으며 그의 죄 없이함	고전 6:9	**불의한** 자가 하나님의 나라를 유업으로
사 32:6	그 마음에 **불의**를 품어 간사를 행하며	고전 13:6	**불의**를 기뻐하지 아니하며 진리와 함께
사 55:7	악인은 그의 길을, **불의한** 자는 그의	고후 7:2	아무에게도 **불의**를 행하지 않고
사 61:8	사랑하며 **불의**의 강탈을 미워하여	고후 7:12	**불의**를 행한 자를 … 그 **불의**를 당한
렘 2:5	너희 조상들이 내게 무슨 **불의함**을	골 3:25	**불의**를 행하는 자는 **불의**의 보응을 받으
렘 17:11	**불의**로 치부하는 자는 자고새가 낳지	살후 2:10	**불의**의 모든 속임으로 멸망하는 자들
렘 22:13	**불의**로 그 집을 세우며 부정하게 그	살후 2:12	진리를 믿지 않고 **불의**를 좋아하는 모든
겔 11:2	이 사람들은 **불의**를 품고 이 성 중에서	딤후 2:19	주의 이름을 부르는 자마다 **불의**에서
겔 22:13	네가 **불의**를 행하여 이익을 얻은 일과	몬 1:18	그가 만일 네게 **불의**를 하였거나 네게

【 불집게 】　　　　　　　　　　　　　　　　　　　　　　　　【 붉다 】

히 6:10	하나님은 **불의하지** 아니하사 너희 행위
히 8:12	그들의 **불의**를 긍휼히 여기고 그들의
약 3:6	혀는 곧 불이요 **불의**의 세계라 혀는
벧전 3:18	의인으로서 **불의한** 자를 대신하셨으니
벧후 2:9	**불의한** 자는 형벌 아래에 두어 심판
벧후 2:13	**불의**의 값으로 **불의**를 당하며 낮에
벧후 2:15	발람의 길을 따르는도다 그는 **불의**의
요일 1:9	우리를 모든 **불의**에서 깨끗하게 하실
요일 5:17	모든 **불의**가 죄로되 사망에 이르지
계 18:5	하나님은 그의 **불의한** 일을 기억하신지
계 22:11	**불의**를 행하는 자는 그대로 **불의**를 행하

불집게 (tong, basin, wick trimmer)

왕상 7:49	등잔대며 또 금 꽃과 등잔과 **불집게**며
왕상 7:50	정금 대접과 **불집게**와 주발과 숟가락과
왕하 12:13	성전의 은 대접이나 **불집게**나 주발이나
대하 4:22	순금으로 만든 **불집게**와 주발과 숟가락

불쾌하다 (不快, displeased)

| 삼상 18:8 | 사울이 그 말에 **불쾌하여** 심히 노하여 |

불타다 (burn, ablaze)

민 16:39	제사장 엘르아살이 **불탄** 자들이 드렸던
신 19:6	복수심에 **불타서** 살인자를 뒤쫓는데
신 32:22	삼키며 산들의 터도 **불타게** 하는도다
삿 15:14	그의 팔 위의 밧줄이 **불탄** 삼과 같이
삿 16:9	삼손이 그 줄들을 끊기를 **불탄** 삼실을
삼상 30:3	성읍이 **불탔고** 자기들의 아내와 자녀
느 1:3	허물어지고 성문들은 **불탔다** 하는지라
느 2:3	이제까지 황폐하고 성문이 **불탔사오니**
느 2:13	성벽이 다 무너졌고 성문은 **불탔더라**
느 2:17	예루살렘이 황폐하고 성문이 **불탔으니**
느 4:2	하루에 일을 마치려는가 **불탄** 돌을 흙
시 80:16	**불타고** 베임을 당하며 주의 면책으로
사 9:19	진노로 말미암아 이 땅이 **불타리니**
사 24:6	정죄함을 당하였고 땅의 주민이 **불타서**
렘 2:15	성읍들은 **불타서** 주민이 없게 되었으며
렘 9:12	어찌하여 멸망하여 광야같이 **불타서**
렘 49:27	지르리니 벤하닷의 궁전이 **불타리라**
렘 51:30	거처는 **불타고** 그 문빗장은 부러졌으며
렘 51:32	갈대밭이 **불탔으며** 군사들이 겁에 질렸
겔 28:14	네가 하나님의 성산에 있어서 **불타는**
겔 28:16	하나님의 산에서 쫓아내고 **불타는** 돌들

고전 3:15	누구든지 그 공적이 **불타면** 해를 받으리
계 18:9	그가 **불타는** 연기를 보고 위하여 울고
계 18:18	그가 **불타는** 연기를 보고 외쳐 이르되

불타오르다 (rise, consume)

시 78:21	이스라엘에게 진노가 **불타올랐으니**
사 9:18	대저 악행은 **불타오르는** 것 같으니 곧
사 42:25	사방에서 **불타오르나** 깨닫지 못하며

불태우다 (burn)

| 레 6:10 | 제단 위에서 **불태운** 번제의 재를 가져다 |
| 겔 39:9 | 나가서 그들의 무기를 **불태워** 사르되 |

불티같다 (spark)

| 사 1:31 | 그의 행위는 **불티같아서** 함께 탈 것이나 |

불편하다 (不便, cripple, unsuitable)

눅 14:13	차라리 가난한 자들과 몸 **불편한** 자들과
눅 14:21	가난한 자들과 몸 **불편한** 자들과 맹인들
행 27:12	항구가 겨울을 지내기에 **불편하므로**

불평/-하다 (不平, complain, fret)

욥 7:11	마음의 괴로움 때문에 **불평하리이다**
욥 9:27	내가 말하기를 내 **불평**을 잊고 얼굴빛을
욥 10:1	**불평**을 토로하고 내 마음이 괴로운 대로
시 37:1	악을 행하는 자들 때문에 **불평하지** 말며
시 37:7	악한 꾀를 이루는 자 때문에 **불평하지**
시 37:8	분을 그치고 노를 버리며 **불평하지** 말라

불행/-하다 (不幸, disaster, misery)

욥 31:3	행악자에게는 **불행**이 아니겠느냐
전 4:8	이것도 헛되어 **불행한** 노고로다
전 5:16	이것도 큰 **불행**이라 어떻게 왔든지
전 6:1	내가 해 아래에서 한 가지 **불행한** 일이
전 8:5	명령을 지키는 자는 **불행**을 알지 못하리

불화하다 (不和, turn against)

| 마 10:35 | 며느리가 시어머니와 **불화하게** 하려 |

붉다 (red)

창 25:25	나온 자는 **붉고** 전신이 털옷 같아서
창 25:30	피곤하니 그 **붉은** 것을 내가 먹게 하라
창 49:12	그의 눈은 포도주로 인하여 **붉겠고** 그의

1177

붓 1

출 25:5	**붉은** 물들인 숫양의 가죽과 해달의 가죽
레 13:49	병색이 푸르거나 **붉으면** 이는 나병의
민 19:2	멍에 메지 아니한 **붉은** 암송아지를
신 32:14	포도즙의 **붉은** 술을 마시게 하셨도다
수 2:18	우리를 달아 내린 창문에 이 **붉은** 줄을
삼상 16:12	그의 빛이 **붉고** 눈이 빼어나고 얼굴이
삼상 17:42	그는 젊고 **붉고** 용모가 아름다움이라
삼하 1:24	그가 **붉은** 옷으로 너희에게 화려하게
왕하 3:22	해가 물에 비치므로 맞은편 물이 **붉어**
욥 16:16	얼굴은 울음으로 **붉었고** 내 눈꺼풀에는
잠 23:29	상처가 까닭 없느뇨 **붉은** 눈이 뉘게
잠 23:31	포도주는 **붉고** 잔에서 번쩍이며 순하게
아 5:10	사랑하는 자는 희고도 **붉어** 많은 사람
사 1:18	진홍같이 **붉을지라도** 양털같이 희게
사 63:1	**붉은** 옷을 입고 보스라에서 오는 이 누구
렘 4:30	**붉은** 옷을 입고 금장식으로 단장하고
렘 22:14	백향목으로 입히고 **붉은** 빛으로 칠하도
애 4:5	이전에는 **붉은** 옷을 입고 자라난 자들이
겔 23:14	그가 음행을 더하였음은 **붉은** 색으로
나 2:3	**붉고** 그의 무사들의 옷도 **붉으며** 그
슥 1:8	**붉은** 말을 타고 … **붉은** 말과 자줏빛
슥 6:2	첫째 병거는 **붉은** 말들이, 둘째 병거는
마 16:2	저녁에 하늘이 **붉으면** 날이 좋겠다
마 16:3	아침에 하늘이 **붉고** 흐리면 오늘은 날이
히 9:19	송아지와 염소의 피 및 물과 **붉은** 양털
계 6:4	다른 **붉은** 말이 나오더라 그 탄 자가
계 12:3	한 큰 **붉은** 용이 있어 머리가 일곱이요
계 17:3	보니 여자가 **붉은** 빛 짐승을 탔는데
계 18:12	자주 옷감과 비단과 **붉은** 옷감이요

붉다 - 기타 본문

출 26:14; 35:7, 23; 36:19; 39:34; 레 14:37; 수 2:21; 사 63:2; 렘 6:15; 8:12; 애 4:7; 계 17:4; 18:10

붓 1(Put)

1. 인명 : 함의 셋째 아들

창 10:6	함의 아들은 구스와 미스라임과 **붓과**
대상 1:8	함의 자손은 구스와 미스라임과 **붓과**

2. 지명 : 붓의 후손이 살던 지역

렘 46:9	방패 잡은 구스 사람과 **붓** 사람과 활을
겔 27:10	바사와 룻과 **붓이** 네 군대 가운데에서
겔 30:5	구스와 **붓과** 룻과 모든 섞인 백성과
겔 38:5	방패와 투구를 갖춘 바사와 구스와 **붓과**

붓다/부어지다

나 3:9	힘이 강하여 끝이 없었고 **붓과** 루빔이

3. 유다 지파 중 갈렙 계열의 일족

대상 2:53	기럇여아림 족속들은 이델 족속과 **붓**

붓 2(marker, pen)

시 45:1	글 솜씨가 뛰어난 서기관의 **붓** 끝과
사 44:13	목공은 줄을 늘여 재고 **붓으로** 긋고
렘 8:8	참으로 서기관의 거짓의 **붓이** 거짓되게
눅 1:2	저술하려고 **붓을** 든 사람이 많은지라
요삼 1:13	쓸 것이 많으나 먹과 **붓으로** 쓰기를

붓다/부어지다(swell, pour, anoint, cast)

1. 살가죽이나 몸의 일부분이 부풀어 오르다(swell)

레 13:28	빛이 엷으면 화상의 **부은** 것이니
민 5:21	넓적다리가 마르고 네 배가 **부어서** 네가
민 5:22	네 창자에 들어가서 네 배를 **붓게** 하고
행 28:6	그들은 그가 **붓든지** 혹은 갑자기 쓰러져

2. 그릇 따위에 쏟아 넣다(pour, anoint, cast)

모세오경

창 24:20	물동이의 물을 구유에 **붓고** 다시 길으려
창 28:18	기둥으로 세우고 그 위에 기름을 **붓고**
창 31:13	네가 거기서 기둥에 기름을 **붓고** 거기서
창 35:14	전제물을 **붓고** 또 그 위에 기름을 **붓고**
출 4:9	나일 강 물을 조금 떠다가 땅에 **부으라**
출 25:29	대접과 숟가락과 병과 **붓는** 잔을 만들되
출 28:41	그들에게 기름을 **부어** 위임하고 거룩하
출 29:7	가져다가 그의 머리에 **부어** 바르고
출 29:29	그것을 입고 기름 **부음으로** 위임을 받으
출 29:36	깨끗하게 하고 그것에 기름을 **부어** 거룩
출 30:9	소제를 드리지 말며 전제의 술을 **붓지**
출 30:32	사람의 몸에 **붓지** 말며 이 방법대로
출 30:33	이것을 타인에게 **붓는** 모든 자는 그
출 32:4	그들의 손에서 금 고리를 받아 **부어**
출 36:1	여호와께서 지혜와 총명을 **부으사** 성소
출 40:13	그에게 기름을 **부어** 거룩하게 하여 그가
출 40:15	**부음같이** 그들에게도 **부어서** 그들을
레 2:1	그 위에 기름을 **붓고** 또 그 위에 유향을
레 2:6	위에 기름을 **부을지니** 이는 소제니라
레 2:15	그 위에 기름을 **붓고** 그 위에 유향을
레 5:11	그 위에 기름을 **붓지** 말며 유향을 놓지
레 8:12	또 관유를 아론의 머리에 **붓고** 그에게
레 21:10	자기의 형제 중 관유로 **부음을** 받고
민 4:7	숟가락과 주발들과 **붓는** 잔들을 그

【 붓다/부어지다 】

민 5:15 그것에 기름도 **붓지** 말고 유향도 두지
민 28:7 여호와께 독주의 전제를 **부어** 드릴
신 12:27 여호와의 제단 위에 **붓고** 그 고기는
신 29:20 여호와의 분노와 질투의 불을 **부으시며**

역사서

삿 6:20 위에 놓고 국을 **부으라** 하니 기드온이
삿 9:8 하루는 나무들이 나가서 기름을 **부어**
삿 9:15 기름을 **부어** 너희 위에 왕으로 삼겠거든
삼상 7:6 물을 길어 여호와 앞에 **붓고** 그 날 종일
삼상 9:16 그에게 기름을 **부어** 내 백성 이스라엘의
삼상 10:1 사울의 머리에 **붓고** 입맞추며 이르되
           여호와께서 네게 기름을 **부으사** 그의
삼상 15:1 왕에게 기름을 **부어** 그의 백성 이스라엘
삼상 15:17 왕에게 기름을 **부어** 이스라엘 왕을
삼상 16:3 나를 위하여 기름을 **부을지니라**
삼상 16:6 여호와의 기름 **부으실** 자가 과연 주님
삼상 16:12 그니 일어나 기름을 **부으라** 하시는지라
삼상 16:13 형제 중에서 그에게 **부었더니** 이 날
삼하 2:4 다윗에게 기름을 **부어** 유다 족속의 왕으
삼하 2:7 내게 기름을 **부어** 그들의 왕으로 삼았음
삼하 5:3 그들이 다윗에게 기름을 **부어** 이스라엘
삼하 5:17 이스라엘이 다윗에게 기름을 **부어**
삼하 12:7 너를 이스라엘 왕으로 기름 **붓기** 위하여
삼하 19:10 우리가 기름을 **부어** 우리를 다스리게
삼하 19:21 여호와의 기름 **부으신** 자를 저주하였으
삼하 23:16 아니하고 그 물을 여호와께 **부어** 드리며
왕상 1:34 그에게 기름을 **부어** 이스라엘 왕으로
왕상 1:39 솔로몬에게 기름을 **부으니** 이에 뿔 나팔
왕상 1:45 나단이 기혼에서 기름을 **부어** 왕으로
왕상 7:16 놋을 녹여 **부어서** 기둥머리를 만들어
왕상 18:33 채우다가 번제물과 나무 위에 **부으라**
왕상 19:15 하사엘에게 기름을 **부어** 아람의 왕이
왕상 19:16 예후에게 기름을 **부어** 이스라엘의 왕이
            되게 하고 … 엘리사에게 기름을 **부어**
왕하 3:11 엘리야의 손에 물을 **붓던** 사밧의 아들
왕하 4:4 모든 그릇에 기름을 **부어서** 차는 대로
왕하 4:5 그에게로 가져오고 그는 **부었더니**
왕하 9:3 머리에 **부으며** 이르기를 여호와의 말
          씀이 내가 네게 기름을 **부어** 이스라엘
왕하 9:6 기름을 **부으며** 그에게 이르되 이스
          엘 하나님 여호와가 … 기름을 **부어**
왕하 9:12 내가 네게 기름을 **부어** 이스라엘 왕으로
왕하 11:12 율법 책을 주고 기름을 **부어** 왕을

【 붓다/부어지다 】

왕하 16:13 또 전제물을 **붓고** 수은제 짐승의 피를
왕하 23:30 그에게 기름을 **붓고** 그의 아버지를 대신
대상 11:3 다윗에게 기름을 **부어** 이스라엘의 왕으
대상 11:18 아니하고 그 물을 여호와께 **부어** 드리고
대상 16:22 나의 기름 **부은** 자에게 손을 대지 말며
대상 29:22 기름을 **부어** 여호와께 돌려 주권자가
            되게 하고 사독에게도 기름을 **부어**
대하 4:2 놋을 **부어** 바다를 만들었으니 지름이
대하 22:7 여호와께서 기름을 **부으시고** 아합의
대하 23:11 기름을 **붓고** 이르기를 왕이여 만세 수를

시가서

시 23:5 기름을 내 머리에 **부으셨으니** 내 잔이
시 45:7 즐거움의 기름을 왕에게 **부어** 왕의 동료
시 69:24 주의 분노를 그들의 위에 **부으시며** 주의
시 84:9 기름 **부으신** 자의 얼굴을 살펴보옵소서
시 89:20 나의 거룩한 기름을 그에게 **부었도다**
시 92:10 내게 신선한 기름을 **부으셨나이다**
시 104:13 누각에서부터 산에 물을 **부어** 주시니
시 105:15 이르시기를 나의 기름 **부은** 자를 손대지
시 107:40 고관들에게는 능욕을 쏟아 **부으시고**
잠 1:23 보라 내가 나의 영을 너희에게 **부어**
잠 25:20 옷을 벗음 같고 소다 위에 식초를 **부음**
아 7:2 배꼽은 섞은 포도주를 가득히 **부은** 둥근

선지서

사 29:10 깊이 잠들게 하는 영을 너희에게 **부어**
사 32:15 위에서부터 영을 우리에게 **부어** 주시리
사 42:25 위력을 이스라엘에게 쏟아 **부으시매**
사 44:3 나의 복을 네 후손에게 **부어** 주리니
사 45:8 뿌리며 구름이여 의를 **부을지어다**
사 61:1 여호와께서 내게 기름을 **부으사** 가난한
사 65:11 므니에게 섞은 술을 가득히 **붓는** 너희여
렘 1:14 이 땅의 모든 주민에게 **부어지리라**
렘 6:11 아이들과 모인 청년들에게 **부으리니**
렘 7:18 다른 신들에게 전제를 **부음으로** 나의
렘 7:20 짐승과 들나무와 땅의 소산에 **부으리니**
렘 10:25 주의 분노를 **부으소서** 그들은 야곱을
렘 14:16 내가 그들의 악을 그 위에 **부음이니라**
렘 19:13 신들에게 전제를 **부음으로** 더러워졌은
렘 42:18 주민에게 **부은** 것같이 너희가 애굽에 이
            를 때에 나의 분을 너희에게 **부으리니**
애 4:20 여호와께서 기름 **부으신** 자가 그들의
겔 20:28 또 분향하고 전제물을 **부어** 드린지라
겔 24:4-5 물을 **붓고** 양 떼에서 한 마리를 골라

【 붓다/부어지다 】　　　　　　　　　　　　　【 붙다 】

호 5:10	나의 진노를 그들에게 물같이 **부으리라**	요 12:3	예수의 발에 **붓고** 자기 머리털로 그의
호 9:4	그들은 여호와께 포도주를 **부어** 드리지	행 2:17	말세에 내가 내 영을 모든 육체에 **부어**
욜 2:28	그 후에 내가 내 영을 만민에게 **부어**	행 2:18	영을 내 남종과 여종들에게 **부어** 주리니
욜 2:29	영을 남종과 여종에게 **부어** 줄 것이며	행 2:33	보고 듣는 이것을 **부어** 주셨느니라
나 1:14	새긴 우상과 **부은** 우상을 멸절하며 네	행 4:27	하나님께서 기름 **부으신** 거룩한 종 예수
슥 12:10	은총과 간구하는 심령을 **부어** 주리니	행 10:38	성령과 능력을 기름 **붓듯** 하셨으매 그가
말 3:10	쌓을 곳이 없도록 **붓지** 아니하나 보라	행 10:45	이방인들에게도 성령 **부어** 주심으로

신약

마 26:7	식사하시는 예수의 머리에 **부으니**	롬 5:5	사랑이 우리 마음에 **부은** 바 됨이니
마 26:12	내 몸에 이 향유를 **부은** 것은 내 장례를	고후 1:21	기름을 **부으신** 이는 하나님이시니
막 14:3	옥합을 깨뜨려 예수의 머리에 **부으니**	딤후 4:6	전제와 같이 내가 벌써 **부어지고** 나의
막 14:8	힘을 다하여 내 몸에 향유를 **부어** 내	딛 3:6	우리에게 그 성령을 풍성히 **부어** 주사
눅 4:18	전하게 하시려고 내게 기름을 **부으시고**	히 1:9	하나님이 즐거움의 기름을 주께 **부어**
눅 7:38	닦고 그 발에 입 맞추고 향유를 **부으니**	요일 2:27	기름 **부음이** 너희 … 그의 기름 **부음이**
눅 7:46	너는 내 머리에 감람유도 **붓지** 아니하였	계 14:10	그 진노의 잔에 섞인 것이 없이 **부은**
	으되 그는 향유를 내 발에 **부었느니라**		
눅 10:34	기름과 포도주를 그 상처에 **붓고** 싸매고		
눅 22:20	언약이니 곧 너희를 위하여 **붓는** 것이라		
요 11:2	마리아는 향유를 주께 **붓고** 머리털로		

붙다(blaze, burn, connect)

1. 불이 옮아 당기다(blaze, burn)

출 3:2	떨기나무에 불이 **붙었으나** 그 떨기나무
민 11:3	불이 그들 중에 **붙은** 까닭이었더라
민 16:37	엘르아살에게 명령하여 **붙는** 불 가운데
신 4:11	산에 불이 **붙어** 불길이 충천하고 어둠과
신 9:15	산에는 불이 **붙었고** 언약의 두 돌판은
시 39:3	작은 소리로 읊조릴 때에 불이 **붙으니**
시 83:14	삼림을 사르는 불과 산에 **붙는** 불길
시 106:18	그들의 당에 **붙음이여** 화염이 악인들을
사 10:16	영화 아래에 불이 **붙는** 것같이 맹렬히
눅 12:49	이미 **붙었으면** 내가 무엇을 원하리요
히 12:18	만질 수 있고 불이 **붙는** 산과 침침함과
계 19:20	산 채로 유황불 **붙는** 못에 던져지고

['붓다'와 관련된 성구]

기름 부음을 받다 – 출 40:15; 레 4:3, 5, 16; 6:20, 22; 16:32; 민 3:3; 18:8; 35:25; 삼상 24:6; 26:16; 삼하 1:21; 3:39; 왕상 5:1; 대상 14:8; 사 45:1; 겔 28:14; 단 9:24; 요일 2:20

기름 부음을 받은 자 – 삼상 2:10, 35; 12:3, 5; 24:6, 10; 26:9, 11, 23; 삼하 1:14, 16; 22:51; 23:1; 대하 6:42; 시 2:2; 18:50; 20:6; 28:8; 89:38, 51; 132:10, 17; 단 9:25, 26; 합 3:13; 슥 4:14

부어 내다 – 왕상 7:46; 대하 4:17

부어 만들다 – 출 25:12; 26:37; 32:8; 34:17; 36:36; 37:3, 13; 38:5, 27; 레 19:4; 민 33:52; 신 9:12, 16; 27:15; 삿 17:3, 4; 18:14, 17, 18; 왕상 7:23, 24, 30, 33, 37; 14:9; 왕하 17:16; 대하 4:3; 28:2; 34:3, 4; 느 9:18; 욥 37:18; 시 106:19; 사 30:22; 40:19; 41:29; 42:17; 44:10; 48:5; 렘 10:14; 51:17; 단 11:8; 호 13:2; 합 2:18

2. 서로 떨어지지 않게 되다(connect, stick together)

출 9:9	애굽 온 땅의 사람과 짐승에게 **붙어서**
출 9:10	짐승에게 **붙어** 악성 종기가 생기고
레 3:3	내장에 덮인 기름과 내장에 **붙은** 모든
레 3:9	내장에 덮인 기름과 내장에 **붙은** 모든
레 3:14	내장에 덮인 기름과 내장에 **붙은** 모든
레 4:8	내장에 덮인 기름과 내장에 **붙은** 모든
신 4:4	너희의 하나님 여호와께 **붙어** 떠나지
삼상 9:24	요리인이 넓적다리와 그것에 **붙은** 것을
삼하 23:10	그의 손이 칼에 **붙기까지** 블레셋 사람을
왕하 6:31	엘리사의 머리가 오늘 그 몸에 **붙어**
왕하 18:20	입에 **붙은** 말뿐이라 네가 이제 누구를
욥 19:20	내 피부와 살이 뼈에 **붙었고** 남은 것은
욥 29:10	그들의 혀가 입천장에 **붙었느니라**

【 붙들다/붙들리다 】　　　　　　　　　　　　　　　【 붙들다/붙들리다 】

욥 38:38	덩어리를 이루며 흙덩이가 서로 **붙게**	시 18:35	오른손이 나를 **붙들고** 주의 온유함이
욥 41:17	서로 이어져 **붙었으니** 능히 나눌 수도	시 20:2	도와주시고 시온에서 너를 **붙드시며**
시 22:15	내 혀가 입천장에 **붙었나이다** 주께서	시 37:17	의인은 여호와께서 **붙드시는도다**
시 44:25	파묻히고 우리 몸은 땅에 **붙었나이다**	시 37:24	여호와께서 그의 손으로 **붙드심이로다**
시 78:50	그들의 생명을 전염병에 **붙이셨으며**	시 41:3	여호와께서 그를 병상에서 **붙드시고**
시 78:61	그의 영광을 대적의 손에 **붙이시고**	시 41:12	주께서 나를 온전한 중에 **붙드시고**
시 102:5	말미암아 나의 살이 뼈에 **붙었나이다**	시 51:12	자원하는 심령을 주사 나를 **붙드소서**
시 119:25	영혼이 진토에 **붙었사오니** 주의 말씀	시 54:4	내 생명을 **붙들어** 주시는 이시니이다
시 137:6	내 혀가 내 입천장에 **붙을지로다**	시 55:22	여호와께 맡기라 그가 너를 **붙드시고**
사 36:5	계략과 용맹이 있노라 함은 입술에 붙은	시 63:8	주의 오른손이 나를 **붙드시거니와**
애 4:4	목말라서 혀가 입천장에 **붙음이여**	시 73:23	주께서 내 오른손을 **붙드셨나이다**
애 4:8	그들의 가죽이 뼈들에 **붙어** 막대기같이	시 91:12	그들이 그들의 손으로 너를 **붙들어** 발이
겔 3:26	내가 네 혀를 네 입천장에 **붙게** 하여	시 94:18	주의 인자하심이 나를 **붙드셨사오며**
겔 29:4	비늘에 **붙게** 하고 네 비늘에 붙은 강의	시 101:3	나는 그 어느 것도 **붙들지** 아니하리다
겔 41:6	골방이 성전 벽 밖으로 그 벽에 **붙어**	시 119:116	주의 말씀대로 나를 **붙들어** 살게 하시고
겔 41:9	성전에 **붙어** 있는 그 골방 바깥 벽 두께	시 119:117	나를 **붙드소서** 그리하시면 내가 구원을
욥 1:18	그들이 그들 위에 **붙어서** 그들을 불사를	시 139:10	주의 오른손이 나를 **붙드시리이다**
요 15:2	내게 **붙어** 있어 열매를 맺지 아니하는	시 145:14	모든 넘어지는 자들을 **붙드시며**
요 15:4	가지가 포도나무에 **붙어** 있지 아니하면	시 146:9	보호하시며 고아와 과부를 **붙드시고**
행 8:7	많은 사람에게 **붙었던** 더러운 귀신들이	시 147:6	여호와께서 겸손한 자들은 **붙드시고**
행 27:41	이물은 부딪쳐 움직일 수 없이 붙고	전 4:10	동무를 **붙들어** … **붙들어** 일으킬 자가
고전 12:15	나는 손이 아니니 몸에 **붙지** 아니하였		

<u>선지서, 신약</u>

고전 12:15	다 할지라도 이로써 몸에 **붙지** 아니한
고전 12:16	몸에 **붙지** 아니하였다 … 몸에 **붙지**

붙들다/붙들리다(take hold, sustain)

<u>모세오경 - 시가서</u>

창 21:18	아이를 일으켜 네 손으로 **붙들라** 그가	사 41:9	땅 끝에서부터 너를 **붙들며** 땅 모퉁이에
출 17:12	모세의 손을 **붙들어** 올렸더니 그 손이	사 41:10	나의 의로운 오른손으로 너를 **붙들리라**
신 22:28	아니한 처녀를 만나 그를 **붙들고**	사 41:13	너의 하나님이 네 오른손을 **붙들고**
신 32:41	정의를 **붙들고** 내 대적들에게 복수하며	사 42:1	**붙드는** 나의 종, 내 마음에 기뻐하는
삿 15:4	삼손이 가서 여우 삼백 마리를 **붙들어서**	사 45:1	내가 그의 오른손을 **붙들고** 그 앞에
삿 16:26	삼손이 자기 손을 **붙든** 소년에게 이르되	사 63:5	**붙들어** 주는 자도 없으므로 … 나를
삿 21:21	실로의 딸 중에서 각각 하나를 **붙들어**		구원하며 내 분이 나를 **붙들었음이라**
삿 21:23	자기들의 숫자대로 **붙들어** 아내로 삼아	렘 2:26	도둑이 **붙들리면** 수치를 당함같이
삼하 6:6	손을 들어 하나님의 궤를 **붙들었더니**	렘 15:17	주의 손에 **붙들려** 홀로 앉았사오니 이는
삼하 15:5	압살롬이 손을 펴서 그 사람을 **붙들고**	렘 50:33	그들을 사로잡은 자는 다 그들을 **붙들고**
삼하 22:17	위에서 손을 내미사 나를 **붙드심이여**	겔 30:6	애굽을 **붙들어** 주는 자도 엎드러질
왕상 22:35	왕이 병거 가운데에 **붙들려** 서서 아람	단 3:22	아벳느고를 **붙든** 사람을 태워 죽였고
대상 13:9	웃사가 손을 펴서 궤를 **붙들었더니**	마 16:22	베드로가 예수를 **붙들고** 항변하여
욥 4:4	넘어지는 자를 말로 **붙들어** 주었고	마 18:28	빚진 동료 한 사람을 만나 **붙들어** 목을
욥 8:20	아니하시고 악한 자를 **붙들어** 주지 아니	막 3:21	예수의 친족들이 듣고 그를 **붙들러**
시 3:5	여호와께서 나를 **붙드심이로다**	막 8:32	말씀을 하시니 베드로가 예수를 **붙들고**
		눅 23:26	사람이 시골에서 오는 것을 **붙들어**
		요 6:15	억지로 **붙들어** 임금을 삼으려는
		요 20:17	나를 **붙들지** 말라 내가 아직 아버지께로
		행 17:19	**붙들어** 아레오바고로 가며 말하기를
		행 19:29	아리스다고를 **붙들어** 일제히 연극장으

【 붙박이 】   【 붙잡다/붙잡히다 】

행 21:27	보고 모든 무리를 충동하여 그를 **붙들고**	신 6:8	기호를 삼으며 네 미간에 **붙여** 표로 삼고
골 2:19	머리를 **붙들지** 아니하는지라 온 몸이	신 11:18	기호를 삼고 너희 미간에 **붙여** 표를
살전 5:14	힘이 없는 자들을 **붙들어** 주며 모든	시 77:4	주께서 내가 눈을 **붙이지** 못하게 하시니
히 1:3	그의 능력의 말씀으로 만물을 **붙드시며**	사 38:21	가져다가 종처에 **붙이면** 왕이 나으리라
히 2:16	천사들을 **붙들어** … 자손을 **붙들어**	겔 30:21	아주 싸매지도 못하였고 약을 **붙여**
		겔 37:19	유다의 막대기에 **붙여서** 한 막대기가
붙박이(clerestory)		마 9:16	생베 조각을 낡은 옷에 **붙이는** 자가
왕상 6:4	성전을 위하여 창틀 있는 **붙박이** 창문을	마 27:37	유대인의 왕 예수라 쓴 죄패를 **붙였더라**
		막 2:21	생베 조각을 낡은 옷에 **붙이는** 자가
붙이다(deliver, fasten, sew)		눅 5:36	조각을 찢어 낡은 옷에 **붙이는** 자가
1. 배속시키다(deliver, destine)		눅 15:15	백성 중 한 사람에게 **붙여** 사니 그가
창 9:2	이것들은 너희의 손에 **붙였음이니라**	요 19:19	빌라도가 패를 써서 십자가 위에 **붙이니**
창 14:20	너희 대적을 네 손에 **붙이신** 지극히	엡 6:14	허리띠를 띠고 의의 호심경을 **붙이고**
수 10:30	그 왕을 이스라엘의 손에 **붙이신지라**	살전 5:8	사랑의 호심경을 **붙이고** 구원의 소망의
대하 18:5	그 성읍을 왕의 손에 **붙이시리이다**		
시 78:50	그들의 생명을 전염병에 **붙이셨으며**	**3. 불이 붙게 하다**(put fire on)	
시 78:61	그의 영광을 대적의 손에 **붙이시고**	레 1:7	아론의 자손들은 제단 위에 불을 **붙이고**
사 19:4	애굽인을 잔인한 주인의 손에 **붙이리니**	민 11:1	여호와의 불을 그들 중에 **붙여서** 진영
사 65:12	너희를 칼에 **붙일** 것인즉 다 구푸리고	삿 15:5	불을 **붙이고** 그것을 블레셋 사람들의
렘 15:9	남은 자를 그들의 대적의 칼에 **붙이리라**	왕상 18:23	불은 **붙이지** 말며 나도 송아지 한 마
렘 46:24	수치를 당하여 북쪽 백성의 손에 **붙임을**		리를 … 위에 놓고 불은 **붙이지** 않고
겔 22:9	흘리려고 이간을 **붙이는** 자도 있었으며	왕상 18:25	신의 이름을 부르라 그러나 불을 **붙이지**
겔 23:28	싫어하는 자의 손에 너를 **붙이리니**		
단 7:25	성도들은 그의 손에 **붙인** 바 되어 한	**4. 이름을 붙이다**(name after)	
단 7:27	이의 거룩한 백성에게 **붙인** 바 되리니	삼하 18:18	그 비석에 이름을 **붙였으며** 그 비석이
눅 15:15	백성 중 한 사람에게 **붙여** 사니 그가		
미 5:3	해산하기까지 그들을 **붙여** 두시겠으나	**붙잡다/붙잡히다**(take, catch, hold, clasp)	
미 6:14	보존된 것은 내가 칼에 **붙일** 것이며	**구약**	
계 20:8	마곡을 미혹하고 모아 싸움을 **붙이리니**	수 11:12	모든 성읍과 그 모든 왕을 **붙잡아**
2. 꽉 달라붙어 떨어지지 않게 하다(bindon)		삿 8:16	그 성읍의 장로들을 **붙잡아** 들 가시와
창 31:40	추위를 무릅쓰고 눈 붙일 겨를도 없이	삿 16:21	블레셋 사람이 그를 **붙잡아** 그의 눈을
출 25:27	턱 곁에 **붙이라** 이는 상을 멜 채를 꿸	삿 19:25	그 사람이 자기 첩을 **붙잡아** 그들에게
출 28:8	곤 베 실로 에봇에 정교하게 **붙여** 짤지며	삼상 15:27	그의 겉자락을 **붙잡으매** 찢어진지라
출 28:12	두 보석을 에봇의 두 어깨받이에 **붙여**	삼상 27:1	내가 후일에는 사울의 손에 **붙잡히리니**
출 28:22	노끈처럼 땋은 사슬을 흉패 위에 **붙이고**	삼하 2:21	하나를 **붙잡아** 그의 군복을 빼앗으라
출 28:28	흉패로 정교하게 짠 에봇 띠 위에 **붙여**	삼하 13:11	암논이 그를 **붙잡고** 그에게 이르되 나의
출 28:29	판결 흉패를 가슴에 **붙여** 여호와 앞에	삼하 21:8	아들 아드리엘의 다섯 아들을 **붙잡아**
출 28:30	들어갈 때에 그의 가슴에 **붙이게** 하라	왕하 10:7	그들이 왕자 칠십 명을 **붙잡아** 죽이고
출 39:5	가늘게 꼰 베 실로 에봇에 **붙여** 짰으니	대하 7:22	다른 신들에게 **붙잡혀서** 그것들을 경배
출 39:15	노끈처럼 사슬을 땋아 흉패에 **붙이고**	욥 8:15	**붙잡아** 주어도 집이 보존되지 못하리라
출 39:21	정교하게 짠 에봇 띠 위에 **붙여서** 에봇	욥 38:13	그것으로 땅 끝을 **붙잡고** 악한 자들을
레 8:8	흉패를 **붙이고** 흉패에 우림과 둠밈을	시 18:16	높은 곳에서 손을 펴사 나를 **붙잡아**
레 8:9	관 위 전면에 금패를 **붙이니** 곧 거룩한	시 52:5	너를 **붙잡아** 네 장막에서 뽑아내며 살아
		잠 7:13	여인이 그를 **붙잡고** 그에게 입 맞추며
		전 2:3	알아볼 때까지 내 어리석음을 꼭 **붙잡**

【 붙좇다 】   【 브노 】

전 7:26	죄인은 그 여인에게 **붙잡히리로다**
아 3:4	사랑하는 자를 만나서 그를 **붙잡고**
사 3:6	아버지 집에서 자기의 형제를 **붙잡고**
사 4:1	그 날에 일곱 여자가 한 남자를 **붙잡고**
사 28:13	넘어져 부러지며 걸리며 **붙잡히게**
사 64:7	분발하여 주를 **붙잡는** 자가 없사오니
렘 26:8	선지자들과 모든 백성이 그를 **붙잡고**
렘 36:5	**붙잡혔으므로** 여호와의 집에 들어갈
렘 37:13	**붙잡아** 이르되 네가 갈대아인에게
렘 43:3	넘겨 죽이며 바벨론으로 **붙잡아** 가게
암 9:2	거기에서 **붙잡아** … 거기에서 **붙잡아**
슥 14:13	피차 손으로 **붙잡으며** 피차 손을 들어

신약
마 14:31	즉시 손을 내밀어 그를 **붙잡으시며**
마 28:9	여자들이 나아가 그 발을 **붙잡고** 경배
막 8:23	예수께서 맹인의 손을 **붙잡으시고** 마을
눅 8:29	귀신이 가끔 사람을 **붙잡으므로** 그를
요 12:35	빛이 있을 동안에 다녀 어둠에 **붙잡히지**
행 3:11	나은 사람이 베드로와 요한을 **붙잡으니**
행 16:19	바울과 실라를 **붙잡아** 장터로 관리들
행 18:5	하나님의 말씀에 **붙잡혀** 유대인들에게
행 19:37	이 사람들을 너희가 **붙잡아** 왔으니
골 2:21	**붙잡지도** 말고 맛보지도 말고 만지지도
계 2:1	오른손에 있는 일곱 별을 **붙잡고** 일곱
계 7:1	땅의 사방의 바람을 **붙잡아** 바람으로

붙좇다(cling)
| 룻 1:14 | 입 맞추되 룻은 그를 **붙좇았더라** |

브가히야(Pekahiah) 북이스라엘의 17대 왕
왕하 15:22	아들 **브가히야**가 대신하여 왕이 되니라
왕하 15:23	므나헴의 아들 **브가히야**가 사마리아에
왕하 15:26	**브가히야**의 남은 사적과 그가 행한 모든

브곳(Pekod) 티그리스강 동편에 살았던 아람 족속
| 렘 50:21 | 므라다임의 땅을 치며 **브곳**의 주민을 |
| 겔 23:23 | 갈대아 모든 무리 **브곳**과 소아와 고아 |

브나(Bunah) 유다 후손 여라므엘의 둘째 아들
| 대상 2:25 | 맏아들 람과 그 다음 **브나**와 오렌과 |

브나야(Benaiah)
1. 다윗 왕 시대 열두 군대사령관 중의 한 명

| 삼하 8:18 | 여호야다의 아들 **브나야**는 그렛 사람과 |

📖 **브나야 1 – 기타 본문**
  삼하 20:23; 23:20, 22; 왕상 1:8, 10, 26, 32, 36, 38, 44; 2:25, 29, 30, 34, 35, 46; 4:4; 대상 11:22, 24; 18:17; 27:5

2. 다윗을 따랐던 30인의 용사 중 한 사람
삼하 23:30	비라돈 사람 **브나야**와 가아스 시냇가에
대상 11:31	리배의 아들 이대와 비라돈 사람 **브나야**
대상 27:6	**브나야**는 삼십 명 중에 용사요 삼십 명
대상 27:14	비라돈 사람 **브나야**이니 그의 반에 이만

3. 시므온 지파 사람
| 대상 4:36 | 아사야와 아디엘과 여시미엘과 **브나야** |

4. 비파를 탔던 사람
대상 15:18	운니와 엘리압과 **브나야**와 마아세야와
대상 15:20	마아세야와 **브나야**는 비파를 타서
대상 16:5	맛디디아와 엘리압과 **브나야**

5. 나팔을 불던 사람
| 대상 15:24 | 스가랴와 **브나야**와 엘리에셀은 하나님 |
| 대상 16:6 | 제사장 **브나야**와 야하시엘은 항상 |

6. 야하시엘의 조부
| 대하 20:14 | 여이엘의 증손이요 **브나야**의 손자요 |

7. 히스기야 왕 때 성전에서 헌물을 관리한 사람
| 대하 31:13 | 이스마갸와 마핫과 **브나야**는 고나냐와 |

8. 이방인 아내를 내어보냈던 사람
스 10:25	미야민과 엘르아살과 말기야와 **브나야**
스 10:30	앗나와 글랄과 **브나야**와 마아세야와
스 10:35	**브나야**와 베드야와 글루히와
스 10:43	스비내와 잇도와 요엘과 **브나야**더라

9. 에스겔 때 악한 교훈을 가르친 블라댜의 아버지
| 겔 11:1 | 앗술의 아들 야아사냐와 **브나야**의 |
| 겔 11:13 | 예언할 때에 **브나야**의 아들 블라댜가 |

브네브락(Bene Berak) 단 지파에게 분배된 성읍
| 수 19:45 | 여훗과 **브네브락**과 가드 림몬과 |

브네야아간(Bene Jaakan) 호르산 전에 진 쳤던 곳
| 민 33:31 | 모세롯을 떠나 **브네야아간**에 진을 치고 |
| 민 33:32 | **브네야아간**을 떠나 홀하깃갓에 진을 |

브노(Beno) 므라리 자손 야아시야의 아들
| 대상 24:26 | 무시요 야아시야의 아들들은 **브노**이니 |

【 브누엘 】　　　　　　　　　　　　　　　　【 브돌 】

대상 24:27　야아시야에게서 난 자는 **브노**와 소함과

브누엘(Penuel)
1. 인 명
(1) 유다의 후손인 그돌의 아버지
대상 4:4　그돌의 아버지 **브누엘**과 후사의 아버지
(2) 베냐민 지파로 사사 에훗의 후손
대상 8:25　이브드야와 **브누엘**은 다 사삭의 아들들
2. 지명 : 미디안과 싸우던 기드온을 도와주지 않았다가 화를 당한 성읍
삿 8:8　거기서 **브누엘**로 올라가서 그들에게도 그같이 구한즉 **브누엘** 사람들의 대답도
삿 8:9　기드온이 또 **브누엘** 사람들에게 말하여
삿 8:17　**브누엘** 망대를 헐며 그 성읍 사람들을

브니누(Beninu)　율법 준수 언약에 인친 레위 사람
느 10:13　호디야, 바니, **브니누**요

브니엘(Peniel)　요단 동편 얍복 강 부근
창 32:30　그 곳 이름을 **브니엘**이라 하였으니
창 32:31　그가 **브니엘**을 지날 때에 해가 돋았고

브닌나(Peninnah)　엘가나의 두 아내 중 한 사람
삼상 1:2　한 사람의 이름은 **브닌나** **브닌나**에게
삼상 1:4　제물의 분깃을 그의 아내 **브닌나**와 그의
삼상 1:6　적수인 **브닌나**가 그를 심히 격분하게
삼상 1:7　남편이 그같이 하매 **브닌나**가 그를 격분

브다술(Pedahzur)　시내 광야에서 모세와 아론을 도와 인구조사를 도운 사람
민 1:10　므낫세 지파에서는 **브다술**의 아들
민 2:20　므낫세 자손의 지휘관은 **브다술**의
민 7:54　**브다술**의 아들 가말리엘이 헌물을
민 7:59　**브다술**의 아들 가말리엘의 헌물이었더
민 10:23　므낫세 자손 지파의 군대는 **브다술**의

브다야(Pedaiah)
1. 유다 여호야김 왕의 어머니 스비다의 아버지
왕하 23:36　스비다라 루마 **브다야**의 딸이더라
2. 스룹바벨의 아버지
대상 3:18　말기람과 **브다야**와 세낫살과 여가먀와
대상 3:19　**브다야**의 아들들은 스룹바벨과 시므이

3. 다윗 시대 관장 요엘의 아버지
대상 27:20　므낫세 반 지파의 지도자는 **브다야**의
4. 예루살렘 성벽 재건에 참여했던 사람
느 3:25　바로스의 아들 **브다야**가 중수하였고
5. 에스라가 율법을 낭독할 때 좌편에 서 있던 사람
느 8:4　선 자는 **브다야**와 미사엘과 말기야와
6. 포로지에서 돌아와 예루살렘에 거주한 살루의 조상
느 11:7　요엣의 손자요 **브다야**의 증손이요
7. 느헤미야 때 창고지기로 임명받은 레위 사람
느 13:13　사독과 레위 사람 **브다야**를 창고지기로

브다헬(Pedahel)　가나안 땅 분배를 돕기 위해 임명된 베냐민 지파 대표
민 34:28　지휘관 암미훗의 아들 **브다헬**이니라

브다히야(Pethahiah)
1. 다윗 때 성전 봉사의 직임을 맡았던 제사장
대상 24:16　열아홉째는 **브다히야**요 스무째는
2. 이방인 아내를 내어 보낸 레위인
스 10:23　글리다와 **브다히야**와 유다와 엘리에셀
3. 에스라 때 이스라엘의 회개 운동에 앞장선 레위인
느 9:5　호디야와 스바냐와 **브다히야**는 이르기
4. 바벨론에서 돌아와 바사 왕 아닥사스다의 명을 따라 백성을 다스린 사람
느 11:24　므세사벨의 아들 **브다히야**는 왕의 수하

브단(Bedan)　므낫세의 후손으로 울람의 아들
대상 7:17　아들들은 **브단**이니 이는 다 길르앗의

브닷(Bedad)　에돔 땅을 다스렸던 하닷 왕의 아버지
창 36:35　후삼이 죽고 **브닷**의 아들 곧 모압 들에
대상 1:46　후삼이 죽으매 **브닷**의 아들 하닷이 대신

브도님(Betonim)　갓 지파에게 분배된 요단 동편 성읍
수 13:26　헤스본에서 라맛 미스베와 **브도님**까지

브돌(Pethor)　술사 발람의 고향
민 22:5　발람의 고향인 강 가 **브돌**에 보내어
신 23:4　메소보다미아의 **브돌** 사람 브올의 아들

브두엘 1(Bethuel)
1. 인명 : 이삭의 아내인 리브가의 아버지
창 22:22 하소와 빌다스와 이들랍과 **브두엘**이라

브두엘 1-1 - 기타 본문
창 22:23; 24:15, 24, 47, 50; 25:20; 28:2, 5

2. 지명 : 시므온 지파가 거했던 성읍
대상 4:30 **브두엘**과 호르마와 시글락과

브두엘 2(Pethuel) 선지자 요엘의 아버지
욜 1:1 **브두엘**의 아들 요엘에게 임한 여호와의

브둘(Bethul) 시므온 지파의 기업이 된 성읍
수 19:4 엘돌랏과 **브둘**과 호르마와

브드나도(Fortunatus) 고린도 교회 교인
고전 16:17 스데바나와 **브드나도**와 아가이고가

브라가(Beracah)
1. 인명 : 다윗이 사울을 피해 다닐 때 다윗을 도왔던 용사
대상 12:3 여시엘과 벨렛과 또 **브라가**와 아나돗
2. 지명 : 여호사밧이 승전 후 하나님을 찬양했던 골짜기
대하 20:26 넷째 날에 무리가 **브라가** 골짜기에 모여

브라심(Perazim) 이사야가 유다 왕국에 대한 심판을 예언할 때 인용한 장소
사 28:21 여호와께서 **브라심** 산에서와 같이

브라야(Beraiah) 베냐민 지파 시므이의 아들
대상 8:21 아다야와 **브라야**와 시므랏은 다 시므이

브라이도리온(Praetorium) 로마 총독의 관정
막 15:16 끌고 **브라이도리온**이라는 뜰 안으로

브로고로(Procorus) 초대 교회 일곱 집사 중 한 사람
행 6:5 또 빌립과 **브로고로**와 니가노르와

브로다(Berothah) 에스겔이 환상으로 본 땅
겔 47:16 곧 하맛과 **브로다**며 다메섹 경계선과

브루기아(Phrygia) 소아시아 중부의 한 지방
행 2:10 **브루기아**와 밤빌리아, 애굽과 및 구레네
행 16:6 그들이 **브루기아**와 갈라디아 땅으로
행 18:23 갈라디아와 **브루기아** 땅을 차례로

브루다(Peruda) 솔로몬의 신복
스 2:55 소대 자손과 하소베렛 자손과 **브루다**

브리다(Perida) 브루다와 동일한 장소
느 7:57 소대 자손과 소베렛 자손과 **브리다** 자손

브리스가(Prisca) 아굴라의 아내 브리스길라
롬 16:3 동역자들인 **브리스가**와 아굴라에게
고전 16:19 아굴라와 **브리스가**와 그 집에 있는 교회
딤후 4:19 **브리스가**와 아굴라와 및 오네시보로의

브리스길라(Priscilla) 아굴라의 아내
행 18:2 **브리스길라**와 함께 이달리야로부터
행 18:18 **브리스길라**와 아굴라도 함께 하더라
행 18:26 **브리스길라**와 아굴라가 듣고 데려다가

브리스 사람(Perizzite) 가나안 초기 거민 중 하나
창 13:7 가나안 사람과 **브리스 사람**도 그 땅에
출 23:23 헷 사람과 **브리스 사람**과 가나안 사람
왕상 9:20 헷 사람과 **브리스 사람**과 히위 사람과
스 9:1 헷 사람들과 **브리스 사람**들과 여부스

브리스 사람 - 기타 본문
출 33:2; 34:11; 수 9:1

브리스 족속(Perizzite) 가나안에 살았던 족속
창 15:20 헷 족속과 **브리스 족속**과 르바 족속과

브리스 족속 - 기타 본문
창 34:30; 출 3:8, 17; 신 7:1; 20:17; 수 3:10; 11:3; 12:8; 17:15; 24:11; 삿 1:4, 5; 3:5; 대하 8:7; 느 9:8

브리아(Beriah)
1. 아셀의 아들
창 46:17 **브리아**와 그들의 누이 세라며 또 **브리아**
민 26:44 **브리아**에게서 난 **브리아** 종족이며
민 26:45 **브리아**의 자손 중 헤벨에게서 난 헤벨

브배

대상 7:30 이스위와 **브리아**요 그들의 매제는 세라
대상 7:31 **브리아**의 아들들은 헤벨과 말기엘이니
2. 에브라임의 아들
대상 7:23 재앙을 받았으므로 그의 이름을 **브리아**
대상 7:25 **브리아**의 아들들은 레바와 레셉이요
3. 베냐민 자손이며 엘바알의 아들
대상 8:13 **브리아**와 세마이니 그들은 아얄론 주민
대상 8:16 이스바와 요하는 다 **브리아**의 아들이니
4. 레위인 게르손의 자손
대상 23:10 시나와 여우스와 **브리아**이니 이 네 사람
대상 23:11 여우스와 **브리아**는 아들이 많지 아니하

브배(Bebai) 포로였다가 돌아온 브배 자손의 선조
스 2:11 **브배** 자손이 육백이십삼 명이요
느 7:16 **브배** 자손이 육백이십팔 명이요

브살렐(Bezalel)
1. 성막 만드는 일에 부름을 받았던 사람
출 31:2 훌의 손자요 우리의 아들인 **브살렐**을
출 35:30 아들인 **브살렐**을 지명하여 부르시고
출 36:1 **브살렐**과 오홀리압과 및 마음이 지혜로
출 36:2 모세가 **브살렐**과 오홀리압과 및 마음이
출 37:1 **브살렐**이 조각목으로 궤를 만들었으니
출 38:22 훌의 손자요 우리의 아들인 **브살렐**은
대상 2:20 훌은 우리를 낳고 우리는 **브살렐**을 낳았
대하 1:5 우리의 아들 **브살렐**이 지은 놋제단은
2. 이방인 아내를 돌려보낸 사람
스 10:30 마아세야와 맛다냐와 **브살렐**과 빈누이

브소드야(Besodeiah) 므술람의 아버지
느 3:6 **브소드야**의 아들 므술람이 중수하여

브솔 시내(Besor ravine) 다윗과 부하들이 머물렀던 곳
삼상 30:9 **브솔 시내**에 이르러 뒤떨어진 자를 거기
삼상 30:10 피곤하여 **브솔 시내**를 건너지 못하는
삼상 30:21 **브솔 시내**에 머물게 한 이백 명에게

브아랴(Bealiah) 사울로부터 도망할 때 다윗을 도운 다윗의 용사
대상 12:5 엘루새와 여리못과 **브아랴**와 스마랴와

브알롯(Bealoth) 유다 지파에게 분배된 성읍
수 15:24 십과 델렘과 **브알롯**과

브엘라다

브에라 1(Beerah) 르우벤 자손의 두목
대상 5:6 그의 아들은 **브에라**이니 그는 르우벤

브에라 2(Beera) 아셀 지파의 족장 중 하나
대상 7:37 훗과 사마와 실사와 이드란과 **브에라**요

브에롯(Beeroth) 히위 족속의 성읍
수 9:17 그비라와 **브에롯**과 기럇여아림이라
수 18:25 기브온과 라마와 **브에롯**과
삼하 4:2 **브에롯** 사람 림몬의 … **브에롯**도 베냐민

> **브에롯 – 기타 본문**

삼하 4:3, 5, 9; 23:37; 스 2:25; 느 7:29

브에롯 브네야아간(Beeroth Bene Jaakan) 출애굽한 이스라엘이 광야에서 진쳤던 곳
신 10:6 이스라엘 자손이 **브에롯 브네야아간**에

브에리(Beeri)
1. 에서의 아내 유딧의 아버지
창 26:34 에서가 사십 세에 헷 족속 **브에리**의
2. 선지자 호세아의 아버지
호 1:1 **브에리**의 아들 호세아에게 임한 여호와

브에스드라(Be Eshtarah) 아스다롯과 동일한 성읍
수 21:27 **브에스드라**와 그 목초지를 주었으니

브엘(Beer)
1. 광야에서 이스라엘 백성에게 주셨던 우물
민 21:16 **브엘**에 이르니 **브엘**은 여호와께서
2. 요담이 피하여 도망했던 곳
삿 9:21 도망하여 피해서 **브엘**로 가서 거기에

브엘라해로이(Beer Lahai Roi) 브엘세바 서남쪽에 위치한 곳
창 16:14 그 샘을 **브엘라해로이**라 불렀으며
창 24:62 그 때에 이삭이 **브엘라해로이**에서
창 25:11 **브엘라해로이** 근처에 거주하였더라

브엘랴다(Beeliada) 예루살렘에서 출생한 다윗의 아들
대상 14:7 엘리사마와 **브엘랴다**와 엘리벨렛이었

【 브엘세바 】 【 블레셋 】

브엘세바 (Beersheba)
네게브 지역에 위치한 성읍

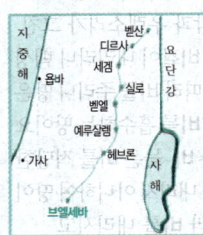

창 21:14 하갈이 나가서 브엘세바 광야에서
삼상 3:20 브엘세바까지의 온 이스라엘이

📖 브엘세바 - 기타 본문

창 21:31, 32, 33; 22:19; 26:23, 33; 28:10; 46:1, 5; 수 15:28; 19:2; 삿 20:1; 삼상 8:2; 삼하 3:10; 17:11; 24:2, 7, 15; 왕상 4:25; 19:3; 왕하 12:1; 23:8; 대상 4:28; 21:2; 대하 19:4; 24:1; 30:5; 느 11:27, 30; 암 5:5; 8:14

브엘엘림 (Beer Elim) 모압 남부 국경 지방
사 15:8 이르며 부르짖음이 브엘엘림에

브온 (Beon) 르우벤 지파의 기업이 된 성읍
민 32:3 엘르알레와 스밤과 느보와 브온

브올 1 (Beor)
1. 에돔의 왕이었던 벨라의 아버지
창 36:32 브올의 아들 벨라가 에돔의 왕이 되었으
대상 1:43 브올의 아들 벨라니 그의 도성 이름은
2. 술사 발람의 아버지
민 22:5 그가 사신을 브올의 아들 발람의 고향인
벧후 2:15 미혹되어 브올의 아들 발람의 길을 따르

📖 브올 1 - 2 - 기타 본문

민 24:3, 15; 31:8; 신 23:4; 수 13:22; 24:9; 미 6:5

브올 2 (Peor)
1. 발락이 발람과 함께 이스라엘을 저주하기 위해 올라갔던 산
민 23:28 광야가 내려다 보이는 브올 산꼭대기에
수 22:17 브올의 죄악으로 말미암아 여호와의
2. 이방신 바알브올
민 25:18 대적하되 브올의 일과 미디안 지휘관의 딸 곧 브올의 일로 염병이 일어난
민 31:16 이스라엘 자손을 브올의 사건에서
시 106:28 그들이 또 브올의 바알과 연합하여 죽은

브울래대 (Peullethai) 성전 문지기 중 한 사람
대상 26:5 일곱째 잇사갈과 여덟째 브울래대이니

블라댜 (Pelatiah)
1. 스룹바벨의 손자이며 하나냐의 아들
대상 3:21 하나냐의 아들은 블라댜와 여사야요
2. 아말렉과 전쟁한 두목 중 한 사람
대상 4:42 이시의 아들 블라댜와 느아랴와 르바야
3. 느헤미야 때에 갱신한 언약에 인친 사람
느 10:22 블라댜, 하난, 아나야,
4. 에스겔 시대에 백성의 지도자 중 한 사람
겔 11:1 브나야의 아들 블라댜를 보았으니
겔 11:13 브나야의 아들 블라댜가 죽기로 내가

블라스도 (Blastus) 헤롯 아그립바의 신하
행 12:20 블라스도를 설득하여 화목하기를

블라야 (Pelaiah)
1. 에스라 때 율법을 가르쳤던 사람
느 8:7 요사밧과 하난과 블라야와 레위 사람들
느 10:10 스바냐, 호디야, 그리다, 블라야, 하난
2. 제사장 아다야의 할아버지
느 11:12 여로함의 아들이요 블라야의 손자요
3. 유다 왕가의 후손 엘료에내의 아들
대상 3:24 호다위야와 엘리아십과 블라야와 악굽

블레곤 (Phlegon) 바울이 인사를 전한 사람
롬 16:14 아순그리도와 블레곤과 허메와

블레셋 (Philistine)
함 계통 가슬루힘의 자손으로 팔레스타인 서부 연안 지역에 거주

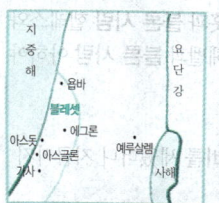

창 10:14 낳았더라(가슬루힘에게서 블레셋
창 21:32 군대 장관 비골은 떠나 블레셋 사람의
삿 3:3 블레셋의 다섯 군주들과 모든 가나안

📖 블레셋 - 기타 본문

모세오경 창 21:34; 26:1, 8, 14, 18; 출 13:17; 15:14; 23:31 역사서 수 13:2, 3; 삿 3:31; 10:6, 7, 11; 13:1, 5; 14:1, 2, 3, 4; 15:3, 5, 6, 8, 9, 11, 12, 14, 20; 16:5, 8, 9, 12, 14, 18, 20, 21, 23, 27, 28,

【 블렛 사람 】   【 비 2 】

30; 삼상 4:1, 2, 3, 6, 7, 9, 10, 17; 5:1, 2, 8, 11; 6:1, 2, 4, 12, 16, 17, 18, 21; 7:3, 7, 8, 10, 11, 13, 14; 9:16; 10:5; 12:9; 13:3, 4, 5, 11, 12, 16, 17, 19, 20, 23; 14:1, 4, 11, 13, 16, 19, 20, 21, 22, 30, 31, 36, 37, 46, 47, 52; 17:1, 2, 3, 4, 8, 10, 11, 16, 19, 21, 23, 26, 32, 33, 36, 37, 40, 41, 42, 43, 44, 45, 46, 48, 49, 50, 51, 52, 53, 54, 55, 57; 18:6, 17, 21, 25, 27, 30; 19:5, 8; 22:10; 23:1, 2, 3, 4, 5, 27, 28; 24:1; 27:1, 7, 11; 28:1, 4, 5, 15, 19; 29:1, 2, 3, 4, 7, 9, 11; 30:16; 31:1, 2, 7, 8, 9, 11; 삼하 1:20; 3:14, 18; 5:17, 18, 19, 21, 22, 24, 25; 8:1, 12; 19:9; 21:12, 15, 17, 18, 19; 23:9, 10, 11, 12, 13, 14, 16; 왕상 4:21; 15:27; 16:15; 왕하 8:2, 3; 18:8; 대상 1:12; 10:1, 2, 7, 8, 9, 11; 11:13, 14, 15, 16, 18; 12:19; 14:8, 9, 10, 12, 13, 15, 16; 18:1, 11; 20:4, 5; 대하 9:26; 17:11; 21:16; 26:6, 7; 28:18 **시가서, 선지서** 시 60:8; 83:7; 87:4; 108:9; 사 2:5; 9:12; 11:14; 14:29, 31; 렘 25:20; 47:1, 4; 겔 16:27, 57; 25:15, 16; 욜 3:4; 암 1:8; 6:2; 9:7; 슥 1:19; 습 2:5; 슥 9:6	출 9:34 바로가 **비**와 우박과 우렛소리가 그친 출 16:4 하늘에서 양식을 **비**같이 내리리니 백성 레 26:4 내가 너희에게 철따라 **비**를 주리니 땅은 신 11:11 하늘에서 내리는 **비**를 흡수하는 땅이요 신 11:14 너희의 땅에 이른 **비**, 늦은 **비**를 적당하 신 11:17 하늘을 닫아 **비**를 내리지 아니하여 땅이 신 28:12 네 땅에 때를 따라 **비**를 내리시고 신 28:24 여호와께서 **비** 대신에 티끌과 모래를 신 32:2 **비**처럼 내리고 ⋯ 가는 **비** 같고 채소 **역사서** 삼상 12:17 여호와께서 우레와 **비**를 보내사 너희가 삼상 12:18 그 날에 우레와 **비**를 보내시니 모든 백성 삼하 1:21 너희 위에 이슬과 **비**가 내리지 아니하며 삼하 21:10 하늘에서 **비**가 시체에 쏟아지기까지 삼하 23:4 구름 없는 아침 같고 **비** 내린 후의 광선 왕상 8:35 하늘이 닫히고 **비**가 없어서 주께 벌을 왕상 8:36 기업으로 주신 주의 땅에 **비**를 내리시옵 왕상 17:1 수 년 동안 **비**도 이슬도 있지 아니하리 왕상 17:7 땅에 **비**가 내리지 아니하므로 얼마 후에 왕상 17:14 여호와가 **비**를 지면에 내리는 날까지 왕상 18:1 아합에게 보이라 내가 **비**를 지면에 내리 왕상 18:41 올라가서 먹고 마시소서 큰 **비** 소리가 왕상 18:45 하늘이 캄캄해지며 큰 **비**가 내리는지라 왕하 3:17 너희가 바람도 보지 못하고 **비**도 보지 대하 6:26 하늘이 닫히고 **비**가 내리지 않는 주의 대하 6:27 기업으로 주신 주의 땅에 **비**를 내리시옵 대하 7:13 혹 내가 하늘을 닫고 **비**를 내리지 아니 스 10:9 광장에 앉아서 이 일과 큰 **비** 때문에 스 10:13 그러나 백성이 많고 또 큰 **비**가 내리는 **시가서** 욥 20:23 음식을 먹을 때에 그의 위에 **비**같이 욥 28:26 **비** 내리는 법칙을 정하시고 비구름의 욥 29:23 그들은 **비**를 기다리듯 나를 기다렸으며 욥 37:6 적은 **비**와 큰 **비**도 내리게 명하시느니라 욥 38:26 사람 없는 땅에, 사람 없는 광야에 **비**를 시 68:9 하나님이여 주께서 흡족한 **비**를 보내사 시 72:6 그는 벤 풀 위에 내리는 **비**같이, 땅을 시 78:24 그들에게 만나를 **비**같이 내려 먹이시며 시 78:27 먼지처럼 많은 고기를 **비**같이 내리시고 시 84:6 샘이 있을 것이며 이른 **비**가 복을 채워 시 105:32 **비**대신 우박을 내리시며 그들의 땅에 시 135:7 **비**를 위하여 번개를 만드시며 바람을 시 147:8 땅을 위하여 **비**를 준비하시며 산에 풀이

블렛 사람(Pelethites) 다윗 왕의 시위대
삼하 8:18 그렛 사람과 **블렛 사람**을 관할하고

블렛 사람 – 기타 본문
삼하 15:18; 20:7, 23; 왕상 1:38, 44; 대상 18:17

블론 사람(Pelonite) 발디와 길로를 포함하는 지역의 사람들
대상 11:27 하롤 사람 삼훗과 **블론 사람** 헬레스와
대상 11:36 므게랏 사람 헤벨과 **블론 사람** 아히야

비 1(碑, pillar)
창 35:20 라헬의 묘에 **비**를 세웠더니 지금까지

비 2(rain)
모세오경
창 2:5 하나님이 땅에 **비**를 내리지 아니하셨고
창 7:4 내가 사십 주야를 땅에 **비**를 내려 내가
창 7:12 사십 주야를 **비**가 땅에 쏟아졌더라
창 8:2 하늘의 창문이 닫히고 하늘에서 **비**가
창 19:24 유황과 불을 소돔과 고모라에 **비**같이
출 9:33 우박이 그치고 **비**가 땅에 내리지 아니

【 비결 】　　　　　　　　　　　　　　　　　　　　　　　　　【 비그왜 】

잠 16:15	그의 은택이 늦은 **비**를 내리는 구름과
잠 25:14	자랑하는 자는 **비** 없는 구름과 바람
잠 25:23	북풍이 **비**를 일으킴같이 참소하는 혀는
잠 26:1	여름에 눈 오는 것과 추수 때에 **비** 오는
잠 27:15	여자는 **비** 오는 날에 이어 떨어지는
전 11:3	구름에 **비**가 가득하면 땅에 쏟아지며
전 12:2	**비** 뒤에 구름이 다시 일어나기 전에
아 2:11	겨울도 지나고 **비**도 그쳤고

선지서

사 5:6	**비**를 내리지 못하게 하리라 하였으니
사 30:23	네가 땅에 뿌린 종자에 주께서 **비**를
사 44:14	나무를 심고 **비**를 맞고 자라게도 하느니
사 55:10	**비**와 눈이 하늘로부터 내려서 그리로
렘 3:3	단비가 그쳤고 늦은 **비**가 없었느니라
렘 5:24	이른 **비**와 늦은 **비**를 때를 따라 주시며
렘 10:13	**비**를 위하여 번개치게 하시며 그 곳간
렘 14:4	땅에 **비**가 없어 지면이 갈라지니 밭가는
렘 14:22	이방인의 우상 가운데 능히 **비**를 내리게
렘 51:16	**비**를 위하여 번개를 치게 하시며 그의
겔 1:28	사방 광채의 모양은 **비** 오는 날 구름에
겔 22:24	진노의 날에 **비**를 얻지 못한 땅이로다
겔 38:22	함께 있는 많은 백성에게 **비**를 내리듯
호 6:3	**비**와 같이, 땅을 적시는 늦은 **비**와 같이
욜 2:23	너희를 위하여 **비**를 내리시되 이른 **비**를 너희에게 … 이른 **비**와 늦은 **비**가
암 4:7	**비**를…땅 한 부분은 **비**를…**비**를 얻지
슥 10:1	일게 하시는 여호와께 **비**를 구하라
슥 14:17	올라오지 아니하는 자들에게는 **비**를
슥 14:18	**비** 내림이 있지 아니하리니 여호와께서

신약

마 5:45	**비**를 의로운 자와 불의한 자에게 내려
마 7:25	**비**가 내리고 창수가 나고 바람이 불어
마 7:27	**비**가 내리고 창수가 나고 바람이 불어
행 14:17	여러분에게 하늘로부터 **비**를 내리시며
행 28:2	**비**가 오고 날이 차매 원주민들이 우리
히 6:7	위에 자주 내리는 **비**를 흡수하여 밭가는
약 5:7	참아 이른 **비**와 늦은 **비**를 기다리나니
약 5:17	**비**가 오지 않기를 … 땅에 **비**가 오지
약 5:18	다시 기도하니 하늘이 **비**를 주고 땅이
계 11:6	예언을 하는 날 동안 **비**가 오지 못하게

비결(秘訣, secret)

빌 4:12	궁핍에도 처할 줄 아는 일체의 **비결**을

비골(Phicol)　그랄 왕 아비멜렉의 군대 장관

창 21:22	군대 장관 **비골**이 아브라함에게 말하여
창 21:32	군대 장관 **비골**은 떠나 블레셋 사람의
창 26:26	군대 장관 **비골**과 더불어 그랄에서부터

비교하다/비교되다(比較, compare)

삿 8:2	행한 일이 너희가 한 것에 **비교되겠느냐**
삿 8:3	어찌 능히 너희가 한 것에 **비교되겠느냐**
욥 28:17	황금이나 수정이라도 **비교**할 수 없고
욥 28:19	구스의 황옥으로도 **비교**할 수 없고
시 89:6	구름 위에서 능히 여호와와 **비교**할 자
잠 3:15	사모하는 모든 것으로도 이에 **비교**할
잠 8:11	모든 것을 이에 **비교**할 수 없음이니라
사 40:25	너희가 나를 누구에게 **비교하여** 나를
사 46:5	누구와 짝하며 누구와 **비교하여** 서로
애 2:13	무엇으로 네게 **비교하여** 너를 위로할까
단 1:13	소년들의 얼굴과 **비교하여** 보아서
막 4:30	하나님의 나라를 어떻게 **비교하며**
눅 13:18	무엇과 같을까 내가 무엇으로 **비교할까**
눅 13:20	하나님의 나라를 무엇으로 **비교할까**
롬 8:18	장차 우리에게 나타날 영광과 **비교**할
고후 10:12	**비교**할 수 없노라 … 자기를 **비교하니**

비구름(thunderstorm)

욥 28:26	비 내리는 법칙을 정하시고 **비구름**의

비굴하다(卑屈, bow down)

시 145:14	넘어지는 자들을 붙드시며 **비굴한** 자들
시 146:8	여호와께서 **비굴한** 자들을 일으키시며

비그리(Bicri)　세바의 아버지

삼하 20:1	세바인데 베냐민 사람 **비그리**의 아들

📖 비그리 - 기타 본문

삼하 20:2, 6, 7, 10, 13, 21, 22

비그왜(Bigvai)

1. 1차 포로 귀환 때 백성들을 인솔했던 사람

스 2:2	빌산과 미스발과 **비그왜**와 르훔과
스 2:14	**비그왜** 자손이 이천오십육 명이요
스 8:14	**비그왜** 자손 중에서는 우대와 사붓이니
느 7:7	빌산과 미스베렛과 **비그왜**와 느훔과
느 7:19	**비그왜** 자손이 이천육십칠 명이요

1189

【 비기다 】　　　　　　　　　　　　　　　　　　　　　　　　　　　　　　　【 비다/비우다 】

　2. 느헤미야 때 율법 준수 언약에 인친 자
느 10:16　아도니야, **비그왜**, 아딘,

비기다(compare, alongside)
1. 비교하다(compare)
느 13:26　그는 많은 나라 중에 **비길** 왕이 없이
욥 28:18　진주와 벽옥으로도 **비길** 수 없나니
사 40:18　무슨 형상을 그에게 **비기겠느냐**
사 46:5　너희가 나를 누구에게 **비기며** 누구와
2. 옆에서 대신하다(alongside)
출 20:23　너희는 나를 **비겨서** 은으로나 금으로나

비난/-하다(非難, criticize, mock, denounce)
욥 17:5　보상을 얻으려고 친구를 **비난하는** 자는
시 69:12　성문에 앉은 자가 나를 **비난하며** 독주에
행 4:14　그들과 함께 서 있는 것을 보고 **비난할**
행 11:2　올라갔을 때에 할례자들이 **비난하여**
딛 1:6　남편이며 방탕하다는 **비난**을 받거나

비논(Pinon) 에돔 족장 가운데 한 사람
창 36:41　오홀리바마 족장, 엘라 족장, **비논** 족장,
대상 1:52　오홀리바마 족장과 엘라 족장과 **비논**

비누(soap)
렘 2:22　네가 많은 **비누**를 쓸지라도 네 죄악이

비느아(Binea) 베냐민 지파 모사의 아들
대상 8:37　모사는 **비느아**를 낳았으며 **비느아**의
대상 9:43　모사는 **비느아**를 낳았으며 **비느아**의

비느하스(Phinehas)
1. 아론의 손자
출 6:25　**비느하스**를 낳았으니 이들은 레위 사람
민 25:7　아론의 손자 엘르아살의 아들 **비느하스**

비느하스 1 - 기타 본문
민 25:11; 31:6; 수 22:13, 30, 31, 32; 24:33; 삿 20:28; 대상 6:4, 50; 9:20; 스 7:5; 시 106:30

2. 엘리의 아들로 홉니의 동생
삼상 1:3　**비느하스**가 여호와의 제사장으로
삼상 2:34　두 아들 홉니와 **비느하스**가 한 날에
삼상 4:4　두 아들 홉니와 **비느하스**는 하나님의

비느하스 2 - 기타 본문
삼상 4:4, 11, 17, 19; 14:3

3. 엘르아살의 아버지
스 8:2　**비느하스** 자손 중에서는 게르솜이요
스 8:33　**비느하스**의 아들 엘르아살과 레위 사람

비늘(scale)
레 11:9　지느러미와 **비늘** 있는 것은 너희가 먹되
레 11:10　지느러미와 **비늘** 없는 모든 것은 너희
레 11:12　지느러미와 **비늘** 없는 것은 너희가 혐오
신 14:9　지느러미와 **비늘** 있는 모든 것은 너희가
신 14:10　지느러미와 **비늘**이 없는 모든 것은 너희
삼상 17:5　몸에는 **비늘** 갑옷을 입었으니 그 갑옷이
욥 41:15　그의 즐비한 **비늘**은 그의 자랑이로다
겔 29:4　고기가 네 **비늘**에 붙게 하고 네 **비늘**에
행 9:18　사울의 눈에서 **비늘** 같은 것이 벗겨져

비다/비우다(hollow, empty)
창 37:24　그 구덩이는 **빈** 것이라 그 속에 물이
창 41:27　동풍에 말라 속이 **빈** 일곱 이삭도 일곱
레 14:36　집을 **비우도록** 명령한 후에 들어가서
삿 5:6　날에는 대로가 **비었고** 길의 행인들은
삿 7:16　손에 나팔과 **빈** 항아리를 들리고 항아리
룻 1:21　여호와께서 내게 **비어** 돌아오게 하셨느
삼상 20:18　네 자리가 **비므로** 네 없음을 자세히
삼상 20:25　곁에 앉아 있고 다윗의 자리는 **비었더라**
삼상 20:27　다윗의 자리가 여전히 **비었으므로** 사울
왕상 7:36　버팀대 판과 옆판에는 각각 **빈** 곳을 따라
왕하 4:3　그릇을 빌리라 **빈** 그릇을 빌리되 조금
왕하 22:19　주민에게 대하여 **빈** 터가 되고 저주가
욥 24:5　**빈** 들이 그들의 자식을 위하여 그에게
욥 39:4　새끼는 강하여져서 **빈** 들에서 크다가
욥 40:11　넘치는 노를 **비우고** 교만한 자를 발견
사 29:8　그 속은 여전히 **비고** 목마른 자가 꿈에
사 40:17　그들은 없는 것같이, **빈** 것같이 여기시
사 51:17　치게 하는 큰 잔을 마셔 다 **비웠도다**
렘 14:3　물을 얻지 못하여 **빈** 그릇으로 돌아오니
렘 51:34　나를 멸하며 나를 **빈** 그릇이 되게 하며
렘 52:21　십이 규빗이며 그 속이 **비었고** 그 두께
겔 24:11　가마를 **빈** 후에는 숯불 위에 놓아 뜨겁게
겔 34:25　**빈** 들에 평안히 거하며 수풀 가운데
겔 36:10　성읍들에 거주하게 하며 **빈** 땅에 건축

【 비단 】

겔 39:5	네가 **빈** 들에 엎드러지리라 이는 내가
겔 41:9	두께는 다섯 척이요 그 외에 **빈** 터가
겔 41:11	**빈** 터로 향하였는데 … 둘려 있는 **빈** 터
욜 1:17	창고는 **비었고** 곳간이 무너졌으니 이는
미 6:14	배부르지 못하고 항상 속이 **빌** 것이며
마 12:44	보니 그 집이 **비고** 청소되고 수리되었
마 14:13	배를 타고 떠나사 따로 **빈** 들에 가시니
마 14:15	이 곳은 **빈** 들이요 때도 이미 저물었으
막 6:35	이 곳은 **빈** 들이요 날도 저물어가니
눅 1:53	배불리셨으며 부자는 **빈** 손으로 보내셨
눅 1:80	이스라엘에게 나타나는 날까지 **빈** 들에
눅 3:2	하나님의 말씀이 **빈** 들에서 사가랴의
눅 9:12	얻게 하소서 우리가 있는 여기는 **빈** 들
요 11:54	떠나 **빈** 들 가까운 곳에 에브라임이라는
빌 2:7	자기를 **비워** 종의 형체를 가지사 사람

비단(緋緞, silk)

계 18:12	세마포와 자주 옷감과 **비단**과 붉은 옷감

비대하다(肥大, heavy)

신 32:15	살찌고 **비대하고** 윤택하매 자기를
삼상 4:18	나이가 많고 **비대한** 까닭이라 그가

비돈(Pithon) 사울 왕의 후손으로 미가의 아들

대상 8:35	아들들은 **비돈**과 멜렉과 다레아와
대상 9:41	아들들은 **비돈**과 멜렉과 다레아와

비돔(Pithom) 애굽의 국고성

출 1:11	바로를 위하여 국고성 **비돔**과 라암셋을

비두니아(Bithynia) 소아시아의 고산 지역

행 16:7	무시아 앞에 이르러 **비두니아**로 가고자
벧전 1:1	갑바도기아, 아시아와 **비두니아**에

비둔하다(肥鈍, fat)

삿 3:17	에글론은 매우 **비둔한** 자였더라

비둘기(dove, pigeon)

창 8:8	그가 또 **비둘기**를 내놓아 지면에서 물이
창 8:9	온 지면에 물이 있으므로 **비둘기**가 발 붙일
창 8:10	칠 일을 기다려 다시 **비둘기**를 방주에서

【 비라돈 】

창 8:11	저녁때에 **비둘기**가 그에게로 돌아왔는
창 8:12	칠 일을 기다려 **비둘기**를 내놓으매
왕하 6:25	**비둘기** 똥 사분의 일 갑에 은 다섯 세겔
시 55:6	만일 내게 **비둘기**같이 날개가 있다면
시 68:13	그 깃을 황금으로 입힌 **비둘기** 같도다
아 1:15	어여쁘다 네 눈이 **비둘기** 같구나
아 2:12	노래할 때가 이르렀는데 **비둘기**의 소리
아 2:14	나의 **비둘기**야 내가 네 얼굴을 보게
아 4:1	너울 속에 있는 네 눈이 **비둘기** 같고
아 5:2	나의 사랑, 나의 **비둘기**, 나의 완전한
아 5:12	눈은 시냇가의 **비둘기** 같은데 우유로
아 6:9	**비둘기**, 내 완전한 자는 하나뿐이로구나
사 38:14	**비둘기**같이 슬피 울며 내 눈이 쇠하도록
사 59:11	**비둘기**같이 슬피 울며 정의를 바라나
사 60:8	**비둘기**들이 그 보금자리로 날아가는
렘 48:28	가장자리에 깃들이는 **비둘기**같이 할지
겔 7:16	죄악 때문에 골짜기의 **비둘기**들처럼
호 7:11	에브라임은 어리석은 **비둘기**같이 지혜
호 11:11	앗수르에서부터 **비둘기**같이 떨며 오리
나 2:7	시녀들이 가슴을 치며 **비둘기**같이 슬피
마 3:16	**비둘기**같이 내려 자기 위에 임하심을
마 10:16	너희는 뱀같이 지혜롭고 **비둘기**같이
마 21:12	**비둘기** 파는 사람들의 의자를 둘러엎으
막 1:10	성령이 **비둘기**같이 자기에게 내려오심
막 11:15	**비둘기** 파는 자들의 의자를 둘러엎으시
눅 3:22	성령이 **비둘기** 같은 형체로 그의 위에
요 1:32	성령이 **비둘기**같이 하늘로부터 내려
요 2:14	성전 안에서 소와 양과 **비둘기** 파는
요 2:16	**비둘기** 파는 사람들에게 이르시되

비드론(Bithron) 아브넬이 거쳐간 곳

삼하 2:29	요단을 건너 **비드론** 온 땅을 지나

비디아(Bithiah) 바로의 딸로 메렛의 아내

대상 4:18	바로의 딸 **비디아**의 아들들이며 또 그의

비뚤어지다(corrupt-NIV, perverse-KJV)

잠 4:24	말을 네 입에서 버리며 **비뚤어진** 말

비라돈(Pirathon) 아말렉 사람의 산지

삿 12:13	뒤를 이어 **비라돈** 사람 힐렐의 아들
삿 12:15	**비라돈** 사람 힐렐의 … 산지 **비라돈**에
삼하 23:30	**비라돈** 사람 브나야와 가아스 시냇가에

【 비람 】　　　　　　　　　　　　　　　　　　　　　　　　　　　　　　　　　　　　　【 비밀/-히 】

대상 11:31　리배의 아들 이대와 **비라돈** 사람 브나야
대상 27:14　에브라임 자손에 속한 **비라돈** 사람

비람(Piram) 아모리 5족속 중 야르뭇의 왕
수 10:3　야르뭇 왕 **비람**과 라기스 왕 야비아와

비로소(at that time)
창 4:26　**비로소** 여호와의 이름을 불렀더라
왕하 15:37　여호와께서 **비로소** 아람 왕 르신과
대하 34:3　**비로소** 찾고 … **비로소** 정결하게 하여
스 3:6　일곱째 달 초하루부터 **비로소** 여호와께
사 41:27　**비로소** 시온에게 너희는 이제 그들을
호 2:15　거기서 **비로소** 그의 포도원을 그에게
마 4:17　이 때부터 예수께서 **비로소** 전파하여
마 16:21　살아나야 할 것을 제자들에게 **비로소**
막 8:31　살아나야 할 것을 **비로소** 그들에게
눅 15:14　흉년이 들어 그가 **비로소** 궁핍한지라
행 11:26　안디옥에서 **비로소** 그리스도인이라

비록(just, even though)
창 29:15　라반이 야곱에게 이르되 네가 **비록** 내
신 32:52　네가 **비록** 내가 이스라엘 자손에게 주는
수 17:18　**비록** 삼림이라도 … **비록** 철 병거를
삿 8:4　요단 강에 이르러 건너고 **비록** 피곤하나
삼하 17:10　**비록** 그가 사자 같은 마음을 가진 용사
잠 20:11　**비록** 아이라도 자기의 동작으로 자기
전 6:6　**비록** 천 년의 갑절을 산다 할지라도
아 1:5　예루살렘 딸들아 내가 **비록** 검으나
겔 2:6　인자야 너는 **비록** 가시와 찔레와 함께
겔 14:14　**비록** 노아, 다니엘, 욥, 이 세 사람이
합 2:3　**비록** 더딜지라도 기다리라 지체되지
합 3:17　**비록** 무화과나무가 무성하지 못하며
눅 11:8　**비록** 벗됨으로 인하여서는 일어나서
눅 16:31　**비록** 죽은 자 가운데서 살아나는 자를
롬 9:27　자손들의 수가 **비록** 바다의 모래 같을지
고전 8:5　**비록** 하늘에나 땅에나 신이라 불리는
고후 5:16　**비록** 우리가 그리스도로 육신을 따라
고후 11:6　**비록** 말에는 부족하나 지식에는 그렇지
약 2:11　**비록** 간음하지 아니하여도 살인하면

비록 - 기타 본문
삿 13:16; 대하 7:21; 30:19; 스 9:9; 느 5:18; 욥 6:14; 19:4; 20:12; 27:16; 시 21:11; 49:18; 전

4:8; 5:14; 6:3; 8:17; 애 3:32; 겔 3:9; 11:16; 12:3; 14:16, 18, 20; 26:21; 호 9:16; 11:7; 13:15; 암 5:11; 나 1:12

비롯하다(first)
마 10:2　베드로라 하는 시몬을 **비롯하여** 그의

비루먹다(running sore)
레 22:22　**비루먹은** 것을 여호와께 드리지 말며

비르사(Birsha) 아브라함 시대 고모라 왕
창 14:2　고모라 왕 **비르사**와 아드마 왕 시납과

비르사잇(Birzaith) 아셀 지파 말기엘의 아들
대상 7:31　말기엘이니 말기엘은 **비르사잇**의

비밀/-히(秘密, private, safe, secret)
삼상 18:22　너희는 다윗에게 **비밀히** 말하여 이르기
시 27:5　나를 그의 초막 속에 **비밀히** 지키시고
시 31:4　위하여 **비밀히** 친 그물에서 빼내소서
시 31:20　**비밀히** 장막에 감추사 말다툼에서
시 44:21　무릇 주는 마음의 **비밀**을 아시나이다
잠 11:13　한담하는 자는 남의 **비밀**을 누설하나
잠 20:19　한담하는 자는 남의 **비밀**을 누설하나니
사 48:16　처음부터 **비밀히** 말하지 아니하였나니
렘 37:17　**비밀히** 물어 이르되 여호와께로부터
렘 38:16　시드기야 왕이 **비밀히** 예레미야에게
렘 40:15　미스바에서 그다랴에게 **비밀히** 말하여
암 3:7　자기의 **비밀**을 그 종 선지자들에게
마 13:11　대답하여 이르시되 천국의 **비밀**을 아는
막 4:11　나라의 **비밀**을 너희에게는 주었으나
눅 8:10　나라의 **비밀**을 아는 것이 너희에게는
고전 4:1　그리스도의 일꾼이요 하나님의 **비밀**을
고전 13:2　모든 **비밀**과 모든 지식을 알고 또 산을
고전 14:2　알아듣는 자가 없고 영으로 **비밀**을 말함
고전 15:51　보라 내가 너희에게 **비밀**을 말하노니
엡 1:9　그 뜻의 비밀을 우리에게 알리신 것이요
엡 3:3　곧 계시로 내게 **비밀**을 알게 하신 것은
엡 3:4　내가 그리스도의 **비밀**을 깨달은 것을
엡 3:9　하나님 속에 감추어졌던 **비밀**의 경륜이
엡 5:32　이 **비밀**이 크도다 나는 그리스도와 교회
엡 6:19　입을 열어 복음의 **비밀**을 담대히 알리게
골 1:26　이 **비밀**은 만세와 만대로부터 감추어

1192

【 비방/-하다 】   【 비방/-하다 】

골 1:27	그들로 하여금 이 **비밀**의 영광이 … 이	시 74:10	대적이 언제까지 **비방하겠으며**
	비밀은 너희 안에 계신 그리스도시니	시 74:18	원수가 주를 **비방하며** 우매한 백성이
골 2:2	하나님의 **비밀**인 그리스도를 깨닫게	시 74:22	우매한 자가 종일 주를 **비방하는** 것을
골 4:3	그리스도의 **비밀**을 말하게 하시기를	시 79:12	우리 이웃이 주를 **비방한** 그 **비방**을
골 4:4	마땅히 할 말로써 이 **비밀**을 나타내리라	시 89:50	**비방**을 기억하소서 많은 민족의 **비방**이
살후 2:7	불법의 **비밀**이 이미 활동하였으나 지금	시 89:51	여호와여 이 **비방**은 주의 원수들이 주
딤전 3:9	깨끗한 양심에 믿음의 **비밀**을 가진 자라		의 기름 부음 받은 자의 행동을 **비방한**
딤전 3:16	경건의 **비밀**이여, 그렇지 않다 하는	시 102:8	원수들이 종일 나를 **비방하며** 내게 대항
계 1:20	오른손의 일곱 별의 **비밀**과 또 일곱 금	시 119:22	교훈들을 지켰사오니 **비방**과 멸시를
계 10:7	하나님의 그 **비밀**이 이루어지리라	시 119:23	고관들도 앉아서 나를 **비방하였사오나**
계 17:5	이마에 이름이 기록되었으니 **비밀**이라	시 119:39	내가 두려워하는 **비방**을 내게서 떠나게
계 17:7	뿔 가진 짐승의 **비밀**을 네게 이르리라	시 119:42	그리하시면 내가 나를 **비방하는** 자들
		잠 27:11	그리하면 나를 **비방하는** 자에게 내가

비방/-하다(誹謗, slander, talk against, curse)

		잠 30:10	너는 종을 그의 상전에게 **비방하지** 말라
모세오경 - 선지서		사 51:7	**비방**을 두려워하지 말라 그들의 **비방**에
레 19:16	돌아다니	렘 6:28	반역한 자며 **비방하며** 돌아다니는 자며
	며 사람을 **비방하**	렘 9:4	속이며 이웃마다 다니며 **비방함이라**
	지 말며 네 이웃의	렘 20:10	무리의 **비방**과 사방이 두려움을 들었

		애 3:61	여호와여 그들이 나를 **비방하며** 나를
민 12:1	미리암과 아론이 모세를 **비방하니라**	겔 36:15	만민의 **비방**을 다시 받지 아니하게 하며
민 12:8	**비방하기**를 두려워하지 아니하느냐	습 2:8	**비방**과 암몬 자손이 조롱하는 말을 들었
민 15:30	누구나 여호와를 **비방하는** 자니 그의		나니 그들이 내 백성을 **비방하고** 자기
삼하 12:14	여호와의 원수가 크게 **비방할** 거리를		
왕하 19:4	살아 계신 하나님을 **비방하였으니** 당신	신약	
왕하 19:16	살아 계신 하나님을 **비방하러** 보낸 말을	마 15:4	아버지나 어머니를 **비방하는** 자는
왕하 19:22	네가 누구를 꾸짖었으며 **비방하였느냐**	마 15:19	음란과 도둑질과 거짓 증언과 **비방**이니
왕하 19:23	사자들을 통하여 주를 **비방하여** 이르기	막 7:22	속임과 음탕과 질투와 **비방**과 교만과
대하 32:16	그의 종 히스기야를 **비방하였으며**	막 9:39	즉시로 나를 **비방할** 자가 없느니라
대하 32:17	하나님 여호와를 욕하고 **비방하여**	눅 2:34	패하거나 흥하게 하며 **비방**을 받는 표적
대하 32:19	하나님을 **비방하기**를 사람의 손으로	눅 5:30	제자들을 **비방하여** 이르되 너희가
	지은 세상 사람의 신들을 **비방하듯**	눅 23:39	달린 행악자 중 하나는 **비방하여** 이르되
느 5:9	이방 사람의 **비방**을 생각하고 우리	행 13:45	바울이 말한 것을 반박하고 **비방하거늘**
느 6:13	악한 말을 지어 **비방하려** 함이었느	행 18:6	그들이 대적하여 **비방하거늘** 바울이
욥 34:7	욥과 같으랴 욥이 **비방하기**를 물마시듯	행 19:9	무리 앞에서 이 도를 **비방하거늘** 바울은
시 15:3	행하지 아니하며 그의 이웃을 **비방하지**	행 19:37	여신을 **비방하지도** 아니한 이 사람들을
시 31:13	무리의 **비방**을 들었으므로 사방이	행 21:28	우리 백성과 율법과 이 곳을 **비방하여**
시 42:10	대적이 나를 **비방하여** 늘 내게 말하기를	행 23:5	관리를 **비방하지** 말라 하였느니라
시 44:16	나를 **비방하고** 욕하는 소리 때문이요	롬 1:30	**비방하는** 자요 하나님께서 미워하시는
시 50:20	네 어머니의 아들을 **비방하는도다**	롬 3:8	어떤 이들이 이렇게 **비방하여** 우리가
시 57:3	나를 삼키려는 자의 **비방**에서 나를 구원	롬 14:16	너희의 선한 것이 **비방**을 받지 않게
시 69:7	내가 주를 위하여 **비방**을 받았사오니	롬 15:3	**비방하는** 자들의 **비방**이 내게 미쳤나이
시 69:9	주를 **비방하는 비방**이 내게 미쳤나이다	고전 4:13	**비방**을 받은즉 권면하니 우리가 지금
시 69:19	주께서 나의 **비방**과 수치와 능욕을	고전 10:30	감사하는 것에 대하여 **비방**을 받으리요
시 69:20	**비방**이 나의 마음을 상하게 하여 근심이	고후 6:3	우리가 이 직분이 **비방**을 받지 않게

【 비방자 】　　　　　　　　　　　　　　　　　　　　　　　　【 비스요댜 】

고후 8:20	아무도 우리를 **비방하지** 못하게 하려
고후 12:20	분쟁과 당 짓는 것과 **비방과** 수군거림과
엡 4:31	노함과 분냄과 떠드는 것과 **비방하는**
골 3:8	분함과 노여움과 악의와 **비방과** 너희
딤전 3:7	**비방과** 마귀의 올무에 빠질까 염려하라
딤전 5:14	대적에게 **비방할** 기회를 조금도 주지
딤전 6:1	하나님의 이름과 교훈으로 **비방을** 받지
딤전 6:4	이로써 투기와 분쟁과 **비방과** 악한 생각
딤후 3:2	자랑하며 교만하며 **비방하며** 부모를
딛 2:5	하나님의 말씀이 **비방을** 받지 않게 하려
딛 3:2	**비방하지** 말며 다투지 말며 관용하며
히 10:33	**비방과** 환난으로써 사람에게 구경거리
약 2:7	일컫는 바 그 아름다운 이름을 **비방하지**
약 4:11	서로 **비방하지** 말라 형제를 **비방하는** 자나 형제를 … 곧 율법을 **비방하고**
벧전 2:1	시기와 모든 **비방하는** 말을 버리고
벧전 2:12	너희를 악행한다고 **비방하는** 자들로
벧전 3:16	그 **비방하는** 일에 부끄러움을 당하게
벧전 4:4	그들이 이상히 여겨 **비방하나**
벧후 2:2	진리의 도가 **비방을** 받을 것이요
벧후 2:10	않고 영광 있는 자들을 **비방하거니와**
벧후 2:11	주 앞에서 그들을 거슬러 **비방하는**
벧후 2:12	그 알지 못하는 것을 **비방하고** 그들
요삼 1:10	우리를 **비방하고도** 오히려 부족하여
유 1:8	업신여기며 영광을 **비방하는도다**
유 1:9	감히 **비방하는** 판결을 내리지 못하고
유 1:10	그 알지 못하는 것을 **비방하는도다** 또
계 2:9	자칭 유대인이라 하는 자들의 **비방도**
계 13:6	**비방하되** … 사는 자들을 **비방하더라**
계 16:9	하나님의 이름을 **비방하며** 또 회개하지
계 16:11	하늘의 하나님을 **비방하고** 그들의 행위
계 16:21	우박의 재앙 때문에 하나님을 **비방하니**

'비방 거리'와 관련된 성구
신 22:14, 17; 28:37; 시 22:6; 79:4;
109:25; 사 43:28; 겔 36:3

비방자(誹謗者, blasphemer)
딤전 1:13 내가 전에는 **비방자요** 박해자요 폭행자

비번(非番, off duty)
대하 23:8 당번인 자와 안식일에 **비번인** 자들을

비베셋(Bubastis) 심판 예언 때 언급된 곳
겔 30:17 아웬과 **비베셋의** 장정들은 칼에 엎드러

비비다(rub)
눅 6:1 제자들이 이삭을 잘라 손으로 **비비어**

비빈(妃嬪, concubine)
삼하 19:5 왕의 자녀의 생명과 처첩과 **비빈들의**
에 2:14 후궁으로 돌아가서 **비빈을** 주관하는

비상하다(非常, outstanding, unheard)
사 28:21 그의 일이 **비상할** 것이며 자기의 사역을
겔 7:5 재앙이로다, **비상한** 재앙이로다
단 5:14 네가 명철과 총명과 **비상한** 지혜가 있다
단 11:36 모든 신보다 크다 하며 **비상한** 말로

비석(碑石, pillar)
삼하 18:18 **비석을** 마련하여 … 기념하여 그 **비석에**
왕하 23:17 내게 보이는 저것은 무슨 **비석이냐** 하니
마 23:29 무덤을 만들고 의인들의 **비석을** 꾸미며

비손(Pishon) 에덴에서 발원한 네 강 중 하나
창 2:11 이름은 **비손이라** 금이 있는 하윌라

비스가(Pisgah) 모압 땅 아바림 산맥 북부에 있는 산
민 21:20 내려다 보이는 **비스가** 산 꼭대기에
민 23:14 소빔 들로 인도하여 **비스가** 꼭대기에
신 3:17 염해와 **비스가** 산기슭에 이르기까지의
신 3:27 **비스가** 산 꼭대기에 올라가서 눈을 들어
신 4:49 그 동쪽 온 아라바니 **비스가** 기슭 아래
신 34:1 여리고 맞은편 **비스가** 산꼭대기에
수 12:3 길까지와 남쪽으로 **비스가** 산기슭까지
수 13:20 벳브올과 **비스가** 산기슭과 벧여시못과

비스다(Biztha) 아하수에로의 어전 내시
에 1:10 므후만과 **비스다와** 하르보나와

비스바(Pispah) 아셀 지파 예델의 아들이고 족장
대상 7:38 예델의 아들들은 여분네와 **비스바와**

비스요댜(Biziothiah) 유다 지파에게 분배된 성읍
수 15:28 하살 수알과 브엘세바와 **비스요댜와**

【 비슬람 】　　　　　　　　　　　　　　　　　【 비유/-하다 】

비슬람(Bishlam) 성전 재건축을 방해한 사람
스 4:7　아닥사스다 때에 **비슬람**과 미드르닷과

비슷하다(look like, like)
왕상 12:32　유다의 절기와 **비슷하게** 하고 제단에
요 9:9　사람은 아니라 그와 **비슷하다** 하거늘
계 9:7　머리에 금 같은 관 **비슷한** 것을 썼으며
계 13:2　본 짐승은 표범과 **비슷하고** 그 발은

비시디아(Pisidia) 소밤빌리아 산악 지대
행 13:14　버가에서 더 나아가 **비시디아** 안디옥에
행 14:24　**비시디아** 가운데로 지나서 밤빌리아에

비싸다(high price, expensive)
마 26:9　이것을 **비싼** 값에 팔아 가난한 자들에게
요 12:3　**비싼** 향유 곧 순전한 나드 한 근을

비열하다(卑劣, wicked strut)
시 12:8　**비열함**이 인생 중에 높임을 받는 때에

비옥하다(肥沃, fertile)
민 13:20　토지가 **비옥한지** 메마른지 나무가 있는

비용(費用, expense)
출 38:24　성소 건축 **비용**으로 들인 금은 성소의
눅 10:35　이 사람을 돌보아 주라 **비용**이 더 들면
눅 14:28　앉아 그 **비용**을 계산하지 아니하겠느냐
행 21:24　그들을 위하여 **비용**을 내어 머리를 깎게
고전 9:7　누가 자기 **비용**으로 군 복무를 하겠느냐
고후 11:8　여러 교회에서 **비용**을 받은 것은 탈취한
고후 11:9　너희와 함께 있을 때 **비용**이 부족하였으

비웃다(scoff, mock, derision)
왕상 9:8　지나가는 자마다 놀라며 **비웃어** 이르되
왕하 19:21　멸시하며 너를 **비웃었으며** 딸 예루살렘
대하 30:10　사람들이 그들을 조롱하며 **비웃었더라**
대하 36:16　하나님의 사신들을 **비웃고** 그 말씀을
느 2:19　우리를 업신여기고 우리를 **비웃어**
느 4:1　크게 분노하여 유다 사람들을 **비웃으며**
욥 5:22　멸망과 기근을 **비웃으며** 들짐승을
욥 9:23　무죄한 자의 절망도 그가 **비웃으시리라**
욥 11:3　네가 **비웃으면** 누가 너를 부끄럽게 할
욥 22:19　기뻐하고 죄 없는 자는 그들을 **비웃기를**

욥 27:6　마음이 나의 생애를 **비웃지** 아니하리라
욥 27:23　그의 처소에서 그를 **비웃으리라**
욥 30:1　나보다 젊은 자들이 나를 **비웃는구나**
욥 39:7　성읍에서 지껄이는 소리를 **비웃나니**
시 2:4　주께서 그들을 **비웃으시리로다**
시 22:7　보는 자는 다 나를 **비웃으며** 입술을
시 37:13　주께서 그를 **비웃으시리니** 그의 날이
시 52:6　의인이 보고 두려워하며 또 그를 **비웃으며**
시 59:8　그들을 **비웃으시며** 모든 나라들을
시 80:6　하시니 우리 원수들이 서로 **비웃나이다**
잠 1:26　두려움이 임할 때에 내가 **비웃으리라**
잠 3:34　진실로 그는 거만한 자를 **비웃으시며**
애 1:7　대적들은 그의 멸망을 **비웃는도다**
애 2:15　딸 예루살렘을 향하여 **비웃고** 머리를
애 2:16　너를 향하여 그들의 입을 벌리며 **비웃고**
합 1:10　모든 견고한 성들을 **비웃고** 흉벽을 쌓아
습 2:15　자마다 **비웃으며** 손을 흔들리로다
마 9:24　아니라 잔다 하시니 그들이 **비웃더라**
막 5:40　**비웃더라** 예수께서 그들을 다 내보내신
눅 8:53　그 죽은 것을 아는 고로 **비웃더라**
눅 14:29　이루지 못하면 보는 자가 다 **비웃어**
눅 16:14　자들이라 이 모든 것을 듣고 **비웃거늘**
눅 23:35　관리들은 **비웃어** 이르되 저가 남을 구원

비웃음(scorn)
렘 25:18　그들이 멸망과 놀램과 **비웃음**과 저주를
겔 27:36　민족의 상인들이 다 너를 **비웃음**이여

비웃음 거리
대하 29:8　두려움과 놀람과 **비웃음 거리**가 되게
렘 25:9　그들을 놀램과 **비웃음 거리**가 되게

비유/-하다(譬喩, proverb, parable, compare)

시 49:4　**비유**에 내 귀를 기울이고 수금으로 나의 오묘한 말을 풀리로다
시 78:2　입을 열어 **비유**로 말하며 예로부터
잠 1:6　잠언과 **비유**와 지혜 있는 자의 말과 그
애 2:13　무엇으로 네게 **비유할까** 처녀 딸 시온
겔 17:2　이스라엘 족속에게 수수께끼와 **비유**를
겔 17:12　너희가 이 **비유**를 깨닫지 못하겠느냐
겔 20:49　**비유**로 말하는 자가 아니냐 하나이다

1195

【 비쭉거리다 】   【 비추다/비추이다 】

겔 24:3	이 반역하는 족속에게 **비유**를 베풀어	시 136:23	우리를 **비천한** 가운데에서도 기억해
호 12:10	보였으며 선지자들을 통하여 **비유**를	시 142:6	**비천하니이다** 나를 핍박하는 자들에게
마 11:16	세대를 무엇으로 **비유할까 비유하건대**	잠 12:9	**비천히** 여김을 받을지라도 종을 부리는
마 15:15	베드로가 대답하여 이르되 이 **비유**를	사 3:5	아이가 노인에게, **비천한** 자가 존귀한
마 22:1	예수께서 다시 **비유**로 대답하여 이르시	렘 5:4	무리는 **비천하고** 어리석은 것뿐이라
마 24:32	무화과나무의 **비유**를 배우라 그 가지가	렘 30:19	존귀하게 하리니 그들은 **비천하여지지**
막 3:23	예수께서 그들을 불러다가 **비유**로 말씀	애 1:11	**비천하오니** 여호와여 나를 돌보시옵소
막 7:17	집으로 들어가시니 제자들이 그 **비유**를	단 11:21	왕위를 이을 자는 한 **비천한** 사람이라
막 13:28	무화과나무의 **비유**를 배우라 그 가지가	눅 1:48	여종의 **비천함**을 돌보셨음이라 보라
눅 5:36	**비유하여** 이르시되 새 옷에서 한 조각을	눅 1:52	그 위에서 내리치셨으며 **비천한** 자를
눅 6:39	또 **비유로** 말씀하시되 맹인이 맹인을	고전 4:10	너희는 존귀하나 우리는 **비천하여**
눅 13:6	**비유**로 말씀하시되 한 사람이 포도원에	빌 4:12	나는 **비천**에 처할 줄도 알고 풍부할
눅 14:7	택함을 보시고 그들에게 **비유**로 말씀		
눅 15:3	예수께서 그들에게 이 **비유**로 이르시되	**비추다/비추이다**(give light, shine)	
눅 19:11	말씀을 듣고 있을 때에 **비유**를 더하여	창 1:15	하늘의 궁창에 있어 땅을 **비추라** 하시니
눅 20:9	**비유**로 백성에게 말씀하시기 시작하시	창 1:17	하늘의 궁창에 두어 땅을 **비추게** 하시며
눅 20:19	예수의 이 **비유**는 자기들을 가리켜 말씀	출 13:21	밤에는 불기둥으로 그들에게 **비추사** 낮이
눅 21:29	이에 **비유**로 이르시되 무화과나무와	출 25:37	만들어 그 위에 두어 앞을 **비추게** 하며
요 10:6	이 **비유**로 그들에게 말씀하셨으나	민 6:25	여호와는 그의 얼굴을 네게 **비추사** 은혜
요 16:25	이것을 **비유**로 … 다시는 **비유**로 너희	민 8:2	일곱 등잔을 등잔대 앞으로 **비추게** 할지
요 16:29	지금은 밝히 말씀하시고 아무 **비유**로도	민 8:3	등불을 등잔대 앞으로 **비추도록** 켰으니
갈 4:24	이것은 **비유**니 이 여자들은 두 언약이라	신 33:2	바란 산에서 **비추시고** 일만 성도 가운데
히 9:9	이 장막은 현재까지의 **비유**니 이에 따라	느 9:12	행할 길을 그들에게 **비추셨사오며**
히 11:19	**비유**컨대 그를 죽은 자 가운데서 도로	느 9:19	불기둥이 그들이 갈 길을 **비추게** 하셨사
		욥 3:4	않으셨더라면, 빛도 그 날을 **비추지**
비유/-하다 – 기타 본문		욥 10:3	악인의 꾀에 빛을 **비추시기**를 선히 여기
마 13:3, 10, 13, 18, 24, 31, 33, 34, 35, 36, 53;		욥 25:3	그가 **비추는** 광명을 받지 않은 자가
21:33, 45; 막 4:2, 10, 11, 13, 30, 33, 34; 12:1, 12;		욥 33:30	빛을 그들에게 **비추려** 하심이니라
눅 7:31, 32; 8:4, 9, 10, 11; 12:16, 41; 18:1, 9		시 4:6	주의 얼굴을 들어 우리에게 **비추소서**
		시 31:16	주의 얼굴을 주의 종에게 **비추시고** 주의
		시 50:2	시온에서 하나님이 빛을 **비추셨도다**
비쭉거리다(hurl)		시 67:1	주시고 그의 얼굴빛을 우리에게 **비추사**
시 22:7	비웃으며 입술을 **비쭉거리고** 머리를	시 77:18	번개가 세계를 **비추며** 땅이 흔들리고
		시 80:1	사이에 좌정하신 이여 빛을 **비추소서**
비참하다(悲慘, with violence, to nothing)		시 80:3	주의 얼굴빛을 **비추사** 우리가 구원을
암 5:5	사로잡히겠고 벧엘은 **비참하게** 될	시 80:7	얼굴의 광채를 **비추사** 우리가 구원을
계 18:21	바벨론이 이같이 **비참하게** 던져져 결코	시 80:19	주의 얼굴의 광채를 우리에게 **비추소서**
		시 94:1	복수하시는 하나님이여 빛을 **비추어**
비천하다/비천히/비천하여지다(卑賤, poor)		시 97:4	그의 번개가 세계를 **비추니** 땅이 보고
왕하 24:14	대장장이를 사로잡아 가매 **비천한** 자	시 118:27	그가 우리에게 빛을 **비추셨으니** 밧줄로
왕하 25:12	시위대장이 그 땅의 **비천한** 자를 남겨	시 119:135	주의 얼굴을 주의 종에게 **비추시고** 주의
욥 14:21	그들이 **비천하게** 되어도 그가 깨닫지	시 139:12	밤이 낮과 같이 **비추이나니** 주에게는
욥 40:4	**비천하오니** 무엇이라 주께 대답하리이	사 13:10	달이 그 빛을 **비추지** 아니할 것이로다
시 101:3	**비천한** 것을 내 눈 앞에 두지 아니할		

1196

[비취옥]　　　　　　　　　　　　　　　　　　　　[비틀다]

사 60:19　달도 네게 빛을 **비추**지 않을 것이요
단 9:17　주의 황폐한 성소에 **비추**시옵소서
습 3:5　빠짐없이 자기의 공의를 **비추시거늘**
말 4:2　치료하는 광선을 **비추**리니 너희가
마 5:45　해를 악인과 선인에게 **비추시며** 비를
눅 2:9　주의 영광이 그들을 두루 **비추**매 크게
눅 2:32　**비추**는 빛이요 주의 백성 이스라엘의
요 1:9　세상에 와서 각 사람에게 **비추**는 빛이
요 5:35　요한은 켜서 **비추이는** 등불이라 너희가
행 9:3　하늘로부터 빛이 그를 둘러 **비추는지라**
행 26:13　빛이 나와 내 동행들을 둘러 **비추는지라**
고후 4:6　아는 빛을 우리 마음에 **비추셨느니라**
엡 5:14　그리스도께서 너에게 **비추이시리라**
벧후 1:19　어두운 데를 **비추는** 등불과 같으니 날이
계 8:12　낮 삼분의 일은 **비추임**이 없고 밤도

비취옥(翡翠玉, chrysoprase) 황녹색의 반투명체 보석
계 21:20　아홉째는 담황옥이요 열째는 **비취옥**

비치다(shine, reflect, give light)
왕하 3:22　일찍이 일어나서 해가 물에 **비치므로**
욥 22:28　이루어질 것이요 네 길에 빛이 **비치리라**
욥 29:3　그의 등불이 내 머리에 **비치었고** 내
욥 36:30　사면에 펼치시며 바다 밑까지 **비치시고**
시 119:130　주의 말씀을 열면 빛이 **비치어** 우둔한
잠 27:19　물에 **비치면** 얼굴이 서로 같은 것같이
사 9:2　땅에 거주하던 자에게 빛이 **비치도다**
사 58:8　그리하면 네 빛이 새벽같이 **비칠** 것이며
사 60:3　나라들은 네 빛으로, 왕들은 **비치는**
겔 1:4　번쩍번쩍하여 빛이 그 사방에 **비치며**
마 4:16　그늘에 앉은 자들에게 빛이 **비치었도다**
마 5:15　집 안 모든 사람에게 **비치느니라**
마 5:16　너희 빛이 사람 앞에 **비치게** 하여 그
눅 1:79　죽음의 그늘에 앉은 자에게 **비치고**
요 1:5　어둠에 **비치되** 어둠이 깨닫지 못하더라
행 22:6　하늘로부터 큰 빛이 나를 둘러 **비치매**
고후 4:4　영광의 복음의 광채가 **비치지** 못하게
고후 4:6　빛이 **비치라** … 마음에 **비추셨느니라**
계 1:16　얼굴은 해가 힘 있게 **비치는** 것 같더라
계 18:23　등불 빛이 결코 다시 네 안에서 **비치지**
계 21:23　달의 **비침**이 쓸 데 … 영광이 **비치고**
계 22:5　하나님이 그들에게 **비치심이라** 그들이

비탈(slope, hill)
민 21:15　골짜기의 **비탈**은 아르 고을을 향하여
수 7:5　스바림까지 쫓아가 내려가는 **비탈**에서
수 10:10　벧호론에 올라가는 **비탈**에서 추격하여
수 10:11　벧호론의 **비탈**에서 내려갈 때에 여호와
수 15:3　아그랍빔 **비탈** 남쪽으로 지나 신에
수 15:7　남쪽에 있는 아둠밈 **비탈** 맞은편 길갈을
수 15:11　에그론 **비탈** 북쪽으로 나아가 식그론
수 18:17　아둠밈 **비탈** 맞은편 글릴롯으로 나아가
삿 1:36　아그랍빔 **비탈**의 바위부터 위쪽이었더
삿 8:13　요아스의 아들 기드온이 헤레스 **비탈**
왕하 9:27　이블르암 가까운 구르 **비탈**에서 치니
미 1:4　밀초 같고 **비탈**로 쏟아지는 물 같은
마 8:32　온 떼가 **비탈**로 내리달아 바다에 들어
막 5:13　바다를 향하여 **비탈**로 내리달아 바다에
눅 8:33　떼가 **비탈**로 내리달아 호수에 들어가

비통히(悲痛, be deeply moved)
요 11:33　보시고 심령에 **비통히** 여기시고 불쌍히
요 11:38　예수께서 다시 속으로 **비통히** 여기시며

비탈길(hill)
삼상 9:11　성읍을 향한 **비탈길**로 올라가다가
사 15:5　울며 루힛 **비탈길**로 올라가며 호로나임

비틀거리다/비틀걸음치다(stagger, reel)
욥 12:25　취한 사람같이 **비틀거리게** 하시느니라
시 20:8　그들은 **비틀거리며** 엎드러지고 우리는
시 60:3　어려움을 보이시고 **비틀거리게** 하는
시 105:37　그의 지파 중에 **비틀거리는** 자가 하나도
시 107:27　취한 자같이 **비틀거리니** 그들의 모든
사 19:14　취한 자가 토하면서 **비틀거림** 같게 하였
사 28:7　말미암아 **비틀거리며** … **비틀거리며**
사 29:9　그들의 **비틀거림**이 독주로 말미암음이
사 51:17　네가 이미 **비틀걸음치게** 하는 큰 잔을
사 51:22　내가 **비틀걸음치게** 하는 잔 곧 나의
렘 25:16　그들이 마시고 **비틀거리며** 미친 듯이
렘 49:23　바닷가에서 **비틀거리며** 평안이 없도다
암 4:8　어떤 성읍으로 **비틀거리며** 물을 마시러
암 8:12　북쪽에서 동쪽까지 **비틀거리며** 여호와

비틀다(twist, wring off)
레 1:15　**비틀어** 끊고 제단 위에서 불사르고

【 비틀비틀하다 】　　　　　　　　　　　　　　　　　　　【 빈궁/-하다 】

레 5:8　머리를 목에서 **비틀어** 끊고 몸은 아주
잠 30:33　코를 **비틀면** 피가 나는 것같이 노를

비틀비틀하다(reel)
사 24:20　취한 자같이 **비틀비틀하며** 원두막같이

비파(琵琶, lyre, harp)

삼상 10:5　산당에서부터 **비파**와 소고와 저와 수금을
삼하 6:5　여러 가지 악기와 수금과 **비파**와 소고와
왕상 10:12　수금과 **비파**를 만들었으니 이같은 백단목은
대상 13:8　수금과 **비파**와 소고와 제금과 나팔로
대상 15:16　**비파**와 수금과 제금등의 악기를 울려서
대상 15:20　마아세야와 브나야는 **비파**를 타서
대상 15:28　제금을 치며 **비파**와 수금을 힘있게 타며
대상 16:5　오벧에돔과 여이엘이라 **비파**와 수금을
대상 25:1　수금과 **비파**와 제금을 잡아 신령한 노래
대상 25:6　제금과 **비파**와 수금을 잡아 여호와의
대하 5:12　제단 동쪽에 서서 제금과 **비파**와 수금과
대하 9:11　수금과 **비파**를 만들었으니 이같은 것들
대하 20:28　그들이 **비파**와 수금과 나팔을 합주하고
대하 29:25　제금과 **비파**와 수금을 잡게 하니 이는
느 12:27　노래하며 제금을 치며 **비파**와 수금을
시 33:2　여호와께 감사하고 열 줄 **비파**로 찬송할
시 57:8　**비파**야, 수금아, 깰지어다 내가 새벽을
시 71:22　하나님이여 내가 또 **비파**로 주를 찬양
시 81:2　소고를 치고 아름다운 수금에 **비파**를
시 92:1-3　지존자여 십현금과 **비파**와 수금으로
시 108:2　**비파**야, 수금아, 깰지어다 내가 새벽을
시 144:9　새 노래로 노래하며 열 줄 **비파**로 주를
시 150:3　나팔 소리로 찬양하며 **비파**와 수금으로
사 5:12　수금과 **비파**와 소고와 피리와 포도주를
사 14:11　네 **비파** 소리까지로다 구더기가 네 아래
겔 28:13　위하여 소고와 **비파**가 준비되었도다
암 5:23　그칠지어다 네 **비파** 소리도 내가 듣지
암 6:5　**비파** 소리에 맞추어 노래를 지절거리며

비판/-하다(批判, judge)
마 7:1　**비판**을 받지 아니하려거든 **비판하지**
마 7:2　**비판하는** 그 **비판**으로 너희가 **비판**을
눅 6:37　**비판하지** 말라 그리하면 너희가 **비판**을

롬 14:1　너희가 받되 그의 의견을 **비판하지** 말라
롬 14:3　먹지 않는 자는 먹는 자를 **비판하지**
롬 14:4　남의 하인을 **비판하는** 너는 누구냐
롬 14:10　어찌하여 네 형제를 **비판하느냐** 어찌
롬 14:13　그런즉 우리가 다시는 서로 **비판하지**
고전 9:3　나를 **비판하는** 자들에게 변명할 것이
골 2:16　이유로 누구든지 너희를 **비판하지**

비하다(比, liken, compare)
욥 41:33　세상에는 그것과 **비할** 것이 없으니
잠 30:2　나는 다른 사람에게 **비하면** 짐승이라
아 1:9　너를 바로의 병거의 준마에 **비하였구나**
애 4:2　순금에 **비할** 만큼 보배로운 시온의 아들
겔 31:2　이르기를 네 큰 위엄을 누구에게 **비하랴**

비하히롯(Pi Hahiroth) 이스라엘이 진을 쳤던 곳
출 14:2　바다와 믹돌 사이의 **비하히롯** 앞 곧
출 14:9　바알스본 맞은편 **비하히롯** 곁 해변 그들
민 33:7　바알스본 앞 **비하히롯**으로 돌아가서

빅다(Bigtha) 아하수에로 왕의 어전 내시
에 1:10　비스다와 하르보나와 **빅다**와 아박다와

빅다나(Bigthana) 아하수에로 왕의 어전 내시
에 6:2　두 내시 **빅다나**와 데레스가 아하수에로

빅단(Bigthan) 아하수에로 왕의 어전 내시
에 2:21　왕의 내시 **빅단**과 데레스 두 사람이

빈곤하다(貧困, needy)
잠 14:21　**빈곤한** 자를 불쌍히 여기는 자는 복이

빈궁/-하다(貧窮, poverty, poor)
삼상 2:8　**빈궁한** 자를 거름더미에서 올리사
욥 29:16　**빈궁한** 자의 아버지도 되며 내가 모르는
욥 30:25　**빈궁한** 자를 위하여 내 마음에 근심하지
욥 34:28　**빈궁한** 사람의 부르짖음이 그에게
시 82:3　곤란한 자와 **빈궁한** 자에게 공의를
시 102:17　여호와께서 **빈궁한** 자의 기도를 돌아
시 112:9　재물을 흩어 **빈궁한** 자들에게 주었으니
시 141:8　영혼을 **빈궁한** 대로 버려두지 마옵소서
잠 6:11　네 **빈궁**이 강도같이 오며 네 곤핍이
잠 20:13　네가 **빈궁하게** 될까 두려우니라 네 눈을

1198

[**빈누이**]　　　　　　　　　　　　　　　　　　　　　　　[**빌다**]

잠 24:34　네 **빈궁**이 강도같이 오며 네 곤핍이
잠 28:22　**빈궁**이 자기에게로 임할 줄은 알지 못하
잠 31:7　그는 마시고 자기의 **빈궁**한 것을 잊어
사 25:4　**빈궁**한 자의 요새이시며 환난 당한 가난
사 26:6　발이 그것을 밟으리니 곧 **빈궁**한 자의
고전 11:22　업신여기고 **빈궁**한 자들을 부끄럽게

빈누이(Binnui)
　　1. 레위인이며 노아댜의 아버지
스 8:33　요사밧과 **빈누이**의 아들 노아댜가 함께
　2. 이방 여인을 내보내기로 언약한 바핫모압 자손
스 10:30　맛다냐와 브살렐과 **빈누이**와 므낫세요
　3. 이방 여인을 내보내기로 언약한 바니 자손
스 10:38　바니와 **빈누이**와 시므이와
　　4. 율법 준수 언약에 인친 사람
느 3:24　헤나닷의 아들 **빈누이**가 한 부분을 중수
느 10:9　헤나닷의 자손 중 **빈누이**, 갓미엘과
　5. 포로지에서 1차 귀환한 빈누이 자손의 선조
느 7:15　**빈누이** 자손이 육백사십팔 명이요
　6. 스룹바벨과 함께 1차로 귀환한 레위 사람
느 12:8　레위 사람들은 예수아와 **빈누이**와

빈민(貧民, the poor, the poorest)
욥 29:12　부르짖는 **빈민**과 도와 줄 자 없는 고아
시 132:15　풍족히 복을 주고 떡으로 그 **빈민**을
전 5:8　어느 지방에서든지 **빈민**을 학대하는
사 58:7　유리하는 **빈민**을 집에 들이며 헐벗은
렘 5:28　**빈민**의 재판을 공정하게 결단하지
렘 39:10　아무 소유가 없는 **빈민**을 유다 땅에 남겨
렘 40:7　잡혀가지 아니한 **빈민**을 그에게 위임

빈부(貧富, rich and poor)
시 49:2　귀천 **빈부**를 막론하고 다 들을지어다

빈손(empty-handed)
창 31:42　**빈손**으로 돌려보내셨으리이다마는
출 3:21　나갈 때에 **빈손**으로 가지 아니하리니
출 23:15　네가 애굽에서 나왔음이라 **빈손**으로
출 34:20　다 대속할지며 **빈손**으로 내 얼굴을
레 25:35　네 형제가 가난하게 되어 **빈손**으로 네
신 15:13　자유하게 할 때에는 **빈손**으로 가게 하지
신 16:16　여호와를 뵈옵되 **빈손**으로 여호와를
룻 3:17　이르기를 **빈손**으로 네 시어머니에게

느 5:13　곧 이렇게 털려서 **빈손**이 될지로다 하매
욥 22:9　과부를 **빈손**으로 돌려보내며 고아의
눅 1:53　배불리셨으며 부자는 **빈손**으로 보내셨

빈틈(space)
사 5:8　전토에 전토를 더하여 **빈틈**이 없도록

빈한하다(貧寒, needy)
신 24:14　곤궁하고 **빈한한** 품꾼은 너희 형제든지

빌가(Bilgah)
　　1. 다윗 시대의 제사장
대상 24:14　열다섯째는 **빌가**요 열여섯째는 임멜이
느 12:18　**빌가** 족속에는 삼무아요 스마야 족속
　　2. 스룹바벨과 함께 귀환한 제사장
느 12:5　미야민과 마아댜와 **빌가**와

빌개(Bilgai)　율법 준수 언약에 서명한 제사장
느 10:8　마아시야, **빌개**, 스마야이니 이는

빌다(bless, pray)
창 27:36　아버지께서 나를 위하여 **빌** 복을 남기지
창 27:38　아버지가 **빌** 복이 이 하나 뿐이리이까
민 22:6　그대가 복을 **비는** 자는 복을 받고 저주
신 29:19　심중에 스스로 복을 **빌어** 이르기를 내가
삼하 13:25　가지 아니하고 그에게 복을 **비는지라**
삼하 14:22　왕을 위하여 복을 **빌고** 요압이 이르되
삼하 21:3　여호와의 기업을 위하여 복을 **빌겠느냐**
왕상 8:28　주 앞에서 부르짖음과 **비는** 기도를 들으
왕상 8:29　종이 이 곳을 향하여 **비는** 기도를 들으
대하 6:19　주 앞에서 부르짖는 것과 **비는** 기도를
대하 6:20　종이 이 곳을 향하여 **비는** 기도를 들으
대하 6:24　주께로 돌아와서 이 성전에서 주께 **빌며**
대하 6:26　이 곳을 향하여 **빌며** 주의 이름을 인정
느 11:2　위하여 백성들이 복을 **빌었느니라**
욥 29:13　위하여 복을 **빌었으며** 과부의 마음이
욥 31:20　위하여 복을 **빌게** 하지 아니하였다면
렘 4:2　나로 말미암아 스스로 복을 **빌며** 나로
마 10:12　그 집에 들어가면서 평안하기를 **빌라**
마 18:32　악한 종아 네가 **빌기**에 내가 네 빚을
요 17:9　내가 **비옵는** 것은 세상을 위함이 아니요
요 17:15　**비옵는** 것은 그들을 세상에서 데려가
요 17:20　내가 **비옵는** 것은 이 사람들만 위함이

1199

【 빌다스 】

롬 15:30	같이하여 나를 위하여 하나님께 **빌어**
히 7:6	약속을 받은 그를 위하여 복을 **빌었나니**
벧전 3:9	욕으로 갚지 말고 도리어 복을 **빌라**

빌다스(Pildash) 아브라함의 동생 나홀의 아들

창 22:22 게셋과 하소와 **빌다스**와 이들랍과

빌닷(Bildad) 욥의 세 친구 중 한 사람

욥 2:11	엘리바스와 수아 사람 **빌닷**과 나아마
욥 8:1	수아 사람 **빌닷**이 대답하여 이르되
욥 18:1	수아 사람 **빌닷**이 대답하여 이르되
욥 25:1	수아 사람 **빌닷**이 대답하여 이르되
욥 42:9	수아 사람 **빌닷**과 나아마 사람 소발이

빌대(Piltai) 대제사장 요야김 때의 제사장

느 12:17 미냐민 곧 모아댜 족속에는 **빌대**요

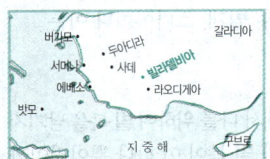

빌라델비아 (Philadelphia) 코가미스 강 유역에 있던 성읍

| 계 1:11 | 버가모, 두아디라, 사데, **빌라델비아**, |
| 계 3:7 | **빌라델비아** 교회의 사자에게 편지하라 |

빌라도(Pontius Pilate) 제5대 로마 총독

마 27:2	결박하여 끌고 가서 총독 **빌라도**에게
눅 3:1	본디오 **빌라도**가 유대의 총독으로, 헤롯
딤전 6:13	본디오 **빌라도**를 향하여 선한 증언을

빌라도 - 기타 본문

마 27:13, 17, 22, 23, 24, 58, 62, 65; 막 15:1, 2, 4, 5, 9, 12, 14, 15, 43, 44; 눅 13:1; 23:1, 3, 4, 6, 11, 12, 13, 20, 22, 24, 52; 요 18:29, 31, 33, 35, 37, 38; 19:1, 4, 5, 6, 8, 10, 12, 13, 14, 15, 19, 21, 22, 31, 38; 행 3:13; 4:27; 13:28

빌레도(Philetus) 이단 사상을 퍼뜨린 사람

딤후 2:17 그 중에 후메내오와 **빌레도**가 있느니라

빌레몬(Philemon) 골로새에 살던 그리스도인

몬 1:1 사랑을 받는 자요 동역자인 **빌레몬**과

【 빌립 】

빌롤로고(Philologus) 로마의 그리스도인

롬 16:15 **빌롤로고**와 율리아와 또 네레오와 그의

빌르암(Bileam) 므낫세 영토 내에 있던 레위인의 성읍

대상 6:70 아넬과 그 초원과 **빌르암**과 그 초원을

빌리다/빌다(borrow, bring)

출 22:14	이웃에게 **빌려온** 것이 그 임자가 함께
출 35:29	여호와께서 모세의 손을 **빌어** 명령하신
왕하 4:3	**빌리라** 빈 그릇을 **빌리되** 조금 **빌리지**
왕하 6:5	아아, 내 주여 이는 **빌려온** 것이니이다
욥 34:20	사람의 손을 **빌리지** 않고 제거함을 당하
사 24:2	**빌려** 주는 자와 **빌리는** 자가 같을 것이
사 47:9	무수한 주술과 많은 주문을 **빌릴지라도**
행 2:23	너희가 법 없는 자들의 손을 **빌려** 못

빌립(Philip)

1. 사도 빌립

마 10:3	**빌립**과 바돌로매, 도마와 세리 마태,
막 3:18	안드레와 **빌립**과 바돌로매와 마태와
눅 6:14	안드레와 야고보와 요한과 **빌립**과
요 1:43	**빌립**을 만나 이르시되 나를 따르라

빌립 1 - 기타 본문

요 1:44, 45, 46, 48; 6:5, 6, 7; 12:21, 22; 14:8, 9; 행 1:13

2. 집사 빌립

행 6:5 또 **빌립**과 브로고로와 니가노르와

행 8:5 **빌립**이 사마리아 성에 내려가 그리스도

빌립 2 - 기타 본문

행 8:6, 12, 13, 26, 29, 30, 31, 34, 35, 38, 39, 40; 21:8

3. 헤롯 빌립 1세

| 마 14:3 | 헤롯이 그 동생 **빌립**의 아내 헤로디아의 |
| 막 6:17 | 자기가 동생 **빌립**의 아내 헤로디아에게 |

4. 헤롯 빌립 2세

눅 3:1 동생 **빌립**이 이두래와 드라고닛 지방의

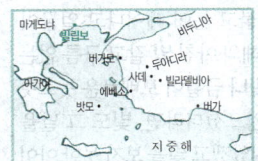

빌립보(Philippi) 마게도냐의 유력한 도시

행 16:12 　빌립보에 이르니 이는
행 20:6 　우리는 무교절 후에 빌립보에서 배로
빌 1:1 　예수 안에서 빌립보에 사는 모든 성도와
빌 4:15 　빌립보 사람들아 너희도 알거니와 복음
살전 2:2 　빌립보에서 고난과 능욕을 당하였으나

빌립보 가이사랴(Philippi Caesarea) 헬몬산 남쪽 도시

마 16:13 　예수께서 빌립보 가이사랴 지방에
막 8:27 　예수와 제자들이 빌립보 가이사랴 여러

빌산(Bilshan) 1차 포로 귀환 때 백성들을 인솔했던 사람

스 2:2 　르엘라야와 모르드개와 빌산과 미스발
느 7:7 　나하마니와 모르드개와 빌산과

빌어먹다(beg)

시 109:10 　그들의 황폐한 집을 떠나 빌어먹게
눅 16:3 　힘이 없고 빌어먹자니 부끄럽구나

빌하 1(Bilhah)

1. 인명 : 라헬의 여종으로 단과 납달리의 어머니
창 29:29 　라반이 또 그의 여종 빌하를 그의 딸

　빌하 1 - 1 - 기타 본문
　창 30:3, 4, 5, 7; 35:22, 25; 37:2; 46:25; 대상 7:13

2. 지명 : 시므온 지파의 기업이 된 성읍
대상 4:29 　빌하와 에셈과 돌랏과

빌하 2(Pilha) 느헤미야 때 백성의 지도자
느 10:24 　할로헤스, 빌하, 소벡,

빌한(Bilhan)
1. 에돔 땅에 살던 에셀의 아들
창 36:27 　에셀의 자녀는 빌한과 사아완과 아간
대상 1:42 　에셀의 아들은 빌한과 사아완과 야아간

2. 베냐민의 손자
대상 7:10 　여디아엘의 아들은 빌한이요 빌한의

빔할(Bimhal) 아셀 지파 야블렛의 아들
대상 7:33 　야블렛의 아들들은 바삭과 빔할과

빗갈(Bidkar) 북이스라엘의 왕 예후의 장관
왕하 9:25 　예후가 그의 장관 빗갈에게 이르되

빗나가다(unreliable)
시 78:57 　거짓을 행하여 속이는 활같이 빗나가서

빗방울(rain)
욥 36:27 　그가 물방울을 가늘게 하시며 빗방울

빗장(bar)
레 26:13 　너희의 멍에의 빗장을 부수고 너희를
신 3:5 　문과 빗장이 있어 견고하며 그 외에
대하 14:7 　망대와 문과 빗장을 만들자 우리가 주를
느 3:3 　문짝을 달고 자물쇠와 빗장을 갖추었고
느 3:6 　문짝을 달고 자물쇠와 빗장을 갖추었고
느 3:13 　문짝을 달고 자물쇠와 빗장을 갖추고
느 3:14 　문짝을 달고 자물쇠와 빗장을 갖추었고
느 3:15 　문짝을 달고 자물쇠와 빗장을 갖추고
느 7:3 　문을 닫고 빗장을 지르며 또 예루살렘
애 2:9 　땅에 묻히며 빗장이 부서져 파괴되고
겔 38:11 　빗장이 없어도 염려 없이 다 평안히
호 11:6 　그들의 성읍들을 치며 빗장을 깨뜨려
암 1:5 　다메섹의 빗장을 꺾으며 아웬 골짜기에
욘 2:6 　그 빗장으로 나를 오래도록 막았사오나
나 3:13 　원수 앞에 넓게 열리고 빗장들은 불에

빙자하다(憑藉, lie in one's name)
시 94:20 　율례를 빙자하고 재난을 꾸미는 악한
슥 13:3 　여호와의 이름을 빙자하여 거짓말을

빚/-지다/-내다(debt, borrow)
삼상 22:2 　환난 당한 모든 자와 빚진 모든 자와
왕하 4:1 　이제 빚 준 사람이 와서 나의 두 아이를
왕하 4:7 　너는 가서 기름을 팔아 빚을 갚고 남은
느 5:4 　밭과 포도원으로 돈을 빚내서 왕에게
느 10:31 　땅을 쉬게 하고 모든 빚을 탕감하리라
잠 22:7 　부자는 가난한 자를 주관하고 빚진 자는
잠 22:26 　손을 잡지 말며 남의 빚에 보증을 서지
겔 18:7 　학대하지 아니하며 빚진 자의 저당물을
겔 18:12 　학대하거나 강탈하거나 빚진 자의

【 빚다 】　　　　　　　　　　　　　　　　　　　　　　　　　　　　【 빛/-나다/-내다 】

마 18:24	결산할 때에 만 달란트 **빚진** 자 하나를
마 18:27	불쌍히 여겨 놓아 보내며 그 **빚**을 탕감
마 18:28	백 데나리온 **빚진** … **빚**을 갚으라
마 18:30	가서 그가 **빚**을 갚도록 옥에 가두거늘
마 18:32	빌기에 내가 네 **빚**을 전부 탕감하여
마 18:34	주인이 노하여 그 **빚**을 다 갚도록 그를
눅 7:41	이르시되 빚 주는 사람에게 **빚진** 자가
눅 16:5	주인에게 **빚진** … 얼마나 **빚졌느냐**
눅 16:7	얼마나 **빚졌느냐** 이르되 밀 백 석이니
롬 1:14	어리석은 자에게 다 내가 **빚진** 자라
롬 8:12	형제들아 우리가 **빚진** 자로되 육신에게
롬 13:8	빚 외에는 아무에게든지 아무 **빚도** 지지
롬 15:27	그들에게 **빚진** 자니 만일 이방인들이
몬 1:18	불의를 하였거나 네게 **빚진** 것이 있으면
몬 1:19	자신이 내게 **빚진** 것은 내가 말하지

빚다 (make, shape, mix)

욥 10:8	손으로 나를 **빚으셨으며** 만드셨는데
사 5:22	마시기에 용감하며 독주를 잘 **빚는** 자들
사 29:16	**빚음**을 받은 물건이 자기를 **빚은** 이에게

빛/-나다/-내다 (light, shine, color)
모세오경 -- 시가서

창 1:3	이르시되 **빛**이 있으라 하시니 **빛**이
창 1:4	**빛**이 하나님이 보시기에 … 이 **빛**과
창 1:5	하나님이 **빛**을 낮이라 부르시고 어둠을
창 1:18	낮과 밤을 주관하게 하시고 **빛**과 어둠을
창 30:40	얼룩무늬와 검은 **빛** 있는 것을 라반의
창 40:6	들어가 보니 그들에게 근심의 **빛**이
창 40:7	당신들의 얼굴에 근심의 **빛**이 있나이까
출 10:23	자손들이 거주하는 곳에는 **빛**이
레 13:55	색점의 **빛**이 변하지 아니하고 그 색점이
삼상 1:18	먹고 얼굴에 다시는 근심 **빛**이 없더라
삼상 16:12	그의 **빛**이 붉고 눈이 빼어나고 얼굴이
삼하 23:4	그는 돋는 해의 아침 **빛** 같고 구름 없는
스 8:27	아름답고 **빛나** 금같이 보배로운 놋그릇
욥 3:4	돌아보지 않으셨더라면, **빛도** 그 날을
욥 3:16	존재하지 않았겠고 **빛**을 보지 못한 아이
욥 3:20	고난당하는 자에게 **빛**을 주셨으며
욥 3:23	길이 아득한 사람에게 어찌하여 **빛**을
욥 12:25	**빛** 없이 캄캄한 데를 더듬게 하시며
욥 17:12	그들은 밤으로 낮을 삼고 **빛** 앞에서
욥 18:5	악인의 빛은 꺼지고 그의 불꽃은 **빛나지**
욥 18:6	그의 장막 안의 **빛**은 어두워지고 그
욥 25:5	**빛**을 발하지 못하고 별도 **빛나지**
욥 26:10	수면에 경계를 그으시니 **빛**과 어둠이
욥 29:3	그의 **빛**을 힘입어 암흑에서도 걸어다
욥 31:26	해가 **빛남**과 달이 밝게 뜬 것을 보고
욥 33:28	않게 하셨으니 내 생명이 **빛**을 보겠구나
욥 33:30	**빛**을 그들에게 비추려 하심이니라
욥 37:21	말끔하게 되었을 때 그 밝은 **빛**을
욥 37:22	북쪽에서는 황금 같은 **빛**이 나오고
욥 38:15	악인에게는 그 **빛**이 차단되고 그들의
욥 39:23	그의 머리 위에서는 화살통과 **빛나는**
욥 41:32	그것의 뒤에서 **빛나는** 물줄기가 나오니
시 27:1	여호와는 나의 **빛**이요 나의 구원이시니
시 36:1	눈에는 하나님을 두려워하는 **빛**이 없다
시 36:9	있사오니 주의 **빛** 안에서 우리가 **빛**을
시 37:6	네 의를 **빛같이** … **빛같이** 하시리로다
시 38:10	내 기력이 쇠하여 내 눈의 **빛도** 나를
시 43:3	주의 **빛**과 주의 진리를 보내시어 나를
시 44:3	주의 팔과 주의 얼굴의 **빛**으로 하셨으니
시 49:19	돌아가리니 영원히 **빛**을 보지 못하리로
시 56:13	나로 하나님 앞, 생명의 **빛**에 다니게
시 74:16	주의 것이라 주께서 **빛**과 해를 마련하셨
시 92:14	결실하며 진액이 풍족하고 **빛**이 청청

'빛나다' 와 관련된 성구

- 빛난 관 – 출 39:28
- 빛난(나는) 놋 – 왕상 7:45; 대하 4:16; 단 10:6
- 빛난 옷 – 겔 27:24; 눅 23:11; 행 10:30; 계 15:6
- 빛난 주석 – 계 1:15; 2:18
- 빛을 내다 – 사 13:10; 60:5; 겔 32:7; 마 24:29; 막 13:24
- 빛을 받다 – 히 6:4; 10:32
- 빛을 발하다 – 욥 25:5; 41:18; 사 60:1
- 빛을 비추다 – 욥 10:3; 시 50:2; 80:1; 94:1; 118:27; 사 13:10; 60:19
- 빛을 잃다 – 애 4:1; 나 2:10; 눅 23:44
- 빛이 비치다 – 욥 22:28; 시 119:130; 사 9:2; 58:8; 마 4:16; 고후 4:6
- 빛이 엷다 – 레 13:21, 26, 28

【 빛/-나다/-내다 】　　　　　　　　　　　　　　　【 빛/-나다/-내다 】

시 97:11	의인을 위하여 **빛**을 뿌리고 마음이 정직		렘 25:10	신부의 소리와 맷돌 소리와 등불 **빛**이
시 104:2	주께서 옷을 입음같이 **빛**을 입으시며		렘 31:35	**빛**으로 주셨고 달과 별들을 밤의 **빛**으
시 112:4	정직한 자들에게는 흑암 중에 **빛**이 일어		애 3:2	걸어가게 하시고 **빛** 안에서 걸어가지
시 118:27	그가 우리에게 **빛**을 비추셨으니 밧줄로		애 4:7	윤택함이 갈아서 **빛낸** 청옥 같더니
시 119:105	말씀은 내 발에 등이요 내 길에 **빛**이니		겔 1:4	번쩍번쩍하여 **빛**이 그 사방에 비치며
시 132:18	그에게는 왕관이 **빛나게** 하리라 하셨도		겔 1:7	발바닥 같고 광낸 구리같이 **빛나며**
시 136:7	큰 **빛**들을 지으신 이에게 감사하라		겔 21:9	칼이여 칼이여 날카롭고도 **빛나도다**
시 139:11	나를 두른 **빛**은 밤이 되리라 할지라도		겔 21:10	**빛남**은 번개같이 되기 위함이니 우리가
시 139:12	비추이나니 주에게는 흑암과 **빛**이 같음		겔 21:11	넘기기 위하여 날카롭고도 **빛나게** 하였
잠 4:18	돋는 햇살 같아서 크게 **빛나** 한낮의		겔 21:28	번개같이 되기 위하여 **빛났도다**
잠 6:23	대저 명령은 등불이요 법은 **빛**이요		겔 32:8	하늘의 모든 밝은 **빛**을 내가 네 위에서
잠 13:9	의인의 **빛**은 환하게 **빛나고** 악인의 등불		겔 40:3	모양이 놋같이 **빛난** 사람 하나가 손에
잠 15:13	마음의 즐거움은 얼굴을 **빛나게** 하여도		겔 43:2	땅은 그 영광으로 말미암아 **빛나니**
잠 27:17	그의 친구의 얼굴을 **빛나게** 하느니라		단 2:22	어두운 데에 있는 것을 아시며 또 **빛**이
잠 29:13	그 모두의 눈에 **빛**을 주시느니라		단 3:27	겉옷 **빛**도 변하지 아니하였고 불 탄
전 2:13	우매보다 뛰어남이 **빛**이 어둠보다		단 10:8	아름다운 **빛**이 변하여 썩은 듯하였고
전 11:7	**빛**은 실로 아름다운 것이라 눈으로 해를		단 12:3	지혜 있는 자는 궁창의 **빛**과 같이 **빛날**
전 12:2	해와 **빛**과 달과 별들이 어둡기 전에,			것이요 … 별과 같이 영원토록 **빛나리라**
아 6:10	아침 **빛**같이 뚜렷하고 달같이 아름답고		호 6:5	죽였노니 내 심판은 **빛**처럼 나오느니라
아 7:5	드리운 머리털은 자주 **빛**이 있으니 왕이		욜 2:10	달이 캄캄하며 별들이 **빛**을 거두도다
선지서			욜 3:15	달이 캄캄하며 별들이 그 **빛**을 거두도다
사 2:5	야곱 족속아 오라 우리가 여호와의 **빛**에		암 5:18	사모하느냐 그 날은 어둠이요 **빛**이 아니
사 4:5	연기, 밤이면 화염의 **빛**을 만드시고		암 5:20	날은 **빛** 없는 어둠이 아니며 **빛남** 없는
사 5:30	흑암과 고난이 있고 **빛**은 구름에 가려서		미 7:8	앉을지라도 여호와께서 나의 **빛**이 되실
사 9:2	흑암에 행하던 백성이 큰 **빛**을 보고		나 2:10	허리가 아프게 되며 모든 낯이 **빛**을
사 10:17	이스라엘의 **빛**은 불이 되고 그의 거룩		합 3:11	날아가는 주의 화살의 **빛**과 번쩍이는
사 26:19	주의 이슬은 **빛난** 이슬이니 땅이 죽은		슥 9:16	보석같이 여호와의 땅에 **빛나리로다**
사 30:26	일곱 배가 되어 일곱 날의 **빛**과 같으리		슥 14:6	그 날에는 **빛**이 없겠고 광명한 것들이
사 42:6	너를 세워 백성의 언약과 이방의 **빛**이		슥 14:7	밤도 아니라 어두워 갈 때에 **빛**이 있으
사 45:7	나는 **빛**도 짓고 어둠도 창조하며 나는		**복음서**	
사 49:6	너를 이방의 **빛**으로 삼아 나의 구원을		마 4:16	흑암에 앉은 백성이 큰 **빛**을 보았고
사 50:10	흑암 중에 행하여 **빛**이 없는 자라도		마 5:14	세상의 **빛**이라 산 위에 있는 동네가
사 51:4	내가 내 공의를 만민의 **빛**으로 세우리라		마 5:16	이같이 너희 **빛**이 사람 앞에 비치게
사 58:10	네 **빛**이 흑암 중에서 떠올라 네 어둠		마 6:23	그러므로 네게 있는 **빛**이 어두우면 그
사 59:9	우리가 **빛**을 바라나 어둠뿐이요 밝은		마 13:43	아버지 나라에서 해와 같이 **빛나리라**
사 60:3	나라들은 네 **빛**으로, 왕들은 비치는		마 17:2	그 얼굴이 해같이 **빛나며** 옷이 **빛과**
사 60:19	다시는 낮에 해가 네 **빛**이 되지 아니하		마 17:5	말할 때에 홀연히 **빛난** 구름이 그들을
	며 … 여호와가 네게 영원한 **빛**이 되며		눅 2:32	비추는 **빛**이요 주의 백성 이스라엘의
사 60:20	여호와가 네 영원한 **빛**이 되고 네 슬픔		눅 8:16	들어가는 자들로 그 **빛**을 보게 하려
사 62:1	나는 시온의 의가 **빛같이**, 예루살렘의		눅 11:33	이는 들어가는 자로 그 **빛**을 보게 하려
렘 4:23	혼돈하고 공허하며 하늘에는 **빛**이		눅 11:35	네 속에 있는 **빛**이 어둡지 아니한가
렘 13:16	너희 바라는 **빛**이 사망의 그늘로 변하여		눅 11:36	등불의 **빛**이 너를 비출 때와 같이 온전
렘 22:14	백향목으로 입히고 붉은 **빛**으로 칠하도		눅 16:8	자기 시대에 있어서는 **빛**의 아들들보다

【 빛/-나다/-내다 】　　　　　　　　　　　【 빠르다 】

눅 23:44	때가 제육시쯤 되어 해가 **빛**을 잃고 온
눅 24:17	사람이 슬픈 **빛**을 띠고 머물러 서더라
요 1:4	있었으니 이 생명은 사람들의 **빛**이라
요 1:5	**빛**이 어둠에 비치되 어둠이 깨닫지 못하
요 1:7	그가 증언하러 왔으니 곧 **빛**에 대하여
요 1:8	그는 이 **빛**이 아니요 이 **빛**에 대하여
요 1:9	참 **빛** 곧 세상에 와서 … 비추는 **빛**
요 3:19	이것이니 곧 **빛**이 세상에 왔으되 사람
요 3:20	이 자기 행위가 악하므로 **빛**보다 어둠을 행하는 자마다 **빛**을 미워하여 **빛**으로
요 3:21	진리를 따르는 자는 **빛**으로 오나니 이는
요 5:35	너희가 한때 그 **빛**에 즐거이 있기를
요 8:12	세상의 **빛**이니 … 생명의 **빛**을 얻으리라
요 9:5	세상에 있는 동안에는 세상의 **빛**이로라
요 11:9	세상의 **빛**을 보므로 실족하지 아니하고
요 11:10	밤에 다니면 **빛**이 그 사람 안에 없는
요 12:35	잠시 동안 **빛**이 너희 중에 있으니 **빛**이
요 12:36	너희에게 아직 **빛**이 있을 동안에 **빛**을 믿으라 그리하면 **빛**의 아들이 되리라
요 12:46	나는 **빛**으로 세상에 왔나니 무릇 나를

역사서 - 예언서

행 9:3	하늘로부터 **빛**이 그를 둘러 비추는지라
행 12:7	광채가 **빛**나며 또 베드로의 옆구리를
행 13:47	이방의 **빛**으로 삼아 너로 땅 끝까지
행 22:6	홀연히 하늘로부터 큰 **빛**이 나를 둘러
행 22:9	나와 함께 있는 사람들이 **빛**은 보면서도
행 22:11	나는 그 **빛**의 광채로 말미암아 볼 수
행 26:13	하늘로부터 해보다 더 밝은 **빛**이 나와
행 26:18	어둠에서 **빛**으로, 사탄의 권세에서
행 26:23	이스라엘과 이방인들에게 **빛**을 전하시
롬 2:19	인도하는 자요 어둠에 있는 자의 **빛**이요
롬 13:12	우리가 어둠의 일을 벗고 **빛**의 갑옷을
고후 4:6	아는 **빛**을 우리 마음에 비추셨느니라
고후 6:14	의와 불법이 어찌 함께 하며 **빛**과 어둠
엡 5:8	이제는 주 안에서 **빛**이라 **빛**의 자녀들
엡 5:9	**빛**의 열매는 모든 착함과 의로움과 진실
엡 5:13	책망을 받는 모든 것은 **빛**으로 말미암아 드러나나니 드러나는 것마다 **빛**이니라
빌 2:15	자녀로 세상에서 그들 가운데 **빛**들로
골 1:12	*우리로 하여금 **빛** 가운데서 성도의 기업*
살전 5:5	너희는 다 **빛**의 아들이요 낮의 아들이라
딤전 6:16	가까이 가지 못할 **빛**에 거하시고 어떤
딛 2:10	우리 구주 하나님의 교훈을 **빛**나게 하려

약 1:17	다 위로부터 **빛**들의 아버지께로부터
벧전 2:9	그의 기이한 **빛**에 들어가게 하신 이의
요일 1:5	하나님은 **빛**이시라 그에게는 어둠이
요일 1:7	그가 **빛** 가운데 계신 것같이 우리도 **빛**
요일 2:8	어둠이 지나가고 참 **빛**이 벌써 비침이니
요일 2:9	**빛** 가운데 있다 하면서 그 형제를 미워
요일 2:10	형제를 사랑하는 자는 **빛** 가운데 거하여
계 9:17	불빛과 자줏빛과 유황 **빛** 호심경이 있고
계 17:3	내가 보니 여자가 붉은 **빛** 짐승을 탔는
계 17:4	여자는 자주 **빛**과 붉은 **빛** 옷을 입고
계 18:14	맛있는 것들과 **빛난** 것들이 다 없어졌으
계 18:23	등불 **빛**이 결코 다시 네 안에서 비치지
계 19:8	**빛**나고 깨끗한 세마포 옷을 입도록
계 21:11	그 성의 **빛**이 지극히 귀한 보석 같으
계 21:24	그 **빛** 가운데로 다니고 땅의 왕들이

빠뜨리다/빠뜨려지다(miss, bring down, drown)

출 21:27	남종의 이나 여종의 이를 쳐서 **빠뜨리면**
왕하 10:19	제사장들을 한 사람도 **빠뜨리지** 말고
욥 18:10	땅에 숨겨져 있고 그를 **빠뜨릴** 함정이
잠 22:25	영혼을 올무에 **빠뜨릴까** 두려움이니
렘 18:22	내 발을 **빠뜨리려고** 올무를 놓았음이니
겔 28:8	구덩이에 **빠뜨려서** 너를 바다 가운데
마 18:6	목에 달려서 깊은 바다에 **빠뜨려지는**

빠르다(swift, fleet, quick)

삼하 1:23	그들은 독수리보다 **빠르고** 사자보다
삼하 2:18	아사헬의 발은 들노루같이 **빠르더라**
대상 12:8	그의 얼굴은 사자 같고 **빠르기**는 산의
욥 7:6	나의 날은 베틀의 북보다 **빠르니** 희망
욥 9:26	그 지나가는 것이 **빠른** 배 같고 먹이
욥 31:5	동행하고 내 발이 속임수에 **빨랐다면**
욥 39:5	누가 **빠른** 나귀의 매인 것을 풀었느냐
잠 1:16	악으로 달려가며 피를 흘리는 데 **빠름**이
전 9:11	다시 해 아래에서 보니 **빠른** 경주자들이
사 19:1	여호와께서 **빠른** 구름을 타고 애굽에
사 30:16	우리가 **빠른** … 쫓는 자들이 **빠르리니**
사 59:7	그 발은 행악하기에 **빠르고** 무죄한 피를
렘 2:23	발이 **빠른** 암낙타가 그의 길을 어지러이
렘 4:13	그의 말들은 독수리보다 **빠르도다** 우리
렘 46:6	발이 **빠른** 자도 도망하지 못하며 용사
애 4:19	자들이 하늘의 독수리들보다 **빠름이여**
암 2:15	활을 가진 자도 설 수 없으며 발이 **빠른**

【 빠져나가다 】   【 빠지다 】

나 2:4	그 모양이 횃불 같고 **빠르기**가 번개
합 1:8	군마는 표범보다 **빠르고** 저녁 이리보다
습 1:14	큰 날이 가깝도다 가깝고도 **빠르도다**
학 1:9	자기의 집을 짓기 위하여 **빨랐음이라**
롬 3:15	그 발은 피 흘리는 데 **빠른지라**

빠져나가다(keep on going)
삼하 18:9 탔던 노새는 그 아래로 **빠져나간지라**

빠져나오다(come out)
대하 21:15 병이 날로 중하여 창자가 **빠져나오리라**
대하 21:19 창자가 그 병으로 말미암아 **빠져나오매**

빠지다(fall, lose, make a gap, sink)
　　1. 깊은 곳에 떨어지다(fall, down)
창 14:10 왕이 달아날 때에 그들이 거기 **빠지고**
출 21:33 아니하므로 소나 나귀가 거기에 **빠지면**
민 16:30 소유물을 삼켜 산 채로 스올에 **빠지게**
민 16:33 모든 재물이 산 채로 스올에 **빠지며**
삼하 20:8 그가 나아갈 때에 칼이 **빠져** 떨어졌고
왕하 6:6 하나님의 사람이 이르되 어디 **빠졌느냐**
욥 9:31 주께서 나를 개천에 **빠지게** 하시리니
욥 18:8 이는 그의 발이 그물에 **빠지고** 올가미에
욥 33:18 그는 사람의 혼을 구덩이에 **빠지지**
시 7:15 파 만듦이여 제가 만든 함정에 **빠졌도다**
시 9:15 나라들이 자기가 판 웅덩이에 **빠짐이여**
시 46:2 산이 흔들려 바다 가운데에 **빠지든지**
시 55:23 그들로 파멸의 웅덩이에 **빠지게** 하시리
시 57:6 팠으나 자기들이 그 중에 **빠졌도다**
시 69:2 나는 설 곳이 없는 깊은 수렁에 **빠지며**
시 69:14 나를 수렁에서 건지사 **빠지지** 말게
시 78:53 그들의 원수는 바다에 **빠졌도다**
시 140:10 그들로 하여금 **빠져** 다시 일어나지
잠 22:14 여호와의 노를 당한 자는 거기 **빠지리라**
잠 26:27 함정을 파는 자는 그것에 **빠질** 것이요
잠 28:10 자는 스스로 자기 함정에 **빠져도**
전 10:8 함정을 파는 자는 거기에 **빠질** 것이요
사 24:18 도망하는 자는 함정에 **빠지겠고**
애 4:20 부으신 자가 그들의 함정에 **빠졌음이여**
겔 27:27 패망하는 날에 다 바다 한가운데에 **빠질**
겔 27:34 네 무역품과 네 승객이 다 **빠졌음이여**
마 12:11 안식일에 구덩이에 **빠졌으면** 끌어내지
마 14:30 바람을 보고 무서워 **빠져** 가는지라

마 15:14	인도하면 둘이 다 구덩이에 **빠지리라**
눅 6:39	둘이 다 구덩이에 **빠지지** 아니하겠느냐
눅 14:5	누가 그 아들이나 소가 우물에 **빠졌으면**
히 11:29	애굽 사람들은 이것을 시험하다가 **빠져**

　　2. **묻히다**(sink down)
렘 38:6 예레미야가 진창 속에 **빠졌더라**
렘 38:22 꾀어 이기고 네 발이 진흙에 **빠짐을**

　　3. 기운이나 죄 혹은 잠이나 어려운 처지에 놓이다
　　　　(lead into sin, fall into)
창 20:9 나와 내 나라가 큰 죄에 **빠질** 뻔하게
출 32:21 당신이 그들을 큰 죄에 **빠지게** 하였느냐
삿 4:15 그의 온 군대를 칼날로 혼란에 **빠지게**
삿 20:31 백성을 맞ดีใจ 꾀임에 **빠져** 성읍을 떠났
삼하 17:2 그가 곤하고 힘이 **빠졌을** 때에 기습하
삼하 24:14 손에 **빠지고** 내가 사람의 손에 **빠지지**
대상 21:13 내가 곤경에 **빠졌도다** … 그의 손에 **빠**
　　　　지고 사람의 손에 **빠지지** 아니하기를
느 4:10 짐을 나르는 자의 힘이 다 **빠졌으니**
욥 5:13 지혜로운 자가 자기의 계략에 **빠지게**
시 32:4 내 진액이 **빠져서** 여름 가뭄에 마름같이
시 76:5 가진 것을 빼앗기고 잠에 **빠질** 것이며
시 107:27 모든 지각이 혼돈 속에 **빠지는도다**
시 140:4 나를 지키사 악인의 손에 **빠지지** 않게
잠 6:3 네가 네 이웃의 손에 **빠졌은즉** 이같이
잠 13:17 악한 사자는 재앙에 **빠져도** 충성된 사신
잠 17:20 혀가 패역한 자는 재앙에 **빠지느니라**
잠 28:14 완악하게 하는 자는 재앙에 **빠지리라**
사 5:14 그 중에서 즐거워하는 자가 거기에 **빠질**
렘 19:9 찾는 자에게 둘러싸여 곤경에 **빠질** 때에
단 10:8 큰 환상을 볼 때에 내 몸에 힘이 **빠졌고**
딤전 3:6 마귀를 정죄하는 그 정죄에 **빠질까** 함이
딤전 6:9 사람으로 파멸과 멸망에 **빠지게** 하는 것
히 4:11 저 순종하지 아니하는 본에 **빠지지** 않게
히 10:31 살아 계신 하나님의 손에 **빠져** 들어가기

　　4. 머리털이나 살 등이 **빠지다**(lose)
레 13:40 그 머리털이 **빠지면** 그는 대머리니
레 13:41 앞머리가 **빠져도** 그는 이마 대머리니
단 7:20 나오매 세 뿔이 그 앞에서 **빠졌으며**

　　5. 조직 등에서 떠나다(make a gap)
삿 21:15 지파들 중에 한 지파가 **빠지게** 하셨음
왕하 10:21 모든 사람이 하나도 **빠진** 자가 없더

　　6. 계략이나 꾐에 넘어 가다(throw down)
욥 18:7 그가 마련한 꾀에 스스로 **빠질** 것이니

1205

【 빨다 】   【 빼내다 】

시 5:10	그들을 정죄하사 자기 꾀에 **빠지게** 하시
시 10:2	그들이 자기가 베푼 꾀에 **빠지게** 하소서
잠 5:14	무리들이 모인 중에서 큰 악에 **빠지게**
잠 6:24	여인의 혀로 호리는 말에 **빠지지** 않게
호 5:2	패역자가 살육죄에 깊이 **빠졌으매** 내가
눅 22:40	그들에게 이르시되 유혹에 **빠지지** 않게
요 17:15	다만 악에 **빠지지** 않게 보전하시기를
고전 3:19	자기 꾀에 **빠지게** 하시는 이라 하였고
엡 4:14	사람의 속임수와 간사한 유혹에 **빠져**
딤전 1:6	사람들이 이에서 벗어나 헛된 말에 **빠져**
딤전 2:14	아니고 여자가 속아 죄에 **빠졌음이라**
딤전 3:7	비방과 마귀의 올무에 **빠질까** 염려하라

7. 들어 있어야 할 것이 들어 있지 않다(miss)

신 19:5	도끼가 자루에서 **빠져** 그의 이웃을 맞춰
에 6:10	무릇 네가 말한 것에서 조금도 **빠짐이**
사 34:16	이것들 가운데서 **빠진** 것이 하나도 없고
사 40:26	그의 능력이 강하므로 하나도 **빠짐이**
습 3:5	아침마다 **빠짐없이** 자기의 공의를
행 6:1	구제에 **빠지므로** 히브리파 사람을

8. 무슨 일에 마음을 빼앗겨 헤어나지 못하다(lay)

잠 7:5	말로 호리는 이방 여인에게 **빠지지** 않게
사 28:1	술에 **빠진** 자의 성 곧 영화로운 관같이
사 28:7	포도주에 **빠지며** 독주로 말미암아 비틀

빨다(wash, drink)

1. 옷이나 천을 물에 씻어 깨끗하게 하다(wash)

창 49:11	**빨며** 그의 복장을 포도즙에 **빨리로다**
출 19:10	성결하게 하며 그들에게 옷을 **빨게**
레 6:27	묻은 그것을 거룩한 곳에서 **빨** 것이요
레 11:25	옮기는 모든 자는 그 옷을 **빨지니**
레 13:54	명령하여 그 색점 있는 것을 **빨게** 하고
레 14:8	정결함을 받는 자는 그의 옷을 **빨고**
레 14:9	그의 옷을 **빨고** 몸을 물로 씻을 것이라
레 15:5	침상에 접촉하는 자는 그 옷을 **빨고**
레 16:26	아사셀에게 보낸 자는 그 옷을 **빨고**
레 17:15	거류민이거나 그의 옷을 **빨고** 물로
민 5:23	써서 그 글자를 그 쓴 물에 **빨아** 넣을
민 8:7	삭도로 밀게 하고 그 의복을 **빨게** 하여
민 19:7	제사장은 자기의 옷을 **빨고** 물로 몸을
민 19:8	불사른 자도 자기의 옷을 물로 **빨고**
민 31:24	일곱째 날에 옷을 **빨아서** 깨끗하게
삼하 19:24	수염을 깎지 아니하며 옷을 **빨지** 아니
계 22:14	두루마기를 **빠는** 자들은 복이 있으니

📖 **빨다 1 - 기타 본문**

출 19:14; 레 11:28, 40; 13:6, 34, 55, 56, 58;
14:47; 15:6, 7, 8, 10, 11, 13, 17, 21, 22, 27;
16:28; 17:16; 민 8:21; 19:10, 19, 21

2. 입속으로 당겨들이다(nourish, nurse, drink)

신 32:13	굳은 반석에서 기름을 **빨게** 하시며
욥 3:12	받았던가 어찌하여 내가 젖을 **빨았던가**
욥 20:16	독사의 독을 **빨며** 뱀의 혀에 죽을 것이
욥 39:30	그 새끼들도 피를 **빠나니** 시체가 있는
사 60:16	나라들의 젖을 **빨며** 뭇 왕의 젖을 빨고
사 66:11	젖을 **빠는** 것같이 … 넉넉히 **빤** 것같이
사 66:12	너희가 그 성읍의 젖을 **빨** 것이며 너희

빨래하다(bleach)

| 막 9:3 | 세상에서 **빨래하는** 자가 그렇게 희게 |

빨리(quickly, just, at once)

| 신 9:16 | 여호와께서 명령하신 도를 **빨리** 떠났기 |

📖 **빨리 - 기타 본문**

삿 5:22; 9:48; 삼상 4:14; 9:12; 17:48; 20:19, 38;
삼하 15:14; 17:16, 18, 21; 18:19; 대하 24:5; 에
6:14; 8:14; 욥 9:25; 24:18; 시 48:5; 104:7; 잠
6:18; 7:23; 전 1:5; 아 2:8; 8:14; 사 5:26; 49:17;
렘 5:1; 9:18; 단 9:21; 12:4; 암 2:14; 욘 4:2; 나
2:4; 합 1:8; 마 28:7, 8; 눅 1:39; 2:16; 14:21;
16:6; 요 20:4

빻다(press, grind, crush)

민 28:5	고운 가루 십분의 일 에바에 **빻아** 낸
왕하 23:6	**빻아서** 가루를 만들어 그 가루를 평민
왕하 23:12	거기서 **빻아** 내려서 그것들의 가루를
왕하 23:15	그 산당을 불사르고 **빻아서** 가루를
대하 15:16	그의 우상을 찍고 **빻아** 기드론 시냇가
대하 34:4	우상들과 부어 만든 우상들을 **빻아** 가루
대하 34:7	아로새긴 우상들을 **빻아** 가루를 만들

빼내다(bring out, pull up, snatch)

출 6:6	사람의 무거운 짐 밑에서 너희를 **빼내며**
출 6:7	무거운 짐 밑에서 너희를 **빼낸** 너희의
출 25:15	채를 궤의 고리에 꿴 대로 두고 **빼내지**
출 32:24	이르기를 금이 있는 자는 **빼내라**

【 빼다 】　　　　　　　　　　　　　　　　　　　　　　　　　　　　　　　　　【 빼앗기다 】

레 14:40　명령하여 색점 있는 돌을 **빼내어** 성 밖
레 14:43　돌을 **빼내며** 집을 긁고 고쳐 바른 후에
삿 3:22　그가 칼을 그의 몸에서 **빼내지** 아니하였
삿 16:14　깨어 베틀의 바디와 날실을 다 **빼내니라**
삼상 17:51　그의 칼을 그 칼집에서 **빼내어** 그
왕하 11:2　왕자들이 죽임을 당하는 중에서 **빼내어**
대하 22:11　죽임을 당하는 중에서 몰래 **빼내어**
스 6:11　변조하면 그의 집에서 들보를 **빼내고**
욥 20:25　몸에서 그의 화살을 **빼낸즉** 번쩍번쩍
욥 29:17　물건을 그 잇새에서 **빼내었느니라**
시 31:4　위하여 비밀히 친 그물에서 **빼내소서**
시 74:11　주의 품에서 손을 **빼내시어** 그들을 멸하
겔 21:5　여호와가 내 칼을 칼집에서 **빼낸** 줄을
암 4:11　너희가 불붙는 가운데서 **빼낸** 나무 조각

빼다(draw, pull off, tear out)

창 41:42　자기의 인장 반지를 **빼어** 요셉의 손에
출 15:9　내가 내 칼을 **빼리니** 내 손이 그들을
출 32:2　자녀의 귀에서 금 고리를 **빼어** 내게로
출 32:3　백성이 그 귀에서 금 고리를 **빼어** 아론
출 35:25　손수 실을 **빼고** 그 **뺀** 청색 자색 홍색
레 2:13　하나님의 언약의 소금을 네 소제에 **빼지**
레 26:33　내가 칼을 **빼어** 너희를 따르게 하리니
민 16:14　네가 이 사람들의 눈을 **빼려느냐** 우리
민 22:23　나귀가 여호와의 사자가 칼을 **빼어** 손에
수 5:13　한 사람이 칼을 **빼어** 손에 들고 마주
삿 3:21　그의 오른쪽 허벅지 위에서 칼을 **빼어**
삿 8:20　그 소년이 그의 칼을 **빼지** 못하였으니
삿 9:54　칼을 **빼어** 나를 죽이라 사람들이 나를
삿 16:3　성 문짝들과 두 문설주와 문빗장을 **빼어**
삿 16:21　사람들이 그를 붙잡아 그의 눈을 **빼고**
삿 16:28　나의 두 눈을 **뺀** 블레셋 사람에게 원수
삿 20:2　칼을 **빼는** 보병은 사십만 명이었으며
삿 20:15　베냐민 자손의 수는 칼을 **빼는** 자가
삿 20:17　이스라엘 사람으로서 칼을 **빼는** 자의
삿 20:25　땅에 엎드러뜨렸으니 다 칼을 **빼는** 자였
삿 20:35　오천백 명을 죽였으니 다 칼을 **빼는**
삿 20:46　사람으로서 칼을 **빼는** 자가 엎드러
삼상 11:2　내가 너희 오른 눈을 다 **빼야** 너희와
삼상 31:4　이르되 네 칼을 **빼어** 그것으로 나를
삼하 24:9　이스라엘에서 칼을 **빼는** 담대한 자가
왕하 25:7　시드기야의 두 눈을 **빼고** 놋 사슬로
대상 10:4　너는 칼을 **빼어** 그것으로 나를 찌르라

대상 21:5　칼을 **뺄** 만한 자가 … 칼을 **뺄** 만한 자가
대상 21:16　천지 사이에 섰고 칼을 **빼어** 손에 들고
에 3:10　왕이 반지를 손에서 **빼어** 유다인의 대적
에 8:2　하만에게서 거둔 반지를 **빼어** 모르드개
시 35:3　**빼사** 나를 쫓는 자의 길을 막으시고
시 37:14　악인이 칼을 **빼고** 활을 당겨 가난하고
시 52:5　살아 있는 땅에서 네 뿌리를 **빼시리로다**
사 21:15　그들이 칼날을 피하며 **뺀** 칼과 당긴
렘 22:24　인장반지라 할지라도 내가 **빼어**
렘 39:7　왕이 또 시드기야의 눈을 **빼게** 하고
렘 52:11　시드기야의 두 눈을 **빼고** 놋사슬로 그
겔 5:2　흩으라 내가 그 뒤를 따라 칼을 **빼리라**
겔 5:12　또 그 뒤를 따라 가며 칼을 **빼리라**
겔 12:14　흩고 또 그 뒤를 따라 칼을 **빼리라**
겔 17:9　이 독수리가 어찌 그 뿌리를 **빼고** 열매
겔 21:3　칼집에서 **빼어** 의인과 악인을 네게서
겔 21:4　내 칼을 칼집에서 **빼어** 모든 육체를
겔 28:7　그들을 칼을 **빼어** 네 지혜의 아름다운
겔 30:11　그 땅을 멸망시킬 때에 칼을 **빼어** 애굽
미 5:14　아세라 목상을 너희 가운데서 **빼**
마 5:29　오른 눈이 너로 실족하게 하거든 **빼어**
마 7:4　나로 네 눈 속에 있는 티를 **빼게** 하라
마 7:5　들보를 **빼어라** … 속에서 티를 **빼리라**
마 18:9　네 눈이 너를 범죄하게 하거든 **빼어**
마 26:51　손을 펴 칼을 **빼어** 대제사장의 종을 쳐
막 9:47　눈이 너를 범죄하게 하거든 **빼** 버리라
막 14:47　칼을 **빼어** 대제사장의 종을 쳐 그 귀를
눅 6:42　티를 **빼게** 하라 … 들보를 **빼라** 그 후에
야 네가 … 눈 속에 있는 티를 **빼리라**
요 18:10　베드로가 칼을 가졌는데 그것을 **빼어**
행 16:27　죄수들이 도망한 줄 생각하고 칼을 **빼어**
갈 4:15　눈이라도 **빼어** 나에게 주었으리라

빼들다(draw)

민 22:31　여호와의 사자가 손에 칼을 **빼들고** 길에

빼앗기다(be given)
구약

창 14:16　모든 **빼앗겼던** 재물과 자기의 조카 롯과
신 22:9　열매와 포도원의 소산을 다 **빼앗길까**
신 28:31　목전에서 **빼앗겨도** … 원수에게 **빼앗길**
신 28:32　네 자녀를 다른 민족에게 **빼앗기고** 종일
삼상 4:11　하나님의 궤는 **빼앗겼고** 엘리의 두 아들

【 빼앗다 】

삼상 4:17	당하였고 하나님의 궤는 **빼앗겼나이다**
삼상 4:19	하나님의 궤를 **빼앗긴** 것과 그의
삼상 4:21	하나님의 궤가 **빼앗겼고** 그의 시아버지
삼상 4:22	하나님의 궤를 **빼앗겼으므로** 영광이
삼상 30:19	무리의 자녀들이나 **빼앗겼던** 것은 크고
삼하 17:8	새끼를 **빼앗긴** 것같이 격분하였고
왕하 13:25	여호아하스가 전쟁 중에 **빼앗겼던**
시 31:13	의논할 때에 내 생명을 **빼앗기로** 꾀하였
시 76:5	마음이 강한 자도 가진 것을 **빼앗기고**
잠 5:9	네 수한이 잔인한 자에게 **빼앗기게** 될까
잠 17:12	차라리 새끼 **빼앗긴** 암곰을 만날지언정
잠 22:27	네게 없으면 네 누운 침상도 **빼앗길**
사 38:10	문에 들어가고 나의 여생을 **빼앗기게**
렘 48:33	환희가 옥토와 모압 땅에서 **빼앗겼도다**
렘 51:32	모든 나루는 **빼앗겼으며** 갈대밭이
렘 51:41	온 세상의 칭찬 받는 성읍이 **빼앗겼도다**
단 5:20	폐한 바 되며 그의 영광을 **빼앗기고**
단 7:12	남은 짐승들은 그의 권세를 **빼앗겼으나**
단 7:26	심판이 시작되면 그는 권세를 **빼앗기고**
옵 1:6	그 감춘 보물이 어찌 그리 **빼앗겼는고**

【 신약 】

마 9:15	신랑을 **빼앗길** 날이 이르리니 그 때에는
마 13:12	없는 자는 그 있는 것도 **빼앗기리라**
마 21:43	하나님의 나라를 너희는 **빼앗기고** 그
마 25:29	없는 자는 그 있는 것까지 **빼앗기리라**
막 2:20	신랑을 **빼앗길** 날이 이르리니 그 날에는
막 4:25	없는 자는 그 있는 것도 **빼앗기리라**
눅 5:35	날에 이르러 그들이 신랑을 **빼앗기리니**
눅 8:18	그 있는 줄로 아는 것까지도 **빼앗기리라**
눅 9:25	자기를 잃든지 **빼앗기든지** 하면 무엇이
눅 10:42	이 좋은 편을 택하였으니 **빼앗기지** 아니
눅 16:4	이렇게 하면 직분을 **빼앗긴** 후에 사람들
눅 19:26	없는 자는 그 있는 것도 **빼앗기리라**
행 8:33	생명이 땅에서 **빼앗김이로다** 하였거늘
히 10:34	너희 소유를 **빼앗기는** 것도 기쁘게 당한

빼앗다(seize, capture, plunder, snatch)

【 모세오경 】

창 14:11	고모라의 모든 재물과 양식을 **빼앗아**
창 21:25	*아브라함의 우물을 **빼앗은** 일에 관하여*
창 27:35	아우가 와서 속여 네 복을 **빼앗았도다**
창 27:36	**빼앗고** 이제는 내 복을 **빼앗았나이다**
창 30:15	**빼앗은** 것이 … 합환채도 **빼앗고자**
창 31:1	야곱이 우리 아버지의 소유를 다 **빼앗고**
창 31:9	그대들의 아버지의 가축을 **빼앗아** 내게
창 31:31	딸들을 내게서 억지로 **빼앗으리라** 하여
창 34:29	그들의 모든 재물을 **빼앗으며** 그들의
창 42:36	없어졌거늘 베냐민을 또 **빼앗아**
창 43:18	노예로 삼고 우리의 나귀를 **빼앗으려**
창 48:22	활로 아모리 족속의 손에서 **빼앗은** 것이
창 49:27	물어뜯는 이리라 아침에는 **빼앗은** 것을
민 16:15	그들의 나귀 한 마리도 **빼앗지** 아니하였
민 21:25	이같이 그 모든 성읍을 **빼앗고**
민 21:26	아르논까지 그의 손에서 **빼앗았더라**
민 21:32	촌락들을 **빼앗고** 그 곳에 있던 아모리인
민 31:11	사람과 짐승을 다 **빼앗으니라**
민 32:39	자손은 가서 길르앗을 쳐서 **빼앗고**
민 32:41	가서 그 촌락들을 **빼앗고** 하봇야일이라
민 32:42	노바는 가서 그낫과 그 마을들을 **빼앗고**
신 3:4	그 때에 우리가 그들에게서 **빼앗지** 아니
	한 성읍이 하나도 없이 다 **빼앗았는데**
신 3:8	아모리 족속의 두 왕에게서 **빼앗았으니**
신 3:10	우리가 **빼앗은** 것은 평원의 모든 성읍과
신 13:16	또 그 속에서 **빼앗아** 차지한 물건을
신 20:14	네게 주신 적군에게서 **빼앗은** 것을
신 32:39	낫게도 하나니 내 손에서 능히 **빼앗을**

【 역사서 】

수 10:1	그 때에 여호수아가 아이를 **빼앗아** 진멸
수 10:42	왕들과 그들의 땅을 단번에 **빼앗으니라**
삿 14:15	너희가 우리의 소유를 **빼앗고자** 하여
삿 15:6	장인이 삼손의 아내를 **빼앗아** 그의 친구
삿 18:24	만든 신들과 제사장을 **빼앗아** 갔으니
삼상 2:16	아니하면 내가 억지로 **빼앗으리라**
삼상 5:1	블레셋 사람들이 하나님의 궤를 **빼앗아**
삼상 7:14	사람들이 이스라엘에게서 **빼앗았던**
삼상 12:3	**빼앗았느냐** 누구의 나귀를 **빼앗았느냐**
삼상 12:4	누구의 손에서든지 아무것도 **빼앗은**
삼상 23:15	사울이 자기의 생명을 **빼앗으려** 나온
삼상 27:9	낙타와 의복을 **빼앗아** 가지고 돌아와
삼상 30:18	다윗이 아말렉 사람들이 **빼앗아** 갔던
삼하 2:21	하나를 붙잡아 그의 군복을 **빼앗으라**
삼하 3:15	아들 발디엘에게서 그를 **빼앗아** 오매
삼하 5:7	다윗이 시온 산성을 **빼앗았으니** 이는
삼하 7:15	**빼앗은** 것처럼 그에게서 **빼앗지는** 아니
삼하 8:1	손에서 메덱암마를 **빼앗으니라**
삼하 8:7	신복들이 가진 금 방패를 **빼앗아**

【 빼앗다 】　　　　　　　　　　　　　　　　　　　　　　　　　【 빼앗다 】

삼하 8:8 베로대에서 매우 많은 놋을 **빼앗으니라**	욥 1:15 그것들을 **빼앗고** 칼로 종들을 죽였나이
삼하 12:4 가난한 사람의 양 새끼를 **빼앗아다가**	욥 1:17 낙타에게 달려들어 그것을 **빼앗으며**
삼하 12:9 그의 아내를 **빼앗아** 네 아내로 삼았도	욥 5:5 자기 먹되 덫에 걸린 것도 **빼앗으며**
삼하 12:10 우리아의 아내를 **빼앗아** 네 아내로	욥 9:12 하나님이 **빼앗으시면** 누가 막을 수 있으
삼하 12:11 네 눈앞에서 네 아내를 **빼앗아** 네 이웃	욥 12:20 늙은 자들의 판단을 **빼앗으시며**
삼하 14:14 하나님은 생명을 **빼앗지** 아니하시고	욥 12:24 우두머리들의 총명을 **빼앗으시고**
삼하 23:21 애굽 사람의 손에서 창을 **빼앗아** 그	욥 20:19 자기가 세우지 않은 집을 **빼앗음이니라**
왕상 11:11 내가 반드시 이 나라를 네게서 **빼앗아**	욥 24:2 땅의 경계표를 옮기며 양 떼를 **빼앗아**
왕상 11:12 네 아들의 손에서 **빼앗으려니와**	욥 24:9 고아를 어머니의 품에서 **빼앗으며**
왕상 11:13 오직 내가 이 나라를 다 **빼앗지** 아니	욥 24:19 더위가 눈 녹은 물을 곧 **빼앗나니**
왕상 11:31 솔로몬의 손에서 찢어 **빼앗아** 열 지파	시 7:5 내 대적에게서 까닭 없이 **빼앗았거든**
왕상 11:34 온 나라를 그의 손에서 **빼앗지** 아니	시 69:4 내가 **빼앗지** 아니한 것도 물어 주게
왕상 11:35 그의 아들의 손에서 나라를 **빼앗아**	시 109:8 짧게 하시며 그의 직분을 타인이 **빼앗게**
왕상 14:26 왕궁의 보물을 모두 **빼앗고** 또 솔로몬	시 109:11 자가 그의 소유를 다 **빼앗게** 하시며
이 만든 금 방패를 다 **빼앗은지라**	잠 1:13 우리가 온갖 보화를 얻으며 **빼앗은**
왕상 19:10 그들이 내 생명을 찾아 **빼앗으려** 하나	잠 16:32 마음을 다스리는 자는 성을 **빼앗는** 자
왕상 19:14 그들이 내 생명을 찾아 **빼앗으려** 하나	잠 22:23 노략하는 자의 생명을 **빼앗으시리라**
왕상 20:7 은금을 **빼앗으려고** 사람을 내게 보냈으	아 4:9 마음을 **빼앗았구나** 네 눈으로 한 번
왕상 20:34 아버지에게서 **빼앗은** 모든 성읍을	보는 것과 … 내 마음을 **빼앗았구나**
왕상 21:19 네가 죽이고 또 **빼앗았느냐고** 하셨다	**선지서**
왕하 13:25 벤하닷의 손에서 성읍을 다시 **빼앗으니**	사 5:23 의인에게서 그 공의를 **빼앗는도다**
대상 2:23 모두 육십을 그들에게서 **빼앗았으며**	사 49:24 **빼앗은** 것을 어떻게 도로 **빼앗으며**
대상 5:21 나귀 이천 마리를 **빼앗으며** 사람 십만	사 49:25 **빼앗을** 것이요 두려운 자의 **빼앗은** 것도
대상 7:21 가드 사람의 짐승을 **빼앗고자** 하였음	렘 11:21 네 생명을 **빼앗으려고** 찾아 이르기를
대상 11:5 다윗이 시온 산 성을 **빼앗았으니** 이는	렘 16:5 이 백성에게서 나의 평강을 **빼앗으며**
대상 11:23 애굽 사람의 손에서 창을 **빼앗아** 그	렘 28:3 느부갓네살이 이 곳에서 **빼앗아** 바벨론
대상 17:13 그에게서 **빼앗지** 아니하기를 내가 네 전	렘 28:10 예레미야의 목에서 멍에를 **빼앗아** 꺾고
에 있던 자에게서 **빼앗음과** 같이 하지	렘 32:24 이 성을 **빼앗으려고** 만든 참호가 이
대상 18:1 손에서 가드와 그 동네를 **빼앗고**	렘 34:22 그들이 이 성을 쳐서 **빼앗아** 불사를 것
대상 18:4 기병 칠천 명과 보병 이만 명을 **빼앗고**	렘 37:8 다시 와서 이 성을 쳐서 **빼앗아** 불사르
대상 18:7 금 방패를 **빼앗아** 예루살렘으로 가져	렘 40:14 바알리스가 네 생명을 **빼앗으려** 하여
대상 18:8 군에서 심히 많은 놋을 **빼앗았더니**	렘 40:15 어찌하여 그가 네 생명을 **빼앗게** 하여
대상 18:11 모든 이방 민족에게서 **빼앗아** 온 은금	렘 41:16 유아와 내시를 기브온에서 **빼앗아** 가지
대상 20:2 보석 있는 왕관을 **빼앗아** 중량을 달아	렘 49:29 그들의 장막과 양 떼를 **빼앗으며** 휘장과
대상 21:24 여호와께 드리려고 네 물건을 **빼앗지**	모든 기구와 낙타를 **빼앗아다가** 소유로
대하 12:4 시삭이 유다의 견고한 성읍들을 **빼앗고**	애 1:10 그의 모든 보물들을 **빼앗았나이다**
대하 12:9 전 보물과 왕궁의 보물을 모두 **빼앗고**	애 1:20 밖에서는 칼이 내 아들을 **빼앗아** 가고
솔로몬이 만든 금 방패를 **빼앗은지라**	겔 16:39 네 장식품을 **빼앗고** 네 몸을 벌거벗게
대하 13:19 쫓아가서 그의 성읍들을 **빼앗았으니**	겔 22:12 이익을 탐하여 이웃을 속여 **빼앗았으며**
대하 15:8 또 에브라임 산지에서 **빼앗은** 성읍들	겔 23:10 하체를 드러내고 그의 자녀를 **빼앗으며**
대하 25:24 금은과 그릇과 왕궁의 재물을 **빼앗고**	겔 23:25 네 자녀를 **빼앗고** 그 남은 자를 불에
느 5:15 은 사십 세겔을 그들에게서 **빼앗았고**	겔 23:26 네 옷을 벗기며 네 장식품을 **빼앗을지라**
	겔 23:29 행하여 네 모든 수고한 것을 **빼앗고**

1209

【 빼어나다 】　　　　　　　　　　　　　　　　　　　　　　　　　　　　　　　　　　　　　　　【 뻔하다 】

겔 24:16	기뻐하는 것을 한 번 쳐서 **빼앗으리니**
겔 26:12	네 재물을 **빼앗**을 것이며 네가 무역한
겔 29:19	잡아가며 물건을 노략하며 **빼앗아**
겔 36:5	멸시하는 심령으로 내 땅을 **빼앗아** 노략
겔 38:13	**빼앗으며** 짐승과 재물을 **빼앗으며** 물건
겔 45:9	공의를 행하여 내 백성에게 속여 **빼앗는**
겔 46:18	군주는 백성의 기업을 **빼앗아** 그 산업
호 2:9	가릴 내 양털과 내 삼을 **빼앗으리라**
호 4:11	새 포도주가 마음을 **빼앗느니라**
욜 3:5	곧 너희가 내 은과 금을 **빼앗고** 나의
옵 1:11	곧 이방인이 그의 재물을 **빼앗아** 가며
미 2:2	밭들을 탐하여 **빼앗고** 집들을 탐하여
미 2:9	나의 영광을 영원히 **빼앗는도다**
슥 11:15	목자의 기구들을 **빼앗을지니라**

신약

마 11:12	당하나니 침노하는 자는 **빼앗느니라**
마 13:19	그 마음에 뿌려진 것을 **빼앗나니** 이는
마 25:28	그에게서 그 한 달란트를 **빼앗아** 열 달
마 27:30	그에게 침 뱉고 갈대를 **빼앗아** 그의
막 4:15	그들에게 뿌려진 말씀을 **빼앗는** 것이요
막 10:19	거짓 증언 하지 말라, 속여 **빼앗지** 말라
눅 6:29	겉옷을 **빼앗는** 자에게 속옷도 거절하지
눅 8:12	하려고 말씀을 그 마음에서 **빼앗는**
눅 11:22	그가 믿던 무장을 **빼앗고** 그의 재물을
눅 16:3	주인이 내 직분을 **빼앗으니** 내가 무엇을
눅 19:8	만일 누구의 것을 속여 **빼앗은** 일이
눅 19:24	그 한 므나를 **빼앗아** 열 므나 있는 자
요 10:18	이를 내게서 **빼앗는** 자가 있는 것이
요 10:28	그들을 내 손에서 **빼앗을** 자가 없느니
요 10:29	아무도 아버지 손에서 **빼앗을** 수 없느
요 11:48	와서 우리 땅과 민족을 **빼앗아** 가리라
요 16:22	기쁠 것이요 너희 기쁨을 **빼앗을** 자가
행 23:10	내려가 무리 가운데서 **빼앗아** 가지고
고전 5:10	속여 **빼앗는** 자들이나 우상 숭배하는
고전 5:11	술 취하거나 속여 **빼앗거든** 사귀지도
고전 6:10	모욕하는 자나 속여 **빼앗는** 자들은 하
고후 7:2	아무에게서도 속여 **빼앗은** 일이 없노라
고후 11:20	잡아먹거나 **빼앗거나** 스스로 높이거나
계 3:11	아무도 네 면류관을 **빼앗지** 못하게 하라

빼어나다(well-built, fine appearance)

| 창 39:6 | 요셉은 용모가 **빼어나고** 아름다웠더라 |
| 삼상 16:12 | 그의 빛이 붉고 눈이 **빼어나고** 얼굴 |

빽빽하다(dense, thick)

출 19:9	내가 **빽빽한** 구름 가운데서 네게 임함은
출 19:16	아침에 우레와 번개와 **빽빽한** 구름이
삼하 22:12	모인 물과 공중의 **빽빽한** 구름으로
욥 22:14	**빽빽한** 구름이 그를 가린즉 그가 보지
욥 26:8	물을 **빽빽한** 구름에 싸시나 그 밑은
시 18:11	물의 흑암과 공중의 **빽빽한** 구름으로
시 18:12	그 앞에 광채로 말미암아 **빽빽한** 구름
사 9:18	찔레와 가시를 삼키며 **빽빽한** 수풀을
사 10:34	쇠로 그 **빽빽한** 숲을 베시리니 레바논
사 30:27	그의 진노가 불붙듯하며 **빽빽한** 연기가
사 44:22	내가 네 허물을 **빽빽한** 구름같이, 네

뺨(face, cheek, jaw)

왕상 22:24	시드기야가 가까이 와서 미가야의 **뺨**을
대하 18:23	시드기야가 가까이 와서 미가야의 **뺨**을
욥 16:10	나를 모욕하여 **뺨**을 치며 함께 모여
시 3:7	주께서 나의 모든 원수의 **뺨**을 치시며
아 1:10	네 두 **뺨**은 땋은 머리털로, 네 목은 구슬
아 4:3	네 입은 어여쁘고 너울 속의 네 **뺨**은
아 5:13	**뺨**은 향기로운 꽃밭 같고 향기로운
아 6:7	너울 속의 네 **뺨**은 석류 한 쪽 같구나
사 50:6	나의 수염을 뽑는 자들에게 나의 **뺨**을
애 1:2	밤에는 슬피 우니 눈물이 **뺨**에 흐름이여
애 3:30	자기를 치는 자에게 **뺨**을 돌려대어 치욕
미 5:1	막대기로 이스라엘 재판자의 **뺨**을
마 5:39	누구든지 네 오른편 **뺨**을 치거든 왼편도
눅 6:29	너의 이 **뺨**을 치는 자에게 저 **뺨**도 돌려
고후 11:20	빼앗거나 스스로 높이거나 **뺨**을 칠지

뻔뻔하다(obstinate, stern-faced)

| 겔 2:4 | 이 자손은 얼굴이 **뻔뻔하고** 마음이 굳은 |
| 단 8:23 | 그 얼굴은 **뻔뻔하며** 속임수에 능하며 |

뻔하다(might well, would be, almost)

창 20:9	큰 죄에 빠질 **뻔하게** 하였느냐 네가
창 26:10	하나가 네 아내와 동침할 **뻔하였도다**
민 20:3	우리도 죽었더라면 좋을 **뻔하였도다**
수 7:7	거주하였더면 좋을 **뻔하였나이다**
삼하 19:6	왕이 마땅히 여기실 **뻔하였나이다**
시 73:2	나는 거의 넘어질 **뻔하였고** 나의 걸음
	이 미끄러질 **뻔하였으니**
렘 20:16	소리를 듣게 하였더면, 좋을 **뻔하였나니**

1210

【 뻔다/뻔치다 】　　　　　　　　　　　　　【 뼈 】

마 26:24　제게 좋을 뻔하였느니라
막 14:21　자기에게 좋을 뻔하였느니라
눅 19:42　일을 알았더라면 좋을 뻔하였거니와
행 26:32　석방될 수 있을 뻔하였다
행 27:21　면하였더라면 좋을 뻔하였느니라
고후 11:23　수없이 맞고 여러 번 죽을 뻔하였으니

뻗다/뻗치다(lay, reach, spread, stretch out)
출 7:4　내 손을 애굽에 뻗쳐 여러 큰 심판을
삿 3:21　에훗이 왼손을 뻗쳐 그의 오른쪽 허벅지
욥 8:16　물이 올라 그 가지가 동산에 뻗으며
욥 14:9　움이 돋고 가지가 뻗어서 새로 심은 것
욥 29:19　내 뿌리는 물로 뻗어 나가고 이슬이 내
욥 38:24　광명이 어느 길로 뻗치며 동풍이 어느
시 80:11　가지가 바다까지 뻗고 넝쿨이 강까지
렘 17:8　심어진 나무가 그 뿌리를 강변에 뻗치고
렘 48:32　바다를 넘어 야셀 바다까지 뻗었더니
겔 17:7　향하여 뿌리가 뻗고 가지가 퍼졌도다
겔 31:5　번성하며 가는 가지가 길게 뻗어 나갔고

뻣뻣하다(slow, stiff)
출 4:10　나는 입이 뻣뻣하고 혀가 둔한 자이니다
출 32:9　내가 이 백성을 보니 목이 뻣뻣한 백성
출 34:9　동행하옵소서 이는 목이 뻣뻣한 백성이

뼈(bone)
　모세오경 - 시가서
창 2:23　아담이 이르되 이는 내 뼈 중의 뼈요
출 12:46　집 밖으로 내지 말고 뼈도 꺾지 말며
민 9:12　뼈를 하나도 꺾지 말아서 유월절 모든
민 19:16　사람의 뼈나 무덤을 만졌으면 이레 동안
민 19:18　뼈나 죽임을 당한 자나 시체나 무덤을
민 24:8　그의 적국을 삼키고 그들의 뼈를 꺾으며
수 24:32　애굽에서 가져 온 요셉의 뼈를 세겜에
삼상 31:13　그의 뼈를 가져다가 야베스 에셀나무
삼하 21:12　사울의 뼈와 그의 아들 요나단의 뼈를
삼하 21:13　사울의 뼈와 … 요나단의 뼈를 … 뼈를
삼하 21:14　사울과 그의 아들 요나단의 뼈와 함께
왕상 13:2　사람의 뼈를 네 위에서 사르리라 하셨으
왕상 13:31　나를 장사하되 내 뼈를 그의 뼈 곁에
왕하 13:21　시체가 엘리사의 뼈에 닿자 곧 회생하여
왕하 23:18　그 뼈를 옮기지 말라 하매 무리가 그
　의 뼈와 사마리아에서 온 선지자의 뼈는

대하 34:5　제사장들의 뼈를 제단 위에서 불살라
욥 2:5　이제 주의 손을 펴서 그의 뼈와 살을
욥 7:15　이러므로 내 마음이 뼈를 깎는 고통을
욥 10:11　피부와 살을 내게 입히시며 뼈와 힘줄
욥 19:20　내 피부와 살이 뼈에 붙었고 남은 것은
욥 30:17　밤이 되면 내 뼈가 쑤시니 나의 아픔이
욥 30:30　검어졌고 내 뼈는 열기로 말미암아
욥 31:22　팔이 어깨뼈에서 떨어지고 내 팔 뼈가
욥 33:19　사람이 병상의 고통과 뼈가 늘 쑤심의
욥 33:21　보이지 아니하고 보이지 않던 뼈가
욥 40:18　그 뼈는 놋관 같고 그 뼈대는 쇠막대기
시 6:2　나의 뼈가 떨리오니 나를 고치소서
시 22:14　쏟아졌으며 내 모든 뼈는 어그러졌
시 22:17　내가 내 모든 뼈를 셀 수 있나이다
시 31:10　죄악 때문에 약하여지며 나의 뼈가
시 32:3　아니할 때에 종일 신음하므로 내 뼈가
시 34:20　그의 모든 뼈를 보호하심이여 그 중에
시 35:10　내 모든 뼈가 이르기를 여호와와 같은
시 38:3　나의 죄로 말미암아 내 뼈에 평안함이
시 42:10　내 뼈를 찌르는 칼같이 내 대적이 나를
시 51:8　꺾으신 뼈들도 즐거워하게 하소서
시 53:5　대항하여 진 친 그들의 뼈를 하나님
시 102:3　내 날이 연기같이 소멸하며 내 뼈가
시 102:5　탄식 소리로 말미암아 나의 살이 뼈에
시 109:18　기름같이 그의 뼈 속으로 들어갔나이
잠 12:4　욕을 끼치는 여인은 그 지아비의 뼈가
잠 14:30　육신의 생명이나 시기는 뼈를 썩게
잠 15:30　마음을 기쁘게 하고 좋은 기별은 뼈를
잠 16:24　꿀송이 같아서 마음에 달고 뼈에 양약
잠 17:22　양약이라도 심령의 근심은 뼈를 마르게
잠 25:15　설득할 수 있나니 부드러운 혀는 뼈를
전 11:5　아이 밴 자의 태에서 뼈가 어떻게 자라

　선지서, 신약
사 38:13　주께서 사자같이 나의 모든 뼈를 꺾으
사 58:11　네 영혼을 만족하게 하며 네 뼈를 견고
사 66:14　마음이 기뻐서 너희 뼈가 연한 풀의
렘 8:1　뼈와 그의 … 뼈와 제사장들의 뼈와 선
　지자들의 뼈와 예루살렘 주민의 뼈를
렘 8:2　그 뼈가 거두이거나 묻히지 못하여 지면
렘 23:9　내 마음이 상하며 내 모든 뼈가 떨리며
렘 50:17　바벨론의 느부갓네살 왕이 그의 뼈를
애 3:4　가죽을 쇠하게 하시며 나의 뼈들을
애 4:8　그들의 가죽이 뼈들에 붙어 막대기같이

【 뼈대 】   【 뽑다 】

겔 24:4-5 고른 **뼈**를 가득히 담고 그 **뼈**를 위하여   **2. 여럿 가운데서 가려내다**(cast lots, choose)
          가마 밑에 … 가마 속의 **뼈**가 무르도록   레 16:8   두 염소를 위하여 제비 **뽑되** 한 제비는
겔 24:10 녹이고 국물을 졸이고 그 **뼈**를 태우고   레 16:9   아론은 여호와를 위하여 제비 **뽑은** 염소
겔 37:1   골짜기 가운데 두셨는데 거기 **뼈**가 가득   레 16:10 아사셀을 위하여 제비 **뽑은** 염소는
겔 37:2   그 **뼈** 사방으로 … 골짜기 지면에 **뼈**   민 26:55 오직 그 땅을 제비 **뽑아** 나누어 그들의
겔 37:3   인자야 이 **뼈**들이 능히 살 수 있겠느냐   민 26:56 그들의 기업을 제비 **뽑아** 나눌지니라
겔 37:4   **뼈**에게 대언하여 이르기를 너희 마른 **뼈**   민 33:54 너희의 종족을 따라 그 땅을 제비 **뽑아**
겔 37:5   주 여호와께서 이 **뼈**들에게 이같이 말씀   민 34:13 제비 **뽑아** 받을 땅이라 여호와께서
겔 37:7   이 **뼈**, 저 **뼈**가 들어맞아 **뼈**들이 서로   민 36:2   이스라엘 자손에게 제비 **뽑아** 그 기업의
겔 37:8   또 보니 그 **뼈**에 힘줄이 생기고 살이   민 36:3   우리가 제비 **뽑은** 기업에서 떨어져 나갈
겔 37:11 이 **뼈**들은 이스라엘 … 우리의 **뼈**들이   수 8:3   올라가려 하여 용사 삼만 명을 **뽑아**
겔 39:15 지나가다가 사람의 **뼈**를 보면 그 곁에   수 14:2   명령하신 대로 그들의 기업을 제비 **뽑아**
단 6:24   사자들이 곧 그들을 움켜서 그 **뼈**까지도   수 15:1   지파가 그들의 가족대로 제비 **뽑은**
암 2:1   이는 그가 에돔 왕의 **뼈**를 불살라 재를   수 16:1   제비 **뽑은** 것은 여리고 샘 동쪽 곧
암 6:10   시체를 불사를 자가 그 **뼈**를 집 밖으   수 17:1   므낫세 지파를 위하여 제비 **뽑은** 것은
미 3:2   백성의 가죽을 벗기고 그 **뼈**에서 살을   수 17:2   가족대로 제비를 **뽑았는데** 그들은
미 3:3   가죽을 벗기며 그 **뼈**를 꺾어 다지기를   수 18:6   하나님 여호와 앞에서 제비 **뽑으리라**
합 3:16   내가 기다리므로 썩이는 것이 내 **뼈**에   수 18:8   앞에서 너희를 위하여 제비를 **뽑으리라**
마 23:27 그 안에는 죽은 사람의 **뼈**와 모든 더러   삿 1:3   형제 시므온에게 이르되 내가 제비 **뽑아**
눅 24:39 영은 살과 **뼈**가 없으되 너희 보는 바와   삿 20:9   행하리니 곧 제비를 **뽑아서** 그들을
요 19:36 이 일이 일어난 것은 그 **뼈**가 하나도   삿 20:10 천 명에 백 명, 만 명에 천 명을 **뽑아**
히 11:22 떠날 것을 말하고 또 자기 **뼈**를 위하여   삼상 14:42 나와 내 아들 요나단 사이에 **뽑으라**
                                                                삼하 6:1   이스라엘에서 **뽑은** 무리 삼만 명을
뼈대 (limb)   대상 19:10 이스라엘에서 **뽑은** 자 중에서 또 **뽑아**
욥 40:18 그 뼈는 놋관 같으며 그 **뼈대**는 쇠막대기   대상 24:5 **뽑아** 피차에 차등이 없이 나누었으니
                                                                대상 24:6 엘르아살의 자손 중에서 한 집을 **뽑고**
뼈마디 (bone)   대상 25:8 다같이 제비 **뽑아** 직임을 얻었으니
욥 4:14   떨림이 내게 이르러서 모든 **뼈마디**가   대상 26:15 오벧에돔은 남쪽을 **뽑았고** 그의 아들들
                                                                대하 2:2   일을 감독할 자 삼천 육백 명을 **뽑고**
뼘 (span, breadth of one's hand)   느 10:34 백성들이 제비 **뽑아** 각기 종족대로
출 28:16 길이와 너비가 한 **뼘**씩 두 겹으로 네모   느 11:1   그 남은 백성은 제비 **뽑아** 십분의 일은
출 39:9   길이가 한 **뼘**, 너비가 한 **뼘**으로 네 모가   에 3:7   곧 제비를 **뽑아** 열두째 달 곧 아달월을
삼상 17:4 사람이라 그의 키는 여섯 규빗 한 **뼘**이   에 9:24   곧 제비를 **뽑아** 그들을 죽이고 멸하려
시 39:5   주께서 나의 날을 한 **뼘** 길이만큼 되게   욥 6:27   너희는 고아를 제비 **뽑으며** 너희 친구를
사 40:12 바닷물을 헤아렸으며 **뼘**으로 하늘을   시 22:18 내 겉옷을 나누며 속옷을 제비 **뽑나이다**
겔 43:13 그 가로 둘린 턱의 너비는 한 **뼘**이니   잠 1:14   너는 우리와 함께 제비를 **뽑고** 우리가
                                                                잠 16:33 사람이 **뽑으나** 모든 일을 작정하기는
뽐내다 (exalt)   잠 18:18 제비 **뽑는** 것은 다툼을 그치게 하여
시 35:26 향하여 스스로 **뽐내는** 자들이 수치와   사 34:17 그것들을 위하여 제비를 **뽑으시며** 그의
                                                                사 57:6   그것들이 곧 네가 제비 **뽑아** 얻은
뽑다 (spin, cast lots)   겔 24:6   **뽑을** 것도 없이 그 덩이를 하나하나
          1. 실을 만들다(spin)   겔 45:1   너희는 제비 **뽑아** 땅을 나누어 기업으로
출 35:26 모든 여인은 염소 털로 실을 **뽑았으며**   겔 47:22 너희는 이 땅을 나누되 제비 **뽑아** 너희와

{ 뽑아내다 }   { 뽑히다 }

겔 48:29	너희가 제비 **뽑아** 이스라엘 지파에게
욜 3:3	제비 **뽑아** 내 백성을 끌어가서 소년을
옵 1:11	예루살렘을 얻기 위하여 제비 **뽑던** 날에
욘 1:7	서로 이르되, 자 우리가 제비를 **뽑아**
마 27:35	못 박은 후에 그 옷을 제비 **뽑아** 나누고
막 15:24	어느 것을 가질까 하여 제비를 **뽑더라**
눅 1:9	제사장의 전례를 따라 제비를 **뽑아** 주의
눅 23:34	그들이 그의 옷을 나눠 제비 **뽑을새**
요 19:24	이것을 찢지 말고 누가 얻나 제비 **뽑자**
행 1:26	제비 **뽑아** 맛디아를 얻으니 그가 열한

뽑다 2 - 기타 본문

수 18:10, 11; 19:1, 10, 17, 24, 32, 40, 51; 21:4, 5, 6, 8, 10, 20, 40; 23:4; 대상 6:54, 61, 63, 65; 26:14, 15, 16

3. 잡아당기거나 나오게 하다(uproot, pull out)

룻 2:16	위하여 곡식 다발에서 조금씩 **뽑아**
삼상 31:4	이에 사울이 자기의 칼을 **뽑아서** 그
왕상 14:15	조상들에게 주신 이 좋은 땅에서 **뽑아**
대상 10:4	자기 칼을 **뽑아서** 그 위에 엎드러지니
느 13:25	그들의 머리털을 **뽑고** 이르되 너희는
욥 19:10	죽었구나 내 희망을 나무 **뽑듯 뽑으시고**
욥 31:12	모든 소출을 뿌리째 **뽑기를** 바라노라
전 3:2	심을 때가 있고 심은 것을 **뽑을** 때가
사 50:6	수염을 **뽑는** 자들에게 나의 뺨을 맡기며
렘 1:10	네가 그것들을 **뽑고** 파괴하며 파멸하
렘 12:14	그 땅에서 **뽑아** 버리겠고 유다 집을
렘 12:17	그 나라를 **뽑으리라 뽑아** 멸하리라
렘 18:7	어느 민족이나 국가를 **뽑거나** 부수거나
렘 24:6	세우고 헐지 아니하며 심고 **뽑지** 아니
렘 31:28	깨어서 그들을 뽑으며 무너뜨리며
렘 31:40	다시는 **뽑거나** 전복하지 못할 것이니라
렘 42:10	너희를 심고 **뽑지** 아니하리니 이는 내가
렘 45:4	내가 심은 것을 **뽑기도** 하나니 온 땅에
겔 17:9	강한 팔이 아니라도 그 뿌리를 **뽑으리라**
마 13:28	가서 이것을 **뽑기를** 원하시나이까
마 13:29	가라지를 **뽑다가** 곡식까지 **뽑을까** 염려

뽑아내다(uproot)

신 29:28	그들을 이 땅에서 **뽑아내사** 다른 나라에
대하 7:20	너희에게 준 땅에서 그 뿌리를 **뽑아내고**
시 52:5	너를 붙잡아 네 장막에서 **뽑아내며** 살아

| 렘 12:14 | 유다 집을 그들 가운데서 **뽑아내리라** |
| 렘 12:15 | 내가 그들을 **뽑아낸** 후에 내가 돌이켜 |

뽑히다(be chosen, be uprooted from)

1. 여럿 가운데서 가려내어지다(be chosen)

수 7:14	**뽑히는** … **뽑히는** 족속은 … **뽑히는**
수 7:15	온전히 바친 물건을 가진 자로 **뽑힌**
수 7:16	나아오게 하였더니 유다 지파가 **뽑혔고**
수 7:17	세라 족속이 **뽑혔고** … 삽디가 **뽑혔고**
수 7:18	손자요 갈미의 아들인 아간이 **뽑혔더라**
수 21:10	아론 자손이 첫째로 제비 **뽑혔으므로**
삼상 10:20	오게 하였더니 베냐민 지파가 **뽑혔고**
삼상 10:21	중에서 기스의 아들 사울이 **뽑혔으나**
삼상 14:41	사울이 **뽑히고** 백성은 면한지라
삼상 14:42	**뽑으라** 하였더니 요나단이 **뽑히니라**
대상 24:7	첫째로 제비 **뽑힌** 자는 여호야립이요
대상 24:31	형제 아론 자손처럼 제비 **뽑혔으니**
대상 25:9	첫째로 제비 **뽑힌** 자는 아삽의 아들
대상 26:13	따라 대소를 막론하고 다 제비 **뽑혔으니**
대상 26:15	**뽑았고** 그의 아들들은 곳간에 **뽑혔으며**
대상 26:16	**뽑았고** 그의 아들들은 곳간에 **뽑혔으며**
나 3:10	그의 존귀한 자들은 제비 **뽑혀** 나뉘었고
욘 1:7	**뽑으니** 제비가 요나에게 **뽑힌지라**

2. 박혀 있거나 꽂혀 있는 것이 뽑혀지다 (be uprooted from)

신 28:63	들어가 차지할 땅에서 **뽑힐** 것이요
욥 4:21	줄이 그들에게서 **뽑히지** 아니하겠느냐
욥 8:18	그곳에서 **뽑히면** 그 자리도 모르는 체하
욥 18:14	그가 의지하던 것들이 장막에서 **뽑히며**
욥 31:8	먹으며 나의 소출이 뿌리째 **뽑히기를**
시 55:21	그의 말은 기름보다 유하나 실상은 **뽑힌**
잠 2:22	간사한 자는 땅에서 **뽑히리라**
사 33:20	그 말뚝이 영영히 **뽑히지** 아니할 것이요
겔 19:12	분노 중에 **뽑혀서** 땅에 던짐을 당하매
겔 21:28	이르기를 칼이 **뽑히도다** 칼이 **뽑히도다**
단 7:4	내가 보는 중에 그 날개가 **뽑혔고** 또
단 7:8	뿌리까지 **뽑혔으며** 이 작은 뿔에는
단 11:4	나라가 **뽑혀서** 그 외의 다른 사람들
암 9:15	내가 준 땅에서 다시 **뽑히지** 아니하리라
습 2:4	대낮에 쫓겨나며 에그론은 **뽑히리라**
마 15:13	아버지께서 심으시지 않은 것은 **뽑힐**
눅 17:6	뽕나무더러 뿌리가 **뽑혀** 바다에 심기어
유 1:12	뿌리까지 **뽑힌** 열매 없는 가을 나무요

【 뽕나무 】　　　　　　　　　　　　　　　　　　　　　　　　　　　　　【 뿌리 】

뽕나무(balsam tree, sycamore-fig tree)
삼하 5:23 뒤로 돌아서 **뽕나무** 수풀 맞은편에서
삼하 5:24 **뽕나무** 꼭대기에서 걸음 걷는 소리가
왕상 10:27 흔하게 하고 백향목을 평지의 **뽕나무**
대상 14:14 그들 뒤로 돌아 **뽕나무** 수풀 맞은편에서
대상 14:15 **뽕나무** 꼭대기에서 걸음 걷는 소리가
대상 27:28 평야의 감람나무와 **뽕나무**를 맡았고
대하 1:15 흔하게 하고 백향목을 평지의 **뽕나무**
대하 9:27 흔하게 하고 백향목을 평지의 **뽕나무**
시 78:47 포도나무를 우박으로, 그들의 **뽕나무**를
사 9:10 **뽕나무**들이 찍혔으나 우리는 백향목으
암 7:14 나는 목자요 **뽕나무**를 재배하는 자로서
눅 17:6 **뽕나무**더러 뿌리가 뽑혀 바다에 심기어

뽀루지(rash)
레 13:2 그의 피부에 무엇이 돋거나 **뽀루지**가
레 14:56 돋는 것과 **뽀루지**와 색점이

뾰족하다(sharp)
욥 39:28 그것이 낭떠러지에 집을 지으며 **뾰족한**
잠 25:18 방망이요 칼이요 **뾰족한** 화살이니라

뿌려지다(scattered over, be sown)
욥 18:15 거하리니 유황이 그의 처소에 **뿌려질**
사 40:24 겨우 심기고 겨우 **뿌려졌으며** 그 줄기가
마 13:19 악한 자가 와서 그 마음에 **뿌려진** 것을 빼앗나니 이는 곧 길 가에 **뿌려진** 자요
마 13:20 돌밭에 **뿌려졌다는** 것은 말씀을 듣고
마 13:22 가시떨기에 **뿌려졌다는** 것은 말씀을
마 13:23 좋은 땅에 **뿌려졌다는** 것은 말씀을 듣고
막 4:15 길가에 **뿌려졌다는** 것은 이들을 가리 킴이니 … 즉시 와서 그들에게 **뿌려진**
막 4:16 **뿌려졌다는** 것은 이들을 가리킴이니
막 4:18 또 어떤 이는 가시떨기에 **뿌려진** 자니
막 4:20 좋은 땅에 **뿌려졌다는** 것은 곧 말씀을

뿌리(root)
구약
신 29:18 염려하며 독초와 쑥의 **뿌리**가 너희 중에
왕하 19:30 *남은 자는 다시 아래로* **뿌리**를 내리고
대하 7:20 너희에게 준 땅에서 그 **뿌리**를 뽑아내고
욥 8:17 **뿌리**가 돌무더기에 서리어서 돌 가운데
욥 14:8 그 **뿌리**가 땅에서 늙고 줄기가 흙에서
욥 18:16 밑으로 그의 **뿌리**가 마르고 위로는 그의
욥 19:28 이르기를 일의 **뿌리**가 그에게 있다
욥 28:9 굳은 바위에 손을 대고 산을 **뿌리**까지
욥 29:19 **뿌리**는 물로 뻗어나가고 이슬이 내 가지
욥 30:4 나물을 꺾으며 대싸리 **뿌리**로 먹을거리
욥 31:8 먹으며 나의 소출이 **뿌리**째 뽑히기를
욥 31:12 모든 소출을 **뿌리**째 뽑기를 바라노라
시 52:5 살아 있는 땅에서 네 **뿌리**를 빼시리로다
시 80:9 그 앞서 가꾸셨으므로 그 **뿌리**가 깊이
잠 12:3 굳게 서지 못하거니와 의인의 **뿌리**는
잠 12:12 의인은 그 **뿌리**로 말미암아 결실하느니
사 5:24 그들의 **뿌리**가 썩겠고 꽃이 티끌처럼
사 11:1 이새의 줄기에서 한 싹이 나며 그 **뿌리**
사 11:10 그 날에 이새의 **뿌리**에서 한 싹이 나서
사 14:29 뱀의 **뿌리**에서는 독사가 나겠고 그의
사 14:30 내가 네 **뿌리**를 기근으로 죽일 것이요
사 27:6 야곱의 **뿌리**가 박히며 이스라엘의
사 37:31 아래로 **뿌리**를 박고 위로 열매를 맺으리
사 40:24 겨우 땅에 **뿌리**를 박자 곧 하나님이
사 53:2 땅에서 나온 **뿌리** 같아서 고운 모양도
렘 12:2 그들이 **뿌리**가 박히고 장성하여 열매를
렘 17:8 물가에 심어진 나무가 그 **뿌리**를 강변에
렘 31:28 **뿌리** 뽑으며 무너뜨리며 전복하며
겔 17:6 가지는 독수리를 향하였고 그 **뿌리**는
겔 17:7 향하여 **뿌리**가 뻗고 가지가 퍼졌도다
겔 17:9 그 **뿌리**를 빼고 … 아니라도 그 **뿌리**를
겔 31:7 **뿌리**가 큰 물 가에 있으므로 그 나무가
단 4:15 그러나 그 **뿌리**의 그루터기를 땅에 남겨
단 4:23 그러나 그 **뿌리**의 그루터기는 땅에 남겨
단 7:8 첫 번째 뿔 중의 셋이 그 앞에서 **뿌리**
호 9:16 에브라임은 매를 맞아 그 **뿌리**가 말라
호 14:5 레바논 백향목같이 **뿌리**가 박힐 것이라
암 2:9 위의 열매와 그 아래의 **뿌리**를 진멸하였
욘 2:6 내가 산의 **뿌리**까지 내려갔사오며 땅이
말 4:1 그 이르는 날에 그들을 살라 그 **뿌리**와
신약
마 3:10 이미 도끼가 나무 **뿌리**에 놓였으니 좋은
마 13:6 해가 돋은 후에 타서 **뿌리**가 없으므로
마 13:21 그 속에 **뿌리**가 없어 잠시 견디다가 말씀
막 4:6 해가 돋은 후에 타서 **뿌리**가 없으므로
막 4:17 **뿌리**가 없어 잠깐 견디다가 말씀을
막 11:20 지나갈 때에 무화과나무가 **뿌리**째 마른
눅 3:9 이미 도끼가 나무 **뿌리**에 놓였으니 좋은

【 뿌리내리다 】　　　　　　　　　　　　　　　【 뿌리다 】

눅 8:13	기쁨으로 받으나 **뿌리**가 없어 잠깐
눅 17:6	이 뽕나무더러 **뿌리**가 뽑혀 바다에
롬 11:16	떡덩이도 그러하고 **뿌리**가 거룩한즉
롬 11:17	참감람나무 **뿌리**의 진액을 함께 받는
롬 11:18	네가 **뿌리**를 보전하는 것이 아니요 **뿌리**
롬 15:12	이사야가 이르되 이새의 **뿌리** 곧 열방을
엡 3:17	너희가 사랑 가운데서 **뿌리**가 박히고
골 2:7	그 안에 **뿌리**를 박으며 세움을 받아
딤전 6:10	돈을 사랑함이 일만 악의 **뿌리**가 되나니
히 12:15	또 쓴 **뿌리**가 나서 괴롭게 하여 많은
유 1:12	죽고 또 죽어 **뿌리**까지 뽑힌 열매 없는
계 5:5	유대 지파의 사자 다윗의 **뿌리**가 이겼으
계 22:16	나는 다윗의 **뿌리**요 자손이니 곧 광명한

뿌리내리다(take root)

욥 5:3	내가 미련한 자가 **뿌리내리는** 것을 보고

뿌리다(plant, put, sprinkle)

모세오경

창 47:23	종자가 있으니 너희는 그 땅에 **뿌리**라
출 12:22	문 인방과 좌우 설주에 **뿌리고** 아침까지
출 23:16	네가 수고하여 밭에 **뿌린** 것의 첫 열매
출 24:6	여러 양푼에 담고 반은 제단에 **뿌리고**
출 24:8	모세가 그 피를 가지고 백성에게 **뿌리며**
출 29:16	피를 가져다가 제단 위의 주위에 **뿌리고**
출 29:20	바르고 그 피를 제단 주위에 **뿌리고**
출 29:21	그의 아들들의 옷에 **뿌리라** 그와 그의
출 32:20	가루를 만들어 물에 **뿌려** 이스라엘 자손
레 1:5	가져다가 회막 문 앞 제단 사방에 **뿌릴**
레 1:11	그것의 피를 제단 사방에 **뿌릴**
레 3:2	제사장들은 그 피를 제단 사방에 **뿌릴**
레 3:8	그 피를 제단 사방에 **뿌릴** 것이며
레 3:13	자손은 그 피를 제단 사방에 **뿌릴**
레 4:6	성소의 휘장 앞에 일곱 번 **뿌릴** 것이며
레 4:17	여호와 앞, 휘장 앞에 일곱 번 **뿌릴**
레 5:9	속죄제물의 피를 제단 곁에 **뿌리고** 그
레 7:2	그 피를 제단 사방에 **뿌릴** 것이며
레 7:14	화목제의 피를 **뿌린** 제사장들에게로
레 8:11	제단에 일곱 번 **뿌리고** 또 그 제단과
레 8:19	잡아 그 피를 제단 사방에 **뿌리고**
레 8:24	또 모세가 그 피를 제단 사방에 **뿌리고**
레 8:30	그의 아들들의 옷에 **뿌려서** 아론과 그의
레 9:12	그가 그 피를 제단 사방에 **뿌리고**
레 9:18	가져오니 그가 제단 사방에 **뿌리고**
레 14:7	정결함을 받을 자에게 일곱 번 **뿌려**
레 14:16	여호와 앞에 일곱 번 **뿌릴** 것이요
레 14:27	조금 찍어 여호와 앞에 일곱 번 **뿌릴**
레 14:51	흐르는 물을 찍어 그 집에 일곱 번 **뿌릴**
레 16:14	속죄소 동쪽에 **뿌리고** 또 손가락으로 그 피를 속죄소 앞에 일곱 번 **뿌릴** 것이며
레 16:15	속죄소 위와 속죄소 앞에 **뿌릴지니**
레 16:19	그 피를 그 위에 일곱 번 **뿌려** 이스라엘
레 17:6	회막 문 여호와의 제단에 **뿌리고** 그
레 17:11	피를 너희에게 주어 제단에 **뿌려** 너희의
레 19:19	네 밭에 두 종자를 섞어 **뿌리지** 말며

"눈물을 흘리며 씨를 **뿌리는** 자는 기쁨으로 거두리로다"(시 126:5)

민 8:7	속죄의 물을 그들에게 **뿌리고** 그들에게
민 18:17	피는 제단에 **뿌리고** 그 기름은 불살라
민 19:4	피를 회막 앞을 향하여 일곱 번 **뿌리고**
민 19:13	정결하게 하는 물을 그에게 **뿌리지** 아니
민 19:18	사람들에게 **뿌리고** 또 뼈나 죽임을 당한 자나 시체나 무덤을 만진 자에게 **뿌리되**
민 19:19	그 부정한 자에게 **뿌려서** 일곱째 날에
민 19:20	그는 정결하게 하는 물로 **뿌림**을 받지
민 19:21	정결하게 하는 물을 **뿌린** 자는 자기의
신 9:21	산에서 흘러내리는 시내에 **뿌렸느니라**
신 21:4	갈지도 않고 씨를 **뿌린** 일도 없는
신 22:9	**뿌리지** 말라 그리하면 네가 **뿌린** 씨의
신 28:38	네가 많은 종자를 들에 **뿌릴지라도**

역사서, 시가서

삿 9:45	죽이며 그 성을 헐고 소금을 **뿌리니라**
왕하 16:13	붓고 수은제 짐승의 피를 제단에 **뿌리고**
왕하 16:15	다른 제물의 피를 다 그 위에 **뿌리라**
왕하 23:6	만들어 그 가루를 평민의 묘지에 **뿌리고**
대하 29:22	제단에 **뿌리고** … **뿌리고** 또 어린 양들을 잡으매 그 피를 제단에 **뿌리고**
대하 30:16	레위 사람의 손에서 피를 받아 **뿌리니라**
대하 34:4	만들어 제사하던 자들의 무덤에 **뿌리고**

| 뿌리다 | | 뿔 2 |

대하 35:11	그들의 손에서 피를 받아 **뿌리고** 또	고전 15:37	네가 **뿌리는** 것은 장래의 형체를 **뿌리는**
욥 2:12	향하여 티끌을 날려 자기 머리에 **뿌리고**	히 9:13	암송아지의 재를 부정한 자에게 **뿌려**
욥 4:8	악을 밭 갈고 독을 **뿌리는** 자는 그대로	히 9:19	그 두루마리와 온 백성에게 **뿌리며**
욥 18:15	거하리니 유황이 그의 처소에 **뿌려질**	히 9:21	일에 쓰는 모든 그릇에 **뿌렸느니라**
시 97:11	의인을 위하여 빛을 **뿌리고** 마음이 정	히 10:22	마음에 **뿌림**을 받아 악한 양심으로부터
	직한 자를 위하여 기쁨을 **뿌리시는도다**	히 11:28	믿음으로 유월절과 피 **뿌리는** 예식을
시 126:5	눈물을 흘리며 씨를 **뿌리는** 자는 기쁨	히 12:24	피보다 더 나은 것을 말하는 **뿌린**
시 126:6	울며 씨를 **뿌리러** 나가는 자는 반드시	벧전 1:2	예수 그리스도의 피 **뿌림**을 얻기 위하여
시 147:17	우박을 떡 부스러기같이 **뿌리시나니**	계 18:19	티끌을 자기 머리에 **뿌리고** 울며 애통하
잠 7:17	몰약과 침향과 계피를 **뿌렸노라**	계 19:13	그가 피 **뿌린** 옷을 입었는데 그 이름은
잠 11:18	악인의 삯은 허무하되 공의를 **뿌린** 자의		
잠 22:8	악을 **뿌리는** 자는 재앙을 거두리니 그	**뿌리박다/뿌리박히다**(plant, root)	
전 11:6	아침에 씨를 **뿌리고** 저녁에도 손을 놓지	삿 5:14	아말렉에 **뿌리박힌** 자들이요 베냐민은
선지서		시 44:2	우리 조상들을 이 땅에 **뿌리박게** 하시며
사 5:10	호멜의 종자를 **뿌려도** 간신히 한 에바가		
사 28:25	소회향을 **뿌리며** 대회향을 **뿌리며**	**뿔** 1(Libyan) 리비아의 지방 주민	
사 30:23	땅에 **뿌린** 종자에 주께서 비를 주사	사 66:19	나라 곧 다시스와 **뿔**과 활을 당기는
사 32:20	물가에 씨를 **뿌리고** 소와 나귀를 그리로		
사 45:8	하늘이여 위로부터 공의를 **뿌리며** 구름	**뿔** 2(horn)	
사 61:11	내며 동산이 거기 **뿌린** 것을 움돋게	모세오경 - 시가서	
렘 2:2	곧 씨 **뿌리지** 못하는 땅, 그 광야에서	창 22:13	숫양이 뒤에 있는데 **뿔**이 수풀에 걸려
렘 31:27	이스라엘 집과 유다 집에 **뿌릴** 날이	출 27:2	네 모퉁이 위에 **뿔**을 만들되 그 **뿔**이
겔 16:4	네게 소금을 **뿌리지** 아니하였고 너를	출 29:12	피를 네 손가락으로 제단 **뿔들**에 바르고
겔 36:25	맑은 물을 너희에게 **뿌려서** 너희로 정결	출 30:2	규빗으로 하며 그 **뿔**을 그것과 이어지게
겔 43:18	번제를 드리며 피를 **뿌리는** 규례는	출 30:3	상면과 전후 좌우 면과 **뿔**을 순금으로
암 9:13	포도를 밟는 자가 씨 **뿌리는** 자의 뒤를	출 30:10	아론이 일 년에 한 번씩 이 향단 **뿔**에
미 6:15	씨를 **뿌려도** 추수하지 못할 것이며 감람	출 37:25	두 규빗이며 그 **뿔들**이 제단과 연결되었
학 1:6	너희가 많이 **뿌릴지라도** 수확이 적으며	출 37:26	제단 상면과 전후 좌우면과 그 **뿔**을
신약		출 38:2	모퉁이 위에 그 **뿔**을 만들되 그 **뿔**을
마 13:3	이르시되 씨를 **뿌리는** 자가 **뿌리러**	레 8:15	피를 제단의 네 귀퉁이 **뿔**에 발라 제단을
마 13:18	그런즉 씨 **뿌리는** 비유를 들으라	레 16:18	피를 가져다가 제단 귀퉁이 **뿔들**에
마 13:24	천국은 좋은 씨를 제 밭에 **뿌린** 사람과	신 14:5	산 염소와 볼기가 흰 노루와 **뿔**이 긴
마 13:27	밭에 좋은 씨를 **뿌리지** 아니하였나이까	신 33:17	**뿔**이 들소의 **뿔** 같도다 이것으로 민족
마 13:37	이르시되 좋은 씨를 **뿌리는** 이는 인자요	삼상 2:1	내 **뿔**이 여호와로 말미암아 높아졌으며
마 13:39	가라지를 **뿌린** 원수는 마귀요 추수 때는	삼상 2:10	기름 부음을 받은 자의 **뿔**을 높이시리로
막 4:14	**뿌리는** 자는 말씀을 **뿌리는** 것이라	삼상 16:1	너는 **뿔**에 기름을 채워 가지고 가라
막 4:26	하나님의 나라는 사람이 씨를 땅에 **뿌림**	삼하 22:3	방패시요 나의 구원의 **뿔**이시요 나의
막 7:4	돌아와서도 물을 **뿌리지** 않고서는	왕상 1:39	기름 담은 **뿔**을 가져다가 솔로몬에게
눅 8:5	씨를 **뿌리는** 자가 그 씨를 **뿌리러** 나	왕상 22:11	시드기야는 자기를 위하여 철로 **뿔들**을
	가서 **뿌릴새** 더러는 길 가에 떨어지매	대하 18:10	시드기야는 철로 **뿔들**을 만들어 가지고
요 4:36	이는 **뿌리는** 자와 거두는 자가 함께	욥 16:15	피부에 덮고 내 **뿔**을 티끌에 더럽혔구나
고전 9:11	너희에게 신령한 것을 **뿌렸은**즉 너희	시 18:2	방패시요 나의 구원의 **뿔**이시요 나의
고전 15:36	어리석은 자여 네가 **뿌리는** 씨가 죽지	시 22:21	내게 응답하시고 들소의 **뿔**에서 구원하

【 뿔 2 】　　　　　　　　　　　　　　　　　【 삐뚤어지다 】

'뿔'과 관련된 성구

번제단 뿔 – 레 4:25, 30, 34
뿔 나팔 – 레 25:9; 왕상 1:34, 39, 41; 대상 15:28; 호 5:8
뿔 병 – 삼상 16:13
제단(의) 뿔 – 레 4:18; 9:9; 왕상 1:50, 51; 2:28; 시 118:27; 렘 17:1; 암 3:14
향단 뿔 – 레 4:7

시 69:31	이것이 소 곧 뿔과 굽이 있는 황소를
시 75:4	악인들에게 뿔을 들지 말라 하였노니
시 75:5	뿔을 높이 들지 말며 교만한 목으로
시 75:10	악인들의 뿔을 다 베고 의인의 뿔은
시 89:17	힘의 영광이심이라 우리의 뿔이 주의
시 89:24	이름으로 말미암아 그의 뿔이 높아지리
시 92:10	내 뿔을 들소의 뿔같이 높이셨으며
시 112:9	있고 그의 뿔이 영광 중에 들리리로다
시 132:17	거기서 다윗에게 뿔이 나게 할 것이라
시 148:14	그가 그의 백성의 뿔을 높이셨으니 그는

선지서

렘 48:25	모압의 뿔이 잘렸고 그 팔이 부러졌도다
애 2:3	진노로 이스라엘의 모든 뿔을 자르셨
애 2:17	대적자들의 뿔로 높이 들리게 하셨도다
겔 29:21	이스라엘 족속에게 한 뿔이 돋아나게
겔 34:21	병든 자를 뿔로 받아 무리를 밖으로
겔 43:15	번제하는 바닥에서 솟은 뿔이 넷이며
겔 43:20	피를 가져다가 제단의 네 뿔과 아래층
단 7:7	모든 짐승과 다르고 또 열 뿔이 있더라
단 7:8	그 뿔을 유심히 보는 중에 다른 작은 뿔이 그 사이에서 나더니 첫 번째 뿔 중의 셋이 … 이 작은 뿔에는 사람의
단 7:11	내가 작은 뿔이 말하는 큰 목소리로
단 7:20	또 그것의 머리에는 열 뿔이 있고 그 외에 또 다른 뿔이 나오매 세 뿔이 그
단 7:21	앞에서 빠졌으며 그 뿔에는 눈도 있고 본즉 이 뿔이 성도들과 더불어 싸워
단 7:24	열 뿔은 그 나라에서 일어날 열 왕이요
단 8:3	두 뿔 가진 숫양이 섰는데 그 두 뿔이 다 길었으며 그 중 한 뿔은 다른 뿔보다
단 8:5	그 염소의 두 눈 사이에는 현저한 뿔이
단 8:6	두 뿔 가진 숫양 곧 내가 본 바 강가에
단 8:7	숫양을 쳐서 그 두 뿔을 꺾으나 숫양에
단 8:8	뿔이 꺾이고 그 대신에 현저한 뿔 넷이
단 8:9	뿔에서 또 작은 뿔 하나가 나서 남쪽과
단 8:20	네가 본 바 두 뿔 가진 숫양은 곧 메대와
단 8:21	사이에 있는 큰 뿔은 곧 그 첫째 왕이요
단 8:22	뿔이 꺾이고 그 대신에 네 뿔이 났은즉
암 6:13	힘으로 뿔들을 취하지 아니하였느냐
미 4:13	네 뿔을 무쇠 같게 하며 네 굽을 놋 같게
슥 1:18	눈을 들어 본즉 네 개의 뿔이 보이기로
슥 1:19	이스라엘과 예루살렘을 흩뜨린 뿔이니
슥 1:21	뿔들이 유다를 흩뜨려서 … 뿔들을 들어 유다 땅을 흩뜨린 여러 나라의 뿔들을

신약

눅 1:69	우리를 위하여 구원의 뿔을 그 종 다윗
계 5:6	그에게 일곱 뿔과 일곱 눈이 있으니
계 9:13	하나님 앞 금 제단 네 뿔에서 한 음성이
계 12:3	붉은 용이 있어 머리가 일곱이요 뿔이
계 13:1	뿔이 열이요 머리가 일곱이라 그 뿔에는
계 13:11	어린 양같이 두 뿔이 있고 용처럼 말을
계 17:3	이름들이 가득하고 일곱 머리와 열 뿔이
계 17:7	일곱 머리와 열 뿔 가진 짐승의 비밀을
계 17:12	보던 열 뿔은 열 왕이니 아직 나라를
계 17:16	이 열 뿔과 짐승은 음녀를 미워하여

뿔라(Beulah)

사 62:4　너를 헵시바라 하며 네 땅을 뿔라라

삐뚤어지다(crook)

신 32:5　자녀가 아니요 흠이 있고 삐뚤어진

ㅅ

사(四, four, fourth)
창 15:16 자손은 **사** 대 만에 이 땅으로 돌아오리
삼하 15:7 **사** 년 만에 압살롬이 왕께 아뢰되 내가
왕상 6:1 이스라엘 왕이 된 지 **사** 년 시브월 곧
왕상 22:41 이스라엘의 아합 왕 제**사** 년에 아사의
왕하 10:30 이스라엘 왕위를 이어 **사** 대를 지내리라
왕하 15:12 네 자손이 **사** 대 동안 이스라엘 왕위에
왕하 18:9 히스기야 왕 제**사** 년 곧 이스라엘의
스 8:33 제**사** 일에 우리 하나님의 성전에서
욥 42:16 백사십 년을 살며 아들과 손자 **사** 대를
렘 28:1 시작한 지 **사** 년 다섯째 달 기브온앗술
렘 36:1 여호야김 제**사** 년에 여호와께로부터
렘 51:59 유다의 시드기야 왕 제**사** 년에 마세야
슥 7:1 제**사** 년 아홉째 달 곧 기슬래월 **사** 일에

사가랴(Zechariah)
1. 바라갸의 아들로 순교자
마 23:35 바라갸의 아들 **사가랴**의 피까지 땅 위
눅 11:51 죽임을 당한 **사가랴**의 피까지 하리라
2. 세례 요한의 아버지로 제사장
눅 1:5 이름은 **사가랴**요 그의 아내는 아론의
눅 3:2 **사가랴**의 아들 요한에게 임한지라

🔖 사가랴 2 - 기타 본문
눅 1:8, 12, 13, 18, 21, 40, 59, 67

사갈(Sacar)
1. 다윗의 용사 아히암의 아버지
대상 11:35 **사갈**의 아들 아히암과 울의 아들 엘리발

2. 오벧에돔의 넷째 아들
대상 26:4 요아와 넷째 **사갈**과 다섯째 느다넬과

사갸(Sakia) 베냐민 지파의 한 족장
대상 8:10 여우스와 **사갸**와 미르마이니 이 아들

사건(事件, affair, matter, case)
출 18:19 백성을 위하여 그 **사건**들을 하나님께
민 25:18 **사건**으로 너희를 유혹하였음이니라
민 31:16 브올의 **사건**에서 여호와 앞에 범죄하게
신 19:15 증인의 입으로 그 **사건**을 확정할 것이며
수 20:4 장로들의 귀에 자기의 **사건**을 말할
룻 3:18 딸아 이 **사건**이 어떻게 될지 알기까지
행 19:40 소요 **사건**으로 책망 받을 위험이 있고
행 24:10 **사건**에 대하여 기꺼이 변명하나이다
행 24:19 나를 반대할 **사건**이 있으면 마땅히 당신
행 25:7 중대한 **사건**으로 고발하되 능히 증거를
행 25:9 **사건**에 대하여 내 앞에서 심문을 받으려
행 25:16 고소 **사건**에 대하여 변명할 기회가 있기
고전 6:1 너희가 세상 **사건**이 있을 때에 교회에서

사계(Shagee) 다윗의 30용사 중 하나
대상 11:34 하랄 사람 **사계**의 아들 요나단과

사경(四更, fourth watch)
마 14:25 밤 **사경**에 예수께서 바다 위로 걸어오시
막 6:48 **사경**쯤에 바다 위로 걸어서 그들에게

사고(事故, accident-NASB)

【 사고팔다 】　　　　　　　　　　　　　　　　　　　　　【 사납다 】

삼상 20:26　그에게 무슨 **사고**가 있어서 부정한가

사고팔다(be buying and selling)
눅 17:28　사람들이 먹고 마시고 **사고팔고** 심고

사공(沙工, sailor, oarsman)
왕상 9:27　바다에 익숙한 **사공**들을 솔로몬의 종과
겔 27:8　아르왓 주민들이 네 **사공**이 되었음이여
겔 27:9　**사공**들은 네 가운데에서 무역하였도다
겔 27:26　**사공**이 너를 인도하여 큰 물에 이르게
겔 27:27　물건과 네 **사공**과 선장과 네 배의 틈을
겔 27:29　잡은 모든 자와 **사공**과 바다의 선장들이
욘 1:5　**사공**들이 두려워하여 각각 자기의 신을
행 27:18　이튿날 **사공**들이 짐을 바다에 풀어
행 27:27　**사공**들이 어느 육지에 가까워지는 줄을
행 27:30　**사공**들이 도망하고자 하여 이물에서
약 3:4　작은 키로써 **사공**의 뜻대로 운행하나니

사과(apple)

잠 25:11　합당한 말은 아로새긴 은 쟁반에 금 **사과**니라
아 2:5　건포도로 내 힘을 돕고 **사과**로 나를 시원하게 하라
아 7:8　포도송이 같고 네 콧김은 **사과** 냄새

사과나무(apple tree)
아 2:3　수풀 가운데 **사과나무** 같구나 내가 그
아 8:5　그 곳 **사과나무** 아래에서 내가 너를
욜 1:12　대추나무와 **사과나무**와 밭의 모든

사관(史官, recorder)

삼하 8:16　아힐룻의 아들 여호사밧은 **사관**이 되고
삼하 20:24　아힐룻의 아들 여호사밧이 **사관**이 되고
왕상 4:3　아힐룻의 아들 여호사밧은 **사관**이요
왕하 18:18　셉나와 아삽의 아들 **사관** 요아가 그에게
왕하 18:37　아삽의 아들 **사관** 요아가 옷을 찢고
사 36:3　아들 **사관** 요아가 그에게 나아가니라
사 36:22　아삽의 아들 **사관** 요아가 자기의 옷을

사귀다(companion, fellowship, join)
잠 13:20　지혜를 얻고 미련한 자와 **사귀면** 해를

잠 20:19　입술을 벌린 자를 **사귀지** 말지니라
잠 22:24　노를 품는 자와 **사귀지** 말며 울분한
잠 23:20　탐하는 자들과도 더불어 **사귀지** 말라
잠 24:21　경외하고 반역자와 더불어 **사귀지** 말라
잠 28:7　음식을 탐하는 자와 **사귀는** 자는 아비를
잠 29:3　즐겁게 하여도 창기와 **사귀는** 자는 재물
눅 16:9　불의의 재물로 친구를 **사귀라** 그리하면
행 9:26　제자들을 **사귀고자** 하나 다 두려워하여
롬 15:24　너희와 **사귐**으로 얼마간 기쁨을 가진
고전 5:9　음행하는 자들을 **사귀지** 말라 하였거니
고전 5:10　숭배하는 자들을 도무지 **사귀지** 말라
고전 5:11　속여 빼앗는 자와 **사귀지도** 말고 그런
고후 6:14　함께 하며 빛과 어둠이 어찌 **사귀며**
살후 3:14　그 사람을 지목하여 **사귀지** 말고 그로
히 10:33　이런 형편에 있는 자들과 **사귀는** 자가
요일 1:3　**사귐**이 있게 하려 함이니 우리의 **사귐**은
요일 1:6　하나님과 **사귐**이 있다 하고 어둠에
요일 1:7　서로 **사귐**이 있고 그 아들 예수의 피가

사금(砂金, dust of gold-KJV)
욥 28:6　그 돌에는 청옥이 있고 **사금**도 있으며

사기 1(士氣)
삼하 23:11　블레셋 사람들이 **사기**가 올라 거기

사기 2(史記, archive, record)
대하 33:19　우상을 세운 곳들이 다 호새의 **사기**에
스 4:15　**사기**를 살펴보시면 그 **사기**에서

사기 3(詐欺, deceit)
롬 1:29　살인, 분쟁, **사기**, 악독이 가득한 자요

사납다(ferocious, savage)
레 26:6　내가 **사나운** 짐승을 그 땅에서 제할
욥 28:8　**사나운** 사자도 그리로 지나가지 못하였
전 8:1　그의 얼굴의 **사나운** 것이 변하느니라
사 35:9　사자가 없고 **사나운** 짐승이 그리로
사 46:11　내가 동쪽에서 **사나운** 날짐승을 부르며
렘 2:30　**사나운** 사자같이 너희 선지자들을
렘 51:55　그 파도가 **사나우며** 그 물결은 요란한
겔 5:17　기근과 **사나운** 짐승을 너희에게 보내
겔 14:15　내가 **사나운** 짐승을 그 땅에 다니게
겔 14:21　칼과 기근과 **사나운** 짐승과 전염병을

【 사내 】　　　　　　　　　　　　　　　　　　　　　　　　　　　【 사다 】

겔 39:4	너를 각종 **사나운** 새와 들짐승에게 넘겨	삼상 26:20	메추라기를 **사냥하는** 자와 같이
합 1:6	보라 내가 **사납고** 성급한 백성 곧 땅이	욥 4:11	사자는 **사냥한** 것이 없어 죽어 가고
합 1:8	이리보다 **사나우며** 그들의 마병은 먼	욥 10:16	나를 **사냥하시며** 내게 주의 놀라움을
마 8:28	그들은 몹시 **사나워** 아무도 그 길로	욥 38:39	사자를 위하여 먹이를 **사냥하겠느냐**
행 20:29	떠난 후에 **사나운** 이리가 여러분에게	잠 6:26	여인은 귀한 생명을 **사냥함이니라**
딤후 3:3	절제하지 못하며 **사나우며** 선한 것을	잠 12:27	게으른 자는 그 잡을 것도 **사냥하지**
		렘 16:16	언덕과 바위 틈에서 **사냥하게** 하리니
사내(man, male)		애 3:52	이유없이 나를 새처럼 **사냥하는도다**
민 31:17	남자와 동침하여 **사내**를 아는 여자도	겔 13:18	**사냥하려고** 손목마다 … **사냥하면서**
민 31:18	남자와 동침하지 아니하여 **사내**를 알지	겔 13:20	너희가 새를 **사냥하듯** 영혼들을 **사냥**
민 31:35	남자와 동침하지 아니하여서 **사내**		**하는** … 새처럼 **사냥한** 그 영혼들을
왕상 14:10	여로보암에게 속한 **사내**는 이스라엘	나 2:12	암사자들을 위하여 움켜 **사냥한** 것으로

사내아이(boy)　　　　　　　　　　　　　　　**사노아**(Zanoah)

욥 3:3	난 날이 멸망하였더라면, **사내아이를**	**1. 유다 지파 기업 중 평지에 있는 성읍**
마 2:16	지경 안에 있는 **사내아이**를 박사들에게	

수 15:34	**사노아**와 엔간님과 답부아와 에남과
대상 4:18	조상 헤벨과 **사노아**의 조상 여구디엘을
느 3:13	골짜기 문은 하눈과 **사노아** 주민이
느 11:30	**사노아**와 아둘람과 그 마을들과 라기스

사냥개(strutting rooster-NIV, greyhound-KJV)

잠 30:31	**사냥개**와 숫염소와 및 당할 수 없는

2. 유다 산지에 있는 성읍

수 15:56	이스르엘과 욕드암과 **사노아**와

사냥꾼(hunter)　　　　　　　　　　　　　　　**사다**(buy, provoke)

1. 대금을 치르고 자기 것으로 하다(buy)

모세오경

창 10:9	용감한 **사냥꾼**이 되었으므로 속담에	창 17:12	돈으로 **산** 자를 막론하고 난 지 팔 일
	이르기를 … 용감한 **사냥꾼**이로다	창 25:10	아브라함이 헷 족속에게서 **산** 밭이라
창 25:27	익숙한 **사냥꾼**이었으므로 들사람	창 30:16	합환채로 당신을 **샀노라** 그 밤에 야곱이
시 91:3	너를 새 **사냥꾼**의 올무에서와 심한	창 33:19	아들들의 손에서 백 크시타에 **샀으며**
시 124:7	우리의 영혼이 **사냥꾼**의 올무에서	창 39:1	이스마엘 사람의 손에서 요셉을 **사니라**
잠 6:5	**사냥꾼**의 손에서 벗어나는 것같이,	창 41:57	각국 백성도 양식을 **사려고** 애굽으로
렘 5:26	새 **사냥꾼**이 매복함같이 지키며 덫을	창 42:3	애굽에서 곡식을 **사려고** 내려갔으나
		창 43:4	아버지를 위하여 양식을 **사려니와**

사냥물(prey)

겔 13:21	손에 **사냥물**이 되지 아니하게 하리니	창 43:22	양식 **살** 다른 돈도 우리가 가지고

사냥하다(hunt, ensnare)

창 25:28	에서가 **사냥한** 고기를 좋아하므로	창 47:19	토지를 먹을 것을 주고 **사소서** 우리가
창 27:3	가지고 들에 가서 나를 위하여 **사냥하여**	창 47:20	애굽의 모든 토지를 다 **사서** 바로에게
창 27:5	리브가가 들었더니 에서가 **사냥하여**	창 47:22	제사장들의 토지는 **사지** 아니하였으니
창 27:7	나를 위하여 **사냥하여** 가져다가 별미를	창 47:23	너희 몸과 너희 토지를 **샀노라** 여기
창 27:19	내가 **사냥한** 고기를 잡수시고 아버지	창 49:30	함께 **사서** 그의 매장지를 삼았으며
창 27:25	아들이 **사냥한** 고기를 먹고 내 마음껏	창 49:32	있는 굴은 헷 사람에게서 **산 것이니라**
창 27:30	나가자 곧 그의 형 에서가 **사냥하여**	창 50:13	에브론에게 밭과 함께 **사서** 매장지를
창 27:31	아들이 **사냥한** 고기를 잡수시고 마음껏	출 12:44	사람이 돈으로 **산** 종은 할례를 받은
창 27:33	그러면 **사냥한** 고기를 내게 가져온 자가	출 15:16	**사신** 백성이 통과하기까지였나이다
레 17:13	새를 **사냥하여** 잡거든 그것의 피를		

[사다]   [사다]

출 21:2	히브리 종을 **사면** 그는 여섯 해 동안	렘 19:1	옹기를 **사고** 백성의 어른들과 제사장의
레 22:11	어떤 사람을 **샀으면** 그는 그것을 먹을	렘 32:7	내 밭을 **사라** 이 기업을 무를 권리가
레 25:14	이웃의 손에서 **사거든** 너희 각 사람은	렘 32:8	밭을 **사라** … 위하여 **사라** 하는지라
레 25:15	이웃에게서 **살 것이요** 그도 소출을 얻어	렘 32:9	아나돗에 있는 밭을 **사는데** 은 십칠
레 25:27	그 남은 값을 **산** 자에게 주고 자기의	렘 32:15	밭과 포도원을 다시 **사게** 되리라 하셨다
레 25:28	희년에 이르기까지 **산** 자의 손에 있다가	렘 32:25	은으로 밭을 **사며** 증인을 세우라 하셨으
레 25:30	안의 가옥은 **산** 자의 소유로 확정되어	렘 32:44	은으로 **사고** 증서를 기록하여 봉인하고
레 25:50	희년까지를 그 **산** 자와 계산하여 그	호 3:2	한 호멜 반으로 나를 위하여 그를 **사고**
레 27:22	사람에게 **샀고** 자기 기업이 아닌 밭을	암 8:6	**사며** 신 한 켤레로 가난한 자를 **사며**
신 2:6	**사서** 먹고 돈으로 그들에게서 물을 **사서**	신약	
신 28:68	남녀 종으로 팔려 하나 너희를 **살** 자가	마 13:44	소유를 다 팔아 그 밭을 **사느니라**
역사서		마 14:15	마을에 들어가 먹을 것을 **사** 먹게
삿 9:4	방탕하고 경박한 사람들을 **사서** 자기를	마 25:9	파는 자들에게 가서 너희 쓸 것을 **사라**
룻 4:4	그것을 **사라고** 네게 말하여 알게 하려	마 25:10	그들이 **사러** 간 사이에 신랑이 오므로
룻 4:5	밭을 **사는** 날에 … 룻에게서 **사서** 그	마 27:7	토기장이의 밭을 **사서** 나그네의 묘지를
룻 4:8	네가 너를 위하여 **사라** 하고 그의 신을	막 6:36	마을로 가서 무엇을 **사** 먹게 하옵소서
룻 4:9	나오미의 손에서 **산** 일에 너희가 오늘	막 6:37	이백 데나리온의 떡을 **사다** 먹이리이까
룻 4:10	말론의 아내 모압 여인 룻을 **사서** 나의	막 15:46	요셉이 세마포를 **사서** 예수를 내려다가
삼하 12:3	**사서** 기르는 작은 암양 새끼 한 마리뿐	막 16:1	바르기 위하여 향품을 **사다** 두었다가
삼하 24:21	타작마당을 **사서** 여호와께 제단을 쌓아	눅 9:13	먹을 것을 **사지** 아니하고서는 할 수
삼하 24:24	네게서 **사리라** … 타작마당과 소를 **사고**	눅 14:18	나는 밭을 **샀으매** 아무래도 나가 보아야
왕상 10:28	왕의 상인들이 값 주고 **산** 것이며	눅 14:19	소 다섯 겨리를 **샀으매** 시험하러 가니
왕상 16:24	사마리아 산을 **사고** 그 산 위에 성읍을	눅 22:36	검 없는 자는 겉옷을 팔아 **살지어다**
왕하 12:12	다듬은 돌을 **사게** 하며 그 성전을	요 4:8	제자들이 먹을 것을 **사러** 그 동네에
왕하 22:6	재목과 다듬은 돌을 **사서** 그 성전을	요 6:5	우리가 어디서 떡을 **사서** 이 사람들을
대상 21:24	상당한 값으로 **사리라** 내가 여호와께	요 13:29	우리가 쓸 물건을 **사라** 하시는지 혹은
대하 1:16	무역상들이 떼로 값을 정하여 **산** 것이며	행 1:18	불의의 삯으로 밭을 **사고** 후에 몸이
대하 34:11	연접하는 나무를 **사며** 유다 왕들이	행 7:16	자손에게서 은으로 값 주고 **산** 무덤에
스 7:17	물품을 신속히 **사서** 예루살렘 네 하나님	행 8:20	하나님의 선물을 돈 주고 **살** 줄로 생각
느 5:16	땅을 **사지** 아니하였고 내 모든 종자들도	행 20:28	피로 **사신** 교회를 보살피게 하셨느니라
느 10:31	그들에게서 **사지** 않겠고 일곱째 해마다	고전 6:20	값으로 **산** 것이 되었으니 그런즉 너희
시가서, 선지서		고전 7:23	너희는 값으로 **사신** 것이니 사람들의
잠 17:16	손에 값을 가지고 지혜를 **사려** 함은	벧후 2:1	자기들을 **사신** 주를 부인하고 임박한
잠 20:14	물건을 **사는** 자가 좋지 못하다 좋지	계 3:18	금을 **사서** … **사서** 입어 … 안약을 **사서**
잠 27:26	네 옷이 되며 염소는 밭을 **사는** 값이	계 5:9	나라 가운데에서 사람들을 피로 **사서**
잠 31:16	살펴보고 **사며** 자기의 손으로 번 것을	계 18:11	애통하는 것은 다시 그들의 상품을 **사는**
전 2:7	노비들을 **사기도** 하였고 나를 위하여		
사 24:2	**사는** 자와 파는 자가 같을 것이며 빌려		
사 43:24	돈으로 향품을 **사지** 아니하며 희생의		
사 55:1	너희는 와서 **사** 먹되 … 젖을 **사라**		
렘 13:1	너는 가서 베띠를 **사서** 네 허리에 띠고		
렘 13:2	여호와의 말씀대로 띠를 **사서** 내 허리에		
렘 13:4	너는 **사서** 네 허리에 띤 띠를 가지고		

📖 **사다 1 - 기타 본문**
창 17:13, 23; 42:5, 7, 10; 43:20; 신 14:26; 수 24:32; 잠 23:23; 렘 32:43; 마 13:46

2. 어떤 마음을 일으키게 하다(provoke)
대하 34:25 나의 노여움을 **샀음이라** 그러므로 나의

【 사다리/사닥다리 】 　　　　　　　　　　　　　　　　　　【 사도 】

겔 16:26 　심히 음란히 하여 내 진노를 **샀도다**

사다리/사닥다리(stairway)

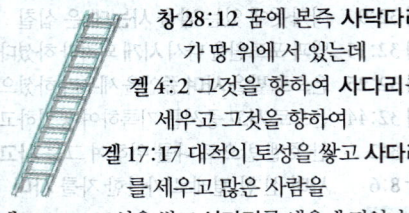

창 28:12 　꿈에 본즉 **사닥다리**가 땅 위에 서 있는데
겔 4:2 　그것을 향하여 **사다리**를 세우고 그것을 향하여
겔 17:17 　대적이 토성을 쌓고 **사다리**를 세우고 많은 사람을
겔 21:22 　토성을 쌓고 **사다리**를 세우게 되었나니
겔 26:8 　너를 치려고 **사다리**를 세우며 토성을

사당(祠堂, high place)

렘 7:31 　아들 골짜기에 도벳 **사당**을 건축하고

사데(Sardis) 리디아 왕국의 수도

계 1:11 　두아디라, **사데**, 빌라델비아,
계 3:1 　**사데** 교회의 사자에게 편지하라 하나님
계 3:4 　그러나 **사데**에 그 옷을 더럽히지 아니한

사도(使徒, apostle)

막 6:30 　**사도**들이 예수께 모여 자기들이 행한 것과 가르친 것을
눅 6:13 　열둘을 택하여 **사도**라 칭하셨으니
눅 9:10 　**사도**들이 돌아와 자기들이 행한 모든
눅 11:49 　내가 선지자와 **사도**들을 그들에게
눅 17:5 　**사도**들이 주께 여짜오되 우리에게
눅 22:14 　때가 이르매 예수께서 **사도**들과 함께
눅 24:9 　모든 것을 열한 **사도**와 다른 모든
눅 24:10 　한 다른 여자들도 이것을 **사도**들에게
눅 24:11 　**사도**들은 그들의 말이 허탄한 듯이 들려
행 1:2 　택하신 **사도**들에게 성령으로 명하시고
행 1:4 　**사도**와 함께 모이사 그들에게 분부하여
행 1:25 　**사도**의 직무를 대신할 자인지를 보이시
행 1:26 　맛디아를 얻으니 그가 열한 **사도**의 수에
행 2:14 　베드로가 열한 **사도**와 함께 서서 소리를
행 2:37 　베드로와 다른 **사도**들에게 물어 이르되
행 2:42 　**사도**의 가르침을 받아 서로 교제하고
행 2:43 　사람마다 두려워하는데 **사도**들로
행 4:1 　**사도**들이 백성에게 말할 때에 제사장들
행 4:7 　**사도**들을 가운데 세우고 묻되 너희가
행 4:23 　**사도**들이 놓이매 그 동료에게 가서
행 4:33 　**사도**들이 큰 권능으로 주 예수의 부활을
행 4:35 　**사도**들의 발 앞에 두매 그들이 각 사람
행 4:36 　**사도**들이 일컬어 바나바라 번역하면
행 4:37 　팔아 그 값을 가지고 **사도**들의 발 앞에
행 5:2 　얼마만 가져다가 **사도**들의 발 앞에 두니
행 5:12 　**사도**들의 손을 통하여 민간에 표적과
행 5:18 　**사도**들을 잡아다가 옥에 가두었더니
행 5:21 　사람을 옥에 보내어 **사도**들을 잡아오라
행 5:22 　부하들이 가서 옥에서 **사도**들을 보지
행 5:29 　베드로와 **사도**들이 대답하여 이르되
행 5:33 　듣고 크게 노하여 **사도**들을 없이하고자
행 5:34 　**사도**들을 잠깐 밖에 나가게 하고
행 5:40 　그들이 옳게 여겨 **사도**들을 불러들여
행 5:41 　**사도**들은 그 이름을 위하여 능욕 받는
행 6:6 　**사도**들 앞에 세우니 **사도**들이 기도하고
행 8:1 　**사도** 외에는 다 유대와 사마리아 모든
행 8:14 　예루살렘에 있는 **사도**들이 사마리아도
행 8:17 　두 **사도**가 그들에게 안수하매 성령을
행 8:18 　시몬이 **사도**들의 안수로 성령 받는 것을
행 8:25 　**사도**가 주의 말씀을 증언하여 말한 후
행 9:27 　바나바가 데리고 **사도**들에게 가서 그가
행 11:1 　유대에 있는 **사도**들과 형제들이 이방인
행 13:43 　**사도**가 더불어 말하고 항상 하나님의
행 14:1 　이고니온에서 두 **사도**가 함께 유대인의
행 14:3 　**사도**가 오래 있어 주를 힘입어 담대히
행 14:4 　따르는 자도 있고 두 **사도**를 따르는
행 14:5 　**사도**를 모욕하며 돌로 치려고 달려드니
행 14:14 　두 **사도** 바나바와 바울이 듣고 옷을 찢고
행 14:26 　**사도**가 이룬 그 일을 위하여 전에
행 15:2 　예루살렘에 있는 **사도**와 장로들에게
행 15:4 　예루살렘에 이르러 교회와 **사도**와
행 15:6 　**사도**와 장로들이 이 일을 의논하러 모여
행 15:22 　**사도**와 장로와 온 교회가 그 중에서
행 15:23 　**사도**와 장로 된 형제들은 안디옥과
행 16:4 　**사도**와 장로들이 작정한 규례를 그들에
롬 1:1 　예수 그리스도의 종 바울은 **사도**로
롬 1:5 　우리가 은혜와 **사도**의 직분을 받아 그의
롬 11:13 　내가 이방인의 **사도**인 만큼 내 직분을
롬 16:7 　그들은 **사도**들에게 존중히 여겨지고
고전 4:9 　하나님이 **사도**인 우리를 죽이기로
고전 9:1 　자유인이 아니냐 **사도**가 아니냐 예수
고전 9:2 　내가 **사도**가 아닐지라도 너희에게는 **사도**이니 나의 **사도** 됨을 주 안에서

1222

[사독]

고전 9:5	우리가 다른 **사도**들과 주의 형제들과
고전 12:28	첫째는 **사도**요 둘째는 선지자요 셋째는
고전 12:29	다 **사도**이겠느냐 다 선지자이겠느냐
고전 15:7	보이셨으며 그 후에 모든 **사도**에게와
고전 15:9	**사도** 중에 가장 작은 자라 나는 하나님의 교회를 박해하였으므로 **사도**라 칭함
고전 15:10	모든 **사도**보다 더 많이 수고하였으나
고후 11:5	지극히 크다는 **사도**들보다 부족한 것이
고후 11:13	거짓 **사도**요 속이는 일꾼이니 자기를 그리스도의 **사도**로 가장하는 자들이니라
고후 12:11	크다는 **사도**들보다 조금도 부족하지
고후 12:12	**사도**의 표가 된 것은 내가 너희 가운데
갈 1:1	아버지로 말미암아 **사도** 된 바울은
갈 1:17	**사도** 된 자들을 만나려고 예루살렘으로
갈 1:19	주의 형제 야고보 외에 다른 **사도**들을
갈 2:8	할례자의 **사도**로 … 이방인의 **사도**로
엡 2:20	너희는 **사도**들과 선지자들의 터 위에
엡 3:5	그의 거룩한 **사도**들과 선지자들에게
엡 4:11	그가 어떤 사람은 **사도**로, 어떤 사람은
딤전 2:7	내가 전파하는 자와 **사도**로 세움을 입은
딤후 1:11	복음을 위하여 선포자와 **사도**와 교사로
딛 1:1	그리스도의 **사도**인 나 바울이 **사도** 된
히 3:1	믿는 도리의 **사도**이시며 대제사장이신
벧후 1:1	예수 그리스도의 종이며 **사도**인 시몬
벧후 3:2	너희의 **사도**들로 말미암아 명하신 것을
계 2:2	**사도**라 하되 아닌 자들을 시험하여 그의
계 18:20	하늘과 성도들과 **사도**들과 선지자들아,

'사도'와 관련된 성구

그리스도(예수)의 사도 – 고전 1:1; 고후 1:1; 11:13; 엡 1:1; 골 1:1; 살전 2:7; 딤전 1:1; 딤후 1:1; 딛 1:1; 벧전 1:1; 유 1:17

열두 사도 – 마 10:2; 눅 9:12; 행 6:2; 계 21:14

사독(Zadok) 아론의 아들 엘르아살의 후손

삼하 8:17 아히둡의 아들 **사독**과 아비아달의 아들

사독 – 기타 본문

삼하 15:24, 25, 27, 29, 35, 36; 17:15; 18:19, 22, 27; 19:11; 20:25; 왕상 1:8, 26, 32, 34, 38, 39, 44,

[사라]

45; 2:35; 4:2, 4; 왕하 15:33; 대상 6:8, 12, 53; 9:11; 12:28; 15:11; 16:39; 18:16; 24:3, 6, 31; 27:17; 29:22; 대하 27:1; 31:10; 스 7:2; 느 3:4, 29; 10:21; 11:11; 13:13; 겔 40:46; 43:19; 44:15; 48:11; 마 1:14

사두개인(Sadducee)

마 3:7	요한이 많은 바리새인들과 **사두개인**들이 세례 베푸는 데로
마 16:1	바리새인과 **사두개인**들이 와서 예수를
마 16:6	바리새인과 **사두개인**들의 누룩을
마 16:11	바리새인과 **사두개인**들의 누룩을
마 16:12	바리새인과 **사두개인**들의 교훈을
마 22:23	부활이 없다 하는 **사두개인**들이 그 날
마 22:34	예수께서 **사두개인**들로 대답할 수 없게
막 12:18	부활이 없다 하는 **사두개인**들이 예수께
눅 20:27	부활이 없다고 주장하는 **사두개인** 중
행 4:1	제사장들과 성전 맡은 자와 **사두개인**들
행 5:17	**사두개인**의 당파가 다 마음에 시기가
행 23:6	바울이 그 중 일부는 **사두개인**이요 다른
행 23:7	바리새인과 **사두개인** 사이에 다툼이
행 23:8	**사두개인**은 부활도 없고 천사도 없고

사드락(Shadrach) 다니엘의 세 친구 가운데 한 사람

단 1:7 하나냐는 **사드락**이라 하고 미사엘은

사드락 – 기타 본문

단 2:49; 3:12, 13, 14, 16, 19, 20, 22, 23, 26, 28, 29, 30

사들이다(import)

대하 1:16	애굽과 구에에서 **사들였으니** 왕의
대하 1:17	애굽에서 **사들인** 병거는 한 대에 은
슥 11:5	**사들인** 자들은 그들을 잡아도 죄가 없다

사라(Sarah) 아브라함의 아내

창 17:15 사래는 이름을 사래라 하지 말고 **사라**라

사라 – 기타 본문

창 17:17, 19, 21; 18:6, 9, 10, 11, 12, 13, 14, 15; 20:2, 14, 16, 18; 21:1, 2, 3, 6, 7, 9, 12; 23:1, 2,

1223

【 사라지다 】　　　　　　　　　　　　　　　　　　　　　　　　【 사람 】

　　19; 24:36, 67; 25:10, 12; 49:31; 사 51:2; 롬 4:19;
　　9:9; 히 11:11; 벧전 3:6

사라지다(perish, disappear, dissolve)

출 3:2	떨기나무가 **사라지지** 아니하는지라
삿 21:17	이스라엘 중에 한 지파가 **사라짐**이
욥 4:9	멸하고 그의 콧김에 **사라지느니라**
욥 4:20	가루가 되며 영원히 **사라지되** 기억하는
욥 7:9	구름이 **사라져** 없어짐같이 스올로
욥 9:25	날이 경주자보다 빨리 **사라져** 버리니
욥 18:17	기념함이 땅에서 **사라지고** 거리에서는
욥 20:8	밤에 보이는 환상처럼 **사라지리라**
욥 27:21	그를 들어올리리니 그는 **사라질** 것이며
욥 34:20	백성은 떨며 **사라지고** 세력 있는 자도
시 58:7	흐르는 물같이 **사라지게** 하시며 겨누는
시 112:10	악인들의 욕망은 **사라지리로다**
아 2:17	그림자가 **사라지기** 전에 돌아와서
아 4:6	날이 저물고 그림자가 **사라지기** 전에
사 24:11	즐거움이 **사라졌으며** 땅의 기쁨이
사 34:4	하늘의 만상이 **사라지고** 하늘들이
사 35:10	얼으리니 슬픔과 탄식이 **사라지리로다**
사 51:6	연기같이 **사라지고** 땅이 옷같이
렘 46:28	멸할지라도 너는 **사라지지** 아니하리라
렘 48:15	성읍들은 **사라졌고** 그 선택 받은 장정
겔 12:22	날이 더디고 모든 묵시가 **사라지리라**
호 13:3	아침 구름 같으며 쉬 **사라지는** 이슬

사랄(Sharar) 다윗의 30 용사 중 하나
삼하 23:33 삼마와 아랄 사람 **사랄**의 아들 아히암과

사람(man)

모세오경, 역사서

창 1:26	우리가 **사람**을 만들고 그들로 바다의 물고기와
창 1:27	하나님의 형상대로 **사람**을 창조하시되
창 2:5	땅을 갈 **사람**도 없었으므로 들에는
출 1:5	야곱의 허리에서 나온 **사람**이 모두 칠십
출 1:6	그의 모든 형제와 그 시대의 **사람**은 다
레 3:1	**사람**이 만일 화목제의 제물을 예물로
레 4:27	만일 평민의 한 **사람**이 여호와의 계명
레 5:3	어떤 **사람**의 부정에 닿았는데 그 **사람**
민 1:4	우두머리 한 **사람**씩을 너희와 함께 하라
민 1:5	함께 설 **사람**들의 이름은 이러하니

민 1:17	모세와 아론이 지명된 이 **사람**들을
신 1:17	**사람**의 낯을 두려워하지 말 것이며
신 1:22	우리가 **사람**을 우리보다 먼저 보내어
신 1:23	너희 중 각 지파에서 한 **사람**씩 열둘을
수 2:1	싯딤에서 두 **사람**을 정탐꾼으로 보내며
수 2:2	어떤 **사람**이 여리고 왕에게 말하여 …
	이 밤에 이스라엘 자손 중의 몇 **사람**이
수 2:3	라합에게 **사람**을 보내어 이르되 네게
	로 와서 네 집에 들어간 그 **사람**들을
삿 1:24	성읍에서 한 **사람**이 나오는 것을 보고
삿 1:25	**사람**이 성읍의 입구를 가리킨지라 이
	에 그들이 칼날로 … 오직 그 **사람**과
삿 1:26	**사람**이 헷 **사람**들의 땅에 가서 성읍을
룻 1:1	베들레헴에 한 **사람**이 그의 아내와 두
삼상 1:1	에브라임 **사람** 엘가나라 하는 **사람**이
삼상 1:2	한 **사람**의 이름은 한나요 한 **사람**의
삼상 1:3	이 **사람**이 매년 자기 성읍에서 나와서
삼하 1:2	되는 날에 한 **사람**이 사울의 진영에서
삼하 1:11	찢으매 함께 있는 모든 **사람**도 그리하고
삼하 1:13	**사람**이냐 대답하되 나는 아말렉 **사람**
왕상 1:9	왕의 신하 된 유다 모든 **사람**을 다
왕상 1:23	어떤 **사람**이 왕께 말하여 이르되 선지자
왕상 1:51	어떤 **사람**이 솔로몬에게 말하여 이르되
왕하 1:6	한 **사람**이 올라와서 우리를 만나 이르되
왕하 1:7	너희에게 한 그 **사람**은 어떤 **사람**이더냐
왕하 1:8	많은 **사람**인데 허리에 가죽 띠를 띠었더이다 … 그는 디셉 **사람** 엘리야로다
대상 1:45	데만 종족의 땅의 **사람** 후삼이 대신하여
대상 2:3	세 **사람**은 가나안 **사람** 수아의 딸이
대상 2:6	갈골과 다라니 모두 다섯 **사람**이요
대하 2:7	재주 있는 **사람** 하나를 내게 보내어 내 아버지 … 나의 재주 있는 **사람**들과
대하 2:13	총명한 **사람**을 보내오니 전에 내 아버지
대하 2:14	이 **사람**은 단의 여자들 … 두로 **사람**이라 … 재주 있는 **사람**들과 당신의 아버지 내 주 다윗의 재주 있는 **사람**들과
스 1:4	그 곳 **사람**들이 마땅히 은과 금과 그
느 1:2	하나니가 두어 **사람**과 함께 유다에서 내게 이르렀기로 … 예루살렘 **사람**들의
에 1:8	법도가 있어 **사람**으로 억지로 하지 않게 하니 … 각 **사람**이 마음대로 하게

시가서, 선지서

욥 1:1	우스 땅에 욥이라 불리는 **사람**이 있었

【 사람 】　　　　　　　　　　　　　　【 사람 】

	는데 그 **사람**은 온전하고 정직하여	욥 1:9	산에 있는 **사람**은 다 죽임을 당하여
욥 1:3	이 **사람**은 동방 **사람** 중에 가장 훌륭한	욘 1:13	그러나 그 **사람**들이 힘써 노를 저어
시 1:1	복 있는 **사람**은 악인들의 꾀를 따르지	습 1:3	내가 **사람**과 짐승을 진멸하고 공중의
시 2:12	여호와께 피하는 모든 **사람**은 다 복이		새와 바다의 고기와 … 내가 **사람**을 땅
시 3:2	많은 **사람**이 나를 대적하여 말하기를	학 1:11	땅의 모든 소산과 **사람**과 가축과 손으로
잠 1:11	우리가 가만히 엎드렸다가 **사람**의 피를	슥 1:8	내가 밤에 보니 한 **사람**이 붉은 말을
잠 3:4	하나님과 **사람** 앞에서 은총과 귀중히	말 1:4	**사람**들이 그들을 일컬어 악한 지역이라
전 1:3	수고하는 모든 수고가 **사람**에게 무엇이	**신약**	
아 3:8	익숙한 **사람**들이라 밤의 두려움으로	마 1:19	요셉은 의로운 **사람**이라 그를 드러내지
사 1:31	불티 같아서 함께 탈 것이나 끌 **사람**이	마 2:16	심히 노하여 **사람**을 보내어 베들레헴과
사 2:19	**사람**들이 암혈과 토굴로 들어가서	마 2:23	나사렛 **사람**이라 칭하리라 하심을
렘 2:6	**사람**이 그 곳으로 다니지 아니하고 그	막 1:5	예루살렘 **사람**이 다 나아가 자기 죄를
	곳에 **사람**이 거주하지 아니하는 땅을	막 1:17	너희로 **사람**을 낚는 어부가 되게 하리라
렘 2:10	**사람**을 보내 이 같은 일이 있었는지를	막 1:22	뭇 **사람**이 그의 교훈에 놀라니 이는
렘 3:1	가령 **사람**이 그의 아내를 버리므로 그가	눅 1:2	저술하려고 붓을 든 **사람**이 많은지라
애 1:1	성이여 전에는 **사람**들이 많더니 이제는	눅 1:5	한 **사람**이 있었으니 이름은 사가랴요
겔 1:5	이러하니 그들에게 **사람**의 형상이	눅 1:6	이 두 **사람**이 하나님 앞에 의인이니
겔 1:8	각각 **사람**의 손이 있더라 그 네 생물의	요 1:4	생명이 있었으니 이 생명은 **사람**들의
겔 1:10	앞은 **사람**의 얼굴이요 넷의 오른쪽은	요 1:6	보내심을 받은 **사람**이 있으니 그의
단 1:3	자손 중에서 왕족과 귀족 몇 **사람**	요 1:7	모든 **사람**이 자기로 말미암아 믿게 하려
호 2:10	그를 내 손에서 건져낼 **사람**이 없으리라	행 1:10	흰 옷 입은 두 **사람**이 그들 곁에 서서
욜 1:12	이러므로 **사람**의 즐거움이 말랐도다	행 1:11	이르되 갈릴리 **사람**들아 어찌하여 서서
암 2:12	그러나 너희가 나실 **사람**으로 포도주를	행 1:17	**사람**은 본래 우리 수 가운데 참여하여

'사람'과 관련된 성구

가나안 사람 – 창 12:6; 13:7; 28:1, 6, 8; 38:2; 출 13:5, 11; 23:23; 33:2; 34:11; 민 21:1, 3; 33:40; 수 5:1; 7:9; 9:1; 13:3; 삼하 24:7; 왕상 9:16; 대상 2:3; 스 9:1; 느 9:24; 옵 1:20; 슥 14:21

가드 사람 – 삼상 17:4, 23; 삼하 6:10, 11; 15:18, 19, 22; 18:2; 대상 7:21; 13:13; 20:5

갈대아 사람 – 왕하 25:13, 25, 26; 스 5:12; 욥 1:17; 사 13:19; 23:13; 43:14; 렘 40:9, 10; 41:18; 43:3; 50:1, 8, 25, 45; 51:4, 54; 52:14, 17; 겔 23:14; 단 1:4; 3:8; 합 1:6; 행 7:4

갈멜 사람 – 삼상 30:5; 삼하 2:2; 3:3; 23:35; 대상 11:37

갓 사람 – 수 12:6; 22:1; 삼하 23:36; 왕하 10:33; 대상 5:18; 12:8

겐 사람 – 삿 1:16; 4:11, 17; 5:24; 삼상 15:6; 27:10; 30:29

고라 사람 – 출 6:24; 대상 12:6; 26:1

구스 사람 – 삼하 18:21, 22, 23, 31, 32; 대하 12:3; 14:9, 12, 13; 16:8; 렘 38:10; 46:9; 겔 30:9; 단 11:43; 습 2:12

그렛 사람 – 삼상 30:14; 삼하 8:18; 15:18; 20:7, 23; 왕상 1:38, 44; 대상 18:17; 겔 25:16

기럇여아림 사람 – 삼상 7:1

기브아 사람 – 삿 20:5, 9, 13; 삼하 23:29; 대상 11:31; 12:3; 대하 13:2

기브온 사람 – 수 10:6; 삼하 21:1, 2, 4, 9; 대상 12:4; 느 3:7; 7:25

길르앗 사람 – 삿 10:3; 11:1, 40; 12:4, 5, 6, 7; 삼하 17:27; 19:31; 왕상 15:25; 스 2:61; 느 7:63

느디님 사람 – 대상 9:2; 스 2:43, 58, 70;

【 사람 】

'사람'과 관련된 성구

7:7, 24; 8:17, 20; 느 3:26, 31; 7:46, 60, 73; 10:28; 11:3, 21

동방 사람 - 욥 1:3

두로 사람 - 왕상 7:14; 대상 22:4; 대하 2:14; 스 3:7; 느 13:16; 시 83:7

디셉 사람 - 왕상 17:1; 21:17, 28; 왕하 1:3, 8; 9:36

레위 사람 - 출 4:14; 6:25; 38:21; 레 25:32, 33; 신 17:9, 18; 18:1; 24:8; 27:14; 31:25; 수 3:3; 8:33; 14:4; 18:7; 21:1, 3, 4, 8, 20, 34, 41; 삿 18:15; 19:1; 20:4; 삼하 15:24; 왕상 8:4; 대상 6:48; 9:2, 14, 31; 13:2; 15:2, 4, 11, 12, 14, 16, 17, 22, 26, 27; 16:4; 23:2, 3, 26; 24:6; 26:17, 20; 27:17; 28:13, 21; 대하 5:4, 12; 7:6; 8:14, 15; 11:13, 14, 16; 13:9, 10; 17:8; 19:8, 11; 20:14, 19; 23:2, 4, 6, 7, 8; 24:5, 6, 11; 29:4, 5, 12, 16, 25, 26, 30, 34; 30:15, 16, 17, 21, 22, 25, 27; 31:2, 4, 9, 12, 14, 17, 19; 34:9, 12, 13, 30; 35:3, 8, 9, 10, 11, 14, 15, 18; 스 1:5; 2:40, 70; 3:8, 9, 10, 12; 6:16, 18, 20; 7:7, 13, 24; 8:20, 29, 30, 33; 9:1; 10:5, 15, 23; 느 3:17; 7:1, 43, 73; 8:7, 9, 11, 13; 9:4, 5, 38; 10:9, 28, 34, 37, 38; 11:3, 15, 16, 18, 20, 22, 36; 12:1, 8, 22, 27, 30, 44, 47; 13:5, 10, 11, 13, 22, 29, 30; 렘 33:18; 겔 43:19; 44:10, 15; 45:5; 48:11, 13, 22

르우벤 사람 - 수 12:6; 22:1; 왕하 10:33; 대상 5:11; 27:16

마아가 사람 - 수 12:5; 삼하 10:8; 23:34; 왕하 25:23; 대상 4:19; 렘 40:8

마온 사람 - 삿 10:12; 대하 20:1; 26:7

메대 사람 - 왕하 17:6; 18:11; 사 13:17, 18; 렘 51:28; 단 5:31; 11:1

모레셋 사람 - 렘 26:18; 미 1:1

모압 사람 - 신 2:11, 29; 23:3; 삿 3:29; 삼하 8:2; 왕하 3:18, 22, 23, 24; 23:13; 대상 11:46; 18:2; 스 9:1; 느 13:1

미디안 사람 - 창 37:28, 36; 민 10:29; 삿 6:11, 16; 7:2

베냐민 사람 - 삿 3:15; 20:34, 35, 36, 39, 40, 41, 43, 46, 47; 21:1; 삼상 4:12;

9:1, 4, 21; 22:7; 삼하 3:19; 16:11; 19:16, 17; 20:1; 왕상 2:8; 대상 21:6

베들레헴 사람 - 삼상 16:1, 18; 17:58; 삼하 21:19; 대상 11:26; 스 2:21

벧세메스 사람 - 삼상 6:13, 14, 15, 18, 19, 20

브리스 사람 - 창 13:7; 출 23:23; 33:2; 34:11; 수 9:1; 왕상 9:20; 스 9:1

브에롯 사람 - 삼하 4:2, 3, 5, 9; 23:37; 느 7:29

블레셋 사람 - 창 21:32, 34; 26:14, 18; 출 13:17; 수 13:2, 3; 삿 3:31; 10:6, 7, 11; 13:1, 5; 14:1, 2, 3, 4; 15:3, 5, 6, 8, 9, 11, 12, 14, 20; 16:5, 8, 9, 12, 14, 18, 20, 21, 23, 28, 30; 삼상 4:1, 2, 3, 6, 7, 9, 10, 17; 5:1, 2, 8; 6:1, 2, 4, 17, 18, 21; 7:3, 7, 8, 10, 11, 13, 14; 9:16; 10:5; 12:9; 13:3, 4, 5, 11, 12, 16, 17, 19, 20, 23; 14:1, 4, 11, 13, 16, 19, 20, 21, 22, 30, 31, 36, 37, 46, 47, 52; 17:1, 2, 3, 4, 8, 10, 11, 16, 19, 21, 23, 26, 32, 33, 36, 37, 40, 41, 42, 43, 44, 45, 48, 49, 50, 51, 52, 53, 54, 55, 57; 18:6, 17, 21, 25, 27, 30; 19:5, 8; 21:9; 22:10; 23:1, 2, 3, 4, 5, 27, 28; 24:1; 27:1, 7, 11; 28:1, 4, 5, 15, 19; 29:1, 2, 3, 4, 7, 9, 11; 30:16; 31:1, 2, 7, 8, 9, 11; 삼하 1:20; 3:14, 18; 5:17, 18, 19, 21, 22, 25; 8:1, 12; 19:9; 21:12, 15, 17, 18, 19; 23:9, 10, 11, 12, 13, 14, 16; 왕상 4:21; 15:27; 16:15; 왕하 8:2, 3; 18:8; 대상 10:1, 2, 7, 8, 9, 11; 11:13, 14, 16, 18; 12:19; 14:8, 9, 10, 12, 13, 15, 16; 18:1, 11; 20:4, 5; 대하 17:11; 21:16; 26:6, 7; 28:18; 사 2:6; 9:12; 11:14; 렘 25:20; 47:1, 4; 겔 25:15, 16; 암 6:2; 9:7; 습 2:5; 슥 9:6

블렛 사람 - 삼하 8:18; 15:18; 20:7, 23; 왕상 1:38, 44; 대상 18:17

비라돈 사람 - 삿 12:13, 15; 삼하 23:30; 대상 11:31; 27:14

사람의 나라 - 단 4:17, 25, 32; 5:21

【사람】

'사람'과 관련된 성구

사람의 눈 - 욥 34:26; 시 145:15; 잠 27:20; 렘 43:9; 겔 38:16; 단 7:8; 계 1:7

사람의 딸 - 창 6:2, 4; 24:13; 27:46; 28:1, 6, 8; 삿 14:1, 2

사람의 땅 - 창 21:32, 34; 29:1; 출 13:5, 11, 17; 수 13:6; 삿 6:10; 삼상 9:4; 왕상 4:21; 왕하 10:33; 사 23:13; 렘 25:20; 50:1, 8, 25, 45; 51:4, 54; 암 2:10; 습 2:5; 행 7:4

사람의 마음 - 창 8:21; 삼하 15:6; 왕상 8:39; 대하 6:30; 시 7:9; 104:15; 잠 12:25; 15:11; 18:12; 19:21; 20:5; 27:9, 19; 전 6:1; 사 13:7; 렘 11:20; 단 4:16; 7:4; 막 7:21; 눅 2:35; 행 1:24; 고전 2:9

사람의 말 - 삼상 11:5; 삼하 19:43; 왕상 22:13; 왕하 5:14; 7:17; 8:2; 욥 33:13; 시 4:6; 58:11; 잠 18:17; 21:28; 22:12; 렘 23:36; 겔 36:3; 마 26:61; 요 7:51; 행 25:22; 롬 3:5; 살전 2:13

사람의 손 - 창 16:12; 38:20; 39:1; 출 14:30; 18:9, 10; 신 4:28; 수 7:7; 삿 6:9; 13:1, 5; 15:12; 삼상 7:3; 17:37; 삼하 3:18; 21:9; 23:21; 24:14; 왕상 18:44; 왕하 13:5; 19:18; 대상 11:23; 21:13; 대하 30:16; 32:19; 욥 34:20; 37:7; 시 135:15; 사 37:19; 렘 43:3; 애 4:6; 겔 1:8; 9:2; 10:8, 21; 23:9; 30:12; 40:5; 단 8:25; 행 9:8; 17:25; 19:26

사람의 손가락 - 단 5:5

사람의 아들 - 창 42:11, 13; 삼상 17:12; 왕하 25:23; 대상 11:11; 시 57:4; 66:5; 사 51:12; 렘 40:8; 엡 3:5

사람의 영혼 - 잠 20:27; 겔 13:18; 22:25; 계 18:13

사람의 일 - 삼상 21:11; 잠 29:26; 마 16:23; 막 8:33; 고전 2:11

사람의 입 - 출 4:11; 욥 32:5; 잠 18:4

사람의 죄/죄악 - 창 6:5; 사 53:12; 딤전 5:22; 히 9:28

사람의 피 - 창 9:6; 잠 1:11; 28:17; 겔 16:38; 합 2:8, 17; 마 27:24; 행 5:28; 20:26

세겜 사람 - 삿 9:7, 18, 20, 23, 24, 25, 26, 39, 57

숙곳 사람 - 삿 8:5, 8, 14, 15, 16

스데바나 집 사람 - 고전 1:16

스바 사람 - 욥 1:15; 사 60:6; 욜 3:8

시돈 사람 - 신 3:9; 수 13:4, 6; 삿 10:12; 18:7; 왕상 5:6; 11:5, 33; 16:31; 왕하 23:13; 대상 22:4; 스 3:7; 겔 32:30; 행 12:20

아낙 사람 - 수 11:21, 22; 14:12, 15

아둘람 사람 - 창 38:1, 12, 20

아람 사람 - 창 28:5; 31:20, 24; 신 26:5; 삼하 8:5, 6; 10:6, 8, 9, 11, 13, 14, 15, 16, 17, 18, 19; 왕상 20:20, 21, 26, 27, 28; 22:11, 35; 왕하 5:2, 20; 6:9, 18, 25; 7:6, 12, 15, 16; 8:28, 29; 9:15; 13:5, 17; 16:6; 대상 18:5, 6; 19:10, 12, 14, 15, 16, 17, 18, 19; 대하 18:10, 34; 22:5; 24:24; 사 9:12; 암 9:7

아렉 사람 - 삼하 15:32; 16:16; 17:5, 14; 대상 27:33; 스 4:9

아말렉 사람 - 삿 10:12; 12:15; 삼상 14:48; 15:6, 7, 8, 15, 18, 20, 32; 27:8; 30:1, 13, 18; 삼하 1:1, 8, 13; 대상 4:43

아모리 사람 - 출 13:5; 23:23; 33:2; 34:11; 신 2:24; 수 2:10; 5:1; 7:7; 9:1, 10; 10:6, 12; 삿 6:10; 10:11; 삼하 7:14; 삼하 21:2; 왕상 4:19; 9:20; 21:26; 왕하 21:11; 스 9:1; 겔 16:3, 45; 암 2:9, 10

아비에셀 사람 - 삿 6:11, 24; 8:32

아스돗 사람 - 삼상 5:3, 6, 7; 느 4:7

아이 사람 - 수 7:4, 5; 8:20, 21, 25; 스 2:28; 느 7:32

아호아 사람 - 삼하 23:9, 28; 대상 11:12, 29; 27:4

암몬 사람 - 신 23:3; 삼상 11:1, 2, 11; 삼하 23:37; 왕상 11:5; 14:21, 31; 대상 11:39; 대하 26:8; 스 9:1; 느 2:10, 19; 4:3, 7; 13:1

앗수르 사람 - 사 10:5; 19:23; 23:13; 애 5:6; 겔 16:28; 23:5, 7, 9, 12, 23; 31:3; 호 11:5; 미 5:5, 6

【 사람 】

'사람'과 관련된 성구

애굽 사람 – 창 12:12, 14; 16:1, 3; 39:1, 2, 5; 43:32; 45:2; 46:34; 50:3, 11; 출 1:12; 2:11, 12, 14, 19; 3:9, 21, 22; 6:5, 6, 7; 7:5, 18, 21, 24; 8:21, 26; 10:6; 11:3, 7; 12:23, 27, 30, 33, 35, 36; 14:4, 9, 10, 12, 13, 17, 18, 23, 25, 26, 27, 30, 31; 15:26; 18:8, 9, 10; 19:4; 32:12; 레 24:10; 신 23:7; 26:6; 수 24:6, 7; 삿 6:9; 10:11; 삼상 30:11; 삼하 23:21; 대상 11:23; 스 9:1; 사 19:23; 애 5:6; 겔 16:26; 23:8, 21; 29:12, 13; 30:23, 26; 슥 14:19; 행 7:22, 24, 28; 히 11:29

야베스 사람 – 삼상 11:5, 9, 10; 삼하 2:4, 5; 21:12

에돔 사람 – 신 23:7; 삼상 21:7; 22:9, 18, 22; 삼하 8:13, 14; 왕상 11:14, 17; 왕하 8:21; 14:7; 대상 18:12, 13; 대하 21:9; 25:14, 19; 28:17

에브라임 사람 – 삿 7:24; 8:1; 12:1, 5, 6; 삼상 1:1

엘고스 사람 – 나 1:1

여부스 사람 – 출 13:5; 23:23; 33:2; 34:11; 수 9:1; 삿 19:11; 삼하 5:6, 8; 24:16, 18; 왕상 9:20; 대상 11:6; 21:15, 18, 28; 대하 3:1; 스 9:1; 슥 9:7

예루살렘 사람 – 왕하 14:2; 15:2; 18:22; 대하 25:1; 26:3; 35:24; 느 1:2; 렘 4:3; 슥 12:6; 막 1:5; 요 7:25

유다 사람 – 삿 15:10, 11; 삼상 11:8; 15:4; 17:52; 삼하 2:4; 19:14, 16, 41, 42, 43; 20:2, 4, 5; 24:9; 왕하 16:6; 25:25; 대하 13:14, 15; 14:4, 7, 12; 20:4, 24; 23:8; 24:24; 25:5, 10; 30:12; 스 4:12, 23; 5:1; 6:8, 14; 느 2:16; 4:1, 2, 10, 12; 5:1, 8, 17; 6:6; 12:44; 13:23; 에 5:13; 6:10, 13; 사 5:3, 7; 렘 7:2; 18:11; 32:32; 35:13; 36:31; 40:11, 12, 15; 41:3; 43:9; 44:1, 24, 26; 52:30; 단 3:8, 12; 9:7; 슥 8:23

이방 사람 – 창 17:12, 27; 출 12:43; 삿 19:12; 왕하 16:3; 17:8, 11, 15; 21:2; 대상 22:2; 대하 2:17; 20:6; 28:3; 33:2; 스 6:21; 느 5:9; 9:2; 10:28; 13:30; 사 61:5; 렘 10:2, 7, 25; 겔 36:36; 38:16; 호 8:7; 9:1; 욜 3:17; 미 4:2, 3, 11; 슥 9:10; 히 11:34

이스라엘 사람 – 창 32:32; 레 24:10; 수 5:12; 9:6, 7; 삿 7:14, 23; 8:22; 9:55; 20:17, 20, 21, 22, 31, 33, 34, 36, 38, 39, 41, 42, 48; 21:1, 14; 삼상 2:14; 7:11; 8:22; 13:2, 6, 20; 14:21; 17:2, 25; 29:1; 31:1, 7; 삼하 2:17; 15:6; 17:14, 24, 25; 19:41, 42, 43; 20:2; 21:21; 23:9; 왕하 3:24; 17:6, 19; 대상 9:2; 10:1, 7; 27:23; 대하 13:13; 15:9; 33:8; 34:9; 스 6:21; 사 41:14; 욘 1:47; 행 2:22; 3:12; 5:35; 7:26; 13:16; 21:28; 롬 9:4

이스마엘 사람 – 창 37:25, 27, 28; 39:1; 삿 8:24; 대상 2:17; 27:30

하나님의 사람 – 신 33:1; 수 14:6; 삿 13:6, 8; 삼상 2:27; 9:6, 7, 8, 10; 왕상 12:22; 13:1, 2, 4, 5, 6, 7, 8, 11, 12, 14, 21, 26, 29, 31; 17:18, 24; 20:28; 왕하 1:9, 10, 11, 12, 13; 4:7, 16, 21, 22, 25, 27, 40, 42; 5:8, 14, 15, 20; 6:6, 9, 10, 15; 7:2, 17, 18, 19; 8:2, 4, 7, 8, 11; 13:19; 23:16, 17; 대상 23:14; 대하 8:14; 11:2; 25:7, 9; 30:16; 스 3:2; 느 12:24, 36; 렘 35:4; 딤전 6:11; 딤후 3:17

하랄 사람 – 삼하 23:11, 33; 대상 11:34, 35

헷 사람 – 창 27:46; 49:29, 30, 32; 출 13:5; 23:23; 33:2; 34:11; 수 9:1; 삿 1:26; 삼상 26:6; 삼하 11:3, 6, 17, 21, 24; 12:9, 10; 23:39; 왕상 9:20; 10:29; 15:5; 왕하 7:6; 대상 11:41; 대하 1:17; 스 9:1; 겔 16:3, 45

히브리 사람 – 창 14:13; 39:14; 43:32; 출 2:6, 11, 13; 3:18; 7:16; 9:1, 13; 10:3; 삼상 4:9; 13:3, 7, 19; 14:11, 21; 29:3; 렘 34:14; 욘 1:9

히위 사람 – 출 13:5; 23:23; 33:2; 34:11; 수 9:1, 7; 삼하 24:7; 왕상 9:20

【 사람 】　　　　　　　　　　　　　　　　　　【 사람 】

롬 1:8	너희 모든 **사람**에 관하여 내 하나님께
롬 1:18	진리를 막는 **사람**들의 모든 경건하지
고전 1:25	어리석음이 **사람**보다 지혜롭고 하나
	님의 약하심이 **사람**보다 강하니라
고후 1:11	우리가 많은 **사람**의 기도로 얻은 은사로
	말미암아 많은 **사람**이 우리를 위하여
갈 1:1	**사람**들에게서 난 것도 아니요 **사람**으로
엡 2:12	이스라엘 나라 밖의 **사람**이라 약속의
빌 1:13	시위대 안과 그 밖의 모든 **사람**에게
골 1:28	**사람**을 권하고 모든 지혜로 각 **사람**을
	가르침은 각 **사람**을 그리스도 안에서
살전 1:5	너희를 위하여 어떤 **사람**이 된 것은
살후 2:3	불법의 **사람** 곧 멸망의 아들이 나타나기
딤전 1:3	**사람**들을 명하여 다른 교훈을 가르치지
딤후 1:15	아시아에 있는 모든 **사람**이 나를 버린
딛 1:14	진리를 배반하는 **사람**들의 명령을
히 2:6	**사람**이 무엇이기에 주께서 그를 생각
약 1:5	**사람**에게 후히 주시고 꾸짖지 아니하시
벧전 1:17	각 **사람**의 행위대로 심판하시는 이를
벧후 1:21	예언은 언제든지 **사람**의 뜻으로 낸 것이
	아니요 … 감동하심을 받은 **사람**들이
요일 4:12	하나님을 본 **사람**이 없으되 만일 우리가
요이 1:9	교훈 안에 거하는 그 **사람**은 아버지와
요삼 1:12	데메드리오는 뭇 **사람**에게도, 진리에게
유 1:4	이는 가만히 들어온 **사람** 몇이 있음이라
계 2:10	너희 가운데서 몇 **사람**을 옥에 던져

사람 – 기타 본문

모세오경 창 2:7, 8, 15, 16, 18, 25; 3:22, 24; 4:15, 23, 26; 5:1, 2; 6:1, 3, 6, 7; 7:21, 23; 9:5, 6, 19; 11:5; 12:5, 20; 13:13, 16; 14:13, 21; 15:2, 4; 16:12; 17:17, 23; 18:2, 16, 22; 19:4, 5, 8, 10, 12, 16, 17, 31; 20:2, 7, 11, 26; 21:27, 31; 22:6, 8, 14, 20, 23; 24:21, 26, 29, 30, 32, 33, 56, 58, 61; 25:27; 26:7, 11, 13; 27:11, 42, 45; 29:22; 31:50; 32:5, 17, 24, 25, 27, 28, 29; 33:15; 34:14, 20, 21, 22; 35:2, 6; 36:6, 7, 33; 37:15, 17; 38:1, 12, 13, 20, 21, 22, 24, 25; 39:11, 14; 40:5; 41:8, 12, 14, 33, 38; 42:3, 19, 25, 27, 30, 33, 35; 43:3, 5, 6, 7, 11, 13, 14, 16, 17, 18, 21, 34; 44:3, 4, 15, 26; 45:1, 11; 46:27, 32; 47:20; 48:1, 2; 49:6, 28; 출 2:1, 12, 13, 20; 3:22; 5:9; 6:24, 27; 7:12; 8:14, 17, 18; 9:7, 9, 10, 11, 19, 21, 25, 27; 10:5, 7,

23; 11:2, 3, 7; 12:4, 12, 22, 27, 29, 44; 13:2, 15; 16:16, 18, 21, 22, 27, 35; 17:9, 12; 18:21, 25; 19:13; 21:7, 12, 14, 16, 18, 20, 24, 26, 33, 35; 22:1, 5, 7, 9, 10, 11, 16, 31; 23:4; 30:12, 32; 32:1, 23, 27, 29; 33:4, 11; 35:22; 36:1, 2, 8; 38:26; 레 5:4; 6:3; 7:8, 20, 21, 25, 27, 30; 13:2, 9, 37; 14:2; 16:21; 17:3, 8, 10; 18:5, 6; 19:3, 10, 15, 16, 20; 20:2, 3, 4, 5; 22:5, 11; 24:10, 14, 17, 19, 21; 25:14, 17, 26, 50, 51, 52; 26:43; 27:2, 9, 14, 15, 16, 22, 24, 28, 29, 31; 민 2:17; 3:13, 24, 30, 47, 49; 4:19; 5:6, 7, 10, 12, 20; 6:13; 7:3, 11; 8:17; 9:6, 7, 13; 11:26, 28; 12:3, 4, 5; 13:2, 3, 31; 14:22, 23, 36, 38; 15:27, 28, 31, 32, 35; 16:5, 11, 12, 14, 15, 17, 19, 22, 29, 30, 32, 38, 40, 45; 17:2; 18:4, 15, 16; 19:11, 13, 14, 16, 18, 20; 21:32, 35; 22:9, 20, 35, 37; 23:19; 25:5, 6, 8; 26:64, 65; 27:8, 16; 30:2; 31:3, 11, 26, 28, 30, 35, 40, 46, 47, 49, 50; 32:11, 12; 34:19; 35:16, 17, 18, 22, 23, 30; 36:8, 12; 신 1:31, 35; 2:10, 12, 22, 23; 3:3, 11; 4:3, 6, 28, 32, 47; 5:24; 8:3, 5; 10:17; 11:25; 16:17, 19; 17:6, 12, 15; 18:8; 19:5, 6, 11, 12, 15, 16; 20:19; 21:15, 18, 21, 22; 22:8, 16, 18, 21, 26, 28, 30; 23:4; 24:1, 2, 5, 6, 7, 16; 25:1, 7, 11; 27:14; 28:30; 29:24, 25; 32:26; 33:6, 29 **역사서** 수 2:4, 5, 7, 11, 13, 14, 16, 17, 23; 3:12; 4:2, 4; 5:13; 6:22; 7:2, 9, 24; 8:22; 10:2, 6, 8, 14, 17, 18, 20, 24, 28, 30, 32, 33, 35, 37, 39; 11:3, 8, 11, 14; 12:5; 13:12; 14:14, 15; 18:4, 8, 9; 20:3; 21:33; 22:20; 23:10, 14; 24:9; 삿 2:10; 3:28, 29; 4:6, 12, 16, 20, 22; 5:7, 11, 30; 6:3, 5, 16, 27, 28, 30, 33; 7:4, 12, 13; 8:8, 9, 10, 14, 15, 16, 17, 18, 21; 9:2, 3, 4, 6, 7, 9, 13, 25, 36, 42, 46, 47, 49, 54; 10:1; 11:17, 24, 28; 12:11, 12; 13:10, 11; 14:18, 19; 15:6; 16:2, 7, 9, 11, 12, 17, 18, 19, 24; 17:1, 5, 6, 8, 11; 18:2, 7, 14, 15, 17, 18, 19, 22, 28; 19:3, 6, 7, 8, 9, 10, 16, 18, 22, 23, 24, 25, 26; 20:8, 11, 12; 21:8, 13, 22, 25; 룻 1:2, 5, 19; 2:19, 20, 22; 3:3, 12, 14, 16, 18; 4:7, 11; 삼상 1:21; 2:9, 13, 15, 16, 25, 26, 33, 35, 36; 4:4, 13, 14, 16; 5:3, 6, 7, 9, 10, 11, 12; 6:10, 18; 9:1, 7, 9, 16, 17, 26; 10:2, 3, 6, 11, 12, 22, 23, 27; 11:1, 2, 7, 11, 13, 15; 12:8; 13:14, 16; 14:6, 8, 12, 22, 24, 28, 30, 34, 36, 39, 52; 15:12, 29; 16:7,

【 사람 】 　　　　　　　　　　　　　　　【 사람 】

11, 12, 16, 17, 18, 22; 17:8, 10, 14, 19, 24, 25, 26, 27, 28, 30, 31, 32, 41; 18:19, 20, 23; 19:19, 21, 22; 20:11, 12, 31, 42; 21:2, 7, 14; 22:6, 11, 22; 23:1, 3, 5, 7, 8, 11, 12, 13, 18, 19, 22, 24, 25, 26; 24:1, 2, 3, 4, 6, 7, 9, 10, 19, 22; 25:2, 3, 13, 15, 17, 20, 22, 25, 29, 39, 43; 26:1, 2, 12, 15, 19, 23; 27:2, 3, 4, 8, 10; 28:1, 8; 29:2, 4, 11; 30:1, 2, 3, 17, 29, 31; 31:6; 삼하 1:15; 2:4, 26; 3:15, 20, 23, 39; 4:2, 10; 5:6, 8; 6:2, 12, 13; 7:14, 19, 26; 8:2; 9:1, 2, 3, 5; 10:5, 6, 16, 17; 11:3, 5, 10, 17, 18, 23, 24, 25, 27; 12:1, 2, 3, 4, 5, 7, 11; 13:7, 9, 34; 14:2, 6, 13, 29, 32; 15:2, 3, 5, 11, 12, 14, 23, 31; 16:5, 21, 22, 23; 17:1, 3, 8, 12, 16, 17, 18, 21, 22, 27; 18:10, 11, 12, 24, 26, 27; 19:1, 7, 8, 22, 28; 20:13, 16, 18, 21, 26; 21:4, 5, 6, 8, 9, 13, 18, 22; 23:3, 8, 9, 11, 13, 17, 18, 19, 23, 25, 26, 27, 28, 29, 31, 32, 33, 34, 35, 36, 38; 24:14; 왕상 1:52, 53; 2:2, 4, 9, 29, 32, 36, 39, 41, 42; 3:18; 4:19, 30, 34; 5:8, 12, 18; 7:13; 8:2, 25, 31, 38, 46, 50; 9:5; 10:8, 24; 11:18, 24, 26, 28, 29; 12:3, 8, 14, 15, 20; 13:15, 18, 19, 20, 24, 25, 33; 14:2, 5, 6, 9, 21, 31; 15:17, 22, 29; 16:11, 25, 30, 34; 18:6, 10, 19, 20, 44; 19:2; 20:5, 7, 10, 17, 33, 35, 36, 37, 39, 41, 42; 21:1, 4, 6, 7, 10, 11, 13, 15, 16; 22:8, 13, 18, 34; 왕하 2:2, 6, 7, 8, 11, 16, 19; 3:11, 21; 4:1, 9, 29, 33, 39; 5:7, 26; 6:5, 7, 12, 13, 19, 32; 7:3, 5, 10, 13; 9:5, 10, 11, 15, 17, 18, 19, 21, 25; 10:5, 6, 9, 19, 21, 24, 25; 11:4, 19; 12:1, 4, 7, 15; 13:21; 14:2, 6, 9, 14, 19; 15:2, 16, 20; 17:6, 24, 25, 26, 27, 28, 29, 30, 31, 32; 18:11, 14, 21, 22, 23, 24, 27; 19:18; 20:14; 21:13, 24; 22:15; 23:2, 10, 14, 20, 35; 25:13, 18, 19, 25, 26; 대상 2:52; 3:5, 8, 20, 22, 23, 24; 4:2, 12, 19, 22, 23, 40, 41; 5:10, 19, 20, 21; 7:1, 3, 6, 7; 9:5, 16, 18; 10:9, 11; 11:10, 12, 15, 18, 19, 22, 23, 25, 27, 28, 29, 30, 32, 33, 34, 35, 36, 39, 40, 43, 44, 45, 46, 47; 12:3, 4, 5, 6, 7, 19, 22; 16:3, 19, 21, 41; 17:9, 24; 18:17; 19:5, 17; 20:4, 5; 21:13; 22:9, 15; 23:8, 9, 10, 12, 23; 24:31; 25:3; 26:1, 17, 18, 21; 27:4, 8, 9, 10, 11, 12, 13, 15, 16, 27, 28, 29, 30; 28:3; 29:1, 8, 12; 대하 5:3; 6:5, 16, 18, 22, 29, 36; 9:7; 10:3, 15; 14:11; 15:5; 16:1, 8, 10; 17:11; 18:7, 12, 17, 33; 19:6, 8; 20:2, 6, 10, 13, 24, 27, 37; 21:4, 16; 22:1; 23:6, 7; 24:1; 25:4, 13, 18, 24, 27; 26:3, 7, 8, 15; 28:12, 14, 16; 30:1, 10, 11, 17, 19; 31:19; 32:19, 23; 33:25; 34:12, 22, 23, 29, 30, 33; 36:10, 17; 스 1:6 ; 2:22, 23, 27, 61, 62; 3:5, 12; 4:9, 14, 21; 5:6, 12; 6:6, 8, 14; 7:7; 8:15, 16, 18; 9:2, 4, 15; 10:9, 11, 16; 느 1:11; 2:10, 12, 19; 3:2, 5, 7, 27; 4:3, 7, 16, 22, 23; 5:2, 3, 4; 6:1, 2, 4, 8; 7:2, 26, 27, 28, 30, 31, 33, 63, 64; 8:2, 3; 9:29, 30; 10:38; 11:5; 12:28, 44; 13:15, 25, 28; 에 1:10, 19; 2:21, 23; 3:1, 10; 5:10; 6:6, 7, 9, 11; 8:3, 5; 9:4, 24, 30 시가서 욥 1:16, 17, 18; 2:4, 11; 3:23; 4:1, 3, 13, 17; 5:7; 7:17, 20; 8:1, 8, 20; 9:3, 32; 10:4, 5; 11:1, 2, 3, 10, 11, 12, 19; 12:10, 14, 20, 25; 13:9; 14:1, 12, 19, 20; 15:1, 7, 10, 14, 16, 28; 16:21; 18:1, 4, 19; 19:13, 15, 19, 27; 20:1, 4, 26; 21:4, 23, 25, 29, 32, 33; 22:1, 2, 29; 24:2, 9, 11, 12, 13, 14; 25:1, 4, 6; 27:12, 23; 28:3, 4, 9, 13, 28; 29:15, 16, 25; 30:5, 24; 31:19, 31, 33; 32:1, 2, 6, 8, 13, 21; 33:12, 13, 14, 15, 16, 17, 18, 19, 23, 24, 26, 27, 29; 34:7, 9, 11, 15, 20, 21, 23, 24, 28, 34; 35:8, 9; 36:25, 28; 37:7, 24; 38:26; 39:7; 42:7, 9; 시 4:6; 5:11; 7:12; 8:4; 17:4, 14; 20:7; 21:10; 22:6; 26:4; 31:20; 34:12; 36:6, 7; 37:23, 37; 39:5, 6, 11; 40:3; 42:3; 45:2, 49:12, 16, 18, 20; 52:7; 53:3; 56:1, 4, 11; 58:11; 60:11; 62:3, 9, 12; 64:6, 9; 65:1, 4; 66:12; 68:18; 69:8; 71:18; 72:15, 17; 73:5, 20; 74:5, 12; 75:1; 76:10, 11; 78:25, 60; 82:7; 87:5, 6; 89:47; 90:3; 94:10, 11, 13; 104:14, 23; 105:12, 14, 17, 20; 107:10; 108:12; 109:11, 30; 111:4; 115:4, 13, 16; 116:11; 118:6, 8; 119:130, 134, 162; 122:1; 124:2; 135:8, 15; 141:7; 142:5; 144:3, 4; 145:6; 146:7; 147:10; 잠 3:30; 4:16; 5:21; 6:26, 27, 28, 30; 7:12, 26; 8:4, 31; 9:9; 10:21, 22, 26; 11:30; 12:3, 6, 8, 14, 24, 27; 13:2, 8; 14:12, 14, 25, 31; 15:23; 16:1, 2, 7, 9, 14, 17, 25, 29, 33; 17:5, 15, 23; 18:14, 16, 17, 20; 19:2, 3, 6, 11, 15, 22, 23; 20:3, 6, 17, 24, 25, 30; 21:2, 16, 28; 22:12, 26, 29; 23:28, 35; 24:9, 12, 29; 25:7, 18, 23, 25; 26:16, 18; 27:8, 17, 21; 28:2, 8, 9, 12, 17, 21, 23, 28; 29:1, 20, 23, 25; 30:2, 14; 31:15, 21, 23; 전 1:8, 16; 2:19, 21, 22, 24; 3:11, 12, 13, 14, 19, 22;

【 사람 】 【 사람 】

4:4, 8, 9, 11, 12; 5:9, 18, 19; 6:2, 3, 7, 10, 11, 12; 7:2, 5, 7, 14, 21, 22, 28, 29; 8:1, 6, 7, 8, 9, 15, 17; 9:1, 2, 3, 12, 15, 16, 18; 10:3, 14; 11:8; 12:5, 13; 아 5:1, 10; 8:7 **선지서** 사 2:20; 3:6; 4:3; 5:15, 30; 6:5, 11, 12; 7:2, 13, 21; 8:15, 19; 9:19; 10:15; 13:12, 17, 18, 19, 20; 14:16; 16:10; 17:7; 21:11; 22:6; 29:13, 18, 19, 21; 30:17; 31:3, 7, 8; 32:2; 33:1, 4, 8; 35:5; 36:6, 9, 12; 37:9, 17, 19, 21; 38:11, 16; 39:3; 40:22; 41:2, 25, 28; 42:1, 10, 11; 43:4, 14; 44:5, 11, 13, 15, 26; 45:12, 18, 24; 46:6, 11; 47:3; 49:7, 12; 50:2; 52:14; 53:3, 11; 54:3; 56:2, 11; 58:5; 59:16; 60:6, 11; 61:6; 62:12; 65:5, 8; 66:2; 렘 3:2, 16; 4:3, 25, 29; 5:1, 16, 26; 6:11, 30; 7:20; 8:1, 4; 9:17, 22; 10:5, 14, 23; 11:21, 23; 12:15; 13:11; 15:10; 16:20; 17:5, 6, 7, 26; 19:1, 11; 20:6, 7, 16; 21:6; 22:28, 30; 23:9, 14, 17, 24, 34, 36, 38; 26:11, 16, 17, 18, 20, 22; 27:5; 29:24, 27, 31, 32; 30:18, 20; 31:8, 27; 32:12, 15, 43; 33:10-11, 12, 17; 34:5, 9; 35:2, 3, 5, 18, 19; 36:19, 29; 37:17; 38:4, 9, 11, 14, 16, 24; 39:14, 17; 40:9, 10, 11, 15; 41:1, 2, 4, 5, 7, 8, 9, 12, 15, 18; 42:2, 17; 43:3, 6; 44:2, 27, 28; 46:9, 16, 26; 47:2; 48:12, 31, 34, 36, 37, 39; 49:5, 15, 18, 33; 50:3, 16, 40; 51:14, 17, 26, 28, 43, 62; 52:14, 17, 24, 25; 애 1:4, 8, 12; 2:4, 15; 3:26, 27, 35, 36, 39; 4:4, 6, 8, 15; 겔 1:26; 7:13, 14; 9:2, 3, 11; 10:2, 3, 8, 14, 21; 11:1, 2; 12:16, 20, 23; 13:6, 10, 12; 14:1, 3, 8, 13, 14, 15, 16, 17, 18, 19, 21; 16:33, 38; 17:17; 18:5, 7, 8, 16, 17, 30; 19:3, 6; 20:11, 13, 21; 21:14; 22:11, 20, 26, 30; 23:14, 15, 17, 23, 40, 42; 24:17, 22; 25:4, 10, 13; 26:10, 20, 21; 27:11, 13, 15, 17; 28:2, 9; 29:8, 11; 30:12; 31:14; 32:13, 19, 23, 24, 25, 26, 27, 32; 33:3, 6, 22, 24, 28; 34:28, 31; 36:3, 9, 10, 11, 12, 13, 14, 20, 23, 33, 35, 38; 38:12, 17, 20, 21; 39:11, 14, 15, 28; 40:3, 4, 5; 41:19; 43:6; 44:8; 47:3, 5; 단 2:10, 25, 30, 38; 3:2, 8, 10, 12, 13, 20, 21, 22, 23, 24, 25, 27, 29; 4:33, 35; 5:5, 11, 17, 19, 21, 28, 31; 6:7, 12, 24, 25, 26, 28; 8:15, 16, 25, 27; 9:21, 27; 10:5, 7, 11, 18, 19; 11:1, 2, 4, 7, 14, 16, 21, 26, 33, 34, 35, 43; 12:2, 3, 4, 5, 10, 12; 호 4:4; 5:11, 13; 6:9; 9:12; 10:11; 11:4, 9; 12:12; 13:1; 욜 3:8, 14; 암 3:3; 4:2, 8,

13; 5:16, 19; 6:9, 10; 8:3, 10, 12, 14; 9:1; 옵 1:11; 욘 1:14, 16; 3:5, 7, 8; 미 2:2, 11, 12; 4:4; 5:5, 7; 6:8, 16; 7:2, 6, 12; 나 1:11; 3:3, 18; 합 1:9, 13, 14; 2:8, 17; 3:19; 습 1:17; 2:11; 3:4, 6, 16; 학 2:12; 슥 1:21; 2:1, 4; 3:8; 4:1, 10; 6:12, 15; 7:2, 7, 14; 8:10; 9:1; 10:1; 11:6; 12:1, 6; 13:3, 4, 5, 6; 14:11, 18, 19; 말 2:6, 7, 8, 9, 10, 12; 3:8, 17 **복음서** 마 4:4, 19, 24; 5:13, 15, 16, 19, 21, 33, 41; 6:1, 2, 5, 14, 15, 16, 18, 24; 7:10, 22, 24, 26; 8:9, 11, 16, 21, 27; 9:2, 3, 8, 9, 32, 33; 10:17, 22, 25, 32, 33, 35, 36, 42; 11:5, 8, 10, 14, 19; 12:10, 11, 12, 13, 15, 22, 29, 31, 35, 36, 38, 41, 42, 43, 45, 47, 48; 13:24, 25, 31, 44, 54, 56; 14:9, 10, 21, 33, 35; 15:9, 11, 18, 20, 30, 31; 16:13, 26, 27, 28; 17:12, 14, 22; 18:4, 7, 12, 15, 16, 19, 20, 28; 19:3, 4, 5, 6, 10, 11, 12, 13, 14, 16, 26; 20:3, 6, 12, 13, 14, 28, 30; 21:12, 25, 26, 28, 44; 22:3, 4, 5, 8, 9, 11, 16, 24; 23:4, 5, 7, 13, 15, 27, 28; 24:4, 5, 9, 10, 11, 12, 23, 26, 38, 40, 41, 45; 25:14, 15, 24; 26:21, 24, 28, 60, 61, 62, 67, 69, 70, 71, 72, 73, 74; 27:15, 19, 24, 32, 47, 48, 49, 53, 57; 28:4, 17; 막 1:23, 25, 26, 30, 34, 37, 42, 45; 2:2, 3, 7, 12, 15, 18, 27; 3:1, 2, 3, 5, 10, 27, 28, 31; 4:10, 21, 26; 5:2, 3, 8, 14, 18, 20, 35, 38, 42; 6:2, 3, 17, 20, 27, 31, 33, 39, 41, 54; 7:2, 7, 8, 11, 15, 16, 18, 20, 23, 32, 33, 37; 8:3, 4, 9, 22, 24, 26, 27, 36, 37, 38; 9:1, 13, 26, 31, 35, 49; 10:2, 6, 7, 9, 13, 17, 22, 27, 44, 45, 48; 11:5, 8, 14, 30, 32; 12:1, 6, 9, 13, 14, 19, 23, 25, 28, 37, 43; 13:5, 6, 9, 11, 13, 21, 26, 34, 37; 14:4, 13, 18, 21, 24, 47, 54, 57, 60, 65, 69, 70, 71; 15:6, 21, 36, 39, 43; 16:10, 12, 13, 16, 18; 눅 1:7, 14, 25, 27, 66; 2:3, 14, 25, 34, 37, 38, 52; 3:14, 15, 16, 23; 4:4, 15, 22, 26, 27, 33, 35, 38, 40, 41; 5:9, 10, 12, 18, 20, 25, 26, 29; 6:6, 8, 10, 19, 22, 26, 34, 45, 48, 49; 7:3, 4, 8, 10, 12, 16, 22, 25, 27, 31, 34, 39, 41; 8:4, 10, 21, 27, 29, 33, 35, 38, 41, 47, 49, 52; 9:7, 8, 9, 13, 19, 25, 26, 27, 30, 32, 33, 38, 44, 48, 49, 57, 59, 61; 10:6, 29, 30, 33, 35, 36; 11:4, 14, 24, 26, 30, 31, 32, 44, 46; 12:8, 9, 11, 13, 14, 15, 36, 41, 52; 13:1, 2, 4, 6, 19, 23, 29; 14:2, 4, 7, 8, 9, 10, 12, 15, 16, 18, 19, 20, 23, 24, 30; 15:2, 4, 7, 10, 11, 15; 16:4, 15, 16; 17:15, 16, 17, 23, 27, 28,

【 사람 】   【 사랑/-하다 】

31; 18:2, 4, 9, 10, 11, 14, 15, 23, 27; 19:3, 7, 9, 14, 20, 21, 22, 40; 20:4, 6, 9, 15, 16, 18, 21, 28, 38, 41; 21:3, 5, 8, 17, 26, 27, 35; 22:10, 22, 49, 50, 55, 56, 58, 59, 60, 63; 23:2, 4, 6, 14, 18, 22, 26, 29, 30, 40, 41, 47, 50, 51, 53; 24:4, 5, 17, 18, 21, 24, 35; 요 1:9, 13, 15, 18, 26, 30, 35, 44; 2:10, 14, 15, 16, 23, 24, 25; 3:1, 3, 4, 5, 8, 19, 23, 26, 27; 4:7, 28, 29, 37, 38, 50; 5:3, 7, 9, 10, 12, 13, 14, 15, 23, 33, 34, 41, 43; 6:5, 7, 9, 10, 14, 45, 50, 51, 52, 57, 66, 70; 7:4, 12, 15, 17, 22, 23, 25, 26, 27, 31, 32, 35, 40, 41, 45, 46, 50, 51; 8:17, 20, 30, 40, 48, 51, 52; 9:1, 2, 3, 8, 9, 11, 13, 15, 16, 17, 20, 24, 26, 29, 30, 33, 35; 10:20, 21, 33, 35, 41, 42; 11:3, 9, 10, 37, 47, 48, 49, 50, 55; 12:16, 19, 21, 26, 32, 43, 47; 13:1, 35; 14:23; 15:5, 6, 13, 20, 21; 16:2, 21, 30; 17:2, 6, 20; 18:3, 8, 12, 14, 15, 17, 18, 22, 25, 26, 29, 30, 31, 34, 35, 39, 40; 19:4, 5, 6, 12, 18, 29, 32, 38, 41; 20:2, 13; 21:2, 15, 21, 24 역사서 – 예언서 행 1:18, 19, 22, 23; 2:3, 7, 8, 10, 14, 15, 30, 39, 41, 43, 44, 45, 47; 3:2, 10, 11, 12, 14, 16; 4:4, 9, 10, 12, 14, 16, 21, 22, 34, 35, 36; 5:1, 4, 5, 6, 9, 10, 11, 12, 13, 15, 16, 17, 21, 23, 25, 28, 29, 32, 35, 36, 37, 38; 6:1, 3, 5, 9, 11, 13, 15; 7:6, 14, 24, 27, 36, 38, 51; 8:2, 4, 7, 9, 10, 16, 19, 27, 31; 9:2, 7, 8, 11, 12, 13, 14, 15, 21, 29, 33, 35, 38, 40, 42; 10:1, 5, 7, 10, 17, 19, 22, 26, 27, 30, 32, 33, 34, 35, 38, 42, 43, 44, 47; 11:11, 12, 13, 20, 21, 22, 23, 24, 28; 12:1, 12, 22; 13:1, 3, 4, 7, 11, 13, 15, 16, 21, 22, 23, 26, 31, 38, 39, 41, 42, 43, 51; 14:8, 10, 11, 15, 21; 15:1, 2, 5, 17, 22, 24, 25–26, 33, 35; 16:3, 9, 10, 17, 20, 21, 26, 32, 35, 36, 37, 38, 40; 17:4, 5, 6, 7, 9, 11, 12, 15, 17, 18, 21, 22, 25, 27, 28, 29, 30, 31, 32, 34; 18:2, 7, 8, 10, 13, 17, 20, 24; 19:7, 9, 12, 16, 18, 19, 22, 26, 28, 29, 32, 34, 35, 37; 20:4, 12, 17, 26, 30, 31, 35, 36; 21:12, 16, 23, 24, 26, 28, 29; 22:3, 4, 9, 11, 12, 15, 19, 20, 29; 23:2, 4, 9, 27, 30, 34, 35; 24:5, 16, 20; 25:2, 5, 11, 14, 16, 17, 22, 23, 24; 26:8, 20, 22, 29, 30, 31, 32; 27:1, 2, 21, 31, 33, 35, 43, 44; 28:4, 7, 9, 17, 24, 30; 롬 1:23; 2:1, 3, 6, 9, 10, 11, 14, 16, 21, 29; 3:4, 5, 23, 28; 4:6, 7, 8, 16; 5:12, 15, 16, 17, 18, 19; 6:6, 19; 7:1, 22, 24; 8:9, 14, 32; 9:10, 20;

10:5, 10, 12; 11:4, 24, 31, 32; 12:3, 5, 17, 18; 13:1; 14:2, 5, 12, 14, 18, 20; 15:2, 26, 33; 16:2, 19; 고전 2:5, 8, 13, 14; 3:3, 4, 13, 17, 21; 4:1, 3, 5, 9; 5:12, 13; 6:18; 7:7, 12, 17, 20, 23, 26; 8:3, 7; 9:2, 8, 19, 22, 24; 10:7, 8, 9, 10, 13, 33; 11:21, 28; 12:6, 7, 8, 9, 10, 11; 13:1, 11; 14:2, 3, 17, 18, 20, 24, 27, 31; 15:6, 12, 19, 21, 22, 32, 39, 45, 46, 47; 16:2, 3, 16, 18; 고후 2:6, 16, 17; 3:1, 2; 4:2, 15, 16; 5:11, 14, 15, 16; 6:10; 7:15; 8:13, 18, 21; 9:2, 13; 10:7, 11; 11:6, 13, 18; 12:2, 3, 4, 5, 21; 13:2; 갈 1:7, 10, 11, 12; 2:6, 16; 3:1, 15, 16; 5:3, 24; 6:1, 7; 엡 2:15; 3:16; 4:7, 8, 11, 13, 14, 22, 24; 5:31; 6:6, 7, 8, 9; 빌 2:4, 7, 8, 23; 3:18; 4:5, 15, 22; 골 2:8, 22; 3:9, 10, 22, 23, 25; 4:6, 9, 11; 살전 2:4, 6, 11, 13, 15; 3:12; 4:8; 5:14, 15; 살후 3:2, 14, 16; 딤전 1:6, 8, 9, 15; 2:1, 2, 4, 5, 6; 3:1, 5, 10; 4:1, 9, 10, 15; 5:20, 24; 6:9, 16, 21; 딤후 2:2, 18, 24; 3:2, 8, 9, 13; 4:3; 딛 2:11; 3:2, 4, 8, 10, 11, 14; 히 2:9; 3:16; 5:1; 6:11, 16; 7:4, 13, 28; 8:2, 11; 9:17, 27; 10:25, 33; 11:12, 13, 38, 39; 12:14, 15; 13:4, 6, 25; 약 1:7, 13, 14, 19, 20, 23, 25, 26; 2:1, 2, 9, 14, 18, 20, 24; 3:2, 7, 8, 9; 4:17; 5:17; 벧전 2:4, 15, 17; 3:4; 4:2, 6; 벧후 2:12, 16, 17, 18; 3:7, 11; 요일 5:9; 유 1:8, 10, 11, 14, 15, 16, 19; 계 2:17, 23; 3:7, 8; 4:7; 5:5, 9; 8:11; 9:4, 5, 6, 7, 10, 15, 18, 20; 11:9, 13; 13:13, 18; 14:4; 16:2, 8, 9, 10, 18, 21; 18:14; 20:13; 21:3, 17, 26; 22:12, 18

사랍(Saraph) 유다의 아들 셀라의 자손
대상 4:22 모압을 다스리던 **사랍**과 야수비네헴

사랑/-하다(love)
모세오경
창 22:2 아들 네 **사랑하는** 독자 이삭을 데리고
창 24:27 **사랑**과 성실을 그치지 아니하셨사오며
창 24:67 아내로 삼고 **사랑하였으니** 이삭이 그의
창 25:28 사냥한 고기를 좋아하므로 그를 **사랑하고** 리브가는 야곱을 **사랑하였더라**
창 29:18 야곱이 라헬을 더 **사랑하므로** 대답하되
창 29:20 그를 **사랑하는** 까닭에 칠 년을 며칠
창 29:30 라헬을 더 **사랑하여** 다시 칠 년 동안
창 29:32 이제는 내 남편이 나를 **사랑하리로다**

【 사랑/-하다 】

창 34:3	그 소녀를 **사랑하여** 그의 마음을 말로
창 34:19	야곱의 딸을 **사랑함이며** 그는 그의
창 37:3	더 **사랑하므로** 그를 위하여 채색옷을
창 37:4	그를 더 **사랑함을** 보고 그를 미워하여
창 43:30	요셉이 아우를 **사랑하는** 마음이 복받쳐
창 44:20	그의 아버지가 그를 **사랑하나이다**
출 20:6	**사랑하고** 내 계명을 지키는 자에게는
출 21:5	내 처자를 **사랑하니** 나가서 자유인이
레 19:34	자기같이 **사랑하라** 너희도 애굽 땅에서
신 4:37	여호와께서 네 조상들을 **사랑하신** 고로
신 5:10	**사랑하고** 내 계명을 지키는 자에게는
신 6:5	다하여 네 하나님 여호와를 **사랑하라**
신 7:8	여호와께서 다만 너희를 **사랑하심으로**
신 7:9	**사랑하고** 그의 계명을 지키는 자에게는
신 7:13	곧 너를 **사랑하시고** 복을 주사 너를
신 10:12	**사랑하며** 마음을 다하고 뜻을 다하여
신 10:15	그들을 **사랑하사** 그들의 후손인 너희를
신 10:18	나그네를 **사랑하여** 그에게 떡과 옷을
신 10:19	너희는 나그네를 **사랑하라** 전에 너희도
신 11:1	여호와를 **사랑하여** 그가 주신 책무와
신 11:13	여호와를 **사랑하여** 마음을 다하고 뜻을
신 11:22	여호와를 **사랑하고** 그의 모든 도를
신 13:3	여호와를 **사랑하는** 여부를 알려 하사
신 15:16	네 집을 **사랑하므로** 너와 동거하기를
신 19:9	여호와를 **사랑하고** 항상 그의 길로 행할
신 23:5	**사랑하시므로** 네 하나님 여호와께서
신 30:6	여호와를 **사랑하게** 하사 너로 생명을
신 30:16	하나님 여호와를 **사랑하고** 그 모든 길로
신 30:20	여호와를 **사랑하고** 그의 말씀을 청종하
신 33:3	여호와께서 백성을 **사랑하시나니** 모든

역사서

수 22:5	여호와를 **사랑하고** 그의 모든 길로
수 23:11	너희의 하나님 여호와를 **사랑하라**
삿 14:16	미워할 뿐이요 **사랑하지** 아니하는도다
삿 16:4	들릴라 이름하는 여인을 **사랑하매**
삿 16:15	당신이 어찌 나를 **사랑한다** 하느냐
룻 4:15	너를 **사랑하며** 일곱 아들보다 귀한 네
삼상 1:5	그를 **사랑함이라** 그러나 여호와께서
삼상 16:21	그를 크게 **사랑하여** 자기의 무기를
삼상 18:1	그를 자기 생명같이 **사랑하니라**
삼상 18:3	자기 생명같이 **사랑하여** 더불어 언약을
삼상 18:16	다윗을 **사랑하였으니** 그가 자기들 앞에
삼상 18:20	미갈이 다윗을 **사랑하매** 어떤 사람이
삼상 18:22	신하도 너를 **사랑하나니** 그런즉 네가
삼상 18:28	사울의 딸 미갈도 그를 **사랑하므로**
삼상 20:17	요나단의 **사랑이** 그를…이는 자기 생명
	을 **사랑함같이** 그를 **사랑함이었더라**
삼하 1:26	**사랑함이**… 여인의 **사랑보다** 더하였도
삼하 12:24	하니라 여호와께서 그를 **사랑하사**
삼하 12:25	여호와께서 **사랑하셨기** 때문이더라
삼하 13:1	다윗의 다른 아들 암논이 그를 **사랑하나**
삼하 13:4	압살롬의 누이 다말을 **사랑함이니라**
삼하 13:15	전에 **사랑하던** **사랑보다** 더한지라
삼하 19:6	미워하는 자는 **사랑하시며** **사랑하는**
왕상 3:3	솔로몬이 여호와를 **사랑하고** 그의
왕상 5:1	히람이 평생에 다윗을 **사랑하였음이라**
왕상 10:9	영원히 이스라엘을 **사랑하시므로**
왕상 11:1	이방의 많은 여인을 **사랑하였으니** 곧
왕상 11:2	솔로몬이 그들을 **사랑하였더라**
대하 2:11	자기 백성을 **사랑하시므로** 당신을 세워
대하 9:8	이스라엘을 **사랑하사** 영원히 견고하게
대하 11:21	딸 마아가를 모든 처첩보다 더 **사랑하여**
대하 19:2	여호와를 미워하는 자들을 **사랑하는**
대하 20:7	그 땅을 주께서 **사랑하시는** 아브라함의
느 1:5	주를 **사랑하고** 주의 계명을 지키는
에 2:17	에스더를 더 **사랑하므로** 그가 모든

시가서

욥 19:19	내가 **사랑하는** 사람들이 돌이켜 나의
시 5:7	주의 풍성한 **사랑을** 힘입어 주의 집에
시 6:4	영혼을 건지시며 주의 **사랑으로** 나를
시 13:5	나는 오직 주의 **사랑을** 의지하였사오니
시 17:7	구원하시는 주여 주의 기이한 **사랑을**
시 18:1	여호와여 내가 주를 **사랑하나이다**
시 26:8	주의 영광이 머무는 곳을 **사랑하오니**
시 31:16	주의 **사랑하심으로** 나를 구원하소서
시 31:21	놀라운 **사랑을** 내게 보이셨음이로다
시 31:23	여호와를 **사랑하라** 여호와께서 진실한
시 33:5	공의와 정의를 **사랑하심이여** 세상에는
시 34:12	사모하고 연수를 **사랑하여** 복 받기를
시 37:28	여호와께서 정의를 **사랑하시고** 그의
시 45:7	왕은 정의를 **사랑하고** 악을 미워하시니
시 47:4	기업을 택하시나니 곧 **사랑하신** 야곱의
시 52:3	악을 **사랑하며** … 거짓을 **사랑하는도다**
시 60:5	주께서 **사랑하시는** 자를 건지시기
시 78:68	유다 지파와 그가 **사랑하시는** 시온 산을
시 87:2	시온의 문들을 **사랑하시는도다**

1233

【 사랑/-하다 】　　　　　　　　　　　　　　　　　　【 사랑/-하다 】

시 91:14	그가 나를 **사랑**한즉 내가 그를 건지리라
시 97:10	여호와를 **사랑**하는 너희여 악을 미워하
시 99:4	능력 있는 왕은 정의를 **사랑**하느니라
시 108:6	주께서 **사랑**하시는 자들을 건지시기
시 109:4	**사랑**하나 그들은 도리어 나를 대적하니
시 109:5	미워함으로 나의 **사랑**을 갚았사오니
시 116:1	들으시므로 내가 그를 **사랑**하는도다
시 119:47	내가 **사랑**하는 주의 계명들을 스스로
시 119:48	내가 **사랑**하는 주의 계명들을 향하여
시 119:97	어찌 그리 **사랑**하는지요 내가 그것을
시 119:113	미워하고 주의 법을 **사랑**하나이다
시 119:119	내가 주의 증거들을 **사랑**하나이다
시 119:127	금 곧 순금보다 더 **사랑**하나이다
시 119:140	주의 종이 이를 **사랑**하나이다
시 119:159	주의 법도들을 **사랑**함을 보옵소서
시 119:163	싫어하고 주의 율법을 **사랑**하나이다
시 119:167	내가 이를 지극히 **사랑**하나이다
시 127:2	**사랑**하시는 자에게는 잠을 주시는도다
시 144:2	나의 **사랑**이시요 나의 요새이시요
시 146:8	여호와께서 의인들을 **사랑**하시며
잠 3:12	대저 여호와께서 그 **사랑**하시는 자를
잠 4:6	그를 **사랑**하라 그가 너를 지키리라
잠 5:19	항상 족하게 여기며 그의 **사랑**을 항상
잠 7:18	흡족하게 서로 **사랑**하며 **사랑**함으로
잠 8:36	미워하는 자는 사망을 **사랑**하느니라
잠 9:8	자를 책망하라 그가 너를 **사랑**하리라
잠 10:12	다툼을 일으켜도 **사랑**은 모든 허물을
잠 15:9	따라가는 자는 그가 **사랑**하시느니라
잠 15:17	채소를 먹으며 서로 **사랑**하는 것이 살진
잠 16:13	정직하게 말하는 자는 그들의 **사랑**을
잠 17:9	허물을 덮어 주는 자는 **사랑**을 구하는
잠 17:17	친구는 **사랑**이 끊어지지 아니하고 형제
잠 19:8	자기 영혼을 **사랑**하고 명철을 지키는
잠 27:5	면책은 숨은 **사랑**보다 나으니라
전 3:8	**사랑**할 때가 있고 미워할 때가 있으며
전 9:6	그들의 **사랑**과 미움과 시기도 없어진 지
전 9:9	헛된 날에 네가 **사랑**하는 아내와 함께
아 1:2	네 **사랑**이 포도주보다 나음이로구나
아 1:3	같으므로 처녀들이 너를 **사랑**하는구나
아 1:4	**사랑**이 포도주보다 … 너를 **사랑**함이
아 1:9	**사랑**아 내가 너를 바로의 병거의 준마에
아 1:15	내 **사랑**아 너는 어여쁘고 어여쁘다 네
아 2:2	여자들 중에 내 **사랑**은 가시나무 가운데

아 2:4	그 **사랑**은 내 위에 깃발이로구나
아 2:5	시원하게 하라 내가 **사랑**하므로 병이
아 2:7	내 **사랑**이 원하기 전에는 흔들지 말고
아 2:13	나의 **사랑**, 나의 어여쁜 자야 일어나서
아 3:10	예루살렘 딸들의 **사랑**이 엮어져 있구나
아 4:1	내 **사랑** 너는 어여쁘고도 어여쁘다
아 4:7	**사랑** 너는 어여쁘고 아무 흠이 없구나
아 4:10	네 **사랑**이 … 네 **사랑**은 포도주보다
아 5:1	나의 **사랑**하는 사람들아 많이 마시라
아 5:8	내 **사랑**하는 자를 … 내가 **사랑**하므로
아 5:9	너의 **사랑**하는 자가 남의 **사랑**하는 …
	너의 **사랑**하는 자가 남의 **사랑**하는
아 5:16	예루살렘 딸들아 이는 내 **사랑**하는 자요
아 6:4	내 **사랑**아 너는 디르사같이 어여쁘고,
아 7:6	**사랑**아 네가 어찌 그리 아름다운지,
아 7:12	거기에서 내가 내 **사랑**을 네게 주리라
아 8:6	팔에 두라 **사랑**은 죽음같이 강하고 질투
아 8:7	이 **사랑**을 끄지 못하겠고 … **사랑**과

선지서

사 1:23	뇌물을 **사랑**하며 예물을 구하며 고아을
사 38:17	영혼을 **사랑**하사 멸망의 구덩이에서
사 43:4	내가 너를 **사랑**하였은즉 내가 네 대신
사 56:6	여호와의 이름을 **사랑**하며 그의 종이
사 57:8	그들의 침상을 **사랑**하여 그 벌거벗은
사 61:8	여호와는 정의를 **사랑**하며 불의의 강탈
사 63:7	그의 **사랑**을 따라, 그의 많은 자비를
사 63:9	그의 **사랑**과 그의 자비로 그들을 구원하
사 63:15	베푸시던 간곡한 자비와 **사랑**이 내게
렘 2:2	신혼 때의 **사랑**을 기억하노니 곧 씨
렘 2:25	이방 신들을 **사랑**하였은즉 그를 따라
렘 2:33	네가 어찌 **사랑**을 얻으려고 네 행위를
렘 6:23	잔인하여 **사랑**이 없으며 그 목소리는
렘 8:2	그들이 **사랑**하며 섬기며 뒤따르며
렘 9:24	여호와는 **사랑**과 정의와 공의를 땅에
렘 12:7	내 마음으로 **사랑**하는 것을 그 원수의
렘 13:14	**사랑**하지 아니하며 아끼지 아니하고
렘 14:10	어그러진 길을 **사랑**하여 그들의 발을
렘 16:5	인자와 **사랑**을 제함이라 여호와의 말씀
렘 30:14	너를 **사랑**하던 자가 다 너를 잊고 찾지
렘 30:18	거처들에 **사랑**을 베풀 것이라 성읍은
렘 31:3	영원한 **사랑**으로 너를 **사랑**하기에
렘 31:20	나의 **사랑**하는 아들 기뻐하는 자식이
애 1:2	**사랑**하던 자들 중에 그에게 위로하는

1234

【 사랑/-하다 】　　　　　　　　　　　　　　　　　　　　　　　【 사랑/-하다 】

겔 16:8	때가 **사랑**을 할 만한 때라 내 옷으로	말 2:11	여호와께서 **사랑하시는** 그 성결을
겔 16:37	**사랑하던** 모든 자와 미워하던 모든 자를	**복음서**	
겔 23:16	그가 보고 곧 **사랑하게** 되어 사절을	마 3:17	**사랑하는** 아들이요 내 기뻐하는 자라
겔 23:20	말 같은 음란한 간부를 **사랑하였도다**	마 5:44	너희 원수를 **사랑하며** 너희를 박해하는
겔 23:22	**사랑하다가** 싫어하던 자들을 충동하여	마 5:46	너희를 **사랑하는** 자를 **사랑하면** 무슨
겔 33:31	**사랑**을 나타내어도 마음으로는 이익을	마 6:24	저를 **사랑하거나** 혹 이를 중히 여기고
겔 33:32	음성으로 **사랑**의 노래를 하며 음악을	마 17:5	**사랑하는** 아들이요 내 기뻐하는 자니
겔 39:25	이스라엘 온 족속에게 **사랑**을 베풀지라	마 19:19	네 자신과 같이 **사랑하라** 하신 것이니라
단 9:4	주를 **사랑하고** 주의 계명을 지키는 자를	마 22:39	이웃을 네 자신같이 **사랑하라** 하셨으니
호 3:1	그들을 **사랑하나니** 너는 또 가서 타인	마 24:12	불법이 성하므로 많은 사람의 **사랑**이
	의 **사랑**을 받아 … 여자를 **사랑하라**	막 1:11	너는 내 **사랑하는** 아들이라 내가 너를
호 9:10	드림으로 저희가 **사랑하는** 우상같이	막 9:7	내 **사랑하는** 아들이니 너희는 그의 말을
호 9:15	다시는 **사랑하지** 아니하리라 그들의	막 10:21	그를 보시고 **사랑하사** 이르시되 네게
호 9:16	낳을지라도 내가 그 **사랑하는** 태의 열매	막 12:6	남았으니 곧 그가 **사랑하는** 아들이라
호 11:1	내가 **사랑하여** 내 아들을 애굽에서	막 12:31	네 자신과 같이 **사랑하라** 하신 것이라
호 11:4	내가 사람의 줄 곧 **사랑**의 줄로 그들을	막 12:33	다하여 하나님을 **사랑하는** 것과 또 이
호 14:4	기쁘게 그들을 **사랑하리니** 나의 진노가		웃을 자기 자신과 같이 **사랑하는** 것이
욜 2:18	자기의 땅을 극진히 **사랑하시어** 그의	눅 3:22	**사랑하는** 아들이라 내가 너를 기뻐하노
암 5:15	악을 미워하고 선을 **사랑하며** 성문에서	눅 6:27	원수를 **사랑하며** 너희를 미워하는 자를
미 6:8	인자를 **사랑하며** 겸손하게 네 하나님과	눅 6:32	**사랑하는** 자만을 **사랑하면** 칭찬 받을
습 3:17	너를 잠잠히 **사랑하시며** 너로 말미암아		것이 … **사랑하는** 자는 **사랑하느니라**
슥 8:19	너희는 진리와 화평을 **사랑할지니라**	눅 6:35	오직 너희는 원수를 **사랑하고** 선대하며
말 1:2	너희를 **사랑하였노라** … 우리를 **사랑하**	눅 7:2	어떤 백부장의 **사랑하는** 종이 병들어
	셨나이까 … 내가 야곱을 **사랑하였고**	눅 7:5	그가 우리 민족을 **사랑하고** 또한 우리를

'사랑'과 관련된 성구

그리스도의 사랑 – 롬 8:35; 고후 5:14; 엡 3:18

사랑 받지 못하다 – 창 29:31, 33

사랑을 받는 자 – 신 21:15, 16; 골 3:12; 딤전 6:2; 몬 1:1

사랑(을) 받다 – 신 21:15; 삼상 20:29; 에 2:15; 10:3; 잠 28:23; 전 9:1; 호 3:1; 요 14:21; 빌 4:8; 골 4:7, 9

사랑하는 자(녀) – 삿 5:31; 삼하 19:6; 시 5:11, 38:11, 40:16, 69:36, 70:4, 88:18, 119:132, 165, 122:6, 145:20; 잠 8:17, 21; 13:24; 전 5:10; 아 1:7, 13, 14, 16; 2:3, 8, 9, 10, 16; 3:1, 2, 3, 4, 5; 4:16; 5:2, 4, 5, 6, 8, 9, 10, 16; 6:1, 2, 3; 7:9, 10, 11, 13; 8:4, 5, 14; 사 5:1; 48:14; 66:10; 렘 11:15; 22:20, 22; 애 1:19; 호 2:5, 7, 10, 12, 13; 8:9; 마 5:46; 10:37; 12:18; 눅 6:32; 요 12:25; 14:21; 롬 8:28; 12:19; 13:8; 고전 2:9; 4:14; 10:14; 고후 7:1; 12:19; 엡 5:28; 빌 2:12; 4:1; 살전 2:8; 딛 3:15; 히 6:9; 약 1:12; 2:5; 벧전 2:11; 4:12; 벧후 3:1, 8, 14, 17; 요일 2:7, 10; 3:2, 21; 4:1, 7, 11, 21; 5:1; 요이 1:1; 요삼 1:1, 2, 5, 11; 유 1:3, 17, 20; 계 3:19

여호와의 사랑을 입은 자 – 신 33:12

이웃(을) 사랑 – 레 19:18; 마 5:43; 갈 5:14; 약 2:8

하나님을 사랑하다 – 마 22:37; 막 12:30, 33; 눅 10:27; 요 5:42; 롬 8:28; 고전 8:3; 요일 4:10, 20, 21; 5:2, 3

하나님의 사랑 – 느 13:26; 롬 1:7; 5:5; 8:39; 고후 13:13; 살전 1:4; 살후 3:5; 요일 2:5; 3:17; 4:9; 유 1:21

【 사랑/-하다 】

눅 7:42	둘 중에 누가 그를 더 **사랑하겠느냐**
눅 7:47	이는 그의 **사랑함**이 많음이라 사함을 받은 일이 적은 자는 적게 **사랑하느니라**
눅 10:27	너의 하나님을 **사랑하고** 또한 네 이웃을 네 자신같이 **사랑하라** 하였나이다
눅 11:42	하나님께 대한 **사랑**은 버리는도다
눅 16:13	저를 **사랑하거나** 혹 이를 중히 여기고
눅 20:13	내 **사랑하는** 아들을 보내리니 그들이
요 3:16	세상을 이처럼 **사랑하사** 독생자를
요 3:19	빛보다 어둠을 더 **사랑한** 것이니라
요 3:35	아버지께서 아들을 **사랑하사** 만물을
요 5:20	아버지께서 아들을 **사랑하사** 자기가
요 8:42	나를 **사랑하였으리니** 이는 내가 하나님
요 10:17	아버지께서 나를 **사랑하시느니라**
요 11:3	**사랑하시는** 자가 병들었나이다 하니
요 11:5	그 동생과 나사로를 **사랑하시더니**
요 11:36	보라 그를 얼마나 **사랑하셨는가** 하며
요 12:43	하나님의 영광보다 더 **사랑하였더라**
요 13:1	**사랑하시되** 끝까지 **사랑하시니라**
요 13:23	그가 **사랑하시는** 자가 예수의 품에
요 13:34	주노니 서로 **사랑하라** 내가 너희를 **사랑**한 것같이 너희도 서로 **사랑하라**
요 13:35	**사랑하면** 이로써 모든 사람이 너희가
요 14:15	나를 **사랑하면** 나의 계명을 지키리라
요 14:21	**사랑하는** 자니 나를 **사랑하는** 자는 … **사랑**을 받을 것이요 나도 그를 **사랑하여**
요 14:23	사람이 나를 **사랑하면** 내 말을 지키리니 내 아버지께서 그를 **사랑하실** 것이요
요 14:24	나를 **사랑하지** 아니하는 자는 내 말을
요 14:28	나를 **사랑하였더라면** 내가 아버지께로
요 14:31	아버지를 **사랑하는** 것과 아버지께서
요 15:9	나를 **사랑하신** 것같이 나도 너희를 **사랑하였으니** 나의 **사랑** 안에 거하라
요 15:10	**사랑** 안에 거하는 것같이 너희도 내 계명을 지키면 내 **사랑** 안에 거하리라
요 15:12	**사랑한** 것같이 너희도 서로 **사랑하라**
요 15:13	목숨을 버리면 이보다 더 큰 **사랑**이
요 15:17	너희로 서로 **사랑하게** 하려 함이라
요 15:19	세상이 자기의 것을 **사랑할** 것이나
요 16:27	**사랑하고** 또 내가 하나님께로부터 … 아버지께서 친히 너희를 **사랑하심이라**
요 17:23	**사랑하심같이** 그들도 **사랑하신** 것을
요 17:24	**사랑하시므로** 내게 주신 나의 영광을
요 17:26	나를 **사랑하신 사랑**이 그들 안에 있고
요 19:26	어머니와 **사랑하시는** 제자가 곁에 서
요 20:2	예수께서 **사랑하시던** 그 다른 제자에게
요 21:7	예수께서 **사랑하시는** 그 제자가 베드로
요 21:15	**사랑하느냐** 하시니 … 주님을 **사랑하는**
요 21:16	**사랑하느냐** 하시니 … 주님을 **사랑하는**
요 21:17	나를 **사랑하느냐** … 나를 **사랑하느냐** 하시므로 … **사랑하는** 줄을 주님께서
요 21:20	베드로가 돌이켜 예수께서 **사랑하시는**

역사서 - 예언서

행 15:25-26	우리가 **사랑하는** 바나바와 바울과 함께
롬 5:8	우리에 대한 자기의 **사랑**을 확증하셨
롬 8:37	모든 일에 우리를 **사랑하시는** 이로
롬 9:13	야곱은 **사랑하고** 에서는 미워하였노라
롬 9:25	**사랑하지** 아니한 자를 **사랑한** 자라
롬 11:28	조상들로 말미암아 **사랑**을 입은 자라
롬 12:9	**사랑**에는 거짓이 없나니 악을 미워하고
롬 12:10	**사랑하여** 서로 우애하고 존경하기를
롬 13:8	피차 **사랑**의 빚 외에는 아무에게든지 아무 빚도 지지 말라 남을 **사랑하는**
롬 13:9	자신과 같이 **사랑하라** 하신 그 말씀
롬 13:10	**사랑**은 이웃에게 악을 행하지 아니하나니 … **사랑**은 율법의 완성이니라
롬 14:15	네가 **사랑**으로 행하지 아니함이라
롬 15:30	**사랑**으로 말미암아 너희를 권하노니
롬 16:5	내가 **사랑하는** 에배네도에게 문안하라
롬 16:8	주 안에서 내 **사랑하는** 암블리아에게
롬 16:9	우르바노와 나의 **사랑하는** 스다구에게
롬 16:12	수고하고 **사랑하는** 버시에게 문안하라
고전 4:17	주 안에서 내 **사랑하고** 신실한 아들
고전 4:21	나아가랴 **사랑**과 온유한 마음으로
고전 8:1	교만하게 하며 **사랑**은 덕을 세우나니
고전 13:1	**사랑**이 없으면 소리 나는 구리와 울리는
고전 13:2	믿음이 있을지라도 **사랑**이 없으면 내가
고전 13:3	**사랑**이 없으면 내게 아무 유익이 없느니
고전 13:4	**사랑**은 오래 참고 **사랑**은 온유하며 시기하지 아니하며 **사랑**은 자랑하지
고전 13:8	**사랑**은 언제까지나 떨어지지 아니하되
고전 13:13	믿음, 소망, **사랑** … 제일은 **사랑**이라
고전 14:1	**사랑**을 추구하며 신령한 것들을 사모하
고전 15:58	**사랑하는** 형제들아 견실하며 흔들리지
고전 16:14	너희 모든 일을 **사랑**으로 행하라
고전 16:22	**사랑하지** 아니하면 저주를 받을지어다

【 사랑/-하다 】 　　　　　　　　　　　　　【 사랑/-하다 】

고전 16:24	나의 **사랑**이 그리스도 예수 안에서 너희	빌 1:16	세우심을 받은 줄 알고 **사랑**으로 하나
고후 2:4	너희를 향하여 넘치는 **사랑**이 있음을	빌 2:1	권면이나 **사랑**의 무슨 위로나 성령의
고후 2:8	권하노니 **사랑**을 그들에게 나타내라	빌 2:2	마음을 같이하여 같은 **사랑**을 가지고
고후 6:6	성령의 감화와 거짓이 없는 **사랑**과	빌 4:1	나의 **사랑하고** 사모하는 형제들, 나의
고후 8:7	**사랑하는** 이 모든 일에 풍성한 것같이		기쁨이요 면류관인 **사랑하는** 자들아
고후 8:8	너희의 **사랑**의 진실함을 증명하고자	빌 4:8	**사랑** 받을 만하며 무엇에든지 칭찬
고후 8:24	너희의 **사랑**과 너희에 대한 우리 자랑의	골 1:4	모든 성도에 대한 **사랑**을 들었음이요
고후 9:7	즐겨 내는 자를 **사랑하시느니라**	골 1:7	함께 종 된 **사랑하는** 에바브라에게
고후 11:11	내가 너희를 **사랑하지** 아니함이냐	골 1:8	성령 안에서 너희 **사랑**을 우리에게 알린
고후 12:15	너희를 더욱 **사랑할수록** 나는 **사랑**을	골 1:13	건져 내사 그의 **사랑**의 아들의 나라로
고후 13:11	**사랑**과 평강의 하나님이 너희와 함께	골 2:2	마음에 위안을 받고 **사랑** 안에서 연합하
갈 2:20	나를 **사랑하사** 나를 위하여 자기 자신을	골 3:14	위에 **사랑**을 더하라 이는 온전하게 매는
갈 5:6	효력이 없으되 **사랑**으로써 역사하는	골 3:19	남편들아 아내를 **사랑하며** 괴롭게 하지
갈 5:13	말고 오직 **사랑**으로 서로 종 노릇 하라	골 4:7	그는 **사랑** 받는 형제요 신실한 일꾼이요
갈 5:22	성령의 열매는 **사랑**과 희락과 화평과	골 4:14	**사랑**을 받는 의사 누가와 또 데마가
		살전 1:3	믿음의 역사와 **사랑**의 수고와 우리 주
		살전 3:6	믿음과 **사랑**의 기쁜 소식을 우리에게
		살전 3:12	너희를 **사랑함과** 같이 너희도 피차간
			과 모든 사람에 대한 **사랑**이 더욱 많아
		살전 4:9	**사랑**에 관하여는 … 서로 **사랑함이라**
		살전 5:8	믿음과 **사랑**의 호심경을 붙이고 구원의
		살전 5:13	**사랑** 안에서 가장 귀히 여기며 너희끼리
		살후 1:3	자라고 너희가 다 각기 서로 **사랑함이**
		살후 2:10	진리의 **사랑**을 받지 아니하여 구원함을
		살후 2:13	주께서 **사랑하시는** 형제들아 우리가
		살후 2:16	그리스도와 우리를 **사랑하시고** 영원한
		딤전 1:5	없는 믿음에서 나오는 **사랑**이거늘
		딤전 1:14	**사랑**과 함께 넘치도록 풍성하였도다
		딤전 2:15	믿음과 **사랑**과 거룩함에 거하면 그의
		딤전 3:3	아니하며 돈을 **사랑하지** 아니하며
		딤전 4:12	행실과 **사랑**과 믿음과 정절에 있어서
		딤전 6:10	돈을 **사랑함**이 일만 악의 뿌리가 되나니
		딤전 6:11	경건과 믿음과 **사랑**과 인내와 온유를
		딤후 1:2	**사랑하는** 아들 디모데에게 편지하노니
		딤후 1:7	아니요 오직 능력과 **사랑**과 절제하는
		딤후 1:13	믿음과 **사랑**으로써 내게 들은 바 바른
		딤후 2:22	의와 믿음과 **사랑**과 화평을 따르라
		딤후 3:2	자기를 **사랑하며** 돈을 **사랑하며** 자랑하
		딤후 3:4	**사랑하기**를 하나님 **사랑하는** 것보다
		딤후 3:10	의향과 믿음과 오래 참음과 **사랑**과 인내
		딤후 4:10	데마는 이 세상을 **사랑하여** 나를 버리고
		딛 2:2	믿음과 **사랑**과 인내함에 온전하게 하고
		딛 2:4	교훈하되 그 남편과 자녀를 **사랑하며**

"새 계명을 너희에게 주노니 서로 사랑하라
내가 너희를 사랑한 것같이 너희도 서로 사
랑하라"(요 13:34)

엡 1:4	우리로 **사랑** 안에서 그 앞에 거룩하고
엡 1:6	그가 **사랑하시는** 자 안에서 우리에게
엡 1:15	너희 믿음과 모든 성도를 향한 **사랑**을
엡 2:4	하나님이 우리를 **사랑하신** 그 큰 **사랑**을
엡 3:17	너희가 **사랑** 가운데서 뿌리가 박히고
엡 4:2	참음으로 **사랑** 가운데서 서로 용납하
엡 4:15	**사랑** 안에서 참된 것을 하여 범사에
엡 4:16	하며 **사랑** 안에서 스스로 세우느니라
엡 5:1	그러므로 **사랑**을 받는 자녀같이 너희는
엡 5:2	그리스도께서 너희를 **사랑하신** 것같
	이 너희도 **사랑** 가운데서 행하라 그는
엡 5:25	**사랑하기**를 … 교회를 **사랑하시고**
엡 5:28	자기 아내 **사랑하기**를 … 자기 아내를
	사랑하는 자는 자기를 **사랑하는** 것이라
엡 5:33	자기의 아내 **사랑하기**를 자신같이 하고
엡 6:21	**사랑**을 받은 형제요 주 안에서 진실한
엡 6:23	평안과 믿음을 겸한 **사랑**이 형제들에게
엡 6:24	그리스도를 변함없이 **사랑하는** 모든
빌 1:9	내가 기도하노라 너희 **사랑**을 지식과

【 사랑/-하다 】 　　　　　　　　　　　　　　【 사래 1 】

딛 3:4	하나님의 자비와 사람 **사랑하심**이	요일 4:12	우리가 서로 **사랑하면** 하나님 우리
몬 1:5	성도에 대한 네 **사랑**과 믿음이 있음을		안에 … 그의 **사랑**이 우리 안에 온전히
몬 1:7	**사랑**으로 많은 기쁨과 위로를 받았노라	요일 4:16	**사랑하시는** **사랑**을 우리가 알고 믿었
몬 1:9	도리어 **사랑**으로써 간구하노라 나이가		노니 하나님은 **사랑**이시라 **사랑** 안에
몬 1:16	**사랑** 받는 형제로 둘 자라 내게 특별히	요일 4:17	**사랑**이 우리에게 온전히 이루어진 것은
히 1:9	의를 **사랑하시고** 불법을 미워하셨으니	요일 4:18	**사랑** 안에 두려움이 없고 온전한 **사랑**
히 6:10	나타낸 **사랑**으로 이미 성도를 섬긴 것과		이 두려움을 … 두려워하는 자는 **사랑**
히 10:24	서로 돌아보아 **사랑**과 선행을 격려하며	요일 4:19	**사랑함**은 … 우리를 **사랑하셨음**이라
히 12:6	주께서 그 **사랑하시는** 자를 징계하시고	요일 4:20	**사랑하노라** … 형제를 **사랑하지** 아니
히 13:1	형제 **사랑하기**를 계속하고		하는 … 하나님을 **사랑할** 수 없느니라
히 13:5	돈을 **사랑하지** 말고 있는 바를 족한	요일 4:21	하나님을 **사랑하는** … **사랑할지니라**
약 1:16	내 **사랑하는** 형제들아 속지 말라	요일 5:1	난 자니 또한 낳으신 이를 **사랑하는** 자
약 1:19	내 **사랑하는** 형제들아 너희가 알지니		마다 그에게서 난 자를 **사랑하느니라**
약 2:5	내 **사랑하는** 형제들아 들을지어다 …	요일 5:2	하나님을 **사랑하고** … 자녀를 **사랑하는**
	또 자기를 **사랑하는** 자들에게 약속하신	요이 1:3	**사랑** 가운데서 우리와 함께 있으리라
벧전 1:8	**사랑하는도다** 이제도 보지 못하나 믿고	요이 1:5	서로 **사랑하자** 이는 새 계명같이 네게
벧전 2:17	형제를 **사랑하며** 하나님을 두려워하며	요이 1:6	또 **사랑**은 이것이니 우리가 그 계명을
벧전 3:8	동정하며 형제를 **사랑하며** 불쌍히	요삼 1:1	장로인 나는 **사랑하는** 가이오 곧 내가
벧전 3:10	그러므로 생명을 **사랑하고** 좋은 날		참으로 **사랑하는** 자에게 편지하노라
벧전 4:8	뜨겁게 서로 **사랑할지니 사랑**은 허다한	요삼 1:6	**사랑**을 증언하였느니라 네가 하나님께
벧전 5:14	**사랑**의 입맞춤으로 서로 문안하라	유 1:1	**사랑**을 얻고 예수 그리스도를 위하여
벧후 1:7	우애를, 형제 우애에 **사랑**을 더하라	유 1:2	긍휼과 평강과 **사랑**이 너희에게 더욱
벧후 1:17	내 **사랑하는** 아들이요 내 기뻐하는 자라	계 1:5	우리를 **사랑하사** 그의 피로 우리 죄에서
벧후 2:15	그는 불의의 삯을 **사랑하다가**	계 2:4	책망할 것이 있나니 너의 처음 **사랑**을
벧후 3:15	우리가 **사랑하는** 형제 바울도 그 받은	계 2:19	내가 네 사업과 **사랑**과 믿음과 섬김과
요일 2:15	있는 것들을 **사랑하지** 말라 누구든지	계 3:9	절하게 하고 내가 너를 **사랑하는** 줄을
	세상을 **사랑하면** 아버지의 **사랑**이 그	계 20:9	성도들의 진과 **사랑하시는** 성을 두르매
요일 3:1	아버지께서 어떠한 **사랑**을 우리에게		
요일 3:10	형제를 **사랑하지** 아니하는 자는 하나님	**사랑스럽다**(have blessed, be loved)	
요일 3:11	우리는 서로 **사랑할지니** 이는 너희가	창 30:27	네가 나를 **사랑스럽게** 여기거든 그대로
요일 3:14	형제를 **사랑함**으로 사망에서 옮겨 생명	삼하 1:23	생전에 **사랑스럽고** 아름다운 자이러니
	으로 들어간 줄 알거니와 **사랑하지**	에 5:2	본즉 매우 **사랑스러우므로** 손에 잡았던
요일 3:16	이로써 **사랑**을 알고 우리도 형제들을	시 84:1	주의 장막이 어찌 그리 **사랑스러운지요**
요일 3:18	말과 혀로만 **사랑하지** 말고 행함과	잠 5:19	그는 **사랑스러운** 암사슴 같고 아름다운
요일 3:23	주신 계명대로 서로 **사랑할** 것이니라	아 5:16	심히 달콤하니 그 전체가 **사랑스럽구나**
요일 4:7	**사랑하는** 자들아 우리가 서로 **사랑하자**	눅 2:52	사람에게 더욱 **사랑스러워** 가시더라
	사랑은 하나님께 … **사랑하는** 자마다		
요일 4:8	**사랑하지** 아니하는 자는 하나님을 알지	**사래 1**(Sarai) 사라의 개명 전 이름	
	못하나니 이는 하나님은 **사랑**이심이라	창 11:29	아브람의 아내의 이름은 **사래**며 나홀의
요일 4:10	**사랑**은 여기 … 우리가 하나님을 **사랑한**		
	것이 아니요 하나님이 우리를 **사랑하사**	**사래 1 - 기타 본문**	
요일 4:11	**사랑하는** 자들아 … 이같이 우리를 사	창 11:30, 31; 12:5, 11, 17; 16:1, 2, 3, 5, 6, 8;	
	랑하셨은즉 우리도 **사랑하는** 것이	17:15	

【 사래 2 】　　　　　　　　　　　　　　　　　　　【 사로잡다 】

사래 2(Sharai) 이방 여인을 보내기로 언약한 자
스 10:40　막나드배와 사새와 **사래**와

사레셀(Sharezer)
1. 앗수르 왕 산헤립의 아들
왕하 19:37　아드람멜렉과 **사레셀**이 그를 칼로
사 37:38　아드람멜렉과 **사레셀**이 그를 칼로
2. 스가랴 선지자 시대에 살았던 벧엘 사람
슥 7:2　벧엘 사람이 **사레셀**과 레겜멜렉과 그의

사렙다(Zarephath) 3년 반 가뭄 때 엘리야가 머문 곳
눅 4:26　시돈 땅에 있는 **사렙다**의 한 과부에게

사령관(司令官, commander)
삼하 24:4　**사령관**들을 재촉한지라 요압과 **사령관**
왕상 2:5　두 **사령관** 넬의 아들 아브넬과 예델의
왕하 4:13　왕에게나 **사령관**에게 무슨 구할 것이
렘 39:9　**사령관** 느부사라단이 성중에 남아 있는
렘 39:10　**사령관** 느부사라단이 아무 소유가 없는
렘 39:11　예레미야에 대하여 **사령관** 느부사라단
렘 39:13　이에 **사령관** 느부사라단과 내시장
렘 40:1　**사령관** 느부사라단이 예루살렘과
렘 40:2　**사령관**이 예레미야를 불러다가 이르되
렘 40:5　**사령관**이 그에게 양식과 선물을 주어
렘 41:10　**사령관** 느부사라단이 아히감의 아들
렘 43:6　**사령관** 느부사라단이 사반의 손자
렘 52:12　어전 **사령관** 느부사라단이 예루살렘에
렘 52:14　**사령관**을 따르는 갈대아 사람의 모든
렘 52:15　**사령관** 느부사라단이 백성 중 가난한
렘 52:19　**사령관**은 잔들과 화로들과 주발들과
렘 52:24　**사령관**이 대제사장 스라야와 부제사장
렘 52:26　**사령관** 느부사라단은 그들을 사로잡아
렘 52:30　제이십삼년에 **사령관** 느부사라단이

사례(事例, matter)
에 1:13　왕이 **사례**를 아는 현자들에게 묻되

사로잡다(capture, carry off)
모세오경, 역사서
창 14:12　아브람의 조카 롯도 **사로잡고** 그 재물까
창 34:29　아내들을 **사로잡고** 집 속의 물건을 다
민 21:1　쳐서 그중 몇 사람을 **사로잡은지라**

민 31:9　아이들을 **사로잡고** 그들의 가축과 양
민 31:12　**사로잡은** 자와 노략한 것과 탈취한 것을
민 31:26　**사로잡은** 사람들과 짐승들을 계수하고
신 21:10　손에 넘기시므로 네가 그들을 **사로잡은**
수 8:23　아이 왕을 **사로잡아** 여호수아 앞으로
삿 5:12　아들이여 네가 **사로잡은** 자를 끌고
삿 7:25　오렙과 스엡을 **사로잡아** 오렙은 오렙
삿 8:12　세바와 살문나를 **사로잡고** 그 온 진영을
삼상 15:8　왕 아각을 **사로잡고** 칼날로 그의 모든
삼상 30:2　죽이지 아니하고 다 **사로잡아** 끌고
삼하 8:4　보병 이만 명을 **사로잡고** 병거 일백
왕상 8:46　그들을 **사로잡아** 원근을 막론하고
왕상 8:47　그 **사로잡은** 자의 땅에서 돌이켜 주께
왕상 8:48　자기를 **사로잡아** 간 적국의 땅에서 온
왕상 8:50　그들을 **사로잡아** 간 자 앞에서 그들로
왕상 20:18　화친하러 나올지라도 **사로잡고** 싸우러 나올지라도 **사로잡으라** 하니라
왕하 5:2　어린 소녀 하나를 **사로잡으매** 그가
왕하 6:22　활로 **사로잡은** 자인들 어찌 치리이까
왕하 7:12　우리가 **사로잡고** 성읍에 들어가겠다 한
왕하 10:14　이르되 **사로잡으라** 하매 곧 **사로잡아**
왕하 14:13　왕 아마샤를 **사로잡고** 예루살렘에
왕하 15:29　점령하고 그 백성을 **사로잡아** 앗수르로
왕하 16:9　백성을 **사로잡아** 기르로 옮기고 또 르신
왕하 17:6　이스라엘 사람을 **사로잡아** 앗수르로
왕하 17:27　그 곳에서 **사로잡아** 온 제사장 한
왕하 18:11　이스라엘을 **사로잡아** 앗수르에 이르러
왕하 24:14　대장장이를 **사로잡아** 가매 비천한 자
왕하 24:15　바벨론으로 **사로잡아** 가고 왕의 … 예루살렘에서 바벨론으로 **사로잡아** 가고
왕하 24:16　바벨론 왕이 바벨론으로 **사로잡아** 가고
왕하 25:6　그들이 왕을 **사로잡아** 그를 립나에 있는
왕하 25:11　느부사라단이 모두 **사로잡아** 가고
왕하 25:18　성전 문지기 세 사람을 **사로잡고**
왕하 25:19　사람을 **사로잡았으니** 곧 군사를 거느린
왕하 25:20　느부사라단이 그들을 **사로잡아** 가지고
대상 5:21　빼앗으며 사람 십만 명을 **사로잡았고**
대상 5:26　므낫세 반 지파를 **사로잡아** 할라와
대하 6:36　그들을 **사로잡아** 땅의 원근을 막론하고
대하 6:37　그들을 **사로잡은** 자들의 땅에서 돌이켜
대하 6:38　자기들을 **사로잡아** 간 적국의 땅에서
대하 25:12　만 명을 **사로잡아** 가지고 바위 꼭대기에
대하 25:23　왕 아마샤를 **사로잡고** 예루살렘에

【 사로잡다 】   【 사로잡히다 】

대하 28:5 무리를 **사로잡아** 다메섹으로 갔으며
대하 28:8 이십만 명을 **사로잡고** 그들의 재물을
대하 28:11 형제들 중에서 **사로잡아** 온 포로를 놓아
대하 28:17 치고 그의 백성을 **사로잡았음이며**
대하 30:9 자녀가 **사로잡은** 자들에게서 자비를
대하 33:11 므낫세를 **사로잡고** 쇠사슬로 결박하여
대하 36:20 바벨론으로 **사로잡아** 가매 무리가
스 5:12 힐며 이 백성을 **사로잡아** 바벨론으로
에 2:6 백성을 **사로잡아** 갈 때에 모르드개도

시가서 - 신약

욥 30:16 녹으니 환난 날이 나를 **사로잡음이라**
시 48:6 그들을 **사로잡으니** 고통이 해산하는
시 68:18 높은 곳으로 오르시며 **사로잡은** 자들을
시 106:46 그들을 **사로잡은** 모든 자에게서 긍휼히
시 137:3 이는 우리를 **사로잡은** 자가 거기서
사 14:2 자기를 **사로잡던** 자들을 **사로잡고**
렘 20:4 그들을 **사로잡아** 바벨론으로 옮겨 칼로
렘 27:20 **사로잡아** 옮길 때에 가져가지 아니하였
렘 41:10 이스마엘이 **사로잡되** 곧 느다냐의 아들 이스마엘이 그들을 **사로잡아** 암몬
렘 41:14 이스마엘이 **사로잡은** 그 모든 백성이
렘 43:11 **사로잡을** 자는 **사로잡고** 칼로 칠 자는
렘 43:12 그들을 **사로잡을** 것이요 목자가 그의
렘 49:24 고통과 슬픔이 그를 **사로잡았도다**
렘 50:33 그들을 **사로잡은** 자는 다 그들을 붙들고
렘 52:9 그들이 왕을 **사로잡아** 그를 하맛 땅
렘 52:15 항복한 자와 무리의 남은 자를 **사로잡아**
렘 52:24 성전 문지기 세 사람을 **사로잡고**
렘 52:25 사람을 **사로잡았으니** 곧 군사를 거느린
렘 52:26 그들을 **사로잡아** 립나에 있는 바벨론의
렘 52:28 느부갓네살이 **사로잡아** 간 백성은
렘 52:29 예루살렘에서 **사로잡아** 간 자가 팔백
렘 52:30 느부사라단이 **사로잡아** 간 유다 사람이
겔 17:12 고관을 **사로잡아** 바벨론 자기에게로
단 5:13 유다에서 **사로잡아** 온 유다 자손 중에
단 11:12 그가 큰 무리를 **사로잡은** 후에 그의
암 1:6 그들이 모든 **사로잡은** 자를 끌어 에돔에
암 1:9 아니하고 모든 **사로잡은** 자를 에돔에
합 1:9 사람을 **사로잡아** 모으기를 모래같이
롬 7:23 법으로 나를 **사로잡는** 것을 보는도다
고후 10:5 모든 생각을 **사로잡아** 그리스도에게
엡 4:8 **사로잡혔던** 자들을 **사로잡으시고**
골 2:8 너희를 **사로잡을까** 주의하라 이것은

사로잡히다(be captured)
모세오경, 역사서

창 14:14 아브람이 그의 조카가 **사로잡혔음을**
창 31:26 내 딸들을 칼에 **사로잡힌** 자같이 끌고
민 14:3 우리 처자가 **사로잡히리니** 애굽으로
민 14:31 너희가 **사로잡히겠다고** 말하던 너희의
신 1:39 또 너희가 **사로잡히리라** 하던 너희의
삿 18:30 백성이 **사로잡히는** 날까지 이르렀더라
삼상 30:3 아내와 자녀들이 **사로잡혔는지라**
삼상 30:5 아내였던 아비가일도 **사로잡혔더라**
왕상 8:47 그들이 **사로잡혀** 간 땅에서 스스로
왕하 17:23 앗수르에 **사로잡혀** 가서 오늘까지
왕하 17:28 이에 사마리아에서 **사로잡혀** 간 제사장
왕하 20:18 아들 중에서 **사로잡혀** 바벨론 왕궁의
왕하 25:21 이와 같이 유다가 **사로잡혀** 본토에서
왕하 25:27 여호야긴이 **사로잡혀** 간 지 삼십칠 년
대상 3:17 **사로잡혀** 간 여고냐의 아들들은 그의
대상 5:6 왕 디글랏빌레셀에게 **사로잡힌** 자라
대상 5:22 거주하여 **사로잡힐** 때까지 이르렀더라
대상 8:6 우두머리로서, **사로잡혀** 마나핫으로
대상 9:1 말미암아 바벨론으로 **사로잡혀** 갔더니
대하 6:37 **사로잡혀** 간 땅에서 스스로 깨닫고
대하 29:9 자녀와 아내들이 **사로잡혔느니라**
스 1:11 **사로잡힌** 자를 바벨론에서 예루살렘으
스 2:1 왕 느부갓네살에게 **사로잡혀** 바벨론으
스 3:8 **사로잡혔다가** 예루살렘에 돌아온
스 4:1 **사로잡혔던** 자들의 자손이 이스라엘의
스 6:16 기타 **사로잡혔던** 자의 자손이 즐거이
스 6:19 **사로잡혔던** 자의 자손이 첫째 달
스 6:20 다 정결하매 **사로잡혔던** 자들의 모든
스 6:21 **사로잡혔다가** 돌아온 이스라엘 자손과
스 8:35 **사로잡혔던** 자의 자손 곧 이방에서
스 9:4 떠는 자가 **사로잡혔던** 이 사람들의
스 9:7 칼에 죽으며 **사로잡히며** 노략을 당하며
스 10:6 그가 들어가서 **사로잡혔던** 자들의 죄를
스 10:7 유다와 예루살렘에 **사로잡혔던** 자들의
스 10:8 그의 재산을 적몰하고 **사로잡혔던** 자의
스 10:16 **사로잡혔던** 자들의 자손이 그대로
느 1:2 내가 그 **사로잡힘**을 면하고 남아 있는
느 1:3 그들이 내게 이르되 **사로잡힘**을 면하고
느 4:4 노략거리가 되어 이방에 **사로잡히게**
느 7:6 왕 느부갓네살에게 **사로잡혀** 갔던 자들
느 8:17 **사로잡혔다가** 돌아온 회중이 다 초막을

1240

【 사로잡히다 】   【 사론 】

에 2:6	때에 모르드개도 함께 **사로잡혔더라**

시가서 – 신약

시 59:12	그 교만한 중에서 **사로잡히게** 하소서
시 119:53	내가 맹렬한 분노에 **사로잡혔나이다**
사 5:13	**사로잡힐** 것이요 그들의 귀한 자는
사 13:8	슬픔에 **사로잡혀** 해산이 임박한 여자
사 14:17	그에게 **사로잡힌** 자들을 집으로 놓아
사 20:4	구스의 **사로잡힌** 자가 앗수르 왕에게
사 39:7	자손 중에서 몇이 **사로잡혀** 바벨론
사 45:13	성읍을 건축할 것이며 **사로잡힌** 내 백성
사 49:21	외로워졌으며 **사로잡혀** 유리하였거늘
사 49:24	승리자에게 **사로잡힌** 자를 어떻게
사 52:2	앉을지어다 **사로잡힌** 딸 시온이여
렘 1:3	오월에 예루살렘이 **사로잡혀** 가기까지
렘 13:17	양 떼가 **사로잡힘**으로 말미암아 눈물을
렘 13:21	고통에 **사로잡힘**이 산고를 겪는 여인
렘 29:4	바벨론으로 **사로잡혀** 가게 한 모든
렘 29:7	내가 **사로잡혀** 가게 한 그 성읍의 평안
렘 29:14	**사로잡혀** 떠났던 그 곳으로 돌아오게
렘 30:16	대적은 **사로잡혀** 갈 것이고 너에게서
렘 31:23	그 **사로잡힌** 자를 돌아오게 할 때에
렘 34:3	반드시 **사로잡혀** 그의 손에 넘겨져서
렘 48:46	네 아들들은 **사로잡혀** 갔고 네 딸들은
렘 49:3	그 고관들이 다 **사로잡혀** 가리로다
렘 50:43	고통에 **사로잡혀** 해산하는 여인처럼
렘 51:56	용사들이 **사로잡히고** 그들의 활이
렘 52:27	이와 같이 유다가 **사로잡혀** 본국에서
렘 52:31	왕 여호야긴이 **사로잡혀** 간 지 삼십칠
애 1:3	고난 가운데에 **사로잡혀** 갔도다 그가
애 1:5	어린 자녀들이 대적에게 **사로잡혔도다**
애 1:18	나의 청년들이 **사로잡혀** 갔도다
애 2:14	**사로잡힌** 것을 돌이키지 못하였도다
애 4:22	**사로잡혀** 가지 아니하게 하시리로다
겔 1:1	그발 강 가 **사로잡힌** 자 중에 있을 때에
겔 1:2	여호야긴 왕이 **사로잡힌** 지 오 년 그 달
겔 3:11	**사로잡힌** 네 민족에게로 가서 그들이
겔 3:15	내가 델아빕에 이르러 그 **사로잡힌** 백성
겔 6:9	살아남은 자가 **사로잡혀** 이방인들
겔 11:24	갈대아에 있는 **사로잡힌** 자 중에 이르시
겔 11:25	내가 **사로잡힌** 자에게 여호와께서 내게
겔 12:11	대로 그들도 포로로 **사로잡혀** 가리라
겔 16:53	그들의 **사로잡힘** 곧 소돔과 그의 딸들의
	사로잡힘과 … **사로잡힘**과 그들 중에 너

겔 25:3	의 **사로잡힌** 자의 **사로잡힘**을 풀어 주어 유다 족속이 **사로잡힐** 때에 네가 그들에
겔 29:14	**사로잡힌** 자들을 돌이켜 바드로스 땅
겔 33:21	우리가 **사로잡힌** 지 열두째 해 열째 달
겔 39:23	죄악으로 말미암아 **사로잡혀** 갔던 줄을
겔 39:25	야곱의 **사로잡힌** 자를 돌아오게 하며
겔 39:28	내가 그들이 **사로잡혀** 여러 나라에
겔 40:1	우리가 **사로잡힌** 지 스물다섯째 해,
단 2:25	내가 **사로잡혀** 온 유다 자손 중에서
단 6:13	**사로잡혀** 온 유다 자손 중에 다니엘이
단 11:33	칼날과 불꽃과 **사로잡힘**과 약탈을
호 6:11	백성의 **사로잡힘**을 돌이킬 때에 네게도
욜 3:1	예루살렘 가운데에서 **사로잡힌** 자를
암 1:5	아람 백성이 **사로잡혀** 기르에 이르리라
암 1:15	지도자들과 함께 **사로잡혀** 가리라
암 5:5	반드시 **사로잡히겠고** 벧엘은 비참하게
암 5:27	다메섹 밖으로 **사로잡혀** 가게 하리라
암 6:7	**사로잡히는** 자 중에 앞서 **사로잡히리니**
암 7:11	이스라엘은 반드시 **사로잡혀** 그 땅에서
암 7:17	이스라엘은 반드시 **사로잡혀** 그의
암 9:4	그 원수 앞에 **사로잡혀** 갈지라도 내가
암 9:14	이스라엘이 **사로잡힌** 것을 돌이키리니
옵 1:20	**사로잡혔던** 이스라엘의 … **사로잡혔던**
미 1:16	이는 그들이 **사로잡혀** 너를 떠났음이라
나 3:10	그가 포로가 되어 **사로잡혀** 갔고 그의
습 2:7	그들이 **사로잡힘**을 돌이킬 것임이라
습 3:20	**사로잡힘**을 돌이킬 때에 너희에게
슥 6:10	**사로잡힌** 자 가운데 바벨론에서부터
슥 14:2	백성이 절반이나 **사로잡혀** 가려니와
마 1:11	바벨론으로 **사로잡혀** 갈 때에 요시야는
마 1:12	바벨론으로 **사로잡혀** 간 후에 여고냐는
마 1:17	**사로잡혀** 갈 때까지 … **사로잡혀**
눅 21:24	이방에 **사로잡혀** 가겠고 예루살렘은
엡 4:8	**사로잡혔던** 자들을 사로잡으시고
딤후 2:26	하나님께 **사로잡힌** 바 되어 그 뜻을
계 13:10	**사로잡힐** 자는 **사로잡혀** 갈 것이요

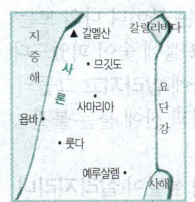

사론(Sharon)

1. 갈멜 산에서 욥바까지 펼쳐진 대규모 평원

아 2:1	나는 **사론**의 수선화요 골짜기의 백합화로다

【 사료 】　　　　　　　　　　　　　　　　　　　　　　　【 사르다/살라지다 】

사론 1 = 기타 본문
사 33:9; 35:2; 65:10; 행 9:35

2. 요단 강 동편의 갓 지파 기업
대상 5:16　**사론**의 모든 들에 거주하여 그 사방
대상 27:29　**사론** 사람 시드래는 사론에서 먹이는

사료(飼料, fodder)
창 24:25　우리에게 짚과 **사료**가 족하며 유숙할
창 24:32　짚과 **사료**를 낙타에게 주고 그 사람의

사루헨(Sharuhen) 시므온 지파의 기업 중 하나
수 19:6　벧 르바옷과 **사루헨**이니 열세 성읍이요

사르곤(Sargon) 이사야 선지자 시대의 앗수르 왕
사 20:1　앗수르의 **사르곤** 왕이 다르단을 아스돗

사르다/살라지다(burn, consume)

모세오경 - 서가서
출 15:7　그들을 지푸라기같이 **사르니이다**
출 30:7　**사르되** 등불을 손질할 때에 **사를지며**
출 30:9　그 위에 다른 향을 **사르지** 말며 번제나
출 40:27　향기로운 향을 **사르니** 여호와께서
레 2:11　여호와께 화제로 드려 **사르지** 못할지니
레 4:12　위에서 **사르되** 곧 재 버리는 곳에서
레 4:21　가져다가 첫번 수송아지를 **사름같이**
민 11:1　그들 중에 붙여서 진영 끝을 **사르게**
민 19:6　암송아지를 **사르는** 불 가운데에 던질
수 6:24　**사르고** 은금과 동철 기구는 여호와의
삼하 22:9　나와 **사름이여** 그 불에 숯이 피었도다
왕상 13:2　뼈를 네 위에서 **사르리라** 하셨느니라
대상 14:12　다윗이 명령하여 불에 **사르니라**
대하 2:4　재료를 **사르며** 항상 떡을 차려 놓으며
대하 7:1　제물들을 **사르고** 여호와의 영광이 그
느 10:34　우리 하나님 여호와의 제단에 **사르게**
욥 1:16　종들을 **살라** 버렸나이다 나만 홀로
욥 31:12　멸망하도록 **사르는** 불이니 나의 모든
시 18:8　나와 **사름이여** 그 불에 숯이 피었도다
시 78:63　그들의 청년은 불에 **살라지고** 그들의
시 83:14　삼림을 **사르는** 불과 산에 붙는 불길

선지서, 신약
사 9:5　묻은 겉옷이 불에 섶같이 **살라지리니**

사 9:18　수풀을 **살라** 연기가 위로 올라가게 함과
사 26:11　것이라 불이 주의 대적들을 **사르리이다**
사 30:33　유황 개천 같아서 이를 **사르시리라**
사 33:12　같겠고 잘라서 불에 **사르는** 가시나무
사 43:2　아니할 것이요 불꽃이 너를 **사르지도**
사 44:16　절반은 불에 **사르고** 그 절반으로는
사 64:2　불이 섶을 **사르며** 불이 물을 끓임 같게
렘 4:4　**사르리니** 그것을 끌 자가 없으리라
렘 6:29　그 불에 납이 **살라져서** 단련하는 자의
렘 7:20　불같이 **살라지고** 꺼지지 아니하리라
렘 15:14　맹렬한 불이 너희를 **사르려** 함이라
렘 21:12　불같이 일어나서 **사르리니** 능히 끌 자가
렘 21:14　그 모든 주위를 **사르리라** 여호와의
렘 32:29　나를 격노하게 한 집들을 **사르리니**
렘 33:18　번제를 드리며 소제를 **사르며** 다른
렘 48:45　떠드는 자들의 정수리를 **사름이로다**
애 4:11　시온에 불을 지르사 그 터를 **사르셨도다**
겔 5:4　얼마를 불에 던져 **사르라** 그 속에서
겔 15:4　두 끝을 **사르고** 그 가운데도 태웠으면
겔 15:5　불에 **살라지고** 탄 후에 어찌 제조에
겔 15:7　불이 그들을 **사르리니** 내가 그들을
겔 16:41　불로 네 집들을 **사르고** 여러 여인의
겔 23:25　빼앗고 그 남은 자를 불에 **사르며**
겔 28:18　불을 내어 너를 **사르게** 하고 너를 보고
겔 39:9　무기를 불태워 **사르되** 큰 방패와 작은
호 2:13　향을 **살라** 바알들을 섬긴 시일대로 내가
욜 2:3　불이 그들의 앞을 **사르며** 불꽃이 그들의
욜 2:5　불꽃이 검불을 **사르는** 소리와도 같으며
암 1:4　보내리니 벤하닷의 궁궐들을 **사르리라**
암 1:7　불을 보내리니 그 궁궐들을 **사르리라**
암 1:10　불을 보내리니 그 궁궐들을 **사르리라**
암 1:12　보내리니 보스라의 궁궐들을 **사르리라**
암 1:14　궁궐들을 **사르되** 전쟁의 날에 외침과
암 2:2　그리옷 궁궐들을 **사르리라** 모압이
암 2:5　예루살렘의 궁궐들을 **사르리라**
슥 5:4　아울러 **사르리라** 하셨느니라 하니라
슥 11:1　네 문을 열고 불이 네 백향목을 **사르게**
말 4:1　그들을 **살라** 그 뿌리와 가지를 남기지
마 13:40　가라지를 거두어 불에 **사르는** 것같이
요 15:6　그것을 모아다가 불에 던져 **사르느니라**
약 3:6　불사르나니 **사르는** 것이 지옥 불에서
계 17:16　그의 살을 먹고 불로 아주 **사르리라**
계 18:8　불에 **살라지리니** 그를 심판하시는 주

【 사르단 】   【 사막 】

사르단(Zarethan) 성전 놋 기구들을 만든 곳
수 3:16   물이 그쳐서 **사르단**에 가까운 매우 멀리
왕상 4:12 이스르엘 아래 **사르단** 가에 있는 벧스안
왕상 7:46 **사르단** 사이의 차진 흙에 그것들을

사르밧(Zarephath) 지중해 연안의 해변 성읍
왕상 17:9   시돈에 속한 **사르밧**으로 가서 거기
왕상 17:10 그가 일어나 **사르밧**으로 가서 성문에
옵 1:20   **사르밧**까지 얻을 것이며 예루살렘에서

사리(事理, discreet)
잠 26:16 게으른 자는 **사리**에 맞게 대답하는 사람
사 5:3   이제 나와 내 포도원 사이에서 **사리**를

사릿(Sarid) 스불론 지파의 남방 경계에 있던 성읍
수 19:10 그들의 기업의 경계는 **사릿**까지이며
수 19:12 **사릿**에서부터 동쪽으로 돌아 해 뜨는

사마(Shama)
　　　1. 아셀 자손 소바의 아들
대상 7:37 베셀과 홋과 **사마**와 실사와 이드란과
　　　2. 다윗의 30용사 중 하나로 호담의 아들
대상 11:44 아로엘 사람 호담의 아들 **사마**와 여이엘

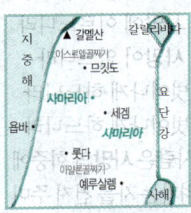

사마리아(Samaria)
세겜 서쪽에 위치한
북이스라엘의 수도
왕상 13:32 **사마리아**
성읍들에 있는 모
든 산당을 향하여
왕상 16:24 세멜에게서 **사마리아** 산을 … 세멜의
이름을 따라 **사마리아**라 일컬었더라
요 4:9   **사마리아** 여자가 이르되 당신은 유대
인으로서 어찌하여 **사마리아** 여자인
행 1:8   예루살렘과 온 유대와 **사마리아**와 땅
행 8:5   **사마리아** 성에 내려가 그리스도를

✝ **사마리아 - 기타 본문**
왕상 16:28, 29, 32; 18:2; 20:1, 10, 17, 34, 43;
21:1, 18; 22:10, 37, 38, 51; 왕하 1:2, 3; 2:25;
3:1, 6; 5:3; 6:19, 20, 24, 25; 7:1, 18; 10:1, 12,
17, 35, 36; 13:1, 6, 9, 10, 13; 14:14, 16, 23; 15:8,
13, 14, 17, 23, 25, 27; 17:1, 5, 6, 24, 26, 28; 18:9,
10, 34; 21:13; 23:18, 19; 대하 18:2, 9; 22:9;
25:13, 24; 28:8, 9, 15; 스 4:10, 17; 느 4:2; 사
7:9; 8:4; 9:9; 10:9, 10, 11; 36:19; 렘 23:13;
31:5; 41:5; 겔 16:46, 51, 53, 55; 23:4, 33; 호 7:1;
8:5, 6; 10:5, 7; 13:16; 암 3:9, 12; 4:1; 6:1; 8:14;
옵 1:19; 미 1:1, 5, 6; 눅 17:11; 요 4:4, 5, 7; 행
1:8; 8:9, 14; 9:31; 15:3

사마리아인/사마리아 사람(Samaritan)
왕하 17:29 신상들을 만들어 **사마리아 사람**이 지은
마 10:5   **사마리아인**의 고을에도 들어가지 말고
눅 9:52   **사마리아인**의 한 마을에 들어갔더니
눅 10:33   **사마리아 사람**은 여행하는 중 거기
눅 17:16   감사하니 그는 **사마리아 사람**이라
요 4:9   유대인이 **사마리아인**과 상종하지
요 4:39   많은 **사마리아인**이 예수를 믿는지라
요 4:40   **사마리아인**들이 예수께 와서 자기들과
요 8:48   우리가 너를 **사마리아 사람**이라 또는
행 8:25   예루살렘으로 돌아갈새 **사마리아인**의

사막(沙漠, desert)
시 74:14   그것을 **사막**에 사는 자에게 음식물로
시 78:40   반항하며 **사막**에서 그를 슬프시게 함이
시 106:14 욕심을 크게 내며 **사막**에서 하나님을
시 107:4   광야 **사막** 길에서 방황하며 거주할 성읍
사 33:9   **사막**과 같고 바산과 갈멜은 나뭇잎을
사 35:1   땅이 기뻐하며 **사막**이 백합화같이 피어
사 35:6   솟겠고 **사막**에서 시내가 흐를 것임이라
사 35:7   뜨거운 **사막**이 변하여 못이 될 것이며
사 40:3   길을 예비하라 **사막**에서 우리 하나님의
사 41:19   **사막**에는 잣나무와 소나무와 황양목을
사 43:19   내가 광야에 길을 **사막**에 강을 내리니
사 43:20   광야에 물을, **사막**에 강들을 내어 내
사 48:21   여호와께서 그들을 **사막**으로 통과하게
사 50:2   **사막**이 되게 하며 물이 없어졌으므로
사 51:3   **사막**을 에덴 같게, 그 광야를 여호와의
렘 2:6   광야 곧 **사막**과 구덩이 땅, 건조하고
렘 5:6   그들을 죽이며 **사막**의 이리가 그들을
렘 13:24   그들을 **사막** 바람에 불려가는 검불같이
렘 17:6   그는 **사막**의 떨기나무 같아서 좋은 일이
렘 50:39   그러므로 **사막**의 들짐승이 승냥이와
렘 51:43   마른 땅과 **사막**과 사람이 살지 않는

【 사막 도마뱀 】 【 사망/-하다 】

겔 6:6	모든 성읍이 **사막**이 되게 하며 산당을
겔 29:9	애굽 땅이 **사막**과 황무지가 되리니 내가
겔 29:10	지경까지 황폐한 황무지 곧 **사막**이 되게
겔 29:12	성읍도 **사막**이 된 나라들의 성읍같이
겔 30:7	**사막**이 된 성읍들 … 성읍들도 **사막**이
겔 32:15	땅이 황폐하여 **사막**이 되게 하여 거기에
겔 36:4	황폐한 **사막**들과 사방에 남아 있는
습 2:13	황폐하게 하여 **사막**같이 메마르게

사막 도마뱀(skink)
레 11:30 도마뱀과 **사막 도마뱀**과 카멜레온이라

사만(四萬, four thousand)
왕상 4:26 말 외양간이 **사만**이요 마병이 만 이천

성경에 나오는 '사만'과 관련된 성구
- 사만 명 – 수 4:13; 삿 5:8; 삼하 10:18; 대상 12:36; 19:18
- 사만 사천칠백육십 명 – 대상 5:18
- 사만 삼천백삼십 명 – 민 26:7
- 사만 오백 명 – 민 1:33; 2:19; 26:18
- 사만 오천사백 명 – 민 26:50
- 사만 오천육백 명 – 민 26:41
- 사만 오천육백오십 명 – 민 1:25; 2:15
- 사만 육천오백 명 – 민 1:21; 2:11
- 사만 이천 명 – 삿 12:6
- 사만 이천삼백육십 명 – 스 2:64; 느 7:66
- 사만 천오백 명 – 민 1:41; 2:28

사망/-하다(死亡, death)

구약
레 8:35	**사망**을 면하리라 내가 이같이 명령을
신 2:16	군인이 **사망하여** 백성 중에서 멸망한
신 30:15	보라 내가 오늘 생명과 복과 **사망**과
신 30:19	내가 생명과 **사망**과 복과 저주를 네
삼상 5:11	성읍이 **사망**의 환난을 당함이라 거기서
삼상 15:32	진실로 **사망**의 괴로움이 지났도다
삼하 22:5	**사망**의 물결이 나를 에우고 불의의 창수
삼하 22:6	두르고 **사망**의 올무가 내게 이르렀도다
욥 18:13	**사망**의 장자가 그의 지체를 먹을 것이며
욥 28:22	멸망과 **사망**도 이르기를 우리가 귀로
욥 38:17	**사망**의 문이 네게 나타났느냐 **사망**의

시 6:5	**사망** 중에서는 주를 기억하는 일이
시 9:13	나를 **사망**의 문에서 일으키시는 주여
시 13:3	밝히소서 두렵건대 내가 **사망**의 잠을
시 18:4	**사망**의 줄이 나를 얽고 불의의 창수가
시 18:5	두르고 **사망**의 올무가 내게 이르렀도다
시 23:4	**사망**의 음침한 골짜기로 다닐지라도
시 33:19	그들의 영혼을 **사망**에서 건지시며
시 49:14	**사망**이 그들의 목자일 것이라 정직한
시 55:4	아파하며 **사망**의 위험이 내게 이르렀도

"죄의 삯은 사망이요 하나님의 은사는 그리스도 예수 우리 주 안에 있는 영생이니라"(롬 6:23)

시 55:15	**사망**이 갑자기 그들에게 임하여 산 채로
시 56:13	내 생명을 **사망**에서 건지셨음이라
시 68:20	하나님이시라 **사망**에서 벗어남은 주
시 107:18	음식물을 싫어하게 되어 **사망**의 문에
시 116:3	**사망**의 줄이 나를 두르고 스올의 고통이
시 116:8	주께서 내 영혼을 **사망**에서, 내 눈을
잠 2:18	그의 집은 **사망**으로, 그의 길은 스올로
잠 7:27	그의 집은 스올의 길이라 **사망**의 방으로
잠 8:36	미워하는 자는 **사망**을 사랑하느니라
잠 11:19	악을 따르는 자는 **사망**에 이르느니라
잠 12:28	있나니 그 길에는 **사망**이 없느니라
잠 13:14	**사망**의 그물에서 벗어나게 하느니라
잠 14:27	**사망**의 그물에서 벗어나게 하느니라
잠 21:16	명철의 길을 떠난 사람은 **사망**의 회중에
잠 24:11	너는 **사망**으로 끌려가는 자를 건져 주며
전 7:26	여인은 **사망**보다 더 쓰다는 사실을 내가
사 22:2	죽은 것도 아니요 전쟁에 **사망한** 것도
사 25:8	**사망**을 영원히 멸하실 것이라 주 여호와
사 26:14	다시 살지 못하겠고 **사망하였은즉**
사 28:15	우리는 **사망**과 언약하였고 스올과
사 28:18	너희가 **사망**과 더불어 세운 언약이
사 38:18	감사하지 못하며 **사망**이 주를 찬양하지
사 53:12	자기 영혼을 버려 **사망**에 이르게 하며
렘 9:21	무릇 **사망**이 우리 창문을 통하여 넘어
호 13:14	**사망**에서 구속하리니 **사망**아 네 재앙이
합 1:12	우리가 **사망**에 이르지 아니하리이다
합 2:5	그는 **사망** 같아서 족한 줄을 모르고

【 사망/-하다 】   【 사면 】

신약

마 4:16	빛을 보았고 **사망**의 땅과 그늘에 앉은
요 5:24	이르지 아니하나니 **사망**에서 생명으로
행 2:24	하나님께서 그를 **사망**의 고통에서 풀
	어 살리셨으니 이는 그가 **사망**에 매여
롬 5:12	말미암아 **사망**이 들어왔나니 이와 같이
	… 지었으므로 **사망**이 모든 사람에게
롬 5:14	**사망**이 왕 노릇 하였나니 아담은 오실
롬 5:17	범죄로 말미암아 **사망**이 그 한 사람을
롬 5:21	죄가 **사망** 안에서 왕 노릇 한 것같이
롬 6:9	아니하시고 **사망**이 다시 그를 주장하지
롬 6:16	죄의 종으로 **사망**에 이르고 혹은 순종의
롬 6:21	이는 그 마지막이 **사망**임이라
롬 6:23	죄의 삯은 **사망**이요 하나님의 은사는
롬 7:5	**사망**을 위하여 열매를 맺게 하였더니
롬 7:10	대하여 도리어 **사망**에 이르게 하는 것이
롬 7:13	그런즉 선한 것이 내게 **사망**이 되었느냐
롬 7:24	이 **사망**의 몸에서 누가 나를 건져내랴
롬 8:2	성령의 법이 죄와 **사망**의 법에서 너를
롬 8:6	육신의 생각은 **사망**이요 영의 생각은
롬 8:38	내가 확신하노니 **사망**이나 생명이나
고전 3:22	생명이나 **사망**이나 지금 것이나 장래
고전 15:21	**사망**이 한 사람으로 말미암았으니 죽은
고전 15:26	나중에 멸망 받을 원수는 **사망**이니라
고전 15:54	입을 때에는 **사망**을 삼키고 이기리라고
고전 15:55	**사망**아 너의 승리가 어디 있느냐 **사망**아
고전 15:56	**사망**이 쏘는 것은 죄요 죄의 권능은
고후 1:10	이같이 큰 **사망**에서 우리를 건지셨고
고후 2:16	**사망**으로부터 **사망**에 이르는 냄새요
고후 4:12	그런즉 **사망**은 우리 안에서 역사하고
고후 7:10	세상 근심은 **사망**을 이루는 것이니라
딤후 1:10	**사망**을 폐하시고 복음으로써 생명과
약 1:15	낳고 죄가 장성한즉 **사망**을 낳느니라
약 5:20	그의 영혼을 **사망**에서 구원할 것이며
요일 3:14	사랑함으로 **사망**에서 옮겨 생명으로 …
	사랑하지 아니하는 자는 **사망**에 머물러
요일 5:16	형제가 **사망**에 이르지 아니하는 … 그
	리하면 **사망**에 이르지 아니하는 … 그
	에게 생명을 주시리라 **사망**에 이르는
요일 5:17	불의가 죄로되 **사망**에 이르지 아니하는
계 2:11	이기는 자는 둘째 **사망**의 해를 받지
계 2:23	내가 **사망**으로 그의 자녀를 죽이리니
계 6:8	이름은 **사망**이니 음부가 그 뒤를 따르더
	라 … 흉년과 **사망**과 땅의 짐승들로써
계 18:8	**사망**과 애통함과 흉년이라 그가 또한
계 20:6	둘째 **사망**이 그들을 다스리는 권세가
계 20:14	**사망**과 음부도 불못에 던져지니 이것
	은 둘째 **사망** 곧 불못이라
계 21:4	다시는 **사망**이 없고 애통하는 것이나
계 21:8	못에 던져지리니 이것이 둘째 **사망**이라

> **'사망'과 관련된 성구**
>
> 사망과 음부 – 계 1:18; 20:13, 14
> 사망의 그늘 – 욥 34:22; 38:17; 시
>   44:19; 107:10; 107:14; 사 9:2; 렘
>   2:6; 13:16; 암 5:8
> 사망의 길 – 잠 14:12; 16:25; 렘 21:8

사면(四面, every side, winds)

창 35:5	그 **사면** 고을들로 크게 두려워하게
민 11:32	자기를 위하여 진영 **사면**에 펴 두었더
신 6:14	**사면**에 있는 백성의 신들을 따르지 말라
삼하 18:8	그 땅에서 **사면**으로 퍼져 싸웠으므로
왕상 7:28	구조는 이러하니 **사면** 옆 가장자리
대상 22:18	**사면**으로 너희에게 평온함을 주지
대상 28:12	뜰과 **사면**의 모든 방과 하나님의 성전
대하 14:14	여호와께서 그랄 **사면** 모든 성읍 백성을
대하 32:22	구원하여 내사 **사면**으로 보호하시매
대하 34:6	납달리까지 **사면** 황폐한 성읍들에도
스 1:6	**사면** 사람들이 은 그릇과 금과 물품들과
욥 19:10	**사면**으로 나를 헐으시니 나는 죽었구나
욥 36:30	자기의 **사면**에 펼치시며 바다 밑까지
사 29:3	내가 너를 **사면**으로 둘러 진을 치며
렘 33:13	땅과 예루살렘 **사면**과 유다 성읍들에서
렘 48:17	그의 **사면**에 있는 모든 자여, 그의
렘 49:32	**사면**에 흩고 그 재난을 여러 곳에서
렘 50:29	**사면**으로 진을 쳐서 피하는 자가 없게
렘 52:14	군대가 예루살렘 **사면** 성벽을 헐었더라
렘 52:22	머리 **사면**으로 돌아가며 꾸민 망사와
렘 52:23	그 **사면**에 있는 석류는 아흔여섯 개요
단 9:16	백성이 **사면**에 있는 자들에게 수치를
욜 3:11	**사면**의 민족들아 너희는 속히 와서
욜 3:12	내가 거기에 앉아서 **사면**의 민족들을
암 3:11	땅 **사면**에 대적이 있어 네 힘을 쇠하게
슥 7:7	예루살렘과 **사면** 성읍에 백성이 평온히

1245

【 사명 】   【 사무관 】

슥 12:2   예루살렘으로 그 **사면** 모든 민족에게   아 7:10   속하였도다 그가 나를 **사모하는구나**
눅 19:43 토둔을 쌓고 너를 둘러 **사면**으로 가두고   사 26:8   기억하려고 우리 영혼이 **사모하나이다**
히 9:4   금 향로와 **사면**을 금으로 싼 언약궤로   사 26:9   주를 **사모하였사온즉** 내 중심이 주를
                                                      렘 22:27 돌아오기를 **사모하는** 땅에 돌아오지
사명(使命, task, trust)   겔 20:24 그들의 조상들의 우상들을 **사모함이며**
행 20:24 예수께 받은 **사명** 곧 하나님의 은혜로   겔 23:5   그의 이웃 앗수르 사람을 **사모하였나니**
고전 9:17 자의로 아니한다 할지라도 나는 **사명**을   암 5:18   여호와의 날을 **사모하는** 자여 너희가
                                                              어찌하여 여호와의 날을 **사모하느냐**
사모 1(Samos) 바울의 3차 전도 여행지 중 하나   미 7:1   마음에 **사모하는** 처음 익은 무화과가
행 20:15 이튿날 **사모**에 들르고 또 그 다음 날   말 3:1   너희가 **사모하는** 바 언약의 사자가
                                                      【신약】
사모 2(紗帽, garland-NASB)   요 2:17   전을 **사모하는** 열심이 나를 삼키리라
사 61:10 신랑이 **사모**를 쓰며 신부가 자기 보석   고전 12:31 큰 은사를 **사모하라** 내가 또한 가장
                                                      고전 14:1 신령한 것을 **사모하되** 특별히 예언을
사모하다(思慕, long, devotion)   고전 14:12 영적인 것을 **사모하는** 자인즉 교회의
【구약】   고전 14:39 예언하기를 **사모하며** 방언 말하기를
창 31:30 아버지 집을 **사모하여** 돌아가려는 것은   고후 5:2   처소로 덧입기를 간절히 **사모하노라**
삿 5:9   이스라엘의 방백을 **사모함은** 그들이   고후 7:7   너희의 **사모함**과 애통함과 나를 위하여
삼상 7:2 온 족속이 여호와를 **사모하니라**   고후 7:11 얼마나 **사모하게** 하며 얼마나 열심 있게
삼상 9:20 이스라엘이 **사모하는** 자가 누구냐   고후 9:14 은혜로 말미암아 너희를 **사모하느니라**
대상 29:3 성전을 **사모하므로** 내가 사유한 금,   갈 4:18   열심으로 **사모함**을 받음은 내가 너희를
욥 6:19   스바의 행인들도 그것을 **사모하다가**   빌 1:8   무리를 얼마나 **사모하는지** 하나님이
욥 36:20 그대는 밤을 **사모하지** 말라 인생들이   빌 2:26   간절히 **사모하고** 자기가 병든 것을
시 19:10 금 곧 많은 순금보다 더 **사모할** 것이며   빌 4:1   나의 사랑하고 **사모하는** 형제들, 나의
시 27:4   그의 성전에서 **사모하는** 그것이라   살전 2:8   너희를 **사모하여** 하나님의 복음뿐
시 34:12 생명을 **사모하고** 연수를 사랑하여 복   딤전 3:1   얻으려 함은 선한 일을 **사모하는** 것이라
시 45:11 네 아름다움을 **사모하실지라** 그는 네   딤후 4:8   나타나심을 **사모하는** 모든 자에게도니
시 52:9   앞에서 내가 주의 이름을 **사모하리이다**   히 11:16 나은 본향을 **사모하니** 곧 하늘에 있는
시 73:25 주 밖에 내가 **사모할** 이 없나이다   약 4:5   성령이 시기하기까지 **사모한다** 하신
시 84:2   여호와의 궁정을 **사모하여** 쇠약함이여   벧전 2:2   젖을 **사모하라** 이는 그로 말미암아
시 107:9 그가 **사모하는** 영혼에게 만족을 주시며   벧후 3:12 바라보고 간절히 **사모하라** 그 날에 하늘
시 119:20 규례들을 항상 **사모함**으로 내 마음이
시 119:40 내가 주의 법도들을 **사모하였사오니**   **사모드라게**(Samothrace) 에게 해의 섬
시 119:81 주의 구원을 **사모하기**에 피곤하오나   행 16:11 배로 떠나 **사모드라게**로 직행하여
시 119:123 의로운 말씀을 **사모하기**에 피곤하니이
시 119:131 내가 주의 계명들을 **사모하므로** 내가   **사무**(事務, task)
시 119:174 내가 주의 구원을 **사모하였사오며** 주의 창 39:22 손에 맡기므로 그 제반 **사무**를 요셉이
시 143:6 마른 땅같이 주를 **사모하나이다**   에 9:3   총독들과 왕의 **사무**를 보는 자들이
잠 3:15   **사모하는** 모든 것으로도 이에 비교할   막 13:34 주어 각각 **사무**를 맡기며 문지기에게
잠 19:22 남에게 **사모함**을 받느니라 가난한 자는
잠 22:11 마음의 정결을 **사모하는** 자의 입술에는 **사무관**(事務官, official)
잠 29:3   지혜를 **사모하는** 자는 아비를 즐겁게   대상 29:6 백부장과 왕의 **사무관**이 다 즐거이
전 3:11   영원을 **사모하는** 마음을 주셨느니라   렘 51:27 불러 모아 그를 치며 **사무관**을 세우고

【 사무엘 】 　　　　　　　　　　　　　　　　　　　　　　　　　　　　　　　　　　【 사밧 2 】

사무엘(Samuel) 사사이자 선지자
삼상 1:20 　낳아 **사무엘**이라 이름하였으니
히 11:32 　다윗 및 **사무엘**과 선지자들의 일을

사무엘 ~ 기타 본문
삼상 2:18, 21, 26; 3:1, 3, 4, 6, 7, 8, 9, 10, 11,
15, 16, 18, 19, 20, 21; 4:1; 7:3, 5, 6, 8, 9, 10,
12, 13, 15; 8:1, 4, 6, 7, 10, 19, 21, 22; 9:14, 15,
17, 18, 19, 22, 23, 24, 25, 26, 27; 10:1, 9, 14,
15, 16, 17, 20, 24, 25; 11:7, 12, 14; 12:1, 5, 6,
11, 12, 19, 20; 13:8, 10, 11, 13, 15; 15:1, 10,
11, 12, 13, 14, 16, 17, 20, 22, 24, 26, 27, 28, 31,
32, 33, 34, 35; 16:1, 2, 4, 6, 7, 8, 9, 10, 11, 13;
19:18, 20, 22, 24; 25:1; 28:3, 11, 12, 14, 15,
16, 20; 대상 6:28, 33, 34; 9:22; 11:3; 26:28;
29:29; 대하 35:18; 시 99:6; 렘 15:1; 행 3:24;
13:20

사무치다(reach, go up)
삼상 5:12 　성읍의 부르짖음이 하늘에 **사무쳤더라**
시 36:5 　주의 진실하심이 공중에 **사무쳤으며**
사 22:5 　무너뜨림과 산악에 **사무쳐** 부르짖는
렘 20:9 　**사무치니** 답답하여 견딜 수 없나이다
계 18:5 　그의 죄는 하늘에 **사무쳤으며** 하나님은

사물(事物, things)
전 8:1 　누가 **사물**의 이치를 아는 자이냐 사람의

사믈라(Samlah) 에돔 왕 가운데 한 사람
대상 1:47 　마스레가의 **사믈라**가 대신하여 왕이
대상 1:48 　**사믈라**가 죽으매 강가의 르호봇 사울이

사믈래(Shalmai) 느디님 집안의 한 사람
스 2:46 　하갑 자손과 **사믈래** 자손과 하난 자손과

사밀(Shamir)
 1. 레위 지파의 족장들 가운데 한 사람
대상 24:24 　미가요 미가의 아들들 중에는 **사밀**이요
 2. 유다 지파에게 분배된 성읍 가운데 하나
수 15:48 　산지는 **사밀**과 얏딜과 소고와
 3. 에브라임 지파에 속한 성읍

삿 10:1 　그가 에브라임 산지 **사밀**에 거주하면서
삿 10:2 　이십삼 년 만에 죽으매 **사밀**에 장사되었

사박다니(Sabachthani) "버리셨나이까" 라는 뜻인 아람어를 헬라어로 음역한 것
마 27:46 　엘리 엘리 라마 **사박다니** 하시니 이는
막 15:34 　엘리 엘리 라마 **사박다니** 하시니 이를

사반 1(Shaphan) 요시야 왕의 서기관
왕하 22:3 　서기관 **사반**을 여호와의 성전에 보내며

사반 1 ~ 기타 본문
왕하 22:8, 9, 10, 12, 14; 25:22; 대하 34:8, 15, 16,
18, 20; 렘 26:24; 29:3; 36:10, 11, 12; 39:14;
40:5, 9, 11; 41:2; 43:6; 겔 8:11

사반 2(coney) 바위 너구리 또는 바위 토끼
레 11:5 　**사반**도 새김질은 하되 굽이 갈라지지
신 14:7 　낙타와 토끼와 **사반**, 그것들은 새김질은
잠 30:26 　종류로되 집을 바위 사이에 짓는 **사반**과

사밤(Shapham) 바산에 살았던 갓 지파 사람
대상 5:12 　요엘이요 다음은 **사밤**이요 또 야내와

사밧 1(Shaphat)
 1. 선지자 엘리사의 아버지
왕상 19:16 　아벨므홀라 **사밧**의 아들 엘리사에게
왕상 19:19 　엘리야가 거기서 떠나 **사밧**의 아들
왕하 3:11 　물을 붓던 **사밧**의 아들 엘리사가 여기
왕하 6:31 　이르되 **사밧**의 아들 엘리사의 머리가
 2. 12명의 가나안 정탐꾼 중 한 사람
민 13:5 　시므온 지파에서는 호리의 아들 **사밧**이요
 3. 유다 왕족 가운데 한 사람
대상 3:22 　이갈과 바리야와 느아랴와 **사밧** 여섯
 4. 갓 지파의 족장 가운데 한 사람
대상 5:12 　사밤이요 또 야내와 바산에 산 **사밧**이요
 5. 다윗 왕실의 재산 관리자
대상 27:29 　아들래의 아들 **사밧**은 골짜기에 있는

사밧 2(Zabad)
 1. 유다의 손자 헤스론의 후손
대상 2:36 　앗대는 나단을 낳고 나단은 **사밧**을 낳고
대상 2:37 　**사밧**은 에블랄을 낳고 에블랄은 오벳을

1247

【 사방 】

2. 에브라임 지파 사람으로 다핫의 아들
대상 7:21 아들은 **사밧**이요 그의 아들은 수델라며
3. 다윗의 30인 용사 가운데 한 사람
대상 11:41 헷 사람 우리아와 아흘래의 아들 **사밧**과
4. 암몬 여인 시므앗의 아들
대하 24:26 시므앗의 아들 **사밧**과 모압 여인 시므릿
5. 이방인 아내를 내어 보냈던 삿두 자손
스 10:27 엘리아십과 맛다냐와 여레못과 **사밧**과
6. 이방인 아내를 내어 보냈던 하숨 자손
스 10:33 맛드내와 맛닷다와 **사밧**과 엘리벨렛과
7. 이방인 아내를 내어 보냈던 느보 자손
스 10:43 여이엘과 맛디댜와 **사밧**과 스비내와

사방(四方, whole region, every area, territory)

모세오경, 역사서
창 47:13 기근이 더욱 심하여 **사방**에 먹을 것이
출 10:14 이르러 그 **사방**에 내리매 그 피해가
레 14:41 집 안 **사방**을 긁게 하고 그 긁은 흙을
레 25:44 네 **사방** 이방인 중에서 취할지니 남녀
민 2:2 진을 치되 회막을 향하여 **사방**으로 치라
민 22:4 **사방**에 있는 것을 다 뜯어먹으리로다
민 32:33 경내의 성읍들과 그 성읍들의 **사방** 땅을
민 35:4 성벽에서부터 밖으로 **사방** 천 규빗이라
신 13:7 **사방**을 둘러싸고 있는 민족 혹 네게서
신 21:2 피살된 곳의 **사방**에 있는 성읍의 원근을
신 25:19 여호와께서 **사방**에 있는 모든 적군으로
수 15:12 가족대로 받은 **사방** 경계가 이러하니라
수 18:20 가족대로 받은 기업의 **사방** 경계였더라
삼상 7:14 이스라엘이 그 **사방** 지역을 블레셋
삼상 12:11 너희 **사방** 원수의 손에서 건져내사
삼상 14:21 히브리 사람이 **사방**에서 블레셋 사람들
삼상 14:47 왕위에 오른 후에 **사방**에 있는 모든
삼상 31:9 그것을 블레셋 사람들의 땅 **사방**에
왕상 4:24 다스리므로 그가 **사방**에 둘린 민족과
왕상 4:31 나으므로 그의 이름이 **사방** 모든 나라에
왕상 5:3 내 아버지 다윗이 **사방**의 전쟁으로
왕상 5:4 여호와께서 내게 **사방**의 태평을 주시매
왕하 15:16 **사방**을 쳤으니 이는 그들이 성문을
왕하 17:15 따르지 말라 하신 **사방** 이방 사람을
왕하 18:8 가사 그 지경에 이르고 망대에서부터
대상 5:16 모든 들에 거주하는 그 **사방** 변두리에
대상 6:54 거주한 곳은 **사방** 지계 안에 있으니
대상 6:55 유다 땅의 헤브론과 그 **사방** 초원을

대상 9:24 문지기가 동, 서, 남, 북 **사방**에 섰고
대하 14:7 우리 **사방**에 평안을 주셨느니라 하고
대하 15:15 주시고 그들의 **사방**에 평안을 주셨더라
대하 20:30 하나님이 **사방**에서 그들에게 평강을

시가서, 선지서
욥 16:13 화살들이 **사방**에서 날아와 사정 없이
욥 18:11 무서운 것이 **사방**에서 그를 놀라게 하고
시 31:13 비방을 들었으므로 **사방**이 두려움으로
시 50:3 삼키는 불이 있고 그 **사방**에는 광풍이
시 76:11 서원하고 갚으라 **사방**에 있는 모든 사람
시 97:3 나와 **사방**의 대적들을 불사르는도다
사 42:25 **사방**에서 불타오르나 깨닫지 못하며
사 49:18 네 눈을 들어 **사방**을 보라 그들이 다
사 60:4 네 눈을 들어 **사방**을 보라 무리가 다
렘 1:15 **사방** 모든 성벽과 유다 모든 성읍들을
렘 6:25 칼이 있고 **사방**에 두려움이 있음이라
렘 20:10 나는 무리의 비방과 **사방**이 두려워함을
렘 25:9 주민과 **사방** 모든 나라를 쳐서 진멸하여
렘 46:5 두려움이 그들의 **사방**에 있음이로다
렘 46:14 준비하라 네 **사방**이 칼에 삼키웠느니라
렘 48:39 **사방** 모든 사람의 조롱 거리와 공포가
렘 49:5 내가 두려움을 네 **사방**에서 네게 오게
렘 49:29 외치기를 두려움이 **사방**에 있다 할지니
렘 49:36 **사방**에서부터 **사방** … 그들을 **사방**으로
애 1:17 야곱의 **사방**에 있는 자들에게 명령하여
애 2:3 맹렬한 불이 **사방**으로 불사름같이 야곱
애 2:22 두려운 일들을 **사방**에서 부르시기를
겔 1:4 빛이 그 **사방**에 비치며 그 불 가운데
겔 1:8 그 **사방** 날개 밑에는 각각 사람의 손이
겔 1:17 그들이 갈 때에는 **사방**으로 향한 대로
겔 1:27 모양도 불같아서 **사방**으로 광채가 나며
겔 1:28 **사방** 광채의 모양은 비 오는 날 구름에
겔 5:2 성읍 **사방**에서 칼로 치고 또 삼분의
겔 5:10 내리고 너희 중에 남은 자를 다 **사방**에
겔 5:12 너의 **사방**에서 … **사방**에 흩어 버리고
겔 10:11 그룹들이 나아갈 때에는 **사방**으로 몸을
겔 11:12 너희 **사방**에 있는 이방인의 규례대로
겔 12:14 부대들을 다 **사방**으로 흩고 또 그 뒤를
겔 16:33 주어서 **사방**에서 와서 너와 행음하게
겔 16:37 모든 자를 모으되 **사방**에서 모아 너를
겔 16:57 너의 **사방**에 둘러 있는 블레셋의 딸들이
겔 17:21 남은 자는 **사방**으로 흩어지리니 나
겔 23:22 충동하여 그들이 **사방**에서 와서 너를

[사방] [사분]

겔 27:11	네 **사방** 성 위에 … 네 **사방** 성 위에
겔 28:23	피가 흐르게 하리니 **사방**에서 오는 칼에
겔 28:24	이스라엘 족속에게는 그 **사방**에서
겔 28:26	그들의 **사방**에서 멸시하던 모든 자를
겔 32:22	엎드러진 자라 그 무덤이 그 **사방**에
겔 32:25	**사방**에 있음이여 그들은 다 할례를 받지
겔 32:26	**사방**에 있음이여 그들은 다 할례를 받지
겔 34:26	**사방**에 복을 내리리니 때를 따라 소낙비를
겔 36:3	너희 **사방**을 삼켜 너희가 남은 이방인의
겔 36:4	사막들과 **사방**에 남아 있는 이방인의
겔 36:7	너희 **사방**에 있는 이방인이 자신들의
겔 36:36	**사방**에 남은 이방 사람이 나 여호와가
겔 37:2	나를 그 뼈 **사방**으로 지나가게 하시기로
겔 37:9	생기야 **사방**에서부터 와서 이 죽음을
겔 37:21	**사방**에서 모아서 그 고국 땅으로 돌아가

'사방'과 관련된 성구

- 가나안 사방 – 민 34:2
- 갈릴리 사방 – 막 1:28
- 땅(의) 사방 – 민 34:12; 사 11:12; 겔 7:2; 계 7:1; 20:8
- 뜰 사방 – 겔 46:23
- 뜰 사방 기둥 – 민 3:37
- 모압 사방 – 사 15:8
- 무덤 사방 – 겔 32:23, 24
- 블레셋 사방 – 대상 10:9; 욜 3:4
- 사방 벽 – 왕상 6:29; 겔 8:10; 41:12, 17
- 성막 사방 – 민 1:53
- 성읍 사방 – 렘 51:31
- 예루살렘 사방 – 느 12:28, 29; 시 79:3; 렘 32:44
- 요단 강 사방 – 마 3:5
- 유다 사방 – 대하 17:10
- 유대 사방 – 눅 6:17
- 이스라엘 사방 – 삿 19:29; 왕상 1:3
- 장막 사방 – 민 16:24, 27
- 제단 사방 – 레 1:5, 11; 3:2, 8, 13; 7:2; 8:19, 24; 9:12, 18; 민 3:26; 4:26; 겔 6:5, 13
- 진영 사방 – 민 11:31
- 천하 사방 – 단 11:4
- 하늘 사방 – 단 8:8; 슥 2:6
- 현관 사방 – 겔 40:14

겔 39:17	너희는 **사방**에서 모여 살을 먹으며 피를
겔 40:5	바깥 **사방**으로 담이 있더라 그 사람의
겔 40:30	**사방** 현관의 길이는 스물다섯 척이요
겔 40:43	갈고리가 **사방**에 박혔으며 상들에는
겔 41:19	종려나무를 향하였으며 온 성전 **사방**이
겔 42:15	문의 길로 나가서 **사방** 담을 측량하는데
겔 42:20	**사방**을 측량하니 그 **사방** 담 안 마당은
겔 43:13	그 **사방** 가장자리의 너비는 한 척이며
겔 43:20	네 모퉁이와 **사방** 가장자리에 발라
겔 45:2	그 외에 **사방** 쉰 척으로 전원이 되게
겔 48:35	**사방**의 합계는 만 팔천 척이라 그 날
슥 14:14	이 때에 **사방**에 있는 이방 나라들의

신약

마 24:31	끝에서 저 끝까지 **사방**에서 모으리라
막 1:45	계셨으나 **사방**에서 사람들이 그에게로
막 13:27	땅 끝으로부터 하늘 끝까지 **사방**에서
눅 4:14	돌아가시니 그 소문이 **사방**에 퍼졌고
눅 4:37	예수의 소문이 그 근처 **사방**에 퍼지니라
눅 7:17	대한 이 소문이 온 유대와 **사방**에 두루
행 9:32	베드로가 **사방**으로 두루 다니다가 룻다
고후 4:8	우리가 **사방**으로 우겨쌈을 당하여도
고후 7:5	우리 육체가 편하지 못하였고 **사방**으로

사백(四百, four hundred)

| 창 15:13 | 섬기겠고 그들은 **사백** 년 동안 네 자손 |
| 행 7:6 | 종으로 삼아 **사백** 년 동안을 괴롭게 |

'사백'과 관련된 성구

- 사백 개 – 왕상 7:42; 대하 4:13
- 사백 규빗 – 왕하 14:13; 대하 25:23
- 사백 마리 – 스 6:17
- 사백 명 – 창 32:6; 33:1; 삿 21:12; 삼상 22:2; 25:13; 30:10, 17; 왕상 18:19; 22:6; 대하 18:5; 행 5:36
- 사백 세겔 – 창 23:15, 16
- 사백오십 명 – 왕상 18:19

사본(Zaphon) 갓 지파의 요단 강 동쪽 성읍

| 수 13:27 | 숙곳과 **사본** 곧 헤스본 왕 시혼의 나라 |

사분(四分, fourth part-KJV)

| 민 23:10 | 이스라엘 **사분**의 일을 누가 능히 셀고 |

1249

[사붓]　　　　　　　　　　　　　　　　　　[사슬]

삼상 9:8　은 한 세겔의 **사분**의 일이 있으니
왕상 6:33　만들었으니 곧 벽의 **사분**의 일이며
왕하 6:25　똥 **사분**의 일 갑에 은 다섯 세겔이라
느 9:3　낮 **사분**의 일은 … **사분**의 일은 죄를
계 6:8　그들이 땅 **사분**의 일의 권세를 얻어

　　　'**사분의 일 힌**'과 관련된 성구
　　　출 29:40; 레 23:13; 민 15:4, 5; 28:5, 7, 14

사붓(Zabud)
　　　　1. **나단의 아들**
왕상 4:5　나단의 아들 **사붓**은 제사장이니 왕의
　　　2. **에스라와 함께 예루살렘으로 귀환한 사람**
스 8:14　우대와 **사붓**이니 그와 함께 있는 남자가

사브낫바네아(Zaphenath-Paneah) 요셉의
　　애굽식 이름
창 41:45　요셉의 이름을 **사브낫바네아**라 하고

사브대(Shabbethai) 율법을 가르쳤던 레위인
느 8:7　야민과 악굽과 **사브대**와 호디야와

사빌(Shaphir) 미가 선지자에 의해 심판이 예
　　언된 곳
미 1:11　**사빌** 주민아 너는 벗은 몸에 수치를

사사　1(士師, judge)
삿 2:16　여호와께서 **사사**들을 세우사 노략자의
삿 2:17　그 **사사**들에게도 순종하지 아니하고
삿 2:18　그들을 위하여 **사사**들을 … **사사**와 함
　　　　께 하셨고 그 **사사**가 사는 날 동안에는
삿 2:19　그 **사사**가 죽은 후에는 그들이 돌이켜
룻 1:1　**사사**들이 치리하던 때에 그 땅에 흉년이
삼상 8:1　그의 아들들을 이스라엘 **사사**로 삼으니
삼상 8:2　그들이 브엘세바에서 **사사**가 되니라
삼하 7:11　**사사**에게 명령하여 내 백성 이스라엘
왕하 23:22　**사사**가 이스라엘을 다스리던 시대부터

　　　'**이스라엘의 사사**'와 관련된 성구
　　　삿 3:10; 4:4; 10:2, 3; 12:7, 8, 9, 11,
　　　13, 14; 15:20; 16:31; 삼상 4:18

대상 17:6　이스라엘 어느 **사사**에게 내가 말하기를
대상 17:10　전에 내가 **사사**에게 명령하여 내 백성
사 40:23　폐하시며 세상의 **사사**들을 헛되게
행 13:20　선지자 사무엘 때까지 **사사**를 주셨더니

사사　2(Zaza) 여라므엘 사람이며 요나단의
　　아들
대상 2:33　벨렛과 **사사**라 여라므엘의 자손은

사사롭다/사사로이(私私, idle, privately)
잠 23:4　말고 네 **사사로운** 지혜를 버릴지어다
사 58:13　오락을 구하지 아니하며 **사사로운** 말을
갈 2:2　유력한 자들에게 **사사로이** 한 것은 내가
벧후 1:20　모든 예언은 **사사로이** 풀 것이 아니니

사삭(Shashak) 베냐민 지파 사람이며 사울 왕
　　의 조상
대상 8:14　아히요와 **사삭**과 여레못과
대상 8:25　이브드야와 브누엘은 다 **사삭**의 아들들

사상(思想, purpose, thought, imagination)
시 10:4　모든 **사상**에 하나님이 없다 하나이다
시 33:10　폐하시며 민족들의 **사상**을 무효하게
사 66:18　내가 그들의 행위와 **사상**을 아노라 때가
행 5:38　이 **사상**과 이 소행이 사람으로부터
행 28:22　우리가 너의 **사상**이 어떠한가 듣고자

사새(Shashai) 이방인 아내를 취한 사람
스 10:40　막나드배와 **사새**와 사래와

사생아/사생자(私生子, bastard-KJV,
　　illegitimate children-NIV)
신 23:2　**사생자**는 여호와의 총회에 들어오지
호 5:7　**사생아**를 낳았으니 그러므로 새 달이
히 12:8　너희에게 없으면 **사생자**요 친아들이

사술(邪術, sorcery)
왕하 17:17　복술과 **사술**을 행하고 스스로 팔려
왕하 21:6　**사술**을 행하며 신접한 자와 박수를
대하 33:6　**사술**과 요술을 행하며 신접한 자와

사슬(chain)
출 28:14　두 **사슬**을 땋고 그 땋은 **사슬**을 그 테에

【 사슬 】 　　　　　　　　　　　　　　　　　　　　　　　　　　　　　　【 사실 】

출 28:22	순금으로 노끈처럼 땋은 **사슬**을 흉패
출 28:25	두 땋은 **사슬**의 다른 두 끝을 에봇 앞
출 39:15	순금으로 노끈처럼 **사슬**을 땋아 흉패에
출 39:18	두 **사슬**의 다른 두 끝을 에봇 앞 두
삿 8:26	낙타 목에 둘렸던 **사슬**이 있었더라
왕상 7:17	**사슬** 모양으로 땋은 것을 만들었으니
대하 3:5	위에 종려나무와 **사슬** 형상을 새겼고
대하 3:16	성소같이 **사슬**을 만들어 그 기둥머리
	에 두르고 석류 백 개를 만들어 **사슬**
시 149:8	그들의 왕들은 **사슬**로, 그들의 귀인은
사 45:14	너를 따를 것이라 **사슬**에 매여 건너와서
렘 39:7	옮기려고 **사슬**로 결박하였더라
렘 40:1	예레미야도 잡혀 **사슬**로 결박되어
렘 40:4	네 손의 **사슬**을 풀어 너를 풀어 주노니
애 3:7	나가지 못하게 하시고 내 **사슬**을 무겁게
나 3:10	모든 권세자들은 **사슬**에 결박되었나니
딤후 1:16	내가 **사슬**에 매인 것을 부끄러워하지

> **성경에 나오는 '사슬'**
> 금 사슬 – 창 41:42; 출 28:24; 39:17; 잠 1:9; 아 1:11; 단 5:16, 29
> 놋 사슬 – 왕하 25:7 / 발목 사슬 – 사 3:20
> 은 사슬 – 사 40:19

사슴(deer)

신 12:15	막론하고 노루나 **사슴**을 먹는 것같이
신 12:22	**사슴**을 먹는 것같이 먹을 수 있거니와
신 14:5	**사슴**과 노루와 불그스름한 **사슴**과 산 염
	소와 볼기가 흰 노루와 뿔이 긴 **사슴**과
신 15:22	같이 먹기를 노루와 **사슴**을 먹음같이
대상 12:8	사자 같고 빠르기는 산의 **사슴** 같으니
시 42:1	하나님이여 **사슴**이 시냇물을 찾기에
아 2:9	어린 **사슴**과도 같아서 우리 벽 뒤에
아 2:17	베데르 산의 노루와 어린 **사슴** 같을지라
아 4:5	꼴을 먹는 쌍태 어린 **사슴** 같구나
아 8:14	노루와도 같고 어린 **사슴**과도 같아라
사 35:6	그 때에 저는 자는 **사슴**같이 뛸 것이며
애 1:6	꼴을 찾지 못한 **사슴**처럼 뒤쫓는 자
합 3:19	나의 발을 **사슴**과 같게 하사 나를 나의

사신 1(邪神, evil)
삼상 15:23 **사신** 우상에게 절하는 죄와 같음이라

사신 2(使臣, messenger)

민 20:14	에돔 왕에게 **사신**을 보내며 이르되
민 21:21	아모리 왕 시혼에게 **사신**을 보내어
민 22:5	그가 **사신**을 브올의 아들 발람의 고향인
민 24:12	**사신**들에게 내가 말하여 이르지 아니하
수 9:4	꾀를 내어 **사신**의 모양을 꾸미되 해어진
왕상 19:2	이세벨이 **사신**을 엘리야에게 보내어
왕상 20:5	**사신**들이 다시 와서 이르되 벤하닷이
왕상 20:9	그러므로 왕이 벤하닷의 **사신**들에게
왕상 22:13	**사신**이 일러 이르되 선지자들의 말이
왕하 3:7	여호사밧에게 **사신**을 보내 이르되 모압
대상 14:1	다윗에게 **사신**들과 백향목과 석수와
대상 19:16	패하였음을 보고 **사신**을 보내 강 건너편
대하 25:17	요아스에게 **사신**을 보내어 이르되 오라
대하 32:31	히스기야에게 **사신**을 보내어 그 땅에서
대하 34:28	이에 **사신**들이 왕에게 복명하니라
대하 35:21	느고가 요시야에게 **사신**을 보내어
대하 36:15	부지런히 그의 **사신**들을 그 백성에게
대하 36:16	그의 백성이 하나님의 **사신**들을 비웃으
시 104:4	자기 **사신**으로 삼으시고 불꽃으로 자기
잠 13:17	재앙에 빠져도 충성된 **사신**은 양약이
사 14:32	**사신**들에게 어떻게 대답하겠느냐
사 30:4	소안에 있고 그 **사신**들이 하네스에
사 30:6	**사신**들이 그들의 재물을 어린 나귀 등에
사 33:7	밖에서 부르짖으며 평화의 **사신**들이
사 57:9	**사신**을 먼 곳에 보내고 스올에까지
렘 27:3	예루살렘에 온 **사신**들의 손에도 그것을
눅 14:32	멀리 있을 때에 **사신**을 보내어 화친을
고후 5:20	그리스도를 대신하여 **사신**이 되어
엡 6:20	쇠사슬에 매인 **사신**이 된 것은 나로 이

사실(事實, true, case)

출 14:5	그 백성이 도망한 **사실**이 애굽 왕에게
레 6:2	도둑질하거나 착취하고도 **사실**을 부인
레 6:3	물건을 줍고도 **사실**을 부인하여 거짓
신 13:14	가운데에 있다는 것이 확실한 **사실**로
왕상 10:6	지혜에 대하여 들은 소문이 **사실**이로다
전 7:26	더 쓰다는 **사실**을 내가 알아내었도다
렘 7:22	**사실**은 내가 너희 조상들을 애굽 땅에서
단 3:14	절하지 아니한다 하니 **사실**이냐
막 5:33	떨며 와서 그 앞에 엎드려 모든 **사실**을

1251

【 사실 】 　　　　　　　　　　　　　　　　　　　　　　　　【 ·사악/-하다 】

눅 1:1	우리 중에 이루어진 **사실**에 대하여
행 7:1	대제사장이 이르되 이것이 **사실**이냐
행 21:24	들은 것이 **사실**이 아니고 그대로 율법을
행 23:15	너희는 그의 **사실**을 더 자세히 물어보려
행 25:11	나를 고발하는 것이 다 **사실**이 아니면
행 25:26	확실한 **사실**을 아뢸 것이 없으므로
히 6:18	변하지 못할 **사실**로 말미암아 앞에 있는
벧전 4:5	심판하기로 예비하신 이에게 **사실**대로
유 1:5	너희가 본래 모든 **사실**을 알고 있으나

사십(四十, forty)

창 7:4	칠 일이면 내가 **사십** 주야를 땅에 비를
창 7:12	**사십** 주야를 비가 땅에 쏟아졌더라
창 32:15	암소가 **사십**이요 황소가 열이요 암나귀
신 25:3	**사십**까지는 때리려니와 그것을 넘기지
행 7:23	나이가 **사십**이 되매 그 형제 이스라엘
고후 11:24	유대인들에게 **사십**에서 하나 감한 매를

'사십'과 관련된 수

사십 규빗 – 왕상 6:17
사십 년 – 출 16:35; 민 14:33, 34; 32:13;
33:38; 신 2:7; 8:2, 4; 29:5; 수 5:6;
삿 3:11; 5:31; 8:28; 13:1; 삼상
4:18; 삼하 5:4; 왕상 2:11; 11:42;
왕하 12:1; 대상 26:31; 29:27; 대하
9:30; 24:1; 느 9:21; 시 95:10; 겔
29:11, 12, 13; 암 2:10; 5:25; 행
7:30, 36, 42; 13:18, 21; 히 3:9, 17
사십 마리 – 왕하 8:9
사십 명 – 창 18:29; 삿 12:14
사십 밧 – 왕상 7:38
사십 세 – 창 25:20; 26:34; 수 14:7; 삼
상 13:1; 삼하 2:10
사십 세겔 – 느 5:15
사십 야 – 출 24:18; 34:28
사십여 명 – 행 23:13, 21
사십여 세 – 행 4:22
사십 일 – 창 7:17; 8:6; 50:3; 출 24:18;
민 13:25; 14:34; 삼상 17:16; 겔
4:6; 욘 3:4; 마 4:2; 막 1:13; 눅
4:1; 행 1:3
사십 주 사십 야 – 신 9:9, 11, 18, 25;
10:10; 왕상 19:8

사아난(Zaanan) 유다 심판 예언 때 언급된 곳
미 1:11　**사아난** 주민은 나오지 못하고 벧에셀이

사아난님(Zaanannim) 납달리 지파에게 분배된 곳
수 19:33　그헬렙과 **사아난님**의 상수리나무에서
삿 4:11　게데스에 가까운 **사아난님** 상수리나무

사아라임(Shaaraim)
1. 유다 지파의 기업으로 주어진 성읍
수 15:36　**사아라임**과 아디다임과 그데라와
삼상 17:52 부상자들은 **사아라임** 가는 길에서부터

2. 시므온 지파의 성읍
대상 4:31 벧비리와 **사아라임**이니 다윗 왕 때까지

사아스가스(Shaashgaz) 아하수에로의 내시
에 2:14　내시 **사아스가스**의 수하에 속하고 왕이

사아완(Zaavan) 에셀의 아들
창 36:27 에셀의 자녀는 빌한과 **사아완**과 아간이
대상 1:42 에셀의 아들은 빌한과 **사아완**과 야아간

사악/-하다(邪惡, evil, wicked, crooked)

민 22:32	길이 **사악하므로** 내가 너를 막으려고
삼하 16:7	피를 흘린 자여 **사악한** 자여 가거라
삼하 22:27	**사악한** 자에게는 주의 거스르심을
삼하 23:6	**사악한** 자는 다 내버려질 가시나무
시 18:26	깨끗하심을 보이시며 **사악한** 자에게는
시 26:10	그들의 손에 **사악함**이 있고 그들의
시 56:5	나를 치는 그들의 모든 생각은 **사악**이라
시 101:4	**사악한** 마음이 내게서 떠날 것이니 악한
시 106:6	조상들처럼 범죄하여 **사악**을 행하며
시 107:42	기뻐하며 모든 **사악한** 자는 자기 입을
잠 4:14	**사악한** 자의 길에 들어가지 말며 악인의
잠 11:3	**사악한** 자의 패역은 자기를 망하게
잠 11:6	자기를 건지려니와 **사악한** 자는 자기의
잠 13:15	지혜는 은혜를 베푸나 **사악한** 자의 길은
잠 17:4	악을 행하는 자는 **사악한** 입술이 하는
잠 21:18	의인의 속전이 되고 **사악한** 자는 정직한
잠 22:12	사람을 지키시나 **사악한** 사람의 말은
잠 23:28	사람들 중에 **사악한** 자가 많아지게
잠 24:8	꾀하는 자를 일컬어 **사악한** 자라
렘 6:28	그들은 놋과 철이며 다 **사악한** 자라

【 사알랍빈 】　　　　　　　　　　　　　　【 사울 1 】

렘 13:27　내가 너의 간음과 **사악한** 소리와 들의
렘 23:11　**사악한지라** 내가 내 집에서도 그들의
렘 23:15　이는 **사악**이 예루살렘 선지자들로부터
호 6:9　　살인하니 그들이 **사악**을 행하였느니라
나 1:11　　사람이 너희 중에서 나와서 **사악한** 것을

사알랍빈(Shaalabbin) 단 지파에게 주어진 성읍
수 19:42　**사알랍빈**과 아얄론과 이들라와

사알림(Shaalim) 사울이 나귀를 찾으러 간 곳
삼상 9:4　찾지 못하고 **사알림** 땅으로 두루 다녀

사알본(Shaalbon) 다윗의 30인 용사 중 엘리
　　　　　아바의 고향
삼하 23:32 **사알본** 사람 엘리아바와 야센의 아들
대상 11:33 바하룸 사람 아스마웻과 **사알본** 사람

사알빔(Shaalbim) 단 지파에게 주어진 땅
삿 1:35　　헤레스 산과 아얄론과 **사알빔**에 거주하
왕상 4:9　**사알빔**과 벧세메스와 엘론벧하난에는

사압(Shaaph)
　　　 1. 유다 지파 야대의 여섯 번째 아들
대상 2:47　요단과 게산과 벨렛과 에바와 **사압**이며
　　　 2. 갈렙과 그의 첩 마아가의 아들
대상 2:49　맛만나의 아버지 **사압**을 낳았고 또

사양하다(辭讓, make excuse, refuse)
눅 14:18　일치하게 **사양하여** 한 사람은 이르되
행 10:29　부름을 **사양하지** 아니하고 왔노라
행 25:11　죽기를 **사양하지** 아니할 것이나 만일

사업/-하다(事業, deed, business, work)
전 2:4　　나의 **사업**을 크게 하였노라 내가 나를
마 22:5　　밭으로, 한 사람은 자기 **사업하러** 가고
롬 14:20　하나님의 **사업**을 무너지게 하지 말라
딤전 6:18　선을 행하고 선한 **사업**을 많이 하고
계 2:19　　내가 네 **사업**과 사랑과 믿음과 섬김과

사역(使役, project, task, ministry)
왕상 5:16　그 **사역**을 감독하는 관리가 삼천삼백

사 28:21　자기의 **사역**을 이루시리니 그의 **사역**이
행 6:4　　기도하는 일과 말씀 **사역**에 힘쓰리라
행 21:19　하나님이 자기의 **사역**으로 말미암아
고전 12:6　또 **사역**은 여러 가지나 모든 것을 모든

사역자(使役者, servant)
시 104:4　사신으로 삼으시고 불꽃으로 자기 **사역자**를 삼으시
롬 13:4　　**사역자**가 되어 … 하나님의 **사역자**가
고전 3:5　너희로 하여금 믿게 한 **사역자**들이니라
히 1:7　　**사역자**들을 불꽃으로 삼으시느니라

사연(事緣, case)
민 27:5　　모세가 그 **사연**을 여호와께 아뢰니라
왕상 21:9　편지 **사연**에 이르기를 금식을 선포하고
잠 18:13　**사연**을 듣기 전에 대답하는 자는 미련하

사욕(私慾, evil desire, lust)
롬 6:12　　지배하지 못하게 하여 몸의 **사욕**에
골 3:5　　부정과 **사욕**과 악한 정욕과 탐심이니
딤후 4:3　가려워서 자기의 **사욕**을 따를 스승을
벧전 1:14　못할 때에 따르던 너희 **사욕**을 본받지

사용하다(使用, use, spend)
출 39:40　말뚝들과 성막 곧 회막에서 **사용할** 모든
레 19:36　공평한 힌을 **사용하라** 나는 너희를
민 4:26　　줄들과 그것에 **사용하는** 모든 기구를
대하 24:7　바알들을 위하여 **사용하였음이었더라**
렘 22:15　많이 **사용하여** 왕이 될 수 있겠느냐
렘 23:36　말씀을 망령되이 **사용함이니라** 하고
겔 12:23　속담을 **사용하지** 못하리라 하셨다 하고
고후 12:15　재물을 **사용하고** 또 내 자신까지도 내어
히 5:14　　지각을 **사용함**으로 연단을 받아 선악을

사울 1(Saul)

　　　 1. 이스라엘의 초대 왕
삼상 9:2　그의 이름은 **사울**이요 준수한 소년이라

▣ 사울 1-1 - 기타 본문
삼상 9:3, 5, 7, 8, 10, 15, 17, 18, 19, 21, 22, 24,

【 사울 2 】　　　　　　　　　　　　　　　　　　　　　　　　【 사유하다 】

25, 26, 27; 10:1, 10, 11, 12, 13, 14, 15, 16, 21, 26;
11:4, 5, 6, 7, 8, 11, 12, 13, 15; 13:1, 3, 4, 7, 8, 9,
10, 11, 13, 15, 16, 22; 14:1, 2, 16, 17, 18, 19, 20,
21, 24, 33, 34, 35, 36, 37, 38, 40, 41, 42, 43, 44,
45, 46, 47, 49, 50, 51, 52; 15:1, 4, 5, 6, 7, 9, 11,
12, 13, 15, 16, 20, 24, 26, 27, 30, 31, 34, 35; 16:1,
2, 14, 15, 17, 19, 20, 21, 22, 23; 17:2, 8, 11, 12,
13, 14, 15, 19, 31, 32, 33, 34, 37, 38, 39, 55, 57,
58; 18:1, 2, 5, 6, 7, 8, 9, 10, 11, 12, 13, 15, 17, 18,
19, 20, 21, 22, 23, 24, 25, 26, 27, 28, 29, 30; 19:1,
2, 4, 6, 7, 9, 10, 11, 14, 15, 17, 18, 19, 20, 21, 22,
23, 24; 20:25, 26, 27, 28, 30, 32, 33; 21:7, 10, 11;
22:6, 7, 9, 12, 13, 21, 22; 23:7, 8, 9, 10, 11, 12,
13, 14, 15, 16, 17, 19, 21, 24, 25, 26, 27, 28; 24:1,
2, 3, 4, 5, 7, 8, 9, 16, 22; 25:44; 26:1, 2, 3, 4, 5,
6, 7, 12, 17, 21, 25; 27:1, 4; 28:3, 4, 5, 6, 7, 8, 9,
10, 11, 12, 13, 14, 15, 20, 21, 23, 25; 29:3, 5;
31:2, 3, 4, 5, 6, 7, 8, 9, 11, 12; 삼하 1:1, 2, 4, 5,
6, 7, 12, 17, 21, 22, 23, 24; 2:4, 5, 7, 8, 10, 12,
15; 3:1, 6, 7, 8, 10, 13, 14; 4:1, 2, 4, 8, 10; 5:2;
6:16, 20, 23; 7:15; 9:1, 2, 3, 6, 7, 9; 12:7; 16:5,
8; 19:17, 24; 21:1, 2, 4, 6, 7, 8, 11, 12, 13, 14;
22:1; 대상 5:10; 8:33; 9:39; 10:2, 3, 4, 5, 6, 7, 8,
9, 10, 11, 12, 13; 11:2; 12:1, 2, 19, 23, 29; 13:3;
15:29; 26:28; 사 10:29; 행 13:21

2. 사도 바울의 본래 이름

행 7:58　옷을 벗어 **사울**이라 하는 청년의 발

🔖 사울 1-2 - 기타 본문
행 8:1, 3; 9:1, 3, 4, 8, 11, 17, 18, 19, 22, 23 24 25,
26, 28; 11:25, 30; 12:25; 13:1, 2, 7, 9; 22:7, 13;
26:14

사울 2 (Shaul)

1. 이스라엘 왕정 전의 에돔 왕

창 36:37　강변 르호봇의 **사울**이 그를 대신하여

🔖 사울 2-1 - 기타 본문
창 36:38; 대상 1:48, 49

2. 시므온과 가나안 여인 사이에 태어난 사람

창 46:10　스할과 가나안 여인의 아들 **사울**이요

🔖 사울 2-2 - 기타 본문
출 6:15; 민 26:13; 대상 4:24, 25

3. 레위 지파 그핫의 자손

대상 6:24　아들은 웃시야요 그의 아들은 **사울**이라

사워사 (Shavsha) 다윗 시대 서기관

대상 18:16 제사장이 되고 **사워사**는 서기관이 되고

사웨 (Shaveh) 아브라함이 동맹국을 격파한 후 소돔 왕과 살렘 왕 멜기세덱을 만난 골짜기

창 14:17　소돔 왕이 **사웨** 골짜기 곧 왕의 골짜기

사웨 기랴다임 (Shaveh-Kiriathaim) 그돌라오멜이 여러 왕과 동맹하여 엠 족속을 친 모압의 한 장소

창 14:5　**사웨 기랴다임**에서 엠 족속을 치고

사위 (son-in-law)

창 19:12　네 **사위**나 자녀나 성 중에 네게 속한
창 19:14　딸들과 결혼할 **사위**들에게 말하여 이르기를 … 떠나라 하되 그의 **사위**들은
삿 15:6　사람의 **사위** 삼손이니 장인이 삼손의
삿 19:5　그의 **사위**에게 이르되 떡을 조금 먹고
삼상 18:18　무엇이기에 내가 왕의 **사위**가 되리이까
삼상 18:21　오늘 다시 내 **사위**가 되리라 하니라
삼상 18:22　왕의 **사위**가 되는 것이 가하니라 하라
삼상 18:23　왕의 **사위** 되는 것을 너희는 작은 일로
삼상 18:26　왕의 **사위** 되는 것을 좋게 여기므로
삼상 18:27　왕의 **사위**가 되고자 하니 사울이 그의
삼상 22:14　왕의 **사위**도 되고 왕의 호위대장도 되며
왕하 8:27　행하였으니 그는 아합의 집의 **사위**가
느 6:18　아들 스가냐의 **사위**가 되었고 도비야의
느 13:28　산발랏의 **사위**가 되었으므로 내가

사유 (赦宥, charge)

행 23:29　가지도 죽이거나 결박할 **사유**가 없음을

사유하다 (have-KJV, forgive)

1. 개인이 소유하다 (私有, have-KJV)

대상 29:3　내가 **사유한** 금, 은으로 내 하나님의

2. 죄를 용서하다 (forgive)

대하 6:30　하늘에서 들으시며 **사유하시되** 각 사람

【 사이 】   【 사이 】

시 130:4	그러나 **사유하심**이 주께 있음은 주를	신 1:1	하세롯과 디사합 **사이**에서 이스라엘
미 7:18	남은 자의 허물을 **사유하시며** 인애를	신 14:1	몸을 베지 말며 눈썹 **사이** 이마 위의
		신 28:57	자기 다리 **사이**에서 나온 태와 자기가
		신 33:12	보호하시고 그를 자기 어깨 **사이**에 있게

사이(among, between)

[모세오경]

창 3:8	낯을 피하여 동산 나무 **사이**에 숨은지라
창 9:12	생물 **사이**에 대대로 영원히 세우는 언약
창 9:13	나와 세상 **사이**의 언약의 증거니라
창 9:15	모든 생물 **사이**의 내 언약을 기억하리니
창 9:16	구름 **사이**에 있으리니 내가 보고 나 하나님과 … 모든 생물 **사이**의 영원한
창 9:17	모든 생물 **사이**에 세운 언약의 증거니라
창 10:12	니느웨와 갈라 **사이**의 레센을 건설하였
창 13:3	벧엘과 아이 **사이** 곧 전에 장막 쳤던
창 15:17	보이며 타는 횃불이 쪼갠 고기 **사이**로
창 16:14	그것은 가데스와 베렛 **사이**에 있더라
창 17:7	대대 후손 **사이**에 세워서 영원한 언약을
창 20:1	땅으로 옮겨가 가데스와 술 **사이** 그랄에
창 30:36	자기와 야곱의 **사이**를 사흘 길이 뜨게
창 48:12	아버지의 무릎 **사이**에서 두 아들을
창 49:10	발 **사이**에서 떠나지 아니하기를 실로가
창 49:14	잇사갈은 양의 우리 **사이**에 꿇어앉은
출 2:3	거기 담아 나일 강가 갈대 **사이**에 두고
출 2:5	갈대 **사이**의 상자를 보고 시녀를 보내어
출 8:23	내 백성과 네 백성 **사이**를 구별하리니
출 11:7	이스라엘 **사이**를 구별하는 줄을 너희가
출 14:2	바다와 믹돌 **사이**의 비하히롯 앞 곧
출 14:20	애굽 진과 이스라엘 진 **사이**에 이르러
출 16:1	시내 산 **사이**에 있는 신 광야에 이르니
출 25:22	두 그룹 **사이**에서 내가 이스라엘 자손을
출 28:32	어깨 **사이**에 머리 들어갈 구멍을 내고
출 30:18	회막과 제단 **사이**에 두고 그 속에 물을
출 31:17	이스라엘 자손 **사이**에 영원한 표징이며
출 39:23	그 옷의 두 어깨 **사이**에 구멍을 내고
출 39:25	가장자리로 돌아가며 석류 **사이사이**에
출 40:7	회막과 제단 **사이**에 놓고 그 속에 물을
출 40:30	물두멍을 회막과 제단 **사이**에 두고 거기
레 26:46	이스라엘 자손 **사이**에 모세를 통하여
민 7:89	그룹 **사이**에서 자기에게 말씀하시는
민 11:33	고기가 아직 이 **사이**에 있어 씹히기
민 16:48	죽은 자와 산 자 **사이**에 섰을 때에 염병
민 21:13	모압과 아모리 **사이**에서 모압의 경계가
민 22:24	포도원 **사이** 좁은 길에 섰고 좌우에는

[역사서]

수 3:5	그 **사이** 거리가 이천 규빗쯤 되게 하고
수 8:9	아이 **사이**에 매복하였고 여호수아는
수 8:11	진 치니 그와 아이 **사이**에는 한 골짜기
수 8:12	택하여 성읍 서쪽 벧엘과 아이 **사이**에
수 22:27	너희 **사이**와 우리의 후대 **사이**에 증거가
수 24:7	애굽 사람들 **사이**에 흑암을 두고 바다를
삿 4:5	라마와 벧엘 **사이** 드보라의 종려나무
삿 4:17	야빈과 겐 사람 헤벨의 집 **사이**에는
삿 9:23	세겜 사람들 **사이**에 악한 영을 보내시매
삿 11:27	암몬 자손 **사이**에 판결하시옵소서
삿 13:25	소라와 에스다올 **사이** 마하네단에서
삿 15:4	홰를 가지고 그 두 꼬리 **사이**에 한 홰를
삿 16:25	그들이 삼손을 두 기둥 **사이**에 세웠더니
삿 16:31	에스다올 **사이** 그의 아버지 마노아의
삿 20:38	복병 **사이**에 약속하기를 성읍에서
룻 2:7	단 **사이**에서 이삭을 줍게 하소서 하였고
룻 2:15	곡식 단 **사이**에서 줍게 하고 책망하지
삼상 4:4	그룹 **사이**에 계신 만군의 여호와의
삼상 7:12	미스바와 센 **사이**에 세워 이르되 여호와
삼상 7:14	이스라엘과 아모리 사람 **사이**에 평화가
삼상 10:22	그가 짐보따리들 **사이**에 숨었느니라
삼상 14:4	어귀 **사이** 이쪽에는 험한 바위가 있고
삼상 14:42	요나단 **사이**에 뽑으라 하였더니 요나단
삼상 17:1	소고와 아세가 **사이**의 에베스담밈에
삼상 17:3	저쪽 산에 섰고 그 **사이**에는 골짜기가
삼상 17:6	각반을 쳤고 어깨 **사이**에는 놋 단창을
삼상 20:3	나와 죽음의 **사이**는 한 걸음 뿐이니라
삼상 20:42	네 자손 **사이**에 계시리라 하였느니라
삼상 24:12	나와 왕 **사이**를 판단하사 여호와께서
삼상 24:15	나와 왕 **사이**에 심판하사 나의 사정을
삼하 3:1	다윗의 집 **사이**에 전쟁이 오래매 다윗은
삼하 3:6	다윗의 집 **사이**에 전쟁이 있는 동안에
삼하 6:2	그룹들 **사이**에 좌정하신 만군의 여호와
삼하 18:9	그 땅 **사이**에 달리고 그가 탔던 노새는
삼하 18:24	두 문 **사이**에 앉아 있더라 파수꾼이
삼하 21:7	사울의 아들 요나단 **사이**에 서로 여호와
왕상 3:20	내가 잠든 **사이**에 내 아들을 내 곁에서
왕상 7:46	사르단 **사이**의 차진 흙에 그것들을

1255

【 사이 】   【 사이 】

왕상 14:30	르호보암과 여로보암 **사이**에 항상 전쟁	사 65:4	무덤 **사이**에 앉으며 은밀한 처소에서
왕상 15:6	여로보암 **사이**에 사는 날 동안 전쟁이	렘 7:5	바르게 하여 이웃들 **사이**에 정의를
왕상 15:7	아비얌과 여로보암 **사이**에도 전쟁이	렘 13:14	부자 **사이**에도 그러하게 할 것이라 내가
왕상 15:16	왕 바아사 **사이**에 일생 동안 전쟁이	렘 34:18	두 조각 **사이**로 지나매 내 앞에 언약을
왕상 15:19	당신 **사이**에 … **사이**에도 있었느니라	렘 34:19	곧 송아지 두 조각 **사이**로 지난 유다
왕상 15:32	바아사 왕 **사이**에 일생 동안 전쟁이	렘 48:28	바위 **사이**에 살지어다 출입문 어귀
왕상 18:42	꿇어 엎드려 그의 얼굴을 무릎 **사이**에	렘 52:7	성벽 **사이** 왕의 동산 곁문 길로 도망하
왕상 22:1	아람과 이스라엘 **사이**에 전쟁이 없이	겔 1:13	생물 **사이**에서 오르락내리락 하며 그
왕하 9:24	요람의 두 팔 **사이**를 쏘니 화살이 그의	겔 4:3	너와 성읍 **사이**에 두어 철벽을 삼고
왕하 11:17	왕과 백성 **사이**에도 언약을 세우게 하매	겔 6:13	우상들 **사이**에, 제단 사방에, 각 높은
왕하 16:14	여호와의 성전 **사이**에서 옮겨다가 그	겔 8:3	천지 **사이**로 올리시고 하나님의 환상
왕하 25:4	성벽 **사이** 왕의 동산 곁문 길로 도망하	겔 8:16	현관과 제단 **사이**에서 약 스물다섯 명이
대상 13:6	그룹 **사이**에 계시므로 그러한 이름으로	겔 10:2	바퀴 **사이**로 들어가 그 속에서 숯불을
대상 21:16	천사가 천지 **사이**에 섰고 칼을 빼어	겔 10:6	바퀴 **사이** 곧 그룹들 **사이**에서 불을
대하 4:17	숙곳과 스레다 **사이**의 진흙에 그것들을	겔 10:7	**사이**에서 손을 내밀어 그 그룹 **사이**에
대하 12:15	르호보암과 여로보암 **사이**에 항상 전쟁	겔 28:14	불타는 돌들 **사이**에 왕래하였도다
대하 14:11	약한 자 **사이**에는 주밖에 도와 줄 이가	겔 28:16	불타는 돌들 **사이**에서 멸하였도다
대하 23:16	왕 **사이**에 언약을 세워 여호와의 백성이	겔 34:17	양 **사이**와 숫양과 숫염소 **사이**에서 심판
느 4:11	보지 못하는 **사이**에 우리가 그들 가운데	겔 34:20	양과 파리한 양 **사이**에서 심판하리라
시가서		겔 34:22	아니하게 하고 양과 양 **사이**에 심판하리
욥 4:20	아침과 저녁 **사이**에 부스러져 가루가	겔 40:7	**사이** 벽이 다섯 척이며 안쪽 문 통로의
욥 16:21	인자와 그 이웃 **사이**에 중재하시기를	겔 40:16	**사이**에도 창이 있고 그 현관도 그러하
욥 21:13	잠깐 **사이**에 스올에 내려가느니라	겔 41:18	그룹 **사이**에 종려나무 한 그루가 있으며
욥 24:11	그 사람들의 담 **사이**에서 기름을 짜며	겔 42:4	두 방 **사이**에 통한 길이 있어 너비는
욥 34:25	아시고 그들을 밤 **사이**에 뒤집어엎어	겔 42:11	방 **사이**에 길이 있고 그 방들의 모양은
욥 41:16	바람이 그 **사이**로 지나가지 못하는구나	겔 47:16	경계선 **사이**에 있는 시브라임과 하우란
시 80:1	기울이소서 그룹 **사이**에 좌정하신 이여	겔 47:18	이스라엘 땅 **사이**에 있는 요단 강이니
시 99:1	여호와께서 그룹 **사이**에 좌정하시니	겔 48:22	지경과 베냐민 지경 **사이**에 있을지니라
시 104:10	솟아나게 하시고 산 **사이**에 흐르게 하사	단 7:8	작은 뿔이 그 **사이**에서 나더니 첫 번째
시 104:12	나뭇가지 **사이**에서 지저귀는도다	단 7:11	주목하여 보는 **사이**에 짐승이 죽임을
잠 6:19	망령된 증인과 및 형제 **사이**를 이간하는	단 8:5	그 염소의 두 눈 **사이**에는 현저한 뿔이
잠 18:18	그치게 하여 강한 자 **사이**에 해결하게	단 8:16	언덕 **사이**에서 사람의 목소리가 있어
잠 30:26	약한 종류로되 집을 바위 **사이**에 짓는	단 8:21	두 눈 **사이**에 있는 큰 뿔은 곧 그 첫째
선지서		단 11:45	거룩한 산 **사이**에 세울 것이나 그의
사 2:4	열방 **사이**에 판단하시며 많은 백성을	호 2:2	제하게 하고 그 유방 **사이**에서 음행을
사 5:3	이제 나와 내 포도원 **사이**에서 사리를	욜 2:17	낭실과 제단 **사이**에서 울며 이르기를
사 9:14	하루 **사이**에 이스라엘 중에서 머리와	옵 1:4	별 **사이**에 깃들일지라도 내가 거기에서
사 10:17	하루 **사이**에 그의 가시와 찔레가 소멸되	미 4:3	많은 민족들 **사이**의 일을 심판하시며
사 22:11	두 성벽 **사이**에 저수지를 만들었느니라	나 3:8	강들 **사이**에 있으므로 물이 둘렸으니
사 37:16	*그룹 **사이**에 계신 이스라엘 하나님 만군*	슥 1:8	골짜기 속 화석류나무 **사이**에 섰고 그
사 54:11	돌 **사이**에 더하며 청옥으로 네 기초를	슥 1:10	화석류나무 **사이**에 선 자가 대답하여
사 57:5	너희가 상수리나무 **사이**, 모든 푸른	슥 1:11	그들이 화석류나무 **사이**에 선 여호와의
사 59:2	너희 하나님 **사이**를 갈라 놓았고 너희	슥 5:9	그들이 그 에바를 천지 **사이**에 들었기로

【 사이 】　　　　　　　　　　　　　　　　　　　　　　　【 사자 1 】

슥 6:1	두 산 **사이**에서 나오는데 그 산은 구리	행 23:7	바리새인과 사두개인 **사이**에 다툼이
슥 12:6	곡식단 **사이**에 횃불 같게 하리니 그들이	계 1:13	**사이**에 인자 같은 이가 발에 끌리는
슥 13:6	두 팔 **사이**에 있는 상처는 어찌 됨이냐	계 2:1	일곱 금 촛대 **사이**를 거니시는 이가
말 2:14	아내 **사이**에 여호와께서 증인이 되시기	계 5:6	장로들 **사이**에 한 어린 양이 서 있는데
		계 6:6	네 생물 **사이**로부터 나는 듯한 음성을

신약

마 8:28	둘이 무덤 **사이**에서 나와 예수를 만나니
마 12:1	안식일에 밀밭 **사이**로 가실새 제자들이
마 23:35	제단 **사이**에서 너희가 죽인 바라갸의
마 25:10	그들이 사러 간 **사이**에 신랑이 오므로
막 2:23	예수께서 밀밭 **사이**로 지나가실새 그의
막 5:2	귀신 들린 사람이 무덤 **사이**에서 나와
막 5:3	사람은 무덤 **사이**에 거처하는데 이제는
막 5:5	밤낮 무덤 **사이**에서나 산에서나 늘 소리
눅 6:1	예수께서 밀밭 **사이**로 지나가실새 제자
눅 8:27	거하지도 아니하고 무덤 **사이**에 거하는
눅 11:51	성전 **사이**에서 죽임을 당한 사가랴의
눅 17:11	가실 때에 사마리아와 갈릴리 **사이**로
요 4:31	**사이**에 제자들이 청하여 이르되 랍비여

사람 '사이'와 관련된 성구

- 그들과 나 **사이** – 겔 20:12; 43:8
- 그들 **사이** – 창 42:23; 눅 22:24; 행 15:2
- 나와 너 **사이** – 창 17:2; 31:49, 50, 51; 삼상 20:42
- 나와 너희 **사이** – 창 17:11; 출 31:13; 겔 20:20
- 나와 당신 **사이** – 창 23:15; 왕상 15:19; 대하 16:3
- 너와 나 **사이** – 창 31:44, 48; 삼상 20:23
- 너희와 너희 후손 **사이** – 창 17:10
- 너희와 우리 **사이** – 눅 16:26
- 당신과 나 **사이** – 창 16:5
- 두 사람 **사이** – 출 22:11
- 둘 **사이** – 왕상 18:21; 슥 6:13; 빌 1:23
- 사람과 사람 **사이** – 겔 18:8
- 사람과 하나님 **사이** – 욥 16:21
- 사람들 **사이** – 신 25:1; 32:26
- 우리와 너 **사이** – 창 26:28; 신 25:1
- 우리와 너희 **사이** – 수 22:25, 27, 28
- 우리(의)/둘 **사이** – 창 26:28; 31:37, 53; 수 22:34; 삿 11:10; 삼하 21:4; 욥 9:33
- 하나님과 사람 **사이** – 딤전 2:5

사일(Zair)　유다 왕 여호람이 습격하다 패한 장소

왕하 8:21　병거를 거느리고 **사일**로 갔더니 밤에

사자 1(使者, angel, messenger)

모세오경, 역사서

창 22:12	**사자**가 이르시되 그 아이에게 네 손을
창 24:7	**사자**를 너보다 앞서 보내실지라 네가
창 24:40	**사자**를 너와 함께 보내어 네게 평탄한
창 32:3	에서에게로 자기보다 앞서 **사자**들을
창 32:6	**사자**들이 야곱에게 돌아와 이르되
출 23:20	내가 **사자**를 네 앞서 보내어 길에서
출 23:23	내 **사자**가 네 앞서 가서 너를 아모리
출 32:34	내 **사자**가 네 앞서 가리라 그러나 내가
출 33:2	내가 **사자**를 너보다 앞서 보내어 가나안
신 2:26	왕 시혼에게 **사자**를 보내어 평화의 말로
수 6:17	보낸 **사자**들을 그가 숨겨 주었음이니라
수 6:25	여리고를 정탐하려고 보낸 **사자**들을
수 7:22	이에 여호수아가 **사자**들을 보내매 그의
삿 6:35	기드온이 또 **사자**들을 온 므낫세에 두루 보내매 … 따르고 또 **사자**들을 아셀과
삿 7:24	기드온이 **사자**들을 보내서 에브라임
삿 9:31	**사자**들을 아비멜렉에게 가만히 보내어
삿 11:12	암몬 자손의 왕에게 **사자**들을 보내
삿 11:13	암몬 자손의 왕이 입다의 **사자**들에게
삿 11:14	암몬 자손의 왕에게 다시 **사자**를 보내
삿 11:17	**사자**들을 에돔 왕에게 보내어 이르기를
삿 11:19	왕 시혼에게 **사자**들을 보내어 그에게
왕상 20:2	**사자**들을 성 안에 있는 이스라엘의 아합
왕상 20:9	없나이다 하라 하니 **사자**들이 돌아가서
왕하 1:2	병들매 **사자**를 보내며 그들에게 이르되
왕하 1:3	여호와의 **사자**가 디셉 사람 엘리야에게 이르되 … 사마리아 왕의 **사자**를 만나
왕하 1:5	**사자**들이 왕에게 돌아오니 왕이 그들에
왕하 1:16	여호와의 말씀이 네가 **사자**를 보내
왕하 5:10	엘리사가 **사자**를 그에게 보내 이르되
왕하 6:32	**사자**가 이르기 전에 엘리사가 장로들

[사자 1]   [사자 2]

에게 … **사자**가 오거든 문을 닫고 문	약 2:25 기생 라합이 **사자**들을 접대하여 다른
왕하 6:33 **사자**가 그에게 이르니 왕이 이르되	계 9:11 무저갱의 **사자**라 히브리어로는 그 이름
왕하 7:15 길에 가득하였더라 **사자**가 돌아와서	계 12:7 미가엘과 그의 **사자**들이 용과 더불어
왕하 9:18 **사자**가 그들에게 갔으나 돌아오지	싸울새 용과 그의 **사자**들도 싸우나
왕하 10:8 **사자**가 와서 예후에게 전하여 이르되	계 12:9 땅으로 내쫓기니 그의 **사자**들도 그와
왕하 14:8 요아스에게 **사자**를 보내 이르되 오라	계 22:16 교회들을 위하여 내 **사자**를 보내어
왕하 16:7 빌레셀에게 **사자**를 보내 이르되 나는	
왕하 17:4 소에게 **사자**들을 보내고 해마다 하던	**'사자'와 관련된 성구**
왕하 17:25 여호와께서 **사자**들을 그들 가운데에	
왕하 17:26 그들의 신이 **사자**들을 그들 가운데에	교회의 사자 – 고후 8:23; 계 1:20; 2:1,
왕하 19:9 히스기야에게 **사자**를 보내며 이르되	8, 12, 18; 3:1, 7, 14
왕하 19:14 히스기야가 **사자**의 손에서 편지를	여호와의 사자 – 창 16:7, 9, 10, 11;
왕하 19:23 네가 **사자**들을 통하여 주를 비방하여	22:11, 15; 48:16; 출 3:2; 민 22:22,
왕하 20:13 **사자**들의 말을 듣고 자기 보물고의 …	23, 24, 25, 26, 27, 31, 32, 34, 35;
모든 것을 다 **사자**들에게 보였는데	삿 2:1, 4; 5:23; 6:11, 12, 21, 22;
왕하 22:20 하니 **사자**들이 왕에게 보고하니라	13:3, 13, 15, 16, 17, 18, 20, 21; 삼
대하 18:12 미가야를 부르러 간 **사자**가 그에게	하 24:16; 왕상 1:3, 15; 19:35; 사
느 6:3 그들에게 **사자**들을 보내어 이르기를	37:36; 학 1:13; 슥 12:8; 말 2:7
시가서 – 신약	주의 사자 – 마 1:20, 24; 2:13, 19; 눅
잠 13:17 **사자**는 재앙에 빠져도 충성된 사신은	1:11; 2:9; 행 5:19; 8:26; 12:7, 23
잠 16:14 왕의 진노는 죽음의 **사자**들과 같아도	하나님의 사자 – 창 21:17; 28:12; 31:11;
잠 17:11 그에게 잔인한 **사자**가 보냄을 받으리라	32:1; 출 14:19; 삿 6:20; 13:6, 9;
잠 25:13 충성된 **사자**는 그를 보낸 이에게 마치	삼하 14:17, 20; 19:27; 눅 12:8, 9;
사 18:2 물에 띄우고 그 **사자**를 수로로 보내며	15:10; 요 1:51; 행 10:3; 27:23
사 37:9 이 말을 듣고 **사자**를 히스기야에게	
사 37:14 히스기야가 그 **사자**들의 손에서 글을	**사자 2**(獅子, lion)
사 39:2 **사자**들로 말미암아 기뻐하여 그들에게	
사 42:19 내 **사자**같이 못 듣는 자겠느냐 누가	 **모세오경, 역사서**
사 44:26 그의 **사자**들의 계획을 성취하게 하며	
사 63:9 앞의 **사자**로 하여금 그들을 구원하시며	창 49:9 유다는 **사자**
욥 1:1 **사자**가 나라들 가운데 보내심을 받고	새끼로다 내 아들아
말 3:1 보라 내가 내 **사자**를 보내리니 그가 내	신 33:22 바산에서 뛰어나오는 **사자**의 새끼로다
앞에서 … 사모하는 바 언약의 **사자**	삿 14:6 아무것도 없이 그 **사자**를 염소 새끼를
마 4:6 너를 위하여 그의 **사자**들을 명하시리니	삿 14:8 그 **사자**의 주검을 본즉 **사자**의 몸에
마 11:10 내가 내 **사자**를 네 앞에 보내노니 그가	삿 14:9 꿀을 **사자**의 몸에서 떠왔다고는 알리지
마 25:41 **사자**들을 위하여 예비된 영원한 불에	삿 14:18 무엇이 **사자**보다 강하겠느냐 한지라
막 1:2 **사자**를 네 앞에 보내노니 그가 네 길을	삼상 17:34 **사자**나 곰이 와서 양 떼에서 새끼를
눅 4:10 **사자**들을 명하사 너를 지키게 하시리라	삼상 17:36 종이 **사자**와 곰도 쳤은즉 살아 계시는
눅 7:27 보라 내가 내 **사자**를 네 앞에 보내노니	삼상 17:37 여호와께서 나를 **사자**의 발톱과 곰의
눅 9:52 **사자**들을 앞서 보내시매 그들이 가서	삼하 1:23 그들은 독수리보다 빠르고 **사자**보다
눅 19:14 미워하여 **사자**를 뒤로 보내어 이르되	삼하 17:10 그가 **사자** 같은 마음을 가진 용사의
고후 12:7 사탄의 **사자**를 주셨으니 이는 나를 쳐서	삼하 23:20 구덩이에 내려가서 **사자** 한 마리를 쳐
빌 2:25 너희 **사자**로 내가 쓸 것을 돕는 자라	왕상 7:29 판에는 **사자**와 소와 그룹들이 있고 …
	놓는 자리가 있고 **사자**와 소 아래에는
	왕상 7:36 **사자**와 종려나무를 아로새겼고 또
	왕상 10:19 팔걸이 곁에는 **사자**가 하나씩 서 있으며

1258

【 사자 2 】　　　　　　　　　　　　　　　　　　　　　　　　　　　　　　　　【 사자 2 】

왕상 10:20	사자가 있어 그 여섯 층계 좌우편에
왕상 13:24	사람이 가더니 사자가 길에서 그를 만나 … 사자도 그 시체 곁에 서 있더라
왕상 13:25	곁에 선 사자를 보고 그 늙은 선지자가
왕상 13:26	그를 사자에게 넘기시매 사자가 그를
왕상 13:28	사자는 그 시체 곁에 서 있는데 사자가
왕상 20:36	사자가 너를 죽이리라 그 사람이 그의 곁을 떠나가더니 사자가 그를 만나
대상 11:22	내려가서 사자 한 마리를 죽였으며
대상 12:8	사자 같고 빠르기는 산의 사슴 같으니
대하 9:18	팔걸이가 있고 팔걸이 곁에는 사자가
대하 9:19	열두 사자가 있어 그 여섯 층계 양쪽에

시가서 – 신약

욥 4:10	사자의 우는 소리와 젊은 사자의 소리가
욥 4:11	사자는 사냥한 것이 없어 죽어 가고
욥 28:8	사나운 사자도 그리로 지나가지 못하였
욥 38:39	사자를 위하여 먹이를 사냥하겠느냐
시 7:2	사자같이 나를 찢고 뜯을까 하나이다
시 10:9	사자가 자기의 굴에 엎드림같이 그가
시 17:12	그 움킨 것을 찢으려 하는 사자 같으며
시 22:13	벌림이 찢으며 부르짖는 사자 같으니
시 22:21	나를 사자의 입에서 구하소서 주께서
시 35:17	유일한 것을 사자들에게서 건지소서
시 57:4	영혼이 사자들 가운데에서 살며 내가
시 91:13	네가 사자와 독사를 밟으며 젊은 사자와
잠 19:12	왕의 노함은 사자의 부르짖음 같고 그의
잠 20:2	왕의 진노는 사자의 부르짖음 같으니
잠 22:13	게으른 자는 말하기를 사자가 밖에
잠 26:13	길에 사자가 있다 거리에 사자가 있다
잠 28:1	도망하나 의인은 사자같이 담대하니라
잠 28:15	악한 관원은 부르짖는 사자와 주린 곰
잠 30:30	앞에서도 물러가지 아니하는 사자와
아 4:8	꼭대기에서 사자 굴과 표범 산에서
사 11:7	새끼가 함께 엎드리며 사자가 소처럼
사 15:9	그 땅에 남은 자에게 사자를 보내리라
사 21:8	파수꾼이 사자같이 부르짖기를 주여
사 31:4	큰 사자나 젊은 사자가 자기의 먹이를
사 35:9	거기에는 사자가 없고 사나운 짐승이
사 38:13	사자같이 나의 모든 뼈를 꺾으시오니
사 65:25	사자가 소처럼 짚을 먹을 것이며 뱀은
렘 2:30	칼이 사나운 사자같이 너희 선지자들을
렘 4:7	사자가 그 수풀에서 올라왔으며 나라들
렘 5:6	수풀에서 나오는 사자가 그들을 죽이며
렘 12:8	소유가 숲속의 사자같이 되어서 나를
렘 49:19	사자가 요단 강의 깊은 숲에서 나타나듯
렘 50:17	이스라엘은 흩어진 양이라 사자들이
렘 50:44	사자가 요단의 깊은 숲에서 나타나듯이
애 3:10	기다리는 곰과 은밀한 곳에 있는 사자
겔 1:10	넷의 오른쪽은 사자의 얼굴이요 넷의
겔 10:14	셋째는 사자의 얼굴이요 넷째는 독수리
겔 19:2	사자들 가운데 엎드려 젊은 사자
겔 19:6	젊은 사자가 되매 여러 사자 가운데에
겔 22:25	우는 사자가 음식물을 움킴 같았도다
겔 32:2	여러 나라에서 사자로 생각하였더니
겔 41:19	어린 사자의 얼굴이라 저쪽 종려나무를
단 6:7	무엇을 구하면 사자 굴에 던져 넣기로
단 6:12	사자 굴에 던져 넣기로 하지 아니하였나
단 6:16	끌어다가 사자 굴에 던져 넣는지라
단 6:19	왕이 새벽에 일어나 급히 사자 굴로
단 6:20	사자들에게서 능히 너를 구원하셨느냐
단 6:22	사자들의 입을 봉하셨으므로 사자들이
단 6:24	그들의 처자들과 함께 사자 굴에 던져 넣게 하였더니 … 닿기도 전에 사자들이
단 6:27	다니엘을 구원하여 사자의 입에서
단 7:4	첫째는 사자와 같은데 독수리의 날개가
호 5:14	내가 에브라임에게는 사자 같고 유다
호 11:10	사자처럼 소리를 내시는 여호와를 따를
호 13:7	그들에게 사자 같고 길 가에서 기다리는
욜 1:6	수가 많으며 그 이빨은 사자의 이빨 같

성경에 나오는 '사자'

새끼 사자 – 렘 51:38; 나 2:11

수사자 – 창 49:9; 민 24:9; 사 30:6; 나 2:11, 12

암사자 – 창 49:9; 민 23:24; 24:9; 신 33:20; 욥 4:11; 사 5:29; 30:6; 겔 19:2, 5; 호 13:8; 나 2:11, 12

어린 사자 – 욥 4:10; 사 5:29; 11:6; 렘 2:15; 슥 11:3

젊은 사자 – 삿 14:5; 욥 4:10; 10:16; 38:39; 시 17:12; 34:10; 58:6; 91:13; 104:21; 사 31:4; 렘 25:38; 51:38; 겔 19:2, 3, 5, 6; 호 5:14; 미 5:8; 나 2:11, 13

죽은 사자 – 전 9:4

【 사적 】　　　　　　　　　　　　　　　　　　　　　　　　　【 사정 】

	고 그 어금니는 암사자의 어금니 같도다	왕하 15:36	요담의 남은 사적과 그가 행한 모든
암 3:4	사자가 움킨 것이 없는데 어찌 수풀에서 부르짖겠으며 젊은 사자가 잡은	왕하 16:19	아하스가 행한 그 남은 사적은 유다 왕
		왕하 20:20	히스기야의 남은 사적과 그의 모든 업적
암 3:8	사자가 부르짖은즉 누가 두려워하지	왕하 21:17	므낫세의 남은 사적과 그가 행한 모든
암 3:12	사자 입에서 양의 두 다리나 귀 조각을	왕하 21:25	아몬이 행한 바 남은 사적은 유다 왕
암 5:19	사람이 사자를 피하다가 곰을 만나거나	왕하 23:28	요시야의 남은 사적과 행한 모든 일은
미 5:8	사자 같고 양 떼 중의 젊은 사자 같아서	왕하 24:5	여호야김의 남은 사적과 행한 모든 일은
나 2:11	이제 사자의 굴이 어디냐 젊은 사자가	대하 13:22	아비야의 남은 사적과 그의 행위와 그의
습 3:3	방백들은 부르짖는 사자요 그의 재판장	대하 24:27	아들들의 사적과 요아스가 … 하나님의
딤후 4:17	하심이니 내가 사자의 입에서 건짐을		전을 보수한 사적은 다 열왕기 주석에
히 11:33	받기도 하며 사자들의 입을 막기도 하며	대하 27:7	요담의 남은 사적과 그의 모든 전쟁과
벧전 5:8	마귀가 우는 사자같이 두루 다니며 삼킬	대하 28:26	아하스의 남은 사적 시종과 모든 행위는
계 4:7	첫째 생물은 사자 같고 그 둘째 생물은	대하 33:18	므낫세의 남은 사적과 그가 하나님께
계 5:5	지파의 사자 다윗의 뿌리가 이겼으니	대하 35:26	요시야의 남은 사적과 여호와의 율법에
계 9:8	머리털이 있고 그 이빨은 사자의 이빨	대하 36:8	여호야김의 남은 사적과 그가 행한 모든
계 9:17	머리는 사자 머리 같고 그 입에서는	에 10:2	한 사적이 메대와 바사 왕들의 일기에
계 10:3	사자가 부르짖는 것같이 큰 소리로	시 78:4	기이한 사적을 후대에 전하리로다
계 13:2	사자의 입 같은데 용이 자기의 능력과		

사적(事績, event, account, wonder)

왕상 11:41	솔로몬의 남은 사적과 그의 행한 모든
왕상 14:29	르호보암의 남은 사적과 그가 행한 모든
왕상 15:7	아비얌의 남은 사적과 그 행한 모든
왕상 15:23	아사의 남은 사적과 모든 권세와 그가
왕상 15:31	나답의 남은 사적과 행한 모든 일은
왕상 16:5	바아사의 남은 사적과 행한 모든 일과
왕상 16:14	엘라의 남은 사적과 행한 모든 일은
왕상 16:27	오므리가 행한 그 남은 사적과 그가
왕상 22:45	여호사밧의 남은 사적과 그가 부린 권세
왕하 1:18	아하시야가 행한 그 남은 사적은 모두
왕하 8:23	여호람의 남은 사적과 그가 행한 모든
왕하 10:34	예후의 남은 사적과 행한 모든 일과
왕하 12:19	요아스의 남은 사적과 그가 행한 모든
왕하 13:8	여호아하스의 남은 사적과 행한 모든
왕하 13:12	요아스의 남은 사적과 행한 모든 일과
왕하 14:15	요아스의 남은 사적과 그의 업적과 또
왕하 14:28	여로보암의 남은 사적과 모든 행한 일과
왕하 15:6	아사랴의 남은 사적과 행한 모든 일은
왕하 15:11	남은 사적은 이스라엘 왕 역대지략에
왕하 15:15	살룸의 남은 사적과 그가 반역한 일은
왕하 15:21	므나헴의 남은 사적과 그가 행한 모든
왕하 15:26	브가히야의 남은 사적과 그가 행한 모든
왕하 15:31	베가의 남은 사적과 그가 행한 모든

사절(使節, messenger)

삼하 5:11	히람이 다윗에게 사절들과 백향목과
대상 19:2	사절들을 보내서 그의 아버지 죽음을
대상 19:3	다윗이 조문 사절을 보낸 것이 왕의
대하 2:3	솔로몬이 사절을 두로 왕 후람에게
사 18:2	민첩한 사절들아 너희는 강들이 흘러
렘 49:14	사절을 여러 나라 가운데 보내어 이르시
겔 17:15	그가 사절을 애굽에 보내 말과 군대를
겔 23:16	사랑하게 되어 사절을 갈대아 그들에게
겔 23:40	사절을 먼 곳에 보내 사람을 불러오게
겔 30:9	사절들이 내 앞에서 배로 나아가서 염려

사정(事情, cause, justice, news)

창 40:14	내 사정을 바로에게 아뢰어 이 집에서
출 23:9	나그네 되었은즉 나그네의 사정을
삼상 24:15	나의 사정을 살펴 억울함을 풀어 주시고
욥 13:18	보라 내가 내 사정을 진술하였거니와
잠 29:7	의인은 가난한 자의 사정을 알아 주나
렘 20:12	나의 사정을 주께 아뢰었사온즉 주께서
엡 6:21	사정 곧 내가 무엇을 하는지 너희에게도
엡 6:22	사정을 알리고 또 너희 마음을 위로하기
빌 2:19	사정을 앎으로 안위를 받으려 함이니
빌 2:20	사정을 진실히 생각할 자가 이밖에 내게
골 4:7	두기고가 내 사정을 다 너희에게 알려
골 4:8	사정을 알게 하고 너희 마음을 위로하게

【 사정없이 】

사정없이(without pity)
욥 16:13 날아와 **사정없이** 나를 쏨으로 그는 내

사죄하다(赦罪, forgive)
시 86:5 주는 선하사 **사죄하기**를 즐거워하시며
사 33:24 거기에 사는 백성이 **사죄함**을 받으리라

사지(死地, death)
잠 5:5 그의 발은 **사지**로 내려가며 그의 걸음은

사천(四千, four thousand)
대하 9:25 병거 메는 말의 외양간은 **사천**이요

> **'사천'과 관련된 수**
> 사천 명 – 삼상 4:2; 대상 23:5; 마 15:38;
>   16:10; 막 8:9, 20; 행 21:38
> 사천오백 척 – 겔 48:16, 30, 32, 33, 34
> 사천육백 명 – 대상 12:26; 렘 52:30

사체(死體, carcass)
창 15:11 그 **사체** 위에 내릴 때에는 아브람이
레 5:2 **사체**나 부정한 가축의 **사체**나 부정한
   곤충의 **사체**를 만졌으면 부지중이라도
민 31:19 **사체**를 만진 자는 셋째 날과 일곱째
신 14:8 것이며 그 **사체**도 만지지 말 것이니라
사 34:3 내던진 바 되며 그 **사체**의 악취가 솟아

사치/–하다(奢侈, luxury, wanton)
잠 19:10 미련한 자가 **사치하는** 것이 적당하지
사 47:8 그러므로 **사치하고** 평안히 지내며 마음
눅 7:25 옷을 입고 **사치하게** 지내는 자는 왕궁에
약 5:5 땅에서 **사치하고** 방종하여 살륙의 날에
계 18:3 **사치**의 세력으로 치부하였도다 하더라
계 18:7 하였으며 **사치하였든지** 그만큼 고통과
계 18:9 음행하고 **사치하던** 땅의 왕들이 그가

사탄(Satan)
대상 21:1 **사탄**이 일어나 이스라엘을 대적하고
욥 1:6 여호와 앞에 섰고 **사탄**도 그들 가운데에
욥 1:7 여호와께서 **사탄**에게 이르시되 네가 어
   디서 왔느냐 **사탄**이 여호와께 대답하여
욥 1:8 여호와께서 **사탄**에게 이르시되 네가

【 사탄 】

욥 1:9 **사탄**이 여호와께 대답하여 이르되 욥이
욥 1:12 여호와께서 **사탄**에게 이르시되 내가
욥 2:1 여호와 앞에 서고 **사탄**도 그들 가운데에
욥 2:2 여호와께서 **사탄**에게 이르시되 네가 어
   디서 왔느냐 **사탄**이 여호와께 대답하여
욥 2:3 여호와께서 **사탄**에게 이르시되 네가
욥 2:4 **사탄**이 여호와께 대답하여 이르되 가죽
욥 2:6 여호와께서 **사탄**에게 이르시되 내가
욥 2:7 **사탄**이 이에 여호와 앞에서 물러가서
시 109:6 악인이 그를 다스리게 하시며 **사탄**이
슥 3:1 천사 앞에 섰고 **사탄**은 그의 오른쪽에
슥 3:2 여호와께서 **사탄**에게 이르시되 **사탄**아
마 4:10 예수께서 말씀하시되 **사탄**아 물러가라
마 12:26 만일 **사탄**이 **사탄**을 쫓아내면 스스로
마 16:23 베드로에게 이르시되 **사탄**아 내 뒤로
막 1:13 사십 일을 계시면서 **사탄**에게 시험을
막 3:23 말씀하시되 **사탄**이 어찌 **사탄**을 쫓아낼
막 3:26 **사탄**이 자기를 거슬러 일어나 분쟁하면
막 4:15 말씀을 들었을 때에 **사탄**이 즉시 와서
막 8:33 이르시되 **사탄**아 내 뒤로 물러가라
눅 10:18 **사탄**이 하늘로부터 번개같이 떨어지는
눅 11:18 **사탄**이 스스로 분쟁하면 그의 나라가
눅 13:16 열여덟 해 동안 **사탄**에게 매인 바 된 이
눅 22:3 가룟인이라 부르는 유다에게 **사탄**이
눅 22:31 보라 **사탄**이 너희를 밀 까부르듯 하려고
요 13:27 받은 후 곧 **사탄**이 그 속에 들어간지라
행 5:3 아나니아야 어찌하여 **사탄**이 네 마음에
행 26:18 빛으로, **사탄**의 권세에서 하나님께로
롬 16:20 속히 **사탄**을 너희 발 아래에서 상하게
고전 5:5 이런 자를 **사탄**에게 내주었으니 이는
고전 7:5 절제 못함으로 말미암아 **사탄**이 너희를
고후 2:11 우리로 **사탄**에게 속지 않게 하려 함이라
고후 11:14 **사탄**도 자기를 광명의 천사로 가장하나
고후 11:15 **사탄**의 일꾼들도 자기를 의의 일꾼으로
고후 12:7 육체에 가시 곧 **사탄**의 사자를 주셨으니
살전 2:18 하였으나 **사탄**이 우리를 막았도다
살후 2:9 악한 자의 나타남은 **사탄**의 활동을 따라
딤전 1:20 **사탄**에게 내준 것은 그들로 훈계를
딤전 5:15 이미 **사탄**에게 돌아간 자들도 있도다
계 2:9 유대인이 아니요 **사탄**의 회당이라
계 2:13 **사탄**의 권좌가 있는 데라 네가 내 이름
   을 … 안디바가 너희 가운데 곧 **사탄**이
계 2:24 **사탄**의 깊은 것을 알지 못하는 너희에게

【 사하다 】 　　　　　　　　　　　　　　　　　　【 사형 】

계 3:9　　사탄의 회당 곧 자칭 유대인이라 하나
계 12:9　 마귀라고도 하고 사탄이라고도 하며
계 20:2　 뱀이요 마귀요 사탄이라 잡아서 천 년
계 20:7　 천 년이 차매 사탄이 그 옥에서 놓여

사하다(赦, forgive)
민 14:18　죄악과 허물을 사하시나 형벌 받을 자
　　　　　는 결단코 사하지 아니하시고 아버지의
민 14:19　백성을 사하신 것같이 사하시옵소서
민 14:20　이르시되 내가 네 말대로 사하노라
민 30:5　 아니하였은즉 여호와께서 사하시리라
민 30:8　 여호와께서 그 여자를 사하시리라

┌─ '사하다'와 관련된 성구 ─┐

사하심/사함을 받다 – 레 4:20, 31, 35;
　5:10, 13, 16, 18; 6:7; 19:22; 민
　15:25, 26; 신 21:8; 시 32:1; 사
　40:2; 마 9:2, 5; 막 2:5, 9; 눅 5:20,
　23; 7:47, 48; 12:10; 행 2:38;
　10:43; 롬 4:7; 엡 1:7; 약 5:15; 요
　일 2:12
사하심을 받지 못하다 – 눅 12:10
사하심/사함을 얻다 – 레 4:26; 민 15:28;
　마 12:31, 32; 막 3:28; 골 1:14
사하심을 얻지 못하다 – 마 12:31, 32; 막
　3:29
사함을 받게 하다 – 막 1:4; 눅 3:3; 24:47
사함을 얻게 하다 – 마 26:28
사함을 얻지 못하게 하다 – 막 4:12
악행을 사하다 – 렘 31:34
잘못과 죄들을 사하지 않다 – 수 24:19
죄를 사하다/사하시다 – 출 32:32; 34:9;
　삼상 15:25; 삼하 12:13; 24:10; 왕
　상 8:34, 8:36; 대하 6:25, 27; 7:14;
　시 25:18; 79:9; 단 4:27; 마 6:12;
　9:6; 막 2:7, 10; 눅 5:21, 24; 골
　2:13; 요일 1:9
죄악을 사하다 – 민 14:19; 시 32:5;
　85:2; 103:3; 렘 33:8; 단 4:27
죄악을 사하지 않다 – 욥 10:14
허물을 사하다 – 왕상 8:50; 시 65:3; 막
　11:25
허물을 사하여 주지 않다 – 욥 7:21

민 30:12　여호와께서 그 부녀를 사하시느니라
신 21:8　 이스라엘을 사하시고 무죄한 피를 주의
신 29:20　여호와는 이런 자를 사하지 않으실 뿐
왕상 8:30　들으시고 들으시사 사하여 주옵소서
왕상 8:39　하늘에서 들으시고 사하시며 각 사람의
왕하 24:4　사하시기를 즐겨하지 아니하시니라
대하 6:21　들으시고 들으시사 사하여 주옵소서
대하 30:18 이르되 선하신 여호와여 사하옵소서
대하 30:19 못하였을지라도 사하옵소서 하였더니
시 25:11　주의 이름으로 말미암아 사하소서
사 6:7　　제하여졌고 네 죄가 사하여졌느니라
렘 18:23　악을 사하지 마옵시며 그들의 죄를 주의
애 3:42　 반역함을 주께서 사하지 아니하시고
암 7:2　　여호와여 청하건대 사하소서 야곱이
마 6:12　 사하여 준 것같이 우리 죄를 사하여
눅 1:77　 주의 백성에게 그 죄 사함으로 말미암는
눅 7:47　 죄가 사하여졌도다 이는 그의 사랑함이
눅 7:49　 이가 누구이기에 죄도 사하는가 하더라
눅 11:4　 사하여 주시옵고 우리를 시험에 들게
눅 23:34　저들을 사하여 주옵소서 자기들이 하는
요 20:23　누구의 죄든지 사하면 사하여질 것이요
행 5:31　 회개함과 죄 사함을 주시려고 그를
행 8:22　 혹 마음에 품은 것을 사하여 주시리라
행 13:38　이 사람을 힘입어 죄 사함을 너희에게
행 26:18　하고 죄 사함과 나를 믿어 거룩하게
히 9:22　 피흘림이 없은즉 사함이 없느니라
히 10:18　이것들을 사하셨은즉 다시 죄를 위하여

사하라임(Shaharaim) 베냐민 지파 사람
대상 8:8　사하라임은 두 아내 후심과 바아라를

사하수마(Shahazumah) 잇사갈 지파에게
　분배된 성읍
수 19:22　다볼과 사하수마와 벧 세메스에 이르고

사함(Zaham) 유다 왕 르호보암의 아들
대하 11:19 아들들 곧 여우스와 스마랴와 사함을

사형(死刑, death)
마 26:66　이르되 그는 사형에 해당하니라 하고
막 14:64　그들이 다 예수를 사형에 해당한 자로
눅 23:32　두 행악자도 사형을 받게 되어 예수와
눅 24:20　대제사장들과 관리들이 사형 판결에

【 사화하다 】 【 사흘 】

행 26:31 이 사람은 **사형**이나 결박을 당할 만한
롬 1:32 일을 행하는 자는 **사형**에 해당한다고
고후 1:9 자신이 **사형** 선고를 받은 줄 알았으니

사화하다(私和, settle)

마 5:25 급히 **사화하라** 그 고발하는 자가 너를

사환(使喚, foreman, servant)

룻 2:5 거느린 **사환**에게 이르되 이는 누구의
룻 2:6 베는 자를 거느린 **사환**이 대답하여
삼상 2:13 제사장의 **사환**이 손에 세 살 갈고리를
삼상 2:15 제사장의 **사환**이 와서 제사 드리는
삼상 9:3 **사환**을 데리고 가서 암나귀들을 찾으라
삼상 9:5 함께 가던 **사환**에게 이르되 돌아가자
삼상 9:7 사울이 그의 **사환**에게 이르되 우리가
삼상 9:8 **사환**이 사울에게 다시 대답하여 이르되
삼상 9:10 사울이 그의 **사환**에게 이르되 네 말이
삼상 9:22 사무엘이 사울과 그의 **사환**을 인도하여
삼상 9:27 사울에게 이르되 **사환**에게 우리를 앞서
게 하라 하니라 **사환**이 앞서가므로 또
삼상 10:14 사울과 그의 **사환**에게 이르되 너희가
삼상 25:10 나발이 다윗의 **사환**들에게 대답하여
왕상 18:43 그의 **사환**에게 이르되 올라가 바다쪽을
왕상 19:3 이르러 자기 **사환**을 그 곳에 머물게
왕하 4:12 자기 **사환** 게하시에게 이르되 이 수넴
왕하 4:13 엘리사가 자기 **사환**에게 이르되 너는
왕하 4:19 **사환**에게 말하여 그의 어머니에게로
왕하 4:22 청하건대 **사환** 한 명과 나귀 한 마리를
왕하 4:24 자기 **사환**에게 이르되 몰고 가라 내가
왕하 4:25 자기 **사환** 게하시에게 이르되 저기 수넴
왕하 4:38 엘리사가 자기 **사환**에게 이르되 큰 솥을
왕하 4:43 그 **사환**이 이르되 내가 어찌 이것을 백
왕하 5:20 엘리사의 **사환** 게하시가 스스로 이르되
왕하 5:23 **사환**에게 지우매 그들이 게하시 앞에서
왕하 5:24 두 **사환**의 손에서 받아 집에 감추고
왕하 6:15 사람의 **사환**이 일찍이 일어나서 나가보
니 … 그의 **사환**이 엘리사에게 말하되
왕하 8:4 하나님의 사람의 **사환** 게하시와 서로
욥 1:14 **사환**이 욥에게 와서 아뢰되 소는 밭을
렘 14:3 귀인들은 자기 **사환**들을 보내어 물을

마 22:13 임금이 **사환**들에게 말하되 그 손발을
벧전 2:18 **사환**들아 범사에 두려워함으로 주인들

사흘(three days)

창 30:36 자기와 야곱의 사이가 **사흘** 길이 뜨게
창 40:12 해석이 이러하니 세 가지는 **사흘**이라
창 40:13 **사흘** 안에 바로가 당신의 머리를 들고
창 40:18 해석은 이러하니 세 광주리는 **사흘**이라
창 40:19 **사흘** 안에 바로가 당신의 머리를 들고
창 42:18 **사흘** 만에 요셉이 그들에게 이르되 나는
출 3:18 **사흘** 길쯤 광야로 가도록 허락하소서
출 5:3 우리가 광야로 **사흘** 길쯤 가서 우리
출 8:27 우리가 **사흘** 길쯤 광야로 들어가서 우리
출 15:22 **사흘** 길을 걸었으나 물을 얻지 못하고
민 33:8 에담 광야로 **사흘** 길을 가서 마라에
수 1:11 양식을 준비하라 **사흘** 안에 너희가 이
수 2:16 거기서 **사흘** 동안 숨어 있다가 뒤쫓는
수 2:22 **사흘**을 거기 머물매 뒤쫓는 자들이
수 3:2 **사흘** 후에 관리들이 진중으로 두루
수 9:16 **사흘**이 지나서야 그들이 이웃에서 자기
삿 14:14 그들이 **사흘**이 되도록 수수께끼를 풀지
삼상 9:20 **사흘** 전에 잃은 네 암나귀들을 염려하지
삼상 20:19 너는 **사흘** 동안 있다가 빨리 내려가서
삼상 30:1 다윗과 그의 사람들이 **사흘** 만에 시글락
삼상 30:12 밤낮 **사흘** 동안 떡도 먹지 못하였고
삼상 30:13 **사흘** 전에 병이 들매 주인이 나를
삼하 1:2 **사흘**째 되는 날에 한 사람이 사울의
삼하 24:13 **사흘** 동안 전염병이 있을 것이니까
왕상 3:18 내가 해산한 지 **사흘** 만에 이 여자도
왕하 2:17 오십 명을 보냈더니 **사흘** 동안을 찾되
대상 12:39 다윗과 함께 **사흘**을 지내며 먹고 마셨으
대상 21:12 전염병이 **사흘** 동안 이 땅에 유행하며
대하 20:25 많으므로 **사흘** 동안에 거두어들이고
느 2:11 예루살렘에 이르러 머무른 지 **사흘** 만에
욘 3:3 니느웨는 **사흘** 동안 걸을 만큼 하나님
마 12:40 **사흘** 동안 큰 물고기 뱃속에 있었던 것
같이 인자도 밤낮 **사흘** 동안 땅 속에
마 15:32 이미 **사흘**이매 먹을 것이 없도다 길에서
마 26:61 성전을 헐고 **사흘** 동안에 지을 수 있다
마 27:40 이르되 성전을 헐고 **사흘**에 짓는 자여
마 27:63 **사흘** 후에 다시 살아나리라 한 것을
마 27:64 무덤을 **사흘**까지 굳게 지키게 하소서
막 8:2 이미 **사흘**이 지났으나 먹을 것이 없도다

【 삭감되다 】　　　　　　　　　　　　　　　　　　　　　　　　【 삯 】

막 8:31　죽임을 당하고 **사흘** 만에 살아나야 할
막 14:58　성전을 **사흘** 동안에 지으리라 하더라
막 15:29　아 성전을 헐고 **사흘**에 짓는다는 자여
눅 2:46　**사흘** 후에 성전에서 만난즉 그가 선생들
눅 24:21　아니라 이 일이 일어난 지가 **사흘**째요
요 2:1　**사흘**째 되던 날 갈릴리 가나에 혼례가
요 2:19　성전을 헐라 내가 **사흘** 동안에 일으키리
행 9:9　**사흘** 동안 보지 못하고 먹지도 마시지도
행 10:40　**사흘** 만에 다시 살리사 나타내시되
행 27:19　**사흘**째 되는 날에 배의 기구를 그들의
행 28:7　영접하여 **사흘**이나 친절히 머물게
행 28:12　수라구사에 대고 **사흘**을 있다가
행 28:17　**사흘** 후에 바울이 유대인 중 높은 사람
고전 15:4　성경대로 **사흘** 만에 다시 살아나사
계 11:9　**사흘** 반 동안을 보며 무덤에 장사하지

삭감되다(削減, be taken from)
민 36:4　지파의 기업에서 아주 **삭감되리이다**

삭개(Zaccai)　스룹바벨과 함께 귀환한 한 무리의 조상
스 2:9　**삭개** 자손이 칠백육십 명이요
느 7:14　**삭개** 자손이 칠백육십 명이요

삭개오(Zacc-haeus) 여리고에 살고 있던 세리장
눅 19:2　**삭개오**라 이름하는 자가 있으니 세리장
눅 19:5　이르시되 **삭개오**야 속히 내려오라 내가
눅 19:8　**삭개오**가 서서 주께 여짜오되 주여

삭굴(Zaccur)
　1. 삼무아의 아버지
민 13:4　르우벤 지파에서는 **삭굴**의 아들 삼무아
　2. 시므이의 아버지
대상 4:26　아들은 **삭굴**이요 그의 아들은 시므이라
　3. 므라리의 자손 야아시야의 아들
대상 24:27　난 자는 브노와 소함과 **삭굴**과 이브리요
　4. 다윗 시대에 악사로 일했던 레위인
대상 25:2　아들들은 **삭굴**과 요셉과 느다냐와
대상 25:10　**삭굴**이니 그의 아들들과 형제들과
느 12:35　현손 **삭굴**의 오대 손 아삽의 육대 손

　5. 예루살렘 성벽을 건축할 때 도왔던 사람
느 3:2　이므리의 아들 **삭굴**이 건축하였으며
　6. 율법 준수 계약서에 조인했던 레위인
느 10:12　**삭굴**, 세레뱌, 스바냐,
　7. 맛다냐의 아들이며 하난의 아버지
느 12:35　현손 **삭굴**의 오대 손 아삽의 육대 손
느 13:13　맛다냐의 손자 **삭굴**의 아들 하난을

삭다(give way)
사 22:25　박혔던 못이 **삭으리니** 그 못이 부러져

삭도(削刀, razor)

민 6:5　날 동안은 **삭도**를 절대로 그의 머리에
민 8:7　전신을 **삭도**로 밀게 하고 그 의복을
삿 13:5　그의 머리 위에 **삭도**를 대지 말라 이
삿 16:17　머리 위에는 **삭도**를 대지 아니하였나니
삼상 1:11　여호와께 드리고 **삭도**를 그의 머리에
시 52:2　날카로운 **삭도**같이 간사를 행하는도다
사 7:20　온 **삭도** 곧 앗수르 왕으로 네 백성의
겔 5:1　칼을 가져다가 **삭도**로 삼아 네 머리털과

삭막하다(索莫, waste)
욥 6:18　길을 벗어나서 **삭막한** 들에 들어가

삭제되다(削除, disappear)
민 27:4　종족 중에서 **삭제되리이까** 우리 아버지

삯(wage)
창 31:8　있는 것이 네 **삯**이 되리라 하면 … 네 **삯**이 되리라
출 2:9　**삯**을 주리라 여인이 아기를 데려다가
레 19:13　품꾼의 **삯**을 아침까지 밤새도록 네게
신 15:18　**삯**의 배나 받을 만큼 너를 섬겼은즉
왕상 5:6　당신의 종의 **삯**을 당신에게 드리이다
대상 19:6　소바에 보내 병거와 마병을 **삯** 내되
욥 7:2　그늘을 몹시 바라고 품꾼은 그의 **삯**을
잠 11:18　악인의 **삯**은 허무하되 공의를 뿌린 자의
렘 31:16　네 일에 **삯**을 받을 것인즉 그들이 그의
욘 1:3　다시스로 가려고 배 **삯**을 주고 배에
미 3:11　제사장은 **삯**을 위하여 교훈하며 그들의

1264

【 삯꾼 】　　　　　　　　　　　　　　　　　　　【 산 】

학 1:6	일꾼이 **삯**을 받아도 그것을 구멍 뚫어진
슥 8:10	사람도 **삯**을 얻지 못하였고 짐승도 **삯**
슥 11:13	나를 헤아린 바 그 **삯**을 토기장이에게
말 3:5	품꾼의 **삯**에 대하여 억울하게 하며 과부
마 20:8	시작하여 먼저 온 자까지 **삯**을 주라
눅 10:7	먹고 마시라 일꾼이 그 **삯** 받는 것이
요 4:36	거두는 자가 이미 **삯**도 받고 영생에
행 1:18	사람이 불의의 **삯**으로 밭을 사고 후에
롬 4:4	일하는 자에게는 그 **삯**이 은혜로 여겨지
롬 6:23	죄의 **삯**은 사망이요 하나님의 은사는
딤전 5:18	일꾼이 그 **삯** 받는 것은 마땅하다
약 5:4	품꾼에게 주지 아니한 **삯**이 소리 지르며
벧후 2:15	따르는도다 그는 불의의 **삯**을 사랑하다
유 1:11	가인의 길에 행하였으며 **삯**을 위하여

삯꾼 (hired hand)

레 25:53	매년의 **삯꾼**과 같이 여기고 네 목전에서
요 10:12	**삯꾼**은 목자가 아니요 양도 제 양이
요 10:13	달아나는 것은 그가 **삯꾼**인 까닭이라

산 (山, mountain)

모세오경

창 7:20	규빗이나 오르
	니 **산**들이 잠긴지라
창 8:5	초하룻날에 **산**들의 봉우리가 보였더라
창 10:30	스발로 가는 길의 동쪽 **산**이었더라
창 12:8	거기서 벧엘 동쪽 **산**으로 옮겨 장막을
창 14:6	호리 족속을 그 **산** 세일에서 쳐서 광야
창 14:10	그들이 거기 빠지고 그 나머지는 **산**으로
창 19:17	들에 머물지 말고 **산**으로 도망하여
창 19:19	내가 도망하여 **산**에까지 갈 수 없나이다
창 19:30	소알에서 나와 **산**에 올라 거주하되
창 22:2	내가 네게 일러 준 한 **산** 거기서 그를
창 31:25	이르렀으니 야곱이 그 **산**에 장막을
창 31:54	야곱이 또 **산**에서 제사를 드리고 형제들
창 49:26	영원한 **산**이 한없음같이 이 축복이 요셉
출 3:12	이 **산**에서 하나님을 섬기리니 이것이
출 15:17	기업의 **산**에 심으시리이다 여호와여
출 19:2	치되 이스라엘이 거기 **산** 앞에 장막을
출 19:3	여호와께서 **산**에서 그를 불러 말씀하시
출 19:12	너희는 삼가 **산**에 오르거나 그 경계를
	침범하지 말지니 **산**을 침범하는 자는
출 19:13	길게 불거든 **산** 앞에 이를 것이니라

출 19:14	모세가 **산**에서 내려와 백성에게 이르러
출 19:16	빽빽한 구름이 **산** 위에 있고 나팔 소리
출 19:18	옹기 가마 연기같이 떠오르고 온 **산**이
출 19:23	하라 하셨사온즉 백성이 시내 **산**에
출 20:18	나팔 소리와 **산**의 연기를 본지라 그들이
출 24:4	일어나 **산** 아래에 제단을 쌓고 이스라엘
출 24:12	**산**에 올라 내게로 와서 거기 있으라
출 24:15	모세가 **산**에 오르매 구름이 **산**을 가리며
출 24:16	여호와의 영광이 시내 **산** 위에 머무르
	고 구름이 엿새 동안 **산**을 가리더니
출 24:18	속으로 들어가서 **산** 위에 올랐으며 모
	세가 사십 일 사십 야를 **산**에 있으니라
출 25:40	**산**에서 네게 보인 양식대로 할지니라
출 26:30	**산**에서 보인 양식대로 성막을 세울지니
출 27:8	비게 만들되 **산**에서 네게 보인 대로
출 32:1	백성이 모세가 **산**에서 내려옴이 더딤을
출 32:12	자기의 백성을 **산**에서 죽이고 지면에서
출 32:15	모세가 돌이켜 **산**에서 내려오는데 두
출 32:19	그 판들을 **산** 아래로 던져 깨뜨리니라
출 34:3	말며 온 **산**에 아무도 나타나지 못하게
	하고 양과 소도 **산** 앞에서 먹지 못하게
출 34:29	그 **산**에서 내려올 때에 모세는 자기가
민 20:28	모세와 엘르아살이 **산**에서 내려오니
민 23:7	왕이 동쪽 **산**에서 데려다가 이르기를
신 1:6	이르시기를 너희가 이 **산**에 거주한 지
신 2:3	이 **산**을 두루 다닌 지 오래니 돌이켜
신 3:25	아름다운 **산**과 레바논을 보게 하옵소서
신 4:11	나아와서 **산** 아래 서니 그 **산**에 불이
신 5:4	여호와께서 **산** 위 불 가운데에서 너희와
신 5:5	불을 두려워하여 **산**에 오르지 못하므로
신 5:22	말씀을 **산** 위 불 가운데, 구름 가운데,
신 5:23	**산**이 불에 타며 캄캄한 가운데에서
신 8:9	그 땅의 돌은 철이요 **산**에서는 동을 캘
신 9:9	**산**에 올라가서 사십 주 사십 야를 **산**에
신 9:15	**산**에서 내려오는데 **산**에는 불이 붙었고
신 9:21	그 가루를 **산**에서 흘러내리는 시내에
신 10:1	돌판을 다듬어 가지고 **산**에 올라 내게로
신 10:3	같은 돌판 둘을 다듬어 손에 들고 **산**에
신 10:4	그 총회 날에 **산** 위 불 가운데에서
신 10:5	돌이켜 **산**에서 내려와서 여호와께서
신 10:10	사십 야를 **산**에 머물렀고 그 때에도
신 11:11	땅은 **산**과 골짜기가 있어서 하늘에서
신 11:30	**산**은 요단 강 저쪽 곧 해지는 쪽으로

1265

【 산 】

신 32:22 삼키며 **산**들의 터도 불타게 하는도다
신 32:50 너도 올라가는 이 **산**에서 죽어 네 조상
신 33:15 **산**의 좋은 산물과 영원한 작은 언덕의
신 33:19 그들이 백성들을 불러 **산**에 이르게 하고

역사서
수 2:16 너희는 **산**으로 가서 거기서 사흘 동안
수 2:22 그들이 가서 **산**에 이르러 뒤쫓는 자들이
수 2:23 두 사람이 돌이켜 **산**에서 내려와 강을
수 11:13 하솔만 불살랐고 **산** 위에 세운 성읍들은
수 18:13 내려가서 아래 벧호론 남쪽 **산** 곁으로
수 18:14 벧호론 앞 남쪽 **산**에서부터 서쪽으로
수 18:16 골짜기 앞에 있는 **산** 끝으로 내려가고
수 24:33 산지에서 받은 **산**에 장사하였더라
삿 5:5 **산**들이 여호와 앞에서 … 시내 **산**도
삿 6:2 **산**에서 웅덩이와 굴과 산성을 자기들을
삿 9:25 세겜 사람들이 **산**들의 꼭대기에 사람을
삿 9:36 스불이 그에게 이르되 네가 **산** 그림자를
삿 11:37 여자 친구들과 **산**에 가서 나의 처녀로
삿 11:38 친구들과 가서 **산** 위에서 처녀로 죽음
삼상 7:1 여호와의 궤를 옮겨 **산**에 사는 아비나답
삼상 10:10 그들이 **산**에 이를 때에 선지자의 무리가
삼상 17:3 이쪽 **산**에 섰고 이스라엘은 저쪽 **산**에
삼상 23:26 사울이 **산** 이쪽으로 가매 다윗과 그의
사람들은 **산** 저쪽으로 가며 다윗이 사울
삼상 25:20 아비가일이 나귀를 타고 **산** 호젓한 곳을
삼상 26:20 이는 **산**에서 메추라기를 사냥하는 자와
삼하 1:19 영광이 **산** 위에서 죽임을 당하였도다
삼하 1:25 요나단이 네 **산** 위에서 죽임을 당하였도다
삼하 6:3 새 수레에 싣고 **산**에 있는 아비나답
삼하 6:4 그들이 **산**에 있는 아비나답의 집에서
삼하 21:9 그들을 **산** 위에서 여호와 앞에 목 매어
왕상 5:15 짐꾼이 칠만 명이요 **산**에서 돌을 뜨는
왕상 11:7 예루살렘 앞 **산**에 산당을 지었고 또
왕상 14:23 이는 그들도 **산** 위에와 모든 푸른 나무
왕상 16:24 그 **산** 위에 성읍을 건축하고 그 건축한
성읍 이름을 그 **산** 주인이었던 세멜의
왕상 19:11 **산**에 서라 하시더니 … **산**을 가르고
왕상 20:23 신은 **산**의 신이므로 그들이 우리보다
왕상 20:28 여호와는 **산**의 신이요 골짜기의 신은
왕상 22:17 양같이 **산**에 흩어졌는데 여호와
왕하 2:16 **산**에나 어느 골짜기에 던지셨을까
왕하 4:27 **산**에 이르러 하나님의 사람에게 나아가서
왕하 6:17 불말과 불병거가 **산**에 가득하여 엘리사

【 산 】

왕하 16:4 산당들과 작은 **산** 위와 모든 푸른 나무
왕하 23:13 멸망의 **산** 오른쪽에 세운 산당들을 왕이
왕하 23:16 요시야가 몸을 돌이켜 **산**에 있는 무덤
대상 12:8 사자 같고 빠르기는 **산**의 사슴 같으니
대하 2:2 짐꾼 칠만 명과 **산**에서 돌을 떠낼 자
대하 2:18 팔만 명은 **산**에서 벌목하게 하였고 삼천
대하 18:16 없는 양같이 **산**에 흩어졌는데 여호와
대하 21:11 유다 여러 **산**에 산당을 세워 예루살렘
대하 26:10 여러 **산**과 좋은 밭에 농부와 포도원을
대하 33:15 여호와의 전을 건축한 **산**와 예루살렘
느 8:15 **산**에 가서 감람나무 가지와 들감람나무

시가서
욥 9:5 **산**을 무너뜨리시며 옮기실지라도 **산**이
욥 14:18 무너지는 **산**은 반드시 흩어지고 바위는
욥 15:7 먼저 난 사람이냐 **산**들이 있기 전에
욥 28:9 굳은 바위에 손을 대고 **산**을 뿌리까지
욥 40:20 들짐승이 뛰노는 **산**은 그것을 위하여
시 2:6 나의 왕을 내 거룩한 **산** 시온에 세웠다
시 11:1 네 **산**으로 도망하라 함은 어찌함인가
시 18:7 진동하고 **산**들의 터도 요동하였으니
시 30:7 은혜로 나를 **산**같이 굳게 세우셨더니
시 43:3 주의 거룩한 **산**과 주께서 계시는 곳에
시 46:2 변하든지 **산**이 흔들려 바다 가운데에
시 46:3 **산**이 흔들릴지라도 우리는 두려워하지
시 48:1 하나님의 성, 거룩한 **산**에서 극진히
시 50:10 이는 삼림의 짐승들과 뭇 **산**의 가축이
시 50:11 **산**의 모든 새들도 내가 아는 것이며
시 65:6 주의 힘으로 **산**을 세우시며 권능으로
시 68:15 바산의 **산**은 하나님의 **산**임이여 바산
의 **산**은 높은 **산**이로다
시 68:16 높은 **산**들아 어찌하여 … **산**을 시기하
여 보느냐 진실로 여호와께서 이 **산**
시 72:3 평강을 주며 작은 **산**들도 그리하리로다
시 76:4 주는 약탈한 **산**에서 영화로우시며
시 78:54 오른손으로 만드신 **산**으로 인도하시고
시 78:69 성소를 **산**의 높음같이, 영원히 두신
시 80:10 그늘이 **산**들을 가리고 그 가지는 하나님
시 83:14 삼림을 사르는 불과 **산**에 붙는 불길
시 90:2 **산**이 생기기 전, 땅과 세계도 주께서
시 95:4 손 안에 있으며 **산**들의 높은 곳도 그의
시 97:5 **산**들이 여호와의 앞 곧 온 땅의 주 앞
시 104:6 덮으시매 물이 **산**들 위로 솟아올랐으나
시 104:8 **산**은 오르고 골짜기는 내려갔나이다

【 산 】   【 산 】

시 104:10	솟아나게 하시고 **산** 사이에 흐르게 하사	사 10:29	**산**을 넘어 게바에서 유숙하매 라마는
시 104:13	누각에서부터 **산**에 물을 부어 주시니	사 10:32	딸 시온 **산** 곧 예루살렘 **산**을 향하여
시 104:32	땅이 진동하며 **산**들을 만지신즉 연기가	사 11:9	거룩한 **산** 모든 곳에서 해 됨도 없고
시 114:4	**산**들은 숫양들같이 뛰놀며 작은 **산**들은	사 13:4	**산**에서 무리의 소리가 남이여 많은 백성
시 114:6	**산**들아 숫양들같이 뛰놀며 작은 **산**들아	사 14:13	내가 북극 집회의 **산** 위에 앉으리라
시 121:1	**산**을 향하여 눈을 들리라 나의 도움이	사 14:25	나의 **산**에서 그것을 짓밟으리니 그 때에
시 125:2	**산**들이 예루살렘을 두름과 같이 여호	사 17:13	그들이 멀리 도망함이 **산**에서 겨가 바람
시 144:5	강림하시며 **산**들에 접촉하사 연기를	사 18:3	지상에 사는 너희여 **산**들 위에 기치를
시 147:8	준비하시며 **산**에 풀이 자라게 하시며	사 18:6	**산**의 독수리들과 … **산**의 독수리들이
시 148:9	**산**들과 모든 작은 **산**과 과수와 모든	사 25:6	만군의 여호와께서 이 **산**에서 만민을
잠 8:25	**산**이 세워지기 전에, 언덕이 생기기 전에	사 25:7	이 **산**에서 모든 민족의 얼굴을 가린
잠 27:25	움이 돋나니 **산**에서 꼴을 거둘 것이니라	사 25:10	여호와의 손이 이 **산**에 나타나시리니
아 2:8	그가 **산**에서 달리고 작은 **산**을 빨리	사 28:21	여호와께서 브라심 **산**에서와 같이
아 4:6	몰약 **산**과 유향의 작은 **산**으로 가리라	사 34:3	악취가 솟아오르고 그 피에 **산**들이 녹을
아 4:8	사자 굴과 표범 **산**에서 내려오너라	사 37:24	거느리고 **산**들의 꼭대기에 올라가며
아 8:14	향기로운 **산** 위에 있는 노루와도 같을	사 40:4	돋우어지며 **산**마다, 언덕마다 낮아지며
선지서		사 40:12	저울로 **산**들을, 막대 저울로 언덕들을
사 2:2	전의 **산**이 모든 **산** 꼭대기에 굳게 설	사 41:15	**산**들을 쳐서 … 작은 **산**들을 겨같이
	것이요 모든 작은 **산** 위에 뛰어나리니	사 41:18	헐벗은 **산**에 강을 내며 골짜기 가운데에
사 5:1	있음이여 심히 기름진 **산**에로다	사 42:15	내가 **산**들과 언덕들을 황폐하게 하며
사 5:25	치신지라 **산**들은 진동하며 그들의	사 44:23	**산**들아 숲과 그 가운데의 모든 나무들아

성경에 나오는 '산'

가아스 산 – 수 24:30; 삿 2:9
갈멜 산 – 왕상 18:19, 20, 42; 왕하 2:25; 4:25; 아 7:5; 암 1:2; 9:3
감람산 – 삼하 15:30; 슥 14:4; 마 21:1; 24:3; 26:30; 막 11:1; 13:3; 14:26; 눅 19:37; 22:39; 요 8:1
그리심 산 – 신 11:29; 27:12; 수 8:33; 삿 9:7
길르앗 산 – 창 31:21, 23, 25; 삿 7:3; 아 4:1; 6:5; 렘 50:19
길보아 산 – 삼상 31:1, 8; 삼하 1:6, 21; 대상 10:1, 8
높은 산 – 창 7:19; 신 12:2; 시 68:15, 16; 104:18; 사 2:14; 40:9; 57:7; 렘 2:20; 3:6; 겔 17:23; 20:28; 40: 34:14; 40:2; 마 4:8; 17:1; 막 9:2; 계 21:10
느보 산 – 신 32:49; 34:1
다볼 산 – 삿 4:6, 12, 14
레바논 산 – 삿 3:3
모든 산 – 왕하 17:10, 11; 사 7:25; 49:11;

렘 16:16; 겔 34:6; 37:22; 38:20, 21; 나 3:12; 눅 3:5
모레 산 – 삿 7:1
모리아 산 – 대하 3:1
바란 산 – 신 33:2; 합 3:3
바산의 산 – 시 68:15
바알라 산 – 수 15:11
베데르 산 – 아 2:17
벧엘 산 – 삼상 13:2
사마리아 산 – 왕상 16:24; 렘 31:5; 암 3:9; 6:1
살몬 산 – 삿 9:48
세벨 산 – 민 33:23, 24
세일 산 – 창 36:8, 9; 신 1:2, 44; 2:1, 5, 8; 33:2; 수 15:10; 24:4; 대상 4:42; 대하 20:10, 22, 23; 겔 35:2, 3, 7, 15
스마라임 산 – 대하 13:4
시날 산 – 수 7:21
시내 산 – 출 16:1; 19:11, 18, 20, 23; 24:16; 31:18; 34:2, 4, 29, 32; 레

【 산 】   【 산 】

사 49:9	산에도 그들의 풀밭이 있을 것인즉
사 49:13	기뻐하라 산들이여 즐거이 노래하라
사 52:7	산을 넘는 발이 어찌 그리 아름다운가
사 54:10	산들이 떠나며 언덕들은 옮겨질지라도
사 55:12	산들과 언덕들이 너희 앞에서 노래를
사 57:13	나의 거룩한 산을 기업으로 얻으리라
사 64:1	가르고 강림하시고 주 앞에서 산들이
사 64:3	그 때에 산들이 주 앞에서 진동하였사오
사 65:7	산 위에서 분향하며 작은 산 위에서
사 65:9	유다에게서 나의 산들을 기업으로 얻을
렘 3:2	네 눈을 들어 헐벗은 산을 보라 네가
렘 3:21	헐벗은 산 위에서 들리니 곧 이스라엘
렘 4:11	헐벗은 산에서 내 딸 백성에게 불어온다
렘 4:24	산들을 본즉 다 진동하며 작은 산들도
렘 7:29	산 위에서 통곡할지어다 여호와께서
렘 9:10	내가 산들을 위하여 울며 부르짖으며
렘 12:12	모든 벗은 산 위에 이르렀고 여호와의
렘 13:16	너희 발이 어두운 산에 거치기 전, 너희
렘 14:6	들 나귀들은 벗은 산 위에 서서 승냥이
렘 17:3	들에 있는 나의 산아 네 온 영토의 죄로
렘 26:18	성전의 산은 산당의 숲과 같이 되리라

렘 31:23	산이여, 여호와께서 네게 복 주시기를
렘 46:18	그가 과연 산들 중의 다볼같이, 해변의
렘 50:6	산으로 … 그들이 산에서 언덕으로
렘 51:25	멸망의 산아 보라 … 너로 불 탄 산이
겔 6:2	너는 이스라엘 산을 향하여 그들에게
겔 6:3	이스라엘 산들아 … 여호와께서 산과
겔 7:7	산에서 즐거이 부르는 날이 아니로다
겔 7:16	도망하는 자는 산 위로 피하여 다 각기
겔 11:23	가운데에서부터 올라가 성읍 동쪽 산에
겔 17:22	연한 가지를 꺾어 높고 우뚝 솟은 산에
겔 18:6	산 위에서 제물을 먹지 아니하며
겔 18:11	산 위에서 제물을 먹거나 이웃의 아내를
겔 18:15	산 위에서 제물을 먹지도 아니하며
겔 19:9	이스라엘 산에 들리지 아니하게 하려
겔 20:40	거룩한 산 곧 이스라엘의 높은 산에서
겔 22:9	가운데에 산 위에서 제물을 먹는 자도
겔 31:12	가지가 산과 모든 골짜기에 떨어졌고
겔 32:5	네 살점을 여러 산에 두며 네 시체를
겔 32:6	땅에 물 대듯 하여 산에 미치게 하며
겔 33:28	이스라엘의 산들이 황폐하여 지나갈
겔 34:13	이스라엘 산 위에와 시냇가에와 그 땅

성경에 나오는 '산'

7:38; 25:1; 26:46; 27:34; 민 3:1; 28:6; 신 33:2; 삿 5:5; 느 9:13; 시 68:8, 17; 행 7:30, 38; 갈 4:24, 25

시온 산 – 신 4:48; 왕하 19:31; 시 48:2, 11; 74:2; 78:68; 125:1; 사 4:5; 8:18; 10:12, 32; 16:1; 18:7; 24:23; 29:8; 31:4; 37:32; 애 5:18; 욜 2:32; 옵 1:17, 21; 미 4:7; 히 12:22; 계 14:1

아라랏 산 – 창 8:4

아바림 산 – 민 27:12; 33:47, 48; 신 32:49

암마 산 – 삼하 2:24

에발 산 – 신 11:29; 27:4, 13; 수 8:30, 33

에브라임 산 – 대하 13:4

에브론 산 – 수 15:9

에서의 산 – 옵 1:8, 9, 19, 21

여아림 산 – 수 15:10

여호와의 산 – 창 22:14; 민 10:33; 사 24:3; 사 2:3; 30:29; 미 4:2; 슥 8:3

작은 산 – 민 23:9; 신 12:2; 왕하 16:4; 대하 28:4; 시 65:12; 72:3; 114:4, 6;

148:9; 아 2:8; 4:6; 사 2:2; 17:9; 41:15; 65:7; 렘 3:23; 4:24; 13:27; 호 4:13; 10:8; 욜 3:18; 암 9:13; 미 4:1; 6:1; 나 1:5; 합 3:6; 습 1:10; 눅 3:5; 23:30

큰 산 – 렘 3:23; 슥 4:7; 계 8:8

하길라 산 – 삼상 23:19; 26:1, 3

하나님의 산 – 출 3:1; 4:27; 18:5; 24:13; 삼상 10:5; 왕상 19:8; 시 36:6; 68:15; 겔 28:16

할락 산 – 수 11:17; 12:7

할례 산 – 수 5:3

헤레스 산 – 삿 1:35

헤르몬과 미살 산 – 시 42:6

헤르몬 산 – 신 3:8, 9; 4:48; 수 11:3, 17; 12:1, 5; 13:5, 11; 삿 3:3; 대상 5:23

호렙 산 – 출 17:6; 33:6; 신 1:2, 6, 19; 4:10, 15; 5:2; 9:8; 18:16

호르 산 – 민 20:22, 23, 25, 27; 21:4; 33:37, 38, 39, 41; 34:7, 8; 신 32:50

[**산**] [**산간**]

겔 34:14	높은 **산**에 두리니 … 이스라엘 **산**에서	마 8:1	예수께서 **산**에서 내려 오시니 수많은
겔 34:26	복을 내리고 내 **산** 사방에 복을 내리며	마 14:23	기도하러 따로 **산**에 올라가시니라
겔 35:8	여러 **산**에 채우되 칼에 죽임 당한 자를	마 15:29	갈릴리 호숫가에 이르러 **산**에 올라가
겔 35:12	**산**들을 가리켜 말하기를 저 **산**들이 황폐	마 17:9	그들이 **산**에서 내려올 때에 예수께서
겔 36:1	이스라엘 **산**들에게 … **산**들아 여호와의	마 17:20	**산**을 명하여 여기서 저기로 옮겨지라
겔 36:4	이스라엘 **산**들아 … **산**들과 멧부리들과	마 18:12	아흔아홉 마리를 **산**에 두고 가서 길
겔 36:6	**산**들과 멧부리들과 시내들과 골짜기들	마 21:21	**산**더러 들려 바다에 던져지라 하여도
겔 36:8	이스라엘 **산**들아 너희는 가지를 내고	마 24:16	있는 자들은 **산**으로 도망할지어다
겔 38:8	이스라엘 **산**에 이르리니 그 땅 백성은	마 28:16	가서 예수께서 지시하신 **산**에 이르러
겔 39:2	끝에서부터 나와서 이스라엘 **산** 위에	막 3:13	또 **산**에 오르사 자기가 원하는 자들을
겔 39:4	이스라엘 **산** 위에 엎드러지리라 내가	막 5:5	밤낮 무덤 사이에서나 **산**에서나 늘 소리
겔 39:17	이스라엘 **산** 위에 예비한 큰 잔치로	막 5:11	거기 돼지의 큰 떼가 **산** 곁에서 먹고
단 2:45	돌이 **산**에서 나와서 쇠와 놋과 진흙과	막 6:46	작별하신 후에 기도하러 **산**으로 가시니
단 9:16	거룩한 **산**에서 떠나게 하옵소서 이는	막 9:9	그들이 **산**에서 내려올 때에 예수께서
단 9:20	하나님의 거룩한 **산**을 위하여 내 하나님	막 11:23	이 **산**더러 들리어 바다에 던져지라
단 11:45	거룩한 **산** 사이에 세울 것이나 그의	막 13:14	유대에 있는 자들은 **산**으로 도망할지어
호 10:8	그들이 **산**더러 우리를 가리라 할 것이	눅 4:29	건설된 **산** 낭떠러지까지 끌고 가서 밀쳐
	요 작은 **산**더러 우리 위에 무너지라	눅 6:12	예수께서 기도하시러 **산**으로 가사 밤이
욜 2:1	나의 거룩한 **산**에서 경고의 소리를 질러	눅 8:32	많은 돼지 떼가 **산**에서 먹고 있는지라
욜 3:18	**산**들이 …… **산**들이 젖을 흘릴 것이며	눅 9:28	야고보를 데리고 기도하시러 **산**에
암 4:13	**산**들을 지으며 바람을 창조하며 자기	눅 9:37	이튿날 **산**에서 내려오시니 큰 무리가
암 9:13	**산**들은 단 포도주를 흘리며 작은 **산**들은	눅 19:29	감람원이라 불리는 **산** 쪽에 있는 벳바게
옵 1:17	시온 **산**에서 피할 자가 … **산**이 거룩할	눅 21:21	있는 자들은 **산**으로 도망갈 것이며
욘 2:6	내가 **산**의 뿌리까지 내려갔사오며 땅이	눅 21:37	밤에는 나가 감람원이라 하는 **산**에서
미 1:4	그 아래에서 **산**들이 녹고 골짜기들이	눅 23:30	사람이 **산**들을 … 작은 **산**들을 대하여
미 3:12	무더기가 되고 성전의 **산**은 수풀의 높은	요 4:20	우리 조상들은 이 **산**에서 예배하였는데
미 4:1	**산**이 **산**들의 꼭대기에 … 작은 **산**들	요 4:21	**산**에서도 말고 예루살렘에서도 말고
미 6:1	**산**을 향하여 변론하여 작은 **산**들이 네	요 6:3	예수께서 **산**에 오르사 제자들과 함께
미 6:2	너희 **산**들과 땅의 견고한 지대들아	요 6:15	삼으려는 줄 아시고 다시 혼자 **산**으로
미 7:12	**산**에서 저 **산**까지의 사람들이 네게로	행 1:12	**산**으로부터 … 이 **산**은 예루살렘에서
나 1:5	**산**들이 진동하며 작은 **산**들이 녹고 그	고전 13:2	**산**을 옮길 만한 모든 믿음이 있을지라도
나 1:15	발이 **산** 위에 있도다 유다야 네 절기를	히 8:5	모든 것을 **산**에서 네게 보이던 본을
나 3:18	백성은 **산**들에 흩어지나 그들을 모을	히 11:38	**산**과 동굴과 토굴에 유리하였느니라
합 3:6	영원한 **산**이 무너지며 무궁한 작은 **산**이	히 12:18	있고 불이 붙는 **산**과 침침함과 흑암과
합 3:10	**산**들이 주를 보고 흔들리며 창수가	히 12:20	이는 짐승이라도 그 **산**에 들어가면 돌로
학 1:8	너희는 **산**에 올라가서 나무를 가져다가	벧후 1:18	거룩한 **산**에 있을 때에 하늘로부터 난
학 1:11	내가 이 땅과 **산**과 곡물과 새 포도주와	계 6:14	각 **산**과 섬이 제 자리에서 옮겨지매
슥 6:1	**산** 사이에서 …… **산**은 구리 **산**이더라	계 6:15	종과 자유인이 굴과 **산**들의 바위 틈에
슥 14:4	**산** 절반은 북으로, 절반은 남으로	계 6:16	**산**들과 바위에게 말하되 우리 위에
말 1:3	**산**들을 황폐하게 하였고 그의 산업을	계 17:9	일곱 머리는 여자가 앉은 일곱 **산**이요

신약

마 5:1	예수께서 무리를 보시고 **산**에 올라가		
마 5:14	세상의 빛이라 **산** 위에 있는 동네가		

산간(山間, hill country)

민 14:45	아말렉인과 **산간**지대에 거주하는

1269

【 산고 】 【 산당 】

산고(産苦, labor pains, travail)
사 23:4 시돈이여 나는 **산고**를 겪지 못하였으며
사 26:17 임박하여 **산고**를 겪으며 부르짖음같이
사 26:18 잉태하고 **산고**를 당하였을지라도
사 54:1 너는 노래할지어다 **산고**를 겪지 못한
렘 13:21 사로잡힘이 **산고**를 겪는 여인 같으리
렘 48:41 마음이 **산고**를 당하는 여인 같을 것이라
갈 4:27 **산고**를 모르는 자여 소리 질러 외치라

산골(hill)
삼상 23:14 십 광야 **산골**에도 머물렀으므로 사울이
눅 1:39 이 때에 마리아가 일어나 빨리 **산골**로
눅 1:65 모든 말이 온 유대 **산골**에 두루 퍼지매

산골짜기(mountain valley)
슥 14:5 **산골짜기**는 … **산골짜기**로 도망하되

산기(産氣, time of delivery-KJV)
사 26:17 잉태한 여인이 **산기**가 임박하여 산고를

산기슭(slope)
출 19:17 진에서 나오매 그들이 **산기슭**에 서
신 3:17 염해와 비스가 **산기슭**에 이르기까지의
수 12:3 길까지와 남쪽으로 비스가 **산기슭**까지와
수 13:20 벳브올과 비스가 **산기슭**과 벧여시못과

산꼭대기(height of the hill)
출 17:9 지팡이를 손에 잡고 **산꼭대기**에 서리라
출 17:10 모세와 아론과 훌은 **산꼭대기**에 올라가
출 19:20 시내 산 곧 그 **산꼭대기**에 강림하시니
출 34:2 아침에 시내 산에 올라와 **산꼭대기**에서
민 14:40 일찍이 일어나 **산꼭대기**로 올라가며
민 14:44 그래도 **산꼭대기**로 올라갔고 여호와의
민 20:28 아론이 그 **산꼭대기**에서 죽으니라 모세
민 21:20 내려다 보이는 비스가 **산꼭대기**에
민 23:28 광야가 내려다 보이는 브올 **산꼭대기**에
신 3:27 비스가 **산꼭대기**에 올라가서 눈을 들어
신 34:1 맞은편 비스가 **산꼭대기**에 이르매
수 15:8 앞 서쪽에 있는 **산꼭대기**로 올라가나
수 15:9 이 **산꼭대기**에서부터 넵도아 샘물까지
삿 9:7 요담이 그리심 **산꼭대기**로 가서 서서
삿 9:36 **산꼭대기**에서부터 내려오는도다
삼상 26:13 건너편으로 가서 멀리 **산꼭대기**에 서니

삼하 2:25 무리를 이루고 작은 **산꼭대기**에 섰더라
왕상 18:42 엘리야가 갈멜 **산꼭대기**로 올라가서
왕하 1:9 엘리야에게로 올라가 본즉 **산꼭대기**에
왕하 19:23 여러 **산꼭대기**에 올라가며 레바논 깊은
시 72:16 **산꼭대기**의 땅에도 곡식이 풍성하고
사 2:2 여호와의 전의 산이 모든 **산꼭대기**에
사 17:9 수풀 속의 처소와 작은 **산꼭대기**의 처소
사 30:17 너희 남은 자는 겨우 **산꼭대기**의 깃대
사 42:11 주민들은 노래하며 **산꼭대기**에서
렘 49:16 바위 틈에 살며 **산꼭대기**를 점령한
애 4:19 독수리들보다 빠름이여 **산꼭대기**까지
겔 6:13 **산꼭대기**에, 모든 푸른 나무 아래에,
겔 43:12 성전의 법은 이러하니라 **산꼭대기**지점
호 4:13 그들이 **산꼭대기**에서 제사를 드리며
욜 2:2 새벽빛이 **산꼭대기**에 덮인 것과 같으니
욜 2:5 그들이 **산꼭대기**에서 뛰는 소리는 병거
암 1:2 목자의 초장이 마르고 갈멜 **산꼭대기**가
암 9:3 갈멜 **산꼭대기**에 숨을지라도 내가

산당(山堂, high place)
모세오경, 역사서
레 26:30 너희의 **산당**들을 헐며 너희의 분향단들
민 22:41 그를 인도하여 바알의 **산당**에 오르매
민 33:52 부어 만든 우상을 다 깨뜨리며 **산당**을
삼상 9:12 오늘 **산당**에서 제사를 드리므로 그가
삼상 9:13 그가 먹으러 **산당**에 올라가기 전에 곧
삼상 9:14 사무엘이 마침 **산당**으로 올라가려고
삼상 9:19 너는 내 앞서 **산당**으로 올라가라 너희가
삼상 9:25 **산당**에서 내려 성읍에 들어가서는
삼상 10:5 선지자의 무리가 **산당**에서부터 비파와
삼상 10:13 예언하기를 마치고 **산당**으로 가니라
왕상 3:2 아니하였으므로 백성들이 **산당**에서
왕상 3:3 다윗의 법도를 행하였으나 **산당**에서
왕상 3:4 거기는 **산당**이 큼이라 솔로몬이 그 제단
왕상 11:7 예루살렘 앞산에 **산당**을 지었고 또 암몬
왕상 12:31 그가 또 **산당**들을 짓고 레위 자손 아닌
왕상 12:32 그가 지은 **산당**의 제사장을 벧엘에서
왕상 13:2 위에 분향하는 **산당** 제사장을 네 위에서
왕상 13:32 **산당**을 향하여 외쳐 말한 것이 반드시
왕상 13:33 일반 백성을 **산당**의 제사장으로 삼되
누구든지 자원하면 그 사람을 **산당**의
왕상 14:23 모든 푸른 나무 아래에 **산당**과 우상과
왕상 15:14 **산당**은 없애지 아니하니라 그러나 아사

1270

【 산당 】　　　　　　　　　　　　　　　　　　　　　【 산비둘기 】

왕상 22:43	산당은… 백성이 아직도 산당에서 제사
왕하 12:3	산당들을… 여전히 산당에서 제사하며
왕하 14:4	오직 산당들을… 산당에서 제사를
왕하 15:4	오직 산당은 제거하지… 그 산당에서
왕하 15:35	산당을 제거하지… 그 산당에서 제사를
왕하 16:4	산당들과 작은 산 위와 모든 푸른 나무
왕하 17:9	견고한 성에 이르도록 산당을 세우고
왕하 17:11	모든 산당에서 분향하며 또 악을 행하여
왕하 17:29	여러 산당들에 두되 각 민족이 자기들이
왕하 17:32	산당의 제사장으로 택하여 그 산당들에
왕하 18:4	그가 여러 산당들을 제거하며 주상을
왕하 18:22	히스기야가 그들의 산당과 제단을
왕하 21:3	히스기야가 헐어 버린 산당들을 다시
왕하 23:5	예루살렘 주위의 산당들에서 분향하며
왕하 23:8	분향하던 산당을 게바에서부터… 성문
	의 산당들을 헐어 버렸으니 이 산당들은
왕하 23:9	산당들의 제사장들은 예루살렘 여호와
왕하 23:13	멸망의 산 오른쪽에 세운 산당들을 왕이
왕하 23:15	산당을 왕이 헐고 또 그 산당을 불사르
왕하 23:19	여호와를 격노하게 한 산당을 요시야가
왕하 23:20	거기 있는 산당의 제사장들을 다 제단
대상 16:39	기브온 산당에서 여호와의 성막 앞에
대상 21:29	그 때에 기브온 산당에 있었으나
대하 1:3	회중과 함께 기브온 산당으로 갔으니
대하 1:13	솔로몬이 기브온 산당 회막 앞에서부터
대하 11:15	여로보암이 여러 산당과 숫염소 우상과
대하 14:3	제단과 산당을 없애고 주상을 깨뜨리며
대하 14:5	유다 모든 성읍에서 산당과 태양상을
대하 15:17	산당은 이스라엘 중에서 제하지 아니
대하 17:6	여호와의 길을 걸어 산당들과 아세라
대하 20:33	산당만은 철거하지 아니하였으므로
대하 21:11	여호람이 또 유다 여러 산에 산당을
대하 28:4	산당과 작은 산 위와 모든 푸른 나무
대하 28:25	각 성읍에 산당을 세워 다른 신에게
대하 31:1	온 땅에서 산당들과 제단들을 제거하여
대하 32:12	히스기야가 여호와의 산당들과 제단을
대하 33:3	히스기야가 헐어 버린 산당을 다시
대하 33:17	제사를 드렸으나 아직도 산당에서
대하 33:19	허물과 겸손하기 전에 산당을 세운 곳과
대하 34:3	정결하게 하여 그 산당들과 아세라

시가서, 선지서

시 78:58	자기 산당들로 그의 노여움을 일으키며
사 15:2	바잇과 디본 산당에 올라가서 울며 모압
사 16:12	그 산당에서 피곤하도록 봉사하며
사 36:7	그는 그의 산당과 제단을 히스기야가
렘 17:3	재산과 네 모든 보물과 산당들로 노략을
렘 19:5	바알을 위하여 산당을 건축하고 자기
렘 26:18	성전의 산은 산당의 숲과 같이 되리라
렘 32:35	힌놈의 아들의 골짜기에 바알의 산당을
렘 48:35	여호와의 말씀이라 모압 산당에서 제사
겔 6:3	칼이 너희에게 임하게 하여 너희 산당을
겔 6:6	사막이 되게 하며 산당을 황폐하게
겔 16:16	너를 위하여 각색으로 산당을 꾸미고
겔 20:29	다니는 산당이 무엇이냐 하였노라
호 10:8	아웬의 산당은 파괴되어 가시와 찔레가
암 7:9	이삭의 산당들이 황폐되며 이스라엘의
미 1:5	유다의 산당이 무엇이냐 예루살렘이

산란하다(散亂, despairing, grieve)

| 신 28:65 | 쇠하게 하고 정신을 산란하게 하시리니 |
| 시 73:21 | 마음이 산란하며 내 양심이 찔렸나이다 |

산마루(hill)

| 사 30:17 | 깃대 같겠고 산마루 위의 기치 같으리라 |

산물(産物, crop)

레 26:4	산물을 내고 밭의 나무는 열매를 맺으리
레 26:20	그 산물을 내지 아니하고 땅의 나무는
신 33:15	산의 좋은 산물과 영원한 작은 언덕의
대하 32:28	곡식과 새 포도주와 기름의 산물을
느 10:37	우리 산물의 십일조를 레위 사람들에
	게 … 모든 성읍에서 산물의 십일조를
시 85:12	주시리니 우리 땅이 그 산물을 내리로다
학 1:10	이슬을 그쳤고 땅은 산물을 그쳤으며
슥 8:12	포도나무가 열매를 맺으며 땅이 산물을

산발랏(Sanballat) 성벽 재건을 방해한 사람

| 느 2:10 | 호론 사람 산발랏과 종이었던 암몬 사람 |

📖 산발랏 - 기타 본문
느 2:19; 4:1, 7; 6:1, 2, 5, 12, 14; 13:28

산비둘기(dove)

창 15:9	삼 년 된 숫양과 산비둘기와 집비둘기
레 1:14	새의 번제이면 산비둘기나 집비둘기
레 5:7	속죄하기 위하여 산비둘기 두 마리나

【 산비탈 】　　　　　　　　　　　　　　　　　　　　　　　　【 산 염소 】

레 5:11	그의 손이 **산비둘기** 두 마리나 집비둘기	겔 33:27	**산성**과 굴에 있는 자는 전염병에 죽게
레 12:6	집비둘기 새끼나 **산비둘기**를 회막 문	단 11:19	땅 **산성**들로 향할 것이나 거쳐 넘어지고
레 12:8	힘이 미치지 못하면 **산비둘기** 두 마리나	단 11:24	세워 얼마 동안 **산성**들을 칠 것인데
레 14:22	힘이 미치는 대로 **산비둘기** 둘이나	단 11:39	이방신을 힘입어 크게 견고한 **산성**들을
레 14:30	그는 힘이 미치는 대로 **산비둘기** 한	호 10:14	**산성**들이 다 무너지되 살만이 전쟁의
레 15:14	**산비둘기** 두 마리나 집비둘기 새끼 두	욜 3:16	백성의 피난처, 이스라엘 자손의 **산성**이
레 15:29	날에 **산비둘기** 두 마리나 집비둘기 새끼	암 5:9	패망이 이르게 하신즉 그 패망이 **산성**을
민 6:10	**산비둘기** 두 마리나 집비둘기 새끼 두	나 1:7	선하시며 환난 날에 **산성**이시라 그는
렘 8:7	**산비둘기**와 제비와 두루미는 그들이	나 2:1	너는 **산성**을 지키며 길을 파수하며 네
눅 2:24	주의 율법에 말씀하신 대로 **산비둘기**	나 3:12	모든 **산성**은 무화과나무의 처음 익은
		나 3:14	너의 **산성**들을 견고하게 하며 진흙에

산비탈(hillside)
삼하 16:13 시므이는 **산비탈**로 따라가면서 저주함

산산나(Sansannah) 유다 남부 지역에 있는 성읍
수 15:31 시글락과 맛만나와 **산산나**와

산산이(散散, to pieces–KJV)
삼상 2:10 여호와를 대적하는 자는 **산산이** 깨어질

산산조각(散散, pieces)
호 8:6 사마리아의 송아지가 **산산조각**이

산상(山上, on the mountain)
신 9:10 여호와께서 **산상** 불 가운데서 너희에게

산성(山城, stronghold)
민 13:19 사는 성읍이 진영인지 **산성**인지와
삿 6:2 웅덩이와 굴과 **산성**을 자기들을 위하여
삿 6:26 이 **산성** 꼭대기에 네 하나님 여호와를
삼하 5:7 **산성**을 빼앗았으니 이는 다윗 성이더라
삼하 5:9 다윗이 그 **산성**에 살면서 다윗 성이라
삼하 23:14 다윗은 **산성**에 있고 그 때에 블레셋
대상 11:7 다윗이 그 **산성**에 살았으므로 무리가
대상 11:16 다윗은 **산성**에 있고 블레셋 사람들의
시 18:2 구원의 뿔이시요 나의 **산성**이시로다
시 31:2 견고한 바위와 구원하는 **산성**이 되소서
시 31:3 나의 반석과 **산성**이시니 그러므로 주의
시 31:4 빼내소서 주는 나의 **산성**이시니이다
시 144:2 나의 요새이시요 나의 **산성**이시요 나를
잠 10:29 정직한 자에게는 **산성**이요 행악하는
잠 18:19 이러한 다툼은 **산성** 문빗장 같으니라

산악(山岳, mountain)
시 98:8 박수할지어다 **산악**이 함께 즐겁게
사 22:5 무너뜨림과 **산악**에 사무쳐 부르짖는
계 16:20 각 섬도 없어지고 **산악**도 간 데 없더라

산양(山羊, mountain sheep)
신 14:5 흰 노루와 뿔이 긴 사슴과 **산양**들이라
시 104:18 높은 산들은 **산양**을 위함이여 바위는

산업(産業, possession, heritage)
신 1:39 내가 그 땅을 그들에게 주어 **산업**이
대하 11:14 사람들이 자기들의 마을들과 **산업**을
느 5:13 그 집과 **산업**에서 털어 버리실지니
욥 27:13 포악자가 전능자에게서 받을 **산업**은
시 16:5 나의 **산업**과 나의 잔의 소득이시니
시 17:14 남은 **산업**을 그들의 어린 아이들에게
시 28:9 백성을 구원하시며 주의 **산업**에 복을
잠 13:22 선인은 그 **산업**을 자자손손에게 끼쳐도
잠 20:21 처음에 속히 잡은 **산업**은 마침내 복이
잠 31:11 마음은 그를 믿나니 **산업**이 핍절하지
렘 3:24 청년의 때로부터 우리 조상들의 **산업**인
겔 44:28 **산업**을 주지 말라 내가 그 **산업**이
겔 46:18 그 **산업**에서 … 줄 것은 자기 **산업**으로만 할 것임이라 백성이 각각 그 **산업**을
미 2:2 집과 사람과 그의 **산업**을 강탈하도다
미 2:4 내 백성의 **산업**을 옮겨 내게서 떠나게
말 1:3 산들을 황폐하게 하였고 그의 **산업**을

산 염소(wild goat)
신 14:5 불그스름한 사슴과 **산 염소**와 볼기가
욥 39:1 **산 염소**가 새끼 치는 때를 네가 아느냐

산울/-타리 (wall)

대상 4:23 토기장이가 되어 수풀과 **산울** 가운데에
마 21:33 포도원을 만들어 **산울타리**로 두르고
막 12:1 사람이 포도원을 만들어 **산울타리**로
눅 14:23 **산울타리** 가로 나가서 사람을 강권하여

산중 (山中, hill)

대상 6:67 에브라임 **산중** 세겜과 그 초원과 게셀과
대하 27:4 유다 **산중**에 성읍들을 건축하며 수풀
욥 24:8 **산중**에서 만난 소나기에 젖으며 가릴

산지 (山地, hill country)

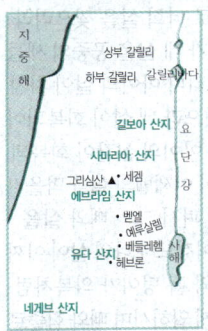

민 13:17 너희는 네겝 길로 행하여 **산지**로 올라가서
민 13:29 헷인과 여부스인과 아모리인은 **산지**에 거주하고
신 1:7 **산지**로 가고 그 근방 곳곳으로 가고 아라바와 **산지**와 평지와 네겝과
신 1:19 아모리 족속의 **산지** 길로 가데스 바네아
신 1:20 우리에게 주신 아모리 족속의 **산지**
신 1:24 돌이켜 **산지**에 올라 에스골 골짜기에
신 1:41 무기를 가지고 경솔히 **산지**로 올라가려
신 1:43 명령을 거역하고 거리낌 없이 **산지**로
신 1:44 **산지**에 거주하는 아모리 족속이 너희에
신 2:37 얍복 강 가와 **산지**에 있는 성읍들과
신 3:12 아로엘에서부터 길르앗 **산지** 절반과
신 8:7 그 곳은 골짜기든지 **산지**든지 시내와
수 9:1 이 일 후에 요단 서쪽 **산지**와 평지와
수 10:6 구하소서 **산지**에 거주하는 아모리 사람
수 10:40 여호수아가 그 온 땅 곧 **산지**와 네겝과
수 11:2 및 북쪽 **산지**와 긴네롯 남쪽 아라바와
수 11:3 헷 족속과 브리스 족속과 **산지**의 여부스
수 11:16 온 땅 곧 **산지**와 … 이스라엘 **산지**와
수 11:21 **산지**와 헤브론과 드빌과 아납과 유다 온 **산지**와 이스라엘의 온 **산지**에서 아낙
수 12:8 곧 **산지**와 평지와 아라바와 경사지와
수 13:6 미스르봇마임까지 **산지**의 모든 주민
수 14:12 **산지**를 지금 내게 주소서 당신도 그
수 15:48 **산지**는 사밀과 얏딜과 소고와
수 16:1 여리고로부터 벧엘 **산지**로 올라가고
수 17:15 에브라임 **산지**가 네게 너무 좁을진대
수 17:16 요셉 자손이 이르되 그 **산지**는 우리에게
수 17:18 **산지**도 네 것이 되리니 비록 삼림이라도
수 18:12 서쪽 **산지**를 넘어서 또 올라가서 벧아웬
수 19:50 **산지** 딤낫 세라를 주매 여호수아가
수 20:7 납달리의 **산지** 갈릴리 게데스와 에브라임 **산지**의 세겜과 유다 **산지**의 기럇
수 21:11 아르바의 성읍 유다 **산지** 기럇 아르바
수 21:21 살인자의 도피성 에브라임 **산지** 세겜과
수 24:30 딤낫 세라는 에브라임 **산지** 가아스 산
수 24:33 비느하스가 에브라임 **산지**에서 받은
삿 1:9 유다 자손이 내려가서 **산지**와 남방과
삿 1:19 **산지** 주민을 쫓아내었으나 골짜기의
삿 1:34 족속이 단 자손을 **산지**로 몰아넣고
삿 2:9 그의 기업의 경내 에브라임 **산지** 가아스
삿 3:27 에브라임 **산지**에서 … 자손이 **산지**에서
삿 4:5 그는 에브라임 **산지** 라마와 벧엘 사이
삿 7:24 에브라임 온 **산지**로 두루 다니게 하여
삿 10:1 그가 에브라임 **산지** 사밀에 거주하면서
삿 12:15 에브라임 땅 아말렉 사람의 **산지** 비라돈
삿 17:1 에브라임 **산지**에 미가라 이름하는 사람
삿 17:8 에브라임 **산지**로 가서 미가의 집에
삿 18:2 그들이 에브라임 **산지**에 가서 미가의
삿 18:13 거기서 떠나 에브라임 **산지** 미가의 집에
삿 19:1 그 때에 에브라임 **산지** 구석에 거류하는
삿 19:16 에브라임 **산지** 사람으로서 기브아에
삿 19:18 베들레헴에서 에브라임 **산지** 구석으로
삼상 1:1 **산지** 라마다임소빔에 에브라임 사람
삼상 9:4 그가 에브라임 **산지**와 살리사 땅으로
삼상 14:22 에브라임 **산지**에 숨었던 이스라엘 모든
삼하 20:21 에브라임 **산지** 사람 비그리의 아들 그의
왕상 4:8 이름은 이러하니라 에브라임 **산지**에는
왕상 12:25 여로보암이 에브라임 **산지**에 세겜을
왕하 5:22 청년이 에브라임 **산지**에서부터 내게
대하 15:8 에브라임 **산지**에서 빼앗은 성읍들에서
대하 19:4 브엘세바에서부터 에브라임 **산지**까지
렘 17:26 땅과 평지와 **산지**와 네겝으로부터 와서
렘 32:44 성읍들과 **산지**의 성읍들과 저지대의
렘 33:13 **산지** 성읍들과 평지 성읍들과 네겝의

산파 (産婆, midwife)

창 35:17 난산할 즈음에 **산파**가 그에게 이르되

【 산헤립 】

창 38:28 해산할 때에 손이 나오는지라 **산파**가
창 38:29 그의 아우가 나오는지라 **산파**가 이르되
출 1:15 애굽 왕이 히브리 **산파** 십브라라 하는
출 1:17 **산파**들이 하나님을 두려워하여 애굽
출 1:18 애굽 왕이 **산파**를 불러 그들에게 이르되
출 1:19 **산파**가 바로에게 대답하되 히브리 …
　　　 아니하고 건장하여 **산파**가 그들에게
출 1:20 그 **산파**들에게 은혜를 베푸시니 그
출 1:21 그 **산파**들은 하나님을 경외하였으므로

산헤립 (Sennacherib) 앗수르의 왕
왕하 18:13 앗수르의 왕 **산헤립**이 올라와서 유다
왕하 19:16 눈을 떠서 보시옵소서 **산헤립**이 살아
왕하 19:20 말씀이 네가 앗수르 왕 **산헤립** 때문에
왕하 19:36 앗수르 왕 **산헤립**이 떠나 돌아가서
대하 32:1 앗수르 왕 **산헤립**이 유다에 들어와서
대하 32:2 히스기야가 **산헤립**이 예루살렘을 치려

산헤립 – 기타 본문
　　　　대하 32:9, 10, 16, 17, 18, 22; 사 36:1; 37:17, 21, 37

산혈 (産血, flow of blood)
레 12:4 삼십삼 일을 지내야 **산혈**이 깨끗하리니
레 12:5 **산혈**이 깨끗하게 됨은 육십육 일을
레 12:7 **산혈**이 깨끗하리라 이는 아들이나

산호 (珊瑚, coral)
욥 28:18 비길 수 없나니 지혜의 값은 **산호**보다
애 4:7 깨끗하고 젖보다 희며 **산호**들보다 붉으
겔 27:16 가는 베와 **산호**와 홍보석을 네 물품과

살 1 (spoke)
왕상 7:33 그 축과 테와 **살**과 통이 다 부어 만든

살 2 (sting)
계 9:10 전갈과 같은 꼬리와 쏘는 **살**이 있어 그

살 3 (year)
레 27:3 정한 값을 스무 **살**로부터 예순 **살**까지는
레 27:5 다섯 **살**로부터 스무 **살**까지는 남자면
삼하 4:4 나이가 다섯 **살**이었는데 그 유모가 안고
막 5:42 일어나서 걸으며 나이가 열두 **살**이라

【 살 4 】

살 4 (flesh)
모세오경 – 시가서
창 2:21 하나를 취하고 **살**로 대신 채우시고
창 2:23 이는 내 뼈 중의 뼈요 **살** 중의 살이라
창 17:13 언약이 너희 **살**에 있어 영원한 언약이
출 4:7 그의 손이 본래의 **살**로 되돌아왔더라
레 19:28 죽은 자 때문에 너희의 **살**에 문신을
레 21:5 수염 양쪽을 깎지 말며 **살**을 베지 말고
레 26:29 아들의 **살**을 먹을 것이요 딸의 **살**을
민 12:12 **살**이 반이나 썩어 모태로부터 죽어서
신 28:53 주신 자녀 곧 네 몸의 소생의 **살**을 먹을
신 28:55 자기가 먹는 그 자녀의 **살**을 그 중
삿 8:7 들가시와 찔레로 너희 **살**을 찢으리라
삼상 17:44 내게로 오라 내가 네 **살**을 공중의 새들
왕하 4:34 그의 몸에 엎드리니 아이의 **살**이 차차
왕하 5:10 몸을 일곱 번 씻으라 네 **살**이 회복되어
왕하 5:14 그의 **살**이 어린 아이의 **살**같이 회복되
왕하 9:36 토지에서 개들이 이세벨의 **살**을 먹을지
욥 2:5 이제 주의 손을 펴서 그의 뼈와 **살**을
욥 6:12 어찌 돌의 기력이겠느냐 나의 **살**이 어찌
욥 7:5 **살**에는 구더기와 흙 덩이가 의복처럼
욥 10:11 피부와 **살**을 내게 입히시며 뼈와 힘줄로
욥 13:14 어찌하여 내 **살**을 내 이로 물고 내 생명
욥 14:22 그의 **살**이 아프고 그의 영혼이 애곡하
욥 15:27 얼굴에는 **살**이 찌고 허리에는 기름이
욥 19:20 내 피부와 **살**이 뼈에 붙었고 남은 것은
욥 19:22 하나님처럼 나를 박해하느냐 내 **살**로도
욥 33:21 그의 **살**은 파리하여 보이지 아니하고
욥 33:25 **살**이 청년보다 부드러워지며 젊음을
시 27:2 악인들이 내 **살**을 먹으려고 내게로
시 38:3 주의 진노로 말미암아 내 **살**에 성한
시 38:7 허리에 열기가 가득하고 내 **살**에 성한
시 102:5 나의 탄식 소리로 말미암아 나의 **살**이

선지서, 신약
사 49:26 억압하는 자들에게 자기의 **살**을 먹게
렘 19:9 그들이 그들의 아들의 **살**, 딸의 **살**을
　　　　먹게 하고 또 각기 친구의 **살**을 먹게
렘 30:17 내가 너의 상처로부터 새 **살**이 돋아나게
애 3:4 나의 **살**과 가죽을 쇠하게 하시며 나의
겔 37:6 위에 힘줄을 두고 **살**을 입히고 가죽으로
겔 37:8 그 뼈에 힘줄이 생기고 **살**이 오르며 그
겔 39:17 너희는 사방에서 모여 **살**을 먹으며 피를
겔 39:18 너희가 용사의 **살**을 먹으며 세상 왕들의

【 살구/-꽃/-나무 】　　　　　　　　　【 살다 】

단 1:15	그들의 얼굴이 더욱 아름답고 **살**이 더욱	창 30:20	나와 함께 **살리라** 하고 그의 이름을
미 3:2	백성의 가죽을 벗기고 그 뼈에서 **살**을	창 31:32	**살지** 못할 것이요 우리 형제들 앞에서
미 3:3	그들의 **살**을 먹으며 그 가죽을 벗기며	창 47:19	우리가 **살고** 죽지 아니하며 토지도
습 1:17	티끌같이 되며 그들의 **살**은 분토같이	출 8:21	파리 떼가 가득할 것이며 그들이 **사는**
슥 11:9	나머지는 서로 **살**을 먹는 대로 두리라	출 12:13	피가 너희가 **사는** 집에 있어서 너희를
슥 14:12	그들의 **살**이 썩으며 그들의 눈동자가	출 16:35	사람이 **사는** 땅에 이르기까지 이스라엘
눅 24:39	영은 **살**과 뼈가 없으되 너희 보는 바와	출 33:20	못하리니 나를 보고 **살** 자가 없음이니라
요 6:51	곧 세상의 생명을 위한 내 **살**이니라	레 7:26	너희가 **사는** 모든 곳에서 새나 짐승의
요 6:52	자기 **살**을 우리에게 주어 먹게 하겠느냐	레 14:6	다른 새는 **산** 채로 가져다가 백향목과
요 6:53	인자의 **살**을 먹지 아니하고 인자의 피를	레 16:10	제비 뽑은 염소는 **산** 채로 여호와 앞에
요 6:54	**살**을 먹고 내 피를 마시는 자는 영생을	레 18:5	말미암아 **살리라** 나는 여호와이니라
요 6:55	내 **살**은 참된 양식이요 내 피는 참된	민 11:4	그들 중에 섞여 **사는** 다른 인종들이
요 6:56	내 **살**을 먹고 내 피를 마시는 자는 내	민 13:19	**사는** 땅이 좋은지 나쁜지와 **사는** 성읍이
약 5:3	불같이 너희 살을 먹으리라 너희가	민 16:30	소유물을 삼켜 **산** 채로 스올에 빠지게
계 17:16	벌거벗게 하고 그의 **살**을 먹고 불로	민 16:33	재물이 **산** 채로 스올에 빠지며 땅이 그
계 19:18	**살**과 장군들의 **살**과 장사들의 **살**과 말	민 16:48	죽은 자와 **산** 자 사이에 섰을 때에 염병
	들과 … **살**과 … 모든 자의 살을 먹으라	민 21:8	물린 자마다 그것을 보면 **살리라**
계 19:21	모든 새가 그들의 **살**로 배불리더라	민 21:9	물린 자가 놋뱀을 쳐다본즉 모두 **살더라**
		민 23:9	이 백성은 홀로 **살** 것이라 그를 여러

살구/-꽃/-나무(almond)

		민 24:23	이 일을 행하시리니 그 때에 **살** 자가
창 30:37	버드나무와 **살구나무**와 신풍나무의	신 2:4	너희 동족 에서의 자손이 **사는** 지역으로
출 25:33	**살구꽃** 형상의 잔 셋과 꽃받침과 꽃이	신 4:1	그리하면 너희가 **살** 것이요 너희 조상의
	있게 하고 저쪽 가지에도 **살구꽃** 형상의	신 4:10	세상에 **사는** 날 동안 나를 경외함을
출 25:34	등잔대 줄기에는 **살구꽃** 형상의 잔 넷과	신 4:46	이 땅은 헤스본에 **사는** 아모리 족속의
출 37:19	**살구꽃** 형상의 잔 셋과 꽃받침과 꽃이	신 5:33	그리하면 너희가 살 것이요 복이 너희에
	있고 저쪽 가지에 **살구꽃** 형상의 잔	신 6:24	우리를 오늘과 같이 **살게** 하려 하심이라
출 37:20	등잔대 줄기에는 **살구꽃** 형상의 잔 넷과	신 8:1	너희가 **살고** 번성하고 여호와께서 너희
민 17:8	순이 나고 꽃이 피어서 **살구** 열매가	신 8:3	사람이 떡으로만 **사는** 것이 아니요 …
전 12:5	길에서는 놀랄 것이며 **살구나무**가 꽃이		나오는 모든 말씀으로 **사는** 줄을 네가
렘 1:11	내가 대답하되 내가 **살구나무** 가지를	신 18:6	그가 **사는** 곳을 떠날지라도 여호와께서
		신 19:4	살인자가 그리로 도피하여 **살만한** 경우
		신 25:5	형제들이 함께 **사는데** 그 중 하나가

살기(殺氣, murderous threat)

행 9:1	위협과 **살기**가 등등하여 대제사장에게	신 30:19	네 자손이 **살기** 위하여 생명을 택하고
		신 31:27	내가 **살아서** 너희와 함께 있어도 너희가
		신 33:25	**사는** 날을 따라서 능력이 있으리로다

살다(live, alive)

모세오경

역사서

창 2:18	사람이 혼자 **사는** 것이 좋지 아니하니	수 24:31	여호수아가 **사는** 날 동안과 여호수아
창 3:20	불렀으니 그는 모든 **산** 자의 어머니가		뒤에 … 모든 일을 아는 자들이 **사는** 날
창 9:3	**산** 동물은 너희의 먹을 것이 될지라	삿 2:7	여호수아가 **사는** 날 동안과 여호수아
창 14:7	땅과 하사손다말에 **사는** 아모리 족속을		… 큰일을 본 자들이 **사는** 날 동안에
창 16:12	모든 형제와 대항해서 **살리라** 하니라	삿 2:18	사사가 **사는** 날 동안에는 여호와께서
창 20:7	**살려니**와 네가 돌려보내지 아니하면	삿 8:28	기드온이 **사는** 사십 년 동안 그 땅이
창 24:37	아들을 위하여 내가 **사는** 땅 가나안	삿 18:7	시돈 사람들이 **사는** 것처럼 평온하며

1275

[살다]   [살다]

삿 18:27	한가하고 걱정 없이 **사**는 백성을 만나
삼상 1:26	내 주여 당신의 **사심**으로 맹세하나이다
삼상 7:13	사무엘이 **사**는 날 동안에 블레셋 사람을
삼상 7:15	사무엘이 **사**는 날 동안에 이스라엘을
삼상 11:4	전령들이 사울이 **사**는 기브아에 이르러
삼상 14:52	사울이 **사**는 날 동안에 블레셋 사람과
삼상 17:55	왕이여 왕의 **사심**으로 맹세하옵나니
삼상 20:14	**사**는 날 동안에 여호와의 인자하심을
삼상 25:6	그 부하게 **사**는 자에게 이르기를 너는
삼상 25:44	미갈을 갈림의 **사**는 라이스의 아들 발디
삼상 27:7	다윗이 블레셋 사람들의 지방에 **산** 날
삼하 1:10	엎드러진 후에는 **살** 수 없는 줄을 내가
삼하 7:5	나를 위하여 내가 **살** 집을 건축하겠느냐
삼하 7:6	오늘까지 집에 **살지** 아니하고 장막과
삼하 9:12	시바의 집에 **사**는 자마다 므비보셋의
삼하 13:38	그술로 가서 거기 **산** 지 삼 년이라
삼하 22:47	여호와의 **사심**을 두고 나의 반석을 찬송
삼하 23:30	브나야와 가아스 시냇가에 **사**는 힛대와
왕상 3:17	이 여자가 한집에서 **사**는데 내가 그와
왕상 3:25	이르되 **산** 아이를 둘로 나누어 반은
왕상 3:26	**산** 아들의 어머니 되는 여자가 그 아들 을 위하여 … 내 주여 **산** 아이를 그에게
왕상 3:27	대답하여 이르되 **산** 아이를 저 여자에게
왕상 4:21	솔로몬이 **사**는 동안에 그 나라들이 조공
왕상 4:25	솔로몬이 **사**는 동안에 유다와 … 무화 과나무 아래에서 평안히 **살았더라**
왕상 13:25	선지자가 **사**는 성읍에 가서 말한지라
왕상 15:6	르호보암과 여로보암 사이에 **사**는 날
왕상 21:8	나봇과 함께 **사**는 장로와 귀족들에게
왕하 20:1	집을 정리하라 네가 죽고 **살지** 못하리라
왕하 20:19	내가 **사**는 날에 태평과 진실이 있을진대
대상 4:32	그들이 **사**는 곳은 에담과 아인과 림몬과
대상 5:12	사밤이요 또 야내와 바산에 **산** 사밧이요
대상 11:32	가아스 시냇가에 **사**는 후래와 아르바
대하 8:11	이스라엘 왕 다윗의 왕궁에 **살지** 못하리
대하 15:9	저희 중에 머물러 **사**는 자들을 모았으니
대하 24:2	제사장 여호야다가 세상에 **사**는 모든
대하 24:14	여호야다가 세상에 **사**는 모든 날에
대하 26:5	스가랴 **사**는 날에 하나님을 찾았을
대하 34:33	요시야가 **사**는 날에 백성이 그들의 조상
에 4:11	그 자에게 금 규를 내밀어야 **살** 것이라

시가서

욥 5:23	들짐승이 너와 화목하게 **살** 것이니라
욥 15:28	사람이 **살지** 아니하는 집, 돌무더기가
욥 19:15	내 집에 머물러 **사**는 자와 내 여종들은
욥 22:8	얼고 존귀한 자는 거기에서 **사는구나**
욥 27:2	하신 전능자의 **사심**을 두고 맹세하노니
욥 28:4	사람이 **사**는 곳에서 멀리 떠나 갱도를
욥 28:13	알지 못하나니 사람 **사**는 땅에서는
욥 39:6	땅을 그것이 **사**는 처소로 삼았느니라
욥 42:16	욥이 백사십 년을 **살며** 아들과 손자
시 24:1	그 가운데 **사**는 자들은 다 여호와의
시 27:4	집에 **살면서** 여호와의 아름다움을
시 27:13	**산** 자들의 땅에서 여호와의 선하심을
시 55:23	그들의 날의 반도 **살지** 못할 것이나
시 65:4	뜰에 **살게** 하신 사람은 복이 있나이다
시 68:6	가족과 함께 **살게** 하시며 갇힌 자들은
시 69:36	이름을 사랑하는 자가 그 중에 **살리로다**
시 140:13	정직한 자들이 주의 앞에 **살리이다**
잠 1:12	그들을 **산** 채로 삼키며 무덤에 내려가는
잠 4:4	두라 내 명령을 지키라 그리하면 **살리라**
잠 7:2	내 계명을 지켜 **살며** 내 법을 네 눈동자
잠 15:27	뇌물을 싫어하는 자는 **살게** 되느니라
잠 18:21	죽고 **사**는 것이 혀의 힘에 달렸나니
잠 21:19	다투며 성내는 여인과 함께 **사**는 것보다
잠 22:2	가난한 자와 부한 자가 함께 **살거니와**
잠 29:13	가난한 자와 포학한 자가 섞여 **살거니와**
전 2:17	내가 **사**는 것을 미워하였노니 이는 해
전 3:12	사람들이 **사**는 동안에 기뻐하며 선을
전 4:2	살아 있는 **산** 자들보다 죽은 지 오랜
전 6:3	장수하여 **사**는 날이 많을지라도 그의
전 11:8	여러 해를 **살면** 항상 즐거워할지로다

선지서

사 8:19	**산** 자를 위하여 죽은 자에게 구하겠느냐
사 23:13	앗수르 사람이 그 곳을 들짐승이 **사**는
사 24:6	삼켰고 그 중에 **사**는 자들이 정죄함을
사 26:14	그들은 죽었은즉 다시 **살지** 못하겠고
사 33:24	아니할 것이라 거기에 **사**는 백성이
사 34:11	부엉이와 까마귀가 거기에 **살** 것이라
사 34:17	영원히 차지하며 대대로 거기에 **살리라**
사 38:1	집에 유언하라 네가 죽고 **살지** 못하리라
사 38:16	주여 사람이 **사**는 것이 이에 있고 내
사 42:10	섬들과 거기에 **사**는 사람들아 여호와를
사 42:11	사람이 **사**는 마을들은 소리를 높이라
사 44:26	사람이 **살리라** 하며 유다 성읍들에
사 51:6	**사**는 자들이 하루살이같이 죽으려니와

【 살다 】   【 살다 】

사 54:3	성읍들을 사람 **살** 곳이 되게 할 것임이	렘 48:28	성읍을 떠나 바위 사이에 **살지어다**
사 55:3	영혼이 **살리라** 내가 너희를 위하여	렘 48:34	셀리시야에 이르는 지역에 **사는** 사람들
사 65:9	것이요 나의 종들이 거기에 **살** 것이라	렘 49:18	거기에 **사는** 사람이 없으며 그 가운데
사 65:22	그들이 건축한 데에 타인이 **살지** 아니할		에 머물러 **살** 사람이 아무도 없으리라
렘 4:29	성읍이 버림을 당하여 거기 **사는** 사람이	렘 49:31	문빗장이 없이 홀로 **사는** 국민을 치라
렘 8:3	각처에 남아 있는 자들이 **사는** 것보다	렘 49:33	황폐하리니 거기 **사는** 사람이나 그 가운
렘 9:6	**사는** 곳이 속이는 일 가운데 있도다		데에 머물러 **사는** 사람이 아무도 없게
렘 17:6	땅, 사람이 **살지** 않는 땅에 **살리라**	렘 50:3	가운데에 **사는** 자가 없게 할 것임이라
렘 20:6	네 집에 **사는** 모든 사람이 포로 되어	렘 50:39	거기에 **살겠고** 타조도 그 가운데에 **살**
렘 21:9	나가서 항복하는 자는 **살** 것이나 그의		것이요 … 대대에 **살** 자가 없으리라
렘 23:7	인도하여 내신 여호와의 **사심**으로 맹세	렘 50:40	뒤엎었듯이 거기에 **사는** 사람이 없게
렘 23:8	인도하여 내신 여호와의 **사심**으로 맹세		하며 그 가운데 머물러 **사는** 사람이
렘 25:20	모든 섞여 **사는** 민족들과 우스 땅의	렘 51:43	사막과 사람이 **살지** 않는 땅이 되었으니
렘 27:17	바벨론의 왕을 섬기라 그리하면 **살리라**	렘 51:62	사람이나 짐승이 거기에 **살지** 못하게
렘 29:16	성에 **사는** 모든 백성 곧 너희와 함께	애 4:15	그들이 다시는 여기서 **살지** 못하리라
렘 31:24	떼를 인도하는 자가 거기에 함께 **살리니**	겔 3:21	그가 범죄하지 아니하면 정녕 **살리니**
렘 33:12	성읍에 다시 목자가 **살** 곳이 있으리니	겔 6:14	**사는** 온 땅 곧 광야에서부터 디블라까지
렘 38:2	갈대아인에게 항복하는 자는 **살리니**	겔 7:12	이르렀고 날이 가까웠으니 **사는** 자도
렘 42:13	말하기를 우리는 이 땅에 **살지** 아니하리	겔 13:19	죽지 아니할 영혼을 죽이고 **살지** 못할
렘 44:2	그것들이 황무지가 되었고 **사는** 사람이	겔 17:23	아래에 깃들이며 그 가지 그늘에 **살리라**
렘 44:8	너희가 가서 머물러 **사는** 애굽 땅에서	겔 18:9	의인이니 반드시 **살리라** 주 여호와의
렘 44:28	거기에 머물러 **사는** 유다의 모든 남은	겔 18:13	**살겠느냐** 결코 **살지** 못하리니 이 모든
렘 46:26	땅이 이전같이 사람 **살** 곳이 되리라	겔 18:19	지켜 행하였으면 그는 반드시 **살려니와**
렘 47:2	거기에 **사는** 자들을 휩쓸리니 사람들이	겔 18:22	아니하리니 그가 행한 공의로 **살리라**
렘 48:9	황폐하여 거기에 **사는** 자가 없으리로다	겔 18:23	돌이켜 그 길에서 떠나 **사는** 것을 어찌

'살다'와 관련된 성구

가시뱌 지방에 살다 – 스 8:17
고을고을에 살다 – 에 9:19
광야에(서) 살다 – 시 72:9; 잠 21:19; 행
    9:26; 25:24
다메섹에 살다 – 대하 16:2; 행 9:22
다바네스와 놉과 바드로스 지방에 살다 – 렘 44:1
들에 살다 – 대하 31:19
디본에 살다 – 렘 48:18
땅 끝에 살다 – 시 65:8
땅에(서) 살다 – 창 46:34; 47:4; 레 26:34; 삼
    상 20:31; 왕하 25:24; 대하 2:17; 20:8;
    욥 7:1; 시 35:20; 사 40:22; 렘 10:18;
    17:6; 40:9; 42:13; 43:5; 애 4:21; 행
    17:26; 계 8:13; 11:10; 13:8; 12; 17:2, 8
룻다에 살다 – 행 9:32
룻다와 사론에 살다 – 행 9:35

물에서 살다 – 레 11:10; 욥 26:5
미스바에 살다 – 렘 40:12, 13
바드로스에 살다 – 렘 44:15
베다니에 살다 – 요 11:1
빌립보에 살다 – 빌 1:1
사막에 살다 – 시 74:14
산에 살다 – 삼상 7:1
선조에게 준 땅에 살다 – 렘 35:15
성읍(들)에 살다 – 삼하 2:3; 왕상 9:16;
    21:11; 대상 13:2; 대하 19:10; 스 2:70;
    3:1; 렘 21:9; 49:1
수산에 살다 – 에 9:13, 18
시온에 살다 – 욜 3:17
아로엘에 살다 – 렘 48:19
아시아에 살다 – 행 19:10
악인의 장막에 살다 – 시 84:10

[살다]   [살다]

겔 18:32	너희는 스스로 돌이키고 **살지니라**		으로부터 … **살** 것이라 하였느니라
겔 33:10	쇠퇴하게 하니 어찌 능히 **살리요** 하거니	막 12:27	하나님이 아니요 **산** 자의 하나님이시라
겔 33:11	악인이 그의 길에서 돌이켜 떠나 **사는**	눅 1:65	**사는** 자가 다 두려워하고 이 모든 말이
겔 33:12	날에는 그의 의로 말미암아 **살지** 못하리라	눅 4:4	기록된 바 사람이 떡으로만 **살** 것이
겔 33:13	내가 의인에게 말하기를 너는 **살리라**	눅 10:28	이를 행하라 그러면 **살리라** 하시니
겔 33:16	그가 반드시 **살리라** 이는 정의와 공의를	눅 15:15	백성 중 한 사람에게 붙여 **사니** 그가
겔 33:19	행하면 그가 그로 말미암아 **살리라**	요 6:57	말미암아 **사는** 것같이 나를 먹는 그 사
겔 37:3	인자야 이 뼈들이 능히 **살** 수 있겠느냐		람도 나로 말미암아 **살리라**
겔 47:22	너희 가운데에 머물러 **사는** 타국인 곧	요 7:35	헬라인 중에 흩어져 **사는** 자들에게로
겔 47:23	타국인이 머물러 **사는** 그 지파에서 그	요 11:25	생명이니 나를 믿는 자는 죽어도 **살겠고**
단 2:11	육체와 함께 **살지** 아니하는 신들 외에는	요 11:26	무릇 **살아서** 나를 믿는 자는 영원히
호 4:3	땅이 슬퍼하며 거기 **사는** 자와 들짐승과	행 2:10	여러 지방에 **사는** 사람들과 로마로부터
호 4:15	올라가지 말며 여호와의 **사심**을 두고	행 7:4	그를 거기서 너희 지금 **사는** 이 땅으로
호 6:2	일으키시니 우리가 그의 앞에서 **살리라**	행 7:19	그 어린 아이들을 내버려 **살지** 못하게
암 5:4	너희는 나를 찾으라 그리하면 **살리라**	행 22:12	거기 **사는** 모든 유대인들에게 칭찬을
암 5:6	여호와를 찾으라 그리하면 **살리라**	행 28:4	공의가 그를 **살지** 못하게 함이로다
암 5:14	너희는 **살려면** 선을 구하고 악을 구하지	롬 1:17	오직 의인은 믿음으로 말미암아 **살리라**
옵 1:3	바위틈에 거주하며 높은 곳에 **사는** 자여	롬 6:2	죽은 우리가 어찌 그 가운데 더 **살리요**
욘 4:3	**사는** 것보다 죽는 것이 내게 나음이니이	롬 6:8	함께 죽었으면 또한 그와 함께 **살** 줄을
욘 4:8	죽기를 구하여 이르되 **사는** 것보다 죽는	롬 7:1	법이 사람이 **살** 동안만 그를 주관하는
합 2:4	의인은 그의 믿음으로 말미암아 **살리라**	롬 8:12	자로서 육신에게 져서 육신대로 **살** 것이
습 1:13	건축하나 거기에 **살지** 못하며 포도원을	롬 8:13	육신대로 **살면** 반드시 죽을 것이로되
슥 13:3	거짓말을 하니 **살지** 못하리라 하고 낳은		영으로써 몸의 행실을 죽이면 **살리니**
<선약>		롬 10:5	의를 행하는 사람은 그 의로 **살리라**
마 4:4	떡으로만 **살** 것이 아니요 하나님의 입	롬 12:1	하나님이 기뻐하시는 거룩한 **산** 제물로

> **'살다'와 관련된 성구**

안전히 살다 - 신 33:12; 시 4:8; 16:9; 렘 32:37; 33:16
애굽 땅에 살다 - 신 29:16; 렘 24:8; 42:14; 44:1, 13, 24, 26
애굽에(서) 살다 - 렘 43:2; 46:19
에베소에 살다 - 행 19:17
여호와 앞에 살다 - 사 23:18
영원히 살다 - 신 32:40; 시 22:26; 23:6; 37:27, 29; 겔 43:9; 요 6:58
예루살렘에 살다 - 대하 31:4; 행 1:19; 2:14; 4:16; 13:27
오래 살다 - 신 4:25, 40
우스 땅에 살다 - 애 4:21
움막에서 살다 - 잠 21:9; 25:24
유다 땅에 살다 - 렘 43:5
유다 성읍(들)에 살다 - 왕상 12:17; 대하 10:17; 31:6

유다/유대에 살다 - 대하 30:25; 행 11:29
원수의 땅에 살다 - 레 26:34
자기 땅에 살다 - 스 6:21; 렘 23:8
장막에 살다 - 시 69:25
전능자의 그늘 아래에 살다 - 시 91:1
조상들에게 주신/준 땅에(서) 살다 - 왕상 8:40; 대하 6:31; 렘 25:5
주의 성산에 살다 - 시 15:1
주의 집에 살다 - 시 84:4
즐겁게 살다 - 전 9:9
지상에 살다 - 사 18:3
진영 밖에서 살다 - 레 13:46
큰집에서 살다 - 잠 21:9; 25:24
평안히 살다 - 렘 23:6; 49:31
평지에 살다 - 느 3:22 / 하늘에 살다 - 계 13:6

【 살다 】 　　　　　　　　　　　　　　　　　　　　　　　　　　　　　　【 살다 】

롬 14:7	누구든지 자기를 위하여 **사는** 자가 없고	수 3:10	**살아 계신** 하나님이 너희 가운데에
롬 14:8	**살아도** 주를 위하여 살고 죽어도 주를 위하여 죽나니 그러므로 **사나** 죽으나	삿 8:19	여호와께서 **살아 계심**을 두고 맹세하노
		룻 3:13	여호와께서 **살아 계심**을 두고 맹세하노
롬 14:9	**살아나셨으니** 곧 죽은 자와 **산** 자의	삼상 14:39	여호와께서 **살아 계심**을 두고 맹세하노
고전 9:14	자들이 복음으로 말미암아 **살리라**	삼상 14:45	여호와의 **살아 계심**을 두고 맹세하옵나
고후 1:8	고난을 당하여 **살** 소망까지 끊어지고	삼상 17:26	블레셋 사람이 누구이기에 **살아 계시는**
고후 5:15	자신을 위하여 **살지** 않고 오직 그들을	삼상 17:36	곰도 쳤은즉 **살아 계시는** 하나님의
고후 13:4	하나님의 능력으로 그와 함께 **살리라**	삼상 19:6	여호와께서 **살아 계심**을 두고 맹세하거
갈 2:14	유대인답게 **살지** … 유대인답게 **살게**	삼상 20:3	여호와의 **살아 계심**과 네 생명을 두고
갈 2:19	이는 하나님에 대하여 **살려** 함이라	삼상 20:21	여호와께서 **살아 계심**을 두고 맹세하노
갈 2:20	내가 **사는** 것이 … **사는** 것은 나를 사랑 하사 … 믿는 믿음 안에서 **사는** 것이라	삼상 25:26	내 주여 여호와께서 **살아 계심**을 두고 맹세하노니 내 주도 **살아 계시거니와**
갈 3:11	의인은 믿음으로 **살리라** 하였음이라	삼상 25:34	하나님 여호와의 **살아 계심**을 두고
갈 3:12	자는 그 가운데서 **살리라** 하였느니라	삼상 26:10	여호와께서 **살아 계심**을 두고 맹세하노
갈 4:27	홀로 **사는** 자의 자녀가 남편 있는 자의	삼상 26:16	여호와께서 **살아 계심**을 두고 맹세하노
갈 5:25	우리가 성령으로 **살면** 또한 성령으로	삼상 28:10	여호와께서 **살아 계심**을 두고 맹세하노
빌 1:20	담대하여 **살든지** 죽든지 내 몸에서	삼상 29:6	여호와께서 **살아 계심**을 두고 맹세하노
빌 1:21	내게 **사는** 것이 그리스도니 죽는 것도	삼하 2:27	하나님이 **살아 계심**을 두고 맹세하노니
빌 1:22	그러나 만일 육신으로 **사는** 이것이 내	삼하 4:9	여호와께서 **살아 계심**을 두고 맹세하노
빌 1:25	**살** 것과 너희 믿음의 진보와 기쁨을	삼하 11:11	아니하기로 왕의 **살아 계심**과 왕의 혼의 **살아 계심**을 두고 맹세하나이다
골 2:20	어찌하여 세상에 **사는** 것과 같이 규례에		
골 3:7	전에 그 가운데 **살** 때에는 그 가운데서	삼하 14:11	이르되 여호와께서 **살아 계심**을 두고
살전 3:8	안에 굳게 선즉 우리가 이제는 **살리라**	삼하 14:19	왕의 **살아 계심**을 두고 맹세하옵나니
딤후 2:11	함께 죽었으면 또한 함께 **살** 것이요	삼하 15:21	이르되 여호와의 **살아 계심**과 내 주 왕의 **살아 계심**으로 맹세하옵나니
딤후 3:12	경건하게 **살고자** 하는 자는 박해를		
히 10:20	가운데로 열어 놓으신 새로운 **살** 길이요	왕상 1:29	여호와께서 **살아 계심**을 두고 맹세하노
히 10:38	나의 의인은 믿음으로 말미암아 **살리라**	왕상 2:24	여호와께서 **살아 계심**을 두고 맹세하노
히 12:9	영의 아버지께 더욱 복종하며 **살려** 하지	왕상 17:1	하나님 여호와께서 **살아 계심**을 두고
벧전 1:3	우리를 거듭나게 하사 **산** 소망이 있게	왕상 17:12	여호와께서 **살아 계심**을 두고 맹세하노
벧전 2:4	택하심을 입은 보배로운 **산** 돌이신 예수	왕상 18:10	여호와께서 **살아 계심**을 두고 맹세하노
벧전 2:5	**산** 돌같이 신령한 집으로 세워지고	왕상 18:15	만군의 여호와께서 **살아 계심**을 두고
벧전 2:24	의에 대하여 **살게** 하려 하심이라 그가	왕상 22:14	여호와께서 **살아 계심**을 두고 맹세하노
벧전 4:5	**산** 자와 죽은 자를 심판하기로 예비하신	왕하 2:2	여호와께서 **살아 계심**과 당신의 영혼이
요일 2:6	그의 안에 **산다고** 하는 자는 그가	왕하 2:4	여호와께서 **살아 계심**과 당신의 영혼이
계 2:13	어디에 **사는지를** … 곧 사탄이 **사는**	왕하 2:6	여호와께서 **살아 계심**과 당신의 영혼이
계 3:1	네가 **살았다** 하는 이름은 가졌으나	왕하 3:14	여호와께서 **살아 계심**을 두고 맹세하노
계 19:20	**산** 채로 유황불 붙는 못에 던져지고	왕하 4:30	**살아 계심**과 당신의 영혼이 **살아 계심**
계 20:4	받지 아니한 자들이 **살아서** 그리스도와	왕하 5:16	여호와께서 **살아 계심**을 두고 맹세하노
		왕하 5:20	여호와께서 **살아 계심**을 두고 맹세하노
살아 계시다		왕하 19:4	보냄을 받고 와서 **살아 계신** 하나님을
창 43:7	아버지가 아직 **살아 계시느냐** 너희에게	왕하 19:16	산헤립이 **살아 계신** 하나님을 비방하러
창 45:3	내 아버지께서 아직 **살아 계시니이까**	대하 18:13	여호와께서 **살아 계심**을 두고 맹세하노
신 5:26	우리처럼 **살아 계시는** 하나님의 음성을	욥 19:25	알기에는 나의 대속자가 **살아 계시니**

▎ **살다**　　　　　　　　　　　　　　　　　　　　▎ **살다**

시 18:46	**살아** 계시니 나의 반석을 찬송하며
시 42:2	영혼이 하나님 곧 **살아** 계시는 하나님
시 84:2	마음과 육체가 **살아** 계시는 하나님께
사 37:4	앗수르 왕의 보냄을 받고 **살아** 계시는
사 37:17	사람을 보내어 **살아** 계시는 하나님을
렘 5:2	그들이 여호와께서 **살아** 계심을 두고
렘 10:10	하나님이시요 **살아** 계신 하나님이시오
렘 16:14	여호와께서 **살아** 계심을 두고 맹세하지
렘 16:15	여호와께서 **살아** 계심을 두고 맹세하리
렘 23:36	너희가 **살아** 계신 하나님, 만군의
렘 38:16	여호와께서 **살아** 계심을 두고 맹세하노
렘 44:26	여호와의 **살아** 계심을 두고 맹세하노라
단 6:20	다니엘에게 묻되 **살아** 계시는 하나님의
단 6:26	두려워할지니 그는 **살아** 계시는 하나님
단 12:7	하늘을 향하여 영원히 **살아** 계시는
호 1:10	너희는 **살아** 계신 하나님의 아들이라
마 16:16	주는 그리스도시요 **살아** 계신 하나님의
마 26:63	너로 **살아** 계신 하나님께 맹세하게
요 6:57	**살아** 계신 아버지께서 나를 보내시매
행 1:3	증거로 친히 **살아** 계심을 나타내사
행 14:15	만물을 지으시고 **살아** 계신 하나님께로
롬 6:10	단번에 죽으심이요 그가 **살아** 계심은 하나님께 대하여 **살아** 계심이니
롬 9:26	그들이 **살아** 계신 하나님의 아들이라
고후 3:3	오직 **살아** 계신 하나님의 영으로 쓴
고후 6:16	우리는 **살아** 계신 하나님의 성전이라
고후 13:4	하나님의 능력으로 **살아** 계시니 우리도
살전 1:9	하나님께로 돌아와서 **살아** 계시고
딤전 3:15	이 집은 **살아** 계신 하나님의 교회요
딤전 4:10	소망을 **살아** 계신 하나님께 둠이니
히 3:12	마음을 품고 **살아** 계신 하나님에게서
히 7:25	이는 그가 항상 **살아** 계셔서 그들을
히 9:14	깨끗하게 하고 **살아** 계신 하나님을
히 10:31	**살아** 계신 하나님의 손에 빠져 들어가
히 12:22	이른 곳은 시온 산과 **살아** 계신 하나님
계 4:9	보좌에 앉으사 세세토록 **살아** 계시는
계 4:10	엎드려 세세토록 **살아** 계시는 이에게
계 7:2	다른 천사가 **살아** 계신 하나님의 인을
계 10:6	세세토록 **살아** 계신 이 곧 하늘과 그
계 15:7	하나가 영원토록 **살아** 계신 하나님의

▎ **살아 있다**

창 3:14	배로 다니고 **살아** 있는 동안
창 45:26	이르되 요셉이 지금까지 **살아** 있어
창 45:28	내 아들 요셉이 지금까지 **살아** 있으니
창 46:30	지금까지 **살아** 있고 내가 네 얼굴을
출 4:18	그들이 아직 **살아** 있는지 알아보려
출 21:35	받아 죽이면 **살아** 있는 소를 팔아 그
레 14:4	명령하여 **살아** 있는 정결한 새 두 마리
레 14:7	뿌려 정하다 하고 그 **살아** 있는 새는
레 14:51	우슬초와 홍색 실과 **살아** 있는 새를
레 14:52	새의 피와 흐르는 물과 **살아** 있는 새와
레 14:53	**살아** 있는 새는 성 밖 들에 놓아 주고
레 16:20	마친 후에 **살아** 있는 염소를 드리되
레 16:21	아론은 그의 두 손으로 **살아** 있는 염소
민 14:21	내가 **살아** 있는 것과 여호와의 영광이
신 5:3	오늘 여기 **살아** 있는 우리 곧 우리와
룻 2:20	그가 **살아** 있는 자와 죽은 자에게 은혜
삼하 18:14	**살아** 있는 압살롬의 심장을 찌르니
왕상 20:32	이르되 그가 아직도 **살아** 있느냐
왕상 21:15	나봇이 **살아** 있지 아니하고 죽었나이다
왕하 2:2	당신의 영혼이 **살아** 있음을 두고 맹세
왕하 2:4	당신의 영혼이 **살아** 있음을 두고 맹세
왕하 2:6	당신의 영혼이 **살아** 있음을 두고 맹세
시 17:14	여호와여 이 세상에 **살아** 있는 동안
시 52:5	장막에서 뽑아내며 **살아** 있는 땅에서
시 104:33	**살아** 있는 동안 내 하나님을 찬양하리
시 142:5	나의 피난처시요 **살아** 있는 사람들의
잠 31:12	그런 자는 **살아** 있는 동안에 그의 남편
전 4:2	아직 **살아** 있는 산 자들보다 죽은 지
전 6:8	나은 것이 무엇이냐 **살아** 있는 자들
사 53:8	누가 생각하기를 그가 **살아** 있는 자들
애 3:39	**살아** 있는 사람은 자기 죄들 때문에
렘 11:19	그를 **살아** 있는 자의 땅에서 끊으리
렘 12:16	부지런히 배우며 **살아** 있는 여호와라는
겔 7:13	파는 자가 **살아** 있다 할지라도 다시
겔 16:6	피투성이라도 **살아** 있으라 다시 이르 기를 너는 피투성이라도 **살아** 있으라
겔 26:20	거주하는 곳이 되지 못하리니 **살아** 있는
암 8:14	신들이 **살아** 있음을 두고 맹세하노라 하거나 브엘세바가 … **살아** 있음을
마 22:32	죽은 자의 하나님이 아니요 **살아** 있는
마 27:63	속이던 자가 **살아** 있을 때에 말하기를
눅 20:38	죽은 자의 하나님이 아니요 **살아** 있는
눅 24:5	**살아** 있는 자를 죽은 자 가운데서
요 4:50	가라 네 아들이 **살아** 있다 하시니 그

【 살다 】   【 살루 2 】

요 4:51	종들이 오다가 만나서 아이가 **살아 있다**
요 4:53	아들이 **살아 있다** 말씀하신 그 때인
요 6:51	하늘에서 내려온 **살아 있는** 떡이니
요 14:19	**살아 있고** 너희도 **살아 있겠음이라**
행 7:38	또 **살아 있는** 말씀을 받아 우리에게
행 10:42	하나님이 **살아 있는** 자와 죽은 자의
행 25:19	예수라 하는 이가 죽은 것을 **살아 있다**
롬 6:11	대하여는 **살아 있는** 자로 여길지어다
롬 8:10	것이나 영은 의로 말미암아 **살아 있는**
고전 7:39	아내는 그 남편이 **살아 있는** 동안에
고전 15:6	그 중에 지금까지 대다수는 **살아 있고**
고후 4:11	우리 **살아 있는** 자가 항상 예수를
고후 5:15	사람을 대신하여 죽으심은 **살아 있는**
고후 6:9	우리가 **살아 있고** 징계를 받는 자
딤후 4:1	하나님 앞과 **살아 있는** 자와 죽은 자를
히 4:12	말씀은 **살아 있고** 활력이 있어 좌우에
히 9:17	유언한 자가 **살아 있는** 동안에는 효력
벧전 1:23	썩지 아니할 씨로 된 것이니 **살아 있고**
계 1:18	**살아 있는** 자라 내가 전에 죽었었노라 볼지어다 이제 세세토록 **살아 있어**

📖 **살다 - 기타 본문**

창 5:5, 8, 11, 14, 17, 20, 23, 27, 31; 9:28; 17:18; 23:1; 42:2; 43:8; 50:22; 출 22:4; 레 20:14, 21; 민 14:30; 15:2; 33:40; 신 4:47; 16:20; 21:13; 29:16; 33:6; 수 9:21; 삿 16:30; 룻 1:2; 삼상 12:8, 11; 19:18; 20:31; 27:5; 삼하 5:9; 7:1, 2; 9:13; 12:18, 21; 19:6; 왕상 2:36; 3:22, 23; 11:24; 12:25; 13:11; 21:11; 왕하 7:4; 17:28; 18:32; 대상 2:55; 4:33, 41; 5:8; 11:7; 대하 2:17; 11:5, 23; 19:4; 26:21; 28:18; 스 1:4; 느 5:2; 11:20, 30; 13:16; 욥 4:19; 7:16; 10:1; 14:14; 21:28; 30:6; 39:28; 시 7:5; 25:13; 41:2; 49:9; 55:15; 57:4; 68:10; 69:35; 78:55; 89:48; 101:6; 107:36; 113:9; 118:17; 119:17, 77, 93, 116, 144, 175; 124:3; 잠 1:33; 3:29; 전 2:3; 6:6; 7:2, 15; 8:15; 9:4, 5; 사 11:6; 34:14; 38:11, 19; 44:26; 렘 7:3, 7; 22:23; 27:11; 29:5, 28; 30:18; 35:7, 9, 10, 11; 38:17; 40:5; 42:15, 17; 44:12, 14; 46:27; 47:9; 49:16, 18, 30; 51:13; 애 3:6; 4:20; 겔 18:17, 21, 24, 28; 20:38; 26:17, 20; 28:26; 33:15; 47:9; 단 4:21, 25, 32; 5:21; 호 2:19; 슥 1:5; 10:9; 12:6; 막 5:23; 눅 2:36; 16:25; 20:38;

요 7:42;	행 17:28; 18:3; 롬 7:9; 14:11; 고전 7:12, 13; 15:15; 고후 5:15; 7:3; 갈 3:21; 살전 5:10; 딤전 5:6; 6:13; 딛 2:12; 히 7:8; 약 4:15; 계 20:5

살라(Shelah-NIV, Sala-KJV) **예수님의 선조**
눅 3:35 벨렉이요 그 위는 헤버요 그 위는 **살라**

살라미(Salamis) 바울의 전도 여행지
행 13:5 **살라미**에 이르러 하나님의 말씀을

살랍(Zalaph) 느헤미야의 조력자
느 3:30 셀레먀의 아들 하나냐와 **살랍**의 여섯째

살래(Sallai)
1. 포로 귀환 후 예루살렘에 정착한 베냐민의 자손
느 11:8 **살래** 등이니 모두 구백이십팔 명이라
2. 요야김 시대의 제사장
느 12:20 **살래** 족속에는 갈래요 아목 족속에는

살래겟(Shalleketh) 예루살렘 성전 서쪽 문
대상 26:16 서쪽을 뽑아 큰 길로 통한 **살래겟** 문

살렘(Salem)
1. 멜기세덱이 제사장과 왕으로 있는 도성
창 14:18 **살렘** 왕 멜기세덱이 떡과 포도주를
시 76:2 장막은 **살렘**에 있음이여 그의 처소는
히 7:1   멜기세덱은 **살렘** 왕이요 지극히 높으신
히 7:2   의의 왕이요 그 다음은 **살렘** 왕이니 곧
2. 세례 요한이 세례를 베풀었던 곳
요 3:23 요한도 **살렘** 가까운 애논에서 세례를

살로메(Salome) 야고보와 요한의 어머니
막 15:40 요세의 어머니 마리아와 또 **살로메**가
막 16:1 **살로메**가 가서 예수께 바르기 위하여

살루 1(Salu) 시므리의 아버지
민 25:14 이름은 시므리니 **살루**의 아들이요

살루 2(Sallu)
1. 포로 귀환한 사람들 중 베냐민 자손
대상 9:7 호다위아의 손자 므술람의 아들 **살루**요
느 11:7 베냐민 자손은 **살루**이니 그는 므술람의

[살룬]   [살리다]

2. 스룹바벨과 함께 귀환한 제사장
느 12:7   **살루**와 아목과 힐기야와 여다야니

살룬(Shallun) 미스바 지방을 다스리던 자
느 3:15   골호세의 아들 **살룬**이 중수하여 문을

살룸(Shallum)
1. 이스라엘 왕으로 야베스의 아들
왕하 15:10 **살룸**이 그를 반역하여 백성 앞에서
왕하 15:13 야베스의 아들 **살룸**이 사마리아에서
왕하 15:14 야베스의 아들 **살룸**을 거기에서 쳐죽이
왕하 15:15 **살룸**의 남은 사적과 그가 반역한 일은

2. 여선지자 훌다의 남편
왕하 22:14 주관하는 **살룸**의 아내라 예루살렘
대하 34:22 관리하는 **살룸**의 아내라 예루살렘

3. 유다 요시야 왕의 넷째 아들
대상 3:15 셋째 시드기야와 넷째 **살룸**이요
렘 22:11 **살룸**에 대하여 이와 같이 말씀하시니라

4. 선지자 예레미야의 숙부
렘 32:7   숙부 **살룸**의 아들 하나멜이 네게 와서

5. 마아세야의 아버지
렘 35:4   문을 지키는 **살룸**의 아들 마아세야의

6. 유다 지파 사람
대상 2:40 시스매를 낳고 시스매는 **살룸**을 낳고
대상 2:41 **살룸**은 여가먀를 낳고 여가먀는

7. 사울의 아들
대상 4:25 사울의 아들은 **살룸**이요 그의 아들은

8. 납달리의 넷째 아들
대상 7:13 구니와 예셀과 **살룸**이니 이는 빌하의

9. 대제사장 사독의 아들
대상 6:12 아히둡은 사독을 낳고 사독은 **살룸**을
대상 6:13 **살룸**은 힐기야를 낳고 힐기야는 아사랴
스 7:2   **살룸**의 현손이요 사독의 오대 손이요

10. 성전 문지기들의 우두머리
대상 9:17 **살룸**과 악굽과 달몬과 아히만과 그의
          형제들이니 **살룸**은 그 우두머리라
스 2:42   자손들은 **살룸**과 아델과 달문과 악굽과
스 10:24 문지기 중에서는 **살룸**과 델렘과 우리였
느 7:45   문지기들은 **살룸** 자손과 아델 자손과

11. 여히스기야의 아버지
대하 28:12 **살룸**의 아들 여히스기야와 하들래가

12. 바니 자손의 한 사람
스 10:42 **살룸**과 아마랴와 요셉이요

13. 할로헤스의 아들
느 3:12   할로헤스의 아들 **살룸**과 그의 딸들이

14. 고라의 자손
대상 9:19 고레의 아들 **살룸**과 그의 종족 형제 곧
대상 9:31 고라 자손 **살룸**의 맏아들 맛디댜라 하는

살륙/-하다(殺戮, destroy)
수 10:10 기브온에서 크게 **살륙**하고 벤호론에
수 10:20 그들을 크게 **살륙**하여 거의 멸하였고
수 13:22 이스라엘 자손이 그들을 **살륙**하는 중에
삼상 4:10 **살륙**이 심히 커서 이스라엘 보병이
삼상 4:17 백성 중에는 큰 **살륙**이 있었고 당신의
삼상 6:19 백성을 쳐서 크게 **살륙**하셨으므로
삼상 14:30 블레셋 사람을 **살륙**함이 더욱 많지
대하 28:5 넘기시매 그가 쳐서 크게 **살륙**하였으니
대하 28:9 너희의 노기가 충천하여 **살륙**하고
느 4:11   달려 들어가서 **살륙**하여 역사를 그치게
잠 24:11 끌려가는 자를 건져 주며 **살륙**을 당하게
사 14:30 죽일 것이요 네게 남은 자는 **살륙**을
사 30:25 크게 **살륙**하는 날 망대가 무너질 때에
사 34:2   분내사 그들을 진멸하시며 **살륙**당하게
사 34:3   그 **살륙** 당한 자는 내던진 바 되며 그
사 34:6   있고 큰 **살륙**이 에돔 땅에 있음이라
겔 5:17   가운데에 전염병과 **살륙**이 일어나게
호 5:2   패역자가 **살륙** 죄에 깊이 빠졌으매 내가
약 5:5   땅에서 사치하고 방종하여 **살륙**의 날에

살르가(Salecah) 바산에 위치한 성읍
신 3:10   성읍 **살르가**와 에드레이까지이니라
수 12:5   헤르몬 산과 **살르가**와 온 바산과 및
수 13:11 지역과 온 헤르몬 산과 **살르가**까지
대상 5:11 바산 땅에 거주하면서 **살르가**까지

살리다(let live)
구약
창 12:12 하여 나는 죽이고 그대는 **살리리니**
창 47:25 이르되 주께서 우리를 **살리셨사오니**
출 1:17 명령을 어기고 남자 아기들을 **살린지라**
민 22:33 벌써 너를 죽이고 나귀는 **살렸으리라**
신 20:16 호흡 있는 자를 하나도 **살리지** 말지니
신 32:39 죽이기도 하며 **살리기도** 하며 상하게도
수 6:25 그에게 속한 모든 것을 **살렸으므로** 그가
수 9:15 그들을 **살리리라**는 조약을 맺고 회중

살리다 　　　　　　　　　　　　　　　　　　　　　　　　　　　　　　　　살마 1

삿 8:19	만일 그들을 **살렸더라면** 나도 너희를	행 26:8	하나님이 죽은 사람을 **살리심**을 어찌하
삼상 2:6	죽이기도 하시고 **살리기도** 하시며	롬 4:17	믿은 바 하나님은 죽은 자를 **살리시며**
삼상 27:5	어찌 당신과 함께 왕도에 **살리이까** 하니	롬 4:24	주를 죽은 자 가운데서 **살리신** 이를
삼하 8:2	길이의 사람은 **살리니** 모압 사람들이	롬 6:4	그리스도를 죽은 자 가운데서 **살리심**과
왕상 18:5	노새를 **살리리니** 짐승을 다 잃지 않게	롬 8:11	가운데서 **살리신** 이의 영이 … 가운데
왕상 20:31	그가 혹시 왕의 생명을 **살리리이다** 하		서 **살리신** 이가 … 몸도 **살리시리라**
왕하 5:7	내가 사람을 죽이고 **살리는** 하나님이냐	롬 10:9	그를 죽은 자 가운데서 **살리신** 것을
왕하 8:5	다시 **살린** 일을 왕에게 … 다시 **살린** 아	고전 6:14	하나님이 주를 다시 **살리셨고** 또한 그
	이의 … 엘리사가 다시 **살린** 자니이다		의 권능으로 우리를 다시 **살리시리라**
욥 33:4	전능자의 기운이 나를 **살리시느니라**	고전 15:15	**살리셨다고** … **살리지** 아니하셨으리라
시 22:29	자기 영혼을 **살리지** 못할 자도 다 그	고후 1:9	죽은 자를 다시 **살리시는** 하나님만
시 30:3	**살리사** 무덤으로 내려가지 아니하게	고후 3:6	죽이는 것이요 영은 **살리는** 것이니라
시 33:19	굶주릴 때에 그들을 **살리시는도다**	고후 4:14	주 예수를 다시 **살리신** 이가 예수와
시 71:20	우리를 다시 **살리시며** 땅 깊은 곳에서		함께 우리도 다시 **살리사** 너희와 함께
시 85:6	주께서 우리를 다시 **살리사** 주의 백성이	갈 1:1	그를 죽은 자 가운데서 **살리신** 하나님
시 119:50	말씀이 나를 **살리셨기** 때문이니이다	엡 1:20	가운데서 다시 **살리시고** 하늘에서
시 119:149	주의 규례들을 따라 나를 **살리소서**	엡 2:1	허물과 죄로 죽었던 너희를 **살리셨도다**
시 143:11	위하여 나를 **살리시고** 주의 의로서	엡 2:5	죽은 우리를 그리스도와 함께 **살리셨고**
잠 6:15	당장에 멸망하여 **살릴** 길이 없으리라	골 2:13	너희를 하나님이 그와 함께 **살리시고**
전 7:12	그 지혜 있는 자를 **살리기** 때문이니라	골 3:1	너희가 그리스도와 함께 다시 **살리심**
렘 49:11	고아들을 버려도 내가 그들을 **살리리라**	살전 1:10	다시 **살리신** 그의 아들이 하늘로부터
겔 13:18	자기를 위하여는 영혼을 **살리려** 하느냐	히 11:19	죽은 자 가운데서 다시 **살리실** 줄로
단 5:19	임의로 죽이며 임의로 **살리며** 임의로	벧전 1:21	그를 죽은 자 가운데서 **살리시고** 영광을
호 6:2	이틀 후에 우리를 **살리시며** 셋째 날에	벧전 3:18	죽임을 당하시고 영으로는 **살리심**을
신약		요일 4:9	그로 말미암아 우리를 **살리려** 하심이라
마 10:8	죽은 자를 **살리며** 나병환자를 깨끗하게		
눅 17:33	자는 잃을 것이요 잃는 자는 **살리리라**	**살리다 – 기타 본문**	
요 5:21	죽은 자들을 일으켜 **살리심**같이 아들	출 1:16, 18, 22; 22:18; 민 31:15, 18; 수 2:13;	
	도 자기가 원하는 자들을 **살리느니라**	6:17; 9:20, 21; 삿 21:14; 삼상 27:9, 11; 삼하	
요 6:39	마지막 날에 다시 **살리는** 이것이니라	12:22; 왕상 20:32; 왕하 7:4; 8:1; 10:19; 욥	
요 6:40	마지막 날에 내가 이를 다시 **살리리라**	14:14; 36:6; 시 66:9; 119:154, 156, 159; 140:13;	
요 6:44	그를 내가 마지막 날에 다시 **살리리라**	사 38:16; 겔 13:19; 행 22:22; 요 12: 1, 9, 17;	
요 6:54	마지막 날에 내가 그를 다시 **살리리니**	25:24; 고전 15:45	
요 6:63	**살리는** 것은 영이니 육은 무익하니라		
행 2:24	그를 사망의 고통에서 풀어 **살리셨으니**	**살리사** (Shalisha) 에브라임 산 부근의 땅	
행 2:32	예수를 하나님이 **살리신지라** 우리가	삼상 9:4	그가 에브라임 산지와 **살리사** 땅으로
행 3:15	죽은 자 가운데서 그를 **살리셨으니**		
행 4:10	죽은 자 가운데서 **살리신** 나사렛 예수	**살림** (property)	
행 5:30	예수를 우리 조상의 하나님이 **살리시고**	눅 15:12	주소서 하는지라 아버지가 그 **살림**을
행 10:40	사흘 만에 다시 **살리사** 나타내시되	눅 15:30	아버지의 **살림**을 창녀들과 함께 삼켜
행 13:30	죽은 자 가운데서 그를 **살리신지라**		
행 13:37	하나님께서 **살리신** 이는 썩음을 당하지	**살마** 1 (Salmon) 룻의 남편 보아스의 아버지	
행 17:31	죽은 자 가운데서 다시 **살리신** 것을	대상 2:11	나손은 살마를 낳고 **살마**는 보아스를

【 살마 2 】　　　　　　　　　　　　　　　　　　　　　【 살아나다 】

살마 2(Salma) 베들레헴의 아버지
대상 2:51 베들레헴의 아버지 **살마**와 벤가델을
대상 2:54 **살마**의 자손들은 베들레헴과 느도바

살만(Shalman) 호세아에 의해 멸망이 예언된 곳
호 10:14 산성들이 다 무너지되 **살만**이 전쟁에

살만에셀(Shalmaneser) 앗수르의 왕
왕하 17:3 앗수르의 왕 **살만에셀**이 올라오니
왕하 18:9 앗수르의 왕 **살만에셀**이 사마리아로

살매(Shalmai) 포로 귀환 후 성전에서 일하던 사람
느 7:48 르바나 자손과 하가바 자손과 **살매**

살모나(Zalmonah) 출애굽 후 머물렀던 곳
민 33:41 그들이 호르 산을 떠나 **살모나**에 진을
민 33:42 **살모나**를 떠나 부논에 진을 치고

살모네(Salmone) 바울이 로마로 갈 때 강한 바람으로 고생한 곳
행 27:7 **살모네** 앞을 지나 그레데 해안을

살몬 1(Salmon) 나손의 아들로 보아스의 아버지
룻 4:20 나손을 낳았고 나손은 **살몬**을 낳았고
룻 4:21 **살몬**은 보아스를 낳았고 보아스는 오벳
마 1:4 나손을 낳고 나손은 **살몬**을 낳고
마 1:5 **살몬**은 라합에게서 보아스를 낳고
눅 3:32 그 위는 보아스요 그 위는 **살몬**이요 그

살몬 2(Zalmon)
1. 다윗의 30인 용사 중 한 사람
삼하 23:28 아호아 사람 **살몬**과 느도바 사람 마하래
2. 요단 강 동편 바산에 있는 산
시 68:14 왕들을 그 중에서 흩으실 때에는 **살몬**에
3. 세겜 부근에 있는 산
삿 9:48 그와 함께 있는 모든 백성이 **살몬** 산에

살문나(Zalmunna) 사사 시대 미디안의 왕
시 83:11 고관들을 세바와 **살문나**와 같게 하소서

📖 **살문나 – 기타 본문**
삿 8:5, 6, 7, 10, 12, 15, 18, 21

살스김(Sarsekim) 바벨론의 내시장
렘 39:3 내시장 **살스김**이니 네르갈사레셀은

살아나다(alive, renewal, raise)
구약
왕상 17:22 혼이 몸으로 돌아오고 **살아난지라**
왕상 17:23 이르되 보라 네 아들이 **살아났느니라**
왕하 8:8 이 병에서 **살아나겠는지** 그를 통하여
왕하 8:14 **살아나시리이다** 하더이다 하더라
시 119:25 주의 말씀대로 나를 **살아나게** 하소서
시 119:37 주의 길에서 나를 **살아나게** 하소서
시 119:40 주의 의로 나를 **살아나게** 하소서
시 119:88 주의 인자하심을 따라 나를 **살아나게**
시 119:107 주의 말씀대로 나를 **살아나게** 하소서
시 138:7 주께서 나를 **살아나게** 하시고 주의 손을
사 26:19 죽은 자들은 **살아나고** 그들의 시체들은
사 57:10 네 힘이 **살아났으므로** 쇠약하여지지
겔 37:5 들어가게 하리니 너희가 **살아나리라**
겔 37:6 생기를 넣으리니 너희가 **살아나리라**
겔 37:9 자에게 불어서 **살아나게** 하라 하셨다
겔 37:10 곧 **살아나서** 일어나 서는데 극히 큰
겔 37:14 너희 속에 두어 너희가 **살아나게** 하고
복음서
마 9:18 얹어 주소서 그러면 **살아나겠나이다**
마 11:5 죽은 자가 **살아나며** 가난한 자에게 복음
마 14:2 죽은 자 가운데서 **살아났으니** 그러므로
마 16:21 제삼일에 **살아나야** 할 것을 제자들에게
마 17:9 죽은 자 가운데서 **살아나기** 전에는 본
마 17:23 당하고 제삼일에 **살아나리라** 하시니
마 20:19 못 박게 할 것이나 제삼일에 **살아나리라**
마 26:32 **살아난** 후에 너희보다 먼저 갈릴리로
마 27:63 사흘 후에 다시 **살아나리라** 한 것을
마 27:64 그가 죽은 자 가운데서 **살아났다** 하면
마 28:6 말씀하시던 대로 **살아나셨느니라** 와서
마 28:7 죽은 자 가운데서 **살아나셨고** 너희보다
막 6:14 요한이 죽은 자 가운데서 **살아났도다**
막 6:16 이르되 내가 목 벤 요한 그가 **살아났다**
막 8:31 죽임을 당하고 사흘 만에 **살아나야** 할
막 9:9 죽은 자 가운데서 **살아날** 때까지는 본
막 9:10 가운데서 **살아나는** 것이 무엇일까 하고
막 9:31 죽은 지 삼 일만에 **살아나리라**는 것을
막 10:34 그는 삼 일 만에 **살아나리라** 하시니라
막 12:23 그들이 **살아날** 때에 그 중의 누구의

【 살아나다 】　　　　　　　　　　　　　　　　　　　　　　　　　　　【 살인/-하다 】

막 12:25	죽은 자 가운데서 **살아날** 때에는 장가도
막 12:26	죽은 자가 **살아난다**는 것을 말할진대
막 14:28	**살아난** 후에 너희보다 먼저 갈릴리로
막 16:6	**살아나셨고** 여기 계시지 아니하니라
막 16:9	안식 후 첫날 이른 아침에 **살아나신** 후
막 16:11	예수께서 **살아나셨다**는 것과 마리아에
막 16:14	꾸짖으시니 이는 자기가 **살아난** 것을
눅 7:22	죽은 자가 **살아나며** 가난한 자에게 복음
눅 9:7	죽은 자 가운데서 **살아났다고도** 하며
눅 9:8	한 사람이 다시 **살아났다고도** 함이라
눅 9:19	옛 선지자 중의 한 사람이 **살아났다**
눅 9:22	제삼일에 **살아나야** 하리라 하시고
눅 15:24	아들은 죽었다가 다시 **살아났으며** 내가
눅 15:32	네 동생은 죽었다가 **살아났으며** 내가
눅 16:31	가운데서 **살아나는** 자가 있을지라도
눅 18:33	그는 삼 일 만에 **살아나리라** 하시되
눅 20:37	죽은 자가 **살아난다**는 것은 모세도
눅 24:6	계시지 않고 **살아나셨느니라** 갈릴리에
눅 24:7	다시 **살아나야** 하리라 하셨느니라
눅 24:23	**살아나셨다** 하는 천사들의 나타남을
눅 24:34	과연 **살아나시고** 시몬에게 보이셨다
눅 24:46	제삼일에 죽은 자 가운데서 **살아날** 것과
요 2:22	가운데서 **살아나신** 후에야 제자들이
요 5:25	곧 이 때라 듣는 자는 **살아나리라**
요 11:23	이르시되 네 오라비가 다시 **살아나리라**
요 11:24	부활 때에는 다시 **살아날** 줄을 내가
요 20:9	죽은 자 가운데서 다시 **살아나야** 하리라
요 21:14	예수께서 죽은 자 가운데서 **살아나신**

역사서 - 예언서

행 9:41	과부들을 불러 들여 그가 **살아난** 것을
행 17:3	다시 **살아나야** 할 것을 증언하고
행 20:12	사람들이 **살아난** 청년을 데리고 가서
행 26:23	**살아나사** 이스라엘과 이방인들에게
롬 4:25	의롭다 하시기 위하여 **살아나셨느니라**
롬 5:10	그의 **살아나심**으로 말미암아 구원을
롬 6:9	죽은 자 가운데서 **살아나셨으매**
롬 6:13	죽은 자 가운데서 다시 **살아난** 자같이
롬 7:4	죽은 자 가운데서 **살아나신** 이에게 가서
롬 7:9	이르매 죄는 **살아나고** 나는 죽었도다
롬 8:34	죽으실 뿐 아니라 다시 **살아나신** 이는
롬 11:15	죽은 자 가운데서 **살아나는** 것이 아니면
롬 14:9	죽었다가 다시 **살아나셨으니** 곧
고전 15:4	성경대로 사흘 만에 다시 **살아나사**
고전 15:12	가운데서 다시 **살아나셨다** 전파되었거
고전 15:13	없으면 그리스도도 다시 **살아나지**
고전 15:14	그리스도께서 만일 다시 **살아나지**
고전 15:15	만일 죽은 자가 다시 **살아나는** 일이
고전 15:16	죽은 자가 다시 **살아나는** 일이 없으면 그리스도도 다시 **살아나신** 일이 없었을
고전 15:17	그리스도께서 다시 **살아나신** 일이
고전 15:20	다시 **살아나사** 잠자는 자들의 첫 열매가
고전 15:29	자들이 도무지 다시 **살아나지** 못하면
고전 15:32	죽은 자가 다시 **살아나지** 못한다면 내일
고전 15:35	자들이 어떻게 다시 **살아나며** 어떠한
고전 15:36	네가 뿌리는 씨가 죽지 않으면 **살아나지**
고전 15:42	심고 썩지 아니할 것으로 다시 **살아나며**
고전 15:43	영광스러운 것으로 다시 **살아나며** … 심고 강한 것으로 다시 **살아나며**
고전 15:44	신령한 몸으로 다시 **살아나나니** 육의
고전 15:52	아니할 것으로 다시 **살아나고** 우리도
고후 5:15	대신하여 죽었다가 다시 **살아나신** 이를
살전 4:14	예수께서 죽으셨다가 다시 **살아나심**을
딤후 2:8	죽은 자 가운데서 다시 **살아나신** 예수
계 2:8	마지막이요 죽었다가 **살아나신** 이가
계 13:14	칼에 상하였다가 **살아난** 짐승을 위하여

살아남다(survive)

출 19:13	사람을 막론하고 **살아남지** 못하리라
삿 21:17	베냐민 중 도망하여 **살아남은** 자에게
대상 4:43	피신하여 **살아남은** 아말렉 사람을 치고
대하 14:13	사람들이 엎드러지고 **살아남은** 자가
대하 36:20	칼에서 **살아남은** 자를 그가 바벨론으로
욥 24:22	일어나는 자는 있어도 **살아남을** 확신은
시 106:11	그들 중에서 하나도 **살아남지** 못하였도
렘 29:32	백성 중에 **살아남을** 그의 자손이 하나도
렘 44:14	남은 자 중에 피하거나 **살아남아** 소원
겔 6:8	피하여 이방인들 중에 **살아남은** 자가
겔 6:9	너희 중에서 **살아남은** 자가 사로잡혀
살전 4:15	강림하실 때까지 우리 **살아남아** 있는
살전 4:17	우리 **살아남은** 자들도 그들과 함께 구름

살인/-하다(殺人, murder, kill)

| 출 20:13 | **살인하지** 말라 |
| 민 35:11 | 정하여 부지중에 **살인한** 자가 그리로 |

[**살인자**]   [**살지다**]

민 35:15	도피성이 되리니 부지중에 **살인한** 모든	민 35:12	도피하는 성을 삼아 **살인자**가 회중 앞에
민 35:17	이는 **살인한** 자니 그 살인자는 반드시	민 35:16	그는 **살인자**니 그 **살인자**를 반드시 죽일
민 35:18	쳐죽이면 그는 **살인한** 자니 그 살인자	민 35:17	이는 살인한 자니 그 **살인자**는 반드시
민 35:19	피를 보복하는 자는 그 **살인한** 자를	민 35:18	그는 살인한 자니 그 **살인자**는 반드시
민 35:21	죽일 것이니 이는 **살인하였음이라**	민 35:21	피를 보복하는 자는 **살인자**를 만나면
민 35:30	사람을 죽인 모든 자 곧 **살인한** 자는	민 35:25	피를 보복하는 자의 손에서 **살인자**를
신 4:42	없이 부지중에 **살인한** 자가 그 곳으로	민 35:26	**살인자**가 어느 때든지 그 피하였던
신 5:17	**살인하지** 말지니라	민 35:27	도피성 지경 밖에서 그 **살인자**를 만나
수 20:9	부지중에 **살인한** 자가 그리로 도망하여	민 35:28	**살인자**가 … 그 **살인자**가 자기 소유의
왕하 6:32	이 **살인한** 자의 아들이 내 머리를	민 35:31	살인죄를 범한 **살인자**는 생명의 속전을
사 66:3	소를 잡아 드리는 것은 **살인함**과 다름이	신 19:3	길을 닦고 모든 **살인자**를 그 성읍으로
렘 7:9	도둑질하며 **살인하며** 간음하며 거짓	신 19:4	**살인자**가 그리로 도피하여 살 만한
겔 18:10	하나를 범하여 강포하거나 **살인하거나**	신 19:6	복수심에 불타서 **살인자**를 뒤쫓는데
호 4:2	오직 저주와 속임과 **살인과** 도둑질과	수 20:5	그 **살인자**를 그의 손에 내주지 말지니
호 6:9	세겜 길에서 **살인하니** 그들이 사악을	수 20:6	그 **살인자**는 … 그 후에 그 **살인자**는
호 9:13	자식들을 **살인하는** 자에게로 끌어내리	수 21:13	아론의 자손에게 준 것은 **살인자**의
마 5:21	**살인하지** 말라 누구든지 **살인하면** 심판	수 21:21	**살인자**의 도피성 에브라임 산지 세겜과
마 15:19	생각과 **살인과** 간음과 음란과 도둑질과	수 21:27	**살인자**의 도피성 바산 골란과 그 목초지
마 19:18	예수께서 이르시되 **살인하지** 말라,	수 21:32	납달리 지파 중에서는 **살인자**의 도피성
마 22:7	그 **살인한** 자들을 진멸하고 그 동네를	수 21:38	갓 지파 중에서 준 것은 **살인자**의
막 7:21	악한 생각 곧 음란과 도둑질과 **살인과**	시 26:9	죄인과 함께, 내 생명을 **살인자**와 함께
막 10:19	계명을 아나니 **살인하지** 말라, 간음하지	사 1:21	거하였더니 이제는 **살인자**들뿐이로다
막 15:7	그 민란중에 **살인하고** 체포된 자 중에	계 21:8	흉악한 자들과 **살인자**들과 음행하는
눅 18:20	아니 간음하지 말라, **살인하지** 말라	계 22:15	자들과 **살인자**들과 우상 숭배자들과
눅 23:19	성중에서 일어난 민란과 **살인으로**		
눅 23:25	민란과 **살인으로** 말미암아 옥에 갇힌	**살인죄** (殺人罪, guilty of death)	
요 8:44	처음부터 **살인한** 자요 진리가 그 속에	민 35:31	고의로 **살인죄**를 범한 살인자는 생명의
행 3:14	거부하고 도리어 **살인한** 사람을 놓아		
행 7:52	그 의인을 잡아 준 자요 **살인한** 자가	**살지다** (fat, sturdy)	
행 28:4	이 사람은 **살인한** 자로다 바다에서는	창 41:2	아름답고 **살진** 일곱 암소가 강 가에서
롬 1:29	**살인**, 분쟁, 사기, 악독이 가득한 자요	창 41:4	그 아름답고 **살진** 일곱 소를 먹은지라
롬 13:9	간음하지 말라, **살인하지** 말라, 도둑질	창 41:18	**살지고** 아름다운 일곱 암소가 나일
딤전 1:9	어머니를 죽이는 자와 **살인하는** 자며	창 41:20	소가 처음의 일곱 **살진** 소를 먹었으며
약 2:11	**살인하지** 말라 하셨은즉 네가 비록 간	삼상 2:29	좋은 것으로 너희들을 **살지게** 하느냐
	음하지 아니하여도 **살인하면** 율법을	삼상 28:24	여인의 집에 **살진** 송아지가 있으므로
약 4:2	욕심을 내어도 얻지 못하여 **살인하며**	삼하 6:13	다윗이 소와 **살진** 송아지로 제사를
벧전 4:15	너희 중에 누구든지 **살인**이나 도둑질이	왕상 4:23	**살진** 소가 열 마리요 초장의 소가 …
요일 3:15	**살인하는** 자니 **살인하는** 자마다 영생이		노루와 암사슴과 **살진** 새들이었더라
계 9:21	**살인**과 복술과 음행과 도둑질을 회개하	느 5:18	소 한 마리와 **살진** 양 여섯 마리를
		느 8:10	너희는 가서 **살진** 것을 먹고 단 것을
살인자 (殺人者, murderer-NIV, slayer-KJV)		시 36:8	그들이 주의 집에 있는 **살진** 것으로
민 31:19	누구든지 **살인자**나 죽임을 당한 사체를	시 66:15	내가 숫양의 향기와 함께 **살진** 것으로
민 35:6	레위인에게 줄 성읍은 **살인자**들이	시 119:70	그들의 마음은 **살져서** 기름덩이 같으나

【 살쩐 】   【 살피다 】

잠 15:17	서로 사랑하는 것이 **살진** 소를 먹으며
사 1:11	나는 숫양의 번제와 **살진** 짐승의 기름에
사 10:16	만군의 여호와께서 **살진** 자를 파리하게
사 11:6	송아지와 어린 사자와 **살진** 짐승이 함께
사 17:4	야곱의 영광이 쇠하고 그의 **살진** 몸이
사 37:24	그 제일 높은 곳에 들어가 **살진** 땅에
렘 5:8	다니는 **살진** 수말같이 각기 이웃의
렘 5:28	**살지고** 윤택하며 또 행위가 심히
렘 46:21	중의 고용꾼은 **살진** 수송아지 같아서
겔 34:3	너희가 **살진** 양을 잡아 그 기름을
겔 34:14	누워 있으며 이스라엘 산에서 **살진** 꼴을
겔 34:16	내가 강하게 하려니와 **살진** 자와 강한
겔 34:20	곧 내가 **살진** 양과 파리한 양 사이에서
겔 39:18	**살진** 짐승 곧 숫양이나 어린 양이나
암 5:22	**살진** 희생의 화목제도 내가 돌아보지
슥 11:16	오히려 **살진** 자의 고기를 먹으며 또 그
마 22:4	나의 소와 **살진** 짐승을 잡고 모든 것을
눅 15:23	그리고 **살진** 송아지를 끌어다가 잡으라
눅 15:27	다시 맞아들이게 됨으로 인하여 **살진**
눅 15:30	돌아오매 이를 위하여 **살진** 송아지를

살쩍(forehead)

렘 9:26	광야에 살면서 **살쩍**을 깎은 자들에게라
렘 25:23	드단과 데마와 부스와 **살쩍**을 깎은 모든
렘 48:45	모압의 **살쩍**과 떠드는 자들의 정수리를
렘 49:32	내가 그 **살쩍**을 깎는 자들을 사면에

살찌다(fat, well-nourished)

신 31:20	그들이 먹어 배부르고 **살찌면** 돌이켜
신 32:15	네가 **살지고** 비대하고 윤택하매 자기를
왕상 1:9	바위 곁에서 양과 소와 **살찐** 송아지를
왕상 1:19	수소와 **살찐** 송아지와 양을 많이 잡고
왕상 1:25	수소와 **살찐** 송아지와 양을 많이 잡고
느 9:25	먹어 **살찌고** 주의 큰 복을 즐겼사오나
약 5:5	살륙의 날에 너희 마음을 **살찌게** 하였도

살창(lattice)

| 잠 7:6 | 내 집 들창으로, **살창**으로 내다 보다가 |

살펴보다(investigate, explore)

창 22:13	아브라함이 눈을 들어 **살펴본즉** 한 숫양
창 39:23	무엇이든지 **살펴보지** 아니하였으니
레 14:36	제사장은 그 색점을 **살펴보러** 가기 전에
레 14:39	이레 만에 또 가서 **살펴볼** 것이요 그
레 14:44	제사장은 또 가서 **살펴볼** 것이요 그
레 14:48	제사장이 들어가 **살펴보아서** 색점이
신 13:14	자세히 묻고 **살펴보아서** 이런 가증한
삿 18:2	땅을 **살펴보라** 하매 그들이 에브라임
왕하 10:23	너희는 **살펴보아** 바알을 섬기는 자들만
스 4:15	왕은 조상들의 사기를 **살펴보시면** 그
스 4:19	명령하여 **살펴보니** 과연 이 성읍이
느 2:15	올라가서 성벽을 **살펴본** 후에 돌아서
욥 11:18	안전할 것이며 두루 **살펴보고** 평안히
시 84:9	기름 부으신 자의 얼굴을 **살펴보옵소서**
시 102:19	보시며 하늘에서 땅을 **살펴보셨으니**
시 139:1	나를 **살펴보셨으므로** 나를 아시나이다
시 139:3	길과 내가 눕는 것을 **살펴보셨으므로**
시 142:4	오른쪽을 **살펴보소서** 나를 아는 이도
잠 31:16	**살펴보고** 사며 자기의 손으로 번 것을
전 4:1	행하는 모든 학대를 **살펴보았도다**
전 7:15	일을 **살펴보았더니** 자기의 의로움에도
전 8:17	내가 하나님의 모든 행사를 **살펴보니**
전 9:1	이 모든 것을 **살펴본즉** 의인들이나
전 11:4	**살펴보는** 자는 파종하지 못할 것이요
사 14:16	주목하여 너를 자세히 **살펴보며** 말하기
렘 2:10	같은 일이 있었는지를 자세히 **살펴보라**
렘 16:17	눈이 그들의 행위를 **살펴보므로** 그들이
애 5:1	우리가 받은 치욕을 **살펴보옵소서**
겔 39:14	것이라 일곱 달 후에 그들이 **살펴보되**
갈 6:1	자신을 **살펴보아** 너도 시험을 받을까
벧전 1:12	것이요 천사들도 **살펴보기**를 원하는

살피다(examine, inquire)

창 16:13	나를 **살피시는** 하나님이라 하였으니 이 는… 여기서 나를 **살피시는** 하나님을
창 31:49	나와 너 사이를 **살피시옵소서** 함이라
출 1:16	자리를 **살펴서** 아들이거든 그를 죽이고
출 2:12	좌우를 **살펴** 사람이 없음을 보고
출 4:31	그들의 고난을 **살피셨다** 함을 듣고 머리
출 5:21	**살피시고** 판단하시기를 원하노라
출 18:21	불의한 이익을 미워하는 자를 **살펴서**
레 13:51	색점을 **살필지니** 그 색점이 그 의복에
신 24:20	그 가지를 다시 **살피지** 말고 그 남은
삿 18:2	땅을 정탐하고 **살피게** 하며 그들에게
삼상 17:18	형들의 안부를 **살피고** 증표를 가져오라
삼상 20:12	아버지를 **살펴서** 너 다윗에게 대한 의향

【 살피다 】　　　　　　　　　　　　　　　　　　　　　　　　【 삶 】

삼상 23:22	너희는 가서 더 자세히 **살펴서** 그가	겔 21:21	우상에게 묻고 희생제물의 간을 **살펴서**
삼상 24:15	나의 사정을 **살펴** 억울함을 풀어 주시고	단 11:30	언약을 배반하는 자들을 **살필** 것이며
삼하 11:16	요압이 그 성을 **살펴** 용사들이 있는	학 1:5	너희는 너희의 행위를 **살필지니라**
삼하 22:28	교만한 자를 **살피사** 낮추시리이다	학 1:7	너희는 자기의 행위를 **살필지니라**
대하 19:6	할 것인지를 잘 **살피라** 너희가 재판할	눅 1:3	근원부터 자세히 미루어 **살핀** 나도
스 7:14	예루살렘의 형편을 **살피기** 위하여 왕과	행 25:25	내가 **살펴본** 죽일 죄를 범한 일이
스 8:15	백성과 제사장들을 **살핀즉** 그 중에 레위	롬 8:27	마음을 **살피시는** 이가 성령의 생각을
에 1:14	왕의 기색을 **살피며** 나라 첫 자리에	롬 16:17	거치게 하는 자들을 **살피고** 그들에게서
욥 5:24	장막의 평안함을 알고 네 우리를 **살펴도**	고전 11:28	사람이 자기를 **살피고** 그 후에야 이
욥 13:27	나의 모든 길을 **살피사** 내 발자취를	고전 11:31	**살폈으면** 판단을 받지 아니하려니
욥 24:23	지탱해 주시나 그들의 길을 **살피시도다**	갈 6:4	자기의 일을 **살피라** 그리하면 자랑할
욥 28:24	끝까지 감찰하시며 온 천하를 **살피시며**	딤전 4:16	자신과 가르침을 **살펴** 이 일을 계속하라
욥 31:4	그가 내 길을 **살피지** 아니하시느냐 내	히 12:16	에서와 같이 망령된 자가 없도록 **살피라**
욥 35:15	악행을 끝까지 **살피지** 아니하셨으므로	벧전 1:10	선지자들이 연구하고 부지런히 **살펴서**
욥 39:29	먹이를 **살피나니** 그 눈이 멀리 봄이며	계 2:23	뜻과 마음을 **살피는** 자인 줄 알지라
시 17:2	주의 눈으로 공평함을 **살피소서**		
시 26:2	나를 **살피시고** 시험하사 내 뜻과 내	**살펴 알다**	
시 33:13	굽어보사 모든 인생을 **살피심이여**	잠 28:11	명철한 자는 자기를 **살펴 아느니라**
시 33:18	그의 인자하심을 바라는 자를 **살피사**		
시 37:10	그곳을 자세히 **살필지라도** 없으리로다	**살해하다/살해당하다**(殺害, slay)	
시 37:37	사람을 **살피고** 정직한 자를 볼지어다	에 8:7	하만이 유다인을 **살해하려** 하므로 나무
시 48:13	자세히 보고 그의 궁전을 **살펴서** 후대에	시 37:32	악인이 의인을 엿보아 **살해할** 기회를
시 59:4	나를 도우시기 위하여 깨어 **살펴** 주소서	시 94:6	나그네를 죽이며 고아들을 **살해하며**
시 66:7	눈으로 나라들을 **살피시나니** 거역하는	사 26:21	피를 드러내고 그 **살해당한** 자를 다시는
시 101:6	이 땅의 충성된 자를 **살펴** 나와 함께		
시 113:6	스스로 낮추사 천지를 **살피시고**	**삶**(life)	
시 139:23	하나님이여 나를 **살피사** 내 마음을	창 27:46	말미암아 내 **삶**이 … 내 **삶**이 내게 무슨
잠 4:25	네 눈꺼풀은 네 앞을 곧게 **살펴**	민 14:28	여호와의 말씀에 내 **삶**을 두고 맹세하노
잠 20:25	서원하고 그 후에 **살피면** 그것이 그	느 9:29	그 가운데서 **삶**을 얻는 주의 계명을
잠 20:27	등불이라 사람의 깊은 속을 **살피느니라**	사 49:18	나의 **삶**으로 맹세하노니 네가 반드시
잠 25:2	하나님의 영화요 일을 **살피는** 것은 왕의	렘 4:2	진실과 정의와 공의로 여호와의 **삶**을
잠 27:23	양 떼의 형편을 부지런히 **살피며** 네	렘 22:24	여호와의 말씀이니라 나의 **삶**으로 맹
전 1:13	모든 일을 연구하며 **살핀즉** 이는 괴로운	렘 46:18	나의 **삶**으로 맹세하노니 그가 과연 산들
전 7:25	전심으로 지혜와 명철을 **살피고** 연구하	겔 5:11	내가 나의 **삶**을 두고 맹세하노니 네가
전 7:27	내가 낱낱이 **살펴** 그 이치를 연구하여	겔 13:22	악한 길에서 돌이켜 떠나 **삶**을 얻지
전 8:9	모든 일을 마음에 두고 **살핀즉** 사람이	겔 14:16	나의 **삶**을 두고 맹세하노니 그들도 자녀
사 47:13	하늘을 **살피는** 자와 별을 보는 자와	겔 14:18	있을지라도 나의 **삶**을 두고 맹세하노니
사 51:6	눈을 들며 그 아래의 땅을 **살피라**	겔 14:20	나의 **삶**을 두고 맹세하노니 그들도
사 59:15	여호와께서 이를 **살피시고** 정의가	겔 16:48	내가 나의 **삶**을 두고 맹세하노니 네
사 63:15	하늘에서 굽어 **살피시며** 주의 거룩하고	겔 17:16	나의 **삶**을 두고 맹세하노니 바벨론 왕이
렘 6:27	삼아 그들의 길을 알고 **살피게** 하였노라	겔 17:19	**삶**을 두고 맹세하노니 그가 내 맹세를
렘 17:10	나 여호와는 심장을 **살피며** 폐부를	겔 18:3	나의 **삶**을 두고 맹세하노니 너희가
애 3:50	하늘에서 **살피시고** 돌아보실 때까지니	겔 20:11	사람이 준행하면 그로 말미암아 **삶**을

1288

【 삶다 】   【 삼 2 】

겔 20:13	그로 말미암아 **삶**을 얻을 나의 율례를
겔 20:21	지켜 행하면 그로 말미암아 **삶**을 얻을
겔 20:31	내가 나의 **삶**을 두고 맹세하노니 너희가
겔 20:33	내가 나의 **삶**을 두고 맹세하노니 내가
겔 33:11	나의 **삶**을 두고 맹세하노니 나는 악인이
겔 33:27	말씀하시되 내가 나의 **삶**을 두고 맹세하
겔 34:8	나의 **삶**을 두고 맹세하노라 내 양 떼로
겔 35:6	나의 **삶**을 두고 맹세하노니 내가 너에게
겔 35:11	내가 나의 **삶**을 두고 맹세하노니 네가
습 2:9	내가 나의 **삶**을 두고 맹세하노니 장차
고전 15:19	이 세상의 **삶**뿐이면 모든 사람 가운데
고전 15:22	그리스도 안에서 모든 사람이 **삶**을
약 3:6	온 몸을 더럽히고 **삶**의 수레바퀴를

삶다 (boil, cook)

출 12:9	날것으로나 물에 **삶아서** 먹지 말고
출 16:23	구울 것은 굽고 **삶**을 것은 삶고 그
출 23:19	새끼를 그 어미의 젖으로 **삶지** 말지니라
출 29:31	가져다가 거룩한 곳에서 그 고기를 **삶고**
출 34:26	새끼를 그 어미의 젖으로 **삶지** 말지니라
레 6:28	고기를 토기에 **삶았으면** 그 그릇을 깨뜨
	릴 것이요 유기에 **삶았으면** 그 그릇을
레 8:31	문에서 그 고기를 **삶아** 위임식 광주리
민 6:19	제사장이 **삶은** 숫양의 어깨와 광주리
민 11:8	절구에 찧기도 하고 가마에 **삶기도** 하여
신 14:21	새끼를 그 어미의 젖으로 **삶지** 말지니라
삼상 2:13	그 고기를 **삶**을 때에 제사장의 사환이
삼상 2:15	**삶은** 고기를 원하지 아니하고 날 것을
왕상 19:21	기구를 불살라 그 고기를 **삶아** 백성에게
왕하 6:29	드디어 내 아들을 **삶아** 먹었더니 이튿날
대하 35:13	나머지 성물은 솥과 가마와 냄비에 **삶아**
애 4:10	자기들의 자녀들을 **삶아** 먹었도다
겔 24:4-5	가마 밑에 나무를 쌓아 넣고 잘 **삶되**
	가마 속의 뼈가 무르도록 **삶을지어다**
겔 24:10	그 고기를 **삶아** 녹이고 국물을 졸이고
겔 46:20	속죄제 희생제물을 **삶으며** 소제 제물을
겔 46:23	부엌이 있고 그 사방 부엌에 **삶은** 기구
겔 46:24	그가 내게 이르시되 이는 **삶는** 부엌이
	니 … 여기서 **삶을** 것이니라 하시더라
슥 14:21	가져다가 그것으로 고기를 **삶으리라**

삼 1 (flax)

| 출 9:31 | **삼**은 꽃이 피었으므로 **삼**과 보리가 |

삿 15:14	그의 팔위의 밧줄이 불탄 **삼**과 같이
잠 31:13	양털과 **삼**을 구하여 부지런히 손으로
호 2:5	내 물과 내 양털과 내 **삼**과 내 기름과
호 2:9	벌거벗은 몸을 가릴 내 양털과 내 **삼**을

삼 줄

| 겔 40:3 | **삼** 줄과 측량하는 장대를 가지고 문에 |

삼 2 (三, three)

출 27:1	네모반듯하게 하며 높이는 **삼** 규빗으로
민 2:24	십만 팔천백 명이라 그들은 제삼 대로
삼상 11:11	이튿날 사울이 백성을 **삼** 대로 나누고
삼상 21:5	참으로 **삼** 일 동안이나 여자를 가까이
왕상 10:17	매 방패에 든 금이 **삼** 마네라 왕이
왕상 12:5	르호보암이 대답하되 갔다가 **삼** 일 후에
대하 10:5	르호보암이 그들에게 대답하되 **삼** 일

'삼 2'와 관련된 성구

삼 년 – 창 15:9; 레 19:23; 25:21; 신 14:28; 삿 9:22; 삼하 13:38; 21:1; 왕상 10:22; 15:2; 22:1; 왕하 17:5; 18:10; 24:1; 대상 21:12; 대하 9:21; 11:17; 13:2; 17:7; 사 16:14; 20:3; 단 1:1, 5; 눅 13:7; 행 20:31; 갈 1:18

삼 년 육 개월 – 눅 4:25; 약 5:17

제삼 년 – 왕상 18:1; 왕하 18:1; 19:29; 대하 27:5; 에 1:3; 단 8:1; 10:1

제삼 시 – 마 20:3; 막 15:25; 행 2:15; 23:23

삼 일 – 창 22:4; 31:22; 34:25; 40:20; 42:17; 출 10:22; 민 10:33; 삿 19:4; 삼상 21:5; 삼하 20:4; 왕상 12:5, 12; 왕하 20:5, 8; 대하 7:10; 10:5, 12; 스 6:15; 8:15, 32; 10:8, 9; 에 3:12, 13; 4:16; 5:1; 8:9, 12; 9:1, 17, 18; 암 4:4; 욘 1:17; 마 16:21; 17:23; 20:19; 막 9:31; 10:34; 눅 9:22; 13:32; 18:33; 24:7, 46; 요 2:20; 행 25:1

삼 층 – 창 6:16; 겔 41:6; 42:3, 6; 행 20:9

삼 형제 – 대상 2:16

【 삼가 】   【 삼가다 】

삼가(careful, watch, guard)

창 31:24	너는 **삼가** 야곱에게 선악 간에 말하지
창 31:29	너는 **삼가** 야곱에게 선악 간에 말하지
출 10:28	떠나가고 스스로 **삼가** 다시 내 얼굴을
출 19:12	너희는 **삼가** 산에 오르거나 그 경계를
출 23:13	네게 이른 모든 일을 **삼가** 지키고 다른
출 23:21	너희는 **삼가** 그의 목소리를 청종하고
출 25:40	너는 **삼가** 이 산에서 네게 보인 양식대
출 34:11	오늘 네게 명령하는 것을 **삼가** 지키라
출 34:12	너는 스스로 **삼가** 네가 들어가는 땅의
출 34:15	**삼가** 그 땅의 주민과 언약을 세우지
민 28:2	그 정한 시기에 **삼가** 내게 바칠지니라
신 4:23	스스로 **삼가** 너희의 하나님 여호와께서
신 5:32	**삼가** 행하여 좌로나 우로나 치우치지
신 6:3	이스라엘아 듣고 **삼가** 그것을 행하라
신 6:17	명령과 증거와 규례를 **삼가** 지키며
신 6:25	여호와 앞에서 **삼가** 지키면 그것이 곧
신 12:19	**삼가** 네 땅에 거주하는 동안에 레위인을
신 12:30	스스로 **삼가** 네 앞에서 멸망한 그들을
신 15:9	**삼가** 너는 마음에 악한 생각을 품지
신 17:10	네게 가르치는 대로 **삼가** 행할 것이니
신 28:1	네 하나님 여호와의 말씀을 **삼가** 듣고
삿 13:4	그러므로 너는 **삼가** 포도주와 독주를
삼하 18:12	이르시기를 **삼가** 누구든지 젊은 압살롬
왕상 2:4	그들의 길을 **삼가** 마음을 다하고 성품과
왕하 6:9	왕은 **삼가** 아무 곳으로 지나가지 마소서
대상 22:13	규례와 법도를 **삼가** 행하면 형통하리니
대하 19:7	두려워하는 마음으로 **삼가** 행하라
스 7:23	하나님이 명령하신 것은 **삼가** 행하라
스 8:29	앞에서 이 그릇을 달기까지 **삼가** 지키라
욥 36:21	**삼가** 악으로 치우치지 말라 그대가
잠 16:20	**삼가** 말씀에 주의하는 자는 좋은 것을
잠 23:1	**삼가** 네 앞에 있는 자가 누구인지를
사 42:13	누가 뒤에 올 일을 **삼가** 듣겠느냐
렘 17:24	너희가 만일 **삼가** 나를 순종하여 안식일
렘 51:61	너는 바벨론에 이르거든 **삼가** 이 모든
말 2:15	네 심령을 **삼가** 지켜 어려서 맞이한
말 2:16	너희 심령을 **삼가** 지켜 거짓을 행하지
마 8:4	**삼가** 아무에게도 이르지 말고 다만 가서
마 9:30	예수께서 엄히 경고하시되 **삼가** 아무에
마 16:6	**삼가** 바리새인과 사두개인들의 누룩을
마 18:10	**삼가** 이 작은 자 중의 하나도 업신여기
마 24:6	너희는 **삼가** 두려워하지 말라 이런 일이

막 1:44	이르시되 **삼가** 아무에게 아무 말도 하지
막 8:15	경고하여 이르시되 **삼가** 바리새인들의
눅 12:15	이르시되 **삼가** 모든 탐심을 물리치라
갈 4:10	날과 달과 절기와 해를 **삼가** 지키니
골 4:17	주 안에서 받은 직분을 **삼가** 이루라고
살전 5:15	**삼가** 누가 누구에게든지 악으로 악을
히 3:12	너희는 **삼가** 혹 너희 중에 누가 믿지
히 8:5	이르시되 **삼가** 모든 것을 산에서 네게
히 12:25	너희는 **삼가** 말씀하신 이를 거역하지
요이 1:8	너희는 스스로 **삼가** 우리가 일한 것을
계 19:10	형제들과 같이 된 종이니 **삼가** 그리하지

삼가다(careful, watch out, consider)

신 2:4	너희는 스스로 깊이 **삼가고**
신 4:9	오직 너는 스스로 **삼가며** 네 마음을
신 4:15	보지 못하였은즉 너희는 깊이 **삼가라**
신 8:11	잊어버리지 않도록 **삼갈지어다**
신 11:16	너희는 스스로 **삼가라** 두렵건대 마음에
신 12:13	너는 **삼가서** 네게 보이는 아무 곳에서나
신 12:23	다만 크게 **삼가서** 그 피는 먹지 말라
신 23:9	때에 모든 악한 일을 스스로 **삼갈지니**
신 24:8	대하여 **삼가서** 레위 사람 제사장들이
삿 13:13	여인에게 말한 것들을 그가 다 **삼가서**
왕상 8:25	네 자손이 자기 길을 **삼가서** 네가 내
대상 28:10	이제 너는 **삼갈지어다** 여호와께서
대하 6:16	네 자손이 그들의 행위를 **삼가서** 네가
스 4:22	너희는 **삼가서** 이 일에 게으르지 말라
욥 29:9	유지들은 말을 **삼가고** 손으로 입을
시 17:4	스스로 **삼가서** 포악한 자의 길을 가지
잠 11:22	아름다운 여인이 **삼가지** 아니하는 것은
잠 14:15	자는 자기의 행동을 **삼가느니라**
잠 19:16	자기의 행실을 **삼가지** 아니하는 자는
잠 21:29	정직한 자는 자기의 행위를 **삼가느니라**
전 5:1	집에 들어갈 때에 네 발을 **삼갈지어다**
사 7:4	너는 **삼가며** 조용하라 르신과 아람과
렘 17:21	너희는 스스로 **삼가서** 안식일에 짐을
마 7:15	거짓 선지자들을 **삼가라** 양의 옷을 입고
마 10:17	사람들을 **삼가라** 그들이 너희를 공회에
마 16:12	사두개인들의 교훈을 **삼가라고**
막 4:24	너희가 무엇을 듣는가 스스로 **삼가라**
막 12:39	윗자리를 원하는 서기관들을 **삼가라**
막 13:23	너희는 **삼가라** 내가 모든 일을 너희에게
눅 8:18	너희가 어떻게 들을까 스스로 **삼가라**

【 삼갈 】　　　　　　　　　　　　　　　　　　　　　　　　　　　　　　　【 삼다 】

눅 20:46　윗자리를 좋아하는 서기관들을 **삼가라**
행 13:40　말씀하신 것이 너희에게 미칠까 **삼가라**
행 15:29　**삼가면** 잘되리라 평안함을 원하노라
행 20:28　양 떼를 위하여 **삼가라** 성령이 그들
빌 3:2　개들을 **삼가고** 행악하는 자들을 **삼가**
　　　　고 몸을 상해하는 일을 **삼가라**
벧후 3:17　너희가 굳센 데서 떨어질까 **삼가라**

삼갈(Shamgar)　이스라엘의 사사
삿 3:31　아들 **삼갈**이 있어 소 모는 막대기로
삿 5:6　아낫의 아들 **삼갈**의 날에 또는 야엘의

삼갈네부(Samgarnebo-KJV)　바벨론 왕의
　　　　방백
렘 39:3　네르갈사레셀과 **삼갈네부**와 내시장

삼경(三更, third watch-KJV)
눅 12:38　혹 이경이나 혹 **삼경**에 이르러서도

삼다(take, make, have)
　모세오경
창 3:7　무화과나무 잎을 엮어 치마로 **삼았더라**
창 4:3　땅의 소산으로 제물을 **삼아** 여호와께
창 17:7　언약을 **삼고** 너와 네 후손의 하나님이
창 21:30　내가 이 우물 판 증거를 **삼으라** 하고
창 24:67　맞이하여 아내로 **삼고** 사랑하였으니
창 25:20　맞이하여 아내를 **삼았으니** 리브가는
창 28:11　돌을 가져다가 베개로 **삼고** 거기 누워
창 31:44　너와 나 사이에 증거를 **삼을** 것이니라
창 39:4　요셉을 가정 총무로 **삼고** 자기의 소유를
창 43:18　노예로 **삼고** 우리의 나귀를 빼앗으려
창 45:8　**삼으시고** 그 온 집의 주로 **삼으시며**
　　　　애굽 온 땅의 통치자로 **삼으셨나이다**
창 47:24　너희가 가져서 토지의 종자로도 **삼고**
　　　　너희의 양식으로도 **삼고** 너희 가족과
　　　　어린 아이의 양식으로도 **삼으라**
창 49:30　함께 사서 그의 매장지를 **삼았으므로**
창 50:13　밭과 함께 사서 매장지를 **삼은**
출 2:14　다스리는 자와 재판관으로 **삼았느냐**
출 6:5　이제 애굽 사람이 종으로 **삼은** 이스라엘
출 6:7　너희를 내 백성으로 **삼고** 나는 너희의
출 12:14　절기를 **삼아** 영원한 규례로 대대로
출 12:17　너희가 영원한 규례로 **삼아** 대대로

출 13:9　미간의 표를 **삼고** 여호와의 율법이 네
출 15:17　처소를 **삼으시려고** 예비하신 것이라
출 18:21　백부장과 오십부장과 십부장을 **삼아**
출 22:16　납폐금을 주고 아내로 **삼을** 것이요
출 28:29　앞에 영원한 기념을 **삼을** 것이니라
출 29:24　흔들어 여호와 앞에 요제를 **삼을지며**
출 29:41　되게 하여 여호와께 화제로 **삼을지니**
출 31:16　대대로 영원한 언약을 **삼을** 것이니
출 34:9　우리를 주의 기업으로 **삼으소서**
출 34:16　네 아들들의 아내로 **삼음으로** 그들이
출 39:7　기념하는 보석을 **삼았으니** 여호와께서
레 2:1　고운 가루로 예물을 **삼아** 그 위에 기름
레 4:3　수송아지로 속죄제물을 **삼아** 여호와께
레 4:28　범한 죄로 말미암아 그것을 예물로 **삼아**
레 5:7　속죄제물을 **삼고** 하나는 번제물을 **삼아**
레 6:20　항상 드리는 소제물로 **삼아** 그 절반은
레 7:30　가슴을 여호와 앞에 흔들어 요제를 **삼고**
레 7:32　제사장에게 주어 거제를 **삼을지니**
레 7:33　뒷다리를 자기의 소득으로 **삼을** 것이니
레 8:29　여호와 앞에 흔들어 요제를 **삼았으니**
레 10:15　여호와 앞에 흔들어 요제를 **삼을지니**
레 12:8　속죄제물로 **삼을** 것이요 제사장은 그를
레 14:12　드리되 여호와 앞에 흔들어 요제를 **삼고**
레 14:22　속죄제물로, 하나는 번제물로 **삼아**
레 14:24　여호와 앞에 흔들어 요제를 **삼고**
레 16:3　속죄제물로 **삼고** 숫양을 번제물로 **삼고**
레 16:5　회중에게서 속죄제물로 **삼기** 위하여
레 20:26　너희를 나의 소유로 **삼으려고** 너희를
레 21:13　그는 처녀를 데려다가 아내를 **삼을지니**
레 23:18　여호와께 드려서 번제로 **삼을지니** 이는
레 23:20　앞에 흔들어서 요제를 **삼을** 것이요
레 24:7　기념물로 여호와께 화제를 **삼을** 것이며
레 23:13　여호와께 드려 화제로 **삼아** 향기로운
레 25:7　다 그 소출로 먹을 것을 **삼을지니라**
레 25:46　너희가 영원한 종을 **삼으려니와** 너희
레 27:23　날에 여호와께 드려 성물로 **삼을지며**
민 15:10　앞에 향기로운 화제를 **삼을지니라**
민 31:54　이스라엘 자손의 기념을 **삼았더라**
민 35:12　도피하는 성을 **삼아** 살인자가 회중 앞에
신 1:13　내가 그들을 세워 너희 수령을 **삼으리라**
신 1:15　오십부장과 십부장과 조장을 **삼고**
신 2:31　차지하여 기업으로 **삼으라** 하시더니
신 2:35　탈취한 것은 우리의 소유로 **삼았으며**

【 삼다 】 　　　　　　　　　　　　　　　　【 삼다 】

신 3:20	땅을 받아 기업을 **삼기**에 이르거든
신 4:20	자기 기업의 백성을 **삼으신** 것이 오늘과
신 6:8	**삼으며** 네 미간에 붙여 표로 **삼고**
신 7:3	그들의 딸도 네 며느리로 **삼지** 말 것은
신 11:18	**삼고** 너희 미간에 붙여 표를 **삼으며**
신 14:2	자기 기업의 백성으로 **삼으셨느니라**
신 20:14	너를 위하여 탈취물로 **삼을** 것이며 너는
신 21:11	그에게 연연하여 아내를 **삼고자** 하거든
신 21:16	장자로 **삼아** 참 장자 곧 미움을 받는
신 22:29	그 처녀를 아내로 **삼을** 것이라 그가 그
신 25:5	그를 맞이하여 아내로 **삼아** 그의 남편의
신 26:19	찬송과 명예와 영광을 **삼으시고** 그가
신 29:13	오늘 너를 세워 자기 백성을 **삼으시고**
신 31:28	그들에게 하늘과 땅을 증거로 **삼으리라**

역사서

수 9:27	물을 긷는 자들로 **삼았더니** 오늘까지
수 22:25	사이에 요단으로 경계를 **삼으셨나니**
삿 3:6	그들의 딸들을 맞아 아내로 **삼으며** 자기
삿 8:33	또 바알브릿을 자기들의 신으로 **삼고**
삿 9:6	곁에서 아비멜렉을 왕으로 **삼으니라**
삿 11:11	자기들의 머리와 장관을 **삼은지라**
삿 14:11	삼십 명을 데려와서 친구를 **삼아** 그와
삿 17:5	아들을 세워 그의 제사장으로 **삼았더라**
삿 18:4	나를 자기의 제사장으로 **삼았느니라**
삿 21:21	아내로 **삼아** 베냐민 땅으로 돌아가라
룻 4:13	보아스가 룻을 맞이하여 아내로 **삼고**
삼상 2:28	제사장으로 **삼아** 그가 내 제단에 올라
삼상 6:4	드릴 속건제를 **삼을까** 하니 이르되
삼상 8:1	그의 아들들을 이스라엘 사사로 **삼으니**
삼상 8:12	천부장과 오십부장을 **삼을** 것이며
삼상 8:13	요리하는 자와 떡 굽는 자로 **삼을**
삼상 9:16	내 백성 이스라엘의 지도자로 **삼으라**
삼상 10:1	기업의 지도자로 **삼지** 아니하셨느냐
삼상 11:15	사울을 왕으로 **삼고** 길갈에서 여호와
삼상 12:22	백성으로 **삼으신** 것을 기뻐하셨으므로
삼상 13:14	그의 백성의 지도자로 **삼으셨느니라**
삼상 15:1	백성 이스라엘 위에 왕으로 **삼으셨은즉**
삼상 15:35	사울을 이스라엘 왕으로 **삼으신** 것을
삼상 16:21	사랑하여 자기의 무기를 드는 자로 **삼고**
삼상 18:5	사울이 그를 군대의 장으로 **삼았더니**
삼상 18:13	그를 천부장으로 **삼으매** 그가 백성 앞에
삼상 25:39	아비가일을 자기 아내로 **삼으려고**
삼상 28:2	영원히 내 머리 지키는 자를 **삼으리라**

삼상 30:25	이스라엘의 율례와 규례를 **삼았더니**
삼하 2:4	부어 유다 족속의 왕으로 **삼았더라**
삼하 4:10	그 소식을 전한 갚음으로 **삼았거든**
삼하 5:3	기름을 부어 이스라엘 왕으로 **삼으니라**
삼하 6:21	이스라엘의 주권자로 **삼으셨으니** 내가
삼하 7:8	내 백성 이스라엘의 주권자로 **삼고**
삼하 7:23	자기 백성으로 **삼아** 주의 명성을 내시며
삼하 12:9	아내를 빼앗아 네 아내로 **삼았도다**
삼하 17:25	대신하여 군지휘관으로 **삼으니라**
삼하 22:12	구름으로 둘린 장막을 **삼으심이여**
삼하 22:44	모든 민족의 으뜸으로 **삼으셨으니** 내가
삼하 23:23	그를 세워 시위대 대장을 **삼았더라**
왕상 1:34	기름을 부어 이스라엘 왕으로 **삼고**
왕상 1:43	왕이 솔로몬을 왕으로 **삼으셨나이다**
왕상 2:15	내게로 향하여 왕으로 **삼으려** 하였는데
왕상 2:35	군사령관으로 **삼고** 또 제사장 사독으로
왕상 4:11	솔로몬의 딸 다밧을 아내로 **삼았으며**
왕상 8:53	구별하여 주의 기업으로 **삼으셨나이다**
왕상 9:21	역군을 **삼아** 오늘까지 이르렀으되
왕상 10:9	당신을 세워 왕으로 **삼고** 정의와 공의를
왕상 11:19	다브네스의 아우를 그의 아내로 **삼으매**
왕상 12:1	이스라엘이 그를 왕으로 **삼고자** 하여
왕상 12:31	아닌 보통 백성으로 제사장을 **삼고**
왕상 13:33	사람을 산당의 제사장으로 **삼았으므로**
왕상 16:16	오므리를 이스라엘의 왕으로 **삼으매**
왕상 16:21	왕으로 **삼으려** 하고 그 절반은 오므리를
왕상 16:31	이세벨을 아내로 **삼고** 가서 바알을 섬겨
왕하 4:1	두 아이를 데려가 그의 종을 **삼고자**
왕하 8:9	모든 좋은 물품으로 예물을 **삼아**
왕하 11:12	부어 왕으로 **삼으매** 무리가 박수하며
왕하 14:10	스스로 영광을 **삼아** 왕궁에나 네 집으로
왕하 14:21	아마샤를 대신하여 왕으로 **삼으니** 그
왕하 17:21	아들 여로보암을 왕으로 **삼았더니**
왕하 21:24	요시야를 대신하게 하여 왕을 **삼았더라**
왕하 23:30	아버지를 대신하여 왕으로 **삼았더라**
왕하 23:34	요시야를 대신하여 왕으로 **삼고** 그의
왕하 24:17	**삼고** 그의 이름을 고쳐 시드기야라
왕하 25:23	그달리야를 지도자로 **삼았다** 함을 듣고
대상 4:42	웃시엘을 두목으로 **삼고** 세일 산으로
대상 6:66	중에서 성읍을 얻어 영토를 **삼았으며**
대상 11:3	왕으로 **삼으니** 여호와께서 사무엘을
대상 11:6	우두머리와 지휘관으로 **삼으리라**
대상 11:10	세워 왕으로 **삼았으니** 이는 여호와께서

1292

【 삼다 】 　　　　　　　　　　　　　　　　　　　　　　　　　　　　【 삼다 】

대상 11:25	다윗이 그를 세워 시위대장을 **삼았더라**
대상 12:18	받아들여 군대 지휘관을 **삼았더라**
대상 12:31	다윗을 세워 왕으로 **삼으려** 하는 자가
대상 12:38	이스라엘 왕으로 **삼고자** 하고 또 이스라엘의 … 다윗을 왕으로 **삼고자** 하여
대상 14:2	자기를 이스라엘의 왕으로 **삼으신** 줄을
대상 16:38	오벧에돔과 호사를 문지기로 **삼았고**
대상 17:7	내 백성 이스라엘의 주권자로 **삼고**
대상 17:22	영원히 주의 백성으로 **삼으셨사오니**
대상 21:23	밀은 소제물로 **삼으시기** 위하여 다
대상 23:1	아들 솔로몬을 이스라엘 왕으로 **삼고**
대상 26:10	아니나 그의 아버지가 장자로 **삼았고**
대상 28:4	머리를 **삼으시고** 유다의 가문에서 내 … 온 이스라엘의 왕을 **삼으셨느니라**
대상 28:6	그를 택하여 내 아들로 **삼고** 나는 그의
대상 29:22	솔로몬을 다시 왕으로 **삼아** 기름을 부어
대하 1:9	많은 백성의 왕으로 **삼으셨사오니**
대하 2:11	당신을 세워 그들의 왕을 **삼으셨도다**
대하 2:18	육백 명을 감독으로 **삼아** 백성들에게
대하 7:12	택하여 내게 제사하는 성전을 **삼았으니**
대하 8:8	역꾼으로 **삼아** 오늘에 이르렀으되
대하 8:9	솔로몬이 노예로 **삼아** 일을 시키지
대하 9:8	왕으로 **삼아** 정의와 공의를 행하게
대하 10:1	이스라엘이 그를 왕으로 **삼고자** 하여
대하 11:18	마할랏을 아내로 **삼았으니** 마할랏은
대하 11:22	형제들 가운데 지도자로 **삼아** 왕으로
대하 13:9	따라 제사장을 **삼지** 아니하였느냐
대하 23:11	율법책을 주고 세워 왕으로 **삼을새**
대하 25:16	너를 왕의 모사로 **삼았느냐** 그치라
대하 26:1	아마샤를 대신하여 왕으로 **삼으니**
대하 28:10	압제하여 노예로 **삼고자** 생각하는도다
대하 29:21	유다를 위하여 속죄제물로 **삼아** 아론의
대하 29:24	그 피를 속죄제로 **삼아** 제단에 드려 온
대하 33:25	요시야를 대신하여 왕으로 **삼으니라**
대하 36:1	대신하여 예루살렘에서 왕으로 **삼으니**
스 2:61	**삼고** 바르실래의 이름을 따른 자라
스 7:25	법관과 재판관을 **삼아** 강 건너편 모든
스 9:2	맞이하여 아내와 며느리로 **삼아** 거룩한
스 10:2	맞이하여 아내로 **삼았으나** 이스라엘에
느 7:63	딸 중의 하나로 아내를 **삼고** 바르실래
느 13:13	창고지기로 **삼고** 맛다냐의 손자 삭굴의 아들 하난을 버금으로 **삼았나니** 이는
느 13:23	모압 여인을 맞이하여 **삼았는데**
느 13:26	하나님이 그를 왕으로 **삼아** 온 이스라엘
에 2:4	처녀를 와스디 대신 왕후로 **삼으소서**
에 2:17	와스디를 대신하여 왕후로 **삼은** 후에
에 8:17	그 날을 명절로 **삼으니** 본토 백성이
에 9:19	아달월 십사일을 명절로 **삼아** 잔치를
시가서	
욥 4:19	티끌로 터를 **삼고** 하루살이 앞에서라도
욥 7:20	나를 당신의 과녁으로 **삼으셔서** 내게
욥 16:8	이는 나를 향하여 증거를 **삼으심이라**
욥 16:12	나를 세워 과녁을 **삼으시고**
욥 17:12	그들은 밤으로 낮을 **삼고** 빛 앞에서
욥 20:18	얻은 재물로 즐거움을 **삼지** 못하리니
욥 29:14	내가 의를 옷으로 **삼아** 입었으며 나의
욥 39:6	땅을 그것이 사는 처소로 **삼았느니라**
시 18:11	흑암을 그의 숨는 곳으로 **삼으사** 장막
시 18:43	여러 민족의 으뜸으로 **삼으셨으니** 내가
시 33:12	여호와를 자기 하나님으로 **삼은** 나라
시 37:3	그의 성실을 먹을거리로 **삼을지어다**
시 45:16	그들로 온 세계의 군왕을 **삼으리로다**
시 52:7	하나님을 자기 힘으로 **삼지** 아니하고
시 69:11	베로 내 옷을 **삼았더니** 내가 그들의
시 69:35	무리가 거기에 살며 소유를 **삼으리로다**
시 73:28	여호와를 나의 피난처로 **삼아** 주의 모든
시 74:2	주의 기업의 지파로 **삼으신** 주의 회중을
시 74:4	깃발을 세워 표적으로 **삼았으니**
시 89:27	또 그를 장자로 **삼고** 세상 왕들에게
시 91:9	하고 지존자를 너의 거처로 **삼았으므로**
시 104:3	자기 수레를 **삼으시고** 바람 날개로
시 104:4	바람을 자기 사신으로 **삼으시고** 불꽃으로 자기 사역자를 **삼으시며**
시 105:21	그의 집의 주관자로 **삼아** 그의 모든
시 105:39	구름을 펴사 덮개를 **삼으시고** 밤에는
시 119:111	내가 영원히 나의 기업을 **삼았사오니**
시 132:13	자기 거처를 **삼고자** 하여 이르시기를
시 146:5	하나님을 자기의 도움으로 **삼으며**
잠 8:12	지혜는 명철로 주소를 **삼으며** 지식과
잠 14:18	자는 어리석음으로 기업을 **삼아도**
잠 31:25	능력과 존귀로 옷을 **삼고** 후일을 웃으며
아 1:6	노하여 포도원지기로 **삼았음이라** 나의
선지서	
사 3:4	소년들을 그들의 고관으로 **삼으시며**
사 3:7	나를 백성의 통치자로 **삼지** 말라 하리라
사 5:18	거짓으로 끈을 **삼아** 죄악을 끌며 수레

1293

[삼다]   [삼다]

사 5:20	광명을 **삼으며** 광명으로 흑암을 삼으며 쓴 것으로 단 것을 **삼으며** 단 것을	겔 25:5	양 떼가 눕는 곳으로 **삼은즉** 내가 주
사 7:6	그 중에 세워 왕으로 **삼자** 하였으나	겔 27:7	베로 돛을 만들어 깃발을 **삼았음이여**
사 8:13	두려워하며 무서워할 자로 **삼으라**	겔 32:27	자기의 칼을 베개로 **삼았으니** 그 백골이
사 11:3	경외함으로 즐거움을 **삼을** 것이며	겔 33:2	가운데의 하나를 택하여 파수꾼을 **삼은**
사 11:5	**삼으며** 성실로 그의 몸의 띠를 **삼으리라**	겔 34:27	종으로 **삼은** 자의 손에서 그들을 건져낸
사 26:1	구원을 성벽과 외벽으로 **삼으시리로다**	겔 36:5	노략하여 자기 소유를 **삼았음이라**
사 28:15	우리의 피난처로 **삼았고** 허위 아래에	겔 43:22	한 마리를 속죄제물로 **삼아** 드려서
사 28:16	한 돌을 시온에 두어 기초를 **삼았노니**	겔 45:1	기업으로 **삼을** 때에 한 구역을 거룩하
사 28:17	측량줄로 **삼고** 공의를 저울추로 **삼으니**		땅으로 **삼아** 여호와께 예물로 드릴지니
사 34:14	거기에 살면서 쉬는 처소로 **삼으며**	겔 45:5	사람에게 돌려 그들의 거주지를 **삼아**
사 41:15	이가 날카로운 새 타작기로 **삼으리니**	겔 45:6	기지로 **삼아** 이스라엘 온 족속에게
사 49:6	너를 이방의 빛으로 **삼아** 나의 구원을	겔 45:15	소제와 번제와 감사 제물로 **삼을지니라**
사 49:8	너를 백성의 언약으로 **삼으며** 나라를	겔 46:14	영원한 규례로 **삼아** 항상 나 여호와께
사 49:11	산을 길로 **삼고** 나의 대로를 돋우리니	겔 46:15	항상 드리는 번제물로 **삼을지니라**
사 55:4	만민의 인도자와 명령자로 **삼았나니**	겔 47:14	너희는 공평하게 나누어 기업을 **삼으라**
사 59:17	**삼으시며** 구원을 자기의 머리에 써서 투구로 **삼으시며** 보복을 속옷으로 **삼으시며** 열심을 입어 겉옷으로 **삼으시고**	겔 48:9	너희가 여호와께 드려 예물로 **삼을** 땅
		단 2:48	바벨론 모든 지혜자의 어른을 **삼았으며**
		단 3:29	집을 거름터로 **삼을지니** 이는 이같이
		단 4:30	나의 도성으로 **삼고** 이것으로 내 위엄의
사 60:17	**삼으며** 공의를 세워 감독으로 **삼으리니**	단 5:7	그를 나라의 셋째 통치자로 **삼으리라**
사 65:18	창조하며 그 백성을 기쁨으로 **삼고**	단 5:11	술사와 점쟁이의 어른을 **삼으셨으니**
사 65:25	뱀은 흙을 양식으로 **삼을** 것이니 나의	호 2:15	아골 골짜기로 소망의 문을 **삼아** 주리니
사 66:21	택하여 제사장과 레위인을 **삼으리라**	학 2:23	너를 세우고 너를 인장으로 **삼으리니**
렘 5:22	그것으로 영원한 한계를 **삼고** 지나치지	슥 2:12	거룩한 땅에서 자기 소유를 **삼으시고**
렘 6:27	망대와 요새로 **삼아** 그들의 길을 알고	슥 9:13	**삼고** 에브라임을 끼운 화살로 **삼았으니**
렘 13:21	너의 친구 **삼았던** 자를 그가 네 위에	슥 11:12	삼십 개를 달아서 내 품삯을 **삼은지라**
렘 17:5	그의 힘을 **삼고** 마음이 여호와에게서	말 3:17	그들을 나의 특별한 소유로 **삼을** 것이요
렘 29:22	그들을 저줏거리로 **삼아서** 이르기를	**[신약]**	
렘 29:26	여호야다 대신하여 제사장을 **삼아**	마 15:9	사람의 계명으로 교훈을 **삼아** 가르치니
렘 34:9	동족 유다인을 종으로 **삼지** 못하게 한	마 27:7	밭을 사서 나그네의 묘지를 **삼았으니**
렘 34:11	복종시켜 다시 노비로 **삼았더라**	마 28:19	민족을 제자로 **삼아** 아버지와 아들과
렘 37:1	그를 유다 땅의 왕으로 **삼음이었더라**	막 6:11	떨어버려 그들에게 증거를 **삼으라**
렘 37:15	그들이 이 집을 옥으로 **삼았음이더라**	막 7:7	사람의 계명으로 교훈을 **삼아** 가르치니
렘 49:29	소유로 **삼고** 그들을 향하여 외치기를	눅 9:5	떨어 버려 그들에게 증거를 **삼으라**
애 3:12	당겨 나를 화살의 과녁으로 **삼으심이여**	눅 20:43	네 원수를 네 발등상으로 **삼을** 때까지
애 3:45	쓰레기와 폐물로 **삼으셨으므로**	요 4:1	예수께서 제자를 **삼고** 세례를 베푸시는
겔 4:3	사이에 두어 철벽을 **삼고** 성을 포위하는	요 5:18	하나님과 동등으로 **삼으심이러라**
겔 5:1	날카로운 칼을 가져다가 삭도로 **삼아**	요 6:15	임금으로 **삼으려는** 줄 아시고 다시 혼자
겔 14:11	그들을 내 백성으로 **삼고** 나는 그들의	행 5:31	높이사 임금과 구주로 **삼으셨느니라**
겔 16:19	그 앞에 베풀어 향기를 **삼았나니** 과연	행 7:6	사람들이 종으로 **삼아** 사백 년 동안을
겔 16:20	가서 드려 제물로 **삼아** 불살랐느니라	행 13:47	이방의 빛으로 **삼아** 너로 땅 끝까지
겔 20:12	주어 그들과 나 사이에 표징을 **삼았노라**	행 14:21	성에서 전하여 많은 사람을 제자로 **삼고**
겔 20:31	너희 아들을 화제로 **삼아** 불 가운데로	행 20:28	여러분을 감독자로 **삼고** 하나님이 자기

【 삼대 1 】　　　　　　　　　　　　　　　　　　　　　　　　　　　　　　　　【 삼만 】

행 26:16	일에 너로 종과 증인을 **삼으려** 함이니
고후 5:21	우리를 대신하여 죄로 **삼으신** 것은
고후 9:13	증거를 **삼아** 너희가 그리스도의 복음을
갈 2:4	엿보고 우리를 종으로 **삼고자** 함이로되
갈 2:8	사도로 **삼으신** 이가 또한 내게 역사하 사 나를 이방인의 사도로 **삼으셨느니라**
갈 5:13	자유로 육체의 기회를 **삼지** 말고 오직
엡 1:22	만물 위에 교회의 머리로 **삼으셨느니라**
엡 4:11	어떤 사람은 목사와 교사로 **삼으셨으니**
골 2:15	구경거리로 **삼으시고** 십자가로 그들을
히 1:7	사역자들을 불꽃으로 **삼으시느니라**
약 5:10	고난과 오래 참음의 본으로 **삼으라**
벧전 3:15	그리스도를 주로 **삼아** 거룩하게 하고
벧전 4:1	너희도 같은 마음으로 갑옷을 **삼으라**
벧후 2:3	너희로 이득을 **삼으니** 그들의 심판은
벧후 2:6	아니할 자들에게 본을 **삼으셨으며**
계 1:6	제사장으로 **삼으신** 그에게 영광과
계 5:10	앞에서 나라와 제사장들을 **삼으셨으니**

삼다 - 기타 본문

창 6:2; 12:19; 15:7; 28:18; 30:9; 34:8; 41:45; 47:11; 출 6:8; 12:24; 18:25; 28:12; 29:26; 35:24; 레 8:27; 20:24; 민 26:53; 신 3:7; 4:26; 24:7; 30:19; 수 14:13; 삿 9:8, 15, 16, 18; 14:2; 21:23; 삼상 15:17; 22:7; 25:40; 삼하 2:7, 9; 5:12, 17; 7:24; 12:10; 왕상 1:45; 2:17, 21; 4:15; 9:22; 12:20; 21:2; 왕하 9:3, 6, 12; 14:9; 대상 2:35; 대하 25:18; 36:4, 10; 스 10:10; 욥 30:4; 41:4; 시 104:17; 144:15; 잠 10:23; 사 14:2; 44:15; 렘 16:20; 34:10, 16; 51:53; 겔 25:10; 33:7; 43:19, 22, 25; 45:8; 48:15, 18; 단 5:16, 29; 합 1:11; 행 7:7; 고후 11:20

삼대 1(三代, third generation)
| 창 50:23 | 에브라임의 자손 **삼대**를 보았으며 |
| 신 23:8 | 그들의 **삼대** 후 자손은 여호와의 총회에 |

삼대 2(stalk of flax)
| 수 2:6 | 그 지붕에 벌여 놓은 **삼대**에 숨겼더라 |

삼라(Samlah) 에돔의 다섯 번째 왕
| 창 36:36 | 하닷이 죽고 마스레가의 **삼라**가 그를 |
| 창 36:37 | **삼라**가 죽고 유브라데 강변 르호봇이 |

삼림(森林, forest)
신 19:5	이웃과 함께 벌목하러 **삼림**에 들어가서
수 17:15	르바임 족속의 땅 **삼림**에 올라가서
수 17:18	산지도 네 것이 되리니 비록 **삼림**이라도
느 2:8	왕의 **삼림** 감독 아삽에게 조서를 내리사
시 29:9	암사슴을 낙태하게 하시고 **삼림**을
시 50:10	**삼림**의 짐승들과 뭇 산의 가축이 다 내
시 74:5	도끼를 들어 **삼림**을 베는 사람 같으니
시 83:14	**삼림**을 사르는 불과 산에 붙는 불길같이
시 104:20	밤이 되게 하시니 **삼림**의 모든 짐승이
전 2:6	나를 위하여 수목을 기르는 **삼림**에 물을
렘 10:3	나라의 풍습은 헛된 것이니 **삼림**에서
미 7:14	백성 곧 갈멜 속 **삼림**에 홀로 거주하는

삼마(Shammah)
1. 에서의 손자로 르우엘의 아들
창 36:13	세라와 **삼마**와 미사니 이들은 에서의
창 36:17	세라 족장, **삼마** 족장, 미사 족장이니
대상 1:37	아들은 나핫과 세라와 **삼마**와 밋사요

2. 이새의 셋째 아들로 요나단의 아버지
삼상 16:9	이새가 **삼마**로 지나게 하매 사무엘이
삼상 17:13	다음은 아비나답이요 셋째는 **삼마**며
삼하 21:21	능욕하므로 다윗의 형 **삼마**의 아들

3. 다윗의 세 용사 중 한 사람
| 삼하 23:11 | 하랄 사람 아게의 아들 **삼마**라 블레셋 |
| 삼하 23:33 | 하랄 사람 **삼마**와 아랄 사람 사랄의 |

삼만(三萬, thirty thousand)
| 삼상 13:5 | 병거가 **삼만**이요 마병이 육천 명이요 |

'삼만' 과 관련된 성구

삼만 마리 - 대하 35:7
삼만 명 - 수 8:3; 삼상 4:10; 11:8; 삼하 6:1; 왕상 5:13
삼만 오백 마리 - 민 31:39, 45
삼만 오천사백 명 - 민 1:37; 2:23
삼만 육천 마리 - 민 31:38, 44
삼만 이천 대 - 대상 19:7
삼만 이천 명 - 민 31:35
삼만 이천오백 명 - 민 26:37

[삼매]   [삼분]

삼만 이천이백 명 – 민 1:35; 2:21
삼만 육천 명 – 대상 7:4
삼만 칠천 명 – 대상 12:34
삼만 팔천 명 – 대상 23:3

삼백 규빗 – 창 6:15
삼백 년 – 창 5:22; 삿 11:26
삼백 달란트 – 왕하 18:14
삼백 대 – 대하 14:9
삼백 데나리온 – 막 14:5; 요 12:5
삼백 마리 – 삿 15:4; 대하 35:8
삼백 명 – 삿 7:6, 7, 8; 8:4; 삼하 23:18;
  왕상 11:3; 대상 11:11, 20; 스 8:5;
  에 9:15
삼백사십오 명 – 스 2:34; 느 7:36
삼백 세겔 – 삼하 21:16; 대하 9:16
삼백십팔 명 – 창 14:14
삼백오십 년 – 창 9:28
삼백육십 명 – 삼하 2:31
삼백육십오 세 – 창 5:23
삼백이십 명 – 스 2:32; 느 7:35
삼백이십삼 명 – 스 2:17
삼백이십사 명 – 느 7:23
삼백이십팔 명 – 느 7:22
삼백칠십이 명 – 스 2:4; 느 7:9

삼매(Shammai)
1. 유다 지파 여라므엘의 후손
대상 2:28 오남의 아들들은 **삼매**와 야다요 **삼매**의
대상 2:32 **삼매**의 아우 야다의 아들들은 예델과
2. 유다 지파 갈렙의 자손 레겜의 아들
대상 2:44 아버지이며 레겜은 **삼매**를 낳았고
대상 2:45 **삼매**의 아들은 마온이라 마온은 벧술의
3. 유다 지파 에스라의 손자
대상 4:17 메렛은 미리암과 **삼매**와 에스드모아의

삼면(三面, all around–NIV, round–KJV)
겔 40:17 바깥뜰에 들어가니 뜰 **삼면**에 박석 깔린
겔 41:5 성전 **삼면**에 골방이 있는데 너비는 각기
겔 41:6 **삼면** 골방이 성전 벽 밖으로 그 벽에
겔 41:8 내가 보니 성전 **삼면**의 지대 곧 모든
겔 41:10 성전 골방 **삼면**에 너비가 스무 척 되는
겔 41:16 통로 벽과 닫힌 창과 **삼면**에 둘려 있는

삼무아(Shammua)
1. 르우벤 지파 삭굴의 아들
민 13:4 지파에서는 삭굴의 아들 **삼무아**요
2. 다윗과 밧세바의 아들
삼하 5:14 그에게서 난 자들의 이름은 **삼무아**와
대상 14:4 아들들의 이름은 **삼무아**와 소밥과 나단
3. 레위 지파 여두둔의 자손
느 11:17 여두둔의 증손 갈랄의 손자 **삼무아**와
4. 요야김 때의 족장
느 12:18 족속에는 **삼무아**요 스마야 족속에는

삼백(三百, three hundred)
창 45:22 베냐민에게는 은 **삼백**과 옷 다섯 벌을

'삼백'과 관련된 성구
삼백 개 – 왕상 10:17; 대하 9:16
삼백구십이 명 – 스 2:58; 느 7:60
삼백구십 일 – 겔 4:5, 9

삼분(三分, trisection, third)
삼하 18:2 **삼분**의 일은 요압의 휘하에, **삼분**의 일
  은 … 아비새의 휘하에 넘기고 **삼분**의
왕하 11:5 안식일에 들어온 너희 중 **삼분**의 일은
왕하 11:6 **삼분**의 일은 수르 문에 있고 **삼분**의
대하 23:4 안식일에 당번인 자들의 **삼분**의 일은
대하 23:5 **삼분**의 일은 왕궁에 있고 **삼분**의 일
느 10:32 세겔의 **삼분**의 일을 수납하여 하나님
겔 5:2 터럭 **삼분**의 … **삼분**의 일은 성읍 사
  방에서 칼로 치고 또 **삼분**의 일은 바람
겔 5:12 **삼분**의 일은 … **삼분**의 일은 너의 사방
  에서 … **삼분**의 일은 내가 사방에 흩어
겔 46:14 밀가루 육분의 일 에바와 기름 **삼분**의
슥 13:8 땅에서 **삼분**의 이는 멸망하고 **삼분**의
슥 13:9 **삼분**의 일을 불 가운데에 던져 은같이
계 8:7 **삼분**의 일이 타 버리고 수목의 **삼분**의
계 8:8 바다에 던져지매 바다의 **삼분**의 일이
계 8:9 **삼분**의 일이 죽고 배들의 **삼분**의 일이
계 8:10 하늘에서 떨어져 강들의 **삼분**의 일과
계 8:11 쑥이라 물의 **삼분**의 일이 쓴 쑥이 되매
계 8:12 **삼분**의 일과 달 **삼분**의 일과 별들의 **삼
  분**의 … 그 **삼분**의 일이 … 낮 **삼분**의

【 삼사 】   【 삼십 】

계 9:15   사람 삼분의 일을 죽이기로 준비된
계 9:18   유황으로 말미암아 사람 삼분의 일이
계 12:4   하늘의 별 삼분의 일을 끌어다가 땅에

> '삼분의 일 한'과 관련된 성구
> 민 15:6, 7; 28:14

삼사(三四, third and fourth)
출 20:5   아들에게로 삼사 대까지 이르게 하거니
출 34:7   악행을 자손 삼사 대까지 보응하리라
민 14:18 죄악을 자식에게 갚아 삼사 대까지
신 5:9   아버지로부터 아들에게로 삼사 대까지

삼성(參星, Orion) 지구의 적도 상공에 있는 오리온 별자리
욥 9:9   북두성과 삼성과 묘성과 남방의 밀실을
욥 38:31 매어 묶을 수 있으며 삼성의 띠를 풀 수
암 5:8   묘성과 삼성을 만드시며 사망의 그늘을

삼손(Samson) 이스라엘의 13번째 사사
삿 13:24 아들을 낳으매 그의 이름을 삼손이라
삿 14:1   삼손이 딤나에 내려가서 거기서 블레셋

> 삼손 - 기타 본문
> 삿 14:3, 4, 5, 6, 7, 8, 10, 11, 12, 14, 15, 16, 18, 19, 20; 15:1, 3, 4, 6, 7, 10, 11, 12, 13, 14, 15, 18, 19, 20; 16:1, 2, 3, 4, 5, 6, 7, 8, 9, 10, 11, 12, 13, 14, 15, 16, 17, 18, 19, 21, 23, 24, 25, 26, 27, 28, 29, 30, 31; 히 11:32

삼숨밈(Zamzummite) 르바임 족속의 별칭
신 2:20   족속은 그들을 삼숨밈이라 일컬었으며

삼스래(Shamsherai) 베냐민 지파 여로함의 아들
대상 8:26 삼스래와 스하랴와 아달랴와

삼실(thread of tow-KJV)
삿 16:9   삼손이 그 줄들을 끊기를 불탄 삼실을

삼십(三十, thirty)
창 32:15 젖 나는 낙타 삼십과 그 새끼요 암소가

삿 10:4   어린 나귀 삼십을 탔고 성읍 삼십을
삼하 23:13 삼십 두목 중 세 사람이 곡식 벨 때에
마 26:15 주려느냐 하니 그들이 은 삼십을 달아
마 27:3   은 삼십을 대제사장들과 장로들에게
마 27:9   매긴 자의 가격 곧 은 삼십을 가지고

> '삼십'과 관련된 성구
> 삼십 개 - 슥 11:12, 13
> 삼십 고르 - 왕상 4:22
> 삼십구 년 - 왕하 15:13, 17; 대하 16:12
> 삼십 규빗 - 창 6:15; 왕상 6:2; 7:2, 6, 23; 대하 4:2
> 삼십 달란트 - 왕하 18:14
> 삼십 명 - 창 18:30; 삿 10:4; 12:9, 14; 14:11, 19; 20:31, 39; 삼상 9:22; 삼하 23:23, 24; 대상 11:11, 25, 42; 12:4, 18; 27:6; 렘 38:10
> 삼십 배 - 마 13:8, 23; 막 4:8, 20
> 삼십 벌 - 삿 14:12, 13
> 삼십사 세 - 창 11:16
> 삼십삼 년 - 삼하 5:5; 왕상 2:11; 대상 3:4; 29:27
> 삼십삼 명 - 창 46:15
> 삼십삼 일 - 레 12:4
> 삼십 세 - 창 11:14, 18, 22; 41:46; 민 4:3, 23, 30, 35, 39, 43, 47; 삼하 5:4; 대상 23:3; 눅 3:23
> 삼십 세겔 - 출 21:32; 레 27:4
> 삼십오 규빗 - 대하 3:15
> 삼십오 세 - 창 11:12; 왕상 22:42; 대하 20:31
> 삼십육 명 - 수 7:5
> 삼십이 년 - 느 5:14; 13:6
> 삼십이 명 - 민 31:40; 왕상 20:1, 16; 22:31
> 삼십이 세 - 창 11:20; 왕하 8:17; 대하 21:5, 20
> 삼십일 - 민 20:29; 신 34:8; 에 4:11; 단 6:7, 12
> 삼십일 년 - 왕상 16:23; 왕하 16:23; 22:1; 대하 34:1
> 삼십칠 년 - 왕하 13:10; 25:27; 렘 52:31
> 삼십칠 명 - 삼하 23:39
> 삼십팔 년 - 신 2:14; 왕상 16:29; 왕하 15:8

【 삼오라기 】

삼오라기(tinder-NIV, tow-KJV)
사 1:31   강한 자는 **삼오라기** 같고 그의 행위는

삼월(三月, third month)
에 8:9   그 때 시완 월 곧 **삼월** 이십삼일에 왕의

삼천(三千, three thousand)
행 2:41   날에 신도의 수가 **삼천**이나 더하더라

> '**삼천**' 과 관련된 성구
> 삼천 가지 - 왕상 4:32
> 삼천 구백삼십 명 - 느 7:38
> 삼천 달란트 - 대상 29:4
> 삼천 마리 - 삼상 25:2; 대하 29:33; 35:7; 욥 1:3
> 삼천 명 - 출 32:28; 수 7:4; 삿 15:11; 16:27; 삼상 13:2; 24:2; 26:2; 대상 12:29; 대하 25:13
> 삼천 밧 - 대하 4:5
> 삼천삼백 명 - 왕상 5:16
> 삼천육백 명 - 대하 2:2, 18
> 삼천육백삼십 명 - 스 2:35
> 삼천이백 명 - 민 4:44
> 삼천이십삼 명 - 렘 52:28
> 삼천칠백 명 - 대상 12:27

삼촌(三寸, uncle)
레 10:4   아론의 **삼촌** 웃시엘의 아들 미사엘과
레 25:49 그의 **삼촌**이나 **삼촌**의 아들이 그를
에 2:7   **삼촌**의 딸 하닷사 곧 에스더는 부모가
에 2:15   **삼촌** 아비하일의 딸 곧 모르드개가

삼키다/삼켜지다(swallow, swallow up, devour, gulp down)

> 모세오경, 역사서
창 41:7   충실한 일곱 이삭을 **삼킨지라** 바로가
창 41:24 일곱 이삭을 **삼키더라** 내가 그 꿈을
출 7:12   지팡이가 그들의 지팡이를 **삼키니라**
출 15:12 드신즉 땅이 그들을 **삼켰나이다**
레 10:2   불이 여호와 앞에서 나와 그들을 **삼키매**
민 13:32 정탐한 땅은 그 거주민을 **삼키는** 땅이요
민 16:30 소유물을 **삼켜** 산 채로 스올에 빠지게
민 16:32 속한 모든 사람과 그들의 재물을 **삼키매**

【 삼키다/삼켜지다 】

민 21:28 모압의 아르를 **삼키며** 아르논 높은 곳의
민 24:8   적국을 **삼키고** 그들의 뼈를 꺾으며
민 26:10 무리와 고라를 **삼키매** 그들이 죽었고
신 11:6   한가운데서 모든 것을 **삼키게** 하신
신 32:22 그 소산을 **삼키며** 산들의 터도 불타게
신 32:24 더위와 독한 질병에 **삼켜질** 것이라
신 32:42 내 칼이 그 고기를 **삼키게** 하리니 곧
삼하 11:25 이 사람이나 저 사람이나 **삼키느니라**
삼하 20:19 여호와의 기업을 **삼키고자** 하시나이까
삼하 20:20 그렇지 아니하다 **삼키거나** 멸하거나

> 시가서
욥 18:13 질병이 그의 피부를 **삼키리니** 곧 사망의
욥 20:15 그가 재물을 **삼켰을지라도** 토할 것은
욥 20:18 얻은 것을 **삼키지** 못하고 돌려 주며
욥 22:20 그들의 남은 것을 불이 **삼켰느니라**
욥 37:20 고할 수 있으랴 **삼켜지기**를 바랄 자가
시 21:9   진노하사 그들을 **삼키시리니** 불이
시 35:25 우리가 그를 **삼켰다** 말하지 못하게
시 50:3   앞에는 **삼키는** 불이 있고 그 사방에는
시 56:1   베푸소서 사람이 나를 **삼키려고** 종일
시 56:2   원수가 종일 나를 **삼키려** 하며 나를
시 57:3   하늘에서 보내사 나를 **삼키려는** 자의
시 69:9   주의 집을 위하는 열성이 나를 **삼키고**
시 69:15 나를 **삼키지** 못하게 하시며 웅덩이가
시 79:7   야곱을 **삼키고** 그의 거처를 황폐하게
시 106:17 땅이 갈라져 다단을 **삼키며** 아비람의
시 119:139 내 열정이 나를 **삼켰나이다**
시 124:3 맹렬하여 우리를 산채로 **삼켰을** 것이며
시 124:4 시내가 우리 영혼을 **삼켰을** 것이며
시 124:5 넘치는 물이 우리 영혼을 **삼켰을** 것이라
잠 1:12   산 채로 **삼키며** … 같이 통으로 **삼키자**
잠 19:28 악인의 입은 죄악을 **삼키느니라**
잠 21:20 미련한 자는 이것을 다 **삼켜** 버리느니라
잠 30:14 **삼키며** 궁핍한 자를 사람 중에서 **삼키는**
전 10:12 우매자의 입술들은 자기를 **삼키나니**
아 8:7   못하겠고 홍수라도 **삼키지** 못하나니

> 선지서, 신약
사 1:7   이방인에게 **삼켜졌으며** 이방인에게
사 1:20   거절하여 배반하면 칼에 **삼켜지리라**
사 3:14   포도원을 **삼킨** 자는 너희이며 가난한
사 9:12   모두 입을 벌려 이스라엘을 **삼키리라**
사 9:18   찔레와 가시를 **삼키며** 빽빽한 수풀을
사 24:6   땅을 **삼켰고** 그 중에 사는 자들이

【 삼키다/삼켜지다 】   【 삽다 】

사 31:8	**삼켜질** 것이나 사람의 칼로 말미암음이	나 3:15	거기서 불이 너를 **삼키며** 칼이 너를
사 33:14	누가 **삼키는** 불과 함께 거하겠으며	합 1:13	자기보다 의로운 사람을 **삼키는데도**
사 49:19	좁게 될 것이며 너를 **삼켰던** 자들이	합 3:14	가난한 자 **삼키기를** 즐거워하나 오직
렘 2:3	**삼키는** 자면 모두 벌을 받아 재앙이	습 1:18	여호와의 질투의 불에 **삼켜지리니** 이는
렘 2:30	사자같이 너희 선지자들을 **삼켰느니라**	슥 9:4	쳐 넣으시리니 그가 불에 **삼켜질지라**
렘 3:24	소 떼와 아들들과 딸들을 **삼켰사온즉**	슥 9:15	원수를 **삼키며** 물맷돌을 밟을 것이며
렘 8:16	소유와 성읍과 그 중의 주민을 **삼켰도다**	마 23:24	걸러 내고 낙타는 **삼키는도다**
렘 10:25	그들은 야곱을 씹어 **삼켜** 멸하고 그	막 12:40	그들은 과부의 가산을 **삼키며** 외식으로
렘 12:9	들짐승들을 모아다가 그것을 **삼키게**	눅 15:30	아버지의 살림을 창녀들과 함께 **삼켜**
렘 12:12	칼이 땅 이 끝에서 저 끝까지 **삼키니**	눅 20:47	그들은 과부의 가산을 **삼키며** 외식으로
렘 15:3	죽이는 칼과 찢는 개와 **삼켜** 멸하는	요 2:17	전을 사모하는 열심이 나를 **삼키리라**
렘 17:27	놓아 예루살렘 궁전을 **삼키게** 하리니	고전 15:54	사망을 **삼키고** 이기리라고 기록된 말씀
렘 22:22	네 목자들은 다 바람에 **삼켜질** 것이요	고후 5:4	죽을 것이 생명에 **삼킨** 바 되게 하려
렘 51:44	바벨론에서 벌하고 그가 **삼킨** 것을 그	계 12:4	해산하면 그 아이를 **삼키고자** 하더니
겔 36:3	너희 사방을 **삼켜** 너희가 남은 이방인	계 11:5	원수를 **삼켜** 버릴 것이요 누구든지 그들
렘 46:10	배부르게 **삼키며** 그들의 피를 넘치도록	계 12:16	벌려 용의 입에서 토한 강물을 **삼키니**
렘 46:14	준비하라 네 사방이 칼에 **삼키웠느니라**		
렘 50:7	그들을 만나는 자들은 그들을 **삼키며**	◆ 삼키다 – 기타 본문	
렘 50:32	그 주위에 있는 것을 다 **삼키리라**	레 26:38; 민 16:34; 신 5:25; 31:17; 욥 7:19;	
렘 51:34	뱀같이 나를 **삼키며** 나의 좋은 음식으로	39:24; 사 5:24; 33:11; 벧전 5:8	
애 2:2	야곱의 모든 거처들을 **삼키시고** 긍휼히		
애 2:5	되어 이스라엘을 **삼키셨음이여** 그 모	**삼현금**(三絃琴, harp, lyre)	
	든 궁궐들을 **삼키셨고** 견고한 성들을	단 3:5	너희는 나팔과 피리와 수금과 **삼현금과**
애 2:16	우리가 그를 **삼켰도다** 우리가 바라던	단 3:7	피리와 수금과 **삼현금과** 양금과 및 모든
겔 19:3	먹이 물어뜯기를 배워 사람을 **삼키매**	단 3:10	나팔과 피리와 수금과 **삼현금과** 양금과
겔 19:6	먹이 물어뜯기를 배워 사람을 **삼키며**	단 3:15	피리와 수금과 **삼현금과** 양금과 생황과
겔 22:25	그들이 사람의 영혼을 **삼켰으며** 재산과		
겔 22:27	고관들은 음식물을 **삼키는** 이리 같아서	**삼훗**(Shamhuth) 이스라 사람 다윗 군대의	
겔 35:12	우리에게 넘겨주어서 **삼키게** 되었다	장관	
겔 36:13	이르기를 너는 사람을 **삼키는** 자요	삼하 23:25	하롯 사람 **삼훗과** 하롯 사람 엘리가와
겔 36:14	네가 다시는 사람을 **삼키지** 아니하며	대상 11:27	하롤 사람 **삼훗과** 블론 사람 헬레스와
단 7:23	나라들과는 달라서 온 천하를 **삼키고**	대상 27:8	다섯째 지휘관은 이스라 사람 **삼훗이니**
호 5:7	그들과 그 기업을 함께 **삼키리로다**		
호 7:7	그 재판장들을 **삼키며** 그들의 왕들을	**삽** (Saph) 블레셋 거인의 후손	
호 7:9	이방인들이 그의 힘을 **삼켰으나** 알지	삼하 21:18	거인족의 아들 중의 **삽을** 쳐죽였고
호 8:7	혹시 맺을지라도 이방 사람이 **삼키리라**		
호 8:8	이스라엘은 이미 **삼켜졌은즉** 이제 여러	**삽** 2(shovel, something to dig with)	
호 8:14	불을 보내어 그 성들을 **삼키게** 하리라	신 23:13	기구에 작은 **삽을** 더하여 밖에 나가서
호 13:8	거기서 암사자같이 그들을 **삼키리라**	삼상 13:20	각기 보습이나 **삽이나** 도끼나 괭이를
암 7:4	불이 큰 바다를 **삼키고** 육지까지 먹으려	삼상 13:21	곧 그들이 괭이나 **삽이나** 쇠스랑이나
암 8:4	가난한 자를 **삼키며** 땅의 힘없는 자를		
욘 1:16	항상 마시리니 곧 마시고 **삼켜서** 본래	**삽다**(Sabtah) 함의 손자이며 구스의 아들	
욘 1:17	요나를 **삼키게** 하셨으므로 요나가 밤낮	창 10:7	하윌라와 **삽다와** 라아마와 삽드가요

1299

【 삽드가 】　　　　　　　　　　　　　　　　　　　　　　　【 상 2 】

대상 1:9　하윌라와 **삽다**와 라아마와 삽드가요

삽드가(Sabteca) 함의 손자이며 구스의 아들
창 10:7　삽다와 라아마와 **삽드가**요 라아마와
대상 1:9　삽다와 라아마와 **삽드가**요 라아마와

삽디 1(Zimri-NIV, Zabdi-KJV) 아간의 조부
수 7:1　지파 세라의 증손 **삽디**의 손자 갈미의
수 7:17　나아오게 하였더니 **삽디**가 뽑혔고
수 7:18　**삽디**의 가족 각 남자를 가까이 나아오게

삽디 2(Zabdi)
　1. 다윗의 포도원을 관리한 베냐민 지파 사람
대상 8:19　야김과 시그리와 **삽디**와
대상 27:27　스밤 사람 **삽디**는 포도원의 소산 포도주
　2. 레위 지파로 아삽의 아들
느 11:17　아삽의 증손 **삽디**의 손자 미가의 아들

삽디엘(Zabdiel)
　1. 유다 지파 베레스의 후손
대상 27:2　첫째 달 반의 반장은 **삽디엘**의 아들
　2. 하그돌림의 아들로 느헤미야 시대의 감독
느 11:14　하그돌림의 아들 **삽디엘**이 그들의 감독

삽배(Zabbai)
　1. 이방 여인과 결혼한 베배 자손
스 10:28　중에서는 여호하난과 하나냐와 **삽배**와
　2. 성벽 수리를 맡은 바룩의 아버지
느 3:20　다음은 **삽배**의 아들 바룩이 한 부분을

삽브대(Shabbethai) 레위 지파로 포로에서
　귀환한 백성들에게 율법을 가르침
스 10:15　반대하고 므술람과 레위 사람 **삽브대**가
느 11:16　레위 사람의 족장 **삽브대**와 요사밧이니

삽비라(Sapphira) 아나니아의 아내
행 5:1　하는 사람이 그의 아내 **삽비라**와 더불어

삿두(Zattu) 삿두 자손의 조상
스 2:8　**삿두** 자손이 구백사십오 명이요
스 10:27　**삿두** 자손 중에서는 엘료에내와
느 7:13　**삿두** 자손이 팔백사십오 명이요
느 10:14　바로스, 바핫모압, 엘람, **삿두**, 바니,

상 1(上, upper)
창 6:16　문은 옆으로 내고 **상** 중 하 삼층으로

상 2(賞, prize)
룻 2:12　온 네게 온전한 **상** 주시기를 원하노라 하는지라
삼하 18:22　말미암아서는 너는 **상**을 받지 못하리라 하되
삼하 19:36　왕께서 어찌하여 이같은 **상**으로 내게
삼하 22:21　여호와께서 내 공의를 따라 **상** 주시며
에 2:18　면제하고 왕의 이름으로 큰 **상**을 주니라
시 18:20　여호와께서 내 의를 따라 **상** 주시며
시 19:11　받고 이것을 지킴으로 **상**이 크니이다
잠 11:18　공의를 뿌린 자의 **상**은 확실하니라
잠 13:13　이루고 계명을 두려워하는 자는 **상**을
전 4:9　수고함으로 좋은 **상**을 얻을 것임이라
전 8:14　행위에 따라 **상**을 받는 악인들도 있다는
전 9:5　그들이 다시는 **상**을 받지 못하는 것은
단 2:6　너희가 선물과 **상**과 큰 영광을 내게서
마 5:12　즐거워하라 하늘에서 너희의 **상**이
마 5:46　사랑하면 무슨 **상**이 있으리요 세리도
마 6:1　하늘에 계신 너희 아버지께 **상**을 받지
마 6:2　너희에게 이르노니 그들은 자기 **상**을
마 6:5　너희에게 이르노니 그들은 자기 **상**을
마 6:16　너희에게 이르노니 그들은 자기 **상**을
마 10:41　영접하는 자는 의인의 **상**을 받을 것이요
마 10:42　사람이 결단코 **상**을 잃지 아니하리라
막 9:41　이르노니 그가 결코 **상**을 잃지 않으리라
눅 6:23　하늘에서 너희 **상**이 큼이라 그들의
눅 6:35　그리하면 너희 **상**이 클 것이요 또
고전 3:8　자기가 일한 대로 자기의 **상**을 받으리라
고전 3:14　세운 공적이 그대로 있으면 **상**을 받고
고전 9:17　자의로 이것을 행하면 **상**을 얻으려니
고전 9:18　그런즉 내 **상**이 무엇이냐 내가 복음을
고전 9:24　**상**을 받는 사람은 … 너희도 **상**을
빌 3:14　하나님이 위에서 부르신 부름의 **상**을
골 3:24　이는 기업의 **상**을 주께 받을 줄 아나니
히 10:35　담대함을 버리지 말라 이것이 큰 **상**이
히 11:6　그가 자기를 찾는 자들에게 **상** 주시는
히 11:26　더 큰 재물로 여겼으니 이는 **상** 주심을
요 1:8　일한 것을 잃지 말고 오직 온전한 **상**을
계 11:18　이름을 경외하는 자들에게 **상** 주시며
계 22:12　속히 오리니 내가 줄 **상**이 내게 있어

1300

【 상 3 】　　　　　　　　　　　　　　　　　　【 상관 2/-하다/-되다 】

상 3(床, table)
출 25:23 너는 조각목으로 **상**을 만들되 길이는 두 규빗
출 25:27 턱 곁에 붙이라 이는 **상**을 멜 채를 꿸
출 25:28 채를 만들고 금으로 싸라 **상**을 이것으로
출 26:35 **상**을 놓고 남쪽에 등잔대를 놓아 **상**과
출 37:10 그가 또 조각목으로 **상**을 만들었으니
출 37:14 그 고리가 턱 곁에 있어서 **상**을 메는
출 37:15 조각목으로 **상** 멜 채를 만들어 금으로
출 40:4 **상**을 들여놓고 그 위에 물품을 진설하고
출 40:22 곧 성막 북쪽으로 휘장 밖에 **상**을 놓고
출 40:23 여호와 앞 그 **상** 위에 떡을 진설하니
레 24:6 순결한 **상** 위에 두 줄로 한 줄에 여섯
삿 1:7 엄지발가락이 잘리고 내 **상** 아래에서
왕상 13:20 그들이 **상** 앞에 앉아 있을 때에 여호와의
대상 28:16 또 진설병의 각 **상**을 만들 금의 무게며
대하 4:8 **상** 열 개를 만들어 내전 안에 두었으니
시 23:5 주께서 내 원수의 목전에서 내게 **상**을
잠 9:2 짐승을 잡으며 포도주를 혼합하여 **상**을
사 65:11 나의 성산을 잊고 갓에게 **상**을 베풀며
겔 23:41 화려한 자리에 앉아 앞에 **상**을 차리고
겔 40:39 **상** 둘이 있고 저쪽에 **상** 둘이 있으니
겔 40:40 **상** 둘이 있고 문의 현관 저쪽에 **상** 둘이
겔 40:41 **상**이 … **상**이 넷이 있으며 **상**이 모두 여덟
겔 40:42 만들어 번제에 쓰는 **상** 넷이 있는데 그
겔 41:22 이는 여호와의 앞의 **상**이라 하더라
막 2:4 내고 중풍병자가 누운 **상**을 달아 내리니
막 2:9 일어나 네 **상**을 가지고 걸어가라 하는
막 2:11 네게 이르노니 일어나 네 **상**을 가지고
막 2:12 그가 일어나 곧 **상**을 가지고 모든 사람
막 7:28 옳소이다마는 **상** 아래 개들도 아이들이
눅 22:21 자의 손이 나와 함께 **상** 위에도 있도다
요 2:15 사람들의 돈을 쏟으시며 **상**을 엎으시고

【 상 3 - 기타 본문 】
출 30:27; 31:8; 35:13; 37: 13, 16; 39:36; 40:24; 민 3:31; 4:7; 삼하 9:7, 10, 11, 13; 18:22; 19:28; 왕상 2:7; 4:27; 7:48; 10:5; 18:19; 대하 4:19; 9:4; 13:11; 16:14, 18; 느 5:17; 욥 36:16; 사 28:8; 겔 39:20; 40: 43; 44:16; 마 15:27; 21:12; 11:15; 눅 16:21; 22:30; 히 9:2

상 4(像, figure, statue, image)
출 34:13 주상을 깨뜨리고 그들의 아세라 **상**을
신 12:3 주상을 깨뜨리며 아세라 **상**을 불사르고
신 16:21 나무로든지 아세라 **상**을 세우지 말며
삿 6:25 제단을 헐며 그 곁의 아세라 **상**을 찍고
왕상 14:15 그들이 아세라 **상**을 만들어 여호와를
왕상 14:23 산당과 우상과 아세라 **상**을 세웠음이라
왕상 15:13 혐오스러운 아세라 **상**을 만들었으므로
왕상 16:33 아세라 **상**을 만들었으니 그는 그 이전의
왕하 17:10 푸른 나무 아래에 목상과 아세라 **상**을
왕하 23:6 여호와의 성전에서 아세라 **상**을 내다가
대하 14:3 주상을 깨뜨리며 아세라 **상**을 찍고

상고(上古, days of old, from of old)
사 37:26 **상고**부터 정한 바로서 이제 내가 이루어
미 5:2 나올 것이라 그의 근본은 **상고**에, 영원

상고하다(詳考, ask about, examine, find out)
신 4:32 지금까지 지나간 날을 **상고하여** 보라
행 17:11 하여 날마다 성경을 **상고하므로**
벧전 1:11 어떠한 때를 지시하시는지 **상고하니라**

상관 1(上官, magistrate, higher officer)
행 16:20 **상관**들 앞에 데리고 가서 말하되 이 사람
행 16:22 일제히 일어나 고발하니 **상관**들 옷을
행 16:35 날이 새매 **상관**들이 부하를 보내어 이
행 16:36 그 말대로 바울에게 말하되 **상관**들이
행 16:38 부하들이 이 말을 **상관**들에게 보고하니

상관 2/-하다/-되다(相關, have to do with, have part with)
창 19:5 이끌어 내라 우리가 그들을 **상관하리라**
창 24:8 이 맹세가 너와 **상관**이 없나니 오직 내
창 24:41 맹세와 **상관**이 없으리라 만일 그들이 네게 … 네가 내 맹세와 **상관**이 없으리라
창 49:6 혼아 그들의 모의에 **상관하지** 말지어다
출 21:8 기뻐하지 아니하여 **상관하지** 아니하면
신 32:18 낳은 반석을 네가 **상관하지** 아니하고
수 22:24 이스라엘 하나님 여호와와 무슨 **상관**이
삿 11:12 네가 나와 무슨 **상관**이 있기에 내 땅을
삼하 16:10 내가 너희와 무슨 **상관**이 있느냐 그가
삼하 19:22 아들들아 내가 너희와 무슨 **상관**이
왕상 17:18 더불어 무슨 **상관**이 있기로 내 죄를

【 상급 】　　　　　　　　　　　　　　　　　　　【 상면 】

왕하 3:13　당신과 무슨 **상관**이 있나이까 당신의
왕하 9:18　예후가 이르되 평안이 네게 **상관**이
왕하 9:19　예후가 이르되 평안이 네게 **상관**이
스 4:3　너희는 우리와 **상관**이 없느니라 바사 왕
욥 11:11　악한 일을 **상관하지** 않으시는 듯하나
욥 35:6　가득한들 하나님께 무슨 **상관**이 있겠으
잠 26:17　지나가다가 자기와 **상관** 없는 다툼을
겔 24:19　**상관**이 있는지 너는 우리에게 말하지
호 14:8　내가 다시 우상과 무슨 **상관**이 있으리
욜 3:4　너희가 나와 무슨 **상관**이 있느냐 너희가
마 8:29　우리가 당신과 무슨 **상관**이 있나이까
마 27:4　그것이 우리에게 무슨 **상관**이냐 네가
마 27:19　사람에게 아무 **상관**도 하지 마옵소서
막 1:24　당신과 우리가 무슨 **상관**이 있나이까 우리를
막 5:7　나와 당신이 무슨 **상관**이 있나이까
눅 4:34　우리가 당신과 무슨 **상관**이 있나이까
눅 8:28　당신이 나와 무슨 **상관**이 있나이까
요 2:4　여자여 나와 무슨 **상관**이 있나이까
요 13:8　아니하면 네가 나와 **상관**이 없느니라
요 21:22　네게 무슨 **상관**이냐 너는 나를 따르라
요 21:23　하고자 할지라도 네게 무슨 **상관**이냐
행 5:38　이 사람들을 **상관하지** 말고 버려 두라
행 18:17　갈리오가 이 일을 **상관하지** 아니하니라
고전 5:12　내게 무슨 **상관**이 있으리요마는 교회
고후 6:15　자와 믿지 않는 자가 어찌 **상관하며**
갈 2:6　어떤 이들이든지 내게 **상관**이 없으며
몬 1:16　하물며 육신과 주 안에서 **상관된** 네게랴
히 9:28　죄와 **상관** 없이 자기를 바라는 자들에게

상급(賞給, reward, award, prize)

창 15:1　네 방패요 너의 지극히 큰 **상급**이니라
대하 15:7　하라 너희 행위에는 **상급**이 있음이라
시 127:3　기업이요 태의 열매는 그의 **상급**이로다
사 40:10　보라 **상급**이 그에게 있고 보응이 그의
사 62:11　네 구원이 이르렀느니라 보라 **상급**이
단 5:17　왕의 **상급**은 다른 사람에게 주옵소서

상납하다/상납되다(上納, give to, belong to)

창 47:24　오분의 일을 바로에게 **상납하고** 오분의
창 47:26　그 오분의 일이 바로에게 **상납되나**

상달하다/상달되다(上達, go up, reach, come up to)

출 2:23　부르짖는 소리가 하나님께 **상달된지라**
삼상 9:16　부르짖음이 내게 **상달되었으므로**
욥 34:28　부르짖음이 그에게 **상달하게** 하며
시 74:23　떠드는 소리가 항상 주께 **상달되나이다**
시 102:1　나의 부르짖음을 주께 **상달하게** 하소서
사 58:4　너희의 목소리를 **상달하게** 하려는 것이
애 3:44　가리사 기도가 **상달되지** 못하게 하시고
욘 1:2　그 악독이 내 앞에 **상달되었음이니라**
행 10:4　하나님 앞에 **상달되어** 기억하신 바가

상당하다(相當, proper value, with full price)

레 5:15　몇 세겔 은에 **상당한** 흠 없는 숫양을
레 27:18　정한 값에서 그 값에 **상당하게** 감할
대상 21:22　너는 **상당한** 값으로 내게 넘기라 내가
대상 21:24　**상당한** 값으로 사리라 내가 여호와께
마 20:4　내가 너희에게 **상당하게** 주리라
눅 23:41　우리가 행한 일에 **상당한** 보응을 받는
롬 1:27　그릇됨에 **상당한** 보응을 그들 자신이

상대방/상대자/상대편(相對, neighbor, opponent)

출 21:18　돌이나 주먹으로 그의 **상대방**을 쳤으나
출 22:9　그 **상대편**에게 갑절을 배상할지니라
삼하 2:16　**상대방**의 머리를 잡고 칼로 **상대방**의
잠 18:17　바른 것 같으나 그의 **상대자**가 와서

상대하다(相對, against, just with)

마 18:15　너와 그 사람과만 **상대하여** 권고하라
엡 6:12　하늘에 있는 악의 영들을 **상대함이라**

상등(上等, fine good quality)

출 30:23　너는 **상등** 향품을 가지되 액체 몰약

상륙하다(上陸, disembark, get to land, land)

행 18:22　가이사랴에 **상륙하여** 올라가 교회의
행 21:3　항해하여 두로에서 **상륙하니** 거기서
행 27:44　사람들이 다 **상륙하여** 구조되니라

상면(上面, top, upper side)

출 30:3　**상면**과 전후좌우 면과 뿔을 순금으로
출 37:26　제단 **상면**과 전후 좌우면과 그 뿔을

【 상번제 】 　　　　　　　　　　　　　　　　　【 상수리나무 】

상번제(常燔祭, regular burnt offering)

민 28:3　흠 없는 숫양을 매일 두 마리씩 **상번제**로 드리되
민 28:6　시내 산에서 정한 **상번제**로서 여호와께
민 28:10　**상번제**와 그 전제 외에 매 안식일의
민 28:15　**상번제**와 그 전제 외에 숫염소 한 마리
민 28:23　아침의 번제 곧 **상번제** 외에 그것들을
민 28:24　화제의 음식을 드리되 **상번제**와
민 28:31　흠 없는 것으로 **상번제**와 그 소제와
민 29:6　달의 번제와 그 소제와 **상번제**와 그
민 29:11　속죄제와 **상번제**와 그 소제와 그 전제

상번제 - 기타 본문
민 29:16, 19, 22, 25, 28, 31, 34, 38

상복(喪服, mourning clothe, sackcloth)
삼하 14:2　상주가 된 것처럼 **상복**을 입고 기름을
계 6:12　해가 검은 털로 짠 **상복**같이 검어지고

상사(喪事, mourn for the dead)
렘 16:7　어머니의 **상사**를 위하여 위로의 잔을

상석(上席, head of the seat)
삼상 9:22　청한 자 중 **상석**에 앉게 하였는데 객은

상소하다(上訴, appeal to the higher court)
행 25:11　없나이다 내가 가이사께 **상소하노라**
행 25:12　가이사에게 **상소하였으니** 가이사에게
행 25:25　그가 황제에게 **상소한** 고로 보내기로
행 25:26　심문한 후 **상소할** 자료가 있을까 하여
행 26:32　가이사에게 **상소하지** 아니하였더라면
행 28:19　마지 못하여 가이사에게 **상소함이요**

상속/-하다(相續, inherit, descent, fall heir to)
시 25:13　살고 그의 자손은 땅을 **상속하리로다**
시 69:36　종들의 후손이 또한 이를 **상속하고**
잠 19:14　조상에게서 **상속하거니와** 슬기로운
사 49:8　황무하였던 땅을 기업으로 **상속하게**
마 19:29　여러 배를 받고 또 영생을 **상속하리라**
마 25:34　위하여 예비된 나라를 **상속** 받으라
약 2:5　**상속**으로 받게 하지 아니하셨느냐

계 21:7　이기는 자는 이것들을 **상속**으로 받으리

상속권(相續權, right to redeem)
렘 32:8　기업의 **상속권**이 네게 있고 무를 권리가

상속자(相續者, heir, successor)
창 15:2　없사오니 나의 **상속자**는 이 다메섹 사람
창 15:3　내 집에서 길린 자가 내 **상속자**가 될
창 15:4　사람이 네 **상속자**가 … 네 **상속자**가
룻 4:12　여자로 말미암아 네게 **상속자**를 주사
삼하 14:7　죄를 갚아 그를 죽여 **상속자** 될 것까지
렘 49:1　이스라엘이 자식이 없느냐 **상속자**가
마 21:38　서로 말하되 이는 **상속자**니 자 죽이고
마 22:24　들어 형을 위하여 **상속자**를 세울지니라
마 22:25　맏이가 장가 들었다가 죽어 **상속자**가
막 12:7　농부들이 서로 말하되 이는 **상속자**니
막 12:19　아내를 취하여 형을 위하여 **상속자**를
막 12:20　맏이가 아내를 취하였다가 **상속자**가
막 12:21　그 여자를 취하였다가 **상속자**가 없이
막 12:22　일곱이 다 **상속자**가 없었고 최후에
눅 20:14　서로 의논하여 이르되 이는 **상속자**니
눅 20:28　아내를 취하여 형을 위하여 **상속자**를
롬 4:13　후손에게 세상의 **상속자**가 되리라고
롬 4:14　만일 율법에 속한 자들이 **상속자**이면
롬 4:16　**상속자**가 되는 그것이 은혜에 속하기
롬 8:17　또한 **상속자** 곧 하나님의 **상속자**요 그리스도와 함께 한 **상속자**니 우리가 그와
엡 3:6　예수 안에서 함께 **상속자**가 되고 함께
딛 3:7　영생의 소망을 따라 **상속자**가 되게 하려
히 1:2　이 아들을 만유의 **상속자**로 세우시고
히 1:14　영으로서 구원 받을 **상속자**들을 위하여
히 11:7　정죄하고 믿음을 따르는 의의 **상속자**가

상수리나무(oak tree, great tree)
창 12:6　땅 모레 **상수리나무**에 이르니 그 때에
창 18:1　여호와께서 마므레의 **상수리나무**들이
창 35:4　그것들을 세겜 근처 **상수리나무** 아래에
창 35:8　벧엘 아래에 있는 **상수리나무** 밑에
신 11:30　맞은편 모레 **상수리나무** 곁의 아라바에
수 19:33　사아난님 **상수리나무**에서부터
수 24:26　여호와의 성소 곁에 있는 **상수리나무**
삿 4:11　사아난님 **상수리나무** 곁에 이르러 장막
삿 6:11　오브라에 이르러 **상수리나무** 아래에

【 상실하다 】　　　　　　　　　　　　　　　　　【 상인 】

삿 6:19　양푼에 담아 **상수리나무** 아래 그에게로
삿 9:6　세겜에 있는 **상수리나무** 기둥 곁에서
삿 9:37　또 한 떼는 므오느님 **상수리나무** 길로
삼상 10:3　나아가서 다볼 **상수리나무**에 이르면
삼하 18:9　큰 **상수리나무** 번성한 가지 아래로
삼하 18:10　압살롬이 **상수리나무**에 달렸더이다
삼하 18:14　셋을 가지고 가서 **상수리나무** 가운데서
왕상 13:14　뒤따라가서 **상수리나무** 아래에 앉은
대상 10:12　가져다가 그 곳 **상수리나무** 아래에
사 1:29　기뻐하던 **상수리나무**로 말미암아
사 1:30　잎사귀 마른 **상수리나무** 같을 것이요
사 2:13　백향목과 바산의 모든 **상수리나무**와
사 6:13　**상수리나무**가 베임을 당하여도 그
사 44:14　디르사 나무와 **상수리나무**를 취하며
사 57:5　너희가 **상수리나무** 사이, 모든 푸른
겔 6:13　무성한 **상수리나무** 아래 곧 그 우상에게
겔 27:6　**상수리나무**로 네 노를 만들었음이여
호 4:13　버드나무와 **상수리나무** 아래에서 하니
암 2:9　강하기는 **상수리나무** 같으나 내가
슥 11:2　바산의 **상수리나무**들아 곡할지어다

▰▰▰ **상수리 수풀** ▰▰▰

창 13:18　헤브론에 있는 마므레 **상수리 수풀**에
창 14:13　족속 마므레의 **상수리 수풀** 근처에

상실하다(喪失, depraved mind)
롬 1:28　그들을 그 **상실한** 마음대로 내버려 두사

상심하다(傷心, concern, desperate, broken heart)
삼하 12:18　아뢸 수 있으랴 왕이 **상심하시리로다**
삼하 13:33　죽은 줄로 생각하여 **상심하지** 마옵소서
시 147:3　**상심한** 자들을 고치시며 그들의 상처를

상아(象牙, ivory, ivory-work)
왕상 10:18　왕이 또 **상아**로 큰 보좌를 만들고 정금으로
왕상 10:22　삼 년에 한 번씩 금과 은과 **상아**와 원숭이와
대하 9:17　왕이 또 **상아**로 큰 보좌를 만들고 순금으로
대하 9:21　다시스의 금과 은과 **상아**와 원숭이와

아 5:14　몸은 아로새긴 **상아**에 청옥을 입힌
겔 27:6　깃딤 섬 황양목에 **상아**로 꾸며 갑판을
겔 27:15　너와 거래하여 **상아**와 박달나무를 네

┌─────────────────────────────┐
│ 성경에 나오는 '**상아**'로 만든 것 │
├─────────────────────────────┤
│ **상아** 궁 – 왕상 22:39; 시 45:8; 암 3:15 │
│ **상아** 그릇 – 계 18:12 │
│ **상아** 망대 – 아 7:4 │
│ **상아** 상 – 암 6:4 │
└─────────────────────────────┘

상여(喪輿, funeral bier)
삼하 3:31　애도하라 하니라 다윗 왕이 **상여**를

상의하다(相議, confer with, lay plan)
삿 19:30　이 일을 생각하고 **상의한** 후에 말하자
대하 25:17　유다 왕 아마샤가 **상의하고** 예후의 손자
마 22:15　말의 올무에 걸리게 할까 **상의하고**
행 25:12　베스도가 배석자들과 **상의하고** 이르되

상인(商人, merchant, tradesman)
창 23:16　**상인**이 통용하는 은 사백 세겔을 달아
창 37:28　미디안 사람 **상인**들이 지나가고 있는지라 … 팔매 그 **상인**들이 요셉을 데리고
왕상 10:15　그 외에 또 **상인**들과 무역하는 객상과
왕상 10:28　애굽에서 들여왔으니 왕의 **상인**들이
느 3:31　느디님 사람과 **상인**들의 집에서부터
느 3:32　양문까지는 금장색과 **상인**들이 중수하
욥 41:6　그것을 놓고 거래하겠으며 **상인**들이
잠 31:14　**상인**의 배와 같아서 먼 데서 양식을
잠 31:24　옷을 지어 팔며 띠를 만들어 **상인**들에게
아 3:6　유향과 **상인**의 여러 가지 향품으로
사 23:2　왕래하는 시돈 **상인**들로 말미암아
사 23:8　씌우던 자요 그 **상인**들은 고관들이요
겔 17:4　장사하는 땅에 이르러 **상인**의 성읍에
겔 27:13　두발과 메섹은 네 **상인**이 되었음이여
겔 27:15　드단 사람은 네 **상인**이 되었음이여 여러
겔 27:17　유다와 이스라엘 땅 사람이 네 **상인**이
겔 27:20　네 **상인**이 되었음이여 말을 탈 때 까는
겔 27:21　모든 고관은 네 손아래 **상인**이 되어
겔 27:22　**상인**들도 너의 **상인**이 됨이여 각숙
겔 27:23　길맛의 장사꾼들도 너의 **상인**이니라
겔 27:27　**상인**과 네 가운데에 있는 모든 용사와

【 상자 】   【 상처 】

겔 27:36	민족의 **상인**들이 다 너를 비웃음이여
겔 38:13	드단과 다시스의 **상인**과 그 부자들이
호 12:7	그는 **상인**이라 손에 거짓 저울을 가지고
나 3:16	**상인**을 하늘의 별보다 많게 하였으나
계 18:3	땅의 **상인**들도 그 사치의 세력으로
계 18:11	땅의 **상인**들이 그를 위하여 울고 애통
계 18:15	상품의 **상인**들이 그의 고통을 무서워
계 18:23	너의 **상인**들은 땅의 왕족들이라 네

상자(箱子, basket, chest, box)

출 2:3	위하여 갈대 **상자**를 가져다가 역청과
출 2:5	그가 갈대 사이의 **상자**를 보고 시녀를
삼상 6:8	만든 물건들은 **상자**에 담아 궤 곁에
삼상 6:11	그들의 독종의 형상을 담은 **상자**를 수레
삼상 6:15	금 보물 담긴 **상자**를 내려다가 큰 돌
겔 27:24	**상자**에 담고 노끈으로 묶어 가지고 너와

상전(上典, master, lord)

출 21:4	만일 **상전**이 … 자식들은 **상전**에게 속할
출 21:5	분명히 말하기를 내가 **상전**과 내 처자를
출 21:6	**상전**이 그를 데리고 재판장에게로 갈 것 이요 … 종신토록 그 **상전**을 섬기리라
출 21:8	**상전**이 그를 기뻐하지 아니하여 상관 하지 … 속량하게 할 것이나 **상전**이 그
출 21:10	**상전**이 다른 여자에게 장가들지라도
출 21:21	연명하면 형벌을 면하리니 그는 **상전**의
출 21:32	삼십 세겔을 그의 **상전**에게 줄 것이요
욥 3:19	함께 있고 종이 **상전**에게서 놓이느니라
시 123:2	**상전**의 손을 바라보는 종들의 눈같이,
잠 30:10	너는 종을 그의 **상전**에게 비방하지 말라
사 24:2	제사장이 같을 것이며 종과 **상전**이 같을
사 37:4	그의 **상전** 앗수르 왕의 보냄을 받고
마 10:24	그 선생보다, 또는 종이 그 **상전**보다
마 10:25	선생 같고 종이 그 **상전** 같으면 족하도
엡 6:5	떨며 성실한 마음으로 육체의 **상전**에게
엡 6:9	**상전**들아 너희도 그들에게 … 이는 그 들과 너희의 **상전**이 하늘에 계시고
골 3:22	종들아 모든 일에 육신의 **상전**들에게
골 4:1	**상전**들아 의와 공평을 종들에게 베풀지 니 너희에게도 하늘에 **상전**이 계심을
딤전 6:1	아래에 있는 종들은 자기 **상전**들을 범사
딤전 6:2	믿는 **상전**이 있는 자들은 그 **상전**을
딛 2:9	**상전**들에게 범사에 순종하여 기쁘게

상종하다(相從, have relationship, associate with)

삿 18:7	어떤 사람과도 **상종하지** 아니함이라
삿 18:28	시돈과 거리가 멀고 **상종하는** 사람도
삼상 25:15	우리가 들에 있어 그들과 **상종할** 동안에
요 4:9	사마리아인과 **상종하지** 아니함이러라
행 5:13	감히 그들과 **상종하는** 사람이 없으나

상주(喪主, chief of mourner)

| 삼하 14:2 | **상주**가 된 것처럼 상복을 입고 기름을 |

상처(傷處, wound, injury, hurt)

창 4:23	내 말을 들으라 나의 **상처**로 말미암아
레 24:20	**상처**에는 **상처**로, 눈에는 눈으로,
신 19:11	기다리다가 일어나 **상처**를 입혀 죽게
왕상 22:35	저녁에 이르러 죽었는데 **상처**의 피가
왕하 20:7	가져다가 그 **상처**에 놓으니 나으니라
욥 9:17	나를 치시고 까닭 없이 내 **상처**를 깊게
욥 34:6	허물이 없으나 화살로 **상처**를 입었노라
시 38:5	**상처**가 썩어 악취가 나오니 내가 우매한
시 38:11	사랑하는 자와 내 친구들이 내 **상처**를
시 147:3	상심한 자들을 고치시며 그들의 **상처**를
잠 23:29	까닭 없는 **상처**가 뉘게 있느뇨 붉은
사 30:26	자기 백성의 **상처**를 싸매시며 그들의
렘 6:14	백성의 **상처**를 가볍게 여기면서 말하기
렘 8:11	딸 내 백성의 **상처**를 가볍게 여기면서
렘 10:19	내 **상처**여 내가 중상을 당하였도다
렘 14:17	파멸, 중한 **상처**로 말미암아 망함이라
렘 15:18	고통이 계속하며 **상처**가 중하여 낫지
렘 30:12	이와 같이 말씀하시니라 네 **상처**는 고칠
렘 30:13	재판관이 없고 네 **상처**에는 약도 없고
렘 30:15	어찌하여 네 **상처** 때문에 부르짖느냐
렘 30:17	너의 **상처**로부터 새 살이 돋아나게 하여
렘 41:5	몸에 **상처**를 내고 손에 소제물과 유향을
렘 51:8	이로 말미암아 울라 그 **상처**를 위하여
호 5:13	**상처**를 깨달았고 에브라임은 앗수르 로 … 너희 **상처**를 낫게 하지 못하리라
미 1:9	이는 그 **상처**는 고칠 수 없고 그것이
나 3:19	**상처**는 고칠 수 없고 네 부상은 중하도
슥 13:6	두 팔 사이에 있는 **상처**는 어찌 됨이냐 … 나의 친구의 집에서 받은 **상처**라
막 12:4	종을 보내니 그의 머리에 **상처**를 내고
눅 10:34	기름과 포도주를 그 **상처**에 붓고 싸매고

【 상쾌하다 】 　　　　　　　　　　　　　　　　　　　　　　【 상하다 】

계 13:3　　그 죽게 되었던 **상처**가 나으매 온 땅이
계 13:12　경배하게 하니 곧 죽게 되었던 **상처**가

상쾌하다 (爽快, refresh, feel better)
창 18:5　　당신들의 마음을 **상쾌**하게 하신 후에
삼상 16:23 사울이 **상쾌**하여 낫고 악령이 그에게서
사 28:12　너희 **상쾌함이니** 너희는 곤비한 자에게
렘 31:25　내가 그 피곤한 심령을 **상쾌**하게 하며

상품 (商品, ware, merchandise, wealth)
겔 27:13　놋그릇을 가지고 네 **상품**을 바꾸어
겔 27:19　대나무 제품이 네 **상품** 중에 있었도다
겔 27:27　재물과 **상품**과 바꾼 물건과 네 사공과
계 18:11　애통하는 것은 다시 그들의 **상품**을 사는
계 18:12　그 **상품**은 금과 은과 보석과 진주와
계 18:15　말미암아 치부한 이 **상품**의 상인들이
계 18:19　보배로운 **상품**으로 치부하였더니 한

상하다 (傷, injure, hurt, bruise, wound)
〔모세오경 – 시가서〕
창 3:15　　후손은 네 머리를 **상하게** 할 것이요 너
　　　　　는 그의 발꿈치를 **상하게** 할 것이니라
출 9:31　　피었으므로 삼과 보리가 **상하였으나**
출 9:32　　쌀보리는 자라지 아니한 고로 **상하지**
출 10:12　우박에 **상하지** 아니한 밭의 모든 채소를
출 10:15　메뚜기가 우박에 **상하지** 아니한 밭의
출 21:25　**상하게** 한 것은 **상함으로**, 때린 것은
출 21:26　눈을 쳐서 **상하게** 하면 그 눈에 대한
출 22:10　죽거나 **상하거나** 끌려가도 본 사람이
출 22:14　아니할 때에 **상하거나** 죽으면 반드시
레 21:20　습진이나 버짐이 있는 자나 고환 **상한**
레 22:22　눈 먼 것이나 **상한** 것이나 지체에 베임
레 22:24　너희는 고환이 **상하였거나** 치었거나
민 21:4　　길로 말미암아 백성의 마음이 **상하니라**
신 23:1　　**상한** 자나 음경이 잘린 자는 여호와의
신 32:39　살리기도 하며 **상하게도** 하며 낫게도
삼하 2:26 칼이 영원히 사람을 **상하겠느냐** 마침내
왕상 18:28 칼과 창으로 그들의 몸을 **상하게** 하더라
왕상 20:37 그 사람이 그를 치되 **상하도록** 친지라
왕하 18:21 네가 너를 위하여 저 **상한** 갈대 지팡이
대하 15:6 그러하여 피차 **상한** 바 되었나니 이는
대하 22:5 아람 사람들이 요람을 **상하게** 한지라
대하 22:6 라마에서 맞아 **상한** 것을 치료하려 하여

욥 5:18　　하시다가 싸매시며 **상하게** 하시다가
욥 24:12　죽어가는 사람들이 신음하며 **상한** 자가
시 34:18　여호와는 마음이 **상한** 자를 가까이
시 38:8　　내가 피곤하고 심히 **상하였으매** 마음이
시 42:4　　일을 기억하고 내 마음이 **상하는도다**
시 51:17　**상한** 심령이라 하나님이여 **상하고** 통회
시 64:7　　그들이 갑자기 화살에 **상하리로다**
시 69:20　비방이 나의 마음을 **상하게** 하여 근심이
시 69:26　치신 자를 핍박하며 주께서 **상하게** 하신
시 77:3　　근심하니 내 심령이 **상하도다** (셀라)
시 109:16 궁핍한 자와 마음이 **상한** 자를 핍박하여
시 119:20 항상 사모함으로 내 마음이 **상하나이다**
시 121:6　낮의 해가 너를 **상하게** 하지 아니하며
시 143:4　그러므로 내 심령이 속에서 **상하며** 내
잠 7:26　　그가 많은 사람을 **상하여** 엎드러지게
잠 13:12　이루어지면 그것이 마음을 **상하게**
잠 15:4　　나무이지만 패역한 혀는 마음을 **상하게**
잠 15:13　하여도 마음의 근심은 심령을 **상하게**
잠 18:14　능히 이기려니와 심령이 **상하면** 그것을
잠 23:35　나를 **상하게** 하여도 내게 감각이 없도다
잠 25:20　**상한** 자에게 노래하는 것은 추운 날에
아 5:7　　쳐서 **상하게** 하였고 성벽을 파수하는

〔선지서, 신약〕
사 1:6　　머리까지 성한 곳이 없이 **상한** 것과
사 32:19　숲은 우박에 **상하고** 성읍은 파괴되리라
사 36:6　　네가 애굽을 믿는도다 그것은 **상한** 갈대
사 49:10　더위와 볕이 그들을 **상하지** 아니하리니
사 52:14　타인보다 **상하였고** 그의 모습이 사람들
　　　　　보다 **상하였으므로** 많은 사람이 그에
사 61:1　　나를 보내사 마음이 **상한** 자를 고치며
사 65:8　　그것을 **상하지** 말라 거기 복이 있느니라
사 65:14　마음이 슬프므로 울며 심령이 **상하므로**
렘 2:16　　자손도 네 정수리를 **상하였으니**
렘 8:21　　내 백성이 **상하였으므로** 나도 **상하여**
렘 13:14　또 그들로 피차 충돌하여 **상하게** 하되
렘 23:9　　마음이 **상하며** 내 모든 뼈가 떨리며
렘 29:17　그들에게 보내어 그들에게 **상하여** 먹을
애 1:20　　다 태우고 나의 마음이 **상하오니** 나의
애 2:11　　눈물에 **상하며** 내 창자가 끊어지며 내
애 2:12　　그들이 성읍 길거리에서 **상한** 자처럼
애 3:51　　내 눈으로 보니 내 심령이 **상하는도다**
겔 26:15　너희 가운데에 **상한** 자가 부르짖으며
겔 28:23　오는 칼에 **상한** 자가 그 가운데에

【 상해/-하다 】　　　【 새 2 】

겔 30:24	왕 앞에서 고통하기를 죽게 **상한** 자를
겔 34:4	고치지 아니하며 **상한** 자를 싸매 주지
겔 34:16	돌아오게 하며 **상한** 자를 내가 싸매
단 3:25	다니는데 **상하지도** 아니하였고 그
단 6:23	그의 몸이 조금도 **상하지** 아니하였으니
단 7:11	그의 시체가 **상한** 바 되어 타오르는
욜 2:8	돌파하고 나아가나 **상하지** 아니하며
욜 2:20	들어갈 것이라 **상한** 냄새가 일어나고
슥 11:16	흩어진 자를 찾지 아니하며 **상한** 자를
마 7:6	밟고 돌이켜 너희를 찢어 **상하게** 할까
눅 4:35	나오되 그 사람은 **상하지** 아니한지라
눅 9:39	거품을 흘리게 하며 몹시 **상하게** 하고야
눅 20:12	세 번째 종을 보내니 이 종도 **상하게**
눅 21:18	너희 머리털 하나도 **상하지** 아니하리라
행 16:28	소리 질러 이르되 네 몸을 **상하지** 말라
행 19:16	그들이 **상하여** 벗은 몸으로 그 집에서
행 21:13	어찌하여 울어 내 마음을 **상하게** 하느냐
롬 16:20	너희 발 아래에서 **상하게** 하시리라 우리
고전 8:12	그 약한 양심을 **상하게** 하는 것이 곧
계 7:16	뜨거운 기운에 **상하지도** 아니하리니
계 13:3	머리 하나가 **상하여** 죽게 된 것 같더니
계 13:14	자들에게 이르기를 칼에 **상하였다가**

상해/-하다(傷害, injure, hurt, ravage, mutilate)

레 24:19	만일 그의 이웃에게 **상해**를 입혔으면
레 24:20	남에게 **상해**를 입힌 그대로 그에게
시 35:4	당하게 하시며 나를 **상해하려** 하는 자들
시 80:13	숲 속의 멧돼지들이 **상해하며** 들짐승들
단 6:22	사자들이 나를 **상해하지** 못하였사오니
빌 3:2	삼가고 몸을 **상해하는** 일을 삼가라

상황(狀況, situation, circumstances)

단 9:18	우리의 황폐한 **상황**과 주의 이름으로
행 26:4	예루살렘에서 젊었을 때 생활한 **상황**을

새 1(bird)

창 1:20	하늘의 궁창에는 **새**가 날으라 하시고
창 1:21	날개 있는 모든 **새**를 그 종류대로 창조
창 1:22	바닷물에 충만하라 **새**들도 땅에 번성하

새 1 - 기타 본문

구약　창 1:26, 28, 30; 2:19, 20; 6:7, 20; 7:3, 8, 14,

21, 23; 8:17, 19, 20; 9:2, 10; 15:10; 40:17, 19; 레 1:14; 7:26; 11:16, 46; 14:4, 5, 6, 7, 49, 50, 51, 52, 53; 17:13; 20:25; 신 4:17; 14:11, 13, 15, 20; 22:6; 28:26; 삼상 17:46; 삼하 21:10; 왕상 4:23, 33; 14:11; 16:4; 21:24; 욥 12:7; 28:21; 35:11; 41:5; 시 11:1; 50:11; 78:27; 79:2; 91:3; 104:12; 124:7; 148:10; 잠 6:5; 7:23; 27:8; 전 9:12; 10:20; 12:4; 아 2:12; 사 16:2; 렘 4:25; 5:26, 27; 7:33; 9:10; 12:4; 15:3; 16:4; 34:20; 애 3:52; 겔 13:20; 17:23; 29:5; 31:13; 32:4; 38:20; 39:4, 17; 단 2:38; 4:12, 14, 21, 33; 7:6; 호 2:18; 4:3; 7:12; 9:8, 11; 11:11; 암 3:5; 습 1:3 **신약** 마 6:26; 13:4, 32; 막 4:4, 32; 눅 8:5; 9:58; 12:24; 13:19; 약 3:7; 계 18:2; 19:21

새 2(new, fresh, novel)

모세오경

창 8:11	입에 감람나무 **새** 잎사귀가 있는지라
창 47:18	그 해가 다 가고 **새** 해가 되매 무리가
출 1:8	요셉을 알지 못하는 **새** 왕이 일어나
레 23:16	오십 일을 계수하여 **새** 소제를 여호와께
레 26:10	곡식을 먹다가 **새** 곡식으로 말미암아
민 16:30	만일 여호와께서 **새** 일을 행하사 땅이
민 28:26	너희가 여호와께 **새** 소제를 드릴 때에도
민 32:38	건축하고 건축한 성읍들에 **새** 이름을
신 20:5	백성에게 말하여 이르기를 **새** 집을
신 22:8	네가 **새** 집을 지을 때에는 지붕에 난간을
신 33:28	야곱의 샘은 곡식과 **새** 포도주의 땅에

역사서

수 8:31	연장으로 다듬지 아니한 **새** 돌로 만든
삿 5:8	무리가 **새** 신들을 택하였으므로 그 때에
삿 15:13	**새** 밧줄 둘로 결박하고 바위틈에서 그를
삿 15:15	나귀의 **새** 턱뼈를 보고 손을 내밀어
삿 16:7	마르지 아니한 **새** 활줄 일곱으로 나를
삿 16:8	방백들이 마르지 아니한 **새** 활줄 일곱을
삿 16:11	쓰지 아니한 **새** 밧줄들로 나를 결박하면
삿 16:12	들릴라가 **새** 밧줄들을 가져다가 그것들
삼상 6:7	그러므로 **새** 수레를 하나 만들고 멍에를
삼상 10:9	하나님이 **새** 마음을 주셨고 그 날 그
삼하 6:3	하나님의 궤를 **새** 수레에 싣고 산에 … 웃사와 아효가 그 **새** 수레를 모니라
삼하 21:16	놋 창을 들고 **새** 칼을 찬 이스비브놉이
삼하 23:4	땅에서 움이 돋는 **새** 풀 같으니라

[새 2]　　　　　　　　　　　　　　　　　　　　　　　　　　　　　　　　[새 2]

왕상 11:29	그를 만나니 아히야가 새 의복을 입었고	호 4:11	음행과 묵은 포도주와 새 포도주가
왕상 11:30	아히야가 자기가 입은 새 옷을 잡아	호 5:7	사생아를 낳았으니 그러므로 새 달이
왕하 2:20	엘리사가 이르되 새 그릇에 소금을 담아	호 7:14	곡식과 새 포도주로 말미암아 모이며
왕하 16:14	새 제단과 여호와의 성전 사이에서	호 9:2	기르지 못할 것이며 새 포도주도 떨어질
대상 13:7	하나님의 궤를 새 수레에 싣고 아비나답	욜 1:10	곡식이 떨어지며 새 포도주가 말랐고
대하 20:5	여호사밧이 여호와의 전 새 뜰 앞에서	욜 2:19	너희에게 곡식과 새 포도주와 기름을
대하 32:28	새 포도주와 기름의 산물을 위하여	욜 2:24	가득하고 독에는 새 포도주와 기름이
스 6:4	돌 세 켜에 새 나무 한 켜를 놓으라 그	학 1:11	땅과 산과 곡물과 새 포도주와 기름과
느 5:11	양식이나 새 포도주나 기름의 백분의	슥 9:17	곡식은 청년을, 새 포도주는 처녀를
느 10:37	각종 과목의 열매와 새 포도주와 기름	**복음서, 역사서**	
느 10:39	거제로 드린 곡식과 새 포도주와 기름	마 9:17	새 포도주를 … 부대도 버리게 됨이라
느 13:5	십일조로 주는 곡물과 새 포도주와 기름		새 포도주는 새 부대에 넣어야 둘이 다
느 13:12	곡식과 새 포도주와 기름의 십일조를	마 27:60	자기 새 무덤에 넣어 두고 큰 돌을 굴려
시가서		막 1:27	권위 있는 새 교훈이로다 더러운 귀신들
욥 8:12	이런 것은 새 순이 돋아 아직 뜯을 때에	막 2:22	새 포도주를 낡은 … 그렇게 하면 새
욥 32:19	포도주통 같이 터지게 된 새 가죽 부대		포도주가 부대를 터뜨려 … 오직 새 포
시 4:7	그들의 곡식과 새 포도주가 풍성할 때		도주는 새 부대에 넣느니라 하시니라
시 144:9	하나님이여 내가 주께 새 노래로 노래하	막 16:17	이름으로 귀신을 쫓아내며 새 방언을
시 149:1	할렐루야 새 노래로 여호와께 노래하며	눅 5:36	새 옷에서 한 조각을 찢어 … 그렇게 하
잠 3:10	네 포도즙 틀에 새 포도즙이 넘치리라		면 새 옷을 찢을 뿐이요 또 새 옷에서
선지서		눅 5:37	새 포도주를 … 그렇게 하면 새 포도주
사 40:31	여호와를 앙망하는 자는 새 힘을 얻으리	눅 5:38	새 포도주는 새 부대에 넣어야 할
사 41:15	이가 날카로운 새 타작기로 삼으리니	눅 22:20	이 잔은 내 피로 세우는 새 언약이니
사 42:9	새 일을 알리노라 그 일이 시작되기	요 19:41	사람을 장사한 일이 없는 새 무덤이
사 42:10	사람들아 여호와께 새 노래로 노래하며	행 2:13	이르되 그들이 새 술에 취하였다 하더라
사 43:19	새 일을 행하리니 이제 나타낼 것이라	행 7:18	못하는 새 임금이 애굽 왕위에 오르매
사 48:6	이제부터 내가 새 일 곧 네가 알지	**서신서, 예언서**	
사 49:26	자기의 살을 먹게 하며 새 술에 취함같	롬 6:4	살리심과 같이 우리로 또한 새 생명
사 62:2	여호와의 입으로 정하실 새 이름으로	고전 5:7	누룩 없는 자인데 새 덩어리가 되기
사 65:17	내가 새 하늘과 새 땅을 창조하나니	고전 11:25	잔은 내 피로 세운 새 언약이니 이것을
사 66:22	내가 지을 새 하늘과 새 땅이 내 앞에	고후 3:6	또한 우리를 새 언약의 일꾼 되기에
렘 26:10	성전으로 올라가 여호와의 성전 새 대문	히 8:8	유다 집과 더불어 새 언약을 맺으리라
렘 30:17	너의 상처로부터 새 살이 돋아나게 하여	히 9:15	말미암아 그는 새 언약의 중보자시니
렘 31:12	여호와의 복 곧 곡식과 새 포도주와	벧후 3:13	의가 있는 곳인 새 하늘과 새 땅을
렘 31:22	여호와가 새 일을 세상에 창조하였나니	요일 2:7	새 계명을 너희에게 쓰는 것이 아니라
렘 31:31	이스라엘 집과 유다 집에 새 언약을	요일 2:8	너희에게 새 계명을 쓰노니 그에게와
렘 36:10	여호와의 성전에 있는 새 문 어귀 곁에	요이 1:5	사랑하자 이는 새 계명같이 네게 쓰는
겔 11:19	한 마음을 주고 그 속에 새 영을 주며	계 2:17	돌 위에 새 이름을 기록한 것이 있나니
겔 17:22	그 높은 새 가지 끝에서 연한 가지를	계 3:12	새 예루살렘의 이름과 나의 새 이름을
겔 36:26	또 새 영을 너희 속에 두고 새 마음을	계 5:9	그들이 새 노래를 불러 이르되 두루마
겔 47:12	새 열매를 맺으리니 그 물이 성소로	계 14:3	장로들 앞에서 새 노래를 부르니 땅에서
호 2:8	곡식과 새 포도주와 기름은 내가 그에게	계 21:1	새 하늘과 새 땅을 보니 처음 하늘과
호 2:9	내 새 포도주를 그것이 맛 들 시기에	계 21:2	성 새 예루살렘이 하나님께로부터

【 새것 】   【 새끼 】

새것(new thing)

수 9:13	가죽 부대도 **새것**이었으나 찢어지게
전 1:9	후에 다시 할지라 해 아래에는 **새것**이
전 1:10	이르기를 보라 이것이 **새것**이라 할
아 7:13	여러 가지 귀한 열매가 **새것**, 묵은
마 13:52	서기관마다 마치 **새것**과 옛것을 그 곳간
마 26:29	아버지의 나라에서 **새것**으로 너희와
막 2:21	그렇게 하면 기운 **새것**이 낡은 그것을
막 14:25	나라에서 **새것**으로 마시는 날까지
눅 5:39	포도주를 마시고 **새것**을 원하는 자가
고후 5:17	지나갔으니 보라 **새것**이 되었도다

새기다/새겨지다(engrave, be upon heart)

1. 물건에 새기다(engrave, carve, write on)

출 28:9	위에 이스라엘 아들들의 이름을 **새기되**
출 28:10	나머지 여섯 이름은 다른 보석에 **새기라**
출 28:11	**새기는** … **새김같이** … 보석에 **새겨**
출 28:21	이름씩 도장을 **새기는** 법으로 **새기고**
출 28:36	도장을 **새기는** 법으로 그 위에 **새기되**
출 31:5	여러 가지 기술로 나무를 **새겨** 만들게
출 32:4	조각칼로 **새겨** 송아지 형상을 만드니
출 32:16	하나님이 쓰셔서 판에 **새기신** 것이더라
출 35:33	보석을 깎아 물리며 나무를 **새기는**
출 39:6	금 테에 물려 도장을 **새김같이** 이스라엘의 아들들의 이름을 그것에 **새겨**
출 39:14	도장을 **새김같이** … 이름을 **새겼으며**
출 39:30	도장을 **새김같이** 그 위에 … **새기고**

> **성경에 나오는 '새긴' 것**
>
> 새긴 석상 – 민 33:52
> 새긴 신상 – 삿 18:14, 17, 18, 30, 31; 사 48:5
> 새긴 우상 – 출 20:4; 신 5:8; 삿 18:20; 미 5:13; 나 1:14; 합 2:18

신 4:16	형상대로든지 우상을 **새겨** 만들지 말라
삿 17:3	내 아들을 위하여 한 신상을 **새기며**
삿 17:4	은장색에게 주어 한 신상을 **새기고** 한
대하 3:5	그 위에 종려나무와 사슬 형상을 **새겼고**
대하 3:10	지성소 안에 두 그룹의 형상을 **새겨**
욥 19:24	영원히 돌에 **새겨졌으면** 좋겠노라
사 49:16	내가 너를 내 손바닥에 **새겼고** 너의
렘 17:1	마음 판과 그들의 제단 뿔에 **새겨졌거늘**
겔 40:16	각 문 벽 위에는 종려나무를 **새겼더라**
겔 40:26	문 벽 위에 종려나무를 **새겼으며**
겔 40:31	그 문 벽 위에도 종려나무를 **새겼으며**
겔 40:34	문 벽 위에도 종려나무를 **새겼으며** 그
겔 40:37	위에도 종려나무를 **새겼으며** 그 문간
겔 41:18	종려나무를 **새겼는데** 두 그룹 사이에
겔 41:20	그룹들과 종려나무들을 **새겼으니** 성전
겔 41:25	그룹과 종려나무를 **새겼는데** 벽에 있는
겔 41:26	종려나무도 **새겨져** 있고 성전의 골방과
미 1:7	**새긴** 우상들은 다 부서지고 그 음행의
합 2:2	판에 명백히 **새기되** 달려가면서도 읽을
슥 3:9	내가 거기에 새길 것을 **새기며** 이 땅의
행 17:23	신에게라고 **새긴** 단도 보았으니 그런즉
행 17:29	사람의 기술과 고안으로 **새긴** 것들과
고후 3:7	돌에 써서 **새긴** 죽게 하는 율법 조문이

2. 마음에 깊이 기억하다
(be upon heart, bind upon heart)

신 6:6	명하는 이 말씀을 너는 마음에 **새기고**
잠 3:3	네 목에 매며 네 마음 판에 **새기라**
잠 6:21	항상 네 마음에 **새기며** 네 목에 매라
잠 7:3	매며 이것을 네 마음 판에 **새기라**
눅 2:19	모든 말을 마음에 **새기어** 생각하니라
롬 2:15	변명하여 그 마음에 **새긴** 율법의 행위를

새김질/–하다(chew the cud)

레 11:3	쪽발이 되고 **새김질하는** 것은 너희가
레 11:4	**새김질하는** 것이나 굽이 갈라진 짐승 중에도 … 이러하니 낙타는 새김질은
레 11:5	사반도 **새김질은** 하되 굽이 갈라지지
레 11:6	토끼도 **새김질은** 하되 굽이 갈라지지
레 11:7	갈라져 쪽발이로되 **새김질을** 못하므로
레 11:26	쪽발이 아닌 것이나 **새김질** 아니하는
신 14:6	굽이 갈라져 쪽발도 되고 **새김질도** 하는
신 14:7	다만 **새김질을** 하거나 굽이 갈라진 짐승 … 그것들은 **새김질은** 하나 굽이
신 14:8	굽은 갈라졌으나 **새김질을** 못하므로

새끼(young, cub)

창 4:4	아벨은 자기도 양의 첫 **새끼와** 그 기름
창 30:38	그 떼가 물을 먹으러 올 때에 **새끼를**
창 30:39	가지 앞에서 **새끼를** 배므로 얼룩얼룩한
창 30:41	양이 **새끼** 밸 때에는 야곱이 개천에다

[새끼]

창 31:10 가 … 가지 곁에서 **새끼**를 배게 하고
창 32:15 양 떼가 **새끼** 밸 때에 내가 꿈에 눈을
창 33:13 낙타 삼십과 그 **새끼**요 암소가 사십이요
출 13:13 양 떼와 소가 **새끼**를 데리고 있은즉
출 34:20 **새끼**는 다 어린 양으로 대속할 것이요
레 22:28 나귀의 첫 **새끼**는 어린 양으로 대속함
신 15:19 암양을 막론하고 어미와 **새끼**를 같은
신 22:6 **새끼**는 부리지 말고 네 양의 첫 **새끼**의
신 22:7 새 **새끼**나 알이 있고 … **새끼**나 알을 품은 것을 보거든 그 어미 새와 **새끼**를
신 32:11 어미는 반드시 놓아 줄 것이요 **새끼**는
삼상 17:34 어지럽게 하며 자기의 **새끼** 위에 너풀거리며 그의 날개를 펴서 **새끼**를 받으며
삼상 17:35 곰이 와서 양 떼에서 **새끼**를 물어 가면
삼하 17:8 치고 그 입에서 **새끼**를 건져내었고
들에 있는 곰이 **새끼**를 빼앗긴 것같이

성경에 나오는 '새끼'

가축의 **새끼** – 신 28:11, 51; 30:9-10
까마귀 **새끼** – 욥 38:41; 시 147:9
나귀 **새끼** – 슥 9:9; 마 21:2, 7; 막 11:2, 4, 5, 7; 눅 19:30, 33, 35; 요 12:15
독사의 **새끼** – 마 23:33
독수리 **새끼** – 잠 30:17
들나귀 **새끼** – 욥 11:12
사자(의) **새끼** – 창 49:9; 신 33:22
새끼 나귀 – 창 32:15
새끼 사자 – 렘 51:38; 나 2:11
새끼 양 – 창 30:40; 왕하 3:4
새 **새끼** – 신 22:6; 사 16:2
소의 **새끼** – 신 28:51
암나귀 **새끼** – 창 49:11
암사자의 **새끼** – 욥 4:11
암양 **새끼** – 창 21:28, 29, 30; 삼하 12:3
양(의) **새끼** – 신 28:4, 18, 51; 삼하 12:4, 6
염소 **새끼** – 창 27:9, 16; 38:17, 20, 23; 출 23:19; 34:26; 신 14:21; 삿 6:19; 13:15, 19; 14:6; 15:1; 삼상 10:3; 16:20; 아 1:8; 눅 15:29
짐승의 **새끼** – 신 28:4; 마 21:5
집비둘기 **새끼** – 창 15:9; 레 1:14; 5:7; 12:6, 8; 14:22, 30; 15:14, 29; 민 6:10

[새다]

욥 21:10 수소는 **새끼**를 배고 그들의 암소는 낙태하는 일이 없이 **새끼**를 낳는구나
욥 39:1 산 염소가 **새끼** 치는 때를 네가 아느냐 암사슴이 **새끼** 낳는 것을 네가 본 적이
욥 39:3 구푸리고 **새끼**를 낳으니 그 괴로움이
욥 39:4 **새끼**는 강하여져서 빈 들에서 크다가
욥 39:16 그 **새끼**에게 모질게 대함이 제 **새끼**가
욥 39:30 그 **새끼**들도 피를 빠나니 시체가 있는
시 84:3 참새도 제 집을 얻고 제비도 **새끼** 둘
잠 17:12 차라리 **새끼** 빼앗긴 암곰을 만날지언정
아 4:2 깎인 암양 곧 **새끼** 없는 것은 하나도
아 6:6 쌍태를 가졌으며 **새끼** 없는 것은 하나도
아 7:3 두 유방은 암사슴의 쌍태 **새끼** 같고
사 11:7 곰이 함께 먹으며 그것들의 **새끼**가
사 31:5 새가 날개 치며 그 **새끼**를 보호함같이
렘 14:5 암사슴은 **새끼**를 낳아도 풀이 없으므로
애 4:3 들개들도 젖을 주어 그들의 **새끼**를
겔 19:2 젊은 사자 중에서 그 **새끼**를 기르는데
겔 19:3 **새끼** 하나를 키우매 젊은 사자가 되어
겔 19:5 소망이 끊어진 줄을 알고 그 **새끼** 하나
겔 31:6 그 가는 가지 밑에서 **새끼**를 낳으며
호 13:8 내가 **새끼** 잃은 곰같이 그들을 만나
나 2:12 수사자가 그 **새끼**를 위하여 먹이를
마 23:37 암탉이 그 **새끼**를 날개 아래에 모음같이
눅 13:34 암탉이 제 **새끼**를 날개 아래에 모음같이

새끼손가락(little finger)
왕상 12:10 **새끼손가락**이 내 아버지의 허리보다
대하 10:10 **새끼손가락**이 내 아버지의 허리보다

새다(leak out, escape, dawn)
  1. 빠져나오거나 흘러 나오다
     (leak out, escape)
잠 17:14 시작은 둑에서 물이 **새는** 것 같은즉
전 10:18 내려앉고 손을 놓은즉 집이 **새느니라**
  2. 날이 밝아 오다(dawn, break)
창 32:24 어떤 사람이 날이 **새도록** 야곱과 씨름
잠 31:15 밤이 **새기** 전에 일어나서 자기 집안
삿 21:8 서 있었고 밤이 **새도록** 파수하는 곳에
눅 22:66 **새매** 백성의 장로들 곧 대제사장들과
요 21:4 날이 **새어** 갈 때에 예수께서 바닷가에
행 12:18 날이 **새매** 군인들은 베드로가 어떻게
행 16:35 날이 **새매** 상관들이 부하를 보내어 이

【 새달 】   【 새벽 】

행 20:11 떼어 먹고 오랫동안 곧 날이 **새기**까지
행 23:12 **새매** 유대인들이 당을 지어 맹세하되
행 27:29 닻 넷을 내리고 날이 **새기**를 고대하니라
행 27:33 날이 **새어** 가매 바울이 여러 사람에게
행 27:39 날이 **새매** 어느 땅인지 알지 못하나
벤후 1:19 등불과 같으니 날이 **새어** 샛별이 너희

새달(new moon)
호 5:7   그러므로 **새달**이 그들과 그 기업을

새로(newly, recently)
민 6:12   여호와께 드릴 날을 **새로** 정하고 일 년
삿 6:28   아세라가 찍혔고 **새로** 쌓은 제단 위에
욥 14:9   움이 돋고 가지가 뻗어 **새로** 심은
잠 27:25 벤 후에는 **새로** 움이 돋나니 산에서
사 1:6   상한 것과 터진 것과 **새로** 맞은 흔적뿐
행 18:2   함께 이달리야로부터 **새로** 온지라
갈 6:15   아무 것도 아니로되 오직 **새로** 지으심을
딤전 3:6 **새로** 입교한 자도 말지니 교만하여져서

새롭다/새로워지다/새로이(new, vivid, recent)
신 24:5   사람이 **새로이** 아내를 맞이하였으면
신 32:17 들어온 **새로운** 신들 너희의 조상들이
삼상 11:14 우리가 길갈로 가서 나라를 **새롭게** 하자
욥 29:20 영광은 내게 **새로워지고** 내 손에서
시 51:10 내 안에 정직한 영을 **새롭게** 하소서
시 103:5 청춘을 독수리같이 **새롭게** 하시는도다
시 104:30 창조하사 지면을 **새롭게** 하시나이다
사 41:1   힘을 **새롭게** 하라 가까이 나아오라
애 3:23   아침마다 **새로우니** 주의 성실하심이
애 5:21   우리의 날들을 다시 **새롭게** 하사 옛적
겔 18:31 마음과 영을 **새롭게** 할지어다 이스라엘
마 19:28 세상이 **새롭게** 되어 인자가 자기 영광의
행 3:19   하면 **새롭게** 되는 날이 주 앞으로부터
행 17:19 말하는 이 **새로운** 가르침이 무엇인지
행 17:21 외국인들이 가장 **새로운** 것을 말하고
롬 7:6   영의 **새로운** 것으로 섬길 것이요 율법
롬 12:2   마음을 **새롭게** 함으로 변화를 받아
고후 4:16 우리의 속사람은 날로 **새로워지도다**
고후 5:17 그리스도 안에 있으면 **새로운** 피조물
엡 4:23   오직 너희의 심령이 **새롭게** 되어
골 3:10   형상을 따라 지식까지 **새롭게** 하심을
딛 3:5   중생의 씻음과 성령의 **새롭게** 하심으로

히 6:5   타락한 자들은 다시 **새롭게** 하여 회개하
히 10:20 가운데로 열어 놓으신 **새로운** 살 길이요
계 21:5   **새롭게** 하노라 하시고 또 이르시되

새매(sparrow hawk)
레 11:16 타흐마스와 갈매기와 **새매** 종류와
신 14:13 매와 **새매**와 매의 종류와
신 14:15 타흐마스와 갈매기와 **새매** 종류와

새벽 (dawn, daybreak, morning)

출 14:24 **새벽**에 여호와께서 불과 구름 기둥 가운데서
출 14:27 바다 위로 내밀매 **새벽**이 되어 바다가
수 6:15   **새벽**에 그들이 일찍이 일어나서 전과
삿 16:2   조용히 하며 이르기를 **새벽**이 되거든
삿 19:25 능욕하다가 **새벽** 미명에 놓은지라
룻 3:14   룻이 **새벽**까지 그의 발치에 누웠다가
삼상 11:11 백성을 삼 대로 나누고 **새벽**에 적진 한
삼상 29:10 더불어 **새벽**에 일어나라 너희는 **새벽**에
삼상 30:17 다윗이 **새벽**부터 이튿날 저물 때까지
삼하 17:22 요단을 건널새 **새벽**까지 한 사람도 요단
느 8:3   수문 앞 광장에서 **새벽**부터 정오까지
욥 7:4   언제나 밤이 갈까 하며 **새벽**까지 이리
욥 38:12 아침에게 명령하였느냐 **새벽**에게 그
욥 41:18 빛을 발하고 그것의 눈은 **새벽**의 눈꺼풀
시 46:5   아니할 것이라 **새벽**에 하나님이 도우시
시 57:8   비파야, 수금아, 깰지어다 내가 **새벽**을
시 63:6   침상에서 주를 기억하며 **새벽**에 주의
시 108:2 깰지어다 내가 **새벽**을 깨우리로다
시 139:9 내가 **새벽** 날개를 치며 바다 끝에 가서
사 58:8   그리하면 네 빛이 **새벽**같이 비칠 것이며
렘 7:13   너희에게 말하되 **새벽**부터 부지런히
단 6:19   이튿날에 왕이 **새벽**에 일어나 급히 사자
호 6:3   나타나심은 **새벽** 빛같이 어김없나니
호 10:15 행하리니 이스라엘 왕이 **새벽**에 정녕
욘 4:7   예비하사 이튿날 **새벽**에 그 박넝쿨을
마 27:1   **새벽**에 모든 대제사장과 백성의 장로들
마 28:1   안식 후 첫날이 되려는 **새벽**에 막달라
막 1:35   **새벽** 아직도 밝기 전에 예수께서 일어나
막 13:35 닭 울 때일는지, **새벽**일는지 너희가
막 15:1   **새벽**에 대제사장들이 즉시 장로들과
눅 24:1   안식 후 첫날 **새벽**에 이 여자들이 그

【 새벽녘 】　　　　　　　　　　　　　　　　　　　　　　【 색점 】

눅 24:22　하였으니 이는 그들이 **새벽**에 무덤에
요 18:28　관정으로 끌고 가니 **새벽**이라 그들은
행 5:21　그들이 듣고 **새벽**에 성전에 들어가서

새벽 이슬
시 110:3　즐거이 헌신하니 **새벽 이슬** 같은 주의

새벽녘(watches of the night)
시 119:148　조용히 읊조리려고 내가 **새벽녘**에 눈을

새벽별(morning star)
욥 3:9　그 밤에 **새벽별**들이 어두웠더라면, 그
욥 38:7　**새벽별**들이 기뻐 노래하며 하나님의
계 2:28　내가 또 그에게 **새벽별**을 주리라
계 22:16　뿌리요 자손이니 곧 광명한 **새벽별**이라

새벽빛(dawn spreading)
욜 2:2　덮인 날이라 **새벽빛**이 산꼭대기에 덮인

새사람(new self, new man)
삼상 10:6　예언을 하고 변하여 **새사람**이 되리라
엡 2:15　둘로 자기 안에서 한 **새사람**을 지어
엡 4:24　거룩함으로 지으심을 받은 **새사람**을
골 3:10　**새사람**을 입었으니 이는 자기를 창조하

새살(granulation tissue)
렘 30:17　내가 너의 상처로부터 **새살**이 돋아나게

새집(new house)
신 20:5　백성에게 말하여 이르기를 **새집**을
신 22:8　네가 **새집**을 지을 때에 지붕에 난간을

새파래지다(turn deathly pale)
렘 30:6　모든 얼굴이 겁에 질려 **새파래졌는가**

새품(bramble, nettle)
사 34:13　엉겅퀴와 **새품**이 자라서 승냥이의 굴과

새해(following year)
창 47:18　그 해가 다 가고 **새해**가 되매 무리가

색깔(colour)
겔 17:3　이르시되 **색깔**이 화려하고 날개가 크고

색욕(色慾, passionate lust, immorality)
살전 4:5　하나님을 모르는 이방인과 같이 **색욕**을

색점(色點, bright spot, affected article, mildew)
레 13:2　뽀루지가 나거나 **색점**이 생겨서 그의
레 13:4　피부에 **색점**이 희나 우묵하지 아니하고
레 13:19　불그스름한 **색점**이 생겼으면 제사장에
레 13:23　**색점**이 여전하고 퍼지지 아니하였으면
레 13:24　불그스름하고 희거나 순전히 흰 **색점**이
레 13:25　제사장은 진찰할지니 그 **색점**의 털이
레 13:26　제사장이 보기에 그 **색점**에 흰 털이
레 13:28　만일 **색점**이 여전하여 피부에 퍼지지
레 13:38　여자의 피부에 **색점** 곧 흰 **색점**이
레 13:39　진찰할지니 그 피부의 **색점**이 부유스름
레 13:42　대머리에 희고 불그스름한 **색점**이
레 13:43　대머리에 돋은 **색점**이 희고 불그스름하
레 13:47　의복에 나병 **색점**이 발생하여 털옷에나
레 13:49　이는 나병의 **색점**이라 제사장에게
레 13:50　제사장은 그 **색점**을 진찰하고 그것을
레 13:51　만에 그 **색점**을 살필지니 그 **색점**이
레 13:52　그는 그 **색점** 있는 의복이나 털이나
레 13:53　제사장이 보기에 그 **색점**이 그 의복의
레 13:54　제사장은 명하여 그 **색점** 있는 것을
레 13:55　**색점**의 빛이 변하지 아니하고 그 **색점**이
레 13:56　제사장이 보기에 그 **색점**이 엷으면 …
　　　　그 날에서나 씨에서나 그 **색점**을 찢어
레 13:57　모든 것에 **색점**이 여전히 보이면 재발
　　　　하는 것이니 너는 그 **색점** 있는 것을
레 13:58　모든 것에 그 **색점**이 벗겨졌으면 그것을
레 13:59　모든 것에 발생한 나병 **색점**의 정하고
레 14:34　땅에서 어떤 집에 나병 **색점**을 발생하게
레 14:35　알리기를 무슨 **색점**이 집에 생겼다 할
레 14:36　제사장은 그 **색점**을 살펴보러 가기 전에
레 14:37　**색점**을 볼 때에 그 집 벽에 푸르거나 붉
　　　　은 무늬의 **색점**이 있어 벽보다 우묵하
레 14:39　또 가서 살펴볼 것이요 그 **색점**이 벽에
레 14:40　그는 명령하여 **색점** 있는 돌을 빼내어
레 14:43　집을 긁고 고쳐 바른 후에 **색점**이 집에
레 14:44　또 가서 살펴볼 것이요 **색점**이 만일
레 14:48　살펴보아서 **색점**이 집에 퍼지지 아니
　　　　하였으면 이는 **색점**이 나은 것이니
레 14:56　돋는 것과 뽀루지와 **색점**이

【 샘 】 【 생각/-하다 】

샘

샘(泉, well, spring, fountain)
〔모세오경, 역사서〕
창 7:11 날에 큰 깊음의 **샘**들이 터지며 하늘의
창 8:2 **샘**과 하늘의 창문이 닫히고 하늘에서
창 16:7 광야의 샘물 곁 곧 술 길 **샘** 곁에서 그를
창 16:14 그 **샘**을 브엘라해로이라 불렀으며
창 26:19 이삭의 종들이 골짜기를 파서 **샘** 근원을
창 49:22 요셉은 무성한 가지 곧 **샘** 곁의 무성한
창 49:25 하늘의 복과 아래로 깊은 **샘**의 복과 젖
출 15:27 이르니 거기에 물 **샘** 열둘과 종려나무
신 8:7 산지든지 시내와 분천과 **샘**이 흐르고
신 33:28 안전히 거하며 야곱의 **샘**은 곡식과 새
수 16:1 뽑은 것은 여리고 **샘** 동쪽 곧 여리고
삿 1:15 주소서 하매 갈렙이 윗 **샘**과 아랫 **샘**을
삿 7:1 일찍이 일어나 하롯 **샘** 곁에 진을 쳤고
삿 15:19 **샘** 이름을 엔학고레라 불렀으며 그 **샘**이
삼상 29:1 사람들이 이스르엘에 있는 **샘** 곁에 진을
왕하 3:19 좋은 나무를 베고 모든 **샘**을 메우고 돌로
왕하 3:25 가득하게 하고 모든 **샘**을 메우고 모든
〔시가서〕
욥 38:16 네가 바다의 **샘**에 들어갔었느냐 깊은
시 84:6 곳에 많은 **샘**이 있을 것이며 이른 비가
시 104:10 여호와께서 **샘**을 골짜기에서 솟아나게
시 107:33 광야가 되게 하시며 **샘**이 변하여 마른
잠 5:15 우물에서 물을 마시며 네 **샘**에서 흐르는
잠 5:18 **샘**으로 복되게 하라 네가 젊어서 취한
잠 8:24 아니였고 큰 **샘**들이 있기 전에 내가
잠 8:28 견고하게 하시며 바다의 **샘**들을 힘있게
잠 10:11 의인의 입은 생명의 **샘**이라도 악인의
잠 13:14 지혜 있는 자의 교훈은 생명의 **샘**이니
잠 14:27 여호와를 경외하는 것은 생명의 **샘**이니
잠 16:22 명철한 자에게는 그 명철이 생명의 **샘**이
잠 18:4 물과 같고 지혜의 **샘**은 솟구쳐 흐르는
잠 25:26 굴복하는 것은 우물이 흐려짐과 **샘**이
전 12:6 깨지고 항아리가 **샘** 곁에서 깨지고 바퀴
아 4:12 동산이요 덮은 우물이요 봉한 **샘**이로구
아 4:15 너는 동산의 **샘**이요 생수의 우물이요
〔선지서, 신약〕
사 41:18 강을 내며 골짜기 가운데 **샘**이 나게
사 58:11 물이 끊이지 아니하는 **샘** 같을 것이라
렘 51:36 그의 바다를 말리며 그의 **샘**을 말리리니
겔 48:28 므리바가데스 **샘**에 이르고 애굽 시내

호 13:15 근원이 마르며 그의 **샘**이 마르고 그
욜 3:18 흘릴 것이며 여호와의 성전에서 **샘**이
슥 13:1 날에 죄와 더러움을 씻는 **샘**이 다윗의
약 3:11 **샘**이 한 구멍으로 어찌 단 물과 쓴 물을
벧후 2:17 사람들은 물 없는 **샘**이요 광풍에 밀려
계 7:17 목자가 되사 생명수 **샘**으로 인도하시고

샘 문
느 2:14 나아가 **샘 문**과 왕의 못에 이르러서는
느 3:15 **샘 문**은 미스바 지방을 다스리는 골호세
느 12:37 **샘 문**으로 전진하여 성벽으로 올라가는

샘물(spring water, well of water)
창 16:7 여호와의 사자가 광야의 **샘물** 곁 곧
창 21:19 밝히셨으므로 **샘물**을 보고 가서 가죽
레 11:36 **샘물**이나 물이 고인 웅덩이는 부정하여
민 33:9 엘림에 이르니 엘림에는 **샘물** 열둘과
수 15:9 꼭대기에서부터 넵도아 **샘물**까지
수 15:19 땅으로 보내시오니 **샘물**도 내게 주소서
삿 1:15 남방으로 보내시니 **샘물**도 내게 주소서
시 107:35 하시며 마른 땅이 변하여 **샘물**이 되게
시 114:8 못물이 되게 하시며 차돌로 **샘물**이 되게
잠 5:16 어찌하여 네 **샘물**을 집 밖으로 넘치게
사 49:10 그들을 이끌되 **샘물** 근원으로 인도할
요 4:14 영생하도록 솟아나는 **샘물**이 되리라
계 21:6 생명수 **샘물**을 목마른 자에게 값없이

샛길(path)
창 49:17 단은 길섶의 뱀이요 **샛길**의 독사로다

샛문(side gate)
렘 39:4 밤에 왕의 동산 길을 따라 두 담 **샛문**을

샛별(morning star)
벧후 1:19 같으니 날이 새어 **샛별**이 너희 마음에

생각/-하다(think, remember, afraid)
〔모세오경〕
창 6:5 마음으로 **생각하는** 모든 계획이 항상
창 19:29 하나님이 아브라함을 **생각하사** 롯을
창 20:11 사람들이 나를 죽일까 **생각하였음이요**
창 26:9 대답하되 내 **생각**에 그로 말미암아
창 30:22 하나님이 라헬을 **생각하신지라** 하나님

【 생각/-하다 】

창 31:31	대답하여 이르되 내가 **생각하기를**
창 40:14	당신이 잘 되시거든 나를 **생각하고** 내게
창 42:4	그의 **생각**에 재난이 그에게 미칠까
창 42:9	그들에게 대하여 꾼 꿈을 **생각하고**
창 48:11	내가 네 얼굴을 보리라고는 **생각하지**
민 33:56	그들에게 행하기로 **생각한** 것을 너희에
신 8:5	너를 징계하시는 줄 마음에 **생각하고**
신 9:27	아브라함과 이삭과 야곱을 **생각하사**
신 15:9	너는 마음에 악한 **생각**을 품지 말라
신 17:14	우리 위에 왕을 세워야겠다는 **생각**이
신 28:32	빼앗기고 종일 **생각하고** 찾음으로
신 31:21	들이기 전 오늘 나는 그들이 **생각하는**
신 32:7	기억하라 역대의 연대를 **생각하라**
신 32:27	원수가 잘못 **생각할까** 걱정하였으니

역사서

수 22:24	이같이 하였노라 곧 **생각하기를** 후일에
삿 16:28	구하옵나니 나를 **생각하옵소서** 하나님
삿 17:11	거주하기를 만족하게 **생각했으니** 이는
삿 18:14	이제 너희는 마땅히 행할 것을 **생각하라**
삿 19:30	보지도 못하였도다 이 일을 **생각하고**
삼상 1:13	엘리는 그가 취한 줄로 **생각한지라**
삼상 1:19	여호와께서 그를 **생각하신지라**
삼상 9:5	아버지께서 암나귀 **생각**은 고사하고
삼상 11:10	너희에게 나아가리니 너희 **생각**에 좋을
삼상 12:24	위하여 행하신 그 큰일을 **생각하여** 오직
삼상 14:36	이르되 왕의 **생각**에 좋은 대로 하소서
삼상 14:40	사울에게 말하되 왕의 **생각**에 좋은 대로
삼상 18:17	이는 내가 **생각하기**를 내 손을 그에게
삼상 18:25	사울의 **생각**에 다윗을 블레셋 사람들의
삼상 20:26	이는 **생각하기**를 그에게 무슨 사고가
삼상 24:4	네 손에 넘기리니 네 **생각**에 좋은 대로
삼상 25:17	어떻게 할지를 알아 **생각하실지니**
삼상 25:31	원하건대 내 주의 여종을 **생각하소서**
삼상 27:1	그 마음에 **생각하기**를 내가 후일에는
삼상 27:11	데려가지 아니한 것은 그의 **생각**에
삼상 27:12	영원히 내 부하가 되리라고 **생각하니라**
삼상 29:6	출입하는 것이 내 **생각**에는 좋으나
삼하 4:10	좋은 소식을 전하는 줄로 **생각하였어도**
삼하 5:6	너를 물리치리라 하니 그들 **생각**에는
삼하 12:22	살려 주실는지 누가 알까 **생각함이거니**
삼하 13:32	죽임을 당한 줄로 **생각하지** 마옵소서
삼하 13:33	왕자들이 다 죽은 줄로 **생각하여** 상심
삼하 14:13	대하여 이 같은 **생각**을 하셨나이까
삼하 17:29	그들 **생각**에 백성이 들에서 시장하고
삼하 24:13	왕은 **생각하여** 보고 나를 보내신 이에게
왕하 5:7	너희는 깊이 **생각하고** 저 왕이 틈을
왕하 5:11	**생각**에는 그가 내게로 나와 서서 그의
대상 29:18	영원히 두어 **생각하게** 하시고 그 마음을
대하 28:10	노예로 삼고자 **생각하는도다** 그러나
느 5:7	**생각하고** 귀족들과 민장들을 꾸짖어
느 5:9	사람의 비방을 **생각하고** 우리 하나님
에 2:1	그에 대하여 내린 조서를 **생각하거늘**
에 3:6	죽이는 것이 부족하다고 **생각하고**
에 4:13	중에 홀로 목숨을 건지리라 **생각하지**

시가서

욥 4:13	그 밤에 본 환상으로 말미암아 **생각**이
욥 6:26	남의 말을 꾸짖을 **생각**을 하나 실망한
욥 7:5	생명이 한낱 바람 같음을 **생각하옵소서**
욥 12:3	너희같이 **생각**이 있어 너희만 못하지
욥 21:27	**생각**을 알고 너희가 나를 해하려는
욥 34:23	사람을 심판하시기에 오래 **생각하실**
욥 38:2	무지한 말로 **생각**을 어둡게 하는 자가
욥 39:15	들짐승에게 밟힐 것을 **생각하지** 아니하
욥 41:8	그것에게 얹어 보라 다시는 싸울 **생각**을
시 8:4	무엇이기에 주께서 그를 **생각하시며**
시 13:3	여호와 내 하나님이여 나를 **생각하사**
시 27:11	원수를 **생각하셔서** 평탄한 길로 나를
시 28:5	지으신 것을 **생각하지** 아니하므로
시 31:3	이름을 **생각하셔서** 나를 인도하시고
시 33:11	서고 그의 **생각**은 대대에 이르리로다
시 40:5	우리를 향하신 주의 **생각**도 많아 누구도
시 40:17	주께서는 나를 **생각하시오니**
시 48:9	주의 인자하심을 **생각하였나이다**
시 50:21	네가 나를 너와 같은 줄로 **생각하였도다**
시 50:22	이제 이를 **생각하라** 그렇지 아니하면
시 56:5	나를 치는 그들의 모든 **생각**은 사악이라
시 64:9	그의 행하심을 깊이 **생각하리로다**
시 73:16	어쩌면 이를 알까 하여 **생각한즉** 그것이
시 74:2	주께서 계시던 시온 산도 **생각하소서**
시 77:5	곧 지나간 세월을 **생각하였사오며**
시 92:5	크신지요 주의 **생각**이 매우 깊으시니이
시 94:8	어리석은 자들아 너희는 **생각하라**
시 94:11	여호와께서는 사람의 **생각**이 허무함을
시 109:16	인자를 베풀 일을 **생각하지** 아니하고
시 115:12	여호와께서 우리를 **생각하사** 복을
시 119:59	내가 내 행위를 **생각하고** 주의 증거들을

1314

【 생각/-하다 】

시 119:95 주의 증거들만을 **생각하겠나이다**
시 139:2 멀리서도 나의 **생각**을 밝히 아시오며
시 139:17 하나님이여 주의 **생각**이 내게 어찌 그리
시 143:5 주의 손이 행하는 일을 **생각하고**
시 144:3 무엇이기에 그를 **생각하시나이까**
시 146:4 그 날에 그의 **생각**이 소멸하리로다
잠 12:5 의인의 **생각**은 정직하여도 악인의 도모
잠 15:28 마음은 대답할 말을 깊이 **생각하여도**
잠 23:1 앞에 있는 자가 누구인지를 **생각하며**
잠 23:7 그 마음의 **생각**이 어떠하면 그 위인도
잠 24:9 미련한 자의 **생각**은 죄요 거만한 자는
잠 24:32 보고 **생각**이 깊었고 내가 보고 훈계를
전 2:3 마음으로 깊이 **생각하기**를 내가 어떻게
전 2:11 내가 **생각해** 본즉 내 손으로 한 모든
전 5:20 생명의 날을 깊이 **생각하지** 아니하리니
전 11:8 많으리니 그 날들을 **생각할지로다**
전 12:9 깊이 **생각하고** 연구하여 잠언을 많이

선지서

사 10:7 그의 마음의 **생각**도 이 같지 아니하고
사 14:24 내가 **생각한** 것이 반드시 되며 내가
사 33:8 멸시하며 사람을 **생각하지** 아니하며
사 33:18 마음은 두려워하던 것을 **생각해** 내리라
사 43:18 일을 기억하지 말며 옛날 일을 **생각하지**
사 44:19 마음에 **생각**도 없고 지식도 없고 총명도
사 47:7 그들의 종말도 **생각하지** 아니하였도다
사 51:1 파낸 우묵한 구덩이를 **생각하여** 보라
사 51:2 너희를 낳은 사라를 **생각하여** 보라
사 53:4 우리는 **생각하기**를 그는 징벌을 받아
사 53:8 그 세대 중에 누가 **생각하기**를 그가
사 55:7 불의한 자는 그의 **생각**을 버리고 여호
사 55:8 내 **생각**이 너희의 **생각**과 다르며 내
사 55:9 **생각**은 너희의 **생각**보다 높음이니라
사 57:11 나를 **생각하지** 아니하며 이를 마음에
사 59:7 **생각**은 악한 **생각**이라 황폐와 파멸이
사 64:3 강림하사 우리가 **생각하지** 못한 두려운
사 65:2 손을 펴서 자기 **생각**을 따라 옳지 않은
렘 3:16 말하지 아니할 것이요 **생각하지** 아니할
렘 4:14 네 악한 **생각**이 네 속에 얼마나 오래
렘 6:19 그들의 **생각**의 결과라 그들이 내 말을
렘 7:31 아니하였고 내 마음에 **생각하지**도
렘 9:17 너희는 잘 **생각해** 보고 곡하는 부녀를
렘 17:2 그 제단들과 아세라들을 **생각하도다**
렘 18:8 그에게 내리기로 **생각하였던** 재앙을

【 생각/-하다 】

렘 23:27 서로 꿈꾼 것을 말하니 그 **생각**인즉
렘 29:11 너희를 향한 나의 **생각**을 내가 아나니
렘 31:20 책망하여 말할 때마다 깊이 **생각하노라**
렘 33:24 한 것을 네가 **생각하지** 아니하느냐
렘 50:45 대하여 품은 여호와의 **생각**을 들으라
렘 51:50 여호와를 **생각하며** 예루살렘을 너희
애 1:9 나중을 **생각하지** 아니함이여 그러므로
겔 12:3 비록 반역하는 족속이라도 혹 **생각**이
겔 23:19 애굽 땅에서 행음하던 때를 **생각하고**
겔 23:21 어루만져졌던 것을 아직도 **생각하도다**
겔 24:25 그 마음이 간절하게 **생각하는** 자녀를
겔 32:2 여러 나라에서 사자로 **생각하였더니**
겔 38:10 그 날에 네 마음에서 여러 가지 **생각**이
겔 40:4 마음으로 **생각할지어다** 내가 이것을
단 2:29 왕이 침상에서 장래 일을 **생각하실** 때에
단 2:30 왕이 마음으로 **생각하던** 것을 왕에게
단 4:5 침상에서 **생각하는** 것과 머리 속으로
단 5:6 얼굴빛이 변하고 그 **생각**이 번민하여
단 5:10 **생각**을 번민하게 하지 말며 얼굴빛을
단 8:5 **생각할** 때에 한 숫염소가 서쪽에서부터
단 9:23 일을 **생각하고** 그 환상을 깨달을지니라
호 7:2 그들이 마음에 **생각하지** 아니하거니와
욘 1:6 하나님이 우리를 **생각하사** 망하지
욘 2:7 내가 여호와를 **생각하였더니** 내 기도가
나 2:5 그가 그의 존귀한 자들을 **생각해** 내니

복음서

마 1:20 일을 **생각할** 때에 주의 사자가 현몽하여
마 3:9 우리 조상이라고 **생각하지** 말라
마 5:17 폐하러 온 줄로 **생각하지** 말라 폐하러
마 6:7 많이 하여야 들으실 줄 **생각하느니라**
마 6:28 어떻게 자라는가 **생각하여** 보라
마 9:4 예수께서 그 **생각**을 아시고 이르시되
너희가 어찌하여 마음에 악한 **생각**을
마 10:34 세상에 화평을 주러 온 줄로 **생각하지**
마 12:25 예수께서 그들의 **생각**을 아시고 이르시
마 15:19 마음에서 나오는 것은 악한 **생각**과 살인
마 16:23 하나님의 일을 **생각하지** 아니하고 도리
어 사람의 일을 **생각하는도다** 하시고
마 17:25 시몬아 네 **생각**은 어떠하냐 세상 임금들
마 18:12 **생각**에는 어떠하냐 만일 어떤 사람이
마 21:28 너희 **생각**에는 어떠하냐 어떤 사람에게
마 22:17 당신의 **생각**에는 어떠한지 우리에게
마 22:42 대하여 어떻게 **생각하느냐** 누구의

[생각/-하다]　　　　　　　　　　　　　[생각/-하다]

마 24:44	준비하고 있으라 **생각하지** 않은 때에
마 24:48	악한 종이 마음에 **생각하기**를 주인이
마 26:66	너희 **생각**은 어떠하냐 대답하여 이르되
막 2:6	거기 앉아서 마음에 **생각하기**를
막 2:8	이렇게 **생각하는** … 마음에 **생각하느냐**
막 5:28	대도 구원을 받으리라 **생각함일러라**
막 7:21	마음에서 나오는 것은 악한 **생각** 곧
막 8:33	네가 하나님의 일을 **생각하지** 아니하고 도리어 사람의 일을 **생각하는도다**
막 11:21	베드로가 **생각**이 나서 여짜오되 랍비여
막 14:64	너희는 어떻게 **생각하느냐** 하니 그들이
막 14:72	하심이 기억되어 그 일을 **생각하고**
눅 1:29	놀라 이런 인사가 어찌함인가 **생각하매**
눅 1:51	그의 팔로 힘을 보이사 마음의 **생각**이
눅 2:19	모든 말을 마음에 새기어 **생각하니라**
눅 2:35	여러 사람의 마음의 **생각**을 드러내려
눅 2:44	동행 중에 있는 줄로 **생각하고** 하룻길을
눅 3:15	혹 그리스도신가 심중에 **생각하니**
눅 5:21	서기관과 바리새인들이 **생각하여**
눅 5:22	그 **생각**을 아시고 대답하여 이르되 너희 마음에 무슨 **생각**을 하느냐

"까마귀를 생각하라 심지도 아니하고 거두지도 아니하며 골방도 없고 창고도 없으되 하나님이 기르시나니 너희는 새보다 얼마나 더 귀하냐"(눅 12:24)

눅 6:8	예수께서 그들의 **생각**을 아시고 손 마른
눅 7:43	시몬이 대답하여 이르되 내 **생각**에는
눅 10:36	**생각**에는 이 세 사람 중에 누가 강도
눅 10:40	나 혼자 일하게 두는 것을 **생각하지**
눅 11:17	예수께서 그들의 **생각**을 아시고
눅 12:17	심중에 **생각하여** 이르되 내가 곡식 쌓아
눅 12:24	까마귀를 **생각하라** 심지도 아니하고
눅 12:27	백합화를 **생각하여** 보라 실도 만들지
눅 12:40	너희도 준비하고 있으라 **생각하지** 않은
눅 12:45	종이 마음에 **생각하기**를 주인이 더디
눅 18:4	후에 속으로 **생각하되** 내가 하나님을
눅 19:11	당장에 나타날 줄로 **생각함이러라**

눅 21:26	임할 일을 **생각하고** 무서워하므로
눅 24:37	그 보는 것을 영으로 **생각하는지라**
요 5:39	성경에서 영생을 얻는 줄 **생각하고** 성경
요 5:45	아버지께 고발할까 **생각하지** 말라
요 11:13	가리켜 말씀하심인 줄 **생각하는지라**
요 11:31	보고 곡하러 무덤에 가는 줄로 **생각하고**
요 11:50	유익한 줄을 **생각하지** 아니하는도다
요 11:56	서로 말하되 너희 **생각**에는 어떠하냐
요 12:6	가난한 자들을 **생각함**이 아니요 그는
요 13:2	유다의 마음에 예수를 팔려는 **생각**을
요 13:29	무엇을 주라 하시는 줄로 **생각하더라**
요 16:2	죽이는 자가 **생각하기**를 이것이 하나님

역사서 - 예언서

행 2:15	때가 제 삼 시니 너희 **생각**과 같이 이
행 7:23	그 형제 이스라엘 자손을 돌볼 **생각**이
행 7:25	것을 깨달으리라고 **생각하였으나**
행 8:20	선물을 돈 주고 살 줄로 **생각하였으니**
행 10:19	베드로가 그 환상에 대하여 **생각할** 때에
행 13:25	누구로 **생각하느냐** 나는 그리스도가
행 16:27	죄수들이 도망한 줄 **생각하고** 칼을 빼어
행 21:29	데리고 들어간 줄로 **생각함이러라**
행 26:9	일을 행하여야 될 줄 스스로 **생각하고**
행 28:6	돌이켜 **생각하여** 말하되 그를 신이라
롬 1:21	**생각**이 허망하여지며 미련한 마음이
롬 2:3	하나님의 심판을 피할 줄로 **생각하느냐**
롬 2:15	양심이 증거가 되어 그 **생각**들이 서로
롬 8:5	영을 따르는 자는 영의 일을 **생각하나니**
롬 8:6	육신의 **생각**은 사망이요 영의 **생각**은
롬 8:7	육신의 **생각**은 하나님과 원수가 되나니
롬 8:18	**생각하건대** 현재의 고난은 장차 우리에
롬 8:27	마음을 살피시는 이가 성령의 **생각**을
롬 12:3	마땅히 **생각할** 그 이상의 **생각**을 품지 말고 … 분량대로 지혜롭게 **생각하라**
고전 2:9	마음으로 **생각하지도** 못하였다 함과
고전 3:18	지혜 있는 줄로 **생각하거든** 어리석은
고전 3:20	지혜 있는 자들의 **생각**을 헛것으로
고전 4:9	**생각하건대** 하나님이 사도인 우리를
고전 7:26	내 **생각**에는 이것이 좋으니 곧 임박한
고전 7:36	행동이 합당하지 못한 줄로 **생각할** 때에
고전 7:40	하나님의 영을 받은 줄로 **생각하노라**
고전 8:2	누구든지 무엇을 아는 줄로 **생각하면**
고전 10:12	그런즉 선 줄로 **생각하는** 자는 넘어질까
고전 11:16	논쟁하려는 **생각**을 가진 자가 있을지라

【 생각/-하다 】   【 생과부 】

고전 13:5	성내지 아니하며 악한 것을 **생각하지**	히 8:10	법을 그들의 **생각**에 두고 그들의 마음에
고전 13:11	어린 아이와 같이 **생각하는** 것이 어린	히 10:16	마음에 두고 그들의 **생각**에 기록하리라
고전 14:37	신령한 자로 **생각하거든** 내가 너희에게	히 10:29	얼마나 더 무겁겠느냐 너희는 **생각하라**
고후 5:14	우리가 **생각하건대** 한 사람이 모든 사람	히 10:32	큰 싸움을 견디어 낸 것을 **생각하라**
고후 7:15	자기를 영접하여 순종한 것을 **생각하고**	히 11:15	나온 바 본향을 **생각하였더라면** 돌아갈
고후 9:5	권면하는 것이 필요한 줄 **생각하였노니**	히 11:19	다시 살리실 줄로 **생각한지라** 비유컨대
고후 10:5	모든 **생각**을 사로잡아 그리스도에게	히 12:3	거역한 일을 참으신 이를 **생각하라**
고후 10:7	그러한 줄을 자기 속으로 다시 **생각할**	히 13:3	갇힌 자를 **생각하고** … **생각하라**
고후 10:9	놀라게 하려는 것같이 **생각하지** 않게	히 13:7	인도하던 자들을 **생각하며** 그들의
고후 11:5	것이 조금도 없는 줄로 **생각하노라**	약 1:7	무엇이든지 주께 얻기를 **생각하지** 말라
고후 12:6	내게 듣는 바에 지나치게 **생각할까**	약 1:26	경건하다 **생각하며** 자기 혀를 재갈
고후 12:19	자기 변명을 하는 줄로 **생각하는구나**	약 2:4	차별하며 악한 **생각**으로 판단하는 자가
갈 6:3	되지 못하고 된 줄로 **생각하면** 스스로	약 4:5	하신 말씀을 헛된 줄로 **생각하느냐**
엡 2:11	**생각하라** 너희는 그 때에 육체로는	약 5:12	**생각하는** 것은 … 아니라고 **생각하는**
엡 3:20	능력대로 우리가 구하거나 **생각하는**	벧전 2:19	고난을 받아도 하나님을 **생각함**으로
빌 1:3	너희를 **생각할** 때마다 나의 하나님께	벧후 3:9	어떤 이들이 더디다고 **생각하는** 것같이
빌 1:7	무리를 위하여 이와 같이 **생각하는** 것이	유 1:3	너희에게 편지하려는 **생각**이 간절하던
빌 1:17	괴로움을 더하게 할 줄로 **생각하여**	계 2:5	떨어졌는지를 **생각하고** 회개하여 처음
빌 2:20	너희 사정을 진실히 **생각할** 자가 이밖에	계 3:3	어떻게 들었는지 **생각하고** 지켜 회개하
빌 2:25	보내는 것이 필요한 줄로 **생각하노니**		
빌 3:4	신뢰할 것이 있는 줄로 **생각하면** 나는	속생각	
빌 3:15	이렇게 **생각할지니** … **생각하면** 하나님	시 49:11	그들의 **속생각**에 그들의 집은 영원히
빌 3:19	부끄러움에 있고 땅의 일을 **생각하는**		
빌 4:7	예수 안에서 너희 마음과 **생각**을 지키시	**생각나다**(remember, remind)	
빌 4:8	무슨 기림이 있든지 이것들을 **생각하라**	민 11:5	파와 마늘들을 먹은 것이 **생각나거늘**
빌 4:10	나를 **생각하던** … 이를 위하여 **생각**은	왕상 17:18	상관이 있기로 내 죄를 **생각나게** 하고
골 2:18	것에 의지하여 그 육신의 **생각**을 따라	사 65:17	기억되거나 마음에 **생각나지** 아니할
골 3:2	**생각하고** 땅의 것을 **생각하지** 말라	마 5:23	만한 일이 있는 것이 **생각나거든**
골 4:18	문안하노니 내가 매인 것을 **생각하라**	마 26:75	세 번 나를 부인하리라 하심이 **생각나서**
살전 3:1	우리만 아덴에 머물기를 좋게 **생각하고**	눅 22:61	세 번 나를 부인하리라 하심이 **생각나서**
살전 3:6	항상 우리를 잘 **생각하여** 우리가 너희를	요 12:16	예수께 이같이 한 것임이 **생각났더라**
살후 3:15	원수와 같이 **생각하지** 말고 형제같이	요 14:26	내가 너희에게 말한 모든 것을 **생각나게**
딤전 6:4	투기와 분쟁과 비방과 악한 **생각**이 나며	행 11:16	세례를 받으리라 하신 것이 **생각났노라**
딤전 6:5	경건을 이익의 방도로 **생각하는** 자들의	롬 15:15	너희로 다시 **생각나게** 하려고 하나님께
딤후 1:3	쉬지 않고 너를 **생각하여** 청결한 양심	고전 4:17	각 교회에서 가르치는 것을 **생각나게**
딤후 1:4	네 눈물을 **생각하여** 너 보기를 원함은	벧후 1:12	항상 너희에게 **생각나게** 하려 하노라
딤후 1:5	거짓이 없는 믿음이 있음을 **생각함이라**	벧후 1:13	너희를 일깨워 **생각나게** 함이 옳은 줄로
딤후 1:6	하기 위하여 너로 **생각하게** 하노니	벧후 1:15	후에라도 어느 때나 이런 것을 **생각나게**
딤후 2:7	말하는 것을 **생각해** 보라 주께서 범사에	벧후 3:1	진실한 마음을 일깨워 **생각나게** 하여
히 2:6	그를 **생각하시며** 인자가 무엇이기에	유 1:5	너희로 다시 **생각나게** 하고자 하노라
히 3:1	대제사장이신 예수를 깊이 **생각하라**		
히 4:12	쪼개기까지 하며 또 마음의 **생각**과 뜻을	**생과부**(生寡婦, widow)	
히 7:4	사람이 얼마나 높은가를 **생각해** 보라	삼하 20:3	그들이 죽는 날까지 갇혀서 **생과부로**

생기 (生氣, breath, breath of life)

창 2:7	땅의 흙으로 사람을 지으시고 **생기**를
렘 10:14	거짓 것이요 그 속에 **생기**가 없음이라
렘 51:17	우상은 거짓이요 그 속에 **생기**가 없음이라
겔 37:5	말씀하시기를 내가 **생기**를 너희에게
겔 37:6	**생기**를 넣으리니 너희가 살아나리라
겔 37:8	그 위에 가죽이 덮이나 그 속에 **생기**는
겔 37:9	너는 **생기**를 향하여 대언하라 **생기**에게
겔 37:10	대언하였더니 **생기**가 그들에게 들어가
합 2:19	입힌 것인즉 그 속에는 **생기**가 도무지
계 11:11	후에 하나님께로부터 **생기**가 그들 속에
계 13:15	짐승의 우상에게 **생기**를 주어 그 짐승이

생기다 (appear, occur, happen, come into)

모세오경

출 2:2	아들을 낳으니 그가 잘 **생긴** 것을 보고
출 4:6	그의 손에 나병이 **생겨** 눈같이 된지라
출 8:3	개구리가 나일 강에서 무수히 **생기고**
출 8:18	행하여 이를 **생기게** 하려 하였으나
출 9:9	짐승에게 붙어서 악성 종기가 **생기리라**
출 9:10	짐승에게 붙어 악성 종기가 **생기고**
출 9:11	애굽 모든 사람에게 **생겼음이라**
출 9:24	심히 맹렬하니 나라가 **생긴** 그 때부터
출 16:20	두었더니 벌레가 **생기고** 냄새가 난지라
출 16:24	냄새도 나지 아니하고 벌레도 **생기지**
레 13:2	색점이 **생겨서** … 같은 것이 **생기거든**
레 13:10	털이 희어지고 거기 생살이 **생겼으면**
레 13:18	피부에 종기가 **생겼다가** 나았고
레 13:19	희고 불그스름한 색점이 **생겼으면**
레 13:24	희거나 순전히 흰 색점이 **생기면**
레 13:25	이는 화상에서 **생긴** 나병인즉 제사장이
레 14:35	무슨 색점이 집에 **생겼다** 할 것이요
민 5:14	의심이 **생겨** … 남편이 의심이 **생겨**
민 5:30	또는 그 남편이 의심이 **생겨서** 자기의
신 17:8	네가 판결하기 어려운 일이 **생기거든**
신 28:35	고치지 못할 심한 종기를 **생기게** 하여
신 29:18	독초와 쑥의 뿌리가 너희 중에 **생겨서**

역사서 - 신약

삿 16:5	그 큰 힘이 **생기는지** 그리고 우리가
삿 16:6	무엇으로 말미암아 **생기며** 어떻게 하면
삿 16:15	힘이 무엇으로 말미암아 **생기는지를**
삿 20:12	이르기를 너희 중에서 **생긴** 이 악행이
삿 21:3	이스라엘에 이런 일이 **생겨서** 오늘
삼하 2:26	참혹한 일이 **생길** 줄을 알지 못하느냐
삼하 7:27	기도로 주께 간구할 마음이 **생겼나이다**
왕하 8:29	이는 그에게 병이 **생겼음이더라**
대상 17:25	이 기도로 간구할 마음이 **생겼나이다**
대하 26:19	앞에서 그의 이마에 나병이 **생긴지라**
대하 26:20	왕의 이마에 나병이 **생겼음**을 보고
욥 20:4	예로부터 사람이 이 세상에 **생긴** 때로부
욥 37:13	그가 이런 일을 **생기게** 하시느니라
시 90:2	산이 **생기기** 전, 땅과 세계도 주께서
시 105:31	오며 그들의 온 영토에 이가 **생겼도다**
잠 8:23	태초부터, 땅이 **생기기** 전부터 내가
잠 8:24	바다가 **생기지** 아니하였고 큰 샘들이
잠 8:25	세워지기 전에, 언덕이 **생기기** 전에
잠 19:19	건져 주면 다시 그런 일이 **생기리라**
전 5:3	걱정이 많으면 꿈이 **생기고** 말이 많으면
아 2:5	하라 내가 사랑하므로 병이 **생겼음이라**
사 3:17	정수리에 딱지가 **생기게** 하시며 여호와
사 49:21	이들은 어디서 **생겼는고** 하리라
사 66:2	지었으므로 그들이 **생겼느니라** 무릇
사 66:8	나라가 어찌 하루에 **생기겠으며** 민족이
렘 10:13	많은 물이 **생기나니** 그는 땅 끝에서
렘 48:19	피하는 자에게 무슨 일이 **생겼는지**
렘 51:16	많은 물이 **생기나니** 그는 땅 끝에서
겔 23:7	그가 앗수르 사람들 가운데에 잘 **생긴**
겔 23:17	그들을 싫어하는 마음이 **생겼느니라**
겔 37:8	내가 또 보니 그 뼈에 힘줄이 **생기고**
마 13:27	그런데 가라지가 어디서 **생겼나이까**
마 23:15	바다와 육지를 두루 다니다가 **생기면**
요 5:14	심한 것이 **생기지** 않게 다시는 죄를
행 23:7	사두개인 사이에 다툼이 **생겨** 무리가
행 23:10	분쟁이 **생기니** 천부장은 바울이 그들에
갈 3:17	사백삼십 년 후에 **생긴** 율법이 폐기하지
히 7:19	이에 더 좋은 소망이 **생기니** 이것으로
약 1:23	거울로 자기의 **생긴** 얼굴을 보는 사람과

생김새 (appearance)

| 아 5:15 | 기둥 같고 **생김새**는 레바논 같으며 |

생나무 (live tree)

| 시 58:9 | 뜨겁게 하기 전에 **생나무**든지 불붙는 |

생령 (生靈, living being)

| 창 2:7 | 불어넣으시니 사람이 **생령**이 되니라 |

【 생명 】

고전 15:45 사람 아담은 **생령**이 되었다 함과 같이

생명(生命, life)

모세오경

창 6:17　내가 홍수를 땅에 일으켜 무릇 **생명**
창 7:15　무릇 **생명**의 기운이 있는 육체가 둘씩
창 7:22　육지에 있어 그 코에 **생명**의 기운의
창 9:4　그러나 고기를 그 **생명** 되는 피째 먹지
창 9:5　너희의 피 곧 너희의 **생명**의 피를 찾으
　　　　리니 … 그에게서 그의 **생명**을 찾으리라
창 37:21 이르되 우리가 그의 **생명**은 해치지 말자
창 42:15 증명할 것이라 바로의 **생명**으로 맹세하
창 42:16 바로의 **생명**으로 맹세하노니 그리하지
창 44:30 아버지의 **생명**과 아이의 **생명**이 서로
출 21:23 다른 해가 있으면 갚되 **생명**은 **생명**으
출 21:30 명령한 것을 **생명**의 대가로 낼 것이요
출 30:12 때에 자기의 **생명**의 속전을 여호와께
레 17:11 육체의 **생명**은 피에 있음이라 내가 이
　　　　 … 제단에 뿌려 너희 **생명**을 위하여
레 17:14 모든 생물은 그 피가 **생명**과 일체라 그
　　　　러므로 … 모든 육체의 **생명**은 그것의
레 26:16 열병으로 눈이 어둡고 **생명**이 쇠약하게
민 16:22 하나님이여 모든 육체의 **생명**의 하나님
민 27:16 모든 육체의 **생명**의 하나님이시여
민 31:50 여호와께 헌금으로 우리의 **생명**을
민 35:31 살인죄를 범한 살인자는 **생명**의 속전을
신 12:23 그 **생명**인즉 네가 그 **생명**을 고기와
신 13:6　아내나 너와 **생명**을 함께 하는 친구가
신 19:21 긍휼히 여기지 말라 **생명**에는 **생명**으로,
신 24:6　전당 잡지 말지니 이는 그 **생명**을 전당
신 28:57 네 적군이 네 **생명**을 에워싸고 맹렬히
신 28:66 **생명**이 위험에 처하고 주야로 두려워
　　　　하며 네 **생명**을 확신할 수 없을 것이라
신 30:15 내가 오늘 **생명**과 복과 사망과 화를
신 30:19 **생명**과 사망과 복과 저주를 네 앞에 두
　　　　었은즉 … 살기 위하여 **생명**을 택하고
신 30:20 그는 네 **생명**이시요 네 장수이시니
신 32:47 너희의 **생명**이니 이 일로 말미암아 너희

역사서

삿 18:25 처서 네 **생명**과 네 가족의 **생명**을 잃게
룻 4:15 이는 네 **생명**의 회복자이며 네 노년에
삼상 18:1 요나단이 그를 자기 **생명**같이 사랑하니
삼상 18:3 요나단은 다윗을 자기 **생명**같이 사랑하

삼상 19:5 자기 **생명**을 아끼지 아니하고 블레셋
삼상 20:3 여호와의 살아 계심과 네 **생명**을 두고
삼상 20:17 자기 **생명**을 사랑함같이 그를 사랑함
삼상 25:29 내 주의 **생명**은 내 주의 하나님 여호
　　　　와 함께 … 내 주의 원수들의 **생명**은
삼상 26:21 네가 오늘 내 **생명**을 귀하게 여겼은즉
삼상 26:24 **생명**을 내가 중히 여긴 것같이 내 **생명**
삼상 28:9 어찌하여 내 **생명**에 올무를 놓아 나를
삼상 28:21 말씀을 듣고 내 **생명**을 아끼지 아니하고
삼하 19:5 오늘 왕의 **생명**과 왕의 자녀의 **생명**과
　　　　처첩과 비빈들의 **생명**을 구원한 모든
삼하 19:34 바르실래가 왕께 아뢰되 내 **생명**의 날이
왕상 1:12 당신의 **생명**과 당신의 아들 솔로몬의
왕상 19:2 **생명**을 저 사람들 중 한 사람의 **생명**과
왕상 19:3 일어나 자기의 **생명**을 위해 도망하여
왕상 19:4 내 **생명**을 거두시옵소서 나는 내 조상들
왕상 20:39 잃어버리면 네 **생명**으로 그의 **생명**을
왕하 1:13 **생명**과 당신의 종인 이 오십 명의 **생명**
왕하 1:14 살랐거니와 나의 **생명**을 당신은 귀히
왕하 10:24 **생명**으로 그 사람의 **생명**을 대신하리라
대상 11:19 아니하리이다 **생명**을 돌아보지 아니하
　　　　고 갔던 … 그들이 자기 **생명**도 돌보지
대상 17:11 **생명**의 연한이 차서 네가 조상들에게로
스 6:10 드려 왕과 왕자들의 **생명**을 위하여

시가서

욥 2:4 소유물로 자기의 **생명**을 바꾸을지라
욥 2:6 다만 그의 **생명**은 해하지 말지니라
욥 7:7 **생명**이 한낱 바람 같음을 생각하옵소서
욥 7:16 내가 **생명**을 싫어하고 영원히 살기를
욥 9:21 아니하고 내 **생명**을 천히 여기는구나
욥 10:12 **생명**과 은혜를 내게 주시고 나를 보살피
욥 11:17 **생명**의 날이 대낮보다 밝으리니 어둠이
욥 12:10 모든 생물의 **생명**과 모든 사람의 육신의
욥 13:14 살을 내 이로 물고 **생명**을 내 손에
욥 30:16 내 **생명**이 내 속에서 녹으니 환난 날이
욥 31:30 그의 **생명**을 저주하여 내 입이 범죄하게
욥 33:18 빠지지 않게 하시며 그 **생명**을 칼에
욥 33:20 **생명**은 음식을 싫어하고 그의 마음은
욥 33:22 마음은 구덩이에, 그의 **생명**이 멸하는
욥 33:28 않게 하셨으니 내 **생명**이 빛을 보겠구나
욥 33:30 이끌어 **생명**의 빛을 그들에게 비추려
욥 36:14 젊어서 죽으며 그들의 **생명**은 남창과
시 7:5 나의 영혼을 쫓아 잡아 내 **생명**을 땅에

[생명]   [생명]

시 26:9	죄인과 함께, 내 **생명**을 살인자와 함께
시 27:1	여호와는 내 **생명**의 능력이시니 내가
시 27:12	내 **생명**을 내 대적에게 맡기지 마소서
시 34:12	**생명**을 사모하고 연수를 사랑하여
시 36:9	진실로 **생명**의 원천이 주께 있사오니
시 42:8	있어 **생명**의 하나님께 기도하리로다
시 54:3	나의 **생명**을 수색하며 하나님을 자기
시 54:4	내 **생명**을 붙들어 주시는 이시니이다
시 56:6	그들이 내 **생명**을 엿보았던 것과 같이
시 63:3	주의 인자하심이 **생명**보다 나으므로
시 74:19	주의 멧비둘기의 **생명**을 들짐승에게
시 78:50	못하게 하시고 그들의 **생명**을 전염병에
시 88:3	재난이 가득하며 나의 **생명**은 스올에
시 119:109	나의 **생명**이 항상 위기에 있사오나 나는
시 143:3	영혼을 핍박하며 내 **생명**을 땅에 엎어서
잠 3:22	그것이 네 영혼의 **생명**이 되며 네 목에
잠 4:10	말을 받으라 그리하면 네 **생명**의 해가
잠 4:13	말고 지키라 이것이 네 **생명**이니라
잠 4:22	그것은 얻는 자에게 **생명**이 되며 그의
잠 4:23	마음을 지키라 **생명**의 근원이 이에서
잠 5:6	그는 **생명**의 평탄한 길을 찾지 못하며
잠 6:26	여인은 귀한 **생명**을 사냥함이니라
잠 9:11	네 날이 많아질 것이요 네 **생명**의 해가
잠 10:11	의인의 입은 **생명**의 샘이라도 악인의
잠 10:16	의인의 수고는 **생명**에 이르고 악인의
잠 11:19	공의를 굳게 지키는 자는 **생명**에 이르고
잠 12:10	의인은 자기의 가축의 **생명**을 돌보나
잠 13:8	재물이 자기 **생명**의 속전일 수 있으나
잠 13:14	지혜 있는 자의 교훈은 **생명**의 샘이니
잠 14:27	여호와를 경외하는 것은 **생명**의 샘이니
잠 14:30	마음은 육신의 **생명**이나 시기는 뼈를
잠 15:31	**생명**의 경계를 듣는 귀는 지혜로운 자
잠 16:15	희색은 **생명**을 뜻하나니 그의 은택이
잠 16:22	명철한 자에게는 그 명철이 **생명**의 샘이
잠 19:23	사람으로 **생명**에 이르게 하는 것이라
잠 21:21	자는 **생명**과 공의와 영광을 얻느니라

'생명'과 관련된 성구

생명을 거두어 가다 – 욥 4:3
생명을 건지다 – 삼하 4:9; 시 22:20; 56:13; 120:2; 욘 2:6
생명을 구원하게 하다 – 창 50:20
생명을 구원하다 – 창 19:19; 45:5; 시 55:18; 72:13, 14; 잠 14:25; 렘 20:13; 48:6; 51:8
생명을 구하다 – 왕상 1:12, 29; 에 7:7; 시 21:4; 막 3:4; 눅 6:9
생명을 구하지 아니하다 – 삼상 19:11
생명을 끊다 – 애 3:53
생명을 노리다 – 렘 46:26; 49:37
생명을 대속하다 – 출 30:15, 16
생명(을) 멸하다 – 왕상 3:11; 대하 1:11; 시 40:14
생명을 보존하게 하다 – 창 6:19, 20; 신 4:42
생명을 보존하다 – 창 19:17; 42:18; 45:7; 민 4:19; 신 19:5; 느 6:11; 시 64:1; 잠 13:3; 렘 38:20; 겔 3:19; 33:5, 9
생명을 보호하다 – 에 8:11; 9:16
생명을 빼앗다 – 삼상 23:15; 시 31:13; 잠 22:23; 렘 11:21; 40:14, 15
생명을 빼앗지 아니하다 – 삼하 14:14

생명을 살리다 – 왕상 20:31, 32
생명을 속량하다 – 시 49:8; 103:4; 애 3:58
생명을 얻게 하다 – 신 30:6; 요 10:10; 20:31
생명을 얻다 – 잠 8:35; 9:6
생명을 잃게 하다 – 욥 31:39; 잠 1:19
생명을 잃어버리다 – 잠 7:23
생명을 잃지 아니하다 – 왕상 2:23
생명을 잇다 – 애 1:11
생명을 주다 – 에 7:3; 욥 3:20; 요 5:26; 6:33; 요일 5:16
생명을 찾다 – 삼상 20:1; 22:23; 24:11; 왕상 19:10, 14; 시 35:4; 38:12; 잠 29:10; 렘 4:30; 19:7, 9; 21:7; 22:25; 34:20, 21; 38:16; 44:30
생명을 해하다 – 민 16:38; 삼하 4:8; 16:11; 18:13; 시 35:7; 59:3; 잠 1:18; 20:2; 렘 18:20
생명이 길다 – 출 20:12; 신 5:16; 렘 35:7
생명이 끊어지다 – 출 31:14
생명이 보존되다 – 창 19:20; 32:30
생명이 없다 – 요일 5:12
생명(이) 있다 – 창 1:30; 레 17:11; 왕상 15:29; 시 116:9; 잠 12:28; 요 1:4; 5:26; 행 20:10; 요일 5:11, 12

1320

【 생명 】　　　　　　　　　　　　　　　【 생명 】

잠 22:4	보상은 재물과 영광과 **생명**이니라	행 20:24	마치려 함에는 나의 **생명**조차 조금도
전 5:20	자기의 **생명**의 날을 깊이 생각하지	행 27:10	**생명**에도 타격과 많은 손해를 끼치리라
전 6:12	**생명**의 모든 날을 그림자같이 보내는	행 27:22	아무도 **생명**에는 아무런 손상이 없겠고
전 10:19	포도주는 **생명**을 기쁘게 하는 것이나	롬 5:17	예수 그리스도를 통하여 **생명** 안에서

선지서, 신약

		롬 5:18	많은 사람이 의롭다 하심을 받아 **생명**에
사 38:12	내가 내 **생명**을 말았도다 주께서 나를	롬 6:4	우리로 또한 새 **생명** 가운데서 행하게
사 38:16	있게 하고 내 심령의 **생명**도 온전히 거기에	롬 7:10	**생명**에 이르게 할 그 계명이 내게
사 43:4	사람들을 내어 주며 백성들이 네 **생명**을	롬 8:2	그리스도 예수 안에 있는 **생명**의 성령의
렘 4:10	평강이 있으리라 하시더니 칼이 **생명**에	롬 8:6	생각은 사망이요 영의 생각은 **생명**과
렘 26:19	이같이 하면 우리의 **생명**을 스스로 심히	롬 8:38	내가 확신하노니 사망이나 **생명**이나
렘 38:17	네 **생명**이 살겠고 이 성이 불사름을	고전 3:22	아볼로나 게바나 세계나 **생명**이나 사망
렘 45:5	너에게 네 **생명**을 노략물 주듯 하리라	고전 14:7	피리나 거문고와 같이 **생명** 없는 것이
애 1:16	나를 위로하여 내 **생명**을 회복시켜 줄	고후 2:16	저 사람에게는 **생명**으로부터 **생명**에
애 2:19	네 어린 자녀들의 **생명**을 위하여 주를	고후 4:10	죽음을 몸에 짊어짐은 예수의 **생명**이
겔 3:18	그의 악한 길을 떠나 **생명**을 구원하게	고후 4:11	예수의 **생명**이 또한 우리 죽을 육체에
겔 14:14	자기의 **생명**만 건지리라 나 주 여호와	고후 4:12	안에서 역사하고 **생명**은 너희 안에서
겔 14:20	자기의 공의로 자기의 **생명**만 건지리라	고후 5:4	죽을 것이 **생명**에 삼킨 바 되게 하려
겔 32:10	그들이 각각 자기 **생명**을 위하여 무시로	엡 4:18	말미암아 하나님의 **생명**에서 떠나
겔 33:15	물건을 돌려 보내고 **생명**의 율례를 지켜	빌 2:16	**생명**의 말씀을 밝혀 나의 달음질이
단 7:12	권세를 빼앗겼으나 그 **생명**은 보존되어	골 3:3	너희가 죽었고 너희 **생명**이 그리스도와
욘 1:14	사람의 **생명** 때문에 우리를 멸망시키지	골 3:4	우리 **생명**이신 그리스도께서 나타나실
말 2:5	레위와 세운 나의 언약은 **생명**과 평강의	딤전 6:19	터를 쌓아 참된 **생명**을 취하는 것이니라
마 7:14	**생명**으로 인도하는 문은 좁고 길이 협착	딤후 1:1	그리스도 예수 안에 있는 **생명**의 약속
마 19:17	**생명**에 들어 가려면 계명들을 지키라	딤후 1:10	복음으로써 **생명**과 썩지 아니할 것을
눅 12:15	사람의 **생명**이 그 소유의 넉넉한 데	히 7:3	시작한 날도 없고 **생명**의 끝도 없어
요 5:24	이르지 아니하나니 사망에서 **생명**으로	히 7:16	아니하고 오직 불멸의 **생명**의 능력을
요 5:29	선한 일을 행한 자는 **생명**의 부활로,	약 1:12	약속하신 **생명**의 면류관을 얻을 것이기
요 6:35	예수께서 이르시되 나는 **생명**의 떡이니	약 4:14	너희 **생명**이 무엇이냐 너희는 잠깐
요 6:48	내가 곧 **생명**의 떡이니라	벧전 3:7	연약한 그릇이요 또 **생명**의 은혜를 함께
요 6:51	떡은 곧 세상의 **생명**을 위한 내 살이니	벧전 3:10	그러므로 **생명**을 사랑하고 좋은 날 보기
요 6:53	아니하면 너희 속에 **생명**이 없느니라	벧후 1:3	그의 신기한 능력으로 **생명**과 경건에
요 6:63	너희에게 이른 말은 영이요 **생명**이라	요일 1:1	태초부터 있는 **생명**의 말씀에 관하여는
요 8:12	자는 어둠에 다니지 아니하고 **생명**의	요일 1:2	**생명**이 나타내신 바 된지라 이 영원한
요 11:25	이르시되 나는 부활이요 **생명**이니 나를		**생명**을 우리가 보았고 증언하여 너희
요 12:25	자기의 **생명**을 사랑하는 자는 잃어버	요일 2:25	것은 이것이니 곧 영원한 **생명**이니라
	릴 것이요 이 세상에서 자기의 **생명**을	요일 3:14	사망에서 옮겨 **생명**으로 들어간 줄을
요 14:6	내가 곧 길이요 진리요 **생명**이니 나로	계 2:10	충성하라 그리하면 내가 **생명**의 관을
행 3:15	**생명**의 주를 죽였도다 그러나 하나님	계 8:9	가운데 **생명** 가진 피조물들의 삼분의
행 5:20	서서 이 **생명**의 말씀을 다 백성에게	계 12:11	그들은 죽기까지 자기들의 **생명**을
행 8:33	세대를 말하리요 그의 **생명**이 땅에서		
행 11:18	하나님께서 이방인에게도 **생명** 얻는		

생명(의) 길

행 15:25-26	이름을 위하여 **생명**을 아끼지 아니하는	시 16:11	주께서 **생명**의 길을 내게 보이시리니
행 17:25	만민에게 **생명**과 호흡과 만물을 친히	잠 2:19	돌아오지 못하며 또 **생명** 길을 얻지

【 생명나무 】　　　　　　　　　　　　　　　　　　　　　　　　　　　　【 생물 】

잠 6:23	훈계의 책망은 곧 **생명**의 길이라
잠 10:17	훈계를 지키는 자는 **생명** 길로 행하여도
잠 15:24	지혜로운 자는 위로 향한 **생명** 길로
렘 21:8	내가 너희 앞에 **생명**의 길과 사망의
행 2:28	주께서 **생명**의 길을 내게 보이셨으니

생명 싸개

| 삼상 25:29 | 여호와와 함께 **생명 싸개** 속에 싸였을 |

생명책

시 69:28	그들을 **생명책**에서 지우사 의인들과
빌 4:3	도우라 그 이름들이 **생명책**에 있느니라
계 3:5	그 이름을 **생명책**에서 결코 지우지
계 13:8	죽임을 당한 어린 양의 **생명책**에 창세
계 17:8	이후로 그 이름이 **생명책**에 기록되지
계 20:12	**생명책**이라 죽은 자들이 자기 행위를
계 20:15	누구든지 **생명책**에 기록되지 못한 자는
계 21:27	어린 양의 **생명책**에 기록된 자들만

생명나무(tree of life)

창 2:9	동산 가운데에는 **생명나무**와 선악을
창 3:22	그가 그의 손을 들어 **생명나무** 열매도
창 3:24	두루 도는 불 칼을 두어 **생명나무**의
잠 3:18	얻은 자에게 **생명나무**라 지혜를 가진
잠 11:30	의인의 열매는 **생명나무**라 지혜로운
잠 13:12	이루어지는 것은 곧 **생명나무**니라
잠 15:4	혀는 곧 **생명나무**이지만 패역한 혀는
계 2:7	낙원에 있는 **생명나무**의 열매를 주어
계 22:2	좌우에 **생명나무**가 있어 열두 가지
계 22:14	그들이 **생명나무**에 나아가며 문들을
계 22:19	이 두루마리에 기록된 **생명나무**와 및

생명수(生命水, water of life, living water)

계 7:17	목자가 되사 **생명수** 샘으로 인도하시고
계 21:6	마지막이라 내가 **생명수** 샘물을 목마른
계 22:1	수정같이 맑은 **생명수**의 강을 내게
계 22:17	원하는 자는 값없이 **생명수**를 받으라

생물(生物, living creature, living and moving thing)

구약

창 1:20	이르시되 물들은 **생물**을 번성하게 하라
창 1:21	움직이는 모든 **생물**을 그 종류대로,
창 1:24	이르시되 땅은 **생물**을 그 종류대로
창 1:28	하늘의 새와 땅에 움직이는 모든 **생물**을
창 2:19	가시니 아담이 각 **생물**을 부르는 것이
창 6:19	혈육 있는 모든 **생물**을 너는 각기 암수
창 7:4	모든 **생물**을 지면에서 쓸어버리리라
창 7:21	땅 위에 움직이는 **생물**이 다 죽었으니
창 7:23	지면의 모든 **생물**을 쓸어버리시니 곧
창 8:17	너와 함께 한 모든 혈육 있는 **생물** 곧
창 8:21	모든 **생물**을 다시 멸하지 아니하리니
창 9:10	너희와 함께 한 모든 **생물** 곧 너희와 함께 한 새와 가축과 땅의 모든 **생물**에게
창 9:11	세우리니 다시는 모든 **생물**을 홍수로
창 9:12	너희와 함께 하는 모든 **생물** 사이에
창 9:15	너희와 및 육체를 가진 모든 **생물** 사이
창 9:16	땅의 모든 **생물** 사이의 영원한 언약을
창 9:17	모든 **생물** 사이에 세운 언약의 증거가
레 11:2	모든 짐승 중 너희가 먹을 만한 **생물**은
레 11:12	수중 **생물**에 지느러미와 비늘 없는 것은
레 11:46	모든 **생물**과 땅에 기는 모든 길짐승과
레 11:47	먹을 **생물**과 먹지 못할 **생물**을 분별할
레 17:14	모든 **생물**은 그 피가 생명과 일체라
민 18:15	드리는 모든 **생물**의 처음 나는 것은
욥 12:10	모든 **생물**의 생명과 모든 사람의 육신의
욥 28:21	**생물**의 눈에 숨겨졌고 공중의 새에게
욥 30:23	하사 모든 **생물**을 위하여 정한 집으로
시 69:34	그 중의 모든 **생물**도 그리할지로다
시 104:25	그 속에는 **생물** 곧 크고 작은 동물들이
시 145:16	펴사 모든 **생물**의 소원을 만족하게
겔 1:5	네 **생물**의 형상이 나타나는데 그들의
겔 1:8	그 네 **생물**의 얼굴과 날개가 이러하니
겔 1:12	어떤 쪽으로 가면 그 **생물**들도 그대로
겔 1:13	**생물**들의 모양은 … 그 **생물** 사이에서
겔 1:14	**생물**들은 번개 모양같이 왕래하더라
겔 1:15	**생물**들을 보니 그 **생물**들 곁에 있는
겔 1:19	그 **생물**들이 갈 때에 … 그 **생물**들이
겔 1:20	**생물**들도 영이 가려 … **생물**의 영이
겔 1:21	이는 **생물**의 영이 그 바퀴들 가운데에
겔 1:22	**생물**의 머리 위에는 수정 같은 궁창이
겔 1:23	궁창 밑에 **생물**들의 날개가 … 이 **생물**은 두 날개로 몸을 가렸고 저 **생물**도
겔 1:24	**생물**들이 갈 때에 … **생물**이 설 때에
겔 1:25	음성이 나더라 그 **생물**이 설 때에 그
겔 3:13	**생물**들의 … **생물** 곁의 바퀴 소리라

【 생베 】   【 생육/-하다 】

겔 10:15 내가 그발 강 가에서 보던 **생물**이라
겔 10:17 올라가니 이는 **생물**의 영이 바퀴 가운데
겔 10:20 하님 아래에 있던 **생물**이라 그들이
겔 47:9   번성하는 모든 **생물**이 살고 또 고기가

신약

약 3:7   새와 벌레와 바다의 **생물**은 다 사람에
계 4:6   보좌 주위에 네 **생물**이 있는데 앞뒤에
계 4:7   첫째 **생물**은 … 둘째 **생물**은 송아지 같고 그 셋째 **생물**은 … 넷째 **생물**은
계 4:8   **생물**은 각각 여섯 날개를 가졌고 그
계 4:9   그 **생물**들이 보좌에 앉으사 세세토록
계 5:6   내가 또 보니 보좌와 네 **생물**과 장로들
계 5:8   두루마리를 취하시매 네 **생물**과 이십사
계 5:11   내가 또 보고 들으매 보좌와 **생물**들과
계 5:14   네 **생물**이 이르되 아멘 하고 장로들은
계 6:1   들으니 네 **생물** 중의 하나가 우렛소리
계 6:3   내가 들으니 둘째 **생물**이 말하되 오라
계 6:5   내가 들으니 셋째 **생물**이 말하되 오라
계 6:6   네 **생물** 사이로부터 나는 듯한 음성을
계 6:7   넷째 인을 떼실 때에 내가 넷째 **생물**의
계 7:11   모든 천사가 보좌와 장로들과 네 **생물**의
계 14:3   그들이 보좌 앞과 네 **생물**과 장로들
계 15:7   **생물** 중의 하나가 영원토록 살아 계신
계 16:3   피같이 되니 바다 가운데 모든 **생물**이
계 19:4   이십사 장로와 네 **생물**이 엎드려 보좌에

생베(unshrunk cloth, new cloth)
마 9:16   **생베** 조각을 낡은 옷에 붙이는 자가
막 2:21   **생베** 조각을 낡은 옷에 붙이는 자가

생산하다(生産, give birth, bear child)
레 12:7   이는 아들이나 딸을 **생산**한 여인에게
사 65:23 그들이 **생산**한 것이 재난을 당하지

생살(raw flesh)
레 13:10 털이 희어지고 거기 **생살**이 생겼으면
레 13:14 아무 때든지 그에게 **생살**이 보이면 그는
레 13:15 제사장이 **생살**을 진찰하고 그를 부정하
레 13:16 **생살**이 변하여 다시 희어지면 제사장

생선(生鮮, fish)
민 11:5   값없이 **생선**과 오이와 참외와 부추와
마 7:10   **생선**을 달라 하는데 뱀을 줄 사람이

마 15:34 일곱 개와 작은 **생선** 두어 마리가 있나
마 15:36 일곱 개와 그 **생선**을 가지사 축사하시고
막 8:7   작은 **생선** 두어 마리가 있는지라 이에
눅 11:11 누가 아들이 **생선**을 달라 하는데 **생선**
눅 24:42 이에 구운 **생선** 한 토막을 드리니
요 21:9   숯불이 있는데 그 위에 **생선**이 놓였고
요 21:10 예수께서 이르시되 지금 잡은 **생선**을
요 21:13 주시고 **생선**도 그와 같이 하시니라

생수(生水, living water, flowing water)
아 4:15   너는 동산의 샘이요 **생수**의 우물이요
렘 2:13   **생수**의 근원되는 나를 버린 것과 스스로
렘 17:13 **생수**의 근원이신 여호와를 버림이니이
슥 14:8   날에 **생수**가 예루살렘에서 솟아나서
요 4:10   것이요 그가 **생수**를 네게 주었으리라
요 4:11   당신이 그 **생수**를 얻겠사옵나이까
요 7:38   그 배에서 **생수**의 강이 흘러나오리라

생시(生時, while living, really happening)
시 49:18 비록 **생시**에 자기를 축하하며 스스로
행 12:9   **생시**인 줄 알지 못하고 환상을 보는가

생애(生涯, live)
욥 14:1   여인에게서 태어난 사람은 **생애**가 짧고
욥 27:6   마음이 나의 **생애**를 비웃지 아니하리라

생업(生業, occupation, property)
창 47:3   형들에게 묻되 너희 **생업**이 무엇이냐
창 47:27 거주하며 거기서 **생업**을 얻어 생육하고
삼상 25:2 한 사람이 있는데 그의 **생업**이 갈멜에
욘 1:8   우리에게 임하였는가 말하라 네 **생업**이
행 18:3   **생업**이 같으므로 … 그 **생업**은 천막을
행 19:25 우리의 풍족한 생활이 이 **생업**에 있는데

생육/-하다(生育, descendent, fruitful)
창 1:22   **생육하고** 번성하여 여러 바닷물에 충만
창 1:28   그들에게 이르시되 **생육하고** 번성하여
창 8:17   땅에 **생육하고** 땅에서 번성하리라
창 9:1   그들에게 이르시되 **생육하고** 번성하여
창 9:7   **생육하고** 번성하며 땅에 가득하여
창 17:20 크게 **생육하고** 번성하게 할지라 그가
창 28:3   복을 주시어 네가 **생육하고** 번성하게
창 35:11 전능한 하나님이라 **생육하며** 번성하라

1323

【 생이삭 】 【 생활/-하다 】

창 47:27	거주하며 거기서 생업을 얻어 **생육하고**
창 48:4	너로 **생육하고** 번성하게 하여 네게서
출 1:7	자손은 **생육하고** 붇어나 번성하고 매우
신 7:14	짐승의 암수에 **생육하지** 못함이 없을
사 23:4	못하였으며 처녀들을 **생육하지도**
렘 23:3	돌아오게 하리니 그들의 **생육**이 번성할
히 11:12	같이 많은 후손이 **생육하였느니라**

생이삭(new green)
레 23:14 볶은 곡식이든지 **생이삭**이든지 먹지

생일(生日, birthday)

창 40:20	제삼일은 바로의 생일이라 바로가 그의 모든 신
욥 1:4	그의 아들들이 자기 생일에 각각 자기의 집에서
욥 3:1	그 후에 욥이 입을 열어 자기의 **생일**을
렘 20:14	**생일**이 저주를 받았더면, 나의 어머니가
마 14:6	마침 헤롯의 **생일**이 되어 헤로디아의
막 6:21	왔으니 곧 헤롯이 자기 **생일**에 대신들과

생전(生前, while still living, in life)

창 25:6	재산을 주어 자기 **생전**에 그들로 하여금
삼하 1:23	사울과 요나단이 **생전**에 사랑스럽고
왕상 11:34	위하여 솔로몬의 **생전**에는 온 나라를
왕상 12:6	그의 아버지 솔로몬의 **생전**에 그 앞에
대상 22:9	그의 **생전**에 평안과 안일함을 이스라엘
대하 10:6	그의 아버지 솔로몬의 **생전**에 그 앞에
대하 32:26	히스기야의 **생전**에는 그들에게 내리지
시 146:2	나의 **생전**에 여호와를 찬양하며 나의
사 39:8	이르되 내 **생전**에는 평안과 견고함이
겔 12:25	내가 너희 **생전**에 말하고 이루리라 나
합 1:5	너희 **생전**에 내가 한 가지 일을 행할
롬 7:2	있는 여인이 그 남편 **생전**에는 법으로
롬 7:3	만일 그 남편 **생전**에 다른 남자에게

생존자(生存者, remaining)
| 왕하 10:11 | 속한 자를 하나도 **생존자**를 남기지 |
| 사 1:9 | 여호와께서 우리를 위하여 **생존자**를 |

생존하다(生存, still live, survive, alive)
| 창 43:27 | 안녕하시냐 아직도 **생존해** 계시느냐 |
| 창 43:28 | 평안하고 지금까지 **생존하였나이다** |

레 18:18	아내가 **생존할** 동안에 그의 자매를 데려
민 14:38	여분네의 아들 갈렙은 **생존하니라**
신 4:4	너희는 오늘까지 다 **생존하였느니라**
신 4:9	네가 **생존하는** 날 동안에 그 일들이
신 4:33	음성을 너처럼 듣고 **생존하였느냐**
신 5:24	그 사람이 **생존하는** 것을 오늘 우리가
신 5:26	발함을 듣고 **생존한** 자가 누구니이까
신 30:16	그리하면 네가 **생존하며** 번성할 것이요
수 4:14	그가 **생존한** 날 동안에 백성이 그를
수 14:10	말씀하신 대로 나를 **생존하게** 하셨나니
수 24:31	여호수아 뒤에 **생존한** 장로들 곧 여호와
삿 2:7	여호수아 뒤에 **생존한** 장로들 곧 여호와
왕하 14:17	아마샤가 십오 년간을 **생존하였더라**
대하 25:25	아들 아마샤가 십 년 간 **생존하였더라**
욥 21:7	어찌하여 악인이 **생존하고** 장수하며
시 72:15	그들이 **생존하여** 스바의 금을 그에게
사 4:3	예루살렘 안에 **생존한** 자 중 기록된
겔 32:23	엎드러진 자 곧 **생존하는** 사람들의 세상
겔 32:24	그들이 **생존하는** 사람들의 세상에서
겔 32:25	그들이 **생존하는** 사람들의 세상에서
겔 32:26	그들이 **생존하는** 사람들의 세상에서
겔 32:27	죄악을 졌음이여 **생존하는** 사람들의
겔 32:32	내가 바로로 하여금 **생존하는** 사람들의

생질(甥姪, sister's son, relative)
창 29:12	그에게 자기가 그의 아버지의 **생질**이요
창 29:13	라반이 그의 **생질** 야곱의 소식을 듣고
창 29:15	야곱에게 이르되 네가 비록 내 **생질**이나
행 23:16	바울의 **생질**이 그들이 매복하여 있다
골 4:10	아리스다고와 바나바의 **생질** 마가와

생포도(grape)
민 6:3 포도즙도 마시지 말며 **생포도**나 건포도

생활/-하다(生活, life, live by, conduct)
창 27:40	너는 칼을 믿고 **생활하겠고** 네 아우를
출 1:14	노동으로 그들의 **생활**을 괴롭게 하니
레 25:35	동거인처럼 너와 함께 **생활하게**
레 25:36	경외하여 네 형제로 너와 함께 **생활하게**
왕하 4:7	너와 네 두 아들이 **생활하라** 하였더라
눅 21:34	술취함과 **생활**의 염려로 마음이 둔하여
행 19:25	우리의 풍족한 **생활**이 이 생업에 있는데
행 26:4	젊었을 때 **생활한** 상황을 유대인이 다

【 생활비 】　　　　　　　　　　　　　　　　　　　　　　　　　　　　【 서기관 】

행 26:5　가장 엄한 파를 따라 바리새인의 **생활**을
빌 1:27　그리스도의 복음에 합당하게 **생활하라**
딤전 2:2　단정함으로 고요하고 평안한 **생활**을
딤후 2:4　복무하는 자는 자기 **생활**에 얽매이는

생활비(生活費, all she had to live on)
막 12:44　자기의 모든 소유 곧 **생활비** 전부를
눅 21:4　가지고 있는 **생활비** 전부를 넣었느니라

생황(笙簧, pipe)
단 3:5　삼현금과 양금과 **생황**과 및 모든 악기
단 3:10　삼현금과 양금과 **생황**과 및 모든 악기
단 3:15　삼현금과 양금과 **생황**과 및 모든 악기

서(西, west)
시 103:12　동이 **서**에서 먼 것같이 우리의 죄과를

서광(瑞光, twilight, flash of hope)
사 21:4　나를 놀라게 하며 희망의 **서광**이 변하여

서기(書記, royal secretary)
왕하 12:10　**서기**와 대제사장이 올라와서 여호와의
대하 34:13　레위 사람은 **서기**와 관리와 문지기가

서기관(書記官, secretary, teacher of the law)
삼하 8:17　제사장이 되고 스라야는 **서기관**이 되고
삼하 20:25　**서기관**이 되고 사독과 아비아달은
왕상 4:3　엘리호렙과 아히야는 **서기관**이요
왕하 18:18　책임자인 엘리야김과 **서기관** 셉나와
왕하 18:37　엘리야김과 **서기관** 셉나와 아삽의 아들
왕하 19:2　책임자인 엘리야김과 **서기관** 셉나와
왕하 22:3　아살리야의 아들 **서기관** 사반을 여호와
왕하 22:8　대제사장 힐기야가 **서기관** 사반에게
왕하 22:9　**서기관** 사반이 왕에게 돌아가서 보고하
왕하 22:10　**서기관** 사반이 왕에게 말하여 이르되
왕하 22:12　미가야의 아들 악볼과 **서기관** 사반과
왕하 25:19　징집하는 장관의 **서기관** 한 사람과
대상 2:55　야베스에 살던 **서기관** 종족 곧 디랏
대상 18:16　제사장이 되고 사위사는 **서기관**이
대상 24:6　사람 느다넬의 아들 **서기관** 스마야가
대상 27:32　모사가 되며 **서기관**도 되었고 학모니
대하 24:11　**서기관**과 대제사장에게 속한 관원이
대하 26:11　군사가 있으니 **서기관** 여이엘과 병영장

대하 34:8　시장 마아세야와 **서기관** 요아하스의
대하 34:15　힐기야가 **서기관** 사반에게 말하여
대하 34:18　**서기관** 사반이 또 왕에게 아뢰어 이르되
대하 34:20　**서기관** 사반과 왕의 시종 아사야에게
스 4:8　방백 르훔과 **서기관** 심새가 아닥사스다
스 4:9　르훔과 **서기관** 심새와 그의 동료 디나
스 4:17　방백 르훔과 **서기관** 심새와 사마리아에
스 4:23　르훔과 **서기관** 심새와 그의 동료 앞에서
느 13:13　내가 제사장 셀레먀와 **서기관** 사독과
에 3:12　첫째 달 십삼일에 왕의 **서기관**이 소집되
에 8:9　이십삼일에 왕의 **서기관**이 소집되고
시 45:1　내 혀는 글솜씨가 뛰어난 **서기관**의
사 36:3　왕궁 맡은 자 엘리아김과 **서기관** 셉나와
사 36:22　왕궁 맡은 자 엘리아김과 **서기관** 셉나와
사 37:2　왕궁 맡은 자 엘리아김과 **서기관** 셉나와
렘 8:8　말하겠느냐 참으로 **서기관**의 거짓이
렘 36:10　사반의 아들 **서기관** 그마랴의 방에서
렘 36:12　내려가서 **서기관**의 방에 들어가니
렘 36:20　두루마리를 **서기관** 엘리사마의 방에
렘 36:21　여후디가 **서기관** 엘리사마의 방에서
렘 36:26　**서기관** 바룩과 선지자 예레미야를
렘 36:32　**서기관** 바룩에게 주매 그가 유다의
렘 37:15　예레미야를 때려서 **서기관** 요나단의
렘 37:20　**서기관** 요나단의 집으로 돌려보내지
렘 52:25　감독하는 군 지휘관의 **서기관** 하나와
겔 9:2　허리에 **서기관**의 먹 그릇을 찼더라
겔 9:3　가는 베 옷을 입고 **서기관**의 먹 그릇을
마 2:4　모든 대제사장과 백성의 **서기관**들을
마 5:20　의가 **서기관**과 바리새인보다 더 낫지
마 7:29　권위 있는 자와 같고 그들의 **서기관**들과
마 8:19　한 **서기관**이 나아와 예수께 아뢰되
마 9:3　**서기관**들이 속으로 이르되 이 사람이
마 12:38　**서기관**과 바리새인 중 몇 사람이 말하되
마 13:52　천국의 제자 된 **서기관**마다 마치 새것과
마 15:1　바리새인과 **서기관**들이 예루살렘으로
마 16:21　장로들과 대제사장들과 **서기관**들에게
마 17:10　어찌하여 **서기관**들이 엘리야가 먼저
마 20:18　대제사장들과 **서기관**들에게 넘겨지매
마 21:15　대제사장들과 **서기관**들이 예수께서
마 23:2　**서기관**들과 바리새인들이 모세의
마 23:13　외식하는 **서기관**들과 바리새인들이여
마 23:15　화 있을진저 외식하는 **서기관**들과
마 23:23　화 있을진저 외식하는 **서기관**들과

【 서기관 】　　【 서다 】

마 23:25	화 있을진저 외식하는 **서기관들과**	행 6:12	백성과 장로와 **서기관들을** 충동시켜
마 23:27	화 있을진저 외식하는 **서기관들과**	행 23:9	바리새인 편에서 몇 **서기관이** 일어나
마 23:29	화 있을진저 외식하는 **서기관들과**		
마 23:34	지혜 있는 자들과 **서기관들을** 보내매	**서기오 바울**(Sergius Paulus) 구브로 섬의	
마 26:57	가야바에게로 가니 거기 **서기관과** 장로	로마 총독	
마 27:41	그와 같이 대제사장들도 **서기관들과**	행 13:7	**서기오 바울과** ··· **서기오 바울은** 지혜
막 1:22	권위 있는 자와 같고 **서기관들과** 같지		
막 2:6	어떤 **서기관들이** 거기 앉아서 마음에	**서기장**(書記長, city clerk)	
막 2:16	바리새인의 **서기관들이** 예수께서 죄인	행 19:35	**서기장이** 무리를 진정시키고 이르되
막 3:22	예루살렘에서 내려온 **서기관들은** 그가		
막 7:1	또 **서기관** 중 몇이 예루살렘에서 와서	**서까래**(rafter)	
막 7:5	바리새인들과 **서기관들이** 예수께 묻되	왕상 6:9	그 성전은 백향목 **서까래와** 널판으로
막 8:31	장로들과 대제사장들과 **서기관들에게**	전 10:18	**서까래가** 내려앉고 손을 놓은즉 집이
막 9:11	어찌하여 **서기관들이** 엘리야가 먼저	아 1:17	백향목 들보, 잣나무 **서까래로구나**
막 9:14	그들을 둘러싸고 **서기관들이** 그들과		
막 10:33	인자가 대제사장들과 **서기관들에게**	**서남**(西南, southwest)	
막 11:18	대제사장들과 **서기관들이** 듣고 예수를	행 27:12	그레데 항구라 한쪽은 **서남을**, 한쪽은
막 11:27	거니실 때에 대제사장들과 **서기관들**		
막 12:28	**서기관** 중 한 사람이 그들이 변론하는	**서너/서넛**(three or four)	
막 12:32	**서기관이** 이르되 선생님이여 옳소이다	잠 30:15	못하여 족하다 하지 아니하는 것 **서넛이**
막 12:35	어찌하여 **서기관들이** 그리스도를 다윗	잠 30:18	여기고도 깨닫지 못하는 것 **서넛이**
막 12:39	잔치의 윗자리를 원하는 **서기관들을**	잠 30:21	견딜 수 없게 하는 것 **서넛이** 있나니
막 14:1	무교절이라 대제사장들과 **서기관들이**	잠 30:29	잘 걸으며 위풍 있게 다니는 것 **서넛이**
막 14:43	대제사장들과 **서기관들과** 장로들에게	렘 36:23	여후디가 **서너** 쪽을 낭독하면 왕이
막 14:53	대제사장들과 장로들과 **서기관들이**		
막 15:1	대제사장들이 즉시 장로들과 **서기관들**	**서너 가지 죄로 말미암아**	
막 15:31	대제사장들도 **서기관들과** 함께 희롱하	암 1:3	다메섹의 **서너 가지 죄로 말미암아**
눅 5:21	**서기관과** 바리새인들이 생각하여	암 1:6	가사의 **서너 가지 죄로 말미암아** 내가
눅 5:30	**서기관들이** 그 제자들을 비방하여	암 1:9	두로의 **서너 가지 죄로 말미암아** 내가
눅 6:7	**서기관과** 바리새인이 예수를 고발할	암 1:11	에돔의 **서너 가지 죄로 말미암아** 내가
눅 9:22	대제사장들과 **서기관들에게** 버린 바	암 1:13	암몬 자손의 **서너 가지 죄로 말미암아**
눅 11:53	나오실 때에 **서기관과** 바리새인들이	암 2:1	모압의 **서너 가지 죄로 말미암아** 내가
눅 15:2	바리새인과 **서기관들이** 수군거려	암 2:4	유다의 **서너 가지 죄로 말미암아** 내가
눅 19:47	대제사장들과 **서기관들과** 백성의	암 2:6	이스라엘의 **서너 가지 죄로 말미암아**
눅 20:1	전하실새 대제사장들과 **서기관들이**		
눅 20:19	**서기관들과** 대제사장들이 예수의 이	**서늘하다**(cool, make cool)	
눅 20:39	**서기관** 중 어떤 이들이 말하되 선생님	삿 3:20	그에게로 들어가니 왕은 **서늘한** 다락방
눅 20:46	잔치의 윗자리를 좋아하는 **서기관들을**	삿 3:24	왕이 분명히 **서늘한** 방에서 그의 발을
눅 22:2	대제사장들과 **서기관들이** 예수를 무슨	눅 16:24	내 혀를 **서늘하게** 하소서 내가 이 불꽃
눅 22:66	곧 대제사장들과 **서기관들이** 모여서		
눅 23:10	대제사장들과 **서기관들이** 서서 힘써	**서다**(stand, rise up, be elected)	
요 8:3	**서기관들과** 바리새인들이 음행중에	**1. 회중/백성 앞에 서다**(stand)	
행 4:5	이튿날 관리들과 **서기관들이**	출 9:10	가지고 바로 앞에 **서서** 모세가 하늘을

【 서다 】　　　　　　　　　　　　　　　　　　　　　　　　　　【 서로 】

📖 서다 1 – 기타 본문
출 32:26; 민 3:6; 16:9, 31, 48; 27:2; 35:12; 삿 20:2; 수 20:6, 9; 삼상 17:8; 대하 20:5, 20; 24:20; 느 8:5; 욥 30:28; 겔 44:11

2. 하나님 임재/성전 앞에 서다(stay)
창 18:22　아브라함은 여호와 앞에 그대로 **섰더니**
출 20:18　본지라 그들이 볼 때에 떨며 멀리 **서서**
신 10:8　앞에 **서서** 그를 섬기며 또 여호와의

📖 서다 2 – 기타 본문
출 3:5; 34:5; 신 4:10; 5:5; 17:12; 18:5, 7; 수 5:15; 삼상 6:20; 14:9; 왕상 3:15; 8:11; 13:1; 22:21; 대상 23:30; 대하 5:12, 14; 6:12, 13; 7:6; 18:20; 20:9, 13; 34:31; 35:5; 스 3:10; 느 12:40; 욥 1:6; 시 5:5; 24:3; 76:7; 101:7; 102:28; 106:23; 130:3; 렘 7:2, 10; 15:1; 18:20; 19:14; 26:2; 35:19; 49:19; 50:44; 겔 44:15; 슥 3:1, 4, 5; 말 3:2; 요 11:56; 행 5:20, 25; 롬 14:10; 계 7:9; 14:1

3. 여호와/천사/말씀이 서다(stay, stand)
창 28:13　본즉 여호와께서 그 위에 **서서** 이르시되
민 14:14　주의 구름이 그들 위에 **섰으며** 주께서
민 22:23　손에 들고 길에 **선** 것을 보고 길에서
삼상 3:10　여호와께서 임하여 **서서** 전과 같이

📖 서다 3 – 기타 본문
출 17:6; 민 12:5; 22:24, 31, 34; 대상 21:16; 대하 18:18; 욥 19:25; 시 10:1; 82:1; 93:2; 109:31; 119:89; 사 2:2; 3:13; 6:2; 11:10; 16:5; 40:8; 암 7:7; 9:1; 합 3:6; 슥 1:11; 14:4; 눅 9:32; 24:4; 행 1:10; 7:55, 56; 10:30 11:13; 23:11; 27:23; 골 1:17; 딤후 4:17; 계 3:20; 5:11; 7:1; 19:17

4. 기타(사람이나 자연 앞에 서다)
창 41:17　이르되 내가 꿈에 나일 강 가에 **서서**
출 2:4　어떻게 되는지를 알려고 멀리 **섰더니**
출 7:15　너는 나일 강 가에 **서서** 그를 맞으며
수 3:17　마른 땅에 굳게 **섰고** 그 모든 백성이

📖 서다 4 – 기타 본문
모세오경 창 41:46; 출 9:11, 13; 14:13; 17:9; 레

18:23; 26:13; 민 1:5; 23:3, 6, 15, 17; 27:21; 신 19:17 **역사서** 수 3:13; 4:3, 9; 8:33; 20:4; 삿 3:19; 4:20; 7:21; 9:7, 35, 39; 18:17; 20:28; 삼상 1:26; 14:9; 17:3; 19:2, 3; 20:31; 22:6, 7, 9; 24:20; 삼하 1:9, 10; 2:23, 25; 12:17; 15:2; 20:11, 12; 왕상 2:45; 10:8; 13:25; 22:35; 왕하 2:7, 13; 5:11, 15; 8:9; 10:9; 11:14; 23:3; 대상 9:24; 11:14; 대하 9:7, 18, 19; 13:4; 20:17, 19, 20; 23:13; 26:12; 29:11; 느 4:18; 8:4; 9:2, 3, 15; 10:13; 에 5:2; 6:5; 7:9; 8:4 **시가서** 욥 8:15; 11:15; 30:20; 32:16; 37:14; 39:24; 시 1:1; 26:12; 33:9; 38:11; 93:1; 69:2; 122:2; 140:11; 잠 7:12; 12:3; 19:21; 22:29; 25:5, 6; 27:4; 아 2:9 **선지서** 사 7:7, 9; 27:9; 28:18; 32:8; 44:11; 46:10; 54:14; 59:14; 61:5; 렘 6:16; 14:6; 17:19; 30:20; 31:7; 36:21; 44:15; 46:14, 15, 21; 48:19; 51:29; 애 2:4; 겔 1:24; 5:8; 8:11; 17, 154; 21:21; 22:30; 27:39; 47:10; 단 1:4; 2:31, 44; 7:10, 16; 8:3, 6, 15, 17, 25; 9:27; 11:6, 16, 31; 12:5; 암 2:15; 7:2, 5; 옵 1:11, 14; 미 5:4; 합 2:1; 슥 1:8, 10; 3:7; 14:11, 12 **신약** 마 6:5; 12:25, 46; 20:32; 24:15; 26:73; 27:11, 47; 막 3:24, 25, 26, 31; 10:32, 49; 13:9, 14; 15:35, 39; 눅 4:16, 39; 5:1; 6:17; 7:38; 13:25; 17:12; 18:11, 13, 40; 19:8, 24; 23:10, 35, 49; 24:36; 요 1:16, 35; 3:29; 7:37; 8:9, 44; 12:29; 18:5, 18, 22, 25; 19:25; 20:11, 19, 26; 21:4; 행 1:11; 2:14; 3:8; 4:10; 9:39; 10:17; 12:14; 16:9; 17:22; 21:40; 22:13, 20; 23:4; 24:20, 21; 25:10, 18; 26:6, 22; 27:21; 롬 11:20; 고전 10:12; 15:1; 16:13; 고후 1:24; 갈 5:1; 엡 6:14; 빌 1:27; 골 1:23; 2:7; 살후 2:15; 딤후 2:19; 히 10:11; 벧전 4:18; 계 6:17; 15:2; 18:10, 15, 17

5. 보증을 서다(put up security)
잠 20:16　위하여 보증 **선** 자의 옷을 취하라 외인
잠 22:26　잡지 말며 남의 빚에 보증을 **서지** 말라

서두르다(hasten)
잠 25:8　너는 **서둘러** 나가서 다투지 말라 마침내

서로(one another, each other, mutually)
창 11:7　혼잡하게 하여 그들이 **서로** 알아듣지
사 1:18　말씀하시되 오라 우리가 **서로** 변론하자
슥 7:9　행하며 **서로** 인애와 긍휼을 베풀며

1327

【 서른 】   【 서슴다 】

막 9:34	잠잠하니 이는 길에서 **서로** 누가 크냐
요 13:34	**서로** 사랑하라… 너희도 **서로** 사랑하라
행 2:42	사도의 가르침을 받아 **서로** 교제하고
행 2:44	사람이 다 함께 있어 모든 물건을 **서로**
롬 12:5	그리스도 안에서 한 몸이 되어 **서로**
갈 5:13	말고 오직 사랑으로 **서로** 종 노릇 하라
살전 5:11	피차 권면하고 **서로** 덕을 세우기를
벧전 4:8	무엇보다도 뜨겁게 **서로** 사랑할지니
요일 4:7	사랑하는 자들아 우리가 **서로** 사랑하자

■ **서로 – 기타 본문**

모세오경 창 13:7, 8, 11; 21:27, 31; 25:22; 26:31; 30:40; 31:49; 33:4; 42:1, 21, 28; 43:33; 44:30; 출 2:13; 10:23; 16:15; 18:7; 21:18, 22; 25:20; 26:3, 5, 9, 17; 36:10, 12, 16, 22; 37:9; 39:4, 26; 레 19:11; 26:37; 민 14:4; 신 17:8; 25:11 **역사서** 수 23:12; 삿 10:18; 룻 3:14; 삼상 10:11; 17:21; 20:41; 삼하 1:23; 12:19; 21:7; 왕상 6:27; 7:4, 5; 11:2; 20:29; 왕하 3:23; 7:3, 6, 9; 8:4; 14:8; 대상 12:19; 26:16; 대하 15:6; 20:23, 36; 25:17; 스 9:2; 느 6:2; 에 9:19, 22 **시가서, 선지서** 욥 2:11; 38:38; 40:17; 41:16, 23; 시 2:2; 35:15, 19; 42:7; 64:5; 71:10; 80:6; 83:3, 5; 85:10; 잠 7:18; 15:17; 27:19; 사 2:4; 3:5; 13:8; 41:1; 46:5; 렘 22:8; 23:27, 30, 35; 32:3–5; 36:16; 51:46; 겔 1:9, 11, 23; 3:13; 37:7, 17; 40:13; 45:7; 단 2:43; 5:6; 11:6, 27; 욘 1:7; 미 4:3; 나 2:10; 슥 3:10; 7:10; 8:10, 17; 11:9 **신약** 마 16:7, 8; 21:25, 38; 24:10; 막 1:27; 4:41; 8:16; 9:10, 33, 50; 10:26; 11:31; 12:7; 14:4, 56, 59; 15:31; 눅 2:15; 4:36; 6:11; 7:32; 8:25; 12:1; 20:5, 14; 22:23; 23:12; 24:14, 15, 17, 32; 요 4:33; 5:44; 6:43, 52; 7:35; 11:56; 12:19; 13:14, 22, 35; 15:12, 17; 16:17, 19; 19:24; 행 2:12; 4:15, 32; 7:26; 26:31; 28:4; 롬 1:24, 27; 2:15; 12:10; 14:13, 19; 15:5, 7, 14; 16:16; 고전 4:6; 11:33; 12:15, 28; 16:20; 고후 13:11; 갈 5:15, 17, 26; 6:2; 엡 2:21; 4:2, 25, 32; 5:19; 골 3:9, 13; 살전 4:9, 18; 5:15; 살후 1:3; 히 13:16; 약 2:4; 4:11; 5:9, 16; 벧전 1:22; 4:10; 5:5, 14; 요일 1:7; 3:11, 23; 4:11, 12; 요이 1:15; 계 6:4; 11:10

서른(thirty)
출 26:8   각 폭의 길이는 **서른** 규빗, 너비는 네

출 36:15	폭의 길이는 **서른** 규빗, 너비는 네 규빗
스 1:9	수는 금 접시가 **서른** 개요 은 접시가
스 1:10	금 대접이 **서른** 개요 그보다 못한 은
겔 1:1	**서른**째 해 넷째 달 초닷새에 내가 그발
겔 40:17	땅 위에 여러 방이 있는데 모두 **서른**이
겔 41:6	골방 위에 골방이 있어 모두 **서른**이라
겔 46:22	길이는 마흔 척이요 너비는 **서른** 척이라
수 12:24	하나는 디르사 왕이라 모두 **서른**한 왕이
요 5:5	거기 **서른**여덟 해 된 병자가 있더라

서리(frost, sleet)
출 16:14	둥글며 **서리**같이 가는 것이 있는지라
욥 38:29	누구의 태에서 났느냐 공중의 **서리**는
시 78:47	그들의 뽕나무를 **서리**로 죽이셨으며
시 147:16	내리시며 **서리**를 재같이 흩으시며

서리다(entwine–NIV, wrap around–NASB)
욥 8:17   돌무더기에 **서리어서** 돌 가운데로

서머나(Smyrna) 소아시아 서쪽의 도시

계 1:11   에베소, **서머나**, 버가모, 두아디라
계 2:8   **서머나** 교회의 사자에게 편지하라

서머인(Semein) 예수님의 족보에 나오는 사람
눅 3:26   위는 맛다디아요 그 위는 **서머인**이요

서명(書名, sign, signature, autograph)
욥 31:35   나의 변명을 들어다오 나의 **서명**이 여기

서바나(Spain) 구약의 다시스로 지금의 스페인
롬 15:23   언제든지 **서바나**로 갈 때에 너희에게
롬 15:28   너희에게 들렀다가 **서바나**로 가리라

서북(西北, northwest)
행 27:12   서남을, 한쪽은 **서북**을 향하였더라

서슴다(hesitate)
욥 30:10   미워하여 멀리 하고 **서슴지** 않고 내

서약/-하다 (誓約, obligation, pledge, oath)

민 30:2 서원하였거나 결심하고 **서약하였으면**
민 30:4 서원이나 그가 결심한 **서약**을 듣고도
민 30:5 결심한 **서약**을 이루지 못할 것이니
민 30:6 서원이나 결심한 **서약**을 경솔하게
민 30:7 이행할 것이요 그가 결심한 **서약**을
민 30:8 경솔하게 입으로 말한 **서약**은 무효라
민 30:9 그가 결심한 모든 **서약**은 지킬 것이니라
민 30:10 서원을 하였다든지 결심하고 **서약**을
민 30:11 이행할 것이요 그가 결심한 **서약**은 다
민 30:13 **서약**은 그의 남편이 그것을 지키게도
수 2:17 네가 우리에게 **서약하게** 한 이 맹세에
수 2:20 우리에게 **서약하게** 한 맹세에 대하여
말 2:14 그는 네 짝이요 너와 **서약한** 아내로되

서열 (序列, order, subdivision, division)

대하 35:5 **서열**대로 또는 레위 족속의 **서열**대로
대하 35:12 번제물을 옮겨 족속의 **서열**대로 모든
시 110:4 멜기세덱의 **서열**을 따라 영원한 제사장

서원 1 (書院, hall, lecture)

행 19:9 두란노 **서원**에서 날마다 강론하니라

서원 2/-하다 (誓願, vow, pledge, make a vow)

창 28:20 야곱이 **서원하여** 이르되 하나님이 나와
창 31:13 거기서 내게 **서원하였으니** 지금 일어나
레 7:16 그러나 그의 예물의 제물이 **서원**이나
레 22:21 누구든지 **서원한** 것을 갚으려 하든지
레 27:2 드리기로 분명히 **서원하였으면** 너는
민 6:2 여자가 특별한 **서원** 곧 나실인의 **서원**을
민 15:3 여호와께 화제나 번제나 **서원**을 갚는
민 21:2 이스라엘이 여호와께 **서원하여** 이르되
민 30:2 **서원하였거나** 결심하고 서약하였으면
신 12:17 네 **서원**을 갚는 예물과 네 낙헌 예물과
신 23:18 소득은 어떤 **서원하는** 일로든지 네
삿 11:30 그가 여호와께 **서원하여** 이르되 주께서
삼하 15:7 **서원한** 것이 있사오니 청하건대 내가 헤브론에 가서 그 **서원**을 이루게 하소서
욥 22:27 그는 들으실 것이며 너의 **서원**을 네가
시 15:4 그의 마음에 **서원한** 것은 해로울지라도
시 22:25 주를 경외하는 자 앞에서 나의 **서원**을
시 50:14 지존하신 이에게 네 **서원**을 갚으며
시 56:12 내가 주께 **서원함**이 있사오즉 내가
시 61:5 주 하나님이여 주께서 나의 **서원**을
시 65:1 주를 기다리오며 사람이 나의 **서원**을 주께
시 66:13 주의 집에 들어가서 나의 **서원**을 주께
시 76:11 너희 하나님께 **서원하고** 갚으라
시 116:14 나는 나의 **서원**을 여호와께 갚으리로다
시 132:2 야곱의 전능자에게 **서원하기를**
잠 7:14 내가 화목제를 드려 **서원한** 것을 오늘
잠 20:25 이 물건은 거룩하다 하여 **서원하고** 그
잠 31:2 무엇을 말하랴 **서원대로** 얻은 아들아
전 5:4 기뻐하지 아니하시나니 **서원한** 것을
사 19:21 여호와께 **서원하고** 그대로 행하리라
렘 44:25 우리가 **서원한** 대로 반드시 이행하여
욘 1:16 제물을 드리고 **서원**을 하였더라
욘 2:9 드리며 나의 **서원**을 주께 갚겠나이다
나 1:15 절기를 지키고 네 **서원**을 갚을지어다
말 1:14 그 **서원하는** 일에 흠 있는 것으로
행 18:18 **서원**이 있었으므로 겐그레아에서
행 21:23 우리가 말하는 이대로 하라 **서원한** 네

서원 2/-하다 - 기타 본문

레 27:9; 민 6:5, 21; 15:8; 30:3, 4, 5, 6, 7, 8, 9, 10, 11, 12, 13, 14; 신 23:21, 22, 23; 삿 11:39; 삼하 15:8; 시 61:8; 116:18; 전 5:5, 6

서원물/서원제 (誓願物, vow)

민 29:39 이는 너희의 **서원제**나 낙헌제로 드리는
신 12:6 너희의 **서원제**와 낙헌 예물과 너희 소와
신 12:11 원하시는 모든 아름다운 **서원물**을 가져
신 12:26 오직 네 성물과 **서원물**을 여호와께서
삼상 1:21 여호와께 매년제와 **서원제**를 드리러

서원 제물

레 22:18 거류하는 자가 **서원 제물**이나 자원제물
레 22:23 자원 제물로는 쓰려니와 **서원 제물**로
레 23:38 모든 **서원 제물** 외에 또 너희의 모든

서원자 (誓願者, anyone making the vow)

레 27:8 그러나 **서원자**가 가난하여 네가 정한 … **서원자**의 형편대로 값을 정할지니라

서자 (庶子, sons of one's concubines)

창 25:6 자기 **서자**들에게도 재산을 주어 자기

[서적]

서적(書籍, literature)

단 1:17 주시고 모든 **서적**을 깨닫게 하시고 지혜를 주셨으니

서쪽(西, west)
창 12:8 장막을 치니 **서쪽**은 벧엘이요 동쪽은
창 13:14 남쪽 그리고 동쪽과 **서쪽**을 바라보라
창 28:14 티끌같이 되어 네가 **서쪽**과 동쪽과
출 3:1 광야 **서쪽**으로 인도하여 하나님의 산
출 26:22 성막 뒤 곧 그 **서쪽**을 위하여는 널판
출 27:12 옆 곧 **서쪽**에 너비 쉰 규빗의 포장을
출 36:27 뒤 곧 **서쪽**을 위하여는 널판 여섯 개를
출 36:32 **서쪽** 널판을 위하여 다섯 개며
출 38:12 **서쪽**에 포장은 쉰 규빗이라 그 기둥이
민 2:18 **서쪽**에는 에브라임의 군대의 진영의
민 3:23 게르손 종족들은 성막 뒤 곧 **서쪽**에 진을
민 34:6 **서쪽** 경계는 대해가 경계가 되나니 이는 너희의 **서쪽** 경계니라
민 35:5 남쪽으로 이천 규빗, **서쪽**으로 이천
신 33:23 가득한 납달리여 너는 **서쪽**과 남쪽을
수 5:1 요단 **서쪽**의 아모리 사람의 모든 왕들과
수 8:9 **서쪽** 벧엘과 아이 사이에 매복하였고
수 9:1 요단 **서쪽** 산지와 평지와 레바논 앞
수 11:2 남쪽 아라바와 평지와 **서쪽** 돌의 높은
수 13:23 자손의 **서쪽** 경계는 요단과 그 강 가라
수 15:8 골짜기 앞 **서쪽**에 있는 산 꼭대기로
수 16:3 **서쪽**으로 내려가서 야블렛 족속의 경계
수 18:12 북쪽으로 올라가서 **서쪽** 산지를 넘어서
수 22:7 요단 이쪽 **서쪽**에서 그들의 형제들과
왕상 7:25 셋은 북쪽을 향하였고 셋은 **서쪽**을
대상 26:16 숩빔과 호사는 **서쪽**을 뽑아 큰 길로
대하 4:4 세 마리는 **서쪽**을 향하였고 세 마리는
대하 32:30 **서쪽**으로 곧게 끌어들였으니 히스기야
대하 33:14 성 밖 기혼 **서쪽** 골짜기 안에 외성을
느 2:7 강 **서쪽** 총독들에게 내리시는 조서를
욥 18:20 운명에 **서쪽**에서 오는 자와 동쪽에서
시 75:6 일이 동쪽에서나 **서쪽**에서 말미암지
사 11:14 그들이 **서쪽**으로 블레셋 사람들의 어깨
사 43:5 동쪽에서부터 오게 하며 **서쪽**에서부터
사 49:12 북쪽과 **서쪽**에서, 어떤 사람은 시님
사 59:19 **서쪽**에서 여호와의 이름을 두려워하겠
겔 41:12 **서쪽** 뜰 뒤에 건물이 있는데 너비는 일흔

[석 2]

겔 42:19 **서쪽**으로 돌이켜 그 장대로 측량하니
겔 45:7 왕에게 돌리되 **서쪽**으로 향하여 **서쪽**
겔 48:1 미치는 땅 동쪽에서 **서쪽**까지는 단의
단 8:4 본즉 그 숫양이 **서쪽**과 북쪽과 남쪽을
단 8:5 생각할 때에 한 숫염소가 **서쪽**에서부터
호 11:10 내시면 자손들이 **서쪽**에서부터 떨며
눅 12:54 너희가 구름이 **서쪽**에서 이는 것을 보면
계 21:13 세 문, 남쪽에 세 문, **서쪽**에 세 문이니

▶ 서쪽 - 기타 본문

출 26:27; 수 8:12, 13; 12:7; 15:10, 12; 16:6, 8; 18:14, 15; 19:11, 26, 34; 대상 7:28; 26:18, 30; 느 2:9; 3:7; 겔 41:13; 46:19; 47:20; 48:2, 3, 4, 5, 6, 7, 8, 10, 16, 17, 18, 21, 23, 24, 25, 26, 27, 34

서판(書板, scroll)
사 8:1 큰 **서판**을 가지고 그 위에 통용 문자로
사 30:8 이제 가서 백성 앞에서 **서판**에 기록하며
눅 1:63 **서판**을 달라 하여 그 이름을 요한이라

서편(西便, west)
마 24:27 번개가 동편에서 나서 **서편**까지 번쩍임

서풍(西風, west wind)
출 10:19 여호와께서 돌이켜 강렬한 **서풍**을 불게

서해(西海, western sea)
신 11:24 유브라데 강에서부터 **서해**까지라
신 34:2 에브라임과 므낫세의 땅과 **서해**까지의
욜 2:20 **서해**로 들어갈 것이라 상한 냄새가
슥 14:8 절반은 **서해**로 흐를 것이라 여름에도

석 1(石, bushel)
눅 16:7 빚졌느냐 이르되 밀 백 **석**이니이다

석 2(three)
출 2:2 잘 생긴 것을 보고 **석** 달 동안 그를
삼하 6:11 집에 **석** 달을 있었는데 여호와께서
삼하 24:13 원수에게 쫓겨 **석** 달 동안 그들 앞에서
왕하 23:31 예루살렘에서 **석** 달간 다스리니라 그의
왕하 24:8 예루살렘에서 **석** 달간 다스리니라 그의
대상 13:14 그의 가족과 함께 **석** 달을 있으니라
대상 21:12 혹 삼 년 기근이든지 혹 네가 **석** 달을

[석류]　　　　　　　　　　　　　　　　　　　[석청]

대하 36:2	그가 예루살렘에서 다스린 지 **석** 달에
대하 36:9	예루살렘에서 **석** 달 열흘 동안 다스리며
암 4:7	추수하기 **석** 달 전에 내가 너희에게
눅 1:56	마리아가 **석** 달쯤 함께 있다가 집으로
행 7:20	아버지의 집에서 **석** 달 동안 길리더니
행 19:8	회당에 들어가 **석** 달 동안 담대히
행 20:3	**석** 달 동안 있다가 배 타고 수리아로
행 28:11	**석** 달 후에 우리가 그 섬에서 겨울을
히 11:23	아이임을 보고 **석** 달 동안 숨겨 왕의
계 6:6	보리 **석** 되로다 또 감람유와 포도주는

석류(石榴, pomegranate)

출 28:33	홍색 실로 **석류**를 수놓고 금 방울을
출 28:34	한 **석류**, 한 금방울, 한 **석류**가
출 39:24	실로 그 옷 가장자리에 **석류**를 수놓고
출 39:25	가장자리로 돌아가며 **석류** 사이사이에
출 39:26	방울과 **석류**를 서로 간격을 두고 번갈아
민 13:23	막대기에 꿰어 메고 또 **석류**와 무화과를
민 20:5	포도도 없고 **석류**도 없고 마실 물도
신 8:8	포도와 무화과와 **석류**와 감람나무와
왕상 7:18	이렇게 만들었고 또 두 줄 **석류**를
왕상 7:20	같이 둥근 곳으로 돌아가며 각기 **석류**
왕상 7:42	같은 두 머리를 가리게 한 **석류** 사백
왕하 25:17	머리에 둘린 그물과 **석류** 다 놋이라
대하 3:16	기둥머리에 두르고 **석류** 백 개를 만들어
대하 4:13	공 같은 두 머리를 가리는 **석류** 사백
아 4:3	어여쁘고 너울 속의 네 뺨은 **석류** 한 쪽
아 6:7	너울 속의 네 뺨은 **석류** 한 쪽 같구나
렘 52:22	망사와 **석류**가 다 놋이며 또 다른 기둥
	에도 이런 모든 것과 **석류**가 있었더라
렘 52:23	**석류**는 아흔여섯 … **석류**는 도합이

석류즙

아 8:2	나는 향기로운 술 곧 **석류즙**으로 네게

석류꽃(pomegranate)

아 7:12	돋았는지, 꽃술이 퍼졌는지, **석류꽃**이

석류나무(pomegranate tree)

삼상 14:2	미그론에 있는 **석류나무** 아래에 머물렀
아 4:13	나는 것은 **석류나무**와 각종 아름다운

아 6:11	포도나무가 순이 났는가 **석류나무**가
욜 1:12	**석류나무**와 대추나무와 사과나무와
학 2:19	무화과나무, **석류나무**, 감람나무에

석류석(石榴石, turquoise)

출 28:18	둘째 줄은 **석류석** 남보석 홍마노요
출 39:11	둘째 줄은 **석류석** 남보석 홍마노요
사 54:12	홍보석으로 네 성벽을 지으며 **석류석**으

석방하다/석방되다(釋放, set free)

시 105:20	왕이 사람을 보내어 그를 **석방함이여**
행 26:32	상소하지 아니하였더라면 **석방될** 수
행 28:18	죄목이 없으므로 **석방하려** 하였으나

석상(石像, carved stone)

레 26:1	조각한 **석상**을 세우고 그에게 경배하지
민 33:52	**석상**과 부어 만든 우상을 다 깨뜨리며
왕하 23:14	**석상**들을 깨뜨리며 아세라 목상들을
렘 43:13	애굽 땅 벧세메스의 **석상**들을 깨뜨리고
겔 26:11	네 견고한 **석상**을 땅에 엎드러뜨릴

석쇠(hearth)

레 6:9	제단 위에 있는 **석쇠** 위에 두고 제단의

석수(石手, stonemason)

삼하 5:11	목수와 **석수**를 보내매 그들이 다윗을 위하여
왕하 12:12	미장이와 **석수**에게 주고 또 여호와의
대상 14:1	백향목과 **석수**와 목수를 보내 그의 궁전
대상 22:2	사람을 모으고 **석수**를 시켜 하나님의
대상 22:15	또 장인이 네게 많이 있나니 곧 **석수**와
대하 24:12	감독자에게 주어 **석수**와 목수를 고용하
스 3:7	**석수**와 목수에게 돈을 주고 또 시돈

석양(夕陽, evening)

삼하 3:35	**석양**에 뭇 백성이 나아와 다윗에게 음식
시 109:23	**석양** 그림자같이 지나가고 또 메뚜기

석청(石淸, wild honey)

마 3:4	띠고 음식은 메뚜기와 **석청**이었더라
막 1:6	가죽 띠를 띠고 메뚜기와 **석청**을 먹더라

【 석회 】

석회(石灰, plaster)
신 27:2 날에 큰 돌들을 세우고 **석회**를 바르라
신 27:4 세우고 그 위에 **석회**를 바를 것이며
사 41:25 고관들을 **석회**같이, 토기장이가 진흙을

석회 벽
단 5:5 촛대 맞은편 **석회 벽**에 글자를 쓰는데

섞다(take, mix, mixture)
출 16:31 깟씨같이 희고 맛은 꿀 **섞은** 과자
출 30:34 향품을 유향에 **섞되** 각기 같은 분량으로
출 39:3 홍색 실과 가는 베 실에 **섞어** 정교하게
시 75:8 속에 **섞은** 것이 가득한 그 잔을 하나님
아 7:2 배꼽은 **섞은** 포도주를 가득히 부은 둥근
사 19:14 어지러운 마음을 **섞으셨으므로** 그들이
사 65:11 갓에게 상을 베풀며 므니에게 **섞은** 술을
눅 13:1 사람들의 피를 그들의 제물에 **섞은** 일로
요 19:39 몰약과 침향 **섞은** 것을 백 리트라쯤
계 18:6 갚아 주고 그가 **섞은** 잔에도 갑절이나

> **'섞다'와 관련된 성구**
> 기름을 섞다 – 레 2:4, 5, 7; 7:10, 12;
> 8:26; 9:4; 14:10, 21; 23:13; 민
> 6:15; 7:13, 19, 25, 31, 37, 43, 49,
> 55, 61, 67, 73, 79; 8:8; 11:8; 15:4,
> 6, 9; 28:5, 9, 12, 13, 14, 20, 28;
> 겔 46:14
> 섞어 뿌리다 – 레 19:19; 신 22:9
> 섞어 사다 – 민 11:4
> 섞어 짜다 – 신 22:11; 삿 16:13

섞이다(mingle)
창 30:40 두어 라반의 양과 **섞이지** 않게 하며
출 9:24 내림과 불덩이가 우박에 **섞여** 내림이
출 29:2 무교병과 기름 **섞인** 무교 과자와 기름
스 9:2 사람들과 서로 **섞이게** 하는데 방백들과
느 13:3 율법을 듣고 곧 **섞인** 무리를 이스라엘
시 102:9 양식같이 먹으며 나는 눈물 **섞인** 물을
시 106:35 이방 나라들과 **섞여서** 그들의 행위를
잠 29:10 가련한 자와 포학한 자가 **섞여** 살거니와
사 1:22 되었고 네 포도주에는 물이 **섞였도다**
렘 25:20 모든 **섞여** 사는 민족들과 우스 땅의
렘 25:24 아라비아의 모든 왕과 광야에서 **섞여**

【 선 】

겔 30:5 구스와 붓과 룻과 모든 **섞인** 백성과
단 2:41 왕께서 쇠와 진흙이 **섞인** 것을 보셨은즉
단 2:43 진흙이 **섞인** 것을 … 서로 **섞일** 것이나
계 8:7 첫째 천사가 나팔을 부니 피 **섞인** 우박과
계 14:10 잔에 **섞인** 것이 없이 부은 포도주라
계 15:2 내가 보니 불이 **섞인** 유리 바다 같은

선(善, good, right)
창 44:4 너희가 어찌하여 **선**을 악으로 갚느냐
삼상 25:21 허사라 그가 악으로 나의 **선**을 갚는도다
시 4:6 말이 우리에게 **선**을 보일 자 누구뇨
시 35:12 **선**을 악으로 갚아 나의 영혼을 외롭게
시 38:20 악으로 **선**을 대신하는 자들이 내가 **선**을
시 109:5 악으로 나의 **선**을 갚으며 미워함으로
시 119:68 선하사 **선**을 행하시오니 주의 율례들로
잠 3:27 네 손이 **선**을 베풀 힘이 있거든 마땅히
잠 14:22 것이 아니냐 **선**을 도모하는 자에게는
잠 17:13 누구든지 악으로 **선**을 갚으면 악이 그
전 9:18 죄인 한 사람이 많은 **선**을 무너지게
사 5:20 선하다 하며 **선**을 악하다 하며 흑암으로
사 7:15 악을 버리며 **선**을 택할 줄 알 때가 되면
사 7:16 대저 이 아이가 악을 버리며 **선**을 택할
렘 18:20 악으로 **선**을 갚으리이까마는 그들이
겔 18:10 모든 **선**은 하나도 행하지 아니하고 이
호 8:3 이스라엘이 이미 **선**을 버렸으니 원수가
암 5:14 **선**을 구하고 악을 구하지 말지어다
암 5:15 너희는 악을 미워하고 **선**을 사랑하며
미 3:2 너희가 **선**을 미워하고 악을 기뻐하여
눅 6:45 선한 사람은 마음에 쌓은 **선**에서 **선**을
롬 3:8 또는 그러면 **선**을 이루기 위하여 악을

> **'선'과 관련된 성구**
> 선을 베풀다 – 스 8:22
> 선을 행하다 – 창 4:7; 신 28:63; 30:5; 삼
> 상 25:30; 대하 24:16; 시 14:1, 3;
> 34:14; 37:3, 27; 51:18; 53:1, 3;
> 73:1; 119:68; 잠 31:12; 전 3:12;
> 렘 4:22; 13:23; 겔 18:18; 마
> 12:12; 막 3:4; 눅 6:9; 롬 2:7; 3:12;
> 7:18, 19, 21; 13:3; 고후 13:7; 갈
> 6:9; 엡 6:8; 살후 3:13; 히 13:16;
> 약 4:17; 벧전 2:20; 3:6, 11, 13;
> 4:19; 요삼 1:11

【 선객 】　　　　　　　　　　　　　　　　　　　　　　　　　　　　　　　　　　【 선물/-하다 】

롬 7:18	내게 있으나 **선**을 행하는 것은 없노라
롬 8:28	자들에게는 모든 것이 합력하여 **선**을
롬 9:11	아니하고 무슨 **선**이나 악을 행하지
롬 13:3	**선**을 행하라 그리하면 그에게 칭찬을
롬 13:4	사역자가 되어 네게 **선**을 베푸는
롬 15:2	이웃을 기쁘게 하되 **선**을 이루고 덕을
살전 5:15	모든 사람을 대하든지 항상 **선**을 따르라
살후 1:11	**선**을 기뻐함과 믿음의 역사를 능력으로
몬 1:6	가운데 있는 **선**을 알게 하고 그리스도께

선객(船客, ship passenger)
계 18:17　다니는 **선객**들과 선원들과 바다에서

선견/-하다(先見, see visions)
사 30:10　선견자들에게 이르기를 **선견**하지
행 24:3　민족이 당신의 **선견**으로 말미암아 여러

선견자(先見者, seer)
삼상 9:9　**선견자**에게로 … 옛적에는 **선견자**라
삼상 9:11　소녀들을 만나 그들에게 묻되 **선견자**가
삼상 9:18　**선견자**의 집이 어디인지 청하건대
삼상 9:19　대답하여 이르되 내가 **선견자**이니라
삼하 15:27　네가 **선견자**가 아니냐 너는 너희의 두
삼하 24:11　다윗의 **선견자** 된 선지자 갓에게 임하여
왕하 17:13　선지자와 각 **선견자**를 통하여 이스라엘
대상 9:22　다윗과 **선견자** 사무엘이 전에 세워서
대상 21:9　여호와께서 다윗의 **선견자** 갓에게
대상 25:5　왕의 **선견자**라 하나님이 헤만에게
대상 26:28　**선견자** 사무엘과 기스의 아들 사울과
대상 29:29　**선견자** 사무엘의 … 나단의 글과 **선견자**
대하 9:29　예언과 **선견자** 잇도의 묵시 책 곧 잇도
대하 12:15　스마야와 **선견자** 잇도의 족보책에
대하 16:7　**선견자** 하나니가 유다 왕 아사에게
대하 16:10　노하여 **선견자**를 옥에 가두었으니
대하 19:2　아들 **선견자** 예후가 나가서 여호사밧
대하 29:25　다윗과 왕의 **선견자** 갓과 선지자 나단이
대하 29:30　레위 사람을 명령하여 다윗과 **선견자**
대하 33:18　하나님께 한 기도와 **선견자**가 이스라엘
대하 35:15　왕의 **선견자** 여두둔이 명령한 대로 자기
사 29:10　지도자인 **선견자**들을 덮으셨음이라
사 30:10　**선견자**들에게 이르기를 선견하지
암 7:12　아마샤가 또 아모스에게 이르되 **선견자**
미 3:7　**선견자**가 부끄러워하며 술객이 수치를

선고/-하다(宣告, sentence, pronounce)
렘 1:16　심판을 그들에게 **선고하여** 그들의 모든
고후 1:9　우리는 우리 자신이 사형 **선고**를 받은

선대하다(善待, treat one well)
민 10:29　그리하면 **선대하리라** 여호와께서
수 2:12　아버지의 집을 **선대하도록** 여호와의
삿 1:24　그리하면 우리가 네게 **선대하리라**
삿 9:16　여룹바알과 그의 집을 **선대함이냐**
룻 1:8　너희가 죽은 자들과 나를 **선대한** 것같
이 여호와께서 너희를 **선대하시기를**
삼상 15:6　너희가 그들을 **선대하였느니라** 이에
삼상 24:17　나를 **선대하니** 너는 나보다 의롭도다
삼상 24:18　네가 나 **선대한** 것을 오늘 나타냈나니
삼상 25:15　사람들이 우리를 매우 **선대하였으므로**
욥 24:21　여자를 박대하며 과부를 **선대하지**
시 109:21　이름으로 말미암아 나를 **선대하소서**
시 119:65　말씀대로 주의 종을 **선대하셨나이다**
시 125:4　마음이 정직한 자들에게 **선대하소서**
시 145:9　모든 것을 **선대하시며** 그 지으신 모든
사 64:5　기억하는 자를 **선대하시거늘** 우리가
렘 39:12　그를 데려다가 **선대하고** 해하지 말며
렘 40:4　가자 내가 너를 **선대하리라** 만일 나와
눅 6:27　너희를 미워하는 자를 **선대하며**
눅 6:33　너희가 만일 **선대하는** 자만을 **선대하면**
눅 6:35　원수를 사랑하고 **선대하며** 아무 것도

선동하다(煽動, incite, stir up)
삼상 22:8　**선동하여** 오늘이라도 매복하였다가
행 13:50　유력자들을 **선동하여** 바울과 바나바를
행 14:2　마음을 **선동하여** 형제들에게 악감을

선두(先頭, first)
민 10:14　**선두**로 유다 자손의 진영의 군기에
대하 20:27　사람이 다시 여호사밧을 **선두**로 하여
미 2:13　왕이 앞서 가며 여호와께서는 **선두**로

선량하다(善良, good)
신 6:18-19　여호와께서 보시기에 정직하고 **선량한**

 **선물/-하다**(先物, gift)
민 18:6　내게 돌리고 너희에게
선물로 주어 회막의 일을 하게

선박

민 18:7 너희에게 **선물**로 주었은즉 거기 가까이
신 33:14 하는 **선물**과 태음이 자라게 하는 **선물**과
신 33:15 좋은 산물과 영원한 작은 언덕의 **선물**과
신 33:16 **선물**과 거기 충만한 것과 가시떨기나무
삼하 19:42 우리에게 **선물**로 주신 것이 있느냐
대하 21:3 성읍들을 **선물**로 후히 주었고 여호람은
욥 6:22 나를 위하여 너희 재물을 **선물**로 달라고
시 68:18 취하시고 **선물**들을 사람들에게서
잠 6:35 받지 아니하며 많은 **선물**을 줄지라도
잠 18:16 사람의 **선물**은 그의 길을 넓게 하며 또
잠 19:6 은혜를 구하는 자가 많고 **선물** 주기를
잠 21:14 은밀한 **선물**은 노를 쉬게 하고 품 안의
잠 25:14 **선물한다**고 거짓 자랑하는 자는 비 없는
전 5:19 즐거워하게 하신 것은 하나님의 **선물**
겔 46:17 군주가 만일 그 기업을 한 종에게 **선물**
단 2:6 해석을 보이면 너희가 **선물**과 상과 큰
단 2:48 왕이 이에 다니엘을 높여 귀한 **선물**을
행 11:17 믿을 때에 주신 것과 같은 **선물**을 그들
롬 5:16 **선물**은 범죄한 한 사람으로 말미암은
롬 5:17 은혜와 의의 **선물**을 넘치게 받는 자들은
빌 4:17 **선물**을 구함이 아니요 오직 너희에게
약 1:17 좋은 은사와 온전한 **선물**이 다 위로부터

> '**선물**'과 관련된 성구
> 그리스도의 **선물** – 롬 5:15; 엡 4:7
> **선물**을 주다 – 렘 40:5; 겔 16:33; 46:16;
>   엡 4:8
> 성령의 **선물** – 행 2:38
> 하나님의 **선물** – 창 30:20; 전 3:13; 요
>   4:10; 행 8:20; 엡 2:8; 3:7

선박(船舶, ship)

왕상 22:48 여호사밧이 다시스의 **선박**을 제조하고

선발하다/선발되다(選拔, select)

출 14:7 **선발된** 병거 육백 대와 애굽의 모든
삼하 10:9 이스라엘의 **선발한** 자 중에서 또 엄선

선봉(先鋒, ahead, go before)

신 3:18 형제 이스라엘 자손의 **선봉**이 되어
잠 16:18 패망의 **선봉**이요 거만한 마음은 넘어짐
잠 18:12 마음의 교만은 멸망의 **선봉**이요 겸손은

선비(scholar)

고전 1:20 **선비**가 어디 있느냐 이 세대에 변론가

선사하다(膳賜, present)

삼상 30:26 탈취한 것을 너희에게 **선사하노라** 하고

선생/선생님(先生, master, teacher)

왕하 2:3 **선생**을 당신의 머리 위로 데려가실
왕하 2:5 **선생**을 당신의 머리 위로 데려가실
잠 5:13 **선생**의 목소리를 청종하지 아니하며
마 8:19 나아와 예수께 아뢰되 **선생님**이여
마 9:11 너희 **선생**은 세리와 죄인들과 함께
마 10:24 그 **선생**보다, 또는 종이 그 상전보다
마 10:25 그 **선생** 같고 종이 그 상전 같으면
마 12:38 사람이 말하되 **선생님**이여 우리에게
마 17:24 베드로에게 나아와 이르되 너의 **선생**
마 19:16 사람이 주께 와서 이르되 **선생님**이여
마 22:16 예수께 보내어 말하되 **선생님**이여 우리
마 22:24 **선생님**이여 모세가 일렀으되 사람이
마 22:36 **선생님** 율법 중에서 어느 계명이 크니이
마 23:8 받지 말라 너희 **선생**은 하나요 너희는
마 26:18 **선생님** 말씀이 내 때가 가까이 왔으니
막 4:38 제자들이 깨우며 이르되 **선생님**이여
막 5:35 딸이 죽었나이다 어찌하여 **선생**을
막 9:17 무리 중의 하나가 대답하되 **선생님** 말
못하게 귀신 들린 내 아들을 **선생님**께
막 9:18 **선생님**의 제자들에게 내쫓아 달라
막 9:38 여짜오되 **선생님** 우리를 따르지 않는
막 10:17 꿇어 앉아 묻자오되 선한 **선생님**이여
막 10:20 **선생님**이여 이것은 내가 어려서부터
막 10:35 주께 나아와 여짜오되 **선생님**이여
막 10:51 이르되 **선생님**이여 보기를 원하나이다
막 12:14 **선생님**이여 우리가 아노니 당신은
막 12:19 **선생님**이여 모세가 우리에게 써 주기를
막 12:32 **선생님**이여 옳소이다 하나님은 한
막 13:1 **선생님**이여 보소서 이 돌들이 어떠하며
막 14:12 **선생님**께서 유월절 음식을 잡수시게
막 14:14 **선생님**의 말씀이 내가 내 제자들과
눅 2:46 사흘 후에 성전에서 만난즉 그가 **선생**들
눅 3:12 와서 이르되 **선생**이여 우리는 무엇을
눅 5:5 대답하여 이르되 **선생님** 우리들이 밤이
눅 6:40 제자가 그 **선생**보다 높지 못하나 무릇
온전하게 된 자는 그 **선생**과 같으리라

【 선악 】 　　　　　　　　　　　　　　　　　　　　　　　　　　　　　　【 선전하다 】

눅 7:40	말이 있다 하시니 그가 이르되 **선생님**	히 5:14	사용함으로 연단을 받아 **선악**을 분별하
눅 8:49	당신의 딸이 죽었나이다 **선생님**을 더		
눅 9:38	소리 질러 이르되 **선생님** 청컨대 내	**선언하다**(宣言, provoke)	
눅 10:25	예수를 시험하여 이르되 **선생님** 내가	신 20:10	그 성읍에 먼저 화평을 **선언하라**
눅 11:45	이르되 **선생님** 이렇게 말씀하시니	신 30:18	너희에게 **선언하노니** 너희가 반드시
눅 12:13	무리 중에 한 사람이 이르되 **선생님**	렘 11:17	그에게 재앙을 **선언하셨느니라**
눅 17:13	소리를 높여 이르되 예수 **선생님**이여	렘 19:15	성읍에 대하여 **선언한** 모든 재앙을 이
눅 18:18	관리가 물어 이르되 선한 **선생님**이여	렘 22:1	내려가서 거기에서 이 말을 **선언하여**
눅 19:39	어떤 바리새인들이 말하되 **선생이여**	렘 25:13	향하여 **선언한** 바 곧 예레미야가 모든
눅 20:21	물어 이르되 **선생님**이여 우리가 아노니	렘 26:13	여호와께서 너희에게 **선언하신** 재앙에
눅 20:28	이르되 **선생님**이여 모세가 우리에게	렘 26:19	여호와께서 그들에게 **선언한** 재앙을
눅 20:39	서기관 중 어떤 이들이 말하되 **선생님**	롬 3:9	있다고 우리가 이미 **선언하였느니라**
눅 21:7	그들이 물어 이르되 **선생님**이여 그러면		
눅 22:11	집 주인에게 이르되 **선생님**이 네게 하는	**선왕**(先王, former king)	
요 1:38	하니 (랍비는 번역하면 **선생**이라)	렘 34:5	곧 **선왕**들에게 분향하던 것같이 네게
요 3:2	오신 **선생**인 줄 아나이다 하나님이 함께		
요 3:10	이스라엘의 **선생**으로서 이러한 것들을	**선원**(船員, sailor)	
요 3:26	랍비여 **선생님**과 함께 … 곧 **선생님**이	계 18:17	선장과 각처를 다니는 선객들과 **선원**들
요 8:4	말하되 **선생**이여 이 여자가 간음하다가		
요 8:5	명하였거니와 **선생**은 어떻게 말하겠나	**선인**(善人, good man)	
요 11:28	말하되 **선생님**이 오셔서 너를 부르신다	잠 12:2	**선인**은 여호와께 은총을 받으려니와
요 12:21	**선생**이여 우리가 예수를 뵙고자	잠 13:22	**선인**은 그 산업을 자자손손에게 끼치도
요 13:13	너희가 나를 **선생**이라 또는 주라 하니	잠 14:19	악인은 **선인** 앞에 엎드리고 불의한 자는
요 13:14	또는 **선생**이 되어 너희 발을 씻었으니	잠 15:3	여호와의 눈은 어디서든지 악인과 **선인**
요 20:16	말로 랍오니 하니 (이는 **선생님**이라는	전 9:2	일반이니 **선인**과 죄인, 맹세하는 자와
행 16:30	그들을 데리고 나가 이르되 **선생**들이여	마 5:45	해를 악인과 **선인**에게 비추시며 비를
롬 2:20	자의 교사요 어린 아이의 **선생**이라고	롬 5:7	위하여 죽는 자가 쉽지 않고 **선인**을
딤전 1:7	율법의 **선생**이 되려 하나 자기가 말하는		
히 5:12	너희가 마땅히 **선생**이 되었을 터인데	**선임하다**(選任, select)	
약 3:1	**선생** 된 우리가 … **선생**이 많이 되지	스 10:16	각각 지명된 족장들 몇 사람을 **선임하고**

선악(善惡, good and evil)

선장(船長, pilot of the ship)

창 2:9	동산 가운데에는 생명나무와 **선악**을	겔 27:8	가운데에 있는 지혜자들이 네 **선장**이
창 2:17	**선악**을 알게 하는 나무의 열매는 먹지	겔 27:27	물건과 네 사공과 **선장**과 네 배의 틈을
창 3:5	같이 되어 **선악**을 알 줄 하나님이	겔 27:28	**선장**이 부르짖는 소리에 물결이 흔들리
창 3:22	**선악**을 아는 일에 우리 중 하나같이	겔 27:29	모든 자와 사공과 바다의 **선장**들이 다
창 31:24	삼가 야곱에게 **선악** 간에 말하지 말라	욘 1:6	**선장**이 그에게 가서 이르되 자는 자여
창 31:29	삼가 야곱에게 **선악** 간에 말하지 말라	행 27:11	백부장이 **선장**과 선주의 말을 바울의
민 24:13	여호와의 말씀을 어기고 **선악** 간에 내	계 18:17	모든 **선장**과 각처를 다니는 선객들과
신 1:39	아이들과 당시에 **선악**을 분별하지		
왕상 3:9	재판하여 **선악**을 분별하게 하옵소서	**선전하다**(宣傳, make proclamation)	
전 12:14	은밀한 일을 **선악** 간에 심판하시리라	느 6:7	예루살렘에서 너를 들어 **선전하기를**
고후 5:10	**선악** 간에 그 몸으로 행한 것을 따라	사 48:6	**선전하지** 아니하겠느냐 이제부터 내가

【 선정하다/선정되다 】　　　　　　　　　　　　　　　　【 선지자 】

행 5:36　　드디어 일어나 스스로 **선전하매** 사람이

선정하다/선정되다(選定, appoint)
수 18:4　　너희는 각 지파에 세 사람씩 **선정하라**
수 20:9　　거류민을 위하여 **선정된** 성읍들로서

선조(先祖, fathers, forefather)
창 46:34　　우리 **선조**가 다 그러하니이다 하소서
창 47:3　　우리와 **선조**가 다 그러하니이다
창 49:26　　아버지의 축복이 내 **선조**의 축복보다
창 49:29　　에브론의 밭에 있는 굴에 우리 **선조**와
스 2:59　　조상의 가문과 **선조**가 이스라엘에
잠 22:28　　**선조**가 세운 옛 지계석을 옮기지 말지니
렘 11:10　　거절한 자기들의 **선조**의 죄악으로
렘 34:13　　**선조**를 애굽 땅 종의 집에서 인도하여
렘 34:14　　너희 **선조**가 내게 순종하지 아니하며
렘 35:6　　아들 우리 **선조** 요나답이 우리에게
렘 35:8　　아들 우리 **선조** 요나답이 우리에게
렘 35:10　　장막에 살면서 우리 **선조** 요나답이
렘 35:14　　그 **선조**의 명령을 순종하여 오늘까지
렘 35:15　　**선조**에게 준 이 땅에 살리라 하여도
렘 35:16　　아들 요나답의 자손은 그의 **선조**가
렘 35:18　　너희 **선조** 요나답의 명령을 순종하여
렘 44:17　　우리 **선조**와 우리 왕들과 우리 고관들이
렘 44:21　　너희 **선조**와 너희 왕들과 고관들과

선주(船主, owner of the ship)
행 27:11　　백부장이 선장과 **선주**의 말을 바울의

선지자(先知者, prophet)
창 20:7　　**선지자**라 그가 너를 위하여 기도하리니
민 11:29　　백성에게 주사 다 **선지자**가 되게 하시기
민 12:6　　내 말을 들으라 너희 중에 **선지자**가
신 13:1　　너희 중에 **선지자**나 꿈꾸는 자가 일어나
신 18:20　　어떤 **선지자**가 내가 전하라고 명령하지 … 이름으로 말하면 그 **선지자**는
신 34:10　　이스라엘에 모세와 같은 **선지자**가
삿 6:8　　이스라엘 자손에게 한 **선지자**를
삼상 9:9　　지금 **선지자**라 하는 자를 옛적에는
삼상 10:5　　성읍으로 들어갈 때에 **선지자**의 무리가
삼상 19:20　　**선지자** 무리가 예언하는 것과 사무엘이
삼상 19:24　　속담에 이르기를 사울도 **선지자** 중에
삼상 28:6　　우림으로나, **선지자**로도 내게 대답하

삼상 28:15　　**선지자**로도, 꿈으로도 내게 대답하지
왕상 13:11　　벧엘에 한 늙은 **선지자**가 살더니 그의
왕상 18:20　　자손에게로 사람을 보내 **선지자**들을
왕상 19:1　　**선지자**를 칼로 죽였는지를 이세벨에게
왕상 19:16　　기름을 부어 너를 대신하여 **선지자**가
왕상 20:13　　**선지자**가 이스라엘의 아합 왕에게
왕상 22:6　　이스라엘의 왕이 이에 **선지자** 사백 명쯤
왕하 2:3　　벧엘에 있는 **선지자**의 제자들이 엘리사
왕하 2:5　　여리고에 있는 **선지자**의 제자들이
왕하 2:7　　**선지자**의 제자 오십 명이 가서 멀리
왕하 2:15　　여리고에 있는 **선지자**의 제자들이
왕하 3:13　　**선지자**들과 당신의 모친의 **선지자**들에
왕하 4:1　　**선지자**의 제자들의 아내 중의 한 여인이
왕하 4:38　　흉년이 들었는데 **선지자**의 제자들이 엘리사의 앞에 … 솥을 걸고 **선지자**의
왕하 5:3　　계신 **선지자** 앞에 계셨으면 좋겠나이다
왕하 6:1　　**선지자**의 제자들이 엘리사에게 이르되
왕하 9:4　　청년 곧 그 **선지자**의 청년이 길르앗
왕하 9:7　　나의 종 곧 **선지자**들의 피와 여호와의
왕하 17:13　　여호와께서 각 **선지자**와 각 선견자를 통하여 이스라엘과 … 종 **선지자**들을
대하 18:9　　각기 보좌에 앉았고 여러 **선지자**들이
대하 20:20　　**선지자**들을 신뢰하라 그리하면 형통하
대하 24:19　　그들에게 **선지자**를 … **선지자**들이
대하 25:15　　아마샤에게 진노하사 한 **선지자**를
대하 29:25　　**선지자**들로 이렇게 명령하셨음이라
대하 36:16　　그의 **선지자**를 욕하여 여호와의 진노를
스 5:1　　**선지자**들 곧 **선지자** 학개와 잇도의 손자
스 9:11　　주께서 주의 종 **선지자**들에게 명령하여
느 6:7　　**선지자**를 세워 예루살렘에서 너를 들어
느 6:14　　여선지 노아댜와 그 남은 **선지자**들 곧
느 9:26　　돌아오기를 권면하는 **선지자**들을 죽여
느 9:32　　제사장들과 **선지자**들과 조상들과 주의
시 74:9　　표적은 보이지 아니하며 **선지자**도
시 105:15　　손대지 말며 나의 **선지자**들을 해하지
사 3:2　　전사와 재판관과 **선지자**와 복술자와
사 9:15　　꼬리는 곧 거짓말을 가르치는 **선지자**라
사 28:7　　제사장과 **선지자**도 독주로 말미암아
사 29:10　　눈을 감기셨음이니 그가 **선지자**들과
사 30:10　　**선지자**들에게 이르기를 우리에게 바른 성별하였고 너를 여러 나라의 **선지자**로
렘 1:5
렘 2:8　　나에게 반역하며 **선지자**들은 바알의
렘 2:26　　지도자들과 제사장들과 **선지자**들이

【 선지자 】　　　　　　　　　　　　　　　　　　　　　　　【 선지자 】

렘 4:9	제사장들은 놀랄 것이며 **선지자**들은	애 4:13	그의 **선지자**들의 죄들과 제사장들의
렘 5:13	**선지자**들은 바람이라 말씀이 그들에	겔 2:5	아니 듣든지 그들 가운데에 **선지자**가
렘 6:13	탐욕을 부리며 **선지자**로부터 제사장까	겔 7:26	그들이 **선지자**에게서 묵시를 구하나
렘 7:25	내 종 **선지자**들을 너희에게 보내되	겔 13:2	이스라엘의 예언하는 **선지자**들에게
렘 8:1	제사장들의 뼈와 **선지자**들의 뼈와	겔 14:4	자기 앞에 두고 **선지자**에게로 가는 모든
렘 8:10	욕심내며 **선지자**로부터 제사장까지	겔 22:25	그 가운데에서 **선지자**들의 반역함이
렘 13:13	**선지자**들과 예루살렘 모든 주민으로	겔 33:33	한 **선지자**가 자기 가운데 있었음을
렘 14:13	**선지자**들이 그들에게 이르기를 너희가	겔 38:17	종 이스라엘 **선지자**들을 통하여 말한
렘 18:18	지혜로운 자에게서 책략이, **선지자**에게	단 9:6	우리가 또 주의 종 **선지자**들이 주의
렘 23:9	**선지자**들에 대한 말씀이라 내 마음이	호 4:5	함께 있는 **선지자**는 밤에 넘어지리라
렘 23:11	여호와의 말씀이니라 **선지자**와 제사장	호 6:5	내가 **선지자**들로 그들을 치고 내 입의
렘 23:13	사마리아 **선지자**들 가운데 우매함을	호 9:7	알지라 **선지자**가 어리석었고 신에
렘 23:14	예루살렘 **선지자**들 가운데도 가증한	호 9:8	하나님과 함께한 파수꾼이며 **선지자**는
렘 23:21	**선지자**들은 내가 보내지 아니하였어도	호 11:2	**선지자**들이 그들을 부를수록 그들은
렘 23:25	이름으로 거짓을 예언하는 **선지자**들의	호 12:10	내가 여러 **선지자**에게 말하였고 이상
렘 25:4	여호와께서 그의 모든 종 **선지자**를		을 많이 보였으며 **선지자**들을 통하여
렘 26:5	너희에게 나의 종 **선지자**들을 꾸준히	호 12:13	한 **선지자**로 이스라엘을 애굽에서 인도
렘 27:9	너희 **선지자**나 복술가나 꿈꾸는 자나		하여 내셨고 이스라엘이 한 **선지자**로
		암 2:11	아들 중에서 **선지자**를, 너희 청년 중에
		암 2:12	포도주를 마시게 하며 또 **선지자**에게
		암 3:7	**선지자**들에게 보이지 아니하시고는
		암 7:14	나는 **선지자**가 아니며 **선지자**의 아들도
		미 2:11	사람이 이 백성의 **선지자**가 되리로다
		미 3:5	백성을 유혹하는 **선지자**들은 이에 물
			것이 있으면 … 이런 **선지자**에 대하여
		미 3:6	**선지자** 위에는 해가 져서 낮이 캄캄할
		미 3:11	**선지자**는 돈을 위하여 점을 치면서도
		합 1:12	**선지자**가 이르되 여호와 나의 하나님,
		습 3:4	그의 **선지자**들은 경솔하고 간사한
		슥 1:4	조상들을 본받지 말라 옛적 **선지자**들이
		슥 7:3	전에 있는 제사장들과 **선지자**들에게
		슥 8:9	**선지자**들의 입의 말을 이 날에 듣는
		슥 13:2	거짓 **선지자**와 더러운 귀신을 이 땅에서
		슥 13:4	그 날에 **선지자**들이 예언할 때에 그
		슥 13:5	말하기를 나는 **선지자**가 아니요 나는
		마 1:22	모든 일이 된 것은 주께서 **선지자**로
		마 2:5	유대 베들레헴이오니 이는 **선지자**로
		마 5:12	**선지자**들도 이같이 박해하였느니라
		마 5:17	**선지자**를 폐하러 온 줄로 생각하지
		마 7:12	대접하라 이것이 율법이요 **선지자**니라
		마 7:15	거짓 **선지자**들을 삼가라 양의 옷을 입고
		마 10:41	**선지자**의 이름으로 **선지자**를 영접하
			는 자는 **선지자**의 상을 받을 것이요

'선지자'와 관련된 성구

나와 같은 **선지자** – 신 18:15, 18; 행 3:22
바알의 **선지자** – 왕상 18:19, 22, 25, 40; 왕하 10:19
선지자 노릇 – 렘 29:26, 27; 마 7:22; 26:68; 막 14:65; 눅 22:64
선지자의 글 – 마 26:56; 눅 24:27, 44; 요 6:45; 행 13:15; 24:14; 롬 16:26
아세라의 **선지자** – 왕상 18:19
여호와의 **선지자** – 삼상 3:20; 왕상 18:13, 22; 22:7; 왕하 3:11; 대하 18:6; 28:9
왕의 **선지자** – 렘 37:19
주의 **선지자** – 왕상 19:10, 14; 느 9:30
하나님의 **선지자** – 스 5:2

렘 27:14	**선지자**의 말을 듣지 마소서 그들은 거짓
렘 28:8	나와 너 이전의 **선지자**들이 예로부터
렘 28:9	예언하는 **선지자**는 … 보내신 **선지자**로
렘 29:15	바벨론에서 **선지자**를 일으키셨느니라
렘 32:32	제사장들과 그의 **선지자**들과 유다
렘 35:15	내가 내 종 모든 **선지자**를 너희에게
렘 44:4	모든 종 **선지자**들을 너희에게 보내되
애 2:9	**선지자**들은 여호와의 묵시를 받지

【 선지자 】

마 11:9	**선지자**를 보기 위함이었더냐 옳다 내가 너희에게 이르노니 **선지자**보다 더
마 11:13	**선지자**와 율법이 예언한 것은 요한까지
마 13:17	너희에게 이르노니 많은 **선지자**와 의인
마 14:5	**선지자**로 여기므로 그들을 두려워하더
마 16:14	예레미야나 **선지자** 중의 하나라 하나이
마 21:4	**선지자**를 통하여 하신 말씀을 이루려
마 21:11	갈릴리 나사렛에서 나온 **선지자** 예수라
마 21:26	요한을 **선지자**로 여기니 백성이 무섭다
마 21:46	그들이 예수를 **선지자**로 앎이었더라
마 22:40	계명이 온 율법과 **선지자**의 강령이니라
마 23:29	**선지자**들의 무덤을 만들고 의인들의
마 24:11	거짓 **선지자**가 많이 일어나 많은 사람을
막 6:4	예수께서 그들에게 이르시되 **선지자**가
막 6:15	**선지자**니 옛 **선지자** 중의 하나와 같다
막 8:28	엘리야, 더러는 **선지자** 중의 하나라
막 11:32	요한을 참 **선지자**로 여기므로 그들이
막 13:22	거짓 그리스도들과 거짓 **선지자**들이
눅 1:70	주께서 예로부터 거룩한 **선지자**의
눅 2:36	딸 안나라 하는 **선지자**가 있어 나이가
눅 4:24	이르노니 **선지자**가 고향에서는 환영을
눅 6:23	조상들이 **선지자**들에게 이와 같이
눅 6:26	**선지자**들에게 이와 같이 하였느니라
눅 7:16	큰 **선지자**가 우리 가운데 일어나셨다
눅 7:26	나갔더냐 **선지자**냐 옳다 내가 너희에
눅 7:39	게 이르노니 **선지자**보다도 훌륭한 사람이 만일 **선지자**라면 자기를 만지는
눅 9:8	**선지자** 한 사람이 다시 살아났다고도
눅 10:24	너희에게 말하노니 많은 **선지자**와 임금
눅 11:47	너희는 **선지자**들의 무덤을 만드는도다
눅 13:28	아브라함과 이삭과 야곱과 모든 **선지자**
눅 16:16	율법과 **선지자**는 요한의 때까지요
눅 18:31	예루살렘으로 올라가노니 **선지자**들을
눅 20:6	백성이 요한을 **선지자**로 인정하니
눅 24:19	앞에서 말과 일에 능하신 **선지자**이거늘
눅 24:27	모세와 모든 **선지자**의 글로 시작하여
눅 24:44	모세의 율법과 **선지자**의 글과 시편에
요 1:21	또 묻되 네가 그 **선지자**냐 대답하되
요 4:19	이르되 주여 내가 보니 **선지자**로소이다
요 6:14	이는 참으로 세상에 오실 그 **선지자**라
요 7:40	사람은 이 사람이 참으로 그 **선지자**라
요 7:52	**선지자**가 나지 못하느니라 하였더라
요 8:52	아브라함과 **선지자**들도 죽었거늘 네
요 9:17	하느냐 대답하되 **선지자**니이다 하니
행 2:30	**선지자**라 하나님이 이미 맹세하사
행 7:37	나와 같은 **선지자**를 세우리라 하던 자가
행 7:42	**선지자**의 책에 기록된 바 이스라엘의
행 8:34	묻노니 **선지자**가 이 말한 것이 누구를
행 10:43	그에 대하여 모든 **선지자**도 증언하되
행 11:27	**선지자**들이 예루살렘에서 안디옥에

성경에 나오는 '선지자'

선지자 갓 – 삼상 22:5; 삼하 24:11
선지자 나단 – 삼하 7:2; 12:25; 왕상 1:8, 10, 22, 23, 32, 34, 38, 44, 45; 대상 17:1; 29:29; 대하 9:29; 29:25
선지자 다니엘 – 마 24:15
선지자 미리암 – 출 15:20
선지자 사무엘 – 대하 35:18; 행 13:20
선지자 스가랴 – 슥 1:1, 7
선지자 아히야 – 왕상 11:29; 14:2, 18
선지자 엘리사 – 왕하 6:12; 9:1; 눅 4:27
선지자 엘리야 – 왕상 18:36; 대하 21:12; 말 4:5
선지자 예레미야 – 대하 36:12; 렘 20:2; 25:2; 28:5, 6, 10, 11, 15; 29:1, 29; 32:2; 34:6; 36:8, 26; 37:2, 3, 6, 13; 38:9, 10, 14; 42:2, 4; 43:6; 45:1; 46:1, 13; 47:1; 49:34; 50:1; 51:59; 단 9:2; 마 2:17; 27:9
선지자 예후 – 왕상 16:7, 12
선지자 요나 – 왕하 14:25; 마 12:39
선지자 요엘 – 행 2:16
선지자 이사야 – 왕하 19:2; 20:1, 11, 14; 대하 26:22; 32:20, 32; 사 37:2; 38:1; 39:3; 마 3:3; 4:14; 8:17; 12:17; 막 1:2; 눅 3:4; 4:17; 요 1:23; 12:38; 행 8:28, 30; 28:25
선지자 하나냐 – 렘 28:5, 10, 15, 17
선지자 하박국 – 합 1:1; 3:1
선지자 학개 – 스 5:1; 6:14; 학 1:1, 3, 13; 2:1
여선지 노아댜 – 느 6:14 22, 23, 32, 34, 38, 44, 45; 대하 29:25
여선지 드보라 – 삿 4:4
여선지(자) 훌다 – 왕하 22:14; 대하 34:22

【 선지자 】

행 13:1	안디옥 교회에 **선지자**들과 교사들이
행 13:6	바예수라 하는 유대인 거짓 **선지자**인
행 15:15	**선지자**들의 말씀이 이와 일치하도다
행 15:32	유다와 실라도 **선지자**라 여러 말로 형제
행 21:10	아가보라 하는 한 **선지자**가 유대로부터
행 26:22	증언하는 것은 **선지자**들과 모세가
행 28:23	모세의 율법과 **선지자**의 말을 가지고
롬 1:2	복음은 하나님이 **선지자**들을 통하여
롬 3:21	의가 나타났으니 율법과 **선지자**들에게
롬 11:3	그들이 주의 **선지자**들을 죽였으며 주의
고전 12:28	**선지자**요 셋째는 교사요 그 다음은
고전 12:29	**선지자**이겠느냐 다 교사이겠느냐 다
고전 14:37	누구든지 자기를 **선지자**나 혹은 신령한
엡 2:20	너희는 사도들과 **선지자**들의 터 위에
엡 3:5	그의 거룩한 사도들과 **선지자**들에게
엡 4:11	어떤 사람은 **선지자**로, 어떤 사람은
살전 2:15	유대인은 주 예수와 **선지자**들을 죽이고
딛 1:12	어떤 **선지자**가 말하되 그레데인들은
히 1:1	옛적에 **선지자**들을 통하여 여러 부분과
히 11:32	사무엘과 **선지자**들의 일을 말하려면
약 5:10	형제들아 주의 이름으로 말한 **선지자**들
벧전 1:10	예언하던 **선지자**들이 연구하고
벧후 2:1	백성 가운데 또한 거짓 **선지자**들이
벧후 2:16	소리로 말하여 이 **선지자**의 미친 행동을
벧후 3:2	거룩한 **선지자**들이 예언한 말씀과
요일 4:1	분별하라 많은 거짓 **선지자**가 세상에
계 2:20	책망할 일이 있노라 자칭 **선지자**라 하는
계 10:7	종 **선지자**들에게 전하신 복음과 같이
계 11:10	**선지자**가 땅에 사는 자들을 괴롭게
계 11:18	심판하시며 종 **선지자**들과 성도들이
계 16:6	성도들과 **선지자**들의 피를 흘렸으므로
계 16:13	입과 짐승의 입과 거짓 **선지자**의 입에서
계 18:24	**선지자**들과 성도들과 및 땅 위에서
계 19:20	거짓 **선지자**도 함께 잡혔으니 이는
계 20:10	짐승과 거짓 **선지자**도 있어 세세토록
계 22:6	주 곧 **선지자**들의 영의 하나님이 그의
계 22:9	네 형제 **선지자**들과 또 이 두루마리의

선지자 – 기타 본문

모세오경, 역사서 신 13:3, 5; 18:22; 삼상 10:10, 11, 12; 왕상 13:18, 20, 23, 25, 26, 29; 20:22, 35, 38, 41; 22:10, 12, 13, 22, 23; 왕하 5:8, 13, 22; 17:23; 대하 18:11, 12, 21, 22; 25:16 선지서 렘

【 선포하다/선포되다 】

2:30; 5:31; 14:14, 15, 18; 23:15, 16, 26, 28, 30, 31, 33, 34, 37; 26:7, 8, 11, 16; 27:15, 18; 29:8, 19, 26; 애 2:14, 20; 13:3, 4, 5, 9, 16; 14:7, 9, 10; 22:28; 단 9:10; 슥 1:5, 6; 7:7, 12 신약 마 2:15, 23; 13:35, 57; 23:30, 31, 34, 37; 24:24; 26:68; 눅 1:76; 9;19; 11:49, 50; 13:33, 34; 16:29, 31; 24:25; 요 1:25, 45; 4:44; 6:45; 8:53; 행 3:18, 21, 23, 24, 25; 7:48, 52; 13:27, 40; 26:27; 계 18:20

선진(先進, ancient)
히 11:2   **선진**들이 이로써 증거를 얻었느니라

선착하다(先着, swift)
전 9:11   빠른 경주자들이라고 **선착하는** 것이

선체(船體, ship)
행 27:17   끌어 올리고 줄을 가지고 **선체**를 둘러

선택/~하다/~되다(選擇, chose)
시 33:12 하나님의 기업으로 **선택된** 백성은 복이
사 56:4   기뻐하는 일을 **선택하며** 나의 언약을
렘 48:15 성읍들은 사라졌고 그 **선택** 받은 장정들

선포하다/선포되다(宣布, proclaim)

모세오경, 역사서

출 33:19	이름을 네 앞에 **선포하리라** 나는 은혜
출 34:5	거기 서서 여호와의 이름을 **선포하실새**
출 34:6	그의 앞으로 지나시며 **선포하시되**
신 1:1	이스라엘 무리에게 **선포한** 말씀이니라
신 4:8	내가 너희에게 **선포하는** 이 율법과 같이
신 4:44	이스라엘 자손에게 **선포한** 율법은
신 4:45	증언과 규례와 법도를 **선포하였으니**
신 11:29	**선포하고** 에발 산에서 저주를 **선포하라**
신 15:2	위하여 면제를 **선포하였음이라**
왕상 21:9	편지 사연에 이르기를 금식을 **선포하고**
왕상 21:12	금식을 **선포하고** 나봇을 백성 가운데
대상 16:23	그의 구원을 날마다 **선포할지어다**
대상 16:24	기이한 행적을 만민 중에 **선포할지어다**
스 8:21	아하와 강 가에서 금식을 **선포하고** 우리
에 3:14	민족에게 **선포하여** 그 날을 위하여

시가서

욥 28:27	**선포하시며** 굳게 세우시며 탐구하셨고
시 9:11	그의 행사를 백성 중에 **선포할지어다**

【 선포하다/선포되다 】　　　　　　　　　　　　　　　　　　　　　【 선하다 】

시 19:1	하늘이 하나님의 영광을 **선포하고** 궁창	렘 36:9	여호와 앞에서 금식을 **선포한지라**
시 22:22	내가 주의 이름을 형제에게 **선포하고**	렘 36:31	모든 재난을 내리리라 **선포하였으나**
시 30:9	찬송하며 주의 진리를 **선포하리이까**	렘 40:2	이 곳에 이 재난을 **선포하시더니**
시 40:10	구원을 **선포하였으며** 내가 주의 인자와	렘 46:14	너희는 애굽에 **선포하며** 믹돌과 놉과
시 41:6	나가서는 이를 널리 **선포하오며**		다바네스에 **선포하여** 말하기를 너희는
시 50:4	위 하늘과 아래 땅에 **선포하여**	렘 50:28	보복하시는 것을 **선포하는** 소리로다
시 50:6	하늘이 그의 공의를 **선포하리니** 하나님	렘 51:10	우리 하나님 여호와의 일을 **선포하자**
시 64:9	두려워하여 하나님의 일을 **선포하며**	애 1:21	주께서 그 **선포하신** 날을 이르게 하셔서
시 66:16	위하여 행하신 일을 내가 **선포하리로다**	단 3:4	**선포하는** 자가 크게 외쳐 이르되 백성들
시 75:9	하나님을 영원히 **선포하며** 찬양하며	욜 3:9	민족에게 이렇게 널리 **선포할지어다**
시 76:8	주께서 하늘에서 판결을 **선포하시매**	암 3:9	애굽 땅의 궁궐들에 **선포하여** 이르기를
시 88:11	멸망 중에서 **선포할** 수 있으리이까	암 4:5	소리내어 **선포하려무나** 이스라엘
시 92:15	그에게는 불의가 없음이 **선포되리로다**	욘 3:2	명한 바를 그들에게 **선포하라** 하신지라
시 96:3	행적을 만민 가운데에 **선포할지어다**	욘 3:5	하나님을 믿고 금식을 **선포하고** 높고
시 97:6	그의 의를 **선포하니** 모든 백성이 그의	욘 3:7	조서를 내려 니느웨에 **선포하여** 이르되
시 102:21	예루살렘에서 **선포하게** 하려 하심이라	눅 8:1	하나님의 나라를 **선포하시며** 그 복음을
시 106:2	주께서 받으실 찬양을 다 **선포하랴**	롬 1:4	하나님의 아들로 **선포되셨으니** 곧 우리
시 107:22	그가 행하신 일을 **선포할지로다**	롬 2:21	도둑질하지 말라 **선포하는** 네가 도둑질
시 118:17	여호와께서 하시는 일을 **선포하리로다**	딤후 4:17	말미암아 **선포된** 말씀이 온전히 전파되
시 119:13	규례들을 나의 입술로 **선포하였으며**	히 2:12	주의 이름을 내 형제들에게 **선포하고**
시 145:4	찬양하며 주의 능한 일을 **선포하리로다**	벧전 2:9	아름다운 덕을 **선포하게** 하려 하심이라
시 145:6	나도 주의 위대하심을 **선포하리이다**	벧전 3:19	가서 옥에 있는 영들에게 **선포하시니라**

　선지서, 신약

사 12:4	행하심을 만국 중에 **선포하며** 그의 이름
사 61:1	자유를, 갇힌 자에게 놓음을 **선포하며**
사 61:2	하나님의 보복의 날을 **선포하여** 모든
사 62:11	여호와께서 땅 끝까지 **선포하시되**
렘 3:12	**선포하여** 이르라 여호와께서 이르시되
렘 4:5	너희는 유다에 **선포하며** 예루살렘에
렘 4:15	소리를 **선포하며** 에브라임 산에서
렘 5:20	야곱 집에 **선포하며** 유다에 공포하여
렘 7:2	이 말을 **선포하여** 이르기를 여호와께
렘 9:12	여호와의 입의 말씀을 받아서 **선포할**
렘 11:6	예루살렘 거리에서 **선포하여** 이르기를
렘 16:10	모든 큰 재앙을 **선포하심은** 어찌 됨이며
렘 19:2	거기에서 내가 네게 이른 말을 **선포하여**
렘 20:8	파멸과 멸망을 **선포하므로** 여호와의
렘 20:9	다시는 여호와를 **선포하지** 아니하며
렘 34:8	자유를 **선포한** 후에 여호와께로부터
렘 34:15	***선포하되*** *내 이름으로 일컬음을 받는*
렘 34:17	**선포한** 것을 실행하지 아니하였은즉
렘 35:17	그들에게 대하여 **선포한** 모든 재앙을
렘 36:7	백성에 대하여 **선포하신** 노여움과 분이

선포자(宣布者, herald)

딤후 1:11	내가 이 복음을 위하여 **선포자**와 사도와

선하다(善, goodness, upright)

　모세오경, 역사서

창 26:29	너를 범하지 아니하고 **선한** 일만 네게
출 33:19	여호와께서 이르시되 내가 내 모든 **선한**
레 5:4	악한 일이든지 **선한** 일이든지 하리라고
수 21:45	이스라엘 족속에게 말씀하신 **선한** 말씀
수 23:14	말씀하신 모든 **선한** 말씀이 하나도
수 23:15	너희에게 말씀하신 모든 **선한** 말씀이
삼상 3:18	이는 여호와이시니 **선하신** 대로 하실
삼상 12:23	아니하고 **선하고** 의로운 길을 너희에게
삼상 20:12	의향이 **선하면** 내가 사람을 보내어 네게
삼상 29:9	하나님의 전령같이 **선한** 것을 내가
삼하 2:6	나도 이 **선한** 일을 너희에게 갚으리니
삼하 3:19	베냐민의 온 집이 **선하게** 여기는 모든
왕상 1:52	이르되 그가 만일 **선한** 사람일진대
왕상 2:32	자기보다 의롭고 **선한** 두 사람을 쳤음이
왕상 8:36	마땅히 행할 **선한** 길을 가르쳐 주시오며

【 선하다 】   【 선하다 】

왕상 14:13	여호와를 향하여 **선한** 뜻을 품었음이니
왕하 20:3	보시기에 **선하게** 행한 것을 기억하옵소
왕하 20:19	여호와의 말씀이 **선하니이다** 하고 또 이르되 … 진실이 있을진대 어찌 **선하지**
대상 16:34	여호와께 감사하라 그는 **선하시며** 그의
대하 5:13	이르되 **선하시도다** 그의 자비하심이
대하 6:27	마땅히 행할 **선한** 길을 가르쳐 주시오며
대하 7:3	여호와께 감사하여 이르되 **선하시도다**
대하 10:7	후대하여 기쁘게 하고 **선한** 말을 하시면
대하 12:12	유다에 **선한** 일도 있으므로 여호와께서
대하 19:3	왕에게 **선한** 일도 있으니 이는 왕이 아세
대하 19:11	힘써 행하라 여호와께서 **선한** 자와
대하 30:18	이르되 **선하신** 여호와여 사하옵소서
대하 32:32	히스기야의 남은 행적과 그의 모든 **선한**
대하 35:26	율법에 기록된 대로 행한 모든 **선한**
스 3:11	지극히 **선하시므로** 그의 인자하심이
스 7:9	하나님의 **선한** 손의 도우심을 입어
스 8:18	하나님의 **선한** 손의 도우심을 입고 그들
느 2:8	하나님의 **선한** 손이 나를 도우시므로
느 2:18	하나님의 **선한** 손이 나를 도우신 … 건 축하자 하고 모두 힘을 내어 이 **선한**
느 9:13	율법과 **선한** 율례와 계명을 그들에게
느 9:20	주의 **선한** 영을 주사 그들을 가르치시며
느 13:14	위하여 내가 행한 **선한** 일을 도말하지

시가서, 선지서

욥 34:4	가려내고 무엇이 **선한가** 우리끼리
시 23:6	평생에 **선하심과** 인자하심이 반드시
시 25:7	나를 기억하시되 주의 **선하심으로**
시 25:8	**선하시고** 정직하시니 그러므로 그의
시 27:13	산 자들의 땅에서 여호와의 **선하심을**
시 34:8	여호와의 **선하심을** 맛보아 알지어다
시 39:2	잠잠하여 **선한** 말도 하지 아니하니 나의
시 52:9	이름이 **선하시므로** 주의 성도 앞에서
시 54:6	감사하오리니 주의 이름이 **선하심이니**
시 69:16	여호와여 주의 인자하심이 **선하시오니**
시 86:5	주는 **선하사** 사죄하기를 즐거워하시며
시 100:5	여호와는 **선하시니** 그의 인자하심이
시 106:1	여호와께 감사하라 그는 **선하시며**
시 107:1	여호와께 감사하라 그는 **선하시며** 그
시 109:21	주의 인자하심이 **선하시오니** 나를
시 118:1	감사하라 그는 **선하시며** 그의 인자하심
시 118:29	여호와께 감사하라 그는 **선하시며** 그의
시 119:39	하소서 주의 규례들은 **선하심이니이다**
시 119:68	**선하사** 선을 행하시오니 주의 율례들로
시 125:4	여호와여 **선한** 자들과 마음이 정직한
시 133:1	연합하여 동거함이 어찌 그리 **선하고**
시 135:3	찬송하라 여호와는 **선하시며** 그의
시 136:1	여호와께 감사하라 그는 **선하시며** 그
시 143:10	하소서 주의 영은 **선하시니** 나를 공평한
잠 2:9	정직 곧 모든 **선한** 길을 깨달을 것이라
잠 2:20	지혜가 너를 **선한** 자의 길로 행하게
잠 4:2	내가 **선한** 도리를 너희에게 전하노니
잠 8:6	들을지어다 내가 가장 **선한** 것을 말하리
잠 11:23	소원은 오직 **선하나** 악인의 소망은
잠 12:25	번뇌하게 되나 **선한** 말은 그것을 즐겁게
잠 13:21	죄인을 따르고 **선한** 보응은 의인에게
잠 14:14	가득하겠고 **선한** 사람도 자기의 행위로
잠 15:26	꾀는 여호와께서 미워하시나 **선한** 말은
잠 16:21	**선한** 자는 남의 학식을 더하게 하느니라
잠 17:26	정직하다고 때리는 것은 **선하지** 못하니
잠 18:5	억울하게 하는 것이 **선하지** 아니하니라
잠 19:2	지식 없는 소원은 **선하지** 못하고 발이
전 2:3	어떤 것이 **선한** 일인지를 알아볼 때까지
전 5:18	보는 것이 **선하고** 아름다움을 내가
전 9:2	의인과 악인, **선한** 자와 깨끗한 자와
사 5:20	악을 **선하다** 하며 선을 악하다 하며
사 38:3	주의 목전에서 **선하게** 행한 것을 기억
렘 6:16	옛적 길 곧 **선한** 길이 어디인지 알아보
렘 29:10	너희를 돌보고 나의 **선한** 말을 너희에게
렘 33:14	유다 집에 대하여 일러 준 **선한** 말을
렘 33:10-11	여호와는 **선하시니** 그 인자하심이 영원
애 3:25	영혼들에게 여호와는 **선하시도다**
겔 20:25	그들에게 **선하지** 못한 율례와 능히
호 14:2	불의를 제거하시고 **선한** 바를 받으소서
미 6:8	**선한** 것이 무엇임을 네게 보이셨나니
미 7:4	그들의 가장 **선한** 자라도 가시 같고
나 1:7	**선하시며** 환난 날에 산성이시라 그는
슥 1:13	여호와께서 내게 말하는 천사에게 **선한**

복음서

마 12:34	너희는 악하니 어떻게 **선한** 말을 할 수
마 12:35	**선한** 사람은 그 쌓은 선에서 **선한** 것을
마 19:16	**선한** 일을 하여야 영생을 얻으리이까
마 19:17	어찌하여 **선한** 일을 내게 묻느냐 **선한**
마 20:15	뜻대로 할 것이 아니냐 내가 **선하므로**
마 22:10	길에 나가 악한 자나 **선한** 자나 만나는
막 10:17	묻자오되 **선한** 선생님이여 내가 무엇을

【 선하다 】　　　　　　　　　　　　　　　　　　　　　　【 선히 】

막 10:18　네가 어찌하여 나를 **선하다** 일컫느냐 하나님 한 분 외에는 **선한** 이가 없느니라
눅 18:18　관리가 물어 이르되 **선한** 선생님이여
눅 18:19　네가 어찌하여 나를 **선하다** 일컫느냐 하나님 한 분 외에는 **선한** 이가 없느니라
눅 23:50　공회 의원으로 **선하고** 의로운 요셉이라
요 1:46　나사렛에서 무슨 **선한** 것이 날 수
요 10:11　나는 **선한** 목자라 **선한** 목자는 양들을
요 10:14　나는 **선한** 목자라 나는 내 양을 알고
요 10:32　아버지로 말미암아 여러 가지 **선한** 일로
요 10:33　유대들이 대답하되 **선한** 일로

역사서, 서신서

행 10:38　그가 두루 다니시며 **선한** 일을 행하시고
행 14:17　결실기를 주시는 **선한** 일을 하사 음식과
롬 2:18　하나님의 뜻을 알고 지극히 **선한** 것을
롬 7:12　계명도 거룩하고 의로우며 **선하도다**
롬 7:13　**선한** 것이 내게 사망이 되었느냐 … 죄가 죄로 드러나기 위하여 **선한** 그것으로
롬 7:16　이로써 율법이 **선한** 것을 시인하노니
롬 7:18　육신에 **선한** 것이 거하지 아니하는 줄을
롬 12:2　받아 하나님의 **선하시고** 기뻐하시고
롬 12:17　갚지 말고 모든 사람 앞에서 **선한** 일을
롬 13:3　**선한** 일에 대하여 두려움이 되지 않고
롬 14:16　너희의 **선한** 것이 비방을 받지 않게
롬 16:19　**선한** 데 지혜롭고 악한 데 미련하기를
고전 15:33　속지 말라 악한 동무들은 **선한** 행실을
고후 8:21　앞에서 뿐 아니라 사람 앞에서도 **선한**
엡 2:10　예수 안에서 **선한** 일을 위하여 지으심을
엡 4:28　있도록 자기 손으로 수고하여 **선한** 일을
엡 4:29　세우는 데 소용되는 대로 **선한** 말을
빌 1:10　너희로 지극히 **선한** 것을 분별하며 또
골 1:10　**선한** 일에 열매를 맺게 하시며 하나님
살후 2:17　너희 마음을 위로하시고 모든 **선한** 일과
딤전 1:5　목적은 청결한 마음과 **선한** 양심과 거짓
딤전 1:8　그것을 적법하게만 쓰면 **선한** 것임을
딤전 1:18　예언을 따라 그것으로 **선한** 싸움을
딤전 2:3　구주 하나님 앞에서 **선하고** 받으실 만한
딤전 3:1　직분을 얻으려 함은 **선한** 일을 사모하는
딤전 3:7　외인에게서도 **선한** 증거를 얻은 자라야
딤전 4:4　지으신 모든 것이 **선하매** 감사함으로
딤전 5:10　**선한** 행실의 … 혹은 모든 **선한** 일을
딤전 6:12　믿음의 **선한** 싸움을 … 앞에서 **선한**
딤전 6:13　본디오 빌라도를 향하여 **선한** 증언을
딤전 6:18　행하고 **선한** 사업을 많이 하고 나누어
딤후 2:21　합당하며 모든 **선한** 일에 준비함이
딤후 3:3　절제하지 못하며 사나우며 **선한** 것을
딤후 3:17　온전하게 하며 모든 **선한** 일을 행할
딤후 4:7　나는 **선한** 싸움을 싸우고 나의 달려갈
딛 1:16　아니하는 자요 모든 **선한** 일을 버리는
딛 2:3　종이 되지 아니하며 **선한** 것을 가르치는
딛 2:5　순전하며 집안일을 하며 **선하며** 자기
딛 2:7　자신이 **선한** 일의 본을 보이며 교훈에
딛 2:14　우리를 깨끗하게 하사 **선한** 일을 열심히
딛 3:1　복종하며 순종하며 모든 **선한** 일 행하기
딛 3:8　조심하여 **선한** 일을 힘쓰게 하려 함이라
몬 1:14　너의 **선한** 일이 억지같이 되지 아니하고
히 6:5　하나님의 **선한** 말씀과 내세의 능력을
히 13:18　**선하게** 행하려 하므로 우리에게 **선한**
히 13:21　모든 **선한** 일에 너희를 온전하게 하사
약 3:17　긍휼과 **선한** 열매가 가득하고 편견과
벧전 2:12　행실을 **선하게** 가져 너희를 악행한다고 비방하는 자들로 하여금 너희 **선한**
벧전 2:18　순종하되 **선하고** 관용하는 자들에게만
벧전 3:21　아니요 하나님을 향한 **선한** 양심의
벧전 4:10　맡은 **선한** 청지기같이 서로 봉사하라
요삼 1:11　본받지 말고 **선한** 것을 본받으라 선을

선행/-하다(先行, good deed)

느 6:19　그들이 도비야의 **선행**을 내 앞에 말하고
시 36:3　죄악과 속임이라 그는 지혜와 **선행**을
잠 19:17　꾸어 드리는 것이니 그의 **선행**을 그에게
사 1:17　**선행**을 배우며 정의를 구하며 학대 받는
행 9:36　도르가라 **선행**과 구제하는 일이 심히
딤전 2:10　오직 **선행**으로 하기를 원하노라 이것이
딤전 5:25　이와 같이 **선행**도 밝히 드러나고 그렇지
딛 1:8　나그네를 대접하며 **선행**을 좋아하며
히 10:24　서로 돌아보아 사랑과 **선행**을 격려하며
약 3:13　**선행**으로 말미암아 지혜의 온유함으로
벧전 2:14　그가 악행하는 자를 징벌하고 **선행하는**
벧전 2:15　**선행**으로 어리석은 사람들의 무식한
벧전 3:16　**선행**을 욕하는 자들로 그 비방하는

선히(good)

민 24:1　여호와께서 **선히** 여기심을 보고 전과
삼하 10:12　여호와께서 **선히** 여기시는 대로 행하시
삼하 15:26　종이 여기 있사오니 **선히** 여기시는 대로

【 선혈 】 　　　　　　　　　　　　　　　　　【 섬 】

대상 19:13 선히 여기시는 대로 행하시기를 원하노
욥 10:3 빛을 비추시기를 선히 여기시나이까
잠 15:2 지혜 있는 자의 혀는 지식을 선히 베풀고

선혈(鮮血, blood)
사 63:3 그들의 **선혈**이 내 옷에 튀어 내 의복을
사 63:6 취하게 하고 그들의 **선혈**을 땅에 쏟아지

설계(設計, plan)
왕상 6:38 여덟째 달에 그 **설계**와 식양대로 성전
대상 28:19 **설계**를 그려 나에게 알려 주셨느니라

설계도(設計圖, plan)
대상 28:11 속죄소의 **설계도**를 그의 아들 솔로몬
대상 28:12 성전 곳간과 성물 곳간의 **설계도**를 주고
대상 28:18 수레 곧 금 그룹들의 **설계도**대로 만들

설득력(說得力, persuasive words)
고전 2:4 말과 내 전도함이 **설득력** 있는 지혜의

설득하다(說得, persuade)
왕하 18:32 히스기야가 너희를 **설득하여** 이르기를
잠 25:15 관원도 **설득할** 수 있나니 부드러운
행 12:20 침소 맡은 신하 블라스도를 **설득하여**

설레다(roar)
시 65:7 바다의 **설렘**과 물결의 흔들림과 만민의
렘 50:42 그들의 목소리는 바다가 **설레임** 같도다

설명/-하다(說明, expound, say)
창 44:16 하오리이까 무슨 **설명**을 하오리이까
신 1:5 이 율법을 **설명하기** 시작하였더라
신 32:7 **설명할** 것이요 네 어른들에게 물으라
왕하 8:4 행한 모든 큰일을 내게 **설명하라**
왕하 8:6 여인에게 물으매 여인이 **설명한지라**
대상 28:13 쓰는 모든 그릇의 양식을 **설명하고**
욥 12:8 바다의 고기도 네게 **설명하리라**
욥 15:17 내게서 들으라 내가 본 것을 **설명하리라**
사 44:7 나에게 **설명할** 자가 누구냐 있거든
마 13:36 가라지의 비유를 우리에게 **설명하여**
마 15:15 비유를 우리에게 **설명하여** 주옵소서
눅 24:27 자기에 관한 것을 자세히 **설명하시니라**
행 11:4 그들에게 이 일을 차례로 **설명하여**

히 5:11 너희가 듣는 것이 둔하므로 **설명하기**

설비되다(設備, build)
겔 46:23 사방 부엌에 삶는 기구가 **설비되었는데**

설익다(unripe)
계 6:13 대풍에 흔들려 **설익은** 열매가 떨어지는

설정하다(泄精, spill one's semen)
창 38:9 씨를 주지 아니하려고 땅에 **설정하매**
레 15:16 **설정한** 자는 전신을 물로 씻을 것이며
레 15:18 동침하여 **설정하였거든** 둘 다 물로
레 15:32 규례는 유출병이 있는 자와 **설정함으로**
레 18:20 이웃의 아내와 동침하여 **설정하므로**
레 19:20 시체의 부정에 접촉된 자나 **설정한** 자나
레 22:4 시체의 부정에 접촉된 자나 **설정한** 자나

설주(楔柱, doorframe)
출 12:22 피를 문 인방과 좌우 **설주**에 뿌리고

설치하다(設置, provide)
왕상 8:21 궤를 위하여 한 처소를 **설치하였노라**
겔 21:22 성문을 향하여 공성퇴를 **설치하고** 토성

섬(island)
에 10:1 아하수에로 왕이 그의 본토와 바다 **섬**들
시 72:10 다시스와 **섬**의 왕들이 조공을 바치며
시 97:1 즐거워하며 허다한 **섬**은 기뻐할지어다
사 11:11 바다 **섬**들에서 돌아오게 하실 것이라
사 24:15 바다 모든 **섬**에서 이스라엘의 하나님
사 40:15 작은 티끌 같으며 **섬**들은 떠오르는 먼지
사 41:1 **섬**들아 내 앞에 잠잠하라 민족들아 힘을
사 41:5 **섬**들이 보고 두려워하며 땅 끝이 무서워
사 42:4 세우기에 이르리니 **섬**들이 그 교훈을
사 42:10 가운데의 만물과 **섬**들과 거기에 사는
사 42:12 여호와께 영광을 돌리며 **섬**들 중에서
사 42:15 초목들을 마르게 하며 강들이 **섬**이 되게

성경에 나오는 '섬'
갑돌 섬 - 렘 47:4
깃딤 섬 - 렘 2:10 / 겔 27:6
밧모 섬 - 계 1:9 / 엘리사 섬 - 겔 27:7

【 섬돌 】　　　　　　　　　　　　　　　　　【 섬기다 】

사 49:1	섬들아 내게 들으라 먼 곳 백성들아	창 40:4	그들을 섬겼더라 그들이 갇힌 지 여러
사 51:5	심판하리니 섬들이 나를 앙망하여	창 48:15	섬기던 하나님, 나의 출생으로부터
사 59:18	원수에게 보응하시며 섬들에게 보복하	창 49:15	짐을 메고 압제 아래에서 섬기리로다
사 60:9	섬들이 나를 앙망하고 다시스의 배들이	출 4:23	섬기게 하라 하여도 네가 보내 주기를
사 66:19	영광을 보지도 못한 먼 섬들로 보내리니	출 7:16	나를 섬길 것이니라 하였으나 이제까지
렘 25:22	모든 왕과 바다 건너쪽 섬의 왕들과	출 8:1	보내라 그들이 나를 섬길 것이니라
렘 31:10	여호와의 말씀을 듣고 먼 섬에 전파하여	출 8:20	그러면 그들이 나를 섬길 것이니라
겔 26:15	소리에 모든 섬이 진동하지 아니하겠느	출 9:1	보내라 그들이 나를 섬길 것이니라
겔 26:18	무너지는 그날에 섬들이 진동할 것임	출 9:13	보내라 그들이 나를 섬길 것이니라
	이여 바다 가운데의 섬들이 네 결국을	출 14:5	우리를 섬김에서 놓아 보내었는가
겔 27:3	섬 백성과 거래하는 자여 주 여호와께서	출 14:12	사람을 섬길 것이라 하지 아니하더냐 애
겔 27:15	섬이 너와 거래하여 상아와 박달나무를		굽 사람을 섬기는 것이 광야에서 죽는
겔 27:35	섬의 주민들이 너로 말미암아 놀라고	출 20:5	절하지 말며 그것들을 섬기지 말라
겔 39:6	불을 마곡과 및 섬에 평안히 거주하는	출 21:2	그는 여섯 해 동안 섬길 것이요 일곱째
행 13:6	섬 가운데로 지나서 바보에 이르러 바	출 21:6	그는 종신토록 그 상전을 섬기리라
행 27:14	안 되어 섬 가운데로부터 유라굴로라는	출 23:24	너는 그들의 신을 경배하지 말며 섬기지
행 27:16	가우다라는 작은 섬 아래로 지나 간신히	출 23:33	네가 그 신들을 섬기면 그것이 너의
행 27:26	그런즉 우리가 반드시 한 섬에 걸리리라	출 28:1	나아오게 하여 나를 섬기는 제사장
행 28:1	구조된 후에 안즉 그 섬은 멜리데라	출 28:43	제단에 가까이 하여 거룩한 곳에서 섬길
행 28:7	이 섬에서 가장 높은 사람 보블리오라	출 29:1	그들에게 나를 섬길 제사장 직분을
행 28:9	섬 가운데 다른 병든 사람들이 와서 고침	출 29:30	성소에서 섬길 때에는 이레 동안 그것을
행 28:11	석 달 후에 우리가 그 섬에서 겨울을	출 34:15	그들이 모든 신을 음란하게 섬기며 그
계 6:14	각 산과 섬이 제 자리에서 옮겨지매	출 34:16	신들을 음란하게 섬기며 네 아들에게
계 16:20	각 섬도 없어지고 산악도 간 데 없더라		그들의 신들을 음란하게 섬기게 할까
		출 35:19	성소에서 섬기기 위하여 정교하게 만든

섬돌(overhanging roof)

왕상 7:6	주랑이 있고 또 그 앞에 기둥과 섬돌이
왕하 9:13	옷을 급히 가져다가 섬돌 위 곧 예후의

		출 35:24	여호와께 드렸으며 섬기는 일에 소용되
		출 39:1	청색 자색 홍색 실로 성소에서 섬길 때
		출 39:41	성소에서 섬기기 위한 정교한 옷 곧
		레 17:7	전에 음란하게 섬기던 숫염소에게

섬기다(subject, serve, minister)

모세오경

창 14:4	십이 년 동안 그돌라오멜을 섬기다가	레 20:5	그를 본받아 몰렉을 음란하게 섬기는
창 15:13	되어 그들을 섬기겠고 그들은 사백 년	레 25:40	함께 있게 하여 희년까지 너를 섬기게
창 15:14	그들이 섬기는 나라를 내가 징벌할지며	레 25:50	사람을 섬긴 날을 그 사람에게 고용된
창 24:40	내게 이르되 내가 섬기는 여호와께서	민 11:28	택한 자 중 한 사람 곧 모세를 섬기는
창 25:23	큰 자가 어린 자를 섬기리라 하셨더라	민 16:9	서서 그들을 대신하여 섬기게 하심이
창 27:29	너를 섬기고 열국이 네게 굴복하리니	민 18:7	제사장의 직분을 지켜 섬기라 내가
창 27:40	생활하겠고 네 아우를 섬길 것이며 네가	신 4:19	미혹하여 그것에 경배하며 섬기지 말라
창 29:18	위하여 외삼촌에게 칠 년 섬기리이다	신 4:28	맡지 못하는 목석의 신들을 섬기리라
창 29:20	*위하여 칠 년 동안 라반을 섬겼으나*	신 5:9	절하지 말며 그것들을 섬기지 말라
창 30:29	외삼촌을 섬겼는지, 어떻게 외삼촌의	신 6:13	하나님 여호와를 경외하며 그를 섬기며
창 31:6	다하여 그대들의 아버지를 섬겼거늘	신 7:16	그들의 신을 섬기지 말라 그것이 네게
창 39:4	그의 주인에게 은혜를 입어 섬기매	신 8:19	신들을 따라 그들을 섬기며 그들에게
		신 10:8	앞에 서서 그를 섬기며 또 여호와의
		신 10:20	하나님 여호와를 경외하여 그를 섬기며

【 섬기다 】　　　　　　　　　　　　　　　　　【 섬기다 】

신 11:13	마음을 다하고 뜻을 다하여 **섬기면**
신 12:2	민족들이 그들의 신들을 **섬기는** 곳은
신 12:30	민족들은 그 신들을 어떻게 **섬겼는고**
신 13:2	다른 신들을 우리가 따라 **섬기자** 하던
신 13:4	목소리를 청종하며 그를 **섬기며** 그를
신 13:7	신들을 우리가 가서 **섬기자** 할지라도
신 15:12	여섯 해 동안 너를 **섬겼거든** 일곱째
신 15:18	너를 **섬겼은즉** 너는 그를 놓아 자유하게
신 17:12	서서 **섬기는** 제사장이나 재판장에게
신 18:5	이름으로 서서 **섬기게** 하셨음이니라
신 18:7	그의 하나님 여호와의 이름으로 **섬길**
신 20:11	조공을 바치고 너를 **섬기게** 할 것이요
신 21:5	택하사 자기를 **섬기게** 하시며 또
신 28:48	적군을 **섬기게** 될 것이니 그가 철 멍에
신 29:18	민족의 신들에게 가서 **섬길까** 염려하며

역사서

수 22:5	성품을 다하여 그를 **섬길지니라** 하고
수 22:27	제사와 우리의 화목제로 **섬기는** 것을
수 23:7	또 그것을 **섬겨서** 그것들에게 절하지
수 24:15	여호와를 **섬기는** 것이 … **섬기던** 신들 이든지 … 너희가 **섬길** 자를 오늘 택하라 오직 … 여호와를 **섬기겠노라** 하니
수 24:20	신들을 **섬기면** 너희에게 복을 내리신
수 24:22	여호와를 택하고 그를 **섬기리라** 하였고
삿 3:8	구산 리사다임을 팔 년 동안 **섬겼더니**
삿 3:14	왕 에글론을 열여덟 해 동안 **섬기니라**
삿 9:28	아비멜렉을 **섬기리요** 그가 여룹바알의 아들이 … 하몰의 후손을 **섬길** 것이라 우리가 어찌 아비멜렉을 **섬기리요**
삿 9:38	누구이기에 우리가 그를 **섬기리요**
삿 10:6	**섬기고** 여호와를 버리고 그를 **섬기지**
삼상 11:1	그리하면 우리가 너를 **섬기리라**
삼상 12:10	아스다롯을 **섬김으로** 범죄하였나이다 … 우리가 주를 **섬기겠나이다** 하매
삼상 12:24	너희의 마음을 다하여 진실히 **섬기라**
삼상 17:9	우리의 종이 되어 우리를 **섬길** 것이니라
삼하 10:19	이스라엘과 화친하고 **섬기니** 그러므로
삼하 16:19	**섬기리이까** 그의 아들이 … 아버지를 **섬긴** 것같이 왕을 **섬기리이다** 하니라
삼하 22:44	알지 못하는 백성이 나를 **섬기리이다**
왕상 4:21	그 나라들이 조공을 바쳐 **섬겼더라**
왕상 8:11	서서 **섬기지** 못하였으니 이는 여호와
왕상 12:4	그리하시면 우리가 왕을 **섬기겠나이다**

왕상 12:7	백성을 **섬기는** 자가 되어 그들을 **섬기고**
왕하 17:33	풍속대로 자기의 신들도 **섬겼더라**
왕하 17:35	경배하지 말며 그를 **섬기지** 말며 그에게
왕하 18:7	왕을 배반하고 **섬기지** 아니하였고
왕하 21:21	아버지가 **섬기던** 우상을 **섬겨** 그것들에
왕하 24:1	여호야김이 삼 년 간 **섬기다가** 돌아서
왕하 25:14	부집게들과 숟가락들과 **섬길** 때에 쓰는
왕하 25:24	갈대아 인을 **섬기기를** 두려워하지 말고 이 땅에 살며 바벨론 왕을 **섬기라**
대상 5:25	땅 백성의 신들을 간음하듯 **섬긴지라**
대상 9:28	어떤 자는 **섬기는** 데 쓰는 기구를
대상 15:2	여호와의 궤를 메고 영원히 그를 **섬기게**
대상 16:4	여호와의 궤 앞에서 **섬기며** 이스라엘
대상 16:37	앞에서 **섬기게** 하되 날마다 그 일대로
대상 19:19	더불어 화친하여 **섬기고** 그 후로는
대상 23:13	여호와 앞에 분향하며 **섬기며** 영원토록
대상 23:24	여호와의 성전에서 **섬기는** 일을 하는
대상 23:28	골방에서 **섬기고** … 성전에서 **섬기는**
대상 24:3	나누어 각각 **섬기는** 직무를 맡겼는데
대상 25:1	구별하여 **섬기게** 하되 수금과 비파와
대상 25:6	하나님의 전을 **섬겼으며** 아삽과 여두둔
대상 26:12	직임을 얻어 여호와의 성전에서 **섬기는**
대상 26:30	여호와의 모든 일과 왕을 **섬기는** 직임을
대상 27:1	천부장과 백부장과 왕을 **섬기는** 관원들
대상 28:1	어른과 왕을 **섬기는** 반장들과 천부장들
대하 5:14	서서 **섬기지** 못하였으니 이는 여호와
대하 8:14	제사장들의 반열을 정하여 **섬기게** 하고
대하 10:4	그리하시면 우리가 왕을 **섬기겠나이다**
대하 12:8	나를 **섬기는** 것과 세상 나라들을 **섬기는**
대하 22:8	아하시야를 **섬기는** 자들을 만나서
대하 24:14	그릇을 만들었으니 곧 **섬겨** 제사 드리는
대하 29:11	서서 수종 들어 그를 **섬기며** 분향하게
대하 29:35	여호와의 전에 **섬기는** 일이 순서대로
대하 31:2	여호와의 휘장 문에서 **섬기며** 감사하며
대하 33:3	모든 일월성신을 경배하여 **섬기며**
대하 35:3	그의 백성 이스라엘을 **섬길** 것이라
대하 35:10	**섬길** 일이 구비되매 왕의 명령을 따라
스 7:19	하나님의 성전에서 **섬기는** 일을 위하여
스 8:17	하나님의 성전을 위하여 **섬길** 자를
스 8:20	방백들이 레위 사람들을 **섬기라고**
느 10:36	하나님의 전에서 **섬기는** 제사장들에게
느 10:39	그릇들을 두는 골방 곧 **섬기는** 제사장들
느 12:44	유다 사람이 **섬기는** 제사장들과 레위

1345

【 섬기다 】

시가서, 선지서

욥 21:15	전능자가 누구이기에 우리가 **섬기며**
욥 36:11	만일 그들이 순종하여 **섬기면** 형통한
시 2:11	경외함으로 **섬기고** 떨며 즐거워할지어
시 18:43	알지 못하는 백성이 나를 **섬기리이다**
시 22:30	후손이 그를 **섬길** 것이요 대대에 주를
시 72:11	모든 민족이 다 그를 **섬기리로다**
시 97:7	조각한 신상을 **섬기며** 허무한 것으로
사 56:6	여호와와 연합하여 그를 **섬기며** 여호와
사 60:10	쌓을 것이요 그들의 왕들이 너를 **섬길**
사 60:12	**섬기지** 아니하는 백성과 나라는 파멸하
렘 5:19	이방 신들을 **섬겼은즉** 이와 같이 너희
렘 8:2	사랑하며 **섬기며** 뒤따르며 구하며 경배
렘 13:10	다른 신들을 따라 그를 **섬기며** 그에게
렘 16:11	그들을 **섬기며** 그들에게 절하고 나를
렘 17:4	원수를 **섬기게** 하리니 이는 너희가 내
렘 22:9	신들에게 절하고 그를 **섬긴** 까닭이라
렘 25:11	칠십 년 동안 바벨론의 왕을 **섬기리라**
렘 25:14	자기들을 **섬기게** 할 것이나 나는 그들의
렘 27:6	그에게 주어서 **섬기게** 하였나니
렘 27:7	이르기까지 **섬기리라** 또한 많은 나라
렘 27:8	왕 느부갓네살을 **섬기지** 아니하며 그
렘 28:14	**섬기게** 하였으니 그들이 그를 **섬기리라**
렘 30:8	끊으리니 다시는 이방인을 **섬기지**
렘 30:9	하나님 여호와를 **섬기며** 내가 그들을 위
렘 33:21	내가 나를 **섬기는** 레위인 제사장에게
렘 33:22	다윗의 자손과 나를 **섬기는** 레위인을
렘 34:14	**섬겼은즉** 그를 놓아 자유롭게 할지니라
렘 35:15	신을 따라 그를 **섬기지** 말라 그리하면
렘 40:9	사사람을 **섬기기를** 두려워하지 말고
렘 40:10	이 땅에 살면서 바벨론의 왕을 **섬기라**
렘 44:3	갈대아 사람을 **섬기리니** 너희는 포도주
렘 52:18	신들에게 나아가 분향하여 **섬겨서** 나의
겔 20:40	숟가락들과 **섬길** 때에 쓰는 모든 놋그릇
단 3:14	산에서 다 나를 **섬기리니** 거기에서 내가
단 3:17	너희가 내 신을 **섬기지** 아니하며 내가
단 3:18	우리가 **섬기는** 하나님이 계시면
단 6:16	왕의 신들을 **섬기지도** 아니하고 왕이
단 6:20	다니엘에게 이르되 네가 항상 **섬기는**
	항상 **섬기는** 네 하나님이 사자들에게서
단 7:10	그를 **섬기는** 자는 천천이요 그 앞에서
단 7:14	모든 자들이 그를 **섬기게** 하였으니 그의
단 7:27	있는 자들이 다 그를 **섬기며** 복종하리라
호 12:12	아내를 얻기 위하여 사람을 **섬기며** 아내
미 5:13	만든 것을 다시는 **섬기지** 아니하리라
습 3:9	이름을 부르며 한 가지로 나를 **섬기게**
슥 2:9	자기를 **섬기던** 자들에게 노략거리가
말 3:17	사람이 자기를 **섬기는** 아들을 아낌같이

신약

마 4:10	하나님께 경배하고 다만 그를 **섬기라**
마 6:24	주인을 **섬기지** 못할 것이니 … 하나님
	과 재물을 겸하여 **섬기지** 못하느니라
마 20:26	크고자 하는 자는 너희를 **섬기는** 자가
마 20:28	인자가 온 것은 **섬김을** 받으려 함이 아
	니라 도리어 **섬기려** 하고 자기 목숨을
마 23:11	큰 자는 너희를 **섬기는** 자가 되어야
막 9:35	뭇 사람의 끝이 되며 뭇 사람을 **섬기는**
막 10:43	크고자 하는 자는 너희를 **섬기는** 자가
막 10:45	인자가 온 것은 **섬김을** 받으려 함이 아
	니라 도리어 **섬기려** 하고 자기 목숨을
막 15:41	따르며 **섬기던** 자들이요 또 이 외에
눅 1:75	의로 두려움이 없이 **섬기게** 하리라
눅 2:37	주야로 금식하며 기도함으로 **섬기더니**
눅 4:8	하나님께 경배하고 다만 그를 **섬기라**
눅 8:3	자기들의 소유로 그들을 **섬기더라**
눅 15:29	아버지를 **섬겨** 명을 어김이 없거늘
눅 16:13	주인을 **섬길** 수 없나니 혹 이를 미워하
	고 … 하나님과 재물을 겸하여 **섬길** 수
눅 22:26	젊은 자와 같고 다스리는 자는 **섬기는**
눅 22:27	앉아서 먹는 자가 크냐 **섬기는** 자가
	크냐 앉아서 … 그러나 나는 **섬기는**
요 12:26	나를 **섬기려면** 나를 따르라 … 나를
	섬기는 자도 … 사람이 나를 **섬기면**
요 16:2	생각하기를 이것이 하나님을 **섬기는**
행 7:7	나와서 이 곳에서 나를 **섬기리라** 하시고
행 7:42	하늘의 군대 **섬기는** 일에 버려 두셨으니
행 13:36	당시에 하나님의 뜻을 따라 **섬기다가**
행 17:25	**섬김을** 받으시는 것이 아니니 이는
행 27:23	내가 **섬기는** 하나님의 사자가 어제 밤에
롬 1:9	안에서 내 심령으로 **섬기는** 하나님이
롬 1:25	조물주보다 더 경배하고 **섬김이라** 주는
롬 7:6	우리가 영의 새로운 것으로 **섬길** 것이요
롬 7:25	법을 육신으로는 죄의 법을 **섬기노라**

【 섭섭하다 】 【 성 1 】

롬 9:12	이르시되 큰 자가 어린 자를 **섬기리라**	창 19:4	늦기 전에 그 **성** 사람 곧 소돔 백성들이
롬 12:7	**섬기는** 일이면 **섬기는** 일로, 혹 가르치	창 19:12	속한 자들을 다 **성** 밖으로 이끌어 내라
롬 12:11	게으르지 말고 열심을 품고 주를 **섬기라**	출 9:29	모세가 그에게 이르되 내가 **성**에서
롬 15:27	육적인 것으로 그들을 **섬기는** 것이	레 14:40	색점 있는 돌을 빼내어 **성** 밖 부정한
롬 15:31	예루살렘에 대하여 내가 **섬기는** 일을	레 14:41	긁게 하고 그 긁은 흙을 **성** 밖 부정한
롬 16:18	자기들의 배만 **섬기나니** 교활한 말과	레 14:45	**성** 밖 부정한 곳으로 내어 갈 것이며
고전 9:13	제단에서 **섬기는** 이들은 제단과 함께	레 14:53	살아 있는 새는 **성** 밖 들에 놓아 주고
고후 9:13	그들과 모든 사람을 **섬김으로** 너희의 후한	레 25:29	성벽 있는 **성** 내의 가옥을 팔았으면
고후 11:8	너희를 **섬기기** 위하여 다른 여러 교회	민 21:27	시혼의 **성**을 세워 견고히 할지어다
엡 6:7	**섬기기**를 주께 하듯 하고 사람들에게	민 21:28	헤스본에서 불이 나오며 시혼의 **성**에서
빌 2:17	만일 너희 믿음의 제물과 **섬김** 위에	신 12:15	복을 따라 각 **성**에서 네 마음에 원하는
빌 2:30	목숨을 돌보지 아니한 것은 나를 **섬기는**	신 12:17	예물과 네 손의 거제물은 네 각 **성**에서
딤전 6:2	가볍게 여기지 말고 더 잘 **섬기게** 하라	신 12:21	잡아 네 각 **성**에서 네가 마음에 원하는
딤후 1:3	양심으로 조상적부터 **섬겨** 오는 하나님	신 16:5	여호와께서 네게 주신 각 **성**에서 드리지
몬 1:13	중에서 네 대신 나를 **섬기게** 하고자	신 16:18	여호와께서 네게 주시는 각 **성**에서 네
히 1:14	천사들은 **섬기는** 영으로서 구원받을 상	수 6:3	모든 군사는 그 **성**을 둘러 **성** 주위를
	속자들을 위하여 **섬기라고** 보내심이	수 6:4	**성**을 일곱 번 돌며 그 제사장들은 나팔
히 6:10	성도를 **섬긴** 것과 이제도 **섬기고** 있는	수 6:7	이르되 나아가서 그 **성**을 돌되 무장한
히 8:2	성소와 참 장막에서 **섬기는** 이시라	수 6:11	여호와의 궤가 그 **성**을 한 번 돌게 하고
히 8:5	그들이 **섬기는** 것은 하늘에 있는 것의	삿 1:8	칼날로 치고 그 **성**을 불살랐으며
히 9:1	언약에도 **섬기는** 예법과 세상에 속한	삿 9:43	매복시켰더니 백성이 **성**에서 나오는
히 9:6	항상 첫 장막에 들어가 **섬기는** 예식을	삿 9:45	종일토록 그 **성**을 쳐서 마침내는 점령
히 9:9	예물과 제사는 **섬기는** 자를 그 양심상		하고 거기 있는 백성을 죽이며 그 **성**을
히 9:21	이와 같이 피를 장막과 **섬기는** 일에	삼하 5:9	다윗이 밀로에서부터 안으로 **성**을 둘러
히 10:2	아니하면 **섬기는** 자들이 단번에 정결함	삼하 10:3	당신에게 보내 이 **성**을 엿보고 탐지하여
히 10:11	제사장마다 매일 서서 **섬기며** 자주 같은	삼하 11:16	요압이 그 **성**을 살펴 용사들이 있는
히 13:10	제단이 있는데 장막에서 **섬기는** 자들은	삼하 11:17	**성** 사람들이 나와서 요압과 더불어 싸울
벧전 1:12	이 **섬긴** 바가 자기를 위한 것이 아니요	삼하 11:20	어찌하여 **성**에 그처럼 가까이 가서 싸
계 2:19	내가 네 사업과 사랑과 믿음과 **섬김과**		웠느냐 그들이 **성** 위에서 쏠 줄을 알지
계 22:3	있으리니 그의 종들이 그를 **섬기며**	삼하 11:21	하나가 **성**에서 맷돌 위짝을 그 위에 던
			지매 … 어찌하여 **성**에 가까이 갔더냐

섬기다 - 기타 본문

창 29:25, 27, 30; 수 24:14; 대상 28:9, 13, 14; 렘 27:9, 11, 12, 13, 14, 17; 단 3:4, 17, 18

섭섭하다 (interfere)
왕상 1:6 말로 한 번도 그를 **섭섭하게** 한 일이

섭정 (攝政, deputy ruled)
왕상 22:47 그 때에 에돔에는 왕이 없고 **섭정** 왕이

성 1 (城, city)
창 4:17 **성**을 쌓고 그의 아들의 이름으로 **성**을

삼하 11:24	쏘는 자들이 **성** 위에서 왕의 부하들을
삼하 11:25	**성**을 향하여 더욱 힘써 싸워 함락시키라
삼하 12:28	남은 군사를 모아 그 **성**에 맞서 진 치고
삼하 15:24	백성이 **성**에서 나오기를 기다리도다
삼하 17:13	**성**에 들었으면 온 이스라엘이 밧줄을
	가져다가 그 **성**을 강으로 끌어들여서
삼하 17:17	**성**에 들어가지 못하고 에느로겔 가에
삼하 20:19	어머니 같은 **성**을 멸하고자 하시는도다
삼하 24:7	두로 견고한 **성**에 이르고 히위 사람과
왕상 3:1	**성**의 공사가 끝나기를 기다리니라
왕하 3:27	**성** 위에서 번제를 드린지라 이스라엘
왕하 6:26	이스라엘 왕이 **성** 위로 지나갈 때에 한

1347

【 성 1 】

왕하 6:30	옷을 찢으니라 그가 **성** 위로 지나갈
왕하 8:12	그들의 **성**에 불을 지르며 장정을 칼로
왕하 9:15	사람이라도 이 **성**에서 도망하여
왕하 10:2	견고한 **성**과 무기가 너희에게 있으니
왕하 10:26	바알의 신당 있는 **성**으로 가서 바알
왕하 11:20	백성이 즐거워하고 온 **성**이 평온하더라
왕하 14:13	문에서부터 **성** 모퉁이 문까지 사백 규빗
왕하 17:9	망대로부터 견고한 **성**에 이르도록
왕하 18:8	망대에서부터 견고한 **성**까지 이르렀더
왕하 18:26	말씀하시고 **성** 위에 있는 백성이 듣는
왕하 18:27	보내신 것이냐 **성** 위에 앉은 사람들도
왕하 19:25	견고한 **성**들을 멸하여 무너진 돌무더기
왕하 19:32	**성**에 이르지 못하며 이리로 화살을 쏘
	지 못하며 방패를 **성**을 향하여 세우지
왕하 19:33	길로 돌아가고 이 **성**에 이르지 못하리라
왕하 19:34	위하여 이 **성**을 보호하여 구원하리라
왕하 20:6	너와 이 **성**을 앗수르 왕의 손에서 구원
	하고 내가 나를 … 위하므로 이 **성**을
왕하 24:10	예루살렘에 올라와서 그 **성**을 에워싸니
왕하 24:11	바벨론의 왕 느부갓네살도 그 **성**에
왕하 25:1	치러 올라와서 그 **성**에 대하여 진을
왕하 25:2	**성**이 시드기야 왕 제십일년까지 포위되
대상 6:56	**성**의 밭과 마을은 여분네의 아들 갈렙
대상 6:60	종족이 얻은 **성**이 모두 열셋이었더라
시 31:21	여호와를 찬송할지어다 견고한 **성**
시 46:5	하나님이 그 **성** 중에 계시매 **성**이 흔들
시 48:2	큰 왕의 **성** 곧 북방에 있는 시온 산이
시 59:6	돌아와서 개처럼 울며 **성**으로 두루
시 59:14	돌아와서 개처럼 울며 **성**으로 두루
시 60:9	누가 나를 이끌어 견고한 **성**에 들이며
시 72:16	레바논같이 흔들리며 **성**에 있는 자가
시 122:7	네 **성** 안에는 평안이 있고 네 궁중에는
시 127:1	여호와께서 **성**을 지키지 아니하시면
렘 32:3-5	이 **성**을 바벨론 왕의 손에 넘기리니
렘 32:24	이 **성**을 빼앗으려고 만든 참호가 이 **성**
	에 이르렀고 … 말미암아 이 **성**이 이를
렘 32:25	세우라 하셨으나 이 **성**은 갈대아인의
렘 32:28	내가 이 **성**을 갈대아인의 손과 바벨론의
렘 32:29	**성**을 치는 갈대아인이 와서 이 성읍에
	불을 놓아 **성**과 집 곧 그 지붕에서 바알
렘 32:31	**성**이 건설된 날부터 오늘까지 나의
렘 32:36	왕의 손에 넘긴 바 되었다 하는 이 **성**
애 1:1	이 **성**이여 전에는 사람들이 많더니
애 1:19	구하다가 **성** 가운데에서 기절하였도다
애 2:5	견고한 **성**들을 무너뜨리사 딸 유다에
애 2:9	그 **성**의 선지자들은 여호와의 묵시를
겔 4:3	삼고 **성**을 포위하는 것처럼 에워싸라
단 1:1	예루살렘에 이르러 **성**을 에워쌌더니
단 9:18	주의 이름으로 일컫는 **성**을 보옵소서
단 9:19	주의 **성**과 주의 백성이 주의 이름으로
단 9:24	거룩한 **성**을 위하여 일흔 이레를 기한으
단 9:25	곤란한 동안에 **성**이 중건되어 광장과
단 11:7	치러 와서 그의 **성**에 들어가서 그들을
단 11:10	남방 왕의 견고한 **성**까지 칠 것이요
호 8:14	성읍들에 불을 보내어 그 **성**들을 삼키게
욜 2:7	용사같이 달리며 무사같이 **성**을 기어
욜 2:9	**성** 중에 뛰어 들어가며 **성** 위에 달리며
암 1:7	가사 **성**에 불을 보내리니 그 궁궐들을
암 1:10	두로 **성**에 불을 보내리니 그 궁궐들을
암 4:3	**성** 무너진 데를 통하여 각기 앞으로

성경에 나오는 '성 1'

다윗 성 – 삼하 5:7, 9; 6:10, 12, 16; 왕상 2:10; 3:1; 8:1; 9:24; 14:31; 15:8; 22:50; 왕하 8:24; 9:28; 12:21; 14:20; 15:7, 38; 16:20; 대상 11:5, 7; 13:13; 15:1, 29; 대하 5:2; 8:11; 9:31; 12:16; 14:1; 16:14; 21:1; 24:16, 25; 27:9; 32:5, 30; 33:14; 느 3:15; 12:37; 사 22:9

랍바 성 – 암 1:14

마병의 성 – 왕상 9:19; 대하 8:6

바벨론 성 – 슥 2:7

성 벧호론 – 대상 7:24

수산 성 – 에 3:15; 8:15; 단 8:2

스발와임 성 – 왕하 19:13; 사 37:13

시온 성 – 사 33:20

여호와의 성 – 시 48:8; 101:8

예루살렘 성 – 왕상 9:15; 11:32, 39; 14:21; 대하 28:27; 32:18; 느 1:3; 2:17; 4:7; 11:1; 13:20; 시 51:18; 단 9:16

하나님의 성 – 시 46:4; 48:1, 8; 87:3; 계 3:12

【 성 1 】 　　　　　　　　　　　　　　　　　　　　　　　　【 성가시다 】

미 5:11	네 모든 견고한 **성**을 무너뜨릴 것이며	행 15:36	말씀을 전한 각 **성**으로 다시 가서 형제
나 2:5	엎드러질 듯이 달려와 급히 **성**에 이르러	행 16:4	여러 **성**으로 다녀 갈 때에 예루살렘에
나 3:1	있을진저 피의 **성**이여 그 안에는 거짓이	행 16:12	**성**이요 또 로마의 식민지라 이 **성**에서
합 1:10	견고한 **성** 들을 비웃고 흉벽을 쌓아	고후 11:32	나를 잡으려고 다메섹 **성**을 지켰으나
합 2:12	성읍을 건설하며 불의로 **성**을 건축하는	딛 1:5	명한 대로 각 **성**에 장로들을 세우게
습 2:15	기쁜 **성**이라 염려 없이 거주하며 마음	히 11:10	지으실 터가 있는 **성**을 바랐음이라
슥 14:10	문 자리와 **성** 모퉁이 문까지 또 하나넬	히 11:16	그들을 위하여 한 **성**을 예비하셨느니라
마 4:5	마귀가 예수를 거룩한 **성**으로 데려다가	히 11:30	칠 일 동안 여리고 를 도니 **성**이
마 5:35	하지 말라 이는 큰 임금의 **성**임이요	벧후 2:6	소돔과 고모라 **성**을 멸망하기로 정하여
마 10:11	어떤 **성**이나 마을에 들어가든지 그 중에	계 11:2	거룩한 **성**을 마흔두 달 동안 짓밟으리라
마 10:14	집이나 **성**에서 나가 너희 발의 먼지를	계 11:8	시체가 큰 **성** 길에 있으리니 그 **성**은
마 10:15	소돔과 고모라 땅이 그 **성**보다 견디기	계 11:13	지진이 나서 **성** 십분의 일이 무너지고
마 11:23	소돔에서 행하였더라면 그 **성**이 오늘까	계 14:8	무너졌도다 큰 **성** 바벨론이여 모든
마 21:10	예루살렘에 들어가시니 온 **성**이	계 16:19	큰 **성**이 세 갈래로 갈라지고 만국의 **성**
마 21:17	**성** 밖으로 베다니에 가서 거기서 유하시		들도 무너지니 큰 **성** 바벨론이 하나님
마 21:18	**성**으로 들어오실 때에 시장하신지라	계 17:18	여자는 땅의 왕들을 다스리는 큰 **성**이라
마 27:53	**성**에 들어가 많은 사람에게 보이니라	계 18:2	큰 **성** 바벨론이여 귀신의 처소와 각종
마 28:11	여자들이 갈 때 경비병 중 몇이 **성**에		
막 11:19	날이 저물매 그들이 **성** 밖으로 나가더라	✝ **성 1 – 기타 본문**	
막 14:13	**성** 내로 들어가라 그리하면 물 한 동이		
막 14:16	제자들이 나가 **성** 내로 들어가서 예수께	구약 창 19:14, 15, 16, 25, 29; 24:10, 11, 60; 28:19;	
눅 7:11	후에 예수께서 나인이란 **성**으로 가실새	44:13; 수 6:14, 15, 16, 17, 20, 21; 8:2; 10:2, 20 대	
눅 7:12	**성**의 많은 사람도 그와 함께 나오거늘	상 11:7, 8; 20:2; 대하 6:34, 38; 12:13; 17:13;	
눅 8:1	**성**과 마을에 두루 다니시며 하나님의	23:21; 25:23; 26:9; 31:1; 32:3, 18; 33:15; 스 4:12,	
눅 8:34	이루어진 일을 보고 도망하여 **성**과	21; 느 2:5; 3:19, 20, 24, 25, 31, 32; 4:1, 6, 10, 15,	
눅 8:39	행하셨는지를 온 **성** 내에 전파하되	19; 13:21; 에 4:1, 6; 6:9, 11; 9:19; 욥 30:14; 시	
눅 9:5	영접하지 아니하거든 그 **성**에서 날	55:9, 10; 59:6, 14; 132:15; 잠 1:21; 9:3; 10:15;	
눅 13:22	각 **성** 각 마을로 다니사 가르치셔	16:32; 18:11, 19; 18:11; 아 3:2; 5:7; 사 14:4; 22:2;	
눅 19:41	가까이 오사 **성**을 보시고 우시며	23:7, 11, 14; 26:5; 28:1; 33:20; 34:13; 36:1, 11, 12;	
눅 21:21	**성** 내에 있는 자들은 나갈 것이촌에	37:33, 34, 35; 37:33; 44:26; 48:2; 52:1; 54:3; 54:3;	
눅 22:10	이르시되 보라 너희가 **성** 내로 들어가면	66:10; 렘 1:15, 18; 4:5; 5:17; 17:25; 21:4, 6; 25:29;	
눅 24:49	능력으로 입혀질 때까지 이 **성**에 머물라	26:6, 9, 10, 11, 15, 20; 27:17, 19; 31:38; 33:5, 16;	
요 19:20	예수께서 못 박히신 곳이 **성**에서 가까	34:2; 37:8, 10, 21; 38:2, 3, 4, 9; 38:17, 18; 39:2, 9,	
행 4:28	그것을 행하려고 이 **성**에 모였	16; 52:4, 5, 6, 15, 25; 애 2:15; 겔 11:2; 13:5; 21:19,	
행 8:5	사마리아 **성**에 내려가 그리스도백성	20; 22:3, 30; 26:9, 10, 12; 27:11; 33:21; 40:1 신약	
행 8:8	그 **성**에 큰 기쁨이 있더라	행 16:20, 39; 17:5, 16; 18:10; 20:23; 21:30; 22:3;	
행 8:9	**성**에 시몬이라 하는 사람이 전에 있어	26:11; 계 18:10, 16, 18, 19, 21, 24; 20:9; 21:2, 10,	
행 8:40	아소도에 나타나 여러 **성**을 지나며	11, 14, 15, 16, 18, 19, 21, 22, 23; 22:14, 15, 19	
행 10:9	그들이 길을 가다가 그 **성**에 이르		
행 14:6	루가오니아의 두 **성** 루스드라베와	**성 2**(anger)	
행 14:20	바울이 일어나 **성**에 들어	창 30:2	라헬에게 **성**을 내어 이르되 그대를
행 14:21	복음을 그 **성**에서 전하여 많람을		
행 15:21	예로부터 각 **성**에서 모세를 읽는자가	**성가시다**(disquiet)	
		삼상 28:15	**성가시게** 하느냐 하니 사울이 대답하되

【 성결/-하다/-히 】　　　　　　　　　　　　　　　　　　　　　　　　　　　　　　　　【 성경 】

성결/-하다/-히(聖潔, consecrate)

출 19:10	내일 그들을 **성결**하게 하며 그들에게
출 19:14	백성을 **성결**하게 하니 그들이 자기 옷을
출 19:22	몸을 **성결**히 하게 하라 나 여호와가
출 28:36	그 위에 새기되 '여호와께 **성결**'이라
출 30:35	만들고 그것에 소금을 쳐서 **성결**하게
출 39:30	새김같이 그 위에 '여호와께 **성결**'이라
레 16:19	부정에서 제단을 **성결**하게 할 것이요
민 6:11	날에 그의 머리를 **성결**하게 할 것이며
수 3:5	자신을 **성결**하게 하라 여호와께서
삼상 16:5	스스로 **성결**하게 … 아들들을 **성결**하게
삼상 21:5	**성결**하겠거든 … **성결**하지 아니하겠나
대상 15:12	형제는 몸을 **성결**하게 하고 내가 마련한
대상 15:14	궤를 메고 올라가려 하여 몸을 **성결**하게
대상 23:13	구별되어 몸을 **성결**하게 하여 영원토록
대하 29:5	너희는 **성결**하게 하고 … **성결**하게 하여
대하 29:15	그들이 그들의 형제들을 모아 **성결**하게
대하 29:17	초하루에 **성결**하게 … **성결**하게 하여
대하 29:19	그릇들도 우리가 정돈하고 **성결**하게
대하 29:34	**성결**하게 하기까지 … **성결**하게 함이
대하 30:3	**성결**하게 한 제사장들이 부족하고 백성
대하 30:15	사람이 부끄러워하여 **성결**하게 하고
대하 30:17	자신들을 **성결**하게 … **성결**하게 하였으
대하 30:24	회중에게 주었으며 자신들을 **성결**하게
대하 31:18	회중은 **성결**하고 충실히 그 직분을
대하 35:6	스스로 **성결**하게 하고 유월절 어린 양을
욥 1:5	욥이 그들을 불러다가 **성결**하게 하되
슥 14:20	방울에까지 여호와께 **성결**이라 기록될
말 2:11	사랑하시는 그 **성결**을 욕되게 하여 이방
눅 1:75	종신토록 주의 앞에서 **성결**과 의로
요 11:55	사람이 자기를 **성결**하게 하기 위하여
롬 1:4	**성결**의 영으로는 죽은 자들 가운데서
약 3:17	위로부터 난 지혜는 첫째 **성결**하고
약 4:8	두 마음을 품은 자들아 마음을 **성결**하게

성경(聖經, Scripture)

마 21:42	너희가 **성경**에 건축자들이 버린 돌이 모퉁이의
마 22:29	이르시되 너희가 **성경**도, 하나님의 능력도
마 26:54	**성경**이 어떻게 이루어지겠느냐 하시더
막 12:10	너희가 **성경**에 건축자들이 버린 돌이
막 12:24	예수께서 이르시되 너희가 **성경**도
막 14:49	아니하였도다 그러나 이는 **성경**을
눅 4:16	회당에 들어가사 **성경**을 읽으려고
눅 24:27	모든 **성경**에 쓴 바 자기에 관한 것을
눅 24:32	우리에게 **성경**을 풀어 주실 때에 우리
눅 24:45	이에 그들의 마음을 열어 **성경**을 깨닫게
요 2:17	제자들이 **성경** 말씀에 주의 전을 사모
요 2:22	말씀하신 것을 기억하고 **성경**과 예수
요 5:39	**성경**에서 … 연구하거니와 이 **성경**이
요 7:38	믿는 자는 **성경**에 이름과 같이 그
요 7:42	**성경**에 이르기를 그리스도는 다윗의
요 10:35	**성경**은 폐하지 못하나니 하나님의 말씀
요 13:18	내게 발꿈치를 들었다 한 **성경**을 응하게
요 17:12	멸망의 자식뿐이오니 이는 **성경**을
요 19:24	제비 뽑자 하니 이는 **성경**에 그들이 내
요 19:28	이루어진 줄 아시고 **성경**을 응하게
요 19:36	하나도 꺾이지 아니하리라 한 **성경**을
요 19:37	**성경**에 그들이 그 찌른 자를 보리라
요 20:9	**성경**에 그가 죽은 자 가운데서 다시
행 1:16	미리 말씀하신 **성경**이 응하였으니
행 8:32	읽는 **성경** 구절은 이것이니 일렀으되
행 13:29	**성경**에 그를 가리켜 기록한 말씀을 다
행 17:2	세 안식일에 **성경**을 가지고 강론하며
행 17:11	그러한가 하여 날마다 **성경**을 상고하므
행 18:24	사람은 언변이 좋고 **성경**에 능통한 자라
행 18:28	**성경**으로써 예수는 그리스도라고 증언
롬 :2	아들에 관하여 **성경**에 미리 약속하신
롬 :3	**성경**이 무엇을 말하느냐 아브라함이
롬 :17	**성경**이 바로에게 이르시되 내가 이 일을
롬 :11	**성경**에 이르되 누구든지 그를 믿는 자는
롬 :2	너희가 **성경**이 엘리야를 가리켜 말한
롬 :4	또는 **성경**의 위로로 소망을 가지게
고전 15:3	**성경**대로 그리스도께서 우리 죄를
고전 15:4	지낸 바 되셨다가 **성경**대로 사흘 만에
갈	**성경**이 미리 알고 먼저 아브라함에게
갈	**성경**이 모든 것을 죄 아래에 가두었으니
갈	**성경**이 무엇을 말하느냐 여종과 그 아들
딤 :18	**성경**에 일렀으되 곡식을 밟아 떠는 소에
딤 :15	어려서부터 **성경**을 알았나니 **성경**은
딤 :16	**성경**은 하나님의 감동으로 된 것이요
히	**성경**에 일렀으되 오늘 너희가 그의 음성
약	**성경**에 기록된 대로 네 이웃 사랑하기를
약	**성경**에 이른 바 아브라함이 하나님을
벧	**성경**에 기록되었으되 보라 내가 택한

[성공하다] [성도]

벧후 1:20 알 것은 **성경**의 모든 예언은 사사로이
벧후 3:16 다른 **성경**과 같이 그것도 억지로 풀다가

성공하다(成功, success)
욥 5:12 그들의 손이 **성공하지** 못하게 하시며
전 10:10 더 드느니라 오직 지혜는 **성공하기**에

성곽(城郭, wall, tower)
신 1:28 성읍들은 크고 **성곽**은 하늘에 닿았으며
대하 14:7 **성곽**과 망대와 문과 빗장을 만들자
대하 26:15 망대와 **성곽** 위에 두어 화살과 큰 돌을
스 4:12 기초를 수축하고 **성곽**을 건축하오니
스 4:13 성읍을 건축하고 그 **성곽**을 완공하면
스 4:16 **성곽**이 준공되면 이로 말미암아 왕은
스 5:3 건축하고 이 **성곽**을 마치게 하였느냐
스 5:9 성전을 건축하고 이 **성곽**을 마치라고
느 2:8 영문의 문과 **성곽**과 내가 들어갈 집을
애 2:8 성벽과 **성곽**으로 통곡하게 하셨으매
겔 26:10 말미암아 네 **성곽**이 진동할 것이며
슥 2:4 사람과 가축이 많으므로 **성곽** 없는 성읍
슥 2:5 말씀에 내가 불로 둘러싼 **성곽**이
계 21:12 높은 **성곽**이 있고 열두 문이 있는데
계 21:14 성의 **성곽**에는 열두 기초석이 있고 그
계 21:15 그 문들과 **성곽**을 측량하려고 금 갈대
계 21:17 **성곽**을 측량하매 백사십사 규빗이니
계 21:18 **성곽**은 벽옥으로 쌓였고 그 성은 정금
계 21:19 성의 **성곽**의 기초석은 각색 보석으로

성굽이(城, angle of the wall)
대하 26:9 문과 **성굽이**에 망대를 세워 견고하게

성급하다(性急, angry, impetuous)
미 2:7 여호와의 영이 **성급하시다** 하겠느냐
합 1:6 보라 내가 사납고 **성급한** 백성 곧 땅이

성나다(roar)
눅 21:25 바다와 파도의 **성난** 소리로 인하여

성내다(anger)

욥 39:24 땅을 삼킬 듯이 맹렬히 **성내며** 나팔 소리
잠 21:19 다투며 **성내는** 여인과 함께 사는 것보다

잠 29:22 노하는 자는 다툼을 일으키고 **성내는**
단 8:7 나아가서는 더욱 **성내어** 그 숫양을
욘 4:1 요나가 매우 싫어하고 **성내며**
욘 4:4 여호와께서 이르시되 네가 **성내는** 것이
욘 4:9 박넝쿨로 말미암아 **성내는** 것이 어찌
합 3:8 바다를 향하여 **성내심이니이까**
고전 13:5 자기의 유익을 구하지 아니하며 **성내지**
약 1:19 하고 말하기는 더디 하며 **성내기도** 더디
약 1:20 사람이 **성내는** 것이 하나님의 의를

성도(聖徒, holy ones)
〔구약〕
신 33:2 산에서 비추시고 일만 **성도** 가운데에
신 33:3 백성을 사랑하시나니 모든 **성도**가 그의
대하 6:41 **성도**들에게 은혜를 기뻐하게 하옵소서
시 16:3 땅에 있는 **성도**들은 존귀한 자들이니
시 30:4 **성도**들아 여호와를 찬송하며 그의
시 31:23 **성도**들아 여호와를 사랑하라 여호와께서
시 34:9 **성도**들아 여호와를 경외하라 그를 경외
시 37:28 정의를 사랑하시고 그의 **성도**를 버리지
시 50:5 나의 **성도**들을 내 앞에 모으라 그들은
시 52:9 **성도** 앞에서 내가 주의 이름을 사모하리
시 79:2 주의 **성도**들의 육체를 땅의 짐승에게
시 85:8 **성도**들에게 화평을 말씀하실 것이라
시 89:19 환상 중에 주의 **성도**들에게 말씀하여
시 97:10 그의 **성도**의 영혼을 보전하사 악인의
시 132:9 제사장들은 의를 옷 입고 주의 **성도**들은
시 132:16 그 **성도**들은 즐거이 외치리로다
시 145:10 주의 **성도**들이 주를 송축하리이다
시 148:14 그는 모든 **성도** 곧 그를 가까이 하는
시 149:1 노래하며 **성도**의 모임 가운데에서
시 149:9 이런 영광은 그의 모든 **성도**에게 있도다
잠 2:8 길을 보호하시며 그의 **성도**들의 길을
단 7:18 높으신 이의 **성도**들이 나라를 얻으리니
단 7:21 내가 본즉 이 뿔이 **성도**들과 더불어
단 7:22 **성도**들을 위하여 원한을 풀어 주셨고
때가 이르매 **성도**들이 나라를 얻었더라
단 7:25 **성도**를 … 고치고자 할 것이며 **성도**들은
단 12:7 두 때 반 때를 지나서 **성도**의 권세가
〔신약〕
마 27:52 무덤들이 열리며 자던 **성도**의 몸이 많이
행 9:13 예루살렘에서 주의 **성도**에게 적지 않은
행 9:32 다니다가 룻다에 사는 **성도**들에게도

【 성도 】   【 성령 】

행 9:41	베드로가 손을 내밀어 일으키고 **성도**들	히 13:24	인도하는 자들과 및 모든 **성도**들에게
행 26:10	권한을 받아 가지고 많은 **성도**를 옥에	유 1:3	간절하던 차에 **성도**에게 단번에 주신
롬 1:7	하나님의 사랑하심을 받고 **성도**로	계 5:8	가졌으니 이 향은 **성도**의 기도들이라
롬 8:27	성령이 하나님의 뜻대로 **성도**를 위하여	계 8:3	모든 **성도**의 기도와 합하여 보좌 앞 금
롬 12:13	**성도**들의 쓸 것을 공급하며 손 대접하기	계 8:4	**성도**의 기도와 함께 천사의 손으로부터
롬 15:25	내가 **성도**를 섬기는 일로 예루살렘에	계 11:18	**성도**들과 또 작은 자든지 큰 자든지
롬 15:26	사람들이 예루살렘 **성도** 중 가난한	계 13:7	권세를 받아 **성도**들과 싸워 이기게 되고
롬 15:31	내가 섬기는 일을 **성도**들이 받을 만하게	계 13:10	죽을 것이니 **성도**들의 인내와 믿음이
롬 16:2	너희는 주 안에서 **성도**들의 합당한 예절	계 14:12	**성도**들의 인내가 여기 있나니 그들은
롬 16:15	함께 있는 모든 **성도**에게 문안하라	계 16:6	**성도**들과 선지자들의 피를 흘렸으므로
고전 1:2	안에서 거룩하여지고 **성도**라 부르심을	계 17:6	**성도**들의 피와 예수의 증인들의 피에
고전 6:1	자들 앞에서 고발하고 **성도** 앞에서	계 18:20	하늘과 **성도**들과 사도들과 선지자들아
고전 6:2	**성도**가 세상을 판단할 것을 너희가 알지	계 18:24	선지자들과 **성도**들과 및 땅 위에서 죽임
고전 14:33	하나님이시니라 모든 **성도**가 교회에서	계 19:8	세마포 옷은 **성도**들의 옳은 행실이로다
고전 16:1	**성도**를 위하는 연보에 관하여는 내가	계 20:9	널리 퍼져 **성도**들의 진과 사랑하시는
고전 16:15	아가야의 첫 열매요 또 **성도** 섬기기로		
고후 1:1	또 온 아가야에 있는 모든 **성도**에게	**성령**(聖靈, spirit, Holy Spirit)	
고후 8:4	은혜와 **성도** 섬기는 일에 참여함을		
고후 9:1	**성도**를 섬기는 일에 대하여는 내가	왕하 2:9	당신의 **성령**이 하시는 역사가 갑절이나
고후 9:12	**성도**들의 부족한 것을 보충할 뿐 아니라		
고후 13:12	모든 **성도**가 너희에게 문안하느니라	왕하 2:15	엘리야의 **성령**이 하시는 역사가 엘리사
엡 1:1	에베소에 있는 **성도**들과 그리스도 예수	왕하 2:16	여호와의 **성령**이 그를 들고 가다가 어느
엡 1:15	너희 믿음과 모든 **성도**를 향한 사랑을	대상 12:18	**성령**이 삼십 명의 우두머리 아마새를
엡 1:18	부르심의 소망이 무엇이며 **성도** 안에서	시 51:11	앞에서 쫓아내지 마시며 주의 **성령**을
엡 2:19	**성도**들과 동일한 시민이요 하나님의	사 63:11	그들 가운데 **성령**을 두신 이가 이제
엡 3:8	모든 **성도** 중에 지극히 작은 자보다 더	**복음서, 역사서**	
엡 3:18	**성도**와 함께 지식에 넘치는 그리스도의	마 1:18	약혼하고 동거하기 전에 **성령**으로
엡 4:12	**성도**를 온전하게 하여 봉사의 일을 하게	마 1:20	그에게 잉태된 자는 **성령**으로 된 것이라
엡 5:3	이름조차도 부르지 말라 이는 **성도**에게	마 3:11	**성령**과 불로 너희에게 세례를 베푸실
엡 6:18	구하기를 항상 힘쓰며 여러 **성도**를	마 3:16	열리고 하나님의 **성령**이 비둘기같이
빌 1:1	예수 안에서 빌립보에 사는 모든 **성도**와	마 4:1	예수께서 **성령**에게 이끌리어 마귀에게
빌 4:21	예수 안에 있는 **성도**에게 각각 문안하라	마 10:20	이 곧 너희 아버지의 **성령**이시니라
빌 4:22	**성도**들이 너희에게 문안하되 특히	막 1:10	하늘이 갈라짐과 **성령**이 비둘기같이
골 1:2	골로새에 있는 **성도**들 곧 그리스도	막 1:12	**성령**이 곧 예수를 광야로 몰아내신지라
골 1:4	예수 안에 너희의 믿음과 모든 **성도**에	막 13:11	이는 너희가 아니요 **성령**이시니라
골 1:12	하여금 빛 가운데서 **성도**의 기업에	눅 1:35	천사가 대답하여 이르되 **성령**이 네게
골 1:26	감추어졌던 것인데 이제는 그의 **성도**들	눅 2:25	위로를 기다리는 자라 **성령**이
살전 3:13	모든 **성도**와 함께 강림하실 때에 하나님	눅 2:26	죽지 아니하리라 하는 **성령**의 지시를
살후 1:10	그의 **성도**들에게서 영광을 받으시고	눅 3:16	**성령**과 불로 너희에게 세례를 베푸실
딤전 5:10	나그네를 대접하며 혹은 **성도**의 발을	눅 3:22	**성령**이 비둘기 같은 형체로 그의 위에
몬 1:5	**성도**에 대한 네 사랑과 믿음이 있음을	눅 4:1	사십 일 동안 **성령**에게 이끌리시며
몬 1:7	**성도**들의 마음이 너로 말미암아 평안함	눅 4:14	예수께서 **성령**의 능력으로 갈릴리에
히 6:10	이미 **성도**를 섬긴 것과 이제도 섬기고		

1352

【 성령 】

눅 4:18	**성령**이 내게 임하셨으니 이는 가난한
눅 10:21	예수께서 **성령**으로 기뻐하시며 이르시
눅 11:13	아버지께서 구하는 자에게 **성령**을
눅 12:12	할 말을 **성령**이 곧 그 때에 너희에게
요 1:32	또 증언하여 이르되 내가 보매 **성령**이
요 1:33	**성령**이 내려서 … 그가 곧 **성령**으로
요 3:5	사람이 물과 **성령**으로 나지 아니하면
요 3:8	**성령**으로 난 사람도 다 그러하니라
요 3:34	하나님이 **성령**을 한량 없이 주심이니라
요 7:39	믿는 자들이 받을 **성령**을 가리켜 말씀
	하신 것이라 … **성령**이 아직 그들에게
요 14:26	이름으로 보내실 **성령** 그가 너희에게
요 15:26	**성령**이 오실 때에 그가 나를 증언하실
요 16:13	진리의 **성령**이 오시면 그가 너희를 모든
요 20:22	숨을 내쉬며 이르시되 **성령**을 받으라
행 1:2	택하신 사도들에게 **성령**으로 명하시고
행 1:8	오직 **성령**이 너희에게 임하시면 너희가
행 1:16	형제들아 **성령**이 다윗의 입을 통하여
행 2:4	**성령**의 충만함을 받고 **성령**이 말하게
행 2:33	약속하신 **성령**을 아버지께 받아서 너희
행 2:38	사함을 받으라 그리하면 **성령**의 선물을
행 4:25	입을 통하여 **성령**으로 말씀하시기를
행 5:32	사람들에게 주신 **성령**도 그러하니라
행 6:3	형제들아 너희 가운데서 **성령**과 지혜가
행 6:10	스데반이 지혜와 **성령**으로 말함을
행 8:15	내려가서 그들을 위하여 **성령** 받기를
행 8:16	한 사람에게도 **성령** 내리신 일이 없고
행 8:17	그들에게 안수하매 **성령**을 받는지라
행 8:18	사도들의 안수로 **성령** 받는 것을 보고
행 8:19	안수하는 사람은 **성령**을 받게 하여
행 8:29	**성령**이 빌립더러 이르시되 이 수레로
행 9:31	주를 경외함과 **성령**의 위로로 진행하여
행 10:19	**성령**께서 그에게 말씀하시되 두 사람이
행 10:38	하나님이 나사렛 예수에게 **성령**과 능력
행 10:44	베드로가 이 말을 할 때에 **성령**이 말씀
행 10:45	이방인들에게도 **성령** 부어 주심으로
행 10:47	사람들이 우리와 같이 **성령**을 받았으니
행 11:12	**성령**이 내게 명하사 아무 의심 말고
행 11:15	내가 말을 시작할 때에 **성령**이 그들에게
행 11:24	바나바는 착한 사람이요 **성령**과 믿음이
행 11:28	사람이 일어나 **성령**으로 말하되 천하에
행 13:2	주를 섬겨 금식할 때에 **성령**이 이르되
행 13:4	사람의 **성령**의 보내심을 받아 실루기아

【 성령 】

행 15:8	우리에게와 같이 그들에게도 **성령**을
행 15:28	**성령**과 우리는 이 요긴한 것들 외에는
행 16:6	**성령**이 아시아에서 말씀을 전하지
행 19:2	믿을 때에 **성령**을 … 우리는 **성령**이 계심
행 19:6	그들에게 안수하매 **성령**이 그들에게
행 20:22	이제 나는 **성령**에 매여 예루살렘으로
행 20:23	오직 **성령**이 각 성에서 내게 증언하여
행 20:28	양 떼를 위하여 삼가라 **성령**이 그들
행 21:11	잡아매고 말하기를 **성령**이 말씀하시되
행 28:25	바울이 한 말로 이르되 **성령**이 선지자

서신서, 예언서

롬 5:5	우리에게 주신 **성령**으로 말미암아
롬 8:2	예수 안에 있는 생명의 **성령**의 법이
롬 8:16	**성령**이 친히 우리의 영과 더불어 우리가
롬 8:23	**성령**의 처음 익은 열매를 받은 우리까지
롬 8:26	**성령**도 우리의 … **성령**이 말할 수 없는
롬 8:27	이는 **성령**이 하나님의 뜻대로 성도를
롬 9:1-2	고통이 있는 것을 내 양심이 **성령**
롬 14:17	오직 **성령** 안에 있는 의와 평강과 희락
롬 15:16	드리는 것이 **성령** 안에서 거룩하게
고전 2:4	다만 **성령**의 나타나심과 능력으로
고전 2:10	하나님이 **성령**으로 … **성령**은 모든 것
고전 2:13	오직 **성령**께서 가르치신 것으로 하니
고전 2:14	속한 사람은 하나님의 **성령**의 일들을
고전 3:16	하나님의 **성령**이 너희 안에 계시는 것을
고전 6:11	하나님의 **성령** 안에서 씻음과 거룩함과
고전 12:3	**성령**으로 아니하고는 누구든지 예수를
고전 12:4	은사는 여러 가지나 **성령**은 같고
고전 12:7	사람에게 **성령**을 나타내심은 유익하게
고전 12:8	**성령**으로 말미암아 … **성령**을 따라
고전 12:9	**성령**으로 … 사람에게는 한 **성령**으로
고전 12:11	모든 일은 같은 한 **성령**이 행하사 그의
고전 12:13	한 **성령**으로 세례를 받아 한 몸이 되었
	고 또 다 한 **성령**을 마시게 하셨느니라
고후 1:22	인치시고 보증으로 우리 마음에 **성령**을
고후 5:5	**성령**을 우리에게 주신 이는 하나님이시
고후 6:6	오래 참음과 자비함과 **성령**의 감화와
고후 12:18	동일한 **성령**으로 행하지 아니하더냐
갈 3:2	**성령**을 받은 것이 율법의 행위로냐
갈 3:3	어리석으냐 **성령**으로 시작하였다가
갈 3:5	너희에게 **성령**을 주시고 너희 가운데서
갈 4:29	따라 난 자가 **성령**을 따라 난 자를
갈 5:5	우리가 **성령**으로 믿음을 따라 의의 소망

1353

【 성령 】　　　　　　　　　　　　　　　　　　　　　　　　　　　　　　　【 성루 2 】

갈 5:16　이르노니 너희는 **성령**을 따라 행하라
갈 5:17　소욕은 **성령**을 거스르고 **성령**은 육체를
갈 5:18　너희가 만일 **성령**의 인도하시는 바가
갈 5:25　우리가 **성령**으로 살면 또한 **성령**로
갈 6:8　　**성령**을 위하여 심는 자는 **성령**으로부터
엡 1:13　또한 믿어 약속의 **성령**으로 인치심을
엡 2:18　말미암아 우리 둘이 한 **성령** 안에서
엡 2:22　너희도 **성령** 안에서 하나님이 거하실
엡 3:5　　선지자들에게 **성령**으로 나타내신
엡 3:16　영광의 풍성함을 따라 그의 **성령**으로
엡 4:3　　평안의 매는 줄로 **성령**이 하나 되게
엡 4:4　　하나요 **성령**도 한 분이시니 이와 같이
엡 6:18　기도와 간구를 하되 항상 **성령** 안에서
빌 1:19　그리스도의 **성령**의 도우심으로 나를
빌 2:1　　위로나 **성령**의 무슨 교제나 긍휼이나
빌 3:3　　하나님의 **성령**으로 봉사하며 그리스도
골 1:8　　**성령** 안에서 너희 사랑을 우리에게 알린
살전 1:5　능력과 **성령**과 큰 확신으로 된 것임이라
살전 1:6　많은 환난 가운데서 **성령**의 기쁨으로
살전 4:8　**성령**을 주신 하나님을 저버림이니라
살전 5:19　**성령**을 소멸하지 말며
살후 2:13　너희를 택하사 **성령**의 거룩하게 하심과
딤전 4:1　**성령**이 밝히 말씀하시기를 후일에 어떤
딤후 1:14　우리 안에 거하시는 **성령**으로 말미암아
딛 3:5　　중생의 씻음과 **성령**의 새롭게 하심으로
딛 3:6　　말미암아 우리에게 그 **성령**을 풍성히
히 2:4　　뜻을 따라 **성령**이 나누어 주신 것으로써
히 3:7　　**성령**이 이르신 바와 같이 오늘 너희가
히 6:4　　빛을 받고 하늘의 은사를 맛보고 **성령**에
히 9:8　　**성령**이 이로써 보이신 것은 첫 장막이
히 9:14　하물며 영원하신 **성령**으로 말미암아
히 10:15　또한 **성령**이 우리에게 증언하시되
히 10:29　은혜의 **성령**을 욕되게 하는 자가 당연히
약 4:5　　거하게 하신 **성령**이 시기하기까지
벧전 1:2　아버지의 미리 아심을 따라 **성령**이
벧전 1:12　하늘로부터 보내신 **성령**을 힘입어 복음
요일 3:24　우리에게 주신 **성령**으로 말미암아 그가
요일 4:13　그의 **성령**을 우리에게 주시므로 우리가
요일 5:6　증언하는 이는 **성령**이시니 **성령**은 진리
요일 5:8　**성령**과 물과 피라 또한 이 셋은 합하여
유 1:19　일으키는 자며 육에 속한 자며 **성령**이
유 1:20　믿음 위에 자신을 세우며 **성령**으로 기도
계 2:7　　귀 있는 자는 **성령**이 교회들에게 하시는
계 2:11　귀 있는 자는 **성령**이 교회들에게 하시는
계 2:17　귀 있는 자는 **성령**이 교회들에게 하시는
계 2:29　귀 있는 자는 **성령**이 교회들에게 하시는
계 3:6　　귀 있는 자는 **성령**이 교회들에게 하시는
계 3:13　귀 있는 자는 **성령**이 교회들에게 하시는
계 3:22　귀 있는 자는 **성령**이 교회들에게 하시는
계 14:13　**성령**이 이르시되 그러하다 그들이 수고
계 17:3　**성령**으로 나를 데리고 광야로 가니라
계 21:10　**성령**으로 나를 데리고 크고 높은 산으로
계 22:17　**성령**과 신부가 말씀하시기를 오라

'성령'과 관련된 성구

성령에 감동되다 – 마 22:43; 막 12:36;
　눅 2:27; 행 21:4; 벧후 1:21; 계
　1:10; 4:2
성령을 거스르다 – 행 7:51; 갈 5:17
성령을 거역하다 – 마 12:32
성령을 근심하게 하다 – 사 63:10; 엡 4:30
성령을 모독하다 – 마 12:31; 막 3:29; 눅
　12:10
성령을 속이다 – 행 5:3
성령을 힘입다 – 마 12:28
성령의 검 – 엡 6:17
성령의 교통 – 고후 13:13
성령의 능력 – 롬 15:13; 15:19
성령의 사랑 – 롬 15:30
성령의 생각 – 롬 8:27
성령의 열매 – 갈 5:22
성령의 약속 – 갈 3:14
성령의 이름으로 세례를 받다/주다 – 마
　28:19; 막 1:8; 행 1:5; 11:16
성령의 전 – 고전 6:19
성령이 충만하다 – 눅 1:15, 41, 67; 4:1;
　행 2:4; 4:8, 31; 6:5; 7:55; 9:17;
　13:9, 52; 엡 5:18

성루 1(城樓, Inspection Gate)
느 3:31　상인들의 집에서부터 성 모퉁이 **성루**에
느 3:32　성 모퉁이 **성루**에서 양문까지는 금장색

성루 2(城壘, defense, rampart)
나 3:8　　물이 둘렸으니 바다가 **성루**가 되었고
합 2:1　　내 파수하는 곳에 서며 **성루**에 서리라

1354

성립하다/성립되다 (成立, succeed)

잠 15:22 지략이 많으면 경영이 **성립**하느니라
벧후 3:5 물로 **성립**된 것도 하나님의 말씀으로

성막 (聖幕, tabernacle)

모세오경

출 26:1	**성막**을 만들되 가늘게 꼰 베 실과 청색
출 26:6	갈고리로 휘장을 연결하게 한 **성막**을
출 26:7	**성막**을 덮는 막 곧 휘장을 염소털로
출 26:9	폭 절반은 **성막** 전면에 접어 드리우고
출 26:12	휘장의 그 나머지 반 폭은 **성막** 뒤에
출 26:13	**성막** 좌우 양쪽에 덮어 늘어뜨리고
출 26:15	조각목으로 **성막**을 위하여 널판을
출 26:17	서로 연결하게 하되 너는 **성막** 널판을
출 26:18	**성막**을 위하여 널판을 만들되 남쪽을
출 26:20	**성막** 다른 쪽 곧 그 북쪽을 위하여도
출 26:22	**성막** 뒤 곧 그 서쪽을 위하여는 널판
출 26:23	**성막** 뒤 두 모퉁이 쪽을 위하여는 널판
출 26:26	조각목으로 띠를 만들지니 **성막** 이쪽
출 26:27	**성막** 저쪽 널판을 위하여 다섯 개요 **성막** 뒤 곧 서쪽 널판을 위하여 다섯
출 26:30	보인 양식대로 **성막**을 세울지니라
출 26:36	베 실로 수 놓아 짜서 **성막** 문을 위하여
출 27:9	**성막**의 뜰을 만들지니 남쪽을 향하여
출 27:19	**성막**에서 쓰는 모든 기구와 그 말뚝과
출 35:11	**성막**과 천막과 그 덮개와 그 갈고리와
출 35:15	관유와 분향할 향품과 **성막** 문의 휘장과
출 36:8	휘장으로 **성막**을 지었으니 곧 가늘게
출 36:14	**성막**을 덮는 막 곧 휘장을 염소 털로
출 36:20	조각목으로 **성막**에 세울 널판들을
출 36:22	있어 서로 연결하게 하였으니 **성막**
출 36:23	**성막**을 위하여 널판을 만들었으되
출 36:25	**성막** 다른 쪽 곧 북쪽을 위하여도 널판
출 36:31	띠를 만들었으니 곧 **성막** 이쪽 널판을
출 36:32	**성막** 저쪽 널판을 위하여 다섯 개요 **성막** 뒤 곧 서쪽 널판을 위하여 다섯 개며
출 38:20	**성막** 말뚝과 뜰 주위의 말뚝은 모두
출 38:21	**성막** 곧 증거막을 위하여 레위 사람이
출 38:31	**성막**의 모든 말뚝과 뜰 주위의 모든
출 39:32	이스라엘 자손이 이와 같이 **성막** 곧
출 39:33	그들이 **성막**을 모세에게로 가져왔으니
출 39:40	줄들과 그 말뚝들과 **성막** 곧 회막에서
출 40:2	달 초하루에 **성막** 곧 회막을 세우고
출 40:5	향단을 증거궤 앞에 두고 **성막** 문에
출 40:6	또 번제단을 회막의 **성막** 문 앞에 놓고
출 40:9	관유를 가져다가 **성막**과 그 안에 있는
출 40:17	해 첫째 달 곧 그 달 초하루에 **성막**을
출 40:18	모세가 **성막**을 세우되 그 받침들을 놓고
출 40:19	**성막** 위에 막을 펴고 그 위에 덮개를
출 40:21	궤를 **성막**에 들여놓고 가리개 휘장을
출 40:22	회막 안 곧 **성막** 북쪽으로 휘장 밖에
출 40:24	또 회막 안 곧 **성막** 남쪽에 등잔대를
출 40:28	그는 또 **성막** 문에 휘장을 달고
출 40:29	회막의 **성막** 문 앞에 번제단을 두고
출 40:33	**성막**과 제단 주위 뜰에 포장을 치고
출 40:34	여호와의 영광이 **성막**에 충만하매
출 40:35	여호와의 영광이 **성막**에 충만함이었으
출 40:36	**성막** 위에서 떠오를 때에는 이스라엘
출 40:38	낮에는 여호와의 구름이 **성막** 위에 있고
레 8:10	모세가 관유를 가져다가 **성막**과 그 안에
레 15:31	가운데에 있는 내 **성막**을 그들이 더럽히
레 26:11	**성막**을 너희 중에 세우리니 내 마음이
민 1:50	**성막**과 그 모든 … **성막**과 그 모든 기구를 운반하며 거기서 봉사하며 **성막**
민 1:51	**성막**을 운반할 때에는 레위인이 그것을 걷고 **성막**을 세울 때에는 레위인이
민 1:53	레위인은 증거의 **성막** 사방에 진을 … 증거의 **성막**에 대한 책임을 지킬지니라
민 3:8	직무를 위하여 **성막**에서 시무할지니
민 3:23	게르손 종족들은 **성막** 뒤 곧 서쪽에
민 3:25	자손이 회막에서 맡을 일은 **성막**과
민 3:26	뜰의 휘장과 및 **성막**과 제단 사방에
민 3:29	고핫 자손의 종족들은 **성막** 남쪽에
민 3:35	지휘관이 될 것이요 이 종족은 **성막**
민 3:36	므라리 자손이 맡을 것은 **성막**의 널판과
민 3:38	**성막** 앞 동쪽 곧 회막 앞 해 돋는 쪽에는
민 4:25	그들이 **성막**의 휘장들과 회막과 그
민 4:26	뜰의 휘장과 **성막**과 제단 사방에 있는
민 5:17	토기에 거룩한 물을 담고 **성막** 바닥의
민 9:15	**성막**을 세운 날에 구름이 **성막** 곧 증거의 **성막**을 덮었고 저녁이 되면 **성막**

'여호와의 성막'과 관련된 성구

레 17:4; 민 16:9; 17:13; 19:13; 31:30; 22:19; 22:29; 대상 16:39; 21:29

【 성문 】 　　　　　　　　　　　【 성문 】

민 9:17	**성막**에서 떠오르는 때에는 이스라엘
민 9:18	진을 쳤으며 구름이 **성막** 위에 머무는
민 9:19	**성막** 위에 머무는 날이 오랠 때에는
민 9:20	혹시 구름이 **성막** 위에 머무는 날이
민 9:22	**성막** 위에 머물러 있을 동안에는
민 10:11	스무날에 구름이 증거의 **성막**에서
민 10:17	이에 **성막**을 걷으매 게르손 자손과 므라리 자손이 **성막**을 메고 출발하였으며
민 10:21	행진하였고 그들이 이르기 전에 **성막**

역사서, 시가서

삼하 7:6	집에 살지 아니하고 장막과 **성막** 안에서
왕상 1:39	사독이 **성막** 가운데에서 기름 담은
왕상 8:4	회막과 **성막** 안의 모든 거룩한 기구들을
대상 9:19	드는 일을 맡아 **성막** 문들을 지켰으니
대상 9:23	순차를 좇아 여호와의 성전 곧 **성막**
대상 17:5	장막에 있으며 이 **성막**과 저 **성막**에
대상 23:26	사람이 다시는 **성막**과 그 가운데에서
대하 24:6	이스라엘의 회중이 **성막**을 위하여 정한
시 78:60	가운데 세우신 장막 곧 실로의 **성막**을
시 132:5	처소 곧 야곱의 전능자의 **성막**을

성문(城門, gateway of the city)

모세오경, 역사서

창 19:1	소돔 **성문**에 앉아 있다가 그들을 보고 일어나
창 22:17	네 씨가 그 대적의 **성문**을 차지하리라
창 24:60	씨로 그 원수의 **성문**을 얻게 할지어다
창 34:24	**성문**으로 출입하는 모든 자가 하몰과 그의 아들 세겜의 말을 듣고 **성문**으로
신 17:5	**성문**으로 끌어내고 그 남자나 여자를
신 20:11	**성문**을 열거든 그 모든 주민들에게 네게
신 22:15	표를 얻어가지고 **성문** 장로들에게로
신 24:14	**성문** 안에 우거하는 객이든지 그를
신 25:7	아내는 그 **성문**으로 장로들에게로
수 7:5	**성문** 앞에서부터 스바림까지 쫓아가
수 8:29	**성문** 어귀에 던지고 그 위에 돌로 큰
삿 5:11	그 때에 여호와의 백성이 **성문**에
삿 9:40	엎드러진 자가 많아 **성문** 입구까지
삿 9:44	아비멜렉과 그 떼는 돌격하여 **성문** 입구
삿 16:3	밤새도록 **성문**에 매복하고 밤새도록
룻 4:1	**성문**으로 올라가서 거기 앉아 있더니
룻 4:10	**성문**에서 끊어지지 아니하게 함이

룻 4:11	**성문**에 있는 모든 백성과 장로들이
삼상 17:52	에그론 **성문**까지 이르렀고 블레셋
삼하 15:2	압살롬이 일찍이 일어나 **성문** 길 곁에
삼하 18:24	파수꾼이 **성문** 위층에 올라가서 눈을
삼하 23:15	베들레헴 **성문** 곁 우물물을 누가 내게
삼하 23:16	베들레헴 **성문** 곁 우물물을 길어 가지고
왕상 16:34	**성문**을 세울 때에 막내아들 스굽을
왕하 7:1	사마리아 **성문**에서 고운 밀가루 한 스아
왕하 7:17	백성이 **성문**에서 그를 밟으매 하나님
왕하 7:18	내일 이맘때에 사마리아 **성문**에서 보리
왕하 7:20	이루어졌으니 곧 백성이 **성문**에서
왕하 23:8	**성문**의 산당들을 헐어 버렸으니 이 산당들은 그 … **성문** 왼쪽에 있었더라
대상 11:17	베들레헴 **성문** 곁 우물물을 누가 내게
대상 11:18	베들레헴 **성문** 곁 우물물을 길어 가지고
대상 19:9	암몬 자손은 나가서 **성문** 앞에 진을
대하 18:9	사마리아 **성문** 어귀 광장에서 각기
대하 32:6	**성문** 광장에서 자기 앞에 무리를 모으고
느 6:1	아직 **성문**에 문짝을 달지 못한 때였더라
느 12:30	정결하게 하고 또 백성과 **성문**과 성벽을
느 13:19	**성문**이 어두워갈 때에 내가 **성문**을 닫고 … 나를 따르는 종자 몇을 **성문**마다

시가서, 선지서

욥 5:4	자식들은 구원에서 멀고 **성문**에서
욥 31:21	나를 도와주는 자가 **성문**에 있음을
시 127:5	**성문**에서 그들의 원수와 담판할 때에
잠 8:3	**성문** 곁과 문어귀와 여러 출입하는
잠 22:22	탈취하지 말며 곤고한 자를 **성문**에서
잠 24:7	미치지 못할 것이므로 그는 **성문**에서
잠 31:31	행한 일로 말미암아 **성문**에서 칭찬을
사 3:26	**성문**은 슬퍼하며 곡할 것이요 시온은
사 14:31	**성문**이여 슬피 울지어다 성읍이여
사 22:7	가득하였고 마병은 **성문**에 정렬되었도다
사 24:12	황무하고 **성문**이 파괴되었느니라
사 28:6	**성문**에서 싸움을 물리치는 자에게는
사 29:21	사람에게 죄를 씌우며 **성문**에서 판단하는
사 45:1	문들을 열고 **성문**들이 닫히지 못하게
사 54:12	석류석으로 네 **성문**을 만들고 네 지경을
사 60:11	**성문**이 항상 열려 주야로 닫히지 아니
사 60:18	성벽을 구원이라, 네 **성문**을 찬송이라
사 62:10	**성문**으로 나아가라 나아가라 백성이
렘 14:2	슬퍼하며 **성문**의 무리가 피곤하여
렘 15:7	그들을 그 땅의 여러 **성문**에서 키로

【 성물 】　　　　　　　　　　　　　　　　　　　　【 성벽 】

'성문'과 관련된 성구

성문 밖 – 행 21:5; 히 13:12
성문 안 – 신 24:14; 삼상 9:18; 삼하 3:27; 시 122:2
성문 어귀 – 수 8:29; 삼하 10:8; 11:23; 왕상 22:10; 7:3; 대하 18:9; 잠 1:21; 렘 1:15
성문에 들어오다/들어가다 – 창 23:10; 렘 17:24, 25; 애 4:12; 겔 26:10; 옵 1:11, 13
성문에 앉다 – 창 19:1; 삼하 19:8; 시 69:12; 잠 31:23; 애 5:14
성문에 이르다 – 신 21:19; 삿 5:8; 왕상 17:10; 욥 29:7; 미 2:13; 눅 7:12
성문을 닫다 – 수 2:5, 7; 느 13:19; 계 21:25
성문을 열다 – 신 20:11; 수 8:17; 왕하 15:16; 느 7:3
성문을 지키다 – 왕하 7:17; 느 13:22; 행 9:24
성문이 불타다 – 느 1:3; 2:3, 13, 17

렘 17:27　성문에 불을 놓아 예루살렘 궁전을
렘 49:31　평안히 사는 백성 곧 성문이나 문빗장이
애 1:4　　모든 성문들이 적막하며 제사장들이
겔 21:15　모든 성문을 향하여 번쩍번쩍하는 칼을
겔 21:22　높여 외치며 성문을 향하여 공성퇴를
암 5:10　　성문에서 책망하는 자를 미워하며
암 5:12　　학대하며 뇌물을 받고 성문에서 가난한
암 5:15　　사랑하며 성문에서 정의를 세울지어다
미 1:9　　성문 곧 예루살렘에도 미쳤음이니라
미 1:12　　여호와께로 말미암아 예루살렘 성문에
나 3:13　　성문들은 네 원수 앞에 넓게 열리고
슥 8:16　　너희 성문에서 진실하고 화평한 재판을

성물(聖物, sacred gift)

출 28:38　거룩하게 드리는 성물과 관련된 죄책을 … 있으므로 그 성물을 여호와께
레 5:15　누구든지 여호와의 성물에 대하여
레 5:16　성물에 대한 잘못을 보상하되 그것에
레 21:22　음식이 지성물이든지 성물이든지
레 22:2　내게 드리는 그 성물에 대하여 스스로
레 22:3　여호와께 드리는 성물에 가까이 하는
레 22:12　일반인에게 출가하였으면 거제의 성물
레 22:15　이스라엘 자손이 여호와께 드리는 성물
레 23:20　여호와께 드리는 성물이니 제사장에게
레 27:21　여호와께 바친 성물이 되어 영영히 드린
레 27:23　정한 돈을 그 날에 여호와께 드려 성물
레 27:30　여호와의 것이니 여호와의 성물이라
레 27:32　번째의 것마다 여호와의 성물이 되리라
민 5:9　제사장에게 가져오는 모든 성물은 그의
민 6:20　가슴과 받들어올린 넓적다리는 성물이
민 10:21　고핫인은 성물을 메고 행진하였고
민 18:10　먹으라 이는 네게 성물인즉 남자들이
민 18:19　모든 성물은 내가 영구한 몫의 음식으로
신 12:26　오직 네 성물과 서원물을 여호와께
신 26:13　내가 성물을 내 집에서 내어 레위인과
왕하 12:18 성물과 자기가 구별하여 드린 성물과
대상 26:20 하나님의 전 곳간과 성물 곳간을 맡았으
대상 26:26 슬로못과 그의 형제는 성물의 모든 …
　　　　　지휘관이 구별하여 드린 성물이라
대상 26:28 구별하여 드린 성물은 다 슬로못과 그의
대상 28:12 하나님의 성전 곳간과 성물 곳간의
대하 24:7 여호와의 전의 모든 성물들을 바알들을
대하 31:6 여호와께 구별하여 드릴 성물의 십일조
대하 35:13 나머지 성물은 솥과 가마와 냄비에 삶아

'성물'과 관련된 성구

성물을 더럽히다 – 레 19:8; 민 18:32; 겔 22:26
성물을 만지다 – 레 12:4; 민 4:15
성물을 먹다/먹지 말다 – 레 22:4, 6, 7, 10, 12, 14, 16; 신 26:14
성물을 정결하게 하다 – 대상 23:28
성물이 되다 – 레 27:21, 32; 학 2:12

성민(聖民, holy people)

신 7:6　너는 여호와 네 하나님의 성민이라 네
신 14:2　여호와의 하나님의 성민이라 여호와께서
신 14:21　너희의 하나님 여호와의 성민이라
신 26:19　너를 네 하나님 여호와의 성민이 되게
신 28:9　대로 너를 세워 자기의 성민이 되게

성벽(城壁, wall)

레 25:29　성벽 있는 성 내의 가옥을 팔았으면

【 성벽 】   【 성벽 】

레 25:31	성벽이 둘리지 아니한 촌락의 가옥은	사 2:15	모든 높은 망대와 모든 견고한 성벽과
민 35:4	줄 성읍들의 들은 성벽에서부터	사 22:5	날이여 성벽의 무너뜨림과 산악에
신 3:5	높은 성벽으로 둘려 있고 문과 빗장이	사 22:10	그 가옥을 헐어 성벽을 견고하게도
	있어 견고하며 그 외에 성벽 없는 고을	사 22:11	옛 못의 물을 위하여 두 성벽 사이에
신 9:1	성읍들은 크고 성벽은 하늘에 닿았으며	사 25:12	성벽의 높은 요새를 헐어 땅에 내리시되
수 2:15	성벽 위에 있으므로 그가 성벽 위에	사 26:1	여호와께서 구원을 성벽과 외벽으로
수 6:5	성벽이 무너져 내리리니 백성은 각기	사 49:16	손바닥에 새겼고 너의 성벽이 항상 내
수 6:20	질러 외치니 성벽이 무너져 내린지라	사 54:12	홍보석으로 네 성벽을 지으며 석류석으
삼상 31:10	집에 두고 그의 시체는 벧산 성벽에 못	사 60:18	없을 것이며 네가 네 성벽을 구원이라,
삼상 31:12	벧산 성벽에서 내려 가지고 야베스에	사 62:6	예루살렘이여 내가 너의 성벽 위에
삼하 20:21	내가 이 성벽에서 떠나가리라 하니라		
	… 그의 머리를 성벽에서 당신에게		
삼하 22:30	하나님을 의지하고 성벽을 뛰어 넘나이		
왕상 4:13	땅의 성벽과 놋빗장 있는 육십 개의 큰		
왕상 20:30	성읍으로 들어갔더니 그 성벽이 그 남은		
왕하 25:4	성벽이 파괴되매 모든 군사가 밤중에		
	두 성벽 사이 왕의 동산 곁문 길로 도망		
대하 8:5	벧호론을 건축하되 성벽과 문과 문빗장		
대하 27:3	건축하고 또 오벨 성벽을 많이 증축하고		
대하 32:5	힘을 내어 무너진 모든 성벽을 보수하되		
느 2:13	예루살렘 성벽이 다 무너졌고 성문은		
느 2:15	시내를 따라 올라가서 성벽을 살펴본		
느 3:8	그들이 예루살렘의 넓은 성벽까지		
느 3:13	갖추고 또 분문까지 성벽 천 규빗을		
느 3:15	못 가의 성벽을 중수하여 다윗 성에서		
느 3:27	마주 대한 곳에서부터 오벨 성벽까지		
느 4:3	성벽은 여우가 올라가도 곧 무너지리라		
느 4:13	성벽 뒤의 낮고 넓은 곳에 백성이 그들		
느 5:16	도리어 이 성벽 공사에 힘을 다하며		
느 6:15	성벽 역사가 오십이 일 만인 엘룰월		
느 12:27	예루살렘 성벽을 봉헌하게 되니 각처에		
느 12:30	정결하게 하고 또 백성과 성문과 성벽을		
느 12:31	방백들을 성벽 위에 오르게 하고 … 큰		
	무리를 둘로 나누어 성벽 위로 대오를		
느 12:37	샘문으로 전진하여 성벽으로 올라가는		
느 12:38	성벽 위로 가서 화덕 망대 윗길로 성벽		
시 48:13	성벽을 자세히 보고 그의 궁전을 살펴서		
시 55:10	주야로 성벽 위에 두루 다니니 성 중에		
잠 18:11	성이라 그가 높은 성벽같이 여기느니라		
잠 25:28	무너지고 성벽이 없는 것과 같으니라		
아 5:7	성벽을 파수하는 자들이 나의 겉옷을		
아 8:9	그가 성벽이라면 우리는 은 망대를 그		
아 8:10	성벽이요 내 유방은 망대 같으니 그러므		

'성벽'과 관련된 성구

성벽을 건축하다 – 느 3:1, 6:1, 6; 7:1; 미 7:11
성벽을 뚫다 – 겔 12:5, 7, 12
성벽을 쌓다 – 사 60:10
성벽을 치다 – 삼하 20:15; 사 25:4
성벽을 헐다 – 신 28:52; 삼하 20:15; 왕하 14:13, 25:10; 대하 25:23; 26:6; 36:19; 렘 39:8; 52:14; 애 2:8

렘 1:15	사방 모든 성벽과 유다 모든 성읍들을
렘 1:18	견고한 성읍, 쇠기둥, 놋 성벽이 되게
렘 5:10	성벽에 올라가 무너뜨리되 다 무너뜨리
렘 15:20	앞에 견고한 놋 성벽이 되게 하리니
렘 49:27	다메섹의 성벽에 불을 지르리니 벤하닷
렘 50:15	요새는 무너졌고 그 성벽은 허물어졌으
렘 51:12	바벨론 성벽을 향하여 깃발을 세우고
렘 51:44	몰려가지 아니하겠고 바벨론 성벽은
렘 51:58	바벨론의 성벽은 훼파되겠고 그 높은
렘 52:7	성벽이 파괴되매 … 두 성벽 사이 왕의
애 2:7	성벽들을 원수의 손에 넘기셨으매 그들
애 2:8	딸 시온의 성벽을 헐기로 결심하시고 줄 을 띠고 … 성벽과 성곽으로 통곡하게
애 2:18	시온의 성벽아 너는 밤낮으로 눈물을
겔 13:5	견디게 하려고 성벽을 수축하지도
겔 26:4	두로의 성벽을 무너뜨리며 그 망대를
겔 36:35	적막하고 무너진 성읍들에 성벽과 주민
겔 38:11	평원의 고을들로 올라가리라 성벽도
겔 38:20	무너지며 절벽이 떨어지며 모든 성벽이
행 9:25	광주리에 담아 성벽에서 달아내리니라
고후 11:33	나는 광주리를 타고 들창문으로 성벽을

[성별하다]　　　　　　　　　　　　　　　　　　　　　　　　[성소]

성별하다(聖別, dedicate, set opart)

레 21:12	성별하신 관유가 그 위에 있음이니라
레 27:14	사람이 자기 집을 성별하여 여호와께
레 27:16	얼마를 성별하여 여호와께 드리려면
레 27:17	밭을 희년부터 성별하여 드렸으면 그
레 27:18	그 밭을 희년 후에 성별하여 드렸으면
레 27:19	성별하여 드린 자가 그것을 무르려면
레 27:22	기업이 아닌 밭을 여호와께 성별하여
레 27:26	그것으로는 성별하여 드리지 못할
왕상 15:15	아버지가 성별한 것과 자기가 성별한
느 3:1	건축하여 성별하고 … 성별하였고
느 12:47	그들이 성별한 것을 레위 사람들에게 주고 레위 사람들은 그것을 또 성별하여
렘 1:5	성별하였고 너를 여러 나라의 선지자로

성산(聖山, holy hill)

시 3:4	그의 성산에서 응답하시는도다
시 15:1	머무를 자 누구오며 주의 성산에 사는
시 87:1	그의 터전이 성산에 있음이여
시 99:9	높이고 그 성산에서 예배할지어다
사 27:13	자들이 돌아와서 예루살렘 성산에서
사 56:7	나의 성산으로 인도하여 기도하는
사 65:11	나 여호와를 버리며 나의 성산을 잊고
사 65:25	성산에서는 해함도 없겠고 상함도
사 66:20	나의 성산 예루살렘으로 말과 수레와
겔 28:14	성산에 있어서 불타는 돌들 사이에
욜 3:17	그런즉 너희는 나는 내 성산 시온에
옵 1:16	내 성산에서 마신 것같이 만국인이
습 3:11	네가 나의 성산에서 다시는 교만하지
슥 8:3	만군의 여호와의 산은 성산이라 일컫게

성소(聖所, sanctuary)

모세오경, 역사서

출 15:17	주의 손으로 세우신 성소로소이다
출 25:8	내가 그들 중에 거할 성소를 그들이
출 26:33	휘장이 너희를 위하여 성소와 지성소를
출 31:11	관유와 성소의 향기로운 향이라 무릇
출 36:1	지혜와 총명을 부으사 성소에 쓸 모든
출 36:3	그들이 이스라엘 자손의 성소의 모든
출 36:4	성소의 모든 일을 하는 지혜로운 자들이
출 36:6	남녀를 막론하고 성소에 드릴 예물을
출 38:27	백 달란트로 성소의 받침과 휘장 문의
레 6:30	피를 가지고 회막에 들어가 성소에서
레 10:4	형제들을 성소 앞에서 진영 밖으로 메고
레 10:18	성소에 들여오지 아니하는 것이었으니
레 16:27	속죄제 염소의 피를 성소로 들여다가
레 19:30	안식일을 지키고 내 성소를 귀히 여기라
레 26:2	너희는 내 안식일을 지키며 내 성소를
레 26:31	너희의 성소들을 황량하게 할 것이요
민 3:28	남자는 모두 팔천육백 명인데 성소를
민 3:31	제단들과 성소에서 봉사하는 데 쓰는
민 3:32	어른이 되고 또 성소를 맡을 자를 통할
민 4:12	성소에서 봉사하는 데에 쓰는 모든 기구
민 4:16	전체와 그 중에 있는 모든 것과 성소와
민 4:20	잠시라도 들어가서 성소를 보지 말라
민 7:9	그들의 성소의 직임은 그 어깨로 메는
민 8:19	이스라엘 자손이 성소에 가까이 할 때에
민 18:1	성소에 대한 죄를 함께 담당할 것이요
수 24:26	가져다가 거기 여호와의 성소 곁에
왕상 6:3	성전의 성소 앞 주랑의 길이는 성전의
왕상 6:5	성전의 벽 곧 성소와 지성소의 벽에
왕상 6:17	내소 앞에 있는 외소 곧 성소의 길이가
왕상 8:8	채가 길므로 채 끝이 내소 앞 성소에서
대하 3:16	성소같이 사슬을 만들어 그 기둥 머리
대하 5:11	스스로 정결하게 하고 성소에 있다가
대하 20:8	이름을 위하여 한 성소를 주를 위해
대하 29:5	성결하게 하여 그 더러운 것을 성소에서
대하 29:7	끄고 성소에서 분향하지 아니하며
대하 29:21	성소와 유다를 위하여서 속죄제물로
대하 30:19	비록 성소의 결례대로 스스로 깨끗하게
대하 35:5	또는 레위 족속의 서열대로 성소에 서서
느 10:39	포도주와 기름을 가져다가 성소의

시가서 - 신약

시 20:2	성소에서 너를 도와주시고 시온에서
시 46:4	하나님의 성 곧 지존하신 이의 성소를
시 63:2	영광을 보기 위하여 이와 같이 성소에서
시 68:17	주께서 그 중에 계심이 시내 산 성소에
시 68:24	나의 왕이 성소로 행차하시는 것이라
시 68:35	위엄을 성소에서 나타내시나이다
시 74:3	성소에서 모든 악을 행하였나이다
시 74:6	도끼와 철퇴로 성소의 모든 조각품을
시 78:54	그의 성소의 영역 곧 그의 오른손으로
시 78:69	성소를 산의 높음같이, 영원히 두신
시 96:6	있으며 능력과 아름다움이 그의 성소에
시 102:19	여호와께서 그의 높은 성소에서 굽어

1359

【 성소 】　　　　　　　　　　　　　　　　　　　　　　　　【 성실/-하다/-히 】

시 108:7　하나님이 그의 **성소**에서 말씀하시되
시 150:1　그의 **성소**에서 하나님을 찬양하며
사 8:14　**성소**가 되시리라 그러나 이스라엘에
사 16:12　피곤하도록 봉사하며 자기 **성소**에
사 43:28　**성소**의 어른들을 욕되게 하며 야곱이
사 62:9　나의 **성소** 뜰에서 마시리라 하셨느니라
렘 17:12　높이 계시며 우리의 **성소**이시며
애 1:10　명령하신 그 **성소**에 그들이 들어간 것을
애 2:7　버리시며 자기 **성소**를 미워하시며 궁전
애 4:1　순금이 변질하였으며 **성소**의 돌들이
겔 8:6　나로 내 **성소**를 멀리 떠나게 하느니라
겔 9:6　하지 말라 내 **성소**에서 시작할지니라
겔 11:16　내가 잠깐 그들에게 **성소**가 되리라
겔 24:21　여호와의 말씀에 내 **성소**는 너희 세력의

'**성소**'와 관련된 성구

성소를 더럽히다 – 레 20:3; 21:23; 민 19:20; 겔 5:11; 7:24; 23:38, 39; 25:3; 28:18; 단 11:31; 습 3:4
성소를 향하다 – 시 134:2; 겔 21:2
성소에 들어가다 – 출 28:29, 35; 레 12:4; 16:3; 시 73:17; 겔 42:14; 44:9, 16, 27; 히 9:8, 12, 24, 25; 10:19; 13:11
성소에서 나가다/오다 – 출 28:35; 레 21:12; 왕상 8:10; 대하 26:18
성소에서 섬기다 – 출 29:30; 35:19; 39:1, 41
성소에서 수종들다 – 겔 44:11, 27; 45:4
성소의 기구 – 민 4:15; 18:3; 31:6; 대상 9:29
성소의 세겔 – 출 30:13, 24; 38:24, 25, 26; 레 5:15; 27:3, 25; 민 3:47, 50; 7:13, 19, 25, 31, 37, 43, 49, 55, 61, 67, 73, 79, 85, 86; 18:16
성소의 직무 – 민 3:38; 18:5; 대상 23:32
성소의 휘장 – 레 4:6; 16:2; 마 27:51; 막 15:38 눅 23:45
여호와의 **성소** – 민 19:20; 수 24:26; 대하 29:6; 시 114:2; 겔 48:10
왕의 **성소** – 암 7:13
이스라엘의 **성소** – 암 7:9
주의 **성소** – 시 74:7; 사 63:18; 애 2:20

겔 37:26　번성하게 하며 내 **성소**를 그 가운데에
겔 37:28　**성소**가 영원토록 그들 가운데 있으리
겔 41:2　다섯 척이며 그가 **성소**를 측량하니 그
겔 43:21　가져다가 성전의 정한 처소 곧 **성소**
겔 44:1　데리고 **성소**의 동쪽을 향한 바깥 문에
겔 44:5　귀로 듣고 또 성전의 입구와 **성소**의
겔 44:7　내 **성소** 안에 있게 하여 내 성전을
겔 44:8　지키지 아니하고 내 **성소**에 사람을
겔 44:9　할례를 받지 아니한 이방인은 내 **성소**에
겔 44:15　제사장들은 내 **성소**의 직분을 지켰은즉
겔 44:27　**성소**에서 수종 들기 위해 안뜰과 **성소**에
겔 45:2　**성소**에 속할 땅은 길이가 오백 척이요
겔 45:3　너비는 만 척을 측량하고 그 안에 **성소**
겔 45:4　지을 땅이며 **성소**를 위한 거룩한 곳이라
겔 45:18　수송아지 한 마리를 가져다가 **성소**를
겔 45:4　그 곳은 **성소**에서 … 땅이며 **성소**를
겔 47:12　열매를 맺으리니 그 물이 **성소**를 통하여
겔 48:8　동쪽에서 서쪽까지와 같고 **성소**는 그
겔 48:21　거룩하게 구별할 땅과 성전의 **성소**가
단 5:3　하나님의 전 **성소** 중에서 탈취하여
단 8:11　없애 버렸고 그의 **성소**를 헐었으며
단 8:13　죄악에 대한 일과 **성소**와 백성이 내준
단 8:14　이천삼백 주야까지니 그 때에 **성소**가
단 9:17　빛을 주의 황폐한 **성소**에 비추시옵소서
단 9:26　성읍과 **성소**를 무너뜨리려니와 그의
단 11:31　군대는 그의 편에 서서 **성소** 곧 견고한
히 8:2　**성소**와 참 장막에서 섬기는 이시라 이
히 9:1　예법과 세상에 속한 **성소**가 있더라
히 9:2　상과 진설병이 있으니 이는 **성소**라

성숙하다(成熟, progress)

딤전 4:15　너의 **성숙함**을 모든 사람에게 나타나게

성실/-하다/-히(誠實, faithfulness)

창 24:27　사랑과 **성실**을 그치지 아니하셨사오며
창 47:29　아래에 넣고 인애와 **성실함**으로 내게
수 14:7　하였으므로 내가 **성실한** 마음으로
왕상 3:6　다윗이 **성실**과 공의와 정직한 마음으로
왕하 12:15　아니하였으니 이는 그들이 **성실히** 일을
대하 34:12　사람들이 **성실하게** 그 일을 하니라 그의
시 7:8　나의 **성실함**을 따라 나를 심판하소서
시 25:21　내가 주를 바라오니 **성실**과 정직으로
시 37:3　머무는 동안 그의 **성실**을 먹을 거리로

【 성심 】　　　　　　　　　　　　　　　　　　　　　【 성읍 】

시 40:10　**성실**과 구원을 선포하였으며 내가 주의
시 54:5　악으로 갚으시리니 주의 **성실하심**에
시 71:22　주의 **성실**을 찬양하리이다 이스라엘의
시 78:37　정함이 없으며 그의 언약에 **성실하지**
시 88:11　인자하심을 무덤에서, 주의 **성실하심**을
시 89:1　**성실하심**을 내 입으로 대대에 알게
시 89:2　주의 **성실하심**을 하늘에서 견고히
시 89:5　**성실**도 거룩한 자들의 모임 가운데서
시 89:8　주의 **성실하심**이 주를 둘렀나이다
시 89:24　**성실함**과 인자함이 그와 함께 하리니
시 89:33　다 거두지는 아니하며 나의 **성실함**도
시 89:49　주의 **성실하심**으로 다윗에게 맹세하신
시 92:1-3　주의 **성실하심**을 베풂이 좋으니이다
시 98:3　베푸신 인자와 **성실**을 기억하셨으므로
시 100:5　인자하심이 영원하고 그의 **성실하심**이
시 119:30　내가 **성실한** 길을 택하고 주의 규례들을
시 119:75　괴롭게 하심은 **성실하심** 때문이니이다
시 119:90　주의 **성실하심**은 대대에 이르나이다
시 119:138　증거들은 의롭고 지극히 **성실하니이다**
시 132:11　다윗에게 **성실히** 맹세하셨으니 변하지
시 138:2　인자하심과 **성실하심**으로 말미암아
잠 11:3　정직한 자의 **성실**은 자기를 인도하거니
잠 19:1　가난하여도 **성실하게** 행하는 자는 입술
잠 28:6　가난하여도 **성실하게** 행하는 자는
잠 28:10　빠져도 **성실한** 자는 복을 받느니라
잠 28:18　**성실하게** 행하는 자는 구원을 받을
잠 29:14　왕이 가난한 자를 **성실히** 신원하면 그의
사 11:5　공의로 그의 허리띠를 삼으며 **성실**로
사 25:1　**성실함**과 진실함으로 행하셨음이라
사 59:14　**성실**이 거리에 엎드러지고 정직이
사 59:15　**성실**이 없어지므로 악을 떠나는 자가
사 61:8　강탈을 미워하여 **성실히** 그들에게 갚아
렘 23:28　말을 받은 자는 **성실함**으로 내 말을
렘 42:5　진실하고 **성실한** 증인이 되시옵소서
애 3:23　아침마다 새로우니 주의 **성실하심**이
미 7:20　**성실**을 베푸시며 아브라함에게 인애를
롬 12:8　구제하는 자는 **성실함**으로, 다스리는
엡 6:5　두려워하고 떨며 **성실한** 마음으로 육체
골 3:22　오직 주를 두려워하여 **성실한** 마음으로

성심(誠心, fully determined)
대상 12:38　전열을 갖추고 다 **성심**으로 헤브론에
대상 29:9　**성심**으로 여호와께 자원하여 드렸으며

대하 19:9　진실과 **성심**을 다하여 여호와를 경외
대하 29:34　성결하게 함이 제사장들보다 **성심**이
대하 31:12　**성심**으로 그 예물과 십일조와 구별한
스 7:15　하나님께 **성심**으로 드리는 은금을
호 7:14　**성심**으로 나를 부르지 아니하였으며

성안(within the city)
레 25:30　일 년 안에 무르지 못하면 그 **성안**의
신 22:24　처녀는 **성안**에 있으면서도 소리 지르지
수 6:21　그 **성안**에 있는 모든 것을 온전히
왕상 20:2　사자들을 **성안**에 있는 이스라엘의 아합
왕하 20:20　저수지와 수도를 만들어 물을 **성안**으로
시 122:7　네 **성안**에는 평안이 있고 네 궁중에는
아 3:2　일어나서 **성안**을 돌아다니며 마음에
아 3:3　**성안**을 순찰하는 자들을 만나서 묻기를
아 5:7　**성안**을 순찰하는 자들이 나를 만나매
사 56:5　내가 내 집에서, 내 **성안**에서 아들이나
렘 52:25　**성안**에서 사람을 … 하나와 **성안**에서
마 26:18　**성안** 아무에게 가서 이르되 선생님 말씀
계 21:22　**성안**에서 내가 성전을 보지 못하였으니

성욕(性慾, crave)
렘 2:24　그들의 **성욕**이 일어나므로 헐떡거림

성읍(城邑, city)

모세오경

창 10:12　레센을 건설하였으니 이는 큰 **성읍**이라
창 11:4　**성읍**과 탑을 건설하여 그 탑 꼭대기를
창 11:5　여호와께서 사람들이 건설하는 그 **성읍**과
창 18:26　이르시되 내가 만일 소돔 **성읍** 가운데
창 19:20　**성읍**은 도망하기에 가깝고 작기도
레 25:32　족속의 **성읍** 곧 그들의 소유의 **성읍**의
레 25:33　소유 **성읍**의 … 레위 사람의 **성읍**의
레 25:34　그러나 그들의 **성읍** 주위에 있는 들판은
레 26:25　너희가 **성읍**에 모일지라도 너희 중에
레 26:33　황무하며 너희 **성읍**이 황폐하리라
민 13:19　좋은지 나쁜지와 사는 **성읍**이 진영인지
민 13:28　땅 거주민은 강하고 **성읍**은 견고하고
민 20:16　당신의 변방 모퉁이 한 **성읍** 가데스에
민 21:25　이스라엘이 이같이 그 모든 **성읍**을

【 성읍 】　　　　　　　　　　　　　　　　【 성읍 】

민 22:36	변경의 끝 아르논 가에 있는 **성읍**까지
민 24:19	남은 자들을 그 **성읍**에서 멸절하리로다
민 31:10	그들이 거처하는 **성읍**들과 촌락을 다
신 1:22	올라가야 할 것과 어느 **성읍**으로 들어갈
신 1:28	우리보다 장대하며 그 **성읍**들은 크고
신 2:34	모든 **성읍**을 점령하고 그의 각 **성읍**을
신 2:35	가축과 **성읍**에서 탈취한 것은 우리의
신 2:36	골짜기 가운데 있는 **성읍**으로부터 길르앗까지 우리가 모든 높은 **성읍**을
신 2:37	산지에 있는 **성읍**들과 우리 하나님
신 3:4	빼앗지 아니한 **성읍**이 하나도 없이 다 빼앗았는데 그 **성읍**이 육십이니 곧

역사서

수 8:1	**성읍**과 그의 땅을 다 네 손에 넘겨주었으
수 8:4	이르되 너희는 **성읍** 뒤로 가서 **성읍**을 향하여 매복하되 그 **성읍**에서 너무 멀리
수 8:5	나를 따르는 모든 백성은 다 **성읍**으
수 8:6	그 **성읍**에서 멀리 떠날 것이라 우리가
수 8:7	매복한 곳에서 일어나 그 **성읍**을 점령하 라 너희 하나님 여호와께서 그 **성읍**을
수 8:8	그 **성읍**을 취하거든 그것을 불살라
수 8:11	함께 한 군사가 다 올라가서 그 **성읍**
수 8:12	그가 약 오천 명을 택하여 **성읍** 서쪽
수 8:13	**성읍** 북쪽에는 온 군대가 있고 **성읍**
수 8:14	**성읍** 백성과 함께 일찍이 일어나 급히 … 싸우려 하나 **성읍** 뒤에 복병이 있는
수 8:16	**성읍**에 있는 모든 백성이 그들을 … 유 인함을 받아 아이 **성읍**을 멀리 떠나니
수 8:18	잡은 단창을 들어 그 **성읍**을 가리키니
수 8:19	일어나 **성읍**으로 … 곧 **성읍**에 불을
수 8:20	아이 사람이 뒤를 돌아본즉 그 **성읍**
수 8:21	복병이 **성읍**을 점령함과 **성읍**에 연기가
수 8:22	복병도 **성읍**에서 나와 그들을 치매
수 8:27	**성읍**의 가축과 노략한 것은 여호와께서 진멸하였으므로 그 **성읍**의 이름을
삿 1:17	
삿 1:23	정탐하게 하였는데 그 **성읍**의 본 이름은
삿 1:24	그 **성읍**에서 한 사람이 나오는 것을 보고 그에게 이르되 청하노니 이 **성읍**
삿 1:25	**성읍**의 입구를 가리킨지라 이에 그들이 칼날로 그 **성읍**을 쳤으되 오직 그
삿 6:27	**성읍** 사람들을 두려워하므로 이 일을
삿 6:28	**성읍** 사람들이 아침에 일찍이 일어나
삿 8:16	**성읍**의 장로들을 붙잡아 들가시와

룻 1:19	온 **성읍**이 그들로 말미암아 떠들며
룻 2:18	가지고 **성읍**에 들어가서 시어머니에게
룻 3:11	현숙한 여자인 줄을 나의 **성읍** 백성이
룻 3:15	여섯 번 되어 룻에게 지워 주고 **성읍**으
룻 4:2	보아스가 그 **성읍** 장로 열 명을 청하여
삼상 1:3	사람이 매년 자기 **성읍**에서 나와서
삼상 4:13	**성읍**에 들어오며 알리매 온 **성읍**이
삼상 5:9	그 **성읍**에 더하사 **성읍** 사람들의 작은
삼상 5:11	온 **성읍**이 사망의 환난을 당함이라
삼상 5:12	치심을 당해 **성읍**의 부르짖음이 하늘에
삼상 6:18	쥐들은 견고한 **성읍**에서부터 시골 마을까지 … **성읍**들의 수대로였더라
삼상 7:14	이스라엘에게서 빼앗았던 **성읍**이
삼상 8:22	이르되 너희는 각기 **성읍**으로 돌아가라
삼상 9:6	대답하되 보소서 이 **성읍**에 하나님의
삼하 2:1	한 **성읍**으로 올라가리이까 여호와께서
삼하 2:3	데리고 올라가서 헤브론 각 **성읍**에 살게
삼하 10:12	하나님의 **성읍**들을 위하여 담대히 하자
삼하 10:14	도망하여 **성읍**으로 들어간지라 요압이
삼하 12:1	그에게 이르되 한 **성읍**에 두 사람이 있는
삼하 12:28	**성읍**이 내 이름으로 일컬음을 받을까
삼하 12:30	다윗이 또 그 **성읍**에서 노략한 물건을
삼하 12:31	모든 **성읍**을 이같이 하고 다윗과 모든
삼하 15:2	**성읍** 사람이냐 하니 그 사람의 대답이
왕상 1:41	어찌하여 **성읍** 중에서 소리가 요란하냐
왕상 1:45	**성읍**이 진동하였나니 당신들에게 들린
왕상 8:44	그들이 주께서 택하신 **성읍**과 내가 주의
왕상 8:48	주께서 택하신 **성읍**과 내가 주의 이름을
왕상 9:11	땅의 **성읍** 스무 곳을 히람에게 주었으니
왕상 9:12	솔로몬이 자기에게 준 **성읍**들을 보고
왕상 9:13	내 형제여 내게 준 이 **성읍**들이 이러한
왕상 9:16	**성읍**에 사는 가나안 사람을 죽이고 그 **성읍**을 자기 딸 솔로몬의 아내에게 예물
왕상 11:27	아버지 다윗의 **성읍**이 무너진 것을 수축
왕하 2:19	**성읍** 사람들이 엘리사에게 말하되 우리 주인께서 보시는 바와 같이 이 **성읍**의
왕하 2:23	아이들이 **성읍**에서 나와 그를 조롱하여
왕하 3:25	그 **성읍**들을 쳐서 헐고 각기 돌을 던져
왕하 6:19	**성읍**도 아니니 나를 따라 오라 내가
왕하 7:4	**성읍**으로 가자고 말한다면 **성읍**에는
대상 2:22	길르앗 땅에서 스물세 **성읍**을 가졌더니
대상 2:23	**성읍**들과 그낫과 그에 딸린 **성읍**들 모두
대상 4:31	다윗 왕 때까지 이 모든 **성읍**이 그들에

【 성읍 】　　　　　　　　　　　　　　　　　　　　　　　　【 성읍 】

대상 4:32	림몬과 도겐과 아산 다섯 **성읍**이요
대상 4:33	**성읍** 주위에 살던 주민들의 경계가
대상 6:61	종족 중에서 제비 뽑아 열 **성읍**을
대상 6:62	므낫세 지파 중에서 열세 **성읍**을 주었고
대상 9:2	**성읍**에 처음으로 거주한 이스라엘 사람
대상 10:7	**성읍**들을 버리고 도망하매 블레셋 사람

선지서

렘 32:29	성을 치는 갈대아인이 와서 이 **성읍**에
렘 32:44	사방과 유다 **성읍**들과 산지의 **성읍**들과 저지대의 **성읍**들과 네겝의 **성읍**에
렘 33:4	무리가 이 **성읍**의 가옥과 유다 왕궁을
렘 33:9	이 **성읍**이 세계 열방 앞에서 나의 기쁜 이름이 될 것이며 … **성읍**에 베푼 모든
렘 33:10-11	**성읍**들과 예루살렘 거리에서 즐거워하
렘 33:12	**성읍**에 다시 목자가 살 곳이 있으리니
애 2:11	어린 자녀와 젖 먹는 아이들이 **성읍**
애 2:12	그들이 **성읍** 길거리에서 상한 자처럼
애 3:51	나의 **성읍**의 모든 여자들을 내 눈으로
애 4:13	**성읍** 안에서 의인들의 피를 흘렸도다
애 5:11	시온에서 부녀들을, 유다 각 **성읍**에서
겔 4:1	네 앞에 놓고 한 **성읍** 곧 예루살렘을
겔 4:3	또 철판을 가져다가 너와 **성읍** 사이에
겔 5:2	그 **성읍**을 에워싸는 날이 차거든 너는 터럭 삼분의 일은 **성읍** 안에서 불사르고 삼분의 일은 **성읍** 사방에서 칼로
겔 6:6	너희가 거주하는 모든 **성읍**이 사막이
겔 7:15	**성읍**에 있는 자는 기근과 전염병에 망할
겔 7:23	가득하고 포악이 그 **성읍**에 찼음이라
겔 9:1	**성읍**을 관할하는 자들이 각기 죽이는
단 9:26	**성읍**과 성소를 무너뜨리려니와 그의
단 11:15	**성읍**을 점령할 것이요 남방 군대는
호 8:14	**성읍**을 많이 쌓았으나 내가 그 **성읍**들에
호 11:6	그들의 **성읍**들을 치며 빗장을 깨뜨려
호 13:10	**성읍**에서 너를 구원할 자 곧 네 왕이
암 3:6	**성읍**에서 나팔이 울리는데 백성이 … 없는데 재앙이 어찌 **성읍**에 임하겠느냐
암 4:6	너희 모든 **성읍**에서 너희 이를 깨끗하게
암 4:7	**성읍**에는 내리고 어떤 **성읍**에는 내리지
암 4:8	**성읍** 사람이 어떤 **성읍**으로 비틀거리며
암 4:11	너희 중의 **성읍** 무너뜨리기를 하나님인
암 5:3	행군해 나가던 **성읍**에는 백 명만 남고 백 명이 행군해 나가던 **성읍**에는 열 명만
암 6:8	미워하므로 이 **성읍**과 거기에 가득한
암 7:17	아내는 **성읍** 가운데서 창녀가 될 것이요
옵 1:20	스바랏에 있는 자들은 네겝의 **성읍**들을
욘 3:3	걸을 만큼 하나님 앞에 큰 **성읍**이더라
욘 3:4	그 **성읍**에 들어가서 하루 동안 다니며
욘 4:5	요나가 **성읍**에서 나가서 그 **성읍** 동쪽에 … 위하여 초막을 짓고 그 **성읍**에
미 4:10	**성읍**에서 나가서 들에 거주하며 또
미 5:11	땅의 **성읍**들을 멸하며 네 모든 견고한
미 5:14	너희 가운데에서 빼버리고 네 **성읍**들을
미 6:9	여호와께서 **성읍**을 향하여 외쳐 부르시
합 2:8	**성읍**과 그 안의 모든 주민에게 강포를
합 2:12	**성읍**을 건설하며 불의로 성을 건축하는
합 2:17	**성읍**과 그 안의 모든 주민에게 강포를

'성읍'과 관련된 성구

- 길르앗 성읍 – 민 32:26
- 사마리아 성읍 – 왕상 13:32; 스 4:10
- 성읍 길로 – 삼하 15:12성읍 니느웨 – 욘 1:2; 3:2; 4:11
- 성읍 예루살렘 – 왕상 11:32, 36; 14:21
- 성읍 유다 – 수 21:11; 삿 17:8
- 성읍으로 도피하다 – 신 4:42; 19:3, 11
- 성읍을 건축하다 – 민 32:16, 24, 36; 삿 1:26; 왕상 15:23; 16:24; 대하 14:7; 스 4:12, 13; 사 45:13; 암 9:14
- 성읍을 멸하다 – 창 18:28; 19:21; 민 21:2, 3; 삼상 23:10; 겔 43:3
- 성읍을 에워싸다 – 신 20:12; 28:52, 55; 왕상 8:37; 왕하 6:14, 15; 25:4; 렘 52:7; 겔 4:2; 5:2
- 성읍을 치다 – 신 20:19, 20; 수 10:39; 삿 11:33; 20:11; 삼하 12:27, 28; 왕하 3:19; 대하 14:14; 사 19:2
- 성읍을 황폐하게 하다 – 레 26:31; 사 25:2
- 성읍 헤스본 – 민 21:25
- 아담 성읍 – 수 3:16 / 애굽 성읍 – 미 7:12
- 예루살렘과 유다 성읍 – 슥 1:12
- 유다 성읍 – 렘 32:44
- 이스르엘 성읍 – 왕상 21:23
- 종려나무의 성읍 여리고 – 신 34:3; 수 6:26; 삿 1:16; 3:13; 대하 28:15

【 성읍 】 　　【 성전 】

습 1:16	나팔을 불어 경고하며 견고한 **성읍**들을
습 3:1	패역하고 더러운 곳, 포학한 그 **성읍**이
습 3:6	그들의 모든 **성읍**이 황폐하며 사람이
슥 1:17	말씀에 나의 **성읍**들이 넘치도록
슥 2:4	가축이 많으므로 성곽 없는 **성읍**이
슥 7:7	예루살렘과 사면 **성읍**에 백성이 평온히
슥 8:3	예루살렘은 진리의 **성읍**이라 일컫겠고
슥 8:5	**성읍** 거리에 소년과 소녀들이 가득하여
슥 8:20	백성과 많은 **성읍**의 주민이 올 것이라
슥 8:21	**성읍** 주민이 저 **성읍**에 가서 이르기를
슥 14:2	**성읍**이 함락되며 … 욕을 당하며 **성읍**
	백성이 … 백성은 **성읍**에서 끊어지지

† **성읍 - 기타 본문**

모세오경 창 19:22; 26:33; 33:18; 34:20, 25, 27, 28; 41:35, 48; 44:4; 47:21; 민 32:17, 24, 33, 36, 38; 35:4, 5, 6, 7, 8, 11, 13, 14, 15; 신 3:5, 6, 10, 12, 19; 4:41; 6:10; 9:1; 13:12, 13, 15, 16; 14:27, 28; 15:7; 18:6; 19:1, 2, 5, 7, 9, 12; 20:10, 11, 13, 14, 15, 16; 21:2, 3, 4, 6, 19, 20, 21; 22:17, 18, 23, 24; 23:16; 25:8; 26:12; 28:16; 31:12 **역사서** 수 9:17; 10:19, 28, 30, 32, 35, 37, 39; 11:12, 13, 14, 19, 21; 12:2; 13:9, 10, 16, 17, 21, 23, 25, 28; 30:31; 14:4, 12; 15:9, 21, 32, 36, 41, 44, 46, 51, 54, 57, 59, 60, 62; 16:9; 17:9, 12; 18:9, 14, 21, 24, 28; 19:6, 7, 8, 15, 16, 22, 23, 29, 30, 31, 35, 38, 39, 48, 50; 20:4, 6, 9; 21:2, 3, 4, 5, 6, 7, 8, 9, 12, 16, 18, 19, 20, 22, 24, 25, 26, 27, 29, 32, 33, 35, 37, 40, 41, 42; 24:13; 삿 8:17, 27; 9:30, 31, 33, 35, 51; 10:4; 11:26; 12:7; 14:18; 18:27, 28, 29; 19:11, 12, 15, 17, 22; 20:14, 15, 31, 32, 37, 38, 40, 42, 48; 21:23; 삼상 9:10, 11, 12, 13, 14, 25; 10:5; 16:4; 18:6; 20:6, 29, 40, 42; 22:19; 23:7, 10; 27:5; 30:3, 29; 31:7; 삼하 15:14, 25, 27, 34, 37; 18:3; 19:3; 20:6, 15, 16, 22; 24:5; 왕상 11:43; 12:17; 13:25, 29; 14:11, 12; 15:20, 24; 16:4, 18; 20:12, 19, 30, 34; 21:8, 11, 13, 24; 22:6, 12, 15, 36, 39; 왕하 7:10, 12; 10:6; 13:25; 17:9, 24, 26, 29; 18:10, 11, 13, 30; 20:4; 23:5, 8, 17, 19; 대상 6:63, 64, 65, 66; 13:2; 18:8; 19:7, 13, 15; 20:3; 27:25; 대하 6:28; 8:2, 5; 10:17; 11:5, 10, 11, 12, 23; 13:19; 14:5, 6, 7, 14; 15:6, 8; 16:4; 17:2, 7, 9, 19; 18:5, 11; 19:10; 20:4; 21:3; 24:5; 25:13, 28; 26:6; 27:4; 28:18, 25; 29:20; 30:10; 31:1, 6, 15, 19; 32:1, 29; 34:6; 스 2:1, 70; 3:1; 4:15; 10:14; 느 2:3, 5; 7:4, 6, 73; 8:1, 15; 9:25; 10:37; 11:1, 3, 9, 20; 12:44; 13:18 **시가서, 선지서** 욥 15:28; 39:7; 시 9:6; 69:35; 107:4, 7, 36; 108:10; 122:3; 잠 9:14; 11:10; 25:28; 29:8; 전 7:19; 8:10; 9:14, 15; 10:15; 사 1:7, 8, 21, 26; 6:11; 14:17, 21, 31; 17:1, 2, 9; 23:7, 16; 24:10, 12; 25:2; 26:1; 27:10; 29:1; 32:13, 14, 19; 33:8; 37:26; 40:9; 42:11; 44:26; 54:3; 60:14; 61:4; 62:12; 64:10; 66:6, 10, 12; 렘 2:15, 28; 3:14; 4:7, 16, 26, 29; 5:1, 6; 7:17, 34; 8:14, 16; 9:11; 10:22; 11:6, 12, 13; 14:18; 17:26; 19:8, 11, 12, 15; 20:5, 16; 29:7; 30:18; 33:13; 34:1, 7, 22; 36:6, 9; 38:23; 39:4; 40:5, 10; 41:7; 44:2, 6, 17, 21; 46:8; 47:2; 48:8, 9, 15, 24, 28; 49:1, 13, 18, 25; 50:32, 40; 51:31, 41, 43; 겔 9:4, 5, 7, 9; 10:2; 11:3, 6, 9, 11, 23; 12:20; 17:4; 19:7; 22:2; 24:6, 9, 12; 25:9; 26:17; 29:12; 30:7, 17; 35:4, 9; 36:4, 10, 33, 35; 39:9; 40:2; 45:6, 7; 48:15, 17, 18, 19, 21, 22, 30, 31, 35

성의(聖衣, sacred garments)
출 29:29 아론의 **성의**는 후에 아론의 아들들에게
출 31:10 제사장 아론의 **성의**와 그의 아들들의

성일(聖日, holy day)
느 8:9 여호와의 **성일**이니 슬퍼하지 말며 울지
느 8:10 주의 **성일**이니 근심하지 말라 여호와로
느 8:11 **성일**이니 마땅히 조용하고 근심하지
느 10:31 안식일이나 **성일**에는 그들에게서 사지
시 42:4 전에 **성일**을 지키는 무리와 동행하여
사 58:13 **성일**에 오락을 행하지 아니하고 안식일을 … 여호와의 **성일**을 존귀한 날이라

성장하다(成長, grow)
시 92:12 레바논의 백향목같이 **성장하리로다**

성전(聖殿, temple)

역사서
삼하 22:7 **성전**에서 내 소리를 들으심이여

【 성전 】　　　　　　　　　　　　　　　　　　　　【 성전 】

왕상 5:17	떠다가 다듬어서 **성전**의 기초석으로
왕상 6:3	**성전**의 너비와 같이 이십 규빗이요 그 너비는 **성전** 앞에서부터 십 규빗이며
왕상 6:5	**성전**의 벽 곧 성소와 지성소의 벽에
왕상 6:6	**성전**의 벽 바깥으로 돌아가며 턱을 내어 골방 들보로 **성전**의 벽에 박지
왕상 6:7	이 **성전**은 건축할 때에 … 건축하는 동안에 **성전** 속에서는 방망이나 도끼나
왕상 6:8	중층 골방의 문은 **성전** 오른쪽에 있는데
왕상 6:9	**성전**의 건축을 마치니라 그 **성전**은
왕상 6:10	온 **성전**으로 돌아가며 높이가 … 백향목 들보로 **성전**에 연접하게 하였더라
왕상 6:15	백향목 널판으로 **성전**의 안벽 곧 **성전** 마루에서 … 널판으로 **성전** 마루를 놓고
왕상 6:16	**성전** 뒤쪽에서부터 이십 규빗 되는 곳에
왕상 6:19	여호와의 언약궤를 두기 위하여 **성전**
왕상 6:22	**성전**을 금으로 입히기를 마치고 내소에
왕상 6:27	닿았으며 두 날개는 **성전**의 중앙에서
왕상 6:30	내외 **성전** 마루에는 금으로 입혔으며
왕상 7:21	기둥을 **성전**의 주랑 앞에 세우되 오른쪽
왕상 7:39	**성전** 오른쪽에 두었고 다섯은 **성전** 왼쪽에 두었고 **성전** 오른쪽 동남쪽에는
왕상 7:50	지성소 문의 금 돌쩌귀와 **성전** 곧 외소
왕상 8:27	하물며 내가 건축한 이 **성전**이오리이까
왕상 8:31	그가 와서 이 **성전**에 있는 주의 제단
왕상 8:33	이름을 인정하고 이 **성전**에서 주께 기도
왕상 9:3	건축한 이 **성전**을 거룩하게 구별하여
왕상 9:7	내가 거룩하게 구별한 이 **성전**이라도
왕상 9:8	이 **성전**이 높을지라도 지나가는 자마다 놀라며 비웃어 … 이 **성전**에 이같이
왕상 9:25	제단에 분향하니라 이에 **성전** 짓는 일을
왕하 11:11	**성전** 오른쪽에서부터 왼쪽까지 … **성전**
왕하 12:13	그 **성전**의 은 대접이나 불집게나 주발
왕하 16:14	여호와의 앞 곧 **성전** 앞에 있던 놋제단
왕하 21:7	목상을 **성전**에 세웠더라 … 이 **성전**에 대하여 … 지파 중에서 택한 이 **성전**과
왕하 22:9	신복들이 **성전**에서 찾아낸 돈을 쏟아
왕하 23:27	내 이름을 거기에 두리라 한 이 **성전**을
왕하 25:18	스바냐와 **성전** 문지기 세 사람을 사로잡
대상 6:10	솔로몬이 예루살렘에 세운 **성전**에서
대상 9:27	**성전** 주위에서 밤을 지내며 아침마다
대상 22:5	건축할 **성전**은 극히 웅장하여 만국에
대상 24:5	차등이 없이 나누었으니 이는 **성전**의
대상 26:29	아들들은 **성전** 밖에서 이스라엘의 일을
대상 28:11	다윗이 **성전**의 복도와 그 집들과 그
대상 29:1	**성전**은 사람을 위한 것이 아니요 여호
대상 29:3	**성전**을 위하여 준비한 이 모든 것
대상 29:4	칠천 달란트라 모든 **성전** 벽에 입히며
대상 29:7	**성전** 공사를 위하여 금 오천 달란트와
대하 2:5	내가 건축하고자 하는 **성전**은 크니 우리
대하 2:9	하는 **성전**은 크고 화려할 것이니이다
대하 3:4	**성전** 앞에 있는 낭실의 길이가 **성전**의
대하 3:6	보석으로 **성전**을 꾸며 화려하게 하였으
대하 3:7	금으로 **성전**과 그 들보와 문지방과 벽과

'성전'과 관련된 성구

건축한 성전 – 왕상 6:2; 8:44, 48; 대상 22:19; 대하 6:34, 38

성전에/으로 들어가다 – 왕상 14:28; 왕하 11:4, 13; 23:11 대상 24:19; 대하 23:7; 26:16; 렘 51:51; 겔 43:4; 마 21:12, 23; 막 11:11, 15; 눅 1:9; 2:27; 19:45; 요 8:2; 행 3:2, 3, 8; 5:21; 21:26, 28

성전에 올라가다 – 왕상 10:5; 왕하 19:14; 20:5, 8; 23:2; 렘 26:10; 눅 18:10; 요 7:14; 행 3:1

성전을 건축하다 – 왕상 5:3, 5, 18; 6:1, 12, 14, 38; 8:13, 17, 18, 19, 20; 대상 22:2, 6, 7, 8, 10, 11, 19; 28:2, 3, 6; 29:16, 19; 대하 2:1, 4, 6, 12; 6:2, 7, 8, 9, 10; 36:23; 스 1:2, 3, 5; 4:1, 3; 5:3, 9; 6:8, 14, 22; 학 1:8; 슥 8:9

성전을 더럽히다 – 시 79:1; 겔 9:7; 44:7; 행 24:6; 고전 3:17

성전을 사모하다 – 대상 29:3

성전을 세우다 – 대상 6:32; 스 9:9

성전을 수리하다 – 왕하 12:5, 6, 7, 11, 12, 14; 22:6

성전을 지키다 – 겔 40:45; 44:14

성전을 향하다 – 왕상 8:29, 38, 42; 대하 6:20, 29, 32; 시 5:7; 138:2

성전을 헐다 – 스 5:12; 6:12; 마 26:61; 27:40; 막 15:29; 요 2:19

성전의 내소 – 왕상 6:16; 8:6

【 성전 】　　　　　　　　　　　　　　　　　　　　　　　【 성전 】

대하 3:8	지성소를 지었으니 **성전** 넓이대로 길이
대하 3:11	다섯 규빗이니 **성전** 벽에 닿았고 그
대하 3:12	**성전** 벽에 닿았고 그 다른 날개도 다섯
대하 3:15	**성전** 앞에 기둥 둘을 만들었으니 높이가
대하 3:17	기둥을 **성전** 앞에 세웠으니 왼쪽에
대하 4:10	바다는 **성전** 오른쪽 동남방에 두었더라
대하 4:22	그릇이며 또 **성전** 문 곧 지성소의 문과
대하 6:22	와서 이 **성전**에 있는 주의 제단 앞에서
대하 6:24	주께로 돌아와서 이 **성전**에서 주께 빌며
대하 7:1	사르고 여호와의 영광이 그 **성전**에
대하 7:3	영광이 **성전** 위에 있는 것을 보고 돌을
대하 7:12	택하여 내게 제사하는 **성전**을 삼았으니
대하 7:16	이미 이 **성전**을 택하고 거룩하게 하여
대하 7:20	이름을 위하여 거룩하게 한 이 **성전**을
대하 7:21	이 **성전**이 비록 … 이 땅과 이 **성전**에
대하 20:9	이 **성전**에 있으니 우리가 이 **성전**
대하 23:10	호위하되 **성전** 오른쪽에서부터 **성전** 왼쪽까지 제단과 **성전** 곁에 서게 하고
대하 23:13	왕이 **성전** 문기둥 곁에 섰고 지휘관들과
대하 24:16	**성전**에 대하여 선을 행하였음이더라
대하 26:20	나병이 생겼음을 보고 **성전**에서 급히
대하 33:7	하나님이 이 **성전**에 대하여 다윗과 그의 아들 … 택한 이 **성전**과 예루살렘
대하 34:8	열여덟째 해에 그 땅과 **성전**을 정결하게
대하 34:11	왕들이 헐어버린 **성전**들을 위하여 들보
대하 35:20	요시야가 **성전**을 정돈하기를 마친 후에
대하 36:17	그들의 **성전**에서 칼로 청년들을 죽이며

스 3:12	첫 **성전**을 보았으므로 이제 이 **성전**이
스 5:8	**성전**을 큰 돌로 세우며 벽에 나무를
스 5:11	예전에 건축되었던 **성전**을 우리가
스 5:13	조서를 내려 하나님의 이 **성전**을 다시
스 6:3	**성전** 곧 제사 드리는 처소를 건축하되 지대를 견고히 쌓고 그 **성전**의 높이는
스 6:5	느부갓네살이 예루살렘 **성전**에서 … 예루살렘 **성전**에 가져다가 하나님의
스 6:15	다리오 왕 제육년 아달월 삼일에 **성전**
스 8:20	사람 중 **성전** 일꾼은 이백이십 명이었는
느 2:8	조서를 내리사 그가 **성전**에 속한 영문의

시가서, 선지서

시 11:4	여호와께서는 그의 **성전**에 계시고
시 18:6	그의 **성전**에서 내 소리를 들으심이여
시 27:4	아름다움을 바라보며 그의 **성전**에서
시 29:9	말갛게 벗기시니 그의 **성전**에서 그의
사 6:1	그의 옷자락은 **성전**에 가득하였고
사 6:4	요동하며 **성전**에 연기가 충만한지라
사 44:28	중건되리라 하며 **성전**에 대하여는 네
사 64:11	**성전**이 불에 탔으며 우리가 즐거워하던
사 66:6	목소리가 **성전**에서부터 들리니 이는
렘 26:6	내가 이 **성전**을 실로같이 되게 하고
렘 26:9	**성전**이 실로같이 되겠고 이 성이
렘 26:12	모든 말로 이 **성전**과 이 성을 향하여
렘 26:18	**성전**의 산은 산당의 숲과 같이 되리라
렘 50:28	보복하시는 것, 그의 **성전**의 보복하시는
렘 51:11	보복하시는 것 곧 그의 **성전**을 위하여

'성전'과 관련된 성구

성전의 성소 - 왕상 6:3; 겔 48:21
성전이 열리다 - 계 11:19; 15:5
여호와의 성전 - 왕상 3:1; 6:37; 7:12, 45, 48, 51; 8:10, 11, 63, 64; 9:1, 10, 15; 10:5, 12; 12:27; 14:26, 28; 15:15, 18; 왕하 11:3, 4, 7, 10, 13, 15 18, 19; 12:4, 9, 10, 11, 13, 14, 16, 18; 14:14; 15:35; 16:8, 14, 18; 18:15, 16; 19:14; 20:5, 8; 21:4, 5; 22:3, 4, 5, 8, 9; 23:2, 4, 6, 7, 11, 12, 24; 24:13; 25:9, 13, 16; 대상 6:31, 32; 9:23; 22:11, 14; 23:4, 24, 28; 24:19; 26:12, 22, 27; 28:12, 13, 20; 29:8; 대하 26:16; 27:2; 스 1:3, 5, 7; 2:68; 3:6, 8, 10, 11; 4:1; 7:27; 8:29; 시 116:19; 134:1; 135:2; 렘 7:4; 17:26; 20:1, 2; 24:1; 26:2, 7; 41:5; 52:13, 17, 20; 겔 8:16; 44:4, 5; 욜 1:9, 14; 3:18; 학 2:18
주의 성전 - 시 65:4; 79:1; 138:2; 욘 2:4, 7; 눅 1:9
하나님의 성전 - 대상 9:11, 13, 26, 27; 22:1, 2, 19; 23:28; 28:12, 21; 29:2, 3, 7; 대하 4:11; 스 1:4; 3:8, 9; 4:3, 24; 5:2, 8, 14, 16; 6:3, 5, 7, 12, 16, 17, 22; 7:16, 17, 19, 20, 24; 8:17, 25, 30, 33, 36; 9:9; 10:1, 6, 9; 시 84:10; 욜 1:13, 16; 마 26:61; 고전 3:16, 17; 고후 6:16; 살후 2:4; 계 3:12; 11:1, 19

【 성전 】 　　　　　　　　　　　　　　【 성전 】

렘 52:24	부제사장 스바냐와 **성전** 문지기 세 사람
겔 9:3	**성전** 문지방에 이르더니 여호와께서
겔 9:6	**성전** 앞에 있는 늙은 자들로부터 시작하
겔 10:3	들어갈 때에 그룹들은 **성전** 오른쪽에
겔 10:4	**성전** 문지방에 이르니 구름이 **성전**에
겔 10:18	여호와의 영광이 **성전** 문지방을 떠나서
겔 23:39	**성전** 가운데에서 그렇게 행하였으며
겔 40:47	네모 반듯하며 제단은 **성전** 앞에 있더라
겔 40:48	그가 나를 데리고 **성전** 문 현관에 이르러
겔 41:1	나를 데리고 **성전**에 이르러 그 문 벽을
겔 41:5	**성전**의 벽을 측량하니 두께가 여섯 척이며 **성전** 삼면에 골방이 있는데 너비는
겔 41:6	**성전** 벽 밖으로 그 벽에 붙어 있는데 **성전** 벽 속을 뚫지는 아니하였으며
겔 41:7	넓으므로 **성전**에 둘린 이 골방이 높아질수록 **성전**에 가까워졌으나 **성전**의
겔 41:8	내가 보니 **성전** 삼면의 지대 곧 모든
겔 41:13	그가 **성전**을 측량하니 길이는 백 척이요
겔 41:19	종려나무를 향하였으며 온 **성전** 사방이
겔 41:20	종려나무들을 새겼으니 **성전** 벽이 다
겔 41:25	**성전** 문에 그룹과 종려나무를 새겼는데
겔 41:26	새겨져 있고 **성전**의 골방과 디딤판도
겔 42:8	길이는 쉰 척이며 **성전** 앞을 향한 방은
겔 42:15	그가 안에 있는 **성전** 측량하기를 마친
겔 43:5	여호와의 영광이 **성전**에 가득하더라
겔 43:10	너는 이 **성전**을 이스라엘 족속에게
겔 43:11	이 **성전**의 제도와 구조와 그 출입하는
겔 43:12	**성전**의 법은 이러하니라 산 꼭대기 지점의 주위는 지극히 거룩하리라 **성전**의
겔 43:21	제물의 수송아지를 가져다가 **성전**의
겔 44:4	북문을 통하여 **성전** 앞에 이르시기로
겔 44:11	**성전** 문을 맡을 것이며 **성전**에서 수종
겔 44:14	**성전**에 모든 수종드는 일과 그 가운데
겔 44:17	안뜰 문과 **성전** 안에서 수종들 때에는
겔 45:5	만 척을 측량하여 **성전**에서 수종드는
겔 45:19	가져다가 **성전** 문설주와 제단 아래층
겔 45:20	역시 그렇게 하여 **성전**을 속죄할지니라
겔 46:24	**성전**에서 수종드는 자가 백성의 제물을
겔 47:1	나를 데리고 **성전** 문에 이르니 **성전**의 앞면이 … 흐르다가 **성전** 오른쪽 제단
단 5:23	주재보다 높이며 그의 **성전** 그릇을 왕
미 1:2	증언하시되 곧 주께서 **성전**에서 그리하
미 3:12	예루살렘은 무더기가 되고 **성전**의 산은

합 2:20	여호와는 그 **성전**에 계시니 온 땅은
학 1:4	**성전**이 황폐하였거늘 너희가 이 때에
학 2:3	남아 있는 자 중에서 이 **성전**의 이전
학 2:7	내가 이 **성전**에 영광이 충만하게 하리라
학 2:9	**성전**의 나중 영광이 이전 영광보다
슥 4:9	스룹바벨의 손이 이 **성전**의 기초를
말 1:10	너희 중에 **성전** 문을 닫을 자가 있었으
말 3:1	그의 **성전**에 임하시리니 곧 너희가

복음서

마 4:5	예수를 거룩한 성으로 데려다가 **성전**
마 12:5	안식일에 제사장들이 **성전** 안에서 안식
마 12:6	내가 너희에게 이르노니 **성전**보다 더
마 21:12	**성전**에 들어가사 **성전** 안에서 매매하는
마 21:14	맹인과 저는 자들이 **성전**에서 예수께
마 21:15	이상한 일과 또 **성전**에서 소리 질러
마 23:16	**성전**으로 맹세하면 아무 일 없거니와 **성전**의 금으로 맹세하면 지킬지라
마 23:17	금이냐 그 금을 거룩하게 하는 **성전**이냐
마 23:21	**성전**으로 맹세하는 자는 **성전**과 그 안에
마 23:35	아벨의 피로부터 **성전**과 제단 사이에서
마 24:1	예수께서 **성전**에서 나와서 가실 때에 제자들이 **성전** 건물들을 가리켜 보이려
마 26:55	날마다 **성전**에 앉아 가르쳤으되 너희가
막 11:15	**성전**에 들어가사 **성전** 안에서 매매하는
막 11:16	**성전** 안으로 지나다님을 허락하지
막 11:27	**성전**에서 거니실 때에 대제사장들과
막 12:35	예수께서 **성전**에서 가르치실새 대답하
막 13:1	예수께서 **성전**에서 나가실 때에 제자
막 13:3	예수께서 감람산에서 **성전**을 마주
막 14:49	날마다 너희와 함께 **성전**에 있으면서
막 14:58	**성전**을 사흘 동안에 지으리라 하더라
눅 1:21	**성전** 안에서 지체함을 이상히 여기더라
눅 1:22	**성전** 안에서 환상을 본 줄 알았더라
눅 2:37	**성전**을 떠나지 아니하고 주야로 금식하
눅 2:46	사흘 후에 **성전**에서 만난즉 그가 선생들
눅 4:9	예루살렘으로 가서 **성전** 꼭대기에
눅 11:51	아벨의 피로부터 제단과 **성전** 사이에서
눅 19:47	**성전**에서 가르치시니 대제사장들과
눅 20:1	예수께서 **성전**에서 백성을 가르치시며
눅 21:5	사람들이 **성전**을 가리켜 그 아름다운
눅 21:37	예수께서 낮에는 **성전**에서 가르치시고
눅 21:38	들으려고 이른 아침에 **성전**에 나아가더
눅 22:4	대제사장들과 **성전** 경비대장들에게

【 성전고 】　　　　　　　　　　　　　　　　　　　　　　　　　　　　　　　　【 성취하다 】

눅 22:52	대제사장들과 **성전**의 경비대장들과		**성정**(性情, nature)	
눅 22:53	날마다 너희와 함께 **성전**에 있을 때에		행 14:15	여러분과 같은 **성정**을 가진 사람이라
눅 24:53	늘 **성전**에서 하나님을 찬송하니라		약 5:17	우리와 **성정**이 같은 사람이로되
요 2:15	양이나 소를 다 **성전**에서 내쫓으시고			
요 2:20	이르되 이 **성전**은 사십육 년 동안에		**성주**(城主, ruler of the city)	
요 2:21	**성전** 된 자기 육체를 가리켜 말씀하신		왕상 22:26	잡아 **성주** 아몬과 왕자 요아스에게로
요 5:14	예수께서 **성전**에서 그 사람을 만나			
요 7:28	예수께서 **성전**에서 가르치시며 외쳐		**성중**(城中, within the city)	
요 8:20	말씀은 **성전**에서 가르치실 때에 헌금함		신 12:12	**성중**에 있는 레위인과도 그리할지니
요 8:59	치려하거늘 예수께서 숨어 **성전**에서		신 12:18	자녀와 노비와 **성중**에 거주하는 레위인
요 10:23	예수께서 **성전** 안 솔로몬 행각에서		신 14:21	그것을 **성중**에 거류하는 객에게 주어
요 11:56	그들이 예수를 찾으며 **성전**에 서서 서로		신 14:29	기업이 없는 레위인과 네 **성중**에 거류하
요 18:20	유대인들이 모이는 회당과 **성전**에서		신 15:22	**성중**에서 먹되 부정한 자나 정한 자가
역사서			신 16:11	자녀와 노비와 **성중**에 있는 레위인과
행 2:46	날마다 마음을 같이하여 **성전**에 모이기		신 16:14	노비와 네 **성중**에 거주하는 레위인과
행 3:2	위하여 날마다 미문이라는 **성전** 문에		신 17:2	네게 주시는 어느 **성중**에서든지 너희
행 3:10	그가 본래 **성전** 미문에 앉아 구걸하던		신 17:8	**성중**에서 서로 피를 흘렸거나 다투었거
행 4:1	제사장들과 **성전** 맡은 자와 사두개인들		왕하 6:25	사마리아를 에워싸므로 **성중**이 크게
행 5:20	**성전**에 서서 이 생명의 말씀을 다 백성		왕하 7:13	아직 **성중**에 남아 있는 말 다섯 마리를
행 5:25	옥에 가두었던 사람들이 **성전**에 서서			취하고 … 그것들이 **성중**에 남아 있는
행 5:42	날마다 **성전**에 있든지 집에 있든지		대하 23:21	즐거워하고 **성중**이 평온하더라 아달랴
행 21:27	유대인들이 **성전**에서 바울을 보고 모든		애 4:1	뒤집어쓰고 **성중**에 나가서 대성통곡하
행 21:29	바울이 그를 **성전**에 데리고 들어간 줄로		잠 1:21	성문 어귀와 **성중**에서 그 소리를 발하여
행 21:30	바울을 잡아 **성전** 밖으로 끌고 나가니		잠 9:3	자기의 여종을 보내어 **성중** 높은 곳에서
행 22:17	예루살렘으로 돌아와서 **성전**에서 기도		렘 37:21	주게 하매 **성중**에 떡이 떨어질 때까지
행 24:12	그들은 내가 **성전**에서 누구와 변론하는		렘 39:9	느부사라단이 **성중**에 남아 있는 백성과
행 24:18	**성전**에 있는 것을 그들이 보았나이다		렘 52:6	그 해 넷째 달 구일에 **성중**에 기근이
행 25:8	율법이나 **성전**이나 가이사에게나		렘 52:15	가난한 자와 **성중**에 남아 있는 백성과
행 26:21	유대인들이 **성전**에서 나를 잡아 죽이고		렘 52:25	또 **성중**에서 만난 왕의 내시 칠 명과
서신서, 예언서			욜 2:9	**성중**에 뛰어 들어가며 성 위에 달리며
고전 9:13	**성전**의 일을 하는 이들은 **성전**에서 나는		눅 23:19	이 바라바는 **성중**에서 일어난 민란과
계 7:15	그의 **성전**에서 밤낮 하나님을 섬기매		행 18:10	**성중**에 내 백성이 많음이라 하시더라
계 14:15	천사가 **성전**으로부터 나와 구름 위에			
계 14:17	천사가 하늘에 있는 **성전**에서 나오는데		**성채**(城砦, stronghold)	
계 15:6	재앙을 가진 일곱 천사가 **성전**으로부터		애 2:2	유다의 견고한 **성채**들을 허물어 땅에
계 15:8	**성전**에 연기가 가득 차매 일곱 천사의			
계 16:1	내가 들으니 **성전**에서 큰 음성이 나서		**성취하다**(成就, come true, settle)	
계 16:17	음성이 **성전**에서 보좌로부터 나서		신 18:22	증험도 없고 **성취함**도 없으면 이는
계 21:22	내가 **성전**을 보지 못하였으니 이는 주		룻 3:18	사람이 오늘 이 일을 **성취하기** 전에는
	하나님 … 어린 양이 그 **성전**이심이라		시 35:25	소원을 **성취하였다** 하지 못하게 하시며
			잠 13:19	소원을 **성취하면** 마음에 달아도 미련한
성전고(聖殿庫, treasury)			잠 20:18	경영은 의논함으로 **성취하나니** 지략을
마 27:6	이것은 핏값이라 **성전고**에 넣어 둠이		전 11:5	만사를 **성취하시는** 하나님의 일을 네가

1368

사 44:26	계획을 **성취**하게 하며 예루살렘에
사 44:28	기쁨을 **성취**하리라 하며 예루살렘에
사 53:10	기뻐하시는 뜻을 **성취**하리로다
렘 29:10	너희에게 **성취**하여 너희를 이 곳으로
렘 33:2	그것을 만들며 **성취**하시는 여호와,
렘 33:14	집에 대하여 일러 준 선한 말을 **성취**할
렘 44:25	서원을 **성취**하며 너희 서원을 이행하라
렘 48:30	아무 것도 **성취**하지 못하였도다
고후 8:6	이 은혜를 그대로 **성취**하게 하라
고후 8:11	하던 일을 **성취**할지니 마음에 원하던
갈 6:2	그리하여 그리스도의 법을 **성취**하라

성품(性品, heart)

신 2:30	손에 넘기시려고 그의 **성품**을 완강하게
수 22:5	너희의 마음을 다하며 **성품**을 다하여
왕상 2:4	마음을 다하고 **성품**을 다하여 진실히
잠 17:27	아끼는 자는 지식이 있고 **성품**이 냉철한
벧후 1:4	신성한 **성품**에 참여하는 자가 되게 하려

성하다(increase, restore)

1. 기운이나 세력이 한창 일어나다(increase)

| 마 24:12 | 불법이 **성하므로** 많은 사람의 사랑이 |

2. 상한 데 없이 온전하다(restore)

왕상 13:6	다시 **성하게** 기도하라 하나님의 사람 이 … 왕의 손이 다시 **성하도록** 전과
시 38:3	진노로 말미암아 내 살에 **성한** 곳이
시 38:7	허리에 열기가 가득하고 내 살에 **성한**
사 1:6	발바닥에서 머리까지 **성한** 곳이 없이
겔 30:22	곧 **성한** 팔과 이미 꺾인 팔을 꺾어서
마 6:22	몸의 등불이니 그러므로 네 눈이 **성하면**
마 12:13	다른 손과 같이 회복되어 **성하더라**
눅 11:34	네 몸의 등불은 눈이라 네 눈이 **성하면**
행 3:16	**성하게** 하였나니 예수로 말미암아

성호(聖號, holy name)

레 20:3	성소를 더럽히고 내 **성호**를 욕되게
레 22:2	구별하여 내 **성호**를 욕되게 함이 없게
레 22:32	너희는 내 **성호**를 속되게 하지 말라
대상 16:10	그의 **성호**를 자랑하라 여호와를 구하는
시 33:21	그의 **성호**를 의지하였기 때문이로다

성회(聖會, sacred assembly)

| 출 12:16 | **성회**요 일곱째 날에도 **성회**가 되리니 |

레 23:2	**성회**로 공포할 여호와의 절기들이니
레 23:3	안식일이니 **성회**의 날이라 너희는 아무
레 23:4	정한 때에 **성회**로 공포할 여호와의 절기
레 23:21	날에 너희는 너희 중에 **성회**를 공포하
레 23:24	이는 나팔을 불어 기념할 날이요 **성회**라
사 1:13	**성회**와 아울러 악을 행하는 것을 내가
애 1:10	**성회**에 들어오지 못하도록 명령하신
애 1:15	**성회**를 모아 내 청년들을 부수심이여
겔 46:11	명절과 **성회** 때에 그 소제는 수송아지
암 5:21	미워하여 멸시하며 너희 **성회**들을

> ### '성회'와 관련된 성구
>
> 성회로 모이다 – 레 23:7, 8, 35, 36; 민
28:18, 25, 26; 29:1, 7, 12; 신 16:8
성회를 소집하다 – 욜 1:14; 2:15
성회를 열다 – 레 23:27, 37; 대하 7:9; 느 8:18

섶(fuel)

사 9:5	피 묻은 겉옷이 불에 **섶**같이 살라지리
사 9:19	백성은 불에 **섶**과 같을 것이라 사람이
사 64:2	**섶**을 사르며 불이 물을 끓임 같게 하사
겔 21:32	네가 불에 **섶**과 같이 될 것이며 네 피가

세 1(貰, borrow)

마 21:33	망대를 짓고 농부들에게 **세**로 주고 타국
마 21:41	바칠 만한 다른 농부들에게 **세**로 줄지니
막 12:1	망대를 지어서 농부들에게 **세**로 주고
눅 20:9	농부들에게 **세**로 주고 타국에 가서 오래

세 2(稅, tax)

대하 24:6	성막을 위하여 정한 **세**를 유다와 예루살렘에서
대하 24:9	이스라엘에게 정한 **세** 를 여호와께 드리라 하였더
암 5:11	그에게서 밀의 부당한 **세**를 거두었은즉
마 17:26	그렇다면 아들들은 **세**를 면하리라
눅 20:22	가이사에게 **세**를 바치는 것이 옳으니이

세 3(歲, years old)

| 창 5:32 | 노아가 오백 **세** 된 후에 셈과 함과 야벳 |
| 창 7:11 | 노아가 육백 **세** 되던 해 둘째 달 곧 그 달 |

【 세 4 】　　　　　　　　　　　　　　　　　　　　　　　　　【 세간 】

창 17:1 　구십구 세 때에 여호와께서 아브람에게
창 17:17 사라는 구십 세니 어찌 출산하리요 하고
대하 26:1 온 백성이 나이가 십육 세 된 웃시야를
대하 31:16 삼 세 이상으로 족보에 기록된 남자

'세 3'과 관련된 수

백 세 – 창 11:10; 17:17
삼십 세 – 민 4:3; 4:23; 대상 23:3
오십 세 – 민 4:3; 4:23
이십 세 – 출 38:26; 민 1:3, 18, 20, 22, 24, 26, 28, 30, 32, 34, 26, 38, 40, 42, 45; 14:29; 26:2, 4; 32:11; 대상 23:27; 27:23; 대하 25:5; 스 3:8

세 4(three)

신 19:3 　전체를 세 구역으로 나누어 길을 닦고
수 17:11 므깃도 주민과 그 마을들 세 언덕 지역
삼상 2:13 사환이 손에 세 살 갈고리를 가지고
삼상 10:3 떡 세 덩이를 가졌고 한 사람은 포도주
왕상 7:4 세 줄로 있는데 창과 창이 세 층으로
왕상 7:5 창이 세 층으로 서로 마주 대하였으며
왕상 7:12 뜰 주위에는 다듬은 돌 세 켜와 백향목
왕하 3:10 세 왕을 불러 모아 모압의 손에 넘기려
왕하 3:13 여호와께서 이 세 왕을 불러 모아 모압
대상 25:5 하나님이 헤만에게 열네 아들과 세 딸을
대하 8:13 일년의 세 절기 무교절과 칠칠절과
욥 32:3 세 친구에게 화를 냄은 그들이 능히
전 4:12 세 겹줄은 쉽게 끊어지지 아니하느라
단 7:5 입의 잇사이에는 세 갈빗대가 물렸는데
단 7:20 다른 뿔이 나오매 세 뿔이 그 앞에서
단 7:24 있던 자들과 다르고 또 세 왕을 복종시
단 10:2 나 다니엘이 세 이레 동안을 슬퍼하며
단 11:2 세 왕들이 일어날 것이요 그 후에
슥 11:8 내가 그 세 목자를 제거하였으니
눅 11:5 말하기를 벗이여 떡 세 덩이를 내게
행 17:2 들어가서 세 안식일에 성경을 가지고
고전 13:13 믿음, 소망, 사랑, 이 세 가지는 항상
계 9:18 세 재앙 곧 자기들의 입에서 나오는
계 16:13 개구리같은 세 더러운 영이 용의 입과
계 16:19 성이 세 갈래로 갈라지고 만국의 성들도
계 21:13 동쪽에 세 문, 북쪽에 세 문, 남쪽에 세 문, 서쪽에 세 문이니

'세 4'와 관련된 성구

세 가지 – 창 40:10, 12; 출 21:11; 25:32; 37:18; 삼하 24:12; 대상 21:10
세 광주리 – 창 40:16, 18
세 규빗 – 출 38:1; 왕상 7:27; 왕하 25:17; 대하 6:13
세 대 – 삿 7:16; 삼상 13:17
세 떼 – 창 29:2
세 마리 – 삼상 1:24; 대하 4:4
세 며느리 – 창 7:13
세 명 – 대상 11:20, 21; 욥 1:4
세 무리 – 삿 9:43; 욥 1:17
세 번 – 출 23:14, 17; 34:23; 민 22:28, 32, 33; 24:10; 신 16:16; 삿 16:15; 삼상 20:41; 왕상 9:25; 17:21; 왕하 13:18, 19, 25; 단 6:10, 13; 마 26:34, 75; 막 14:30, 72; 눅 22:34, 61; 요 13:38; 행 10:16; 11:10; 고후 11:25; 12:8
세 번째 – 삼상 3:8; 19:21; 왕상 18:34; 왕하 1:13; 마 26:44; 눅 20:12; 23:22; 요 21:14, 17; 고후 12:14; 13:1
세 사람 – 민 12:4; 신 17:6; 수 18:4; 삼상 10:3; 17:14; 삼하 23:13, 18, 19, 23; 왕하 25:18; 대상 2:3; 3:23; 7:6; 11:15, 18, 25; 23:8, 9, 23; 욥 2:11; 32:1; 렘 52:24; 겔 14:14, 18; 단 3:23, 24; 눅 10:36; 행 11:11; 고전 14:27
세 성읍 – 민 35:14; 신 4:41; 19:2, 7, 9; 수 21:32
세 스아 – 창 18:6
세 아들 – 창 9:19; 29:34; 수 15:14; 삿 1:20; 삼상 2:21; 17:13; 31:6, 8; 삼하 2:18; 대상 10:6
세 용사 – 삼하 23:9, 17, 22; 대상 11:12, 19, 24
세 증인 – 신 19:15
세 척 – 겔 40:48; 41:22
세 켜 – 왕상 6:36; 스 6:4

세간(世間, possession)

느 13:8 　내가 심히 근심하여 도비야의 세간을 그 방 밖으로 다 내어 던지고

【세겔 1】　　　　　　　　　　　　　　　　　　　　　　　　　　【세계】

마 12:29　집에 들어가 그 **세간**을 강탈하겠느냐
막 3:27　집에 들어가 **세간**을 강탈하지 못하리니
눅 17:31　**세간**이 그 집 안에 있으면 그것을

세겔 2 - 기타 본문
창 33:18; 35:4; 37:12, 13, 14; 48:22; 수 17:7;
20:7; 21:21; 24:1, 25; 삿 9:1, 2, 3, 6, 7, 18, 20,
23, 24, 26, 31, 34, 39, 41, 49, 57; 21:19; 왕상
12:1, 25; 대상 6:67; 7:28, 대하 10:1; 시 60:6;
108:7; 렘 41:5; 호 6:9; 행 7:16

세겔 1(Zeker) 기브온의 조상 여이엘의 아들
대상 8:31　그돌과 아히오와 **세겔**이며

세겔 2(shekel)
창 23:15　은 사백 **세겔**이나 그것이 나와 당신
창 23:16　통용하는 은 사백 **세겔**을 달아 에브론

세겔 2 - 기타 본문
창 24:22; 출 21:32; 30:13, 15, 23, 24; 38:24, 25,
26, 28, 29; 레 5:15; 27:4, 5, 6, 7, 16, 25; 민
3:47, 50; 7:13, 14, 19, 20, 25, 26, 31, 32, 37, 38,
43, 44, 49, 50, 55, 56, 61, 62, 67, 68, 73, 79, 80,
85, 86; 18:16; 31:52; 신 22:19, 29; 수 7:21; 삿
8:26; 삼상 9:8; 17:5, 7; 삼하 14:26; 21:16;
24:24; 왕상 10:16, 29; 왕하 6:25; 7:1, 16, 18;
15:20; 대상 21:25; 대하 1:17; 3:9; 9:15, 16; 느
5:15; 10:32; 렘 32:9; 겔 4:10; 45:12; 암 8:5; 마
17:24, 27

세겜 1(Shechem)

1. 인 명

(1) 히위 사람 하몰의 아들로 히위 족속의 추장
창 33:19　장막을 친 밭을 **세겜**의 아버지 하몰의

세겜 1 - (1) - 기타 본문
창 34:2, 7, 8, 13, 18, 20, 24, 26; 수 24:32

(2) 므낫세 자손 세겜의 일족
민 26:31　아스리엘 종족과 **세겜**에게서 난 **세겜**
수 17:2　아스리엘의 자손과 **세겜**의 자손과 헤벨

2. 지명 : 사마리아의 한 지역
창 12:6　아브람이 그 땅을 지나 **세겜** 땅 모레 상수리나무에 이르니 그 때에 가나안 사람이 그 땅에

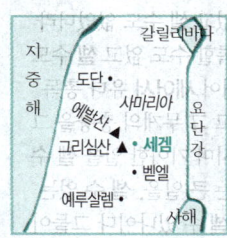

세계(世界, whole earth, land, world)
출 19:5　**세계**가 다 내게 속하였나니 너희가 내
민 14:21　영광이 온 **세계**에 충만할 것을 두고
신 28:1　여호와께서 너를 **세계** 모든 민족 위에
삼상 2:8　여호와께서 **세계**를 그것들 위에 세우
대상 16:30　온 땅이여 그 앞에서 떨지어다 **세계**가
시 9:8　공의로 **세계**를 심판하심이여 정직으로
시 24:1　거기에 충만한 것과 **세계**와 그 가운데에
시 45:16　그들로 온 **세계**의 군왕을 삼으리로다
시 46:10　**세계** 중에서 높임을 받으리라 하시도다
시 48:2　높고 아름다워 온 **세계**가 즐거워함이여
시 50:12　아니할 것은 **세계**와 거기에 충만한 것이
시 57:5　온 **세계** 위에 높아지기를 원하나이다
시 57:11　온 **세계** 위에 높아지기를 원하나이다
시 77:18　**세계**를 비추며 땅이 흔들리고 움직였나
시 83:18　이름하신 주만 온 **세계**의 지존자로
시 89:11　주의 것이라 **세계**와 그 중에 충만한
시 90:2　산이 생기기 전, 땅과 **세계**도 주께서
시 93:1　띠를 띠셨으므로 **세계**도 견고히 서서
시 94:2　**세계**를 심판하시는 주여 일어나사
시 96:10　**세계**가 굳게 서고 흔들리지 않으리라
시 96:13　**세계**를 심판하시며 그의 진실하심으로
시 97:4　**세계**를 비추니 땅이 보고 떨었도다
시 98:7　거기 충만한 것과 **세계**와 그 중에
시 98:9　의로 **세계**를 판단하시며 공평으로 그의
사 10:14　**세계**를 얻은 것은 내버린 알을 주움
사 10:23　온 **세계** 중에 끝까지 행하시리라
사 14:17　**세계**를 황무하게 하며 성읍을 파괴하며
사 14:26　이것이 온 **세계**를 향하여 정한 경영이며
사 19:24　및 앗수르와 더불어 셋이 **세계** 중에
사 24:4　슬퍼하고 쇠잔하며 **세계**가 쇠약하고
사 24:13　**세계** 민족 중에 이러한 일이 있으리니
사 26:9　땅에서 심판하시는 때에 **세계**의 거민이
사 26:18　베풀지 못하였고 **세계**의 거민을 출산하
사 34:1　충만한 것, **세계**와 세계에서 나는 모든
렘 10:12　지혜로 **세계**를 세우셨고 그의 명철로

【 세공업자 】　　　　　　　　　　　　　　　　　　　　【 세다 】

렘 15:4	세계 여러 민족 가운데에 흩으리라
렘 15:10	온 세계에 다투는 자와 싸우는 자를
렘 26:6	세계 모든 민족의 저줏거리가 되게
렘 29:18	세계 여러 나라 가운데에 흩어 학대를
렘 33:9	세계 열방 앞에서 나의 기쁜 이름이
렘 34:17	세계 여러 나라 가운데에 흩어지게
렘 44:8	분향함으로 끊어 버림을 당하여 세계
렘 50:23	세계의 망치가 어찌 그리 꺾여 부서졌는
렘 51:7	여호와의 손에 잡혀 있어 온 세계가
렘 51:15	지혜로 세계를 세우셨고 그의 명철로
렘 51:25	세계를 멸하는 멸망의 산아 보라 나는
단 2:35	이루어 온 세계에 가득하였나이다
단 2:39	일어나서 온 세계를 다스릴 것이며
나 1:5	세계와 그 가운데에 있는 모든 것들이
합 3:3	하늘을 덮었고 그의 찬송이 세계에
고전 3:22	바울이나 아볼로나 게바나 세계나
고전 4:9	세계 곧 천사와 사람에게 구경거리가
히 1:2	말미암아 모든 세계를 지으셨느니라
히 11:3	믿음으로 모든 세계가 하나님의 말씀으
약 3:6	혀는 곧 불이요 불의의 세계라 혀는

세공업자(細工業者, workman)

딤후 4:14	구리 세공업자 알렉산더가 내게 해를
계 18:22	세공업자든지 결코 다시 네 안에서

세공하다(細工, designer)

출 35:35	조각하는 일과 세공하는 일과 청색 자색

세관(稅關, tax collector's booth)

마 9:9	마태라 하는 사람이 세관에 앉아 있는
막 2:14	알패오의 아들 레위가 세관에 앉아 있는
눅 5:27	레위라 하는 세리가 세관에 앉아 있는

세구(Secu, 기브아와 라마의 중간에 있는 마을)

삼상 19:22	이에 사울도 라마로 가서 세구에 있는

세군도(Secundus, 데살로니가 사람)

행 20:4	아리스다고와 세군도와 두베 사람

세금(稅金, tax)

삼상 17:25	아버지의 집을 이스라엘 중에서 세금을
스 6:8	건너편에서 거둔 세금 중에서 그 경비를
느 5:4	돈을 빚내어 왕에게 세금을 바쳤도다
에 2:18	지방의 세금을 면제하고 왕의 이름으로
마 22:17	세금을 바치는 것이 옳으니이까
마 22:19	세금 낼 돈을 내게 보이라 하시니
막 12:14	가이사에게 세금을 바치는 것이 옳으니
눅 23:2	가이사에게 세금 바치는 것을 금하며

세나(Zenas) 교법사로 바울이 디도에게 소개한 사람

딛 3:13	율법교사 세나와 및 아볼로를 급히 먼저

세낫살(Shenazzar) 여호야긴 왕의 넷째 아들

대상 3:18	브다야와 세낫살과 여가먀와 호사마와

세내다(貰, hire)

출 22:15	아니할지니라 만일 세낸 것이면 세로
사 7:20	주께서 하수 저쪽에서 세내어 온 삭도

세네(Seneh) 바위의 이름

삼상 14:4	이름은 보세스요 하나의 이름은 세네라

세다(presence of the aged, count, strong)

1. 머리털이 희어지다(presence of the aged)

레 19:32	센 머리 앞에서 일어서고 노인의 얼굴을

2. 수효를 헤아리다(count)

창 13:16	능히 셀 수 있을진대 네 자손도 세리라
창 15:5	하늘을 우러러 뭇별을 셀 수 있나 보라
창 16:10	크게 번성하여 그 수가 많아 셀 수 없게
창 32:12	바다의 셀 수 없는 모래와 같이 많게
창 41:49	모래같이 심히 많아 세기를 그쳤으니
레 15:13	이레를 센 후에 옷을 빨고 흐르는 물에
레 15:28	그치면 이레를 센 후에야 정하리니
레 23:15	곡식단을 가져온 날부터 세어서 일곱
민 23:10	누가 능히 세며 … 누가 능히 셀고 나는
신 16:9	일곱 주를 셀지니 곡식에 낫을 대는 첫 날부터 일곱 주를 세어
왕상 3:8	수효가 많아서 셀 수도 없고 기록할
왕상 8:5	기록할 수도 없고 셀 수도 없었더라
대하 5:6	수가 많아 기록할 수도 없고 셀 수도
스 1:8	그릇들을 꺼내어 세어서 유다 총독
스 8:34	세고 달아 보고 그 무게의 총량을 그
욥 5:9	큰 일을 행하시며 기이한 일을 셀 수
욥 9:10	측량할 수 없는 큰 일을, 셀 수 없는
시 22:17	내 모든 뼈를 셀 수 있나이다 그들이

【 세단 】   【 세대 】

시 40:5   하나 너무 많아 그 수를 셀 수도
전 1:15   할 수 없고 모자란 것도 셀 수 없도다
렘 2:32   나를 잊었나니 그 날 수는 셀 수 없거늘
렘 33:22 하늘의 만상은 셀 수 없으며 바다의
렘 46:23 황충보다 많아서 셀 수 없으므로 조사할
단 5:26   나라의 시대를 세어서 그것을 끝나게
호 1:10   헤아릴 수도 없고 셀 수도 없을 것이며
마 10:30 머리털까지 다 세신 바 되었나니
눅 12:7   머리털까지도 다 세신 바 되었나니
계 7:9   아무도 능히 셀 수 없는 큰 무리가 나와

3. 힘이 많다(strong)

신 7:1   너보다 많고 힘이 센 일곱 족속을 쫓아
삼상 14:52 사울이 힘 센 사람이나 용감한 사람을
시 18:17   그들은 나보다 힘이 세기 때문이로다
계 10:1   내가 또 보니 힘 센 다른 천사가 구름을
계 18:21   힘 센 천사가 큰 맷돌 같은 돌을 들어

세단(Zethan) 베냐민 지파 여디아엘의 자손
대상 7:10 그나아나와 세단과 다시스와 아히사할

세달 1(Zethar) 아하수에로 왕의 어전 내시 일곱 명 가운데 한 사람
에 1:10   아박다와 세달과 가르가스 일곱 사람을

세달 2(Shethar) 아하수에로 왕의 대신 일곱 명 가운데 한 사람
에 1:14   가르스나와 세달과 아드마다와 다시스

세담(Zetham) 게르손의 자손으로 라단의 아들
대상 23:8 여히엘과 또 세담과 요엘 세 사람이요

세대(世代, generation)

창 7:1   방주로 들어가라 이 세대에서 네가 내
창 25:13 세대대로 이와 같으니라 이스마엘의
민 32:13 목전에 악을 행한 그 세대가 마침내는
신 32:5   아니요 흠이 있고 삐뚤어진 세대로다
삿 2:10   세대의 사람도 다 그 조상들에게로 …
          다른 세대는 여호와를 알지 못하며
삿 3:2   이스라엘 자손의 세대 중에 아직 전쟁을
왕상 11:12 다윗을 위하여 네 세대에는 이 일을
시 12:7   세대로부터 영원까지 보존하시리이다
시 14:5   두려워하였으니 하나님이 의인의 세대
시 73:15 주의 아들들의 세대에 대하여 악행을

> **'세대'와 관련된 성구**
>
> 다른 세대 – 삿 2:10; 엡 3:5
> 악하고 음란한 세대 – 마 12:39; 16:4
> 악한 세대 – 신 1:35; 마 12:45; 눅 11:29; 갈 1:4
> 이 세대 사람을 정죄하다 – 마 12:41, 42; 눅 11:31, 32
> 장래 세대 – 시 102:18; 전 1:11
> 패역한 세대 – 신 32:20; 마 17:17; 눅 9:41; 행 2:40

시 78:8   하나님께 충성하지 아니하는 세대와
시 95:10 사십 년 동안 그 세대로 말미암아 근심
전 1:4   한 세대는 가고 한 세대는 오되 땅은
전 1:10   오래 전 세대들에도 이미 있었느니라
전 1:11   이전 세대들이 기억됨이 없으니 장래 세대도 그 후 세대들과 함께 기억됨이
사 53:8   심문을 당하고 끌려 갔으나 그 세대
렘 2:31   이 세대여 여호와의 말을 들어 보라
렘 7:29   여호와께서 그 노하신 바 이 세대를
마 11:16 세대를 무엇으로 비유할까 비유하건대
마 23:36 이것이 다 이 세대에 돌아가리라
마 24:34 진실로 너희에게 말하노니 이 세대가
막 8:12   세대가 표적을 구하느냐 내가 진실로 너희에게 이르노니 이 세대에 표적을
막 8:38   이 음란하고 죄 많은 세대에서 나와
막 9:19   대답하여 이르시되 믿음이 없는 세대여
막 13:30 진실로 너희에게 말하노니 이 세대가
눅 7:31   이르시되 이 세대의 사람을 무엇으로
눅 11:29 말씀하시되 이 세대는 악한 세대라 표적
눅 11:30 표적이 됨과 같이 인자도 이 세대에
눅 11:50 모든 선지자의 피를 이 세대가 담당하되
눅 11:51 내가 너희에게 이르노니 과연 이 세대가
눅 16:8   칭찬하였으니 이 세대의 아들들이 자기
눅 17:25 많은 고난을 받으며 이 세대에게 버린
눅 21:32 진실로 너희에게 말하노니 이 세대가
행 8:33   누가 그의 세대를 말하리요 그의 생명이
행 14:16 하나님이 지나간 세대에는 모든 민족
롬 12:2   너희는 이 세대를 본받지 말고 오직
고전 1:20 세대에 변론가가 어디 있느냐 하나님
고전 2:8 지혜는 이 세대의 통치자들이 한 사람
엡 2:7   지극히 풍성함을 오는 여러 세대에

【 세라 1 】　　　　　　　　　　　　　　　　　　　　　　【 세력 】

빌 2:15　어그러지고 거스르는 **세대** 가운데서
딤전 6:17　네가 이 **세대**에서 부한 자들을 명하여
히 3:10　내가 이 **세대**에게 노하여 이르기를 그들

세라 1(Serah) 아셀의 딸
창 46:17　그들의 누이 **세라**며 또 브리아의 아들은
민 26:46　아셀의 딸의 이름은 **세라**라
대상 7:30　브리아요 그들의 매제는 **세라**이며

세라 2(Zerah)
1. 다말이 유다에게 낳은 쌍둥이 아들 중 하나
창 38:30　나오니 그의 이름을 **세라**라 불렀더라
창 46:12　오난과 셀라와 베레스와 **세라**니 엘과
수 7:1　유다 지파 **세라**의 증손 삽디의 손자
대상 2:4　베레스와 **세라**를 낳아 주었으니 유다의
느 11:24　유다의 아들 **세라**의 자손 곧 므세사벨의
마 1:3　유다는 다말에게서 베레스와 **세라**를

　'세라 종족'과 관련된 성구
　민 26:13, 20; 수 7:17, 18, 24; 대상
　27:11, 13

2. 에서의 손자로 에돔의 족장
창 36:13　르우엘의 아들들은 나핫과 **세라**와 삼마
창 36:17　자손으로는 나핫 족장, **세라** 족장, 삼마
대상 1:37　르우엘의 아들은 나핫과 **세라**와 삼마

3. 에돔 왕 요밥의 아버지
창 36:33　보스라 사람 **세라**의 아들 요밥이 그를
대상 1:44　벨라가 죽으매 보스라 **세라**의 아들 요밥

4. 시므온 지파 세라 가족의 선조
대상 4:24　느무엘과 야민과 야립과 **세라**와 사울

5. 레위 지파 게르손 자손으로 잇도의 아들
대상 6:21　아들은 **세라**요 그의 아들은 여아드래

6. 게르손의 후손으로 아다야의 아들
대상 6:41　에드니는 **세라**의 아들이요 **세라**는

7. 구스 사람
대하 14:9　구스 사람 **세라**가 그들을 치려 하여

세레뱌(Sherebiah)
1. 레위의 아들인 말리의 자손
스 8:18　명철한 사람을 데려오고 또 **세레뱌**와
스 8:24　**세레뱌**와 하사뱌와 그의 형제 열 명을

2. 에스라를 도와 율법을 가르친 사람
느 8:7　예수아와 바니와 **세레뱌**와 야민과 악굽
느 9:4　분니와 **세레뱌**와 바니와 그나니는 단에
느 9:5　**세레뱌**와 호디야와 스바냐와 브다히야

3. 레위 사람으로 느헤미야 때에 갱신된 언약에 인친 사람들 가운데 한 사람
느 10:12　삭굴, **세레뱌**, 스바냐,

4. 바벨론 포로에서 귀환한 사람
느 12:8　빈누이와 갓미엘과 **세레뱌**와 유다와
느 12:24　족속의 지도자들은 하사뱌와 **세레뱌**와

세레스 1(Sheresh) 므낫세의 장자 마길의 아들
대상 7:16　이름은 **세레스**이며 **세레스**의 아들들은

세레스 2(Zeresh) 하만의 아내
에 5:10　그의 친구들과 그의 아내 **세레스**를
에 5:14　아내 **세레스**와 모든 친구들이 이르되
에 6:13　아내 **세레스**와 모든 친구에게 말하매 그 중 지혜로운 자와 그의 아내 **세레스**가

세렛 1(Sered) 스불론의 아들
창 46:14　스불론의 아들은 **세렛**과 엘론과 얄르엘
민 26:26　**세렛**에게서 난 **세렛** 종족과 엘론에게서

세렛 2(Zereth)
1. 유다 후손으로 아스훌의 아들
대상 4:7　헬라의 아들들은 **세렛**과 이소할과

2. 에돔과 모압의 국경을 이루는 골짜기
민 21:12　거기를 떠나 **세렛** 골짜기에 진을 쳤고
신 2:13　일어나서 **세렛** 시내를 건너가라 하시기로 우리가 **세렛** 시내를 건넜으니
신 2:14　**세렛** 시내를 건너기까지 삼십팔 년 동안

세렛 사할(Zereth Shahar) 요단 동편에서 르우벤 지파에게 분배된 성읍
수 13:19　골짜기의 언덕에 있는 **세렛 사할**과

세력(勢力, strong, power)
레 19:15　가난한 자의 편을 들지 말며 **세력** 있는
레 26:19　너희의 **세력**으로 말미암은 교만을 꺾고
대상 18:3　자기 **세력**을 펴고자 하매 다윗이 그를

【 세례 】 　　　　　　　　　　　　　　　　　　　　　　　　　【 세리 】

대하 12:1 르호보암의 나라가 견고하고 **세력**이
대하 12:13 예루살렘에서 스스로 **세력**을 굳게 하여
대하 21:4 왕국을 다스리게 되어 **세력**을 얻은 후에
에 8:11 백성 중 **세력**을 가지고 그들을 치려하는
욥 21:7 악인이 생존하고 장수하며 **세력**이
욥 34:20 **세력** 있는 자도 사람의 손을 빌리지
욥 34:24 **세력** 있는 자를 조사할 것이 없이 꺾이고
시 37:35 내가 악인의 큰 **세력**을 본즉 그 본래의
겔 24:21 성소는 너희 **세력**의 영광이요 너희 눈에
단 11:12 수만 명을 엎드러뜨릴 것이나 그 **세력**은
단 11:23 백성을 가지고 **세력**을 얻을 것이며
미 7:16 나라가 보고 자기의 **세력**을 부끄러워
학 2:22 나라의 **세력**을 멸할 것이요 그 병거들과
행 19:20 힘이 있어 흥왕하여 **세력**을 얻으니라

'세력'과 관련된 성구

개의 **세력** – 시 22:20
바로의 **세력** – 사 30:2, 3
불(꽃)의 **세력** – 사 47:14; 히 11:34
사치의 **세력** – 계 18:3
죽음의 **세력** – 히 2:14
칼의 **세력** – 시 63:10; 렘 18:21

세례 (洗禮, baptism)

마 3:1 그 때에 **세례** 요한이 이르러 유대 광야에서
마 11:11 여자가 낳은 자 중에 **세례** 요한보다 큰
마 14:2 신하들에게 이르되 이는 **세례** 요한이라
마 14:8 제 어머니의 시킴을 듣고 이르되 **세례**
마 16:14 더러는 **세례** 요한, 더러는 엘리야, 어떤
마 17:13 예수께서 말씀하신 것이 **세례** 요한인
막 1:4 **세례** 요한이 광야에 이르러 죄 사함을
막 6:14 **세례** 요한이 죽은 자 가운데서 살아났다
막 6:24 어머니가 이르되 **세례** 요한의 머리를
막 6:25 **세례** 요한의 머리를 소반에 얹어 곧
막 8:28 제자들이 여짜와 이르되 **세례** 요한이라
눅 7:20 예수께 나아가 이르되 **세례** 요한이
눅 9:19 대답하여 이르되 **세례** 요한이라 하고
눅 12:50 받을 **세례**가 있으니 그것이 이루어지기
행 10:37 그 **세례**를 반포한 후에 갈릴리에서
행 10:47 누가 능히 물로 **세례** 베풂을 금하리요

엡 4:5 한 분이시요 믿음도 하나요 **세례**도 하나
골 2:12 **세례**로 그리스도와 함께 장사되고
벧전 3:21 구원하는 표니 곧 **세례**라 이는 육체의

'세례'와 관련된 성구

세례를 받다 – 마 3:6, 13, 14, 16; 막 1:5, 9; 10:39; 16:16; 눅 3:12, 21; 7:29, 30; 요 3:23; 행 1:5; 2:38, 41; 8:12, 13, 36; 9:18; 11:16; 16:15, 33; 18:8; 19:3, 5; 22:16; 롬 6:3, 4; 고전 1:13, 15; 10:2; 12:13; 15:29; 갈 3:27

세례를 베풀다 – 마 3:7, 11; 28:19; 막 1:8; 눅 3:16; 요 1:25, 26, 31, 33; 3:22, 23, 26; 4:1, 2; 행 1:5; 8:38; 10:48; 11:16; 19:4; 고전 1:14, 16, 17

세례를 전파하다 – 막 1:4; 눅 3:3

요한의 **세례** – 마 21:25; 막 11:30; 눅 7:29; 20:4; 행 1:21; 18:25; 19:3

회개의 **세례** – 막 1:4; 행 13:24

세리 (稅吏, tax collector)

마 5:46 무슨 상이 있으리요 **세리**도 이같이
마 9:10 음식을 잡수실 때에 많은 **세리**와 죄인들
마 9:11 너희 선생은 **세리**와 죄인들과 함께
마 10:3 빌립과 바돌로매, 도마와 **세리** 마태,
마 11:19 포도주를 즐기는 사람이요 **세리**와 죄인
마 18:17 말도 듣지 않거든 이방인과 **세리**와
마 21:31 **세리**들과 창녀들이 너희보다 먼저
마 21:32 믿지 아니하였으되 **세리**와 창녀는
막 2:15 **세리**와 죄인들이 예수와 그의 제자들과
막 2:16 죄인 및 **세리**들과 함께 잡수시는 것을 보고 그의 제자들에게 이르되 … **세리**
눅 3:12 **세리**들도 세례를 받고자 하여 와서
눅 5:27 예수께서 나가사 레위라 하는 **세리**가
눅 5:29 잔치를 하니 **세리**와 다른 사람이 많이
눅 5:30 너희가 어찌하여 **세리**와 죄인과 함께
눅 7:29 백성과 **세리**들은 이미 요한의 세례를
눅 7:34 포도주를 즐기는 사람이요 **세리**와 죄인
눅 15:1 모든 **세리**와 죄인들이 말씀을 들으러
눅 18:10 하나는 바리새인이요 하나는 **세리**라
눅 18:11 같지 아니하고 이 **세리**와도 같지 아니함

1375

【 세리장 】　　　　　　　　　　　　　　　　　　【 세바 1 】

눅 18:13　세리는 멀리 서서 감히 눈을 들어 하늘

세리장(chief tax collector)
눅 19:2　이름하는 자가 있으니 세리장이

세마(Shema)
1. 인 명
(1) 갈렙의 자손으로 헤브론의 아들
대상 2:43　고라와 답부아와 레겜과 세마라
대상 2:44　세마는 라함을 낳았으니 라함은
(2) 르우벤 지파 요엘의 아들
대상 5:8　벨라는 아사스의 아들이요 세마의
(3) 베냐민 지파 엘바알의 아들
대상 8:13　또 브리아와 세마이니 그들은 아얄론
2. 지명 : 유다 지파에게 분배된 성읍
수 15:26　아맘과 세마와 몰라다와

세마포(細麻布, fine linen)

구약

창 41:42　요셉의 손에 끼우고 그에게 세마포 옷을 입히고 금 사슬을
출 38:9　남쪽에는 세마포 포장이 백 규빗이라
출 38:16　뜰 주위의 포장은 세마포요
출 39:28　세마포로 두건을 짓고 세마포로 빛난 관을 … 세마포 속바지들을 만들고
레 6:10　세마포 긴 옷을 입고 세마포 속바지로
레 16:4　거룩한 세마포 속옷을 입으며 세마포 속바지를 몸에 입고 세마포 띠를 띠며 세마포 관을 쓸지니 이것들은 거룩한
레 16:23　지성소에 들어갈 때에 입었던 세마포
레 16:32　제사장은 속죄하되 세마포 옷 곧 거룩한
대상 4:21　라아다와 세마포 짜는 자의 집 곧
대상 15:27　노래하는 자도 다 세마포 겉옷을 입었으
대하 5:12　아들들과 형제들이 다 세마포를 입고
잠 31:22　아름다운 이불을 지으며 세마포와 자색
사 3:23　손 거울과 세마포 옷과 머리 수건과
사 19:9　세마포를 만드는 자와 베 짜는 자들이
단 10:5　눈을 들어 바라본즉 한 사람이 세마포
단 12:6　하나가 세마포 옷을 입은 자 곧 강물
단 12:7　세마포 옷을 입고 강물 위쪽에 있는

신약
마 27:59　시체를 가져다가 깨끗한 세마포로
막 15:46　세마포를 사서 예수를 내려다가 그것으
눅 23:53　세마포로 싸고 아직 사람을 장사한 일이
눅 24:12　들여다 보니 세마포만 보이는지라
요 19:40　장례 법대로 그 향품과 함께 세마포로
요 20:5　구부려 세마포 놓인 것을 보았으나
요 20:6　무덤에 들어가 보니 세마포가 놓였고
요 20:7　머리를 쌌던 수건은 세마포와 함께
계 15:6　맑고 빛난 세마포 옷을 입고 가슴에
계 18:12　금과 은과 보석과 진주와 세마포와
계 18:16　큰 성이여 세마포 옷과 자주 옷과
계 19:8　깨끗한 세마포 옷을 … 이 세마포 옷은
계 19:14　있는 군대들이 희고 깨끗한 세마포

'세마포'와 관련된 성구
세마포 에봇 – 삼상 2:18; 22:18
세마포 휘장 – 출 27:9, 18

세말(歲末, turn of the year)
출 34:22　곧 맥추의 초실절을 지키고 세말에는

세메벨(Shemeber) 스보임 왕
창 14:2　세메벨과 벨라 곧 소알 왕과 싸우니라

세멜(Shemer)
1. 사마리아 산의 원 주인
왕상 16:24　그 산 주인이었던 세멜의 이름을 따라
2. 레위 아들 므라리의 자손
대상 6:46　암시는 바니의 아들이요 바니는 세멜의
대상 6:47　세멜은 말리의 아들이요 말리는 무시의

세멧(Shemed) 베냐민 사람 엘바알의 셋째 아들
대상 8:12　아들들은 에벨과 미삼과 세멧이니

세미하다(細微, fine, gentle)
왕상 19:12　계시지 아니하더니 불 후에 세미한 소리
사 29:5　대적의 무리는 세미한 티끌 같겠고

세바 1(Sheba)
1. 지명 : 네게브 지역에 위치한 성읍
창 26:33　그가 그 이름을 세바라 한지라 그러므로

【 세바 2 】　　　　　　　　　　　　　　　　　　　　　　　　　　　　　　【 세상 】

수 19:2　기업은 브엘세바 곧 **세바**와 몰라다와

2. 인 명
(1) 베냐민 사람 비그리의 아들
삼하 20:1　이름은 **세바**인데 베냐민 사람 비그리의

세바 2 - (1) - 기타 본문
삼하 20:2, 6, 7, 10, 13, 15, 21, 22

(2) 갓 지파 사람으로 아비하일의 아들
대상 5:13　므술람과 **세바**와 요래와 야간과 시아와

세바 2(Zebah)　미디안의 왕
삿 8:5　미디안의 왕들인 **세바**와 살문나의 뒤를
삿 8:6　방백들이 이르되 **세바**와 살문나의 손이
삿 8:7　이르되 그러면 여호와께서 **세바**와
삿 8:10　**세바**와 살문나가 갈골에 있는데 동방
삿 8:12　**세바**와 살문나가… 왕 **세바**와 살문나를
삿 8:15　희롱하여 이르기를 **세바**와 살문나의 손이 지금… 그 **세바**와 살문나를 보라
삿 8:18　**세바**와 살문나에게 말하되 너희가
삿 8:21　**세바**와 살문나가 이르되 네가 일어나 … 기드온이 일어나 **세바**와 살문나를
시 83:11　모든 고관들은 **세바**와 살문나와 같게

세베대(Zebedee)　야고보와 요한의 아버지
마 4:21　**세베대**의 아들 야고보와 그의 형제 요한 이 그의 아버지 **세베대**와 함께 배에서
마 10:2　형제 안드레와 **세베대**의 아들 야고보와
마 20:20　**세베대**의 아들의 어머니가 그 아들들을
마 26:37　베드로와 **세베대**의 두 아들을 데리고
마 27:56　마리아와 또 **세베대**의 아들들의 어머니
막 1:19　더 가시다가 **세베대**의 아들 야고보와
막 1:20　아버지 **세베대**를 품꾼들과 함께 배에
막 3:17　**세베대**의 아들 야고보와 야고보의 형제
막 10:35　**세베대**의 아들 야고보와 요한이 주께
눅 5:10　**세베대**의 아들로서 시몬의 동업자인
요 21:2　나다나엘과 **세베대**의 아들들과 또 다른

세벨(Shepher)
1. 지명 : 아라비아 광야에 있는 산
민 33:23　그헬라다를 떠나 **세벨** 산에 진을 치고
민 33:24　**세벨** 산을 떠나 하라다에 진을 치고
2. 인명 : 갈렙의 아들

대상 2:48　갈렙의 소실 마아가는 **세벨**과 디르하나

세삭(Sheshach)　바벨 혹은 바벨론을 가리킴
렘 25:26　나라로 마시게 하니라 **세삭** 왕은 그
렘 51:41　**세삭**이 함락되었도다 온 세상의 칭찬

세산(Sheshan)　유다 사람
대상 2:31　이시의 아들은 **세산**이요 세산의 아들은
대상 2:34　**세산**은 아들이 없고 딸뿐이라 그에게
대상 2:35　**세산**이 딸을 그 종 야르하에게 주어

세상(世上, world)

모세오경
창 5:24　그를 데려가 시므로 **세상**에 있지
창 6:5　여호와께서 사람의 죄악이 **세상**에
창 9:13　나와 **세상** 사이의 언약의 증거니라
창 10:8　또 니므롯을 낳았으니 그는 **세상**에
창 10:25　**세상**이 나뉘었음이요 벨렉의 아우의
창 19:31　**세상**의 도리를 따라 우리의 배필 될
창 41:57　기근이 온 **세상**에 심함이었더라
창 45:7　**세상**에 두시려고 나를 당신들보다
창 48:16　**세상**에서 번식되게 하시기를 원하나이
출 9:15　백성을 쳤더라면 네가 **세상**에서 끊어졌
출 9:29　우박이 다시 있지 아니할지라 **세상**이
신 4:10　**세상**에 사는 날 동안 나를 경외함을
신 4:32　하나님이 사람을 **세상**에 창조하신

역사서
수 7:9　이름을 **세상**에서 끊으리니 주의 크신
수 23:14　보라 나는 오늘 온 **세상**이 가는 길로
삿 18:10　땅은 넓고 그 곳에는 **세상**에 있는 것이
삼하 14:7　**세상**에 남겨두지 아니하겠나이다
삼하 22:16　드러나고 **세상**의 기초가 나타났도다
왕상 2:2　이제 **세상** 모든 사람이 가는 길로 가게
왕상 8:53　**세상** 만민 가운데에서 그들을 구별하여
왕상 8:60　**세상** 만민에게 여호와께서만 하나님이
왕상 10:23　솔로몬 왕의 재산과 지혜가 **세상**의 그
왕상 10:24　**세상** 사람들이 다 하나님께서 솔로몬
대상 1:10　구스가 또 니므롯을 낳았으니 **세상**에서
대상 14:17　명성이 온 **세상**에 퍼졌고 여호와께서
대상 17:8　앞에서 멸하였은즉 **세상**에서 존귀한
대상 29:15　나그네와 거류민들이라 **세상**에 있는

1377

【 세상 】　　　　　　　　　　　　　　　　　　　　　　　　　　　　　　　　　　　　　【 세상 】

대상 29:30	이스라엘과 온 **세상** 모든 나라의 지난	사 23:9	영화를 욕되게 하시며 **세상**의 모든
대하 12:8	나를 섬기는 것과 **세상** 나라들을 섬기는	사 24:4	쇠약하고 쇠잔하며 **세상** 백성 중에 높은
대하 24:2	제사장 여호야다가 **세상**에 사는 모든	사 38:11	**세상**의 거민 중에서 한 사람도 다시는
대하 24:14	여호야다가 **세상**에 사는 모든 날에	사 40:23	귀인들을 폐하시며 **세상**의 사사들을
대하 32:19	사람의 손으로 지은 **세상** 사람의 신들을	사 42:4	낙담하지 아니하고 **세상**에 정의를
대하 36:23	여호와께서 **세상** 만국을 내게 주셨고	사 62:7	예루살렘을 세워 **세상**에서 찬송을 받게
스 1:2	여호와께서 **세상** 모든 나라를 내게	렘 23:5	지혜롭게 다스리며 **세상**에서 정의와
시가서		렘 25:26	왕과 지면에 있는 **세상**의 모든 나라로
욥 8:9	아는 것이 없으며 **세상**에 있는 날이	렘 25:29	불러 **세상**의 모든 주민을 칠 것임이라
욥 18:18	흑암으로 쫓겨 들어가며 **세상**에서	렘 25:30	부르시고 **세상** 모든 주민에 대하여 포도
욥 20:4	예로부터 사람이 이 **세상**에 생긴 때로부	렘 31:22	일을 **세상**에 창조하였나니 곧 여자가
욥 24:4	가난한 자를 길에서 몰아내나니 **세상**에	렘 51:41	**세상**의 칭찬 받는 성읍이 빼앗겼도다
욥 24:18	소유는 **세상**에서 저주를 받나니 그들이	렘 51:49	엎드러뜨림같이 온 **세상**이 바벨론에서
욥 34:13	땅을 그에게 맡겼느냐 누가 온 **세상**을	애 2:15	모든 **세상** 사람들의 기쁨이라 일컫던
시 2:10	지혜를 얻으며 **세상**의 재판관들아	애 4:12	성문으로 들어갈 줄은 **세상**의 모든 왕들
시 17:14	여호와여 이 **세상**에 살아 있는 동안	겔 7:21	손에 넘겨 노략하게 하며 **세상** 악인에게
시 18:15	물 밑이 드러나고 **세상**의 터가 나타났도	겔 27:33	무역품이 많으므로 **세상** 왕들을 풍부하
시 33:5	공의와 정의를 사랑하심이여 **세상**에는	겔 31:12	땅 모든 물 가에 꺾어졌으매 **세상** 모든
시 33:8	온 땅은 여호와를 두려워하며 **세상**의	겔 32:23	생존하는 사람들의 **세상**에서 사람을
시 33:14	**세상**의 모든 거민들을 굽어살피시는도	겔 32:24	사람들의 **세상**에서 두렵게 하였으나
시 41:2	**세상**에서 복을 받을 것이라 주여 그를	겔 32:25	생존하는 사람들의 **세상**에서 두렵게
시 47:9	**세상**의 모든 방패는 하나님의 것임이여	겔 32:26	생존하는 사람들의 **세상**에서 두렵게
시 49:1	백성들아 이를 들으라 **세상**의 거민들아	겔 32:27	생존하는 사람들의 **세상**에서 용사의
시 50:1	돋는 데서부터 지는 데까지 **세상**을	겔 32:32	생존하는 사람들의 **세상**에서 사람을
시 76:12	꺾으시리니 그는 **세상**의 왕들에게	겔 38:12	재물을 얻고 **세상** 중앙에 거주하는
시 89:27	장자로 삼고 **세상** 왕들에게 지존자가	겔 39:18	너희가 용사의 살을 먹으며 **세상** 왕들의
시 119:87	그들이 나를 **세상**에서 거의 멸하였으나	단 2:10	왕 앞에 대답하여 이르되 **세상**에는 왕의
시 119:119	주께서 **세상**의 모든 악인들을 찌꺼기	단 7:17	네 큰 짐승은 **세상**에 일어날 네 왕이라
시 138:4	여호와여 **세상**의 모든 왕들이 주께 감사	미 7:2	경건한 자가 **세상**에서 끊어졌고 정직한
시 140:11	악담하는 자는 **세상**에서 굳게 서지	합 2:14	인정하는 것이 **세상**에 가득함이니라
잠 8:26	땅도, 들도, **세상** 진토의 근원도 짓지	습 2:3	여호와의 규례를 지키는 **세상**의 모든
잠 11:31	보라 의인이라도 이 **세상**에서 보응을	습 2:11	그들에게 두렵게 되어서 **세상**의 모든
잠 30:21	**세상**을 진동시키며 **세상**이 견딜 수 없게	습 3:19	**세상**에서 수욕 받는 자에게 칭찬과 명성
전 7:20	죄를 범하지 아니하는 의인은 **세상**에	슥 4:10	일곱은 온 **세상**에 두루 다니는 여호와의
전 8:16	지혜를 알고자 하며 **세상**에서 행해지는	**복음서**	
선지서		마 5:13	너희는 **세상**의 소금이니 소금이 만일
사 11:4	정직으로 **세상**의 겸손한 자를 판단할 것	마 9:6	인자가 **세상**에서 죄를 사하는 권능이
	이며 그의 입의 막대기로 **세상**을 치며	마 10:34	**세상**에 화평을 주러 온 줄로 생각하지
사 11:9	여호와를 아는 지식이 **세상**에 충만할 것	마 12:32	거역하면 이 **세상**과 오는 **세상**에서도
사 13:11	내가 **세상**의 악과 악인의 죄를 벌하며	마 13:38	밭은 **세상**이요 좋은 씨는 천국의 아들들
사 14:9	**세상**의 모든 영웅을 너로 말미암아	마 17:25	네 생각은 어떠하냐 **세상** 임금들이
사 14:21	성읍들로 **세상**을 가득하게 하지 못하게	마 18:7	있음으로 말미암아 **세상**에 화가 있도다
사 23:8	무역상들은 **세상**에 존귀한 자들이었던	마 19:28	너희에게 이르노니 **세상**이 새롭게

1378

【 세상 】　　　　　　　　　　　　　　　　　　　　【 세상 】

마 24:14	세상에 전파되리니 그제야 끝이 오리라
막 9:3	옷이 광채가 나며 세상에서 빨래하는
눅 12:30	모든 것은 세상 백성들이 구하는 것이라
눅 12:51	세상에 화평을 주려고 온 줄로 아느냐
눅 18:8	인자가 올 때에 세상에서 믿음을 보겠느
눅 20:34	예수께서 이르시되 이 세상의 자녀들은
눅 20:35	세상과 및 죽은 자 가운데서 부활함을
눅 21:26	세상에 임할 일을 생각하고 무서워하므
요 1:9	참 빛 곧 세상에 와서 각 사람에게
요 1:10	그가 세상에 계셨으며 세상은 그로 말미암아 지은 바 되었으되 세상이 그를
요 1:29	세상 죄를 지고 가는 하나님의 어린
요 3:16	하나님이 세상을 이처럼 사랑하사

"하나님이 세상을 이처럼 사랑하사 독생자를 주셨으니 이는 그를 믿는 자마다 멸망하지 않고 영생을 얻게 하려 하심이라" (요 3:16)

요 3:17	아들을 세상에 보내신 것은 세상을 심판하려 … 말미암아 세상이 구원을 받게
요 3:19	이것이니 곧 빛이 세상에 왔으되 사람들
요 4:42	우리가 친히 듣고 그가 참으로 세상의
요 6:14	이는 참으로 세상에 오실 그 선지자라
요 6:33	하나님의 떡은 하늘에서 내려 세상에
요 6:51	곧 세상의 생명을 위한 내 살이니라
요 7:4	일을 행하려 하거든 자신을 세상에
요 7:7	세상이 너희를 미워하지 아니하되 … 세상의 일들을 악하다고 증언함이라
요 8:26	그에게 들은 그것을 세상에 말하노라
요 9:5	세상에 있는 동안에는 세상의 빛이로라
요 9:39	이르시되 내가 심판하러 이 세상에
요 10:36	아버지께서 거룩하게 하사 세상에
요 11:27	그리스도시요 세상에 오시는 하나님의
요 12:19	없다 보라 온 세상이 그를 따르는도다
요 12:25	잃어버릴 것이요 이 세상에서 자기의
요 12:31	이제 이 세상에 대한 심판이 이르렀으니 이 세상의 임금이 쫓겨나리라
요 12:46	나는 빛으로 세상에 왔나니 무릇 나를
요 12:47	심판하려 함이 아니요 세상을 구원하려
요 13:1	돌아가실 때가 이른 줄 아시고 세상에
요 14:17	그는 진리의 영이라 세상은 능히 그를
요 14:19	조금 있으면 세상은 다시 나를 보지
요 14:22	우리에게는 나타내시고 세상에는
요 14:27	너희에게 주는 것은 세상이 주는 것과
요 14:30	말을 많이 하지 아니하리니 이 세상의
요 14:31	명하신 대로 행하는 것을 세상이 알게
요 15:19	세상이 자기의 … 세상에 속한 자가 … 세상에서 택하였기 때문에 세상이
요 16:8	의에 대하여, 심판에 대하여 세상을
요 16:11	심판에 대하여라 함은 이 세상 임금이
요 16:20	애통하겠으나 세상은 기뻐하리라
요 16:21	아기를 낳으면 세상에 사람 난 기쁨으로
요 16:28	세상에 왔고 다시 세상을 떠나 아버지께
요 16:33	평안을 누리게 하려 함이라 세상에서는
요 17:4	이루어 아버지를 이 세상에서 영화롭게
요 17:9	비옵는 것은 세상을 위함이 아니요 내게
요 17:11	나는 세상에 더 있지 아니하오나 그들은 세상에 있사옵고 나는 아버지께로
요 17:13	세상에서 이 말을 하옵는 것은 그들로
요 17:14	세상이 그들을 미워하였사오니 이는
요 17:15	비옵는 것은 그들을 세상에서 데려가시
요 17:18	나를 세상에 … 그들을 세상에 보내었고
요 17:21	우리 안에 있게 하사 세상으로 아버지께
요 17:23	사랑하신 것을 세상으로 알게 하려
요 17:25	의로우신 아버지여 세상이 아버지를
요 18:20	세상에 말하였노라 모든 유대인들이
요 18:37	태어났으며 이를 위하여 세상에 왔나니
요 21:25	기록된다면 이 세상이라도 이 기록된

역사서 - 예언서

행 22:22	이러한 자는 세상에서 없애 버리자 살려
롬 1:8	감사함은 너희 믿음이 온 세상에 전파
롬 3:19	세상으로 하나님의 심판 아래에 있게
롬 4:13	아브라함이나 그 후손에게 세상의
롬 5:12	한 사람으로 말미암아 죄가 세상에
롬 5:13	죄가 율법 있기 전에도 세상에 있었으나
롬 11:12	그들의 넘어짐이 세상의 풍성함이 되며
롬 11:15	버리는 것이 세상의 화목이 되거든
고전 1:21	하나님의 지혜에 있어서는 이 세상이
고전 1:27	하나님께서 세상의 … 세상의 약한
고전 1:28	하나님께서 세상의 천한 것들과 멸시
고전 2:6	세상의 지혜가 아니요 또 이 세상에서
고전 2:12	우리가 세상의 영을 받지 아니하고 오직
고전 3:18	너희 중에 누구든지 이 세상에서 지혜
고전 4:13	우리가 지금까지 세상의 더러운 것과
고전 5:10	이 말은 이 세상의 음행하는 자들이나

1379

【 세상 】 　　　　　　　　　　　　　　　　　【 세상 】

	… 그리하려면 너희가 **세상** 밖으로
고전 6:2	성도가 **세상**을 판단할 것을 너희가 알지 못하느냐 **세상**도 너희에게 판단을
고전 6:4	너희가 **세상** 사건이 있을 때에 교회에서
고전 7:31	**세상** 물건을 쓰는 자들은 다 쓰지 못하는 자같이 하라 이 **세상**의 외형은
고전 8:4	**세상**에 아무 것도 아니며 또한 하나님은
고전 11:32	우리로 **세상**과 함께 정죄함을 받지 않게
고전 14:10	이같이 **세상**에 소리의 종류가 많으나
고전 15:19	**세상**의 삶뿐이면 모든 사람 가운데
고후 1:12	우리가 **세상**에서 특별히 너희에 대하여
고후 4:4	**세상**의 신이 믿지 아니하는 자들의 마음
고후 5:19	그리스도 안에 계시사 **세상**을 자기와
고후 7:10	회개를 이루는 것이요 **세상** 근심은 사망
갈 6:14	말미암아 **세상**이 나를 대하여 십자가에 못 박히고 내가 또한 **세상**을 대하여
엡 1:21	이 **세상**뿐 아니라 오는 **세상**에 일컫는
엡 2:2	그 가운데서 행하여 이 **세상** 풍조를
엡 2:12	**세상**에서 소망이 없고 하나님도 없는
엡 6:12	어둠의 **세상** 주관자들과 하늘에 있는
빌 1:23	그 둘 사이에 끼었으니 차라리 **세상**을
빌 2:15	흠 없는 자녀로 **세상**에서 그들 가운데
골 2:20	죽었거든 어찌하여 **세상**에 사는 것과
딤전 1:15	구원하시려고 **세상**에 임하셨다 하였도
딤전 3:16	만국에서 전파되시고 **세상**에서 믿은
딤전 6:7	우리가 **세상**에 아무 것도 가지고 온
딤후 4:10	데마는 이 **세상**을 사랑하여 나를 버리고
딛 2:12	**세상** 정욕을 … 경건함으로 이 **세상**에
히 1:6	맏아들을 이끌어 **세상**에 다시 들어오게
히 2:5	우리가 말하는 바 장차 올 **세상**을
히 9:1	언약에도 섬기는 예법과 **세상**에 속한
히 10:5	주께서 **세상**에 임하실 때에 이르시되
히 11:7	말미암아 **세상**을 정죄하고 믿음을
히 11:38	**세상**이 감당하지 못하느니라) 그들이
약 2:5	하나님이 **세상**에서 가난한 자를 택하사
약 4:4	간음한 여인들아 **세상**과 벗된 것이 하나님과 … 그런즉 누구든지 **세상**과 벗이
벧전 5:9	**세상**에 있는 너희 형제들도 동일한 고난
벧후 1:4	정욕 때문에 **세상**에서 썩어질 것을
벧후 2:5	옛 **세상**을 용서하지 … 자들의 **세상**에
벧후 2:20	앎으로 **세상**의 더러움을 피한 후에 다시
벧후 3:6	그 때에 **세상**은 물이 넘침으로 멸망하였
요일 2:2	우리만 위할 뿐 아니요 온 **세상**의 죄를
요일 2:15	**세상**이나 **세상**에 있는 것들을 사랑하지 말라 누구든지 **세상**을 사랑하면
요일 2:16	이는 **세상**에 있는 모든 것이 육신의 정욕과 안목의 … **세상**으로부터 온 것이라
요일 2:17	**세상**도, 그 정욕도 지나가되 오직
요일 3:1	**세상**이 우리를 알지 못함은 그를 알지
요일 3:13	형제들아 **세상**이 너희를 미워하여도
요일 3:17	**세상**의 재물을 가지고 형제의 궁핍함을
요일 4:1	많은 거짓 선지자가 **세상**에 나왔음이라
요일 4:3	너희가 들었거니와 지금 벌써 **세상**에
요일 4:4	너희 안에 계신 이가 **세상**에 있는
요일 4:5	그들은 **세상**에 속한 고로 **세상**에 속한
요일 4:9	자기의 독생자를 **세상**에 보내심은
요일 4:14	아버지가 아들을 **세상**의 구주로 보내신
요일 4:17	그러하심과 같이 우리도 이 **세상**에서
요일 5:19	하나님께 속하고 온 **세상**은 악한 자
요이 1:7	미혹하는 자가 **세상**에 많이 나왔나니
계 3:10	온 **세상**에 임하여 땅에 거하는 자들을
계 11:15	음성들이 나서 이르되 **세상** 나라가 우리

'**세상**' 과 관련된 성구

세상 끝 – 시 19:4; 마 13:39, 40, 49; 24:3; 28:20; 히 9:26
세상에 속하다 – 시 10:18; 요 8:23; 15:19; 17:14, 16; 18:36; 히 9:1; 요일 4:5
세상에 없다 – 욥 1:8; 2:3
세상을 떠나다 – 대하 21:20; 요 13:1; 16:28; 빌 1:23
세상을 심판하다 – 창 18:25; 시 82:8; 요 3:17; 12:47; 롬 3:6
세상을 이기다 – 요 16:33; 요일 5:4, 5
세상을 창조하다 – 히 4:3; 9:26
세상의 구주 – 요 4:42; 요일 4:14
세상의 염려 – 마 13:22; 막 4:19
세상의 임금 – 욥 3:14; 마 17:25; 요 12:31; 14:30; 16:11
세상의 주 – 슥 4:14; 6:5
세상의 지혜 – 고전 1:20; 2:6; 3:19
세상의 초등학문 – 갈 4:3; 골 2:8, 20

【 세상일 】   【 세우다/세워지다 】

세상일(things of this life, affairs of this world)
고전 6:3   그러하거든 하물며 **세상일**이랴
고전 7:33 장가 간 자는 **세상일**을 염려하여 어찌
고전 7:34 시집 간 자는 **세상일**을 염려하여 어찌

세새(Sheshai) 아낙 자손 가운데 한 사람
민 13:22 아낙 자손 아히만과 **세새**와 달매가
수 15:14 아낙의 소생 그 세 아들 곧 **세새**와
삿 1:10   가나안 족속을 쳐서 **세새**와 아히만과

세세/-토록(世世, from generation to generation)
사 34:10 끊임없이 떠오를 것이며 **세세**에 황무하
사 51:8   영원히 있겠고 나의 구원은 **세세**에
롬 9:5   **세세**에 찬양을 받으실 하나님이시니라
롬 11:36 그에게 영광이 **세세**에 있을지어다
갈 1:5   영광이 그에게 **세세토록** 있을지어다
벧전 1:25 주의 말씀은 **세세토록** 있도다 하였으니
벧전 4:11 영광과 권능이 **세세**에 무궁하도록
계 1:6   그에게 영광과 능력이 **세세토록** 있기를
계 1:18   이제 **세세토록** 살아 있어 사망과 음부의
계 5:13   영광과 권능을 **세세토록** 돌릴지어다
계 7:12   권능과 힘이 우리 하나님께 **세세토록**
계 20:10 짐승과 거짓 선지자도 있어 **세세토록**

> '세세'와 관련된 성구
> 세세 무궁 – 롬 16:27; 빌 4:20; 딤후 4:18; 히 13:21; 벧전 5:11
> 세세토록 올라가다 – 계 14:11; 19:3
> 세세토록 왕 노릇하다 – 계 11:15; 22:5
> 세세토록 살아 계시는 이 – 계 4:9, 10; 10:6

세속(世俗, world)
약 1:27   자기를 지켜 **세속**에 물들지 아니하는

세스바살(Sheshbazzar) 유다 총독
스 1:8   유다 총독 **세스바살**에게 넘겨주니
스 1:11   예루살렘으로 데리고 갈 때에 **세스바살**
스 5:14   총독 **세스바살**이라고 부르는 자에게
스 5:16   **세스바살**이 이르러 예루살렘 하나님의
왕하 4:13 이같이 우리를 위하여 **세심**한 배려를

세심하다(careful-KJV)
왕하 4:13 우리를 위하여 **세심**한 배려를 하는도다

세아(seah) 고체의 양을 재는 단위
삼상 25:18 양 다섯 마리와 볶은 곡식 다섯 **세아**와
왕상 18:32 곡식 종자 두 **세아**를 둘 만한 도랑을

세에라(Sheerah) 에브라임의 딸
대상 7:24 에브라임의 딸은 **세에라**이니 그가 아래

세우다/세워지다(build, establish)
[모세오경]
창 9:10   모든 생물에게 **세우리니** 방주에서 나온
창 9:12   생물 사이에 대대로 영원히 **세우는**
창 9:17   모든 생물 사이에 **세운** 언약의 증거가
창 17:7   후손 사이에 **세워서** 영원한 언약을 삼고
창 17:21 사라가 네게 낳을 이삭과 **세우리라**
창 23:6   가운데 있는 하나님이 **세우신** 지도자이
창 27:37 너의 주로 **세우고** 그의 모든 형제를
창 28:18 돌을 가져다가 기둥으로 **세우고** 그 위에
창 28:22 내가 기둥으로 **세운** 이 돌이 하나님의
창 30:38 개천의 물 구유에 **세워** 양 떼를 향하게
창 31:45 야곱이 돌을 가져다가 기둥으로 **세우고**
창 45:9   나를 애굽 전국의 주로 **세우셨으니** 지체
창 47:26 애굽 토지법을 **세우매** 그 오분의 일이
출 1:11   그들 위에 **세우고** 그들에게 무거운 짐을
출 2:24   아브라함과 이삭과 야곱에게 **세운** 그
출 5:14   감독들이 자기들이 **세운** 바 이스라엘
출 9:16   내가 너를 **세웠음**은 나의 능력을 네게
출 9:18   애굽 나라가 **세워진** 그 날로부터 지금까
출 15:17 주의 손으로 **세우신** 성소로소이다
출 18:21 백성 위에 **세워** 천부장과 백부장과
출 19:23 주위에 경계를 **세워** 산을 거룩하게 하라
출 21:1   네가 백성 앞에 **세울** 법규는 이러하니라
출 24:8   이 모든 말씀에 대하여 너희와 **세우신**
출 26:15 성막을 위하여 널판을 만들어 **세우되**
출 31:6   아들 오홀리압을 **세워** 그와 함께하게
출 34:12 언약을 **세우지** 말라 그것이 너희에게
출 34:15 주민과 언약을 **세우지** 말지니 이는 그들
출 36:20 조각목으로 성막에 **세울** 널판들을
출 40:18 성막을 **세우되** 그 받침들을 … **세우고**
          그 띠를 띠우고 그 기둥들을 **세우고**
레 7:35   그들을 **세워** 여호와의 제사장의 직분을

1381

【 세우다/세워지다 】

레 26:11	너희 중에 **세우리니** 내 마음이 너희를
레 26:46	모세를 통하여 **세우신** 규례와 법도와
민 1:51	**세울** 때에는 레위인이 그것을 **세울**
민 3:10	그의 아들들을 **세워** 제사장 직무를
민 5:16	가까이 오게 하여 여호와 앞에 **세우고**
민 5:18	여인을 여호와 앞에 **세우고** 그의 머리를
민 8:13	아론과 그의 아들들 앞에 **세워** 여호와께
민 11:24	칠십 인을 모아 장막에 둘러 **세우매**
민 13:22	칠 년 전에 **세운** 곳이라 그 곳에 아낙
민 27:16	한 사람을 이 회중 위에 **세워서**
민 27:19	온 회중 앞에 **세우고** 그들의 목전에서
민 27:22	제사장 엘르아살과 온 회중 앞에 **세우고**
신 1:13	내가 그들을 **세워** 너희 수령을 삼으리라
신 4:23	너희와 **세우신** 언약을 잊지 말고 네
신 5:3	**세우신** 것이 … 우리와 **세우신** 것이라
신 9:9	여호와께서 너희와 **세우신** 언약의 돌
신 16:21	나무로든지 아세라 상을 **세우지** 말며
신 16:22	자기를 위하여 주상을 **세우지** 말라 네
신 17:15	왕으로 **세울** 것이며 네 위에 왕을 **세** **우려면** … 네 위에 **세우지** 말 것이며
신 27:2	땅에 들어가는 날에 큰 돌들을 **세우고**
신 27:4	에발 산에 **세우고** 그 위에 석회를 바를
신 27:15	만들어 은밀히 **세우는** 자는 저주를 받을
신 28:9	너를 **세워** 자기의 성민이 되게 하시리니
신 28:36	네가 **세울** 네 임금을 너와 네 조상들이
신 29:1	자손과 **세우신** 언약 … **세우신** 언약이
신 29:13	오늘 너를 **세워** 자기 백성을 삼으시고
신 29:14	맹세를 너희에게만 **세우는** 것이 아니라
신 29:25	인도하여 내실 때에 더불어 **세우신** 언약
신 32:6	그가 너를 만드시고 너를 **세우셨도다**
신 33:21	여호와의 공의와 이스라엘과 **세우신**
역사서	
수 4:9	선 곳에 돌 열둘을 **세웠더니** 오늘까지
수 4:20	가져온 그 열두 돌을 길갈에 **세우고**
수 11:13	산 위에 **세운** 성읍들은 이스라엘이
수 24:26	곁에 있는 상수리나무 아래에 **세우고**
삿 7:5	너는 따로 **세우고** 또 누구든지 무릎을
삿 9:16	아비멜렉을 **세워** 왕으로 삼았으니
삿 9:18	그를 **세워** 세겜 사람들 위에 왕으로
삿 16:25	그들이 삼손을 두 기둥 사이에 **세웠더니**
삿 17:5	드라빔을 만들고 한 아들을 **세워**
룻 4:5	기업을 그의 이름으로 **세워야** 할지니라
룻 4:10	그 이름으로 **세워** 그의 이름이

【 세우다/세워지다 】

삼상 2:8	세계를 그것들 위에 **세우셨도다**
삼상 3:20	사무엘은 여호와의 선지자로 **세우심을**
삼상 5:3	다곤을 일으켜 다시 그 자리에 **세웠더니**
삼상 7:12	미스바와 센 사이에 **세워** 이르되 여호와
삼상 12:6	이르시되 모세와 아론을 **세우시며** 너희
삼상 25:30	내 주를 이스라엘의 지도자로 **세우실**
삼하 3:10	이스라엘과 유다에 **세우리라** 하신 것
삼하 3:17	너희의 임금으로 **세우기를** 구하였으니
삼하 5:12	여호와께서 자기를 **세우사** 이스라엘
삼하 7:25	말씀하신 것을 영원히 **세우셨사오며**
삼하 15:1	호위병 오십 명을 그 앞에 **세우니라**
삼하 15:3	사람을 왕께서 **세우지** 아니하셨다 하고
삼하 17:15	계략을 **세웠고** 나도 … **세웠으니**
삼하 22:34	하시며 나를 나의 높은 곳에 **세우시며**
삼하 23:1	높이 **세워진** 자, 야곱의 하나님께로부터
삼하 23:23	그를 **세워** 시위대 대장을 삼았더라
왕상 1:35	그를 **세워** 이스라엘과 유다의 통치자로
왕상 2:24	이제 나를 **세워** 내 아버지 다윗의 왕위
왕상 7:21	앞에 **세우되** 오른쪽 기둥을 **세우고** 그 이름을 … 왼쪽의 기둥을 **세우고** 그
왕상 8:21	내실 때에 그들과 **세우신** 바 여호와의
왕상 10:9	당신을 **세워** 왕으로 삼아 정의와 공의를
왕상 11:28	부지런함을 보고 **세워** 요셉 족속의 일을
왕상 11:38	다윗을 위하여 **세운** 것같이 너를
왕상 12:32	산당의 제사장을 벧엘에서 **세웠더라**
왕상 15:4	아들을 **세워** 뒤를 잇게 하사 예루살렘을
왕상 15:19	이스라엘의 왕 바아사와 **세운** 약조를
왕하 6:2	우리가 거주할 처소를 **세우사이다** 하니
왕하 13:23	야곱과 더불어 **세우신** 언약 때문에
왕하 15:19	나라를 자기 손에 굳게 **세우고자** 하여
왕하 16:18	여호와의 성전에 옮겨 **세웠더라**
왕하 17:8	여러 왕이 **세운** 율례를 행하였음이라
왕하 17:15	그들의 조상들과 더불어 **세우신** 언약과
왕하 17:38	너희와 **세운** 언약을 잊지 말며 다른
왕하 19:32	방패를 성을 향하여 **세우지** 못하며
왕하 23:5	옛적에 유다 왕들이 **세워서** 유다 모든
왕하 23:12	다락 지붕에 **세운** 제단들과 므낫세가 여 호와의 성전 두 마당에 **세운** 제단들을
왕하 23:13	산 오른쪽에 **세운** 산당들을 왕이 … 가증한 밀곰을 위하여 **세웠던** 것이며
왕하 23:15	벧엘에 **세운** 제단과 산당을 왕이 헐고
대상 6:10	예루살렘에 **세운** 성전에서 제사장의
대상 9:22	다윗과 선견자 사무엘이 전에 **세워서**

【 세우다/세워지다 】

대상 11:10 세워 왕으로 삼았으니 이는 여호와께서
대상 11:25 다윗이 그를 세워 시위대장을 삼았더라
대상 12:31 와서 다윗을 세워 왕으로 삼으려 하는
대상 15:16 노래하는 자들로 세우고 비파와 수금과
대상 15:17 자손 중에 구사야의 아들 에단을 세우고
대상 16:4 레위 사람을 세워 여호와의 궤 앞에서
대상 16:7 아삽과 그의 형제를 세워 먼저 여호와께
대상 16:17 야곱에게 세우신 율례 곧 이스라엘에게
대상 16:41 지명된 나머지 사람을 세워 감사하게
대상 16:42 헤만과 여두둔을 세워 나팔과 제금들과
대상 17:10 너를 위하여 한 왕조를 세울지라
대상 17:11 네 아들 중 하나를 세우고 그 나라를
대상 17:14 집과 내 나라에 세우리니 그의 왕위가
대상 22:10 이스라엘 위에 굳게 세워 영원까지
대하 2:11 사랑하시므로 당신을 세워 그들의 왕을
대하 6:11 세우신 언약을 넣은 궤를 두었노라
대하 9:8 당신을 세워 그들의 왕으로 삼아 정의와
대하 11:22 아비야를 후계자로 세웠으니 이는 그의
대하 16:3 이스라엘 왕 바아사와 세운 약조를
대하 19:8 이스라엘 족장들 중에서 사람을 세워
대하 23:11 율법책을 주고 세워 왕으로 삼을새
대하 25:14 신들을 가져와서 자기의 신으로 세우고
대하 26:1 웃시야를 세워 그의 아버지 아마샤를

【 세우다/세워지다 】

대하 32:6 군대 지휘관들을 세워 백성을 거느리게
대하 33:7 하나님의 전에 세웠더라 옛적에 하나님
대하 36:1 여호아하스를 세워 그의 아버지를
대하 36:4 형제 엘리아김을 세워 유다와 예루살렘
대하 36:10 숙부 시드기야를 세워 유다와 예루살렘
스 1:4 예루살렘에 세울 하나님의 성전을
스 3:3 터에 세우고 그 위에서 아침 저녁으로
스 3:8 이십 세 이상의 레위 사람들을 세워
스 5:8 큰 돌로 세우며 벽에 나무를 얹고
스 5:14 그가 세운 총독 세스바살이라고 부르는
스 6:18 레위 사람을 그 순차대로 세워 예루살렘
스 8:24 그의 형제 열 명을 따로 세우고
느 5:14 유다 땅 총독으로 세움을 받은 때 곧
느 7:1 노래하는 자들과 레위 사람들을 세운
느 9:17 우두머리를 세우고 종 되었던 땅으로
느 9:37 주께서 우리 위에 세우신 이방 왕들이
느 12:44 그 날에 사람을 세워 곳간을 맡기고
느 13:11 불러 모아 다시 제자리에 세웠더니
느 13:19 성문마다 세워 안식일에는 아무 짐도
느 13:30 제사장과 레위 사람의 반열을 세워 각각
에 6:4 자기가 세운 나무에 모르드개 달기를

시가서

욥 12:14 그가 헐으신즉 다시 세울 수 없고 사람

'세우다' 와 관련된 성구

견고한 집을 세우다 – 삼상 2:35; 왕상 11:38
계략을 세우다 – 단 11:24, 25
계책을 세우다 – 렘 18:1; 49:30
공성퇴를 세우다 – 겔 4:2
공의를 세우다 – 시 99:4; 잠 8:15; 사 60:17
관리들을 세우다 – 왕하 11:18
교회를 세우다 – 마 16:18
구원자를 세우다 – 삿 3:9, 15
구주를 세우다 – 행 13:23
궁전을 세우다 – 대상 15:1; 암 9:6
규례를 세우다 – 에 9:21
금령을 세우다 – 단 6:8
기념비를 세우다 – 삼상 15:12
기둥(들)을 세우다 – 출 40:18; 왕상 7:6; 대하 3:17
기치를 세우다 – 사 5:26; 11:12; 13:2; 49:22
깃발을 세우다 – 시 20:5; 74:4; 아 6:4, 10;

렘 4:6; 50:2; 51:12, 27
나라를 세우다 – 삼상 13:13; 사 9:7
나무를 세우다 – 에 5:14
덕을 세우다 – 롬 14:19; 고전 8:1; 10:23; 14:3, 4, 5; 엡 4:29
돌기둥을 세우다 – 창 35:14
땅을 세우다 – 시 119:90
마을들을 세우다 – 대상 8:12
망대를 세우다 – 대하 26:9, 10; 사 5:2; 23:13; 눅 14:28
목상과 아세라 상을 세우다 – 왕하 17:10
문을 세우다 – 수 6:26; 느 3:13, 14, 15
방백들을 세우다 – 스 10:14
법률을 세우다 – 단 6:7
비를 세우다 – 창 35:20
비석을 세우다 – 삼하 18:18
사다리를 세우다 – 겔 4:2; 17:17; 21:22; 26:8

【 세우다/세워지다 】　　　　　　　　　　　　　　　　　　　　　　　【 세우다/세워지다 】

욥 15:26	그는 목을 **세우고** 방패를 들고 하나님께
욥 16:12	목을 잡아 나를 부숴뜨리시며 나를 **세워**
욥 20:19	버렸음이요 자기가 **세우지** 않은 집을
욥 28:27	선포하시며 굳게 **세우시며** 탐구하셨고
욥 34:19	부자의 낯을 **세워** 주지 아니하시나니
욥 34:24	다른 사람을 **세워** 그를 대신하게 하시는
욥 38:6	무엇 위에 **세웠으며** 그 모퉁잇돌을 누가
욥 40:8	부인하려느냐 네 의를 **세우려고** 나를
시 2:6	나의 왕을 내 거룩한 산 시온에 **세웠다**
시 7:9	의인을 **세우소서** 의로우신 하나님이
시 18:33	하시며 나를 나의 높은 곳에 **세우시며**
시 30:7	산같이 굳게 **세우셨더니** 주의 얼굴을
시 31:8	내 발을 넓은 곳에 **세우셨음이니이다**
시 75:3	땅의 기둥은 내가 **세웠거니와** 땅과 그
시 78:5	야곱에게 **세우시며** 법도를 이스라엘에
시 78:60	사람 가운데 **세우신** 장막 곧 실로의
시 81:5	이를 증거로 **세우셨도다** 거기서 내가
시 89:2	인자하심을 영원히 **세우시며** 주의 성실
시 89:4	왕위를 대대에 **세우리라** 하셨나이다
시 103:19	하늘에 **세우시고** 그의 왕권으로 만유를
시 105:10	야곱에게 **세우신** 율례 곧 이스라엘에게
시 111:9	그의 언약을 영원히 **세우셨으니** 그의
시 113:7	궁핍한 자를 거름 더미에서 들어 **세워**

시 113:8	그의 백성의 지도자들과 함께 **세우시며**
시 118:5	응답하시고 나를 넓은 곳에 **세우셨도다**
시 119:28	녹사오니 주의 말씀대로 나를 **세우소서**
시 119:38	주의 말씀을 주의 종에게 **세우소서**
시 119:73	나를 만들고 **세우셨사오니** 내가 깨달아
시 119:133	주의 말씀에 굳게 **세우시고** 어떤 죄악도
시 119:152	주께서 영원히 **세우신** 것인 줄을
시 127:1	집을 **세우지** 아니하시면 **세우는** 자의
시 148:6	그것들을 영원히 **세우시고** 폐하지 못할
잠 3:19	명철로 하늘을 견고히 **세우셨고**
잠 8:23	생기기 전부터 내가 **세움을** 받았나니
잠 8:25	산이 **세워지기** 전에, 언덕이 생기기
잠 22:28	네 선조가 **세운** 옛 지계석을 옮기지
전 3:3	치료할 때가 있으며 헐 때가 있고 **세울**
아 5:15	순금 받침에 **세운** 화반석 기둥 같고
아 8:9	그 위에 **세울** 것이요 그가 문이라면

선지서

사 7:6	다브엘의 아들을 그 중에 **세워** 왕으로
사 28:1	기름진 골짜기 꼭대기에 **세운** 성이여
사 28:18	사망과 더불어 **세운** 언약이 폐하며
사 30:33	도벳은 이미 **세워졌고** 또 왕을 위하여
사 32:7	그 그릇이 악하여 악한 계획을 **세워**
사 42:6	너를 **세워** 백성의 언약과 이방의 빛이

'세우다'와 관련된 성구

사도들을 세우다 – 행 4:7
사무관을 세우다 – 렘 51:27
사사들을 세우다 – 삿 2:16, 18
산당과 우상과 아세라 상을 세우다 – 왕상 14:23
산당(들)을 세우다 – 왕하 17:9; 21:3; 대하 21:11; 28:25; 33:3, 19
산을 세우다 – 시 65:6
상속자를 세우다 – 마 22:24; 막 12:19; 눅 20:28
석상을 세우다 – 레 26:1
선지자를 세우다 – 느 6:7; 행 7:37
성막을 세우다 – 출 26:30; 40:17, 18; 민 1:51; 9:15; 10:21
성문을 세우다 – 왕상 16:34
성소를 세우다 – 겔 37:26
성을 세우다 – 민 21:27
성읍(들)을 세우다 – 삿 18:28; 대하 32:29;

겔 48:15
성전을 세우게 하다 – 스 9:9
새긴 신상을 세우다 – 삿 18:30
시온을 세우다 – 시 87:5; 사 14:32
아세라 목상과 우상을 세우다 – 대하 33:19
아세라 목상을 세우다 – 왕하 21:7
언약을 세우다 – 창 6:18; 9:11; 15:18; 17:19; 21:27, 32; 출 34:10; 신 5:2; 삼하 23:5; 왕하 11:17; 17:35; 23:3; 대하 5:10; 21:7; 23:1, 3, 16; 29:10; 34:31; 스 10:3; 느 9:8, 38; 시 89:28; 렘 32:40; 겔 16:60, 62; 17:13; 37:26
열두 기둥을 세우다 – 출 24:4
영광과 언약들과 율법을 세우다 – 롬 9:4
예루살렘을 세우다 – 시 147:2; 사 62:7
율법을 세우다 – 사 33:22
왕궁들을 세우다 – 호 8:14
왕으로 세우다 – 신 17:15; 삼상 15:11; 왕하

【 세우다/세워지다 】　　　　　　　　　　　【 세우다/세워지다 】

사 44:7	영원한 백성을 **세운** 이후로 나처럼	렘 40:5	유다 성읍들을 맡도록 **세운** 사반의 손자
사 44:26	그의 종의 말을 **세워** 주며 그의 사자들	렘 40:11	그다랴를 그들을 위하여 **세웠다** 함을
사 51:4	내가 내 공의를 만민의 빛으로 **세우리라**	렘 42:10	너희를 **세우고** 헐지 아니하며 너희를
사 55:4	증인으로 **세웠고** 만민의 인도자와	렘 45:4	내가 **세운** 것을 헐기도 하며 내가 심은
사 58:12	다시 **세울** 것이며 너는 역대의 파괴된	렘 49:19	내가 그 위에 **세우리니** 나와 같은 자
사 59:21	내가 그들과 **세운** 나의 언약이 이러하니	렘 50:44	자리에 **세우리니** 나와 같은 자 누구며
사 60:17	**세워** 관원으로 삼으며 공의를 **세워**	렘 51:15	지혜로 세계를 **세우셨고** 그의 명철로
사 66:19	징조를 **세워서** 그들 가운데에서 도피한	겔 3:24	나를 일으켜 내 발로 **세우시고** 내게
렘 1:10	여러 왕국 위에 **세워** 네가 그것들을	겔 12:6	너를 **세워** 이스라엘 족속에게 징조가
렘 9:13	내가 그들의 앞에 **세운** 나의 율법을	겔 28:14	너를 **세우매** 네가 하나님의 성산에
렘 10:12	지혜로 세계를 **세우셨고** 그의 명철로	겔 34:23	그들 위에 **세워** 먹이게 하리니 그는 내
렘 12:16	내 백성 가운데에 **세움**을 입으려니와	겔 44:14	내가 그들을 **세워** 성전을 지키게 하고
렘 13:21	우두머리로 **세우실** 때에 네가 무슨 말을	겔 45:5	거주지를 삼아 마을 스물을 **세우게** 하고
렘 14:21	주께서 우리와 **세우신** 언약을 기억하시	단 2:21	왕들을 **세우시며** 지혜자에게 지혜를
렘 15:19	너를 다시 이끌어 내 앞에 **세울** 것이며	단 2:48	그를 **세워** 바벨론 온 지방을 다스리게
렘 23:4	그들 위에 **세우리니** 그들이 다시는	단 2:49	아벳느고를 **세워** 바벨론 지방의 일을
렘 24:6	땅으로 인도하여 **세우고** 헐지 아니하며	단 3:1	바벨론 지방의 두라 평지에 **세웠더라**
렘 30:9	내가 그들을 위하여 **세울** 그들의 왕	단 3:2	느부갓네살 왕이 **세운** 신상의 낙성식에
렘 31:4	너를 **세우리니** 네가 **세움**을 입을 것이요	단 3:3	느부갓네살 왕이 **세운** 신상의 … 느부
렘 31:28	내가 깨어서 그들을 **세우며** 심으리라		갓네살 왕이 **세운** 신상 앞에 서니라
렘 32:34	자기들의 가증한 물건들을 **세워서** 그	단 3:5	때에 엎드리어 느부갓네살 왕이 **세운**
렘 33:7	하여 그들을 처음과 같이 **세울** 것이며	단 3:7	느부갓네살 왕이 **세운** 금 신상에게
렘 33:21	다윗에게 **세운** 나의 … 레위인 제사장	단 3:12	아벳느고는 왕이 **세워** 바벨론 지방을
	에게 **세운** 언약도 파할 수 있으리라		… 왕이 **세우신** 금 신상에게 절하지

'세우다' 와 관련된 성구

10:5; 대하 11:22; 겔 17:16; 단 9:1; 행 13:22
왕을 세우다 – 신 17:14, 15; 삼상 8:5, 22; 10:19; 12:1, 13; 왕하 8:20; 대하 21:8
왕의 위엄을 세우다 – 시 45:4
왕조를 세우다 – 대상 17:25
외양간을 세우다 – 대하 32:28
이스라엘을 세우다 – 삼하 7:24
이스라엘의 집을 세우다 – 룻 4:11
이정표를 세우다 – 렘 31:21
입에 파수꾼을 세우다 – 시 141:3
장관을 세우다 – 왕하 7:17
장로들을 세우게 하다 – 딛 1:5
장막(을) 세우다 – 민 7:1; 렘 10:20
재판관을 세우다 – 대하 19:5
정의를 세우다 – 암 5:15; 사 42:4
제사장(들)을 세우다 – 대하 11:15; 히 7:11

제자들을 세우다 – 행 19:9
주상을 세우지 말라 – 레 26:1
증인을 세우다 – 사 43:9; 렘 32:10, 25, 44
지휘관을 세우다 – 민 14:4; 신 20:9
직원들을 세우다 – 대하 23:18
집을 세우다 – 삼하 7:27; 왕상 2:24; 시 127:1; 잠 14:1; 24:27; 렘 22:13
창고를 세우다 – 대하 32:27, 28
천부장(들)과 백부장(들)을 세우다 – 삼하 18:1; 대하 25:5
칼을 세우다 – 겔 21:15
파수꾼을/파수꾼으로 세우다 – 시 141:3; 사 21:5, 6; 62:6; 렘 6:17; 51:12; 겔 3:17
푯말을 세우다 – 겔 39:15
형제의 집을 세우다 – 신 25:9
회막을 세우다 – 출 40:2; 수 18:1

【 세우다/세워지다 】　　　　　　　　　　　　　【 세우다/세워지다 】

단 3:14	내가 **세운** 금 신상에게 절하지 아니한다	행 7:27	관리와 재판장으로 우리 위에 **세웠느냐**
단 3:18	왕이 **세우신** 금 신상에게 절하지도	행 7:35	누가 너를 관리와 재판장으로 **세웠느냐**
단 4:17	그 위에 **세우시는** 줄을 사람들이 알게	행 13:2	위하여 바나바와 사울을 따로 **세우라**
단 4:36	다시 **세움**을 받고 또 지극한 위세가	행 20:32	든든히 **세우사** 거룩하게 하심을 입은
단 5:11	그를 **세워** 박수와 술객과 갈대아 술사와	행 22:30	데리고 내려가서 그들 앞에 **세우니라**
단 5:21	자리에 **세우시는** 줄을 알기에 이르렀나	롬 3:25	화목제물로 **세우셨으니** 이는 하나님께
단 6:1	고관 백이십 명을 **세워** 전국을 통치하게	롬 4:17	민족의 조상으로 **세웠다** 하심과 같으니
단 6:3	왕이 그를 **세워** 전국을 다스리게 하고자	롬 9:17	너를 **세웠으니** 곧 너로 말미암아 내
단 6:15	왕께서 **세우신** 금령과 법도는 고치지	롬 10:3	자기 의를 **세우려고** 힘써 하나님의 의에
단 8:18	그가 나를 어루만져서 일으켜 **세우며**	롬 14:4	**세움**을 받으리니 이는 그를 **세우시는**
단 9:10	앞에 **세우신** 율법을 행하지 아니하였음	고전 3:10	이가 그 위에 **세우나** 그러나 각각 어
단 9:25	중건되어 광장과 거리가 **세워질** 것이며		떻게 그 위에 **세울까**를 조심할지니라
단 11:31	멸망하게 하는 가증한 것을 **세울** 것이며	고전 3:12	풀이나 짚으로 이 터 위에 **세우면**
단 11:45	산 사이에 **세울** 것이나 그의 종말이	고전 3:14	누구든지 그 위에 **세운** 공적이 그대로
단 12:11	가증한 것을 **세울** 때부터 천이백구십	고전 6:4	경히 여김을 받는 자들을 **세우느냐**
호 1:11	우두머리를 **세우고** 그 땅에서부터	고전 11:25	이 잔은 내 피로 **세운** 새 언약이니
암 9:11	것을 일으켜서 옛적과 같이 **세우고**	고전 12:28	하나님이 교회 중에 몇을 **세우셨으니**
합 1:12	경계하기 위하여 그들을 **세우셨나이다**	고전 14:17	다른 사람은 덕 **세움**을 받지 못하리라
학 2:23	너를 **세우고** 너를 인장으로 삼으리니	고후 10:8	**세우려고** 하신 것이니 내가 이에 대하여
슥 3:9	내가 너 여호수아 앞에 **세운** 돌을 보라	고후 13:10	넘어뜨리려 하지 않고 **세우려** 하여
슥 11:10	모든 백성들과 **세운** 언약을 폐하려	갈 2:18	다시 **세우면** 내가 나를 범법한 자로
슥 12:1	땅의 터를 **세우시며** 사람 안에 심령을	엡 2:20	사도들과 선지자들의 터 위에 **세우심**을
말 2:4	레위와 **세운** 나의 언약이 항상 있게	엡 4:12	그리스도의 몸을 **세우려** 하심이라
말 2:5	레위와 **세운** 나의 언약은 생명과 평강의	엡 5:27	영광스러운 교회로 **세우사** 티나 주름
복음서		빌 1:16	변증하기 위하여 **세우심**을 받은 줄 알고
마 4:5	성으로 데려다가 성전 꼭대기에 **세우고**	골 1:22	없는 자로 그 앞에 **세우고자** 하셨으니
마 18:2	어린 아이를 불러 그들 가운데 **세우시고**	골 1:28	그리스도 안에서 완전한 자로 **세우려**
막 3:14	열둘을 **세우셨으니** 이는 자기와 함께	골 2:7	뿌리를 박으며 **세움**을 받아 교훈을 받은
막 3:16	열둘을 **세우셨으니** 시몬에게는 베드로	살전 5:11	권면하고 서로 덕 **세우기**를 너희가
막 9:36	가운데 **세우시고** 안으시며 제자들에게	딤전 1:9	율법은 옳은 사람을 위하여 **세운** 것이
눅 1:17	돌아오게 하고 주를 위하여 **세운** 백성을	딤전 2:7	전파하는 자와 사도로 **세움**을 입은 것은
눅 2:34	비방을 받는 표적이 되기 위하여 **세움**을	딤후 1:11	선포자와 사도와 교사로 **세우심**
눅 4:9	성전 꼭대기에 **세우고** 이르되 네가 만일	히 1:2	이 아들을 만유의 상속자로 **세우시고**
눅 9:47	하나를 데려다가 자기 곁에 **세우시고**	히 3:2	자기를 **세우신** 이에게 신실하시기를
눅 10:1	칠십 인을 **세우사** 친히 가시려는 각	히 7:28	제사장으로 **세웠거니와** … 영원히 온
눅 12:14	재판장이나 물건 나누는 자로 **세웠느냐**		전하게 되신 아들을 **세우셨느니라**
눅 22:20	이 잔은 내 피로 **세우는** 새 언약이니	히 8:2	주께서 **세우신** 것이요 사람이 **세운** 것이
요 8:3	잡힌 여자를 끌고 와서 가운데 **세우고**	히 8:3	예물과 제사 드림을 위하여 **세운** 자니
요 15:16	너희를 택하여 **세웠나니** 이는 너희로	히 9:18	이러므로 첫 언약도 피 없이 **세운** 것이
행 1:22	하나를 **세워** 우리와 더불어 예수께서	히 10:9	폐하심은 둘째 것을 **세우려** 하심이라
행 3:22	선지자 하나를 **세울** 것이니 너희	히 12:12	손과 연약한 무릎을 일으켜 **세우고**
행 3:25	조상과 더불어 **세우신** 언약의 자손이	벧전 2:5	신령한 집으로 **세워지고** 예수 그리스도
행 3:26	하나님이 그 종을 **세워** 복 주시려고	유 1:20	믿음 위에 자신을 **세우며** 성령으로

세월(歲月, time, years, opportunity)

창 4:3 세월이 지난 후에 가인은 땅의 소산으로
창 47:9 내 나그네 길의 **세월**이 백삼십 년이니
         이다 ··· 미치지 못하나 험악한 **세월**을
욥 29:2 **세월**과 하나님이 나를 보호하시던 때가
시 77:5 옛날 곧 지나간 **세월**을 생각하였사오며
엡 5:16 **세월**을 아끼라 때가 악하니라
골 4:5   대해서는 지혜로 행하여 **세월**을 아끼라

세일(Seir)

1. 지 명
(1) 사해 남쪽의 산악

창 14:6 호리 족속을 그 산 **세일**에서 쳐서 광야
삿 5:4   주께서 **세일**에서부터 나오시고 에돔

📖 세일 1 – (1) – 기타 본문

창 32:3; 33:14, 16; 36:8, 9, 30; 민 24:18; 신
1:2, 44; 2:1, 4, 5, 8, 12, 22, 29; 33:2; 수 11:17;
12:7; 24:4; 대상 4:42; 대하 20:10, 22, 23; 사
21:11; 겔 25:8; 35:2, 3, 7, 15

(2) 예루살렘 서쪽의 유다 산

수 15:10 서쪽으로 돌이켜 **세일** 산에 이르러

2. 인 명
(1) 세일 자손

대하 25:11 소금 골짜기에 이르러 **세일** 자손 만
대하 25:14 돌아올 때에 **세일** 자손의 신들을 가져와

(2) 호리 족속

창 36:20 그 땅의 주민 호리 족속 **세일**의 자손은
창 36:21 이들은 에돔 땅에 있는 **세일**의 자손 중
대상 1:38 세일의 아들은 로단과 소발과 시브온과

세입금(歲入金, receive)

왕상 10:14 **세입금**의 무게가 금 육백육십 달란트
대하 9:13 **세입금**의 무게가 금 육백육십 달란트

세탁자(洗濯者, washerman)

왕하 18:17 윗못 수도 곁 곧 **세탁자**의 밭에 있는
사 7:3   윗못 수도 끝 **세탁자**의 밭 큰 길에
사 36:2   윗못 수도 곁 **세탁자**의 밭 큰 길에 서매

센(shen) 베냐민 지파 영토

삼상 7:12 사무엘이 돌을 취하여 미스바와 **센** 사이

셀라 1(Selah)

1. 지 명
(1) 에돔 사람의 수도

왕하 14:7 **셀라**를 취하고 이름을 욕드엘이라
사 16:1   **셀라**에서부터 광야를 지나 딸 시온
사 42:11 **셀라**의 주민들은 노래하며 산 꼭대기에

(2) 베냐민의 성읍

수 18:28 **셀라**와 엘렙과 여부스 곧 예루살렘과
삼하 21:14 베냐민 땅 **셀라**에서 그의 아버지 기스의

2. 인 명
(1) 유다와 가나안 여인 수아의 아들

창 38:5   **셀라**라 하니라 그가 **셀라**를 낳을 때에

📖 셀라 2 – (1) – 기타 본문

창 38:11, 14, 26; 46:12; 민 26:20; 대상 2:3; 4:21

(2) 아르박삿의 아들

창 10:24 아르박삿은 **셀라**를 낳고 **셀라**는 에벨을

📖 셀라 2 – (2) – 기타 본문

창 11:12, 13, 14; 대상 1:18, 24

셀라 2(Selah) 시편 등에 나오는 음악 용어

시 3:2   구원을 받지 못한다 하나이다(**셀라**)

📖 셀라 2 – 기타 본문

시 3:4, 8; 4:2, 4; 7:5; 9:16, 20; 20:3; 21:2;
24:6, 10; 32:4, 5, 7; 39:5, 11; 44:8; 46:3, 7, 11;
47:4; 48:8; 49:13, 15; 50:6; 52:3, 5; 54:3;
55:7, 19; 57:3, 6; 59:5, 13; 60:4; 61:4; 62:4, 8,
66:4, 7, 15; 67:1, 4; 68:7, 19; 75:3; 76:3, 9;
77:3, 9, 15; 81:7; 82:2; 83:8; 84:4, 8; 85:2;
87:3, 6; 88:7, 10; 89:4, 37, 45, 48; 140:3, 8;
143:6; 합 3:3, 9, 13

셀라하마느곳(Sela Hammahlekoth)

삼상 23:28 그 곳을 **셀라하마느곳**이라 칭하니라

셀레먀(Shelemiah)

1. 하나냐의 아버지

느 3:30   다음은 **셀레먀**의 아들 하나냐와 살랍과

2. 느헤미야의 제사장

느 13:13 내가 제사장 **셀레먀**와 서기관 사독과

【 셀레스 】　　　　　　　　　　　　　　　　　　　　　　　【 셋집 】

3. 이방 여인을 취한 사람
스 10:39　**셀레먀**와 나단과 아다야와
4. 다윗 시대 문지기
대상 26:14　**셀레먀**는 동쪽을 뽑았고 그의 아들
5. 빈누이의 아들
스 10:41　아사렐과 **셀레먀**와 스마랴와
6. 예레미야 시대 구시의 아들
렘 36:14　모든 고관이 구시의 증손 **셀레먀**의 손자
7. 여후갈의 아버지
렘 37:3　시드기야 왕이 **셀레먀**의 아들 여후갈과
렘 38:1　그다랴와 **셀레먀**의 아들 유갈과 말기야
8. 압디엘의 아들
렘 36:26　압디엘의 아들 **셀레먀**에게 명령하여
9. 하나냐의 아들
렘 37:13　하나냐의 손자요 **셀레먀**의 아들인

셀레스(Shelesh)　아셀 자손 헬렘의 아들
대상 7:35　소바와 임나와 **셀레스**와 아말이요

셀렉(Zelek)　다윗의 30 용사 중 하나
삼하 23:37　암몬 사람 **셀렉**과 스루야의 아들 요압의
대상 11:39　암몬 사람 **셀렉**과 스루야의 아들 요압의

셀렛(Seled)　유다 자손으로 나답의 아들
대상 2:30　아들들은 **셀렛**과 압바임이라 **셀렛**은

셀롯/-인(Zealot)　열심당
눅 6:15　알패오의 아들 야고보와 **셀롯**이라는
행 1:13　알패오의 아들 야고보, **셀롯인** 시몬,

셀사(Zelzah)　라헬의 무덤 근처
삼상 10:2　베냐민 경계 **셀사**에 있는 라헬의 묘실

셈(Shem)　노아의 장남
창 5:32　오백 세 된 후에 **셈**과 함과 야벳을

📖 셈 – 기타 본문
창 6:10; 7:13; 9:18, 23, 26, 27; 10:1, 21, 22, 31; 11:10; 대상 1:4, 17, 24; 눅 3:36

셉나(Shebna)　유다 왕 히스기야의 서기관
왕하 18:18　엘리야김과 서기관 **셉나**와 아삽의 아들
사 22:15　국고를 맡고 왕궁 맡은 자 **셉나**를 보고

📖 셉나 – 기타 본문
왕하 18:26, 37; 19:2; 사 36:3, 11, 22; 37:2

셋 1(Seth)　아담의 세 번째 아들
창 4:25　이름을 **셋**이라 하였으니 이는 하나님이
창 4:26　**셋**도 아들을 낳고 그의 이름을 에노스라
창 5:3　아들을 낳아 이름을 **셋**이라 하였고
창 5:4　아담은 **셋**을 낳은 후 팔백 년을 지내며
창 5:6　**셋**은 백오 세에 에노스를 낳았고
대상 1:1　아담, **셋**, 에노스,

셋 2(three)
창 18:2　본즉 사람 **셋**이 맞은편에 서 있는지라
출 25:33　형상의 잔 **셋**과 꽃받침과 … 잔 **셋**과
출 27:14　그 기둥이 **셋**이요 받침이 **셋**이요
출 27:15　기둥이 **셋**이요 받침이 **셋**이며
출 37:19　형상의 잔 **셋**과 … 잔 **셋**과 꽃받침과
출 38:14　그 기둥이 **셋**이요 받침이 **셋**이며
출 38:15　그 기둥이 **셋**씩, 받침이 **셋**씩이라
신 19:9　그의 길로 행할 때에는 이 **셋** 외에 세
삼상 10:3　한 사람은 염소 새끼 **셋**을 이끌었고 한
삼상 20:20　과녁을 쏘려 함같이 화살 **셋**을 그 바위
왕상 7:25　**셋**은 북쪽을 향하였고 **셋**은 서쪽을 향하였으며 **셋**은 남쪽을 향하였고 **셋**은 동쪽을
욥 1:2　그에게 아들 일곱과 딸 **셋**이 태어나니라
욥 42:13　또 아들 일곱과 딸 **셋**을 두었으며
사 19:24　앗수르와 더불어 **셋**이 세계 중에 복이
겔 40:10　왼쪽에 **셋**이 … **셋**이 있으니 그 **셋**이
겔 40:21　이쪽에도 **셋**이요 저쪽에도 **셋**이요 그
겔 48:31　북쪽으로 문이 **셋**이라 하나는 르우벤
겔 48:32　또한 문이 **셋**이라 하나는 요셉 문이요
겔 48:33　문이 **셋**이라 하나는 시므온 문이요
겔 48:34　문이 **셋**이라 하나는 갓 문이요 하나는
단 6:2　총리 **셋**을 두었으니 다니엘이 그 중의
단 7:8　**셋**이 그 앞에서 뿌리까지 뽑혔으며
눅 9:33　우리가 초막 **셋**을 짓되 하나는 주를
눅 12:52　분쟁하되 **셋**이 둘과, 둘이 **셋**과 하리니
고전 14:29　예언하는 자는 둘이나 **셋**이나 말하고
요일 5:7　증언하는 이가 **셋**이니
요일 5:8　성령과 물과 피라 또한 이 **셋**은 합하여

셋집(rented house)
행 28:30　바울이 온 이태를 자기 **셋집**에 머물면서

【 셋째 】 　　　　　　　　　　　　　　　　【 소 2 】

셋째(third)

창 2:14　셋째 강의 이름은 힛데겔이라 앗수르
창 32:19　그 둘째와 셋째와 각 떼를 따라가는
신 26:12　셋째 해 곧 십일조를 드리는 해에 네
수 19:10　셋째로 스불론 자손을 위하여 그들의
삼상 17:13　다음은 아비나답이요 셋째는 삼마며
삼하 3:3　셋째는 압살롬이라 그술 왕 달매의 딸
왕하 1:13　오십 명을 보낸지라 셋째 오십부장이
대상 2:13　엘리압과 둘째로 아비나답과 셋째로
대상 3:2　셋째는 압살롬이라 그술 왕 달매의 딸
대상 3:15　둘째 여호야김과 셋째 시드기야와
대상 8:1　벨라와 둘째 아스벨과 셋째 아하라와
대상 8:39　둘째는 여우스요 셋째는 엘리벨렛이며
대상 12:9　둘째는 오바댜요 셋째는 엘리압이요
대상 23:19　셋째 야하시엘과 넷째 여가므암이며
대상 24:8　셋째는 하림이요 넷째는 스오림이요
대상 24:23　여리야와 둘째 아마랴와 셋째 야하시엘
대상 25:10　셋째는 삭굴이니 그의 아들들과 형제들
대상 26:2　둘째 여디아엘과 셋째 스바댜와 넷째
대상 26:4　여호사밧과 셋째 요아와 넷째 사갈과
대상 26:11　둘째는 힐기야 셋째는 드발리야와

'셋째'와 관련된 성구

셋째 날 – 창 1:13; 출 19:11, 15, 16; 레 7:17, 18; 19:6, 7; 민 7:24; 19:12, 19; 29:20; 31:19; 수 9:17; 삿 20:30; 삼상 20:5; 호 6:2
셋째 달 – 대상 27:5; 대하 15:10; 31:7; 겔 31:1
셋째 딸 – 욥 42:14
셋째 문 – 렘 38:14
셋째 병거 – 슥 6:3
셋째 생물 – 계 4:7
셋째 인 – 계 6:5
셋째 줄 – 출 28:19; 39:12
셋째 지휘관 – 대상 27:5
셋째 천사 – 계 8:10; 16:4
셋째 층 – 왕상 6:6, 8
셋째 통치자 – 단 5:7, 16, 29
셋째 하늘 – 고후 12:2
셋째 해 – 왕상 15:28, 33; 22:2; 사 37:30
셋째 화 – 계 11:14

겔 10:14　셋째는 사자의 얼굴이요 넷째는 독수리
단 2:39　일어날 것이요 셋째로 또 놋 같은 나라가
마 22:26　그 둘째와 셋째로 일곱째까지 그렇게
막 12:21　취하였다가 상속자가 없이 죽고 셋째도
눅 20:30　그 둘째와 셋째가 그를 취하고
고전 12:28　사도요 둘째는 선지자요 셋째는 교사요
계 14:9　다른 천사 곧 셋째가 그 뒤를 따라 큰
계 21:19　둘째는 남보석이요 셋째는 옥수요

소 1(So) 호세아 왕과 동시대의 인물로 애굽 왕

왕하 17:4　애굽의 왕 소에게 사자들을 보내고

소 2(牛, cattle)

모세오경

창 12:16　아브람이 양과 소와 노비와 암수 나귀와
창 13:5　아브람의 일행 롯도 양과 소와 장막이
창 21:27　양과 소를 가져다가 아비멜렉에게
창 24:35　창성하게 하시되 소와 양과 은금과 종들
창 32:7　자기와 함께한 동행자와 양과 소와
창 34:28　그들이 양과 소와 나귀와 그 성읍에
창 45:10　아버지의 양과 소와 모든 소유가 고센
창 46:32　그들의 양과 소와 모든 소유를 이끌고
창 47:1　양과 소와 모든 소유가 가나안 땅에서
창 47:17　그 말과 양 떼와 소 떼와 나귀를 받고
출 9:3　나귀와 낙타와 소와 양에게 더하리니
출 10:9　우리가 남녀노소와 양과 소를 데리고
출 10:24　소는 머물러 두고 너희 어린 것들은
출 12:32　양과 너희 소도 몰아가고 나를 위하여
출 12:38　잡족과 양과 소와 심히 많은 가축이
출 20:17　그의 소나 그의 나귀나 무릇 네 이웃의
출 20:24　양과 소로 네 번제와 화목제를 드리라
출 21:28　소가 남자나 여자를 받아서 … 그 소는
출 21:29　소가 본래 받는 버릇이 있고 … 남녀를 막론하고 받아 죽이면 그 소는 돌로 쳐
출 21:32　소가 만일 남종이나 여종을 받으면 소 임자가 … 소는 돌로 쳐서 죽일지니라
출 21:33　구덩이를 파고 덮지 아니하므로 소나
출 21:35　이 사람의 소가 저 사람의 소를 받아 죽이면 살아 있는 소를 팔아 그 값을
출 21:36　소가 본래 받는 버릇이 … 단속하지 아니하였으면 그는 소로 소를 갚을
출 22:1　사람이 소나 양을 도둑질하여 잡거나

1389

【 소 2 】 　　　　　　　　　　　　　　　【 소 2 】

		역사서	
	팔면 그는 **소** 한 마리와 **소** 다섯 마리로	수 6:21	온전히 바치되 남녀노소와 **소**와 **양**과
출 22:4	손에 있으면 **소**나 나귀나 양을 막론하고	삿 3:31	삼갈이 있어 **소** 모는 막대기로 블레셋
출 22:9	물건 즉 **소**나 나귀나 양이나 의복이나	삿 6:4	남겨 두지 아니하며 양이나 **소**나 나귀도
출 22:10	사람이 나귀나 **소**나 양이나 다른 짐승을	삼상 6:7	젖 나는 **소** 두 마리를 끌어다가 **소**에
출 22:30	네 **소**와 양도 그와 같이 하되 이레 동안	삼상 11:5	마침 사울이 밭에서 **소**를 몰고 오다가
출 23:12	네 **소**와 나귀가 쉴 것이며 네 여종과	삼상 11:7	한 겨리의 **소**를 잡아 각을 뜨고 전령들
출 24:5	여호와께 **소**로 번제와 화목제를 드리게		의 … 따르지 아니하면 그의 **소**들도
출 34:3	양과 **소**도 산 앞에서 먹지 못하게 하라	삼상 12:3	내가 누구의 **소**를 빼앗았느냐 누구의
출 34:19	네 가축의 모든 처음 난 수컷인 **소**와	삼상 14:32	양과 **소**와 송아지들을 끌어다가 그것을
레 1:2	예물을 드리려거든 가축 중에서 **소**나	삼상 14:34	각기 **소**와 양을 이리로 끌어다가 … 자
레 1:3	예물이 **소**의 번제이면 흠 없는 수컷으로		기의 **소**를 끌어다가 거기서 잡으니라
레 3:1	예물로 드리되 **소**로 드리려면 수컷이나	삼상 15:9	양과 **소**의 가장 좋은 것 또는 기름진
레 7:23	너희는 **소**나 양이나 염소의 기름을 먹지	삼상 15:14	양의 소리와 내게 들리는 **소**의 소리는
레 27:26	**소**나 양은 여호와의 것이니 누구든지	삼상 15:15	**소** 중에서 가장 좋은 것을 남김이요
민 7:3	여섯 대와 **소** 열두 마리이니 지휘관 두	삼상 15:21	제사하려고 양과 **소**를 끌어 왔나이다
민 7:6	모세가 수레와 **소**를 받아 레위인에게	삼상 22:19	아이들과 젖 먹는 자들과 **소**와 나귀와
민 7:7	직임대로 수레 둘과 **소** 네 마리를	삼상 27:9	양과 **소**와 나귀와 낙타와 의복을 빼앗아
민 7:8	수레 넷과 **소** 여덟 마리를 주고 제사장	삼상 30:20	양 떼와 **소** 떼를 다 되찾았더니 무리가
민 7:23	화목제물로 **소** 두 마리와 숫양 다섯	삼하 6:6	**소**들이 뛰므로 웃사가 손을 들어 하나님
민 11:22	양 떼와 **소** 떼를 잡은들 족하오며 바다	삼하 6:13	여섯 걸음을 가매 다윗이 **소**와 살진
민 22:4	무리가 **소**가 밭의 풀을 뜯어먹음같이	삼하 12:2	그 부한 사람은 양과 **소**가 심히 많으나
민 22:40	발락이 **소**와 양을 잡아 발람과 그와	삼하 12:4	자기의 양과 **소**를 아껴 잡지 아니하고
민 31:28	나갔던 군인들은 사람이나 **소**나 나귀나	삼하 24:22	**소**가 있고 땔 나무에 대하여는 마당질
민 31:30	자손이 받은 절반에서는 사람이나 **소**나		하는 도구와 **소**의 멍에가 있나이다
민 31:33	**소**가 칠만 이천 마리요	삼하 24:24	은 오십 세겔로 타작마당과 **소**를 사고
민 31:38	**소**가 삼만 육천 마리라 그 중에서	왕상 7:25	바다를 **소** 열두 마리가 받쳤으니 셋은
민 31:44	**소**가 삼만 육천 마리요	왕상 7:29	사자와 **소**와 그룹들이 있고 또 가장자
신 5:14	네 **소**나 네 나귀나 네 모든 가축이나		리 위에는 놓는 자리가 있고 사자와 **소**
신 5:21	그의 **소**나 그의 나귀나 네 이웃의 모든	왕상 7:44	바다와 그 바다 아래의 **소** 열두 마리와
신 12:6	낙헌예물과 너희 **소**와 양의 처음 난	왕상 8:5	양과 **소**로 제사를 지냈으니 그 수가
신 12:17	네 **소**와 양의 처음 난 것과 네 서원을	왕상 8:63	**소**가 이만 이천 마리요 양이 십이만
신 12:21	여호와께서 주신 **소**와 양을 잡아 네	왕상 19:21	겨릿소를 가져다가 잡고 **소**의 기구를
신 14:4	먹을 만한 짐승은 이러하니 곧 **소**와	대상 13:9	**소**들이 뛰므로 웃사가 손을 펴서 궤를
신 14:23	네 **소**와 양의 처음 난 것을 먹고 네	대상 27:29	사론에서 먹이는 **소** 떼를 맡았고 아들래
신 14:26	**소**나 양이나 포도주나 독주 등 네 마음		의 아들 사밧은 골짜기에 있는 **소** 떼를
신 15:19	**소**와 양의 처음 난 수컷은 구별하여	대하 4:3	**소** 형상이 있는데 각 규빗에 **소**가 …
	네 하나님 여호와께 … 네 **소**의 첫 새끼		바다 주위에 둘렸으니 그 **소**는 바다를
신 16:2	택하신 곳에서 **소**와 양으로 네 하나님	대하 4:4	바다를 그 위에 놓았고 **소**의 엉덩이는
신 22:1	형제의 **소**나 양이 길 잃은 것을 보거든	대하 4:15	바다와 그 바다 아래에 **소** 열두 마리와
신 22:4	형제의 *나귀나* **소**가 길에 넘어진 것을	대하 5:6	양과 **소**로 제사를 드렸으니 그 수가
신 22:10	너는 **소**와 나귀를 겨리하여 갈지 말며	대하 15:11	노략하여 온 물건 중에서 **소** 칠백 마리
신 28:18	몸의 소생과 네 토지의 소산과 네 **소**와	대하 18:2	**소**를 많이 잡고 함께 가서 길르앗 라못
신 28:31	네 **소**를 네 목전에서 잡으나 네가		

1390

【 소 2 】　　　　　　　　　　　　　　　　　　　　　　　【 소고 2 】

대하 29:33　구별하여 드린 소가 육백 마리요 양이
대하 31:6　소와 양의 십일조를 가져왔고 또 그들의
대하 35:12　기록된 대로 여호와께 드리게 하고 소도
느 5:18　나를 위하여 소 한 마리와 살진 양 여섯
느 10:36　소와 양의 처음 난 것을 율법에 기록된

시가서

욥 1:3　소가 오백 겨리요 암나귀가 오백 마리
욥 1:14　아뢰되 소는 밭을 갈고 나귀는 그
욥 6:5　어찌 울겠으며 소가 꼴이 있으면 어찌
욥 24:3　나귀를 몰아가며 과부의 소를 볼모
욥 42:12　낙타 육천과 소 천 겨리와 암나귀 천을
시 8:7　곧 모든 소와 양과 들짐승이며
시 106:20　자기 영광을 풀 먹는 소의 형상으로
잠 7:22　곧 그를 따랐으니 소가 도수장으로
잠 14:4　소가 없으면 구유는 깨끗하려니와 소의
잠 27:23　형편을 부지런히 살피며 네 소 떼에게
사 11:7　엎드리며 사자가 소처럼 풀을 먹을
사 22:13　기뻐하며 즐거워하여 소를 죽이고 양을
사 32:20　씨를 뿌리고 소와 나귀를 그리로 모는
사 65:25　사자가 소처럼 짚을 먹을 것이며 뱀은
렘 3:24　소 떼와 아들들과 딸들을 삼켰사온즉
렘 5:17　양 떼와 소 떼를 먹으며 네 포도나무와
렘 31:12　소의 떼를 얻고 크게 기뻐하리라 그
겔 1:10　넷의 왼쪽은 소의 얼굴이요 넷의 뒤는
단 4:32　소처럼 풀을 먹을 것이요 이와 같이
단 5:21　소처럼 풀을 먹으며 그의 몸이 하늘
호 5:6　양 떼와 소 떼를 끌고 여호와를 찾으러

성경에 나오는 '소'

길 잃은 소 – 출 23:4
바산의 힘센 소 – 시 22:12
밭가는 소 – 사 30:24
살진 소 – 창 41:20; 왕상 4:23
젖 나는 소 – 삼상 6:7, 10
제물의 소 – 신 18:3
초장의 소 – 왕상 4:23
파리하고 흉한 소 – 창 41:20
파리한 소 – 창 41:4
화목제물로 소 두 마리 – 민 7:29, 35, 47, 53, 65, 71, 77, 83
화목제 제물의 소 – 레 4:10
흉한 일곱 소 – 창 41:27
흠이나 악질이 있는 소 – 신 17:1

암 6:12　소가 어찌 거기서 밭 갈겠느냐 그런데

신약

욘 3:7　짐승이나 소 떼나 양 떼나 아무것도
마 22:4　나의 소와 살진 짐승을 잡고 모든 것을
눅 14:5　소가 우물에 빠졌으면 안식일에라도
눅 14:19　소 다섯 겨리를 샀으매 시험하러 가니
요 2:14　성전 안에서 소와 양과 비둘기 파는
요 2:15　노끈으로 채찍을 만드사 양이나 소를
행 14:13　제우스 신당의 제사장이 소와 화환들을
계 18:13　소와 양과 말과 수레와 종들과 사람의

겨릿소

왕상 19:21　겨릿소를 가져다가 잡고 소의 기구를

소견(김 見, as you please)

신 12:8　우리가 오늘 여기에서는 각기 소견대로
삿 17:6　자기 소견에 옳은 대로 행하였더라
삿 21:25　사람이 각기 자기의 소견에 옳은 대로
삼상 1:23　소견에 좋은 대로 하여 그를 젖 떼기까
에 3:11　너의 소견에 좋을 대로 행하라 하더라

소고 1(Socoh)

1. 엘라 골짜기에 있는 성읍

수 15:35　야르뭇과 아둘람과 소고와 아세가와
삼상 17:1　소고에 모여 소고와 아세가 사이의
왕상 4:10　아룹봇에는 벤헤셋이니 소고와 헤벨
대하 11:7　벧술과 소고와 아둘람과
대하 28:18　벧세메스와 아얄론과 그데롯과 소고

2. 유다의 산지

수 15:48　산지는 사밀과 얏딜과 소고와
대상 4:18　그돌의 조상 예렛과 소고의 조상 헤벨과

소고 2(小鼓, tambourine)

출 15:20　미리암이 손에 소고를 잡으매 모든 여인도 그를 따라 나오며 소고를
삿 11:34　그의 딸이 소고를 잡고 춤추며 나와서
삼상 10:5　비파와 소고와 저와 수금을 앞세우고
삼상 18:6　춤추며 소고와 경쇠를 가지고 와 사울을
삼하 6:5　비파와 소고와 양금과 제금으로 여호와
대상 13:8　노래하며 수금과 비파와 소고와 제금과
욥 21:12　소고와 수금으로 노래하고 피리 불어
시 68:25　소고 치는 처녀들 중에서 노래 부르는

【 소굴 】　　　　　　　　　　　　　　　　　　　　　　　　【 소녀 】

시 81:2	읊으며 **소고**를 치고 아름다운 수금에
시 149:3	**소고**와 수금으로 그를 찬양할지어다
시 150:4	**소고** 치며 춤추어 찬양하며 현악과
사 5:12	연회에는 수금과 비파와 **소고**와 피리와
사 24:8	**소고** 치는 기쁨이 그치고 즐거워하는
사 30:32	**소고**를 치며 수금을 탈 것이며 그는
렘 31:4	다시 **소고**를 들고 즐거워하는 자들과
겔 28:13	지음을 받던 날에 너를 위하여 **소고**와

소굴(den)

렘 7:11	이 집이 너희 눈에는 도둑의 **소굴**로
마 21:13	강도의 **소굴**을 만드는도다 하시니라
막 11:17	너희는 강도의 **소굴**을 만들었도다
눅 19:46	강도의 **소굴**을 만들었도다 하시니라

소금(salt)

출 30:35	향 만드는 법대로 만들고 그것에 **소금**을
레 2:13	**소금**을 치라 네 하나님의 언약의 **소금**을 … 모든 예물에 **소금**을 드릴지니라
신 29:23	온 땅이 유황이 되며 **소금**이 되며 또
수 15:62	닙산과 **소금** 성읍과 엔 게디니 여섯
삿 9:45	백성을 죽이며 그 성을 헐고 **소금**을
왕하 2:20	그릇에 **소금**을 담아 내게로 가져오라
왕하 2:21	나아가서 **소금**을 그 가운데에 던지며
스 4:14	이제 왕궁의 **소금**을 먹으므로 왕이 수치
스 6:9	밀과 **소금**과 포도주와 기름을 예루살렘
스 7:22	기름도 백 밧까지 하고 **소금**은 정량
욥 6:6	싱거운 것이 **소금** 없이 먹히겠느냐
겔 16:4	네게 **소금**을 뿌리지 아니하였고 너를
겔 43:24	제사장은 그 위에 **소금**을 쳐서 나
마 5:13	세상의 **소금**이니 **소금**이 만일 그 맛을
막 9:50	**소금**은 좋은 것이로되 만일 **소금**이 그 맛을 … 너희 속에 **소금**을 두고 서로

> '소금'과 관련된 성구
> 소금 골짜기 – 삼하 8:13; 왕하 14:7; 대상 18:12; 대하 25:11
> 소금 구덩이 – 습 2:9
> 소금 기둥 – 창 19:26
> 소금 땅 – 욥 39:6; 겔 47:11
> 소금 언약 – 민 18:19; 대하 13:5
> 소금 치듯 하다 – 막 9:49

| 눅 14:34 | **소금**이 좋은 것이나 **소금**도 만일 그 |
| 골 4:6 | 말을 항상 은혜 가운데서 **소금**으로 맛을 |

소나기(rain)

욥 24:8	산중에서 만난 **소나기**에 젖으며 가릴
렘 14:22	능히 **소나기**를 내릴 수 있으리이까
눅 12:54	곧 말하기를 **소나기**가 오리라 하나니

소나무(pine)

| 사 41:19 | 사막에는 잣나무와 **소나무**와 황양목과 |
| 사 60:13 | 레바논의 영광 곧 잣나무와 **소나무**와 |

소낙비(shower)

시 72:6	비같이, 땅을 적시는 **소낙비**같이
겔 34:26	**소낙비**를 내리되 복된 **소낙비**를 내리리
슥 10:1	무리에게 **소낙비**를 내려서 밭의 채소를

소녀(小女, girl)

창 24:14	한 **소녀**에게 이르기를 청하건대 너는
창 24:16	**소녀**는 보기에 심히 아리땁고 지금까지
창 24:28	**소녀**가 달려가서 이 일을 어머니 집에
창 24:57	그들이 이르되 우리가 **소녀**를 불러
창 34:3	그 **소녀**를 사랑하여 그의 마음을 말로
창 34:4	이 **소녀**를 내 아내로 얻게 하여 주소서
창 34:12	이 **소녀**만 내게 주어 아내가 되게 하라
출 2:8	그 **소녀**가 가서 그 아기의 어머니를
룻 2:5	사환에게 이르되 이는 누구의 **소녀**냐
룻 2:6	모압 지방에서 돌아온 모압 **소녀**인데
룻 2:8	여기서 떠나지 말고 나의 **소녀**들과 함께
룻 2:22	그의 **소녀**들과 함께 나가고 다른 밭에서
룻 2:23	보아스의 **소녀**들에게 가까이 있어서
삼상 9:11	물 길으러 나오는 **소녀**들을 만나 그들에
왕하 5:2	어린 **소녀** 하나를 사로잡으매 그가
왕하 5:4	이스라엘 땅에서 온 **소녀**의 말이
욜 3:3	소년을 기생과 바꾸며 **소녀**를 술과
슥 8:5	성읍 거리에 소년과 **소녀**들이 가득하여
마 9:24	물러가라 이 **소녀**가 죽은 것이 아니라
마 9:25	예수께서 들어가사 **소녀**의 손을 잡으시
마 14:11	그 머리를 소반에 얹어서 그 **소녀**에게
막 5:41	내가 네게 말하노니 **소녀**야 일어나라
막 5:42	**소녀**가 곧 일어나서 걸으니 나이가
막 5:43	경계하시고 이에 **소녀**에게 먹을 것을
막 6:22	왕이 그 **소녀**에게 이르되 무엇이든지

[소년]　　　　　　　　　　　　　　　　　　　[소동/-하다]

막 6:28	소반에 얹어다가 **소녀**에게 주니 **소녀**가

소년(少年, young man, boy)

창 4:23	상함으로 말미암아 **소년**을 죽였도다
창 34:19	이 **소년**이 그 일 행하기를 지체하지
창 37:2	이러하니라 요셉이 십칠 세의 **소년**으로
민 11:27	한 **소년**이 달려와서 모세에게 전하여
삿 8:14	사람 중 한 **소년**을 잡아 그를 심문하매
삿 8:20	그 **소년**이 그의 칼을 빼지 못하였으니
삿 16:26	자기 손을 붙든 **소년**에게 이르되 나에게
룻 2:9	그 **소년**들에게 명하여 … **소년**들이
룻 2:15	**소년**들에게 명하여 이르되 그에게
룻 2:21	**소년**들에게 가까이 있으라 하더이다
삼상 2:17	**소년**들의 죄가 여호와 앞에 심히 큼은
삼상 8:16	아름다운 **소년**과 나귀들을 끌어다가
삼상 9:2	준수한 **소년**이라 이스라엘 자손 중에
삼상 14:1	**소년**에게 이르되 우리가 건너편 블레셋
삼상 14:6	요나단이 자기의 무기를 든 **소년**에게
삼상 16:18	**소년** 중 한 사람이 대답하여 이르되
삼상 17:33	싸울 수 없으리니 너는 **소년**이요 그는
삼상 17:55	아브넬아 이 **소년**이 누구의 아들이냐
삼상 17:58	사울이 그에게 묻되 **소년**이여 누구의
삼상 21:2	나의 **소년**들을 이러이러한 곳으로
삼상 21:4	그 **소년**들이 여자를 가까이만 하지
삼상 21:5	보통 여행이라도 **소년**들의 그릇이
삼상 25:5	**소년** 열 명을 보내며 그 **소년**들에게
삼상 25:8	**소년**들에게 물으면 그들이 네게 말하
	리라 그런즉 내 **소년**들이 네게 은혜를
삼상 25:9	다윗의 **소년**들이 가서 다윗의 이름으로
삼상 25:12	**소년**들이 돌아서 자기 길로 행하여
삼상 25:19	**소년**들에게 이르되 나를 앞서 가라 나는
삼상 25:25	보내신 **소년**들을 보지 못하였나이다
삼상 25:27	예물을 내 주를 따르는 이 **소년**들에게
삼상 26:22	왕은 창을 보소서 한 **소년**을 보내어
삼상 30:13	애굽 **소년**이요 아말렉 사람의 종이더니
삼상 30:17	도망한 **소년** 사백 명 외에는 피한 사람
왕상 12:10	자라난 **소년**들이 왕께 아뢰어 이르되
왕하 9:5	군대 장관들이 앉아 있는지라 **소년**이
사 3:4	**소년**들을 그들의 고관으로 삼으시며
사 40:30	**소년**이라도 피곤하며 곤비하며 장정이
단 1:4	익숙하여 왕궁에 설 만한 **소년**을 데려오
단 1:10	같은 또래의 **소년**들만 못한 것을 그가
단 1:13	음식을 먹는 **소년**들의 얼굴을 비교하여
단 1:15	왕의 음식을 먹는 다른 **소년**들보다
단 1:17	이 네 **소년**에게 학문을 주시고 모든
욜 3:3	백성을 끌어가서 **소년**을 기생과 바꾸며
슥 2:4	**소년**에게 말하여 이르기를 예루살렘은
슥 8:5	성읍 거리에 **소년**과 **소녀**들이 가득하여

소다(soda)

잠 25:20	추운 날에 옷을 벗음 같고 **소다** 위에

소대(Sotai) 솔로몬 신하의 자손인 소대 자손

스 2:55	솔로몬의 신하의 자손은 **소대** 자손과
느 7:57	솔로몬의 신하의 자손은 **소대** 자손과

소돔(Sodom) 가나안의 다섯 성읍 중 하나

창 10:19	그랄을 지나 가사까지와 **소돔**과 고모라

📖 **소돔 - 기타 본문**

창 13:10, 12, 13; 14:2, 8, 10, 11, 12, 17, 21, 22; 18:16, 20, 26; 19:1, 4, 24, 28; 신 29:23; 32:32; 사 1:9, 10; 3:9; 13:19; 렘 23:14; 49:18; 50:40; 애 4:6; 겔 16:46, 48, 49, 53, 55, 56; 암 4:11; 습 2:9; 마 10:15; 눅 10:12; 17:29; 롬 9:29; 벧후 2:6; 유 1:7; 계 11:8

소동/-하다(騷動, confusion, tumult)

삼상 14:19	블레셋 사람들의 진영에 **소동**이 점점
삼하 18:29	나를 보낼 때에 크게 **소동하는** 것을
시 64:2	악을 행하는 자들의 **소동**에서 나를
사 14:9	스올이 너로 말미암아 **소동하여** 네가
사 17:12	민족이 **소동하였으되** … **소동하였고**
렘 11:16	감람나무라 하였으나 큰 **소동** 중에
마 2:3	왕과 온 예루살렘이 듣고 **소동한지라**
마 21:10	들어가시니 온 성이 **소동하여** 이르되
눅 23:5	여기까지 와서 백성을 **소동하게** 하나니
행 2:6	제자들이 말하는 것을 듣고 **소동하여**
행 12:18	알지 못하여 적지 않게 **소동하니**
행 17:5	떼를 지어 성을 **소동하게** 하여 야손의
행 17:8	무리와 읍장들이 이 말을 듣고 **소동하여**
행 17:13	가서 무리를 움직여 **소동하게** 하거늘
행 19:23	이 도로 말미암아 적지 않은 **소동**이
행 21:30	온 성이 **소동하여** 백성이 달려와 모여
행 21:34	천부장이 **소동**으로 말미암아 진상을
행 24:12	시중에서 무리를 **소동하게** 하는 것을
행 24:18	모임도 없고 **소동**도 없이 성전에 있는

【 소득 】 　　　　　　　　　　　　　　　　　　　　【 소리 】

소득 (所得, portion, income)
레 6:17　주어 그들의 **소득**이 되게 하는 것이라
레 6:18　**소득**이 됨이라 이를 만지는 자마다
레 7:33　오른쪽 뒷다리를 자기의 **소득**으로 삼을
레 7:34　자손에게서 받을 영원한 **소득**이니라
레 7:36　것이라 대대로 영원히 받을 **소득**이니라
레 10:13　**소득**과 네 아들들의 **소득**인즉 너희는
레 10:14　네 **소득**과 네 아들들의 **소득**으로 주신
레 10:15　너와 네 자손의 영원한 **소득**이니라
신 23:18　개 같은 자의 **소득**은 어떤 서원하는
시 11:6　바람이 그들의 잔의 **소득**이 되리로다
시 16:5　나의 잔의 **소득**이시니 나의 분깃을
시 73:7　눈이 솟아나며 그들의 **소득**은 마음에
잠 8:19　정금보다 나으며 내 **소득**은 순은보다
잠 10:16　생명에 이르고 악인의 **소득**은 죄에
잠 11:29　**소득**은 바람이라 미련한 자는 마음이
잠 15:6　보물이 있어도 악인의 **소득**은 고통이
잠 16:8　적은 **소득**이 공의를 겸하면 많은 **소득**이
전 2:22　마음에 애쓰는 것이 무슨 **소득**이 있으랴
전 5:10　사랑하는 자는 **소득**으로 만족하지
사 45:14　애굽의 **소득**과 구스가 무역한 것과 스바
렘 12:13　**소득**이 없은즉 그 소산으로 말미암아
렘 20:5　**소득**과 그 모든 귀중품과 유다 왕들의
합 1:16　**소득**이 풍부하고 먹을 것이 풍성하게
눅 18:12　또 **소득**의 십일조를 드리나이다 하고

소디 (Sodi) 스불론 지파 대표로 갓디엘의 아버지
민 13:10　스불론 지파에서는 **소디**의 아들 갓디엘

소라 1 (Zorah) 사사 삼손의 출생지
수 15:33　평지에는 에스다올과 **소라**와 아스나와
수 19:41　기업의 지역은 **소라**와 에스다올과
삿 13:2　**소라** 땅에 단 지파의 가족 중에 마노라
삿 13:25　**소라**와 에스다올 사이 마하네단에서
삿 16:31　**소라**와 에스다올 사이 그의 아버지
삿 18:2　단 자손이 **소라**와 에스다올에서부터
삿 18:8　그들이 **소라**와 에스다올에 돌아가서
삿 18:11　무기를 지니고 **소라**와 에스다올에서
대하 11:10　**소라**와 아얄론과 헤브론이니 다 유다
느 11:29　에느림몬과 **소라**와 야르뭇에 거주하며

소라 2 (Zorathite) 소발의 아들 기럇여아림의 자손들

대상 2:53　말미암아 **소라**와 에스다올 두 종족이
대상 4:2　낳았으니 이는 **소라** 사람의 종족이며

소라 3 (Zorite) 살마의 자손
대상 2:54　마나핫 종족의 절반과 **소라** 종족과

소란/-하다 (騷亂, disturbance, commotion, noisy, disturbing, trouble)
시 39:6　다니고 헛된 일로 **소란하며** 재물을
사 22:2　**소란하며** 떠들던 성, 즐거워하던 고을
사 22:5　여호와께로부터 이르는 **소란**과 밟힘과
사 25:5　주께서 이방인의 **소란**을 그치게 하시며
욜 1:18　소 떼가 **소란하니** 이는 꼴이 없음이라

소렉 (Sorek) 예루살렘에서 욥바 해안에 이르는 계곡
삿 16:4　삼손이 **소렉** 골짜기의 들릴라라 이름

소리 (sound)
모세오경, 역사서
출 24:3　그들이 한 **소리**로 응답하여 이르되
출 28:35　성소에서 나올 때에 그 **소리**가 들릴
민 10:7　모을 때에도 나팔을 불 것이나 **소리**를
신 1:45　여호와께서 너희의 **소리**를 듣지 아니하
신 5:23　캄캄한 가운데에서 나오는 그 **소리**를
신 22:24　처녀는 성안에 있으면서도 **소리** 지르지
신 26:17　법도를 지키며 그의 **소리**를 들으라
삼하 19:35　노래하는 남자나 여인의 **소리**를 알아듣
삼하 22:7　성전에서 내 **소리**를 들으심이여 나의
왕상 1:40　땅이 그들의 **소리**로 말미암아 갈라질
왕상 1:41　어찌하여 성읍 중에 **소리**가 요란하냐
왕상 1:45　당신들에게 들린 **소리**가 이것이라
왕상 17:22　엘리야의 **소리**를 들으시므로 그 아이의
왕상 18:26　응답하소서 하나 아무 **소리**도 없고 아무
왕상 18:29　**소리**도 없고 응답하는 자나 돌아보는
왕상 19:13　굴 어귀에서 서매 **소리**가 그에게 임하여
왕하 4:31　아이의 얼굴에 놓았으나 **소리**도 없고
대상 16:42　하나님을 찬송하는 악기로 **소리**를 크게
대하 5:13　노래하는 자들이 일제히 **소리**를 내어
대하 30:27　축복하였으니 그 **소리**가 하늘에 들리고

시가서, 선지서
욥 3:24　내 앞는 소리는 물이 쏟아지는 **소리**와
욥 37:2　음성 곧 그의 입에서 나오는 **소리**를

1394

【 소리 】　　　　　　　　　　　　　　　　　　　　　　　【 소리 】

욥 37:3	그 **소리**를 천하에 펼치시며 번갯불을	렘 4:15	단에서 **소리**를 선포하며 에브라임
시 5:3	아침에 주께서 나의 **소리**를 들으시리니	렘 4:31	내가 **소리**를 들은즉 여인의 해산하는
시 18:6	그의 성전에서 내 **소리**를 들으심이여	렘 12:8	나를 향하여 그 **소리**를 내므로 내가
시 19:4	그의 **소리**가 온 땅에 통하고 그의 말씀	렘 25:30	거룩한 처소에서 **소리**를 내시며 그의
시 46:6	흔들렸더니 그가 **소리**를 내시매 땅이	렘 33:10-11	영원하다 하는 **소리**와 여호와의 성전
시 55:3	원수의 **소리**와 악인의 압제 때문이라		에 감사제를 드리는 자들의 **소리**가
시 55:17	여호와께서 내 **소리**를 들으시리로다	렘 46:22	애굽의 **소리**가 뱀의 **소리** 같으리니
시 68:33	그 **소리**를 내시니 웅장한 **소리**로다	렘 48:34	지역에 사는 사람들이 **소리**를 내어
시 74:23	주의 대적들의 **소리**를 잊지 마소서	렘 48:36	모압을 위하여 피리같이 **소리** 내며 나
시 77:17	구름이 물을 쏟고 궁창이 **소리**를 내며		의 마음이 … 피리같이 **소리** 내나니
시 98:4	**소리** 내어 즐겁게 노래하며 찬송할지어	겔 2:2	내가 그 말씀하시는 자의 **소리**를 들으니
시 103:20	말씀의 **소리**를 듣는 여호와의 천사들이	겔 19:9	옥에 가두어 그 **소리**가 다시 이스라엘
시 119:149	인자하심을 따라 내 **소리**를 들으소서	겔 20:46	남으로 향하여 **소리** 내어 남쪽의 숲을
시 130:2	주여 내 **소리**를 들으시며 나의 부르짖는	겔 21:2	성소를 향하여 **소리** 내어 이스라엘 땅
시 142:1	**소리** 내어 여호와께 부르짖으며 **소리**	겔 37:7	대언할 때에 **소리**가 나고 움직이며
잠 1:20	길거리에서 부르며 광장에서 **소리**를	단 4:31	**소리**가 내려 이르되 느부갓네살 왕아
전 10:20	공중의 새가 그 **소리**를 전하고 날짐승이	호 11:10	사자처럼 **소리**를 내시는 여호와를 따
아 2:14	**소리**를 듣게 하라 네 **소리**는 부드럽고		를 것이라 여호와께서 **소리**를 내시면
아 8:13	친구들이 네 **소리**에 귀를 기울이니 내가	암 1:2	예루살렘에서부터 **소리**를 내시리니
사 3:7	날에 그가 **소리**를 높여 이르기를 나는	암 3:4	잡은 것이 없는데 어찌 굴에서 **소리**를
사 6:4	화답하는 자의 **소리**로 말미암아 문지방	암 4:5	낙헌제를 **소리** 내어 선포하려무나
사 15:4	**소리**는 야하스까지 들리니 그러므로	습 1:14	여호와의 날의 **소리**로다 용사가 거기서
사 16:11	모압을 위하여 수금같이 **소리**를 발하며	**신약**	
사 31:4	그들의 **소리**로 말미암아 놀라지 아니할	마 3:17	하늘로부터 **소리**가 있어 말씀하시되
사 37:23	**소리**를 높이며 눈을 높이 들어 향한	마 12:19	아무도 길에서 그 **소리**를 듣지 못하리라
사 40:6	말하는 자의 **소리**여 이르되 외치라	마 17:5	구름 속에서 **소리**가 나서 이르시되 이는
사 42:2	**소리**를 거리에 들리게 하지 아니하며	마 25:6	밤중에 **소리**가 나되 보라 신랑이로다
사 44:23	모든 나무들아 **소리** 내어 노래할지어다	막 1:11	하늘로부터 **소리**가 나기를 너는 내려

'소리'와 관련된 성구

가느다란 소리 - 욥 4:12
가시나무가 타는 소리 - 전 7:6
가축의 소리 - 렘 9:10
간구하는 소리 - 시 28:2, 6; 31:22; 86:6; 140:6
감사의 소리 - 시 26:7; 42:4
감사하는 소리 - 렘 30:19
걸음 걷는 소리 - 삼하 5:24; 대상 14:15
검불을 사르는 소리 - 욜 2:5
경고의 소리 - 욜 2:1
고통(하는) 소리 - 출 2:24; 렘 4:31
곡하는 소리 - 슥 11:3

구원의 소리 - 시 118:15
군대의 소리 - 왕하 7:6; 겔 1:24
궁핍한 자의 소리 - 시 69:33
근심하는 소리 - 시 64:1
기도 소리 - 시 66:19
기뻐하는 소리 - 렘 7:34; 16:9; 25:10; 33:10-11
기쁜 소리 - 시 51:8; 118:15; 사 52:9
나팔 소리 - 출 19:16, 19; 20:18; 민 10:6; 수 6:5, 20; 삼하 15:10; 느 4:20; 욥 39:24, 25; 시 47:5; 150:3; 렘 4:19, 21; 6:17; 42:14; 겔 33:4, 5; 암 2:2;

1395

【 소리 】　　　　　　　　　　　　　　　　　　　　　　　　　【 소리 】

'소리'와 관련된 성구

고전 15:52; 계 1:10; 4:1; 8:13
날개(들의) 소리 - 겔 1:24; 10:5; 계 9:9
날개 치는 소리 - 사 18:1
낮은 소리 - 시 77:12
넘어지는 소리 - 렘 49:21
노도 소리 - 렘 51:42
노래(하는) 소리 - 출 32:18; 사 24:16; 겔 26:13
높은 소리 나는 제금 - 시 150:5
도피한 자의 소리 - 렘 50:28
두려운 소리 - 사 24:18
들리는 소리 - 시 19:3
딸의 소리 - 렘 4:31
떠드는 소리 - 삼상 4:14; 시 74:23; 사 13:4; 66:6; 렘 10:22; 20:16; 겔 1:24; 암 6:7
떨어지는 소리 - 겔 31:16
뛰는 소리 - 욜 2:5
많은 물소리 - 시 93:4; 겔 1:24; 43:2; 계 1:15; 14:2; 19:6
말굽 소리 - 삿 5:22; 렘 47:3
말 소리 - 왕하 7:6
말하는 소리 - 신 5:28
맷돌 소리 - 전 12:4; 렘 25:10; 계 18:22
무너지는 소리 - 습 1:10
무리의 소리 - 사 13:4; 단 10:6
무서운 소리 - 욥 15:21
무서워 떠는 자의 소리 - 렘 30:5
바다 물결 소리 - 사 5:30
바다 파도가 치는 소리 - 사 17:12
바퀴 소리 - 겔 3:13
방망이나 도끼나 모든 철 연장 소리 - 왕상 6:7
백성의 소리 - 사 13:4
뱀의 소리 - 렘 46:22
병거 바퀴가 진동하는 소리 - 렘 47:3
병거 바퀴 소리 - 나 3:2
병거(의) 소리 - 왕하 7:6; 겔 26:10; 욜 2:5
부딪치는 소리 - 겔 3:13
부르는 소리 - 민 23:21
부르짖는 소리 - 출 2:23; 32:18; 삼상 4:14; 시 5:2; 130:2; 잠 21:13; 사 22:5; 30:19; 65:19; 렘 8:19; 20:16; 25:36; 48:3; 49:21; 51:54; 겔 27:28; 습 1:10; 슥 11:3

비둘기의 소리 - 아 2:12
비파 소리 - 사 14:11; 암 5:23; 6:5
뿔나팔 소리 - 레 25:9; 왕상 1:41
사람의 소리 - 왕하 7:10; 행 12:22; 벧후 2:16
사랑하는 자의 소리 - 아 5:2
사악한 소리 - 렘 13:27
사자의 우는 소리 - 욥 4:10
새의 소리 - 전 12:4
선포하는 소리 - 렘 50:28
성난 소리 - 눅 21:25
세미한 소리 - 왕상 19:12
소리(를) 내어/높여 울다 - 창 21:16; 27:34, 38; 29:11; 삿 2:4; 룻 1:9, 14; 삼상 11:4; 24:16; 30:4; 삼하 3:32; 11:26
소리 내어/높여 부르짖다 - 민 14:1; 시 27:7
소리 높여 부르다 - 사 12:6
소리 높여 통곡하다 - 삼하 13:36
소리(를) 높이다 - 왕하 19:22; 대하 5:13; 시 93:3; 잠 2:3; 8:1, 4; 사 13:2; 14:7; 24:14; 40:9; 42:11; 52:8; 렘 22:20; 겔 21:22; 마 21:9; 행 2:14; 4:24
소리를 발하다 - 잠 1:21
소리(를) 지르다 - 창 39:14, 15, 18; 41:43; 45:1; 출 5:8; 레 9:24; 신 22:27; 수 6:20; 삿 14:5; 15:14; 삼상 17:52; 왕상 20:39; 22:32; 왕하 2:12; 18:28; 대하 13:15; 18:31; 32:18; 욥 2:12; 30:5; 38:7; 잠 1:21; 사 5:29; 렘 2:15; 4:16; 5:8; 51:38; 겔 27:30; 단 4:14; 5:7; 6:20; 욜 2:11; 합 3:10; 마 8:29; 9:27; 14:26, 30; 15:22, 23; 20:30, 31; 21:15; 27:23, 46, 50; 막 1:23; 5:5; 6:49; 9:24, 26; 10:47, 48; 11:9; 15:13, 14, 34; 눅 4:33, 41; 9:38; 18:39; 19:40; 23:18, 21; 요 18:40; 19:6, 12, 15; 행 8:7; 14:11, 14; 16:17, 28; 17:6; 22:22; 갈 4:27; 약 5:4
소의 소리 - 삼상 15:14
속삭이는 소리 - 욥 26:14
수금 소리 - 겔 26:13
슬피 우는 소리 - 렘 48:38
신랑의 소리 - 렘 7:34; 16:9; 25:10; 33:10-

1396

【 소리 】 【 소리 】

'소리'와 관련된 성구

신부의 소리 – 렘 7:34; 16:9; 25:10; 33:10–11
신음 소리 – 출 6:5; 시 22:1
신의 소리 – 행 12:22
싸우는 소리 – 출 32:17
싸움의 소리 – 렘 50:22
아름다운 소리 – 창 49:21
아이의 소리 – 창 21:17
악기 소리 – 단 3:5, 7, 10, 15
앓는 소리 – 욥 3:24
애곡하는 소리 – 렘 25:36
약탈당하는 소리 – 렘 50:46
양의 소리 – 삼상 15:14
엄한 소리 – 창 42:7
엎드러지는 소리 – 겔 26:15
여호와의/하나님의 소리 – 창 3:8, 10; 신 8:20; 시 29:3, 4, 5, 7, 8, 9
외치는 소리 – 삼상 4:6; 왕상 22:36; 스 3:13; 욥 39:25
외치는 자의 소리 – 사 40:3; 마 3:3; 막 1:3; 눅 3:4; 요 1:23
요란한 소리 – 출 32:17; 사 33:3; 렘 25:31; 51:55
욕하는 소리 – 시 44:16
우는 소리 – 욥 4:10; 사 65:19; 렘 8:16; 48:38; 겔 19:7; 약 5:4
우렛소리와도 같은 소리 – 계 19:6
우리 소리 – 민 20:16
우매한 자의 소리 – 전 5:3
울리는 소리 – 겔 3:12, 13
울음소리 – 시 6:8; 렘 31:16; 습 1:10
웃음소리 – 전 7:6
웅장한 소리 – 시 68:33
위엄 찬 소리 – 욥 37:4
잎사귀 소리 – 레 26:36
작은 소리 – 시 39:3; 49:3; 63:6; 71:24; 77:12; 115:7; 119:15, 23, 27, 48, 78, 97; 145:2
쟁쟁한 소리 – 사 3:16
저주하는 소리 – 레 5:1
전쟁 소리 – 렘 49:2
젊은 사자의 소리 – 욥 4:10
즐거운 소리 – 대상 15:16; 욥 3:7; 8:21; 시 33:3; 47:1; 66:1; 사 16:9, 10; 48:20
즐거워하는 소리 – 느 12:43; 렘 7:34; 16:9; 25:10; 33:10–11
즐거워하는 자(들)의 소리 – 사 24:8; 렘 30:19
즐거이 부르는 소리 – 스 3:13
지껄이는 소리 – 욥 39:7
지르는 소리 – 욥 39:7
찬송(하는) 소리 – 대하 23:12; 렘 48:2
찬양 소리 – 시 66:8
창이 날아오는 소리 – 욥 41:29
창화하는 소리 – 사 51:3
채찍 소리 – 나 3:2
천둥소리 – 욥 40:9
춤추는 소리 – 눅 15:25
큰 비 소리 – 왕상 18:41
큰 소리 – 신 27:14; 수 6:5; 삼상 4:5, 6; 28:12; 삼하 19:4; 20:4; 왕상 8:55; 18:27, 28; 대하 15:14; 20:19; 스 3:11; 10:12; 느 9:4; 잠 27:14; 사 10:30; 29:6; 렘 51:55; 겔 8:18; 9:1; 11:13; 막 1:26; 5:7; 15:37; 눅 1:42; 8:28; 17:15; 19:37; 23:23, 46; 요 11:43; 행 7:57; 14:10; 벧후 3:10; 계 6:10; 8:13
큰 소리 나는 악기를 울리다 – 대하 30:21
큰 소리 나는 제금 – 시 150:5
큰 소리로 울다 – 창 45:2; 삿 21:2; 삼하 15:23
큰 파멸의 소리 – 렘 51:54
탄식(하는) 소리 – 시 102:5; 행 7:34
통곡하는 소리 – 스 3:13; 렘 9:19; 31:15; 마 2:18
파멸의 소리 – 렘 51:54
파수꾼들의 소리 – 사 52:8
포효하는 소리 – 렘 6:23
폭포 소리 – 시 42:7
피리 부는 소리 – 삿 5:16
해산하는 소리 – 렘 4:31
호각 소리 – 시 98:6
호위병과 백성의 소리 – 왕하 11:13
호통 소리 – 욥 3:18
흘리는 소리 – 시 58:5
활 쏘는 자들의 소리 – 삿 5:11

【 소리치다 】　　　　　　　　　　　　　【 소망/-하다 】

막 9:7	구름 속에서 **소리**가 나되 이는 내 사랑
눅 1:44	네 문안하는 **소리**가 내 귀에 들릴 때에
눅 3:22	하늘로부터 **소리**가 나기를 너는 내 사랑
눅 9:35	구름 속에서 **소리**가 나서 이르되 이는
눅 23:23	못박기를 구하니 그들의 **소리**가 이긴지
요 3:8	임의로 불매 네가 그 **소리**는 들어도
요 12:28	이에 하늘에서 **소리**가 나서 이르되 내가
요 12:30	**소리**가 난 것은 나를 위한 것이 아니요
행 2:2	급하고 강한 바람 같은 **소리**가 있어
행 2:6	이 **소리**가 나매 큰 무리가 모여 각각
행 7:31	알아보려고 가까이 가니 주의 **소리**가
행 9:4	**소리**가 있어 이르시되 사울아 사울아
행 9:7	같이 가던 사람들은 **소리**만 듣고 아무도
행 10:13	**소리**가 있으되 베드로야 일어나 잡아
행 10:15	또 두 번째 **소리**가 있으되 하나님께서
행 11:7	**소리** 있어 내게 이르되 베드로야 일어나
행 11:9	또 하늘로부터 두 번째 **소리** 있어 내게
행 19:34	유대인인 줄 알고 다 한 **소리**로 외쳐
행 22:7	**소리** 있어 이르되 사울아 사울아 네가
행 24:21	심문을 받는다고 한 이 한 **소리**만 있을
행 26:14	내가 **소리**를 들으니 히브리 말로 이르되
행 26:24	베스도가 크게 **소리** 내어 이르되 바울아
롬 10:18	그 **소리**가 온 땅에 퍼졌고 그 말씀이
고전 13:1	사랑이 없으면 **소리** 나는 구리와 울리는
고전 14:7	생명 없는 것이 **소리**를 낼 때에 그 음이
고전 14:8	나팔이 분명하지 못한 **소리**를 내면 누가
고전 14:10	**소리**의 종류가 많으나 뜻 없는 **소리**는
고전 14:11	내가 그 **소리**의 뜻을 알지 못하면 내가
벧후 1:17	영광 중에서 이러한 **소리**가 그에게
벧후 1:18	**소리**는 우리가 그와 함께 거룩한 산에
계 9:9	전쟁터로 달려 들어가는 **소리** 같으며
계 10:4	하늘에서 **소리**가 나서 말하기를 일곱
계 14:2	**소리**를 들으니 … 내가 들은 **소리**는
계 18:22	퉁소 부는 자와 나팔 부는 자들의 **소리**

소리치다 (shout)

욥 35:9	군주들의 힘에 눌려 **소리치나**
시 81:1	하나님을 향하여 즐거이 **소리칠지어다**
시 89:15	즐겁게 **소리칠** 줄 아는 백성은 복이
시 98:4	여호와께 즐거이 **소리칠지어다** 소리
시 98:6	여호와 앞에 즐겁게 **소리칠지어다**
렘 31:35	파도로 **소리치게** 하니 그의 이름은
행 21:34	이는 저런 말로 **소리치거늘** 천부장이

소망/-하다(所望, hope)

구약

룻 1:12	내가 **소망**이 있다고 말한다든지 오늘밤에
스 10:2	이스라엘에게 아직도 **소망**이 있나니
욥 4:6	네 자랑이 아니냐 네 **소망**이 네 온전한
욥 31:24	내가 내 **소망**을 금에다 두고 순금에게
시 37:9	**소망하는** 자들은 땅을 차지하리로다
시 39:7	내가 무엇을 바라리요 나의 **소망**은 주께
시 42:5	하나님께 **소망**을 두라 그가 나타나
시 42:11	너는 하나님께 **소망**을 두라 나는 그가
시 43:5	하나님께 **소망**을 두라 그가 나타나
시 62:5	무릇 나의 **소망**이 그로부터 나오는도다
시 71:5	여호와여 주는 나의 **소망**이시요 내가
시 71:14	항상 **소망**을 품고 주를 더욱더욱 찬송하
시 78:7	그들의 **소망**을 하나님께 두며 하나님의
시 119:49	주께서 내게 **소망**을 가지게 하셨나이다
시 119:116	살게 하시고 내 **소망**이 부끄럽지 않게
시 146:5	하나님에게 자기의 **소망**을 두는 자는
잠 10:28	**소망**은 즐거움을 이루어도 악인의 **소망**
잠 11:7	그 **소망**이 끊어지나니 불의의 **소망**이
잠 11:23	오직 선하나 악인의 **소망**은 진노를
잠 14:32	의인은 그의 죽음에도 **소망**이 있느니라
잠 23:18	장래가 있겠고 네 **소망**이 끊어지지
잠 24:14	장래가 있겠고 네 **소망**이 끊어지지
전 3:17	이는 모든 **소망하는** 일과 모든 행사에
전 9:4	**소망**이 있음은 산 개가 죽은 사자보다
렘 14:8	이스라엘의 **소망**이시요 고난당한 때의
렘 17:13	이스라엘의 **소망**이신 여호와여 무릇
렘 31:17	너의 장래에 **소망**이 있을 것이라 너의
렘 50:7	그의 조상들의 **소망**이신 여호와께 범죄
애 3:18	여호와께 대한 내 **소망**이 끊어졌다
애 3:21	그것이 오히려 나의 **소망**이 되었사옴은
애 3:29	티끌에 댈지어다 혹시 **소망**이 있을지로
겔 19:5	암사자가 기다리다가 **소망**이 끊어진
겔 37:11	우리의 뼈들이 말랐고 우리의 **소망**이
호 2:15	아골 골짜기로 **소망**의 문을 삼아 주리니
슥 9:5	에그론은 그 **소망**이 수치가 되므로 역시
슥 9:12	갇혔으나 **소망**을 품은 자들아 너희는

신약

행 16:19	자기 수익의 **소망**이 끊어진 것을 보고
행 23:6	죽은 자의 **소망** 곧 부활로 말미암
행 24:15	하나님께 향한 **소망**을 나도 가졌으니

1398

【 소망/-하다 】　　　　　　　　　　　　　　　　　　　　　　　　　【 소멸하다/소멸되다 】

행 26:7	아그립바 왕이여 이 **소망**으로 말미암아
행 28:20	이스라엘의 **소망**으로 말미암아 내가
롬 5:4	인내는 연단을, 연단은 **소망**을 이루는
롬 8:24	우리가 **소망**으로 … 보이는 **소망**이 **소망**
롬 15:4	성경의 위로로 **소망**을 가지게 함이니라
롬 15:12	그에게 **소망**을 두리라 하였느니라
롬 15:13	**소망**의 하나님이 모든 기쁨과 평강을 믿음 안에서 … 능력으로 **소망**이 넘치게
고전 9:10	**소망**을 가지고 갈며 … 얻을 **소망**을
고전 13:13	믿음, **소망**, 사랑, 이 세 가지는 항상
고후 1:7	우리의 **소망**이 견고함은 너희가 고난에
고후 1:8	고난을 당하여 살 **소망**까지 끊어지고
고후 3:12	우리가 이같은 **소망**이 있으므로 담대히
갈 5:5	믿음을 따라 의의 **소망**을 기다리노니
엡 1:18	부르심의 **소망**이 무엇이며 성도 안에서
엡 2:12	**소망**이 없고 하나님도 없는 자이더니
엡 4:4	한 **소망** 안에서 부르심을 받았느니라
빌 1:20	간절한 기대와 **소망**을 따라 아무 일에든
골 1:5	너희를 위하여 하늘에 쌓아 둔 **소망**으로
골 1:23	복음의 **소망**에서 흔들리지 아니하면
골 1:27	그리스도시니 곧 영광의 **소망**이니라
살전 1:3	그리스도에 대한 **소망**의 인내를 우리
살전 2:19	우리의 **소망**이나 기쁨이나 자랑의
살전 4:13	**소망** 없는 다른 이와 같이 슬퍼하지
살전 5:8	붙이고 구원의 **소망**의 투구를 쓰자
살후 2:16	영원한 위로와 좋은 **소망**을 은혜로 주신
딤전 1:1	하나님과 우리의 **소망**이신 그리스도
딤전 4:10	**소망**을 살아 계신 하나님께 둠이니 곧
딤전 5:5	하나님께 **소망**을 두어 주야로 항상 간구
딤전 6:17	정함이 없는 재물에 **소망**을 두지 말고
딛 1:2	영생의 **소망**을 위함이라 이 영생은
딛 2:13	복스러운 **소망**과 우리의 크신 하나님
딛 3:7	영생의 **소망**을 따라 상속자가 되게 하려
히 3:6	우리가 **소망**의 확신과 자랑을 끝까지
히 6:11	부지런함을 나타내어 끝까지 **소망**의
히 6:18	앞에 있는 **소망**을 얻으려고 피난처를
히 6:19	우리가 이 **소망**을 가지고 있는 것은
히 7:19	이에 더 좋은 **소망**이 생기니 이것으로
히 10:23	우리가 믿는 도리의 **소망**을 움직이지
벧전 1:3	우리를 거듭나게 하사 산 **소망**이 있게
벧전 1:21	너희 믿음과 **소망**이 하나님께 있게
벧전 3:5	전에 하나님께 **소망**을 두었던 거룩한
벧전 3:15	너희 속에 있는 **소망**에 관한 이유를
요일 3:3	주를 향하여 이 **소망**을 가진 자마다 그의

소맥(小麥, wheat)
사 28:25 대회향을 뿌리며 **소맥**을 줄줄이 심으며

소멜(Shomer)
1. 유다 왕 요아스를 죽인 여호사바드의 아버지
왕하 12:21 요사갈과 **소멜**의 아들 여호사바드였더
2. 아셀 지파 헤벨의 아들
대상 7:32 헤벨은 야블렛과 **소멜**과 호담과 그들의
대상 7:34 **소멜**의 아들들은 아히와 로가와 호바와

소멸하다/소멸되다(dead, destroy, consume)
1. 사라져 없어지다(消滅, dead)
민 14:33	시체가 광야에서 **소멸되기**까지 사십
민 14:35	광야에서 **소멸되어** 거기서 죽으리라
민 25:11	내 질투심으로 그들을 **소멸하지** 않게
욥 14:10	장정이라도 죽으면 **소멸되나니** 인생이
시 39:11	영화를 좀먹음같이 **소멸하게** 하시니
시 49:14	그들의 아름다움은 **소멸하고** 스올이
시 58:8	**소멸하여** 가는 달팽이 같게 하시며 만삭
시 59:13	**소멸하시되** 없어지기까지 **소멸하사**
시 75:3	그 모든 주민이 **소멸되리라** 하시도다
시 90:7	**소멸되며** 주의 분내심에 놀라나이다
시 104:35	죄인들을 땅에서 **소멸하시며** 악인들을
시 112:10	한탄하여 이를 갈면서 **소멸되리니**
시 146:4	그 날에 그의 생각이 **소멸하리로다**
잠 12:7	악인은 엎드러져서 **소멸되려니와** 의인
잠 21:7	악인의 강포는 자기를 **소멸하나니** 이는
사 14:31	너 블레셋이여 다 **소멸되리로다** 대저
사 24:11	사라졌으며 땅의 기쁨이 **소멸되었도다**
사 29:20	이는 강포한 자가 **소멸되었으며** 오만한
사 43:17	일어나지 못하고 **소멸하기를** 꺼져가는
사 64:7	죄악으로 말미암아 우리가 **소멸되게**
겔 24:11	더러운 것을 녹게 하며 녹이 **소멸되게**
단 7:14	그의 권세는 **소멸되지** 아니하는 영원한
나 2:6	강들의 수문이 열리고 왕궁이 **소멸되며**
말 3:6	자손들아 너희가 **소멸되지** 아니하느니
엡 2:16	원수 된 것을 십자가로 **소멸하시고**
엡 6:16	능히 악한 자의 모든 불화살을 **소멸하고**
살전 5:19	성령을 **소멸하지** 말며

2. 태워 없애다(燒滅, destroy, consume)
신 4:24 여호와는 **소멸하는** 불이시요 질투하시

【 소명 】　　　　　　　　　　　　　　　　　　　　　　　　　　【 소박 】

시 21:9	삼키시리니 불이 그들을 **소멸**하리로다	겔 21:7	재앙이 다가온다는 **소문** 때문이니 각
시 102:3	내 날이 연기같이 **소멸하며** 내 뼈가	겔 32:9	내가 네 패망의 **소문**이 여러 나라 곧
사 4:4	심판하는 영과 **소멸하는** 영으로 시온의	단 11:44	동북에서부터 **소문**이 이르러 그를
사 10:17	사이에 그의 가시와 찔레가 **소멸되며**	합 3:2	여호와여 내가 주께 대한 **소문**을 듣고
사 10:18	기름진 밭의 영광이 전부 **소멸되리니**		

신약

습 3:8	온 땅이 나의 질투의 불에 **소멸되리라**
히 12:29	우리 하나님은 **소멸하는** 불이심이라

소명(召命, holy life)

딤후 1:9　우리를 구원하사 거룩하신 **소명**으로

소문(所聞, rumor, news, report)

구약

창 45:16　요셉의 형들이 왔다는 **소문**이 바로에
신 13:12　성읍에 대하여 네게 **소문**이 들리기를
수 6:27　여호수아의 **소문**이 그 온 땅에 퍼지니라
수 9:9　그의 **소문**과 그가 애굽에서 행하신 모든
삼상 2:24　내게 들리는 **소문**이 좋지 아니하니라
삼하 13:30　하나도 남기지 아니하였다는 **소문**이
삼하 17:9　**소문**을 듣는 자가 말하기를 압살롬을
삼하 22:45　그들이 내 **소문**을 귀로 듣고 곧 내게
왕상 2:28　**소문**이 요압에게 들리매 그가 여호와의
왕상 4:34　지혜의 **소문**을 들은 천하 모든 왕들이
왕상 8:42　펴신 팔의 **소문**을 듣고 와서 이 성전
왕상 10:6　당신의 지혜에 대하여 들은 **소문**이 사실
왕상 10:7　지혜와 복이 내가 들은 **소문**보다 더
왕하 12:2　**소문**을 듣고 여전히 애굽에 있는 중에
왕하 19:7　**소문**을 듣고 그의 본국으로 돌아가게
대하 9:5　지혜에 대하여 들은 **소문**이 진실하도다
대하 9:6　당신은 내가 들은 **소문**보다 더하도다
느 6:6　이방 중에도 **소문**이 있고 가스무도
에 1:17　왕후의 행위의 **소문**이 모든 여인들에게
욥 28:22　이르기를 우리가 귀로 그 **소문**은 들었다
시 18:44　그들이 내 **소문**을 들은 즉시로 내게
시 112:7　흉한 **소문**을 두려워하지 아니함이여
사 19:17　계획으로 말미암음이라 그 **소문**을 듣는
사 37:7　그가 **소문**을 듣고 그의 고국으로 돌아갈
렘 6:24　**소문**을 들었으므로 손이 약하여졌으
렘 37:5　**소문**을 듣고 예루살렘에서 떠났더라
렘 49:23　*이는 흉한 **소문**을 듣고 낙담함이니라*
렘 50:43　왕이 그 **소문**을 듣고 손이 약하여지며
렘 51:46　들리는 **소문**으로 … **소문**이 이 해에도
겔 7:26　환난이 환난에 더하고 **소문**에 **소문**이

마 4:24	**소문**이 온 수리아에 퍼진지라 사람들이
마 9:26	그 **소문**이 그 온 땅에 퍼지더라
마 9:31	예수의 **소문**을 그 온 땅에 퍼뜨리니라
마 14:1	그 때에 분봉 왕 헤롯이 예수의 **소문**을
마 24:6	난리와 난리 **소문**을 듣겠으나 너희는
막 1:28	예수의 **소문**이 곧 온 갈릴리 사방에
막 2:1	들어가시니 집에 계시다는 **소문**이
막 5:27	예수의 **소문**을 듣고 무리 가운데 끼어
막 7:25	한 여자가 예수의 **소문**을 듣고 곧 와서
막 13:7	난리의 **소문**을 들을 때에 두려워하지
눅 4:14	갈릴리에 돌아가시니 그 **소문**이 사방에
눅 4:37	예수의 **소문**이 그 근처 사방에 퍼지니라
눅 5:15	예수의 **소문**이 더욱 퍼지매 수많은
눅 7:3	예수의 **소문**을 듣고 유대인의 장로 몇
눅 7:17	예수께 대한 이 **소문**이 온 유대와 사방
눅 21:9	소요의 **소문**을 들을 때에 두려워하지
눅 23:8	이는 그의 **소문**을 들었으므로 보고자
행 11:22	예루살렘 교회가 이 사람들의 **소문**을
행 21:31	요란하다는 **소문**이 군대의 천부장에게
살전 1:8	너희 믿음의 **소문**이 각처에 퍼졌으므로

소바 1(Zobah) 아람의 소왕국

삼상 14:47　암몬 자손과 에돔과 **소바**의 왕들과

📖 **소바 1 - 기타 본문**

삼하 8:3, 5, 12; 10:6, 8; 23:36; 왕상 11:23, 24; 대상 18:3, 5, 9; 19:6

소바 2(Zophah) 아셀 지파 헬렘의 아들

대상 7:35　아우 헬렘의 아들들은 **소바**와 임나와
대상 7:36　**소바**의 아들들은 수아와 하르네벨과

소바더(Sopater) 베뢰아 사람 부로의 아들

행 20:4　베뢰아 사람 부로의 아들 **소바더**와

소박(Shobach) 소바 왕 하닷에셀의 군대 장관

삼하 10:16　하닷에셀의 군사령관 **소박**이 그들을
삼하 10:18　군사령관 **소박**을 치매 거기서 죽으니라

1400

【 소박하다 】　　　　　　　　　　　　　　　　　　　　　　　　【 소산/-물 】

대상 19:16　하닷에셀의 군대사령관 **소박**이 그들을
대상 19:18　죽이고 또 군대 지휘관 **소박**을 죽이매

소박하다(素朴, decency)
딤전 2:9　**소박**함과 정절로써 자기를 단장하고

소반(小盤, platter)
마 14:8　세례 요한의 머리를 **소반**에 얹어 여기서
마 14:11　그 머리를 **소반**에 얹어서 그 소녀에게
막 6:25　세례 요한의 머리를 **소반**에 얹어 곧
막 6:28　그 머리를 **소반**에 얹었다가 소녀에게

소발 1(Zophar)　나아마 사람으로 욥의 친구
욥 2:11　수아 사람 빌닷과 나아마 사람 **소발**이라
욥 11:1　나아마 사람 **소발**이 대답하여 이르되
욥 20:1　나아마 사람 **소발**이 대답하여 이르되
욥 42:9　나아마 사람 **소발**이 가서 여호와께서

소발 2(Shobal)
　　1. 호리 사람 세일의 아들
창 36:20　호리 족속 세일의 자손은 로단과 **소발**과
창 36:23　**소발**의 자녀는 알완과 마나핫과 에발과
창 36:29　곧 로단 족장, **소발** 족장, 시브온 족장,
대상 1:38　세일의 아들은 로단과 **소발**과 시브온과
대상 1:40　**소발**의 아들은 알란과 마나핫과 에발과
　　2. 훌의 자손으로 기럇여아림의 아버지
대상 2:50　이러하니 기럇여아림의 아버지 **소발**과
대상 2:52　기럇여아림의 아버지 **소발**의 자손은
　　3. 유다의 아들로 르아야의 아버지
대상 4:1　베레스와 헤스론과 갈미와 훌과 **소발**
대상 4:2　**소발**의 아들 르아야는 야핫을 낳고

소밥(Shobab)
　　1. 예루살렘에서 태어난 다윗의 아들
삼하 5:14　난 자들의 이름은 삼무아와 **소밥**과 나단
대상 3:5　시므아와 **소밥**과 나단과 솔로몬 네
대상 14:4　아들들의 이름은 삼무아와 **소밥**과
　　2. 유다 자손으로 헤스론의 아들 갈렙의 아들
대상 2:18　그가 낳은 아들들은 예셀과 **소밥**과

소배 1(Shobai)　바벨론에서 돌아온 소배 자
　　　　　손의 조상
스 2:42　달문과 악굽과 하디다와 **소배** 자손이

느 7:45　악굽 자손과 하디다 자손과 **소배** 자손이

소배 2(Zophai)　엘가나의 아들로 나핫의 아버지
대상 6:26　아들은 **소배**요 그의 아들은 나핫이요

소베렛(Sophereth)　포로지에서 귀환한 사람
느 7:57　소대 자손과 **소베렛** 자손과 브리다

소베바(Hazzobebah-NIV, Zobebah-
　　　　　KJV)　유다 지파 고스의 아들
대상 4:8　고스는 아눕과 **소베바**와 하룸의 아들

소벡(Shobek)　느헤미야 때 언약 갱신에 인친
　　　　　족장
느 10:24　할르헤스, 빌하, **소벡**,

소변(小便, urine)
왕하 18:27　자기의 **소변**을 마시게 하신 것이 아니냐
사 36:12　자기의 대변을 먹으며 자기의 **소변**을

소비(Shobi)　암몬 족속 랍바 사람 나하스의 아들
삼하 17:27　랍바 사람 나하스의 아들 **소비**와 로데발

소빔(Zophim)　발락이 발람을 데리고 올라갔던 곳
민 23:14　**소빔** 들로 인도하여 비스가 꼭대기에

소산/-물(小産, fruit, all that you produce)
　모세오경, 역사서
창 3:17　너는 네 평생에 수고하여야 그 **소산**을
창 4:3　땅의 **소산**으로 제물을 삼아 여호와께
창 43:11　이 땅의 아름다운 **소산**을 그릇에 담아
출 23:10　너의 땅에 파종하여 그 **소산**을 거두고
출 34:26　토지 **소산**의 처음 익은 것을 가져다가
레 19:25　그리하면 너희에게 그 **소산**이 풍성하리
레 23:39　너희가 토지 **소산** 거두기를 마치거든
민 6:4　포도나무 **소산**은 씨나 껍질이라도 먹지
민 18:12　여호와께 드리는 첫 **소산** 곧 제일 좋은
신 7:13　토지 **소산**과 곡식과 포도주와 기름과
신 11:17　땅이 **소산**을 내지 않게 하시므로 너희가
신 14:22　마땅히 매 년 토지 **소산**의 십일조를 드릴
신 14:28　삼 년 끝에 그 해 **소산**의 십분의 일을
신 22:9　네가 뿌린 씨의 열매와 포도원의 **소산**을
신 26:2　토지의 모든 **소산**의 맏물을 거둔 후에

1401

【 소산지 】　　　　　　　　　　　　　　　　　　【 소생하다/소생시키다 】

소생(所生, fruit, son, offspring)

신 26:10	주께서 내게 주신 토지 **소산**의 맏물을
신 26:12	모든 **소산**의 십일조 내기를 마친 후에
신 28:4	네 몸의 자녀와 네 토지의 **소산**과 네
신 28:11	소생과 가축의 새끼와 토지의 **소산**을
신 28:18	네 몸의 소생과 네 토지의 **소산**과 네
신 28:33	네 토지 **소산**과 네 수고로 얻은 것을
신 28:42	네 모든 나무와 토지 **소산**은 메뚜기가
신 28:51	네 토지의 **소산**을 먹어 마침내 너를
신 30:9-10	네 토지의 **소산**을 많게 하시고 네게 복을
신 32:13	밭의 **소산**을 먹게 하시며 반석에서
신 32:22	그 **소산**을 삼키며 산들의 터도 불타게
신 32:32	고모라의 밭의 **소산**이라 그들의 포도는
수 5:11	유월절 이튿날에 그 땅의 **소산물**을 먹되
수 5:12	땅의 **소산물**을 먹은 다음 날에 만나가
삿 6:4	토지 **소산**을 멸하여 이스라엘 가운데에
삿 13:14	포도나무의 **소산**을 먹지 말며 포도주와
삼상 8:15	너희의 곡식과 포도원 **소산**의 십일조를
대상 27:27	삽다는 포도원의 **소산** 포도주 곳간을
대하 31:5	밭의 모든 **소산**의 첫 열매들을 풍성하
느 9:36	그것의 아름다운 **소산**을 누리게 하신
느 9:37	땅의 많은 **소산**을 얻고 그들이 우리의
느 10:35	해마다 우리 토지 **소산**의 맏물과 각종

시가서, 선지서

시 67:6	그의 **소산**을 내어 주었으니 하나님 곧
잠 3:9	재물과 네 **소산물**의 처음 익은 열매로
전 5:9	땅의 **소산물**은…밭의 소산을 받느니라
사 1:19	순종하면 땅의 아름다운 **소산**을 먹을
사 4:2	땅의 **소산**은 이스라엘의 피난한 자를
사 42:5	그 **소산**을 내시며 땅 위의 백성에게
렘 2:3	여호와를 위한 성물 곧 그의 **소산** 중
렘 7:20	사람과 짐승과 들나무와 땅의 **소산**에
렘 12:13	소득이 없은즉 그 **소산**으로 말미암아
애 4:9	토지 **소산**이 끊어지므로 그들은 찔림
겔 34:27	그 **소산**을 내리니 그들이 그 땅에서
겔 36:30	나무의 열매와 밭의 **소산**을 풍성하게
겔 48:18	그 땅의 **소산**은 성읍에서 일하는 자의
욜 1:11	밭의 **소산**이 다 없어졌음이로다
학 1:11	땅의 모든 **소산**과 사람과 가축과 손으로
말 3:11	너희 토지 **소산**을 먹어 없애지 못하게

소산지(所産地, land)

신 8:8	밀과 보리의 **소산지**요 포도와 무화과 와 석류와 감람나무와 꿀의 **소산지**라

소생(所生, fruit, son, offspring)

창 22:23	밀가의 **소생**이며 브두엘은 리브가를
창 24:15	아내 밀가의 아들 브두엘의 **소생**이라
창 48:6	네 **소생**은 네 것이 될 것이며 그들의
민 15:13	누구든지 본토 **소생**이 여호와께 향기로
민 15:29	이스라엘 자손 중 본토 **소생**이든지 그들
신 7:13	땅에서 네 **소생**에게 은혜를 베푸시며
신 28:11	네 몸의 **소생**과 가축의 새끼와 토지의
신 28:18	네 몸의 **소생**과 네 토지의 소산과 네
신 28:53	네게 주신 자녀 곧 네 몸의 **소생**의 살을
신 30:9-10	네 몸의 **소생**과 네 가축의 새끼와 네
수 15:14	아낙의 **소생** 그 세 아들 곧 세새와
삼상 20:30	계집의 **소생**아 네가 이새의 아들을 택함
삼하 3:2	이스르엘 여인 아히노암의 **소생**이요
삼하 3:3	아비가일의 **소생**이요 셋째는 압살롬이
삼하 3:5	에글라의 **소생**이니 이들은 다윗이
삼하 21:20	네 개가 있는데 그도 거인족의 **소생**이라
삼하 21:22	가드의 거인족의 **소생**이 다윗의 손과
대상 3:1	아히노암의 **소생**이요 둘째는 다니엘 이라 갈멜 여인 아비가일의 **소생**이라
대상 3:3	**소생**이요 … 아내 에글라의 **소생**이니
대상 3:5	다 암미엘의 딸 밧수아의 **소생**이요
대상 4:4	에브라다의 맏아들 훌의 **소생**이며
대상 4:6	낳아 주었으니 이는 나아라의 **소생**이요
대상 20:6	있는데 그도 키가 큰 자의 **소생**이라
대상 20:8	가드의 키 큰 자의 **소생**이라도 다윗
대하 11:18	아들 엘리압의 딸 아비하일의 **소생**이라
스 10:3	**소생**을 다 내보내기로 우리 하나님과
시 132:11	이르시기를 네 몸의 **소생**을 네 왕위에
사 48:19	모래 같겠고 네 몸의 **소생**이 모래 알
행 17:28	말과 같이 우리가 그의 **소생**이라
행 17:29	하나님의 **소생**이 되었은즉 하나님을

소생하다/소생시키다(蘇生, live, revive)

창 45:27	수레를 보고서야 기운이 **소생한지라**
삿 15:19	회복되어 **소생하니** 그러므로 그 샘
스 9:8	종노릇 하는 중에서 조금 **소생하게**
스 9:9	여김을 입고 **소생하여** 우리 하나님의
시 23:3	내 영혼을 **소생시키시고** 자기 이름을
시 69:32	찾는 너희들아 너희 마음을 **소생하게**
시 80:18	우리를 **소생하게** 하소서 우리가 주의
사 57:15	겸손한 자의 영을 **소생시키며** 통회하 는 자의 마음을 **소생시키려** 함이라

소성시키다(蘇醒, revive)
시 19:7 영혼을 **소성시키며** 여호와의 증거는

소송/-하다(訴訟, argument)
신 21:5 축복하게 하신 자라 모든 **소송**과 모든
사 41:21 우상들은 **소송하라** 야곱의 왕이 말하노
사 59:4 **소송하는** 자도 없고 진실하게 판결하는

소수(少數, few)
신 26:5 애굽에 내려가 거기에서 **소수**로 거류하
수 7:3 그들은 **소수**이니 모든 백성을 그리로
렘 44:28 칼을 피한 **소수**의 사람이 애굽 땅에서
단 11:23 **소수**의 백성을 가지고 세력을 얻을
막 6:5 다만 **소수**의 병자에게 안수하여 고치실

소스데네(Sosthenes) 바울의 동역자
행 18:17 사람이 회당장 **소스데네**를 잡아 법정
고전 1:1 부르심을 받은 바울과 형제 **소스데네**는

소시바더(Sosipater) 로마 교회에 소개된 바울의 친척
롬 16:21 누기오와 야손과 **소시바더**가 너희에게

소식(消息, message, news)
창 29:13 그의 생질 야곱의 **소식**을 듣고 달려와서
민 33:40 왕은 이스라엘 자손이 온다는 **소식**을
수 11:1 이 **소식**을 듣고 마돈 왕 요밥과 시므론
삼상 4:19 남편이 죽은 **소식**을 듣고 갑자기 아파서
삼하 4:4 요나단이 죽은 **소식**이 이스르엘에서
삼하 15:28 내게 알리는 **소식**이 올 때까지 내가
삼하 15:36 그들 편에 내게 **소식**을 알릴지니라
삼하 18:22 이 **소식**으로 말미암아서는 너는 상을
삼하 18:25 그의 입에 **소식**이 있으리라 할 때에
삼하 18:26 왕이 이르되 그도 **소식**을 가져오느니라
삼하 18:31 왕께 아뢸 **소식**이 있나이다 여호와께서
왕상 1:42 용사라 아름다운 **소식**을 가져오는도다
시 68:11 말씀을 주시니 **소식**을 공포하는 여자들
사 23:1 이 **소식**이 깃딤 땅에서부터 그들에게
사 23:5 **소식**이 애굽에 이르면 … 두로의 **소식**
사 28:19 주야로 지나가리니 **소식**을 깨닫는 것이
렘 49:14 여호와에게서부터 오는 **소식**을 들었노
옵 1:1 말미암아 **소식**을 들었나니 곧 사자가
나 3:19 **소식**을 듣는 자가 다 너를 보고 손뼉을

행 28:15 **소식**을 듣고 압비오 광장과 트레이스
롬 15:21 기록된 바 주의 **소식**을 받지 못한
요일 1:5 너희에게 전하는 **소식**은 이것이니 곧
요일 3:11 이는 너희가 처음부터 들은 **소식**이라

'소식'과 관련된 성구

기쁜 소식 - 시 40:9; 사 41:27; 살전 3:6
소식을 전하다 - 삼상 4:17; 삼하 1:13;
　4:10; 18:19, 20; 19:11; 대상 10:9;
　시 40:9; 사 52:7; 61:1; 눅 1:19; 롬
　10:15
아름다운 소식 - 왕상 1:42; 왕하 7:9; 사
　40:9; 61:1; 나 1:15
좋은 소식 - 삼하 4:10; 18:27; 사 52:7;
　눅 1:19; 2:10; 3:18; 롬 10:15

소실(小室, concubine)
대상 1:32 아브라함의 **소실** 그두라가 낳은 자손은
대상 2:46 갈렙의 **소실** 에바는 하란과 모사와
대상 2:48 갈렙의 **소실** 마아가는 세벨과 디르하나
대상 3:9 이 외에 또 **소실**의 아들이 있었더라
대상 7:14 그의 **소실** 아람 여인이 낳아 준 길르앗

소아 1(Shoa) 티그리스강 동편에 살던 유목 민족
겔 23:23 브곳과 **소아**와 고아 사람과 또 그와

소아 2(小兒, children)
삼상 15:3 남녀와 **소아**와 젖 먹는 아이와 우양과

소안(Zoan) 애굽의 델타 북동부 지역에 위치한 도시
민 13:22 애굽 **소안**보다 칠 년 전에 세운 곳이라
시 78:12 애굽 땅 **소안** 들에서 기이한 일을
시 78:43 표적들을, **소안** 들에서 그의 징조들을
사 19:11 **소안**의 방백은 어리석었고 바로의 가장
사 19:13 **소안**의 방백들은 어리석었고 놉의
사 30:4 그 고관들이 **소안**에 있고 그 사신들이
겔 30:14 바드로스를 황폐하게 하며 **소안**에 불을

소알(Zoar) 요단 평지의 도시
창 13:10 **소알**까지 온 땅에 물이 넉넉하니 여호와
창 14:2 세메벨과 벨라 곧 **소알** 왕과 싸우니라

【 소요/-하다 】　　　　　　　　　　【 소유/-하다 】

창 14:8	소알 왕이 나와서 싯딤 골짜기에서
창 19:22	그 성읍 이름을 **소알**이라 불렀더라
창 19:23	롯이 **소알**에 들어갈 때에 해가 돋았더라
창 19:30	롯이 **소알**에 거주하기를 … **소알**에서
신 34:3	성읍 여리고 골짜기 평지를 **소알**까지
사 15:5	피난민들은 **소알**과 에글랏 슬리시야까
렘 48:34	**소알**에서 호로나임을 지나 에글랏

소요/-하다 (騷擾, turmoil, uproar)

욥 3:17	거기서는 악한 자가 **소요**를 그치며
시 65:7	만민의 **소요**까지 진정하시나이다
눅 21:9	**소요**의 소문을 들을 때에 두려워하지
행 19:40	일에 우리가 **소요** 사건으로 책망 받을
행 20:1	**소요**가 그치매 바울은 제자들을 불러
행 21:38	이전에 **소요**를 일으켜 자객 사천 명을
행 24:5	**소요**하게 하는 자요 나사렛 이단의

소욕 (所欲, crave, desire)

잠 10:3	주리지 않게 하시나 악인의 **소욕**은
잠 18:1	갈라지는 자는 자기 **소욕**을 따르는 자라
갈 5:17	육체의 **소욕**은 성령을 거스르고 성령은

소용/-되다/-없다 (所用, effect, useful)

출 35:24	섬기는 일에 **소용되는** 조각목이 있는
출 35:28	관유와 분향할 향에 **소용되는** 기름과
욥 21:15	기도한들 무슨 **소용**이 있으랴 하는구나
욥 30:2	손의 힘이 내게 무슨 **소용**이 있으랴
욥 35:3	내게 무슨 **소용**이 있으며 범죄하지
욥 41:26	칼이 그에게 꽂혀도 **소용**이 없고 창이나
전 2:2	이것이 무슨 **소용**이 있는가 하였노라
전 10:11	전에 뱀에게 물렸으면 술객은 **소용**이
사 16:12	기도할지라도 **소용없으리로다**
겔 15:4	태웠으면 제조에 무슨 **소용**이 있겠느냐
호 9:4	먹기에만 **소용될** 뿐이라 여호와의 집에
롬 16:2	그에게 **소용되는** 바를 도와줄지니 이는
엡 4:29	**소용되는** 대로 선한 말을 하여 듣는

소용돌이치다 (rage)

욥 40:23	강물이 **소용돌이칠지라도** 그것이

소원/-하다 (所願, request, want)

창 19:21	**소원**을 들었은즉 네가 말하는 그 성읍을
창 30:17	하나님이 레아의 **소원**을 들으셨으므로
창 30:22	하나님이 그의 **소원**을 들으시고 그의
신 18:6	**소원**이 있어 그가 사는 곳을 떠날지라도
삼하 23:5	구원과 나의 모든 **소원**을 어찌 이루지
삼하 23:15	다윗이 **소원하여** 이르되 베들레헴 성문
왕상 2:16	한 가지 **소원**을 당신에게 구하오니 내
왕상 9:11	솔로몬에게 그 온갖 **소원**대로 백향목과
왕상 10:13	그의 **소원**대로 구하는 것을 주니 이에
대하 9:12	그의 **소원**대로 구하는 것을 모두 주니
에 5:3	**소원**이 무엇이며 요구가 무엇이냐 나라
욥 6:8	들어 줄 것이며 나의 **소원**을 하나님이
욥 31:16	가난한 자의 **소원**을 막았거나 과부의
시 10:17	겸손한 자의 **소원**을 들으셨사오니
시 35:25	아하 **소원**을 성취하였다 하지 못하게
시 38:9	주여 나의 모든 **소원**이 주 앞에 있사오
시 73:7	그들의 소득은 마음의 **소원**보다 많으며
시 103:5	좋은 것으로 네 **소원**을 만족하게 하사
시 140:8	악인의 **소원**을 허락하지 마시며 그의
시 145:16	생물의 **소원**을 만족하게 하시나이다
시 145:19	경외하는 자들의 **소원**을 이루시며 또
잠 11:23	**소원**은 오직 선하나 악인의 소망은
잠 13:12	**소원**이 이루어지는 것은 곧 생명 나무니
잠 13:19	**소원**을 성취하면 마음에 달아도 미련한
잠 19:2	**소원**은 선하지 못하고 발이 급한 사람은
전 6:2	영혼이 바라는 모든 **소원**에 부족함이
렘 44:14	살아남아 **소원**대로 돌아와서 살고자
마 11:27	아들의 **소원**대로 계시를 받는 자 외에는
마 15:28	**소원**대로 되리라 하시니 그 때로부터
눅 10:22	아들과 또 아들의 **소원**대로 계시를 받는
빌 2:13	뜻을 위하여 너희에게 **소원**을 두고
히 5:7	눈물로 간구와 **소원**을 올렸고 그의

'마음의 소원'과 관련된 성구

삼상 20:4; 욥 17:11; 시 20:4; 21:2; 37:4; 73:7

소위 (所謂, so-called)

계 2:24	**소위** 사탄의 깊은 것을 알지 못하는

소유/-하다 (所有, belonging, possession, property)

모세오경

창 12:5	**소유**로 얻은 사람들을 이끌고 가나안

【 소유/-하다 】 　　　　　　　　　　　　　【 소유/-하다 】

창 12:20	아내와 그의 모든 **소유**를 보내었더라
창 13:1	그의 아내와 모든 **소유**와 롯과 함께
창 13:6	**소유**가 많아서 동거할 수 없음이니라
창 15:7	**소유**를 삼게 하려고 너를 갈대아인의
창 15:8	여호와여 내가 이 땅을 **소유**로 받을
창 23:18	족속이 보는 데서 아브라함의 **소유**로
창 24:2	아브라함이 자기 집 모든 **소유**를 맡은
창 24:36	모든 **소유**를 그 아들에게 주었나이다
창 25:5	이삭에게 자기의 모든 **소유**를 주었고
창 30:30	오기 전에는 외삼촌의 **소유**가 적더니
창 31:1	**소유**를 다 빼앗고 우리 아버지의 **소유**로
창 31:21	그가 그의 모든 **소유**를 이끌고 강을
창 32:13	밤을 지내고 그 **소유** 중에서 형 에서를
창 32:23	건너가게 하며 그의 **소유**도 건너가게
창 33:9	내게 있는 것이 족하니 네 **소유**는 네게
창 33:11	**소유**도 족하오니 청하건대 내가 형님께
창 34:23	짐승이 우리의 **소유**가 되지 않겠느냐
창 36:7	사람의 **소유**가 풍부하여 함께 거주할
창 39:4	총무로 삼고 자기의 **소유**를 다 그의
창 39:5	복이 그의 집과 밭에 있는 모든 **소유**에
창 39:6	그의 **소유**를 다 요셉의 손에 위탁하고
창 39:8	**소유**를 간섭하지 아니하고 다 내 손에
창 45:10	소와 모든 **소유**가 고센 땅에 머물며
창 46:1	모든 **소유**를 이끌고 떠나 브엘세바에
창 46:32	모든 **소유**를 이끌고 왔나이다 하리니
창 47:1	소와 모든 **소유**가 가나안 땅에서 와서
창 47:11	라암셋을 그들에게 주어 **소유**로 삼게
창 47:20	토지를 팔았음이라 땅이 바로의 **소유**가
창 47:26	제사장의 토지는 바로의 **소유**가 되지
창 48:4	네 후손에게 주어 영원한 **소유**가 되게
출 19:5	모든 민족 중에서 내 **소유**가 되겠고
출 20:17	나귀나 무릇 네 이웃의 **소유**를 탐내지
출 35:5	너희 **소유** 중에서 너희는 여호와께
레 20:26	**소유**로 삼으려고 너희를 만민 중에서
레 25:30	가옥은 산 자의 **소유**로 확정되어 대대로
레 25:32	그들의 **소유**의 성읍의 가옥은 레위 사람
레 25:33	그의 **소유** 성읍의 판 가옥은 희년에
레 25:45	할 수 있은즉 그들이 너희의 **소유**가
레 25:46	기업으로 주어 **소유**가 되게 할 것이라
레 27:15	일을 더할지니 그리하면 자기 **소유**가
레 27:19	그리하면 그것이 자기 **소유**가 될 것이요
레 27:28	사람이 자기 **소유** 중에서 오직 여호와께
민 31:36	전쟁에 나갔던 자들의 **소유**가 양이
민 32:5	그들의 **소유**로 주시고 우리에게 요단
민 32:22	여호와 앞에서 너희의 **소유**가 되리라
민 32:29	이르면 길르앗 땅을 그들의 **소유**로
민 32:30	너희와 함께 땅을 **소유**할 것이니라
민 32:32	우리가 **소유**할 기업이 되게 하리이다
민 33:53	내가 그 땅을 너희 **소유**로 너희에게
민 33:54	제비 뽑은 대로 그 **소유**가 될 것인즉
민 35:8	이스라엘 자손의 **소유**에서 레위인에게
민 35:28	살인자가 자기 **소유**의 땅으로 돌아갈
신 2:35	성읍에서 탈취한 것은 우리의 **소유**로
신 3:7	성읍들에서 탈취한 것은 우리의 **소유**로
신 5:21	이웃의 모든 **소유**를 탐내지 말지니라
신 8:13	은금이 증식되며 네 **소유**가 다 풍부하게
신 11:24	너희의 **소유**가 되리니 너희의 경계는
신 18:8	조상의 것을 판 것은 별도의 **소유**이니라
신 19:14	곧 네 **소유**가 된 기업의 땅에서 조상이
신 21:16	자기의 **소유**를 그의 아들들에게 기업
신 21:17	자기의 **소유**에서 그에게는 두 몫을 줄

역사서, 시가서

수 7:15	모든 **소유**를 그리하라 이는 여호와의
수 12:7	지파들에게 구분에 따라 **소유**로 주었으
수 17:11	잇사갈과 아셀에도 므낫세의 **소유**가
수 21:12	여분네의 아들 갈렙에게 주어 **소유**가
수 24:4	에서에게는 세일 산을 **소유**로 주었으나
삿 14:15	너희가 우리의 **소유**를 빼앗고자 하여
삼상 15:3	모든 **소유**를 남기지 말고 진멸하되
삼상 25:6	평강하라 네 **소유**의 모든 것도 평강하라
삼하 6:12	모든 **소유**에 복을 주셨다 한지라 다윗이
왕상 8:51	주의 백성, 주의 **소유**가 됨이니이다
대상 13:14	오벧에돔의 집과 그의 모든 **소유**에 복을
대상 28:1	왕자의 모든 **소유**와 가축의 감독과 내시
대하 35:7	자기의 **소유** 양 떼 중에서 어린 양과
스 8:21	모든 **소유**를 위하여 평탄한 길을 그에게
욥 15:9	깨달은 것을 우리가 **소유하지** 못한 것이
욥 15:29	재산이 보존되지 못하고 그의 **소유**가
욥 24:18	그들의 **소유**는 세상에서 저주를 받나니
욥 42:10	욥에게 이전 모든 **소유**보다 갑절이나
시 2:8	유업으로 주리니 네 **소유**가 땅 끝까지
시 37:16	의인의 적은 **소유**가 악인의 풍부함보다
시 69:35	무리가 거기에 살며 **소유**를 삼으리로다
시 78:55	그들의 **소유**를 분배하시고 이스라엘의
시 78:62	그의 **소유** 때문에 분내사 그의 백성을
시 78:71	야곱, 그의 **소유**인 이스라엘을 기르게

1405

【 소유/-하다 】　　　　　　　　　　　　　　　　　【 소유지 】

시 82:8	나라가 주의 **소유**이기 때문이니이다
시 83:12	우리의 **소유**로 취하자 하였나이다
시 94:5	백성을 짓밟으며 주의 **소유**를 곤고하게
시 94:14	**소유**를 외면하지 아니하시리로다
시 105:11	너희에게 할당된 **소유**가 되게 하리라
시 105:21	주관자로 삼아 그의 모든 **소유**를 관리하
시 105:44	수고한 것을 **소유**로 가지게 하셨으니
시 109:11	고리대금하는 자가 그의 **소유**를 다
시 119:56	내 **소유**는 이것이니 곧 주의 법도들을
시 135:4	자기의 특별한 **소유**로 택하셨음이로다
잠 14:24	면류관이요 미련한 자의 **소유**는 다만
전 2:7	소와 양 떼의 **소유**를 더 많이 가졌으며
전 2:8	은 금과 왕들이 **소유**한 보배와 여러
전 5:13	자기에게 해가 되도록 **소유하는** 것이라

선지서, 신약

사 39:2	궁중의 **소유**와 전 국내의 **소유**를
사 39:6	**소유**와 네 조상들이 오늘까지 쌓아 둔
사 65:10	나를 찾은 내 백성의 **소유**가 되려니
렘 6:12	타인의 **소유**로 이전되리라 여호와의
렘 8:16	**소유**와 성읍과 그 중의 주민을 삼켰도다
렘 12:7	**소유**를 내던져 내 마음으로 사랑하는
렘 12:8	**소유**가 숲속의 사자같이 되어서 나를
렘 12:9	**소유**가 내게 대하여는 무늬 있는 매가
렘 12:14	기업으로 준 **소유**에 손을 대는 나의
렘 35:7	포도원을 **소유하지도** 말고 너희는 평생
렘 39:10	느부사라단이 아무 **소유**가 없는 빈민을
렘 49:29	**소유**로 삼고 그들을 향하여 외치기를
렘 50:11	나의 **소유**를 노략하는 자여 너희가
렘 51:19	이스라엘은 그의 **소유**인 지파라 그의
겔 36:5	땅을 빼앗아 노략하여 자기 **소유**를
미 1:15	주민아 내가 장차 너를 **소유**할 자로
합 1:6	자기의 **소유**가 아닌 거처들을 점령하는
합 2:6	이르기를 화 있을진저 자기 **소유** 아닌
슥 2:12	거룩한 땅에서 자기 **소유**를 삼으시고
말 3:17	특별한 **소유**로 삼을 것이요 또 사람이
마 13:44	기뻐하며 돌아가서 자기의 **소유**를 다
마 13:46	**소유**를 다 팔아 그 진주를 사느니라
마 18:25	자식들과 모든 **소유**를 다 팔아 갚게 하라
마 19:21	네 **소유**를 팔아 가난한 자들에게 주라
마 24:47	그의 모든 **소유**를 그에게 맡기리라
마 25:14	종들을 불러 자기 **소유**를 맡김과 같으니
막 12:44	모든 **소유** 곧 생활비 전부를 넣었느니라
눅 8:3	하여 자기들의 **소유**로 그들을 섬기더라
눅 11:21	집을 지킬 때에는 그 **소유**가 안전하되
눅 12:15	그 **소유**의 넉넉한 데 있지 아니하니라
눅 12:33	너희 **소유**를 팔아 구제하여 낡아지지
눅 12:44	이르노니 주인이 그 모든 **소유**를 그에게
눅 14:33	자기의 모든 **소유**를 버리지 아니하면
눅 16:1	**소유**를 낭비한다는 말이 그 주인에게
눅 19:8	내 **소유**의 절반을 가난한 자들에게
행 2:45	재산과 **소유**를 팔아 각 사람의 필요를
행 5:1	그의 아내 삽비라와 더불어 **소유**를 팔아
행 7:5	후손에게 **소유**로 주신다고 약속하셨으
히 10:34	**소유**를 빼앗기는 것도 기쁘게 당한 것
	은 … 영구한 **소유**가 있는 줄 앎이라
벧전 2:9	그의 **소유**가 된 백성이니 이는 너희를

소유물(所有物, property, supply)

창 31:18	모든 **소유물** 곧 그가 밧단아람에서
창 39:5	**소유물**을 주관하게 한 때부터 여호와
민 16:30	모든 **소유물**을 삼켜 산 채로 스올에
삼상 25:13	올라가고 이백 명은 **소유물** 곁에 있게
삼상 25:21	내가 이 자의 **소유물**을 광야에서 지켜
삼상 30:24	분깃이나 **소유물** 곁에 머물렀던 자의
욥 1:3	그의 **소유물**은 양이 칠천 마리요 낙타가
욥 1:10	모든 **소유물**을 울타리로 두르심 때문
	이 아니니이까 … 그의 **소유물**이 땅에
욥 1:11	그의 모든 **소유물**을 치소서 그리하시면
욥 1:12	그의 **소유물**을 다 네 손에 맡기노라
욥 2:4	그의 모든 **소유물**로 자기의 생명을

소유주(所有主, owner, tenant)

욥 31:39	그 소출을 먹고 그 **소유주**가 생명을
전 5:11	그 **소유주**들은 눈으로 보는 것 외에
전 5:13	**소유주**가 재물을 자기에게 해가 되도록

소유지(所有地, own land)

창 23:4	매장할 **소유지**를 주어 내가 나의 죽은
창 23:9	매장할 **소유지**가 되게 하기를 원하노라
창 23:20	아브라함이 매장할 **소유지**로 확정되었
레 25:10	자기의 **소유지**로 돌아가며 각각 자기의
레 25:13	각기 자기의 **소유지**로 돌아갈지라
레 25:27	산 자에게 주고 자기의 **소유지**로 돌릴
레 25:34	영원한 **소유지**이니 팔지 못할지니라
수 1:15	너희는 너희 **소유지** 곧 여호와의 종
수 22:4	너희에게 준 **소유지**로 가서 너희

[소읍]   [소제]

수 22:9	받은 땅 곧 그들의 **소유지** 길르앗에
수 22:19	너희의 **소유지**가 만일 깨끗하지 아니하거든 … **소유지**로 건너와 우리 중에서 **소유지**를 나누어 가질 것이니라
룻 4:3	우리 형제 엘리멜렉의 **소유지**를 팔려

소읍(小邑, ordinary city)
| 행 21:39 | 나는 유대인이라 **소읍**이 아닌 길리기아 |

소임(所任, succeed-NIV, room-KJV)
| 행 24:27 | 벨릭스의 **소임**을 이어받으니 벨릭스가 |

소자(小子, son)
| 창 43:29 | **소자**여 하나님이 네게 은혜 베푸시기를 |

소제(素祭, grain offering)

모세오경
출 29:41	**소제**와 전제를 그것과 함께 드려 향기로운
출 30:9	번제나 **소제**를 드리지 말며 전제의 술을
출 40:29	**소제**를 그 위에 드리니 여호와께서
레 2:1	**소제**의 예물을 여호와께 드리려거든
레 2:4	화덕에 구운 것으로 **소제**의 예물을
레 2:5	부친 것으로 **소제**의 예물을 드리려거든
레 2:6	그 위에 기름을 부을지니 이는 **소제**니라
레 2:7	냄비의 것으로 **소제**를 드리려거든 고운
레 2:13	**소제**에 빼지 못할지니 네 모든 예물에
레 2:14	이삭의 **소제**를 여호와께 드리거든 첫 이삭을 볶아 찧은 것으로 네 **소제**를 삼되
레 2:15	그 위에 유향을 더할지니 이는 **소제**니라
레 6:14	**소제**의 규례는 이러하니라 아론의 자손
레 6:15	**소제**의 고운 가루 한 움큼과 기름과
레 6:21	**소제**로 여호와께 드려 향기로운 냄새가
레 6:22	이 **소제**는 아론의 자손 중 기름 부음을
레 7:37	**소제**와 속죄제와 속건제와 위임식과
레 9:17	**소제**를 드리되 그 중에서 그의 손에
레 10:12	화제물 중 **소제**의 남은 것은 지극히
레 14:20	제사장은 그 번제와 **소제**를 제단에 드려
레 14:21	숫양 한 마리와 **소제**를 위하여 고운
레 14:31	한 마리는 **소제**와 함께 번제로 드릴
레 23:13	**소제**로는 기름 섞은 고운 가루 십분의
레 23:16	오십 일을 계수하여 새 **소제**를 여호와께
레 23:18	이것들을 그 **소제**와 그 전제제물과 함께
레 23:37	드릴지니 번제와 **소제**와 희생제물과
민 5:15	유향도 두지 말라 이는 의심의 **소제**요 죄악을 기억나게 하는 기억의 **소제**라
민 6:17	여호와께 드리고 그 **소제**와 전제를 드릴
민 15:4	한 을 섞어 여호와께 **소제**로 드릴 것이며
민 15:6	숫양이면 **소제**로 고운 가루 십분의 이에
민 15:9	**소제**로 고운 가루 십분의 삼 에바에
민 15:24	화제로 드리고 규례대로 **소제**와 전제를
민 18:9	모든 **소제**와 속죄제와 속건제물은 다
민 28:5	사분의 일 힌을 섞어서 **소제**로 드릴
민 28:8	아침에 드린 **소제**와 전제와 같이 여호와
민 28:9	기름 섞은 **소제**와 그 전제를 드릴
민 28:12	기름 섞은 **소제**와 숫양 한 마리에는 고운 가루 십분의 이에 기름 섞은 **소제**와
민 28:13	기름 섞은 **소제**를 향기로운 번제로
민 28:20	**소제**로는 고운 가루에 기름을 섞어서
민 28:26	새 **소제**를 드릴 때에도 성회로 모일
민 28:28	**소제**로는 고운 가루에 기름을 섞어서
민 28:31	상번제와 그 **소제**와 전제 외에 그것들을
민 29:3	**소제**로는 고운 가루에 기름을 섞어서
민 29:6	**소제**와 상번제와 그 **소제**와 그 전제
민 29:9	**소제**로는 고운 가루에 기름을 섞어서
민 29:11	속죄제와 상번제와 그 **소제**와 그 전제
민 29:14	**소제**로는 고운 가루에 기름을 섞어서
민 29:16	상번제와 그 **소제**와 그 전제 외에
민 29:18	그 **소제**와 전제는 수송아지와 숫양과
민 29:19	상번제와 그 **소제**와 그 전제 외에
민 29:21	그 **소제**와 전제는 수송아지와 숫양과
민 29:22	상번제와 그 **소제**와 그 전제 외에
민 29:24	그 **소제**와 전제는 수송아지와 숫양과
민 29:25	상번제와 그 **소제**와 그 전제 외에
민 29:27	그 **소제**와 전제는 수송아지와 숫양과
민 29:28	상번제와 그 **소제**와 그 전제 외에
민 29:30	그 **소제**와 전제는 수송아지와 숫양과
민 29:31	상번제와 그 **소제**와 그 전제 외에
민 29:33	그 **소제**와 전제는 수송아지와 숫양과
민 29:34	상번제와 그 **소제**와 그 전제 외에
민 29:37	그 **소제**와 전제는 수송아지와 숫양과
민 29:38	상번제와 그 **소제**와 그 전제 외에
민 29:39	드리는 번제, **소제**, 전제, 화목제 외에

역사서 - 선지서
| 수 22:23 | 그 위에 번제나 **소제**를 드리려 함이거나 |

【 소제물 】　　　　　　　　　　　　　　　　　　　　　　　　　　　　　　【 소집하다/소집되다 】

수 22:29	우리가 번제나 **소제**나 다른 제사를		레 9:4	또 기름 섞은 **소제물**을 가져오라 하라
삿 13:23	번제와 **소제**를 받지 아니하셨을 것이요		레 14:10	기름 섞은 **소제물**과 기름 한 록을 취할
왕상 8:64	번제와 **소제**와 감사제물의 기름을		민 4:16	항상 드리는 **소제물**과 관유이며 또 장막
왕상 18:29	저녁 **소제** 드릴 때까지 이르렀으나 아무		민 5:18	기억나게 하는 **소제물** 곧 의심의 **소제물**
왕상 18:36	저녁 **소제** 드릴 때에 이르러 선지자		민 5:25	의심의 **소제물**을 취하여 그 **소제물**을
왕하 3:20	아침이 되어 **소제** 드릴 때에 물이 에돔		민 5:26	제사장은 그 **소제물** 중에서 한 움큼을
스 7:17	**소제**와 그 전제의 물품을 신속히 사서			취하여 … 기억나게 하는 **소제물**로 제단
느 10:33	항상 드리는 **소제**와 항상 드리는 번제와		민 6:15	무교전병들과 그 **소제물**과 전제물을
시 20:3	모든 **소제**를 기억하시며 네 번제를 받아		민 7:13	그릇에는 **소제물**로 기름 섞은 고운 가루
렘 14:12	번제와 **소제**를 드릴지라도 내가 그것을		민 7:19	두 그릇에는 **소제물**로 기름 섞은 고운
렘 17:26	희생과 **소제**와 유향과 감사제물을		민 7:87	그 **소제물**이며 속죄제물로 숫염소가
렘 33:18	번제를 드리며 **소제**를 사르며 다른 제사		민 8:8	고운 가루를 그 **소제물**로 가져오게 하고
겔 42:13	지성물 곧 **소제**와 속죄제와 속건제의		삿 13:19	염소 새끼와 **소제물**을 가져다가 바위
겔 44:29	그들은 **소제**와 속죄제와 속건제의		왕상 8:64	번제물과 **소제물**과 화목제의 기름을
겔 45:15	이것들을 **소제**와 번제와 감사 제물로		왕하 16:13	번제물과 **소제물**을 불사르고 또 전제물
겔 45:17	군주의 본분은 번제와 **소제**와 전제를		왕하 16:15	저녁 **소제물**과 왕의 번제물과 그 **소제물**
	명절과 … 이 속죄제와 **소제**와 번제와			과 모든 국민의 번제물과 그 **소제물**과
겔 45:24	**소제**를 갖추되 수송아지 한 마리에는		대상 21:23	밀은 **소제물**로 삼으시기 위하여 다
겔 46:5	**소제**는 숫양 하나에는 밀가루 한 에바요		대상 23:29	고운 가루의 **소제물** 곧 무교전병이나
겔 46:7	**소제**를 준비하되 수송아지에는 밀가루		대하 7:7	그 번제물과 **소제물**과 기름을 용납할
겔 46:11	성회 때에 그 **소제**는 수송아지 한 마리		느 13:5	원래 **소제물**과 유향과 그릇과 또 레위
겔 46:14	드릴 **소제**를 갖추되 곧 밀가루 육분의		느 13:9	하나님의 전의 그릇과 **소제물**과 유향을
	일 … 항상 나 여호와께 드릴 **소제**라		렘 41:5	손에 **소제물**과 유향을 가지고 세겜과
겔 46:20	**소제** 제물을 구울 처소니 그들이 이		암 5:25	광야에서 희생과 **소제물**을 내게 드렸느
욜 1:9	**소제**와 전제가 여호와의 성전에서			
욜 1:13	**소제**와 전제를 너희 하나님의 성전에		✝ **소제물 – 기타 본문**	
욜 2:14	여호와께 **소제**와 전제를 드리게 하지		민 7:25, 31, 37, 43, 49, 55, 61, 67, 73, 79	
암 5:22	번제나 **소제**를 드릴지라도 내가 받지			

소제물(素祭物, grain offering)

레 2:3	그 **소제물**의 남은 것은 아론과 그의
레 2:8	이것들로 만든 **소제물**을 여호와께
레 2:9	**소제물** 중에서 기념할 것을 가져다가
레 2:10	**소제물**의 남은 것은 아론과 그의 아들들
레 2:11	모든 **소제물**에는 누룩을 넣지 말지니
레 2:13	**소제물**에 소금을 치라 네 하나님의
레 5:13	나머지는 **소제물**같이 제사장에게
레 6:15	기름과 **소제물** 위의 유향을 다 가져다가
레 6:20	항상 드리는 **소제물**로 삼아 그 절반을
레 6:23	제사장의 모든 **소제물**은 온전히 불사르
레 7:9	구운 **소제물**과 냄비에나 철판에서 만든
	소제물은 모두 그 드린 제사장에게로
레 7:10	**소제물**은 기름 섞은 것이나 마른 것이나

소집하다/소집되다 (召集, call, summon)

민 10:2	회중을 **소집하며** 진영을 출발하게 할
신 29:2	이스라엘을 **소집하고** 그들에게 이르되
삼상 15:4	백성을 **소집하고** 그들을 들라임에서
왕상 8:1	예루살렘에 있는 자기에게로 **소집하니**
왕상 20:26	사람을 **소집하고** 아벡으로 올라와서
왕상 20:27	이스라엘 자손도 **소집되어** 군량을 받고
대상 28:1	모든 용사를 예루살렘으로 **소집하고**
대하 5:2	족장들을 다 예루살렘으로 **소집하니**
에 3:12	서기관이 **소집되어** 하만의 명령을 따라
에 8:9	왕의 서기관이 **소집되고** 모르드개가
렘 50:29	활 쏘는 자를 바벨론에 **소집하라** 활을
욜 1:14	금식일을 정하고 성회를 **소집하여** 장로
욜 2:15	금식일을 정하고 성회를 **소집하라**
습 3:8	나라를 **소집하며** 왕국들을 모으리라

【 소청 】　　　　　　　　　　　　　　　　　　　　　【 속 】

소청(所請, petition, request)
에 5:6　그대의 **소청**이 무엇이뇨 곧 허락하겠노
에 5:7　나의 **소청**, 나의 요구가 이러하니이다
에 5:8　**소청**을 허락하시며 내 요구를 시행하시
에 7:2　**소청**이 무엇이냐 곧 허락하겠노라 그대
에 7:3　내 **소청**대로 내 생명을 내게 주시고 내
에 9:12　**소청**이 무엇이냐 곧 허락하겠노라

소출(所出, fruit, product)
창 41:47　풍년에 토지 **소출**이 심히 많은지라
레 25:3　포도원을 가꾸어 그 **소출**을 거둘 것이나
레 25:6　안식년의 **소출**은 너희가 먹을 것이니
레 25:7　땅에 있는 들짐승들이 다 그 **소출**로
레 25:12　거룩함이니라 너희는 밭의 **소출**을
레 25:15　그도 **소출**을 얻을 연수를 따라서 네게
레 25:16　**소출**의 다소를 따라서 네게 팔 것이라
레 25:20　심지도 못하고 **소출**을 거두지도 못하면
레 25:21　그 **소출**이 삼 년 동안 쓰기에 족하게
레 25:22　**소출**을 … 아홉째 해에 그 땅에 **소출**이
민 18:30　타작 마당의 **소출**과 포도즙 틀의 **소출**
신 16:13　포도주 틀의 **소출**을 거두어들인 후에
신 16:15　네 모든 **소출**과 네 손으로 행한 모든
수 5:12　그 해에 가나안 땅의 **소출**을 먹었더라
왕하 8:6　이제까지 그의 밭의 **소출**을 다 돌려주라
욥 31:8　나의 **소출**이 뿌리째 뽑히기를 바라노라
욥 31:12　모든 **소출**을 뿌리째 뽑기를 바라노라
욥 31:39　값을 내지 않고 그 **소출**을 먹고 그
시 107:37　포도원을 재배하여 풍성한 **소출**을
사 55:10　땅을 적셔서 **소출**이 나게 하며 싹이
합 3:17　감람나무에 **소출**이 없으며 밭에 먹을
막 12:2　농부들에게 포도원 **소출** 얼마를 받으려
눅 12:16　한 부자가 그 밭에 **소출**이 풍성하매
눅 20:10　때가 이르매 포도원 **소출** 얼마를 바치게

소쿠리(basket)
삿 6:19　무교병을 만들고 고기를 **소쿠리**에 담고

소탕하다(掃蕩, sweep)
사 28:17　피난처를 **소탕하며** 물이 그 숨는 곳에

소할(Zohar)
　1. 헷 족속 에브론의 아버지
창 23:8　나를 위하여 **소할**의 아들 에브론에게

창 25:9　헷 족속 **소할**의 아들 에브론의 밭에
　2. 야곱의 손자이며 시므온의 아들
출 6:15　오핫과 야긴과 **소할**과 가나안 여인의

소함(Shoham) 므라리 자손으로 야하시야의 아들
대상 24:27　야아시야에게서 난 자는 브노와 **소함**과

소합향(蘇合香, fragrant spices-gum resin)
출 30:34　너는 **소합향**과 나감향과 풍자향의

소행(所行, activity, deed)
삿 6:29　이것이 누구의 **소행**인가 하고 그들이
느 5:9　이르기를 너희의 **소행**이 좋지 못하도다
느 6:14　두렵게 하고자 한 자들의 **소행**을 기억
욥 21:31　길을 알려 주며 누가 그의 **소행**을 보응
욥 36:9　그들의 **소행**과 악행과 자신들의 교만한
잠 12:26　이웃의 인도자가 되나 악인의 **소행**은
겔 14:22　행동과 **소행**을 보면 내가 예루살렘에
겔 14:23　행동과 **소행**을 볼 때에 그들에 의해
행 5:38　사상과 이 **소행**이 사람으로부터 났으면
행 13:18　약 사십 년간 그들의 **소행**을 참으시고

소헬렛(Zoheleth) 예루살렘 남쪽 장소
왕상 1:9　에느로겔 근방 **소헬렛** 바위 곁에서 양과

소헷(Zoheth) 유다 지파 이시의 아들
대상 4:20　이시의 아들들은 **소헷**과 벤소헷이더라

소환하다(召喚, summon)
욥 9:19　말하면 누가 그를 **소환하겠느냐**

소회향(小茴香, caraway)
사 28:25　평평히 하였으면 **소회향**을 뿌리며
사 28:27　**소회향**은 작대기로 떨고 대회향은

속(內, in)
　모세오경, 역사서
창 23:11　그 **속**의 굴도 내가 당신에게 드리며
창 25:22　아들들이 그의 태 **속**에서 서로 싸우는지
창 34:29　사로잡고 집 **속**의 물건을 다 노략한지라
창 37:24　빈 것이라 그 **속**에 물이 없었더라
창 41:27　동풍에 말라 **속**이 빈 일곱 이삭도 일곱

【 속 】

출 2:12	애굽 사람을 쳐 죽여 모래 속에 감추니
출 15:5	그들이 돌처럼 깊음 속에 가라앉았도다
출 16:33	그 속에 만나 한 오멜을 담아 여호와
출 25:16	내가 네게 줄 증거판을 궤 속에 둘지며
출 25:21	내가 네게 줄 증거판을 궤 속에 넣으라
출 27:8	제단은 널판으로 속이 비게 만들되
출 30:18	제단 사이에 두고 그 속에 물을 담으라
출 35:21	그 속에서 쓸 모든 것을 위하여, 거룩한
출 38:7	게게 하였으며 제단은 널판으로 속이
출 40:7	회막과 제단 사이에 놓고 그 속에 물을
레 11:33	그 속에 있는 것이 다 부정하여지나니
레 13:55	겉에 있든지 속에 있든지 악성 나병
민 5:24	저주가 되게 하는 물이 그의 속에 들어
민 5:27	그의 속에 들어가서 쓰게 되어 그의
신 13:16	또 그 속에서 빼앗아 차지한 물건을 다
삿 3:16	그의 오른쪽 허벅지 옷 속에 차고
삼상 1:13	한나가 속으로 말하매 입술만 움직이고
삼상 25:29	생명 싸개 속에 싸였을 것이요 내 주의
삼하 20:12	가운데 피 속에 놓여 있는지라 그 청년
왕상 3:28	하나님의 지혜가 그의 속에 있어 판결함
왕하 19:7	그의 속에 두어 그로 소문을 듣고 그의
에 6:2	그 속에 기록하기를 문을 지키던 왕의

시가서

욥 6:13	내 속에 없지 아니하냐 나의 능력이
욥 6:16	검어지며 눈이 그 속에 감추어질지라도
욥 10:15	속에 부끄러움이 가득하고 내 환난을
욥 20:14	창자 속에서 변하며 뱃속에서 독사의
욥 27:3	아직 내 속에 완전히 있고 하나님의
욥 28:14	이르기를 내 속에 있지 아니하다 하며
욥 30:16	내 생명이 내 속에서 녹으니 환난 날이
욥 31:15	태 속에 만드신 이가 그도 만들지
욥 32:8	사람의 속에는 영이 있고 전능자의
욥 32:18	내 속에는 말이 가득하니 내 영이 나를
욥 37:8	짐승들은 땅 속에 들어가 그 처소에
욥 38:36	가슴 속의 지혜는 누가 준 것이냐 수탉
시 22:14	마음이 밀랍 같아서 내 속에서 녹았으며
시 39:3	마음이 내 속에서 뜨거워서 작은 소리로
시 42:5	내 속에서 불안해 하는가 너는 하나님께
시 42:6	내 영혼이 내 속에서 낙심이 되므로
시 42:11	*내 속에서 불안해 하는가 너는 하나님께*
시 43:5	내 속에서 불안해 하는가 너는 하나님께
시 51:10	하나님이여 내 속에 정한 마음을 창조하
시 55:4	내 마음이 내 속에서 심히 아파하며
시 62:4	입으로는 축복이요 속으로는 저주로다
시 75:8	속에 섞은 것이 가득한 그 잔을 하나님
시 94:17	영혼이 벌써 침묵 속에 잠겼으리로다
시 94:19	내 속에 근심이 많을 때에 주의 위안이
시 103:1	여호와를 송축하라 내 속에 있는 것들아
시 104:17	그 속에 깃들임이여 학은 잣나무로
시 104:25	넓은 바다가 있고 그 속에는 생물 곧
시 104:26	주께서 지으신 리워야단이 그 속에서
시 107:27	모든 지각이 혼돈 속에 빠지도다
시 119:83	내가 연기 속의 가죽 부대같이 되었으나
시 142:3	내 영이 내 속에서 상할 때에도 주께서
시 143:3	죽은 지 오랜 자같이 나를 암흑 속에
시 143:4	속에서 상하며 내 마음이 내 속에서
잠 14:33	미련한 자의 속에 있는 것은 나타나느니
잠 20:27	등불이라 사람의 깊은 속을 살피느니라
잠 20:30	악을 없이하나니 매는 사람 속에 깊이
잠 22:18	이것을 네 속에 보존하며 네 입술 위에
잠 23:16	정직을 말하면 내 속이 유쾌하리라
전 2:14	머리 속에 있고 우매자는 어둠 속에

선지서

사 15:4	부르짖으며 그들의 혼이 속에서 떠는도
사 19:1	애굽인의 마음이 그 속에서 녹으리로다
사 19:3	애굽인의 정신이 그 속에서 쇠약할
사 24:18	함정 속에서 올라오는 자는 올무에
사 25:10	모압이 거름물 속에서 초개가 밟힘같이
사 25:11	그 속에서 그의 손을 펼 것이나 여호와
사 29:8	꿈에 먹을지라도 깨면 그 속은 여전히 비고 … 그 속에 갈증이 있는 것같이
사 32:6	주린 자의 속을 비게 하며 목마른 자에게
사 37:7	영을 그의 속에 두리니 그가 소문을
사 49:3	영광을 네 속에 나타낼 이스라엘이라
렘 2:19	여호와를 버림과 네 속에 나를 경외함이
렘 2:23	골짜기 속에 있는 네 길을 보라 네 행한
렘 4:14	생각이 네 속에 얼마나 오래 머물겠느냐
렘 5:13	말씀이 그들의 속에 있지 아니한즉
렘 10:14	거짓 것이요 그 속에 생기가 없음이라
렘 31:33	그들의 속에 두며 그들의 마음에 기록하
렘 51:17	우상은 거짓이요 그 속에 생기가 없음이
렘 51:63	책에 돌을 매어 유브라데 강 속에
렘 52:21	그 속이 비었고 그 두께는 네 손가락
애 3:6	나를 어둠 속에 살게 하시기를 죽은 지
겔 1:4	그 속에서 불이 번쩍번쩍하여 빛이 그
겔 1:5	그 속에서 네 생물의 형상이 나타나는데

속

겔 1:27	그 속과 주위가 불 같고 내가 보니 그	마 10:20	너희가 아니라 너희 속에서 말씀하시는
겔 5:4	속에서 불이 이스라엘 온 족속에게로	마 13:21	그 속에 뿌리가 없어 잠시 견디다가
겔 10:2	그 속에서 숯불을 두 손에 가득히 움켜	마 13:33	여자가 가루 서 말 속에 갖다 넣어 전부
겔 11:19	마음을 주고 그 속에 새 영을 주며 그	마 14:2	이런 능력이 그 속에서 역사하는도다
겔 24:6	그 속의 녹을 없이하지 아니한 가마여	막 2:8	그들이 속으로 이렇게 생각하는 줄을
겔 24:11	그 속에 더러운 것을 녹게 하며 녹이	막 4:17	그 속에 뿌리가 없어 잠깐 견디다가
겔 24:12	그 속에서 벗겨지지 아니하며 불에서도	막 6:14	이런 능력이 그 속에서 일어나느니라
겔 36:26	너희 속에 두고 새 마음을 너희에게	막 7:23	다 속에서 나와서 사람을 더럽게 하느니
겔 36:27	영을 너희 속에 두어 너희로 내 율례를	막 9:50	짜게 하리요 너희 속에 소금을 두고
겔 37:6	너희 속에 생기를 넣으리니 너희가	눅 3:8	열매를 맺고 속으로 아브라함이 우리
겔 37:8	그 위에 가죽이 덮이나 그 속에 생기는	눅 7:49	있는 자들이 속으로 말하되 이가 누구이
겔 37:14	영을 너희 속에 두어 너희가 살아나게	눅 8:7	가시떨기 속에 떨어지매 가시가 함께
겔 41:6	붙어 있는데 성전 벽 속을 뚫지는 아니	눅 11:35	네 속에 있는 빛이 어둡지 아니한가
호 5:4	그 속에 있어 여호와를 알지 못하는	눅 11:39	너희 속에는 탐욕과 악독이 가득하도다
욘 2:3	깊음 속 바다 가운데에 던지셨으므로	눅 11:40	만드신 이가 속도 만들지 아니하셨느냐
욘 2:7	내 영혼이 내 속에서 피곤할 때에 내가	눅 13:21	여자가 가루 서 말 속에 갖다 넣어 전부
미 6:14	항상 속이 빌 것이며 네가 감추어도	눅 16:3	청지기가 속으로 이르되 주인이 내
미 7:14	갈멜 속 삼림에 홀로 거주하는 주의	눅 18:4	후에 속으로 생각하되 내가 하나님을
합 2:4	교만하며 그 속에서 정직하지 못하나	눅 24:32	우리 속에서 마음이 뜨겁지 아니하더냐
합 2:19	그 속에는 생기가 도무지 없느니라	요 1:47	이스라엘 사람이라 그 속에 간사한 것이
합 3:4	손에서 나오니 그의 권능이 그 속에	요 2:25	사람의 속에 있는 것을 아셨음이니라
슥 1:8	붉은 말을 타고 골짜기 속 화석류나무	요 4:14	물은 그 속에서 영생하도록 솟아나는
복음서		요 5:26	아버지께서 자기 속에 생명이 있음같이
마 7:5	네 눈 속에서 들보를 빼어라 그 후에야		아들에게도 생명을 주어 그 속에 있게
	밝히 보고 형제의 눈 속에서 티를 빼라	요 5:38	그 말씀이 너희 속에 거하지 아니하니
마 7:15	너희에게 나아오나 속에는 노략질하는	요 5:42	사랑하는 것이 너희 속에 없음을 알았노
마 9:3	서기관들이 속으로 이르되 이 사람이	요 6:53	마시지 아니하면 너희 속에 생명이

'속'과 관련된 성구

가마 속 - 겔 24:4-5	마음속 - 잠 4:21; 전 1:16; 약 3:14	속생각 - 시 49:11
가시떨기 속 - 눅 8:7		수풀 속 - 사 17:9
골짜기 속 - 렘 2:23 슥 1:8	머리 속 - 단 2:28; 4:5, 10, 13; 7:1, 15	숲 속 - 대상 16:33
구름 속 - 창 9:13, 14; 출 16:10; 24:18; 시 68:34; 마 17:5; 막 9:7; 눅 9:34, 35; 살전 4:17		에바 속 - 슥 5:8
	먼지 속 - 시 7:5; 암 2:7	우물 속 - 삼하 17:18
	몸속 - 시 109:18	움 속 - 눅 11:33
	무덤 속 - 요 5:28	입 속 - 슥 14:12
굴속 - 시 104:22; 사 42:22	물 속 - 출 20:4; 신 4:18; 5:8	자루 속 - 창 42:28, 35
너울 속 - 아 4:1, 3		주머니 속 - 잠 16:11
눈구멍 속 - 슥 14:12	바위 속 - 마 27:60	진창 속 - 렘 38:6
눈 속 - 마 7:3, 4; 눅 6:41, 42	불 속 - 겔 22:20	진토 속 - 시 22:15; 44:25
	뼈 속 - 시 109:18	초막 속 - 시 27:5
늪 속 - 욥 40:21	성전 속 - 왕상 6:7	품속 - 요 1:18
땅 속 - 수 7:21; 마 12:40	속뜻 - 시 64:6	흙 속 - 욥 17:16; 21:26

[속]　　　　　　　　　　　　　　　　　　　　　　　　　　　　속건제물

요 7:18	영광을 구하는 자는 참되니 그 속에	렘 52:21	그 속이 비었고 그 두께는 네 손가락
요 8:44	그 속에 없으므로 진리에 서지 못하고		
요 11:38	속으로 비통히 여기시며 무덤에 가시니		
요 14:17	거하심이요 또 너희 속에 계시겠음이라		

속건제(贖愆祭, guilt offering)

역사서 - 예언서

		레 5:15	여호와께 **속건제**를 드리되 … 양 떼 중에서 끌어다가 **속건제**로
행 10:17	환상이 무슨 뜻인지 속으로 의아해		
롬 1:19	알 만한 것이 그들 속에 보임이라	레 5:16	제사장은 그 **속건제**의 숫양으로 그를
롬 7:8	내 속에서 온갖 탐심을 이루었나니 이는	레 5:19	이는 **속건제**니 그가 여호와 앞에 참으로
롬 7:17	행하는 자가 내가 아니요 내 속에	레 6:17	속죄제와 **속건제**같이 지극히 거룩한즉
롬 7:18	내 속 곧 내 육신에 선한 것이 거하지	레 7:1	**속건제**의 규례는 이러하니라 이는
롬 7:20	행하는 자는 내가 아니요 내 속에	레 7:2	번제물을 잡는 곳에서 **속건제**의 번제물
롬 7:23	내 지체 속에서 한 다른 법이 내 마음의 법과 싸워 내 지체 속에 있는 죄를	레 7:5	화제로 드릴 것이니 이는 **속건제**니라
		레 7:7	속죄제와 **속건제**는 규례가 같으니 그
롬 8:9	너희 속에 하나님의 영이 거하시면	레 7:37	소제와 속죄제와 **속건제**와 위임식과
롬 8:23	우리까지도 속으로 탄식하여 양자 될 것	레 14:12	아울러 **속건제**로 드리되 여호와 앞에
고전 2:11	사람의 일을 사람의 속에 있는 영 외에	레 14:21	자기를 속죄할 **속건제**를 위하여 어린
고후 1:6	위로가 너희 속에 역사하여 우리가 받는	레 14:24	제사장은 **속건제**의 어린 양과 기름
고후 11:10	내 속에 있으니 아가야 지방에서 나의	레 14:25	**속건제**의 어린 양을 잡아서 제사장은
고후 11:28	날마다 내 속에 눌리는 일이 있으니 곧	레 19:21	남자는 그 속건제물 곧 **속건제** 숫양을
갈 1:16	그를 내 속에 나타내시기를 기뻐하셨을	레 19:22	죄를 위하여 그 **속건제**의 숫양으로
갈 4:19	나의 자녀들아 너희 속에 그리스도의	삼상 6:3	그에게 **속건제**를 드려야 할지니라
엡 3:9	하나님 속에 감추었던 비밀의 경륜이	삼상 6:4	그에게 드릴 **속건제**를 삼을까 하니
골 1:29	내 속에서 능력으로 역사하시는 이의	삼상 6:8	수레에 싣고 **속건제**로 드릴 금으로 만든
골 3:16	너희 속에 풍성히 거하여 모든 지혜로	왕하 12:16	**속건제**의 은과 속죄제의 은은 여호와의
딤후 1:5	이는 네 속에 거짓이 없는 … 네 어머니 유니게 속에 있더니 네 속에도 있는	스 10:19	말미암아 숫양 한 마리를 **속건제**로
		겔 40:39	번제와 속죄제와 **속건제**의 희생제물을
딤후 1:6	안수함으로 네 속에 있는 하나님의 은사	겔 42:13	속죄제와 **속건제**의 제물을 거기 둘
약 4:5	우리 속에 거하게 하신 성령이 시기하기	겔 44:29	속죄제와 **속건제**의 제물을 먹을지니
벧전 1:11	속에 계신 그리스도의 영이 그 받으실	겔 46:20	이르시되 이는 제사장이 **속건제**와
벧전 3:15	너희 속에 있는 소망에 관한 이유를		
요일 1:8	속이고 또 진리가 우리 속에 있지 아니	**속건제물**(贖愆祭物, guilt offering)	
요일 1:10	그의 말씀이 우리 속에 있지 아니하니라	레 5:18	숫양을 **속건제물**로 제사장에게로
요일 2:4	거짓말하는 자요 진리가 그 속에 있지	레 6:6	그 **속건제물**을 … 숫양을 **속건제물**을
요일 2:5	그 속에서 온전하게 되었나니 이로써	레 14:13	**속건제물**은 속죄제물과 마찬가지로
요일 2:10	빛 가운데 거하여 자기 속에 거리낌이	레 14:14	제사장은 그 **속건제물**의 피를 취하여
요일 3:9	그의 속에 거함이요 그도 범죄하지	레 14:17	오른쪽 엄지발가락 곧 **속건제물**의 피
요일 3:15	영생이 그 속에 거하지 아니하는 것을	레 14:25	**속건제물**의 피를 가져다가 정결함
요일 3:17	사랑이 어찌 그 속에 거하겠느냐	레 14:28	오른쪽 엄지발가락 곧 **속건제물**의 피
계 11:11	그들 속에 들어가매 그들이 발로 일어서	레 19:21	남자는 그 **속건제물** 곧 속건제 숫양을
		민 6:12	가져다가 **속건제물**로 드릴지니라

속이 비다

출 27:8	널판으로 **속이** 비게 만들되 산에서	민 18:9	속죄제와 **속건제물**은 다 지극히 거룩한
출 38:7	제단을 널판으로 **속이** 비게 만들었더라	삼상 6:17	여호와께 **속건제물**로 드린 금 독종은

1412

【 속다 】 　　　　　　　　　【 속량/-하다/-되다/-받다 】

사 53:10　영혼을 **속**건제물로 드리기에 이르면

레 21:12　하나님의 성소를 **속되게** 하지 말라 이는
레 21:15　백성 중에서 **속되게** 하지 말지니 나는
레 22:9　그것을 **속되게** 하면 그로 말미암아 죄를
레 22:15　성물을 그들은 **속되게** 하지 말지니
레 22:32　너희는 내 성호를 **속되게** 하지 말라
겔 22:26　**속된** 것을 구별하지 아니하였으며
겔 42:20　거룩한 것과 **속된** 것을 구별하는 것이더
겔 44:23　거룩한 것과 **속된** 것의 구별을 가르치며
겔 48:15　**속된** 땅으로 구분하여 성읍을 세우며
행 10:14　**속되고** 깨끗하지 아니한 것을 내가 결코
행 10:15　하신 것을 네가 **속되다** 하지 말라
행 10:28　아무도 **속되다** 하거나 깨끗하지 않다
행 11:8　**속되거나** 깨끗하지 아니한 것은 결코
행 11:9　깨끗하게 하신 것을 네가 **속되다**고 하지
롬 14:14　**속된** … **속되게** 여기는 … **속되니라**
계 21:27　무엇이든지 **속된** 것이나 가증한 일 또는

속다(deceive)

왕하 18:29　히스기야에게 **속지** 말라 그가 너희를
왕하 19:10　넘기지 아니하겠다 하는 말에 **속지** 말라
대하 32:15　히스기야에게 **속지** 말라 꾀임을 받지
욥 12:16　그에게 있고 **속은** 자와 속이는 자가 다
욥 15:31　스스로 **속아** 허무한 것을 믿지 아니할
사 36:18　**속지** 말라 열국의 신들 중에 자기의
사 37:10　넘어가지 아니하리라 하는 말에 **속지**
고전 6:7　낫지 아니하며 차라리 **속는** 것이 낫지
고전 15:33 **속지** 말라 악한 동무들은 선한 행실을
고후 2:11　이는 우리로 사탄에게 **속지** 않게 하려
딤전 2:14　**속은** 것이 아니고 여자가 **속아** 죄에
딤후 3:13　악하여져서 속이기도 하고 **속기도**
딛 3:3　순종하지 아니한 자요 **속은** 자요
약 1:16　내 사랑하는 형제들아 **속지** 말라

속뜻(inward thought)

시 64:6　찾았다 하나니 각 사람의 **속뜻**과

속량물(贖良物, ransom)

사 43:3　내가 애굽을 너의 **속량물**로, 구스와

속담(俗談, proverb, saying)

창 10:9　**속담**에 이르기를 아무는 여호와 앞에
신 28:37　놀람과 **속담**과 비방거리가 될 것이라
삼상 10:12 **속담**이 되어 이르되 사울도 선지자들
삼상 19:24 그러므로 **속담**에 이르기를 사울도
삼상 24:13 옛 **속담**에 말하기를 악은 악인에게서
삼하 5:8　맹인을 치라 하였으므로 **속담**이 되어
왕상 9:7　모든 민족 가운데에서 **속담** 거리와
대하 7:20 민족 중에 **속담** 거리와 이야깃거리가
욥 13:12　재 같은 **속담**이요 너희가 방어하는 것은
욥 17:6　나를 백성의 **속담** 거리가 되게 하시니
겔 12:22　사라지리라 하는 너희의 이 **속담**이 어찌
겔 12:23　이 **속담**을 … 가운데에서 이 **속담**을
겔 14:8　표징과 **속담** 거리가 되게 하여 내 백성
겔 16:44　**속담**을 말하는 자마다 네게 대하여 **속담**
겔 18:2　이스라엘 땅에 관한 **속담**에 이르기를
겔 18:3　다시는 이 **속담**을 쓰지 못하게 되리라
합 2:6　그 무리가 다 **속담**으로 그를 평론하며
눅 4:23　자신을 고치라 하는 **속담**을 인용하여
벧후 2:22　참된 **속담**에 이르기를 개가 그 토하였던

속량/-하다/-되다/-받다(pay for redemption)

출 6:6　여러 큰 심판들로써 너희를 **속량하여**
출 21:8　아니하면 그를 **속량하게** 할 것이나
레 19:20　여종 곧 아직 **속량되거나** 해방되지
신 7:8　애굽 왕 바로의 손에서 **속량하셨나니**
신 21:8　주께서 **속량하신** 주의 백성 이스라엘을
시 25:22　그 모든 환난에서 **속량하소서**
시 49:8　생명을 **속량하는** 값이 너무 엄청나서
시 69:18　내 원수로 말미암아 나를 **속량하소서**
시 130:7　인자하심과 풍성한 **속량**이 있음이라
사 35:10　여호와의 **속량함**을 받은 자들이 돌아오
사 52:3　값 없이 팔렸으니 돈 없이 **속량되리라**
렘 31:11　강한 자의 손에서 **속량하셨으니**
애 3:58　풀어 주셨고 내 생명을 **속량하셨나이다**
호 13:14　그들을 스올의 권세에서 **속량하며**
미 4:10　원수들의 손에서 **속량하여** 내시리라
눅 1:68　그 백성을 돌보사 **속량하시며**
눅 21:28　머리를 들라 너희 **속량**이 가까웠느니라
행 7:35　천사의 손으로 관리와 **속량하는** 자로서
롬 3:24　그리스도 예수 안에 있는 **속량**으로

속되다(俗, impure, unclean)

레 10:10　너희가 거룩하고 **속된** 것을 분별하며
레 21:4　자신을 더럽혀 **속되게** 하지 말지니라
레 21:9　**속되게** 하면 그의 아버지를 **속되게** 함

[**속바지**]　　　　　　　　　　　　　　　　　　　　[**속이다**]

롬 8:23　양자 될 것 곧 우리 몸의 **속량**을 기다리
갈 3:13　율법의 저주에서 우리를 **속량**하셨으니
엡 1:7　그의 피로 말미암아 **속량** 곧 죄 사함을
골 1:14　아들 안에서 우리가 **속량** 곧 죄 사함을
히 2:17　되어 백성의 죄를 **속량**하려 하심이라
계 14:3　노래를 부르니 땅에서 **속량**함을 받은

속량/-하다/-되다/-받다 - 기타 본문

레 25:48, 49, 51, 52, 54; 신 9:26; 13:5; 15:15;
24:18; 시 26:11; 31:5; 34:22; 71:23; 74:2; 77:15;
시 103:4; 107:2; 111:9; 130:8; 미 6:4; 눅 2:38;
24:21; 갈 4:5; 엡 1:14; 딛 2:14; 히 9:15; 계 14:4

속바지(undergarment)
출 28:42　그들을 위하여 베로 **속바지**를 만들어
출 39:28　가는 베 실로 짜서 세마포 **속바지**들을
레 6:10　세마포 긴 옷을 입고 세마포 **속바지**로
레 16:4　속옷을 입으며 세마포 **속바지**를 몸에

속박하다(束縛, fetter)
욥 36:13　하나님이 **속박**할지라도 도움을 구하지
사 23:10　땅에 넘칠지어다 너를 **속박**함이 다시는

속사람(inner being)
롬 7:22　**속사람**으로는 하나님의 법을 즐거워하
고후 4:16　겉사람은 낡아지나 우리의 **속사람**은
엡 3:16　성령으로 말미암아 너희 **속사람**을

속삭이다(whisper)
욥 26:14　들은 것도 **속삭이**는 소리일 뿐이니 그의

속살(nakedness)
왕하 6:30　본즉 그의 **속살**에 굵은 베를 입었더라
사 47:3　네 **속살**이 드러나고 네 부끄러운 것이

속살거리다(whisper and mutter)
사 8:19　주절거리며 **속살거리**는 신접한 자와

속생각(inward thought)
시 49:11　그러나 그들의 **속생각**에 그들의 집은

속셈(scheme)
욥 21:27　너희가 나를 해하려는 **속셈**도 아노라

속속히(速速, hurry)
사 5:19　자기의 일을 **속속히** 이루어 우리에게

속옷(tunic)
출 28:4　반포 **속옷**과 관과 띠라 그들이 네 형
출 28:39　반포 **속옷**을 짜고 가는 베 실로 관을
출 28:40　아들들을 위하여 **속옷**을 만들며 그들을
출 29:5　아론에게 **속옷**과 에봇 받침 겉옷과
출 29:8　아들들을 데려다가 그들에게 **속옷**을
출 39:27　아론과 그의 아들들을 위하여 **속옷**을
레 8:7　아론에게 **속옷**을 입히며 띠를 띠우고
레 8:13　그들에게 **속옷**을 입히고 띠를 띠우며
레 16:4　거룩한 세마포 **속옷**을 입으며 세마포
스 9:3　내가 이 일을 듣고 **속옷**과 겉옷을 찢고
스 9:5　일어나서 **속옷**과 겉옷을 찢은 채 무릎을
시 22:18　겉옷을 나누며 **속옷**을 제비 뽑나이다
사 59:17　보복을 **속옷**으로 삼으시며 열심을 입어
단 3:21　겉옷과 **속옷**과 모자와 다른 옷을 입은
마 5:40　너를 고발하여 **속옷**을 가지고자 하는
눅 6:29　겉옷을 빼앗는 자에게 **속옷**도 거절하지
요 19:23　**속옷**도 취하니 이 **속옷**은 호지 아니하고
행 9:39　함께 있을 때에 지은 **속옷**과 겉옷을 다

속이다(trick, deceive)
모세오경 - 시가서

창 27:12　**속이**는 자로 보일지라 복은 고사하고
창 31:7　아버지가 나를 **속여** 품삯을 열 번이나
창 34:13　하몰에게 **속여** 대답하였으니 이는 세겜
출 21:8　상전이 그 여자를 **속인** 것이 되었으니
수 7:11　도둑질하며 **속이**고 그것을 그들의
삼상 12:3　누구를 **속였느냐** 누구를 압제하였느냐
삼하 3:25　왕을 **속임**이라 그가 왕이 출입하는 것을
왕상 13:18　하니 이는 그 사람을 **속임**이라
대상 12:17　나를 **속여** 내 대적에게 넘기고자 하면
욥 6:30　미각이 어찌 **속임**을 분간하지 못하랴
욥 15:35　죄악을 낳으며 그들의 뱃속에 **속임**이
욥 31:28　위에 계신 하나님을 **속이**는 것
시 5:6　즐기는 자와 **속이**는 자를 싫어하시나이
시 25:3　까닭 없이 **속이**는 자들은 수치를 당하리
시 36:3　죄악과 **속임**이라 그는 지혜와 선행을
시 55:23　흘리게 하며 **속이**는 자들은 그들의 날의
시 78:57　배반하고 거짓을 행하여 **속이**는 활같이
시 109:2　거짓된 입을 열어 나를 치며 **속이**는

【 속이다 】　　　　　　　　　　　　　　　　　　　【 속죄/-하다 】

시 120:2	거짓된 입술과 **속이는** 혀에서 내 생명을		5:27; 9:6; 15:18; 42:20; 호 7:16; 욥 1:7; 막 10:19; 롬 7:11; 고전 5:11; 6:10; 고후 6:8; 7:2; 딤후 3:13; 약 1:22
잠 11:1	**속이는** 저울은 여호와께서 미워하시나		
잠 12:5	정직하여도 악인의 도모는 **속임**이니라		
잠 14:8	미련한 자의 어리석음은 **속이는** 것이니		
잠 20:17	**속이고** 취한 음식물은 사람에게 맞이		

속임수(deceit, intrigue, lie)

잠 21:6	**속이는** 말로 재물을 모으는 것은 죽음을
잠 26:19	이웃을 **속이고** 말하기를 내가 희롱하였

선지서, 신약

민 25:18	그들이 **속임수**로 너희를 대적하되 브올
욥 31:5	동행하고 내 발이 **속임수**에 빨랐다면
시 55:11	그 중에 있고 압박과 **속임수**가 그 거리
시 62:9	인생도 **속임수**이니 저울에 달면 그들은
시 119:118	멸시하셨으니 그들의 **속임수**는 허무함
단 8:23	그 얼굴은 뻔뻔하며 **속임수**에 능하며
단 8:25	제 손으로 **속임수**를 행하고 마음에
단 11:21	평안한 때를 타서 **속임수**로 그 나라를
단 11:32	악행하는 자를 **속임수**로 타락시킬
단 11:34	많은 사람들이 **속임수**로 그들과 결합할
호 11:12	이스라엘 족속은 **속임수**로 나를 에워
고후 12:16	교활한 자가 되어 너희를 **속임수**로
엡 4:14	사람의 **속임수**와 간사한 유혹에 빠져
골 2:8	헛된 **속임수**로 너희를 사로잡을까
살전 2:3	부정에서 난 것이 아니요 **속임수**로 하는
벧후 2:13	연회할 때에 그들의 **속임수**로 즐기고

사 21:2	보였도다 **속이는** 자는 **속이고** 약탈하는
사 59:13	배반하고 **속였으며** 우리 하나님을
렘 4:10	예루살렘을 크게 **속이셨나이다** 이르시
렘 9:4	형제마다 완전히 **속이며** 이웃마다
렘 12:6	아버지의 집이라도 너를 **속이며** 네
렘 37:9	스스로 **속여** 말하기를 갈대아인이
렘 49:16	네 마음의 교만이 너를 **속였도다** 네가
애 1:19	**속였으며** 나의 제사장들과 장로들은
겔 22:12	**속여** 빼앗았으며 나를 잊어버렸도다
겔 45:9	백성에게 **속여** 빼앗는 것을 그칠지니라
호 4:2	**속임**과 살인과 도둑질과 간음뿐이요
호 12:7	저울을 가지고 **속이기**를 좋아하는도다
암 8:5	세겔을 크게 하여 거짓 저울로 **속이며**
옵 1:3	마음의 교만이 너를 **속였도다** 바위 틈에
미 1:14	집들이 이스라엘 왕들을 **속이리라**

속전(贖錢, atonement money, ransom)

출 21:11	여자는 **속전**을 내지 않고 거저 나가게
출 30:12	생명의 **속전**을 여호와께 드릴지니 이는
출 30:16	자손에게서 **속전**을 취하여 회막 봉사에
민 3:46	이백칠십삼 명이 더 많은즉 **속전**으로
민 3:48	더한 자의 **속전**을 아론과 그의 아들들에
민 3:49	이외의 사람에게서 **속전**을 받았으니
민 3:51	모세가 이 **속전**을 여호와의 말씀대로
민 35:31	살인자는 생명의 **속전**을 받지 말고
민 35:32	죽기 전에는 **속전**을 받고 그의 땅으로
욥 34:33	그대의 뜻대로 **속전**을 치르시겠느냐
시 49:7	그를 위한 **속전**을 하나님께 바치지도
잠 13:8	재물이 자기 생명의 **속전**일 수 있으나
잠 21:18	의인의 **속전**이 되고 사악한 자는 정직한

말 1:14	흠 있는 것으로 **속여** 내게 드리는 자는
마 27:64	가운데서 살아났다 하면 후의 **속임**이
막 7:22	간음과 탐욕과 악독과 **속임**과 음탕과
눅 19:8	누구의 것을 **속여** 빼앗은 일이 있으면
행 5:3	성령을 **속이고** 땅 값 얼마를 감추었느냐
롬 3:13	혀로는 **속임**을 일삼으며 그 입술에는
고전 5:10	탐하는 자들이나 **속여** 빼앗는 자들이나
고전 6:8	불의를 행하고 **속이는구나** 그는 너희
고후 4:2	버리고 **속임**으로 행하지 아니하며
고후 11:13	거짓 사도요 **속이는** 일꾼이니 자기를
갈 6:3	된 줄로 생각하면 스스로 **속임이라**
살후 2:10	불의의 모든 **속임**으로 멸망하는 자들에
딛 1:10	헛된 말을 하며 **속이는** 자가 많은 중
약 1:26	자기 마음을 **속이면** 이 사람의 경건은
요일 1:8	스스로 **속이고** 또 진리가 우리 속에

속죄/-하다(贖罪, atonement)

출 29:36	매일 수송아지 하나로 **속죄하기** 위하여 … 제단을 위하여 **속죄하여** 깨끗하게
출 32:30	혹 너희를 위하여 **속죄**가 될까 하노라
레 1:4	받으심이 되어 그를 위하여 **속죄**가 될
레 4:20	회중을 위하여 **속죄한즉** 그들이 사함을

속이다 - 기타 본문

창 27:35, 36; 31:27; 수 9:22; 삼상 19:17; 28:12; 삼하 19:26; 욥 13:7, 9; 시 120:3; 잠 12:17, 20; 14:25; 20:23; 23:3; 26:24, 26; 사 33:1; 렘 3:20;

【 속죄금 】　　　　　　　　　　　　　　　　　　　　　　　【 속죄일 】

레 5:7	지은 죄를 **속죄하기** 위하여 산비둘기
레 6:7	그를 위하여 **속죄한즉** 그는 무슨 허물이
레 7:7	제물은 **속죄하는** 제사장에게로 돌아갈
레 12:8	위하여 **속죄할지니** 그가 정결하리라
레 14:18	여호와 앞에서 그를 위하여 **속죄하고**
레 15:15	말미암아 여호와 앞에서 **속죄할지니라**
레 16:6	드리되 자기와 집안을 위하여 **속죄하고**
레 16:20	제단을 위하여 **속죄하기**를 마친 후에
레 16:24	드려 자기와 백성을 위하여 **속죄하고**
레 16:27	성소로 들어다가 **속죄하였은즉** 그 가죽
레 16:30	너희를 위하여 **속죄하여** 너희를 정결하
레 16:33	**속죄하며** 회막과 제단을 **속죄하고**
레 16:34	한 번 **속죄할** 것이니라 아론이 여호와께
레 17:11	생명을 위하여 **속죄하게** 하였나니 생명
레 19:22	여호와 앞에 **속죄할** 것이요 그리하면
민 5:8	그를 위하여 **속죄할** 속죄의 숫양과
민 8:12	여호와께 드려 레위인을 **속죄하고**
민 8:19	이스라엘 자손을 위하여 **속죄하게**
민 8:21	또 그들을 위하여 **속죄하여** 정결하게
민 15:25	회중을 위하여 **속죄하면** 그들이 사함을
민 15:28	범한 죄를 위하여 **속죄하여** 그 죄를
민 16:46	그들을 위하여 **속죄하라** 여호와께서
민 16:47	이에 백성을 위하여 **속죄하고**
민 25:13	이스라엘 자손을 **속죄하였음이니라**
민 28:22	**속죄하기** 위하여 숫염소 한 마리로
민 28:30	너희를 **속죄하기** 위하여 숫염소 한 마리
민 29:5	너희를 **속죄하기** 위하여 숫염소 한 마리
민 31:50	여호와 앞에 **속죄하려고** 가져왔나이다
신 32:43	자기 백성을 위하여 **속죄하시리로다**
삼상 3:14	예물로나 영원히 **속죄함**을 받지 못하리
삼하 21:3	어떻게 **속죄하여야** 너희가 여호와의
대상 6:49	명령대로 이스라엘을 위하여 **속죄하니**
겔 43:20	가장자리에 발라 **속죄하여** 제단을
겔 45:15	백성을 **속죄하기** 위하여 이것들을
히 10:26	죄를 범한즉 다시 **속죄하는** 제사가 없고

◆ 속죄/-하다 - 기타 본문

레 4:26, 31, 35; 5:10, 13, 16, 18; 6:30; 8:34; 9:7;
14:20, 21, 29, 31, 53; 15:30; 16:10, 16, 17, 18; 겔
45:17, 20

【 속죄금 】(贖罪金, payment)
출 21:30 **속죄금**을 부과하면 무릇 그 명령한 것을

속죄물(贖罪物, offering)
출 29:33 그들은 **속죄물** 곧 그들을 위임하며

속죄소(贖罪所, atonement cover, place of atonement)

출 25:17 순금으로 **속죄
소**를 만들되 길이
는 두 규빗 반이
출 25:18 그룹 둘을
속죄소 두 끝에 쳐서 만들되
출 25:19 **속죄소** 두 끝에 **속죄소**와 한 덩이로
출 25:20 그 날개로 **속죄소**를 덮으며 그 얼굴을
　　　　서로 대하여 **속죄소**를 향하게 하고
출 25:21 **속죄소**를 궤 위에 얹고 내가 네게 줄
출 25:22 만나고 **속죄소** 위 곧 증거궤 위에 있는
출 26:34 지성소에 있는 증거궤 위에 **속죄소**를
출 30:6 증거궤 위 **속죄소** 맞은편 곧 증거궤 앞
　　　　에 있는 휘장 밖에 두라 그 **속죄소**는
출 31:7 회막과 증거궤와 그 위의 **속죄소**와
출 35:12 증거궤와 그 채와 **속죄소**와 그 가리는
출 37:6 순금으로 **속죄소**를 만들었으니 길이가
출 37:7 그룹 둘을 **속죄소** 양쪽에 쳐서 만들었으
출 37:8 **속죄소**와 한 덩이로 그 양쪽에 만들었으
출 37:9 **속죄소**를 덮었으며 … **속죄소**를 향하였
출 39:35 증거궤와 그 채들과 **속죄소**와
출 40:20 궤 속에 넣고 채를 궤에 꿰고 **속죄소**를
레 16:2 법궤 위 **속죄소** 앞에 아무 때나 들어
　　　　오지 … 구름 가운데에서 **속죄소** 위에
레 16:13 증거궤 위 **속죄소**를 가리게 할지니
레 16:14 **속죄소** 동쪽에 뿌리고 또 손가락으로 그
　　　　피를 **속죄소** 앞에 일곱 번 뿌릴 것이며
레 16:15 피로 행하여 **속죄소** 위와 **속죄소** 앞에
민 7:89 증거궤 위 **속죄소** 위의 두 그룹 사이에
대상 28:11 **속죄소**의 설계도를 그의 아들 솔로몬
히 9:5 그 위에 **속죄소**를 덮는 영광의 그룹들이

속죄일(贖罪日, Day of Atonement)

레 23:27 일곱째 달 열
　　　　흘날은 **속죄일**이니
　　　　너희는 성회를 열고
레 23:28 하나님 여호와 앞에 속죄할 **속죄일**이
레 25:9 일곱째 달 열흘날은 **속죄일**이니 너는

【 속죄제 】   【 속하다 】

속죄제(贖罪祭, sin offering)

출 29:14	진 밖에서 불사르라 이는 **속죄제**니라	민 29:5	숫염소 한 마리로 **속죄제**를 드리되
출 29:36	속죄하기 위하여 **속죄제**를 드리며	민 29:11	**속죄제**와 상번제와 … **속죄제**로 드릴
출 30:10	뿔을 위하여 속죄하되 **속죄제**의 피로	민 29:16	숫염소 한 마리를 **속죄제**로 드릴 것이니
레 4:14	수송아지를 **속죄제**로 드릴지니 그것을	왕하 12:16	속건제의 은과 **속죄제**의 은은 여호와
레 4:20	그 송아지를 **속죄제**의 수송아지에게	대하 29:24	**속죄제**로 … 번제와 **속죄제**를 드리게
레 4:21	불사지니 이는 회중의 **속죄제**니라	스 6:17	이스라엘 전체를 위하여 **속죄제**를
레 4:24	잡는 곳에서 잡을지니 이는 **속죄제**라	스 8:35	**속죄제**의 숫염소가 열두 마리니 모두
레 5:6	여호와께 **속죄제**를 드리되 … 염소를 끌어다가 **속죄제**를 드릴 것이요	느 10:33	이스라엘 위하는 **속죄제**와 우리
		시 40:6	번제와 **속죄제**를 요구하지 아니하신다
레 5:9	피는 제단 밑에 흘릴지니 이는 **속죄제**요	겔 40:39	**속죄제**와 속건제의 희생제물을 잡게
레 5:11	속죄제물로 드리되 이는 **속죄제**인즉	겔 42:13	소제와 **속죄제**와 속건제의 제물을 거기
레 5:12	화제물 위에서 불사를지니 이는 **속죄제**	겔 43:26	제단을 위하여 **속죄제**를 드려 정결하게
레 6:17	**속죄제**와 속건제같이 지극히 거룩한즉	겔 44:27	들어갈 때에는 **속죄제**를 드릴지니라
레 6:25	**속죄제**의 규례는 이러하니라 **속죄제** 제물은 … 그 **속죄제** 제물을 잡을 것이요	겔 44:29	소제와 **속죄제**와 속건제의 제물을
		겔 45:17	속죄하기 위하여 이 **속죄제**와 소제와
		겔 45:19	그 **속죄제** 희생제물의 피를 가져다가
레 7:37	소제와 **속죄제**와 속건제와 위임식과	겔 45:22	한 마리를 갖추어 **속죄제**를 드릴 것이요
레 8:2	**속죄제**의 수송아지와 숫양 두 마리와	겔 45:25	칠 일 동안 명절을 지켜 **속죄제**와
레 9:15	백성을 위한 **속죄제**의 염소를 가져다가	겔 46:20	속건제와 **속죄제** 희생제물을 삶으며
레 9:22	축복함으로 **속죄제**와 번제와 화목제를	히 5:3	백성을 위하여 **속죄제**를 드림과 같이
레 10:16	모세가 **속죄제** 드린 염소를 찾은즉 이미	히 10:6	번제와 **속죄제**는 기뻐하지 아니하시나
레 10:19	**속죄제**와 번제를 여호와께 드렸어도	히 10:8	번제와 **속죄제**는 원하지도 아니하고
레 12:6	어린 양을 가져가 **속죄제**를 위하여		
레 14:13	**속죄제**와 번제물 잡는 곳에서 잡을		
레 14:19	제사장은 **속죄제**를 드려 그 부정함으로		
레 14:31	한 마리는 **속죄제**로, 한 마리는 소제와		
레 15:15	한 마리는 **속죄제**로, 다른 한 마리는		
레 15:30	그 한 마리는 **속죄제**로, 다른 한 마리는		
레 16:6	자기를 위한 **속죄제**의 수송아지를		
레 16:9	제비 뽑은 염소를 **속죄제**로 드리고		
레 16:11	자기를 위한 **속죄제**의 수송아지를 … 자기를 위한 그 **속죄제** 수송아지를 잡고		

✝ 속죄제 - 기타 본문

레 8:14; 9:2, 3, 7, 8; 민 29:19, 22, 25, 28, 31, 34, 38; 겔 45:23

속죄제 제물

레 4:33	그 **속죄제** 제물의 머리에 안수하고
레 6:25	**속죄제** 제물은 지극히 거룩하니 여호와 … 그 **속죄제** 제물을 잡을 것이요
레 6:30	속죄하게 한 **속죄제** 제물의 고기는

속죄제물(贖罪祭物, sin offering)

레 4:25	제사장은 그 **속죄제물**의 피를 손가락

레 16:15	또 백성을 위한 **속죄제** 염소를 잡아
레 16:27	**속죄제** 수송아지와 **속죄제** 염소의 피를
레 23:19	숫염소 하나로 **속죄제**를 드리며 일 년
민 6:16	앞에 가져다가 **속죄제**와 번제를 드리고
민 15:24	숫염소 한 마리를 **속죄제**로 드릴 것이라
민 15:25	화제와 **속죄제**를 여호와께 드렸음이라
민 15:27	일 년 된 암염소로 **속죄제**를 드릴
민 18:9	모든 소제와 **속죄제**와 속건제물은 다
민 19:9	위해 간직할지니 그것은 **속죄제**니라
민 28:15	**속죄제**로 여호와께 드릴 것이니라
민 28:22	위하여 숫염소 한 마리로 **속죄제**를

속하다(atone, assign)

1. 죄를 대신 씻어 구원하다(贖, atone)

레 8:15	제단 밑에 쏟아 제단을 **속하여** 거룩하게
레 17:11	피에 있으므로 피가 죄를 **속하느니라**
민 6:11	시체로 말미암아 얻은 죄를 **속하고** 또
민 15:28	죄를 위하여 속죄하여 그 죄를 **속할지니**
민 35:33	피가 아니면 **속함**을 받을 수 없느니라

【 속하다 】　　　　　　　　　　　　　　　　　　　【 속하다 】

잠 16:6　인자와 진리로 인하여 죄악이 **속하게**
사 27:9　불의가 **속함을** 얻으며 그의 죄 없이함을
요일 4:10　죄를 **속하기** 위하여 화목 제물로 그
　　2. 매이거나 딸리다 (屬, assign, belong)
【구약】
창 14:23　네게 **속한** 것은 실 오라기나 들메끈
창 19:12　네게 **속한** 자가 또 있느냐 네 사위나
　　　　자녀나 성 중에 네게 **속한** 자들을 다
창 20:7　너와 네게 **속한** 자가 다 반드시 죽을
창 23:17　거기에 **속한** 굴과 그 밭과 그 주위에
창 23:20　거기에 **속한** 굴이 헷 족속으로부터
창 45:11　아버지께 **속한** 모든 사람에게 부족함이
출 9:4　자손에게 **속한** 것은 하나도 죽지 아니하
출 19:5　내게 **속하였나니** 너희가 내 말을 잘
레 25:30　영구히 그에게 **속하고** 희년에라도
민 2:3　진영의 군기에 **속한** 자라 유다 자손의
민 2:9　유다 진영에 **속한** 군대로 계수된 군인의
민 2:16　르우벤 진영에 **속하여** 계수된 군인의
민 2:24　에브라임 진영에 **속하여** 계수된 군인의
민 2:31　진영에 **속하여** 계수함을 받은 군인의
민 8:17　다 내게 **속하였음은** 내가 애굽 땅에서
민 10:14　군기에 **속한** 자들이 그들의 진영별로
민 10:18　군기에 **속한** 자들이 그들의 진영별로
민 10:22　군기에 **속한** 자들이 그들의 진영별로
민 10:25　**속한** 자들이 그들의 진영별로 행진
민 16:5　자기에게 **속한** 자가 누구인지, 거룩한
민 16:32　그들의 집과 고라에게 **속한** 모든 사람과
민 36:4　기업이 그가 **속한** 지파에 첨가될 것이라
신 4:46　시혼에게 **속하였더니** 모세와 이스라엘
신 20:15　민족들에게 **속하지** 아니한 성읍들에게
신 23:3　그들에게 **속한** 자는 십 대뿐 아니라

신 29:29　여호와께 **속하였거니와** 나타난 일은
　　　　… 자손에게 **속하였나니** 이는 우리에게
수 2:13　그들에게 **속한** 모든 사람을 살려 주어
수 6:22　그에게 **속한** 모든 것을 이끌어 내라
수 7:24　장막과 그에게 **속한** 모든 것을 이끌고
수 10:37　왕과 그 **속한** 성읍들과 그 중의 모든
수 17:6　므낫세의 남은 자손들에게 **속하였더라**
수 17:8　므낫세에게 **속하였으되** 므낫세 경계
　　　　에 … 에브라임 자손에게 **속하였으며**
수 17:9　에브라임에게 **속하였으며** 므낫세의
수 17:10　에브라임에 **속하였고** 북쪽으로는 므
　　　　낫세에 **속하였고** 바다가 그 경계가
수 21:10　그핫 가족들에 **속한** 아론 자손이 첫째로
수 22:11　이스라엘 자손에게 **속한** 쪽에 제단을
삿 6:11　요아스에게 **속한** 오브라에 이르러
삿 17:7　유다 가족에 **속한** 유다 베들레헴에 한
삿 19:12　이스라엘 자손에게 **속하지** 아니한 이방
삿 19:14　베냐민에 **속한** 기브아에 가까이 이르러
삿 20:4　첩과 더불어 베냐민에 **속한** 기브아에
룻 2:3　엘리멜렉의 친족 보아스에게 **속한** 밭에
삼상 2:27　집에 **속하였을** 때에 내가 그들에게
삼상 6:18　방백들에게 **속한** 블레셋 사람들의 모든
삼상 25:22　그에게 **속한** 모든 남자 가운데 한 사람
삼상 27:6　오늘까지 유다 왕에게 **속하니라**
삼상 30:13　너는 누구에게 **속하였으며** 어디에서
삼하 2:31　베냐민과 아브넬에게 **속한** 자들을 쳐서
삼하 4:2　브에롯 베냐민 지파에 **속하였으니**
삼하 9:9　사울과 그의 온 집에 **속한** 것은 내가 다
삼하 10:19　하닷에셀에게 **속한** 왕들이 자기가
삼하 15:2　이스라엘 아무 지파에 **속하였나이다**
삼하 16:18　이스라엘의 택한 자에게 **속하여** 그와

【 '속하다 2' 와 관련된 성구 】

그리스도에게 속하다 – 막 9:41; 고전 1:12;
　　15:23; 고후 10:7
세상에 속하다 – 시 10:18; 요 8:23; 15:19;
　　17:14, 16; 18:36; 히 9:1; 요일 4:5
여호와께 속하다 – 출 9:29; 레 7:20, 21; 신
　　10:14; 29:29; 삼상 17:47; 대하 19:8,
　　11; 시 89:18; 사 44:5; 렘 4:4; 욥
　　1:21; 욘 2:9; 슥 2:11
유다에 속하다 – 삼상 17:1; 30:14; 왕상

　　19:3; 왕하 14:28; 대상 13:6; 대하 17:14
육(신)에 속하다 – 롬 7:14; 고전 2:14; 3:1,
　　3; 고후 10:4; 히 2:14; 7:16; 유 1:19
이스라엘에 속하다 – 왕상 8:41; 대하 6:32;
　　스 2:59; 느 7:61
하나님께 속하다 – 신 1:17; 대하 20:15; 시
　　62:11; 요 8:47; 히 5:1; 요삼 3:10;
　　4:1, 2, 3, 4, 6, 7; 5:19; 요삼 1:11
하늘에 속하다 – 고전 15:40, 48, 49; 엡 1:3

【 속하다 】 　　　　　　　　　　　　　　　【 속하다 】

삼하 17:27 암몬 족속에게 **속한** 랍바 사람 나하스의
삼하 23:29 베냐민 자손에 **속한** 기브아 사람 리배의
왕상 6:22 내 소에 **속한** 제단의 전부를 금으로
왕상 14:10 여로보암에게 **속한** 사내는 이스라엘
왕상 16:4 바아사에게 **속한** 자가 성읍에서 죽은
　　　　　즉 개가 먹고 그에게 **속한** 자가 들에서
왕상 17:9 시돈에 **속한** 사르밧으로 가서 거기
왕상 21:21 네게 **속한** 남자는 이스라엘 가운데서
왕상 21:24 아합에게 **속한** 자로서 성읍에서 죽은
왕하 8:6 여인에게 **속한** 모든 것과 이 땅에서
왕하 9:8 아합에게 **속한** 모든 남자는 내가 다
왕하 10:11 예후가 아합의 집에 **속한** 이스르엘
　　　　　… **속한** 자를 하나도 생존자를 남기지
왕하 10:17 아합에게 **속한** 자들을 죽여 진멸하였으며
왕하 24:7 왕에게 **속한** 땅을 다 점령하였음이더라
왕하 25:10 시위대장에게 **속한** 갈대아 온 군대가
대상 4:31 이 모든 성읍이 그들에게 **속하였으며**
대상 11:31 베냐민 자손에 **속한** 기브아 사람 리배의
대상 12:18 당신에게 **속하겠고** 이새의 아들이여
대상 26:21 라단에게 **속한** 게르손 사람의 자손이
　　　　　니 게르손 사람 라단에게 **속한** 가문의
대상 27:10 에브라임 자손에 **속한** 발론 사람 헬레스
대상 27:14 에브라임 자손에 **속한** 비라돈 사람
대상 27:15 옷니엘 자손에 **속한** 느도바 사람 헬대니
대상 29:11 주께 **속하였사오니** 천지에 있는 것이
　　　　　다 주의 … 주께 **속하였사오니** 주는
대하 2:13 전에 내 아버지 후람에게 **속하였던** 자라
대하 4:6 번제에 **속한** 물건을 거기서 씻게 하였으며
대하 11:3 베냐민에 **속한** 모든 이스라엘 무리에게
대하 17:17 베냐민에 **속한** 자 중에 큰 용사
대하 19:11 **속한** 모든 일에는 대제사장 아마랴가 너
　　　　　희를 다스리고 왕에게 **속한** 모든 일은
대하 20:15 **속한** 것이 아니요 하나님께 **속한** 것이니
대하 20:19 고라 자손에게 **속한** 레위 사람들은 서서
대하 24:11 대제사장에게 **속한** 관원이 와서 그 궤를
대하 26:11 휘하에 **속하여** 떼를 지어 나가서 싸우는
대하 29:35 번제에 **속한** 전제들이 많더라 이와 같이
대하 34:33 자손에게 **속한** 모든 땅에서 가증한
스 6:21 사람들에게 **속하여** 이스라엘의 하나님
느 2:8 성전에 **속한** 영문의 문과 성곽과 내가
느 3:7 관할에 **속한** 기브온 사람들 및 미스바
에 2:8 궁녀를 주관하는 헤개의 수하에 **속하니**
에 2:14 수하에 **속하고** 왕이 그를 기뻐하여 그의

욥 12:13 계략과 명철도 그에게 **속하였나니**
욥 12:16 속이는 자가 다 그에게 **속하였으므로**
욥 18:15 그에게 **속하지** 않은 자가 그의 장막에
시 62:12 인자함은 주께 **속하오니** 주께서 각 사람
잠 16:6 죄악이 속하게 되고 여호와를 경외함으
아 2:16 **속하였고** 나는 그에게 **속하였도다** 그가
아 6:3 사랑하는 자에게 **속하였고** 내 사랑하
　　　는 자는 내게 **속하였으며** 그가 백합화
아 7:10 사랑하는 자에게 **속하였도다** 그가 나를
아 8:12 이백을 얻으려니와 내게 **속한** 내 포도원
사 56:8 모아 그에게 **속하게** 하리라 하셨느니라
렘 13:11 허리에 **속함같이** 내가 이스라엘 온 집
　　　　과 유다 온 집으로 내게 **속하게** 하여
렘 41:9 그다랴에게 **속한** 사람들을 죽이고 그
겔 16:8 너를 내게 **속하게** 하였느니라 나 주
겔 18:4 내게 **속한지라** 아버지의 영혼이 내게
　　　　속함같이 … 내게 **속하였나니** 범죄하는
겔 23:4 내게 **속하여** 자녀를 낳았나니 그 이름은
겔 23:5 오홀라가 내게 **속하였을** 때에 행음하여
겔 46:16 그 자손에게 **속하나니** 이는 그 기업을
겔 46:17 종에게 **속하여** 희년까지 이르고 그
욘 1:8 어디며 어느 민족에 **속하였느냐** 하니
습 3:18 네게 **속한** 자라 그들에게 지워진 짐이
말 2:12 일을 행하는 사람에게 **속한** 자는 깨는

신약

눅 23:7 헤롯의 관할에 **속한** 줄을 알고 헤롯에게
요 3:31 이는 땅에 **속하여** 땅에 **속한** 것을
요 18:36 이 세상에 **속한** 것이 아니니라 만일 내
　　　　나라가 … 여기에 **속한** 것이 아니니라
요 18:37 진리에 **속한** 자는 내 음성을 듣느니라
행 27:23 내가 **속한** 바 곧 내가 섬기는 하나님의
롬 4:14 만일 율법에 **속한** 자들이 상속자이면
롬 4:16 은혜에 **속하기** 위하여 … 율법에 **속한**
　　　　자에게뿐만 아니라 … **속한** 자에게도
롬 12:9 없나니 악을 미워하고 선에 **속하라**
고전 7:22 주께 **속한** 자유인이요 또 그와 같이
고전 10:2 모세에게 **속하여** 다 구름과 바다에서
고전 15:40 땅에 **속한** 형체도 있으나 하늘에 **속한**
　　　　것의 영광이 따로 있고 땅에 **속한** 것의
고전 15:47 땅에서 났으니 흙에 **속한** 자이거니
고전 15:48 흙에 **속한** 자들은 저 흙에 **속한** 자와
　　　　… 하늘에 **속한** 자들은 저 하늘에 **속한**
고전 15:49 흙에 **속한** 자의 형상을 입은 것같이

【 속히 】　　　　　　　　　　　　　　　　　　　　　　　　　　　【 속히 】

갈 3:10	율법 행위에 **속한** 자들은 저주 아래에	삿 2:17	행하던 길에서 **속히** 치우쳐 떠나서 그와
살전 5:5	밤이나 어둠에 **속하지** 아니하나니	삿 2:23	그들을 **속히** 쫓아내지 아니하셨으며
살전 5:8	우리는 낮에 **속하였으니** 정신을 차리고	왕하 1:11	왕의 말씀이 **속히** 내려오라 하셨나이다
딛 1:1	믿음과 경건함에 **속한** 진리의 지식과	대하 26:20	여호와께서 치시므로 왕도 **속히** 나가니
딛 3:10	이단에 **속한** 사람을 한두 번 훈계한	대하 35:13	삶아 모든 백성들에게 **속히** 분배하고
히 6:9	구원에 **속한** 것이 있음을 확신하노라	대하 35:21	명령하사 **속히** 하라 하셨은즉 하나님이
히 7:13	지파에 **속한** 자를 가리켜 말한 것이라	스 7:26	준행하지 아니하는 자는 **속히** 그 죄를
히 9:11	곧 이 창조에 **속하지** 아니한 더 크고	에 6:10	네 말대로 **속히** 왕복과 말을 가져다가
벧후 1:3	생명과 경건에 **속한** 모든 것을 우리에게	욥 32:22	나를 지으신 이가 **속히** 나를 데려가시리
요일 2:19	**속하지** 아니하였나니 만일 우리에게	시 31:2	귀를 기울여 **속히** 건지시고 내게 견고한
	속하였더라면 … **속하지** 아니함을	시 37:2	그들은 풀과 같이 **속히** 베임을 당할
요일 3:8	마귀에게 **속하나니** 마귀는 처음부터	시 55:8	피난처로 **속히** 가서 폭풍과 광풍을
요일 3:12	악한 자에게 **속하여** 그 아우를 죽였으니	시 69:17	환난 중에 있사오니 **속히** 내게 응답하소
요일 3:19	진리에 **속한** 줄을 알고 또 우리 마음을	시 70:5	궁핍하오니 하나님이여 **속히** 내게
계 14:4	하나님과 어린 양에게 **속한** 자들이니	시 79:8	우리를 **속히** 영접하소서 우리가 매우
계 17:11	일곱 중에 **속한** 자라 그가 멸망으로	시 81:14	**속히** 그들의 원수를 누르고 내 손을

속하다 2 - 기타 본문
출 21:4; 민 8:14; 36:3; 수 6:23, 25; 10:39; 13:3, 4; 삿 6:24; 왕상 14:11, 13; 15:27; 16:15; 사 45:14; 겔 45:2; 48:22; 욥 1:20

속히 (速, early, quickly)
구약

창 18:6	**속히** 고운 가루 세 스아를 가져다가	시 102:2	부르짖는 날에 **속히** 내게 응답하소서
창 19:22	그리로 **속히** 도망하라 네가 거기 이르기	시 143:7	여호와여 **속히** 내게 응답하소서 내 영이
창 27:20	이같이 **속히** 잡았느냐 그가 이르되	시 147:15	보내시니 그의 말씀이 **속히** 달리는도다
창 41:32	이 일을 정하셨음이라 하나님이 **속히**	잠 14:17	노하기를 **속히** 하는 자는 어리석은 일을
창 45:9	당신들은 **속히** 아버지께로 올라가서	잠 20:21	처음에 **속히** 잡은 산업은 마침내 복이
창 45:13	아버지께 아뢰고 **속히** 모시고 내려오소	잠 24:22	그들의 재앙은 **속히** 임하리니 그 둘의
출 2:18	어찌하여 이같이 **속히** 돌아오느냐	잠 28:20	복이 많아도 **속히** 부하고자 하는 자는
출 12:33	재촉하여 그 땅에서 **속히** 내보내려	전 8:11	징벌이 **속히** 실행되지 아니하므로
출 32:8	명령한 길을 **속히** 떠나 자기를 위하여	사 5:19	계획을 **속히** 이루어 우리가 알게 할
신 4:26	땅에서 **속히** 망할 것이라 너희가 거기서	사 51:14	결박된 포로가 **속히** 놓일 것이니 죽지도
신 9:3	너는 그들을 쫓아내며 **속히** 멸할 것이라	사 60:22	때가 되면 나 여호와가 **속히** 이루리라
신 9:12	여기서 **속히** 내려가라 네가 애굽에서 …	렘 27:16	바벨론에서 **속히** 돌려오리라고 너희에
	속히 떠나 자기를 위하여 우상을 부어	렘 48:16	재난이 가까웠고 그 고난이 **속히** 닥치리
신 11:17	주신 아름다운 땅에서 **속히** 멸망할까	겔 7:8	내가 **속히** 분을 네게 쏟고 내 진노를
신 28:20	책망을 내리사 망하며 **속히** 파멸하게	욜 3:11	사면의 민족들아 너희는 **속히** 와서
수 4:10	요단 가운데에 서 있고 백성은 **속히**	합 2:3	종말이 **속히** 이르겠고 결코 거짓되지
수 10:6	더디게 하지 마시고 **속히** 우리에게	슥 8:21	우리가 **속히** 가서 만군의 여호와를
수 10:13	종일토록 **속히** 내려가지 아니하였다고	말 3:5	경외하지 아니하는 자들에게 **속히**
수 23:16	아름다운 땅에서 너희가 **속히** 멸망하리		

신약

		눅 18:8	너희에게 이르노니 **속히** 그 원한을 풀어
		눅 19:5	삭개오야 **속히** 내려오라 내가 오늘 네
		요 13:27	이르시되 네가 하는 일을 **속히** 하라
		행 17:15	디모데를 자기에게로 **속히** 오게 하라는
		행 22:18	내게 말씀하시되 **속히** 예루살렘에서
		롬 9:28	그 말씀을 이루고 **속히** 시행하시리라
		롬 16:20	하나님께서 **속히** 사탄을 너희 발 아래로
		고전 4:19	너희에게 **속히** 나아가서 교만한 자들의

【 손 】

갈 1:6	이같이 **속히** 떠나 다른 복음을 따르는
빌 2:19	디모데를 **속히** 너희에게 보내기를 주
히 13:19	내가 더 **속히** 너희에게 돌아가기 위하여
약 1:19	듣기는 **속히** 하고 말하기는 더디 하며
요삼 1:14	**속히** 보기를 바라노니 또한 우리가
계 1:1	반드시 **속히** 일어날 일들을 그 종들에게
계 11:14	보라 셋째 화가 **속히** 이르는도다
계 22:6	반드시 **속히** 되어질 일을 보이시려고

'속히'와 관련된 성구

- 속히 가다 – 삼상 17:17; 시 55:8; 슥 8:21; 빌 2:24; 계 2:16
- 속히 돕다 – 시 22:19; 38:22; 40:13; 70:1; 71:12
- 속히 오다 – 신 32:35; 왕상 22:9; 대하 18:8; 행 17:15; 히 13:23; 계 3:11; 22:7, 12, 20

손(hand)

구약

창 4:11	땅이 그 입을 벌려 네 **손**에서부터 네
출 4:4	그것을 잡으니 그의 **손**에서 지팡이가
레 5:11	그의 **손**이 산비둘기 두 마리나 집비둘기
민 22:29	내 **손**에 칼이 있었더면 곧 너를 죽였으
신 2:15	여호와께서 **손**으로 그들을 치사 진영
수 20:5	살인자를 그의 **손**에 내주지 말지니 이는
삿 2:16	노략자의 **손**에서 그들을 구원하게
룻 4:5	나오미의 **손**에서 그 밭을 사는 날에 곧
삼상 2:13	제사장의 사환이 **손**에 세 살 갈고리를
삼하 3:12	내 **손**이 당신을 도와 온 이스라엘이
왕상 2:46	나라가 솔로몬의 **손**에 견고하여지니라
왕하 3:11	엘리야의 **손**에 물을 붓던 사밧의 아들
대상 5:10	싸워 **손**으로 쳐죽이고 길르앗 동쪽 온
대하 1:17	아람 왕들을 위하여 그들의 **손**으로
스 5:8	부지런히 일하므로 공사가 그 **손**에서
느 6:5	다섯 번째는 그 종자의 **손**에 봉한지
느 6:9	그들의 **손**이 피곤하여 역사를 중지하 고 … 이제 내 **손**을 힘있게 하옵소서
욥 4:3	훈계하였고 **손**이 늘어진 자를 강하게
시 7:3	이런 일을 행하였거나 내 **손**에 죄악이
시 18:20	의를 따라 상 주시며 내 **손**의 깨끗함을
시 26:10	그들의 **손**에 사악함이 있고 그들의

시 44:20	잊어버렸거나 우리 **손**을 이방 신에게
시 58:2	악을 행하며 땅에서 너희 **손**으로 폭력을
시 76:5	모두 그들에게 도움을 줄 **손**을 만날
시 78:72	**손**의 능숙함으로 그들을 지도하였도다
시 81:6	그의 **손**에서 광주리를 놓게 하였도다
시 89:21	내 **손**이 그와 함께 하여 견고하게 하고
시 89:25	그의 **손**을 바다 위에 놓으며 오른손을
시 91:12	그들의 **손**으로 너를 붙들어 발이 돌에
시 95:7	그의 **손**이 돌보시는 양이기 때문이라
시 111:7	그의 **손**이 하는 일은 진실과 정의이며
시 115:7	**손**이 있어도 만지지 못하며 발이 있어도
시 123:2	상전의 **손**을 바라보는 종들의 눈같이, 여주인의 **손**을 바라보는 여종의
시 128:2	네가 네 **손**이 수고한 대로 먹을 것이라
시 129:7	이런 것은 베는 자의 **손**과 묶는 자의
시 141:2	**손** 드는 것이 저녁 제사같이 되게
시 144:11	이방인의 **손**에서 나를 구하여 건지소서
시 149:6	찬양이 있고 그들의 **손**에는 두 날 가진
잠 3:27	네 **손**이 선을 베풀 힘이 있거든 마땅히
전 2:11	내 **손**으로 한 모든 일과 내가 수고한
아 5:4	문틈으로 **손**을 들이밀매 내 마음이
사 1:15	너희가 **손**을 펼 때에 내가 내 눈을 … 이는 너희의 **손**에 피가 가득함이라
렘 6:9	네 **손**을 광주리에 자주자주 놀리라
애 3:41	마음과 **손**을 아울러 하늘에 계신 하나님
겔 1:8	사람의 **손**이 있더라 그 네 생물의 얼굴
단 8:4	그 **손**에서 구할 자가 없으므로 그것이
호 12:7	상인이라 **손**에 거짓 저울을 가지고
암 1:8	**손**을 돌이켜 에그론을 치리니 블레셋의
미 2:1	그 **손**에 힘이 있으므로 그것을 행하는
합 3:4	광선이 그의 **손**에서 나오니 그의 권능이
습 3:16	두려워하지 말라 시온아 네 **손**을 늘어뜨
학 2:14	그들의 **손**의 모든 일도 그러하고 그들이
슥 2:9	내가 **손**을 그들 위에 움직인즉 그들이
말 1:10	너희가 **손**으로 드리는 것을 받지도

신약

마 3:12	**손**에 키를 들고 자기의 타작 마당을
마 4:6	그들이 **손**으로 너를 받들어 발이 돌에
막 3:5	내밀라 하시니 내밀매 그 **손**이 회복되었
막 7:2	부정한 **손** 곧 씻지 아니한 **손**으로 떡
눅 3:17	**손**에 키를 들고 자기의 타작 마당을
눅 4:11	**손**으로 너를 받들어 네 발이 돌에
요 13:9	발뿐 아니라 **손**과 머리도 씻어 주옵소서

1421

【 손 】   【 손 】

요 18:22	손으로 예수를 쳐 이르되 네가 대제사장
행 2:23	법 없는 자들의 손을 빌려 못 박아
행 7:35	천사의 손으로 관리와 속량하는 자로서
롬 10:21	백성에게 내가 종일 내 손을 벌렸노라
고전 12:15	만일 발이 이르되 나는 손이 아니니
고전 12:21	손더러 내가 너를 쓸 데가 없다 하거나
갈 3:19	한 중보자의 손으로 베푸신 것인데
갈 6:11	손으로 너희에게 이렇게 큰 글자로 쓴
엡 2:11	손으로 육체에 행한 할례를 받은 무리라
히 12:12	그러므로 피곤한 손과 연약한 무릎을
약 4:8	죄인들아 손을 깨끗이 하라 두 마음을
벧전 5:6	하나님의 능하신 손 아래에서 겸손하라
요일 1:1	자세히 보고 우리의 손으로 만진 바라
계 6:5	말이 나오는데 그 탄 자가 손에 저울을
계 7:9	손에 종려 가지를 들고 보좌 앞과 어린

📖 손 → 기타 본문
창 16:12; 19:16; 20:5; 21:30; 24:18, 30, 47;
25:26; 27:16; 33:10, 19; 37:22; 38:28, 29, 30;
40:13; 43:9, 12; 44:17; 46:4; 47:29; 49:8, 24;
출 4:6, 7; 5:21; 7:4, 5, 17; 9:29; 12:11; 13:9;
14:16, 26, 27; 15:9, 20; 17:11; 21:24; 29:25;
32:4, 19; 33:22; 레 8:24, 28; 9:17; 14:16, 17,
18, 27, 28, 29; 21:19; 24:14; 민 22:31; 35:21,
25; 신 9:10; 12:6, 11, 17; 15:3, 7, 8, 10; 19:5,
21; 21:7; 23:25; 25:11; 26:4; 27:15; 28:32;
32:39, 41; 33:7, 11; 삿 4:2, 21, 24; 5:26; 6:36,
37; 7:2, 6, 11, 16; 8:34; 9:16, 24, 48; 13:23;
14:6, 9; 15:14; 16:18; 17:3; 18:19; 룻 4:9; 삼
상 5:7, 9; 6:3, 5, 9; 9:8; 11:7; 12:4, 5; 14:13,
26; 16:16, 23; 17:40, 49; 19:9; 22:6; 23:6;
24:12, 13, 20; 26:18; 28:17; 삼하 3:34; 13:5,
6, 10, 19; 14:16; 18:14; 21:22; 22:21; 23:10,
21; 왕상 7:26; 11:31, 35; 14:3; 16:7; 17:11;
18:44; 20:42; 왕하 5:11; 8:8, 20; 9:23, 35;
13:25; 14:5, 27; 16:7; 18:21; 19:14; 22:17; 대

'손'과 관련된 성구

갈대아인의 손 - 렘 22:25; 32:3-5, 24, 25, 28, 43; 38:18

강한 손 - 출 3:19; 6:1; 32:11; 민 20:20; 신 4:34; 5:15; 7:19; 9:26; 11:2; 26:8; 느 1:10; 시 136:12; 사 8:11; 렘 32:21; 단 9:15

권능의 손 - 신 6:21; 7:8; 시 78:42

그들의 손에 넘기다 - 민 21:3; 수 21:44; 삿 1:4; 15:13; 대하 13:16; 24:24; 느 9:24; 렘 38:19; 겔 16:39

그의 손에 넘기다 - 출 21:13; 삿 1:2; 3:10; 7:14; 11:32; 삼상 23:11, 14; 렘 34:3; 단 1:2; 11:11

내 손에 넘기다 - 민 21:2; 삿 8:7; 11:30; 12:3; 삼상 17:46; 23:7; 24:10; 26:23; 삼하 5:19; 대상 14:10; 22:18

너희 손에 넘기다 - 수 10:19; 24:8; 삿 7:15; 8:3; 18:10; 왕하 10:24; 대하 28:9

네 손에 넘기다 - 출 23:31; 민 21:34; 신 2:24, 30; 3:2; 7:24; 20:13; 21:10; 수 6:2; 8:1; 8:18; 10:8; 삿 4:7, 14; 7:7, 9; 20:28; 삼상 23:4; 24:4, 18; 삼

5:19; 왕상 20:13, 28; 대상 14:10; 사 47:6

느부갓네살의 손 - 대상 6:15; 스 5:12; 렘 22:25; 27:6; 29:21

능한 손 - 왕상 8:42; 대하 6:32; 겔 20:33, 34

다윗의 손 - 삼하 3:8, 18; 21:22; 대상 20:8

대적의 손 - 레 26:25; 삿 2:14, 18; 삼하 3:18; 대하 25:20; 느 9:27; 시 78:61; 107:2; 애 1:7

두 손 - 레 16:12, 21; 민 5:18; 6:19; 신 9:15, 17; 삿 19:27; 시 88:9; 전 4:6; 렘 2:37; 10:3; 애 1:17; 겔 10:2; 미 7:3; 마 18:8; 막 9:43

모세의 손 - 출 17:12; 34:29; 35:29

미디안의 손 - 삿 6:1, 2, 13, 14; 8:22; 9:17

바로의 손 - 창 40:11, 21; 41:35; 출 18:10; 신 7:8; 왕하 17:7

백성의 손 - 삼상 13:22; 스 4:4; 렘 26:24; 38:4; 46:24

브레셋 사람(들)의 손 - 삿 10:7; 13:1, 5; 삼상 7:3, 8, 14; 9:16; 12:9; 17:37; 18:17, 21, 25; 28:19; 삼하 3:18; 8:1;

【 손 】

'손'과 관련된 성구

19:9; 대상 18:1

빈 손 – 창 31:42; 출 3:21; 23:15; 34:20; 레 25:35; 신 15:13; 16:16; 룻 3:17; 느 5:13; 욥 22:9; 눅 1:53

사울의 손 – 삼상 18:10; 23:12, 17; 27:1

선한 손 – 스 7:9; 8:18; 느 2:8, 18

손대다 – 출 22:8; 수 6:18; 시 105:15; 단 2:34, 45; 막 8:22; 눅 8:47

손 마른 사람 – 마 12:10; 막 3:1, 3; 눅 6:8

손 안에 있다 – 삿 8:6, 15; 욥 21:16; 시 95:4; 전 9:1; 렘 38:5

손에 가지다 – 창 43:15; 신 1:25; 수 9:11; 삿 7:19; 삼상 14:27, 43; 왕하 9:1; 전 5:15; 사 6:6; 렘 36:14; 겔 10:2; 계 20:1

손에 넘기다 – 신 1:27; 19:12; 수 7:7; 10:32; 11:8; 24:8, 11; 삿 2:14, 23; 3:28; 6:1; 11:21; 13:1; 15:12; 삼상 12:9; 14:12, 37; 23:12, 20; 26:8; 28:19; 삼하 16:8; 21:9; 왕상 15:18; 18:9; 22:6, 12, 15; 왕하 3:10, 13, 18; 12:11; 13:3; 17:20; 19:10; 21:14; 22:5; 대상 22:18; 대하 12:5; 16:8; 18:11, 14; 25:20; 28:5; 34:10; 스 5:12; 8:33; 9:7; 느 9:27, 30; 욥 9:24; 시 106:41; 사 36:15; 37:10; 렘 12:7; 20:4, 5; 21:7, 10; 29:21; 32:3-5, 24, 25, 28, 36, 43; 34:2, 20, 21; 37:17; 38:3, 16, 18; 39:17; 43:3; 44:30; 46:26; 애 1:7; 2:7; 겔 7:21; 11:9; 21:11, 31; 23:9; 30:24, 25; 31:11; 39:23; 단 2:38; 슥 11:6; 마 17:22; 막 9:31; 눅 9:44; 24:7; 행 21:11

손에 두다 – 레 8:27; 민 5:18; 6:19; 욥 13:14; 사 51:23

손에 들다 – 창 22:6; 출 34:4, 29; 민 5:18; 22:23; 35:17, 18; 신 10:3; 수 5:13; 삿 7:8; 삼하 11:14; 왕하 4:29; 대상 11:23; 21:16; 잠 26:9; 겔 9:1; 마 27:29

손에 맡기다 – 창 30:35; 32:16; 39:22, 23; 42:37; 삼상 17:22; 왕상 14:27; 왕하 22:7, 9; 대상 29:8; 대하 12:10; 에 2:3; 3:9; 6:9; 욥 1:12; 2:6; 사 22:21;

요 13:3

손에 무기를 잡다 – 왕하 11:8, 11; 대하 23:7, 10

손에 버려두다 – 창 39:12, 13; 느 9:28; 시 37:33

손에 부탁하다 – 창 38:20; 시 31:5; 눅 23:46

손에 붙이다 – 창 9:2; 14:20; 수 10:30; 대하 18:5; 시 78:61; 사 19:4; 렘 46:24; 단 7:25

손에 빠지다 – 삼하 24:14; 대상 21:13; 시 140:4; 잠 6:3; 히 10:31

손에서 건지다 – 출 2:19; 3:8; 18:10; 수 9:26; 22:31; 24:10; 삼하 4:8; 7:3; 10:18; 12:10, 11; 14:48; 24:15; 왕하 17:39; 18:29, 33, 34, 35; 대하 32:11, 13, 14; 스 8:31; 시 82:4; 97:10; 사 36:18, 19, 20; 38:6; 43:13; 렘 15:21; 21:12; 22:3; 애 5:8; 겔 13:21, 23; 단 3:15; 호 2:10; 눅 1:74

손에서 구원하다 – 창 37:21; 출 14:30; 18:9; 삿 2:18; 6:14; 8:22; 10:12; 12:2; 삼상 4:3; 7:8; 9:16; 삼하 12:7; 19:9; 22:1; 왕하 19:19; 20:6; 대하 32:17, 22; 느 9:27; 시 106:10; 사 37:20; 렘 15:21; 20:13; 눅 1:71

손에서 받다 – 삼상 10:4; 12:3; 25:35; 왕하 5:20, 24; 대상 29:14; 말 1:13

손에서 벗어나다 – 삼상 27:1; 삼하 3:18; 왕하 13:5; 17:7; 대하 16:7; 30:6; 잠 6:5; 렘 32:3-5; 34:3; 38:23; 단 8:7; 11:41; 요 10:39; 행 12:7; 고후 11:33

손에서 빼앗다 – 창 48:22; 민 21:26; 왕상 11:12, 34; 에 3:10; 요 10:28, 29

손에서 찾다 – 창 31:39; 겔 3:18, 20; 33:6, 8; 34:10

손에 위탁하다 – 창 39:4, 6, 8

손에/손을 의지하다 – 왕하 5:18; 7:2, 17

손에 있다 – 창 31:29; 35:4; 38:18; 출 4:2; 22:4; 32:15; 레 25:28; 신 9:15; 수 9:25; 삼상 17:57; 24:11; 25:8; 삼하 20:10; 대상 29:12; 스 7:14, 25; 욥 12:10; 시 31:15; 잠 21:1; 렘 18:6;

[손]

'손'과 관련된 성구

26:14; 겔 37:19; 계 2:1

손에 잡(히)다 – 출 4:17, 20; 7:15; 17:5, 9; 수 8:18; 삿 6:21; 에 5:2; 잠 30:28; 렘 38:23; 51:7; 겔 21:11, 24; 37:20; 슥 2:1

손에 주다 – 창 27:17; 출 4:21; 29:24; 신 24:1, 3; 수 2:24; 8:7; 삼상 21:3; 스 8:26; 렘 22:25; 27:6; 겔 10:7; 23:31; 요 3:35

손에 죽다 – 출 16:3; 수 20:9; 삼상 18:25; 렘 11:21; 겔 9:2

손에 채우다 – 레 16:12; 왕상 20:10; 대상 29:5

손에 팔(리)다 – 삿 2:14; 3:8; 4:9; 느 5:8; 겔 30:12; 욥 3:8; 마 26:45; 막 14:41

손으로 만들다 – 신 4:28; 왕하 19:18; 시 8:6; 78:54; 115:4; 135:15; 사 17:8; 31:7; 37:19; 60:21; 렘 1:16; 10:9; 25:6, 7; 32:30; 호 14:3; 미 5:13; 행 7:41; 19:26; 히 9:24

손으로 붙들다 – 창 21:18; 시 37:24; 사 41:10; 슥 14:13

손으로 수고하다 – 신 12:7, 18; 학 1:11; 엡 4:28

손으로 이루다 – 왕상 8:15, 24; 대하 6:4, 15; 렘 44:25; 막 6:2

손으로 일하다 – 느 4:17; 잠 21:25; 31:13; 사 65:22; 고전 4:12; 살전 4:11

손으로 잡다 – 삼하 23:6; 왕상 20:6; 왕하 13:16; 겔 29:7

손으로 짓다 – 대하 32:19; 욥 10:3; 14:15; 34:19; 시 102:25; 138:8; 사 2:8; 19:25; 64:8; 학 2:17; 막 14:58; 행 7:48, 50; 17:24; 고후 5:1; 히 1:10; 9:11

손으로 하는 모든 일에 복을 내리다 – 신 24:19; 28:8, 12

손으로 하다 – 신 14:29; 23:20; 28:20; 30:9-10; 31:29; 대상 29:5; 욥 1:10; 시 19:1; 사 5:12; 골 3:11

손으로 행하다 – 신 16:15; 시 9:16; 사 3:11; 욘 3:8; 계 9:20

손을 가르치다 – 삼하 22:35; 시 144:1

손을 강하게 하다 – 삼하 2:7; 사 35:3; 렘 23:14

손을 거두다 – 출 33:23; 수 8:26; 삼상 14:19; 삼하 24:16; 대상 21:15; 시 74:11; 애 2:8

손을 금하다 – 사 56:2; 겔 18:8, 17; 단 4:35

손을 깨끗하게 하다 – 욥 9:30; 약 4:8

손을 내밀다 – 창 8:9; 19:10; 22:10; 출 4:4; 8:6; 10:12, 21, 22; 14:21; 삿 15:15; 삼하 22:17; 왕하 6:7; 잠 31:20; 렘 1:9; 겔 10:7; 17:18; 마 8:3; 12:13, 49; 14:31; 막 1:41; 3:5; 눅 5:13; 6:10; 요 20:27; 행 4:30; 9:41

손을 넣다 – 창 24:2, 9; 사 11:8; 마 26:23; 막 14:20

손을 놓다 – 전 7:18; 10:18; 11:6

손(을) 대다 – 창 22:12; 37:27; 출 19:13; 22:11; 24:11; 신 13:9; 17:7; 수 2:19; 삼하 18:12; 대상 16:22; 에 9:10, 15, 16; 욥 1:12; 시 125:3; 사 11:14; 렘 12:14; 애 4:6; 욥 1:13; 마 14:36; 17:7; 26:50; 막 5:27, 28, 30, 31; 6:56; 7:33; 14:46; 눅 7:14; 8:44, 45, 46, 47; 21:12; 22:53; 요 7:30, 44

손을 돌리다 – 삼하 14:27; 왕상 22:34; 대하 18:33; 시 81:14

손을 들다 – 창 3:22; 14:22; 48:17; 출 3:20; 8:17; 9:22; 15:12; 17:11; 레 9:22; 민 20:11; 신 32:40; 수 8:19; 삼상 22:17; 24:6, 10; 26:9, 11, 23; 삼하 1:14; 6:6; 18:28; 20:21; 24:16; 왕상 11:26, 27; 스 6:12; 9:5; 느 8:6; 9:15; 욥 6:9; 11:13; 15:25; 시 10:12; 28:2; 55:20; 63:4; 68:31; 77:2; 88:9; 106:26; 119:48; 134:2; 사 5:25; 49:22; 애 2:4, 19; 3:3; 겔 20:5, 6, 15, 23, 28, 42; 38:12; 44:12; 47:14; 단 12:7; 슥 14:13; 행 12:1; 26:1; 딤전 2:8; 계 10:5

손을 들어 맹세하다 – 창 14:22; 느 9:15; 겔 20:5; 47:14

손을 붙들다 – 출 17:12; 삿 16:26; 시 73:23; 사 41:13; 45:1

손을 씻다 – 레 15:11; 신 21:6; 시 26:6;

【 손 】

'손'과 관련된 성구

73:13; 마 15:2; 27:24
손을 얹다 – 욥 9:33; 시 80:17; 마 9:18; 막 5:23; 16:18; 눅 4:40
손을 잡다 – 창 19:16; 왕하 10:15; 스 10:19; 욥 17:3; 잠 16:5; 17:18; 22:26; 사 2:6; 42:6; 렘 31:32; 마 9:25; 막 1:31; 5:41; 9:27; 눅 8:54; 행 3:7; 23:19; 히 8:9
손을 통하다 – 삿 15:18; 대하 12:7; 행 5:12; 7:25
손을 펴다 – 창 48:14; 출 9:15, 33; 신 15:11; 삼하 15:5; 왕상 8:22, 38, 54; 13:4; 대상 13:9, 10; 대하 6:12, 13, 29; 욥 1:11; 2:5; 30:24; 시 18:16; 104:28; 138:7; 143:6; 144:7; 145:16; 잠 1:24; 31:20; 사 1:15; 11:11; 14:27; 23:11; 25:11; 31:3; 65:2; 렘 4:31; 6:12; 15:6; 애 1:10, 17; 겔 14:9; 25:16; 단 11:42; 습 1:4; 2:13; 마 26:51
손을 흔들다 – 사 10:32; 13:2; 33:15; 습 2:15
손의 권능 – 출 13:3, 14, 16
손의 힘 – 신 8:17; 욥 30:2; 사 10:13; 13:7
손이 깨끗하다 – 욥 17:9; 22:30; 시 18:24; 24:4
손이 약하다 – 대하 15:7; 렘 6:24; 50:43; 겔 21:7
손이 여전히 펴져/펼쳐져 있다 – 사 5:25; 9:12, 17, 21; 10:4
손이 짓다 – 시 28:4; 95:5
손이 행하다 – 삿 9:16; 시 90:17; 92:4; 143:5; 잠 12:14; 렘 25:14; 애 3:64
아론의 손 – 출 29:24; 레 8:27; 시 77:20
악인(들)의 손 – 욥 9:24; 시 36:11; 37:33; 71:4; 82:4; 97:10; 140:4; 겔 13:22; 30:12
애굽 사람의 손 – 출 14:30; 18:9, 10; 삿 6:9; 삼하 23:21; 대상 11:23
에서의 손 – 창 27:22, 23; 32:11
여인의 손 – 창 38:20; 39:12; 레 18:17; 민 5:25; 신 25:12; 삿 4:9
여호와의 손 – 출 9:3; 16:3; 민 11:23; 수 4:24; 22:31; 삿 2:15; 룻 1:13; 삼상

5:6, 9; 7:13; 12:15; 삼하 24:14; 왕하 3:15; 대상 28:19; 스 7:28
왕의 손 – 삼상 12:9; 23:20; 24:15; 왕상 13:6; 22:3; 왕하 13:16; 18:30, 33; 19:10; 20:6; 대하 16:7, 8; 18:5, 14; 25:15; 28:5; 30:6; 32:11; 36:17; 시 21:8; 사 36:15, 18; 37:10; 38:6; 렘 20:4; 21:7, 10; 32:3-5, 28, 36; 34:2; 37:17; 38:23; 44:30; 46:26; 겔 30:10, 25; 단 2:38
왕의 손에 넘기다 – 왕상 22:6, 12, 15; 대하 18:11
요셉의 손 – 창 39:6, 22; 41:42
우리 손에 넘기다 – 신 3:3; 삿 16:23, 24; 삼상 14:10; 17:47; 30:23
원수의 손 – 삼상 12:11; 삼하 19:9; 22:1; 왕하 17:39; 21:14; 욥 6:23; 시 106:10; 렘 12:7; 20:5; 21:7; 34:20, 21; 애 2:7; 겔 39:23; 눅 1:74
이방인의 손 – 느 5:8; 시 144:7, 11; 겔 28:10; 행 21:11
이스라엘의 손 – 수 10:30, 32; 11:8; 삿 11:21; 삼상 14:12, 37; 겔 25:14
이웃의 손 – 레 25:14; 잠 6:3; 슥 11:6
자기(의) 손 – 창 35:4; 39:13; 레 7:30; 민 5:18; 삿 15:17; 16:26; 삼상 17:50; 왕하 4:34; 13:16; 15:19; 욥 20:10; 잠 14:1; 19:24; 21:25; 31:16; 전 5:15; 사 2:8; 17:8; 31:7; 렘 1:16; 요 13:3; 행 7:25, 41; 엡 4:28
주의 손 – 출 15:17; 삼상 25:26; 삼하 24:17; 대상 4:10; 21:17; 29:12, 14, 16; 대하 20:6; 욥 1:11; 2:5; 10:3, 7, 8; 13:21; 14:15; 시 8:6; 10:14; 17:14; 31:5, 15; 32:4; 38:2; 39:10; 44:2; 74:11; 80:17; 88:5; 89:13; 92:4; 102:25; 109:27; 119:73; 173; 138:7, 8; 139:10; 143:5; 144:7; 사 26:11; 64:8; 렘 15:17; 눅 1:66; 행 11:21; 13:11; 히 1:10
천사의 손 – 행 7:35; 계 8:4; 10:8, 10
하나님의 손 – 삼상 5:11; 대하 30:12; 스 8:22, 31; 욥 19:21; 전 2:24; 9:1; 사 62:3; 눅 11:20; 히 10:31

◆ 손가락　　　　　　　　　　　　　　　　　　　　　　◆ 손거울

상 5:20; 12:17; 14:11; 20:6; 29:5; 대하 4:5;
13:8; 17:5; 26:19; 30:16; 32:22; 34:25; 35:11;
스 6:22; 욥 5:12, 15, 18; 10:8; 11:14; 12:6;
16:11, 17; 20:22; 21:5, 10; 26:13; 27:22; 29:9,
20; 30:21; 31:7, 25, 27; 33:7; 34:20; 35:7;
37:7; 40:4; 41:8; 잠 6:10, 17; 10:4; 12:24;
13:11; 17:16; 24:33; 26:15; 30:32; 31:19, 31;
전 4:1; 5:6, 14; 7:26; 9:10; 11:6; 아 5:5, 14;
7:1; 사 1:25; 3:6; 10:5, 10, 14; 14:26; 17:5;
19:16; 28:2; 29:23; 34:17; 36:6; 37:14; 44:5;
45:9, 11, 12; 48:13; 49:2; 50:2, 11; 51:16, 17,
18, 22; 53:10; 59:3, 6; 렘 16:21; 17:4; 18:4;
19:7; 21:4, 5; 22:7; 25:15, 28; 27:3; 30:6;
31:11; 33:13; 40:4; 41:5; 42:11; 43:9; 48:37;
51:25; 애 4:10; 5:12; 겔 2:9; 6:14; 7:17, 27;
8:3, 11; 10:8, 12, 21; 12:7; 13:9, 21; 16:27;
20:22, 14; 23:28, 37, 45; 25:7, 13; 30:22;
34:27; 35:3; 37:17; 40:3, 5; 44:12; 47:3; 단
8:25; 10:10; 11:16, 42; 암 5:19; 7:7; 9:2; 미
5:9, 12; 7:16; 합 3:10; 슥 4:9, 10; 8:4, 9, 13;
13:7; 말 2:13; 마 8:15; 12:13; 15:20; 막 7:3, 5;
눅 6:1, 10; 9:62; 11:38; 22:21; 24:39, 40; 요
19:3; 20:20, 25, 27; 행 9:8; 11:30; 12:11; 14:3;
17:25; 19:11; 20:34; 22:11; 27:19; 28:3, 4, 17;
계 10:2; 14:9, 14; 17:4; 19:2; 20:4

손 방패
시 35:2　방패와 손 방패를 잡으시고 일어나
시 91:4　진실함은 방패와 손 방패가 되시나니

손 주머니
사 3:22　예복과 겉옷과 목도리와 손 주머니와

손가락(finger)
출 29:12　그 피를 네 손가락으로 제단 뿔들에
레 4:6　그 제사장이 손가락에 그 피를 찍어
레 4:17　그 제사장이 손가락으로 그 피를 찍어
레 4:25　제사장은 그 속죄 제물의 피를 손가락에
레 4:30　제사장은 손가락으로 그 피를 찍어
레 4:34　그 속죄제물의 피를 손가락으로 찍어
레 8:15　그 피를 가져다가 손가락으로 그 피를
레 9:9　손가락으로 그 피를 찍어 제단 뿔들에
레 14:16　오른쪽 손가락으로 왼쪽 손의 기름을 찍

어 그 손가락으로 그것을 여호와 앞에
레 14:27　오른쪽 손가락으로 왼쪽 손의 기름을
레 16:14　수송아지의 피를 가져다가 손가락으로
속죄소 동쪽에 뿌리고 또 손가락으로
레 16:19　손가락으로 그 피를 그 위에 일곱 번
민 19:4　제사장 엘르아살은 손가락에 그 피를
삼하 21:20　손가락과 발가락이 각기 여섯 개씩 모두
시 8:3　주의 손가락으로 만드신 주의 하늘과
시 144:1　싸우게 하시며 손가락을 가르쳐 전쟁하
잠 6:13　눈짓을 하며 발로 뜻을 보이며 손가락질
잠 7:3　네 손가락에 매며 이것을 네 마음판에
잠 31:19　솜뭉치를 들고 손가락으로 가락을
아 5:5　몰약의 즙이 내 손가락에서 문빗장에
사 2:8　손으로 짓고 자기 손가락으로 만든 것을
사 17:8　손가락으로 지은 아세라와 태양상을
사 58:9　멍에와 손가락질과 허망한 말을 제하여
사 59:3　손가락이 죄악에 더러워졌으며 너희
렘 52:21　비었고 그 두께는 네 손가락 두께이며
겔 40:5　길이가 팔꿈치에서 손가락에 이르고
겔 43:13　팔꿈치에서부터 손가락에 이르고 한
단 5:5　사람의 손가락들이 나타나서 … 글자
를 쓰는데 왕이 그 글자 쓰는 손가락을
단 5:24　손가락이 나와서 이 글을 기록하였나이
마 23:4　이것을 한 손가락으로도 움직이려 하지
막 7:33　손가락을 그의 양 귀에 넣고 침을 뱉어
눅 11:46　한 손가락도 이 짐에 대지 않는도다
눅 16:24　그 손가락 끝에 물을 찍어 내 혀를
요 8:6　예수께서 몸을 굽히사 손가락으로 땅에
요 8:8　다시 몸을 굽혀 손가락으로 땅에 쓰시니
요 20:25　내 손가락을 그 못 자국에 넣으며 내
요 20:27　도마에게 이르시되 네 손가락을 이리

'손가락'과 관련된 성구
새끼손가락 - 왕상 12:10; 대하 10:10
엄지손가락 - 삿 1:6, 7
오른쪽 손가락 - 레 8:23, 24; 14:14, 17, 25, 28

손거울(mirror)

사 3:23　손거울과 세마포 옷과 머리 수건과 너울을 제하시리니

【 손녀 】　　　　　　　　　　　　　　　　　　　　　　　　　　【 손수건 】

손녀(daughter, granddaughter)
창 36:14　손녀 아나의 딸 에서의 아내 오홀리바마
창 36:39　마드렛의 딸이요 메사합의 손녀더라
창 46:7　손녀들 곧 그의 모든 자손을 데리고
레 18:10　네 손녀나 네 외손녀의 하체를 범하지
레 18:17　손녀나 외손녀를 아울러 데려다가 그의
왕하 8:26　이스라엘 왕 오므리의 손녀이더라
대상 1:50　므헤다벨이라 메사합의 손녀요 마드렛
대하 22:2　이름은 아달랴요 오므리의 손녀더라

손님(guest, stranger)
왕상 1:41　아도니야와 그와 함께한 손님들이
왕상 1:49　아도니야와 함께한 손님들이 다 놀라
마 9:15　이르시되 혼인집 손님들이 신랑과 함께
마 22:10　혼인 잔치에 손님들이 가득한지라
마 22:11　손님들을 보러 들어올새 거기서 예복을
막 2:19　이르시되 혼인 집 손님들이 신랑과 함께
눅 5:34　혼인 집 손님들이 신랑과 함께 있을 때
　에 너희가 그 손님으로 금식하게 할 수
히 13:2　손님 대접하기를 잊지 말라 이로써

손 대접
롬 12:13　쓸 것을 공급하며 손 대접하기를

손맥(脈, hand)
렘 47:3　손맥이 풀려서 자기의 자녀를 돌보지

손의 맥
삼하 4:1　손의 맥이 풀렸고 온 이스라엘이

손목(wrist)
신 6:8　너는 또 그것을 네 손목에 매어 기호를
신 11:18　손목에 매어 기호를 삼고 너희 미간에
삼상 5:4　그 머리와 두 손목은 끊어져 문지방에
겔 13:18　손목마다 부적을 꿰어 매고 키가 큰
겔 16:11　팔고리를 손목에 끼우고 목걸이를 목에
겔 23:42　손목에 끼우고 아름다운 관을 그 머리에

손목 고리
창 24:22　열 세겔 무게의 금 손목 고리 한 쌍을
창 24:30　손의 손목 고리를 보고 또 그의 누이
창 24:47　코걸이를 그 코에 꿰고 손목 고리를
민 31:50　손목 고리, 인장 반지, 귀 고리, 목걸이

손바닥(palm)
출 25:25　손바닥 넓이만한
　턱을 만들고 그 턱 주위에
출 37:12　손바닥 넓이만한 턱을 만들고 그 턱
레 14:15　취하여 자기 왼쪽 손바닥에 따르고
레 14:26　제사장은 그 기름을 자기 왼쪽 손바닥에
욥 36:32　그가 번갯불을 손바닥 안에 넣으시고
시 47:1　너희 만민들아 손바닥을 치고 즐거운
사 40:12　누가 손바닥으로 바닷물을 헤아렸으며
사 49:16　내가 너를 내 손바닥에 새겼고 너의
겔 40:5　손가락에 이르고 한 손바닥 너비가 더한
겔 40:43　길이가 손바닥 넓이만한 갈고리가
겔 43:13　한 손바닥 넓이가 더한 것이라 제단
단 10:10　그가 내 무릎과 손바닥이 땅에 닿게
마 26:67　주먹으로 치고 어떤 사람은 손바닥으로
막 14:65　노릇을 하라 하고 하인들은 손바닥으로

손발(hands and feet)
삼상 14:13　요나단이 손발로 기어 올라갔고 그
마 22:13　손발을 묶어 바깥 어두운 데에 내던지라

손뼉(clap)
민 24:10　손뼉을 치며 말하되 내가 그대를 부른
욥 27:23　사람들은 그를 바라보며 손뼉 치고 그의
욥 34:37　손뼉을 치며 하나님을 거역하는 말을
사 55:12　들의 모든 나무가 손뼉을 칠 것이며
겔 6:11　손뼉을 치고 발을 구르며 말할지어다
겔 21:14　손뼉을 쳐서 칼로 두세 번 거듭 쓰이게
겔 21:17　내 손뼉을 치며 내 분노를 다 풀리로다
겔 22:13　피 흘린 일로 말미암아 내가 손뼉을
겔 25:6　손뼉을 치며 발을 구르며 마음을 다하여
나 3:19　손뼉을 치나니 이는 그들이 항상 네게

손상/-하다(損傷, clip, injure, lost)
레 19:27　둥글게 깎지 말며 수염 끝을 손상하지
행 27:21　타격과 손상을 면하였더라면 좋을 뻔
행 27:22　생명에는 아무런 손상이 없겠고 오직

손수(with one's hands)
출 35:25　손수 실을 빼고 그 뺀 청색 자색 홍색

손수건(手巾, handkerchief)
행 19:12　사람들이 바울의 몸에서 손수건이나

【 손실 】   【 손자 】

손실(損失, missing)
삼상 25:21 손실이 없게 한 것이 진실로 허사라

손아래
겔 27:21 게달의 모든 고관은 네 손아래 상인이

손자(孫子, grandson)

모세오경
창 11:31 손자 롯과 그의 며느리 아브람의 아내
창 21:23 손자에게 거짓되이 행하지 아니하기를
창 29:5 나홀의 손자 라반을 아느냐 그들이
민 16:1 레위의 증손 고핫의 손자 이스할의 아들
민 27:1 길르앗의 손자 헤벨의 아들 슬로브핫의
민 36:1 므낫세의 손자 마길의 아들 길르앗 자손
신 4:25 아들을 낳고 손자를 얻으며 오래 살

역사서
수 7:1 삽디의 손자 갈미의 아들 아간이 온전히
수 7:18 삽디의 손자요 갈미의 아들인 아간을
수 17:3 길르앗의 손자 마길의 증손 므낫세의
삿 8:22 당신의 손자가 우리를 다스리소서
삿 10:1 도도의 손자 부아의 아들 돌라가 일어나
삿 12:14 그에게 아들 사십 명과 손자 삼십 명이
삿 18:30 모세의 손자요 게르솜의 아들인 요나단
삼상 1:1 엘리후의 손자요 도후의 증손이요 숩의
삼상 9:1 스롤의 손자요 베고랏의 증손이요
삼상 14:3 비느하스의 손자요 실로에서 여호와의
삼하 23:20 갑스엘 용사의 손자 여호야다의 아들
삼하 23:34 마아가 사람의 손자 아하스배의 아들
왕상 15:18 헤시온의 손자 다브림몬의 아들 벤하닷
왕하 14:8 아마샤가 예후의 손자 여호아하스의
왕하 14:13 아하시야의 손자 요아스의 아들 유다
왕하 22:3 므술람의 손자 아살리야의 아들 서기관
왕하 22:14 할하스의 손자 디과의 아들로서 예복을
왕하 25:25 엘리사마의 손자 느다니야의 아들
대상 4:35 아시엘의 증손 스라야의 손자 요시비야
대상 4:37 여다야의 증손 알론의 손자 시비의 아들
대상 5:8 세마의 손자요 요엘의 증손이라 그가
대상 5:14 야로아의 손자요 길르앗의 증손이요
대상 5:15 구니의 손자 압디엘의 아들 아히가
대상 7:13 예셀과 살룸이니 이는 빌하의 손자더라
대상 7:17 마길의 아들이요 므낫세의 손자이며
대상 8:40 손자가 많아 모두 백오십 명이었더라
대상 9:4 오므리의 손자요 이므리의 증손이요

대상 9:7 핫스누아의 증손 호다위아의 손자
대상 9:8 이브느야와 미그리의 손자 웃시의 아들
··· 증손 르우엘의 손자 스바댜의 아들
대상 9:11 므술람의 손자요 사독의 증손이요
대상 9:12 바스훌의 손자요 말기야의 증손이며 ···
아디엘의 아들이요 야세라의 손자요
대상 9:14 아들이요 아스리감의 손자요 하사뱌의
대상 9:15 시그리의 손자요 아삽의 증손이며
대상 9:16 갈랄의 손자요 여두둔의 증손이며 또
대상 9:19 에비아삽의 손자 고레의 아들 살룸과
대상 11:22 갑스엘 용사의 손자 여호야다의 아들
대하 20:14 여이엘의 증손이요 브나야의 손자요
대하 25:17 상의하고 예후의 손자 여호아하스의
대하 25:23 여호아하스의 손자 요아스의 아들 유다
대하 34:22 하스라의 손자 독핫의 아들로서 예복을
스 7:1 스라야의 아들이요 아사랴의 손자요
스 8:18 이스라엘의 손자 레위의 아들 말리의
느 3:4 학고스의 손자 ··· 므세사벨의 손자
느 3:21 다음은 학고스의 손자 우리야의 아들
느 3:23 다음은 아나냐의 손자 마아세야의 아들
느 6:10 후에 므헤다벨의 손자 들라야의 아들
느 11:4 스가랴의 손자요 아마랴의 증손이요
느 11:5 골호세의 손자요 하사야의 증손이요
느 11:7 요엣의 손자요 브다야의 증손이요
느 11:11 므술람의 손자요 사독의 증손이요
느 11:12 블라야의 손자요 암시의 증손이요
느 11:13 아흐새의 손자요 므실레못의 증손이요
느 11:15 아스리감의 손자요 하사뱌의 증손이요
느 11:17 삽디의 손자 ··· 증손 갈랄의 손자
느 11:22 하사뱌의 손자 바니의 아들 웃시는
느 12:26 요사닥의 손자 예수아의 아들 요야김과
느 12:35 스마야의 손자 맛다냐의 증손 미가야의
느 13:13 맛다냐의 손자 삭굴의 아들 하난을
느 13:28 엘리아십의 손자 요야다의 아들 하나가
에 2:5 기스의 증손이요 시므이의 손자요
에 9:10 곧 함므다다의 손자요 유다인의 대적

시가서, 선지서
욥 42:16 백사십 년을 살며 아들과 손자 사 대를
잠 17:6 손자는 노인의 면류관이요 아비는
사 7:1 웃시야의 손자 요담의 아들인 유다
렘 27:7 아들과 손자를 그 땅의 기한이 이르기까
렘 32:12 마세야의 손자 네랴의 아들 바룩에게
렘 35:3 하바시냐의 손자요 예레미야의 아들인

1428

【 손질하다 】

렘 36:11	사반의 **손자**요 그마랴의 아들인 미가야
렘 36:14	셀레먀의 **손자** 느다냐의 아들 여후디를
렘 37:13	하나냐의 **손자**요 셀레먀의 아들인
렘 41:1	엘리사마의 **손자**요 느다냐의 아들로서
렘 51:59	마세야의 **손자** 네리야의 아들 스라야가
습 1:1	그다랴의 **손자**요 구시의 아들이었더라

'손자'와 관련된 성구

- 님시의 손자 예후 – 왕하 9:2, 14, 20
- 사반의 손자 아히감의 아들 그다랴/그달리야 – 왕하 25:22; 렘 39:14; 40:5, 9, 11; 41:2; 43:5
- 사울의 손자 므비보셋 – 삼하 9:6; 19:24; 21:7
- 손자들 – 창 31:28, 55; 45:10; 46:7; 신 4:9; 6:2; 딤전 5:4
- 아론의 손자 엘르아살의 아들 비느하스 – 민 25:7, 11; 삿 20:28
- 잇도의 손자 스가랴 – 스 5:1; 6:14; 슥 1:1, 7
- 훌의 손자 브살렐 – 출 31:2; 35:30; 38:22; 대하 1:5

손질하다 (tend)

출 30:7	향기로운 향을 사르되 등불을 **손질할**

손짓하다 (signal)

눅 5:7	배에 있는 동무들에게 **손짓하여** 와서
행 12:17	베드로가 그들에게 **손짓하며** 조용하게
행 13:16	일어나 **손짓하며** 말하되 이스라엘
행 19:33	알렉산더가 **손짓하며** 백성에게 변명하
행 21:40	백성에게 **손짓하여** 매우 조용히 한 후

손톱 (nail)

신 21:12	그는 그 머리를 밀고 **손톱**을 베고
단 4:33	**손톱**은 새 발톱과 같이 되었더라

손해 (損害, damage, detriment)

출 21:19	그간의 **손해**를 배상하고 그가 완치되게
룻 4:6	나는 내 기업에 **손해**가 있을까 하여
스 4:13	결국 왕들에게 **손해**가 되리이다
스 4:15	왕들과 각 도에 **손해**가 된 것을 보시고
스 4:22	왕들에게 **손해**가 되게 하랴 하였더라
에 7:4	왕의 **손해**를 보충하지 못하였으리이다
잠 11:15	**손해**를 당하여도 보증이 되기를 싫어

【 솔로몬 】

사 47:11	**손해**가 네게 이르리라 그러나 이를
단 6:2	왕에게 **손해**가 없게 하려 함이었더라
행 27:10	생명에도 타격과 많은 **손해**를 끼치리라

솔개 (bird, vulture)

창 15:11	**솔개**가 그 사체 위에 내릴 때에는
레 11:13	먹지 말지니 곧 독수리와 **솔개**와 물수리
신 14:12	먹지 못할지니 곧 독수리와 **솔개**와
욥 28:7	그 길은 **솔개**도 알지 못하고 매의 눈도
사 34:15	**솔개**들도 각각 제 짝과 함께 거기에

솔기 (seam, section)

왕상 22:34	이스라엘 왕의 갑옷 **솔기**를 맞힌지라
대하 18:33	이스라엘 왕의 갑옷 **솔기**를 쏜지라 왕이

솔로몬 (Solomon) 다윗과 밧세바의 아들

삼하 5:14	삼무아와 소밥과 나단과 **솔로몬**과

'솔로몬'과 관련된 성구

- 내 아들 솔로몬 – 왕상 1:21, 33; 대상 22:5; 28:5, 9; 29:1, 19
- 네 아들 솔로몬 – 왕상 1:13, 17, 30; 대상 28:6
- 다윗의 아들 솔로몬 – 대상 29:22; 대하 1:1; 13:6; 30:26; 35:3, 4
- 솔로몬 왕 – 왕상 1:34, 39, 51, 53; 2:17, 19, 22, 29, 45; 4:1, 27; 5:13; 6:2; 7:13, 14, 40, 45, 51; 8:2, 5; 9:15, 26, 28; 10:10, 13, 16, 21, 23; 11:1; 12:2; 대상 29:24; 대하 4:11, 16; 5:6; 7:5; 8:10, 18; 9:9, 12, 15, 20, 22; 10:2; 아 3:9, 11; 렘 52:20
- 솔로몬의 생전 – 왕상 11:34; 12:6; 대하 10:6
- 솔로몬의 신하 – 왕상 11:26; 대하 9:10; 13:6; 스 2:55, 58; 느 7:57, 60; 11:3
- 솔로몬의 아들 르호보암 – 왕상 12:21, 23; 14:21; 대상 3:10; 대하 11:3, 17; 13:7
- 솔로몬의 잠언 – 잠 1:1; 10:1; 25:1
- 솔로몬의 지혜 – 왕상 4:30, 34; 대하 9:3; 마 12:42; 눅 11:31
- 솔로몬이 만든 것 – 왕상 14:26; 왕하 24:13; 대하 12:9

【 솜뭉치 】 【 송사/-하다 】

솔로몬 + 기타 본문

삼하 5:14; 12:24; 왕상 1:10, 11, 12, 19, 26, 37, 38, 43, 44, 46, 47, 50, 52, 53; 2:1, 12, 13, 29, 41, 46; 3:1, 3, 4, 6, 10, 15; 4:7, 11, 15, 21, 22, 24, 25, 26, 29; 5:1, 2, 7, 8, 10, 11, 12, 14, 15, 18; 6:1, 11, 14, 21, 27, 38; 7:1, 8, 45, 47, 48, 51; 8:1, 12, 22, 54, 63, 65, 66; 9:1, 2, 10, 11, 12, 16, 17, 19, 21, 22, 23, 24, 25, 27; 10:1, 2, 3, 4, 14, 21, 24, 26, 28; 11:2, 4, 9, 11, 14, 23, 25, 27, 28, 31, 32, 40, 41, 42, 43; 왕상 21:7; 23:13; 25:16; 대상 3:5; 6:10, 32; 14:4; 18:8; 22:6, 7, 9, 17; 23:1; 28:11, 20; 29:23, 25, 28; 대하 1:2, 3, 5, 6, 7, 8, 11, 13, 14, 16; 2:1, 2, 3, 11, 17; 3:1, 2, 3; 4:1, 18, 19; 5:1, 2; 6:1, 12, 13; 7:1, 7, 8, 10, 11, 12; 8:1, 2, 3, 6, 8, 9, 11, 12, 14, 16, 17; 9:1, 2, 13, 14, 20, 23, 25, 26, 28, 29, 30, 31; 33:7; 느 12:45; 13:26; 아 1:1, 5; 3:7; 8:11, 12; 마 1:6, 7; 6:29; 눅 12:27; 요 10:23; 행 3:11; 5:12; 7:47

솜뭉치(distaff)
잠 31:19 손으로 **솜뭉치**를 들고 손가락으로

솜씨(skill)
욥 27:11 하나님의 **솜씨**를 내가 너희에게 가르칠
렘 10:9 이는 정교한 **솜씨**로 만든 것이거니와

솟구치다(rise)
시 107:26 그들이 하늘로 **솟구쳤**다가 깊은 곳으로
잠 18:4 샘은 **솟구쳐** 흐르는 내와 같으니라
사 57:20 더러운 것을 늘 **솟구쳐** 내는 요동하는
렘 6:7 샘이 그 물을 **솟구쳐** 냄같이 그가 그

솟다(rise, tower)
사 26:5 **솟은** 성을 헐어 땅에 엎으시되 진토에
사 35:6 물이 **솟겠고** 사막에서 시내가 흐를
겔 17:22 연한 가지를 꺾어 높고 우뚝 **솟은** 산에
겔 43:15 네 척이며 그 번제하는 바닥에서 **솟은**

솟아나다(spring up)
민 20:11 물이 많이 **솟아나오므로** 회중과 그들의
민 21:17 우물물아 **솟아나라** 너희는 그것을
삿 15:19 물이 **솟아나오는지라** 삼손이 그것을
시 46:3 바닷물이 **솟아나고** 뛰놀든지 그것이
시 73:7 눈이 **솟아나며** 그들의 소득은 마음에

시 85:11 땅에서 **솟아나고** 의는 하늘에서 굽어
시 104:10 샘을 골짜기에서 **솟아나게** 하시고 산
사 44:4 가운데에서 **솟아나기**를 시냇가의
사 48:21 쪼개사 물이 **솟아나게** 하셨느니라
사 61:11 모든 나라 앞에 **솟아나게** 하시리라
슥 14:8 예루살렘에서 **솟아나서** 절반은 동해로
요 4:14 영생하도록 **솟아나는** 샘물이 되리라

솟아오르다(rise)
시 18:10 바람 날개를 타고 높이 **솟아오르셨도다**
시 104:6 덮으시매 물이 산들 위로 **솟아올랐으나**
사 2:14 모든 높은 산과 모든 **솟아오른** 작은
사 34:3 악취가 **솟아오르고** 그 피에 산들이 녹을
렘 51:53 하늘까지 **솟아오른다** 하자 높은 곳에
암 8:8 넘침같이 **솟아오르며** 애굽 강같이
암 9:5 넘침같이 **솟아오르며** 애굽 강같이
나 1:5 있는 모든 것들이 **솟아오르는도다**

송곳(awl)
출 21:6 **송곳**으로 그의 귀를 뚫을 것이라 그는
신 15:17 **송곳**을 가져다가 그의 귀를 문에 대고

송사/-하다(訟事, lawsuit)
출 23:2 **송사**에 다수를 따라 부당한 증언을 하지
출 23:3 가난한 자의 **송사**라고 해서 편벽되이
출 23:6 가난한 자의 **송사**라고 정의를 굽게 하지
신 1:16 **송사**를 들을 때에 쌍방간에 공정히 판결
신 24:17 객이나 고아의 **송사**를 억울하게 하지
신 27:19 고아나 과부의 **송사**를 억울하게 하는
삼하 15:2 **송사**가 있어 왕에게 재판을 청하러 올
삼하 15:3 네 **송사**를 들을 사람을 왕께서 세우지
삼하 15:4 **송사**나 재판할 일이 있어 내게로 오는
왕상 3:11 **송사**를 듣고 분별하는 지혜를 구하였으
대하 19:8 예루살렘 주민의 모든 **송사**를 재판하게
대하 19:10 **송사하거든** 어떤 **송사**든지 그들에게
욥 29:16 모르는 사람의 **송사**를 돌보아 주었으며
시 9:4 주께서 나의 의와 **송사**를 변호하셨으며
시 35:23 깨셔서 나를 공판하시며 나의 **송사**를
시 43:1 **송사**를 변호하시며 간사하고 불의한
잠 18:17 **송사**에서는 먼저 온 사람의 말이 바른
잠 31:5 곤고한 자들의 **송사**를 굽게 할까 두려우
잠 31:8 모든 고독한 자의 **송사**를 위하여 입을
사 1:23 아니하며 과부의 **송사**를 수리하지

1430

【 송사 】

사 29:21	그들은 **송사**로 사람에게 죄를 씌우며
사 34:8	시온의 **송사**를 위하여 신원하시는 해라
사 40:27	내 **송사**는 내 하나님에게서 벗어난다
사 54:17	대적하여 **송사하는** 모든 혀는 네게
렘 5:28	**송사** 곧 고아의 **송사**를 공정하게 하지
렘 30:13	네 **송사**를 처리할 재판관이 없고 네
렘 51:36	네 **송사**를 듣고 너를 위하여 보복하여
애 3:36	사람의 **송사**를 억울하게 하는 것은 다
겔 44:24	**송사하는** 일을 재판하되 내 규례대로

송아지(calf, bull, ox)

창 18:7	기름지고 좋은 **송아지**를 잡아 하인에게
창 18:8	요리한 **송아지**를 가져다가 그들 앞에
출 29:3	담은 채 그 **송아지**와 두 양과 함께
출 29:10	아들들은 그 **송아지** 머리에 안수할지며
출 29:11	회막 문 여호와 앞에서 그 **송아지**를
출 32:4	부어서 조각칼로 새겨 **송아지** 형상을
출 32:8	자기를 위하여 **송아지**를 부어 만들고
출 32:19	그 **송아지**와 그 춤추는 것들을 보고
출 32:20	모세가 그들이 만든 **송아지**를 가져다가
출 32:24	불에 던졌더니 이 **송아지**가 나왔나이다
출 32:35	만든 바 그 **송아지**를 만들었음이더라
레 4:7	그 **송아지**의 피 전부를 회막 문 앞 번
레 4:12	똥 곧 그 **송아지**의 전체를 진영 바깥
레 4:20	그 **송아지**를 속죄제의 수송아지에게
레 9:2	속죄제를 위하여 흠 없는 **송아지**를
레 9:3	위하여 일 년 되고 흠 없는 **송아지**와
레 9:8	자기를 위한 속죄제 **송아지**를 잡으매
민 19:8	**송아지**를 불사른 자도 자기의 옷을 물로
신 9:16	자기를 위하여 **송아지**를 부어 만들어서

【 송아지 】

신 9:21	너희의 죄 곧 너희가 만든 **송아지**를
신 21:4	**송아지**를 … 그 **송아지**의 목을 꺾을
삼상 6:7	메우고 그 **송아지**들은 떼어 집으로
삼상 6:10	끌어다가 수레를 메우고 **송아지**들은
삼상 14:32	양과 소와 **송아지**들을 끌어다가 그것을
삼상 28:24	여인의 집에 살진 **송아지**가 있으므로
삼하 6:13	소와 살진 **송아지**로 제사를 드리고
왕상 12:32	그가 만든 **송아지**에게 제사를 드렸으며
왕상 18:23	**송아지** 둘을 … **송아지** 한 마리를 택하
	여 각을 떠서 … 나도 **송아지** 한 마리를
왕상 18:25	너희는 많으니 먼저 **송아지** 한 마리를
왕상 18:26	그들이 받은 **송아지**를 가져다가 잡고
왕상 18:33	나무를 벌이고 **송아지**의 각을 떠서
왕하 17:16	자기들을 위하여 두 **송아지** 형상을 부어
대하 11:15	자기가 만든 **송아지** 우상을 위하여 친히
느 9:18	자기들을 위하여 **송아지**를 부어 만들고
시 29:6	그 나무를 **송아지**같이 뛰게 하심이여
시 68:30	무리와 만민의 **송아지**를 꾸짖으시고
시 106:19	호렙에서 **송아지**를 만들고 부어 만든
사 11:6	**송아지**와 어린 사자와 살진 짐승이 함께
사 27:10	**송아지**가 거기에서 먹고 거기에 누우며
사 34:7	들소와 **송아지**와 수소가 함께 도살장에
렘 31:18	멍에에 익숙하지 못한 **송아지** 같은 내가
렘 34:18	**송아지**를 둘로 쪼개고 그 두 조각
렘 34:19	**송아지** 두 조각 사이로 지난 유다
렘 50:11	타작하는 **송아지**같이 발굽을 구르며
겔 1:7	그들의 발바닥은 **송아지** 발바닥 같고
겔 45:22	**송아지** 한 마리를 갖추어 속죄제를 드릴
호 8:5	사마리아여 네 **송아지**는 버려졌느니라
호 8:6	참 신이 아니니 사마리아의 **송아지**가

'송아지'와 관련된 성구

금송아지 – 왕상 12:28; 왕하 10:29; 대하 13:8

들 송아지 – 시 29:6

살찐 송아지 – 왕상 1:9, 19, 25

수송아지 – 출 29:10, 36; 레 1:5; 4:4, 5, 8, 11, 14, 15, 16, 20, 21; 8:2, 14, 17; 16:3, 6, 11, 14, 15, 18, 27; 민 7:15, 21, 27, 33, 39, 45, 51, 57, 63, 69, 75, 81, 87; 8:8, 12; 15:8, 9, 11, 24; 23:1, 2, 4, 14, 29, 30; 28:11, 12, 14, 19, 20, 27, 28; 29:2, 3, 8, 9, 13, 14, 17, 18, 20, 21, 23, 24, 26, 27, 29, 30, 32, 33, 36, 37; 신 33:17; 대상 15:26; 29:21; 대하 13:9; 29:21; 30:24; 스 6:9; 7:17; 8:35; 사 1:11; 렘 46:21; 겔 39:18; 43:19, 21, 22, 25; 45:24; 46:7, 11; 호 12:11; 14:2

암송아지 – 민 19:2, 6, 9, 10; 신 21:3, 6; 삿 14:18; 삼상 16:2; 렘 46:20; 히 9:13

흠 없는 수송아지 – 레 4:3; 겔 43:23; 45:18, 23; 46:6

【 송이 】　　　　　　　　　　　　　　　　　　　　　　　　【 쇠 】

호 10:5	벧아웬의 **송아지**로 말미암아 두려워함	시 66:8	만민들아 우리 하나님을 **송축하며** 그의
호 10:6	**송아지**는 앗수르로 옮겨가다가 예물로	시 145:21	거룩하신 이름을 영원히 **송축할지로다**
호 13:2	제사를 드리는 자는 **송아지**와 입을 맞출		
암 6:4	양 떼에서 어린 양과 우리에서 **송아지**를		**솥**(kettle, pot)
미 6:6	일 년 된 **송아지**를 가지고 그 앞에	삼상 2:14	냄비에나 **솥**에나 큰 **솥**에나 가마에 찔러
말 4:2	나가서 외양간에서 나온 **송아지**같이	왕상 7:45	**솥**과 부삽과 대접들이라 히람이 솔로몬
눅 15:23	살진 **송아지**를 끌어다가 잡으라 우리가	왕하 4:38	큰 **솥**을 걸고 선지자의 제자들을 위하여
눅 15:27	인하여 살진 **송아지**를 잡았나이다	왕하 4:39	국 끓이는 **솥**에 넣되 그들은 무엇인지
눅 15:30	이를 위하여 살진 **송아지**를 잡으셨나이	왕하 4:40	하나님의 사람이여 **솥**에 죽음의 독이
행 7:41	그들이 **송아지**를 만들어 그 우상 앞에	왕하 4:41	**솥**에 던지고 이르되 … 이에 **솥** 가운데
히 9:12	염소와 **송아지**의 피로 하지 아니하고	대하 4:11	또 **솥**과 부삽과 대접을 만들었더라
히 9:19	계명을 온 백성에게 말한 후에 **송아지**와	대하 4:16	**솥**과 부삽과 고기 갈고리와 여호와의
계 4:7	그 둘째 생물은 **송아지** 같고 그 셋째	대하 35:13	그 나머지 성물은 **솥**과 가마와 냄비와
		욥 41:20	마치 갈대를 태울 때에 **솥**이 끓는 것과
	송이(cluster)	욥 41:31	깊은 물을 **솥**의 물이 끓음 같게 하며
신 32:32	포도는 독이 든 포도이니 그 **송이**는	전 7:6	**솥** 밑에서 가시나무가 타는 소리 같으니
삼상 25:18	건포도 백 **송이**와 무화과 뭉치 이백	렘 52:19	화로들과 주발들과 **솥**들과 촛대들과
삼상 30:12	건포도 두 **송이**를 주었으니 그가 밤낮	미 3:3	**솥** 가운데에 담은 고기처럼 하는도다
삼하 16:1	건포도 백 **송이**와 여름 과일 백 개와	슥 14:20	여호와의 전에 있는 모든 **솥**이 제단 앞
아 1:14	엔게디 포도원의 고벨화 **송이**로구나	슥 14:21	이 **솥**을 가져다가 그것으로 고기를
아 7:7	종려나무 같고 네 유방은 그 열매 **송이**		
			쇠(iron)
	'송이'와 관련된 성구	창 4:22	구리와 **쇠**로 여러 가지 기구를 만드는
	꿀 송이 – 잠 16:24; 아 5:1	신 4:20	너희를 **쇠** 풀무불 곧 애굽에서 인도하여
	포도 송이 – 창 40:10; 민 13:23; 아 7:8;	신 27:5	제단 곧 돌단을 쌓되 그것에 **쇠** 연장을
	사 65:8; 미 7:1; 계 14:18	수 8:31	**쇠** 연장으로 다듬지 아니한 새 돌로
		수 22:8	가축과 은과 금과 구리와 **쇠**와 심히
	송이 꿀	욥 41:27	그것이 **쇠**를 지푸라기같이, 놋을 썩은
시 19:10	사모할 것이며 꿀과 **송이 꿀**보다 더	사 10:34	**쇠**로 그 빽빽한 숲을 베시리니 레바논이
잠 24:13	**송이 꿀**을 먹으라 이것이 네 입에	사 48:4	너는 완고하며 네 목은 **쇠**의 힘줄이요
		렘 11:4	너희 조상들을 **쇠** 풀무 애굽 땅에서
	송장(dead body)	렘 28:13	그 대신 **쇠** 멍에들을 만들었느니라
왕하 19:35	일찍이 일어나 보니 다 **송장**이 되었더라	렘 28:14	내가 **쇠** 멍에로 이 모든 나라의 목에
		겔 1:4	그 불 가운데 단 **쇠** 같은 것이 나타나
	송축/-하다(頌祝, praise)	겔 1:27	보니 그 허리 위의 모양은 단 **쇠** 같아서
대상 16:36	영원부터 영원까지 **송축할지로다**	겔 8:2	허리 위에는 광채가 나서 단 **쇠** 같은데
대상 29:10	**송축하여** 이르되 … 영원까지 **송축**을	겔 22:18	주석이나 **쇠**나 납이며 은의 찌꺼기로다
대하 2:12	이스라엘의 하나님 여호와는 **송축**을	겔 22:20	은이나 놋이나 **쇠**나 납이나 주석이나
느 9:5	**송축할지어다** 주여 주의 영화로운 이	겔 27:19	가공한 **쇠**와 계피와 대나무 제품이 네
	름을 **송축하올** 것은 … **송축**이나 찬양	단 2:33	그 종아리는 **쇠**요 그 발은 얼마는 **쇠**요
시 34:1	여호와를 항상 **송축함이여** 내 입으로	단 2:34	손대지 아니한 돌이 나와서 신상의 **쇠**와
시 41:13	영원부터 영원까지 **송축할지로다**	단 2:35	그 때에 **쇠**와 진흙과 놋과 은과 금이
		단 2:40	나라는 강하기가 **쇠** 같으리니 **쇠**는 모

1432

【 쇠고랑 】　　　　　　　　　　　　　　　　　　　　　　　　　　　　　　　　　　　【 쇠약/쇠약하여지다 】

	든 물건을 … 이기는 것이라 **쇠**가 모든
단 2:41	얼마는 **쇠**인… **쇠**와 진흙이 섞인 것을
	보셨은즉 그 나라가 **쇠** 같은 든든함이
단 2:42	발가락이 얼마는 **쇠**요 얼마는 진흙인즉
단 2:43	**쇠**와 진흙이 … **쇠**와 진흙이 합하지
단 2:45	아니한 돌이 산에서 나와서 **쇠**와 놋과
단 4:15	뿌리의 그루터기를 땅에 남겨 두고 **쇠**와
단 4:23	뿌리의 그루터기는 땅에 남겨 두고 **쇠**와
단 5:4	금, 은, 구리, **쇠**, 나무, 돌로 만든 신들을
단 5:23	금, 은, 구리, **쇠**와 나무, 돌로 만든
단 7:7	**쇠**로 된 큰 이가 있어서 먹고 부서뜨리
단 7:19	그 이는 **쇠**요 그 발톱은 놋이니 먹고
나 2:3	그 항오를 벌이는 날에 병거의 **쇠**가

쇠 빗장

시 107:16	깨뜨리시며 **쇠 빗장**을 꺾으셨음이로다
사 45:2	놋문을 쳐서 부수며 **쇠 빗장**을 꺾고

쇠 채찍

삼상 13:21	삽이나 쇠스랑이나 도끼나 **쇠 채찍**이

쇠고랑(neck-iron)

렘 29:26	씌우는 **쇠고랑**을 채우게 하심이어늘

쇠기둥(iron pillar)

렘 1:18	견고한 성읍, **쇠기둥**, 놋성벽이 되게

쇠도끼(iron ax)

왕하 6:5	나무를 벨 때에 **쇠도끼**가 물에 떨어지니
왕하 6:6	나뭇가지를 베어 물에 던지 **쇠도끼**를
대상 20:3	톱과 **쇠도끼**와 돌써래로 일하게 하니라

쇠똥(cow manure)

겔 4:15	보라 **쇠똥**으로 인분을 대신하기를

쇠막대기(rod of iron)

욥 40:18	뼈는 놋관 같고 그 뼈대는 **쇠막대기**

쇠망하다(衰亡, overcome)

시 39:10	손의 치심으로 내가 **쇠망하였나이다**

쇠멸하다(衰滅, come to an end)

사 21:16	게달의 영광이 다 **쇠멸하리니**

쇠문(iron gate)

행 12:10	둘째 파수를 지나 시내로 통한 **쇠문**에

쇠사슬(iron chain, shackle)

대하 33:11	므낫세를 사로잡고 **쇠사슬**로 결박
대하 36:6	그를 **쇠사슬**로 결박하여 바벨론으로
시 105:18	차꼬를 차고 그의 몸은 **쇠사슬**에 매였으
시 107:10	사망의 그늘에 앉으며 곤고와 **쇠사슬**에
잠 7:22	미련한 자가 벌을 받으려고 **쇠사슬**에
겔 7:23	너는 **쇠사슬**을 만들라 이는 피 흘리는
막 5:3	이제는 아무도 그를 **쇠사슬**로도 맬 수
막 5:4	**쇠사슬**에 매였어도 **쇠사슬**을 끊고
눅 8:29	그를 **쇠사슬**과 고랑에 매어 지켰으되
행 12:6	베드로가 두 군인 틈에서 두 **쇠사슬**에
행 12:7	일어나라 하니 **쇠사슬**이 그 손에서
행 21:33	바울을 잡아 두 **쇠사슬**로 결박하라
행 28:20	말미암아 내가 이 **쇠사슬**에 매인 바
엡 6:20	이 일을 위하여 내가 **쇠사슬**에 매인
계 20:1	**쇠사슬**을 그의 손에 가지고 하늘로부터

쇠스랑(fork)

삼상 13:21	**쇠스랑**이나 도끼나 쇠채찍이 무딜 때에
사 30:24	**쇠스랑**으로 까부르고 맛있게 한 먹이를

쇠약하다/쇠약하여지다(衰弱, be destroyed, be faint, be old, be spent, drain away, pine away, waste away)

레 26:16	눈이 어둡고 생명이 **쇠약하게** 할 것이요
민 24:22	가인이 **쇠약하리니** 나중에는 앗수르의
신 32:24	그들이 주리므로 **쇠약하며** 불 같은
삼상 2:5	낳았고 많은 자녀를 둔 자는 **쇠약하도다**
삼하 22:46	이방인들이 **쇠약하여** 그들의 견고한
시 71:9	힘이 **쇠약할** 때에 나를 떠나지 마소서
시 73:26	내 육체와 마음은 **쇠약하나** 하나님은
시 84:2	여호와의 궁정을 사모하여 **쇠약함이여**
시 102:23	그가 내 힘을 중도에 **쇠약하게** 하시며
시 106:15	그들의 영혼은 **쇠약하게** 하셨도다
잠 5:11	네 몸, 네 육체가 **쇠약할** 때에 네가
사 10:18	병자가 점점 **쇠약하여** 감 같을 것이라
사 19:3	애굽인의 정신이 그 속에서 **쇠약할**
사 24:4	쇠잔하며 세계가 **쇠약하고** 쇠잔하며

【 쇠잔하다 】   【 수 】

　　　　　세상 백성 중에 높은 자가 **쇠약**하며   전 12:4　음악하는 여자들은 다 **쇠하여질** 것이며
사 57:10　네 힘이 살아났으므로 **쇠약하여지지**   사 17:4　그 날에 야곱의 영광이 **쇠하고** 그의
렘 15:9　여인에게는 **쇠약하여** 기절하게 하며   사 42:4　그는 **쇠하지** 아니하며 낙담하지 아니
애 4:9　찔림 받은 자들처럼 점점 **쇠약하여**   애 2:8　하셨으매 그들이 함께 **쇠하였도다**
습 2:11　세상의 모든 신을 **쇠약하게** 하리니   애 3:4　나의 살과 가죽을 **쇠하게** 하시며 나의
　　　　　　　　　　　　　　　　　　　　　　　　　　겔 23:43　음행으로 **쇠한** 여인을 가리켜 말하노라
쇠잔하다(衰殘, die away, waste away,   단 11:6　공주의 힘이 **쇠하고** 그 왕은 서지도
　　　　　wither)   호 8:10　짐으로 말미암아 **쇠하기** 시작하리라
레 26:39　죄로 말미암아 **쇠잔하며** 그 조상의 죄   암 3:11　땅 사면에 대적이 있어 네 힘을 **쇠하게**
　　　　　로 말미암아 그 조상같이 **쇠잔하리라**   나 1:4　바산과 갈멜이 **쇠하며** 레바논의 꽃이
삼상 2:33　눈을 **쇠잔하게** 하고 네 마음을 슬프게 요 3:30　그는 흥하여야 하겠고 나는 **쇠하여야**
욥 30:2　그들의 기력이 **쇠잔하였으니** 그들의   히 8:13　낡아지고 **쇠하는** 것은 없어져 가는
시 18:45　이방 자손들이 **쇠잔하여** 그 견고한   벧전 1:4　썩지 않고 더럽지 않고 **쇠하지** 아니하는
시 37:2　푸른 채소같이 **쇠잔할** 것임이로다
사 24:4　땅이 슬퍼하고 **쇠잔하며** 세계가 쇠약   ┌─────────────────────────────┐
　　　　　하고 **쇠잔하며** 세상 백성 중에 높은   │ '쇠하다'와 관련된 성구   │
사 24:7　슬퍼하고 포도나무가 **쇠잔하며**   │   │
사 24:16　나는 **쇠잔하였고** 나는 **쇠잔하였으니** │ 기력이 쇠하다 - 출 18:18; 신 34:7; 시
사 28:1　꼭대기에 세운 성이여 **쇠잔해** 가는 꽃   │ 　38:10; 렘 51:30
사 28:4　꼭대기에 있는 그의 영화가 **쇠잔해** 가는   │ 눈이 쇠하다 - 신 28:65; 시 6:7; 69:3;
사 33:9　땅이 슬퍼하고 **쇠잔하며** 레바논은   │ 　88:9; 사 38:14
사 34:4　만상의 **쇠잔함이** 포도나무 잎이 마름   │ 뼈가 쇠하다 - 시 31:10; 32:3
렘 51:58　수고는 불탈 것인즉 그들이 **쇠잔하리라**   │ 영이 쇠하다 - 겔 21:7
겔 31:15　모든 나무를 그로 말미암아 **쇠잔하게**   └─────────────────────────────┘
호 4:3　공중에 나는 새가 다 **쇠잔할** 것이요
약 1:11　그 행하는 일에 이와 같이 **쇠잔하리라**   **수**(數, number)
                                                    [모세오경]
쇠퇴하다(衰退, waste away)   창 16:10　번성하여 그 수가 많아 셀 수 없게
겔 33:10　우리로 그 가운데에서 **쇠퇴하게** 하니   창 34:30　나는 수가 적은즉 그들이 모여 나를
                                                    창 41:49　세기를 그쳤으니 그 수가 한이 없음이었
쇠파리(gadfly)   출 12:4　그 집의 이웃과 함께 사람 **수를** 따라서
시 78:45　**쇠파리** 떼를 그들에게 보내어 그들을   레 27:16　여호와께 드리려 하면 마지기 **수대로**
렘 46:20　암송아지일지라도 북으로부터 **쇠파리**   민 1:2　남자의 **수를** 그들의 종족과 조상의
                                                    민 15:11　어린 염소에는 그 마리 **수마다** 위와
쇠패하다(衰敗, waste away)   민 26:54　**수가** 많은 자에게는… **수가** 적은 자에
겔 4:17　떨며 그 죄악 중에서 **쇠패하리라**   　　　　　게는… 그들이 계수된 **수대로** 각기
                                                    민 33:54　그 땅을 제비 뽑아 나눌 것이니 **수가**
쇠하다/쇠하여지다(衰, become less,   신 4:27　여러 민족 중에 너희의 남은 **수가** 많지
　　　　　disappear, fail, gorw faint, grow weak)   신 25:2　그 앞에서 그의 죄에 따라 **수를** 맞추어
욥 17:1　나의 기운이 **쇠하였으며** 나의 날이   신 33:6　사람 **수가** 적지 아니하기를 원하나이다
욥 18:12　그의 힘은 기근으로 말미암아 **쇠하고**   [역사서]
시 31:9　눈과 영혼과 몸이 **쇠하였나이다**   수 4:5　이스라엘 자손들의 지파 **수대로** 각기
잠 22:8　거두리니 그 분노의 기세가 **쇠하리라**   수 4:8　이스라엘 자손들의 지파의 수를 따라
                                                    삿 7:6　손으로 움켜 입에 대고 핥는 자의 **수는**
                                                    삿 7:12　많은 수와 같고 그들의 낙타의 수가

【 수 】 【 ㄴ수 】　　　　　　　　　　　　　　　　　　　　　　　　【 ㄷ수 】【 수건 】

삿 20:15	성읍들로부터 나온 베냐민 자손의 수가		행 27:37	배에 있는 우리의 수는 전부 이백칠십
삿 20:17	사람으로서 칼을 빼는 자의 수는		롬 9:27	이스라엘 자손들의 수가 비록 바다의
삼상 18:27	그들의 포피를 가져다가 수대로 왕께		롬 11:25	이방인의 충만한 수가 들어오기까지
삼하 2:15	그들이 일어나 그 수대로 나아가니		계 5:11	천사의 음성이 있으니 그 수가 만만이요
삼하 24:2	조사하여 백성의 수를 내게 보고하라		계 6:11	죽임을 당하여 그 수가 차기까지 하라
삼하 24:9	요압이 백성의 수를 왕께 보고하니		계 9:16	수는 이만 만이니 내가 그들의 수를
왕상 5:13	역군을 불러일으키니 그 역군의 수가		계 13:17	곧 짐승의 이름이나 그 이름의 수라
왕상 8:5	소로 제사를 지냈으니 그 수가 많아		계 13:18	사람의 수니 그의 수는 육백육십육이니
대상 16:19	그 때에 너희 사람 수가 적어서 보잘것		계 20:8	싸움을 붙이리니 그 수가 바다의 모래
대상 23:3	모든 남자의 수가 삼만 팔천 명인데			
대하 5:6	양과 소로 제사를 드렸으니 그 수가		'수를 세다'와 관련된 성구	
대하 9:24	말과 노새라 해마다 정한 수가 있었더라		삼상 11:8; 13:15; 욥 38:37; 시 40:5;	
스 1:9	수는 금 접시가 서른 개요 은 접시가		87:6; 계 13:18	
스 6:17	이스라엘 지파의 수를 따라 숫염소			
시가서, 신약			수가(Sychar) 사마리아에 있는 동네	
욥 3:6	해의 날 수와 달의 수에 들지 않았더라		요 4:5	사마리아에 있는 수가라 하는 동네에
시 25:19	원수를 보소서 그들의 수가 많고 나를			
시 105:12	그 때에 그들의 사람 수가 적어 그 땅의		수갓 종족(Sucathite) 야베스에 거한 서기관 족속	
시 107:39	우환을 통하여 그들의 수를 줄이시며		대상 2:55	디랏 종족과 시므앗 종족과 수갓 종족
시 139:17	보배로우신지요 그 수가 어찌 그리			
시 139:18	내가 세려고 할지라도 그 수가 모래보다		수건(手巾, cloth, veil)	
사 10:19	나무의 수가 희소하여 아이라도 능히		출 34:33	말하기를 마치고 수건으로 자기 얼굴을
사 16:14	남은 수가 심히 적어 보잘것없이 되리라		출 34:34	말할 때에는 나오기까지 수건을 벗고
사 21:17	게달 자손 중 활 가진 용사의 남은 수가		출 34:35	다시 수건으로 자기 얼굴을 가렸더라
렘 2:28	너의 신들이 너의 성읍 수와 같도다		왕상 20:38	선지자가 가서 수건으로 자기의 눈을
렘 11:13	유다야 네 신들이 네 성읍의 수와 같도		왕상 20:41	급히 자기의 눈을 가린 수건을 벗으니
렘 30:19	그들이 예루살렘 거리의 수대로 그		사 3:23	옷과 머리 수건과 너울을 제하시리니
렘 30:19	그들의 수가 줄어들지 아니하겠고		겔 13:18	머리를 위하여 수건을 만드는 여자들에
겔 4:6	그 수가 차든 너는 오른쪽으로 누워		겔 13:21	수건을 찢고 내 백성을 너희 손에서
겔 36:11	사람과 짐승을 많게 하되 그들의 수가		겔 23:15	머리를 긴 수건으로 쌌으며 그의 용모는
호 1:10	이스라엘 자손의 수가 바닷가의 모래		겔 24:17	탄식하며 수건으로 머리를 동이고 발에
욜 1:6	그들은 강하고 수가 많으며 그 이빨은		눅 19:20	내가 수건으로 싸 두었나이다
마 1:17	모든 대 수가 아브라함부터 다윗까지		요 11:44	나오는데 그 얼굴은 수건에 싸였더라
마 14:24	배가 이미 육지에서 수 리나 떠나서		요 13:4	겉옷을 벗고 수건을 가져다가 허리에
요 6:10	사람들이 앉으니 수가 오천 명쯤 되더라		요 13:5	그 두르신 수건으로 닦기를 시작하여
행 1:15	무리의 수가 약 백이십 명이나 되더라		요 20:7	머리를 쌌던 수건은 세마포와 함께
행 1:17	사람은 본래 우리 수 가운데 참여하여		고후 3:13	수건을 그 얼굴에 쓴 것같이 아니하노
행 1:26	그가 열한 사도의 수에 들어가니라		고후 3:14	수건이 벗겨지지 아니하고 있으니 그
행 2:41	세례를 받으매 이 날에 신도의 수가			수건은 그리스도 안에서 없어질 것이라
행 4:4	남자의 수가 약 오천이나 되었더라		고후 3:15	읽을 때에 수건이 그 마음을 덮었도다
행 6:7	예루살렘에 있는 제자의 수가 더 심히		고후 3:16	언제든지 주께로 돌아가면 그 수건이
행 9:31	위로로 진행하여 수가 더 많아지니라			
행 16:5	믿음이 더 굳건해지고 수가 날마다			

【 수고/-하다 】

고후 3:18 우리가 다 수건을 벗은 얼굴로 거울을

수고/-하다 (受苦, weary, labor, pain, suffer, work hard)

모세오경, 역사서

창 3:16 네가 수고하고 자식을 낳을 것이며 너는
창 3:17 너는 네 평생에 수고하여야 그 소산을
창 31:42 하나님이 내 고난과 내 손의 수고를
창 41:52 내가 수고한 땅에서 번성하게 하셨다
출 23:16 네가 수고하여 밭에 뿌린 것의 첫 열매를 … 이는 네가 수고하여 이룬 것을
레 26:20 수고가 헛될지라 땅은 그 산물을 내지
신 12:7 여호와께서 너희의 손으로 수고한 일에
신 12:18 네 손으로 수고한 모든 일로 말미암아
신 28:33 네 토지 소산과 네 수고로 얻은 것을
수 24:13 너희가 수고하지 아니한 땅과 너희가

시가서

욥 9:29 당할진대 어찌 헛되이 수고하리이까
욥 20:18 수고하여 얻은 것을 삼키지 못하고 돌려
욥 39:11 네 수고를 그것에게 맡기겠느냐
시 78:46 수고한 것을 메뚜기에게 주셨으며
시 90:10 그 연수의 자랑은 수고와 슬픔뿐이요
시 104:23 나와서 일하며 저녁까지 수고하는도다
시 105:44 민족들이 수고한 것을 소유로 가지게
시 109:11 그가 수고한 것을 낯선 사람이 탈취하게
시 127:1 세우지 아니하시면 세우는 자의 수고가
시 127:2 누우며 수고의 떡을 먹음이 헛되도다
시 128:2 네 손이 수고한 대로 먹을 것이라
잠 5:10 수고한 것이 외인의 집에 있게 될까
잠 10:16 의인의 수고는 생명에 이르고 악인의
잠 14:23 모든 수고에는 이익이 있어도 입술의
전 1:3 해 아래에서 수고하는 모든 수고가
전 1:13 하나님이 인생들에게 주사 수고하게
전 2:10 모든 수고를 내 마음이 기뻐하였음이라 이것이 나의 모든 수고로 말미암아
전 2:11 내가 수고한 모든 것이 다 헛되어 바람
전 2:18 내가 한 모든 수고를 미워하였노니
전 2:19 해 아래에서 내 지혜를 다하여 수고한
전 2:20 해 아래에서 한 모든 수고에 대하여
전 2:21 재주를 다하여 수고하였어도 … 수고하지 아니한 자에게 그의 몫으로 넘겨
전 2:22 사람이 해 아래에서 행하는 모든 수고와
전 2:23 근심하며 수고하는 것이 슬픔뿐이라

【 수고/-하다 】

전 2:24 사람이 먹고 마시며 수고하는 것보다
전 3:9 일하는 자가 그의 수고로 말미암아
전 3:13 사람마다 먹고 마시는 것과 수고함으로
전 4:4 모든 수고와 모든 재주로 말미암아
전 4:6 두 손에 가득하고 수고하며 바람을 잡는
전 4:8 모든 수고에는 끝이 없도다 … 이같이 수고하고 나를 위하여는 행복을 누리지
전 4:9 수고함으로 좋은 상을 얻을 것임이라
전 5:15 수고하여 얻은 것을 아무것도 자기 손에
전 5:16 바람을 잡는 수고가 그에게 무엇이
전 5:18 모든 수고 중에서 낙을 보는 것이
전 5:19 제 몫을 받아 수고함으로 즐거워하게
전 6:7 사람의 수고는 다 자기의 입을 위함이나
전 8:15 수고하는 일 중에 그러한 일이 그와
전 9:9 평생에 해 아래에서 수고하고 얻은 네
전 10:15 우매한 자들의 수고는 자신을 피곤하게

선지서

사 14:3 수고하는 고역에서 놓으시고 안식을
사 45:10 낳으려고 해산의 수고를 하였소 하고
사 49:4 내가 헛되이 수고하였으며 무익하게
사 53:11 그가 자기 영혼의 수고한 것을 보고
사 55:2 하지 못할 것을 위하여 수고하느냐
사 62:8 네가 수고하여 얻은 포도주를 이방인이
사 65:23 그들의 수고가 헛되지 않겠고 그들이
렘 2:24 수고하지 아니하고 그 발정기에 만나리
렘 12:13 밀을 심어도 가시를 거두며 수고하여도
렘 51:58 수고는 헛될 것이요 민족들의 수고는
애 3:5 고통과 수고를 쌓아 나를 에우셨으며
겔 23:29 네 모든 수고한 것을 빼앗고 너를
겔 24:12 성읍이 수고하므로 스스로 피곤하나
겔 29:18 크게 수고하여 모든 머리털이 무지러졌고 … 그와 군대가 그 수고한 대가를
겔 29:20 그들의 수고는 나를 위하여 함인즉 그
호 12:8 수고한 모든 것 중에서 죄라 할 만한
욘 4:10 여호와께서 이르시되 네가 수고도
합 2:13 민족들이 불탈 것으로 수고하는 것과
학 1:11 수고하는 모든 일에 한재를 들게 하였느

신약

마 6:28 수고도 아니하고 길쌈도 아니하느니라
마 11:28 수고하고 무거운 짐 진 자들아 다
마 20:12 종일 수고하며 더위를 견딘 우리와 같게
눅 5:5 우리들이 밤이 새도록 수고하였으되
눅 7:6 주여 수고하시지 마옵소서 내 집에

1436

【 수고롭다/수고로이 】　　　　　　　　　　　　　　　　　【 수금 】

행 20:35	수고하여 약한 사람들을 돕고 또 주	시 41:7	내게 대하여 **수군거리고** 나를 해하려고
롬 16:6	너희를 위하여 많이 **수고한** 마리아에게	막 8:16	서로 **수군거리기**를 이는 우리에게 떡이
롬 16:12	**수고한** 드루배나와 드루보사에게 문안하라 주 안에서 많이 **수고하고** 사랑	막 8:17	어찌 떡이 없음으로 **수군거리느냐**
고전 4:12	**수고하여** 친히 손으로 일을 하며 모욕을	눅 15:2	바리새인과 서기관들이 **수군거려**
고전 15:10	모든 사도보다 더 많이 **수고하였으나**	눅 19:7	뭇 사람이 보고 **수군거려** 이르되 저가
고전 15:58	너희 **수고**가 주 안에서 헛되지 않은 줄	요 6:41	유대인들이 예수에 대하여 **수군거려**
고전 16:16	함께 일하며 **수고하는** 모든 사람에게	요 6:43	이르시되 너희는 서로 **수군거리지** 말라
고후 10:15	남의 **수고**를 가지고 분수 이상의 자랑을	요 6:61	말씀에 대하여 **수군거리는** 줄 아시고
고후 11:23	**수고**를 넘치도록 하고 옥에 갇히기도	요 7:12	예수에 대하여 무리 중에서 **수군거림**이
고후 11:27	**수고하며** 애쓰고 여러 번 자지 못하고	요 7:32	**수군거리는** 것이 바리새인들에게
갈 4:11	너희를 위하여 **수고한** 것이 헛될까	고후 12:20	비방과 **수군거림**과 거만함과 혼란이

수군수군하다(gossip)

갈 4:19	다시 너희를 위하여 해산하는 **수고**를
엡 4:28	구제할 수 있도록 자기 손으로 **수고하여**
빌 2:16	**수고**도 헛되지 아니함으로 그리스도의
빌 2:22	함께 복음을 위하여 **수고하였느니라**
빌 2:25	형제요 함께 **수고하고** 함께 군사 된

롬 1:29　악독이 가득한 자요 **수군수군하는** 자요

수금(harp)

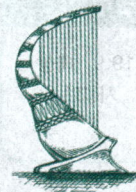

골 1:29	역사를 따라 힘을 다하여 **수고하노라**
골 4:13	많이 **수고하는** 것을 내가 증언하노라
살전 1:3	너희의 믿음의 역사와 사랑의 **수고**와
살전 2:9	형제들아 우리의 **수고**와 애쓴 것을
살전 3:5	너희를 시험하여 우리 **수고**를 헛되게
살전 5:12	너희 가운데서 **수고하고** 주 안에서
살후 3:8	오직 **수고하고** 애써 주야로 일함은 너희
딤전 4:10	이를 위하여 우리가 **수고하고** 힘쓰는
딤전 5:17	가르침에 **수고하는** 이들에게는 더욱
딤후 2:6	**수고하는** 농부가 곡식을 먼저 받는 것이
계 2:2	내가 네 행위와 **수고**와 네 인내를 알고
계 14:13	**수고**를 그치고 쉬리니 이는 그들의 행한

창 4:21	이름은 유발이니 그는 **수금**과 퉁소를 잡는 모든
창 31:27	내가 즐거움과 노래와 북과 **수금**으로 너를
삼상 10:5	소고와 저와 **수금**을 앞세우고 예언하며
삼하 6:5	여러 가지 악기와 **수금**과 비파와 소고와
왕상 10:12	노래하는 자를 위하여 **수금**과 비파
대상 13:8	**수금**과 비파와 소고와 제금과 나팔로
대상 15:16	비파와 **수금**과 제금 등의 악기를 울려서
대상 25:1	**수금**과 비파와 제금을 잡아 신령한
대상 25:3	여두둔의 지휘 아래 **수금**을 잡아 신령한
대상 25:6	비파와 **수금**을 잡아 여호와의 전에서
대하 5:12	제금과 비파와 **수금**을 잡고 또 나팔
대하 9:11	노래하는 자들을 위하여 **수금**과 비파를
대하 20:28	그들이 비파와 **수금**과 나팔을 합주하고
대하 29:25	제금과 비파와 **수금**을 잡게 하니
욥 21:12	소고와 **수금**으로 노래하고 피리 불어
욥 30:31	내 **수금**은 통곡이 되었고 내 피리는

수고롭다/수고로이(受苦, keep working, labor, pain, weary)

창 5:29	**수고롭게** 일하는 우리를 이 아들이 안
출 5:9	노동을 무겁게 함으로 **수고롭게** 하여
수 7:3	그리로 보내어 **수고롭게** 하지 마소서
대상 4:9	하였으니 이는 내가 **수고로이** 낳았다
사 43:23	제물로 말미암아 너를 **수고롭게** 하지
사 43:24	네 죄짐으로 나를 **수고롭게** 하며 네
고후 6:5	매 맞음과 갇힘과 난동과 **수고로움**과
빌 3:1	내게는 **수고로움**이 없고 너희에게는

시 33:2	**수금**으로 여호와께 감사하고 열 줄
시 43:4	나의 하나님이여 내가 **수금**으로 주를
시 49:4	기울이고 **수금**으로 나의 오묘한 말을
시 57:8	깰지어다 비파야, **수금**아, 깰지어다
시 71:22	주여 내가 **수금**으로 주를 찬양하리이다
시 81:2	아름다운 **수금**에 비파를 아우를지어다
시 92:1-3	십현금과 비파와 **수금**으로 여호와께
시 98:5	**수금**으로 여호와를 노래하라 **수금**과

수군거리다(grumble, mutter, whisper)

삼하 12:19　그 신하들이 서로 **수군거리는** 것을

【 수나귀 】　　　　　　　　　　　　　　【 수델라 】

시 108:2　비파야, **수금**아, 깰지어다 내가 새벽을
시 137:2　버드나무에 우리가 우리의 **수금**을
시 147:7　**수금**으로 하나님께 찬양할지어다
시 149:3　소고와 **수금**으로 그를 찬양할지어다
시 150:3　나팔 소리로 찬양하며 비파와 **수금**으로
사 5:12　연회에는 **수금**과 비파와 소고와 피리와
사 16:11　모압을 위하여 **수금**같이 소리를 발하며
사 23:16　너 음녀여 **수금**을 가지고 성읍에 두루
사 38:20　여호와의 전에서 **수금**으로 나의 노래를
겔 26:13　네 **수금** 소리를 다시 들리지 않게 하고
단 3:5　나팔과 피리와 **수금**과 삼현금과 양금과
단 3:7　말하는 자들이 나팔과 피리와 **수금**과
단 3:10　사람이 나팔과 피리와 **수금**과 삼현금과
단 3:15　나팔과 피리와 **수금**과 삼현금과 양금과
합 3:19　지휘하는 사람을 위하여 내 **수금**에 맞춘

　　'수금을 타다'와 관련된 성구
　　삼상 16:16, 18, 23; 18:10; 19:9; 대상
　　15:21, 28; 16:5; 느 12:27; 사 24:8;
　　30:32

수나귀(donkey)
창 45:23　**수나귀** 열 필에 애굽의 아름다운 물품을

수납하다(收納, be collected, give)
왕하 22:4　곳 문 지킨 자가 **수납**한 은을 계산하여
느 10:32　각기 세겔의 삼분의 일을 **수납**하여

수넴(Shunem)
수 19:18　지역은 이스르엘과 그술롯과 **수넴**과
삼상 28:4　사람들이 모여 **수넴**에 이르러 진 치매
왕하 4:8　하루는 엘리사가 **수넴**에 이르렀더니
왕하 4:12　게하시에게 이르되 이 **수넴** 여인을
왕하 4:25　게하시에게 이르되 저기 **수넴** 여인이
왕하 4:36　엘리사가 게하시를 불러 저 **수넴** 여인을

　　'수넴 여자 아비삭'과 관련된 성구
　　왕상 1:3, 15; 2:17, 21, 22

수년(數年, few years)
욥 16:22　**수년**이 지나면 나는 돌아오지 못할 길로

합 3:2　**수년** 내에 부흥하게 하옵소서 이 **수년**

수놓다(be embroidered)
출 26:1　정교하게 **수놓은** 열 폭의 휘장을 만들지
출 26:31　그 위에 그룹들을 정교하게 **수놓아서**
출 26:36　곤 베 실로 **수놓아** 짜서 성막 문을
출 27:16　곤 베 실로 **수놓아** 짠 스무 규빗의
출 28:33　청색 자색 홍색 실로 석류를 **수놓고**
출 28:39　관을 만들고 띠를 **수놓아** 만들지니라
출 35:35　가는 베 실로 **수놓는** 일과 짜는 일과
출 36:35　짜고 그 위에 그룹들을 정교하게 **수놓고**
출 36:37　가늘게 곤 베 실로 **수놓아** 장막 문을
출 38:18　가늘게 곤 베 실로 **수놓아** 짰으니
출 38:23　자색 홍색 실과 가는 베 실로 **수놓은**
출 39:24　실로 그 옷 가장자리에 석류를 **수놓고**
출 39:29　베 실과 청색 자색 홍색 실로 **수놓아**
삿 5:30　노략하였으리니 그것은 **수놓은** 채색 옷
　　　　 이리로다 곧 양쪽에 **수놓은** 채색 옷이
시 45:13　누리니 그의 옷은 금으로 **수놓았도다**
시 45:14　**수놓은** 옷을 입은 그는 왕께로 인도함을
겔 16:10　**수놓은** 옷을 입히고 물돼지 가죽신을
겔 16:13　가는 베와 모시와 **수놓은** 것을 입으며
겔 16:18　네 **수놓은** 옷을 그 우상에게 입히고
겔 26:16　조복을 벗으며 **수놓은** 옷을 버리고
겔 27:7　애굽의 **수놓은** 가는 베로 돛을 만들어
겔 27:16　남보석과 자색 베와 **수놓은** 것과 가는
겔 27:24　아름다운 물품 곧 청색 옷과 **수놓은**

수니(Shuni)　야곱의 손자로 갓의 셋째 아들
창 46:16　갓의 아들은 시본과 학기와 **수니**와
민 26:15　학기 종족과 수니에게서 난 **수니** 종족과

수다하다(數多, many)
행 15:35　**수다한** 다른 사람들과 함께 주의 말씀을

수단(手段, hand)
신 32:27　원수들이 말하기를 우리의 **수단**이

수델라(Shuthelah)
　　　　　1. 에브라임의 아들
민 26:35　**수델라**에게서 난 **수델라** 종족과 베겔
민 26:36　**수델라** 자손은 이러하니 에란에게서
대상 7:20　에브라임의 아들은 **수델라**요 그의 아들

1438

【수도】　　　　　　　　　　　　　　　　　　　　　　　　　　【수령 1】

2. 에브라임 지파로 사밧의 아들
대상 7:21　그의 아들은 **수델**이며 그가 또 에셀과

수도(水道, aqueduct, tunnel)
왕하 18:17　윗못 **수도** 곁 곧 세탁자의 밭에 있는
왕하 20:20　모든 업적과 저수지와 **수도**를 만들어
사 7:3　　스알야숩은 윗못 **수도** 끝 세탁자의 밭
사 36:2　　윗못 **수도** 곁 세탁자의 밭 큰 길에 서매

수라구사(Syracuse) 시실리 섬의 항구 도시
행 28:12　**수라구사**에 대고 사흘을 있다가

수라상(水喇床, delicacy)
창 49:20　기름진 것이라 그가 왕의 **수라상**을

수량(數量, quota)
출 5:18　벽돌은 너희가 **수량**대로 바칠지니라

수렁(mire)
시 40:2　나를 기가 막힐 웅덩이와 **수렁**에서
시 69:2　나는 설 곳이 없는 깊은 **수렁**에 빠지며
시 69:14　**수렁**에서 건지사 빠지지 말게 하시고

수레(cart, chariot, movable stand)
창 41:43　자기에게 있는 버금 **수레**에 그를 태우매 무리가 그의
창 45:19　너희는 애굽 땅에서 **수레**를 가져다가
창 45:21　바로의 명령대로 그들에게 **수레**를 주고
창 45:27　요셉이 자기를 태우려고 보낸 **수레**를
창 46:5　그를 태우려고 보낸 **수레**에 자기들의
창 46:29　요셉이 그의 **수레**를 갖추고 고센으로
민 7:3　덮개 있는 **수레** 여섯 대와 … **수레**가
민 7:6　모세가 **수레**와 소를 받아 레위인에게
민 7:7　직임대로 **수레** 둘과 소 네 마리를
민 7:8　그들의 직임대로 **수레** 넷과 소 여덟
삼상 6:7　새 **수레**를 하나 만들고 … 소에 **수레**를
삼상 6:8　여호와의 궤를 가져다가 **수레**에 싣고
삼상 6:10　젖 나는 소 둘을 끌어다가 **수레**를
삼상 6:11　독종의 형상을 담은 상자를 **수레** 위에
삼상 6:14　**수레**가 벧세메스 사람 여호수아의 … 선지라 무리가 **수레**의 나무를 패고

삼하 6:3　궤를 새 **수레**에 싣고 … 그 새 **수레**를
왕상 7:27　**수레** 열을 만들었으니 매 받침 **수레**의
왕상 7:28　그 받침 **수레**의 구조는 이러하니 사면
왕상 7:30　받침 **수레**에 … 받침 **수레** 네 발 밑에는
왕상 7:31　그 받침 **수레** 위로 들이켜 높이가 한
왕상 7:32　바퀴 축은 받침 **수레**에 연결되었는데
왕상 7:34　받침 **수레** … 그 어깨는 받침 **수레**와
왕상 7:35　**수레** 위에 … 받침 **수레** … 받침 **수레**와
왕상 7:37　이와 같이 받침 **수레** 열 개를 만들었는
왕상 7:38　**수레** 위에 각각 물두멍이 하나씩이더라
왕상 7:39　그 받침 **수레** 다섯은 성전 오른쪽에
왕상 7:43　열 개의 받침 **수레**와 받침 **수레** 위의
왕상 12:18　왕이 급히 **수레**에 올라 예루살렘으로
왕하 2:11　불 **수레**와 불말들이 두 사람을 갈라놓고
왕하 5:21　**수레**에서 내려 맞이하여 이르되 평안이
왕하 5:26　한 사람이 **수레**에서 내려 너를 맞이할
왕하 23:11　집 곁에 있던 것이며 또 태양 **수레**를
대상 13:7　궤를 새 **수레**에 싣고 … **수레**를 몰며
대상 28:18　향단에 쓸 순금과 또 **수레** 곧 금 그룹들
대하 10:18　왕이 급히 **수레**에 올라 예루살렘으로
시 46:9　창을 꺾으며 **수레**를 불사르시는도다
시 104:3　구름으로 자기 **수레**를 삼으시고 바람
아 6:12　내 귀한 백성의 **수레** 가운데에 이르게
사 5:18　**수레** 줄로 함같이 죄악을 끄는 자는
사 22:18　네 영광의 **수레**도 거기에 있으리라
사 66:15　그의 **수레**들은 회오리바람 같으리로다
사 66:20　말과 **수레**와 교자와 노새와 낙타에
겔 23:24　그들이 무기와 병거와 **수레**와 크고
겔 26:10　기병과 **수레**와 병거의 소리로 말미암아
암 2:13　곡식 단을 가득히 실은 **수레**가 흙을
행 8:28　**수레**를 타고 선지자 이사야의 글을
행 8:29　빌립더러 이르시되 이 **수레**로 가까이
행 8:31　빌립을 청하여 **수레**에 올라 같이 앉으라
행 8:38　**수레**를 멈추고 빌립과 내시가 둘 다
계 18:13　말과 **수레**와 종들과 사람의 영혼들이라

수레바퀴(cartwheel, whole course)
사 28:27　대회향에는 **수레바퀴**를 굴리지 아니하
사 28:28　**수레바퀴**를 굴리고 그것을 말굽으로
약 3:6　더럽히고 삶의 **수레바퀴**를 불사르나니

수령 1(首領, leader, ruler, head)
민 13:3　다 이스라엘 자손의 **수령** 된 사람이라

1439

【 수령 2 】　　　　　　　　　　　　　　　　　　　　　　【 수리하다 1/수리되다 】

민 17:3　각 **수령**이 지팡이 하나씩 있어야 할
민 25:4　백성의 **수령**들을 잡아 태양을 향하여
민 25:15　백성의 한 조상의 가문의 **수령**이었더라
민 30:1　이스라엘 자손 지파의 **수령**들에게
민 31:26　제사장 엘르아살과 회중의 **수령**들과
민 32:28　이스라엘 자손 지파의 **수령**들에게
민 36:1　종족들의 **수령**들이 … 자손의 **수령** 된
신 1:13　그들을 세워 너희 **수령**을 삼으리라
신 1:15　지파의 **수령**으로 … 너희의 **수령**을 삼되
신 5:23　듣고 너희 지파의 **수령**과 장로들이
신 29:10　너희 곧 너희의 **수령**과 너희의 지파
신 33:5　백성의 **수령**이 모이고 이스라엘 모든
신 33:21　백성의 **수령**들과 함께 와서 여호와의
수 22:14　그들의 조상들의 가문의 **수령**으로서
수 22:21　이스라엘 천천의 **수령**들에게 대답하여
수 22:30　이스라엘 천천의 **수령**들이 르우벤
수 23:2　그들의 장로들과 **수령**들과 재판장들과
수 24:1　이스라엘 장로들과 그들의 **수령**들과
삼상 19:20　사무엘이 그들의 **수령**으로 선 것을 볼
삼상 29:2　블레셋 사람들의 **수령**들은 수백 명씩
삼상 29:6　**수령**들이 너를 좋아하지 아니하니
삼상 29:7　블레셋 사람들의 **수령**들에게 거슬러

수령 2(守令, prefect)
단 3:2　왕이 사람을 보내어 총독과 **수령**과
단 3:3　총독과 **수령**과 행정관과 모사와 재무관

수로(水路, water)
삿 7:24　**수로**를 … 이르는 **수로**를 점령하고
욥 28:10　반석에 **수로**를 터서 각종 보물을 눈으로
사 18:2　물에 띄우고 그 사자를 **수로**로 보내며

수로보니게(Syrian Phoenicia) 팔레스타인 북부 수리아 지역의 베니게를 이르는 말
막 7:26　그 여자는 헬라인이요 **수로보니게**

수르 1(Shur) 홍해를 건넌 후 들어간 첫 광야
출 15:22　그들이 나와서 **수르** 광야로 들어가서 거기서 사흘길을 걸었으나

수르 2(Zur) 미디안 종족의 두령
민 25:15　고스비이니 **수르**의 딸이라 **수르**는
민 31:8　왕들은 에위와 레겜과 **수르**와 후르와

수르 문(Sur Gate) 예루살렘 성전의 문 중 하나
왕하 11:6　삼분의 일은 **수르 문**에 있고 삼분의

수리삿대(Zurishaddai) 시므온 지파의 족장
민 1:6　시므온 지파에서는 **수리삿대**의 아들

　수리삿대 - 기타 본문
　민 2:12; 7:36, 41; 10:19

수리아(Syria) 아시아의 서남쪽에 위치한 지역
왕상 11:25　르손이 **수리아** 왕이 되어 이스라엘을
렘 35:11　갈대아인의 군대와 **수리아**인의 군대를
마 4:24　소문이 온 **수리아**에 퍼진지라 사람들
눅 2:2　호적은 구레뇨가 **수리아** 총독이 되었을
눅 4:27　깨끗함을 얻지 못하고 오직 **수리아** 사람
행 15:23　형제들은 안디옥과 **수리아**와 길리기아
행 15:41　**수리아**와 길리기아로 다니며 교회들을
행 18:18　형제들과 작별하고 배 타고 **수리아**로
행 20:3　석 달 동안 있다가 배 타고 **수리아**로
행 21:3　이를 왼편에 두고 **수리아**로 항해하여
갈 1:21　후에 내가 **수리아**와 길리기아 지방에

수리엘(Zuriel) 므라리 지파 아비하일의 아들
민 3:35　아비하일의 아들 **수리엘**은 므라리

수리하다 1/수리되다(修理, repair)
왕하 12:5　파손된 것을 보거든 그것으로 **수리하라**
왕하 12:6　파손한 데를 **수리하지** 아니하였는지라
왕하 12:7　파손한 데를 **수리하지** 아니하였느냐
왕하 12:8　파손한 것을 **수리하지도** 아니하기로
왕하 12:11　성전을 **수리하는** 목수와 건축하는 자
왕하 12:12　**수리할** 재목과 … 그 성전을 **수리할**
왕하 12:14　여호와의 성전을 **수리하게** 하였으며
왕하 22:5　성전에 부숴진 것을 **수리하게** 하되
왕하 22:6　돌을 사서 그 성전을 **수리하게** 하라
대하 24:5　하나님의 전을 **수리할** 돈을 거두어 그
대하 24:12　고용하여 여호와의 전을 **수리하게**
대하 24:13　기술자들이 맡아서 **수리하는** 공사가
대하 29:3　여호와의 전 문들을 열고 **수리하고**

【 수리하다 2 】　　　　　　　　　　　　　　　　【 수비대 】

대하 34:8　여호와의 전을 **수리하려** 하여 아살랴와
대하 34:10　일꾼들에게 주어 그 전을 **수리하게** 하되
스 9:9　무너진 것을 **수리하게** 하시며 유다와
나 3:14　가서 흙을 밟아 벽돌 가마를 **수리하라**
마 12:44　그 집이 비고 청소되고 **수리되었거늘**
눅 11:25　보니 그 집이 청소되고 **수리되었거늘**

수리하다 2(受理, come before)
사 1:23　과부의 송사를 **수리하지** 아니하는도다

수만(數萬, many thousands)
단 11:12　**수만** 명을 엎드러뜨릴 것이나 그 세력은
눅 12:1　그 동안에 무리 **수만** 명이 모여 서로
행 21:20　유대인 중에 믿는 자 **수만** 명이 있으니
유 1:14　주께서 그 **수만**의 거룩한 자와 함께

수많다(數, great, large, many)
신 31:21　그들이 **수많은** 재앙과 환난을 당할 때에
수 11:4　백성이 많아 해변의 **수많은** 모래 같고
시 105:34　말씀하신즉 황충과 **수많은** 메뚜기가
마 4:25　요단 강 건너편에서 **수많은** 무리가
마 8:1　예수께서 산에서 내려오시니 **수많은**
눅 2:13　홀연히 **수많은** 천군이 그 천사들과 함께
눅 5:15　**수많은** 무리가 말씀도 듣고 자기 병도
눅 14:25　**수많은** 무리가 함께 갈새 예수께서
행 5:16　예루살렘 부근의 **수많은** 사람들도 모여
행 11:21　그들과 함께 하시매 **수많은** 사람들이
행 18:8　**수많은** 고린도 사람도 듣고 믿어 세례를
행 19:26　전 아시아를 통하여 **수많은** 사람을
고후 2:17　우리는 **수많은** 사람들처럼 하나님

수말(stallion)
렘 5:8　그들은 두루 다니는 살진 **수말**같이 각기

수맛 종족(Shumathites) 갈렙의 후손으로 기럇여아림 족속
대상 2:53　이델 족속과 붓 족속과 **수맛 종족**과

수면(水面, over the water, face of the water, surface of the deep)
창 1:2　하나님의 영은 **수면** 위에 운행하시니라
욥 26:10　**수면**에 경계를 그으시니 빛과 어둠이
욥 38:30　깊은 바다의 **수면**은 얼어붙느니라

수명(壽命, years)
잠 10:27　그러나 악인의 **수명**은 짧아지느니라

수모(受侮, contempt, disgrace, reproach)
욥 31:34　종족의 **수모**가 두려워서 대문 밖으로
시 70:2　기뻐하는 자들이 뒤로 물러가 **수모**를
렘 29:18　저주와 경악과 조소와 **수모**의 대상이
히 11:26　그리스도를 위하여 받는 **수모**를 애굽의

수목(樹木, tree)
신 20:19　들의 **수목**이 사람이냐 너희가 어찌
신 20:20　과목이 아닌 **수목**은 찍어내어 너희와
전 2:6　나를 위하여 **수목**을 기르는 삼림에 물을
계 8:7　**수목**의 삼분의 일도 타 버리고 각종
계 9:4　땅의 풀이나 푸른 것이나 각종 **수목**은

수문(水門, water gate)
느 3:26　사람은 오벨에 거주하여 동쪽 **수문**과
느 8:1　모든 백성이 일제히 **수문** 앞 광장에
느 8:3　**수문** 앞 광장에서 새벽부터 정오까지
느 8:16　혹은 **수문** 광장에, 혹은 에브라임 문
느 12:37　궁 윗길에서 동쪽으로 향하여 **수문**에
나 2:6　강들의 **수문**이 열리고 왕궁이 소멸되며

수바(Suphah) 모압 아르논 강 근처의 한 지역
민 21:14　여호와의 전쟁기에 일렀으되 **수바**의

수바엘(Shubael)
1. 레위 지파 아르람의 아들
대상 24:20　**수바엘**이요 **수바엘**의 아들들 중에는
2. 헤만의 아들
대상 25:20　열셋째는 **수바엘**이니 그의 아들들과

수백(數百, hundreds)
삼상 29:2　블레셋 사람들의 수령들은 **수백** 명씩

수비대(守備隊, garrison, outpost)

삼상 13:3　게바에 있는 블레셋 사람의 **수비대**를 치매 블레셋 사람이
삼상 13:4　사울이 블레셋 사람들의 **수비대**를
삼하 8:6　다윗이 다메섹 아람에 **수비대**를 두매

1441

【 수사슴 】　　　　　　　　　　　　　　　　　　　　　　【 수송아지 】

삼하 8:14　수비대를 두되 온 에돔에 수비대를
대상 18:6　다윗이 다메섹 아람에 수비대를 두매
대상 18:13　다윗이 에돔에 수비대를 두매 에돔 사람

수사슴(deer)
왕상 4:23　수사슴과 노루와 암사슴과 살진 새들이

수사자(lion)
창 49:9　그가 엎드리고 웅크림이 수사자 같고
민 23:24　수사자같이 일어나서 움킨 것을 먹으며
민 24:9　앉고 누움이 수사자와 같고 암사자와도
사 30:6　수사자와 독사와 및 날아다니는 불뱀
나 2:11　수사자 암사자가 그 새끼 사자와 함께
나 2:12　수사자가 그 새끼를 위하여 먹이를

수산(Susan) 바사 제국의 수도
스 4:9　바벨론 사람과 수산 사람과 데해 사람과
느 1:1　제이십년 기슬르월에 내가 수산 궁에
에 1:2　당시에 아하수에로 왕이 수산 궁에서
에 1:5　또 도성 수산에 있는 귀천간의 백성을
에 2:3　아리따운 처녀를 다 도성 수산으로 모아
에 2:5　도성 수산에 한 유다인이 있으니 이름은
에 2:8　도성 수산에 많이 모여 헤개의 수하에
에 3:15　조서가 도성 수산에도 반포되니 왕
에 4:8　또 유다인을 진멸하라고 수산 궁에서
에 4:16　당신은 가서 수산에 있는 유다인을 다
에 8:14　빨리 나가고 그 조서가 도성 수산에도
에 8:15　왕 앞에서 나오니 수산 성이 즐거이
에 9:6　유다인이 또 도성 수산에서 오백 명을
에 9:11　그 날에 도성 수산에서 도륙한 자의
에 9:12　유다인이 도성 수산에서 이미 오백 명을
에 9:13　왕이 만일 좋게 여기시면 수산에 사는
에 9:14　조서를 수산에 내리니 하만의 열 아들의
에 9:15　수산에 있는 … 삼백 명을 수산에서
에 9:18　수산에 사는 유다인들은 십삼일과
단 8:2　내 몸은 엘람 지방 수산 성에 있었고

수산나(Susanna) 자기 소유로 예수님을 섬긴 여인
눅 8:3　청지기 구사의 아내 요안나와 수산나와

수색하다(搜索, look for, search, seek)
삼상 26:20　벼룩을 수색하러 나오셨음이니이다
삼상 27:4　다시는 그를 수색하지 아니하니라
왕상 20:6　네 집과 네 신하들의 집을 수색하여
시 54:3　포악한 자들이 나의 생명을 수색하며

수선화(水仙花, rose)
아 2:1　사론의 수선화요 골짜기의 백합화로다

수소(bull, calf, ox)
출 29:1　어린 수소 하나와 흠 없는 숫양 둘을
출 29:14　수소의 고기와 가죽과 똥을 진 밖에서
레 9:4　위하여 여호와 앞에 드릴 수소와 숫양
레 9:18　화목제물의 수소와 숫양을 잡으매
레 9:19　수소와 숫양의 기름과 기름진 꼬리와
레 23:18　양 일곱 마리와 어린 수소 한 마리와
민 7:88　화목제물로 수소가 스물네 마리요 숫양
삿 6:25　있는 수소 곧 칠 년 된 둘째 수소를
삿 6:26　한 제단을 쌓고 그 둘째 수소를 잡아
삿 6:28　새로 쌓은 제단 위에 그 둘째 수소를
삼상 1:24　그를 데리고 올라갈새 수소 세 마리와
삼상 1:25　수소를 잡고 아이를 데리고 엘리에게
왕상 1:19　그가 수소와 살찐 송아지와 양을 많이
왕상 1:25　오늘 내려가서 수소와 살찐 송아지와
대하 29:22　이에 수소를 잡으매 제사장들이 그 피를
대하 29:32　번제물의 수효는 수소가 칠십 마리요
대하 35:7　염소 삼만 마리와 수소 삼천 마리를
대하 35:8　양 이천육백 마리와 수소 삼백 마리를
대하 35:9　요사밧은 양 오천 마리와 수소 오백
스 6:17　성전 봉헌식을 행할 때에 수소 백 마리
욥 21:10　수소는 새끼를 배고 그들의 암소는
욥 42:8　너희는 수소 일곱과 숫양 일곱을 가지고
시 50:9　집에서 수소나 네 우리에서 숫염소를
시 50:13　내가 수소의 고기를 먹으며 염소의 피를
시 51:19　그들이 수소를 주의 제단에 드리리이다
시 66:15　번제를 드리며 수소와 염소를 드리리이
시 68:30　들짐승과 수소의 무리와 만민의 송아지
시 144:14　우리 수소는 무겁게 실었으며 또 우리가
사 34:7　송아지와 수소가 함께 도살장에 내려가

수송아지(bull, calf, ox)
출 29:10　너는 수송아지를 회막 앞으로 끌어오고
출 29:36　매일 수송아지 하나로 속죄하기 위하여

1442

【 수송아지 】　　　　　　　　　　　　　　　　　　【 수스 족속 】

레 1:5	앞에서 그 **수송아지**를 잡을 것이요	신 33:17	그는 첫 **수송아지**같이 위엄이 있으니
레 4:3	말미암아 흠 없는 **수송아지**로 속죄제물	대상 15:26	무리가 **수송아지** 일곱 마리와 숫양 일곱
레 4:4	**수송아지**를 … 끌어다가 그 **수송아지**의	대상 29:21	여호와께 번제를 드리니 **수송아지**가
레 4:5	제사장은 그 **수송아지**의 피를 가지고	대하 13:9	막론하고 어린 **수송아지** 한 마리와
레 4:8	또 그 속죄제물이 된 **수송아지**의 모든	대하 30:24	**수송아지** … 방백들은 **수송아지** 천 마리
레 4:11	그 **수송아지**의 가죽과 그 모든 고기와	스 6:9	번제용 **수송아지**와 숫양과 어린 양과
레 4:14	회중은 **수송아지**를 속죄제로 드릴지니	스 7:17	돈으로 **수송아지**와 숫양과 어린 양과
레 4:15	앞에서 그 **수송아지** 머리에 안수하고	스 8:35	전체를 위한 **수송아지**가 열두 마리요
레 4:16	제사장은 그 **수송아지**의 피를 가지고	사 1:11	나는 **수송아지**나 어린 양이나 숫염소의
레 4:20	그 송아지를 속죄제의 **수송아지**에게	렘 46:21	그중의 고용꾼은 살진 **수송아지** 같아서
레 4:21	**수송아지**를 진영 밖으로 가져다가 첫	겔 39:18	어린 양이나 염소나 **수송아지**를 먹듯
	번 **수송아지**를 사름같이 불사를지니	겔 43:19	너는 어린 **수송아지** 한 마리를 주어
레 8:2	속죄제의 **수송아지**와 숫양 두 마리와	겔 45:18	흠 없는 **수송아지** 한 마리를 가져다가
레 8:14	**수송아지**를 끌어오니 아론과 그의 아	겔 45:23	매일 흠 없는 **수송아지** 일곱 마리와
	들들이 그 속죄제의 **수송아지** 머리에	겔 45:24	소제를 갖추되 **수송아지** 한 마리에는
레 8:17	**수송아지** 곧 그 가죽과 고기와 똥은	겔 46:6	흠 없는 **수송아지** 한 마리와 어린 양
레 16:3	들어오려면 **수송아지**를 속죄제물로	겔 46:7	소제를 준비하되 **수송아지**에는 밀가루
레 16:6	자기를 위한 속죄제의 **수송아지**를	겔 46:11	성회 때에 그 소제는 **수송아지** 한 마리
레 16:11	자기를 위한 속죄제의 **수송아지**를 드	호 12:11	길갈에서는 무리가 **수송아지**로 제사를
	리되 … 그 속죄제 **수송아지**를 잡고	호 14:2	우리가 **수송아지**를 대신하여 입술의
레 16:14	**수송아지**의 피를 가져다가 손가락으로		
레 16:15	휘장 안에 들어가서 그 **수송아지** 피로	**수송아지 - 기타 본문**	
레 16:18	곧 그 **수송아지**의 피와 염소의 피를	민 7:21, 27, 33, 39, 45, 51, 57, 63, 69, 75, 81, 87;	
레 16:27	속죄제 **수송아지**와 속죄제 염소의 피를	23:4, 14, 29; 28:28; 29:14, 17, 18, 20, 21, 23,	
민 7:15	번제물로 **수송아지** 한 마리와 숫양	24, 26, 27, 29, 30, 32, 33, 36, 37; 겔 43:21, 22,	
민 8:8	그들에게 **수송아지** 한 마리를 번제물	23, 25	
	로, 기름 섞은 … 또 **수송아지** 한 마리를		
민 8:12	**수송아지**들의 머리에 안수하게 하고	**수송하다** (輸送, come)	
민 15:8	제사로나 화목제로 **수송아지**를 예비하	사 23:3	추수를 큰 물로 **수송**하여 들였으니
민 15:9	기름 반 힌을 섞어 그 **수송아지**와 함께		
민 15:24	회중은 **수송아지** 한 마리를 여호와께	**수수께끼** (riddle)	
민 23:1	제단 일곱을 쌓고 거기 **수송아지** 일곱	삿 14:12	내가 너희에게 **수수께끼**를 내리니
민 23:2	제단에 **수송아지**와 숫양을 드리니라	삿 14:13	네가 **수수께끼**를 내면 우리가 그것을
민 23:30	제단에 **수송아지**와 숫양을 드리니라	삿 14:14	되도록 **수수께끼**를 풀지 못하였더라
민 28:11	초하루에는 **수송아지** 두 마리와 숫양	삿 14:15	너는 네 남편을 꾀어 그 **수수께끼**를
민 28:12	매 **수송아지**에는 고운 가루 십분의 삼이	삿 14:16	우리 민족에게 **수수께끼**를 말하고 그
민 28:14	**수송아지** 한 마리에 포도주 반 힌이요	삿 14:17	그의 아내에게 **수수께끼**를 알려 주매
민 28:20	기름을 섞어서 쓰되 **수송아지** 한 마리에	삿 14:18	**수수께끼**를 능히 풀지 못하였으리라
민 29:2	**수송아지** 한 마리와 숫양 한 마리와	삿 14:19	노략하여 **수수께끼** 푼 자들에게 옷을
민 29:3	쓰되 **수송아지**에는 십분의 삼이요	겔 17:2	이스라엘 족속에게 **수수께끼**와 비유를
민 29:8	**수송아지** 한 마리와 숫양 한 마리와		
민 29:9	기름을 섞어서 쓰되 **수송아지** 한 마리에	**수스 족속** (Zuzite) 아브라함 시대의 족속	
민 29:13	화제를 드리되 **수송아지** 열세 마리와	창 14:5	함에서 **수스 족속**을, 사웨 기랴다임에

1443

【 수시 】 　　　　　　　　　　　　　　　【 수운하다 】

수시(Susi) 가나안의 열두 정탐꾼 중 한 사람
민 13:11　므낫세 지파에서는 **수시**의 아들 갓디요

수심(愁心, sad, complaint)
느 2:1　내가 왕 앞에서 **수심**이 없었더니
느 2:2　병이 없거늘 어찌하여 얼굴에 **수심**이
느 2:3　내가 어찌 얼굴에 **수심**이 없사오리이까
욥 7:13　위로하고 내 침상이 내 **수심**을 풀리라

수아 1(Shuah) 아브라함의 후처인 그두라의 아들
창 25:2　므단과 미디안과 이스박과 **수아**를 낳고
대상 1:32　므단과 미디안과 이스박과 **수아**요

수아 2(Shua)
　　1. 가나안 사람으로 유다의 장인
창 38:2　가나안 사람 **수아**라 하는 자의 딸을
창 38:12　유다의 아내 **수아**의 딸이 죽은지라
대상 2:3　가나안 사람 **수아**의 딸이 유다에게 낳아
　　2. 아셀 지파 헤벨의 딸
대상 7:32　호담과 그들의 매제 **수아**를 낳았으며

수아 3(Suah) 아셀 지파 소바의 아들
대상 7:36　소바의 아들들은 **수아**와 하르네벨과

수아 사람(Shuhite) 욥의 친구인 빌닷의 출신 족속
욥 2:11　데만 사람 엘리바스와 **수아 사람** 빌닷
욥 42:9　데만 사람 엘리바스와 **수아 사람** 빌닷

수알 1(Zuar) 느다넬의 아버지
민 1:8　지파에서는 **수알**의 아들 느다넬이요

　　수알 1 – 기타 본문
　　민 2:5; 7:18, 23; 10:15

수알 2(Shual)
　　1. 아셀 지파의 자손 소바의 아들
대상 7:36　아들들은 수아와 하르네벨과 **수알**과
　　2. 베냐민 지파가 살던 땅
삼상 13:17　오브라 길을 따라서 **수알** 땅에 이르렀고

수양버들(垂楊, willow)
겔 17:5　옥토에 심되 **수양버들** 가지처럼 큰

수에네(Aswan-NIV, Syene-KJV) 애굽의 남방 나일 강 근처 지역
겔 29:10　애굽 땅 믹돌에서부터 **수에네** 곧 구스
겔 30:6　믹돌에서부터 **수에네**까지 무리가 그

수염(鬚髥, beard, shave)
창 41:14　곧 **수염**을 깎고 그의 옷을 갈아 입고
레 13:29　남자나 여자의 머리에나 **수염**에 환부가
레 13:30　이는 옴이니라 머리에나 **수염**에 발생한
레 14:9　모든 털을 밀되 머리털과 **수염**과 눈썹을
레 19:27　머리 가를 둥글게 깎지 말며 **수염** 끝을
레 21:5　자기의 **수염** 양쪽을 깎지 말며 살을
삼상 17:35　나를 해하고자 하면 내가 그 **수염**을
삼상 21:13　대문짝에 그적거리며 침을 **수염**에
삼하 10:4　신하들을 잡아 그들의 **수염** 절반을 깎고
삼하 10:5　너희는 **수염**이 자라기까지 여리고에서
삼하 19:24　그의 **수염**을 깎지 아니하며 옷을 빨지
삼하 20:9　아마사의 **수염**을 잡고 그와 입을 맞추려
대상 19:4　다윗의 신하들을 잡아 그들의 **수염**을
대상 19:5　너희는 **수염**이 자라기까지 여리고에
스 9:3　속옷과 겉옷을 찢고 머리털과 **수염**을
시 133:2　보배로운 기름이 **수염** 곧 아론의 **수염**에
사 7:20　머리털과 발털을 미실 것이요 **수염**도
사 15:2　머리카락을 밀고 각각 **수염**을 깎았으며
사 50:6　나의 **수염**을 뽑는 자들에게 나의 뺨을
렘 41:5　사람 팔십 명이 자기들의 **수염**을 깎고
렘 48:37　사람이 **수염**을 밀었으며 손에 칼자국이
겔 5:1　머리털과 **수염**을 깎아서 저울로 달아

수욕(受辱, insult, shame, scorn)
시 71:13　모해하려 하는 자들에게는 욕과 **수욕**이
잠 12:16　나타내거니와 슬기로운 자는 **수욕**을
잠 13:18　훈계를 저버리는 자에게는 궁핍과 **수욕**이
잠 22:10　쫓아내면 다툼이 쉬고 싸움과 **수욕**이
사 30:3　애굽의 그늘에 피함이 너희의 **수욕**이
사 30:5　수치가 되게 하며 **수욕**이 되게 할 뿐임
사 45:16　욕을 받아 다 함께 **수욕** 중에 들어갈
겔 16:54　네가 네 **수욕**을 담당하고 네가 행한 모든
미 6:16　너희가 내 백성의 **수욕**을 담당하리라
습 3:19　온 세상에서 **수욕** 받는 자에게 칭찬과

수운하다(輸運, bring)
대상 22:4　백향목을 다윗에게로 많이 **수운하여**

1444

【 수은제 】　　　　　　　　　　　　　　　　　　　　　　　　【 수종자 】

수은제(酬恩祭, fellowship offering, thank offering)
왕하 16:13 붓고 **수은제** 짐승의 피를 제단에 뿌리고
암 4:5 누룩 넣은 것을 불살라 **수은제**로 드리며

수일(數日, few days, several days, some days)
느 1:4 **수일** 동안 슬퍼하며 하늘의 하나님 앞에
행 16:12 식민지라 이 성에서 **수일**을 유하다가
행 24:24 **수일** 후에 벨릭스가 그 아내 유대 여자
행 25:13 **수일** 후에 아그립바 왕과 버니게가

수입(輸入, income)
고전 16:2 매주 첫날에 너희 각 사람이 **수입**에

수장절(收藏節, Feast of Ingathering)
출 23:16 **수장절**을 지키라 이는 네가 수고하여
출 34:22 초실절을 지키고 세말에는 **수장절**을

수전절(修殿節, Feast of Dedication)
요 10:22 예루살렘에 **수전절**이 이르니 때는

수절하다(守節, as a widow)
창 38:11 다말에게 이르되 **수절하고** 네 아버지

수정(水晶, crystal)
욥 28:17 황금이나 **수정**이라도 비교할 수 없고
겔 1:22 생물의 머리 위에는 **수정** 같은 궁창을
계 4:6 보좌 앞에 **수정**과 같은 유리 바다가
계 21:11 보석 같고 벽옥과 **수정**같이 맑더라
계 22:1 그가 **수정**같이 맑은 생명수의 강을

수족(手足, hand and foot)
창 41:44 네 허락이 없이는 **수족**을 놀릴 자가
출 30:19 그의 아들들이 그 두명에서 **수족**을 씻으
출 30:21 그 **수족**을 씻어 죽기를 면할지니 이는
출 40:31 아론과 그 아들들이 거기서 **수족**을 씻되
삼하 4:12 죽이고 **수족**을 베어 헤브론 못 가에
시 22:16 무리가 나를 둘러 내 **수족**을 찔렀나이다
요 11:44 죽은 자가 **수족**을 베로 동인 채로
행 21:11 바울의 띠를 가져다가 자기 **수족**을

수종(隨從, attend, minister, service, wait on)
창 40:4 친위대장이 요셉에게 그들을 **수종** 들게

창 50:2 **수종** 드는 의원에게 명하여 아버지의
출 38:8 회막 문에서 **수종** 드는 여인들의 거울로
삼상 2:22 회막 문에서 **수종** 드는 여인들과 동침
왕상 19:21 일어나 엘리야를 따르며 **수종** 들었더라
왕하 5:2 그가 나아만의 아내에게 **수종** 들더니
대상 9:19 고라의 자손이 **수종** 드는 일을 맡아
대상 23:32 여호와의 성전에서 **수종** 드는 것이더라
대하 8:14 제사장들 앞에서 **수종** 들게 하며 또
대하 13:10 자손이요 또 레위 사람들이 **수종** 들어
대하 23:6 제사장들과 **수종** 드는 레위 사람들은
대하 29:11 너희를 택하사 그 앞에 서서 **수종** 들어
대하 31:16 반열대로 직무에 **수종** 드는 자들에게
대하 31:21 하나님의 전에 **수종** 드는 일에나 율법에
시 103:21 그에게 **수종** 들며 그의 뜻을 행하는
겔 40:46 가까이 나아가 **수종** 드는 자니라 하고
겔 42:14 **수종** 드는 그 의복을 그 방에 두고 다른
겔 43:19 가까이 하여 내게 **수종** 드는 사독의
겔 44:11 **수종** 들어 성전 문을 맡을 것이며 성전
에서 **수종** 들어 백성의 … **수종** 들게
겔 44:12 우상 앞에서 **수종** 들어 이스라엘 족속이
겔 44:14 모든 **수종** 드는 일과 그 가운데에서
겔 44:15 그들은 내게 가까이 나아와 **수종**을 들되
겔 44:16 내 상에 가까이 나아와 내게 **수종** 들어
겔 44:17 성전 안에서 **수종** 들 때에는 양털 옷을
겔 44:19 **수종** 드는 옷을 벗어 거룩한 방에 두고
겔 44:27 성소에서 **수종** 들기 위해 안뜰과 성소에
겔 45:4 **수종** 드는 제사장들 곧 하나님께 가까
이 나아가서 **수종** 드는 자들에게 주는
겔 45:5 성전에서 **수종** 드는 레위 사람에게 돌려
겔 46:24 성전에서 **수종** 드는 자가 백성의 제물을
욜 1:9 여호와께 **수종** 드는 제사장은 슬퍼하도
욜 1:13 제단에 **수종** 드는 자들아 너희는 울지
어다 내 하나님께 **수종** 드는 자들아
마 4:11 떠나고 천사들이 나아와서 **수종** 드니라
마 8:15 여인이 일어나서 예수께 **수종** 들더라
막 1:13 함께 계시니 천사들이 **수종** 들더라
막 1:31 떠나고 여자가 그들에게 **수종** 드니라
눅 4:39 여자가 곧 일어나 그들에게 **수종** 드니라
눅 12:37 자리에 앉히고 나아와 **수종** 들리라
눅 17:8 내가 먹고 마시는 동안에 **수종** 들고

수종자(隨從者, aide)
출 33:11 아들 젊은 **수종자** 여호수아는 회막을

1445

[수종병]   [수치]

수 1:1　　모세의 **수종자** 눈의 아들 여호수아에게
대상 27:32 여히엘은 왕자들의 **수종자**가 되었고

수종병(水腫病, dropsy)
눅 14:2　　주의 앞에 **수종병** 든 한 사람이 있는지

수중 1(水中, in the water)
레 11:12　**수중** 생물에 지느러미와 비늘 없는 것은

수중 2(手中, in your hand)
창 16:6　　당신의 여종은 당신의 **수중**에 있으니
신 33:3　　모든 성도가 그의 **수중**에 있으며 주의
삼상 21:3　당신의 **수중**에 무엇이 있나이까 떡 다섯
삼상 21:4　보통 떡은 내 **수중**에 없으나 거룩한
삼상 21:8　당신의 **수중**에 창이나 칼이 없나이까
삼상 30:15 주인의 **수중**에 넘기지도 아니하겠다고
시 31:8　　나를 원수의 **수중**에 가두지 아니하셨고
시 127:4　젊은 자의 자식은 장사의 **수중**의 화살

수직하다(守直, post guard)
왕하 11:18 세워 여호와의 성전을 **수직하게** 하고

수척하다(瘦瘠, faint, thin and gaunt)
시 6:2　　**수척하였사오니** 내게 은혜를 베푸소서
시 109:24 무릎이 흔들리고 내 육체는 **수척하오며**

수천(數千, thousands)
삼상 29:2 수령들은 수백 명씩 **수천** 명씩 인솔하여

수축하다(修築, fill)
왕상 11:27 성읍이 무너진 것을 **수축하였는데**
왕상 18:30 그가 무너진 여호와의 제단을 **수축하되**
스 4:12　기초를 **수축하고** 성곽을 건축하오니
시 68:4　행하시던 이를 위하여 대로를 **수축하라**
사 57:14 돋우고 돋우어 길을 **수축하여** 내 백성의
사 58:12 길을 **수축하여** 거할 곳이 되게 하는
사 62:10 큰 길을 **수축하고** 수축하라 돌을 제하라
겔 13:5　견디게 하려고 성벽을 **수축하지도**

수치(羞恥, disgrace, reproach, shame)
창 20:16 여러 사람 앞에서 네 **수치**를 가리게
창 34:14 없노니 이는 우리의 **수치**가 됨이니라
신 24:1　그에게 **수치** 되는 일이 있음을 발견하면

수 5:9　　　내가 오늘 애굽의 **수치**를 너희에게서
삼상 20:30 **수치**와 네 어미의 벌거벗은 **수치** 됨을
삼하 13:13 내가 이 **수치**를 지니고 어디로 가겠느냐
시 40:14　찾아 멸하려 하는 자는 다 **수치**와 낭패
시 40:15　조소하는 자들이 자기 **수치**로 말미암아
시 69:7　　받았사오니 **수치**가 나의 얼굴에 덮였나
시 69:19　주께서 나의 비방과 **수치**와 능욕을
시 70:2　　나의 영혼을 찾는 자들이 **수치**와 무안을
시 70:3　　자기 **수치**로 말미암아 뒤로 물러가게
시 71:13　내 영혼을 대적하는 자들이 **수치**와
시 71:24　모해하려 하던 자들이 **수치**와 무안을
시 83:16　그들의 얼굴에 **수치**가 가득하게 하사
시 89:45　젊은 날들을 짧게 하시고 그를 **수치**로
시 109:29 자기 **수치**를 겉옷같이 입게 하소서
시 132:18 내가 그의 원수에게는 **수치**를 옷 입히고
잠 3:35　　미련한 자의 영달함은 **수치**가 되느니라
사 4:1　　　우리를 부르게 하여 우리가 **수치**를
사 20:4　　볼기까지 드러내어 애굽의 **수치**를
사 22:18　주인의 집에 **수치**를 끼치는 너여 네가
사 25:8　　백성의 **수치**를 온 천하에서 제하시리라
사 30:3　　너희의 **수치**가 되며 애굽의 그늘이
사 30:5　　**수치**를 당하리니 … 못하고 **수치**가 되게
사 54:4　　젊었을 때의 **수치**를 잊겠고 과부 때의
사 61:7　　너희가 **수치** 대신에 보상을 배나 얻으며
렘 3:3　　　창녀의 낯을 가졌으므로 **수치**를 알지
렘 3:25　　우리는 **수치** 중에 눕겠고 우리의 치욕이
렘 13:26　얼굴에까지 들춰서 네 **수치**를 드러내리
렘 15:9　　해가 떨어져서 그에게 **수치**와 근심을
렘 44:8　　가운데에서 저주와 **수치** 거리가 되고자
렘 44:12　저주와 놀람과 조롱과 **수치**의 대상이
렘 46:12　**수치**가 나라들에 들렸고 네 부르짖음은
렘 48:20　모압이 패하여 **수치**를 받나니 너희는
겔 5:15　　이방인들에게 네가 **수치**와 조롱 거리가
겔 7:18　　모든 얼굴에는 **수치**가 있고 모든 머리는
겔 16:52　**수치**를 담당할지니라 네가 그들보다 …
　　　　　　너는 놀라며 네 **수치**를 담당할지니라
겔 34:29　여러 나라의 **수치**를 받지 아니할지라
겔 36:15　여러 나라의 **수치**를 듣지 아니하게 하며
겔 44:13　자기의 **수치**와 그 행한 바 가증한 일을
단 9:7　　　공의는 주께로 돌아가고 **수치**는 우리
단 9:8　　　**수치**가 우리에게 돌아오고 우리의 왕
단 11:18　정복을 그치게 하고 그 **수치**를 그에게로
호 2:10　　그 **수치**를 그 사랑하는 자의 눈 앞에

【 수치스럽다 】　　　　　　　　　　　　　　　　　　　　　　　　　　　　【 수풀 2 】

호 10:6	에브라임은 **수치**를 받을 것이요
호 12:14	머물러 있게 하시며 그의 **수치**를 그에게
미 1:11	벗은 몸에 **수치**를 무릅쓰고 나갈지어다
합 2:16	네게 영광이 아니요 **수치**가 가득한즉
습 2:1	**수치**를 모르는 백성아 모일지어다
습 3:5	불의한 자는 **수치**를 알지 못하는도다
슥 9:5	에그론은 그 소망이 **수치**가 되므로 역시
유 1:13	자기 **수치**의 거품을 뿜는 바다의 거친
계 3:18	흰 옷을 사서 입어 벌거벗은 **수치**를

'수치'와 관련된 성구

수치(를) 당하다 – 스 4:14; 시 25:3; 35:4, 26; 44:7, 15; 53:5; 83:17; 97:7; 109:28; 119:78; 129:5; 사 1:29; 19:9; 24:23; 30:5; 37:27; 41:11; 42:17; 44:9, 11; 65:13; 66:5; 렘 2:26, 36; 10:14; 12:13; 17:13; 22:22; 23:40; 46:24; 48:1, 13; 49:23; 50:2, 12; 51:17, 51; 겔 22:16; 32:24, 25, 30; 36:6, 7; 단 9:7, 16; 12:2; 미 3:7

수치를 당하지 않다 – 느 2:17; 시 22:5; 25:3, 20; 69:6; 71:1; 119:31, 46, 80; 127:5; 사 49:23; 50:7; 54:4; 욜 2:26, 27; 습 3:11

수치스럽다 (羞恥, humiliate, shame)

욥 19:5	**수치스러운** 행위가 있다고 증언하려면
사 3:24	**수치스러운** 흔적이 아름다움을 대신할
렘 11:13	**수치스러운** 물건의 제단 곧 바알에게

수컷 (male)

출 12:5	양은 흠 없고 일 년 된 **수컷**으로 하되
출 13:12	돌리라 **수컷**은 여호와의 것이니라
출 13:15	태에서 처음 난 모든 **수컷**들은 내가
출 34:19	네 가축의 모든 처음 난 **수컷**인 소와
레 1:3	소의 번제이면 흠 없는 **수컷**으로 회막
레 1:10	염소의 번제이면 흠 없는 **수컷**으로
레 3:1	**수컷**이나 암컷이나 흠 없는 것으로
레 3:6	화목제의 제물이 양이면 **수컷**이나 암컷
레 22:19	소나 양이나 염소의 흠 없는 **수컷**으로
신 15:19	네 소와 양의 처음 난 **수컷**은 구별하여
말 1:14	짐승 떼 가운데에 **수컷**이 있거늘 그

수탈되다 (收奪, ransack)

옵 1:6	어찌 그리 **수탈되었으며** 그 감춘 보물이

수탉 (mind–NIV, heart–KJV)

욥 38:36	준 것이냐 **수탉**에게 슬기를 준 자가

수풀 1 (Horesh) 유다 남부 십 광야 수풀 지역

삼상 23:15	보았으므로 그가 십 광야 **수풀**에 있었더
삼상 23:16	사울의 아들 요나단이 일어나 **수풀**에
삼상 23:18	다윗은 **수풀**에 머물고 요나단은 자기
삼상 23:19	광야 남쪽 하길라 산 **수풀** 요새에 숨지

수풀 2 (forest, thicket, woods)

창 22:13	숫양이 뒤에 있는데 뿔이 **수풀**에 걸려
삼상 13:6	이굴과 **수풀**과 바위 틈과 은밀한 곳과
삼상 14:25	그들이 다 **수풀**에 들어간즉 땅에 꿀이
삼상 14:26	**수풀**로 들어갈 때에 꿀이 흐르는 것을
삼하 18:8	**수풀**에서 죽은 자가 칼에 죽은 자보다
삼하 18:17	압살롬을 옮겨다가 **수풀** 가운데 큰
왕하 2:24	**수풀**에서 암곰 둘이 나와서 아이들 중의
왕하 19:23	그의 동산의 무성한 **수풀**에 이르리라
대상 4:23	모든 사람은 토기장이가 되어 **수풀**과
대하 27:4	유다 산중에 성읍들을 건축하며 **수풀**
아 2:3	사랑하는 자는 **수풀** 가운데 사과나무
사 9:18	찔레와 가시를 삼키며 빽빽한 **수풀**을
사 17:9	이스라엘 자손 앞에서 버린 바 된 **수풀**
사 22:8	네가 **수풀** 곳간의 병기를 바라보았고
사 37:24	높은 곳에 들어가 살진 땅의 **수풀**과
렘 4:7	그 **수풀**에서 올라왔으며 나라들을
렘 4:29	모든 성읍 사람들이 도망하여 **수풀**에
렘 5:6	**수풀**에서 나오는 사자가 그들을 죽이며
렘 21:14	**수풀**에 불을 놓아 그 모든 주위를
렘 46:23	조사할 수 없는 그의 **수풀**을 찍을

'수풀 2'와 관련된 성구

뽕나무 수풀 – 삼하 5:23; 대상 14:14
상수리 수풀 – 창 13:18; 14:13
아라비아 수풀 – 사 21:13
에브라임 수풀 – 삼하 18:6
헤렛 수풀 – 삼상 22:5

1447

【 수하 1 】　　　　　　　　　　　　　　　　　　　　　　　　　　　　　　　　　　　　　【 수효 】

겔 15:6　내가 **수풀** 가운데에 있는 포도나무를
겔 34:25　들에 평안히 거하며 **수풀** 가운데에서
호 2:12　무화과나무를 거칠게 하여 **수풀**이 되게
암 3:4　사자가 움킨 것이 없는데 어찌 **수풀**에서
미 3:12　성전의 산은 **수풀**의 높은 곳이 되리라
미 5:8　그들은 **수풀**의 짐승들 중의 사자 같고

수하 1(Shuhah) 훌의 자손이며 글룹의 동생
대상 4:11　**수하**의 형 글룹이 므힐을 낳았으니

수하 2(手下, under authority, under command, under one's hand, under the direction)
창 16:9　여주인에게로 돌아가서 그 **수하**에
출 21:16　자기 **수하**에 두었든지 그를 반드시
민 4:33　이다말의 **수하**에 있을 므라리 자손의
삿 3:30　모압이 이스라엘 **수하**에 굴복하매 그
삿 9:29　백성이 내 **수하**에 있었더라면 내가
삼하 10:10　남은 자를 그 아우 아비새의 **수하**에
왕하 8:22　에돔이 유다의 **수하**에서 배반하였더니
대상 19:11　무리는 그의 아우 아비새의 **수하**에 맡겨
대하 23:8　각기 **수하**에 안식일에 당번인 자와
대하 23:18　레위 제사장의 **수하**에 맡기니 이들은
대하 31:13　시므이의 **수하**에서 보살피는 자가 되니
대하 31:15　그의 **수하**의 에덴과 미냐민과 예수아와
느 4:16　그 때로부터 내 **수하** 사람들의 절반은
느 11:24　아들 브다히야는 왕의 **수하**에서 백성
에 2:8　헤개의 **수하**에…헤개의 **수하**에 속하니
에 2:14　내시 사아스가스의 **수하**에 속하고 왕
시 106:42　원수들의 압박을 받고 그들의 **수하**에
마 8:9　남의 **수하**에 있는 사람이요 내 아래에도
눅 7:8　남의 **수하**에 든 사람이요 내 아래에도

수한(壽限, one's days, one's years, one's life)
삼하 7:12　네 **수한**이 차서 네 조상들과 함께 누울
잠 5:9　**수한**이 잔인한 자에게 빼앗기게 될까
사 38:5　눈물을 보았노라 내가 네 **수한**에 십오
사 65:20　**수한**이 차지 못한 노인이 다시는 없을
사 65:22　백성의 **수한**이 나무의 수한과 같겠고

수함(Shuham) 단의 아들과 그의 후손들
민 26:42　**수함**에게서 수함 종족이 났으니 이는

수행하다(隨行, responsible for)
민 3:38　성소의 직무를 **수행할** 것이며 외인이
대상 9:13　하나님의 성전의 임무를 **수행할** 힘있는
대하 35:2　여호와의 전에서 직무를 **수행하게**

> '**수행(하는) 자**'와 관련된 성구
> 삼하 15:22; 왕상 10:2

수행원(隨行員, helper)
행 13:5　회당에서 전할새 요한을 **수행원**으로

수확(收穫, harvest)
학 1:6　너희가 많이 뿌릴지라도 **수확**이 적으며

> '**포도 수확**'과 관련된 성구
> 사 32:10; 렘 48:32

수효(數爻, number)
출 5:8　전에 만든 벽돌 **수효**대로 그들에게
출 5:14　어제와 오늘에 만드는 벽돌의 **수효**를
출 16:16　**수효**대로 한 사람에 한 오멜씩 거두되
출 30:12　이스라엘 자손의 **수효**를 조사할 때에
레 23:15　날부터 세어서 일곱 안식일의 **수효**를
레 26:22　가축을 멸하며 너희의 **수효**를 줄이리니
민 3:22　일 개월 이상 된 남자의 **수효** 합계는
민 15:12　준비하는 **수효**를 따라 각기 **수효**에 맞게
민 29:18　수송아지와 숫양과 어린 양의 **수효**를
민 29:21　어린 양의 **수효**를 따라서 규례대로 할
민 29:24　숫양과 어린 양의 **수효**를 따라 규례대로
민 29:27　어린 양의 **수효**를 따라서 규례대로 할
민 29:30　어린 양의 **수효**를 따라서 규례대로 할
민 29:33　어린 양의 **수효**를 따라 규례대로 할
민 29:37　어린 양의 **수효**를 따라 규례대로 할
신 7:7　민족보다 **수효**가 많기 때문이 아니니라
신 32:8　이스라엘 자손의 **수효**대로 백성들의
삼상 6:4　블레셋 사람의 방백의 **수효**대로 금 독종
왕상 3:8　큰 백성이라 **수효**가 많아서 셀 수도
왕상 18:31　야곱의 아들들의 지파의 **수효**를 따라
대상 7:2　이르러는 그 **수효**가 이만 이천육백 명
대상 9:28　맡아서 그 **수효**대로 들여가고 **수효**대로
대상 11:11　다윗에게 있는 용사의 **수효**가 이러하니

1448

【 숙 】

대상 12:23 그에게 돌리고자 하였으니 그 **수효**가
대상 21:2 내게 보고하여 그 **수효**를 알게 하라
대상 21:5 요압이 백성의 **수효**를 다윗에게 보고
대상 23:31 그가 명령하신 규례의 정한 **수효**대로
대상 25:1 직무대로 일하는 자의 **수효**는 이러하니
대상 25:7 익숙한 자의 **수효**가 이백팔십팔 명이라
대상 27:23 이스라엘 사람의 이십 세 이하의 **수효**는
대상 27:24 **수효**를 다윗 왕의 역대지략에 기록하지
대하 17:14 **수효**가 그들의 족속대로 이러하니라
대하 26:11 마아세야가 직접 조사한 **수효**대로
대하 29:32 회중이 가져온 번제물의 **수효**는 수소의
에 9:11 도성 수산에서 도륙한 자의 **수효**를 왕께
욥 31:37 걸음의 **수효**를 그에게 알리고 왕족처럼
시 147:4 별들의 **수효**를 세시고 그것들을 다
사 40:26 주께서는 **수효**대로 만상을 이끌어
겔 14:4 나 여호와가 그 우상의 **수효**대로 보응
겔 36:37 그들의 **수효**를 양 떼같이 많아지게
호 4:10 음행하여도 **수효**가 늘지 못하니 이는
히 7:23 제사장 된 그들의 **수효**가 많은 것은

숙(Sukkite) 애굽 왕 시삭의 용병
대하 12:3 리비아와 숙과 구스 사람이 헤아릴 수

숙곳(Succoth)

1. 얍복 강 하구 아담에서 북쪽으로 12km 떨어진 곳

창 33:17 야곱은 **숙곳**에 이르러 자기를 위하여
… 그 땅 이름을 **숙곳**이라 부르더라
출 13:20 그들이 **숙곳**을 떠나서 광야 끝 에담에
수 13:27 벧 하람과 벧니므라와 **숙곳**과 사본 곧
삿 8:5 **숙곳** 사람들에게 이르되 나를 따르는
삿 8:6 **숙곳**의 방백들이 이르되 세바와 살문아
삿 8:8 대답도 **숙곳** 사람들의 대답과 같은지라
삿 8:14 **숙곳** 사람 중 한 소년을 잡아 그를 심문하매 그가 **숙곳**의 방백들과 장로들

숙곳 1 – 기타 본문
삿 8:15, 16; 왕상 7:46; 대하 4:17

2. 출애굽 후 처음으로 진을 쳤던 곳

출 12:37 자손이 라암셋을 떠나서 **숙곳**에
민 33:5 이스라엘 자손이 라암셋을 떠나 **숙곳**에
민 33:6 **숙곳**을 떠나 광야 끝 에담에 진을 치고

【 숙이다 】

'숙곳 2'와 관련된 성구

숙곳 골짜기 – 시 60:6; 108:7

숙곳브놋(Succoth Benoth) 바벨론 사람들이 만든 신
왕하 17:30 바벨론 사람들은 **숙곳브놋**을 만들었고

숙련공(熟練工, craftsman)
아 7:1 넓적다리는 둥글어서 **숙련공**의 손이

숙모(叔母, aunt)
레 18:14 하체를 범하지 말라 그는 네 **숙모**니라
레 20:20 누구든지 그의 **숙모**와 동침하면 그의

숙부(叔父, uncle)
레 20:20 숙모와 동침하면 그의 **숙부**의 하체를
민 36:11 그들의 **숙부**의 아들들의 아내가 되니라
삼상 10:14 사울의 **숙부**가 사울과 그의 사환에게
삼상 10:15 사울의 **숙부**가 이르되 청하노니 사무엘
삼상 10:16 사울이 그의 **숙부**에게 말하되 그가
삼상 14:50 아브넬이니 사울의 **숙부** 넬의 아들이며
왕하 24:17 왕이 또 여호야긴의 **숙부** 맛다니야를
대상 27:32 다윗의 **숙부** 요나단은 지혜가 있어서
대하 36:10 **숙부** 시드기야를 세워 유다와 예루살렘
렘 32:7 **숙부** 살룸의 아들 하나멜이 네게 와서
렘 32:8 나의 **숙부**의 아들 하나멜이 시위대
렘 32:9 **숙부**의 아들 하나멜의 아나돗에 있는
렘 32:12 나의 **숙부**의 아들 하나멜과 매매 증서에

숙소(宿所, guest room, lodging place)
출 4:24 모세가 길을 가다가 **숙소**에 있을 때에
몬 1:22 오직 너는 나를 위하여 **숙소**를 마련하라

숙이다(bow, fall down)
창 24:26 사람이 머리를 **숙여** 여호와께 경배하고
창 24:48 내가 머리를 **숙여** 그에게 경배하고
창 43:28 생존하였나이다 하고 머리 **숙여** 절하더
출 4:31 고난을 살피셨다 함을 듣고 머리 **숙여**
출 12:27 하라 하매 백성이 머리 **숙여** 경배하니라
민 22:31 길에 선 것을 그가 보고 머리를 **숙이고**
대상 29:20 여호와를 송축하고 머리를 **숙여** 여호와

【 순 】   【 순복하다 】

사 58:5	머리를 갈대같이 숙이고 굵은 베와 재를	출 37:17	순금으로 등잔대를 만들되 그것을 쳐서
애 2:10	처녀들은 머리를 땅에 숙였도다	출 37:22	줄기와 연결하여 전부를 순금으로 쳐서
요 19:30	다 이루었다 하시고 머리를 숙이니	출 37:23	불 똥 그릇을 순금으로 만들었으니
		출 37:24	기구는 순금 한 달란트로 만들었더라
순(筍, bud, shoot)		출 37:26	전후 좌우면과 그 뿔을 순금으로 싸고
민 17:8	아론의 지팡이에 움이 돋고 순이 나고	출 39:15	순금으로 노끈처럼 사슬을 땋아 흉패에
욥 8:12	순이 돋아 아직 뜯을 때가 되기 전에	출 39:25	순금으로 방울을 만들어 그 옷 가장자리
아 6:11	포도나무가 순이 났는가 석류나무가	출 39:30	순금으로 거룩한 패를 만들고 도장을
사 53:2	자라나기를 연한 순 같고 마른 땅에서	출 39:37	순금 등잔대와 그 잔 곧 벌여놓는
		대상 28:17	갈고리와 대접과 종지를 만들 순금과
순간(瞬間, moment)		대상 28:18	향단에 쓸 순금과 또 수레 곧 금 그룹들
수 8:19	손을 드는 순간에 복병이 그들의 자리에	대하 3:4	백이십 규빗이니 안에는 순금으로
욥 7:18	권징하시며 순간마다 단련하시나이까	대하 3:5	천장은 잣나무로 만들고 또 순금으로
사 66:8	민족이 어찌 한 순간에 태어나겠느냐	대하 3:8	이십 규빗이라 순금 육백 달란트로
		대하 4:20	지성소 앞에서 규례대로 불을 켤 순금
순결하다(純潔, flawless, innocent, pure)		대하 4:22	순금으로 만든 불집게와 주발과 숟가락
레 24:2	감람을 찧어낸 순결한 기름을 네게로	대하 9:17	큰 보좌를 만들고 순금으로 입혔으니
레 24:4	여호와 앞에서 순결한 등잔대 위의 등잔	대하 9:20	레바논 나무 궁의 그릇들도 다 순금이라
레 24:6	여호와 앞 순결한 상 위에 두 줄로 한	욥 23:10	단련하신 후에는 내가 순금같이 되어
시 12:6	여호와의 말씀은 순결함이여 흙 도가니	욥 28:15	순금으로도 바꿀 수 없고 은을 달아도
시 19:8	여호와의 계명은 순결하여 눈을 밝게	욥 28:19	황옥으로도 비교할 수 없고 순금으로도
마 10:16	뱀같이 지혜롭고 비둘기같이 순결하라	욥 31:24	순금에게 너는 내 의뢰하는 바라 하였으
계 14:4	더불어 더럽히지 아니하고 순결한 자라	시 19:10	금 곧 많은 순금보다 더 사모할 것이며
		시 21:3	순금 관을 그의 머리에 씌우셨나이다
순금(純金, pure gold)		시 119:127	계명들을 금 곧 순금보다 더 사랑하나이
창 2:12	금은 순금이요 그 곳에는 베델리엄과	아 5:11	순금 같고 머리털은 고불고불하고
출 25:11	너는 순금으로 그것을 싸되 그 안팎을	아 5:15	순금 받침에 세운 화반석 기둥 같고
출 25:17	순금으로 속죄소를 만들되 길이는 두	사 13:12	내가 사람을 순금보다 희소하게 하며
출 25:24	순금으로 싸고 주위에 금테를 두르고	애 4:1	금이 빛을 잃고 순금이 변질하였으며
출 25:29	병과 붓는 잔을 만들되 순금으로 만들며	애 4:2	순금에 비할 만큼 보배로운 시온의 아들
출 25:31	너는 순금으로 등잔대를 쳐 만들되 그	단 2:32	그 우상의 머리는 순금이요 가슴과 두
출 25:36	줄기와 연결하여 전부를 순금으로 쳐	단 10:5	허리에는 우바스 순금 띠를 띠었더라
출 25:38	그 불집게와 불 똥 그릇도 순금으로	슥 4:2	순금 등잔대가 있는데 그 위에는 기름
출 25:39	이 모든 기구를 순금 한 달란트로		
출 28:14	순금으로 노끈처럼 두 사슬을 땋고	**순두게**(Syntyche) 바울을 도운 빌립보 교회	
출 28:22	순금으로 노끈처럼 땋은 사슬을 흉패	의 여성도	
출 28:36	순금으로 패를 만들어 도장을 새기는	빌 4:2	유오디아를 권하고 순두게를 권하노니
출 30:3	전후좌우 면과 뿔을 순금으로 싸고		
출 31:8	상과 그 기구와 순금 등잔대와 그 모든	**순리**(順理, natural)	
출 37:2	순금으로 안팎을 싸고 위쪽 가장자리로	롬 1:26	여자들도 순리대로 쓸 것을 바꾸어 역리
출 37:6	순금으로 속죄소를 만들었으니 길이가	롬 1:27	남자들도 순리대로 여자 쓰기를 버리고
출 37:11	순금으로 싸고 위쪽 가장자리로 돌아가		
출 37:16	숟가락과 잔과 따르는 병을 순금으로	**순복하다**(順服, obey)	

1450

【 순산하다 】　　　　　　　　　　　　　　　　　　　　　　　【 순종/-하다 】

삼하 22:45　귀로 듣고 곧 내게 **순복하리로다**
렘 34:10　종을 삼지 말라 함을 듣고 **순복하여**

순산하다(順產, give birth to)
사 66:8　진통하는 즉시 그 아들을 **순산하였도다**

순서(順序, order, way)
민 2:17　진 친 **순서**대로 각 사람은 자기의 위치
민 28:24　이 **순서**대로 이레 동안 매일 여호와께
대하 29:35　섬기는 일이 **순서**대로 갖추어지니라
느 12:24　명령대로 **순서**를 따라 주를 찬양하며
느 12:25　문지기로서 **순서**대로 문안의 곳간을

순수하다(純粹, clear, flawless)
출 27:20　감람으로 짠 **순수한** 기름을 등불을
대하 4:21　또 **순수한** 금으로 만든 꽃과 등잔과
시 18:30　말씀은 **순수하니** 그는 자기에게 피하는
시 119:140　주의 말씀이 심히 **순수하므로** 주의 종이
빌 1:17　**순수하지** 못하게 다툼으로 그리스도를

순식간(瞬息間, at once, in an instant)
민 16:21　내가 **순식간**에 그들을 멸하려 하노라
민 16:45　내가 **순식간**에 그들을 멸하려 하노라
욥 30:15　**순식간**에 공포가 나를 에워싸고 그들이
욥 34:20　그들은 한밤중에 **순식간**에 죽나니 백성
시 35:8　멸망이 **순식간**에 그에게 닥치게 하시며
시 90:9　우리의 평생이 **순식간**에 다하였나이다
사 29:5　일이 **순식간**에 갑자기 일어날 것이라
사 30:13　담이 불쑥 나와 **순식간**에 무너짐 같게
애 4:6　손을 대지 아니하였는데도 **순식간**에
눅 4:5　예수를 이끌고 올라가서 **순식간**에 천하
고전 15:51　나팔에 **순식간**에 홀연히 다 변화되리니

순은(純銀, choice silver, refined silver)
대상 29:4　오빌의 금 삼천 달란트와 **순은** 칠천
잠 8:19　정금보다 나으며 내 소득은 **순은**보다
잠 10:20　의인의 혀는 **순은**과 같거니와 악인의

순전하다/순전히(順轉, blameless, clean, flawless, pure)
레 13:24　불그스름하고 희거나 **순전한** 흰 색점이
욥 8:20　**순전한** 사람을 버리지 아니하시고 악한
욥 33:9　나는 깨끗하여 악인이 아니며 **순전하고**

시 51:4　심판하실 때에 **순전하시다** 하리이다
잠 30:5　하나님의 말씀은 다 **순전하며** 하나님은
렘 2:21　**순전한** 참 종자 곧 귀한 포도나무로
막 14:3　**순전한** 나드 한 옥합을 가지고 와서
요 12:3　비싼 향유 곧 **순전한** 나드 한 근을
행 2:46　기쁨과 **순전한** 마음으로 음식을 먹고
고전 5:8　누룩이 없이 오직 **순전함**과 진실함의
고후 2:17　**순전함**으로 하나님께 받은 것같이
빌 2:15　흠이 없고 **순전하여** 어그러지고 거스르
딛 2:5　신중하며 **순전하며** 집안일을 하며
벧전 2:2　갓난아기들같이 **순전하고** 신령한 젖을

순조롭다(順調, success)
창 24:12　원하건대 오늘 나에게 **순조롭게** 만나게
창 27:20　나로 **순조롭게** 만나게 하셨음이니이다

순종/-하다(順從, follow, listen to, obey, submit)

모세오경, 역사서

창 26:5　이는 아브라함이 내 말을 **순종하고** 내
출 15:26　여호와의 말을 들어 **순종하고** 내가
출 16:20　그들이 모세에게 **순종하지** 아니하고
신 1:36　온전히 여호와께 **순종하였은즉** 그는
신 21:18　그 어머니의 말을 **순종하지** 아니하고 부모가 징계하여도 **순종하지** 아니하거든
신 28:15　네 하나님 여호와의 말씀을 **순종하지**
신 34:9　여호수아의 말을 **순종하였더라**
수 1:17　**순종한** 것같이 당신에게 **순종하려니와**
수 1:18　말씀을 **순종하지** 아니하는 자는 죽임을
수 22:2　모든 일에 너희가 내 말을 **순종하여**
삿 2:17　**순종하지** 아니하고 … **순종하던** 그들의
삿 2:20　나의 목소리를 **순종하지** 아니하였은즉
삿 3:4　이르신 명령들을 **순종하는지** 알고자
삼상 15:22　**순종**이 제사보다 낫고 듣는 것이 숫양의
삼상 28:18　여호와의 목소리를 **순종하지** 아니하고
삼상 28:21　내게 이르신 말씀을 **순종하였사오니**
왕상 9:4　네게 명령한 대로 온갖 일에 **순종하여**
왕상 11:38　만일 내가 명령한 모든 일에 **순종하고**
왕하 23:3　다하고 뜻을 다하여 여호와께 **순종하고**
대상 29:23　온 이스라엘이 그의 명령에 **순종하며**
대하 34:31　목숨을 다하여 여호와를 **순종하고** 그의
느 9:26　**순종하지** 아니하고 주를 거역하며 주의
느 9:34　그들에게 경계하신 말씀을 **순종하지**

1451

【 순종/-하다 】

시가서, 선지서

욥 36:11	그들이 **순종하여** 섬기면 형통한 날을
욥 36:12	만일 그들이 **순종하지** 아니하면 칼에
잠 30:17	조롱하며 어미 **순종하기를** 싫어하는
사 1:19	너희가 즐겨 **순종하면** 땅의 아름다운
사 42:24	그의 교훈을 **순종하지** 아니하였도다
렘 2:20	나는 **순종하지** 아니하리라 하고 모든
렘 3:25	목소리에 **순종하지** 아니하였음이니이
렘 7:24	**순종하지** 아니하며 귀를 기울이지도
렘 7:26	너희가 나에게 **순종하지** 아니하며 귀를
렘 7:27	너에게 **순종하지** 아니할 것이요 네가
렘 7:28	하나님 여호와의 목소리를 **순종하지**
렘 9:13	율법을 버리고 내 목소리를 **순종하지**
렘 11:4	너희는 내 목소리를 **순종하고** 나의 모든
렘 11:7	너희는 내 목소리를 **순종하라** 하였으나
렘 11:8	**순종하지** 아니하며 귀를 기울이지도
렘 12:17	그들이 **순종하지** 아니하면 내가 반드시
렘 16:12	나에게 **순종하지** 아니하였으므로
렘 17:23	**순종하지** 아니하며 귀를 기울이지
렘 17:24	삼가 나를 **순종하여** 안식일에 짐을 지고
렘 17:27	만일 너희가 나를 **순종하지** 아니하고
렘 25:3	너희가 **순종하지** 아니하였느니라
렘 25:4	너희가 **순종하지** 아니하였으며 귀를
렘 25:7	너희가 내 말을 **순종하지** 아니하고 너희
렘 26:4	말씀에 너희가 나를 **순종하지** 아니하며
렘 26:5	**순종하라고** 하였으나 너희는 **순종하지**
렘 32:23	주의 목소리를 **순종하지** 아니하며 주의
렘 34:14	너희 선조가 내게 **순종하지** 아니하며
렘 34:17	너희가 나에게 **순종하지** 아니하고 각기
렘 35:8	우리에게 명령한 모든 말을 **순종하여**
렘 35:14	**순종하여** … 내게 **순종하지** 아니하도다
렘 35:15	귀를 기울이지 아니하며 내게 **순종하지**
렘 35:16	이 백성은 내게 **순종하지** 아니하도다
렘 35:18	너희 선조 요나답의 명령을 **순종하여**
렘 38:20	목소리에 **순종하소서** 그리하면 왕이
렘 40:3	목소리에 **순종하지** 아니하였으므로
렘 42:6	**순종하려** 함이라 우리가 우리 하나님 여호와의 목소리를 **순종하면** 우리에게
렘 42:21	여호와의 목소리를 도무지 **순종하지**
렘 43:4	여호와의 목소리를 **순종하지** 아니하고
렘 43:7	그들이 여호와의 목소리를 **순종하지**
렘 44:23	여호와의 목소리를 **순종하지** 아니하고
미 5:15	내가 또 진노와 분노로 **순종하지** 아니한

복음서, 역사서

마 8:27	사람이기에 바람과 바다도 **순종하는가**
막 1:27	귀신들에게 명한즉 **순종하는도다**
막 4:41	누구이기에 바람과 바다도 **순종하는가**
눅 2:51	내려가사 나사렛에 이르러 **순종하여**
눅 8:25	바람과 물을 명하매 **순종하는가**
눅 17:6	그것이 너희에게 **순종하였으리라**
요 3:36	아들에게 **순종하지** 아니하는 자는 영생
행 5:29	하나님께 **순종하는** 것이 마땅하니라
행 5:32	자기에게 **순종하는** 사람들에게 주신
행 14:2	**순종하지** 아니하는 유대인들이 이방인
행 19:9	사람들은 마음이 굳어 **순종하지** 않고

서신서

롬 1:5	이방인 중에서 믿어 **순종하게** 하나니
롬 5:19	한 사람이 **순종하지** … **순종하심으로**
롬 6:12	못하게 하여 몸의 사욕에 **순종하지**
롬 6:16	누구에게 **순종하든지** 그 **순종함을** 받는 자의 … 혹은 **순종의** 종으로 의에
롬 6:17	준 바 교훈의 본을 마음으로 **순종하여**
롬 10:16	다 복음을 **순종하지** 아니하였도다
롬 10:21	이스라엘에 대하여 이르되 **순종하지**
롬 11:30	하나님께 **순종하지** … **순종하지** 아니함
롬 11:31	이 사람들이 **순종하지** 아니하니 이는
롬 11:32	모든 사람을 **순종하지** 아니하는
롬 15:18	그리스도께서 이방인들을 **순종하게**
롬 15:31	나로 유대에서 **순종하지** 아니하는
롬 16:19	**순종함이** 모든 사람에게 들리는지라
롬 16:26	모든 민족이 믿어 **순종하게** 하시려고
고전 16:16	수고하는 모든 사람에게 **순종하라**
고후 2:9	너희가 범사에 **순종하는지** 그 증거를
고후 7:15	떫으로 자기를 영접하여 **순종한** 것을
갈 5:7	너희를 막아 진리를 **순종하지** 못하게
엡 6:1	주 안에서 너희 부모에게 **순종하라**
엡 6:5	마음으로 육체의 상전에게 **순종하기를**
골 2:20	사는 것과 같이 규례에 **순종하느냐**
골 3:20	자녀들아 모든 일에 부모에게 **순종하라**
골 3:22	모든 일에 육신의 상전들에게 **순종하되**
살후 3:14	한 우리 말을 **순종하지** 아니하거든
딤전 2:11	여자는 일체 **순종함으로** 조용히 배우라
딛 2:9	상전들에게 범사에 **순종하여** 기쁘게
딛 3:1	권세 잡은 자들에게 복종하며 **순종하며**
딛 3:3	어리석은 자요 **순종하지** 아니한 자요
몬 1:21	나는 네가 **순종할** 것을 확신하므로 네게

1452

【 순진하다 】   【 술 3 】

히 2:2	범죄함과 **순종하지** 아니함이 공정한	렘 11:19	도살당하러 가는 **순한** 어린 양과
히 3:18	**순종하지** 아니하던 자들에게가 아니냐	행 27:13	**순하게** 불매 그들이 뜻을 이룬 줄 알고
히 4:6	먼저 받은 자들은 **순종하지** 아니함으로		
히 4:11	누구든지 저 **순종하지** 아니하는 본에		
히 5:8	받으신 고난으로 **순종함**을 배워서		

순행하다(巡行, go throughout)

겔 9:4	너는 예루살렘 성읍 중에 **순행하여** 그
겔 39:14	사람을 택하여 그 땅에 늘 **순행하며**

히 5:9	**순종하는** 모든 자에게 영원한 구원의
히 11:8	**순종하여** 장래의 유업으로 받을 땅에
히 11:31	**순종하지** 아니한 자와 함께 멸망하지

순회하다(巡廻, go on a circuit)

삼상 7:16	벧엘과 길갈과 미스바로 **순회하여**

히 13:17	너희를 인도하는 자들에게 **순종하고**
약 3:3	**순종하게** 하려고 그 온 몸을 제어하는
벧전 1:2	성령이 거룩하게 하심으로 **순종함**과
벧전 1:14	너희가 **순종하는** 자식처럼 전에 알지
벧전 1:22	**순종함**으로 너희 영혼을 깨끗하게
벧전 2:8	그들이 말씀을 **순종하지** 아니하므로
벧전 2:13	모든 제도를 주를 위하여 **순종하되**
벧전 2:18	두려워함으로 주인들에게 **순종하되**
벧전 3:1	**순종하라** 이는 혹 말씀을 **순종하지** 않는
벧전 3:5	**순종함**으로 자기를 단장하였나니
벧전 3:6	아브라함을 주라 칭하여 **순종한** 것같이
벧전 4:17	하나님의 복음을 **순종하지** 아니하는
벧전 5:5	이와 같이 장로들에게 **순종하고**

숟가락(dish-NIV, spoon-KJV)

출 25:29	너는 대접과 **숟가락**과 병과 붓는 잔을
출 37:16	**숟가락**과 잔과 따르는 병을 순금으로
민 4:7	대접들과 **숟가락**들과 주발들과 붓는
왕상 7:50	정금 대접과 불집게와 주발과 **숟가락**과
왕하 25:14	부삽들과 부집게들과 **숟가락**과
대하 4:22	순금으로 만든 불집게와 주발과 **숟가락**
대하 24:14	섬겨 제사 드리는 그릇이며 또 **숟가락**과
렘 52:18	부집게들과 주발들과 **숟가락**들과 섬길
렘 52:19	주발들과 솥들과 촛대들과 **숟가락**들과

순진하다(純眞, naive, simplehearted)

시 116:6	여호와께서는 **순진한** 자를 지키시나니
롬 16:18	아첨하는 말로 **순진한** 자들의 마음을

술 1(Shur) 애굽 북동부에서 팔레스타인에 이르는 광야

창 16:7	샘물 곁 곧 **술** 길 샘 곁에서 그를 만나

순차(順次, group, charge)

대상 9:23	그들과 그들의 자손이 그 **순차**를 좇아
스 6:18	레위 사람을 그 **순차**대로 세워 예루살렘

📖 **술 1 - 기타 본문**

창 20:1; 25:18; 수 13:21; 삼상 15:7; 27:8; 대상 8:30; 9:36

순찰하다(巡察, throughout, rounds)

창 41:45	요셉이 나가 애굽 온 땅을 **순찰하니라**
창 41:46	바로 앞을 떠나 애굽 온 땅을 **순찰하니**

술 2(tassel)

민 15:38	옷단 귀에 술을 만들고 … 그 귀의 술에 더하라
민 15:39	이 술은 너희가 보고 여호와의 모든 계명을 기억
신 22:12	너희가 입는 겉옷의 네 귀에 술을 만들지니라
마 23:5	그 경문 띠를 넓게 하며 옷 술을 길게

'**순찰(하는) 자**'와 관련된 성구

아 3:3; 5:7; 단 4:13, 17, 23

순청색(純靑色, solid blue)

민 4:6	그 위에 **순청색** 보자기를 덮은 후에

술 3(drink, wine)

창 9:24	노아가 **술**이 깨어 그의 작은 아들이
창 40:1	애굽 왕의 **술** 맡은 자와 떡 굽는 자가
창 40:2	두 관원장 곧 **술** 맡은 관원장과 떡 굽는
창 40:5	옥에 갇힌 애굽 왕의 **술** 맡은 자와 떡

순하다(順, gentle, smooth)

잠 23:31	잔에서 번쩍이며 **순하게** 내려가나니

【 술객 】　　　　　　　　　　　　　　　　　　　　【 술틀 】

창 40:13　전에 술 맡은 자가 되었을 때에 하던
창 40:20　술 맡은 관원장과 떡 굽는 관원장에게
창 40:21　술 맡은 관원장은 전직을 회복하매
출 30:9　소제를 드리지 말며 전제의 술을 붓지
신 21:20　우리 말을 듣지 아니하고 방탕하며 술에
삼하 13:28　암논의 마음이 술로 즐거워할 때를
잠 21:17　술과 기름을 좋아하는 자는 부하게 되지
잠 23:30　술에 잠긴 자에게 있고 혼합한 술을
잠 23:35　언제나 깰까 다시 술을 찾겠다 하리라
전 2:3　술로 내 육신을 즐겁게 할까 또 내가
아 8:2　나는 향기로운 술 곧 석류즙으로 네게
사 65:11　므니에게 섞은 술을 가득히 붓는 너희여
렘 48:11　술이 그 찌끼 위에 있고 이 그릇에서
렘 48:12　술을 옮겨 담는 사람을 보낼 것이라
호 2:5　내 양털과 내 삼과 내 기름과 내 들을
호 7:5　왕의 날에 지도자들은 술의 뜨거움으로
욜 3:3　소녀를 술과 바꾸어 마셨음이니라
암 4:1　술을 가져다가 우리로 마시게 하라
딤전 3:8　술에 인박히지 아니하고 더러운 이를
딛 2:3　술의 종이 되지 아니하며 선한 것을

'술 3'과 관련된 성구

술 관원 - 왕상 10:5; 대하 9:4; 느 1:11
술을 마시다 - 창 19:32, 33, 34, 35; 신 32:14; 에 5:6; 7:2; 잠 4:17; 31:5; 단 5:1, 2, 4, 23; 미 6:15; 나 1:10; 합 2:15; 눅 1:15
술을 즐기다 - 잠 23:20; 합 2:5; 딤전 3:3; 딛 1:7
술 취하다 - 잠 26:9; 사 28:1, 3; 49:26; 겔 23:42; 나 3:11; 슥 9:15; 눅 21:34; 행 2:13; 롬 13:13; 고전 5:11; 6:10; 갈 5:21; 벧전 4:3

술객(術客, charmer, diviner, enchanter)
전 10:11　물렸으면 술객은 소용이 없느니라
단 1:20　박수와 술객보다 십 배나 나은 줄을
단 2:2　박수와 술객과 점쟁이와 갈대아 술사를
단 2:10　술객에게나 갈대아인들에게 물은 자가
단 2:27　은밀한 것을 지혜자나 술객이나 박수나
단 4:7　박수와 술객과 갈대아 술사와 점쟁이가
단 5:7　술객과 갈대아 술사와 점쟁이를 불러오

단 5:11　박수와 술객과 갈대아 술사와 점쟁이의
단 5:15　여러 지혜자와 술객을 내 앞에 불러다가
미 3:7　술객이 수치를 당하여 다 입술을 가릴

술거품(foaming wine)
시 75:8　여호와의 손에 잔이 있어 술거품이

술람미(Shulammite) 솔로몬이 사랑했던 여자가 살던 곳
아 6:13　술람미 여자야 … 보는 것처럼 술람미

술법(術法, charm, sorcery)
레 19:26　피째 먹지 말며 점을 치지 말며 술법을
삼상 28:8　신접한 술법으로 내가 네게 말하는
렘 8:17　내가 술법으로도 제어할 수 없는 뱀과

술사(術士, astrologer, charmer, medium)
시 58:5　술사의 홀리는 소리도 듣지 않고 능숙한
렘 27:9　복술가나 꿈꾸는 자나 술사나 요술자가
단 2:2　술객과 점쟁이와 갈대아 술사를 부르라
단 2:4　갈대아 술사들이 아람 말로 왕에게
단 4:7　박수와 술객과 갈대아 술사와 점쟁이가
단 5:7　갈대아 술사와 점쟁이를 불러오게 하고
단 5:11　박수와 술객과 갈대아 술사와 점쟁이의

술수(術數, witchcraft)
왕하 9:22　이세벨의 음행과 술수가 이렇게 많으니

술잔(cup of wine)
렘 25:15　너는 내 손에서 이 진노의 술잔을 받아
렘 35:5　포도주가 가득한 종지와 술잔을 놓고
렘 49:12　보라 술잔을 마시는 습관이 없는 자도

술친구(drunkard)
마 24:49　동료들을 때리며 술친구들과 더불어

술틀(winepress)

느 13:15　유다에서 어떤 사람이 안식일에 술틀을 밟고
욥 24:11　기름을 짜며 목말라 하면서 술틀을 밟느니라
사 5:2　그 중에 망대를 세웠고 또 그 안에 술틀을 팠도다

[**숨**] [**숨기다/숨겨지다**]

애 1:15	유다를 내 주께서 술틀에 밟으셨도다
호 9:2	타작 마당이나 술틀이 그들을 기르지

숨(breath)

창 7:22	코에 생명의 기운의 숨이 있는 것은 다
요 20:22	그들을 향하사 숨을 내쉬며 이르시되

'숨'과 관련된 성구

- 숨을 거두다 – 창 49:33; 욥 11:20; 14:10; 29:18
- 숨을 돌리다 – 출 23:12
- 숨(을) 쉬다 – 출 8:15; 욥 9:18
- 숨이 끊어지다 – 왕상 17:17
- 숨이 막히다 – 욥 7:15
- 숨이 차다 – 사 42:14

숨결(breath)

욥 19:17	아내도 내 숨결을 싫어하며 내 허리의
욥 27:3	하나님의 숨결이 아직도 내 코에 있느니
욥 32:8	전능자의 숨결이 사람에게 깨달음을

숨기다/숨겨지다(hide)

모세오경, 역사서

창 18:17	하려는 것을 아브라함에게 숨기겠느냐
창 47:18	우리가 주께 숨기지 아니하나이다
출 2:2	보고 석 달 동안 그를 숨겼으나
출 2:3	더 숨길 수 없게 되매 그를 위하여 갈대
민 5:13	남편의 눈에 숨겨 드러나지 아니하였고
신 13:8	애석히 여기지 말며 덮어 숨기지 말고
신 31:17	내 얼굴을 숨겨 그들에게 보이지 않게
신 31:18	그 때에 반드시 내 얼굴을 숨기리라
신 32:20	얼굴을 그들에게서 숨겨 그들의 종말이
수 2:4	그 두 사람을 이미 숨긴지라 이르되
수 2:6	그 지붕에 벌여 놓은 삼대에 숨겼더라
수 6:17	보낸 사자들을 그가 숨겨 주었음이니라
수 6:25	보낸 사자들을 숨겼음이었더라
수 7:19	알게 하라 그 일을 내게 숨기지 말라
삼상 3:17	내게 숨기지 말라 네게 말씀하신 모든 것을 하나라도 숨기면 하나님이 네게
삼상 3:18	자세히 말하고 조금도 숨기지 아니하니
삼상 20:2	어찌하여 이 일을 내게 숨기리요
삼상 20:5	보내어 셋째 날 저녁까지 들에 숨

삼하 14:18	내가 네게 묻는 것을 내게 숨기지 말라
삼하 18:13	아무 일도 왕 앞에는 숨길 수 없나니
왕상 18:4	백 명을 가지고 오십 명씩 굴에 숨기고
왕상 18:13	백 명을 오십 명씩 굴에 숨기고
왕하 4:27	내게 숨기시고 이르지 아니하셨도다
왕하 6:29	그가 그의 아들을 숨겼나이다 하는지라
왕하 11:2	유모를 침실에 숨겨 아달랴를 피하여
대하 22:11	그와 그의 유모를 침실에 숨겨 아달랴를

시가서

욥 3:21	땅을 파고 숨긴 보배를 찾음보다 죽음을
욥 14:13	나를 숨기시고 나를 위하여 규례를
욥 15:18	조상에게서 숨기지 아니하였느니라
욥 18:10	그를 잡을 덫이 땅에 숨겨져 있고 그를
욥 27:11	전능자에게 있는 것을 내가 숨기지
욥 28:21	생물의 눈에 숨겨졌고 공중의 새에게
욥 31:33	다른 사람처럼 내 악행을 숨긴 일이
시 9:15	자기가 숨긴 그물에 자기 발이 걸렸도다
시 13:1	나에게서 어느 때까지 숨기시겠나이까
시 22:24	얼굴을 그에게서 숨기지 아니하시고
시 27:5	그의 장막 은밀한 곳에 나를 숨기시며
시 27:9	주의 얼굴을 내게서 숨기지 마시고
시 31:20	그들을 주의 은밀한 곳에 숨기사 사람의
시 32:5	주께 내 죄를 아뢰고 내 죄악을 숨기지
시 35:7	그물을 웅덩이에 숨기며 까닭 없이
시 35:8	그가 숨긴 그물에 자기가 잡히게 하시며
시 40:10	공의를 내 심중에 숨기지 아니하고
시 64:2	악을 꾀하는 자들의 음모에서 나를 숨겨
시 69:5	나의 죄가 주 앞에서 숨김이 없나이다
시 69:17	얼굴을 주의 종에게서 숨기지 마소서
시 78:4	우리가 이를 그들의 자손에게서 숨기지
시 83:3	꾀하며 주께서 숨기신 자를 치려고
시 88:14	주의 얼굴을 내게서 숨기시나이까
시 89:46	스스로 영원히 숨기시리이까 주의
시 102:2	주의 얼굴을 내게서 숨기지 마소서
시 104:29	낯을 숨기신즉 그들이 떨고 주께서
시 119:19	주의 계명들을 내게 숨기지 마소서
시 139:12	흑암이 숨기지 못하며 밤이 낮과 같이
시 139:15	주의 앞에 숨겨지지 못하였나이다
시 142:3	나를 잡으려고 올무를 숨겼나이다
시 143:7	주의 얼굴을 내게서 숨기지 마소서
잠 11:13	신실한 자는 그런 것을 숨기느니라
잠 25:2	숨기는 것은 하나님의 영화요 일을
잠 28:13	죄를 숨기는 자는 형통하지 못하나

1455

[숨다]   [숨다]

선지서
사 3:9 　그들의 죄를 말해 주고 **숨기지** 못함이
사 16:3 　쫓겨난 자들을 **숨기며** 도망한 자들을
사 28:15 　아래에 우리를 **숨겼음이라** 하는도다
사 29:15 　여호와께 깊이 **숨기려** 하는 자들은
사 30:20 　네 스승이 다시 **숨기지** 아니하시리니
사 40:27 　길은 여호와께 **숨겨졌으며** 내 송사는
사 49:2 　나를 그의 손 그늘에 **숨기시며** 나를
사 64:7 　우리에게 얼굴을 **숨기시며** 우리의
사 65:16 　잊어졌고 내 눈 앞에 **숨겨졌음이라**
렘 16:17 　내 얼굴 앞에서 **숨기지** 못하며 그들의
　　　　　　죄악이 내 목전에서 **숨겨지지** 못함이라
렘 23:24 　자신을 은밀한 곳에 **숨길** 수 있겠느냐
렘 36:26 　여호와께서 그들을 **숨기셨더라**
렘 38:14 　물으리니 한 마디도 내게 **숨기지** 말라
렘 38:25 　우리에게 전하라 우리에게 **숨기지** 말라
렘 42:4 　너희에게 응답하시는 것을 **숨김이** 없이
렘 49:10 　그가 그 몸을 **숨길** 수 없을 것이라
렘 50:2 　깃발을 세우라 **숨김이** 없이 공포하여
호 5:3 　이스라엘은 내게 **숨기지** 못하나니
습 2:3 　여호와의 분노의 날에 **숨김을** 얻으리라

신약
마 5:14 　산 위에 있는 동네가 **숨겨** 지지 못할
마 11:25 　슬기 있는 자들에게는 **숨기시고**
마 13:44 　이를 발견한 후 **숨겨** 두고 기뻐하며
막 4:22 　드러내려 하지 않고는 **숨긴** 것이 없고
막 7:24 　모르게 하시려 하나 **숨길** 수 없더라
눅 8:47 　여자가 스스로 **숨기지** 못할 줄 알고
눅 9:45 　이는 그들로 깨닫지 못하게 **숨긴** 바
눅 10:21 　슬기 있는 자들에게는 **숨기시고** 어린
눅 12:2 　**숨긴** 것이 알려지지 않을 것이 없나니
눅 19:42 　뻔하였거니와 지금 네 눈에 **숨겨졌도다**
요 1:20 　드러내어 말하고 **숨기지** 아니하니
요 19:38 　유대인이 두려워 그것을 **숨기더니**
딤전 5:25 　드러나고 그렇지 아니한 것도 **숨길** 수
히 11:23 　석 달 동안 **숨겨** 왕의 명령을 무서워하

숨다 (hide)
모세오경, 역사서
창 3:8 　피하여 동산 나무 사이에 **숨은지라**
창 3:10 　벗었으므로 두려워하여 **숨었나이다**
신 7:20 　너를 피하여 **숨은** 자를 멸하시리니
수 2:16 　가서 거기서 사흘 동안 **숨어** 있다가
수 10:16 　도망하여 막게다의 굴에 **숨었더니**
수 10:17 　막게다의 굴에 그 다섯 왕들이 **숨은** 것을
수 10:27 　시체를 나무에서 내려 그들이 **숨었던**
삿 9:5 　요담은 스스로 **숨었으므로** 남으니라
삿 21:20 　명령하여 이르되 가서 포도원에 **숨어**
삼상 10:22 　그가 짐보따리들 사이에 **숨었느니라**
삼상 13:6 　바위 틈과 은밀한 곳과 웅덩이에 **숨으며**
삼상 14:11 　히브리 사람이 그들이 **숨었던** 구멍에서
삼상 14:22 　산지에 **숨었던** 이스라엘 모든 사람도
삼상 19:2 　조심하여 은밀한 곳에 **숨어** 있으라
삼상 20:19 　일이 있던 날에 **숨었던** 곳에 이르러
삼상 20:24 　다윗이 들에 **숨으니라** 초하루가 되매
삼상 23:19 　산 수풀 요새에 **숨지** 아니하였나이까
삼상 23:22 　그가 어디에 **숨었으며** 누가 거기서
삼상 23:23 　그가 **숨어** 있는 모든 곳을 정탐하고
삼상 26:1 　앞 하길라 산에 **숨지** 아니하였나이까
삼하 17:9 　어느 굴에나 어느 곳에 **숨어** 있으리니
왕상 17:3 　가서 요단 앞 그릿 시냇가에 **숨고**
왕상 22:25 　골방에 들어가서 **숨는** 그 날에 보리라
왕하 11:3 　여호와의 성전에 육 년을 **숨어** 있는
대상 12:1 　말미암아 시글락에 숨어 있을 때에
대상 21:20 　오르난이 네 명의 아들과 함께 **숨었더니**
대하 18:24 　들어가서 **숨는** 바로 그 날에 보리라
대하 22:9 　사마리아에 **숨었더니** 예후가 찾으매
대하 22:12 　하나님의 전에 육 년을 **숨어** 있는 동안

시가서
욥 5:21 　네가 혀의 채찍을 피하여 **숨을** 수가
욥 13:20 　주의 얼굴을 피하여 **숨지** 아니하오리니
욥 15:22 　못하고 칼날이 **숨어서** 기다리느니라
욥 24:4 　학대 받는 자가 다 스스로 **숨는구나**
욥 29:8 　젊은이들은 **숨으며** 노인들은 일어나서
욥 31:9 　문을 엿보아 문에서 **숨어** 기다렸다면
욥 34:22 　행악자는 **숨을** 만한 흑암이나 사망의
욥 38:40 　엎드리며 숲에 앉아 **숨어** 기다리느니라
시 10:1 　어찌하여 환난 때에 **숨으시나이까**
시 18:11 　그가 흑암을 그의 **숨는** 곳으로 삼으사
시 19:12 　나를 **숨은** 허물에서 벗어나게 하소서
시 55:1 　기울이시고 내가 간구할 때에 **숨지**
시 55:12 　내가 그를 피하여 **숨었으리라**
시 56:6 　모여 **숨어** 내 발자취를 지켜보나이다
시 71:3 　내가 항상 피하여 **숨을** 바위가 되소서
시 143:6 　건지소서 내가 주께 피하여 **숨었나이다**
잠 1:11 　죄 없는 자를 까닭 없이 **숨어** 기다리다

1456

【 숨지다 】   【 숫양 】

잠 1:18	**숨어** 기다림은 자기의 생명을 해할	**숨** 2(Zuph) 선지자 사무엘의 선조	
잠 22:3	슬기로운 자는 재앙을 보면 **숨어** 피하여	삼상 1:1	도후의 증손이요 **숩**의 현손이더라
잠 27:5	면책은 **숨은** 사랑보다 나으니라	대상 6:35	도아는 **숩**의 아들이요 **숩**은 엘가나의
잠 27:12	슬기로운 자는 재앙을 보면 **숨어** 피하여		
잠 28:12	있고 악인이 일어나면 사람이 **숨느니라**	**숩빔**(Shuppim)	
잠 28:28	일어나면 사람이 **숨고** 그가 멸망하면	1. 베냐민 지파 사람으로 일의 아들	
선지서, 신약		대상 7:12	일의 아들은 **숩빔**과 훕빔이요 아헬의
사 2:10	너희는 바위 틈에 들어가며 진토에 **숨어**	대상 7:15	마길은 훕빔과 **숩빔**의 누이 마아가라
사 4:6	그늘을 지으며 또 풍우를 피하여 **숨는**	2. 성전의 살래겟 문을 지킨 문지기	
사 26:20	분노가 지나기까지 잠깐 **숨을지어다**	대상 26:16 **숩빔**과 호사는 서쪽을 뽑아 큰 길로	
사 28:17	소탕하며 물이 그 **숨는** 곳에 넘칠		
사 45:3	보화와 은밀한 곳에 **숨은** 재물을 주어	**숫양**(羊, ram)	
사 45:15	스스로 **숨어** 계시는 하나님이시니이다	창 15:9	삼 년 된 **숫양**과 산비둘기와 집비둘기
사 58:7	스스로 **숨지** 아니하는 것이 아니겠느냐	창 22:13	살펴본즉 한 **숫양**이 뒤에 있는데 … 아
렘 36:19	예레미야와 함께 **숨고** 너희가 있는		브라함이 가서 그 **숫양**을 가져다가
렘 49:8	도망할지어다 깊은 곳에 **숨을지어다**	창 31:10	양 떼를 탄 **숫양**은 다 얼룩무늬 있는
렘 49:10	내가 에서의 옷을 벗겨 그 **숨은** 곳이	창 32:14	이십이요 암양이 이백이요 **숫양**이
단 10:7	그들이 크게 떨며 도망하여 **숨었느니라**	출 25:5	물들인 **숫양**의 가죽과 해달의 가죽과
호 13:14	있느냐 뉘우침이 내 눈 앞에서 **숨으리라**	출 26:14	물들인 **숫양**의 가죽으로 막의 덮개를
암 9:3	꼭대기에 **숨을지라도** 내가 거기에서	출 29:1	어린 수소 하나와 흠 없는 **숫양** 둘을
	… 피하여 바다 밑에 **숨을지라도** 내가	출 35:7	물들인 **숫양**의 가죽과 해달의 가죽과
나 3:11	취하여 **숨으리라** 너도 원수들 때문에	레 5:15	상당한 흠 없는 **숫양**을 양 떼 중에서
마 10:26	**숨은** 것이 알려지지 않을 것이 없느니라	레 6:6	흠 없는 **숫양**을 속건제물을 위하여
눅 1:24	잉태하고 다섯 달 동안 **숨어** 있으며	레 8:2	속죄제의 수송아지와 **숫양** 두 마리와
요 8:59	예수께서 **숨어** 성전에서 나가시니라	레 9:2	번제를 위하여 흠 없는 **숫양**을 여호와
요 12:36	하시고 그들을 떠나가서 **숨으시니라**	레 14:10	흠 없는 어린 **숫양** 두 마리와 일 년 된
행 23:21	그를 죽이려고 **숨어서** 지금 다 준비하고	레 16:3	수송아지를 속죄제물로 삼고 **숫양**을
고전 14:25	마음의 **숨은** 일들이 드러나게 되므로	레 23:12	일 년 되고 흠 없는 **숫양**을 여호와께
고후 4:2	**숨은** 부끄러움의 일을 버리고 속임으로	민 5:8	그를 위하여 속할 속죄의 **숫양**과 함께
벧전 3:4	마음에 **숨은** 사람을 온유하고 안정한	민 6:12	일 년 된 **숫양**을 가져다가 속건제물로
계 6:15	자유인이 굴과 산들의 바위 틈에 **숨어**	민 7:15	**숫양** 한 마리와 일 년 된 어린 **숫양** 한
		민 15:11	수송아지나 **숫양**이나 어린 **숫양**이나
숨지다(die)		민 23:1	수송아지 일곱 마리와 **숫양** 일곱 마리를
욥 3:11	해산할 때에 내가 **숨지** 아니하였던가	민 28:3	일 년 되고 흠 없는 **숫양**을 매일 두
막 15:37	큰 소리를 지르시고 **숨지시니라**	신 32:14	난 **숫양**과 염소와 지극히 아름다운
막 15:39	백부장이 그렇게 **숨지심**을 보고 이르되	삼상 15:22	순종이 제사보다 낫고 듣는 것이 **숫양**의
눅 23:46	하고 이 말씀을 하신 후 **숨지시니라**	왕하 3:4	양 십만 마리의 털과 **숫양** 십만 마리의
		대상 15:26	수송아지 일곱 마리와 **숫양** 일곱 마리로
숩 1(Suph)		대상 29:21	수송아지가 천 마리요 **숫양**이 천 마리요
1. 요단 동편 아라바 광야 맞은 편 지역		대하 13:9	수송아지 한 마리와 **숫양** 일곱 마리를
신 1:1	요단 저쪽 **숩** 맞은편의 아라바 광야 곧	대하 17:11	떼 곧 **숫양** 칠천칠백 마리와 숫염소
2. 사울이 나귀를 찾기 위해 갔던 베냐민 지방		대하 29:21	수송아지 일곱 마리와 **숫양** 일곱 마리와
삼상 9:5	그들이 **숩** 땅에 이른 때에 사울이 함께	스 6:9	번제의 수송아지와 **숫양**과 어린 양과

1457

[숫염소]   [숭배/-하다]

스 7:17	돈으로 수송아지와 **숫양**과 어린 양과	레 17:7	전에 음란하게 섬기던 **숫염소**에게
스 8:35	수송아지가 열두 마리요 또 **숫양**이	레 23:19	**숫염소** 하나로 속죄제를 드리며 일 년
스 10:19	죄로 말미암아 **숫양** 한 마리를 속건제로	민 7:16	속죄제물로 **숫염소** 한 마리이며
욥 42:8	너희는 수소 일곱과 **숫양** 일곱을 가지고	민 15:24	소제와 전제를 드리고 **숫염소** 한 마리를
시 66:15	내가 **숫양**의 향기와 함께 살진 것으로	민 28:15	**숫염소** 한 마리를 속죄제로 여호와께
시 114:4	**숫양**들같이 뛰놀며 작은 산들은 어린	대하 11:15	여로보암이 여러 산당과 **숫염소** 우상과
사 1:11	나는 **숫양**의 번제와 살진 짐승의 기름에	대하 17:11	칠천칠백 마리와 **숫염소** 칠천칠백
사 34:6	만족하고 기름 곧 **숫양**의 콩팥 기름으로	대하 29:21	양 일곱 마리와 **숫염소** 일곱 마리를
사 60:7	느바욧의 **숫양**은 네게 공급되고 내	대하 29:23	속죄제물로 드릴 **숫염소**들을 왕과 회중
렘 51:40	어린 양과 **숫양**과 숫염소가 도살장으로	스 6:17	지파의 수를 따라 **숫염소** 열두 마리로
겔 27:21	상인이 되어 어린 양과 **숫양**과 염소들,	스 8:35	속죄제의 **숫염소**가 열두 마리니 모두
겔 34:17	양과 양 사이와 **숫양**과 숫염소 사이에서	시 50:9	집에서 수소나 네 우리에서 **숫염소**를
겔 39:18	살진 짐승 곧 **숫양**이나 어린 양이나	잠 30:31	사냥개와 **숫염소**와 및 당할 수 없는
겔 43:23	떼 가운데에서 흠 없는 **숫양** 한 마리를	사 1:11	어린 양이나 **숫염소**의 피를 기뻐하지
겔 45:23	흠 없는 수송아지 일곱 마리와 **숫양**	사 34:14	만나며 **숫염소**가 그 동류를 부르며
겔 46:4	양 여섯 마리와 흠 없는 **숫양** 한 마리라	렘 50:8	나오라 양 떼에 앞서가는 **숫염소**같이
단 8:3	강가에 두 뿔 가진 **숫양**이 섰는데 그	렘 51:40	숫양과 **숫염소**가 도살장으로 가는 것
단 8:20	뿔 가진 **숫양**은 곧 메대와 바사 왕들이	겔 34:17	숫양과 **숫염소** 사이에서 심판하노라
미 6:7	여호와께서 천천의 **숫양**이나 만만의	겔 43:22	흠 없는 **숫염소** 한 마리를 속죄제물로
		겔 45:23	매일 **숫염소** 한 마리를 갖추어 속죄제를
		단 8:5	생각할 때에 한 **숫염소**가 서쪽에서부터
		단 8:21	털이 많은 **숫염소**는 곧 헬라 왕이요
		슥 10:3	**숫염소**들을 벌하리라 만군의 여호와

숫양 - 기타 본문

창 31:12, 38; 출 29:15, 16, 17, 18, 19, 20, 22, 26, 27, 31, 32; 35:23; 36:19; 39:34; 레 5:16, 18; 8:18, 20, 21, 22, 29; 9:4, 18, 19; 14:12, 13, 21; 16:5; 19:21, 22; 23:18, 19; 민 6:14, 17, 19; 7:17, 21, 23, 27, 33, 35, 39, 41, 45, 47, 51, 53, 57, 59, 63, 65, 69, 71, 75, 77, 81, 83, 87, 88; 23:2, 4, 14, 29, 30; 28:9, 11, 12, 14, 19, 20, 27, 28; 29:2, 3, 8, 9, 13, 14, 17, 18, 20, 21, 23, 24, 26, 27, 29, 30, 32, 33, 36, 37; 대하 29:22, 32; 스 6:17; 시 114:6; 겔 45:24; 46:5, 6; 46:7, 11; 단 8:4, 6, 7

숫염소 - 기타 본문

민 7:17, 22, 23, 28, 29, 34, 35, 40, 41, 46, 47, 52, 53, 58, 59, 64, 65, 70, 71, 76, 77, 82, 83, 87, 88; 28:22, 30; 29:5, 11, 16, 19, 22, 25, 28, 31, 34, 38

숭배/-하다 (崇拜, idolatry, worship)

골 2:18	겸손과 천사 **숭배**를 이유로 너희를
골 2:23	**숭배**와 겸손과 몸을 괴롭게 하는 데는
살후 2:4	신이라고 불리는 모든 것과 **숭배함**을

'숭배(하는) 자'와 관련된 성구

고전 5:10; 10:7; 엡 5:5; 계 21:8; 계 22:15

숫염소 (goat)

창 30:35	그 날에 그가 **숫염소** 중 얼룩무늬 있는 것과 점 있는 것을
창 32:14	이백이요 **숫염소**가 이십이요 암양이
창 37:31	요셉의 옷을 가져다가 **숫염소**를 죽여
레 4:23	그는 흠 없는 **숫염소**를 예물로 가져다가
레 4:24	그 **숫염소**의 머리에 안수하고 여호와
레 9:3	속죄제를 위하여 **숫염소**를 가져오고
레 16:5	속죄제물로 삼기 위하여 **숫염소** 두 마리

우상 숭배

겔 36:25	모든 **우상 숭배**에서 너희를 정결하게
고전 5:11	**우상 숭배**를 하거나 모욕하거나 술
고전 6:9	음행하는 자나 **우상 숭배**하는 자나

【 숭상하다 】 　　　　　　　　　　　　　　　　【 쉬다 】

고전 10:14 사랑하는 자들아 **우상 숭배**하는 일을
갈 5:20 **우상 숭배**와 주술과 원수 맺는 것과
골 3:5 정욕과 탐심이니 탐심은 **우상 숭배**니라
벧전 4:3 방탕과 향락과 무법한 **우상 숭배**를

숭상하다(崇尙, cling to)
시 31:6 내가 허탄한 거짓을 **숭상하는** 자들을
욘 2:8 **숭상하는** 모든 자는 자기에게 베푸신

숯(charcoal)
삼하 22:9 나와 사름이여 그 불에 **숯**이 피였도다
시 18:8 나와 사름이여 그 불에 **숯**이 피였도다
시 102:3 소멸하며 내 뼈가 **숯**같이 탔음이니이다
잠 25:22 **숯**을 그의 머리에 놓는 것과 일반이요
잠 26:21 **숯**불 위에 **숯**을 더하는 것과 타는 불에
사 6:6 제단에서 집은 바 핀 **숯**을 손에 가지고
애 4:8 그들의 얼굴이 **숯**보다 검고 그들의 가죽

숯불(coal)
삼하 14:7 그들이 내게 남아 있는 **숯불**을 꺼서
삼하 22:13 그 앞에 있는 광채로 말미암아 **숯불**이
왕상 19:6 머리맡에 **숯불**에 구운 떡과 한 병 물이
욥 41:21 그의 입김은 **숯불**을 지피며 그의 입은
시 18:12 빽빽한 구름이 지나며 우박과 **숯불**이
시 18:13 음성을 내시며 우박과 **숯불**을 내리시도다
시 120:4 날카로운 화살과 로뎀 나무 **숯불**이리로
시 140:10 뜨거운 **숯불**이 그들 위에 떨어지게
잠 6:28 **숯불**을 밟고서야 어찌 그의 발이 데지
잠 26:21 **숯불** 위에 숯을 더하는 것과 타는 불에
사 44:12 연장을 만들고 **숯불**로 일하며 망치를
사 44:19 그 **숯불** 위에서 떡도 굽고 고기도 구워
사 47:14 불은 덥게 할 **숯불**이 아니요 그 앞에
사 54:16 **숯불**을 불어서 자기가 쓸 만한 연장을
겔 1:13 또 생물들의 모양은 타는 **숯불**과 횃불
겔 10:2 **숯불**을 두 손에 가득히 움켜 가지고
겔 24:11 빈 후에는 **숯불** 위에 놓아 뜨겁게 하며
요 21:9 육지에 올라보니 **숯불**이 있는데 그 위에
롬 12:20 네가 **숯불**을 그 머리에 쌓아 놓으리라

숱하다(great, well)
사 3:24 대머리가 **숱한** 머리털을 대신하고 굵은

겔 17:3 털이 **숱한** 큰 독수리가 레바논에 이르러

숲(forest)
대상 16:33 **숲** 속의 나무들이 여호와 앞에서 즐거이
욥 38:40 엎드리며 **숲**에 앉아 숨어 기다리느니라
시 96:12 **숲**의 모든 나무들이 여호와 앞에서
사 7:2 그의 백성의 마음이 **숲**이 바람에 흔들림
사 10:18 그의 **숲**과 기름진 밭의 영광이 전부
사 10:19 그의 **숲**에 남은 나무의 수가 희소하여
사 10:34 쇠로 **빽빽한 숲**을 베시니 레바논이
사 29:17 밭이 **숲**으로 여겨지지 아니하겠느냐
사 32:15 아름다운 밭을 **숲**으로 여기게 되리라
사 32:19 **숲**은 우박에 상하고 성읍은 파괴되리라
사 44:14 **숲**의 나무들 가운데에서 자기를 위하여
사 44:23 산들아 **숲**과 그 가운데의 모든 나무들아
사 56:9 들의 모든 짐승들아 **숲** 가운데의 모든
렘 12:8 **숲** 속의 사자같이 되어서 나를 향하여
렘 26:18 성전의 산은 산당의 **숲**과 같이 되리라
렘 49:19 보라 사자가 요단 강의 깊은 **숲**에서
렘 50:44 사자가 요단의 깊은 **숲**에서 나타나듯이
겔 15:2 **숲** 속의 여러 나무 가운데에 있는 그
겔 20:46 남으로 향하여 소리내어 남쪽의 **숲**을
겔 20:47 **숲**에게 이르기를 여호와의 말씀을
겔 31:3 **숲**의 그늘 같으며 키가 크고 꼭대기가
겔 39:10 **숲**에서 벌목하지 아니하겠고 전에
슥 11:2 곡할지어다 무성한 **숲**이 엎드러졌도다

쉬다(cease, rest, stop, breathe)
1. 움직임을 멈추거나 일을 멈추다
(cease, rest, stop)
모세오경, 역사서
창 8:22 겨울과 낮과 밤이 **쉬지** 아니하리라
창 18:4 발을 씻으시고 나무 아래에서 **쉬소서**
창 49:15 그는 쉴 곳을 보고 좋게 여기며 토지를
출 5:4 백성의 노역을 **쉬게** 하려느냐 가서
출 5:5 너희가 그들로 노역을 **쉬게** 하는도다
출 20:11 일곱째 날에 **쉬었음이라** 그러므로 나
출 23:12 일곱째 날에는 **쉬라** 네 소와 나귀가 쉴
출 31:17 일곱째 날에 일을 마치고 **쉬었음이니라**
출 33:14 친히 가리라 내가 너를 **쉬게** 하리라
출 34:21 일곱째 날에는 **쉴지니** 밭 갈 때에나
레 23:3 일곱째 날은 **쉴** 안식일이니 성회로
레 23:24 그 달 첫 날은 너희에게 **쉬는** 날이

【 쉬다 】　　　　　　　　　　　　　　　　　　　　　　　　　　　　　　　　　【 쉽다 】

레 23:32	너희가 **쉴** 안식일이라 너희는 스스로	애 2:18	스스로 **쉬지** 말고 네 눈동자를 **쉬게**
레 25:4	일곱째 해에는 그 땅이 **쉬어** 안식하게	애 3:49	흐르는 눈물이 그치지 아니하고 **쉬지**
레 26:35	안식할 때에 땅은 **쉬지** 못하였으나 그 땅이 황무할 동안에는 **쉬게** 되리라	애 5:5	눌렀사오니 우리가 기진하여 **쉴** 수
민 8:25	오십 세부터는 그 일을 **쉬어** 봉사하지	미 2:10	**쉴** 곳이 아니니 일어나 떠날지어다
민 10:33	삼 일 길에 앞서 가며 그들의 **쉴** 곳을	나 3:18	목자가 자고 네 귀족은 누워 **쉬며** 네
민 10:36	**쉴** 때에는 말하되 여호와여 이스라엘	겔 31:15	강을 **쉬게** 하며 큰 물을 그치게 하고
신 28:65	발바닥이 **쉴** 곳도 얻지 못하고 여호와께	슥 6:8	북쪽에서 내 영을 **쉬게** 하였느니라
수 23:1	원수들로부터 이스라엘을 **쉬게** 하신 지	▎신약	
삿 20:43	추격하며 그 **쉬는** 곳에서 짓밟으매	마 11:28	내게로 오라 내가 너희를 **쉬게** 하리라
룻 3:18	일을 성취하기 전에는 **쉬지** 아니하리라	마 11:29	그리하면 너희 마음이 **쉼**을 얻으리니
삼상 7:8	하나님 여호와께 **쉬지** 말고 부르짖어	마 12:43	곳으로 다니며 **쉬기를** 구하되 **쉴** 곳을
삼상 12:23	너희를 위하여 기도하기를 **쉬는** 죄를	마 26:45	자고 **쉬라** 보라 때가 가까이 왔으니
왕상 13:7	나와 함께 집에 가서 **쉬라** 내가 네게	막 6:31	한적한 곳에 가서 잠깐 **쉬어라** 하시니
느 10:31	일곱째 해마다 땅을 **쉬게** 하고 모든	막 14:41	이르시되 이제는 자고 **쉬라** 그만 되었다
에 9:17	일을 행하였고 십사일에 **쉬며** 그 날에	눅 11:24	물 없는 곳으로 다니며 **쉬기를** 구하되
에 9:18	십오일에 **쉬며** 이 날에 잔치를 베풀어	눅 21:37	나가 감람원이라 하는 산에서 **쉬시니**
▎시가서, 선지서		눅 23:56	계명을 따라 안식일에 **쉬더라**
욥 3:13	내가 평안히 누워서 자고 **쉬었을** 것이니	요 11:13	잠들어 **쉬는** 것을 가리켜 말씀하심인
욥 3:17	그치며 거기서는 피곤한 자가 **쉼을**	롬 1:9	내 기도에 **쉬지** 않고 너희를 말하며
욥 16:18	부르짖음이 **쉴** 자리를 잡지 못하게 하라	롬 15:32	나아가 너희와 함께 편히 **쉬게** 하라
욥 17:16	흙 속에서 **쉴** 때에는 희망이 스올의	살전 5:17	**쉬지** 말고 기도하라
욥 30:17	뼈가 쑤시니 나의 아픔이 **쉬지** 아니하	딤후 1:3	내가 밤낮 간구하는 가운데 **쉬지** 않고
시 23:2	풀밭에 누이시며 **쉴** 만한 물가로 인도	히 4:4	제칠일에 그의 모든 일을 **쉬셨다** 하였으
시 46:9	땅 끝까지 전쟁을 **쉬게** 하심이여 활을	히 4:10	**쉼**과 같이 그도 자기의 일을 **쉬느니라**
시 132:14	이는 내가 영원히 **쉴** 곳이라 내가 여기	약 3:8	길들일 사람이 없나니 **쉬지** 아니하는
잠 15:1	분노를 **쉬게** 하여도 과격한 말은 노를	계 6:11	잠시 동안 **쉬되** 그들의 동무 종들과
잠 16:14	지혜로운 사람은 그것을 **쉬게** 하리라	계 14:13	수고를 그치고 **쉬리니** 이는 그들의 행한
잠 21:14	은밀한 선물은 노를 **쉬게** 하고 품 안의		
잠 24:15	집을 엿보지 말며 그가 **쉬는** 처소를	▎'쉬다'와 관련된 성구	
잠 26:20	말쟁이가 없어지면 다툼이 **쉬느니라**	밤낮 쉬다 - 행 20:31; 계 4:8; 14:11	
전 2:23	마음이 밤에도 **쉬지** 못하나니 이것도	편히/평안히 쉬다 - 삼하 7:11; 욥 11:18; 시 55:6; 사 57:2; 63:14; 단 12:13	
아 1:7	네가 양 치는 곳과 정오에 **쉬게** 하는		
사 13:20	양 떼를 **쉬게** 하지 아니할 것이요	**2. 숨을 들이마셨다 내보냈다 하다**(breathe)	
사 28:24	어찌 **쉬지** 않고 갈기만 하겠느냐 자기	출 8:15	바로가 숨을 **쉴** 수 있게 됨을 보았을
사 32:18	거처와 조용히 **쉬는** 곳에 있으려니와	욥 9:18	나를 숨 **쉬지** 못하게 하시며 괴로움을
사 34:14	올빼미가 거기에 살면서 **쉬는** 처소로		
사 62:1	예루살렘을 위하여 **쉬지** 아니할 것인즉	**쉽다**(easy, quickly)	
사 62:6	기억하시게 하는 자들아 너희는 **쉬지**	출 18:22	함께 담당할 것인즉 일이 네게 **쉬우리라**
사 62:7	찬송을 받게 하시기까지 그로 **쉬지**	왕하 20:10	십도를 나아가기는 **쉬우니** 그리할 것이
렘 47:6	언제까지 **쉬지** 않겠느냐 네 칼집에	잠 14:6	명철한 자는 지식 얻기가 **쉬우니라**
렘 50:6	산에서 언덕으로 돌아다니며 **쉴** 곳을	잠 15:18	분을 **쉽게** 내는 자는 다툼을 일으켜도
애 1:3	그가 열국 가운데 거주하면서 **쉴** 곳을		

【 스가가 】 　　　　　　　　　　　【 스가랴 】

전 4:12	맞설 수 있나니 세 겹 줄은 **쉽게** 끊어지
사 49:6	돌아오게 할 것은 매우 **쉬운** 일이라
호 6:4	인애가 아침 구름이나 **쉬** 없어지는
호 13:3	구름 같으며 **쉬** 사라지는 이슬 같으며
마 9:5	하는 말 중에 어느 것이 **쉽겠느냐**
마 11:30	내 멍에는 **쉽고** 내 짐은 가벼움이라
마 19:24	나라에 들어가는 것보다 **쉬우니라**
막 2:9	하는 말 중에서 어느 것이 **쉽겠느냐**
막 10:25	나라에 들어가는 것보다 **쉬우니라**
눅 5:23	걸어가라 하는 말이 어느 것이 **쉽겠느냐**
눅 16:17	떨어짐보다 천지가 없어짐이 **쉬우리라**
눅 18:25	나라에 들어가는 것보다 **쉬우니라**
고전 14:9	알아 듣기 **쉬운** 말을 하지 아니하면
살후 2:2	주의 날이 이르렀다고 해서 **쉽게** 마음이
히 12:1	모든 무거운 것과 얽매이기 **쉬운** 죄를

'견디기 쉽다'와 관련된 성구
　　마 10:15; 11:22, 24; 눅 10:12, 14

스가가(Secacah) 사해쪽 광야에 위치한 유다 지파에게 분배된 성읍
수 15:61　광야에는 벤 아라바와 밋딘과 **스가가**와

스가냐(Shecaniah)
1. 유다 왕 여호야긴의 후손
대상 3:21　오바댜의 아들들, **스가냐**의 아들들이니
대상 3:22　**스가냐**의 아들은 스마야요 스마야의
스 8:3　　**스가냐** 자손 곧 바로스 자손 중에서는
2. 제사장 24반열 중 열한째 반열의 족장
대상 24:11　아홉째는 예수아요 열째는 **스가냐**요
3. 레위 지파로 히스기야 왕 때 성전의 예물을 분배함
대하 31:15　스마야와 아마랴와 **스가냐**ㅡ 제사장들
4. 엘람 자손으로 여히엘의 아들
스 10:2　　여히엘의 아들 **스가냐**가 에스라에게
5. 바벨론 포로지에서 귀환한 야하시엘의 조상
스 8:5　　　**스가냐** 자손 중에서는 야하시엘의 아들
6. 예루살렘 성벽의 재건에 참여한 스마야의 아버지
느 3:29　　다음은 동문지기 **스가냐**의 아들 스마야
7. 아라의 아들로 도비야의 장인
느 6:18　　아라의 아들 **스가냐**의 사위가 되었고

8. 스룹바벨과 바벨론 포로에서 돌아온 제사장
느 12:3　　**스가냐**와 르훔과 므레못과

스가랴(Zechariah)
1. 잇도의 손자로 다리오 왕 시대에 활동한 선지자
스 5:1　　선지자 학개와 잇도의 손자 **스가랴**가

　스가랴 1 - 기타 본문
스 6:14; 느 12:16; 슥 1:1, 7; 7:1, 8

2. 예후 왕조의 마지막 왕
왕하 14:29　함께 자고 그의 아들 **스가랴**가 대신하여
왕하 15:8　　여로보암의 아들 **스가랴**가 사마리아
왕하 15:11 **스가랴**의 남은 사적은 이스라엘 왕
3. 히스기야 왕의 모친 아비야의 아버지
대하 29:1　어머니의 이름은 아비야요 **스가랴**의
4. 르우벤 지파의 족장 가운데 한 사람
대상 5:7　　우두머리 된 자는 여이엘과 **스가랴**와
5. 사울 왕의 조부인 넬의 형제
대상 9:37　그돌과 아히오와 **스가랴**와 미글롯이며
6. 다윗 시대 회막 문지기
대상 9:21　므셀레먀의 아들 **스가랴**는 회막 문지기
대상 26:2　맏아들 **스가랴**와 둘째 여디아엘과 셋째
대상 26:14 아들 **스가랴**는 명철한 모사라 모사를
7. 다윗 때의 성전 악사
대상 15:18 그들의 형제 **스가랴**와 벤과 야아시엘과
대상 15:20 **스가랴**와 아시엘과 스미라못과 여히엘
대상 16:5　다음은 **스가랴**와 여이엘과 스미라못과
8. 다윗 시대의 제사장
대상 15:24 느다넬과 아마새와 **스가랴**와 브나야와
9. 다윗 시대 제사장 아래서 봉사했던 레위인
대상 24:25 잇시야의 아들들 중에는 **스가랴**이며
10. 다윗 시대 회막 문지기
대상 26:11 넷째는 **스가랴**이니 호사의 아들들과
11. 길르앗에 있는 므낫세 반 지파를 다스린 지방 관리
대상 27:21 므낫세 반 지파의 지도자는 **스가랴**의
12. 여호사밧 왕 때 유다 전역을 돌며 백성들을 율법으로 가르쳤던 관리
대하 17:7 오바댜와 **스가랴**와 느다넬과 미가야를
13. 아삽의 자손으로 브나야의 아들

【 스가랴 】　　　　　　　　　　　　　　　　　　　　　　　　　　　　　　【 스담 】

대하 20:14　브나야의 손자요 **스가랴**의 아들이더라
　　　14. 여호사밧 왕의 아들
대하 21:2　여히엘과 **스가랴**와 아사랴와 미가엘과
　　　15. 유다 왕 요아스 때의 선지자
대하 24:20　여호야다의 아들 **스가랴**를 감동시키시
대하 24:22　요아스 왕이 이와 같이 **스가랴**의 아버지
　　　16. 여베레기야의 아들
사 8:2　우리야와 여베레기야의 아들 **스가랴**를
　　　17. 히스기야 왕 시대에 성전을 성결케 한 사람
대하 29:13　여우엘과 아삽의 자손 중 **스가랴**와
　　　18. 요시야 왕 때 예루살렘 성전 수리 공사를
　　　　감독한 고핫 자손
대하 34:12　그핫 자손들 중 **스가랴**와 무술람이라
　　　19. 요시야 왕 때 유월절 제물을
　　　　자원하여 바친 제사장
대하 35:8　힐기야와 **스가랴**와 여히엘은 제사장들
　　20. 베배 자손으로 바벨론 포로지에서 귀환한 족장
스 8:11　베배의 아들 **스가랴**니 그와 함께 있는
　　　21. 웃시야 왕 때 초기의 선지자
대하 26:5　하나님의 묵시를 밝히 아는 **스가랴**가
　　　22. 요시야 시대의 고위의 제사장
대하 35:8　힐기야와 **스가랴**와 여히엘은 제사장들
　　　23. 바로스의 자손
스 8:16　야립과 엘라단과 나단과 **스가랴**와
느 8:4　하스밧다나와 **스가랴**와 므술람이라
　　　24. 엘람의 아들
스 10:26　맛다냐와 **스가랴**와 여히엘과 압디와
　　　25. 아마랴의 아들
느 11:4　웃시야의 아들이요 **스가랴**의 손자요
　　　26. 실로 사람 요야립의 아비
느 11:5　오대 손이요 **스가랴**의 육대 손이요
　　　27. 제사장으로 바스훌의 아들
느 11:12　암시의 증손이요 **스가랴**의 현손이요
　　　28. 요나단의 아들로 성벽 낙성식 음악을 지휘자
느 12:35　삭굴의 오대 손 아삽의 육대 손 **스가랴**
　　　29. 예루살렘 성벽의 낙성식에서 나팔 분 사람
느 12:41　미가야와 엘료에내와 **스가랴**와 하나냐

스가랴(Zechariah)　히스기야 왕의 외할아버지
왕하 18:2　어머니의 이름은 아비요 **스가랴**의

스게와(Sceva)　에베소에 살던 유대인 제사장
행 19:14　유대의 한 제사장 **스게와**의 일곱 아들도

스구디아(Scythian)　흑해의 북 스구디아(스키타이) 지방의 토착 민족
골 3:11　야만인이나 **스구디아** 인이나 종이나

스굽(Segub)
　　　1. 벧엘 사람 히엘의 막내아들
왕상 16:34　막내아들 **스굽**을 잃었으니 여호와께서
　　　2. 유다 사람으로 헤스론의 아들로 야일의 아버지
대상 2:21　동침하였더니 그가 **스굽**을 헤스론에게
대상 2:22　**스굽**은 야일을 낳았고 야일은 길르앗

스나아(Senaah)　바벨론 포로지에서 귀환한 사람들의 조상
스 2:35　**스나아** 자손이 삼천육백삼십 명이었더
느 7:38　**스나아** 자손이 삼천 구백삼십 명이었느

스난(Zenan)　유다 지파에게 분배된 성읍으로 라기스의 평지에 있는 곳
수 15:37　**스난**과 하다사와 믹달갓과

스닐(Senir)　아모리 족속이 헤르몬 산을 이르는 말
신 3:9　아모리 족속은 **스닐**이라 불렀느니라
대상 5:23　바산에서부터 바알헤르몬과 **스닐**과
아 4:8　아마나와 **스닐**과 헤르몬 꼭대기에서
겔 27:5　**스닐**의 잣나무로 네 판자를 만들었음이

스다구(Stachys)　바울이 로마 교회에 보낸 서신에서 안부 인사를 한 사람
롬 16:9　우르바노와 나의 사랑하는 **스다구**에게

스다디온(stadia)　거리를 재는 로마의 단위
계 14:20　굴레에까지 닿았고 천육백 **스다디온**에
계 21:16　성을 측량하니 만 이천 **스다디온**이요

스달보스내(Shethar-Bozenai)　바사 관할 내 유다의 강 서편 총독
스 5:3　건너편 총독 닷드내와 **스달보스내**와
스 5:6　건너편 총독 닷드내와 **스달보스내**와
스 6:6　건너편 총독 닷드내와 **스달보스내**와
스 6:13　총독 닷드내와 **스달보스내**와 그들의

스담(Zetham)　레위 지파 게르손의 자손
대상 26:22　여히엘리의 아들들은 **스담**과 그의 아우

1462

【 스닷 】

스닷(Zedad) 이스라엘의 북쪽 경계 지역
민 34:8 그어 하맛 어귀에 이르러 **스닷**에 이르고
겔 47:15 헤들론 길을 거쳐 **스닷** 어귀까지니

스데바나(Stephanas) 바울이 전도하여 예수님을 믿게 된 첫 사람
고전 1:16 내가 또한 **스데바나** 집 사람에게 세례를
고전 16:15 형제들아 **스데바나**의 집은 곧 아가야의
고전 16:17 **스데바나**와 브드나도와 아가이고가

스데반(Stephen) 초대 교회 최초의 순교자
행 6:5 믿음과 성령이 충만한 사람 **스데반**과 또 빌립과

행 6:8 **스데반**이 은혜와 권능이 충만하여 큰
행 6:9 어떤 자들이 일어나 **스데반**과 더불어
행 8:2 경건한 사람들이 **스데반**을 장사하고
행 11:19 그 때에 **스데반**의 일로 일어난 환난으로
행 22:20 주의 증인 **스데반**이 피를 흘릴 때에

스데반 – 기타 본문
행 6:10, 15; 7:2, 55, 59

스데울(Shedeur) 모세 시대 르우벤 지파의 대표인 엘리술의 아버지
민 1:5 르우벤 지파에서는 **스데울**의 아들

스데울 – 기타 본문
민 2:10; 7:30, 35; 10:18

스둘(Sethur) 가나안을 정탐하기 위해 파견된 아셀 지파의 대표
민 13:13 아셀 지파에서는 미가엘의 아들 **스둘**이

스라야(Seraiah)
1. 다윗 왕 때의 서기관
삼하 8:17 아히멜렉은 제사장이 되고 **스라야**는
2. 시드기야 때의 대제사장
왕하 25:18 대제사장 **스라야**와 부제사장 스바냐와
대상 6:14 아사랴는 **스라야**를 낳고 스라야는
스 7:1 **스라야**의 아들이요 아사랴의 손자요
렘 52:24 대제사장 **스라야**와 부제사장 스바냐와

【 스레다 】

3. 느도바 사람 단후멧의 아들
왕하 25:23 단후멧의 아들 **스라야**와 마아가 사람의
렘 40:8 단후멧의 아들 **스라야**와 느도바 사람
렘 51:61 **스라야**에게 말하기를 너는 바벨론에

4. 그나스의 둘째 아들이고 옷니엘의 형제이며 요압의 아버지
대상 4:13 옷니엘과 **스라야**요 옷니엘의 아들은
대상 4:14 므오노대는 오브라를 낳고 **스라야**는

5. 시므온 지파 사람으로 아시엘의 아들
대상 4:35 아시엘의 증손 **스라야**의 손자 요시비야

6. 스룹바벨과 함께 포로지에서 귀환한 사람
스 2:2 느헤미야와 **스라야**와 르엘라야와

7. 느헤미야와 함께 언약 갱신 조약서에 인친 사람
느 10:2 **스라야**, 아사랴, 예레미야,

8. 힐기야의 아들로 포로 귀환 후 예루살렘에 거주하며 하나님의 전을 맡은 사람
느 11:11 하나님의 전을 맡은 자 **스라야**이니 그는
느 12:1 제사장들은 **스라야**와 예레미야와
느 12:12 족장 된 자는 **스라야** 족속에는 므라야요

9. 아스리엘의 아들
렘 36:26 아스리엘의 아들 **스라야**와 압디엘의

10. 바룩의 형제로 마세아의 손자 네리야의 아들
렘 51:59 네리야의 아들 **스라야**가 … 말씀을 명령하니 **스라야**는 병참감이더라

스라히야(Zerahiah)
1. 레위 지파로 웃시의 아들이며 므라욧의 아버지
대상 6:6 웃시는 스라히야를 낳고 **스라히야**는
대상 6:51 아들은 웃시요 그의 아들은 **스라히야**요
스 7:4 **스라히야**의 십대 손이요 웃시엘의
2. 에스라와 포로지에서 귀환한 엘여호에내의 아버지
스 8:4 바핫모압 자손 중에서는 **스라히야**의

스랍(seraph)
사 6:2 **스랍**들이 모시고 섰는데 각기 여섯 날개
사 6:6 그 때에 그 **스랍** 중의 하나가 부젓가락

스러지다(melt away)
출 16:21 햇볕이 뜨겁게 쬐면 그것이 **스러졌더라**

스레다(Zeredah)
1. 여로보암의 출신지이며 에브라임의 성읍

【 스레라 】   【 스마야 】

왕상 11:26 그는 에브라임 족속인 **스레다** 사람이요
　　　2. 요단 계곡에 있는 성읍으로
　　솔로몬 성전의 놋그릇을 만들었던 곳
대하 4:17 요단 평지에서 숙곳과 **스레다** 사이의

스레라(Zererah)　기드온 군대에게 패한 미디
　　안 군대가 도망간 곳
삿 7:22　적군이 도망하여 **스레라**의 벧 싯다에

스롤(Zeror)　베냐민 지파로 베고랏의 아들이
　　고 아비엘의 아버지
삼상 9:1　아비엘의 아들이요 **스롤**의 손자요

스루아(Zeruah)　북이스라엘의 초대 왕 여로
　　보암의 어머니
왕상 11:26 그의 어머니의 이름은 **스루아**이니

스루야(Zeruiah)　다윗의 자매이며 나하스의 딸
삼상 26:6 헷 사람 아히멜렉과 **스루야**의 아들
삼하 2:13 **스루야**의 아들 요압과 다윗의 신복들도

📖 **스루야 - 기타 본문**
　　삼하 2:18; 3:39; 8:16; 14:1; 16:9, 10; 17:25;
　　18:2; 19:21, 22; 21:17; 23:18, 37; 왕상 1:7; 2:5,
　　22; 대상 2:16; 11:6, 39; 18:12, 15; 26:28; 27:24

스룩(Serug)　르우의 아들이며 나홀의 아버지
창 11:20　르우는 삼십이 세에 **스룩**을 낳았고
창 11:21　**스룩**을 낳은 후에 이백칠 년을 지내며
창 11:22　**스룩**은 삼십 세에 나홀을 낳았고
대상 1:26 **스룩**, 나홀, 데라,
눅 3:35　그 위는 **스룩**이요 그 위는 르우요 그

스룹바벨(Zerubbabel)　예루살렘으로 귀환한
　　유대 총독
대상 3:19 **스룹바벨**과 시므이요, **스룹바벨**의 아들
스 2:1　곧 **스룹바벨**과 예수아와 느헤미야와
스 3:2　스알디엘의 아들 **스룹바벨**과 그의 형제

📖 **스룹바벨 - 기타 본문**
　　스 3:8; 4:2, 3; 5:2; 7:7; 12:1, 47; 학 1:1, 12, 14;
　　2:2, 4, 21, 23; 슥 4:6, 7, 9, 10; 마 1:12, 13; 눅
　　3:27

스르디스(Syrtis)　그레데 섬 남쪽의 모래톱
행 27:17 선체를 둘러 감고 **스르디스**에 걸릴까

스리(Zeri)　다윗 시대에 수금을 다루며 노래하
　　던 찬양 대원
대상 25:3 아들들 그달리야와 **스리**와 여사야와

스마(Shema)　에스라가 율법을 낭독할 때 그
　　우편에 서 있던 사람
느 8:4　오른쪽에 선 자는 맛디댜와 **스마**와

스마갸(Semakiah)　오벧에돔의 자손으로 다
　　윗 시대에 성전 문지기
대상 26:7 엘사밧의 형제 엘리후와 **스마갸**는 능력

스마라임(Zemaraim)
　　1. 벧엘 동북쪽 8km 지점에 위치한
　　　　베냐민 지파의 성읍
수 18:22 벧 아라바와 **스마라임**과 벧엘과
　　2. 에브라임 산악 지대에 있던 산
대하 13:4 아비야가 에브라임 산 중 **스마라임** 산

스마랴(Shemariah)
　　1. 다윗이 시글락에 숨어 있을 때 다윗의 30용사
대상 12:5 여리못과 브라야와 **스마랴**와 하룹 사람
　　2. 르호보암의 아들
대하 11:19 여우스와 **스마랴**와 사함을 낳았으며
　　3. 이방 여인과 결혼했던 하림 자손
스 10:32 베냐민과 말룩과 **스마랴**요
　　4. 에스라의 말을 듣고 이방인 아내를
　　　　되돌려보내기로 한 사람
스 10:41 아사렐과 셀레먀와 **스마랴**와

스마아(Shemaah)　베냐민 지파 기브아 사람
　　요아스의 아버지
대상 12:3 기브아 사람 **스마아**의 두 아들이요 또

스마야(Shemaiah)
　　1. 르호보암 때의 선지자
왕상 12:22 하나님의 사람 **스마야**에게 임하여

📖 **스마야 1 - 기타 본문**
　　대하 11:2; 12:5, 7, 15

【 스마야 】 　　　　　　　　　　　　　　【 스무/스물 】

　　2. 솔로몬의 후손으로 스가냐의 아들　　　　아내로 취한 사람 가운데 한 사람
대상 3:22　스가냐의 아들은 **스마야**요 **스마야**의　스 10:31　잇시야와 말기야와 **스마야**와 시므온과
　　3. 시므온 후손으로 시므리의 아버지　　　18. 느헤미야가 예루살렘 성벽 재건 시
대상 4:37　**스마야**의 오대 손 시므리의 현손 여다야　　　　　　참여한 동문지기
　　4. 르우벤의 후손으로　　　　　　　　　느 3:29　스가냐의 아들 **스마야**가 중수하였고
　　　요엘의 아들이며 곡의 아버지　　　　　19. 도비야와 산발랏에게 뇌물을 받고
대상 5:4　요엘의 아들은 **스마야**요 그의 아들은　　느헤미야에게 거짓 예언을 한 거짓 선지자
　　5. 포로지에서 돌아온　　　　　　　　느 6:10　들라야의 아들 **스마야**가 두문불출
　　　레위 지파 므라리의 후손 핫숩의 아들　　　20. 느헤미야와 언약 갱신서에 서명한 제사장
대상 9:14　므라리 자손 **스마야**이니 그는 핫숩의　느 10:8　빌개, **스마야**이니 이는 제사장들이요
느 11:15　레위 사람 중에는 **스마야**이니 그는　느 12:42　또 마아세야와 **스마야**와 엘르아살과
　　6. 포로지에서 돌아온 레위 지파　　　　21. 스룹바벨과 함께 포로지에서 귀환한 제사장
　　　오바댜의 아버지며 갈랄의 아들　　　느 12:6　**스마야**와 요야립과 여다야와
대상 9:16　오바댜이니 그는 **스마야**의 아들이요　느 12:18　빌가 족속에는 삼무아요 **스마야** 족속에
　　7. 다윗 시대 레위 사람　　　　　　　22. 느헤미야의 성벽 재건 후
대상 15:8　**스마야**와 그의 형제가 이백 명이요　　　　봉헌식 때 참여한 유다 방백
대상 15:11　요엘과 **스마야**와 엘리엘과 암미나답을　느 12:34　베냐민과 **스마야**와 예레미야이며
　　8. 다윗 시대 레위 사람으로 다윗 내각의 서기관　　23. 느헤미야의 성벽 봉헌식 때
대상 24:6　느다넬의 아들 서기관 **스마야**가 왕과　　　　다윗의 악기를 연주한 사람
　　9. 다윗 시대 성전 문지기로 오벧에돔의 맏아들　느 12:36　형제들인 **스마야**와 아사렐과 밀랄래와
대상 26:4　맏아들 **스마야**와 둘째 여호사밧과 셋째　　　24. 선지자 우리야의 아버지
대상 26:6　아들 **스마야**도 두어 아들을 낳았으니　렘 26:20　기럇여아림 **스마야**의 아들 우리야라
대상 26:7　**스마야**의 아들들은 오드니와 르바엘과　　　25. 예레미야에게 대항했던 거짓 선지자
　　10. 여호사밧 시대에 왕의 명을 받아 유다 성읍을　렘 29:24　느헬람 사람 **스마야**에게 이같이 말하여
　　　순행하며 하나님의 율법을 가르친 사람 중 한 사람　렘 29:29　**스마야**의 글을 선지자 예레미야에게
대하 17:8　함께 레위 사람 **스마야**와 느다냐와　렘 29:31　느헬람 사람 **스마야**를 두고…**스마야**가
　　11. 히스기야 때 성전 성결을 위해 부름 받은 사람　렘 29:32　사람 **스마야**와 그의 자손을 벌하리니
대하 29:14　여두둔의 자손 중 **스마야**와 웃시엘이라　　　26. 여호야김 시대의 방백 들라야의 아버지
　　12. 히스기야 시대 성물과 지성물을　　　　렘 36:12　서기관 엘리사마와 **스마야**의 아들
　　　나누어 주는 일을 하던 사람　　　　　　27. 맛다냐의 아들
대하 31:15　미냐민과 예수아와 **스마야**와 아마랴와　느 12:35　요나단의 아들 **스마야**의 손자 맛다냐는
　　13. 요시야 시대 유월절 제물을
　　　나누어 주는 일을 하던 사람　　　　　**스말**(Zemarite) 함의 아들 가나안에게서 태
대하 35:9　고나냐와 그의 형제 **스마야**와 느다넬과　　어난 부족
　　14. 에스라와 함께 포로지에서　　　　창 10:18　아르왓 족속과 **스말** 족속과 하맛 족속을
　　　귀환한 족장 중 한 사람　　　　　　대상 1:16　아르왓 종족과 **스말** 종족과 하맛 종족을
스 8:13　엘리벨렛과 여우엘과 **스마야**니 그와
　　15. 가시뱌 지방의 잇도에게　　　　　**스무/스물**(twenty)
　　　파견된 사람 중의 한 사람　　　　　창 8:14　둘째 달 **스무** 이렛 날에 땅이 말랐더라
스 8:16　아리엘과 **스마야**와 엘라단과 야립과　출 27:10　기둥이 **스물**이며 그 받침 **스물**은 놋으로
　　16. 하림 자손으로 이방 여인을 아내로 취한 제사장　출 27:11　기둥이 **스물**이며 그 기둥의 받침 **스물**은
스 10:21　마아세야와 엘리야와 **스마야**와 여히엘　출 38:10　기둥이 **스물**이며 그 받침이 **스물**이니
　　17. 하림 자손 중 이방 여인을　　　　출 38:11　기둥이 **스물**이며 그 받침이 **스물**이니

1465

【 스무/스물 】　　　　　　　　　　　　　　　　　　　　　　　　【 스바 】

민 7:88　화목제물로 수소가 **스물**네 마리요 숫양
왕상 4:23　초장의 소가 **스무** 마리요 양이 백 마리
대상 24:16　브다히야요 **스물**째는 여헤스겔이요
대상 24:17　**스물**한째는 야긴이요 **스물**두째는
대상 24:18　**스물**셋째는 들라야요 **스물**넷째는
대상 25:27　**스물**째는 엘리아다니 그의 아들들과
대상 25:28　**스물**한째는 호딜이니 그의 아들들과
대상 25:29　**스물**두째는 깃달디니 그의 아들들과
대상 25:30　**스물**셋째는 마하시옷이니 그의 아들
대상 25:31　**스물**넷째는 로맘디에셀이니 그의 아들
대하 13:21　아들 **스물**둘과 딸 열여섯을 낳았더라
느 9:1　그 달 **스무** 나흗 날에 이스라엘 자손이
렘 52:31　왕의 즉위 원년 열두째 달 **스물**다섯째
겔 29:17　**스물**일곱째 해 첫째 달 초하루에 여호와
겔 40:1　사로잡힌 지 **스물**다섯째 해, 성이 함락
겔 45:5　거주지를 삼아 마을 **스물**을 세우게 하고

'스무(물)'와 관련된 성구

　스무 개 - 출 26:18, 20; 36:23, 24, 25;
　　스 8:27
　스무 곳 - 왕상 9:11
　스무 규빗 - 출 27:16; 38:18
　스무 길 - 행 27:28
　스무 날 - 민 10:11; 11:19; 삼하 24:8
　스무 널판 - 출 26:19
　스무 마리 - 왕상 4:23
　스무 명 - 삼하 9:10; 19:17
　스무 살 - 출 30:14; 레 27:3, 5
　스무 째 - 대상 24:16; 25:27
　스무 척 - 겔 40:14, 49; 41:2, 4, 10;
　　42:3
　스물네 개 - 삼하 21:20
　스물넷 - 대상 20:6
　스물다섯 명 - 겔 8:16; 11:1
　스물다섯 척 - 겔 40:13, 21, 25, 29, 30,
　　33, 36
　스물두 성읍 - 수 19:30
　스물세 성읍 - 대상 2:22
　스물아홉 개 - 스 1:9
　스물아홉 달란트 - 출 38:24
　스물아홉 성읍 - 수 15:32
　스물여덟 규빗 - 출 26:2, 출 36:9
　스물여덟 명 - 대하 11:21
　스물여덟 해 - 왕하 10:36

스므엘(Shemuel)
1. 시므온 지파 사람으로 암미훗의 아들
민 34:20　지파에서는 암미훗의 아들 **스므엘**이요
2. 잇사갈의 자손으로 돌라의 아들
대상 7:2　여리엘과 야매와 입삼과 **스므엘**이니

스미다 1 (Shemida) 므낫세 지파의 길르앗 자손
민 26:32　**스미다**에게서 난 **스미다** 종족과 헤벨에
수 17:2　헤벨의 자손과 **스미다**의 자손이니 그들
대상 7:19　**스미다**의 아들들은 아히안과 세겜과

스미다 2/**스며들다**(fall gently, flow)
욥 28:11　누수를 막아 **스며** 나가지 않게 하고
욥 29:22　나의 말이 그들에게 **스며들었음이라**
겔 47:2　본즉 물이 그 오른쪽에서 **스며** 나오더라

스미라(Zemirah) 베냐민 지파 사람이며 베겔의 아들
대상 7:8　베겔의 아들들은 **스미라**와 요아스와

스미라못(Shemiramoth)
1. 레위 지파 사람이며 다윗 시대의 악사
대상 15:18　벤과 야아시엘과 **스미라못**과 여히엘과
대상 15:20　스가랴와 아시엘과 **스미라못**과 여히엘
대상 16:5　스가랴와 여이엘과 **스미라못**과 여히엘
2. 여호사밧 왕 때 백성들에게
율법을 가르쳤던 레위인
대하 17:8　아사헬과 **스미라못**과 여호나단과

스바(Seba)
1. 구스의 아들이며 함의 손자
또는 그 자손의 거주지
창 10:7　구스의 아들은 **스바**와 하윌라와 삽다와
대상 1:9　구스의 자손은 **스바**와 하윌라와 삽다와
시 72:10　조공을 바치며 **스바**와 시바 왕들이
사 43:3　너의 속량물로, 구스와 **스바**를 너를
사 45:14　무역한 것과 **스바**의 장대한 남자들이
2. 라아마의 아들 또는 **스바**의 자손 및 그 거주지
창 10:7　라아마의 아들은 **스바**와 드단이며
왕상 10:1　**스바**의 여왕이 여호와의 이름으로
왕상 10:4　**스바**의 여왕이 솔로몬의 모든 지혜와
왕상 10:10　왕에게 드렸으니 **스바**의 여왕이 솔로몬
왕상 10:13　왕의 규례대로 **스바**의 여왕에게 물건을

1466

【 스바냐 1 】

대상 1:9 라아마의 자손은 **스바**와 드단이요
대하 9:1 **스바** 여왕이 솔로몬의 명성을 듣고 와서
대하 9:3 **스바** 여왕이 솔로몬의 지혜와 그가
대하 9:9 왕께 드렸으니 **스바** 여왕이 솔로몬
대하 9:12 솔로몬 왕이 **스바** 여왕이 가져온 대로
욥 1:15 **스바** 사람이 갑자기 이르러 그것들을
욥 6:19 그것을 바라보고 **스바**의 행인들도
시 72:15 그들이 생존하여 **스바**의 금을 그에게
사 60:6 가득할 것이며 **스바** 사람들은 다 금과
겔 27:22 **스바**와 라아마의 상인들도 너의 상인들
겔 27:23 하란과 간네와 에덴과 **스바**와 앗수르와
겔 38:13 **스바**와 드단과 다시스의 상인과 그 부자
욜 3:8 먼 나라 **스바** 사람에게 팔리라 여호와께

  3. 셈계 욕단의 자손
창 10:28 오발과 아비마엘과 **스바**와
대상 1:22 에발과 아비마엘과 **스바**와
  4. 아브라함의 아내 그두라가 낳은 욕산의 아들
창 25:3 욕산은 **스바**와 드단을 낳았으며 드단
대상 1:32 수아요 욕산의 자손은 **스바**와 드단이요

스바냐 1(Shebaniah)
  1. 다윗 시대의 제사장
대상 15:24 제사장 **스바냐**와 요사밧과 느다넬과
  2. 에스라가 이끈 회개의 날에
    부르짖은 레위 사람
느 9:4 예수아와 바니와 갓미엘과 **스바냐**와
느 9:5 세레뱌와 호디야와 **스바냐**와 브다히야
느 10:10 **스바냐**, 호디야, 그리다, 블라야, 하난,
  3. 느헤미야 시대의 제사장
느 10:4 핫두스, **스바냐**, 말룩,
느 12:14 말루기 족속에는 요나단이요 **스바냐**
  4. 느헤미야 시대 언약 갱신서에 인친 사람
느 10:12 삭굴, 세레뱌, **스바냐**,

스바냐 2(Zephaniah)
  1. 유다 왕 시드기야 시대의 부제사장
렘 21:1 제사장 마아세야의 아들 **스바냐**를
렘 29:25 마아세야의 아들 **스바냐**와 모든 제사장
렘 29:29 **스바냐**가 스마야의 글을 선지자
렘 37:3 마아세야의 아들 제사장 **스바냐**를
렘 52:24 스라야와 부제사장 **스바냐**와 성전
  2. 유다 왕 요시야 시대에 활동한 선지자
습 1:1 유다 왕 요시야 시대에 **스바냐**에게

【 스바냐 2 】

  3. 유다 총독 스룹바벨 때의 사람
슥 6:10 도비야와 여다야가 **스바냐**의 아들
슥 6:14 도비야와 여다야와 **스바냐**의 아들 헨을
  4. 다윗 시대 회막 앞에서 찬송하던 헤만의 선조
대상 6:36 아사랴의 아들이요 아사랴는 **스바냐**의
대상 6:37 **스바냐**는 다핫의 아들이요 다핫은 앗실
  5. 예레미야 시대의 제사장
왕하 25:18 스라야와 부제사장 **스바냐**와 성전

스바다(Zephathah) 유다 군대가 구스 군대
  를 대파한 골짜기
대하 14:10 나가서 마레사의 **스바다** 골짜기에

스바댜 1(Shephatiah)
  1. 다윗의 아내 아비달이 헤브론에서 낳은 아들
삼하 3:4 학깃의 아들이요 다섯째는 **스바댜**라
대상 3:3 다섯째는 **스바댜**라 아비달의 소생이요
  2. 바벨론 포로지에서 돌아와 예루살렘에 산 사람
대상 9:8 증손 르우엘의 손자 **스바댜**의 아들
  3. 베냐민 지파 하룹 사람으로
    시글락에서 다윗의 용사가 됨
대상 12:5 브아랴와 스마랴와 하룹 사람 **스바댜**와
  4. 시므온 지파 사람으로 마아가의 아들
대상 27:16 지도자는 마아가의 아들 **스바댜**요
  5. 유다 왕 여호사밧의 아들
대하 21:2 미가엘과 **스바댜**는 다 유다 왕 여호사밧
  6. 바벨론 포로지에서 귀환한 가족의 조상
스 2:4 **스바댜** 자손이 삼백칠십이 명이요
느 7:9 **스바댜** 자손이 삼백칠십이 명이요
  7. 바벨론 포로지에서 귀환한
    솔로몬 신복의 자손들
스 2:57 **스바댜** 자손과 하딜 자손과
느 7:59 **스바댜** 자손과 핫딜 자손과
  8. 유다 지파 베레스의 자손
느 11:4 아마랴의 증손이요 **스바댜**의 현손이요
  9. 시드기야 시대의 방백으로 맛단의 아들
렘 38:1 맛단의 아들 **스바댜**와 바스훌의 아들

스바댜 2(Zebadiah)
  1. 베냐민 지파 사람으로 브리아의 아들
대상 8:15 **스바댜**와 아랏과 에델과
  2. 베냐민 지파 사람으로 엘바알의 아들
대상 8:17 **스바댜**와 므술람과 히스기와 헤벨과

【 스바랏 】　　　　　　　　　　　　　　　　　　　　　　　　　【 스부밤 】

　　3. 베냐민 지파 사람으로 여로함의 아들
대상 12:7　여로함의 아들 요엘라와 **스바댜**더라
　　4. 레위 지파 사람으로 므셀레먀의 아들
대상 26:2　여디야엘과 셋째 **스바댜**와 넷째
　　5. 다윗 군대의 군장 중 한 사람으로 아사헬의 아들
대상 27:7　다음은 그의 아들 **스바댜**이니 그의 반에
　　6. 여호사밧 왕이 백성들에게
　　　율법을 가르치도록 보낸 레위인
대하 17:8　느다냐와 **스바댜**와 아사헬과 스미랏못
　　7. 여호사밧 왕 시대의 관리로 이스마엘의 아들
대하 19:11 이스마엘의 아들 **스바댜**가 다스리고
　　8. 바벨론 포로지에서 귀환한 가족의 조상
스 8:8　　**스바댜** 자손 … 미가엘의 아들 **스바댜**
　　9. 바벨론 포로지에서 귀환한 제사장
스 10:20　임멜 자손 중에서는 하나니와 **스바댜**요

스바랏(Sepharad) 오바댜 선지자 때 유다에
　　서 포로로 잡혀온 사람들이 거하던 곳
옵 1:20　　사로잡혔던 자들 곧 **스바랏**에 있는

스바림(Shebarim) 아이 성 공격에 실패한 이
　　스라엘 백성을 아이 사람들이 추격해 간 곳
수 7:5　　성문 앞에서부터 **스바림**까지 쫓아가

스발(Sephar) 셈의 자손인 욕단의 후손들이
　　살던 아라비아의 성읍
창 10:30　메사에서부터 **스발**로 가는 길의 동쪽

스발와임(Sepharvaim) 북수리아의 하맛과
　　다메섹 사이에 위치하는 성읍
왕하 17:24 구다와 아와와 하맛과 **스발와임**에서
왕하 17:31 다르닥을 만들었고 **스발와임** 사람들은
왕하 18:34 신들이 어디 있으며 **스발와임**과 헤나와
왕하 19:13 하맛과 아르밧과 **스발와임** 성의
사 36:19　어디 있느냐 **스발와임**의 신들이 어디
사 37:13　하맛 왕과 아르밧 왕과 **스발와임** 성의

스밤　1(Sebam) 모압의 성읍이었으나 이스라
　　엘이 점령한 후 르우벤 지파의 기업이 된 성읍
민 32:3　　헤스본과 엘르알레와 **스밤**과 느보와

스밤　2(Shepham) 가나안 사방 지경 중 동쪽
　　경계선에 속한 성읍

민 34:10　동쪽 경계는 하살에난에서 그어 **스밤**에
민 34:11　그 경계가 또 **스밤**에서 리블라로 내려
대상 27:27 시므이는 포도원을 맡았고 **스밤** 사람

스밧(Zephath) 가나안 족속의 성읍
삿 1:17　　시므온과 함께 가서 **스밧**에 거주하는

스밧 월(Month of Shebat) 바벨론 월력으로
　　유대력의 11월과 태양력의 1-2월에 해당됨
슥 1:7　　열한째 달 곧 **스밧 월** 이십사일에

스보　1(Shepho) 호리 족속 세일의 자손으로
　　소발의 자녀
창 36:23　알완과 마나핫과 에발과 **스보**와 오남

스보　2(Zepho) 에서의 손자로 에돔의 족장
창 36:11　데만과 오말과 **스보**와 가담과 그나스요
창 36:15　데만 족장, 오말 족장, **스보** 족장, 그나스

스보임(Zeboiim)
　　1. 소돔과 고모라와 함께 멸망한
　　　사해 남부 소돔 성 부근의 성읍
창 10:19　소돔과 고모라와 아드마와 **스보임**을
창 14:2　　아드마 왕 시납과 **스보임** 왕 세메벨과
창 14:8　　고모라 왕과 아드마 왕과 **스보임** 왕과
신 29:23　아드마와 **스보임**의 무너짐과 같음을
호 11:8　　어찌 너를 **스보임**같이 두겠느냐 내
　　2. 사울과 대전하는 블레셋 군대가 나아간 골짜기
삼상 13:18 한 대는 광야쪽으로 **스보임** 골짜기가
　　3. 포로지에서 귀환한 베냐민 자손이
　　　거주한 성읍 중 하나
느 11:34　하딧과 **스보임**과 느발랏과

스본(Zephon) 스본 가족의 조상
민 26:15　이러하니 **스본**에게서 난 **스본** 종족과

스부반(Shephuphan) 베냐민의 맏아들인 벨
　　라의 아들
대상 8:5　　게라와 **스부반**과 후람이라

스부밤(Shupham) 베냐민 사람으로 스부밤
　　가족의 조상
민 26:39　**스부밤**에게서 난 스부밤 종족과 후밤에

【 스불 】　　　　　　　　　　　　　　　　　　　　　　　　　【 스스로 】

스불(Zebul) 아비멜렉이 이스라엘을 다스릴 때 세겜의 장관
- 삿 9:28　신복은 **스불**이 아니냐 차라리 세겜의
- 삿 9:30　성읍의 방백 **스불**이 에벳의 아들 가알의
- 삿 9:36　**스불**에게 이르되 … **스불**이 그에게
- 삿 9:38　**스불**이 그에게 이르되 네가 전에 말하기
- 삿 9:41　아루마에 거주하고 **스불**은 가알과 그의

스불론(Zebulun)
1. 인명 : 야곱과 레아의 아들
- 창 30:20　살라 하고 그의 이름을 **스불론**이라
- 창 35:23　레위와 유다와 잇사갈과 **스불론**이요
- 창 46:14　**스불론**의 아들은 세렛과 엘론과 얄르엘
- 창 49:13　**스불론**은 해변에 거주하리니 그 곳은
- 출 1:3　잇사갈과 **스불론**과 베냐민과
- 대상 2:1　레위와 유다와 잇사갈과 **스불론**과
2. 스불론 지파 및 그 영역
- 민 1:9　**스불론** 지파에서는 헬론의 아들 엘리압
- 민 1:30　**스불론**의 아들들에게서 난 자를 그들의
- 민 1:31　**스불론** 지파에서 계수된 자는 오만
- 민 2:7　그리고 **스불론** 지파라 **스불론** 자손의

📖 **스불론 2 – 기타 본문**
민 7:24; 10:16; 13:10; 26:26, 27; 34:25; 신 27:13; 33:18; 수 19:10, 16, 27; 34; 21:7, 34; 삿 1:30; 4:6, 10; 5:14, 18; 6:35; 12:11, 12; 대상 6:63, 77; 12:33, 40; 27:19; 30:10, 11, 18; 시 68:27; 사 9:1; 겔 48:26, 27, 33; 마 4:13, 15; 계 7:8

스브엘(Shubael)
1. 레위 지파로 게르솜의 자손
- 대상 23:16 게르솜의 아들중에 **스브엘**이 우두머리
- 대상 26:24 모세의 아들 게르솜의 자손 **스브엘**은
2. 다윗 시대 성전의 악사로 헤만의 아들
- 대상 25:4 웃시엘과 **스브엘**과 여리못과 하나냐와

스비 1(Zepho-NIV, Zephi-KJV) 에서의 손자로 엘리바스의 아들
- 대상 1:36 데만과 오말과 **스비**와 가담과 그나스와

스비 2(Shepo-NIV, Shephi-KJV) 세일의 후손으로 소발의 아들
- 대상 1:40 마나핫과 에발과 **스비**와 오남이요

스비내(Zebina) 느보 자손으로 이방 여인과 결혼한 사람
- 스 10:43 맛디디야와 사밧과 **스비내**와 잇도와

스비다(Zebidah) 루마 브다야의 딸이며 여호야김 왕의 어머니
- 왕하 23:36 어머니의 이름은 **스비다**라 루마 브다야

스스로(oneself)
🔸 **모세오경, 역사서**
- 창 31:39　내 손에서 찾았으므로 내가 **스스로**
- 출 3:14　이르기를 **스스로** 있는 자가 나를 너희에
- 출 5:7　주지 말고 그들이 가서 **스스로** 짚을
- 출 20:22　너희에게 말하는 것을 너희 **스스로**
- 레 4:13　범하여 허물이 있으나 **스스로** 깨닫지
- 레 18:25　**스스로** 그 주민을 토하여 내느니라
- 레 25:11　너희는 파종하지 말며 **스스로** 난 것을
- 레 25:49　그가 부유하게 되면 **스스로** 속량하되
- 민 13:33　우리는 **스스로** 보기에도 메뚜기 같으니
- 민 16:13　작은 일이기에 오히려 **스스로** 우리 위에
- 민 16:38　그들의 생명을 **스스로** 해하였거니와
- 신 1:17　두려워하지 말 것이며 **스스로** 결단하기
- 신 29:19　이 저주의 말을 듣고도 심중에 **스스로**
- 수 7:13　내일을 위하여 **스스로** 거룩하게 하라
- 수 8:2　탈취할 물건과 가축은 **스스로** 가지라
- 수 8:4　멀리 하지 말고 다 **스스로** 준비하라
- 수 17:15　땅 삼림에 올라가서 **스스로** 개척하라
- 수 24:22　하였으니 **스스로** 증인이 되었느니라
- 삿 5:29　시녀들이 대답하였겠고 그도 **스스로**
- 삿 20:22　이스라엘 사람들이 **스스로** 용기를 내어
- 삼상 15:17 사무엘이 이르되 왕이 **스스로** 작게 여길
- 삼상 16:5 제사하러 왔으니 **스스로** 성결하게 하고
- 삼하 6:22 내가 이보다 더 낮아져서 **스스로** 천하게
- 삼하 22:24 또 그의 앞에 완전하여 **스스로** 지켜
- 왕상 8:47 사로잡혀 간 땅에서 **스스로** 깨닫고 그
- 왕상 20:40 그에게 이르되 네가 **스스로** 결정하였으
- 왕하 14:10 마음이 교만하였으니 **스스로** 영광을
- 왕하 17:17 사술을 행하여 **스스로** 팔려 여호와
- 왕하 19:29 너희가 금년에는 **스스로** 자라난 것을
- 대하 6:37 사로잡혀 간 땅에서 **스스로** 깨닫고
- 대하 7:14 그들의 악한 길에서 떠나 **스스로** 낮추고
- 대하 12:13 예루살렘에서 **스스로** 세력을 굳게 하여
- 대하 24:20 여호와의 명령을 거역하여 **스스로**

【 스스로 】　　　　　　　　　　　　　　【 스스로 】

대하 29:31 너희가 이제 **스스로** 몸을 깨끗하게 하여
대하 30:11 **스스로** 겸손한 마음으로 예루살렘에
대하 33:23 그의 아버지 므낫세가 **스스로** 겸손함
　　　　　같이 여호와 앞에서 **스스로** 겸손하지
대하 35:4 족속대로 반열을 따라 **스스로** 준비하고
대하 35:6 **스스로** 성결하게 하고 유월절 어린 양을
스 6:21 더러운 것으로부터 **스스로**를 구별하
느 4:2 **스스로** 견고하게 하려는가, 제사를
느 9:17 목을 굳게 하며 패역하여 **스스로** 한
느 10:32 또 **스스로** 규례를 정하기를 해마다
에 8:11 함께 모여 **스스로** 생명을 보호하여
에 9:16 다른 유다인들이 모여 **스스로** 생명을

시가서
욥 5:16 희망이 있고 악행이 **스스로** 입을 다무느
욥 9:4 그를 거슬러 **스스로** 완악하게 행하고서
욥 18:7 피곤하여지고 그가 마련한 꾀에 **스스로**
욥 34:33 그러면 그대가 **스스로** 택할 것이요 내가
욥 37:24 경외하고 그는 **스스로** 지혜롭다 하는
욥 42:6 그러므로 내가 **스스로** 거두어들이고
시 9:16 자기가 손으로 행한 일에 **스스로** 얽혔도
시 18:23 나의 죄악에서 **스스로** 자신을 지켰나니
시 35:26 나를 향하여 **스스로** 뽐내는 자들이 수치
시 36:4 침상에서 죄악을 꾀하며 **스스로** 악한
시 38:16 실족할 때에 나를 향하여 **스스로** 교만할
시 49:18 생시에 자기를 축하하며 **스스로** 좋게
시 52:7 **스스로** 든든하게 하던 자라 하리로다
시 59:4 그들이 달려와서 **스스로** 준비하오니
시 89:46 여호와여 언제까지니이까 **스스로**

시 93:1 여호와께서 다스리시니 **스스로** 권위를
시 113:6 **스스로** 낮추사 천지를 살피시고
시 119:47 주의 계명들을 **스스로** 즐거워하며
시 119:52 규례들을 내가 기억하고 **스스로** 위로
잠 3:7 **스스로** 지혜롭게 여기지 말지어다
잠 12:9 종을 부리는 자는 **스스로** 높은 체하고도
잠 13:7 **스스로** 부한 체하여도 아무 것도 없는
　　　　자가 있고 **스스로** 가난한 체하여도
잠 18:1 무리에게서 **스스로** 갈라지는 자는 자기
잠 20:28 왕은 인자와 진리로 **스스로** 보호하고
잠 23:5 정녕히 재물은 **스스로** 날개를 내어
잠 25:6 왕 앞에서 **스스로** 높은 체하지 말며
잠 26:5 그가 **스스로** 지혜롭게 여길까 하노라
잠 26:12 **스스로** 지혜롭게 여기는 자를 보느냐
잠 28:10 악한 길로 유인하는 자는 **스스로** 자기
잠 29:6 악인이 범죄하는 것은 **스스로** 올무가
잠 30:12 **스스로** 깨끗한 자로 여기면서도 자기의
잠 30:32 네가 미련하여 **스스로** 높은 체하였거나
전 7:16 지혜자도 되지 말라 어찌하여 **스스로**

선지서
사 1:16 **스스로** 씻으며 **스스로** 깨끗하게 하여
사 5:21 **스스로** 지혜롭다 하며 **스스로** 명철하다
사 10:15 어찌 켜는 자에게 **스스로** 큰 체하겠느냐
사 26:15 나라를 더 크게 하셨나이다 **스스로** 영광
사 37:30 올해는 **스스로** 난 것을 먹을 것이요
사 45:15 하나님이여 진실로 주는 **스스로** 숨어
사 48:2 거룩한 성 출신이라고 **스스로** 부르며
사 52:2 시온이여 네 목의 줄을 **스스로** 풀지어다

'스스로'와 관련된 성구

스스로 강하게 하다 – 대하 13:7; 17:1; 사 30:2

스스로 결심하다 – 민 30:3, 14; 고후 2:1

스스로 겸비하다 – 대하 12:6, 7, 12; 스 8:21; 단 10:12

스스로 괴롭히다 – 레 16:29, 31; 23:27, 29, 32

스스로 구별하다 – 레 22:2; 민 6:3

스스로 구원하다 – 시 33:16; 잠 6:3, 5; 사 47:14; 59:16

스스로 깨끗하게 하다 – 레 20:7; 민 8:21; 16:3; 왕상 1:5; 대하 30:19; 시 140:8; 사 1:16; 겔 29:15; 단 11:36; 고후 11:20

스스로 높이다 – 단 8:11; 11:12, 14

스스로 더럽히다 – 레 11:43, 44; 18:24, 30; 19:31; 21:1; 겔 14:11; 20:7, 18, 43; 22:3, 4; 44:25

스스로 믿다 – 잠 14:16; 겔 33:13; 롬 2:20

스스로 부패하다 – 신 4:16, 25; 9:12; 31:29

스스로 분쟁하다 – 마 12:25, 26; 막 3:24, 25; 눅 11:17, 18

스스로 삼가다 – 출 10:28; 34:12; 신 2:4; 4:9, 23; 11:16; 12:30; 23:9; 시 17:4; 렘 17:21; 막 4:24; 눅 8:18; 행 15:29; 요이 1:8

【 스스로 】   【 스스로 】

사 59:8	굽은 길을 **스스로** 만드나니 무릇 이		무리들이 다 **스스로** 예비하고
사 59:16	베푸시며 자기의 공의를 **스스로** 의지하	단 8:8	숫염소가 **스스로** 심히 강대하여 가더니
사 64:7	이름을 부르는 자가 없으며 **스스로** 분발	단 8:25	마음에 **스스로** 큰 체하며 또 평화로운
사 66:17	**스스로** 거룩하게 구별하며 **스스로**		때에 많은 무리를 멸하며 또 **스스로**
렘 2:13	나를 버린 것과 **스스로** 웅덩이를 판	단 11:37	그가 모든 것보다 **스스로** 크다 하고
렘 2:22	네가 잿물로 **스스로** 씻으며 네가 많은	나 3:15	네가 느치같이 **스스로** 많게 할지어다 네
렘 4:2	나로 말미암아 **스스로** 복을 빌며 나로		가 메뚜기같이 **스스로** 많게 할지어다
렘 4:4	주민들아 너희는 **스스로** 할례를 행하여	학 2:4	스룹바벨아 **스스로** 굳세게 … 여호수
렘 12:13	그 소산으로 말미암아 **스스로** 수치를		아야 **스스로** 굳세게 … 백성아 **스스로**
렘 13:18	왕과 왕후에게 전하기를 **스스로** 낮추어	**신약**	
렘 25:7	노여움을 일으켜 **스스로** 해하였느니라	마 19:12	천국을 위하여 **스스로** 된 고자도 있도다
렘 26:19	**스스로** 심히 해롭게 하는 것이니라	마 23:31	선지자를 죽인 자의 자손임을 **스스로**
렘 31:18	에브라임이 **스스로** 탄식함을 내가	마 27:3	정죄됨을 보고 **스스로** 뉘우쳐 그 은
렘 49:16	산꼭대기를 점령한 자여 **스스로** 두려운	막 4:28	**스스로** 열매를 맺되 처음에는 싹이요
애 1:9	여호와와 원수가 **스스로** 큰 체하오니	눅 15:17	**스스로** 돌이켜 이르되 내 아버지에게는
애 2:18	눈물을 강처럼 흘릴지어다 **스스로** 쉬지	눅 16:15	사람 앞에서 **스스로** 옳다 하는 자들이나
애 3:40	**스스로** 우리의 행위들을 조사하고	눅 20:20	보내어 그들로 **스스로** 의인인 체하며
겔 6:9	근심하게 한 것을 기억하고 **스스로**	요 6:61	예수께서 **스스로** 제자들이 이 말씀에
겔 17:14	이는 나라를 낮추어 **스스로** 서지 못하게	요 7:4	**스스로** 나타나기를 구하면서 묻혀서
겔 18:8	이자를 받지 아니하며 **스스로** 손을	요 7:28	내가 **스스로** 온 것이 아니니라 나를
겔 18:28	그가 **스스로** 헤아리고 그 행한 모든	요 8:28	내가 **스스로** 아무 것도 하지 아니하고
겔 18:32	기뻐하지 아니하노니 너희는 **스스로**	요 8:42	나는 **스스로** 온 것이 아니요 아버지께서
겔 20:43	악으로 말미암아 **스스로** 미워하리라	요 10:18	내가 **스스로** 버리노라 나는 버릴 권세도
겔 22:28	그들을 위하여 회를 칠하고 **스스로**	요 15:4	붙어 있지 아니하면 **스스로** 열매를
겔 23:40	목욕하며 눈썹을 그리며 **스스로** 단장하	요 21:18	네가 젊어서는 **스스로** 띠 띠고 원하는
겔 24:12	성읍이 수고하므로 **스스로** 피곤하나	행 5:36	드다가 일어나 **스스로** 선전하매 사람이
겔 31:14	모든 나무가 **스스로** 높아 서지 못하게	행 18:15	법에 관한 것이면 너희가 **스스로** 처리하
겔 36:31	가증한 일로 말미암아 **스스로** 밉게	행 26:9	일을 행하여야 될 줄 **스스로** 생각하고
겔 38:7	너는 **스스로** 예비하되 너와 네게 모인	롬 1:22	**스스로** 지혜 있다 하나 어리석게 되어

'스스로'와 관련된 성구

스스로 속다 – 욥 15:31; 렘 37:9; 갈 6:3, 7; 요일 1:8

스스로 숨다 – 삿 9:5; 욥 24:4; 사 58:7; 눅 8:47

스스로 알다 – 왕상 2:44; 욥 15:23; 42:3; 막 5:30; 고후 13:5; 살후 3:7

스스로 이르다/말하다 – 삿 7:2; 20:32; 삼상 18:11, 21; 20:3; 삼하 14:15, 17; 왕상 12:26; 왕하 5:20; 7:12; 욥 29:18; 시 36:2; 73:15; 잠 23:35; 전 7:23; 사 47:10; 렘 12:4; 애 3:18, 54; 겔 20:32; 29:3, 9; 습 1:12; 요 7:17, 18;

16:13; 18:34; 살전 1:9

스스로 자랑하다 – 시 52:1; 사 10:15

스스로 재판하다 – 출 18:22, 26

스스로 정결하게 하다 – 대하 5:11; 사 52:11; 66:17; 겔 44:26; 단 12:10

스스로 조심하다 – 수 23:11; 막 13:9; 눅 17:3; 21:34; 고후 11:9

스스로 죽다 – 레 7:24; 17:15; 신 14:21; 삼하 17:23; 겔 4:14; 욘 4:8; 마 27:5

스스로 판단하다 – 신 32:31; 눅 12:57; 고전 10:15; 11:13

스스로 하다 – 요 5:19, 30; 11:51; 14:10

【 스스 】　　　　　　　　　　　　　　　　　　　　　　　　【 스올 】

롬 11:25　너희가 **스스로** 지혜 있다 하면서
롬 12:16　낮은 데 처하며 **스스로** 지혜 있는 체
롬 14:14　확신하노니 무엇이든지 **스스로** 속된
롬 14:22　믿음을 하나님 앞에서 **스스로** 가지고
롬 15:14　형제들아 너희가 **스스로** 선함이 가득하
고전 4:18　나아가지 아니할 것같이 **스스로** 교만
고전 9:19　사람에게서 자유로우나 **스스로** 모든
고후 3:5　우리에게서 난 것같이 **스스로** 만족할
고후 4:2　사람의 양심에 대하여 **스스로** 추천하노
고후 10:14　너희에게 미치지 못할 자로서 **스스로**
갈 5:12　어지럽게 하는 자들은 **스스로** 베어
갈 6:13　할례를 받은 그들이라도 **스스로** 율법을
엡 4:16　몸을 자라게 하며 사랑 안에서 **스스로**
살후 3:9　오직 **스스로** 너희에게 본을 보여 우리를
딛 3:11　아는 바와 같이 부패하여 **스스로** 정죄한
히 5:4　존귀는 아무도 **스스로** 취하지 못하고
히 5:5　그리스도께서 대제사장 되심도 **스스로**
약 1:26　누구든지 **스스로** 경건하다 생각하며
약 4:4　하는 자는 **스스로** 하나님과 원수 되는
벧후 2:1　주를 부인하고 임박한 멸망을 **스스로**
벧후 3:16　풀다가 **스스로** 멸망에 이르느니라

스승(guardian, teacher)
대상 25:8　큰 자나 작은 자나 **스승**이나 제자를 막론하고
시 119:99　명철이 나의 모든 **스승**보다 나으며
전 12:11　찌르는 채찍들 같고 회중의 **스승**들의
사 30:20　네 **스승**은 다시 숨기지 아니하시리니
합 2:18　부어 만든 우상은 거짓 **스승**이라 만든
고전 4:15　그리스도 안에서 일만 **스승**이 있으되
딤전 2:7　진리 안에서 내가 이방인의 **스승**이
딤후 4:3　자기의 사욕을 따를 **스승**을 많이

스아(seah) 고체량을 재는 단위로 약 7.3ℓ 에 해당
창 18:6　고운 가루 세 **스아**를 가져다가 반죽하여
왕하 7:1　밀가루 한 **스아**를 한 세겔로 매매하고
　　　　 보리 두 스아를 한 세겔로 매매하리라
왕하 7:16　**스아**에 한 세겔이 되고 보리 두 **스아**가
왕하 7:18　성문에서 보리 두 **스아**를 한 세겔로 매매하고 고운 밀가루 한 **스아**를 한 세겔

스아랴(Sheariah) 베냐민 지파 사람이며 사울의 후손
대상 8:38　보그루와 이스마엘과 **스아랴**와 오바댜
대상 9:44　보그루와 이스마엘과 **스아랴**와 오바댜

스알(Sheal) 이방 아내를 되돌려 보내기로 한 사람
스 10:29　아다야와 야숩과 **스알**과 여레못이요

스알디엘(Shealtiel) 여호야긴 왕의 맏아들
대상 3:17　여고냐의 아들들은 그의 아들 **스알디엘**
스 3:2　제사장들과 **스알디엘**의 아들 스룹바벨
마 1:12　여고냐는 **스알디엘**을 낳고 스알디엘은
눅 3:27　스룹바벨이요 그 위는 **스알디엘**이요

▷ 스알디엘 - 기타 본문
스 3:8; 5:2; 느 12:1; 학 1:1, 12, 14; 2:2, 23

스알야숩(Shear-Jashub) 이사야의 아들 이름
사 7:3　너와 네 아들 **스알야숩**은 윗못 수도

스엡(Zeeb) 기드온 때에 에브라임 사람들에게 죽임당한 미디안의 방백
삿 7:25　오렙과 **스엡**을 사로잡아 오렙은 오렙 바위에서 죽이고 **스엡**은 **스엡** 포도주 … 추격하였고 오렙과 **스엡**의 머리를
삿 8:3　미디안의 방백 오렙과 **스엡**을 너희 손에
시 83:11　귀인들이 오렙과 **스엡** 같게 하시며

스오림(Seorim) 다윗 시대 제사장 24반열 가운데 제4반의 제사장
대상 24:8　셋째는 하림이요 넷째는 **스오림**이요

스올(grave)
창 37:35　슬퍼하며 **스올**로 내려가 아들에게로
창 42:38　흰 머리를 슬퍼하며 **스올**로 내려가게
창 44:29　흰 머리를 슬퍼하며 **스올**로 내려가게
창 44:31　흰 머리로 슬퍼하며 **스올**로 내려가게
민 16:30　소유물을 삼켜 산 채로 **스올**에 빠지게
민 16:33　모든 재물과 산 채로 **스올**에 빠지며
신 32:22　불이 일어나서 **스올**의 깊은 곳까지
삼상 2:6　살리기도 하시며 **스올**에 내리게도
삼하 22:6　**스올**의 줄이 나를 두르고 사망의 올무가

【 스올 】　　　　　　　　　　　　　　　　　　　　　　【 슬기/-롭다 】

왕상 2:6	그의 백발이 평안히 **스올**에 내려가지	사 28:18	언약이 폐하며 **스올**과 더불어 맺은
왕상 2:9	백발이 피 가운데 **스올**에 내려가게 하라	사 38:10	나의 중년에 **스올**의 문에 들어가고 나의
욥 7:9	없어짐같이 **스올**로 내려가는 자는	사 38:18	**스올**이 주께 감사하지 못하며 사망이
욥 11:8	무엇을 하겠으며 **스올**보다 깊으시니	사 57:9	또 사신을 먼 곳에 보내고 **스올**에까지
욥 14:13	주는 나를 **스올**에 감추시며 주의 진노를	겔 31:15	그가 **스올**에 내려가던 날에 내가 그를
욥 17:13	내가 **스올**이 내 집이 되기를 희망하여	겔 31:16	구덩이에 내려가는 자와 함께 **스올**에
욥 17:16	희망이 **스올**의 문으로 내려갈 뿐이니라	겔 31:17	그러나 그들도 그와 함께 **스올**에 내려
욥 21:13	잠깐 사이에 **스올**에 내려가느니라	겔 32:21	그를 돕는 자와 함께 **스올** 가운데에서
욥 24:19	물을 곧 빼앗나니 **스올**이 범죄자에게도	겔 32:27	무기를 가지고 **스올**에 내려가서 자기의
욥 26:6	하나님 앞에서는 **스올**도 벗은 몸으로	호 13:14	그들을 **스올**의 … **스올**아 네 멸망이
시 6:5	기억하는 일이 없사오니 **스올**에서 주께	암 9:2	그들이 파고 **스올**로 들어갈지라도 내
시 9:17	**스올**로 돌아감이여 하나님을 잊어	욘 2:2	내가 **스올**의 뱃속에서 부르짖었더니
시 16:10	내 영혼을 **스올**에 버리지 아니하시며	합 2:5	가만히 있지 아니하고 **스올**처럼 자기의
시 18:5	**스올**의 줄이 나를 두르고 사망의 올무가		
시 30:3	주께서 내 영혼을 **스올**에서 끌어내어		
시 31:17	악인들을 부끄럽게 하사 **스올**에서	**스와**(Sheva)	
시 49:14	양같이 **스올**에 두기로 작정되었으니	1. 다윗 왕조 때 서기관	
	… **스올**이 그들의 거처가 되리라	삼하 20:25 **스와**는 서기관이 되고 사독과 아비아달	
시 49:15	**스올**의 권세에서 건져내시리로다	2. 갈렙의 첩 마아가가 낳은 아들	
시 55:15	임하여 산 채로 **스올**에 내려갈지어다	대상 2:49 기브아의 아버지 **스와**를 낳았으며	
시 86:13	깊은 **스올**에서 건지셨음이니이다		
시 88:3	재난이 가득하며 나의 생명은 **스올**에	**스이라**(Seirah) 에훗이 모압 왕 에글론을 죽	
시 89:48	영혼을 **스올**의 권세에서 건지리이까	이고 도망한 곳	
시 116:3	사망의 줄이 나를 두르고 **스올**의 고통이	삿 3:26 돌 뜨는 곳을 지나 **스이라**로 도망하니라	
시 139:8	올라갈지라도 거기 계시며 **스올**에 내		
시 141:7	우리의 해골이 **스올** 입구에 흩어졌도다	**스하랴**(Shehariah) 베냐민 지파 여로함의 아들	
잠 1:12	**스올**같이 그들을 산 채로 삼키며 무덤	대상 8:26 삼스래와 **스하랴**와 아달랴와	
잠 2:18	집은 사망으로, 그의 길은 **스올**로		
잠 5:5	사지로 내려가며 그의 걸음은 **스올**로	**스할**(Zohar) 시므온 지파의 족장	
잠 7:27	집은 **스올**의 길이라 사망의 방으로	창 46:10 야민과 오핫과 야긴과 **스할**과 가나안	
잠 9:18	그의 객들이 **스올** 깊은 곳에 있는 것을		
잠 15:11	**스올**과 아바돈도 여호와의 앞에 드러나	**슬기/-롭다**(prudent, tact, wise)	
잠 15:24	말미암음으로 그 아래에 있는 **스올**을	출 35:25 마음이 **슬기로운** 모든 여인은 손수 실을	
잠 23:14	채찍으로 때리면 그의 영혼을 **스올**에서	출 35:26 마음에 감동을 받아 **슬기로운** 모든	
잠 27:20	**스올**과 아바돈은 만족함이 없고 사람의	욥 20:3 나의 **슬기로운** 마음이 나로 하여금	
잠 30:16	곧 **스올**과 아이 배지 못하는 태와 물로	욥 32:11 당신들의 **슬기**와 당신들의 말에 귀	
전 9:10	장차 들어갈 **스올**에는 일도 없고 계획도	욥 34:34 **슬기로운** 자와 내 말을 듣는 지혜 있는	
아 8:6	죽음같이 강하고 질투는 **스올**같이	욥 38:36 준 것이냐 수탉에게 **슬기**를 준 자가	
사 5:14	**스올**이 욕심을 크게 내어 한량 없이	잠 1:4 어리석은 자를 **슬기롭게** 하며 젊은	
사 14:9	**스올**이 너로 말미암아 소동하여 네가	잠 12:16 분노를 나타내거니와 **슬기로운** 자는	
사 14:11	영화가 **스올**에 떨어졌음이여 네 비파	잠 12:23 **슬기로운** 자는 지식을 감추어도 미련한	
사 14:15	네가 **스올** 곧 구덩이 맨 밑에 떨어짐이	잠 13:16 **슬기로운** 자는 지식으로 행하거니와	
사 28:15	언약하였고 **스올**과 맹약하였은즉	잠 14:8 **슬기로운** 자의 지혜는 자기의 길을 아는	
		잠 14:15 온갖 말을 믿으나 **슬기로운** 자는 자기의	

【 슬로못 】　　　　　　　　　　　　　　　　　　　　　　　　【 슬퍼하다 】

잠 14:18　어리석음으로 기업을 삼아도 **슬기로운**
잠 14:35　**슬기롭게** 행하는 신하는 왕에게 은총을
잠 15:5　경계를 받는 자는 **슬기**를 얻을 자니라
잠 16:23　입을 **슬기롭게** 하고 또 그의 입술에
잠 17:2　**슬기로운** 종은 부끄러운 짓을 하는 주인
잠 17:28　그의 입술을 닫으면 **슬기로운** 자로
잠 19:11　노하기를 더디 하는 것이 사람의 **슬기**요
잠 19:14　조상에게서 상속하거니와 **슬기로운**
잠 22:3　**슬기로운** 자는 재앙을 보면 숨어 피하여
잠 25:12　**슬기로운** 자의 책망은 청종하는 귀에
잠 27:12　**슬기로운** 자는 재앙을 보면 숨어 피하여
잠 29:8　요란하게 하여도 **슬기로운** 자는 노를
단 2:14　나가매 다니엘이 명철하고 **슬기로운**
마 11:25　지혜롭고 **슬기** 있는 자들에게는 숨기시
마 25:2　다섯은 미련하고 다섯은 **슬기** 있는 자라
마 25:4　**슬기** 있는 자들은 그릇에 기름을 담아
마 25:8　미련한 자들이 **슬기** 있는 자들에게
마 25:9　**슬기** 있는 자들이 대답하여 이르되
눅 1:17　거스르는 자를 의인의 **슬기**에 돌아오게
눅 10:21　지혜롭고 **슬기** 있는 자들에게는 숨기시

슬로못(Shelomoth)

1. 레위 지파 사람
대상 24:22　**슬로못**이요 슬로못의 아들들 중에는
2. 모세의 아들 엘리에셀의 자손
대상 26:25　아들 시그리와 그의 아들 **슬로못**이라
대상 26:26　이 **슬로못**과 그의 형제는 성물의 모든
대상 26:28　구별하여 드린 성물은 다 **슬로못**과 그의

슬로미(Shelomi)　아셀 지파의 족장 아히훗의 아버지
민 34:27　아셀 자손 지파에서는 지휘관 **슬로미**의

슬로밋(Shelomith)

1. 단 지파 디브리의 딸
레 24:11　어머니의 이름은 **슬로밋**이요 단 지파
2. 유다의 총독이었던 스룹바벨의 딸
대상 3:19　므술람과 하나냐와 그의 매제 **슬로밋**과
3. 레위 지파 게르손 자손으로 시므이의 아들
대상 23:9　시므이의 아들들은 **슬로밋**과 하시엘과
4. 압살롬의 딸 마아가가 낳은 르호보암 왕의 아들
대하 11:20　앗대와 시사와 **슬로밋**을 낳았더라

5. 레위 지파 사람으로 이스할의 아들
대상 23:18　아들들은 우두머리 **슬로밋**이요
6. 바벨론 포로지에서 귀환한 요시뱌의 조상
스 8:10　**슬로밋** 자손 중에서는 요시뱌의 아들이

슬로브핫(Zelophehad)　므낫세 지파 사람으로 헤벨의 아들
민 27:1　아들 **슬로브핫**의 딸들이 찾아왔으니
수 17:3　므낫세의 현손 **슬로브핫**은 아들이 없고
대상 7:15　이름은 **슬로브핫**이니 **슬로브핫**은

📖 **슬로브핫 - 기타 본문**

민 27:7; 36:2, 6, 10, 11

슬루미엘(Shelumiel)　모세 때 인구조사에 협력한 사람
민 1:6　수리삿대의 아들 **슬루미엘**이요
민 2:12　수리삿대의 아들 **슬루미엘**이요
민 7:36　지휘관 수리삿대의 아들 **슬루미엘**이
민 7:41　이는 수리삿대의 아들 **슬루미엘**의
민 10:19　군대는 수리삿대의 아들 **슬루미엘**이

슬퍼하다(mourn, grieve)

출 33:4　이 준엄한 말씀을 듣고 **슬퍼하여** 한
레 10:6　치신 불로 말미암아 **슬퍼할** 것이니라
민 14:39　자손에게 알리매 백성이 크게 **슬퍼하여**
삼상 15:35　이는 그가 사울을 위하여 **슬퍼함**이었고
삼상 16:1　그를 위하여 언제까지 **슬퍼하겠느냐**
삼상 20:3　이르기를 요나단이 **슬퍼할까** 두려우즉
삼상 20:34　다윗을 위하여 **슬퍼함**이었더라
삼상 22:8　나를 위하여 **슬퍼하거나** 내 아들이 내
삼상 25:31　**슬퍼하실** 것도 없고 내 주의 마음에
삼하 13:37　그의 아들로 말미암아 **슬퍼하니라**
삼하 14:2　죽은 사람을 위하여 오래 **슬퍼하는** 여인
삼하 19:2　아들을 위하여 **슬퍼한다** 함이 그 날에
왕상 14:13　그를 위하여 **슬퍼하며** 장사하려니와
왕상 14:18　그를 위하여 **슬퍼하니** 여호와께서
대상 7:22　아버지 에브라임이 여러 날 **슬퍼하므로**
대하 35:24　예루살렘 사람들이 요시야를 **슬퍼하고**
욥 42:11　그를 위하여 **슬퍼하며** 위로하고 각각
시 35:14　내 몸을 굽히고 **슬퍼하기**를 어머니를
시 38:18　죄악을 아뢰고 내 죄를 **슬퍼함이니이다**
시 119:158　자들을 내가 보고 **슬퍼하였나이다**

1474

【 슬프다/슬픔/슬피 】

전 3:4	웃을 때가 있으며 **슬퍼할** 때가 있고	민 12:11	이에 모세에게 이르되 **슬프도다** 내 주여
사 3:26	성문은 **슬퍼하며** 곡할 것이요 시온은	민 24:23	예언하여 이르기를 **슬프다** 하나님이
사 16:7	건포도 떡을 위하여 그들이 **슬퍼하며**	수 7:7	**슬프도소이다** 주 여호와여 어찌하여
사 19:8	낚시를 던지는 자마다 **슬퍼하며** 물 위에	삿 6:22	이르되 **슬프도소이다** 주 여호와여 내가
사 24:4	**슬퍼하고** 쇠잔하며 세계가 쇠약하고	삼하 19:2	그 날의 승리가 모든 백성에게 **슬픔**이
사 24:7	새 포도즙이 **슬퍼하고** 포도나무가	왕하 3:10	이스라엘 왕이 이르되 **슬프다** 여호와께
사 29:2	괴롭게 하리니 그가 **슬퍼하고** 애곡하며	대하 35:25	요시야를 **슬피** 노래하니 이스라엘에
사 33:9	땅이 **슬퍼하고** 쇠잔하며 레바논은	에 9:22	평안함을 얻어 **슬픔**이 변하여 기쁨이
사 51:19	위하여 **슬퍼하랴** 곧 황폐와 멸망이요	시 32:10	악인에게는 많은 **슬픔**이 있으나 여호와
렘 6:26	잃음같이 **슬퍼하며** 통곡할지어다	시 38:6	구부러졌으며 종일토록 **슬픔** 중에
렘 8:21	상하여 **슬퍼하며** 놀라움에 잡혔도다	시 62:9	**슬프도다** 사람은 입김이며 인생도
렘 9:10	광야 목장을 위하여 **슬퍼하나니** 이는	시 69:26	상하게 하신 자의 **슬픔**을 말하였사오니
렘 12:11	향하여 **슬퍼하는도다** 온 땅이 황폐함은	시 78:40	사막에서 그를 **슬프시게** 함이 몇 번인가
렘 14:2	**슬퍼하며** 성문의 무리가 피곤하여	시 90:10	자랑은 수고와 **슬픔**뿐이요 신속히 가니
렘 16:4	독한 병으로 죽어도 아무도 **슬퍼하지**	시 116:3	이르므로 내가 환난과 **슬픔**을 만났을
렘 31:15	라마에서 **슬퍼하며** 통곡하는 소리가	잠 1:27	너희에게 근심과 **슬픔**이 임하리니
애 1:4	시온의 도로들이 **슬퍼함이여** 절기를	잠 14:13	마음에 **슬픔**이 있고 즐거움의 끝에도
겔 24:16	**슬퍼하거나** 울거나 눈물을 흘리거나	전 2:23	근심하며 수고하는 것이 **슬픔**뿐이라
겔 24:17	죽은 자들을 위하여 **슬퍼하지** 말고	전 7:3	**슬픔**이 웃음보다 나음은 얼굴에 근심하
겔 24:23	신은 채로 두고 **슬퍼하지도** 아니하며	선지서, 신약	
단 10:2	나 다니엘이 세 이레 동안을 **슬퍼하며**	사 1:4	**슬프다** 범죄한 나라요 허물 진 백성이요
호 10:5	백성이 **슬퍼하며** 그것을 기뻐하던 제사	사 13:8	놀라며 괴로움과 **슬픔**에 사로잡혀
	장들도 **슬퍼하리니** 이는 그의 영광이	사 14:3	너를 **슬픔**과 곤고와 및 네가 수고하는
욜 1:9	수종드는 제사장은 **슬퍼하도다**	사 17:12	**슬프다** 많은 민족이 소동하였으되 바다
마 9:15	함께 있을 동안에 **슬퍼할** 수 있느냐	사 18:1	**슬프다** 구스의 강 건너편 날개 치는
마 26:37	데리고 가실새 고민하고 **슬퍼하사**	사 29:1	**슬프다** 아리엘이여 아리엘이여 다윗이
막 14:33	데리고 가실새 심히 놀라시며 **슬퍼하사**	사 33:7	부르짖으며 평화의 사신들이 **슬피**
고후 12:21	아니함 때문에 **슬퍼할까** 두려워하노라	사 35:10	기쁨과 즐거움을 얻으리니 **슬픔**과 탄식
살전 4:13	소망 없는 다른 이와 같이 **슬퍼하지**	사 51:11	머리 위에 있고 **슬픔**과 탄식이 달아나리
		사 53:4	질고를 지고 우리의 **슬픔**을 당하였거늘
		사 61:2	보복의 날을 선포하여 모든 **슬픈** 자를
		렘 1:6	내가 이르되 **슬프도소이다** 주 여호와여
		렘 4:10	내가 이르되 **슬프도소이다** 주 여호와여
		렘 8:18	**슬프다** 나의 근심이여 어떻게 위로를
		렘 10:19	**슬프다** 내 상처여 내가 중상을 당하였도
		렘 14:13	내가 말하되 **슬프도소이다** 주 여호와여
		렘 20:18	내가 태에서 나와서 고생과 **슬픔**을 보며
		렘 30:7	**슬프다** 그 날이여 그와 같이 엄청난
		렘 32:17	**슬프도소이다** 주 여호와여 주께서 큰
		렘 34:5	너를 위하여 애통하기를 **슬프다** 주여
		렘 45:3	나의 고통에 **슬픔**을 더하셨으니 나는
		렘 49:24	해산하는 여인같이 고통과 **슬픔**이 그를
		렘 51:41	**슬프다** 세삭이 함락되었도다 온 세상의

'슬퍼하다' 와 관련된 성구

땅이 슬퍼하다 – 렘 4:28; 12:4; 23:10; 호 4:3
슬퍼하는 자 – 사 57:18; 61:3; 66:10; 렘 16:7
슬퍼하며 스올로 내려가다 – 창 37:35; 42:38; 44:29, 31
슬퍼하며 애통하다 – 창 23:2; 약 4:9
슬퍼하며 통곡하다 – 마 2:18
슬퍼하여 울다 – 삼하 1:12, 24; 3:34

슬프다/슬픔/슬피 (bitter, mourn, weep)

모세오경 – 시가서

출 32:31 나아가 여짜오되 **슬프도소이다** 이 백성

【 슬하 】　　　　　　　　　　　　　　　　　　　　　　　　　　【 승리/-하다 】

애 1:1	**슬프다** 이 성이여 전에는 사람들이	**습관**(習慣, habit, practice)	
애 5:15	우리의 춤이 변하여 **슬픔**이 되었사오며	삼상 27:11	행하는 **습관**이 있었다 할까 두려워함이
겔 13:22	내가 **슬프게** 하지 아니한 의인의 마음을	렘 22:21	목소리를 청종하지 아니함이 네 **습관**이
겔 30:2	통곡하며 이르기를 **슬프다** 이 날이여	렘 49:12	술잔을 마시는 **습관**이 없는 자도 반드시
단 6:20	이르러서 **슬피** 소리 질러 다니엘에게	눅 22:39	예수께서 나가사 **습관**을 따라 감람산에
욜 1:15	**슬프다** 그 날이여 여호와의 날이 가까웠	고전 8:7	지금까지 우상에 대한 **습관**이 있어
암 5:16	거리에서 **슬프도다 슬프도다** 하겠으며	히 10:25	어떤 사람들의 **습관**과 같이 하지 말고
말 3:14	그 명령을 지키며 **슬프게** 행하는 것이		
눅 22:45	일어나 제자들에게 가서 **슬픔**으로	**습기**(濕氣, moisture)	
눅 24:17	사람이 **슬픈** 빛을 띠고 머물러 서더라	욥 37:11	구름에 **습기**를 실으시고 그의 번개로
히 12:11	즐거워 보이지 않고 **슬퍼** 보이나 후에	눅 8:6	바위 위에 떨어지매 싹이 났다가 **습기**가
벧전 2:19	하나님을 생각함으로 **슬픔**을 참으면		
		습진(濕疹, fester)	
		레 21:20	눈에 백막이 있는 자나 **습진**이나 버짐이
		레 22:22	종기 있는 것이나 **습진** 있는 것이나

'슬프다'와 관련된 성구

마음이 슬프다	– 삼상 1:8, 15；2:33；30:6；사 65:14
슬프게 다니다	– 시 42:9；43:2
슬픈 기색	– 마 6:16；막 10:22
슬픔의 날	– 사 17:11；60:20
슬픈 노래	– 삼하 1:17；렘 9:20；겔 26:17；27:2, 32；28:12；32:2；미 2:4
슬피 부르다	– 겔 32:16
슬피 부르짖다	– 삿 2:18；시 144:14；사 15:8；23:1, 6, 14；호 7:14
슬피 울다	– 삼상 6:19；25:1；28:3；삼하 19:1；왕상 13:29, 30；느 1:4；8:9；사 14:31；38:14；59:11；렘 22:10；48:38；49:3；애 1:2；겔 7:16；21:12；31:15；32:18；욜 1:13；나 2:7；습 1:11, 14；마 11:17；22:13；24:51；25:30；막 16:10；눅 13:28；23:27
슬피 탄식하다	– 겔 21:6
슬피 통곡하다	– 사 22:4；겔 27:31

📖 슬프다/슬픔/슬피 – 기타 본문

시 31:10；32:10；69:29；사 1:24；61:3；렘 4:19；22:18；31:13；애 2:1；4:1

승객(乘客, company)			
겔 27:34	파선한 때에 네 무역품과 네 **승객**이 다		

승낙(承諾, consent)
몬 1:14　다만 네 **승낙**이 없이는 내가 아무 것도

승냥이(jackal)
시 44:19　우리를 **승냥이**의 처소에 밀어 넣으시고
시 63:10　칼의 세력에 넘겨져 **승냥이**의 먹이가
사 13:22　궁성에는 **승냥이**가 부르짖을 것이요
사 34:13　새품이 자라서 **승냥이**의 굴과 타조의
사 35:7　**승냥이**의 눕던 곳에 풀과 갈대와 부들이
사 43:20　장차 들짐승 곧 **승냥이**와 타조도 나를
렘 9:11　무더기로 만들며 **승냥이** 굴이 되게
렘 10:22　유다 성읍들을 황폐하게 하여 **승냥이**의
렘 14:6　들 나귀들은 벗은 산 위에 서서 **승냥이**
렘 50:39　사막의 들짐승이 **승냥이**와 함께 거기에
렘 51:37　돌무더기가 되어서 **승냥이**의 거처와

승리/-하다(勝利, triumph, victory)
삼상 26:25　큰 일을 행하겠고 반드시 **승리**를 얻으리
삼하 19:2　**승리**가 모든 백성에게 슬픔이 된지라
왕상 22:12　길르앗 라못으로 올라가 **승리**를 얻으소
왕상 22:15　올라가서 **승리**를 얻으소서 여호와께서
대상 29:11　권능과 영광과 **승리**와 위엄이 다 주께
대하 18:11　길르앗 라못으로 올라가서 **승리**를
대하 18:14　올라가서 **승리**를 거두소서 그들이

슬하(膝下, on knee)
창 50:23　므낫세의 아들들도 요셉의 **슬하**에서

습격하다(襲擊, attack)
수 11:7　메롬 물 가로 가서 갑자기 **습격**할 때에

【 승리자 】 　　　　　　　　　　　【 시그리 】

시 9:19　여호와여 일어나사 인생으로 **승리를**
시 20:5　우리가 너의 **승리로** 말미암아 개가를
잠 24:6　너는 전략으로 싸우라 **승리는** 지략이
전 9:11　용사들이라고 전쟁에 **승리하는** 것이
렘 32:3-5　갈대아인과 싸울지라도 **승리하지**
고전 15:55　사망아 너의 **승리가** 어디 있느냐 사망아
고전 15:57　우리에게 **승리를** 주시는 하나님께
요일 5:4　이기느니라 세상을 이기는 **승리는**

승리자(勝利者, fierce, victor)
사 49:24　도로 빼앗으며 **승리자에게** 사로잡힌
고전 9:25　그들은 썩을 **승리자의** 관을 얻고자 하되
딤후 2:5　경기하지 아니하면 **승리자의** 관을 얻지

승전가(勝戰歌, sound of victory)
출 32:18　모세가 이르되 이는 **승전가도** 아니요

승천하다(昇天, ascension, taken up to heaven)
눅 9:51　예수께서 **승천하실** 기약이 차가매
행 1:2　성령으로 명하시고 **승천하신** 날까지의
히 4:14　큰 대제사장이 계시니 **승천하신** 이

시 1(詩, word, song, psalm)
대하 29:27　동시에 여호와의 **시로** 노래하고 나팔을
대하 29:30　다윗과 선견자 아삽의 **시로** 여호와를
시 81:2　**시를** 읊으며 소고를 치고 아름다운
시 95:2　앞에 나아가며 **시를** 지어 즐거이 그를
합 2:6　평론하며 조롱하는 **시로** 그를 풍자하지
엡 5:19　**시와** 찬송과 신령한 노래들로 서로
골 3:16　피차 가르치며 권면하고 **시와** 찬송과

시 2(時, time)
요 4:52　어제 일곱 **시에** 열기가 떨어졌나이다
행 2:15　삼 **시니** 너희 생각과 같이 이 사람들이
행 23:23　이르되 밤 제 삼 **시에** 가이사랴까지를
계 9:15　그 년 월 일 **시에** 이르러 사람 삼분의

시 3(市, city)
행 19:35　에베소 **시가** 큰 아데미와 제우스에게서
행 21:39　길리기아 다소 **시의** 시민이니 청컨대

시각(時刻, at time)
신 16:6　네가 애굽에서 나오던 **시각** 곧 초저녁
마 24:43　**시각에** 올 줄을 알았더라면 깨어 있어
마 24:50　생각하지 않은 날 알지 못하는 **시각에**
눅 12:46　생각하지 않은 날 알지 못하는 **시각에**
눅 14:17　잔치할 **시각에** 그 청하였던 자들에게
행 10:9　올라가니 그 **시각은** 제 육 시더라
행 16:33　밤 그 **시각에** 간수가 그들을 데려다가
고전 4:11　이 **시각까지** 우리가 주리고 목마르며
딤후 4:6　부어지고 나의 떠날 **시각이** 가까웠도다

시간(時間, time, hour)

삼상 20:35　데리고 다윗과
　　　　　　정한 **시간에** 들로 나가서
단 2:8　내렸음을 보았으므로
　　　　　시간을 지연하려 함이로다
단 2:16　왕께 구하기를 **시간을** 주시면 왕에게
마 20:12　사람들은 한 **시간밖에** 일하지 아니하였
마 26:40　너희가 나와 함께한 **시간도** 이렇게 깨어
막 14:37　네가 한 **시간도** 깨어 있을 수 없더냐
눅 1:10　모든 백성은 그 분향하는 **시간에** 밖에서
눅 22:59　한 **시간쯤** 있다가 또 한 사람이 장담하
요 11:9　낮이 열두 **시간이** 아니냐 사람이 낮에
행 3:1　제 구 시 기도 **시간에** 베드로와 요한이
행 5:7　세 **시간쯤** 지나 그의 아내가 그 일어난
행 17:21　이외에는 달리 **시간을** 쓰지 않음이더라
행 19:34　사람의 아데미여 하기를 두 **시간이나**
히 11:32　선지자들의 일을 말하려면 내게 **시간이**
계 8:1　인을 떼실 때에 하늘이 반 **시간쯤** 고요
계 14:7　심판의 **시간이** 이르렀음이니 하늘과
계 18:10　성 바벨론이여 한 **시간에** 네 심판이
계 18:17　그러한 부가 한 **시간에** 망하였도다 모든
계 18:19　상품으로 치부하였더니 한 **시간에**

시골(country)
삼상 6:18　성읍에서부터 **시골의** 마을까지
에 9:19　그러므로 **시골의** 유다인 곧 성이 없는
막 15:21　구레네 사람 시몬이 **시골로부터** 와서
막 16:12　그들 중 두 사람이 걸어서 **시골로** 갈
눅 23:26　시몬이라는 구레네 사람이 **시골에서**
요 11:55　유월절 전에 **시골에서** 예루살렘으로

시그리(Zicri)
1. 레위인 고핫의 자손으로 이스할의 아들
출 6:21　아들들은 고라와 네벡과 **시그리요**

【 시글락 】 【 시기오놋 】

　　　2. 베냐민 사람으로 시므이의 아들
대상 8:19　야김과 **시그리**와 삽다와
　　　3. 베냐민 사람으로 사삭의 아들
대상 8:23　압돈과 **시그리**와 하난과
　　　4. 베냐민 사람으로 여로함의 아들
대상 8:27　엘리아와 **시그리**는 다 여로함의 아들이
　　　5. 레위인 아삽의 아들
대상 9:15　그는 미가의 아들이요 **시그리**의 손자요
　　　6. 레위 사람 요람의 아들
대상 26:25　그의 아들 **시그리**와 그의 아들 슬로못이
　　　7. 르우벤 사람의 두목으로 엘리에셀의 지도자
대상 27:16　르우벤 사람의 지도자는 **시그리**의 아들
　　　8. 유다 사람 아마시아의 아버지
대하 17:16　그 다음은 **시그리**의 아들 아마시아니
　　　9. 여호야다 때의 용사로 엘리사밧의 아버지
대하 23:1　**시그리**의 아들 엘리사밧 등과 더불어
　　　10. 에브라임의 용사
대하 28:7　에브라임의 용사 **시그리**는 왕의 아들
　　　11. 베냐민 사람 요엘의 아버지
느 11:9　**시그리**의 아들 요엘이 그들의 감독이
　　　12. 레위 사람으로 느헤미야 시대의 제사장
느 12:17　아비야 족속에는 **시그리**요 미냐민 곧

시글락(Ziklag) 가사 남동쪽의 에돔 변방의 성읍
삼상 27:6　**시글락**을 그에게 주었으므로 **시글락**이 오늘까지 유다 왕에게 속하니라

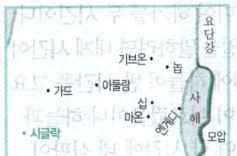

　　　시글락 - 기타 본문
수 15:31; 19:5; 삼상 30:1, 14, 26; 삼하 4:10; 대상 4:30; 12:1, 20; 느 11:28

시기 1(時期, time)
창 17:21　내년 이 **시기**에 사라가 네게 낳을 이삭
창 21:2　**시기**가 되어 노년의 아브라함에게
민 28:2　그 정한 **시기**에 삼가 내게 바칠지니라
수 3:15　요단이 곡식 거두는 **시기**에는 항상
삼상 18:19　다윗에게 줄 **시기**에 므홀랏 사람
느 10:34　정한 **시기**에 나무를 우리 하나님의
전 9:11　이는 **시기**와 기회는 그들 모두에게
전 9:12　자기의 **시기**도 알지 못하나니 물고기들

렘 8:7　학은 그 정한 **시기**를 알고 산비둘기
단 7:12　**시기**가 이르기를 기다리게 되었더라
호 2:9　그것이 맛 들 **시기**에 도로 찾으며 또
학 1:2　건축할 **시기**가 이르지 아니하였다
행 1:7　때와 **시기**는 아버지께서 자기의 권한에
롬 13:11　너희가 이 **시기**를 알거니와 자다가
살전 5:1　형제들아 때와 **시기**에 관하여는 너희에

시기 2(-하다(猜忌, envy, jealous)
창 26:14　많으므로 블레셋 사람이 그를 **시기하여**
창 30:1　그의 언니를 **시기하여** 야곱에게 이르되
창 37:11　그의 형들은 **시기하되** 그의 아버지는
민 11:29　이르되 네가 나를 두고 **시기하느냐**
신 32:21　그들에게 **시기** 나게 하며 어리석은
욥 5:2　미련한 자를 죽이고 **시기**가 어리석은
시 37:1　말며 불의를 행하는 자들을 **시기하지**
시 68:16　하나님이 계시려 하는 산을 **시기하여**
잠 14:30　마음은 육신의 생명이나 **시기**는 뼈를
전 4:4　이웃에게 **시기**를 받으니 이것도 헛되어
전 9:6　그들의 사랑과 미움과 **시기**도 없어진
겔 31:9　있는 모든 나무가 다 **시기하였느니라**
마 27:18　이는 그가 그들의 **시기**로 예수를 넘겨
행 5:17　사두개인의 당파가 다 마음에 **시기**가
행 7:9　여러 조상이 요셉을 **시기하여** 애굽에
행 13:45　유대인들이 그 무리를 보고 **시기가**
행 17:5　그러나 유대인들은 **시기하여** 저자의
롬 1:29　악의가 가득한 자요 **시기**, 살인, 분쟁,
롬 10:19　백성 아닌 자로써 너희를 **시기하게** 하며
롬 11:11　이방인에게 이르러 이스라엘로 **시기**
롬 11:14　골육을 아무쪼록 **시기하게** 하여 그들
롬 13:13　호색하지 말며 다투거나 **시기하지** 말고
고전 3:3　너희 가운데 **시기**와 분쟁이 있으니 어찌
고전 13:4　사랑은 온유하며 **시기하지** 아니하며
고후 12:20　또 다툼과 **시기**와 분냄과 당 짓는 것과
갈 5:20　원수 맺는 것과 분쟁과 **시기**와 분냄과
약 3:14　마음 속에 독한 **시기**와 다툼이 있으면
약 3:16　**시기**와 다툼이 있는 곳에는 혼란과 모든
약 4:2　살인하며 **시기하여도** 능히 취하지
약 4:5　성령이 **시기하기까지** 사모한다 하신
벧전 2:1　기만과 외식과 **시기**와 모든 비방하는

시기오놋(shigionoth)
합 3:1　**시기오놋**에 맞춘 선지자 하박국의 기도

1478

【 시나 】 　　　　　　　　　　　　　　　　　　　　　　　　　【 시내 2 】

시나(Ziza) 레위인으로 시므이의 아들
대상 23:10 시므이의 아들들은 야핫과 **시나**와

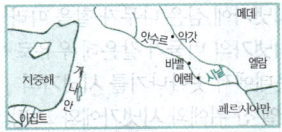

시날(Shinar)
바벨론. 수메르와 아카드 땅

창 10:10 나라는 **시날** 땅의 바벨과 에렉과 악갓과
창 11:2 이에 그들이 동방으로 옮기다가 **시날**
창 14:1 당시에 **시날** 왕 아므라벨과 엘라살 왕
창 14:9 그돌라오멜과 고임 왕 디달과 **시날** 왕
수 7:21 노략한 물건 중에 **시날** 산의 아름다운
사 11:11 엘람과 **시날**과 하맛과 바다 섬들에
단 1:2 그것을 가지고 **시날** 땅 자기 신들의
슥 5:11 그가 내게 이르되 그들이 **시날** 땅으로

시납(Shinab) 아브라함 때 사해 근처의 아드마 왕
창 14:2 아드마 왕 **시납**과 스보임 왕 세메벨과

시내 1(stream, wadi, ravine, valley)
창 32:23 그들을 인도하여 **시내**를 건너가게 하며
신 8:7 골짜기든지 산지든지 **시내**와 분천과
신 9:21 그 가루를 산에서 흘러내리는 **시내**에
신 10:7 이른즉 그 땅에는 **시내**가 많았으며
수 17:9 **시내**로 … 그 **시내** 남쪽에 … 그 **시내**
수 19:11 답베셋을 만나 욕느암 앞 **시내**를 만나고
삼상 17:40 막대기를 가지고 **시내**에서 매끄러운
삼하 17:20 그들이 **시내**를 건너가더라 하니 그들이
왕상 17:7 아니하므로 얼마 후에 그 **시내**가 마르니
대하 32:4 흘러가는 **시내**를 막고 이르되 어찌

> **성경에 나오는 '시내'**
> 가나 시내 - 수 16:8; 17:9
> 기드론 시내 - 삼하 15:23; 왕상 2:37; 왕하 23:6, 12; 대하 29:16; 30:14; 렘 31:40; 요 18:1
> 기손 시내 - 왕상 18:40; 시 83:9
> 브솔 시내 - 삼상 30:9, 10, 21
> 세렛 시내 - 신 2:13, 14
> 시홀 시내 - 수 13:3; 대상 13:5
> 아라바 시내 - 암 6:14
> 애굽 시내 - 민 34:5; 수 15:4, 47; 사 27:12; 겔 47:19; 48:28

느 2:15 그 밤에 **시내**를 따라 올라가서 성벽을
욥 29:6 바위가 나를 위하여 기름 **시내**를 쏟은
욥 40:22 연 잎 그늘이 덮으며 **시내** 버들이 그를
시 46:4 한 **시내**가 있어 나뉘어 흘러 하나님의
시 78:16 또 바위에서 **시내**를 내사 물이 강같이
시 78:20 **시내**가 넘쳤으나 그가 능히 떡도 주시며
시 78:44 그들의 강과 **시내**를 피로 변하여 그들로
시 124:4 그 때에 물이 우리를 휩쓸며 **시내**가
시 126:4 여호와여 우리의 포로를 남방 **시내**들
아 4:15 레바논에서부터 흐르는 **시내**로구나
사 15:7 쌓았던 것을 가지고 버드나무 **시내**를
사 34:9 에돔의 **시내**들은 변하여 역청이 되고
사 35:6 광야에서 물이 솟겠고 사막에서 **시내**가
사 44:3 마른 땅에 **시내**가 흐르게 하며 나의 영을
사 66:12 뭇 나라의 영광을 넘치는 **시내**같이
렘 15:18 물이 말라서 속이는 **시내** 같으시리
렘 47:2 물결치는 **시내**를 이루어 그 땅과 그
애 3:48 내 눈에는 눈물이 **시내**처럼 흐르도다
겔 6:3 산과 언덕과 **시내**와 골짜기를 향하여
겔 35:8 골짜기와, 모든 **시내**에 엎드러지게
겔 36:4 산들과 멧부리들과 **시내**들과 골짜기들
겔 36:6 멧부리들과 **시내**들과 골짜기들에
욜 1:20 헐떡거리오니 **시내**가 다 말랐고 들의
욜 3:18 젖을 흘릴 것이며 유다 모든 **시내**가

시내 2(Sinai)
1. 시내 산 : 모세가 십계명을 받은 산

출 16:1 엘림에서 떠나 엘림과 **시내** 산 사이에
출 19:11 온 백성의 목전에서 **시내** 산에 강림할
출 19:18 **시내** 산에 연기가 자욱하니 여호와께서
출 19:20 여호와께서 **시내** 산 곧 그 산 꼭대기에
출 19:23 거룩하게 하라 하셨사온즉 백성이 **시내**
출 24:16 여호와의 영광이 **시내** 산 위에 머무르고
출 31:18 여호와께서 **시내** 산 위에서 모세에게
출 34:2 아침까지 준비하고 아침에 **시내** 산에
출 34:4 손에 들고 여호와의 명령대로 **시내** 산에
출 34:29 모세의 손에 들고 **시내** 산에서 내려오니
출 34:32 여호와께서 **시내** 산에서 자기에게
레 7:38 여호와께서 **시내** 광야에서 이스라엘
레 25:1 여호와께서 **시내** 산에서 모세에게
레 26:46 이것은 여호와께서 **시내** 산에서 자기와
레 27:34 여호와께서 **시내** 산에서 이스라엘 자손
민 3:1 여호와께서 **시내** 산에서 모세와 말씀하

【 시내 3 】　　　　　　　　　　　　　　　　　　　　　　　　　　　【 시다 】

민 28:6	**시내** 산에서 정한 상번제로서 여호와께
신 33:2	그가 일렀으되 여호와께서 **시내** 산에서
삿 5:5	여호와 앞에서 진동하니 저 **시내** 산도
느 9:13	**시내** 산에 강림하시고 하늘에서부터
시 68:8	**시내** 산도 하나님 곧 이스라엘의 하나님
시 68:17	주께서 그 중에 계심이 **시내** 산 성소에
행 7:30	사십 년이 차매 천사가 **시내** 산 광야
행 7:38	**시내** 산에서 말하던 그 천사와 우리
갈 4:24	두 언약이라 하나는 **시내** 산으로부터
갈 4:25	하갈은 아라비아에 있는 **시내** 산으로서

2. 시내 광야 : 이스라엘이 진을 쳤던 광야

출 19:1	삼 개월이 되던 날 그들이 **시내** 광야에
출 19:2	그들이 르비딤을 떠나 **시내** 광야에
레 7:38	여호와께서 **시내** 광야에서 이스라엘
민 1:1	첫째 날에 여호와께서 **시내** 광야 회막
민 1:19	모세에게 명령하신 대로 그가 **시내** 광야
민 3:4	아비후는 **시내** 광야에서 여호와 앞에
민 3:14	여호와께서 **시내** 광야에서 모세에게
민 9:1	첫째 달에 여호와께서 **시내** 광야에서
민 9:5	해 질 때에 **시내** 광야에서 유월절을
민 10:12	이스라엘 자손이 **시내** 광야에서 출발하
민 26:64	모세와 제사장 아론이 **시내** 광야에서
민 33:15	르비딤을 떠나 **시내** 광야에 진을 치고
민 33:16	**시내** 광야를 떠나 기브롯핫다아와에

시내 3(city, town)

마 8:33	치던 자들이 달아나 **시내**에 들어가 이
마 8:34	**시내**가 예수를 만나려고 나가서 보고
눅 14:21	이르되 빨리 **시내**의 거리와 골목으로
행 9:6	너는 일어나 **시내**로 들어가라 네가 행할
행 12:10	이에 첫째와 둘째 파수를 지나 **시내**로
행 13:50	경건한 귀부인들과 그 **시내** 유력자들을
행 14:4	**시내**의 무리가 나뉘어 유대인을 따르는
행 19:29	**시내**가 요란하여 바울과 같이 다니는
행 21:29	드로비모가 바울과 함께 **시내**에 있음을
고후 11:26	위험과 이방인의 위험과 **시내**의 위험과

시냇가(stream-NIV, brook-KJV)

삿 5:15	달려 내려가니 르우벤 **시냇가**에서 큰
삿 5:16	르우벤 **시냇가**에서 큰 결심이 있었도다
삼하 23:30	브나야와 가아스 **시냇가**에 사는 힛대와
왕상 15:13	우상을 찍어 기드론 **시냇가**에서 불사랐
왕상 17:3	동쪽으로 가서 요단 앞 그릿 **시냇가**에
왕상 17:5	가서 요단 앞 그릿 **시냇가**에 머물매
대상 11:32	가아스 **시냇가**에 사는 후래와 아르바
대하 15:16	우상을 찍어 빻아 기드론 **시냇가**에서
시 1:3	그는 **시냇가**에 심은 나무가 철을 따라
아 5:12	눈은 **시냇가**의 비둘기 같은데 우유로
사 44:4	풀 가운데에서 솟아나기를 **시냇가**의
겔 34:13	이스라엘 산 위에와 **시냇가**에와 그 땅

시냇물(brook)

왕상 17:4	**시냇물**을 마시라 내가 까마귀들에게
왕상 17:6	떡과 고기를 가져왔고 그가 **시냇물**을
시 42:1	하나님이여 사슴이 **시냇물**을 찾기에
시 110:7	길 가의 **시냇물**을 마시므로 그의 머리를
시 119:136	내 눈물이 **시냇물**같이 흐르나이다
사 30:25	준령마다 그 뒤에 개울과 **시냇물**이 흐

시녀(侍女, servant girl, maid, slave girl)

창 29:24	그의 딸 레아에게 **시녀**로 주었더라
창 29:29	그의 딸 라헬에게 주어 **시녀**가 되게
창 30:4	**시녀** 빌하를 남편에게 아내로 주매 야곱
창 30:7	라헬의 **시녀** 빌하가 다시 임신하여 둘째
창 30:9	출산이 멈춤을 보고 그의 **시녀** 실바를
창 30:10	레아의 **시녀** 실바가 야곱에게서 아들을
창 30:12	레아의 **시녀** 실바가 둘째 아들을 야곱
창 30:18	레아가 이르되 내가 내 **시녀**를 내 남편
출 2:5	나일 강으로 내려오고 **시녀**들은 나일
삿 5:29	그의 지혜로운 **시녀**들이 대답하였겠으
에 4:4	에스더의 **시녀**와 내시가 나아와 전하니
에 4:16	나의 **시녀**와 더불어 이렇게 금식한 후
아 6:8	후궁이 팔십 명이요 **시녀**가 무수하되
나 2:7	그 모든 **시녀**들이 가슴을 치며 비둘기

시님(Aswan-NIV, Sinim-KJV) 애굽 최남단의 성읍

사 49:12	서쪽에서, 어떤 사람은 **시님** 땅에서

시다(sour)

렘 31:29	먹었으므로 아들들의 이가 **시다** 하지
겔 18:2	아들의 이가 **시다**고 함은 어찌 됨이냐

신 포도

렘 31:29	다시는 아버지가 **신 포도**를 먹었으므로
렘 31:30	**신 포도**를 먹는 자마다 그의 이가 신
겔 18:2	속담에 이르기를 아버지가 **신 포도**를

【 시대 】   【 시드기야 】

신 포도주

마 27:48 해면을 가져다가 **신 포도주**에 적시어
막 15:36 사람이 달려가서 해면에 **신 포도주**를
눅 23:36 희롱하면서 나아와 **신 포도주**를 주며
요 19:29 **신 포도주**가 가득히 담긴 그릇이
요 19:30 예수께서 **신 포도주**를 받으신 후에

시대 (時代, time, generation)

출 1:6 그의 모든 형제와 그 **시대**의 사람은
신 2:14 이 때에는 그 **시대**의 모든 군인들이
삼하 21:1 다윗의 **시대**에 해를 거듭하여 삼 년
왕상 2:5 그가 그들을 죽여 태평 **시대**에 전쟁의
왕상 10:21 솔로몬의 **시대**에 은을 귀히 여기지
왕상 16:34 그 **시대**에 벧엘 사람 히엘이 여리고를
왕상 21:29 내가 재앙을 저의 **시대**에는 내리지 아니
왕상 22:46 그의 아버지 아사의 **시대**에 남아 있던
왕하 13:22 여호아하스 왕의 **시대**에 아람 왕 하사엘
왕하 23:22 이스라엘을 다스리던 **시대**부터
왕하 24:1 여호야김 **시대**에 바벨론의 왕
대하 9:20 솔로몬의 **시대**에 은을 귀하게 여기지
대하 14:1 그의 **시대**에 그의 땅이 십 년 동안 평안
스 4:5 고레스의 **시대**부터 바사 왕 다리오가
욥 8:8 청하건대 너는 옛 **시대** 사람에게 물으며
시 81:15 복종하는 체할지라도 그들의 **시대**는
사 1:1 히스기야 **시대**에 아모스의 아들 이사야
사 33:6 **시대**에 평안함이 있으며 구원과 지혜의
사 51:9 옛 **시대**에 깨신 것같이 하소서 라합을
렘 1:3 유다의 왕 여호야김 **시대**부터 요시야의
렘 16:9 목전, 네 **시대**에 이 곳에서 끊어지게
렘 26:18 유다의 왕 히스기야 **시대**에 모레셋 사람
단 2:44 여러 왕들의 **시대**에 하늘의 하나님이
단 5:26 나라의 **시대**를 세어서 그것을 끝나게
단 6:28 다니엘이 다리오 왕의 **시대**와 바사 사람
호 1:1 유다 왕이 된 **시대** 곧 요아스의 아들
호 9:9 기브아의 **시대**와 같이 심히 부패한지
호 10:9 이스라엘아 네가 기브아 **시대**로부터
암 1:1 여로보암의 **시대** 지진 전 이년에 드고아
미 1:1 요담과 아하스와 히스기야 **시대**에
습 1:1 아몬의 아들 유다 왕 요시야의 **시대**에
마 16:3 분별줄 알면서 **시대**의 표적은 분별할
눅 4:25 엘리야 **시대**에 하늘이 삼 년 육 개월간
눅 12:56 분간할 줄 알면서 어찌 이 **시대**는 분간
눅 16:8 세대의 아들들이 자기 **시대**에 있어서는

행 17:30 알지 못하던 **시대**에는 하나님이 간과하

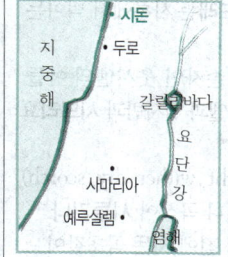

시돈 (Sidon) 베니게 지방의 중심적인 항구도시

창 10:19 가나안의 경계는 **시돈**에서부터 그랄을 지나 가사까지와 소돔과 고모라와 아드마와

시돈 – 기타 본문

창 49:13; 신 3:9; 수 11:8; 13:4, 6; 19:28; 삿 1:31; 3:3; 10:6, 12; 18:7, 28; 삼하 24:6; 왕상 5:6; 11:1, 5, 33; 16:31; 17:9; 왕하 23:13; 대상 22:4; 스 3:7; 사 23:2, 4, 12, 22; 렘 27:3, 8, 21; 28:22; 32:30; 47:4; 욜 3:4; 슥 9:2; 마 11:21, 22; 15:21; 막 3:8; 7:31; 눅 4:26; 6:17; 10:13, 14; 행 12:20; 27:3

시드기야 (Zedekiah)

1. 유다 마지막 왕으로 요시야의 아들

대상 3:15 둘째 여호야김과 셋째 **시드기야**와

시드기야 1 – 기타 본문

왕하 24:17, 18, 20; 25:1, 2, 7; 대상 3:15; 대하 36:10, 11; 렘 1:3; 21:1, 3, 7; 24:8; 27:3, 12; 28:1; 29:3, 21, 22; 32:1, 3–5; 34:2, 4, 6, 8, 21; 37:1, 3, 17, 18, 21; 38:5, 14, 15, 16, 17, 19, 24; 39:1, 2, 4, 5, 6, 7; 44:30; 49:34; 51:59; 52:1, 3, 4, 5, 8, 9, 10, 11

2. 아합 왕 때의 거짓 선지자

왕상 22:11 그나아나의 아들 **시드기야**는 자기를
왕상 22:24 그나아나의 아들 **시드기야**가 가까이
대하 18:10 그나아나의 아들 **시드기야**는 철로
대하 18:23 그나아나의 아들 **시드기야**가 가까이

3. 여호야김(고니야)의 아들

대상 3:16 아들 여고냐, 그의 아들 **시드기야**요

4. 느헤미야 시대의 제사장

느 10:1 아들 총독 느헤미야와 **시드기야**

5. 여호야김 시대의 방백

렘 36:12 하나냐의 아들 **시드기야**와 모든 고관이

【 시드래 】　　　　　　　　　　　　　　　　　　　　　　　　　　　　　　　　　【 시몬 2 】

시드래(Shitrai) 사론에서 다윗의 소떼를 관리한 사람
대상 27:29　사론 사람 **시드래**는 사론에서 먹이는

시드리(Sithri) 레위의 손자인 웃시엘의 아들
출 6:22　아들들은 미사엘과 엘사반과 **시드리**요

시들다/시들어지다(blight, wither, dry, scorch)
왕상 8:37　전염병이 있거나 곡식이 **시들**거나
왕하 19:26　잡초와 자라기 전에 **시든** 곡초같이
대하 6:28　전염병이 있거나 곡식이 **시들**거나
욥 14:2　꽃과 같이 자라서 **시들며** 그림자같이
욥 16:8　주께서 나를 **시들**게 하셨으니 이는 나를
욥 18:16　뿌리가 마르고 위로는 그의 가지가 **시들**
시 90:6　꽃이 피어 자라다가 저녁에는 **시들어**
시 102:4　마음이 풀같이 **시들고** 말라 버렸사오며
시 102:11　그림자 같고 내가 풀의 **시들어짐** 같으니
사 15:6　니므림 물이 마르고 풀이 **시들었으며**
사 19:6　마르므로 갈대와 부들이 **시들겠으며**
사 40:7　마르고 꽃이 **시듦**은 여호와의 기운이
사 40:8　풀은 마르고 꽃은 **시드나** 우리 하나님
사 64:6　우리는 다 잎사귀같이 **시들므로** 우리의
겔 17:9　그 나무가 **시들**게 하지 아니하겠으며
겔 47:12　잎이 **시들지** 아니하며 열매가 끊이지
욜 1:12　포도나무가 **시들었고** 무화과나무가 말랐으며 … 나무가 다 **시들었으니**
욜 1:17　무너졌으니 이는 곡식이 **시들었음**이로
욘 4:7　박넝쿨을 갉아먹게 하시매 **시드니라**
나 1:4　쇠하며 레바논의 꽃이 **시드는도다**
벧전 5:4　목자장이 나타나실 때에 **시들지** 아니하

시라(Sirah) 헤브론 근처
삼하 3:26　**시라** 우물 가에서 그를 데리고 돌아왔으

시력(視力, eye)
창 29:17　레아는 **시력**이 약하고 라헬은 곱고

시련(試鍊, testing, trial)
눅 8:13　잠깐 믿다가 **시련**을 당할 때에 배반하는
고후 8:2　환난의 많은 **시련** 가운데서 그들의
히 11:36　아니라 결박과 옥에 갇히는 **시련**도
약 1:3　너희 믿음의 **시련**이 인내를 만들어 내는
약 1:12　**시련**을 견디어 낸 자가 주께서 자기를

시론(Sirion) 헤르몬 산을 가리키는 별칭
신 3:9　헤르몬 산을 시돈 사람은 **시룐**이라
시 29:6　레바논과 **시룐**으로 들송아지같이

시립하다(侍立, attending)
왕상 10:5　시종들이 **시립**한 것과 그들의 관복과

시몬 1(Shimon) 유다 지파 족장 중 하나
대상 4:20　**시몬**의 아들들은 암논과 린나와 벤하난

시몬 2(Simon)
1. 예수님의 열두 제자 중 하나로 안드레의 형제
마 4:18　베드로라 하는 **시몬**과 그의 형제 안드레

📖 시몬 2-1 - 기타 본문
마 10:2; 16:16, 17; 17:25; 막 1:16, 29, 30, 36;
3:16; 14:37; 눅 4:38; 5:3, 4, 5, 8, 10; 6:14;
22:31; 24:34; 요 1:40, 41, 42; 6:8, 68; 13:6, 9,
24, 36; 18:10, 15, 25; 20:2, 6; 21:2, 3, 7, 11, 15,
16, 17; 행 10:5, 18, 32; 11:13; 벧후 1:1

2. 예수님의 열두 제자 중 하나로 열심당원
마 10:4　가나나인 **시몬** 및 가룟 유다 곧 예수를
막 3:18　야고보와 및 다대오와 가나나인 **시몬**이
눅 6:15　아들 야고보와 셀롯이라는 **시몬**과
행 1:13　알패오의 아들 야고보, 셀롯인 **시몬**,

3. 예수님의 형제 중 하나
마 13:55　형제들은 야고보, 요셉, **시몬**, 유다라
막 6:3　야고보와 요셉과 유다와 **시몬**의 형제가

4. 베다니의 문둥병자
마 26:6　예수께서 베다니 나병환자 **시몬**의 집에
마 14:3　예수께서 베다니 나병환자 **시몬**의 집에

5. 구레네 사람
마 27:32　나가다가 **시몬**이란 구레네 사람을
막 15:21　구레네 사람 **시몬**이 시골로부터 와서
눅 23:26　예수를 끌고 갈 때에 **시몬**이라는 구레네

6. 예수님을 식사에 초대한 바리새인
눅 7:40　**시몬**아 내가 네게 이를 말이 있다
눅 7:43　**시몬**이 대답하여 이르되 내 생각에는
눅 7:44　**시몬**에게 이르시되 이 여자를 보느냐

7. 예수님을 판 가룟 유다의 아버지
요 6:71　가룟 **시몬**의 아들 유다를 가리키심이라
요 13:2　마귀가 벌써 **시몬**의 아들 가룟 유다의

1482

【 시몬 베드로 】　　　　　　　　　　　　　　　　　【 시므아 2 】

요 13:26　조각을 적셔서 가룟 **시몬**의 아들 유다
　　　　　8. 욥바 사람으로서 피장인
행 9:43　베드로가 욥바에 여러 날 있어 **시몬**이라
행 10:6　그는 무두장이 **시몬**의 집에 유숙하니
행 10:17　고넬료가 보낸 사람들이 **시몬**의 집을
행 10:32　무두장이 **시몬**의 집에 유숙하느니라
　　　　　　　　9. 마술사
행 8:9　그 성에 **시몬**이라 하는 사람이 전부터
행 8:13　**시몬**도 믿고 세례를 받은 후에 전심으로
행 8:18　**시몬**이 사도들의 안수로 성령 받는 것을
행 8:24　**시몬**이 대답하여 이르되 나를 위하여

시몬 베드로(Simon Peter) 예수님의 열두
　제자 중 하나로서 안드레의 형제
마 16:16　**시몬 베드로**가 대답하여 이르되 주는

📖 시몬 베드로 – 기타 본문
　눅 5:8; 요 1:40; 6:8, 68; 13:6, 9, 24, 36; 18:10,
　15, 25; 20:2, 6; 21:2, 3, 7, 11, 15; 벧후 1:1

시무하다(始務, perform duty, fulfill obligation)
민 3:7　직무를 위하여 회막에서 **시무하되**
민 3:8　직무를 위하여 성막에서 **시무할지니**

시므란(Zimran) 아브라함과 그두라의 아들
창 25:2　그가 **시므란**과 욕산과 므단과 미디안과
대상 1:32　그두라가 낳은 자손은 **시므란**과 욕산과

시므랏(Shimrath) 시므이의 아들
대상 8:21　브라야와 **시므랏**은 다 시므이의 아들들

시므론(Shimron)
　　　　　1. 인명 : 잇사갈의 넷째 아들
창 46:13　아들은 돌라와 부와와 욥과 **시므론**이요
민 26:24　야숩 종족과 **시므론**에게서 난 **시므론**
대상 7:1　돌라와 부아와 야숩과 **시므론** 네 사람
　　　　　2. 지명 : 스불론 지파에게 할당된 가나안 성읍
수 11:1　이 소식을 듣고 마돈 왕 요밥과 **시므론**
수 12:20　**시므론** 므론 왕이요 하나라 왕이요
수 19:15　나할랄과 **시므론**과 이달라와 베들레헴

시므리 1(Shimri)
　　　　1. **시므온** 지파로 스마야의 아들

대상 4:37　스마야의 오대 손 **시므리**의 현손 여다야
　　　　　2. 다윗의 용사 중 하나
대상 11:45　**시므리**의 아들 여디아엘과 그의
　　　　　3. 레위 지파 므라리의 자손으로 호사의 아들
대상 26:10　그의 장자는 **시므리**라 **시므리**는 본래
　　　　　4. 히스기야 시대의 레위 사람
대하 29:13　엘리사반의 자손 중 **시므리**와 여우엘과

시므리 2(Zimri)
　　　　1. **시므온** 지파의 족장으로 살루의 아들
민 25:14　함께 죽임을 당한 자의 이름은 **시므리**니
　　　　　2. 7일 동안 통치했던 북이스라엘의 왕
왕상 16:9　병거 절반을 통솔한 지휘관 **시므리**가
왕상 16:10　**시므리**가 들어가서 그를 쳐죽이고 그를
왕상 16:11　**시므리**가 왕이 되어 왕위에 오를 때에
왕상 16:15　유다의 아사 왕 제이십칠년에 **시므리**가
왕상 16:16　진 중 백성들이 **시므리**가 모반하여 왕을
왕상 16:18　**시므리**가 성읍이 함락됨을 보고 왕궁
왕상 16:20　**시므리**의 남은 행위와 그가 반역한 일은
왕하 9:31　주인을 죽인 너 **시므리**여 평안하냐
　　　　　3. 세라의 아들이며 아간의 조부
대상 2:6　세라의 아들은 **시므리**와 에단과 헤만과
　　　　　4. 베냐민 사람 사울의 후손으로 여호야다의 아들
대상 8:36　**시므리**를 낳고 **시므리**는 모사를 낳고
대상 9:42　**시므리**를 낳고 **시므리**는 모사를 낳고
　　　　　5. 동방의 족속
렘 25:25　**시므리**의 모든 왕과 엘람의 모든 왕과

시므릿(Shimrith) 요아스를 암살한 여호사밧의
　어머니
대하 24:26　모압 여인 **시므릿**의 아들 여호사밧이더

시므아 1(Shimea)
　　　　　1. 다윗의 아들로 삼무아라고도 함
대상 3:5　**시므아**와 소밥과 나단과 솔로몬 네
　　　　　2. 레위 지파 므라리 자손
대상 6:30　아들은 **시므아**요 그의 아들은 학기야요
　　　　　3. 레위 지파 게르손의 자손으로 아삽의 조부
대상 6:39　베레야의 아들이요 베레갸는 **시므아**의
대상 6:40　**시므아**는 미가엘의 아들이요 미가엘은

시므아 2(Shimea, Shimeah)
　　　　1. 이새의 셋째 아들로 요나답과 요나단의 아버지

1483

[시므암]　　　　　　　　　　　　　　　　　　　[시므이]

삼하 13:3　그는 다윗의 형 **시므아**의 아들이요 심히
삼하 13:32　다윗의 형 **시므아**의 아들 요나답이
대상 2:13　둘째로 아비나답과 셋째로 **시므아**와
대상 20:7　능욕하므로 다윗의 형 **시므아**가

2. 베냐민 지파 미글롯의 아들
대상 8:32　미글롯은 **시므아**를 낳았으며 그들은

시므암(Shimeam) 미글롯의 아들로 시므아의 다른 이름
대상 9:38　미글롯은 **시므암**을 낳았으니 그들은

시므앗(Shimeath) 암몬 여인으로 사밧의 어머니
왕하 12:21　그를 쳐서 죽인 신복은 **시므앗**의 아들
대하 24:26　반역한 자들은 암몬 여인 **시므앗**의 아들

시므앗 종족(Shimeathites) 레갑의 후손으로 야베스에 거한 서기관 족속
대상 2:55　디랏 종족과 **시므앗 종족**과 수갓 종족

시므온 1(Simeon)
1. 레아가 낳은 야곱의 둘째 아들
창 29:33　주셨도다 하고 그의 이름을 **시므온**이라

📖 시므온 1-1 – 기타 본문
창 34:25, 30; 35:23; 42:24, 36; 43:23; 46:10; 48:5; 49:5; 출 1:2; 6:15; 민 1:6, 22, 23; 2:12; 7:36; 10:19; 13:5; 25:14; 26:12, 14; 34:20; 신 27:12; 수 19:1, 8, 9; 21:4, 9; 삿 1:3, 17; 대상 2:1; 4:24, 28, 33, 42; 6:65; 12:25; 27:16; 대하 15:9; 34:6; 스 10:31; 겔 48:24, 25, 33; 계 7:7

2. 예수님이 오심을 기다렸던 예루살렘의 경건한 사람
눅 2:25　예루살렘에 **시므온**이라 하는 사람이
눅 2:28　**시므온**이 아기를 안고 하나님을 찬송하
눅 2:34　**시므온**이 그들에게 축복하고 그의

3. 예수님의 조상
눅 3:30　그 위는 **시므온**이요 그 위는 유다요

4. 안디옥 교회의 선지자이고 교사인 니게르
행 13:1　니게르라 하는 **시므온**과 구레네 사람

시므온 2(Simon) 시몬 베드로의 히브리어 이름
행 15:14　취하시려고 그들을 돌보신 것을 **시므온**

시므이(Shimei)
1. 레위의 손자이며 게르손의 아들
출 6:17　그들의 가족대로 립니와 **시므이**요
민 3:18　종족대로 이러하니 립니와 **시므이**요
민 3:21　게르손에게서는 립니 종족과 **시므이**
대상 6:17　이름은 이러하니 립니와 **시므이**요
대상 23:7　게르손 자손은 라단과 **시므이**라
대상 23:9　**시므이**의 아들들은 슬로밋과 하시엘과
대상 23:10　**시므이**의 아들들은 … **시므이**의 아들
슥 12:13　**시므이**의 족속이 따로 하고 그들의 아내

2. 다윗에게 저주를 한 사울 집안 사람
삼하 16:5　게라의 아들이요 이름은 **시므이**라 그가

📖 시므이 2 – 기타 본문
삼하 16:7, 13; 19:16, 18, 21, 23; 왕상 2:8, 36, 38, 39, 40, 41, 42, 46

3. 베냐민 지파 엘라의 아들
왕상 1:8　선지자 나단과 **시므이**와 레이와 다윗의
왕상 4:18　베냐민에는 엘라의 아들 **시므이**요

4. 솔로몬의 후손으로 바다야의 아들
대상 3:19　아들들은 스룹바벨과 **시므이**요

5. 시므온 지파 삭굴의 아들
대상 4:26　아들은 삭굴이요 그의 아들은 **시므이**라
대상 4:27　**시므이**에게는 아들 열여섯과 딸 여섯이

6. 르우벤의 후손으로 곡의 아들
대상 5:4　아들은 곡이요 그의 아들은 **시므이**요

7. 레위 지파 므라리의 후손으로 립니의 아들
대상 6:29　아들은 립니요 그의 아들은 **시므이**요

8. 레위 지파 게르손의 후손으로 야핫의 아들
대상 6:42　심마의 아들이요 심마는 **시므이**의
대상 6:43　**시므이**는 야핫의 아들이요 야핫은

9. 베냐민 지파로 아얄론 거민의 족장
대상 8:21　브라야와 시므랏은 다 **시므이**의 아들들

10. 다윗의 성전 찬양대 중 하나
대상 25:3　스리와 여사야와 **시므이**와 하사뱌와
대상 25:17　열째는 **시므이**니 그의 아들들과 형제들

11. 다윗 시대에 왕실 포도원을 맡았던 사람
대상 27:27　라마 사람 **시므이**는 포도원을 맡았고

12. 히스기야 때 성전 청결에 참여한 사람
대하 29:14　여후엘과 **시므이**와 여두둔의 자손 중

13. 히스기야 때 성전에 바쳐진 헌물을 관리한 사람
대하 31:12　책임자가 되고 그의 아우 **시므이**는

【 시민 】   【 시비야 】

대하 31:13 고나냐와 그의 아우 **시므이**의 수하에서
    14. 이방인 아내를 돌려보내기로
       약속한 레위 사람
스 10:23 요사밧과 **시므이**와 글라야라 하는
    15. 이방인 아내를 돌려보내기로 약속한 하숨 자손
스 10:33 엘리벨렛과 여레매와 므낫세와 **시므이**
    16. 이방인 아내를 돌려보내기로 약속한 바니 자손
스 10:38 바니와 빈누이와 **시므이**와
    17. 베냐민 지파 모르드개 조상 중 하나
에 2:5   기스의 증손이요 **시므이**의 손자요

시민 (市民, citizen)
행 13:44 다음 안식일에는 온 **시민**이 거의 다
행 21:39 길리기아 다소 시의 **시민**이니 청컨대
행 22:25 너희가 로마 **시민** 된 자를 죄도 정하지
행 22:26 어찌하려 하느냐 이는 로마 **시민**이라
행 22:27 네가 로마 **시민**이냐 내게 말하라 이르되
행 22:29 천부장도 그가 로마 **시민**인 줄 알고 또
엡 2:19 성도들과 동일한 **시민**이요 하나님의

시민권 (市民權, citizenship)
행 22:28 돈을 많이 들여 이 **시민권**을 얻었노라
빌 3:20 우리의 **시민권**은 하늘에 있는지라

시바 1 (Ziba) 사울 왕의 신하
삼하 9:2 이름은 **시바**라 그를 다윗의 앞으로 부르매 왕이 그에게 말하되 네가 **시바**냐

  📖 시바 1 – 기타 본문
  삼하 9:3, 4, 9, 10, 11, 12; 16:1, 2, 3, 4; 19:17, 29

시바 2 (Ziphah) 유다 지파로 여할렐렐의 아들
대상 4:16 여할렐렐의 아들은 십과 **시바**와 디리아

시바 3 (Sheba) 스바 여왕이 다스린 땅으로 스바의 다른 이름
시 72:10 조공을 바치며 스바와 **시바** 왕들이
렘 6:20 **시바**에서 유향과 먼 곳에서 향품을

시본 (Zephon) 갓의 아들 중 하나로 스본이라고도 함
창 46:16 갓의 아들은 **시본**과 학기와 수니와

시브 (Ziv) 바벨론 포로기 이전 유대 달력의 두 번째 달 이름
왕상 6:1 이스라엘 왕이 된 지 사 년 **시브** 월 곧
왕상 6:37 넷째 해 **시브** 월에 여호와의 성전 기초

시브라임 (Sibraim) 에스겔이 환상 가운데 본 수리아 성읍
겔 47:16 하맛 경계선 사이에 있는 **시브라임**과

시브론 (Ziphron) 이스라엘의 가나안 땅 북쪽 경계
민 34:9 경계가 또 **시브론**을 지나 하살에난에

시브온 (Zibeon)
1. 에서의 아내 중 하나인 오홀리바마의 아버지
창 36:2 히위 족속 **시브온**의 딸인 아나의 딸
창 36:14 **시브온**의 손녀 아나의 딸 에서의 아내
    2. 세일의 아들이며 호리 족속의 족장
창 36:20 세일의 자손은 로단과 소발과 **시브온**과
창 36:24 **시브온**의 자녀는 … 아버지 **시브온**의
창 36:29 로단 족장, 소발 족장, **시브온** 족장, 아나
대상 1:38 세일의 아들은 로단과 소발과 **시브온**과
대상 1:40 오남이요 **시브온**의 아들은 아야와

시비 1 (Shiphi) 시므온 지파 족장 가운데 하나로 시사의 아버지
대상 4:37 여다야의 증손 알론의 손자 **시비**의

시비 2/-하다 (是非, dispute, complain, quarrel)
신 25:1 사람들 사이에 **시비**가 생겨 재판을
삿 21:22 형제가 와서 우리에게 **시비하면**
왕하 5:7 왕이 틈을 타서 나와 더불어 **시비하려**
잠 15:18 노하기를 더디 하는 자는 **시비**를 그치게
잠 17:14 일어나기 전에 **시비**를 그칠 것이니라
잠 26:21 좋아하는 자는 **시비**를 일으키느니라
빌 2:14 모든 일을 원망과 **시비**가 없이 하라

시비아 (Zibiah) 유다 왕 요아스의 어머니
왕하 12:1 어머니의 이름은 **시비아라** 브엘세바
대하 24:1 어머니의 이름은 **시비아요** 브엘세바

시비야 (Zibia) 사울 왕의 선조로 사하라임과 호데스의 아들
대상 8:9 호데스에게서 낳은 자는 요밥과 **시비야**

1485

[시사 1]

시사 1 (Shisha) 다윗 시대의 서기관
왕상 4:3 **시사**의 아들 엘리호렙과 아히야는

시사 2 (Shiza) 다윗의 용사 중 하나
대상 11:42 르우벤 자손 **시사**의 아들 곧 르우벤

시사 3 (Ziza)
　1. 시므온 지파의 한 족장
대상 4:37 아론의 손자 시비의 아들은 **시사**이니
　2. 레위 지파 게르손의 자손
대상 23:11 우두머리는 야핫이요 그 다음은 **시사**며
　3. 르호보암의 아들
대하 11:20 그가 아비야와 앗대와 **시사**와 슬로밋을

시삭 (Shishak) 솔로몬을 피해 달아난 여로보암을 받아들인 애굽 왕
왕상 11:40 애굽으로 도망하여 애굽 왕 **시삭**에게
왕상 14:25 르호보암 왕 제오년에 애굽의 왕 **시삭**이

📖 시삭 - 기타 본문
대하 12:2, 4, 5, 7, 8, 9

시세 (時勢, time)
대상 12:32 자손 중에서 **시세**를 알고 이스라엘이

시스 (Ziz) 모압과 암몬과 마온 사람이 여호사밧 왕을 치기 위해 올라간 고개
대하 20:16 그들이 **시스** 고개로 올라올 때에 너희가

시스라 (Sisera)
　1. 가나안 왕 야빈의 군대 장관
삿 4:2 하로셋 학고임에 거주하는 **시스라**요

📖 시스라 1 - 기타 본문
삿 4:7, 9, 12, 13, 14, 15, 16, 17, 18, 19, 22; 5:20, 25, 26, 28, 30; 삼상 12:9; 시 83:9

　2. 느디님 자손 중 시스라 자손의 선조
스 2:53 바르고스 자손과 **시스라** 자손과 드마
느 7:55 바르고스 자손과 **시스라** 자손과 드마

시스매 (Sismai) 유다 지파 여라므엘의 자손
대상 2:40 엘르아사는 **시스매**를 낳고 **시스매**는

[시온 1]

시시로 (時時, at all times)
시 62:8 백성들아 **시시로** 그를 의지하고 그의

시신 (屍身, dead body)
창 23:3 **시신** 앞에서 일어나 나가서 헷 족속에게
렘 25:33 애곡하는 자도 없고 **시신**을 거두어 주는
행 5:6 젊은 사람들이 일어나 **시신**을 싸서

시아 1 (Zia) 갓 자손
대상 5:13 요래와 야간과 **시아**와 에벨 일곱 명이니

시아 2 (Sia) 느디님 사람 선조 중 하나
느 7:47 게로스 자손과 **시아** 자손과 바돈 자손과

시아버지 (媤, father-in-law)
창 38:13 다말에게 말하되 네 **시아버지**가 자기의
창 38:25 **시아버지**에게 이르되 이 물건 임자로
삼상 4:19 그의 **시아버지**와 남편이 죽은 소식을
삼상 4:21 궤가 빼앗겼고 그의 **시아버지**와

시아하 (Siaha) 느디님 사람 선조 중 하나
스 2:44 게로스 자손과 **시아하** 자손과 바돈

시어머니 (媤, mother-in-law)
룻 1:14 오르바는 그의 **시어머니**에게 입 맞추되
룻 2:11 남편이 죽은 후로 네 **시어머니**에게
룻 2:18 들어가서 **시어머니**에게 그 주운 것을…
　　　남긴 것을 내어 **시어머니**에게 드리매
룻 2:19 **시어머니**가 그에게 … **시어머니**에게
룻 2:23 이삭을 주우며 그의 **시어머니**와 함께
룻 3:1 룻의 **시어머니** 나오미가 그에게 이르되
룻 3:5 룻이 **시어머니**에게 이르되 어머니의
룻 3:6 타작마당으로 내려가서 **시어머니**의
룻 3:16 룻이 **시어머니**에게 가니 그가 이르되
룻 3:17 빈손으로 네 **시어머니**에게 가지 말라
룻 3:18 이에 **시어머니**가 이르되 내 딸아 이
미 7:6 **시어머니**를 대적하리니 사람의 원수가
마 10:35 며느리가 **시어머니**와 불화하게 하려
눅 12:53 딸이 어머니와, **시어머니**가 며느리와, 며느리가 **시어머니**와 분쟁하리라

시온 1 (Siyon) 헤르몬 산
신 4:48 아로엘에서부터 **시온** 산 곧 헤르몬

1486

【 시온 2 】　　　　　　　　　　　　　　　　　　　　　　　　　【 시위하다 】

시온 2(Shion) 잇사갈 지파에게 분배된 성읍
수 19:19　하바라임과 **시온**과 아나하랏과

시온 3(Zion) 예루살렘 남서쪽에 위치한 산
삼하 5:7　다윗이 **시온** 산성을 빼앗았으니 이는
왕상 8:1　**시온**에서 메어 올리고자 하여 이스라엘
왕하 19:21 처녀 딸 **시온**이 너를 멸시하며 너를
왕하 19:31 피하는 자는 **시온** 산에서부터 나오리니

📖 시온 3 - 기타 본문
대상 11:5; 대하 5:2; 시 2:6; 9:11, 14; 14:7; 20:2;
48:2, 11, 12; 50:2; 51:18; 53:6; 65:1; 69:35;
74:2; 76:2; 78:68; 84:5, 7; 87:2, 5; 97:8; 99:2;
102:13, 14, 16, 21; 110:2; 125:1; 126:1; 128:5;
129:5; 132:13; 133:3; 134:3; 135:21; 137:1, 3;
146:10; 147:12; 149:2; 아 3:11; 사 1:8, 27; 2:3;
3:16, 17, 26; 4:3, 4, 5; 8:18; 10:12, 24, 32; 12:6;
14:32; 16:1; 18:7; 24:23; 28:16; 29:8; 30:19;
31:4, 9; 33:5, 14, 20; 34:8; 35:10; 37:22, 32;
40:9; 41:27; 46:13; 49:14; 51:3, 11, 16; 52:1, 2,
7, 8; 59:20; 60:14; 61:3; 62:1, 11; 64:10; 66:7,
8; 렘 3:14; 4:6, 31; 6:2, 23; 8:19; 9:19; 14:19;
26:18; 30:17; 31:6, 12; 50:5, 28; 51:10, 24, 35;
애 1:4, 6, 17; 2:1, 4, 6, 8, 13, 18; 4:2, 11, 22;
5:11, 18; 욜 2:1, 15, 23, 32; 3:16, 17, 21; 암 1:2;
6:1; 옵 1:17, 21; 미 1:13; 3:10; 4:2, 7, 8, 10,
11, 13; 습 3:14, 16; 슥 1:14; 2:7, 10; 8:2, 3;
9:9, 13; 마 21:5; 요 12:15; 롬 9:33; 11:26; 히
12:22; 벧전 2:6; 계 14:1

시올(Zior) 유다 지파에게 분배된 성읍
수 15:54　훔다와 기럇 아르바 곧 헤브론과 **시올**이

시완 월(month of Sivan) 유대 달력의 세 번째 달 이름
에 8:9　그 때 **시완 월** 곧 삼월 이십삼일에 왕의

시외(市外, outside the city)
행 14:13 **시외** 제우스 신당의 제사장이 소와
행 14:19 돌로 바울을 쳐서 죽은 줄로 알고 **시외**

시원하다(refresh)
욥 32:20 내가 말을 하여야 **시원**할 것이라 내

잠 25:13 그 주인의 마음을 **시원**하게 하느니라
아 2:5　나를 **시원**하게 하라 내가 사랑하므로
고전 16:18 나와 너희 마음을 **시원**하게 하였으니
고후 10:10 대할 때는 약하고 그 말도 **시원**하지

시월(十月, tenth month)
에 2:16　아하수에로 왕의 제칠년 **시월** 곧 데벳월

시위(string)
시 11:2　활을 당기고 화살을 **시위**에 먹임이여

시위대(侍衛隊, guard)
렘 32:2　유다의 왕의 궁중에 있는 **시위대** 뜰에
렘 32:8　나의 숙부의 아들 하나멜이 **시위대** 뜰
렘 32:12 매매 증서에 인 친 증인 앞에 **시위대**
렘 33:1　예레미야가 아직 **시위대** 뜰에 갇혀 있을
렘 38:13 끌어낸지라 예레미야가 **시위대** 뜰에
빌 1:13　그리스도 안에서 모든 **시위대** 안과 그

시위대 대장/시위대장
삼하 23:23 그를 세워 **시위대 대장**을 삼았더라
왕상 14:27 왕궁 문을 지키는 **시위대 대장**의 손에
왕하 25:8 바벨론 왕의 신복 **시위대장** 느부사라단
왕하 25:10 **시위대장**에게 속한 갈대아 온 군대가
왕하 25:11 무리 중 남은 자는 **시위대장** 느부사라단
왕하 25:12 **시위대장**이 그 땅의 비천한 자를 남겨
왕하 25:15 **시위대장**이 또 불 옮기는 그릇들과
왕하 25:18 **시위대장**이 대제사장 스라야와
왕하 25:20 **시위대장** 느부사라단이 그들을 사로잡
대상 11:25 다윗이 그를 세워 **시위대장**을 삼았더라

시위병(侍衛兵, executioner)
막 6:27　왕이 곧 **시위병** 하나를 보내어 요한의

시위소(侍衛所, guardroom)
왕상 14:28 방패를 들고 갔다가 **시위소**로 도로

시위청(侍衛廳, court of the guard)
느 3:25　망대 맞은편 곧 **시위청**에서 가까운 부분

시위하다(侍衛, guard, stay close)
왕상 14:28 **시위하는** 자가 그 방패를 들고 갔다가
왕하 11:8 왕이 출입할 때에 **시위할지니라**

1487

【 시인 】　　　　　　　　　　　　【 시작/-하다/-되다 】

시인(詩人, poet)
민 21:27　시인이 읊어 이르되 너희는 헤스본으로
행 17:28　너희 시인 중 어떤 사람들의 말과 같이

시인하다 (是認, acknowledge, agree, confess, know)
마 10:32　나를 시인하면 나도 하늘에 계신 내 아버지 앞에서 그를 시인할 것이요
눅 12:8　앞에서 나를 시인하면 인자도 하나님의 사자들 앞에서 그를 시인할 것이요
요 9:22　그리스도로 시인하는 자는 출교하기로
롬 7:16　이로써 율법이 선한 것을 시인하노니
롬 10:9　네 입으로 예수를 주로 시인하며 또
롬 10:10　의에 이르고 입으로 시인하여 구원에
빌 2:11　예수 그리스도를 주라 시인하여 하나님
딛 1:16　그들이 하나님을 시인하나 행위로는
요일 2:23　아들을 시인하는 자에게는 아버지도
요일 4:2　육체로 오신 것을 시인하는 영마다
요일 4:3　시인하지 아니하는 영마다 하나님
요일 4:15　예수를 하나님의 아들이라 시인하면
계 3:5　앞과 그의 천사들 앞에서 시인하리라

시일(時日, day)
호 2:13　바알들을 섬긴 시일대로 내가 그에게

시작/-하다/-되다 (始作, begin, proceed)
모세오경, 역사서
창 6:1　사람이 땅 위에 번성하기 시작할 때에
창 9:20　노아가 농사를 시작하여 포도나무를
창 10:10　에렉과 악갓과 갈레에서 시작되었으며
창 11:6　이같이 시작하였으니 이 후로는 그
창 41:54　일곱 해 흉년이 들기 시작하매 각국에는
창 44:12　나이 많은 자에게서부터 시작하여 나이
창 49:3　장자요 내 능력이요 내 기력의 시작이라
출 12:2　이 달을 너희에게 달의 시작 곧 해의
민 10:13　것을 따라 행진하기를 시작하였는데
민 16:46　하셨으므로 염병이 시작되었음이니라
민 16:47　백성 중에 염병이 시작되었는지라 이에
민 25:1　모압 여자들과 음행하기를 시작하니라
민 34:3　경계는 동쪽으로 염해 끝에서 시작하여
신 1:5　이 율법을 설명하기 시작하였더라
신 3:24　종에게 나타내시기를 시작하셨사오니
신 21:17　것이니 그는 자기의 기력의 시작이라

수 3:7　오늘부터 시작하여 너를 온 이스라엘의
삿 10:18　나가서 암몬 자손과 싸움을 시작하랴
삿 13:5　이스라엘을 구원하기 시작하리라
삿 13:25　영이 그를 움직이기 시작하셨더라
삿 16:22　밀린 후에 다시 자라기 시작하니라
삿 20:31　사람 삼십 명 가량을 죽이기 시작하며
삿 20:39　삼십 명 가량을 쳐죽이기를 시작하며
룻 1:22　보리 추수 시작할 때에 베들레헴에
삼하 21:9　첫날 곧 보리를 베기 시작하는 때더라
삼하 21:10　곡식 베기 시작할 때부터 하늘에서 비가
왕상 6:1　위하여 성전 건축하기를 시작하였더라
왕상 20:14　이르되 누가 싸움을 시작하리이까
왕하 10:32　땅을 잘라 내기 시작하시매 하사엘이
대상 27:24　아들 요압이 조사하기를 시작하고
대하 3:1　여호와의 전 건축하기를 시작하니
대하 3:2　둘째 달 둘째 날 건축을 시작하였더라
대하 20:22　노래와 찬송이 시작될 때에 여호와께서
대하 29:17　초하루에 성결하게 하기를 시작하여
대하 29:27　제단에 드릴새 번제 드리기를 시작하는
대하 31:7　셋째 달에 그 더미들을 쌓기 시작하여
대하 31:10　여호와의 전에 드리기 시작함으로부터
스 3:8　돌아온 자들이 공사를 시작하고
스 5:2　성전을 다시 건축하기 시작하매 하나님
에 6:13　앞에서 굴욕을 당하기 시작하였으니
에 9:23　유다인이 자기들이 이미 시작한 대로

시가서, 선지서
욥 8:7　시작은 미약하였으나 네 나중은 심히
시 105:36　또 여호와께서 그들의 기력의 시작인
잠 8:22　여호와께서 그 조화의 시작 곧 태초에
잠 17:14　시작은 둑에서 물이 새는 것 같은즉
전 7:8　일의 끝이 시작보다 낫고 참는 마음이
전 10:13　그의 입의 말들의 시작은 우매요 그의
사 42:9　새 일을 알리노라 그 일이 시작되기
렘 17:12　영화로우신 보좌여 시작부터 높이
렘 25:29　재앙 내리기를 시작하였은즉 너희가
렘 26:1　다스리기 시작한 때에 여호와께로부터
렘 27:1　여호야김이 다스리기 시작할 때에
렘 28:1　유다 왕 시드기야가 다스리기 시작한
렘 31:5　심는 자가 그 열매를 따기 시작하리라
겔 9:6　내 성소에서 시작할지니라 하시매 …
있는 늙은 자들로부터 시작하더라
단 7:26　심판이 시작되면 그는 권세를 빼앗기고
단 9:23　기도를 시작할 즈음에 명령이 내렸으므

【 시장 1 】　　　　　　　　　　　　　　　　　　　　　　　　　　　　　【 시종 2 】

호 8:10	짐으로 말미암아 쇠하기 **시작하리라**
암 7:1	풀을 벤 후 풀이 다시 움돋기 **시작할** 때

신약

마 20:8	불러 나중 온 자로부터 **시작하여**
마 24:8	이 모든 것은 재난의 **시작**이니라
막 1:1	아들 예수 그리스도의 복음의 **시작**이라
막 13:8	있으리니 이는 재난의 **시작**이니라
막 14:19	나는 아니지요 하고 말하기 **시작하니**
눅 3:23	예수께서 가르치심을 **시작하실** 때에
눅 14:30	사람이 공사를 **시작하고** 능히 이루지
눅 20:9	백성에게 말씀하시기 **시작하시니라**
눅 21:28	이런 일이 되기를 **시작하거든** 일어나
눅 23:5	갈릴리에서부터 **시작하여** 여기까지
눅 24:27	모세와 모든 선지자의 글로 **시작하여**
눅 24:47	회개가 예루살렘에서 **시작하여** 모든
요 4:52	낫기 **시작한** 때를 물은즉 어제 일곱
요 8:9	가책을 느껴 어른으로 **시작하여** 젊은이
요 13:5	그 두르신 수건으로 닦기를 **시작하여**
행 1:1	행하시며 가르치시기를 **시작하심부터**
행 2:4	다른 언어들로 말하기를 **시작하니라**
행 8:35	빌립이 입을 열어 이 글에서 **시작하여**
행 10:37	갈릴리에서 **시작하여** 온 유대에 두루
행 11:15	내가 말 **시작할** 때에 성령이 그들에게
행 18:26	회당에서 담대히 말하기 **시작하거늘**
행 27:35	축사하고 떼어 먹기를 **시작하매**
고후 3:1	자천하기를 **시작하겠느냐** 우리가
고후 8:6	너희 가운데서 **시작하였은즉** 이 은혜를
고후 8:10	일 년 전에 행하기를 먼저 **시작할** 뿐
갈 3:3	어리석으냐 성령으로 **시작하였다가**
빌 1:6	너희 안에서 착한 일을 **시작하신** 이가
히 3:14	우리가 **시작할** 때에 확신한 것을 끝까지
히 7:3	어머니도 없고 족보도 없고 **시작한** 날도
벧전 4:17	하나님의 집에서 심판을 **시작할** 때가
계 22:13	오메가요 처음과 마지막이요 **시작과**

시장 1(市長, ruler of the city)

대하 18:25	미가야를 잡아 **시장** 아몬과 왕자 요아스
대하 34:8	아살랴의 아들 사반과 **시장** 마아세야와

시장 2(市場, market, marketplace)

사 23:3	물로 수송하여 들였으니 열국의 **시장**이
마 23:7	**시장**에서 문안 받는 것과 사람에게 랍비
막 6:56	도시나 마을에서 병자를 **시장**에 두고
막 7:4	또 **시장**에서 돌아와서도 물을 뿌리지
막 12:38	옷을 입고 다니는 것과 **시장**에서 문안
눅 11:43	너희가 회당의 높은 자리와 **시장**에서
눅 20:46	**시장**에서 문안 받는 것과 회당의 높은
고전 10:25	무릇 **시장**에서 파는 것은 양심을 위하여

시장하다(hungry)

삼하 17:29	들에서 **시장하고** 곤하고 목마르겠다
마 12:1	가실새 제자들이 **시장하여** 이삭을
마 12:3	함께 한 자들이 **시장할** 때에 한 일을
마 21:18	성으로 들어오실 때에 **시장하신지라**
막 2:25	먹을 것이 없어 **시장할** 때에 한 일을
막 11:12	나왔을 때에 예수께서 **시장하신지라**
눅 6:3	자기와 함께 한 자들이 **시장할** 때에
행 10:10	그가 **시장하여** 먹고자 하매 사람들이
고전 11:21	사람은 **시장하고** 어떤 사람은 취함이라
고전 11:34	누구든지 **시장하거든** 집에서 먹을지니

시절(時節)

시 25:7	여호와여 내 젊은 **시절**의 죄와 허물을
잠 2:17	그는 젊은 **시절**의 짝을 버리며 그의
전 11:10	어릴 때와 검은 머리의 **시절**이 다
렘 3:4	나의 청년 **시절**의 보호자이시오니
렘 48:11	모압은 젊은 **시절**부터 평안하고 포로도

시조(始祖, first father)

사 43:27	네 **시조**가 범죄하였고 너의 교사들이

시종 1(侍從, servant, attendant, adviser, caravan)

삼하 9:9	왕이 사울의 **시종** 시바를 불러 그에게
왕상 1:2	그의 **시종**들이 왕께 아뢰되 우리 주
왕상 10:5	**시종**들이 시립한 것과 그들의 관복과
왕하 22:12	서기관 사반과 왕의 **시종** 아사야에게
왕하 25:19	성 중에서 만난 바 왕의 **시종** 다섯 사람
대하 9:1	매우 많은 **시종**들을 거느리고 향품과
대하 18:2	아합이 그와 **시종**을 위하여 양과 소를
대하 34:20	사반과 왕의 **시종** 아사야에게 명령하여
단 11:43	리비아 사람과 구스 사람이 그의 **시종**이

시종 2(始終, reign, from beginning to end)

대하 9:29	솔로몬의 **시종** 행적은 선지자 나단의
대하 20:34	여호사밧의 **시종** 행적은 하나님의 아들

【 시종하다 】   【 시체 】

대하 26:22 웃시야의 남은 **시종** 행적은 아모스의
대하 28:26 아하스의 남은 **시종** 사적과 모든 행위는
전 3:11 하나님이 하시는 일을 **시종**을 사람으로

시종하다 (侍從, assist, follow, attendant)
창 45:1 요셉이 **시종하는** 자들 앞에서 그 정을
민 3:6 아론 앞에 서서 그에게 **시종하게** 하라
시 45:14 왕께로 인도함을 받으며 **시종하는** 친구

시중 (市中, anywhere else in the city)
행 24:12 회당 또는 **시중**에서 무리를 소동하게
행 25:23 천부장들과 **시중**의 높은 사람들과

시중들다 (attend, look after)
왕상 1:4 그가 왕을 받들어 **시중들었으나**
왕상 1:15 수넴 여자 아비삭이 **시중들었더라**
잠 27:18 자기 주인에게 **시중드는** 자는 영화를

시집/-가다/-보내다 (媤, marry)
민 36:6 마음대로 **시집가려니와** 오직 그 조상
         지파의 종족에게로만 **시집갈지니**
신 25:5 아내는 나가서 타인에게 **시집가지**
삿 12:9 딸들을 밖으로 **시집보냈고** 아들들을
잠 30:23 미움 받는 여자가 **시집간** 것과 여종이
겔 44:25 **시집가지** 아니한 자매를 위하여는
마 22:30 부활 때에는 장가도 아니 가고 **시집도**
마 24:38 마시고 장가 들고 **시집가고** 있으면서
막 10:12 남편을 버리고 다른 데로 **시집가면** 간음
막 12:25 장가도 아니 가고 **시집도** 아니 가고
눅 17:27 먹고 마시고 장가들고 **시집가더니**
눅 20:34 세상의 자녀들은 장가도 가고 **시집도**
눅 20:35 여김을 받은 자들은 장가가고 **시집가는**
고전 7:28 처녀가 **시집가도** 죄 짓는 것이 아니로되
고전 7:34 마음이 갈라지며 **시집가지** 않은 자와
          …다 거룩하게 하려 하되 **시집간** 자는
고전 7:39 죽으면 자유로워 자기 뜻대로 **시집갈**
딤전 5:11 그리스도를 배반할 때에 **시집가고자**
딤전 5:14 그러므로 젊은이는 **시집가서** 아이를

시체 (屍體, dead body, slain)
모세오경
창 34:27 야곱의 여러 아들이 그 **시체** 있는 성읍
레 21:11 어떤 **시체**에든지 가까이 하지 말지니

레 22:4 성물을 먹지 말 것이요 **시체**의 부정에
레 22:8 **시체**나 찢겨 죽은 짐승을 먹음으로
레 26:30 너희의 **시체들을** 부숴진 우상들 위에
민 6:6 드리는 모든 날 동안은 **시체**를 가까이
민 6:11 하나를 번제물로 드려서 그의 **시체**로
민 9:6 사람의 **시체**로 말미암아 부정하게
민 9:7 그에게 이르되 우리가 사람의 **시체**로
민 9:10 너희나 너희 후손 중에 **시체**로 말미암아
민 14:29 너희 **시체**가 이 광야에 엎드러질 것이라
민 14:32 너희 **시체**는 이 광야에 엎드러질
민 14:33 너희의 **시체**가 광야에서 소멸되기까지
민 19:11 사람의 **시체**를 만진 자는 이레 동안
민 19:13 누구든지 죽은 사람의 **시체**를 만지고
민 19:16 들에서 칼에 죽은 자나 **시체**나 사람의
민 19:18 뼈나 죽임을 당한 자나 **시체**나 무덤을
신 21:1 땅에서 피살된 **시체**가 들에 엎드러진
신 21:23 **시체**를 나무 위에 밤새도록 두지 말고
신 28:26 **시체**가 공중의 모든 새와 땅의 짐승들을

역사서
수 8:29 해 질 때에 명령하여 그의 **시체**를 나무
수 10:27 그들의 **시체**를 나무에서 내려 그들이
삿 16:31 그의 **시체**를 가지고 올라가서 소라와
삿 19:28 이에 그의 **시체**를 나귀에 싣고 행하여
삿 19:29 자기 첩의 **시체**를 거두어 그 마디를
삿 20:6 내가 내 첩의 **시체**를 거두어 쪼개서
삼상 17:46 블레셋 군대의 **시체**를 오늘 공중의 새와
삼상 31:10 아스다롯의 집에 두고 그의 **시체**는 벧산
삼상 31:12 사울의 **시체**와 그의 아들들의 **시체**를
삼하 21:10 비가 **시체**에 쏟아지기까지 그 **시체**에
왕상 13:22 물을 마셨으니 네 **시체**가 네 조상들의
왕상 13:24 그의 **시체**가 길에 버린 바 되니 나귀는
           그 곁에 서 있고 사자도 그 **시체** 곁에
왕상 13:25 길에 버린 **시체**와 그 곁에 선 사자
왕상 13:28 그의 **시체**가 길에 버린 바 되었고 …
           그 시체 곁에 서 있는데 사자가 **시체**를
왕상 13:29 늙은 선지자가 하나님의 사람의 **시체**를
왕상 13:30 그의 **시체**를 자기의 묘실에 두고 오호라
왕상 22:37 왕이 이미 죽으매 그의 **시체**를 메어
왕하 9:25 **시체**를 가져다가 이스르엘 사람 나봇
왕하 9:26 여호와의 말씀대로 **시체**를 가져다
왕하 9:33 그말에게 튀하라 예후가 그의 **시체**를
왕하 9:37 **시체**가 이스르엘 토지에서 거름같이
왕하 13:21 그의 **시체**를 엘리사의 묘실에 들이던지

【 시체 】																																																																					【 시키다 】

	매 **시체**가 엘리사의 뼈에 닿자 곧 회생
왕하 14:20	**시체**를 말에 실어다가 예루살렘에서
왕하 23:30	그의 **시체**를 병거에 싣고 므깃도에서
대상 10:12	사울의 **시체**와 그 아들들의 **시체**를
대하 16:14	그의 **시체**를 법대로 만든 각양 향 재료
대하 20:24	땅에 엎드러진 **시체들뿐이요 한 사람도
대하 25:28	그의 **시체**를 말에 실어다가 그의 조상들
에 9:13	하만의 열 아들의 **시체**를 나무에 매달게
에 9:14	수산에 내리니 하만의 열 아들의 **시체**가

시가서, 선지서

욥 39:30	그 새끼들도 피를 빠나니 **시체**가 있는
시 79:2	그들이 주의 종들의 **시체**를 공중의
시 110:6	뭇 나라를 심판하여 **시체**로 가득하게
사 5:25	산들은 진동하며 그들의 **시체**는 거리
사 14:19	주검에 둘러싸였으니 밟힌 **시체**와
사 26:19	죽은 자들은 살아나고 그들의 **시체**들은
사 37:36	아침에 일찍이 일어나 본즉 **시체**뿐이라
사 66:24	내게 패역한 자들의 **시체**들을 볼 것이라
렘 7:33	백성의 **시체**가 공중의 새와 땅의 짐승의
렘 9:22	사람의 **시체**가 분토같이 들에 떨어질
렘 16:4	**시체**는 공중의 새와 땅의 짐승의 밥이
렘 16:18	미운 물건의 **시체**로 내 땅을 더럽히며
렘 19:7	그 **시체**를 공중의 새와 땅의 짐승의
렘 26:23	칼로 그를 죽이고 그의 **시체**를 평민의
렘 31:40	**시체**와 재의 모든 골짜기와 기드론 시내
렘 33:5	그들의 **시체**로 이 성을 채우게 하였나니
렘 34:20	그들의 **시체**가 공중의 새와 땅의 짐승
렘 36:30	그의 **시체**는 버림을 당하여 낮에는
렘 41:9	죽이고 그 **시체**를 던진 구덩이는 아사
	왕이 … 그가 쳐죽인 사람들의 **시체**를
겔 6:5	이스라엘 자손의 **시체**를 그 우상 앞에
겔 6:13	죽임 당한 **시체**들이 그 우상들 사이에,
겔 9:7	너희는 성전을 더럽혀 **시체**로 모든 뜰에
겔 11:6	성읍에서 많이 죽여 그 거리를 **시체**로
겔 11:7	이 성읍 중에서 너희가 죽인 **시체**는 그
겔 32:5	네 살점을 여러 산에 두며 네 **시체**를
겔 39:14	지면에 남아 있는 **시체**를 매장하여 그
겔 43:7	죽은 왕들의 **시체**로 다시는 내 거룩한
겔 43:9	그들이 그 음란과 그 왕들의 **시체**를
겔 44:25	**시체**를 가까이 하여 스스로 더럽히지
단 7:11	짐승이 죽임을 당하고 그의 **시체**가 상하
암 6:10	죽은 사람의 친척 곧 **시체**를 불사를
암 8:3	**시체**가 많아서 사람이 잠잠히 그 **시체**를
나 3:3	무수한 **시체**여 사람이 그 **시체**에 걸려
학 2:13	이르되 **시체**를 만져서 부정하여진 자가

신약

마 14:12	요한의 제자들이 와서 **시체**를 가져다가
마 27:58	빌라도에게 가서 예수의 **시체**를 달라
마 27:59	요셉이 **시체**를 가져다가 깨끗한 세마포
마 27:64	그의 제자들이 와서 **시체**를 도둑질하여
막 6:29	제자들이 듣고 와서 **시체**를 가져다가
막 15:43	예수의 **시체**를 달라 하니 이 사람은
막 15:45	백부장에게 알아 본 후에 요셉에게 **시체**
눅 23:52	빌라도에게 가서 예수의 **시체**를 달라
눅 23:55	무덤과 그의 **시체**를 어떻게 두었는지를
눅 24:3	주 예수의 **시체**가 보이지 아니하더라
눅 24:23	그의 **시체**는 보지 못하고 와서 그가
요 19:31	안식일에 **시체**들을 십자가에 두지 아
	니하려 … 그들의 다리를 꺾어 **시체**를
요 19:38	예수의 **시체**를 가져가기를 구하매
	허락하는지라 이에 가서 예수의 **시체**를
요 19:40	예수의 **시체**를 가져다가 유대인의 장례
요 20:12	옷 입은 두 천사가 예수의 **시체** 뉘었던
행 9:37	그 때에 병들어 죽으매 **시체**를 씻어
행 9:40	무릎을 꿇고 기도하고 돌이켜 **시체**를
히 3:17	그들의 **시체**가 광야에 엎드러진 범죄한
유 1:9	천사장 미가엘이 모세의 **시체**에 관하여
계 11:8	그들의 **시체**가 큰 성 길에 있으리니 그
계 11:9	그 **시체**를 사흘 반 동안을 보며 무덤에

시초(始初, beginning, early day, far and wide)

사 18:2	장대하고 준수한 백성 곧 **시초**부터
사 18:7	장대하고 준수한 백성 곧 **시초**부터
사 46:10	**시초**부터 종말을 알리며 아직 이루지
막 13:19	창조하신 **시초**부터 지금까지 이런
빌 4:15	너희도 알거니와 복음의 **시초**에 내가

시키다(make, be supplied, put, force)

창 50:6	그가 네게 **시킨** 맹세대로 올라가서 네
출 1:14	농사의 여러 가지 일이라 그 **시키는**
민 31:5	만 이천 명을 택하여 무장을 **시킨지라**
신 26:6	괴롭히며 우리에게 중노동을 **시키므로**
수 17:13	족속에게 노역을 **시켰고** 다 쫓아내지
삿 1:28	족속에게 노역을 **시켰고** 다 쫓아내지
왕상 12:4	왕의 아버지가 우리에게 **시킨** 고역과
대하 2:18	백성들에게 일을 **시키게** 하였더라

【 시편 】　　　　　　　　　　　　　　【 시험/-하다/-당하다/-받다 】

대하 8:9　노예로 삼아 일을 **시키지** 아니하였으니
대하 10:4　이제 왕의 아버지께서 우리에게 **시킨**
에 8:9　모르드개가 **시키는** 대로 조서를 써서
사 58:3　오락을 구하며 온갖 일을 **시키는도다**
마 14:8　그가 제 어머니의 **시킴**을 듣고 이르되
마 26:19　제자들이 예수께서 **시키신** 대로 하여
행 13:2　내가 불러 **시키는** 일을 위하여 바나바와
고후 12:11　자가 되었으나 너희가 억지로 **시킨**

시편(詩篇, Psalms)
눅 20:42　**시편**에 다윗이 친히 말하였으되 주께서
눅 24:44　선지자의 글과 **시편**에 나를 가리켜
행 1:20　**시편**에 기록하였으되 그의 거처를 황폐
행 13:33　**시편** 둘째 편에 기록한 바와 같이 너는
행 13:35　또 다른 **시편**에 일렀으되 주의 거룩한

시하(Ziha)
　1. 느디님 자손의 조상 중 하나
스 2:43　느디님 사람들은 **시하** 자손과 하수바
느 7:46　느디님 사람들은 **시하** 자손과 하수바
　2. 느디님 자손의 지도자 중 하나
느 11:21　느디님 사람은 오벨에 거주하니 **시하**와

시행하다/시행되다(施行, provide, do, be followed, be granted, carry out)
출 21:11　그가 이 세 가지를 **시행하지** 아니하면,
민 22:17　말하는 것은 무엇이든지 **시행하리니**
수 5:4　여호수아가 할례를 **시행한** 까닭은
삼하 14:15　혹시 종이 청하는 것을 왕께서 **시행하실**
삼하 17:23　아히도벨이 자기 계략이 **시행되지**
삼하 19:38　구하는 것은 다 너를 위하여 **시행하리라**
삼하 21:4　이르되 너희가 말하는 대로 **시행하리라**
스 7:21　너희에게 구하는 것을 신속히 **시행하되**
에 5:6　절반이라 할지라도 **시행하겠노라** 하니
에 5:8　허락하시며 내 요구를 **시행하시기를**
에 7:2　절반이라 할지라도 **시행하겠노라**
에 9:1　달 십삼일은 왕의 어명을 **시행하게**
에 9:12　요구가 무엇이냐 또한 **시행하겠노라**
시 149:9　판결대로 그들에게 **시행할지로다**
사 8:10　말을 해 보아라 끝내 **시행하지** 못하리라
사 42:3　끄지 아니하고 진실로 정의를 **시행할**
사 46:11　계획하였은즉 반드시 **시행하리라**
합 1:4　해이하고 정의가 전혀 **시행되지** 못하오

습 2:2　명령이 **시행되어** 날이 겨같이 지나가기
롬 9:28　그 말씀을 이루고 속히 **시행하시리라**

시험/-하다/-당하다/-받다(試驗, test, examine, fall into temptation)
　모세오경, 역사서
창 22:1　하나님이 아브라함을 **시험하시려고**
창 42:16　내가 너희의 말을 **시험하여** 너희 중에
출 15:25　율례를 정하시고 그들을 **시험하실새**
출 16:4　준행하나 아니하나 내가 **시험하리라**
출 17:2　너희가 어찌하여 여호와를 **시험하느냐**
출 17:7　그들이 여호와를 **시험하여** 이르기를
출 20:20　하나님이 임하심은 너희를 **시험하고**
민 14:22　이같이 열 번이나 나를 **시험하고** 내
신 4:34　어떤 신이 와서 **시험**과 이적과 기사와
신 6:16　**시험한** 것같이 ⋯ 여호와를 **시험하지**
신 7:19　네가 본 큰 **시험**과 이적과 기사와 강한
신 8:2　이는 너를 낮추시며 너를 **시험하사** 네
신 8:16　이는 다 너를 낮추시며 너를 **시험하사**
신 13:3　여부를 알려 하사 너희를 **시험하심이니**
신 29:3　큰 **시험**과 이적과 큰 기사를 네 눈으로
신 33:8　주께서 그를 맛사에서 **시험하시고**
삿 2:22　지켜 행하나 아니하나 그들을 **시험하려**
삿 3:1　알지 못한 이스라엘을 **시험하려**
삿 3:4　이방 민족들로 이스라엘을 **시험하사**
삿 6:39　내게 이번만 양털로 **시험하게** 하소서
삿 7:4　내가 너를 위하여 그들을 **시험하리라**
삼상 17:39　익숙하지 못하므로 **시험적으로** 걸어
왕상 10:1　와서 어려운 문제로 그를 **시험하고자**
대하 9:1　솔로몬을 **시험하고자** 하여 예루살렘에
대하 32:31　있는 것을 다 알고자 하사 **시험하셨더라**
　시가서, 선지서
욥 34:36　나는 욥이 끝까지 **시험받기**를 원하노니
시 17:3　주께서 내 마음을 **시험하시고** 밤에
시 26:2　여호와여 나를 살피시고 **시험하사** 내
시 66:10　주께서 우리를 **시험하시되** 우리를
시 78:18　그들의 심중에 하나님을 **시험하였으며**
시 78:41　돌이켜 하나님을 거듭거듭 **시험하며**
시 78:56　그들은 지존하신 하나님을 **시험하고**
시 81:7　므리바 물 가에서 너를 **시험하였도다**
시 95:9　내가 행한 일을 보고서도 나를 **시험하고**
시 106:14　사막에서 하나님을 **시험하였도다**
시 139:23　내 마음을 아시며 나를 **시험하사** 내

【 시험/-하다/-당하다/-받다 】　　　　　　　　　　　　【 시홀 】

전 2:1	내가 시험 삼아 너를 즐겁게 하리니 너는		서신서, 예언서	
전 3:18	대하여 하나님이 그들을 시험하시리니	고전 3:13	각 사람의 공적이 어떠한 것을 시험할
전 7:23	내가 이 모든 것을 지혜로 시험하며	고전 7:5	사탄이 너희를 시험하지 못하게 하려
사 7:12	여호와를 시험하지 아니하겠나이다	고전 10:9	시험하다가 … 그들과 같이 시험하지
사 28:16	두어 기초를 삼았노니 곧 시험한 돌이요	고전 10:13	감당할 시험 밖에는 … 시험당함을 허
렘 17:10	심장을 살피며 폐부를 시험하고 각각		락하지 아니하시고 시험당할 즈음에
렘 20:12	의인을 시험하사 그 폐부와 심장을	고후 13:5	믿음 안에 있는가 너희 자신을 시험하고
겔 21:13	이것이 시험이라 만일 업신여기는 규가	갈 4:14	너희를 시험하는 것이 내 육체에 있으되
단 1:12	당신의 종들을 열흘 동안 시험하여	갈 6:1	자신을 살펴보아 너도 시험을 받을까
단 1:14	그들의 말을 따라 열흘 동안 시험하더니	엡 5:10	기쁘시게 할 것이 무엇인가 시험하여
슥 13:9	연단하며 금같이 시험할 것이라	살전 3:5	혹 시험하는 자가 너희를 시험하여 우리
말 3:10	그것으로 나를 시험하여 내가 하늘 문을	딤전 3:10	이에 이 사람들을 먼저 시험하여 보고
말 3:15	하나님을 시험하는 자가 화를 면한다	딤전 6:9	부하려 하는 자들은 시험과 올무와 여러
복음서, 역사서		히 2:18	시험을 받아 고난을… 시험받는 자들을
마 4:1	성령에게 이끌리어 마귀에게 시험을	히 3:8	광야에서 시험하던 날에 거역하던 것
마 4:3	시험하는 자가 예수께 나아와서 이르되	히 3:9	너희 열조가 나를 시험하여 증험하고
마 4:7	하나님을 시험하지 말라 하였느니라	히 4:15	모든 일에 우리와 똑같이 시험을 받으신
마 6:13	우리를 시험에 들게 하지 마시옵고 다만	히 11:17	아브라함은 시험을 받을 때에 믿음으로
마 16:1	사두개인들이 와서 예수를 시험하여	히 11:29	애굽 사람들은 이것을 시험하다가 빠져
마 19:3	예수께 나아와 그를 시험하여 이르되	히 11:37	톱으로 켜는 것과 시험과 칼로 죽임을
마 22:18	자들이 어찌하여 나를 시험하느냐	약 1:2	너희가 여러 가지 시험을 당하거든
마 22:35	그 중의 한 율법사가 예수를 시험하여	약 1:12	시험을 참는 자는 복이 있나니 이는
마 26:41	시험에 들지 않게 깨어 기도하라 마음에	약 1:13	시험을 받을 … 하나님께 시험을 … 악
막 1:13	사십 일을 계시면서 사탄에게 시험을		에게 시험을 받지도 … 시험하지 아니
막 8:11	힐난하며 그를 시험하여 하늘로부터	약 1:14	사람이 시험을 받는 것은 자기 욕심에
막 10:2	예수께 나아와 그를 시험하여	벧전 1:6	이제 여러 가지 시험으로 말미암아
막 12:15	어찌하여 나를 시험하느냐 데나리온	벧전 4:12	너희를 연단하려고 오는 불 시험을
막 14:38	시험에 들지 않게 깨어 있어 기도하라	벧후 2:9	주께서 경건한 자는 시험에서 건지실
눅 4:2	마귀에게 시험을 받으시더라 이 모든	계 2:2	사도라 하되 아닌 자들을 시험하여 그의
눅 4:12	하나님을 시험하지 말라 하였느니라	계 2:10	사람을 옥에 던져 시험을 받게 하리니
눅 4:13	마귀가 모든 시험을 다 한 후에 얼마	계 3:10	시험의 때가 … 거하는 자들을 시험할
눅 10:25	율법교사가 일어나 예수를 시험하여		
눅 11:4	우리를 시험에 들게 하지 마시옵소서	**시혼**(Sihon) 아모리인의 왕	
눅 11:16	더러는 예수를 시험하여 하늘로부터	민 21:1	이스라엘이 아모리 왕 시혼에게 사신을
눅 14:19	소 다섯 겨리를 샀으매 시험하러 가니		
눅 22:28	너희는 나의 모든 시험 중에 항상 나와	시혼 - 기타 본문	
눅 22:46	어찌하여 자느냐 시험에 들지 않게	민 21:23, 26, 27, 28, 29, 34; 32:33; 신 1:4; 2:24,	
요 6:6	하실지를 아시고 빌립을 시험하고자	26, 30, 31, 32; 3:2, 6; 4:46; 29:7; 31:4; 수 2:10;	
요 8:6	얻고자 하여 예수를 시험함이러라	9:10; 12:2, 5; 13:10, 21, 27; 삿 11:19, 20, 21; 왕	
행 5:9	함께 꾀하여 주의 영을 시험하려 하느냐	상 4:19; 느 9:22; 시 135:11; 136:19; 렘 48:45	
행 15:10	너희가 어찌하여 하나님을 시험하여		
행 19:13	마술하는 어떤 유대인들이 시험 삼아	**시홀**(Shihor) 가나안의 남방 경계를 이루는 강	
행 20:19	간계로 말미암아 당한 시험을 참고	수 13:3	애굽 앞 시홀 시내에서부터 가나안

【 시홀 림낫 】 【 신 1 】

대상 13:5 다윗이 애굽의 **시홀** 시내에서부터 하맛
사 23:3 **시홀**의 곡식 곧 나일의 추수를 큰 물로
렘 2:18 네가 **시홀**의 물을 마시려고 애굽으로

시홀 림낫(Shihor Libnath) 갈멜 산의 남쪽에서 발원하여 지중해로 들어가는 강
수 19:26 경계의 서쪽은 갈멜을 만나 **시홀 림낫**

식구(食口, household)
창 47:12 그의 아버지의 온 집에 그 **식구**를 따라
출 12:3 가족대로 그 **식구**를 위하여 어린 양을
출 12:4 어린 양에 대하여 **식구**가 너무 적으면
왕상 17:15 그와 엘리야와 그의 **식구**가 여러 날
마 10:36 사람의 원수가 자기 집안 **식구**리라
벧후 2:5 의를 전파하는 노아와 그 일곱 **식구**를

식굿(shrine)
암 5:26 너희가 너희 왕 **식굿**과 기윤과 너희

식그론(Shikkeron) 유다 지파에게 분배된 북쪽 경계 성읍
수 15:11 에그론 비탈 북쪽으로 나아가 **식그론**으

식료품(食料品, provision)
시 132:15 내가 이 성의 **식료품**에 풍족히 복을

식물(食物, food, provision)
출 16:22 각 사람이 갑절의 **식물** 곧 하나에 두
레 11:34 먹을 만한 축축한 **식물**이 거기 담겼으면
신 23:19 돈의 이자, **식물**의 이자, 이자를 낼 만한
왕상 10:5 그 상의 **식물**과 그의 신하들의 좌석과
대상 12:39 형제가 이미 **식물**을 준비하였음이며
잠 9:5 너는 와서 내 **식물**을 먹으며 내 혼합한

식민지(植民地, colony)
행 16:12 또 로마의 **식민지**라 이 성에서 수일을

식사/-하다(食事, mealtime, dine, meal, eat, recline at the table)

룻 2:14 **식사**할 때에 보아스가 룻에게 이르되 이리로
삼상 9:11 그가 여기 오기까지는 우리가 **식사** 자리에

삼상 20:5 내가 마땅히 왕을 모시고 앉아 **식사**를
삼상 20:27 아들이 어찌하여 어제와 오늘 **식사**에
삼상 20:29 왕의 **식사** 자리에 오지 아니하였나이다
왕상 21:4 누워 얼굴을 돌리고 **식사**를 아니하니
왕상 21:5 왕의 마음에 무엇을 근심하여 **식사**를
왕상 21:7 일어나 **식사**를 하시고 마음을 즐겁게
마 26:7 옥합을 가지고 나아와서 **식사하시는**
막 3:20 무리가 다시 모이므로 **식사**할 겨를도
막 14:3 나병환자 시몬의 집에서 **식사하실**

식양(式樣, specification)
왕상 6:38 여덟째 달에 그 설계와 **식양**대로 성전

식욕(食慾, hunger, appetite)
욥 38:39 사냥하겠느냐 젊은 사자의 **식욕**을
잠 16:26 고되게 일하는 자는 **식욕**으로 말미암아
전 6:7 자기의 입을 위함이나 그 **식욕**은 채울

식초(食醋, vinegar)
잠 10:26 부리는 사람에게 마치 이에 **식초** 같고
잠 25:20 날에 옷을 벗음 같고 소다 위에 **식초**를

식탁(食卓, meal, table)
창 19:3 그들을 위하여 **식탁**을 베풀고 무교병을
삼상 20:34 심히 노하여 **식탁**에서 떠나고 그 달의
시 78:19 하나님이 광야에서 **식탁**을 베푸실 수
시 128:3 포도나무 같으며 네 **식탁**에 둘러 앉은
사 21:5 그들이 **식탁**을 베풀고 파수꾼을 세우고
말 1:7 여호와의 **식탁**은 경멸히 여길 것이라
말 1:12 여호와의 **식탁**은 더러워졌고 그 위에
고전 10:21 **식탁**과 귀신의 **식탁**에 겸하여 참여하지

식후(食後, after supper)
고전 11:25 **식후**에 또한 그와 같이 잔을 가지시고

신(神, god)
모세오경
창 31:30 옳거니와 어찌 내 **신**을 도둑질하였느냐
창 31:32 외삼촌의 **신**을 누구에게서 찾든지 그는
출 7:1 너를 바로에게 **신**같이 되게 하였은즉
출 12:12 애굽의 모든 **신**을 내가 심판하리라 나는
출 15:11 **신** 중에 주와 같은 자가 누구니이까
출 18:11 모든 **신**보다 크시므로 이스라엘에게

【 신 1 】   【 신 1 】

출 20:3	나 외에는 다른 **신**들을 네게 두지 말라
출 22:20	여호와 외에 다른 **신**에게 제사를 드리는
출 23:13	다른 **신**들의 이름은 부르지도 말며 네
출 23:24	너는 그들의 **신**을 경배하지 말며 섬기지
출 23:32	너는 그들과 그들의 **신**들과 언약하지
출 23:33	네가 그 **신**들을 섬기면 그것이 너의
출 32:1	우리를 위하여 우리를 인도할 **신**을
출 32:4	땅에서 인도하여 낸 너희의 **신**이로다
출 32:8	애굽 땅에서 인도하여 낸 너희 **신**이라
출 32:23	우리를 위하여 우리를 인도할 **신**을
출 32:31	이 백성이 자기들을 위하여 금 **신**을
출 34:14	너는 다른 **신**에게 절하지 말라 여호와는
출 34:15	**신**을 음란하게 섬기며 그들의 **신**들에게
출 34:16	**신**들을 음란하게 섬기며 네 아들에게
	그들의 **신**들을 음란하게 섬기게 할까
민 25:2	자기 **신**들에게 제사할 때에 이스라엘
	… 먹고 그들의 **신**들에게 절하므로
민 33:4	여호와께서 그들의 **신**들에게도 벌을
신 3:24	천지간에 어떤 **신**이 능히 주께서 행하신
신 4:7	그 **신**이 가까이 함을 얻은 큰 나라가
신 4:28	냄새도 맡지 못하는 목석의 **신**들을
신 4:34	어떤 **신**이 와서 시험과 이적과 기사와
신 4:35	외에는 다른 **신**이 없음을 네게 알게
신 4:39	여호와는 하나님이시요 다른 **신**이 없는
신 5:7	외에는 다른 **신**들을 네게 두지 말지니라
신 6:14	**신**들 곧 네 사면에 있는 백성의 **신**들을
신 7:4	여호와를 떠나고 다른 **신**들을 섬기게
신 8:19	**신**들을 따라 그들을 섬기며 그들에게
신 10:17	하나님 여호와는 **신** 가운데 **신**이시며
신 11:16	마음에 미혹하여 돌이켜 다른 **신**들을
신 11:28	본래 알지 못하던 다른 **신**들을 따르면
신 12:2	쫓아낼 민족들이 그들의 **신**들을 섬기는
신 12:30	그들의 **신**을 탐구하여 이르기를 이 민족
	들은 그 **신**들을 어떻게 섬겼는고 나도
신 12:31	그들의 **신**들에게 행하여 심지어 자기
	들의 자녀를 불살라 그들의 **신**들에게
신 13:2	알지 못하던 다른 **신**들을 우리가 따라
신 13:6	네 조상들이 알지 못하던 다른 **신**을
신 13:7	끝에서 저 끝까지에 있는 민족의 **신**들을
신 13:13	너희가 알지 못하던 다른 **신**들을 우리가
신 17:3	다른 **신**들을 섬겨 그것에게 절하며 내가
신 18:20	**신**들의 이름으로 말하면 그 선지자는
신 20:18	그 **신**들에게 행하는 모든 가증한 일을

신 28:14	다른 **신**을 따라 섬기지 아니하면 이와
신 28:36	거기서 목석으로 만든 다른 **신**들을 섬길
신 29:18	그 모든 민족의 **신**들에게 가서 섬길까
신 29:26	주시지도 아니한 다른 **신**들을 따라가서
신 30:17	유혹을 받아 다른 **신**들에게 절하고 그를
신 31:16	음란히 그 땅의 이방 **신**들을 따르며
신 31:18	그들이 돌이켜 다른 **신**들을 따르는 모든
신 31:20	배부르고 살찌면 돌이켜 다른 **신**들을
신 32:12	인도하셨고 그와 함께한 다른 **신**이
신 32:16	다른 **신**으로 그의 질투를 일으키며
신 32:17	**신**들, 근래에 들어온 새로운 **신**들 너희
신 32:37	그들의 **신**들이 어디 있으며 그들이
신 32:39	나 외에는 **신**이 없도다 나는 죽이기도

역사서

수 23:7	**신**들의 이름을 부르지 말라 그것들을
수 23:16	언약을 범하고 가서 다른 **신**들을 섬겨
수 24:2	데라가 강 저쪽에 거주하여 다른 **신**들을
수 24:14	애굽에서 섬기던 **신**들을 치워 버리고
수 24:15	섬기던 **신**들이든지 또는 너희가 거주하
	는 땅에 있는 아모리 족속의 **신**들이든지
수 24:16	여호와를 버리고 다른 **신**들을 섬기기를
수 24:20	여호와를 버리고 이방 **신**들을 섬기면
수 24:23	이제 너희 중에 있는 이방 **신**들을 치워
삿 2:3	그들의 **신**들이 너희에게 올무가 되리라
삿 2:12	다른 **신**들 곧 그들의 주위에 있는 백
	성의 **신**들을 따라 그들에게 절하여
삿 2:17	오히려 다른 **신**들을 따라가 음행하며
삿 2:19	조상들보다 더욱 타락하여 다른 **신**들을
삿 3:6	아들들에게 주고 또 그들의 **신**들을
삿 5:8	무리가 새 **신**들을 택하였으므로 그 때에
삿 6:10	거주하는 아모리 사람의 땅의 **신**들을
삿 6:31	바알이 과연 **신**일진대 그의 제단을
삿 8:33	또 바알브릿을 자기들의 **신**으로
삿 10:6	아람의 **신**들과 시돈의 **신**들과 모압의
	신들과 암몬 자손의 **신**들과 … **신**들을
삿 10:13	너희가 나를 버리고 다른 **신**들을 섬기니
삿 10:14	가서 너희가 택한 **신**들에게 부르짖어
삿 10:16	자기 가운데에서 이방 **신**들을 제하여
삿 11:24	네 **신** 그모스가 네게 주어 차지하게
삿 16:23	우리의 **신**이 우리 원수 삼손을 우리
	… 하고 다 모여 그들의 **신** 다곤에게
삿 16:24	죽인 원수를 우리의 **신**이 우리 손에 넘
	겨주었다 하고 자기들의 **신**을 찬양하며

| 신 1 |

삿 18:24 미가가 이르되 내가 만든 **신**들과 제사장
룻 1:15 동서는 그의 백성과 그의 **신**에게로
삼상 4:7 **신**이 진영에 이르렀도다 하고 또 이르되
삼상 4:8 능한 **신**들의 손에서 건지리요 그들은
··· 재앙으로 애굽인을 친 **신**들이니라
삼상 5:7 이스라엘 **신**의 궤를 우리와 함께 ···
그의 손이 우리와 우리 **신** 다곤을
삼상 5:8 이스라엘 **신**의 궤를 ··· 이스라엘 **신**의
궤를 가드로 ··· 이스라엘 **신**의 궤를
삼상 5:10 그들이 이스라엘 **신**의 궤를 우리에게로
삼상 5:11 이스라엘 **신**의 궤를 보내어 그 있던
삼상 6:3 이스라엘 **신**의 궤를 보내려든 거저
삼상 6:5 이스라엘 **신**께 영광을 돌리라 그가 혹
그의 손을 너희와 너희 **신**들과 너희
삼상 7:3 이방 **신**들과 아스다롯을 너희 중에서
삼상 8:8 모든 행사로 나를 버리고 다른 **신**들을
삼상 17:43 내게 나아왔느냐 하고 그의 **신**들의
삼상 26:19 너는 가서 다른 **신**들을 섬기라 하고
삼하 7:22 주와 같은 이가 없고 주 외에는 **신**이
삼하 7:23 나라들과 그의 **신**들에게서 구속하신
왕상 8:23 땅에 주와 같은 **신**이 없나이다 주께서는
왕상 9:6 지키지 아니하고 가서 다른 **신**을 섬겨
왕상 9:9 여호와를 버리고 다른 **신**을 따라가서
왕상 11:2 너희의 마음을 돌려 그들의 **신**들을
왕상 11:4 그의 마음을 돌려 다른 **신**들을 따르게
왕상 11:8 자기의 **신**들에게 분향하며 제사하였더
왕상 11:10 이 일에 대하여 명령하사 다른 **신**을
왕상 11:33 **신** 그모스와 암몬 자손의 **신** 밀곰을
왕상 12:28 땅에서 인도하여 올린 너희의 **신**들이라
왕상 14:9 너를 위하여 다른 **신**을 만들며 우상을
왕상 18:24 너희 **신**의 이름을 ··· 응답하는 **신** 가
왕상 18:25 한 마리를 택하여 잡고 너희 **신**의 이름
왕상 18:27 그는 **신**인즉 묵상하고 있는지 혹은 그가
왕상 19:2 그렇게 하지 아니하면 **신**들이 내게 벌
왕상 20:10 채우기에 족할 것 같으면 **신**들이 내게
왕상 20:23 **신**은 산의 **신**이므로 그들이 우리보다
왕상 20:28 여호와는 산의 **신**이요 골짜기의 **신**은
왕하 1:2 에그론의 **신** 바알세붑에게 이 병이
왕하 1:3 너희가 에그론의 **신** 바알세붑에게
*왕하 1:6 에그론의 **신** 바알세붑에게 물으려고*
왕하 1:16 사자를 보내 에그론의 **신** 바알세붑에게
왕하 5:15 온 천하에 **신**이 없는 줄을 아나이다
왕하 5:17 외 다른 **신**에게는 드리지 아니하고

| 신 1 |

왕하 17:7 여호와께 죄를 범하고 또 다른 **신**들을
왕하 17:26 **신**의 법을 알지 못하므로 그들의 **신**이
··· 이는 그들이 그 땅 **신**의 법을 알지
왕하 17:27 그 땅 **신**의 법을 무리에게 가르치게
왕하 17:31 자녀를 불살라 그들의 **신** 아드람멜렉과
왕하 17:33 풍속대로 자기의 **신**들도 섬겼더라
왕하 17:35 너희는 다른 **신**을 경외하지 말며 그를
왕하 17:37 계명을 지켜 영원히 행하고 다른 **신**들을
왕하 17:38 언약을 잊지 말며 다른 **신**들을 경외하지
왕하 18:33 민족의 **신**들 중에 어느 한 **신**이 그의
왕하 18:34 아르밧의 **신**들이 어디 있으며 스발와임
과 헤나와 아와의 **신**들이 어디 있느냐
왕하 18:35 민족의 모든 **신**들 중에 누가 그의 땅
왕하 19:12 에덴 족속을 그 나라들의 **신**들이 건졌느
왕하 19:18 또 그들의 **신**들을 불에 던졌사오니 이
는 그들이 **신**이 아니요 사람의 손으로
왕하 19:37 그가 그의 **신** 니스록의 신전에서 경배할
왕하 22:17 이 백성이 나를 버리고 다른 **신**에게
대상 5:25 앞에서 멸하신 그 땅 백성의 **신**들을
대상 16:25 찬양할 것이요 모든 **신**보다 경외할
대상 16:26 모든 **신**은 헛것이나 여호와께서는
대하 2:5 크니 우리 하나님은 모든 **신**보다
대하 6:14 여호와여 천지에 주와 같은 **신**이 없나이
대하 7:19 명령을 버리고 가서 다른 **신**들을 섬겨
대하 7:22 **신**들에게 붙잡혀서 그것들을 경배하여
대하 13:8 여로보암이 너희를 위하여 **신**으로 만든
대하 13:9 받고자 하는 자마다 허무한 **신**들의
대하 15:3 이스라엘에는 참 **신**이 없고 가르치는
대하 25:14 자손의 **신**들을 가져와서 자기의 **신**으로
대하 25:15 백성의 **신**들이 그들의 백성을 왕의
대하 25:20 그들이 에돔 **신**들에게 구하였으므로
대하 28:23 다메섹 **신**들에게 제사하여 이르되 ···
신들이 ··· 나도 그 **신**에게 ··· 그 **신**이
대하 28:25 각 성읍에 산당을 세워 다른 **신**에게
대하 32:13 모든 나라의 **신**들이 능히 그들의 땅을
대하 32:14 진멸한 모든 나라의 그 모든 **신** 중에
대하 32:15 어떤 백성이나 어떤 나라의 **신**도 능히
대하 32:17 나라의 **신**들이 그들의 백성을 ··· 내지
못한 것같이 히스기야의 **신**들도
대하 32:19 사람의 손으로 지은 세상 사람의 **신**들을
대하 32:21 고국으로 돌아갔더니 그의 **신**의 전에
대하 33:15 **신**들과 여호와의 전의 우상을 제거하며
대하 34:25 백성들이 나를 버리고 다른 **신**에게

【 신 1 】 　　　　　　　　　　　　　　　　　　　　　　　　　【 신 1 】

대하 36:23	하늘의 **신** 여호와께서 세상 만국을 내게	사 64:4	일을 행한 **신**을 옛부터 들은 자도 없고
스 1:3	이스라엘의 하나님은 참 **신**이시라	렘 1:16	나를 버리고 다른 **신**들에게 분향하며
스 1:7	예루살렘에서 옮겨다가 자기 **신**들의	렘 2:11	나라가 그들의 **신**들을 **신** 아닌 것과
느 9:18	애굽에서 나오게 한 **신**이라 하여 하나님	렘 2:25	내가 이방 **신**들을 사랑하였은즉 그를
시가서		렘 2:28	네 **신**들이 어디 … 유다여 너의 **신**들이
시 5:4	주는 죄악을 기뻐하는 **신**이 아니시니	렘 5:7	버리고 **신**이 아닌 것들로 맹세하였으며
시 16:4	**신**에게 예물을 드리는 자는 괴로움이	렘 5:19	너희 땅에서 이방 **신**들을 섬겼은즉 이와
시 44:20	잊어버렸거나 우리 손을 이방 **신**에게	렘 7:6	다른 **신**들 뒤를 따라 화를 자초하지
시 77:13	하나님과 같이 위대하신 **신**이 누구오	렘 7:9	너희가 알지 못하는 다른 **신**들을
시 81:9	**신**을 두지 말며 이방 **신**에게 절하지	렘 7:18	또 다른 **신**들에게 전제를 부음으로
시 82:1	하나님은 **신**들의 모임 가운데에 서시며	렘 10:11	천지를 짓지 아니한 **신**들은 땅 위에서,
시 82:6	말하기를 너희는 **신**들이며 다 지존자의	렘 11:10	선조의 죄악으로 돌아가서 다른 **신**들을
시 86:8	주여 **신**들 중에 주와 같은 자 없사오며	렘 11:12	**신**들에게 가서 부르짖을지라도 그 **신**들
시 89:6	여호와와 비교할 자 누구며 **신**들 중에서	렘 11:13	네 **신**들이 네 성읍의 수와 같도다
시 95:3	크신 하나님이시요 모든 **신**들보다	렘 13:10	다른 **신**들을 따라 그를 섬기며 그에게
시 96:4	지극히 찬양할 것이요 모든 **신**들보다	렘 16:11	조상들이 나를 버리고 다른 **신**들을
시 96:5	만국의 모든 **신**들은 우상들이지만	렘 16:13	거기서 주야로 다른 **신**들을 섬기리니
시 97:7	다 수치를 당할 것이라 너희 **신**들아	렘 16:20	어찌 **신** 아닌 것을 자기의 **신**으로
시 97:9	온 땅 위에 지존하시고 모든 **신**들보다	렘 19:4	알지 못하던 다른 **신**들에게 분향하며
시 135:5	위대하시며 우리 주는 모든 **신**들보다	렘 19:13	**신**들에게 전제를 부음으로 더러워졌은
시 138:1	전심으로 주께 감사하며 **신**들 앞에서	렘 22:9	언약을 버리고 다른 **신**들에게 절하고
선지서		렘 25:6	너희는 다른 **신**을 따라다니며 섬기거나
사 31:3	애굽은 사람이요 **신**이 아니며 그들의	렘 32:29	바알에게 분향하며 다른 **신**들에게
사 36:7	앞에서만 예배하라 하던 그 **신**이 아니냐	렘 35:15	다른 **신**을 따라 그를 섬기지 말라
사 36:18	열국의 **신**들 중에 자기의 땅을 앗수르	렘 43:12	내가 애굽 **신**들의 신당들을 불지르리라
사 36:19	**신**들이 어디 있느냐 스발와임의 **신**들이	렘 43:13	애굽 **신**들의 신당들을 불사르리라
사 36:20	이 열방의 **신**들 중에 어떤 **신**이 자기의	렘 44:3	조상들이 알지 못하는 다른 **신**들에게
사 37:12	있는 에덴 자손을 그 나라들의 **신**들이	렘 44:5	다른 **신**들에게 여전히 분향하여 그들의
사 37:19	**신**들을 불에 던졌사오나 그들은 **신**이	렘 44:8	애굽 땅에서 다른 **신**들에게 분향함으로
사 37:38	자기 **신** 니스록의 신전에서 경배할 때에	렘 44:15	아내들이 다른 **신**들에게 분향하는 줄을
사 41:23	너희가 **신**들인 줄 우리가 알리라 또	렘 46:25	애굽과 애굽 **신**들과 왕들 곧 바로와
사 42:17	너희는 우리의 **신**이라 하는 자는 물리침	렘 48:35	모압 산당에서 제사하며 그 **신**들에게
사 43:10	나의 전에 지음을 받은 **신**이 없었느니라	겔 28:2	나는 **신**이라 내가 하나님의 자리 곧 바다 가운데에 … 너는 사람이요 **신**이
사 43:12	보였고 너희 중에 다른 **신**이 없었나니		
사 44:6	나는 마지막이라 나 외에 다른 **신**이	겔 28:9	앞에서 사람일 뿐이요 **신**이 아니라
사 44:8	나의 증인이라 나 외에 **신**이 있겠느냐 과연 반석은 없나니 다른 **신**이 있음을	겔 30:15	내 분노를 애굽의 견고한 성읍 **신**에
		단 1:2	**신**들의 신전에 가져다가 그 **신**들의
사 44:17	나의 **신**이니 나를 구원하라 하는도다	단 2:11	함께 살지 아니하는 **신** 외에는 왕
사 45:5	나 밖에 **신**이 없느니라 너는 나를 알지	단 2:47	하나님은 참으로 모든 **신**들의 **신**이시요
사 45:20	구원하지 못하는 **신**에게 기도하는	단 3:12	높이지 아니하며 왕의 **신**들을 섬기지
사 45:21	여호와가 아니냐 나 외에 다른 **신**이	단 3:14	너희가 내 **신**을 섬기지 아니하며 내가
사 46:1	그것으로 **신**을 만들게 하고 그것을	단 3:15	내 손에서 건져낼 **신**이 누구이겠느냐
사 48:5	네가 이것을 내 **신**이 행한 바요 내가	단 3:18	왕이여 우리가 왕의 **신**들을 섬기지도

신 1			신 3
단 3:25	넷째의 모양은 **신**들의 아들과 같도다	행 28:6	돌이켜 생각하여 말하되 **신**이라
단 3:28	그 하나님 밖에는 다른 **신**을 섬기지	고전 8:5	**신**이라 불리는 자가 있어 많은 **신**과
단 3:29	사람을 구원할 다른 **신**이 없음이라	고후 4:4	이 세상의 **신**이 믿지 아니하는 자들의
단 4:8	내 **신**의 이름을 따라 벨드사살이라 이	빌 3:19	그들의 마침은 멸망이요 그들의 **신**은
	름한 자요 그의 안에는 거룩한 **신**들	살후 2:4	그는 대적하는 자라 **신**이라고 불리는
단 4:9	의 네 안에는 거룩한 **신**들의 영이 있은즉		
단 4:18	거룩한 **신**들의 영이 네 안에 있음이라	**신** 2(sandal)	
단 5:4	쇠, 나무, 돌로 만든 **신**들을 찬양하니라		
단 5:11	거룩한 **신**들의…총명과 지혜가 **신**들의	 구약	
단 5:14	네 안에는 **신**들의 영이 있으므로 네가	출 3:5	선 곳은 거룩한 땅이
단 6:7	누구든지 왕 외의 어떤 **신**에게나 사람에		니 네 발에서 **신**을
단 6:12	누구든지 왕 외의 어떤 **신**에게나 사람에	출 12:11	허리에 띠를 띠고
단 11:8	그 **신**들과 부어 만든 우상들과 은과		발에 **신**을 신고 손에
단 11:36	모든 **신**보다 크다 하며 비상한 말로	신 25:9	그의 발에서 **신**을 벗기고 그의 얼굴에
	신들의 **신**을 대적하며 형통하기를	신 25:10	이스라엘 중에서 그의 이름을 **신** 벗김
단 11:37	**신**들과 여자들이 흠모하는 것을 돌아	신 29:5	낡아지지 아니하였고 너희 발의 **신**이
	보지 아니하며 어떤 **신**도 돌아보지	수 5:15	네 발에서 **신**을 벗으라 네가 선 곳은
단 11:38	**신**을 공경할 것이요 또 그의 조상들이	수 9:5	발에는 낡아서 기운 **신**을 신고 낡은
	알지 못하던 **신**에게 금 은 보석과	수 9:13	옷과 **신**도 여행이 매우 길었으므로
호 3:1	자손이 다른 **신**을 섬기고 건포도 과자를	룻 4:7	사람이 그의 **신**을 벗어 그의 이웃에게
호 8:6	장인이 만든 것이라 참 **신**이 아니니	룻 4:8	위하여 사라 하고 그의 **신**을 벗는지라
호 9:7	선지자가 어리석었고 **신**에 감동하는	왕상 2:5	띤 띠와 발에 **신**은 **신**에 묻혔으니
호 13:4	다른 **신**을 알지 말 것이라 나 외에는	대하 28:15	벗은 자들에게 입히며 **신**을 신기며
호 14:3	너희는 우리의 **신**이라 하지 아니하오	아 7:1	귀한 자의 딸아 **신**을 신은 네 발이 어찌
암 5:26	너희를 위하여 만든 **신**들의 별 형상을	사 9:5	어지러이 싸우는 군인들의 **신**과 피 묻은
암 8:14	**신**들이 살아 있음을 두고 맹세하노라	사 11:15	일곱 갈래로 나누어 **신**을 신고 건너가게
욘 1:5	두려워하여 각각 자기의 **신**을 부르고	사 20:2	베를 끄르고 네 발에서 **신**을 벗을지니라
미 4:5	만민이 각각 자기의 **신**의 이름을 의지하	겔 24:17	발에 **신**을 신고 입술을 가리지 말고
미 7:18	주와 같은 **신**이 어디 있으리이까 주께서	겔 24:23	발에 **신**을 신은 채로 두고 슬퍼하지도
나 1:14	내가 네 **신**들의 집에서 새긴 우상과	암 2:6	은을 받고 의인을 팔며 **신** 한 켤레를
합 1:11	자기들의 힘을 자기들의 **신**으로 삼는	암 8:6	**신** 한 켤레로 가난한 자를 사며 찌꺼기
습 2:11	세상의 모든 **신**을 쇠약하게 하리니	신약	
말 2:11	성결을 욕되게 하여 이방 **신**의 딸과	마 3:11	능력이 많으시니 나는 그의 **신**을 들기도
신약		마 10:10	배낭이나 두 벌 옷이나 **신**이나 지팡이
요 10:34	내가 너희를 **신**이라 하였노라 하지	막 6:9	**신**만 신고 두 벌 옷도 입지 말라 하시고
요 10:35	하나님의 말씀을 받은 사람들을 **신**이라	눅 15:22	가락지를 끼우고 발에 **신**을 신기라
행 7:40	우리를 인도할 **신**들을 우리를 위하여	행 7:33	발의 **신**을 벗으라 네가 서 있는 곳은
행 7:43	장막과 **신** 레판의 별을 받들었음이여	행 12:8	띠를 띠고 **신**을 신으라 하거늘 베드로가
행 12:22	백성들이 크게 부르되 이것은 **신**의	엡 6:15	평안의 복음이 준비한 것으로 **신**을 신고
행 14:11	**신**들이 사람의 형상으로 우리 가운데		
행 17:18	어떤 사람은 이르되 이방 **신**들을 전하는	**신** 3(Sin) 엘림과 시내 산 사이에 있는 사막 지대	
행 17:23	알지 못하는 **신**에게라고 새긴 단도	출 16:1	엘림과 시내 산 사이에 있는 **신** 광야에
행 19:26	손으로 만든 것들은 **신**이 아니라 하니	출 17:1	여호와의 명령대로 **신** 광야에서 떠나
		민 33:11	홍해 가를 떠나 **신** 광야에 진을 치고

신 4

신 4(Zin) 네게브 지역에 있는 사막 지대
민 13:21 정탐하되 **신** 광야에서부터 하맛 어귀
민 20:1 온 회중이 **신** 광야에 이르러 백성이
민 27:14 **신** 광야에서 회중이 … 물은 **신** 광야
민 33:36 에시온게벨을 떠나 **신** 광야 곧 가데스에
민 34:3 남쪽은 에돔 곁에 접근한 **신** 광야니
민 34:4 **신**을 지나 가데스바네아 남쪽에 이르고
신 32:51 너희가 **신** 광야 가데스의 므리바
수 15:1 이르고 또 남쪽 끝은 **신** 광야까지라
수 15:3 아그랍빔 비탈 남쪽으로 지나 **신**에

신고(辛苦, toil)
신 26:7 음성을 들으시고 우리의 고통과 **신고**와

신고하다(申 告, be listed, report, give notice)
민 1:18 남자의 이름을 자기 계통별로 **신고하매**
요 11:57 예수 있는 곳을 알거든 **신고하여** 잡게
행 21:26 결례 기간이 만기된 것을 **신고하니라**

신기다(provide, put)
대하 28:15 신을 **신기며** 먹이고 마시게 하며 기름을
겔 16:10 옷을 입히고 물돼지 가죽신을 **신기고**
눅 15:22 가락지를 끼우고 발에 신을 **신기라**

신기하다(神奇, amaze, divine)
행 2:7 다 놀라 **신기하게** 여겨 이르되 보라
벤후 1:3 그의 **신기한** 능력으로 생명과 경건에

신 나라(Pelusium-NIV, Sin-KJV) 애굽의 성읍
겔 30:16 내가 애굽에 불을 일으키니 **신 나라**가

신다(wear, put on, fit)
출 12:11 발에 신을 **신고** 손에 지팡이를 잡고
수 9:5 그 발에는 낡아서 기운 신을 **신고** 낡은
사 11:15 일곱 갈래로 나누어 신을 **신고** 건너가게
겔 24:17 머리를 동이고 발에 신을 **신고** 입술을
막 6:9 신만 **신고** 두 벌 옷도 입지 말라 하시고
행 12:8 천사가 이르되 띠를 띠고 신을 **신으라**
엡 6:15 평안의 복음이 준비한 것으로 신을 **신고**

신당(神堂, temple, shrine)
삿 9:27 그들의 **신당**에 들어가서 먹고 마시며
삿 17:5 미가에게 **신당**이 있으므로 그가 에봇과
삼상 31:9 자기들의 **신당**과 백성에게 알리기
왕하 5:18 림몬의 **신당**에 들어가 … **신당**에서 몸을 굽히오니 내가 림몬의 **신당**에서 몸을
왕하 10:21 바알의 **신당**에 들어가매 바알의 **신당**
왕하 10:23 바알의 **신당**에 들어가서 바알을 섬기는
왕하 10:26 **신당** 있는 성으로 가서 바알의 **신당**에서
왕하 10:27 바알의 **신당**을 헐어서 변소를 만들었더
왕하 11:18 **신당**으로 가서 그 **신당**을 허물고 그
대하 23:17 바알의 **신당**으로 가서 그 **신당**을 부수고
대하 36:7 가져다가 바벨론에 있는 자기 **신당**에
스 1:7 옮겨다가 자기 신들의 **신당**에 두었던
스 5:14 바벨론 **신당**에 … 고레스 왕이 그 **신당**
렘 43:12 애굽 신들의 **신당**들을 불지르리라
렘 43:13 애굽 신들의 **신당**들을 불사르리라
행 14:13 제우스 **신당**의 제사장이 소와 화환들

신도(信徒, number)
행 2:41 세례를 받으매 이 날에 **신도**의 수가

신랑(新郎, bridegroom)
시 19:5 해는 그의 신방에서 나오는 **신랑**과 같고
사 61:10 공의의 겉옷을 내게 더하심이 **신랑**이
사 62:5 **신랑**이 신부를 기뻐함같이 네 하나님이
렘 7:34 즐거워하는 소리, **신랑**의 소리, 신부의
렘 16:9 즐거워하는 소리와 **신랑**의 소리와 신부
렘 25:10 즐거워하는 소리와 **신랑**의 소리와 신부
렘 33:10-11 기뻐하는 소리, **신랑**의 소리, 신부의
욜 2:16 **신랑**을 그 방에서 나오게 하며 신부도
마 9:15 손님들이 **신랑**과 … 그러나 **신랑**을
마 25:1 천국은 마치 등을 들고 **신랑**을 맞으러
마 25:5 **신랑**이 더디 오므로 다 졸며 잘새
마 25:6 밤중에 소리가 나되 보라 **신랑**이로다
마 25:10 그들이 사러 간 사이에 **신랑**이 오므로
막 2:19 손님들이 **신랑**과 … **신랑**과 함께 있을
막 2:20 **신랑**을 빼앗길 날이 이르리니 그 날에는
눅 5:34 혼인 집 손님들이 **신랑**과 함께 있을
눅 5:35 날에 이르러 그들이 **신랑**을 빼앗기리니
요 2:9 하인들은 알더라 연회장이 **신랑**을 불러
요 3:29 취하는 자는 **신랑**이나 서서 **신랑**의 음성
계 18:23 **신랑**과 신부의 음성이 결코 다시 네

신령하다(神靈, prophesy, spiritual)
대상 25:1 수금과 비파와 제금을 잡아 **신령한**

{ 신뢰/-하다 }

대상 25:2	아래 왕의 명령을 따라 **신령한** 노래를
대상 25:3	수금을 잡아 **신령한** 노래를 하며 여호와
롬 1:11	어떤 **신령한** 은사를 너희에게 나누어
롬 7:14	율법은 **신령한** 줄 알거니와 나는 육신에
고전 2:15	**신령한** 자는 모든 것을 판단하나 자기는
고전 3:1	형제들아 내가 **신령한** 자들을 대함과
고전 9:11	너희에게 **신령한** 것을 뿌렸은즉 너희
고전 10:3	다 같은 **신령한** 음식을 먹으며
고전 10:4	**신령한** … 따르는 **신령한** 반석으로부터
고전 12:1	형제들아 **신령한** 것에 대하여 나는
고전 14:1	추구하며 **신령한** 것들을 사모하되
고전 14:37	선지자나 혹은 **신령한** 자로 생각하거든
고전 15:44	**신령한** 몸으로 다시 살아나나니 육의
고전 15:46	먼저는 **신령한** 사람이 아니요 육의 사람이요 그 다음에 **신령한** 사람이니라
갈 6:1	**신령한** 너희는 온유한 심령으로 그러한
엡 1:3	하늘에 속한 모든 **신령한** 복을 우리에게
엡 5:19	시와 찬송과 **신령한** 노래들로 서로
골 1:9	모든 **신령한** 지혜와 총명에 하나님의
골 3:16	시와 찬송과 **신령한** 노래를 부르며
벧전 2:2	갓난아기들같이순전하고 **신령한** 젖을
벧전 2:5	산 돌같이 **신령한** 집으로 세워지고 … 기쁘게 받으실 **신령한** 제사를 드릴

신뢰/-하다(信賴, confidence, faith, trust)

삿 9:26	이르니 세겜 사람들이 그를 **신뢰하니라**
왕하 10:11	귀족들과 **신뢰** 받는 자들과 제사장들을
대하 20:20	여호와를 **신뢰하라** 그리하면 견고하시리라 그의 선지자들을 **신뢰하라**
시 32:10	있으나 여호와를 **신뢰하는** 자에게는
시 41:9	내가 **신뢰하여** 내 떡을 나눠 먹던 나의
시 71:5	내가 어릴 때부터 **신뢰한** 이시라
시 118:8	피하는 것이 사람을 **신뢰하는** 것보다
시 118:9	피하는 것이 고관들을 **신뢰하는** 것
잠 3:5	마음을 다하여 여호와를 **신뢰하고** 네
사 12:2	나의 구원이시라 내가 **신뢰하고**
사 26:3	이는 그가 주를 **신뢰함이니이다**
사 26:4	너희는 여호와를 영원히 **신뢰하라**
사 30:15	**신뢰하여야** 힘을 얻을 것이거늘
사 36:7	*우리 하나님 여호와를 신뢰하노라*
사 36:15	너희에게 여호와를 **신뢰하게** 하려는
사 37:10	네가 **신뢰하는** 하나님이 예루살렘
렘 7:14	내가 실로에 행함같이 너희가 **신뢰하는**
렘 13:25	잊어버리고 거짓을 **신뢰하는** 까닭이라
마 27:43	그가 하나님을 **신뢰하니** 하나님이
고후 7:16	너희를 **신뢰하게** 된 것을 기뻐하노라
빌 1:14	주 안에서 **신뢰함으로** 겁 없이 하나님의
빌 3:3	자랑하고 육체를 **신뢰하지** 아니하는
빌 3:4	**신뢰할** 만하며 … 육체를 **신뢰할** 것이

신방(新房, chamber, pavilion)

시 19:5	해는 그의 **신방**에서 나오는 신랑과 같고
욜 2:16	그 방에서 나오게 하며 신부도 그 **신방**

신복(臣僕, deputy, servant, officer)

삿 9:28	여룹바알의 아들이 아니냐 그의 **신복**은
삼하 3:38	그의 **신복**에게 이르되 오늘 이스라엘의
삼하 6:20	오늘 그의 **신복**의 계집종의 눈앞에서
왕하 6:8	더불어 싸우며 그의 **신복**들과 의논
왕하 6:11	아람 왕의 마음이 불안하여 그 **신복**들을
왕하 6:12	**신복** 중의 한 사람이 이르되 우리 주
왕하 7:12	밤에 일어나 그의 **신복**들에게 이르되
왕하 9:11	예후가 나와서 그의 주인의 **신복**들에게
왕하 9:28	**신복**들이 그를 병거에 싣고 예루살렘에
왕하 12:21	그를 쳐서 죽인 **신복**은 시므앗의 아들
왕하 14:5	굳게 서매 그의 부왕을 죽인 **신복**들을
왕하 16:7	나는 왕의 **신복**이요 왕의 아들이라 이제
왕하 21:23	**신복**들이 그에게 반역하여 왕을 궁중에
왕하 22:9	왕의 **신복**들이 성전에서 찾아낸 돈을
왕하 23:30	**신복**들이 그의 시체를 병거에 싣고
왕하 24:11	**신복**들이 에워쌀 때에 바벨론의
왕하 24:12	여호야긴이 그의 어머니와 **신복**과
왕하 25:8	바벨론 왕의 **신복** 시위대장 느부사라단
대하 8:18	후람이 그의 **신복**들에게 부탁하여 배와

성경에 나오는 '신복'

- 느부갓네살의 신복 – 왕하 24:10
- 다윗의 신복 – 삼하 2:13, 15, 17, 30, 31; 3:22
- 사울의 신복 – 삼상 17:8
- 앗수르 왕의 신복 – 왕하 19:6
- 요아스의 신복 – 왕하 12:20
- 이스보셋의 신복 – 삼하 2:12
- 하닷에셀의 신복 – 삼하 8:7
- 히스기야 왕의 신복 – 왕하 19:5

【 신부 】　　　　　　　　　　　　　　　　　　　　　　　　【 신속하다/신속히 】

신부(新婦, bride)

아 4:8	내 신부야 너는 레바논에서부터 나와
아 4:9	내 신부야 네가 내 마음을 빼앗았구나
아 4:10	신부야 네 사랑이 어찌 그리 아름다운지
아 4:11	내 신부야 네 입술에서는 꿀방울이
아 4:12	내 누이, 내 신부는 잠근 동산이요
아 5:1	내 신부야 내가 내 동산에 들어와서
사 49:18	몸에 차며 그것을 띠기를 신부처럼
사 61:10	사모를 쓰며 신부가 자기 보석으로
사 62:5	너를 취하겠고 신랑이 신부를 기뻐함
렘 2:32	신부가 어찌 그의 예복을 잊겠느냐 오직
렘 7:34	즐거워하는 소리, 신랑의 소리, 신부의
렘 16:9	소리와 신랑의 소리, 신부의 소리를
렘 25:10	신랑의 소리와 신부의 소리와 맷돌
렘 33:10-11	신랑의 소리, 신부의 소리와 및 만군의
욜 2:16	신랑을 그 방에서 나오게 하며 신부도
요 3:29	신부를 취하는 자는 신랑이나 서서 신랑
계 18:23	신랑과 신부의 음성이 결코 다시 네
계 21:2	그 준비한 것이 신부가 남편을 위하여
계 21:9	이리 오라 내가 신부 곧 어린 양의 아내
계 22:17	성령과 신부가 말씀하시기를 오라

신상(神像, god, idol, image, shrine)

신 7:25	너는 그들이 조각한 신상들을 불사르고
신 12:3	그 조각한 신상들을 찍어 그 이름을 그
삿 17:4	신상을 새기고 한 신상을 … 신상이
왕하 17:29	민족이 각기 자기의 신상들을 만들어
사 10:10	신상들이 예루살렘과 사마리아의 신상

'신상'과 관련된 성구

금 신상 – 단 3:5, 7, 10, 12, 14, 18
부어 만든 신상 – 삿 18:14, 17, 18: 사 48:5
새긴 신상 – 삿 18:14, 17, 18, 30, 31: 사 48:5
신상을 만들다 – 출 20:23; 사 44:10, 15; 단 3:1
신상을 부어 만들다 – 출 34:17; 레 19:4; 삿 17:3, 4
신상을 새기다 – 삿 17:3, 4
이방 신상 – 창 35:2, 4
조각한 신상 – 신 7:25; 12:3; 시 97:7; 사 10:10; 21:9; 렘 8:19; 10:14; 50:38

사 44:17	나머지로 신상 곧 자기의 우상을 만들고
렘 50:2	신상들은 수치를 당하며 우상들은
렘 51:17	금장색마다 자기가 만든 신상으로
겔 30:13	없애며 신상들을 놉 가운데에서 부수며
단 2:31	한 큰 신상을 보셨나이다 그 신상이
단 2:34	돌이 나와서 신상의 쇠와 진흙의 발을
단 3:2	느부갓네살 왕이 세운 신상의 낙성식에
단 3:3	왕이 세운 신상의 … 세운 신상 앞에
단 3:15	내가 만든 신상 앞에 엎드려 절하면
단 5:23	구리, 쇠와 나무, 돌로 만든 신상들을
행 19:24	은장색이 은으로 아데미의 신상 모형을

신선하다(新鮮, fine)

| 시 92:10 | 뿔같이 높이셨으며 내게 신선한 기름을 |

신성/-하다(神性, divine nature, deity)

막 9:3	이르되 이 사람이 신성을 모독하도다
롬 1:20	영원하신 능력과 신성이 그가 만드신
골 2:9	그 안에는 신성의 모든 충만이 육체로
딤전 1:20	그들로 훈계를 받아 신성을 모독하지
벧후 1:4	세상에서 썩어질 것을 피하여 신성한

신성모독/-하다(神聖冒瀆, blasphemy)

마 26:65	지금 이 신성모독하는 말을 들었도다
막 2:7	이렇게 말하는가 신성모독이로다 오직
막 14:64	신성모독하는 말을 너희가 들었도다
눅 5:21	이 신성모독하는 자가 누구냐 오직
요 10:33	돌로 치려는 것이 아니라 신성모독으로
요 10:36	하는 것으로 너희가 어찌 신성모독이라
계 13:1	머리들에는 신성모독하는 이름들이
계 13:5	짐승이 과장되고 신성모독을 말하는

신속하다/신속히(迅速, diligence, quickly, sure, hasten)

스 6:12	조서를 내렸노니 신속히 행할지어다
스 6:13	그들의 동관들이 신속히 준행하니라
스 7:17	전제의 물품을 신속히 사서 예루살렘
스 7:21	너희에게 구하는 것을 신속히 시행하되
시 68:31	하나님을 향하여 그 손을 신속히 들리로
시 90:10	자랑은 수고와 슬픔뿐이요 신속히 가니
시 119:60	주의 계명들을 지키기에 신속히 하고
사 16:5	정의를 구하며 공의를 신속히 행하리라
사 59:7	무죄한 피를 흘리기에 신속하며 그 생각

욜 3:4　보복하는 것을 내가 **신속히** 너희 머리에

신실/-하다 (信實, faithful, trustworthy)
레 6:2　누구든지 여호와께 **신실하지** 못하여
신 7:9　여호와는 하나님이시요 **신실하신**
삼상 26:23　공의와 **신실**을 따라 갚으시리니 이는
시 5:9　그들의 입에 **신실함**이 없고 그들의
시 119:86　모든 계명들은 **신실하니이다** 그들이
잠 11:13　마음이 **신실한** 자는 그런 것을 숨기느니
잠 14:5　**신실한** 증인은 거짓말을 아니하여도
사 1:21　**신실하던** 성읍이 어찌하여 창기가
사 1:26　네가 의의 성읍이라, **신실한** 고을이라
사 38:18　들어간 자가 주의 **신실**을 바라지 못하되
사 38:19　주께 감사하며 주의 **신실**을 아버지가
사 49:7　이스라엘의 거룩하신 이 **신실하신**
호 11:12　유다는 하나님 곧 **신실하시고** 거룩하신
눅 12:46　이르러 엄히 때리고 **신실하지** 아니한
고전 4:17　주 안에서 내 사랑하고 **신실한** 아들
엡 1:1　예수 안에 있는 **신실한** 자들에게 편지
골 1:2　그리스도 안에서 **신실한** 형제들에게
골 1:7　그는 너희를 위한 그리스도의 **신실한**
골 4:7　그는 사랑 받는 형제요 **신실한** 일꾼이요
골 4:9　**신실하고** 사랑을 받는 형제 오네시모를
히 2:17　일에 자비하고 **신실한** 대제사장이
히 3:2　자기를 세우신 이에게 **신실하시기를**
히 3:5　온 집에서 종으로서 **신실하였고**
벧전 5:12　**신실한** 형제로 아는 실루아노로
요삼 1:5　나그네 된 자들에게 행하는 것은 **신실한**
계 21:5　이 말은 **신실하고** 참되니 기록하라
계 22:6　그가 내게 말하기를 이 말은 **신실하고**

신실성
딛 2:10　오히려 모든 참된 **신실성**을 나타내게

신앙 (信仰, faith)
빌 1:27　복음의 **신앙**을 위하여 협력하는 것과
히 6:1　행실을 회개함과 하나님께 대한 **신앙**과

신원하다 (伸寃, judge, defend, punish)
대하 24:22　감찰하시고 **신원하여** 주읍소서
잠 22:23　여호와께서 **신원하여** 주시고 또 그를
잠 29:14　왕이 가난한 자를 성실히 **신원하면** 그의
잠 31:9　곤고한 자와 궁핍한 자를 **신원할지니라**

사 1:17　고아를 위하여 **신원하며** 과부를 위하여
사 1:23　예물을 구하며 고아를 위하여 **신원하지**
사 34:8　시온의 송사를 위하여 **신원하시는** 해라
살전 4:6　모든 일에 주께서 **신원하여** 주심이라

신음/-하다 (呻吟, groan, moan)
출 6:5　종으로 삼은 이스라엘 자손의 **신음** 소리
욥 24:12　성 중에서 죽어가는 사람들이 **신음하며**
시 22:1　돕지 아니하시오며 내 **신음** 소리를 듣지
시 32:3　입을 열지 아니할 때에 종일 **신음하므로**
시 38:8　마음이 불안하여 **신음하나이다**
렘 48:31　길헤레스 사람을 위하여 **신음하리로다**

신임하다 (信任, consult)
왕하 21:6　신접한 자와 박수를 **신임하여** 여호와께
대하 33:6　신접한 자와 박수를 **신임하여** 여호와

신자 (信者, believer)
행 10:45　베드로와 함께 온 할례 받은 **신자**들이

신장 (身長, size)
민 13:32　거기서 본 모든 백성은 **신장**이 장대한

신전/신전지기 (神殿, temple, guardian of the temple)
삿 9:4　바알브릿 **신전**에서 은 칠십 개를 내어
삿 9:46　이를 듣고 엘브릿 **신전**의 보루로 들어
삼상 5:2　하나님의 궤를 가지고 다곤의 **신전**에
삼상 5:5　다곤의 제사장들이나 다곤의 **신전**에
왕상 16:32　사마리아에 건축한 바알의 **신전** 안에
왕하 19:37　그의 신 니스록의 **신전**에서 경배할
대상 10:9　모든 이방 **신전**과 그 백성에게 소식을
대상 10:10　**신전**에 두고 그의 머리를 다곤의 **신전**에
사 37:38　자기 신 니스록의 **신전**에서 경배할 때에
단 1:2　자기 신들의 **신전**에 가져다가 그 신들의
욜 3:5　나의 진기한 보물을 너희 **신전**으로
암 2:8　그들의 **신전**에서 벌금으로 얻은 포도주
행 19:27　큰 여신 아데미의 **신전**도 무시 당하게
행 19:35　제우스에게서 내려온 우상의 **신전지기**
롬 2:22　우상을 가증히 여기는 네가 **신전** 물건을

신접자 (神接者, medium)
신 18:11　진언자나 **신접자**나 박수나 초혼자를

【 신접하다 】 　　　　　　　　　　　　　　【 신하 】

신접하다 (神接, medium, ghostlike)
레 19:31　너희는 **신접한** 자와 박수를 믿지 말며
삼상 28:3　사울은 **신접한** 자와 박수를 그 땅에서
삼상 28:7　나를 위하여 **신접한** 여인을 찾으라
삼상 28:8　**신접한** 술법으로 내가 네게 말하는 사람
삼상 28:9　사울이 행한 일 곧 그가 **신접한** 자와
왕하 21:6　점치며 사술을 행하며 **신접한** 자와 박수
왕하 23:24　예루살렘에 보이는 **신접한** 자와 점쟁이
대상 10:13　말씀을 지키지 아니하고 또 **신접한**
대하 33:6　사술과 요술을 행하며 **신접한** 자와 박수
사 8:19　속살거리는 **신접한** 자와 마술사에게
사 19:3　그들이 우상과 마술사와 **신접한** 자와
사 29:4　네 목소리가 **신접한** 자의 목소리같이

신 족속/신 종족 (Sinite) 가나안의 아들 가운데 한 명이 이룬 족속
창 10:17　히위 족속과 알가 족속과 **신 족속**과
대상 1:15　히위 종족과 알가 종족과 **신 종족**과

신풍나무 (plane tree)
창 30:37　버드나무와 살구나무와 **신풍나무**의

신하 (臣下, official, attendant, servant)
모세오경, 역사서
창 40:20　그의 모든 **신하**를 위하여 잔치를 베풀 때에 … 관원장에게 그의 **신하**들 중에
창 41:38　바로가 그의 **신하**들에게 이르되 이와
창 50:7　모든 **신하**와 바로 궁의 원로들과 애굽
출 5:21　우리를 바로의 눈과 그의 **신하**의 눈에
출 8:3　네 **신하**의 집과 네 백성과 네 화덕과
출 8:4　개구리가 너와 네 백성과 네 모든 **신하**
출 8:21　네 **신하**와 네 백성과 네 집들에 파리
출 8:24　파리가 바로의 궁과 그의 **신하**의 집과
출 9:14　재앙을 너와 네 **신하**와 네 백성에게
출 9:34　완악하게 하니 그와 그의 **신하**가 곧
출 10:1　마음과 그의 **신하**들의 마음을 완강하게
출 10:6　네 집들과 네 모든 **신하**의 집들과 모든
출 11:8　왕의 이 모든 **신하**가 내게 내려와 내게
출 12:30　그 밤에 바로와 그 모든 **신하**와 모든
삼상 8:14　좋은 것을 가져다가 자기의 **신하**들에게
삼상 8:15　거두어 자기의 관리와 **신하**에게 줄
삼상 16:16　주께서는 당신 앞에서 모시는 **신하**들에
삼상 16:17　사울이 **신하**에게 이르되 나를 위하여
삼상 18:22　그의 **신하**들에게 명령하되 너희는 다윗에게 … 모든 **신하**도 너를 사랑하나니
삼상 18:30　사울의 모든 **신하**보다 더 지혜롭게
삼상 19:1　사요나단과 그의 모든 **신하**에게 다윗을
삼상 19:4　왕은 **신하** 다윗에게 범죄하지 마옵소서
삼상 21:14　아기스가 그의 **신하**에게 이르되 너희도
삼상 22:6　에셀 나무 아래에 앉았고 모든 **신하**들은
삼상 22:7　사울이 곁에 선 **신하**들에게 이르되 너희
삼상 22:8　아들이 내 **신하**를 선동하여 오늘이라도
삼상 22:14　왕의 모든 **신하** 중에 다윗같이 충실한
삼상 28:7　사울이 그의 **신하**들에게 이르되 나를 위하여 … 그의 **신하**들이 그에게 이르되
삼상 28:23　그의 **신하**들과 여인이 강권하매 그들의
삼상 28:25　사울 앞에와 그의 **신하**들 앞에 내놓으니
삼상 29:10　너는 너와 함께 온 네 주의 **신하**들과

성경에 나오는 '신하'
다윗의 신하 – 삼하 10:2, 4; 12:18; 대 19:2, 4
바로와 그의 모든 신하 – 창 41:37; 신 29:34:11; 느 9:10; 시 135:9
바로와 그의 신하 – 창 45:16; 출 7:10, 2 8:31; 14:5; 렘 25:19
바로의 신하 – 창 37:36; 39:1; 40:7; 8:29; 9:20; 10:7; 11:3
발락의 신하 – 민 22:18
사울의 신하 – 삼상 16:15; 18:5; 23, 2 26; 21:7; 22:9; 29:3
산헤립의 신하 – 대하 32:16, 18

솔로몬의 신하 – 왕상 11:26; 대하 9:10; 13:6; 스 2:55, 58; 7:57, 60; 11:3
아기스의 신하 – 삼상 21:11
아람 왕의 신하 – 왕상 20:23
왕의 신하 – 출 8:9, 11; 9:30; 삿 3:24; 삼상 22:17; 삼하 15:15; 왕상 1:9, 47; 에 3:3; 4:11; 6:9; 사 37:5; 렘 37:18; 요 4:46
이스라엘 왕의 신하 – 왕하 3:11
젊은 신하 – 대하 10:8, 10, 14
하닷에셀의 신하 – 대상 18:7
히스기야 왕의 신하 – 사 37:5
히스기야의 신하 – 잠 25:1

【 신하 】   【 싣다/실리다 】

삼하 10:3 다윗이 그의 **신하**들을 당신에게 보내
삼하 12:19 다윗이 그의 **신하**들이 서로 수군거리는 것을 보고 … 그의 **신하**들에게 묻되
삼하 12:21 그의 **신하**들이 그에게 이르되 아이가
삼하 13:24 청하건대 왕은 **신하**들을 데리시고 당신
삼하 13:31 **신하**들도 다 옷을 찢고 모셔 선지라
삼하 13:36 그의 모든 **신하**들도 심히 통곡하니라
삼하 15:14 그의 모든 **신하**들에게 이르되 일어나
삼하 15:18 모든 **신하**들이 그의 곁으로 지나가고
삼하 16:6 다윗 왕의 모든 **신하**들을 향하여 돌을
삼하 16:11 다윗이 아비새와 모든 **신하**들에게
왕상 1:33 너희는 너희 주의 **신하**들을 데리고 내
왕상 3:15 감사의 제물을 드리고 모든 **신하**들을
왕상 4:2 **신하**들은 이러하니라 사독의 아들
왕상 5:1 히람이 듣고 그의 **신하**들을 솔로몬에게
왕상 9:22 그들은 군사와 그 **신하**와 고관과 대장
왕상 10:5 그 상의 식물과 그의 **신하**들의 좌석과
왕상 10:8 당신의 이 **신하**들이여 항상 당신 앞에
왕상 10:13 그가 그의 **신하**들과 함께 본국으로
왕상 11:11 이 나라를 네게서 빼앗아 네 **신하**에게
왕상 11:17 하닷은 작은 아이라 그의 아버지 **신하**
왕상 15:18 **신하**의 손에 넘겨 다메섹에 거주하고
왕상 16:9 마시고 취할 때에 그 **신하** 곧 병거 절반
왕상 20:6 내가 내 **신하**들을 네게 보내리니 그들이 네 집과 네 **신하**들의 집을 수색하여
왕상 20:12 이 말을 듣고 그의 **신하**에게 이르되
왕상 20:31 그의 **신하**들이 그에게 말하되 우리가
왕상 22:3 이스라엘의 왕이 그의 **신하**들에게
왕하 5:6 내 **신하** 나아만을 당신에게 보내오니
왕하 7:13 **신하** 중 한 사람이 대답하여 이르되
왕하 18:24 네가 어찌 내 주의 **신하** 중 지극히 작은
대상 19:3 그의 **신하**들이 왕에게 나아온 것이 이
대상 20:8 다윗의 손과 그 **신하**의 손에 다 죽었더
대하 9:4 그의 **신하**들의 좌석과 그의 **신하**들
대하 9:7 복되도다 당신의 이 **신하**들이여, 항상
대하 9:12 **신하**들과 더불어 본국으로 돌아갔더라
대하 24:25 적군이 그를 버리고 간 후에 그의 **신하**
대하 25:3 굳게 서매 그의 부왕을 죽인 **신하**들을
대하 32:9 그의 **신하**들을 예루살렘에 보내어
대하 33:24 그의 **신하**가 반역하여 왕을 궁중에서
대하 35:23 **신하**들에게 이르되 내가 중상을
스 4:11 이러하니 강 건너편에 있는 **신하**들은
에 1:3 그의 모든 지방관과 **신하**들을 위하여

에 2:2 왕의 측근 **신하**들이 아뢰되 왕은 왕을
에 2:18 모든 지방관과 **신하**들을 위하여 잔치를
에 3:2 대궐 문에 있는 왕의 모든 **신하**들이 다
에 5:11 왕의 모든 지방관이나 **신하**들보다 높이
에 6:3 측근 **신하**들이 대답하되 아무것도
에 6:5 측근 **신하**들이 아뢰되 하만이 뜰에

시가서 – 신약

시 105:22 그의 뜻대로 모든 **신하**를 다스리며 그의
잠 14:35 슬기롭게 행하는 **신하**는 왕에게 은총을 입고 욕을 끼치는 **신하**는 그의 진노를
렘 21:7 유다의 왕 시드기야와 그의 **신하**들과
렘 22:2 왕위에 앉은 유다 왕이여 너와 네 **신하**
렘 22:4 다윗의 왕위에 앉을 왕들과 **신하**들과
렘 36:24 그의 **신하**들이 이 모든 말을 듣고도
렘 36:31 내가 그와 그의 자손과 **신하**들을 그들의
렘 37:2 그의 **신하**와 그의 땅 백성이 여호와께서
마 14:2 **신하**들에게 이르되 이는 세례 요한이라
행 12:20 침소 맡은 **신하** 블라스도를 설득하여

신호(信號, signal)

민 31:6 성소의 기구와 **신호** 나팔을 들려서

신화(神話, myth)

딤전 1:4 **신화**와 끝없는 족보에 몰두하지 말게
딤전 4:7 망령되고 허탄한 **신화**를 버리고 경건에

싣다/실리다(load, put on, place, bringing)

창 3:25 몰약을 **싣고** 애굽으로 내려가는지라
창 4:26 곡식을 나귀에 **싣고** 그 곳을 떠났더니
창 4:13 옷을 찢고 각기 짐을 나귀에 **싣고**
창 :17 너희 양식을 **싣고** 가서 가나안 땅에
창 :23 물품을 **실리고** 암나귀 열 필에는 아버지에게 길에서 … 떡과 양식을 **실리고**
출 :5 너를 미워하는 자의 나귀가 짐을 **싣고**
신:68 여호와께서 너를 배에 **싣고** 전에 네게
수 기운 가죽 포도주 부대를 나귀에 **싣고**
삿 28 시체를 나귀에 **싣고** 행하여 자기 곳에
삼:8 여호와의 궤를 가져다가 수레에 **싣고**
삼:11 형상을 담은 상자를 수레 위에 **실으니**
삼 6:20 염소 새끼를 나귀에 **실리고** 그의 아들
삼:18 이백 개를 가져다가 나귀들에게 **싣고**

1504

[실]

삼하 6:3 하나님의 궤를 새 수레에 **싣고** 산에
삼하 6:4 하나님의 궤를 **싣고** 나올 때에 아효는
삼하 16:1 한 가죽부대를 **싣고** 다윗을 맞는지라
왕상 10:2 심히 많은 금과 보석을 낙타에 **실었더라**
왕상 10:11 오빌에서부터 금을 **실어** 온 히람의
왕상 10:22 원숭이와 공작을 **실어** 왔음이더라
왕상 13:29 시체를 들어 나귀에 **실어** 가지고 돌아와
왕하 8:9 낙타 사십 마리에 **싣고** 나아가서 그의
왕하 9:28 그를 병거에 **싣고** 예루살렘에 이르러
왕하 14:20 시체를 말에 **실어다가** 예루살렘에서
왕하 23:30 신복들이 그의 시체를 병거에 **싣고** 므깃
대상 12:40 나귀와 소에다 음식을 많이 **실어** 왔으니
대상 13:7 하나님의 궤를 새 수레에 **싣고** 아비나답
대하 9:1 많은 금과 보석을 낙타에 **실었더라**
대하 9:10 솔로몬의 신하들도 오빌에서 금을 **실어**
대하 9:21 상아와 원숭이와 공작을 **실어** 옴이더라
대하 25:28 시체를 말에 **실어다가** 그의 조상들과
느 13:15 밟고 곡식단을 나귀에 **실어** 운반하며
욥 37:11 구름에 습기를 **실으시고** 그의 번개로
욥 39:12 네 곡식을 집으로 **실어** 오며 네 타작
시 144:14 무겁게 **실었으며** 또 우리를 침노하는
사 30:6 그들의 재물을 어린 나귀 등에 **싣고**
사 60:9 네 자손과 그들의 은금을 아울러 **싣고**
겔 27:33 네 물품을 바다로 **실어** 낼 때에 네가
행 28:10 떠날 때에 우리 쓸 것을 배에 **실었더라**

실(thread)

창 14:23 네게 속한 것은 **실** 한 오라기나 들메끈
출 35:26 슬기로운 모든 여인은 염소 털로 **실을**
삿 16:12 팔 위의 줄 끊기를 **실을** 끊음같이

성경에 나오는 '실'

가는 베 **실** – 출 28:39; 39:28
가늘게 꼰 베 **실과** 청색 자색 홍색 **실** – 출 26:1; 36:8; 39:29
금 **실과** 청색 자색 홍색 **실과** 가늘게 꼰 베 **실** – 출 28:5, 6, 8, 15; 39:2, 5, 8
베 **실** – 신 22:11
자색 청색 홍색 **실** – 대하 2:14
자색 홍색 청색 **실** – 대하 2:7
청색 자색 홍색 **실** – 출 28:33; 39:1; 대하 3:14
청색 자색 홍색 **실과** 가는 베 **실** – 출 25:4; 35:6, 23, 25, 35; 38:23; 39:3, 24
청색 자색 홍색 **실과** 가늘게 꼰 베**실** – 출 26:31, 36; 27:16; 36:35, 37; 38:18
홍색 **실** – 창 38:28, 30; 레 14:4, 6, 49, 51, 52; 민 19:6

실과(實果, fruit)

레 23:40 첫 날에는 너희가 아름다운 나무 **실과**와
민 13:20 그 땅의 **실과**를 가져오라 하니 그 때는
사 16:9 너의 여름 **실과**, 네 농작물에 즐거운

실라 1(Silla) 밀로 궁과 연결된 예루살렘의 한 구역의 이름

왕하 12:20 반역하여 **실라**로 내려가는 길 가의 밀로

실라 2(Silas) 바울의 동역자

행 15:22 인도자인 바사바라 하는 유다와 **실라**더
행 16:25 한밤중에 바울과 **실라**가 기도하고
행 18:5 **실라**와 디모데가 마게도냐로부터

실라 2 – 기타 본문

행 15:27, 32, 40; 16:19, 29; 17:4, 10, 14, 15

실렘(Shillem) 납달리의 아들 가운데 한 명

창 46:24 아들 곧 야스엘과 구니와 예셀과 **실렘**
민 26:49 예셀 종족과 **실렘**에게서 난 **실렘** 종족

실로 1(Shiloh) 에브라임 산지에 있는 곳

창 49:10 **실로**가 오시기까지 이르리니 그에게
수 18:1 이스라엘 자손의 온 회중이 **실로**에
수 19:51 지파의 족장들이 **실로**에 있는 회막 문
수 21:2 가나안 땅 **실로**에서 그들에게 말하여
삿 18:31 하나님의 집이 **실로**에 있을 동안에 미가
삿 21:12 그들을 **실로** 진영으로 데려오니 이 곳은
삿 21:21 보다가 **실로**의 … **실로**의 딸 중에서
삼상 1:3 성읍에서 나와서 **실로**에 올라가서
왕상 2:27 여호와께서 **실로**에서 엘리의 집에
왕상 11:29 예루살렘에서 나갈 때에 **실로** 사람
왕상 12:15 **실로** 사람 아히야로 느밧의 아들
왕상 14:2 **실로**로 가라 거기 선지자 아히야가
대하 9:29 선지자 나단의 글과 **실로** 사람 아히야의

【 실로 2 】　　　　　　　　　　　　　　　　　　　　　　　【 실상 】

대하 10:15　여호와께서 전에 **실로** 사람 아히야로
느 11:5　　스가랴의 육대 손이요 **실로** 사람의 칠대
시 78:60　사람 가운데 세우신 장막 곧 **실로**의
렘 7:12　　이름을 둔 처소 **실로**에 가서 내 백성
렘 26:9　　이 성전이 **실로**같이 되겠고 이 성이
렘 41:5　　세겜과 **실로**와 사마리아로부터 와서

■ 실로 1 - 기타 본문

수 18:8, 9, 10; 22:9, 12; 삿 21:19; 삼상 1:9, 24;
2:14; 3:21; 4:3, 4, 12; 14:3; 왕상 14:4; 15:29; 대
상 9:5; 렘 7:14; 26:6

실로 2 (surely, very)

삼상 15:20　나는 **실로** 여호와의 목소리를 청종하여
욥 33:8　　그대는 **실로** 내가 듣는 데서 말하였고
욥 33:29　**실로** 하나님이 사람에게 이 모든 일을
시 16:6　　곳에 있음이여 나의 기업이 **실로**
시 66:19　**실로** 들으셨음이여 내 기도 소리에
시 73:13　내내 손을 씻어 무죄하다 한 것이 **실로**
시 75:8　　**실로** 그 찌꺼기까지도 땅의 모든 악인이
시 131:2　**실로** 내가 내 영혼으로 고요하고 평온하
전 11:7　　빛은 **실로** 아름다운 것이라 눈으로 해를
사 40:7　　기운이 그 위에 붊이라 이 백성은 **실로**
사 53:4　　그는 **실로** 우리의 질고를 지고 우리의
사 63:8　　그들은 **실로** 나의 백성이요 거짓을
호 12:8　　에브라임이 말하기를 나는 **실로** 부자라
고전 5:3　**실로** 몸으로는 떠나 있으나 영으로는

실로아 (Siloah) 실로암의 옛 이름

사 8:6　　천천히 흐르는 **실로아** 물을 버리고 르신

실로암 (Siloam) 예루살렘 성 안에 있는 연못

눅 13:4　**실로암**에서 망대가 무너져 치어 죽은
요 9:7　　이르시되 **실로암** 못에 가서 씻으라 하시
　　　　　니 (**실로암**은 번역하면 보냄을 받았다는
요 9:11　나더러 **실로암**에 가서 씻으라 하기에

실록 (實錄, book of the annals)

왕상 11:41　그의 지혜는 솔로몬의 **실록**에 기록되지
대상 9:1　이스라엘 왕조 **실록**에 기록되니라

실루기아 (Seleucia) 수리아 안디옥의 옛 항구 도시

행 13:4　보내심을 받아 **실루기아**에 내려가

실루아노 (Silas) 실라의 라틴어 이름

고후 1:19　나와 **실루아노**와 디모데로 말미암아
살전 1:1　　바울과 **실루아노**와 디모데는 하나님
살후 1:1　　바울과 **실루아노**와 디모데는 하나님
벧전 5:12　내가 신실한 형제로 아는 **실루아노**로

실르대 (Zillethai) 시므이의 아들 중 한 사람

대상 8:20　엘리에내와 **실르대**와 엘리엘과
대상 12:20　미가엘과 요사밧과 엘리후와 **실르대**이

실망하다 (失望, despairing, weary, afflicted)

욥 6:26　　꾸짖을 생각을 하나 **실망한** 자의 말은
욥 31:16　눈으로 하여금 **실망하게** 하였던가
시 9:18　　가난한 자들이 영원히 **실망하지** 아니하
전 2:20　　대하여 내가 내 마음에 **실망하였도다**

실바 (Zilpah) 레아의 시녀로 야곱의 첩

창 29:24　라반이 또 그의 여종 **실바**를 그의 딸
창 30:9　　그의 시녀 **실바**를 데려다가 야곱에게
창 30:10　레아의 시녀 **실바**가 야곱에게서 아들을
창 30:12　레아의 시녀 **실바**가 둘째 아들을 야곱에
창 35:26　여종 **실바**의 아들들은 갓과 아셀이니
창 37:2　　그의 아버지의 아내들 빌하와 **실바**의
창 46:18　그의 딸 레아에게 준 **실바**가 야곱에게

실사 (Shilshah) 아셀 지파 소바의 아들

대상 7:37　베셀과 훗과 사마와 **실사**와 이드란과

실상 (實狀, definite information, truth)

삼상 14:41　**실상**을 보이소서 하였더니 요나단이
삼상 23:23　모든 곳을 정탐하고 **실상**을 내게 보고
느 6:2　　서로 만나자 하니 **실상**은 나를 해하고자
욥 31:18　**실상**은 내가 젊었을 때부터 고아 기르기
욥 31:30　**실상**은 나는 그가 죽기를 구하는 말로
욥 31:32　**실상**은 나그네가 거리에서 자지 아니하
시 55:21　그의 말은 기름보다 유하나 **실상**은 뽑힌
렘 5:2　　살아 계심을 두고 맹세할지라도 **실상**은
겔 32:2　　**실상**은 바다 가운데 큰 악어라 강에서
겔 33:17　**실상**은 그들의 길이 바르지 아니하니라
요 16:7　　내가 너희에게 **실상**을 말하노니 내가
히 11:1　　믿음은 바라는 것들의 **실상**이요 보이지
계 2:9　　**실상**은 네가 부요한 자니라 … 비방도
　　　　　알거니와 **실상**은 유대인이 아니요

【 실성하다 】　　　　　　　　　　　　　　　　　　　　　　　【 싫어하다/싫어지다 】

실성하다(失性, go mad)
렘 50:38　무서운 것을 보고 **실성하였음이니라**

실수/-하다(失手, mistake, stumble)
수 20:3　부지중에 **실수**로 사람을 죽인 자를
전 5:6　천사 앞에서 내가 서원한 것이 **실수**라고
사 28:7　잘못 풀며 재판할 때에 **실수하나니**
약 3:2　실수가 많으니 만일 말에 **실수**가 없는

실족/-하다(失足, slip, stumble, sin, fall, away)
신 32:35　그들이 **실족할** 그 때에 내가 보복하리라
욥 12:5　재앙을 멸시하나 재앙이 **실족하는** 자를
시 17:5　굳게 지키고 **실족하지** 아니하였나이다
시 18:36　내 걸음을 넓게 하셨고 나를 **실족하지**
시 27:2　원수들인 그들은 **실족하여** 넘어졌도다
시 37:31　법이 있으니 그의 걸음은 **실족함**이
시 38:16　내가 **실족할** 때에 나를 향하여 스스로
시 56:13　**실족하지** 아니하게 하지 아니하셨나이
시 66:9　**실족함**을 허락하지 아니하시는 주시로
시 121:3　여호와께서 너를 **실족하지** 아니하게
잠 4:12　아니하겠고 달려갈 때에 **실족하지**
렘 20:10　내 친한 벗도 다 내가 **실족하기**를
마 5:29　오른 눈이 너로 **실족하게** 하거든 빼어
마 5:30　오른손이 너로 **실족하게** 하거든 찍어
마 11:6　나로 말미암아 **실족하지** 아니하는 자는
마 17:27　우리가 그들이 **실족하지** 않게 하기
마 18:6　이 작은 자 중 하나를 **실족하게** 하면
마 18:7　**실족하게** 하는 일들이 있음으로 … **실족하게** 하는 일이 없을 수는 없으나 **실족하게** 하는 그 사람에게는 화가
마 24:10　사람이 **실족하게** 되어 서로 잡아 주고
막 9:42　작은 자들 중 하나라도 **실족하게** 하면
눅 7:23　나로 말미암아 **실족하지** 아니하는 자는
눅 17:1　**실족하게** 하는 것이 없을 수는 없으나
눅 17:2　작은 자 중의 하나를 **실족하게** 할진대
요 11:9　세상의 빛을 보므로 **실족하지** 아니하고
요 11:10　그 사람 안에 없는 고로 **실족하느니라**
요 16:1　이름은 너희로 **실족하지** 않게
롬 11:11　그들이 넘어지기까지 **실족하였느냐**
고전 8:13　만일 음식이 내 형제를 **실족하게** 한다면
고후 11:29　약하지 아니하며 누가 **실족하게** 되면
벧후 1:10　행한즉 언제든지 **실족하지** 아니하리라

실증(實證, true)
에 2:23　조사하여 **실증**을 얻었으므로 두 사람을

실천하다(實踐, do)
시 15:2　정직하게 행하며 공의를 **실천하며** 그의
약 1:25　듣고 잊어버리는 자가 아니요 **실천하는**

실패(失敗, loss)
롬 11:12　그들의 **실패**가 이방인의 풍성함이

실행하다/실행되다(實行, fulfill, do, carry out)
민 23:19　행하지 않으시며 하신 말씀을 **실행하지**
신 23:23　입으로 말한 것은 그대로 **실행하도록**
신 27:26　율법의 말씀을 **실행하지** 아니하는 자는
전 8:11　악한 일에 관한 징벌이 속히 **실행되지**
렘 33:15　그가 이 땅에 정의와 공의를 **실행할**
렘 34:17　선포한 것을 **실행하지** 아니하였은즉
렘 34:18　그 말을 **실행하지** 아니하여 내 계약을
렘 35:14　명령은 **실행되도다** 그들은 그 선조의
렘 44:17　입에서 낸 모든 말을 반드시 **실행하여**
행 11:30　이를 **실행하여** 바나바와 사울의 손으로

실히(Shilhi)　여호사밧 왕의 외할아버지
왕상 22:42　이름은 아수바라 **실히**의 딸이더라
대하 20:31　이름은 아수바라 **실히**의 딸이더라

실힘(Shilhim)　유대 남부의 성읍
수 15:32　르바옷과 **실힘**과 아인과 림몬이니 모두

싫다(refuse)
겔 3:27　듣기 **싫은** 자는 듣지 아니하리니 그들은
마 21:30　대답하여 이르되 **싫소이다** 하였다가

싫어하다/싫어지다(disgust, detestable)
〔모세오경 - 시가서〕
창 27:46　삶이 **싫어졌거늘** 야곱이 만일 이 땅의
출 7:18　사람들이 그 강 물 마시기를 **싫어하리라**
출 8:26　애굽 사람이 **싫어하는** 바인즉 우리가
레 26:11　마음이 너희를 **싫어하지** 아니할 것이며
민 11:20　냄새도 **싫어하기**까지 한 달 동안 먹게
민 14:31　그들은 너희가 **싫어하던** 땅을 보리니와
민 21:5　마음이 이 하찮은 음식을 **싫어하노라**
신 25:7　이스라엘 중에 잇기를 **싫어하여** 남편의

【 싫어하다/싫어지다 】　　　　　　　　　　　　　【 심다 】

삼상 22:17　제사장들 죽이기를 **싫어한지라**
왕상 20:35　그 사람이 치기를 **싫어하는지라**
왕상 21:15　돈으로 바꾸어 주기를 **싫어하던** 나봇의
대하 35:22　몸을 돌이켜 떠나기를 **싫어하고**
에 1:12　전하는 왕명을 따르기를 **싫어하니**
욥 6:7　마음이 이런 것을 만지기도 **싫어하나니**
욥 7:16　내가 생명을 **싫어하고** 영원히 살기를
욥 9:31　내 옷이라도 나를 **싫어하리이다**
욥 19:17　아내도 내 숨결을 **싫어하며** 내 허리의
욥 33:20　**싫어하고** 그의 마음은 별미를 **싫어하며**
시 5:6　자와 속이는 자를 **싫어하시나이다**
시 22:24　멸시하거나 **싫어하지** 아니하시며
시 107:18　그들의 모든 음식물을 **싫어하게** 되어
시 119:163　나는 거짓을 미워하며 **싫어하고** 주의
잠 1:24　듣기 **싫어하였고** 내가 손을 폈으나
잠 3:11　여기지 말라 그 꾸지람을 **싫어하지** 말라
잠 5:12　어찌하여 훈계를 **싫어하며** 내 마음이
잠 6:16　**싫어하시는** 것이 예닐곱 가지이니
잠 11:15　당하여도 보증이 되기를 **싫어하는** 자는
잠 12:1　좋아하거니와 징계를 **싫어하는** 자는
잠 13:19　자는 악에서 떠나기를 **싫어하느니라**
잠 15:10　받을 것이요 책선을 **싫어하는** 자는
잠 21:7　이는 정의를 행하기 **싫어함이니라**
잠 25:17　너를 **싫어하며** 미워할까 두려우니라
잠 27:7　배부른 자는 꿀이라도 **싫어하고** 주린
잠 30:17　어미 순종하기를 **싫어하는** 자의 눈은

〖 선지서, 신약 〗

사 1:14　월삭과 정한 절기를 **싫어하나니** 그것이
사 30:9　여호와의 법을 듣기 **싫어하는** 자식들이
사 41:9　내가 너를 택하고 **싫어하여** 버리지
렘 5:3　굳게 하여 돌아오기를 **싫어하므로**
렘 6:8　내 마음이 너를 **싫어하고** 너를 황폐하게
렘 9:6　나를 알기를 **싫어하느니라** 여호와의
렘 14:19　주의 심령이 시온을 **싫어하시나이까**
겔 16:31　모든 거리에 쌓도 값을 **싫어하니** 창기
겔 23:17　더럽힘을 입은 후에 그들을 **싫어하는**
겔 23:28　미워하는 자와 네 마음에 **싫어하는** 자의
호 11:5　돌아 오기를 **싫어하니** 앗수르 사람이
암 5:10　정직히 말하는 자를 **싫어하는도다**
암 6:8　야곱의 영광을 **싫어하며** 그 궁궐들을
욘 4:1　요나가 매우 **싫어하고** 성내며
슥 7:11　그들이 듣기를 **싫어하여** 등을 돌리며
슥 11:8　내 마음에 그들을 **싫어하였고** 그들도

마 22:3　오라 하였더니 오기를 **싫어하거늘**
행 4:2　백성을 가르치고 전함을 **싫어하여**
롬 1:28　하나님 두기를 **싫어하매** 하나님께서
살후 3:10　누구든지 일하기 **싫어하거든** 먹지도

📖 싫어하다/싫어지다 – 기타 본문

레 26:15, 30, 43; 민 14:34; 잠 15:27, 32; 21:25;
겔 16:45; 23:18, 22

싫증(impatient)

욥 4:2　네게 말하면 네가 **싫증**을 내겠느냐,

심다(seedtime, plant, plow, sow)

〖 모세오경, 역사서 〗

창 8:22　있을 동안에는 **심음**과 거둠과 추위와
창 9:20　농사를 시작하여 포도나무를 **심었더니**
창 21:33　브엘세바에 에셀 나무를 **심고**
출 15:17　기업의 산에 **심으시리이다** 여호와여
레 11:37　주검이 **심을** 종자에 떨어지면 그것이
레 19:23　그 땅에 들어가 각종 과목을 **심거든**
레 25:20　우리가 만일 일곱째 해에 **심지도** 못하고
민 24:6　여호와께서 **심으신** 침향목들 같고
신 6:11　네가 **심지** 아니한 포도원과 감람나무를
신 28:30　포도원을 **심었으나** 네가 그 열매를 따지
신 28:39　네가 포도원을 **심고** 가꿀지라도 벌레가
신 29:23　타서 **심지도** 못하며 결실함도 없으며
수 24:13　너희가 **심지** 아니한 포도원과 감람원의
왕하 19:29　제삼년에는 **심고** 거두며 포도원을 **심고**
대상 17:9　한 곳을 정하여 그들을 **심고** 그들이 그

〖 시가서, 선지서 〗

욥 14:9　움이 돋고 가지가 뻗어서 새로 **심은** 것과
욥 31:8　**심은** 것을 타인이 먹으며 나의 소출이
시 1:3　시냇가에 **심은** 나무가 철을 따라 열매를
시 80:8　쫓아내시고 그것을 **심으셨나이다**
시 80:15　주의 오른손으로 **심으신** 줄기요 주께서
시 104:16　물이 흡족함이여 곧 그가 **심으신** 레바논
전 2:5　그 가운데 각종 과목을 **심었으며**
전 3:2　**심을** 때가 있고 **심은** 것을 뽑을 때가
사 5:2　극상품 포도나무를 **심었도다** 그 중에
사 17:10　네가 기뻐하는 나무를 **심으며** 이방의
사 17:11　네가 **심는** 날에 울타리를 두르고 아침에
사 28:25　소맥을 줄줄이 **심으며** 대맥을 정한 곳
에 **심으며** 귀리를 그 가에 **심지** 아니

【 심다 】　　　　　　　　　　　　　　　　　　　　　【 심령 】

사 37:30	해에는 **심고** 거두며 포도나무를 **심고**	요 4:37	사람이 **심고** 다른 사람이 거둔다 하는
사 41:19	들감람나무를 **심고** 사막에는 잣나무와	고전 3:6	나는 **심었고** 아볼로는 물을 주었으되
사 44:14	나무를 정하며 나무를 **심고** 비를 맞고	고전 3:7	**심는** 이나 물 주는 이는 아무 것도
사 60:21	그들은 내가 **심은** 가지요 내가 손으로	고전 9:7	포도를 **심고** 그 열매를 먹지 않겠느냐
사 61:3	여호와께서 **심으신** 그 영광을 나타낼	고전 15:42	썩을 것으로 **심고** 썩지 아니할 것으로
사 65:21	그 안에 살겠고 포도나무를 **심고** 열매를	고전 15:43	욕된 것으로 **심고** … 약한 것으로 **심고**
사 65:22	**심은** 것을 타인이 먹지 아니하리니	고전 15:44	육의 몸으로 **심고** 신령한 몸으로 다시
렘 1:10	건설하고 **심게** 하였느니라 하시니라	고후 9:6	적게 **심는** 자는 적게 거두고 많이 **심는**
렘 2:21	귀한 포도나무로 **심었거늘** 내게 대하여	고후 9:10	**심는** 자에게 씨와 먹을 양식을 주시는
렘 11:17	그를 **심은** 만군의 여호와께서 그에게		이가 너희 **심을** 것을 주사 풍성하게
렘 12:2	주께서 그들을 **심으시므로** 그들이 뿌리	갈 6:7	무엇으로 **심든지** 그대로 거두리라
렘 12:13	밀을 **심어도** 가시를 거두며 수고하여도	갈 6:8	**심는** 자는 육체로부터 썩어질 것을 거두
렘 18:9	민족이나 국가를 건설하거나 **심으려**		고 성령을 위하여 **심는** 자는 성령으로부
렘 24:6	헐지 아니하며 **심고** 뽑지 아니하겠고	약 3:18	화평하게 하는 자들은 화평을 **심어**
렘 31:5	산들에 포도나무들을 **심되 심는** 자가		
렘 31:28	세우며 **심으리라** 여호와의 말씀이니라	**심기다/심어지다**(plant, transplant)	
렘 32:41	정성을 다하여 그들을 이 땅에 **심으리라**	시 92:13	여호와의 집에 **심겼음이여** 우리 하나님
렘 42:10	너희를 **심고** 뽑지 아니하리니 이는 내가	사 40:24	그들은 겨우 **심기고** 겨우 뿌려졌으며
렘 45:4	세운 것을 헐기도 하며 **심은** 것을	렘 17:8	그는 물가에 **심어진** 나무가 그 뿌리를
겔 17:5	옥토에 **심되** … 큰 물 가에 **심더니**	겔 17:7	**심어진** 두둑에서 그를 향하여 뿌리가
겔 17:8	포도나무를 큰 물 가 옥토에 **심은** 것은	겔 17:10	그것이 **심어졌으나** 번성하겠느냐
겔 17:22	꺾어다가 **심으리라** 내가 … 산에 **심되**	겔 19:10	피의 어머니는 물 가에 **심겨진** 포도나무
겔 17:23	이스라엘 높은 산에 **심으리니** 그 가지가	겔 19:13	메마르고 가물이 든 땅에 **심어진** 바 되고
겔 36:9	하리니 사람이 너희를 갈고 **심을** 것이며	겔 31:4	강들이 그 **심어진** 곳을 둘러 흐르며
겔 36:36	황폐한 자리에 **심은** 줄을 알리라 나	호 9:13	에브라임은 아름다운 곳에 **심긴** 두로와
호 2:23	내가 나를 위하여 그를 이 땅에 **심고**	막 4:31	겨자씨 한 알과 같으니 땅에 **심길** 때에는
호 8:7	바람을 **심고** 광풍을 거둘 것이라 **심은**	눅 17:6	뿌리가 뽑혀 바다에 **심기어라**
호 10:12	자기를 위하여 공의를 **심고** 인애를	약 1:21	능히 구원할 바 마음에 **심어진** 말씀을
암 9:15	그들을 그들의 땅에 **심으리니** 그들이		
미 1:6	포도 **심을** 동산 같게 하며 또 그 돌들을	**심령**(心靈, spirit, motives, soul, life, hunger)	

신약

마 6:26	공중의 새를 보라 **심지도** 않고 거두지도	민 29:7	너희의 **심령**을 괴롭게 하며 아무 일도
마 13:31	사람이 자기 밭에 갖다 **심은** 겨자씨	시 77:3	불안하여 근심하니 내 **심령**이 상하도다
마 15:13	예수께서 대답하여 이르시되 **심은** 것마	시 77:6	부른 노래를 내가 기억하여 내 **심령**으로
	다 내 하늘 아버지께서 **심으시지** 않은	시 78:8	마음이 정직하지 못하며 그 **심령**이
마 25:24	당신은 굳은 사람이라 **심지** 않은 데서	시 143:4	내 **심령**이 속에서 상하며 내 마음이 내
마 25:26	악하고 게으른 종아 나는 **심지** 않은	잠 15:13	마음의 근심은 **심령**을 상하게 하느니라
눅 12:24	까마귀를 생각하라 **심지도** 아니하고	잠 16:2	모두 깨끗하여도 여호와는 **심령**을
눅 13:6	포도원에 무화과나무를 **심은** 것이	잠 18:14	**심령**은 그의 병을 능히 이기려니와 **심령**
눅 13:19	사람이 자기 채소밭에 갖다 **심은** 겨자씨	사 65:14	마음이 슬프므로 울며 **심령**이 상하므로
눅 17:28	사람들이 먹고 마시고 사고 팔고 **심고**	사 66:2	마음이 가난하고 **심령**에 통회하며 내
눅 19:21	두지 않은 것을 취하고 **심지** 않은 것을	렘 4:19	나의 **심령**이 나팔 소리와 전쟁의 경보를
눅 19:22	두지 않은 것을 취하고 **심지** 않은 것을	렘 13:17	나의 **심령**이 너희 교만으로 말미암아
		렘 14:19	주의 **심령**이 시온을 싫어하시나이까

1509

【 심리하다 】　　　　　　　　　　　　　　　　　　　　　　　【 심상히 】

렘 31:12	그 **심령**은 물 댄 동산 같겠고 다시는
렘 31:25	**심령**을 상쾌하게 하며 모든 연약한 **심령**
렘 51:1	내가 멸망시키는 자의 **심령**을 부추겨
애 3:17	내 **심령**이 평강에서 멀리 떠나게 하시니
애 3:24	내 **심령**에 이르기를 여호와는 나의 기업
애 3:51	내 눈으로 보니 내 **심령**이 상하는도다
애 3:58	주여 주께서 내 **심령**의 원통함을 풀어
겔 7:19	그 **심령**을 족하게 하거나 그 창자를
겔 13:3	말씀에 본 것이 없이 자기 **심령**을 따라
슥 12:1	땅의 터를 세우시며 사람 안에 **심령**
말 2:15	네 **심령**을 삼가 지켜 어려서 맞이한
말 2:16	너희 **심령**을 삼가 지켜 거짓을 행하지
마 5:3	**심령**이 가난한 자는 복이 있나니 천국이
눅 1:80	아이가 자라며 **심령**이 강하여지며
요 11:33	유대인들이 우는 것을 보시고 **심령**에
요 13:21	**심령**이 괴로워 증언하여 이르시되 내가
롬 1:9	아들의 복음 안에서 내 **심령**으로 섬기는
고후 2:13	디도를 만나지 못하므로 내 **심령**
갈 6:18	예수 그리스도의 은혜가 너희 **심령**에
엡 4:23	오직 너희의 **심령**이 새롭게 되어
빌 4:23	주 예수 그리스도의 은혜가 너희 **심령**에
골 2:5	육신으로는 떠나 있으나 **심령**으로는
딤후 4:22	나는 주께서 네 **심령**에 함께 계시기를
몬 1:25	그리스도의 은혜가 너희 **심령**과 함께

'심령'과 관련된 성구

- 멸시하는 심령 – 겔 36:5
- 상한 심령 – 시 51:17
- 심령의 근심 – 잠 17:22
- 심령의 생명 – 사 38:16
- 심령이 평강을 얻으리라 – 롬 6:16
- 심령이 피곤하다 – 렘 4:31
- 엘리야의 심령 – 눅 1:17
- 온유하고 안정한 심령 – 벧전 3:4
- 온유한 심령 – 갈 6:1
- 은총과 간구하는 심령 – 슥 12:10
- 의로운 심령 – 벧후 2:8
- 자원하는 심령 – 시 51:12
- 혼미한 심령 – 롬 11:8

심리하다(審理, verdict, investigate)
왕상 3:28 이스라엘이 왕이 **심리하여** 판결함을
행 25:20 일에 대하여 어떻게 **심리할는지** 몰라서

심마 1(Zimmah) 게르손의 자손으로 야핫의 아들
대상 6:20 아들은 야핫이요 그의 아들은 **심마**요

심마 2(Zimmah) 시므이의 아들
대상 6:42 에단은 **심마**의 아들이요 **심마**는 시므이

심마 3(Zimmah) 요아의 아버지
대하 29:12 **심마**의 아들 요아와 요아의 아들 에덴과

심문/-하다(審問, question, judgment, charges, examine)

삿 8:14 소년을 잡아 그를 **심문하**매 그가 숙곳의 방백들

왕하 25:6	끌고 가매 그들이 그를 **심문하니라**
욥 22:4	너를 책망하시며 너를 **심문하심**이
시 9:12	피 흘림을 **심문하시는** 이가 그들을
사 3:14	장로들과 고관들을 **심문하러** 오시리니
사 53:8	곤욕과 **심문**을 당하고 끌려 갔으나 그
렘 39:5	올라가매 왕이 그를 **심문하였더라**
렘 52:9	가매 그가 시드기야를 **심문하니라**
욜 3:2	**심문하리니** 이는 그들이 이스라엘을
마 12:36	심판 날에 이에 대하여 **심문**을 받으리니
눅 23:14	너희 앞에서 **심문하였으되** 너희가
행 12:19	파수꾼들을 **심문하고** 죽이라 명하니라
행 22:24	알고자 하여 채찍질하며 **심문하라**
행 22:29	**심문하려던** 사람들이 곧 그에게서
행 23:6	소망 곧 부활로 말미암아 내가 **심문**을
행 24:8	당신이 친히 그를 **심문하시면** 우리가
행 24:21	오늘 너희 앞에 **심문**을 받는다고 한 이
행 25:9	대하여 내 앞에서 **심문**을 받으려느냐
행 25:10	마땅히 거기서 **심문**을 받을 것이라
행 25:20	예루살렘에 올라가서 이 일에 **심문**을
행 25:26	사실을 아뢸 것이 없으므로 **심문한** 후
행 26:1	여기 서서 **심문** 받는 것은 하나님이
행 28:18	로마인은 나를 **심문하여** 죽일 죄목이

심복(心腹, very heart)
몬 1:12 그를 돌려 보내노니 그는 내 **심복**이라

심상히(尋常, mock)
잠 14:9 미련한 자는 죄를 **심상히** 여기어도 정직한

【 심새 】   【 심판/-하다 】

심새(Shimshai) 아닥사스다 왕의 서기관으로 느헤미야의 성벽 재건을 방해한 사람
스 4:8   방백 르훔과 서기관 **심새**가 아닥사스다
스 4:9   방백 르훔과 서기관 **심새**와 그의 동료
스 4:17 방백 르훔과 서기관 **심새**와 사마리아에
스 4:23 조서 초본이 르훔과 서기관 **심새**와 그의

심장(心臟, heart)
삼하 18:14 아직 살아 있는 압살롬의 **심장**을 찌르니
시 38:10 내 **심장**이 뛰고 내 기력이 쇠하여 내
렘 17:10 나 여호와는 **심장**을 살피며 폐부를 시험
렘 20:12 시험하사 그 폐부와 **심장**을 보시는
빌 1:8   내가 예수 그리스도의 **심장**으로 너희

심정(心情, soul, sighing, affection)
삼상 1:15 여호와앞에 내 **심정**을 통한 것뿐이오니
시 5:1   나의 말에 귀를 기울이사 나의 **심정**을
사 58:10 **심정**이 동하며 괴로워하는 자의 **심정**을
고후 6:12 좁아진 것이 아니라 오직 너희 **심정**에서
고후 7:15 향하여 그의 **심정**이 더욱 깊었으니

심중(心中, oneself, heart)
창 27:41 야곱을 미워하여 **심중**에 이르기를
신 7:17   네가 혹시 **심중**에 이르기를 이 민족들이
신 9:4   네가 **심중**에 이르기를 내 공의로움으로
신 29:19 저주의 말을 듣고도 **심중**에 스스로 복을
삼하 6:16 뛰놀며 춤추는 것을 보고 **심중**에 그를
대상 29:18 이것을 주의 백성의 **심중**에 영원히
대하 7:11 솔로몬의 **심중**에 여호와의 전과 자기의
대하 32:31 히스기야를 떠나시고 그의 **심중**에 있는
에 6:6   하만이 **심중**에 이르되 왕이 존귀하게
에 7:5   이런 일을 **심중**에 품은 자가 누구며
시 4:4   **심중**에 말하며 잠잠할지어다 (셀라)
시 5:9   **심중**이 심히 악하며 그들의 목구멍은
시 40:8   나의 **심중**에 있나이다 하였나이다
시 40:10 주의 공의를 내 **심중**에 숨기지 아니하고
시 78:18 탐욕대로 음식을 구하여 그들의 **심중**에
전 10:20 **심중**에라도 왕을 저주하지 말며 침실에
눅 3:15   요한을 혹 그리스도신가 **심중**에 생각
눅 12:17 **심중**에 생각하여 이르되 내가 곡식 쌓아

심지 1(心志, mind)
사 26:3   주께서 **심지**가 견고한 자를 평강하고

심지 2(wick)
마 12:20 꺼져가는 **심지**를 끄지 아니하기를 심판

심지어(甚至於, indeed, even, look)
겔 8:17   노여움을 일으키며 **심지어** 나뭇가지를
눅 12:7   너희에게는 **심지어** 머리털까지도 다
눅 16:21 배불리려 하매 **심지어** 개들이 와서 그
눅 21:16 **심지어** 부모와 형제와 친척과 벗이
행 5:15   **심지어** 병든 사람을 메고 거리에 나가
행 19:12 **심지어** 사람들이 바울의 몸에서 손수건
고전 5:1 너희 중에 **심지어** 음행이 있다 함을
계 13:13 큰 이적을 행하되 **심지어** 사람들 앞에서

심판/-하다(審判, judgment, judge, mediate, court)
모세오경 – 시가서
출 6:6   건지며 편 팔과 여러 큰 **심판**들로써
출 7:4   내 손을 애굽에 뻗쳐 여러 큰 **심판**을
출 12:12 애굽의 모든 신을 내가 **심판하리라** 나는
삿 11:27 **심판하시는** 여호와께서 오늘 이스라엘
삼상 2:10 여호와께서 땅 끝까지 **심판**을 내리시고
삼상 2:25 범죄하면 하나님이 **심판하시려**
삼상 3:13 내가 그의 집을 영원토록 **심판하겠다고**
삼상 24:15 재판장이 되어 나와 왕 사이에 **심판하사**
왕상 7:7 또 **심판하기** 위하여 보좌의 주랑 곧
욥 9:19   힘으로 말하면 그가 강하시고 **심판**으로
욥 22:13 아시며 흑암 중에서 어찌 **심판하실** 수
욥 31:14 하나님이 **심판하실** 때에 내가 무엇이라
욥 36:17 그대에게 가득하였고 **심판**과 정의가
시 1:5   악인들은 **심판**을 견디지 못하며 죄인들
시 7:6   깨소서 주께서 **심판**을 명령하셨나이다
시 9:4   보좌에 앉으사 의롭게 **심판하셨나이다**
시 9:7   영원히 앉으심이여 **심판**을 위하여
시 9:16   여호와께서 자기를 알게 하사 **심판**을
시 9:19   이방 나라들이 주 앞에서 **심판**을 받게
시 10:18 압제 당하는 자를 위하여 **심판하사**
시 51:4   **심판하실** 때에 순전하시다 하리이다
시 58:11 진실로 땅에서 **심판하시는** 하나님이
시 67:4   민족들을 공평히 **심판하시며** 땅 위의
시 75:2   기약이 이르면 내가 바르게 **심판하리니**
시 76:9   온유한 자를 구원하시려고 **심판하러**
시 94:15 **심판**이 의로 돌아가리니 마음이 정직한
시 96:10 그 만민을 공평하게 **심판하시리라**

【 심판/-하다 】　　　　　　　　　　　　　　　　　　　　　【 심판/-하다 】

시 103:6	모든 자를 위하여 **심판하시는도다**
시 109:7	**심판**을 받을 때에 죄인이 되어 나오게
시 119:84	자들을 주께서 언제나 **심판하시리이까**
시 143:2	주의 종에게 **심판**을 행하지 마소서 주의
시 146:7	사람들을 위해 정의로 **심판하시며**
잠 19:29	**심판**은 거만한 자를 위하여 예비된
잠 20:8	**심판** 자리에 앉은 왕은 그의 눈으로
전 3:17	의인과 악인을 하나님이 **심판하시리니**
전 12:14	은밀한 일을 선악 간에 **심판하시리라**

선지서

사 11:3	눈에 보이는 대로 **심판하지** 아니하며
사 11:4	공의로 가난한 자를 **심판하며** 정직하게
사 26:8	여호와여 주께서 **심판하시는** 길에서
사 26:9	주께서 땅에서 **심판하시는** 때에 세계의
사 34:5	한 백성 위에 내려 그를 **심판할**
사 66:16	칼로 모든 혈육에게 **심판**을 베푸신즉
렘 1:16	내가 나의 **심판**을 그들에게 선고하여
렘 4:12	이제 내가 그들에게 **심판**을 행할 것이라
렘 48:21	**심판**이 평지에 이르렀나니 곧 홀론과
렘 48:47	여호와의 말씀이니라 모압의 **심판**이
겔 7:27	그 죄악대로 그들을 **심판하리니** 내가
겔 11:10	변경에서 너희를 **심판하리니** 너희는
겔 11:11	너희를 이스라엘 변경에서 **심판하리니**
겔 17:20	반역한 그 반역을 거기에서 **심판할지며**
겔 18:30	사람이 행한 대로 **심판할지라** 너희는
겔 20:4	인자야 네가 그들을 **심판하려느냐** 네가
	그들을 **심판하려느냐** 너는 그들에게
겔 20:35	거기에서 너희를 대면하여 **심판하되**
겔 23:10	하였나니 이는 그들이 그에게 **심판**을
겔 23:36	오홀라와 오홀리바를 **심판하려느냐**
겔 28:22	내가 그 가운데에서 **심판**을 행하여 내
겔 28:26	모든 자를 내가 **심판할** 때에 그들이
겔 33:20	나는 너희가 각기 행한 대로 **심판하리라**
겔 34:17	숫양과 숫염소 사이에서 **심판하노라**
겔 34:20	양과 파리한 양 사이에서 **심판하리라**
겔 34:22	하고 양과 양 사이에 **심판하리라**
겔 38:22	전염병과 피로 그를 **심판하며** 쏟아지는
겔 39:21	모든 민족이 내가 행한 **심판**과 내가 그
단 7:10	모셔 선 자는 만만이며 **심판**을 베푸는데
단 7:26	그러나 **심판**이 시작된즉 그는 권세를
호 5:1	귀를 기울이라 너희에게 **심판**이 있나니
호 6:5	말로 그들을 죽였노니 내 **심판**은 빛처럼
욜 3:12	사면의 민족들을 다 **심판하리로다**

미 4:3	많은 민족들 사이의 일을 **심판하시며**
미 7:9	나를 위하여 논쟁하시고 **심판하시며**
합 1:12	여호와여 주께서 **심판하기** 위하여
말 3:5	내가 **심판하러** 너희에게 임할 것이라

신약

마 5:21	말라 누구든지 살인하면 **심판**을 받게
마 5:22	형제에게 노하는 자마다 **심판**을 받게
마 12:18	내 영을 그에게 줄 터이니 그가 **심판**을
마 12:20	심지를 끄지 아니하기를 **심판하여**
마 12:41	**심판** 때에 니느웨 사람들이 일어나 이
마 12:42	**심판** 때에 남방 여왕이 일어나 이 세대
눅 10:14	**심판** 때에 두로와 시돈이 너희보다
눅 11:31	**심판** 때에 남방 여왕이 일어나 이 세대
눅 11:32	**심판** 때에 니느웨 사람들이 일어나 이
눅 20:47	더 엄중한 **심판**을 받으리라 하시니라
요 3:18	그를 믿는 자는 **심판**을 받지 아니하는
	것이요 … 벌써 **심판**을 받은 것이니라
요 5:22	아무도 **심판하지** 아니하시고 **심판**을
요 5:24	얻었고 **심판**에 이르지 아니하나니
요 5:27	인자됨으로 말미암아 **심판하는** 권한을
요 5:29	악한 일을 행한 자는 **심판**의 부활로
요 5:30	듣는 대로 **심판하노니** 나는 나의 뜻대
	로 하려 … 내 **심판**은 의로우니라
요 7:51	그 행한 것을 알기 전에 **심판하느냐**
요 9:39	내가 **심판하러** 이 세상에 왔으니 보지
요 12:31	이제 이 세상에 대한 **심판**이 이르렀으니
요 12:48	말을 받지 아니하는 자를 **심판할** 이가
	있으니 … 마지막 날에 그를 **심판하리라**
요 16:8	의에 대하여, **심판**에 대하여 세상을
요 16:11	**심판**에 대하여라 함은 … **심판**을 받았음
행 7:7	종 삼는 나라를 내가 **심판하리니** 그
행 24:25	바울이 의와 절제와 장차 오는 **심판**을
롬 2:12	율법으로 말미암아 **심판**을 받으리라
롬 2:16	사람들의 은밀한 것을 **심판하시는** 그
롬 3:7	되었다면 어찌 내가 죄인처럼 **심판**을
롬 5:16	**심판**은 한 사람으로 말미암아 정죄에
롬 13:2	거스름이니 거스르는 자들은 **심판**을
고전 5:13	사람들은 하나님이 **심판하시려니와**
갈 5:10	요동하게 하는 자는 누구든지 **심판**을
살후 2:12	모든 자들로 하여금 **심판**을 받게 하려
딤전 5:24	사람들의 죄는 밝히 드러나 먼저 **심판**에
히 6:2	안수와 죽은 자의 부활과 영원한 **심판**
히 9:27	사람에게 정해진 것이요 그 후에는 **심판**

【 심판/-하다 】   【 심판장 】

		심판 날	
히 10:27	무서운 마음으로 **심판**을 기다리는 것과		
히 13:4	자들을 하나님이 **심판하시리라**	마 10:15	**심판** 날에 소돔과 고모라 땅이 그
약 2:13	**심판**이 있으리라 긍휼은 **심판**을 이기고	마 11:22	**심판** 날에 두로와 시돈이 너희보다
약 3:1	선생된 우리가 더 큰 **심판**을 받을 줄	마 11:24	**심판** 날에 소돔 땅이 너보다 견디기
벧전 4:6	육체로는 사람으로 **심판**을 받으나	마 12:36	무슨 무익한 말을 하든지 **심판** 날에
벧전 4:17	하나님의 집에서 **심판**을 시작할 때가	벧후 2:9	자는 형벌 아래에 두어 **심판** 날까지
벧후 2:3	**심판**은 옛적부터 지체하지 아니하며	요일 4:17	우리로 **심판** 날에 담대함을 가지게 하려
벧후 2:4	던져 어두운 구덩이에 두어 **심판** 때까지		
벧후 3:7	아니한 사람들의 **심판**과 멸망의 날까지	**심판대**(審判臺, judgment seat)	
유 1:6	처소를 떠난 천사들을 큰 날의 **심판**까지		
계 6:10	땅에 거하는 자들을 **심판하여** 우리 피를		
계 14:7	**심판**의 시간이 이르렀음이니 하늘과		

롬 14:10	하나님의 **심판대** 앞에 서리라
고후 5:10	반드시 그리스도의 **심판대**

계 16:5	계신 거룩하신 이여 이렇게 **심판하시니**			
계 16:7	하나님 곧 전능하신 이시여 **심판하시는**			
계 17:1	물 위에 앉은 큰 음녀가 받을 **심판**을	**심판자**(審判者, judge)		
계 18:8	불에 살라지리니 그를 **심판하시는** 주	욥 23:7	변론할 수 있은즉 내가 **심판자**에게서	
계 18:10	성 바벨론이여 한 시간에 네 **심판**이	히 12:23	**심판자**이신 하나님과 및 온전하게	
계 18:20	하나님이 너희를 위하여 그에게 **심판**을			
계 20:4	앉은 자들이 있어 **심판하는** 권세를	**심판장**(審判長, judgment)		
계 20:12	행위를 따라 책들에 기록된 대로 **심판**을	욥 19:29	너희가 **심판장**이 있는 줄을 알게 되리라	

'심판'과 관련된 성구

가난한 자를 심판 – 사 11:4
공의로 심판 – 행 17:31; 벧전 2:23; 계 19:11
나라를 심판 – 시 110:6; 겔 30:14
나를 심판 – 욥 9:15; 시 7:8; 고전 4:4
너를 심판 – 전 11:9; 렘 2:35; 겔 7:8; 11:10; 21:30; 35:11; 눅 19:22
높은 자들을 심판 – 욥 21:22
땅을 심판 – 대상 16:33; 시 96:13; 98:9
만민을 심판 – 욥 36:31; 사 51:5
백성들을 심판 – 사 3:13
백성을 심판 – 창 49:16; 히 10:30
사람을 심판 – 욥 34:23; 유 1:15
산 자와 죽은 자를 심판 – 벧전 4:5
살아 있는 자와 죽은 자를 심판 – 딤후 4:1
세계를 심판 – 시 9:8; 94:2
세상을 심판 – 창 18:25; 시 82:8; 요 3:17; 12:47; 롬 3:6
심판의 골짜기 – 욜 3:14
심판의 보좌 – 시 122:5
심판하는 영 – 사 4:4

아합의 집을 심판 – 대하 22:8
애굽을 심판 – 겔 30:19
에서의 산을 심판 – 옵 1:21
여인을 심판 – 겔 16:38
영혼을 심판 – 시 109:31
육체를 심판 – 렘 25:31
율법대로 심판 – 행 23:3; 약 2:12
이스라엘 열두 지파를 심판 – 마 19:28
조상들을 심판 – 겔 20:36
주의 심판 – 시 10:5; 36:6; 48:11; 97:3; 119:75, 120
주의 종들을 심판 – 왕상 8:32; 대하 6:23
죽은 자를 심판 – 계 11:18
큰 음녀를 심판 – 계 19:2
피흘린 성읍을 심판 – 겔 22:2
하나님의 공의로운 심판 – 살후 1:5
하나님의 심판 – 롬 2:2, 3; 3:19
하나님의 의로우신 심판 – 롬 2:5
행위대로 심판 – 겔 36:19; 벧전 1:17; 계 20:13
행위를 심판 – 겔 7:3

【 심판주 】　　　　　　　　　　　　　　　　　　　　　　　　　　　　　　　　　　　　　　【 심히 】

시 50:6　　하나님 그는 **심판장**이심이로다

심판주(審判主, Judge)
약 5:9　　보라 **심판주**가 문 밖에 서 계시니라

심하다(severe, even, great, increase, worse)
창 12:10　　이는 그 땅에 기근이 **심하였음**이라
창 41:31　　그 흉년이 너무 **심하므로** 이전 풍년을
창 41:56　　백성에게 팔새 애굽 땅에 기근이 **심하며**
창 43:1　　그 땅에 기근이 **심하고**
창 47:4　　가나안 땅에 기근이 **심하여** 종들의
창 47:13　　기근이 더욱 **심하여** 사방에 먹을 것이
출 10:14　　피해가 **심하니** 이런 메뚜기는 전에도
민 32:14　　향하신 여호와의 노를 더욱 **심하게**
삿 2:15　　그들의 괴로움이 **심하였더라**
삿 10:9　　이스라엘의 곤고가 **심하였더라**
삼상 20:41　　맞추고 같이 울되 다윗이 더욱 **심하더니**
삼상 19:7　　당신이 모든 화보다 더욱 **심하리이다**
왕상 18:2　　그 때에 사마리아에 기근이 **심하였더라**
왕하 14:26　　여호와께서 이스라엘의 고난이 **심하여**
왕하 21:9　　멸하신 여러 민족보다 더 **심하였더라**
왕하 21:11　　사람들의 행위보다 더욱 **심하였고**
왕하 25:3　　성 중에 기근이 **심하여** 그 땅 백성이
대하 33:9　　멸하신 모든 나라보다 더 **심하였더라**
스 9:7　　오늘까지 우리의 죄가 **심하매** 우리의
느 9:37　　관할하오니 우리의 곤란이 **심하오며**
느 13:18　　이스라엘에게 더욱 **심하게** 임하도록
시 39:2　　하지 아니하니 나의 근심이 더 **심하도다**
시 119:107　　나의 고난이 매우 **심하오니** 여호와여
사 21:3　　요통이 **심하여** 해산이 임박한 여인의
사 29:16　　너희의 패역함이 **심하도다** 토기장이를
사 56:11　　개들은 탐욕이 **심하여** 족한 줄을 알지
렘 22:23　　임할 때에 너의 가련함이 얼마나 **심하랴**
렘 30:15　　네 고통이 **심하도다** 네 악행이 많고
렘 52:6　　성중에 기근이 **심하여** 그 땅 백성이
겔 14:21　　그 해가 더욱 **심하지** 아니하겠느냐
겔 23:11　　형의 간음함보다 그 간음이 더 **심하므로**
마 7:27　　부딪치매 무너져 그 무너짐이 **심하니라**
마 12:45　　형편이 전보다 더욱 **심하게** 되느니라
눅 6:49　　무너져 파괴됨이 **심하니라** 하시니라
눅 11:26　　나중 형편이 전보다 더 **심하게** 되느니라
벧후 2:20　　그 나중 형편이 처음보다 더 **심하리니**

심히(very, so)
모세오경, 역사서
창 1:31　　모든 것을 보시니 보시기에 **심히** 좋았더
창 17:6　　내가 너로 **심히** 번성하게 하리니 내가
창 18:20　　부르짖음이 크고 그 죄악이 **심히** 무거우
창 35:16　　라헬이 해산하게 되어 **심히** 고생하여
창 41:19　　약하고 **심히** 흉하고 파리한 일곱 암소가
민 11:14　　책임이 **심히** 중하여 나 혼자는 이 모든
민 24:11　　내가 그대를 높여 **심히** 존귀하게 하기로
신 9:19　　여호와께서 **심히** 분노하사 너희를
수 9:9　　여호와의 이름으로 말미암아 **심히** 먼
수 9:22　　어찌하여 **심히** 먼 곳에서 왔다고 하여
삿 4:3　　이스라엘 자손을 **심히** 학대했으므로
삿 15:18　　**심히** 목이 말라 여호와께 부르짖으
룻 1:20　　전능자가 나를 **심히** 괴롭게 하셨음이니
삼상 1:6　　브닌나가 그를 **심히** 격분하게 하여
삼상 18:30　　행하매 이에 그의 이름이 **심히** 귀하게
삼상 19:1　　아들 요나단이 다윗을 **심히** 좋아하므로
삼상 19:4　　그가 왕께 행한 일은 **심히** 선함이니이다
삼상 23:22　　말하기를 그는 **심히** 지혜롭게 행동한다
삼상 25:2　　그의 생업이 갈멜에 있고 **심히** 부하여
삼상 27:12　　다윗이 자기 백성 이스라엘에게 **심히**
삼상 28:15　　**심히** 다급하니이다 블레셋 사람들은
삼상 28:21　　**심히** 고통 당함을 보고 그에게 이르되
삼하 12:15　　여호와께서 치시매 **심히** 앓는지라
삼하 13:3　　다윗의 형 시므아의 아들이요 **심히** 간교
삼하 24:10　　죄를 사하여 주옵소서 내가 **심히** 미련하
왕상 1:6　　용모가 **심히** 준수한 자라 그의 아버지가
왕상 1:15　　왕에게 이르니 왕이 **심히** 늙었으므로
왕상 2:12　　왕위에 앉으니 그의 나라가 **심히** 견고
왕상 16:33　　**심히** 이스라엘 하나님 여호와를 노하시
왕상 17:17　　아들이 병들어 증세가 **심히** 위중하다가
대상 10:3　　그 쏘는 자로 말미암아 **심히** 다급하여
대상 19:5　　사람들이 **심히** 부끄러워하므로 다윗이
대상 21:8　　용서하여 주옵소서 내가 **심히** 미련하게
대하 1:1　　여호와께서 그와 함께 하사 **심히** 창대하
대하 20:35　　아하시야는 **심히** 악을 행하는 자였더라
느 4:7　　메꾸어 간다 함을 듣고 **심히** 분노하여
느 9:26　　권면하는 선지자들을 죽여 주를 **심히**

시가서
욥 8:7　　시작은 미약하였으나 네 나중은 **심히**
시 6:10　　원수들이 부끄러움을 당하고 **심히**
시 10:2　　가련한 자를 **심히** 압박하오니 그들이

【 심히 】   【 심히 】

시 31:11	이웃에게서는 **심히** 당하니 내 친구가	잠 30:13	눈이 **심히** 높으며 눈꺼풀이 높이 들린
시 38:2	주의 손이 나를 **심히** 누르시나이다	잠 30:18	**심히** 기이히 여기고도 깨닫지 못하는
시 38:6	아프고 **심히** 구부러졌으며 종일토록	전 10:13	그의 입의 결말들은 **심히** 미친 것이니라
시 38:8	내가 피곤하고 **심히** 상하였으매 마음이	아 5:16	**심히** 달콤하니 그 전체가 사랑스럽구나
시 65:9	땅을 돌보사 물을 대어 **심히** 윤택하게		선지서
시 68:23	네가 그들을 **심히** 치고 그들의 피에 네	사 5:1	포도원이 있음이여 **심히** 기름진
시 78:29	그들이 먹고 **심히** 배불렀나니 하나님	사 15:3	넓은 곳에서는 각기 애통하여 **심히** 울며
시 88:7	노가 나를 **심히** 누르시고 주의 모든	사 16:14	남은 수가 **심히** 적어 보잘것없이 되리라
시 104:1	나의 하나님이여 주는 **심히** 위대하시며	사 31:1	**심히** 강함을 의지하고 이스라엘의
시 118:18	여호와께서 나를 **심히** 경책하셨어도	사 31:6	이스라엘 자손들아 너희는 **심히** 거역하
시 119:51	교만한 자들이 나를 **심히** 조롱하였어도	사 42:14	부르짖으리니 숨이 차서 **심히** 헐떡일
시 119:96	있어도 주의 계명들은 **심히** 넓으니이다	사 47:6	늙은이에게 네 멍에를 **심히** 무겁게
시 119:140	주의 말씀이 **심히** 순수하므로 주의 종이	렘 2:12	**심히** 떨지어다 두려워할지어다 여호와
시 139:14	주께 감사하옴은 나를 지으심이 **심히**	렘 8:19	딸 내 백성의 **심히** 먼 땅에서 부르짖는
시 142:6	들으소서 나는 **심히** 비천하니이다	렘 17:9	만물보다 거짓되고 **심히** 부패한 것은
잠 5:23	**심히** 미련함으로 말미암아 혼미하게	렘 26:19	우리의 생명을 스스로 **심히** 해롭게 하는
잠 21:8	죄를 크게 범한 자의 길은 **심히** 구부러	애 3:55	여호와여 내가 **심히** 깊은 구덩이에서

'심히'와 관련된 성구

심히 가증하다 – 왕상 21:26; 렘 18:13

심히 거룩하다 – 대상 23:13

심히 교만하다 – 삼상 2:3; 사 16:6

심히 근심하다 – 느 2:10; 13:8; 사 16:7; 겔 30:16; 단 6:14; 막 6:26; 눅 18:23; 빌 2:26

심히 기뻐하다/기쁘다 – 대상 29:9, 17; 욥 3:22; 아 2:3; 단 6:23; 요일 1:4; 요삼 1:3

심히 노하다 – 창 34:7; 39:19; 출 11:8; 민 16:15; 삿 14:19; 삼상 18:8; 20:34; 삼하 13:21; 왕하 17:18; 대하 25:10; 사 7:4; 마 2:16

심히 놀라다 – 삿 20:41; 막 6:51; 7:37; 14:33; 행 3:10

심히 두렵다 – 창 20:8; 32:7; 출 14:10; 민 22:3; 수 2:9; 9:24; 삿 13:6; 삼상 17:24; 21:12; 28:20; 31:4; 왕하 10:4; 대상 10:4; 욥 31:23; 41:14; 겔 27:35; 32:10; 단 2:31; 욘 1:10; 마 17:6; 27:54; 막 4:41; 눅 5:26; 히 12:21

심히 많다 – 창 26:14; 41:47, 49; 출 12:38; 민 32:1; 신 3:5; 수 11:4; 22:8; 삼상 12:2; 왕상 4:29; 7:47; 10:2, 10; 21:16; 대상 18:8; 22:3, 8, 14; 23:17; 대하 16:8; 28:5; 32:29; 사 59:12; 렘 40:12; 겔 37:2; 47:7, 9, 10; 단 11:10; 슥 14:14; 눅 5:6; 행 6:7; 9:36

심히 맹렬하다 – 출 9:24; 삼하 2:17

심히 미워하다 – 신 7:26; 삿 15:2; 삼하 13:15; 시 25:19; 139:22

심히 반역하다 – 렘 5:11; 6:28

심히 아름답다 – 민 14:7; 삼하 1:26; 11:2; 왕상 1:4; 렘 46:20; 겔 16:7

심히 아리땁다 – 창 12:14; 24:16

심히 아프다 – 삼하 18:33; 시 55:4; 슥 9:5

심히 악하다 – 시 5:9; 렘 5:28

심히 즐거워하다 – 느 12:43; 겔 36:5

심히 크다 – 창 27:33; 50:9; 민 11:10, 33; 13:28; 삼상 2:17; 4:10; 5:9; 대상 21:13; 29:25; 대하 7:8; 20:19; 24:24; 애 1:20; 단 8:9; 11:5, 25; 욜 2:11; 눅 16:4; 고후 4:7; 계 16:21

심히 통곡하다 – 삼하 13:36; 왕하 20:3; 사 38:3; 마 26:75; 막 5:38; 눅 22:62

심히 패역하다 – 신 32:20; 겔 2:7

심히 피곤하다 – 창 25:29; 삼상 14:31; 막 14:40

[십 1]　　　　　　　　　　　　　　　　　　　[십 2]

겔 9:9	이스라엘과 유다 족속의 죄악이 **심히**
겔 16:25	지나가는 자에게 다리를 벌려 **심히** 음행
겔 16:26	애굽 사람과도 음행하되 **심히** 음란히
겔 16:29	장사하는 땅 갈대아에까지 **심히** 행음하
겔 16:51	그들보다 가증한 일을 **심히** 행하였으므
겔 18:18	그의 아버지는 **심히** 포학하여 그 동족을
겔 25:12	원수를 갚았고 원수를 갚음으로 **심히**
단 3:22	왕의 명령이 엄하고 풀무불이 **심히**
단 7:19	짐승과 달라서 **심히** 무섭더라 그 이는
단 8:8	스스로 **심히** 강대하여 가더니 강성할
단 11:2	그 후의 넷째는 그들보다 **심히** 부요할
호 9:9	기브아의 시대와 같이 **심히** 부패한지라
습 1:14	용사가 거기서 **심히** 슬피 우는도다
슥 1:2	조상들에게 **심히** 진노하였느니라
슥 1:15	여러 나라들 때문에 **심히** 진노하나니

　　신약

마 17:15	그가 간질로 **심히** 고생하여 자주 불에도
마 21:35	농부들이 종들을 잡아 하나는 **심히**
막 9:20	예수를 보고 곧 그 아이로 **심히** 경련을
막 9:26	귀신이 소리 지르며 아이로 **심히** 경련을
막 10:23	나라에 들어가기가 **심히** 어렵도다
막 12:3	종을 잡아 **심히** 때리고 거저 보내었거늘
막 14:34	말씀하시되 내 마음이 **심히** 고민하여
눅 9:7	헤롯이 이 모든 일을 듣고 **심히** 당황하
눅 12:55	남풍이 부는 것을 보면 말하기를 **심히**
행 15:39	**심히** 다투어 피차 갈라서니 바나바는
행 16:18	**심히** 괴로워하여 돌이켜 그 귀신에게
행 16:20	유대인인데 우리 성을 **심히** 요란하게
행 26:11	대하여 **심히** 격분하여 외국 성에까지
행 27:18	우리가 풍랑으로 **심히** 애쓰다가 이튿날
롬 7:13	계명으로 말미암아 죄로 **심히** 죄 되게
고전 2:3	약하고 두려워하고 **심히** 떨었노라
갈 1:13	들었거니와 하나님의 교회를 **심히** 박해
살전 3:10	주야로 **심히** 간구함은 너희 얼굴을 보고
딤후 4:15	그를 주의하라 그가 우리 말을 **심히**

십 1(Ziph)

1. 인 명
(1) 갈렙의 손자이며 메사의 아들
대상 2:42 아들 곧 맏아들은 메사이니 **십**의 아버지
(2) 여할렐렐의 아들
대상 4:16 여할렐렐의 아들은 **십**과 시바와 디리아

2. 지 명

(1) 유다 지파에게 분배된 산지의 성읍
수 15:24 **십**과 델렘과 브알롯과
(2) 유다 지파에게 분배된 남쪽 경계 성읍

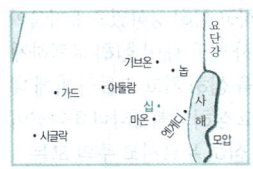

수 15:55　마온과 갈멜과 **십**과 웃다
삼상 23:14　광야의 요새에도 있었고 또 **십** 광야
삼상 23:15 보았으므로 그가 **십** 광야 수풀에 있었더
삼상 23:19 그 때에 **십** 사람들이 기브아에 이르러
삼상 23:24 사울보다 먼저 **십**으로 가니라 다윗과
삼상 26:1 **십** 사람이 기브아에 와서 사울에게
삼상 26:2 일어나 **십** 광야에서 다윗을 찾으려고
대하 11:8 가드와 마레사와 **십**과

십 2(十, ten)

창 18:32 **십** 명으로 말미암아 멸하지 아니하리라

'십'과 관련된 성구

십 고르 - 학 2:16
십 규빗 - 왕상 6:3
십 년 - 창 16:3; 삿 12:11; 룻 1:4; 왕하 15:17; 대하 14:1
십 달란트 - 왕하 5:5
십 대 - 신 23:2, 3; 스 7:4
십 도 - 왕하 20:9, 10, 11; 사 38:8
십 리 - 마 5:41 / 십 밧 - 겔 45:14
십 배 - 단 1:20 / 십 분의 구 - 느 11:1
십 분의 삼 - 레 14:10; 민 15:9; 28:12, 20, 28; 29:3, 9, 14
십 분의 이 - 레 23:13, 17; 24:5; 민 15:6; 28:9, 12, 20, 28; 29:3, 9, 14
십 분의 일 - 창 14:20; 28:22; 출 16:36; 29:40; 레 5:11; 6:20; 14:21; 27:30; 민 5:15; 15:4; 28:5, 13, 21, 29; 29:4, 10, 15; 신 14:28; 삼상 8:17; 느 10:38; 11:1; 사 6:13; 겔 45:11, 14; 히 7:2, 4, 5, 6, 8, 9; 계 11:13
십사 년 - 창 31:41; 사 36:1; 고후 12:2
십사 대 손 - 스 7:5
십사 명 - 창 46:22
십사 일 - 수 5:10; 왕상 8:65; 스 6:19; 에 9:15, 17, 18, 19, 21
십삼 년 - 왕상 7:1; 렘 1:2

【 십계명 】　　　　　　　　　　　　　　　　　　　　　　　　　　【 십볼 】

십삼 대 손 – 스 7:5
십삼 세 – 창 17:25
십삼 일 – 에 3:12, 13; 8:12; 9:1, 17, 18
십오 규빗 – 창 7:20
십오 년 – 왕하 14:17; 20:6; 대하 25:25; 사 38:5
십오 대 손 – 스 7:5
십오 세겔 – 레 27:7; 겔 45:12
십오 일 – 출 16:1; 에 9:18, 21; 갈 1:18
십육 년 – 왕하 13:10; 15:33; 16:2; 대하 27:1, 8; 28:1
십육 대 손 – 스 7:5
십육 명 – 창 46:18
십육 세 – 왕하 14:21; 15:2; 대하 26:1, 3
십육 일 – 대하 29:17
십이 규빗 – 왕상 7:15; 렘 52:21
십이 년 – 창 14:4; 왕상 16:23; 느 5:14
십이 대 손 – 스 7:4
십이 명 – 대상 25:9, 10, 11, 12, 13, 14, 15, 16, 17, 18, 19, 20, 21, 22, 23, 24, 25, 26, 27, 28, 29, 30, 31
십이 세 – 왕하 21:1; 대하 33:1
십이 월 – 왕하 25:27; 에 8:12
십이 일 – 스 8:31
십 일 – 레 16:29; 수 4:19; 왕하 25:1; 렘 42:7; 행 25:6; 계 2:10
십일 년 – 왕하 23:36; 24:18; 대하 36:5, 11; 렘 1:3; 52:1
십일 대 – 스 7:4
십칠 년 – 창 47:28; 왕상 14:21; 왕하 13:1; 대하 12:13
십칠 세 – 창 37:2
십칠 세겔 – 렘 32:9
십팔 규빗 – 왕상 7:15; 렘 52:21
십팔 명 – 스 8:18
십팔 세 – 왕하 24:8

십계명(十誡命, Ten Commandments)
출 34:28 　언약의 말씀 곧 **십계명**을 그 판들에
신 4:13 　지키라 명령하셨으니 곧 **십계명**이며
신 10:4 　이르신 **십계명**을 처음과 같이 그 판에

십단(Shiphtan) 에브라임 지파 사람으로 그므엘의 아버지
민 34:24 　지파에서는 지휘관 **십단**의 아들 그므엘

십마(Sibmah) 르우벤 족속에게 분배된 땅
민 32:38 　**십마**를 건축하고 건축한 성읍들에 새
수 13:19 　기랴다임과 **십마**와 골짜기의 언덕에
사 16:8 　밭과 **십마**의 포도나무가 말랐음이라
사 16:9 　야셀의 울음처럼 **십마**의 포도나무를
렘 48:32 　**십마**의 포도나무여 너의 가지가 바다를

십만(十萬, hundred thousand)
왕하 3:4 　숫양 **십만** 마리의 털을 이스라엘 왕에게

'십만'과 관련된 성구

십만 달란트 – 대상 22:14; 29:7
십만 명 – 왕상 20:29; 대상 5:21 대하 25:6
십만 팔천백 명 – 민 2:24
십사만 사천 – 계 7:4; 14:1, 3
십오만 삼천 육백 명 – 대하 2:17
십오만 천사백오십 명 – 민 2:16
십오만 칠천육백 명 – 민 2:31
십이만 마리 – 왕상 8:63
십이만 명 – 삿 8:10; 대상 12:37; 대하 28:6
십이만여 명 – 욘 4:11
십팔만 명 – 왕상 12:21; 대하 11:1; 17:18
십팔만 오천 명 – 왕하 19:35
십팔만 오천인 – 사 37:36
십팔만 육천사백 명 – 민 2:9

십못(Siphmoth) 유대의 성읍
삼상 30:28 　아로엘에 있는 자와 **십못**에 있는 자와

십배(Sippai) 다윗의 용사 십브개에게 죽임 당함
대상 20:4 　십브개가 키가 큰 자의 아들 중에 **십배**

십보라(Zipporah) 이드로의 딸로 모세의 아내
출 2:21 　그의 딸 **십보라**를 모세에게 주었더니
출 4:25 　**십보라**가 돌칼을 가져다가 그의 아들의
출 4:26 　그 때에 **십보라**가 피 남편이라 함은
출 18:2 　모세가 돌려 보냈던 그의 아내 **십보라**와

십볼(Zippor) 모압 왕 발락의 아버지
민 22:2 　**십볼**의 아들 발락이 이스라엘이

1517

【 십볼렛/쉽볼렛 】　　　　　　　　　　　　　　　　　　　　　【 십자가 】

민 22:4	**십볼**의 아들 발락이 모압 왕이었더라
민 22:10	하나님께 아뢰되 모압 왕 **십볼**의 아들
민 22:16	그에게 이르되 **십볼**의 아들 발락의
민 23:18	일어나 들을지어다 **십볼**의 아들이여
수 24:9	모압 왕 **십볼**의 아들 발락이 일어나
삿 11:25	네가 모압 왕 **십볼**의 아들 발락보다 더

십볼렛(Shibboleth)/ 쉽볼렛(Sibboleth)

삿 12:6	이르기를 **쉽볼렛**이라 발음하라 하여 … 바로 말하지 못하고 **십볼렛**이라

십부장(十夫長, official over ten)

출 18:21	백부장과 오십부장과 **십부장**을 삼아
출 18:25	백부장과 오십부장과 **십부장**을 삼으매
신 1:15	백부장과 오십부장과 **십부장**과 조장을

십브개(Sibbecai) 다윗의 30용사 가운데 한 사람

삼하 21:18	후사 사람 **십브개**는 거인족의 아들 중의
대상 11:29	후사 사람 **십브개**와 아호아 사람 일래와
대상 20:4	후사 사람 **십브개**가 키가 큰 자의 아들
대상 27:11	세라 족속 후사 사람 **십브개**이니 그의

십브라(Shiphrah) 이스라엘인 산파 가운데 한 사람

출 1:15	애굽 왕이 히브리 산파 **십브라**라 하는

십일조(十一條, tithe)

레 27:31	어떤 사람이 그의 **십일조**를 무르려면
민 18:24	거제로 드리는 **십일조**를 레위인에게
민 18:28	자손에게서 받는 모든 것의 **십일조**
신 12:6	너희의 제물과 너희의 **십일조**와 너희
신 12:11	너희의 희생과 너희의 **십일조**와 너희
신 26:12	셋째 해 곧 **십일조**를 드리는 해에 네 모든 소산의 **십일조** 내기를 마친 후에
대하 31:5	풍성히 드렸고 또 모든 것의 **십일조**를
대하 31:12	성심으로 그 예물과 **십일조**와 구별한
느 10:37	우리 산물의 **십일조**를 레위 사람들에게 주리라 … 산물의 **십일조**를 받는
느 10:38	레위 사람들이 **십일조**를 받을 때에는 … 레위 사람들은 그 **십일조**의 십분의
느 12:44	처음 익은 것과 **십일조**를 모든 성읍
느 13:5	노래하는 자들과 문지기들에게 **십일조**
암 4:4	너희 희생을, 삼일마다 너희 **십일조**를
말 3:8	하는도다 이는 곧 **십일조**와
말 3:10	너희의 온전한 **십일조**를 창고에 들여

성경에 나오는 '십일조'

- 곡식과 새 포도주와 기름의 십일조 – 느 13:12
- 곡식과 포도원 소산의 십일조 – 삼상 8:15
- 곡식과 포도주와 기름의 십일조 – 신 12:17; 14:23
- 박하와 운향과 모든 채소의 십일조 – 눅 11:42
- 박하와 회향과 근채의 십일조 – 마 23:23
- 성물의 십일조 – 대하 31:6
- 소나 양의 십일조 – 레 27:32
- 소득의 십일조 – 눅 18:12
- 십일조의 십일조 – 민 18:26
- 이스라엘의 십일조 – 민 18:21
- 토지 소산의 십일조 – 신 14:22

십자가(十字架, cross)

복음서

마 10:38	자기 **십자가**를 지고 나를 따르지 않는
마 16:24	자기를 부인하고 자기 **십자가**를 지고
마 20:19	그를 조롱하며 채찍질하며 **십자가**에
마 23:34	죽이거나 **십자가**에 못 박고 그 중에서
마 26:2	인자가 **십자가**에 못 박히기 위하여
마 27:22	이르되 **십자가**에 못 박혀야 하겠나이다
마 27:23	더욱 소리 질러 이르되 **십자가**에 못
마 27:26	채찍질하고 **십자가**에 못 박히게 넘겨
마 27:31	그의 옷을 입혀 **십자가**에 못 박으려고
마 27:32	예수의 **십자가**를 억지로 지워 가게
마 27:35	그들이 예수를 **십자가**에 못 박은 후에
마 27:38	예수와 함께 강도 둘이 **십자가**에 못
마 27:40	구원하고 **십자가**에서 내려오라 하며
마 27:42	**십자가**에서 내려올지어다 그리하면
마 27:44	**십자가**에 못 박힌 강도들도 이와 같이
마 28:5	무서워하지 말라 **십자가**에 못 박히신
막 8:34	자기를 부인하고 자기 **십자가**를 지고
막 15:13	지르되 그를 **십자가**에 못 박게 하소서
막 15:14	더욱 소리 지르되 **십자가**에 못 박게
막 15:15	예수는 채찍질하고 **십자가**에 못 박히게

【 십자가 】　　　　　　　　　　　　　　　　　　　　　　　　　　　　　　　　　【 싱겁다 】

막 15:20	옷을 입히고 **십자가**에 못 박으려고	갈 5:11	그리하였으면 **십자가**의 걸림돌이
막 15:21	억지로 같이 가게 하여 예수의 **십자가**를	갈 5:24	육체와 함께 그 정욕과 탐심을 **십자가**
막 15:24	**십자가**에 못 박고 그 옷을 나눌새 누가	갈 6:12	그들이 그리스도의 **십자가**로 말미암아
막 15:25	제삼시가 되어 **십자가**에 못 박으니라	갈 6:14	그리스도의 **십자가** 외에 결코 자랑할
막 15:27	강도 둘을 예수와 함께 **십자가**에		것이 없으니 … 나를 대하여 **십자가**
막 15:30	너를 구원하여 **십자가**에서 내려오라	엡 2:16	**십자가**로 이 둘을 한 몸으로 하나님과
막 15:32	그리스도가 지금 **십자가**에서 내려와		… 원수 된 것을 **십자가**로 소멸시키고
	… **십자가**에 못 박힌 자들도 예수를	빌 2:8	죽기까지 복종하셨으니 곧 **십자가**
막 16:6	너희가 **십자가**에 못 박히신 나사렛 예수	빌 3:18	여러 사람들이 그리스도의 **십자가**의
눅 9:23	자기를 부인하고 날마다 제 **십자가**를	골 1:20	그의 **십자가**의 피로 화평을 이루사 만물
눅 14:27	자기 **십자가**를 지고 나를 따르지 않는	골 2:14	증서를 지우시고 제하여 버리사 **십자가**
눅 23:21	그를 **십자가**에 못 박게 하소서 **십자가**에	골 2:15	구경거리로 삼으시고 **십자가**로 그들을
눅 23:23	소리로 재촉하여 **십자가**에 못 박기를	히 6:6	그들이 하나님의 아들을 다시 **십자가**
눅 23:26	그에게 **십자가**를 지워 예수를 따르게	히 12:2	위하여 **십자가**를 참으사 부끄러움을
눅 23:33	거기서 예수를 **십자가**에 못 박고 두	계 11:8	주께서 **십자가**에 못 박히신 곳이라
눅 24:7	인자가 죄인의 손에 넘겨져 **십자가**에		
눅 24:20	사형 판결에 넘겨 주어 **십자가**에 못	**십현금**(十絃琴, ten-stringed lyre)	
요 19:6	**십자가**에 못 박으소서 **십자가**에 못 박	시 92:1-3	지존자여 **십현금**과 비파와 수금으로
	으소서 … 친히 데려다가 **십자가**에 못		
요 19:10	내가 너를 놓을 권한도 있고 **십자가**에	**싯나**(Sitnah) 이삭이 판 우물 중 하나	
요 19:15	그를 **십자가**에 못 박게 하소서 빌라도	창 26:21	그들이 또 다투므로 그 이름을 **싯나**라
	가 이르되 내가 너희 왕을 **십자가**에		
요 19:16	예수를 **십자가**에 못 박도록 그들에게	**싯딤** 1(Shittim) 요단 동편 모압 평지의 한 장	
요 19:17	예수께서 자기의 **십자가**를 지시고 해골	소로 원래 이름은 아벨싯딤	
요 19:18	거기서 예수를 **십자가**에 못 박을새	민 25:1	이스라엘이 **싯딤**에 머물러 있더니 그
요 19:19	빌라도가 패를 써서 **십자가** 위에 붙이니	수 2:1	아들 여호수아가 **싯딤**에서 두 사람을
요 19:23	군인들이 예수를 **십자가**에 못 박고 그	수 3:1	더불어 **싯딤**에서 떠나 요단에 이르러
요 19:25	예수의 **십자가** 곁에는 그 어머니와	욜 3:18	샘이 흘러 나와서 **싯딤** 골짜기에 대리라
요 19:31	그 안식일에 시체들을 **십자가**에 두지	미 6:5	대답한 것을 기억하며 **싯딤**에서부터
요 19:41	예수께서 **십자가**에 못 박히신 곳에 동산		
역사서 – 예언서		**싯딤** 2(Ziddim) 납달리 지파에게 분배된 곳	
행 2:36	너희가 **십자가**에 못 박은 이 예수를	수 19:35	견고한 성읍들은 **싯딤**과 세르와 함맛과
행 4:10	너희가 **십자가**에 못 박고 하나님이 죽은		
롬 6:6	우리의 옛 사람이 예수와 함께 **십자가**에	**싯딤** 3(Siddim) 사해 주변 지역	
고전 1:13	너희를 위하여 **십자가**에 못 박혔으며	창 14:3	**싯딤** 골짜기 곧 지금의 염해에 모였더라
고전 1:17	**십자가**가 헛되지 않게 하려 함이라	창 14:8	소알 왕이 나와서 **싯딤** 골짜기에서
고전 1:18	**십자가**의 도가 멸망하는 자들에게는	창 14:10	**싯딤** 골짜기에는 역청 구덩이가 많은지
고전 1:23	우리는 **십자가**에 못 박힌 그리스도를		
고전 2:2	그리스도와 그가 **십자가**에 못 박히신	**싯딤 나무**(acacia)	
고전 2:8	만일 알았더라면 영광의 주를 **십자가**에	사 41:19	광야에는 백향목과 **싯딤 나무**와 화석류
고후 13:4	그리스도께서 약하심으로 **십자가**에		
갈 2:20	그리스도와 함께 **십자가**에 못 박혔나니	**싱겁다**(without salt)	
갈 3:1	예수 그리스도께서 **십자가**에 못 박히신	욥 6:6	**싱거운** 것이 소금 없이 먹히겠느냐 닭의

1519

【 싸개 】

싸개(bundle, overlaying)
출 38:17 머리 **싸개**는 은이며 뜰의 모든 기둥에
출 38:19 갈고리는 은이요 그 머리 **싸개**와 가름대
삼상 25:29 여호와와 함께 생명 **싸개** 속에 싸였을

싸다(overlay, wrap)
모세오경
출 12:34 담은 그릇을 옷에 **싸서** 어깨에 메니라
출 25:11 순금으로 그것을 싸되 그 안팎을 **싸고**
출 25:13 조각목으로 채를 만들어 금으로 **싸고**
출 25:24 순금으로 **싸고** 주위에 금 테를 두르고
출 25:28 채를 만들고 금으로 **싸라** 상을 이것으로
출 26:29 금으로 **싸고** 그 … 그 띠를 금으로 **싸라**
출 26:32 조각목으로 만들고 금으로 **싸서** 네
출 26:37 금으로 **싸고** 그 갈고리도 금으로 만들지
출 27:2 이어지게 하고 그 제단을 놋으로 **싸고**
출 27:6 조각목으로 만들고 놋으로 **쌀지며**
출 30:3 뿔을 순금으로 **싸고** 주위에 금 테를
출 30:5 채를 조각목으로 만들고 금으로 **싸고**
출 36:34 금으로 **싸고** 그 널판에 띠를 꿸 금 고
리를 만들고 그 띠도 금으로 **쌌더라**
출 36:36 기둥을 만들어 금으로 **쌌으며** 그 갈고리
출 36:38 가름대를 금으로 **쌌으며** 그 다섯 받침은
출 37:2 순금으로 안팎을 **싸고** 위쪽 가장자리로
출 37:4 조각목으로 채를 만들어 금으로 **싸고**
출 37:11 순금으로 **싸고** 위쪽 가장자리로 돌아가
출 37:15 상 멜 채를 만들어 금으로 **쌌으며**
출 37:26 그 뿔을 순금으로 **싸고** 주위에 금 테를
출 37:28 그 채를 만들어 금으로 **쌌으며**
출 38:2 연결하게 하고 제단을 놋으로 **쌌으며**
출 38:6 채를 조각목으로 만들고 놋으로 **싸고**
출 38:28 머리를 **싸고** 기둥 가름대를 만들었으며
민 4:12 청색 보자기에 **싸서** 해달의 가죽 덮개로
민 16:38 향로를 쳐서 제단을 **싸는** 철판을 만들라
민 16:39 놋 향로를 가져다가 쳐서 제단을 **싸서**

역사서 – 신약
에 6:12 하만은 번뇌하여 머리를 **싸고** 급히
에 7:8 나오매 무리가 하만의 얼굴을 **싸더라**
욥 26:8 물을 빽빽한 구름에 **싸시나** 그 밑에
욥 40:13 진토에 묻고 그들의 얼굴을 **싸서** 은밀한
잠 30:4 물을 옷에 **싼** 자가 누구인지, 땅의 모든
사 28:20 좁아서 능히 몸을 **싸지** 못함 같으리라
렘 2:37 두 손으로 네 머리를 **싸고** 거기서도 나

【 싸우다 】

렘 31:22 곧 여자가 남자를 둘러 **싸리라**
겔 5:3 터럭 중에서 조금을 네 옷자락에 **싸고**
겔 16:4 뿌리지 아니하였고 너를 강보로 **싸지도**
겔 23:15 긴 수건으로 **쌌으며** 그의 용모는 다
호 4:19 날개로 그를 **쌌나니** 그들이 그 제물로
학 2:12 옷자락에 거룩한 고기를 **쌌는데** 그
마 27:59 시체를 가져다가 깨끗한 세마포로 **싸서**
막 15:46 예수를 내려다가 그것으로 **싸서** 바위
눅 2:7 낳아 강보로 **싸서** 구유에 뉘었으니
눅 23:53 이를 내려 세마포로 **싸고** 아직 사람이
요 19:40 법대로 그 향품과 함께 세마포로 **쌌더라**
요 20:7 또 머리를 **쌌던** 수건은 세마포와 함께
놓이지 않고 딴 곳에 **쌌던** 대로 놓여
행 5:6 사람들이 일어나 시신을 **싸서** 메고 나가
히 9:4 금으로 **싼** 언약궤가 있고 그 안에 만나

싸매다(injure)
욥 5:18 하나님은 아프게 하시다가 **싸매시며**
욥 14:17 봉하시고 내 죄악을 **싸매시나이다**
시 147:3 고치시며 그들의 상처를 **싸매시는도다**
사 1:6 맞은 흔적뿐이거늘 그것을 짜며 **싸매며**
사 8:16 너는 증거의 말씀을 **싸매며** 율법을 내
사 30:26 자기 백성의 상처를 **싸매시며**
겔 30:21 **싸매지도** 못하였고 약을 붙여 **싸매지도**
겔 34:4 상한 자를 **싸매** 주지 아니하며 쫓기는
겔 34:16 상한 자를 내가 **싸매** 주며 병든 자를
호 6:1 것이요 우리를 치셨으나 **싸매어** 주실
눅 10:34 포도주를 그 상처에 붓고 **싸매고** 자기

싸우다(go to war against, fight against, in battle)
모세오경
창 14:2 세메벨과 벨라 곧 소알 왕과 **싸우니라**
창 25:22 그의 태 속에서 서로 **싸우는지라** 그가
출 1:10 대적과 합하여 우리와 **싸우고** 이 땅에서
출 2:13 히브리 사람이 서로 **싸우는지라** 그
출 14:14 너희를 위하여 **싸우시리니** 너희는
출 14:25 그들을 위하여 **싸워** 애굽 사람들을
출 17:8 이스라엘과 르비딤에서 **싸우니라**
출 17:9 아말렉과 **싸우라** 내일 내가 하나님의
출 17:10 아말렉과 **싸우고** 모세와 아론과 훌은
출 17:16 아말렉과 더불어 대대로 **싸우리라**
출 21:18 사람이 서로 **싸우다가** 하나가 돌이나

【 싸우다 】

출 21:22	사람이 서로 **싸우다**가 임신한 여인을	수 11:20	이스라엘을 대적하여 **싸우러** 온 것은
출 32:17	모세에게 말하되 진중에서 **싸우는** 소리	수 19:47	레셈과 **싸워** 그것을 점령하여 칼날로
레 24:10	이스라엘 사람과 진영 중에서 **싸우다**가	수 22:12	실로에 모여서 그들과 **싸우러** 가려
민 21:33	맞아 에드레이에서 **싸우려** 하는지라	수 22:33	땅에 가서 **싸워** 그것을 멸하자 하는
민 32:6	너희 형제들은 **싸우러** 가거늘 너희는	수 23:3	그는 너희를 위하여 **싸우신** 이시니라
민 32:20	무장하고 여호와 앞에서 가서 **싸우되**	수 23:10	같이 너희를 위하여 **싸우심이라**
민 32:22	복종하게 하시기까지 **싸우면** 여호와	수 24:8	너희와 **싸우기로** 내가 그들을 너희 손에
민 32:27	여호와 앞에서 다 건너가서 **싸우리이다**	수 24:9	이스라엘과 **싸우더니** 사람을 보내어
민 32:29	여호와 앞에서 **싸워서** 그 땅이 너희	수 24:11	너희와 **싸우기로** 내가 그들을 너희의
신 1:30	같이 이제도 너희를 위하여 **싸우실**	삿 1:1	올라가서 가나안 족속과 **싸우리이까**
신 1:41	우리가 올라가서 **싸우리이다** 하고	삿 1:3	가나안 족속과 **싸우자** 그리하면 나도
신 1:42	너희는 올라가지 말라 **싸우지도** 말라	삿 1:5	베섹을 만나 그와 **싸워서** 가나안 족속과
신 2:9	그와 **싸우지도** 말라 그 땅을 내가 네게	삿 1:9	평지에 거주하는 가나안 족속과 **싸웠고**
신 2:24	넘겼은즉 이제 더불어 **싸워서** 그 땅을	삿 3:10	사사가 되어 나가서 **싸울** 때에 여호와
신 2:32	우리를 대적하여 야하스에서 **싸울** 때에	삿 5:19	왕들이 와서 **싸울** 때에 … **싸웠으나**
신 3:1	에드레이에서 **싸우고자** 하는지라	삿 5:20	별들이 하늘에서부터 **싸우되** 그들이
신 3:22	친히 너희를 위하여 **싸우시리라**		다니는 길에서 시스라와 **싸웠도다**
신 20:1	네가 나가서 적군과 **싸우려** 할 때에	삿 8:1	네가 미디안과 **싸우러** 갈 때에 우리를
신 20:2	너희가 **싸울** 곳에 가까이 가면 제사장은	삿 9:17	너희를 위하여 **싸워** 미디안의 손에서
신 20:3	너희의 대적과 **싸우려고** 나아왔으니	삿 9:38	청하노니 이제 나가서 그들과 **싸우라**
신 20:4	너희 적군과 **싸우시고** 구원하실 것이라	삿 9:39	앞에 서서 나가 아비멜렉과 **싸우다**가
신 20:12	너를 대적하여 **싸우려** 하거든 너는 그	삿 10:9	에브라임 족속과 **싸우므로** 이스라엘의
신 20:20	찍어내어 너희와 **싸우는** 그 성읍을	삿 11:6	우리가 암몬 자손과 **싸우려** 하니 당신은
신 21:10	나가서 적군과 **싸울** 때에 네 하나님	삿 11:8	암몬 자손과 **싸우게** 하려 함이니
신 25:11	두 사람이 서로 **싸울** 때에 한 사람의	삿 11:9	암몬 자손과 **싸우게** 할 때에 만일
신 29:7	옥이 우리와 **싸우러** 나왔으므로 우리가	삿 11:25	더불어 다툰 일이 있었느냐 **싸운** 일이
신 33:7	자기를 위하여 **싸우게** 하시고 주께서	삿 11:32	그들과 **싸우더니** 여호와께서 그들을
역사서		삿 12:1	자손과 **싸우러** 건너갈 때에 어찌하여
수 4:13	앞에서 건너가 **싸우려고** 여리고 평지에	삿 12:2	암몬 자손과 크게 **싸울** 때에 내가 너희
수 8:14	이스라엘과 **싸우려** 하나 성읍 뒤에 복병	삿 12:3	나와 더불어 **싸우고자** 하느냐 하니라
수 9:2	이스라엘에 맞서서 **싸우려** 하더라	삿 12:4	에브라임과 **싸웠으며** 길앗 사람들이
수 10:5	올라와 기브온에 대진하고 **싸우니라**	삿 20:14	이스라엘 자손과 **싸우고자** 하니라
수 10:14	이스라엘을 위하여 **싸우셨음이니라**	삿 20:18	베냐민 자손과 **싸우리이까** 하니 여호와
수 10:25	너희가 맞서서 **싸우는** 모든 대적에게	삿 20:20	나가 베냐민과 **싸우려고** 전열을 갖추
수 10:29	립나로 나아가서 립나와 **싸우매**		고 기브아에서 그들과 **싸우고자** 하매
수 10:31	라기스로 나아가서 대진하고 **싸우더니**	삿 20:23	베냐민 자손과 **싸우리이까** 하니 여호와
수 10:34	에글론으로 나아가서 대진하고 **싸워**	삿 20:28	베냐민 자손과 **싸우리이까** 말리이까
수 10:36	에글론에서 헤브론으로 올라가서 **싸워**	삿 20:39	이스라엘 사람은 **싸우다**가 물러가고
수 10:38	더불어 돌아와서 드빌에 이르러 **싸워**		… 틀림없이 처음 **싸움**같이 우리에게
수 10:42	이스라엘을 위하여 **싸우셨으므로**	삼상 4:1	블레셋 사람들과 **싸우려고** 에벤에셀
수 11:5	이스라엘과 **싸우려고** 메롬 물 가에 함께	삼상 4:2	그 둘이 **싸우다**가 이스라엘이 블레셋
수 11:18	모든 왕들과 **싸운** 지가 오랫동안이라	삼상 4:9	말고 대장부같이 되어 **싸우라** 하고
수 11:19	이스라엘 자손이 **싸워서** 다 점령하였으	삼상 7:10	블레셋 사람이 이스라엘과 **싸우려고**

【 싸우다 】

삼상 8:20 우리의 싸움을 **싸워야** 할 것이니이다
삼상 13:5 블레셋 사람들이 이스라엘과 **싸우려고**
삼상 13:22 **싸우는** 날에 사울과 요나단과 함께 한
삼상 14:22 도망함을 듣고 **싸우러** 나와서 그들을
삼상 17:1 군대를 모으고 **싸우고자** 하여 유다에
삼상 17:9 그가 나와 **싸워서** 나를 죽이면 우리가
삼상 17:10 사람을 보내어 나와 더불어 **싸우게** 하라
삼상 17:19 골짜기에서 블레셋 사람들과 **싸우는**
삼상 17:20 마침 군대가 전장에 나와서 **싸우려고**
삼상 17:32 종이 가서 저 블레셋 사람과 **싸우리이다**
삼상 17:33 블레셋 사람과 **싸울** 수 없으리니 너는
삼상 18:30 블레셋 사람들의 방백들이 **싸우러**
삼상 19:8 블레셋 사람들과 **싸워** 그들을 크게 쳐
삼상 23:5 블레셋 사람들과 **싸워** 그들을 크게 쳐서
삼상 25:28 여호와의 싸움을 **싸우심이요** 내 주의
삼상 28:1 사람들이 이스라엘과 **싸우려고** 군대를
삼상 29:8 왕의 원수와 **싸우지** 못하게 하시나이까
삼하 1:27 용사가 엎드러졌으며 **싸우는** 무기가
삼하 2:28 쫓아가지 아니하고 다시는 **싸우지도**
삼하 10:9 엄선하여 아람 사람과 **싸우려고** 진 치고
삼하 10:10 수하에 맡겨 암몬 자손과 **싸우려고**
삼하 10:13 사람을 대항하여 **싸우려고** 나아가니
삼하 10:17 향하여 진을 치고 더불어 **싸우더니**
삼하 11:17 요압과 더불어 **싸울** 때에 다윗의 부하
삼하 11:20 그처럼 가까이 가서 **싸웠느냐** 그들이
삼하 11:25 더욱 힘써 **싸워** 함락시키라 하여 너는
삼하 14:6 그들이 들에서 **싸우나** 그들을 말리는
삼하 18:6 나가서 에브라임 수풀에서 **싸우더니**

【 싸우다 】

삼하 18:8 사면으로 퍼져 **싸웠으므로** 그 날에
삼하 21:15 블레셋 사람과 **싸우더니** 다윗이 피곤하
삼하 22:35 손을 가르쳐 **싸우게** 하시니 내 팔이
삼하 23:9 블레셋 사람들이 **싸우려고** 거기에
왕상 8:44 적국과 더불어 **싸우고자** 하여 주께서
왕상 12:21 이스라엘 족속과 **싸워** 나라를 회복하여
왕상 12:24 이스라엘 자손과 **싸우지** 말고 각기
왕상 14:19 어떻게 **싸웠는지와** 어떻게 다스렸는지
왕상 20:18 사로잡고 **싸우러** 나올지라도 사로잡으
왕상 20:23 평지에서 그들과 **싸우면** 반드시 그들보
왕상 20:25 우리가 평지에서 그들과 **싸우면** 반드시
왕상 20:26 올라와서 이스라엘과 **싸우려** 하매
왕상 22:4 못으로 가서 **싸우시겠느냐** 여호사밧이
왕상 22:6 길르앗 라못에 가서 **싸우랴** 말랴 그들이
왕상 22:15 길르앗 라못으로 **싸우러** 가랴 또는 말랴
왕상 22:31 더불어 **싸우지** 말고 … 왕과 **싸우라**
왕상 22:32 그와 **싸우려** 한즉 여호사밧이 소리를
왕하 3:23 왕들이 **싸워** 서로 죽인 것이로다 모압
왕하 6:8 이스라엘과 더불어 **싸우며** 그의 신복들
왕하 8:28 하사엘과 더불어 **싸우더니** 아람 사람들
왕하 8:29 아람 왕 하사엘과 **싸울** 때에 라마에서
왕하 9:15 하사엘과 더불어 **싸울** 때에 아람 사람에
왕하 10:3 너희 주의 집을 위하여 **싸우라** 하였더라
왕하 13:12 아마샤와 **싸운** 그의 업적은 이스라엘
왕하 14:15 **싸운** 일은 이스라엘 왕 역대지략에
왕하 14:28 모든 행한 일과 **싸운** 업적과 다메섹을
왕하 16:5 예루살렘에 올라와서 **싸우려** 하여
왕하 18:20 네가 **싸울** 만한 계교와 용력이 있다고
왕하 19:8 왕이 거기서 립나와 **싸우는** 중이더라
왕하 19:9 디르하가가 당신과 **싸우고자** 나왔다
대상 5:10 하갈 사람과 더불어 **싸워** 손으로 쳐죽이
대상 5:19 여두르와 나비스와 노답과 **싸우는** 중에
대상 5:20 그들이 **싸울** 때에 하나님께 의뢰하고
대상 10:1 이스라엘이 **싸우더니** 이스라엘 사람들
대상 12:37 무기를 가지고 능히 **싸우는** 자가 십이만
대상 14:15 나가서 **싸우라** 너보다 하나님이 앞서
대상 19:7 성읍으로부터 모여 와서 **싸우려** 한지라
대상 19:14 요압과 그 추종자가 **싸우려고** 아람 사람
대상 19:17 진을 치매 그들이 다윗과 맞서 **싸우더니**
대상 26:27 그들이 **싸울** 때에 노략하여 얻은 물건
대하 6:34 적국과 더불어 **싸우고자** 하여 주께서
대하 11:1 이스라엘과 **싸워** 나라를 회복하여
대하 11:4 너희 형제와 **싸우지** 말고 각기 집으로

'싸움'과 관련된 성구

민 1:3, 20, 22, 24, 26, 28, 30, 32, 34;
36, 38, 40, 42, 45; 31:6, 14, 21; 수
14:11; 삿 10:18; 20:34, 39; 삼상 8:20;
14:17, 52; 17:4, 13, 23; 18:17; 25:28;
29:4; 삼하 2:17; 11:7, 15; 19:3, 10;
23:9; 왕상 20:14; 24:16; 대상 5:18, 22;
12:1, 8, 23, 24, 25, 33, 35, 36; 대하
13:3; 14:6; 17:18; 26:13; 욥 15:24;
39:25; 잠 17:14; 22:10; 아 3:8; 사
13:4; 28:6; 렘 50:22; 51:30; 단 11:20;
빌 1:30; 살전 2:2; 딤전 1:18; 6:12; 딤
후 4:7; 히 10:32; 약 4:1; 계 20:8

【 싸우다 】 【 싹 】

대하 13:2 아비야가 여로보암과 더불어 **싸울새**
대하 13:12 하나님 여호와와 **싸우지** 말라 너희가
대하 17:10 두려움을 주사 여호사밧과 **싸우지**
대하 18:3 당신과 함께 **싸우리이다** 하는지라
대하 18:5 길르앗 라못에 가서 **싸우랴** 말랴 하니
대하 18:14 라못으로 **싸우러** 가랴 말랴 하는지라
대하 18:30 작은 자나 큰 자나 더불어 **싸우지** 말고
오직 이스라엘 왕하고만 **싸우라** 한지라
대하 18:31 그와 **싸우려** 한즉 여호사밧이 소리를
대하 20:17 전쟁에는 너희가 **싸울** 것이 없나니
대하 22:5 하사엘과 더불어 **싸우더니** 아람 사람들
대하 22:6 요람이 아람 왕 하사엘과 **싸울** 때에
대하 25:8 만일 가시거든 힘써 싸우소서 하나님이
대하 26:6 블레셋 사람들과 **싸우고** 가드 성벽과
대하 26:11 **싸우는** 군사가 … 지어 나가서 **싸우는**
대하 27:5 암몬 자손의 왕과 더불어 **싸워** 그들을
대하 32:8 대신하여 **싸우시리라** 하매 백성이
대하 35:21 더불어 **싸우는** 족속을 치려는 것이라
대하 35:22 그와 **싸우고자** 하여 하나님의 입에서
나온 … 므깃도 골짜기에 이르러 **싸울**
느 4:14 아내와 집을 위하여 **싸우라** 하였느니라
느 4:20 하나님이 우리를 위하여 **싸우시리라**

시가서 ― 신약

욥 41:8 얹어 보라 다시는 **싸울** 생각을 못하리라
시 18:34 손을 가르쳐 **싸우게** 하시니 내 팔이
시 35:1 다투시고 나와 **싸우는** 자와 **싸우소서**
시 120:7 내가 말할 때에 그들은 **싸우려** 하는도다
시 140:2 꾀하고 **싸우기** 위하여 매일 모이오며
시 144:1 손을 가르쳐 **싸우게** 하시며 손가락을
잠 21:31 **싸울** 날을 위하여 마병을 예비하거니와
잠 24:6 너는 전략으로 **싸우라** 승리는 지략이
사 9:5 어지러이 **싸우는** 군인들의 신과 피 묻은
사 27:4 나를 대적하여 **싸운다** 하자 내가 그것을
사 31:4 시온 산과 그 언덕에서 **싸울** 것이라
사 36:5 네가 족히 **싸울** 계략과 용맹이 있노라
사 37:9 왕과 **싸우려** 한다 하는지라 이 말을
사 41:12 네가 찾아도 너와 **싸우던** 자들을 만나지
렘 2:9 다시 **싸우고** 너희 자손들과도 **싸우리라**
렘 15:10 다투는 자와 **싸우는** 자를 만날 자로
렘 21:4 갈대아인과 **싸우는** 데 쓰는 너희 손의
렘 32:3-5 갈대아인과 **싸울지라도** 승리하지
렘 33:5 **싸우려** 하였으나 내가 나의 노여움과
렘 41:12 이스마엘과 **싸우러** 가다가 기브온 큰

렘 46:3 큰 방패를 예비하고 나가서 **싸우라**
렘 49:14 모여와서 그를 치며 일어나서 **싸우라**
렘 50:24 네가 여호와와 **싸웠으므로** 발각되어
렘 50:34 그들 때문에 **싸우시리니** 이 땅에 평안함
단 7:21 뿔이 성도들과 더불어 **싸워** 그들에게
단 10:20 군주와 **싸우려니와** 내가 나간 후에는
단 11:11 북방 왕과 **싸울** 것이라 북방 왕이 큰
단 11:25 군대를 거느리고 맞아 **싸울** 것이나 능히
욜 2:5 강한 군사가 줄을 벌이고 **싸우는** 것
옵 1:1 일어나서 그와 **싸우자** 하는 것이니라
슥 10:4 그에게서, **싸우는** 활이 그에게서, 권세
슥 10:5 그들이 **싸워** 말 탄 자들을 부끄럽게
슥 14:2 예루살렘과 **싸우게** 하리니 성읍이 함락
슥 14:3 치시되 이왕의 전쟁 날에 **싸운** 것같이
슥 14:14 유다도 예루살렘에서 **싸우리니** 이 때에
눅 14:31 임금이 다른 임금과 **싸우러** 갈 때에
요 18:36 내 종들이 **싸워** 나로 유대인들에게
행 7:26 이튿날 이스라엘 사람끼리 **싸울** 때에
롬 7:23 마음의 법과 **싸워** 내 지체 속에 있는
고전 9:26 아니하고 **싸우기를** 허공을 치는 것같이
고전 15:32 맹수와 더불어 **싸웠다면** 내게 무슨 유익
고후 10:3 육신으로 행하나 육신에 따라 **싸우지**
고후 10:4 우리의 **싸우는** 무기는 육신에 속한 것이
딤전 1:18 따라 그것으로 선한 **싸움을** **싸우며**
딤전 6:12 믿음의 선한 싸움을 **싸우라** 영생을
딤후 4:7 나는 선한 싸움을 **싸우고** 나의 달려갈
히 12:4 죄와 **싸우되** 아직 피흘리기까지는
약 4:1 너희 지체 중에서 **싸우는** 정욕으로부터
약 4:2 다투고 **싸우는도다** 너희가 얻지 못함은
벧전 2:11 영혼을 거슬러 **싸우는** 육체의 정욕을
유 1:3 힘써 **싸우라는** 편지로 너희를 권하여야
계 2:16 가서 내 입의 검으로 그들과 **싸우리라**
계 12:7 용과 더불어 **싸울새** 용과 그의 사자들도
계 12:17 가진 자들과 더불어 **싸우려고** 바다 모래
계 13:4 능히 이와 더불어 **싸우리요** 하더라
계 13:7 성도들과 **싸워** 이기게 되고 각 족속과
계 17:14 어린 양과 더불어 **싸우려니와** 어린 양은
계 19:11 그가 공의로 심판하며 **싸우더라**

싹 (bud)

창 40:10 나무에 세 가지가 있고 **싹이** 나서 꽃이
민 17:5 내가 택한 자의 지팡이에는 **싹이** 나리니
시 65:10 부드럽게 하시고 그 **싹에** 복을 주시나이

【 싹트다 】　　　　　　　　　　　　　　【 쌓다/쌓이다 】

사 4:2	여호와의 **싹**이 아름답고 영화로울
사 11:1	줄기에서 한 **싹**이 나며 그 뿌리에서
사 11:10	그 날에 이새의 뿌리에서 한 **싹**이 나서
사 16:8	야셀에 미쳐 광야에 이르고 그 **싹**이
사 55:10	나게 하며 **싹**이 나게 하여 파종하는
사 61:11	땅이 **싹**을 내며 동산이 거기 뿌린 것을
겔 7:10	몽둥이가 꽃이 피며 교만이 **싹**이 났도다
욜 2:22	두려워하지 말지어다 들의 풀이 **싹**이
슥 3:8	사람들이라 내가 내 종 **싹**을 나게
슥 6:12	**싹**이라 이름하는 사람이 자기 곳에서
마 13:5	흙이 깊지 아니하므로 곧 **싹**이 나오나
마 13:26	**싹**이 나고 결실할 때에 가라지도 보이거
막 4:5	흙이 깊지 아니하므로 곧 **싹**이 나오나
막 4:28	스스로 열매를 맺되 처음에는 **싹**이요
눅 8:6	더러는 바위 위에 떨어지매 **싹**이 났다가
눅 21:30	**싹**이 나면 너희가 보고 여름이 가까운
빌 4:10	생각하던 것이 이제 다시 **싹**이 남이니
히 9:4	만나를 담은 금 항아리와 아론의 **싹** 난

싹트다(spring up)

사 45:8	땅이여 열려서 구원을 **싹트게** 하고 공의

쌀보리(spelt)

출 9:32	**쌀보리**는 자라지 아니한 고로 상하지

쌍(pair)

창 6:19	너는 각기 암수 한 **쌍**씩 방주로 이끌어
창 24:22	열 세겔 무게의 금 손목고리 한 **쌍**을
눅 2:24	산비둘기 한 **쌍**이나 혹은 어린 집비둘기

쌍둥이(twin)

창 25:24	그 해산 기한이 찬즉 태에 **쌍둥이**가

쌍방(two men)

신 1:16	송사를 들을 때에 **쌍방** 간에 공정히
신 19:17	그 논쟁하는 **쌍방**이 같이 하나님 앞에

쌍태(twin)

창 38:27	해산할 때에 보니 **쌍태**라
아 4:2	하나도 없이 각각 **쌍태**를 낳은 양
아 4:5	백합화 가운데서 꼴을 먹는 **쌍태** 어린
아 6:6	나오는 암양 떼 같으니 **쌍태**를 가졌으며
아 7:3	두 유방은 암사슴의 **쌍태** 새끼 같고

쌍쌍(team)

사 21:7	마병대가 **쌍쌍**이 오는 것과 나귀 떼와
사 21:9	마병대가 **쌍쌍**이 오나이다 하니 그가

쌓다/쌓이다(accumulate, build, pile)

창 41:35	위하여 각 성읍에 **쌓아** 두게 하소서
창 41:48	밭의 곡물을 그 성읍 중에 **쌓아** 두매
창 41:49	**쌓아** 둔 곡식이 바다 모래같이 심히
출 8:14	모아 무더기로 **쌓으니** 땅에서 악취가
출 15:8	콧김에 물이 **쌓이되** 파도가 언덕같이
출 20:24	내게 토단을 **쌓고** 그 위에 네 양과 소로
출 20:25	다듬은 돌로 **쌓지** 말라 네가 정으로
신 17:17	위하여 은금을 많이 **쌓지** 말 것이니라
신 27:5	제단 곧 돌단을 **쌓되** 그것에 쇠 연장을
신 32:23	재앙을 그들 위에 **쌓으며** 내 화살이
신 32:34	이것이 내게 **쌓여** 있고 내 곳간에
수 3:13	물이 끊어지고 한 곳에 **쌓여** 서리라
수 3:16	변두리에 일어나 한 곳에 **쌓이고** 아라바
수 6:26	받을 것이라 그 기초를 **쌓을** 때에
수 7:26	그 위에 돌 무더기를 크게 **쌓았더니**
수 8:29	그 위에 돌로 큰 무더기를 **쌓았더니**
삿 15:16	한 더미, 두 더미를 **쌓았음이여** 나귀의
삼하 18:17	큰 돌무더기를 **쌓으니라** 온 이스라엘
왕상 6:37	시브월에 여호와의 성전 기초를 **쌓았고**
왕상 16:34	건축하였는데 그가 그 터를 **쌓을** 때에
왕하 10:8	이르되 두 무더기로 **쌓아** 내일 아침까지
왕하 20:17	왕의 조상들이 오늘까지 **쌓아** 두었던
대상 11:8	밀로에서부터 두루 성을 **쌓았고** 그 성의
대하 8:16	여호와의 전의 기초를 **쌓던** 날부터
대하 31:6	십일조를 가져왔으며 그것을 **쌓아** 여러
대하 31:7	셋째 달에 그 더미들을 **쌓기** 시작하여
대하 31:8	히스기야와 방백들이 와서 **쌓인** 더미들
대하 31:10	그 남은 것이 이렇게 많이 **쌓였나이다**
대하 32:5	망대까지 높이 **쌓고** 또 외성을 **쌓고**
대하 33:14	골짜기 안에 외성을 **쌓되** 어문 어귀까 지 이르러 오벨을 둘러 매우 높이 **쌓고**
스 6:3	지대를 견고히 **쌓고** 그 성전의 높이는
느 12:44	곳간에 쌓게 하였노니 이는 유다 사람이 악을 그의 … 위하여 **쌓아** 두시며
욥 21:19	자손들을 위하여 **쌓아** 두시며 그에게
욥 27:16	그가 비록 은을 티끌같이 **쌓고** 의복을
욥 36:13	분노를 **쌓으며** 하나님이 속박할지라도
욥 36:29	**쌓인** 구름과 그의 장막의 우렛소리

【 쌓다/쌓이다 】　　　　　　　　　　　　　　　【 썩다/썩이다/썩어지다 】

욥 37:16	겹겹이 **쌓인** 구름과 완전한 지식을
시 31:19	주를 두려워하는 자를 위하여 **쌓아** 두신
시 33:7	무더기같이 **쌓으시며** 깊은 물을 곳간에
시 41:6	그의 중심에 악을 **쌓았다가** 나가서는
잠 13:22	재물은 의인을 위하여 **쌓이느니라**
전 2:8	보배를 나를 위하여 **쌓고** 또 노래하는
전 2:26	모아 **쌓게** 하사 하나님을 기뻐하는 자
전 9:14	그것을 에워싸고 큰 흉벽을 **쌓고** 치고자
아 7:13	내 사랑하는 자 너를 위하여 **쌓아** 둔
사 9:10	우리는 다듬은 돌로 **쌓고** 뽕나무들이
사 15:7	재물과 **쌓았던** 것을 가지고 버드나무
사 23:18	간직하거나 **쌓아** 두지 아니하리니
사 29:3	진을 치며 너를 에워 대를 **쌓아** 너를
사 37:33	가까이 오지도 못하며 흉벽을 **쌓고**
사 39:6	조상들이 오늘까지 **쌓아** 둔 것이 모두
사 54:11	더하며 청옥으로 네 기초를 **쌓으며**
사 58:12	역대의 파괴된 기초를 **쌓으리니** 너를
사 60:10	이방인들이 네 성벽을 **쌓을** 것이요
사 61:4	오래 황폐하였던 곳을 다시 **쌓을** 것이며
렘 43:9	대문의 벽돌로 **쌓은** 축대에 진흙으로
렘 50:26	곡식더미처럼 **쌓아** 올려라 그를 진멸하
렘 52:4	대하여 진을 치고 주위에 토성을 **쌓으매**
애 3:5	고통과 수고를 **쌓아** 나를 에우셨으며
애 3:9	다듬은 돌을 **쌓아** 내 길들을 막으사 내
겔 4:2	언덕을 **쌓고** 그것을 향하여 진을 치고
겔 16:24	모든 거리에 높은 대를 **쌓았도다**
겔 16:25	모든 길 어귀에 **쌓고** 네 아름다움을
겔 16:31	높은 대를 모든 거리에 **쌓고도** 값을
겔 24:4-5	가마 밑에 나무를 **쌓아** 넣고 잘 삶되
겔 24:10	나무를 많이 **쌓고** 불을 피워 그 고기를
호 8:14	유다는 견고한 성읍을 많이 **쌓았으나**
호 12:11	제단은 밭이랑에 **쌓인** 돌무더기 같도다
호 13:15	그의 샘이 마르고 그 **쌓아** 둔 바 모든
암 3:10	궁궐에서 포학과 겁탈을 **쌓는** 자들이
암 7:7	다림줄을 가지고 **쌓은** 담 곁에 주께서
합 1:10	모든 견고한 성들을 비웃고 흉벽을 **쌓아**
슥 9:3	금을 거리의 진흙같이 **쌓았도다**
말 1:4	다시 **쌓으리라** 하거니와 나 만군의 여호와는 이르노라 그들은 **쌓을지라도**
말 3:10	너희에게 복을 **쌓을** 곳이 없도록 붓지
마 12:35	선한 사람은 그 **쌓은** 선에서 선한 것을 내고 악한 사람은 그 **쌓은** 악에서 악한
눅 6:45	선한 사람은 마음에 **쌓은** 선에서 선을
눅 12:17	곡식 **쌓아** 둘 곳이 없으니 어찌할까
눅 12:18	모든 곡식과 물건을 거기 **쌓아** 두리라
눅 12:19	영혼아 여러 해 쓸 물건을 많이 **쌓아**
눅 14:29	그렇게 아니하여 그 기초만 **쌓고** 능히
눅 19:43	원수들이 토둔을 **쌓고** 너를 둘러 사면
롬 2:5	그 날에 임할 진노를 네게 **쌓는도다**
롬 12:20	네가 숯불을 그 머리에 **쌓아** 놓으리라
골 1:5	너희를 위하여 하늘에 **쌓아** 둔 소망으로
딤전 6:19	자기를 위하여 좋은 터를 **쌓아** 참된
계 21:18	성곽은 벽옥으로 **쌓였고** 그 성은 정금

┌─────────────────────────────┐
│ '**쌓다**'와 관련된 성구 │
└─────────────────────────────┘

담을 **쌓다** – 겔 13:10; 호 2:6
보물을 **쌓다** – 스 6:1; 마 6:19, 20
성을 **쌓다** – 창 4:17; 삼하 5:9; 시 51:18; 겔 22:30
재물을 **쌓다** – 시 39:6; 눅 12:21; 약 5:3
제단을 **쌓다** – 창 8:20; 12:7, 8; 13:4, 18; 22:9; 26:25; 33:20; 35:1, 3, 7; 출 17:15; 24:4; 32:5; 민 23:1, 4, 14, 29; 신 16:21; 27:6; 수 8:30; 22:10, 11, 16, 19, 23, 26, 2; 삿 6:24, 26, 28; 21:4; 삼상 7:17; 14:35; 삼하 24:18, 21, 25; 왕상 9:25; 12:33; 16:32; 18:26, 32; 왕하 21:3, 4, 5; 대상 21:18, 22, 26; 대하 8:12; 28:24; 33:3, 4, 5, 15; 렘 11:13
지대를 **쌓던** 날 – 학 2:18; 슥 8:9
토성을 **쌓다** – 삼하 20:15; 왕하 19:32; 25:1; 겔 17:17, 22; 26:8; 단 11:15

써레(till)

욥 39:10 어찌 골짜기에서 너를 따라 **써레**를 끌겠느냐

써레질(iron picks)

삼하 12:31 끌어내어 톱질과 **써레질**과 철도끼질과

썩다/썩이다/썩어지다 (decay, rot, ruin)

민 12:12 살이 반이나 **썩어** 모태로부터 죽어서

【 썩다/썩이다/썩어지다 】　　　　　　　　　　　　　　　　　　　【 쏘다 】

신 28:22	학질과 한재와 풍재와 **썩는** 재앙으로
욥 13:28	나는 **썩은** 물건의 낡아짐 같으며 좀
욥 41:27	지푸라기같이, 놋을 **썩은** 나무같이
시 38:5	상처가 **썩어** 악취가 나오니 내가 우매한
잠 10:7	칭찬하거니와 악인의 이름은 **썩게**
잠 12:4	그 지아비의 뼈가 **썩음** 같게 하느니라
잠 14:30	생명이나 시기는 뼈를 **썩게** 하느니라
사 3:24	그 때에 **썩은** 냄새가 향기를 대신하고
사 5:24	그들의 뿌리가 **썩겠고** 꽃이 티끌처럼
사 40:20	궁핍한 자는 제물을 드릴 때에 **썩지**
렘 13:7	띠가 **썩어서** 쓸 수 없게 되었더라
렘 13:9	예루살렘의 큰 교만을 이같이 **썩게**
단 10:8	아름다운 빛이 변하여 **썩은** 듯하였고
호 5:12	유다 족속에게는 **썩이는** 것 같도다
욜 1:17	씨가 흙덩이 아래에서 **썩어졌고** 창고가
합 3:16	기다리므로 **썩이는** 것이 내 뼈에 들어
슥 14:12	살이 **썩으며** … 눈구멍 속에서 **썩으며**
요 6:27	**썩을** 양식을 위하여 일하지 말고 영생
행 2:27	거룩한 자로 **썩음**을 당하지 않게 하실
행 2:31	육신이 **썩음**을 당하지 아니하시리라
행 13:34	**썩음**을 당하지 않게 하실 것을 가르쳐
행 13:35	거룩한 자로 **썩음**을 당하지 않게 하시리
행 13:36	조상들과 함께 묻혀 **썩음**을 당하였으되
행 13:37	살리신 이는 **썩음**을 당하지 아니하였으
롬 1:23	**썩어지지** 아니하는 … 영광을 **썩어질**
롬 2:7	선을 행하여 영광과 존귀와 **썩지** 아니함
롬 8:21	바라는 것은 피조물도 **썩어짐**의 종노릇
고전 9:25	그들은 **썩을** 승리자의 관을 얻고자 하
	되 우리는 **썩지** 아니할 것을 얻고자
고전 15:42	**썩을** 것으로 심고 **썩지** 아니할 것으로
고전 15:50	또한 **썩는** 것은 **썩지** 아니하는 것을
고전 15:52	죽은 자들이 **썩지** 아니할 것으로 다시
고전 15:53	**썩을** 것이 반드시 **썩지** 아니할 것을
고전 15:54	이 **썩을** 것이 **썩지** 아니함을 입고 이
갈 6:8	심는 자는 육체로부터 **썩어질** 것을
엡 4:22	너희는 유혹의 욕심을 따라 **썩어져** 가는
딤전 1:17	영원하신 왕 곧 **썩지** 아니하고 보이지
딤후 1:10	생명과 **썩지** 아니할 것을 드러내신지라
약 5:2	재물은 **썩었고** 너희 옷은 좀먹었으며
벧전 1:4	**썩지** 않고 더럽지 않고 쇠하지 아니하는
벧전 1:23	**썩어질** 씨로 된 것이 아니요 **썩지**
벧전 3:4	온유하고 안정한 심령의 **썩지** 아니할
벧후 1:4	너희가 정욕 때문에 세상에서 **썩어질**

썰다(cut)

| 레 6:21 | 철판에 굽고 기름에 적셔 **썰어서** 소제로 |
| 왕하 4:39 | **썰어** 국 끓이는 솥에 넣되 그들은 |

쏘다(overthrow, shoot, shot)

창 21:20	장성하여 광야에서 거주하며 활 **쏘는**
창 49:23	활 **쏘는** 자가 그를 학대하며 적개심을
출 19:13	화살로 **쏘아** 죽여야 하리니 짐승이나
민 21:30	그들을 **쏘아서** 헤스본을 디본까지
민 24:8	뼈를 꺾으며 화살로 **쏘아** 꿰뚫으리로다
신 32:23	화살이 다할 때까지 그들을 **쏘리로다**
삿 5:11	활 **쏘는** 자들의 소리로부터 멀리 떨어진
삼상 20:20	과녁을 **쏘려** 함같이 … 곁에 **쏘고**
삼상 20:36	내가 **쏘는** 화살을 … 지나치게 **쏘니라**
삼상 20:37	아이가 요나단이 **쏜** 화살 있는 곳에
삼상 31:3	활 **쏘는** … 그 활 **쏘는** 자에게 중상을
삼하 11:20	성 위에서 **쏠** 줄을 알지 못하였느냐
삼하 11:24	활 **쏘는** 자들이 성 위에서 왕의 부하들
왕하 9:24	요람의 두 팔 사이를 **쏘니** 화살이 그의
왕하 13:17	이르되 **쏘소서** 하는지라 곧 **쏘매**
왕하 19:32	화살을 **쏘지** 못하며 방패를 성을 향하여
대상 8:40	다 용감한 장사요 활을 잘 **쏘는** 자라
대상 10:3	사울을 맹렬히 치며 활 **쏘는** 자가 사울
	에게 따라 미치매 사울이 그 **쏘는** 자로
대상 12:2	화살도 **쏘는** 자요 베냐민 지파 사울의
대하 18:33	이스라엘 왕의 갑옷 솔기를 **쏜지라** 왕이
대하 26:15	화살과 큰 돌을 **쏘고** 던지게 하였으니
대하 35:23	활 **쏘는** 자가 요시야 왕을 **쏜지라** 왕이
욥 20:24	피할 때에는 놋화살을 **쏘아** 꿰뚫으
시 11:2	바른 자를 어두운 데서 **쏘려** 하는도다
시 64:4	온전한 자를 **쏘며** 갑자기 **쏘고** 두려워
시 64:7	하나님이 그들을 **쏘시리니** 그들이
시 144:6	원수들을 흩으시며 주의 화살을 **쏘아**
잠 23:32	뱀같이 물 것이요 독사같이 **쏠** 것이며
잠 26:18	횃불을 던지며 화살을 **쏘아서** 사람을
사 13:18	메대 사람이 활로 청년을 **쏘아** 죽이며
사 37:33	화살 하나도 이리로 **쏘지** 못하며 방패를
렘 4:29	기병과 활 **쏘는** 자의 함성으로 말미암아
렘 50:14	화살을 아끼지 말고 **쏘라** 그가 여호와께
렘 50:29	활 **쏘는** 자를 바벨론에 소집하라 활을
렘 51:3	갑옷을 입고 일어선 자를 향하여 **쏘는**
합 3:9	꺼내시고 화살을 바로 **쏘셨나이다**
슥 9:14	화살을 번개같이 **쏘아** 내실 것이며

【 쏘아보다 】　　　　　　　　　　　　　　　【 쏟아지다 】

고전 15:55 사망아 네가 **쏘는** 것이 어디 있느냐
고전 15:56 **쏘는** 것은 죄요 죄의 권능은 율법이라
계 9:5　　그 괴롭게 함은 전갈이 사람을 **쏠** 때에
계 9:10　　또 전갈과 같은 꼬리와 **쏘는** 살이 있어

쏘아보다 (stare at)
왕하 8:11 그의 얼굴을 **쏘아보다가** 우니

쏟다 (carry out, pour out, rush down)
창 42:35 자루를 **쏟고** 본즉 각 사람의 돈뭉치가
레 14:41 흙을 성 밖 부정한 곳에 **쏟아** 버리게
민 16:37 불을 다른 곳에 **쏟으라** 그 향로는
신 12:16 먹지 말고 물같이 땅에 **쏟을** 것이며
신 12:24 그것을 먹지 말고 물같이 땅에 **쏟으라**
신 15:23 먹지 말고 물같이 땅에 **쏟을지니라**
수 7:23 그것을 여호와 앞에 **쏟아** 놓으니라
삼상 28:18 아말렉에게 **쏟지** 아니하였으므로
삼하 13:9 냄비를 가져다가 그 앞에 **쏟아** 놓아도
왕하 22:9 성전에서 찾아낸 돈을 **쏟아** 여호와의
왕하 23:12 가루를 기드론 시내에 **쏟아** 버리고
대하 12:7 통하여 예루살렘에 **쏟지** 아니하리라
대하 24:11 관원이 와서 그 궤를 **쏟고** 다시 그 곳에
대하 34:17 발견한 돈을 **쏟아서** 감독자들과 일꾼들
대하 34:21 여호와께서 우리에게 **쏟으신** 진노가
대하 34:25 이 곳에 **쏟으매** 꺼지지 아니하리라 하라
욥 10:10 나를 젖과 같이 **쏟으셨으며** 엉긴 젖처럼
욥 12:21 귀인들에게 멸시를 **쏟으시며** 강한 자의
욥 20:23 때에 그 위에 비같이 **쏟으시리라**
욥 29:6 나를 위하여 기름 시내를 **쏟아** 냈으며
시 18:42 거리의 진흙같이 **쏟아** 버렸나이다
시 75:8 그 잔을 하나님이 **쏟아** 내시나니 실로
시 77:17 구름이 물을 **쏟고** 궁창이 소리를 내며
시 78:38 모든 분을 다 **쏟아** 내지 아니하셨으니
시 79:6 나라들에게 주의 노를 **쏟으소서**
시 107:40 고관들에게는 능욕을 **쏟아** 부으시고
잠 15:2 미련한 자의 입은 미련한 것을 **쏟느니라**
잠 15:28 생각하여도 악인의 입은 악을 **쏟느니라**
아 1:3 아름답고 네 이름이 **쏟은** 향기름 같으므

'쏟다'와 관련된 성구
분노를 쏟다 – 겔 9:8; 20:8, 21, 33, 34
진노를 쏟다 – 애 4:11; 습 3:8

사 42:25 위력을 이스라엘에게 **쏟아** 부으시매
사 46:6 사람들이 주머니에서 금을 **쏟아** 내며
애 2:4 장막에 그의 노를 불처럼 **쏟으셨도다**
애 2:19 얼굴 앞에 물 **쏟듯** 할지어다 각 길 어귀
겔 7:8 내가 속히 분을 네게 **쏟고** 내 진노를
겔 14:19 분노를 그 위에 **쏟아** 사람과 짐승을
겔 16:36 누추한 것을 **쏟으며** 네 정든 자와
겔 20:13 광야에서 그들에게 **쏟아** 멸하리라
겔 21:31 내가 내 분노를 네게 **쏟으며** 내 진노의
겔 22:22 여호와가 분노를 너희 위에 **쏟은** 줄을
겔 22:31 분노를 그들 위에 **쏟으며** 내 진노를
겔 23:8 몸에 음란을 **쏟음을** 당한 바 되었더니
겔 24:7 피를 땅에 **쏟아** 티끌이 덮이게 하지
겔 30:15 애굽의 견고한 성읍 신에 **쏟고** 또 노
겔 36:18 피를 **쏟았으며** 그 우상들로 … 더럽혔
　　으므로 내가 분노를 그들 위에 **쏟아**
암 5:8 지면에 **쏟으시는** 이를 찾으라 그의
암 9:6 지면에 **쏟으시는** 이니 그 이름은 여호와
미 1:6 또 그 돌들을 골짜기에 **쏟아** 내리고
습 3:8 분노와 모든 진노를 **쏟으려고** 여러 나라
요 2:15 바꾸는 사람들의 돈을 **쏟으시며** 상을
계 8:5 땅에 **쏟으매** 우레와 음성과 번개와
계 16:1 진노의 일곱 대접을 땅에 **쏟으라** 하더라
계 16:2 그 대접을 땅에 **쏟으매** 짐승의 표를
계 16:3 대접을 바다에 **쏟으매** 바다가 곧 죽은
계 16:4 대접을 강과 물 근원에 **쏟으매** 피가
계 16:8 그 대접을 해에 **쏟으매** 해가 권세를
계 16:10 대접을 짐승의 왕좌에 **쏟으니** 그 나라
계 16:12 대접을 큰 강 유브라데에 **쏟으매** 강물이
계 16:17 그 대접을 공중에 **쏟으매** 큰 음성이

(번)제단 밑에 쏟다
출 29:12 그 피 전부를 제단 밑에 **쏟을지며**
레 4:7 회막 문 앞 **번제단** 밑에 **쏟을** 것이며
레 4:18 회막 문 앞 **번제단** 밑에 **쏟을** 것이며
레 4:25 바르고 그 피는 **번제단** 밑에 **쏟고**
레 4:30 바르고 그 피 전부를 **제단** 밑에 **쏟고**
레 4:34 바르고 그 피는 전부 **제단** 밑에 **쏟고**
레 8:15 그 피는 **제단** 밑에 **쏟아** 제단을 속하여
레 9:9 바르고 그 피는 **제단** 밑에 **쏟고**

쏟아지다 (fall, pay out, pour out)
창 7:12 사십 주야를 비가 땅에 **쏟아졌더라**

【 쏟다 】

삿 20:33 곧 기브아 초장에서 **쏟아져** 나왔더라
삼하 14:14 필경 죽으니 땅에 **쏟아진** 물을 다시
삼하 20:10 그의 창자가 땅에 **쏟아지니** 그를 다시
삼하 21:10 비가 시체에 **쏟아지기**까지 그 시체에
왕상 13:3 그 위에 있는 재가 **쏟아지리라** 하매
왕상 13:5 갈라지며 재가 제단에서 **쏟아진지라**
욥 3:24 내가 앓는 소리는 물이 **쏟아지는** 소리
욥 36:28 내려 많은 사람에게 **쏟아지느니라**
욥 40:23 강 물이 **쏟아져** 그 입으로 들어가도
시 22:14 물같이 **쏟아졌으며** 내 모든 뼈는
전 11:3 비가 가득하면 땅에 **쏟아지며** 나무가
사 28:2 힘 있는 자가 **쏟아지는** 우박같이,
사 63:3 선혈이 땅에 **쏟아지게** 하였느니라
렘 9:18 우리 눈꺼풀에서 물이 **쏟아지게** 하라
렘 44:6 나의 분과 나의 노여움을 **쏟아서** 유다
애 2:11 내 간이 땅에 **쏟아졌으니** 이는 딸 내
애 4:1 돌들이 거리 어귀마다 **쏟아졌고**
겔 38:22 피로 그를 심판하며 **쏟아지는** 폭우와
겔 39:29 이스라엘 족속에게 **쏟았음이라** 주
단 9:27 하는 자에게 **쏟아지리라** 하였느니라
미 1:4 밀초 같고 비탈로 **쏟아지는** 물 같을
나 1:6 진노가 불처럼 **쏟아지니** 그로 말미암아
습 1:17 또 그들의 피는 **쏟아져서** 티끌같이
마 9:17 포도주도 **쏟아지고** 부대도 버리게
눅 5:37 터뜨려 포도주가 **쏟아지고** 부대도
계 8:7 우박과 불이 나와서 땅에 **쏟아지매** 땅에

쏘다(cook)
창 25:29 야곱이 죽을 **쑤었더니** 에서가 들에서

쑤시다(distress, pierce)
욥 30:17 밤이 되면 내 뼈가 **쑤시니** 나의 아픔이
욥 33:19 사람이 병상의 고통과 뼈가 늘 **쑤심으**

쑥(bitter food, gall, wormwood)
신 29:18 염려하매 독초와 **쑥**의 뿌리가 너희 중에
잠 5:4 나중은 **쑥**같이 쓰고 두 날 가진 칼같이
렘 9:15 내가 그들 곧 이 백성에게 **쑥**을 먹이며
렘 23:15 보라 내가 그들에게 **쑥**을 먹이며 독한
애 3:15 쓴 것들로 배불리시고 **쑥**으로 취하게
애 3:19 고초와 재난 곧 **쑥**과 담즙을 기억하소서
암 5:7 정의를 쓴 **쑥**으로 바꾸며 공의를 땅에
암 6:12 바꾸며 공의의 열매를 쓴 **쑥**으로 바꾸며

【 쓰다 】

계 8:11 쓴 **쑥**이라 물의 삼분의 일이 쓴 **쑥**이

쓰다(need, use, worth, write, bitter, cover)
1. 사람에게 일을 시키거나 물자를 들이다
(need, use)
창 44:5 점치는 데에 **쓰는** 것이 아니냐 너희가
출 27:19 성막에서 **쓰는** 모든 기구와 그 말뚝과
출 29:33 그들을 거룩하게 하는 데 **쓰는** 것을
출 38:21 레위 사람이 **쓴** 재료의 물목은 제사장
레 7:24 기름은 다른 데는 **쓰려니와** 결단코
레 11:32 자루에든지 무엇에 **쓰는** 그릇에든지
레 22:23 자원제물로는 **쓰려니와** 서원제물로
민 3:26 휘장 문과 그 모든 것에 **쓰는** 줄들이니
민 3:31 기구들과 휘장과 그것에 **쓰는** 모든
민 3:36 모든 기구와 그것에 **쓰는** 모든 것이며
민 4:9 불똥 그릇들과 그 **쓰는** 바 모든 기름
민 4:32 모든 기구들과 그것에 **쓰는** 모든 것이라
민 24:1 여기심을 보고 전과 같이 점술을 **쓰지**
민 28:20 가루에 기름을 섞어서 **쓰되** 수송아지
민 28:28 가루에 기름을 섞어서 **쓰되** 수송아지
민 29:3 가루에 기름을 섞어서 **쓰되** 수송아지
민 29:9 가루에 기름을 섞어서 **쓰되** 수송아지
신 20:20 그 성읍을 함락시킬 때까지 **쓸지니라**
신 26:14 죽은 자를 위하여 이를 **쓰지** 아니하였고
삿 16:11 삼손이 그에게 이르되 만일 **쓰지** 아니한
삼하 18:3 **쓰지** 아니할 터이요 … **쓰지** 아니할
삼하 19:18 왕이 좋게 여기는 대로 **쓰게** 하려 하여
왕하 12:12 모든 물건을 위하여 **쓰게** 하였으되
왕하 16:15 내가 주께 여쭐 일에만 **쓰게** 하라 하매

'쓰다 1'과 관련된 성구

마음을 쓰다 – 전 1:17; 단 6:14
봉사하는데 쓰다 – 출 30:16; 민 3:31; 4:12, 14; 7:5
섬기는데 쓰다 – 왕하 25:14; 대상 9:28; 28:13, 14; 렘 52:18; 히 9:21
쓸 것 – 출 28:5; 레 23:13; 신 15:8; 삿 19:20; 왕하 25:30; 느 10:33; 렘 52:34; 겔 40:45, 46; 단 1:5; 마 25:9; 행 28:10; 롬 1:26; 12:13; 빌 2:25; 4:16, 19; 약 2:16
주께서 쓰신다 – 마 21:3; 막 11:3; 눅 19:31, 34

【 쓰다 】   【 쓰다 】

대상 12:8	방패와 창을 능히 **쓰는** 자라 그의 얼굴
대상 23:26	성막과 그 가운데에서 **쓰는** 모든 기구를
대상 29:5	손으로 하는 모든 일에 **쓰게** 하였노니
대하 31:3	초하루와 절기의 번제에 **쓰게** 하고
스 7:18	일에 너희 하나님의 뜻을 따라 **쓸지며**
느 10:32	하나님의 전을 위하여 **쓰게** 하되
느 10:33	전의 모든 일을 위하여 **쓰게** 하였고
에 2:12	**쓰고** 여섯 달은 향품과 여자에게 **쓰는** 다른 물품을 **써서** 몸을 정결하게
에 8:10	왕궁에서 길러서 왕의 일에 **쓰는** 준마를
왕하 10:19	섬기는 자를 멸하려 하여 계책을 **씀이라**
잠 31:3	네 힘을 여자들에게 **쓰지** 말며 왕들을
전 1:13	다하며 지혜를 **써서** 하늘 아래에서
렘 2:22	많은 비누를 **쓸지라도** 네 죄악이 내
렘 21:4	갈대아인과 싸우는 데 **쓰는** 너희 손의
겔 18:3	다시는 이 속담을 **쓰지** 못하게
겔 40:42	번제에 **쓰는** 상 넷이 … **쓰는** 기구가
겔 45:10	공정한 에바와 공정한 밧을 **쓸지니**
호 2:8	바알을 위하여 **쓴** 은과 금도 내가
호 8:8	가운데에 있는 것이 즐겨 **쓰지** 아니하는
욜 3:13	**쓰라** 곡식이 익었도다 와서 밟을지어다
미 6:11	만일 부정한 저울을 **썼거나** 주머니에
마 20:7	품꾼으로 **쓰는** 이가 없음이니이다
행 7:19	족속에게 교활한 방법을 **써서** 조상들을
행 14:8	루스드라에 발을 **쓰지** 못하는 한 사람이
행 17:21	듣는 것 이외에는 달리 시간을 **쓰지**
행 20:34	손으로 나와 내 동행들이 **쓰는** 것을
롬 1:26	순리대로 **쓸** 것을 바꾸어 역리로 **쓰며**
고전 7:31	물건을 **쓰는** 자들은 다 **쓰지** 못하는
고전 9:12	우리가 이 권리를 **쓰지** 아니하고 범사에
고전 9:15	내가 이것을 하나도 **쓰지** 아니하였고
고전 9:18	내게 있는 권리를 다 **쓰지** 아니하는
고전 12:21	내가 너를 **쓸** 데가없다 하거나 또한 머리가 발더러 내가 너를 **쓸** 데가 없다
딤전 1:8	사람이 그것을 적법하게만 **쓰면** 선한
딤전 5:23	병을 위하여는 포도주를 조금씩 **쓰라**
딤후 2:20	귀하게 **쓰는** 것도 있고 천하게 **쓰는**
딤후 2:21	자기를 깨끗하게 하면 귀히 **쓰는** 그릇이
약 4:3	못함은 정욕으로 **쓰려고** 잘못 구하기
벧전 2:16	그 자유로 악을 가리는 데 **쓰지** 말고
계 12:2	되매 아파서 애를 **쓰며** 부르짖더라

2. 맛이 소태의 맛과 같다 (bitter)

민 5:27	그의 속에 들어가서 **쓰게** 되어 그의
신 32:32	독이 든 포도이니 그 송이는 **쓰며**
잠 5:4	**쓰고** 두 날 가진 칼같이 날카로우며
잠 27:7	싫어하고 주린 자에게는 **쓴** 것이라도
전 7:26	포승 같은 여인은 사망보다 더 **쓰다는**
사 5:20	**쓴** 것으로 단 것을 삼으며 단 것으로 **쓴**
사 24:9	그 마시는 자에게 **쓰게** 될 것이라
애 3:15	**쓴** 것들로 배불리시고 쑥으로 취하게
히 12:15	또 **쓴** 뿌리가 나서 괴롭게 하여 많은
계 10:9	갖다 먹어 버리라 네 배에는 **쓰나** 네
계 10:10	먹은 후에 내 배에서는 **쓰게** 되더라

┌─ '쓰다 2'와 관련된 성구 ─┐
쓴 나물 – 출 12:8; 민 9:11
쓴 물 – 출 15:23; 민 5:18, 19, 23, 24;
       약 3:11; 계 8:11
쓴 쑥 – 암 5:7; 6:12; 계 8:11

3. 머리에 얹거나 덮다 (cover, place)

삼상 17:5	머리에는 놋 투구를 **썼고** 몸에는 비늘
왕상 20:31	테두리를 머리에 **쓰고** 이스라엘의 왕은
왕상 20:32	테두리를 머리에 **쓰고** 이스라엘의 왕에
에 6:8	타시는 말과 머리에 **쓰시는** 왕관을
에 8:15	조복을 입고 큰 금관을 **쓰고** 자색 가는
사 59:17	자기의 머리에 **써서** 투구로 삼으시며
사 61:10	사모를 **쓰며** 신부가 자기 보석으로
렘 46:4	투구를 **쓰고** 나서며 창을 갈며 갑옷을
겔 23:24	투구 **쓴** 군대를 거느리고 치러 와서
고전 11:4	무릇 남자로서 머리에 무엇을 **쓰고** 기도
고전 11:5	무릇 여자로서 머리에 **쓴** 것을 벗고

┌─ '쓰다 3'과 관련된 성구 ─┐
가시관을 쓰다 – 마 27:29; 막 15:17; 요
 19:5
관을 쓰다 – 출 29:6, 9; 레 8:9, 13;
 16:4; 에 2:17; 시 8:5; 21:3; 65:11;
 103:4; 겔 44:18; 슥 3:5; 요 19:2;
 히 2:7, 9
누명을 쓰다 – 신 22:14, 19
망을 쓰다 – 고전 9:9; 딤전 5:18
면류관을 쓰다 – 대하 23:11; 사 23:8
왕관을 쓰다 – 왕하 11:12; 겔 16:12

1529

【 쓰다 】　　　　　　　　　　　　　　　　　　　　　　　　　　　　【 쓰다 】

고후 3:13	수건을 그 얼굴에 **쓴** 것같이 아니하노
살전 2:5	탐심의 탈을 **쓰지** 아니한 것을 하나님이
계 4:4	옷을 입고 머리에 금관을 **쓰고** 앉았더라

4. 획을 그어 글자를 이루다(inscribe, write)

출 31:18	돌판이요 하나님이 친히 **쓰신** 것이더라
민 17:2	사람들의 이름을 각각 그 지팡이에 **쓰되**
신 4:13	십계명이며 두 돌판에 친히 **쓰신** 것이라
신 5:22	그것을 두 돌판에 **써서** 내게 주셨느니라
신 10:2	네가 깨뜨린 처음 판에 **쓴** 말을 내가
신 10:4	십계명을 처음과 같이 그 판에 **쓰시고**
신 24:1	이혼 증서를 **써서** 그의 손에 주고 그를
신 24:3	미워하여 이혼 증서를 **써서** 그의 손에
신 31:9	이 율법을 **써서** 여호와의 언약궤를
신 31:24	이 율법의 말씀을 다 책에 **써서** 마친
대하 9:29	여로보암에 대하여 **쓴** 책에 기록되지
스 4:7	아람 방언으로 **써서** 진술하였더라
에 3:12	각 민족의 언어로 **쓰고** 왕의 반지로
에 8:9	언어와 유대인의 문자와 언어로 **쓰되**
에 8:10	왕궁에서 길러서 왕의 일에 **쓰는** 준마에
에 9:29	모르드개가 전권으로 글을 **쓰고** 부림에
욥 19:23	곧 기록되었으면, 책에 **씌어졌으면,**
욥 31:35	있다면 그에게 고소장을 **쓰게** 하라
사 8:1	통용 문자로 마헬살랄하스바스라 **쓰라**
사 30:8	서판에 기록하며 책에 **써서** 후세에
렘 32:10	증서를 **써서** 봉인하고 증인을 세우고
겔 37:16	이스라엘 자손이라 **쓰고** … 곧 요셉과
겔 37:20	너는 그 글 **쓴** 막대기들을 무리의 눈
겔 43:11	목전에 그것을 **써서** 그들로 그 모든
단 5:5	글자를 **쓰는데** 왕이 그 글자 **쓰는**
마 27:37	이는 유대인의 왕 예수라 **쓴** 죄패를
막 12:19	선생님이여 모세가 우리에게 **써** 주기를
막 15:26	있는 죄패에 유대인의 왕이라 **썼고**
눅 1:3	각하에게 차례대로 **써** 보내는 것이 좋은
눅 2:23	율법에 **쓴** 바 첫 태에 처음 난 남자마다
눅 3:4	선지자 이사야의 책에 **쓴** 바 광야에서
눅 16:6	가지고 빨리 앉아 오십이라 **쓰라** 하고
눅 16:7	여기 네 증서를 가지고 팔십이라 **쓰라**
눅 20:28	모세가 우리에게 **써** 주기를 만일 어떤
눅 23:38	위에 이는 유대인의 왕이라 **쓴** 패를
눅 24:27	모든 성경에 **쓴** 바 자기에 관한 것을
요 8:6	몸을 굽히사 손가락으로 땅에 **쓰시니**
요 8:8	몸을 굽혀 손가락으로 땅에 **쓰시니**

요 19:19	빌라도가 패를 **써서** 십자가 위에 붙이니
요 19:21	**쓰지** 말고 자칭 유대인의 왕이라 **쓰라**
요 19:22	대답하되 내가 쓸 것을 **썼다** 하니라
행 1:1	데오빌로여 내가 먼저 **쓴** 글에는 무릇
롬 15:15	더욱 담대히 대략 너희에게 **썼노니**
고전 4:14	부끄럽게 하려고 이것을 **쓰는** 것이
고전 5:11	너희에게 **쓴** 것은 만일 어떤 형제라
고전 7:1	너희가 **쓴** 문제에 대하여 말하면 남자가
고전 9:15	**쓰지** 아니하였고 또 이 말을 **쓰는** 것은
고후 1:13	다른 것을 **쓰지** 아니하노니 너희가
고후 2:3	이같이 **쓴** 것은 내가 갈 때에 마땅히
고후 2:4	눈물로 너희에게 **썼노니** 이는 너희로
고후 2:9	하여 내가 이것을 너희에게 **썼노라**
고후 3:3	**쓴** 것이 아니요 오직 살아 계신 하나님 의 영으로 **쓴** 것이며 또 돌판에 **쓴** 것이 아니요 오직 육의 마음판에 **쓴** 것이라
고후 3:7	돌에 **써서** 새긴 죽게 하는 율법 조문의
고후 7:12	그런즉 내가 너희에게 **쓴** 것은 그 불의
고후 13:10	떠나 있을 때에 이렇게 **쓰는** 것은 대면
갈 1:20	내가 너희에게 **쓰는** 것은 하나님 앞에
갈 6:11	너희에게 이렇게 큰 글자로 **쓴** 것을
빌 3:1	같은 말을 **쓰는** 것이 내게는 수고로움이
골 2:14	불리하게 하는 법조문으로 **쓴** 증서를
살후 3:17	편지마다 표시로서 이렇게 **쓰노라**
딤전 3:14	네게 가기를 바라나 이것을 네게 **쓰는**
몬 1:19	바울이 친필로 **쓰노니** 내가 갚으려니와
몬 1:21	순종할 것을 확신하므로 네게 **썼노니**
딤후 4:13	특별히 가죽 종이에 **쓴** 것을 가져오라
히 13:22	내가 간단히 너희에게 **썼느니라**

'쓰다 4'와 관련된 성구

노래를 쓰다 – 신 31:19, 22; 민 5:23; 계 1:11; 5:1

마음에 쓰다 – 고후 3:2

쓸 것 – 요 19:22; 살전 4:9; 5:1; 요이 1:12; 요삼 1:13

이름을 쓰다 – 민 17:3; 에 8:8; 계 14:1; 19:12, 16

조서를 쓰다 – 에 8:5, 8, 9

편지를 쓰다 – 삼하 11:14, 15; 왕상 21:8, 11; 왕하 10:1; 대하 32:17; 에 9:30; 행 18:27; 고전 5:9; 벧후 3:1

[쓰러뜨리다]   [씌우다]

벧전 5:12	말미암아 너희에게 간단히 **써서** 권하고
벧후 3:15	받은 지혜대로 너희에게 이같이 **썼고**
요일 1:4	이것을 **씀은** 우리의 기쁨이 충만하게
요일 2:1	내가 이것을 너희에게 **씀은** 너희로 죄를
요일 2:7	새 계명을 너희에게 **쓰는** 것이 아니라
요일 2:8	너희에게 새 계명을 **쓰노니** 그에게와
요일 2:12	자녀들아 내가 너희에게 **쓰는** 것은 너희
요일 2:13	너희에게 **쓰는** 것은 … **쓰는** 것은 너희
요일 2:14	너희에게 **쓴** 것은 너희가 … 너희에게 **쓴** 것은 … 너희에게 **쓴** 것은 너희가
요일 2:21	내가 너희에게 **쓰는** 것은 너희가 진리를
요일 2:26	관하여 내가 이것을 너희에게 **썼노라**
요일 5:13	이름을 믿는 너희에게 이것을 **쓰는** 것은
요이 1:5	새 계명같이 네게 **쓰는** 것이 아니요
요삼 1:9	내가 두어 자를 교회에 **썼으나** 그들

쓰러뜨리다(tear apart)
사 7:6   유다를 쳐서 그것을 **쓰러뜨리고** 우리를

쓰러지다(fall down, lay)
민 14:3	인도하여 칼에 **쓰러지게** 하려 하는가
삿 5:27	꾸부러지며 엎드러지고 **쓰러졌고** 그의
삿 7:13	위쪽으로 엎으니 그 장막이 **쓰러지더라**
삼하 2:16	옆구리를 찌르매 일제히 **쓰러진지라**
전 11:3	남으로나 북으로나 **쓰러지면** 그 **쓰러진**
사 40:30	장정이라도 넘어지며 **쓰러지되**
렘 46:15	너희 장사들이 **쓰러짐은** 어찌함이냐
애 2:21	청년들이 칼에 **쓰러졌나이다** 주께서
암 8:13	젊은 남자가 다 갈하여 **쓰러지리라**
슥 11:2	아름다운 나무들이 **쓰러졌음이로다**
슥 11:3	**쓰러졌음이로다** … **쓰러졌음이로다**
행 28:6	그가 붓든지 혹은 갑자기 **쓰러져** 죽을

쓰레기(scum)
애 3:45   나라 가운데에서 **쓰레기**와 폐물로

쓰이다(be needed, use, strike)
스 7:20	그 외에도 네 하나님의 성전에 **쓰일** 것
잠 16:4	여호와께서 온갖 것을 그 **쓰임**에 적당하게
겔 21:14	쳐서 칼로 두세 번 거듭 **쓰이게** 하라
골 2:22	모든 것은 한때 **쓰이고는** 없어지리라

쓸개(kidney, liver)
욥 16:13	**쓸개**가 땅에 흘러나오게 하시는구나
욥 20:14	뱃속에서 독사의 **쓸개**가 되느니라
욥 20:25	**쓸개**에서 나오고 큰 두려움이 그에게
시 69:21	**쓸개**를 나의 음식물로 주며 목마를
암 6:12	너희는 정의를 **쓸개**로 바꾸며 공의를
마 27:34	**쓸개**탄 포도주를 예수께 주어 마시게

쓸다(sweep)
시 90:5	그들을 홍수처럼 **쓸어** 가시나이다
눅 15:8	등불을 켜고 집을 **쓸며** 찾아내기까지

쓸데없다(no longer good for anything, need not)
마 5:13	아무 **쓸데없어** 다만 밖에 버려져
마 9:12	건강한 자에게는 의사가 **쓸데없고**
막 2:17	건강한 자에게는 의사가 **쓸데없고**
눅 5:31	건강한 자에게는 의사가 **쓸데없고**
눅 14:35	거름에도 **쓸데없어** 내버리느니라
요 12:19	볼지어다 너희 하는 일이 **쓸데없다**
딤전 5:13	게으를 뿐 아니라 **쓸데없는** 말을 하며
계 21:23	성은 해나 달의 비침이 **쓸데없으니**
계 22:5	없겠고 등불과 햇빛이 **쓸데없으니**

쓸모/-없다(worthless, vile)
욥 13:4	거짓말을 지어내는 자요 다 **쓸모없는**
사 54:17	모든 연장이 **쓸모가** 없을 것이라
나 1:14	이는 네가 **쓸모없게** 되었음이라

쓸어버리다(scrape, sweep, wipe)
창 6:7	사람을 내가 지면에서 **쓸어버리되**
창 7:4	모든 생물을 지면에서 **쓸어버리리라**
창 7:23	땅에서 **쓸어버림**을 당하였으되 오직
왕상 14:10	버리되 거름 더미를 **쓸어버림**같이 여 로보암의 집을 말갛게 **쓸어버릴지라**
왕상 16:3	바아사와 네 집을 **쓸어버려** 네 집이
왕상 21:21	재앙을 네게 내려 너를 **쓸어버리되** 네게
겔 26:4	나도 티끌을 그 위에서 **쓸어버려** 맨

씌우다(put on, set)
1. 머리에 쓰게 하다(put on, set, impute, muzzle)
출 29:6	머리에 관을 **씌우고** 그 위에 거룩한
출 29:9	띠우며 관을 **씌워** 그들에게 제사장의
레 8:9	머리에 관을 **씌우고** 그 관 위 전면에

【 씨 1   씨 3 】

삼상 17:38	그의 머리에 **씌우고** 또 그에게 갑옷을	창 1:12	**씨** 맺는 채소와 각기 종류대로 **씨** 가진
삼상 19:13	그 머리에 **씌우고** 의복으로 그것을	창 1:29	지면의 **씨** 맺는 모든 채소와 **씨** 가진
왕하 11:12	왕자를 인도하여 내어 왕관을 **씌우며**	민 6:4	포도나무 소산은 **씨**나 껍질이라도 먹지
대하 23:11	왕자를 인도해 내어 면류관을 **씌우며**	민 24:7	그 물통에서는 물이 넘치겠고 그 **씨**는
에 2:17	그의 머리에 관을 **씌우고** 와스디를 대신	신 21:4	않고 **씨**를 뿌린 일도 없는 골짜기로
시 8:5	영화와 존귀로 관을 **씌우셨나이다**	신 22:9	그리하면 네가 뿌린 **씨**의 열매와 포도원
시 21:3	순금 관을 그의 머리에 **씌우셨나이다**	시 126:5	흘리며 **씨**를 뿌리는 자는 기쁨으로
시 65:11	한 해를 관 **씌우시니** 주의 길에는 기름	시 126:6	울며 **씨**를 뿌리러 나가는 자는 반드시
시 103:4	인자와 긍휼로 관을 **씌우시며**	전 11:6	아침에 **씨**를 뿌리고 저녁에도 손을 놓지
사 23:8	면류관을 **씌우던** 자요 그 상인들은 고관	사 17:11	울타리를 두르고 아침에 네 **씨**가 잘
슥 3:5	정결한 관을 그의 머리에 **씌우소서** 하	사 32:20	모든 물 가에 **씨**를 뿌리고 소와 나귀를
	매 곧 정결한 관을 그 머리에 **씌우매**	렘 2:2	곧 **씨** 뿌리지 못하는 땅, 그 광야에서
슥 6:11	대제사장 여호수아의 머리에 **씌우고**	욜 1:17	포도를 밟는 자가 **씨** 뿌리는 자의 뒤를
마 27:29	가시관을 엮어 그 머리에 **씌우고** 갈대를	미 6:15	네가 **씨**를 뿌려도 추수하지 못할 것이며
막 15:17	자색 옷을 입히고 가시관을 엮어 **씌우고**	마 13:3	그들에게 말씀하여 이르되 **씨**를 뿌리는
요 19:2	관을 엮어 그의 머리에 **씌우고** 자색	마 13:18	그런즉 **씨** 뿌리는 비유를 들으라
히 2:7	하시며 영광과 존귀로 관을 **씌우시며**	마 13:24	이르되 천국은 좋은 **씨**를 제 밭에 뿌린
2. 입에 쓰게 하다(muzzle, put in the stock)		마 13:27	밭에 좋은 **씨**를 뿌리지 아니하였나이까
신 25:4	곡식 떠는 소에게 망을 **씌우지** 말지니라	마 13:32	이는 모든 **씨**보다 작은 것이로되 자란
고전 9:9	곡식을 밟아 떠는 소에게 망을 **씌우지**	마 13:37	대답하여 이르되 좋은 **씨**를 뿌리는 이는
딤전 5:18	소의 입에 망을 **씌우지** 말라 하였고	마 13:38	세상이요 좋은 **씨**는 천국의 아들들이
약 3:2	사람이라 능히 온 몸도 굴레 **씌우리라**	막 4:3	들으라 **씨**를 뿌리는 자가 뿌리러 나가서
렘 20:2	베냐민 문 위층에 목에 **씌우는** 나무	막 4:26	이르되 하나님의 나라는 사람이 **씨**를
렘 20:3	예레미야를 목에 **씌우는** 나무 고랑에서	막 4:27	그가 밤낮 자고 깨고 하는 중에 **씨**가
렘 29:26	목에 **씌우는** 나무 고랑과 목에 **씌우는**	막 4:31	땅 위의 모든 **씨**보다 작은 것이로되
3. 남의 탓으로 돌리게 하다(impute)		눅 8:5	**씨**를 뿌리는 자가 그 **씨**를 뿌리러
신 22:14	그에게 누명을 **씌워** 이르되 내가 이	눅 8:11	이 비유는 이러하니라 **씨**는 하나님의
신 22:19	이스라엘 처녀에게 누명을 **씌움**으로	고전 15:36	어리석은 자여 네가 뿌리는 **씨**가 죽지
사 29:21	그들은 송사로 사람에게 죄를 **씌우며**	고후 9:10	심는 자에게 **씨**와 먹을 양식을 주는
		벧전 1:23	너희가 거듭난 것은 썩어질 **씨**로 된
씨 1(woof)		요일 3:9	하나님의 **씨**가 그의 속에 거함이요 그도
레 13:48	베나 털의 날에나 **씨**에나 혹 가죽에나		
레 13:49	의복에나 가죽에나 그 날에나 **씨**에나	**씨 3(descendant, child, offspring)**	
레 13:51	색점이 그 의복의 날에나 **씨**에나 가죽	창 4:25	아벨 대신에 다른 **씨**를 주셨다 함이며
레 13:52	베의 날이나 **씨**나 모든 가죽으로 만든	창 7:3	새도 암수 일곱씩을 데려와 그 **씨**를
레 13:53	색점이 그 의복의 날에나 **씨**에나 모든	창 15:3	아브람이 또 이르되 주께서 내게 **씨**를
레 13:56	가죽에서나 그 날에서나 **씨**에서나 그	창 16:10	네 **씨**를 크게 번성하여 그 수가 많아
레 13:57	의복의 날에나 **씨**에나 가죽으로 만든	창 21:12	이삭에게서 나는 자라야 네 **씨**라 부르
레 13:58	네가 빤 의복의 날에나 **씨**에나 가죽으로	창 21:13	그러나 여종의 아들도 네 **씨**니 내가
레 13:59	털옷에나 베옷에나 그 날에나 **씨**에나	창 22:17	내가 네게 큰 복을 주고 네 **씨**가 크게
		창 22:18	또 네 **씨**로 말미암아 천하 만민이 복을
씨 2(seed)		창 24:7	땅을 네 **씨**에게 주리라 하셨으니 그가
창 1:11	이르되 땅은 풀과 **씨** 맺는 채소와	창 24:60	어머니가 될지어다 네 **씨**로 그 원수의

【 씨름/-하다 】　　　　　　　　　　　　　　　　　　　　　　　　　　【 씻다 】

창 32:12	씨로 바다의 셀 수 없는 모래와 같이
창 38:8	본분을 행하여 네 형을 위하여 씨가
창 38:9	오난이 그 씨가 자기 것이 되지 않을 줄
	… 그의 형에게 씨를 주지 아니하려고
수 24:3	씨를 번성하게 하려고 그에게 이삭을
삼하 7:12	몸에서 날 네 씨를 네 뒤에 세워 그의
삼하 14:7	남편의 이름과 씨를 세상에 남겨두지
대상 17:11	내가 네 뒤에 네 씨 곧 네 아들 중 하나
대하 22:10	집의 왕국의 씨를 모두 진멸하였으나
느 9:8	족속의 땅을 그의 씨에게 주리라 하더니
사 6:13	거룩한 씨가 이 땅의 그루터기니라
사 53:10	씨를 보게 되며 그의 날은 길 것이요
사 65:9	내가 야곱에게서 씨를 내며 유다에게서
렘 31:27	내가 사람의 씨와 짐승의 씨를 이스라엘
요 7:42	이르기를 그리스도는 다윗의 씨로
행 3:25	모든 족속이 너의 씨로 말미암아 복을
롬 9:7	또한 아브라함의 씨가 다 그의 자녀가
롬 9:8	약속의 자녀가 씨로 여기심을 받느니라
롬 9:29	씨를 남겨 두지 아니하셨더라면
롬 11:1	이스라엘인이요 아브라함의 씨에서
딤후 2:8	내가 전한 복음대로 다윗의 씨로 죽은

씨름/-하다(wrestle)

창 32:24	사람이 날이 새도록 야곱과 씨름하다
창 32:25	허벅지 관절이 그 사람과 씨름할 때
엡 6:12	우리의 씨름은 혈과 육을 상대하는 것이

씨앗(seed)

슥 8:12	평강의 씨앗을 얻을 것이라 포도나무가

씨종(slave by birth)

렘 2:14	이스라엘이 종이냐 씨종이냐 어찌하여

씰라(Zillah) 라멕의 두 아내 중 한 사람

창 4:19	아다요 하나의 이름은 씰라였더라
창 4:22	씰라는 두발가인을 낳았으니 그는 구리
창 4:23	아내들에게 이르되 아다와 씰라여

씹다/씹히다(devour, dash)

민 11:33	아직 이 사이에 있어 씹히기 전에
욥 30:3	메마른 땅에서 마른 흙을 씹으며
시 124:6	내주어 그들의 이에 씹히지 아니하게
렘 10:25	야곱을 씹어 삼켜 멸하고 그의 거처를
겔 23:34	그 깨어진 조각을 씹으며 네 유방을

씻기다(wash)

출 29:4	회막 문으로 데려다가 물로 씻기고
출 30:18	받침도 놋으로 만들어 씻게 하되 그것
출 40:12	회막 문으로 데려다가 물로 씻기고
레 8:6	아들들을 데려다가 물로 그들을 씻기고
삼상 25:41	내 주의 전령들의 발 씻길 종이니이다
대하 4:6	왼쪽에 두어 씻게 하되 번제에 속한 물
	건을 거기서 씻게 하였으며 그 바다는
	제사장들이 씻기 위한 것이더라
사 4:4	딸들의 더러움을 씻기시며 예루살렘의
사 25:8	모든 얼굴에서 눈물을 씻기시며 자기

씻다(wash, taken away)
모세오경, 역사서

창 30:23	하나님이 내 부끄러움을 씻으셨다 하고
창 43:31	얼굴을 씻고 나와서 그 정을 억제하고
출 29:17	그 장부와 다리는 씻어 각을 뜬 고기와
출 30:19	그의 아들들이 그 두명에서 수족을 씻되
출 30:20	회막에 들어갈 때에 물로 씻어 죽기를
출 30:21	그들이 그 수족을 씻어 죽기를 면할지니
출 40:30	회막과 제단 사이에 두고 거기 씻을
출 40:31	아론과 그 아들들이 거기서 수족을 씻되
출 40:32	가까이 갈 때에 씻었으니 여호와께서
레 1:9	그 내장과 정강이를 물로 씻을 것이요
레 1:13	내장과 그 정강이를 물로 씻을 것이요
레 6:28	그 그릇을 닦고 물에 씻을 것이며
레 8:21	물로 내장과 정강이들을 씻고 모세가
레 9:14	또 내장과 정강이는 씻어서 단 위에
레 14:9	물에 씻을 것이라 그리하면 정하리라
레 15:6	옷을 빨고 물로 씻을 것이요 저녁까지
레 15:12	나무 그릇은 다 물로 씻을지니라
레 15:16	설정한 자는 전신을 물로 씻을 것이며
레 17:16	그 몸을 물로 씻지 아니하면 그가
레 22:6	부정하니 그의 몸을 물로 씻지 아니하면
민 19:9	부정을 씻는 물을 위해 간직할지니
왕상 22:38	병거를 사마리아 못에서 씻으매 개들
왕하 5:10	가서 요단 강에 몸을 일곱 번 씻으라
왕하 5:13	당신에게 이르기를 씻어 깨끗하게 하라
왕하 21:13	그릇을 씻어 엎음같이 예루살렘을 씻을

시가서, 선지서

욥 14:19	물은 땅의 티끌을 씻어 버리나이다

【 씻다 】   【 씻다 】

욥 29:6	발자취를 **씻으며** 바위가 나를 위하여
시 51:2	나의 죄악을 말갛게 **씻으시며** 나의 죄를
시 58:10	그의 발을 악인의 피에 **씻으리로다**
잠 6:33	능욕을 받고 부끄러움을 **씻을** 수 없게
잠 30:12	더러운 것을 **씻지** 아니하는 무리가
잠 30:20	그가 먹고 그의 입을 **씻음같이** 말하기
아 5:12	비둘기 같은데 우유로 **씻은** 듯하고
사 1:16	너희는 스스로 **씻으며** 스스로 깨끗하게
사 1:25	네게 돌려 네 찌꺼기를 잿물로 **씻듯이**
렘 2:22	네가 잿물로 스스로 **씻으며** 네가 많은
렘 4:14	예루살렘아 네 마음의 악을 **씻어** 버리라
겔 16:4	물로 **씻어** 정결하게 하지 아니하였고
겔 16:9	내가 물로 네 피를 **씻어** 없애고 네게
겔 40:38	있는데 그것은 번제물을 **씻는** 방이며
슥 13:1	죄와 더러움을 **씻는** 샘이 다윗의 족속과

신약

마 6:17	머리에 기름을 바르고 얼굴을 **씻으라**
마 15:20	사람을 더럽게 하는 것이요 **씻지** 않은
막 7:2	몇 사람이 부정한 손 곧 **씻지** 아니한
막 7:3	장로들의 전통을 지키어 손을 잘 **씻지**
막 7:4	잔과 주발과 놋그릇을 **씻음이러라**
눅 5:2	배에서 나와서 그물을 **씻는지라**
눅 7:44	네 집에 들어올 때 너는 내게 발 **씻을**
눅 11:38	잡수시기 전에 손 **씻지** 아니하심을 그
요 9:7	이르시되 실로암 못에 가서 **씻으라** 하 시니 … 이에 가서 **씻고** 밝은 눈으로
요 9:11	가서 **씻으라** 하기에 가서 **씻었더니**
요 9:15	내 눈에 바르매 내가 **씻고** 보나이다

요 13:8	베드로가 이르되 내 발을 절대로 **씻지** 못하시리이다 … 내가 너를 **씻어** 주지
요 13:9	주여 내 발뿐 아니라 손과 머리도 **씻어**
요 13:10	이미 목욕한 자는 발밖에 **씻을** 필요가
행 9:37	죽으매 시체를 **씻어** 다락에 누이니라
행 16:33	맞은 자리를 **씻어** 주고 자기와 그 온
고전 6:11	하나님의 성령 안에서 **씻음과** 거룩함과
엡 5:26	이는 곧 물로 **씻어** 말씀으로 깨끗하게
딛 3:5	그의 긍휼하심을 따라 중생의 **씻음과**
히 9:10	여러 가지 **씻는** 것과 함께 육체의
히 10:22	맑은 물로 **씻음을** 받았으니 참 마음
벧후 2:22	돼지가 **씻었다가** 더러운 구덩이에 도로
계 7:14	피에 그 옷을 **씻어** 희게 하였느니라
계 7:17	그들의 눈에서 모든 눈물을 **씻어** 주실

> **'씻다'와 관련된 성구**
>
> **몸을 씻다** – 레 14:8; 15:5, 7, 8, 10, 11, 13, 18, 21, 22, 27; 16:4, 24, 26, 28; 17:15; 민 19:7, 8, 19; 삼하 12:20; 왕하 5:12; 욥 9:30
>
> **발을 씻다** – 창 18:4; 19:2; 24:32; 43:24; 삿 19:21; 삼하 11:8; 아 5:3; 요 13:5, 6, 12, 14; 딤전 5:10
>
> **손을 씻다** – 레 15:11; 신 21:6; 시 26:6; 73:13; 마 15:2; 27:24
>
> **죄를 씻다** – 시 51:7; 행 22:16

ㅇ

아가(雅歌, Song of Songs)
아 1:1 솔로몬의 아가라

아가리 (jaw)
겔 38:4 너를 돌이켜 갈고리로 네 **아가리**를 꿰고

아가미 (jaw)
욥 41:2 갈고리로 그 **아가미**를 꿸 수 있겠느냐
겔 29:4 내가 갈고리로 네 **아가미**를 꿰고 너의

아가보(Agabus) 신약 시대 선지자
행 11:28 그 중에 **아가보**라 하는 한 사람이 일어
행 21:10 여러 날 머물러 있더니 **아가보**라 하는

아가야(Achaia)
바울이 방문한
로마의 한 속령

행 18:12 갈리오가 **아가야** 총독 되었을 때에 유대인이
행 18:27 아볼로가 **아가야**로 건너가고자 함으로
행 19:21 마게도냐와 **아가야**를 거쳐 예루살렘
롬 15:26 마게도냐와 **아가야** 사람들이 예루살렘
고전 16:15 스데바나의 집은 곧 **아가야**의 첫 열매요
고후 1:1 교회와 또 온 **아가야**에 있는 모든 성도
고후 9:2 마게도냐인들에게 **아가야**에서는 일 년
고후 11:10 진리가 내 속에 있으니 **아가야** 지방에서
살전 1:7 너희가 마게도냐와 **아가야**에 있는 모든
살전 1:8 **아가야**에만 들릴 뿐 아니라 하나님을

아가이고(Achaicus) 로마의 바울을 방문한 고린도 교인
고전 16:17 스데바나와 브드나도와 **아가이고**가

아각(Agag)
1. 이스라엘 왕과 비교되어 언급된 인물
민 24:7 그의 왕이 **아각**보다 높으니 그의 나라
2. 사울 시대의 아말렉 왕
삼상 15:8 아말렉 사람의 왕 **아각**을 사로잡고 칼날

📖 **아각 2 - 기타 본문**
삼상 15:9, 20, 32, 33

3. 하만의 출신 부족
에 3:1 아하수에로 왕이 **아각** 사람 함므다다의

📖 **아각 3 - 기타 본문**
에 3:10; 8:3, 5; 9:24

아간 1 (Akan) 호리 족속 세일의 자손
창 36:27 에셀의 자녀는 빌한과 사아완과 **아간**

아간 2 (Achan) 유다 지파 갈미의 아들
수 7:1 삽디의 손자 갈미의 아들 **아간**이 온전히

📖 **아간 2 - 기타 본문**
수 7:18, 19, 20, 24; 22:20

아게(Agee) 삼마의 아버지
삼하 23:11 다음은 하랄 사람 **아게**의 아들 삼마라

【 아겔다마 】 【 아기 】

아겔다마(Akeldama) 나그네의 묘지를 삼은 곳
행 1:19 그 밭을 **아겔다마**라 하니 이는 피밭이라

아골 골짜기(Valley of Achor) 여리고 남쪽에 위치한 골짜기
수 7:24 속한 모든 것을 이끌고 **아골 골짜기**로
수 7:26 그 곳 이름을 오늘까지 **아골 골짜기**라
수 15:7 또 **아골 골짜기**에서부터 드빌을 지나
사 65:10 **아골 골짜기**는 소 떼가 눕는 곳이 되어
호 2:15 **아골 골짜기**로 소망의 문을 삼아 주리

아구스도(Augustus) 로마의 첫 황제 옥타비아누스
눅 2:1 그 때에 가이사 **아구스도**가 영을 내려
행 27:1 다른 죄수 몇 사람을 **아구스도**대원

아굴(Agur) 야게의 아들
잠 30:1 이 말씀은 야게의 아들 **아굴**의 잠언이니

아굴라(Aquila) 소아시아 본도 출신의 유대인
행 18:2 **아굴라**라 하는 본도에서 난 유대인 한
행 18:18 브리스길라와 **아굴라**도 함께하더라
행 18:26 **아굴라**가 듣고 데려다가 하나님의 도를
롬 16:3 동역자들인 브리스가와 **아굴라**에게
고전 16:19 **아굴라**와 브리스가와 그 집에 있는 교회
딤후 4:19 브리스가와 **아굴라**와 및 오네시보로의

아궁이(fire, hearth, oven)
사 30:14 그 조각 중에서, **아궁이**에서 불을 붙이
애 5:10 열기로 말미암아 우리의 피부가 **아궁이**
마 6:30 오늘 있다가 내일 **아궁이**에 던져지는
눅 12:28 오늘 있다가 내일 **아궁이**에 던져지는

아귀(mouth)
창 29:2 물을 먹임이라 큰 돌로 우물 **아귀**를
창 29:3 그들이 우물 **아귀**에서 돌을 옮기고 그
양 떼에게 물을 먹이고는 우물 **아귀** 그
창 29:8 목자들이 우물 **아귀**에서 돌을 옮겨야
창 29:10 외삼촌의 양을 보고 나아가 우물 **아귀**
창 42:27 *자루를 풀고 본즉 그 돈이 자루 **아귀**에*
창 43:12 갑절의 돈을 가지고 너희 자루 **아귀**에
창 43:21 사람의 돈이 전액 그대로 자루 **아귀**에
창 44:2 은잔을 그 청년의 자루 **아귀**에 넣고

삼하 17:19 여인이 덮을 것을 가져다가 우물 **아귀**를
단 3:26 맹렬히 타는 풀무불 **아귀** 가까이 가서
슥 5:8 납 조각을 에바 **아귀** 위에 던져 덮더라
요 2:7 항아리에 물을 채우라 하신즉 **아귀**까지

아그랍빔(Scorpion Pass-NIV, Akrabbim-KJV) 유다 지파와 에돔과의 경계 지역으로 전갈 모양의 비탈
민 34:4 돌아서 **아그랍빔** 언덕 남쪽에 이르고
수 15:3 **아그랍빔** 비탈 남쪽으로 지나 신에 이르
삿 1:36 아모리 족속의 경계는 **아그랍빔** 비탈의

아그립바(Agrippa) 신약 시대 유대의 왕
행 25:13 **아그립바** 왕과 버니게가 베스도에게
행 26:1 **아그립바**가 바울에게 이르되 너를 위하

📖 **아그립바 - 기타 본문**
행 25:22, 23, 24, 26; 26:2, 7, 19, 27, 28, 32

아기(boy, baby, child)
출 1:17 명령을 어기고 남자 **아기**들을 살린지라
출 1:18 너희가 어찌하여 이같이 남자 **아기**들을
출 2:3 역청과 나무 진을 칠하고 **아기**를 거기
출 2:6 열고 그 **아기**를 보니 **아기**가 우는지라
…이르되 이는 히브리 사람의 **아기**로다
출 2:7 유모를 불러다가 이 **아기**에게 젖을 먹이
출 2:8 그 소녀가 가서 그 **아기**의 어머니를
출 2:9 바로의 딸이 그에게 이르되 이 **아기**를
데려다가 … 여인이 **아기**를 데려다가
출 2:10 **아기**가 자라매 바로의 딸에게로 데려
룻 4:16 나오미가 **아기**를 받아 품에 품고 그의
사 9:6 한 **아기**가 우리에게 났고 한 아들을
마 2:8 가서 **아기**에 대하여 자세히 알아보고
마 2:9 별이 문득 앞서 인도하여 가다가 **아기**
마 2:11 집에 들어가 **아기**와 그의 어머니 마리
아가 … 엎드려 **아기**께 경배하고 보배합
마 2:13 현몽하여 이르되 헤롯이 **아기**를 찾아
죽이려 하니 일어나 **아기**와 그의 어머니
마 2:14 요셉이 일어나서 밤에 **아기**와 그의
마 2:20 일어나 **아기**와 그의 어머니를 데리고
이스라엘 땅으로 가라 **아기**의 목숨을
마 2:21 요셉이 일어나 **아기**와 그의 어머니를
마 21:16 어린 **아기**와 젖먹이들의 입에서 나오는

【 아기스 】　　　　　　　　　　　　　　　　　　　　　【 아나냐 】

눅 2:12	강보에 싸여 구유에 뉘어 있는 **아기**를
눅 2:16	마리아와 요셉과 구유에 누인 **아기**를
눅 2:17	천사가 자기들에게 이 **아기**에 대하여
눅 2:22	날이 차매 **아기**를 데리고 예루살렘에
눅 2:23	거룩한 자라 하리라 한 대로 **아기**를
눅 2:27	관례대로 행하고자 하여 그 **아기** 예수
눅 2:28	시므온이 **아기**를 안고 하나님을 찬송
눅 2:40	**아기**가 자라며 강하여지고 지혜가 충만
눅 18:15	자기 어린 **아기**를 데리고 오매 제자들
요 16:21	때가 이르렀으므로 근심하나 **아기**를
벧전 2:2	갓난 **아기**들같이 순전하고 신령한 젖을

아기스(Achish) 마옥의 아들로 가드 왕의 이름
삼상 21:10　도망하여 가드 왕 **아기스**에게로 가니

📖 아기스 - 기타 본문
　삼상 21:11, 12, 14; 27:1, 2, 3, 5, 6, 9, 10, 12; 28:1, 2; 29:2, 3, 6, 8, 9; 왕상 2:39, 40

아기작거리다(trip along with mincing step)
사 3:16　정을 통하는 눈으로 다니며 **아기작거려**

아까(already)
삼하 13:16　나를 쫓아보내는 이 큰 악은 **아까** 내게

아깝다(alas)
렘 6:4　우리가 정오에 올라가자 아하 **아깝다**

아끼다(spare, withhold)

창 22:12	네 독자까지도 내게 **아끼지** 아니하였
창 22:16	네 아들 네 독자도 **아끼지** 아니하였으
창 45:20	또 너희의 기구를 **아끼지** 말라 온 애굽
신 15:10	줄 때에는 **아끼는** 마음을 품지 말 것
삿 5:18	죽음을 무릅쓰고 목숨을 **아끼지** 아니한
삼상 19:5	자기 생명을 **아끼지** 아니하고 블레셋
삼상 28:21	내 생명을 **아끼지** 아니하고 왕이 내게
삼하 21:7	손자 요나단의 아들 므비보셋은 **아끼고**
대하 21:20	다스리다가 **아끼는** 자 없이 세상을 떠났
대하 36:15	백성과 그 거하시는 곳을 **아끼사** 부지런
느 13:22	주의 크신 은혜대로 나를 **아끼시옵소서**
욥 27:22	하나님은 그를 **아끼지** 아니하시고 던져
시 84:11	좋은 것을 **아끼지** 아니하실 것임이니
잠 3:27	마땅히 받을 자에게 베풀기를 **아끼지**
잠 13:24	매를 **아끼는** 자는 그의 자식을 미워함
잠 17:27	말을 **아끼는** 자는 지식이 있고 성품이
잠 21:26	의인은 **아끼지** 아니하고 베푸느니라
사 9:19	사람이 자기의 형제를 **아끼지** 아니하며
사 30:14	그릇을 깨뜨림같이 **아낌**이 없이 부수
사 47:3	내가 보복하되 사람을 **아끼지** 아니하
사 54:2	네 처소의 휘장을 **아끼지** 말고 널리
사 58:1	목소리를 **아끼지** 말라 네 목소리를 나팔
렘 13:14	사랑하지 아니하며 **아끼지** 아니하고
렘 50:14	모든 자여 화살을 **아끼지** 말고 쏘라
겔 5:11	너를 **아끼지** 아니하며 긍휼을 베풀지
겔 24:14	돌이키지도 아니하고 **아끼지도** 아니
겔 24:21	마음에 **아낌**이 되거니와 내가 더럽힐
욘 4:11	내가 어찌 **아끼지** 아니하겠느냐 하시
말 3:17	사람이 자기를 섬기는 아들을 **아낌**같이
행 15:25-26	생명을 **아끼지** 아니하는 자인 우리
행 20:29	여러분에게 들어와서 그 양 떼를 **아끼지**
롬 8:32	자기 아들을 **아끼지** 아니하시고 우리
롬 11:21	하나님이 원 가지들도 **아끼지** 아니하셨
고전 7:28	고난이 있으리니 나는 너희를 **아끼노라**
고후 1:23	가지 아니한 것은 너희를 **아끼려** 함이라
엡 5:16	세월을 **아끼라** 때가 악하니라
골 4:5	대해서는 지혜로 행하여 세월을 **아끼라**
계 12:11	자기들의 생명을 **아끼지** 아니하였도다

아나(Anah)
　1. 에서의 아내 중 오홀리바마의 어머니
창 36:2　시브온의 딸인 **아나**의 딸 오홀리바마
창 36:14　시브온의 손녀 **아나**의 딸 에서의 아내
창 36:18　이들은 **아나**의 딸이요 에서의 아내인
　2. 시브온의 아들
창 36:24　시브온의 자녀는 아야와 **아나**며 이 **아나**
대상 1:40　오남이요 시브온의 아들은 아야와 **아나**
　3. 에서 시대 세일의 넷째 아들
창 36:20　자손은 로단과 소발과 시브온과 **아나**와

📖 아나 3 - 기타 본문
　창 36:25, 29; 대상 1:38, 41

아나냐(Ananiah)
　1. 아사랴의 할아버지
느 3:23　그 다음은 **아나냐**의 손자 마아세야의

【 아나니 】 　　　　　　　　　　　　　　　　　【 아내 】

2. 베냐민 자손이 거한 성읍
느 11:32　아나돗과 놉과 **아나냐**와

아나니(Anani) 에료에내의 일곱 아들 중 한 명
대상 3:24　들라야와 **아나니** 일곱 사람이더라

아나니아(Ananias)
　　　　1. 삽비라의 남편
행 5:1　　**아나니아**라 하는 사람이 그 아내
행 5:3　　베드로가 이르되 **아나니아**야 어찌하여
행 5:5　　**아나니아**가 이 말을 듣고 엎드러져 혼이
　　　　2. 바울에게 세례 준 사람
행 9:10　　다메섹에 **아나니아**라 하는 제자가 있더
행 9:12　　**아나니아**라 하는 사람이 들어와서 자기
행 9:13　　**아나니아**가 대답하되 주여 이 사람에
행 9:17　　**아나니아**가 떠나 그 집에 들어가서 그에
행 22:12　유대인들에게 칭찬을 듣는 **아나니아**라
　　　　3. 대제사장
행 23:2　　대제사장 **아나니아**가 바울 곁에 서 있는
행 24:1　　닷새 후에 대제사장 **아나니아**가 어떤

아나돗(Anathoth)
　　　　1. 지명 : 베냐민 지파의 성읍
수 21:18　**아나돗**과 그 목초지와 알몬과 그 목초지

✝ 아나돗 1 – 기타 본문
　　삼하 23:27; 왕상 2:26; 대상 6:60; 11:28; 12:3;
　　27:12; 스 2:23; 느 7:27; 11:32; 사 10:30; 렘 1:1;
　　11:21, 23; 29:27; 32:7, 8, 9

　　　　2. 인 명
　　　　(1) 베겔의 아들
대상 7:8　　아비야와 **아나돗**과 알레멧이니 베겔의
　　　　(2) 아나돗 사람들의 지도자
느 10:19　하립, **아나돗**, 노배,

아나밈(Anamites) 미스라임의 아들 중 하나
창 10:13　미스라임은 루딤과 **아나밈**과 르하빔
대상 1:11　미스라임은 루딤과 **아나밈**과 르하빔

아나야(Anaiah) 에스라 오른쪽에 있던 사람
느 8:4　　맛디다와 스마와 **아나야**와 우리야와
느 10:22　블라댜, 하난, **아나야**,

아나하랏(Anaharath) 이스르엘 골짜기의 일부
수 19:19　하바라임과 시온과 **아나하랏**과

아낙(Anak) 아르바의 아들
수 15:13　아르바는 **아낙**의 아버지였더라
수 15:14　갈렙이 거기서 **아낙**의 소생 그 세 아들
수 21:11　**아낙**의 아버지 아르바의 성읍 유다 산지
삿 1:20　그가 거기서 **아낙**의 세 아들을 쫓아내

　'아낙' 과 관련된 성구
　　아낙 사람 – 수 11:21, 22; 14:12, 15
　　아낙 자손 – 민 13:22, 28, 33; 신 1:28;
　　　　　　　9:2
　　아낙 족속 – 신 2:10, 11, 21

아난(Anan) 느헤미야 때 언약서에 인친 사람
가운데 한 사람
느 10:26　아히야, 하난, **아난**,

아남멜렉(Anammelech) 스발와임 사람들이
섬겼던 우상
왕하 17:31　아드람멜렉과 **아남멜렉**에게 드렸으며

아납(Anab) 아낙 자손이 살던 유다 성읍
수 11:21　헤브론과 드빌과 **아납**과 유다 온 산지
수 15:50　**아납**과 에스드모와 아님과

아낫(Anath) 사사 삼갈의 아버지
삿 3:31　에훗 후에는 **아낫**의 아들 삼갈이 있어
삿 5:6　　**아낫**의 아들 삼갈의 날에 또는 야엘의

아내(wife)
모세오경
창 2:24　　남자가 부모를 떠나 그의 **아내**와 합하여
창 2:25　　아담과 그의 **아내** 두 사람이 벌거벗었
창 3:8　　아담과 그의 **아내**가 여호와 하나님의
창 3:17　　아담에게 이르시되 네가 네 **아내**의 말을
창 3:20　　아담이 그의 **아내**의 이름을 하와라 불렀
창 3:21　　여호와 하나님이 아담과 그의 **아내**를
창 4:1　　아담이 그의 **아내** 하와와 동침하매 하와
창 4:19　　라멕이 두 **아내**를 맞이하였으니 하나
창 4:25　　아담이 다시 자기 **아내**와 동침하매 그가

【 아내 】　　　　　　　　　　　　　　　　　　　　　　　　【 아내 】

창 6:2	자기들이 좋아하는 모든 여자를 **아내**로	창 26:11	이 사람이나 그의 **아내**를 범하는 자는
창 6:18	네 아들들과 네 **아내**와 네 며느리들과	창 26:34	엘론의 딸 바스맛을 **아내**로 맞이하였
창 7:7	아들들과 **아내**와 며느리들과 함께 홍수	창 27:46	헷 사람의 딸들 중에서 **아내**를 맞이하면
창 8:16	너는 네 **아내**와 네 아들들과 네 며느리	창 28:1	가나안 사람의 딸들 중에서 **아내**를 맞이
창 8:18	노아가 그 아들들과 그의 **아내**와 그	창 28:2	외삼촌 라반의 딸 중에서 **아내**를 맞이
창 12:5	아브람이 그의 **아내** 사래와 조카 롯과	창 28:6	밧단아람으로 보내어 거기서 **아내**를
창 12:11	그의 **아내** 사래에게 말하되 내가 알기	창 28:9	맞이하게 … 딸들 중에서 **아내**를 맞이
창 12:12	이는 그의 **아내**라 하여 나는 죽이고	창 29:21	느바욧의 누이인 마할랏을 **아내**로 맞이
창 12:18	어찌하여 그를 네 **아내**라고 내게 말하지	창 29:28	내 기한이 찼으니 내 **아내**를 내게 주소
창 12:19	**아내**를 삼게 … 네 **아내**가 여기 있으니	창 30:4	라반이 딸 라헬도 그에게 **아내**로 주고
창 12:20	그의 **아내**와 그의 모든 소유를 보내었	창 30:9	시녀 빌하를 남편에게 **아내**로 주매 야곱
창 13:1	아브람이 애굽에서 그와 그의 **아내**와	창 31:17	실바를 데려다가 야곱에게 주어 **아내**로
창 17:15	아브라함에게 이르시되 네 **아내** 사래	창 31:50	야곱이 일어나 자식들과 **아내**들을 낙타
창 17:19	하나님이 이르시되 아니라 네 **아내** 사라	창 32:22	내 딸들 외에 다른 **아내**들을 맞이하면
창 18:9	아브라함에게 이르되 네 **아내** 사라가	창 34:4	밤에 일어나 두 **아내**와 두 여종과 열한
창 18:10	네게로 돌아오리니 네 **아내** 사라에게	창 34:8	이 소녀를 내 **아내**로 얻게 하여 주소서
창 19:15	일어나 여기 있는 네 **아내**와 두 딸을	창 34:12	원하건대 그를 세겜에게 주어 **아내**로
창 19:16	그 사람들이 롯의 손과 그 **아내**의 손과	창 34:21	이 소녀만 내게 주어 **아내**가 되게 하라
창 20:2	그의 **아내** 사라를 자기 누이라 하였으	창 34:29	우리가 그들의 딸들을 **아내**로 데려오고
창 20:7	사람의 **아내**를 돌려보내라 그는 선지자	창 36:2	그들의 자녀와 그들의 **아내**들을 사로
창 20:11	**아내**로 말미암아 사람들이 나를 죽일까	창 36:6	아나의 딸 오홀리바마를 자기 **아내**로
창 20:12	나의 이복 누이로서 내 **아내**가 되었음	창 36:39	에서가 자기 **아내**들과 자기 자녀들과
창 20:13	내가 **아내**에게 말하기를 이 후로 우리	창 38:6	그 도성 이름은 바우며 그의 **아내**의
창 20:14	아브라함에게 주고 그의 **아내** 사라도	창 38:14	유다가 장자 엘을 위하여 **아내**를 데려
창 20:17	하나님이 아비멜렉과 그의 **아내**와 여종	창 39:9	그의 **아내**로 주지 않음으로 말미암음
창 21:21	그를 위하여 애굽 땅에서 **아내**를 얻어	창 39:19	당신뿐이니 당신은 그의 **아내**임이라
창 23:19	후에 아브라함이 그 **아내** 사라를 가나안	창 41:45	주인이 자기 **아내**가 자기에게 이르기를
창 24:3	딸 중에서 내 아들을 위하여 **아내**를	창 44:27	아스낫을 그에게 주어 **아내**로 삼게 하니
창 24:4	가서 내 아들 이삭을 위하여 **아내**를	창 45:19	너희도 알거니와 내 **아내**가 내게 두
창 24:7	거기서 내 아들을 위하여 **아내**를 택할	창 49:31	수레를 가져다가 너희 자녀와 **아내**를
창 24:37	가나안 족속의 딸들 중에서 **아내**를 택하	출 4:20	그의 **아내** 사라가 … **아내** 리브가도
창 24:38	내 아들을 위하여 **아내**를 택하라 하시	출 6:20	모세가 그의 **아내**와 아들들을 나귀에
창 24:40	내 아들을 위하여 **아내**를 택할 것이니	출 6:23	아버지의 누이 요게벳을 **아내**로 맞이
창 24:51	그를 당신의 주인의 아들의 **아내**가 되게	출 6:25	나손의 누이 엘리세바를 **아내**로 맞이
창 24:67	그를 맞이하여 **아내**로 삼고 사랑하였	출 18:2	엘르아살은 부디엘의 딸 중에서 **아내**를
창 25:10	아브라함과 그의 **아내** 사라가 거기 장사	출 18:5	모세가 돌려보냈던 그의 **아내** 십보라와
창 25:20	사십 세에 리브가를 맞이하여 **아내**를	출 18:6	모세의 아들들과 그의 **아내**와 더불어
창 25:21	이삭이 그의 **아내**가 임신하지 못하므로	출 21:3	나 이드로가 네 **아내**와 그와 함께한
창 26:7	그 곳 사람들이 그의 **아내**에 대하여 …	출 21:4	장가들었으면 그의 **아내**도 그와 함께
	죽일까 하여 그는 내 **아내**라 하기를	출 22:16	만일 상전이 그에게 **아내**를 주어 그의
창 26:8	이삭이 그 **아내** 리브가를 껴안은 것을	출 22:24	**아내**가 아들이나 … 그의 **아내**와 그의
창 26:9	그가 분명히 네 **아내**거늘 어찌 네 누이		동침하였으면 납폐금을 주고 **아내**로
창 26:10	백성 중 하나가 네 **아내**와 동침할 뻔		칼로 너희를 죽이리니 너희 **아내**는

1539

【 아내 】

출 32:2	그들에게 이르되 너희의 **아내**와 자녀		**역사서, 시가서**
출 34:16	딸들을 네 아들들의 **아내**로 삼으므로	수 15:16	내 딸 악사를 **아내**로 주리라 하였더니
레 18:14	아버지 형제의 **아내**를 가까이 하여 그	수 15:17	자기 딸 악사를 그에게 **아내**로 주었더라
레 18:15	네 아들의 **아내**이니 그의 하체를 범하지	삿 1:12	점령하는 자에게는 내 딸 악사를 **아내**로
레 18:16	너는 네 형제의 **아내**의 하체를 범하지	삿 1:13	갈렙이 그의 딸 악사를 그에게 **아내**로
레 18:18	너는 **아내**가 생존할 동안에 그의 자매	삿 3:6	그들의 딸들을 맞아 **아내**로 삼으며 자기
레 20:14	누구든지 **아내**와 자기의 장모를 함께	삿 8:30	기드온이 **아내**가 많으므로 그의 몸에서
레 20:21	누구든지 그의 형제의 **아내**를 데리고	삿 13:2	그의 **아내**가 임신하지 못하므로 출산
레 21:13	그는 처녀를 데려다가 **아내**를 삼을지니	삿 13:11	마노아가 일어나 **아내**를 따라가서 그
레 21:14	자기 백성 중에서 처녀를 취하여 **아내**를	삿 13:19	이적이 일어난지라 마노아와 그의 **아내**
민 5:12	어떤 사람의 **아내**가 탈선하여 남편에	삿 13:20	마노아와 그의 **아내**가 그것을 보고 그들
민 5:14	그 **아내**를 의심하였는데 그의 **아내**가	삿 13:21	여호와의 사자가 마노아와 그의 **아내**
	… 그 **아내**를 의심하였으나 그의 **아내**가	삿 13:22	그의 **아내**에게 이르되 우리가 하나님
민 5:15	그의 **아내**를 데리고 제사장에게로 가서	삿 13:23	그의 **아내**가 그에게 이르되 여호와께서
민 5:29	이는 의심의 법이니 **아내**가 그의 남편	삿 14:2	이제 그를 맞이하여 내 **아내**로 삼게
민 5:30	남편이 의심이 생겨서 자기의 **아내**를	삿 14:3	블레셋 사람에게 가서 **아내**를 맞으려
민 30:14	**아내**의 서원 … 그의 **아내**에게 아무	삿 14:17	그의 **아내**가 그 앞에서 울며 … 그의
민 30:15	그것을 무효하게 하면 그가 **아내**의 죄를		**아내**에게 수수께끼를 … 그의 **아내**가
민 30:16	명령하신 규례니 남편이 **아내**에게,	삿 15:1	그의 **아내**에게로 … 들어가 내 **아내**를
민 32:26	어린 아이들과 **아내**와 양 떼와 모든	삿 15:2	그를 대신하여 동생을 **아내**로 맞이하라
민 36:3	다른 지파들의 남자들의 **아내**가 되면	삿 21:1	딸을 베냐민 사람에게 **아내**로 주지 아니
민 36:8	조상 지파의 종족되는 사람의 **아내**가	삿 21:7	우리가 어떻게 하면 **아내**를 얻게 하리
민 36:11	다 그들의 숙부의 아들들의 **아내**가 되니		요… 우리의 딸을 그들의 **아내**로 주지
민 36:12	므낫세 자손의 종족 사람의 **아내**가 되었	삿 21:16	남은 자들에게 어떻게 하여야 **아내**를
신 17:17	그에게 **아내**를 많이 두어 그의 마음이	삿 21:18	우리의 딸을 그들의 **아내**로 주지 못하
신 21:11	여자를 보고 그에게 연연하여 **아내**를		리니… 딸을 베냐민에게 **아내**로 주는
신 21:13	그의 남편이 되고 그는 네 **아내**가 될	삿 21:21	하나를 붙들어 가지고 자기의 **아내**로
신 21:15	어떤 사람이 두 **아내**를 두었는데 하나	삿 21:22	각 사람을 위하여 그의 **아내**를 얻어
신 22:13	누구든지 **아내**를 맞이하여 그에게 들어	삿 21:23	자기들의 숫자대로 붙들어 **아내**로 삼아
신 22:16	내 딸을 이 사람에게 **아내**로 주었더니	룻 1:1	베들레헴에 한 사람이 그의 **아내**와 두
신 22:19	남자가 평생에 버릴 수 없는 **아내**가	룻 1:2	그의 **아내**의 이름은 나오미요 그의 두
신 22:29	오십 세겔을 주고 그 처녀를 **아내**로	룻 1:4	모압 여자 중에서 그들의 **아내**를 맞이
신 24:1	사람이 **아내**를 맞이하여 데려온 후에	룻 4:5	그 밭을 사는 날에 곧 죽은 자의 **아내**
신 24:2	그의 집에서 나가서 다른 사람의 **아내**	룻 4:10	말론의 **아내** 모압 여인 … 나의 **아내**로
신 24:3	그를 **아내**로 맞이한 둘째 남편이 죽었	룻 4:13	보아스가 룻을 맞이하여 **아내**로 삼고
신 24:4	내보낸 전남편이 그를 다시 **아내**로 맞이	삼상 1:2	그에게 두 **아내**가 있었으니 한 사람의
신 24:5	새로이 **아내**를 … 맞이한 **아내**를 즐겁게	삼상 1:4	제물의 분깃을 그의 **아내** 브닌나와 그의
신 25:5	그 죽은 자의 **아내**는 나가서 타인에게	삼상 1:19	그의 **아내** 한나와 동침하매 여호와께서
	시집가지 말 것이요 … **아내**로 삼아	삼상 2:20	엘리가 엘가나와 그의 **아내**에게 축복
신 25:7	형제의 **아내** 맞이하기를 … **아내**는 그	삼상 18:17	맏딸 메랍을 네게 **아내**로 주리라 오직
신 25:9	형제의 **아내**가 장로들 앞에서 그에게	삼상 18:19	므홀랏 사람 아드리엘에게 **아내**로 주었
신 25:11	사람이 서로 싸울 때에 한 사람의 **아내**	삼상 18:27	그의 딸 미갈을 다윗에게 **아내**로 주었
신 29:11	유아들과 너희의 **아내** 및 네 진중에	삼상 25:3	그 사람의 이름은 나발이요 그의 **아내**의

【 아내 】

삼상 25:37	나발이 포도주에서 깬 후에 그의 **아내**가
삼상 25:39	다윗이 아비가일을 자기 **아내**로 삼으
삼상 25:40	다윗이 당신을 **아내**로 삼고자 하여 우리
삼상 25:43	아히노암을 **아내**로 … 그의 **아내**가 되니
삼상 27:3	다윗이 그의 두 **아내** 이스르엘 여자
삼상 30:3	성읍이 불탔고 자기들의 **아내**와 자녀
삼상 30:18	모든 것을 도로 찾고 그의 두 **아내**를
삼하 11:27	그가 그의 **아내**가 되어 그에게 아들을
삼하 12:9	그의 **아내**를 빼앗아 네 **아내**로 삼았도다
삼하 12:11	네 **아내**를 빼앗아 네 이웃들에게 주리니 그 사람들이 네 **아내**들과 더불어
삼하 12:24	그의 **아내** 밧세바를 위로하고 그에게
왕상 2:17	아비삭을 내게 주어 **아내**를 삼게 하소서
왕상 2:21	아비삭을 아도니야에게 주어 **아내**로
왕상 4:11	그는 솔로몬의 딸 다밧을 **아내**로 삼았
왕상 4:15	솔로몬의 딸 바스맛을 **아내**로 삼았으며
왕상 11:19	다브네스의 아우를 그의 **아내**로 삼으매
왕상 16:31	엣바알의 딸 이세벨을 **아내**로 삼고 가서
왕상 20:3	은금은 내 것이요 네 **아내**들과 네 자녀
왕상 20:5	너는 네 은금과 **아내**들과 자녀들을 내게
왕상 20:7	내 **아내**들과 내 자녀들과 내 은금을
왕상 21:2	그를 그의 **아내** 이세벨이 충동하였음
왕상 21:5	그의 **아내** 이세벨이 그에게 나아와 이르
왕상 21:7	그의 **아내** 이세벨이 그에게 이르되 왕이
왕하 4:1	선지자의 제자들의 **아내** 중의 한 여인
왕하 8:18	아합의 딸이 그의 **아내**가 되었음이라
왕하 14:9	네 딸을 내 아들에게 주어 **아내**로 삼게

'아내'와 관련된 성구

남의 아내 – 레 20:10; 잠 6:29
다투는 아내 – 잠 19:13
믿음의 자매 된 아내 – 고전 9:5
서약한 아내 – 말 2:14
슬기로운 아내 – 잠 19:14
아버지의 아내 – 창 37:2; 레 18:8, 11; 20:11; 신 22:30; 27:20; 고전 5:1
어려서 맞이한 아내 – 말 2:14, 15
이웃의 아내 – 출 20:17; 레 18:20; 20:10; 신 5:21; 22:24; 렘 5:8; 29:23; 겔 18:6, 11, 15; 22:11; 33:26
젊어서 취한 아내 – 잠 5:18
주인의 아내 – 창 24:36; 39:7, 8; 삼하 12:8
품의 아내 – 신 13:6; 28:54

왕하 24:15	왕의 어머니와 왕의 **아내**들과 내시들
대상 1:50	도성 이름은 바이요 그의 **아내**의 이름은
대상 2:18	헤스론의 아들 갈렙이 그의 **아내** 아수바
대상 2:24	죽은 후에 그의 **아내** 아비야가 그로
대상 2:26	여라므엘이 다른 **아내**가 있었으니 이름
대상 2:35	딸을 그 종 야르하에게 주어 **아내**를
대상 4:18	메렛이 **아내**로 맞은 바로의 딸 비디아의 아들들이며 또 그의 **아내** 여후디야
대상 7:14	므낫세의 아들들은 그의 **아내**가 낳아
대상 7:23	에브라임이 그의 **아내**와 동침하매 임신
대상 8:8	사하라임은 두 **아내** 후심과 바아라를
대상 8:9	그의 **아내** 호데스에게서 낳은 자는 요밥
대상 8:11	그의 **아내** 후심에게서 아비둡과 엘바알
대상 8:29	기브온에 거주하였으니 그 **아내**의 이름
대상 9:35	기브온에 거주하였으니 그의 **아내**의
대상 14:3	다윗이 예루살렘에서 또 **아내**들을 맞아 … 내 **아내**가 이스라엘 왕 다윗의
대하 11:18	여리못의 딸 마할랏을 **아내**로 삼았으니
대하 11:21	르호보암은 **아내** 열여덟 명과 첩 예순
대하 11:23	양식을 후히 주고 **아내**를 많이 구하여
대하 13:21	아비야는 점점 강성하며 **아내** 열넷을
대하 20:13	유다 모든 사람들이 그들의 **아내**와 자녀
대하 21:6	이는 아합의 딸이 그의 **아내**가 되었음
대하 21:14	네 백성과 네 자녀들과 네 **아내**들과
대하 21:17	재물과 그의 아들들과 **아내**들을 탈취
대하 24:3	여호야다가 그를 두 **아내**에게 장가들게
대하 25:18	딸을 내 아들에게 주어 **아내**로 삼게
대하 28:8	그들의 형제 중에서 그들의 **아내**와 자녀
대하 29:9	우리의 자녀와 **아내**들이 사로잡혔느
대하 31:18	회중의 어린 아이들 **아내**들 자녀들에
스 2:61	바르실래의 딸 중의 한 사람을 **아내**로
스 9:2	그들의 딸을 맞이하여 **아내**와 며느리로
스 10:2	이 땅 이방 여자를 맞이하여 **아내**로
스 10:3	가르침을 따라 이 모든 **아내**와 그들의
스 10:10	이방 여자를 **아내**로 삼아 이스라엘의
스 10:17	이방 여인을 **아내**로 맞이한 자의 일
스 10:18	제사장의 무리 중에 이방 여인을 **아내**로
스 10:19	손을 잡아 맹세하여 그들의 **아내**를 내
스 10:44	이상은 모두 이방 여인을 **아내**로 맞이
느 4:14	형제와 자녀와 **아내**와 집을 위하여 싸우
느 5:1	그 때에 백성들이 그들의 **아내**와 함께
느 6:18	베레갸의 아들 므술람의 딸을 **아내**로
느 7:63	바르실래의 딸 중의 하나로 **아내**를 삼고

1541

[아내]　　　　　　　　　　　　　　　　　　　　　　　　　　　　　　　[아내]

느 10:28	율법을 준행하는 모든 자와 그들의 **아내**
느 13:23	암몬과 모압 여인을 맞아 **아내**로 삼았
느 13:27	너희가 이방 여인을 **아내**로 맞아 이
에 5:10	친구들과 그의 **아내** 세레스를 청하여
에 5:14	**아내** 세레스와 모든 친구들이 이르되
에 6:13	**아내** 세레스와 … 그의 **아내** 세레스가
욥 2:9	**아내**가 그에게 이르되 당신이 그래도
욥 19:17	내 **아내**도 내 숨결을 싫어하며 내 허리
욥 31:10	내 **아내**가 타인의 맷돌을 돌리며 타인과
시 109:9	자녀는 고아가 되고 그의 **아내**는 과부가
시 128:3	네 집 안방에 있는 네 **아내**는 결실한
전 9:9	모든 헛된 날에 네가 사랑하는 **아내**와

선지서

사 8:3	내 **아내**를 가까이하매 그가 임신하여
사 13:16	집은 노략을 당하겠고 그들의 **아내**는
사 54:6	근심하는 **아내** 곧 어릴 때에 **아내**가
렘 3:1	그의 **아내**를 버리므로 … 타인의 **아내**가
렘 3:20	이스라엘 족속아 마치 **아내**가 그의 남편
렘 6:11	남편과 **아내**와 나이 든 사람과 늙은이가
렘 6:12	집과 밭과 **아내**가 타인의 소유로 이전
렘 8:10	내가 그들의 **아내**를 타인에게 주겠고
렘 14:16	그들의 **아내**와 아들과 딸이 그렇게 되리
렘 16:2	너는 이 땅에서 **아내**를 맞이하지 말며
렘 18:21	칼의 세력에 넘기시며 그들의 **아내**들은

렘 29:6	**아내**를 맞이하여 … 아들이 **아내**를 맞이
렘 35:8	우리와 우리 **아내**와 자녀가 평생 동안
렘 38:23	네 **아내**들과 자녀는 갈대아인에게로
렘 44:9	너희의 악행과 너희 **아내**들의 악행과
렘 44:15	자기 **아내**들이 다른 신들에게 분향하는
렘 44:25	너희와 너희 **아내**들이 입으로 말하고
겔 16:32	남자들과 내통하여 간음하는 **아내**로다
겔 24:18	저녁에 내 **아내**가 죽었으므로 아침에
호 2:2	논쟁하고 논쟁하라 그는 내 **아내**가 아니
호 12:12	이스라엘이 **아내**를 얻기 위하여 사람 을 섬기며 **아내**를 얻기 위하여 양을
암 7:17	네 **아내**는 성읍 가운데서 창녀가 될 것
슥 12:12	그들의 **아내**들이 따로 하며 나단의 족속이 따로 하고 그들의 **아내**들이 따로
슥 12:13	그들의 **아내**들이 따로 하며 시므이의 족속이 따로 하고 그들의 **아내**들이 따로
슥 12:14	각기 따로 하고 그들의 **아내**들이 따로

복음서, 역사서

마 1:20	다윗의 자손 요셉아 네 **아내** 마리아
마 1:24	사자의 분부대로 행하여 그의 **아내**
마 5:31	일렀으되 누구든지 **아내**를 버리려거든
마 5:32	누구든지 음행한 이유 없이 **아내**를 버리
마 18:25	주인이 명하여 그 몸과 **아내**와 자식들과
마 19:3	사람이 어떤 이유가 있으면 그 **아내**를

성경에 나오는 '아내'

구사의 아내 – 눅 8:3
글로바의 아내 – 요 19:25
길르앗의 아내 – 삿 11:2
나발의 아내 – 삼상 25:14; 27:3; 30:5; 삼하 2:2; 3:3
나아만의 아내 – 왕하 5:2
나홀의 아내 – 창 11:29; 22:23; 24:15
노아의 아내 – 창 7:13
다윗의 (두) 아내 – 삼상 19:11; 25:42, 44; 30:5; 삼하 3:5; 대상 3:3
라멕의 아내 – 창 4:23
랍비돗의 아내 – 삿 4:4
롯의 아내 – 창 19:26
마길의 아내 – 대상 7:16
말론의 아내 – 룻 4:10
비느하스의 아내 – 삼상 4:19
빌립의 아내 – 마 14:3; 막 6:17

사울의 아내 – 삼상 14:50
살룸의 아내 – 왕하 22:14; 대하 34:22
삼손의 아내 – 삿 14:15, 16, 20; 15:6
솔로몬의 아내 – 왕상 9:16
아브라함의 아내 – 창 11:29, 31; 12:17; 16:1, 3; 20:18
아비술의 아내 – 대상 2:29
아스훌의 두 아내 – 대상 4:5
야곱의 아내 – 창 46:19
에서의 아내 – 창 36:10, 12, 13, 14, 17, 18
여로보암의 아내 – 왕상 14:2, 4, 5, 6, 17
여호야다의 아내 – 대하 22:11
우리아/우리야의 아내 – 삼하 11:3, 26; 12:10, 15; 마 1:6
유다의 아내 – 창 38:12
헤벨의 아내 – 삿 4:17, 21; 5:24
호디야의 아내 – 대상 4:19

【 아내 】 　　　　　　　　　　　　　　　　　　　　　　　【 아니 】

마 19:5	사람이 그 부모를 떠나서 **아내**에게 합하	고전 7:16	고 믿지 아니하는 **아내**가 남편으로 말미
마 19:8	마음의 완악함 때문에 **아내** 버림을 허락		**아내** 된 자여 네가 남편을 구원할는지
마 19:9	누구든지 음행한 이유 외에 **아내**를 버리		… 남편 된 자여 네가 네 **아내**를 구원
마 19:10	만일 사람이 **아내**에게 이같이 할진대	고전 7:27	네가 **아내**에게 매였느냐 놓이기를 구
마 22:24	동생이 그 **아내**에게 장가들어 형을 위		하지 말며 **아내**에게서 놓였느냐 **아내**를
마 22:25	상속자가 없으므로 그 **아내**를 그 동생	고전 7:29	이 후부터 **아내** 있는 자들은 없는 자
마 22:28	부활 때에 일곱 중의 누구의 **아내**가	고전 7:33	세상 일을 염려하여 어찌하여야 **아내**를
마 27:19	총독이 재판석에 앉았을 때에 그의 **아내**	엡 5:22	**아내**들이여 자기 남편에게 복종하기를
막 6:18	헤롯에게 말하되 동생의 **아내**를 취한	엡 5:23	이는 남편이 **아내**의 머리 됨이 그리스도
막 10:2	시험하여 묻되 사람이 **아내**를 버리는	엡 5:24	교회가 그리스도에게 하듯 **아내**들도
막 10:11	이르시되 누구든지 그 **아내**를 버리고	엡 5:25	남편들아 **아내** 사랑하기를 그리스도
막 10:12	또 **아내**가 남편을 버리고 다른 데로	엡 5:28	이와 같이 남편들도 자기 **아내** 사랑하
막 12:19	형이 자식이 없이 **아내**를 두고 죽으면		기를 … 자기 **아내**를 사랑하는 자는
	그 동생이 그 **아내**를 취하여 형을 위하	엡 5:31	사람이 부모를 떠나 그의 **아내**와 합하여
막 12:20	칠 형제가 있었는데 맏이가 **아내**를 취하	엡 5:33	각각 자기의 **아내** 사랑하기를 자신같
막 12:23	일곱 사람이 다 그를 **아내**로 취하였으		이 하고 **아내**도 자기 남편을 존경하라
	니 … 그 중의 누구의 **아내**가 되리이까	골 3:18	**아내**들아 남편에게 복종하라 이는 주 안
눅 1:5	이름은 사가랴요 그의 **아내**는 아론의	골 3:19	남편들아 **아내**를 사랑하며 괴롭게 하지
눅 1:13	간구함이 들린지라 네 **아내** 엘리사벳이	살전 4:4	거룩함과 존귀함으로 자기의 **아내** 대할
눅 1:18	어떻게 알리요 내가 늙고 **아내**도 나이가	딤전 3:2	감독은 책망할 것이 없으며 한 **아내**의
눅 1:24	그의 **아내** 엘리사벳이 잉태하고 다섯	딤전 3:12	집사들은 한 **아내**의 남편이 되어 자녀와
눅 3:19	헤롯은 그의 동생의 **아내** 헤로디아의	딤전 5:9	덜 되지 아니하고 한 남편의 **아내**였던
눅 16:18	무릇 자기 **아내**를 버리고 다른 데 장가	딛 1:6	책망할 것이 없고 한 **아내**의 남편이며
눅 18:29	하나님의 나라를 위하여 집이나 **아내**나	벧전 3:1	**아내**들아 이와 같이 자기 남편에게 순
눅 20:28	어떤 사람의 형이 **아내**를 두고 자식이		종하라 … 그 **아내**의 행실로 말미암아
	… 그 동생이 그 **아내**를 취하여 형을	벧전 3:7	지식을 따라 너희 **아내**와 동거하고 그를
눅 20:29	칠 형제가 있었는데 맏이가 **아내**를 취하	계 19:7	혼인 기약이 이르렀고 그의 **아내**가 자신
눅 20:33	일곱이 다 그를 **아내**로 취하였으니 부		
	활 때에 그 중에 누구의 **아내**가 되리	**아넬**(Aner)	
행 5:1	아나니아라 하는 사람이 그의 **아내**	**1. 아브라함과 동맹한 세 형제 중 한 명**	
행 5:2	그 값에서 얼마를 감추매 그 **아내**도	창 14:13	마므레는 에스골의 형제요 또 **아넬**이
행 5:7	세 시간쯤 지나 그의 **아내**가 그 일어난	창 14:24	나와 동행한 **아넬**과 에스골과 마므레는
행 18:2	한 고로 그가 그 **아내** 브리스길라와	**2. 그핫 자손에게 주어진 성읍**	
행 24:24	벨릭스가 그 **아내** 유대 여자 드루실라와	대상 6:70	므낫세 반 지파 중에서 **아넬**과 그 초원
서신서, 예언서			
고전 7:2	남자마다 자기 **아내**를 두고 여자마다	**아넴**(Anem) 레위 지파 성읍 중 하나	
고전 7:3	남편은 그 **아내**에 대한 의무를 다하고	대상 6:73	라못과 그 초원과 **아넴**과 그 초원을
	아내도 그 남편에게 그렇게 할지라		
고전 7:4	**아내**는 자기 몸을 … 오직 그 **아내**가	**아눕**(Anub) 유다 자손 중 고스의 아들	
고전 7:11	화합하든지 하라) 남편도 **아내**를 버리지	대상 4:8	고스는 **아눕**과 소베바와 하룸의 아들
고전 7:12	어떤 형제에게 믿지 아니하는 **아내**가		
고전 7:13	믿지 아니하는 남편이 있어 **아내**와 함께	**아니**(Arni) 예수님의 직계 조상으로 람과 동일인	
고전 7:14	남편이 **아내**로 말미암아 거룩하게 되	눅 3:33	그 위는 아미나답이요 그 위는 **아니**요

1543

【 아니/-다/-하다 】　　　　　　　　　　　　　【 아니/-다/-하다 】

아니/-다/-하다(not, no, never)
창 2:5　　밭에는 채소가 나지 **아니**하였으며
창 15:4　　그 사람이 네 상속자가 **아니**라 네 몸
욥 23:8　　앞으로 가도 그가 **아니** 계시고 뒤로

아니 – 기타 본문

모세오경 창 2:18, 25; 4:5, 7, 12, 15; 5:24; 6:3; 8:12, 21, 22; 9:11, 15, 23; 12:18; 13:9; 14:23; 15:3, 10, 16; 16:2; 17:5, 12, 14, 19; 18:15, 18, 24, 25, 28, 29, 30, 31, 32; 19:2, 8, 20, 21; 20:4, 5, 6, 7, 9; 21:23, 26; 22:12, 16; 24:5, 6, 8, 16, 27, 33, 39, 41, 49; 26:22, 29; 27:36; 28:15; 29:7, 25, 26; 30:1, 33, 42; 31:2, 5, 20, 27, 38, 39, 42, 52; 32:26, 28, 32; 33:10; 34:14, 17, 19; 37:13, 35; 38:9, 26; 39:6, 8, 9, 10, 23; 40:8, 15; 41:16, 21, 36; 42:2, 4, 10, 11, 12, 15, 16, 20, 21, 22, 31, 34, 37; 43:3, 5, 8, 9, 10; 44:5, 7, 17, 23, 26, 30, 32, 34; 45:8; 47:18, 19, 22, 26, 29; 48:17, 19; 49:10; 50:15; 출 1:19; 3:2, 3, 19, 21; 4:1, 8, 9, 11, 14, 21; 5:2, 10, 11, 14, 16, 23; 6:3, 9, 12; 7:4, 13, 16, 22, 23; 8:15, 19, 21, 26, 31, 32; 9:4, 6, 7, 12, 17, 21, 28, 29, 30, 32, 33, 35; 10:3, 12, 15, 19, 20, 27, 29; 11:7, 9, 10; 12:13, 19, 30; 13:7, 13, 15, 17, 22; 14:12, 13, 28; 15:26; 16:4, 8, 20, 24, 28; 17:12; 20:7; 21:8, 11, 13, 29, 33, 36; 22:8, 11, 13, 14, 15, 16; 23:7, 21, 29; 24:11; 28:35, 43; 32:14, 18, 32; 33:3, 4, 11, 12, 15, 16; 34:7, 10, 20, 28; 40:37; 레 5:1; 10:1, 17, 18; 11:4, 5, 6, 26, 36; 13:4, 5, 6, 12, 23, 26, 28, 31, 32, 34, 53, 55; 14:48; 15:11; 17:4, 9, 16; 19:17, 20; 20:4, 22; 21:3; 22:6; 23:29; 25:5, 11, 30, 31, 33; 26:6, 11, 14, 15, 18, 20, 21, 23, 26, 27, 31, 41, 44; 27:20, 27; 민 1:47; 2:33; 5:13, 14; 7:9; 8:25, 26; 9:13, 19, 22; 10:30; 11:10, 11, 17, 19, 25, 26; 12:2, 7, 8, 15; 13:28; 14:3, 18, 22, 42, 43, 44; 16:14, 15, 29; 18:5, 9, 32; 19:2, 12, 13, 15, 20; 20:12, 17, 21; 21:22, 23, 35; 22:13, 30, 33, 34, 37; 23:12, 19, 21, 24, 26; 24:1, 12, 13; 26:11, 62, 65; 27:3, 14; 30:5, 8, 14; 31:18, 35, 49; 32:11, 18, 19, 23, 30; 33:55; 34:17; 35:33; 36:9; 신 1:26, 42, 43; 2:5, 9, 19, 27, 30, 34; 3:3, 4, 11, 26; 4:31; 5:3, 11, 22; 6:10, 11; 7:7, 10; 8:3, 4, 11, 20; 9:5, 6, 9, 18, 23; 10:10, 13, 17; 11:10, 17, 28, 30; 13:16; 14:7; 15:6, 9, 11, 16; 17:3, 12, 13, 20; 18:14, 19,

20, 22; 19:6, 10, 15, 20; 20:15; 21:3, 7, 14, 18, 20; 22:24, 28; 23:3, 5, 10, 14, 22; 24:1; 25:7, 8, 9, 18; 26:13, 14; 27:26; 28:12, 14, 15, 45, 47, 50, 51, 55, 56, 58, 61, 62, 68; 29:4, 5, 14, 15, 20, 23, 26; 30:11, 12, 13, 17; 31:6, 8, 17, 21; 32:5, 6, 17, 18, 27, 30, 31, 34, 47, 51; 33:6, 9; 34:7 **역사서** 수 1:5, 9, 18; 2:14; 5:6, 14; 6:18; 7:12; 8:17, 26, 31, 33, 35; 9:14; 10:13, 28, 30, 33, 37, 39, 40; 11:8, 11, 13, 14, 15, 22; 13:13, 33; 14:3, 4; 16:10; 17:13, 17; 20:9; 22:3, 18, 19, 20, 23, 26, 28, 29, 31, 33; 23:13, 14; 24:10, 12, 13, 16, 19, 21; 삿 1:28 34; 2:1, 2, 3, 17, 19, 20, 21, 22, 23; 3:22, 25; 4:6, 8, 14; 5:18, 23; 6:4, 10, 11, 13, 14, 21, 23; 7:2, 14; 8:1, 2, 19, 23, 34, 35; 9:15, 20, 28, 38; 10:6, 11, 13; 11:7, 15, 17, 18, 20, 24, 26, 27, 28; 12:1, 2, 3, 5; 13:6, 9, 16, 21, 23; 14:3, 6, 9, 15, 16, 18; 15:2, 5, 12, 13; 16:7, 8, 11, 15, 17; 18:7; 19:10, 12, 23, 25, 30; 20:13; 21:1, 5, 7, 8, 22; 룻 1:10, 13; 2:20, 22; 3:2, 10, 13, 18; 4:4, 10, 14; 삼상 1:7, 8, 11, 13, 15, 22; 2:5, 14, 15, 16, 24, 25, 27, 28, 30, 33; 3:3, 5, 6, 7, 13, 18; 4:20; 5:5, 12; 6:3, 6, 7, 9, 12; 8:3, 5, 6, 7, 18, 19; 9:13, 20, 21; 10:1, 16, 27; 11:7; 12:4, 12, 14, 15, 17, 22, 23; 13:8, 11, 13, 14; 14:1, 6, 30, 37, 39, 45; 15:9, 11, 17, 19, 26, 29, 35; 16:7, 8, 9, 10, 11; 17:8, 47; 18:2, 25; 19:4, 5, 6, 11; 20:2, 3, 9, 13, 14, 26, 27, 29, 34, 37; 21:4, 5, 11; 22:14, 15, 17; 23:14, 19; 24:10, 11, 13, 18, 21; 25:7, 19, 34, 36; 26:1, 14, 15, 16, 21, 23; 27:4, 9, 11; 28:6, 10, 15, 18, 21, 23; 29:3, 4, 5, 6; 30:2, 15, 22; 31:4; 삼하 1:14, 21, 22, 23; 2:21, 27, 28; 3:8, 9, 13, 22, 29, 34, 37; 4:11; 6:10; 7:6, 7, 11, 15; 10:3, 19; 11:3, 9, 10, 11, 13, 21; 12:4, 6, 10, 13, 17, 18, 23; 13:4, 12, 13, 14, 16, 18, 22, 25, 26, 28, 30; 14:7, 11, 14, 29; 15:3, 14, 26, 27, 35; 16:17, 18, 19; 17:6, 7, 8, 12, 13; 18:3, 11, 12, 16; 19:7, 13, 21, 23, 24, 25, 28, 43; 20:3, 10, 20, 21; 21:2, 4; 22:22, 23, 37, 38, 42; 23:5, 16, 17, 19; 24:14, 24; 왕상 1:1, 4, 8, 10, 13, 19, 26, 27, 52; 2:4, 8, 17, 20, 22, 23, 26, 28, 30, 42, 43; 3:2, 11, 13, 21, 22, 23; 6:6, 7; 7:3, 18; 7:31; 47; 8:8, 16, 25, 41, 46, 56; 9:5, 6, 12, 22; 10:7, 10, 21; 11:4, 6, 11, 12, 13, 33, 34, 39, 41; 12:15; 16; 13:8, 10, 16, 21, 28, 33; 14:8, 29; 15:3, 5, 7, 14, 23, 29, 31; 16:5,

【 아니/-다/-하다 】

11, 14, 20, 27; 17:1, 7, 14, 16; 18:10, 13, 18, 21, 44; 19:2, 11, 12, 18; 20:28, 36, 39; 21:4, 5, 6, 15, 29; 22:3, 7, 8, 18, 28, 39, 43, 45, 49; 왕하 1:18; 2:2, 4, 6, 10, 12, 18; 3:2, 3, 13, 14; 4:16, 23, 24, 27, 28, 30, 31; 5:12, 13, 16, 17, 20, 25, 26; 6:11, 12, 19, 27, 32; 7:9; 8:19, 23; 9:12, 18, 20; 10:5, 10, 11, 14, 19, 29, 31, 34; 11:2; 12:3, 6, 7, 8, 13, 15, 16, 19; 13:2, 6, 7, 8, 11, 12, 23; 14:3, 4, 6, 11, 15, 18, 24, 27, 28; 15:4, 6, 9, 16, 18, 20, 21, 24, 28, 35, 36; 16:2, 19; 17:2, 4, 14, 19, 22, 25, 34, 40; 18:6, 7, 12, 22, 25, 27, 30, 32, 36; 19:10, 18; 20:10, 13, 15, 17, 19, 20; 21:8, 9, 17, 22, 25; 22:2, 13, 17; 23:26, 28; 24:4, 5; 25:30; 대상 1:33; 7:19; 9:33; 10:4, 13, 14; 11:18, 19; 12:33; 13:3; 15:13; 16:21, 30; 17:5, 6, 9, 10, 13; 19:3, 19; 21:3, 6, 13, 17, 24; 22:18; 23:11; 26:10; 27:23, 24; 28:20; 29:1; 대하 1:11; 5:9, 11; 6:5, 16, 36; 7:13, 18; 8:9, 15; 9:6, 20, 29; 10:15, 16; 12:7, 12, 14, 15; 13:5, 9, 10; 15:13, 17; 16:7, 8, 12; 17:3, 4; 18:6, 7, 17, 27; 20:6, 7, 10, 12, 15, 32, 33; 21:7, 12, 17, 19, 20; 23:8; 24:5, 6, 19, 22, 25; 25:2, 4, 7, 16, 20, 26; 26:18; 27:2; 28:1, 20, 27; 29:7; 30:9, 18; 32:11, 12, 25, 26; 33:10, 23; 34:2, 21, 25, 33; 35:21, 22; 36:12, 13, 17; 스 4:13; 7:26; 9:1, 9, 14; 10:6, 8, 13; 느 1:7; 2:12, 16; 3:5; 4:23; 5:9, 12, 13, 14, 15, 16, 18; 6:1, 12; 9:16, 17, 19, 21, 26, 29, 30, 31, 34, 35; 10:30, 39; 13:2, 6, 10, 18, 21, 25, 26; 에 1:15, 16, 17; 2:10, 14, 15, 20; 3:2, 4, 5, 8; 4:4, 11; 5:9, 13; 6:1, 3, 14; 9:10, 15, 16, 27; 10:2 시가서 욥 1:10, 22; 2:10; 3:10, 11, 13, 18, 21; 4:2, 6, 18, 21; 5:6, 21; 6:10, 13, 21, 28; 7:1, 8, 11, 16, 19, 21; 8:10, 20; 9:13, 16, 21, 24, 32, 34, 35; 10:10, 14, 18, 20; 12:3, 11; 13:20; 14:2, 7, 16; 15:3, 6, 15, 18, 28; 16:6; 19:3, 16; 20:13; 21:4, 9, 14, 16, 29; 22:5, 7, 12, 30; 23:6, 11, 12, 17; 24:1, 12, 13, 21; 26:8; 27:4, 5, 6, 11, 22; 28:14; 29:24; 30:17, 20, 24, 25; 31:3 4, 15, 17, 20, 31, 32; 32:9, 13, 14, 16, 21; 33:9, 21; 34:10, 12, 19, 31, 32, 33; 35:13, 15; 36:4, 5, 6, 7, 12, 13; 37:4, 23; 39:4, 15, 16, 17, 22, 24; 40:5; 41:12; 42:8; 시 1:1, 3, 4; 2:12; 3:6; 5:4; 7:12; 9:10, 12, 18; 10:4, 6, 11, 13; 14:4; 15:3, 4, 5; 16:4, 8, 10; 17:1, 3, 4, 5; 18:21, 22, 37, 41; 21:2, 7; 22:1, 2, 5, 6, 24; 24:4; 25:3;

【 아니/-다/-하다 】

26:1, 4, 5; 27:3; 28:5; 30:3, 6, 12; 31:8, 12; 32:2, 3, 5, 9; 34:5, 20, 22; 35:15, 20; 36:2, 4; 37:19, 21, 24, 28, 33; 38:9, 13; 39:1, 2, 8, 9; 40:4, 6, 9, 10; 43:1; 44:3, 6, 9, 17, 18, 21; 46:3, 5; 50:3, 8, 9, 12, 22; 51:16, 17; 52:7; 53:4; 54:3; 55:11, 12, 19, 22; 56:4, 8, 11, 13; 58:5; 59:3; 60:10; 62:2, 6; 64:4; 66:9, 18, 20; 69:4, 33; 74:9; 75:6; 77:2, 7; 78:4, 7, 8, 10, 19, 22, 30, 32, 37, 38, 42, 56, 67; 79:6; 80:18; 81:11; 84:11; 85:6; 86:14; 88:5; 89:30, 31, 33, 34, 35, 48; 91:6, 12; 93:1; 94:9, 10, 14, 17; 101:3, 4, 5; 102:17; 103:9, 10; 104:5; 105:14, 28; 106:7, 13, 23, 24, 25, 34; 107:38; 108:11; 109:16, 17; 110:4; 112:6, 7, 8; 118:6, 18; 119:3, 6, 11, 16, 46, 51, 60, 61, 80, 83, 85, 87, 92, 93, 101, 102, 109, 110, 136, 141, 153, 155, 157, 158, 176; 121:3, 4, 6; 124:1, 2, 6; 125:1, 3; 127:1, 5; 129:7, 8; 131:1; 132:3, 4, 11; 137:6; 139:21; 141:5; 147:10, 20; 잠 1:25, 28, 29, 30; 3:23, 24, 30; 4:12, 16; 5:13, 23; 6:27, 28, 30, 34, 35; 7:11; 8:1, 24, 26; 10:22, 30; 11:22, 26; 12:3, 21, 27; 13:1; 14:5, 22; 15:12; 16:10, 29; 17:17, 13, 17; 18:2, 5; 19:7, 16, 23; 20:4, 21; 21:13, 26; 22:6, 21, 29; 23:7, 13, 18, 35; 24:11, 14, 18; 25:10, 28; 26:1, 2; 27:3, 22; 28:3, 9, 24, 27; 29:19, 24; 30:2, 11, 12, 15, 16, 20, 30; 31:4, 7, 11, 12, 18, 21, 27; 전 1:8; 2:10, 21; 4:3, 8, 12, 16; 5:4, 5, 10, 20; 6:2, 6; 7:10, 18, 20, 21; 8:11, 13; 9:2, 8, 11, 14, 16; 10:10, 17; 아 3:4 대선지서 사 1:9, 11, 15, 23; 2:4; 3:7; 5:12, 25, 27; 7:9, 12; 8:19, 20; 9:12, 13, 17, 19, 21; 10:4, 6, 7, 8, 9, 20, 25; 11:3, 13; 13:10, 17, 18, 20, 22; 14:6, 17, 20; 17:8, 10; 22:2, 11; 23:18; 26:10, 11, 21; 27:5, 11; 28:12, 16, 25, 27, 28; 29:9, 16, 17, 22; 30:1, 2, 15, 16, 19, 20; 31:1, 2, 3, 4, 8; 32:3, 5; 33:1, 8, 14, 15, 16, 19, 20, 24; 34:10; 35:9; 36:7, 12, 15, 21; 37:10, 19; 39:2, 4; 40:4, 17, 20, 21, 31; 41:7, 9, 17, 24; 42:2, 3, 4, 8, 16, 19, 20, 24, 25; 43:2, 22, 23, 24, 25; 44:8, 12, 19, 20, 21; 45:17, 18, 19, 21, 23; 46:10, 13; 47:3, 6, 7, 8, 14; 48:6, 7, 9, 10, 11, 16, 19, 21; 49:10, 15, 23; 50:5, 6, 7; 51:6, 9, 10, 14, 21; 52:1, 12, 15; 53:3, 7, 9; 54:4, 9, 10, 14, 15; 55:10, 11, 13; 56:2, 5, 6; 57:4, 10, 11, 16; 58:2, 3, 4, 6, 7, 11, 13; 59:1, 15, 21; 60:11, 12, 19, 20; 62:1, 4, 8, 12; 63:8, 16, 18; 65:1, 6, 8,

【 아니/-다/-하다 】

12, 17, 19, 22, 23; 66:4, 9, 24; 렘 2:6, 8, 17, 20, 23, 24, 25, 27, 30, 31, 34, 35; 3:1, 2, 5, 7, 8, 10, 12, 13, 16, 17, 25; 4:1, 4, 8, 11, 27, 28; 5:3, 9, 12, 13, 18, 22, 24, 28, 29; 6:8, 10, 15, 19, 20, 29; 7:6, 13, 16, 19, 20, 22, 24, 26, 27, 28, 31, 32; 8:4, 6, 12, 19, 22; 9:3, 5, 9, 10, 13; 10:7, 11, 16, 20, 21, 23, 25; 11:8, 11, 14; 12:9, 17; 13:11, 14, 17; 14:10, 12, 13, 14, 15, 17, 19, 22; 15:7, 10, 15, 17, 18; 16:11, 12, 13, 14; 17:8, 11, 16, 23, 24, 27; 18:10, 15, 17, 18; 19:5, 6, 15; 20:3, 9, 16, 17; 21:7, 10, 12; 22:5, 13, 15, 16, 18, 21, 26, 28; 23:2, 4, 7, 16, 17, 20, 21, 23, 24, 29, 32; 24:6; 25:3, 4, 6, 7, 8; 26:4, 5, 19, 24; 27:8, 9, 13, 14, 15, 20; 28:15; 29:6, 9, 11, 16, 23, 27, 31; 30:5, 11, 14, 19, 24; 31:9, 20, 29, 32, 34; 32:11, 23, 33, 35, 40; 33:5, 17, 18, 24, 25, 26; 34:4, 14, 17, 18; 35:6, 8, 9, 13, 14, 15, 16, 17, 19; 36:24, 25, 31; 37:2, 4, 9, 14, 19; 38:4, 15, 16, 17, 18, 20, 24, 25, 27; 39:16, 17, 18; 40:3, 7, 14, 16; 41:8; 42:9, 10, 13, 14, 21; 43:2, 4, 7; 44:5, 10, 16, 17, 23, 27; 46:5, 28; 48:10, 11, 27; 49:9, 34; 50:9, 33, 42; 51:5, 9, 19, 26, 44; 애 1:9; 2:1, 2, 8, 17, 21; 3:22, 31, 33, 36, 37, 38, 42, 43, 49; 4:6, 16, 22; 겔 1:9, 12, 17; 2:5, 7; 3:5, 6, 7, 11, 18, 19, 20, 21, 27; 4:14; 5:6, 7, 11; 6:10; 7:4, 7, 9, 11, 13; 8:12, 18; 9:9, 10; 10:11, 16, 20; 11:3, 11, 12; 12:2, 9, 12, 25, 28; 13:5, 6, 7, 12, 19, 21, 22; 14:11, 21; 15:5; 16:4, 22, 28, 31, 34, 41, 42, 43, 47, 48, 49, 51, 56, 61; 17:6, 9, 10; 18:6, 7, 8, 10, 12, 14, 15, 16, 17, 18, 19, 20, 21, 22, 23, 24, 25, 28, 29, 30, 32; 19:9; 20:3, 8, 9, 13, 14, 15, 16, 17, 21, 22, 24, 31, 39, 44, 47, 48, 49; 21:5; 22:26, 28; 23:8, 48; 24:6, 8, 12, 13, 14, 19, 22, 23, 26, 27; 25:10; 26:15; 28:2, 9; 29:11, 16; 32:19, 21, 27; 33:4, 5, 6, 8, 9, 11, 13, 15, 16, 17, 20, 22, 31, 32; 34:2, 3, 4, 8, 10, 22, 28, 29; 35:6; 36:14, 15, 22, 29, 30; 37:18, 22, 23; 38:17; 39:7, 10, 28, 29; 41:6; 43:7; 44:7, 8, 9, 25; 45:8; 47:12; 48:11; 단 1:8, 20; 2:5, 9, 11, 30, 43, 44, 45; 3:6, 11, 12, 14, 15, 18, 24, 25, 27, 28; 4:16, 19, 30; 5:10, 22, *23: 6:8, 12, 13, 22, 23, 26; 7:14; 8:5, 24, 25;* 9:6, 10, 11, 13, 14, 18; 10:3, 17; 11:4, 6, 8, 19, 21, 27, 37 소선지서 호 1:7, 9, 10; 2:2, 3, 4, 16, 23; 4:10, 14; 5:7; 6:6; 7:2, 10, 14, 16; 8:4, 6, 8, 13; 9:12,

【 아니/-다/-하다 】

15, 17; 10:3; 11:9; 14:3; 욜 1:16; 2:7, 8, 13, 14, 26, 27; 3:21; 암 1:3, 6, 9, 11, 13; 2:1, 4, 6, 11; 3:6, 7, 8; 4:6, 8, 9, 10, 11; 5:18, 20, 21, 22, 23; 6:6, 13; 7:3, 6, 8, 14; 8:2, 7, 11; 9:4, 7, 8, 9, 10, 15; 옵 1:5, 8, 12; 욘 1:6; 3:10; 4:2, 10, 11; 미 1:5; 2:6, 7, 10; 3:1, 4, 5, 7, 11; 4:3; 5:7, 13, 15; 6:8; 7:18; 나 1:3, 9, 12, 15; 2:13; 3:1, 19; 합 1:2, 5, 12; 2:3, 5, 13, 16; 습 1:6, 12; 3:2, 5, 7, 11, 13, 15; 학 1:2; 2:3, 12, 15, 17; 슥 1:4, 6, 12; 3:2; 4:6; 7:6, 11, 12, 13; 8:11, 14; 11:5, 6, 9, 12, 16; 13:4, 5; 14:2, 7, 11, 17, 18, 19, 21; 말 1:2, 8, 10; 2:2, 9, 10, 13, 15; 3:5, 6, 7, 10, 18; 4:1, 6 복음서 마 1:19, 25; 2:6; 3:10; 4:4; 5:15, 17, 18, 37, 46, 47; 6:1, 15, 25, 26, 28; 7:1, 19, 21, 22, 25, 26, 29; 9:13, 14, 17, 24; 10:13, 14, 20, 29, 34, 37, 38, 42; 11:6, 17, 18, 20; 12:4, 7, 19, 20, 23, 30; 13:5, 11, 27, 34, 55, 56, 58; 15:2, 11, 23, 24, 26; 16:7, 12, 17, 22, 23; 17:8, 24; 18:3, 13, 14, 22, 30, 33, 35; 19:6, 8; 20:12, 13, 15, 23, 28; 21:21, 25, 27, 29, 32; 22:8, 16, 17, 30, 32; 23:3, 4, 30, 37; 24:6, 22, 29, 35; 25:3, 42, 43, 44, 45; 26:11, 22, 24, 25, 29, 55; 27:12, 14, 34; 막 1:22, 34; 2:17, 18, 26, 27; 4:5, 21, 34, 38; 5:19, 37, 39; 6:3, 11; 7:2, 3, 4, 5, 12, 19, 27; 8:12, 33; 9:8, 30, 37, 38, 48; 10:8, 27, 40, 45; 11:16, 17, 23, 31, 33; 12:14, 24, 25, 27; 13:7, 11, 20, 24, 31; 14:7, 19, 21, 25, 49, 58, 61; 15:5, 23; 16:6, 11, 13, 14, 18; 눅 1:15, 20, 60; 2:26, 37; 3:9, 33; 4:2, 4, 22, 35, 41; 5:32, 36; 6:4, 39, 46, 49; 7:6, 23, 30, 32, 33, 44, 45, 46; 8:16, 17, 27, 45, 51, 52; 9:5, 13, 36, 49, 53, 62; 10:10, 40, 42; 11:8, 23, 33, 35, 38, 40; 12:6, 15, 24, 27, 33, 46, 47, 51, 57, 59; 13:3, 5, 15, 16, 34; 14:3, 26, 28, 29, 31, 33; 15:4, 8, 28; 16:11, 12, 26, 30, 31; 17:17, 20; 18:4, 7, 11, 14; 19:14, 23, 27, 44; 20:5, 8, 21, 38; 21:9, 18, 33; 22:16, 18, 27, 53, 58, 67, 68; 23:9, 39, 40, 51; 24:3, 11, 21, 26, 31, 32; 요 1:8, 11, 13, 20, 21, 25; 2:4, 12, 24; 3:2, 3, 5, 11, 12, 17, 18, 20, 24, 27, 28, 36; 4:2, 9, 14, 18, 29, 35, 38, 42, 48; 5:10, 18, 22, 23, 24, 31, 34, 38, 40, 41, 43, 44, 47; 6:17, 22, 26, 32, 35, 36, 37, 38, 39, 42, 44, 46, 50, 53, 58, 64, 65, 66, 70; 7:1, 5, 6, 7, 8, 15, 16, 19, 22, 23, 25, 26, 28, 30, 39, 42, 45; 8:7, 11, 12, 13, 15, 16, 20,

【 아니/-다/-하다 】　　　　　　　　　　　　　　　　　　【 아다 】

23, 24, 28, 29, 40, 41, 42, 45, 46, 47, 48, 49, 50, 51, 52, 54; 9:3, 8, 9, 16, 18, 27, 31, 33; 10:1, 5, 8, 12, 13, 16, 18, 21, 25, 26, 28, 33, 34, 37, 38, 41; 11:4, 9, 15, 21, 26, 30, 32, 40, 50, 51, 52, 54, 56; 12:5, 6, 8, 9, 24, 30, 37, 44, 47, 48, 49; 13:8, 9, 10, 11, 18; 14:10, 18, 22, 24, 27, 30; 15:2, 4, 6, 15, 16, 19, 22, 24; 16:2, 4, 7, 9, 21, 23, 24, 26, 29, 32; 17:9, 11, 14, 15, 16, 20; 18:9, 11, 17, 20, 25, 26, 28, 30, 36, 37, 40; 19:9, 10, 11, 12, 23, 31, 33, 36; 20:5, 17, 24, 25, 30; 21:11, 18, 23 역사서 행 1:7; 2:7, 15, 27, 31; 3:23; 4:20; 5:4, 42; 6:2, 13; 7:5, 39, 48, 50, 52, 53; 8:32; 9:9, 21, 26; 10:14, 29, 34, 41; 11:8; 12:16, 22, 23; 13:10, 25, 37; 14:2, 17; 15:1, 2, 9, 25-26, 28, 38; 16:7, 37; 17:12, 24, 25, 27, 29; 18:15, 17, 20; 19:2, 26, 27, 36, 37; 20:24, 29, 33; 21:13, 14, 24, 38; 22:18, 22, 25; 23:12; 24:4; 25:5, 8, 11, 16, 17, 18, 27; 26:19, 25, 26, 29, 32; 27:7, 10, 20, 21, 31; 28:19, 24, 25 서신서 롬 1:13, 16, 20, 21, 23, 32; 2:5, 7, 8, 11, 13, 21, 26, 27, 28, 29; 3:3, 6, 9, 27, 29; 4:4, 5, 8, 10, 12, 13, 16, 19, 23; 5:3, 5, 11, 13, 14, 15, 16, 19; 6:6, 9, 14, 15; 7:3, 6, 7, 15, 16, 17, 18, 19, 20; 8:7, 9, 12, 15, 20, 23, 24, 32, 34; 9:1-2, 6, 7, 8, 10, 11, 16, 24, 25, 26, 29, 30, 33; 10:2, 3, 11, 14, 15, 16, 18, 20, 21; 11:2, 4, 15, 18, 20, 21, 23, 25, 30, 31, 32; 12:4; 13:3, 4, 5; 14:6, 13, 15, 17, 21, 22, 23; 15:1, 3, 18, 20, 31; 16:4, 18; 고전 1:14, 17, 20, 26; 2:1, 2, 4, 5, 6, 8, 12, 13, 14, 15; 3:2, 3, 4, 7; 4:3, 7, 14, 15, 18, 19, 20; 5:2, 6, 10, 12; 6:1, 6, 7, 12, 19; 7:1, 6, 8, 10, 12, 13, 14, 15, 19, 28, 35, 36, 38; 8:4, 7, 8, 13; 9:1, 6, 8, 10, 12, 15, 16, 17, 18, 20, 21, 25, 26; 10:1, 5, 13, 16, 18, 20, 23, 29, 33; 11:8, 9, 11, 14, 17, 30, 31; 12:1, 3, 14, 15, 16, 22; 13:2, 4, 5, 6, 8; 14:2, 5, 6, 7, 9, 16, 21, 22, 23, 24, 33; 15:2, 10, 15, 27, 37, 39, 42, 46, 50, 51, 52, 53, 54; 16:7, 22; 고후 1:8, 12, 13, 17, 18, 19, 23, 24; 2:1, 4, 5, 11, 17; 3:3, 5, 6, 8, 13, 14; 4:1, 2, 4, 5, 7, 8, 9, 16, 18; 5:1, 4, 7, 12, 16, 19; 6:9, 12; 7:3, 7, 8, 9, 12, 14; 8:3, 5, 8, 10, 12, 13, 15, 19, 21; 9:4, 5, 12; 10:3, 4, 8, 14, 15, 16, 18; 11:4, 6, 9, 10, 11, 14, 15, 17, 29, 31; 12:5, 6, 11, 13, 14, 16, 18, 21; 13:2, 6, 7; 갈 1:1, 10, 11, 12, 16, 17, 20; 2:3, 5,

6, 14, 15, 16, 20, 21; 3:10, 12, 16, 18, 20, 25; 4:7, 9, 12, 14, 17, 18, 31; 5:8, 10, 16, 18; 6:4, 7, 9, 13, 15; 엡 1:16, 21; 2:8, 9, 19; 3:5; 4:9, 14, 20; 5:4; 6:12; 빌 1:20, 28, 29; 2:6, 12, 16, 21, 27, 30; 3:3, 9, 12, 13; 4:11, 16, 17; 골 1:9, 15, 23; 2:8, 11, 19; 살전 1:5, 8; 2:3, 4, 5, 6, 8, 9, 13, 15, 17, 19; 4:7, 8, 13; 5:4, 5, 9; 살후 2:3, 10; 3:2, 6, 7, 8, 9, 11, 14; 딤전 1:9, 13, 17; 2:7, 12, 14; 3:3, 8, 11; 5:8, 9, 13, 25; 6:3, 16; 딤후 1:7, 9, 10, 12, 16; 2:5, 9, 16, 20, 24; 3:2, 3; 4:3, 8; 딛 1:7, 11, 15, 16; 2:3, 7; 3:3, 5; 몬 1:14, 16, 19; 히 1:14; 2:2, 5, 11, 16; 3:12, 16, 17, 18, 19; 4:2, 6, 8, 11, 15; 5:5; 6:10, 12, 17; 7:6, 16, 20, 24; 8:2, 4, 9, 11, 12; 9:7, 8, 11, 12, 18, 24, 25; 10:1, 2, 5, 6, 8, 17, 37, 38, 39; 11:3, 5, 16, 23, 27, 31, 35, 36, 40; 12:2, 4, 8, 19, 26, 27; 13:5, 6, 9; 약 1:5, 13, 23, 25, 26, 27; 2:4, 5, 6, 7, 11, 13, 16, 21, 24, 25; 3:8, 10, 15; 4:1, 2, 11, 17; 5:4, 6, 12, 17; 벧전 1:4, 12, 18, 23; 2:6, 7, 8, 10, 18, 22, 23; 3:4, 6, 7, 20, 21; 4:4, 17, 18; 5:4; 벧후 1:10, 16, 20, 21; 2:3, 4, 5, 6, 11, 14; 3:7, 9; 요일 1:6, 8, 10; 2:2, 4, 7, 15, 16, 19, 21, 22; 3:2, 6, 9, 10, 14, 15; 4:3, 6, 8, 10, 20; 5:3, 5, 6, 10, 16, 17, 18; 요이 1:1, 5, 9, 12; 요삼 1:7, 9, 10, 13; 유 1:4, 5, 6 예언서 계 2:2, 3, 5, 9, 11, 13, 16, 21, 22, 24; 3:3, 4, 5, 8, 9, 12, 15, 16; 5:4; 6:10; 7:16; 9:4, 20, 21; 10:6; 12:11; 13:15; 14:4; 15:4; 16:9, 11, 15; 17:10; 18:7, 21, 22, 23; 20:4; 21:4, 8, 25

아니암(Aniam) 므낫세 자손 중 스미다의 아들
대상 7:19　아히안과 세겜과 릭히와 **아니암**이더라

아님(Anim) 유다 성읍 중 하나
수 15:50　아납과 에스드모와 **아님**과

아다(Adah)
　　　　1. 라멕의 아내 중 한 명
창 4:19　이름은 **아다**요 하나의 이름은 씰라였더
창 4:20　**아다**는 야발을 낳았으니 그는 장막에
창 4:23　라멕이 아내들에게 이르되 **아다**와 씰라
　　　　2. 에서의 아내 중 한 명
창 36:2　가나안 여인 중 헷 족속 엘론의 딸 **아다**
창 36:4　**아다**는 엘리바스를 에서에게 낳았고

【 아다다 】 　　　【 아달 】

창 36:10　에서의 아내 **아다**의 아들은 엘리바스요
창 36:12　낳았으니 이들은 에서의 아내 **아다**의
창 36:16　엘리바스의 족장들이요 이들은 **아다**의

아다다(Adadah)　유다 성읍 중 하나
수 15:22　기나와 디모나와 **아다다**와

아다라(Atarah)　여라므엘의 다른 아내
대상 2:26　이름은 **아다라**라 그는 오남의 어머니

아다롯(Ataroth)
1. 갓 자손이 건축한 성
민 32:3　**아다롯**과 디본과 야셀과 니므라와
민 32:34　갓 자손은 디본과 **아다롯**과 아로엘과
2. 베냐민과 에브라임의 경계
수 16:2　아렉 족속의 경계를 지나 **아다롯**에 이르
수 16:7　야노아에서부터 **아다롯**과 나아라로

아다롯 벳 요압(Aroth Beth Joab)　살마 자손이 살던 성
대상 2:54　느도바 종족과 **아다롯 벳 요압**과 마나핫

아다롯 소반(Atroth Shophan)　모압의 땅
민 32:35　**아다롯 소반**과 야셀과 욕브하와

아다롯 앗달(Ataroth addar)　베냐민과 에브라임의 경계지
수 16:5　동쪽으로 **아다롯 앗달**에서 윗 벧호론에
수 18:13　그 경계가 **아다롯 앗달**로 내려가서

아다림(Atharim)　시내 광야의 한 지방
민 21:1　이스라엘이 **아다림** 길로 온다 함을 듣고

아다마(Adamah)　납달리 지파에 속한 성읍
수 19:36　**아다마**와 라마와 하솔과

아다미 네겝(Adami Nekeb)　납달리 지파에 분배된 성읍
수 19:33　상수리나무에서부터 **아다미 네겝**과

아다야(Adaiah)
1. 요시야 왕의 할아버지
왕하 22:1　이름은 여디다요 보스갓 **아다야**의 딸

2. 헤만의 후손
대상 6:41　세라의 아들이요 세라는 **아다야**의 아들
대상 6:42　**아다야**는 에단의 아들이요 에단은 심마
3. 베냐민의 후손 중 하나
대상 8:21　**아다야**와 브라야와 시므랏은 다 시므이
4. 포로지에서 돌아온 제사장
대상 9:12　또 **아다야**이니 그는 여로함의 아들이요
5. 마아세야의 아버지
대하 23:1　**아다야**의 아들 마아세야와 시그리의
6. 이방 여인과 결혼했던 사람
스 10:29　말룩과 **아다야**와 야숩과 스알과 여레못
스 10:39　셀레먀와 나단과 **아다야**와
7. 유다 족속의 지도자
느 11:4　베레스 자손 **아다야**이니 그는 웃시야의
8. 유다 종족 중의 한 사람
느 11:5　**아다야**의 현손이요 요야립의 오대 손
9. 포로기 이후 성전 제사장
느 11:12　모두 팔백이십이 명이요 또 **아다야**이니

아닥(Athach)　유다 남부의 성읍
삼상 30:30　고라산에 있는 자와 **아닥**에 있는 자와

아닥사스다(Artaxerxes)
1. 아하수에로 1세의 아들
스 4:7　**아닥사스다** 때에 비슬람과 미드르닷
스 4:8　방백 르훔과 서기관 심새가 **아닥사스다**
스 4:11　**아닥사스다** 왕에게 올린 그 글의 초본
스 4:23　**아닥사스다** 왕의 조서 초본이 르훔과
스 6:14　고레스와 다리오와 **아닥사스다**의 조서
느 1:1　느헤미야의 말이라 **아닥사스다** 왕 제
느 2:1　**아닥사스다** 왕 제이십년 니산월에 왕
느 5:14　**아닥사스다** 왕 제이십년부터 제삼십이
느 13:6　바벨론 왕 **아닥사스다** 삼십이년에 내가
2. 다리오 2세의 아들
스 7:1　이 일 후에 바사 왕 **아닥사스다**가 왕
스 7:7　**아닥사스다** 왕 제칠년에 이스라엘 자손
스 7:11　에스라에게 **아닥사스다** 왕이 내린 조서
스 7:12　왕의 왕 **아닥사스다**는 하늘의 하나님의
스 7:21　나 곧 **아닥사스다** 왕이 유브라데 강
스 8:1　**아닥사스다** 왕이 왕위에 있을 때에

아달(Addar)　유다의 성읍
수 15:3　헤스론을 지나며 **아달**로 올라가서

【 아달랴 】

아달랴(Athaliah)
1. 아합의 딸
왕하 8:26 어머니의 이름은 **아달랴**라 이스라엘
대하 22:2 어머니의 이름은 **아달랴**요 오므리의

📖 아달랴 1 - 기타 본문
왕하 11:1, 2, 3, 13, 14, 20; 대하 22:10, 11, 12; 23:12, 13, 21; 24:7

2. 여로함의 아들로 베냐민의 족장
대상 8:26 삼스래와 스하랴와 **아달랴**와

아달리야 1(Adalia) 하만의 다섯째 아들
스 8:7 엘람 자손 중에서는 **아달리야**의 아들

아달리야 2(Athalia) 여사야의 아버지
에 9:8 보라다와 **아달리야**와 아리다다와

아달 월(month of Adar)
스 6:15 다리오 왕 제육년 **아달 월** 삼일에 성전
에 3:7 제비를 뽑아 열두째 달 곧 **아달 월**을
에 3:13 열두째 달 곧 **아달 월** 십삼일 하루 동
에 8:12 아하수에로 왕의 각 지방에서 **아달 월**
에 9:1 **아달 월** 곧 열두째 달 십삼일은 왕의
에 9:15 **아달 월** 십사일에도 수산에 있는 유다인
에 9:17 **아달 월** 십삼일에 그 일을 행하였고 십사
에 9:19 **아달 월** 십사일을 명절로 삼아 잔치를
에 9:21 한 규례를 세워 해마다 **아달 월** 십사일과

아담(Adam)
1. 인명 : 하나님이 흙을 빚어 만든 최초의 사람
창 2:19 각종 새를 지으시고 **아담**이 무엇이라고

📖 아담 1 - 기타 본문
창 2:20, 21, 22, 23, 25; 3:8, 9, 12, 17, 20, 21; 4:1, 25; 5:1, 3, 4; 대상 1:1; 호 6:7; 눅 3:38; 롬 5:14; 고전 15:22, 45; 딤전 2:13, 14; 유 1:14

2. 지명 : 사르단에서 가까운 곳에 있던 성읍
수 3:16 매우 멀리 있는 **아담** 성읍 변두리에

아닷(Atad) 요단 강 건너편 타작마당이 있던 곳
창 50:10 그들이 요단 강 건너편 **아닷** 타작마당

【 아도니 베섹 】

창 50:11 가나안 백성들이 **아닷** 마당의 애통을

아데마(Artemas) 바울의 동역자
딛 3:12 내가 **아데마**나 두기고를 네게 보내리니

아데미(Artemis) 다산과 비옥을 상징하는 이방 여신
행 19:24 어떤 은장색이 은으로 **아데미**의 신상

📖 아데미 - 기타 본문
행 19:27, 28, 34, 35

아덴(Athens) 그리스의 수도인 아테네
행 17:15 **아덴**까지 이르러 그에게

📖 아덴 - 기타 본문
행 17:16, 21, 22; 18:1; 살전 3:1

아델(Ater)
1. 히스기야의 자손
스 2:16 **아델** 자손 곧 히스기야 자손이 구십팔
느 7:21 **아델** 자손 곧 히스기야 자손이 구십팔

2. 성전의 문지기를 맡은 사람의 조상
스 2:42 문지기의 자손들은 살룸과 **아델**과 달문
느 7:45 문지기들은 살룸 자손과 **아델** 자손과

3. 느헤미야 때 언약서에 인친 사람 가운데 한 명
느 10:17 **아델**, 히스기야, 앗술,

아도니감(Adonikam) 포로에서 귀환한 족장으로 '아도니야 3'과 동일인
스 2:13 **아도니감** 자손이 육백육십육 명이요
스 8:13 **아도니감** 자손 중에 나중된 자의 이름
느 7:18 **아도니감** 자손이 육백육십칠 명이요

아도니람(Adoniram) 솔로몬 내각의 감역관
왕상 4:6 압다의 아들 **아도니람**은 노동 감독관
왕상 5:14 집에 있으며 **아도니람**은 감독이 되었고

아도니 베섹(Adoni-Bezek) 가나안 왕
삿 1:5 또 베섹에서 **아도니 베섹**을 만나 그와

1549

【 아도니세덱 】 　　　　　　　　　　　　　　【 아들 】

삿 1:6 　**아도니 베섹**이 도망하는지라 그를 쫓아
삿 1:7 　**아도니 베섹**이 이르되 옛적에 칠십

아도니세덱(Adoni-Zedek) 예루살렘 왕
수 10:1 　있다 함을 예루살렘 왕 **아도니세덱**이
수 10:3 　예루살렘 왕 **아도니세덱**이 헤브론 왕

아도니야(Adonijah)
　1. 다윗이 헤브론에서 낳은 넷째 아들
삼하 3:4 　넷째는 **아도니야**라 학깃의 아들이요
왕상 1:5 　그 때에 학깃의 아들 **아도니야**가 스스로

　📖 아도니야 1 - 기타 본문
　　왕상 1:7, 8, 9, 11, 13, 18, 24, 25, 41, 42, 43, 49,
　　50, 51; 2:13, 19, 21, 22, 23, 24, 25, 28; 3:2

　2. 여호사밧 때 레위인
대하 17:8 　여호나단과 **아도니야**와 도비야와
　3. 느헤미야 때 백성의 두목으로 아도니감과 동일인
느 10:16 　**아도니야**, 비그왜, 아딘,

아도라임(Adoraim) 르호보암이 건축한 성읍
대하 11:9 　**아도라임**과 라기스와 아세가와

아도람(Adoniram) 아도니람과 동일인
삼하 20:24 **아도람**은 감역관이 되고 아힐룻의 아들
왕상 12:18 르호보암 왕이 역꾼의 감독 **아도람**을

아둔하다(darkness)
욥 37:19 　우리에게 가르치라 우리는 **아둔하여**

아둘람(Adullam) 베들레헴에서 서남쪽으로
　위치한 성읍
창 38:1 　내려가서 **아둘람** 사람 히라와 가까이
수 12:15 　하나는 립나 왕이요 하나는 **아둘람** 왕

　📖 아둘람 - 기타 본문
　　창 38:12, 20; 수 15:35; 삼상 22:1; 삼하 23:13; 대
　　상 11:15; 대하 11:7; 느 11:30; 미 1:15

아둠밈(Adummim) 유다와 베냐민의 경계 지역
수 15:7 　강 남쪽에 있는 **아둠밈** 비탈 맞은편
수 18:17 나아가서 **아둠밈** 비탈 맞은편 글릴롯

아드나 1(Adna) 포로기 이후 제사장
느 12:15 　하림 족속에는 **아드나**요 므라욧 족속

아드나 2(Adnah)
　1. 므낫세 지파의 천부장
대상 12:20 돌아온 자는 **아드나**와 요사밧과
　2. 여호사밧 군대의 천부장
대하 17:14 천부장 중에는 **아드나**가 으뜸이 되어

아드라뭇데노(Adramyttium) 터키 북서쪽
　해안 항구
행 27:2 　해변 각처로 가려 하는 **아드라뭇데노**

아드람멜렉(Adrammelech)
　1. 스발와임 도시의 우상
왕하 17:3 신 **아드람멜렉**과 아남멜렉에게 드렸
　2. 앗수르 왕 산헤립의 아들
왕하 19:37 신전에서 경배할 때에 **아드람멜렉**과
사 37:38 　그의 아들 **아드람멜렉**과 사레셀이 그를

아드리아(Adriatic) 바울이 표류하던 곳
행 27:27 　밤에 우리가 **아드리아** 바다에서 이리

아드리엘(Adriel) 사울의 딸 메랍과 결혼한 사람
삼상 18:19 사람 **아드리엘**에게 아내로 주었더라
삼하 21:8 바르실래의 아들 **아드리엘**의 다섯 아들

아드마(Admah) 소돔과 고모라 인근 지역
창 10:19 　소돔과 고모라와 **아드마**와 스보임을

　📖 아드마 - 기타 본문
　　창 14:2, 8; 신 29:23; 호 11:8

아드마다(Admatha) 아하수에로의 법률 담
　당 자문관
에 1:14 　가르스나와 세달과 **아드마다**와 다시스

아득하다(be hidden)
욥 3:23 　**아득한** 사람에게 어찌하여 빛을 주셨

아들(son)
🟩 모세오경
창 4:17 　가인이 성을 쌓고 그의 **아들**의 이름으로

【 아들 】 　　　　　　　　　　　　　　　　　　　　　　　　　　【 아들 】

창 5:28	라멕은 백팔십이 세에 **아들**을 낳고	창 24:4	내 고향 내 족속에게로 가서 내 **아들**
창 6:10	세 **아들**을 낳았으니 셈과 함과 야벳이라	창 25:6	자기 **아들** 이삭을 떠나 동방 곧 동쪽
창 7:7	노아는 **아들**들과 아내와 며느리들과	창 27:1	에서를 불러 이르되 내 **아들**아 하매
창 8:16	네 아내와 네 **아들**들과 네 며느리들과	창 29:12	리브가의 **아들** 됨을 말하였더니 라헬
창 9:1	하나님이 노아와 그 **아들**들에게 복을	창 30:1	라헬이 자기가 야곱에게서 **아들**을 낳지
창 10:25	에벨은 두 **아들**을 낳고 하나의 이름을	창 32:22	두 아내와 두 여종과 열한 **아들**을 인도
창 11:31	데라가 그 **아들** 아브람과 하란의 **아들**	창 34:5	자기의 **아들**들이 들에서 목축하므로
창 16:11	네가 임신하였은즉 **아들**을 낳으리니	창 35:18	혼이 떠나려 할 때에 **아들**의 이름을
창 17:16	그에게 복을 주어 그가 네게 **아들**을	창 37:3	노년에 얻은 **아들**이므로 … **아들**들보다
창 18:10	아내 사라에게 **아들**이 있으리라 하시니	창 38:3	그가 임신하여 **아들**을 낳으매 유다가
창 19:37	큰 딸은 **아들**을 낳아 이름을 모압이라	창 41:50	흉년이 들기 전에 요셉에게 두 **아들**이
창 21:2	시기가 되어 노년의 아브라함에게 **아들**	창 42:1	애굽에 곡식이 있음을 보고 **아들**들에
창 22:2	여호와께서 이르시되 네 **아들** 네 사랑	창 43:29	자기 어머니의 **아들** 자기 동생 베냐민

'아들'과 관련된 성구

가나안 여인의 아들 – 창 46:10; 출 6:15
갇힌 중에서 낳은 아들 – 몬 1:10
거인족의 아들 – 삼하 21:16, 18
낮의 아들 – 살전 5:5
내 사랑하는 아들 – 마 3:17; 17:5; 막 1:11; 9:7; 12:6; 눅 3:22; 20:13
다윗과 그의 아들 – 왕하 21:7; 대하 33:7; 느 12:45
막내아들 – 창 42:13; 수 6:26; 삿 9:5; 왕상 16:34; 대하 21:17; 22:1
맏아들 – 창 22:21; 27:1, 15, 19, 32; 42; 46:8; 수 6:26; 삿 8:20; 삼하 3:2; 왕상 16:34; 왕하 3:27; 대상 1:13, 29; 2:3, 13, 25, 27, 42, 50; 3:1, 15; 4:4; 6:28; 8:1, 39; 9:5, 31, 36; 26:2, 4, 10; 느 10:36; 욥 1:13, 18; 미 6:7; 마 21:28; 눅 15:25; 롬 8:29; 히 1:6
멸망의 아들 – 살후 2:3
바로의 공주의 아들 – 히 11:24
불순종의 아들 – 엡 2:2; 5:6
빛의 아들 – 눅 16:8; 요 12:36; 살전 5:5
사울과 그의 아들 – 삼상 13:16, 22; 31:2, 6, 7, 8; 삼하 1:4, 5, 12, 17; 21:14; 대상 10:2, 6, 7, 8
숙부의 아들 – 민 36:11; 렘 32:8, 9, 12
아들을 위하여 – 창 24:3, 7, 37, 38, 40, 44, 48; 37:34; 삿 17:3; 삼상 10:2; 삼하 19:2; 왕상 3:26; 17:12, 13; 마 22:2
아들의 명분 – 갈 4:5

아들 중 처음 난 자(장자)는 대속하다 – 출 13:13, 15; 34:20
아론과 그의 아들 – 출 27:21; 28:1, 4, 41, 43; 29:4, 9, 10, 15, 19, 27, 32, 35, 44; 30:19, 30; 39:27; 40:12; 레 2:10; 6:25; 8:2, 6, 14, 18, 22, 31, 36; 9:1; 10:6, 12; 17:2; 21:24; 22:2, 18; 민 3:9, 10, 48, 51; 4:5, 15, 19, 27; 6:23; 8:13, 19, 22; 20:25
여종의 아들 – 창 21:13; 삿 9:18; 시 86:16; 116:16; 갈 4:30
외아들 – 잠 4:3; 눅 9:38; 히 11:17
자기의 형상과 같은 아들 – 창 5:3
자유 있는 여자의 아들 – 갈 4:30
작은아들 – 창 9:24; 27:15, 42
지극히 높으신 이의 아들 – 눅 1:32; 6:35
참 아들 – 딤전 1:2; 딛 1:4
첫아들 – 신 25:6; 눅 2:7
하나님의 아들 – 마 4:3, 6; 5:9; 8:29; 14:33; 16:16; 26:63; 27:40, 43, 54; 막 1:1; 3:11; 5:7; 15:39; 눅 1:35; 4:3, 9, 41; 8:28; 22:70; 요 1:34, 49; 5:25; 10:36; 11:4, 27; 19:7; 20:31; 행 9:20; 롬 1:4; 8:14; 9:26; 고후 1:19; 갈 2:20; 3:26; 엡 4:13; 히 4:14; 6:6; 7:3; 10:29; 요일 3:8; 4:15; 5:5, 10, 12, 13, 20; 계 2:18
하나님의 아들들 – 창 6:2, 4; 욥 1:6; 2:1; 38:7; 호 1:10; 롬 8:19
하몰과 그의 아들 – 창 34:18, 20, 24, 26

【 아들 】　　　　　　　　　　　　　　【 아들 】

창 44:20	그가 노년에 얻은 **아들** 청년이 있으니
창 45:9	아버지의 **아들** 요셉의 말에 하나님이
창 46:7	이와 같이 야곱이 그 **아들**들과 손자들
창 47:29	그의 **아들** 요셉을 불러 그에게 이르되
창 48:1	그가 곧 두 **아들** 므낫세와 에브라임과
창 49:1	야곱이 그 **아들**들을 불러 이르되 너희는
출 1:16	자리를 살펴서 **아들**이거든 그를 죽이고
출 2:2	그 여자가 임신하여 **아들**을 낳으니 그가
출 4:20	모세가 그의 아내와 **아들**들을 나귀에
출 10:2	그들 가운데서 행한 표징을 네 **아들**과
출 13:8	그 날에 네 **아들**에게 보여 이르기를
출 18:3	두 **아들**을 데리고 왔으니 그 하나의
출 20:5	죄를 갚되 아버지로부터 **아들**에게로
출 21:4	그에게 아내를 주어 그의 아내가 **아들**
출 22:29	더디지 말지며 네 처음 난 **아들**들을
출 29:8	**아들**들을 데려다가 그들에게 속옷을
출 31:10	제사장 아론의 의복과 그의 **아들**들의
출 32:29	모세가 이르되 각 사람이 자기의 **아들**
출 34:16	네가 그들의 딸들을 네 **아들**들의 아내
	로 … 음란하게 섬기며 네 **아들**에게
출 35:19	아론의 거룩한 옷과 그의 **아들**들의 옷
출 39:41	아론의 거룩한 옷과 그의 **아들**들의 옷

출 40:14	너는 또 그 **아들**들을 데려다가 그들에게
레 7:35	아론에게 돌릴 것과 그의 **아들**들에게
레 8:27	그 전부를 아론의 손과 그의 **아들**들의
레 10:13	화제물 중 네 소득과 네 **아들**들의 소득
레 12:6	**아들**이나 딸이나 정결하게 되는 기한이
레 13:2	제사장 아론에게나 그의 **아들** 중 한
레 18:15	그는 네 **아들**의 아내이니 그의 하체를
레 21:2	아버지나 **아들**이나 그의 딸이나
레 24:11	그 이스라엘 여인의 **아들**이 여호와의
레 25:49	그의 삼촌이나 그의 삼촌의 **아들**이 그를
레 26:29	너희가 **아들**의 살을 먹을 것이요 딸
민 18:1	아론에게 이르시되 너와 네 **아들**들과
	네 조상의 … **아들**들은 너희의 제사장
민 20:26	아론의 옷을 벗겨 그의 **아들** 엘르아살
민 21:29	그가 그의 **아들**들을 도망하게 하였고
민 26:33	슬로브핫은 **아들**이 없고 딸뿐이라 그
민 27:3	자기 죄로 죽었고 **아들**이 없나이다
신 1:31	사람이 자기의 **아들**을 안는 것같이
신 2:33	우리가 그와 그의 **아들**들과 그의 모든
신 4:9	너는 그 일들을 네 **아들**들과 네 손자
신 5:9	죄를 갚되 아버지로부터 **아들**에게로
신 6:2	곧 너와 네 **아들**과 네 손자들이 평생

성경에 나오는 '아들'

가디의 아들 - 왕하 15:14, 17
가레아의 아들 - 왕하 25:23; 렘 40:8, 13, 15, 16; 41:11, 13, 14, 16; 42:1, 8; 43:2, 4, 5
갈렙의 아들 - 대상 2:42
갈미의 아들 - 수 7:1, 18; 대상 2:7
갓미엘의 아들 - 느 12:24
갓의 아들 - 창 46:16; 민 1:24
게라의 아들 - 삿 3:15; 삼하 16:5; 19:16, 18; 왕상 2:8
게르손의 아들 - 출 6:17; 민 3:18; 대상 6:17, 43
게르솜의 아들 - 삿 18:30; 대상 23:16
고라의 아들 - 출 6:24; 민 26:11; 대상 6:37
고레의 아들 - 대상 9:19; 26:1
고멜의 아들 - 창 10:3
고핫의 아들 - 출 6:18; 민 3:19
골라야의 아들 - 렘 29:21
골호세의 아들 - 느 3:15
구사야의 아들 - 대상 15:17
구스의 아들 - 창 10:7

구시의 아들 - 습 1:1
그나아나의 아들 - 왕상 22:11, 24; 대하 18:10, 23
그마랴의 아들 - 렘 36:11
그말리의 아들 - 민 13:12
그무엘의 아들 - 대상 27:17
그핫의 아들 - 대상 6:2, 18, 38; 23:12
글룹의 아들 - 대상 27:26
기낫의 아들 - 왕상 16:21, 22
기드오니의 아들 - 민 1:11; 2:22; 7:60, 65; 10:24
기스의 아들 - 삼상 10:11, 21; 대상 12:1; 23:22; 26:28; 행 13:21
기슬론의 아들 - 민 34:21
기시의 아들 - 대상 6:44
나단의 아들 - 삼하 23:36; 왕상 4:5
나밥의 아들 - 대상 2:30
나하스의 아들 - 삼하 10:2; 17:27
납달리의 아들 - 창 46:24; 민 1:42; 대상 7:13
네리야의 아들 - 렘 32:12, 16; 36:4, 8, 14, 32;

1552

【 아들 】　　　　　　　　　　　　　　　　　　　　　　　　　　　　　　【 아들 】

신 7:3	딸을 그들의 **아들**에게 주지 말 것이요
신 8:5	너는 사람이 그 **아들**을 징계함같이 네
신 10:6	그의 **아들** 엘르아살이 그를 이어 제사장
신 13:6	네 어머니의 **아들** 곧 네 형제나 네 자녀
신 18:10	그의 **아들**이나 딸을 불 가운데로 지나게
신 21:15	미움을 받는 자가 둘 다 **아들**을 낳았
	다 하자 그 미움을 받는 자의 **아들**이
신 25:5	그 중 하나가 죽고 **아들**이 없거든 그
신 33:24	아셀은 **아들**들 중에 더 복을 받으며

역사서

수 7:19	여호수아가 아간에게 이르되 내 **아들**아
수 15:14	갈렙이 거기서 아낙의 소생 그 세 **아들**
수 17:3	므낫세의 현손 슬로브핫은 **아들**이 없고
수 24:33	그를 그의 **아들** 비느하스가 에브라임
삿 1:20	거기서 아낙의 세 **아들**을 쫓아내었고
삿 3:6	자기 딸들을 그들의 **아들**들에게 주고
삿 6:30	요아스에게 이르되 네 **아들**을 끌어내
삿 8:19	내 형제들이며 내 어머니의 **아들**들이
삿 9:18	아버지의 집을 쳐서 그의 **아들** 칠십
삿 10:4	그에게 **아들** 삼십 명이 있어 어린 나귀
삿 11:1	기생이 길르앗에게서 낳은 **아들**이었고
삿 12:9	그가 **아들** 삼십 명과 딸 삼십 명을 두었

삿 13:3	더니 … 시집 보냈고 **아들**들을 위하여 못하였으나 이제 임신하여 **아들**을
삿 17:2	어머니가 이르되 내 **아들**이 여호와께
룻 1:1	그의 아내와 두 **아들**을 데리고 모압
룻 4:13	임신하게 하시므로 그가 **아들**을 낳은
삼상 1:8	내가 그대에게 열 **아들**보다 낫지 아니
삼상 2:20	간구하여 얻어 바친 **아들**을 대신하게
삼상 3:6	내 **아들**아 내가 부르지 아니하였으니
삼상 4:16	엘리가 이르되 내 **아들**아 일이 어떻게
삼상 7:1	아비나답의 집에 들여놓고 그의 **아들**
삼상 8:1	사무엘이 늙으매 그의 **아들**들을
삼상 9:2	기스에게 **아들**이 있으니 그의 이름은
삼상 12:2	나는 늙어 머리가 희어졌고 내 **아들**들
삼상 14:39	내 **아들** 요나단에게 있다 할지라도
삼상 16:1	내가 그의 **아들** 중에서 한 왕을 보았
삼상 17:12	이새라 하는 사람의 **아들**이었는데 이 새는 … 늙은 사람으로서 여덟 **아들**이
삼상 19:1	사울이 그의 **아들** 요나단과 그의 모든
삼상 20:27	비었으므로 사울이 그의 **아들** 요나단
삼상 22:8	내 **아들**이 이새의 **아들**과 맹약하였으되 … 나를 위하여 슬퍼하거나 내 **아들**이
삼상 24:16	사울이 이르되 내 **아들** 다윗아 이것이

성경에 나오는 '아들'

43:3, 6; 45:1; 51:59
넬의 아들 - 삼상 14:50; 26:5, 14; 삼하 2:8, 12; 3:23, 25, 28, 37; 왕상 2:5, 32; 대상 26:28
노아의 아들 - 창 9:18; 10:1
눈의 아들 - 출 33:11; 민 11:28; 13:8, 16; 14:6, 30, 38; 26:65; 27:18; 32:12, 28; 34:17; 신 1:38; 31:23; 32:44; 34:9; 수 1:1; 2:1, 23; 6:6; 14:1; 17:4; 19:49, 51; 21:1; 24:29; 삿 2:8; 왕상 16:34
느다냐의 아들 - 렘 36:14; 40:8, 14, 15; 41:1, 2, 6, 7, 9, 10, 11, 12, 15, 16, 18
느다넬의 아들 - 대상 24:6
느다니야의 아들 - 왕하 25:23, 25
느밧의 아들 - 왕상 11:26; 12:2, 15; 15:1; 16:3, 26, 31; 21:22; 22:52; 왕하 3:3; 9:9; 10:29; 13:2, 11; 14:24; 15:9, 18, 24, 28; 17:21; 23:15; 대하 9:29; 10:2, 15; 13:6
느아랴의 아들 - 대상 3:23

님시의 아들 - 왕상 19:16; 대하 22:7
다브림몬의 아들 - 왕상 15:18
다브엘의 아들 - 사 7:6
다윗의 아들 - 삼하 8:18; 13:1; 대상 3:9; 18:17; 29:22, 24; 대하 1:1; 11:18; 13:6; 30:26; 35:3, 4; 잠 1:1; 전 1:1
다핫의 아들 - 대상 6:37
단의 아들 - 창 46:23; 민 1:38
단후멧의 아들 - 렘 40:8
도다와후의 아들 - 대하 20:37
도대의 아들 - 삼하 23:9
도도의 아들 - 삼하 23:24; 대상 11:12, 26
도비야의 아들 - 느 6:18
도아의 아들 - 대상 6:34
독핫의 아들 - 대하 34:22
돌라의 아들 - 대상 7:2
드우엘의 아들 - 민 1:14; 7:42, 47; 10:20
들라야의 아들 - 느 6:10
디과의 아들 - 왕하 22:14; 스 10:15

1553

[아들]　　　　　　　　　　　　　　　　　　[아들]

삼상 25:8 네 종들과 네 **아들** 다윗에게 주기를
삼상 26:17 음성을 알아 듣고 이르되 내 **아들** 다윗
삼상 28:19 내일 너와 네 **아들**들이 나와 함께 있으
삼상 31:12 사울의 시체와 그의 **아들**들의 시체를
삼하 1:13 나는 아말렉 사람 곧 외국인의 **아들**
삼하 3:2 다윗이 헤브론에서 **아들**들을 낳았으되
삼하 4:4 요나단에게 다리 저는 **아들** 하나가 있었
삼하 5:13 처첩들을 더 두었으므로 **아들**과 딸들이
삼하 7:14 그에게 아버지가 되고 그는 내게 **아들**이
삼하 8:10 도이가 그의 **아들** 요람을 보내 다윗
삼하 9:9 속한 것은 내가 다 네 주인의 **아들**에게
삼하 10:1 암몬 자손의 왕이 죽고 그의 **아들** 하눈
삼하 11:27 그의 아내가 되어 그에게 **아들**을 낳으니
삼하 12:24 그와 동침하였더니 그가 **아들**을 낳으매
삼하 13:23 일이 있매 압살롬이 왕의 모든 **아들**을
삼하 14:6 여종에게 **아들** 둘이 있더니 그들이 들에
삼하 15:27 너희의 두 **아들** 곧 네 **아들** 아히마아스
삼하 16:3 왕이 이르되 네 주인의 **아들**이 어디
삼하 17:10 용사의 **아들**일지라도 낙심하리니 이는
삼하 18:12 나는 왕의 **아들**에게 손을 대지 아니하
삼하 19:4 큰 소리로 부르되 내 **아들** 압살롬아
　　　　압살롬아 내 **아들**아 내 **아들**아 하니

삼하 21:12 사울의 뼈와 그의 **아들** 요나단의 뼈를
왕상 1:12 내게 당신의 생명과 당신의 **아들** 솔로몬
왕상 2:1 죽을 날이 임박하매 그의 **아들** 솔로몬
왕상 3:6 그의 자리에 앉을 **아들**을 그에게 주셨
왕상 5:5 네 자리에 오르게 할 네 **아들** 그가 내
왕상 7:14 그는 납달리 지파 과부의 **아들**이요 그의
왕상 8:19 네 몸에서 낳을 네 **아들** 그가 내 이름을
왕상 11:12 이 일을 행하지 아니하고 네 **아들**의
왕상 13:2 다윗의 집에 요시야라 이름하는 **아들**
왕상 14:5 여로보암의 아내가 자기 **아들**이 병 들었
왕상 15:4 그에게 등불을 주시되 그의 **아들**을 세워
왕상 16:6 그의 **아들** 엘라가 대신하여 왕이 되니라
왕상 17:17 그 집 주인 되는 여인의 **아들**이 병들어
왕상 21:29 그 **아들**의 시대에야 그의 집에 재앙을
왕상 22:40 조상들과 함께 자매 그의 **아들** 아하시야
왕하 1:17 말씀대로 죽고 그가 **아들**이 없으므로
왕하 4:4 너는 네 두 **아들**과 함께 들어가서 문을
왕하 6:28 네 **아들**을 내놓아라 … 내 **아들**을 먹자
왕하 8:1 엘리사가 이전에 **아들**을 다시 살려 준
왕하 9:26 나봇의 피와 그의 **아들**들의 피를 분명히
왕하 10:2 너희 주의 **아들**들이 너희와 함께 있고
왕하 11:1 아달랴가 그의 **아들**이 죽은 것을 보고

성경에 나오는 '아들'

디매오의 아들 – 막 10:46
디산의 아들 – 대상 1:42
디손의 아들 – 대상 1:41
라단의 아들 – 대상 23:8
라반의 아들 – 창 31:1
라부의 아들 – 민 13:9
라아마의 아들 – 창 10:7
라엘의 아들 – 민 3:24
라이스의 아들 – 삼상 25:44; 삼하 3:15
라헬의 아들 – 창 35:24; 46:19
람의 아들 – 대상 2:27
레갑의 아들 – 왕하 10:15, 23; 느 3:14; 렘 35:6,
　　　　　　8, 14, 16, 19
레셉의 아들 – 대상 7:25
레아의 아들 – 창 35:23
레위의 아들 – 창 46:11; 출 6:16; 민 3:17; 대
　　　　　　상 6:1, 16, 38, 43, 47, 23:6; 스 8:18; 히
　　　　　　7:5
로단의 아들 – 대상 1:39

르말랴의 아들 – 왕하 15:25, 27, 30, 32, 37;
　　　　　　16:1, 5; 대하 28:6
르말리야의 아들 – 사 7:1, 4, 5, 9; 8:6
르바야의 아들 – 대상 3:21
르우벤의 아들 – 창 46:9; 출 6:14; 민 1:20; 대상
　　　　　　5:1, 3
르우엘의 아들 – 창 36:13; 민 2:14; 10:29; 대상
　　　　　　1:37
르하뱌의 아들 – 대상 23:17
르홉의 아들 – 삼하 8:3, 12
리배의 아들 – 삼하 23:29; 대상 11:31
림몬의 아들 – 삼하 4:2, 5, 9
마기의 아들 – 민 13:15
마길의 아들 – 창 50:23; 민 36:1; 대상 7:17
마리아의 아들 – 막 6:3
마아가의 아들 – 삼하 3:3; 왕상 2:39; 대상 3:2;
　　　　　　11:43; 27:16; 대하 11:22
마아세야의 아들 – 느 3:23; 렘 2:1; 29:21, 25;
　　　　　　37:3

【 아들 】　　　　　　　　　　　　　　　　　　　　　　【 아들 】

왕하 12:21　그의 **아들** 아마샤가 그를 대신하여 왕
왕하 13:3　하사엘의 손과 그의 **아들** 벤하닷의 손에
왕하 14:9　네 딸을 내 **아들**에게 주어 아내로 삼게
왕하 15:7　그의 **아들** 요담이 대신하여 왕이 되니
왕하 16:3　자기 **아들**을 불 가운데로 지나가게
왕하 19:37　그 **아들** 에살핫돈이 대신하여 왕이 되니
왕하 20:18　왕의 몸에서 날 **아들** 중에서 사로잡혀
왕하 21:6　자기 **아들**을 불 가운데로 지나게 하며
왕하 24:6　그의 **아들** 여호야긴이 대신하여 왕이
왕하 25:23　마아가 사람의 **아들** 야아사니야와 그를
대상 1:19　에벨은 두 **아들**을 낳아 하나의 이름을
대상 2:9　헤스론이 낳은 **아들**은 여라므엘과 람과
대상 3:1　다윗이 헤브론에서 낳은 **아들들**은 이러
대상 4:19　나함의 누이인 호디야의 아내의 **아들들**
대상 5:4　그의 **아들**은 곡이요 그의 **아들**은 시므이
대상 6:20　게르손에게서 난 자는 곧 그의 **아들** 립
니요 그의 **아들**은 야핫이요 그의 **아들**
대상 7:16　마길의 아내 마아가는 **아들**을 낳아 그의
대상 8:3　벨라에게 **아들들**이 있으니 곧 앗달과
대상 9:5　맏아들 아사야와 그의 **아들들**이요
대상 10:12　사울의 시체와 그의 **아들들**의 시체를
대상 11:11　학몬 사람의 **아들** 야소브암은 삼십 명

대상 14:3　다윗이 다시 **아들들**과 딸들을 낳았으
대상 17:11　내가 네 뒤에 네 씨 곧 네 **아들** 중 하나
대상 18:10　그의 **아들** 하도람을 보내서 다윗 왕에게
대상 19:1　나하스가 죽고 그의 **아들**이 대신하여
대상 20:4　십브개가 키가 큰 자의 **아들** 중에 십배
대상 21:20　오르난이 네 명의 **아들**과 함께 숨었더니
대상 22:5　다윗이 이르되 내 **아들** 솔로몬은 어리고
대상 23:1　다윗이 나이가 많아 늙으매 **아들** 솔로몬
대상 23:17　엘리에셀에게 이 외에는 다른 **아들**이
대상 24:2　아버지보다 먼저 죽고 그들에게 **아들**이
대상 25:3　그의 **아들들** 그달리야와 스리와 여사야
대상 26:6　그의 **아들** 스마야도 두어 **아들**을 낳았
대상 27:6　그의 반 중에 그의 **아들** 암미사밧이
대상 28:4　내 부친의 **아들들** 중에서 나를 기뻐하사
대상 29:1　내 **아들** 솔로몬이 유일하게 하나님께서
대하 2:12　다윗 왕에게 지혜로운 **아들**을 주시고
대하 5:12　그의 **아들들**과 형제들이 다 세마포를
대하 6:9　허리에서 나올 네 **아들** 그가 내 이름
대하 9:31　그의 **아들** 르호보암이 대신하여 왕이
대하 11:14　이는 여로보암과 그의 **아들들**이 그들
대하 12:16　다윗 성에 장사되고 그의 **아들** 아비야
대하 13:21　아내 열넷을 거느려 **아들** 스물둘과 딸

성경에 나오는 '아들'

마옥의 아들 – 삼상 27:2
마핫의 아들 – 대상 6:35
마홀의 아들 – 왕상 4:31
마흘리의 아들 – 대상 23:21; 24:28
말기야의 아들 – 대상 6:40; 렘 21:1; 38:1
말룩의 아들 – 대상 6:44
말리의 아들 – 대상 6:47
맛단의 아들 – 렘 38:1
모세의 아들 – 출 18:5; 대상 23:14, 15; 26:24
무시의 아들 – 대상 6:47; 23:23; 24:30
무실레못의 아들 – 대하 28:12
므나헴의 아들 – 왕하 15:23
므낫세의 아들 – 창 50:23; 민 1:34; 32:39, 40, 41; 신 3:14; 수 13:31; 왕상 4:13; 대상 7:14, 15
므라리의 아들 – 출 6:19; 민 3:20; 대상 6:19, 47; 23:21; 24:46
므세사벨의 아들 – 느 11:24
므셀레먀의 아들 – 대상 9:21; 26:2, 9

므술람의 아들 – 대상 9:7; 느 11:7
미가야의 아들 – 왕하 22:12
미가엘의 아들 – 민 13:13; 대상 6:40; 27:18; 스 8:8
미가의 아들 – 삿 17:11; 대상 8:35; 9:15, 41; 24:24; 대하 34:20; 느 11:17
미디안의 아들 – 창 25:4
미스마의 아들 – 대상 4:26
밀가의 아들 – 창 24:15
바니의 아들 – 대상 6:46; 느 3:17; 11:22
바라갸의 아들 – 마 23:35
바라겔의 아들 – 욥 32:2, 6
바로스의 아들 – 느 3:25
바루아의 아들 – 왕상 4:17
바룩의 아들 – 느 11:5
바르낙의 아들 – 민 34:25
바르실래의 아들 – 삼하 21:8; 왕상 2:7
바세아의 아들 – 느 3:6
바스맛의 아들 – 창 36:10

1555

【 아들 】　　　　　　　　　　　　　　　　　　　【 아들 】

대하 14:1	그의 **아들** 아사가 대신하여 왕이 되니
대하 21:1	**아들** 여호람이 대신하여 왕이 되니라
대하 22:8	방백들과 아하시야의 형제들의 **아들**들
대하 23:11	여호야다와 그의 **아들**들이 그에게 기름
대하 24:22	은혜를 기억하지 아니하고 그의 **아들**
대하 25:18	딸을 내 **아들**에게 주어 아내로 삼게
대하 26:21	별궁에 살았으므로 그의 **아들** 요담이
대하 27:9	**아들** 아하스가 대신하여 왕이 되니라
대하 28:7	시그리는 왕의 **아들** 마아세야와 궁내
대하 29:11	내 **아들**들아 이제는 게으르지 말라
대하 32:33	**아들** 므낫세가 대신하여 왕이 되니라
대하 33:6	**아들**들을 불 가운데로 지나가게
대하 36:8	그의 **아들** 여호야긴이 대신하여 왕이
스 3:9	이에 예수아와 그의 **아들**들과 그의 형제들과 갓미엘과 그의 **아들**들과 유다
스 8:18	세레뱌와 그의 **아들**들과 형제 십팔 명
스 9:12	그들의 **아들**들에게 … 너희 **아들**들을
느 10:30	우리의 **아들**들을 위하여 그들의 딸들을
느 13:25	그들의 **아들**들에게 주지 … **아들**들이
에 9:25	하만과 그의 여러 **아들**을 나무에 달게
시가서	
욥 1:2	그에게 **아들** 일곱과 딸 셋이 태어나니라
욥 14:21	그의 **아들**들이 존귀하게 되어도 그가
욥 20:10	그의 **아들**들은 가난한 자에게 은혜를
욥 42:13	또 **아들** 일곱과 딸 셋을 두었으며
시 2:7	너는 내 **아들**이라 오늘 내가 너를 낳았
시 45:16	왕의 **아들**들은 왕의 조상들을 계승할
시 50:20	네 형제를 공박하며 네 어머니의 **아들**
시 57:4	곧 사람의 **아들**들 중에라 그들의 이는
시 66:5	사람의 **아들**들에게 행하심이 엄위하
시 72:1	왕에게 주시고 주의 공의를 왕의 **아들**
시 73:15	주의 **아들**들의 세대에 대하여 악행을
시 82:6	너희는 신들이며 다 지존자의 **아들**들
시 144:12	우리 **아들**들은 어리다가 장성한 나무
잠 1:8	내 **아들**아 네 아비의 훈계를 들으며
잠 2:1	내 **아들**아 네가 만일 나의 말을 받으며
잠 3:1	내 **아들**아 나의 법을 잊어버리지 말고
잠 4:1	**아들**들아 아비의 훈계를 들으며 명철을
잠 5:1	내 **아들**아 내 지혜에 주의하며 내 명철
잠 6:1	내 **아들**아 네가 만일 이웃을 위하여
잠 7:1	내 **아들**아 내 말을 지키며 내 계명을
잠 8:32	**아들**들아 이제 내게 들으라 나의 도를
잠 10:1	지혜로운 **아들**은 아비를 기쁘게 하거니와 미련한 **아들**은 어미의 근심이니라

성경에 나오는 '아들'

바스훌의 아들 – 렘 38:1
바아나의 아들 – 삼하 23:29; 대상 11:30; 느 3:4
바아사의 아들 – 왕상 16:8
바아세야의 아들 – 대상 6:40
바핫모압의 아들 – 느 3:11
발라단의 아들 – 왕하 20:12; 사 39:1
발루의 아들 – 민 26:8
베겔의 아들 – 대상 7:8
베냐민의 아들 – 창 46:21; 민 1:36; 대상 7:6
베레갸의 아들 – 대상 6:39; 느 3:4, 30; 6:18; 슥 1:1, 7
베레스의 아들 – 창 46:12; 대상 2:5
베레야의 아들 – 대상 15:17
베배의 아들 – 스 8:11
벨라의 아들 – 민 26:40; 대상 7:7
벨렛의 아들 – 민 16:1
부로의 아들 – 행 20:4
부시의 아들 – 겔 1:3
부아의 아들 – 삿 10:1

브나야의 아들 – 대상 27:34; 겔 11:1, 13
브다술의 아들 – 민 1:10; 2:20; 7:54, 59; 10:23
브다야의 아들 – 대상 3:19; 27:20
브닷의 아들 – 창 36:35; 대상 1:46
브두엘의 아들 – 창 28:5; 욜 1:1
브리아의 아들 – 창 46:17; 대상 7:25, 31; 8:16; 23:11
브소드야의 아들 – 느 3:6
브에리의 아들 – 호 1:1
브올의 아들 – 창 36:32; 민 22:5; 24:3, 15; 31:8; 신 23:4; 수 13:22; 24:9; 대상 1:43; 미 6:5; 벧후 2:15
비그리의 아들 – 삼하 20:1, 2, 6, 7, 10, 13, 21, 22
비느아의 아들 – 대상 8:37; 9:43
비느하스의 아들 – 스 8:33
비디아의 아들 – 대상 4:18
빈누이의 아들 – 스 8:33
빌하의 아들 – 창 35:25

[아들]

잠 13:1	지혜로운 **아들**은 아비의 훈계를 들으나
잠 15:20	지혜로운 **아들**은 아비를 즐겁게 하여도
잠 17:2	주인의 **아들**을 다스리겠고 또 형제들
잠 19:13	미련한 **아들**은 그의 아비의 재앙이요
잠 23:15	내 **아들**아 만일 네 마음이 지혜로우면
잠 24:13	내 **아들**아 꿀을 먹으라 이것이 좋으니라
잠 27:11	내 **아들**아 지혜를 얻고 내 마음을 기쁘
잠 28:7	율법을 지키는 자는 지혜로운 **아들**이요
잠 30:4	그의 **아들**의 이름이 무엇인지 너는 아는
잠 31:2	내 **아들**아 … 태에서 난 **아들**아 내가 무엇을 말하랴 서원대로 얻은 **아들**아
전 4:8	어떤 사람은 **아들**도 없고 형제도 없이
전 5:14	비록 **아들**은 낳았으나 그 손에 아무것도
전 10:17	왕은 귀족들의 **아들**이요 대신들은 취하
전 12:12	내 **아들**아 또 이것들로부터 경계를 받으
아 1:6	내 어머니의 **아들**들이 나에게 노하여

선지서

사 7:3	네 **아들** 스알야숩은 윗못 수도 끝 세
사 8:3	아내를 가까이 하매 그가 임신하여 **아들**
사 9:6	한 아기가 우리에게 났고 한 **아들**을
사 14:12	아침의 **아들** 계명성이여 어찌 그리 하늘
사 37:38	그의 **아들** 아드람멜렉과 사레셀이 그
사 43:6	를 … 그의 **아들** 에살핫돈이 이어 왕이 내 **아들**들을 먼 곳에서 이끌며 내 딸들
사 45:11	내 **아들**들과 내 손으로 한 일에 관하여
사 49:15	자기 태에서 난 **아들**을 긍휼히 여기지
사 51:12	풀같이 될 사람의 **아들**을 두려워하느냐
사 56:5	내 성 안에서 **아들**이나 딸보다 나은
사 60:4	네 **아들**들은 먼 곳에서 오겠고 네 딸들
사 62:5	청년이 처녀와 결혼함같이 네 **아들**들이
사 66:8	시온은 진통하는 즉시 그 **아들**을 순산
렘 3:24	양 떼와 소 떼와 **아들**들과 딸들을 삼켰
렘 6:21	아버지와 **아들**들이 함께 거기에 걸려
렘 14:16	그들의 아내와 **아들**과 딸이 그렇게 되리
렘 19:5	산당을 건축하고 자기 **아들**들을 바알
렘 27:7	그와 그의 **아들**과 손자를 그 땅의 기한
렘 29:6	자녀를 낳으며 너희 **아들**이 아내를 맞이
렘 31:20	에브라임은 나의 사랑하는 **아들** 기뻐
렘 32:35	자기들의 **아들**들과 딸들을 몰렉 앞으로
렘 33:21	그의 자리에 앉아 다스릴 **아들**이 없게
렘 35:3	그의 형제와 그의 모든 **아들**과 모든
렘 36:26	왕의 **아들** 여라므엘과 아스리엘과 **아들**
렘 38:6	감옥 뜰에 있는 왕의 **아들** 말기야의
렘 39:6	시드기야의 눈 앞에서 그의 **아들**들을

성경에 나오는 '아들'

빌한의 아들 – 대상 7:10
사가랴의 아들 – 눅 3:2
사갈의 아들 – 대상 11:35
사게의 아들 – 대상 11:34
사독의 아들 – 삼하 18:19, 22, 27; 왕상 4:2
사랄의 아들 – 삼하 23:33
사무엘의 아들 – 대상 6:28, 33
사반의 아들 – 왕하 22:12; 대하 34:20; 렘 26:24; 29:3; 36:10, 12; 겔 8:11
사밧의 아들 – 왕상 19:16, 19; 왕하 3:11; 6:31
사삭의 아들 – 대상 8:25
사울의 아들 – 삼상 14:1, 49; 19:1; 23:16; 31:2; 삼하 2:8, 10, 12, 15; 3:14; 4:1, 2, 4, 8; 21:7, 8; 대상 4:25; 10:2
삭굴의 아들 – 민 13:4; 느 13:13
살랍의 아들 – 느 3:30
살루의 아들 – 민 25:14
살룸의 아들 – 대하 28:12; 렘 32:7; 35:4
삼마의 아들 – 삼하 21:21

삼매의 아들 – 대상 2:28, 45
삼무아의 아들 – 느 11:17
삽디엘의 아들 – 대상 27:2
삽배의 아들 – 느 3:20
세라의 아들 – 창 36:33; 수 7:24; 22:20; 대상 1:44; 2:6; 6:41
세레스의 아들 – 대상 7:16
세멜의 아들 – 대상 6:46
세베대의 아들 – 마 4:21; 10:2; 20:20; 26:37; 27:56; 막 1:19; 3:17; 10:35; 눅 5:10; 요 21:2
세산의 아들 – 대상 2:31
세일의 아들 – 대상 1:38
셀레먀의 아들 – 느 3:30; 렘 37:3, 13; 38:1
셈의 아들 – 창 10:22
소디의 아들 – 민 13:10
소멜의 아들 – 왕하 12:21; 대상 7:34
소바의 아들 – 대상 7:36
소발의 아들 – 대상 1:40; 4:2

【 아들 】 　　　　　　　　　　　　　　　　　　　【 아들 】

렘 40:8	마아가 사람의 **아들** 여사냐와 그들의
렘 48:46	그모스의 백성이 망하였도다 네 **아들들**
애 1:20	밖에서는 칼이 내 **아들**을 빼앗아 가고
애 4:2	순금에 비할 만큼 보배로운 시온의 **아들**
겔 5:10	아버지가 **아들**을 잡아먹고 **아들**이 그
겔 18:2	신 포도를 먹었으므로 그의 **아들**의 이가
겔 20:31	너희 **아들**을 화제로 삼아 불 가운데로
겔 21:10	내 **아들**의 규가 모든 나무를 업신여기
겔 46:16	군주가 만일 한 **아들**에게 선물을 준즉
단 3:25	그 넷째의 모양은 신들의 **아들**과 같도다
단 5:22	벨사살이여 왕은 그의 **아들**이 되어서
단 11:10	그의 **아들들**이 전쟁을 준비하고 심히
호 1:3	맞이하였더니 고멜이 임신하여 **아들**을
호 11:1	내가 사랑하여 내 **아들**을 애굽에서 불러
암 2:7	아버지와 **아들**이 한 젊은 여인에게 다녀
암 7:14	선지자가 아니며 선지자의 **아들**도 아니
미 7:6	**아들**이 아버지를 멸시하며 딸이 어머니
말 1:6	너희에게 이르기를 **아들**은 그 아버지를
말 3:17	또 사람이 자기를 섬기는 **아들**을 아낌

복음서

| 마 1:21 | **아들**을 낳으리니 이름을 예수라 하라 |
| 마 2:15 | 애굽으로부터 내 **아들**을 불렀다 함을 |

마 5:45	하늘에 계신 너희 아버지의 **아들**이 되리
마 7:9	너희 중에 누가 **아들**이 떡을 달라 하는
마 10:37	**아들**이나 딸을 나보다 더 사랑하는 자
마 11:27	아버지 외에는 **아들**을 아는 자가 없고 **아들**과 또 **아들**의 소원대로 계시를 받는
마 12:27	너희의 **아들들**은 누구를 힘입어 쫓아
마 13:38	천국의 **아들들**이요 … 악한 자의 **아들들**
마 17:15	주여 내 **아들**을 불쌍히 여기소서 그가
마 20:20	어머니가 그 **아들들**을 데리고 예수께
마 21:28	어떤 사람에게 두 **아들**이 있는데 맏**아들**
마 24:36	아무도 모르나니 하늘의 천사들도, **아들**
마 28:19	제자로 삼아 아버지와 **아들**과 성령의
막 9:17	말 못하게 귀신 들린 내 **아들**을 선생님
막 12:6	이를 보내며 이르되 내 **아들**은 존대하
막 13:32	하늘에 있는 천사들도, **아들**도 모르고
막 14:61	네가 찬송 받을 이의 **아들** 그리스도냐
눅 1:13	엘리사벳이 네게 **아들**을 낳아 주리니
눅 9:35	이는 나의 **아들** 곧 택함을 받은 자니
눅 10:22	아버지 외에는 **아들**이 누구인지 아는 자가 없고 **아들**과 또 **아들**의 소원대로
눅 11:11	너희 중에 아버지 된 자로서 누가 **아들**
눅 12:53	아버지가 **아들**과, **아들**이 아버지와,

성경에 나오는 '아들'

- 소할의 아들 - 창 23:8; 25:9
- 솔로몬의 아들 - 왕상 12:21, 23; 14:21; 대상 3:10; 대하 11:3, 17; 13:7
- 수리삿대의 아들 - 민 1:6; 2:12; 7:36, 41; 10:19
- 수바엘의 아들 - 대상 24:20
- 수시의 아들 - 민 13:11
- 수알의 아들 - 민 1:8; 2:5; 7:18, 23; 10:15
- 숩의 아들 - 대상 6:35
- 스가냐의 아들 - 대상 3:21, 22; 느 3:29
- 스가랴의 아들 - 대상 27:21; 대하 20:14
- 스게와의 아들 - 행 19:14
- 스델울의 아들 - 민 1:5; 2:10; 7:30, 35; 10:18
- 스라야의 아들 - 스 7:1
- 스라히야의 아들 - 스 8:4
- 스루야의 아들 - 삼상 26:6; 삼하 2:13, 18; 3:39; 8:16; 14:1; 16:9, 10; 18:2; 19:21, 22; 21:17; 23:18, 37; 왕상 1:7; 2:5, 22; 대상 2:16; 11:6, 39; 18:12; 26:28; 27:24

- 스마아의 아들 - 대상 12:3
- 스마야의 아들 - 대상 3:22; 9:16; 26:7; 렘 26:20; 36:12
- 스미다의 아들 - 대상 7:19
- 스룹바벨의 아들 - 대상 3:19
- 스바냐의 아들 - 대상 6:36; 슥 6:10, 14
- 스바댜의 아들 - 대상 9:8
- 스불론의 아들 - 창 46:14; 민 1:30
- 스알디엘의 아들 - 스 3:2, 8; 5:2; 느 12:1; 학 1:1, 12, 14; 2:2, 23
- 슬로미의 아들 - 민 34:27
- 시그리의 아들 - 대상 27:16; 대하 17:16; 23:1; 느 11:9
- 시드기야의 아들 - 왕하 25:7; 렘 52:10
- 시몬의 아들 - 대상 4:20; 요 6:71; 13:2, 26
- 시무아의 아들 - 삼하 13:3, 32; 대상 6:39; 20:7
- 시므리의 아들 - 대상 11:45
- 시므릿의 아들 - 대하 24:26
- 시므앗의 아들 - 왕하 12:21; 대하 24:26

【 아들 】 　　　　　　　　　　　【 아들 】

눅 14:5	너희 중에 누가 그 **아들**이나 소가 우물	고전 1:9	너희를 불러 그의 **아들** 예수 그리스도
눅 15:11	또 이르시되 어떤 사람에게 두 **아들**이	고전 4:17	내 사랑하고 신실한 **아들** 디모데를 너희
눅 16:8	이 세대의 **아들**들이 자기 시대에 있어	고전 15:28	그에게 복종하게 하실 때에는 **아들** 자신
요 3:17	하나님이 그 **아들**을 세상에 보내신 것은	갈 1:16	그의 **아들**을 이방에 전하기 위하여 그를
요 4:5	동네에 이르시니 야곱이 그 **아들** 요셉	갈 4:4	때가 차매 하나님이 그 **아들**을 보내사
요 5:19	**아들**이 아버지께서 … 그것을 아들도	엡 1:5	그리스도로 말미암아 자기의 **아들**들
요 6:40	내 아버지의 뜻은 **아들**을 보고 믿는	엡 3:5	다른 세대에서는 사람의 **아들**들에게
요 8:35	종은 영원히 집에 거하지 못하되 **아들**은	골 1:13	건져내사 그의 사랑의 **아들**의 나라로
요 9:19	맹인으로 났다 하는 너희 **아들**이냐	살전 1:10	다시 살리신 그의 **아들**이 하늘로부터
요 14:13	아버지로 하여금 **아들**로 말미암아	딤전 1:18	**아들** 디모데야 내가 네게 이 교훈으로
요 17:1	**아들**을 영화롭게 하사 **아들**로 아버지	딤후 1:2	사랑하는 **아들** 디모데에게 편지하노니
요 19:26	여자여 보소서 **아들**이니이다 하시고	딤후 2:1	내 **아들**아 그러므로 너는 그리스도 예수
역사서 - 예언서		히 1:2	이 모든 날 마지막에는 **아들**을 통하여
			우리에게 … 이 **아들**을 만유의 상속자
행 4:36	바나바라(번역하면 위로의 **아들**이라)	히 2:10	많은 **아들**들을 이끌어 영광에 들어가게
행 7:21	바로의 딸이 그를 데려다가 자기 **아들**로	히 3:6	그리스도는 하나님의 집을 맡은 **아들**
행 13:33	기록된 바와 같이 너는 내 **아들**이라	히 5:5	너는 내 **아들**이니 내가 오늘 너를 낳았
행 21:21	모세를 배반하고 **아들**들에게 할례를	히 7:28	영원히 온전하게 되신 **아들**을 세우셨
행 23:6	또 바리새인의 **아들**이라 죽은 자의 소망	히 12:5	또 **아들**들에게 … 일렀으되 내 **아들**아
롬 1:2	하나님이 선지자들을 통하여 그의 **아들**	약 2:21	우리 조상 아브라함이 그 **아들** 이삭을
롬 5:10	우리가 원수 되었을 때에 그의 **아들**의	벧전 5:13	문안하고 내 **아들** 마가도 그리하느니라
롬 8:3	곧 죄로 말미암아 자기 **아들**을 죄 있는	벧후 1:17	이는 내 사랑하는 **아들**이요 내 기뻐하는
롬 9:9	내가 이르리니 사라에게 **아들**이 있으		

성경에 나오는 '아들'

시므온의 아들 - 창 46:10; 출 6:15; 민 1:22; 대상 4:24
시므이의 아들 - 대상 6:42; 8:21; 23:9, 10
시브온의 아들 - 대상 1:40
시비의 아들 - 대상 4:37
시사의 아들 - 왕상 4:3; 대상 11:42
실바의 아들 - 창 35:26; 37:2
심마의 아들 - 대상 6:42; 대하 29:12
십단의 아들 - 민 34:24
십볼의 아들 - 민 22:2, 4, 10, 16; 23:18; 수 24:9; 삿 11:25
아게의 아들 - 삼하 23:11
아나의 아들 - 대상 1:41
아낫의 아들 - 삿 3:31; 5:6
아다야의 아들 - 대상 6:41; 대하 23:1
아다의 아들 - 창 36:10
아달랴의 아들 - 대하 24:7
아달리야의 아들 - 스 8:7
아드리엘의 아들 - 삼하 21:8

아들래의 아들 - 대상 27:29
아디엘의 아들 - 대상 9:12; 27:25
아라의 아들 - 느 6:18
아람의 아들 - 창 10:23
아론의 아들 - 출 6:25; 28:1, 40; 29:29; 38:21; 레 8:13, 24; 9:9, 12, 18; 10:1, 16; 16:1; 민 3:2, 3, 32, 38; 4:16, 28, 33; 7:8; 16:37; 26:1; 수 24:33; 대상 24:1
아르난의 아들 - 대상 3:21
아리엘의 아들 - 삼하 23:20; 대상 11:22
아마새의 아들 - 대상 6:35; 대하 29:12
아마샤의 아들 - 왕하 15:1
아마시야의 아들 - 대상 4:34; 6:45
아모스의 아들 - 왕하 19:2, 20; 20:1; 대하 26:22; 32:20, 32; 사 1:1; 2:1; 13:1; 20:2; 37:2, 21; 38:1
아몬의 아들 - 렘 1:2; 25:3; 습 1:1
아므람의 아들 - 대상 23:13; 24:20
아밋대의 아들 - 왕하 14:25; 욘 1:1

【 아들 】 　　　　　　　　　　　　　　　　　　　【 아들 】

성경에 나오는 '아들'

아브넬의 아들 – 대상 27:21
아브라함의 아들 – 창 16:15; 21:9; 25:19; 28:9
아비나답의 아들 – 삼하 6:3
아비노암의 아들 – 삿 4:6, 12, 5:1, 12
아비달의 아들 – 삼하 3:4
아비아달의 아들 – 삼하 8:17; 15:27; 왕상 1:42;
　대상 18:16; 24:6
아비엘의 아들 – 삼상 9:1; 14:51
아비하일의 아들 – 민 3:35; 대상 5:14
아사냐의 아들 – 느 10:9
아사랴의 아들 – 대상 6:36; 대하 29:12
아사렐의 아들 – 느 11:13
아사스의 아들 – 대상 5:8
아사시야의 아들 – 대상 27:20
아사의 아들 – 왕상 22:41; 대상 9:16; 대하 17:1
아사헬의 아들 – 스 10:15
아살랴의 아들 – 대하 34:8
아살리야의 아들 – 왕하 22:3
아삽의 아들 – 왕하 18:18, 37; 대상 25:2, 9; 사
　36:3, 22
아셀의 아들 – 창 46:17; 민 1:40; 대상 7:30;
　8:38; 9:44
아스리엘의 아들 – 대상 27:19; 렘 36:26
아스마웻의 아들 – 대상 12:3
아스북의 아들 – 느 3:16
이스할의 아들 – 출 6:21; 민 16:1, 38; 대상 23:
　18; 24:22
아하수에로의 아들 – 단 9:1
아하스배의 아들 – 삼하 23:34
아하스의 아들 – 왕하 18:1
아하시야의 아들 – 왕하 11:2; 13:1; 대하 22:11
아합의 아들 – 왕상 22:49, 51; 왕하 3:1; 8:16,
　25, 28, 29; 9:29; 10:1; 대하 22:5, 6
아헬의 아들 – 대상 7:12
아히감의 아들 – 왕하 25:22; 렘 39:14; 40:5, 6,
　7, 9, 11, 14, 16; 41:1, 2, 6, 10, 16, 18;
　43:6
아히도벨의 아들 – 삼하 23:34
아히둡의 아들 – 삼하 14:3; 22:9, 11, 12, 20; 삼
　하 8:17; 대상 18:16
아히멜렉의 아들 – 삼상 22:20; 23:6; 30:7
아하시닥의 아들 – 출 31:6; 35:34; 38:23
아히야의 아들 – 왕상 15:27, 33; 21:22; 왕하 9:9
아힐룻의 아들 – 삼하 8:16; 20:24; 왕상 4:3, 12;
　대상 18:15
악볼의 아들 – 창 36:38, 39; 대상 1:49; 렘 26:
　22; 36:12
알래의 아들 – 대상 11:41
알패오의 아들 – 마 10:3; 막 2:14; 3:18; 눅
　6:15; 행 1:13
암미나답의 아들 – 민 1:7; 2:3; 7:12, 17; 10:14
암미삿대의 아들 – 민 1:12; 2:25; 7:66, 71;
　10:25
암미엘의 아들 – 삼하 9:4, 5; 17:27
암미훌의 아들 – 삼하 13:37
암미훗의 아들 – 민 1:10; 2:18; 7:48, 53;
　10:22; 34:20, 28; 대상 9:4
암시의 아들 – 대상 6:46
압다의 아들 – 왕상 4:6
압디엘의 아들 – 대상 5:15; 렘 36:26
압디의 아들 – 대상 6:44; 대하 29:12
압바임의 아들 – 대상 2:31
앗산의 아들 – 민 34:26
앗술의 아들 – 렘 28:1; 겔 11:1
앗실의 아들 – 대상 6:37
야게의 아들 – 잠 30:1
야고보의 아들 – 눅 6:16; 행 1:13
야곱의 아들 – 창 34:7, 13, 14, 25, 27; 35:5,
　22, 26; 49:2; 50:12; 왕상 18:31
야다의 아들 – 대상 2:32
야대의 아들 – 대상 2:47
야레오르김의 아들 – 삼하 21:19
야베스의 아들 – 왕하 15:10, 13, 14
야벳의 아들 – 창 10:2
야블렛의 아들 – 대상 7:33
야센의 아들 – 삼하 23:32
야아시야의 아들 – 대상 24:26
야완의 아들 – 창 10:4
야일의 아들 – 대상 20:5; 에 2:5
야하시엘의 아들 – 스 8:5
야핫의 아들 – 대상 6:43
에난의 아들 – 민 1:15; 2:29; 7:78, 83; 10:27
에단의 아들 – 대상 2:8; 6:42
에드니의 아들 – 대상 6:41
에드에내의 아들 – 대상 3:24
에배의 아들 – 렘 40:8
에벳의 아들 – 삿 9:26, 28, 30, 31, 35
에봇의 아들 – 민 34:23

【 아들 】

성경에 나오는 '아들'

에브라임의 아들 – 민 1:32; 대상 7:20
에비아삽의 아들 – 대상 6:37
에서의 아들 – 창 36:5, 12, 17; 대상 1:35
에섹의 아들 – 대상 8:39
에셀의 아들 – 대상 1:42
에스라의 아들 – 대상 4:17
에스배의 아들 – 대상 11:37
에훗의 아들 – 대상 8:6
엘가나의 아들 – 대상 6:25, 34, 35, 36
엘라암의 아들 – 대상 11:46
엘라의 아들 – 왕상 4:18; 왕하 15:30; 17:1; 18:1, 9
엘르아살의 아들 – 민 25:7, 11; 31:6; 수 22:13, 31, 32; 삿 20:28; 대상 9:20
엘리바스의 아들 – 창 36:11; 대상 1:36
엘리아다의 아들 – 왕상 11:23
엘리아십의 아들 – 스 10:6; 느 12:23
엘리압의 아들 – 민 16:1, 12; 26:9; 신 11:6
엘리에셀의 아들 – 대상 23:17
엘리엘의 아들 – 대상 6:34
엘리의 두 아들 – 삼상 1:3; 2:12; 4:4, 11
엘바알의 아들 – 대상 8:12, 18
여두둔의 아들 – 대상 16:38, 42
여디아엘의 아들 – 대상 7:10, 11
여라므엘의 아들 – 대상 2:25, 27
여로보암의 아들 – 왕상 14:1; 15:25; 왕하 15:8
여로함의 아들 – 삼하 1:1; 대상 6:34; 8:27; 9:8, 12; 12:7; 27:22; 대하 23:1; 느 11:12
여룹바알의 아들 – 삿 9:1, 2, 5, 24, 28, 57
여룹베셋의 아들 – 삼하 11:21
여베레기야의 아들 – 사 8:2
여분네의 아들 – 민 13:6; 14:6, 30, 38; 26:65; 32:12; 34:19; 신 1:36; 수 14:6, 13, 14; 15:13; 21:12; 대상 4:15; 6:56
여할렐렐의 아들 – 대상 4:16; 대하 29:12
여호람의 아들 – 왕하 8:25, 29; 대하 22:1, 6
여호사닥의 아들 – 학 1:1, 12, 14; 2:2, 4; 슥 6:11
여호사밧의 아들 – 왕하 1:17; 8:16; 9:2, 14; 대하 21:2; 22:9
여호아하스의 아들 – 왕하 13:10, 25; 14:1, 8, 17; 대하 25:17
여호야김의 아들 – 대상 3:16; 렘 22:24; 24:1; 27:20; 28:4; 37:1
여호야다의 아들 – 삼하 8:18; 20:23; 23:20, 22; 왕상 1:8, 26, 32, 36, 38, 44; 2:25, 29, 34, 35, 46; 4:4; 대상 11:22, 24; 18:17; 27:5; 대하 24:20, 25
여호하난의 아들 – 대하 23:1
여히엘리의 아들 – 대상 26:22
여히엘의 아들 – 스 8:9; 10:2
예레미야의 아들 – 렘 35:3
예수아의 아들 – 스 8:33; 느 3:19; 12:26
예후의 아들 – 왕하 13:1
오그란의 아들 – 민 1:13; 2:27; 7:72, 77; 10:26
오남의 아들 – 대상 2:28
오뎃의 아들 – 대하 15:1
오므리의 아들 – 왕상 16:29, 30
오바댜의 아들 – 대상 3:21; 27:19
오벧에돔의 아들 – 대상 26:4
오벳의 아들 – 대하 23:1
오홀리바마의 아들 – 창 36:14, 18
옷니엘의 아들 – 대상 4:13
요글리의 아들 – 민 34:22
요나단의 아들 – 삼하 9:3, 6; 21:7; 대상 2:33; 8:34; 9:40; 스 8:6; 느 12:35
요담의 아들 – 왕하 16:1; 사 7:1
요사닥의 아들 – 스 3:2, 8; 5:2; 10:18
요셉의 아들 – 창 48:8; 민 1:32; 13:7; 26:28; 27:1; 32:33; 36:12; 수 17:2; 눅 3:23; 4:22; 요 1:45; 6:42; 히 11:21
요시뱌의 아들 – 스 8:10
요시비야의 아들 – 대상 4:35
요시야 왕의 아들 – 렘 35:1; 36:1, 9; 45:1; 46:2
요시야의 아들 – 왕하 23:30, 34; 대상 3:15; 대하 36:1; 렘 1:3; 22:11, 18; 25:1; 26:1; 27:1; 37:1
요아스의 아들 – 삿 6:11, 29; 7:14; 8:13, 29, 32; 왕하 14:1, 13, 17, 23, 27; 대하 24:27; 25:23, 25; 호 1:1; 암 1:1
요아의 아들 – 대하 29:12
요아하스의 아들 – 대하 25:25; 34:8
요야다의 아들 – 느 13:28
요야립의 아들 – 느 11:10
요엘의 아들 – 대상 5:4; 6:33, 36; 15:17
요하난의 아들 – 대하 28:12
요한의 아들 – 요 1:42; 21:15, 16, 17
욕단의 아들 – 창 10:29
우레의 아들 – 막 3:17
우리야의 아들 – 스 8:33; 느 3:4

[아들]

성경에 나오는 '아들'

우리야의 아들 – 느 3:21
우리의 아들 – 출 31:2; 35:30; 38:22; 왕상 4:19; 대하 1:5
우새의 아들 – 느 3:25
울라의 아들 – 대상 7:39
울람의 아들 – 대상 7:17; 8:40
울의 아들 – 대상 11:35
웃시야의 아들 – 왕하 15:30, 32; 대상 27:25; 느 11:4
웃시엘의 아들 – 출 6:22; 레 10:4; 민 3:30; 대상 23:20; 24:24
웃시의 아들 – 대상 7:3; 9:8
웁시의 아들 – 민 13:14
유다의 아들 – 창 46:12; 민 1:26; 26:19; 대상 2:3, 4; 4:1, 21; 9:4; 느 11:24
이므리의 아들 – 느 3:2
이믈라의 아들 – 왕상 22:8, 9; 대하 18:7, 8
이삭의 아들 – 창 25:19; 대상 1:34
이새의 아들 – 삼상 16:18; 17:58; 20:27, 30, 31; 22:7, 8, 9, 13; 25:10; 삼하 20:1; 23:1; 왕상 12:16; 대상 10:14; 12:18; 29:26; 대하 10:16; 11:18; 시 72:20; 행 13:22
이스라엘(의) 아들 – 창 42:5; 45:21; 46:5; 출 1:1; 28:9, 11, 12, 21, 29; 39:6, 7, 14; 대상 2:1; 5:1; 6:38; 7:29
이스라히야의 아들 – 대상 7:3
이스마엘의 아들 – 창 25:13, 16; 대하 19:11
이스할의 아들 – 민 16:1; 대상 24:22
이시의 아들 – 대상 2:31; 4:20, 42
익게스의 아들 – 삼하 23:26; 대상 11:28; 27:9
익다랴의 아들 – 렘 35:4
일의 아들 – 대상 7:12
임나의 아들 – 대하 31:14
임멜의 아들 – 느 3:29; 렘 20:1
잇도의 아들 – 왕상 4:14
잇사갈의 아들 – 창 46:13; 민 1:28; 대상 7:1
잇시야의 아들 – 대상 24:25
하가랴의 아들 – 느 1:1; 10:1
하갈의 아들 – 창 21:9
하그돌림의 아들 – 느 11:14
하그리의 아들 – 대상 11:38
하나냐의 아들 – 대상 3:21; 렘 36:12
하나니의 아들 – 왕상 16:1, 7; 대하 19:2; 20:34

하난의 아들 – 렘 35:4
하들래의 아들 – 대하 28:12
하란의 아들 – 창 11:31
하루맙의 아들 – 느 3:10
하룸의 아들 – 대상 4:8
하림의 아들 – 느 3:11
하만의 아들 – 에 9:10, 12, 13, 14
하몰의 아들 – 창 33:19; 34:2
하사뱌의 아들 – 대상 6:45
하숩느야의 아들 – 느 3:10
하셈의 아들 – 대상 11:34
학가단의 아들 – 스 8:12
학깃의 아들 – 삼하 3:4; 왕상 1:5, 11; 2:13; 대상 3:2
학모니의 아들 – 대상 27:32
할로헤스의 아들 – 느 3:12
할해야의 아들 – 느 3:8
함므다다의 아들 – 에 3:1, 10; 8:5; 9:24
함의 아들 – 창 10:6
핫숩의 아들 – 대상 9:14; 느 11:15
핫스누아의 아들 – 느 11:9
헤나닷의 아들 – 느 3:18, 24
헤만의 아들 – 대상 25:5
헤벨의 아들 – 민 26:33; 27:1; 수 17:3
헤브론의 아들 – 대상 2:43; 23:19; 24:23
헤스론의 아들 – 대상 2:18, 25
헬라의 아들 – 대상 4:7
헬렘의 아들 – 대상 7:35
헬론의 아들 – 민 1:9; 2:7; 7:24, 29; 10:16
호담의 아들 – 대상 11:44
호리의 아들 – 민 13:5
호사야의 아들 – 렘 42:1; 43:2
호새의 아들 – 대상 26:11
후르의 아들 – 느 3:9
후리의 아들 – 대상 5:14
후새의 아들 – 왕상 4:16
훌의 아들 – 대상 2:50
히스기야의 아들 – 렘 15:4
힌놈의 아들 – 수 15:8; 18:16; 왕하 23:10; 대하 28:3; 33:6; 렘 7:31, 32; 19:2, 6; 32:35
힐기야의 아들 – 왕하 18:26, 37; 대상 6:45; 9:11; 느 11:11; 사 22:20; 36:3, 22; 렘 1:1; 29:3
힐렐의 아들 – 삿 12:13, 15

[아들] **[아딘]**

요일 1:3 아버지와 그의 **아들** 예수 그리스도와
요일 2:22 **아들**을 부인하는 그가 적그리스도니
요일 3:23 그의 계명은 이것이니 곧 그 **아들** 예수
요일 4:10 속하기 위하여 화목 제물로 그 **아들**을
요일 5:9 하나님의 증거는 이것이니 그의 **아들**에
요이 1:3 하나님 아버지와 아버지의 **아들** 예수
계 12:5 여자가 **아들**을 낳으니 이는 장차 철장
계 21:7 그의 하나님이 되고 그는 내 **아들**이

아들 - 기타 본문

모세오경 창 4:25, 26; 5:29; 6:18; 7:13; 8:18; 9:8, 19; 16:15; 17:19, 23, 26; 18:13, 14; 19:38; 21:3, 4, 5, 7, 9, 10, 11, 23; 22:2, 3, 6, 7, 8, 9, 10, 12, 13, 16; 24:5, 6, 8, 24, 36, 51; 25:9, 11, 12, 22; 27:5, 6, 8, 13, 17, 18, 20, 21, 24, 25, 26, 27, 29, 31, 32, 37, 43; 29:32, 33, 34, 35; 30:3, 5, 6, 7, 10, 12, 14, 15, 16, 17, 19, 20, 23, 24, 35; 34:8; 37:32, 33, 35; 38:4, 5, 11, 26; 42:11, 13, 32, 37, 38; 44:27; 45:10, 28, 27; 48:2, 5, 9, 10, 12, 19; 49:8, 9, 33; 출 1:22; 2:10, 22; 4:22, 23, 25; 13:14; 18:6; 20:10; 21:9, 31; 29:20, 21, 24, 30; 40:31; 레 8:30; 10:14; 12:7; 민 18:2, 7, 8, 9; 20:28; 21:35; 27:4, 8; 신 4:25; 5:14; 6:20, 21; 7:4; 21:16, 17, 18 **역사서** 삿 8:22, 23, 30, 31; 11:2; 12:14; 13:5, 7, 24; 17:5; 룻 1:2, 3, 5, 11, 12; 4:15, 17; 삼상 1:11, 20, 23; 2:21, 22, 24, 29, 34; 3:13, 16; 4:17, 20; 8:3, 5, 11, 12; 9:3; 14:40, 42; 16:5, 10, 11, 19, 20; 17:13, 17, 55, 56, 58; 26:21, 25; 삼하 9:10, 12; 13:25, 27, 29, 30, 37; 14:11, 16, 27; 15:36; 16:8, 11, 19; 17:25; 18:18, 20, 22, 33; 21:13; 왕상 1:13, 17, 19, 21, 25, 30, 33; 3:19, 20, 21, 22, 23; 5:7; 11:13, 20, 35, 36; 13:11, 12, 13, 27, 31; 14:20, 31; 15:8, 24; 16:13, 28; 17:18, 19, 20, 23; 22:50; 왕하 4:5, 6, 7, 14, 16, 17, 20, 28, 36, 37; 6:29, 32; 8:5, 9, 24; 10:3, 6, 13, 35; 13:9, 24; 14:16, 29; 15:22, 38; 16:7, 20; 20:21; 21:18, 24, 26; 대상 2:18, 30, 32, 34, 42; 3:5, 9, 10, 11, 12, 13, 14, 16, 17; 4:25, 26, 27; 5:5, ; 6:21, 22, 23, 24, 26, 27, 29, 30, 33, 50, 51, 52, 5; 7:20, 21, 23, 25, 26, 27; 8:10, 37, 38, 40; 9:3, 43; 14:4; 17:13; 19:2; 22:6, 7, 9, 10, 11, 1 23:17; 24:21, 22, 28, 29; 25:4, 5, 9, 10, 11, 1 13, 14, 15, 16, 17, 19, 20, 21, 22, 23, 24, 25, 2

27, 28, 29, 30, 31; 26:8, 10, 14, 15, 25, 29; 27:7; 28:6, 9, 11, 20; 29:19, 28; 대하 2:14; 11:19, 21, 23; 21:17; 22:10; 24:27; 26:23; 28:27; 33:20, 25 **시가서 - 신약** 욥 1:4, 5; 42:16; 시 2:12; 잠 1:10, 15; 3:11, 12, 21; 4:3, 10, 21; 5:7, 20; 6:3, 20; 7:24; 10:5; 17:25; 19:18, 27; 23:19, 26; 24:21; 사 7:14; 14:22; 49:22; 51:18, 20; 렘 19:9; 31:29; 겔 18:4, 10, 14, 19, 20; 46:17, 18; 호 1:8; 암 2:11; 마 1:23, 25; 13:55; 17:25, 26; 21:30, 31, 37, 38; 눅 1:31, 36, 57; 9:38, 41; 11:19; 15:13, 19, 21, 24, 30; 요 3:35, 36; 4:12, 46, 47, 50, 53; 5:20, 21, 22, 23, 26; 8:36; 9:20; 17:2; 롬 1:3, 9; 8:29, 32; 갈 4:5, 6, 7, 22, 30; 골 1:14; 히 1:5, 8; 5:8; 12:6, 7, 8; 요일 1:7; 2:23, 24; 4:14; 5:10, 11, 12, 20; 요이 1:9

아들래 1(Adlai) **사밧의 아버지**
대상 27:29 **아들래**의 아들 사밧은 골짜기에 있는

아들래 2(Athlai) **베배 자손 중 한 사람**
스 10:28 여호하난과 하나냐와 삽배와 **아들래**요

아디나(Adina) **다윗의 용사들 중 한 사람**
대상 11:42 르우벤 자손의 우두머리 **아디나**와 그

아디노(Adino) **다윗의 3대 용사 중 한 사람**
삼하 23:8 에센 사람 **아디노**라고도 하는 자는 군

아디다임(Adithaim) **유다 지파가 얻은 성읍**
수 15:36 사아라임과 **아디다임**과 그데라와

아디엘(Adiel)
  1. 시므온 사람의 족장
대상 4:36 아사야와 **아디엘**과 여시미엘과 브나야
  2. 바벨론 포로에서 귀환한 제사장
대상 9:12 그는 **아디엘**의 아들이요 야세라의 손자
  3. 다윗 왕의 곳간을 맡았던 아스마웻의 아버지
대상 27:25 **아디엘**의 아들 아스마웻은 왕의 곳간

아딘(Adin)
  1. 바벨론 포로에서 귀환한 아딘 사람들의 선조
스 2:15 **아딘** 자손이 사백오십사 명이요
스 8:6 **아딘** 자손 중에서는 요나단의 아들 에벳

[아라]

느 7:20　아딘 자손이 육백오십오 명이요
　2. 느헤미야 때 언약서에 인친 사람 중 한 명
느 10:16　아도니야, 비그왜, 아딘,

아라 1(Ara) 예델의 아들이며 아셀 자손
대상 7:38아들들은 여분네와 비스바와 **아라**요

아라 2(Arah)
　1. 울라의 아들로 아셀 자손
대상 7:39울라의 아들들은 **아라**와 한니엘과
　2. 스룹바벨과 함께 귀환한 아라 자손의 선조
스 2:5　**아라** 자손이 칠백칠십오 명이요
느 6:18　도비야는 **아라**의 아들 스가냐의 사위요
느 7:10　**아라** 자손이 육백오십이 명이요

아라랏(Ararat) 아르메니아의 고원 산지
창 8:4　열이렛날에 방주가 **아라랏** 산에 머물
왕하 19:37칼로 쳐죽이고 **아라랏** 땅으로 그들이
사 37:38 칼로 죽이고 **아라랏** 땅으로 도망하였
렘 51:27 그를 치며 **아라랏**과 민니와 아스그나스

아라바(Arabah) 팔레스타인을 남북으로 가
　로지르는 저지대
신 1:7　곳곳으로 가고 **아라바**와 산지와 평지

> '아라바'와 관련된 성구
>
> 아라바 광야 – 신 1:1
> 아라바 긴네롯 바다 – 수 12:3
> 아라바 길 – 삼하 4:7; 왕하 25:4; 렘 52:7
> 아라바 사람 – 렘 3:2
> 아라바 시내 – 암 6:14
> 아라바의 바다 염해 – 수 3:16

　아라바 – 기타 본문
신 2:8; 3:17; 4:49; 11:30; 수 8:14; 11:2, 16;
12:1, 8; 15:61; 18:18; 23:24; 삼하 2:29; 왕하
14:25; 렘 39:4; 겔 47:8; 슥 14:10

아라비아/-인(Arabia) 세계에서 가장 큰 반도
사 21:13　**아라비아**에 관한 경고라 드단 대상들
겔 27:21　**아라비아**와 게달의 모든 고관은 네 손
행 2:11　그레데인과 **아라비아인**들이라 우리가

[아람]

갈 1:1　예루살렘으
　로 가지 아니하고
　아라비아
갈 4:25　하갈은 **아
　라비아**에 있는
　시내 산으로

> '아라비아'와 관련된 성구
>
> 아라비아 사람들 – 대하 17:11; 21:16;
> 　22:1; 26:7; 느 2:19; 4:7; 6:1; 사
> 　13:20
> 아라비아의 (모든) 왕들 – 왕상 10:15; 대
> 　하 9:14; 렘 25:24

아라우나(Araunah) 타작마당을 판 사람
삼하 24:16여부스 사람 **아라우나**의 타작마당 곁에

　아라우나 – 기타 본문
삼하 24:18, 20, 22, 23, 24

아란(Aran) 호리 족속 디산의 아들
창 36:28 디산의 자녀는 우스와 **아란**이니
대상 1:42디산의 아들은 우스와 **아란**이더라

아랄 사람(Hararite) 다윗의 30인의 용사 중
　하나
삼하 23:33삼마와 **아랄 사람** 사랄의 아들 아히암

아람 (Aram)
　1. 인 명
　　(1) 셈의 아들
창 10:22 앗수르와 아르박삿과 룻과 **아람**이요
창 10:23 **아람**의 아들은 우스와 훌과 게델과
대상 1:17룻과 **아람**과 우스와 훌과 게델과 메섹
　　(2) 그므엘의 아들
창 22:21 우스의 형제는 부스와 **아람**의 아버지
　　(3) 길르앗의 아버지인 마길 자손 중의 한 명
대상 2:23그술과 **아람**이 야일의 성읍들과 그낫
　　(4) 아셀 사람인 소멜의 아들
대상 7:34아들들은 아히와 로가와 호바와 **아람**
　2. 지명 : 레바논 산맥에서 유프라테스까지,
　　우러스 산맥에서 다메섹까지의 지역을 말함

【 아람 】

창 25:20 리브가는 밧단 **아람**의 **아람** 족속 중
민 23:7 발락이 나를 **아람**에서, 모압 왕이 동쪽
삼하 8:6 다메섹 **아람**에 수비대를 두매 **아람** 사람
삼하 8:12 곧 **아람**과 모압과 암몬 자손과 블레셋
삼하 15:8 종이 **아람** 그술에 있을 때에 서원하기
왕상 22:1 **아람**과 이스라엘 사이에 전쟁이 없이
왕하 13:17 **아람**에 대한 구원의 화살이니 왕이 **아람**
왕하 13:19 왕이 **아람**을 세 번만 치리이다 하니라
대상 18:6 다윗이 다메섹 **아람**에 수비대를 두매

'아람'과 관련된 성구

아람 군사의 부대/군대 – 왕하 6:23; 7:4, 6, 14; 대하 24:23, 24
아람 말 – 왕하 18:26
아람 문자 – 스 4:7
아람 방언 – 스 4:7; 사 36:11
아람 백성 – 암 1:5
아람 보병 – 왕상 20:29
아람 사람 – 창 31:20, 24; 신 26:5; 삼하 8:5, 6; 10:6, 8, 9, 11, 13, 14, 15, 16, 17, 18, 19; 왕상 20:20, 21, 27, 28; 22:11, 35; 왕하 5:2, 20; 6:9, 18, 25; 7:12, 15; 8:28; 13:5, 17; 대상 18:5; 19:10, 12, 14, 15, 16, 17, 18, 19; 대하 18:10, 34; 22:5; 사 9:12; 암 9:7
아람 사람의 진영 – 왕하 7:16
아람 여인 – 대상 7:14
아람 왕들의 신들 – 대하 28:23
아람 왕 하사엘 – 왕하 8:28, 29; 9:14, 15; 12:17, 18; 13:3, 22, 24; 대하 22:5, 6
아람의 남은 자 – 사 17:3
아람의 들 – 호 12:12
아람의 딸들 – 겔 16:57
아람의 머리 – 사 7:8
아람(의) 벤하닷 왕 – 왕상 20:1, 26; 왕하 6:24; 8:7, 9; 대하 16:2
아람의 부대 – 왕하 24:2
아람의 신들 – 삿 10:6
아람(의) 왕 – 왕상 10:29; 15:18; 19:15; 20:22, 23; 22:3, 31; 왕하 5:1, 5; 6:8, 11; 8:13; 13:4, 7; 16:7; 대하 1:17; 16:7; 18:30; 28:5
아람(의) 왕 르신 – 왕하 15:37; 16:5, 6; 사 7:1
아람 진 – 왕하 7:5, 10

대상 19:6 천 달란트를 **아람** 나하라임과 아람마아
대하 20:2 바다 저쪽 **아람**에서 왕을 치러 오는데
사 7:2 **아람**이 에브라임과 동맹하였다 하였으
사 7:4 **아람**과 르말랴의 아들이 심히 노할
사 7:5 **아람**과 에브라임과 르말랴의 아들이
겔 27:16 풍부하므로 **아람**은 너와 거래하였음이

아람 나하라임(Aram Naharaim) 메소포타미아 북부의 지방

대상 19:6 달란트를 **아람 나하라임**과 아람마아가

아람마아가(Aram Maacah) 메섹 근처의 아람 소왕국

대상 19:6 아람 나하라임과 **아람마아가**와 소바

아랍(Arab) 유다 산지의 성읍

수 15:52 **아랍**과 두마와 에산과

아랍 사람(Arbite)

삼하 23:35 갈멜 사람 헤스래와 **아랍 사람** 바아래

아랏(Arad)

1. 베냐민 사람으로 브리아의 아들
대상 8:15 스바댜와 **아랏**과 에델과

2. 유다 남부에 위치한 가나안 사람의 성읍
민 21:1 가나안 사람 곧 **아랏**의 왕이 이스라엘
민 33:40 가나안 사람 **아랏** 왕은 이스라엘 자손
수 12:14 하나는 호르마 왕이요 하나는 **아랏** 왕
삿 1:16 **아랏** 남방의 유다 황무지에 이르러 그

【 아래 】

아래(under)

창 1:7 궁창 **아래**의 물과 궁창 위의 물로 나뉘게
창 18:4 발을 씻으시고 나무 **아래**에서 쉬소서

아래 – 기타 본문

모세오경 창 18:8; 21:15; 24:9; 31:34; 35:4, 8; 47:29; 49:15, 25; 출 17:12; 18:10; 20:4; 24:4, 10; 25:35; 26:19, 21, 24, 25, 33; 27:5; 28:26, 27; 30:4; 32:19; 36:29; 37:21, 27; 38:4; 39:20; 레 15:10; 27:32; 신 4:18, 11, 39, 49; 5:8; 12:2; 28:13, 23; 33:3, 13, 27 **역사서** 수 2:11; 11:3, 17; 13:5; 15:19; 16:3; 18:13; 21:9; 24:26; 삿 1:7, 15; 4:5; 6:11, 19; 7:8; 룻 2:12; 삼상 7:11; 14:2; 22:6;

【 아래짝 】							【 아로새기다 】

31:13; 삼하 18:9; 22:10, 39; 왕상 4:12, 25; 7:24, 29, 44; 8:6, 23; 9:17; 13:14; 14:23; 19:4, 5; 왕하 16:4; 17:10; 19:30; 대상 6:31, 54; 7:24; 10:12; 11:37; 17:1; 25:2, 3, 6; 28:21 대하 4:3, 15; 5:7; 8:5; 28:4; 32:30; 스 7:11; 에 8:3 **시가서** 욥 30:7; 40:21; 41:24; 시 8:6; 17:8; 18:9, 38; 36:7; 47:3; 50:4; 57:1; 61:4; 68:30; 91:1, 4; 140:3; 잠 15:24; 전 1:3, 9, 13, 14; 2:11, 17, 18, 19, 20, 22; 3:16, 21; 4:1, 3, 7, 15; 5:13, 18; 6:1, 12; 7:12; 8:9, 15, 17; 9:3, 6, 9, 11, 13; 10:5, 4, 16; 아 8:5 **선지서** 사 3:6; 14:9, 11; 22:9; 24:5; 28:15; 37:31; 51:6; 57:5; 60:14; 렘 2:20; 3:6, 13; 8:2; 10:11; 33:13; 38:12; 48:45; 52:20; 애 3:66; 4:20; 겔 1:27; 6:13; 8:2; 10:20; 17:6, 23; 20:37; 27:21; 31:6, 12, 17; 40:18, 19; 41:7; 42:5, 6, 9; 43:14, 17, 20; 45:19; 단 4:14, 21; 6:26; 호 4:13; 14:7; 욜 1:17; 암 2:9; 옵 1:7; 욘 4:5; 미 1:4; 4:4; 슥 3:10 **복음서 역사서** 마 2:16; 5:15; 8:9; 22:44; 23:37; 27:51; 막 4:21; 5:22; 6:11; 7:25, 28; 12:36; 14:54, 66; 15:38; 눅 5:8; 7:8; 8:16, 41; 11:33; 13:34; 17:16, 24; 20:20; 요 1:48, 50; 7:32, 45, 46; 8:23; 18:3, 12, 18, 22; 19:6; 행 2:19; 23:25; 27:16 **서신서 예언서** 롬 3:9, 19; 6:14, 15; 7:14; 16:20; 고전 9:20, 21; 10:1; 11:10; 15:25, 27; 갈 3:10, 13, 22, 23, 25; 4:2, 3, 4, 5, 21; 5:18; 엡 1:22; 4:9; 빌 2:10; 딤전 6:1; 히 2:8; 7:11; 약 2:3; 벧전 5:6; 벧후 2:9; 계 5:3, 13; 6:9; 12:1

【 **아래짝**(lower milstone) 】
욥 41:24 돌처럼 튼튼하며 맷돌 **아래짝**같이 튼튼

【 **아래쪽**(under sides) 】
왕상 7:30 그 어깨 같은 것은 물두멍 **아래쪽**에 부어
욥 41:30 그것의 **아래쪽**에는 날카로운 토기 조각

【 **아래층**(lowest floor) 】
겔 41:7 골방은 **아래층**에서 중층으로 위층에

† 아래층 + 기타 본문
겔 42:5, 6; 43:14, 17, 20; 45:19

【 **아랫못**(lower pool) 】 히스기야가 만든 저수지
사 22:9 많은 것도 보며 너희가 **아랫못**의 물도

【 **아랫샘**(lower spring) 】
수 15:19 갈렙이 윗샘과 **아랫샘**을 그에게 주었
삿 1:15 갈렙이 윗샘과 **아랫샘**을 그에게 주었

【 **아레다**(Aretas) 】 아라비아 지방을 다스렸던 아레다 4세
고후 11:32 다메섹에서 **아레다** 왕의 고관이 나를

【 **아레오바고**(Areopagus) 】 아덴의 아크로폴리스 서편에 있는 암석으로 된 언덕
행 17:19 그를 붙들어 **아레오바고**로 가며 말하
행 17:22 바울이 **아레오바고** 가운데 서서 말하
행 17:34 그 중에는 **아레오바고** 관리 디오누시오

【 **아렉**(Erech) 】 성전 건축을 방해한 사람
스 4:9 아바새 사람과 **아렉** 사람과 바벨론 사람

【 **아렉 사람/아렉 족속**(Arkites) 】 요단 강 유역의 아다롯 부근에 살던 주민
수 16:2 **아렉 족속**의 경계를 지나아다롯에 이르
삼하 15:32 **아렉 사람** 후새가 옷을 찢고 흙을 머리
삼하 16:16 다윗의 친구 **아렉 사람** 후새가 압살롬
삼하 17:5 압살롬이 이르되 **아렉 사람** 후새도 부르
삼하 17:14 **아렉 사람** 후새의 계략은 아히도벨의
대상 27:33 **아렉 사람** 후새는 왕의 벗이 되었고

【 **아렐리**(Areli) 】 갓의 아들
창 46:16 에스본과 에리와 아로디와 **아렐리**요
민 26:17 아롯 종족과 **아렐리**에게서 난 아렐리

【 **아로디**(Arodi) 】 갓 자손으로 아렐리 가족의 조상
창 46:16 에스본과 에리와 **아로디**와 아렐리요

【 **아로새기다**(carve) 】
왕상 6:18 박과 핀 꽃을 **아로새겼고** 모두 백향목

성경에 나오는 아로새긴 것
아로새긴 상아 – 아 5:14
아로새긴 (아세라) 목상 – 왕하 21:7; 대하 33:7
아로새긴 우상 – 왕하 17:41; 대하 33:22; 34:3, 4, 7; 호 11:2
아로새긴 은 쟁반 – 잠 25:11

【 아로엘 】   【 아뢰다 】

왕상 6:29 종려와 핀 꽃 형상을 **아로새겼고**
왕상 6:32 그룹과 종려와 핀 꽃을 **아로새기고** 금
왕상 6:35 종려와 핀 꽃을 **아로새기고** 금으로 입히
왕상 7:31 그 나머지 면에는 **아로새긴** 것이 있으며
왕상 7:36 그룹들과 사자와 종려나무를 **아로새겼으**
대하 2:7 실로 직조하며 또 **아로새길** 줄 아는 재주
대하 2:14 모든 **아로새기는** 일에 익숙하고 모든
대하 3:7 입히고 벽에 그룹들을 **아로새겼더라**

아로엘 (Aroer)

1. 모압의 성읍
민 32:34 갓 자손은 디본과 아다롯과 **아로엘**과

📖 아로엘 - 기타 본문
신 2:36; 3:12; 4:48; 수 12:2; 13:9, 16; 삿 11:26;
삼하 24:5; 왕하 10:33; 대상 5:8; 사 17:2; 렘 48:19

2. 유다의 성읍
삼상 30:28 **아로엘**에 있는 자와 십못에 있는 자와
대상 11:44 아스드랏 사람 웃시야와 **아로엘** 사람

3. 암몬 사람의 성읍
수 13:25 자손의 땅 절반 곧 랍바 앞의 **아로엘**
삿 11:33 **아로엘**에서부터 민닛에 이르기까지

아론 (Aaron) 이스라엘 최초의 대제사장
출 4:14 네 형 **아론**이 있지 아니하냐 그가 말 잘

📖 아론 - 기타 본문
모세오경 출 4:27, 28, 29, 30; 5:1, 4, 20; 6:13, 20, 23, 25, 26, 27; 7:1, 2, 6, 7, 8, 9, 10, 12, 19, 20; 8:5, 6, 8, 12, 16, 17, 25; 9:8, 27; 10:3, 8, 16; 11:10; 12:1, 28, 31, 43, 50; 15:20; 16:2, 6, 9, 10, 33, 34; 17:10, 12; 18:12; 19:24; 24:1, 9, 14; 27:21; 28:1, 2, 3, 4, 12, 29, 30, 35, 38, 40, 41, 43; 29:4, 5, 9, 10, 15, 19, 20, 21, 24, 26, 27, 28, 29, 32, 35, 44; 30:7, 10, 19, 30; 31:10; 32:1, 2, 3, 4, 5, 21, 22, 25, 35; 34:30, 31; 35:19; 38:21; 39:1, 27, 41; 40:12, 13, 31; 레 1:5, 7, 8, 11; 2:2, 3, 10; 3:2, 5, 8, 13; 6:9, 14, 16, 18, 20, 22, 25; 7:10, 31, 33, 34, 35; 8:2, 6, 12, 13, 14, 18, 20, 23, 24, 27, 30, 31, 36; 9:1, 2, 7, 8, 9, 12, 18, 19, 20, 22, 23; 10:1, 3, 4, 6, 8, 12, 16, 19; 11:1; 13:1, 2; 14:33; 15:1; 16:1, 2, 3, 6, 9, 11, 21, 23, 34; 17:2; 21:1, 17, 21, 24; 22:2, 4, 18; 24:3, 9; 민 1:3, 17, 44; 2:1; 3:1, 2,

3, 4, 6, 7, 9, 10, 32, 38, 39, 48, 51; 4:1, 5, 15, 16, 17, 19, 27, 28, 33, 34, 37, 41, 45, 46; 6:23; 7:8; 8:2, 3, 11, 13, 19, 20, 21, 22; 9:6; 10:8; 12:1, 4, 5, 10, 11; 13:26; 14:2, 5, 26; 15:33; 16:3, 11, 16, 17, 18, 20, 37, 40, 41, 42, 43, 46, 47, 50; 17:3, 6, 8, 10; 18:1, 8, 20, 28; 19:1; 20:2, 6, 8, 10, 12, 23, 24, 25, 26, 28, 29; 25:7, 11; 26:1, 9, 59, 60, 64; 27:13; 33:1, 38, 39; 신 9:20; 10:6; 32:50 역사서 – 선지서 수 21:4, 10, 13, 19; 24:5, 33; 삿 20:28; 삼상 12:6, 8; 대상 6:3, 49, 50, 54, 57; 12:27; 15:4; 23:13, 28, 32; 24:1, 19, 31; 27:17; 대하 13:9, 10; 26:18; 29:21; 31:19; 35:14; 스 7:5; 느 10:38; 12:47; 시 77:20; 99:6; 105:26; 106:16; 115:10, 12; 118:3; 133:2; 135:19; 미 6:4 **신약** 눅 1:5; 행 7:40; 히 5:4; 7:11; 9:4

아롯 1 (Aloth) 후새의 아들 바아나의 고향
왕상 4:16 아셀과 **아롯**에는 후새의 아들 바아나요

아롯 2 (Arodi) 모세 때 갓 자손 아롯 가족의 족장
민 26:17 **아롯**에게서 난 **아롯** 종족과 아렐리ою

아롱지다 (speckle)
창 30:32 그 양 중에 **아롱진** 것과 점 있는 것과
창 30:33 염소 중 **아롱지지** 아니한 것이나 점이
창 30:35 흰 바탕에 **아롱진** 것과 점 있는 것을
창 30:39 얼룩얼룩한 것과 점이 있고 **아롱진** 것을
창 31:10 있는 것과 점 있는 것과 **아롱진** 것이었
창 31:12 점 있는 것과 **아롱진** 것이니라 라반이

아뢰다 (say)
창 18:29 아브라함이 또 **아뢰어** 이르되 거기서
창 18:32 내가 이번만 더 **아뢰리이다** 거기서 십 명
창 24:66 종이 그 행한 일을 다 이삭에게 **아뢰매**
창 42:29 그들이 당한 일을 자세히 알리어 **아뢰되**
창 44:18 내 주의 귀에 한 말씀을 **아뢰게** 하소서
창 44:20 우리가 내 주께 **아뢰되** 우리에게 아버지
창 44:24 내 주의 말씀을 그에게 **아뢰었나이다**
창 45:9 속히 아버지께로 올라가서 **아뢰기를**
창 45:13 본 모든 것을 다 내 아버지께 **아뢰고**
창 48:9 아버지에게 **아뢰되** 이는 하나님이 여기
창 50:4 원하건대 바로의 귀에 **아뢰기를**
출 5:22 모세가 여호와께 돌아와서 **아뢰되** 주여
레 16:21 모든 불의와 그 범한 모든 죄를 **아뢰고**

1567

【 아뢰다 】   　　　　　　　　　　　　　　　　　　　　　【 아르 】

민 23:4　발람이 **아뢰되** 내가 일곱 제단을 쌓고
삼상 14:1　그의 아버지에게는 **아뢰지** 아니하였더라
삼하 2:1　여쭈어 **아뢰되** … 다윗이 **아뢰되** 어디로
삼하 4:8　이스보셋의 머리를 드리며 **아뢰되** 왕의
삼하 11:3　그가 **아뢰되** 그는 엘리암의 딸이요 헷
삼하 13:32　시므아의 아들 요나답이 **아뢰어** 이르되
삼하 14:32　왕께 보내 **아뢰게** 하기를 어찌하여 내가
삼하 14:33　요압이 왕께 나아가서 그에게 **아뢰매**
삼하 19:1　요압에게 **아뢰되** 왕이 압살롬을 위하여
삼하 24:13　갓이 다윗에게 이르러 **아뢰어** 이르되
삼하 24:18　갓이 다윗에게 이르러 그에게 **아뢰되**
왕상 1:13　당신은 다윗 왕 앞에 들어가서 **아뢰기**를
왕하 5:4　나아만이 들어가서 그의 주인께 **아뢰어**
대상 16:8　그의 이름을 불러 **아뢰며** 그가 행하신
대상 21:3　요압이 **아뢰되** 여호와께서 그 백성을
스 5:4　이 건축하는 자의 이름을 **아뢰었으나**
스 5:5　이 일을 다리오에게 **아뢰고** 그 답장이
에 2:2　왕의 측근 신하들이 **아뢰되** 왕은 왕을
에 6:5　측근 신하들이 **아뢰되** 하만이 뜰에 섰나
욥 1:14　사환이 욥에게 와서 **아뢰되** 소는 밭을
욥 1:15　피하였으므로 주인께 **아뢰러** 왔나이다
욥 1:16　한 사람이 와서 **아뢰되** 하나님의 불이
　　　　하늘에서 … 주인께 **아뢰러** 왔나이다
욥 1:17　한 사람이 와서 **아뢰되** 갈대아 사람…
　　　　피하였으므로 주인께 **아뢰러** 왔나이다
욥 1:18　또 한 사람이 와서 **아뢰되** 주인의 자녀
욥 1:19　홀로 피하였으므로 주인께 **아뢰러** 왔나
욥 12:4　하나님께 불러 **아뢰어** 들으심을 입은

욥 13:15　그러나 그의 앞에서 내 행위를 **아뢰리라**
욥 37:19　우리는 아둔하여 **아뢰지** 못하겠노라
시 32:5　자복하리라 하고 주께 내 죄를 **아뢰고**
시 38:18　내 죄악을 **아뢰고** 내 죄를 슬퍼함이니
시 56:9　내가 **아뢰는** 날에 내 원수들이 물러가
시 105:1　그의 이름을 불러 **아뢰며** 그가 하는 일
시 119:26　내가 나의 행위를 **아뢰매** 주께서 내게
렘 36:20　나아가서 이 모든 말을 왕의 귀에 **아뢰니**
렘 36:25　두루마리를 불사르지 말도록 **아뢰어도**
단 2:25　왕 앞에 들어가서 **아뢰되** 내가 사로잡혀
단 2:36　내가 이제 그 해석을 왕 앞에 **아뢰리이다**
단 4:27　그런즉 왕이여 내가 **아뢰는** 것을 받으
단 5:17　이 글을 읽으며 그 해석을 **아뢰리이다**
호 14:2　여호와께로 돌아와서 **아뢰기**를 모든
욘 2:2　여호와께 불러 **아뢰었더니** 주께서 내게
마 8:19　한 서기관이 나아와 예수께 **아뢰되** 선생
마 14:12　장사하고 가서 예수께 **아뢰니라**
눅 13:1　그들의 제물에 섞은 일로 예수께 **아뢰니**
행 25:26　황제께 확실한 사실을 **아뢸** 것이 없으

아루마(Arumah) 세겜에서 가까운 곳
삿 9:41　아비멜렉은 **아루마**에 거주하고 스불은

아룹봇(Arubboth) 므낫세 지파의 성읍
왕상 4:10　**아룹봇**에는 벤헤셋이니 소고와 헤벨

아르(Ar) 모압의 성읍으로 알과 같음
민 21:15　골짜기의 비탈은 **아르** 고을을 향하여

'아뢰다'와 관련된 성구

다윗에게 아뢰다 – 삼상 18:26; 23:25; 삼하 11:10, 11, 22; 24:22; 대상 17:2
바로에게 아뢰다 – 창 40:14; 41:25; 46:31; 47:9; 왕상 11:21
여호와께 아뢰다 – 창 4:13; 출 4:10; 19:9, 23; 33:12, 15; 민 27:5; 신 26:3; 수 10:12; 삼상 8:21; 12:17, 18; 14:41; 삼하 22:1, 4, 7; 24:10, 17; 왕상 8:54; 대상 21:26; 시 16:2; 18:3, 6
여호와 앞에 아뢰다 – 출 6:12, 30; 신 26:5, 13; 삿 11:11
왕께/왕에게 아뢰다 – 삿 3:19, 20; 삼하 6:12; 7:3; 9:3, 4, 11; 12:18; 13:6, 35; 14:4, 9; 15:7; 16:3; 18:21; 25, 28, 31; 19:19, 30, 34, 41; 21:5; 24:3, 23; 왕상 1:2; 2:29, 30; 3:26; 12:10; 20:8, 23, 34, 42; 왕하 6:13; 대하 10:10; 34:18; 스 4:12, 14, 16; 5:8, 10; 8:22; 느 2:5, 7; 에 2:2; 3:8; 6:7; 7:9; 8:1; 9:11; 렘 34:2, 6; 36:16; 37:7; 38:4, 8, 20; 단 6:12, 21
주께 아뢰다 – 창 18:27, 31; 렘 11:20; 20:12; 애 3:57
하나님께 아뢰다 – 창 17:18; 출 3:11, 13; 민 22:10; 삼하 22:7; 대상 4:10; 21:8, 17; 욥 10:2; 34:31; 시 66:3; 빌 4:6

【 아르곱 】　　　　　　　　　【 아름답다/아름다워지다 】

민 21:28 모압의 **아르**를 삼키며 아르논 높은 곳에
신 2:9 롯 자손에게 **아르**를 기업으로 주었음
신 2:18 네가 오늘 모압 변경 **아르**를 지나리니
신 2:29 세일에 거주하는 에서 자손과 **아르**에

아르곱(Argob)
1. 지명 : 바산 동북편의 한 지역
신 3:4 　**아르곱** 온 지방이요 바산에 있는 옥의
신 3:13 옥의 나라였던 **아르곱** 온 지방 곧 온
신 3:14 마아갓 족속의 경계까지의 **아르곱** 온
왕상 4:13 바산 **아르곱** 땅의 성벽과 놋빗장 있는
2. 인명 : 베가에게 살해된 사람 중 하나
왕하 15:25 왕과 **아르곱**과 아리에를 죽이되 길르앗

아르난(Arnan) 다윗 자손 르바야의 아들
대상 3:21 르바야의 아들 **아르난**의 아들들, 오바댜

아르논(Arnon) 모압 지역에서 가장 큰 강
민 21:13 **아르논**은 모압과 아모리 사이에서 모압
민 21:24 그 땅을 **아르논**에서부터 얍복까지 점령
민 21:26 땅을 **아르논**까지 그의 손에서 빼앗았
민 22:36 모압 변경의 끝 **아르논** 가에 있는 성읍
삿 11:13 애굽에서 올라올 때에 **아르논**에서부터
삿 11:18 해 뜨는 쪽으로 들어가 **아르논** 저쪽에
삿 11:22 **아르논**에서부터 얍복까지와 광야에서

> '아르논'과 관련된 성구
> 아르논 (강) 가 - 삿 11:26; 렘 48:20
> 아르논 골짜기 - 민 21:14; 신 2:24, 36;
> 　　3:8, 12, 16; 4:48; 수 12:1, 2; 13:9,
> 　　16; 왕하 10:33
> 아르논 나루 - 사 16:2
> 아르논 높은 곳 - 민 21:28

아르돈(Ardon) 유다 사람 갈렙의 아들
대상 2:18 낳은 아들들은 예셀과 소밥과 **아르돈**

아르바(Arba) 아낙 사람의 조상
수 14:15 옛 이름은 기럇 **아르바**라 **아르바**는
수 15:13 주었으니 **아르바**는 아낙의 아버지였더
수 21:11 아낙의 아버지 **아르바**의 성읍 유다 산지

아르바 사람(Arbathite) 유다와 베냐민 경계에 살던 사람
삼하 23:31 **아르바 사람** 아비알본과 바르훔 사람
대상 11:32 시냇가에 사는 후래와 **아르바 사람**

아르박삿(Arphaxad) 셈의 아들 중 하나
창 10:22 엘람과 앗수르와 **아르박삿**과 룻과 아람

> 아르박삿 - 기타 본문
> 창 10:24; 11:10, 11, 12; 대상 1:17, 18, 24

아르밧(Arpad) 아람 성읍 중 하나
왕하 18:34 하맛과 **아르밧**의 신들이 어디 있으며

> 아르밧 - 기타 본문
> 왕하 19:13; 사 10:9; 36:19; 37:13; 렘 49:23

아르사(Arza) 엘라 시대의 궁내 대신
왕상 16:9 왕궁 맡은 자 **아르사**의 집에서 마시고

아르왓(Arvad) 베니게 연안 북부에 있는 성읍
창 10:18 **아르왓** 족속과 스말 족속과 하맛 족속
대상 1:16 **아르왓** 종족과 스말 종족과 하맛 종족
겔 27:8 시돈과 **아르왓** 주민들이 네 사공이 되었
겔 27:11 **아르왓** 사람과 네 군대는 네 사방 성 위

아름답다/아름다워지다(beautiful, majestic)
창 2:9 하나님이 그 땅에서 보기에 **아름답고**
창 6:2 아들들이 사람의 딸들의 **아름다움**을
창 39:6 요셉은 용모가 빼어나고 **아름다웠더**라
출 3:8 그 땅에서 인도하여 **아름답고** 광대한
레 23:40 첫 날에는 너희가 **아름다운** 나무 실과
신 3:25 **아름다운** 산과 레바논을 보게 하옵소서
삿 15:2 그의 동생이 그보다 더 **아름답지** 아니
삼상 8:16 그가 또 너희의 노비와 가장 **아름다운**
삼상 25:3 여자는 총명하고 용모가 **아름다우나**
삼하 1:23 생전에 사랑스럽고 **아름다운** 자이러니
삼하 14:27 다말이라 그는 얼굴이 **아름다운** 여자
왕상 1:4 이 처녀는 심히 **아름다워** 그가 왕을 받들
스 9:12 그 땅의 **아름다운** 것을 먹으며 그 땅을
느 9:25 모든 **아름다운** 물건이 가득한 집과 판
시 8:1 이름이 온 땅에 어찌 그리 **아름다운지요**
시 8:9 이름이 온 땅에 어찌 그리 **아름다운지요**

【 아름답다/아름다워지다 】　　　　　　　　　　　　　　　　　　　　　　　　　　　　　　【 아리땁다 】

잠 6:25	네 마음에 그의 **아름다움**을 탐하지 말며
아 1:3	네 기름이 향기로워 **아름답고** 네 이름
렘 2:7	그것의 **아름다운** 것을 먹게 하였거늘
단 11:20	그 나라의 **아름다운** 곳으로 두루 다니게
호 9:13	내가 보건대 에브라임은 **아름다운** 곳
암 8:13	그 날에 **아름다운** 처녀와 젊은 남자가 다
말 3:12	너희 땅이 **아름다워지므로** 모든 이방인
눅 21:5	성전을 가리켜 그 **아름다운** 돌과 헌물
행 7:20	났는데 하나님 보시기에 **아름다운지라**
롬 10:15	기록된 바 **아름답도다** 좋은 소식을 전하
고전 12:23	입혀 주며 우리의 **아름답지** 못한 지체는
딤후 1:14	말미암아 네게 부탁한 **아름다운** 것을
딛 3:8	이것은 **아름다우며** 사람들에게 유익

아름답다/아름다워지다 - 기타 본문

모세오경, 역사서 창 41:2, 4, 18; 43:11; 45:23; 49:11, 15; 출 28:2, 40; 민 18:29, 30, 32; 24:5; 신 4:22; 6:11, 18–19; 8:7, 12; 9:6; 11:17; 12:11; 28:12; 수 23:13, 15, 16; 삼상 16:12; 17:42; 삼하 1:26; 11:2; 13:1; 14:25; 왕상 1:42, 47; 20:3; 왕하 7:9; 대상 16:29; 28:8; 스 7:27; 8:27; 9:36; 에 2:4. **시가서, 선지서** 시 16:6; 21:3; 27:4; 33:3; 45:2, 11; 48:2; 49:14; 50:2; 65:4; 81:2; 96:6, 9; 133:1; 135:3; 144:12; 147:1; 149:4; 잠 11:22;

성경에 나오는 '아름다운' 것

아름다운 과수 – 아 4:13	아름다운 소식 – 나 1:15
아름다운 관 – 잠 1:9; 4:9; 사 62:3; 겔 23:42	아름다운 암노루 – 잠 5:19
아름다운 골짜기 – 사 22:7	아름다운 암송아지 – 렘 46:20
아름다운 기구 – 나 2:9	아름다운 양떼 – 렘 13:20
아름다운 덕 – 벧전 2:9	아름다운 열매 – 삿 9:11; 아 4:16; 마 7:17, 18, 19
아름다운 땅 – 민 14:7; 신 3:25; 4:21, 22; 6:18–19; 8:7; 9:6; 11:17; 수 23:13, 15, 16; 대상 28:8; 슥 7:14	아름다운 옷 – 사 52:1; 슥 3:4; 약 2:2, 3; 벧전 3:3
아름다운 말 – 잠 23:8; 전 12:10	아름다운 외투 – 수 7:21
아름다운 목 – 호 10:11	아름다운 이름 – 고후 6:8; 히 1:4; 약 2:7
아름다운 목장 – 대상 4:40	아름다운 잣나무 – 왕하 19:23
아름다운 밀 – 신 32:14; 시 147:14	아름다운 지위 – 딤전 3:13
아름다운 백향목 – 렘 22:7; 겔 17:23	아름다운 지체 – 고전 12:24
아름다운 성읍 – 신 6:10; 왕하 3:19	아름다운 지팡이 – 렘 48:17
아름다운 성전 – 사 64:11	아름다운 직분 – 히 8:6
아름다운 소리 – 창 49:21	아름다운 처소 – 에 2:9
아름다운 소산 – 창 43:11; 느 9:36; 사 1:19	아름다운 포도원 – 왕상 21:2; 사 27:2; 암 5:11
	아름다운 향나무 – 사 37:24

15:23; 20:29; 22:18, 20; 24:4; 27:9; 31:22, 30; 전 3:11; 5:18; 7:11; 11:7; 아 1:5, 10; 2:14; 4:10; 5:12; 6:10; 7:1, 6; 사 1:19; 2:16; 3:24; 4:2; 5:9; 12:5; 28:5; 32:15, 16; 33:17; 35:2; 37:24; 40:6, 9; 44:13; 52:1, 7; 53:2; 60:13, 15; 61:1; 렘 2:33; 3:19; 6:2; 11:16; 18:11; 애 2:1, 4; 겔 7:11; 16:7, 25; 17:8; 20:6, 15; 27:3, 4, 11, 24; 28:7, 12, 17; 31:3, 7, 8, 9, 16; 32:19; 단 1:4, 15; 4:12, 21; 10:8; 11:8; 호 10:1; 14:6; 슥 7:14; 9:17; 11:2 **신약** 마 23:27; 롬 14:21; 고전 2:1; 12:23; 히 11:23; 13:9; 약 1:11; 2:2, 3; 벧전 2:19, 20; 3:3;

아룻(Ard) 베냐민의 아들
창 46:21 에히와 로스와 뭅빔과 훕빔과 **아룻**이니
민 26:40 아들들은 **아룻**과 나아만이라 **아룻**에게

아리다다(Aridatha) 하만의 아들 중 한 명
에 9:8 보라다와 아달리야와 **아리다다**와

아리대(Aridai) 하만의 열 아들 중의 한 명
에 9:9 바마스다와 아리새와 **아리대**와 왜사다

아리땁다(beautiful)
창 12:11 내가 알기에 그대는 **아리따운** 여인이라

【 아리마대 】   【 아마랴 】

창 12:14　사람들이 그 여인이 심히 **아리따움을**
창 24:16　그 소녀는 보기에 심히 **아리땁고** 지금
창 26:7　리브가는 보기에 **아리따우므로** 그 곳
창 29:17　시력이 약하고 라헬은 곱고 **아리따우니**
신 21:11　네가 만일 그 포로 중의 **아리따운** 여자
왕상 1:3　이스라엘 사방 영토 내에 **아리따운** 처녀
에 1:11　그의 **아리따움을** 뭇 백성과 지방관들
에 2:2　왕은 왕을 위하여 **아리따운** 처녀들을
에 2:3　관리를 명령하여 **아리따운** 처녀를 다
에 2:7　용모가 곱고 **아리따운** 처녀라 그의 부모
욥 42:15　욥의 딸들처럼 **아리따운** 여자가 없었
사 47:1　네가 다시는 곱고 **아리땁다** 일컬음을

아리마대 (Arimathea) '라마다임소빔' 과 같은 곳
마 27:57　저물었을 때에 **아리마대**의 부자 요셉
막 15:43　**아리마대** 사람 요셉이 와서 당돌히
눅 23:51　유대인의 동네 **아리마대** 사람이요
요 19:38　**아리마대** 사람 요셉은 예수의 제자이

아리새 (Arisai) 하만의 열 아들 중 한 명
에 9:9　바마스다와 **아리새**와 아리대와 왜사다

아리스다고 (Aristarchus) 바울의 전도 사역에 함께했던 사람
행 19:29　마게도냐 사람 가이오와 **아리스다고**를
행 20:4　데살로니가 사람 **아리스다고**와 세군도
행 27:2　데살로니가 사람 **아리스다고**도 함께
골 4:10　나와 함께 갇힌 **아리스다고**와 바나바
몬 1:24　나의 동역자 마가, **아리스다고**, 데마,

아리스도불로 (Aristobulus) 로마 교회 신자
롬 16:10　문안하라 **아리스도불로**의 권속에게

아리에 (Arie) 이스라엘 엘라 왕의 신하
왕하 15:25　왕과 아르곱과 **아리에**를 죽이되 길르앗

아리엘 (Ariel)
　　1. 에스라 시대의 족장
스 8:16　이에 모든 족장 곧 엘리에셀과 **아리엘**과
　　2. 모압 사람
삼하 23:20　모압 **아리엘**의 아들 둘을 죽였고 또
대상 11:22　그 모압 **아리엘**의 아들 둘을 죽였으

　　3. 이사야가 예루살렘의 멸망을 말할 때 붙였던 별칭
사 29:1　슬프다 **아리엘**이여 아리엘이여 다윗이
사 29:2　내가 **아리엘**을 괴롭게 하리니 그가 슬퍼
사 29:7　**아리엘**을 치는 열방의 무리 곧 아리엘과

아리옥 (Arioch)
　　1. 아브라함 때의 엘라살 왕
창 14:1　시날 왕 아므라벨과 엘라살 왕 **아리옥**
창 14:9　엘라살 왕 **아리옥** 네 왕이 곧 그 다섯
　　2. 바벨론 왕 느부갓네살의 시위대 장관
단 2:14　왕의 근위대장 **아리옥**이 바벨론 지혜
단 2:15　왕의 근위대장 **아리옥**에게 물어 이르되
단 2:24　명령한 **아리옥**에게로 가서 그에게 이
단 2:25　이에 **아리옥**이 다니엘을 데리고 급히

아마겟돈 (Armageddon) 므깃도 지역
계 16:16　**아마겟돈**이라 하는 곳으로 왕들을 모으

아마나 (Amana) 레바논 근처의 산
아 4:8　**아마나**와 스닐과 헤르몬 꼭대기에서

아마도 (surely)
욥 38:21　네가 **아마도** 알리라 네가 그 때에 태어

아마랴 (Amariah)
　　1. 헤브론의 둘째 아들
대상 23:19　둘째 **아마랴**와 셋째 야하시엘과 넷째
대상 24:23　장자 여리야와 둘째 **아마랴**와 셋째
느 12:13　므술람이요 **아마랴** 족속에는 여호하난
　　2. 여호사밧 왕 때의 대제사장
대하 19:11　대제사장 **아마랴**가 너희를 다스리고
　　3. 히스기야 왕 때의 레위인
대하 31:15　스마야와 **아마랴**와 스가냐는 제사장
　　4. 비느하스의 자손이며 므라욧의 아들
대상 6:7　므라욧은 **아마랴**를 낳고 **아마랴**는
대상 6:52　아들은 **아마랴**요 그의 아들은 아히둡
　　5. 아사랴의 아들
대상 6:11　아사랴는 **아마랴**를 낳고 아마랴는
스 7:3　**아마랴**의 칠대 손이요 아사랴의 팔대
　　6. 귀환한 제사장 중의 한 사람
느 12:2　**아마랴**와 말룩과 핫두스와
　　7. 언약서에 인친 제사장

1571

【 아마사 】　　　　　　　　　　　　　　　　　【 아멘 】

느 10:3　바스훌, **아마랴**, 말기야,
　　　8. 웃시야의 조부이자 스가랴의 아버지
느 11:4　스가랴의 손자요 **아마랴**의 증손이요
　　　9. 바니 자손
스 10:42　살룸과 **아마랴**와 요셉이요
　　　10. 히스기야의 아들
습 1:1　스바냐는 히스기야의 현손이요 **아마랴**

아마사(Amasa)
1. 압살롬이 요압 대신 세운 군대 장관
삼하 17:25 **아마사**는 이스라엘 사람 이드라라 하는

📖 아마사 1 – 기타 본문
삼하 19:13; 20:4, 5, 8, 9, 10, 11, 12, 13; 왕상 2:5, 32; 대상 2:17

2. 에브라임 자손의 두목 중 한 명
대하 28:12 하들래의 아들 **아마사**가 일어나서 전장

아마새(Amasai)
1. 다윗을 도운 30용장의 대장
대상 12:18 삼십 명의 우두머리 **아마새**를 감싸시니
2. 그핫 집안 엘가나의 아들
대상 6:25 엘가나의 아들들은 **아마새**와 아히못
대상 6:35 마핫의 아들이요 마핫은 **아마새**의 아들
대상 6:36 **아마새**는 엘가나의 아들이요 엘가나는
3. 성전 정화 운동을 벌인 제사장 중 한 명
대하 29:12 그핫의 자손 중 **아마새**의 아들 마핫과

아마샤(Amaziah)
1. 요아스 왕과 여호앗단 사이에 낳은 아들
왕하 12:21 **아마샤**가 그를 대신하여 왕이 되니라

📖 아마샤 1 – 기타 본문
왕하 13:12; 14:1, 3, 7, 8, 9, 11, 13, 15, 17, 18, 21, 22, 23; 15:1, 3; 대상 3:12; 대하 24:27; 25:1, 2, 5, 7, 9, 10, 11, 13, 14, 15, 17, 18, 20, 21, 23, 25, 26, 27; 26:1, 2, 4

2. 여로보암 2세 때 활동한 벧엘의 제사장
암 7:10　벧엘의 제사장 **아마샤**가 이스라엘의
암 7:12　**아마샤**가 또 아모스에게 이르되 선견자
암 7:14　아모스가 **아마샤**에게 대답하여 이르되

아마시야(Amasiah) 여호사밧의 지휘관
대상 4:34 메소밥과 야믈렉과 **아마시야**의 아들
대상 6:45 **아마시야**의 아들이요 **아마시야**는
대하 17:16 그 다음은 시그리의 아들 **아마시야**니

아말(Amal) 아셀의 자손 중 헬렘의 아들
대상 7:35 아들들은 소바와 임나와 셀레스와 **아말**

아말렉(Amalekite)
1. 시내 반도와 네게브 북동쪽에 살았던 사람들
출 17:8　**아말렉**이 와서 이스라엘과 르비딤에서

┌─ '아말렉'과 관련된 성구 ─┐
아말렉 사람 – 삿 10:12; 12:15; 삼상 14:48;
　　15:6, 7, 8, 15, 18, 20, 32; 27:8; 30:1,
　　13, 18; 삼하 1:1, 8, 13; 대상 4:43
아말렉 사람의 왕 아각 – 삼상 15:8, 20, 32
아말렉인 – 민 13:29; 14:25, 43, 45
아말렉 자손 – 삿 3:13
아말렉 족속 – 창 14:7

📖 아말렉 1 – 기타 본문
출 17:9, 10, 11, 13, 14, 16; 민 24:20; 신 25:17, 19; 삿 5:14; 6:3, 33; 7:12; 삼상 15:2, 3, 5; 28:18; 삼하 8:12; 대상 18:11; 시 83:7

2. 에서의 아들 엘리바스의 첩 딤나의 아들
창 36:12 딤나는 **아말렉**을 엘리바스에게 낳았
창 36:16 고라 족장, 가담 족장, **아말렉** 족장이니
대상 1:36 가담과 그나스와 딤나와 **아말렉**이요

아맘(Amam) 유다 지파가 분배받은 땅
수 15:26 **아맘**과 세마와 몰라다와

아맛(Amad) 아셀 지파가 분배 받은 땅
수 19:26 알람멜렉과 **아맛**과 미살이며 그 경계의

아맛새(Amashsai) 제사장으로 임멜의 5대손
느 11:13 모두 이백사십이 명이요 또 **아맛새**이니

아멘(Amen)
민 5:22 여인은 **아멘 아멘** 할지니라

【 아멘 】　　　　　　　　　　　　　　　　　　　　　【 아모스 1 】

왕상 1:36 왕께 대답하여 이르되 **아멘** 내 주 왕의
대상 16:36 백성이 **아멘** 하고 여호와를 찬양하였
느 5:13　회중이 다 **아멘** 하고 여호와를 찬송하고
느 8:6　백성이 손을 들고 **아멘 아멘** 하고 응답
시 41:13 영원까지 송축할지로다 **아멘 아멘**
시 72:19 그의 영광이 충만할지어다 **아멘 아멘**
시 89:52 영원히 찬송할지어다 **아멘 아멘**
시 106:48 모든 백성들아 **아멘** 할지어다 할렐루야
렘 11:5　대답하여 이르되 **아멘** 여호와여 하였
렘 28:6　선지자 예레미야가 말하니라 **아멘**,
마 6:13　아버지께 영원히 있사옵나이다 **아멘**
롬 1:25　주는 곧 영원히 찬송할 이시로다 **아멘**
롬 9:5　찬양을 받으실 하나님이시니라 **아멘**
롬 11:36 그에게 영광이 세세에 있을지어다 **아멘**
롬 15:33 너희 모든 사람과 함께 계실지어다 **아멘**
롬 16:27 세세무궁하도록 있을지어다 **아멘**
고전 14:16 못하고 네 감사에 어찌 **아멘** 하리요
고후 1:20 우리가 **아멘** 하여 하나님께 영광을 돌리
갈 1:5　그에게 세세토록 있을지어다 **아멘**
갈 6:18　은혜가 너희 심령에 있을지어다 **아멘**
엡 3:21　대대로 영원무궁하기를 원하노라 **아멘**
빌 4:20　무궁하도록 영광을 돌릴지어다 **아멘**
딤전 1:17 영원무궁하도록 있을지어다 **아멘**
딤전 6:16 존귀와 영원한 권능을 돌릴지어다 **아멘**
딤후 4:18 영광이 세세무궁토록 있을지어다 **아멘**

히 13:21 그에게 세세무궁토록 있을지어다 **아멘**
벧전 4:11 세세에 무궁하도록 있느니라 **아멘**
벧전 5:11 무궁하도록 그에게 있을지어다 **아멘**
유 1:25　이제와 영원토록 있을지어다 **아멘**
계 1:6　능력이 세세토록 있기를 원하노라 **아멘**
계 1:7　말미암아 애곡하리니 그러하리라 **아멘**
계 3:14　**아멘**이시요 충성되고 참된 증인이시요
계 5:14　네 생물이 이르되 **아멘** 하고 장로들은
계 7:12　**아멘** 찬송과 영광과 지혜와 감사와
계 19:4　하나님께 경배하여 이르되 **아멘**
계 22:20 속히 오리라 하시거늘 **아멘** 주 예수여
계 22:21 은혜가 모든 자들에게 있을지어다 **아멘**

> '모든 백성은 아멘 할지니라' 와 관련된 성구
>
> 신 27:15, 16, 17, 18, 19, 20, 21, 22, 23, 24, 25, 26

아모리(Amorite) 가나안에 살고 있는 여러 족속 중 한 족속
창 10:16 여부스 족속과 **아모리** 족속과 기르가스
대상 1:14 종족과 **아모리** 종족과 기르가스 종족

아모스 1(Amos) 북이스라엘의 선지자
암 1:1　드고아 목자 중 **아모스**가 이스라엘에

> '아모리' 와 관련된 성구
>
> 아모리 사람 – 출 13:5; 23:23; 33:2; 34:11; 수 9:1; 10:12; 삿 10:11; 삼상 7:14; 삼하 21:2; 왕상 9:20; 겔 16:3, 45; 암 2:9
> 아모리 사람의 땅 – 암 2:10
> 아모리 사람의 땅의 신들 – 삿 6:10
> 아모리 사람의 손 – 수 7:7
> 아모리 사람(의 왕) 시혼 – 신 2:24; 왕상 4:19
> 아모리 사람의 (두/모든) 왕 – 수 2:10; 5:1; 9:10; 10:6
> 아모리 사람의 행함(행위/가증한 일) – 왕상 21:26; 왕하 21:11; 스 9:1
> 아모리인 – 민 13:29; 21:32; 22:2; 32:39
> 아모리인의 땅 – 민 21:31
> 아모리인의 모든 성읍 – 민 21:25
> 아모리인의 영토 – 민 21:13
> 아모리 족속 – 창 14:7, 13; 15:16, 21; 출 3:8;
> 17; 신 1:27, 44; 3:9; 7:1; 20:17; 수 3:10; 11:3; 12:8; 24:11, 18; 삿 1:34, 35; 3:5; 11:23; 대하 8:7; 느 9:8
> 아모리 족속의 경계 – 수 13:4; 삿 1:36
> 아모리 족속의 땅 – 수 24:8; 삿 10:8; 11:21
> 아모리 족속의 산지 – 신 1:7, 19, 20
> 아모리 족속의 손 – 창 48:22; 신 1:27
> 아모리 족속의 신들 – 수 24:15
> 아모리 족속의 온 지역 – 삿 11:22
> 아모리 족속의 (두/다섯/모든) 왕 – 신 3:8; 4:47; 수 2:10; 5:1; 10:5, 6; 24:12
> 아모리 족속의 (사람의) 왕 시혼 – 민 21:21, 26, 29, 34; 32:33; 신 1:4; 2:24; 3:2; 4:46; 31:4; 수 9:10; 12:2; 13:10, 21; 삿 11:19; 왕상 4:19; 시 135:11; 136:19

아모스 2

아모스 1 - 기타 본문
암 7:8, 10, 11, 12, 14; 8:2; 눅 3:25

아모스 2 (Amoz) 선지자 이사야의 아버지
왕하 19:2 아모스의 아들 선지자 이사야에게로

아모스 2 - 기타 본문
왕하 19:20; 20:1; 대하 26:22; 32:20, 32; 사 1:1;
2:1; 13:1; 20:2; 37:2, 21; 38:1

아목 (Amok) 귀환한 제사장 중 한 사람
느 12:7 살루와 **아목**과 힐기야 여다야니 이상
느 12:20 살래 족속에는 갈래요 **아목** 족속에는

아몬 (Amon)

1. 남유다의 제 15대 왕
왕하 21:18 그의 아들 **아몬**이 대신하여 왕이 되니라

아몬 1 - 기타 본문
왕하 21:19, 20, 24, 25, 26; 대상 3:14; 대하 33:20,
21, 22, 23, 25; 렘 1:2; 25:3; 습 1:1; 마 1:10

2. 아합 왕 때 사마리아의 성주
왕상 22:26 성주 **아몬**과 왕자 요아스에게로 끌고
대하 18:25 **아몬**과 왕자 요아스에게로 끌고 돌아

3. 솔로몬 부하의 자손
느 7:59 보게렛하스바임 자손과 **아몬** 자손이니

4. 애굽의 국가신
렘 46:25 내가 노의 **아몬**과 바로와 애굽과 애굽

아무 (anything)
창 10:9 속담에 이르기를 **아무**는 여호와 앞에
출 12:20 너희는 **아무** 유교물이든지 먹지 말고
출 12:39 지체할 수 없었음이며 **아무** 양식도 준비
신 12:13 너는 삼가서 네게 보이는 **아무** 곳에서
수 14:4 레위 사람에게 **아무** 분깃도 주지 아니
삿 19:28 **아무** 대답이 없는지라 이에 그의 시체를
삼하 14:6 그들을 말리는 사람이 **아무**도 없으므로
왕상 8:16 이스라엘 모든 지파 가운데에서 **아무**
왕하 12:13 주발이나 나팔이나 **아무** 금 그릇이나
느 13:19 **아무** 짐도 들어오지 못하게 하였으므로
시 135:17 못하며 그들의 입에는 **아무** 호흡도 없나
전 12:1 나는 **아무** 낙이 없다고 할 해들이 가깝기

아무

아 4:7 나의 사랑 너는 어여쁘고 **아무** 흠이 없구
사 19:15 종려나무 가지나 갈대가 **아무** 할 일이
렘 50:40 머물러 사는 사람이 **아무**도 없게 하시
겔 15:5 그것이 온전할 때에도 **아무** 제조에 합당
마 5:13 후에는 **아무** 쓸 데 없어 다만 밖에 버려져
막 16:8 무서워하여 **아무**에게 **아무** 말도 하지
요 5:37 너희는 **아무** 때에도 그 음성을 듣지 못하
행 4:17 이 이름으로 **아무**에게도 말하지 말게
롬 13:8 사랑의 빚 외에는 **아무**에게든지 **아무**
고전 1:14 너희 중 **아무**에게도 내가 세례를 베풀지
고후 8:20 **아무**도 우리를 비방하지 못하게 하려
갈 5:2 그리스도께서 너희에게 **아무** 유익이
빌 4:15 참여한 교회가 너희 외에 **아무**도 없었
골 2:4 내가 이것을 말함은 **아무**도 교묘한 말로
살후 3:8 **아무**에게도 폐를 끼치지 아니하려 함이
딛 3:2 **아무**도 비방하지 말며 다투지 말며 관용
히 5:4 이 존귀는 **아무**도 스스로 취하지 못하고
약 5:12 하늘로나 땅으로나 **아무** 다른 것으로도
벧전 3:6 너희는 선을 행하고 **아무** 두려운 일에도
벧후 3:9 오래 참으사 **아무**도 멸망하지 아니하고
요일 2:27 **아무**도 너희를 가르칠 필요가 없고 오직
요일 3:7 자녀들아 **아무**도 너희를 미혹하지 못하
계 3:11 **아무**도 네 면류관을 빼앗지 못하게 하라
계 7:9 백성과 방언에서 **아무**도 능히 셀 수 없는
계 7:16 **아무** 뜨거운 기운에 상하지도 아니하

아무 - 기타 본문
모세오경, 역사서 출 16:19, 29; 34:3, 10, 24; 레 15:11; 17:12; 22:21; 23:7, 8, 35; 민 29:1; 신 5:14; 8:9; 24:5; 29:23; 수 6:10; 룻 4:1; 삼상 14:24; 20:26; 25:36; 26:12; 삼하 15:2; 17:16; 18:13, 22; 왕상 3:26; 11:22; 18:26, 29; 왕하 5:25; 6:8, 9; 대하 6:5; 느 2:12, 20 **시가서, 선지서** 욥 10:18, 22; 24:15; 36:5; 37:21; 41:10; 시 49:7; 115:17; 잠 30:30; 전 8:17; 사 27:3; 34:12; 렘 16:4; 23:32; 39:10; 49:18, 33; 겔 16:5; 44:2, 21; 단 4:35; 6:4 **복음서** 마 8:4, 10, 28; 9:30; 12:19; 13:19; 16:20; 17:8, 9; 22:12, 16; 23:16, 18; 24:36; 26:18, 62; 27:19, 24; 막 1:44; 5:3, 4, 26, 37, 43; 6:5, 56; 7:24, 36; 8:30; 9:8, 9, 30; 11:2, 16, 25; 12:14; 13:32; 14:60; 15:4, 5; 눅 5:14; 8:43, 56; 9:21, 23, 36; 10:4; 14:18; 19:30; 23:9; 요 3:2; 5:22; 6:44; 7:26; 8:10, 15; 9:4, 33; 10:29;

[아무개]　　　　　　　　　　　　　　　　　　　　　　[아바돈]

41; 15:24; 16:29; 18:38; 19:4 **역사서, 서신서** 행 9:7; 10:28; 11:12; 15:28; 19:40; 20:33; 23:22; 25:11; 27:12; 28:6; 롬 11:14; 12:17; 고전 1:15, 29; 2:11, 15; 3:18; 9:12, 22; 13:3; 고후 6:3; 7:2, 9; 11:9; 갈 3:11, 15; 5:10; 빌 1:20; 2:3; 골 2:18; 살전 2:9; 3:3; 4:12; 딤전 5:22; 히 12:14; 약 1:13

'아무' 와 관련된 성구

아무것 – 창 30:31; 39:9; 47:18; 민 11:6; 16:26; 22:16; 30:12; 신 15:9; 17:1; 22:26; 28:55, 57; 삿 14:6; 삼상 12:4, 5; 18:25; 20:39; 21:2; 22:15; 30:19; 삼하 12:3; 왕상 8:9; 18:43; 왕하 4:2; 대하 5:10; 18:15; 느 5:12; 에 6:3; 욥 6:21; 26:7; 27:19; 잠 9:13; 13:7; 전 5:14, 15; 9:5; 사 40:17; 41:11, 12, 24; 렘 48:30; 단 12:10; 욘 3:7; 마 13:34; 21:19; 막 6:8; 7:12; 11:13; 눅 4:2; 6:35; 9:3; 20:40; 요 3:27; 5:19, 30; 8:28, 54; 11:49; 15:5; 16:23, 24; 18:20; 21:3; 행 9:8; 23:14; 고전 2:2; 3:7; 4:4, 5; 7:19; 8:4; 13:2; 고후 6:10; 12:11; 13:8; 갈 6:3, 15; 빌 4:6; 딤전 6:4, 7; 딛 1:15; 몬 1:14; 히 7:19; 요삼 1:7

아무 대답도 아니하다 – 마 27:12; 막 14:61

아무 때 – 레 13:14; 16:2; 막 14:7; 요 5:37; 살전 2:5

아무 말 – 민 30:4, 7, 11, 14; 살전 1:8

아무 일 – 창 19:8, 22; 22:12; 출 12:16; 20:10; 레 5:5; 16:29; 23:3, 31; 민 20:19; 28:18, 25, 29; 29:7, 12, 35; 딤전 5:21

아무개(friend)
룻 4:1　보아스가 그에게 이르되 **아무개**여 이리

아무런(one-NIV, any-KJV)
느 5:5　남의 것이 되었으나 우리에게는 **아무런**
행 27:22　너희 중 아무도 생명에는 **아무런** 손상

아무리(all, as ~ as)
창 34:12　아내가 되게 하라 **아무리** 큰 혼수와 예물
전 8:17　사람이 **아무리** 애써 알아보려고 할지

아무쪼록(please)
삼하 17:16　나루터에서 자지 말고 **아무쪼록** 건너

📖 **아무쪼록 – 기타 본문**
삼하 18:22; 왕상 3:26; 11:22; 행 27:12; 롬 11:14; 고전 9:22

아므라벨(Amraphel) 아브람 때 활약한 시날 왕
창 14:1　당시에 시날 왕 **아므라벨**과 엘라살 왕
창 14:9　**아므라벨**과 엘라살 왕 아리옥 네 왕이

아므람(Amram)
1. 레위 지파 고핫의 아들
출 6:18　고핫의 아들들은 **아므람**과 이스할과

📖 **아므람 1 = 기타 본문**
출 6:20; 민 3:19, 27; 26:58, 59; 대상 6:2, 3, 18; 23:12, 13; 24:20; 26:23

2. 이방 여인과 결혼한 바니 집안 사람
스 10:34　바니 자손 중에서는 마아대와 **아므람**

아미(Ami) 솔로몬 부하의 자손
스 2:57　보게렛하스바임 자손과 **아미** 자손이니

아미나답(Amminadab) 다윗의 선조
마 1:4　람은 **아미나답**을 낳고 **아미나답**은 나손
눅 3:33　그 위는 **아미나답**이요 그 위는 아니요

아마새(Amasai) 제사장
대상 15:24　요사밧과 느다넬과 **아미새**와 스가랴

아밋대(Amittai) 선지자 요나의 아버지
왕하 14:25　가드헤벨 **아밋대**의 아들 선지자 요나
욘 1:1　**아밋대**의 아들 요나에게 임하니라

아바나(Abana) 아람의 강
왕하 5:12　다메섹 강 **아바나**와 바르발은 이스라엘

아바돈(Abadon) 무저갱의 사자 이름
잠 15:11　스올과 **아바돈**도 여호와의 앞에 드러
잠 27:20　스올과 **아바돈**은 만족함이 없고 사람
계 9:11　그 이름은 **아바돈**이요 헬라어로는 그

아바림/-산 (Abarim) 모압 지방 북서쪽 산맥
민 27:12 아바림 산에 올라가서 내가 이스라엘
민 33:47 떠나 느보 앞 아바림 산에 진을 치고
민 33:48 아바림 산을 떠나 여리고 맞은편 요단 강
신 32:49 모압 땅에 있는 아바림 산에 올라가
렘 22:20 네 소리를 높이며 아바림에서 외치라

아바삭 (Trans-Euphrates) 앗수르 부족
스 5:6 유브라데 강 건너편 아바삭 사람이
스 6:6 강 건너편 아바삭 사람들은 그 곳을 멀리

아바삿 사람 (Persia) 바사의 주민
스 4:9 디나 사람과 아바삿 사람과 다블래 사람

아바새 사람 (Persia) 바사(페르시아) 사람
스 4:9 다블래 사람과 아바새 사람과 아렉 사람

아박다 (Abagtha) 아하수에로 왕의 내시
에 1:10 빅다와 아박다와 세달과 가르가스 일곱

아박삿 (Arphaxad) 셈의 아들로 예수님의 선조 중 한 사람
눅 3:36 그 위는 가이난이요 그 위는 아박삿이요

아반 (Ahban) 유다 족속 헤스론의 자손
대상 2:29 아비하일이 아반과 몰릿을 그에게 낳아

아버지 (father)
구약
창 9:18 함과 야벳이며 함은 가나안의 아버지라
창 27:19 아버지에게 대답하되 나는 아버지의
창 44:25 그 후에 우리 아버지가 다시 가서 곡물
출 21:15 아버지나 어머니를 치는 자는 반드시
레 21:9 아버지를 속되게 함이니 그를 불사를
수 15:13 주었으니 아르바는 아낙의 아버지였더라
삿 9:18 너희가 오늘 일어나 우리 아버지의 집을
룻 4:17 그는 다윗의 아버지인 이새의 아버지
삼상 2:25 그들이 자기 아버지의 말을 듣지 아니
삼하 7:14 나는 그에게 아버지가 되고 그는 내게
왕상 5:1 여호와께서 내 아버지 다윗에게 하신
왕하 15:34 요담은 그의 아버지 웃시야의 모든 행위
대상 2:51 살마는 벧가델의 아버지
느 1:6 들으시옵소서 나와 내 아버지의 집이

아버지
에 4:14 너와 네 아버지 집은 멸망하리라 네가
욥 15:10 네 아버지보다 나이가 많은 사람도 있느
시 103:13 아버지가 자식을 긍휼히 여김같이
잠 4:3 나도 내 아버지에게 아들이었으며 내
사 64:8 여호와여, 이제 주는 우리 아버지시니
렘 2:27 나무를 향하여 너는 나의 아버지라
겔 18:2 아버지가 신 포도를 먹었으므로 그의
암 2:7 아버지와 아들이 한 젊은 여인에게 다녀
미 7:6 아들이 아버지를 멸시하며 딸이 어머니
말 1:6 내가 아버지일진대 나를 공경함이 어디

신약
마 18:19 아버지께서 그들을 위하여 이루게 하시
마 28:19 아버지와 아들과 성령의 이름으로 세례
막 13:32 천사들도, 아들도 모르고 아버지만 아시
눅 6:36 너희 아버지의 자비로우심같이 너희
눅 24:49 볼지어다 내가 내 아버지께서 약속하신
요 1:14 그의 영광을 보니 아버지의 독생자의
요 8:39 이르되 우리 아버지는 아브라함이라
요 12:50 내 아버지께서 내게 말씀하신 그대로
요 18:11 아버지께서 주신 잔을 내가 마시지 아니
행 7:14 요셉이 사람을 보내어 그의 아버지 야곱
롬 8:15 받았으므로 우리가 아빠 아버지라고
갈 4:6 보내사 아빠 아버지라 부르게 하셨느
빌 4:20 하나님 곧 우리 아버지께 세세 무궁하
딤전 5:1 아버지에게 하듯 하며 젊은이에게는
히 12:9 모든 영의 아버지께 더욱 복종하며 살려
약 1:17 빛들의 아버지께로부터 내려오나니
벧전 1:17 너희가 아버지라 부른즉 너희가 나그네
요일 4:14 아버지가 아들을 세상의 구주로 보내신
요이 1:4 너의 자녀들 중에 우리가 아버지께 받은
요이 1:9 그 사람은 아버지와 아들을 모시느니라

아버지 - 기타 본문
모세오경 창 11:29; 17:4, 5; 19:31, 32, 33, 34, 35, 36; 22:7, 21; 24:40; 26:3, 15, 18, 24; 27:6, 9, 10, 12, 14, 18, 20, 22, 26, 27, 30, 31, 32, 34, 36, 38, 39, 41; 28:8, 21; 29:9, 12; 31:1, 5, 6, 7, 9, 14, 15, 16, 18, 19, 29, 30, 35, 42, 53; 32:9; 33:19; 34:4, 6, 11, 13, 19; 35:18, 22, 27; 36:24; 37:1, 2, 4, 10, 11, 12, 13, 22, 32, 33, 35; 38:11, 13, 25; 42:13, 29, 32, 35, 36, 37; 43:2, 3, 4, 5, 7, 8, 9, 11, 23, 27, 28; 44:17, 19, 20, 22, 24, 27, 30, 31, 32, 34; 45:3, 8, 9, 10, 11,

【 아버지 】

13, 18, 19, 23, 25, 27; 46:1, 3, 5, 29, 31; 47:1, 5, 6, 7, 11, 30; 48:1, 9, 10, 12, 15, 17, 18, 19; 49:2, 4, 8, 25, 26, 28; 50:1, 2, 5, 6, 7, 10, 12, 14, 15, 16, 17, 22; 출 2:16, 18, 20; 6:20; 10:6; 15:2; 18:4; 20:5; 21:17; 22:17; 34:7; 40:15; 레 16:32; 18:9, 11, 12, 14; 20:9, 17; 21:2; 22:13; 24:10; 민 3:4; 11:12; 12:14; 14:18; 27:3; 30:3, 4, 5, 16; 신 5:9; 21:18; 22:16, 19, 21, 29; 24:16; 27:22; 32:6, 7 역사서 수 2:18; 4:21; 6:25; 15:18, 19; 17:1, 4; 21:11; 24:2, 32; 삿 1:14, 15; 6:15, 25, 27; 8:32; 9:17, 28, 56; 11:7, 36, 37, 39; 14:3, 10; 15:6; 17:10; 18:19; 19:4, 5, 6, 8, 9; 21:22; 삼상 4:19, 21; 8:3; 9:3, 5; 10:2, 12; 14:1, 27, 29, 51; 17:15, 34; 19:2, 3, 4; 20:1, 2, 3, 6, 8, 9, 10, 12, 13, 32, 33, 34; 22:22; 23:17; 24:11; 삼하 3:7, 8; 6:21; 9:7; 10:2, 3; 13:5; 15:34; 16:3, 19, 21, 22; 17:8, 10; 21:14; 왕상 1:6; 2:12, 24, 26, 32, 44; 3:3, 6, 7, 14; 5:1, 3; 6:12; 7:14, 51; 8:15, 17, 18, 20, 24, 25, 26; 9:4, 5; 11:4, 6, 12, 17, 27, 33, 43; 12:4, 6, 9, 10, 11, 14; 13:11, 12; 15:3, 15, 19, 26; 20:34; 22:43, 46, 52, 53; 왕하 2:12; 3:2; 4:18, 19; 5:13; 6:21; 9:25; 10:3; 13:14; 14:3, 6, 21; 15:3; 21:3, 20, 21; 23:30, 34; 24:9; 대상 2:17, 21, 23, 24, 42, 44, 45, 49, 50, 52; 4:4, 5, 11, 12, 19, 21; 5:1; 7:2, 14, 22, 31;

【 아버지 】

17:13; 19:2; 22:10; 24:2, 19; 25:3, 6; 26:10; 28:6, 9; 29:23; 대하 1:8, 9; 2:3, 7, 13, 14, 17; 3:1; 4:16; 5:1; 6:4, 7, 8, 10, 15, 16; 7:17, 18; 8:14; 9:31; 10:4, 6, 9, 10, 11, 14; 15:18; 16:3; 17:2, 4; 20:32; 21:3, 4; 22:4; 24:22; 25:4; 26:1, 4; 27:2; 33:3, 22, 23; 36:1 시가서, 선지서 욥 17:14; 29:16; 42:15; 시 68:5; 89:26; 잠 4:4; 사 3:6; 7:17; 9:6; 22:21, 23, 24; 38:19; 45:10; 63:16; 렘 3:4, 19; 6:21; 7:18; 16:3, 7; 20:15; 22:11, 15; 31:9, 29; 32:18; 47:3; 애 5:3; 겔 5:10; 16:3, 45; 18:4, 14, 17, 18, 19, 20; 22:11; 말 2:10; 4:6 복음서, 역사서 마 2:22; 4:21, 22; 6:4, 6, 8, 13, 14, 15, 18, 26, 32; 8:21; 10:20, 21, 29, 35, 37; 11:25, 26, 27; 13:43; 15:4, 5, 13; 16:27; 18:35; 20:23; 21:29, 31; 23:9; 24:36; 25:34; 26:29, 39, 42, 53; 막 1:20; 7:10, 11, 12; 8:38; 9:21, 24; 10:29; 13:12; 14:36; 15:21; 눅 1:17, 62; 2:48, 49; 9:26, 42, 59; 10:21, 22; 11:2, 11, 13; 12:30, 32, 53; 15:12, 17, 18, 19, 20, 21, 22, 27, 28, 29, 30, 31; 16:24, 30; 22:29, 42; 23:34, 46; 요 1:18; 3:35; 4:21, 23, 53; 5:17, 18, 19, 20, 21, 22, 23, 26, 36, 37, 45; 6:32, 37, 40, 44, 45, 46, 57, 65; 8:18, 19, 27, 28, 38, 41, 42, 49, 54; 10:15, 17, 18, 29, 30, 32, 36, 37, 38; 11:41, 42; 12:26, 27, 49; 13:1, 3; 14:2, 6,

'아버지' 와 관련된 성구

아버지의 (온) 집 – 창 12:1; 20:13; 24:7, 23, 38; 41:51; 47:12; 50:8; 수 2:12; 삿 9:5, 18; 11:2; 14:15, 19; 16:31; 19:2, 3; 삼상 9:20; 17:25; 18:2, 18; 22:1, 11; 24:21; 삼하 3:29; 14:9; 19:28; 24:17; 왕상 2:31; 18:18; 대상 21:17; 느 1:6; 시 45:10; 렘 12:6; 눅 16:27; 요 2:16; 행 7:20

아버지의 이름 – 민 27:4; 눅 1:59; 요 5:43; 10:25; 12:28; 17:6, 11, 12, 26; 계 14:1

아버지의 하체 – 창 9:22, 23; 레 18:7, 8; 20:11; 신 22:30; 27:20; 겔 22:10

아버지의 형제 – 민 27:4, 7, 10, 11

아버지 하나님 – 요 6:27; 고전 15:24; 엡 5:20; 6:23; 골 1:2; 벧전 1:3; 계 1:6

하나님 아버지 – 갈 1:1, 3; 빌 2:11; 골 3:17; 살전 1:1, 3; 살후 1:2; 딤전 1:2; 딤후 1:2; 딛 1:4; 약 1:27; 벧전 1:2; 벧후 1:17; 요이 1:3; 유 1:1

하나님 우리 아버지 – 롬 1:7; 고전 1:3; 고후 1:2; 엡 1:2; 빌 1:2; 살전 3:11, 13; 살후 1:1; 2:16; 몬 1:3

하늘에 계신 내 아버지 – 마 7:21; 10:32, 33; 12:50; 16:17; 18:10, 19

하늘에 계신 너희 아버지 – 마 5:16, 45, 48; 6:1; 7:11; 18:14; 막 11:25

하늘에 계신 우리 아버지 – 마 6:9

【 아베가 】 　　　　　　　　　　　　　【 아볼로니아 】

7, 8, 9, 10, 11, 12, 13, 16, 20, 21, 23, 24, 26, 28, 31; 15:1, 2, 8, 9, 10, 15, 16, 23, 24, 26; 16:3, 10, 15, 17, 23, 25, 26, 27, 28, 32; 17:1, 2, 4, 5, 7, 8, 9, 10, 13, 14, 17, 18, 21, 23, 24, 25; 18:9; 20:17, 21; 행 1:4, 7; 2:33; 7:20; 16:1, 3 　서신서, 예언서 롬 6:4; 15:6; 고전 4:15; 5:1; 8:6; 고후 1:3; 6:18; 11:31; 갈 1:4; 4:2; 엡 1:3, 17; 2:18; 3:15; 4:6; 6:2; 빌 2:11, 22; 골 1:3, 12, 19; 살전 2:11; 딤전 1:9; 히 1:5; 7:3; 12:7; 약 3:9; 요일 1:2, 3; 2:1, 14, 15, 16, 22, 23, 24; 3:1; 계 2:27; 3:5 21

아베가(Aphekah) 유다 지파가 분배받은 땅
수 15:53 야님과 벧 답부아와 **아베가**와

아벡(Aphek)
　1. 여호수아에게 정복당한 고대 국가
수 12:18 하나는 **아벡** 왕이요 하나는 랏사론 왕
삼상 4:1 진 치고 블레셋 사람들은 **아벡**에 진 쳤으
삼상 29:1 모든 군대를 **아벡**에 모았고 이스라엘
　2. 아셀 지파가 분배받은 영토
수 19:30 움마와 **아벡**과 르홉이니 모두 스물두
　3. 시리아가 이스라엘을 공격했을 때의 격전지
왕상 20:26 아람 사람을 소집하고 **아벡**으로 올라
왕상 20:30 그 남은 자는 **아벡**으로 도망하여 성읍
　4. 하나님께서 정복하라고 하신 땅
수 13:4 　 므아라와 아모리 족속의 경계 **아벡**까지
　5. 엘리사가 요아스에게 예언하면서 말한 지명
왕하 13:17 아람 사람을 멸절하도록 **아벡**에서 치리

아벨(Abel)
　1. 아담의 둘째 아들
창 4:2 　 또 가인의 아우 **아벨**을 낳았는데 **아벨**은

📖 아벨 1 – 기타 본문
창 4:4, 8, 9, 25; 마 23:35; 눅 11:51; 히 11:4; 12:24

　2. 세바가 다윗에게 반란을 일으킨 뒤 도망간 성읍
삼하 20:14 두루 다니며 **아벨**과 벧마아가와 베림
삼하 20:15 그들이 벧마아가 **아벨**로 가서 세바를
삼하 20:18 흔히 말하기를 **아벨**에게 가서 물을 것

아벨 그라밈(Abel Keramim) 입다가 점령한 성읍
삿 11:33 **아벨** 그라밈까지 매우 크게 무찌르니

아벨레(Apelles) 바울의 동역자 중 한 사람
롬 16:10 안에서 인정함을 받은 **아벨레**에게 문안

아벨 마임(Abel Maim) 북이스라엘의 국고성
대하 16:4 **아벨** 마임과 납달리의 모든 국고성들을

아벨 므홀라(Abel Meholah) 기드온 전쟁에 나오는 곳
삿 7:22 　 가까운 **아벨** 므홀라의 경계에 이르렀
왕상 4:12 벧스안에서부터 **아벨** 므홀라에 이르고
왕상 19:16 **아벨** 므홀라 사밧의 아들 엘리사에게

아벨 미스라임(Abel Mizraim) 요단 동쪽에 있던 성읍
창 50:11 그 땅 이름을 **아벨미스라임**이라 하였

아벨 벧마아가(Abel Beth Maacah) 벤하닷이 점령한 성읍
왕상 15:20 단과 **아벨벧마아가**와 긴네렛 온 땅과

아벨 싯딤(Abel Sittim) 요단 강변의 모압 평야
민 33:49 벧여시못에서부터 **아벨싯딤**에 이르렀

아벳느고(Abednego) 다니엘의 세 친구 중 한 명
단 1:7 　 메삭이라 하고 아사랴는 **아벳느고**라

📖 아벳느고 – 기타 본문
단 2:49; 3:12, 13, 14, 16, 19, 20, 22, 23, 26, 28, 29, 30

아볼로(Apollos) 알렉산드리아의 유대인
행 18:24 알렉산드리아에서 난 **아볼로**라 하는

📖 아볼로 – 기타 본문
행 18:27; 19:1; 고전 1:12; 3:4, 5, 6, 22; 4:6; 16:12; 딛 3:13

아볼로니아(Apollonia) 마게도냐의 성읍
행 17:1 　 그들이 암비볼리와 **아볼로니아**로 다녀

1578

【 아볼루온 】

아볼루온(Apollyon) 메뚜기 떼의 왕의 이름
계 9:11 헬라어로는 그 이름이 **아볼루온**이더라

아브넬(Abner) 사울의 군사령관
삼상 14:50 군사령관의 이름은 **아브넬**이니 사울의

📖 아브넬 – 기타 본문

삼상 14:51; 17:55, 57; 20:25; 26:5, 7, 14, 15; 삼하 2:8, 12, 14, 17, 19, 20, 21, 22, 23, 24, 25, 26, 29, 30, 31; 3:6, 7, 8, 9, 11, 12, 16, 17, 19, 20, 21, 22, 23, 24, 25, 26, 27, 28, 30, 31, 33, 37; 4:1, 12; 왕상 2:5, 32; 대상 26:28; 27:21

아브라함(Abraham) 믿음의 초상
창 17:5 아브람이라 하지 아니하고 **아브라함**이
마 1:1 **아브라함**과 다윗의 자손 예수 그리스도

📖 아브라함 – 기타 본문

모세오경 창 17:9, 15, 17, 18, 22, 23, 24, 26; 18:1, 6, 7, 8, 9, 11, 13, 16, 17, 18, 19, 22, 23, 27, 29, 30, 31, 32, 33; 19:27, 29; 20:1, 9, 10, 11, 14, 15, 17, 18; 21:2, 3, 5, 7, 8, 9, 10, 11, 12, 14, 22, 24, 25, 27, 28, 29, 30, 33; 22:1, 3, 4, 5, 6, 7, 9, 11, 13, 14, 15, 19, 20, 23; 23:2, 5, 7, 10, 12, 14, 16, 18, 19, 20; 24:1, 2, 6, 9, 12, 15, 27, 34, 42, 48, 52, 59; 25:1, 5, 7, 10, 11, 12, 19; 26:1, 3, 5, 15, 18, 24; 28:4, 9, 13; 31:42, 53; 32:9; 35:12, 27; 48:15, 16; 49:30, 31; 50:13, 24; 출 2:24; 3:6, 15, 16; 4:5; 6:3, 8; 32:13; 33:1; 레 26:42; 민 32:11; 신 1:8; 6:10; 9:5, 27; 29:13; 30:20; 34:4 **역사서 – 선지서** 수 24:2, 3; 왕상 18:36; 왕하 13:23; 대상 1:27, 28, 32, 34; 16:16; 29:18; 대하 20:7; 30:6; 느 9:7; 시 47:91; 105:5–6, 9, 42; 사 29:22; 41:8; 51:2; 63:16; 렘 33:26; 겔 33:24; 미 7:20 **신약** 마 1:2, 17; 3:9; 8:11; 22:32; 막 12:26; 눅 1:55, 73; 3:8, 34; 13:16, 28; 16:22, 23, 24, 25, 29, 30; 19:9; 20:37; 요 8:33, 37, 39, 40, 52, 53, 56, 57, 58; 행 3:13, 25; 7:2, 4, 8, 16, 17, 32; 13:26; 롬 4:1, 2, 3, 9, 12, 13, 16, 18, 23; 9:7; 11:1; 고후 11:22; 갈 3:6, 7, 8, 9, 14, 16, 18, 29; 4:22; 히 2:16; 6:13; 7:1, 2, 4, 5, 6, 9, 10; 11:7, 8; 벧전 3:6

아브람(Abram) 아브라함의 본래 이름

【 아비 2 】

창 11:26 데라는 칠십 세에 **아브람**과 나홀과 하란

📖 아브람 – 기타 본문

창 11:27, 29, 31; 12:1, 4, 5, 6, 7, 10, 14, 16, 17, 18; 13:1, 2, 5, 7, 8, 12, 14, 18; 14:12, 13, 14, 17, 19, 20, 21, 22, 23; 15:1, 2, 3, 6, 10, 11, 12, 13, 18; 16:1, 2, 3, 4, 5, 6, 15, 16; 17:1, 3, 5; 대상 1:27; 느 9:7

아브로나(Abronah) 이스라엘 백성이 요단 강을 건너기 전 진을 친 곳
민 33:34 옷바다를 떠나 **아브로나**에 진을 치고
민 33:35 **아브로나**를 떠나 에시온게벨에 진을

아비 1(Abijah) 유다 히스기야 왕의 어머니
왕하 18:2 어머니의 이름은 **아비**요 스가랴의

아비 2(father)
창 11:28 그 **아비** 데라보다 먼저 고향 갈대아인의
삼상 22:15 왕은 종과 종의 **아비**의 온 집에 아무것
삼상 22:16 너와 네 **아비**의 온 집도 그러하리라
대하 21:12 네가 네 **아비** 여호사밧의 길과 유다
대하 21:13 네 **아비** 집에서 너보다 착한 아우들을
욥 38:28 비에게 **아비**가 있느냐 이슬방울은 누가
잠 1:8 아들아 네 **아비**의 훈계를 들으며 네 어미
잠 3:12 마치 **아비**가 그 기뻐하는 아들을 징계함
잠 4:1 아들들아 **아비**의 훈계를 들으며 명철
잠 6:20 내 아들아 네 **아비**의 명령을 지키며 네
잠 10:1 지혜로운 아들은 **아비**를 기쁘게 하거니
잠 13:1 지혜로운 아들은 **아비**의 훈계를 들으나
잠 15:5 **아비**의 훈계를 업신여기는 자는 미련한
잠 15:20 지혜로운 아들은 **아비**를 즐겁게 하여도
잠 17:6 손자는 노인의 면류관이요 **아비**는 자식
잠 17:21 당하나니 미련한 자의 **아비**는 낙이 없는
잠 17:25 미련한 아들은 그 **아비**의 근심이 되고
잠 19:13 미련한 아들은 그의 **아비**의 재앙이요
잠 19:26 **아비**를 구박하고 어미를 쫓아내는 자는
잠 20:20 자기의 **아비**나 어미를 저주하는 자는
잠 23:22 너를 낳은 **아비**에게 청종하고 네 늙은
잠 23:24 의인의 **아비**는 크게 즐거울 것이요 지혜
잠 27:10 네 친구와 네 **아비**의 친구를 버리지 말며
잠 28:7 사귀는 자는 **아비**를 욕되게 하는 자니라
잠 29:3 지혜를 사모하는 자는 **아비**를 즐겁게
잠 30:11 **아비**를 저주하며 어미를 축복하지 아니

1579

【 아비가일 】　　　　　　　　　　　　　　　　　　　　　　　　　　　　　【 아비멜렉 】

잠 30:17　아비를 조롱하며 어미 순종하기를 싫어
요 8:38　너희 아비에게서 들은 것을 행하느니라
요 8:41　너희는 너희 아비가 행한 일들을 하는
요 8:44　너희는 너희 아비 마귀에게서 났으니
엡 6:4　또 아비들아 너희 자녀를 노엽게 하지
골 3:21　아비들아 너희 자녀를 노엽게 하지 말지
요일 2:13　아비들아 내가 너희에게 쓰는 것은 너희
요일 2:14　아비들아 내가 너희에게 쓴 것은 너희

삿 5:1　이 날에 드보라와 **아비노암**의 아들 바락
삿 5:12　바락이여 **아비노암**의 아들이여 네가

아비다(Abida)　미디안이 낳은 아들
창 25:4　에벨과 하녹과 **아비다**와 엘다아니니
대상 1:33 하녹과 **아비다**와 엘다아니 이들은 모두

아비단(Abidan)　베냐민 지파 기드오니의 아들
민 1:11　지파에서는 기드오니의 아들 **아비단**이

📖 아비단 – 기타 본문
　민 2:22; 7:60, 65; 10:24

아비가일(Abigail)
　　　　1. 나발의 아내
삼상 25:3 나발이요 그의 아내의 이름은 **아비가일**

📖 아비가일 1 – 기타 본문
　삼상 25:14, 18, 20, 23, 32, 36, 39, 40, 41, 42;
　27:3; 30:5; 삼하 2:2; 3:3; 대상 3:1

아비달(Abital)　다윗의 아내 중 한 사람
삼하 3:4　다섯째는 스바댜라 **아비달**의 아들이요
대상 3:3　다섯째는 스바댜라 **아비달**의 소생이요

아비둡(Abitub)　사하라임의 아들
대상 8:11 그의 아내 후심에게서 **아비둡**과 엘바알

　　　2. 이새의 딸로 다윗의 친누이
대상 2:16 그들의 자매는 스루야와 **아비가일**이라
대상 2:17 **아비가일**은 아마사를 낳았으니 아마사

아비갈(Abinadab)　아비가일 2와 동일인
삼하 17:25 나하스의 딸 **아비갈**과 … **아비갈**은 요압

아비람(Abiram)
　　　1. 고라당에 가담했던 사람 중 한 명
민 16:1　다단과 **아비람**과 벨렛의 아들 온이 당을

📖 아비람 1 – 기타 본문
　민 16:12, 24, 25, 27; 26:9; 신 11:6; 시 106:17

아비나답(Abinadab)
　　　1. 기럇여아림 사람
삼상 7:1　여호와의 궤를 옮겨 산에 사는 **아비나답**
삼하 6:3　**아비나답**의 집에서 나오는데 **아비나답**
삼하 6:4　그들이 산에 있는 **아비나답**의 집에서
대상 13:7 새 수레에 싣고 **아비나답**의 집에서 나오

　　　2. 히엘의 맏아들
왕상 16:34 그 터를 쌓을 때에 맏아들 **아비람**을

　　　2. 이새의 둘째 아들
삼상 16:8 이새가 **아비나답**을 불러 사무엘 앞을
삼상 17:13 장자 엘리압이요 그 다음은 **아비나답**
대상 2:13 둘째로 **아비나답**과 셋째로 시므아를

아비마엘(Abimael)　욕단의 자녀
창 10:28　오발과 **아비마엘**과 스바와
대상 1:22 에발과 **아비마엘**과 스바와

　　　3. 사울 왕의 아들 중 한 명
삼상 31:2 아들 요나단과 **아비나답**과 말기수아를
대상 8:33 말기수아와 **아비나답**과 에스바알
대상 9:39 사울은 요나단과 말기수아와 **아비나답**
대상 10:2 아들 요나단과 **아비나답**과 말기수아

아비멜렉(Abimelech)
　　　1. 그랄 왕 아비멜렉
창 20:2　그랄 왕 **아비멜렉**이 사람을 보내어 사라

📖 아비멜렉 1 – 기타 본문
　창 20:3, 4, 8, 9, 10, 14, 17, 18; 21:22, 25, 26, 27,
　29, 32

아비노암(Abinoam)　군대장관 바락의 아버지
삿 4:6　드보라가 사람을 보내어 **아비노암**의
삿 4:12　**아비노암**의 아들 바락이 다볼 산에 오른

　　　2. 블레셋 왕 아비멜렉
창 26:1　블레셋 왕 **아비멜렉**에게 이르렀더니

【 아비삭 】 【 아비야 】

아비멜렉 2 - 기타 본문
창 26:8, 9, 10, 11, 16, 26

3. 기드온 첩의 아들 아비멜렉
삿 8:31 낳았으므로 그 이름을 **아비멜렉**이라

아비멜렉 3 - 기타 본문
삿 9:1, 3, 4, 6, 16, 18, 19, 20, 21, 22, 23, 24, 25, 27, 28, 29, 31, 34, 35, 38, 39, 40, 41, 42, 43, 44, 45, 47, 48, 49, 50, 52, 53, 54, 55, 56; 10:1; 삼하 11:21

4. 다윗 왕 때 제사장 아비멜렉
대상 18:16 아비아달의 아들 **아비멜렉**은 제사장이

아비삭(Abishag) 다윗을 시중 든 동녀
왕상 1:3 수넴 여자 **아비삭**을 얻어 왕께 데려왔
왕상 1:15 늙었으므로 수넴 여자 **아비삭**이 시중
왕상 2:17 수넴 여자 **아비삭**을 내게 주어 아내
왕상 2:21 수넴 여자 **아비삭**을 아도니야에게 주어
왕상 2:22 아도니야를 위하여 수넴 여자 **아비삭**을

아비살롬(Abishalom) 압살롬과 동일 인물
왕상 15:2 이름은 마아가요 **아비살롬**의 딸이더라
왕상 15:10 이름은 마아가라 **아비살롬**의 딸이더라

아비새(Abishai) 다윗의 군대 장관
삼상 26:6 아비새가 이르되 내가 함께 가겠나이다

아비새 - 기타 본문
삼상 26:7, 8, 9; 삼하 2:18, 24; 3:30; 10:10, 14; 16:9, 11; 18:2, 5, 12; 19:21; 20:6, 7, 10; 21:17; 23:18; 대상 2:16; 11:20; 18:12; 19:11, 15

아비수아(Abishua)
1. 레위 지파 중 대제사장 아론의 손
대상 6:4 낳고 비느하스는 **아비수아**를 고
대상 6:5 **아비수아**는 북기를 낳고 북기 웃시
대상 6:50 비느하스요 그의 아들은 **아비수아**요
스 7:5 **아비수아**의 십삼대 손이요 비하스

2. 베냐민의 맏아들인 벨라의 아들 중 명
대상 8:4 **아비수아**와 나아만과 아호

아비술(Abishur) 오남의 아들
대상 2:28 삼매의 아들은 나답과 **아비술**이며
대상 2:29 **아비술**의 아내의 이름은 아비하일이라

아비아(Aphiah) 베냐민 사람이며 사울의 선조
삼상 9:1 베고랏의 증손이요 **아비아**의 현손이며

아비아달(Abiathar) 사울과 다윗 때 대제사장
삼상 22:20 그의 이름은 **아비아달**이라 그가 도망

아비아달 - 기타 본문
삼상 22:22; 23:6, 9; 30:7; 삼하 8:17; 15:24, 27, 29, 35, 36; 17:15; 19:11; 20:25; 왕상 1:7, 19, 25, 42; 2:22, 26, 27, 35; 4:4; 대상 15:11; 18:16; 24:6; 27:34; 막 2:26

아비아삽(Abiasaph) 레위인으로 고라 사람의 족장
출 6:24 **아비아삽**이니 이들은 고라 사람의 족장

아비알본(Abi-Albon) 다윗의 용사
삼하 23:31 바르바 사람 **아비알본**과 바르훔 사람

아비야(Abijah)
1. 사무엘의 둘째 아들
삼상 8:2 이름은 **아비야**라 그들이 브엘세바에
대상 6:28 맏아들 요엘이요 다음은 **아비야**라

2. 여로보암 1세의 아들
왕상 14:1 여로보암의 아들 **아비야**가 병든지라

3. 르호보암과 압살롬의 딸 마아가의 아들
대상 3:10 아들은 **아비야**요 그의 아들은 아사요

아비야 3 - 기타 본문
대하 11:20, 22; 12:16; 13:1, 2, 3, 4, 15, 17, 19, 20, 21, 22; 14:1; 마 1:7

4. 베냐민 지파 사람으로 베겔의 아들
대상 7:8 **아비야**와 아나돗과 알레멧이니 베겔의

5. 아론 자손으로 24명의 족장 중 한 명
대상 24:10 일곱째는 학고스요 여덟째는 **아비야**요
눅 1:5 유대 왕 헤롯 때에 **아비야** 반열에 제사장

6. 유다 왕인 아하스의 아내이자 히스기야의 어머니

【 아비얌 】　　　　　　　　　　　　　　　　　　　　　　　　　【 아사 2 】

대하 29:1 　어머니의 이름은 **아비야**요 스가랴의
　　　　　7. 느헤미야 때의 제사장
느 10:7 　므술람, **아비야**, 미야민,
　　　　　8. 바벨론에서 귀환한 제사장
느 12:4 　잇도와 긴느도이와 **아비야**와
느 12:17 　**아비야** 족속에는 시그리요 미냐민 곧
　　　　　9. 헤스론의 아내
대상 2:24 　아내 **아비야**가 그로 말미암아 아스훌을

아비얌(Abijam) 르호보암의 아들
왕상 14:31 　아들 **아비얌**이 대신하여 왕이 되니라
왕상 15:1 　열여덟째 해에 **아비얌**이 유다 왕이
왕상 15:3 　**아비얌**이 그의 아버지가 이미 행한
왕상 15:7 　**아비얌**과 여로보암 사이에도 전쟁이
왕상 15:8 　**아비얌**이 그의 조상들과 함께 자니

아비에셀(Abiezer)
　　　　　1. 마길의 누나 함몰레겟의 아들
수 17:2 　그들은 곧 **아비에셀**의 자손과 헬렉의

　　아비에셀 – 기타 본문
삿 6:11, 24, 34; 8:2, 32; 대상 7:18

　　　　　2. 다윗의 용사 중 한 명
삼하 23:27 　아나돗 사람 **아비에셀**과 후사 사람
대상 11:28 　아들 이라와 아낫 사람 **아비에셀**과
대상 27:12 　아나돗 사람 **아비에셀**이니 그의 반에

아비엘(Abiel)
　　　　　1. 사울의 조부
삼상 9:1 　그는 **아비엘**의 아들이요 스롤의 손자요
삼상 14:51 　아버지는 넬이니 **아비엘**의 아들이었
　　　　　2. 다윗의 용사 중 한 명
대상 11:32 　후래와 아르바 사람 **아비엘**과

아비하일(Abihail)
　　　　　1. 레위인으로 므라리 자손
민 3:35 　**아비하일**의 아들 수리엘은 므라리 종족
　　　　　2. 유다 지파 사람인 아비술의 아내
대상 2:29 　아비술의 아내의 이름은 **아비하일**이
　　　　　3. 갓 지파인 후리의 아들
대상 5:14 　**아비하일**의 아들들이라 **아비하일**은
　　　　　4. 르호보암의 아내인 마할랏의 어머니

대하 11:18 　이새의 아들 엘리압의 딸 **아비하일**의
　　　　　5. 에스더의 아버지
에 2:15 　모르드개의 삼촌 **아비하일**의 딸 곧
에 9:29 　**아비하일**의 딸 왕후 에스더와 유다인

아비후(Abihu) 아론과 엘리세바의 아들
출 6:23 　**아비후**와 엘르아살과 이다말을 낳았

　　아비후 – 기타 본문
출 24:1, 9; 28:1; 레 10:1; 민 3:2, 4; 26:60, 61; 대상 6:3; 24:1, 2

아비훗(Abihud)
　　　　　1. 베냐민 자손 벨라의 아들
대상 8:3 　있으니 곧 앗달과 게라와 **아비훗**과
　　　　　2. 스룹바벨의 아들이자 엘리아김의 아버지
마 1:13 　스룹바벨은 **아비훗**을 낳고 **아비훗**은

아벡(Aphek) 아셀 지파가 분배받은 성읍
삿 1:31 　헬바와 **아빅**과 르홉 주민을 쫓아내지

아빌레네(Abilene) 로마에 속해 있던 지역
눅 3:1 　루사니아가 **아빌레네**의 분봉 왕으로,

아빕 월(Abib) 히브리인 달력의 첫째 달
출 13:4 　**아빕 월** 이 날에 너희가 나왔으니
출 23:15 　내게 명령한 대로 **아빕 월**의 정한 때에
출 34:18 　명령한 대로 **아빕 월** 그 절기에 이레
　　　　　동안 무교병을 … **아빕 월**에 애굽에서
신 16:1 　**아빕 월**을 지켜 네 하나님 여호와께

아빠(Abba)
사 8:4 　이는 이 아이가 내 **아빠**, 내 엄마라 부를
막 14:36 　이르시되 **아빠** 아버지여 아버지께는
롬 8:15 　우리가 **아빠** 아버지라고 부르짖느니라
갈 4:6 　보내사 **아빠** 아버지라 부르게 하셨느

아야(Ayyah) 에브라임이 받은 분깃의 경계
대상 28 　마을이니 **아야**와 그 주변 마을까지이며

아사(Asa)
　　　　　1. 남유다의 3대 왕
왕상 16 　**아사**와 이스라엘의 왕 바아사 사이에

1582

[**아사냐**] [**아사렐 2**]

🔖 **아사 2-1 - 기타 본문**
왕상 15:17, 20, 22, 25, 28, 32, 33; 16:8, 10, 15, 23, 29; 대하 14:12, 13; 15:2, 10, 16, 19; 16:1, 4, 6; 렘 41:9; 마 1:7, 8

2. 레위 사람으로 엘가나의 아들
대상 9:16 베레갸이니 그는 **아사**의 아들이요

아사냐(Azaniah) 느헤미야 때 언약에 인친 사람
느 10:9 또 레위 사람 곧 **아사냐**의 아들 예수아,

아사랴(Azariah)
1. 유다 왕 웃시야와 같은 사람
왕하 14:21 유다 온 백성이 **아사랴**를 그의 아버지

🔖 **아사랴 1 - 기타 본문**
왕하 14:22; 15:1, 3, 6, 7, 8, 17, 23, 27; 대상 3:12; 대하 22:6; 스 7:3

2. 유다 왕 여호사밧의 아들
대하 21:2 여호람의 아우들 **아사랴**와 여히엘과

3. 아히마아스의 아들로 요한난의 아버지
대상 6:9 아히마아스는 **아사랴**를 낳고 **아사랴**는

4. 솔로몬 성전에서 제사장으로 일한 사람
대상 6:10 요한난은 **아사랴**를 낳았으니 이 **아사랴**
대상 6:11 **아사랴**는 아마랴를 낳고 아마랴는

5. 느헤미야 때 언약에 인친 제사장
느 10:2 스라야, **아사랴**, 예레미야,

6. 바벨론에서 포로 생활을 했던 제사장
대상 6:13 힐기야를 낳고 힐기야는 **아사랴**를 낳고
대상 6:14 **아사랴**는 스라야를 낳고 스라야는
대상 9:11 하나님의 성전을 맡은 자 **아사랴**이니
스 7:1 그는 스라야의 아들이요 **아사랴**의 손자

7. 레위 지파 그핫의 자손
대상 6:36 요엘은 **아사랴**의 아들이요 **아사랴**는

8. 레위 사람
느 8:7 그리다와 **아사랴**와 요사밧과 하난과

9. 예루살렘 성전을 수리한 사람
느 3:23 마아세야의 아들 **아사랴**가 자기 집에서
느 3:24 한 부분을 중수하되 **아사랴**의 집에서

10. 바벨론 포로에서 귀환한 지도자 중 한 명
느 7:7 예수아와 느헤미야와 **아사랴**와

11. 유다 방백
느 12:33 또 **아사랴**와 에스라와 므술람과

12. 유다 사람으로 에단의 아들
대상 2:8 에단의 아들은 **아사랴**더라

13. 여라므엘의 자손으로 예후의 아들
대상 2:38 오벳은 예후를 낳고 예후는 **아사랴**를
대상 2:39 **아사랴**는 헬레스를 낳고 헬레스는

14. 예레미야 때 사람으로 호사야의 아들
렘 43:2 호사야의 아들 **아사랴**와 가레아의 아들

15. 다니엘의 친구로 유다 자손
단 1:6 다니엘과 하나냐와 미사엘과 **아사랴**가
단 1:7 메삭이라 하고 **아사랴**는 아벳느고라
단 1:11 다니엘과 하나냐와 미사엘과 **아사랴**를
단 1:19 다니엘과 하나냐와 미사엘과 **아사랴**와
단 2:17 하나냐와 미사엘과 **아사랴**에게 그 일을

16. 아사 왕 때의 사람으로 오뎃의 아들
대하 15:1 하나님의 영이 오뎃의 아들 **아사랴**에게

17. 웃시야 왕 때의 제사장
대하 26:17 제사장 **아사랴**가 여호와의 용맹한
대하 26:20 대제사장 **아사랴**와 모든 제사장이 왕의
대하 31:10 사독의 족속 대제사장 **아사랴**가 그에게
대하 31:13 하나님의 전을 관리하는 **아사랴**가 명령

18. 히스기야 왕 때 성전을 깨끗하게 했던 레위 사람
대하 29:12 아마새의 아들 마핫과 **아사랴**의 아들

19. 오뎃의 아들의 이름
대하 23:1 오뎃의 아들 **아사랴**와 아다야의 아들

20. 에브라임 자손인 요한난의 아들
대하 28:12 요한난의 아들 **아사랴**와 무실레못의

아사렐 1(Asarel) 유다의 자손이며 여할렐엘의 아들
대상 4:16 아들은 십과 시바와 디리아와 **아사렐**

아사렐 2(Azarel)
1. 고라 사람들 중 하나
대상 12:6 잇시야와 **아사렐**과 요에셀과 야소브암

2. 레위인으로 다윗 왕 때의 궁중 악사
대상 25:2 삭굴과 요셉과 느다냐와 **아사렐**이니
대상 25:18 열한째는 **아사렐**이니 그의 아들들과
느 12:36 형제들인 스마야와 **아사렐**과 밀랄래와

3. 다윗 왕 때 단 지파의 관장
대상 27:22 단은 여로함의 아들 **아사렐**이니 이들은

4. 이방 여인을 취한 바니 자손 중 한 사람

[아사렐라] [아삽]

스 10:41 **아사렐**과 셀레먀와 스마랴와
    5. 임멜의 자손이며 아밧새의 아버지
느 11:13 아맛새이니 그는 **아사렐**의 아들이요
    6. 에스라를 따른 레위인 중 한 사람
느 12:36 형제들인 스마야와 **아사렐**과 밀랄래와

아사렐라(Asharelah) 야삽의 아들
대상 25:2 삭굴과 요셉과 느다냐와 **아사렐**라니

아사리아(Azariah)
    1. 사독의 아들
왕상 4:2 이러하니라 사독의 아들 **아사리아**는
    2. 솔로몬의 관장
왕상 4:5 나단의 아들 **아사리아**는 지방 관장의

아사셀(scapegoat)
레 16:8 위하고 한 제비는 **아사셀**을 위하여
레 16:10 **아사셀**을 위하여 제비 뽑은 염소는
레 16:26 염소를 **아사셀**에게 보낸 자는 그의

아사스(Azaz) 르우벤 지파로 벨라의 아버지
대상 5:8 벨라니 벨라는 **아사스**의 아들이요 세마

아사시야(Azaziah)
    1. 레위 사람
대상 15:21 **아사시야**는 수금을 타서 여덟째 음에
대하 31:13 여히엘과 **아사시야**와 나핫과 아사헬과
    2. 베냐민 사람인 관장
대상 27:20 에브라임 자손의 지도자는 **아사시야**의

아사야(Asaiah)
    1. 유다 제16대 요시야 왕의 보좌관
왕하 22:12 왕의 시종 **아사야**에게 명령하여 이르되
왕하 22:14 사반과 **아사야**가 여선지 훌다에게로
대하 34:20 왕의 시종 **아사야**에게 명령하여 이르되
    2. 시므온 자손
대상 4:36 **아사야**와 아디엘과 여시미엘과 브나야
    3. 헤만의 조상
대상 6:30 아들은 학기야요 그의 아들은 **아사야**
대상 15:6 므라리 자손 중에 지도자 **아사야**와
대상 15:11 레위 사람 우리엘과 **아사야**와 요엘과
    4. 실로의 맏아들
대상 9:5 실로 사람 중에서는 맏아들 **아사야**와

아사헬(Asahel)
    1. 요압과 아비새의 친동생
삼하 2:18 세 아들 요압과 아비새와 **아사헬**이

📖 아사헬 1 – 기타 본문

삼하 2:19, 20, 21, 22, 23, 30, 32; 3:27, 30;
23:24; 대상 2:16; 11:26; 27:7

    2. 레위 출신의 교사 중 한 사람
대하 17:8 스마야와 느다냐와 스바댜와 **아사헬**과
    3. 히스기야 왕 때 성전 예물관리자
대하 31:13 여히엘과 아사시야와 나핫과 **아사헬**과
    4. 요나단의 아버지
스 10:15 오직 **아사헬**의 아들 요나단과 디과는

아산(Ashan) 유다가 분배받은 저지대의 성읍
수 15:42 립나와 에델과 **아산**과
수 19:7 아인과 림몬과 에델과 **아산**이니 네
대상 4:32 아인과 림몬과 도겐과 **아산** 다섯 성읍
대상 6:59 **아산**과 그 초원과 벧세메스와 그 초원

아살랴(Azaliah) 서기관 사반의 아버지
대하 34:8 **아살랴**의 아들 사반과 시장 마아세야와

아살리야(Azaliah) 요시야 때 서기관인 사반
    의 아버지
왕하 22:3 므술람의 손자 **아살리야**의 아들 서기관

아삽(Asaph)
    1. 다윗 때 예배 음악을 세우는 데
        공헌한 레위인
대상 6:39 헤만의 형제 **아삽**은 헤만의 오른쪽에서

📖 아삽 1 – 기타 본문

대상 9:15; 15:17, 19; 16:5, 7, 37; 25:1, 2, 6, 9;
대하 5:12; 20:14; 29:13, 30; 35:15; 스 2:41;
3:10; 느 7:44; 11:17, 22; 12:35, 46

    2. 히스기야 왕 때 사관 요아의 아버지
왕하 18:18 서기관 셉나와 **아삽**의 아들 사관 요아
왕하 18:37 서기관 셉나와 **아삽**의 아들 사관 요아
사 36:3 **아삽**의 아들 사관 요아가 그에게 나아
사 36:22 서기관 셉나와 **아삽**의 아들 사관 요아

【 아세가 】　　　　　　　　　　　　　　　【 아스갓 】

　　　3. 성전 문지기 고라 집안의 자손
대상 26:1　아삽의 가문 중 고레의 아들 므셀레먀
　　　4. 아닷사스다 왕의 산림을 관리한 사람
느 2:8　　또 왕의 삼림 감독 아삽에게 조서를

아세가(Azekah)　여호수아 군대와 아모리 다섯 왕의 연합군이 싸웠던 격전지
수 10:10　추격하여 아세가와 막게다까지 이르

　아세가 - 기타 본문
　수 10:11; 15:35; 삼상 17:1; 대하 11:9; 느 11:30; 렘 34:7

아세라(Asherah)　아모리 족과 가나안 족이 숭배한 여신
삿 3:7　　잊어버리고 바알들과 아세라들을 섬긴
삿 6:28　　그 곁의 아세라가 찍혔고 새로 쌓은
삿 6:30　　파괴하고 그 곁의 아세라를 찍었음이
왕하 23:4　바알과 아세라와 하늘의 일월성신을
왕하 23:7　그 곳은 여인이 아세라를 위하여 휘장
사 17:8　　자기 손가락으로 지은 아세라나 태양상
사 27:9　　아세라와 태양상이 다시 서지 못하게
렘 17:2　　그 제단들과 아세라들을 생각하도다

　'아세라'와 관련된 성구
　아세라 나무 – 삿 6:26
　아세라 목상 – 신 7:5; 왕하 13:6; 17:16;
　　18:4; 21:3, 7; 23:14, 15; 대하
　　17:6; 19:3; 24:18; 31:1; 33:3, 19;
　　34:3, 4, 7; 미 5:14
　아세라 상 – 출 34:13; 신 12:3; 16:21;
　　삿 6:25; 왕상 14:15, 23; 15:13;
　　16:33; 왕하 17:10; 23:6; 대하 14:3
　아세라의 가증한 목상 – 대하 15:16
　아세라의 선지자 – 왕상 18:19

아셀 1(Asher)　야곱과 실바의 아들
창 30:13　그의 이름을 아셀이라 하였더라

　아셀 1 - 기타 본문
　창 35:26; 46:17; 49:20; 출 1:4; 민 1:13, 40, 41; 2:27; 7:72; 10:26; 13:13; 26:44, 46, 47; 34:27; 신 27:13; 33:24; 수 17:7, 10, 11;

19:24, 31, 34; 21:6, 30; 삿 1:31, 32; 5:17; 6:35; 7:23; 왕상 4:16; 대상 2:2; 6:62, 74; 7:30, 40; 12:36; 대하 30:11; 겔 48:2, 3, 34; 눅 2:36; 계 7:6

아셀 2(Azel)
　　　1. 사울의 아들 요나단의 후손
대상 8:37　엘르아사요 그의 아들은 아셀이며
대상 8:38　아셀에게 여섯 아들이 있어 그들의 이름
대상 9:43　아들은 엘르아사요 그의 아들은 아셀
대상 9:44　아셀이 여섯 아들이 있으니 그들의 이름
　　　2. 예루살렘 근처 마을
슥 14:5　　산 골짜기는 아셀까지 이를지라 너희가

아소도(Azotus)　아스돗의 그리스 이름
행 8:40　　빌립은 아소도에 나타나 여러 성을 지나

아소르(Azor)　스룹바벨의 3대 후손
마 1:13　　엘리아김을 낳고 엘리아김은 아소르를
마 1:14　　아소르는 사독을 낳고 사독은 아킴을

아수바(Azubah)
　　　1. 갈렙의 두 아내 중 한 명
대상 2:18　헤스론의 아들 갈렙이 그의 아내 아수바
대상 2:19　아수바가 죽은 후에 갈렙이 또 에브랏
　　　2. 여호사밧의 어머니
왕상 22:42　어머니의 이름은 아수바라 실히의 딸
대하 20:31　어머니의 이름은 아수바라 실히의 딸

아순그리도(Asyncritus)　로마 교회의 성도
롬 16:14　아순그리도와 블레곤과 허메와 바드

아술(Ashuri)　마하나임 영토의 일부
삼하 2:9　길르앗과 아술과 이스르엘과 에브라임

아스갓(Azgad)
　　　1. 스룹바벨과 함께 돌아온 사람
스 2:12　　아스갓 자손이 천이백이십이 명이요
느 7:17　　아스갓 자손이 이천삼백이십이 명이요
　　　2. 에스라와 함께 돌아온 족장
스 8:12　　아스갓 자손 중에서는 학가단의 아들
　　　3. 느헤미야 때 언약 갱신 조약에 인친 사람
느 10:15　분니, 아스갓, 베배,

1585

[아스그나스]　　　　　　　　　　　　　　　　　　[아스리엘 2]

아스그나스 (Ashkenaz)
1. 노아의 세 아들 중 하나
창 10:3　고멜의 아들은 **아스그나스**와 리밧과
대상 1:6　고멜의 자손은 **아스그나스**와 디밧과
2. 바벨론이 정복한 열방 중 하나
렘 51:27　아라랏과 민니와 **아스그나스** 나라를

아스글론 (Ashkelon) 블레셋의 성읍 중 하나
수 13:3　**아스글론** 족속과 가드 족속과 에그론

🕮 아스글론 – 기타 본문
삿 1:18; 14:19; 삼상 6:17; 삼하 1:20; 렘 25:20; 47:5, 7; 암 1:8; 습 2:4, 7; 슥 9:5

아스나 1 (Ashna) 느디님 족장
스 2:50　**아스나** 자손과 므우님 자손과 느부심

아스나 2 (Ashnah)
1. 에스다올과 소라에 인접해 있던 성읍
수 15:33　평지에는 에스다올과 소라와 **아스나**와
2. 입다와 느십 성 사이에 있던 성읍
수 15:43　입다와 **아스나**와 느십과

아스낫 (Asenath) 요셉의 아내로 보디베라의 딸
창 41:45　보디베라의 딸 **아스낫**을 그에게 주어
창 41:50　온의 제사장 보디베라의 딸 **아스낫**이
창 46:20　온의 제사장 보디베라의 딸 **아스낫**이

아스놋 다볼 (Aznoth Tabor) 다볼 근처 성읍
수 19:34　서쪽으로 돌아 **아스놋 다볼**에 이르고

아스다롯 1 (Ashtoreth) 가나안 우상 중 하나
삿 2:13　여호와를 버리고 바알과 **아스다롯**을

🕮 아스다롯 – 기타 본문
삿 10:6; 삼상 7:3, 4; 12:10; 31:10; 왕상 11:5, 33; 왕하 23:13

아스다롯 2 (Ashtaroth) 옥이 통치하던 도시
신 1:4　에드레이에서 **아스다롯**에 거주하는
수 9:10　헤스본 왕 시혼과 **아스다롯**에 있는
수 12:4　**아스다롯**과 에드레이에 거주하던 바산
수 13:12　르바의 남은 족속으로서 **아스다롯**과

수 13:31　**아스다롯**과 에드레이라 이는 므낫세
대상 6:71　바산의 골란과 그 초원과 **아스다롯**과

아스돗 (Ashdod) 지중해 연안의 블레셋 도시
수 11:22　가사와 가드와 **아스돗**에만 남았더라

🕮 아스돗 – 기타 본문
수 13:3; 15:46, 47; 삼상 5:1, 3, 5, 6, 7; 6:17; 대하 26:6; 느 4:7; 13:23, 24; 사 20:1; 렘 25:20; 암 1:8; 3:9; 습 2:4; 슥 9:6

아스드랏 사람 (Ashterathite) 아스다롯 출신의 사람을 뜻하는 말
대상 11:44　**아스드랏 사람** 웃시야와 아로엘 사람

아스드롯 가르나임 (Ashteroth Karnaim) 가르나임과 같은 곳
창 14:5　**아스드롯 가르나임**에서 르바 족속을,

아스리감 (Azrikam)
1. 바벨론 포로로 잡혀간 여호야긴 자손
대상 3:23　에료에내와 히스기야와 **아스리감** 세
2. 사울의 아들 요나단 후손
대상 8:38　**아스리감**과 보그루와 이스마엘과
대상 9:44　이름은 **아스리감**과 보그루와 이스마엘
3. 유다 왕 아하스의 궁중 대신
대하 28:7　궁내대신 **아스리감**과 총리대신 엘가나
4. 예루살렘으로 돌아온 레위 지파 중 한 사람
대상 9:14　핫숩의 아들이요 **아스리감**의 손자요
느 11:15　**아스리감**의 손자요 하사뱌의 증손이요

아스리엘 1 (Azriel)
1. 므낫세 반 지파의 족장 중 한 명
대상 5:24　**아스리엘**과 예레미야와 호다위야와
2. 납달리 지파 행정관 여레못의 아버지
대상 27:19　납달리의 지도자는 **아스리엘**의 아들
3. 스라야의 아버지
렘 36:26　왕이 왕의 아들 여라므엘과 **아스리엘**의

아스리엘 2 (Asriel) 길르앗 집안의 후손
민 26:31　**아스리엘**에게서 난 **아스리엘** 종족과
수 17:2　**아스리엘**의 자손과 세겜의 자손과 헤벨
대상 7:14　**아스리엘**과 그의 소실 아람 여인이

【 아스마웻 】

아스마웻(Azmaveth)
 1. 여호앗다의 아들로 베냐민 사람
대상 8:36 알레멧과 **아스마웻**과 시므리를 낳고
대상 9:42 **아스마웻**과 시므리를 낳고 시므리는
 2. 바르훔 사람으로 다윗의 용사 중 한 명
삼하 23:31 아비알본과 바르훔 사람 **아스마웻**과
대상 11:33 바하룸 사람 **아스마웻**과 사알본 사람
 3. 다윗을 도왔던 여시엘과 벨렛의 아버지
대상 12:3 **아스마웻**의 아들 여시엘과 벨렛과 또
 4. 다윗 왕의 곳간을 맡았던 사람
대상 27:25 아디엘의 아들 **아스마웻**은 왕의 곳간을
 5. 베냐민 사람의 성읍
스 2:24 **아스마웻** 자손이 사십이 명이요
느 12:29 벧길갈과 게바와 **아스마웻** 들에서 모여

아스몬(Azmon) 가나안 땅 남쪽 경계의 성읍
민 34:4 또 하살아달을 지나 **아스몬**에 이르고
민 34:5 **아스몬**에서 돌아서 애굽 시내를 지나
수 15:4 거기서 **아스몬**에 이르러 애굽 시내로

아스바다(Aspatha) 하만의 아들
에 9:7 또 바산다다와 달본과 **아스바다**와

아스베아(Ashbea) 세마포를 짠 사람
대상 4:21 짜는 자의 집 곧 **아스베아**의 집 종족

아스벨(Ashbel) 베냐민의 둘째 아들
창 46:21 벨라와 베겔과 **아스벨**과 게라와 나아만
민 26:38 벨라 종족과 **아스벨**에게서 난 **아스벨**
대상 8:1 벨라와 둘째 **아스벨**과 셋째 아하라와

아스부나스(Ashpenaz) 느부갓네살 왕의 환관장
단 1:3 왕이 환관장 **아스부나스**에게 말하여

아스북(Azbuk) 벧술 절반을 다스린 느헤미 야의 아버지
느 3:16 벧술 지방 절반을 다스리는 **아스북**의

아스왓(Ashvath) 아셀 자손 야블렛의 아들
대상 7:33 바삭과 빔할과 **아스왓**이니 야블렛의

아스훌(Ashhur) 드고아의 창설자
대상 2:24 아비야가 그로 말미암아 **아스훌**을 낳았

【 아얄론 】

대상 4:5 드고아의 아버지 **아스훌**의 두 아내는

아시마(Ashima) 하맛 출신의 사람들이 만든 우상
왕하 17:30 만들었고 하맛 사람들은 **아시마**를 만들

아시사(Aziza) 이방 여자와 결혼한 사람
스 10:27 맛다냐와 여레못과 사밧과 **아시사**요

아시아(Asia) 로마의 행정구역 중 하나
행 2:9 유대와 갑바도기아, 본도와 **아시아**,

📖 아시아 ~ 기타 본문
행 6:9; 16:6; 19:10, 22, 26, 27, 31; 20:4, 16, 18; 21:27; 24:18; 27:2; 롬 16:5; 고전 16:19; 고후 1:8; 딤후 1:15; 벧전 1:1; 계 1:4

아시엘 1(Asiel) 시므온 자손
대상 4:35 요엘과 **아시엘**의 증손 스라야의 손자

아시엘 2(Aziel) 성전 비파 연주자
대상 15:20 스가랴와 **아시엘**과 스미라못과 여히엘

아야 1(Aiah)
 1. 에돔 족속 호리 사람
창 36:24 시브온의 자녀는 **아야**와 아나며 이
대상 1:40 오남이요 시브온의 아들은 **아야**와 아나
 2. 사울 왕의 첩이었던 리스바의 아버지
삼하 3:7 리스바요 **아야**의 딸이더라 이스보셋이
삼하 21:8 왕이 이에 **아야**의 딸 리스바에게서 난
삼하 21:11 이에 **아야**의 딸 사울의 첩 리스바가

아야 2(Aija) 벧엘 남동쪽 성읍
느 11:31 믹마스와 **아야**와 벧엘과 그 주변 동네

아얄론(Aijalon)
 1. 유다 북서부 평지에 있던 성읍
수 10:12 달아 너도 **아얄론** 골짜기에서 그리할
수 19:42 사알랍빈과 **아얄론**과 이들라와
수 21:24 **아얄론**과 그 목초지와 가드 림몬과 그
삿 1:35 결심하고 헤레스 산과 **아얄론**과 사알빔
삼상 14:31 믹마스에서부터 **아얄론**에 이르기까지
대상 6:69 **아얄론**과 그 초원과 가드림몬과 그 초원

【 아얏 】　　　　　　　　　　　　　　　　　　　　　　　　　　　　　【 아우 】

대상 8:13	그들은 **아얄론** 주민의 우두머리가 되어
대하 11:10	소라와 **아얄론**과 헤브론이니 다 유다와
대하 28:18	벧세메스와 **아얄론**과 그데롯과 소고

2. 스불론 땅에 있던 성읍

| 삿 12:12 | 죽으매 스불론 땅 **아얄론**에 장사되었 |

아얏(Aiath) 앗수르 군이 진군할 때 지났던 성읍

| 사 10:28 | **아얏**에 이르러 미그론을 지나 믹마스에 |

아와(Azza) 앗수르의 성읍 중 하나

왕하 17:24	앗수르 왕이 바벨론과 구다와 **아와**와
왕하 18:34	스발와임과 헤나와 **아와**의 신들이 어디
왕하 19:13	헤나와 **아와**의 왕들이 다 어디 있느냐

아우(brother)

창 4:2	그가 또 가인의 **아우** 아벨을 낳았는데
창 4:8	가인이 그의 **아우** 아벨에게 말하고
창 4:9	여호와께서 가인에게 이르시되 네 **아우**
창 4:10	네 **아우**의 핏소리가 땅에서부터 내게
창 4:11	네 **아우**의 피를 받은즉 네가 땅에서
창 4:21	**아우**의 이름은 유발이니 그는 수금
창 10:25	나뉘었음이요 벨렉의 **아우**의 이름은
창 25:26	후에 나온 **아우**는 손으로 에서의 발꿈치
창 27:35	이삭이 이르되 네 **아우**가 와서 속여
창 27:40	너는 칼을 믿고 생활하겠고 네 **아우**를
창 27:41	내가 내 **아우** 야곱을 죽이리라 하였더니
창 29:16	언니의 이름은 레아요 **아우**의 이름은
창 29:26	라반이 이르되 언니보다 **아우**를 먼저
창 38:8	남편의 **아우** 된 본분을 행하여 네 형을
창 38:29	손을 도로 들이며 그의 **아우**가 나오는
창 42:4	야곱이 요셉의 **아우** 베냐민은 그의 형들
창 42:15	너희 막내 **아우**가 여기 오지 아니하면
창 42:16	너희 중 하나를 보내어 너희 **아우**를
창 42:20	너희 막내 **아우**를 내게로 데리고 오라
창 42:21	그들이 서로 말하되 우리가 **아우**의 일로
창 42:34	너희 막내 **아우**를 내게로 데려 오라
창 43:3	너희 **아우**가 너희와 함께 오지 아니하면
창 43:4	아버지께서 우리 **아우**를 우리와 함께
창 43:5	너희 **아우**가 너희와 함께 오지 아니
창 43:6	다른 **아우**가 있다고 그 사람에게 말하여
창 43:7	그가 너희의 **아우**를 데리고 내려오라
창 43:13	네 **아우**도 데리고 떠나 다시 그 사람
창 43:30	요셉이 **아우**를 사랑하는 마음이 복받쳐

창 44:19	너희는 아버지가 있느냐 **아우**가 있느냐
창 44:23	너희 막내 **아우**가 너희와 함께 내려오지
창 44:26	우리 막내 **아우**가 함께 가면 내려가려
창 45:4	나는 당신들의 **아우** 요셉이니 당신들
창 45:12	당신들의 눈과 내 **아우** 베냐민의 눈이
창 45:14	자기 **아우** 베냐민의 목을 안고 우니
창 48:19	그의 **아우**가 그보다 큰 자가 되고 그의
수 15:17	갈렙의 **아우** 그나스의 아들인 옷니엘이
삿 1:13	갈렙의 **아우** 그나스의 아들인 옷니엘이
삿 3:9	곧 갈렙의 **아우** 그나스의 아들 옷니엘
삼상 26:6	요압의 **아우** 아비새에게 물어 이르되
삼하 10:10	그 백성의 남은 자를 그 **아우** 아비새
삼하 13:4	내가 **아우** 압살롬의 누이 다말을 사랑
삼하 21:19	엘하난은 가드 골리앗의 **아우** 라흐미
삼하 23:18	스루야의 아들 요압의 **아우** 아비새이니
삼하 23:24	요압의 **아우** 아사헬은 삼십 명 중의
왕상 2:15	그 왕권이 돌아가 내 **아우**의 것이 되었
왕상 11:19	다브네스의 **아우**를 그의 아내로 삼으매
왕상 11:20	다브네스의 **아우**가 그로 말미암아 아들
대상 1:19	나뉘었음이요 그의 **아우**의 이름은 욕단
대상 2:32	삼매의 **아우** 야다의 아들들은 예델과
대상 2:42	여라므엘의 **아우** 갈렙의 아들 곧 맏아들
대상 7:16	베레스라 하였으며 그의 **아우**의 이름
대상 7:35	그의 **아우** 헬렘의 아들들은 소바와 임나
대상 8:39	그의 **아우** 에섹의 아들은 이러하니
대상 11:20	요압의 **아우** 아비새는 그 세 명 중 우두
대상 11:26	요압의 **아우** 아사헬과 베들레헴 사람
대상 11:38	나단의 **아우** 요엘과 하그리의 아들
대상 11:45	여디아엘과 그의 **아우** 디스 사람 요하
대상 19:11	그의 **아우** 아비새의 수하에 맡겨 암몬
대상 19:15	요압의 **아우** 아비새 앞에서 도망하여
대상 20:5	가드 사람 골리앗의 **아우** 라흐미를 죽였
대상 24:25	미가의 **아우**는 잇시야라 잇시야의 아들
대상 26:22	**아우** 요엘이니 여호와의 성전 곳간을
대상 27:7	넷째 달 넷째 지휘관은 요압의 **아우**
대하 21:2	여호사밧의 아들 여호람의 **아우**들 아
대하 21:4	그의 모든 **아우**들과 이스라엘 방백들
대하 21:13	아비 집에서 너보다 착한 **아우**들을
대하 31:12	그의 **아우** 시므이는 부책임자가 되며
대하 31:13	그의 **아우** 시므이의 수하에 보살피는
느 7:2	내 **아우** 하나니와 영문의 관원 하나냐
겔 16:46	네 **아우**는 그 딸들과 함께 네 오른쪽
겔 16:48	네 **아우** 소돔 곧 그와 그의 딸들은 너와

1588

【 아울러 】 　　　　　　　　　　　　　　　　　　　　　　　　　　【 아이 2 】

겔 16:49	네 **아우** 소돔의 죄악은 이러하니 그와
겔 16:51	가증한 행위로 네 형과 **아우**를 의롭게
겔 16:52	네가 네 형과 **아우**를 유리하게 판단하였
겔 16:55	네 **아우** 소돔과 그의 딸들이 옛 지위를
겔 16:56	네가 교만하던 때에 네 **아우** 소돔을
겔 16:61	네가 네 형과 **아우**를 접대할 때에 네
겔 23:4	이름이 형은 오홀라요 **아우**는 오홀리바
겔 23:11	**아우** 오홀리바가 이것을 보고도 그의
행 1:14	예수의 **아우**들과 더불어 마음을 같이
요일 3:12	악한 자에게 속하여 그 **아우**를 죽였으

아울러(along with)

출 12:8	구워 무교병과 쓴 나물과 **아울러** 먹되

📖 아울러 - 기타 본문

출 12:8; 레 8:31; 14:12; 18:17; 민 6:17; 9:11; 신 22:6; 왕하 5:23; 사 1:13; 60:9; 렘 7:21; 애 3:41; 습 1:3, 4; 슥 5:4

아웬(Aven)

1. 애굽 태양 숭배의 중심지

겔 30:17	**아웬**과 비베셋의 장정들은 칼에 엎드러

2. 우상숭배 장소를 경멸적으로 부르는 말

호 10:8	이스라엘의 죄 곧 **아웬**의 산당은 파괴
암 1:5	다메섹의 빗장을 꺾으며 **아웬** 골짜기

아위 사람(Avvite) 가사에 살던 민족

신 2:23	각 촌에 거주하는 **아위 사람**을 멸하고

아윔(Avvim) 베냐민 지파에게 분배된 성읍

수 18:23	**아윔**과 바라와 오브라와

아윗(Avith) 하닷 왕의 출신지

창 36:35	왕이 되었으니 그 도성 이름은 **아윗**이
대상 1:46	미디안을 친 자요 그 도성 이름은 **아윗**

아이 1(Ai)

1. 가나안의 성읍

창 12:8	서쪽은 벧엘이요 동쪽은 **아이**라 그가

📖 아이 1-1 - 기타 본문

창 13:3; 수 7:2, 3, 4, 5; 8:1, 2, 3, 9, 10, 11, 12,

	14, 16, 17, 18, 20, 21, 23, 24, 25, 26, 28, 29; 9:3; 10:1, 2; 12:9; 스 2:28; 느 7:32

2. 요단 동편 암몬 지역의 성읍

렘 49:3	헤스본아 슬피 울지어다 **아이**가 황폐

아이 2(boy, child)

창 21:8	**아이**가 자라매 젖을 떼고 이삭이 젖을
창 22:12	사자가 이르시되 그 **아이**에게 네 손을
창 24:55	이 **아이**로 하여금 며칠 또는 열흘을
레 12:3	여덟째 날에는 그 **아이**의 포피를 벨 것
신 1:39	너희의 **아이**들과 당시에 선악을 분별
삿 13:5	이 **아이**는 태에서 나옴으로부터 하나님
룻 4:14	이 **아이**의 이름이 이스라엘 중에 유명
삼상 1:22	**아이**를 젖 떼거든 내가 그를 데리고
삼상 22:19	제사장들의 성읍 놉의 남녀와 **아이**들
삼하 4:4	도망하다가 **아이**가 떨어져 절게 되었
삼하 15:22	그와 함께 한 **아이**들이 다 건너가고
왕상 3:25	왕이 이르되 산 **아이**를 둘로 나누어
왕하 2:24	암곰 둘이 나와서 **아이**들 중의 사십이
왕하 4:1	두 **아이**를 데려가 그의 종을 삼고자
시 148:12	총각과 처녀와 노인과 **아이**들아

'아이' 와 관련된 성구

사내 아이 - 욥 3:3
아름다운 아이 - 히 11:23
아이(를) 배다 - 욥 3:3; 잠 30:16; 호 9:11, 14; 계 12:2
어린 아이 - 창 21:17; 43:8; 47:24; 50:8; 출 10:10; 민 32:16, 17, 24, 26; 삿 18:21; 21:10; 왕하 5:14; 8:12; 대하 31:18; 스 8:21; 10:1; 느 12:43; 욥 19:18; 시 8:2; 17:14; 사 11:6, 8; 13:16; 애 4:4; 호 13:16; 나 3:10; 마 11:25; 18:2, 3, 4, 5; 19:13, 14; 막 9:36, 37; 10:13, 14, 15, 16; 눅 9:47, 48; 10:21; 18:16, 17; 행 7:19; 롬 2:20; 고전 3:1; 13:11; 14:20; 고후 12:14; 엡 4:14; 히 5:13
작은 아이 - 삼상 20:35; 왕상 3:7; 11:17; 왕하 2:23
젖 먹는 아이 - 민 11:12; 신 32:25; 삼상 15:3; 사 11:8; 애 2:11
태중의 아이 - 눅 1:42

【 아인 】　　　　　　　　　　　　　　　　　　　　　　　　　　　　　　【 아직 】

잠 20:11	아이라도 자기의 동작으로 자기 품행이		
전 11:5	바람의 길이 어떠함과 아이 밴 자의		
사 3:4	아이들이 그들을 다스리게 하시리니		
사 3:5	아이가 노인에게, 비천한 자가 존귀한		
사 3:12	내 백성을 학대하는 자는 아이요 다스		
사 66:9	여호와께서 이르시되 내가 아이를 갖도		
렘 1:6	나는 아이라 말할 줄을 알지 못하나이다		
애 2:20	그들이 낳은 아이들을 먹으오며 제사장		
암 1:13	길르앗의 아이 밴 여인의 배를 갈랐음		
막 5:39	아이가 죽은 것이 아니라 잔다 하시니		
막 9:25	그 아이에게서 나오고 다시 들어가지		
막 13:17	그 날에는 아이 밴 자들과 젖먹이는		
눅 1:41	마리아가 문안함을 들으매 아이가 복중		
눅 8:54	예수께서 아이의 손을 잡고 불러 이르		
눅 9:42	귀신을 꾸짖으시고 아이를 낫게 하사		
눅 21:23	그 날에는 아이 밴 자들과 젖먹이는		
요 4:49	신하가 이르되 주여 내 아이가 죽기		
행 12:13	로데라 하는 여자 아이가 영접하러		
행 12:15	네가 미쳤다 하나 여자 아이는 힘써		
딤전 5:14	젊은이는 시집 가서 아이를 낳고 집을		
요일 2:14	아이들아 내가 너희에게 쓴 것은 너희		
계 12:5	그 아이를 하나님 앞과 그 보좌 앞으로		

아이 2 - 기타 본문

모세오경, 역사서 창 21:12, 14, 16, 18, 19, 20; 22:5; 25:27; 37:30; 42:22; 43:11, 29; 44:22, 29, 30, 31, 32, 33, 34; 48:16; 민 31:9, 17; 삿 13:7, 8, 12, 24; 삼상 1:24, 25, 27; 2:11, 21, 26; 3:1, 8; 4:21; 20:21, 22, 36, 37, 38, 39, 40, 41; 삼하 12:14, 15, 16, 18, 19, 21, 22; 14:6; 왕상 3:26, 27; 11:20, 26; 14:3, 12, 13, 17; 17:21, 22, 23; 왕하 4:18, 26, 29, 30, 31, 32, 34, 35; 8:5; 15:16; 19:3; 스 2:28 **시가서, 선지서** 욥 3:16; 21:11; 시 58:8; 131:2; 잠 22:6, 15; 23:13; 사 7:16; 8:4; 10:19; 13:18; 37:3; 렘 1:7; 6:11; 44:7; 애 2:22; 4:4; 5:13; 호 9:16 **신약** 마 11:16; 17:18; 막 5:40, 41; 7:28, 30; 9:20, 24, 26; 눅 1:44, 59, 66, 76, 80; 2:43, 48; 7:32; 8:51, 52, 55; 11:7; 요 4:51; 6:17; 요일 2:18; 계 12:4

아인(Ain)

1. 약속의 땅 가나안의 동쪽 경계
민 34:11　아인 동쪽에 이르고 또 내려가서 긴네렛

2. 에돔 경계선 일대 남쪽 네게브 지방의 성읍
수 15:32　르바옷과 심몬과 아인과 림몬이니 모두
수 19:7　아인과 림몬과 에델과 아산이니 네 성읍
대상 4:32　그들이 사는 곳은 에담과 아인과 림몬

3. 제사장 아론의 후손에게 돌아간 성읍
수 21:16　아인과 그 목초지와 윳다와 그 목초지

아주(highly)
출 11:3　백성의 눈에 아주 위대하게 보였더라
마 8:26　바람과 바다를 꾸짖으시니 아주 잔잔

아주 - 기타 본문
레 1:17; 5:8; 26:44; 민 36:4; 왕상 9:6; 느 9:31; 욥 6:17; 시 37:24; 119:8; 렘 9:19; 24:3; 애 5:22; 겔 17:10; 20:17; 30:21; 37:2; 슥 11:17; 막 4:39; 몬 1:8; 계 17:16

아직(yet)
창 2:5　들에는 초목이 아직 없었고 밭에는 채소

아직 - 기타 본문
모세오경, 역사서 창 15:16; 29:7; 34:25; 41:19; 43:7, 27; 44:14; 45:3, 6, 11; 48:7; 출 4:18; 10:7; 34:10; 레 12:4; 14:18; 19:20, 23; 민 11:33; 19:2; 신 3:11; 12:9; 21:3; 수 9:12; 18:2; 삿 3:2; 7:4; 8:20; 15:5; 21:12, 14; 룻 1:11; 삼상 3:3, 7; 13:7; 16:11; 삼하 1:9; 9:1, 3; 18:14; 19:28, 35; 왕상 3:2; 20:32; 22:8, 43; 왕하 7:13; 대상 12:29; 29:1; 대하 14:7; 18:7; 25:16; 33:17; 34:3; 스 5:16; 6:1; 10:2; 느 4:10; 7:3; 에 6:14 **시가서, 선지서** 욥 1:16, 17, 18; 6:29; 8:12; 27:3; 29:5; 36:2; 시 58:2; 78:30; 잠 8:24, 26; 전 4:2, 3; 7:28; 아 8:8; 사 6:13; 10:32; 46:10; 52:15; 57:17; 64:12; 렘 3:7; 4:8; 15:9; 33:1; 40:5; 겔 16:28, 29; 23:21; 단 4:31; 5:22; 11:27, 35; 암 6:10; 미 6:10; 학 2:19; 슥 13:3 **신약** 마 15:16; 16:9; 19:20; 24:6; 28:17; 막 1:35; 5:35; 8:17, 21; 10:21; 11:2; 13:7; 눅 8:49; 14:22, 32; 15:20; 18:22; 19:30; 22:60; 23:53; 24:41; 요 2:4; 3:24; 6:17; 7:6, 8, 30, 39; 8:20, 57; 9:4; 11:30; 12:35, 36; 13:33; 14:25; 16:12; 19:41; 20:1, 9, 17; 행 7:5; 8:16; 17:14; 롬 5:6, 8; 9:11; 고전 3:3; 8:2; 고후 11:28; 빌 3:13; 히 2:8; 9:8; 11:7; 12:4; 요일 3:2; 계 6:11; 9:12; 17:10, 12

【 아첨하다 】   【 아침 】

아첨하다 (阿諂, flatter, flattery)

욥 32:22	이는 **아첨**할 줄을 알지 못함이라 만일
시 5:9	무덤 같고 그들의 혀로는 **아첨하나이다**
시 12:2	**아첨하는** 입술과 두 마음으로 말하는
시 12:3	여호와께서 모든 **아첨하는** 입술과 자랑
시 78:36	그러나 그들이 입으로 그에게 **아첨하며**
잠 26:28	**아첨하는** 입은 패망을 일으키느니라
잠 28:23	사람을 경책하는 자는 혀로 **아첨하는**
잠 29:5	이웃에게 **아첨하는** 것은 그의 발 앞에
겔 12:24	허탄한 묵시나 **아첨하는** 복술이 다시
롬 16:18	교활한 말과 **아첨하는** 말로 순진한
살전 2:5	우리가 아무 때에도 **아첨하는** 말이나
유 1:16	말을 하며 이익을 위하여 **아첨하느니라**

아침 (morning)

창 1:5	저녁이 되고 **아침**이 되니 이는 첫째
창 1:8	하늘이라 부르시니라 저녁이 되고 **아침**
창 1:13	저녁이 되고 **아침**이 되니 이는 셋째 날
창 1:19	저녁이 되고 **아침**이 되니 이는 넷째 날
창 49:27	베냐민은 물어뜯는 이리라 **아침**에는
출 7:15	**아침**에 너는 바로에게로 가라 보라 그가
레 6:9	번제물은 **아침**까지 제단 위에 있는
레 19:13	품꾼의 삯을 **아침**까지 밤새도록 네게
민 22:41	**아침**에 발락이 발람과 함께 하고 그를
신 28:67	**아침**에는 이르기를 아하 저녁이 되었
삿 20:19	이스라엘 자손이 **아침**에 일어나 기브아
룻 2:7	**아침**부터 와서는 잠시 집에서 쉰 외에
삼상 3:15	사무엘이 **아침**까지 누웠다가 여호와
삼하 24:15	이에 여호와께서 그 **아침**부터 정하신
왕상 3:21	**아침**에 내가 내 아들을 젖 먹이려고
왕하 10:9	이튿날 **아침**에 그가 나가 서서 뭇 백성
대상 16:40	**아침** 저녁으로 번제단 위에 여호와께
대상 23:30	**아침**과 저녁마다 서서 여호와께 감사
대하 2:4	하나님 여호와의 절기에 **아침** 저녁으로
에 2:14	저녁이면 갔다가 **아침**에는 둘째 후궁
욥 1:5	불러다가 성결하게 하되 **아침**에 일어나
욥 38:12	네가 너의 날에 **아침**에게 명령하였느냐
시 5:3	여호와여 **아침**에 주께서 나의 소리를
시 143:8	**아침**에 나로 하여금 주의 인자한 말씀
잠 7:18	오라 우리가 **아침**까지 흡족하게 서로
전 11:6	너는 **아침**에 씨를 뿌리고 저녁에도
렘 21:12	너는 **아침**마다 정의롭게 판결하여 탈취
애 3:23	**아침**마다 새로우니 주의 성실하심이
겔 12:8	이튿날 **아침**에 여호와의 말씀이 또 내게
호 13:3	그들은 **아침** 구름 같으며 쉬 사라지는
습 3:5	**아침**마다 빠짐없이 자기의 공의를 비추
마 16:3	**아침**에 하늘이 붉고 흐리면 오늘은 날
막 11:20	그들이 **아침**에 지나갈 때에 무화과나무
요 8:2	**아침**에 다시 성전으로 들어오시니 백성

아침 ~ 기타 본문

모세오경 창 1:23, 31; 24:54; 29:25; 40:6; 41:8; 44:3; 출 10:13; 12:10, 22; 16:7, 8, 12, 13, 19, 20, 23, 24; 19:16; 23:18; 27:21; 29:34, 39, 41; 34:2, 25; 레 20; 7:15; 9:17; 24:3; 민 9:12, 15, 21; 16:5; 22:13, 21; 28:4, 8, 23; 신 16:4, 7 **역사서** 수 7:14, 16; 삿 6:31; 9:33; 룻 3:13; 삼상 5:4; 9:19; 19:2, 11; 20:35; 25:22, 34, 36, 37; 삼하 2:27; 11:14; 23:4; 24:11; 왕상 17:6; 18:26; 왕하 3:20, 22; 7:9; 10:8; 16:15; 대하 13:11; 31:3; 스 3:3 **시가서**, **선지서** 욥 4:20; 11:17; 24:17; 시 30:5; 49:14; 55:17; 59:16; 65:8; 88:13; 90:5, 6, 14; 130:6; 전 10:16; 사 14:12; 17:11, 14; 21:12; 38:13; 렘 20:16; 겔 24:18; 33:22; 호 6:4; 7:6; 암 4:13; 5:8

'아침'과 관련된 성구

아침마다 – 출 16:21; 30:7; 36:3; 레 6:12; 대상 9:27; 욥 7:18; 시 73:14; 92:1–3; 101:8; 사 28:19; 33:2; 50:4; 렘 21:12; 애 3:23; 겔 46:13, 14, 15; 암 4:4; 습 3:5

아침부터 저녁까지 – 출 18:13, 14; 행 28:23

아침 빛 – 삼하 23:4; 아 6:10; 사 8:20

아침에 일찍이 일어나다 – 창 19:27; 20:8; 21:14; 22:3; 26:31; 28:18; 31:55; 출 8:20; 9:13; 34:4; 민 14:40; 수 3:1; 6:12; 8:10; 삿 6:28; 19:5, 8; 삼상 1:19; 15:12; 17:20; 29:11; 왕하 19:35; 대하 20:20; 사 5:11; 37:36

이른 아침 – 출 24:4; 잠 27:14; 마 20:1; 21:18; 막 16:9; 눅 21:38

【 아켈라오 】 　　　　　　　　　　　　　　【 아하시야 】

아켈라오(Archelaus) 헤롯과 마르다 사이의 아들
마 2:22　아켈라오가 그의 아버지 헤롯을 이어

아킴(Akim) 사독의 아들
마 1:14　아소르는 사독을 낳고 사독은 아킴을

아킵보(Archippus) 골로새 교회의 성도
골 4:17　아킵보에게 이르기를 주 안에서 받은
몬 1:2　우리와 함께 병사 된 아킵보와 네 집에

아파하다(in pain)
창 34:25　제삼일에 아직 그들이 아파할 때에
시 55:4　내 마음이 내 속에서 심히 아파하며
슥 9:5　가사도 심히 아파할 것이며 에그론은

아프다/아픔(anguish, pain)
룻 1:13　너희로 말미암아 더욱 마음이 아프도다
삼상 4:19　듣고 갑자기 아파서 몸을 구푸려 해산
삼하 18:33　왕의 마음이 심히 아파 문 위층으로
욥 5:18　하나님은 아프게 하시다가 싸매시며
욥 7:11　내 영혼의 아픔 때문에 말하며 내 마음
욥 14:22　다만 그의 살이 아프고 그의 영혼이
욥 16:6　잠잠하여도 내 아픔이 줄어들지 않으
욥 30:17　밤이 되면 내 뼈가 쑤시니 나의 아픔
시 38:6　내가 아프고 심히 구부러졌으며 종일
잠 23:35　사람이 나를 때려도 나는 아프지 아니
렘 4:19　슬프고 아프다 내 마음속이 아프고 내
렘 6:24　고통이 우리를 잡았으므로 그 아픔이
겔 27:31　띠를 띠고 마음이 아프게 슬피 통곡하
겔 28:24　찌르는 가시와 아프게 하는 가시가 다시
나 2:10　모든 허리가 아프게 되며 모든 낯이
계 12:2　해산하게 되매 아파서 애를 쓰며 부르
계 16:10　어두워지며 사람들이 아파서 자기 혀를

아하라(Aharah) 베냐민의 셋째 아들
대상 8:1　벨라와 둘째 아스벨과 셋째 아하라와

아하수에로(Xerxes)
1. 페르시아 제국의 황제
스 4:6　또 아하수에로가 즉위할 때에 그들이
✝ 아하수에로 1 - 기타 본문
에 1:1, 2, 9, 15, 16, 17; 2:1, 12, 16, 21; 3:1, 6,
7, 8, 12; 6:2; 7:5; 8:1, 7, 10, 12; 9:2, 20, 30;
10:1, 3

2. 메대 족속으로 갈대아 왕이 된 다리오의 아버지
단 9:1　메대 족속 아하수에로의 아들 다리오가

아하스(Ahaz)
1. 유다 제12대 왕
왕하 15:38　그 아들 아하스가 대신하여 왕이 되니
✝ 아하스 1 - 기타 본문
왕하 16:1, 2, 5, 7, 8, 10, 11, 15, 16, 17, 19, 20;
17:1; 18:1; 20:11; 23:12; 대상 3:13; 대하
27:9; 28:1, 16, 19, 21, 22, 23, 26, 27; 29:19;
사 1:1; 7:1, 3, 10, 12; 14:28; 38:8; 호 1:1; 미
1:1; 마 1:9

2. 사울 왕의 아들 요나단의 증손
대상 8:35　비느아와 멜렉과 다레아와 아하스이며
대상 8:36　아하스는 여호앗다를 낳고 여호앗다는
대상 9:41　비느아와 멜렉과 다레아와 아하스이며
대상 9:42　아하스는 야라를 낳고 야라는 알레멧과

아하스배(Ahasbai) 다윗의 용사 엘리벨렛의 아버지
삼하 23:34　마아가 사람의 손자 아하스배의 아들

아하시야(Ahaziah)
1. 아합의 아들이며 북이스라엘의 8번째 왕
왕상 22:40　그의 아들 아하시야가 대신하여 왕이
✝ 아하시야 1 - 기타 본문
왕상 22:49, 51; 왕하 1:2, 18; 대하 20:35, 37

2. 남유다의 6번째 왕
왕하 8:24　그의 아들 아하시야가 대신하여 왕이
대하 22:1　여호람의 막내 아들 아하시야에게 왕위
✝ 아하시야 2 - 기타 본문
왕하 8:25, 26, 27, 29; 9:16, 21, 23, 27, 29;
10:13; 11:1, 2; 12:18; 13:1; 14:13; 대상 3:11; 대
하 22:2, 3, 5, 7, 8, 9, 10, 11

【 아하와 】　　　　　　　　　　　　　　　　　　　　　　　　【 아히 】

아하와(Ahava) 바벨론 북서쪽에 흐르던 강
스 8:15　내가 무리를 **아하와**로 흐르는 강 가에
스 8:21　그 때에 내가 **아하와** 강 가에서 금식을
스 8:31　첫째 달 십이 일에 우리가 **아하와** 강을

아하헬(Aharhel) 유다 지파 하룸의 아들
대상 4:8　하룸의 아들 **아하헬** 종족들을 낳았으며

아합(Ahab)
1. 이스라엘의 7대 왕
왕상 16:28　그의 아들 **아합**이 대신하여 왕이 되니

📖 **아합 1 - 기타 본문**
왕상 16:29, 30; 17:1; 18:1, 2, 3, 5, 6, 9, 12, 15, 16, 17, 20, 41, 42, 44, 45, 46; 19:1; 20:2, 13, 14, 15, 32, 34; 21:1, 2, 3, 4, 8, 15, 16, 18, 20, 24, 25, 27, 29; 22:20, 39, 40, 41, 49, 51; 왕하 1:1; 3:1, 5; 8:16, 18, 25, 27, 28, 29; 9:7, 9, 25, 29; 10:1, 10, 11, 17, 18, 30; 21:3, 13; 대하 18:1, 2, 3, 19; 21:6, 13; 22:3, 4, 5, 6, 7, 8; 미 6:16

2. 예레미야 때의 거짓 선지자
렘 29:21　골라야의 아들 **아합**과 마아세야의 아들
렘 29:22　시드기야와 **아합** 같게 하시기를 원하

아헬(Aher) 베냐민 사람으로 후심의 아버지
대상 7:12　숩빔과 훕빔이요 **아헬**의 아들은 후심

아호아(Ahoah) 벨라의 아들
삼하 23:9　**아호아** 사람 도대의 아들 엘르아살이

📖 **아호아 - 기타 본문**
삼하 23:28; 대상 8:4; 11:12, 29; 27:4

아홉(nine)
민 29:26　다섯째 날에는 수송아지 **아홉** 마리와

📖 **'아홉'과 관련된 성구**
아홉 규빗 - 신 3:11 / 아홉 달 - 삼하 24:8
아홉 사람 - 대상 3:8
아홉 성읍 - 수 15:44, 54; 21:16
아홉 지파 - 민 34:13; 수 13:7; 14:2

눅 17:17　아니하였느냐 그 **아홉**은 어디 있느냐

아홉째(ninth)
대상 12:12　여덟째는 요하난이요 **아홉째**는 엘사밧
대상 24:11　**아홉째**는 예수아요 열째는 스가냐
대상 25:16　**아홉째**는 맛다냐니 그의 아들들과 형제
계 21:20　여덟째는 녹옥이요 **아홉째**는 담황옥

📖 **'아홉째'와 관련된 성구**
아홉째 날 - 민 7:60; 렘 39:2
아홉째 달 - 대상 27:12; 스 10:9; 렘 36:22; 학 2:10, 18; 슥 7:1
아홉째 지휘관 - 대상 27:12
아홉째 해 - 레 25:22; 겔 24:1

아효(Ahio) 아비나답의 아들
삼하 6:3　아비나답의 아들 웃사와 **아효**가 그 새
삼하 6:4　싣고 나올 때에 **아효**는 궤 앞에서 가고

아후매(Ahumai) 소라 족속 야핫의 아들
대상 4:2　야핫은 **아후매**와 라핫을 낳았으니 이는

아훗삼(Ahuzzam) 유다 지파 사람
대상 4:6　나아라는 그에게 **아훗삼**과 헤벨과

아훗삿(Ahuzzath) 그랄 왕 아비멜렉의 친구
창 26:26　아비멜렉이 그 친구 **아훗삿**과 군대

아흐새(Ahzai) 포로 귀환 제사장
느 11:13　아사렐의 아들이요 **아흐새**의 손자요

아흔(ninety)
겔 41:12　너비는 일흔 척이요 길이는 **아흔** 척이

📖 **'아흔'과 관련된 성구**
아흔아홉 마리 - 마 18:12, 13; 눅 15:4, 7
아흔여섯 마리 - 스 8:35
아흔여섯 개 - 렘 52:23

아히(Ahi) 갓 자손 압디엘의 아들
대상 5:15　또 구니의 손자 압디엘의 아들 **아히**가

아히감(Ahikam) 그달리야의 아버지
왕하 22:12 사반의 아들 **아히감**과 미가야의 아들

📖 아히감 - 기타 본문
왕하 22:14; 25:22; 대하 34:20; 렘 26:24; 39:14; 40:5, 6, 7, 9, 11, 14, 16; 41:1, 2, 6, 10, 16, 18; 43:6

아히나답(Ahinadab) 마하나임의 관장
왕상 4:14 마하나임에는 잇도의 아들 **아히나답**

아히노암(Ahinoam)
1. 사울의 아내 중 한 명
삼상 14:50 사울의 아내의 이름은 **아히노암**이니
2. 다윗의 아내 중 한 명
삼상 25:43 다윗 또 이스르엘 **아히노암**을 아내로

📖 아히노암 2 - 기타 본문
삼상 27:3; 30:5; 삼하 2:2; 3:2; 대상 3:1

아히도벨(Ahithophel) 다윗의 자문관
삼하 15:12 다윗의 모사 길로 사람 **아히도벨**을

📖 아히도벨 - 기타 본문
삼하 15:31, 34; 16:15, 20, 21, 23; 17:1, 6, 7, 14, 15, 21, 23; 23:34; 대상 27:33, 34

아히둡(Ahitub)
1. 엘리 제사장의 손자
삼상 14:3 그는 이가봇의 형제 **아히둡**의 아들이

📖 아히둡 1 - 기타 본문
삼상 22:9, 11, 12, 20; 대상 6:7, 8

2. 놉 땅의 제사장 아히멜렉의 아버지
대상 9:11 므라욧의 현손이요 **아히둡**의 오대손
느 11:11 므라욧의 현손이요 **아히둡**의 오대 손
3. 사독의 아버지
삼하 8:17 **아히둡**의 아들 사독과 아비아달의 아들
스 7:2 사독의 오대 손이요 **아히둡**의 육대 손

📖 아히둡 3 - 기타 본문
대상 6:11, 12, 52; 18:16

아히라(Ahira) 납달리 지파의 지도자
민 1:15 지파에서는 에난의 아들 **아히라**이니

📖 아히라 - 기타 본문
민 2:29; 7:78, 83; 10:27

아히람(Ahiram) 아히람 가족의 조상
민 26:38 종족과 **아히람**에게서 난 **아히람** 종족

아히마아스(Ahimaaz)
1. 사울의 장인이며 아히노암의 아버지
삼상 14:50 이름은 아히노암이니 **아히마아스**의
2. 레위 지파 아론의 후손으로 사독의 아들
삼하 15:27 네 아들 **아히마아스**와 아비아달의 아들

📖 아히마아스 2 - 기타 본문
삼하 15:36; 17:17, 20; 18:19, 22, 23, 27, 28, 29; 왕상 4:15; 대상 6:8, 9, 53

아히만(Ahiman)
1. 거인 아낙의 후손
민 13:22 아낙 자손 **아히만**과 세새와 달매가
수 15:14 세 아들 곧 세새와 **아히만**과 달매를
삿 1:10 세새와 **아히만**과 달매를 죽였더라
2. 성전 문지기
대상 9:17 문지기는 살룸과 악굽과 달몬과 **아히만**

아히멜렉(Ahimelech)
1. 놉의 제사장
삼상 21:1 다윗이 놉에 가서 제사장 **아히멜렉**에게

📖 아히멜렉 1 - 기타 본문
삼상 21:2, 8; 22:9, 10, 11, 14, 16, 20; 23:6; 30:7

2. 사독과 함께 제사장으로 세움받은 사람
삼하 8:17 사독과 아비아달의 아들 **아히멜렉**은

📖 아히멜렉 2 - 기타 본문
대상 24:3, 6, 31

3. 다윗을 따랐던 헷 사람
삼상 26:6 다윗이 헷 사람 **아히멜렉**과 스루야의

아히못

아히못(Ahimoth) 그핫 자손 엘가나의 아들
대상 6:25 엘가나의 아들들은 아마새와 **아히못**

아히사막(Ahisamach) 오홀리압의 아버지
출 31:6   내가 또 단 지파 **아히사막**의 아들 오홀
출 35:34 단 지파 **아히사막**의 아들 오홀리압을
출 38:23 단 지파 **아히사막**의 아들 오홀리압이

아히사할(Ahishahar) 여디아엘의 손자
대상 7:10 그나아나와 세단과 다시스와 **아히사할**

아히살(Ahishar) 솔로몬 당시 궁중 대신
왕상 4:6   **아히살**은 궁내대신이요 압다의 아들

아히안(Ahian) 므낫세 지파 스미다의 아들
대상 7:19 스미다의 아들들은 **아히안**과 세겜과

아히암(Ahiam) 다윗의 지도자 중 한 사람
삼하 23:33 삼마와 아랄 사람 사랄의 아들 **아히암**
대상 11:35 하랄 사람 사갈의 아들 **아히암**과 울의

아히야(Ahijah)
1. 사울 진영에 동참했던 제사장
삼상 14:3 **아히야**는 에봇을 입고 거기 있었으니
삼상 14:18 사울이 **아히야**에게 이르되 하나님의
2. 솔로몬 왕정 시대에 서기관
왕상 4:3   아들 엘리호렙과 **아히야**는 서기관이요
3. 실로 출신의 예언자
왕상 11:29 실로 사람 선지자 **아히야**가 길에서
> 아히야 3 - 기타 본문
> 왕상 11:30; 12:15; 14:2, 4, 5, 6, 18; 15:29; 대하 9:29; 10:15

4. 잇사갈 지파 바아사의 아버지
왕상 15:27 잇사갈 족속 **아히야**의 아들 바아사가
> 아히야 4 - 기타 본문
> 왕상 15:33; 21:22; 왕하 9:9

5. 여라므엘의 아들 중 한 명
대상 2:25 다음 브나와 오렌과 오셈과 **아히야**이며
6. 베냐민 후손 에훗 자손의 족장

아힐룻

대상 8:7   곧 나아만과 **아히야**와 게라이며 게라
7. 다윗 시대의 명장 중 한 명
대상 11:36 므게랏 사람 헤벨과 블론 사람 **아히야**
8. 레위 사람
대상 26:20 레위 사람 중에 **아히야**는 하나님의 전
9. 포로자에서 돌아온 뒤 지도자 중 한 사람
느 10:26 **아히야**, 하난, 아난,

아히에셀(Ahiezer)
1. 단 지파 암미삿대의 아들
민 1:12   지파에서는 암미삿대의 아들 **아히에셀**
> 아히에셀 1 - 기타 본문
> 민 2:25; 7:66, 71; 10:25

2. 기브아 사람으로 베냐민 지파의 두목
대상 12:3 우두머리는 **아히에셀**이요 다음은 요아

아히오(Ahio)
1. 아비나답의 아들
대상 13:7 나오는데 웃사와 **아히오**는 수레를 몰며
2. 베냐민 사람 여이엘의 아들
대상 8:31 그돌과 **아히오**와 세겔이며
대상 9:37 그돌과 **아히오**와 스가랴와 미글롯이며

아히요(Ahio) 베냐민 사람 브리아의 아들
대상 8:14 **아히요**와 사삭과 여레못과

아히훗(Ahihud)
1. 아셀 지파의 족장
민 34:27 지휘관 슬로미의 아들 **아히훗**이요
2. 베냐민 자손으로 게라의 아들
대상 8:7   게라이며 게라는 또 웃사와 **아히훗**을

아힐룻(Ahilud)
1. 여호사밧의 아버지
삼하 8:16 **아힐룻**의 아들 여호사밧은 사관이 되고
> 아힐룻 1 - 기타 본문
> 삼하 20:24; 왕상 4:3; 대상 18:15

2. 솔로몬이 뽑은 열두 관장 중 하나
왕상 4:12 벧스안 온 땅은 **아힐룻**의 아들 바아나

【 악/-하다 】

악/-하다(惡, evil, ruin, wicked, wrong)

창 6:5	생각하는 모든 계획이 항상 **악할** 뿐임	시 5:4	아니시니 **악**이 주와 함께 머물지 못하
창 8:21	계획하는 바가 어려서부터 **악함이라**	시 73:8	그들은 능욕하며 **악하게** 말하며 높은
창 13:13	소돔 사람은 여호와 앞에 **악하며** 큰	잠 5:14	많은 무리들이 모인 중에서 큰 **악에**
창 19:7	청하노니 내 형제들아 이런 **악**을 행하지	잠 5:22	악인은 자기의 **악**에 걸리며 그 죄의
창 38:7	엘이 여호와가 보시기에 **악하므로**	전 8:3	**악한** 것을 일삼지 말라 왕은 자기가
창 38:10	여호와가 보시기에 **악하므로** 여호와	사 5:20	**악**을 선하다 하며 선을 **악하다** 하며
창 39:9	내가 어찌 이 큰 **악**을 행하여 하나님	렘 7:12	이스라엘의 **악**에 대하여 내가 어떻게
출 32:22	노하지 마소서 이 백성의 **악함**을 당신	겔 5:6	이방인보다 **악**을 더 행하며 내 율례도
레 18:25	내가 그 **악**으로 말미암아 벌하고 그	호 6:8	길르앗은 **악**을 행하는 자의 고을이라
신 9:4	이 민족들이 **악함**으로 말미암아 여호와	욜 3:13	포도주 독이 넘치니 그들의 **악**이 큼이
삼상 12:19	모든 죄에 왕을 구하는 **악**을 더하였나	미 2:1	침상에서 죄를 꾀하며 **악**을 꾸미고
삼하 12:9	나 보기에 **악**을 행하였느냐 네가 칼로	나 1:11	여호와께 **악**을 꾀하는 한 사람이 너희
왕상 8:47	범죄하여 반역을 행하며 **악**을 지었나	합 1:13	주께서는 눈이 정결하시므로 **악**을 차마
왕하 15:24	보시기에 **악**을 행하여 이스라엘로	습 3:13	이스라엘의 남은 자는 **악**을 행하지 아니
대상 21:7	이 일을 **악하게** 여기사 이스라엘을	말 4:1	교만한 자와 **악**을 행하는 자는 다 지푸
대하 22:4	여호와 보시기에 아합의 집같이 **악**을	막 3:4	안식일에 선을 행하는 것과 **악**을 행하
느 1:7	주를 향하여 크게 **악**을 행하여 주께서	눅 6:22	너희 이름을 **악하다** 하여 버릴 때에는
욥 40:8	의를 세우려고 나를 **악하다** 하겠느냐	행 23:9	**악한** 것이 없도다 혹 영이나 혹 천사가
		롬 1:30	교만한 자요 자랑하는 자요 **악**을 도모

성경에 나오는 '악한' 것

악한 계획 – 시 52:1; 사 32:7

악한 길 – 왕상 13:33; 왕하 17:13; 대하 7:14; 시 36:4; 119:101; 잠 28:10; 렘 18:11; 23:22; 25:5; 26:3; 35:15; 36:3, 7; 겔 3:18; 13:22; 20:44; 33:11; 36:31; 욘 3:8, 10; 슥 1:4

악한 꾀 – 에 8:3; 9:25; 시 37:7; 140:8; 잠 15:26; 사 7:5; 겔 11:2; 38:10

악한 날 – 잠 16:4; 엡 6:13

악한 동무 – 고전 15:33 / **악한 때** – 암 5:13

악한 마음 – 잠 26:23; 렘 3:17; 7:24; 11:8; 16:12; 18:12; 겔 3:19; 히 3:12

악한 말 – 민 11:1; 느 6:13; 시 31:18; 말 3:13; 마 5:11; 벧전 3:10; 요삼 1:10; 유 1:15

악한 병 – 시 41:8; 전 6:2

악한 사람 – 대상 17:9; 잠 22:12; 단 12:10; 마 12:35; 고전 5:13; 살후 3:2; 딤후 3:13

악한 생각 – 신 15:9; 사 59:7; 렘 4:14; 마 9:4; 15:19; 막 7:21; 딤전 6:4; 약 2:4

악한 성읍 – 스 4:12

악한 세대 – 신 1:35; 마 12:45; 눅 11:29; 갈 1:4

악한 여인 – 대하 24:7; 잠 6:24

악한 여자 – 삼상 1:16; 렘 2:33

악한 영 – 삿 9:23 / **악한 이웃** – 렘 12:14

악한 일 – 레 5:4; 신 23:9; 삿 20:3; 삼상 25:28, 39; 느 13:7; 욥 11:11; 34:8; 시 101:4; 141:4; 잠 16:30; 30:32; 전 4:3; 8:11; 겔 8:9; 마 27:23; 막 15:14; 눅 3:19; 23:22; 요 5:29; 롬 13:3; 딤후 4:18; 약 3:16; 요일 1:11

악한 자 – 삼상 30:22; 왕상 8:32; 대하 6:23; 19:2; 욥 3:17; 8:20; 9:22; 11:20; 34:26; 38:13; 시 10:2, 15; 26:5; 89:22; 잠 1:10; 2:12; 4:14; 6:12; 11:5, 11; 14:11; 17:11; 18:3; 24:15; 25:5; 사 32:7; 57:1; 렘 6:29; 12:1; 15:21; 단 12:10; 마 5:39; 7:11; 13:19, 38; 21:41; 22:10; 눅 6:35, 45; 엡 6:16; 살후 2:9; 3:3; 딤전 5:8; 요일 2:13; 3:12; 5:18, 19; 계 2:2

악한 정욕 – 골 3:5

악한 종 – 마 18:32; 24:48; 눅 19:22

악한 짐승 – 창 37:20, 33; 겔 34:25; 딛 1:12

악한 행실 – 슥 9:13; 잠 8:13; 사 1:16; 골 1:21

악한 행위 – 시 139:24; 렘 23:22; 겔 3:19; 슥 1:4

악한 혀 – 잠 17:4 / **악한 회중** – 민 14:27

【 악/-하다 】   【 악굽 】

고후 13:7	우리가 하나님께서 너희에 **악**을 조금도
엡 5:16	세월을 아끼라 때가 **악하니라**
살전 5:15	삼가 누가 누구에게든지 **악**으로 **악**을
살후 3:3	굳건하게 하시고 **악한** 자에게서 지키
딤전 5:8	배반한 자요 불신자보다 더 **악한** 자니라
히 10:22	우리가 마음에 뿌림을 받아 **악한** 양심
약 1:13	하나님은 **악**에게 시험을 받지도 아니
약 4:16	자랑을 하니 그러한 자랑은 다 **악한**
벧전 2:16	너희는 자유가 있으나 그 자유로 **악**을
요일 5:19	하나님께 속하고 온 세상은 **악한** 자
계 16:2	우상에게 경배하는 자들에게 **악하고**

'여호와의 목전에 악을 행하다' 와 관련된 성구

민 32:13; 신 9:18; 17:2; 31:29; 삿 2:11;
3:7, 12; 4:1; 6:1; 10:6; 13:1

✝ 악/-하다 - 기타 본문

모세오경 창 2:9, 17; 3:5, 22; 31:24, 29; 50:15, 17;
출 9:27; 23:2; 32:12; 34:7, 9; 44:4, 5; 민 14:35;
22:32; 24:13; 신 1:39; 4:25; 9:5, 27; 13:5, 11;
17:5, 7, 12; 19:15, 16, 19, 20; 21:21; 22:21, 22,
24; 24:7; 25:16; 28:20; 32:5 **역사서** 삿 11:27;
20:13; 삼상 12:20, 25; 15:19; 24:11, 13; 25:3, 21;
26:18; 29:6; 삼하 3:39; 7:10; 11:27; 13:16; 14:17;
22:22; 24:17; 왕상 1:52; 2:44; 3:9; 11:6; 14:9, 22;
15:26, 34; 16:7, 19, 25, 30; 20:7; 21:20, 25;
22:52; 왕하 3:2; 8:12, 18, 27; 11; 14:24;
15:9, 18, 28; 17:2, 11, 17; 21:2, 6, 9, 11, 15, 16,
20; 23:32, 37; 24:9, 19; 대상 2:3; 21:17; 대하
6:37; 12:14; 20:35; 21:6; 22:3; 26:16; 29:6; 33:2,
6, 9, 22; 36:5, 9, 12; 느 4:5; 9:28, 33; 13:17, 27;
에 7:6 **시가서** 욥 1:1, 8; 2:3; 4:8; 10:7, 15; 15:16;
20:12; 28:28; 34:10, 12, 18, 32; 35:8; 36:21;
38:13; 시 5:9; 6:8; 7:4, 9; 15:3; 18:21; 22:16;
27:12; 28:3, 4; 34:13, 14, 16, 21; 35:12; 36:12;
37:1, 8, 9; 38:20; 41:6; 45:7; 50:19; 51:4; 52:2, 3,
7; 53:1; 54:5; 56:7; 58:2; 59:2, 5, 7; 64:2, 5; 74:3;
92:7; 94:20, 23; 97:10; 101:8; 106:6; 107:17, 34;
109:2, 5; 119:150; 139:20; 140:2; 141:9; 잠 1:16;
3:7, 30; 4:16, 27; 6:14, 18; 8:7; 11:6, 19, 27; 12:2
3 20; 13:6, 17, 19; 14:16, 17, 22; 15:28; 16:6, 12,
17, 27; 17:13, 15; 20:8, 22, 30; 21:27; 22:8; 23:6;

24:8; 26:26; 28:15, 22; 29:12; 30:20; 31:12; 전
2:21; 3:16; 5:1; 7:25; 8:8, 12; 9:3; 11:10; 12:14
선지서 사 1:13; 6:7; 7:15, 16; 9:17; 13:11; 14:20;
33:15; 47:10; 56:2; 58:4; 59:15; 65:12; 66:4; 렘
2:13, 19, 21; 3:5; 4:18, 22; 5:28; 6:7; 7:26, 30;
8:3, 6; 9:3, 5; 11:15, 17; 12:1, 4; 13:10, 23;
14:16, 20; 16:18; 18:8, 10, 20, 23; 22:22; 23:10,
11, 14; 32:30, 32; 38:9; 41:11; 44:5, 7; 48:2;
51:24; 52:2; 애 1:22; 겔 3:20; 6:9, 11; 7:24;
16:23, 57; 18:20, 27; 20:43; 21:24, 11; 33:12, 19;
단 8:12; 9:15; 호 7:1, 2, 3, 15; 9:9, 15; 10:13, 15;
암 5:14, 15; 미 3:2, 4; 7:3; 슥 5:8; 말 1:4, 8; 2:17;
3:15 **복음서** 마 5:37; 6:13; 12:34, 39; 16:4;
20:15; 22:18; 25:26; 막 7:23; 눅 3:20; 6:9; 11:13,
26; 요 3:19, 20; 7:7; 17:1 **서신서 - 예언서** 행 3:26;
8:22; 롬 2:9; 3:8; 7:19, 21; 9:11; 12:9, 17, 21;
13:4, 10; 14:20; 16:19; 고전 5:8; 10:6; 13:5;
14:20; 고후 5:10; 6:8; 엡 6:12; 살전 5:22; 딤전
6:10; 딛 2:8; 히 5:14; 7:26; 약 1:21; 3:8; 벧전 3:9,
11, 17; 요삼 1:11

악감을 품다(惡感, poison one's mind against)
행 14:2 선동하여 형제들에게 **악감**을 **품게** 하거

악갓(Akkad) 바벨론 북쪽에 있던 성
창 10:10 바벨과 에렉과 **악갓**과 갈레에서 시작

악고(Acco) 지중해 연안에 있던 가나안 성읍
삿 1:31 아셀이 **악고** 주민과 시돈 주민과 알랍

악굽(Akkub)
1. 다윗의 자손
대상 3:24 엘리아십과 블라야와 **악굽**과 요하난과
2. 예루살렘 성문의 문지기로 일했던 사람
대상 9:17 문지기는 살룸과 **악굽**과 달몬과 아히만
스 2:42 살룸과 아델과 달문과 **악굽**과 하디다와
느 7:45 달문 자손과 **악굽** 자손과 하디다 자손
느 11:19 성 문지기는 **악굽**과 달몬과 그 형제
느 12:25 **악굽**은 다 문지기로서 순서대로 문안의
3. 바벨론 포로지에서 귀환한 사람
스 2:45 르바나 자손과 하가바 자손과 **악굽** 자손
4. 에스라를 도왔던 레위인
느 8:7 예수아와 바니와 세레뱌와 야민과 **악굽**

1597

[악귀]

악귀(惡鬼, demon, evil spirit)
시 106:37 자녀를 **악귀**들에게 희생제물로 바쳤
눅 7:21   **악귀** 들린 자를 많이 고치시며 또 많은
눅 8:2   **악귀**를 쫓아내심과 병 고침을 받은
행 19:12 얹으면 그 병이 떠나고 **악귀**도 나가더
행 19:13 유대인들이 시험삼아 **악귀** 들린 자들
행 19:15 **악귀**가 대답하여 이르되 내가 예수도
행 19:16 **악귀** 들린 사람이 그들에게 뛰어올라

악기(樂器, musical instrument)
삼하 6:5   여러 가지 **악기**와 수금과 비파와 소고
대상 15:16 비파와 수금과 제금 등의 **악기**를 울려서
대상 16:42 하나님을 찬송하는 **악기**로 소리를 크게
대상 23:5 찬송을 드리기 위하여 만든 **악기**로 찬송
대하 5:13 모든 **악기**를 울리며 소리를 높여 여호
대하 7:6   레위 사람도 여호와의 **악기**를 가지고
대하 29:26 레위 사람은 다윗의 **악기**를 잡고 제사장
대하 29:27 불며 이스라엘 왕 다윗의 **악기**를 울리
대하 30:21 여호와를 칭송하며 큰 소리 나는 **악기**
대하 34:12 **악기**에 익숙한 레위 사람들이 함께 하였
느 12:36   다윗의 **악기**를 잡았고 학사 에스라가
시 68:25   **악기**를 연주하는 자들은 뒤따르나이다
단 3:5   모든 **악기** 소리를 들을 때에 엎드리어
단 3:7   모든 **악기** 소리를 듣자 곧 느부갓네살
단 3:10   모든 **악기** 소리를 듣거든 엎드려 금
단 3:15   모든 **악기** 소리를 들을 때 내가 만든
암 6:5   다윗처럼 자기를 위하여 **악기**를 제조

악담하다(惡談, slander, speak evil of)
시 41:5   나의 원수가 내게 대하여 **악담하기**를
시 109:20 내 영혼을 대적하여 **악담하는** 자들이
시 140:11 **악담하는** 자는 세상에서 굳게 서지

악독/－하다(惡毒, bitterness, evil)
왕상 2:8   내가 마하나임으로 갈 때에 **악독한**
시 28:3   그들의 마음에는 **악독**이 있나이다
시 55:11   **악독**이 그 중에 있고 압박과 속임수가
시 55:15   이는 **악독**이 그들의 거처에 있고 그들
사 59:3   거짓을 말하며 너희 혀는 **악독**을 냄이
욘 1:2   **악독**이 내 앞에 상달되었음이니라 하시
막 7:22   간음과 탐욕과 **악독**과 속임과 음탕과
눅 11:39   너희 속에는 탐욕과 **악독**이 가득하도다
행 8:23   내가 보니 너는 **악독**이 가득하며 불의

[악성]

롬 1:29   살인, 분쟁, 사기, **악독**이 가득한 자요
롬 3:14   그 입에는 저주와 **악독**이 가득하고
엡 4:31   모든 **악독**과 노함과 분냄과 떠드는
딛 3:3   **악독**과 투기를 일삼은 자요 가증스러운
벧전 2:1   그러므로 모든 **악독**과 모든 기만과 외식

악령(惡靈, evil spirit)
삼상 16:14 여호와께서 부리시는 **악령**이 그를 번뇌
삼상 16:15 하나님께서 부리시는 **악령**이 왕을 번뇌
삼상 16:16 하나님께서 부리시는 **악령**이 왕에게
삼상 16:23 **악령**이 사울에게 … 낫고 **악령**이 그에
삼상 18:10 하나님께서 부리시는 **악령**이 사울에게
삼상 19:9 여호와께서 부리시는 **악령**이 사울에게

악메다(Ecbatana) 고대 메대 제국의 수도
스 6:2   메대도 **악메다** 궁성에서 한 두루마리를

악볼(Acbor)
  1. 에돔을 다스린 왕 바알하난의 아버지
창 36:38   사울이 죽고 **악볼**의 아들 바알하난이
창 36:39   **악볼**의 아들 바알하난이 죽고 하달이
대상 1:49 사울이 죽으매 **악볼**의 아들 바알하난이
  2. 미가야의 아들
왕하 22:12 미가야의 아들 **악볼**과 서기관 사반과
왕하 22:14 아히감과 **악볼**과 사반과 아사야가 여선
렘 26:22   **악볼**의 아들 엘라단과 몇 사람을 함께
렘 36:12   스마야의 아들 들라야와 **악볼**의 아들

악사(Acsah) 갈렙의 딸이며 옷니엘의 아내
수 15:16   내 딸 **악사**를 아내로 주리라 하였더니

악사 – 기타 본문
수 15:17, 18; 삿 1:12, 13, 14; 대상 2:49

악삽(Acshaph) 가나안 왕의 성읍
수 11:1   마돈 왕 요밥과 시므론 왕과 **악삽** 왕과
수 12:20   시므론 므론 왕이요 하나는 **악삽** 왕과
수 19:25   지역은 헬갓과 할리와 베덴과 **악삽**과

악성(惡性, destructive, festering, gangrene)
출 9:9   사람과 짐승에게 붙어서 **악성** 종기가
출 9:10   사람과 짐승에게 붙어 **악성** 종기가
출 9:11   요술사들도 **악성** 종기로 말미암아 모세

1598

【 악수/-하다 】 　　　　　　　　　　　　　　　【 악인 】

레 13:51 이는 **악성** 나병이라 그것이 부정하므로	삼상 24:13 속담에 말하기를 악은 **악인**에게서 난다
레 13:52 이는 **악성** 나병인즉 그것을 불사르지	삼하 4:11 하물며 **악인**이 의인을 … 내가 **악인**의
레 13:55 거죽에 있든지 속에 있든지 **악성** 나병	시 9:5 이방 나라들을 책망하시고 **악인**을 멸하
레 14:44 퍼졌으면 **악성** 나병인즉 이는 부정하니	시 119:155 구원이 **악인**들에게서 멀어짐은 그들이
딤후 2:17 그들의 말은 **악성** 종양이 퍼져나감과	시 147:6 겸손한 자들은 붙드시고 **악인**들은 땅에
	잠 2:14 행악하기를 기뻐하며 **악인**의 패역을
악수/-하다 (握手, hand)	잠 14:19 **악인**은 선인 앞에 엎드리고 불의한 자
애 5:6 애굽 사람과 앗수르 사람과 **악수하고**	잠 29:27 바르게 행하는 자는 **악인**에게 미움을
호 7:5 오만한 자들과 더불어 **악수하는도다**	사 48:22 여호와께서 말씀하시되 **악인**에게는
갈 2:9 나와 바나바에게 친교의 **악수**를 하였	겔 3:18 가령 내가 **악인**에게 … 말로 **악인**에게
	일러서 … 아니하면 그 **악인**은 그의
악십 (Aczib)	나 1:15 **악인**이 진멸되었으니 그가 다시는 네
1. 아셀 지파가 분배받은 땅	합 1:4 **악인**이 의인을 에워쌌으므로 정의가
수 19:29 이르고 **악십** 지방 곁 바다가 끝이 되며	습 1:3 거치게 하는 것과 **악인**들을 아울러
삿 1:31 알랍과 **악십**과 헬바와 아빅과 르홉	마 5:45 하나님이 그 해를 **악인**과 선인에게
2. 유다 지파가 분배받은 땅	마 13:49 천사들이 와서 의인 중에서 **악인**을
수 15:44 그일라와 **악십**과 마레사니 아홉 성읍과	
미 1:14 **악십**의 집들이 이스라엘 왕들을 속이	**'악인'과 관련된 성구**

악어 (leviathan) 갈멜 산 남방 땅에 사는 동물	악인의 계획 – 욥 21:16; 22:18
레 11:30 도마뱀붙이와 육지 **악어**와 도마뱀	악인의 교만 – 욥 35:12
겔 29:3 자기의 강들 가운데에 누운 큰 **악어**라	악인의 길 – 잠 4:14, 19; 15:9
겔 32:2 바다 가운데의 큰 **악어**라 강에서 뛰어	악인의 등불 – 욥 21:17; 잠 13:9; 24:20
	악인의 마음 – 잠 10:20; 21:10
악의 (惡意, hostility, rage)	악인의 머리 – 렘 23:19; 30:23
민 35:21 **악의**를 가지고 손으로 쳐죽이면 그 친	악인의 목 – 겔 21:29
민 35:22 **악의**가 없이 우연히 사람을 밀치거나	악인의 배 – 잠 13:25
민 35:23 **악의**도 없고 해하려 한 것도 아닌즉	악인의 빛 – 욥 18:5
롬 1:29 모든 불의, 추악, 탐욕, **악의**가 가득한	악인의 소득 – 잠 10:16; 15:6
고전 5:8 악하고 **악의**에 찬 누룩으로도 말고	악인의 소망 – 잠 10:28; 11:23
엡 4:31 비방하는 것을 모든 **악의**와 함께 버리	악인의 소행 – 잠 12:26
골 3:8 분함과 노여움과 **악의**와 비방과 너희	악인의 손 – 욥 9:24; 시 37:33; 71:4; 97:10;
	140:4; 겔 13:22; 30:12
악인 (惡人, wicked)	악인의 악 – 시 7:9; 겔 18:20
창 18:23 의인을 **악인**과 함께 멸하려 하시나이까	악인의 이 – 시 3:7; 잠 10:7
출 23:7 의로운 자를 죽이지 말라 나는 **악인**을	악인의 입 – 잠 10:6, 11, 32; 15:28; 19:28
민 16:26 회중에게 말하여 이르되 이 **악인**들의	악인의 장막 – 욥 8:22; 시 84:10
신 25:1 재판하여 의인은 의롭다 하고 **악인**은	악인의 제물 – 잠 21:27
	악인의 죄 – 시 36:1; 사 13:11
성경에 나오는 '의인과 악인'	악인의 집 – 잠 3:33; 21:12; 미 6:10; 합 3:13
창 18:25; 전 3:17; 9:2; 겔 21:3, 4; 말	악인의 형통함 – 시 73:3; 잠 24:1, 19
3:18; 행 24:15	

악인 – 기타 본문

모세오경 – 시가서 출 23:1; 신 25:2; 삼상 2:9; 욥 10:3; 15:20; 16:11; 20:5, 29; 21:7, 28, 30; 22:15;

【 악질 】   【 악행/-하다 】

24:6; 27:7, 13; 33:9; 34:8, 36; 36:6, 17; 38:15;
40:12; 시 1:1, 4, 5, 6; 7:14; 9:16, 17; 10:3, 4, 13,
15; 11:2, 5, 6; 12:8; 17:9, 13; 27:2; 28:3; 31:17;
32:10; 34:21; 36:11; 37:10, 12, 14, 16, 17, 20, 21,
28, 32, 34, 35, 38, 40; 39:1; 50:16; 55:3; 58:3,
10; 68:2; 73:12; 75:4, 8, 10; 82:2, 4; 91:8; 92:7;
94:3, 13; 101:8; 104:35; 106:18; 109:6; 112:10;
119:53, 61, 95, 110, 119; 125:3; 129:4; 139:19;
140:1, 8; 141:10; 145:20; 146:9; 잠 2:22; 3:25;
5:22; 9:7; 10:3, 24, 25, 27, 30; 11:7, 8, 9, 10, 18,
21, 31; 12:5, 6, 7, 10, 12, 13, 21; 13:5; 14:32;
15:3, 8, 29; 16:4; 17:15, 23; 18:5; 20:26; 21:4, 7,
18, 29; 24:16, 20, 24; 25:26; 28:1, 4, 5, 12, 28;
29:2, 6, 7, 16; 전 7:15, 17; 8:10, 13, 14; 9:2 선지
서 사 3:11; 5:23; 11:4; 14:5; 26:10; 53:9; 55:7;
57:20, 21; 렘 5:26; 25:31; 겔 3:19; 7:21; 18:21,
23, 24, 27; 33:8, 9, 11, 12, 14, 19; 합 3:13; 말 4:3

악질(惡疾, terrible plague)
신 7:15   너희가 아는 애굽의 **악질**에 걸리지 않게
신 17:1   흠이나 **악질**이 있는 소와 양은 아무것도

악취(惡臭, smell, stench, stink)
창 34:30 가나안 족속과 브리스 족속에게 **악취**를
출 7:18   그 물에서는 **악취**가 나리니 애굽 사람
출 7:21   그 물에서는 **악취**가 나니 애굽 사람들
출 8:14   무더기로 쌓으니 땅에서 **악취**가 나더라
시 38:5   내 상처가 썩어 **악취**가 나오니 내가
전 10:1   죽은 파리들이 향기름을 **악취**가 나게
사 19:6   강들에서는 **악취**가 나겠고 애굽의 강물
사 34:3   사체의 **악취**가 솟아오르고 그 피에 산
사 50:2   물고기들이 **악취**를 내며 갈하여 죽으
욜 2:20   상한 냄새가 일어나고 **악취**가 오르리니
암 4:10   너희 진영의 **악취**로 코를 찌르게 하였

악평/-하다(惡評, bad report, bad reputation)
민 13:32 정탐한 땅을 **악평하여** 이르되 우리가
민 14:36 정탐하고 돌아와서 그 땅을 **악평하여**
민 14:37 그 땅에 대하여 **악평한** 자들은 여호와
잠 25:10 네게 대한 **악평**이 네게서 떠나지 아니

악행/-하다(惡行, wickedness, wrongdoing)
출 34:7   **악행**을 자손 삼사 대까지 보응하리라

레 18:17 그들은 그의 살붙이이니 이는 **악행**이
레 20:14 장모를 함께 데리고 살면 **악행**인즉
신 31:18 다른 신들을 따르는 모든 **악행**으로
삿 9:56   아버지에게 행한 **악행**을 하나님이
삿 9:57   또 세겜 사람들의 모든 **악행**을 하나님
삿 19:23 이같은 **악행**을 저지르지 말라 이 사람
삿 20:12 너희 중에서 생긴 이 **악행**이 어찌 됨
삼상 2:23 내가 너희의 **악행**을 이 모든 백성에게
삼상 25:39 나발의 **악행**을 그의 머리에 돌리셨도
삼하 3:39 여호와는 **악행한** 자에게 그 악한 대로
대하 36:8 그에게 발견된 **악행**이 이스라엘과 유다
느 9:35   주를 섬기지 아니하며 **악행**을 그치지
욥 5:16   희망이 있고 **악행**이 스스로 입을 다무
욥 31:33 내가 언제 다른 사람처럼 내 **악행**을
욥 35:6   그대의 **악행**이 가득한들 하나님께 무슨
욥 35:15 **악행**을 끝까지 살피지 아니하셨으므로
욥 36:9   그들의 소행과 **악행**과 자신들의 교만한
시 73:15 세대에 대하여 **악행**을 행하였으리이다
시 94:16 나를 위하여 일어나서 **악행하는** 자들을
잠 24:8   **악행하기**를 꾀하는 자를 일컬어 사악한
전 7:15   의인이 있고 자기의 **악행**에도 불구하고
사 9:18   대저 **악행**은 불 타오르는 것 같으니
사 31:2   **악행하는** 자들의 집을 치시며 행악을
사 59:4   말하며 **악행**을 잉태하여 죄악을 낳으며
렘 4:4   너희 **악행**으로 말미암아 나의 분노가
렘 21:12 너희의 **악행** 때문에 내 분노가 불같이
렘 23:2   내가 너희의 **악행** 때문에 너희에게 보응
렘 25:5   각자의 악한 길과 **악행**을 버리고 돌아
렘 26:3   내가 그들의 **악행**으로 말미암아 그들
렘 30:14 네 **악행**이 많고 네 죄가 많기 때문에
렘 30:15 네 **악행**이 많고 네 죄가 허다하므로
렘 31:34 그들의 **악행**을 사하고 다시는 그 죄를
렘 33:5   그들의 모든 **악행**으로 말미암아 나의
렘 44:3   노여움을 일으킨 **악행**으로 말미암음
렘 44:9   조상들의 **악행**과 유다 왕들의 **악행**과
렘 44:22 여호와께서 너희 **악행**과 가증한 행위
단 11:32 그가 또 언약을 배반하고 **악행하는**
행 13:10 이르되 모든 거짓과 **악행**이 가득한 자요
행 25:18 **악행**의 혐의는 하나도 제시하지 아니
벧전 2:12 너희를 **악행한다고** 비방하는 자들로
벧전 2:14 그가 **악행하는** 자를 징벌하고 선행하는
벧전 3:12 주의 얼굴은 **악행하는** 자들을 대하시
벧전 4:15 도둑질이나 **악행**이나 남의 일을 간섭

【 안 】

안(in)
창 6:14　너를 위하여 방주를 만들되 그 **안**에

안 - 기타 본문

모세오경 창 9:21; 40:3, 13, 19; 41:34; 출 3:2; 7:19; 23:29; 25:11; 26:33; 28:30; 37:2; 40:9, 10; 레 8:10; 14:5, 50; 16:12, 15; 17:3; 21:23; 25:29, 30; 민 4:10; 17:4; 27:18; 신 5:14; 10:27; 15:11; 23:10; 24:14; 26:12; 31:12; 32:25 **역사서** 수 1:8, 11; 6:21; 7:22; 8:6, 15; 11:18; 16:9, 12, 30; 삿 7:16; 삼상 3:3; 7:13; 13:11; 14:14; 18:10; 삼하 3:27; 5:9; 7:6; 12:16, 31; 왕상 6:18, 19, 21, 23; 7:9, 25; 8:9; 16:32; 20:2; 왕하 4:35; 6:32; 13:6; 20:13, 20; 23:2; 대상 6:54; 9:2; 대하 3:4, 10; 4:4, 7, 8; 5:5, 10; 23:9; 24:21; 25:24; 29:16; 31:11; 33:14; 34:30; 스 4:22; 5:14; 8:16, 17; 느 6:10 **시가서** 욥 21:16; 36:32; 시 18:2; 36:9; 40:16; 51:10; 55:14; 89:15; 92:13; 95:4; 101:2, 7; 107:5; 122:2, 7; 전 8:10; 9:1; 아 3:2, 3, 10; 5:7 선지서 사 4:3; 5:2; 14:32; 17:6; 30:2; 56:5; 58:14; 60:18; 65:21; 렘 28:3, 11; 38:5; 51:48; 52:25; 애 1:20; 3:2; 4:13; 5:18; 겔 1:16; 2:9, 10; 5:2; 7:15; 10:10; 19:7; 33:13; 40:9, 22, 26, 43; 41:3; 42:15; 44:7, 17; 45:3; 46:22; 단 4:8, 9, 18; 5:14; 호 7:1; 9:6; 나 3:1; 슥 6:14; 12:1 **복음서, 역사서** 마 2:16; 12:5; 21:12; 23:21, 25, 26, 27, 28; 24:17; 26:58; 27:27; 막 7:16; 11:15, 16; 15:16; 눅 1:21, 22; 11:7, 41; 17:21, 31; 요 1:4; 2:14; 3:21; 5:3; 6:56; 8:37; 10:38; 11:10; 14:10, 11, 20; 15:4, 5, 6, 7, 9, 10, 11; 16:33; 17:13, 21, 23, 26; 19:41; 20:11, 26; 행 4:2; 5:23; 10:12; 20:16 **서신서** 롬 1:9, 10; 3:24; 5:11, 17, 21; 6:11, 23; 8:1, 2, 10, 11, 39; 9:1-2; 12:5; 14:14, 17; 15:13, 16, 17; 16:2, 3, 7, 8, 9, 10, 11, 12, 13, 22; 고전 1:2, 4, 5, 30, 31; 3:1, 16; 4:10, 15, 17; 5:12; 6:11; 7:22, 39; 9:1, 2; 11:11; 15:18, 19, 22, 28, 31, 58; 16:19, 24; 고후 1:20, 21; 2:12, 14, 17; 3:14; 4:12; 5:17, 19, 21; 6:12; 7:5; 10:17; 12:2, 3, 19; 13:3, 4, 5; 갈 1:22; 2:4, 17, 20; 3:14, 28; 5:4, 6, 10; 엡 1:1, 3, 4, 6, 7, 9, 10, 11, 12, 13, 15, 18, 20, 23; 2:6, 7, 10, 13, 15, 18, 21, 22; 3:6, 11, 12, 21; 4:1, 4, 15, 16, 17, 21, 30, 32; 5:8; 6:1, 10, 18, 21; 빌 1:1, 6, 13, 14, 26, 30; 2:1, 5, 13, 19, 24, 29; 3:1, 9, 14; 4:1, 2, 4, 7, 10, 13, 19, 21; 골 1:2, 4, 8, 14, 17, 19, 27, 28; 2:2, 3, 6, 7, 9, 10, 11, 12; 3:3, 11, 18, 20; 4:7, 17; 살전 1:1; 2:14; 3:8; 4:1, 14, 16; 5:12, 13, 18; 살후 1:1, 12; 3:4, 12; 딤전 1:2, 4, 14; 2:7; 3:13; 딤후 1:1, 9, 13, 14; 2:1, 10; 3:12, 15; 딛 3:15; 몬 1:8, 16, 20, 23; 히 6:19; 8:9; 9:2, 4; 벧전 3:16; 5:10, 14; 요일 2:5, 6, 14, 15, 24, 27, 28; 3:6, 24; 4:4, 12, 13, 15, 16, 18; 5:10, 11, 19, 20; 요이 1:2, 9; 요삼 1:3, 4; 유 1:1, 21 **예언서** 계 5:1; 11:1, 19; 14:13; 18:22, 23; 19:17; 21:22

안개(cloud, mist)
창 2:6　**안개**만 땅에서 올라와 온 지면을 적셨
욥 36:27　빗방울이 증발하여 **안개**가 되게 하시
시 135:7　**안개**를 땅 끝에서 일으키시며 비를 위
시 148:8　불과 우박과 눈과 **안개**와 그의 말씀을
잠 21:6　구하는 것이라 곧 불려다니는 **안개**니라
사 44:22　네 죄를 **안개**같이 없이하였으니 너는
행 13:11　**안개**와 어둠이 그를 덮어 인도할 사람
약 4:14　너희는 잠깐 보이다가 없어지는 **안개**
벧후 2:17　광풍에 밀려 가는 **안개**니 그들을 위하

안기다(be carried on the arm)
사 46:3　내게 **안겼고** 태에서 남으로부터 내게
사 60:4　먼 곳에서 오겠고 네 딸들은 **안기어** 올
사 66:12　너희가 옆에 **안기며** 그 무릎에서 놀
눅 6:38　넘치도록 하여 너희에게 **안겨** 주리라

안나(Anna) 아셀 지파에 속한 바누엘의 딸
눅 2:36　또 아셀 지파 바누엘의 딸 **안나**라 하는

안나스(Annas) 유대의 대제사장
눅 3:2　**안나스**와 가야바가 대제사장으로 있을
요 18:13　먼저 **안나스**에게로 끌고 가니 **안나스**
요 18:24　**안나스**가 예수를 결박한 그대로 대제
행 4:6　대제사장 **안나스**와 가야바와 요한과

【 안녕하다 】

안녕하다(安寧, greeting)
창 43:27　너희가 말하던 그 노인이 **안녕하시냐**
마 26:49　예수께 나아와 랍비여 **안녕하시옵니까**

[안다]   [안목]

안다(carry, embrace, take)

창 29:13	그를 영접하여 **안고** 입맞추며 자기 집
창 33:4	에서가 달려와서 그를 맞이하여 **안고**
창 45:14	자기 아우 베냐민의 목을 **안고** 우니
창 45:15	요셉이 또 형들과 입맞추며 **안고** 우니
창 46:29	그의 목을 어긋맞춰 **안고** 얼마 동안
창 48:10	그들에게 입맞추고 그들을 **안고**
신 1:31	사람이 자기의 아들을 **안는** 것같이
삼하 4:4	그 유모가 **안고** 도망할 때 급히 도망
왕상 17:19	그 여인의 품에서 받아 **안고** 자기가
왕상 17:23	엘리야가 그 아이를 **안고** 다락에서 방
왕하 4:27	사람에게 나아가서 그 발을 **안은지라**
왕하 4:37	땅에 엎드려 절하고 아들을 **안고** 나가
욥 24:8	젖으며 가릴 것이 없어 바위를 **안고**
잠 5:20	어찌하여 이방 계집의 가슴을 **안겠느냐**
전 3:5	거둘 때가 있으며 **안을** 때가 있고 **안는**
아 2:6	머리를 고이고 오른팔로 나를 **안는구나**
사 40:11	어린 양을 그 팔로 모아 품에 **안으시며**
사 49:22	그들이 네 아들들을 품에 **안고** 네 딸
사 63:9	모든 날에 그들을 드시며 **안으셨으나**
막 9:36	그들 가운데 세우시고 **안으시며** 제자들
막 10:16	그 어린 아이들을 **안고** 그들 위에 안수
눅 2:28	시므온이 아기를 **안고** 하나님을 찬송
눅 15:20	측은히 여겨 달려가 목을 **안고** 입을
행 20:10	엎드려 그 몸을 **안고** 말하되 떠들지
행 20:37	다 크게 울며 바울의 목을 **안고** 입을

안도디야(Anthothijah) 베냐민 후손 사삭의 아들

대상 8:24	하나냐와 엘람과 **안도디야**와

안드레(Andrew) 예수님의 열두 제자 중 한 명

마 4:18	시몬과 그의 형제 **안드레**가 바다에 그물

📖 안드레 - 기타 본문

마 10:2; 막 1:16, 29; 3:18; 13:3; 눅 6:14; 요 1:40, 44; 6:8; 12:22; 행 1:13

안드로니고(Andronicus) 바울의 친척

롬 16:7	친척이요 나와 함께 갇혔던 **안드로니고**

안디바(Antipas) 초대 교회 순교자

계 2:13	내 충성된 증인 **안디바** 너희 가운데

안디바드리(Antipatris) 헤롯이 지은 도시

행 23:31	바울을 데리고 **안디바드리**에 이르러

안디옥(Antioch)

1. 비시디아 안디옥

행 6:5	유대교에 입교했던 **안디옥** 사람 니골라

📖 안디옥 1 - 기타 본문

행 13:14; 14:19, 21; 딤후 3:11

2. 수리아 안디옥

행 11:19	베니게와 구브로와 **안디옥**까지 이르러

📖 안디옥 2 - 기타 본문

행 11:20, 22, 26, 27; 13:1; 14:26; 15:22, 23, 30, 35; 18:22; 갈 2:11

안뜰(inner court)

왕상 6:36	두꺼운 판자 한 켜로 둘러 **안뜰**을 만들
왕상 7:12	여호와의 성전 **안뜰**과 주랑에 놓은 것
에 4:11	**안뜰**에 들어가서 왕에게 나가면 오직
겔 8:3	예루살렘으로 가서 **안뜰**로 들어가는
겔 8:16	나를 데리고 여호와의 성전 **안뜰**에
겔 10:3	성전 오른쪽에 서 있고 구름은 **안뜰**에
겔 40:19	그가 아래 문간 앞에서부터 **안뜰** 바깥
겔 40:23	**안뜰**에도 북쪽 문간과 동쪽 문간과
겔 40:27	**안뜰**에도 남쪽을 향한 문간이 있는데
겔 40:28	나를 데리고 그 남문을 통하여 **안뜰**에
겔 40:32	그가 나를 데리고 **안뜰** 동쪽으로 가서
겔 40:44	안문 밖에 있는 **안뜰**에는 노래하는
겔 42:3	스무 척 되는 **안뜰**과 마주 대하였고
겔 43:5	영이 나를 들어 데리고 **안뜰**에 들어가
겔 44:17	그들이 **안뜰** 문에 들어올 때에나 **안뜰**
겔 44:21	아무 제사장이든지 **안뜰**에 들어갈 때
겔 44:27	성소에서 수종들기 위하여 **안뜰**과 성소
겔 45:19	네 모퉁이와 **안뜰** 문설주에 바를 것이
겔 46:1	**안뜰** 동쪽을 향한 문은 일하는 엿새

안락(安樂, peace)

렘 30:10	야곱이 돌아와서 태평과 **안락**을 누릴

안목(眼目, eye)

시 11:4	통촉하시고 그의 **안목**이 그들을 감찰

[안방]   [안식/-하다]

요일 2:16 육신의 정욕과 **안목**의 정욕과 이생의   민 8:12   수송아지들의 머리에 **안수하게** 하고
                                                                민 27:18 자니 너는 데려다가 그에게 **안수하고**
안방(one's private room)   민 27:23 그에게 **안수하여** 위탁하되 여호와께
창 43:30   급히 울 곳을 찾아 **안방**으로 들어가서   신 34:9   여호수아에게 **안수하였으므로** 그에게
시 128:3   네 집 **안방**에 있는 네 아내는 결실한   대하 29:23 끌어오매 그들이 그 위에 **안수하고**
                                                                시 139:5 둘러싸시고 내게 **안수하셨나이다**
안벽(interior wall)   마 19:13 사람들이 예수께서 **안수하고** 기도해
왕상 6:15 백향목 널판으로 성전의 **안벽** 곧 성전   마 19:15 그들에게 **안수하시고** 거기를 떠나시
                                                                막 6:5   소수의 병자에게 **안수하여** 고치실 뿐
안부(安否, greet, how one be)   막 7:32   예수께 나아와 **안수하여** 주시기를 간구
창 43:27   요셉이 그들의 **안부**를 물으며 이르되   막 8:23   그에게 **안수하시고** 무엇이 보이느냐
삼상 17:18 네 형들의 **안부**를 살피고 증표를 가져   막 8:25   이에 그 눈에 다시 **안수하시매** 그가
삼하 11:7 다윗이 요압의 **안부**와 군사의 **안부**와   막 10:16 안고 그들 위에 **안수하시고** 축복하시
왕하 10:15 그의 **안부**를 묻고 그에게 이르되 내   눅 13:13 **안수하시니** 여자가 곧 펴져 하나님께
에 2:11   에스더의 **안부**와 어떻게 될지를 알고자   행 6:6   기도하고 그들에게 **안수하니라**
행 18:22   교회의 **안부**를 물은 후에 안디옥으로   행 8:17   두 사도가 그들에게 **안수하매** 성령을
행 21:7   형제들에게 **안부**를 묻고 그들과 함께   행 8:18   시몬이 사도들의 **안수**로 성령 받는 것
                                                                행 8:19   내가 **안수하는** 사람은 성령을 받게
안색(顔色, attitude, face)   행 9:12   자기에게 **안수하여** 다시 보게 하는
창 4:5   가인이 몹시 분하여 **안색**이 변하니   행 9:17   그에게 **안수하여** 이르되 형제 사울아
창 4:6   어찌 됨이며 **안색**이 변함은 어찌 됨이   행 13:3   기도하고 두 사람에게 **안수하여** 보내
창 31:2   야곱이 라반의 **안색**을 본즉 자기에게   행 19:6   바울이 그들에게 **안수하매** 성령이 그들
창 31:5   내가 그대들의 아버지의 **안색**을 본즉   행 28:8   들어가서 기도하고 그에게 **안수하여**
사 3:9   그들의 **안색**이 불리하게 증거하며 그   딤전 4:14 장로의 회에서 **안수** 받을 때에 예언을
                                                                딤전 5:22 아무에게나 경솔히 **안수하지** 말고 다른
안수/-하다(按手, lay hand on)   딤후 1:6   그러므로 내가 나의 **안수함**으로 네
출 29:10   아들들은 그 송아지 머리에 **안수할지며**   히 6:2   세례들과 **안수**와 죽은 자의 부활과
출 29:15   아들들은 그 숫양의 머리 위에 **안수할**
출 29:19   아들들은 그 숫양의 머리 위에 **안수할**   **안식/-하다**(安息, rest)
레 1:4   그는 번제물의 머리에 **안수할지니** 그를   창 2:2   일을 그치고 일곱째 날에 **안식하시니라**
레 3:2   그 예물의 머리에 **안수하고** 회막 문   창 2:3   마치시고 그 날에 **안식하셨음이니라**
레 3:8   그 예물의 머리에 **안수하고** 회막 앞에   출 16:30 그러므로 백성이 일곱째 날에 **안식하니라**
레 3:13   그것의 머리에 **안수하고** 회막 앞에서   레 23:32 이튿날 저녁까지 **안식**을 지킬지니라
레 4:4   그 수송아지의 머리에 **안수하고** 그것을   레 23:39 날에도 **안식하고** 여덟째 날에도 **안식할**
레 4:15   앞에서 그 수송아지 머리에 **안수하고**   레 25:2   그 땅으로 여호와 앞에 **안식하게** 하라
레 4:24   그 숫염소의 머리에 **안수하고** 여호와   레 25:4   일곱째 해에는 그 땅이 쉬어 **안식하게**
레 4:29   속죄제물의 머리에 **안수하고** 그 제물   레 26:34 땅이 **안식**을 누릴 것이라 그 때에 땅이
레 4:33   속죄제 제물의 머리에 **안수하고** 번제   레 26:35 너희가 **안식할** 때에 땅은 쉬지 못하였
레 8:14   속죄제의 수송아지 머리에 **안수하매**   레 26:43 그 땅은 황폐하여 **안식**을 누릴 것이요
레 8:18   아들들이 그 숫양의 머리에 **안수하매**   신 3:20   너희의 형제에게도 **안식**을 주시리니
레 8:22   아들들이 그 숫양의 머리에 **안수하매**   신 5:14   네 여종에게 너같이 **안식하게** 할지니라
레 16:21   살아 있는 염소의 머리에 **안수하여**   신 12:9   **안식**과 기업에 아직은 이르지 못하였
민 8:10   이스라엘 자손이 그들에게 **안수하게**   신 12:10 너희에게 **안식**을 주사 너희를 평안히

【 안식년 】 　　　　　　　　　　　　　　　　　　　　　　　　【 안식일 】

신 25:19	적군으로부터 네게 **안식**을 주실 때에	신 5:12	명령한 대로 **안식일**을 지켜 거룩하게
수 1:13	하나님 여호와께서 너희에게 **안식**을	왕하 16:18	**안식일**에 쓰기 위하여 성전에 건축한
수 1:15	여호와께서 너희를 **안식하게** 하신 것	대상 9:32	진설하는 떡을 맡아 **안식일**마다 준비
수 21:44	여호와께서 그들의 주위에 **안식**을 주셨	대하 31:3	아침과 저녁의 번제와 **안식일**과 초하루
수 22:4	너희 형제에게 **안식**을 주셨으니 그런즉	사 66:23	매월 초하루와 매 **안식일**에 모든 혈육
룻 3:1	내가 너를 위하여 **안식**할 곳을 구하여	렘 17:21	**안식일**에 짐을 지고 예루살렘 문으로
대하 36:21	땅이 안식년을 누림같이 **안식하여**	애 2:6	여호와께서 시온에서 절기와 **안식일**을
시 95:11	내 **안식**에 들어오지 못하리라 하였도다	겔 20:12	내 **안식일**을 주어 그들과 나 사이에
사 14:3	고역에서 놓으시고 **안식**을 주시는 날에	호 2:11	절기와 월삭과 **안식일**과 모든 명절을
사 28:12	너희 **안식**이요 이것이 너희 상쾌함이니	암 8:5	**안식일**이 언제 지나서 우리가 밀을
사 66:1	집을 지으랴 내가 **안식**할 처소가 어디	마 12:1	그 때에 예수께서 **안식일**에 밀밭 사이
렘 31:2	이스라엘로 **안식**을 얻게 하러 갈 때에	막 16:1	**안식일**이 지나매 막달라 마리아와
마 12:5	안식일에 제사장들이 성전 안에서 **안식**	눅 4:16	나사렛에 이르사 **안식일**에 늘 하시던
마 28:1	안식일이 다 지나고 **안식** 후 첫날이	요 19:31	**안식일**이 큰 날이므로 그 **안식일**에
막 16:2	**안식** 후 첫날 매우 일찍이 해 돋을 때	행 1:12	예루살렘에서 가까워 **안식일**에 가기
막 16:9	예수께서 **안식** 후 첫날 이른 아침에	골 2:16	초하루나 **안식일**을 이유로 누구든지
눅 24:1	**안식** 후 첫날 새벽에 이 여자들이 그		
요 20:1	**안식** 후 첫날 일찍이 아직 어두울 때		
요 20:19	이 날 곧 **안식** 후 첫날 저녁 때에 제자		
행 7:49	무슨 집을 짓겠으며 나의 **안식**할 처소		
히 3:11	내 **안식**에 들어오지 못하리라 하였으		
히 3:18	그의 **안식**에 들어오지 못하리라 하셨		
히 4:1	그의 **안식**에 들어갈 약속이 남아 있을		
히 4:3	이미 믿는 우리들은 저 **안식**에 들어가		
히 4:5	다시 거기에 그들이 내 **안식**에 들어오		
히 4:8	여호수아가 그들에게 **안식**을 주었더라		
히 4:9	**안식**할 때가 하나님의 백성에게 남아		
히 4:10	이미 그의 **안식**에 들어간 자는 하나님		
히 4:11	그러므로 우리가 저 **안식**에 들어가기를		

안식년(安息年, sabbath year, year of rest)
레 25:5	열매를 거두지 말라 이는 땅의 **안식년**
레 25:6	**안식년**의 소출은 너희가 먹을 것이니
레 25:8	너는 일곱 **안식년**을 계수할지니 이는
대하 36:21	이에 토지가 황폐하여 땅이 **안식년**을

안식일(安息日, sabbath)
출 16:26	그것을 거두되 일곱째 날은 **안식일**인즉
출 16:29	볼지어다 여호와가 너희에게 **안식일**을
출 35:3	*안식일에는 너희의 모든 처소에서 불도*
레 16:31	이는 너희에게 **안식일** 중의 **안식일**인즉
레 24:8	**안식일**마다 이 떡을 여호와 앞에 항상
민 28:10	상번제와 그 전제 외에 매 **안식일**의

'안식일'과 관련된 성구

거룩한 안식일 – 출 16:23; 느 9:14
안식일에 일하지 말다 – 출 20:10; 레 23:3; 신 5:14; 렘 17:22
안식일을 거룩하게 하다 – 출 20:8; 신 5:12; 느 13:22; 렘 17:22, 24, 27; 겔 20:20; 44:24
안식일을 더럽히는/일하는 자는 죽이다 – 출 31:14, 15; 35:2
안식일을 지키다 – 출 20:8; 31:13, 14; 레 16:31; 19:3, 30; 23:3, 32; 26:2; 신 5:15; 사 56:4, 6; 요 9:16
여호와의 안식일 – 출 16:25; 20:10; 레 23:3, 38; 신 5:14

안식일 – 기타 본문

구약 출 16:26, 29; 20:11; 31:16; 레 23:11, 15, 16; 민 15:32; 28:9; 왕하 4:23; 11:5, 7, 9; 대상 23:31; 대하 2:4; 8:13; 23:4, 8; 느 10:31, 33; 13:15, 16, 17, 18, 19, 21, 22; 사 1:13; 56:2; 58:13; 겔 20:13, 16, 21, 24; 22:8, 26; 23:38; 45:17; 46:1, 3, 4, 12
신약 마 12:2, 5, 8, 10, 11, 12; 24:20; 28:1; 막 1:21; 2:23, 24, 27, 28; 3:2, 4; 6:2; 15:42; 눅 4:31; 6:1, 2, 5, 6, 7, 9; 13:10, 14, 15, 16; 14:1, 3, 5; 23:54, 56; 요 5:9, 10, 16, 18; 7:22, 23; 9:14, 16; 행 13:14, 27, 42, 44; 15:21; 16:13; 17:2; 18:4

안심하다 (安心, cheer up, peace, take heart)
창 43:23 그가 이르되 너희는 **안심하라** 두려워
삿 6:23 그에게 이르시되 너는 **안심하라** 두려워
삿 8:11 적군이 **안심하고** 있는 중에 기드온이
삿 19:20 그 노인이 이르되 그대는 **안심하라**
대하 32:8 히스기야의 말로 말미암아 **안심하니라**
마 9:2 작은 자야 **안심하라** 네 죄 사함을 받았
마 9:22 그를 보시며 이르시되 딸아 **안심하라**
마 14:27 예수께서 즉시 이르시되 **안심하라** 나니
막 6:50 **안심하라** 내니 두려워하지 말라 하시고
막 10:49 그 맹인을 부르며 이르되 **안심하고**
행 27:22 내가 너희를 권하노니 이제는 **안심하라**
행 27:25 그러므로 여러분이여 **안심하라** 나는
행 27:36 그들도 다 **안심하고** 받아 먹으니
고후 7:13 너희 무리로 말미암아 **안심함을** 얻었

안약 (眼藥, salve)
계 3:18 수치를 보이지 않게 하고 **안약을** 사서

안위/-하다 (安慰, comfort, cheer, encourage)
창 5:29 우리를 이 아들이 **안위하리라** 하였더라
에 10:3 그의 모든 종족을 **안위하였더라**
시 23:4 막대기가 나를 **안위하시나이다**
시 119:82 말이 주께서 언제나 나를 **안위하실까**
사 12:1 나를 **안위하시오니** 내가 주께 감사하
사 54:11 곤고하며 광풍에 요동하여 **안위를** 받지
롬 1:12 말미암아 피차 **안위함을** 얻으려 함이라
빌 2:19 너희의 사정을 앎으로 **안위를** 받으려
히 6:18 우리에게 큰 **안위를** 받게 하려 하심

안일/-하다 (安逸, proud, quiet)
대상 22:9 **안일함을** 이스라엘에 줄 것임이니라
욥 3:26 나에게는 평온도 없고 **안일도** 없고
시 123:4 **안일한** 자의 조소와 교만한 자의 멸시
잠 1:32 미련한 자의 **안일은** 자기를 멸망시키
사 32:9 **안일한** 여인들아 일어나 내 목소리를
사 32:11 너희 **안일한** 여자들아 떨지어다 너희
슥 1:15 **안일한** 여러 나라들 때문에 심히 진노

안장 (鞍裝, harness, saddle)
창 22:3 아침에 일찍이 일어나 나귀에 **안장을**
창 31:34 라헬이 그 드라빔을 가져 낙타 **안장**
레 15:9 유출병이 있는 자가 탔던 **안장은** 다
민 22:21 나귀에 **안장을** 지우고 모압 고관들과
삿 19:10 **안장** 지운 나귀 두 마리와 첩이 그와
삼하 16:1 므비보셋의 종 시바가 **안장** 지운 두
삼하 17:23 나귀에 **안장을** 지우고 일어나 고향으로
삼하 19:26 나는 다리를 절므로 내 나귀에 **안장을**
왕상 2:40 그의 나귀에 **안장을** 지우고 가드로
왕상 13:13 나를 위하여 나귀에 **안장을** 지우라
왕상 13:23 그를 위하여 나귀에 **안장을** 지우니라
왕상 13:27 나귀에 **안장을** 지우라 그들이 **안장을**
왕하 4:24 나귀에 **안장을** 지우고 자기 사환에게
사 30:6 보물을 낙타 **안장에** 얹고 암사자와 수
렘 46:4 너희 기병이여 말에 **안장을** 지워 타며

안장되다 (安葬, burial)
전 6:3 그가 **안장되지** 못하면 나는 이르기를
사 14:20 그들과 함께 **안장되지** 못하나니 악을

안전/-하다/-히 (安全, safety)
창 12:13 그대로 말미암아 **안전하고** 내 목숨이
레 25:18 너희가 그 땅에 **안전하게** 거주할 것
레 25:19 배불리 먹고 거기 **안전하게** 거주하리라
레 26:5 먹고 너희의 땅에 **안전하게** 거주하리라
신 33:12 사랑을 입은 자는 그 곁에 **안전히** 살리
신 33:28 이스라엘이 **안전히** 거하며 야곱의 샘은
삿 18:7 사는 것처럼 평온하며 **안전하니** 그 땅
삼상 12:11 건져내사 너희에게 **안전하게** 살게 하셨
삼상 22:23 나와 함께 있으면 **안전하리라** 하니라
삼상 22:33 요새시며 나를 **안전한** 곳으로 인도하
욥 11:18 네가 희망이 있으므로 **안전할** 것이며
욥 21:23 기운이 충실하여 **안전하며** 평안하고
시 4:8 **안전히** 살게 하시는 이는 오직 여호와
시 12:5 원하는 **안전한** 지대에 두리라 하시도다
시 16:9 나의 영도 즐거워하며 내 육체도 **안전히**
시 56:7 그들이 악을 행하고야 **안전하오리이까**
시 78:53 **안전히** 인도하시니 그들은 두려움이
시 102:28 주의 종들의 자손은 항상 **안전히** 거주
잠 1:33 살며 재앙의 두려움이 없이 **안전하리라**
잠 18:10 의인은 그리로 달려가서 **안전함을** 얻느
잠 29:25 여호와를 의지하는 자는 **안전하리라**
사 32:17 공의의 결과는 영원한 평안과 **안전이라**
사 32:18 내 백성이 화평한 집과 **안전한** 거처와
사 41:3 발로 가 보지 못한 길을 **안전히** 지났
렘 32:37 돌아오게 하여 **안전히** 살게 할 것이라

【 안정되다/안정하다 】 　　　　　　　　　　　　　　　　　　　　　　　　　【 앉다 】

렘 33:16	예루살렘이 **안전히** 살 것이며 이 성의	레 15:26	그가 **앉는** 모든 자리도 부정함이 불결
눅 11:21	집을 지킬 때에는 그 소유가 **안전하되**	민 24:9	꿇어 **앉고** 누움이 수사자 같고 암사자
빌 3:1	수고로움이 없고 너희에게는 **안전하니**	신 33:3	주의 발 아래에 **앉아서** 주의 말씀을
살전 5:3	그들이 평안하다, **안전하다** 할 그 때	삿 3:20	왕은 서늘한 다락방에 홀로 **앉아** 있는

안정되다/안정하다 (安靜, peaceful, quiet)

대상 4:40	그 땅이 넓고 **안정되고** 평안하니 이는
사 33:20	시온 성을 보라 네 눈이 **안정된** 처소인
벧전 3:4	마음에 숨은 사람을 온유하고 **안정한**

룻 4:4	여기 **앉은** 이들과 내 백성의 장로들
삼상 1:9	여호와의 전 문설주 곁 의자에 **앉아**
삼하 19:8	왕이 일어나 성문에 **앉으매** 어떤 사람
왕하 6:32	그 때에 엘리사가 그의 집에 **앉아** 있고
대하 6:10	대신하여 일어나 이스라엘 왕위에 **앉고**
스 10:16	열째 달 초하루에 **앉아** 그 일을 조사
느 1:4	내가 이 말을 듣고 **앉아서** 울고 수일
에 7:8	하만이 에스더가 **앉은** 걸상 위에 엎드
시 110:1	너는 내 오른쪽에 **앉아** 있으라 하셨도
잠 23:1	성문에 **앉으며** 사람들의 인정을 받으며
전 10:6	얻고 부자들이 낮은 지위에 **앉는도다**
아 1:12	왕이 침상에 **앉았을** 때에 나의 나도
사 14:13	내가 북극 집회의 산 위에 **앉으리라**
렘 10:17	에워싸인 가운데에 **앉은** 자여 네 짐
겔 14:1	두어 사람이 나아와 내 앞에 **앉으니**
단 11:27	한 밥상에 **앉았을** 때에 거짓말을 할
욜 3:12	내가 거기에 **앉아서** 사면의 민족들을
암 3:12	방석에 **앉은** 이스라엘 자손을 건져냄과
미 7:8	어두운 데에 **앉을지라도** 여호와께서
슥 3:8	대제사장 여호수아야 너와 네 앞에 **앉은**
말 3:3	깨끗하게 하는 자같이 **앉아서** 레위
막 6:22	헤롯과 그와 함께 **앉은** 자들을 기쁘게
눅 10:39	주의 발치에 **앉아** 그의 말씀을 듣더니
요 20:12	머리 편에, 하나는 발 편에 **앉았더라**

안쪽 (inside)

출 28:26	양쪽 가 **안쪽** 곧 에봇에 닿은 곳에 달고
출 39:19	에봇을 마주한 **안쪽** 가장자리에 달았
겔 40:6	장대로 그 문 **안쪽** 통로의 길이도 한
겔 40:7	다섯 척이며 **안쪽** 문 통로의 길이가
겔 41:16	문 통로 **안쪽**에서부터 땅에서 창까지

안팎 (inside and out)

창 6:14	칸들을 막고 역청을 그 **안팎**에 칠하라
출 25:11	너는 순금으로 그것을 싸되 그 **안팎**을
출 37:2	순금으로 **안팎**을 싸고 위쪽 가장자리로
왕상 7:9	이 집들은 **안팎**을 모두 귀하고 다듬은
겔 2:10	그가 그것을 내 앞에 펴시니 그 **안팎**에
계 5:1	**안팎**으로 썼고 일곱 인으로 봉하였더라

앉다 (sit)

창 18:1	뜨거울 때에 그가 장막 문에 **앉아** 있다
출 16:3	고기 가마 곁에 **앉아** 있던 때와 떡을

'앉다' 와 관련된 성구

구름 위에 앉다 - 계 14:14, 15, 16

그늘에 앉다 - 시 107:10; 아 2:3; 마 4:16; 눅 1:79

길 가에 앉다 - 렘 3:2; 마 20:30; 막 10:46; 눅 18:35

모세의 자리에 앉다 - 마 23:2

물 위에 앉다 - 계 17:1

보좌 (위)에 앉다 - 왕상 22:19; 대하 18:9, 18; 23:20; 시 9:4; 47:8; 사 6:1; 마 19:28; 25:31; 눅 22:30; 계 4:2, 9, 10; 5:1, 7, 13; 6:16; 7:10, 15; 11:16; 19:4; 21:5

왕위에 앉다 - 출 11:5; 12:29; 왕상 1:13, 17, 20, 24, 27, 30, 35, 48; 2:12; 8:20,
25; 대상 29:23; 대하 6:10, 16; 33:13;
시 132:12; 렘 13:13; 17:25; 22:2, 4,
30; 33:17; 36:30

우편에 앉다 - 마 20:23; 22:44; 26:64; 막 10:40; 12:36; 14:62; 16:5, 19; 눅 20:43; 22:69; 행 2:35; 골 3:1; 히 1:3, 13; 8:1; 10:12; 12:2

잔디 위에 앉다 - 마 14:19; 막 6:39

재 가운데 앉다 - 욥 2:8; 욘 3:6; 마 11:21; 눅 10:13

재판석에 앉다 - 사 28:6; 마 27:19; 요 19:13

재판 자리에 앉다 - 행 25:6, 17

흑암에 앉다 - 사 42:7; 마 4:16

【 앉 1 】

행 2:2 소리가 있어 그들이 **앉은** 온 집에 가득
고전 10:7 백성이 **앉아서** 먹고 마시며 일어나서
엡 2:6 예수 안에서 함께 하늘에 **앉히시니**
살후 2:4 하나님의 성전에 **앉아** 자기를 하나님
약 2:3 여기 좋은 자리에 **앉으소서** 하고 또

앉다 - 기타 본문

모세오경, 역사서 창 19:1; 21:16; 23:10; 27:19; 31:34; 37:25; 38:14; 43:33; 48:2; 출 2:15; 17:12; 18:13, 14; 32:6; 레 15:4, 6, 20, 22, 23; 민 32:6; 신 6:7; 11:19; 삿 5:10, 16, 17; 6:11; 13:9; 19:6, 15; 20:26; 21:2; 룻 2:14; 3:18; 4:1, 2; 삼상 2:8; 4:13; 9:22; 16:11; 19:9; 20:5, 24, 25; 22:6; 28:23; 삼하 2:13; 7:18; 18:24; 21:10; 왕상 1:46; 2:19; 3:6; 10:19; 13:14, 20; 19:4; 21:9, 10, 12, 13; 22:10; 왕하 1:9; 4:20, 38; 7:3; 9:5; 11:19; 13:13; 18:27; 대상 17:16; 28:5; 대하 9:18; 스 9:3, 4; 10:9; 느 2:6; 에 1:14; 2:19, 21; 3:15; 5:1, 13; 6:10 **시가서, 선지서** 욥 2:13; 29:25; 36:7; 38:40; 시 1:1; 9:7; 10:8; 26:4, 5; 69:12; 113:5; 119:23; 128:3; 137:1; 139:2; 잠 9:14; 20:8; 사 3:26; 7:19; 11:14; 16:5; 30:7; 36:12; 40:22; 47:1, 5, 14; 52:2; 65:4; 렘 8:14; 13:18; 15:17; 16:8; 26:10; 29:16; 32:12; 33:21; 36:12, 15, 22; 38:7; 39:3; 42:10; 48:18; 애 1:1; 2:10; 3:28, 63; 5:14; 겔 8:1, 14; 20:1; 23:41; 26:16; 28:2; 32:4; 33:31; 44:3; 욘 4:5; 미 4:4; 슥 5:7; 6:13; 8:4 **복음서** 마 5:1; 8:11; 9:9, 10; 11:16; 13:1, 2, 48; 14:9; 15:29, 30, 35; 20:21; 23:22; 24:3; 26:20, 36, 55, 58, 69; 27:36, 61; 28:2; 막 2:6, 14, 15; 3:32, 34; 4:1; 5:15; 6:26, 40; 8:6; 9:35; 10:17, 37; 12:41; 13:3; 14:18, 32, 54; 눅 2:46; 4:20; 5:3, 17, 27, 29; 7:15, 32, 36, 37, 49; 8:35; 9:14, 15; 11:37; 12:37; 14:8, 10, 28, 31; 16:6; 17:7; 22:14, 27, 55, 58; 요 2:14; 4:6; 6:3, 10, 11; 8:2; 9:8; 11:20; 12:2; 13:12, 28 **역사서 – 예언서** 행 2:30; 3:10; 6:15; 8:31; 9:40; 12:21; 13:14; 14:8; 16:13; 20:9; 23:3; 26:30; 고전 8:10; 14:30; 엡 1:20; 계 4:4; 17:9; 18:7; 20:4, 11

【 알 1 】 (Ar) 모압의 한 지역

사 15:1 하룻밤에 모압 알이 망하여 황폐할 것

【 알다 】

알 2 (egg)
신 22:6 새 새끼나 **알**이 있고 어미 새가 그의
욥 39:14 **알**을 땅에 버려두어 흙에서 더워지게
사 10:14 내버린 **알**을 주움 같았으나 날개를
사 34:15 부엉이가 거기에 깃들이고 **알**을 낳아
사 59:5 **알**을 품으며 거미줄을 짜나니 그 **알**을
렘 17:11 자고새가 낳지 아니한 **알**을 품음 같아

알가 (Arkites) 가나안의 한 족속
창 10:17 히위 족속과 **알가** 족속과 신 족속과
대상 1:15 히위 종족과 **알가** 종족과 신 종족과

알갱이 (pebble)
암 9:9 그 한 **알갱이**도 땅에 떨어지지 아니␣

알곡 (wheat)
렘 23:28 말할 것이라 겨가 어찌 **알곡**과 같겠느냐
마 3:12 **알곡**은 모아 곳간에 들이고 쭉정이는
눅 3:17 **알곡**은 모아 곳간에 들이고 쭉정이는

알다 (hear, know, find)
구약
출 9:29 여호와께 속한 줄을 왕이 **알리이다**
민 16:28 아닌 줄을 이 일로 말미암아 **알리라**
민 32:23 죄가 반드시 너희를 찾아낼 줄 **알라**
신 8:2 명령을 지키는지 지키지 않는지 **알려**
신 13:3 여호와를 사랑하는 여부를 **알려** 하사
신 18:21 이르신 말씀인지 우리가 어떻게 **알리요**
수 4:24 여호와의 손이 강하신 것을 **알게** 하며
룻 3:11 줄을 나의 성읍 백성이 다 **아느니라**
삼상 16:18 이새의 아들을 본즉 수금을 탈 줄 **알고**
왕상 3:7 종은 작은 아이라 출입할 줄을 **알지**
왕하 12:7 너희가 **아는** 사람에게서 은을 받지
대하 2:7 아로새길 줄 **아는** 재주 있는 사람 하나
스 7:25 백성을 재판하게 하고 그 중 **알지** 못하
느 2:16 무엇을 하였는지 **알지** 못하였고 나도
에 4:1 모르드개가 이 모든 일을 **알고** 자기의
욥 5:24 네 장막의 평안함을 **알고** 네 우리를
욥 38:21 네가 아마도 **알리라** 네가 그 때에 태어
시 37:18 여호와께서 온전한 자의 날을 **아시나니**
시 90:11 누가 주의 노여움의 능력을 **알며** 누가 주의 진노의 두려움을 **알리이까**
시 147:20 그의 법도를 **알지** 못하였도다 할렐루야

【 알다 】

잠 1:2	이는 지혜와 훈계를 **알게** 하며 명철의
전 3:21	곧 땅으로 내려가는 줄을 누가 **알랴**
아 6:11	석류나무 꽃이 피었는가 **알려고** 내가
사 1:3	소는 그 임자를 **알고** 나귀는 그 주인의
렘 9:16	그들과 그들의 조상이 **알지** 못하던
렘 17:9	마음이라 누가 능히 이를 **알리요마는**
겔 43:11	모든 법도와 그 모든 율례를 **알게** 하고
단 1:17	또 모든 환상과 꿈을 깨달아 **알더라**
욜 3:17	너희 하나님 여호와인 줄 **알** 것이라
암 3:2	모든 족속 가운데 너희만을 **알았나니**
욘 4:2	하나님이신 줄 내가 **알았음이니이다**
나 3:17	날아감과 같으니 그 있는 곳을 **알** 수
습 3:5	불의한 자는 수치를 **알지** 못하는도다
슥 2:9	여호와께서 나를 보내신 줄 **알리라**
말 2:4	있게 하려 함인 줄 너희가 **알리라**

신약

막 5:43	예수께서 이 일을 아무도 **알지** 못하게
눅 1:18	내가 이것을 어떻게 **알리요** 내가 늙고
요 7:17	왔는지 내가 스스로 말함인지 **알리라**
요 13:17	너희가 이것을 **알고** 행하면 복이 있으
요 13:35	사람이 너희가 내 제자인 줄 **알리라**
행 12:14	베드로의 음성인 줄 **알고** 기뻐하여
롬 9:23	그 영광의 풍성함을 **알게** 하고자 하셨

고후 9:2	이는 내가 너희의 원함을 **앎이라** 내가
갈 3:2	너희에게서 다만 이것을 **알려** 하노니
갈 4:13	너희에게 복음을 전한 것을 너희가 **아는**
빌 2:26	너희가 들은 줄을 **알고** 심히 근심한지라
골 2:1	얼마나 힘쓰는지를 너희가 **알기를** 원하
골 4:6	사람에게 마땅히 대답할 것을 **알리라**
살전 2:5	너희도 **알거니와** 우리가 아무 때에도
살후 3:7	본받아야 할지를 너희가 스스로 **아나니**
딤전 1:8	쓰면 선한 것임을 우리는 **아노라**
딤후 2:25	회개함을 주사 진리를 **알게** 하실까
딛 3:11	이러한 사람은 네가 **아는** 바와 같이
몬 1:6	우리 가운데 있는 선을 **알게** 하고
히 13:23	형제 디모데가 놓인 것을 너희가 **알라**
약 1:3	인내를 만들어 내는 줄 너희가 **앎이라**
벧전 3:7	생명의 은혜를 함께 이어받을 자로 **알아**
벧후 1:14	장막을 벗어날 것이 임박한 줄을 **앎이라**
요일 2:5	우리가 그의 안에 있는 줄을 **아노라**
요일 2:29	행하는 자마다 그에게서 난 줄을 **알리라**
요이 1:1	진리를 **아는** 모든 자도 그리하는 것은
요삼 1:12	우리의 증언이 참된 줄을 **아느니라**
유 1:5	너희가 본래 모든 사실을 **알고** 있으나
계 7:14	말하기를 내 주여 당신이 **아시나이다**
계 19:12	하나가 있으니 자기밖에 **아는** 자가 없고

'알다'와 관련된 성구

거룩하신 자를 알다 – 잠 9:10; 30:3

그리스도를 아는 냄새 – 고후 2:14

그리스도를 알다 – 요 17:3; 벧후 1:8

남자를 알지 못하다 – 삿 11:39; 21:12; 눅 1:34

당할 일을 알다 – 렘 6:18

마음을 알다 – 왕상 8:39; 대하 6:30; 시 139:23; 행 1:24; 15:8

비밀을 알다 – 시 44:21; 마 13:11; 눅 8:10; 엡 3:3

사내를 알지 못하는 여자 – 민 31:18, 35

선악을 알다 – 창 2:9, 17; 3:5, 22

여호와를 알다 – 사 19:21; 렘 31:34; 호 2:20; 6:3

여호와를 알지 못하다 – 출 5:2; 삿 2:10; 삼상 2:12; 3:7; 호 5:4

여호와인 줄을 그들이 알리라 – 겔 6:14; 7:27; 12:15, 16; 25:17; 28:24, 26; 29:9, 16; 21; 30:19, 25, 26; 32:15, 33:29; 34:27; 38:23; 39:6

여호와인 줄을 너희가 알리라 – 겔 6:13; 7:4; 12:20; 13:21, 23; 14:8; 35:9; 36:11

여호와인 줄을 네가 알다 – 출 8:22

여호와인 줄을 알다 – 출 10:2; 왕상 20:13, 28; 사 49:23; 겔 11:10, 12; 20:38; 26:6; 28:22, 23; 29:6; 35:4; 37:13

이름을 알다 – 왕상 8:43; 대하 6:33; 시 9:10; 사 52:6; 64:2; 렘 48:17; 계 2:17

주의 마음을 알다 – 롬 11:34; 고전 2:16

하나님을 알다 – 대상 28:9; 잠 2:5; 단 11:32; 호 4:1; 6:3, 6; 롬 1:19, 21; 갈 4:9; 엡 1:17; 골 1:10; 살전 2:2; 요일 4:6, 7

하나님을 알지 못하다 – 욥 18:21; 고전 1:21; 15:34; 갈 4:8; 요일 4:8

(행)할 일을 알다 – 삼상 28:15; 왕상 2:9; 20:22; 눅 16:4

【 알다 】

알다 - 기타 본문

모세오경 창 3:7, 11; 4:9; 8:8, 11; 9:24; 11:7; 12:11; 15:8, 13; 16:4, 5; 18:21; 20:6, 7; 22:12; 24:14, 21, 28, 49; 27:2; 28:16; 29:5; 30:26, 29; 31:6, 32; 33:13; 38:9, 16; 42:23, 34; 43:7, 22; 44:15, 27; 출 1:8; 2:4; 3:7, 19; 4:14; 5:19; 6:7; 7:5, 17; 8:10; 9:14; 10:7, 26; 11:7; 14:5, 18; 16:6, 12, 15; 18:11, 16; 21:36; 23:9; 29:46; 31:13; 32:1, 23; 33:12, 16, 17; 36:1; 레 23:43; 민 10:31; 11:16; 14:34; 16:30; 20:14; 22:6, 19, 34; 24:16; 31:17; 신 2:7; 3:19; 4:9, 35, 39; 7:9, 15; 8:3, 16; 9:2, 3, 6, 24; 11:2, 28; 13:2, 6, 13; 21:1; 22:2; 28:33, 36, 49, 64; 29:6, 16, 26; 31:13, 21, 27, 29; 32:17, 39; 33:9; 34:6, 10 **역사서** 수 2:4, 5, 9; 3:4, 7, 10; 4:22; 7:19; 8:14; 14:6; 22:22, 31; 23:13, 14; 24:31; 삿 3:1, 2, 4; 6:22, 37; 13:16, 21; 14:4; 15:2, 11; 16:9; 17:13; 18:3, 5, 14; 20:34; 룻 2:19; 3:4, 18; 4:4; 삼상 3:13, 15, 20; 6:3, 9; 9:15; 10:11; 12:17; 14:3; 16:3; 17:28, 46, 47, 55; 18:28; 20:7, 9, 30, 33, 39; 22:3, 15, 22; 23:9; 24:10, 20; 25:11, 17; 26:3, 4; 28:1, 2, 9, 14; 삼하 1:10; 2:26; 3:26, 38; 5:12; 7:20, 21; 10:6; 11:16, 20; 12:22; 13:2; 14:1, 20; 15:11; 17:8, 10, 19; 18:29; 19:22, 35; 22:44; 왕상 1:11, 18, 27; 2:5, 15, 32, 37, 42, 44; 5:3, 6; 8:60; 10:3; 14:2, 3; 17:24; 18:12, 36, 37; 20:7, 41; 22:3; 왕하 2:3, 5; 4:1, 9, 39; 5:7, 8; 7:12; 8:10, 12, 13; 9:11; 10:10; 12:5; 17:26; 18:26; 19:19, 27; 대상 3:24; 12:32; 14:2; 17:18, 19; 19:6; 21:2; 대하 2:8; 8:18; 12:8; 13:5; 20:12; 25:16; 26:5; 32:13, 31; 33:13; 스 6:8; 느 4:11; 6:16; 8:2, 3, 12, 13; 9:10; 13:7, 10; 에 1:13; 2:11; 3:4; 4:8, 11, 14; 7:3 **시가서** 욥 2:12; 5:25, 27; 7:10; 8:9; 9:2; 10:2, 7; 11:6, 7, 8, 11; 12:3, 9; 13:2, 18, 23; 14:21; 15:9, 23; 19:6, 13, 25, 29; 20:4, 20; 21:14, 19, 27, 29; 23:5, 10; 24:1, 13, 16, 17; 28:7, 13, 23; 32:22; 33:3; 34:4, 27, 33; 36:9, 26; 37:7, 15, 16, 17; 38:4, 5, 18, 20, 33; 39:1, 2; 42:3, 4, 11; 시 4:3; 9:10, 16, 20; 18:43; 20:6; 31:7; 34:8; 35:11, 15; 36:10; 39:4, 6; 40:9; 41:11; 46:10; 50:11; 59:13; 69:5, 19; 73:11, 16; 74:9; 77:19; 78:3, 6; 79:6; 81:5; 82:5; 83:18; 87:4; 88:8, 12, 18; 89:1, 15; 91:14; 92:6; 94:7; 95:10; 98:2; 100:3; 101:4; 103:16; 104:19; 105:1; 106:8; 109:27; 119:75, 79, 125, 152; 135:5; 139:1, 2, 3, 4; 140:12; 142:3, 4; 143:8; 145:12; 잠 7:23; 8:9; 9:13, 18; 10:32; 14:8, 10; 20:24; 22:19; 24:12, 14, 22; 25:8; 27:1; 28:11, 22; 29:19; 30:4, 15; 전 1:17; 2:3, 14, 19; 3:12, 13, 14; 6:5, 8, 12; 7:14, 22, 25, 26; 8:1, 5, 7, 12, 16; 9:1, 5, 12; 10:15; 11:2, 5, 6, 9; 아 1:8 **선지서** 사 5:19; 6:9; 7:15, 16; 8:4; 9:9; 11:9; 12:5; 19:12; 29:11, 15; 33:13, 19; 37:20, 28; 38:19; 40:21, 28; 41:20, 23, 26; 42:16; 43:10, 19; 44:9, 18; 45:3, 4, 5, 6; 47:11; 48:3, 4, 5, 6, 7, 8, 14, 20; 49:26; 50:4, 7; 51:7; 53:3; 55:5; 56:11; 58:1, 2; 59:8; 60:16; 66:18; 렘 1:5, 6; 2:8, 19, 23; 3:3; 4:22; 5:1, 3, 4, 15; 6:27; 7:9; 8:7; 9:3, 6, 24; 10:23, 25; 11:18, 19; 13:12; 14:18; 15:14, 15; 16:13; 17:4, 16; 18:23; 19:4; 22:16, 28; 23:18; 24:7; 26:15; 29:11, 23; 32:8; 33:3; 40:14; 41:4; 42:19, 22; 44:3, 15, 28, 29; 48:30; 애 4:8; 겔 2:5; 5:13; 6:7, 10; 7:9; 11:5, 10; 13:9, 14; 14:23; 15:7; 16:2, 7, 29, 62; 17:21, 24; 19:5; 20:4, 11, 12, 20, 26, 42, 44, 48; 21:5; 22:2, 16, 22; 23:49; 24:24, 27; 25:5, 7, 11, 14; 28:19; 30:8; 32:9; 33:33; 34:30; 35:11, 12, 15; 36:23, 32, 36, 38; 37:3, 6, 14, 28; 38:14, 16; 39:7, 22, 23, 28; 단 2:3, 5, 8, 9, 23, 26, 28, 29, 45; 4:2, 6, 9, 17, 18, 32; 5:15, 21, 22, 23; 6:10; 7:19; 8:15, 17, 19; 9:25; 10:1, 20; 11:38; 호 2:8; 5:3; 7:9; 9:7; 11:3; 13:4, 5; 14:9; 욜 2:14, 27; 암 5:12; 욘 1:10, 12; 3:9; 미 3:1; 4:12; 6:5; 슥 2:11; 4:5, 9, 13; 6:15; 7:14; 11:11; 14:7 **복음서** 마 2:16; 7:11, 16, 20, 23; 9:6; 11:27; 12:7, 18, 33; 13:14; 14:35; 15:12, 17; 16:3, 17; 17:12; 20:10, 22, 25; 21:27, 45, 46; 22:16, 29; 24:32, 33, 42, 43, 50; 25:12, 13, 24, 26; 26:2, 53, 70, 72, 74; 27:18; 28:5; 막 1:24, 34; 2:10; 4:12, 13, 27, 33; 5:33; 6:20, 33, 54; 7:18; 8:17; 9:6; 10:19, 38, 42; 11:33; 12:12, 14, 24, 28; 13:28, 29, 33, 35; 14:40, 68, 71; 15:10, 45; 눅 1:3, 4, 22, 77; 2:43, 44, 49; 3:14, 23; 4:34, 41; 5:24; 6:44; 7:7, 37, 39; 8:10, 18, 46, 47, 53; 9:11, 33, 45; 10:11, 22; 11:13, 44; 12:39, 46, 47, 51, 56; 13:2, 4, 25, 27; 16:15; 18:20, 34; 19:15, 22, 42,

1609

【 알라못 】   【 알렉산드리아/-인 】

44; 20:7, 19, 21; 21:20, 30, 31; 22:57, 60; 23:7,
34, 49; 24:18, 39; 요 1:10, 26, 31, 33, 48; 2:9,
25; 3:8, 10, 11; 4:10, 22, 32, 42, 53; 5:13, 36,
42; 6:42, 69; 7:15, 26, 27, 28, 29, 49, 51; 8:14,
19, 28, 32, 37, 43, 52, 55; 9:12, 21, 24, 25, 29,
30; 10:4, 5, 6, 14, 15, 27, 38; 11:42, 49, 57;
12:9, 35, 50; 13:7, 12, 18, 28; 14:4, 5, 7, 9, 17,
20, 31; 15:15, 18, 21; 16:3, 18; 17:7, 23, 25, 26;
18:2, 15, 16, 21; 19:4, 10, 35; 20:2, 9, 13, 14,
15; 21:4, 12, 15, 16, 17, 24, 25 **역사서 행** 1:7;
2:14, 22, 30, 36; 3:10, 16, 17, 18; 4:10, 13; 5:2,
7; 7:18, 40; 9:30, 42; 10:28, 37; 12:9, 11, 18;
13:27, 38; 14:6, 19; 15:7, 18, 28; 16:3, 15;
17:13, 19, 23; 18:25; 19:15, 17, 25, 32, 34,
35; 20:18, 22, 25, 30, 34; 21:24, 34, 37; 22:14,
24, 29, 30; 23:5, 6, 22, 27, 28, 34; 24:10, 22;
25:10; 26:4, 5; 27:13, 39, 43; 28:1, 22, 26, 28
서신서, 예언서 롬 1:32; 2:2, 4, 18; 3:17, 19;
4:19; 5:4; 6:3, 6, 9, 16; 7:1, 7, 14, 15, 18; 8:22,
26, 27, 28; 9:22; 10:19; 11:2; 13:11; 14:14;
15:29; 16:26; **고전** 1:16; 2:2, 8, 11, 12, 14; 3:16;
5:6; 6:2, 3, 9, 15, 16, 19; 7:16; 8:2, 4, 7; 9:13,
24; 10:1, 28; 11:3; 12:1, 2, 9, 12; 14:7, 11,
16, 23, 24, 37, 38; 15:1, 34, 58; 16:15; **고후** 1:7;
9, 13, 14; 2:4, 9, 11; 3:2; 4:6, 7, 14; 5:1, 6, 16,
21; 7:8; 8:1, 9; 10:5, 11; 12:2, 3; 13:5, 6; **갈**
1:11, 22; 2:9, 16; 3:7, 8; 엡 1:19; 3:4, 10, 18;
4:13; 5:5; 6:8, 9; **빌** 1:12, 16, 19, 22, 25; 2:19,
22; 3:8, 10; 4:5, 12, 15; **골** 1:9, 27; 3:24; 4:1, 8;
살전 1:4, 5; 2:1, 11; 3:3, 4, 5; 4:2, 4, 13; 5:2,
12; **살후** 2:6; **딤전** 1:13; 2:4; 3:5, 15; 4:3; 5:17;
6:1, 4, 8, **딤후** 1:12, 15, 18; 2:23; 3:1, 11, 14,
15; **몬** 1:17, 21; **히** 3:10; 8:11; 10:26, 30, 34;
11:3, 8, 11; 12:17; 13:5; **약** 1:19; 2:20; 3:1;
4:4, 14, 17; 5:20; **벧전** 1:14, 18; 5:9, 12; **벧후**
1:2, 3, 12, 16, 20; 2:12, 20, 21; 3:3, 16, 17, 18;
요일 2:3, 4, 11, 13, 14, 18, 20, 21; 3:1, 2, 5, 6,
14, 15, 16, 19, 24; 4:2, 16; 5:2, 13, 15, 18,
19, 20; **유** 1:10; **계** 1:1; 2:2, 3, 9, 13, 19, 23, 24;
3:1, 3, 8, 9, 15, 17; 12:12

알라못(Alamoth) 음악 용어
대상 15:20 브나야는 비파를 타서 **알라못**에 맞추

알람멜렉(Allammelech) 아셀 지파에 속한 성읍
수 19:26 **알람멜렉**과 아맛과 미살이며 그 경계

알랍(Ahlab) 가나안 원주민의 한 족속
삿 1:31 아셀이 악고 주민과 시돈 주민과 **알랍**

알래(Ahlai)
　1. 유다 지파 헤스론의 자손
대상 2:31 아들은 세산이요 세산의 아들은 **알래**
　2. 다윗 군대의 큰 용사로 사밧의 아버지
대상 11:41 헷 사람 우리아와 **알래**의 아들 사밧과

알랴(Alvah) 에돔 왕 하닷의 자손
대상 1:51 딤나 족장과 **알랴** 족장과 여뎃 족장과

알란(Alvan) 에돔 원주민으로 소발의 아들
대상 1:40 소발의 아들은 **알란**과 마나핫과 에발

알레멧(Alemeth)
　1. 기스의 아들 사울의 후손
대상 8:36 여호앗다를 낳고 여호앗다는 **알레멧**
대상 9:42 아하스는 야라를 낳고 야라는 **알레멧**
　2. 베냐민 자손 베겔의 아들
대상 7:8 **알레멧**이니 베겔의 아들들은 모두 이러
　3. 베냐민 지파가 레위 자손에게 준 땅
대상 6:60 그 초원과 **알레멧**과 그 초원과 아나돗

알렉산더(Alexander)
　1. 구레네 시몬의 아들
막 15:21 **알렉산더**와 루포의 아버지인 구레네
　2. 대제사장 가문의 일원
행 4:6 요한과 **알렉산더**와 및 대제사장의
　3. 에베소에서 소요를 중지시키려고
　　　　내보낸 사람
행 19:33 유대인들이 무리 가운데서 **알렉산더**를
　4. 믿음과 착한 양심을 버렸던 사람
딤전 1:20 가운데 후메내오와 **알렉산더**가 있으니
　5. 바울을 괴롭혔던 구리장색
딤후 4:14 구리 세공업자 **알렉산더**가 내게 해를

알렉산드리아/-인(Alexandria) 이집트 북
부 나일강 입구에 있는 도시와 주민
행 6:9 자유민들 즉 구레네인, **알렉산드리아인**

【 알론 】   【 알리다/알려지다 】

행 18:24　**알렉산드리아**에서 난 아볼로라 하는
행 27:6　이달리야로 가려 하는 **알렉산드리아**
행 28:11　**알렉산드리아** 배를 타고 떠나니 그 배

알론(Allon) 시므온의 족장 중 한 명
대상 4:37　**알론**의 손자 시비의 아들은 시사이니

알론바굿(Allon Bacuth) 야곱이 벧엘 상수
리나무에 붙인 이름
창 35:8　그 나무 이름을 **알론바굿**이라 불렀더라

알루스(Alush) 이스라엘이 르비딤에 이르기
전에 장막을 친 곳
민 33:13　진을 치고 돕가를 떠나 **알루스**에 진을
민 33:14　**알루스**를 떠나 르비딤에 진을 쳤는데

알리다/알려지다 (know, proclaim, tell)
모세오경
창 9:22　나가서 그의 두 형제에게 **알리매**
창 14:13　히브리 사람 아브람에게 **알리니** 그 때
창 21:26　너도 내게 **알리지** 아니하였고 나도
창 22:20　어떤 사람이 아브라함에게 **알리어** 이르
창 26:32　이삭에게 와서 **알리어** 이르되 우리가
창 29:12　라헬이 달려가서 그 아버지에게 **알리매**
창 31:27　가만히 도망하고 내게 **알리지** 아니하
창 32:5　내 주께 **알리고** 내 주께 은혜 받기를
창 32:29　당신의 이름을 **알려** 주소서 그 사람이
창 42:29　그들이 당한 일을 자세히 **알리어** 아뢰
창 42:33　너희가 확실한 자들임을 **알리니** 너희
창 45:1　그 형제들에게 자기를 **알리니** 그 때에
창 45:26　**알리어** 이르되 요셉이 지금까지 살아
출 4:28　명령하신 모든 이적을 아론에게 **알리니**
출 6:3　이름을 여호와로는 그들에게 **알리지**
출 14:5　도망한 사실이 애굽 왕에게 **알려지매**
출 16:22　모든 지도자가 와서 모세에게 **알리매**
출 19:25　백성에게 내려가서 그들에게 **알리니라**
출 33:13　길을 내게 보이사 내게 주를 **알리시고**
레 5:1　그가 본 것이나 알고 있는 것을 **알리지**
레 14:35　제사장에게 가서 말하여 **알리기를**
민 11:24　여호와의 말씀을 백성에게 **알리고** 백성
민 12:6　환상으로 나를 그에게 **알리기도** 하고
민 14:39　말로 이스라엘 모든 자손에게 **알리매**
민 23:3　하시는 것은 다 당신에게 **알리리이다**

신 1:22　들어가야 할 것을 우리에게 **알리게**
신 17:4　그것이 네게 **알려지므로** 네가 듣거든
역사서
삿 4:12　오른 것을 사람들이 시스라에게 **알리매**
삿 6:11　기드온이 미디안 사람에게 **알리지** 아니
삿 9:7　사람들이 요담에게 그 일을 **알리매**
삿 9:25　사람이 그것을 아비멜렉에게 **알리니라**
삿 9:42　사람들이 그것을 아비멜렉에게 **알리니라**
삿 9:47　모인 것이 아비멜렉에게 **알려지매**
삿 13:10　남편에게 **알리어** 이르되 보소서 전일에
삿 14:6　자기가 행한 일을 부모에게 **알리지**
삿 14:9　꿀을 사자의 몸에서 떠왔다고는 **알리지**
삿 14:15　그 수수께끼를 우리에게 **알려 달라**
삿 14:16　그 뜻을 내게 **알려 주지** 아니하도다
　　　　　…나의 부모에게도 **알려 주지** 아니하
삿 14:17　아내에게 수수께끼를 **알려 주매** … 그
　　　　　것을 자기 백성들에게 **알려 주었더라**
삿 16:2　사람들에게 삼손이 왔다고 **알려지매**
삿 16:18　들릴라가 삼손이 진심을 다 **알려 주므**
　　　　　로…삼손이 내게 진심을 **알려 주었**
룻 2:11　백성에게로 온 일이 내게 분명히 **알려**
룻 3:16　사람이 자기에게 행한 것을 다 **알리고**
삼상 4:13　그 사람이 성읍에 들어오며 **알리매** 온
삼상 18:20　어떤 사람이 사울에게 **알린지라** 사울이
삼상 19:3　말하다가 무엇을 보면 네게 **알려 주리**
삼상 19:7　그 모든 일을 그에게 **알리고** 요나단이
삼상 19:21　어떤 사람이 그것을 사울에게 **알리매**
삼상 20:2　아버지께서 크고 작은 일을 내게 **알리지**
삼상 20:3　두려운즉 그에게 이것을 **알리지** 아니하
삼상 20:10　대답하면 누가 그것을 내게 **알리겠느냐**
삼상 20:12　내가 사람을 보내어 네게 **알리지** 않겠
삼상 20:13　이 일을 네게 **알려** 주어 너를 보내어
삼상 21:2　아무것도 사람에게 **알리지** 말라 하시
삼상 22:8　나를 치려 하는 것을 내게 **알리는** 자가
삼상 22:17　다윗이 도망한 것을 알고도 내게 **알리지**
삼상 22:21　제사장들 죽인 일을 다윗에게 **알리매**
삼상 23:7　사람이 사울에게 **알리매** 사울이 이르되
삼상 31:9　자기들의 신당과 백성에게 **알리기 위하**
삼하 1:5　다윗이 자기에게 **알리는** 청년에게 묻되
삼하 1:6　그에게 **알리는** 청년이 이르되 내가
삼하 1:20　일을 가드에도 **알리지** 말며 아스글론
삼하 3:25　왕이 하시는 모든 것을 **알려** 함이니이
삼하 4:10　전에 사람이 내게 **알리기를** 보라 사울

1611

【 알리다/알려지다 】　　　　　　　　　　　　　　　　　　【 알리다/알려지다 】

삼하 10:5	사람들이 이 일을 다윗에게 **알리니라**	사 43:12	내가 **알려** 주었으며 구원하였으며 보였
삼하 10:17	다윗에게 **알리매** 그가 온 이스라엘을	사 44:7	나처럼 외치며 **알리며** 나에게 설명할
삼하 15:28	너희에게서 내게 **알리는** 소식이 올 때		자가 누구냐 … 그들에게 **알릴지어다**
삼하 15:31	어떤 사람이 다윗에게 **알리되** 압살롬과	사 44:8	듣게 하지 아니하였느냐 **알리지** 아니
삼하 15:35	사독과 아비아달 두 제사장에게 **알리라**	사 45:19	의를 말하고 정직한 것을 **알리느니라**
삼하 15:36	그들 편에 내게 소식을 **알릴지니라**	사 45:21	너희는 **알리며** 진술하고 또 함께 의논
삼하 17:17	그들은 가서 다윗 왕에게 **알리더니**	사 46:10	시초부터 종말을 **알리며** 아직 이루지
삼하 17:18	그들을 보고 압살롬에게 **알린지라**	사 61:9	후손을 만민 가운데에 **알리리니** 무릇
삼하 18:10	한 사람이 보고 요압에게 **알려** 이르되	렘 4:16	나라에 전하며 또 예루살렘에 **알리기**를
삼하 18:11	요압이 그 **알린** 사람에게 이르되 네가	렘 16:21	그들에게 내 손과 내 능력을 **알려서**
삼하 21:11	리스바가 행한 일이 다윗에게 **알려지매**	렘 36:17	하였느냐 청하노니 우리에게 **알리라**
왕하 7:9	이제 떠나 왕궁에 가서 **알리자** 하고	렘 36:19	너희가 있는 곳을 사람에게 **알리지** 말라
왕하 7:15	사자가 돌아와서 왕에게 **알리니**	렘 38:24	이 말을 어느 사람에게도 **알리지** 말라
왕하 9:15	도망하여 이스르엘에 **알리러** 가지 못할	단 2:2	왕이 그의 꿈을 자기에게 **알려** 주도록
대상 16:8	행하신 일을 만민 중에 **알릴지어다**	단 2:15	아리옥이 그 일을 다니엘에게 **알리매**
대상 28:19	일의 설계를 그려 나에게 **알려** 주셨느	단 2:16	왕에게 그 해석을 **알려** 드리리이다
스 6:8	사람의 장로들에게 행할 것을 **알리노니**	단 2:17	미사엘과 아사랴에게 그 일을 **알리고**
느 2:16	그 외에 일하는 자들에게 **알리지** 아니	단 2:24	내가 그 해석을 왕께 **알려** 드리리라
느 9:14	거룩한 안식일을 그들에게 **알리시며**	단 2:25	그가 그 해석을 왕께 **알려** 드리리이다
에 2:22	알고 왕후 에스더에게 **알리니** 에스더	단 2:30	왕에게 **알려서** 왕이 … 왕에게 **알려**
에 3:6	모르드개의 민족을 하만에게 **알리므로**	단 4:7	그 해석을 내게 **알려** 주지 못하였느니
에 4:9	모르드개의 말을 에스더에게 **알리매**	단 5:8	읽지 못하며 그 해석을 왕께 **알려** 주지
〔 시가서 〕		단 5:12	그가 그 해석을 **알려** 드리리이다 하니
욥 13:17	들으라 내가 너희 귀에 **알려** 줄 것이	단 5:16	해석을 내게 **알려** 주면 네게 자주색
욥 21:31	그의 면전에서 그의 길을 **알려** 주며	단 7:16	내게 말하여 그 일의 해석을 **알려** 주며
욥 31:37	내 걸음의 수효를 그에게 **알리고** 왕족	단 9:2	선지자 예레미야에게 **알려** 주신 그
욥 36:33	우레가 다가오는 풍우를 **알려** 주니	단 9:23	이제 네게 **알리러** 왔느니라 너는 크게
시 40:5	내가 널리 **알려** 말하고자 하나 너무	미 1:10	가드에 **알리지** 말며 도무지 울지 말지
시 48:3	궁중에서 자기를 요새로 **알리셨도다**	나 1:15	볼지어다 아름다운 소식을 **알리고** 화평
시 67:2	주의 구원을 모든 나라에게 **알리소서**	〔 복음서 〕	
시 76:1	하나님이 유다에 **알려지셨으며** 그의	마 9:30	경고하시되 삼가 아무에게도 **알리지**
	이름이 이스라엘에 **알려지셨도다**	마 10:26	숨은 것이 **알려지지** 않을 것이 없느
시 77:14	민족들 중에 주의 능력을 **알리시고**	마 11:4	가서 듣고 보는 것을 요한에게 **알리되**
시 78:5	명령하사 그들의 자손에게 **알리라** 하셨	마 18:31	주인에게 가서 그 일을 다 **알리니**
시 92:1–3	아침마다 주의 인자하심을 **알리며** 밤	마 28:8	무덤을 떠나 제자들에게 **알리려고** 달음
시 103:7	행사를 이스라엘 자손에게 **알리셨도다**	마 28:11	모든 된 일을 대제사장들에게 **알리니**
시 111:6	일의 능력을 그들에게 **알리셨도다**	막 5:16	돼지의 일을 본 자들이 그들에게 **알리매**
전 10:14	일어날 일을 누가 그에게 **알리리요**	막 5:19	불쌍히 여기신 것을 네 가족에게 **알리라**
〔 선지서 〕		막 9:30	예수께서 아무에게도 **알리고자** 아니
사 7:2	어떤 사람이 다윗의 집에 **알려** 이르되	막 16:10	슬퍼하며 울고 있는 중에 이 일을 **알리매**
사 8:11	여호와께서 강한 손으로 내게 **알려** 주시	막 16:13	남은 제자들에게 **알리었으되** 역시 믿지
사 42:9	내가 새 일을 **알리노라** 그 일이 시작	눅 1:36	본래 임신하지 못한다고 **알려진** 이가
사 43:9	그들 중에 누가 이 일을 **알려** 주며 이전	눅 2:15	가서 주께서 우리에게 **알리신** 바 이 이루

1612

【 알맞다 】 　　　　　　　　　　　　　　　　　　　　　　　　【 알아듣다 】

눅 7:18	제자들이 이 모든 일을 그에게 **알리니**	행 1:12	가까워 안식일에 가기 **알맞은** 길이라
눅 7:22	가서 보고 들은 것을 요한에게 **알리되**		
눅 8:17	감추인 것이 장차 **알려지고** 나타나지	**알맹이**(seed)	
눅 8:20	어떤 이가 **알리되** 당신의 어머니와 동생	고전 15:37	다만 밀이나 다른 것의 **알맹이**뿐이로
눅 8:34	보고 도망하여 성내와 마을에 **알리니**		
눅 12:2	없고 숨긴 것이 **알려지지** 않을 것이	**알모니**(Almoni) 사울 왕과 리스바 사이에서 낳은 아들	
눅 24:9	열한 사도와 다른 모든 이에게 **알리니**	삼하 21:8	사울의 두 아들 **알모니**와 므비보셋과
눅 24:10	여자들도 이것을 사도들에게 **알리니라**		
눅 24:35	떼심으로 자기들에게 **알려지신** 것을	**알모닷**(Almodad) 셈의 후손으로 욕단의 아들	
요 4:25	그가 오시면 모든 것을 우리에게 **알려**	창 10:26	욕단은 **알모닷**과 셀렙과 하살마웻과
요 11:46	가서 예수께서 하신 일을 **알리니라**	대상 1:20	욕단이 **알모닷**과 셀렙과 하살마웻과
요 16:13	말하며 장래 일을 너희에게 **알리시리라**		
요 16:14	것을 가지고 너희에게 **알리시겠음이라**	**알몬**(Almon) 베냐민 지파가 레위인에게 준 성읍	
요 16:15	내 것을 가지고 너희에게 **알리시리라**	수 21:18	아나돗과 그 목초지와 **알몬**과 그 목초
역사서, 서신서			
행 1:19	사는 모든 사람에게 **알리어져** 그들의	**알몬 디블라다임**(Almon Diblathaim) 모압 국경 지역	
행 4:16	사는 모든 사람에게 **알려졌으니** 우리	민 33:46	디본갓을 떠나 **알몬 디블라다임**에 진을
행 4:23	제사장들과 장로들의 말을 다 **알리니**	민 33:47	**알몬 디블라다임**을 떠나 느보 앞 아바림
행 5:25	사람이 와서 **알리되** 보소서 옥에 가두		
행 7:13	요셉이 자기 형제들에게 **알려지게** 되고	**알몸**(bare, naked)	
행 9:24	그 계교가 사울에게 **알려지니라** 그들이	출 22:27	유일한 옷이라 그것이 그의 **알몸**을
행 19:18	많이 와서 자복하여 행한 일을 **알리며**	욥 1:21	이르되 내가 모태에서 **알몸**으로 나왔
행 23:16	와서 영내에 들어가 바울에게 **알린지라**		사온즉 또한 **알몸**이 그리로 돌아가올
행 23:30	간계가 있다고 누가 내게 **알려** 주기로	겔 16:7	네가 여전히 벌거벗은 **알몸**이더라
롬 1:20	만드신 만물에 분명히 보여 **알려졌나니**		
고전 12:3	내가 너희에게 **알리노니** 하나님의 영	**알아내다**(comprehend, discover)	
고후 5:11	우리가 하나님 앞에 **알리어졌으니** 또	삿 16:9	그의 힘의 근원은 **알아내지** 못하니라
	너희의 양심에도 **알리어지기를** 바라	시 44:21	하나님이 이를 **알아내지** 아니하셨으
고후 8:1	주신 은혜를 우리가 너희에게 **알리노니**	전 7:26	쓰다는 사실을 내가 **알아내었도다** 그러
고후 8:10	이 일에 관하여 나의 뜻을 **알리노니**	전 8:17	일을 사람이 능히 **알아낼** 수 없도다 …
엡 1:9	그 뜻의 비밀을 우리에게 **알리신** 것이		할지라도 능히 **알아내지** 못하리로다
엡 3:5	세대에서는 사람의 아들들에게 **알리지**		
엡 6:19	복음의 비밀을 담대히 **알리게** 하옵소서	**알아듣다**(intelligible, listen, understand)	
엡 6:21	너희에게도 **알리려** 하노니 … **알리리라**	창 11:7	그들이 서로 **알아듣지** 못하게 하자
엡 6:22	우리 사정을 **알리고** 또 너희 마음을	삿 18:3	레위 청년의 음성을 **알아듣고** 그리로
골 1:8	너희 사랑을 우리에게 **알린** 자니라	삼상 26:17	사울이 다윗의 음성을 **알아듣고** 이르되
골 4:7	내 사정을 다 너희에게 **알려** 주리니	왕하 18:26	랍사게에게 이르되 우리가 **알아듣겠**
골 4:9	여기 일을 다 너희에게 **알려** 주리라	사 33:19	방언이 어려워 네가 **알아듣지** 못하며
벧전 1:12	너희에게 **알린** 것이요 천사들도 살펴	사 50:4	깨우치사 학자들같이 **알아듣게** 하시
벧전 1:20	그는 창세 전부터 미리 **알린** 바 되신	겔 3:6	그들의 말을 **알아듣지** 못할 나라들에게
알맞다(according to the use of)		고전 14:2	이는 **알아듣는** 자가 없고 영으로 비밀
대상 28:15	은의 무게를 각기 그 기구에 **알맞게**		

[알아보다]   [암나귀]

고전 14:9 이와 같이 너희도 혀로써 **알아듣기**

알아보다 (find out, learn, recognize)
창 37:33 아버지가 그것을 **알아보고** 이르되 내
창 38:26 유다가 그것들을 **알아보고** 이르되 그는
창 42:8 요셉은 그의 형들을 **알아보았으나** 그들
출 4:18 그들이 아직 살아 있는지 **알아보려**
민 22:19 무슨 말씀을 더하실는지 **알아보리라**
삿 16:5 굴복하게 할 수 있을는지 **알아보라**
룻 3:14 사람이 서로 **알아보기** 어려울 때에
삼상 14:38 오늘 이 죄가 누구에게 있나 **알아보자**
삼상 23:22 누가 거기서 그를 보았는지 **알아보고**
삼상 28:15 내가 행할 일을 **알아보려고** 당신을
삼하 11:3 다윗이 사람을 보내 그 여인을 **알아보게**
왕상 18:7 그가 **알아보고** 엎드려 말하되 내 주
에 4:5 무슨 일이며 무엇 때문인가 **알아보라**
욥 4:16 나는 그 형상을 **알아보지는** 못하여도
욥 34:4 무엇이 선한가 우리끼리 **알아보자**
전 8:17 사람이 아무리 애써 **알아보려고** 할지
사 41:22 마음에 두고 그 결말을 **알아보리라**
렘 6:16 선한 길이 어디인지 **알아보고** 그리로
욘 1:7 말미암아 우리에게 임하였나 **알아보자**
마 2:8 아기에 대하여 자세히 **알아보고** 찾거든
마 2:16 박사들에게 자세히 **알아본** 그 때를 기준
막 6:38 있는지 가서 보라 하시니 **알아보고**
눅 24:16 눈이 가리어져서 그인 줄 **알아보지**
눅 24:31 그들의 눈이 밝아져 그인 줄 **알아보더니**
행 7:31 광경을 보고 놀랍게 여겨 **알아보려고**
고전 4:19 아니라 오직 그 능력을 **알아보겠으니**
계 1:12 돌이켜 나에게 말한 음성을 **알아보려고**

알아주다 (care for, notice, recognition)
시 144:3 무엇이기에 주께서 그를 **알아주시며**
잠 29:7 사정을 **알아주나** 악인은 **알아줄** 지식
사 58:3 어찌하여 주께서 **알아주지** 아니하시
고전 8:3 그 사람은 하나님도 **알아주시느니라**
고전 16:18 너희는 이런 사람들을 **알아주라**

알아차리다 (see)
시 94:7 야곱의 하나님이 **알아차리지** 못하리라

알와 족장 (Alvah) 에돔 족장 중의 하나
창 36:40 이러하니 딤나 족장, **알와** 족장, 여뎃

알완 (Alvan) 세일의 자손 소발의 아들
창 36:23 소발의 자녀는 **알완**과 마나핫과 에발

알파 (Alpha)
계 1:8 하나님이 이르시되 나는 **알파**와 오메가
계 21:6 말씀하시되 이루었도다 나는 **알파**와
계 22:13 나는 **알파**와 오메가요 처음과 마지막

알패오 (Alphaeus)
1. 레위의 아버지
막 2:14 또 지나가시다가 **알패오**의 아들 레위가
2. 야고보의 아버지
마 10:3 도마와 세리 마태, **알패오**의 아들
마 3:18 마태와 도마와 **알패오**의 아들 야고보
눅 6:15 **알패오**의 아들 야고보와 셀롯이라는
행 1:13 마태와 및 **알패오**의 아들 야고보, 셀롯

앓다 (suffer)
레 15:33 불결기의 **앓는** 여인과 유출병이 있는
삼하 12:15 아이를 여호와께서 치시매 심히 **앓는**
욥 3:24 음식 앞에서도 탄식이 나며 내가 **앓는**
단 8:27 다니엘이 지쳐서 여러 날 **앓다가** 일어
마 4:24 사람들이 모든 **앓는** 자 곧 각종 병에
마 9:20 열두 해 동안이나 혈루증으로 **앓는**
마 5:25 열두 해를 혈루증으로 **앓고** 온 한 여자
눅 4:38 시몬의 장모가 중한 열병을 **앓고** 있는
눅 8:43 이에 열두 해를 혈루증으로 **앓는** 중에
눅 9:2 하나님의 나라를 전파하며 **앓는** 자를
눅 13:11 열여덟 해 동안이나 귀신 들려 **앓으며**

앓아 눕다
마 8:14 그의 장모가 열병으로 **앓아 누운** 것을

암곰 (bear)
왕하 2:24 수풀에서 **암곰** 둘이 나와서 아이들 중
잠 17:12 차라리 새끼 빼앗긴 **암곰**을 만날지언정

암나귀 (donkey, female donkey)
창 32:15 황소가 열이요 **암나귀**가 이십이요 그
창 45:23 **암나귀** 열 필에는 아버지께 길에서
창 49:11 그의 **암나귀** 새끼를 아름다운 포도나무
삼상 9:3 **암나귀들을** 잃고 … **암나귀들을** 찾으라
삼상 9:5 돌아가자 내 아버지께서 **암나귀** 생각

[암노루]　　　　　　　　　　　　　　　　　　　　　[암미나답]

삼상 9:20　사흘 전에 잃은 네 **암나귀**들을 염려하
삼상 10:2　네가 찾으러 갔던 **암나귀**들을 찾은지
　　　　　라 네 아버지가 **암나귀**들의 염려는 놓
삼상 10:14　사울이 이르되 **암나귀**들을 찾다가 찾지
삼상 10:16　그의 숙부에게 말하되 그가 **암나귀**들
욥 1:3　　　소가 오백 겨리요 **암나귀**가 오백 마리
욥 42:12　낙타 육천과 소 천 겨리와 **암나귀** 천을
렘 2:24　너는 광야에 익숙한 들 **암나귀**들이

암노루(deer)
잠 5:19　암사슴 같고 아름다운 **암노루** 같으니

암논(Amnon)
1. 아히노암에게서 난 다윗의 맏아들
삼하 3:2　맏아들은 **암논**이라 이스르엘 여인

📖 **암논 - 기타 본문**
삼하 13:1, 2, 3, 4, 5, 6, 7, 8, 9, 10, 11, 14, 15, 16,
18, 20, 22, 26, 27, 28, 29, 32, 33, 39; 대상 3:1

2. 유다 자손
대상 4:20　시므온의 아들들은 **암논**과 린나와 벤하난

'암몬'과 관련된 성구

암몬 사람 – 신 23:3; 삼상 11:11; 왕상 14:21,
　　　　　31; 대하 26:8; 스 9:1; 느 4:7; 13:1
암몬 사람 나하스 – 삼상 11:1, 2
암몬 사람 도비야 – 느 2:10, 19; 4:3
암몬 사람 셀렉 – 삼하 23:37; 대상 11:39
암몬 사람의 가증한 밀곰 – 왕상 11:5
암몬 여인 – 대하 12:13; 24:26
암몬 자손 – 민 21:24; 삼상 14:47; 삼하 8:12;
　　　　　10:6, 8, 10, 11, 14, 19; 11:1; 대상
　　　　　18:11; 19:6, 7, 9, 11, 12, 15, 19; 대하
　　　　　20:1, 10, 22; 사 11:14; 렘 9:26; 25:21;
　　　　　40:11; 41:10, 15; 49:1; 습 2:8, 9
암몬 자손의 가증한 몰록 – 왕상 11:7
암몬 자손의 경계 – 민 21:24; 수 12:2; 13:10
암몬 자손의 관리 – 삼하 10:3
암몬 자손의 땅 – 수 13:25; 삿 11:15; 삼하
　　　　　10:2; 대상 19:2; 20:1
암몬 자손의 랍바 – 삼하 12:26; 렘 49:2
암몬 자손의 모든 성읍 – 삼하 12:31; 대상 20:3

암마(Ammah) 기아 맞은 편의 산
삼하 2:24　길 가 기아 맞은쪽 **암마** 산에 이를 때

암몬(Ammon) 벤암미의 후손
삿 3:13　에글론이 **암몬**과 아말렉 자손들을 모아
왕상 11:1　모압과 **암몬**과 에돔과 시돈과 헷 여인
대하 20:23　**암몬**과 모압 자손이 일어나 세일 산
느 13:23　유다 사람이 아스돗과 **암몬**과 모압
시 83:7　그발과 **암몬**과 아말렉이며 블레셋과

암미(my people–NIV, Ammi–KJV)
호 2:1　형제에게는 **암미**라 하고 너희 자매에게

암미나답(Amminadab)
1. 유다 지파 나손의 아버지
출 6:23　아론은 **암미나답**의 딸 나손의 누이

📖 **암미나답 - 기타 본문**
민 1:7; 2:3; 7:12, 17; 10:14; 룻 4:19, 20; 대상 2:10

2. 레위 사람 그핫 족속의 자손
대상 6:22　그 아들은 **암미나답**이요 그의 아들은

암몬 자손의 방백 – 대상 19:3
암몬 자손의 부대 – 왕하 24:2
암몬 자손의 서너 가지 죄 – 암 1:13
암몬 자손의 신/가증한 밀곰 – 왕상 11:33; 왕
　　　　　하 23:13
암몬 자손의 왕 – 삿 11:12, 13, 14, 28; 삼하
　　　　　10:1; 대하 27:5; 렘 27:3
암몬 자손의 왕 나하스 – 삼상 12:12; 대상
　　　　　19:1
암몬 자손의 왕 바알리스 – 렘 40:14
암몬 자손의 조상 – 창 19:38
암몬 자손의 지도자 – 단 11:41
암몬 자손의 지역 – 신 3:16
암몬 자손의 칼 – 삼하 12:9
암몬 자손의 포로 – 렘 49:6
암몬 족속 – 신 2:19, 20, 21; 삼하 17:27; 겔
　　　　　21:28; 25:2, 3, 5, 10
암몬 족속의 땅 – 신 2:19, 37; 겔 25:5
암몬 족속의 랍바 – 신 3:11; 겔 21:20

【 암미사밧 】　　　　　　　　　　　　　　　　　　　【 암소 】

　　3. 레위 사람 웃시엘의 자손 중 족장
대상 15:10 웃시엘 자손 중에 지도자 **암미나답**과
대상 15:11 스마야와 엘리엘과 **암미나답**을 불러

암미사밧(Ammizabad) 다윗의 용사 중 하나
대상 27:6 그의 반 중에 그의 아들 **암미사밧**이

암미삿대(Ammishaddai) 아히에셀의 아버지
민 1:12 　단 지파에서는 **암미삿대**의 아들 아히
민 2:25 　단 자손의 지휘관은 **암미삿대**의 아들
민 7:66 　단 자손의 지휘관 **암미삿대**의 아들
민 7:71 　이는 **암미삿대**의 아들 아히에셀의 헌물
민 10:25 　단 군대는 **암미삿대**의 아들 아히에셀

암미엘(Ammiel)
　　1. 단지파의 족장 그말리의 아들
민 13:12 　단 지파에서는 그말리의 아들 **암미엘**
　　2. 마길의 아버지
삼하 9:4 　로드발 **암미엘**의 아들 마길의 집에
삼하 9:5 　로드발 **암미엘**의 아들 마길의 집에서
삼하 17:27 로데발 사람 **암미엘**의 아들 마길과
　　3. 밧수아의 아버지
대상 3:5 　나단과 솔로몬 네 사람은 다 **암미엘**의
　　4. 오벧에돔의 여섯째 아들
대상 26:5 여섯째 **암미엘**과 일곱째 잇사갈과

암미훌(Ammihud) 그술 왕 달매의 아버지
삼하 13:37 압살롬은 도망하여 그술 왕 **암미훌**의

암미훗(Ammihud)
　　1. 에브라임 지파 엘리사마의 아버지
민 1:10 　에브라임 지파에서는 **암미훗**의 아들
민 2:18 　에브라임 자손의 지휘관은 **암미훗**의
민 7:48 　에브라임 자손의 지휘관 **암미훗**의 아들
민 7:53 　이는 **암미훗**의 아들 엘리사마의 헌물
민 10:22 군대는 **암미훗**의 아들 엘리사마가 이끌
대상 7:26 그의 아들은 암미훗이요 그의 아들은
　　2. 시므온 지파 스무엘의 아버지
민 34:20 시므온 지파에서는 **암미훗**의 아들
　　3. 납달리 지파 브다헬의 아버지
민 34:28 자손 지파에서는 지휘관 **암미훗**의
　　4. 유다 사람 우대의 아버지
대상 9:4 　우대이니 그는 **암미훗**의 아들이요

암블리아(Ampliatus) 로마 교회의 성도
롬 16:8 　주 안에서 내 사랑하는 **암블리아**에게

암비볼리(Amphipolis) 마게도냐의 주요 도시
행 17:1 　그들이 **암비볼리**와 아볼로니아로 다녀

암사슴(deer, doe)
창 49:21 납달리는 놓인 **암사슴**이라 아름다운
삼하 22:34 나의 발로 **암사슴** 발 같게 하시며 나를
왕상 4:23 수사슴과 노루와 **암사슴**과 살진 새들
욥 39:1 　**암사슴**이 새끼 낳는 것을 네가 본 적이
시 18:33 나의 발을 **암사슴** 발 같게 하시며 나를
시 29:9 　여호와의 소리가 **암사슴**을 낙태하게
잠 5:19 　사랑스러운 **암사슴** 같고 아름다운 암
아 7:3 　두 유방은 **암사슴**의 쌍태 새끼 같고
렘 14:5 　들의 **암사슴**은 새끼를 낳아도 풀이 없

암사자(lionesse)
창 49:9 　수사자 같고 **암사자** 같으니 누가 그를
민 23:24 백성이 **암사자**같이 일어나고 수사자
민 24:9 　앉고 누움이 수사자와 같고 **암사자**와
신 33:20 **암사자**같이 엎드리고 팔과 정수리
욥 4:11 　사냥한 것이 없어 죽어 가고 **암사자**의
사 5:29 　그들의 부르짖음은 **암사자** 같을 것이요
사 30:6 　보물을 낙타 안장에 얹고 **암사자**와 수
겔 19:2 　부르라 네 어머니는 무엇이냐 **암사자**라
겔 19:5 　**암사자**가 기다리다가 소망이 끊어진
호 13:8 　거기서 **암사자**같이 그들을 삼키리라
욜 1:6 　사자의 이빨 같고 그 어금니는 **암사자**
나 2:11 전에는 수사자 **암사자**가 그 새끼 사자
나 2:12 그의 **암사자**들을 위하여 움켜 사냥한

암살하다(暗殺, assassinate)
신 27:24 이웃을 **암살하는** 자는 저주를 받으라
에 2:21 아하수에로 왕을 **암살하려는** 음모를
에 6:2 　아하수에로 왕을 **암살하려는** 음모를

암소(cow)
창 15:9 　나를 위하여 삼 년 된 **암소**와 삼 년 된
창 32:15 젖 나는 낙타 삼십과 그 새끼요 **암소**가
창 41:2 　아름답고 살진 일곱 **암소**가 강가에서
창 41:3 　흉하고 파리한 다른 일곱 **암소**가 나일
창 41:18 살지고 아름다운 일곱 **암소**가 나일 강

【 암송아지 】　　　　　　　　　　　　　　　　　　　　　　　　　　　【 암흑 】

창 41:19	심히 흉하고 파리한 일곱 **암소**가 올라		창 21:29	아브라함에게 이르되 이 일곱 **암양**
창 41:26	일곱 좋은 **암소**는 일곱 해요 일곱 좋은		창 21:30	너는 내 손에서 이 **암양** 새끼 일곱을
레 22:28	**암소**나 암양을 막론하고 어미와 새끼		창 31:38	외삼촌의 **암양**들이나 암염소들이 낙태
민 19:5	**암소**를 자기 목전에서 불사르게 하되		창 32:14	숫염소가 이십이요 **암양**이 이백이요
삼상 6:12	**암소**가 벧세메스 길로 바로 행하여		레 14:10	일 년 된 흠 없는 어린 **암양** 한 마리와
삼상 6:14	수레의 나무를 패고 그 **암소**들을 번제		레 22:28	암소나 **암양**을 막론하고 어미와 새끼
욥 21:10	그들의 **암소**는 낙태하는 일이 없이		민 6:14	흠 없는 어린 **암양** 한 마리와 화목제물
사 7:21	그 날에는 사람이 한 어린 **암소**와 두 양		삼하 12:3	자기가 사서 기르는 작은 **암양** 새끼
사 11:7	**암소**와 곰이 함께 먹으며 그것들의 새끼			한 마리뿐이라 그 **암양** 새끼는 그와
호 4:16	이스라엘은 완강한 **암소**처럼 완강하니		아 4:2	목욕장에서 나오는 털 깎인 **암양** 곧
호 10:11	에브라임은 마치 길들인 **암소** 같아서		아 6:6	이는 목욕하고 나오는 **암양** 떼 같으니
암 4:1	사마리아의 산에 있는 바산의 **암소**들아			

암송아지(heifer)

			암염소(female goat)	
민 19:2	멍에 메지 아니한 붉은 **암송아지**를		창 15:9	삼 년 된 암소와 삼 년 된 **암염소**와
민 19:6	**암송아지**를 사르는 불 가운데에 던질		창 30:35	점 있는 것을 가리고 **암염소** 중 흰 바탕
민 19:9	이에 정결한 자가 **암송아지**의 재를		창 31:38	외삼촌의 암양들이나 **암염소**들이 낙태
민 19:10	**암송아지**의 재를 거둔 자도 자기의		창 32:14	**암염소**가 이백이요 숫염소가 이십이요
신 21:3	멍에를 메지 아니한 **암송아지**를 취하여		레 4:28	흠 없는 **암염소**를 끌고 와서 그 범한
신 21:6	그 골짜기에서 목을 꺾은 **암송아지**		민 15:27	부지중에 범죄하면 일 년 된 **암염소**로
삿 14:18	너희가 내 **암송아지**로 밭 갈지 아니			
삼상 16:2	여호와께서 이르시되 너는 **암송아지**를		**암초**(暗礁, rock)	
렘 46:20	애굽은 심히 아름다운 **암송아지**일지		행 27:29	**암초**에 걸릴까 하여 고물로 닻 넷을
히 9:13	염소와 황소의 피 및 **암송아지**의		유 1:12	애찬에 **암초**요 자기 몸만 기르는 목자

암수(male and female)

			암컷(female)	
창 6:19	모든 생물을 너는 각기 **암수** 한 쌍씩		레 3:1	드리려면 수컷이나 **암컷**이나 흠 없는
창 7:2	너는 모든 정결한 짐승은 **암수** 일곱씩,		레 3:6	화목제의 제물이 양이면 수컷이나 **암컷**
	부정한 것은 **암수** 둘씩을 네게로 데려		레 4:32	속죄제물로 가져오려거든 흠 없는 **암컷**
창 7:3	공중의 새도 **암수** 일곱씩을 데려와 그		레 5:6	속죄제를 드리되 양 떼의 **암컷** 어린
창 7:9	하나님이 노아에게 명하신 대로 **암수**		사 40:11	젖먹이는 **암컷**들을 온순히 인도하시
창 7:16	들어간 것들은 모든 것의 **암수**라			
창 12:16	아브람이 양과 소와 노비와 **암수** 나귀		**암탉**(hen)	
신 7:14	너희의 짐승의 **암수**에 생육하지 못함이		마 23:37	**암탉**이 그 새끼를 날개 아래에 모음
			눅 13:34	파송된 자들을 돌로 치는 자여 **암탉**이

암시(Amzi)

1. 므라리 자손으로 성전의 찬송 담당자

			암혈(巖穴, cave in the rock)	
대상 6:46	힐기야는 **암시**의 아들이요 **암시**는 바니		사 2:19	사람들이 **암혈**과 토굴로 들어가서
2. 아다야의 선조			사 2:21	**암혈**과 험악한 바위 틈에 들어가서
느 11:12	블라야의 손자요 **암시**의 증손이요			

암양(ewe lamb)

			암흑(暗黑, darkness)	
			욥 29:3	그의 빛을 힘입어 **암흑**에서도 걸어다녔
			시 143:3	나로 죽은 지 오랜 자같이 나를 **암흑**
창 21:28	아브라함이 일곱 **암양** 새끼를 따로		사 42:16	**암흑**이 그 앞에서 광명이 되게 하며

1617

【 압다 】　　　　　　　　　　　　　　　　　　　　　　　【 압제/-(당)하다/-받다 】

압다(Abda)
1. 사역군의 총 감독관인 아도니람의 아버지
왕상 4:6　압다의 아들 아도니람은 노동 감독관
2. 포로 귀환 레위 자손으로 삼무아의 아들
느 11:17　갈랄의 손자 삼무아의 아들 **압다**니

압돈(Abdon)
1. 아셀 지파에 속한 레위인의 성읍
수 21:30　미살과 그 목초지와 **압돈**과 그 목초지
대상 6:74　지파 중에서 마살과 그 초원과 **압돈**과
2. 삼손이 출현하기 직전의 사사
삿 12:13　힐렐의 아들 **압돈**이 이스라엘의 사사가
삿 12:14　**압돈**이 이스라엘의 사사가 된 지 팔 년
삿 12:15　비라돈 사람 힐렐의 아들 **압돈**이 죽으
3. 포로 귀환 사삭의 아들
대상 8:23　**압돈**과 시그리와 하난과
4. 베냐민 자손으로 사삭의 아들
대상 8:30　장자는 **압돈**이요 다음은 술과 기스와
대상 9:36　그의 맏아들은 **압돈**이요 다음은 술과
5. 미가의 아들
대하 34:20　미가의 아들 **압돈**과 서기관 사반과

압디(Abdi)
1. 에단의 조상
대상 6:44　기시는 압디의 아들이요 **압디**는 말룩
대하 29:12　므라리의 자손 중 **압디**의 아들 기스와
2. 엘람 집안 출신
스 10:26　스가랴와 여히엘과 **압디**와 여레못과

압디엘 1(Abdiel) 갓 자손으로 아히의 아버지
대상 5:15　또 구니의 손자 **압디엘**의 아들 아히가

압디엘 2(Abdeel) 셀레먀의 아버지
렘 36:26　**압디엘**의 아들 셀레먀에게 명령하여

압바임(Appaim) 헤스론의 자손 나답의 아들
대상 2:30　나답의 아들들은 셀렛과 **압바임**이라
대상 2:31　**압바임**의 아들은 이시요 이시의 아들은

압박자(壓迫者, oppressor)
렘 21:12　탈취 당한 자를 **압박자**의 손에서 건지

압박/-하다(壓迫, oppression)
민 10:9　너희 땅에서 너희가 자기를 **압박하**는
삿 2:18　이는 그들이 대적에게 **압박**과 괴롭게
욥 32:18　가득하니 내 영이 나를 **압박함**이니라
시 10:2　교만하여 가련한 자를 심히 **압박하**오니
시 55:11　악독이 그 중에 있고 **압박**과 속임수가
시 72:4　궁핍한 자의 자손을 구원하며 **압박하**는
시 72:14　그들의 생명을 **압박**과 강포에서 구원
시 106:42　그들이 원수들의 **압박**을 받고 그들의
시 107:39　**압박**과 재난과 우환을 통하여 그들이
사 19:20　그들이 그 **압박하**는 자들로 말미암아
사 30:12　너희가 이 말을 업신여기고 **압박**과
사 52:4　앗수르인은 공연히 그들을 **압박하**였
렘 22:3　탈취 당한 자를 **압박하**는 자의 손에서
렘 22:17　탐욕과 무죄한 피를 흘림과 **압박**과
렘 30:20　내 앞에 굳게 설 것이며 그를 **압박하**는
렘 50:16　사람들이 그 **압박하**는 칼을 두려워하여
암 1:3　타작하듯 길르앗을 **압박하**였음이라

압비아(Apphia) 빌레몬의 아내
몬 1:2　자매 **압비아**와 우리와 함께 병사 된

압비오 광장(Forum of Appius)
행 28:15　소식을 듣고 **압비오 광장**과 트레이스

압살롬(Absalom)
1. 다윗이 마아가와의 사이에 낳은 셋째 아들
삼하 3:3　아비가일의 소생이요 셋째는 **압살롬**

　압살롬 1 - 기타 본문
삼하 13:1, 4, 20, 22, 23, 24, 25, 26, 27, 28, 29, 30, 32, 34, 37, 38, 39; 14:1, 21, 23, 24, 25, 27, 28, 29, 30, 31, 32, 33; 15:1, 2, 3, 4, 5, 6, 7, 10, 11, 12, 13, 14, 31, 34, 37; 16:8, 15, 16, 17, 18, 20, 21, 22, 23; 17:1, 4, 5, 6, 7, 9; 17:14, 15, 18, 20, 24, 25, 26; 18:5, 9, 10, 12, 14, 15, 17, 18, 29, 32, 33; 19:1, 4, 6, 9, 10; 20:6; 왕상 1:6; 2:7, 28; 대상 3:2.

2. 르호보암의 아내 마아가의 아버지
대하 11:20　그 후에 **압살롬**의 딸 마아가에게 장가
대하 11:21　**압살롬**의 딸 마아가를 모든 처첩보다

압제/-(당)하다/-받다(壓制, oppress)
창 49:15　어깨를 내려 짐을 메고 **압제** 아래에서

【 앗나 】　　　　　　　　　　　　　　　　　　　　　　　　　　　　【 앗수르 】

신 23:16	가운데에 거주하게 하고 그를 **압제하지**
신 26:7	우리의 고통과 신고와 **압제**를 보시고
신 28:29	항상 **압제**와 노략을 당할 뿐이리니
신 28:33	너는 항상 **압제**와 학대를 받을 뿐이리
삿 10:12	마온 사람이 너희를 **압제할** 때에 너희
삼상 10:18	너희를 애굽인의 손과 너희를 **압제하는**
삼상 12:3	누구를 속였느냐 누구를 **압제하였느냐**
삼상 12:4	우리를 속이지 아니하였고 **압제하지**
대하 28:10	예루살렘 백성들을 **압제하여** 노예로
느 5:15	그들의 종자들도 백성을 **압제하였으나**
시 9:9	여호와는 **압제**를 당하는 자의 요새이시
시 10:18	고아와 **압제당하는** 자를 위하여 심판
시 17:9	나를 **압제하는** 악인들과 나의 목숨
시 42:9	원수의 **압제**로 말미암아 슬프게 다니
시 44:24	우리의 고난과 **압제**를 잊으시나이까
시 55:3	원수의 소리와 악인의 **압제** 때문이라
시 56:1	나를 삼키려고 종일 치며 **압제하나이다**
잠 22:22	곤고한 자를 성문에서 **압제하지** 말라
잠 28:15	가난한 백성을 **압제하는** 악한 관원은
사 14:2	자들을 사로잡고 자기를 **압제하던**
사 14:4	이 노래를 지어 이르기를 **압제하던**
사 16:4	멸절하는 자가 그쳤고 **압제하는** 자가
사 38:14	여호와여 내가 **압제**를 받사오니 나의
사 58:6	멍에의 줄을 글러 주며 **압제당하는**
겔 18:17	손을 금하여 가난한 자를 **압제하지**
겔 22:29	가난하고 궁핍한 자를 **압제하고** 나그네
겔 45:8	다시는 내 백성을 **압제하지** 아니하리라
호 5:11	학대를 받고 재판의 **압제**를 받는도다
암 4:1	가난한 자를 **압제하며** 가장에게 이르기
슥 7:10	나그네와 궁핍한 자를 **압제하지** 말며
말 3:5	고아를 **압제하며** 나그네를 억울하게
행 7:24	보호하여 **압제받는** 자를 위하여 원수

'압제'와 관련된 성구

압제자 - 사 9:4; 단 11:20
이방 나그네를 압제하지 말다 - 출 22:21; 23:9
이방인과 고아와 과부를 압제하지 말다 - 렘 7:6; 22:3

앗나(Adna) 이방 여자와 결혼한 사람
| 스 10:30 | 바핫모압 자손 중에서는 **앗나**와 글랄과 |

앗단(Addon) 바벨론의 한 성읍
| 스 2:59 | 델멜라와 델하르사와 그룹과 **앗단**과 |

앗달(Addar) 유다 지파가 분배받은 남쪽 경계지
| 대상 8:3 | 벨라에게 아들들이 있으니 곧 **앗달**과 |

앗달리아(Attalia) 바울의 제1차 전도 여행지
| 행 14:25 | 말씀을 버가에서 전하고 **앗달리아**로 |

앗대(Attai)
1. 세산의 손자
| 대상 2:35 | 그가 그로 말미암아 **앗대**를 낳고 |
| 대상 2:36 | **앗대**는 나단을 낳고 나단은 사밧을 |
2. 다윗을 지지한 용사 중 한 사람
| 대상 12:11 | 여섯째는 **앗대**요 일곱째는 엘리엘이요 |
3. 르호보암이 압살롬의 딸에게서 낳은 아들
| 대하 11:20 | 그가 아비야와 **앗대**와 시사와 슬로밋을 |

앗돈(Addon) 바벨론의 한 지방
| 느 7:61 | 델멜라와 델하르사와 그룹과 **앗돈**과 |

앗디(Addi) 멜기의 아버지이며 고삼의 아들
| 눅 3:28 | 그 위는 멜기요 그 위는 **앗디**요 그 위는 |

앗브엘(Adbeel) 이스마엘의 셋째 아들
| 창 25:13 | 그 다음은 게달과 **앗브엘**과 밉삼과 |
| 대상 1:29 | 느바욧이요 다음은 게달과 **앗브엘**과 |

앗사리온(penny-NIV, farthing-KJV)
로마 시대의 청동 동전
| 마 10:29 | 참새 두 마리가 한 **앗사리온**에 팔리지 |
| 눅 12:6 | 다섯 마리가 두 **앗사리온**에 팔리는 |

앗산(Azzan) 잇사갈 지파 발디엘의 아버지
| 민 34:26 | 잇사갈 자손 지파에서는 지휘관 **앗산**의 |

앗소(Assos) 바울이 유두고를 살린 곳
| 행 20:13 | 우리는 앞서 배를 타고 **앗소**에서 바울 |
| 행 20:14 | 바울이 **앗소**에서 우리를 만나니 우리 |

앗수르(Assyria) 메소포타미아 북부의 국가
| 창 2:14 | 셋째 강의 이름은 힛데겔이라 **앗수르** |
| 창 10:11 | 그 땅에서 **앗수르**로 나아가 니느웨와 |

【 앗술 】

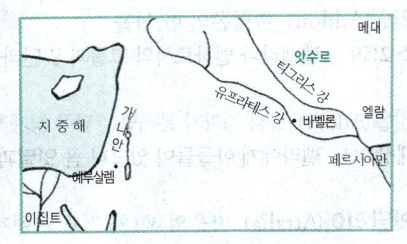

민 24:24 깃딤 해변에서 배들이 와서 **앗수르**를
왕하 15:29 그 백성을 사로잡아 **앗수르**로 옮겼더라

📖 앗수르 – 기타 본문

창 10:22; 25:18; 왕하 17:6, 23; 18:11; 대상 1:17;
시 83:8; 사 10:24; 11:11, 16; 14:25; 19:23, 24,
25; 30:31, 32; 31:8; 52:4; 렘 2:18, 36; 겔 27:23;
32:22; 호 5:13; 7:11; 8:9; 9:3; 10:6; 11:11; 12:1;
미 7:12; 습 2:13; 슥 10:10

앗술(Azzur)
1. 거짓 예언자 하나냐의 아버지
렘 28:1 기브온 **앗술**의 아들 선지자 하나냐가

2. 느헤미야 때 언약에 인친 지도자 중 한 명
느 10:17 아델, 히스기야, **앗술**,

3. 에스겔에게 책망받은 야아사냐의 아버지
겔 11:1 내가 그 중에서 **앗술**의 아들 야아사냐

앗실(Assir)
1. 이스할 집안 고라의 아들
출 6:24 고라의 아들들은 **앗실**과 엘가나와
대상 6:22 아들은 고라요 그의 아들은 **앗실**이요

2. 레위 지파 고핫 족속으로 고라의 4대손
대상 6:23 에비아삽이요 그의 아들은 **앗실**이요
대상 6:37 다핫은 **앗실**의 아들이요 **앗실**은 에비

【 앙망하다 】
앙망하다(仰望, hope, long for, look to)
시 34:5 그들이 주를 **앙망하고** 광채를 내었으니
시 145:15 모든 사람의 눈이 주를 **앙망하오니**
사 22:11 너희가 이를 행하신 이를 **앙망하지**
사 33:2 베푸소서 우리가 주를 **앙망하오니**
사 38:14 눈이 쇠하도록 **앙망하나이다** 여호와여
사 40:31 오직 여호와를 **앙망하는** 자는 새 힘을
사 42:4 이르리니 섬들이 그 교훈을 **앙망하리라**

'앗수르'와 관련된 성구

앗수르 땅 – 사 27:13; 미 5:6
앗수르 땅의 벌 – 사 7:18
앗수르 사람 – 사 10:5; 19:23; 23:13; 애 5:6; 겔 16:28; 23:5, 7, 9, 12, 23; 31:3; 호 11:5; 미 5:5, 6
앗수르 왕 – 왕하 15:20; 16:8, 9, 18; 17:4, 5, 6, 24, 26, 27; 18:7, 11, 14, 16, 17, 19, 23, 28, 30, 31; 19:4, 8, 9, 11, 17, 21, 32; 23:29; 대하 28:16, 21; 32:4, 7, 21; 사 7:17, 20; 8:4, 7; 20:4, 6; 36:2, 4, 8, 16; 37:4, 8, 9, 11, 18, 33; 렘 50:17, 18; 나 3:18
앗수르 왕들의 때 – 느 9:32
앗수르 왕 디글랏 빌레셀 – 왕하 15:29; 16:7, 10; 대상 5:6, 26; 대하 28:20
앗수르 왕 불 – 왕하 15:19; 대상 5:26
앗수르 왕 에살핫돈 – 스 4:2
앗수르 왕의 군대 지휘관들 – 대하 33:11
앗수르 왕의 말씀 – 사 36:13
앗수르 왕의 손 – 왕하 19:10; 20:6; 대하 30:6; 사 36:15; 37:10
앗수르 왕의 손에서 건지다 – 왕하 18:33; 대하 32:11; 사 36:18; 38:6
앗수르 왕의 신복 – 왕하 19:6
앗수르 왕의 (완악한) 마음 – 스 6:22; 사 10:12
앗수르 왕의 종들 – 사 37:6
앗수르 왕의 진영 – 대하 32:21
앗수르의 교만 – 슥 10:11
앗수르의 구원 – 호 14:3
앗수르의 사르곤 왕 – 사 20:1
앗수르의 왕 산헤립 – 왕하 18:13; 19:20, 36; 대하 32:1, 9, 10, 22; 사 36:1; 37:21, 37
앗수르의 왕 살만에셀 – 왕하 17:3; 18:9
앗수르의 포로 – 민 24:22
앗수르 족속 – 창 25:3
앗수르 진영 – 왕하 19:35
앗수르 진중 – 사 37:36

【 앙모하다 】 【 앞 】

사51:5 섬들이 나를 **앙망하여** 내 팔에 의지
사60:9 곧 섬들이 나를 **앙망하고** 다시스의
사64:4 주 외에는 자기를 **앙망하는** 자를 위하
렘14:22 우리가 주를 **앙망하옵는** 것은 주께서

앙모하다(仰慕, inquire, long for, look to)
출33:7 여호와를 **앙모하는** 자는 다 진 바깥
시63:1 갈망하며 내 육체가 주를 **앙모하나이다**
사26:16 그들이 환난 중에 주를 **앙모하였사오며**
사31:1 이스라엘의 거룩하신 이를 **앙모하지**

앙화(殃禍, trouble)
잠12:21 아니하려니와 악인에게는 **앙화**가 가득

앞(前, before)
창6:13 그 끝 날이 내 **앞**에 이르렀으니 내가

앞 – 기타 본문
모세오경 창 6:13; 7:1; 13:9; 16:6; 17:1; 18:8; 20:15, 16; 23:3, 4, 8, 11, 12, 17, 19; 24:33, 51; 25:9, 18, 37; 27:30; 30:39, 41; 31:32, 37; 32:17, 20; 33:2, 3, 10,

'앞' 과 관련된 성구

공중 앞 – 행 16:37; 18:28; 20:20
공회 앞 – 행 5:27, 41; 24:20
궤 앞 – 삼하 6:4; 왕상 8:5; 대상 13:3; 15:23, 24; 16:37; 대하 5:6
땅의 주 앞 – 시 97:5; 계 11:4
문설주 앞 – 출 21:6
바로 앞 – 창 12:15; 41:46; 47:7; 출 4:21; 7:9; 8:20; 9:10, 13; 10:11; 11:10; 행 7:10
발 앞 – 삿 5:27; 잠 29:5; 사 41:2; 애 1:13; 요 11:32; 행 10:25; 계 1:17; 3:9; 19:10
베드로의 발 앞 – 행 5:10
보좌 앞 – 히 4:16; 계 1:4; 4:5, 6, 10; 7:9, 11, 15; 8:3; 12:5; 14:3; 20:12
블레셋 사람들 앞 – 삼상 4:2, 3, 17; 31:1; 삼하 23:11; 대상 10:1; 11:13
사도들의 발 앞 – 행 4:35, 37; 5:2
사울이라 하는 청년의 발 앞 – 행 7:58
성막 앞 – 레 17:4; 민 3:38; 수 22:29; 대상 16:39
성소 앞 – 레 10:4; 왕상 6:3
성전 앞 – 왕상 6:3; 8:64; 왕하 16:14; 대하 3:4, 15, 17; 20:9; 스 10:1, 6, 9; 렘 24:1; 겔 9:6; 40:47; 41:14; 42:8; 44:4
센 머리 앞 – 레 19:32
심판대 앞 – 롬 14:10; 고후 5:10
앞으로 – 창 48:9, 10; 출 14:15; 21:6; 29:10; 33:19; 34:6; 40:36; 레 3:7, 12; 4:4, 14; 9:5; 15:14; 27:8, 11; 민 2:17; 8:2, 3; 15:33; 16:16, 17; 17:10; 신 1:22; 수 3:16; 4:5; 6:5, 20; 8:23; 삿 19:14; 삼상 16:10; 17:57; 삼하 9:2; 15:18; 19:8, 17; 왕상

1:28, 32; 3:24; 대하 24:14; 29:23; 느 2:14; 에 1:11; 2:11; 욥 4:15; 9:11; 14:3; 23:8; 39:21; 잠 18:16; 사 41:22; 렘 32:35; 49:5; 겔 1:9, 12; 10:22; 46:9; 단 1:18; 2:24; 3:13; 4:6; 5:23; 7:13; 암 4:3; 눅 19:4; 행 3:19; 19:33; 고후 11:12; 몬 1:18; 벧전 3:18; 계 8:4; 12:5
어린 양 앞 – 계 5:8; 7:9; 14:10
언약궤 앞 – 수 4:7; 6:4; 왕상 3:15; 대상 16:6, 37
엘리사의 발 앞 – 왕하 4:37
여호와 앞 – 모세오경 창 4:16; 10:9; 13:13; 18:22; 19:13, 27; 27:7; 출 6:12, 30; 10:9; 12:42; 16:33; 27:21; 28:12, 29, 30; 29:11, 23, 24, 25, 26, 42; 30:8, 16, 20; 34:34; 40:23, 25; 레 1:3, 5, 11; 3:1, 7, 12; 4:4, 6, 7, 15, 17, 18, 24; 5:19; 6:7, 14, 15, 25; 7:30; 8:26, 27, 29; 9:2, 4, 5, 21, 24; 10:1, 2, 15, 17; 12:7; 14:11, 12, 16, 18, 23, 24, 27, 29, 31; 15:14, 15, 30; 16:1, 7, 10, 12, 13, 18, 30; 19:22; 23:11, 20, 28, 40; 24:3, 4, 6, 8; 25:2; 민 3:4; 5:16, 18, 25, 30; 6:16, 20; 8:10, 11, 21; 9:10, 14; 14:37; 15:7, 10, 15, 28; 16:7, 38, 40; 17:7, 9; 18:19; 20:3, 9; 25:4; 26:61; 27:21; 29:12; 31:16, 50, 54; 32:20, 21, 22, 27, 29, 32; 신 1:45; 4:10, 25; 6:25; 9:18, 25; 10:8; 12:7, 12, 18; 14:23, 26; 15:20; 16:8, 10, 11, 15; 17:12; 18:7, 13; 24:4, 13; 26:5, 10, 13; 27:7; 29:11, 15; 31:11 역사서 수 4:13;

1621

【 앞 】

'앞'과 관련된 성구

6:8, 26; 7:23; 18:6, 8, 10; 19:51; 22:27; 삿 5:5; 11:11; 18:6; 20:1, 23, 26; 21:5; 삼상 1:12, 15, 19, 22; 2:17, 18, 21; 6:20; 7:6; 10:17, 19, 25; 11:15; 12:3, 7, 23; 15:33; 20:8; 21:6, 7; 23:18; 26:19, 20; 삼하 3:28; 5:3; 6:5, 14, 16, 17, 21; 7:18; 15:25; 21:1, 6, 9; 왕상 2:45; 8:59, 62, 65; 9:25; 11:4; 15:3, 14; 19:11; 21:25; 22:21, 43, 52; 왕하 19:14; 22:19; 23:3, 23; 대상 11:3; 16:33; 17:16; 23:13, 31; 29:22; 대하 1:6; 7:4; 13:11; 14:13; 18:20; 20:13, 18; 27:6; 30:17; 33:23; 34:31; 35:3 시가서, 선지서 욥 1:6, 12; 2:1, 7; 시 37:7; 95:6; 96:12; 98:6, 8; 109:15; 116:9; 사 23:18; 37:14; 렘 36:7, 9; 겔 43:24; 44:3; 46:3, 9; 단 9:20; 미 6:6; 습 1:7; 슥 2:13; 말 3:14, 16
여호와의 궤 앞 – 수 4:5; 6:6, 7, 13; 7:6; 삼상 5:3, 4; 대상 16:4
예수 앞 – 눅 5:18, 19; 살전 2:19; 딤전 6:13; 딤후 4:1
예수의 발 앞 – 마 15:30
온 세상의 주 앞 – 슥 4:14; 6:5
왕(의) 앞 – 삼상 22:4; 28:22; 삼하 3:21; 14:22; 15:18; 16:4; 18:13, 28; 19:8, 17, 18, 28; 24:4, 20; 왕상 1:13, 23, 28, 32; 3:22, 24; 왕하 22:10; 25:29; 대하 34:4, 18, 24; 느 2:1; 에 1:3, 11, 19; 2:16, 17, 23; 8:1, 3, 4, 15; 9:25; 22:29; 25:5, 6; 시 45:5; 전 8:3; 사 8:4; 렘 38:26; 52:33; 겔 30:24; 32:10; 단 1:5, 10, 19; 2:2, 10, 11, 24, 25, 27, 31, 36; 3:13; 5:13, 23; 6:13
우두머리 앞 – 대상 24:6, 31
원수 앞 – 수 7:8, 12, 13; 렘 18:17; 애 2:3; 암 9:4; 나 3:13
이스라엘 자손 앞 – 민 13:32; 수 13:6; 삿 4:23; 8:28; 11:33; 왕상 14:24; 21:26; 왕하 16:3; 17:8; 21:2, 9; 대하 28:3; 33:2, 9; 사 17:9; 계 2:14
장막 앞 – 민 7:3; 18:2; 대하 1:5
제단 앞 – 레 6:14; 민 7:10; 신 26:4; 왕상 8:22, 31, 54; 왕하 11:18; 16:12; 18:22; 대하 6:12, 22; 23:17; 29:19; 32:12; 사 36:7; 슥 14:20; 마 5:24

제사장 앞 – 레 27:8, 11; 신 17:18
주(의) 앞 – 창 47:15; 민 10:35; 신 33:10; 삿 6:18; 삼하 7:26, 29; 왕상 3:6; 8:23, 28; 왕하 20:3; 대상 17:24, 25, 27; 대하 2:4; 6:14, 19; 20:9; 스 9:15; 느 4:5; 9:8, 28; 욥 14:3; 시 9:3, 19; 16:11; 21:6; 22:27; 38:9; 39:5; 41:12; 51:11; 68:1; 69:5; 73:22; 79:11; 85:13; 86:9; 88:1, 2, 13; 89:14; 90:8; 102:28; 114:7; 119:168, 169, 170; 139:7, 15; 140:13; 141:2; 사 9:3; 26:17; 38:3; 53:2; 59:12; 64:1, 2, 3; 렘 18:20, 23; 애 1:22; 단 9:18; 눅 1:15, 17, 75, 76; 13:26; 14:2; 행 2:28; 3:19; 고후 8:21; 약 4:10; 벧후 2:11; 3:14; 요일 3:19
증거궤 앞 – 출 27:21; 30:6, 36; 40:5; 민 17:4, 10
천사들 앞 – 딤전 5:21; 계 3:5; 14:10
천사 앞 – 전 5:6; 슥 3:1, 3
천사의 발 앞 – 계 22:8
총독 앞 – 마 27:11; 행 24:1
털 깎는 자 앞 – 사 53:7; 행 8:32
하나님 아버지 앞 – 살전 1:3; 약 1:27
하나님 앞 – 창 6:11; 17:18; 출 18:12, 19; 19:3; 34:23; 민 15:40; 신 19:17; 수 24:1; 삿 21:2; 삼하 23:5; 대상 13:8, 10; 대하 33:12; 34:27; 스 7:19; 8:21; 10:11; 느 1:4; 욥 9:2; 15:4; 25:4; 26:6; 33:6; 시 56:13; 61:7; 68:2, 3, 8; 84:7; 114:7; 전 5:2; 렘 34:8; 단 6:11, 26; 10:12; 욘 3:3; 막 5:7; 눅 1:6, 8, 19; 12:6; 16:15; 행 4:19; 7:46; 8:21; 10:4, 33; 롬 2:13; 4:2; 14:22; 고전 1:29; 8:8; 고후 2:15, 17; 4:2; 5:11; 7:12; 12:19; 갈 1:20; 3:11; 살전 3:9; 딤전 2:3; 5:4; 6:13; 딤후 2:14, 15; 4:1; 히 9:24; 벧전 2:20; 3:4, 18; 요일 3:21; 계 3:2; 5:10; 8:2, 4; 9:13; 11:16; 12:5, 10; 16:19
회막 문 앞 – 레 1:5; 4:7, 18; 15:29; 민 10:3
회막 앞 – 출 29:10; 레 3:8; 13; 4:14; 9:5; 민 3:7, 38; 8:9; 16:43; 19:4; 대상 6:32; 대하 1:6, 13
회중 앞 – 민 14:5; 15:33; 16:9; 20:6; 27:2, 19, 22; 32:4; 35:12; 수 20:6, 9; 대상 29:10; 대하 6:13; 28:14; 29:23; 느 8:2; 잠 26:26

【 앞 】 - 기타 본문

14, 18; 34:6, 10; 40:9; 41:43; 42:6, 24; 43:9, 14, 15, 19, 33; 44:14; 45:1, 3; 47:6, 10; 49:8, 30; 50:13, 18; 출 4:3, 30; 5:1; 7:10; 9:11, 17; 10:3; 13:21, 22; 14:2, 19, 25; 16:34; 17:6; 19:2, 7, 13; 21:1; 22:8, 9; 23:15, 28, 29, 30, 31; 25:30; 28:25, 27; 32:5; 33:12, 19; 34:3, 10, 11, 24; 35:20; 39:18, 20; 40:6, 26, 29; 레 4:6; 10:3; 16:2, 14, 15; 18:23, 24; 19:14; 20:17, 23; 22:3; 26:7, 8, 37, 45; 민 3:4, 6; 8:13, 22; 9:6; 11:20; 13:30; 14:14, 42, 43; 17:5; 20:10; 22:32, 33; 27:17, 21; 32:17, 21, 29; 33:7, 8, 47, 52, 55; 36:1; 신 1:8, 21, 38; 2:21, 22; 4:6, 38; 6:18-19; 7:1, 22; 8:20; 9:3, 4, 5; 11:23, 26, 32; 12:29, 30; 18:12; 19:17; 22:17; 25:2, 9; 28:7, 25; 30:15, 19; 31:3, 5, 6, 8, 21, 28; 33:27 역사서 수 2:9, 10, 24; 3:10, 11, 14; 4:23; 5:1; 6:9, 13; 7:4, 5, 12, 19; 8:5, 6, 11, 14, 15, 33, 35; 9:1, 24; 10:10, 11; 11:6; 13:3, 25; 15:8; 17:4, 7; 18:1, 14, 16; 19:11; 23:5, 9; 24:8, 12, 18; 삿 2:3, 21; 4:15; 6:9; 7:1; 9:21, 39, 40, 52; 11:23, 24; 14:16, 17; 20:28, 32, 35, 36, 42, 43; 룻 4:4; 삼상 2:11, 28, 30, 35; 3:1; 7:10; 8:11, 20; 9:24; 12:2, 3; 14:5, 13; 15:7, 30; 16:6, 8, 16, 21, 22; 17:24; 18:11, 13, 16; 19:7, 8, 10, 24; 20:1; 21:13, 15; 25:23; 26:1, 3; 28:25; 29:8; 30:20; 삼하 2:14, 17; 3:31, 34; 5:20; 7:9, 15, 16, 23; 9:6; 10:13, 14, 15, 18, 19; 11:13; 12:12, 20; 13:9; 14:33; 15:1; 18:27; 19:13; 22:13, 23, 24; 24:13; 왕상 1:25, 28; 2:4, 26; 3:12, 16; 6:17, 21; 7:6, 21, 49; 8:5, 8, 25, 33, 50; 9:3, 4, 6, 7; 10:8; 11:7, 19, 36; 12:6, 8; 13:20; 17:3, 5; 18:46; 20:27; 21:10, 13, 29; 22:10; 왕하 1:13; 3:14, 24; 4:12, 38, 44; 5:1, 3, 15, 16, 23, 25, 27; 6:22; 8:9; 13:23; 14:12; 15:10; 17:11, 18, 20, 23; 19:15; 22:19; 23:13, 27; 24:3, 20; 대상 5:25; 16:27, 29, 30; 17:8, 21; 19:7, 9, 10, 14, 15, 16, 18, 19; 21:30; 22:8, 18; 29:15; 대하 1:10; 2:6; 4:20; 5:6, 9; 6:16, 24; 7:6, 17, 19, 20; 8:12, 14; 9:7; 10:6, 8; 13:13, 14, 15, 16; 14:5, 7, 12, 13; 15:8; 18:9; 19:11; 20:5, 7, 16, 21; 24:20; 25:8, 14, 22; 26:19; 29:11; 32:6; 34:27; 36:12; 스 4:18, 23; 7:28; 8:29; 9:9; 10:1; 느 1:11; 4:2, 5; 6:19; 8:1, 2, 3; 9:11, 24, 35; 에 1:16; 3:7; 4:2, 6, 8; 6:1, 9, 11, 13; 7:6, 8 시가서 욥 3:24; 4:16, 19; 9:11, 14; 13:15, 16; 16:8; 17:12; 19:15; 21:8, 18; 23:4, 15; 30:11; 33:5, 27; 34:19, 26; 35:14; 41:22; 시 16:8; 17:9; 18:6, 12, 22, 23, 42; 19:14; 22:25, 29; 31:19; 35:5; 38:17; 39:1; 44:15; 50:3, 5, 8, 21; 51:3; 52:9; 54:3; 57:6; 62:8; 68:2, 4, 7; 69:19; 72:9, 11, 14; 78:55; 80:2; 86:14; 89:23, 36; 95:2; 96:6, 9; 97:3, 5; 99:5; 100:2; 101:3; 106:23; 116:14, 18; 119:30, 46; 132:7; 138:1; 142:2; 143:2; 잠 3:4, 21; 4:25; 5:21; 8:30; 14:7, 19; 15:11; 17:18, 24; 21:10; 22:29; 23:1; 25:7, 26; 27:4; 30:30; 전 3:14; 6:8; 아 7:13; 8:12 선지서 사 1:12; 9:12; 16:4; 17:13; 19:1; 24:23; 30:8, 11; 31:8; 40:10, 17; 41:1, 2; 42:16; 44:15, 17, 19; 45:1; 47:14; 48:19; 49:16; 52:12; 55:12; 57:1, 16; 58:8; 61:11; 62:11; 63:9, 12; 65:3, 6, 16; 66:22, 23; 렘 1:17, 18; 2:22; 4:26; 5:22; 6:7, 21; 7:10, 15, 30; 9:13; 15:1, 8, 19, 20; 16:17; 19:7; 21:8; 23:14, 39; 25:27, 37; 26:4; 28:1, 5, 11; 29:21; 30:20; 31:7, 36; 32:12, 13, 30, 31; 33:9, 18, 24; 34:15, 18; 35:5, 19; 36:22; 39:6, 16; 40:4; 43:9; 44:10, 17, 18, 19; 49:19, 37; 50:42, 44; 51:24; 52:3, 10, 33; 애 1:6; 2:19; 3:35; 겔 1:10; 2:10; 3:20; 4:1; 6:4, 5; 8:1, 11; 14:1, 3, 4, 7; 16:18, 19, 37, 50; 20:1, 9, 14, 22; 23:41; 28:9, 17, 18, 25; 30:9; 33:31; 36:23; 37:20; 38:16, 20; 40:7, 12, 15, 19; 41:14, 22, 25; 42:1, 13; 44:11, 12, 15; 47:1; 48:21; 단 1:13; 2:9; 3:3, 15; 4:8; 5:1, 15, 19, 24; 6:18, 22; 7:8, 10, 20; 8:15; 9:10; 10:16; 호 2:10; 6:2; 7:2; 11:2, 4; 13:14; 욜 1:16; 2:3, 6, 10, 11, 20; 암 2:9; 5:23; 욘 1:2; 미 1:4; 2:13; 3:4; 6:4, 6; 나 1:5, 6; 합 1:3, 9, 16; 2:20; 3:5; 학 2:14; 슥 3:4, 8, 9; 4:7; 12:8; 14:4; 말 2:9; 3:1 복음서, 역사서 마 5:16; 6:1, 2; 7:6; 10:18, 32, 33; 11:10; 13:24; 15:30; 17:2; 21:9; 23:13; 24:33; 25:32; 26:70; 27:24, 29; 막 1:2, 33; 2:2, 12; 3:11; 5:33; 9:2; 10:32; 11:4, 9; 13:9, 29; 눅 1:25; 2:31; 5:25; 7:27; 8:28, 47; 10:8; 12:8, 9, 11; 14:10; 15:10; 16:15, 20; 19:27; 20:26; 21:12, 36; 23:14; 24:19, 43, 50; 요 1:15, 30; 3:28; 8:20; 12:37; 19:3; 20:30; 행 2:22, 25; 3:13, 16; 4:10; 5:9; 6:6; 7:41, 45, 58; 10:30; 11:5; 12:4; 13:31; 14:13; 16:7, 20, 29; 17:6; 18:17; 19:9, 19; 20:15; 22:1, 15, 30; 23:30, 33; 24:13, 19, 21; 25:9, 10, 16, 26; 26:2, 22; 27:7, 24, 35; 롬 3:18, 20; 12:17; 14:13 서신서, 예언서 고전 6:1, 6; 10:27; 고후 2:10; 4:14; 7:14; 8:21, 24; 12:21; 갈 2:14; 3:1; 엡 1:4; 3:15;

1623

5:27; 빌 3:13; 골 1:22; 살전 1:3; 3:13; 살후 2:1; 딤전
5:20; 6:12; 딤후 2:2; 히 4:13; 6:18; 12:1, 2; 13:21;
요일 2:1, 28; 3:22; 요삼 1:6; 유 1:24; 계 3:5, 8; 12:4;
13:12, 13, 14; 14:3; 19:20; 20:11

앞길(path)
욥 19:8 　지나가지 못하게 하시고 내 **앞길**에 어둠

앞날(time)
시 31:15 　**앞날**이 주의 손에 있사오니 내 원수들

앞니(teeth)
잠 30:14 　**앞니**는 장검 같고 어금니는 군도 같아서

앞다리(shoulder)
신 18:3 　드리는 제물의 소나 양이나 그 **앞다리**와

앞뒤(behind and before, in front and in back)
삼하 10:9 요압이 자기와 맞서 **앞뒤**에 친 적진을
시 139:5 　주께서 나의 **앞뒤**를 둘러싸시고 내게
계 4:6 　보좌 주위에 네 생물이 있는데 **앞뒤**에

앞뜰(courtyard)
왕상 8:64 날에 왕이 여호와의 성전 **앞뜰** 가운데
대하 7:7 　솔로몬이 또 여호와의 전 **앞뜰** 가운데
막 14:68 깨닫지도 못하겠노라 하며 **앞뜰**로 나갈

앞머리(hair)
레 13:41 　**앞머리**가 빠져도 그는 이마 대머리니

앞문(gateway)
마 26:71 　**앞문**까지 나아가니 다른 여종이 그를

앞산(hill that face)
삿 16:3 　그것을 모두 어깨에 메고 헤브론 **앞산**

앞서(ahead of)
창 24:7 　그가 그 사자를 너보다 **앞서** 보내실지라

▦ 앞서 - 기타 본문
창 32:3, 16, 21; 33:14; 출 23:20, 23, 27; 32:34;
33:2; 민 10:33; 수 1:14; 3:6; 4:12; 8:10; 삿
3:27; 4:14; 12:5; 삼상 9:12, 19, 27; 10:8; 14:7;

17:7; 25:19; 삼하 5:24; 15:22, 23; 왕하 4:31; 대
상 14:15; 느 12:36; 욥 21:33; 시 68:7, 25; 80:9;
85:13; 105:17; 사 45:2; 렘 50:8; 암 6:7; 미
2:13; 마 2:9; 14:22; 막 6:45; 눅 1:76; 9:52;
10:1; 18:39; 19:28; 요 10:4; 행 13:24; 20:13;
살전 4:15; 히 6:20

앞세우다(in front of)
창 48:20 에브라임을 므낫세보다 **앞세웠더라**
신 21:16 미움을 받는 자의 아들보다 **앞세우지**
삿 18:21 가축과 값진 물건들을 **앞세우고** 길을
삼상 10:5 소고와 저와 수금을 **앞세우고** 예언하며
삼상 17:41 블레셋 사람이 방패 든 사람을 **앞세우고**
삼하 11:15 우리아를 맹렬한 싸움에 **앞세워** 두고
왕상 19:19 그가 열두 겨릿소를 **앞세우고** 밭을 가는

앞잡이(before)
잠 16:18 거만한 마음은 넘어짐의 **앞잡이**니라

앞장서다(lead)
눅 22:47 유다라 하는 자가 그들을 **앞장서** 와서

앞지르다(ahead of, outrun)
삿 7:24 미디안을 치고 그들을 **앞질러** 벧 바라와
삼하 18:23 구스 사람보다 **앞질러** 가니라

앞쪽(in face, beyond)
민 21:11 오봇을 떠나 모압 **앞쪽** 해 돋는 쪽 광야
수 22:11 가나안 땅의 맨 **앞쪽** 요단 언덕 가
삼상 20:22 화살이 네 **앞쪽**에 있다 하거든 네 길을
삼상 20:37 화살이 네 **앞쪽**에 있지 아니하냐 하고

앞치마(apron)
행 19:12 바울의 몸에서 손수건이나 **앞치마**를

애(heart, suffer)
애 1:20 내가 환난을 당하여 나의 **애**를 다 태우
마 27:19 사람으로 인하여 **애**를 많이 태웠나이다
계 12:2 해산하게 되매 아파서 **애**를 쓰며 부르

애가(哀歌, lament)
삼하 3:33 왕이 아브넬을 위하여 **애가**를 지어 이르
대하 35:25 그를 위하여 **애가**를 … 가사는 **애가** 중

【 애걸하다 】　　　　　　　　　　　　　　　　　　　　　　　　　　　【 애굽 】

겔 2:10	위에 **애가**와 애곡과 재앙의 말이 기록
겔 19:1	너는 이스라엘 고관들을 위하여 **애가**를
겔 19:14	이것이 **애가**라 후에도 **애가**가 되리라
암 5:1	너희에게 대하여 **애가**로 지은 이 말을

애걸하다 (哀乞, plead)

창 42:21	우리에게 **애걸**할 때에 그 마음의 괴로움

애곡/-하다 (哀哭, mourn, weep)

창 50:10	위하여 칠 일 동안 **애곡**하였더니
민 20:29	그를 위하여 삼십 일 동안 **애곡**하였더라
신 21:13	그 부모를 위하여 한 달 동안 **애곡**한
신 26:14	내가 **애곡하는** 날에 이 성물을 먹지
신 34:8	모세를 위하여 **애곡하는** 기간이 끝나
	도록 모세를 … 삼십 일을 **애곡하니라**
삿 11:37	처녀로 죽음을 인하여 **애곡하겠나이다**
삿 11:38	위에서 처녀로 죽음을 인하여 **애곡하고**
삿 11:40	입다의 딸을 위하여 나흘씩 **애곡하더라**
욥 5:11	낮은 자를 높이 드시고 **애곡하는** 자를
욥 14:22	그의 살이 아프고 그의 영혼이 **애곡할**
욥 29:25	**애곡하는** 자를 위로하는 사람과도 같았
욥 30:31	통곡이 되었고 내 피리는 **애곡**이 되었
시 78:64	그들의 과부들은 **애곡**도 하지 못하였도
사 13:6	너희는 **애곡할지어다** 여호와의 날이
사 22:12	통곡하며 **애곡하며** 머리 털을 뜯으며
사 29:2	그가 슬퍼하고 **애곡하며** 내게 아리엘과
렘 3:21	이스라엘 자손이 **애곡하며** 간구하는
렘 4:8	너희는 굵은 베를 두르고 **애곡하라** 이는
렘 9:18	빨리 와서 우리를 위하여 **애곡하여**
렘 9:20	너희 딸들에게 **애곡하게** 하고 각기 이웃
렘 16:5	**애곡하지** 말라 내가 이 백성에게서
렘 16:6	그들을 위하여 **애곡하는** 자도 없겠고
렘 25:33	그들을 위하여 **애곡하는** 자도 없고 시신
렘 25:34	목자들아 외쳐 **애곡하라** 너희 양 떼의
렘 25:36	양 떼의 인도자들이 **애곡하는** 소리여
렘 31:15	라헬이 그 자식 때문에 **애곡하는** 것이라
렘 48:39	어찌하여 그들이 **애곡하는가** 모압이
겔 2:10	그 위에 애가와 **애곡**과 재앙의 말이
겔 8:14	앉아 담무스를 위하여 **애곡하더라**
호 9:4	그들의 제물은 **애곡하는** 자의 떡과 같아
욜 1:8	굵은 베로 동이고 **애곡함같이** 할지어다
암 5:16	농부를 불러다가 **애곡하게** 하며 울음꾼
암 8:3	그 날에 궁전의 노래가 **애곡**으로 변할
암 8:10	너희 모든 노래를 **애곡**으로 변하게 하며
미 1:8	내가 애통하며 **애곡하고** 벌거벗은 몸
	으로 행하며 들개같이 **애곡하고** 타조
미 1:11	벧에셀이 **애곡하여** 너희에게 의지할
나 3:7	그것을 위하여 **애곡하며** 내가 어디서
마 2:18	라헬이 그 자식을 위하여 **애곡하는** 것이
계 1:7	모든 족속이 그로 말미암아 **애곡하리니**

애굽(Egypt) 아프리카 나일 강 유역에 위치한 나라

창 12:10	아브람이 **애굽**에 거류하려고 그리로 내려갔으니 이는 그 땅에 기근이 심

'애굽' 과 관련된 성구

애굽 강 – 창 15:18; 왕상 8:65; 왕하 24:7; 대하 7:8; 암 8:8; 9:5

애굽 군대 – 출 14:24; 신 11:4

애굽 땅 – 창 13:10; 21:21; 41:19, 29, 30, 33, 34, 36, 48, 53, 56; 45:19, 20, 26; 46:20; 47:6, 13, 14, 15, 21, 28, 50:7; 출 6:13, 26, 28; 7:3; 8:5, 6, 7; 9:22, 23; 10:12, 13, 21; 11:3, 5, 9; 12:1, 13, 17, 29, 41, 42, 51; 13:18; 16:3, 6, 32; 19:1; 20:2; 22:21; 23:9; 29:46; 32:1, 4, 7, 8, 11, 23; 33:1; 레 11:45; 18:3; 19:34, 36; 22:33; 23:43; 25:38, 42, 55; 26:13, 45; 민 1:1; 3:13; 8:17; 9:1; 14:2; 15:41; 26:4; 33:38; 신 1:27; 5:6, 15; 6:12; 8:14; 9:7; 10:19; 11:10; 13:5, 10; 15:15; 16:3; 20:1; 24:22; 29:2, 16; 34:11; 수 24:17; 삿 2:12; 19:30; 삼상 12:6; 27:8; 왕상 6:1; 8:9, 21; 9:9; 12:28; 왕하 17:7; 대하 6:5; 7:22; 20:10; 시 78:12; 81:5, 10; 사 11:16; 19:18, 19, 20; 27:13; 렘 2:6; 7:22, 25; 11:4, 7; 16:14; 23:7; 24:8; 31:32; 32:20, 21; 34:13; 42:14, 16; 43:7, 11, 12, 13; 44:1, 8, 12, 13, 14,

【 애굽 】

애굽 – 기타 본문

모세오경 창 12:11, 14; 13:1; 25:12, 18; 26:2; 37:25, 28, 36; 39:1; 41:8, 43, 44, 56, 57; 42:1, 2, 3; 43:2, 15; 45:4, 9, 13, 18, 23, 25; 46:3, 4, 6, 7, 8, 26, 27; 47:11, 15, 20, 26, 27, 29, 30; 48:5; 50:14, 22, 26; 출 1:1, 5, 8; 3:7, 8, 10, 11, 12, 16, 17, 20; 4:18, 19, 20, 21; 6:13; 7:4, 5, 11, 18, 22; 8:6; 9:4, 6, 11, 18, 22; 10:2, 7; 11:1, 3, 4; 12:12, 27, 30, 39, 40; 13:3, 8, 9, 14, 15, 16, 17; 14:7, 11, 12, 13, 19; 16:1; 17:3; 18:1; 23:15; 34:18; 민 11:5, 18, 20; 13:22; 14:3, 4; 20:5, 15, 16; 21:5; 22:5, 11; 23:22; 24:8; 26:59; 32:11; 33:1, 3, 4; 신 1:30; 4:20, 34, 37, 45, 46; 6:21, 22; 7:15, 18; 9:12, 26; 10:22; 11:3; 16:1, 6, 12; 17:16; 23:4; 24:9, 18; 25:17; 26:5, 8; 28:27, 60, 68; 29:25 **역사서, 시가서** 수 2:10; 5:4, 5, 6, 9; 9:9; 13:3; 24:4, 5, 6, 7, 14, 32; 삿 2:1; 6:8, 13; 11:13, 16; 삼상 2:27; 4:8; 6:6; 8:8; 10:18; 12:8; 15:2, 6, 7; 30:13; 삼하 7:6, 23; 왕상 3:1; 4:21, 30; 8:16, 51, 53; 10:28, 29; 11:17, 21; 12:2; 14:25; 왕하 17:4, 7, 36; 18:21, 24; 19:24; 21:15; 23:34; 25:26; 대상 2:34; 13:5; 17:5, 21; 대하 1:16, 17; 5:10; 9:26, 28; 10:2; 12:3; 26:8; 느 9:9, 18; 시 68:31; 78:43, 51; 80:8; 105:23, 38; 106:7, 21; 114:1; 135:8, 9; 136:10; 잠 7:16 **선지서** 사 7:18; 10:24, 26; 11:11, 15; 19:1, 2, 3, 4, 12, 13, 14, 15, 16, 17, 21, 23, 24, 25; 20:3, 4, 5; 23:5; 30:2, 3, 7; 31:1, 3; 36:9; 37:25; 43:3; 45:14; 52:4; 렘 2:18, 36; 9:26; 25:19; 26:21, 22, 23; 37:5, 7; 41:17; 42:15, 16, 17, 18, 19; 43:2, 12, 13; 44:30; 46:2, 8, 11, 14, 17, 19, 20, 22, 24, 25; 겔 17:15; 20:7, 8; 23:3, 27; 29:2, 3, 6, 12, 14; 30:4, 6, 8, 9, 10, 11, 15, 16, 18, 19, 21, 22; 31:2; 32:2, 12, 16, 18; 단 11:8, 43; 호 7:11; 8:13; 9:3, 6; 11:1, 11; 12:1, 13; 욜 3:19; 암 4:10; 미 7:12; 나 3:9; 학 2:5; 슥 10:11; 14:18 **신약** 마 2:13, 14, 15, 19; 행 2:10; 7:9, 11, 12, 15, 17, 34, 36, 39; 21:38; 히 3:16; 11:26, 27; 유 1:5; 계 11:8

'애굽'과 관련된 성구

15, 24, 26, 27, 28; 46:13; 겔 19:4; 20:5, 6, 8, 9, 10, 36; 23:19, 27; 29:9, 10, 12, 19, 20; 30:13, 25; 32:15; 단 9:15; 11:42; 호 2:15; 7:16; 11:5; 12:9; 13:4; 암 2:10; 3:1, 9; 9:7; 미 6:4; 7:15; 슥 10:11; 행 7:40; 13:17; 히 8:9

애굽 사람 – 창 12:12, 14; 16:1, 3; 39:1; 43:32; 45:2; 46:34; 50:3; 출 1:12; 2:11, 12, 14, 19; 3:9, 21, 22; 6:5; 7:5, 18, 21, 24; 11:7; 12:23, 27, 30, 33, 35; 14:4, 9, 10, 12, 13, 17, 18, 23, 25, 26, 27, 30, 31; 15:26; 18:8; 19:4; 32:12; 레 24:10; 신 23:7; 26:6; 수 24:6, 7; 삿 10:11; 삼상 30:11; 삼하 23:21; 대상 11:23; 스 9:1; 사 19:23; 애 5:6; 겔 16:26; 23:8, 21; 29:12, 13; 30:23, 26; 슥 14:21; 행 7:22, 24, 28; 히 11:29

애굽 사람의 모든 지혜 – 행 7:22

애굽 사람의 목전 – 출 8:26

애굽 사람의 무거운 짐 – 출 6:6, 7

애굽 사람의 물품 – 출 12:36

애굽 사람의 손 – 출 18:9, 10; 삿 6:9; 삼상

23:21; 대상 11:23

애굽 사람의 은혜 – 출 11:3

애굽 사람의 집 – 창 39:2, 5; 출 10:6

애굽 사람의 집집 – 출 8:21

애굽 사람의 큰 애통 – 창 50:11

애굽 시내 – 민 34:5; 수 15:4, 47; 사 27:12; 겔 47:19; 48:28

애굽 여인 – 창 21:9; 출 1:19

애굽 온 땅 – 창 41:44, 45, 46, 54, 55; 출 5:12; 7:19, 21; 8:16, 24; 9:24, 25; 10:14, 15, 19, 22; 11:6; 렘 44:26

애굽 온 땅의 사람과 짐승 – 출 9:9

애굽 온 땅의 총리 – 창 41:41

애굽 온 땅의 통치자 – 창 45:8

애굽 온 땅의 티끌 – 출 8:17; 9:9

애굽 왕 – 창 40:1, 5; 41:46; 출 1:15, 17, 18; 2:23; 3:18, 19; 5:4; 6:11, 13, 27, 29; 14:5, 8; 신 7:8; 왕상 9:16; 11:18, 40; 왕하 7:6; 23:29; 24:7; 대하 12:2, 9; 35:20; 36:3, 4; 사 36:6; 행 7:10

애굽 왕의 술 맡은 자와 떡 굽는 자 – 창 40:1, 5

애굽의 강물 – 사 19:6

애논(Aenon) 세례 요한이 세례를 베푼 곳
요 3:23 요한도 살렘 가까운 **애논**에서 세례를

애니아(Aeneas) 중풍병으로 고생한 룻다 사람
행 9:33 거기서 **애니아**라 하는 사람을 만나매
행 9:34 이르되 **애니아**야 예수 그리스도께서

애도하다(哀悼, mourn)
삼하 3:31 굵은 베를 띠고 아브넬 앞에서 **애도하라**
겔 27:32 슬픈 노래를 불러 **애도하여** 말하기를

애석하다/애석히(哀惜, pity, compassion)
신 13:8 긍휼히 여기지 말며 **애석히** 여기지 말며
사 13:18 여기지 아니하며 아이를 **애석하게** 보지

애쓰다(anxious, earnestly)
욥 7:21 주께서 나를 **애써** 찾으실지라도 내가
잠 16:26 식욕으로 말미암아 **애쓰나니** 이는 그의
잠 23:4 부자 되기에 **애쓰지** 말고 네 사사로운
전 2:22 모든 수고와 마음에 **애쓰는** 것이 무슨
전 3:10 인생들에게 노고를 주사 **애쓰게** 하신
전 8:17 아무리 **애써** 알아보려고 할지라도 능히
아 8:5 너를 낳은 자가 **애쓴** 그 곳 사과나무
눅 22:44 예수께서 힘쓰고 **애써** 더욱 간절히 기도
행 16:7 비두니아로 가고자 **애쓰되** 예수의 영이
행 27:18 우리가 풍랑으로 심히 **애쓰다가** 이튿날
고후 11:27 수고하며 **애쓰고** 여러 번 자지 못하고
골 4:12 그가 항상 너희를 위하여 **애써** 기도하여
살전 2:9 형제들아 우리의 수고와 **애쓴** 것을 너희
살후 3:8 오직 수고하고 **애써** 주야로 일함은 너희

애찬(愛餐, love feast)
유 1:12 너희의 **애찬**에 암초요 자기 몸만 기르는

애타다(burn)
고후 11:29 누가 실족하게 되면 내가 **애타지** 아니

애통/-하다(哀痛, mourning, grief)
창 23:2 사라를 위하여 슬퍼하며 **애통하다가**
창 37:34 오래도록 그의 아들을 위하여 **애통하니**
창 50:10 크게 울고 **애통하며** 요셉이 아버지를
창 50:11 아닷 마당의 **애통**을 보고 … 큰 **애통**
삼하 1:26 내 형 요나단이여 내가 그대를 **애통함은**

에 4:3 유다인이 크게 **애통하여** 금식하며 울며
에 9:22 슬픔이 변하여 기쁨이 되고 **애통**이 변하
사 15:3 지붕과 넓은 곳에서는 각기 **애통하여**
렘 14:2 피곤하여 땅 위에서 **애통하니** 예루살렘
렘 22:10 울지 말며 그를 위하여 **애통하지** 말고
렘 34:5 네게 분향하며 너를 위하여 **애통하기를**
렘 49:3 굵은 베를 감고 **애통하며** 울타리 가운데
애 2:5 무너뜨리사 딸 유다에 근심과 **애통**
겔 7:27 왕은 **애통하고** 고관은 놀람을 옷 입듯
욜 2:12 이제라도 금식하고 울며 **애통하고**
암 8:8 그 가운데 모든 주민이 **애통하지** 않겠
암 8:10 절기를 **애통**으로 … 말미암아 **애통하듯**
암 9:5 거기 거주하는 자가 **애통하게** 하시며
미 1:8 내가 **애통하며** … 타조같이 **애통하리니**
슥 7:5 일곱째 달에 금식하고 **애통하였거니와**
슥 12:10 **애통하기를** 독자를 위하여 **애통하듯**
슥 12:11 그 날에 예루살렘에 큰 **애통**이 있으리
니 … 하다드림몬에 있던 **애통**과 같을
슥 12:12 온 땅 각 족속이 따로 **애통하되** 다윗의
마 5:4 **애통하는** 자는 복이 있나니 그들이 위로
눅 6:25 너희 지금 웃는 자여 너희가 **애통하며**
요 16:20 너희는 곡하고 **애통하겠으나** 세상은
고후 7:7 너희의 사모함과 **애통함**과 나를 위하여
약 4:9 **애통하며** 울지어다 너희 웃음을 **애통**
계 18:7 고통과 **애통함**으로 … 결단코 **애통함을**
계 18:8 곧 사망과 **애통함**과 흉년이라 그가 또한
계 18:11 상인들이 그를 위하여 울고 **애통하는**
계 18:15 무서워하여 멀리 서서 울고 **애통하여**
계 18:19 자기 머리에 뿌리고 울며 **애통하여** 외쳐
계 21:4 다시는 사망이 없고 **애통하는** 것이나

액수(額數, amount of money, assessment)
왕하 23:35 백성들 각 사람의 힘대로 **액수**를 정하고
에 4:7 금고에 바치기로 한 은의 정확한 **액수**를

액체(液體, liquid)
출 30:23 너는 상등 향품을 가지되 **액체** 몰약

야간(Jacan) 바산에서 살르가까지 산 갓 자손
대상 5:13 미가엘과 므술람과 세바와 요래와 **야간**

야게(Jakeh) 아굴의 아버지
잠 30:1 이 말씀은 **야게**의 아들 아굴의 잠언이니

【 야고보 】

야고보(James)

1. 세베대의 아들 야고보
마 4:21   다른 두 형제 곧 세베대의 아들 **야고보**

야고보 1 - 기타 본문
마 10:2; 17:1; 막 1:19, 29; 3:17; 5:37; 9:2; 10:35, 41; 13:3; 14:33; 눅 5:10; 6:14; 8:51; 9:28, 54; 행 1:13; 12:2

2. 알패오의 아들 야고보
마 10:3   세리 마태, 알패오의 아들 **야고보**와

야고보 2 - 기타 본문
마 27:56; 막 3:18; 15:40; 16:1; 눅 6:15; 24:10; 행 1:13

3. 예수님의 형제 야고보
마 13:55   그 형제들은 **야고보**, 요셉, 시몬, 유다라

【 야곱 】

야고보 3 - 기타 본문
막 6:3; 행 12:17; 15:13; 21:18; 고전 15:7; 갈 1:19; 2:9, 12; 약 1:1; 유 1:1

4. 사도 유다의 아버지 야고보
눅 6:16   **야고보**의 아들 유다와 예수를 파는 자
행 1:13   셀롯인 시몬, **야고보**의 아들 유다가

야곱(Jacob) 이삭과 리브가의 아들
창 25:26   그 이름을 **야곱**이라 하였으며 리브가가

야곱 - 기타 본문
모세오경 창 25:27, 28, 29, 30, 31, 33, 34; 27:6, 11, 15, 17, 18, 19, 21, 22, 25, 30, 36, 41, 42, 46; 28:1, 5, 6, 7, 10, 16, 18, 20; 29:1, 4, 5, 6, 7, 9, 10, 13, 14, 15, 18, 20, 21, 23, 25, 28, 30; 30:1, 2, 4, 5, 7, 9, 10, 12, 16, 17, 19, 25, 29, 31, 36, 37, 40, 41, 42; 31:1, 2, 3, 4, 11, 17, 20, 22, 24, 25, 26, 29, 31, 32, 36, 43,

'야곱'과 관련된 성구

- 야곱에게 세우신 율례 – 대상 16:17; 시 105:10
- 야곱의 거룩한 이 – 사 29:23
- 야곱의 기업 – 사 58:14
- 야곱의 남은 자 – 사 10:21; 미 5:7, 8
- 야곱의 대적 – 애 1:17
- 야곱의 딸 – 창 34:3, 7, 19
- 야곱의 분깃 – 렘 10:16; 51:19
- 야곱의 불의 – 사 27:9
- 야곱의 뿌리 – 사 27:6
- 야곱의 샘 – 신 33:28
- 야곱의 아들 – 창 34:7, 13, 14; 35:5, 22, 26; 49:2; 50:12; 왕상 18:31
- 야곱의 영광 – 사 17:4; 암 6:8; 8:7; 나 2:2
- 야곱의 영화 – 시 47:4
- 야곱의 우물 – 요 4:6
- 야곱의 자손 – 왕하 17:34, 35; 대상 16:12-13; 시 22:23; 105:5-6; 사 59:20; 렘 33:26; 말 3:6
- 야곱의 장막 – 창 31:33; 말 2:12
- 야곱의 전능자 – 창 49:24; 시 132:2; 사 49:26; 60:16
- 야곱의 전능자의 성막 – 시 132:5
- 야곱의 족보 – 창 37:2
- 야곱의 족속 – 암 3:13; 미 2:7
- 야곱(의) 집 – 창 46:27; 출 19:3; 사 8:17; 46:3; 48:1; 58:1; 렘 2:4; 5:20; 암 9:8; 눅 1:33; 행 7:46
- 야곱의 집안 – 시 114:1
- 야곱의 총회의 기업 – 신 33:4
- 야곱의 티끌 – 민 23:10
- 야곱의 하나님 – 출 3:6, 15, 16; 4:5; 삼하 23:1; 시 46:7, 11; 75:9; 76:6; 81:1; 84:8; 94:7; 114:7; 146:5; 마 22:32; 막 12:26; 눅 20:37; 행 3:13; 7:32
- 야곱의 하나님의 규례 – 시 81:4
- 야곱의 하나님의 얼굴 – 시 24:6
- 야곱의 하나님의 이름 – 시 20:1
- 야곱의 하나님의 전 – 사 2:3; 미 4:2
- 야곱의 허리 – 출 1:5
- 야곱의 허물 – 민 23:21; 미 1:5; 3:8
- 야곱의 허벅지 – 창 32:25, 32
- 야곱 장막의 포로들 – 렘 30:18
- 야곱 족속 – 사 2:5, 6; 14:1; 29:22; 옵 1:17, 18
- 야곱 족속의 우두머리들 – 미 3:9
- 야곱 족속의 피난한 자들 – 사 10:20
- 야곱 집의 후예 – 겔 20:5

【 야굴 】　　　　　　　　　　　　　　　　　　　　　　【 야렙 】

45, 51, 53, 54; 32:1, 2, 3, 4, 6, 7, 9, 13, 18, 20, 24, 25, 26, 27, 28, 29, 30, 32; 33:1, 5, 8, 10, 13, 15, 17, 18; 34:1, 5, 6, 25, 27, 30; 35:1, 2, 4, 6, 9, 10, 14, 20, 23, 27, 29; 36:6; 37:1; 42:1, 2, 4, 29, 38, 38; 45:25, 26, 27; 46:2, 5, 6, 7, 8, 15, 18, 19, 22, 25, 26, 28; 47:7, 8, 9, 10, 28, 31; 48:2; 49:1, 7, 33; 50:24; 출 1:1; 2:24; 6:3, 8; 33:1; 레 26:42; 민 23:7, 23; 24:5, 17, 19; 32:11; 신 1:8; 6:10; 9:5, 27; 29:13; 30:20; 32:9; 33:10; 34:4 **역사서-선지서** 수 24:4, 32; 삼상 12:8; 왕상 18:31; 왕하 13:23; 대상 16:12-13, 17; 시 14:7; 44:4; 53:6; 59:13; 77:15; 78:5, 21, 71; 79:7; 85:1; 87:2; 99:4; 105:23; 135:4; 147:19; 사 2:5, 6; 9:8; 10:20; 14:1; 29:22; 40:27; 41:8, 14, 21; 42:24; 43:1, 22, 28; 44:1, 2, 5, 21, 23; 45:4, 19; 48:12, 20; 49:5, 6; 65:9; 렘 5:20; 10:25; 30:7, 10, 18; 31:7, 11; 33:26; 46:27, 28; 애 1:17; 2:2, 3; 겔 28:25; 37:25; 39:25; 호 10:11; 12:2, 3, 12; 암 7:2, 5; 8:7; 옵 1:10; 미 2:12; 3:1; 7:20; 말 1:2 **신약** 마 1:2, 15, 16; 8:11; 눅 3:34; 13:28; 요 4:5, 12; 행 7:8, 12, 14, 15, 46; 롬 9:13; 11:26; 히 11:9, 20, 21

야굴(Jagur) 유다 지파의 성읍
수 15:21 성읍들은 갑스엘과 에델과 **야굴**과

야긴(Jakin)
　　　1. 시므온의 아들
창 46:10 아들은 여무엘과 야민과 오핫과 **야긴**과
출 6:15 오핫과 **야긴**과 소할과 가나안 여인의
민 26:12 야민에게서 난 야민 족속과 **야긴**에게서
　　　2. 1의 종족(Jakinite clan)
민 26:12 야민 종족과 **야긴**에게서 난 **야긴** 족속과
　　　3. 솔로몬 성전 기둥의 이름
왕상 7:21 기둥을 세우고 그 이름을 **야긴**이라 하고
대하 3:17 오른쪽 것은 **야긴**이라 부르고 왼쪽 것은
　　　4. 제사장
대상 9:10 중에서는 여다야와 여호야립과 **야긴**과
대상 24:17 스물한째는 **야긴**이요 스물두째는 가물
느 11:10 요야립의 아들 여다야와 **야긴**이며

야김(Jakim)
　　　1. 베냐민 사람 시므이의 아들
대상 8:19 **야김**과 시그리와 삽디와

　　　2. 다윗 당시의 제사장
대상 24:12 열한째는 엘리아십이요 열두째는 **야김**

야내(Janai) 갓 자손의 족장
대상 5:12 사밤이요 또 **야내**와 바산에 산 사밧이요

야노아(Janoah)
　　　1. 에브라임 경계 성읍
수 16:6 다아낫 실로에 이르러 **야노아** 동쪽을
수 16:7 **야노아**에서부터 아다롯과 나아라로
　　　2. 두로 동쪽 성읍
왕하 15:29 아벨벳 마아가와 **야노아**와 게데스와

야님(Janim) 유다 지파 경내의 성읍
수 15:53 **야님**과 벧 답부아와 아베가와

야다(Jada) 유다 지파 헤스론의 자손으로 오남의 아들
대상 2:28 오남의 아들들은 삼매와 **야다**요 삼매의
대상 2:32 삼매의 아우 **야다**의 아들들은 예델과

야대(Jahdai) 유다 지파 갈렙의 자손
대상 2:47 **야대**의 아들은 레겜과 요단과 게산과

야도(Jahdo) 갓 지파 부스의 아들
대상 5:14 여시새의 오대 손이요 **야도**의 육대 손이

야돈(Jadon) 예루살렘 재건 시 성벽을 쌓은 사람
느 3:7 메로놋 사람 **야돈**이 강 서쪽 총독의

야드니엘(Jediael) 고라 집안 아삽 자손
대상 26:2 셋째 스바댜와 넷째 **야드니엘**과

야디엘(Jahdiel) 므낫세 반 지파 출신
대상 5:24 호다위야와 **야디엘**이며 다 용감하고

야라(Jadah-NIV, Jarah-KJV) 사울 왕의 후손
대상 9:42 아하스는 **야라**를 낳고 야라는 알레멧과

야레오르김(Jaare-Oregim) 엘하난의 아버지
삼하 21:19 베들레헴 사람 **야레오르김**의 아들

야렙(Jareb-KJV) 앗수르 왕
호 5:13 에브라임은 앗수르로 가서 **야렙** 왕에게

【 야렛 】　　　　　　　　　　　　　　　　　　　　　　　　　　　　　　　　　【 야벳 】

호 10:6　앗수르로 옮겨다가 예물로 **야렙** 왕에게

야렛(Jared) 에녹의 아버지로 마할랄렐을 낳음
창 5:15　마할랄렐은 육십오 세에 **야렛**을 낳았고

📖 야렛 - 기타 본문
　창 5:16, 18; 대상 1:2; 눅 3:37

야로아(Jaroah) 갓 지파 족장 중 한 사람
대상 5:14　후리의 아들이요 **야로아**의 손자요

야르뭇(Jarmuth)
　1. 소라와 아세가 사이의 평지에 속한 곳
수 10:3　헤브론 왕 호함과 **야르뭇** 왕 비람과
느 11:29　에느림몬과 소라와 **야르뭇**에 거주하며

📖 야르뭇 1 - 기타 본문
　수 10:5, 23; 12:10; 15:35

　2. 잇사갈 지파의 한 성읍으로 레위인에게 준 것
수 21:29　**야르뭇**과 그 목초지와 엔 간님과 그

야르하(Jarha) 세산이 딸을 아내로 준 이집트 종
대상 2:34　아들이 없고 딸뿐이라 그에게 **야르하**
대상 2:35　세산이 딸을 그 종 **야르하**에게 주어

야립(Jarib)
　1. 시므온 아들 중 한 사람
대상 4:24　아들들은 느무엘과 야민과 **야립**과 세라
　2. 귀환 포로의 족장
스 8:16　아리엘과 스마야와 엘라단과 **야립**과
　3. 이방 여인을 취한 제사장
스 10:18　그의 형제 마아세야와 엘리에셀과 **야립**

야만인(野蠻人, non-Greek)
롬 1:14　헬라인이나 **야만인**이나 지혜 있는 자나
골 3:11　할례파나 무할례파나 **야만인**이나

야매(Jahmai) 돌라의 아들
대상 7:2　웃시와 르바야와 여리엘과 **야매**와 입삼

야믈렉(Jamlech) 시므온 자손
대상 4:34　메소밥과 **야믈렉**과 아마시야의 아들

야민(Jamin)
　1. 시므온의 아들
창 46:10　시므온의 아들은 여무엘과 **야민**과 오핫
출 6:15　시므온의 아들들은 여무엘과 **야민**과
민 26:12　느무엘 종족과 **야민**에게서 난 **야민** 종족
대상 4:24　시므온의 아들들은 느무엘과 **야민**과
　2. 람의 아들
대상 2:27　맏아들 람의 아들은 마아스와 **야민**과
　3. 제사장
느 8:7　예수아와 바니와 세레뱌와 **야민**과 악굽

야발(Jabal) 에녹의 후손으로 라멕의 아들
창 4:20　아다는 **야발**을 낳았으니 그는 장막에

야베스 1(Jabesh)
　1. 지명 : 길르앗에 있는 성읍
삼상 11:1　**야베스**에 맞서 진 치매 **야베스** 모든

📖 야베스 1-1 - 기타 본문
　삼상 11:3, 5, 9, 10; 31:12, 13; 대상 10:12

　2. 인명 : 반역해서 왕권을 얻은 살룸의 아버지
왕하 15:10　**야베스**의 아들 살룸이 그를 반역하여
왕하 15:13　웃시야 제삼십구년에 **야베스**의 아들
왕하 15:14　**야베스**의 아들 살룸을 거기에서 쳐죽이

야베스 2(Jabez) 유다 지파의 사람
대상 2:55　**야베스**에 살던 서기관 종족 곧 디랏
대상 4:9　**야베스**는 그의 형제보다 귀중한 자라
　　　그의 어머니가 이름하여 이르되 **야베스**
대상 4:10　**야베스**가 이스라엘 하나님께 아뢰어

야베스 길르앗(Jabesh Gilead)
삿 21:8　본즉 **야베스 길르앗**에서는 한 사람도

📖 야베스 길르앗 - 기타 본문
　삿 21:9, 10, 12, 14

야벳(Japheth) 노아의 셋째 아들
창 5:32　노아는 오백 세 된 후에 셈과 함과 **야벳**

📖 야벳 - 기타 본문
　창 6:10; 7:13; 9:18, 23, 27; 10:1, 2, 21; 대상 1:4, 5

야브네(Jabneh) 웃시야 왕이 전쟁으로 얻은 곳
대하 26:6 가드 성벽과 **야브네** 성벽과 아스돗

야블렛(Japhlet) 아셀의 후손 헤벨의 아들
수 16:3   서쪽으로 내려가서 **야블렛** 족속의 경계
대상 7:32 헤벨은 **야블렛**과 소멜과 호담과 그들
대상 7:33 **야블렛**의 아들들은 바삭과 빔할과 아스왓이니 **야블렛**의 아들은 이러하며

야비아(Japhia)
  1. 인 명
  (1) 여호수아에게 죽임을 당한 라기스의 왕
수 10:3   라기스 왕 **야비아**와 에글론 왕 드빌과
  (2) 예루살렘에서 태어난 다윗의 아들
삼하 5:15 입할과 엘리수아와 네벡과 **야비아**와
대상 3:7   노가와 네벡과 **야비아**와
대상 14:6 노가와 네벡과 **야비아**와
  2. 지명 : 스불론 지파의 땅
수 19:12 다브랏으로 나가서 **야비아**로 올라가고

야빈(Jabin)
  1. 여호수아 당시의 하솔 왕
수 11:1   하솔 왕 **야빈**이 이 소식을 듣고 마돈
  2. 사사 당시의 하솔 땅 가나안 왕
삿 4:2   하솔에서 통치하는 가나안 왕 **야빈**의

📖 **야빈 2 - 기타 본문**
  삿 4:3, 7, 17, 23, 24; 시 83:9

야사(Jahzah) 레위인에게 준 르우벤 성읍
대상 6:78 광야의 베셀과 그 초원과 **야사**와 그
렘 48:21 평지에 이르렀나니 곧 홀론과 **야사**와

야살의 책(Book of Jashar) 역사의 주요 사건에 대해 편집한 시를 모아놓은 책
수 10:13 **야살의 책**에 태양이 중천에 머물러서
삼하 1:18 곧 활 노래라 **야살의 책**에 기록되었

야세라(Jahzerah) 제사장 이디엘의 아버지
대상 9:12 아디엘의 아들이요 **야세라**의 손자요

야센(Jashen) 다윗을 도운 명장 37명 중의 명
삼하 23:32 사알본 사람 엘리아바와 **야센**의 아들

야셀 1(Jazer) 헤스본 북쪽에 위치한 모압 성읍
민 21:32 모세가 또 사람을 보내어 **야셀**을 정탐

📖 **야셀 1 - 기타 본문**
  민 32:1, 3, 35; 수 13:25; 21:39; 삼하 24:5; 대상 6:81; 26:31; 사 16:8, 9; 렘 48:32

야셀 2(Jahzeel) 납달리 자손
민 26:48 **야셀**에게서 난 **야셀** 종족과 구니에게

야소브암(Jashobeam)
  1. 다윗의 용사 중 첫 번째 사람
대상 11:11 학몬 사람의 아들 **야소브암**은 삼십
대상 27:2 반장은 삽디엘의 아들 **야소브암**이요
  2. 다윗을 지지한 용사 중의 고라 자손
대상 12:6 아사렐과 요에셀과 **야소브암**이며

야손(Jason) 데살로니가 교회의 교인
행 17:5   성을 소동하게 하여 **야손**의 집에 침입
행 17:6   발견하지 못하매 **야손**과 몇 형제들을
행 17:7   **야손**이 그들을 맞아 들였도다 이 사람
행 17:9   **야손**과 그 나머지 사람들에게 보석금
롬 16:21 나의 친척 누기오와 **야손**과 소시바더

야수비네헴(Jashubi Lehem) 모압을 다스린 유다 사람
대상 4:22 모압을 다스리던 사람과 **야수비네헴**

야숩(Jashub)
  1. 잇사갈의 후손으로 족장
민 26:24 **야숩**에게서 난 **야숩** 종족과 시므론에
대상 7:1   잇사갈의 아들들은 돌라와 부아와 **야숩**
  2. 이방 여인을 취한 바니 집안 사람
스 10:29 므술람과 말룩과 아다야와 **야숩**과

야스야(Jahzeiah) 에스라를 반대한 디과의 아들
스 10:15 디과의 아들 **야스야**가 일어나 그 일을

야스엘(Jahziel) 고센에 거주한 납달리의 아들
창 46:24 납달리의 아들 곧 **야스엘**과 구니와

야시스(Jaziz) 다윗 왕의 재산 관리인
대상 27:30 하갈 사람 **야시스**는 양 떼를 맡았으니

【 야시엘 】　　　　　　　　　　　　　　　　【 야하스 】

야시엘(Jahziel)　납달리의 아들
대상 7:13　납달리의 아들들은 **야시엘**과 구니와

야아간(Jaakan)　에셀의 아들
대상 1:42　아들은 빌한과 사아완과 **야아간**이요

야아고바(Jaakobah)　시므온 자손
대상 4:36　엘료에내와 **야아고바**와 여소하야와

야아레시야(Jaareshiah)　여로함의 아들
대상 8:27　**야아레시야**와 엘리야와 시그리는 다

야아사냐(Jaazaniah)
　　1. 레갑 자손으로 예레미야의 아들
렘 35:3　예레미야의 아들인 **야아사냐**와 그의
　　2. 에스겔의 환상 당시
　　문 입구에 있던 지도자로 앗술의 아들
겔 11:1　앗술의 아들 **야아사냐**와 브나야의 아들
　　3. 사반의 아들
겔 8:11　사반의 아들 **야아사냐**도 그 가운데에

야아사니야(Jaazaniah)　마아가 사람의 아들
왕하 25:23　마아가 사람의 아들 **야아사니야**와 그를

야아수(Jaasu)　포로지에서 귀환한 바니 자손
스 10:37　맛다냐와 맛드내와 **야아수**와

야아시야(Jaaziah)　레위인으로 므라리 자손
대상 24:26　마흘리와 무시요 **야아시야**의 아들들은
대상 24:27　므라리의 자손 **야아시야**에게서 난 자는

야아시엘 1(Jaasiel)
　　1. 다윗의 30 용사 중 한 명으로 므소바 사람
대상 11:47　오벳과 므소바 사람 **야아시엘**이더라
　　2. 다윗 당시 베냐민 지파 행정관
대상 27:21　지도자는 아브넬의 아들 **야아시엘**이요

야아시엘 2(Jaaziel)　다윗 때 찬양한 성가대원
대상 15:18　그들의 형제 스가랴와 벤과 **야아시엘**

야알라(Jaala)　에스라와 함께 돌아온 사람
스 2:56　**야알라** 자손과 다르곤 자손과 깃델
느 7:58　**야알라** 자손과 다르곤 자손과 깃델

야엘(Jael)　겐 사람 헤벨의 아내
삿 4:17　겐 사람 헤벨의 아내 **야엘**의 장막에

📖 야엘 - 기타 본문
삿 4:18, 21, 22; 5:6, 24

야영(野營, abide in tents)
삼하 11:11　언약궤와 이스라엘과 유다가 **야영** 중에

야완(Javan)　노아의 아들 야벳의 아들
창 10:2　아들은 고멜과 마곡과 마대와 **야완**과

📖 야완 - 기타 본문
창 10:4; 대상 1:5, 7; 사 66:19; 겔 27:13, 19

야이로(Jairus)　가버나움의 회당장
막 5:22　회당장 중의 하나인 **야이로**라 하는
눅 8:41　회당장인 **야이로**라 하는 사람이 와서

야일(Jair)
　　1. 스굽의 아들로 헤스론의 손자
민 32:41　므낫세의 아들 **야일**은 가서 그 촌락들

📖 야일 1 - 기타 본문
신 3:14; 수 13:30; 삼하 20:26; 왕상 4:13; 대상 2:22, 23

　　2. 돌라 이후 22년 동안 이스라엘을 다스린 사사
삿 10:3　길르앗 사람 **야일**이 일어나서 이십이 년
삿 10:5　**야일**이 죽으매 가몬에 장사되었더라
　　3. 베냐민 사람 모르드개의 아버지
에 2:5　증손이요 시므이의 손자요 **야일**의 아들
　　4. 엘하난의 아버지
대상 20:5　블레셋 사람들과 전쟁할 때에 **야일**의

야자열매(date)
대상 16:3　떡 한 덩이와 **야자열매**로 만든 과자와

야하스(Jahaz)　모압 평지 아모리 왕 시혼의 성읍
민 21:23　이스라엘을 치러 광야로 나와서 **야하스**

📖 야하스 - 기타 본문
신 2:32; 수 13:18; 21:36; 삿 11:20; 사 15:4; 렘 48:34

야하시엘(Jahaziel)
1. 다윗과 동시대의 레위인으로 헤브론의 아들
대상 23:19 셋째 **야하시엘**과 넷째 여가므암이며
대상 24:23 셋째 **야하시엘**과 넷째 여가므암이요
2. 다윗 당시 베냐민 족속의 용사 중의 한 명
대상 12:4 예레미야와 **야하시엘**과 요하난과
3. 다윗 때 브나야와 함께 나팔을 분 제사장
대상 16:6 제사장 브나야와 **야하시엘**은 항상
4. 레위인이며 아삽의 자손으로 스가랴의 아들
대하 20:14 레위 사람 **야하시엘**에게 임하셨으니
대하 20:15 **야하시엘**이 이르되 온 유다와 예루살렘
5. 바벨론 포로 귀환 족장 스가냐의 아버지
스 8:5 스가냐 자손 중에서는 **야하시엘**의

야핫(Jahath)
1. 유다 지파 소발의 자손으로 소라 사람 족속
대상 4:2 아들 르아야는 **야핫**을 낳고 **야핫**은
2. 게르손의 씨족 립니의 아들
대상 6:20 아들 립니요 그의 아들은 **야핫**이요
대상 6:43 시므이는 **야핫**의 아들이요 **야핫**은
3. 레위 사람 게르손 가계의 시므이의 아들
대상 23:10 시므이의 아들들은 **야핫**과 시나와
대상 23:11 그 우두머리는 **야핫**이요 그 다음은
4. 레위 사람 그핫 가계 슬로못의 아들 중 한 명
대상 24:22 슬로못의 아들들 중에는 **야핫**이요
5. 레위 족속 므라리의 자손으로 성전 건축을 감독
대하 34:12 레위 사람들 곧 므라리 자손 중 **야핫**과

약 1(藥, healing)
렘 30:13 재판관이 없고 네 상처에는 **약**도 없고
겔 47:12 먹을 만하고 그 잎사귀는 **약** 재료가

약 2(約, about)
수 8:12 그가 **약** 오천 명을 택하여 성읍 서쪽
삿 3:29 그 때에 모압 사람 **약** 만 명을 죽였으니
삿 9:49 사람들이 다 죽었으니 남녀가 **약** 천 명
겔 8:16 현관과 제단 사이에서 **약** 스물다섯 명
막 8:9 사람은 **약** 사천 명이었더라 예수께서
행 1:15 모인 무리의 수가 **약** 백이십 명이나
행 4:4 믿는 자가 많으니 남자의 수가 **약** 오천
행 5:36 사람이 **약** 사백 명이나 따르더니 그가
행 13:18 광야에서 **약** 사십 년간 그들의 소행을
행 13:19 기업으로 주시기까지 **약** 사백오십 년

약간(若干, a few, some)
렘 49:9 네게 이르면 **약간**의 열매도 남기지 아니
딤전 4:8 육체의 연단은 **약간**의 유익이 있으나

약속/-하다/-되다(約束, covenant, promise)
구약
삿 20:38 사람과 복병 사이에 **약속하기**를 성읍
왕상 8:56 무릇 말씀하신 그 모든 좋은 **약속**이
욥 2:11 위문하고 위로하려 하여 서로 **약속하고**
욥 31:1 내가 내 눈과 **약속하였나니** 어찌 처녀
시 77:8 그의 **약속하심**도 영구히 폐하였는가,
복음서, 역사서
마 14:7 달라는 대로 주겠다고 **약속하거늘**
마 20:2 하루 한 데나리온씩 품꾼들과 **약속하여**
마 20:13 네가 나와 한 데나리온의 **약속**을 하지
막 14:11 듣고 기뻐하여 돈을 주기로 **약속하니**
눅 24:49 내가 내 아버지께서 **약속하신** 것을
행 1:4 아버지께서 **약속하신** 것을 기다리라
행 2:33 그가 **약속하신** 성령을 아버지께 받아서
행 2:39 이 **약속**은 너희와 너희 자녀와 모든
행 7:5 그의 후손에게 소유로 주신다고 **약속**
행 7:17 하나님이 아브라함에게 **약속하신** 때가
행 13:23 하나님이 **약속하신** 대로 이 사람의
행 13:32 우리도 조상들에게 주신 **약속**을 너희
행 13:33 자녀들에게 이 **약속**을 이루게 하셨다
행 26:6 하나님이 우리 조상에게 **약속하신** 것을
행 26:7 이 **약속**은 우리 열두 지파가 밤낮으로
서신서
롬 1:2 아들에 관하여 성경에 미리 **약속하신**
롬 4:14 믿음은 헛것이 되고 **약속**은 파기되었
롬 4:16 그 **약속**을 그 모든 후손에게 굳게 하려
롬 4:20 믿음이 없어 하나님의 **약속**을 의심하지
롬 4:21 **약속하신** 그것을 또한 능히 이루실 줄
롬 9:4 율법을 세우신 것과 예배와 **약속**들이
롬 9:8 **약속**의 자녀가 씨로 여기심을 받느니라
롬 9:9 **약속**의 말씀은 이것이니 명년 이 때에
롬 15:8 조상들에게 주신 **약속**들을 견고하게
고후 1:20 하나님의 **약속**은 얼마든지 그리스도
고후 7:1 사랑하는 자들아 이 **약속**을 가진 우리
고후 9:5 너희가 전에 **약속한** 연보를 미리 준비
갈 3:14 믿음으로 말미암아 성령의 **약속**을 받게
갈 3:16 이 **약속**들은 아브라함과 그 자손에게
갈 3:17 율법이 폐기하지 못하고 그 **약속**을 헛

【 약점 】　　　　　　　　　　　　　　　　　　　　　　　　　　　　【 약하다/약하여지다 】

갈 3:18　약속에서 난 … 약속으로 말미암아
갈 3:19　약속하신 자손이 오시기까지 있을 것
갈 3:21　율법이 하나님의 약속들과 반대되는
갈 3:22　믿음으로 말미암은 약속을 믿는 자들
갈 3:29　아브라함의 자손이요 약속대로 유업
갈 4:23　자유 있는 여자에게서는 약속으로 말미
갈 4:28　형제들아 너희는 이삭과 같이 약속의
엡 1:13　그 안에서 또한 믿어 약속의 성령으로
엡 2:12　약속의 언약들에 대하여는 외인이요
엡 3:6　함께 지체가 되고 함께 약속에 참여하
엡 6:2　어머니를 공경하라 이것은 약속이 있는
딤전 4:8　유익하니 금생과 내생에 약속이 있느
딤후 1:1　그리스도 예수 안에 있는 생명의 약속
딛 1:2　하나님이 영원 전부터 약속하신 것인데
히 4:1　그의 안식에 들어갈 약속이 남아 있을
히 6:12　약속들을 기업으로 받는 자들을 본받는
히 6:13　하나님이 아브라함에게 약속하실 때
히 6:15　그가 이같이 오래 참아 약속을 받았느
히 6:17　하나님은 약속을 기업으로 받는 자들
히 7:6　취하고 약속을 받은 그를 위하여 복을
히 8:6　더 좋은 약속으로 세우신 더 좋은 언약
히 9:15　하여금 영원한 기업의 약속을 얻게
히 10:23　약속하신 이는 미쁘시니 우리가 믿는
히 10:36　하나님의 뜻을 행한 후에 약속하신 것
히 11:9　약속의 땅에 거류하여 동일한 약속을
히 11:11　이는 약속하신 이를 미쁘신 줄 알았음
히 11:13　믿음을 따라 죽었으며 약속을 받지 못
히 11:17　그는 약속들을 받은 자로되 그 외아들
히 11:33　의를 행하기도 하며 약속을 받기도
히 11:39　증거를 받았으나 약속된 것을 받지 못
히 12:26　약속하여 이르시되 내가 또 한 번 땅만
약 1:12　사랑하는 자들에게 약속하신 생명의
약 2:5　사랑하는 자들에게 약속하신 나라를
벧후 1:4　그 보배롭고 지극히 큰 약속을 우리에게 주사 이 약속으로 말미암아 너희가
벧후 3:4　주께서 강림하신다는 약속이 어디 있느
벧후 3:9　주의 약속은 어떤 이들이 더디다고
벧후 3:13　우리는 그의 약속대로 의가 있는 곳인
요일 2:25　그가 우리에게 약속하신 것은 이것이

【 약점 】(弱點, failing, weak)
롬 15:1　믿음이 약한 자의 약점을 담당하고
히 7:28　율법은 약점을 가진 사람들을 제사장

【 약조/-하다 】(約條, agreement, treaty, ally)
왕상 5:12　친목하여 두 사람이 함께 약조를 맺었
왕상 15:19　나와 당신 사이에 약조가 있고 내 아버지와 … 바아사와 세운 약조를 깨뜨려
대하 16:3　나와 당신 사이에 약조하자 … 이스라엘 왕 바아사와 세운 약조를 깨뜨려
단 11:23　그와 약조한 후에 그는 거짓을 행하여
옵 1:7　너와 약조한 모든 자들이 다 너를 쫓아

【 약탈/-하다/-되다/-자 】(掠奪, plunder, rob)
삼상 14:48　이스라엘을 그 약탈하는 자들의 손에서
삼상 30:16　유다 땅에서 크게 약탈하였음으로
삼상 30:19　그들이 약탈하였던 것 곧 무리의 자녀
대하 25:13　유다 성읍들을 약탈하고 사람 삼천 명
시 76:4　주는 약탈한 산에서 영화로우시며 존귀
사 10:2　토색하고 고아의 것을 약탈하는 자는
사 10:13　그들의 재물을 약탈하였으며 또 용감
사 21:2　속이고 약탈하는 자는 약탈하도다
사 24:10　약탈을 당한 성읍이 허물어지고 집마다
사 42:24　이스라엘을 약탈자들에게 넘기신 자가
렘 50:10　약탈을 당할 것이라 그를 약탈하는
렘 50:37　위에 떨어지리니 그것이 약탈되리라
렘 50:46　바벨론이 약탈 당하는 소리에 땅이
겔 7:21　세상 악인에게 넘겨 그들이 약탈하여
겔 23:46　무리를 올려 보내 그들이 공포와 약탈
겔 38:13　재물을 빼앗으며 물건을 크게 약탈하여
겔 39:10　자기에게서 약탈하던 자의 것을 약탈하며
단 11:33　불꽃과 사로잡힘과 약탈을 당하여
호 13:15　모든 보배의 그릇이 약탈되리로다
암 3:11　쇠하게 하며 네 궁궐을 약탈하리라
나 2:2　약탈자들이 약탈하였고 또 그들의
슥 14:1　그 날에 네 재물이 약탈되어 네 가운데
슥 14:2　가옥이 약탈되며 부녀가 욕을 당하며

【 약하다/약하여지다 】(弱, weak)
창 29:17　레아는 시력이 약하고 라헬은 곱고
창 30:42　약한 양이면 … 그렇게 함으로 약한 것
창 41:19　약하고 심히 흉하고 파리한 일곱 암소
레 26:36　그들의 마음을 약하게 하리니 그들은
민 13:18　그 땅 거민이 강한지 약한지 많은지
신 25:18　피곤할 때에 네 뒤에 떨어진 약한 자
삿 6:15　나의 집은 므낫세 중에 극히 약하고
삼하 3:1　강하여 가고 사울의 집은 점점 약하여

1634

【 약하다/약하여지다 】　　　　　　　　　　　　　　　　　　【 얄람 】

삼하 3:39	오늘 **약하여서** 스루야의 아들인 이 사람
왕하 19:26	거기에 거주하는 백성의 힘이 **약하여**
대하 14:11	여호와여 힘이 강한 자와 **약한** 자 사이
대하 15:7	강하게 하라 너희의 손이 **약하지** 않게
대하 22:9	아하시야의 집이 **약하여** 왕위를 힘으로
대하 28:15	**약한** 자들은 모두 나귀에 태워 데리고
스 4:4	그 땅 백성이 유다 백성의 손을 **약하게**
욥 4:4	붙들어 주었고 무릎이 **약한** 자를 강하
욥 23:16	하나님이 나의 마음을 **약하게** 하시며
시 31:10	기력이 나의 죄악 때문에 **약하여지며**
잠 22:22	**약한** 자를 그가 약하다고 탈취하지
잠 30:26	**약한** 종류로되 집을 바위 사이에 짓는
사 35:3	너희는 **약한** 손을 강하게 하며 떨리는
사 37:27	주민들이 힘이 **약하여** 놀라며 수치를
사 60:22	그 **약한** 자가 강국을 이룰 것이라 때가
렘 6:24	그 소문을 들었으므로 손이 **약하여졌고**
렘 38:4	군사의 손과 모든 백성의 손을 **약하게**
렘 50:43	소문을 듣고 손이 **약하여지며** 고통과
겔 7:17	피곤하여 모든 무릎은 물과 같이 **약할**
겔 16:30	행위라 네 마음이 어찌 그리 **약한지**
겔 21:7	마음이 녹으며 모든 손이 **약하여지며**
욜 3:10	**약한** 자도 이르기를 나는 강하다 할지
슥 12:8	그 중에 **약한** 자가 그 날에는 다윗 같겠
마 4:23	백성 중의 모든 병과 모든 **약한** 것을
마 9:35	전파하시며 모든 병과 모든 **약한** 것을
마 10:1	모든 병과 모든 **약한** 것을 고치는 권능
마 26:41	마음에는 원이로되 육신이 **약하도다**
막 14:38	마음에는 원이로되 육신이 **약하도다**
행 20:35	수고하여 **약한** 사람들을 돕고 또 주
롬 4:19	죽은 것 같음을 알고도 믿음이 **약하여**
고전 1:25	지혜롭고 하나님의 **약하심**이 사람보다
고전 1:27	세상의 **약한** 것들을 택하사 강한 것들
고전 2:3	내가 너희 가운데 거할 때에 **약하고**
고전 4:10	우리는 **약하나** 너희는 강하고 너희는
고전 8:7	알고 먹는 고로 그들의 양심이 **약하여**
고전 8:9	너희의 자유가 믿음이 **약한** 자들에게
고전 8:10	그 믿음이 **약한** 자들의 양심이 담력이
고전 8:11	네 지식으로 그 믿음이 **약한** 자가 멸망
고전 8:12	죄를 지어 그 **약한** 양심을 상하게 하는
고전 9:22	**약한** 자들에게 내가 **약한** 자와 같이
	된 것은 **약한** 자들을 얻고자 함이요
고전 11:30	너희 중에 **약한** 자와 병든 자가 많고
고전 12:22	더 **약하게** 보이는 몸의 지체가 도리어
고전 15:43	**약한** 것으로 심고 강한 것으로 다시
고후 10:10	그가 몸으로 대할 때는 **약하고** 그 말도
고후 11:21	우리가 **약한** 것같이 욕되게 말하노라
고후 11:29	누가 약하면 내가 **약하지** 아니하며
고후 11:30	내가 부득불 자랑할진대 내가 **약한** 것
고후 12:5	나를 위하여는 **약한** 것들 외에 자랑하
고후 13:3	너희에게 대하여 **약하지** 않고 도리어
고후 13:9	우리가 **약할** 때에 너희가 강한 것을
갈 4:9	**약하고** 천박한 초등학문으로 돌아가서
갈 4:13	내가 처음에 육체의 **약함**으로 말미암아
살전 5:14	마음이 **약한** 자들을 격려하고 힘이

약하다/약하여지다 - 기타 본문
삿 16:7, 11, 17; 시 61:2; 롬 5:1:1; 고후 12:9, 10; 13:4

약혼녀(約婚女, virgin)
고전 7:36	자기의 **약혼녀**에 … 그 **약혼녀**의 혼기
고전 7:37	그 **약혼녀**를 그대로 두기로 하여도 잘

약혼하다(約婚, betroth, pledge, marry)
출 22:16	사람이 **약혼하지** 아니한 처녀를 꾀어
신 20:7	여자와 **약혼하고** 그와 결혼하지 못한
신 22:23	처녀인 여자가 남자와 **약혼한** 후에
신 22:25	남자가 어떤 **약혼한** 처녀를 들에서
신 22:27	그 **약혼한** 처녀가 소리질러도 구원할
신 22:28	만일 남자가 **약혼하지** 아니한 처녀를
신 28:30	네가 여자와 **약혼하였으나** 다른 사람
욜 1:8	너희는 처녀가 어렸을 때에 **약혼한**
마 1:18	마리아가 요셉과 **약혼하고** 동거하기
눅 1:27	요셉이라 하는 사람과 **약혼한** 처녀에
눅 2:5	**약혼한** 마리아와 함께 호적하러 올라

얀나이(Jannai) 멜기의 아버지
눅 3:24	그 위는 멜기요 그 위는 **얀나이**요 그 위는

얀네(Jannes) 모세에게 대항한 애굽 마술사
딤후 3:8	**얀네**와 얌브레가 모세를 대적한 것

얄람(Jaalam) 에서의 아들
창 36:5	오홀리바마는 여우스와 **얄람**과 고라를
창 36:14	그가 여우스와 **얄람**과 고라를 에서에게
창 36:18	여우스 족장, **얄람** 족장, 고라 족장이니

【 얄론 】　　　　　　　　　　　　　　　　　　　　　　【 양 2 】

대상 1:35 엘리바스와 르우엘과 여우스와 **얄람**과

얄론(Jalon) 유다 자손으로 에스라의 아들
대상 4:17 예델과 메렛과 에벨과 **얄론**이며 메렛은

얄르엘(Jahleel) 스불론의 아들
창 46:14 스불론의 아들은 세렛과 엘론과 **얄르엘**
민 26:26 종족과 **얄르엘**에게서 난 **얄르엘** 종족

얇다(thin)
출 39:3 금을 **얇게** 쳐서 오려서 실을 만들어

얌브레(Jambres) 애굽의 태양신 라의 제사장
딤후 3:8 얀네와 **얌브레**가 모세를 대적한 것

얍느엘(Jabneel)
　1. 욥바의 남쪽에 위치한 성읍
수 15:11 바알라 산을 지나고 **얍느엘**에 이르나니
　2. 갈릴리 호수에 위치한 납달리의 성읍
수 19:33 아다미 네겝과 **얍느엘**을 지나 락굼까지

얍복(Jabbok) 요단 강 동쪽 지류
창 32:22 열한 아들을 인도하여 **얍복** 나루를

📖 **얍복 – 기타 본문**
민 21:24; 신 2:37; 3:16; 수 12:2; 삿 11:13, 22

얏두아(Jaddua)
　1. 포로 귀환한 후 언약 갱신에 참여한 방백
느 10:21 므세사벨, 사독, **얏두아**,
　2. 대제사장 예수아의 자손으로 요나단의 아들
느 12:11 요나단을 낳고 요나단은 **얏두아**를 낳았
느 12:22 **얏두아** 때에 레위 사람의 족장이 모두

얏딜(Jattir) 레위 지파에게 주어진 유다 성읍
수 15:48 산지는 사밀과 **얏딜**과 소고와
수 21:14 **얏딜**과 그 목초지와 에스드모아와 그
삼상 30:27 남방 라못에 있는 자와 **얏딜**에 있는
대상 6:57 헤브론과 립나와 그 초원과 **얏딜**과

양 1(量, allowance, quantity)
레 19:35 재판할 때나 길이나 무게나 **양**을 잴 때
왕하 25:30 날마다 왕에게서 받는 **양**이 있어서

양 2(兩)
막 7:33 손가락을 그의 **양** 귀에 넣고 침을 뱉어

'양 3'과 관련된 성구

들 양 – 사 13:21
목자 없는 양 – 민 27:17; 왕상 22:17; 대하 18:16; 마 9:36; 막 6:34
새끼 양 – 창 30:40; 왕하 3:4
숫양 – 창 15:9; 22:13; 31:10, 12, 38; 32:14; 출 25:5; 26:14; 29:1, 15, 16, 17, 18, 19, 20, 22, 26, 27, 31, 32; 35:7, 23; 36:19; 39:34; 레 5:15, 16, 18; 6:6; 8:2, 18, 20, 21, 22, 29; 9:2, 4, 18, 19; 14:10, 12, 13, 21; 16:3, 5; 19:21, 22; 23:12, 18, 19; 민 5:8; 6:12, 14, 17, 19; 7:15, 17, 21, 23, 27, 29, 33, 35, 39, 41, 45, 51, 53, 57, 59, 63, 65, 69, 71, 75, 77, 81, 83, 87, 88; 15:6, 11; 23:1, 2, 4, 14, 29, 30; 28:3, 9, 11, 12, 14, 19, 20, 27, 28; 29:2, 3, 8, 9, 13, 14, 17, 18, 20, 21, 23, 24, 26, 27, 29, 30, 32, 33, 36, 37; 신 32:14; 삼상 15:22; 왕하 3:4; 대상 15:26; 29:21; 대하 13:9; 17:11; 29:21, 22, 32; 스 6:9, 17; 7:17; 8:35; 10:19; 욥 42:8; 시 66:15; 114:4, 6; 사 1:11; 34:6; 60:7; 렘 51:40; 겔 27:21; 34:17; 39:18; 43:23, 25; 45:23, 24; 46:4, 5, 6, 7, 11; 단 8:3, 4, 6, 7, 20; 미 6:7
암양 – 창 21:28, 29, 30; 31:38; 32:14; 레 14:10; 22:28; 민 6:14; 삼하 12:3; 아 4:2; 6:6
양 떼 – 창 29:2, 3, 10; 30:31, 32, 36, 38, 41, 43; 31:4, 8, 10, 12, 38, 41, 43; 32:5; 33:13; 37:12, 14; 47:4, 17; 50:8; 출 2:16, 17, 19; 3:1; 레 5:6, 15, 18; 6:6; 민 11:22; 31:9, 28, 30; 32:26; 삼상 8:17; 17:34; 30:20; 대상 4:39, 41; 17:7; 21:17; 27:30; 대하 32:28, 29; 35:7; 욥 21:11; 24:2; 30:1; 시 65:13; 77:20; 78:48, 52; 80:1; 107:41; 잠 27:23; 전 2:7; 아 1:7, 8; 2:16; 6:2, 3, 6; 사 13:20;

[양 3]   [양금]

양 3(羊, flock, lamb, sheep)
창 4:2   아벨은 **양** 치는 자였고 가인은 농사하

양 3 – 기타 본문

모세오경 창 12:16; 13:5; 20:14; 21:27; 24:35; 26:14; 29:6, 7, 8, 9, 10; 30:32, 33, 35, 40, 41, 42; 32:7; 34:28; 37:2, 13, 16; 45:10; 46:32; 47:1; 49:14; 출 9:3; 10:9, 24; 12:6, 7, 32, 38; 20:24; 22:1, 4, 9, 10, 30; 29:3; 34:3, 19; 레 1:2, 10; 3:6; 7:23; 22:19, 21, 23, 27; 27:26, 32; 민 15:3; 18:17; 22:40; 31:32, 36, 37, 43; 32:24, 36; 신 7:13; 8:13; 12:6, 17, 21; 14:4, 26; 15:14; 16:2; 17:1; 18:3; 22:1; 28:4, 18, 31, 51; 32:14; **역사서, 시가서** 수 6:21; 7:24; 삿 5:16; 6:4; 삼상 14:32, 34; 15:9, 14, 15, 21; 16:11, 19; 17:15, 20, 28, 34; 22:19; 25:2, 16, 18; 27:9; 삼하 7:8; 12:2, 4, 6; 17:29; 24:17; 왕상 1:9, 19, 25; 4:23; 8:5, 63; 왕하 3:4; 5:26; 대상 5:21; 12:40; 대하 5:6; 7:5; 14:15; 15:11; 18:2; 29:33; 30:24; 31:6; 35:8, 9; 느 5:18; 10:36; 욥 1:3, 16; 42:12; 시 8:7; 44:11, 22; 49:14; 68:13; 74:1; 78:52, 70, 71; 79:13; 95:7; 100:3; 144:13; 아 1:7; 4:2 **선지서** 사 7:21, 25; 13:14;

17:2; 22:13; 43:23; 53:6; 53:7; 렘 12:3; 50:17, 19; 겔 34:3, 10, 11, 12, 15, 17, 19, 20; 34:22, 31; 단 8:6; 호 12:12; 암 3:12; 합 3:17; 슥 11:7, 11; 13:7 **신약** 마 7:15; 10:16; 12:11, 12; 18:12; 25:33; 막 14:12, 27; 눅 15:4, 6; 17:7; 요 2:14, 15; 10:1, 2, 3, 4, 8, 10, 11, 12, 13, 14, 15, 16, 26, 27; 21:16, 17; 행 8:32; 롬 8:36; 히 11:37; 13:20; 벧전 2:25; 계 18:13

양각 나팔(羊角, trumpet of ram's horn)
수 6:4   제사장 일곱은 일곱 **양각 나팔**을 잡고
수 6:5   제사장들이 **양각 나팔**을 길게 불어
수 6:6   일곱은 **양각 나팔** 일곱을 잡고 여호와의
수 6:8   제사장 일곱은 **양각 나팔** 일곱을 잡고
수 6:13 제사장 일곱은 **양각 나팔** 일곱을 잡고

양군(兩軍, each other)
삼상 17:21 전열을 벌이고 **양군**이 서로 대치하였

양금(洋琴, sistrum, harp)
삼하 6:5 비파와 소고와 **양금**과 제금으로 여호와
단 3:5   나팔과 피리와 수금과 삼현금과 **양금**
단 3:7   수금과 삼현금과 **양금**과 및 모든 악기

'양 3'과 관련된 성구

32:14; 40:11; 61:5; 63:11; 65:10; 렘 3:24; 5:17; 6:3; 10:21; 13:17, 20; 23:1, 2, 3; 25:34, 35, 36; 31:10, 24; 33:12, 13; 49:20, 29; 50:6, 8, 45; 51:23; 겔 24:4-5; 25:5; 34:2, 3, 6, 8, 10, 17, 22; 36:37; 호 5:6; 욜 1:18; 암 6:4; 7:15; 욘 3:7; 미 2:12; 4:8; 5:8; 7:14; 습 2:6, 7; 9:16; 11:4, 7, 17; 마 26:31; 눅 2:8; 행 20:28, 29; 고전 9:7

양 무리 – 신 15:14; 삼하 24:17; 사 17:2; 60:7; 겔 36:38; 벧전 5:2, 3
양(의)문 – 느 3:1, 32; 12:39; 요 5:2; 10:7
양(의) 우리 – 창 49:14; 삿 5:16; 삼상 24:3; 시 68:13; 78:70; 요 10:1
양의 첫 새끼 – 창 4:4; 신 15:19
어린 양 – 창 22:7, 8; 출 12:3, 4, 5, 21; 13:13; 29:38, 39, 40, 41; 34:20; 레 3:7; 4:32, 35; 5:6, 7; 9:3; 12:6, 8; 14:24, 25; 17:3;

23:18, 20; 민 9:11; 15:5; 28:4, 7, 8, 13, 14, 21, 29; 29:4, 10, 15, 18, 21, 24, 27, 30, 33, 37; 신 32:14; 삼상 7:9; 15:9; 대상 29:21; 대하 29:21, 22, 32; 35:7; 스 6:9, 17; 7:17; 8:35; 시 37:20; 114:4, 6; 잠 27:26; 사 1:11; 5:17; 11:6; 16:1; 34:6; 40:11; 53:7; 65:25; 66:3; 렘 11:19; 31:12; 51:40; 겔 27:21; 39:18; 45:15; 46:4, 5, 6, 7, 11, 13, 15; 호 4:16; 암 6:4; 눅 10:3; 요 1:29, 36; 21:15; 행 8:32; 벧전 1:19; 계 5:6, 7, 8, 12, 13; 6:1, 16; 7:9, 10, 14, 17; 12:11; 13:8, 11; 14:1, 4, 10; 15:3; 17:14; 19:7, 9; 21:9, 14, 22, 23, 27; 22:1, 3
유월절 (어린) 양 – 출 12:21; 대하 30:15, 17, 18; 35:6, 11, 13; 스 6:20; 막 14:12; 눅 22:7; 고전 5:7
이스라엘 집의 잃어버린 양 – 마 10:6; 15:24

【 양면 】　　　　　　　　　　　　　　　　　　　　　　　　　　　　　　　【 양식 1 】

단 3:10　피리와 수금과 삼현금과 **양금**과 생황
단 3:15　피리와 수금과 삼현금과 **양금**과 생황

양면(兩面, both sides)
출 32:15　그의 손에 있고 그 판의 **양면** 이쪽 저쪽

양부(養父, foster father)
사 49:23　왕들은 네 **양부**가 되며 왕비들은 네

양선(良善, goodness)
갈 5:22　화평과 오래 참음과 자비와 **양선**과

양순(良順, submissive)
딛 3:17　다음에 화평하고 관용하고 **양순**하며

양식 1(糧食, food)
  모세오경
창 6:21　너는 먹을 모든 **양식**을 네게로
창 14:11　소돔과 고모라의 모든 재물과 **양식**을
창 41:35　곡물을 바로의 손에 돌려 **양식**을 위하여
창 41:55　백성이 바로에게 부르짖어 **양식**을 구하
창 41:57　각국 백성도 **양식**을 사려고 애굽으로
창 42:5　이스라엘의 아들들이 **양식** 사러 간 자
창 42:33　형제 중의 하나를 내게 두고 **양식**을 가지
창 43:2　다시 가서 우리를 위하여 **양식**을 조금
창 43:4　아버지를 위하여 **양식**을 사려니와
창 43:20　우리가 전번에 내려와서 **양식**을 사러
창 43:22　**양식** 살 다른 돈도 우리가 가지고 내려
창 44:1　집 청지기에게 명하여 이르되 **양식**을
창 44:2　청년의 자루 아귀에 넣고 그 **양식** 값 돈도
창 45:17　너희는 이렇게 하여 너희 **양식**을 싣고
창 45:23　길에서 드릴 곡식과 떡과 **양식**을 실리고
창 47:24　**양식**으로도 삼고 … 아이의 **양식**으로도
출 12:39　아무 **양식**도 준비하지 못하였음이었더
출 16:4　하늘에서 **양식**을 비같이 내리니 백성
출 16:15　너희에게 주어 먹게 하신 **양식**이라
출 16:29　여섯째 날에는 이틀 **양식**을 너희에게
출 16:32　광야에서 너희에게 먹인 **양식**을 그들
출 23:25　여호와가 너희의 **양식**과 물에 복을 내리
레 25:37　이익을 위하여 네 **양식**을 꾸어 주지 말라
레 26:26　내가 너희가 의뢰하는 **양식**을 끊을 때
민 15:19　땅의 **양식**을 먹을 때에 여호와께 거제를

신 2:6　너희는 돈으로 그들에게서 **양식**을 사서
신 2:28　너는 돈을 받고 **양식**을 팔아 내가 먹게
  역사서
수 1:11　백성에게 명령하여 이르기를 **양식**을
수 9:11　너희는 여행할 **양식**을 손에 가지고 가서
수 9:12　아직도 뜨거운 것을 **양식**으로 가지고
수 9:14　무리가 그들의 **양식**을 취하고는 어떻게
삿 7:8　**양식**과 나팔을 손에 든지라 기드온이
삿 19:19　우리들과 함께 한 청년에게 먹을 **양식**
삿 20:10　그 백성을 위하여 **양식**을 준비하고 그들
룻 1:6　백성을 돌보시사 그들에게 **양식**을 주셨
삼상 2:5　풍족하던 자들은 **양식**을 위하여 품을
삼하 3:29　칼에 죽는 자나 **양식**이 떨어진 자가 끊어
삼하 9:10　네 주인의 아들에게 **양식**을 대주어 먹게
왕상 4:7　왕실을 위하여 **양식**을 … 한 달씩 **양식**을
왕상 11:18　바로가 그에게 집과 먹을 **양식**을 주며
왕하 25:3　기근이 심하여 그 땅 백성의 **양식**이 떨어
왕하 25:29　일평생에 항상 왕의 앞에서 **양식**을 먹게
대하 11:11　지휘관들을 그 가운데 두고 **양식**과
대하 11:23　견고한 **양식**을 후히 주고 아내를 많이
느 5:2　자녀가 많으니 **양식**을 얻어먹고 살아야
느 5:10　내 형제와 종자들도 역시 돈과 **양식**을
느 5:11　꾸어 준 돈이나 **양식**이나 새 포도주
느 5:15　총독들은 백성에게서, **양식**과 포도주
느 9:15　굶주림 때문에 그들에게 **양식**을 주시며
느 13:2　그들이 **양식**과 물로 이스라엘 자손을
  시가서
시 102:9　나는 재를 **양식**같이 먹으며 나는 눈물
시 105:16　그들이 의지하고 있는 **양식**을 다 끊으
시 111:5　자기를 경외하는 자들에게 **양식**을 주시
잠 6:8　여름 동안에 예비하며 추수 때에 **양식**을
잠 13:23　가난한 자는 밭을 경작함으로 **양식**이
잠 20:13　네 눈을 뜨라 그리하면 **양식**이 족하리라
잠 22:9　복을 받으리니 이는 **양식**을 가난한 자
잠 30:8　부하게도 마옵시고 오직 필요한 **양식**
잠 31:14　상인의 배와 같아서 먼 데서 **양식**을 가져
잠 31:27　집안일을 보살피고 게을리 얻은 **양식**을
  선지서
사 3:1　그가 의지하는 모든 **양식**과 그가 의지
사 3:7　내 집에는 **양식**도 없고 의복도 없으니
사 23:18　여호와 앞에 사는 자가 배불리 먹을 **양식**
사 33:16　그의 **양식**은 공급되고 그의 물은 끊이
사 51:14　그의 **양식**이 부족하지도 아니하리라

양식 1

사 55:2	너희가 어찌하여 **양식**이 아닌 것을 위하
사 55:10	종자를 주며 먹는 자에게는 **양식**을 줌
사 58:7	주린 자에게 네 **양식**을 나누어 주며 유리
사 62:8	네 곡식을 네 원수들에게 **양식**으로 주지
사 65:25	뱀은 흙을 **양식**으로 삼을 것이니 나의
렘 5:17	네 자녀들이 먹을 추수 곡물과 **양식**을
렘 40:5	그 사령관이 그에게 **양식**과 선물을 주어
렘 42:14	나팔 소리도 들리지 아니하며 **양식**의
렘 52:6	기근이 심하여 그 땅 백성의 **양식**이 떨어
애 1:11	지금도 탄식하며 **양식**을 구하나이다
애 1:19	목숨을 회복시킬 그들의 **양식**을 구하
애 5:6	사람과 앗수르 사람과 악수하고 **양식**을
애 5:9	칼이 있으므로 죽기를 무릅써야 **양식**을
겔 4:16	내가 예루살렘에서 의뢰하는 **양식**을
겔 5:16	기근을 더하여 너희가 의뢰하는 **양식**을
겔 14:13	의지하는 **양식**을 끊어 기근을 내려 사람
겔 48:18	소산은 성읍에서 일하는 자의 **양식**을
암 4:6	너희의 각 처소에서 **양식**이 떨어지게
암 8:11	기근을 땅에 보내리니 **양식**이 없어 주림
말 3:10	나의 집에 **양식**이 있게 하고 그것으로

신약

마 24:45	그 집 사람들을 맡아 때를 따라 **양식**을
막 6:8	여행을 위하여 지팡이 외에는 **양식**이
눅 9:3	지팡이나 배낭이나 **양식**이나 돈이나
눅 12:42	종들을 맡아 때를 따라 **양식**을 나누어
눅 15:17	내 아버지에게는 **양식**이 풍족한 품꾼이
요 4:3	내게는 너희가 알지 못하는 먹을 **양식**이
요 4:34	나의 **양식**은 나를 보내신 이의 뜻을 행하
요 6:27	이 **양식**은 인자가 너희에게 주리니 인자
행 7:11	환난이 있을새 우리 조상들이 **양식**이
행 12:20	그들의 지방이 왕국에서 나는 **양식**을

성경에 나오는 '양식'

길 양식 – 창 42:25; 45:21
눈물의 양식 – 시 80:5
사람의 마음을 힘있게 하는 양식 – 시 104:15
썩을 양식 – 요 6:27
영생하도록 있는 양식 – 요 6:27
일용할 양식 – 겔 16:2; 마 6:11; 눅 11:3;
 약 2:15
참된 양식 – 요 6:55
하늘(의) 양식 – 시 78:24; 105:40

| 고후 9:10 | 심는 자에게 씨와 먹을 **양식**을 주시는 |
| 살후 3:12 | 조용히 일하여 자기 **양식**을 먹으라 하노 |

양식 2 (樣式, pattern)

출 25:40	너는 삼가 이 산에서 네게 보인 **양식**대로
출 26:30	너는 산에서 보인 **양식**대로 성막을 세울
민 8:4	자기에게 보이신 **양식**을 따라 이 등잔
왕상 7:8	그 주랑 뒤 다른 뜰에 있으니 그 **양식**이
왕상 7:26	그것의 가는 백합화의 **양식**으로 잔 가와
왕상 7:37	부어 만든 법과 크기와 **양식**을 다 동일
왕하 16:10	그 제단의 모든 구조와 제도의 **양식**을
대상 28:13	섬기는 데에 쓰는 모든 그릇의 **양식**을
대하 2:14	모든 기묘한 **양식**에 능한 자이니 그에게
시 144:12	우리 딸들은 궁전의 **양식**대로 아름답게
겔 41:21	네모졌고 내전 전면에 있는 **양식**은 이러
행 7:44	그가 본 그 **양식**대로 만들게 하신 것이라

양심 (良心, conscience, heart)

시 7:9	하나님이 사람의 마음과 **양심**을 감찰
시 16:7	여호와를 송축할지라 밤마다 내 **양심**이
시 26:2	살피시고 시험하사 내 뜻과 내 **양심**을
시 37:15	그들의 칼은 오히려 그들의 **양심**을 찌르
시 73:21	내 마음이 산란하며 내 **양심**이 찔렸나
요 8:9	그들이 이 말씀을 듣고 **양심**에 가책을
행 23:1	나는 범사에 **양심**을 따라 하나님을 섬겼
행 24:16	하나님과 사람에 대하여 항상 **양심**에
롬 2:15	이런 이들은 그 **양심**이 증거가 되어 그
롬 9:1-2	고통이 있는 것을 내 **양심**이 성령 안에
롬 13:5	진노 때문에 할 것이 아니라 **양심**을 따라
고전 8:7	그들의 **양심**이 약하여지고 더러워지느
고전 8:10	믿음이 약한 자들의 **양심**이 담력을 얻어
고전 10:25	무릇 시장에서 파는 것은 **양심**을 위하여
고전 10:27	차려 놓은 것은 무엇이든지 **양심**을 위하
고전 10:28	알게 한 자와 그 **양심**을 위하여 먹지
고전 10:29	내가 말한 **양심**은 너희의 것이 아니요 남의 것이니 … 남의 **양심**으로 말미암아
고후 1:12	하나님의 은혜로 행함은 우리 **양심**이
고후 4:2	하나님 앞에서 각 사람의 **양심**에 대하여
고후 5:11	너희의 **양심**에도 알려지기를 바라노
딤전 1:19	어떤 이들은 이 **양심**을 버렸고 그 믿음
딤전 4:2	자기 **양심**이 화인을 맞아서 외식함으로
딛 1:15	오직 그들의 마음과 **양심**이 더러운지라
히 9:9	예물과 제사는 섬기는 자를 그 **양심**상

[**양약**]   [**양털**]

히 9:14 그리스도의 피가 어찌 너희 **양심**을 죽은

> **성경에 나오는 '양심'**
> 깨끗한 양심 - 딤전 3:9
> 선한 양심 - 딤전 1:5; 히 13:18; 벧전 3:16, 21
> 악한 양심 - 히 10:22
> 악한 양심 - 고전 8:12
> 착한 양심 - 딤전 1:19
> 청결한 양심 - 딤후 1:3

양약(良藥, good medicine, healing, health)
잠 3:8   이것이 네 몸에 **양약**이 되어 네 골수를
잠 12:18 지혜로운 자의 혀는 **양약**과 같으니라
잠 13:17 재앙에 빠져도 충성된 사신은 **양약**이
잠 16:24 꿀송이 같아서 마음에 달고 뼈에 **양약**이
잠 17:22 마음의 즐거움은 **양약**이라도 심령의

양육/-하다/-되다/-자(養育, bring up, take care of)
창 50:23 아들들도 요셉의 슬하에서 **양육되었**
민 11:12 어찌 주께서 내게 **양육하는** 아버지가
룻 4:16   아기를 받아 품에 품고 그의 **양육자**가
삼상 1:23 그의 아들을 **양육하며** 그가 젖떼기까지
왕하 10:6 그 성읍의 귀족들, 곧 그들을 **양육하는**
에 2:7   모르드개가 자기 딸같이 **양육하더라**
에 2:15   모르드개가 자기의 딸같이 **양육하는**
에 2:20   그가 모르드개의 명령을 **양육** 받을 때
잠 29:21 어렸을 때부터 곱게 **양육하면** 그가
사 1:2   내가 자식을 **양육하였거늘** 그들이 나를
사 23:4   청년들을 **양육하지도** 못하였으며 처녀
사 49:21 이들을 누가 **양육하였는고** 나는 홀로
사 51:18 너를 인도할 자가 없고 네가 **양육한** 모든
렘 3:15   지식과 명철로 너희를 **양육하리라**
엡 5:29   육체를 미워하지 않고 오직 **양육하여**
엡 6:4   오직 주의 교훈과 훈계로 **양육하라**
딤전 4:6 네가 따르는 좋은 교훈으로 **양육**을 받은
딤전 5:10 자녀를 **양육하며** 혹은 나그네를 대접
딛 2:12   우리를 **양육하시되** 경건하지 않은 것
계 12:6   천이백육십 일 동안 그를 **양육하기** 위하
계 12:14 한 때와 두 때와 반 때를 **양육** 받으매

양자(養子, adoption as son, sonship)

롬 8:15   종의 영을 받지 아니하고 **양자**의 영을
롬 8:23   우리까지도 속으로 탄식하여 **양자** 될 것
롬 9:4   그들에게는 **양자** 됨과 영광과 언약들

양쪽(both sides, the other two corner)
출 18:16 내게로 오나니 내가 그 **양쪽**을 재판하여
출 25:14 그 채를 궤 **양쪽** 고리에 꿰어서 궤를
출 26:13 저쪽에 한 규빗씩 성막 좌우 **양쪽**에 덮어
출 27:7   제단 **양쪽** 고리에 그 채를 꿰어 제단을
출 28:26 흉패 아래 **양쪽** 가 안쪽 곧 에봇에 닿은
출 30:4   금 테 아래 **양쪽**에 금 고리 둘을 만들되 곧 그 **양쪽**에 만들지니 이는 제단을 메는
출 37:5   그 채를 궤 **양쪽** 고리에 꿰어 궤를 메게
출 37:7   금으로 그룹 둘을 속죄소 **양쪽**에 쳐서
출 37:8   곧 속죄소와 한 덩이로 그 **양쪽**에 만들
출 37:27 그 테 아래 **양쪽**에 … 그 **양쪽**에 만들어
출 38:7   제단 **양쪽** 고리에 그 채를 꿰어 메게 하
레 21:5   자기의 수염 **양쪽**을 깎지 말며 살을 베지
삿 5:30   곧 **양쪽**에 수 놓은 채색 옷이리니 노략한
왕상 10:19 자리 **양쪽**에는 팔걸이가 있고 팔걸이
대하 9:18 자리 **양쪽**에는 팔걸이가 있고 팔걸이
대하 9:19 열두 사자가 있어 그 여섯 층계 **양쪽**에

양탄자(saddle blanket)
삿 5:10   흰 나귀를 탄 자들, **양탄자**에 앉은 자들

양털(shear, wool)
창 31:19 그 때에 라반이 **양털**을 깎으러 갔으므로
창 38:12 딤나로 올라가서 자기의 **양털** 깎는 자
창 38:13 시아버지가 자기의 **양털**을 깎으려고
신 18:4   네가 처음 깎은 **양털**을 네가 그에게 줄
삿 6:37   내가 **양털** 한 뭉치를 … 이슬이 **양털**에만
삿 6:38   **양털**을 가져다가 그 **양털**에서 이슬을
삿 6:39   **양털**로 시험하게 … 원하건대 **양털**만
삿 6:40   하나님이 그대로 행하시니 곧 **양털**만
왕하 10:12 도중에 목자가 **양털** 깎는 집에 이르러
왕하 10:14 사로잡아 목자가 **양털** 깎는 집 웅덩이
욥 31:20 만일 나의 **양털**로 그의 몸을 따뜻하게
시 147:16 눈을 **양털**같이 내리시며 서리를 재
잠 31:13 **양털**과 삼을 구하여 부지런한 손으로
사 1:18   진홍같이 붉을지라도 **양털**같이 희게
사 51:8   **양털**같이 좀벌레가 그들을 먹을 것이나
겔 27:18 헬본 포도주와 흰 **양털**을 너와 거래하

[양편]

겔 44:17 수종들 때에는 **양털** 옷을 입지 말고 가는
호 2:5 그들이 내 떡과 내 물과 내 **양털**과 내 삼
호 2:9 벌거벗은 몸을 가릴 내 **양털**과 내 삼을
히 9:19 염소의 피 및 물과 붉은 **양털**과 우슬초
계 1:14 그의 머리와 털의 희기가 흰 **양털** 같고

양편(兩便, both parties)
출 22:9 이것이 그것이라 하면 **양편**이 재판장

양푼(bowl, pot)
출 24:6 모세가 피를 가지고 반은 여러 **양푼**에
삿 6:19 고기를 소쿠리에 담고 국을 **양푼**에 담아

양해하다(諒解, excuse)
눅 14:18 하겠으니 청컨대 나를 **양해하도록** 하라
눅 14:19 시험하러 가니 청컨대 나를 **양해하도록**

얕다(lower)
레 13:20 그는 진찰하여 피부보다 **얕고** 그 털이
레 13:21 피부보다 **얕지** 아니하고 빛이 엷으면
레 13:26 그 자리가 피부보다 **얕지** 아니하고 빛이
마 13:5 더러는 흙이 **얕은** 돌밭에 떨어지매 흙이
막 4:5 흙이 **얕은** 돌밭에 떨어지매 흙이 깊지

어거하다(馭車, serve)
삼상 8:11 병거와 말을 **어거하게** 하리니 그들이

어귀(entrance)
수 8:29 시체를 나무에서 내려 그 성문 **어귀**에
수 10:18 여호수아가 이르되 굴 **어귀**에 큰 돌을
수 10:22 여호수아가 이르되 굴 **어귀**를 열고 그
수 10:27 굴 안에 던지고 굴 **어귀**를 큰 돌로 막았
수 20:4 성읍에 들어가는 문 **어귀**에 서서 그 성읍
삼상 14:4 건너가려 하는 **어귀** 사이 이쪽에는 험한
삼하 10:8 암몬 자손은 나와서 성문 **어귀**에 진을
삼하 11:23 그들을 쳐서 성문 **어귀**까지 미쳤더니
왕상 19:13 얼굴을 가리고 나가 굴 **어귀**에 서매
왕하 7:3 성문 **어귀**에 나병환자 네 사람이 있더니
왕하 10:8 무더기로 쌓아 내일 아침까지 문 **어귀**에
왕하 12:9 구멍을 뚫어 여호와의 전문 **어귀** 오른쪽
대하 20:16 너희가 골짜기 **어귀** 여루엘 들 앞에서
대하 23:15 그가 왕궁 말문 **어귀**에 이를 때에 거기
대하 33:14 골짜기 안에 외성을 쌓고 어문 **어귀**까지

[어긋나다]

잠 1:21 소리를 지르며 성문 **어귀**와 성중에서
잠 8:3 성문 곁과 문 **어귀**와 여러 출입하는 문
렘 36:10 성전에 있는 새 문 **어귀** 곁에 있는 사반
렘 48:28 출입문 **어귀** 가장자리에 깃들이는
애 2:19 각 길 **어귀**에서 주려 기진한 네 어린 자녀
애 4:1 성소의 돌들이 거리 **어귀**마다 쏟아졌
겔 8:5 제단문 **어귀** 북쪽에 그 질투의 우상이
겔 16:25 네가 높은 대를 모든 길 **어귀**에 쌓고 네
겔 16:31 네가 누각을 모든 길 **어귀**에 건축하며
겔 21:19 곧 성으로 들어가는 길 **어귀**에다가 길이
겔 21:21 바벨론 왕이 갈랫길 곧 두 길 **어귀**에
겔 27:3 두로를 향하여 이르기를 바다 **어귀**에
겔 42:12 출입하는 문이 있는데 담 동쪽 길 **어귀**에
단 6:17 이에 돌을 굴려다가 굴 **어귀**를 막으매
마 6:5 회당과 큰 거리 **어귀**에 서서 기도하기를

> **성경에 나오는 '어귀'**
>
> 니므롯 땅 어귀 – 미 5:6
> 믹마스 어귀 – 삼상 13:23
> 사마리아 성문 어귀 – 왕상 22:10; 대하 18:9
> 스닷 어귀 – 겔 47:15
> 여호수아의 대문 어귀 – 왕하 23:8
> 예루살렘 성문 어귀 – 렘 1:15
> 하맛 어귀 – 민 13:21; 34:8; 왕상 8:65;
>   왕하 14:25; 대상 13:5; 대하 7:8; 겔
>   47:20; 48:1; 암 6:14
> 하시드 문 어귀 – 렘 19:2

어그러지다(crook, error, wander)
시 22:14 내 모든 뼈는 **어그러졌으며** 내 마음은
렘 14:10 그들이 **어그러진** 길을 사랑하여 그들의
행 20:30 자기를 따르게 하려고 **어그러진** 말을
빌 2:15 흠이 없고 순전하여 **어그러지고** 거스르
히 12:13 저는 다리로 하여금 **어그러지지** 않고
유 1:11 삯을 위하여 발람의 **어그러진** 길로 몰려

어금니(fang, jaw)
시 58:6 여호와여 젊은 사자의 **어금니**를 꺾어
잠 30:14 앞니는 장검 같고 **어금니**는 군도 같아서
욜 1:6 그 **어금니**는 암사자의 **어금니** 같도다

어긋나다(wrench)
창 32:25 그 사람과 씨름할 때에 **어긋났더라**

【 어긋맞추다 】　　　　　　　　　　　　　　　　　　　　　　　　　　【 어느 】

어긋맞추다(threw one's arms around)
창 33:4 　그를 맞이하여 안고 목을 **어긋맞추어**
창 46:29　그의 목을 **어긋맞춰** 안고 얼마 동안 울매

어기다(not do, not forget, not fulfill)
출 1:17 　애굽 왕의 명령을 **어기고** 남자 아기들
삿 2:1 　 너희와 함께 한 언약을 영원히 **어기지**
왕상 15:5 명령하신 모든 일을 **어기지** 아니하였으
대하 8:15 왕이 명령한 바를 전혀 **어기지** 아니하
잠 4:5 　 내 입의 말을 잊지 말며 **어기지** 말라

'어기다' 와 관련된 성구
계약을 어기다 - 렘 34:18
규례를 어기다 - 대하 30:18; 에 4:16
말씀을 어기다 - 민 22:18; 24:13; 삼상 15:24; 왕상 13:21, 26
언약을 어기다 - 레 26:25; 신 17:2; 31:16, 20; 수 7:11, 15; 삿 2:20; 느 13:29; 시 44:17; 호 6:7; 8:1
율법을 어기다 - 행 18:13; 23:3

어깨(shoulder)
창 9:23 　옷을 가져다가 자기들의 **어깨**에 메고
창 21:14　가죽부대를 가져다가 하갈의 **어깨**에
창 24:15　리브가가 물동이를 **어깨**에 메고 나오니
창 24:45　리브가가 물동이를 **어깨**에 메고 나와서
창 24:46　그가 급히 물동이를 **어깨**에서 내리며
창 49:15　토지를 보고 아름답게 여기고 **어깨**를
출 12:34　담은 그릇을 옷에 싸서 **어깨**에 메니라
출 28:12　두 보석을 에봇의 두 **어깨받이**에 붙여
　 　　　…이름을 그 두 **어깨**에 메워서 기념이
출 28:32 두 **어깨** 사이에 머리 들어갈 구멍을 내고
출 39:23　그 옷의 두 **어깨** 사이에 구멍을 내고 갑옷
민 6:19 　제사장이 삶은 숫양의 **어깨**와 광주리
민 7:9 　 그들의 성소의 직임은 그 **어깨**로 메는
신 33:12 보호하시고 그를 자기 **어깨** 사이에 있게
수 4:5 　각기 돌 한 개씩 가져다가 **어깨**에 메라
수 15:8 　예루살렘 남쪽 **어깨**에 이르며 또 힌놈
삿 9:48 　 들어올려 자기 **어깨**에 메고 그와 함께
삿 16:3 　모두 **어깨**에 메고 헤브론 앞산 꼭대기로
삼상 9:2 　모든 백성보다 **어깨** 위만큼 더 컸더라
삼상 10:23 서니 다른 사람보다 **어깨** 위만큼 컸더라
삼상 17:6 그의 다리에는 놋 각반을 쳤고 **어깨** 사이

왕상 7:30 발 밑에는 **어깨** 같은 … 그 **어깨** 같은
왕상 7:34 받침 수레 네 모퉁이에 **어깨** 같은 것 넷
　 　　　이 있는데 그 **어깨**는 받침 수레와 연결
대상 15:15 채에 하나님의 궤를 꿰어 **어깨**에 메니라
대하 35:3 다시는 너희 **어깨**에 메지 말고 마땅히
느 9:29 　고집하는 **어깨**를 내밀며 목을 굳게 하여
욥 31:22 내 팔이 **어깨** 뼈에서 떨어지고 내 팔 뼈가
욥 31:36 내가 그것을 **어깨**에 메기도 하고 왕관
시 81:6 　이르시되 내가 그의 **어깨**에서 짐을 벗기
사 9:4 　 무겁게 멘 멍에와 그들의 **어깨**의 채찍
사 9:6 　 **어깨**에는 정사를 메었고 그의 이름은
사 10:27 그의 무거운 짐이 네 **어깨**에서 떠나고
사 11:14 서쪽으로 블레셋 사람들의 **어깨**에 날아
사 14:25 짐이 그들의 **어깨**에서 벗어질 것이라
사 22:22 다윗의 집의 열쇠를 그의 **어깨**에 두리니
사 46:7 　그것을 들어 **어깨**에 메어다가 그의 처소
사 49:22 품에 안고 네 딸들을 **어깨**에 메고 올 것
겔 12:6 　캄캄할 때에 그들의 목전에서 **어깨**에
겔 12:7 　행장을 내다가 그들의 목전에서 **어깨**에
겔 12:12 그 중에 왕은 어두울 때에 **어깨**에 행장을
겔 24:4-5 그 넓적다리와 **어깨** 고기의 모든 좋은
겔 29:7 　그들의 모든 **어깨**를 찢었고 그들이 너를
겔 29:18 모든 **어깨**가 벗어졌으나 그와 군대가
겔 34:21 너희가 옆구리와 **어깨**로 밀어뜨리고
마 23:4 　무거운 짐을 묶어 사람의 **어깨**에 지우되
눅 15:5 　또 찾아낸즉 즐거워 **어깨**에 메고

성경에 나오는 '어깨 받이'
출 28:7, 12, 25, 27; 39:4, 7, 18, 20

어눌하다(stammering)
사 32:4 　**어눌한** 자의 혀가 민첩하여 말을 분명히

어느(a, an)
레 11:33 그것 중 어떤 것이 **어느** 질그릇에 떨어
삼하 7:7 　이스라엘 **어느** 지파들 가운데 하나에
삼하 17:9 지금 그가 **어느** 굴에나 **어느** 곳에 숨어
왕상 10:23 왕의 재산과 지혜가 세상의 그 **어느** 왕
왕하 2:16 들고 가다가 **어느** 산에나 **어느** 골짜기에
왕하 18:33 민족의 신들 중에 **어느** 한 신이 그의
대상 17:6 이스라엘 **어느** 사사에게 내가 말하기
전 5:8 　너는 **어느** 지방에서든지 빈민을 학대

【 어두캄캄하다 】   【 어둠 】

'어느'와 관련된 성구

어느 것 – 삿 9:2; 18:19; 욥 12:9; 38:19; 시 101:3; 마 9:5; 23:17, 19; 막 2:9; 3:4; 15:24; 눅 5:23; 6:9
어느 계명 – 마 19:18; 22:36
어느 곳 – 삼하 15:21; 17:9; 왕하 12:5; 스 1:4; 전 1:7; 사 10:3; 단 2:38; 막 6:11; 행 24:3
어느 길 – 신 1:22; 왕상 13:12; 왕하 3:8; 욥 38:24
어느 나라 – 왕상 10:20; 렘 2:11
어느 날 – 창 27:2; 마 24:42; 히 4:7
어느 달 – 겔 26:1; 32:17
어느 동네 – 눅 10:8, 10
어느 때 – 출 10:3, 7; 16:28; 레 14:57; 민 14:11, 27; 35:26; 수 18:3; 왕상 18:21; 느 2:6; 욥 7:19; 8:2; 18:2; 19:2; 시 4:2; 6:3; 13:1, 2; 35:17; 41:5; 42:2; 79:5; 80:4; 101:2; 잠 1:22; 6:9; 사 6:11; 렘 4:21; 31:22; 47:5; 단 8:13; 12:6; 호 8:5; 합 1:2; 마 24:3; 25:37, 38, 39, 44; 막 3:11; 13:4; 눅 12:39; 17:20; 21:7; 히 1:5, 13; 벧후 1:15; 요일 4:12; 계 3:3; 6:10
어느 민족 – 시 147:20; 렘 18:7, 9; 욘 1:8
어느 성읍 – 신 1:22; 15:7; 삼하 15:2
어느 성(중) – 신 17:2; 삼하 17:13
어느 정도 – 고전 11:18; 고후 2:5
어느 집 – 눅 9:4; 10:5
어느 한 나라 – 삼하 7:23; 대상 17:21

사 50:1 이혼 증서가 어디 있느냐 내가 **어느** 채주
렘 38:24 너는 이 말을 **어느** 사람에게도 알리지
애 4:8 막대기같이 말랐으니 **어느** 거리에서
마 24:43 만일 집 주인이 도둑이 **어느** 시각에 올
행 23:34 총독이 읽고 바울더러 **어느** 영지 사람
행 24:3 우리가 **어느** 모양으로나 **어느** 곳에서
행 27:27 사공들이 **어느** 육지에 가까워지는 줄을
행 27:39 새벽 **어느** 땅인지 알지 못하나 경사진

어두캄캄하다 (dark clouds)

삼하 22:10 그의 발 아래는 **어두캄캄하였도다**
시 18:9 하시니 그의 발아래는 **어두캄캄하도다**

어둠 (darkness)

모세오경 – 시가서

창 1:4 좋았더라 하나님이 빛과 **어둠**을 나누사
창 1:5 빛을 낮이라 부르시고 **어둠**을 밤이라
창 1:18 빛과 **어둠**을 나뉘게 하시니 하나님이
신 4:11 불길이 충천하고 **어둠**과 구름과 흑암이
삼하 22:29 여호와께서 나의 **어둠**을 밝히시리이다
욥 3:5 **어둠**과 죽음의 그늘이 그 날을 자기의
욥 3:6 그 밤이 캄캄한 **어둠**에 잡혔더라면, 해의
욥 11:17 **어둠**이 있다 할지라도 아침과 같이 될 것
욥 17:12 낮을 삼고 빛 앞에서 **어둠**이 가깝다
욥 19:8 지나가지 못하게 하시고 내 앞길에 **어둠**
욥 20:26 큰 **어둠**이 그를 위하여 예비되어 있고
욥 22:11 **어둠**이 너로 하여금 보지 못하게 하고
욥 23:17 내가 두려워하는 것이 **어둠** 때문이나
욥 24:16 **어둠**을 틈타 집을 뚫는 자는 낮에는 잠
욥 26:10 경계를 그으시니 빛과 **어둠**이 함께 끝나
욥 28:3 사람은 **어둠**을 뚫고 … **어둠**과 죽음의
잠 4:19 악인의 길은 **어둠** 같아서 그가 걸려 넘어
전 2:13 지혜가 우매보다 뛰어남이 빛이 **어둠**
전 2:14 우매자는 **어둠** 속에 다니지만 그들 모두
전 6:4 어두운 중에 가매 그의 이름이 **어둠**에

선지서

사 45:7 나는 빛도 짓고 **어둠**도 창조하며 나는
사 58:10 네 빛이 흑암 중에서 떠올라 네 **어둠**이
사 59:9 우리가 빛을 바라나 **어둠**뿐이요 밝은
사 60:2 보라 **어둠**이 땅을 덮을 것이며 캄캄함이
렘 13:16 그가 **어둠**을 … 침침한 **어둠**이 되게 하시
애 3:2 나를 이끌어 **어둠** 안에서 걸어가게 하시
애 3:6 나를 **어둠** 속에 살게 하시기를 죽은 지
겔 32:8 내가 네 위에서 **어둡게** 하여 **어둠**을 네
암 5:18 여호와의 날을 사모하느냐 그 날은 **어둠**
암 5:20 여호와의 날은 빛 없는 **어둠**이 아니며
미 3:6 **어둠**을 만나리니 점 치지 못하리라 하셨

신약

마 6:23 빛이 어두우면 그 **어둠**이 얼마나 더하겠
마 27:45 제육시로부터 온 땅에 **어둠**이 임하여
막 15:33 제육시가 되매 온 땅에 **어둠**이 임하여
눅 1:79 **어둠**과 죽음의 그늘에 앉은 자에게 비치
눅 22:53 이제는 너희 때라 **어둠**의 권세로다 하시
눅 23:44 해가 빛을 잃고 온 땅에 **어둠**이 임하여
요 1:5 빛이 **어둠**에 비치되 **어둠**이 깨닫지 못하
요 3:19 행위가 악하므로 빛보다 **어둠**을 더 사랑

【 어둡다/어두워지다 】

요 8:12 나를 따르는 자는 **어둠**에 다니지 아니
요 12:35 빛이 있을 동안에 다녀 **어둠**에 붙잡히지 않게 하라 **어둠**에 다니는 자는 그 가
요 12:46 무릇 나를 믿는 자로 **어둠**에 거하지 않게
행 13:11 즉시 안개와 **어둠**이 그를 덮어 인도할
행 26:18 그 눈을 뜨게 하여 **어둠**에서 빛으로,
롬 2:19 맹인의 길을 인도하는 자요 **어둠**에 있는
롬 13:12 우리가 **어둠**의 일을 벗고 빛의 갑옷을
고전 4:5 그가 **어둠**에 감추인 것들을 드러내고
고후 6:14 어찌 함께 하며 빛과 **어둠**이 어찌 사귀며
엡 5:8 전에는 **어둠**이더니 이제는 주 안에서
엡 5:11 너희는 열매 없는 **어둠**의 일에 참여하지
엡 6:12 통치자들과 권세들과 이 **어둠**의 세상
살전 5:4 형제들아 너희는 **어둠**에 있지 아니하매
살전 5:5 우리가 밤이나 **어둠**에 속하지 아니하
벧후 2:17 그들을 위하여 캄캄한 **어둠**이 예비되어
요일 1:5 하나님은 빛이시라 그에게는 **어둠**이
요일 1:6 하나님과 사귐이 있다 하고 **어둠**에 행하
요일 2:8 이는 **어둠**이 지나가고 참빛이 벌써 비침
요일 2:9 형제를 미워하는 자는 지금까지 **어둠**에
요일 2:11 형제를 미워하는 자는 **어둠**에 있고 또 **어둠**에 행하며 … 이는 그 **어둠**이 그의

어둡다/어두워지다(black, darkness)
모세오경 – 시가서

창 15:17 해가 져서 **어두울** 때에 연기 나는 화로가
출 10:15 메뚜기가 온 땅을 덮어 땅이 **어둡게** 되었
신 28:29 맹인이 **어두운** 데에서 더듬는 것과 같이
수 2:5 그 사람들이 **어두워** 성문을 닫을 때쯤
느 13:19 안식일 전 예루살렘 성문이 **어두워** 갈 때
욥 3:9 그 밤에 새벽 별들이 **어두웠더라면**,
욥 5:14 그들은 낮에도 **어두움**을 만나고 대낮
욥 10:21 내가 돌아오지 못할 땅 곧 **어둡고** 죽음의
욥 10:22 땅은 **어두워서** 흑암 같고 죽음의 그늘이
욥 12:22 **어두운** 가운데에서 은밀한 것을 드러
욥 15:22 그가 **어두운** 데서 나오기를 바라지 못하
욥 15:30 **어두운** 곳을 떠나지 못하리니 불꽃이
욥 17:7 내 눈은 근심 때문에 **어두워지고** 나의
욥 18:6 그의 장막 안의 빛은 **어두워지고** 그 위에
욥 38:2 *무지한 말로 생각을 **어둡게** 하는 자가*
시 11:2 마음이 바른 자를 **어두운** 데서 쏘려 하는
시 35:6 그들의 길을 **어둡고** 미끄럽게 하시며
시 74:20 무릇 땅의 **어두운** 곳에 포악한 자의 처소

【 어둡다/어두워지다 】

시 88:6 주께서 나를 깊은 웅덩이와 **어둡고** 음침
시 91:6 **어두울** 때 퍼지는 전염병과 밝을 때 닥쳐
시 105:28 흑암을 보내사 그곳을 **어둡게** 하셨으나
잠 2:13 이 무리는 정직한 길을 떠나 **어두운** 길로
전 5:17 일평생을 **어두운** 데에서 먹으며 많은
전 6:4 낙태된 자는 헛되이 왔다가 **어두운** 중에
전 12:2 해와 빛과 달과 별들이 **어둡기** 전에,
전 12:3 창들로 내다 보는 자가 **어두워질** 것이며

선지서

사 5:30 있고 빛은 구름에 가려서 **어두우리라**
사 13:10 해가 돋아도 **어두우며** 달이 그 빛을 비추
사 29:15 일을 **어두운** 데에서 행하며 이르기를
사 29:18 **어둡고** 캄캄한 데에서 맹인의 눈이 볼 것
렘 4:28 위의 하늘이 **어두울** 것이라 내가 이미
렘 13:16 너희 발이 **어두운** 산에 거치기 전, 너희
렘 23:12 그들의 길이 그들에게 **어두운** 가운데
겔 8:12 우상의 방안 **어두운** 가운데에서 행하
겔 12:12 그 중에 왕은 **어두울** 때에 어깨에 행장을
겔 30:18 드합느헤스에서는 날이 **어둡겠고** 그
겔 32:7 하늘을 가리어 별을 **어둡게** 하며 해를
겔 32:8 밝은 빛을 내가 네 위에서 **어둡게** 하여
단 2:22 **어두운** 데에 있는 것을 아시며 또 빛이
욜 2:2 곧 **어둡고** 캄캄한 날이요 짙은 구름이
욜 2:31 해가 **어두워지고** 달이 핏빛같이 변하
암 4:13 아침을 **어둡게** 하며 땅의 높은 데를 밟는
암 5:8 낮을 **어둡게** 밤으로 바꾸시며 바닷물을
미 7:8 **어두운** 데에 앉을지라도 여호와께서
습 1:15 캄캄하고 **어두운** 날이요 구름과 흑암의
슥 14:6 낮도 아니요 밤도 아니라 **어두워** 갈 때에

신약

마 6:23 눈이 나쁘면 온 몸이 **어두울** 것이니 … 네게 있는 빛이 **어두우면** 그 어둠이 얼마
마 8:12 그 나라의 본 자손들은 바깥 **어두운** 데
마 10:27 내가 너희에게 **어두운** 데서 이르는 것
마 22:13 그 손발을 묶어 바깥 **어두운** 데에 내던
마 24:29 그 날 환난 후에 즉시 해가 **어두워지며**
마 25:30 이 무익한 종을 바깥 **어두운** 데로 내쫓
막 13:24 그 때에 그 환난 후 해가 **어두워지며**
눅 11:34 것이요 만일 나쁘면 네 몸도 **어두우리라**
눅 11:35 네 속에 있는 빛이 **어둡지** 아니한가 보라
눅 11:36 네 온 몸이 밝아 조금도 **어두운** 데가
눅 12:3 이러므로 너희가 **어두운** 데서 말한 모든
요 6:17 가버나움으로 가는데 이미 **어두웠고**

【 어디 】　　　　　　　　　　　　　　　　　　【 어떠하다 】

요 20:1　안식 후 첫날 일찍이 아직 **어두울** 때에
행 2:20　해가 변하여 **어두워지고** 달이 변하여
고후 4:6　**어두운** 데에 빛이 비치라 말씀하셨던
벧전 2:9　이는 너희를 **어두운** 데서 불러 내어 그의
벧후 1:19확실한 예언이 있어 **어두운** 데를 비추는
벧후 2:4　지옥에 던져 **어두운** 구덩이에 두어 심판
계 8:12　그 삼분의 일이 **어두워지니** 낮 삼분의
계 9:2　그 구멍의 연기로 말미암아 **어두워지며**
계 16:10　나라가 곧 **어두워지며** 사람들이 아파서

115:2; 사 2:22; 19:12; 33:18; 36:19; 37:13;
50:1; 51:13; 63:11, 13, 15; 66:1; 렘 2:6, 8, 28;
3:2; 6:16; 13:20; 17:15; 37:19; 애 2:12; 겔
13:12; 호 13:10, 14; 욜 2:17; 미 7:10, 18; 나
2:11; 슥 1:5; 말 1:6; 2:17; 마 2:2; 막 6:55; 눅
8:25; 13:25, 27; 17:17, 37; 22:11; 요 1:38; 7:11;
8:10, 19; 9:12; 11:34; 20:2, 13, 15; 행 7:49; 롬
3:27; 고전 1:20; 12:17, 19; 15:55; 갈 4:15; 빌
3:16; 히 2:6; 벧전 4:18; 벧후 3:4; 계 2:13; 18:18

'어둡다/어두워지다' 와 관련된 성구

눈을 어둡게 하다 – 창 19:11; 출 23:8; 신
16:19; 왕하 6:18
눈이 어둡다 – 창 27:1; 48:10; 레 26:16;
삼상 3:2; 4:15; 왕상 14:4; 욥 11:20;
17:7; 시 6:7; 69:23; 애 5:17
마음이 어두워지다 – 사 44:18; 롬 1:21
총명이 어두워지다 – 엡 4:18

어디(where)

창 3:9　그에게 이르시되 네가 **어디** 있느냐

어디 – 기타 본문

창 4:9; 18:9; 19:5; 22:7; 38:21; 출 2:20; 신 4:7,
8; 32:37; 수 2:4; 삿 9:38; 13:6; 삼상 9:18;
19:22; 23:22; 26:16; 30:13; 삼하 1:13; 9:4;
16:3; 17:20; 왕하 2:14; 6:6, 13; 18:34; 19:13; 대
상 17:8; 18:6, 13, 23; 느 2:16; 에 7:5; 욥 4:7;
14:10; 15:23; 17:15; 20:7; 21:28; 31:31; 35:10,
11; 37:20; 38:4; 시 42:3, 10; 79:10; 89:49;

'어디' 와 관련된 성구

어디든지 – 왕상 2:36, 42; 막 14:14; 행 17:30
어디로 – 창 16:8; 28:15; 32:17; 37:30; 신
1:28; 수 1:7, 9; 2:5; 삿 2:15; 19:17; 삼
상 10:14; 삼하 2:1; 8:6, 14; 13:13; 왕상
2:3; 22:24; 왕하 18:7; 대상 17:8; 18:6,
13; 대하 18:23; 시 139:7; 잠 17:8; 아
6:1; 렘 15:2; 슥 2:2; 5:10; 마 8:19;
21:25; 막 14:12; 눅 9:57; 20:7; 요 3:8;
7:35; 8:14; 13:36; 14:4, 5; 14:5; 16:5;
19:9; 약 4:1; 계 14:4
어디서 – 창 16:8; 29:4; 42:7; 민 11:13; 수

어떠하다(how)

구약

레 5:3　그 사람의 부정이 **어떠한** 부정이든지
민 13:18　그 땅이 **어떠한지** 정탐하라 곧 그 땅
민 15:15　너희가 **어떠한** 대로 타국인도 여호와
민 16:11　아론이 **어떠한** 사람이기에 너희가 그를
신 8:2　너를 시험하사 네 마음이 **어떠한지** 그
신 32:20　숨겨 그들의 종말이 **어떠함을** 보리니
삿 8:18　다볼에서 죽인 자들은 **어떠한** 사람들
삿 8:21　우리를 치랴 사람이 **어떠하면** 그의 힘도
삿 18:8　묻되 너희가 보기에 **어떠하더냐** 하니
삼상 17:26치욕을 제거하는 사람에게는 **어떠한**
삼상 28:14그의 모양이 **어떠하냐** 하니 그가 이르되
삼하 11:7군사의 안부와 싸움이 **어떠했는지를**
왕상 22:5먼저 여호와의 말씀이 **어떠하신지** 물어
대하 12:8세상 나라들을 섬기는 것이 **어떠한지**
대하 18:4여호와의 말씀이 **어떠하신지** 오늘 물어
에 9:12　왕의 다른 지방에서는 **어떠하였겠느냐**
욥 6:11　내 마지막이 **어떠하겠기에** 그저 참겠
잠 23:7　그 마음의 생각이 **어떠하면** 그 위인도

9:8; 삿 19:17; 룻 2:19; 삼상 25:11; 삼
하 1:3; 왕하 5:25; 욥 1:7; 2:2; 28:12,
20; 시 121:1; 사 39:3; 49:21; 욘 1:8;
나 3:7; 마 2:4; 13:27, 54, 56; 15:33;
26:17; 막 6:2; 8:4; 눅 22:9; 요 2:9; 3:8;
4:11; 6:5; 7:27, 28; 8:14; 9:29, 30; 계
2:5; 7:13
어디서든지 – 민 18:31; 느 4:20; 잠 15:3; 마
26:13; 막 6:10; 9:18; 14:9; 행 28:22
어디서부터 – 삿 13:6; 17:9; 왕하 17:33;
20:14

【 어떠하다 】   【 어떤 】

전 11:5	바람의 길이 **어떠함**과 아이 밴 자의 태
사 41:22	또 이전 일이 **어떠한** 것도 알게 하라
사 51:12	**어떠한** 자이기에 죽을 사람을 두려워
렘 12:3	내 마음이 주를 향하여 **어떠함**을 감찰
단 12:8	이 모든 일의 결국이 **어떠하겠나이까**

신약

마 8:27	이이가 **어떠한** 사람이기에 바람과 바다
마 17:25	시몬아 네 생각은 **어떠하냐** 세상 임금들
마 18:12	너희 생각에는 **어떠하냐** 만일 어떤 사람
마 21:28	그러나 너희 생각에는 **어떠하냐** 어떤
마 22:17	당신의 생각에는 **어떠한지** 우리에게
마 26:62	이 사람들이 너를 치는 증거가 **어떠하냐**
마 26:66	너희 생각은 **어떠하냐** 대답하여 이르되
막 13:1	이 돌들이 **어떠하며** 이 건물들이 어떠
막 14:60	이 사람들이 너를 치는 증거가 **어떠하냐**
눅 4:36	놀라 서로 말하여 이르되 이 **어떠한** 말씀
눅 7:39	이 여자가 누구며 **어떠한** 자 곧 죄인인
눅 12:50	나의 답답함이 **어떠하겠느냐**
눅 19:3	그가 예수께서 **어떠한** 사람인가 하여
요 9:17	너는 그를 **어떠한** 사람이라 하느냐 대답
요 11:56	너희 생각에는 **어떠하냐** 그가 명절에
요 12:33	이렇게 말씀하심은 자기가 **어떠한** 죽음
요 18:32	이는 예수께서 자기가 **어떠한** 죽음으로
요 21:19	이 말씀을 하심은 베드로가 **어떠한** 죽음
행 15:36	다시 가서 형제들이 **어떠한가** 방문하자
행 28:22	우리가 너의 사상이 **어떠한가** 듣고자
롬 3:9	그러면 **어떠하냐** 우리는 나으냐 결코
롬 11:7	그런즉 **어떠하냐** 이스라엘이 구하는
고전 3:13	그 불이 각 사람의 공적이 **어떠한** 것을
고전 15:35	어떻게 다시 살아나며 **어떠한** 몸으로
고후 11:11	**어떠한** 까닭이냐 내가 너희를 사랑하지
엡 1:19	베푸신 능력의 지극히 크심이 **어떠한**
엡 3:9	감추어졌던 비밀의 경륜이 **어떠한** 것을
엡 3:19	너비와 길이와 높이와 깊이가 **어떠함**을
빌 4:11	**어떠한** 형편에든지 나는 자족하기를
살전 3:9	위하여 능히 **어떠한** 감사로 하나님께
딤후 3:11	루스드라에서 당한 일과 **어떠한** 박해를
약 1:24	자신을 보고 가서 그 모습이 **어떠했는지**
벧전 1:11	미리 증언하여 누구를 또는 **어떠한** 때를
벧전 4:17	아니하는 자들의 그 마지막이 **어떠하며**
벧후 3:11	너희가 **어떠한** 사람이 되어야 마땅하냐
요일 3:1	보라 아버지께서 **어떠한** 사랑을 우리
계 18:22	**어떠한** 세공업자든지 결코 다시 네 안에

어떤(a, an)

| 출 2:11 | 노동하는 것을 보더니 **어떤** 애굽 사람이 |

'어떤' 과 관련된 성구

어떤 나라 - 대하 9:19; 32:15; 겔 14:13
어떤 도시 - 눅 18:2; 약 4:13
어떤 사람 - 창 22:20; 32:24; 37:15; 38:13, 24; 48:1, 2; 출 16:27; 22:9; 레 5:3; 19:20; 22:11; 24:10; 27:2, 14, 16, 28, 31; 민 5:12; 15:32; 신 19:11, 16; 21:15; 수 2:2; 8:22; 10:17; 삿 4:20; 7:13; 9:25; 11:24; 18:7; 삼상 2:13; 10:12; 15:12; 17:31; 18:20; 19:19, 21, 22; 23:7, 13, 22, 25; 24:1, 10; 27:4; 삼하 2:4; 3:23; 6:12; 10:17; 11:10; 15:2, 31; 17:18; 18:24; 19:1, 8; 왕상 1:23, 51; 2:29, 39, 41; 8:31; 20:39; 왕하 1:7; 10:5; 17:26; 23:10; 대상 19:5, 17; 대하 6:22; 20:2; 느 5:2, 3, 4; 13:15; 욥 21:23, 25; 24:2, 9; 34:7; 시 20:7; 전 2:21; 4:8; 5:19; 6:2; 사 7:2; 8:19; 49:12; 겔 13:10, 12; 22:11; 32:19; 43:6; 호 4:4; 슥 13:6; 마 12:11; 18:12; 19:16; 21:28; 25:14; 26:67; 막 12:19; 13:21; 14:4, 57, 65; 눅 9:7, 8, 49, 57; 10:30; 13:23; 14:16; 15:4, 11; 20:28; 21:5; 요 7:12, 25, 40, 41; 9:9, 16; 10:21; 행 15:1, 24; 17:4, 18, 28, 32; 18:10; 19:9; 롬 14:2, 6; 고전 10:7, 8, 9, 10; 11:21; 12:8, 9, 10; 15:6, 12; 고후 3:1; 5:16; 갈 1:7; 엡 4:11; 살전 1:5; 딤전 1:3; 4:1; 5:24; 6:16; 딤후 2:18; 히 10:25; 약 2:18

어떤 서기관 - 마 9:3; 막 2:6
어떤 임금 - 마 18:23; 22:2; 눅 14:31
어떤 형상 - 출 20:4; 신 4:15, 16, 23; 5:8
어떤 형제 - 행 10:23; 고전 5:11; 7:12

어떤 - 기타 본문

모세오경 출 2:11; 10:26; 레 6:27; 11:32, 33; 14:34; 15:19; 17:14; 21:9, 11; 23:21, 25, 28, 30,

【 어떻게 】   【 어렵다 】

36; 신3:24; 4:17, 18, 33, 34; 7:2; 13:13; 16:21; 17:2; 18:6, 20; 20:10, 19; 22:3, 22, 23, 25; 23:18 **역사서** 수6:18; 삿13:4, 7, 14; 19:1; 삼상 4:12; 10:27; 13:7; 삼하12:4; 17:17; 대상9:28, 29, 30, 32; 대하19:10; 25:7; 34:13; 스2:68; 느 7:70, 71; 13:15 **시가서, 선지서** 욥4:12; 35:8; 시 119:133; 잠3:31; 6:35; 7:12; 12:21; 14:12; 16:25; 18:24; 21:26; 전2:3; 9:14; 사36:20; 37:11; 45:24; 렘9:4; 17:22, 24; 18:18; 겔1:12, 20; 31:8, 18; 단2:10; 3:8; 4:9; 6:7, 12; 11:37; 암4:7, 8 **복음서** 마10:11; 13:8, 23; 16:14; 19:3; 27:47; 막4:18; 6:15; 9:38; 11:5; 15:35; 눅6:2; 7:2; 8:2, 20; 10:25, 33; 13:1, 31; 15:8; 16:1; 18:18; 19:12, 39; 20:27, 39; 21:2; 24:22; 요 5:4; 10:32; 11:1, 37, 46; 12:29; 13:29 **역사서, 서신서** 행2:13; 6:9; 15:5; 17:5, 20; 19:1, 13, 24, 31, 32; 21:34; 24:1, 18; 롬1:11; 3:3, 8, 39; 고전 3:4; 4:18; 7:13; 8:7; 고후10:4, 12; 12:16; 갈 2:6, 12; 빌1:15; 3:15; 살전5:22; 딤전1:19; 4:3; 5:4; 딛1:12; 히4:12; 11:35, 36; 벧후3:9; 요일3:12; 유1:22, 23

어떻게(how, what)

창16:13 이는 내가 **어떻게** 여기서 나를 살피시는

어떻게 - 기타 본문

모세오경, 역사서 창16:13; 18:13; 27:20; 29:15; 30:29; 37:20; 44:16; 출2:4; 17:4; 19:4; 32:21; 33:5; 민9:8; 10:31; 14:34; 15:34; 24:14; 신 12:30; 17:9; 18:21; 수7:9; 9:7, 14; 삿13:8, 12; 16:5, 6; 20:3; 21:7, 16; 룻3:16, 18; 삼상4:16; 6:2; 10:27; 22:3; 25:17; 삼하1:4, 5; 2:22; 6:20; 12:18; 16:20; 19:35; 21:3; 왕상12:6, 9; 14:3, 19; 19:1, 20; 22:22, 45; 왕하2:9; 4:2; 17:28; 대상13:12; 대하10:6, 9; 18:20; 20:12; 에1:15; 2:11; 6:6; 8:1 **시가서, 선지서** 욥11:3; 19:28; 31:14; 시30:9; 124:1; 전2:3; 5:16; 11:5; 사5:5; 10:3; 14:32; 19:11; 21:11; 37:11; 49:24; 50:4; 52:5; 렘3:19; 4:30; 7:12; 8:18; 9:7; 36:17; 47:7; 호6:4; 암7:2, 5; 욘1:11; 합 2:1; 학2:3; 말1:2, 6, 7; 2:17; 3:7, 8 **복음서, 역사서** 마6:28; 10:19; 12:14, 26, 29, 34; 21:40; 22:15, 42; 23:33; 26:54; 27:22; 막3:6; 4:13,

27, 30; 5:14, 19, 20; 10:3; 11:18; 12:9, 41; 14:11, 64; 15:12; 눅1:18; 6:11; 8:18, 36, 39; 10:26; 11:18; 12:11; 19:15; 20:15; 23:31, 55; 24:6; 요1:48; 3:4, 12; 6:6, 28, 62; 7:15; 8:5; 9:10, 15, 16, 19, 21, 26; 11:47; 21:21; 행4:9, 16, 21; 5:35; 7:40; 9:27; 12:18; 16:30; 20:18; 25:20 **서신서, 예언서** 롬1:10; 4:10; 고전3:10; 14:15; 15:35; 엡5:15; 빌2:23; 3:11; 살전1:9, 10; 2:10; 4:1; 살후2:3; 3:7; 딤전3:15; 요일 3:2; 계3:3

어렵다(difficult, hard)

출1:14 **어려운** 노동으로 그들의 생활을 괴롭게
출14:25 병거 바퀴를 벗겨서 달리기가 **어렵게**
출18:26 백성을 재판하되 **어려운** 일은 모세에게
레16:22 모든 불의를 지고 접근하기 **어려운** 땅에
신1:17 스스로 결단하기 **어려운** 일이 있거든
신14:24 행로가 **어려워서** 네 하나님 여호와께서
신15:18 그를 놓아 자유하게 하기를 **어렵게** 여기
신17:8 네가 판결하기 **어려운** 일이 생기거든
신30:11 네게 명령한 이 명령은 네게 **어려운** 것
룻3:14 서로 알아보기 **어려울** 때에 일어났으니
삼하3:39 이 사람들을 제어하기가 너무 **어려우니**
왕상10:1 솔로몬의 명성을 듣고 와서 **어려운** 문제
왕하2:10 이르되 네가 **어려운** 일을 구하는도다
왕하3:26 전세가 극렬하여 당하기 **어려움**을 보고
대하9:1 솔로몬의 명성을 듣고 와서 **어려운** 질문
욥2:12 그가 욥인 줄 알기 **어렵게** 되었으므로
욥42:3 스스로 알 수도 없고 헤아리기도 **어려운**
시60:3 주께서 주의 백성에게 **어려움**을 보이
시66:11 그물에 걸리게 하시며 **어려운** 짐을 우리
시106:23 그가 택하신 모세가 그 **어려움** 가운데
시116:6 순진한 자를 지키시나니 내가 **어려울**
잠10:19 말이 많으면 허물을 면하기 **어려우나**
잠18:19 견고한 성을 취하기보다 **어려운즉** 이러
사21:15 당긴 활과 전쟁의 **어려움**에서 도망하였
사33:19 그 백성은 방언이 **어려워** 네가 알아듣지
렘6:11 분노가 내게 가득하여 참기 **어렵도다**
겔3:5 너를 언어가 다르거나 말이 **어려운** 백성
겔3:6 너를 언어가 다르거나 말이 **어려워** 네가
단2:11 왕께서 물으신 것은 **어려운** 일이라 육체
단4:9 은밀한 것이라도 네게는 **어려울** 것이
호13:13 해산하는 여인의 **어려움**이 그에게 임하

【 어루러기 】　　　　　　　　　　　　　　　　　　　　【 어리다 】

마 19:23 부자는 천국에 들어가기가 **어려우니라**
막 10:23 나라에 들어가기가 심히 **어렵도다** 하시
막 10:24 나라에 들어가기가 얼마나 **어려운지**
눅 11:46 너희 율법교사여 지기 **어려운** 짐을 사람
눅 18:24 나라에 들어가기가 얼마나 **어려운지**
요 6:60 이 말씀은 **어렵도다** 누가 들을 수 있느냐
히 5:11 것이 둔하므로 설명하기 **어려우니라**
벧후 3:16그 중에 알기 **어려운** 것이 더러 있으니

어루러기(rash)

레 13:39 이는 피부에 발생한 **어루러기**라 그는

어루만지다/어루만져지다(caress, touch)

왕상 19:5 천사가 그를 **어루만지며** 그에게 이르되
왕상 19:7 천사가 또 다시 와서 **어루만지며** 이르되
겔 23:3 눌리며 그 처녀의 가슴이 **어루만져졌나**
겔 23:8 그 처녀의 가슴이 **어루만져졌으며** 그의
겔 23:21 네 가슴과 유방이 **어루만져졌던** 것을
단 8:18 잠들매 그가 나를 **어루만져서** 일으켜
단 10:10 한 손이 있어 나를 **어루만지기로** 내가

어룽지다(dapple)

슥 6:3 넷째 병거는 **어룽지고** 건장한 말들이
슥 6:6 흰 말은 그 뒤를 따르고 **어룽진** 말은

어른(elder, older one, head)

출 6:14 그들의 조상을 따라 집의 **어른**은 이러
출 6:25 레위 사람의 조상을 따라 가족의 **어른**
출 34:31 아론과 회중의 모든 **어른**이 모세에게
레 21:4 제사장은 그의 백성의 **어른**인즉 자신
민 3:32 엘르아살은 레위인의 지휘관들의 **어른**
신 32:7 네 **어른**들에게 물으라 그들이 네게 말하
삿 20:2 온 백성의 **어른** … 모든 지파의 **어른**들
대상 15:16다윗이 레위 사람의 **어른**들에게 명령
대상 28:1 곧 각 지파의 **어른**과 왕을 섬기는 반장들
대하 19:11지파의 **어른** 이스마엘의 아들 스바댜가
욥 32:9 **어른**이라고 지혜롭거나 노인이라고
사 37:2 서기관 셉나와 제사장 중 **어른**들도 굵은
사 43:28 내 성소의 **어른**들을 욕되게 하며 야곱
렘 19:1 백성의 **어른**들과 제사장의 **어른** 몇 사람
단 2:48 또 바벨론 모든 지혜자의 **어른**을 삼았
단 5:11 갈대아 술사와 점쟁이의 **어른**을 삼으
욘 8:9 양심에 가책을 느껴 **어른**으로 시작하여

어리다(boy, childhood, infancy, youth)

창 8:21 마음이 계획하는 바가 **어려서부터**
창 46:34 주의 종들은 **어렸을** 때부터 지금까지
민 30:3 여자가 만일 **어려서** 그 아버지 집에 있을
삿 8:20 칼을 빼지 못하였으니 이는 아직 **어려서**
삼상 2:18사무엘은 **어렸을** 때에 세마포 에봇을
삼상 12:2내가 **어려서부터** 오늘까지 너희 앞에
삼상 17:33너는 소년이요 그는 **어려서부터** 용사
왕상 18:12당신의 종은 **어려서부터** 여호와를 경외
대하 34:3아직도 **어렸을** 때 곧 왕위에 있은 지
욥 31:18 내가 **어렸을** 때부터 과부를 인도하였
시 37:25 **어려서부터** 늙기까지 의인이 버림을
시 71:5 주는 나의 소망이시요 내가 **어릴** 때부터
시 71:17 하나님이여 나를 **어려서부터** 교훈하셨
시 88:15 내가 **어릴** 적부터 고난을 당하여 죽게
시 128:3 네 식탁에 둘러 앉은 자식들은 **어린** 감람
시 129:1 내가 **어릴** 때부터 여러 번 나를 괴롭혔
시 129:2 **어릴** 때부터 여러 번 나를 괴롭혔으나
잠 29:21 종을 **어렸을** 때부터 곱게 양육하면 그가
전 11:9 청년이여 네 **어린** 때를 즐거워하며 네
전 11:10 **어릴** 때와 검은 머리의 시절이 다 헛되
사 47:15 **어려서부터** 너와 함께 장사하던 자들
사 54:6 마음에 근심하는 아내 곧 **어릴** 때에 아내
렘 22:21 네가 **어려서부터** 내 목소리를 청종하지
렘 31:19 **어렸을** 때의 치욕을 지므로 부끄럽고
겔 4:14 **어려서부터** 지금까지 스스로 죽은 것
겔 16:22 네가 **어렸을** 때에 벌거벗은 몸이었으며
겔 23:3 그들이 애굽에서 행음하되 **어렸을** 때에
호 2:15 그가 거기서 응대하기를 **어렸을** 때와
호 11:1 이스라엘이 **어렸을** 때에 내가 사랑하여
욜 1:8 너희는 처녀가 **어렸을** 때에 약혼한 남자
슥 13:5 나는 농부라 내가 **어려서부터** 사람의
말 2:14 너와 네가 **어려서** 맞이한 아내 사이에
말 2:15 네 심령을 삼가 지켜 **어려서** 맞이한 아내
막 9:21 되었느냐 하시니 이르되 **어릴** 때부터
막 10:20 선생님이여 이것은 내가 **어려서부터**
눅 18:21 여짜오되 이것은 내가 **어려서부터** 다
갈 4:1 모든 것의 주인이나 **어렸을** 동안에는
갈 4:3 우리도 **어렸을** 때에 이 세상의 초등학문
딤후 3:15또 **어려서부터** 성경을 알았나니 성경

어리다 – 기타 본문
삼상 1:24; 대상 22:5; 29:1; 대하 13:7; 시편

【 어리다 】　　　　　　　　　　　　　　　　　【 어리석다 】

144:12; 전 10:16; 겔 16:43, 60

성경에 나오는 '어린' 것

어린 나귀 – 삿 10:4; 12:14; 사 30:6, 24; 요 12:14
어린 낙타 – 사 60:6
어린 딸 – 민 30:16; 막 5:23; 7:25
어린 사람 – 왕상 12:8, 14
어린 사슴 – 아 2:9, 17; 4:5; 8:14
어린 사자 – 욥 4:10; 사 5:29; 11:6; 렘 2:15; 41:19; 슥 11:3
어린 소녀 – 왕하 5:2
어린 수소 – 출 29:1; 레 23:18
어린 수송아지 – 대하 13:9; 겔 43:19, 25
어린 숫양 – 레 14:10, 12, 13, 21; 23:19; 민 7:15, 17, 21, 23, 27, 29, 33, 35, 39, 41, 45, 47, 51, 53, 57, 59, 63, 65, 71, 75, 77, 81, 83, 87, 88; 15:11
어린 아기 – 마 21:16; 눅 18:15
어린 아들 – 삼하 9:12
어린 암양 – 레 14:10; 민 6:14
어린 양 – 창 22:7, 8; 출 12:3, 4, 51; 13:13; 29:38, 39, 40, 41; 34:20; 레 3:7; 4:32, 35; 5:6, 7; 9:3; 12:6, 8; 14:24, 25; 17:3; 23:18, 20; 민 9:11; 15:5; 28:4, 7, 8, 13, 14, 21, 29; 29:4, 10, 15, 18, 21, 24, 27, 30, 33, 37; 신 32:14; 삼상 7:9; 15:9; 대상 29:21; 대하 29:21, 22, 32; 35:7; 스 6:9, 17; 7:17; 8:35; 시 37:20; 114:4, 6; 잠 27:26; 사 1:11; 5:17; 11:6; 16:1; 34:6; 40:11; 53:7; 65:25; 66:3; 렘 11:19; 31:12; 51:40; 겔 27:21; 39:18; 45:15; 46:4, 5, 6, 7, 11, 13, 15; 호 4:16; 암 6:4; 눅 10:3; 요 1:29, 36; 21:15; 행 8:32; 벧전 1:19; 계 5:6, 7, 8, 12, 13; 6:1, 16; 7:9, 10, 14, 17; 12:11; 13:8, 11; 14:1, 4, 10; 15:3; 17:14; 19:7, 9; 21:9, 14, 22, 23, 27; 22:1, 3
어린 염소 – 민 15:11; 대하 35:7; 사 11:6
어린 자 – 창 25:23; 롬 9:12
어린 자녀 – 애 1:5; 2:11, 19; 미 2:9
어린 자식 – 신 28:57
어린 집비둘기 – 눅 2:24

어리둥절하다(stun)
창 45:26 말을 믿지 못하여 어리둥절하더니

어리석다(foolish, wicked, worthless)
모세오경 – 시가서
창 31:28 하였으니 네 행위가 참으로 어리석도다
민 12:11 슬프도다 내 주여 우리가 어리석은 일을
신 32:6 어리석고 지혜 없는 백성아 여호와께
신 32:21 어리석은 민족으로 그들의 분노를 일으
삼상 26:21 내가 어리석은 일을 하였으니 대단히
삼하 13:12 마땅히 행하지 못할 것이니 이 어리석은
삼하 13:13 너도 이스라엘에서 어리석은 자 중의
삼하 15:31 아히도벨의 모략을 어리석게 하옵소서
욥 2:10 그대의 말이 한 어리석은 여자의 말 같도
욥 5:2 미련한 자를 죽이고 시기가 어리석은
욥 12:17 끌어 가시며 재판장을 어리석은 자가
시 14:1 어리석은 자는 그의 마음에 이르기를
시 49:10 지혜 있는 자도 죽고 어리석고 무지한 자
시 49:13 이것이 바로 어리석은 자들의 길이며
시 53:1 어리석은 자는 그의 마음에 이르기를
시 85:8 그들은 다시 어리석은 데로 돌아가지
시 92:6 어리석은 자도 알지 못하며 무지한 자도
시 94:8 백성 중의 어리석은 자들아 너희는 생각
잠 1:4 어리석은 자를 슬기롭게 하며 젊은 자
잠 1:22 너희 어리석은 자들은 어리석음을 좋아
잠 1:32 어리석은 자의 퇴보는 자기를 죽이며
잠 7:7 어리석은 자 중에, 젊은이 가운데에 한
잠 8:5 어리석은 자들아 너희는 명철할지니라
잠 9:4 어리석은 자는 이리로 돌이키라 또 지혜
잠 9:6 어리석음을 버리고 생명을 얻으라 명철
잠 9:13 미련한 여인이 떠들며 어리석어서 아무
잠 9:16 어리석은 자는 이리로 돌이키라 또 지혜
잠 9:18 오직 그 어리석은 자는 죽은 자들이 거기
잠 14:8 미련한 자의 어리석음은 속이는 것이
잠 14:15 어리석은 자는 온갖 말을 믿으나 슬기
잠 14:16 어리석은 자는 방자하여 스스로 믿느
잠 14:17 노하기를 속히 하는 자는 어리석은 일을
잠 14:18 어리석은 자는 어리석음으로 기업을
잠 14:29 마음이 조급한 자는 어리석음을 나타
잠 19:25 거만한 자를 때리라 그리하면 어리석은
잠 19:29 채찍은 어리석은 자의 등을 위하여 예비
잠 21:11 거만한 자가 벌을 받으면 어리석은 자도
잠 22:3 피하여도 어리석은 자는 나가다가 해를

【 어리석다 】　　　　　　　　　　　　　　　　　　【 어린아이 】

잠 26:4	미련한 자의 **어리석은** 것을 따라 대답	고후 11:16	누구든지 나를 **어리석은** 자로 여기지 말라 … 자랑할 수 있도록 **어리석은**
잠 26:5	미련한 자에게는 그의 **어리석음**을 따라	고후 11:17	오직 **어리석은** 자와 같이 기탄 없이
잠 27:12	**어리석은** 자들은 나가다가 해를 받느	고후 11:19	너희는 지혜로운 자로서 **어리석은** 자들
잠 29:11	**어리석은** 자는 자기의 노를 다 드러내어	고후 11:21	누가 무슨 일에 담대하면 **어리석은** 말이
전 2:3	일인지를 알아볼 때까지 내 **어리석음**을	고후 12:6	만일 자랑하고자 하여도 **어리석은** 자가
전 2:12	돌이켜 지혜와 망령됨과 **어리석음**을	고후 12:11	내가 **어리석은** 자가 되었으나 너희가
전 7:25	얼마나 **어리석은** 것이요 **어리석은** 것이	갈 3:1	**어리석도다** 갈라디아 사람들아 예수

선지서

사 19:11	소안의 방백은 **어리석었고** 바로의 가장	갈 3:3	너희가 이같이 **어리석으냐** 성령으로
사 19:13	소안의 방백들은 **어리석었고** 놉의 방백	엡 5:4	누추함과 **어리석은** 말이나 희롱의 말이
사 32:5	**어리석은** 자를 다시 존귀하다 부르지	엡 5:17	그러므로 **어리석은** 자가 되지 말고 오직
사 32:6	**어리석은** 자는 **어리석은** 것을 말하며	딤전 6:9	여러 가지 **어리석고** 해로운 욕심에 떨어
사 44:25	물리쳐 그들의 지식을 **어리석게** 하며	딤후 2:23	**어리석고** 무식한 변론을 버리라 이에서
렘 4:22	내 백성은 나를 알지 못하는 **어리석은**	딤후 3:6	남의 집에 가만히 들어가 **어리석은** 여자
렘 5:4	말하기를 이 무리는 비천하고 **어리석은**	딤후 3:9	두 사람이 된 것과 같이 그들의 **어리석음**
렘 5:21	**어리석고** 지각이 없으며 눈이 있어도	딛 3:3	우리도 전에는 **어리석은** 자요 순종하지
렘 10:8	그들은 다 무지하고 **어리석은** 것이니	딛 3:9	그러나 **어리석은** 변론과 족보 이야기와
렘 10:14	사람마다 **어리석고** 무식하도다 은장	벧전 2:15	곧 선행으로 **어리석은** 사람들의 무식한
렘 10:21	목자들은 **어리석어** 여호와를 찾지 아니		
렘 17:11	그것이 떠나겠고 마침내 **어리석은** 자가	**어린것**(children, infant)	
렘 29:23	그들이 이스라엘 중에서 **어리석게** 행하	출 10:24	양과 소는 머물러 두고 너희 **어린것**들은
렘 50:36	그들이 **어리석게** 될 것이며 칼이 용사의	시 137:9	네 **어린것**들을 바위에 메어치는 자는
렘 51:17	사람마다 **어리석고** 무식하도다 금장색	렘 49:20	양 떼의 **어린것**들을 그들이 반드시 끌고
애 2:14	네게 대하여 헛되고 **어리석은** 묵시를	렘 50:45	양 떼의 **어린것**들을 그들이 반드시 끌어
겔 13:3	심령을 따라 예언하는 **어리석은** 선지자		
호 7:11	에브라임은 **어리석은** 비둘기같이 지혜		
호 9:7	선지자가 **어리석었고** 신에 감동하는		
슥 11:15	또 **어리석은** 목자의 기구들을 빼앗을		

어린아이
(boy, infant, little child)

구약

창 21:17	하나님이 그 **어린아이**의 소리를 들으셨으므

신약

마 7:26	그 집을 모래 위에 지은 **어리석은** 사람	창 43:8	아버지와 우리 **어린아이**들이 다 살고
마 23:17	**어리석은** 맹인들이여 어느 것이 크냐	창 47:24	너희 가족과 **어린아이**의 양식으로도
눅 11:40	**어리석은** 자들아 겉을 만드신 이가 속도	창 50:8	그들의 **어린아이**들과 양 떼와 소 떼와
눅 12:20	하나님은 이르시되 **어리석은** 자여 오늘	출 10:10	너희와 너희의 **어린아이**들을 보내면
롬 1:14	야만인이나 지혜 있는 자나 **어리석은**	민 32:16	우리 **어린아이**들을 위하여 성읍을 건축
롬 1:22	스스로 지혜 있다 하나 **어리석게** 되어	민 32:17	우리 **어린아이**들을 그 견고한 성읍에
롬 2:20	진리의 모본을 가진 자로서 **어리석은**	민 32:24	너희는 **어린아이**들을 위하여 성읍을
고전 1:25	하나님의 **어리석음**이 사람보다 지혜롭	민 32:26	우리 **어린아이**들과 아내와 양 떼와
고전 2:14	이는 그것들이 그에게는 **어리석게** 보임	삿 18:21	그들이 돌이켜 **어린아이**들과 가축
고전 3:18	지혜 있는 줄로 생각하거든 **어리석은**	삿 21:10	야베스 길르앗 주민과 부녀와 **어린아이**
고전 3:19	*이 세상 지혜는 하나님께 **어리석은** 것*	왕하 5:14	그의 살이 **어린아이**의 살같이 회복되어
고전 4:10	우리는 그리스도 때문에 **어리석으나**	왕하 8:12	장정을 칼로 죽이며 **어린아이**를 메치며
고전 15:36	**어리석은** 자여 네가 뿌리는 씨가 죽지	대하 31:18	족보에 기록된 온 회중의 **어린아이**들
고후 11:1	원하건대 너희는 나의 좀 **어리석은** 것을		

【 어린이 】　　　　　　　　　　　　　　　　　　　　　　　　　　　　【 어머니 】

스 8:21	스스로 겸비하여 우리와 우리 **어린아이**	대하 20:13	그들의 아내와 자녀와 **어린이**와 더불어
스 10:1	백성의 남녀와 **어린아이**의 큰 무리가	에 3:13	유다인을 젊은이 늙은이 **어린이** 여인들
느 12:43	부녀와 **어린아이**도 즐거워하였으므로	사 65:20	날 수가 많지 못하여 죽는 **어린이**와 수한
욥 19:18	**어린아이**들까지도 나를 업신여기고	렘 48:4	모압이 멸망을 당하여 그 **어린이**들의
시 8:2	주의 대적으로 말미암아 **어린아이**들과	겔 9:6	늙은 자와 젊은 자와 처녀와 **어린이**와
시 17:14	남은 산업을 그들의 **어린아이**들에게	욜 2:16	장로들을 모으며 **어린이**와 젖 먹는 자를
사 11:6	살진 짐승이 함께 있어 **어린아이**에게	마 14:21	먹은 사람은 여자와 **어린이** 외에 오천 명
사 11:8	젖 뗀 **어린아이**가 독사의 굴에 손을 넣으	마 15:38	먹은 자는 여자와 **어린이** 외에 사천 명이
사 13:16	그들의 **어린아이**들은 그들의 목전에서	마 21:15	다윗의 자손이여 하는 **어린이**들을 보고
애 4:4	혀가 입천장에 붙음이여 **어린아이**들이		
호 13:16	그 **어린아이**는 부서뜨려지며 아이 밴	**어머니**(mother)	
나 3:10	**어린아이**들은 길 모퉁이 모퉁이에 메어	모세오경	
신약		창 21:21	광야에 거주할 때에 그의 **어머니**가 그를
마 11:25	**어린아이**들에게는 나타내심을 감사하	창 24:28	소녀가 달려가서 이 일을 **어머니** 집에
마 18:2	예수께서 한 **어린아이**를 불러 그들	창 24:53	그의 오라버니와 **어머니**에게도 보물을
마 18:3	너희가 돌이켜 **어린아이**들과 같이 되지	창 24:55	리브가의 오라버니와 그의 **어머니**가
마 18:4	누구든지 이 **어린아이**와 같이 자기를	창 24:67	그의 **어머니** 사라의 장막으로 … 이삭
마 18:5	누구든지 내 이름으로 이런 **어린아이**		이 그의 **어머니**를 장례한 후에 위로를
마 19:13	기도해 주심을 바라고 **어린아이**들을	창 27:11	야곱이 그 **어머니** 리브가에게 이르되
마 19:14	예수께서 이르시되 **어린아이**들을 용납	창 27:13	**어머니**가 그에게 이르되 내 아들아 너의
막 9:36	**어린아이** 하나를 데려다가 그들 가운데	창 27:14	끌어다가 **어머니**에게로 … **어머니**가
막 9:37	내 이름으로 이런 **어린아이** 하나를 영접	창 27:29	형제들의 주가 되고 네 **어머니**의 아들
막 10:13	만져 주심을 바라고 **어린아이**들을 데리	창 30:14	들에서 합환채를 얻어 그의 **어머니** 레아
막 10:14	**어린아이**들이 내게 오는 것을 용납하고	창 37:10	네가 꾼 꿈이 무엇이냐 나와 네 **어머니**
막 10:15	하나님의 나라를 **어린아이**와 같이 받들	창 43:29	요셉이 눈을 들어 자기 **어머니**의 아들
막 10:16	그 **어린아이**들을 안고 그들 위에 안수	창 44:20	그의 형은 죽고 그의 **어머니**가 남긴 것
눅 9:47	변론하는 것을 아시고 **어린아이** 하나를	출 2:8	소녀가 가서 그 아기의 **어머니**를 불러
눅 9:48	내 이름으로 이런 **어린아이**를 영접하면	레 18:7	네 **어머니**의 하체는 곧 네 아버지의 …
눅 10:21	**어린아이**들에게는 나타내심을 감사하		범하지 말라 그는 네 **어머니**인즉 너는
눅 18:16	그 **어린아이**들을 … **어린아이**들이 내게	레 18:9	곧 네 아버지의 딸이나 네 **어머니**의 딸
눅 18:17	하나님의 나라를 **어린아이**와 같이 받아	레 18:13	하체를 범하지 말라 그는 네 **어머니**의
행 7:19	조상들을 괴롭게 하여 그들의 **어린아이**들을	레 20:9	그가 자기의 아버지나 **어머니**를 저주
롬 2:20	어리석은 자의 교사요 **어린아이**의 선생	레 20:17	그의 아버지의 딸이나 그의 **어머니**의
고전 3:1	그리스도 안에서 **어린아이**들을 대함과	레 21:2	살붙이인 그의 **어머니**나 그의 아버지나
고전 13:11	**어린아이**와 같고… **어린아이**와 … **어**	레 24:10	이스라엘 자손 중에 그의 **어머니**가
	린아이와 같다가 … **어린아이**의 일을	레 24:11	모세에게로 가니라 그의 **어머니**의 이름
고전 14:20	악에는 **어린아이**가 되라 지혜에는 장성		
고후 12:14	**어린아이**가 부모를 … 부모가 **어린아이**	'어머니'와 관련된 성구	
엡 4:14	이제부터 **어린아이**가 되지 아니하여	모든 산 자의 어머니 – 창 3:20	
히 5:13	이는 젖을 먹는 자마다 **어린아이**니 의	여러 민족의 어머니 – 창 17:16	
		이스라엘의 어머니 – 삿 5:7	
어린이(child)		천만인의 어머니 – 창 24:60	
신 31:12	곧 백성의 남녀와 **어린이**와 네 성읍 안에		

【 어머니 】　　　　　　　　　　　　　　　　　　　　【 어머니 】

신 13:6　네 어머니의 아들 곧 네 형제나 네 자녀
신 21:18　그의 아버지의 말이나 그 어머니의 말
신 27:22　곧 그의 아버지의 딸이나 어머니의 딸

역사서
삿 8:19　그들은 내 형제들이며 내 어머니의 아들
삿 9:1　아비멜렉이 세겜에 가서 그의 어머니
삿 9:3　그의 어머니의 형제들이 그를 위하여
삿 17:2　그의 어머니에게 이르되 어머니께서 은 천백을 … 그의 어머니가 이르되 내
삿 17:3　그의 어머니에게 … 어머니가 이르되
삿 17:4　그의 어머니에게 … 어머니가 그 은 이백
룻 1:8　각기 너희 어머니의 집으로 돌아가라
룻 1:10　우리는 어머니와 함께 어머니의 백성
룻 1:16　어머니를 떠나며 어머니를 … 어머니께서 … 나도 가고 어머니께서 머무시는 … 어머니의 … 어머니의 하나님이
룻 1:17　어머니께서 죽으시는 곳에서 나도 죽어 … 만일 내가 죽는 일 외에 어머니를
룻 3:5　룻이 시어머니에게 이르되 어머니
삼상 2:19　어머니가 매년 드리는 제사를 드리러
삼하 20:19　당신이 이스라엘 가운데 어머니 같은
왕상 2:19　다시 왕좌에 앉고 그의 어머니를 위하여
왕상 2:20　내 어머니여 구하소서 내가 어머니
왕상 2:22　솔로몬 왕이 그의 어머니에게 대답하여
왕상 3:26　그 산 아들의 어머니 되는 여자가 그
왕상 3:27　죽이지 말라 저가 그의 어머니이니라
왕상 11:26　그의 어머니의 이름은 스루아이니 과부
왕상 14:21　그의 어머니의 이름은 나아마요 암몬
왕상 14:31　그의 어머니의 이름은 나아마요 암몬
왕상 15:2　어머니의 이름은 마아가요 아비살롬
왕상 15:10　그의 어머니의 이름은 마아가라 아비
왕상 15:13　또 그의 어머니 마아가가 혐오스러운
왕상 17:23　그의 어머니에게 주며 이르되 보라 네
왕상 22:42　그의 어머니의 이름은 아수바라 실히의
왕상 22:52　그의 아버지의 길과 그의 어머니의 길과
왕하 4:19　사환에게 말하여 그의 어머니에게로
왕하 4:20　곧 어머니에게로 … 낮까지 어머니의
왕하 4:21　그의 어머니가 올라가서 아들을 하나님
왕하 4:30　아이의 어머니가 이르되 여호와께서
왕하 8:5　그 다시 살린 아이의 어머니가 자기 집
왕하 8:26　어머니의 이름은 아달랴라 이스라엘
왕하 9:22　네 어머니 이세벨의 음행과 술수가
왕하 12:1　어머니의 이름은 시비아라 브엘세바

왕하 14:2　그의 어머니의 이름은 여호앗단이요
왕하 15:2　어머니의 이름은 여골리야라 예루살렘
왕하 15:33　어머니의 이름은 여루사라 사독
왕하 18:2　그의 어머니의 이름은 아비요 스가리야
왕하 21:1　그의 어머니의 이름은 헵시바더라
왕하 21:19　그의 어머니의 이름은 므술레멧이요
왕하 22:1　그의 어머니의 이름은 여디다요 보스갓
왕하 23:31　그의 어머니의 이름은 하무달이라 립나
왕하 23:36　그의 어머니의 이름은 스비다라 루마
왕하 24:8　어머니의 이름은 느후스다요 예루살렘
왕하 24:12　그의 어머니와 신복과 지도자들과 내시
왕하 24:15　왕의 어머니와 왕의 아내들과 내시
왕하 24:18　어머니의 이름은 하무달이요 립나인
대상 2:26　이름은 아다라 그는 오남의 어머니
대상 4:9　그의 어머니가 이름하여 이르되 야베스
대하 12:13　르호보암의 어머니의 이름은 나아마요
대하 13:2　그의 어머니의 이름은 미가야요 기브아
대하 15:16　아사 왕의 어머니 마아가가 아세라의
대하 20:31　그의 어머니의 이름은 아수바라 실히
대하 22:2　어머니의 이름은 아달랴요 오므리의
대하 22:3　그의 어머니가 꾀어 악을 행하게 하였
대하 24:1　어머니의 이름은 시비아요 브엘세바
대하 25:1　어머니의 이름은 여호앗단이요
대하 26:3　어머니의 이름은 여골리야요 예루살렘
대하 27:1　그의 어머니의 이름은 여루사요 사독이
대하 29:1　그의 어머니의 이름은 아비야요 스가랴

부모와의 관계에서 '반드시 죽일지니라'에 해당되는 사람
아버지나 어머니를 모욕하는 자 - 막 7:10
아버지나 어머니를 비방하는 자 - 마 15:4
자기 아버지나 어머니를 치는 자 - 출 21:15
자기의 아버지나 어머니를 저주하는 자 - 출 21:17; 레 20:9

시가서
욥 3:11　어찌하여 내 어머니가 해산할 때에 내가
욥 17:14　구더기에게 너는 내 어머니, 내 자매라
욥 24:9　어떤 사람은 고아를 어머니의 품에서
시 22:9　내 어머니의 젖을 먹을 때에 의지하게
시 35:14　몸을 굽히고 슬퍼하기를 어머니를 곡함
시 50:20　네 형제를 공박하며 네 어머니의 아들을

【 어머니 】　　　　　　　　　　　　　　　　　　　　　【 어머니 】

시 51:5	죄악 중에서 출생하였음이여 **어머니**가
시 69:8	형제에게는 객이 되고 나의 **어머니**의
시 71:6	나의 **어머니**의 배에서부터 주께서 나를
시 109:14	그의 **어머니**의 죄를 지워 버리지 마시고
시 113:9	자녀들을 즐겁게 하는 **어머니**가 되게
시 131:2	젖 뗀 아이가 그의 **어머니** 품에 있음
잠 4:3	내 아버지에게 아들이었으며 내 **어머니**
잠 31:1	르무엘 왕이 말씀한 바 곧 그의 **어머니**가
아 1:6	내 **어머니**의 아들들이 나에게 노하여
아 3:4	그를 붙잡고 내 **어머니** 집으로, 나를
아 3:11	혼인날 마음이 기쁠 때에 그의 **어머니**가
아 6:9	그는 그의 **어머니**의 외딸이요 그 낳은
아 8:1	네가 내 **어머니**의 젖을 먹은 오라비 같았
아 8:2	내가 너를 이끌어 내 **어머니** 집에 들이고
아 8:5	너로 말미암아 네 **어머니**가 고생한 곳

선지서

사 45:10	**어머니**에게는 무엇을 낳으려고 해산의
사 49:1	내 **어머니**의 복중에서부터 내 이름을
사 66:13	**어머니**가 자식을 위로함같이 내가 너희
렘 15:10	재앙이로다 나의 **어머니**여 **어머니**께서
렘 16:3	이 땅에서 그들을 해산한 **어머니**와 그들
렘 16:7	그들의 아버지나 **어머니**의 상사를 위하
렘 20:14	나의 **어머니**가 나를 낳던 날이 복이 없었
렘 20:17	나의 **어머니**를 내 무덤이 되지 않게 하셨
렘 22:26	내가 너와 너를 낳은 **어머니**를 너희가
렘 50:12	너희의 **어머니**가 큰 수치를 당하리라
렘 52:1	**어머니**의 이름은 하무달이라 립나인
애 2:12	그의 **어머니**들의 … 떠날 때에 **어머니**들
애 5:3	고아들이오며 우리의 **어머니**는 과부들
겔 16:3	아버지는 아모리 사람이요 네 **어머니**는
겔 16:44	속담을 말하기를 **어머니**가 그러하면
겔 16:45	너는 그 남편과 자녀를 싫어한 **어머니**의 딸이요 … 네 **어머니**는 헷 사람이며
겔 19:2	네 **어머니**는 무엇이냐 암사자라 그가
겔 19:10	**어머니**는 물 가에 심겨진 포도나무
겔 23:2	두 여인이 있었으니 한 **어머니**의 딸이라
호 2:2	너희 **어머니**와 논쟁하고 논쟁하라 그는
호 2:5	그들의 **어머니**는 음행하였고 그들을
호 4:5	밤에 넘어지리라 내가 네 **어머니**를
호 10:14	그 때에 **어머니**와 자식이 함께 부서졌
미 7:6	아버지를 멸시하며 딸이 **어머니**를 대적

신약

마 1:18	그의 **어머니** 마리아가 요셉과 약혼하고
마 2:11	집에 들어가 아기와 그의 **어머니** 마리아
마 2:13	아기와 그의 **어머니**를 데리고 애굽으로
마 2:14	밤에 아기와 그의 **어머니**를 데리고 애굽
마 2:20	아기와 그의 **어머니**를 데리고 이스라엘
마 2:21	요셉이 일어나 아기와 그의 **어머니**를
마 10:35	딸이 **어머니**와, 며느리가 시어머니와
마 10:37	아버지나 **어머니**를 나보다 더 사랑하는
마 12:46	그의 **어머니**와 동생들이 예수께 말하
마 12:47	보소서 당신의 **어머니**와 동생들이 당신
마 12:48	누가 내 **어머니**이며 내 동생들이냐
마 12:49	제자들을 가리켜 이르시되 나의 **어머니**
마 12:50	내 형제요 자매요 **어머니**이니라 하시
마 13:55	목수의 아들이 아니냐 그 **어머니**는
마 14:8	그가 제 **어머니**의 시킴을 듣고 이르되
마 14:11	그 소녀에게 주니 그가 자기 **어머니**에게
마 15:5	아버지에게나 **어머니**에게 말하기를
마 19:12	**어머니**의 태로부터 된 고자도 있고 사람
막 3:32	당신의 **어머니**와 동생들과 누이들이
막 3:33	대답하시되 누가 내 **어머니**이며 동생
막 3:34	앉은 자들을 보시며 이르시되 내 **어머니**
막 3:35	행하는 자가 내 형제요 자매요 **어머니**
막 6:24	그 **어머니**에게 … 그 **어머니**가 이르되
막 6:28	소녀에게 주니 소녀가 이것을 그 **어머니**
막 7:11	아버지에게나 **어머니**에게나 말하기를
막 7:12	자기 아버지나 **어머니**에게 다시 아무 것
막 10:29	집이나 형제나 자매나 **어머니**나 아버지
막 10:30	현세에 있어 집과 형제와 자매와 **어머니**

성경에 나오는 '어머니'

세베대의 아들의 어머니 – 마 20:20; 27:56
솔로몬의 어머니 밧세바 – 왕상 1:11; 2:13
시스라의 어머니 – 삿 5:28
아하시야의 어머니 아달랴 – 왕하 11:1; 대하 22:10
야고보와 요셉의 어머니 마리아 – 마 27:56; 막 15:40
야고보의 어머니 마리아 – 막 16:1
야곱과 에서의 어머니 리브가 – 창 28:5
예수의 어머니 – 막 3:31; 눅 8:19; 요 2:1, 3; 행 1:14
요세의 어머니 마리아 – 막 15:47
요압의 어머니 스루야 – 삼하 17:25
요한의 어머니 마리아 – 행 12:12

【 어명 】   【 어여쁘다 】

눅 1:43   내 주의 **어머니**가 내게 나아오니 이 어찌
눅 1:60   그 **어머니**가 대답하여 이르되 아니라
눅 2:34   그들에게 축복하고 그의 **어머니** 마리아
눅 2:48   그의 부모가 보고 놀라며 그의 **어머니**는
눅 2:51   순종하여 받드시더라 그 **어머니**는 이
눅 7:12   이는 한 **어머니**의 독자요 그 **어머니**는
눅 7:15   말도 하거늘 예수께서 그를 **어머니**에게
눅 8:20   어떤 이가 알리되 당신의 **어머니**와 동생
눅 8:21   예수께서 대답하여 이르시되 내 **어머니**
눅 12:53 **어머니**가 딸과, 딸이 **어머니**와, 시어머니
요 2:5   그의 **어머니**가 하인들에게 이르되 너희
요 2:12   예수께서 그 **어머니**와 형제들과 제자들
요 19:25 예수의 십자가 곁에는 그 **어머니**와 이모
요 19:26 자기의 **어머니**와…자기 **어머니**께 말씀
요 19:27 그 제자에게 이르시되 보라 네 **어머니**라
행 16:1   그 **어머니**는 믿는 유대 여자요 아버지는
롬 16:13 택하심을 입은 루포와 그의 **어머니**에게
          문안하라 그의 **어머니**는 곧 내 **어머니**
갈 1:15   내 **어머니**의 태로부터 나를 택정하시고
갈 4:26   예루살렘은 자유자니 곧 우리 **어머니**라
엡 6:2   네 아버지와 **어머니**를 공경하라 이것이
딤전 1:9 아버지를 죽이는 자와 **어머니**를 죽이는
딤전 5:2 늙은 여자에게는 **어머니**에게 하듯 하며
딤후 1:5 외조모 로이스와 네 **어머니** 유니게 속에
히 7:3   아버지도 없고 **어머니**도 없고 족보도

어명(御命, king's command)
에 4:5   에스더가 왕의 **어명**으로 자기에게 가까
에 8:14   왕의 **어명**이 매우 급하매 역졸이 왕의
에 8:17   왕의 **어명**이 이르는 각 지방, 각 읍에서
에 9:1   열두째 달 십삼일은 왕의 **어명**을 시행

어문(漁門, Fish Gate)
대하 33:14 골짜기 안에 외성을 쌓되 **어문** 어귀까지
느 3:3   **어문**은 하스나아의 자손들이 건축하여
느 12:39 에브라임 문 위로 옛문과 **어문**과 하나넬
습 1:10   나 여호와가 말하노라 그 날에 **어문**에

어미(mother)
삼상 15:33 여인 중 네 **어미**에게 자식이 없으리라
삼상 20:30 네 수치와 네 **어미**의 벌거벗은 수치 됨
잠 1:8   아비의 훈계를 들으며 네 **어미**의 법을
잠 6:20   아비의 명령을 지키며 네 **어미**의 법을

잠 10:1   기쁘게 하거니와 미련한 아들은 **어미**의
잠 15:20 즐겁게 하여도 미련한 자는 **어미**를 업신
잠 17:25 아비의 근심이 되고 그 **어미**의 고통이
잠 19:26 아비를 구박하고 **어미**를 쫓아내는 자는
잠 20:20 자기의 아비나 **어미**를 저주하는 자는
잠 23:22 아비에게 청종하고 네 늙은 **어미**를 경히
잠 23:25 즐겁게 하며 너를 낳은 **어미**를 기쁘게
잠 29:15 임의로 행하게 버려 둔 자식은 **어미**를
잠 30:11 아비를 저주하며 **어미**를 축복하지 아니
잠 30:17 아비를 조롱하며 **어미** 순종하기를 싫어
사 50:1   내가 너희의 **어미**를 내보낸 이혼 증서
           가 … 너희의 **어미**는 너희의 배역함으
렘 15:8   그들과 청년들의 **어미**를 쳐서 놀람과
계 17:5   땅의 음녀들과 가증한 것들의 **어미**라

┌─────────────────────────────────────┐
│ '짐승의 어미와 새끼'와 관련된 성구 │
│   │
│ 새끼를 그 어미의 젖으로 삶지 말라   │
│   – 출 23:19; 34:26; 신 14:21   │
│ 어미 (새)는 놓아 주라 – 신 22:7   │
│ 어미 새와 새끼를 아울러 취하지 말라 – 신 22:6 │
│ 어미와 새끼를 같은 날에 잡지 말라 – 레 22:28 │
│ 어미와 함께 있게 하라 – 출 22:30; 레 22:27 │
└─────────────────────────────────────┘

어부(漁夫, fisher, fisherman)
사 19:8   **어부**들은 탄식하며 나일 강에 낚시를
렘 16:16 보라 내가 많은 **어부**를 불러다가 그들을
겔 47:10 이 강 가에 **어부**가 설 것이니 엔게디에서
마 4:18   그물 던지는 것을 보시니 그들은 **어부**라
마 4:19   내가 너희를 사람을 낚는 **어부**가 되게
막 1:16   그물 던지는 것을 보시니 그들은 **어부**라
막 1:17   내가 너희로 사람을 낚는 **어부**가 되게
눅 5:2   배 두 척이 있는 것을 보시니 **어부**들은

어서(quickly)
딤후 4:9 너는 **어서** 속히 내게로 오라
딤후 4:21 겨울 전에 **어서** 오라 으불로와 부데와

어여쁘다(beautiful, handsome)
아 1:8   여인 중에 **어여쁜** 자야 네가 알지 못하
아 1:15   내 사랑아 너는 **어여쁘고** 어여쁘다 네
아 1:16   나의 사랑하는 자야 너는 **어여쁘고** 화창
아 2:10   나의 사랑, 내 **어여쁜** 자야 일어나서

1654

【 어울리다 】   【 어찌 】

아 2:13   나의 사랑, 나의 **어여쁜** 자야 일어나서
아 4:1   내 사랑 너는 **어여쁘고도** 어여쁘다 너울
아 4:3   네 입은 **어여쁘고** 너울 속의 네 뺨은
아 4:7   나의 사랑 너는 **어여쁘고** 아무 흠이 없구
아 5:9   여자들 가운데에 **어여쁜** 자야 너의 사랑
아 6:1   가운데에서 **어여쁜** 자야 네 사랑하는
아 6:4   너는 디르사같이 **어여쁘고**, 예루살렘

어울리다(be allied with, match)
욥 34:37 우리와 **어울려** 손뼉을 치며 하나님을
시 94:20 악한 재판장이 어찌 주와 **어울리리이까**
눅 5:36   찢은 조각이 낡은 것에 **어울리지** 아니

어전(king's hall)
에 1:10   제칠일에 왕이 주흥이 일어나서 **어전**
에 5:1   왕궁 안 뜰 곧 **어전** … 왕이 **어전**에서
렘 52:12 바벨론 왕의 **어전** 사령관 느부사라단이

어제(last, yesterday)
창 19:34 큰 딸이 작은 딸에게 이르되 **어제** 밤에는
창 31:29 너희 아버지의 하나님이 **어제** 밤에 내게
창 31:42 손의 수고를 보시고 **어제** 밤에 외삼촌
출 5:14   너희가 어찌하여 **어제**와 오늘에 만드는
삼상 20:27 이새의 아들이 어찌하여 **어제**와 오늘
삼하 15:20 너는 **어제** 왔고 나는 정처 없이 가니
왕하 9:26 내가 **어제** 나봇의 피와 그의 아들들의
욥 8:9   (우리는 **어제**부터 있었을 뿐이라 우리는
시 90:4   주의 목전에는 천 년이 지나간 **어제** 같으
요 4:52   그 낫기 시작한 때를 물은즉 **어제** 일곱
요 6:22   또 **어제** 예수께서 제자들과 함께 그 배에
행 7:28   네가 **어제**는 애굽 사람을 죽임과 같이
행 27:23 하나님의 사자가 **어제** 밤에 내 곁에 서서
히 13:8   예수 그리스도는 **어제**나 오늘이나 영원

어족(魚族, fish)
신 4:18   땅 아래 물 속에 있는 어떤 **어족**의 형상

어주(御酒, royal wine)
에 1:7   왕이 풍부하였으므로 **어주**가 한이 없으

어지럽다/어지러이(be bewildered, trouble)
출 14:24 군대를 보시고 애굽 군대를 **어지럽게**
신 32:11 독수리가 자기의 보금자리를 **어지럽게**

삼상 7:10 큰 우레를 발하여 그들을 **어지럽게** 하시
에 3:15   함께 앉아 마시되 수산 성은 **어지럽더라**
사 19:14 그 가운데 **어지러운** 마음을 섞으셨으
사 21:4   마음이 **어지럽고** 두려움이 나를 놀라게
렘 2:23   빠른 암낙타가 그의 길을 **어지러이** 달리
겔 22:5   이름이 더럽고 **어지러움**이 많은 자여
행 17:6   천하를 **어지럽게** 하던 이 사람들이 여기
갈 5:12   너희를 **어지럽게** 하는 자들은 스스로

어지럽히다(turn)
사 3:12   네가 다닐 길을 **어지럽히느니라**

어질다(best)
왕하 10:3 아들들 중에서 가장 **어질고** 정직한 자

어쩌면(how, what)
시 73:16 내가 **어쩌면** 이를 알까 하여 생각한즉

어찌(how, why)
창 4:6   **어찌** 됨이며 안색이 변함은 **어찌** 됨이냐

어찌 – 기타 본문

모세오경 창 4:7; 12:19; 17:17; 18:29, 30, 31, 32; 24:31; 26:9, 10; 27:45; 29:15; 31:26, 30; 39:9; 41:38; 43:7; 44:7, 8, 34; 47:15, 19; 출 6:12, 30; 13:14; 14:5; 18:14; 32:1, 23; 레 10:19; 민 11:12; 16:13; 22:37; 23:8, 11, 12, 19, 23; 24:5; 신 1:12; 7:17; 20:19; 32:30 역사서 삿 5:16, 17, 30; 8:1, 3, 6, 15; 9:9, 11, 13, 28; 14:3, 16; 16:15; 20:12; 룻 1:11, 13, 21; 삼상 4:6, 14; 11:12; 15:14; 16:2; 17:29; 19:5; 20:30; 21:15; 25:11; 27:5; 삼하 3:24; 6:9; 11:11; 12:21, 23; 15:20; 16:9, 10; 19:34, 41, 42, 43; 23:5; 왕상 1:16; 22:3; 왕하 4:43; 5:26; 6:22, 33; 7:2, 19; 9:22; 10:4; 18:24, 25; 19:11; 20:19; 대상 11:19; 대하 2:6; 32:4, 11; 스 9:14; 느 2:3; 6:11; 13:17, 27; 에 3:4; 8:6 시가서 욥 1:9; 4:17; 6:5, 12, 25, 30; 8:3; 9:2, 29; 10:5; 11:2, 3, 7, 8; 14:14; 15:2, 3, 14; 16:3; 21:4; 22:2, 13; 25:3, 4; 27:9, 10; 30:24; 31:1; 32:16; 33:13; 34:17; 36:19; 37:20; 39:9, 10, 26, 27; 41:3, 4, 5, 6; 시 3:1; 8:1, 9; 22:1; 31:19; 36:7; 49:5; 58:1; 66:3; 73:11; 84:1; 89:47; 92:5; 94:20; 104:24; 119:97, 103; 133:1; 137:4; 139:17; 잠 6:27, 28;

【 억누르다 】　　　　　　　　　　　　　　　　　　　【 억지/-로 】

20:24; 22:27; 23:5; 24:12; 27:24; 전 4:11; 5:6; 아 1:7; 4:10; 5:3; 7:1, 6 선지서 사 5:4; 10:15; 14:4, 12; 20:6; 28:24; 29:16; 36:9; 44:19; 48:11; 49:15; 50:2; 51:9, 10; 52:7; 57:6; 58:5; 64:5; 66:8, 9; 렘 2:18, 21, 23, 29, 32, 33; 5:7, 9; 8:4, 8, 14, 22; 12:5; 13:12; 15:18; 16:10, 20; 18:14, 20; 22:8; 23:28; 25:29; 44:19; 49:1; 50:23; 애 1:1; 2:1, 20; 3:39; 4:1, 2; 겔 12:22; 13:7; 15:5; 16:30; 17:9; 18:2, 19, 23, 25, 29; 26:17; 33:10, 11; 38:14; 단 2:15; 10:17; 호 10:9; 11:8; 암 3:3, 4, 5, 6; 6:12; 욜 1:5, 6; 욘 4:9, 11; 미 2:7; 나 3:8; 습 2:15; 슥 1:6; 8:6; 9:17; 13:6; 말 1:8; 2:14; 3:8 신약 마 6:28; 16:8, 11; 22:43, 45; 26:65; 막 2:7; 3:23; 4:40; 8:17; 9:12; 12:37; 14:63; 눅 1:34, 43, 66; 12:26, 56; 13:7; 16:2; 20:44; 22:71; 요 3:9; 5:44, 47; 6:52; 7:41; 10:36; 14:5; 행 2:8, 12; 5:9, 24; 7:26; 8:31; 23:9; 롬 3:6, 7; 6:2; 8:32; 9:20, 32; 10:14, 15; 고전 1:13; 3:3; 7:16; 9:6, 9; 14:7, 9, 16; 고후 1:17; 3:1; 6:14, 15, 16; 딤전 3:5; 히 2:3; 9:14; 10:2; 12:7; 약 3:11, 12; 요일 3:17

억누르다(抑留, debtor)
합 2:7　　너를 **억누를** 자들이 갑자기 일어나지

억눌리다(be crushed, oppressed)
욥 5:4　　구원에서 멀고 성문에서 **억눌리나** 구할
시 146:7　**억눌린** 사람들을 위해 정의로 심판하

억류하다(抑留, attack)
창 43:18　이는 우리를 **억류하고** 달려들어 우리

억세다
시 147:10 사람의 다리가 **억세다** 하여 기뻐하지

억압/-하다(抑壓, defraud, exploit, oppress)
레 19:13　너는 네 이웃을 **억압하지** 말며 착취하
삿 10:8　　쳤으며 열여덟 해 동안 **억압하였더라**
시 43:2　　어찌하여 원수의 **억압으로** 말미암아
시 103:6　**억압** 당하는 모든 자를 위하여 심판하시
시 105:14 사람이 그들을 **억압하는** 것을 용납하지
사 14:6　　노하여 열방을 **억압하여도** 그 억압을
사 49:26　내가 너를 **억압하는** 자들에게 자기의
약 2:6　　부자는 너희를 **억압하며** 법정으로 끌고

억울하다(抑鬱, deprive, vindicate)
창 30:6　　라헬이 이르되 하나님이 내 **억울함을**
신 24:17　객이나 고아의 송사를 **억울하게** 하지
신 27:19　객이나 고아나 과부의 송사를 **억울하게**
삼상 24:15사정을 살펴 **억울함을** 풀어 주시고
욥 19:6　　하나님이 나를 **억울하게** 하시고 자기
시 57:6　　내 영혼이 **억울하도다** 그들이 내 앞에
시 72:4　　가난한 백성의 **억울함을** 풀어 주며 궁핍
잠 18:5　　재판할 때에 의인을 **억울하게** 하는 것이
사 29:21　잡듯 하며 헛된 일로 의인을 **억울하게**
사 51:22　네 주 여호와, 그의 백성의 **억울함을**
애 3:36　　사람의 송사를 **억울하게** 하는 것은 주
애 3:59　　여호와 나의 **억울함을** 보셨사오니
암 5:12　　성문에서 가난한 자를 **억울하게** 하는
말 3:5　　**억울하게** 하며 … 나그네를 **억울하게**

억제하다(抑制, control oneself)
창 43:31　얼굴을 씻고 나와서 그 정을 **억제하고**
창 45:1　　시종하는 자들 앞에서 그 정을 **억제하지**
스 4:23　　유다 사람들을 보고 권력으로 **억제하여**
잠 29:11　지혜로운 자는 그것을 **억제하느니라**

억지/-로(抑止, by force, force)
창 31:31　외삼촌의 딸들을 내게서 **억지로** 빼앗
출 9:2　　네가 만일 보내기를 거절하고 **억지로**
삼상 2:16그렇지 아니하면 내가 **억지로** 빼앗으
삼상 25:10요즈음에 각기 주인에게서 **억지로** 떠나
삼하 13:14다말보다 힘이 세므로 **억지로** 그와 동침
에 1:8　　법도가 있어 사람으로 **억지로** 하지
잠 29:4　　**억지로** 내게 하는 자는 나라를 멸망시키
마 5:41　　또 누구든지 너로 **억지로** 오 리를 가게
마 27:32　예수의 십자가를 **억지로** 지워 가게 하였
막 15:21　그들이 그를 **억지로** 같이 가게 하여 예수
요 6:15　　자기를 **억지로** 붙들어 임금으로 삼으
고후 9:5　준비하여야 참 연보답고 **억지가** 아니
고후 9:7　인색함으로나 **억지로** 하지 말지니
고후 12:11어리석은 자가 되었으나 너희가 **억지로**
갈 2:3　　헬라인 디도까지도 **억지로** 할례를 받게
갈 2:14　　어찌하여 **억지로** 이방인을 유대인답게
갈 6:12　　**억지로** 너희에게 할례를 받게 함은 그들
몬 1:14　　너의 선한 일이 **억지** 같이 되지 아니하고
벧전 5:2　하나님의 양 무리를 치되 **억지로** 하지
벧후 3:16성경과 같이 그것도 **억지로** 풀다가

언니(elder)

창 29:16 라반에게 두 딸이 있으니 **언니**의 이름은
창 29:26 라반이 이르되 **언니**보다 아우를 먼저
창 30:1 그의 **언니**를 시기하여 야곱에게 이르되
창 30:8 라헬이 이르되 내가 **언니**와 크게 경쟁
창 30:14 라헬이 레아에게 이르되 **언니**의 아들의
창 30:15 오늘 밤에 내 남편이 **언니**와 동침하리라

언덕(height, hill)

출 15:8 콧김에 물이 쌓이되 파도가 **언덕**같이
민 34:4 돌아서 아그랍빔 **언덕** 남쪽에 이르고
신 33:15 산의 좋은 산물과 영원한 작은 **언덕**의
수 3:15 곡식 거두는 시기에는 항상 **언덕**에 넘치
수 4:18 본곳으로 도로 흘러서 전과 같이 **언덕**에
수 13:19 십마와 골짜기의 **언덕**에 있는 세렛 사할
수 17:11 므낫세 주민과 그 마을들 세 **언덕** 지역
수 22:10 요단 **언덕** 가에 이르자 거기서 요단 가에
수 22:11 땅의 맨 앞쪽 요단 **언덕** 가 이스라엘
삼하 20:15 그 성읍을 향한 지역 **언덕** 위에 토성을
왕하 2:13 겉옷을 주워 가지고 돌아와 요단 **언덕**에
왕하 5:24 **언덕**에 이르러서는 게하시가 그 물건을
대상 12:15 정월에 요단 강 물이 모든 **언덕**에 넘칠
욥 39:8 초장 **언덕**으로 두루 다니며 여러 가지
잠 8:25 **언덕**이 생기기 전에 내가 이미 났으니
아 5:13 향기로운 꽃밭 같고 향기로운 풀 **언덕**과
사 2:14 높은 산과 모든 솟아 오른 작은 **언덕**과
사 8:7 모든 골짜기에 차고 모든 **언덕**에 넘쳐
사 19:7 가까운 곳 나일 **언덕**의 초장과 나일 강
사 31:4 여호와가 강림하여 시온 산과 그 **언덕**에
사 40:4 **언덕**마다 낮아지며 고르지 아니한 험한
사 40:12 접시저울로 산들을, 막대 저울로 **언덕**
사 42:15 내가 산들과 **언덕**들을 황폐하게 하며
사 54:10 산들이 떠나며 **언덕**들은 옮겨질지라도
사 55:12 산들과 **언덕**들이 너희 앞에서 노래를
렘 16:16 산과 모든 **언덕**과 바위 틈에서 사냥하게
렘 17:2 높은 **언덕** 위 푸른 나무 곁에 있는 그
렘 30:18 성읍은 그 폐허가 된 **언덕** 위에 건축될
렘 31:39 측량줄이 곧게 가렙 **언덕** 밑에 이르고
렘 48:5 **언덕**으로 올라가면서 울고 호로나임
렘 49:2 랍바는 폐허더미 **언덕**이 되겠고 그 마을
렘 50:6 그들이 산에서 **언덕**으로 돌아다니며
겔 4:2 흙성을 쌓고 그것을 향하여
겔 6:3 여호와께서 산과 **언덕**과 시내와 골짜기

겔 27:29 바다의 선장들이 다 배에서 내려 **언덕**에
단 8:16 두 **언덕** 사이에서 사람의 목소리가 있어
단 12:5 이쪽 **언덕**에 섰고 하나는 강 저쪽 **언덕**에

언덕길(on the side of the hill)

민 23:3 다 당신에게 알리리이다 하고 **언덕길**로
삼하 13:34 뒷산 **언덕길**로 여러 사람이 오는도다

언도하다(言渡, decide)

눅 23:24 그들이 구하는 대로 하기를 **언도하고**

언변(言辯, speaking)

행 18:24 이 사람은 **언변**이 좋고 성경에 능통한
고전 1:5 너희가 그 안에서 모든 일 곧 모든 **언변**과

언성(言聲, tone)

갈 4:20 이제라도 너희와 함께 있어 내 **언성**을

언약/-하다(言約, covenant)

모세오경

창 6:18 너와는 내가 내 **언약**을 세우리니 너는
창 9:9 내가 내 **언약**을 너희와 너희 후손과
창 9:11 너희와 **언약**을 세우리니 다시는 모든
창 9:12 대대로 영원히 세우는 **언약**의 증거는
창 9:13 이것이 나와 세상 사이의 **언약**의 증거
창 9:15 육체를 가진 모든 생물 사이의 내 **언약**을
창 9:17 모든 생물 사이에 세운 **언약**의 증거가
창 15:18 여호와께서 아브람과 더불어 **언약**을
창 17:2 내가 내 **언약**을 나와 너 사이에 두어 너를
창 17:4 내 **언약**이 너와 함께 있으니 너는 여러
창 17:9 너는 내 **언약**을 지키고 네 후손도 대대로
창 17:10 너희 후손 사이에 지킬 내 **언약**이니라
창 17:11 나와 너희 사이의 **언약**의 표징이니라
창 17:13 내 **언약**이 너희 살에 있어 영원한 **언약**이
창 17:14 백성 중에서 끊어지리니 그가 내 **언약**을
창 17:19 그와 내 **언약**을 세우리니 그의 후손에게
창 17:21 내 **언약**은 내가 내년 이 시기에 사라가
창 21:27 주고 두 사람이 서로 **언약**을 세우니라
창 21:32 브엘세바에서 **언약**을 세우매 아비멜렉
창 31:44 내가 **언약**을 맺고 그것으로 너와 나 사이
출 2:24 야곱에게 세운 그의 **언약**을 기억하사
출 6:4 그들에게 주기로 그들과 **언약하였더니**
출 6:5 신음 소리를 내가 듣고 나의 **언약**을 기억

【 언약/-하다 】

출 19:5	내 **언약**을 지키면 너희는 모든 민족 중에
출 23:32	너는 그들과 그들의 신들과 **언약하지**
출 34:10	여호와께서 이르시되 보라 내가 **언약**을
출 34:12	네가 들어가는 땅의 주민과 **언약**을 세우
출 34:15	그 땅의 주민과 **언약**을 세우지 말지니
출 34:27	너와 이스라엘과 **언약**을 세웠음이니라
레 26:9	너희와 함께 한 내 **언약**을 이행하리라
레 26:15	계명을 준행하지 아니하며 내 **언약**을
레 26:25	내가 칼을 너희에게로 가져다가 **언약**을
레 26:42	아브라함과 맺은 내 **언약**을 기억하고
레 26:44	그들과 맺은 내 **언약**을 폐하지 아니하
레 26:45	조상과의 **언약**을 그들을 위하여 기억
민 25:12	내가 그에게 내 평화의 **언약**을 주리니
민 25:13	후손에게 영원한 제사장 직분의 **언약**
신 4:13	**언약**을 너희에게 반포하시고 너희에게
신 4:23	여호와께서 너희와 세우신 **언약**을 잊지
신 4:31	조상들에게 맹세하신 **언약**을 잊지 아니
신 5:2	여호와께서 호렙 산에서 우리와 **언약**을
신 5:3	**언약**은 여호와께서 우리 조상들과 세우
신 7:2	**언약**도 하지 말 것이요 그들을 불쌍히
신 7:9	지키는 자에게는 천 대까지 그의 **언약**을
신 7:12	네 조상들에게 맹세하신 **언약**을 지켜
신 8:18	네 조상들에게 맹세하신 **언약**을 오늘과
신 9:11	여호와께서 내게 돌판 곧 **언약**의 두 돌판
신 9:15	**언약**의 두 돌판은 내 두 손에 있었느니라
신 17:2	여호와의 목전에 악을 행하여 그 **언약**을
신 23:23	여호와께 네가 서원하여 입으로 **언약한**

성경에 나오는 '언약'

거룩한 **언약** - 단 11:28, 30; 눅 1:72
두 **언약** - 갈 4:24
새 **언약** - 렘 31:31; 눅 22:20; 고전 11:25; 고후 3:6; 히 8:8, 13; 9:15; 12:24
소금 **언약** - 민 18:19; 대하 13:5
여호와의 **언약** - 수 7:15; 왕상 8:21; 렘 22:9
영원한 **언약** - 창 9:16; 17:7, 13, 19; 출 31:16; 레 24:8; 삼하 23:5; 대상 16:17; 시 105:10; 사 24:5; 55:3; 61:8; 렘 32:40; 50:5; 겔 16:60; 37:26; 히 13:20
주의 **언약** - 신 33:9; 왕상 19:10, 14; 시 44:17
첫 **언약** - 히 8:7; 9:1, 15, 18
하나님의 **언약** - 대하 34:32; 시 78:10; 잠 2:17
화평의 **언약** - 사 54:10; 겔 34:25; 37:26

신 29:14	네가 이 **언약**과 맹세를 너희에게만 세우
신 29:21	율법책에 기록된 모든 **언약**의 저주대로
신 29:25	인도하여 내실 때에 더불어 세우신 **언약**
신 31:16	나를 버리고 내가 그들과 맺은 **언약**을
신 31:20	신들을 섬기며 나를 멸시하여 내 **언약**을

역사서

수 7:11	그들에게 명령한 나의 **언약**을 어겼으며
수 23:16	여호와께서 너희에게 명령하신 **언약**을
수 24:25	세겜에서 백성과 더불어 **언약**을 맺고
삿 2:1	너희와 함께 한 **언약**을 영원히 어기지
삿 2:2	땅의 주민과 **언약**을 맺지 말며 그들의
삿 2:20	내가 그들의 조상들에게 명령한 **언약**을
삼상 11:1	나하스에게 이르되 우리와 **언약하자**
삼상 11:2	오른 눈을 다 빼야 너희와 **언약하리라**
삼상 18:3	생명같이 사랑하여 더불어 **언약**을 맺었
삼상 20:16	다윗의 집과 **언약하기**를 여호와께서는
삼상 23:18	두 사람이 여호와 앞에서 **언약하고** 다윗
삼하 3:12	당신은 나와 더불어 **언약**을 맺사이다
삼하 3:13	다윗이 이르되 좋다 내가 너와 **언약**을
삼하 3:21	내 주 왕의 앞에 모아 더불어 **언약**을 맺게
삼하 5:3	헤브론에서 여호와 앞에 그들과 **언약**을
왕상 8:9	여호와께서 저희와 **언약**을 맺으실 때에
왕상 8:23	종들에게 **언약**을 지키시고 은혜를 베푸
왕상 11:11	네가 내 **언약**과 내가 네게 명령한 법도
왕상 11:4	성전으로 들어가서 그들과 **언약**을 맺고
왕상 11:17	왕과 백성에게 여호와와 **언약**을 맺어 … 왕과 백성 사이에도 **언약**을 세우게
왕하 13:23	이삭과 야곱과 더불어 세우신 **언약** 때문
왕하 17:15	조상들과 더불어 세우신 **언약**과 경계
왕하 17:35	여호와께서 야곱의 자손에게 **언약**을
왕하 17:38	내가 너희와 세운 **언약**을 잊지 말며
왕하 18:12	**언약**과 여호와의 종 모세가 명령한 모든
대상 11:3	다윗이 그들과 여호와 앞에 **언약**을 맺으
대상 16:15	**언약** 곧 천 대에 명령하신 말씀을 영원
대상 16:16	아브라함에게 하신 **언약**이며 이삭에게
대하 5:10	그들과 **언약**을 세우실 때에 모세가 호렙
대하 6:11	더불어 세우신 **언약**을 넣은 궤를 두었
대하 6:14	앞에서 행하는 주의 종들에게 **언약**을
대하 7:18	전에 내가 네 아버지 다윗과 **언약하기**를
대하 15:12	하나님 여호와를 찾기로 **언약하고**
대하 21:7	이전에 다윗과 더불어 **언약**을 세우시고
대하 23:1	아들 엘리사밧 등과 더불어 **언약**을 세우
대하 23:3	회중이 하나님의 전에서 왕과 **언약**을

【 언약/-하다 】

대하 23:16 자기와 모든 백성과 왕 사이에 **언약**
대하 29:10 하나님 여호와와 더불어 **언약**을 세워
대하 34:31 여호와 앞에서 **언약**을 세우되 마음을
스 10:3 하나님과 **언약**을 세우고 율법대로 행할
느 1:5 주의 계명을 지키는 자에게 **언약**을 지키
느 9:8 충성됨을 보시고 그와 더불어 **언약**을
느 9:32 두려우시며 **언약**과 인자하심을 지키
느 9:38 이제 견고한 **언약**을 세워 기록하고
느 13:29 레위 사람에 대한 **언약**을 어겼사오니

시가서

욥 5:23 들에 있는 돌이 너와 **언약**을 맺겠고 들
시 25:10 여호와의 모든 길은 그의 **언약**과 증거를
시 25:14 그의 **언약**을 그들에게 보이시리로다
시 50:5 앞에 모으라 그들은 제사로 나와 **언약한**
시 50:16 내 율례를 전하며 내 **언약**을 네 입에
시 55:20 화목한 자를 치고 그의 **언약**을 배반하
시 74:20 **언약**을 눈여겨 보소서 무릇 땅의 어두운
시 78:37 그의 **언약**에 성실하지 아니하였음이로
시 89:3 내가 택한 자와 **언약**을 맺으며 내 종 다윗
시 89:28 영원히 지키고 그와 맺은 나의 **언약**을
시 89:34 내 **언약**을 깨뜨리지 아니하고 내 입술
시 89:39 주의 종의 **언약**을 미워하사 그의 관을
시 103:18 그의 **언약**을 지키고 그의 법도를 기억
시 105:8 **언약** 곧 천 대에 걸쳐 명령하신 말씀을
시 105:9 아브라함과 맺은 **언약**이고 이삭에게
시 106:45 그들을 위하여 그의 **언약**을 기억하시고
시 111:5 양식을 주시며 그의 **언약**을 영원히 기억
시 111:9 속량하시며 그의 **언약**을 영원히 세우
시 132:12 자손이 내 **언약**과 그들에게 교훈하는

대선지서

사 2:6 이방인과 더불어 손을 잡아 **언약하였음**
사 28:15 말하기를 우리는 사망과 **언약하였고**
사 28:18 너희가 사망과 더불어 세운 **언약**이 폐하
사 42:6 세워 백성의 **언약**과 이방의 빛이 되게
사 49:8 너를 보호하여 너를 백성의 **언약**으로
사 56:4 기뻐하는 일을 선택하며 나의 **언약**을
사 56:6 더럽히지 아니하며 나의 **언약**을 굳게
사 57:8 네 침상을 넓히고 그들과 **언약하며**
사 59:21 이르시되 내가 그들과 세운 나의 **언약**
렘 11:2 너희는 이 **언약**의 말을 듣고 유다인과
렘 11:3 **언약**의 말을 따르지 않는 자는 저주를
렘 11:4 **언약**은 내가 너희 조상들을 쇠풀무 애굽
렘 11:5 꿀이 흐르는 땅을 주리라 **언약**을 이루

렘 11:6 이르기를 너희는 이 **언약**의 말을 듣고
렘 11:8 **언약**의 모든 규정대로 그들에게 이루게
렘 11:10 그들의 조상들과 맺은 **언약**을 깨뜨렸
렘 14:21 우리와 세우신 **언약**을 기억하시고 폐하
렘 31:32 남편이 되었어도 그들이 내 **언약**을 깨뜨
렘 31:33 후에 내가 이스라엘 집과 맺을 **언약**은
렘 33:20 나의 **언약**을 깨뜨려 주로로 그 때를 잃게
렘 33:21 제사장에게 세운 **언약**도 파할 수 있으
렘 33:25 주야와 맺은 **언약**이 없다든지 천지의
렘 34:13 집에서 인도하여 낼 때에 그들과 **언약**을
렘 34:18 조각 사이로 지나매 내 앞에서 **언약**을 맺었
겔 16:8 맹세하고 **언약하여** 너를 내게 속하게
겔 16:59 네가 맹세를 멸시하여 **언약**을 배반하
겔 16:60 **언약**을 기억하고 너와 영원한 **언약**을
겔 16:61 딸로 주려니와 네 **언약**으로 말미암음
겔 16:62 내가 네게 내 **언약**을 세워 내가 여호와
겔 17:13 그 왕족 중에서 하나를 택하여 **언약**을
겔 17:14 스스로 서지 못하고 그 **언약**을 지켜야
겔 17:15 행한 자가 피하겠느냐 **언약**을 배반하
겔 17:16 그가 맹세를 저버리고 **언약**을 배반하
겔 17:18 그가 이미 손을 내밀어 **언약하였거늘**
맹세를 업신여겨 **언약**을 배반하고
겔 17:19 내 맹세를 업신여기고 내 **언약**을 배반
겔 20:37 지나가게 하며 **언약**의 줄로 매려니와
겔 44:7 가증한 일 외에 그들이 내 **언약**을 위반
단 9:4 계명을 지키는 자를 위하여 **언약**을 지키
단 9:27 사람들과 더불어 한 이레 동안의 **언약**을
단 11:32 **언약**을 배반하고 악행하는 자를 속임수

소선지서

호 2:18 공중의 새와 땅의 곤충과 더불어 **언약**을
호 6:7 그들은 아담처럼 **언약**을 어기고 거기에
호 8:1 내 **언약**을 어기며 내 율법을 범함이로다
호 10:4 헛된 말을 내며 거짓 맹세로 **언약**을 세우

'언약'과 관련된 성구

언약의 돌판 – 신 9:9; 히 9:4
언약의 말씀 – 출 34:28; 신 29:1, 9; 왕상 23:3; 대하 34:31
언약의 사자 – 말 3:1
언약의 소금 – 레 2:13
언약의 자손 – 행 3:25
언약의 피 – 출 24:8; 슥 9:11; 마 26:28; 막 14:24; 히 9:20; 10:29; 13:20

【 언약궤 】　　　　　　　　　　　　　　　　　　　【 언제 】

학 2:5　너희와 **언약한** 말과 나의 영이 계속하여
슥 11:10　모든 백성들과 세운 **언약**을 폐하려 하였
말 2:4　나의 **언약**이 항상 있게 하려 함인 줄을
말 2:5　나의 **언약**은 생명과 평강의 **언약**이라
말 2:8　너희가 레위의 **언약**을 깨뜨렸느니라
말 2:10　거짓을 행하여 우리 조상들의 **언약**을

신약
눅 22:5　기뻐하여 돈을 주기로 **언약하는지라**
행 7:8　**언약**을 아브라함에게 주셨더니 그가
롬 4:13　**언약**은 율법으로 말미암은 것이 아니요
롬 9:4　양자 됨과 영광과 **언약들**과 율법을
롬 11:27　그들에게 이루어질 내 **언약**이라 함과
갈 3:15　사람의 **언약**이라도 정한 후에는 아무도
갈 3:17　하나님께서 미리 정하신 **언약**을 사백
엡 2:12　약속의 **언약들**에 대하여는 외인이요
히 7:22　예수는 더 좋은 **언약**의 보증이 되셨느
히 8:6　약속으로 세우신 더 좋은 **언약**의 중보자
히 8:9　그들은 내 **언약** 안에 머물러 있지 아니
히 8:10　후에 내가 이스라엘 집과 맺을 **언약**은
히 10:16　그 날 후로는 그들과 맺을 **언약**이 이것

언약궤(言約, ark of the covenant)
수 3:6　**언약궤**를 메고 … 곧 **언약궤**를 메고 백성
수 3:8　**언약궤**를 멘 제사장들에게 명령하여
수 3:14　제사장들은 **언약궤**를 메고 백성 앞에서
수 4:9　**언약궤**를 멘 제사장들의 발이 선 곳에
수 6:4　일곱 양각 나팔을 잡고 **언약궤** 앞에서
수 6:6　너희는 **언약궤**를 메고 제사장 일곱은
삼하 11:11　**언약궤**와 이스라엘과 유다가 야영 중
대상 6:31　**언약궤**가 평안을 얻었을 때에 다윗이
히 9:4　향로와 사면을 금으로 싼 **언약궤**가 있고

성경에 나오는 '언약궤'

여호와의 언약궤 – 민 10:33; 14:44; 신 31:9, 25, 26; 수 3:3, 17; 4:7, 18; 6:8; 8:33; 삼상 4:3, 4, 5; 왕상 3:15; 6:19; 8:1, 6; 대상 15:25, 26, 28, 29; 16:37; 17:1; 22:19; 28:2, 18; 대하 5:2, 7; 렘 3:16
주의 언약궤 – 수 3:11
하나님의 언약궤 – 삿 20:27; 삼상 4:4; 삼하 15:24; 대상 16:6; 계 11:19

언약서(言約書, Book of the Covenant)
출 24:7　**언약서**를 가져다가 백성에게 낭독하여

언약책(言約冊, Book of the Covenant)
왕하 23:2　성전 안에서 발견한 **언약책**의 모든 말씀
왕하 23:21　**언약책**에 기록된 대로 너희의 하나님
대하 34:30　여호와의 전 안에서 발견한 **언약책**의

언어(言語, language, tongue, word)
창 10:5　각기 **언어**와 종족과 나라대로 바닷가
창 10:20　각기 족속과 **언어**와 지방과 나라대로
창 10:31　자손이니 그 족속과 **언어**와 지방과 나라
창 11:1　온 땅의 **언어**가 하나요 말이 하나였더라
창 11:6　**언어**도 하나이므로 이같이 시작하였으
창 11:7　그들의 **언어**를 혼잡하게 하여 그들이
창 11:9　온 땅의 **언어**를 혼잡하게 하셨음이니라
신 28:49　네가 그 **언어**를 알지 못하는 민족이요
에 1:22　문자와 **언어**로 … 자기 민족의 **언어**로
에 3:12　문자와 각 민족의 **언어**로 쓰고 왕의 반지
에 8:9　각 민족의 **언어**와 … 문자와 **언어**로 쓰되
시 19:3　**언어**도 없고 말씀도 없으며 들리는 소리
시 114:1　야곱의 집안이 **언어**가 다른 민족에게서
사 3:8　그들의 **언어**와 행위가 여호와를 거역
사 66:18　뭇 나라와 **언어**가 다른 민족들을 모으
겔 3:5　**언어**가 다르거나 말이 어려운 백성에게
겔 3:6　너를 **언어**가 다르거나 말이 어려워 네가
단 1:4　갈대아 사람의 학문과 **언어**를 가르치게
단 3:4　백성들과 나라들과 각 **언어**로 말하는
단 3:7　모든 백성과 나라들과 각 **언어**를 말하는
단 3:29　각 백성과 각 나라와 각 **언어**를 말하는
단 4:1　백성들과 나라들과 각 **언어**를 말하는
단 5:19　백성들과 나라들과 **언어**가 다른 모든
단 6:25　나라들과 **언어**가 다른 모든 사람들에게
단 7:14　백성과 나라들과 다른 **언어**를 말하는
행 2:4　성령이 말하게 하심을 따라 다른 **언어**들
행 2:11　우리의 각 **언어**로 하나님의 큰 일을 말함
행 18:15　만일 문제가 **언어**와 명칭과 너희 법에

언쟁(言爭, quarrel)
딤전 6:4　변론과 **언쟁**을 좋아하는 자니 이로써

언제(when)
출 8:9　나일 강에만 있도록 **언제** 간구하는 것이

엎다

민 22:30	내가 **언제** 당신에게 이같이 하는 버릇이
삼하 2:26	네가 **언제** 무리에게 그의 형제 쫓기를
왕상 14:14	여로보암의 집을 끊어 버리라 **언제**냐
욥 6:22	**언제** 너희에게 무엇을 달라고 말했더냐
욥 6:23	내가 **언제** 말하기를 원수의 손에서 나를
욥 31:16	내가 **언제** 가난한 자의 소원을 막았거나
욥 31:29	내가 **언제** 나를 미워하는 자의 멸망을
욥 31:33	내가 **언제** 다른 사람처럼 내 악행을 숨긴
욥 31:34	내가 **언제** 큰 무리와 여러 종족의 수모가
암 8:5	월삭이 **언제** 지나서 우리가 곡식을 팔
	며 안식일이 **언제** 지나서 우리가 밀을
막 13:33	깨어 있으라 그 때가 **언제**인지 알지 못함
막 13:35	깨어 있으라 집 주인이 **언제** 올는지
요 6:25	바다 건너편에서 만나 랍비여 **언제** 여기

'언제'와 관련된 성구

언제까지 - 삼상 1:14; 16:1; 시 39:4; 62:3; 74:10; 82:2; 89:46; 90:13; 94:3; 렘 12:4; 23:26; 47:6; 합 2:6; 슥 1:12

언제까지나 - 요 10:24; 고전 13:8

언제나 - 창 30:30; 신 12:20; 욥 7:4; 시 41:5; 94:8; 119:82, 84; 잠 23:35; 고전 15:30; 엡 5:29; 히 10:1, 11

언제든지 - 레 25:32; 신 15:11; 대하 24:11; 시 10:5; 롬 15:23; 고전 11:34; 고후 3:16; 갈 4:18; 벧후 1:10, 21

언제부터 - 막 9:21

엎다 (put on)

창 48:14	머리에 **엎고** 왼손을 … 머리에 **엎으니**
	므낫세는 … 팔을 엇바꾸어 **얹었더라**
창 48:17	오른손을 에브라임의 머리에 **얹은** 것을
창 48:18	오른손을 그의 머리에 **얹으소서** 하였으
출 25:21	속죄소를 궤 위에 **얹고** 내가 네게 줄 증거
레 24:14	그의 머리에 **얹게** 하고 온 회중이 돌로
민 16:17	향로를 들고 그 위에 향을 **얹고** 각 사람이
민 16:18	향을 그 위에 **얹고** 모세와 아론과 더불어
삿 9:49	그것들이 **얹혀** 있는 보루에 불을 놓으매
삼하 13:19	머리 위에 **얹고** 가서 크게 울부짖으니라
왕하 13:16	엘리사가 자기 손을 왕의 손 위에 **얹고**
스 5:8	벽에 나무를 **얹고** 부지런히 일하므로

얻다

느 3:3	들보를 **얹고** 문짝을 달고 자물쇠와 빗장
느 3:6	들보를 **얹고** 문짝을 달고 자물쇠와 빗장
욥 9:33	우리 사이에 손을 **얹을** 판결자도 없구나
욥 41:8	손을 그것에게 **얹어** 보라 다시는 싸울
시 80:17	하신 인자에게 주의 손을 **얹으소서**
시 104:3	물에 자기 누각의 들보를 **얹으시며** 구름
사 30:6	그들의 보물을 낙타 안장에 **얹고** 암사자
마 9:18	몸에 손을 **얹어** 주소서 그러면 살아나
마 14:8	머리를 소반에 **얹어** 여기서 내게 주소서
마 14:11	그 머리를 소반에 **얹어서** 그 소녀에게
마 21:7	자기들의 겉옷을 그 위에 **얹으매** 예수
막 5:23	그 위에 손을 **얹으사** 그로 구원을 받아
막 6:25	요한의 머리를 소반에 **얹어** 곧 내게 주기
막 6:28	**얹어다가** 소녀가 이것을 그 어머니에게
막 11:7	자기들의 겉옷을 그 위에 **얹어** 놓으매
막 16:18	사람에게 손을 **얹은**즉 나으리라 하시
눅 4:40	예수께서 일일이 그 위에 손을 **얹으사**
행 19:12	**얹으면** 그 병이 떠나고 악귀도 나가더라
계 1:17	오른손을 내게 **얹고** 이르시되 두려워

얻다 (acquire, find, have, possess)

모세오경

창 12:5	소유와 **얻은** 사람들을 이끌고 가나안
창 12:16	노비와 암수 나귀와 낙타를 **얻었더라**
창 14:20	그 **얻은** 것에서 십분의 일을 멜기세덱
창 16:2	자녀를 **얻을까** 하노라 하매 아브람이
창 24:60	네 씨로 그 원수의 성문을 **얻게** 할지어다
창 24:67	어머니를 장례한 후에 위로를 **얻었더라**
창 26:12	그 해에 백 배나 **얻었고** 여호와께서 복을
창 26:19	골짜기를 파서 샘 근원을 **얻었더니**
창 30:3	나도 그로 말미암아 자식을 **얻겠노라**
창 30:14	들에서 합환채를 **얻어** 그의 어머니 레아
창 30:26	내가 외삼촌에게서 일하고 **얻은** 처자를
창 34:4	소녀를 내 아내로 **얻게** 하여 주소서 하였
창 37:3	노년에 **얻은** 아들이므로 이스라엘이
창 44:20	그가 노년에 **얻은** 아들 청년이 있으니
창 46:6	그들의 가축과 가나안 땅에서 **얻은** 재물
창 47:27	생업을 **얻어** 생육하고 번성하였더라
출 16:25	오늘은 너희가 들에서 그것을 **얻지** 못하
출 16:27	사람들이 거두러 나갔다가 **얻지** 못하
출 23:30	기업으로 **얻을** 때까지 내가 그들을 네
레 5:13	이 중에서 하나를 범하여 **얻은** 허물을
레 25:15	소출을 **얻을** 연수를 따라서 네게 팔 것

【 얻다 】

민 6:11 그의 시체로 말미암아 **얻은** 죄를 속하고
민 11:13 줄 고기를 내가 어디서 **얻으리이까**
민 26:55 조상 지파의 이름을 따라 **얻게** 할지니라
민 31:27 **얻은** 물건을 반분하여 그 절반은 전쟁에
신 3:28 볼 땅을 그들이 기업으로 **얻게** 하리라
신 4:1 주시는 땅에 들어가서 그것을 **얻게**
신 4:7 신이 가까이 함을 **얻은** 큰 나라가 어디
신 4:25 그 땅에서 아들을 낳고 손자를 **얻으며**
신 4:26 너희가 요단을 건너가서 **얻은** 땅에서
신 4:47 그 땅을 기업으로 **얻었고** 또 바산 왕
신 4:48 **얻은** 땅은 아르논 골짜기 가장자리의
신 6:11 아름다운 물건이 가득한 집을 **얻게** 하시
신 8:18 재물 **얻을** 능력을 주셨음이라 이같이
신 11:14 너희가 곡식과 포도주와 기름을 **얻을**
신 17:16 병마를 많이 **얻으려고** 그 백성을 애굽
신 22:3 네가 **얻거든** 다 그리하고 못 본 체하지
신 22:15 표를 **얻어** 가지고 그 성문 장로들에게
신 28:33 네 토지 소산과 네 수고로 **얻은** 것을 네가
신 28:57 곤란하게 하므로 아무것도 **얻지** 못함
신 28:65 네 발바닥이 쉴 곳도 **얻지** 못하고 여호
신 33:29 구원을 너같이 **얻은** 백성이 누구냐 그는

역사서

수 5:12 만나를 **얻지** 못하였고 그 해에 가나안
수 13:1 나이가 많아 늙었고 **얻을** 땅이 매우 많이
수 21:40 제비 뽑아 **얻은** 성읍이 열두 성읍이었
삿 1:3 제비 뽑아 **얻은** 땅에 나와 함께 … 나도
네가 제비 뽑아 **얻은** 땅에 함께 가리라
삿 5:30 사람마다 한두 처녀를 **얻었으리로다**
삿 18:3 무엇을 하며 여기서 무엇을 **얻었느냐**
삿 21:12 젊은 처녀 사백 명을 **얻었으니** 이는 아직
삼상 2:20 여호와께 간구하여 **얻어** 바친 아들을
삼상 14:30 대적에게서 탈취하여 **얻은** 것을 임의로
삼상 18:8 천천만 돌리니 그가 더 **얻을** 것이 나라
삼상 28:22 잡수시고 길 가실 때에 기력을 **얻으소서**
삼상 30:6 하나님 여호와를 힘입고 용기를 **얻었더라**
삼하 8:11 드리되 그가 정복한 모든 나라에서 **얻은**
삼하 8:12 아말렉에게서 **얻은** 것들과 소바 왕 르홉
삼하 12:14 비방할 거리를 **얻게** 하였으니 당신이
삼하 23:22 행하였으므로 세 용사 중에 이름을 **얻고**
왕상 1:3 수넴 여자 아비삭을 **얻어** 왕께 데려왔
왕상 8:50 불쌍히 여김을 **얻게** 하사 그 사람들로
왕상 9:28 금 사백이십 달란트를 **얻고** 솔로몬 왕
왕상 18:5 혹시 꼴을 **얻으리라** 그리하면 말과 노새

【 얻다 】

왕하 18:24 의뢰하고 그 병거와 기병을 **얻을** 듯하냐
대상 6:60 그들의 종족이 **얻은** 성이 모두 열셋이
대상 11:10 힘껏 도와 나라를 **얻게** 하고 그를 세워
대상 22:9 모든 대적에게서 평온을 **얻게** 하리라
대상 26:27 그들이 싸울 때에 노략하여 **얻은** 물건
대상 26:31 그들 중에 구하여 큰 용사를 **얻었으니**
대하 8:18 금 사백오십 달란트를 **얻어** 솔로몬 왕
대하 25:5 전장에 나갈 만한 자 삼십만 명을 **얻고**
대하 26:15 멀리 퍼짐은 기이한 도우심을 **얻어** 강성
스 2:62 이름을 찾아도 **얻지** 못하므로 그들을
스 7:16 네가 바벨론 온 도에서 **얻을** 모든 은금과
스 9:11 너희가 가서 **얻으려** 하는 땅은 더러운
느 5:3 저당 잡히고 이 흉년에 곡식을 **얻자**
느 7:5 처음으로 돌아온 자의 계보를 **얻었는데**
느 9:10 오늘과 같이 명예를 **얻으셨나이다**
느 9:37 이방 왕들이 이 땅의 많은 소산을 **얻고**
에 2:23 실증을 **얻었으므로** 두 사람을 나무에
에 3:7 뽑아 열두째 달 곧 아달월을 **얻은지라**
에 4:14 네가 왕후의 자리를 **얻은** 것이 이 때를

시가서

욥 3:9 밤이 광명을 바랄지라도 **얻지** 못하며
욥 3:17 거기서는 피곤한 자가 쉼을 **얻으며**
욥 3:22 **얻으면** 심히 기뻐하고 즐거워하나니
욥 13:18 하였거니와 내가 정의롭다 함을 **얻을** 줄
욥 17:5 보상을 **얻으려고** 친구를 비난하는 자는
욥 17:9 손이 깨끗한 자는 점점 힘을 **얻느니라**
욥 20:10 은혜를 구하겠고 그도 **얻은** 재물을 자기
욥 20:18 수고하여 **얻은** 것을 삼키지 못하고 돌
려 주며 매매하여 **얻은** 재물로 즐거움
욥 22:8 권세 있는 자는 토지를 얻고 존귀한 자는
욥 23:15 앞에서 떨며 지각을 **얻어** 그를 두려워
욥 27:13 하나님께 **얻을** 분깃, 포악자가 전능자
욥 28:2 캐내고 돌은 녹여 **얻느니라**
욥 28:12 어디서 **얻으며** 명철이 있는 곳은 어디
욥 31:25 재물의 풍부함과 손으로 **얻은** 것이 많음
욥 33:24 앓게 하라 내가 대속물을 **얻었다** 하시
시 24:5 받고 구원의 하나님께 의를 **얻으리니**
시 28:7 마음이 그를 의지하여 도움을 **얻었도다**
시 32:6 경건한 자는 주를 만날 기회를 **얻어서**
시 33:16 많은 군대로 구원 **얻은** 왕이 없으며 용사
시 59:15 유리하다가 배부름을 **얻지** 못하면 밤을
시 61:5 주의 이름을 경외하는 자가 **얻을** 기업을
시 68:23 혀로 네 원수들에게서 제 분깃을 **얻게**

1662

【 얻다 】   【 얻다 】

시 74:2	옛적부터 얻으시고 속량하사 주의 기업
시 84:3	주의 제단에서 참새도 제 집을 얻고 제 비도 새끼 둘 보금자리를 얻었나이다
시 84:5	주께 힘을 얻고 그 마음에 시온의 대로가
시 84:7	그들은 힘을 얻고 더 얻어 나아가 시온
시 119:162	사람이 많은 탈취물을 얻은 것처럼 나는
잠 1:5	더할 것이요 명철한 자는 지략을 얻을
잠 1:13	우리가 온갖 보화를 얻으며 빼앗은 것
잠 2:19	돌아오지 못하며 또 생명 길을 얻지 못하
잠 3:13	지혜를 얻은 자와 명철을 얻은 자는 복이
잠 3:14	이는 지혜를 얻은 것이 은을 얻은 것보다
잠 3:18	지혜는 그 얻은 자에게 생명 나무라 지혜
잠 4:7	얻은 모든 것을 가지고 명철을 얻을지니
잠 4:22	그것은 얻는 자에게 생명이 되며 그의
잠 8:9	지식 얻은 자가 정직하게 여기는 바니라
잠 8:12	삼으며 지식과 근신을 찾아 얻나니
잠 8:35	나를 얻은 자는 생명을 얻고 여호와께
잠 11:16	유덕한 여자는 존영을 얻고 근면한 남자
잠 13:4	게으른 자는 마음으로 원하여도 얻지 못하나 … 마음은 풍족함을 얻느니라
잠 13:11	망령되이 얻은 재물은 줄어가고 손으로
잠 14:4	구유는 깨끗하려니와 소의 힘으로 얻은
잠 14:6	구하여도 얻지 … 지식 얻기가 쉬우니라
잠 15:5	경계를 받는 자는 슬기를 얻을 자니라
잠 15:23	대답으로 말미암아 기쁨을 얻나니 때에
잠 16:16	금을 얻은 것보다 …은을 얻은 것보다
잠 16:20	주의하는 자는 좋은 것을 얻나니 여호와
잠 16:31	면류관이라 공의로운 길에서 얻으리라
잠 17:2	형제들 중에서 유업을 나누어 얻으리라
잠 18:10	그리로 달려가서 안전함을 얻느니라
잠 18:22	아내를 얻은 자는 복을 얻고 여호와께
잠 18:24	많은 친구를 얻은 자는 해를 당하게 되거

잠 20:4	거둘 때에는 구걸할지라도 얻지 못하
잠 24:14	이것을 얻으면 정녕히 네 장래가 있겠고
잠 24:25	그를 견책하는 자는 기쁨을 얻을 것이요
잠 27:18	주인에게 시중드는 자는 영화를 얻느니라
잠 29:23	마음이 겸손하면 영예를 얻으리라
잠 31:2	무엇을 말하랴 서원대로 얻은 아들아
잠 31:10	누가 현숙한 여인을 찾아 얻겠느냐 그의
잠 31:27	집안 일을 보살피고 게을리 얻은 양식이
전 2:10	나의 모든 수고로 말미암아 얻은 몫이
전 2:16	영원하도록 기억함을 얻지 못하나니
전 2:21	그가 얻은 것을 수고하지 아니한 자에
전 5:15	나온 대로 돌아가고 수고하여 얻은 것
전 9:9	평생에 해 아래에서 수고하고 얻은 네
전 9:10	네 손이 일을 얻은 대로 힘을 다하여 할
전 9:11	음식물을 얻은 것도 아니며 명철자들
전 10:6	우매한 자가 크게 높은 지위들을 얻고
아 8:10	그러므로 나는 그가 보기에 화평을 얻은
아 8:12	너는 천을 얻겠고 … 이백을 얻으려니와

대선지서

사 4:3	모든 사람은 거룩하다 칭함을 얻으리니
사 10:14	보금자리를 얻음 같고 온 세계를 얻은
사 14:2	여호와의 땅에서 그들을 얻어 노비로
사 15:7	그러므로 그들이 얻은 재물과 쌓았던
사 27:9	야곱의 불의가 속함을 얻으며 그의 죄
사 30:14	물 웅덩이에서 물을 뜰 것도 얻지 못하
사 30:15	잠잠하고 신뢰하여야 힘을 얻을 것이
사 35:2	갈멜과 사론의 아름다움을 얻을 것이라
사 36:9	애굽을 믿고 병거와 기병을 얻으려 하느
사 40:31	앙망하는 자는 새 힘을 얻으리니 독수리
사 50:11	너희가 내 손에서 얻을 것이 이것이라
사 54:3	네 자손은 열방을 얻으며 황폐한 성읍
사 54:17	내게서 얻은 공의니라 여호와의 말씀

성경에 나오는 '얻는' 것

구원을 얻다 – 왕하 19:11; 에 4:14; 시 18:3; 22:5; 80:3, 7, 19; 119:117; 잠 11:8, 9, 21; 28:26; 사 30:15; 45:17; 64:5; 렘 4:14; 7:10; 8:20; 17:14; 욜 2:32; 미 4:10; 마 10:22; 19:25; 24:13, 22; 막 10:26; 13:20; 16:16; 눅 8:12, 50; 18:26; 행 27:31; 롬 8:24; 딤전 2:15; 벧전 1:5; 3:20

그리스도를 얻다 – 빌 3:8

긍휼을 얻다 – 단 1:9; 호 14:3; 롬 11:31; 벧전 2:10

기업을 얻다 – 창 21:10; 34:10; 겔 47:22; 행 26:18; 엡 5:7

노략물을 얻다 – 삿 5:30; 렘 38:2

담대함을 얻다 – 요일 2:28; 3:21

담력을 얻다 – 고전 8:10; 딤전 3:13; 히 10:19

땅을 얻다 – 신 3:12; 4:22, 47; 삿 11:23; 18:9; 시 44:3

1663

【 얻다 】　　　　　　　　　　　　　　　　　　　【 얻다 】

사 57:6	네가 제비 뽑아 **얻은** 것이라 또한 네가	겔 36:12	너를 **얻고** 너는 그 기업이 되어 다시는
사 57:13	나의 거룩한 산을 기업으로 **얻으리라**	단 2:6	선물과 상과 큰 영광을 내게서 **얻으리라**
사 57:18	슬퍼하는 자들에게 위로를 다시 **얻게**	단 4:15	짐승과 더불어 제 몫을 **얻으리라**
사 57:20	그러나 악인은 평온함을 **얻지** 못하고	단 4:23	더불어 제 몫을 **얻으며** 일곱 때를 지내
사 61:7	보상을 배나 **얻으며** 능욕 대신에 … 땅에서 갑절이나 **얻고** 영원한 기쁨이 있으	단 5:31	메대 사람 다리오가 나라를 **얻었는데**
사 62:8	수고하여 **얻은** 포도주를 이방인이 마시	단 7:18	높으신 이의 성도들이 나라를 **얻으리니**
사 65:9	기업으로 **얻을** 자를 내리니 … **얻을** 것	단 7:22	때가 이르매 성도들이 나라를 **얻었더라**
렘 2:33	사랑을 **얻으려고** 네 행위를 아름답게	단 9:15	오늘과 같이 명성을 **얻으신** 우리 주
렘 9:2	나그네가 머무를 곳을 **얻는다면** 내	단 11:21	때를 타서 속임수로 그 나라를 **얻을**
렘 30:7	그가 환난에서 구하여 냄을 **얻으리로다**	단 11:34	그들이 몰락할 때에 도움을 조금 **얻을**
렘 31:2	이스라엘로 안식을 **얻게** 하러 갈 때에라	**소선지서**	
렘 31:12	기름과 어린 양의 떼와 소의 떼를 **얻을**	호 8:9	값 주고 사랑하는 자들을 **얻었도다**
렘 31:13	근심으로부터 기쁨을 **얻게** 할 것임이라	호 14:8	네가 나로 말미암아 열매를 **얻으리라**
렘 40:10	그릇에 저장하고 너희가 **얻은** 성읍들에	암 2:8	그들의 신전에서 벌금으로 **얻은** 포도주
애 2:16	이 날이라 우리가 **얻기**도 하고 보기도	암 4:7	비를 얻고 한 부분은 비를 **얻지** 못하여
애 5:6	앗수르 사람과 악수하고 양식을 **얻어**	암 8:12	말씀을 구하려고 돌아다녀도 **얻지**
애 5:9	죽기를 무릅써야 양식을 **얻사오니**	암 9:12	만국을 기업으로 **얻게** 하리라 이 일을
겔 7:13	돌아가서 그 판 것을 **얻지** 못하리니 이는	옵 1:11	예루살렘을 **얻기** 위하여 제비 뽑던 날
겔 21:22	예루살렘으로 갈 점괘를 **얻었으므로**	옵 1:19	블레셋을 **얻을** 것이요 … 사마리아의 들을 **얻을** 것이며 … 길르앗을 **얻을** 것
겔 21:27	다시 있지 못하리라 마땅히 **얻을** 자가	옵 1:20	사르밧까지 **얻을** … 성읍들을 **얻을** 것
겔 22:24	너는 정결함을 **얻지** 못한 땅이요 진노의 날에 비를 **얻지** 못한 땅이로다 하라	습 2:3	여호와의 분노의 날에 숨김을 **얻으리라**
겔 26:2	황폐하였으니 내가 충만함을 **얻으리라**	습 2:9	남은 백성이 그것을 기업으로 **얻을** 것
겔 29:18	수고한 대가를 두로에서 **얻지** 못하였	습 3:19	수욕 받는 자에게 칭찬과 명성을 **얻게**
겔 33:24	땅을 기업으로 **얻었나니** 우리가 많은	습 3:20	가운데서 명성과 칭찬을 **얻게** 하리라
		슥 8:10	전에는 사람도 삯을 **얻지** 못하였고 짐승

성경에 나오는 '얻는' 것

마음을 얻다 – 시 90:12; 행 24:27; 25:9; 28:15

먹을 것을 얻다 – 단 4:12; 눅 9:12

명철을 얻다 – 잠 2:3; 3:13; 4:1, 5, 7; 16:16

목숨을 얻다 – 렘 39:18; 마 10:39

물을 얻다 – 창 26:32; 출 15:22; 대하 32:4; 렘 14:3

복을 얻다 – 창 12:3; 시 119:122; 128:4; 잠 17:20; 18:22; 19:8

사람을 얻다 – 잠 11:30; 마 23:15; 고전 9:19

삶을 얻다 – 느 9:29; 겔 13:22; 20:11, 13, 21; 고전 15:22

상을 얻다 – 전 4:9; 고전 9:17; 히 10:35

생명을 얻다 – 신 30:6; 잠 8:35; 9:6; 요 10:10; 20:31

성읍을 얻다 – 신 6:10; 대상 6:66

세력을 얻다 – 대하 21:4; 단 11:23; 행 19:20

쉴 곳을 얻다 – 애 1:3; 마 12:43

승리를 얻다 – 삼상 26:25; 왕상 22:12, 15; 시 9:19

시민권을 얻다 – 행 22:28

아내를 얻다 – 창 21:21; 삿 21:7, 16, 22; 잠 18:22; 호 12:12

영광을 얻다 – 출 14:4, 17, 18; 삿 4:9; 대하 26:18; 잠 21:21; 사 26:15; 61:6; 겔 26:20; 학 1:8; 요 12:16, 23; 고전 12:26; 살후 2:14

영생을 얻다 – 마 19:16; 막 10:17; 눅 10:25; 18:18; 요 3:15, 16; 5:24, 39, 40; 6:40; 행 13:46

{ 얻다

슥 8:12	평강의 씨앗을 **얻을** 것이라 포도나무
슥 12:5	만군의 여호와로 말미암아 힘을 **얻었다**
말 2:15	이는 경건한 자손을 **얻고자** 하심이라

복음서

마 10:39	위하여 자기 목숨을 잃는 자는 **얻으리라**
마 11:19	그 행한 일로 인하여 옳다 함을 **얻느니라**
마 11:29	그리하면 너희 마음이 쉼을 **얻으리니**
마 14:36	손을 대는 자는 다 나음을 **얻으니라**
마 15:33	무리가 배부를 만큼 떡을 **얻으리이까**
마 17:27	한 세겔을 **얻을** 것이니 가져다가 나와
마 18:15	만일 들으면 네가 네 형제를 **얻은** 것이요
마 19:27	그런즉 우리가 무엇을 **얻으리이까**
마 20:1	마치 품꾼을 **얻어** 포도원에 들여보내
마 20:23	위하여 예비하셨든지 그들이 **얻을** 것
마 26:60	거짓 증인이 많이 왔으나 **얻지** 못하더니
막 6:2	이 사람이 어디서 이런 것을 **얻었느냐**
막 6:56	손을 대는 자는 다 성함을 **얻으니라**
막 8:4	광야 어디서 떡을 **얻어** 이 사람들로 배
막 10:40	위하여 준비되었든지 그들이 **얻을**
막 14:55	죽이려고 그를 칠 증거를 찾되 **얻지** 못
눅 4:27	한 사람도 깨끗함을 **얻지** 못하고 오직
눅 5:19	무리 때문에 메고 들어갈 길을 **얻지** 못
눅 6:21	너희가 배부름을 **얻을** 것임이요 지금
눅 7:35	모든 자녀로 인하여 옳다 함을 **얻느니라**
눅 11:24	다니며 쉬기를 구하되 **얻지** 못하고 이에
눅 13:6	그 열매를 구하였으나 **얻지** 못한지라
눅 13:7	무화과나무에서 열매를 구하되 **얻지**
눅 15:24	났으며 내가 잃었다가 다시 **얻었노라**
눅 15:32	잃었다가 **얻었기로** 우리가 즐거워하고
눅 17:34	하나는 데려감을 **얻고** 하나는 버려둠
눅 17:35	하나는 데려감을 **얻고** 하나는 버려둠
눅 20:35	죽은 자 가운데서 부활함을 **얻기**에 합당
눅 21:19	너희의 인내로 너희 영혼을 **얻으리라**
요 4:11	당신이 그 생수를 **얻겠사옵나이까**
요 8:6	이렇게 말함은 고발할 조건을 **얻고자**
요 8:12	다니지 아니하고 생명의 빛을 **얻으리라**
요 10:9	또는 들어가며 나오며 꼴을 **얻으리라**
요 10:10	생명을 **얻게** 하고 더 풍성히 **얻게** 하려는
요 10:17	**얻기** 위함이니 이로 말미암아 아버지께
요 10:18	**얻을** 권세도 있으니 이 계명은 내 아버지
요 17:19	그들도 진리로 거룩함을 **얻게** 하려 함
요 18:3	바리새인들에게서 **얻은** 아랫사람들을
요 19:23	네 깃에 나눠 각각 한 깃씩 **얻고** 속옷도
요 19:24	누가 **얻나** 제비 뽑자 하니 이는 성경에

역사서 – 예언서

행 1:26	제비 뽑아 맛디아를 **얻으니** 그가 열한
행 3:5	그가 그들에게서 무엇을 **얻을까** 하여
행 3:7	일으키니 발과 발목이 곧 힘을 **얻고**
행 5:16	사람을 데리고 와서 다 나음을 **얻으니라**
행 9:22	사울은 힘을 더 **얻어** 예수를 그리스도라
행 11:18	하나님께서 이방인에게도 생명 **얻는**
행 26:7	섬김으로 **얻기**를 바라는 바인데 아그

성경에 나오는 '얻는' 것

유익을 얻다 – 사 47:12; 히 13:9

은총을 얻다 – 삼상 16:22; 왕상 11:19; 에 2:17; 잠 8:35; 11:27

은혜를 얻다 – 창 33:15; 삿 6:17; 삼상 25:8; 스 7:28; 느 2:5; 고후 1:15; 히 4:16

의롭다 함을 얻다 – 욥 11:2; 사 45:25; 행 13:39; 롬 2:13; 3:4, 20, 24, 28; 6:7; 고전 4:4; 갈 2:16; 3:24; 5:4; 딛 3:7

이름을 얻다 – 삼하 23:18, 22; 대상 11:20, 24; 17:21; 렘 33:16; 겔 39:13

이익을 얻다 – 욥 27:8; 시 44:12; 잠 22:16; 렘 5:28; 겔 22:13, 27

재물을 얻다 – 신 8:17; 잠 8:21; 11:16; 28:22; 전 9:11; 사 10:14; 겔 28:4; 38:12; 호 12:8

(죄) 사함을 얻다 – 레 4:26; 민 15:28; 마 12:31, 32; 26:28; 막 3:28, 29; 4:12; 골 1:14

즐거움을 얻다 – 사 35:10; 55:2; 58:14

증거를 얻다 – 딤전 3:7; 히 7:8; 11:2, 4

지식을 얻다 – 욥 36:3; 잠 8:9, 10; 15:32; 18:15; 19:25

지혜를 얻다 – 출 36:2; 시 2:10; 잠 3:13, 14; 4:5, 7; 6:6; 8:33; 13:20; 16:16; 19:8, 25; 21:11; 23:19; 27:11

직분(임)을 얻다 – 대상 25:8; 26:12; 딤전 3:1; 히 8:6

천하를 얻다 – 마 16:26; 막 8:36; 눅 9:25

평강을 얻다 – 느 9:28; 렘 6:16

평안(함)을 얻다 – 신 28:65; 대상 6:31; 에 9:22; 사 23:12; 몬 1:7

얻다 }

{ 얻다 }   { 얼굴 }

롬 1:10	너희에게로 나아갈 좋은 길 **얻기를** 구하
롬 1:12	말미암아 피차 안위함을 **얻으려** 함이라
롬 4:1	우리 조상인 아브라함이 무엇을 **얻었다**
롬 4:11	조상이 되어 그들도 의로 여기심을 **얻게**
롬 5:2	은혜에 들어감을 **얻었으며** 하나님의
롬 6:21	그 때에 무슨 열매를 **얻었느냐** 이제는
롬 9:30	아니한 이방인들이 의를 **얻었으니**
롬 11:7	이스라엘이 구하는 그것을 **얻지** 못하
	고 오직 택하심을 입은 자가 **얻었고** 그
고전 7:5	분방하지 말라 다만 기도할 틈을 **얻기**
고전 9:10	곡식 떠는 자는 함께 **얻을** 소망을 가지고
고전 9:20	유대인들을 **얻고자** 함이요 율법 … 율
	법 아래에 있는 자들을 **얻고자** 함이요
고전 9:21	같이 된 것은 율법 없는 자들을 **얻고자**
고전 9:22	같이 된 것은 약한 자들을 **얻고자** 함이요
고전 9:25	썩을 승리자의 관을 **얻고자** 하되 우리
	는 썩지 아니할 것을 **얻고자** 하노라
고전 12:23	지체는 더욱 아름다운 것을 **얻느니라**
고후 1:11	우리가 많은 사람의 기도로 **얻은** 은사로
고후 2:3	기쁘게 할 자로부터 도리어 근심을 **얻을**
고후 7:13	무리로 말미암아 안심함을 **얻었음이라**
갈 4:5	속량하시고 우리로 아들의 명분을 **얻게**
갈 4:30	여자의 아들과 더불어 유업을 **얻지** 못
엡 1:14	기업의 보증이 되사 **얻으신** 것을 속량
엡 2:18	성령 안에서 아버지께 나아감을 **얻게**
엡 3:12	가지고 하나님께 나아감을 **얻느니라**
빌 3:12	이미 **얻었다** 함도 아니요 온전히 이루
골 1:12	성도의 기업의 부분을 **얻기에** 합당하게
살후 1:10	자들에게서 놀랍게 여김을 **얻으시리니**
딤전 1:16	주를 믿어 영생 **얻는** 자들에게 본이 되게
딤후 2:5	경기하지 아니하면 승리자의 관을 **얻지**
딤후 4:2	말씀을 전파하라 때를 **얻든지** 못 얻든지
몬 1:20	기쁨을 **얻게** 하고 내 마음이 그리스도
히 1:4	아름다운 이름을 기업으로 **얻으심이니**
히 5:7	말미암아 들으심을 **얻었느니라**
히 6:18	앞에 있는 소망을 **얻으려고** 피난처를
히 7:11	제사 직분으로 말미암아 온전함을 **얻을**
히 8:5	지시하심을 **얻음과** 같으니 이르시되
히 9:15	영원한 기업의 약속을 **얻게** 하려 하심
히 10:10	말미암아 우리가 거룩함을 **얻었노라**
히 11:11	잉태할 수 있는 힘을 **얻었으니** 이는 약속
히 11:35	부활을 **얻고자** 하여 심한 고문을 받되
히 12:17	버린 바가 되어 회개할 기회를 **얻지**

약 1:7	사람은 무엇이든지 주께 **얻기를** 생각
약 1:12	약속하신 생명의 면류관을 **얻을** 것이기
약 4:2	욕심을 내어도 **얻지** 못하여 … 싸우는
	도다 너희가 **얻지** 못함은 구하지 아니
벧전 1:2	그리스도의 피 뿌림을 **얻기** 위하여 택함
벧전 1:7	칭찬과 영광과 존귀를 **얻게** 할 것이니라
벧전 2:24	맞음으로 너희는 나음을 **얻었나니**
벧전 5:4	시들지 아니하는 영광의 관을 **얻으리라**
요일 5:15	그에게 구한 그것을 **얻은** 줄을 또한 아는
유 1:1	사랑을 **얻고** 예수 그리스도를 위하여
계 6:8	권세를 **얻어** 검과 흉년과 사망과 땅의
계 12:8	하늘에서 그들이 있을 곳을 **얻지** 못한
계 14:11	받는 자는 누구든지 밤낮 쉼을 **얻지** 못
계 17:12	아직 나라를 **얻지** 못하였으나 다만 짐승

얻어 먹다

삼하 19:42	왕의 것을 조금이라도 **얻어 먹었느냐**
느 5:2	자녀가 많으니 양식을 **얻어 먹고** 살아야
렘 15:16	말씀을 **얻어 먹었사오니** 주의 말씀은

얼굴 (face, brow)

모세오경

창 3:19	흙으로 돌아갈 때까지 **얼굴에** 땀을 흘려
창 9:23	그들이 **얼굴을** 돌이키고 그들의 아버지
창 40:7	당신들의 **얼굴에** 근심의 빛이 있나이까
창 43:3	오지 아니하면 너희가 내 **얼굴을** 보지
창 43:5	함께 오지 아니하면 너희가 내 **얼굴을**
창 43:31	**얼굴을** 씻고 나와서 그 정을 억제하고
창 44:23	너희가 다시 내 **얼굴을** 보지 못하리라
창 46:30	살아 있고 내가 네 **얼굴을** 보았으니 지금
창 48:11	요셉에게 이르되 내가 네 **얼굴을** 보리라
창 50:1	요셉이 그의 아버지 **얼굴에** 구푸려 울며
출 10:28	내 **얼굴을** 보지 말라 네가 내 **얼굴을**
출 10:29	내가 다시는 당신의 **얼굴을** 보지 아니
출 25:20	**얼굴을** 서로 대하여 속죄소를 향하게
출 33:20	네 **얼굴을** 보지 못하리니 나를 보고 살자
출 33:23	내 등을 볼 것이요 **얼굴은** 보지 못하리라
출 34:20	다 대속할지며 빈 손으로 내 **얼굴을** 보지
출 34:29	여호와와 말하였음으로 말미암아 **얼굴**
출 37:9	속죄소를 덮었으며 그 **얼굴은** 서로 대
레 17:10	피를 먹는 그 사람에게는 내 **얼굴을** 대
레 19:32	노인의 **얼굴을** 공경하며 네 하나님을
민 6:25	그의 **얼굴을** 네게 비추사 은혜 베푸시

1666

[얼굴]   [얼굴]

민 6:26 그 **얼굴**을 네게로 향하여 드사 평강 주시
역사서, 시가서
삿 18:23 단 자손을 부르는지라 그들이 **얼굴**을
삼상 1:18 먹고 **얼굴**에 다시는 근심 빛이 없더라
삼상 5:3 엎드려져 그 **얼굴**이 땅에 닿았는지라
삼상 5:4 엎드려져 **얼굴**이 땅에 닿았고 그 머리
삼상 16:12 빛이 붉고 눈이 빼어나고 **얼굴**이 아름
삼하 3:13 그리하지 아니하면 내 **얼굴**을 보지 못
삼하 14:24 내 **얼굴**을 볼 수 없게 하라 하매 압살롬
삼하 14:27 다말이라 그는 **얼굴**이 아름다운 여자
삼하 19:5 구원한 모든 부하들의 **얼굴**을 부끄럽게
삼하 24:20 보고 나가서 왕 앞에서 **얼굴**을 땅에
왕상 2:15 이스라엘은 다 **얼굴**을 내게로 향하여
왕상 8:14 **얼굴**을 돌이켜 이스라엘의 온 회중을
왕상 10:24 마음에 주신 지혜를 들으며 그의 **얼굴**을
왕상 18:42 꿇어 엎드려 그의 **얼굴**을 무릎 사이에
왕상 21:4 돌아와 침상에 누워 **얼굴**을 돌리고 식사
왕하 4:29 내 지팡이를 그 아이 **얼굴**에 놓으라 하는
왕하 4:31 그 아이의 **얼굴**에 놓았으나 소리도 없고
왕하 8:11 부끄러워하기까지 그의 **얼굴**을 쏘아보
왕하 9:32 예후가 **얼굴**을 들어 창을 향하고 이르되
왕하 13:14 그에게로 내려와 자기의 **얼굴**에 눈물을
대상 12:8 그의 **얼굴**은 사자 같고 빠르기는 산의
대하 3:13 이십 규빗이라 그 **얼굴**을 내전으로 향하
대하 6:3 **얼굴**을 돌려 이스라엘 온 회중을 위하여
대하 6:42 기름 부음 받은 자에게서 **얼굴**을 돌리지

대하 9:23 지혜를 들으며 그의 **얼굴**을 보기 원하여
대하 29:6 하나님을 버리고 **얼굴**을 돌려 여호와
대하 30:9 그에게로 돌아오면 그의 **얼굴**을 너희
스 9:6 하나님을 향하여 **얼굴**을 들지 못하오니
스 9:7 노략을 당하며 **얼굴**을 부끄럽게 하심이
욥 6:28 너희는 내게로 **얼굴**을 돌리라 내가 너희
욥 15:27 그의 **얼굴**에는 살이 찌고 허리에는 기름
욥 16:16 내 **얼굴**은 울음으로 붉었고 내 눈꺼풀
욥 22:26 전능자를 기뻐하여 하나님께로 **얼굴**을
시 11:7 좋아하시나니 정직한 자는 그의 **얼굴**을
시 21:12 그들로 돌아서게 함이여 그들의 **얼굴**을
시 34:5 광채를 내었으니 그들의 **얼굴**은 부끄
시 44:15 종일 내 앞에 있으며 수치가 내 **얼굴**을
시 45:12 백성 중 부한 자도 네 **얼굴** 보기를 원하
시 69:7 받았사오니 수치가 나의 **얼굴**에 덮였
시 83:16 여호와여 그들의 **얼굴**에 수치가 가득
시 105:4 그의 능력을 구할지어다 그의 **얼굴**을
잠 7:13 입맞추며 부끄러움을 모르는 **얼굴**로
잠 27:19 물에 비치면 **얼굴**이 서로 같은 것 같이
전 7:3 슬픔이 웃음보다 나음은 **얼굴**에 근심
전 8:1 그의 **얼굴**에 광채가 … **얼굴**의 사나운
아 2:14 내가 네 **얼굴**을 보게 하라 네 소리를 …
소리는 부드럽고 네 **얼굴**은 아름답구나
선지서
사 3:15 가난한 자의 **얼굴**에 맷돌질하느냐 주
사 13:8 서로 보고 놀라며 **얼굴**이 불꽃 같으리

> **'얼굴'과 관련된 성구**
>
> 얼굴 가리개 – 사 3:19
> 얼굴빛 – 욥 9:27, 14:20, 29:24, 시 67:1, 89:15, 90:8, 단 5:6, 9, 10, 7:28, 9:17
> 얼굴에 수심이 있다 – 느 2:2, 3
> 얼굴에 침(을) 뱉다 – 민 12:14, 신 25:9, 욥 17:6, 30:10, 마 26:67
> 얼굴을 가리다 – 창 24:65, 38:14, 15, 출 3:6, 34:33, 35, 삼하 19:4, 왕상 19:13, 욥 13:24, 23:17, 24:15, 34:29, 시 10:11, 30:7, 44:24, 아 1:7, 사 6:2, 8:17, 25:7, 50:6, 53:3, 57:17, 59:2, 렘 33:5, 겔 12:6, 12, 39:24, 미 3:4, 막 14:65
> 얼굴을 굳게 하다 – 잠 21:29, 겔 3:8
> 얼굴을 땅에 대다 – 수 5:14, 삿 13:20, 룻 2:10; 삼상 25:23, 41; 28:14; 삼하 14:4, 33; 18:28; 24:20; 왕상 1:23, 31; 대상 21:16, 21; 대하 20:18; 느 8:6; 사 49:23; 겔 43:3; 44:4; 단 8:17, 18; 10:9; 마 26:39; 눅 24:5; 계 11:16
> 얼굴을 빛나게 하다 – 잠 15:13, 27:17
> 얼굴을 숨기다 – 신 31:17, 18; 32:20; 시 13:1; 22:24; 27:9; 69:17; 88:14; 102:2; 143:7; 사 64:7
> 얼굴을 싸다 – 에 7:8, 욥 40:13
> 얼굴을 찾다 – 대상 16:11, 대하 7:14, 시 27:8, 잠 7:15
> 얼굴이 붉어지다 – 렘 6:15, 8:12
> 얼굴이 뻔뻔하다 – 겔 2:4, 단 8:23
> 주의 얼굴의 광채 – 시 80:7, 19

1667

{ 얼굴 }   { 얼굴 }

사 25:8	여호와께서 모든 **얼굴**에서 눈물을 씻기
사 29:22	부끄러워하지 아니하겠고 그의 **얼굴**이
사 38:2	히스기야가 **얼굴**을 벽으로 향하고
사 50:7	부끄러워하지 아니하고 내 **얼굴**을 부싯
사 54:8	넘치는 진노로 내 **얼굴**을 네게서 잠시
렘 2:27	그들의 **얼굴**은 내게로 향하지 아니하다
렘 5:3	그들의 **얼굴**을 바위보다 굳게 하여 돌아
렘 7:19	격노하게 함이냐 자기 **얼굴**에 부끄러움
렘 7:24	내게로 돌리고 그 **얼굴**을 향하지 아니
렘 13:26	치마를 네 **얼굴**에까지 들춰서 네 수치
렘 16:17	그들이 내 **얼굴** 앞에서 숨기지 못하며
렘 18:17	그들에게 등을 보이고 **얼굴**을 보이지
렘 21:10	나의 **얼굴**을 이 성읍으로 향함은 복을
렘 30:6	자기 허리에 대고 모든 **얼굴**이 겁에 질려
렘 32:33	등을 내게로 돌리고 **얼굴**을 내게로 향하
렘 44:11	보라 내가 **얼굴**을 너희에게로 향하여
렘 50:5	그들이 그 **얼굴**을 시온으로 향하여 그 길
렘 51:51	수치를 당하여 모욕이 우리 **얼굴**을 덮었
애 4:8	그들의 **얼굴**이 숯보다 검고 그들의 가죽
겔 1:6	그들에게 각각 네 **얼굴**과 네 날개가 있고
겔 1:8	사람의 손이 있더라 그 네 생물의 **얼굴**과
겔 1:10	그 **얼굴**들의 … 넷의 앞은 사람의 **얼굴**
겔 1:11	그 **얼굴**은 그러하며 그 날개는 들어 펴서
겔 1:15	바퀴가 있는데 그 네 **얼굴**을 따라 하나씩
겔 2:6	말을 두려워하지 말며 그 **얼굴**을 무서워
겔 3:8	그들의 **얼굴**을 마주보도록 네 **얼굴**을
겔 3:9	두려워하지 말며 그들의 **얼굴**을 무서워
겔 4:7	네 **얼굴**을 에워싸인 예루살렘 쪽으로
겔 7:18	**얼굴**에는 수치가 있고 모든 머리는 대
겔 7:22	내가 또 내 **얼굴**을 그들에게서 돌이키
겔 10:21	네 **얼굴**과 네 날개가 있으며 날개 밑에
겔 10:22	그 **얼굴**의 형상은 내가 그발 강 가에서 보던 **얼굴**이며 그 모양과 그 몸도 그러
겔 14:6	마음을 돌이켜 우상을 떠나고 **얼굴**을
겔 20:46	**얼굴**을 남으로 향하라 남으로 향하여
겔 20:47	남에서 북까지 모든 **얼굴**이 그슬릴지라
겔 21:2	**얼굴**을 예루살렘으로 향하며 성소를
겔 25:2	네 **얼굴**을 암몬 족속에게 돌리고 그들
겔 27:35	심히 두려워하여 **얼굴**에 근심이 나타
겔 28:21	**얼굴**을 시돈으로 향하고 그에게 예언
겔 29:2	왕과 온 애굽으로 **얼굴**을 향하고 예언
겔 35:2	**얼굴**을 세일 산으로 향하고 그에게 예언
겔 38:2	메섹과 두발 왕 곧 곡에게로 **얼굴**을
겔 38:18	치러 오면 내 노여움이 내 **얼굴**에 나타
겔 41:18	한 그루가 있으며 각 그룹에 두 **얼굴**이
단 1:10	**얼굴**이 초췌하여 같은 또래의 소년들
단 1:13	우리의 **얼굴**과 왕의 음식을 먹는 소년들의 **얼굴**을 비교하여 보아서 당신이
단 1:15	열흘 후에 그들의 **얼굴**이 더욱 아름답고
단 9:7	수치는 우리 **얼굴**로 돌아옴이 오늘과

성경에 나오는 여러 '얼굴'

교만한 얼굴 – 시 10:4
그룹의 얼굴 – 겔 10:14
그리스도의 얼굴 – 고후 4:6
기름 부으신 자의 얼굴 – 시 84:9; 시 132:10
노한 얼굴 – 렘 3:12
독수리의 얼굴 – 겔 1:10; 10:14
모세의 얼굴 – 출 34:30, 35; 고후 3:7
사람의 얼굴 – 창 44:26; 시 104:15; 잠 25:23; 겔 1:10; 10:14; 41:19; 계 9:7
사자의 얼굴 – 겔 1:10; 10:14; 41:19
소의 얼굴 – 1:10
수건을 벗은 얼굴 – 고후 3:18
여호사밧의 얼굴 – 왕하 3:14
여호와의 얼굴 – 시 34:16; 단 9:13; 욘 1:3, 10
왕의 얼굴 – 삼하 14:24, 28, 32; 왕상 12:2; 왕하 8:15

육신의 얼굴 – 골 2:1
장로들의 얼굴 – 애 5:12
재판관의 얼굴 – 욥 9:24
주의 얼굴 – 욥 13:20; 시 4:6; 13:1; 17:15; 27:8, 9; 30:7; 31:16; 44:3, 24; 51:9; 69:17; 80:3, 7, 19; 88:14; 89:15; 90:8; 102:2; 119:135; 143:7; 애 2:19; 단 9:17; 살후 1:9; 벧전 3:12
지존자의 얼굴 – 애 3:35
천사의 얼굴 – 행 6:15
하나님의 얼굴 – 창 33:10; 욥 33:26; 시 24:6; 42:2
하만의 얼굴 – 에 7:8
형님의 얼굴 – 창 33:10
흠 없는 얼굴 – 욥 11:15

【 얼굴 】 【 얼마 】

단 10:6	몸은 황옥 같고 그의 **얼굴**은 번갯빛 같고	계 9:7	썼으며 그 **얼굴**은 사람의 **얼굴** 같고
단 10:15	이를 때에 내가 곧 **얼굴**을 땅에 향하고	계 10:1	머리 위에 무지개가 있고 그 **얼굴**은 해
단 11:18	그 후에 그가 그의 **얼굴**을 바닷가로 돌려	계 22:4	그의 **얼굴**을 볼 터이요 그의 이름도 그들
단 11:19	드디어 그 **얼굴**을 돌려 자기 땅 산성들로		
호 2:2	그의 **얼굴**에서 음란을 제하게 하고 그	**얼다**(freeze)	
호 5:5	이스라엘의 교만이 그 **얼굴**에 드러났	욥 37:10	하나님의 입김이 얼음을 **얼**게 하고 물의
호 5:15	죄를 뉘우치고 내 **얼굴**을 구하기까지		
호 7:2	행위가 그들을 에워싸고 내 **얼굴** 앞에	**얼룩무늬**(streaked)	
호 7:10	이스라엘의 교만은 그 **얼굴**에 드러났	창 30:35	그 날에 그가 숫염소 중 **얼룩무늬** 있는
나 3:5	치마를 걷어 올려 네 **얼굴**에 이르게 하고	창 30:40	야곱이 새끼 양을 구분하고 그 **얼룩무늬**
말 2:3	절기의 희생의 똥을 너희 **얼굴**에 바를	창 31:8	또 **얼룩무늬** 있는 것이 네 삯이 되리라
신약			… 양 떼가 낳은 것이 **얼룩무늬** 있는
마 6:16	사람에게 보이려고 **얼굴**을 흉하게 하는	창 31:10	양 떼를 탄 숫양은 다 **얼룩무늬** 있는
마 6:17	금식할 때에 머리에 기름을 바르고 **얼굴**	창 31:12	양 떼를 탄 숫양은 다 **얼룩무늬** 있는
마 17:2	그들 앞에서 변형되사 그 **얼굴**이 해같이		
마 18:10	하늘에서 하늘에 계신 내 아버지의 **얼굴**	**얼룩얼룩**(streaked)	
요 11:44	베로 동인 채로 나오는데 그 **얼굴**은 수건	창 30:39	가지 앞에서 새끼를 배므로 **얼룩얼룩**
행 6:15	주목하여 보니 그 **얼굴**이 천사의 **얼굴**과		
행 20:25	여러분이 다 내 **얼굴**을 다시 보지 못할	**얼른**(quick)	
행 20:38	**얼굴**을 보지 못하리라 한 말로 말미암	왕상 20:33	좋은 징조로 여기고 그 말을 **얼른** 받아
고전 13:12	그 때에는 **얼굴**과 **얼굴**을 대하여 볼 것	사 28:4	보는 자가 그것을 보고 **얼른** 따서 먹으
고후 3:7	없어질 영광 때문에도 그 **얼굴**을 주목		
고후 3:13	수건을 그 **얼굴**에 쓴 것 같이 아니하노라	**얼마**(some, sometime, for a time)	
갈 1:22	유대의 교회들이 나를 **얼굴**로는 알지	창 47:9	나이가 **얼마** 못 되니 우리 조상의 나그네
살전 2:17	너희를 떠난 것은 **얼굴**이요 마음은 아니	출 30:36	그 향 **얼마**를 곱게 찧어 내가 너와 만날
	니 너희 **얼굴** 보기를 열정으로 더욱	레 25:25	기업 중에서 **얼마**를 팔았으면 그에게
살전 3:10	너희 **얼굴**을 보고 너희 믿음이 부족한	레 27:16	어떤 사람이 자기 기업된 밭 **얼마**를 성별
약 1:23	거울로 자기의 생긴 **얼굴**을 보는 사람	신 28:62	청종하지 아니하므로 남는 자가 **얼마**
계 1:16	검이 나오고 그 **얼굴**은 해가 힘있게 비치	대하 31:3	왕의 재산 중에서 **얼마**를 정하여 여호와
계 4:7	셋째 생물은 **얼굴**이 사람 같고 그 넷째	스 9:8	잠시 동안 은혜를 베푸사 **얼마**를 남겨
계 6:16	보좌에 앉으신 이의 **얼굴**에서와 그 어린	겔 5:4	그 가운데에서 **얼마**를 불에 던져 사르라
계 7:11	보좌 앞에 엎드려 **얼굴**을 대고 하나님께	단 1:2	하나님의 전 그릇 **얼마**를 그의 손에 넘기

'얼마' 와 관련된 성구

얼마간 – 창 35:16; 롬 15:24
얼마나 – 삼하 19:34; 욥 13:23; 22:12; 시 74:9; 89:47; 119:84; 잠 15:23; 16:16; 전 7:25; 렘 4:14; 13:27; 22:23; 암 3:9; 말 1:13; 마 6:23; 12:12; 17:17; 26:15; 27:13; 막 9:19; 10:24; 15:4; 눅 9:41; 12:24; 15:17; 16:5, 7; 18:24; 요 6:9; 11:36; 행 9:16; 롬 11:24; 고후 7:11; 빌 1:8; 골 1:27; 2:1; 히 7:4; 10:29; 약 3:5; 계 16:18; 18:7
얼마 동안 – 창 46:29; 단 11:24; 눅 4:13; 18:4; 행 13:11; 19:22; 고전 7:5; 16:7
얼마든지 – 삼하 24:3; 행 2:39; 고후 1:20
얼마 후(에) – 창 38:12; 민 30:15; 삿 11:4; 14:8; 15:1; 왕상 17:7

【 얼어붙다 】　　　　　　　　　　　　　　　　【 엄지 】

막 12:2　농부들에게 포도원 소출 **얼마**를 받으
눅 20:10　때가 이르매 포도원 소출 **얼마**를 바치게
행 5:2　값에서 **얼마**를 감추매 … **얼마**만 가져
행 5:3　네가 성령을 속이고 땅 값 **얼마**를 감추
행 15:33　**얼마** 있다가 평안히 가라는 전송을 형제
행 18:23　**얼마** 있다가 떠나 갈라디아와 브루기아
행 27:14　**얼마** 안 되어 섬 가운데로부터 유라굴로
롬 11:14　시기하게 하여 그들 중에서 **얼마**를 구원
롬 15:26　가난한 자들을 위하여 기쁘게 **얼마**를
계 12:12　이는 마귀가 자기의 때가 **얼마** 남지 않은

얼어붙다(freeze)
욥 38:30　깊은 바다의 수면은 **얼어붙느니라**

얼음(ice)
욥 6:16　**얼음**이 녹으면 물이 검어지며 눈이 그
욥 37:10　하나님의 입김이 **얼음**을 얼게 하고 물의
욥 38:29　**얼음**은 누구의 태에서 났느냐 공중의

얼음냉수(coolness of snow)
잠 25:13　마치 추수하는 날에 **얼음냉수** 같아서

얽다(entangle)
왕상 7:17　바둑판 모양으로 **얽은** 그물과 사슬 모양
시 18:4　사망의 줄이 나를 **얽고** 불의의 창수가
시 107:14　인도하여 내시고 그들의 **얽어** 맨 줄을
애 1:14　죄악의 멍에를 그의 손으로 묶어 **얽어**

얽매이다(entangle)
롬 7:6　이제는 우리가 **얽매였던** 것에 대하여
고전 6:12　내게 가하나 내가 무엇에든지 **얽매이지**
딤후 2:4　복무하는 자는 자기 생활에 **얽매이는**
히 12:1　모든 무거운 것과 **얽매이기** 쉬운 죄를
벧후 2:20　피한 후에 다시 그 중에 **얽매이고** 지면

얽히다(be bound in, be trapped by)
욥 18:9　덫에 치이고 그의 몸은 올무에 **얽힐** 것
욥 36:8　족쇄에 매이거나 환난의 줄에 **얽혔으면**
욥 40:17　그 넓적다리 힘줄은 서로 **얽혀** 있으며
시 9:16　손으로 행한 일에 스스로 **얽혔도다**
시 119:61　악인들의 줄이 내게 두루 **얽혔을지라도**
잠 6:2　네 입의 말로 네가 **얽혔으며** 네 입의
잠 22:15　아이의 마음에는 미련한 것이 **얽혔으나**

엄금하다(嚴禁, strict order)
행 5:28　사람을 가르치지 말라고 **엄금하였으되**

엄마(mother)
사 8:4　이는 이 아이가 내 아빠, 내 **엄마**라 부를

엄선하다(嚴選, select)
삼하 10:9　선발한 자 중에서 또 **엄선하여** 아람 사람

엄숙하다(嚴肅, rest)
출 35:2　여호와께 **엄숙한** 안식일이라 누구든지

엄습하다(掩襲, rack, terrify)
삿 9:33　당신이 일찍 일어나 이 성읍을 **엄습하면**
욥 6:4　하나님의 두려움이 나를 **엄습하여** 치는
욥 22:10　있고 두려움이 갑자기 너를 **엄습하며**
사 21:3　고통 같은 고통이 나를 **엄습하였으므로**

엄위하다(嚴威, awesome, majestic)
시 65:5　주께서 의를 따라 **엄위하신** 일로 우리
시 66:3　주의 일이 어찌 그리 **엄위하신지요** 주의
시 66:5　아들에게 행하심이 **엄위하시도다**
시 111:3　그의 행하시는 일이 존귀하고 **엄위하며**

엄중하다/엄중히(嚴重, heavy, oracle, severely)
삼상 5:6　손이 아스돗 사람에게 **엄중히** 더하사
삼상 5:11　거기서 하나님의 손이 **엄중하시므로**
시 31:23　교만하게 행하는 자에게 **엄중히** 갚으
렘 23:33　여호와의 **엄중한** … **엄중한** 말씀이 무엇
렘 23:34　여호와의 **엄중한** 말씀이라 하는 선지자
렘 23:36　다시는 여호와의 **엄중한** 말씀이라 말하
렘 23:38　여호와의 **엄중한** 말씀이라 … **엄중한** 말
　　　　씀이니 … 너희가 여호와의 **엄중한**
눅 20:47　그들이 더 **엄중한** 심판을 받으리라 하시

엄지(big toe, thumb)
출 29:20　그 오른손 **엄지**와 오른발 **엄지**에 바르고

'**엄지**' 와 관련된 성구

엄지손가락, 엄지발가락 – 레 8:23, 24;
　　　14:14, 17, 25, 28; 삿 1:6, 7

【 엄청나다 】

엄청나다(costly)
- 시 49:8 　생명을 속량하는 값이 너무 **엄청나서**
- 렘 30:7 　슬프다 그 날이여 그와 같이 **엄청난** 날

엄하다/-히(嚴, solemnly)
- 창 42:30 　그 땅의 주인인 그 사람이 **엄하게** 우리
- 출 1:13 　이스라엘 자손에게 일을 **엄하게** 시켜
- 출 1:14 　일이라 그 시키는 일이 모두 **엄하였더라**
- 삼상 14:28 백성에게 맹세하여 **엄히** 말씀하시기를
- 삼상 20:10 네 아버지께서 혹 **엄하게** 네게 대답하면
- 단 3:22 　왕의 명령이 **엄하고** 풀무불이 심히 뜨거
- 고후 13:10 내게 주신 그 권한을 따라 **엄하지** 않게
- 딛 1:13 　그러므로 네가 그들을 **엄히** 꾸짖으라

> **'엄하다' 와 관련된 성구**
> 엄하게 부리다 - 레 25:43, 46, 53
> 엄히 경고하다 - 창 43:3; 삼상 8:9; 마 9:30; 막 1:43
> 엄히 때리다 - 마 24:51; 눅 12:46
> 엄히 명하다 - 딤전 5:21; 딤후 2:14; 4:1

업다/업히다(carry on)
- 출 19:4 　독수리 날개로 너희를 **업어** 내게로 인도
- 사 46:3 　태에서 남으로부터 내게 **업힌** 너희여

업신여기다(despise, scorn)
- 신 32:15 자기를 구원하신 반석을 **업신여겼도다**
- 삿 9:38 　이들이 네가 **업신여기던** 그 백성이 아니
- 삼상 17:42 다윗을 보고 **업신여기니** 이는 그가 젊고
- 삼하 6:16 것을 보고 심중에 그를 **업신여기니라**
- 삼하 12:9 여호와의 말씀을 **업신여기고** 나 보기에
- 삼하 12:10 네가 나를 **업신여기고** 헷 사람 우리아
- 대상 15:29 것을 보고 그 마음에 **업신여겼더라**
- 느 2:19 　게셈이 이 말을 듣고 우리를 **업신여기고**
- 욥 5:17 　전능자의 징계를 **업신여기지** 말지니라
- 욥 19:18 　어린 아이들까지도 나를 **업신여기고**
- 잠 1:30 　나의 모든 책망을 **업신여겼음이니라**
- 잠 14:21 이웃을 **업신여기는** 자는 죄를 범하는
- 잠 15:5 　아비의 훈계를 **업신여기는** 자는 미련한
- 잠 15:20 미련한 자는 어미를 **업신여기느니라**
- 잠 19:28 망령된 증인은 정의를 **업신여기고** 악인
- 잠 23:9 　그가 네 지혜로운 말을 **업신여길** 것임

【 없다 】

- 아 8:1 　입을 맞추어도 나를 **업신여길** 자가 없었
- 사 30:12 너희가 이 말을 **업신여기고** 압박과 허망
- 겔 17:18 맹세를 **업신여겨** 언약을 배반하고 이
- 겔 17:19 내 맹세를 **업신여기고** 내 언약을 배반
- 겔 20:16 우상을 따라 나의 규례를 **업신여기며**
- 겔 21:10 규가 모든 나무를 **업신여기는도다**
- 겔 21:13 이것이 시험이라 만일 **업신여기는** 규
- 겔 22:7 　네 가운데에서 부모를 **업신여겼으며**
- 겔 22:8 　성물들을 **업신여겼으며** 나의 안식일을
- 마 18:10 이 작은 자 중의 하나도 **업신여기지** 말라
- 눅 23:11 그 군인들과 함께 예수를 **업신여기며**
- 롬 14:3 　먹는 자는 먹지 않는 자를 **업신여기지**
- 롬 14:10 어찌하여 네 형제를 **업신여기느냐** 우리
- 고전 11:22 너희가 하나님의 교회를 **업신여기고**
- 갈 4:14 　이것을 너희가 **업신여기지도** 아니하며
- 딤전 4:12 누구든지 네 연소함을 **업신여기지** 못하
- 약 2:6 　도리어 가난한 자를 **업신여겼도다** 부자
- 유 1:8 　육체를 더럽히며 권위를 **업신여기며**

> **'업신여김' 과 관련된 성구**
> 느 4:4; 애 1:8; 갈 6:7; 딛 2:15

업적(業績, achievement, deed)
- 왕하 10:34 사적과 행한 모든 일과 **업적**은 이스라엘
- 왕하 13:8 행한 모든 일과 그의 **업적**은 이스라엘
- 왕하 13:12 아마샤와 싸운 그의 **업적**은 이스라엘
- 왕하 14:15 요아스의 남은 사적과 그의 **업적**과 또
- 왕하 14:28 모든 행한 일과 싸운 **업적**과 다메섹을
- 왕하 20:20 사적과 그의 모든 **업적**과 저수지와 수도
- 시 145:11 주의 나라의 영광을 말하며 주의 **업적**
- 시 145:12 주의 **업적**과 주의 나라의 위엄 있는
- 렘 48:7 　네가 네 **업적**과 보물을 의뢰하므로 너도

없다(no)
- 창 2:5 　땅을 갈 사람도 **없었으므로** 들에는 초목
이 아직 **없었고** 밭에는 채소가 나지

> **없다 - 기타 본문**
> 모세오경 창 2:20; 11:6, 30; 13:6; 19:19, 31; 20:11; 23:6; 24:8, 41; 29:31; 30:33; 31:40; 32:12; 35:5; 36:7; 37:4, 24, 29; 38:22; 39:9, 11; 41:8, 15, 44; 44:10, 26, 28; 45:1; 47:13; 출 7:24; 8:10; 9:18, 24,

【 없다 】 【 없다 】

26; 10:14, 23, 26; 12:5, 30, 39; 16:18, 26; 17:1; 18:18; 20:7; 21:22; 22:2, 3, 10; 23:26; 29:1; 40:35; 레 1:3, 10; 3:1, 6; 4:3, 23, 28, 32; 5:15, 18; 6:6, 13; 9:2, 3; 11:10, 12; 13:21, 26, 31, 32, 36; 14:10; 20:20, 21; 22:13, 19; 22:21; 23:12, 18; 25:26, 28; 민 3:4; 5:8, 13, 19, 28; 6:14; 9:6; 11:5, 14; 13:20; 14:16; 18:20; 19:2; 20:2, 5, 19; 21:5; 22:26, 30; 23:19, 23, 26; 26:33; 27:3, 4, 8, 9, 10, 11, 17; 28:3, 9, 11, 19, 31; 29:2, 8, 13, 17, 20, 23, 26, 32, 36; 30:4, 7, 11, 14; 33:14; 35:22, 23, 27; 신 1:17, 35, 43; 2:7, 36; 3:4, 5; 4:39, 40, 42; 5:11; 7:24; 8:9, 15; 9:28; 10:9; 11:25; 13:9; 14:10, 24, 27, 29; 15:4-5; 18:1, 22; 19:4, 6; 21:4; 22:19, 20, 27; 25:5; 28:55, 68; 29:23; 32:4, 6, 12, 20, 28 역사서 수 1:5; 2:19, 20; 5:7; 6:1; 8:17, 20, 35; 10:8, 14, 21; 11:15, 19; 13:14; 17:3; 18:7; 20:5; 21:44, 45; 22:27; 23:9; 삿 4:16, 20; 14:6; 17:6; 18:1, 7, 27, 28; 19:15, 18, 19, 28; 20:16, 39; 21:17, 25; 룻 1:21; 삼상 1:2, 18; 2:2, 4:7; 9:2, 4; 11:3, 11; 12:4; 13:19, 22; 14:26, 33, 43; 15:9, 29, 33; 17:29, 33, 50; 18:10; 19:5; 21:4, 6, 8, 9; 22:8, 15; 24:11; 25:15, 17, 31; 26:8, 9, 12;

30:17, 19; 삼하 1:10; 6:20, 23; 7:22; 12:3; 13:2, 25; 14:6, 9, 19, 25; 15:20; 17:22; 18:13, 14, 18; 20:1; 22:42; 23:4; 24:24; 왕상 1:6; 2:31; 3:8, 12, 18; 5:4, 6; 7:47; 8:5, 9, 23, 60; 10:3, 12, 20, 21; 11:22; 12:20; 17:1, 12; 18:10, 26, 29, 43; 20:9; 21:4; 22:1, 17, 32, 47; 왕하 1:17; 3:9, 23; 4:2, 6, 14, 31; 5:15; 7:5, 10; 9:10; 10:21; 14:26; 17:18; 18:5; 20:13, 15; 23:22; 23:25; 24:14; 25:16; 대상 2:30, 32, 34; 12:17; 15:2; 16:19; 17:20; 21:24; 23:17, 22, 26; 24:2, 5; 24:28, 31; 29:15; 대하 1:12; 4:18; 5:6, 10; 6:14; 8:16; 9:2, 9, 19; 12:3; 14:13; 15:3, 19; 18:3, 16; 19:7, 10; 20:6, 12, 17, 24; 21:20; 28:21; 30:3, 26; 35:15; 스 2:59; 6:8, 9; 8:15; 느 2:1, 2, 12, 14, 20; 6:8; 7:61; 8:17; 13:26 에 1:7; 2:7; 4:14; 5:12; 9:2, 19 시가서 욥 1:9, 11; 2:3, 5, 13; 3:26; 4:7, 20, 21; 5:4, 9; 6:6; 7:6; 8:9, 11; 9:10, 17, 28, 32, 35; 10:7, 22; 11:2, 3, 12, 15, 19; 12:14, 24, 25; 13:4; 14:4; 16:13, 17; 17:8; 18:19; 19:7; 20:21; 21:9, 10; 22:6, 19, 30; 23:9; 24:7, 22; 26:2, 3, 7; 27:17, 19; 28:4, 15, 17, 18, 19; 29:12; 30:8; 31:19; 32:16; 33:9, 33; 34:6, 23, 24;

'없다' 와 관련된 성구

없게 되다 – 출 2:3; 시 88:8; 잠 6:33; 사 34:12; 렘 2:15; 4:7; 9:12; 13:7; 36:30; 44:22; 49:7, 33; 겔 39:26; 미 5:12; 나 1:14; 습 3:6; 막 2:2; 5:3; 행 22:11

없게 하다 – 창 16:10; 출 8:22; 30:12; 레 20:14; 22:2; 민 8:19; 32:7, 9; 수 2:17; 룻 4:14; 삼상 2:31; 15:33; 25:21; 삼하 14:24; 왕상 4:27; 대상 4:10; 대하 36:16; 느 9:21; 에 1:19; 시 69:25; 78:44; 109:12; 잠 30:21; 전 3:11; 렘 9:11; 23:14; 33:21; 44:7; 50:3, 29, 40; 51:29; 겔 32:15; 35:9; 단 6:2; 호 2:17; 미 1:11; 습 2:5; 3:6; 마 22:34; 눅 1:25; 16:26; 요 6:12; 행 1:20; 고전 9:12; 엡 1:4; 5:27; 살전 3:13; 4:12; 딤전 5:7; 딛 2:8; 3:13; 히 10:11; 약 1:4; 유 1:24

없애다 – 신 9:14; 왕상 11:16; 15:12, 14; 대하 14:3, 5; 15:8; 19:3; 29:5; 31:1; 겔 16:9; 20:47; 30:13; 34:16; 단 4:23; 8:11; 말 3:11; 행 22:22; 요일 3:5

없어지다 – 창 42:13, 32, 36; 삿 16:19; 21:3; 삼상 14:17; 15:18; 삼하 2:30; 왕상 17:14, 16; 20:40; 왕하 4:41; 스 4:16; 욥 6:17; 8:22; 14:12; 시 12:1; 37:10, 20, 36; 39:13; 59:13; 102:26; 103:16; 118:12; 잠 11:7; 19:7; 26:20; 전 5:14; 사 11:13; 16:10; 17:11, 14; 19:5; 23:13; 29:14; 32:6; 47:1; 48:19; 50:2; 59:15; 렘 3:3; 8:13; 9:10; 10:24; 36:29; 48:2, 36; 49:7, 10; 애 5:7; 겔 6:6; 7:11; 13:15; 21:13; 24:12; 37:11; 단 10:8, 16, 17; 호 4:3; 6:4; 욜 1:11; 미 4:9; 나 1:12; 슥 10:11; 마 5:18, 29, 30; 24:35; 막 13:31; 눅 21:33; 행 5:36; 27:20; 골 2:22; 약 1:11; 4:14; 계 16:20; 18:14; 21:1

없이하다 – 출 17:14; 삼하 4:11; 왕하 3:2; 14:27; 스 7:22; 에 6:10; 시 76:3; 잠 20:30; 사 26:14; 27:10; 44:22; 66:3; 겔 14:23; 16:50; 20:17; 24:6; 호 2:18; 9:12; 11:6; 나 2:2; 눅 23:18; 요 19:15; 행 3:19; 5:33; 21:36; 빌 2:14; 히 9:26; 10:4

【 없다 】 【 없다 】

35:14, 16; 36:12, 26; 37:5, 23; 38:26; 41:26, 33; 42:2, 3, 15; 시 5:9; 7:2, 4; 9:6; 10:4; 14:1, 3; 16:2; 18:41; 19:3; 22:11; 23:1; 25:3; 32:2; 33:16; 34:10; 35:7, 19; 36:1, 12; 37:10, 31; 38:3, 4, 7, 14; 39:5; 40:5, 12; 49:17; 50:22; 53:1, 3, 5; 59:4; 69:2, 4, 5, 20; 71:11, 15; 72:12; 73:4, 5, 25; 74:9; 77:4, 19; 78:37, 53, 63; 79:3; 86:8; 88:4; 105:37; 107:12, 40; 109:3; 119:86, 165; 135:17; 139:4; 142:4; 143:2; 144:14; 146:3; 잠 1:11, 24, 33; 3:30; 6:7, 15; 7:7; 8:8; 9:4, 16; 10:13; 11:12, 14; 13:7; 14:4; 15:22; 17:18; 19:2; 21:13; 22:27; 23:29; 24:20, 28, 30; 25:14, 28; 26:2, 7, 17; 27:20; 29:18; 30:3, 16, 25, 27, 31; 전 1:8, 9, 11, 15; 2:24; 3:12, 14; 4:8, 10; 8:8; 9:10, 15; 12:1, 12; 아 4:2; 5:6; 6:6; 8:1 대선지서 사 1:6, 30, 31; 3:7; 5:14, 29; 6:11; 9:1; 10:14; 11:9; 12:2; 13:14, 20; 14:6, 8; 16:10, 12, 14; 19:15; 22:22; 23:1, 10, 12; 24:10, 11; 27:4, 9, 11; 29:16; 30:14; 32:9, 10, 11; 34:10, 12, 16; 35:9; 39:2, 4, 6; 40:17, 28; 41:26, 28; 42:22; 43:10, 12; 44:8, 12, 19, 24; 45:5, 6, 9, 13, 14, 21; 47:10, 15; 48:1, 22; 50:2, 10; 51:18; 52:3, 5; 53:2, 9; 54:4; 55:1; 57:1, 16, 21; 59:4, 8, 10, 11, 15; 60:15; 63:3, 5; 64:7; 65:25; 66:4; 렘 2:19, 32, 34; 3:5, 12; 4:4, 19, 22, 25, 29; 5:21; 6:8, 23; 7:25; 8:6, 15, 17; 9:10; 10:6; 11:7, 23; 13:19; 14:5, 6, 19; 15:1, 13; 16:6, 7; 17:8; 19:11; 20:9, 14; 21:12; 22:6, 30; 23:14; 24:2, 8; 25:4, 33, 35; 26:9; 29:17; 30:7, 10, 12, 13; 31:12; 32:17, 27, 33, 43; 33:10-11, 12, 22, 25; 35:14, 15; 36:5; 38:6; 39:10; 41:4; 42:4, 17; 44:2, 4, 14, 19, 22, 26; 46:23, 27; 48:9; 49:5, 12, 18, 31, 36; 50:2, 5, 20, 39; 51:37; 52:20; 애 1:2, 6, 7, 12, 14, 15, 21; 2:9, 22; 3:52; 5:3, 5, 8; 겔 4:14; 7:13, 14; 13:3, 10, 16; 14:23; 16:5; 25:8; 26:19; 28:3, 24; 29:11; 30:9; 33:28; 34:5, 6, 28; 37:8; 38:11; 42:6; 43:22, 23, 25; 45:18, 21, 23; 46:4, 6, 13; 단 1:4, 19; 2:10, 11, 27, 35; 3:16; 4:9, 35; 6:4, 5; 8:4, 7, 27; 9:12; 11:15, 16, 20, 45 소선지서 호 1:10; 2:10; 3:4; 4:1, 6; 5:14; 6:3; 8:7; 9:11, 14; 10:3; 12:8; 13:13; 욜 2:2, 27; 암 1:11; 2:7, 14, 15; 3:4, 5, 6, 7; 4:1; 5:2, 6, 11, 20; 6:10; 7:10; 8:4, 6; 옵 1:18; 미 1:9; 2:5; 4:4; 7:1; 나 2:11; 3:9, 19; 합 1:14; 3:17; 습 2:15; 3:3, 5, 6, 13; 슥 2:4; 7:14; 9:11; 10:2, 6; 11:5;

14:6; 말 2:6 복음서 마 2:18; 5:26, 32; 7:18; 8:20; 9:12, 16, 33, 36; 10:26; 11:27; 12:43; 13:6, 12; 14:16; 15:6; 16:8; 17:17, 20; 18:7, 25; 19:26; 22:16, 23, 24, 25, 46; 23:16, 18; 24:21; 25:29; 26:40, 42, 53; 27:24; 막 2:4, 17, 21, 22; 3:20, 24, 25, 26; 4:6, 22, 25; 5:4, 26; 6:26, 34; 7:24; 8:1, 14; 9:19, 24; 10:27; 11:13; 12:14, 18, 19, 20, 21, 22, 32, 34; 13:19; 14:37; 16:14; 눅 1:6, 7, 61, 75; 3:11; 5:31, 36, 37, 39; 6:43, 49; 7:42; 8:6, 17, 18; 9:13, 41; 10:19, 22; 11:24, 29, 36; 12:2, 17, 24, 33, 59; 14:14; 15:7, 16, 29; 16:3, 13, 26; 17:1; 18:27; 19:26; 20:27, 28, 29, 31, 35, 36; 21:15; 22:35, 36; 23:53; 24:39; 요 1:3, 18; 2:3, 25; 3:34; 4:11, 17, 27; 5:19; 6:22, 44, 65; 7:4, 13, 27, 30, 44, 46; 8:7, 10, 11, 20, 33, 37, 44; 9:33, 41; 11:10, 37; 12:19; 13:28, 33, 36, 37; 14:30; 15:13, 22, 24, 25; 16:5, 22; 18:31; 19:11, 15, 41; 20:27; 21:5, 6, 12 역사서 – 예언서 행 2:23, 24; 3:6, 19; 4:12, 13, 14, 16, 20, 32, 34; 5:4, 13, 23, 39; 7:5, 11; 8:16, 21, 31; 10:14; 11:8; 14:8; 15:24; 19:36, 40; 20:20; 23:8; 24:13, 18; 25:10, 11, 25, 26; 26:22, 26, 31; 27:22, 34, 41; 28:5, 17, 18, 21, 31; 롬 2:12, 14; 3:10, 11, 12, 20, 24; 4:6, 15, 17, 18; 5:13; 7:8; 8:1, 3, 9, 26, 39; 10:14; 11:27; 12:9; 13:1, 5; 14:7, 14; 15:23; 고전 1:7, 8, 10, 28; 2:14; 3:11; 4:8, 11; 5:1, 7, 8; 7:9, 25, 29, 30, 35, 37; 8:4; 9:4, 5, 6, 18, 21, 26; 10:13; 11:11, 20; 12:21, 25; 13:1, 2, 3; 14:2, 7, 10, 28, 34; 15:12, 13, 15, 16, 17, 50; 16:10, 12; 고후 3:10; 6:6, 10; 7:10; 8:12; 9:1, 15; 11:5, 7, 17, 23; 12:4; 13:8; 갈 1:7; 2:6; 5:2, 6; 6:14; 엡 2:12; 3:8; 4:19; 5:11, 15, 27; 6:9, 24; 빌 1:10, 14; 2:15; 3:1, 6; 4:10, 15; 골 1:22; 3:11; 살전 1:3; 2:10, 13; 4:13; 5:14; 살후 3:8, 9; 딤전 1:4, 5; 2:8; 3:2, 10; 4:4; 5:13, 19, 21; 6:7, 14, 16, 17; 딤후 1:5; 2:4, 13, 14, 15; 4:16; 딛 1:2, 6, 7, 15; 2:8; 3:14; 몬 1:14; 히 1:12; 4:13, 15; 6:6, 13, 18; 7:3, 7, 14, 20, 21, 26, 27; 8:7; 9:7, 9, 14, 18, 28; 10:2, 26; 11:6; 12:8, 14; 13:10, 14; 약 1:8, 17, 27; 2:13, 14, 15, 17, 20, 26; 3:2, 8, 17; 벧전 1:6, 8, 19, 22; 2:22; 벧후 1:8, 9; 2:12, 17; 3:14; 요일 1:5, 8; 2:10, 23, 27; 3:21; 4:12, 18; 5:12; 유 1:10, 12, 19, 24; 계 3:7, 8, 17; 5:3; 7:9; 8:12; 14:3, 5, 10; 15:8; 16:18, 20; 17:8; 19:12; 20:6, 11; 21:4, 6, 23; 22:3, 5, 17

엇바꾸다(cross)
창 48:14 므낫세는 장자라도 팔을 **엇바꾸어** 얹었

엉겅퀴(thistle)
창 3:18 땅이 네게 가시덤불과 **엉겅퀴**를 낼 것
사 34:13 견고한 성에는 **엉겅퀴**와 새품이 자라서
마 7:16 가시나무에서 포도를, 또는 **엉겅퀴**에서
히 6:8 가시와 **엉겅퀴**를 내면 버림을 당하고

엉기다(firm, curdle)
출 15:8 큰 물이 바다 가운데 **엉기니이다**
욥 10:10 엉긴 젖처럼 **엉기게** 하지 아니하셨나
욥 15:27 살이 찌고 허리에는 기름이 **엉기었고**

'엉긴 젖'과 관련된 성구
창 18:8; 신 32:14; 욥 10:10; 20:17; 잠 30:33; 사 7:15, 22

엉덩이(hindquarter)
대하 4:4 바다를 그 위에 놓았고 소의 **엉덩이**는

엉크러지다(entangle)
나 1:10 가시덤불같이 **엉크러졌고** 술을 마신 것

엎다(cast, overthrow, overturn)
창 19:25 모든 백성과 땅에 난 것을 다 **엎어** 멸하
창 19:29 롯이 거주하는 성을 **엎으실** 때에 … 아브라함을 생각하사 롯을 그 **엎으시는**
출 14:27 애굽 사람들을 바다 가운데 **엎으시니**
출 15:7 주를 거스르는 자를 **엎으시니이다**
삿 7:13 무너뜨려 위쪽으로 **엎으니** 그 장막이
왕하 21:13 사람이 그릇을 씻어 **엎음같이** 예루살렘
시 74:7 계신 곳을 더럽혀 땅에 **엎었나이다**
시 89:44 하시고 그의 왕위를 땅에 **엎으셨으며**
시 143:3 내 생명을 땅에 **엎어서** 나로 죽은 지
사 14:12 너 열국을 **엎은** 자여 어찌 그리 땅에 찍혔
사 26:5 솟은 성을 헐어 땅에 **엎으시되** 진토에
애 2:2 견고한 성채들을 허물어 땅에 **엎으시고**
학 2:22 여러 왕국들의 보좌를 **엎을** 것이요 여러
마 21:12 파는 사람들의 의자를 둘러 **엎으시고**
막 11:15 파는 자들의 의자를 둘러 **엎으시며**
요 2:15 사람들의 돈을 쏟으시며 상을 **엎으시고**

엎드러뜨리다(cut down, knock, ruin)
삿 20:21 이만 이천 명을 땅에 **엎드러뜨렸으나**
삿 20:25 만 팔천 명을 땅에 **엎드러뜨렸으니** 다
시 37:14 가난하고 궁핍한 자를 **엎드러뜨리며**
시 78:31 이스라엘의 청년을 쳐 **엎드러뜨리셨도다**
시 106:27 후손을 뭇 백성 중에 **엎드러뜨리며** 여러
시 119:78 자들이 거짓으로 나를 **엎드러뜨렸으니**
시 136:15 그의 군대를 홍해에 **엎드러뜨리신**
시 147:6 악인들은 땅에 **엎드러뜨리시는도다**
렘 51:49 바벨론이 이스라엘을 죽여 **엎드러뜨림**
겔 21:27 내가 **엎드러뜨리고 엎드러뜨리고 엎드러뜨리려니와** 이것도 다시 있지 못하리
겔 23:25 남은 자를 칼로 **엎드러뜨리며** 네 자녀
겔 26:11 네 견고한 석상을 땅에 **엎드러뜨릴** 것
겔 33:12 그 악이 그를 **엎드러뜨리지** 못할 것인
겔 33:27 황무지에 있는 자는 칼에 **엎드러뜨리고**
단 8:7 숫양을 땅에 **엎드러뜨리고** 짓밟았으나
단 11:12 높아져서 수만 명을 **엎드러뜨릴** 것이나
학 2:22 그 병거들과 그 탄 자를 **엎드러뜨리리니**

엎드러지다(lay, lose, subdue)
모세오경, 역사서
출 23:5 나귀가 짐을 싣고 **엎드러짐**을 보거든
레 26:36 쫓는 자가 없어도 **엎드러질** 것이라
신 9:3 그들을 멸하사 네 앞에 **엎드러지게** 하시
수 8:24 그들을 다 칼날에 **엎드러지게** 하여 진멸
수 8:25 그 날에 **엎드러진** 아이 사람들은 남녀가
삿 4:22 들어가 보니 시스라가 **엎드러져** 죽었고
삿 5:27 꾸부러지며 **엎드러지고** 쓰러졌고 … **엎드러져서** 그 꾸부러진 … **엎드러져**
삿 9:40 부상하여 **엎드러진** 자가 많아 성문 입구
삿 19:26 **엎드러져** 밝기까지 거기 **엎드러져** 있더
삿 19:27 그 여인이 집 문에 **엎드러져** 있고 그의
삿 20:44 베냐민 중에서 **엎드러진** 자가 만 팔천 명
삿 20:46 칼을 빼는 자가 **엎드러진** 것이 모두 이만
삼상 4:10 이스라엘 보병의 **엎드러진** 자가 삼만 명
삼상 5:3 다곤이 여호와의 궤 앞에서 **엎드러져**
삼상 5:4 궤 앞에서 또다시 **엎드러져** 얼굴이 땅에
삼상 14:13 요나단 앞에서 **엎드러지매** 무기를 든
삼상 17:52 가드와 에그론까지 **엎드러졌더라**
삼상 28:20 사울이 갑자기 땅에 완전히 **엎드러지니**
삼상 31:1 도망하여 길보아 산에서 **엎드러져** 죽으
삼상 31:4 자기의 칼을 뽑아서 그 위에 **엎드러지매**

【 엎드러지다 】   【 엎드러지다 】

삼상 31:5 자기도 자기 칼 위에 **엎드러져** 그와 함께
삼하 1:4 무리 가운데에 **엎드러져** 죽은 자도 많았
삼하 1:10 그가 **엎드러진** 후에는 살 수 없는 줄을
삼하 1:25 용사가 전쟁 중에 **엎드러졌도다** 요나단
삼하 1:27 오호라 두 용사가 **엎드러졌으며** 싸우는
삼하 2:23 그 곳에 **엎드러져** 죽으매 아사헬이 **엎드러져** 죽은 곳에 이르는 자마다 머물러
삼하 3:34 불의한 자식의 앞에 **엎드러짐**같이 네가 **엎드러졌도다** 하매 온 백성이 다시
삼하 11:17 몇 사람이 **엎드러지고** 헷 사람 우리아
삼하 17:9 혹 무리 중에 몇이 먼저 **엎드러지면**
삼하 22:39 그들이 내 발 아래에 **엎드러지고** 능히
왕하 9:24 그가 병거 가운데에 **엎드러진지라**
대상 10:1 산에서 죽임을 당하여 **엎드러지니라**
대상 10:4 자기 칼을 뽑아서 그 위에 **엎드러지니**
대상 10:8 아들들이 길보아 산에 **엎드러졌음을**
대하 13:17 병사들이 죽임을 당하고 **엎드러진** 자
대하 14:13 구스 사람들이 **엎드러지고** 살아 남은 자
대하 25:8 하나님이 왕을 적군 앞에 **엎드러지게**
에 6:13 못하고 분명히 그 앞에 **엎드러지리이다**

시가서
시 18:38 그들이 내 발 아래에 **엎드러지리이다**
시 20:8 그들은 비틀거리며 **엎드러지고** 우리는
시 36:12 넘어졌으니 **엎드러지고** 다시 일어날 수
시 37:24 그는 넘어지나 아주 **엎드러지지** 아니
시 45:5 만민이 왕의 앞에 **엎드러지는도다**
시 64:8 이러므로 그들이 **엎드러지리니** 그들의
시 91:7 만 명이 네 오른쪽에서 **엎드러지나** 이
시 107:12 그들이 **엎드러져도** 돕는 자가 없었도다
잠 7:26 그가 많은 사람을 상하여 **엎드러지게**
잠 12:7 악인은 **엎드러져서** 소멸되려니와 의인
잠 14:32 악인은 그의 환난에 **엎드러져도** 의인은
잠 24:16 재앙으로 말미암아 **엎드러지느니라**
잠 24:17 그가 **엎드러질** 때에 마음에 기뻐하지

선지서, 신약
사 3:8 멸망하였고 유다가 **엎드러졌음은**
사 10:4 죽임을 당한 자 아래에 **엎드러질** 따름
사 31:3 도움을 받는 자도 **엎드러져서** 다 함께
사 43:17 그들이 일시에 **엎드러져** 일어나지 못하
사 46:1 벨은 **엎드러졌고** 느보는 구부러졌도다
렘 6:15 그들이 **엎드러지는** 자와 함께 **엎드러질** 것이라 내가 그들을 벌하리니 그 때
렘 8:4 여호와의 말씀에 사람이 **엎드러지면**

렘 8:12 그들이 **엎드러질** 자와 함께 **엎드러질**
렘 23:12 밀어냄을 당하여 그 길에 **엎드러질** 것
렘 25:27 마시며 취하여 토하고 **엎드러져** 다시는
렘 44:12 다 멸망하여 애굽 땅에서 **엎드러질** 것
렘 46:12 걸려 넘어져 둘이 함께 **엎드러졌음이라**
렘 46:16 사람이 사람 위에 **엎드러지며** 이르되
렘 51:4 죽임을 당하여 **엎드러질** 것이요 관통상
렘 51:47 모두 그 가운데에 **엎드러질** 것이며
애 2:21 젊은이가 다 길바닥에 **엎드러졌사오며**
애 5:13 아이들이 나무를 지다가 **엎드러지오며**
겔 6:4 당하여 너희 우상 앞에 **엎드러지게** 할
겔 6:7 또 너희가 죽임을 당하여 **엎드러지게**
겔 21:15 내가 그들이 낙담하여 많이 **엎드러지게**
겔 26:15 네가 **엎드러지는** 소리에 모든 섬이 진동
겔 28:23 칼에 상한 자가 그 가운데에 **엎드러질**
겔 30:4 애굽에서 죽임 당한 자들이 **엎드러질**
겔 30:6 애굽을 붙들어 주는 자도 **엎드러질** 것
겔 32:10 심히 두려워할 것이며 네가 **엎드러지는**
겔 32:20 죽임을 당한 자 가운데에 **엎드러질** 것
겔 32:27 이미 **엎드러진** 용사와 함께 누운 것이
겔 35:8 골짜기와, 모든 시내에 **엎드러지게** 하고
겔 39:4 다 이스라엘 산 위에 **엎드러지리라**

'엎드러지다' 와 관련된 성구
거리에 엎드러지다 – 사 59:14; 렘 49:26; 50:30
광야에 엎드러지다 – 민 14:29, 32; 시 106:26; 히 3:17
들에 엎드러지다 – 신 21:1; 겔 39:5
땅에 엎드러지다 – 삿 3:25; 삼상 17:49; 삼하 2:22; 대하 20:24; 막 9:20; 요 18:6; 행 9:4; 22:7; 26:14
발 앞에 엎드러지다 – 행 5:10; 계 1:17
칼에 엎드러지다 – 레 26:7, 8; 삿 4:16; 대상 10:5; 대하 29:9; 시 78:64; 사 13:15; 31:8; 렘 19:7; 20:4; 겔 5:12; 6:12; 11:10; 17:21; 24:21; 25:13; 30:5, 6, 17; 32:12, 22, 23, 24; 39:23; 호 7:16; 13:16; 암 7:17; 학 2:22

단 11:26 흩어질 것이요 많은 사람이 **엎드러져**
호 7:7 그들의 왕들을 다 **엎드러지게** 하며 그들
호 14:1 불의함으로 말미암아 **엎드러졌느니라**

【 엎드리다 】 　　　　　　　　　　　　　　　　　　　　　　　　　　　　　　　　　　【 엎드리다 】

암 5:2	처녀 이스라엘이 **엎드러졌음이여** 다시
암 8:14	맹세하노라 하는 사람은 **엎드러지고**
미 7:8	나는 **엎드러질지라도** 일어날 것이요
나 2:5	그들이 **엎드러질** 듯이 달려서 급히 성에
합 3:6	무궁한 작은 산이 **엎드러지나니** 그의
슥 11:2	곡할지어다 무성한 숲이 **엎드러졌도다**
행 5:5	아나니아가 이 말을 듣고 **엎드러져** 혼이
행 5:10	곧 그가 베드로의 발 앞에 **엎드러져** 혼이
계 1:17	내가 볼 때에 그의 발 앞에 **엎드러져**

■ 엎드러지다 - 기타 본문
　삼하 1:19; 사 46:2; 렘 46:6

엎드리다 (bow down, fall, fall face down)

■ 모세오경
창 4:7	죄가 문에 **엎드려** 있느니라 죄가 너를 원하나
창 17:3	아브람이 **엎드렸더니** 하나님이 또 그
창 17:17	아브라함이 **엎드려** 웃으며 마음속으로
창 24:52	그들의 말을 듣고 땅에 **엎드려** 여호와
창 37:10	네 형들이 참으로 가서 땅에 **엎드려** 네게
창 41:43	그의 앞에서 소리 지르기를 **엎드리라**
창 44:14	있는지라 그의 앞에서 땅에 **엎드리니**
창 49:9	그가 **엎드리고** 웅크림이 수사자 같고
레 9:24	이를 보고 소리 지르며 **엎드렸더라**
민 14:5	자손의 온 회중 앞에서 **엎드린지라**
민 16:4	모세가 듣고 **엎드렸다가**
민 16:45	하노라 하시매 그 두 사람이 **엎드리니라**
민 20:6	회막 문에 이르러 **엎드리매** 여호와의
민 22:27	사자를 보고 발람 밑에 **엎드리니** 발람
민 22:31	그가 보고 머리를 숙이고 **엎드리니**
민 24:4	전능자의 환상을 보는 자, **엎드려서** 눈을
민 24:16	전능자의 환상을 보는 자, **엎드려서** 눈을
신 19:11	이웃을 미워하여 **엎드려** 그를 기다리다
신 25:2	재판장은 그를 **엎드리게** 하고 그 앞에서
신 33:20	갓이 암사자같이 **엎드리고** 팔과 정수리

■ 역사서
수 7:6	*여호와의 궤 앞에서 땅에* **엎드려** *머리에*
수 7:10	일어나라 어찌하여 이렇게 **엎드렸느냐**
삿 13:20	그들의 얼굴을 땅에 대고 **엎드리니라**
룻 2:10	룻이 **엎드려** 얼굴을 땅에 대고 절하며
삼상 20:41	바위 남쪽에서 일어나서 땅에 **엎드려**
삼상 25:23	나귀에서 내려 다윗 앞에 **엎드려** 그의
삼하 8:2	또 모압을 쳐서 그들로 땅에 **엎드리게**
삼하 12:16	들어가서 밤새도록 땅에 **엎드렸으니**
삼하 19:18	게라의 아들 시므이가 왕 앞에 **엎드려**
왕상 17:21	그 아이 위에 몸을 세 번 펴서 **엎드리고**
왕상 18:42	올라가서 땅에 꿇어 **엎드려** 그의 얼굴을
왕하 2:15	그에게로 나아가 땅에 **엎드려** 그에게
왕하 4:34	아이 위에 올라 **엎드려** 자기 입을 그의 입에…그의 몸에 **엎드리니** 아이의 살이
왕하 4:35	다시 아이 위에 올라 **엎드리니** 아이가
대상 21:16	베를 입고 얼굴을 땅에 대고 **엎드려**
대하 20:18	여호와 앞에 **엎드려** 여호와께 경배하고
스 10:1	에스라가 하나님의 성전 앞에 **엎드려**
에 7:8	에스더가 앉은 걸상 위에 **엎드렸거늘**
에 8:3	왕의 발 아래 **엎드려** 아각 사람 하만이

■ 시가서, 선지서
욥 38:40	그것들이 굴에 **엎드리며** 숲에 앉아 숨어
욥 40:21	갈대 그늘에서나 늪 속에 **엎드리니**
시 10:9	사자가 자기의 굴에 **엎드림같이** 그가 은밀한 곳에 **엎드려** 가련한 자를 잡으
시 10:10	그가 구푸려 **엎드리니** 그의 포악으로
시 17:12	은밀한 곳에 **엎드린** 젊은 사자 같으니
잠 1:11	우리가 가만히 **엎드렸다가** 사람의 피를
잠 1:18	그들이 가만히 **엎드림은** 자기의 피를
잠 14:19	선인 앞에 **엎드리고** … **엎드리느니라**
사 11:7	그것들의 새끼가 함께 **엎드리며** 사자가
사 13:21	들짐승들이 거기에 **엎드리고** 부르짖는
사 44:15	우상을 만들고 그 앞에 **엎드리기도** 하는
사 51:23	그들은 일찍이 네게 이르기를 **엎드리라**
사 60:14	네 발아래에 **엎드려** 너를 일컬어 여호와
겔 1:28	내가 보고 **엎드려** 말씀하시는 이의 음성
겔 3:23	보던 영광과 같은지라 내가 곧 **엎드리니**
겔 9:8	내가 홀로 있었는지라 **엎드려** 부르짖어
겔 11:13	블라댜가 죽기로 내가 **엎드려** 큰 소리로
겔 19:2	사자들 가운데 **엎드려** 젊은 사자 중
겔 43:3	내가 곧 얼굴을 땅에 대고 **엎드렸더니**
겔 44:4	내가 얼굴을 땅에 대고 **엎드리니**
단 2:46	느부갓네살 왕이 **엎드려** 다니엘에게
단 3:5	소리를 들을 때에 **엎드리어** 느부갓네살
단 3:10	악기 소리를 듣거든 **엎드려** 금 신상에게
단 8:17	두려워서 얼굴을 땅에 대고 **엎드리매**
단 8:18	내가 얼굴을 땅에 대고 **엎드리어** 깊이

1676

엎드리다 / 에글론

엎드리다

신약

마 2:11	마리아가 함께 있는 것을 보고 **엎드려**
마 17:6	제자들이 듣고 **엎드려** 심히 두려워하니
막 5:22	와서 예수를 보고 발 아래 **엎드리어**
막 5:33	두려워하여 떨며 와서 그 앞에 **엎드려**
막 7:25	듣고 곧 와서 그 발 아래에 **엎드리니**
막 14:35	조금 나아가사 땅에 **엎드리어** 될 수 있는
눅 5:12	예수를 보고 **엎드려** 구하여 이르되 주여
눅 8:28	예수를 보고 부르짖으며 그 앞에 **엎드려**
눅 8:41	예수의 발 아래에 **엎드려** 자기 집에 오시
눅 8:47	떨며 나아와 **엎드리어** 그 손 댄 이유와
눅 17:16	예수의 발 아래에 **엎드리어** 감사하니
요 11:32	그 발 앞에 **엎드리어** 이르되 주께서 여기
행 10:25	고넬료가 맞아 발 앞에 **엎드리어** 절하니
행 16:29	무서워 떨며 바울과 실라 앞에 **엎드리고**
행 20:10	바울이 내려가서 그 위에 **엎드려** 그 몸을
고전 14:25	숨은 일들이 드러나게 되므로 **엎드리어**
계 4:10	보좌에 앉으신 이 앞에 **엎드려** 세세토록
계 5:8	장로들이 그 어린 양 앞에 **엎드려** 각각
계 7:11	보좌 앞에 **엎드려** 얼굴을 대고 하나님께
계 11:16	이십사 장로가 **엎드려** 얼굴을 땅에 대고
계 19:4	또 이십사 장로와 네 생물이 **엎드려** 보좌
계 22:8	천사의 발 앞에 경배하려고 **엎드렸더니**

'엎드리다'와 관련된 성구

엎드려 간구하다 - 왕하 1:13; 마 18:29; 막 1:40
엎드려 경배하다 - 출 34:8; 대하 7:3; 29:29; 사 44:17; 46:6; 마 4:9; 계 5:14; 19:10
엎드려 기다리다 - 시 59:3; 애 3:10
엎드려 기도하다 - 마 26:39
엎드려 말하다 - 왕상 18:7, 39; 겔 1:28
엎드려 부르짖다 - 겔 9:8; 막 3:11
엎드려 예배하다 - 욥 1:20; 시 132:7
엎드려 이르다 - 창 50:18; 민 16:22; 삼상 2:36; 25:24; 삼하 14:4; 마 17:14; 눅 5:8
엎드려 절하다 - 창 19:1; 42:6; 43:26; 48:12; 수 5:14; 삼상 24:8; 삼하 1:2; 9:6; 14:22; 왕하 4:37; 단 3:6, 7, 11, 15; 마 18:26
여호와 앞에 엎드리다 - 신 9:18, 25; 대하 20:18

에글론

에겔(Eker) 여라므엘의 맏아들인 람의 아들
대상 2:27 람의 아들은 마아스와 야민과 **에겔**이요

에그론(Ekron) 블레셋 5대 도시 중의 하나
수 13:3 가나안 사람에게 속한 북쪽 **에그론** 경계

'에그론'과 관련된 성구

에그론 사람 - 삼상 5:10
에그론의 신 바알세붑 - 왕하 1:2, 3, 6, 16
에그론 족속 - 수 13:3

에그론 - 기타 본문

수 15:11, 45, 46; 19:43; 삿 1:18; 삼상 6:16, 17; 7:14; 17:52; 렘 25:20; 암 1:8; 습 2:4; 슥 9:5, 7

에글라(Eglah) 다윗의 아내 중의 한 명
삼하 3:5 다윗의 아내 **에글라**의 소생이니 이들은
대상 3:3 이드르암이라 다윗의 아내 **에글라**의

에글라임(Eglaim) 모압 땅에 있는 성읍
사 15:8 슬피 부르짖음이 **에글라임**에 이르며

에글랏 셀(슬)리시야(Eglath Shelishiyah) 모압의 성읍
사 15:5 피난민들은 소알과 **에글랏 슬리시야**
렘 48:34 호로나임을 지나 **에글랏 셀리시야**에

에글론(Eglon)
1. 인명 : 사사 시대 모압 왕
삿 3:12 여호와께서 모압 왕 **에글론**을 강성하게

'에글론 왕'과 관련된 성구

수 10:3, 5, 23; 12:12

에글론 1 - 기타 본문

삿 3:13, 14, 15, 17

2. 지명 : 유다 남부의 아모리 사람의 성읍
수 10:34 라기스에서 **에글론**으로 나아가서 대진
수 10:36 이스라엘과 더불어 **에글론**에서 헤브론

[에나임]　　　　　　　　　　　　　　　　　　　　　　　　　　[에덴]

수 10:37 진멸하여 바친 것이 **에글론**에 행한 것
수 15:39 라기스와 보스갓과 **에글론**과

에나임(Enaim) 예루살렘 남동쪽의 높은 산지
창 38:14 담나 길 곁 **에나임** 문에 앉으니 이는
창 38:21 길 곁 **에나임**에 있던 창녀가 어디 있느냐

에난(Enan) 모세 시대 납달리 지파의 족장
민 1:15　납달리 지파에서는 **에난**의 아들 아히라

📖 에난 – 기타 본문
　　민 2:29; 7:78, 83; 10:27

에남(Enam) 유다 지파에 속한 성읍
수 15:34 사노아와 엔간님과 답부아와 **에남**과

에네글라임(En Eglaim) 쿰란 남쪽 지점
겔 47:10 엔게디에서부터 **에네글라임**까지 그물

에노스(Enosh) 아담의 손자이며 셋의 아들
창 4:26　이름을 **에노스**라 하였으며 그 때에 사람

📖 에노스 – 기타 본문
　　창 5:6, 7, 9; 대상 1:1; 눅 3:38

에녹(Enoch)
　1. 야렛의 아들이자 므두셀라의 아버지
창 5:18　야렛은 백육십이 세에 **에녹**을 낳았고

📖 에녹 1 – 기타 본문
　　창5:19, 21, 24; 대상 1:3; 눅3:37; 히11:5; 유1:14

　2. 가인의 장자
창 4:17　아내와 동침하매 그가 임신하여 **에녹**을
　　　　낳은지라 … 성을 이름하여 **에녹**이라
창 4:18　**에녹**이 이랏을 낳고 이랏은 므후야엘

에느로겔(En Rogel) 유다와 베냐민 경계의 샘물
삼하 17:17 성에 들어가지 못하고 **에느로겔** 가에
왕상 1:9　아도니야가 **에느로겔** 근방 소헬렛 바위

에느림몬(En Rimmon) 브엘세바 북쪽 지점
느 11:29 또 **에느림몬**과 소라와 야르뭇에 거주

에다님 월(month of Ethanim) 가나안 월력
으로 태양력 9–10월에 해당함
왕상 8:2 모든 사람이 다 **에다님 월** 곧 일곱째 달

에단(Ethan)
　1. 지혜로운 사람으로 알려진 에스라 사람
왕상 4:31 지혜로워서 에스라 사람 **에단**과 마홀
　2. 레위 사람 아다야의 아버지
대상 6:42 아다야는 **에단**의 아들이요 **에단**은 심마
　3. 기시의 아들로 다윗 때 놋제금을 침
대상 6:44 직무를 행하는 자는 **에단**이라 **에단**
대상 15:17 므라리 자손 중에 구사야의 아들 **에단**
대상 15:19 아삽과 **에단**은 놋제금을 크게 치는 자요
　4. 유다가 다말과의 사이에서 낳은 세라의 아들
대상 2:6 세라의 아들은 시므리와 **에단**과 헤만과
대상 2:8 **에단**의 아들은 아사랴더라

에담(Etham)
　1. 지 명
(1) 출애굽한 후 처음 머물렀던 수르 광야의 일부
출 13:20 그들이 숙곳을 떠나서 광야 끝 **에담**에
민 33:6　숙곳을 떠나 광야 끝 **에담**에 진을 치고
민 33:7　**에담**을 떠나 바알스본 앞 비하히롯으로
민 33:8　바다 가운데를 지나 **에담** 광야로 사흘
(2) 삼손이 블레셋 사람을 죽인 후 숨은 동굴
삿 15:8　내려가서 **에담** 바위 틈에 머물렀더라
삿 15:11 유다 사람 삼천 명이 **에담** 바위 틈에 내려
(3) 시므온 지파의 한 성읍
대상 4:32 그들이 사는 곳은 **에담**과 아인과 림몬
(4) 베들레헴 산지에 있는 유다의 성읍
대하 11:6 곧 베들레헴과 **에담**과 드고아와
　2. 인명 : 유다 자손 중의 한 사람
대상 4:3 **에담** 조상의 자손들은 이스르엘과

에덴(Eden)
　1. 지명 : 앗수르인이 정복한 성읍
왕하 19:12 들라살에 있는 **에덴** 족속을 그 나라들
사 37:12 들라살에 있는 **에덴** 자손을 그 나라들
　2. 인 명
(1) 게르손 자손 요아의 아들
대하 29:12 심마의 아들 요아와 요아의 아들 **에덴**과
(2) 히스기야 시대의 레위 사람
대하 31:15 그의 수하의 **에덴**과 미냐민과 예수아와

【 에덴/-동산 】　　　　　　　　　　　　　　　【 에드니 】

겔 27:23　하란과 간네와 에덴과 스바와 앗수르와

에덴/-동산(Garden of Eden)
창 2:8　하나님이 동방의 에덴에 동산을 창설
창 2:10　강이 에덴에서 흘러 나와 동산을 적시고
창 2:15　하나님이 그 사람을 이끌어 에덴동산에
창 3:23　하나님이 에덴동산에서 그를 내보내어
창 3:24　그 사람을 쫓아내시고 에덴동산 동쪽에
창 4:16　가인이 여호와 앞을 떠나서 에덴 동쪽
사 51:3　그 사막을 에덴 같게, 그 광야를 여호와
겔 28:13　네가 옛적에 하나님의 동산 에덴에 있어
겔 31:9　하나님의 동산 에덴에 있는 모든 나무가
겔 31:16　물을 마시는 에덴의 모든 나무 곧 레바논
겔 31:18　그러나 네가 에덴의 나무들과 함께 지하
겔 36:35　이제는 에덴동산같이 되었고 황량하고
욜 2:3　그들의 예전의 땅은 에덴동산 같았으나

에델(Eder)
1. 인 명
(1) 베냐민 지파 에훗의 자손 브리아의 아들
대상 8:15스바댜와 아랏과 에델과
(2) 레위 사람 므라리의 자손이며 무시의 아들
대상 23:23아들들은 마흘리와 에델과 여레못 세
대상 24:30아들들은 마흘리와 에델과 여리못이
2. 지 명
(1) 유다 남부의 성읍
수 15:21　경계에 접근한 성읍들은 갑스엘과 에델
　　　　　(2) 유다 평지의 성읍
수 15:42　립나와 에델과 아산과
　　　　　(3) 시므온의 성읍
수 19:7　아인과 림몬과 에델과 아산이니 네 성읍

에델 망대(Migdal Eder)
창 35:21　이스라엘이 다시 길을 떠나 에델 망대

에돔(Edom) 에서의 별명이자 에서의 후손
창 25:30　그러므로 에서의 별명은 에돔이더라

🔲 에돔 - 기타 본문
창 36:8; 민 24:18; 34:3; 삼상 14:47; 삼하 8:14;
왕상 11:1, 14, 15; 22:47; 왕하 3:20; 8:20, 22;
14:10; 대상 18:11, 13; 대하 21:8, 10; 시 60:8,
9; 108:9, 10; 사 11:14; 34:5; 63:1; 렘 9:26;
25:21; 40:11; 49:7, 17, 20; 애 4:21, 22; 겔
25:12, 13, 14; 32:29; 35:15; 36:5; 단 11:41; 욜
3:19; 암 1:6, 9; 옵 1:1, 8; 말 1:4

에드난(Ethnan) 아스훌의 아내 헬라의 아들
대상 4:7　아들들은 세렛과 이소할과 에드난이며

에드니(Ethni) 다윗 시대 찬송의 일을 한 사람
대상 6:41말기야는 에드니의 아들이요 에드니는

'에돔'과 관련된 성구
에돔 경계 - 수 15:1, 21
에돔 광야 길 - 왕하 3:8
에돔 두령들 - 출 15:15
에돔 들 - 창 32:3; 삿 5:4
에돔 땅 - 창 36:16, 17, 21, 31; 민 21:4; 삿 11:18; 대상 1:43; 사 34:6
에돔 땅 변경 호르 산 - 민 20:23; 33:37
에돔 땅의 바닷가 에시온게벨과 엘롯 - 대하 8:17
에돔 땅 홍해 물가의 엘롯 근처 - 왕상 9:26
에돔 사람 - 신 23:7; 삼상 21:7; 삼하 8:13, 14; 왕상 11:17; 왕하 8:21; 14:7; 대상 18:12, 13; 대하 21:9; 25:14, 19; 28:17
에돔 사람 도엑 - 삼상 22:9, 18, 22
에돔 사람 하닷 - 왕상 11:14
에돔 신들 - 대하 25:20
에돔 용사 - 렘 49:22
에돔의 남은 자 - 암 9:12
에돔의 남자 - 왕상 11:15, 16
에돔의 서너 가지 죄 - 암 1:11
에돔의 시내들 - 사 34:9
에돔의 장막 - 시 83:6
에돔의 족보 - 창 36:1
에돔(의) 족장 - 창 36:43; 대상 1:51, 54
에돔(의) 왕 - 창 36:32; 민 20:14, 18, 20, 21; 삿 11:17; 왕하 3:9, 12, 26; 렘 27:3; 암 2:1
에돔 자손 - 창 36:19; 시 137:7
에돔 족속 - 창 36:9, 43

에드레이(Edrei) 바산 왕 옥이 거하던 성읍
민 21:33 그들을 맞아 에드레이에서 싸우려 하는

📖 에드레이 - 기타 본문
신 1:4; 3:1, 10; 수 12:4; 13:12, 31; 19:37

에디오피아(Ethiopia) 구스의 구약 명칭
행 8:27 에디오피아 사람 곧 에디오피아 여왕

에라스도(Erastus) 바울의 동역자
행 19:22 돕는 사람 중에서 디모데와 에라스도
롬 16:23 이 성의 재무관 에라스도와 형제 구아도
딤후 4:20 에라스도는 고린도에 머물러 있고

에란/-종족(Eran) 수델라 자손
민 26:36 이러하니 에란에게서 난 에란 종족이라

에랴십(Eliashib) 에스라 때 이방인 아내를 내보내기로 약속한 사람
스 10:36 와냐와 므레못과 에랴십과

에렉(Erech) 니므롯이 시날 땅에 세운 성
창 10:10 시날 땅의 바벨과 에렉과 악갓과 갈레

에료에내(Elioenai) 느아랴의 아들
대상 3:23 느아랴의 아들은 에료에내와 히스기야
대상 3:24 에료에내의 아들들은 호다위야와

에르(Er)
1. 유다의 아들 엘과 동일인
민 26:19 아들들은 에르와 오난이라 이 에르와
대상 2:3 에르와 오난과 … 유다의 맏아들 에르는
2. 유다 사람 셀라의 자손으로 베가의 아버지
대상 4:21 레가의 아버지 에르와 마레사의 아버지
3. 예수 그리스도의 선조 중의 한 사람
눅 3:28 그 위는 엘마담이요 그 위는 에르요

에리/-종족(Eri) 에리 가족의 시조
창 46:16 학기와 수니와 에스본과 에리와 아로디
민 26:16 오스니 종족과 에리에게서 난 에리 종족

에멕 그시스(Emek Keziz) 베냐민 지파의 성읍
수 18:21 여리고와 벧 호글라와 에멕 그시스와

에밈(Emite) 모압 족속에게 전멸된 가나안 원주민
신 2:10 이전에는 에밈 사람이 거기 거주하였
신 2:11 모압 사람은 그들을 에밈이라 불렀으며

에바(Ephah)
1. 인 명
(1) 미디안의 아들
창 25:4 미디안의 아들은 에바와 에벨과 하녹과
대상 1:33 미디안의 자손은 에바와 에벨과 하녹과
사 60:6 허다한 낙타, 미디안과 에바의 어린 낙타
(2) 갈렙의 소실
대상 2:46 갈렙의 소실 에바는 하란과 모사와 가세
(3) 갈렙 자손 야대의 아들
대상 2:47 레겜과 요단과 게산과 벨렛과 에바와
2. 밀가루 등의 곡식과 고체량을 재는 단위
출 16:36 오멜은 십분의 일 에바이더라

📖 에바 2 - 기타 본문
출 29:40; 레 5:11; 6:20; 14:10, 21; 19:36; 23:13, 17; 24:5; 민 5:15; 15:9; 28:5; 삿 6:19; 룻 2:17; 삼상 1:24; 17:17; 사 5:10; 겔 45:10, 11, 13, 24; 46:5, 7, 11, 14; 암 8:5; 미 6:10; 슥 5:6, 7, 8, 9, 10

에바다(Ephphatha) 아람어 에파타의 헬라어 음역
막 7:34 이르시되 에바다 하시니 이는 열리라

에바브라(Epaphras) 바울의 동역자
골 1:7 우리와 함께 종 된 사랑하는 에바브라
골 4:12 너희에게서 온 에바브라가 너희에게
몬 1:23 예수 안에서 나와 함께 갇힌 자 에바브라

에바브로디도(Epaphroditus) 바울의 동역자
빌 2:25 그러나 에바브로디도를 너희에게 보내
빌 4:18 또 풍부한지라 에바브로디도 편에 너희

에발(Ebal)
1. 세일 자손이며 소발의 셋째 아들
창 36:23 소발의 자녀는 알완과 마나핫과 에발과
대상 1:40 소발의 아들은 알완과 마나핫과 에발과
2. 욕단의 아들로 오발과 동일인
대상 1:22 에발과 아비마엘과 스바와

[에발 산]

에발 산(Mount Ebal) 세겜 지역의 산
신 11:29 축복을 선포하고 **에발** 산에서 저주를

📖 에발 산 - 기타 본문
신 27:4, 14; 수 8:30, 33

에배(Ephai) 느도바 사람
렘 40:8 느도바 사람 **에배**의 아들들과 마아가

에배네도(Epenetus) 로마 교회 성도
롬 16:5 내가 사랑하는 **에배네도**에게 문안하라

에베소(Ephesu) 로마 제국의 큰 항구 도시
행 18:19 **에베소**에 와서 그들을 거기 머물게 하고

'에베소'와 관련된 성구

에베소 교회의 사자 - 계 2:1
에베소 사람 드로비모 - 행 21:29
에베소 사람의 아데미 - 행 19:28, 34

📖 에베소 - 기타 본문
행 18:21, 24; 19:1, 17, 26, 35; 20:16, 17; 고전 15:32; 16:8; 엡 1:1; 딤전 1:3; 딤후 1:18; 4:12; 계 1:11

에베스(Ebez) 잇사갈 지파가 얻은 한 성읍
수 19:20 랍빗과 기시온과 **에베스**와

에베스 담밈(Ephes Dammim) 블레셋 진지
삼상 17:1 소고와 아세가 사이의 **에베스 담밈**에

에벤에셀(Ebenezer) 사무엘이 기념비를 세운 곳
삼상 4:1 블레셋 사람들과 싸우려고 **에벤에셀**
삼상 5:1 궤를 빼앗아 가지고 **에벤에셀**에서부터
삼상 7:12 도우셨다 하고 그 이름을 **에벤에셀**이라

에벨 1(Eber)
1. 셈의 손자이며 셀라의 아들

[에봇]

창 10:21 셈은 **에벨** 온 자손의 조상이요 야벳의

📖 에벨 1 - 기타 본문
창 10:24, 25; 11:14, 15, 16; 민 24:24; 대상 1:18, 19, 25

2. 갓 자손으로 아비하일의 아들
대상 5:13 요래와 야간과 시아와 **에벨** 일곱 명이니

3. 베냐민 자손으로 엘바알의 아들
대상 8:12 엘바알의 아들들은 **에벨**과 미삼과 세멧

4. 베냐민 사람으로 사삭의 아들
대상 8:22 이스반과 **에벨**과 엘리엘과

5. 제사장으로 아목 사람의 족장
느 12:20 족속에는 갈래요 아목 족속에는 **에벨**

에벨 2(Epher)
1. 미디안의 자손
창 25:4 미디안의 아들은 에바와 **에벨**과 하녹과
대상 1:33 미디안의 자손은 에바와 **에벨**과 하녹과

2. 유다 사람으로 에스라의 아들
대상 4:17 에스라의 아들들은 예델과 메렛과 **에벨**

3. 요단 동편 므낫세 반 지파의 족장
대상 5:24 그들의 족장은 **에벨**과 이시와 엘리엘과

에벳(Ebed)
1. 아비멜렉에게 대항했던 가알의 아버지
삿 9:26 **에벳**의 아들 가알이 그의 형제와 더불어

📖 에벳 1 - 기타 본문
삿 9:28, 20, 31, 35

2. 바벨론 포로에서 귀환한 요나단의 아들
스 8:6 자손 중에서는 요나단의 아들 **에벳**이니

에벳멜렉(Ebed-Melech) 예레미야를 구한 구스 사람
렘 38:7 구스인 **에벳멜렉**이 그들이 예레미야를

📖 에벳멜렉 - 기타 본문
렘 38:8, 10, 11, 12; 39:16

에봇(Ephod)
1. 므낫세 지파의 족장이며 한니엘의 아버지

【 에봇 】

민 34:23 자손 중 므낫세 자손 지파에서는 지휘관 에봇

2. 제사장의 의복
출 28:4 곧 흉패와 에봇과 겉옷과 반포 속옷과 관과

'에봇'과 관련된 성구
- 에봇 고리 – 출 28:28; 39:21
- 에봇과 드라빔 – 삿 17:5; 18:14, 17, 18, 20
- 에봇과 흉패에 물릴 보석 – 출 25:7; 35:9, 27
- 에봇 띠 – 출 28:28; 39:20, 21
- 에봇 받침 겉옷/긴옷 – 출 28:31; 29:5; 39:22
- 에봇(앞)의 두 어깨받이 – 출 28:12, 25, 27; 39:18, 20
- 에봇 어깨받이 – 출 39:7
- 에봇을 입게 하다 – 삼상 2:28
- 에봇을 입다 – 삼상 2:18; 14:3; 삼하 6:14; 대상 15:27
- 에봇을 입히다 – 출 29:5

에봇 2 – 기타 본문
출 28:6, 8, 15, 26; 29:5; 39:2, 4, 5, 8, 19, 21; 레 8:7; 삿 8:27; 삼상 21:9; 22:18; 23:6, 9; 30:7; 호 3:4

【 에브라임 】

에브라다 (Ephrathah)
1. 인명 : 갈렙의 둘째 아내
대상 2:24 헤스론이 갈렙 에브라다에서 죽은 후에
대상 2:50 갈렙의 자손 곧 에브라다의 맏아들 훌의
대상 4:4 베들레헴의 아버지 에브라다의 맏아들

2. 지명
(1) 유다 지방의 한 성읍
미 5:2 베들레헴 에브라다야 너는 유다 족속 중
(2) 기럇여아림 부근의 땅
시 132:6 우리가 그것이 에브라다에 있다 함을

에브라임 (Ephraim)
1. 인명 : 요셉의 둘째 아들
창 41:52 차남의 이름을 에브라임이라 하였으니

에브라임 1 – 기타 본문
창 46:20; 48:1, 5, 13, 14, 17, 20; 민 26:28; 신 34:2; 수 14:4; 16:4, 10; 17:9, 10, 17; 삿 1:29; 5:14; 12:4; 삼하 2:9; 대상 7:22, 23, 24; 9:3; 대하 15:9; 25:10; 30:1, 10, 18; 31:1; 34:6, 9; 시 60:7; 80:2; 108:8; 사 7:2, 5, 8, 9, 17; 9:9, 21; 11:13; 렘 31:9, 18, 20; 50:19; 호 4:17; 5:3, 5, 9, 11, 12, 13, 14; 6:4, 10; 7:1, 8, 11; 8:9, 11; 9:3, 8, 13, 16; 10:6, 11; 11:3, 8, 9, 12; 12:1, 8, 14; 13:1; 14:8; 슥 9:13; 10:7

'에브라임'과 관련된 성구
- 에브라임 경계선 – 겔 48:6
- 에브라임 땅 – 삿 12:15
- 에브라임 사람 – 삿 7:24; 8:1; 12:1, 5, 6; 삼상 1:1
- 에브라임 산 – 대상 6:67; 대하 13:4; 렘 4:15; 31:6
- 에브라임 성읍 – 대하 17:2
- 에브라임(의) 군대 – 민 2:18; 10:22
- 에브라임의 끝물 포도 – 삿 8:2
- 에브라임의 들 – 옵 1:19
- 에브라임의 막대기 – 겔 37:16
- 에브라임의 몫 – 겔 48:5
- 에브라임의 병거 – 슥 9:10
- 에브라임의 불의 – 호 13:12
- 에브라임(의) 산지 – 수 17:15; 19:50; 20:7; 21:21; 24:30, 33; 삿 2:9; 3:27; 4:5; 7:24; 10:1; 17:1, 8; 18:2, 13; 19:1, 16, 18; 삼상 1:1; 9:4; 14:22; 삼하 20:21; 왕상 4:8; 12:25; 왕하 5:22; 대하 15:8; 19:4
- 에브라임의 손 – 겔 37:19
- 에브라임의 술취한 자들의 교만한 면류관 – 사 28:1, 3
- 에브라임의 아들들 – 민 1:32; 대상 7:20
- 에브라임의 영광 – 호 9:11
- 에브라임의 (온) 자손 – 창 50:23; 민 2:18; 7:48; 10:22; 26:35, 37; 34:24; 수 16:5, 8, 9; 17:8; 대상 7:28; 12:30; 27:10, 14, 20; 대하 25:7; 28:12; 시 78:9; 렘 7:15
- 에브라임의 요새 – 사 17:3
- 에브라임의 용사 시그리 – 대하 28:7
- 에브라임의 질투 – 사 11:13
- 에브라임 족속 – 삿 10:9; 왕상 11:26
- 에브라임 지파 – 민 1:10, 33; 13:8; 수 21:5, 20; 대상 6:66; 시 78:67
- 에브라임 진영 – 민 2:24

【 에브랏 】　　　　　　　　　　　　　　　　　　　　　　　　　　　　【 에섹 1 】

2. 지 명
(1) 바알하솔 부근의 성읍
삼하 13:23 만 이 년 후에 **에브라임** 곁 바알하솔에

(2) 벧엘 부근의 성읍
요 11:54 빈 들 가까운 곳인 **에브라임**이라는 동네

(3) 예루살렘 북쪽 성벽에 있는 문
왕하 14:13 예루살렘 성벽을 **에브라임** 문에서부터
대하 25:23 예루살렘 성벽을 **에브라임** 문에서부터
느 8:16　혹은 수문 광장에, 혹은 **에브라임** 문
느 12:39　**에브라임** 문 위로 옛문과 어문과 하나넬

(4) 요단 강 서편 예루살렘 가까운 곳
삼하 18:6 들로 나가서 **에브라임** 수풀에서 싸우

에브랏(Ephrath)
1. 지 명
(1) 벧엘 부근의 성읍으로 라헬이 장사된 곳
창 35:16 그들이 벧엘에서 길을 떠나 **에브랏**에
창 35:19 라헬이 죽으매 **에브랏** 곧 베들레헴 길에
창 48:7　그 곳은 **에브랏**까지 길이 … 그를 **에브랏** 길에 … (**에브랏**은 곧 베들레헴이라)

(2) 베들레헴 또는 그 지경의 옛 이름
룻 1:2　기룐이니 유다 베들레헴 **에브랏** 사람들
룻 4:11 네가 **에브랏**에서 유력하고 베들레헴에
삼상 17:12 다윗은 유다 베들레헴 **에브랏** 사람 이새

2. 인명 : 갈렙의 둘째 아내이며 훌의 어머니
대상 2:19 갈렙이 또 **에브랏**에게 … **에브랏**이 그에

에브론 1(Ephron)
1. 인명 : 헷 사람 소할의 아들
창 23:8　나를 위하여 소할의 아들 **에브론**에게

📖 에브론 1 - 기타 본문
창 23:10, 13, 14, 16, 17; 25:9; 49:29, 30; 50:13

2. 지 명
(1) 유다 북쪽과 베냐민 남쪽의 경계 산악지역
수 15:9　닙도아 샘물까지 이르러 **에브론** 산 성읍

(2) 벧엘 북동쪽 지역
대하 13:19 여사나와 그 동네들과 **에브론**과 그 동네

에브론 2(Abdon-NIV, Hebron-KJV)
아셀에 있던 레위 사람의 성읍
수 19:28 **에브론**과 르홉과 함몬과 가나를 지나

에블랄(Ephlal)　사밧의 아들
대상 2:37 사밧은 **에블랄**을 낳고 **에블랄**은 오벳

에비아삽(Ebiasaph)　엘가나의 아들
대상 6:23 그의 아들은 **에비아삽**이요 그의 아들은
대상 6:37 앗실은 **에비아삽**의 아들이요 **에비아삽**
대상 9:19 고라의 증손 **에비아삽**의 손자 고레의

에산(Eshan)　유다 산지 아홉 개의 성읍 중 한 곳
수 15:52 아랍과 두마와 **에산**과

에살핫돈(Esarhaddon)　산헤립의 아들
왕하 19:37 아들 **에살핫돈**이 대신하여 왕이 되니라
스 4:2　앗수르 왕 **에살핫돈**이 우리를 이리로
사 37:38 그의 아들 **에살핫돈**이 이어 왕이 되니

에서(Esau)　이삭과 리브가의 아들로 야곱의 형
창 25:30 그러므로 **에서**의 별명은 에돔이더라

'에서' 와 관련된 성구
에서의 낯 – 창 35:1
에서의 발꿈치 – 창 25:26
에서의 산 – 옵 1:8, 9, 19, 21
에서의 손 – 창 27:22, 23; 32:11
에서의 아내 – 창 36:10, 12, 13, 14, 17, 18
에서의 아들 – 창 36:5, 12, 17; 대상 1:35
에서의 옷 – 렘 49:10
에서의 자손 – 창 36:15; 신 2:4, 8, 12, 22, 29
에서의 장자 – 창 36:15

📖 에서 - 기타 본문
창 25:32, 33, 34; 26:34; 27:1, 5, 6, 11, 15, 19, 21, 24, 30, 32, 34, 36, 37, 38, 41, 42; 28:5, 6, 8, 9; 32:3, 4, 6, 8, 13, 19; 33:1, 3, 4, 5, 8, 9, 12, 15, 16; 35:29; 36:1, 2, 4, 6, 8, 9, 14, 19, 40, 43; 신 2:5; 수 24:4; 대상 1:35; 렘 49:8, 10; 옵 1:6, 18; 말 1:2, 3; 롬 9:13; 히 11:20; 12:16

에섹 1(Esek)　이삭이 팠던 우물
창 26:20 다툼으로 말미암아 그 우물 이름을 **에섹**

1683

에섹 (Eshek) 요나단의 후손인 아셀의 형제
대상 8:39 그의 아우 **에섹**의 아들은 이러하니 그의

에셀 (Ezer)
1. 세일의 여섯째 아들이며 에돔의 족장
창 36:21 디손과 **에셀**과 디산이니 이들은 에돔

📖 에셀 1 - 기타 본문
　　창 36:27, 30; 대상 1:38, 42

2. 유다 훌의 자손으로 후사의 아버지
대상 4:4 아버지 **에셀**이니 이는 다 베들레헴의
3. 가드 토인에게 살해된 에브라임 사람
대상 7:21 그가 또 **에셀**과 엘르앗을 낳았으나 그들
4. 시글락에서 다윗과 연합한 갓 사람
대상 12:9 우두머리는 **에셀**이요 둘째는 오바댜요
5. 예수아의 아들로 미스바를 다스리던 사람
느 3:19 예수아의 아들 **에셀**이 한 부분을 중수
6. 느헤미야 시대의 노래하던 제사장
느 12:42 말기야와 엘람과 **에셀**이 함께 있으며

에셀나무 (tamarisk tree)
창 21:33 아브라함은 브엘세바에 **에셀나무**를 심
삼상 22:6 손에 단창을 들고 **에셀나무** 아래에 앉았
삼상 31:13 뼈를 가져다가 야베스 **에셀나무** 아래에

에셀바위 (stone Ezel)
삼상 20:19 숨었던 곳에 이르러 **에셀바위** 곁에 있어

에셈 (Ezem)
1. 유다 남부의 성읍
수 15:29 바알라와 이임과 **에셈**과
수 19:3 하살 수알과 발라와 **에셈**과
2. 시므온 지파의 성읍
대상 4:29 빌하와 **에셈**과 돌랏과

에스겔 (Ezekiel) 제사장 사독의 자손 부시의 아들
겔 1:3 부시의 아들 제사장 나 **에스겔**에게 특별
겔 24:22 너희가 **에스겔**이 행한 바와 같이 행하되
겔 24:24 이같이 **에스겔**이 너희에게 표징이 되리

에스골 (Eshcol)
1. 인명 : 아브라함을 도운 족장의 이름
창 14:13 마므레는 **에스골**의 형제요 또 아넬과
창 14:24 나와 동행한 아넬과 **에스골**과 마므레
2. 지 명
골짜기의 이름으로 '포도송이' 라는 뜻
민 13:23 **에스골** 골짜기에 이르러 거기서 포도
민 13:24 포도를 베었으므로 그 곳을 **에스골** 골짜
민 32:9 그들이 **에스골** 골짜기에 올라가서 그
신 1:24 **에스골** 골짜기에 이르러 그 곳을 정탐

에스다올 (Eshtaol)
1. 종족 : 에스다올의 주민
대상 2:53 이로 말미암아 소라와 **에스다올** 두 종족
2. 지명 : 유다와 단의 경계 마을
수 15:33 평지에는 **에스다올**과 소라와 아스나와

📖 에스다올 2 - 기타 본문
　　수 19:41; 삿 13:25; 16:31; 18:2, 8, 11

에스더 (Esther) 베냐민 지파 아비하일의 딸
에 2:7 그의 삼촌의 딸 하닷사 곧 **에스더**는 부모
에 5:2 왕후 **에스더**가 뜰에 선 것을 본즉 매우
에 7:1 하만과 함께 또 왕후 **에스더**의 잔치에
에 8:7 왕후 **에스더**와 유다인 모르드개에게
에 9:13 **에스더**가 이르되 왕이 만일 좋게 여기

> **'에스더' 와 관련된 성구**
> 아비하일의 딸 왕후 에스더 - 에 9:29
> 왕후 에스더 - 에 2:22; 5:3, 12; 7:2, 3,
> 　5, 7; 8:1; 9:12, 31

📖 에스더 - 기타 본문
　　에 2:8, 9, 10, 11, 15, 16, 17, 18, 20, 22;
　　4:4, 5, 8, 9, 10, 12, 13, 15, 17; 5:1, 4, 5, 6,
　　7; 6:14; 7:2, 6, 8; 8:1, 2, 3, 4, 7; 9:25, 32

에스돈 (Eshton) 므힐의 아들이자 드힌나의 아버지
대상 4:11 낳았으니 므힐은 **에스돈**의 아버지요
대상 4:12 **에스돈**은 베드라바와 바세아와 이르나

에스드모 (Eshtemoh) 유다 남쪽 산지의 성읍
수 15:50 아납과 **에스드모**와 아님과

【 에스드모아 】　　　　　　　　　　　　　　　　　　　　　　　　【 에워싸다/에워싸이다 】

에스드모아(Eshtemoa)
1. 인명 : 왕의 토기장이 족보에 속한 사람
대상 4:17 미리암과 삼매와 **에스드모아**의 조상
대상 4:19 아버지와 마아가 사람 **에스드모아**며
2. 지명 : 유다 남쪽 레위인의 성읍
수 21:14 얏딜과 그 목초지와 **에스드모아**와 그
삼상 30:28 십못에 있는 자와 **에스드모아**에 있는
대상 6:57 립나와 그 초원과 얏딜과 **에스드모아**

에스라 1 (Ezra)
1. 에스라서의 저자이며 아론의 후손
스 7:1　　아닥사스다가 왕위에 있을 때에 **에스라**

> **'에스라'와 관련된 성구**
>
> 제사장 겸 학사 에스라 – 느 8:9; 12:26
> 제사장 에스라 – 스 10:10, 16; 느 8:2
> 학사 에스라 – 느 8:1, 4, 9, 13; 12:26, 36
> 학자 겸 제사장 에스라 – 스 7:12, 21

> **에스라 1 – 기타 본문**
>
> 스 7:6, 10, 25; 10:1, 2, 5, 6; 느 8:5, 6, 18

2. 포로에서 돌아온 제사장이며 족장
느 12:1　　제사장들은 스라야와 예레미야와 **에스라**
느 12:13 **에스라** 족속에는 므술람이요 아마랴
3. 성벽 위를 행진한 제1조의 한 사람
느 12:33 또 아사랴와 **에스라**와 므술람과

에스라 2 (Ezrah) 유다의 자손
대상 4:17 **에스라**의 아들들은 예델과 메렛과 에벨

에스리(Ezri) 다윗 때 밭가는 농부를 다스리는 감독
대상 27:26 글룹의 아들 **에스리**는 밭 가는 농민을

에스바알(Esh–Baal) 사울의 아들
대상 8:33 말기수아와 아비나답과 **에스바알**을
대상 9:39 말기수아와 아비나답과 **에스바알**을

에스반(Eshban) 세일의 자손이며 디손의 아들
창 36:26 디손의 자녀는 헴단과 **에스반**과 이드란
대상 1:41 디손의 아들은 하므란과 **에스반**과

에스배(Ezbai) 다윗의 30용사 중의 하나
대상 11:37 갈멜 사람 헤스로와 **에스배**의 아들

에스본(Ezbon)
1. 갓의 아들이며 야곱의 손자
창 46:16 아들은 시본과 학기와 수니와 **에스본**
2. 베냐민 사람 벨라의 아들
대상 7:7 벨라의 아들들은 **에스본**과 우시와

에슬리(Esli) 예수님의 족보에 나오는 사람
눅 3:25 그 위는 나훔이요 그 위는 **에슬리**요 그

에시온게벨(Ezion Geber) 아카바 만의 항구
민 33:35 아브로나를 떠나 **에시온게벨**에 진을

> **에시온게벨 – 기타 본문**
>
> 민 33:36; 왕상 9:26; 22:48; 대하 8:17; 20:36

에우다(besiege, swirl, engulf)
삼하 20:15 아벨로 가서 세바를 **에우고** 그 성읍을
삼하 22:5 사망의 물결이 나를 **에우고** 불의의 창수
시 88:17 이런 일이 물같이 종일 나를 **에우며**
애 3:5　　고통과 수고를 쌓아 나를 **에우셨으며**

에워싸다/에워싸이다 (lay siege to, siege)
신 20:19 **에워싸고** 그 성읍을 … **에워싸겠느냐**
신 28:53 네가 적군에게 **에워싸이고** 맹렬한 공격
신 28:57 적군이 네 생명을 **에워싸고** 맹렬히 쳐서
삿 7:21　각기 제자리에 서서 그 진영을 **에워싸매**
삿 16:2　그들이 곧 그를 **에워싸고** 밤새도록 성문
삿 20:43 그들이 베냐민 사람을 **에워싸고** 기브아
삼상 23:8 다윗과 그의 사람들을 **에워싸려** 하다
삼상 23:26 다윗과 그의 사람들을 **에워싸고** 잡으
삼하 18:15 청년 열 명이 압살롬을 **에워싸고** 쳐죽
왕상 15:27 온 이스라엘이 깁브돈을 **에워싸고** 있었
대하 32:10 너희가 예루살렘에 **에워싸여** 있으면서
욥 19:6　자기 그물로 나를 **에워싸신** 줄을 알아야
욥 30:12 놓으며 나를 대적하여 길을 **에워싸며**
욥 30:15 순식간에 공포가 나를 **에워싸고** 그들이
시 3:6　　천만인이 나를 **에워싸** 진 친다 하여도
시 17:11 우리가 걸어가는 것을 그들이 **에워싸서**
시 22:12 많은 황소가 나를 **에워싸며** 바산의 힘
시 49:5　나를 **에워싸는** 환난의 날을 내가 어찌

1685

【 에워 】　　　　　　　　　　　　　　　　　　　　　　　　【 엔 로겔 】

시 118:11　그들이 나를 에워싸고 에워쌌으니 내가
시 140:9　나를 에워싸는 자들이 그들의 머리를
전 9:14　그것을 에워싸고 큰 흉벽을 쌓고 치고
사 21:2　엘람이여 올라가고 메대여 에워싸라
렘 4:16　예루살렘에 알리기를 에워싸고 치는
렘 10:17　에워싸인 가운데에 앉은 자여 네 짐 꾸러
렘 12:9　매들이 그것을 에워싸지 아니하느냐
렘 51:2　재난의 날에 그를 에워싸고 치리로다
겔 4:3　삼고 성을 포위하는 것처럼 에워싸라
겔 4:7　너는 또 네 얼굴을 에워싸인 예루살렘
겔 4:8　내가 줄로 너를 동이리니 네가 에워싸는
겔 6:12　칼에 엎드러지고 남아 있어 에워싸인
겔 23:24　거느리고 치러 와서 너를 에워싸리라
호 7:2　그들의 행위가 그들을 에워싸고 내 얼굴
욘 2:5　깊음이 나를 에워싸고 바다 풀이 내 머리
나 3:14　너는 물을 길어 에워싸일 것을 대비하며
슥 12:2　예루살렘을 에워싸일 때에 유다에까지
마 8:18　예수께서 무리가 자기를 에워싸는 것을
막 3:9　예수께서 무리가 에워싸 미는 것을 피하
막 5:24　가실새 큰 무리가 따라가며 에워싸 밀더
막 5:31　제자들이 여쫘오되 무리가 에워싸 미는
눅 21:20　예루살렘이 군대들에게 에워싸이는
요 10:24　유대인들이 에워싸고 이르되 당신이

> '에워싸다' 와 관련된 성구
>
> 　랍바를 에워싸다 - 삼하 11:1; 대상 20:1
> 　사마리아를 에워싸다 - 왕상 20:1; 왕하
> 　　　　6:24, 25
> 　성을 에워싸다 - 왕하 24:10; 단 1:1
> 　성읍을 에워싸다 - 신 20:12; 28:52, 55;
> 　　　왕상 8:37; 왕하 6:14, 15; 25:4; 대하
> 　　　6:28; 렘 52:7; 겔 4:2; 5:2
> 　예루살렘을 에워싸다 - 렘 4:17; 32:2;
> 　　　37:5; 39:1
> 　집을 에워싸다 - 창 19:4; 삿 19:22; 20:5

에위(Evi)　미디안의 왕
민 31:8　미디안의 왕들은 에위와 레겜과 수르와
수 13:21　시혼의 군주들 곧 미디안의 귀족 에위와

에윌므로닥(Evil-Merodach)　바벨론의 왕
왕하 25:27　삼십칠 년 곧 바벨론의 왕 에윌므로닥이

렘 52:31　에윌므로닥 왕의 즉위 원년 열두째 달

에피쿠로스(Epicurean)　그리스의 철학자
행 17:18　어떤 에피쿠로스와 스토아 철학자들도

에훗(Ehud)　이스라엘 두 번째 사사
삿 3:15　베냐민 사람 게라의 아들 왼손잡이 에훗

> 에훗 - 기타 본문
>
> 삿 3:16, 18, 20, 21, 23, 24, 26, 27, 28, 31; 4:1; 대
> 상 7:10; 8:6

에히(Ehi)　베냐민의 아들
창 46:21　아스벨과 게라와 나아만과 에히와

엔 간님(En Gannim)
　　　1. 유다 평지의 성읍
수 15:34　사노아와 엔 간님과 답부아와 에남과
　　　2. 잇사갈 지파의 에스드렐론 평지의 성읍
수 19:21　레멧과 엔 간님과 엔핫다와 벧 바세스
수 21:29　야르뭇과 그 목초지와 엔 간님과 그 목초

엔 게디(En Gedi)　염해 서쪽의 주요 성읍
수 15:62　닙산과 소금 성읍과 엔 게디니 여섯 성읍
대하 20:2　이제 하사손다말 곧 엔 게디에 있나이다
겔 47:10　이 강 가에 어부가 설 것이니 엔 게디에

> '엔 게디' 와 관련된 성구
>
> 엔 게디 광야 - 삼상 24:1
> 엔 게디 요새 - 삼상 23:29
> 엔 게디 포도원의 고벨화 송이 - 아 1:14

엔 답부아(En Tappuah)　므낫세의 성읍
수 17:7　그 오른쪽으로 가서 엔 답부아 주민들

엔돌(Endor)　므낫세 지파의 성읍
수 17:11　또 엔돌 주민과 그 마을들과 다아낙 주민
삼상 28:7　보소서 엔돌에 신접한 여인이 있나이다
시 83:10　그들은 엔돌에서 패망하여 땅에 거름이

엔 로겔(En Rogel)　에느로겔과 같은 곳
수 15:7　엔세메스 물들을 지나 엔 로겔에 이르며

【 엔미스밧 】

수 18:16 여부스 남쪽에 이르러 **엔 로겔**로 내려

엔미스밧(En Mishpat) 가데스 바네아와 같은 곳
창 14:7 돌이켜 **엔미스밧** 곧 가데스에 이르러

엔 세메스(En Shemesh) 유다와 베냐민의 경계 지역
수 15:7 길갈을 향하고 나아가 **엔 세메스** 물들
수 18:17 **엔 세메스**로 나아가서 아둠밈 비탈

엔 하솔(En Hazor) 납달리 자손의 성읍
수 19:37 게데스와 에드레이와 **엔 하솔**과

엔학고레(En hakkore) 삼손이 마신 샘의 이름
삿 15:19 그러므로 그 샘 이름을 **엔학고레**라

엔핫다(En Haddah) 잇사갈 지파의 성읍
수 19:21 레멧과 엔 간님과 **엔핫다**와 벤 바세스

엘(Er) 유다와 가나안 여인 수아 사이의 맏아들
창 38:3 아들을 낳으매 유다가 그의 이름을 엘

엘 - 기타 본문
창 38:6, 7; 46:12

엘가나(Elkanah)
1. 사무엘의 아버지
삼상 1:1 **엘가나**라 하는 사람이 있었으니 그는
삼상 2:11 **엘가나**는 라마의 자기 집으로 돌아가고

엘가나 1 - 기타 본문
삼상 1:4, 8, 19, 21, 23; 2:20

2. 고라의 아들
출 6:24 앗실과 **엘가나**와 아비아삽이니 이들은
3. 다윗의 30인 용사 중 한 사람
대상 12:6 **엘가나**와 잇시야와 아사렐과 요에셀과
4. 아하스 시대의 총리대신
대하 28:7 궁내대신 아스리감과 총리대신 **엘가나**
5. 다윗 때 언약궤 앞의 문지기
대상 15:23 베레갸와 **엘가나**는 궤 앞에서 문을 지키
6. 레위 가계에 속하는 동명이인들
대상 6:23 그의 아들은 **엘가나**요 그의 아들은

【 엘라 】

엘가나 6 - 기타 본문
대상 6:25, 26, 27, 34, 35, 36; 9:16

엘고스(Elkosh) 선지자 나훔의 고향
나 1:1 니느웨에 대한 경고 곧 **엘고스** 사람 나훔

엘다아(Eldaah) 아브라함의 후처 그두라의 자손
창 25:4 에바와 에벨과 하녹과 아비다와 **엘다아**
대상 1:33 에바와 에벨과 하녹과 아비다와 **엘다아**

엘닷(Eldad) 모세를 도와 예언한 70장로 중 한 사람
민 11:26 그 기명된 자 중 **엘닷**이라 하는 자와 메닷
민 11:27 **엘닷**과 메닷이 진중에서 예언하나이다

엘돌랏(Eltolad) 시므온 지파의 성읍
수 15:30 **엘돌랏**과 그실과 홀마와
수 19:4 **엘돌랏**과 브둘과 호르마와

엘드게(Eltekeh) 단 지파의 성읍
수 19:44 **엘드게**와 깁브돈과 바알랏과
수 21:23 단 지파 중에서 준 것은 **엘드게**와 그

엘드곤(Eltekon) 유다 지파의 성읍
수 15:59 마아랏과 벧 아놋과 **엘드곤**이니 여섯

엘라(Elah)
1. 에돔 족장 중의 한 사람
창 36:41 오홀리바마 족장, **엘라** 족장, 비논 족장
대상 1:52 오홀리바마 족장과 **엘라** 족장과 비논
2. 이스라엘의 4대 왕
왕상 16:6 장사되고 그의 아들 **엘라**가 대신하여
왕상 16:8 바아사의 아들 **엘라**가 디르사에서
왕상 16:9 **엘라**가 디르사에 있어 왕궁 맡은 자
왕상 16:13 바아사의 모든 죄와 그의 아들 **엘라**의
왕상 16:14 **엘라**의 남은 사적과 행한 모든 일은
3. 이스라엘 마지막 왕 호세아의 아버지
왕하 15:30 요담 제이십년에 **엘라**의 아들 호세아
왕하 17:1 아하스 제십이년에 **엘라**의 아들 호세아
왕하 18:1 **엘라**의 아들 호세아 제삼년에 유다 왕
왕하 18:9 **엘라**의 아들 호세아 제칠년에 앗수르
4. 갈렙의 자손

【 엘라 골짜기 】　　　　　　　　　　　　　　　　　　　　　　【 엘론 】

대상 4:15 자손은 이루와 **엘라**와 나암과 **엘라**요
　　　5. 베냐민 자손 웃시의 아들
대상 9:8 미그리의 손자 웃시의 아들 **엘라**요
　　　6. 솔로몬의 열두 관장 중의 한 사람
왕상 4:18 베냐민에는 **엘라**의 아들 시므이요

엘라 골짜기(Valley of Elah) 다윗이 골리앗
과 싸운 곳
삼상 17:2 이스라엘 사람들이 모여서 **엘라 골짜기**
삼상 17:19 이스라엘 모든 사람들은 **엘라 골짜기**
삼상 21:9 네가 **엘라 골짜기**에서 죽인 블레셋 사람

엘라단(Elnathan) 유다 왕 여호야긴의 외조부
왕하 24:8 이름은 느후스다요 예루살렘 **엘라단**의

🕮 **엘라단 – 기타 본문**
　　스 8:16; 렘 26:22; 36:12, 25

엘라사(Elasah)
　　　1. 이방 아내와 헤어진 사람
스 10:22 이스마엘과 느다넬과 요사밧과 **엘라사**
　　　2. 예레미야의 편지를 동포들에게 전한 사람
렘 29:3 **엘라사**와 힐기야의 아들 그마랴 편으로

엘라살(Ellasar) 바벨론의 성읍
창 14:1 **엘라살** 왕 아리옥과 엘람 왕 그돌라오멜
창 14:9 아므라벨과 **엘라살** 왕 아리옥 네 왕이

엘라암(Elnaam) 다윗의 용사 여리배의 아버지
대상 11:46 엘리엘과 **엘라암**의 아들 여리배와

엘람(Elam)
　　　1. 바벨론 동쪽 산악 지대에 위치한 나라
사 11:11 구스와 **엘람**과 시날과 하맛과 바다 섬들

'엘람' 과 관련된 성구
　엘람 사람 – 사 22:6
　엘람에 대한 여호와의 말씀 – 렘 49:34
　엘람 왕 그돌라오멜 – 창 14:1, 9
　엘람의 모든 왕 – 렘 25:25
　엘람의 포로 – 렘 49:39
　엘람의 힘의 으뜸가는 활 – 렘 49:35
　엘람 지방 수산 성 – 단 8:2

🕮 **엘람 1 – 기타 본문**
　　사 21:2; 렘 49:35, 36, 37, 38, 39; 겔 32:24; 행 2:9

　　　2. 셈의 장자이며 엘람 족속의 시조
창 10:22 셈의 아들은 **엘람**과 앗수르와 아르박삿
대상 1:17 셈의 자손은 **엘람**과 앗수르와 아르박삿
　　　3. 다윗 때 성전 문지기 중의 한 사람
대상 26:3 다섯째 **엘람**과 여섯째 여호하난과
　　　4. 베냐민 지파 사삭의 아들
대상 8:24 하나냐와 **엘람**과 안도디야와
　　　5. 예루살렘 성 봉헌식에 참여한 사람
느 10:14 우두머리들 곧 바로스, 바핫모압, **엘람**
느 12:42 여호하난과 말기야와 **엘람**과 에셀이
　　　6. 바벨론에서 귀환할 때 돌아온 엘람 자손
스 2:7 **엘람** 자손이 천이백오십사 명이요
느 7:34 기타 **엘람** 자손이 천이백오십사 명이요

🕮 **엘람 6 – 기타 본문**
　　스 2:31; 4:9; 8:7; 10:2, 26; 느 7:12

엘랏(Elath) 아카바 만의 항구
신 2:8 아라바를 지나며 **엘랏**과 에시온 게벨
왕하 14:22 아사랴가 **엘랏**을 건축하여 유다에 복귀
왕하 16:6 아람 사람이 **엘랏**에 이르러 거기에 거주

엘랴다(Eliada) 다윗의 아들
삼하 5:16 엘리사마와 **엘랴다**와 엘리벨렛이었더
대상 3:8 엘리사마와 **엘랴다**와 엘리벨렛 아홉

엘렙(Haeleph) 베냐민 지파가 얻은 성읍
수 18:28 **엘렙**과 여부스 곧 예루살렘과 기부앗

엘론(Elon)
　　　1. 헷 족속으로 에서의 장인
창 26:34 유딧과 헷 족속 **엘론**의 딸 바스맛을 아내
창 36:2 에서가 가나안 여인 중 헷 족속 **엘론**의
　　　2. 스불론의 아들
창 46:14 스불론의 아들은 세렛과 **엘론**과 얄르엘
민 26:26 세렛 종족과 **엘론**에게서 난 엘론 종족
　　　3. 스불론 지파 출신의 사사
삿 12:11 스불론 사람 **엘론**이 이스라엘의 사사가
삿 12:12 **엘론**이 죽으매 스불론 땅 아얄론에 장사

【 엘론벧하난 】　　　　　　　　　　　　　　　【 엘르앗 】

4. 단 지파의 성읍으로 엘론 벧하난과 동일한 곳
수 19:43 **엘론**과 딤나와 에그론과

엘론벧하난(Elon Bethhanan) 솔로몬의 제 2 행정 구역에 있던 성읍 중 하나
왕상 4:9 벧세메스와 **엘론벧하난**에는 벤데겔이요

엘롯(Eloth) 아카바만의 항구로 엘랏과 같은 곳
왕상 9:26 홍해 물 가의 **엘롯** 근처 에시온게벨에
대하 8:17 에돔 땅의 바닷가 에시온게벨과 **엘롯**
대하 26:2 웃시야가 **엘롯**을 건축하여 유다에 돌렸

엘료에내(Elioenai)
　1. 시므온 자손 요시비야의 아들
대상 4:36 **엘료에내**와 야아고바와 여소하야와
　2. 베냐민 자손 베겔의 아들
대상 7:8 스마리와 요아스와 엘리에셀과 **엘료에내**
　3. 이방인 아내를 돌려보낸 바스훌 자손 제사장
스 10:22 바스훌 자손 중에서는 **엘료에내**와
느 12:41 **엘료에내**와 스가랴와 하나냐는 다 나팔
　4. 이방인 아내를 돌려보낸 삿두 자손
스 10:27 자손 중에서는 **엘료에내**와 엘리아십

엘루마(Elymas) 구브로의 유대인 박수 거짓 선지자
행 13:8 **엘루마**는 (이 이름을 번역하면 마술사라)

엘루새(Eluzai) 다윗의 용사 중 한 사람
대상 12:5 **엘루새**와 여리못과 브아랴와 스마랴와

엘룰(Elul) 히브리 달력 6째 달로 태양력의 8-9월
느 6:15 성벽 역사가 오십이 일 만인 **엘룰** 월

엘르아다(Eleadah) 에브라임의 자손
대상 7:20 그의 아들은 **엘르아다**요 그의 아들은

엘르아사(Eleasah)
　1. 헬레스의 아들이자 시스매의 아버지
대상 2:39 헬레스를 낳고 헬레스는 **엘르아사**를
대상 2:40 **엘르아사**는 시스매를 낳고 시스매는
　2. 베냐민 사람 사울과 요나단의 자손
대상 8:37 그의 아들은 **엘르아사**요 그의 아들은
대상 9:43 그의 아들은 **엘르아사**요 그의 아들은

엘르아살(Eleazar)
　1. 아론과 엘리세바 사이의 셋째 아들
레 10:6 아론과 그의 아들 **엘르아살**과 이다말

> **'엘르아살 1'과 관련된 성구**
>
> 나답과 아비후와 엘르아살과 이다말 - 출
> 　6:23; 28:1; 민 26:60; 대상 6:3; 24:1
> 제사장 엘르아살 - 민 16:39; 19:3, 4;
> 　26:3, 63; 27:2, 19, 21, 22; 31:6, 12,
> 　13, 21, 26, 29, 31, 41, 51, 54; 32:2,
> 　28; 34:17; 수 14:1; 17:4; 19:51;
> 　21:1; 22:13, 31, 32

엘르아살 1 - 기타 본문

출 6:25; 레 10:12; 민 3:2, 4, 32; 4:16; 16:37; 20:25, 26, 28; 25:7, 11; 26:1; 신 10:6; 수 24:33; 삿 20:28; 대상 6:4, 50; 9:20; 24:2, 3, 4, 5, 6; 스 7:5

　2. 아호아 사람 도대의 아들로 다윗의 용사
삼하 23:9 아호아 사람 도대의 아들 **엘르아살**이니
대상 11:12 아들 **엘르아살**이니 세 용사 중 하나이라
　3. 레위 사람 므라리의 자손으로 마흘리의 아들
대상 23:21 무시요 마흘리의 아들들은 **엘르아살**과
대상 23:22 **엘르아살**이 아들이 없이 죽고 딸만 있더
대상 24:28 **엘르아살**이니 엘르아살은 아들이 없으
　4. 에스라 때 비느하스의 아들
스 8:33 비느하스의 아들 **엘르아살**과 레위 사람
　5. 예루살렘 성벽 봉헌 때 나팔을 불었던 제사장
느 12:42 **엘르아살**과 웃시와 여호하난과 말기야
　6. 이방인 아내를 되돌려 보낸 바로스 자손
스 10:25 말기야와 미야민과 **엘르아살**과 말기야
　7. 예수 그리스도의 선조 중의 한 사람
마 1:15 엘리웃은 **엘르아살**을 낳고 **엘르아살**은

엘르알레(Elealeh) 르우벤 지파의 성읍
민 32:3 니므라와 헤스본과 **엘르알레**와 스밤과

엘르알레 - 기타 본문

민 32:37; 사 15:4; 16:9; 렘 48:34

엘르앗(Elead) 수델라의 아들
대상 7:21 **엘르앗**을 낳았으나 그들이 가드 원주민

[엘리]   [엘리사]

엘리(Eli) 사사이며 사무엘의 스승
삼상 1:12 기도하는 동안에 **엘리**가 그의 입을 주목
삼상 4:4 언약궤를 거기서 가져왔고 **엘리**의 두 아들

'엘리'와 관련된 성구
엘리의 두 아들 홉니와 비느하스 – 삼상 1:3; 4:11
엘리의 집 – 삼상 3:12, 14; 왕상 2:27
엘리 집의 죄악 – 삼상 3:14
제사장 엘리 – 삼상 1:9; 2:11

엘리 – 기타 본문
삼상 1:12, 13, 14, 17, 25; 2:12, 20, 22, 27; 3:1, 2, 5, 6, 8, 9, 15, 16; 4:13, 14, 15, 16, 18; 14:3

엘리가(Elika) 하롯 사람 다윗의 용사
삼하 23:25 하롯 사람 삼훗과 하롯 사람 **엘리가**와

엘리닷(Elidad) 베냐민 지파의 족장
민 34:21 지파에서는 기슬론의 아들 **엘리닷**이요

엘리멜렉(Elimelech) 나오미의 남편
룻 1:2 그 사람의 이름은 **엘리멜렉**이요 그의

엘리멜렉 – 기타 본문
룻 1:3; 2:1, 3; 4:3, 9

엘리바스(Eliphaz)
1. 에서와 아다 사이에서 태어난 아들
창 36:4 아다는 **엘리바스**를 에서에게 낳고

엘리바스 1 – 기타 본문
창 36:10, 11, 12, 15, 16; 대상 1:35, 36

2. 욥의 친구로 데만 사람
욥 2:11 **엘리바스**와 수아 사람 빌닷과 나아마

엘리바스 2 – 기타 본문
욥 4:1; 15:1; 22:1; 42:7, 9

엘리발(Eliphal) 다윗의 용사 중 한 명
대상 11:35 사갈의 아들 아히암과 울의 아들 **엘리발**

엘리벨렛(Eliphelet)
1. 다윗의 아들
삼하 5:16 엘리사마와 엘랴다와 **엘리벨렛**이었더라

엘리벨렛 1 – 기타 본문
대상 3:6, 8; 14:7

2. 아히스배의 아들로 다윗 용사 중 한 명
삼하 23:34 **엘리벨렛**과 길로 사람 아히도벨의 아들

3. 베냐민 사람 에섹의 셋째 아들
대상 8:39 둘째는 여우스요 셋째는 **엘리벨렛**이며

4. 포로지에서 귀환한 아도니감 자손 중 한 명
스 8:13 **엘리벨렛**과 여우엘과 스마야니 그와

5. 이방 여인을 취한 하숨 자손
스 10:33 맛드내와 맛닷다와 사밧과 **엘리벨렛**과

엘리블레후(Eliphelehu) 다윗 시대 성전 악사
대상 15:18 **엘리블레후**와 믹네야와 문지기 오벧에돔
대상 15:21 **엘리블레후**와 믹네야와 오벧에돔과

엘리사(Elishah)
1. 인명
(1) 북이스라엘의 선지자이며 엘리야의 후계자
왕상 19:17 예후의 칼을 피하는 자를 **엘리사**가 죽이

'엘리사 1-(1)'과 관련된 성구
사밧의 아들 엘리사 – 왕상 19:16, 19; 왕하 3:11; 6:31
엘리사의 묘실 – 왕하 13:21
엘리사의 발 앞 – 왕하 4:37
엘리사의 뼈 – 왕하 13:21
엘리사의 사환 게하시 – 왕하 5:20
엘리사의 집 문 – 왕하 5:9

엘리사 1-(1) – 기타 본문
왕상 19:21; 왕하 2:1, 2, 3, 4, 5, 6, 9, 12, 14, 15, 16, 18, 19, 20, 21, 22, 24, 25; 3:13, 14; 4:1, 2, 8, 11, 13, 14, 16, 17, 29, 30, 31, 32, 33, 35, 36, 38, 41, 43; 5:8, 10, 19, 25, 26; 6:1, 2, 3, 6, 12, 13, 15, 17, 18, 19, 20, 21, 32; 7:1, 2; 8:1, 4, 5, 7, 10, 13, 14; 9:1; 13:14, 15, 16, 17, 18, 20; 눅 4:27

【 엘리사마 】　　　　　　　　　　　　　【 엘리아다 2 】

(2) 야벳의 후손이며 야완의 아들
창 10:4　아들은 **엘리사**와 달시스와 깃딤과
대상 1:7　자손은 **엘리사**와 다시스와 깃딤과
　　2. 지명 : 염색 직물을 수출한 해안 지방
겔 27:7　만들어 깃발을 삼았음이여 **엘리사** 섬의

엘리사마(Elishama)
　　1. 암미훗의 아들로 에브라임 지파의 족장
민 1:10　**엘리사마**요 므낫세 지파에서는 브다술
　🕮 엘리사마 - 기타 본문
민 2:18; 7:48, 53; 10:22; 대상 7:26
　　2. 다윗의 아들
삼하 5:16 **엘리사마**와 엘랴다와 엘리벨렛이었더라
대상 3:6　또 입함과 **엘리사마**와 엘리벨렛과
대상 3:8　**엘리사마**와 엘랴다와 엘리벨렛 아홉
대상 14:7 **엘리사마**와 브럘랴다와 엘리벨렛이었
　　3. 유다 왕 여호야김의 서기관
렘 36:12　**엘리사마**와 스마야의 아들 들라야의
렘 36:20　서기관 **엘리사마**의 방에 두고 뜰에 들어
렘 36:21　여후디가 서기관 **엘리사마**의 방에서
　　4. 유다 총독 그달리야를 죽인 이스마엘의 조부
왕하 25:25 칠월에 왕족 **엘리사마**의 손자 느다니야
렘 41:1　왕의 종친 **엘리사마**의 손자요 느다냐의
　　5. 유다 사람 여가먀의 아들
대상 2:41 여가먀를 낳고 여가먀는 **엘리사마**를
　　6. 여호사밧 때의 제사장
대하 17:8 제사장 **엘리사마**와 여호람을 보내었

엘리사반(Elizaphan)
　　1. 그핫 사람의 가족과 종족의 족장
민 3:30　웃시엘의 아들 **엘리사반**은 고핫 사람
대상 15:8 **엘리사반** 자손 중에 지도자 스마야와
대하 29:13 **엘리사반**의 자손 중 시므리와 여우엘
　　2. 스불론 차손으로 바르낙의 아들이며 족장
민 34:25　지휘관 바르낙의 아들 **엘리사반**이요

엘리사밧(Elishaphat) 여호야다를 도운 백부장
대하 23:1 아들 **엘리사밧** 등과 더불어 언약을 세우

엘리사벳(Elizabeth) 세례 요한의 어머니
눅 1:5　아론의 자손이니 이름은 **엘리사벳**이라

　🕮 엘리사벳 - 기타 본문
눅 1:7, 13, 24, 36, 40, 41, 57

엘리세바(Elisheba) 아론의 아내로 암미나답의 딸
출 6:23　**엘리세바**를 아내로 맞이하였고 그는

엘리수아(Elishua) 다윗의 아들
삼하 5:15 입함과 **엘리수아**와 네벡과 야비아와
대상 14:5 입함과 **엘리수아**와 엘벨렛과

엘리술(Elizur) 스데울의 아들
민 1:5　지파에서는 스데울의 아들 **엘리술**이요
　🕮 엘리술 - 기타 본문
민 2:10; 7:30, 35; 10:18

엘리아김(Eliakim)
　　1. 히스기야 왕의 궁내 대신
사 22:20 내가 힐기야의 아들 내 종 **엘리아김**을
　🕮 엘리아김 1 - 기타 본문
사 36:3, 11, 22; 37:2
　　2. 요시야 왕의 둘째 아들
왕하 23:34 요시야의 아들 **엘리아김**을 그의 아버지
대하 36:4 애굽 왕 느고가 또 그의 형제 **엘리아김**을
　　3. 스룹바벨 성곽 재건 시 봉헌식에 참여한 제사장
느 12:41　제사장 **엘리아김**과 마아세야와 미냐민
　　4. 예수 그리스도의 선조 중 한 명
마 1:13　**엘리아김**을 낳고 **엘리아김**은 아소르를
눅 3:30　그 위는 요남이요 그 위는 **엘리아김**이요

엘리아다 1(Eliada)
　　1. 수리아의 왕 르손의 아버지
왕상 11:23 **엘리아다**의 아들 르손을 일으켜 솔로몬
　　2. 여호사밧 때 베냐민 지파의 용사
대하 17:17 큰 용사 **엘리아다**는 활과 방패를 잡은 자

엘리아다 2(Eliathah) 헤만의 아들
대상 25:4 **엘리아다**와 깃달디와 로맘디에셀과
대상 25:27 스무째로 **엘리아다**니 그의 아들들과

엘리아바

엘리아바(Eliahba) 다윗의 용사로 사알본 사람
삼하 23:32 사알본 사람 **엘리아바**와 야센의 아들
대상 11:33 사람 아스마웻 사알본 사람 **엘리아바**

엘리아살(Eleazar) 아비나답의 아들
삼상 7:1 **엘리아살**을 거룩하게 구별하여 여호와

엘리아삽(Eliasaph)
1. 드우엘의 아들로 갓 지파의 지도자
민 1:14 갓 지파에서는 드우엘의 아들 **엘리아삽**

> 엘리아삽 1 - 기타 본문
> 민 2:14; 7:42, 47; 10:20

2. 레위 지파 게르손 종족의 족장
민 3:24 라엘의 아들 **엘리아삽**은 게르손 사람

엘리아십(Eliashib)
1. 에료에내의 아들로 다윗의 후손
대상 3:24 **엘리아십**과 블라야와 악굽과 요하난
2. 다윗 시대의 제사장
대상 24:12 열한째는 **엘리아십**이요 열두째는
3. 요야김의 아들로 느헤미야 시대의 대제사장
느 3:1 대제사장 **엘리아십**이 그의 형제 제사장

> 엘리아십 3 - 기타 본문
> 스 10:6; 느 3:20 ,21; 12:10, 22, 23; 13:4, 7, 28

4. 포로 귀환 후 노래하는 일을 했던 사람
스 10:24 **엘리아십**이요 문지기 중에서는 살룸
5. 이방 여인을 아내로 맞이한 삿두 자손
스 10:27 엘료에내와 **엘리아십**과 맛다냐와

엘리암(Eliam)
1. 밧세바의 아버지
삼하 11:3 **엘리암**의 딸이요 헷 사람 우리아의 아내
2. 다윗의 30용사 중 한 명
삼하 23:34 길로 사람 아히도벨의 아들 **엘리암**과

엘리압(Eliab)
1. 헬론의 아들로 스불론 지파의 족장
민 1:9 스불론 지파에서는 헬론의 아들 **엘리압**

> 엘리압 1 - 기타 본문
> 민 2:7; 7:24, 29; 10:16

2. 모세를 거스른 아비람과 다단의 아버지
민 16:1 **엘리압**의 아들 다단과 아비람과 벨렛

> 엘리압 2 - 기타 본문
> 민 16:12; 26:8, 9; 신 11:6

3. 이새의 장남
삼상 16:6 사무엘이 **엘리압**을 보고 마음에 이르

> 엘리압 3 - 기타 본문
> 삼상 17:13, 28; 대상 2:13; 대하 11:18

4. 사무엘의 선조로 나핫의 아들
대상 6:27 **엘리압**이요 그의 아들은 여로함이요
5. 다윗의 용사
대상 12:9 둘째는 오바댜요 셋째는 **엘리압**이요
6. 레위 사람으로 다윗 때 음악인
대상 15:18 **엘리압**과 브나야와 마아세야와 맛디디야
대상 15:20 **엘리압**과 마아세야와 브나야는 비파를
대상 16:5 **엘리압**과 브나야와 오벧에돔과 여이엘

엘리야(Elijah)
1. 아합 때의 선지자로 디셉 사람
왕상 17:2 여호와의 말씀이 **엘리야**에게 임하여

> '엘리야 1'과 관련된 성구
>
> 디셉 사람 엘리야 - 왕상 17:1; 21:17, 28; 왕하 1:3, 8; 9:36
> 선지자 엘리야 - 왕상 18:36; 대하 21:12; 말 4:5
> 엘리야의 성령이 하시는 역사 - 왕하 2:15
> 엘리야의 심령과 능력 - 눅 1:17
> 엘리야의 하나님 여호와 - 왕하 2:14

> 엘리야 1 - 기타 본문
> 구약 왕상 17:8, 11, 13, 15, 16, 18, 19, 22, 23, 24; 18:1, 2, 7, 8, 10, 11, 14, 15, 16, 17, 21, 22, 25, 27, 30, 31, 40, 41, 42, 46; 19:1, 2, 9, 13, 19, 20, 21; 21:20; 왕하 1:4, 9, 10, 11, 12, 13, 15, 17; 2:1, 2,

【 엘리야김 】　　　　　　　　　　　　　　　【 엘리후 】

4, 6, 8, 9, 11, 13; 3:11; 10:10, 17 신약 마 11:14;
16:14; 17:3, 4, 10, 11, 12; 27:47, 49; 막 6:15;
8:28; 9:4, 5, 11, 13; 15:35, 36; 눅 4:25, 26; 9:8,
19, 30, 33; 요 1:21, 25; 롬 11:2; 약 5:17

2. 베냐민의 후손으로 여로함의 아들
대상 8:27 엘리야와 시그리는 다 여로함의 아들
3. 이방인 아내를 되돌려 보낸 하림 자손
스 10:21 마아세야와 **엘리야**와 스마야와 여히엘
4. 이방인 아내를 되돌려 보낸 엘람 자손
스 10:26 여히엘과 압디와 예레못과 **엘리야**요

엘리야김(Eliakim) 엘리야김과 동일인
왕하 18:18 **엘리야김**과 서기관 셉나와 아삽의 아들

📖 엘리야김 - 기타 본문
왕하 18:26, 37; 19:2

엘리에내(Elienai) 시므이의 아들
대상 8:20 **엘리에내**와 실르대와 엘리엘과

엘리에서(Eliezer) 예수님의 선조 중 한 사람
눅 3:29　　**엘리에서**요 그 위는 요림이요 그 위는

엘리에셀(Eliezer)
1. 아브라함의 충성스럽고 신실한 종
창 15:2　　상속자는 이 다메섹 사람 **엘리에셀**이니
2. 모세와 십보라 사이에서 태어난 둘째 아들
출 18:4　　이름은 **엘리에셀**이라 이는 내 아버지

📖 엘리에셀 2 - 기타 본문
대상 23:15, 17; 26:25

3. 베냐민 지파 베겔의 아들
대상 7:8　**엘리에셀**과 엘료에내와 오므리와
4. 다윗 때 하나님 언약궤 앞에서 나팔을 불던 자
대상 15:24 **엘리에셀**은 하나님의 궤 앞에서 나팔
5. 르우벤 지파의 관장으로 시그리의 아들
대상 27:16 시그리의 아들 **엘리에셀**이요 시므온
6. 여호사밧 왕 시대의 예언자
대하 20:37 **엘리에셀**이 여호사밧을 향하여 예언
7. 에스라 시대의 족장
스 8:16　모든 족장 곧 **엘리에셀**과 아리엘과

8. 이방인 아내를 되돌려 보낸 예수아 자손
스 10:18 아들과 그의 형제 마아세야와 **엘리에셀**
9. 이방인 아내를 되돌려 보낸 레위 사람
스 10:23 글리다와 브다히야와 유다와 **엘리에셀**
10. 이방인 아내를 되돌려 보낸 하림 자손
스 10:31 **엘리에셀**과 잇시야와 말기야와 스마야

엘리엘(Eliel)
1. 마하위 사람으로 다윗의 용사
대상 11:46 **엘리엘**과 엘라암의 아들 여리배와
2. 모압 사람으로 다윗의 용사
대상 11:47 **엘리엘**과 오벳과 므소바 사람 야아시엘
3. 갓 사람으로 다윗의 용사
대상 12:11 여섯째는 앗대요 일곱째는 **엘리엘**이요
4. 므낫세 반 지파의 족장
대상 5:24 **엘리엘**과 아스리엘과 예레미야와
5. 베냐민 지파의 족장으로 시므이의 아들
대상 8:20 엘리에내와 실르대와 **엘리엘**과
6. 베냐민 지파의 족장으로 사삭의 아들
대상 8:22 이스반과 에벨과 **엘리엘**과
7. 언약궤를 메어 옮긴 레위 사람
대상 15:9 지도자 **엘리엘**과 그의 형제가 팔십 명
대상 15:11 아사야와 요엘과 스마야와 **엘리엘**과
8. 사무엘의 선조로 여로함의 아버지
대상 6:34 여로함은 **엘리엘**의 아들이요 **엘리엘**은
9. 히스기야 때 하나님의 성전 관리자
대하 31:13 여리못과 요사밧과 **엘리엘**과 이스마야

엘리 엘리 라마 사박다니(Eloi, Eloi, lama sabachthani) 가상 칠언 중 네 번째 말씀
마 27:46 이르시되 **엘리 엘리 라마 사박다니**
막 15:34 지르시되 **엘리 엘리 라마 사박다니**

엘리웃(Eliud) 예수님의 선조 중 한 사람
마 1:14　사독은 아킴을 낳고 아킴은 **엘리웃**을
마 1:15　**엘리웃**은 엘르아살을 낳고 엘르아살은

엘리호렙(Elihoreph) 솔로몬 왕 시대의 서기관
왕상 4:3　**엘리호렙**과 아히야는 서기관이요

엘리후(Elihu)
1. 욥의 세 친구에게 노하였던 사람
욥 32:2　**엘리후**가 화를 내니 그가 욥에게 화를

【 엘림 】 　　　　　　　　　　　　　　　　　　　　　　【 여가먀 】

엘리후 1 - 기타 본문
욥 32:4, 6; 34:1; 35:1; 36:1

　　2. 고라 자손 스마야의 아들로 문지기
대상 26:7 형제 **엘리후**와 스마갸는 능력이 있는
　　3. 다윗의 형들 중의 한 명으로 유다의 관장
대상 27:18 형 **엘리후**요 잇사갈의 지도자는 미가엘
　　4. 사무엘의 선조
삼상 1:1 **엘리후**의 손자요 도후의 증손이요 숩의
　　5. 시글락에서 다윗의 부하가 된 천부장
대상 12:20 **엘리후**와 실르대이니 다 므낫세의

엘림(Elim) 시내 반도 서쪽의 오아시스
출 15:27 그들이 **엘림**에 이르니 거기에 물 샘

엘림 - 기타 본문
출 16:1; 33:9, 10

엘마담(Elmadam) 예수 그리스도의 선조 중 한 사람
눅 3:28 고삼이요 그 위는 **엘마담**이요 그 위는

엘 바란(El Paran) 그돌라오멜 왕이 침략한 성읍
창 14:6 　그 산 세일에서 쳐서 광야 근방 **엘 바란**

엘바알(Elpaal) 사하라임과 후심 사이의 아들
대상 8:11 아내 후심에게서 아비둡과 **엘바알**을
대상 8:12 **엘바알**의 아들들은 에벨과 미삼과 세멧
대상 8:18 이스리아와 요밥은 다 **엘바알**의 아들

엘 벧엘(El Bethel) 야곱이 벧엘에 붙인 이름
창 35:7 　그 곳을 **엘 벧엘**이라 불렀으니 이는

엘벨렛(Elpelet) 다윗의 아들
대상 14:5 입할과 엘리수아와 **엘벨렛**과

엘브릿(El-Berith) 세겜에서 숭배되던 신의 별칭
삿 9:46 사람들이 이를 듣고 **엘브릿** 신전의 보루

엘사반(Elzaphan) 레위 지파 웃시엘의 아들
출 6:22 웃시엘의 아들들은 미사엘과 **엘사반**과
레 10:4 **엘사반**을 불러 그들에게 이르되 나아와

엘사밧(Elzabad)
　　1. 시글락에서 다윗을 도운 용사
대상 12:12 여덟째는 요하난이요 아홉째는 **엘사밧**
　　2. 스마야의 아들로 고라 족속의 문지기
대상 26:7 **엘사밧**이며 **엘사밧**의 형제 엘리후와

엘 엘로헤 이스라엘(El Elohe Israel) 세겜 제단
창 33:20 　그 이름을 **엘 엘로헤 이스라엘**이라 불렀

엘여호에내(Eliehoenai)
　　1. 고라 족속 므셀레먀의 일곱째 아들
대상 26:3 여호하난과 일곱째 **엘여호에내**이며
　　2. 바핫모압의 자손으로 스라히야의 아들
스 8:4 　**엘여호에내**니 그와 함께 있는 남자가

엘하난(Elhanan)
　　1. 골리앗의 아우 라흐미를 죽인 용사
삼하 21:19 아들 **엘하난**은 가드 골리앗의 아우
대상 20:5 **엘하난**이 가드 사람 골리앗의 아우
　　2. 다윗의 30용사 중 한 사람
삼하 23:24 또 베들레헴 도도의 아들 **엘하난**과
대상 11:26 베들레헴 사람 도도의 아들 **엘하난**과

엠마오(Emmaus) 예루살렘 주변의 마을
눅 24:13 이십오 리 되는 **엠마오**라 하는 마을로

엠 족속(Emite) 가나안 초기 원주민
창 14:5 수스 족속을, 사웨 기랴다임에서 **엠 족속**

엣(Ed-KJV) 르우벤 지파와 갓 지파가 쌓은 제단
수 22:34 갓 자손이 그 제단을 **엣**이라 불렀으니

엣 가신(Eth Kazin) 스불론 지파의 경계 성읍
수 19:13 **엣 가신**에 이르고 네아까지 연결된 림몬

엣바알(Ethbaal) 시돈 왕으로 이세벨의 아버지
왕상 16:31 **엣바알**의 딸 이세벨을 아내로 삼고 가서

여가먀(Jekamiah)
　　1. 유다 자손 살룸의 아들
대상 2:41 **여가먀**를 낳고 **여가먀**는 엘리사마를
　　2. 유다 왕 여호야긴의 아들 중 하나
대상 3:18 브다야와 세낫살과 **여가먀**와 호사마와

1694

【 여가므암 】　　　　　　　　　　　　　　【 여기다/여겨지다 】

여가므암(Jekameam) 레위 사람 헤브론의 아들
대상 23:19 셋째 야하시엘과 넷째 **여가므암**이며
대상 24:23 셋째 야하시엘과 넷째 **여가므암**이요

여갈사하두다(Jegar-Sahadutha) 라반과 야곱이 쌓은 돌무더기
창 31:47 그것을 **여갈사하두다**라 불렀고 야곱은

여갑스엘(Jekabzeel) 에돔 국경 근처 유다 남부 성읍
느 11:25 동네들과 **여갑스엘**과 그 마을들에 거주

여고냐/여고니야(Jeconiah) 여호야김의 아들
대상 3:16 그의 아들 **여고냐**, 그의 아들 시드기야

여고냐/여고니야 - 기타 본문
대상 3:17; 에 2:6; 렘 24:1; 27:20; 28:4; 29:2; 마 1:11, 12

여골리아/여골리야(Jecoliah) 유다 웃시야 왕의 어머니
대하 26:3 그의 어머니의 이름은 **여골리아**요
왕하 15:2 그의 어머니의 이름은 **여골리야**라

여관(旅館, inn, place)
창 42:27 한 사람이 **여관**에서 나귀에게 먹이를
창 43:21 **여관**에 이르러 자루를 풀어본즉 각 사람
눅 2:7 구유에 뉘었으니 이는 **여관**에 있을 곳

여구디엘(Jekuthiel) 사노아의 조상
대상 4:18 헤벨과 사노아의 조상 **여구디엘**을 낳고

'여기' 와 관련된 성구
여기 계시다 - 창 28:16; 마 28:6; 막 16:6; 눅 24:6; 요 11:21, 32; 12:9
여기 머무르다 - 창 34:10; 왕하 2:2, 4; 마 26:38; 막 14:34
여기서 - 창 16:13; 21:23; 22:5; 34:21; 37:17; 40:15; 42:15; 47:; 50:25; 출 11:1; 13:19; 24:14; 신 20:4; 22:8, 19; 신 9:12; 수 ; 삿 18:3; 19:6, 9; 룻 2:8; 3:; 삼

여기(here)
창 12:19 네 아내가 **여기** 있으니 이제 데려가라

여기 - 기타 본문
구약 창 19:15; 22:1, 7, 11; 27:1, 18; 31:11, 37; 38:21; 46:2; 47:23; 출 3:4; 33:1; 민 14:40; 23:1, 15, 29; 32:6; 신 5:2, 31; 12:8; 수 18:8; 삿 4:20; 19:24; 20:7; 룻 4:2, 4; 삼상 3:4, 5, 6, 8, 16; 7:12; 9:11; 10:22; 12:3; 16:11; 21:8, 9; 22:12; 삼하 1:7; 4:8; 7:18; 11:12; 15:26; 19:37; 20:4; 왕상 1:23; 18:8, 11, 14; 19:9, 13; 22:7; 왕하 3:11; 7:3; 8:7; 10:23; 대상 4:38; 21:22; 29:17; 대하 7:16; 18:6; 34:32; 욥 2:2; 31:35; 38:35; 시 132:14; 사 6:8; 52:5, 6; 58:9; 65:1; 렘 33:10-11; 48:47; 겔 8:6, 17; 슥 3:7 **신약** 마 8:29; 12:6, 41, 42; 14:17; 22:12; 24:23; 25:40; 26:36; 막 6:3; 9:5; 13:21; 14:32; 눅 9:12, 33; 11:31, 32; 13:31; 16:6, 7; 17:21, 23; 19:20; 20:24; 22:38; 23:5; 24:41; 요 2:16; 4:12, 15; 5:28; 6:9, 25; 7:3; 14:31; 18:36; 행 9:10, 21; 16:28; 17:6; 25:17; 26:6; 고후 5:2; 골 4:9; 히 7:8; 13:14; 약 2:3; 요일 4:10; 계 13:10, 18; 14:12; 17:9

여기다/여겨지다(consider, think)
모세오경, 역사서
창 19:14 그의 사위들은 농담으로 **여겼더라**
창 23:13 합당히 **여기면** 청하건대 내 말을 들으
창 29:20 까닭에 칠 년을 며칠같이 **여겼더라**
창 30:27 네가 나를 사랑스럽게 **여기거든** 그대로
창 31:15 아버지가 우리를 외국인처럼 **여기는**

상 1:26; 14:34; 왕상 2:30; 17:3; 왕하 7:4; 욥 38:11; 사 22:16; 28:10, 13; 52:5; 렘 38:10; 애 4:15; 겔 46:24; 슥 6:7; 마 14:8; 17:4, 20; 눅 4:9, 23; 15:17; 16:25, 26; 요 2:16; 4:12; 행 7:5; 9:14; 25:24

여기 서 있다 - 신 29:15; 마 16:28; 20:6; 막 9:1; 눅 9:27

【 여기다/여겨지다 】　　　　　　　　　　　　　【 여기다/여겨지다 】

창 38:15　유다가 그를 보고 창녀로 **여겨**
창 42:30　그 땅에 대한 정탐꾼으로 **여기기**로
레 17:4　피 흘린 자로 **여길** 것이라 그가 피를 흘렸
레 19:23　아직 할례 받지 못한 것으로 **여기되** …
　　　　　할례 받지 못한 것으로 **여겨** 먹지 말 것
레 19:30　내 성소를 귀히 **여기라** 나는 여호와이
레 19:34　너희 중에서 낳은 자같이 **여기며** 자기
레 25:50　그 사람에게 고용된 날로 **여길** 것이라
레 25:53　매년의 삯꾼과 같이 **여기고** 네 목전에
민 18:27　포도즙 틀에서 드리는 즙같이 **여기리니**
민 23:9　그를 여러 민족 중의 하나로 **여기지** 않으
신 15:18　자유하게 하기를 어렵게 **여기지** 말라
신 21:14　네가 그를 욕보였은즉 종으로 **여기지**
삼상 1:16　당신의 여종을 악한 여자로 **여기지** 마옵
삼상 15:19　여호와께서 악하게 **여기시**는 일을 행하
삼상 17:43　나를 개로 **여기고** 막대기를 가지고 내게
삼하 7:19　오히려 적게 **여기시고** 또 종의 집에 있을
삼하 10:3　공경함인 줄로 **여기시나이까** 다윗이
삼하 16:23　압살롬에게나 그와 같이 **여겨졌더라**
왕상 2:9　그러나 그를 무죄한 자로 **여기지** 말지
왕상 20:33　그 사람들이 좋은 징조로 **여기고** 그 말을
대상 19:3　존경함인 줄로 **여기시나이까** 그의 신하
대상 21:6　마땅하지 않게 **여겨** 레위와 베냐민 사람
대상 21:7　이 일을 악하게 **여기사** 이스라엘을 치시
스 2:62　부정하게 **여겨** 제사장의 직분을 행하지
느 7:64　부정하게 **여겨** 제사장의 직분을 행하지

시가서, 선지서
욥 6:7　싫어하나니 꺼리는 음식물같이 **여김**
욥 9:28　죄 없다고 **여기지** 않으실 줄을 아나이다
욥 18:3　우리를 짐승으로 **여기며** 부정하게
욥 19:15　나를 낯선 사람으로 **여기니** 내가 그들
욥 22:24　티끌로 **여기고** … 계곡의 돌로 **여기라**
욥 24:17　그늘같이 **여기니** 죽음의 그늘의 두려움
욥 34:26　그들을 악한 자로 **여겨** 사람의 눈 앞에서
욥 39:18　말과 그 위에 탄 자를 우습게 **여기느니라**
욥 41:27　같이, 놋을 썩은 나무같이 **여기니**
욥 41:29　같이 **여기고** 창이 … 우습게 **여기며**
시 44:22　도살할 양같이 **여김**을 받았나이다
시 119:128　바르게 **여기고** 모든 거짓 행위를 미워
시 141:5　나를 칠지라도 은혜로 **여기며** 책망할지
　　　　　라도 머리의 기름같이 **여겨서** 내 머리
잠 8:9　지식 얻은 자가 정직하게 **여기는** 바니라
잠 12:15　바른 줄로 **여기나** 지혜로운 자는 권고
잠 14:9　미련한 자는 죄를 심상히 **여겨도** 정직한
잠 17:28　지혜로운 자로 **여겨지고** 그의 입술을
　　　　　닫으면 슬기로운 자로 **여겨지느니라**
잠 18:11　성이라 그가 높은 성벽같이 **여기느니라**
잠 30:12　깨끗한 자로 **여기면서도** 자기의 더러운
잠 30:18　심히 기이히 **여기고도** 깨닫지 못하는
전 9:13　지혜를 보고 내가 크게 **여긴** 것이 이러
사 29:16　토기장이를 어찌 진흙같이 **여기겠느냐**
사 29:17　기름진 밭이 숲으로 **여겨지지** 아니하

'여기다' 와 관련된 성구

가련하게 여기다 – 욥 19:17
가볍게/가벼이 여기다 – 창 25:34; 왕상 16:31; 잠 5:12; 렘 3:9; 6:14; 8:11; 딤전 4:14; 6:2
가증히 여기다 – 창 46:34; 레 11:11, 13; 20:23; 신 7:25; 12:31; 18:12; 사 1:13; 33:15; 롬 2:22
거룩하게/거룩히 여기다 – 출 30:32; 레 21:8; 민 18:10; 마 6:9; 눅 11:2
경멸히 여기다 – 말 1:7, 12
경히/경홀히/만홀히 여기다 – 신 25:3; 27:16; 잠 3:11; 15:32; 23:22; 사 1:4; 마 6:24; 눅 16:13; 고전 6:4; 히 12:5
귀중하게/귀하게/귀히 여기다 – 레 19:30; 삿 13:17; 삼상 26:21; 왕상 10:21; 대하 9:20; 욥 23:12; 시 72:14; 아 6:9; 사 44:5; 53:3; 58:13; 요 12:26; 고전 12:23; 빌 2:29; 살전 5:13; 히 13:4; 벧전 3:7
긍휼히 여기다 – 출 33:19; 신 7:16; 13:8, 17; 19:13, 21; 30:3; 삼상 23:21; 대하 36:17; 느 9:17; 시 27:7; 59:17; 69:20; 86:15; 102:13; 103:13; 106:46; 119:77; 사 9:17; 13:18; 14:1; 30:18; 47:6; 49:10, 13, 15; 54:8, 10; 55:7; 렘 21:7; 애 2:2, 17, 21; 3:32; 겔 7:4, 9; 단 4:27; 호 1:6, 7; 2:4, 19, 23; 슥 10:6; 마 5:7; 눅 1:54, 58, 72; 16:24; 롬 9:15, 16, 18; 빌 2:27; 히 8:12; 약 5:11; 유 1:22, 23
게 여기다 – 시 104:34; 잠 21:3; 약 1:2; 벧후 2:13

【 여기다/여겨지다 】　　　　　　　　　　　　【 여기다/여겨지다 】

사 40:17	없는 것 같이, 빈 것 같이 **여기시느니라**
사 43:22	이스라엘아 너는 나를 괴롭게 **여겼으며**
사 44:5	이스라엘의 이름으로 존귀히 **여김을**
사 53:3	우리도 그를 귀히 **여기지** 아니하였도다
렘 6:10	자신에게 욕으로 **여기고** 이를 즐겨
렘 30:11	무죄한 자로만 **여기지는** 아니하리라
렘 46:28	결코 무죄한 자로 **여기지** 아니하리라
렘 49:16	두려운 자인 줄로 **여김과** 네 마음의 교만
애 1:15	용사들을 없는 것 같이 **여기시고** 성회를
애 4:2	토기장이가 만든 질항아리같이 **여김이**
겔 7:19	금을 오물같이 **여기리니** 이는 여호와
겔 16:47	적게 **여겨서** 네 모든 행위가 그보다 더욱
겔 21:23	거짓 점괘로 **여길** 것이나 바벨론 왕은
겔 28:16	너를 더럽게 **여겨** 하나님의 산에서 쫓아
겔 33:32	음악을 잘하는 자같이 **여겼나니** 네 말을
겔 47:22	이스라엘 족속같이 **여기고** 그들도
단 4:35	사람들을 없는 것 같이 **여기시며** 하늘의

■ 신약
마 18:17	않거든 이방인과 세리와 같이 **여기라**
마 18:31	딱하게 **여겨** 주인에게 가서 그 일을 다
눅 15:20	측은히 **여겨** 달려가 목을 안고 입을 맞추
눅 20:35	합당히 **여김을** 받은 자들은 장가 가고
눅 22:37	그는 불법자의 동류로 **여김을** 받았다
요 11:38	다시 속으로 비통히 **여기시며** 무덤에
요 12:26	내 아버지께서 그를 귀히 **여기시리라**
행 2:7	신기하게 **여겨** 이르되 보라 이 말하는
행 17:29	고안으로 새긴 것들과 같이 **여길** 것이
행 20:24	생명조차 조금도 귀한 것으로 **여기지**
행 26:2	변명하게 된 것을 다행히 **여기나이다**
행 26:8	어찌하여 못 믿을 것으로 **여기나이까**
롬 2:26	그 무할례를 할례와 같이 **여길** 것이 아니
롬 4:4	은혜로 **여겨지지** … 보수로 **여겨지거니**
롬 4:10	그것이 어떻게 **여겨졌느냐** 할례시냐
롬 5:13	없었을 때에는 죄를 죄로 **여기지** 아니
롬 6:11	대하여는 살아 있는 자로 **여길지어다**
롬 8:36	도살 당할 양같이 **여김을** 받았나이다
롬 11:13	만큼 내 직분을 영광스럽게 **여기노니**
롬 14:5	이 날을 저 날보다 낫게 **여기고** 어떤
	사람은 모든 날을 같게 **여기나니** 각각
롬 14:14	다만 속되게 **여기는** 그 사람에게는 속되
고전 4:1	하나님의 비밀을 맡은 자로 **여길지어다**
고전 5:2	통한히 **여기지** 아니하고 그 일 행한 자
고전 12:23	덜 귀히 **여기는** 그것들을 더욱 귀한 것
고후 10:2	육신에 따라 행하는 자로 **여기는** 자들
고후 11:16	누구든지 나를 어리석은 자로 **여기지**
갈 2:9	또 기둥같이 **여기는** 야고보와 게바와
빌 2:3	각각 자기보다 남을 낫게 **여기고**
빌 2:6	동등됨을 취할 것으로 **여기지** 아니하
빌 3:7	그리스도를 위하여 다 해로 **여길** 뿐더러
빌 3:8	잃어버리고 배설물로 **여김은** 그리스도
빌 3:13	나는 아직 내가 잡은 줄로 **여기지** 아니
살전 5:13	사랑 안에서 가장 귀히 **여기며** 너희끼리

┌─ '여기다' 와 관련된 성구 ─────────────────┐

놀랍게 여기다 – 마 8:10, 27; 9:33; 15:31; 22:22; 막 5:20; 11:18; 12:17; 15:5; 눅 1:63; 2:18, 33, 47; 4:22; 7:9; 8:25; 9:43; 11:14; 20:26; 24:12, 41; 요 3:7; 5:20, 28; 7:15; 행 3:10, 12; 7:31; 13:12; 살후 1:10; 계 3:3; 17:6, 7, 8

달게 여기다 – 욥 20:12; 21:33; 렘 6:20

마땅히 여기다 – 삿 13:16; 삼하 19:6; 행 8:1

분하게/분히 여기다 – 삼하 3:8; 합 3:8; 마 20:24

불쌍히 여기다 – 출 2:6; 신 7:2; 25:12; 28:50; 32:36; 삼하 12:6, 22; 왕상 8:50; 왕하 13:23; 스 9:9; 느 9:31; 욥 19:21; 33:24; 시 69:20; 72:13; 90:13; 잠 14:21, 31; 19:17; 28:8, 13; 사 27:11; 60:10; 렘 12:15; 13:14; 15:5; 21:7; 31:20; 33:26; 42:12; 50:42; 51:3; 겔 7:4, 9; 8:18; 9:5, 10; 16:5; 단 2:18; 욜 2:17, 18; 암 5:15; 미 7:19; 슥 1:12, 16; 11:5, 6; 말 1:9; 마 9:27, 36; 14:14; 15:22, 32; 17:15; 18:27, 33; 20:30, 31, 34; 막 1:41; 5:19; 6:34; 8:2; 9:22; 10:47, 48; 눅 7:13; 10:33; 17:13; 18:13, 38, 39; 요 11:33; 롬 9:15; 엡 4:32; 히 10:28; 벧전 3:8

선지자로 여기다 – 마 14:5; 21:26; 막 11:32

선하게/선히 여기다 – 민 24:1; 삼하 3:19; 10:12; 15:26; 대상 19:13; 욥 10:3

옳게 여기다 – 삼하 17:4; 에 1:21; 3:9; 렘 40:4, 5; 눅 11:48; 행 5:40; 살전 2:4

원수로 여기다 – 욥 13:24; 33:10; 막 6:19

└──────────────────────────┘

[여기저기]   [여덟]

살후 1:5 합당한 자로 **여김**을 받게 하려 함이니
살후 1:11 합당한 자로 **여기**시고 모든 선을 기뻐함
딤전 1:12 나를 충성되이 **여겨** 내게 직분을 맡기
히 2:3 구원을 등한히 **여기**면 어찌 그 보응을
히 10:29 부정한 것으로 **여기**고 은혜의 성령을
히 11:26 재물로 **여겼으니** 이는 상 주심을 바라
벧후 1:13 생각나게 함이 옳은 줄로 **여기**노니
벧후 3:15 구원이 될 줄로 **여기**라 우리가 사랑하는
계 13:3 온 땅이 놀랍게 **여겨** 짐승을 따르고

느 11:10 제사장 중에는 요야립의 아들 **여다야**
느 12:6 스마야와 요야립과 **여다야**와
느 12:19 요야립 족속에는 맛드내요 **여다야** 족속
6. 예수아 때의 제사장
느 12:7 아목과 힐기야와 **여다야**니 이상은
느 12:21 힐기야 족속에는 하사뱌요 **여다야** 족속
7. 바벨론에서 귀환한 사람들 중 하나
슥 6:10 **여다야**가 스바냐의 아들 요시아의 집에
슥 6:14 면류관은 헬렘과 도비야와 **여다야**와

여기저기(back and forth)
욥 1:7 땅을 두루 돌아 **여기저기** 다녀왔나이다
욥 2:2 땅을 두루 돌아 **여기저기** 다녀왔나이다

여다야(Jedaiah)
1. 시므리의 자손
대상 4:37 오대 손 시므리의 현손 **여다야**의 증손
2. 예루살렘 성벽 중수를 도와준 사람
느 3:10 그 다음은 하루맙의 아들 **여다야**가 자기
3. 아론의 자손으로 다윗 때의 제사장
대상 9:10 제사장 중에서는 **여다야**와 여호야립과
대상 24:7 뽑힌 자는 여호야립이요 둘째는 **여다야**
4. 1차 포로 귀환한 973명 제사장의 조상
스 2:36 예수아의 집 **여다야** 자손이 구백칠십삼
느 7:39 예수아의 집 **여다야** 자손이 구백칠십삼
5. 느헤미야 때의 제사장

여덟(eight)
창 22:23 **여덟** 사람은 아브라함의 형제 나홀의
출 26:25 **여덟** 널판에는 은 받침이 열여섯이니
출 36:30 **여덟** 개요 그 받침은 은받침 열여섯 개라
민 7:8 **여덟** 마리를 주고 제사장 아론의 아들 이
민 29:29 여섯째 날에는 수송아지 **여덟** 마리와
삼상 17:12 나이가 많아 늙은 사람으로서 **여덟** 아들
왕상 7:10 십 규빗 되는 돌과 **여덟** 규빗 되는 돌이라
대상 24:4 자손은 그 조상들의 가문을 따라 **여덟** 명
전 11:2 **여덟**에게 나눠 줄지어다 무슨 재앙이
렘 41:15 이스마엘이 **여덟** 사람과 함께 요하난
겔 40:9 현관을 또 측량하니 **여덟** 척이요 그 문
겔 40:31 새겼으며 그 문간으로 올라가는 **여덟**
겔 40:34 새겼으며 그 문간으로 올라가는 **여덟**
겔 40:37 새겼으며 그 문간으로 올라가는 **여덟**
겔 40:41 상이 모두 **여덟** 개라 그 위에서 희생제물

'여기다' 와 관련된 성구

의로/의롭게/의인으로 여기다 - 창 15:6; 신 12:25; 욥 32:1; 롬 4:3, 5, 6, 9, 11, 22, 23, 24; 약 2:23
이상하게/이상히 여기다 - 창 43:33; 전 5:8; 사 59:16; 63:5; 마 21:20; 막 6:6; 15:44; 눅 1:21; 11:38; 요 4:27; 7:21; 행 4:13; 갈 1:6; 벧전 4:4, 12; 요일 3:13
작게 여기다 - 삼상 15:17; 대상 17:17; 느 9:32
작은 일로 여기다 - 사 7:13; 겔 16:20; 34:18
족하게/만족하게 여기다 - 수 7:7; 잠 5:19; 전 4:8; 사 53:11; 겔 16:28
존귀하게/존귀히 여기다 - 삿 13:17; 시 72:14; 사 44:5; 58:13; 빌 2:29
존중히 여기다 - 삼상 2:30; 말 3:16; 롬 16:7

좋게 여기다 - 창 34:18; 41:37; 49:15; 레 10:19, 20; 신 1:23; 15:16; 수 22:30; 삼상 18:20, 26; 삼하 18:4; 19:18; 24:22; 왕상 21:2; 대상 13:2, 4; 21:23; 대하 30:4; 스 5:17; 7:18; 느 2:5, 6, 7; 에 1:19; 2:4; 5:4, 8, 14; 7:3; 8:5; 9:13; 렘 5:31; 40:4; 슥 11:7
중하게/중히 여기다 - 삼상 2:29, 30; 26:24; 잠 3:4; 말 3:16; 마 6:24; 눅 16:13; 롬 14:6; 16:7
지혜롭게 여기다 - 잠 3:7; 26:5, 12, 16; 28:11
천하게/천히/비천히 여기다 - 욥 9:21; 잠 12:9; 겔 16:5
합당하게/합당히 여기다 - 창 23:13; 삼상 18:5; 욥 35:2; 눅 20:35

【 여덟째 】　　　　　　　　　　　【 여라므엘 】

미 5:5　　일곱 목자와 **여덟** 군왕을 일으켜 그를
행 9:33　　중풍병으로 침상 위에 누운 지 **여덟** 해
벧전 3:20　얻은 자가 몇 명뿐이니 겨우 **여덟** 명이

여덟째(eighth)
대상 12:12 **여덟째**는 요하난이요 아홉째는 엘사밧
대상 24:10 일곱째는 학고스요 **여덟째**는 아비야요
대상 25:15 **여덟째**는 여사야니 그의 아들들과
대상 26:5　일곱째 잇사갈과 **여덟째** 브올래대이니
계 21:20　일곱째는 황옥이요 **여덟째**는 녹옥이요

> ### '여덟째'와 관련된 성구
> 여덟째 날 – 레 9:1; 12:3; 14:10, 23;
> 　　　　15:14, 29; 22:27; 23:36, 39; 민
> 　　　　6:10; 7:54; 29:35; 왕상 8:66; 대하
> 　　　　7:9; 느 8:18;
> 여덟째 달 – 왕상 6:38; 12:32, 33; 대상
> 　　　　27:11; 슥 1:1
> 여덟째 왕 – 계 17:11
> 여덟째 음 – 대상 15:21
> 여덟째 지휘관 – 대상 27:11
> 여덟째 해 – 레 25:22; 왕상 15:1; 왕하
> 　　　　3:1; 22:3; 23:23; 24:12; 대하 13:1;
> 　　　　34:8; 35:19; 렘 32:1; 52:29

여델(Jether) 사사 기드온의 맏아들
삿 8:20　　그의 맏아들 **여델**에게 이르되 일어나

여뎃(Jetheth) 에서의 자손으로 에돔의 족장
창 36:40　이러하니 딤나 족장, 알와 족장, **여뎃**
대상 1:51　딤나 족장과 알랴 족장과 **여뎃** 족장

여두둔(Jeduthun) 다윗 때 악기 연주
대상 9:16　갈랄의 손자요 **여두둔**의 증손여 또
대하 5:12　레위 사람 아삽과 헤만과 **여두**과

> ### 여두둔 – 기타 본문
> 대상 16:38, 41, 42; 25:1, 3, 6; 대하 29:15;15:
> 느 11:17

여두르/여둘(Jetur) 이스마엘의 후손들 중 하나
창 25:15　데마와 **여둘**과 나비스와 게드

대상 5:19 사람과 **여두르**와 나비스와 노답과 싸우
대상 1:31 **여둘**과 나비스와 게드마라 이들은

여드레(eight days)
출 22:30　어미와 함께 있게 하다가 **여드레** 만에
요 20:26　**여드레**를 지나서 제자들이 다시 집 안
행 7:8　　그가 이삭을 낳아 **여드레** 만에 할례를

여디다(Jedidah) 유다 왕 요시야의 모친
왕하 22:1 이름은 **여디다**요 보스갓 아다야의 딸

여디디야(Jedidiah) 솔로몬의 별칭
삼하 12:25 나단을 보내 그의 이름을 **여디디야**라

여디아엘(Jediael)
1. 베냐민의 아들
대상 7:6　벨라와 베겔과 **여디아엘** 세 사람이며
대상 7:10 **여디아엘**의 아들은 빌한이요 빌한의
대상 7:11 이 **여디아엘**의 아들들은 모두 그 집의

2. 다윗의 용사 중의 한 명
대상 11:45 시므리의 아들 **여디아엘**과 그의 아우
대상 12:20 아드나와 요사밧과 **여디아엘**과 미가엘

여디야엘(Jediael) 므셀레먀의 아들
대상 26:2 **여디야엘**과 셋째 스바댜와 넷째 야드

여라무엘 사람/여라므엘 사람(Jerahmeel, Jerahmeelite) 유다 남부에 있는 셈족의 일족
삼상 27:10 **여라무엘 사람**의 네겝과 겐 사람의 네겝
삼상 30:29 라갈에 있는 자와 **여라므엘 사람**의 성읍

여라므엘(Jerahmeel)
1. 헤스론의 아들
대상 2:9　헤스론이 낳은 아들은 **여라므엘**과
대상 2:26 헤스론이 낳은 아들은 **여라므엘**과

> ### 여라므엘 1 – 기타 본문
> 대상 2:27, 33, 42

2. 레위인 무라리의 자손으로 기스의 아들
대상 24:29 기스에게 이르러는 그의 아들 **여라므엘**

3. 여호야김 왕의 아들
렘 36:26 왕이 왕의 아들 **여라므엘**과 아스리엘

【 여러 】　　　　　　　　　　　　　　　　　　　　　　　【 여러 】

여러(many, various)
창 1:22 　**여러** 바닷물에 충만하라 새들도 땅에

여러 - 기타 본문
구약 출 6:6; 7:4; 24:6; 레 11:42; 삼하 4:9; 왕하 17:6; 대상 7:29; 28:6; 대하 31:6; 느 10:37, 38; 에 8:11; 욥 31:34; 시 48:3; 68:12; 137:1; 잠 8:3; 전 2:5; 사 31:4; 33:21; 렘 15:7; 43:9; 44:23; 49:32; 겔 15:2; 16:41; 19:6; 27:3, 11, 15; 32:5, 25, 26; 35:8; 40:17; 단 5:15 신약 마 11:1; 14:13; 막 1:39; 5:14; 8:27; 12:41; 눅 4:15, 44; 8:3; 23:9; 행 2:40; 7:9; 8:25; 9:2; 13:5; 15:32;

'여러' 와 관련된 성구

여러 가지 – 창 4:22; 출 1:14; 3:20; 31:3, 5; 35:22, 31, 33, 35; 삼상 4:8; 삼하 6:5; 대상 18:10; 대하 15:6; 느 13:15; 욥 39:8; 시 71:20; 잠 7:21; 아 3:6; 7:13; 겔 35:13; 38:10; 마 13:3; 막 4:2; 6:34; 7:4; 15:3; 눅 3:18; 11:53; 요 10:32; 행 24:3; 25:7; 고전 12:4, 5, 6; 고후 8:22; 딤전 6:9; 딤후 3:6; 딛 3:3; 히 2:4; 9:10; 13:9; 약 1:2; 벧전 1:6; 4:10; 계 11:6

여러 교회 – 행 16:5; 고후 8:19, 23, 24; 11:8; 갈 1:2; 살후 1:4

여러 나라 – 창 10:5; 출 15:14; 민 14:15; 신 15:6; 29:16, 24; 왕하 19:11; 대상 16:28; 스 9:7; 느 1:8; 시 105:44; 106:27, 47; 110:6; 사 66:19; 렘 1:5, 10; 4:16; 9:16; 10:2, 3, 7; 18:13; 29:18; 34:17; 43:5; 44:8; 49:14, 15; 겔 4:13; 6:8; 11:16, 17; 12:15; 20:22; 32, 34, 35, 41; 25:7; 28:7, 25; 30:3, 11; 31:11, 12; 32:2, 9, 16; 34:29; 36:15, 19, 20, 21, 22, 23, 24, 30; 37:21; 38:8, 12, 23; 39:28; 단 11:40, 42; 호 8:8, 10; 9:17; 미 5:8; 7:16; 나 3:4; 합 1:5, 17; 2:5, 8; 3:6, 12; 습 3:6, 8; 학 2:22; 슥 1:15, 21; 2:8; 7:14

여러 날 – 창 21:34; 40:4; 레 15:25; 민 30:14; 신 1:46, 2:1; 삼상 29:3; 왕상 17:15; 대상 7:22; 대하 21:19; 에 1:4; 전 11:1; 사 24:22; 렘 13:6; 37:16; 겔 12:27; 38:8; 단 8:26, 27; 11:33; 요 2:12; 행 9:23, 43; 13:31; 16:18; 18:18; 21:5, 10, 15; 25:14; 27:7, 9, 20

여러 대 – 시 61:6

여러 모양/모습 – 고전 9:22; 히 1:1

여러 문 – 대하 23:19

여러 민족 – 창 17:4, 5, 16; 48:19; 레 26:33, 38; 민 23:9; 신 4:6, 27, 38; 7:1; 19:1; 28:65; 왕하 17:41; 19:12, 17; 21:9; 시 18:43; 44:11; 사 14:6; 30:28; 렘 15:4; 22:8; 25:14; 31:7; 50:37; 겔 20:23, 41; 26:3; 28:25; 29:12; 36:24; 39:21, 23; 호 7:8

여러 배 – 마 19:29; 눅 18:30

여러 백성 – 왕상 11:2; 겔 27:33; 34:13; 단 11:39; 미 4:13; 합 2:5; 습 3:9; 슥 8:20; 10:9

여러 번 – 삼하 3:17; 대상 18:10; 느 6:17; 9:28; 시 78:38; 106:43; 129:1, 2; 막 5:4; 행 26:11; 롬 1:13; 15:22; 고후 8:22; 11:23, 26, 27; 빌 3:18

여러 사람 – 창 20:16; 삼하 13:34; 왕하 10:9; 대상 24:31; 대하 32:23; 스 3:12; 욥 4:3; 시 4:6; 잠 10:21; 겔 20:1; 단 11:14; 눅 2:35; 4:41; 행 9:13; 10:27; 12:12; 18:20; 27:21, 33; 롬 16:2; 고전 9:22; 고후 11:18, 12:21; 빌 3:18

여러 산 – 왕하 19:23; 대하 26:10; 겔 32:5; 35:8

여러 산당 – 왕하 17:29; 18:4; 대하 11:15

여러 선지자 – 대하 18:9, 11; 호 12:10; 요 1:45

여러 성 – 대하 17:13; 행 8:40; 16:4

여러 성읍 – 수 9:17; 왕하 17:24, 26; 18:11; 대상 6:65; 대하 17:7; 24:5; 31:1, 6; 느 1:3

여러 틀 – 창 34:27; 37:3; 왕하 10:1; 대상 25; 29:24; 에 9:25

여러 해 – 창 17:16; 왕하 16:3; 17:2, 8; 18:5; 19, 17; 23:11, 12, 19, 22; 대상 19:9; 대하 24:16; 렘 50:41; 단 2:37, 44; 히 7:1

여러 해 – 사 47:5; 렘 1:10; 10:7; 학 2:22

여러 족 – 창 28:3; 대하 25:5; 느 9:24; 나 3:4

여러 지 – 전 2:8; 겔 20:34; 행 2:10

여러 지 – 고전 12:25

여러 축 – 2:23; 삼상 29:3; 대하 14:6; 느 9; 욥 32:4; 전 11:8; 겔 38:17; 슥 7:3; 눅 9; 15:29; 행 24:10, 17; 롬 15:23

1700

【 여러분 】 【 여로보암 】

20:2; 고후 12:7, 9; 갈 1:14; 엡 2:7; 3:13; 6:18; 살전 3:3; 딛 3:8; 히 1:1; 약 3:7; 요삼 1:15; 계 8:10; 9:20; 12:3

여러분(men, you)
행 7:2 스데반이 이르되 **여러분** 부형들이여
행 14:15 이르되 **여러분**이여 … 우리도 **여러분**과 같은 성정을 … 사람이라 **여러분**에게
행 14:17 곧 **여러분**에게 … 기쁨으로 **여러분**의
행 19:25 **여러분**도 알거니와 우리의 풍족한 생활
행 20:18 항상 **여러분** … 행하였는지를 **여러분**도
행 20:20 거리낌이 없이 **여러분**에게 전하여 가르
행 20:25 보라 내가 **여러분** 중에 왕래하며 하나님 … 이제는 **여러분**이 다 내 얼굴을
행 20:26 그러므로 오늘 **여러분**에게 증언하거니
행 20:27 하나님의 뜻을 다 **여러분**에게 전하였음
행 20:28 **여러분**은 자기를 … **여러분**을 감독자
행 20:29 내가 떠난 후에 사나운 이리가 **여러분**
행 20:30 또한 **여러분** 중에서도 제자들을 끌어
행 20:31 그러므로 **여러분**이 일깨어 내가 삼 년
행 20:32 내가 **여러분**을 …그 말씀이 **여러분**을
행 20:34 **여러분**이 아는 바와 같이 이 손으로 나와
행 20:35 범사에 **여러분**에게 모본을 보여준 바와
행 21:13 바울이 대답하되 **여러분**이 어찌하여
행 22:1 부형들아 내가 지금 **여러분** 앞에서 변명
행 23:1 공회를 주목하여 이르되 **여러분** 형제
행 23:6 공회에서 외쳐 이르되 **여러분** 형제들
행 25:24 아그립바 왕과 여기같이 있는 **여러분**이
행 27:10 말하되 **여러분**이여 내가 보니 이번 항해
행 27:21 바울이 가운데 서서 말하되 **여러분**이여
행 27:25 그러므로 **여러분**이여 안심하라 나는
행 28:17 그들이 모인 후에 이르되 **여러분** 형제

여럿(many, some)
마 15:30 **여럿**을 데리고 와서 예수의 발 앞에 앉히
요 6:23 축사하신 후 **여럿**이 떡 먹던 그곳에 가까
요 6:60 제자 중 **여럿**이 듣고 말하되 이 말씀은
고전 12:14 몸은 한 지체뿐만 아니요 **여럿**이니
갈 3:16 그 자손에게 말씀하신 것인데 **여럿**을
벧후 2:2 **여럿**이 그들의 호색하는 것을 따르리니

여레매(Jeremai) 이방인 아내를 돌려보낸 사람
스 10:33 사밧과 엘리벨렛과 **여레매**와 므낫세와

여레못 1(Jeremoth)
1. 베냐민 사람 베겔의 아들
대상 7:8 **여레못**과 아비야와 아나돗과 알레멧이
2. 베냐민 사람 브리아의 아들
대상 8:14 아히요와 사삭과 **여레못**과
3. 납달리의 관장으로 아스리엘의 아들
대상 27:19 지도자는 아스리엘의 아들 **여레못**이요
4. 이방인 아내를 돌려보낸 엘람 자손
스 10:26 스가랴와 여히엘과 압디와 **여레못**과
5. 이방인 아내를 돌려보낸 삿두 자손
스 10:27 엘료에내와 엘리아십과 맛다냐와 **여레못**
6. 이방인 아내를 돌려보낸 바니 자손
스 10:29 아다야와 야숩과 스알과 **여레못**이요

여레못 2(Jerimoth)
1. 레위 자손 무시의 아들
대상 23:23 아들들은 마흘리와 에델과 **여레못** 세
2. 헤만의 아들
대상 25:22 열다섯째는 **여레못**이니 그의 아들들과

여로보암(Jeroboam)
1. 북이스라엘 초대 왕
왕상 11:26 솔로몬의 신하 느밧의 아들 **여로보암**이

> **'여로보암 1'과 관련된 성구**
>
> 느밧의 아들 여로보암의 모든 길 – 왕상 16:26; 22:52
> 느밧의 아들 여로보암의 (모든) 죄 – 왕상 16:31; 왕하 10:29; 13:2, 11; 14:24; 15:9, 18, 24, 28
> 느밧의 아들 여로보암의 집 – 왕상 16:3; 21:22; 왕하 9:9
> 여로보암의 길 – 왕상 15:34; 16:2, 19
> 여로보암의 아내 – 왕상 14:2, 4, 5, 6, 17
> 여로보암(의) 집 – 왕상 13:34; 14:10, 13, 14; 16:3, 7; 21:22; 왕하 9:9
> 여로보암 집의 죄 – 왕하 13:6

📖 여로보암 1 – 기타 본문

왕상 11:28, 29, 31, 40; 12:2, 3, 12, 15, 20, 25; 13:1, 4, 33; 14:1, 7, 11, 16, 19, 20, 30; 15:1, 6, 7, 9, 25, 29, 30; 왕하 3:3; 10:31; 17:21, 22; 23:15;

【 여로함 】

대하 9:29; 10:2, 3, 12, 15; 11:4, 14, 15; 12:15;
13:1, 2, 3, 4, 6, 8, 13, 15, 19, 20

2. 북이스라엘의 13대 왕
왕하 13:13 장사되고 **여로보암**이 그 자리에 앉으

📖 여로보암 2 – 기타 본문

왕하 14:16, 23, 24, 25, 27, 28, 29; 15:1, 8; 대상
5:17; 호 1:1; 암 1:1; 7:9, 10, 11

여로함(Jeroham)
1. 엘가나의 아버지로 사무엘의 조부
삼상 1:1 그는 **여로함**의 아들이요 엘리후의 손자
대상 6:27 그의 아들은 **여로함**이요 그의 아들은
대상 6:34 엘가나는 **여로함**의 아들이요 **여로함**은

2. 베냐민 자손
대상 8:27 엘리야와 시그리는 다 **여로함**의 아들

3. 베냐민 자손으로 이브느야의 아버지
대상 9:8 **여로함**의 아들 이브느야와 미그리의

4. 아다야의 아버지로 바스훌의 아들
대상 9:12 아다야니 그는 **여로함**의 아들이요

5. 그돌 사람으로 그의 두 아들은 다윗의 용사임
대상 12:7 사람 **여로함**의 아들 요엘라와 스바댜

6. 단 자손으로 아사렐의 아버지
대상 27:22 단은 **여로함**의 아들 아사렐이니 이들

7. 아사랴의 아버지로 백부장
대하 23:1 곧 **여로함**의 아들 아사랴와 여호하난

8. 블라야의 아들로 아다야의 아버지
느 11:12 아다야이니 그는 **여로함**의 아들이요

여루사(Jerusha) 유다 왕 웃시야의 아내
왕하 15:33 어머니의 이름은 **여루사**라 사독의 딸
대하 27:1 어머니의 이름은 **여루사**요 사독의 딸

여루엘(Jeruel) 드고아와 엔게디 사이 광야
대하 20:16 어귀 **여루엘** 들 앞에서 그들을 만나려

여룹바알(Jerub-Baal) 기드온의 별명
삿 6:32 기드온을 **여룹바알**이라 불렀으니 이는

📖 여룹바알 – 기타 본문

삿 7:1; 8:29, 35; 9:1, 2, 5, 16, 19, 24, 28, 57; 삼
상 12:11

여룹베셋(Jerub-Besheth) 기드온의 별명
삼하 11:21 **여룹베셋**의 아들 아비멜렉을 쳐죽인

여름(summer)
잠 6:8 먹을 것을 **여름** 동안에 예비하며 추수
잠 10:5 **여름**에 거두는 자는 지혜로운 아들이
잠 26:1 마치 **여름**에 눈 오는 것과 추수 때에 비
잠 30:25 종류로되 먹을 것을 **여름**에 준비하는
사 28:4 그의 영화가 쇠잔해 가는 꽃이 **여름** 전
렘 8:20 추수할 때가 지나고 **여름**이 다하였으나
마 24:32 잎사귀를 내면 **여름**이 가까운 줄을 아나
막 13:28 연하여지고 잎사귀를 내면 **여름**이 가까
눅 21:30 싹이 나면 너희가 보고 **여름**이 가까운

┌─ '여름'과 관련된 성구 ─┐
│ 여름 가뭄 – 시 32:4
│ 여름과 겨울 – 창 8:22; 시 74:17; 사
│   18:6; 암 3:15; 슥 14:8
│ 여름 실과(과일) – 삼하 16:1; 사 16:9; 렘
│   40:10, 12; 48:32; 암 8:1, 2; 미 7:1
│ 여름 타작 마당의 겨 – 단 2:35
└─────────────────┘

여리고(Jericho) 요단 계곡에 있는 성읍
신 34:3 네겝과 종려나무의 성읍 **여리고** 골짜기

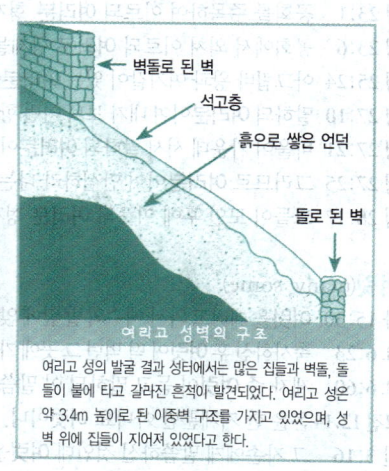

여리고 성벽의 구조

여리고 성의 발굴 결과 성터에서는 많은 집들과 벽돌, 돌들이 불에 타고 갈라진 흔적이 발견되었다. 여리고 성은 약 3.4m 높이로 된 이중벽 구조를 가지고 있었으며, 성벽 위에 집들이 지어져 있었다고 한다.

📖 여리고 – 기타 본문

수 2:1; 3:16; 4:19; 5:13; 6:1, 2, 25, 26; 7:2;
8:2; 9:3; 10:1; 16:1, 7; 18:12, 21; 20:8;

【 여리못 】　　　　　　　　　　　　　【 여부스 】

24:11; 삼하 10:5; 왕상 16:34; 왕하 2:4, 5, 15, 18; 대상 6:78; 19:5; 대하 28:15; 스 2:34; 느 3:2; 7:36; 렘 39:5; 막 10:46; 눅 10:30; 18:35; 19:1; 히 11:30

'여리고'와 관련된 성구

여리고 맞은편 – 민 22:1
여리고 맞은편 르우벤 지파 – 대상 6:78
여리고 맞은편 모압 땅 – 신 32:49
여리고 맞은편 모압 평지 – 수 13:32
여리고 맞은편 비스가 산꼭대기 – 신 34:1
여리고 맞은편 요단 (강) 가 모압 평지 – 민 26:3, 63; 31:12; 33:48, 50; 35:1; 36:13
여리고 맞은편 요단 건너편 곧 해 돋는 쪽 – 민 34:15
여리고 왕 – 수 2:2, 3; 10:28, 30; 12:9
여리고 평원(평지) – 수 4:13; 5:10; 왕하 25:5; 렘 39:5; 52:8

여리못(Jerimoth)
　1. 베냐민 자손 벨라의 아들
대상 7:7　웃시엘과 **여리못**과 이리 다섯 사람이
　2. 그데라 사람으로 다윗의 용사 중의 하나
대상 12:5 엘루새와 **여리못**과 브아랴와 스마랴와
　3. 레위 자손 무시의 아들
대상 24:30 마흘리와 에델과 **여리못**이니 이는 다
　4. 헤만의 아들
대상 25:4 스브엘과 **여리못**과 하나냐와 하나니와
　5. 다윗의 아들이며 마할랏의 아비
대하 11:18 다윗의 아들 **여리못**의 딸 마할을 아내
　6. 히스기야 때 하나님의 성전 관리
대하 31:13 아사헬과 **여리못**과 요사밧과 이엘과

여리배(Jeribai) 다윗 용사 중 하나
대상 11:46 **여리배**와 요사위야와 모압 사람드마

여리야(Jeriah) 레위 사람으로 헤브론 족장
대상 23:19 **여리야**와 둘째 아마랴와 셋째 야하
대상 24:23 **여리야**와 둘째 아마랴와 셋째 야하
대상 26:31 헤브론 자손 중에서는 **여리야**가

여리엘(Jeriel) 잇사갈 자손 돌라의 아들
대상 7:2 **여리엘**과 야매와 입삼과 스므엘과

여리옷(Jerioth) 갈렙의 아내
대상 2:18 갈렙이 그의 아내 아수바와 **여리옷**에게

여망(餘望, hope)
행 27:20 큰 풍랑이 그대로 있으매 구원의 **여망**

여무엘(Jemuel) 시므온의 아들
창 46:10 시므온의 아들 **여무엘**과 야민과 오핫
출 6:15 시므온의 아들들은 **여무엘**과 야민과

여물(fodder)
삿 19:19 나귀들에게 먹일 짚과 **여물**이 있고 나와

여미마(Jemimah) 욥이 시련 후 얻은 장녀
욥 42:14 그가 첫째 딸은 **여미마**라 이름하였고

여베레기야(Jeberekiah) 스가랴의 부친
사 8:2 제사장 우리야와 **여베레기야**의 아들

여부(與否, if~, whether~)
창 24:21 과연 평탄한 길을 주신 **여부**를 알고자
출 22:8 이웃의 물품에 손 댄 **여부**의 조사를 받을
민 11:23 네가 이제 내 말이 네게 응하는 **여부**를
신 13:3 사랑하는 **여부**를 알려 하사 너희를 시험
잠 20:11 청결한 **여부**와 정직한 **여부**를 나타내느

여부스(Jebus) 예루살렘의 옛 이름
수 18:16 **여부스** 남쪽에 이르러 엔 로겔로 내려

'여부스'와 관련된 성구

여부스 사람 – 출 13:5; 23:23; 33:2; 34:11; 수 9:1; 삿 19:11; 삼하 5:6, 8; 왕상 9:20; 대상 11:6; 스 9:1; 슥 9:7
여부스 사람 아라우나(오르난)의 타작 마당 – 삼하 24:16, 18; 대상 21:15, 18, 28; 대하 3:1
여부스 원주민 – 대상 11:5
여부스 족속 – 창 10:16; 신 7:1; 20:17; 수 3:10; 11:3; 15:63; 24:11; 삿 1:21; 3:5; 대하 8:7; 느 9:8
여부스 족속의 땅 – 창 15:21; 출 3:17; 수 12:8
여부스 족속의 지방 – 출 3:8

【 여분네 】

여부스 - 기타 본문
민 13:29; 수 18:28; 삿 19:10; 대상 1:14; 11:4

여분네(Jephunneh)
1. 유다 사람으로 갈렙의 아버지
민 13:6　유다 지파에서는 **여분네**의 아들 갈렙
수 14:6　**여분네**의 아들 갈렙이 여호수아에게

여분네 1 - 기타 본문
민 14:6, 30, 38; 26:65; 32:12; 34:19; 신 1:36; 수 14:13, 14; 15:13; 21:12; 대상 4:15; 6:16

2. 아셀 사람으로 예멜의 아들
대상 7:38　예멜의 아들들은 **여분네**와 비스바와

여사나(Jeshanah) 아비야가 빼앗은 성읍
대하 13:19　동네들과 **여사나**와 그 동네들과 에브론

여사냐(Jaazaniah) 유다의 군대장관
렘 40:8　마아가 사람의 아들 **여사냐**와 그들의
렘 42:1　아들 **여사냐**와 백성의 낮은 자로부터

여사렐라(Jesarelah) 다윗 때 찬양을 맡은 레위인
대상 25:14　일곱째는 **여사렐라**니 그의 아들들과

여사야(Jeshaiah)
1. 다윗 자손으로 하나냐의 아들
대상 3:21　하나냐의 아들은 블라댜와 **여사야**요
2. 포로 귀환한 엘람 자손
스 8:7　아달리야의 아들 **여사야**니 그와 함께
3. 포로 귀환한 므라리 자손
스 8:19　하사뱌와 므라리 자손 중 **여사야**와 그의
4. 포로 귀환한 베냐민 자손
느 11:7　이디엘의 육대 손이요 **여사야**의 칠대 손
5. 여두둔의 아들
대상 25:3　그의 아들들 그달리야와 스리와 **여사야**
대상 25:15　여덟째는 **여사야**니 그의 아들들과
6. 성물의 곳간을 관리하던 레위 사람
대상 26:25　르하뱌와 그의 아들 **여사야**와 그의 아들

여생(餘生, rest of one's years)
사 38:10　스올의 문에 들어가고 나의 **여생**을 빼앗

【 여섯째 】

여선지/-자(女先知者, prophetess)
삿 4:4　랍비돗의 아내 **여선지자** 드보라가
왕하 22:14　**여선지** 훌다에게로 나아가니 그는 할하
대하 34:22　**여선지자** 훌다에게로 나아가니 그는
느 6:14　하나님이여 도비야와 산발랏과 **여선지**

여섯(six)
출 28:10　**여섯** 이름을 한 보석에, 나머지 **여섯**
레 24:6　순결한 상 위에 두 줄로 한 줄에 **여섯**씩
민 7:3　덮개 있는 수레 **여섯** 대와 소 열두 마리
민 35:13　너희가 줄 성읍 중에 **여섯**을 도피성이
삼하 6:13　궤를 멘 사람들이 **여섯** 걸음을 가매 다윗
삼하 21:20　손가락과 발가락이 각기 **여섯** 개씩 모두
대상 3:4　이 **여섯**은 헤브론에서 낳았더라 다윗이
대상 4:27　아들 열여섯과 딸 **여섯**이 있으나 그의
대상 20:6　손과 발에 가락이 **여섯**씩 모두 스물넷
대상 26:17　동쪽 문에 레위 사람 **여섯**이요 북쪽 문
욥 5:19　**여섯** 가지 환난에서 너를 구원하시며
사 6:2　각기 **여섯** 날개가 있어 그 둘로는 자기
요 2:6　따라 두세 통 드는 돌항아리 **여섯**이 놓였
요 4:6　곁에 그대로 앉으시니 때가 **여섯** 시쯤
행 11:12　이 **여섯** 형제도 나와 함께 가서 그 사람
계 4:8　네 생물은 각각 **여섯** 날개를 가졌고 그 안

'여섯'과 관련된 성구
가지 여섯 - 출 25:32, 33, 35; 37:18, 19, 21
널판 여섯 개 - 출 26:22; 36:27
여섯 규빗 - 삼상 17:4; 왕상 6:6; 단 3:1
여섯 달 - 왕상 11:16; 왕하 15:8; 에 2:12; 눅 1:36
여 마리 - 느 5:18; 겔 46:4, 6
여번 - 룻 3:15, 17; 왕하 13:19
여 사람 - 대상 3:22; 25:3; 겔 9:2
여 성읍 - 민 35:6, 15; 수 15:59, 62
여 아들 - 창 30:20; 대상 8:38; 9:44
여 척(尺) - 겔 40:5, 12; 41:1, 3, 5, 8
여 층계 - 왕상 10:19, 20; 대하 9:18, 19
여 폭 - 출 36:16
여 해 - 출 21:2; 23:10; 신 15:12, 18

여섯(sixth)
출 26:9　또 **여섯** 폭을 서로 연결하고 그 **여섯째**

【 여섯 】 【 여우스 】

계 9:13 **여섯째** 천사가 나팔을 불매 내가 들으니
계 9:14 나팔 가진 **여섯째** 천사에게 말하기를
계 16:12 **여섯째** 천사가 그 대접을 큰 강 유브라데

'여섯째' 와 관련된 성구

여섯째 날 – 창 1:31; 출 16:5, 22, 29; 민 7:42; 29:29
여섯째 달 – 대상 27:9; 겔 8:1; 학 1:1, 15; 눅 1:26
여섯째 아들 – 창 30:19; 느 3:30
여섯째 인 – 계 6:12
여섯째 지휘관 – 대상 27:9
여섯째 해 – 레 25:21; 겔 8:1

여섯째 – 기타 본문

수 19:32; 삼하 3:5; 대상 2:15; 3:3; 12:11; 24:9; 25:13; 26:3, 5; 계 21:20

여성(女性, woman–KJV)
창 18:11 사라에게는 **여성**의 생리가 끊어졌는지

여소하야(Jeshohaiah) 시므온 자손의 족장
대상 4:36 엘료에내와 야아고바와 **여소하야**와

여수룬(Jeshurun) 이스라엘을 일컫는 시어
신 32:15 그런데 **여수룬**이 기름지매 발로 찼도다
신 33:5 **여수룬**에 왕이 있었으니 곧 백성의 수령
신 33:26 **여수룬**이여 하나님 같은 이가 없도다
사 44:2 야곱, 내가 택한 **여수룬**아 두려워하지

여시미엘(Jesimiel) 시므온 자손의 족장
대상 4:36 아사야와 아디엘과 **여시미엘**과 브나야

여시새(Jeshishai) 부스 자손 야도의 아들
대상 5:14 미가엘의 현손이요 **여시새**의 오대 손

여시엘(Jeziel) 다윗을 도운 베냐민 용사
대상 12:3 또 아스마웻 아들 **여시엘**과 벨렛과

여신(女神, goddess)
왕상 11:5 이는 시돈 사람의 **여신** 아스다롯을 좇고
왕상 11:33 나를 버리고 시돈 사람의 **여신** 아스다롯

행 19:27 큰 **여신** 아데미의 신전도 무시 당하고
행 19:37 우리 **여신**을 비방하지도 아니한 이 사람

여아드래(Jeatherai) 게르손 자손 세라의 아들
대상 6:21 아들은 세라요 그의 아들은 **여아드래**

여아림 산(Mount Jearim) 유다 북쪽 경계에 있는 산
수 15:10 세일 산에 이르러 **여아림 산** 곧 그살론

여왕(女王, queen)
왕상 10:1 **여왕**이 여호와의 이름으로 말미암은
대하 9:3 스바 **여왕**이 솔로몬의 지혜와 그가 건축
렘 44:17 거리에서 하던대로 하늘 **여왕**에게 분향
마 12:42 심판 때에 남방 **여왕**이 일어나 이 세대
행 8:27 에디오피아 **여왕** 간다게의 모든 국고를
계 18:7 마음에 말하기를 나는 **여왕**으로 앉은

'여왕' 과 관련된 성구

남방 여왕 – 눅 11:31
스바(의) 여왕 – 왕상 10:4, 10, 13; 대하 9:1, 9, 12
하늘의 여왕 – 렘 7:18; 44:18, 19, 25

여우(fox)
삿 15:4 삼손이 가서 **여우** 삼백 마리를 붙들어서 그
느 4:3 그들이 건축하는 돌 성벽은 **여우**가 올라
아 2:15 우리를 위하여 **여우** 곧 포도원을 허는 작은 **여우**를 잡으라 우리의 포도원에
애 5:18 시온산이 황무하여 **여우**가 그 안에서
겔 13:4 너의 선지자들은 황무지에 있는 **여우**
마 8:20 예수께서 이르시되 **여우**도 굴이 있고
눅 9:58 예수께서 이르시되 **여우**도 굴이 있고
눅 13:32 너희는 가서 저 **여우**에게 이르되 오늘

여우스(Jeush)

1. 에서의 아들
창 36:5 오홀리바마는 **여우스**와 얄람과 고라를

여우스 1 – 기타 본문

창 36:14, 18; 대상 1:35

【 여우엘 1 】　　　　　　　　　　　　　　　　　【 여인 】

　　2. 베냐민 사람 빌한의 아들
대상 7:10 빌한의 아들은 **여우스**와 베냐민과
　　3. 베냐민 사람 사하라임의 아들
대상 8:10 **여우스**와 사갸와 미르마니 이 아들
　　4. 베냐민 사람 에섹의 아들
대상 8:39 둘째는 **여우스**요 세째는 엘리벨렛
　　5. 게르손 자손으로 시므이의 아들
대상 23:10 시나와 **여우스**와 브리아이니 이 네 사람
대상 23:11 그 다음은 시사며 **여우스**와 브리아는
　　6. 르호보암의 아들
대하 11:19 그가 아들들 곧 **여우스**와 스마랴와 사함

여우엘 1(Jeiel) 히스기야의 개혁에 참가한 레위인
대하 29:13 엘리사반의 자손 중 시므리와 **여우엘**과

여우엘 2(Jeuel)
　　1. 바벨론에서 귀환한 세라 자손
대상 9:6 세라 자손 중에서는 **여우엘**과 그 형제
　　2. 바벨론에서 귀환한 아도니감 자손
스 8:13 엘리벨렛과 **여우엘**과 스마야니 그와

여이엘(Jeiel)
　　1. 르우벤 사람들의 족장
대상 5:7 계보대로 우두머리 된 자는 **여이엘**과
　　2. 므라리 자손으로 문지기와 찬양 담당자
대상 15:18 믹네야와 문지기 오벧에돔과 **여이엘**을
대상 15:21 믹네야와 오벧에돔과 **여이엘**과 아사시야
대상 16:5 그 다음은 스가랴와 **여이엘**과 스미라못 과 … **여이엘**이라 비파와 수금을 타고
　　3. 아삽의 자손으로 야하시엘의 조상
대하 20:14 맛다냐의 현손이요 **여이엘**의 증손이요
　　4. 유월절 제물을 레위인에게 나누어 준 자
대하 35:9 또 하사뱌와 **여이엘**과 요사밧은 양 오천
　　5. 이방 여인을 돌려보내기로 약속한 느보 자손
스 10:43 느보 자손 중에서는 **여이엘**과 맛디댜
　　6. 다윗의 용사 중의 한 명
대상 11:44 아로엘 사람 호담의 아들 사마와 **여이엘**
　　7. 웃시야 왕의 서기관
대하 26:11 서기관 **여이엘**과 병영장 마아세야가
　　8. 기브온의 조상으로 사울의 선조
대상 8:29 기브온의 조상 **여이엘**은 기브온에 거주
대상 9:35 조상 **여이엘**은 기브온에 거주하였으니

여인(女人, woman)
〔모세오경〕
창 12:11 내가 알기에 그대는 아리따운 **여인**이라
창 12:14 애굽 사람들이 그 **여인**이 심히 아리따움
창 12:15 칭찬하므로 그 **여인**을 바로의 궁으로
창 20:3 네가 데려간 이 **여인**으로 말미암아 네가
창 20:4 그 **여인**을 가까이 하지 아니하였으므로
창 20:5 그 **여인**도 그는 내 오라비라 하였사오니
창 20:6 **여인**에게 가까이 하지 못하게 함이 이
창 21:9 애굽 **여인** 하갈의 아들이 이삭을 놀리
창 24:11 우물 곁에 꿇렸으니 저녁 때라 **여인**들
창 33:5 에서가 눈을 들어 **여인**들과 자식들을
창 38:20 그 **여인**의 손에서 담보물을 찾으려 하였
창 38:25 **여인**이 끌려나갈 때에 사람을 보내어
창 39:10 **여인**이 날마다 요셉에게 청하였으나
창 39:12 그 **여인**이 그의 옷을 잡고 이르되 나와
창 39:13 그 **여인**이 요셉이 그의 옷을 자기 손에
창 39:14 그 **여인**의 집 사람들을 불러서 그들에
출 2:9 그 삯을 주리라 **여인**이 아기를 데려다가
출 3:22 **여인**들은 모두 그 이웃 사람 … 거류하 는 **여인**에게 은 패물과 금 패물과 의복
출 19:15 셋째 날을 기다리고 **여인**을 가까이 하지
출 21:22 사람이 서로 싸우다가 임신한 **여인**을
레 12:2 **여인**이 임신하여 남자를 낳으면 그는
레 12:4 그 **여인**은 아직도 삼십삼 일을 지내야
레 12:6 그 **여인**은 번제를 위하여 일 년 된 어린
레 12:7 그 **여인**을 위하여 … 딸을 생산한 **여인**에
레 12:8 **여인**이 어린 양을 바치기에 힘이 미치지
레 15:19 **여인**이 유출을 하되 그의 몸에 그의 유출
레 15:24 이 **여인**과 동침하여 그의 불결함에 전염
레 15:25 **여인**의 피의 유출이 그의 불결기가 아닌
레 15:33 불결기의 앓는 **여인**과 유출병이 있는
레 18:17 너는 **여인**과 그 **여인**의 딸의 하체를 아 울러 범하지 말며 또 그 **여인**의 손녀
레 18:19 너는 **여인**이 월경으로 불결한 동안에
레 19:20 속량되거나 해방되지 못한 **여인**과 동침
레 20:13 누구든지 **여인**과 동침하듯 남자와 동침
레 20:18 누구든지 월경 중의 **여인**과 동침하여 … 남자는 그 **여인**의 … **여인**은 자기의
레 21:7 창녀나 이혼 당한 **여인**을 취하지 말지니
레 21:14 창녀 짓을 하는 더러운 **여인**을 취하지
레 26:26 열 **여인**이 한 화덕에서 너희 떡을 구워
민 5:16 제사장은 그 **여인**을 가까이 오게 하여

1706

【 여인 】

민 5:18	여인을 여호와 앞에 세우고 그의 머리를
민 5:19	여인에게 맹세하게 하여 그에게 이르기
민 5:21	(제사장이 그 여인에게 저주의 맹세를 하게 하고 그 여인에게 말할지니라)
민 5:22	마르게 하리라 할 것이요 여인은 아멘
민 5:24	여인에게 그 저주가 되게 하는 쓴 물을
민 5:25	제사장이 먼저 그 여인의 손에서 의심의
민 5:26	그 후에 여인에게 그 물을 마시게 할지라
민 5:27	그 물을 마시게 한 후에 만일 여인이 몸을 … 넓적다리가 마르리니 그 여인이
민 5:28	그러나 여인이 더럽힌 일이 없고 정결
민 5:30	아내를 의심할 때에 여인을 여호와
민 5:31	무죄할 것이요 여인은 죄가 있으면 당하
민 25:8	이스라엘 남자와 그 여인의 배를 꿰뚫어
신 25:6	그 여인이 낳은 첫 아들이 그 죽은 형제
신 25:12	너는 그 여인의 손을 찍어버릴 것이고

역사서

수 2:4	그 여인이 그 두 사람을 이미 숨긴지라
수 6:22	너희가 그 여인에게 맹세한 대로 그와
삿 4:9	시스라를 여인의 손에 파실 것임이니라
삿 5:24	다른 여인들보다 … 장막에 있는 여인들
삿 9:53	한 여인이 맷돌 위짝을 아비멜렉의 머리
삿 11:2	너는 다른 여인의 자식이니 우리 아버지
삿 13:3	그 여인에게 나타나서 그에 이르시되
삿 13:6	그 여인이 가서 그의 남편에게 말하여
삿 13:9	마노아의 목소리를 들으시라 여인이
삿 13:10	여인이 급히 달려가서 그 남편에게
삿 13:11	그에게 묻되 당신이 이 여인에게 말씀
삿 13:13	마노아에게 이르되 내가 여인에게 말한
삿 13:24	그 여인이 아들을 낳으매 이름을
삿 15:6	사람들이 올라가서 그 여인과 그의 아버
삿 16:4	골짜기의 들릴라라 이름하는 여인을
삿 16:5	여인에게로 올라가서 그에게 이르되
삿 16:8	마르지 아니한 새 활줄을 여인에게
삿 16:18	손에 은을 가지고 그 여인에게로 올라
삿 19:26	동틀 때에 여인이 자기 주인이 있는
삿 19:27	그 여인이 집 문에 엎드려 있고 그의
삿 20:4	죽임을 당한 여인의 남편 대답하여
삿 21:16	베냐민의 여인이 다 죽었으니 이제
룻 1:5	두 사람이 다 죽고 그 여인은 두 아들과
룻 1:6	그 여인이 모압 지방에서 여호와께서
룻 3:8	몸을 돌이켜 본즉 한 여인이 자기 발치에
룻 3:14	보아스가 말하기를 타작 마당에

룻 4:11	네 집에 들어가는 여인으로 이스라엘
룻 4:14	여인들이 나오미에게 이르되 찬송할지
룻 4:17	그의 이웃 여인들이 그에게 이름을 지어
삼상 2:20	여인으로 말미암아 네게 다른 후사를
삼상 4:20	죽어갈 때에 곁에 서 있던 여인들이 그
삼상 15:33	사무엘이 이르되 네 칼이 여인들에게 자식이 없게 한 것 같이 여인 중 네 어미
삼상 18:6	여인들이 이스라엘 모든 성읍에서 나와
삼상 18:7	여인들이 뛰놀며 노래하여 이르되 사울
삼상 28:8	그들이 밤에 그 여인에게 이르러서는
삼상 28:9	여인이 그에게 이르되 네가 사울이 행한
삼상 28:11	여인이 이르되 내가 누구를 네게로 불러
삼상 28:12	여인이 사무엘을 보고 큰 소리로 외치며
삼상 28:13	여인이 사울에게 이르되 내가 영이 땅에
삼상 28:21	그 여인이 사울에게 이르러 그가 심히
삼상 28:23	그의 신하들과 여인이 강권하매 그들
삼상 28:24	여인의 집에 살진 송아지가 있으므로
삼상 30:2	거기에 있는 젊거나 늙은 여인들은 한
삼하 1:26	나를 사랑함이 기이하여 여인의 사랑
삼하 3:8	이 여인에게 관한 허물을 내게 돌리는
삼하 11:2	한 여인이 목욕을 하는데 심히 아름다워
삼하 11:3	다윗이 사람을 보내 그 여인을 알아보게
삼하 11:5	그 여인이 임신하매 사람을 보내 다윗에
삼하 11:21	여인 하나가 성에서 맷돌 위짝을 그 위에
삼하 14:2	죽은 사람을 위하여 오래 슬퍼하는 여인
삼하 14:8	왕이 여인에게 이르되 네 집으로 가라
삼하 14:11	여인이 이르되 청하건대 왕은 왕의
삼하 14:12	여인이 이르되 청하건대 당신의 여종
삼하 14:13	여인이 이르되 그러면 어찌하여 왕께
삼하 14:18	그 여인에게 대답하여 이르되 … 묻는 것을 내게 숨기지 말라 여인이 이르되
삼하 14:19	너와 함께 하였느냐 하니 여인이 대답
삼하 17:19	여인이 덮을 것을 가져다가 우물 아귀
삼하 17:20	여인에게 묻되 … 여인이 그들에게 이르
삼하 19:35	여인의 소리를 알아들을 수 있사오리
삼하 20:17	요압이 그 여인에게 가까이 가니 여인이 이르되 … 그러하다 하니라 여인이
삼하 20:18	여인이 말하여 이르되 옛 사람들이 흔히
삼하 20:21	여인이 요압에게 이르되 그의 머리를
삼하 20:22	여인이 그의 지혜를 가지고 모든 백성
왕상 11:1	이방의 많은 여인을 사랑하였으니 곧 … 암몬과 에돔과 시돈과 헷 여인이라
왕상 11:3	그의 여인들이 왕의 마음을 돌아서게

【 여인 】

왕상 11:4 그의 **여인**들이 그의 마음을 돌려 다른
왕상 17:17 이 일 후에 그 주인 되는 **여인**의 아들이
왕상 17:18 **여인**이 엘리야에게 이르되 하나님의
왕상 17:19 그를 **여인**의 품에서 받아 안고 자기가
왕상 17:24 **여인**이 엘리야에게 이르되 내가 이제야
왕하 4:1 제자들의 아내 중의 한 **여인**이 엘리사
왕하 4:5 **여인**이 물러가서 그의 두 아들과 함께
왕하 4:6 **여인**이 아들에게 이르되 또 그릇을 내게
왕하 4:7 그 **여인**이 하나님의 사람에게 나아가서
왕하 4:8 거기에 한 귀한 **여인**이 그를 간권하여
왕하 4:9 **여인**이 그의 남편에게 이르되 항상 우리
왕하 4:12 게하시에게 이르되 이 수넴 **여인**을 불
러오라 하니 곧 **여인**을 부르매 **여인**이
왕하 4:13 **여인**이 이르되 나는 내 백성 중에 거주
왕하 4:14 이 **여인**은 아들이 없고 그 남편은 늙었
왕하 4:15 다시 부르라 하여 부르매 **여인**이 문에
왕하 4:16 **여인**이 이르되 아니로소이다 내 주
왕하 4:17 **여인**이 과연 잉태하여 한 해가 지나 이
때쯤에 엘리사가 **여인**에게 말한 대로
왕하 4:23 하는지라 **여인**이 이르되 평안을 비나
왕하 4:26 평안하냐 하라 하였더니 **여인**이 대답
왕하 4:28 **여인**이 이르되 내가 내 주께 아들을 구하
왕하 4:30 엘리사가 이에 일어나 **여인**을 따라가
왕하 4:36 곧 부르매 **여인**이 들어가니 엘리사가
왕하 4:37 **여인**이 들어가서 엘리사의 발 앞에서
왕하 6:26 위로 지나갈 때에 한 **여인**이 외쳐 이르되
왕하 6:28 **여인**이 대답하되 이 **여인**이 내게 이르기
왕하 6:29 그 **여인**에게 이르되 네 아들을 내놓으라
왕하 6:30 그 **여인**의 말을 듣고 자기 옷을 찢으니라
왕하 8:1 아들을 다시 살려 준 **여인**에게 이르되
왕하 8:2 **여인**이 일어나서 하나님의 사람의 말대

【 여인 】

왕하 8:3 칠 년이 다 하매 **여인**이 블레셋 사람들의
왕하 8:5 내 주 왕이여 이는 그 **여인**이요 저는 그의
왕하 8:6 왕이 그 **여인**에게 물으매 **여인**이 설명
한지라 … 이 **여인**에게 속한 모든 것과
왕하 23:7 그곳은 **여인**이 아세라를 위하여 휘장을
대하 2:14 이 사람은 단의 여자들 중 한 **여인**의 아들
스 10:44 그 중에는 자녀를 낳은 **여인**도 있었더
에 1:9 아하수에로 왕궁에서 **여인**들을 위하여
에 3:13 늙은이 어린이 **여인**들을 막론하고 죽이

시가서 - 신약

욥 14:1 **여인**에게서 태어난 사람은 생애가 짧고
욥 15:14 깨끗하겠느냐 **여인**에게서 난 자가 어찌
욥 31:9 만일 내 마음이 **여인**에게 유혹되어 이웃
시 45:9 왕이 가까이 하는 **여인**들 중에는 왕들
잠 6:32 **여인**과 간음하는 자는 무지한 자라 이것
잠 7:11 이 **여인**은 떠들며 완악하며 그의 발이
잠 7:13 그 **여인**이 그를 붙잡고 그에게 입맞추며
잠 11:22 아름다운 **여인**이 삼가지 아니하는 것은
잠 12:4 어진 **여인**은 그 지아비의 면류관이나
욕을 끼치는 **여인**은 그 지아비의 뼈가
잠 21:19 성내는 **여인**과 함께 사는 것보다 광야
전 7:26 손은 포승 같은 **여인**은 … 그 **여인**을
피하려니와 죄인은 그 **여인**에게 붙잡
아 1:8 **여인** 중에 어여쁜 자야 네가 알지 못하
사 21:3 해산이 임박한 **여인**의 고통 같은 고통
사 27:11 **여인**들이 와서 그것을 불사를 것이라
사 32:9 안일한 **여인**들아 일어나 내 목소리를
사 49:15 **여인**이 어찌 그 젖 먹는 자식을 잊겠으며
사 54:1 로 된 **여인**의 자식이 남편 있는 자의
렘 4:31 리를 들은즉 **여인**의 해산하는 소리
렘 13:21 로잡힘이 산고를 겪는 **여인** 같지 않겠

'여인' 과 관련된 성구

가나안 여인 - 창 36:2; 46:10; 출 6:15
간교한 여인 - 잠 7:10
간음한 여인들 - 약 4:4
갈멜 여인 - 대상 3:1
다투는 여인 - 잠 21:9; 25:24
드고아 여인 - 삼하 14:4, 9
모든 여인 - 출 15:20; 35:25, 26; 에 1:17,
　　　　　　20; 렘 44:15, 24; 겔 23:48
모압 여인 - 룻 1:22; 2:2, 21; 4:5, 10; 대하

24:2; 13:23
미디안의 여인 - 민 25:6, 14, 15
미련한 여인 - 잠 9:13; 14:1
부정한 여인 - 레 15:30; 겔 22:10
불결한 여인 - 레 15:33
수넴 여인 - 왕하 4:12, 25, 36
수종드는 여인 - 출 38:8; 삼상 2:22
신접한 여인 - 삼상 28:7
아람 여인 - 상 7:14

【 여인 】　　　　　　　　　　　　　　　　　　　　　　　　　　　　【 여자 】

렘 15:9	일곱을 낳은 **여인**에게는 쇠약하여 기절	**여자**(女子, woman)	
렘 22:23	백향목에 깃들이는 자여 **여인**이 해산	**모세오경**	
렘 44:19	**여인**들은 이르되 우리가 하늘의 여왕	창 2:22	갈빗대로 **여자**를 만드시고 그를 아담
렘 48:19	아로엘에 사는 **여인**이여 길 곁에 서서	창 2:23	남자에게서 취하였은즉 **여자**라 부르
렘 48:41	용사의 마음이 산고를 당하는 **여인** 같을	창 3:1	뱀이 **여자**에게 물어 이르되 하나님이
렘 49:22	용사의 마음이 진통하는 **여인**같이 되리	창 3:2	**여자**가 뱀에게 말하되 동산 나무의 열매
렘 50:37	그들이 **여인**들같이 될 것이며 칼이 보물	창 3:4	뱀이 **여자**에게 이르되 너희가 결코 죽지
렘 51:30	기력이 쇠하여 **여인**같이 되며 그들의	창 3:6	**여자**가 그 나무를 본즉 먹음직도 하
애 2:20	누구에게 이같이 행하셨는지요 **여인**들		고 … 나무인지라 **여자**가 그 열매를 따
겔 8:14	거기에 **여인**들이 앉아 담무스를 위하여	창 3:12	나와 함께 있게 하신 **여자** 그가 그 나무
겔 16:34	네 음란함이 다른 **여인**과 같지 아니함	창 3:13	여호와 하나님이 **여자**에게 … 네가 어
	은 … 그런즉 다른 **여인**과 같지 아니하		찌하여 이렇게 하였느냐 **여자**가 이르되
겔 16:38	간음하고 사람의 피를 흘리는 **여인**을	겔 3:15	내가 너로 **여자**와 원수가 … 네 후손도
겔 16:41	여러 **여인**의 목전에서 너를 벌할지라		**여자**의 후손과 원수가 … **여자**의 후손
겔 18:6	월경 중에 있는 **여인**을 가까이 하지 아니	창 3:16	**여자**에게 이르시되 내가 네게 임신하는
겔 23:2	인자야 두 **여인**이 있었으니 한 어머니	창 20:3	네가 죽으리니 그는 남편이 있는 **여자**
겔 23:10	칼로 그를 죽여 **여인**들에게 이야깃거리	창 24:5	이르되 **여자**가 나를 따라 이 땅으로 오려
겔 23:13	두 **여인**이 한 길로 행하므로 그도 더러워	창 24:8	만일 **여자**가 너를 따라 오려고 하지 아니
겔 23:43	음행으로 쇠한 **여인**을 가리켜 말하노라	창 24:24	그 **여자**가 그에게 이르되 나는 밀가가
겔 23:45	피를 흘린 **여인**을 재판함같이 재판하	창 24:39	내 주인에게 여쭈되 혹 **여자**가 나를 따르
겔 36:17	그 행위가 월경 중에 있는 **여인**의 부정함	창 24:44	낙타를 위하여도 길으리라 하면 그 **여자**
암 2:7	아버지와 아들이 한 젊은 **여인**에게 다녀	창 24:61	리브가가 일어나 **여자** 종들과 함께 낙타
미 5:3	**여인**이 해산하기까지 그들을 붙여 두시	창 46:15	디나를 합하여 남자와 **여자**가 삼십삼 명
미 7:5	네 품에 누운 **여인**에게라도 네 입의 문을	출 2:1	레위 가족 중 한 사람이 가서 레위 **여**
나 3:13	네 가운데 장정들은 **여인** 같고 네 땅의	출 2:2	**여자**가 임신하여 아들을 낳으니 그가
슥 5:7	에바 가운데에는 한 **여인**이 앉았느니라	출 21:8	그 **여자**를 속인 것이 되었으니 외국인
슥 5:8	악이라 하고 그 **여인**을 에바 속으로 던져	출 21:10	다른 **여자**에게 장가 들지라도 그 **여자**
슥 5:9	내가 또 눈을 들어 본즉 두 **여인**이 나오	출 21:11	세 가지를 시행하지 아니하면, **여자**는
마 8:15	열병이 떠나가고 **여인**이 일어나서 예수께	출 21:28	소가 남자나 **여자**를 받아서 죽이면 그
롬 7:2	남편 있는 **여인**이 그 남편 생전에는 법	레 12:5	**여자**를 낳으면 그는 두 이레 동안 부정
빌 4:3	함께 힘쓰던 저 **여인**들을 돕고 또한	레 13:29	남자나 **여자**의 머리에나 수염에 환부가

'여인' 과 관련된 성구

아이 밴 **여인** – 호 13:16; 암 1:13
악한 **여인** – 대하 24:7; 잠 6:24
암몬 **여인** – 왕상 11:1; 대하 12:13; 24:26; 느 13:23
음란한 **여인** – 잠 6:26; 겔 23:44
이방 **여인** – 룻 2:10; 왕상 11:1, 8; 스 10:11, 17, 18, 44; 느 13:26, 27; 잠 6:24; 7:5; 23:27
이스라엘 **여인** – 레 24:10, 11

이스르엘 **여인** – 삼상 30:5; 삼하 2:2; 3:2; 대상 3:1
이혼한 **여인** – 겔 44:22
잉태한 **여인** – 사 26:17; 렘 31:8
지혜로운 **여인** – 삼하 14:2; 20:16; 잠 14:1
해산하는 **여인** – 시 48:6; 사 42:14; 렘 6:24; 31:8; 49:24; 50:43; 호 13:13; 미 4:9, 10
현숙한 **여인** – 잠 31:10
히브리 **여인** – 출 1:16, 19; 2:7

【 여자 】 　　　　　　　　　　　　　　　　【 여자 】

레 13:38	남자나 **여자**의 피부에 색점 곧 흰 색점
레 18:20	그 **여자**와 함께 자기를 더럽히지 말지
레 18:22	너는 **여자**와 동침함같이 남자와 동침
레 18:23	더럽히지 말며 **여자**는 짐승 앞에 서서
레 20:16	**여자**가 짐승에게 … **여자**와 짐승을 죽이
레 20:17	**여자**의 하체를 보고 **여자**는 그 남자의
레 20:27	남자나 **여자**가 접신하거나 박수무당이
레 27:4	**여자**면 그 값을 삼십 세겔로 하며
레 27:5	값을 이십 세겔로 하고 **여자**면 열 세겔
레 27:6	은 다섯 세겔로 하고 **여자**면 그 값을 은
레 27:7	그 값을 십오 세겔로 하고 **여자**는 열 세겔
민 5:6	남자나 **여자**나 사람들이 범하는 죄를
민 5:13	한 남자가 그 **여자**와 동침하였으나 …
	그 **여자**의 더러워진 일에 증인도 없고
민 5:26	그 **여자**에게 기억나게 하는 소제물로
민 6:2	남자나 **여자**가 특별한 서원 곧 나실인
민 25:2	그 **여자**들이 자기 신들에게 제사할 때
민 30:3	또 **여자**가 만일 어려서 그 아버지 집에
민 30:8	무효가 될 것이니 여호와께서 그 **여자**를
민 31:15	모세가 그들에게 이르되 너희가 **여자**들
민 31:17	남자와 동침하여 사내를 아는 **여자**도 다
신 4:16	남자의 형상이든지, **여자**의 형상이든지
신 15:12	네 동족 히브리 남자나 히브리 **여자**가
신 17:2	어떤 남자나 **여자**가 네 하나님 여호와
신 17:5	너는 그 악을 행한 남자나 **여자**를 네 성
	문으로 끌어내고 그 남자나 **여자**를 돌로
신 20:7	**여자**와 약혼하고 그와 결혼하지 못한
신 20:14	너는 오직 **여자**들과 유아들과 가축들
신 22:5	**여자**는 남자의 의복을 입지 말 것이요
	남자는 **여자**의 의복을 입지 말 것이라
신 22:14	내가 이 **여자**를 맞이하였더니 그와 동침
신 22:19	**여자**의 아버지에게 주고 그 **여자**는 그
신 22:22	남자와 그 **여자**를 둘 다 죽여 이스라엘
신 22:23	처녀인 **여자**가 남자와 약혼한 후에 어떤
신 24:2	그 **여자**는 그의 집에서 나가서 다른 사람
신 24:4	그 **여자**는 이미 몸을 더럽혔은즉 그를
신 25:8	그 **여자**를 맞이하기를 즐겨하지 아니
신 28:30	네가 **여자**와 약혼 … 그 **여자**와 같이 동침
신 29:18	너희 중에 남자나 **여자**나 가족이나 지파

역사서

수 8:35	이스라엘 온 회중과 **여자**들과 아이와
삿 9:54	사람들이 나를 가리켜 이르기를 **여자**가
삿 12:9	아들들을 위하여는 밖에서 **여자** 삼십
삿 14:1	블레셋 사람의 딸들 중에서 한 **여자**를
삿 14:2	블레셋 사람의 딸들 중에서 한 **여자**를
삿 14:3	내 백성 중에 어찌 **여자**가 없어서 … 그
	여자를 좋아하오니 … 그 **여자**를 데려
삿 14:7	내려가서 그 **여자**와 말하니 그 **여자**가
삿 14:8	얼마 후에 삼손이 그 **여자**를 맞이하려
삿 14:10	삼손의 아버지가 **여자**에게로 내려가매
삿 19:3	그 **여자**에게 … 그에게로 가매 **여자**가
삿 19:4	그 **여자**의 아버지가 그를 머물게 하매
삿 19:5	**여자**의 아버지가 그의 사위에게 이르되
삿 19:6	함께 먹고 마시매 그 **여자**의 아버지가
삿 19:8	그 **여자**의 아버지가 이르되 청하노니
삿 19:9	곧 그 **여자**의 아버지가 그에게 이르되
삿 19:25	그 **여자**와 관계하였고 … 그 **여자**를 능욕
삿 21:11	모든 남자 및 남자와 잔 **여자**를 진멸하여
삿 21:14	**여자**들 중에서 살려 둔 **여자**들을 그들
삿 21:21	실로의 **여자**들이 춤을 추러 나오거든
삿 21:23	그같이 행하여 춤추는 **여자**들 중에서
룻 3:11	네가 현숙한 **여자**인 줄을 나의 성읍 백성
삼상 1:15	나는 마음이 슬픈 **여자**라 포도주나 독주
삼상 1:23	그 **여자**가 그의 아들을 양육하며 그가
삼상 1:26	당신 곁에 서서 여호와께 기도하던 **여자**
삼상 25:3	아비가일이라 그 **여자**는 총명하고 용모
삼하 11:4	전령을 보내어 그 **여자**를 … 그 **여자**가
	그 부정함을 … 동침하매 그 **여자**가 자기
삼하 14:27	다말이라 그는 얼굴이 아름다운 **여자**
왕상 3:16	창기 두 **여자**가 왕에게 와서 그 앞에
왕상 3:17	**여자**는 말하되 내 주여 나와 이 **여자**가
왕상 3:18	내가 해산한 지 사흘 만에 이 **여자**도 해산
왕상 3:19	밤에 저 **여자**가 그의 아들 위에 누우므로
왕상 3:22	다른 **여자**는 이르되 아니라 … 죽은 것
	은 네 아들이라 하고 이 **여자**는 이르되
왕상 3:23	이 **여자**는 … 네 아들이라 하고 저
왕상 3:25	반은 이 **여자**에게 주고 반은 저 **여자**에게
왕상 3:26	그 산 아들의 어머니 되는 **여자**가 그 아
	들을 위하여 … 다른 **여자**는 말하기를
왕상 3:27	산 아이를 저 **여자**에게 주고 결코 죽이지
왕하 9:34	저주 받은 **여자**를 찾아 장사하라 그는
대하 35:25	노래하는 남자들과 **여자**들은 요시야
스 9:12	너희 **여자**들을 그들의 아들들에게 주지
느 8:2	남자나 **여자**나 알아들을 만한 모든 사람
느 8:3	**여자**나 알아들을 만한 모든 사람 앞에
에 2:12	전에 **여자**에 … 여섯 달은 향품과 **여자**

【여자】

시가서, 선지서

욥 25:4	사람이 어찌 의롭다 하며 **여자**에게서 난
시 68:11	소식을 공포하는 **여자**들은 큰 무리라
시 68:12	도망하니 집에 있던 **여자**들도 탈취물
잠 11:16	유덕한 **여자**는 존영을 얻고 근면한 남자
잠 27:15	다투는 **여자**는 비 오는 날에 이어 떨어
잠 30:19	배의 자취와 남자가 **여자**와 함께 한 자취
잠 30:23	미움 받는 **여자**가 시집 간 것과 여종이
잠 31:3	힘을 **여자**들에게 쓰지 말며 왕들을 멸망
잠 31:30	오직 여호와를 경외하는 **여자**는 칭찬을
전 7:28	모든 사람들 중에서 **여자**는 한 사람도
전 12:4	일어날 것이며 음악하는 **여자**들은 다
아 2:2	**여자**들 중에 내 사랑은 가시나무 가운데
아 5:9	**여자**들 가운데에 어여쁜 자야 너의 사랑
아 6:1	**여자**들 가운데에서 어여쁜 자야 네 사랑
아 6:9	귀중하게 여기는 자로구나 **여자**들이
아 6:10	깃발을 세운 군대같이 당당한 **여자**가
아 8:5	거친 들에서 올라오는 **여자**가 누구인가
사 3:12	다스리는 자는 **여자**들이라 내 백성이
사 4:1	일곱 **여자**가 한 남자를 붙잡고 말하기를
사 13:8	해산이 임박한 **여자**같이 고통하며 서로
사 32:10	너희 염려 없는 **여자**들아 일 년 남짓 지나
사 32:11	너희 안일한 **여자**들아 떨지어다 너희
렘 30:6	모든 남자가 해산하는 **여자**같이 손을
렘 31:22	창조하였나니 곧 **여자**가 남자를 둘러
렘 38:22	유다 왕궁에 남아 있는 모든 **여자**가 바
	벨론 왕의 … 끌려갈 것이요 그 **여자**들
렘 41:16	군사와 **여자**와 유아와 내시를 기브온
렘 43:6	곧 남자와 **여자**와 유아와 왕의 딸들과
렘 44:7	너희의 남자와 **여자**와 아이와 젖 먹는
렘 51:22	네가 남자와 **여자**를 분쇄하며 네가 노년
겔 9:6	젊은 자와 처녀와 어린이와 **여자**를 다
겔 13:17	자기 마음대로 예언하는 **여자**들에게
겔 13:18	수건을 만드는 **여자**들에게 화 있을진저
겔 32:16	여러 나라 **여자**들이 이것을 슬피 부름
겔 32:18	유명한 나라의 **여자**들을 구덩이에 내려
단 11:17	또 **여자**의 딸을 그에게 주어 그의 나라
단 11:37	조상들의 신들과 **여자**들이 흠모하는
호 1:2	음란한 **여자**를 맞이하여 음란한 자식
호 3:1	음녀가 된 그 **여자**를 사랑하라 하시기로

복음서

마 5:28	음욕을 품고 **여자**를 보는 자마다 마음에
마 5:32	누구든지 버림받은 **여자**에게 장가드는
마 9:20	혈루증으로 앓는 **여자**가 예수의 뒤로
마 9:22	믿음이 너를 구원하였다 하시니 **여자**가
마 11:11	**여자**가 낳은 자 중에 세례 요한보다 큰
마 13:33	천국은 마치 **여자**가 가루 서 말 속에 갖다
마 14:4	말하되 당신이 그 **여자**를 차지한 것이
마 14:21	먹은 사람은 **여자**와 어린이 외에 오천
마 15:23	청하여 말하되 그 **여자**가 우리 뒤에서

'여자'와 관련된 성구

가나안 여자 – 마 15:22	술람미 여자 – 아 6:13
간통한 여자들 – 겔 23:45	아리따운 여자 – 신 21:11; 욥 42:15
갈렙 여자 – 삼상 27:3	악한 여자 – 삼상 1:16; 렘 2:33
구스 여자 – 민 12:1	어리석은 여자 – 욥 2:10; 딤후 3:6
남자와 여자로 지으시다 – 마 19:4; 막 10:6	여자를 가까이 아니하다 – 삼상 21:4, 5; 고전 7:1
남자와 여자를 창조하시다 – 창 1:27; 5:2	여자여 – 마 15:28; 눅 13:12; 22:57; 요 2:4;
늙은 여자 – 슥 8:4; 딤전 5:2; 딛 2:3	4:21; 8:10; 19:26; 20:13, 15
단의 여자들 – 대하 2:14	여자 친구 – 삿 11:37, 38
모든 여자 – 창 6:2; 에 2:17; 잠 31:29; 렘	유대 여자 – 행 16:1; 24:24
38:22; 애 3:51	이방 여자 – 스 10:2, 10, 14
모압 여자 – 민 25:1; 룻 1:4	이스라엘 여자 – 신 23:17
므낫세의 여자 자손 – 수 17:6	이스르엘 여자 – 삼상 27:3
블레셋 여자 – 겔 16:27	이혼당한 여자 – 레 21:14; 민 30:9
사내를 알지 못하는 여자 – 민 31:18, 35	임신하지 못한 여자 – 욥 24:21; 시 113:9
사마리아 여자 – 요 4:7, 9	자유 있는 여자 – 갈 4:22, 23, 30, 31
수넴 여자 아비삭 – 왕상 1:3, 15; 2:17, 21, 22	젊은 여자 – 창 24:43; 룻 4:12; 딤전 5:2; 딛 2:4

[**여자**]   [**여자**]

마 15:25	**여자**가 와서 예수께 절하며 이르되 주여
마 15:27	**여자**가 이르되 주여 옳소이다마는 개들
마 15:38	먹은 자는 **여자**와 어린이 외에 사천 명
마 22:27	최후에 그 **여자**도 죽었나이다
마 24:41	두 **여자**가 맷돌질을 하고 있으매 한 사람
마 26:7	한 **여자**가 매우 귀한 향유 한 옥합을
마 26:10	이 **여자**를 괴롭게 하느냐 그가 내게 좋은
마 26:12	이 **여자**가 내 몸에 이 향유를 부은 것은
마 26:13	이 **여자**가 행한 일도 말하여 그를 기억
마 27:55	많은 **여자**가 거기 있어 멀리서 바라보고
마 28:5	천사가 **여자**들에게 말하여 이르되 너희
마 28:8	그 **여자**들이 무서움과 큰 기쁨으로 빨리
마 28:9	평안하냐 하시거늘 **여자**들이 나아가
마 28:11	**여자**들이 갈 때 경비병 중 몇이 성에 들어
막 1:30	사람들이 곧 그 **여자**에 대하여 예수께
막 1:31	열병이 떠나고 **여자**가 그들에게 수종
막 5:25	열두 해를 혈루증으로 앓아 온 **여자**가
막 5:32	예수께서 이 일 행한 **여자**를 보려고 둘러
막 5:33	**여자**가 자기에게 이루어진 일을 알고
막 6:17	이 **여자**를 위하여 사람을 보내어 요한을
막 7:25	귀신 들린 어린 딸을 둔 한 **여자**가 예수
막 7:26	그 **여자**는 헬라인이요 수로보니게 족속
막 7:28	**여자**가 대답하여 이르되 주여 옳소이다
막 7:30	**여자**가 집에 돌아가 본즉 아이가 침상에
막 12:21	둘째가 그 **여자**를 취하였다가 상속자
막 12:22	상속자가 없었고 최후에 **여자**도 죽었
막 14:3	한 **여자**가 매우 값진 향유 곧 순전한 나드
막 14:5	줄 수 있었겠도다 하며 그 **여자**를 책망
눅 8:43	아무에게도 고침을 받지 못하던 **여자**가
눅 8:47	**여자**가 스스로 숨지 못할 줄 알고 떨며
눅 10:38	마르다 이름하는 한 **여자**가 자기 집
눅 11:27	한 **여자**가 음성을 높여 이르되 당신을
눅 13:11	꼬부라져 조금도 펴지 못하는 한 **여자**가
눅 13:13	안수하시니 **여자**가 곧 펴고 하나님께
눅 13:21	마치 **여자**가 가루 서 말 속에 갖다 넣어
눅 15:8	어떤 **여자**가 열 드라크마가 있는데 하나
눅 16:18	버림당한 **여자**에게 장가드는 자도 간음
눅 17:35	두 **여자**가 함께 맷돌을 갈고 있으매 하나
눅 20:32	그 후에 **여자**도 죽었나이다
눅 23:27	가슴을 치며 슬피 우는 **여자**의 큰 무리
눅 23:49	갈릴리로부터 따라온 **여자**들도 다 멀리
눅 23:55	갈릴리에서 예수와 함께 온 **여자**들이
눅 24:1	안식 후 첫날 새벽에 이 **여자**들이 그 준비
눅 24:5	**여자**들이 두려워 얼굴을 땅에 대니 두
눅 24:10	이 **여자**들은 막달라 마리아와 … 그들 과 함께 한 다른 **여자**들도 이것을 사도
눅 24:22	어떤 **여자**들이 우리로 놀라게 하였으니
눅 24:24	과연 **여자**들이 말한 바와 같음을 보았
요 4:11	**여자**가 이르되 주여 물 길을 그릇도 없고
요 4:15	**여자**가 이르되 주여 그런 물을 내게 주사
요 4:17	**여자**가 대답하여 이르되 나는 남편이
요 4:19	**여자**가 이르되 주여 내가 보니 선지자
요 4:25	**여자**가 이르되 메시야 곧 그리스도라
요 4:27	제자들이 돌아와서 예수께서 **여자**와
요 4:28	**여자**가 물동이를 버려 두고 동네로 들어
요 4:39	**여자**의 말이 내가 행한 모든 것을 그가
요 4:42	그 **여자**에게 말하되 이제 우리가 믿는
요 8:3	음행중에 잡힌 **여자**를 끌고 와서 가운데
요 8:4	이 **여자**가 간음하다가 현장에서 잡혔
요 8:5	율법에 이러한 **여자**를 돌로 치라 명하
요 8:9	오직 예수와 그 가운데 섰는 **여자**만 남았
요 8:10	예수께서 일어나사 **여자** 외에 아무도 … 이르시되 **여자**여 너를 고발하던 그들이
요 16:21	**여자**가 해산하게 되면 그 때가 이르렀
요 18:16	문 지키는 **여자**에게 말하여 베드로를

역사서 – 예언서

행 1:14	**여자**들과 예수의 어머니 마리아와 예수
행 12:13	로데라 하는 **여자** 아이가 영접하러 나왔
행 12:15	미쳤다 하나 **여자** 아이는 힘써 말하되
행 16:13	강가에 나가 거기 앉아서 모인 **여자**들
행 16:14	루디아라 하는 한 **여자**가 말을 듣고 있을
행 17:34	디오누시오와 다마리라 하는 **여자**와
롬 1:26	곧 그들의 **여자**들도 순리대로 쓸 것을
롬 1:27	남자들도 순리대로 **여자** 쓰기를 버리고
고전 7:2	남자마다 자기 아내를 두고 **여자**마다
고전 7:10	주시라) **여자**는 남편에게서 갈라서지
고전 7:13	어떤 **여자**에게 믿지 아니하는 남편이
고전 11:3	남자의 머리는 그리스도요 **여자**의 머리
고전 11:5	무릇 **여자**로서 머리에 쓴 것을 벗고 기도
고전 11:6	만일 **여자**가 머리를 … 깎을 것이요 만 일 깎거나 미는 것이 **여자**에게 부끄러우
고전 11:7	가리지 않거니와 **여자**는 남자의 영광
고전 11:8	**여자**에게서 난 것이 아니요 **여자**가 남자
고전 11:9	또 남자가 **여자**를 위하여 지음을 받지 아니하고 **여자**가 남자를 위하여 지음
고전 11:10	그러므로 **여자**는 천사들로 말미암아

1712

【 여장 】　　　　　　　　　　　　　　　　　　　　【 여종 】

고전 11:11 남자 없이 여자만 있지 않고 여자 없이
고전 11:12 여자가 남자에게서 … 여자로 말미암아
고전 11:13 너희는 스스로 판단하라 여자가 머리
고전 11:15 만일 여자가 긴 머리가 있으면 자기에
고전 14:34 여자는 교회에서 잠잠하라 그들에게는
고전 14:35 여자가 교회에서 말하는 것은 부끄러운
갈 3:28　남자나 여자나 다 그리스도 예수 안에
갈 4:4　하나님이 그 아들을 보내사 여자에게
갈 4:24　이 여자들은 두 언약이라 하나는 시내
골 4:15　눔바와 그 여자의 집에 있는 교회에 문안
살전 5:3　임신한 여자에게 해산의 고통이 이름
딤전 2:9　이와 같이 여자들도 단정하게 옷을 입으
딤전 2:11 여자는 일체 순종함으로 조용히 배우라
딤전 2:12 여자가 가르치는 것과 남자를 주관하는
딤전 2:14 아담이 속은 것이 아니고 여자가 속아
딤전 2:15 그러나 여자들이 만일 정숙함으로써
딤전 3:11 여자들도 이와 같이 정숙하고 모함하지
딤전 5:16 만일 믿는 여자에게 과부 친척이 있거든
딤후 3:6　그 여자는 죄를 중히 지고 여러 가지 욕심
히 11:35 여자들은 자기의 죽은 자들을 부활로
계 2:20　여자 이세벨을 네가 용납함이니 그가
계 9:8　또 여자의 머리털 같은 머리털이 있고
계 12:1　해를 옷 입은 한 여자가 있는데 그 발
계 12:2　이 여자가 아이를 배어 해산하게 되매
계 12:4　용이 해산하려는 여자 앞에서 그가 해산
계 12:5　여자가 아들을 낳으니 이는 장차 철장
계 12:6　여자가 광야로 도망하매 거기서 천이백
계 12:13　내쫓긴 것을 보고 남자를 낳은 여자를
계 12:14　그 여자가 큰 독수리의 두 날개를 받아
계 12:15　여자의 뒤에서 … 강같이 토하여 여자를
계 12:16　땅이 여자를 도와 그 입을 벌려 용의 입
계 12:17　여자에게 분노하여 돌아가서 그 여자의
계 14:4　이 사람들은 여자와 더불어 더럽히지
계 17:3　내가 보니 여자가 붉은 빛 짐승을 탔는데
계 17:4　그 여자는 자주 빛과 붉은 빛 옷을 입고
계 17:6　내가 보매 이 여자가 성도들의 피와 예수의 증인들의 피에 … 그 여자를 보고
계 17:7　여자와 그가 탄 일곱 머리와 열 뿔 가진
계 17:9　그 일곱 머리는 여자가 앉은 일곱 산이요
계 17:18 네가 본 그 여자는 땅의 왕들을 다스리는

여장(旅裝, carriage)
행 21:15 여러 날 후에 여장을 꾸려 예루살렘으로

여전하다(如前, be unchanged)
레 13:23 그 색점이 여전하고 퍼지지 아니하였
레 13:28 색점이 여전하여 피부에 퍼지지 아니
레 13:37 제사장이 보기에 옴이 여전하고 그 자리
전 2:9　더 창성하니 내 지혜도 내게 여전하도다
히 1:12　주는 여전하여 연대가 다함이 없으리라

여전히(如前, just as ugly as before)
창 41:21 먹은 듯 하지 아니하고 여전히 흉하더라

　여전히 – 기타 본문
출 9:17; 레 13:57; 신 9:25; 수 14:11; 삼상 12:25; 20:27; 왕상 12:2; 왕하 12:3; 14:4; 15:4, 35; 대하 20:33; 27:2; 욥 2:3; 시 27:3; 42:5, 11; 43:5; 78:32; 92:14; 139:18; 전 12:7, 9; 사 5:25; 9:12, 17, 21; 10:4; 29:8; 렘 44:5; 겔 16:7; 행 9:1; 고전 14:21; 15:17

여제자(女弟子, woman disciple)
행 9:36 여제자가 있으니 그 이름을 번역하면

여종(maidservant, servant)
　모세오경
창 16:1　한 여종이 있으니 애굽 사람이요 이름은
창 16:2　내 여종에게 들어가라 내가 혹 그로 말미
창 16:3　그 여종 애굽 사람 하갈을 데려다가 그
창 16:5　나의 여종을 당신의 품에 두었거늘 그가
창 16:6　당신의 여종은 당신의 수중에 있으니
창 16:8　사래의 여종 하갈아 네가 어디서 왔으며
창 20:17 아내와 여종을 치료하사 출산하게 하셨
창 21:10 여종과 그 아들을 내쫓으라 이 종의 아들
창 21:12 네 여종으로 말미암아 근심하지 말고
창 21:13 여종의 아들도 네 씨니 내가 그로 한 민족
창 25:12 사라의 여종 애굽인 하갈이 아브라함
창 29:24 라반이 또 그의 여종 실바를 그의 딸 레아
창 29:29 라반이 또 그의 여종 빌하를 그의 딸 라헬
창 30:3　라헬이 이르되 내 여종 빌하에게로 들어
창 31:33 두 여종의 장막에 들어갔으나 찾지 못하
창 32:22 밤에 일어나 두 아내와 두 여종과 열한
창 33:1　자식들을 나누어 레아와 라헬과 두 여종
창 33:2　여종들과 그들의 자식들은 앞에 두고
창 33:6　그 때에 여종들이 그의 자식들과 더불어
창 35:25 여종 빌하의 아들들은 단과 납달리요

1713

【 여종 】　　　　　　　　　　　　　　　【 여쭈다/여쭙다 】

창 35:26　레아의 **여종** 실바의 아들들은 갓과 아셀
출 20:10　네 **여종**이나 네 가축이나 네 문안에 머무
출 20:17　그의 **여종**이나 그의 소나 그의 나귀나
출 21:7　사람이 자기의 딸을 **여종**으로 팔았으면
출 21:20　그 남종이나 **여종**을 쳐서 당장에 죽으면
출 21:26　그 남종의 한 눈이나 **여종**의 한 눈을 쳐서
출 21:27　그 남종의 이나 **여종**의 이를 쳐서 빠뜨
출 21:32　소가 만일 남종이나 **여종**을 받으면 소
출 23:12　네 **여종**의 자식과 나그네가 숨을 돌리
레 19:20　정혼한 **여종** 곧 아직 속량되거나 해방
레 25:6　너와 네 남종과 네 **여종**과 네 품꾼과 너와
신 5:14　네 **여종**이나 네 소나 … 네 **여종**에게
신 5:21　그의 **여종**이나 그의 소나 그의 나귀나
신 15:17　종이 되리라 네 **여종**에게도 그같이 할지

역사서
삿 9:18　그의 **여종**의 아들 아비멜렉이 너희 형제
삿 19:19　나와 당신의 **여종**과 당신의 종인 우리들
룻 3:9　당신의 **여종** 룻이오니 … 당신의 **여종**을
삼상 1:16 당신의 **여종**을 악한 여자로 여기지 마옵
삼상 1:18 이르되 당신의 **여종**이 당신께 은혜 입기
삼상 25:24 **여종**에게 주의 귀에 … 이 **여종**의 말을
삼상 25:25 **여종**은 내 주께서 보내신 소년들을 보지
삼상 25:27 **여종**이 내 주께 가져온 이 예물을 내 주를
삼상 25:28 주의 **여종**의 허물을 용서하여 주옵소서
삼상 25:31 원하건대 내 주의 **여종**을 생각하소서
삼상 25:41 내 주의 **여종**은 내 주의 전령들의 발 씻길
삼상 28:21 그에게 이르되 **여종**이 왕의 말씀을 듣고
삼상 28:22 청하건대 이제 당신도 **여종**의 말을 들으
삼하 14:6 이 **여종**에게 아들 둘이 있더니 그들이 들
삼하 14:7 온 족속이 일어나서 당신의 **여종** 나를
삼하 14:12 청하건대 당신의 **여종**을 용납하여 한
삼하 14:15 당신의 **여종**이 스스로 말하기를 내가
삼하 14:17 당신의 **여종**이 또 스스로 말하기를 내
삼하 14:19 말을 왕의 **여종**의 입에 넣어 주었사오니
삼하 17:17 어떤 **여종**은 그들에게 나와서 말하고
삼하 20:17 그에게 이르되 **여종**의 말을 들으소서
왕상 1:13 전에 왕이 **여종**에게 맹세하여 이르시기
왕상 1:17 여호와를 가리켜 **여종**에게 맹세하시기
왕상 3:20 이 **여종** 내가 잠든 사이에 내 아들을 내
왕하 5:26 양이나 소나 남종이나 **여종**을 받을 때
스 2:65　그 외에 남종과 **여종**이 칠천삼백삼십칠

시가서, 선지서
욥 19:15　내 집에 머물러 사는 자와 내 **여종**들은

욥 31:13　만일 남종이나 **여종**이 나와 더불어 쟁론
욥 41:5　놀듯 하겠으며 네 **여종**들을 위하여 그것
시 86:16　힘을 주시고 주의 **여종**의 아들을 구원
시 116:16　주의 **여종**의 아들 곧 주의 종이라 주께
시 123:2　여주인의 손을 바라보는 **여종**의 눈같이
잠 9:3　자기의 **여종**을 보내어 성중 높은 곳에서
잠 27:27　음식이 되며 네 **여종**의 먹을 것이 되는
잠 30:23　시집 간 것과 **여종**이 주모를 이은 것이
잠 31:15　나누어 주며 **여종**들에게 일을 정하여
사 24:2　**여종**과 여주인이 같을 것이며 사는 자와
욜 2:29　또 내 영을 남종과 **여종**에게 부어 줄 것

신약
마 26:69　한 **여종**이 나아와 이르되 너도 갈릴리
마 26:71　다른 **여종**이 그를 보고 거기 있는 사람
막 14:66　아랫뜰에 있더니 대제사장의 **여종** 하나
막 14:69　**여종**이 그를 보고 곁에 서 있는 자들에게
눅 1:38　마리아가 이르되 주의 **여종**이오니 말씀
눅 1:48　그의 **여종**의 비천함을 돌보셨음이라
눅 22:56　한 **여종**이 베드로의 불빛을 향하여 앉은
요 18:17　문 지키는 **여종**이 베드로에게 말하되
행 2:18　내 영을 내 남종과 **여종**들에게 부어 주리
행 16:16　귀신 들린 **여종** 하나를 만나니 점으로
행 16:19　**여종**의 주인들은 자기 수익의 소망이
갈 4:22　하나는 **여종**에게서, 하나는 자유 있는
갈 4:23　**여종**에게서는 육체를 따라 났고 자유
갈 4:30　**여종**과 그 아들을 내쫓으라 **여종**의 아들
갈 4:31　형제들아 우리는 **여종**의 자녀가 아니요

여주인(女主人, mistress)
창 16:4　자기의 임신함을 알고 그의 **여주인**을
창 16:8　나는 내 **여주인** 사래를 피하여 도망하
창 16:9　네 **여주인**에게로 돌아가서 그 수하에
왕하 5:3　그의 **여주인**에게 이르되 우리 주인이
시 123:2　**여주인**의 손을 바라보는 여종의 눈같이
사 24:2　여종과 **여주인**이 같을 것이며 사는 자와
사 47:5　왕국의 **여주인**이라 일컬음을 받지 못하
사 47:7　말하기를 내가 영영히 **여주인**이 되리라

여지없다(餘地, without doubt)
히 7:7　논란의 **여지없이** 낮은 자가 높은 자에

여쭈다/여쭙다(ask, say)
창 24:39　주인에게 **여쭈되** 혹 여자가 나를 따르지

【 여할렐렐 】　　　　　　　　　　　　　　　　　　　　　　【 여호사닥 】

삿 1:1	이스라엘 자손이 여호와께 **여쭈어** 이르		수 9:13	우리의 이 옷과 신도 **여행**이 매우 길었
삿 6:36	하나님께 **여쭈되** 주께서 이미 말씀하심		삼상 21:5	내가 떠난 길이 보통 **여행**이라도 소년
삿 6:39	하나님께 **여쭈되** 주여 내게 노하지 마옵		마 10:10	**여행**을 위하여 배낭이나 두 벌 옷이나
삿 10:15	이스라엘 자손이 여호와께 **여쭈되** 우리		막 6:8	**여행**을 위하여 지팡이 외에는 양식이
삿 20:18	벧엘에 올라가서 하나님께 **여쭈어** 이르		눅 9:3	**여행**을 위하여 아무 것도 가지지 말라
삿 20:23	여호와께 **여쭈어** 이르되 내가 다시 나아		눅 10:33	사마리아 사람은 **여행하는** 중 거기 이르
삿 20:28	이스라엘 자손들이 **여쭈기**를 우리가		눅 11:6	내 벗이 **여행** 중에 내게 왔으나 내가 먹일
삼하 2:1	여호와께 **여쭈어** 아뢰되 내가 유다 한		눅 13:22	가르치시며 예루살렘으로 **여행하시더니**
삼하 5:19	다윗이 여호와께 **여쭈어** 이르되 내가		고후 11:26	여러 번 **여행하면서** 강의 위험과 강도의
삼하 5:23	다윗이 여호와께 **여쭈니** 이르시되 올라			
삼하 14:12	내 주 왕께 **여쭙게** 하옵소서 하니 그가		**여헤스겔**(Jehezkel) 아론 자손으로 다윗 때 제사장	
삼하 14:15	내 주 왕께 이 말씀을 **여쭙는** 것은 백성		대상 24:16	브라히야요 스무째는 **여헤스겔**이요
	들이 … 내가 왕께 **여쭈오면** 혹시 종이			
마 17:4	베드로가 예수께 **여쭈어** 이르되 주여		**여호나단**(Jehonathan)	
막 5:33	와서 그 앞에 엎드려 모든 사실을 **여쭈니**		**1. 여호사밧 왕 때의 율법사**	
눅 7:20	당신께 **여쭈어** 보라고 하기를 오실 그이		대하 17:8	**여호나단**과 아도니야와 도비야와
눅 9:10	모든 것을 예수께 **여쭈니** 데리시고 따로		**2. 제사장 스마야 가족의 족장**	
요 12:22	안드레와 빌립이 예수께 가서 **여쭈니**		느 12:18	삼무아요 스마야 족속에는 **여호나단**
행 1:6	예수께 **여쭈어** 이르되 주꼐서 이스라엘			

여짜오되/여짜옵나니/여짜와

출 32:31	나아가 **여짜오되** 슬프도소이다 이 백성
민 27:15	모세가 여호와께 **여짜와** 이르되
행 24:4	우리가 대강 **여짜옵나니** 관용하여 들어

여짜오되/여짜옵나니/여짜와 – 기타 본문

민 11:11; 14:13; 16:15; 삼하 16:9; 마 11:3;
12:47; 19:7; 26:22; 막 1:30; 3:32; 5:31; 6:35,
37; 8:28; 9:38; 10:20, 28, 35, 37; 11:21; 14:12,
29; 눅 9:12, 13, 33, 49, 57; 10:29; 11:1; 12:41;
13:23; 17:5; 18:21, 28; 19:8; 22:9, 38, 49; 요
6:8; 11:21; 21:21

여할렐렐(Jehallelel)
1. 유다의 후손
대상 4:16 **여할렐렐**의 아들은 십과 시바와 디리아
2. 레위 사람으로 므라리의 자손
대하 29:12 기스와 **여할렐렐**의 아들 아사랴와

여행/-하다(旅行, journey, move)

민 9:10	먼 **여행** 중에 있다 할지라도 다 여호와
민 9:13	사람이 정결하기도 하고 **여행** 중에도
수 9:11	너희는 **여행**할 양식을 손에 가지고 가서

여호나답(Jehonadab) 레갑의 아들
왕하 10:15 레갑의 아들 **여호나답**을 만난지라 그의
왕하 10:23 예후가 레갑의 아들 **여호나답**과 더불어

여호람(Joram)
1. 유다의 5대 왕
왕상 22:50 그의 아들 **여호람**이 대신하여 왕이 되니

여호람 1 – 기타 본문
왕하 1:17; 8:16, 17, 20, 21, 23, 24, 25, 29; 12:18;
대하 21:1, 2, 3, 4, 5, 8, 9, 10, 11, 12, 16, 18, 20;
22:1, 6, 11

2. 이스라엘의 9대 왕
왕하 1:17 **여호람**이 그를 대신하여 왕이 되니 유다

여호람 2 – 기타 본문
왕하 3:1, 6, 8

3. 율법을 가르쳤던 제사장
대하 17:8 제사장 엘리사마와 **여호람**을 보내었더라

여호사닥(Jehozadak) 스라야의 아들
대상 6:14 스라야를 낳고 스라야는 **여호사닥**을

【 여호사바드 】　　　　　　　　【 여호수아 】

대상 6:15 백성을 옮기실 때에 **여호사닥**도 가니라

> 여호사닥 - 기타 본문

학 1:1, 12, 14; 2:2, 4; 슥 6:11

여호사바드(Jehozabad) 요아스의 신하로 소멜의 아들

왕하 12:21 요사갈과 소멜의 아들 **여호사바드**였으며

여호사밧 1(Jehoshaphat)
1. 유다 4대 왕
왕상 15:24 아들 **여호사밧**이 대신하여 왕이 되니라

> 여호사밧 1 - 기타 본문

왕상 22:2, 4, 5, 7, 8, 10, 18, 29, 30, 32, 41, 42, 43, 44, 45, 48, 49, 50, 51; 왕하 1:17; 3:1, 7, 11, 12, 14; 8:16; 12:18; 대상 3:10; 대하 17:1, 3, 5, 10, 11, 12; 18:1, 3, 4, 6, 7, 9, 17, 28, 29, 31; 19:1, 2, 4, 8; 20:1, 2, 3, 5, 15, 18, 20, 25, 27, 30, 31, 32, 34, 35, 37; 21:1, 2, 12; 22:9; 욜 3:2, 12; 마 1:8

2. 이스라엘 왕 예후의 아버지
왕하 9:2 거기에 이르거든 님시의 손자 **여호사밧**
왕하 9:14 이에 님시의 손자 **여호사밧**의 아들 예후

3. 다윗과 솔로몬 시대의 사관
삼하 8:16 아힐룻의 아들 **여호사밧**은 사관이 되고
삼하 20:24 아힐룻의 아들 **여호사밧**은 사관이 되고
왕상 4:3 서기관이요 아힐룻의 아들 **여호사밧**은
대상 18:15 아힐룻의 아들 **여호사밧**은 행정장관이

4. 솔로몬의 열두 관장 중 한 명
왕상 4:17 잇사갈에는 바루아의 아들 **여호사밧**

여호사밧 2(Jehozabad)
1. 요아스 왕의 신복 중 한 명
대하 24:26 모압 여인 시므릿의 아들 **여호사밧**이
2. 여호사밧 왕 시대 베냐민 지파의 군대 장관
대하 17:18 그 다음은 **여호사밧**이라 싸움을 준비
3. 오벧에돔의 아들이며 성전 문지기
대상 26:4 둘째 **여호사밧**과 셋째 요아와 넷째 사갈

여호사브앗/여호세바(Jehosheba) 제사장 여호야다의 아내

왕하 11:2 아하시야의 누이 **여호세바**가 아하시야

대하 22:11 왕의 딸 **여호사브앗**이 아하시야의 아들

여호수아(Joshua)
1. 에브라임 지파인 눈의 아들
출 17:9 모세가 **여호수아**에게 이르되 우리를
신 34:9 모세가 눈의 아들 **여호수아**에게 안수
수 4:10 여호와께서 **여호수아**에게 명령하사
수 8:32 **여호수아**가 거기서 모세가 기록한 율법
수 24:31 이스라엘이 **여호수아**가 사는 날 동안
삿 1:1 **여호수아**가 죽은 후에 이스라엘 자손이
대상 7:27 아들은 눈이요 그의 아들은 **여호수아**
행 7:45 **여호수아**와 함께 가지고 들어가서 다윗
히 4:8 만일 **여호수아**가 그들에게 안식을 주었

> '여호수아 1'과 관련된 성구

눈의 아들 여호수아 - 민 11:28; 14:6, 30, 38; 26:65; 27:18; 32:12, 28; 34:17; 신 1:38; 31:23; 34:9; 수 1:1; 2:1, 23; 6:6; 14:1; 17:4; 19:49, 51; 21:1; 24:29; 삿 2:8; 왕상 16:34; 느 8:17

여호수아가 백성에게 이르다 - 수 3:5; 6:8, 10, 16; 24:2, 19, 22

여호수아가 아침에 일찍 일어나다 - 수 3:1; 6:12; 7:16; 8:10

여호수아가 할례를 (시)행하다 - 수 5:3, 4, 7

여호와께서 여호수아에게 말씀하여 이르시다 - 수 1:1; 4:1, 15; 20:1

여호와께서 여호수아에게 명령하시다 - 수 4:10; 8:27; 15:13

여호와께서 여호수아에게 명령하여 이르시다 - 신 31:23

여호와께서 여호수아에게 이르시다 - 수 3:7; 4:8; 5:2, 9; 6:2; 7:10; 8:1, 18; 10:8; 11:6

> 여호수아 1 - 기타 본문

출 17:10, 13, 14; 24:13; 32:17; 33:11; 민 13:16; 27:22; 신 3:21, 28; 31:3, 7, 14; 수 1:10, 12, 16; 2:24; 3:6, 9; 4:4, 9, 14, 17, 20; 5:13, 14, 15; 6:22, 25, 26, 27; 7:2, 3, 6, 19, 20, 22, 23, 24, 25; 8:3, 9, 13, 15, 16, 21, 23, 26, 28, 30, 34, 35; 9:2, 6, 8, 9, 15, 22, 24, 26, 27; 10:1, 4, 6, 7, 9, 10, 12, 15, 17, 18, 20, 21, 22, 24, 25,

【 여호아하스 】　　　　　　　　　　　　【 여호야다 】

26, 27, 28, 29, 31, 33, 34, 36, 38, 40, 41, 42, 43;
11:7, 9, 10, 12, 13, 15, 16, 18, 21, 23; 12:7
13:1, 14; 14:6, 13; 17:14, 15, 17; 18:3, 8, 9,
10; 19:50; 22:1, 6, 7; 23:1, 2; 24:1, 21, 23, 24,
25, 26; 삿 2:6, 7, 21, 23

2. 벧세메스 사람
삼상 6:14 수레가 벧세메스 사람 **여호수아**의 밭
삼상 6:18 그 돌은 벧세메스 사람 **여호수아**의 밭
3. 바벨론 포로 귀환 후의 대제사장
슥 3:3　　**여호수아**가 더러운 옷을 입고 천사 앞에
슥 3:4　　**여호수아**에게 이르시되 내가 네 죄악을
슥 3:6　　여호와의 천사가 **여호수아**에게 증언
슥 3:9　　**여호수아** 앞에 세운 돌을 보라 한 돌에

> '**여호수아** 3'과 관련된 성구
>
> 대제사장 여호수아 – 슥 3:1, 8
> 여호사닥의 아들 대제사장 여호수아 – 학
> 　1:1, 12, 14; 2:2, 4; 슥 6:11

4. 요시야 왕 통치 시대의 예루살렘의 부윤
왕하 23:8 성읍의 지도자 **여호수아**의 대문 어귀

여호아하스 (Jehoahaz)
1. 예후의 아들이며 이스라엘의 11대 왕
왕하 10:35 **여호아하스**가 그를 대신하여 왕이 되니

> 여호아하스 1 – 기타 본문
>
> 왕하 13:1, 4, 7, 8, 9, 10, 22, 25; 14:1, 8, 17; 대하
> 25:17, 23

2. 유다 왕으로 아하시야와 동일인
대하 21:17 막내 아들 **여호아하스** 외에는 한 아들
3. 유다 17대 왕
왕하 23:30 요시야의 아들 **여호아하스**를 데려다가

> 여호아하스 3 – 기타 본문
>
> 왕하 23:31, 32, 34; 대하 36:1, 2, 4

여호앗다 (Jehoaddah) 사울의 자손으로 아하스의 아들
대상 8:36 아하스는 **여호앗다**를 낳고 **여호앗다**

여호앗단(Jehoaddin) 유다 왕 아마샤의 어머니
왕하 14:2 이름은 **여호앗단**이요 예루살렘 사람
대하 25:1 이름은 **여호앗단**이요 예루살렘 사람

여호야긴(Jehoiachin) 유다 19대 왕
왕하 24:8 **여호야긴**이 왕이 될 때에 나이가 십팔 세

> 여호야긴 – 기타 본문
>
> 왕하 24:9, 12, 15, 17; 25:27; 대하 36:8, 9, 10; 렘
> 52:31; 겔 1:2

여호야김(Jehoiakim) 유다 18대 왕
왕하 23:34 고쳐 **여호야김**이라 하고 여호아하스는

> 여호야김 – 기타 본문
>
> 왕하 23:35, 36, 37; 24:1, 2, 5, 6, 19; 대상 3:15,
> 16; 대하 36:4, 5, 8; 렘 1:3; 22:18, 24; 24:1; 25:1;
> 26:1, 21, 22, 23; 27:1, 20; 28:4; 35:1; 36:1, 9,
> 28, 29, 30, 32; 37:1; 45:1; 46:2; 52:2; 단 1:1, 2

여호야다 (Jehoiada)
1. 아달랴와 요아스 시대의 제사장
왕하 11:4 일곱째 해에 **여호야다**가 사람을 보내

> '**여호야다** 1'과 관련된 성구
>
> 제사장 여호야다 – 왕하 11:9, 15; 12:2,
> 　7, 9; 대상 27:5; 대하 22:11; 23:8,
> 　9, 14; 24:2, 6, 20, 25; 렘 29:26

> 여호야다 1 – 기타 본문
>
> 왕하 11:12, 17; 대하 23:1, 3, 11, 16, 18; 24:3, 12,
> 14, 15, 17, 22

2. 다윗 시대에 그렛 사람과 블렛 사람의 장관
대상 12:27 아론의 집 우두머리 **여호야다**와 그와

> '**여호야다** 2'와 관련된 성구
>
> 여호야다의 아들 브나야 – 삼하 8:18;
> 　20:23; 23:20, 22; 왕상 1:8, 26, 32,
> 　36, 38, 44; 2:25, 29, 34, 35, 46;
> 　4:4; 대상 11:22, 24; 18:17

1717

【 여호야립 】   【 여호와 】

3. 브나야의 아들
대상 27:34 브나야의 아들 **여호야다**와 아비아달은

여호야립(Jehoiarib) 예루살렘에 살던 제사장으로 요야립과 동일인

대상 9:10 제사장 중에서는 여다야와 **여호야립**과
대상 24:7 첫째로 제비 뽑힌 자는 **여호야립**이요

여호와(Lord, Yahweh)
창 4:1   가인을 낳고 이르되 내가 **여호와**로 말미

'여호와' 와 관련된 성구

만군의 여호와 – 사 3:15; 8:13; 렘 23:36; 학 1:14; 말 3:14
만군의 여호와 이스라엘의 거룩한 이 – 사 47:4
만군의 여호와 이스라엘의 전능자 – 사 1:24
만군의 여호와 이스라엘의 하나님 – 삼하 7:27; 렘 7:3, 21; 9:15; 16:9; 19:3, 15; 25:27; 27:4, 21; 28:2, 14; 29:4, 8, 21, 25; 31:23; 32:14, 15; 35:13, 17, 18, 19; 39:16; 42:15, 18; 43:10; 44:2, 11, 25; 46:25; 48:1; 50:18; 51:33; 습 2:9
만군의 하나님 여호와 – 삼하 5:10; 왕상 19:10, 14; 시 59:5; 80:4, 19; 84:8; 렘 5:14; 15:16; 암 4:13; 5:14, 15, 16; 6:8, 14
여호와께서 이르시되 – 창 6:3; 11:6; 18:17; 18:26; 22:2; 출 3:7; 4:3, 8; 33:14, 19; 34:10; 민 14:20; 신 5:5; 삿 1:2; 20:28; 삼상 16:2, 12; 23:11, 12; 삼하 2:1; 21:1; 왕상 19:11; 22:22; 왕하 7:1; 23:27; 대하 18:21; 사 6:9; 10:24; 20:3; 22:15, 25; 30:1; 33:10; 48:17; 59:21; 66:9; 렘 3:12; 4:1; 15:6, 11; 16:21; 51:20; 겔 4:13; 9:4; 호 1:9; 2:16, 21; 암 7:6; 욘 4:4, 10; 미 3:5; 5:10; 합 1:5; 습 1:2; 슥 5:4; 말 1:2
여호와 닛시 – 출 17:15
여호와 살롬 – 삿 6:24
여호와 삼마 – 겔 48:35
여호와의 궤 – 수 3:13; 4:5, 11; 6:6, 7, 11, 12, 13; 7:6; 삼상 4:6; 5:3, 4; 6:1, 2, 8, 11, 15, 18, 19, 21; 7:1; 삼하 6:9, 10, 11, 13, 15, 16, 17; 왕상 2:26; 8:4; 대상 15:2, 3, 12, 14; 16:4; 대하 8:11
여호와의 길 – 대하 17:6; 사 40:3; 렘 5:4, 5; 나 1:3
여호와의 날 – 사 2:12; 13:6, 9; 겔 13:5; 30:3; 욜 1:15; 2:1, 11; 3:14; 암 5:18, 20; 습 1:7, 14; 슥 14:1
여호와의 도 – 창 18:19; 삿 2:22; 삼하 22:22; 시 18:21; 138:5; 잠 10:29; 호 14:9

여호와의 말씀
모세오경 – 역사서 창 12:4; 15:1, 4; 출 4:22; 7:13, 22; 8:1, 19; 9:13, 20, 21; 레 10:3; 민 3:16, 51; 11:24, 28; 15:31; 24:13; 36:5; 신 5:5; 6:18–19; 13:18; 15:4–5; 26:14; 27:10; 28:1, 2, 15, 45, 62; 30:2, 8, 9–10; 34:5; 수 3:9; 7:13; 8:8; 삼상 3:1, 7, 21; 15:1, 10, 23, 26; 16:4; 삼하 7:4; 12:9; 22:31; 24:11; 왕상 6:11; 11:31; 12:24; 13:1, 2, 5, 9, 17, 18, 20, 21, 26, 32; 14:7; 16:1, 7, 12; 17:2, 5, 8, 14, 24; 18:1, 31; 19:9; 20:13, 14, 28, 35, 36, 42; 21:17, 19, 21, 28; 22:5, 11, 17, 19; 왕하 1:4, 6, 16, 17; 2:21; 3:12, 16; 4:43; 7:1, 16; 9:3, 6, 12, 26; 18:12; 19:6, 33; 20:1, 4, 5, 16, 17, 19; 22:15, 16; 23:16; 24:3, 13; 대상 10:13; 12:23; 15:15; 17:4; 21:10, 11; 22:8; 대하 11:2, 4; 12:7; 18:4, 16, 18; 29:15; 30:12; 34:21; 36:12 시가서, 선지서 시 12:5, 6; 18:30; 33:4, 6; 103:20; 105:19; 사 1:10; 2:3; 7:7; 17:3, 6; 19:4; 21:17; 22:14; 28:14; 31:9; 38:4; 39:5, 8; 43:12; 54:17; 55:8; 59:20, 21; 66:5, 17; 렘 1:2, 4, 11, 13; 2:1, 3, 4, 9, 12, 19, 22, 29; 3:1, 10, 12, 13, 14, 16, 20; 4:9, 17; 5:9, 11, 15, 18, 22, 29; 6:10, 12, 15; 7:2, 11, 13, 19; 8:1, 3, 4, 12, 13, 17; 9:3, 6, 9, 20, 22, 24, 25; 12:17; 13:2, 3, 8, 11, 12, 13, 14, 25; 14:1; 15:3, 9, 20; 16:1, 5, 14, 16; 17:15, 20, 24; 18:5, 6, 11; 19:3, 12; 20:8; 21:7, 10, 13, 14; 22:2, 5, 16, 24; 23:1, 2, 4, 5, 7, 11, 12, 17, 23, 24, 28, 29, 30, 31, 32, 33; 24:4; 25:3, 7, 9, 12, 29, 31; 26:4; 27:8, 11, 15, 18, 22; 28:4, 12, 13; 29:9, 11, 14, 19, 20, 23, 30, 32; 30:3, 8, 10, 17, 21; 31:1, 10, 14, 16, 17, 20, 27, 28, 31, 32, 33, 34, 36, 37, 38; 32:1, 3–5, 6, 8, 26, 30, 44; 33:1, 10–11, 14, 19, 23;

【 여호와 】

여호와 – 기타 본문

모세오경 창 4:3, 4, 6, 9, 13, 15, 16; 5:29; 6:5, 8; 7:1, 5, 16; 8:20, 21; 9:26; 10:9; 11:5, 8, 9; 12:1, 7, 17; 13:10, 13, 14 ,18; 14:22; 15:2, 6, 7, 8, 9, 13, 18; 16:2, 5; 17:1; 18:1, 13, 14, 20, 22, 33; 19:13, 14, 16, 24, 27; 20:18; 21:1; 22:16; 24:1, 3, 7, 12, 21, 26, 27, 31, 35, 40, 42, 44, 48, 50, 52, 56; 25:21, 22, 23; 26:2, 12, 22, 24, 28, 29; 27:7, 20, 27; 28:13, 16, 21; 29:31, 32, 33, 35; 30:24, 27, 30; 31:3, 49; 32:9; 38:7, 10; 39:2, 3, 5, 21, 23; 49:18; 출 3:4, 15, 16, 18; 4:1, 2, 4, 5, 6, 10, 11, 14, 19, 21, 24, 26, 27, 28, 30, 31; 5:1, 2, 3, 17, 21, 22; 6:1, 2, 3, 6, 7, 8, 10, 12, 13, 28, 29, 30; 7:5, 6, 8, 10, 14, 16, 17, 19, 20, 25; 8:5, 8, 10, 12, 13, 15, 16, 20, 22, 24, 26, 27, 28, 29, 30, 31; 9:1, 3, 4, 5, 6, 8, 12, 22, 23, 27, 28, 29, 33, 35; 10:1, 2, 3, 7, 8, 9, 10, 11, 12, 13, 16, 17, 18, 19, 20, 21, 24, 25, 26, 27; 11:1, 3, 4, 7, 9, 10; 12:1, 11, 12, 14, 23, 25, 27, 28, 29, 31, 36, 41, 42, 43, 48, 50, 51; 13:1, 3, 5, 6, 8, 11, 12, 14, 15, 16, 21; 14:1, 4, 8, 10, 13, 14, 15, 18, 21, 24, 25, 26, 27, 30, 31; 15:1, 2, 3, 6, 11, 16, 17, 18, 19, 21, 25, 26; 16:3, 4, 6, 8, 9, 11, 12, 15, 16, 23, 25, 28, 29, 32, 33, 34; 17:1, 2, 4, 5, 7, 14, 16; 18:1, 8, 9, 10, 11; 19:3, 7, 8, 9, 10, 11, 18, 20, 21, 22, 23, 24; 20:2, 5, 10, 11, 12, 22; 22:11, 20; 23:17, 25; 24:1, 2, 3, 4, 5, 7, 8, 12; 25:1; 27:21; 28:12, 29, 30, 35, 36, 38; 29:11, 18, 23, 24, 25, 26, 28, 41, 42, 46;

30:8, 10, 11, 12, 13, 14, 15, 16, 17, 20, 22, 34, 37; 31:1, 12, 13, 15, 17, 18; 32:5, 7, 9, 11, 12, 14, 26, 27, 29, 30, 31, 33, 35; 33:1, 5, 7, 9, 11, 12, 15, 17, 21; 34:1, 6, 14, 23, 24, 27, 28, 29, 32, 34, 35; 35:1, 2, 4, 5, 10, 21, 22, 24, 29, 30; 36:1, 2, 5; 38:22; 39:1, 5, 7, 21, 26, 29, 30, 31, 32, 42, 43; 40:1, 16, 19, 21, 23, 25, 27, 29, 32, 38; 레 1:1, 2, 3, 5, 9, 11, 13, 14, 17; 2:1, 2, 3, 8, 9, 10, 11, 12, 14, 16; 3:1, 3, 5, 6, 7, 9, 11, 12, 14, 16; 4:1, 2, 3, 4, 6, 7, 13, 15, 17, 18, 22, 24, 27, 31, 35; 5:6, 7, 12, 14, 17, 19; 6:1, 2, 6, 7, 8, 14, 15, 18, 19, 20, 21, 22, 24, 25; 7:5, 11, 14, 20, 22, 25, 28, 29, 30, 35, 36, 38; 8:1, 4, 5, 9, 17, 21, 26, 27, 28, 29, 34, 35, 36; 9:2, 4, 5, 10, 21, 24; 10:1, 2, 7, 8, 11, 12, 13, 17, 19; 11:1, 44, 45; 12:1, 7; 13:1; 14:1, 11, 12, 16, 18, 23, 24, 27, 29, 31, 33; 15:1, 14, 15, 30; 16:1, 2, 7, 8, 9, 10, 12, 13, 18, 30, 34; 17:1, 5, 9; 18:1, 2, 4, 5, 6, 21, 30; 19:1, 2, 3, 4, 5, 10, 12, 14, 16, 18, 21, 22, 24, 25, 28, 30, 31, 32, 34, 36, 37; 20:1, 7, 8, 24, 26; 21:1, 6, 8, 12, 15, 16, 21, 23; 22:1, 2, 3, 8, 9, 15, 16, 17, 18, 21, 22, 24, 26, 27, 29, 30, 31, 32, 33; 23:1, 2, 3, 4, 5, 6, 8, 9, 11, 12, 13, 16, 17, 18, 20, 22, 23, 25, 26, 27, 28, 33, 34, 36, 37, 38, 39, 40, 41, 43, 44; 24:1, 3, 4, 6, 7, 8, 9, 13, 22, 23; 25:1, 2, 4, 17, 38, 55; 26:1, 2, 13, 44, 45, 46; 27:1, 2, 9, 11, 14, 16, 21, 22, 23, 26, 28, 34; 민 1:1, 19, 48, 54; 2:1, 33, 34; 3:1, 4, 5, 11, 13, 14, 40, 41, 42, 44, 45;

'여호와' 와 관련된 성구

34:2, 4, 5, 12, 17, 22; 35:12, 13; 36:6, 11, 27, 29; 37:6; 39:15, 17, 18; 42:7, 11, 13, 15; 43:1, 8; 44:24, 26, 29; 45:5; 46:1, 5, 13, 23, 26, 28; 47:1; 48:8, 25, 30, 35, 38, 40, 43, 44, 47; 49:2, 5, 6, 13, 16, 26, 30, 31, 32, 34, 37, 38, 39; 50:4, 10, 20, 21, 30, 31, 35, 40; 51:24, 25, 26, 39, 48, 52, 53; 겔 1:3; 2:4; 3:11, 16, 27; 6:1, 3; 7:1; 11:5, 14, 16, 17; 12:1, 8, 10, 17, 21, 26, 28; 13:1, 2, 3, 7, 8, 16, 18; 14:2, 6, 11, 12, 16, 20, 23; 15:1; 16:1, 19, 23, 30, 35, 43, 48, 63; 17:1, 9, 11, 16, 19; 18:1, 3, 9, 23, 30, 32; 20:2, 3, 31, 33, 36, 40, 44, 45, 47; 21:1, 3, 7, 8, 9, 13, 18; 22:1, 12, 17, 23;

31; 23:1, 34; 24:1, 14, 15, 20, 21; 25:1, 3, 14; 26:1, 5, 14, 21; 27:1; 28:1, 10, 11, 12, 20; 29:1, 17, 20; 30:1, 6, 20; 31:1, 18; 32:1, 8, 14, 16, 17, 31, 32; 33:1, 11, 23; 34:1, 7, 8, 9, 15, 30, 31; 35:1, 6, 11; 36:1, 4, 14, 15, 16, 23, 32; 37:4, 14, 15; 38:1, 18, 21; 39:5, 8, 10, 13, 20, 29; 43:19, 27; 44:12, 15, 27; 45:9, 15; 47:23; 48:29; 호 1:1; 2:13; 4:1; 욜 1:1; 2:12; 암 2:11, 16; 3:10, 15; 4:3, 5, 6, 8, 10, 11; 5:17; 6:8, 14; 7:16; 8:3, 9, 11, 12; 9:7, 8, 12, 13, 15; 옵 1:4, 8; 욘 1:1; 3:1, 3; 미 1:1; 2:3; 4:2; 6:1; 나 2:13; 3:5; 습 1:1; 2:5; 학 1:1, 3; 2:1, 10, 14, 20; 슥 1:1, 7, 14, 17; 2:5, 6,

【 여호와 】　　　　　　　　　　　　　　　【 여호와 】

4:1, 17, 21, 37, 45, 49; 5:1, 4, 5, 6, 8, 11, 16, 18, 21, 25, 30; 6:1, 2, 5, 6, 8, 12, 14, 16, 17, 20, 21, 22, 24, 25, 26; 7:3, 4, 11, 89; 8:1, 3, 4, 5, 10, 11, 12, 13, 20, 21, 22, 23; 9:1, 5, 7, 8, 9, 10, 13, 14; 10:1, 9, 10, 13, 29, 32, 34, 35, 36; 11:1, 2, 3, 11, 16, 18, 20, 23, 25, 31, 33; 12:2, 4, 5, 6, 8, 9, 13, 14; 13:1, 3; 14:3, 8, 9, 11, 13, 14, 16, 18, 26, 28, 35, 37, 40, 42, 43; 15:1, 3, 4, 7, 8, 10, 13, 14, 15, 17, 19, 21, 22, 23, 24, 25, 28, 30, 35, 36, 37, 39, 41; 16:3, 5, 7, 11, 15, 16, 17, 20, 23, 28, 29, 30, 35, 36, 38, 40, 41, 44, 46; 17:1, 7, 9, 10, 11; 18:1, 8, 12, 13, 15, 17, 19, 20, 24, 25, 26, 28, 29; 19:1, 2; 20:3, 4, 7, 9, 12, 13, 16, 23; 21:2, 3, 6, 7, 8, 16, 34; 22:8, 13, 18, 19, 28; 23:3, 5, 8, 12, 15, 16, 17, 21, 26; 24:1, 6, 11; 25:3, 10, 16; 26:1, 4, 9, 52, 61, 65; 27:3, 5, 6, 11, 12, 15, 16, 17, 18, 21, 22, 23; 28:1, 3, 6, 7, 8, 11, 13, 15, 16, 19, 24, 26, 27; 29:2, 6, 8, 12, 13, 36, 39, 40; 30:2, 3, 5, 8, 12, 16; 31:1, 3, 7, 16, 25, 28, 29, 31, 37, 38, 39, 40, 41, 47, 50, 52, 54; 32:4, 7, 9, 10, 12, 13, 14, 15, 20, 21, 22, 23, 27, 29, 31, 32; 33:4, 50; 34:1, 13, 16, 29; 35:1, 9, 34; 36:2, 10, 13; 신 1:3, 6, 10, 11, 19, 20, 21, 25, 27, 30, 31, 32, 34, 36, 37, 41, 42, 45; 2:1, 2, 7, 9, 12, 14, 15, 17, 21, 29, 30, 31, 33, 36, 37; 3:2, 3, 18, 20, 21, 22, 23, 24, 26; 4:1, 2, 3, 4, 5, 7, 10, 12, 13, 14, 15, 19, 20, 21, 23, 24, 25, 27, 29, 30, 31, 34, 35, 36, 37, 39, 40; 5:2, 3,

4, 6, 9, 12, 14, 15, 16, 22, 24, 27, 28, 32, 33; 6:1, 2, 3, 4, 5, 10, 12, 13, 15, 16, 17, 20, 21, 22, 24, 25; 7:1, 2, 4, 6, 7, 8, 9, 10, 12, 15, 16, 18, 19, 20, 21, 22, 23, 25; 8:1, 2, 3, 5, 7, 10, 14, 18, 19, 20; 9:3, 4, 5, 6, 7, 8, 9, 10, 11, 13, 16, 18, 19, 20, 22, 24, 25, 26, 28; 10:1, 4, 5, 9, 10, 11, 12, 14, 15, 17, 20, 22; 11:1, 2, 4, 7, 9, 12, 13, 14, 17, 21, 22, 23, 25, 29, 31; 12:1, 4, 5, 7, 10, 11, 12, 14, 15, 18, 20, 21, 25, 26, 28, 29, 31; 13:3, 4, 5, 10, 12, 16, 17; 14:1, 2, 21, 23, 24, 25, 26, 29; 15:2, 6, 7, 9, 10, 14, 15, 18, 19, 20, 21; 16:1, 2, 5, 6, 7, 8, 10, 11, 15, 16, 17, 18, 20, 21, 22; 17:1, 2, 8, 10, 12, 14, 15, 16, 19; 18:1, 2, 6, 9, 12, 13, 14, 15, 16, 17, 21; 19:1, 2, 3, 8, 9, 10, 14; 20:1, 4, 13, 14, 16, 17, 18; 21:1, 8, 9, 10, 23; 22:5; 23:1, 2, 3, 5, 8, 14, 20, 21, 23; 24:4, 9, 13, 15, 18, 19; 25:15, 16, 19; 26:1, 2, 3, 5, 7, 8, 10, 11, 13, 16, 17, 18, 19; 27:2, 3, 5, 7, 9, 15; 28:7, 8, 10, 11, 12, 21, 22, 24, 25, 27, 28, 35, 36, 37, 47, 48, 49, 52, 53, 58, 59, 60, 61, 63, 64, 65, 68; 29:1, 2, 4, 6, 11, 12, 13, 15, 18, 21, 22, 23, 24, 25, 26, 27, 28, 29; 30:1, 3, 4, 5, 6, 7, 16, 20; 31:2, 3, 4, 5, 6, 7, 8, 11, 12, 13, 14, 15, 16, 23, 27, 29; 32:5, 6, 10, 12, 13, 19, 27, 30, 36, 48; 33:2, 3, 7, 11, 12, 13, 21, 23, 29; 34:1, 4, 9, 10, 11 역사서 수 1:1, 9, 11, 13, 15, 17; 2:9, 10, 11, 14, 24; 3:5, 7; 4:1, 8, 10, 13, 14, 15, 23, 24; 5:1, 2, 6, 9, 14, 15; 6:2, 16, 17, 19, 26,

---

'여호와'와 관련된 성구

10; 3:7; 4:8; 6:9, 15; 7:1, 4, 8; 8:1, 11, 18; 9:1; 11:11
여호와의 말이다 - 사 14:22, 23; 22:25; 37:34; 39:6; 45:13; 66:21, 22; 렘 1:8, 15, 19; 19:6; 겔 5:15, 17; 11:21; 12:25, 28; 14:14, 18; 15:8; 16:8, 14, 58; 30:12; 34:24; 호 11:11; 습 1:3; 3:20; 학 2:4, 7, 8, 9, 23; 슥 1:3, 4, 16; 8:6, 17; 10:12; 말 1:13, 14; 2:16; 3:12; 4:3
여호와의 명령 - 창 24:51; 출 6:26; 17:1; 34:4; 레 9:7; 10:15; 17:2; 24:12; 민 3:39; 4:41; 9:18, 19, 20, 23; 13:3; 14:41; 20:27; 30:1; 33:2, 38; 36:6; 신 1:26, 43; 4:2; 8:6, 11; 9:23; 10:13; 11:27, 28; 28:9, 13; 수 17:4; 19:50; 21:3; 삿 2:17;

삼상 12:14, 15; 15:13, 24; 삼하 5:25; 왕상 2:3; 11:10; 18:18; 왕하 17:19; 대하 24:20; 시 2:7
여호와의 분노 - 신 29:20; 사 51:20; 렘 6:11; 12:13; 애 3:1; 습 1:18; 2:2, 3
여호와의 사자 - 창 16:7, 9, 10, 11; 22:11, 15; 48:16; 출 3:2; 민 22:22, 23, 24, 25, 26, 27, 31, 32, 34, 35; 삿 2:1, 4; 5:23; 6:11, 12, 21, 22; 13:3, 13, 15, 16, 17, 18, 20, 21; 삼하 24:16; 왕하 1:3, 15; 19:35; 사 37:36; 학 1:13; 슥 12:8; 말 2:7
여호와의 산 - 창 22:14; 민 10:33; 시 24:3; 사 2:3; 30:29; 미 4:2; 슥 8:3
여호와의 성막 - 레 17:4; 민 16:9; 17:13; 19:13; 31:30; 수 22:19, 29; 대상 16:39;

【 여호와 】　　　　　　　　　　　　　　　　　　　　　　　　【 여호와 】

27; 7:1, 7, 10, 14, 15, 19, 20, 25, 26; 8:1, 7, 18, 30, 31; 9:14, 18, 19, 24; 10:8, 10, 11, 12, 14, 19, 25, 30, 32, 40, 42; 11:6, 8, 9, 12, 15, 20, 23; 12:6; 13:1, 8, 14, 33; 14:2, 5, 6, 7, 8, 9, 10, 12, 14; 15:13; 17:14; 18:3, 6, 7, 8, 10; 19:51; 20:1; 21:2, 8, 43, 44, 45; 22:2, 3, 4, 5, 9, 16, 17, 18, 22, 23, 24, 25, 27, 29, 31, 34; 23:1, 3, 5, 8, 9, 10, 11, 13, 14, 15, 16; 24:2, 7, 14, 15, 16, 17, 18, 19, 20, 21, 22, 23, 24, 26, 27, 29, 31; 삿 1:1, 4, 19, 22; 2:5, 7, 8, 10, 11, 12, 13, 14, 15, 16, 18, 20, 23; 3:1, 4, 7, 8, 9, 10, 12, 15, 28; 4:1, 2, 3, 6, 9, 14, 15; 5:2, 3, 4, 5, 9, 11, 13, 31; 6:1, 6, 7, 8, 10, 13, 14, 16, 21, 23, 25, 26, 27, 34; 7:2, 4, 5, 7, 9, 15, 18, 20, 22; 8:7, 19, 23, 34; 10:6, 7, 10, 11, 15, 16; 11:9, 10, 11, 21, 23, 24, 27, 29, 30, 31, 32, 35, 36; 12:3; 13:1, 8, 19, 23, 24, 25; 14:4, 6, 19; 15:14, 18; 16:20, 28; 17:2, 3, 13; 18:6; 20:1, 18, 23, 26, 27, 35; 21:3, 5, 7, 8, 15, 19; 룻 1:6, 8, 9, 13, 17, 21; 2:4, 12, 20; 3:10, 13; 4:11, 12, 13, 14; 삼상 1:3, 5, 6, 10, 11, 12, 15, 19, 20, 21, 22, 23, 26, 27, 28; 2:1, 2, 3, 6, 7, 8, 10, 11, 12, 17, 18, 20, 21, 24, 25, 26, 27, 30; 3:4, 6, 8, 9, 10, 11, 18, 19; 5:6, 9; 6:14, 17, 20; 7:2, 3, 4, 5, 6, 8, 9, 10, 12, 13, 17; 8:6, 7, 10, 18, 21, 22; 9:15, 17; 10:1, 6, 17, 18, 19, 22, 24, 25; 11:7, 13, 15; 12:3, 5, 6, 7, 8, 9, 10, 11, 12, 13, 16, 17, 18, 19, 20, 22, 23, 24; 13:12, 13, 14; 14:3, 6, 10, 12, 23, 33, 34, 35, 39, 41, 45; 15:2, 11, 15, 17, 18, 19, 20, 21, 22, 25, 28, 30, 31, 33, 35; 16:1, 5, 6, 7, 8, 9, 10, 13, 14, 18; 17:37, 46, 47; 18:12, 14, 17, 28; 19:5, 6, 9; 20:3, 8, 12, 13, 15, 16, 21, 22, 23; 21:6, 7; 22:10, 17, 21; 23:2, 4, 10, 18, 21; 24:4, 6, 10, 12, 15, 18, 19; 25:26, 28, 29, 30, 31, 32, 34, 38, 39; 26:9, 10, 11, 12, 16, 19, 20, 23, 24; 28:6, 16, 17, 18, 19; 29:6; 30:6, 8, 23, 26; 삼하 1:12, 14, 16; 2:5, 6; 3:9, 18, 28, 39; 4:8, 9; 5:2, 3, 10, 12, 19, 20, 23, 24; 6:5, 8, 12, 14, 21; 7:1, 3, 5, 8, 11, 18, 19, 20, 22, 24, 26, 28, 29; 8:6, 11, 14; 10:12; 11:27; 12:1, 5, 7, 11, 13, 14, 15, 22, 24, 25; 14:11, 17; 15:7, 8, 21, 25, 31; 16:8, 10, 11, 12, 18; 17:14; 18:19, 28, 31; 19:7, 21; 20:19; 21:3, 6, 7, 9; 22:1, 2, 4, 7, 14, 16, 19, 21, 25, 29, 32, 42, 47, 50, 51; 23:2, 10, 12, 16, 17; 24:1, 3, 10, 12, 14, 15, 17, 18, 19, 21, 23, 24, 25; 왕상 1:17, 29, 30, 36, 37, 48; 2:4, 8, 15, 23, 24, 27, 28, 29, 30, 32, 33, 42, 43, 44, 45; 3:3, 5, 7; 5:4, 7, 12; 6:1, 2; 8:9, 10, 12, 15, 18, 21, 23, 25, 28, 44, 53, 56, 57, 59, 60, 61, 62, 65, 66; 9:2, 3, 8, 9, 25; 10:9; 11:2, 4, 6, 9, 11, 14; 12:15; 13:22; 14:5, 11, 13, 14, 15, 16, 18, 21, 22, 24; 15:3, 4, 5, 11, 14, 26, 29, 30, 34; 16:13, 19, 25, 26, 30, 33, 34; 17:1, 12, 16, 20, 21, 22; 18:3, 4, 10, 12, 13, 15, 21, 22, 36, 37, 38, 39, 46; 19:4, 7, 10, 12, 14, 15; 21:3, 20, 23, 25, 28; 22:7, 8, 12, 14, 15, 20, 21, 23, 24,

'여호와' 와 관련된 성구

21:29

여호와의 성물 – 레 5:15; 19:8; 27:30, 32; 슥 14:21

여호와의 성소 – 민 19:20; 수 24:26; 대하 29:6; 시 114:2; 겔 48:10

여호와의 성전 – 왕상 3:1; 6:37; 7:12, 45, 48, 51; 8:11, 63, 64; 9:1, 10, 15; 10:5, 12; 12:27; 14:26, 28; 15:15, 18; 왕하 11:3, 4, 7, 10, 13, 15, 18, 19; 12:4, 9, 10, 11, 12, 13, 14, 16, 18; 14:14; 15:35; 16:8, 14, 18; 18:15, 16; 19:14; 20:5, 8; 21:4, 5; 22:3, 4, 5, 8, 9; 23:2, 4, 6, 7, 11, 12, 24; 24:13; 25:9, 13, 16; 대상 6:31, 32; 9:23; 22:11, 14; 23:4, 24, 28, 32; 24:19; 26:12, 22, 27; 28:12, 13, 20; 29:8; 대하 26:16; 27:2; 스

1:3, 5, 7; 2:68; 3:6, 8, 10, 11; 4:1; 7:27; 8:29; 시 116:19; 134:1; 135:2; 렘 7:4, 17:26; 20:1, 2; 24:1; 26:2, 7, 9, 10; 27:16, 18, 21; 28:1, 3, 5, 6; 29:26; 33:10–11; 36:6, 8, 10; 38:14; 41:5; 52:13, 17, 20; 겔 8:16; 44:4, 5; 욜 1:9, 14; 3:18; 학 2:18

여호와의 언약궤 – 민 10:33; 14:44; 신 31:9, 25, 26; 수 3:3, 17; 4:7, 18; 6:8; 8:33; 삼상 4:3, 4, 5; 왕상 3:15; 6:19; 8:1, 6; 대상 15:25, 26, 28, 29; 16:37; 17:1; 22:19; 28:2, 18; 대하 5:2, 7; 렘 3:16

여호와의 엄중한 말씀 – 렘 23:33, 34, 36, 38

여호와의 영광 – 출 16:7, 10; 24:16, 17; 40:34, 35; 레 9:6, 23; 민 14:10, 21; 16:19, 42;

【 여호와 】　　　　　　　　　　　　　　　　　【 여호와 】

28, 38, 43, 52, 53; 왕하 2:1, 2, 3, 4, 5, 6, 14, 16; 3:2, 10, 11, 13, 14, 15, 17, 18; 4:1, 27, 30, 33, 44; 5:1, 16, 17, 18, 20; 6:17, 18, 20, 27, 33; 7:2, 19; 8:1, 8, 10, 13, 18, 19, 27; 9:7, 25, 36; 10:10, 16, 17, 23, 30, 32; 11:17; 12:2; 13:2, 3, 4, 5, 11, 17, 23; 14:3, 6, 24, 25, 26, 27; 15:3, 5, 9, 12, 18, 24, 28, 34, 37; 16:2, 3; 17:2, 7, 8, 9, 11, 12, 13, 14, 15, 16, 17, 18, 20, 21, 23, 25, 28, 32, 33, 34, 35, 36, 37, 39, 41; 18:3, 5, 6, 7, 22, 25, 30, 32, 35; 19:4, 15, 16, 17, 19, 20, 21, 31, 32; 20:2, 3, 9, 11; 21:2, 6, 7, 10, 12, 16, 20, 22; 22:2, 3, 4, 5, 8, 9, 13, 18, 19; 23:3, 19, 21, 23, 25, 26, 32, 37; 24:2, 4, 9, 19, 20; 대상 2:3; 6:15; 9:19, 20; 10:14; 11:2, 3, 9, 10, 14, 18; 13:2, 10, 11, 14; 14:2, 10, 17; 15:13; 16:7, 8, 10, 11, 14, 21, 23, 25, 26, 28, 31, 33, 34, 36; 17:7, 10, 19, 20, 22, 23, 24, 26, 27; 18:6, 11, 13; 19:13; 21:3, 9, 12, 13, 14, 15, 16, 17, 18, 22, 24, 26, 27, 28, 30; 22:5, 6, 13, 16, 18; 23:5, 13, 25, 30, 31; 25:3, 7; 26:30; 27:23; 28:4, 5, 8, 9, 10, 19; 29:1, 5, 9, 10, 11, 16, 18, 20, 21, 22, 23, 25; 대하 1:1, 3, 5, 6; 2:11, 12; 5:10; 6:1, 4, 8, 11, 14, 16, 17, 19; 7:4, 10, 12, 21, 22; 9:8; 10:15; 11:14, 16; 12:2, 5, 6, 12, 13, 14; 13:5, 8, 9, 10, 11, 12, 14, 18, 20; 14:2, 4, 6, 7, 11, 12, 13, 14; 15:2, 4, 9, 11, 12, 13, 14, 15; 16:7, 8, 9, 12; 17:3, 5, 9, 10, 16; 18:6, 7, 10, 11, 13, 19, 20, 22, 23, 27, 31; 19:2, 4, 6, 7, 8, 9,

10, 11; 20:3, 4, 6, 13, 14, 15, 17, 18, 19, 20, 21, 22, 26, 27, 29, 32, 37; 21:6, 7, 10, 12, 14, 16, 18; 22:4, 7, 9; 23:3, 6, 12, 14, 16, 18, 19, 20; 24:2, 4, 6, 7, 8, 9, 12, 14, 18, 19, 21, 22, 24; 25:2, 4, 7, 9, 15, 27; 26:4, 5, 17, 18, 19, 20, 21; 27:3, 6; 28:1, 3, 5, 6, 9, 10, 13, 19, 22, 25; 29:2, 8, 10, 11, 18, 27, 30, 32; 30:5, 6, 7, 8, 9, 17, 18, 19, 20, 21, 22, 27; 31:2, 6, 8, 14, 20; 32:8, 11, 12, 17, 21, 22, 23, 24, 26; 33:2, 6, 9, 10, 11, 12, 13, 17, 22, 23; 34:2, 23, 24, 26, 27, 31, 33; 35:1, 3, 6, 12; 36:5, 9, 13, 14, 15, 21, 22, 23; 스 1:1, 2; 3:3, 5; 4:3; 6:21, 22; 7:6, 11, 28; 8:28; 9:5, 8, 15; 느 1:5; 5:13; 8:1, 6, 9, 10, 14; 9:3, 4, 5, 6, 7; 10:29 시가서 욥 1:6, 7, 8, 9, 12; 2:1, 2, 3, 4, 6, 7; 12:9; 38:1; 40:1, 3, 6; 42:1, 7, 9, 10, 11, 12; 시 1:6; 2:2, 11, 12; 3:1, 3, 4, 5, 7, 8; 4:3, 5, 6, 8; 5:1, 3, 6, 8; 6:1, 2, 3, 4, 8, 9; 7:1, 3, 6, 8; 8:1, 9; 9:1, 7, 9, 10, 11, 13, 16, 19, 20; 10:1, 3, 4, 12, 16, 17; 11:1, 4, 5, 7; 12:1, 3, 7; 13:1, 3, 6; 14:2, 4, 6, 7; 15:1, 4; 16:2, 5, 7, 8; 17:1, 13, 14; 18:1, 2, 3, 6, 13, 15, 18, 20, 24, 28, 31, 41, 46, 49, 50; 19:8, 9, 14; 20:1, 5, 6, 7, 9; 21:1, 7, 9, 13; 22:8, 19, 23, 26, 27, 28; 23:1; 24:1, 2, 5, 6, 8, 10; 25:1, 4, 6, 7, 8, 10, 11, 12, 14, 15; 26:1, 2, 6, 8, 12; 27:1, 5, 6, 7, 8, 10, 11, 13, 14; 28:1, 5, 6, 7, 8; 29:1, 2, 3, 4, 5, 7, 8, 9, 10, 11; 30:1, 2, 3, 4, 7, 8, 10, 12; 31:1, 5, 6, 9, 14, 17, 21, 23, 24; 32:2, 5, 10,

'여호와' 와 관련된 성구

20:6; 왕상 8:11; 대하 5:14; 7:1, 2, 3; 시 104:31; 138:5; 사 35:2; 40:5; 58:8; 60:1; 겔 1:28; 3:12, 23; 10:4, 18; 11:23; 43:4, 5; 44:4; 합 2:14

여호와의 율법 - 출 13:9; 왕하 10:31; 대상 16:40; 22:12; 대하 12:1; 31:3, 4; 35:26; 스 7:10; 시 1:2; 19:7; 119:1; 사 5:24; 렘 8:8; 44:23; 암 2:4

여호와의 이름 - 창 4:26; 12:8; 13:4; 16:13; 21:33; 26:25; 출 20:7; 33:19; 34:5; 레 24:11, 16; 신 5:11; 10:8; 18:5, 7, 22; 21:5; 28:10; 32:3; 수 2:12; 9:9; 삼상 17:45; 20:42; 24:21; 28:10; 삼하 6:2, 18; 왕상 3:2; 5:3, 5; 8:17, 20; 10:1; 18:24, 32; 22:16; 왕하 2:24; 5:11; 대상 16:2, 29;

21:19; 22:7, 19; 대하 2:1, 4; 6:7, 10; 18:15; 33:18; 욥 1:21; 시 7:17; 96:8; 102:15, 21; 113:1, 2, 3; 116:4, 13, 17; 118:10, 11, 12, 26; 122:4; 124:8; 129:8; 135:1; 148:5, 13; 잠 18:10; 사 18:7; 24:15; 30:27; 48:1; 50:10; 56:6; 59:19; 60:9; 렘 3:17; 11:21; 26:9, 16, 20; 44:16; 욜 2:26, 32; 암 6:10; 미 4:5; 5:4; 습 3:9, 12; 슥 13:3

여호와의 인자 - 삼상 20:14; 대상 16:41; 대하 7:6; 시 33:5; 89:1; 103:17; 107:8, 15, 21, 31, 43; 117:2; 애 3:22

여호와의 전 - 출 23:19; 34:26; 민 21:14; 신 23:18; 삼상 1:9; 3:3; 삼하 12:20; 왕상 7:40; 왕하 12:9; 19:1; 대상 25:6; 대하 3:1;

【 여호와 】

11; 33:1, 2, 8, 10, 11, 12, 13, 18, 20, 22; 34:1, 2, 3, 4, 6, 7, 8, 9, 10, 11, 15, 16, 17, 18, 19, 22; 35:1, 5, 6, 9, 10, 22, 24, 27; 36:5, 6; 37:3, 4, 5, 7, 9, 17, 18, 20, 23, 24, 28, 33, 34, 39, 40; 38:1, 15, 21; 39:4, 12; 40:1, 3, 4, 5, 9, 11, 13, 16; 41:1, 2, 3, 4, 10, 13; 42:8; 46:7, 8, 11; 47:2, 3, 5; 48:1, 8; 54:6; 55:16, 17, 22; 56:10; 58:6; 59:3, 5, 8; 64:10; 68:4, 16, 20; 69:6, 13, 16, 31, 33; 70:1, 5; 71:1, 5, 16; 73:28; 74:18; 75:8; 76:11; 77:11; 78:4, 5, 11, 21; 79:5; 80:4, 19; 81:10, 15; 83:16, 18; 84:1, 2, 3, 8, 12; 85:1, 7, 8, 12; 86:1, 6, 11, 17; 87:2, 6; 88:1, 9, 13, 14; 89:5, 6, 8, 15, 18, 46, 51, 52; 90:13; 91:2, 9; 92:1-3, 4, 5, 8, 9, 15; 93:1, 3, 4, 5; 94:1, 3, 5, 7, 11, 12, 14, 17, 18, 22, 23; 95:1, 3, 6; 96:1, 2, 4, 5, 7, 9, 10, 12; 97:1, 5, 7, 8, 9, 10, 12; 98:1, 2, 4, 5, 6, 8; 99:1, 2, 5, 6, 7, 8, 9; 100:1, 2, 3, 5; 101:1, 8; 102:1, 12, 16, 17, 18, 19, 22; 103:1, 2, 6, 8, 13, 19, 21, 22; 104:1, 10, 16, 19, 24, 33, 34, 35; 105:1, 3, 4, 7, 24, 27, 28, 31, 34, 36, 39; 106:1, 2, 4, 8, 15, 16, 23, 25, 32, 34, 40, 43, 44, 47, 48; 107:1, 2, 6, 13, 19, 24, 25, 28, 30, 33, 40; 108:3; 109:14, 15, 20, 21, 26, 27, 30; 110:1, 2, 4; 111:1, 2, 4, 5, 9, 10; 112:1, 7; 113:4, 5; 115:1, 9, 10, 11, 12, 13, 14, 15, 16, 17, 18; 116:1, 5, 6, 7, 9, 12, 14, 15, 16, 18; 117:1; 118:1, 4, 5, 6, 7, 8, 9, 13, 14, 15, 16, 17, 18, 19, 20, 23, 24, 25, 27, 29; 119:2, 12, 31,

【 여호와 】

33, 41, 52, 55, 57, 64, 65, 75, 89, 107, 108, 126, 137, 145, 149, 151, 156, 159, 166, 169, 174; 120:1, 2; 121:2, 3, 5, 7, 8; 122:9; 123:2, 3; 124:1, 2, 6; 125:1, 2, 4, 5; 126:1, 2, 3, 4; 127:1, 2, 3; 128:1, 4, 5; 129:4; 130:1, 3, 5, 7; 131:1, 3; 132:1, 2, 5, 8, 11, 13; 133:3; 134:2, 3; 135:3, 4, 5, 6, 9, 13, 14, 19, 20, 21; 136:1; 137:4, 7; 138:4, 6, 8; 139:1, 4, 21; 140:1, 4, 6, 7, 8, 12; 141:1, 3, 8; 142:1, 5; 143:1, 7, 9, 11; 144:1, 2, 3, 5, 15; 145:3, 8, 9, 10, 14, 17, 18, 20, 21; 146:1, 2, 5, 6, 7, 8, 9, 10; 147:2, 6, 7, 10, 11, 12; 148:1, 7; 149:1, 4; 150:6; 잠 1:7, 29; 2:5, 6; 3:5, 7, 9, 11, 12, 19, 26, 32, 33; 5:21; 6:16; 8:13, 22, 35; 9:10; 10:3, 22, 27; 11:1, 20; 12:2, 22; 14:2, 26, 27; 15:3, 8, 9, 11, 16, 25, 26, 29, 33; 16:1, 2, 3, 4, 5, 6, 7, 9, 11, 20, 33; 17:3, 15; 18:22; 19:3, 14, 17, 21, 23; 20:10, 12, 22, 23, 24, 27; 21:1, 2, 3, 30, 31; 22:2, 4, 12, 14, 19, 23; 23:17; 24:18, 21; 25:22; 28:5, 25; 29:13, 25, 26; 30:9; 31:30; 아 8:6 대선지서 사 1:2, 4, 9, 11, 18, 20, 28; 2:5, 10, 11, 17, 19, 21; 3:1, 8, 13, 14, 16, 17; 4:2, 5; 5:7, 9, 12, 16, 25; 6:3, 5, 12; 7:3, 10, 11, 12, 17, 18; 8:1, 3, 5, 11, 17, 18; 9:1, 7, 11, 13, 14, 17; 10:16, 20, 23, 26, 33; 11:2, 3, 9, 12, 15; 12:1, 2, 4, 5; 13:4, 5, 13; 14:1, 2, 3, 5, 24, 27, 32; 16:13, 14; 18:4; 19:1, 12, 14, 16, 17, 18, 19, 20, 21, 22, 25;

'여호와' 와 관련된 성구

4:16; 5:1, 13; 7:2, 7, 11; 8:1, 16; 9:4, 11; 12:9, 11; 16:2; 20:5, 28; 23:5, 6, 12, 14, 18, 19, 20; 24:4, 7, 8, 12, 14, 18, 21; 26:19, 21; 27:3; 28:21, 24; 29:3, 5, 15, 16, 17, 20, 25, 31, 35; 30:1, 15; 31:10, 11, 16; 33:4, 5, 15; 34:8, 10, 14, 15, 17, 30; 35:2; 36:7, 10, 18; 느 10:35; 사 2:2; 37:1, 14; 38:20, 22; 애 2:7; 겔 8:14; 10:19; 11:1; 미 4:1; 학 1:2; 2:15; 슥 6:12, 13, 14, 15; 7:3; 11:13; 14:20, 21

여호와의 전쟁기 – 민 21:14

여호와의 제단 – 레 17:6; 신 12:27; 26:4; 27:6; 수 9:27; 22:19, 28; 왕상 8:22, 54; 18:30; 왕하 23:9; 대하 6:12; 8:12; 15:8; 29:19, 21; 33:16; 35:16; 느 10:34; 말 2:13

여호와의 진노 – 레 10:6; 민 11:10; 18:5; 25:4; 수 23:16; 대하 28:11; 32:26; 36:16; 사 9:12, 17, 19, 21; 10:4; 렘 23:20; 25:37; 30:24; 50:13; 51:45; 습 2:2

여호와의 집 – 수 6:24; 삿 19:18; 삼상 1:7, 24; 3:15; 시 23:6; 27:4; 92:13; 118:26; 122:1; 135:2; 사 66:20; 렘 7:2; 19:14; 35:2, 4; 36:5; 호 8:1; 9:4; 슥 8:9

여호와 이레 – 창 22:14

여호와 하나님 – 창 2:4, 5, 7, 8, 9, 15, 16, 18, 19, 21, 22; 3:1, 8, 9, 13, 14, 21, 22, 23; 출 9:30; 레 21:7; 삼하 6:7; 7:25; 대상 13:6; 17:16, 17; 22:1, 19; 28:20; 29:1; 대하 1:9; 6:41, 42; 32:16; 시 50:1; 68:18; 72:18; 84:11

【 여호와 】

20:2; 21:10; 22:5, 12, 17; 23:9, 11, 17, 18; 24:1, 3, 14, 21, 23; 25:1, 6, 8, 9, 10, 11; 26:1, 4, 8, 10, 11, 12, 13, 15, 16, 17, 21; 27:1, 3, 12, 13; 28:5, 13, 16, 21, 22, 29; 29:6, 10, 15, 19, 22; 30:9, 15, 18, 26, 30, 31, 32, 33; 31:1, 2, 3, 4, 5; 32:6; 33:2, 5, 6, 21, 22; 34:2, 5, 6, 8, 11, 16, 17; 35:10; 36:7, 10, 15, 18, 20; 37:4, 6, 15, 16, 17, 18, 20, 21, 22, 32, 33; 38:1, 2, 3, 5, 7, 11, 14; 40:2, 7, 10, 13, 27, 28, 31; 41:4, 13, 14, 16, 17, 20, 21; 42:5, 6, 8, 10, 12, 13, 19, 21, 24, 25; 43:1, 3, 10, 11, 14, 15, 16; 44:2, 5, 6, 23, 24; 45:1, 3, 5, 6, 7, 8, 11, 14, 17, 18, 19, 21, 24, 25; 48:2, 14, 16, 20, 21, 22; 49:1, 4, 5, 7, 8, 13, 14, 18, 22, 23, 25, 26; 50:1, 4, 5, 7, 9; 51:1, 3, 9, 11, 13, 15, 17, 22; 52:3, 4, 5, 8, 9, 10, 11, 12; 53:1, 6, 10; 54:1, 5, 6, 8, 10, 13; 55:5, 6, 7, 13; 56:1, 3, 4, 8; 57:19; 58:5, 9, 11, 13, 14; 59:1, 13, 15; 60:2, 6, 14, 16, 19, 20, 22; 61:1, 2, 3, 6, 8, 9, 10, 11; 62:2, 3, 4, 6, 7, 8, 9, 11, 12; 63:7, 14, 16, 17; 64:8, 9, 12; 65:7, 8, 11, 13, 15, 23, 25; 66:1, 2, 6, 12, 14, 15, 16, 23; 렘 1:6, 7, 9, 12, 14; 2:2, 5, 6, 8, 17, 31, 37; 3:6, 11, 21, 22, 23, 25; 4:2, 3, 4, 8, 10, 26, 27; 5:2, 3, 10, 12, 14, 15, 19, 24; 6:6, 9, 16, 21, 22, 30; 7:1, 20, 28, 29, 30, 32; 8:7, 9, 14, 19; 9:7, 12, 13, 17, 20, 23; 10:1, 2, 6, 10, 12, 16, 18, 21, 23, 24; 11:1, 3, 5, 6, 9, 11, 16, 17, 18, 20, 22; 12:1, 3, 12, 14, 16; 13:1, 5, 6, 9, 15, 16, 17; 14:7, 9, 10, 11, 13, 14, 15, 20, 22; 15:1, 2, 15, 16, 19; 16:3, 10, 11, 15, 19; 17:5, 7, 10, 13, 14, 19, 21; 18:1, 13, 19, 23; 19:1, 11; 20:3, 4, 7, 9, 11, 12, 13, 16; 21:1, 2, 4, 8, 11, 12; 22:1, 3, 6, 8, 9, 11, 18, 29, 30; 23:6, 8, 9, 15, 16, 18, 19, 35, 37; 24:3, 5, 7, 8; 25:4, 5, 8, 15, 17, 28, 30, 32, 33, 36, 42; 26:1, 8, 12, 13, 15, 18, 19; 27:1, 2, 13, 19; 28:9, 11, 15, 16; 29:7, 10, 15, 16, 17, 22, 31; 30:1, 2, 4, 5, 9, 10, 11, 12, 18, 23; 31:2, 3, 6, 7, 11, 12, 15, 18, 22, 34, 35, 40; 32:16, 17, 18, 25, 27, 28, 36, 42; 33:2, 4, 12, 13, 16, 17, 20, 24, 25; 34:1, 8, 13; 35:1; 36:1, 4, 7, 9, 26, 30; 37:2, 3, 7, 9, 17; 38:2, 3, 16, 17, 20, 21; 40:1, 2, 3; 42:2, 3, 4, 5, 6, 9, 19, 20, 21; 43:2, 4, 7; 44:7, 21, 22, 30; 45:2, 3, 4; 46:10, 15, 18; 47:2, 4, 6, 7; 48:10, 12, 15, 26, 38, 42; 49:1, 7, 12, 14, 18, 20, 28, 35; 50:1, 5, 7, 14, 15, 24, 25, 28, 29, 33, 34, 35; 51:1, 5, 6, 7, 10,

【 여호와 】

11, 12, 14, 15, 19, 29, 36, 50, 51, 55, 56, 57, 58, 62; 52:2, 3; 애 1:5, 9, 11, 12, 17, 18, 20; 2:6, 8, 9, 17, 20, 22; 3:18, 24, 25, 26, 40, 50, 55, 59, 61, 64, 66; 4:11, 16, 20; 5:1, 19, 21; 겔 3:14, 22; 4:14, 15; 5:5, 7, 8, 11, 13; 6:7, 10, 11, 13, 14; 7:2, 4, 5, 9, 19, 27; 8:1, 12; 9:3, 8, 9; 11:7, 8, 10, 12, 13, 15, 25; 12:15, 16, 19, 20, 23; 13:6, 9, 13, 14, 20, 21, 23; 14:4, 7, 8, 9, 21; 15:6, 7; 16:3, 36, 59, 62; 17:3, 21, 22, 24; 20:1, 5, 7, 12, 19, 20, 26, 27, 30, 38, 39, 42, 48, 49; 21:5, 17, 24, 26, 28, 32; 22:3, 14, 16, 19, 22, 28; 23:22, 28, 32, 35, 36, 46, 49; 24:3, 6, 9, 24, 27; 25:5, 6, 7, 8, 11, 12, 13, 15, 16, 17; 26:1, 3, 5, 6, 7, 14, 15, 19, 21; 27:3; 28:2, 6, 22, 23, 24, 25, 26; 29:3, 6, 8, 9, 13, 16, 19, 21; 30:2, 8, 10, 13, 19, 22, 25, 26; 31:10, 15; 32:3, 11, 15; 33:22, 25, 27, 29, 30; 34:2, 10, 11, 17, 20, 27; 35:3, 4, 9, 10, 12, 14, 15; 36:2, 3, 5, 6, 7, 11, 13, 20, 22, 33, 36, 37, 38; 37:1, 3, 5, 6, 9, 12, 13, 19, 21, 28; 38:3, 10, 14, 17, 23; 39:1, 6, 7, 17, 22, 25, 28; 40:1, 46; 41:22; 42:13; 43:18, 24; 44:2, 3, 6, 9; 45:1, 18, 23; 46:1, 3, 4, 9, 12, 13, 14, 16; 47:13; 48:9, 14; 단 9:2, 4, 10, 13, 14, 20 소선지서
호 1:2, 4, 6, 7; 2:20; 3:1, 5; 4:10, 15, 16; 5:4, 6, 7; 6:1, 2, 3; 7:10; 8:13; 9:3, 5, 9, 14; 10:3, 12; 11:10; 12:2, 5, 9, 13; 13:4, 15; 14:1, 2; 욜 1:9, 14, 19; 2:13, 14, 17, 18, 19, 21, 23, 27, 31; 3:8, 11, 16, 17, 18, 21; 암 1:2, 3, 5, 6, 8, 9, 11, 13, 15; 2:1, 3, 6; 3:1, 6, 7, 8, 11, 12, 13; 4:2, 13; 5:3, 4, 6, 8, 14, 15, 16, 27; 6:11; 7:1, 2, 3, 4, 5, 8, 15, 17; 8:1, 2, 7; 9:5, 6; 옵 1:1, 15, 21; 욘 1:3, 4, 9, 10, 14, 16, 17; 2:1, 2, 6, 7, 9, 10; 4:2, 3, 6; 미 1:2, 3, 12; 2:5, 7, 13; 3:4, 8, 11; 4:4, 6, 7, 10, 12, 13; 5:7; 6:2, 5, 6, 8, 9; 7:7, 8, 9, 10, 17; 나 1:2, 7, 9, 11, 12, 14; 2:2; 합 1:2, 12; 2:2, 13, 16, 20; 3:2, 8, 18, 19; 습 1:5, 6, 8, 10, 12, 17; 2:7, 10, 11, 13; 3:2, 5, 8, 15, 17; 학 1:5, 7, 8, 9, 12; 2:6, 11, 17; 슥 1:2, 6, 10, 11, 12, 13, 20; 2:8, 9, 11, 12, 13; 3:1, 2, 4, 6, 9, 10; 4:6, 9, 10; 7:2, 7, 9, 12, 13; 8:2, 4, 7, 14, 19, 20, 21, 22, 23; 9:14, 15, 16; 10:1, 3, 5, 6, 7; 11:4, 5, 6, 15; 12:1, 4, 5, 7; 13:2, 7, 8, 9; 14:3, 5, 7, 9, 12, 13, 16, 17, 18; 말 1:1, 4, 5, 6, 7, 8, 9, 10, 11, 12; 2:2, 4, 8, 11, 12, 14, 17; 3:1, 3, 4, 5, 6, 7, 10, 11, 13, 16, 17; 4:1, 5

【 여호하난 】

여호하난(Jehohanan)
1. 대제사장 엘리아십의 아들
스 10:6 엘리아십의 아들 **여호하난**의 방으로
2. 이방인을 아내로 맞이한 베배 자손
스 10:28 베배 자손 중에서는 **여호하난**과 하나냐
3. 암몬 사람 도비야의 아들
느 6:18 도비야의 아들 **여호하난**도 베레갸의
4. 아마랴 제사장 가문의 족장
느 12:13 므술람이요 아마랴 족속에는 **여호하난**
5. 성벽 봉헌식에서 직무를 수행한 제사장
느 12:42 엘르아살과 웃시와 **여호하난**과 말기야
6. 고라 족속 레위인
대상 26:3 다섯째 엘람과 여섯째 **여호하난**과 일곱
7. 여호사밧 군대 유다 족속의 천부장
대하 17:15 다음은 지휘관 **여호하난**이니 이십팔만
8. 백부장 이스마엘의 아버지
대하 23:1 여로함의 아들 아사랴와 **여호하난**의

여후갈(Jehucal) 셀레먀의 아들로 유다의 관원
렘 37:3 시드기야 왕이 셀레먀의 아들 **여후갈**과

여후디(Jehudi) 느다냐의 아들
렘 36:14 느다냐의 아들 **여후디**를 바룩에게 보내
렘 36:21 **여후디**를 보내어 … **여후디**가 서기관
렘 36:23 **여후디**가 서너 쪽을 낭독하면 왕이 면도

여후디야(Jehudijah-KJV) 에스라의 아내
대상 4:18 그의 아내 **여후디야**는 그돌의 조상 예렛

여후엘(Jehiel) 그핫 자손인 헤만의 후손
대하 29:14 헤만의 자손 중 **여후엘**과 시므이와

여훗(Jehud) 단 지파에 속한 성읍
수 19:45 **여훗**과 브네브락과 가드 림몬과

여히스기야(Jehizkiah) 살룸의 아들
대하 28:12 살룸의 아들 **여히스기야**와 하들래의

여히야(Jehiah) 다윗 당시 법궤를 지킨 문지기
대상 15:24 오벧에돔과 **여히야**는 궤 앞에서 문을

여히엘(Jehiel)
1. 다윗 시대의 레위 사람

【 역대 】

대상 15:18 야아시엘과 스미라못과 **여히엘**과 운니
대상 15:20 스가랴와 아시엘과 스미라못과 **여히엘**
대상 16:5 스가랴와 **여이엘**과 스미라못과 **여히엘**
2. 라단의 아들로 족장
대상 23:8 라단의 아들들은 우두머리 **여히엘**과
대상 29:8 게르손 사람 **여히엘**의 손에 맡겨 여호와
3. 학모니의 아들
대상 27:32 학모니의 아들 **여히엘**은 왕자들의 수종
4. 유다 왕 여호사밧의 아들
대하 21:2 여호람의 아우들 아사랴와 **여히엘**과
5. 헤만의 아들이며 여후엘
대하 31:13 **여히엘**과 아사시야와 나핫과 아사헬과
6. 요시야 때 성전을 주관하던 사람 중 한 명
대하 35:8 힐기야와 스가랴와 **여히엘**은 제사장들
7. 오바댜의 아버지
스 8:9 자손 중에서는 **여히엘**의 아들 오바댜니
8. 제사장 하림의 자손
스 10:21 엘리야와 스마야와 **여히엘**과 웃시야요
9. 스가냐의 아버지
스 10:2 엘람 자손 중 **여히엘**의 아들 스가냐가
스 10:26 스가랴와 **여히엘**과 압디와 여레못과

여히엘리(Jehieli) 게르손 사람의 족장
대상 26:21 속한 가문의 우두머리는 **여히엘리**라
대상 26:22 **여히엘리**의 아들들은 스담과 그의 아우

역경(逆境, anguish)
욥 15:24 환난과 **역경**이 그를 두렵게 하며 싸움을

역군(役軍, forced labor, Laborer)
왕상 5:13 이스라엘 가운데서 **역군**을 불러일으키
왕상 9:15 솔로몬 왕이 **역군**을 일으킨 까닭은 이러
왕상 9:21 솔로몬이 노예로 **역군**을 삼아 오늘까지
왕상 12:18 르호보암 왕이 **역군**의 감독 아도람을
대하 8:8 그들의 자손들을 솔로몬이 **역군**으로 삼아
대하 10:18 르호보암 왕이 **역군**의 감독 하도람을

역대(歷代, age-old, chronicles, generations)
신 32:7 옛날을 기억하라 **역대**의 연대를 생각
에 6:1 **역대** 일기를 가져다가 자기 앞에서 읽히
시 49:19 그들은 그들의 **역대** 조상들에게로 돌아
사 58:12 다시 세울 것이며 너는 **역대**의 파괴된

【 역대지략 】　　　　　　　　　　　　　　　　　　　　　　　　【 엮다 】

역대지략(歷代志略, book of the annals)
대상 27:24 다윗 왕의 **역대지략**에 기록하지 아니
느 12:23 요하난 때까지 **역대지략**에 기록되었

> **'역대지략' 과 관련된 성구**
>
> 유대 왕 **역대지략** – 왕상 14:29; 15:7, 23; 22:45; 왕하 8:23; 12:19; 14:18; 15:6, 36; 16:19; 20:20; 21:17, 25; 23:28; 24:5
>
> 이스라엘 왕 **역대지략** – 왕상 14:19; 15:31; 16:5, 14, 20, 27; 22:39; 왕하 1:18; 10:34; 13:8, 12; 14:15, 28; 15:11, 15, 21, 26, 31

역리(逆理, unnatural relation)
롬 1:26 순리대로 쓸 것을 바꾸어 **역리**로 쓰며

역병(疫病, plague)
합 3:5 **역병**이 그 앞에서 행하며 불덩이가 그의

역사 1(歷史, circumstance)
대상 29:30 지난날의 **역사**가 다 기록되어 있느니라

역사 2/-하다(役事, project, work)
출 39:32 회막의 모든 **역사**를 마치되 여호와께서
출 40:33 휘장을 다니라 모세가 이같이 **역사**를
왕하 2:9 당신의 성령이 하시는 **역사**가 갑절이나
왕하 2:15 엘리야의 성령이 하시는 **역사**가 엘리사
느 4:11 들어가서 살육하여 **역사**를 그치게 하리
느 6:9 그들의 손이 피곤하여 **역사**를 중지하고
느 6:15 성벽 **역사**가 오십이 일 만인 엘룰월
느 6:16 하나님께서 이 **역사**를 이루신 것을 앎
느 7:70 어떤 족장들은 **역사**를 위하여 보조하
느 7:71 은 이천이백 마네를 **역사** 곳간에 드렸고
마 14:2 이런 능력이 그 속에서 **역사하는도다**
막 16:20 주께서 함께 **역사하사** 그 따르는 표적
롬 7:5 죄의 정욕이 우리 지체 중에 **역사하여**
롬 15:18 나를 통하여 **역사하신** 것 외에는 내가
고후 1:6 너희 속에 **역사하여** 우리가 받는 것 같
고후 4:12 그런즉 사망은 우리 안에서 **역사하고**
갈 2:8 베드로에게 **역사하사** 그를 할례자의
갈 5:6 없으되 사랑으로써 **역사하는** 믿음뿐이
엡 1:19 그의 힘의 위력으로 **역사하심**을 따라
엡 1:20 그의 능력이 그리스도 안에서 **역사하사**
엡 2:2 불순종의 아들들 가운데서 **역사하는**
엡 3:7 복음을 위하여 그의 능력이 **역사하시는**
엡 3:20 우리 가운데서 **역사하시는** 능력대로
엡 4:16 각 지체의 분량대로 **역사하여** 그 몸을
빌 3:21 복종하게 하실 수 있는 자의 **역사**로 우리
골 2:12 그를 일으키신 하나님의 **역사**를 믿음
골 4:11 하나님의 나라를 위하여 함께 **역사하는**
살전 1:3 너희의 믿음의 **역사**와 사랑의 수고와
살전 2:13 너희 믿는 자 가운데서 **역사하느니라**
살전 5:13 그들의 **역사**로 말미암아 사랑 안에서
살후 1:11 믿음의 **역사**를 능력으로 이루게 하시고
살후 2:11 하나님이 미혹의 **역사**를 그들에게 보내
몬 1:6 그리스도께 이르도록 **역사하느니라**
약 5:16 의인의 간구는 **역사하는** 힘이 큼이니라

> **역사 2/-하다 – 기타 본문**
> 출 39:42; 민 4:3; 느 6:3; 요 5:36; 골 1:29

역시(亦是, too)
출 4:10 주의 종에게 명령하신 후에도 **역시** 그러

> **역시 – 기타 본문**
> 왕하 7:4; 느 5:10; 겔 45:20; 슥 9:5; 막 16:13; 계 14:17.

역졸(驛卒, courier)
에 3:13 이에 그 조서를 **역졸**에게 맡겨 왕의 각
에 3:15 **역졸**이 왕의 명령을 받들어 급히 나가매
에 8:10 그 조서를 **역졸**들에게 부쳐 전하게 하니
에 8:14 왕의 어명이 매우 급하매 **역졸**이 왕의

역청(pitch, tar)
창 6:14 칸들을 막고 **역청**을 그 안팎에 칠하라
창 11:3 벽돌로 돌을 대신하며 **역청**으로 진흙을
창 14:10 싯딤 골짜기에는 **역청** 구덩이가 많은
출 2:3 갈대 상자를 가져다가 **역청**과 나무 진을
사 34:9 에돔의 시내들은 변하여 **역청**이 되고

엮다(inlay, sew, twist)
창 3:7 무화과나무 잎을 **엮어** 치마로 삼았더라
삼상 19:13 염소 털로 **엮은** 것을 그 머리에 씌우고
삼상 19:16 우상이 있고 염소 털로 **엮은** 것이 그 머리

【 연갑자 】　　【 연기 】

왕상 5:9 　그것을 바다에서 뗏목으로 **엮어** 당신
대하 2:16 벌목하여 떼를 **엮어** 바다에 띄워 욥바
욥 10:11 입히시며 뼈와 힘줄로 나를 **엮으시고**
아 3:10 　예루살렘 딸들의 사랑이 **엮어져** 있구나
마 27:29 가시관을 **엮어** 그 머리에 씌우고 갈대
막 15:17 자색 옷을 입히고 가시관을 **엮어** 씌우고
요 19:2 　군인들이 가시나무로 관을 **엮어** 그의

연갑자(年甲者, one's own age)
갈 1:14 　내가 내 동족 중 여러 **연갑자**보다 유대교

연결하다(連結, be joined, join)
출 25:31 꽃받침과 꽃을 한 덩이로 **연결하고**
출 25:35 한 꽃받침이 있어 줄기와 **연결하게** 하고
출 25:36 꽃받침과 가지를 줄기와 **연결하여** 전부
출 26:3 　그 휘장 다섯 폭을 서로 **연결하며** 다른
출 26:6 　갈고리로 휘장을 **연결하게** 한 성막을
출 26:9 　여섯 폭을 서로 **연결하고** 그 여섯째 폭
출 26:11 고를 꿰어 **연결하여** 한 막이 되게 하고
출 26:17 각 판에 두 촉씩 내어 서로 **연결하게**
출 36:10 그 다섯 폭을 서로 **연결하며** 또 다섯
출 36:13 두 휘장을 **연결하여** 한 막을 이루었더라
출 36:16 그 휘장 다섯 폭을 서로 **연결하며** 또
출 36:18 그 휘장을 **연결하여** 한 막이 되게 하고
출 36:22 각 판에 두 촉이 있어 서로 **연결하게**
출 37:21 한 꽃받침이 있어 줄기와 **연결하였고**
출 37:22 이 꽃받침과 가지들을 줄기와 **연결하여**
출 38:2 　뿔을 제단과 **연결하게** 하고 제단을 놋
엡 2:21 　그의 안에서 건물마다 서로 **연결하여**

연고(緣故, for)
눅 23:8 이적 행하심을 볼까 바랐던 **연고**러라
계 3:4 　다니리니 그들은 합당한 자인 **연고**라

연구하다(研究, examine, search out, study)
출 31:4 정교한 일을 **연구하여** 금과 은과 놋으로
스 7:10 에스라가 여호와의 율법을 **연구하여**
욥 5:27 볼지어다 우리가 **연구한** 바가 이와 같으
전 1:13 아래에서 행하는 모든 일을 **연구하며**
전 7:25 지혜와 명철을 살피고 **연구하여** 악한
전 7:27 낱낱이 살펴 그 이치를 **연구하여** 이것을
전 12:9 깊이 생각하고 **연구하여** 잠언을 많이
요 5:39 성경을 **연구하거니와** 이 성경이 곧 내게

벧전 1:10 예언하던 선지자들이 **연구하고** 부지런

연극장(演劇場, theater)
행 19:29 붙들어 일제히 **연극장**으로 달려 들어
행 19:31 그에게 통지하여 **연극장**에 들어가지

연기(煙氣, smoke)
창 15:17 해가 져서 어두울 때에 **연기** 나는 화로가
창 19:28 눈을 들어 **연기**가 옹기 가마의 **연기**같이
출 19:18 시내 산에 **연기**가 자욱하니 여호와께
출 20:18 우레와 번개와 나팔 소리와 산의 **연기**
수 8:20 그 성읍에 **연기**가 하늘에 닿은 것이 보이
수 8:21 성읍에 **연기**가 오름을 보고 다시 돌이켜
삿 20:38 성읍에서 큰 **연기**가 치솟는 것으로 군호
삿 20:40 **연기** 구름이 기둥같이 성읍 가운데에
삼하 22:9 그의 코에서 **연기**가 오르고 입에서 불이
욥 41:20 그것의 콧구멍에서는 **연기**가 나오니
시 18:8 　그의 코에서 **연기**가 오르고 입에서 불이
시 37:20 원수들은 어린 양의 기름같이 타서 **연기**
시 68:2 　**연기**가 불려 가듯이 그들을 몰아내소서
시 74:1 　양을 향하여 진노의 **연기**를 뿜으시나
시 102:3 내 날이 **연기**같이 소멸하며 내 뼈는 숯
시 104:32 진동하며 산들을 만지신즉 **연기**가 나는
시 119:83 내가 **연기** 속의 가죽 부대같이 되었으
시 144:5 강림하시며 산들에 접촉하사 **연기**를
잠 10:26 마치 이에 식초 같고 눈에 **연기** 같으니
아 3:6 　향품으로 향내 풍기며 **연기** 기둥처럼
사 4:5 　낮이면 구름과 **연기**, 밤이면 화염의 빛을
사 6:4 　터가 요동하며 성전에 **연기**가 충만한
사 7:4 　**연기** 나는 두 부지깽이 그루터기에 불과
사 9:18 **연기**가 위로 올라가게 함과 같은 것이
사 14:31 대저 **연기**가 북방에서 오는데 그 대열
사 30:27 그의 진노가 불 붙듯 하며 빽빽한 **연기**가
사 34:10 그 **연기**가 끊임없이 떠오를 것이며 세세
사 51:6 하늘이 **연기**같이 사라지고 땅이 옷같이
사 65:5 　이런 자들은 내 코의 **연기**요 종일 타는
호 13:3 　쑥정이 같으며 굴뚝에서 나가는 **연기**
욜 2:30 땅에 베풀리니 곧 피와 불과 **연기** 기둥
나 2:13 대적이 되어 네 병거들을 불살라 **연기**가
행 2:19 　징조를 베풀리니 곧 피와 불과 **연기**로
계 9:2 　**연기** 같은 **연기**가 올라오매 해와 공기
계 9:3 　또 황충이 **연기** 가운데로부터 땅 위에
계 9:17 그 입에서는 불과 **연기**와 유황이 나오

【 연기하다 】　　　　　　　　　　　　　　　　　　　　　　　　　　　　　　　　　　　【 연소하다 】

계 9:18　입에서 나오는 불과 **연기**와 유황으로
계 14:11　그 고난의 **연기**가 세세토록 올라가리
계 15:8　성전에 **연기**가 가득 차매 일곱 천사의
계 18:9　불타는 **연기**를 보고 위하여 울고 가슴
계 18:18　그가 불타는 **연기**를 보고 외쳐 이르되
계 19:3　두 번째로 할렐루야 하니 그 **연기**가 세세

연기하다(延期, adjourn)
행 24:22　더 자세히 아는 고로 **연기**하여 이르되

연단/-하다/-되다(練鍛, refine, test, train)
잠 17:3　금을 **연단**하거니와 … **연단**하시느니라
사 48:10　보라 내가 너를 **연단**하였으나 은처럼
렘 9:7　처치할꼬 그들을 녹이고 **연단**하리라
단 11:35　무리 중에서 **연단**을 받아 정결하게 되며
단 12:10　많은 사람이 **연단**을 받아 스스로 정결
슥 13:9　불 가운데에 던져 은같이 **연단**하며 금
말 3:2　그는 금을 **연단하**는 자의 불과 표백하
말 3:3　은을 **연단**하여 … 그들을 **연단**하리니
롬 5:4　인내는 **연단**을, **연단**은 소망을 이루는
빌 2:22　디모데의 **연단**을 너희가 아나니 자식
딤전 4:7　경건에 이르도록 네 자신을 **연단**하라
딤전 4:8　육체의 **연단**은 약간의 유익이 있으나
히 5:14　지각을 사용함으로 **연단**을 받아 선악
히 12:11　그로 말미암아 **연단** 받은 자들은 의와
벧전 1:7　믿음의 확실함은 불로 **연단**하여도 없어
벧전 4:12너희를 **연단**하려고 오는 불 시험을 이상
벧후 2:14영혼들을 유혹하며 탐욕에 **연단**된 마음
계 3:18　내게서 불로 **연단**한 금을 사서 부요하게

연대(年代, days of old, days, years)
신 32:7　옛날을 기억하라 역대의 **연대**를 생각
시 102:24 데려가지 마옵소서 주의 **연대**는 대대
시 102:27 주는 한결같으시고 주의 **연대**는 무궁
행 17:26　그들의 **연대**를 정하시며 거주의 경계
히 1:12　주는 여전하여 **연대**가 다함이 없으리라

연락/-하다(聯絡, associate with)
느 13:4　제사장 엘리아십이 도비야와 **연락**이
사 43:14　자기들이 **연락**하던 배를 타고 도망하여

연락(宴樂, pleasure)
잠 21:17　**연락**을 좋아하는 자는 가난하게 되고

연로하다(年老, the aged)
욥 15:10　머리가 흰 사람도 있고 **연로**한 사람도
욥 32:6　나는 연소하고 당신들은 **연로**하므로

연륜(年輪, advanced years)
욥 32:7　**연륜**이 많은 자가 지혜를 가르칠 것이라

연마하다(鍊磨, sharpen)
시 64:3　칼같이 자기 혀를 **연마**하며 화살같이

연말(年末, end of the year)
출 23:16　네가 수고하여 이룬 것을 **연말**에 밭에
신 11:12　연초부터 **연말**까지 네 하나님 여호와
삼하 14:26머리털이 무거우므로 **연말**마다 깎았으

연명하다(延命, get up)
출 21:21　그가 일 일이나 이 일을 **연명**하면 형벌

연모하다(戀慕, captivate)
잠 5:19　족하게 여기며 그 사랑을 항상 **연모**하라
잠 5:20　아들아 어찌하여 음녀를 **연모**하겠으며

연못(pool)
아 7:4　헤스본 바드랍빔 문 곁에 있는 **연못** 같고

연보/-하다(捐補, administer, collection)
롬 15:26　위하여 기쁘게 얼마를 **연보**하였음이라
고전 16:1　성도를 위하는 **연보**에 관하여는 내가
고전 16:2모아 두어서 내가 갈 때에 **연보**를 하지
고후 8:2　극심한 가난이 그들의 풍성한 **연보**를
고후 8:20우리가 맡은 이 거액의 **연보**에 대하여
고후 9:5　약속한 **연보**를 미리 … 참 **연보**답게 억지
고후 9:11모든 일에 넉넉하여 너그럽게 **연보**를
고후 9:13사람을 섬기는 너희의 후한 **연보**로

연석(宴席, Banquet Hall)
마 14:6　헤로디아의 딸이 **연석** 가운데서 춤을

연설하다(演說, deliver a public address to)
행 12:21　입고 단상에 앉아 백성에게 **연설**하니

연소하다(年少, young)
욥 32:6　나는 **연소**하고 당신들은 연로하므로

【 연속하다 】　　　　　　　　　　　　　　　　　　　　　　【 연장 】

딤전 4:12 누구든지 네 **연소**함을 업신여기지 못하

연속하다(連續, follow)
렘 4:20 패망에 패망이 **연속하여** 온 땅이 탈취

연수(年數, length of one's days)
레 25:15 희년 후의 **연수**를 따라서 너는 … 소출
　　　　을 얻을 **연수**를 따라서 네게 팔 것인즉
레 25:16 **연수**가 많으면 너는 그것의 값을 많이
　　　　매기고 **연수**가 적으면 너는 그것의 값
레 25:50 산 자와 계산하여 그 **연수**를 따라서 그
레 25:51 남은 해가 많으면 그 **연수**대로 팔린 값에
레 25:52 사람과 계산하여 그 **연수**대로 속량하는
레 27:18 다음 희년까지 남은 **연수**를 따라 그 값을
시 31:10 일생을 슬픔으로 보내며 나의 **연수**를
시 34:12 생명을 사모하고 **연수**를 사랑하여 복
시 90:10 우리의 **연수**가 칠십이요 강건하면 팔십
　　　　이라도 그 **연수**의 자랑은 수고와 슬픔
시 90:15 화를 당한 **연수**대로 우리를 기쁘게 하소
시 109:8 그의 **연수**를 짧게 하시며 그의 직분을
단 9:2 예레미야에게 알려 주신 그 **연수**를 깨달

연습하다/연습시키다(練習, train)
사 2:4 치지 아니하며 다시는 전쟁을 **연습하지**
호 7:15 내가 그들 팔을 **연습시켜** 힘 있게 하였
미 4:3 치지 아니하며 다시는 전쟁을 **연습하지**

연안(沿岸, coast)
수 9:1 평지와 레바논 앞 대해 **연안**에 있는 헷
행 27:8 간신히 그 **연안**을 지나 미항이라는 곳

연애하다(戀愛, love, lust)
겔 23:5 행음하여 그가 **연애하는** 자 곧 그의 이웃
겔 23:7 누구를 **연애하든지** 그들의 모든 우상
겔 23:9 그가 **연애하는** 앗수르 사람의 손에 넘겼
겔 23:12 그의 이웃 앗수르 사람을 **연애하였나니**
겔 23:17 바벨론 사람이 나아와 **연애하는** 침상

연약/-하다(軟弱, tender, indecisive, weak)
창 33:13 자식들은 **연약하고** 내게 있는 양 떼와
신 28:54 너희 중에 온유하고 **연약한** 남자까지
신 28:56 온유하고 **연약한** 부녀 … **연약하여** 자기
대하 13:7 르호보암이 어리고 마음이 **연약하여**

대하 34:27 네가 듣고 마음이 **연약하여** 하나님 앞
시 39:4 알게 하사 내가 나의 **연약함**을 알게 하
사 14:10 우리같이 **연약하게** 되었느냐 너도 우리
렘 31:25 모든 **연약한** 심령을 만족하게 하였음
겔 34:4 그 **연약한** 자를 강하게 아니하며 병든
암 2:7 **연약한** 자의 길을 굽게 하며 아버지와
마 8:17 우리의 **연약한** 것을 친히 담당하시고
롬 5:6 아직 **연약할** 때에 기약대로 그리스도
롬 6:19 너희 육신이 **연약하므로** 내가 사람의
롬 8:3 율법이 육신으로 말미암아 **연약하여**
롬 8:26 성령도 우리의 **연약함**을 도우시나니
롬 14:1 믿음이 **연약한** 자를 너희가 받되 그의
롬 14:2 믿음이 있고 믿음이 **연약한** 자는 채소만
히 4:15 대제사장은 우리의 **연약함**을 동정하지
히 5:2 용납할 수 있는 것은 자기도 **연약함**에 휩싸
히 7:18 전에 있던 계명은 **연약하고** 무익하므로
히 11:34 **연약한** 가운데서 강하게 되기도 하며
히 12:12 피곤한 손과 **연약한** 무릎을 일으켜 세우
벧전 3:7 그를 더 **연약한** 그릇이요 또 생명의 은혜

연연하다(戀戀, attract, have one's heart set on)
창 34:3 야곱의 딸 디나에게 **연연하며** 그 소녀를
창 34:8 세겜이 마음으로 너희 딸을 **연연하여**
신 21:11 여자를 보고 그에게 **연연하여** 아내를

연인(戀人, lover)
렘 4:30 **연인들**이 너를 멸시하여 네 생명을 찾느

연잎(lotus plant)
욥 40:21 그것이 **연잎** 아래에나 갈대 그늘에서
욥 40:22 **연잎** 그늘이 덮으며 시내 버들이 그를

연자맷돌(large millstone)
마 18:6 **연자맷돌**이 그 목에 달려서 깊은 바다
막 9:42 차라리 **연자맷돌**이 그 목에 매여 바다
눅 17:2 차라리 **연자맷돌**이 그 목에 매여 바다에

연장(object, tool, weapon)
민 35:16 철 **연장**으로 사람을 쳐죽이면 그는 살인
민 35:18 사람을 죽일 만한 나무 **연장**을 손에 들고
신 27:5 돌단을 쌓되 그것에 쇠 **연장**을 대지 말지
수 8:31 율법책에 기록된 대로 쇠 **연장**으로 다듬
왕상 6:7 모든 철 **연장** 소리가 들리지 아니하였

【 연접하다 】　　　　　　　　　　　　　　　　　　　　　　　【 연회장 】

전 10:10　철 **연장**이 무디어졌는데도 날을 갈지
사 44:12　철공은 철로 **연장**을 만들고 숯불로 일
사 54:16　쓸 만한 **연장**을 제조하는 장인도 내가
사 54:17　너를 치려고 제조된 모든 **연장**이 쓸모
행 27:17　두려워하여 **연장**을 내리고 그냥 쫓겨

연접하다(連接, attached, bordering)
왕상 6:5　성소와 지성소의 벽에 **연접하여** 돌아
왕상 6:10　백향목 들보로 성전에 **연접하게** 하였
대하 34:11　다듬은 돌과 **연접하는** 나무를 사며 유다
겔 48:18　땅과 **연접하여** … 땅과 **연접하였으며**
겔 48:21　다른 몫들과 **연접한** 땅이니 이것을 군주

연조(年條, years)
창 47:9　우리 조상의 나그네 길의 **연조**에 미치

연주하다(演奏, celebrate, sing)
삼하 6:5　제금으로 여호와 앞에서 **연주하더라**
대상 13:8　소고와 제금과 나팔로 **연주하니라**
시 33:3　즐거운 소리로 아름답게 **연주할지어다**
시 68:25　악기를 **연주하는** 자들은 뒤따르나이다

연초(年初, beginning of the year)
신 11:12　돌보아 주시는 땅이라 **연초**부터 연말

연하다/연하여지다(continue, new, tender)
　　1. 잇다, 잇닿다(continue, touch)
출 36:3　아침마다 자원하는 예물을 **연하여** 가져
전 1:7　어느 곳으로 흐르든지 그리로 **연하여**
렘 36:23　왕이 면도칼로 그것을 **연하여** 베어 화로
겔 1:9　날개는 다 서로 **연하였으며** 갈 때에는
겔 1:11　들어 펴서 각기 둘씩 서로 **연하였고**
　　2. 무르고 옅고 산뜻하다(tender, new)
신 32:2　**연한** 풀 위의 가는 비 같고 채소 위의
욥 14:7　다시 움이 나서 **연한** 가지가 끊이지 아니
욥 38:27　황폐한 토지를 흡족하게 하여 **연한** 풀이
사 15:6　풀이 시들었으며 **연한** 풀이 말라 청청
사 18:5　내가 낫으로 그 **연한** 가지를 베며 퍼진
사 53:2　그는 주 앞에서 자라나기를 **연한** 순 같고
사 66:14　기뻐서 너희 뼈가 **연한** 풀의 무성함 같으
겔 17:4　**연한** 가지 끝을 꺾어 가지고 장사하는
겔 17:9　**연한** 잎사귀가 마르게 하지 아니하
겔 17:22　그 높은 새 가지 끝에서 **연한** 가지를 꺾어

마 24:32　그 가지가 **연하여지고** 잎사귀를 내면
막 13:28　그 가지가 **연하여지고** 잎사귀를 내면

연한(年限, number of days, days, span)
대상 17:11　네 생명의 **연한**이 차서 네가 조상들에
시 39:4　여호와여 나의 종말과 **연한**이 언제까지
사 23:15　두로가 한 왕의 **연한**같이 칠십 년 동안
겔 22:4　가까웠고 네 **연한**이 찼도다 그러므로

연합/-하다(聯合, unite, attach, union)
창 29:34　내 남편이 지금부터 나와 **연합하리로다**
출 23:1　악인과 **연합하여** 위증하는 증인이 되지
왕하 18:6　여호와께 **연합하여** 그에게서 떠나지
대하 20:36　왕이 서로 **연합하고** 배를 만들어 다시스
시 50:18　도둑을 본즉 그와 **연합하고** 간음하는
시 83:8　앗수르도 그들과 **연합하여** 롯 자손의
시 106:28　브올의 바알과 **연합하여** 죽은 자에게
시 133:1　형제가 **연합하여** 동거함이 어찌 그리
사 14:1　나그네 된 자가 야곱 족속과 **연합하여**
사 56:3　여호와께 **연합한** 이방인은 말하기를
사 56:6　여호와와 **연합하여** 그를 섬기며 여호
렘 50:5　영원한 언약으로 여호와와 **연합하라**
호 4:17　에브라임이 우상과 **연합하였으니** 버려
슥 11:7　하나는 은총이라 하며 하나는 **연합**이라
슥 11:14　또 **연합**이라 하는 둘째 막대기를 꺾었
롬 6:5　**연합한** 자가 … 모양으로 **연합한** 자도
골 2:2　사랑 안에서 **연합하여** 확실한 이해의
골 2:19　마디와 힘줄로 공급함을 받고 **연합하여**

연행하다(連行, bring)
렘 26:23　우리야를 애굽에서 **연행하여** 여호야김

연회/-하다(宴會, festival, banquet)
삿 9:27　**연회**를 베풀고 그들의 신당에 들어가
시 35:16　그들은 **연회**에서 망령되이 조롱하는
사 5:12　그들이 **연회**에는 수금과 비파와 소고
사 25:6　오래 저장하였던 포도주로 **연회**를 베푸
렘 51:39　내가 **연회**를 베풀고 그들이 취하여 기뻐
벧후 2:13　너희와 함께 **연회할** 때에 그들의 속임수

연회장(宴會長, master of the banquet)
요 2:8　떠서 **연회장**에게 갖다 주라 하시매 갖다
요 2:9　**연회장**은 물로 된 포도주를 맛보고도

[열]

열(ten)
창 32:15 황소가 **열**이요 그 새끼 나귀가 **열**이라
출 27:12 치되 그 기둥이 **열**이요 받침이 **열**이며

'열'과 관련된 성구

- 열 개 – 삼하 18:11; 왕상 7:24, 37, 38, 43; 14:3; 대하 4:6, 7, 8
- 열 고을 – 눅 19:17
- 열 규빗 – 출 26:16; 36:21
- 열 달란트 – 마 25:28
- 열 대 – 왕하 13:7
- 열 덩이 – 삼상 17:17, 18
- 열 드라크마 – 눅 15:8
- 열 마리 – 민 29:23; 왕상 4:23; 대하 4:3
- 열 명 – 삿 20:10; 룻 4:2; 삼상 25:5; 삼하 15:16; 18:15; 20:3; 왕상 25:25; 스 8:24; 전 7:19; 암 5:3; 슥 8:23; 눅 17:12
- 열 몫 – 삼하 19:43
- 열 므나 – 눅 19:13, 16, 24, 25
- 열 번 – 창 31:7, 41; 레 27:32; 민 14:22; 느 4:12; 욥 19:3
- 열 벌 – 왕하 5:5
- 열 분지 – 수 17:5
- 열 뿔 – 단 7:7, 20, 24; 계 17:3, 7, 12, 16
- 열 사람 – 창 42:3; 삿 6:27; 렘 41:1, 2, 8; 암 6:9; 눅 17:17
- 열 성읍 – 수 15:57; 21:5, 26; 대상 6:31
- 열 세겔 – 창 24:22; 레 27:5, 7; 민 7:14, 20, 26, 32, 38, 44, 50, 56, 62, 68, 74, 80, 86
- 열 시 – 요 1:39
- 열 아들 – 삼상 1:8; 에 9:10, 12, 13, 14
- 열 여인 – 레 26:26
- 열 왕 – 단 7:24; 계 17:12
- 열 왕관 – 계 13:1
- 열 제자 – 마 20:24; 막 10:41
- 열 조각 – 왕상 11:31
- 열 줄 – 시 33:2; 144:9
- 열 지도자 – 수 22:14
- 열 지파 – 왕상 11:31, 35
- 열 처녀 – 마 25:1
- 열 척 – 겔 40:11; 41:2; 42:4
- 열 폭 – 출 26:1; 36:8
- 열 필 – 창 24:10; 45:23
- 열 호멜 – 민 11:32

[열]

출 38:12 그 기둥이 **열**이요 받침이 **열**이며 기둥
삿 17:10 내가 해마다 은 **열**과 의복 한 벌과 먹을
왕상 7:27 또 놋으로 받침 수레 **열**을 만들었으니
계 13:1 한 짐승이 나오는데 뿔이 **열**이요 머리가 일곱이라 그 뿔에는 **열** 왕관이 있고

열하나

창 32:22 두 아내와 두 여종과 **열한** 아들을 인도

'열하나'와 관련된 성구

- 열하룻길 – 신 1:2 / 열한 마리 – 민 29:20
- 열한 별 – 창 37:9
- 열한 사도 – 눅 24:9; 행 1:26; 2:14
- 열한 성읍 – 수 15:51
- 열한 제자 – 마 28:16; 막 16:14; 눅 24:33
- 열한 척 – 겔 40:49
- 열한 폭 – 출 26:7, 8; 36:14, 15

열둘

창 35:22 이를 들었더라 야곱의 아들은 **열둘**이라
출 15:27 엘림에 이르니 거기에 물 샘 **열둘**과 종려
출 28:21 이스라엘 아들들의 이름대로 **열둘**이라
출 39:14 그들의 이름대로 **열둘**이라 도장을 새김
민 7:84 제단의 봉헌물이라 은 쟁반이 **열둘**이요 은 바리가 **열둘**이요 금 그릇이 **열둘**
민 7:86 또 향을 채운 금 그릇이 **열둘**이니 성소
민 17:2 지휘관에게서 지팡이 **열둘**을 취하고
민 17:6 그 지팡이가 모두 **열둘**이라 그 중에 아론
민 33:9 엘림에는 샘물 **열둘**과 종려 칠십 그루가
신 1:23 너희 중 각 지파에서 한 사람씩 **열둘**을
수 4:3 발이 굳게 선 그곳에서 돌 **열둘**을 택하여
수 4:8 요단 가운데에서 돌 **열둘**을 택하여 자기
수 4:9 제사장들의 발이 선 곳에 돌 **열둘**을 세웠
마 10:5 예수께서 이 **열둘**을 내보내시며 명하여
마 26:14 그 때에 **열둘** 중의 하나인 가룟 유다라
마 26:47 말씀하실 때에 **열둘** 중의 하나인 유다가
막 3:14 이에 **열둘**을 세우셨으니 이는 자기와
막 3:16 이 **열둘**을 세우셨으니 시몬에게는
막 8:19 몇 바구니를 거두었더냐 이르되 **열둘**
막 14:10 **열둘** 중의 하나인 가룟 유다가 예수를
막 14:17 저물매 그 **열둘**을 데리시고 가서
막 14:20 그들에게 이르시되 **열둘** 중의 하나 곧

【 열 】

'열둘'과 관련된 성구

열두 가지 – 계 22:2
열두 개 – 레 24:5; 왕상 18:31
열두 군단 – 마 26:53
열두 기둥 – 출 24:4
열두 기초석 – 계 21:14
열두 놋 – 렘 52:20
열두 달 – 에 2:12; 단 4:29
열두 덩이 – 삿 19:29
열두 돌 – 수 4:20
열두 두령 – 창 17:20
열두 마리 – 민 7:3, 87; 29:17; 왕상 7:25, 44; 대하 4:4, 15; 스 6:17; 8:35
열두 명 – 수 3:12; 삼하 2:15; 스 8:24
열두 문 – 계 21:12, 21
열두 바구니 – 마 14:20; 막 6:43; 눅 9:17; 요 6:13
열두 별 – 계 12:1
열두 보좌 – 마 19:28
열두 사도 – 마 10:2; 눅 9:12; 행 6:2; 계 21:14
열두 사람 – 수 4:2, 4; 행 19:7
열두 사자 – 왕상 10:20; 대하 9:19
열두 살 – 막 5:42; 눅 2:42, 8:42
열두 성읍 – 수 18:24; 19:15; 21:7, 40; 대상 6:63
열두 시간 – 요 11:9
열두 이름 – 계 21:14
열두 제자 – 마 10:1; 11:1; 20:17; 26:20; 막 4:10; 6:7; 9:35; 10:32; 11:11; 눅 8:1; 9:1; 18:31; 요 6:67; 20:24; 고전 15:5
열두 조각 – 왕상 11:30
열두 조상 – 행 7:8
열두 지도자 – 창 25:16
열두 지방 – 왕상 4:7
열두 지파 – 창 49:28; 출 24:4; 28:21; 39:14; 겔 47:13; 마 19:28; 눅 22:30; 행 26:7; 약 1:1; 계 21:12
열두 지휘관 – 민 1:44
열두 척 – 겔 43:16
열두 천사 – 계 21:12
열두 해 – 왕하 3:1; 마 9:20; 막 5:25; 눅 8:43
열두 형제 – 창 42:13, 32
열이틀 – 행 24:11

【 열 】

막 14:43 예수께서 말씀하실 때에 곧 **열둘** 중의
눅 6:13 제자들을 부르사 그 중에서 **열둘**을 택하
눅 22:3 **열둘** 중의 하나인 가룟인이라 부르는
눅 22:47 한 무리가 오는데 **열둘** 중의 하나인 유다
요 6:70 예수께서 대답하시되 내가 너희 **열둘**을
요 6:71 유다를 가리키심이라 그는 **열둘** 중의

열셋

민 29:13 화제를 드리되 수송아지 **열세** 마리와

'열셋'과 관련된 성구

열세 마리 – 민 29:14 / 열세 명 – 대상 26:11
열세 성읍 – 수 19:6; 21:4, 6, 19, 33; 대상 6:62
열세 척 – 겔 40:11

열넷

대하 13:21 아비야는 점점 강성하며 아내 **열넷**을

'열넷'과 관련된 성구

열나흘 날 – 출 12:6, 18; 레 23:5; 겔 45:21; 행 27:27, 33
열네 대 – 마 1:17
열네 마리 – 민 29:13, 15, 17, 20, 23, 26, 29, 32
열네 성읍 – 수 15:36; 18:28
열네 아들 – 대상 25:5 / 열네 척 – 겔 43:17

열다섯

삼하 19:17 시바도 그의 아들 **열다섯**과 종 스무 명과

'열다섯'과 관련된 성구

열다섯 개 – 호 3:2
열다섯 규빗 – 출 27:14, 15; 38:14, 15
열다섯 길 – 행 27:28 / 열다섯 명 – 삼하 9:10
열다섯 해 – 눅 3:1

열여섯

출 26:25 그 여덟 널판에는 은 받침이 **열여섯**이니
대상 4:27 시므이에게는 아들 **열여섯**과 딸 여섯
대하 13:21 아들 스물둘과 딸 **열여섯**을 낳았더라

[열국]　　　　　　　　　　　　　　　　　　　　　　　　　　[열다]

'열여섯'과 관련된 성구
열여섯 개 - 출 36:30
열여섯 명 - 대상 24:4
열여섯 성읍 - 수 15:41; 19:22

열여덟
삿 3:14　모압 왕 에글론을 **열여덟** 해 동안 섬기

'열여덟'과 관련된 성구
열여덟 규빗 - 왕하 25:17
열여덟 명 - 대상 26:9; 대하 11:21
열여덟 사람 - 눅 13:4
열여덟 해 - 삿 10:8; 눅 13:11, 16

열아홉
수 19:38　벧세메스니 모두 **열아홉** 성읍과 그 마을

'열아홉'과 관련된 성구
열아홉 명 - 삼하 2:30
열아홉째 - 대상 24:16; 25:26
열아홉째 해 - 왕하 25:8; 렘 52:12

열국(列國, nations, kingdoms, all peoples)
창 27:29　만민이 너를 섬기고 **열국**이 네게 굴복
시 135:15　**열국**의 우상은 은금이요 사람의 손이
사 10:13　나는 총명한 자라 **열국**의 경계선을 걷어
사 10:14　내 손으로 **열국**의 재물을 얻은 것은 새의
사 13:4　곧 **열국** 민족이 함께 모여 떠드는 소리
사 13:19　**열국**의 영광이요 갈대아 사람의 자랑
사 14:12　너 **열국**을 엎은 자여 어찌 그리 땅에
사 14:16　이 사람이 땅을 진동시키며 **열국**을 놀라
사 16:8　**열국**의 주권자들이 그 좋은 가지를 꺾었
사 23:3　큰 물로 수송하여 들였으니 **열국**의 시장
사 34:1　**열국**이여 너희는 나아와 들을지어다
사 36:18　**열국**의 신들 중에 자기의 땅을 앗수르
사 37:18　앗수르 왕들이 과연 **열국**과 그들의 땅
사 41:2　**열국**을 그의 앞에 넘겨 주며 그가 왕들
사 45:1　그의 오른손을 붙들고 그 앞에 **열국**을
애 1:1　전에는 **열국** 중에 크던 자가 이제는 과부
애 1:3　그가 **열국** 가운데에 거주하면서 쉴 곳을
겔 37:28　거룩하게 하는 여호와인 줄을 **열국**이

계 17:15　물은 백성과 무리와 **열국**과 방언들이

열기(熱氣, fever, heat)
욥 30:30　피부는 검어졌고 내 뼈는 **열기**로 말미
시 19:6　끝까지 운행함이여 그의 **열기**에서 피할
시 38:7　내 허리에 **열기**가 가득하고 내 살에 성한
렘 25:37　여호와의 진노하시는 **열기** 앞에서 적막
애 5:10　굶주림의 **열기**로 말미암아 우리의 피부
요 4:52　어제 일곱 시에 **열기**가 떨어졌나이다

열납되다(悅納, be pleasing, acceptable)
시 19:14　마음의 묵상이 주님 앞에 **열납되기**를
사 58:5　금식이라 하겠으며 여호와께 **열납될**

열다(bear, call, open)
　1. 열매가 맺히다(bear)
눅 13:9　열매가 **열면** 좋거니와 그렇지 않으면
　2. 일이 시작되거나 닫힌 것을 열다(open)
　모세오경, 역사서
창 8:6　지나서 노아가 그 방주에 낸 창문을 **열고**
창 41:56　요셉이 모든 창고를 **열고** 애굽 백성에
출 2:6　**열고** 그 아기를 보니 아기가 우는지라
출 21:33　사람이 구덩이를 **열어** 두거나 구덩이
레 23:27　너희는 성회를 **열고** 스스로 괴롭게 하며
민 19:15　뚜껑을 **열어** 놓고 덮지 아니한 그릇은
신 20:11　너를 향하여 성문을 **열거든** 그 모든 주민
신 28:12　위하여 하늘의 아름다운 보고를 **여시사**
수 8:17　성문을 **열어** 놓고 이스라엘을 추격하였
수 10:22　굴 어귀를 **열고** 그 굴에서 그 다섯 왕
삿 3:25　다락문들을 **열지** … 가지고 **열어** 본즉
삿 4:19　우유 부대를 **열어** 그에게 마시게 하고
삿 19:27　집 문을 **열고** 떠나고자 하더니 그 여인
삼상 3:15　여호와의 집의 문을 **열었으나** 그 이상
왕하 9:3　곧 문을 **열고** 도망하되 지체하지 말지
왕하 9:10　하셨느니라 하고 곧 문을 **열고** 도망하
왕하 11:16　그의 길을 **열어** 주매 그가 왕궁의 말이
왕하 13:17　이르되 동쪽 창을 **여소서** 하여 곧 열매
왕하 15:16　이는 그들이 성문을 **열지** 아니하였음
대상 9:27　밤을 지내며 아침마다 문을 **여는** 책임
대하 23:15　무리가 그에게 길을 **열어** 주고 그가 왕궁
대하 29:3　첫째 달에 여호와의 전 문들을 **열고** 수리
느 5:7　이자를 취하는도다 하고 대회를 **열고**
느 7:3　예루살렘 성문을 **열지** 말고 아직 파수할

1733

【 열다 】

느 8:18 날에 규례를 따라 성회를 **열었느니라**
느 13:19 안식일이 지나기 전에는 **열지** 말라 하고

시가서, 선지서
욥 11:10 사람을 잡아 가두시고 재판을 **여시면**
욥 31:32 나는 행인에게 내 문을 **열어** 주었노라
시 118:19 내게 의의 문들을 **열지어다** 내가 그리로
아 5:2 나의 완전한 자야 문을 **열어** 다오 내
아 5:6 내 사랑하는 자를 위하여 문을 **열었으나**
사 22:22 그의 어깨에 두리니 그가 **열면** 닫을 자가 없겠고 닫으면 **열** 자가 없으리라
사 26:2 너희는 문들을 **열고** 신의를 지키는 의로
사 45:1 그 앞에 문들을 **열고** 성문들이 닫히지
렘 13:19 네겝의 성읍들이 봉쇄되어 **열** 자가 없고
렘 50:25 여호와께서 그의 병기창을 **열고** 분노의
렘 50:26 너희는 와서 그를 치고 그의 곳간을 **열고**
겔 25:9 벧여시못과 바알므온과 기랴다임을 **열고**
겔 37:12 내 백성들아 내가 너희 무덤을 **열고** 너희
겔 37:13 내 백성들아 내가 너희 무덤을 **열고** 너희
겔 44:2 이 문은 닫고 다시 **열지** 못할지니 아무도
겔 46:1 엿새 동안에는 닫되 안식일에는 **열며**
겔 46:12 그를 위하여 동쪽을 향한 문을 **열고** 그가
단 6:10 예루살렘으로 향한 창문을 **열고** 전에
미 2:13 길을 **여는** 자가 그들 앞에 올라가고 그들은 길을 **열어** 성문에 이르러서는 그
슥 11:1 레바논아 네 문을 **열고** 불이 네 백향목

'열다' 와 관련된 성구
귀를 열다 – 삼하 7:27; 욥 33:16; 36:10, 15; 사 35:5; 42:20; 48:8; 50:5; 막 7:35
눈을 열다 – 왕하 6:17, 20; 느 1:6; 시 119:18; 146:8
말씀을 열다 – 시 119:130
입술을 열다 – 시 51:15; 잠 8:6
입을 열다 – 민 16:30, 32; 22:28; 삿 11:35, 36; 삼상 2:1; 욥 3:1, 2; 11:5; 32:20; 35:16; 시 32:3; 38:13; 39:9; 78:2; 81:10; 109:2; 119:131; 잠 24:7; 31:8, 9, 26; 전 5:2; 사 53:7; 겔 3:27; 16:63; 24:27; 29:21; 33:22; 단 10:16; 호 14:2; 마 5:2; 13:35; 17:27; 눅 1:64; 행 8:32, 35; 10:34; 18:14; 고후 6:11; 엡 6:19
태를 열다 – 창 29:31; 30:22; 민 3:12

【 열리다 】

신약
마 2:11 보배합을 **열어** 황금과 유향과 몰약을
마 25:11 이르되 주여 주여 우리에게 **열어** 주소서
막 2:23 그의 제자들이 길을 **열며** 이삭을 자르니
눅 12:36 문을 두드리면 곧 **열어** 주려고 기다리는
눅 13:25 밖에 서서 문을 두드리며 주여 **열어** 주
눅 24:45 그들의 마음을 **열어** 성경을 깨닫게 하시
요 10:3 문지기는 그를 위하여 문을 **열고** 양은
행 5:19 주의 사자가 밤에 옥문을 **열고** 끌어내어
행 5:23 사람들이 문에 서 있으되 문을 **열고** 본
행 12:14 기뻐하여 문을 미처 **열지** 못하고 달려
행 12:16 그들이 문을 **열어** 베드로를 보고 놀라
행 16:14 주께서 그 마음을 **열어** 바울의 말을 따르
골 4:3 문을 우리에게 **열어** 주사 그리스도의
히 10:20 우리를 위하여 휘장 가운데로 **열어** 놓으
계 3:7 다윗의 열쇠를 가지신 이 곧 **열면** 닫을
계 3:20 누구든지 내 음성을 듣고 문을 **열면** 내가

열리다(bear, call, open)
1. 열매가 맺히다(bear)
민 17:8 꽃이 피어서 살구 열매가 **열렸더라**

2. 일의 시작 혹은 닫힌 것이 열리다(call, open)
사 24:18 위에 있는 문이 **열리고** 땅의 기초가 진동
사 60:11 성문이 항상 **열려** 주야로 닫히지 아니
나 2:6 강들의 수문이 **열리고** 왕궁이 소멸되며
나 3:13 성문들은 네 원수 앞에 넓게 **열리고** 빗장
슥 13:1 예루살렘 주민을 위하여 **열리리라**
마 7:7 두드리라 그리하면 너희에게 **열릴** 것
마 7:8 찾아낼 것이요 두드리는 이에게는 **열릴**
마 27:52 무덤들이 **열리며** 자던 성도의 몸이 많이
막 7:34 이르시되 에바다 하시니 이는 **열리라**
눅 11:9 문을 두드리라 그러면 너희에게 **열릴**
눅 11:10 찾아낼 것이요 두드리는 이에게는 **열릴**
행 12:10 문이 저절로 **열리는지라** 나와서 한 거리
행 16:26 옥터가 움직이고 문이 곧 다 **열리며** 모든

'열리다' 와 관련된 성구
땅이 열리다 – 민 16:30, 32; 사 45:8
열린 무덤 – 시 5:9; 렘 5:16; 롬 3:13
하늘이 열리다 – 창 7:11; 시 78:23; 겔 1:1; 말 3:10; 마 3:16; 눅 3:21; 요 1:51; 행 7:56; 10:11; 계 19:11

【 열매 】　　　　　　　　　　　　　　　　　　　　　　　【 열매 】

행 16:27	간수가 자다가 깨어 옥문들이 **열린** 것		느 9:36	우리 조상들에게 주사 그것의 **열매**를
계 3:8	볼지어다 내가 네 앞에 **열린** 문을 두었		느 10:37	각종 과목의 **열매**와 새 포도주와 기름
계 11:19	하늘에 있는 하나님의 성전이 **열리니**			**시가서**
계 15:5	하늘에 증거 장막의 성전이 **열리며**		시 1:3	시냇가에 심은 나무가 철을 따라 **열매**를
계 19:11	또 내가 하늘이 **열린** 것을 보니 보라		시 72:16	그것의 **열매**가 레바논같이 흔들리며
			시 105:35	먹으며 그들의 밭에 있는 **열매**를 먹었

열매(fruit)

모세오경

			잠 8:19	내 **열매**는 금이나 정금보다 나으며 내
창 1:11	종류대로 씨 가진 **열매** 맺는 나무를 내라		아 2:3	심히 기뻐하였고 그 **열매**는 내 입에 달았
창 1:12	씨 가진 **열매** 맺는 나무를 내니 하나님		아 2:13	무화과나무에는 푸른 **열매**가 익었고
창 1:29	모든 채소와 씨 가진 **열매** 맺는 모든		아 7:7	종려나무 같고 네 유방은 그 **열매** 송이
창 2:16	동산 각종 나무의 **열매**는 네가 임의로		아 8:11	그 **열매**로 말미암아 은 천을 바치게 하였
창 2:17	선악을 알게 하는 나무의 **열매**는 먹지		아 8:12	너는 천을 얻겠고 **열매**를 지키는 자도
창 3:1	동산 모든 나무의 **열매**를 먹지 말라 하시			**선지서**
창 3:2	여자가 뱀에게 말하되 동산 나무의 **열매**		사 14:29	독사가 나겠고 그의 **열매**는 날아다니
창 3:3	동산 중앙에 있는 나무의 **열매**는 하나님		사 32:10	포도 수확이 없으며 **열매** 거두는 일이
창 3:6	여자가 그 **열매**를 따먹고 자기와 함께		사 32:12	좋은 밭으로 인하여 **열매** 많은 포도나무
창 3:11	먹지 말라 명한 그 나무 **열매**를 네가		사 37:30	포도나무를 심고 그 **열매**를 먹을 것이
창 3:12	여자 그가 그 나무 **열매**를 내게 주므로		사 37:31	다시 아래로 뿌리를 박고 위로 **열매**를
창 3:17	네게 먹지 말라 한 나무의 **열매**를 먹었		사 65:21	안에 살겠고 포도나무를 심고 **열매**를
창 3:22	생명 나무 **열매**도 따먹고 영생할까 하노		렘 2:7	그것의 **열매**와 그것의 아름다운 것을
창 43:11	향품과 몰약과 유향나무 **열매**와 감복숭		렘 5:17	네 포도나무와 무화과나무 **열매**를 먹으
출 10:15	밭의 채소와 나무 **열매**를 다 먹었으므		렘 11:19	우리가 그 나무와 **열매**를 함께 박멸하자
레 19:10	네 포도원의 **열매**를 다 따지 말며 …		렘 12:2	뿌리가 박히고 장성하여 **열매**를 맺었
	떨어진 **열매**도 줍지 말고 가난한 사람		렘 29:5	거기에 살며 텃밭을 만들고 그 **열매**를
레 19:23	각종 과목을 심거든 그 **열매**는 아직 할례		렘 29:28	집을 짓고 살며 밭을 일구고 그 **열매**를
레 19:25	다섯째 해에는 그 **열매**를 먹을지니 그리		렘 31:5	포도나무들을 심되 심는 자가 **열매**를
레 25:5	가꾸지 아니한 포도나무가 맺은 **열매**를		렘 49:9	약간의 **열매**도 남기지 아니하겠고 밤에
레 25:19	그것의 **열매**를 내리니 너희가 배불리		애 2:20	여인들이 어찌 자기 **열매** 곧 그들이 낳은
레 26:4	땅은 그 산물을 내고 밭의 나무는 **열매**		겔 17:8	옥토에 심은 것은 가지를 내고 **열매**를
레 26:20	땅의 나무는 그 **열매**를 맺지 아니하리		겔 17:9	독수리가 어찌 그 뿌리를 빼고 **열매**를
레 27:30	땅의 곡식이나 나무의 **열매**는 그 십분		겔 17:23	그 가지가 무성하고 **열매**를 맺어서 아름
민 17:8	순이 나고 꽃이 피어서 살구 **열매**가 열렸		겔 19:10	물이 많으므로 **열매**가 많고 가지가 무성
신 1:25	땅의 **열매**를 손에 가지고 우리에게로		겔 19:12	그 **열매**는 동풍에 마르고 그 강한 가지
신 22:9	네가 뿌린 씨의 **열매**와 포도원의 소산		겔 19:14	그 **열매**를 태우니 권세 잡은 자의 규가
신 28:30	포도원을 심었으나 네가 그 **열매**를 따지		겔 25:4	거처를 베풀며 네 **열매**를 먹으며 네 젖을
신 28:40	**열매**가 떨어지므로 그 기름을 네 몸에		겔 34:27	밭에 나무가 **열매**를 맺으며 땅이 그 소산
	역사서		겔 36:8	백성 이스라엘을 위하여 **열매**를 맺을
수 24:13	포도원과 감람원의 **열매**를 먹는다 하셨		겔 36:30	나무의 **열매**와 밭의 소산을 풍성하게
왕하 2:21	다시는 죽음이나 **열매** 맺지 못함이 없을		겔 47:12	**열매**가 끊이지 … 새 **열매**를 맺으리니
왕하 19:29	심고 거두며 포도원을 심고 그 **열매**를			… 통하여 나옴이라 그 **열매**는 먹을 만
왕하 19:30	아래로 뿌리를 내리고 위로 **열매**를 맺을		단 4:12	잎사귀는 아름답고 그 **열매**는 많아서
대상 16:3	사람에게 떡 한 덩이와 야자 **열매**로 만든		단 4:14	그 잎사귀를 떨고 그 **열매**를 헤치고 짐승
			단 4:21	잎사귀는 아름답고 그 **열매**는 많아서

1735

【 열매 】

호 8:7	심은 것이 줄기가 없으며 이삭은 **열매**	눅 13:7	무화과나무에서 **열매**를 구하되 얻지
호 9:16	매를 맞아 그 뿌리가 말라 **열매**를 맺지	눅 13:9	후에 만일 **열매**가 열면 좋거니와 그렇지
호 10:1	이스라엘은 **열매** 맺는 무성한 포도나	눅 15:16	그가 돼지 먹는 쥐엄 **열매**로 배를 채우고
	무라 그 **열매**가 많을수록 제단을 많게	요 12:24	한 알 그대로 있고 죽으면 많은 **열매**를
호 14:8	네가 나로 말미암아 **열매**를 얻으리라	요 15:2	내게 붙어 있어 **열매**를 … 제거해 버리
욜 2:22	풀이 싹이 나며 나무가 **열매**를 맺으며		시고 무릇 **열매**를 … 더 **열매**를 맺게
암 2:9	내가 그 위의 **열매**와 그 아래의 뿌리를	요 15:4	스스로 **열매**를 맺을 수 없음같이 너희도
암 9:14	과원들을 만들고 그 **열매**를 먹으리라	요 15:5	내가 그 안에 거하면 사람이 **열매**를 많이
미 6:15	감람 **열매**를 밟아도 기름을 네 몸에 바르	요 15:8	너희가 **열매**를 많이 맺으면 내 아버지
합 3:17	포도나무에 **열매**가 없으며 감람나무에	요 15:16	이는 너희로 가서 **열매**를 맺게 하고 또
학 2:19	감람나무에 **열매**가 맺지 못하였느니라		너희 **열매**가 항상 있게 하여 내 이름으로
슥 8:12	포도나무가 **열매**를 맺으며 땅이 산물을		

복음서

		서신서, 예언서	
마 7:16	그들의 **열매**로 그들을 알지니 가시나무	롬 1:13	이방인 중에서와 같이 **열매**를 맺게 하려
마 7:20	이러므로 그들의 **열매**로 그들을 알리라	롬 6:21	너희가 그 때에 무슨 **열매**를 얻었느냐
마 12:33	나무도 좋고 **열매**도 좋다 … 좋지 않고	롬 7:4	우리가 하나님을 위하여 **열매**를 맺게
	열매도 좋지 않다 하든지 하라 그 **열매**로	롬 7:5	우리로 사망을 위하여 **열매**를 맺게 하였
마 21:19	영원토록 네가 **열매**를 맺지 못하리라	롬 15:28	내가 이 일을 마치고 이 **열매**를 그들에게
마 21:34	**열매** 거둘 때가 가까우매 그 **열매**를 받으	롬 16:5	아시아에서 그리스도께 처음 맺은 **열매**
마 21:41	포도원을 제 때에 **열매**를 바칠 만한 다른	고전 9:7	누가 포도를 심고 그 **열매**를 먹지 않겠
막 4:28	땅이 스스로 **열매**를 맺되 처음에는 싹이	엡 5:11	너희는 **열매** 없는 어둠의 일에 참여하지
막 4:29	**열매**가 익으면 곧 낫을 대나니 이는 추수	골 1:6	또한 온 천하에서도 **열매**를 맺어 자라
막 11:14	영원토록 사람이 네게서 **열매**를 따 먹지	딛 3:14	우리 사람들도 **열매** 없는 자가 되지 않게
눅 6:44	나무는 각각 그 **열매**로 아나니 가시나무	약 3:12	어찌 무화과나무가 감람 **열매**를, 포도
눅 13:6	와서 그 **열매**를 구하였으나 얻지 못한	약 5:18	하늘이 비를 주고 땅이 **열매**를 맺었느
		벧후 1:8	그리스도를 알기에 게으르지 않고 **열매**

'열매'와 관련된 성구

거룩함에 이르는 열매 – 롬 6:22
거짓 열매 – 호 10:13
공의의 열매 – 사 32:17; 암 6:12
귀한 열매 – 아 7:13; 약 5:7
나쁜 열매 – 마 7:17, 18
마음의 열매 – 사 10:12; 고전 14:14
몸의 열매 – 미 6:7 / 못된 열매 – 눅 6:43
빛의 열매 – 엡 5:9 / 새 열매 – 겔 47:12
선한 열매 – 약 3:17
성령의 열매 – 롬 8:23; 갈 5:22
손의 열매 – 잠 31:31
아름다운 열매 – 삿 9:11; 아 4:16; 마 7:17, 18, 19
열매 맺는 백성 – 마 21:43
영생에 이르는 열매 – 요 4:36
의와 평강의 열매 – 히 12:11
의의 열매 – 고후 9:10; 빌 1:11; 약 3:18

의인의 열매 – 잠 11:30
일의 열매 – 빌 1:22; 골 1:10
입술의 열매 – 사 57:19; 호 14:2; 히 13:15
입의 열매 – 잠 12:14; 13:2; 18:20
좋은 열매 – 렘 11:16; 마 3:10; 눅 3:9; 6:43
첫 열매 – 출 23:16, 19; 민 18:13; 28:26; 대하 3:15; 느 10:35; 잠 3:9; 렘 2:3; 겔 20:40; 44:30; 48:14; 호 9:10; 나 3:12; 고전 15:20, 23; 16:15; 약 1:18; 계 14:4
태의 열매 – 시 127:3; 사 13:18; 호 9:16
포도(나무) 열매 – 욥 15:33; 말 3:11
풍성한 열매 – 빌 4:17
행위의 열매 – 잠 1:31; 사 3:10; 렘 32:19; 미 7:13
혀의 열매 – 잠 18:21
회개에 합당한 열매 – 마 3:8; 눅 3:8

【 열방 】　　　　　　　　　　　　　　　　　　　　　　　　　　　　　　　　　【 열심/-히 】

유 1:12　죽어 뿌리까지 뽑힌 **열매** 없는 가을 나무
계 2:7　하나님의 낙원에 있는 생명나무의 **열매**
계 6:13　대풍에 흔들려 설익은 **열매**가 떨어지는
계 22:2　**열매**를 맺되 달마다 그 **열매**를 맺으

열방(列邦, nations, all nations, gentile)
<구약>
느 9:30　그들이 듣지 아니하므로 **열방** 사람들의
사 2:4　**열방** 사이에 판단하시며 많은 백성을
사 11:10　**열방**이 그에게로 돌아오리니 그가 거한
사 11:12　여호와께서 **열방**을 향하여 기치를 세우
사 14:6　노하여 **열방**을 억압하여도 그 억압을
사 14:9　**열방**의 모든 왕을 그들의 왕좌에서 일어
사 14:18　**열방**의 모든 왕들은 모두 각각 자기 집
사 14:26　이것이 **열방**을 향하여 편 손이라 하셨
사 17:12　그들이 소동하였고 **열방**이 충돌하였
사 17:13　**열방**이 충돌하기를 많은 물이 몰려옴
사 23:11　바다 위에 그의 손을 펴사 **열방**을 흔드
사 23:17　다시 값을 받고 지면에 있는 **열방**과 음란
사 25:7　민족의 얼굴을 가린 가리개와 **열방** 위에
사 29:7　아리엘을 치는 **열방**의 무리 곧 아리엘
사 29:8　시온산을 치는 **열방**의 무리가 그와 같으
사 30:28　그가 멸하는 키로 **열방**을 까부르며 여러
사 34:2　여호와께서 **열방**을 향하여 진노하시며
사 36:20　**열방**의 신들 중에 어떤 신이 자기의 나라
사 37:12　나의 조상들이 멸하신 **열방** 고산과 하란
사 40:15　그에게는 **열방**이 통의 한 방울 물과 같고
사 40:17　그의 앞에는 모든 **열방**이 아무것도 아니
사 43:9　**열방**은 모였으며 민족들이 회집하였
사 45:20　**열방** 중에서 피난한 자들아 너희는 모여
사 52:10　여호와께서 **열방**의 목전에서 그의 거룩
사 54:3　네가 좌우로 퍼지며 네 자손은 **열방**을
렘 33:9　성읍이 세계 **열방** 앞에서 나의 기쁜 이름
애 1:1　과부같이 되었고 전에는 **열방** 중에 공주
<신약>
행 4:25　어찌하여 **열방**이 분노하며 족속들이
롬 15:9　내가 **열방** 중에서 주께 감사하고 주의
롬 15:10　**열방**들아 주의 백성과 함께 즐거워하라
롬 15:11　모든 **열방**들아 주를 찬양하며 모든 백성
롬 15:12　이새의 뿌리 곧 **열방**을 다스리기 위하여

열병(熱病, fever)

레 26:16　재앙을 내려 폐병과 **열병**으로 눈이 어둡
신 28:22　여호와께서 폐병과 **열병**과 염증과 학질
마 8:14　집에 들어가사 그의 장모가 **열병**으로
마 8:15　그의 손을 만지시니 **열병**이 떠나가고
막 1:30　시몬의 장모가 **열병**으로 누워 있는지라
막 1:31　그 손을 잡아 일으키시니 **열병**이 떠나고
눅 4:38　시몬의 장모가 중한 **열병**을 앓고 있는
눅 4:39　가까이 서서 **열병**을 꾸짖으신대 병이
행 28:8　보블리오의 부친이 **열병**과 이질에 걸려

열성(熱誠, zeal, zealous)
시 69:9　주의 집을 위하는 **열성**이 나를 삼키고
사 26:11　위하시는 주의 **열성**을 보면 부끄러워할
사 63:15　주의 **열성**과 주의 능하신 행동이 이제
행 21:20　믿는 자 수만 명이 있으니 다 율법에 **열성**

열쇠(key)
삿 3:25　**열쇠**를 가지고 열어 본즉 그들의 군주가
사 22:22　다윗의 집의 **열쇠**를 그의 어깨에 두리니
마 16:19　내가 천국 **열쇠**를 네게 주리니 네가 땅에
눅 11:52　율법교사여 너희가 지식의 **열쇠**를 가져
계 1:18　세세토록 살아 있어 사망과 음부의 **열쇠**
계 3:7　거룩하고 진실하사 다윗의 **열쇠**를 가지
계 9:1　별 하나가 있는데 그가 무저갱의 **열쇠**를
계 20:1　천사가 무저갱의 **열쇠**와 큰 쇠사슬을

열심/-히(熱心, zeal, zealous, longing)
삼하 21:2　이스라엘과 유다 족속을 위하여 **열심**히
왕상 19:10　만군의 하나님 여호와께 **열심**이 유별
왕상 19:14　만군의 하나님 여호와께 **열심**이 유별
왕하 10:16　가서 여호와를 위한 나의 **열심**을 보라
사 59:17　보복을 속옷으로 삼으시며 **열심**을 입어
겔 5:13　나 여호와가 **열심**으로 말한 줄을 그들이
겔 39:25　내 거룩한 이름을 위하여 **열심**을 내어
요 2:17　주의 전을 사모하는 **열심**이 나를 삼키
행 18:25　일찍이 주의 도를 배워 **열심**으로 예수에
행 22:3　모든 사람처럼 하나님께 대하여 **열심**이
롬 10:2　그들이 하나님께 **열심**이 있으나 올바른
롬 12:11　부지런하여 게으르지 말고 **열심**을 품고
고후 7:7　애통함과 나를 위하여 **열심** 있는 것을
고후 7:11　얼마나 사모하게 하며 얼마나 **열심** 있게
고후 9:2　너희의 **열심**이 퍽 많은 사람들을 분발
고후 11:2　내가 하나님의 **열심**으로 너희를 위하

열병(熱病, fever)

【 열왕 】　　　　　　　　　　　　　　　　　　　　　　　　【 열째 】

갈 1:14　여 **열심**을 내노니 내가 너희를 정결케
갈 4:17　내 조상의 전통에 대하여 더욱 **열심**이
　　　　너희에게 대하여 **열심** 내는 것은 … 너
　　　　희로 그들에게 대하여 **열심**을 내게
갈 4:18　좋은 일에 대하여 **열심**으로 사모함을
빌 3:6　**열심**으로는 교회를 박해하고 율법의
딛 2:14　선한 일을 **열심히** 하는 자기 백성이 되게
벧전 3:13　너희가 **열심**으로 선을 행하면 누가 너희
계 3:19　징계하노니 그러므로 네가 **열심**을 내라

> '여호와의 열심' 과 관련된 성구
>
> 왕하 19:31; 사 9:7; 37:32

열왕(列王, all the kings)
대하 9:23　천하의 **열왕**이 하나님께서 솔로몬의
대하 21:20　그를 다윗 성에 장사하였으나 **열왕**의

열왕기(列王記, Book of Kings)
대하 20:34　기록되었고 그 글은 이스라엘 **열왕기**에
대하 24:27　하나님의 전을 보수한 사적은 다 **열왕기**

> '열왕기' 와 관련된 성구
>
> 유다와 이스라엘 열왕기 – 대하 16:11;
>   25:26; 28:26; 32:32
> 이스라엘과 유다 열왕기 – 대하 27:7;
>   35:27; 36:8

열정(熱情, zeal, longing)
시 119:139　말씀을 잊어버렸으므로 내 **열정**이 나를
렘 51:39　**열정**이 일어날 때에 내가 연회를 베풀고
살전 2:17　너희 얼굴 보기를 **열정**으로 더욱 힘썼

열조(列祖, people, forefather, father)
창 25:8　기운이 다하여 죽어 자기 **열조**에게로
창 35:29　늙어 기운이 다하매 죽어 자기 **열조**에
민 11:12　주께서 그들의 **열조**에게 맹세하신 땅
왕하 16:20　다윗 성에 **열조**와 함께 장사되고 그의
대하 26:2　아마샤 왕이 그의 **열조**들의 묘실에 누운
대하 33:20　므낫세가 그의 **열조**와 함께 누우매
느 9:23　그들의 **열조**에게 들어가서 차지하라고
히 3:9　너희 **열조**가 나를 시험하여 증험하고
히 8:9　언약은 내가 그들의 **열조**의 손을 잡고

열째(tenth)
대상 12:13　**열째**는 예레미야요 열한째는 막반내라
대상 24:11　아홉째는 예수아요 **열째**는 스가냐요
대상 25:17　**열째**는 시므이니 그의 아들들과 형제
대상 27:13　**열째** 달 **열째** 지휘관은 세라 족속 느도바
렘 32:1　시드기야 왕 **열째** 해 곧 느부갓네살
렘 39:1　**열째** 해 **열째** 달 열두째 날에 여호와의
계 21:20　아홉째는 담황옥이요 **열째**는 비취옥이

> '열째' 와 관련된 성구
>
> 열째 날 – 민 7:66; 렘 52:4, 12; 겔 20:1;
>   24:1; 40:1
> 열째 달 – 창 8:5; 왕하 25:1; 대상 27:13;
>   스 10:16; 렘 39:1; 52:4; 겔 24:1;
>   29:1; 33:21; 슥 8:19

열한째
대상 12:13　열째는 예레미야요 **열한째**는 막반내라
대상 24:12　**열한째**는 엘리아십이요 열둘째는 야김
대상 25:18　**열한째**는 아사렐이니 그의 아들들과
계 21:20　열째는 비취옥이요 **열한째**는 청옥이요

> '열한째' 와 관련된 성구
>
> 열한째 날 – 민 7:72
> 열한째 달 – 신 1:3; 대상 27:14; 슥 1:7
> 열한째 해 – 왕상 6:38; 겔 26:1; 30:20; 31:1

열두째
대상 24:12　열한째는 엘리아십이요 **열두째**는 야김
대상 25:19　**열두째**는 하사뱌니 그의 아들들과 형제
계 21:20　열한째는 청옥이요 **열두째**는 자수정이

> '열두째' 와 관련된 성구
>
> 열두째 겨릿소 – 왕상 19:19
> 열두째 날 – 민 7:78; 겔 29:1
> 열두째 달 – 대상 27:15; 에 3:7, 13; 9:1;
>   렘 52:31; 겔 32:1
> 열두째 지휘관 – 대상 27:15
> 열두째 해 – 겔 32:1, 17; 33:21

【 열째 】　　　　　　　　　　　　　　　　　　　　　　　　　　　　　　【 염려/-하다 】

열셋째

대상 24:13 **열셋째**는 훕바요 열넷째는 예세브압
대상 25:20 **열셋째**는 수바엘이니 그의 아들들과 형제
렘 25:3　　요시야 왕 **열셋째** 해부터 오늘까지 이십

열넷째

대상 24:13 열셋째는 훕바요 **열넷째**는 예세브압
대상 25:21 **열넷째**는 맛디디야니 그의 아들들과 형제
겔 40:1　　**열넷째** 해 첫째 달 열째 날에 곧 그 날에

'열넷째 날'과 관련된 성구

민 9:3, 5, 11; 28:16; 대하 30:15; 35:1

열다섯째

대상 24:14 **열다섯째**는 빌가요 열여섯째는 임멜이
대상 25:22 **열다섯째**는 여레못이니 그의 아들들과

'열다섯째 날'과 관련된 성구

민 28:17; 29:12; 33:3; 왕상 12:32, 33;
겔 32:17; 45:25

열여섯째

대상 24:14 열다섯째는 빌가요 **열여섯째**는 임멜이요
대상 25:23 **열여섯째**는 하나냐니 그의 아들들과 형제

열일곱째

대상 24:15 **열일곱째**는 헤실이요 열여덟째는 합비
대상 25:24 **열일곱째**는 요스브가사니 그의 아들들

열여덟째

대상 24:15 열일곱째는 헤실이요 **열여덟째**는 합비
대상 25:25 **열여덟째**는 하나니니 그의 아들들과 형제
렘 32:1　　**열여덟째** 해에 여호와의 말씀이 예레미

'열여덟째 해'와 관련된 성구

왕상 15:1; 왕하 3:1; 22:3; 23:23; 대하 13:1;
34:8; 35:19; 렘 52:29

열아홉째

대상 24:16 **열아홉째**는 브다히야요 스무째는 여헤
대상 25:26 **열아홉째**는 말로디니 그의 아들들과 형제

'열아홉째 해'와 관련된 성구

왕하 25:8; 렘 52:12

열흘 (ten days)

창 24:55 이 아이로 하여금 며칠 또는 **열흘**을 우리
출 12:3　 이 달 **열흘**에 너희 각자가 어린 양을
레 23:27 일곱째 달 **열흘** 날은 속죄일이니 너희
레 25:9　 일곱째 달 **열흘** 날은 속죄일이니 너는
민 11:19 하루나 이틀이나 닷새나 **열흘**이나 스무
민 29:7　 일곱째 달 **열흘** 날에는 너희가 성회로
삼상 25:38 한 **열흘** 후에 여호와께서 나발을 치시매
대하 36:9 예루살렘에서 석달 **열흘** 동안 다스리며
느 5:18　 닭도 많이 준비하고 **열흘**에 한 번씩은
사 5:10　 **열흘** 갈이 포도원에 겨우 포도주 한 바트
단 1:12　 청하오니 당신의 종들을 **열흘** 동안 시험
단 1:14　 그가 그들의 말을 따라 **열흘** 동안 시험
단 1:15　 **열흘** 후에 그들의 얼굴이 더욱 아름답고

엷다/엷어지다 (fade)

레 13:6　 진찰할지니 그 환부가 **엷어졌고** 병색이
레 13:21 피부보다 얕지 아니하고 빛이 **엷으면**
레 13:26 빛이 **엷으면** 그는 그를 이레 동안 가두어
레 13:28 피부에 퍼지지 아니하고 빛이 **엷으면**
레 13:56 제사장이 보기에 그 색점이 **엷으면** 그

염려/-하다 (念慮, thought, worry, concern)

구약

창 38:11 그 형들같이 죽을까 **염려함이라** 다말이
출 33:3　 길에서 너희를 진멸할까 **염려함이니라**
신 8:14　 여호와를 잊어버릴까 **염려하노라**
신 29:18 민족의 신들에게 가서 섬길까 **염려하며**
신 32:27 모든 것을 행함이 아니라 할까 **염려함**
삿 18:7　 백성을 본즉 **염려** 없이 거주하며 시돈
삼상 9:20 사흘 전에 잃은 네 암나귀들을 **염려하지**
삼상 10:2 아버지가 암나귀들의 **염려는** 놓았으나
삼하 1:20 자의 딸들이 개가를 부를까 **염려로다**
삼하 20:6 들어가 우리들을 피할까 **염려하노라**
왕하 2:16 주인을 찾게 하소서 **염려하건대** 여호와

【 염려/-하다 】 　　　　　　　　　　　　　　　　　　　　　　【 염소 】

잠 5:14	빠지게 되었노라 하게 될까 **염려하노라**
잠 31:21	자기 집 사람들을 위하여 **염려하지** 아니
사 6:10	눈이 감기게 하라 **염려하건대** 그들이
사 32:9	내 목소리를 들을지어다 너희 **염려** 없는
사 32:10	너희 **염려** 없는 여자들아 일 년 남짓 지나
사 32:11	안일한 여자들아 떨지어다 너희 **염려**
렘 38:19	유다인을 두려워하노라 **염려하건대**
겔 30:9	내 앞에서 배로 나아가서 **염려** 없는 구스
겔 38:11	문이나 빗장이 없어도 **염려** 없이 다 평안
습 2:15	이는 기쁜 성이라 **염려** 없이 거주하며

신약

마 5:25	내어 주어 옥에 가둘까 **염려하라**
마 6:25	몸을 위하여 무엇을 입을까 **염려하지**
마 6:27	너희 중에 누가 **염려함**으로 그 키를 한
마 6:28	너희가 어찌 의복을 위하여 **염려하느냐**
마 6:31	**염려하여** 이르기를 무엇을 먹을까 무엇
마 6:34	**염려하지** 말라 … 내일이 **염려할** 것이요
마 7:6	너희를 찢어 상하게 할까 **염려하라**
마 10:19	어떻게 또는 무엇을 말할까 **염려하지**
마 13:22	말씀을 들으나 세상의 **염려**와 재물의
마 13:29	뽑다가 곡식까지 뽑을까 **염려하노라**
막 4:19	세상의 **염려**와 재물의 유혹과 기타 욕심
막 13:11	무슨 말을 할까 미리 **염려하지** 말고 무엇

"아무것도 염려하지 말고 다만 모든 일에 기도와 간구로, 너희 구할 것을 감사함으로 하나님께 아뢰라"(빌 4:6)

눅 8:14	이생의 **염려**와 재물과 향락에 기운이
눅 10:41	마르다야 네가 많은 일로 **염려하고** 근심
눅 12:11	대답하며 무엇으로 말할까 **염려하지**
눅 12:22	몸을 위하여 무엇을 입을까 **염려하지**
눅 12:25	너희 중에 누가 **염려함**으로 그 키를 한
눅 12:26	못하면서 어찌 다른 일들을 **염려하느냐**
눅 12:58	넘겨 주어 옥졸이 옥에 가둘까 **염려하라**
눅 21:34	방탕함과 술취함과 생활의 **염려**로 마음
고전 7:21	부르심을 받았느냐 **염려하지** 말라
고전 7:32	너희가 **염려** 없기를 원하노라 … 주의 일을 **염려하여** 어찌하여야 주를 기쁘
고전 7:33	장가 간 자는 세상 일을 **염려하여** 어찌
고전 7:34	처녀는 주의 일을 **염려하여** 몸과 영을 다 거룩하게 … 세상 일을 **염려하여**
고전 9:9	어찌 소들을 위하여 **염려하심이냐**
고후 2:3	도리어 근심을 얻을까 **염려함이요** 또
고후 11:28	곧 모든 교회를 위하여 **염려하는** 것이라
빌 4:6	아무 것도 **염려하지** 말고 다만 모든 일
딤전 3:7	비방과 마귀의 올무에 빠질까 **염려하라**
벧전 5:7	너희 **염려**를 다 주께 맡기라 이는 그가

염병(染病, plague)

레 26:25	너희 중에 **염병**을 보내고 너희를 대적
민 16:46	여호와께서 진노하셨으므로 **염병**이
민 16:47	백성 중에 **염병**이 시작되었는지라 이에
민 16:48	죽은 자와 산 자 사이에 섰을 때에 **염병**
민 16:49	고라의 일로 죽은 자 외에 **염병**에 죽은
민 16:50	**염병**이 그치매 아론이 회막 문 모세에
민 25:8	두 사람을 죽이니 **염병**이 이스라엘 자손
민 25:9	그 **염병**으로 죽은 자가 이만 사천 명이
민 25:18	브올의 일로 **염병**이 일어난 날에 죽임을
민 26:1	**염병** 후에 여호와께서 모세와 제사장
민 31:16	여호와의 회중 가운데에 **염병**이 일어
신 28:21	여호와께서 네 몸에 **염병**이 들게 하사

염소(goat)
구약

창 30:32	**염소** 중에 점 있는 것과 아롱진 것을 가려
창 30:33	내게 혹시 **염소** 중 아롱지지 아니한 것
출 12:5	일 년 된 수컷으로 하되 양이나 **염소**
레 1:10	그 예물이 가축 떼의 양이나 **염소**의 번제
레 3:12	예물이 **염소**면 그것을 여호와 앞으로
레 5:6	어린 양이나 **염소**를 끌어다가 속죄제
레 7:23	소나 양이나 **염소**의 기름을 먹지 말 것
레 9:15	백성을 위한 속죄제의 **염소**를 가져다
레 10:16	속죄제 드린 **염소**를 찾은즉 이미 불살려
레 16:7	그 두 **염소**를 가지고 회막 문 여호와
레 16:8	두 **염소**를 위하여 제비 뽑되 한 제비는
레 16:9	여호와를 위하여 제비 뽑은 **염소**를 속죄
레 16:10	아사셀을 위하여 제비 뽑은 **염소**는 산 채
레 16:15	백성을 위한 속죄제 **염소**를 잡아 그 피를

【 염소 】 【 엿보다 】

레 16:18 수송아지의 피와 **염소**의 피를 가져다가
레 16:20 속죄하기를 마친 후에 살아 있는 **염소**를
레 16:21 그의 두 손으로 살아 있는 **염소**의 머리
　　　　에 안수하여 … 죄를 **염소**의 머리에 두어
레 16:22 **염소**가 그들의 모든 불의를 지고 접근
　　　　하기 … 그는 그 **염소**를 광야에 놓을지
레 16:26 **염소**를 아사셀에게 보낸 자는 그의 옷
레 16:27 속죄제 수송아지와 속죄제 **염소**의 피를
레 17:3 　사람이 소나 어린 양이나 **염소**를 진영
레 22:19 소나 양이나 **염소**의 흠 없는 수컷으로
레 22:27 수소나 양이나 **염소**가 나거든 이레 동안
민 15:11 어린 숫양이나 어린 **염소**에는 그 마리
민 18:17 처음 태어난 **염소**는 대속하지 말지니
신 14:4 　짐승은 이러하니 곧 소와 양과 **염소**와
신 14:5 　산 **염소**와 볼기가 흰 노루와 뿔이 긴
신 32:14 바산에서 난 숫양과 **염소**와 지극히 아름
삼상 25:2 양이 삼천 마리요 **염소**가 천 마리이므로
대하 35:7 어린 양과 어린 **염소** 삼만 마리와 수소
욥 39:1 　산 **염소**가 새끼 치는 때를 네가 아느냐
시 50:13 수소의 고기를 먹으며 **염소**의 피를 마시
시 66:15 주께 번제를 드리며 수소와 **염소**를 드리
잠 27:26 양의 털은 네 옷이 되며 **염소**는 밭을
잠 27:27 **염소**의 젖은 넉넉하여 너와 네 집의 음식
사 11:6 　표범이 어린 **염소**와 함께 누우며 송아지
사 34:6 　여호와의 칼이 피 곧 어린 양과 **염소**의
겔 27:21 숫양과 **염소**들, 그것으로 너와 거래하
겔 39:18 숫양이나 어린 양이나 **염소**나 수송아지
겔 43:25 칠 일 동안은 매일 **염소** 한 마리를 갖추
단 8:5 　그 **염소**의 두 눈 사이에는 현저한 뿔이

신약

마 25:32 목자가 양과 **염소**를 구분하는 것같이
마 25:33 양은 그 오른편에 **염소**는 왼편에 두리라
히 9:12 　**염소**와 송아지의 피로 하지 아니하고
히 9:13 　**염소**와 황소의 피와 및 암송아지의 재를
히 9:19 　송아지와 **염소**의 피 및 물과 붉은 양털과
히 10:4 　황소와 **염소**의 피가 능히 죄를 없이 하지
히 11:37 칼로 죽임을 당하고 양과 **염소**의 가죽

염전(鹽田, salt waste)
시 107:34 악으로 말미암아 옥토가 변하여 **염전**이

염증(炎症, inflammation)
신 28:22 여호와께서 폐병과 열병과 **염증**과 학질

염치(廉恥, vulgar)
삼하 6:20 방탕한 자가 **염치** 없이 자기의 몸을 드러

염통(heart)
왕하 9:24 화살이 그의 **염통**을 꿰뚫고 나오매 그가
시 45:5 　화살은 날카로워 왕의 원수의 **염통**을
호 13:8 　그의 **염통** 꺼풀을 찢고 거기서 암사자

염해(鹽海, Salt Sea)
창 14:3 　다 싯딤 골짜기 곧 지금의 **염해**에 모였
민 34:3 　남쪽 경계는 동쪽으로 **염해** 끝에서 시작
민 34:12 요단으로 내려가서 **염해**에 이르나니
신 3:17 　긴네렛에서 아라바 바다 곧 **염해**와 비스
수 3:16 　아라바의 바다 **염해**로 향하여 흘러가는
수 12:3 　동방 아라바의 바다 곧 **염해**의 벧여시못
수 15:2 　남쪽 경계는 **염해**의 끝 곧 남향한 해만
수 15:5 　동쪽 경계는 **염해**이니 요단 끝까지요
수 18:19 요단 남쪽 끝에 있는 **염해**의 북쪽 해만이

엿보다(see, look over, watch, spy)
창 42:9 　정탐꾼들이라 이 나라의 틈을 **엿보려고**
창 42:12 너희가 이 나라의 틈을 **엿보러** 왔느니라
민 35:20 밀쳐 죽이거나 기회를 **엿보아** 무엇을
민 35:22 우연히 사람을 밀치거나 기회를 **엿봄이**
수 2:1 　그 땅과 여리고를 **엿보라** 하매 그들이
삿 9:25 사람을 매복시켜 아비멜렉을 **엿보게**
삼하 10:3 이 성을 **엿보고** 탐지하여 함락시키고자
대상 19:3 이 땅을 **엿보고** 정탐하여 전복시키고자
욥 31:9 　이웃의 문을 **엿보아** 문에서 숨어 기다렸
시 10:8 　그의 눈은 가련한 자를 **엿보나이다**
시 37:32 악인이 의인을 **엿보아** 살해할 기회를
시 56:6 　내 생명을 **엿보았던** 것과 같이 또 모여
시 71:10 내게 대하여 말하며 내 영혼을 **엿보는**

'염소'와 관련된 성구

염소 떼 – 창 27:9; 왕상 20:27; 아 4:1; 6:5
염소 새끼 – 창 27:9, 16; 38:17, 20, 23;
　　　　　출 23:19; 34:26; 신 14:21; 삿 6:19;
　　　　　13:15, 19; 14:6; 15:1; 삼상 10:3;
　　　　　16:20; 아 1:8; 눅 15:29
염소 털 – 출 25:4; 26:7; 35:6, 23, 26;
　　　　　36:14; 민 31:20; 삼상 19:13, 16

【 엿새 】　　　　　　　　　　　　　　　　　　　　　　　　　　　　【 영 2 】

시 119:95	악인들이 나를 멸하려고 **엿보오나** 나는
잠 12:6	악인의 말은 사람을 **엿보아** 피를 흘리자
잠 24:15	악한 자여 의인의 집을 **엿보지** 말며 그
아 2:9	들여다보며 창살 틈으로 **엿보는구나**
사 29:20	죄악의 기회를 **엿보던** 자가 다 끊어졌
렘 6:1	큰 파멸이 북방에서 **엿보아** 옴이니라
애 4:18	그들이 우리의 걸음을 **엿보니** 우리가
눅 6:7	안식일에 병을 고치시는가 **엿보니**
눅 14:1	떡 잡수시러 들어가시니 그들이 **엿보고**
눅 20:20	이에 그들이 **엿보다가** 예수를 총독의
갈 2:4	예수 안에서 우리가 가진 자유를 **엿보고**

엿새(six days)

출 16:26	**엿새** 동안은 너희가 그것을 거두되 일곱
출 20:9	**엿새** 동안은 힘써 네 모든 일을 행할
출 20:11	이는 **엿새** 동안에 나 여호와가 하늘과
출 23:12	너는 **엿새** 동안에 네 일을 하고 일곱째
출 24:16	구름이 **엿새** 동안 산을 가리더니 일곱째
출 31:15	**엿새** 동안은 일할 것이나 일곱째 날은
출 31:17	나 여호와가 **엿새** 동안에 천지를 창조
출 34:21	너는 **엿새** 동안 일하고 일곱째 날에는
출 35:2	**엿새** 동안은 일하고 일곱째 날은 너희
레 23:3	**엿새** 동안은 일할 것이요 일곱째 날은
신 5:13	**엿새** 동안은 힘써 네 모든 일을 행할
신 16:8	너는 **엿새** 동안은 무교병을 먹고 일곱째
수 6:3	성 주위를 매일 한 번씩 돌되 **엿새** 동안
수 6:14	한 번 돌고 진영으로 돌아오니라 **엿새**
겔 46:1	안뜰 동쪽을 향한 문은 일하는 **엿새** 동안
마 17:1	**엿새** 후에 예수께서 베드로와 야고보
막 9:2	**엿새** 후에 예수께서 베드로와 야고보
눅 13:14	일할 날이 **엿새**가 있으니 그 동안에 와서
요 12:1	유월절 **엿새** 전에 예수께서 베다니에

영 1(令, decree)

단 9:25	예루살렘을 중건하라는 **영**이 날 때부터
눅 2:1	가이사 아구스도가 **영**을 내려 천하로

영 2(靈, Spirit, life, heart)

　모세오경 – 시가서

창 6:3	나의 **영**이 영원히 사람과 함께 하지 아니
민 11:17	네게 임한 **영**을 그들에게도 임하게 하리
민 11:25	그에게 임한 **영**을 칠십 장로에게도 임 하게 하시니 **영**이 임하신 때에 그들이
민 11:26	그들에게도 **영**이 임하였으므로 진영에
민 11:29	여호와께서 그의 **영**을 그의 모든 백성
민 27:18	여호수아는 그 안에 **영**이 머무는 자니
삼상 28:13	사울에게 이르되 내가 **영**이 땅에서 올라
왕상 22:21	한 **영**이 나아와 여호와 앞에 서서 말하되
왕하 19:7	내가 한 **영**을 그의 속에 두어 그로 소문을
대하 18:20	한 **영**이 나와서 여호와 앞에 서서 말하되
욥 4:15	그 때에 **영**이 내 앞으로 지나매 내 몸에
욥 4:16	그 **영**이 서 있는데 나는 그 형상을 알아
욥 6:4	화살이 내게 박히매 나의 **영**이 그 독을
욥 10:12	나를 보살피심으로 내 **영**을 지키셨나
욥 15:13	네 **영**이 하나님께 분노를 터뜨리며 네 입
욥 26:5	죽은 자의 **영**들이 물 밑에서 떨며 물에
욥 32:8	사람의 속에는 **영**이 있고 전능자의 숨결
욥 32:18	말이 가득하니 내 **영**이 나를 압박함이
욥 34:14	만일 뜻을 정하시고 그의 **영**과 목숨을
시 16:9	나의 마음이 기쁘고 나의 **영**도 즐거워
시 31:5	나의 **영**을 주의 손에 부탁하나이다 진리
시 142:3	내 **영**이 내 속에서 상할 때에도 주께서
시 143:7	속히 내게 응답하소서 내 **영**이 피곤하니
잠 1:23	보라 내가 나의 **영**을 너희에게 부어 주며
전 12:7	흙은 여전히 땅으로 돌아가고 **영**은 그것

　선지서

사 11:2	여호와의 **영** 곧 지혜와 총명의 **영**이요 … 재능의 **영**이요 … 경외하는 **영**이 강림
사 29:10	깊이 잠들게 하는 **영**을 너희에게 부어
사 30:1	맹약을 맺으나 나의 **영**으로 말미암지
사 31:3	말들은 육체요 **영**이 아니라 여호와께서
사 32:15	위에서부터 **영**을 우리에게 부어 주시
사 34:16	입이 이를 명령하셨고 그의 **영**이 이것
사 37:7	보라 내가 **영**을 그의 속에 두리니 그가
사 42:1	나의 **영**을 그에게 주었은즉 그가 이방에
사 42:5	땅에 행하는 자에게 **영**을 주시는 하나님

여호와의 '영'이 임한 사람
기드온 – 삿 6:34
다윗 – 삼상 16:13; 삼하 23:2
사울 – 삼상 10:6; 삼하 1:14
삼손 – 삿 13:25; 14:6, 19; 15:14
야하시엘 – 대하 20:14
에스겔 – 겔 3:12; 11:5
옷니엘 – 삿 3:10
입다 – 삿 11:29

1742

【 영 2 】

사 44:3	나의 **영**을 네 자손에게, 나의 복을 네
사 48:16	주 여호와께서 나와 그의 **영**을 보내셨
사 57:16	내가 지은 그의 **영**과 혼이 내 앞에서 피곤
사 59:21	네 위에 있는 나의 **영**과 네 입에 둔 나의
겔 1:12	**영**이 어떤 쪽으로 가면 그 생물들도 그
겔 1:20	**영**이 어떤 쪽으로 가면 생물들도 **영**이 가려 하는 곳으로 … **영**이 그 바퀴들 가운
겔 1:21	생물의 **영**이 그 바퀴들 가운데에 있음
겔 2:2	내게 말씀하실 때에 그 **영**이 내게 임하사
겔 10:17	이는 생물의 **영**이 바퀴 가운데에 있음
겔 18:31	죄악을 버리고 마음과 **영**을 새롭게 할
겔 21:7	모든 손이 약하여지며 각 **영**이 쇠하며
겔 36:27	내 **영**을 너희 속에 두어 너희로 내 율례
겔 37:1	그의 **영**으로 나를 데리고 가서 골짜기
겔 37:14	내 **영**을 너희 속에 두어 너희가 살아나게
겔 39:29	내가 내 **영**을 이스라엘 족속에게 쏟았음
겔 43:5	**영**이 나를 들어 데리고 안뜰에 들어가
욜 2:28	내 **영**을 만민에게 부어 주리니 너희 자녀
욜 2:29	내가 또 내 **영**을 남종과 여종에게 부어
학 2:5	내가 너희와 언약한 말과 나의 **영**이 계속
슥 4:6	능력으로 되지 아니하고 오직 나의 **영**
슥 6:8	북쪽으로 나간 자들이 북쪽에서 내 **영**
슥 7:12	만군의 여호와가 그의 **영**으로 옛 선지자
말 2:15	그에게는 **영**이 충만하였으나 오직 하나

신약

마 12:18	내가 사랑하는 자로다 내가 내 **영**을 그
눅 8:55	그 **영**이 돌아와 아이가 곧 일어나거늘
눅 24:37	무서워하여 그 보는 것을 **영**으로 생각
눅 24:39	나를 만져 보라 **영**은 살과 뼈가 없으되
요 3:6	난 것은 육이요 **영**으로 난 것은 **영**이니
요 4:23	참되게 예배하는 자들은 **영**과 진리로
요 4:24	하나님은 **영**이시니 예배하는 자가 **영**과
요 6:63	살리는 것은 **영**이니 육은 무익하니라 내가 너희에게 이른 말은 **영**이요 생명
행 2:17	말세에 내가 내 **영**을 모든 육체에 부어
행 2:18	그 때에 내가 내 **영**을 내 남종과 여종들
행 23:8	부활도 없고 천사도 없고 **영**도 없다
행 23:9	혹 **영**이나 혹 천사가 그에게 말하였으면

성경에 나오는 '영'

거룩한 신들의 영 – 단 4:8, 9, 18; 5:11
거짓말 하는 영 – 왕상 22:22, 23; 대하 18:21, 22
겸손한 자의 영 – 사 57:15
귀신의 영 – 계 16:14
그리스도의 영 – 롬 8:9; 벧전 1:11
더러운 영 – 계 16:13; 18:2
미혹의 영 – 딤전 4:1; 요일 4:6
살려 주는 영 – 고전 15:45
새 영 – 겔 11:19; 36:26
선지자들의 영 – 계 22:6
선한 영 – 느 9:20
섬기는 영 – 히 1:14
성결의 영 – 롬 1:4
세상의 영 – 고전 2:12
시인하는 영 – 요일 4:2
심판하는 영과 소멸하는 영 – 사 4:4
아들의 영 – 갈 4:6
악한 영 – 삿 9:23
여호와의 영 – 삿 3:10; 6:34; 11:29; 13:25; 14:6, 19; 15:14; 삼상 10:6; 16:13, 14; 삼하 23:2; 왕상 18:12; 22:24; 대하 18:23; 20:14; 사 11:2; 40:13; 61:1; 겔 3:12; 11:5; 미 2:7; 3:8

영광의 영 – 벧전 4:14
영의 직분 – 고후 3:8
예수의 영 – 행 16:7
예언의 영 – 계 19:10
예언하는 자들의 영 – 고전 14:32
우리의 영 – 롬 8:16
의인의 영 – 히 12:23
일곱 영 – 계 1:4; 3:1; 4:5
적그리스도의 영 – 요일 4:3
정직한 영 – 시 51:10
종의 영, 양자의 영 – 롬 8:15
주의 영 – 느 9:30; 시 104:30; 139:7; 143:10; 겔 3:14, 24; 8:3; 11:1, 24; 행 5:9; 8:39; 고후 3:17
지혜로운 영 – 출 28:3
지혜의 영 – 신 34:9
진리의 영 – 요 14:17; 요일 4:6
판결하는 영 – 사 28:6
하나님의 영 – 창 1:2; 41:38; 출 31:3; 35:31; 민 24:2; 삼상 10:10; 11:6; 19:20, 23; 대하 15:1; 24:20; 욥 33:4; 겔 11:24; 롬 8:9, 14; 고전 2:11; 7:40; 12:3; 고후 3:3; 요일 4:2

【 영 2 】　　　　　　　　　　　　　　　　　　　　　　　　　　　　　【 영광 】

롬 2:29	할례는 마음에 할지니 **영**에 있고 율법
롬 7:6	우리가 **영**의 새로운 것으로 섬길 것이요
롬 8:4	육신을 따르지 않고 그 **영**을 따라 행하는
롬 8:5	육신의 일을, **영**을 따르는 자는 **영**의 일
롬 8:6	육신의 생각은 사망이요 **영**의 생각은
롬 8:10	몸은 죄로 말미암아 죽은 것이나 **영**은
롬 8:11	죽은 자 가운데서 살리신 이의 **영**이 너희
롬 8:13	살면 반드시 죽을 것이로되 **영**으로써
고전 5:3	실로 몸으로는 떠나 있으나 **영**으로는
고전 5:4	주 예수의 이름으로 너희가 내 **영**과 함께
고전 5:5	육신은 멸하고 **영**은 주 예수의 날에 구원
고전 6:17	주와 합하는 자는 한 **영**이니라
고전 7:34	주의 일을 염려하여 몸과 **영**을 다 거룩
고전 12:10	어떤 사람에게는 **영**들 분별함을, 다른
고전 14:2	알아 듣는 자가 없고 **영**으로 비밀을 말함
고전 14:14	방언으로 기도하면 나의 **영**이 기도하거
고전 14:15	내가 **영**으로 기도하고 … 내가 **영**으로
고전 14:16	네가 **영**으로 축복할 때에 알지 못하는
고전 15:44	육의 몸이 있은즉 또 **영**의 몸도 있느니라
고후 3:6	오직 **영**으로 함이니 … **영**은 살리는 것
고후 7:1	거룩함을 온전히 이루어 육과 **영**의 온갖

"육신의 생각은 사망이요 영의 생각은 생명과 평안 이니라" (롬 8:6)

고후 11:4	너희가 받지 아니한 다른 **영**을 받게 하거
엡 2:2	아들들 가운데서 역사하는 **영**이라
엡 6:12	세상 주관자들과 하늘에 있는 악의 **영**들
살전 5:23	너희의 온 **영**과 혼과 몸이 우리 주 예수
살후 2:2	**영**으로나 또는 말로나 또는 우리에게
딤전 3:16	**영**으로 의롭다 하심을 받으시고 천사
히 4:12	혼과 **영**과 및 관절과 골수를 찔러 쪼개기
히 12:9	하물며 모든 **영**의 아버지께 더욱 복종
벧전 3:18	육체로는 죽임을 당하시고 **영**으로는
벧전 3:19	**영**으로 가서 옥에 있는 **영**들에게 선포
벧전 4:6	사람으로 심판을 받으나 **영**으로는
요일 4:1	**영**을 다 믿지 말고 오직 **영**들이 하나님
요일 4:3	예수를 시인하지 아니하는 **영**마다 하나님께 … 곧 적그리스도의 **영**이니라
계 5:6	보내심을 받은 하나님의 일곱 **영**이더라
계 16:16	세 **영**이 히브리어로 아마겟돈이라 하는

영감(靈感, Spirit)

대상 28:12	그가 **영감**으로 받은 모든 것 곧 여호와

영걸(英傑, mighty warrior)

대상 1:10	니므롯을 낳았으니 세상에서 첫 **영걸**

영광(榮光, glory, honor, wealth, splendor)

`모세오경, 역사서`

창 49:6	내 **영광**아 그들의 집회에 참여하지 말지어다
출 29:43	내 **영광**으로 말미암아 회막이 거룩하게
출 33:22	내 **영광**이 지나갈 때에 내가 너를 반석
민 14:22	내 **영광**과 애굽과 광야에서 행한 내 이적
신 5:24	여호와께서 그의 **영광**과 위엄을 우리
신 26:19	찬송과 명예와 **영광**을 삼으시고 그가
삼상 4:21	이르기를 **영광**이 이스라엘에서 떠났다
삼상 4:22	궤를 빼앗겼으므로 **영광**이 이스라엘
삼하 1:19	네 **영광**이 산 위에서 죽임을 당하였도다
왕상 3:13	네가 구하지 아니한 부귀와 **영광**도 네게
왕하 14:10	마음이 교만하였으니 스스로 **영광**을
대상 16:24	그의 **영광**을 모든 민족 중에, 그의 기이
대상 16:29	**영광**을 그에게 돌릴지어다 제물을 들고
대상 22:5	만국에 명성과 **영광**이 있게 하여야 할
대상 29:11	위대하심과 권능과 **영광**과 승리와 위엄
대하 1:11	부나 재물이나 **영광**이나 원수의 생명
대하 1:12	지혜와 지식을 주고 부와 재물과 **영광**
대하 17:5	예물을 드렸으므로 그가 부귀와 **영광**
대하 18:1	여호사밧이 부귀와 **영광**을 크게 떨쳤
대하 32:27	히스기야가 부와 **영광**이 지극한지라
에 5:11	큰 **영광**과 자녀가 많은 것과 왕이 자기를
에 8:16	유다인에게는 **영광**과 즐거움과 기쁨과

`시가서`

욥 19:9	나의 **영광**을 거두어가시며 나의 관모를
욥 29:20	내 **영광**은 내게 새로워지고 내 손에서
욥 40:10	너는 위엄과 존귀로 단장하며 **영광**과
시 3:3	주는 나의 방패시요 나의 **영광**이시요
시 4:2	어느 때까지 나의 **영광**을 바꾸어 욕되게
시 7:5	내 생명을 땅에 짓밟게 하고 내 **영광**을
시 21:5	주의 구원이 그의 **영광**을 크게 하시고

【 영광 】　　　　　　　　　　　　　　　　　　　　　　　　　　　　　　　　　　　　【 영광 】

시 29:1	**영광**과 능력을 여호와께 돌리고 돌릴	잠 20:3	다툼을 멀리 하는 것이 사람에게 **영광**
시 29:9	그의 모든 것들이 말하기를 **영광**이라	잠 22:4	여호와를 경외함의 보상은 재물과 **영광**
시 30:12	잠잠하지 아니하고 내 **영광**으로 주를	선지서	
시 49:16	그의 집의 **영광**이 더할 때에 너는 두려워	사 2:10	여호와의 위엄과 그 광대하심의 **영광**을
시 49:17	죽으매 가져가는 것이 없고 그의 **영광**이	사 2:19	그의 위엄과 그 광대하심의 **영광**을 피할
시 57:8	내 **영광**아 깰지어다 비파야, 수금아,	사 2:21	그의 위엄과 그 광대하심의 **영광**을 피하
시 62:7	나의 구원과 **영광**이 하나님께 있음이여	사 4:5	화염의 빛을 만드시고 그 모든 **영광** 위
시 66:2	그의 이름의 **영광**을 찬양하고 영화롭게	사 6:3	여호와여 그의 **영광**이 온 땅에 충만하
시 72:19	온 땅에 그의 **영광**이 충만할지어다 아멘	사 10:18	숲과 기름진 밭의 **영광**이 전부 소멸되
시 73:24	나를 인도하시고 후에는 **영광**으로 나를	사 14:18	모든 왕들은 모두 각각 자기 집에서 **영광**
시 78:61	능력을 포로에게 넘겨 주시며 그의 **영광**	사 17:3	이스라엘 자손의 **영광**같이 되리라 만군
시 85:9	그를 경외하는 자에게 가까우니 **영광**이	사 21:16	일 년 내에 게달의 **영광**이 다 쇠멸하리니
시 89:44	그의 **영광**을 그치게 하시고 그의 왕위를	사 22:24	아버지 집의 모든 **영광**이 그 위에 걸리
시 96:3	**영광**을 백성들 가운데에, 그의 기이한	사 42:8	나는 내 **영광**을 다른 자에게, 내 찬송을
시 96:8	합당한 **영광**을 그에게 돌릴지어다 예물	사 43:7	내가 내 **영광**을 위하여 창조한 자를 오게
시 102:16	건설하시고 그의 **영광** 중에 나타나셨음	사 46:13	내가 나의 **영광**인 이스라엘을 위하여
시 106:20	자기 **영광**을 풀 먹는 소의 형상으로 바꾸	사 48:9	내 **영광**을 위하여 내가 참고 너를 멸절
시 112:9	그의 의가 영구히 있고 그의 뿔이 **영광**	사 48:11	내 이름을 욕되게 하리요 내 **영광**을 다른
시 113:4	모든 나라보다 높으시며 그의 **영광**은	사 49:3	내 **영광**을 네 속에 나타낼 이스라엘이라
시 115:1	여호와여 **영광**을 우리에게 돌리지 마옵	사 59:19	해 돋는 쪽에서 그의 **영광**을 두려워할
시 145:11	그들이 주의 나라의 **영광**을 말하며 주의	사 60:2	임하실 것이며 그의 **영광**이 네 위에 나타
시 145:12	업적과 주의 나라의 위엄 있는 **영광**을	사 66:12	그에게 뭇 나라의 **영광**을 넘치는 시내
시 148:13	이름이 홀로 높으시며 그의 **영광**이 땅과	사 66:19	그들이 나의 **영광**을 뭇 나라에 전파하
시 149:5	성도들은 **영광** 중에 즐거워하며 그들의	렘 2:11	나의 백성은 그의 **영광**을 무익한 것과
시 149:9	이런 **영광**은 그의 모든 성도에게 있도다	렘 22:18	주여 슬프다 그 **영광**이여 하며 통곡하지
잠 3:35	지혜로운 자는 **영광**을 기업으로 받거니	애 1:6	딸 시온의 모든 **영광**이 떠나감이여 그의
잠 19:11	허물을 용서하는 것이 자기의 **영광**이	애 2:15	온전한 **영광**이라, 모든 세상 사람들의

성경에 나오는 '영광'

그리스도의 영광 – 고후 4:4; 8:23; 살후 2:14; 딛 2:13

레바논의 영광 – 사 35:2; 60:13

비밀의 영광 – 골 1:27

아버지의 영광 – 마 16:27; 막 8:38; 롬 6:4

야곱의 영광 – 사 17:4; 암 6:8; 8:7; 나 2:2

에브라임의 영광 – 호 9:11

여호와의 영광 – 출 16:7, 10; 24:16, 17; 40:34, 35; 레 9:6, 23; 민 14:10, 21; 16:19, 42; 20:6; 왕상 8:11; 대하 5:14; 7:1, 2, 3; 시 104:31; 138:5; 사 35:2; 40:5; 58:8; 60:1; 겔 1:28; 3:12, 23; 10:4, 18; 11:23; 43:4, 5; 44:4; 합 2:14

왕의 영광 – 잠 14:28

우리의 영광 – 고전 2:7; 살전 2:20

은혜의 영광 – 엡 1:6

이스라엘의 영광 – 사 17:3; 미 1:15; 나 2:2; 눅 2:32

주의 영광 – 출 33:18; 대상 16:35; 시 8:1; 26:8; 57:5, 11; 90:16; 102:15; 108:5; 막 10:37; 눅 2:9; 요 12:41; 고후 3:18; 8:19

천사들의 영광 – 눅 9:26

하나님의 영광 – 시 19:1; 겔 8:4; 9:3; 10:19; 11:22; 43:2; 요 11:4; 40; 12:43; 행 7:55; 롬 1:23; 3:23; 5:2; 고전 10:31; 고후 4:6; 빌 1:11; 딤전 1:11; 히 1:3; 계 15:8; 21:11, 23

힘의 영광 – 시 89:17; 살후 1:9

【 영광 】 　　　　　　　　　　　　　　　　　　　【 영광 】

겔 3:23	전에 그발 강 가에서 보던 **영광**과 같은	학 2:9	이 성전의 나중 **영광**이 이전 **영광**보다
겔 24:21	내 성소는 너희 세력의 **영광**이요 너희	슥 2:8	**영광**을 위하여 나를 너희를 노략한 여러
겔 24:25	내가 그 힘과 그 즐거워하는 **영광**과 그	슥 12:7	집의 **영광**과 예루살렘 주민의 **영광**이
겔 31:18	너의 **영광**과 위대함이 에덴의 나무들	**복음서, 역사서**	
겔 39:21	내 **영광**을 여러 민족 가운데 나타내어	마 6:13	나라와 권세와 **영광**이 아버지께 영원히
겔 43:2	많은 물 소리 같고 땅은 그 **영광**으로	마 6:29	솔로몬의 모든 **영광**으로도 입은 것이
단 2:6	선물과 상과 큰 **영광**을 내게서 얻으리라	마 24:30	인자가 구름을 타고 능력과 큰 **영광**으로
단 2:37	하나님이 나라와 권세와 능력과 **영광**을	마 25:31	인자가 자기 **영광**으로 모든 천사와 함께
단 4:36	내 나라의 **영광**에 대하여도 내 위엄과	막 13:26	인자가 구름을 타고 큰 권능과 **영광**으로
단 5:18	느부갓네살에게 나라와 큰 권세와 **영광**	눅 2:14	지극히 높은 곳에서는 하나님께 **영광**이
단 5:20	그의 왕위가 폐한 바 되며 그의 **영광**을	눅 4:6	이 모든 권위와 그 **영광**을 내가 네게
단 7:14	그에게 권세와 **영광**과 나라를 주고 모든	눅 9:31	**영광** 중에 나타나서 장차 예수께서 예루
단 11:21	나라의 **영광**을 그에게 주지 아니할 것	눅 9:32	졸다가 온전히 깨어나 예수의 **영광**과
단 11:39	그를 안다 하는 자에게는 **영광**을 더하여	눅 12:27	솔로몬의 모든 **영광**으로도 입은 것이
호 10:5	제사장들도 슬퍼하리니 이는 그의 **영광**	눅 14:10	함께 앉은 모든 사람 앞에서 **영광**이 있으
미 2:9	어린 자녀에게서 나의 **영광**을 영원히	눅 19:38	평화요 가장 높은 곳에는 **영광**이로다
합 2:16	네게 **영광**이 아니요 수치가 가득한즉	눅 21:27	인자가 구름을 타고 능력과 큰 **영광**으로
	너도 … 더러운 욕이 네 **영광**을 가리라	눅 24:26	자기의 **영광**에 들어가야 할 것이 아니냐
합 3:3	그의 **영광**이 하늘을 덮었고 그의 찬송이	요 1:14	아버지의 독생자의 **영광**이요 은혜와
학 2:7	내가 이 성전에 **영광**이 충만하게 하리라	요 5:41	나는 사람에게서 **영광**을 취하지 아니

'영광'과 관련된 성구

여호와께 영광을 돌리다 – 수 7:19; 사 42:12; 렘 13:16

영광과 권능을 여호와께 돌리다 – 대상 16:28; 시 96:7

영광을 구하다 – 요 7:18; 8:50; 갈 5:26; 살전 2:6

영광을 나타내다 – 출 15:6; 레 10:3; 사 24:23; 44:23; 60:21; 61:3; 66:5; 겔 27:10; 단 4:30; 요 2:11; 16:14; 벧전 4:13

영광을 돌리다 – 수 7:19; 삼상 6:5; 욥 32:21; 시 22:23; 29:2; 71:8; 86:9; 12; 115:1; 사 24:16; 애 1:8; 단 5:23; 마 5:16; 롬 15:6, 7; 빌 2:11; 4:20; 계 14:7; 16:9; 19:7

영광을 받다 – 마 6:2; 요 7:39; 11:4; 13:31, 32; 14:13; 15:8; 17:10; 롬 8:17; 9:23; 살후 1:10, 12; 히 3:3; 벧전 4:11; 벧후 1:17; 계 4:11; 5:12

영광을 보다 – 출 16:7; 33:18; 시 63:2; 97:6; 사 62:2; 66:18, 19; 학 2:3; 마 4:8; 요 1:14; 11:40

영광을 얻다 – 출 14:4, 17, 18; 삿 4:9; 대하 26:18; 잠 21:21; 사 26:15; 61:6; 겔 26:20; 학 1:8; 슥 6:13; 요 12:16, 23; 고전 12:26; 살후 2:14; 벧전 1:7

영광을 주다 – 요 13:32; 벧전 1:21

영광의 관 – 벧전 5:4

영광의 광채 – 히 1:3

영광의 그룹 – 히 9:5

영광의 눈 – 사 3:8

영광의 면류관 – 렘 13:18

영광의 몸 – 빌 3:21

영광의 보좌 – 사 22:23; 렘 14:21; 마 19:28; 25:31

영광의 복음 – 고후 4:4; 딤전 1:11

영광의 소망 – 골 1:27

영광의 수레 – 사 22:18

영광의 아버지 – 엡 1:17

영광의 영 – 벧전 4:14

영광의 왕 – 시 24:7, 8, 9, 10

영광의 자리 – 삼상 2:8

【 영광 】

요 5:44	너희가 서로 **영광**을 취하고 유일하신 하나님께로부터 오는 **영광**은 구하지
요 8:54	내 **영광**이 … 아니거니와 내게 **영광**을
요 12:43	사람의 **영광**을 하나님의 **영광**보다 더
요 17:22	내게 주신 **영광**을 내가 그들에게 주었
요 17:24	내게 주신 나의 **영광**을 그들로 보게 하시
행 12:23	헤롯이 **영광**을 하나님께 돌리지 아니

서신서, 예언서

롬 2:7	참고 선을 행하여 **영광**과 존귀와 썩지
롬 2:10	선을 행하는 각 사람에게는 **영광**과 존귀
롬 8:18	고난은 장차 우리에게 나타날 **영광**과
롬 9:4	그들에게는 양자 됨과 **영광**과 언약들
롬 11:36	주에게로 돌아감이라 그에게 **영광**이
롬 16:27	그리스도로 말미암아 **영광**이 세세무궁
고전 11:7	남자는 하나님의 형상과 **영광**이니 그 머리를 … 여자는 남자의 **영광**이니라
고전 15:40	하늘에 속한 것의 **영광**이 … **영광**이 따로
고전 15:41	해의 **영광**이 다르고 달의 **영광**이 다르며 별의 **영광**도 다른데 별과 별의 **영광**이
고후 3:7	직분도 **영광**이 있어 … 없어질 **영광** 때문

'영광' 과 관련된 성구

- **영광**의 자유 – 롬 8:21
- **영광**의 주 – 고전 2:8; 약 2:1
- **영광**의 중한 것 – 고후 4:17
- **영광**의 집 – 사 60:7
- **영광**의 찬송 – 엡 1:12
- **영광**의 칼 – 신 33:29
- **영광**의 팔 – 사 63:12
- **영광**의 풍성함 – 사 66:11; 롬 9:23; 엡 1:18; 3:16
- **영광**의 하나님 – 시 29:3; 행 7:2
- **영광**의 형상의 모양 – 겔 1:28
- **영광**의 힘 – 골 1:11
- **영광**이 나타나다 – 민 16:42; 사 40:5; 겔 28:22; 39:13; 딛 2:13
- **영광**이 되다 – 사 60:19; 렘 13:11; 33:9; 슥 2:5; 롬 3:7; 고전 11:15
- 하나님께 **영광**을 돌리다 – 마 9:8; 15:31; 막 2:12; 눅 2:20; 5:25, 26; 7:16; 13:13; 17:15, 18; 18:43; 23:47; 요 9:24; 21:19; 행 4:21; 11:18; 21:20; 롬 4:20; 15:7, 9; 고전 6:20; 고후 1:20; 4:15; 9:13; 갈 1:24; 벧전 2:12; 4:16

고후 3:8	영의 직분은 더욱 **영광**이 있지 아니하
고후 3:9	직분도 **영광**이 … 의의 직분은 **영광**이
고후 3:10	**영광**되었던 … 큰 **영광**으로 … **영광**될
고후 3:11	없어질 것도 **영광**으로 말미암았은즉 길이 있을 것은 더욱 **영광** 가운데 있느
고후 3:18	형상으로 변화하여 **영광**에서 **영광**에
고후 6:8	**영광**과 욕됨으로 그러했으며 악한 이름
갈 1:5	**영광**이 그에게 세세토록 있을지어다
엡 1:14	얻으신 것을 속량하시고 그의 **영광**을
엡 3:13	낙심하지 말라 이는 너희의 **영광**이니라
엡 3:21	그리스도 예수 안에서 **영광**이 대대로
빌 3:19	신은 배요 그 **영광**은 그들의 부끄러움에
빌 4:19	하나님이 그리스도 예수 안에서 **영광**
골 3:4	그 때에 너희도 그와 함께 **영광** 중에
살전 2:12	너희를 부르사 자기 나라와 **영광**에 이르
딤전 1:17	홀로 하나이신 하나님께 존귀와 **영광**이
딤전 3:16	세상에서 믿은 바 되시고 **영광** 가운데서
딤후 2:10	예수 안에 있는 구원을 영원한 **영광**과
딤후 4:18	그에게 **영광**이 세세무궁토록 있을지
히 2:7	천사보다 못하게 하시며 **영광**과 존귀
히 2:9	고난 받으심으로 말미암아 **영광**과 존귀
히 2:10	아들들을 이끌어 **영광**에 들어가게 하시
히 5:5	스스로 **영광**을 취하심이 아니요 오직
히 13:21	**영광**이 그에게 세세무궁토록 있을지
벧전 1:7	나타나실 때에 칭찬과 **영광**과 존귀를
벧전 1:11	후에 받으실 **영광**을 미리 증언하여 누구
벧전 1:24	**영광**은 풀의 꽃과 같으니 풀은 마르고
벧전 4:11	그에게 **영광**과 권능이 세세에 무궁하도
벧전 5:1	고난의 증인이요 나타날 **영광**에 참여할
벧전 5:10	너희를 부르사 자기의 영원한 **영광**에
벧후 1:3	자기의 **영광**과 덕으로써 우리를 부르신
벧후 1:17	지극히 큰 **영광** 중에서 이러한 소리가
벧후 2:10	당돌하고 자긍하며 떨지 않고 **영광** 있는
벧후 3:18	그를 아는 지식에서 자라 가라 **영광**이
유 1:8	더럽히며 권위를 업신여기며 **영광**을
유 1:24	너희로 그 **영광** 앞에 흠이 없이 기쁨으로
유 1:25	예수 그리스도로 말미암아 **영광**과 위엄
계 1:6	그에게 **영광**과 능력이 세세토록 있기를
계 4:9	세세토록 살아계시는 이에게 **영광**과
계 5:13	존귀와 **영광**과 권능을 세세토록 돌릴
계 7:12	아멘 찬송과 **영광**과 지혜와 감사와 존귀
계 11:13	두려워하여 **영광**을 하늘의 하나님께
계 18:1	큰 권세를 가졌는데 그의 **영광**으로 땅이

【 영광스럽다 】　　　　　　　　　　　　　　　【 영생/-하다 】

계 19:1　할렐루야 구원과 **영광**과 능력이 우리
계 21:24　땅의 왕들이 자기 **영광**을 가지고 그리로
계 21:26　사람들이 만국의 **영광**과 존귀를 가지고

영광스럽다 (榮光, glory, majestic, splendor)
출 15:11　주와 같이 거룩함으로 **영광스러우며**
시 79:9　주의 이름의 **영광스러운** 행사를 위하여
시 87:3　너를 가리켜 **영광스럽다** 말하는도다
시 145:5　존귀하고 **영광스러운** 위엄과 주의 기이
눅 13:17　온 무리는 그가 하시는 모든 **영광스러운**
요 12:28　이름을 **영광스럽게** 하옵소서 … **영광**
　　　　　스럽게 하였고 또다시 **영광스럽게** 하리
롬 11:13　사도인 만큼 내 직분을 **영광스럽게** 여기
고전 15:43　욕된 것으로 심고 **영광스러운** 것으로
엡 5:27　자기 앞에 **영광스러운** 교회로 세우사
살후 3:1　가운데서와 같이 퍼져 나가 **영광스럽게**
벧전 1:8　믿고 말할 수 없는 **영광스러운** 즐거움

영구하다/영구히 (永久, everlasting)
레 25:23　토지를 **영구히** 팔지 말 것은 토지는 다
레 25:30　대로 **영구히** 그에게 속하고 희년에
민 18:8　너와 네 아들들에게 **영구한** 몫의 음식
민 18:11　자녀에게 **영구한** 몫의 음식으로 주었은
민 18:19　내가 **영구한** 몫의 음식으로 너와 네 자녀
민 19:21　그들의 **영구한** 율례니라 정결하게 하는
신 12:28　너와 네 후손에게 **영구히** 복이 있으리라
신 13:16　성읍은 **영구히** 폐허가 되어 다시는 건축
신 15:17　그가 **영구히** 네 종이 되리라 네 여종에
삼상 2:35　부음을 받은 자 앞에서 **영구히** 행하리라
시 72:17　그의 이름이 **영구함이여** 그의 이름이
시 74:3　**영구히** 파멸된 곳을 향하여 주의 발을
시 77:8　그의 약속하심도 **영구히** 폐하였는가
시 89:29　그의 후손을 **영구하게** 하여 그의 왕위를
시 112:3　있음이여 그의 공의가 **영구히** 서 있으
시 112:9　그의 의가 **영구히** 있고 그의 뿔이 영광
렘 23:40　영원한 치욕과 잊지 못할 **영구한** 수치를
히 10:34　더 낫고 **영구한** 소유가 있는 줄 앎이라
히 13:14　우리가 여기에는 **영구한** 도성이 없고

영내 (領內, barrack)
행 21:34　진상을 알 수 없어 그를 **영내**로 데려가라
행 21:37　바울을 데리고 **영내**로 들어가려 할 그
행 22:24　천부장이 바울을 **영내**로 데려가라 명

행 23:10　가운데서 **빼앗아** 가지고 **영내**로 들어
행 23:16　듣고 와서 **영내**에 들어가 바울에게 알린
행 23:32　바울을 호송하게 하고 **영내**로 돌아가

영달하다 (榮達, hold up)
잠 3:35　미련한 자의 **영달함**은 수치가 되느니라

영도자 (領導者, leader)
렘 30:21　그 **영도자**는 그들 중에서 나올 것이요

영문 (營門, camp, out post, garrison)
삼상 10:5　사람들의 **영문**이 있느니라 네가 그리로
대하 17:2　정복한 에브라임 성읍들에 **영문**을 두었으
느 2:8　성전에 속한 **영문**의 문과 성곽과 내가
느 7:2　하나님과 **영문**의 관원 하나냐가 함께
히 13:11　들어가고 그 육체는 **영문** 밖에서 불사름
히 13:13　치욕을 짊어지고 **영문** 밖으로 그에게

영벌 (永罰, eternal punishment)
마 25:46　그들은 **영벌**에, 의인들은 영생에 들어

영생/-하다 (永生, live forever, eternal life)
창 3:22　나무 열매도 따먹고 **영생할까** 하노라
시 133:3　복을 명령하셨나니 곧 **영생**이로다
단 4:34　감사하며 **영생하시는** 이를 찬양하고
단 12:2　많은 사람이 깨어나 **영생**을 받는 자도
마 18:8　다리 저는 자로 **영생**에 들어가는 것이
마 18:9　한 눈으로 **영생**에 들어가는 것이 두 눈
마 19:16　무슨 선한 일을 하여야 **영생**을 얻으리
마 19:29　버린 자마다 여러 배를 받고 또 **영생**을
마 25:46　영벌에, 의인들은 **영생**에 들어가리라
막 9:43　장애인으로 **영생**에 들어가는 것이 두
막 9:45　저는 자로 **영생**에 들어가는 것이 두 발
막 10:17　내가 무엇을 하여야 **영생**을 얻으리이까
막 10:30　내세에 **영생**을 받지 못할 자가 없느니라
눅 10:25　선생님 내가 무엇을 하여야 **영생**을 얻으
눅 18:18　내가 무엇을 하여야 **영생**을 얻으리이까
눅 18:30　배를 받고 내세에 **영생**을 받지 못할 자가
요 3:15　이는 그를 믿는 자마다 **영생**을 얻게 하려
요 3:16　믿는 자마다 멸망하지 않고 **영생**을 얻게
요 3:36　**영생**이 있고 아들에게 … **영생**을 보지
요 4:14　그 속에서 **영생하도록** 솟아나는 샘물
요 4:36　이미 삯도 받고 **영생**에 이르는 열매를

| 영세 | | 영원/-하다 |

요 5:24	이를 믿는 자는 **영생**을 얻었고 심판에	
요 5:39	성경에서 **영생**을 얻는 줄 생각하고 성경	
요 5:40	너희가 **영생**을 얻기 위하여 내게 오기를	
요 6:27	일하지 말고 **영생하도록** 있는 양식을	
요 6:40	**영생**을 얻는 이것이니 마지막 날에 내가	
요 6:47	너희에게 이르노니 믿는 자는 **영생**을	
요 6:51	사람이 이 떡을 먹으면 **영생하리라** 내가	
요 6:54	피를 마시는 자는 **영생**을 가졌고 마지막	
요 6:68	대답하되 주여 **영생**의 말씀이 주께 있사	
요 10:28	그들에게 **영생**을 주노니 영원히 멸망	
요 12:25	생명을 미워하는 자는 **영생하도록** 보전	
요 12:50	그의 명령이 **영생**인 줄 아노라 그러므로	
요 17:2	모든 사람에게 **영생**을 주게 하시려고	
요 17:3	**영생**은 곧 유일하신 참 하나님과 그가	
행 13:46	그것을 버리고 **영생**을 얻기에 합당하지	
행 13:48	**영생**을 주시기로 작정된 자는 다 믿더라	
롬 2:7	썩지 아니함을 구하는 자에게는 **영생**	
롬 5:21	그리스도로 말미암아 **영생**에 이르게	
롬 6:22	열매를 맺었으니 그 마지막은 **영생**이라	
롬 6:23	그리스도 예수 우리 주 안에 있는 **영생**	
갈 6:8	심는 자는 성령으로부터 **영생**을 거두리	
딤전 1:16	주를 믿어 **영생** 얻는 자들에게 본이 되게	
딤전 6:12	**영생**을 취하라 이를 위하여 네가 부르심	
딛 1:2	**영생**의 소망을 위함이라 이 **영생**은 거짓	
딛 3:7	**영생**의 소망을 따라 상속자가 되게 하려	
요일 3:15	살인하는 자마다 **영생**이 그 속에 거하지	
요일 5:11	우리에게 **영생**을 주신 것과 이 생명이	
요일 5:13	너희에게 **영생**이 있음을 알게 하려 함	
요일 5:20	것이니 그는 참 하나님이시요 **영생**이	
유 1:21	자신을 지키며 **영생**에 이르도록 우리	

영세(永世, long age)
롬 16:25 그리스도를 전파함은 **영세** 전부터 감추

영솔자/영솔하다(領率, lead)
삿 5:2 이스라엘의 **영솔자들**이 **영솔하였고**

영양(羚羊, antelope)
사 51:20 그물에 걸린 **영양**같이 온 거리 모퉁이에

영업/-하다(營業, trade)
행 19:25 직공들과 그러한 **영업**하는 자들을 모아
행 19:27 우리의 이 **영업**이 천하여질 위험이 있을

영역(領域, border)
시 78:54 성소의 **영역** 곧 그의 오른손으로 만드신

영영하다/영영히(永永, forever)
창 44:32 돌아오지 아니하면 **영영히** 아버지께
출 19:9 너를 **영영히** 믿게 하려 함이니라 모세가
출 40:15 받았은즉 대대로 **영영히** 제사장이 되리
레 10:9 이는 너희 대대로 지킬 **영영한** 규례라
레 27:21 성물이 되어 **영영히** 드린 땅과 같이
왕상 2:33 피는 **영영히** 요압의 머리와 그의 자손
잠 10:30 의인은 **영영히** 이동되지 아니하여도
사 33:14 누가 **영영히** 타는 것과 함께 거하리요
사 33:20 말뚝이 **영영히** 뽑히지 아니할 것이요
사 34:10 황무하여 그리로 지날 자가 **영영히** 없겠
사 35:10 머리 위에 **영영한** 희락을 띠고 기쁨과
사 47:7 말하기를 내가 **영영히** 여주인이 되리라
사 55:13 기념이 되며 **영영한** 표징이 되어 끊어
히 1:8 보좌는 **영영하며** 주의 나라의 규는 공평

영예(榮譽, honor, praise)
대상 17:18 베푸신 **영예**에 대하여 이 다윗이 다시
시 78:4 여호와의 **영예**와 그의 능력과 그가 행하
시 79:13 주께 감사하며 주의 **영예**를 대대에 전하
시 102:21 그 **영예**를 예루살렘에서 선포하게 하려
시 106:47 감사하며 주의 **영예**를 찬양하게 하소서
시 145:21 여호와의 **영예**를 말하며 모든 육체가
잠 25:27 못하고 자기의 **영예**를 구하는 것이 헛되
잠 26:1 미련한 자에게는 **영예**가 적당하지 아니
잠 26:8 미련한 자에게 **영예**를 주는 것은 돌을
잠 29:23 낮아지게 되겠고 마음이 겸손하면 **영예**

영웅(英雄, fighter, leader)
출 15:15 모압 **영웅**이 떨림에 잡히며 가나안 주민
삼하 17:10 왕의 아버지는 **영웅**이요 그의 추종자
사 14:9 세상의 모든 **영웅**을 너로 말미암아 움직

영원/-하다(永遠, ancient, last, permanent)
모세오경, 역사서
창 21:33 거기서 **영원하신** 여호와의 이름을 불렀
창 48:4 후손에게 주어 **영원한** 소유가 되게 하리
창 49:26 **영원한** 산이 이한 없음같이 이 축복이
출 3:15 **영원한** 이름이요 대대로 기억할 나의
출 28:29 여호와 앞에 **영원한** 기념을 삼을 것이

【 영원/-하다 】　　　　　　　　　　　　　　　　　　　　　【 영원/-하다 】

출 29:28　자손에게 돌릴 **영원한** 분깃이요 거제물
출 31:17　나와 이스라엘 자손 사이에 **영원한** 표징
레 25:34　그들의 **영원한** 소유지이니 팔지 못할
레 25:46　너희가 **영원한** 종을 삼으려니와 너희
민 18:19　앞에 너와 네 후손에게 **영원한** 소금 언약
민 25:13　그의 후손에게 **영원한** 제사장 직분의
신 33:15　좋은 산물과 **영원한** 작은 언덕의 선물
신 33:27　**영원하신** 하나님이 네 처소가 되시니
　　　　　그의 **영원하신** 팔이 네 아래에 있도다
수 8:28　불살라 그것으로 **영원한** 무더기를 만들
대상 22:10　굳게 세워 **영원까지** 이르게 하리라 하셨
스 3:11　이스라엘에게 **영원하시도다** 하니 모든
스 9:12　그 땅을 자손에게 물려 주어 **영원한** 유산

〔시가서〕
시 12:7　지키사 이 세대로부터 **영원까지** 보존
시 16:11　주의 오른쪽에는 **영원한** 즐거움이 있나
시 19:9　정결하여 **영원까지** 이르고 여호와를
시 21:4　주께서 그에게 주셨으니 곧 **영원한** 장수
시 24:7　머리를 들지어다 **영원한** 문들아 들릴
시 24:9　머리를 들지어다 **영원한** 문들아 들릴
시 25:6　**영원부터** 있었사오니 주여 이것들을
시 29:10　여호와께서 **영원하도록** 왕으로 좌정
시 37:18　아시나니 그들의 기업은 **영원하리로다**
시 45:6　**영원하며** 주의 나라의 규는 공평한 규
시 73:26　내 마음의 반석이시요 **영원한** 분깃이
시 93:2　견고히 섰으며 주는 **영원부터** 계셨나
시 106:31　의로 인정되었으니 대대로 **영원까지**
시 110:4　서열을 따라 **영원한** 제사장이라 하셨
시 113:2　**영원까지** 여호와의 이름을 찬송할지로
시 115:18　이제부터 **영원까지** 여호와를 송축하리
시 117:2　여호와의 진실하심이 **영원함이로다**
시 119:142　의는 **영원한** 의요 주의 율법은 진리로
시 119:160　의로운 모든 규례들은 **영원하리이다**
시 121:8　출입을 지금부터 **영원까지** 지키시리로
시 125:2　그의 백성을 지금부터 **영원까지** 두르시
시 131:3　지금부터 **영원까지** 여호와를 바랄지어
시 135:13　주의 이름이 **영원하시니이다** 여호와여
시 139:24　있나 보시고 나를 **영원한** 길로 인도하
잠 10:25　악인은 없어져도 의인은 **영원한** 기초
전 2:16　지혜자도 우매자와 함께 **영원하도록**
전 3:11　**영원을** 사모하는 마음을 주셨느니라
전 12:5　자기의 **영원한** 집으로 돌아가고 조문객

〔선지서〕
사 26:4　신뢰하라 주 여호와는 **영원한** 반석이심
사 32:17　공의의 결과는 **영원한** 평안과 안전이라
사 40:28　못하였느냐 **영원하신** 하나님 여호와,
사 44:7　**영원한** 백성을 세운 이후로 나처럼 외치
사 45:17　여호와께 구원을 받아 **영원한** 구원을
사 51:11　**영원한** 기쁨이 그들의 머리 위에 있고
사 54:8　네게서 잠시 가렸으나 **영원한** 자비로
사 56:5　**영원한** 이름을 주어 끊어지지 아니하게
사 59:21　이제부터 **영원하도록** 네 입에서와 네

'영원'과 관련된 성구

영원부터 영원까지 – 대상 16:36; 29:10; 느 9:5; 시 41:13; 90:2; 103:17; 106:48; 렘 25:5; 단 2:20

영원 전부터 – 행 3:21; 딤후 1:9; 딛 1:2; 유 1:25

영원토록 – 삼상 2:32; 3:13; 20:23; 삼하 12:10; 왕하 5:27; 대상 23:13; 욥 36:7; 시 18:50; 21:6; 28:9; 86:12; 92:8; 겔 37:28; 단 12:3; 마 21:19; 막 11:14; 요 14:16; 고후 9:9; 히 13:8; 유 1:25; 계 15:7

영원한 규례 – 출 12:14, 17; 29:9; 레 3:17; 6:22; 17:7; 23:14, 21, 31, 41; 24:3, 9; 대하 2:4; 겔 46:14

영원한 기업 – 창 17:8; 출 32:13; 대상 28:8;

히 9:15

영원한 나라 – 시 145:13; 단 4:3; 7:27; 벧후 1:11

영원한 소득 – 레 6:18; 7:34; 10:15

영원한 언약 – 창 9:16; 17:7, 13, 19; 출 31:16; 레 24:8; 삼하 23:5; 대상 16:17; 시 105:10; 사 24:5; 55:3; 61:8; 렘 32:40; 50:5; 겔 16:60; 37:26; 히 13:20

영원한 율례 – 민 10:8; 15:15; 18:23; 19:10

인자하심이 영원하다 – 대상 16:34, 41; 대하 7:3, 6; 20:21; 시 25:6; 100:5; 106:1; 107:1; 118:1, 2, 3, 4, 29; 136:1, 2, 3, 4, 5, 6, 7, 8, 9, 10, 11, 12, 13, 14, 15, 16, 17, 18, 19, 20, 21, 22, 23, 24, 25, 26; 138:8; 렘 33:10–11

【 영원/-하다 】　　　　　　　　　　　　　　　　　【 영원히 】

사 60:15　내가 너를 **영원한** 아름다움과 대대
사 60:19　여호와가 네게 **영원한** 빛이 되며 네
사 60:20　**영원한** 빛이 되고 네 슬픔의 날이 끝날
사 61:7　갑절이나 얻고 **영원한** 기쁨이 있으리라
사 63:12　이름을 **영원하게** 하려 하사 그들 앞에서
렘 5:22　**영원한** 한계를 삼고 지나치지 못하게
렘 10:10　살아 계신 하나님이시고 **영원한** 왕이
렘 18:16　두려움과 **영원한** 웃음 거리가 되게 하리
렘 23:40　너희는 **영원한** 치욕과 잊지 못할 영구한
렘 25:9　땅으로 **영원한** 폐허가 되게 할 것이라
렘 31:3　**영원한** 사랑으로 너를 사랑하기에 인자
렘 51:62　**영원한** 폐허가 되리라 하셨나이다 하라
애 3:31　주께서 **영원하도록** 버리지 아니하실 것
겔 37:26　화평의 언약을 세워서 **영원한** 언약이
단 4:34　그 권세는 **영원한** 권세요 그 나라는 대대
단 7:14　소멸되지 아니하는 **영원한** 권세요 그의
단 7:18　누림이 **영원하고 영원하고 영원하리라**
단 9:24　**영원한** 의가 드러나며 환상과 예언이
미 4:7　이제부터 **영원까지** 그들을 다스리리라
미 5:2　그의 근본은 상고에, **영원에** 있느니라
합 3:6　**영원한** 산이 무너지며 무궁한 작은 산이
말 1:4　여호와의 **영원한** 진노를 받은 백성이라

신약

마 18:8　두 발을 가지고 **영원한** 불에 던져지는
마 25:41　위하여 예비된 **영원한** 불에 들어가라
막 3:29　사하심을 얻지 못하고 **영원한** 죄가 되느
롬 1:20　곧 그의 **영원하신** 능력과 신성이 그가
롬 16:26　**영원하신** 하나님의 명을 따라 선지자들
고후 4:17　크고 **영원한** 영광의 중한 것을 우리에게
고후 4:18　잠깐이요 보이지 않는 것은 **영원함이라**
고후 5:1　하늘에 있는 **영원한** 집이 우리에게 있는
엡 3:9　**영원부터** 만물을 창조하신 하나님 속에
엡 3:11　곧 **영원부터** 우리 주 그리스도 예수 안에
살후 1:9　그의 힘의 영광을 떠나 **영원한** 멸망의
살후 2:16　사랑하시고 **영원한** 위로와 좋은 소망을
딤전 1:17　**영원하신** 왕 곧 썩지 아니하고 보이지
딤전 6:16　그에게 존귀와 **영원한** 권능을 돌릴지
딤후 2:10　구원을 **영원한** 영광과 함께 받게 하려
히 5:9　모든 자에게 **영원한** 구원의 근원이 되시
히 6:2　부활과 **영원한** 심판에 관한 교훈의 터를
히 9:12　**영원한** 속죄를 이루사 단번에 성소에
히 9:14　하물며 **영원하신** 성령으로 말미암아
히 10:12　죄를 위하여 한 **영원한** 제사를 드리시고

벧전 5:10　자기의 **영원한** 영광에 들어가게 하신
벧후 3:18　이제와 **영원한** 날까지 그에게 있을지
요일 1:2　이 **영원한** 생명을 우리가 보았고 증언
요일 2:25　약속하신 것은 이것이니 곧 **영원한** 생명
유 1:6　심판까지 **영원한** 결박으로 흑암에 가두
유 1:7　**영원한** 불의 형벌을 받음으로 거울이
계 14:6　방언과 백성에게 전할 **영원한** 복음을

영원무궁/-하다(永遠無窮, for ever and ever)

출 15:18　여호와께서 **영원무궁하도록** 다스리
시 10:16　여호와께서는 **영원무궁하도록** 왕이시니
시 93:5　합당하니 여호와는 **영원무궁하시리이다**
시 111:8　**영원무궁토록** 정하신 바요 진실과 정의
렘 7:7　곧 너희 조상에게 **영원무궁토록** 준 땅
엡 3:21　영광이 대대로 **영원무궁하기를** 원하
딤전 1:17　존귀와 영광이 **영원무궁하도록** 있을

영원히(永遠, forever)

모세오경, 역사서

창 6:3　나의 영이 **영원히** 사람과 함께 하지 아니
창 13:15　너와 네 자손에게 주리니 **영원히** 이르
창 43:9　앞에 두지 아니하면 내가 **영원히** 죄를
출 14:13　너희가 오늘 본 애굽 사람을 **영원히** 다시
레 7:36　돌리게 하신 것이라 대대로 **영원히** 받을
레 16:29　너희는 **영원히** 이 규례를 지킬지니라
신 5:29　그들과 그 자손이 **영원히** 복 받기를 원하
신 23:3　**영원히** 여호와의 총회에 들어오지 못하
신 23:6　평안함과 형통함을 **영원히** 구하지 말지
신 29:29　**영원히** 우리와 우리 자손에게 속하였
수 4:7　돌들이 이스라엘 자손에게 **영원히** 기념
수 14:9　네 발로 밟는 땅은 **영원히** 너와 네 자손
삿 2:1　함께 한 언약을 **영원히** 어기지 아니하
삼상 2:30　집이 내 앞에 **영원히** 행하리라 하였으나
삼상 3:14　예물로나 **영원히** 속죄함을 받지 못하
삼상 20:15　내 집에서 **영원히** 끊어 버리지 말라 하고
삼상 20:42　여호와께서 **영원히** 나와 너 사이에 계시
삼상 27:12　그는 **영원히** 내 부하가 되리라고 생각
삼상 28:2　내가 너를 **영원히** 내 머리 지키는 자를
삼하 2:26　칼이 **영원히** 사람을 상하겠느냐 마침내
삼하 3:28　내 나라는 여호와 앞에 **영원히** 무죄하니
삼하 7:16　네 나라가 내 앞에서 **영원히** 보전되고
　　　　　네 왕위가 **영원히** 견고하리라 하셨다
삼하 7:24　이스라엘을 세우사 **영원히** 주의 백성

1751

【 영원히 】   【 영원히 】

삼하 7:26	사람이 **영원히** 주의 이름을 크게 높여
삼하 7:29	종의 집에 복을 주사 주 앞에 **영원히** 있게 … 주의 종의 집이 **영원히** 복을
왕상 2:45	다윗의 왕위는 **영원히** 여호와 앞에서
왕상 9:3	내 이름을 **영원히** 그 곳에 두며 내 눈
왕상 10:9	여호와께서 **영원히** 이스라엘을 사랑
왕상 11:39	괴롭게 할 것이나 **영원히** 하지는 아니
왕상 12:7	그들이 **영원히** 왕의 종이 되리이다 하나
왕하 17:37	계명을 지켜 **영원히** 행하고 다른 신들을
왕하 21:7	예루살렘에 내 이름을 **영원히** 둘지라
대상 15:2	궤를 메고 **영원히** 그를 섬기게 하셨음
대상 16:15	명령하신 말씀을 **영원히** 기억할지어다
대상 17:22	**영원히** 주의 백성으로 삼으셨사오니
대상 17:24	사람에게 **영원히** 주의 이름을 높여 이르
대상 17:27	주 앞에 **영원히** 두시기를 기뻐하시나
대상 23:25	주시고 예루살렘에 **영원히** 거하시나니
대상 28:4	집에서 택하여 **영원히** 이스라엘 왕이
대상 28:9	그를 버리면 그가 너를 **영원히** 버리시
대상 29:18	주의 백성의 심중에 **영원히** 두어 생각
대하 10:7	그들이 **영원히** 왕의 종이 되리이다 하나
대하 13:5	나라를 **영원히** 다윗과 그의 자손에게
대하 20:7	자손에게 **영원히** 주지 아니하셨나이까
대하 30:8	**영원히** 거룩하게 하신 전에 들어가서
대하 33:4	예루살렘에 **영원히** 두리라 하신 여호와
대하 33:7	성전과 예루살렘에 내 이름을 **영원히**
스 9:12	평화와 행복을 **영원히** 구하지 말라 그리
느 13:1	모압 사람은 **영원히** 하나님의 총회에

시가서

욥 4:20	가루가 되며 **영원히** 사라지되 기억하는
욥 14:20	주께서 사람을 **영원히** 이기셔서 떠나게
욥 19:24	납으로 **영원히** 돌에 새겨졌으면 좋겠
욥 20:7	똥처럼 **영원히** 망할 것이라 그를 본 자가
욥 23:7	내가 심판자에게서 **영원히** 벗어나리라
욥 41:4	계약을 맺고 너를 그를 **영원히** 종으로
시 5:11	말미암아 **영원히** 기뻐 외치고 주의 이름
시 9:6	원수가 끊어져 **영원히** 멸망하였사오니
시 9:7	여호와께서 **영원히** 앉으심이여 심판을
시 9:18	가난한 자들이 **영원히** 실망하지 아니
시 10:11	얼굴을 가리셨으니 **영원히** 보지 아니
시 13:1	어느 때까지니이까 나를 **영원히** 잊으
시 15:5	행하는 자는 **영원히** 흔들리지 아니
시 30:6	말하기를 **영원히** 흔들리지 아니하리라
시 30:12	하나님이여 내가 주께 **영원히** 감사하

시 31:1	주께 피하오니 나를 **영원히** 부끄럽게
시 33:11	여호와의 계획은 **영원히** 서고 그의 생각
시 37:28	그들은 **영원히** 보호를 받으나 악인의
시 41:12	붙드시고 **영원히** 주 앞에 세우시나이다
시 44:8	우리는 하나님의 이름에 **영원히** 감사
시 44:23	일어나시고 우리를 **영원히** 버리지 마소
시 45:2	하나님이 왕에게 **영원히** 복을 주시도다
시 45:17	그러므로 만민이 왕을 **영원히** 찬송하
시 48:14	이 하나님은 **영원히** 우리 하나님이시니
시 49:8	엄청나서 **영원히** 마련하지 못할 것임
시 49:19	돌아가리니 **영원히** 빛을 보지 못하리
시 52:5	하나님이 **영원히** 너를 멸하심이여 너를
시 52:8	하나님의 인자하심을 **영원히** 의지하리
시 52:9	**영원히** 주께 감사하고 주의 이름이 선하
시 55:22	요동함을 **영원히** 허락하지 아니하시
시 61:4	내가 **영원히** 주의 장막에 머물며 내가
시 61:7	**영원히** 하나님 앞에서 거주하리니 인자
시 61:8	내가 주의 이름을 **영원히** 찬양하며 매일
시 66:7	그의 능력으로 **영원히** 다스리시며 그의
시 71:1	주께 피하오니 내가 **영원히** 수치를 당하
시 72:19	이름을 **영원히** 찬송할지어다 온 땅에
시 74:1	우리를 **영원히** 버리시나이까 어찌하여
시 74:10	원수가 주의 이름을 **영원히** 능욕하리
시 74:19	주의 가난한 자의 목숨을 **영원히** 잊지
시 75:9	야곱의 하나님을 **영원히** 선포하며 찬양
시 77:7	주께서 **영원히** 버리실까, 다시는 은혜를
시 77:8	인자하심은 **영원히** 끝났는가, 그의 약속
시 78:66	대적들을 쳐 물리쳐서 **영원히** 그들에게
시 78:69	높음같이, **영원히** 두신 땅같이 지으
시 79:5	여호와여 어느 때까지니이까 **영원히**
시 79:13	우리는 **영원히** 주께 감사하며 주의 영예
시 83:17	수치를 당하여 **영원히** 놀라게 하시며
시 85:5	주께서 우리에게 **영원히** 노하시며 대대
시 89:1	인자하심을 **영원히** 노래하며 주의 성실
시 89:46	**영원히** 숨기시리이까 주의 노가 언제
시 89:52	여호와를 **영원히** 찬송할지어다 아멘
시 92:7	다 흥왕할지라도 **영원히** 멸망하리이다
시 103:9	아니하시며 노를 **영원히** 품지 아니하
시 104:5	기초를 놓으사 **영원히** 흔들리지 아니
시 105:8	걸쳐 명령하신 말씀을 **영원히** 기억하
시 111:3	엄위하며 그의 의가 **영원히** 서 있도다
시 111:5	주시며 그의 언약을 **영원히** 기억하시
시 112:6	**영원히** 흔들리지 … 의인은 **영원히** 기억

【 영원히 】　　　　　　　　　　　　　　　　　　　　　　　　　　　　【 영원히 】

시 119:89	말씀은 **영원히** 하늘에 굳게 섰사오며	렘 31:36	**영원히** 나라가 되지 못하리라 여호와
시 119:93	법도들을 **영원히** 잊지 아니하오니 주께	렘 31:40	**영원히** 다시는 뽑거나 전복하지 못할
시 119:111	내가 **영원히** 나의 기업을 삼았사오니	렘 33:17	다윗에게 **영원히** 끊어지지 아니할 것
시 119:112	주의 율례들을 **영원히** 행하려고 내 마음	렘 35:6	너희와 너희 자손은 **영원히** 포도주를
시 119:144	주의 증거들은 **영원히** 의로우시니 나로	렘 35:19	사람이 **영원히** 끊어지지 아니하리라
시 132:12	그들의 후손도 **영원히** 네 왕위에 앉으	렘 49:13	그 모든 성읍이 **영원히** 황폐하리라 하시
시 132:14	내가 **영원히** 쉴 곳이라 내가 여기 거주	렘 49:33	큰 뱀의 거처가 되어 **영원히** 황폐하리니
시 145:1	주를 높이고 **영원히** 주의 이름을 송축	렘 50:39	**영원히** 주민이 없으며 대대에 살 자가
시 145:2	주를 송축하며 **영원히** 주의 이름을 송축	렘 51:26	**영원히** 황무지가 될 것이니라 여호와의
시 145:21	그의 거룩하신 이름을 **영원히** 송축할	렘 51:39	기뻐하다가 **영원히** 잠들어 깨지 못하게
시 146:6	만물을 지으시며 **영원히** 진실함을 지키	렘 51:57	그들이 **영원히** 잠들어 깨어나지 못하
시 146:10	여호와는 **영원히** 다스리시고 네 하나님	애 5:20	우리를 **영원히** 잊으시오며 우리를 이
잠 12:19	입술은 **영원히** 보존되거니와 거짓 혀는	겔 26:21	**영원히** 만나지 못하리라 주 여호와의
전 9:6	그들에게 돌아갈 몫은 **영원히** 없느니라	겔 27:36	네가 **영원히** 다시 있지 못하리라 하셨
선지서		겔 28:19	대상이 되고 네가 **영원히** 다시 있지 못
사 9:7	지금 이후로 **영원히** 정의와 공의로 그것	겔 35:9	너를 **영원히** 황폐하게 하여 네 성읍들
사 14:20	후손은 **영원히** 이름이 불려지지 아니	겔 37:25	손손에 **영원히** 거기에 거주할 것이요 내
사 25:2	성읍이 되지 못하게 하사 **영원히** 건설		종 다윗이 **영원히** 그들의 왕이 되리라
사 25:8	사망을 **영원히** 멸하실 것이라 주 여호와	겔 37:26	그 가운데에 세워서 **영원히** 이르게 하리
사 26:4	여호와를 **영원히** 신뢰하라 주 여호와는	단 2:44	**영원히** 망하지도 아니할 것이요 그 국
사 32:14	망대가 **영원히** 굴혈이 되며 들나귀가		권이 … 멸망시키고 **영원히** 설 것이라
사 34:17	그들이 **영원히** 차지하며 대대로 거기에	단 6:26	**영원히** 변하지 않으실 이시며 그의 나라
사 40:8	우리 하나님의 말씀은 **영원히** 서리라	단 12:2	수치를 당하여서 **영원히** 부끄러움을
사 45:17	얻으리니 너희가 **영원히** 부끄러움을	욜 2:26	내 백성이 **영원히** 수치를 당하지 아니
사 57:15	지극히 존귀하며 **영원히** 거하시며 거룩	욜 2:27	내 백성이 **영원히** 수치를 당하지 아니
사 57:16	**영원히** 다투지 아니하며 내가 끊임없이	옵 1:10	부끄러움을 당하고 **영원히** 멸절되리라
사 60:21	의롭게 되어 **영원히** 땅을 차지하리니	미 2:9	자녀에게서 나의 영광을 **영원히** 빼앗
사 64:9	죄악을 **영원히** 기억하지 마시옵소서	미 4:5	여호와의 이름을 의지하여 **영원히** 행하
사 65:18	**영원히** 기뻐하며 즐거워할지니라 보라	습 2:9	구덩이가 되어 **영원히** 황폐하리니 내
렘 17:4	내 노를 맹렬하게 하여 **영원히** 타는 불을	**신약**	
렘 25:12	말미암아 벌하여 **영원히** 폐허가 되게	막 3:29	성령을 모독하는 자는 **영원히** 사하심을

'영원히'와 관련된 성구

영원히 견고하다 – 삼하 7:13, 16; 왕상 9:5; 대상 17:12, 14, 23; 28:7; 대하 9:8; 시 48:8; 89:4, 37; 잠 29:14

영원히 계시다 – 왕상 8:13; 대하 6:2; 시 68:1; 81:15; 102:12; 애 5:19; 요 12:34; 히 7:24

영원히 살다 – 신 32:40; 욥 7:16; 시 22:26; 23:6; 37:27, 29; 49:9; 겔 43:9; 단 12:7; 호 2:19; 슥 1:5; 요 6:58

영원히 세우다 – 창 9:12; 삼상 13:13; 삼하 7:25; 시 89:2; 111:9; 119:152; 148:6

영원히 있다 – 신 28:46; 삼상 1:22; 삼하 7:29; 왕상 2:33; 대하 5:13; 7:16; 시 49:11; 125:1; 잠 27:24; 전 1:4; 3:14; 사 30:8; 51:6, 8; 렘 17:25; 겔 43:7; 욜 3:20; 마 6:13

영원히 지키다 – 출 12:24; 28:43; 30:21; 레 16:31, 34; 시 89:28; 119:44

【 영적 】

눅 1:33	**영원히** 야곱의 집을 왕으로 다스리실
눅 1:55	아브라함과 그 자손에게 **영원히** 하시
요 4:14	물을 마시는 자는 **영원히** 목마르지 아니
요 6:35	나를 믿는 자는 **영원히** 목마르지 아니
요 8:35	좋은 **영원히** 집에…아들은 **영원히** 거하
요 8:51	내 말을 지키면 **영원히** 죽음을 보지 아니
요 8:52	내 말을 지키면 **영원히** 죽음을 맛보지
요 10:28	영생을 주노니 **영원히** 멸망하지 아니
요 11:26	나를 믿는 자는 **영원히** 죽지 아니하리니
롬 1:25	섬김이라 주는 곧 **영원히** 찬송할 이시
고전 8:13	**영원히** 고기를 먹지 아니하여 내 형제를
고후 11:31	아버지 **영원히** 찬송할 하나님이 내가
몬 1:15	너로 하여금 그를 **영원히** 두게 함이리니
히 5:6	**영원히** 멜기세덱의 반차를 따르는 제사
히 6:20	반차를 따라 **영원히** 대제사장이 되어
히 7:17	**영원히** 멜기세덱의 반차를 따르는 제사
히 7:21	뉘우치지 아니하시리니 네가 **영원히**
히 7:28	**영원히** 온전하게 되신 아들을 세우셨
히 10:14	한 번의 제사로 **영원히** 온전하게 하셨
요일 2:17	뜻을 행하는 자는 **영원히** 거하느니라
요이 1:2	안에 거하여 **영원히** 우리와 함께 할 진리
유 1:13	**영원히** 예비된 캄캄한 흑암으로 돌아갈

영적(靈的, spiritual)

롬 12:1	드리라 이는 너희가 드릴 **영적** 예배니라
롬 15:27	**영적인** 것을 나눠 가졌으면 육적인 것
고전 2:13	**영적인** 일은 영적인 것으로 분별하느
고전 2:14	그러한 일은 **영적**으로 분별되기 때문
고전 14:12	**영적인** 것을 사모하는 자인즉 교회의
계 11:8	**영적**으로 하면 소돔이라고도 하고 애굽

영접/-하다(迎接, meet, receive)

구약

창 14:17	왕의 골짜기로 나와 그를 **영접하였고**
창 18:2	문에서 달려가 **영접하며** 몸을 땅에
창 19:1	그들을 보고 일어나 **영접하고** 땅에 엎드
창 29:13	그를 **영접하여** 안고 입맞추며 자기 집
창 30:16	그를 **영접하며** 이르되 내게로 들어오라
창 31:35	일어나서 **영접할** 수 없사오니 내 주
민 22:36	가에 있는 성읍까지 가서 그를 **영접하고**
민 31:13	다 진영 밖에 나가서 **영접하다가**
신 23:4	떡과 물로 너희를 길에서 **영접하지** 아니
삿 4:18	시스라를 **영접하며** 그에게 말하되 나의

【 영접/-하다 】

삿 6:35	그 무리도 올라와 그를 **영접하더라**
삿 11:31	나를 **영접하는** 그는 여호와께 돌릴 것
삿 11:34	나와서 **영접하니** 이는 그의 무남독녀라
삿 19:15	그를 집으로 **영접하여** 유숙하게 하는
삿 19:18	나를 자기 집으로 **영접하는** 사람이 없나
삼상 10:10	그를 **영접하고** 하나님의 영이 사울에게
삼상 16:4	**영접하여** 이르되 평강을 위하여 오시
삼상 21:1	다윗을 **영접하여** 그에게 이르되 어찌
삼상 25:32	오늘 너를 보내어 나를 **영접하게** 하신
삼상 25:34	네가 급히 와서 나를 **영접하지** 아니하
삼상 30:21	다윗과 그와 함께 한 백성을 **영접하러**
삼하 19:20	먼저 내려와서 내 주 왕을 **영접하나이다**
왕상 2:8	내려와서 나를 **영접하므로** 내가 여호와
왕상 2:19	일어나 **영접하여** 절한 후에 다시 왕좌에
대하 28:9	군대를 **영접하고** 그들에게 이르되 너희
느 13:2	이스라엘 자손을 **영접하지** 아니하고
시 21:3	아름다운 복으로 그를 **영접하시고** 순금
시 27:10	여호와는 나를 **영접하시리이다**
시 49:15	나를 **영접하시리니** 이러므로 내 영혼을
시 59:10	나를 **영접하시며** 하나님이 나의 원수가
시 73:24	후에는 영광으로 나를 **영접하시리니**
시 79:8	주의 긍휼로 우리를 속히 **영접하소서**
사 14:9	오는 것을 **영접하되** 그것이 세상의 모든
사 21:14	떡을 가지고 도피하는 자를 **영접하라**
렘 41:6	이스마엘이 그들을 **영접하러** 미스바에

신약

마 10:14	누구든지 너희를 **영접하지도** 아니하고
마 10:40	너희를 **영접하는** 자는 나를 **영접하는**
	… **영접하는** 자는 나를 … **영접하는**
마 10:41	선지자를 **영접하는** … 의인을 **영접하는**
마 18:5	아이 하나를 영접하면 곧 나를 **영접함**
마 25:35	하였고 나그네 되었을 때에 **영접하였고**
마 25:38	나그네 되신 것을 보고 **영접하였으며**
마 25:43	나그네 되었을 때에 **영접하지** 아니하였
막 6:11	어느 곳에서든지 너희를 **영접하지** 아니
막 9:37	**영접하면** 곧 나를 **영접함이요** … **영접**
	하면 나를 **영접함이** … **영접함이니라**
눅 9:5	누구든지 너희를 **영접하지** 아니하거든
눅 9:11	예수께서 그들을 **영접하사** 하나님 나라
눅 9:48	어린 아이를 **영접하면** … **영접함이요**
	나를 **영접하면** 곧 … 이를 **영접함이라**
눅 10:8	너희를 **영접하거든** 너희 앞에 차려놓는
눅 10:10	너희를 **영접하지** 아니하거든 그 거리로

| 영존하다 | | 영혼 |

눅 10:38 　한 여자가 자기 집으로 **영접하더라**
눅 15:2 　죄인을 **영접하고** 음식을 같이 먹는다
눅 16:4 　사람들이 나를 자기 집으로 **영접하리라**
눅 16:9 　너희를 영주할 처소로 **영접하리라**
눅 19:6 　급히 내려와 즐거워하며 **영접하거늘**
요 1:11 　땅에 오매 자기 백성이 **영접하지** 아니
요 1:12 　**영접하는** 자 곧 그 이름을 믿는 자들에
요 4:45 　갈릴리인들이 그를 **영접하니** 이는 자기
요 5:43 　너희가 **영접하지** … 오면 **영접하리라**
요 6:21 　기뻐서 배로 **영접하니** 배는 곧 그들이
요 13:20 　**영접하는** 자는 … 나를 **영접하는** 자는
　　　　　나를 보내신 이를 **영접하는** 것이니라
요 14:3 　너희를 내게로 **영접하여** 나 있는 곳에
행 12:13 　로데라 하는 여자 아이가 **영접하러** 나왔
행 15:4 　장로들에게 **영접을** 받고 하나님이 자기
행 18:27 　제자들에게 편지를 써 **영접하라** 하였
행 21:17 　형제들이 우리를 기꺼이 **영접하거늘**
행 28:2 　하여 불을 피워 우리를 다 **영접하더라**
행 28:7 　우리를 **영접하여** 사흘이나 친절히 머물
행 28:30 　자기에게 오는 사람을 다 **영접하고**
롬 16:2 　그를 **영접하고** 무엇이든지 그에게 소용
고후 6:17 　만지지 말라 내가 너희를 **영접하여**
고후 7:2 　우리를 **영접하라** 우리는 아무에게도
고후 7:15 　자기를 **영접하여** 순종한 것을 생각하고
갈 4:14 　그리스도 예수와 같이 **영접하였도다**
빌 2:29 　주 안에서 모든 기쁨으로 그를 **영접하고**
골 4:10 　명을 받았으매 그가 이르거든 **영접하라**
살전 4:17 　공중에서 주를 **영접하게** 하시리니 그리
몬 1:17 　동역자로 알진대 그를 **영접하기를** 내게
히 11:31 　평안히 **영접하였으므로** 순종하지 아니
요삼 1:8 　이같은 자들을 **영접하는** 것이 마땅하니

영존하다(永存, everlasting, remain)
시 102:26 　주는 **영존하시겠고** 그것들은 다 옷같이
사 9:6 　하나님이라, **영존하시는** 아버지라,
히 1:11 　오직 주는 **영존할** 것이요 그것들은 다 옷
히 12:27 　**영존하게** 하기 위하여 진동할 것들 곧

영주하다(永住, everlasting)
눅 16:9 　그들이 너희를 **영주할** 처소로 영접하리

영지(領地, province)
스 4:16 　왕의 강 건너편 **영지가** 없어지리이다

행 23:34 　바울더러 어느 **영지** 사람이냐 물어

영토(領土, province)
민 20:21 　그의 **영토로** 지나감을 용납하지 아니
민 21:13 　거기를 떠나 아모리인의 **영토에서** 흘러
민 21:23 　이스라엘이 자기 **영토로** 지나감을 용납
수 1:4 　또 해 지는 쪽 대해까지 너희의 **영토가**
삼상 27:1 　사울이 이스라엘 온 **영토** 내에서 다시
삼하 21:5 　이스라엘 **영토** 내에 머물지 못하게 하려
왕상 1:3 　이스라엘 사방 **영토** 내에 아리따운 처녀
왕하 10:32 　이스라엘의 모든 **영토에서** 공격하되
왕하 14:25 　이스라엘 **영토를** 회복하되 하맛 어귀에
대상 6:66 　지파 중에서 성읍을 얻어 **영토를** 삼았
시 105:31 　떼가 오며 그들의 온 **영토에** 이가 생겼
시 114:2 　성소가 되고 이스라엘은 그의 **영토가**
렘 17:3 　네 온 **영토의** 죄로 말미암아 내가 네
애 1:15 　주께서 내 **영토** 안 나의 모든 용사들을
욜 3:6 　그들의 **영토에서** 멀리 떠나게 하였음
암 6:2 　너희가 이 나라들보다 나으냐 그 **영토가**

영향(影響, affect)
욥 35:6 　하나님께 무슨 **영향이** 있겠으며 그대

영혼(靈魂, life, soul, spirit)
역사서, 시가서
삿 5:21 　이 기손 강은 옛 강이라 내 **영혼아** 네가
왕하 4:27 　가만 두라 그의 **영혼이** 괴로워할지마는
욥 7:11 　내 입을 금하지 아니하고 내 **영혼의** 아픔
욥 10:1 　내 **영혼이** 살기에 곤비하니 내 불평을
욥 14:22 　그의 살이 아프고 그의 **영혼이** 애곡할
욥 27:8 　하나님이 그의 **영혼을** 거두실 때에는
욥 33:30 　그들의 **영혼을** 구덩이에서 이끌어 생명
시 6:3 　나의 **영혼도** 매우 떨리나이다 여호와여
시 7:5 　원수가 나의 **영혼을** 쫓아 잡아 내 생명을
시 11:1 　너희가 내 **영혼에게** 새같이 네 산으로
시 13:2 　나의 **영혼이** 번민하고 종일토록 마음에
시 16:10 　주께서 내 **영혼을** 스올에 버리지 아니
시 25:1 　여호와여 나의 **영혼이** 주를 우러러보
시 25:13 　그의 **영혼은** 평안히 살고 그의 자손이
시 26:9 　내 **영혼을** 죄인과 함께, 내 생명을 살인
시 30:3 　여호와여 주께서 내 **영혼을** 스올에서
시 31:7 　고난을 보시고 환난 중에 있는 내 **영혼**
시 31:9 　내가 근심 때문에 눈과 **영혼과** 몸이 쇠하

[영혼]

시 33:19	그들의 **영혼**을 사망에서 건지시며 그들
시 33:20	우리 **영혼**이 여호와를 바람이여 그는
시 34:2	내 **영혼**이 여호와를 자랑하리니 곤고한
시 34:22	여호와께서 그의 종들의 **영혼**을 속량
시 35:3	또 내 **영혼**에게 나는 네 구원이라 이르
시 35:9	내 **영혼**이 여호와를 즐거워함이여 그의
시 35:12	내게 선을 악으로 갚아 나의 **영혼**을 외롭
시 35:17	내 **영혼**을 저 멸망자에게서 구원하시며
시 42:1	시냇물을 찾기에 갈급함같이 내 **영혼**이
시 42:2	내 **영혼**이 하나님 곧 살아 계시는 하나님
시 42:5	내 **영혼**아 네가 어찌하여 낙심하며 어찌
시 42:6	내 하나님이여 내 **영혼**이 내 속에서 낙심
시 42:11	내 **영혼**아 네가 어찌하여 낙심하며 어찌
시 43:5	내 **영혼**아 네가 어찌하여 낙심하며 어찌
시 44:25	우리 **영혼**은 진토 속에 파묻히고 우리
시 49:15	이러므로 내 **영혼**을 스올의 권세에서
시 57:1	내게 은혜를 베푸소서 내 **영혼**이 주께
시 57:4	내 **영혼**이 사자들 가운데에서 살며 내가
시 57:6	그물을 준비하였으니 내 **영혼**이 억울
시 62:1	나의 **영혼**이 잠잠히 하나님만 바람이여
시 62:5	나의 **영혼**아 잠잠히 하나님만 바라라
시 63:1	황폐한 땅에서 내 **영혼**이 주를 갈망하며
시 63:5	기름진 것을 먹음과 같이 나의 **영혼**이
시 63:8	나의 **영혼**이 주를 가까이 따르니 주의
시 63:9	나의 **영혼**을 찾아 멸하려 하는 그들은
시 66:16	하나님이 나의 **영혼**을 위하여 행하신
시 69:1	나를 구원하소서 물들이 내 **영혼**에까지
시 69:18	내 **영혼**에게 가까이하사 구원하시며
시 70:2	나의 **영혼**을 찾는 자들이 수치와 무안을
시 71:10	내게 대하여 말하며 내 **영혼**을 엿보는
시 71:13	내 **영혼**을 대적하는 자들이 수치와 멸망
시 71:23	주께서 속량하신 내 **영혼**이 즐거워하
시 77:2	손을 들고 거두지 아니하였나니 내 **영혼**
시 84:2	내 **영혼**이 여호와의 궁정을 사모하여
시 86:2	나는 경건하오니 내 **영혼**을 보존하소서
시 86:4	주여 내 **영혼**이 주를 … 주여 내 **영혼**을
시 86:13	인자하심이 크사 내 **영혼**을 깊은 스올
시 86:14	포악한 자의 무리가 내 **영혼**을 찾았사
시 88:3	무릇 나의 **영혼**에는 재난이 가득하며
시 88:14	*여호와여 어찌하여 나의 **영혼**을 버리*
시 89:48	자기의 **영혼**을 스올의 권세에서 건지
시 94:17	도움이 되지 아니하셨더면 내 **영혼**이
시 94:21	그들이 모여 의인의 **영혼**을 치려 하며

[영혼]

시 97:10	그가 그의 성도의 **영혼**을 보전하사 악인
시 103:1	내 **영혼**아 여호와를 송축하라 내 속에
시 103:2	내 **영혼**아 여호와를 송축하며 그의 모든
시 103:22	여호와를 송축하라 내 **영혼**아 여호와를
시 104:1	내 **영혼**아 여호와를 송축하라 여호와
시 104:35	내 **영혼**아 여호와를 송축하라 할렐루야
시 106:15	주셨을지라도 그들의 **영혼**은 쇠약하게
시 107:5	주리고 목이 말라 그들의 **영혼**이 그들
시 107:9	그가 사모하는 **영혼**에게 만족을 주시며 주린 **영혼**에게 좋은 것으로 채워주심
시 107:26	그 위험 때문에 그들의 **영혼**이 녹는도다
시 109:20	이는 나의 대적들이 곧 내 **영혼**을 대적
시 109:31	궁핍한 자의 오른쪽에 서서 그의 **영혼**
시 116:7	내 **영혼**아 네 평안함으로 돌아갈지어다
시 116:8	주께서 내 **영혼**을 사망에서, 내 눈을
시 119:25	내 **영혼**이 진토에 붙었사오니 주의 말씀
시 119:28	나의 **영혼**이 눌림으로 말미암아 녹사오
시 119:81	나의 **영혼**이 주의 구원을 사모하기에
시 119:129	주의 증거들은 놀라우므로 내 **영혼**이
시 119:167	내 **영혼**이 주의 증거들을 지켰사오며
시 119:175	내 **영혼**을 살게 하소서 그리하시면 주를
시 123:4	교만한 자의 멸시가 우리 **영혼**에 넘치
시 124:4	휩쓸며 시내가 우리 **영혼**을 삼켰을 것이
시 124:5	그 때에 넘치는 물이 우리 **영혼**을 삼켰을
시 124:7	우리의 **영혼**이 사냥꾼의 올무에서 벗어
시 130:5	나 곧 내 **영혼**은 여호와를 기다리며 나는
시 130:6	파수꾼이 아침을 기다림보다 내 **영혼**

'영혼'과 관련된 성구

영혼을 건지다 - 욥 33:28; 시 6:4; 116:4

영혼을 괴롭게 하다 - 욥 27:2; 시 35:13; 143:12

영혼을 구원하다 - 시 17:13; 사 44:20; 히 10:39

영혼을 사랑하다 - 잠 19:8; 사 38:17

영혼을 살리다 - 시 22:29; 66:9; 겔 13:18, 19

영혼을 소생시키다 - 시 19:7; 23:3

영혼을 즐겁게 하다 - 시 94:19; 잠 2:10

영혼을 지키다 - 시 25:20; 121:7; 잠 19:16; 22:5; 24:12

영혼이 살아 있음/계심을 두고 맹세하다 - 왕하 2:2, 4, 6; 4:30

[영혼]　　　　　　　　　　　　　　　　　　　　　　　　　　　　　　[영혼]

시 131:2　실로 내가 내 **영혼**으로 고요하고 평온
　　　　　하게 … 내 **영혼**이 젖 뗀 아이와 같도다
시 138:3　주께서 응답하시고 내 **영혼**에 힘을 주어
시 139:14하시는 일이 기이함을 내 **영혼**이 잘 아나
시 141:8　내 **영혼**을 빈궁한 대로 버려 두지 마옵
시 142:4　나의 피난처도 없고 내 **영혼**을 돌보는
시 142:7　내 **영혼**을 옥에서 이끌어 내사 주의 이름
시 143:3　원수가 내 **영혼**을 핍박하며 내 생명을
시 143:6　주를 향하여 손을 펴고 내 **영혼**이 마른
시 143:8　다닐 길을 알게 하소서 내가 내 **영혼**을
시 143:11주의 의로 내 **영혼**을 환난에서 끌어내
시 146:1　할렐루야 내 **영혼**아 여호와를 찬양하라
잠 3:22　그것이 네 **영혼**의 생명이 되며 네 목에
잠 6:32　이것을 행하는 자는 자기의 **영혼**을 망하
잠 8:36　나를 잃는 자는 자기의 **영혼**을 해하는
잠 10:3　여호와께서 의인의 **영혼**은 주리지 않게
잠 11:17　인자한 자는 자기의 **영혼**을 이롭게 하고
잠 15:32　훈계 받기를 싫어하는 자는 자기의 **영혼**
잠 16:17　지키는 자는 자기의 **영혼**을 보전하느
잠 18:7　그의 입술은 그의 **영혼**의 그물이 되느
잠 20:27　사람의 **영혼**은 여호와의 등불이라 사람
잠 21:23　입과 혀를 지키는 자는 자기의 **영혼**을
잠 22:25　그의 행위를 본받아 네 **영혼**을 올무에
잠 23:14　네가 그를 채찍으로 때리면 그의 **영혼**을
잠 24:14　지혜가 네 **영혼**에게 이와 같은 줄을 알라
잠 29:24　도둑과 짝하는 자는 자기의 **영혼**을 미워
전 6:2　어떤 사람은 그의 **영혼**이 바라는 모든
전 6:3　사는 날이 많을지라도 그의 **영혼**은 그러
[선지서]
사 3:9　그들의 **영혼**에 화가 있을진저 그들이
사 26:8　주를 기억하려고 우리 **영혼**이 사모하
사 26:9　밤에 내 **영혼**이 주를 사모하였사온즉
사 38:15　내 **영혼**의 고통으로 말미암아 내가 종신
사 53:10　**영혼**을 속건제물로 드리기에 이르면
사 53:11　그가 자기 **영혼**의 수고한 것을 보고 만족
사 53:12　그가 자기 **영혼**을 버려 사망에 이르게
사 55:3　들으라 그리하면 너희 **영혼**이 살리라
사 58:11　메마른 곳에서도 네 **영혼**을 만족하게
사 61:10　내 **영혼**이 나의 하나님으로 말미암아
렘 38:16　우리에게 이 **영혼**을 지으신 여호와께
렘 44:7　큰 악을 행하여 자기 **영혼**을 해하며 유다
애 3:25　기다리는 자들에게나 구하는 **영혼**들에
겔 3:21　이는 깨우침을 받음이요 너도 네 **영혼**을

겔 4:14　아하 주 여호와여 나는 **영혼**을 더럽힌
겔 13:18　여호와의 말씀에 사람의 **영혼**을 사냥
　　　　　하려고 … 어찌하여 내 백성의 **영혼**은
겔 13:19　거짓말을 지어내어 죽지 아니할 **영혼**을
겔 13:20　사냥하듯 **영혼**들을 … 그 **영혼**들을 놓아
겔 18:4　모든 **영혼**이 … 아버지의 **영혼**이 내게
　　　　　… 아들의 **영혼**도 내게 … 그 **영혼**은
겔 18:20　범죄하는 그 **영혼**은 죽을지라 아들은
겔 18:27　정의와 공의를 행하면 그 **영혼**을 보전
겔 22:25　그들이 사람의 **영혼**을 삼켰으며 재산과
겔 22:27　이익을 얻으려고 피를 흘려 **영혼**을 멸하
욘 2:5　물이 나를 **영혼**까지 둘렀사오며 깊음
욘 2:7　내 **영혼**이 내 속에서 피곤할 때에 내가
미 6:7　허물을 위하여 내 맏아들을, 내 **영혼**의
합 2:10　네 집에 욕을 부르며 네 **영혼**에게 죄를
[신약]
마 10:28　몸은 죽여도 **영혼**은 … 몸과 **영혼**을 능히
마 27:50　다시 크게 소리 지르시고 **영혼**이 떠나
눅 1:46　마리아가 이르되 내 **영혼**이 주를 찬양
눅 12:19　또 내가 내 **영혼**에게 이르되 **영혼**아 여러
눅 12:20　어리석은 자여 오늘 밤에 네 **영혼**을 도로
눅 21:19　너희의 인내로 너희 **영혼**을 얻으리라
눅 23:46　이르시되 아버지 내 **영혼**을 아버지 손에
요 19:30　머리를 숙이니 **영혼**이 떠나가시니라
행 2:27　내 **영혼**을 음부에 버리지 아니하시며
행 7:59　주 예수여 내 **영혼**을 받으시옵소서 하고
고후 12:15　내가 너희 **영혼**을 위하여 크게 기뻐하
히 6:19　이 소망을 가지고 있는 것은 **영혼**의 닻
히 13:17　그들은 너희 **영혼**을 위하여 경성하기를
약 1:21　넘치는 악을 내버리고 너희 **영혼**을 능히
약 2:26　**영혼** 없는 몸이 죽은 것같이 행함이
약 5:20　돌아서게 하는 자가 그의 **영혼**을 사망
벧전 1:9　믿음의 결국 곧 **영혼**의 구원을 받음이라
벧전 1:22　진리를 순종함으로 너희 **영혼**을 깨끗
벧전 2:11　**영혼**을 거슬러 싸우는 육체의 정욕을
벧전 2:25　이제는 너희 **영혼**의 목자와 감독 되신
벧전 4:19　선을 행하는 가운데에 그 **영혼**을 미쁘신
벧후 2:14　굳세지 못한 **영혼**들을 유혹하며 탐욕에
요삼 1:2　사랑하는 자여 네 **영혼**이 잘됨같이 네가
계 6:9　증거로 말미암아 죽임을 당한 **영혼**들
계 18:13　양과 말과 수레와 종들과 사람의 **영혼**
계 18:14　바벨론아 네 **영혼**이 탐하던 과일이 네게
계 20:4　목 베임을 당한 자들의 **영혼**들과 또 짐승

1757

영화/-롭다 (榮華, exalt, honor, splendor)

창 45:13	내가 애굽에서 누리는 **영화**와 당신들
출 15:1	찬송하리니 그는 높고 **영화로우심**이요
출 15:21	그는 높고 **영화로우심**이요 말과 그 탄 자
출 28:2	거룩한 옷을 지어 **영화롭**고 아름답게
출 28:40	그들을 위하여 관을 만들어 **영화롭**고
신 28:58	하나님 여호와라 하는 **영화롭**고 두려운
삿 9:9	하나님과 사람을 **영화롭**게 하나니 내가
삼하 6:20	이스라엘 왕이 오늘 어떻게 **영화로우신**
에 1:4	곧 백팔십 일 동안에 그의 **영화로운** 나라
욥 40:10	위엄과 존귀로 단장하며 영광과 **영화**
시 8:5	하나님보다 조금 못하게 하시고 **영화**
시 39:11	사람을 징계하실 때에 그 **영화**를 좀먹음
시 45:13	왕의 딸은 궁중에서 모든 **영화**를 누리니
시 50:15	너를 건지리니 네가 나를 **영화롭**게 하리
시 50:23	제사를 드리는 자가 나를 **영화롭**게 하나
시 66:2	그의 이름의 영광을 찬양하고 **영화롭**게
시 76:4	주는 약탈한 산에서 **영화로우시며** 존귀
시 84:11	여호와께서 은혜와 **영화**를 주시며 정직
시 91:15	그와 함께 하여 그를 건지고 **영화롭**게
시 103:15	인생은 그 날이 풀과 같으며 그 **영화**가
잠 4:8	만일 그를 품으면 그가 너를 **영화롭**게
잠 14:34	공의는 나라를 **영화롭**게 하고 죄는 백성
잠 17:6	노인의 면류관이요 아비는 자식의 **영화**
잠 20:29	젊은 자의 **영화**는 그의 힘이요 늙은 자의
잠 25:2	일을 숨기는 것은 하나님의 **영화**요 일을
잠 27:18	자기 주인에게 시중드는 자는 **영화**를
잠 28:12	의인이 득의하면 큰 **영화**가 있고 악인이
사 4:2	그 날에 여호와의 싹이 아름답고 **영화** 로울 것이요 … **영화롭**고 아름다울 것
사 9:1	요단 저쪽 이방의 갈릴리를 **영화롭**게
사 10:3	도움을 구하겠으며 너희의 **영화**를 어느
사 10:16	파리하게 하시며 그의 **영화** 아래에 불이
사 11:10	돌아오리니 그가 거한 곳이 **영화로우리라**
사 14:11	네 **영화**가 스올에 떨어졌음이여 네 비파
사 23:9	모든 누리던 **영화**를 욕되게 하시며 세상
사 24:15	너희가 동방에서 여호와를 **영화롭**게 하며 … 여호와의 이름을 **영화롭**게 할
사 25:3	강한 민족이 주를 **영화롭**게 하며 포학한
사 28:1	술에 빠진 자의 성 곧 **영화로운** 관같이
사 28:4	골짜기 꼭대기에 있는 그의 **영화**가 쇠잔
사 28:5	백성의 남은 자에게 **영화로운** 면류관이
사 49:5	내가 여호와 보시기에 **영화롭**게 되었
사 55:5	이는 그가 너를 **영화롭**게 하였느니라
사 60:7	내가 내 영광의 집을 **영화롭**게 하리라
사 60:9	이는 내가 너를 **영화롭**게 하였음이라
사 60:13	내가 나의 발 둘 곳을 **영화롭**게 할 것
사 63:14	주의 백성을 인도하사 이름을 **영화롭**게
사 63:15	주의 거룩하고 **영화로운** 처소에서 보옵
렘 17:12	**영화로우신** 보좌여 시작부터 높이 계시
렘 48:18	디본에 사는 딸아 네 **영화**에서 내려와
겔 10:4	여호와의 **영화로운** 광채가 뜰에 가득
겔 16:14	내가 네게 입힌 **영화**로 네 화려함이 온전
겔 25:9	곧 그 나라 국경에 있는 **영화로운** 성읍들
겔 27:25	네가 바다 중심에서 풍부하여 **영화**가
겔 28:7	지혜의 아름다운 것을 치며 네 **영화**를
겔 28:17	네가 **영화로우므로** 네 지혜를 더럽혔음
단 11:45	장막 궁전을 바다와 **영화롭**고 거룩한
호 4:7	내가 그들의 **영화**를 변하여 욕이 되게
슥 11:3	곡하는 소리가 남이여 그들의 **영화로운**
말 2:2	두지 아니하여 내 이름을 **영화롭**게 하지
요 17:1	때가 이르렀사오니 아들을 **영화롭**게 하사 아들로 아버지를 **영화롭**게 하게
요 17:4	아버지를 이 세상에서 **영화롭**게 하였
요 17:5	내가 아버지와 함께 가졌던 **영화**로써 지금도 아버지와 함께 나를 **영화롭**게
행 2:20	주의 크고 **영화로운** 날이 이르기 전에
행 3:13	하나님이 그의 종 예수를 **영화롭**게 하셨
롬 1:21	하나님을 알되 하나님을 **영화롭**게도
롬 8:30	의롭다 하신 그들을 또한 **영화롭**게 하셨
계 15:4	이름을 두려워하지 아니하며 **영화롭**게
계 18:7	그가 얼마나 자기를 **영화롭**게 하였으며

'영화'와 관련된 성구

- 모압의 영화 – 사 16:14
- 야곱의 영화 – 시 47:4
- 영화로운 땅 – 단 8:9; 11:16, 41
- 영화로운 면류관 – 잠 4:9; 사 28:5
- 영화로운 이름 – 대상 29:13; 느 9:5; 시 72:19
- 왕의 영화 – 시 45:3; 잠 25:2

옆 (side)

창 6:16	그 문은 **옆**으로 내고 상 중 하 삼층으로
출 27:12	뜰의 **옆** 곧 서쪽에 너비 쉰 규빗의 포장
신 17:19	평생에 자기 **옆**에 두고 읽어 그의 하나님

【 옆구리 】 　　　　　　　　　　　　　　　　　　　　　　　【 예델 】

삼상 4:13　엘리가 길 옆 자기의 의자에 앉아 기다
왕상 7:28　수레의 구조는 이러하니 사면 옆 가장
왕상 7:30　만들었고 화환은 각각 그 옆에 있으며
왕하 12:9　어귀 오른쪽 곧 제단 옆에 두매 여호와
잠 8:34　내 문 곁에서 기다리며 문설주 옆에서
사 66:12　너희가 옆에 안기며 그 무릎에서 놀 것
겔 4:9　너를 위하여 떡을 만들어 네가 옆에
겔 10:6　하셨으므로 그가 들어가 바퀴 옆에 서매
겔 41:22　길이는 두 척이며 그 모퉁이와 옆과 면을
겔 45:6　구별한 거룩한 구역 옆에 너비는 오천
겔 45:7　거룩한 구역의 옆과 성읍의 기지 옆에
암 2:8　제단 옆에서 전당 잡은 옷 위에 누우며
슥 4:12　금 기름을 흘리는 두 금관 옆에 있는 이
행 18:7　사람의 집에 들어가니 그 집은 회당 옆

'옆'과 관련된 성구
　옆 걸음치다 - 사 28:7
　옆판 - 왕상 7:32, 35, 36; 왕하 16:17

옆구리 (side)
민 33:55　너희의 옆구리에 찌르는 것이 되어 너희
수 23:13　너희의 옆구리에 채찍이 되며 너희의
삿 2:3　그들이 너희 옆구리에 가시가 될 것이며
삼하 2:16　칼로 상대방의 옆구리를 찌르매 일제히
겔 34:21　너희가 옆구리와 어깨로 밀어뜨리고
요 19:34　그 중 한 군인이 창으로 옆구리를 찌르니
요 20:20　이 말씀을 하시고 손과 옆구리를 보이
요 20:25　내 손을 그 옆구리에 넣어 보지 않고는
요 20:27　내밀어 내 옆구리에 넣어 보라 그리하여
행 12:7　또 베드로의 옆구리를 쳐 깨워 이르되

예 1(例, example)
롬 6:19　내가 사람의 예대로 말하노니 전에 너희
고전 9:8　내가 사람의 예대로 이것을 말하느냐
갈 3:15　내가 사람의 예대로 말하노니 사람의

예 2(禮, way-NIV, honour-KJV)
행 28:10　후한 예로 우리를 대접하고 떠날 때에

예 3(yes)
행 5:8　내게 말하라 하니 이르되 예 이것뿐이라
고후 1:17　육체를 따라 계획하여 예 예 하면서 아

고후 1:18　우리가 너희에게 한 말은 예 하고 아니라
고후 1:19　그리스도는 예 하고 … 그에게는 예만
고후 1:20　얼마든지 그리스도 안에서 예가 되니
행 5:8　내게 말하라 하니 이르되 예 이것뿐이라

예 4(of old, long ago)
왕상 21:25　예로부터 아합과 같이 그 자신을 팔
스 4:15　예로부터 그 중에서 항상 반역하는 일
스 4:19　이 성읍이 예로부터 왕들을 거역하며
욥 20:4　네가 알지 못하느냐 예로부터 사람이
시 74:12　하나님은 예로부터 나의 왕이시라 사람
시 78:2　내가 입을 열어 비유로 말하며 예로부터
시 93:2　주의 보좌는 예로부터 견고히 섰으며
사 44:8　내가 예로부터 너희에게 듣게 하지 아니
사 48:3　내가 예로부터 처음 일들을 알게 하였고
사 48:5　내가 이 일을 예로부터 네게 알게 하였고
렘 28:8　나와 너 이전의 선지자들이 예로부터
렘 32:30　이스라엘 자손과 유다 자손이 예로부터
겔 26:20　깊은 곳 예로부터 황폐한 곳에 살게 하리
나 2:8　니느웨는 예로부터 물이 모인 못 같더니
합 3:6　그의 행하심이 예로부터 그러하시도다
눅 1:70　이것은 주께서 예로부터 거룩한 선지자
행 15:18　즉 예로부터 이것을 알게 하시는 주의
행 15:21　이는 예로부터 각 성에서 모세를 전하는

예고하다 (豫告, predict)
사 47:13　초하룻날에 예고하는 자들에게 일어나
행 7:52　의인이 오시리라 예고한 자들을 그들이

예닐곱 (six, seven)
잠 6:16　마음에 싫어하시는 것이 예닐곱 가지

예델 (Jether)
　1. 이스마엘 사람으로 유다 군대의 지도자
왕상 2:5　넬의 아들 아브넬과 예델의 아들 아마사
왕상 2:32　아브넬과 유다 군사령관 예델의 아들
대상 2:17　아버지는 이스마엘 사람 예델이었더라
　2. 여라므엘의 자손으로 야다의 아들
대상 2:32　예델과 요나단이라 예델은 아들이 없이
　3. 유다 자손으로 에스라의 아들
대상 4:17　에스라의 아들들은 예델과 메렛과 에벨
　4. 아셀 자손
대상 7:38　예델의 아들들은 여분네와 비스바와

예드야(Jehdeiah)
1. 아므람 가계에 속한 수바엘의 아들
대상 24:20 수바엘의 아들들 중에는 **예드야**며
2. 다윗의 나귀를 지키던 자로 메로놋 사람
대상 27:30 **예드야**는 나귀를 맡았고 하갈 사람

예라(Jereh) 셈의 자손으로 욕단의 아들
창 10:26 알모닷과 셀렙과 하살마웻 **예라**와
대상 1:20 알모닷과 셀렙과 하살마웻 **예라**와

예레미야(Jeremiah)
1. 아나돗의 제사장 힐기야의 아들
대하 35:25 **예레미야**는 그를 위하여 애가를 지었
렘 1:2 십삼 년에 여호와의 말씀이 **예레미야**
렘 11:1 여호와께로부터 **예레미야**에게 임한
렘 14:1 가뭄에 대하여 **예레미야**에게 임한
렘 27:1 여호와께서 말씀으로 **예레미야**에게
렘 37:6 여호와의 말씀이 선지자 **예레미야**에게
렘 46:1 선지자 **예레미야**에게 임한 여호와의

'예레미야 1'과 관련된 성구
말씀이 예레미야에게 임하다 - 렘 44:1
선지자 예레미야 - 렘 20:2; 25:2; 28:5, 6, 10, 11, 12, 15; 29:1, 29; 32:2; 34:6; 36:8, 26; 37:2, 3, 13; 38:9, 10, 14; 42:2, 4, 6; 45:1; 46:13; 50:1; 51:59; 단 9:2; 마 2:17; 27:9
선지자 예레미야에게 임한 여호와의 말씀 - 렘 47:1
여호와께로부터 말씀이 예레미야에게 임하다 - 렘 30:1; 34:8; 35:1
여호와께로부터 예레미야에게 임하다 - 렘 18:1; 34:1, 12; 40:1
여호와의 말씀이 선지자 예레미야에게 임하다 - 렘 49:34
여호와의 말씀이 예레미야에게 임하다 - 렘 28:12; 29:30; 32:1, 26; 33:19, 23; 35:12; 36:27; 42:7; 43:8

예레미야 1 - 기타 본문
대하 36:12, 21, 22; 스 1:1; 느 10:2; 렘 1:1, 11; 7:1; 18:1, 18; 19:14; 20:1, 2, 3; 21:1, 3; 24:3; 25:1, 2, 13; 26:7, 8, 9, 12, 20, 24; 28:5, 6, 10, 11, 12, 15; 29:1, 27, 29, 30; 30:1; 32:1, 2, 6, 26; 33:1, 19, 23; 34:1, 6, 8, 12; 35:1, 12, 18; 36:1, 4, 5, 8, 10, 19, 26, 27, 32; 37:2, 3, 4, 12, 13, 14, 15, 16, 17, 18, 21; 38:1, 6, 7, 9, 10, 11, 12, 13, 15, 16, 17, 19, 20, 24, 27, 28; 39:11, 14, 15; 40:1, 2, 5, 6; 42:2, 4, 5, 7; 43:1, 2, 6, 8; 44:1, 15, 20, 24; 45:1; 46:13; 47:1; 49:34; 50:1; 51:59, 60, 64; 52:1; 단 9:2; 마 2:17; 16:14; 27:9

2. 다윗을 도운 30인의 용사 중 한 명
대상 12:4 이스마야이며 또 **예레미야**와 야하시엘
3. 시글락에서 다윗을 도운 갓 지파의 용사
대상 12:10 미스만나요 다섯째는 **예레미야**요
4. 다윗을 도운 세 명 가운데 한 사람
대상 12:13 열째는 **예레미야**요 열한째는 막반내라
5. 므낫세 반 지파의 한 족장
대상 5:24 아스리엘과 **예레미야**와 호다위야와
6. 요시야 왕의 아내
왕하 23:31 하무달이라 립나 **예레미야**의 딸이더라
왕하 24:18 하무달이요 립나인 **예레미야**의 딸이
렘 52:1 하무달이라 립나인 **예레미야**의 딸이
7. 야아사냐의 아버지로 레갑 사람
렘 35:3 내가 하바시냐의 손자요 **예레미야**의
8. 바벨론에서 귀환한 제사장 가운데 한 명
느 12:1 제사장들은 스라야와 **예레미야**와
느 12:12 스라야 족속에는 므라야 **예레미야**
9. 예루살렘 성벽 봉헌식에 참석한 유다 방백
느 12:34 유다와 베냐민과 스마야와 **예레미야**

예렛(Jered) 유다 사람 그돌 주민의 조상
대상 4:18 그돌의 조상 **예렛**과 소고의 조상 헤벨

예루살렘(Jerusalem) 다윗 때 도읍지가 된 도시

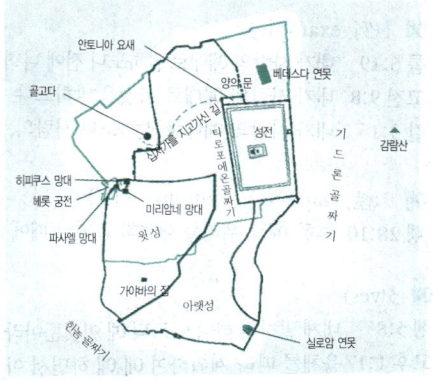

【 예루살렘 】　　　　　　　　　　　　　【 예루살렘 】

수 15:8　여부스 곧 **예루살렘** 남쪽 어깨에 이르며

'예루살렘' 과 관련된 성구

- 거룩한 성 예루살렘 – 느 11:1; 사 52:1; 계 21:10
- 예루살렘 거리 – 렘 5:1; 7:17, 34; 11:6, 13; 14:16; 33:10–11; 44:6, 9, 17, 21
- 예루살렘 문 – 렘 17:21, 27; 22:19
- 예루살렘 사람 – 왕하 14:2; 15:2; 18:22; 대하 25:1; 26:3; 35:24; 느 1:2; 렘 4:3; 슥 12:6; 막 1:5; 요 7:25
- 예루살렘 사방 – 느 12:28, 29; 시 79:3; 렘 32:44
- 예루살렘 성 – 왕상 9:15; 대하 28:27; 32:18; 느 1:3; 2:17; 4:7; 13:20; 시 51:18
- 예루살렘 성벽 – 왕하 14:13; 대하 25:23; 36:19; 느 2:13; 12:27; 렘 39:8
- 예루살렘 성전 – 스 5:15; 6:5; 단 5:2
- 예루살렘 왕 – 수 10:5, 23; 12:10; 왕상 10:26; 대하 1:14; 9:25; 36:4, 10; 겔 12:10
- 예루살렘 왕 아도니세덱 – 수 10:1, 3
- 예루살렘 왕 전도자의 말씀 – 전 1:1
- 예루살렘 주민 – 수 15:63; 왕하 23:2; 대하 19:8; 20:15, 18, 20; 21:11, 13; 22:1; 32:22, 26, 33; 33:9; 34:9, 30, 32; 35:18; 스 4:6; 느 7:3; 사 5:3; 8:14; 22:21; 렘 4:4; 8:1; 11:2, 9, 12; 17:25; 18:11; 19:3; 32:32; 35:13; 36:31; 42:18; 겔 11:15; 12:19; 15:6; 슥 12:5, 7, 8, 10; 13:1

예루살렘 – 기타 본문

역사서 수 15:8; 18:28; 삿 1:7, 8, 21; 19:10; 삼하 17:54; 삼하 5:5, 6, 13, 14; 8:7; 9:13; 10:14; 11:1, 12; 12:31; 14:23, 28; 15:8, 11, 14, 29, 37; 16:3, 15; 17:20; 19:19, 25, 33, 34; 20:2, 3, 7, 22; 24:8, 16; 왕상 2:11, 36, 38, 41; 3:1, 15; 8:1; 9:19; 10:2, 27; 11:7, 13, 29, 32, 36, 42; 12:18, 21, 27, 28; 14:21, 25; 15:2, 4, 10; 22:42; 왕하 8:17, 26; 9:28; 12:1, 17, 18; 14:19, 20; 15:33; 16:2, 5; 18:2, 17, 35; 19:10, 21, 31; 21:1, 4, 7, 12, 13, 16, 19; 22:1, 14; 23:1, 4, 5, 6, 9, 13, 20, 23, 24, 27, 30, 31, 36; 24:4, 8, 10, 14, 15, 18, 20; 25:1, 8, 9, 10; 대상 3:4, 5; 6:10, 15, 32; 8:28, 32; 9:3, 34, 38; 11:4; 14:3, 4; 15:3; 18:7; 19:15; 20:1, 3; 21:4, 15, 16; 23:25; 28:1; 29:27; 대하 1:4, 13, 15; 2:7, 16; 3:1; 5:2; 6:6; 8:6; 9:1, 27, 30; 10:18; 11:1, 5, 14, 16; 12:2, 4, 5, 7, 9, 13; 13:2; 14:15; 15:10; 17:13; 19:1, 4; 20:5, 17, 27, 28, 31; 21:5, 20; 22:2; 23:2; 24:1, 6, 9, 18, 23; 25:27; 26:9, 15; 27:1, 8; 28:1, 10, 24; 29:1, 8; 30:1, 2, 3, 5, 11, 13, 14, 21, 26; 31:4; 32:2, 9, 10, 12, 19, 23, 25; 33:1, 4, 7, 13, 15, 21; 34:1, 3, 5, 7, 22, 29; 35:1; 36:1, 2, 3, 5, 9, 11, 14, 23; 스 1:2, 3, 4, 5, 7, 11; 2:1, 68; 3:1, 8; 4:8, 12, 20, 23, 24; 5:1, 2, 14, 16, 17; 6:3, 9, 12, 18; 7:7, 9, 13, 14, 15, 16, 17, 19, 27; 8:29, 30, 31, 32; 9:9; 10:7, 9; 느 2:11, 12, 20; 3:8, 9, 12; 4:8, 22; 6:7; 7:2, 6; 8:15; 11:2, 3, 4, 6; 12:43; 13:6, 7, 15, 16, 19; 에 2:6 **시가서, 선지서** 시 68:29; 79:1; 102:21; 116:19; 122:2, 3, 6; 125:2; 128:5; 135:21; 137:5, 6, 7; 147:2, 12; 전 1:12, 16; 2:7, 9; 아 1:5; 2:7; 3:5, 10; 5:8, 16; 6:4; 8:4; 사 1:1; 2:1, 3; 3:1, 8; 4:3, 4; 7:1; 10:10, 11, 12, 32; 22:10; 24:23; 27:13; 28:14; 30:19; 31:5, 9; 33:20; 36:2, 7, 20; 37:10, 22, 32; 40:2, 9; 41:27; 44:26, 28; 51:17; 52:2, 9; 62:1, 6, 7; 64:10; 65:18, 19; 66:10, 13, 20; 렘 1:3, 15; 2:2; 3:17; 4:5, 10, 11, 14, 16, 17; 6:1, 6, 8; 8:5; 9:11; 13:9, 13, 27; 14:2; 15:4, 5; 17:19, 20, 26; 19:7, 13; 23:14, 15; 24:1, 8; 25:2, 18; 26:18; 27:3, 18, 20, 21; 29:1, 2, 4, 20, 25; 32:2; 33:13, 16; 34:1, 6, 7, 8, 19; 35:11, 17; 36:9; 37:5, 11, 12; 38:28; 39:1, 2; 40:1; 42:18; 44:2, 13; 51:35, 50; 52:1, 3, 4, 12, 13, 14, 29; 애 1:7, 8, 10, 17; 2:10, 13, 15; 4:12; 겔 4:1, 7, 16; 5:5; 8:3; 9:4, 8; 13:16; 14:21, 22, 23; 16:2, 3; 17:12; 21:2, 20, 22; 22:19; 23:4; 24:2; 26:2; 33:21; 36:38; 단 1:1; 5:3; 6:10; 9:2, 7, 12, 16, 25; 욜 2:32; 3:1, 6, 16, 17, 20; 암 2:5; 옵 1:11, 20; 미 1:1, 5, 9, 12; 3:10, 12; 4:2, 8; 습 1:4, 1; 3:14, 16; 슥 1:1, 14, 16, 17, 19; 2:2, 4, 12; 3:2; 7:7; 8:3, 4, 8, 15, 22; 9:9, 10; 12:2, 3, 9, 11; 14:2, 4, 8, 10, 11, 12, 14, 16, 17, 21; 말 2:1; 3:4 **신약** 마 2:1, 3; 3:5; 4:25; 5:35; 15:1;

【 예리하다 】　　　　　　　　　　　　　　　　　　　　　　　　　　【 예물 】

16:21; 20:17, 18; 21:1, 10; 23:37; 막 3:8, 22; 7:1; 10:32, 33; 11:1, 11, 15, 27; 15:41; 눅 2:22, 25, 38, 41, 43, 45; 4:9; 5:17; 6:17; 9:31, 51, 53; 10:30; 13:4, 22, 33, 34; 17:11; 18:31; 19:11, 28; 21:20, 24; 23:7, 28; 24:13, 18, 33, 47, 52; 요 1:19; 2:13, 23; 4:20, 21, 45; 5:1, 2; 10:22; 11:18, 55; 12:12; 행 1:4, 8, 12, 19; 2:5, 14; 4:5, 16; 5:16, 28; 6:7; 8:1, 14, 25, 26, 27; 9:2, 13, 21, 26, 28; 10:39; 11:2, 22, 27; 12:25; 13:13, 27, 31; 15:2, 4; 16:4; 19:21; 20:16, 22; 21:4, 11, 12, 13, 15, 17, 31; 22:5, 17, 18; 23:11; 24:11; 25:1, 3, 7, 9, 15, 20, 24; 26:4, 10, 20; 28:17; 롬 15:19, 25, 26, 31; 고전 16:3; 갈 1:17, 18; 2:1; 4:25, 26; 딛 12:22; 계 3:12; 21:2

예리하다(銳利, sharp)
히 4:12　어떤 검보다도 **예리하여** 혼과 영과 및
계 14:14　금 면류관이 있고 그 손에는 **예리한** 낫을
계 14:17　성전에서 나오는데 역시 **예리한** 낫을
계 14:18　천사가 제단으로부터 나와 **예리한** 낫
　　　　　가진 자를 향하여 … 네 **예리한** 낫을
계 19:15　그의 입에서 **예리한** 검이 나오니 그것

예물(禮物, gift, offering)
모세오경
창 32:13　소유 중에서 형 에서를 위하여 **예물**을
창 32:18　자기 주 에서에게로 보내는 **예물**이오며
창 32:20　**예물**로 형의 감정을 푼 후에 대면하면
창 32:21　그 **예물**은 그에 앞서 보내고 그는 무리
창 33:10　이 **예물**을 받으소서 내가 형님의 얼굴을
창 33:11　형님께 드리는 **예물**을 받으소서 하고
창 34:12　혼수와 **예물**을 청할지라도 너희가 내게
창 43:11　사람에게 **예물**로 드릴지니 곧 유향 조금
창 43:15　그 형제들이 **예물**을 마련하고 갑절의
창 43:25　들었으므로 **예물**을 정돈하고 요셉이
창 43:26　집으로 들어가서 **예물**을 그에게 드리고
출 25:2　 자손에게 명하여 내게 **예물**을 가져
출 25:3　 그들에게서 받을 **예물**은 이러하니 금과
출 35:21　**예물**을 가져다가 여호와께 드렸으니
출 35:22　사람마다 여호와께 금 **예물**을 드렸으며
출 35:29　자손이 여호와께 자원하여 드린 **예물**
출 36:3　 만들기 위하여 가져온 **예물**을 모세에게
출 36:6　 성소에 드릴 **예물**을 다시 만들지 말라

레 1:2　 여호와께 **예물**을 드리려거든 가축 중
　　　　에서 소나 양으로 **예물**을 드릴지니라
레 1:3　 그 **예물**이 소의 번제이면 흠 없는 수컷
레 1:10　 만일 그 **예물**이 가축 떼의 양이나 염소
레 1:14　 여호와께 드리는 **예물**이 새의 번제이
　　　　면 … 집비둘기 새끼로 **예물**을 드릴 것
레 2:13　 못할지니 네 모든 **예물**에 소금을 드릴
레 3:1　 사람이 만일 화목제의 제물을 **예물**로
레 3:2　 그 **예물**의 머리에 안수하고 회막 문에
레 3:6　 만일 여호와께 **예물**로 드리는 화목제의
레 3:7　 만일 그의 **예물**로 드리는 것이 어린 양
레 3:8　 그 **예물**의 머리에 안수하고 회막 앞에
레 3:12　 그의 **예물**이 염소면 그것을 여호와 앞
레 3:14　 그는 그 중에서 **예물**을 가져다가 여호
레 4:23　 그는 흠 없는 숫염소를 **예물**로 가져다가
레 4:28　 그 범한 죄로 말미암아 그것을 **예물**로
레 5:11　 에바를 **예물**로 가져다가 속죄제물로
레 6:20　 **예물**은 이러하니라 고운 가루 십분의 일
레 7:13　 화목제의 감사제물과 함께 그 **예물**로
레 7:14　 그 전체의 **예물** 중에서 하나씩 여호와께
레 7:16　 그의 **예물**의 제물이 서원이나 자원하는
레 7:18　 드린 자에게도 **예물**답게 되지 못하고
레 7:29　 화목제물 중에서 그의 **예물**을 여호와께
레 7:38　 이스라엘 자손에게 그 **예물**을 여호와께
레 17:4　 **예물**로 드리지 아니하는 자는 피 흘린
레 22:18　번제와 더불어 여호와께 **예물**로 드리
레 22:21　자의로 **예물**을 드리려 하여 소나 양으로
레 22:27　화제로 **예물**을 드리면 기쁘게 받으심
레 23:14　너희 하나님께 **예물**을 가져오는 그 날
레 27:9　 **예물**로 여호와께 드리는 것이 가축이
레 27:11　**예물**로 드리지 못할 가축이면 그 가축을

역사서
삿 6:18　 내가 **예물**을 가지고 다시 주께로 와서
삼상 3:14　**예물**이나 영원히 속죄함을 받지 못하
삼상 9:7　 사람에게 드릴 **예물**이 없도다 무엇이
삼상 10:27　멸시하며 **예물**을 바치지 아니하였으나
삼상 25:27　주께 가져온 이 **예물**을 내 주를 따르는
왕상 9:16　자기 딸 솔로몬의 아내에게 **예물**로 주었
왕상 10:25　각기 **예물**을 가지고 왔으니 곧 은 그릇
왕상 13:7　집에 가서 쉬라 내가 네게 **예물**을 주리라
왕상 15:19　은금 **예물**을 보냈으니 와서 이스라엘
왕하 5:15　당신의 종에게서 **예물**을 받으소서 하니
왕하 8:8　 너는 손에 **예물**을 가지고 가서 하나님

[예물]　　　　　　　　　　　　　　　　　　　　　　　　　　　　[예배/-하다]

왕하 16:8 내어다가 앗수르 왕에게 **예물**로 보냈
왕하 20:12 병들었다함을 듣고 편지와 **예물**을
대하 9:24 각기 **예물**을 가지고 왔으니 곧 은 그릇과
대하 17:5 여호사밧에게 **예물**을 드렸으므로 그가
대하 17:11 여호사밧에게 **예물**을 드리며 은으로
대하 31:10 **예물**을 여호와의 전에 드리기 시작함
대하 31:12 그 **예물**과 십일조와 구별한 물건들을
대하 31:14 드리는 **예물**을 맡아 여호와께 드리는
대하 32:23 여러 사람이 **예물**을 가지고 예루살렘
스 3:5 사람이 여호와께 기쁘게 드리는 **예물**을
스 7:16 성전을 위하여 기쁘게 드릴 **예물**을 가져
스 8:28 하나님 여호와께 즐거이 드린 **예물**이니
에 9:19 잔치를 베풀고 즐기며 서로 **예물**을 주더
에 9:22 베풀고 즐기며 서로 **예물**을 주며 가난한

'예물'과 관련된 성구

- 가장 거룩한 예물 - 겔 48:12
- 낙헌 예물 - 신 12:6, 17
- 땅의 예물 - 겔 48:12
- 백성의 예물 - 레 9:7, 15
- 서원을 갚는 예물 - 신 12:17
- 소제의 예물 - 레 2:1, 4, 5
- 예물을 기쁘게 드리다 - 스 1:4, 6; 2:68
- 예물을 삼다 - 출 35:24; 레 2:1; 왕하 8:9; 겔 48:18
- 왕의 예물 - 단 5:17
- 자원한/자원하는 예물 - 출 36:3; 신 16:10; 23:23
- 제물과 예물 - 삼상 2:29; 사 19:21
- 제사와 예물 - 시 40:6; 단 9:27; 히 10:5, 8

시가서, 선지서

시 16:4 다른 신에게 **예물**을 드리는 자는 괴로움
시 45:12 딸은 **예물**을 드리고 백성 중 부한 자도
시 68:29 전을 위하여 왕들이 주께 **예물**을 드리
시 72:10 스바와 시바 왕들이 **예물**을 드리리로다
시 76:11 마땅히 경외할 이에게 **예물**을 드릴지
시 96:8 그에게 돌릴지어다 **예물**을 들고 그의
사 1:23 뇌물을 사랑하며 **예물**을 구하며 고아
사 18:7 여호와께 드릴 **예물**을 가지고 만군의
사 39:1 듣고 히스기야에게 글과 **예물**을 보낸
사 57:6 전제와 **예물**을 그것들에게 드리니 내가
사 66:3 드리는 **예물**은 돼지의 피와 다름이 없이

사 66:20 이스라엘 자손이 **예물**을 깨끗한 그릇
에 담아 … 태워다가 여호와께 **예물**로
겔 20:26 드리는 그 **예물**로 내가 그들을 더럽혔으
겔 20:39 후에 다시는 너희 **예물**과 너희 우상들로
겔 20:40 너희 **예물**과 너희가 드리는 첫 열매와
겔 44:30 **예물** 중에 각종 거제 제물을 다 제사장
겔 45:1 여호와께 **예물**로 드릴지니 그 길이는
겔 45:13 마땅히 드릴 **예물**은 이러하니 밀 한 호멜
겔 45:16 이 땅 모든 백성은 이 **예물**을 이스라엘
겔 48:8 너희가 **예물**로 드릴 땅이라 너비는 이만
겔 48:9 여호와께 드려 **예물**로 삼을 땅의 길이
겔 48:12 **예물**을 받을지니 레위인의 접경지에
겔 48:20 그런즉 **예물**로 드리는 땅의 합계는 길이
단 2:46 다니엘에게 절하고 명하여 **예물**과 향품
호 10:6 **예물**로 야렙 왕에게 드리리니 에브라임
미 1:14 작별하는 **예물**을 줄지어다 악십의 집들
습 3:10 건너편에서부터 **예물**을 가지고 와서

신약

마 2:11 황금과 유향과 몰약을 **예물**로 드리니라
마 5:23 그러므로 **예물**을 제단에 드리려다가
마 5:24 **예물**을 제단 앞에 두고 먼저 가서 형제
와 화목하고 그 후에 와서 **예물**을 드리라
마 8:4 모세가 명한 **예물**을 드려 그들에게 입증
마 23:18 그 위에 있는 **예물**로 맹세하면 지킬지라
마 23:19 맹인들이여 어느 것이 크냐 그 **예물**이
냐 그 **예물**을 거룩하게 하는 제단이냐
눅 5:14 명한 대로 **예물**을 드려 그들에게 입증
히 5:1 사람을 위하여 **예물**과 속죄하는 제사를
히 8:3 대제사장마다 **예물**과 제사 드림을 위하여
히 8:4 율법을 따라 **예물**을 드리는 제사장이
히 9:9 이에 따라 드리는 **예물**과 제사는 섬기는
히 11:4 그 **예물**에 대하여 증언하심이라 그가
계 11:10 즐거워하고 기뻐하여 서로 **예물**을 보내

예배/-하다 (禮拜, worship)

창 22:5 내가 아이와 함께 저기 가서 **예배하고**
출 32:8 그것을 **예배하며** 그것에게 제물을 드리
출 33:10 일어나 각기 장막 문에 서서 **예배하며**
삼상 1:3 만군의 여호와께 **예배하며** 제사를 드렸
왕상 16:31 아내로 삼고 가서 바알을 섬겨 **예배하고**
왕상 22:53 바알을 섬겨 그에게 **예배하여** 이스라엘
왕하 17:36 여호와만 경외하여 그를 **예배하며** 그
왕하 18:22 제단 앞에서만 **예배하라** 하지 아니하

[예법]   [예비하다/예비되다]

대하 29:30 찬송하고 몸을 굽혀 **예배**하니라
대하 32:12 제단 앞에서 **예배**하고 그 위에 분향하라
욥 1:20 머리털을 밀고 땅에 엎드려 **예배**하며
시 5:7 경외함으로 성전을 향하여 **예배**하리이다
시 22:27 모든 족속이 주의 앞에 **예배**하리니
시 29:2 거룩한 옷을 입고 여호와께 **예배**할지어다
시 96:9 여호와께 **예배**할지어다 온 땅이여 그
시 99:9 성산에서 **예배**할지어다 여호와 우리
시 132:7 발등상 앞에서 엎드려 **예배**하리로다
시 138:2 주의 성전을 향하여 **예배**하며 주의
사 27:13 예루살렘 성산에서 여호와께 **예배**하리라
사 36:7 너희는 이 제단 앞에서만 **예배**하라 하던
사 66:23 모든 혈육이 내 앞에 나아와 **예배**하리라
렘 7:2 여호와께 **예배**하러 이 문으로 들어가
렘 26:2 여호와의 성전에 와서 **예배**하는 자에게
겔 8:16 향하여 동쪽 태양에게 **예배**하더라
겔 46:2 군주는 문 통로에서 **예배**한 후에 밖으로
겔 46:3 문 입구에서 나 여호와 앞에 **예배**할 것
요 4:20 조상들은 이 산에서 **예배**하였는데 당신들의 말은 **예배**할 곳이 예루살렘에
요 4:21 너희가 아버지께 **예배**할 때가 이르리라
요 4:22 너희는 알지 못하는 것을 **예배**하고 우리는 아는 것을 **예배**하노니 이는 구원이
요 4:23 참되게 **예배**하는 자들은 영과 진리로 **예배**할 때가 … 이렇게 **예배**하는 자들
요 4:24 **예배**하는 자가 영과 … **예배**할지니라
요 12:20 명절에 **예배**하러 올라온 사람 중에
행 8:27 국고를 맡은 관리인 내시가 **예배**하러
행 24:11 예루살렘에 **예배**하러 올라간 지 열이틀
롬 9:4 율법을 세우신 것과 **예배**와 약속들이
롬 12:1 이는 너희가 드릴 영적 **예배**니라

예법(禮法, practice, regulations for worship)
미 6:16 아합 집의 모든 **예법**을 지키고 그들의
히 9:1 첫 언약에도 섬기는 **예법**과 세상에 속한
히 9:10 씻는 것과 함께 육체의 **예법**일 뿐이며

예복(禮服, wardrobe, wedding clothes)
레 21:10 위임되어 그 **예복**을 입은 대제사장은
왕하 10:22 예후가 **예복** 맡은 자에게 이르되 **예복**을 … 그들에게로 **예복**을 가져오라
왕하 22:14 디과의 아들로서 **예복**을 주관하는 살룸
대하 20:21 거룩한 **예복**을 입고 군대 앞에서 행진

대하 34:22 독핫의 아들로서 **예복**을 관리하는 살룸
스 3:10 제사장들은 **예복**을 입고 나팔을 들고
에 5:1 에스더가 왕후의 **예복**을 입고 왕궁 안
사 3:22 **예복**과 겉옷과 목도리와 손 주머니와
렘 2:32 그의 **예복**을 잊겠느냐 오직 내 백성은
마 22:11 거기서 **예복**을 입지 않은 한사람을 보고
마 22:12 친구여 어찌하여 **예복**을 입지 않고 여기

예비하다/예비되다(豫備, prepare, ready)
출 15:17 삼으시려고 **예비하신** 것이라 주여 이것
출 23:20 보호하여 너를 내가 **예비한** 곳에 이르게
민 15:8 화목제로 수송아지를 **예비하여** 여호와
대하 29:36 위하여 **예비하셨으므로** 히스기야가
욥 20:26 그를 위하여 **예비되어** 있고 사람이 피우
시 7:12 그의 활을 이미 당기어 **예비하셨도다**
시 7:13 죽일 도구를 또한 **예비하심이여** 그가
시 61:7 인자와 진리를 **예비하사** 그를 보호하
시 65:9 이같이 땅을 **예비하신** 후에 그들에게
시 78:20 백성을 위하여 고기도 **예비하시랴** 하였
잠 2:7 완전한 지혜를 **예비하시며** 행실이 온전
잠 6:8 먹을 것을 여름 동안에 **예비하며** 추수
잠 19:29 심판은 거만한 자를 위하여 **예비된** 것이요 채찍은 … 등을 위하여 **예비된** 것
잠 21:31 싸울 날을 위하여 마병을 **예비하거니와**
사 30:33 왕을 위하여 **예비된** 것이라 깊고 넓게
사 40:3 길을 **예비하라** 사막에서 우리 하나님
렘 46:3 방패와 큰 방패를 **예비하고** 나가서 싸우
겔 38:7 너는 스스로 **예비하되** 너와 네게 모인 무리들이 다 스스로 **예비하고** 너는 그들의
겔 39:17 이스라엘 산 위에 **예비한** 큰 잔치로 너희
겔 39:19 너희를 위하여 **예비한** 잔치의 기름을
욘 1:17 물고기를 **예비하사** 요나를 삼키게 하셨
욘 4:6 박넝쿨을 **예비하사** 요나를 가리게 하셨
욘 4:7 **예비하사** 이튿날 새벽에 그 박넝쿨을
욘 4:8 뜨거운 동풍을 **예비하셨고** 해는 요나
마 6:9 매가 **예비되었나니** 그것을 정하신 이가
마 20:23 위하여 **예비하셨든지** 그들이 얻을 것
마 25:34 너희를 위하여 **예비된** 나라를 상속받
마 25:41 그 사자들을 위하여 **예비된** 영원한 불에
눅 2:31 이는 만민 앞에 **예비하신** 것이요
요 14:2 내가 너희를 위하여 거처를 **예비하러**
요 14:3 거처를 **예비하면** 내가 다시 와서 너희
롬 9:23 또한 영광 받기로 **예비하신** 바 긍휼의

【 예세브압 】　　　　　　　　　　　　　　　　　【 예수 】

고전 2:9　사랑하는 자들을 위하여 **예비하신**
엡 2:10　**예비하사** 우리로 그 가운데서 행하게
딤후 4:8　면류관이 **예비되었으므로** 주 곧 의로
히 9:2　**예비한** 첫 장막이 있고 그 안에 등잔대
히 9:6　모든 것을 이같이 **예비하였으니** 제사장
히 10:5　오직 나를 위하여 한 몸을 **예비하셨도다**
히 11:16　그들을 위하여 한 성을 **예비하셨느니라**
히 11:40　더 좋은 것을 **예비하셨은즉** 우리가 아니
벧전 1:5　말세에 나타내기로 **예비하신** 구원을
벧전 4:5　심판하기로 **예비하신** 이에게 사실대로
벧후 2:17　그들을 위하여 캄캄한 어둠이 **예비되어**
유 1:13　바다의 거친 물결이요 영원히 **예비된**
계 12:6　양육하기 위하여 하나님께서 **예비하신**
계 16:12　동방에서 오는 왕들의 길이 **예비되었더라**

예세브압 (Jeshebeab)　다윗 시대 제사장
대상 24:13　열셋째는 훕바요 열넷째는 **예세브압**이

예셀 1(Jezer)　야곱의 손자로 납달리의 아들
창 46:24　납달리의 아들 곧 야스엘과 구니와 **예셀**
민 26:49　**예셀**에게서 난 **예셀** 종족과 실렘에게
대상 7:13　구니와 **예셀**과 살룸이니 이는 빌하의

예셀 2(Jesher)　헤스론의 자손으로 갈렙의 아들
대상 2:18　낳은 아들들은 **예셀**과 소밥과 아르돈

예속되다 (隸屬, unite with)
사 14:1　야곱 족속과 연합하여 그들에게 **예속될**

예수 (Jesus)
마 1:21　아들을 낳으리니 이름을 **예수**라 하라

📖 **예수 – 기타 본문**

복음서 마 1:16, 25; 2:1; 3:13, 15, 16; 4:1, 3, 4, 5, 7, 10, 11, 12, 17, 23; 5:1; 7:28; 8:1, 3, 4, 5, 10, 13, 14, 15, 16, 18, 19, 20, 22, 24, 26, 28, 31, 34; 9:1, 2, 4, 9, 10, 12, 14, 15, 18, 19, 20, 23, 25, 27, 28, 29, 30, 32, 35; 10:1, 4, 5; 11:1, 3, 4, 7, 20, 25; 12:1, 2, 3, 10, 11, 15, 22, 25, 39, 46, 47; 13:1, 2, 3, 10, 24, 34, 36, 52, 53, 57; 14:12, 13, 14, 16, 22, 25, 27, 29, 31, 33, 35, 36; 15:1, 13, 16, 21, 23, 24, 25, 28, 29, 30, 32, 34, 35, 39; 16:2, 6, 8, 13, 17, 22, 23, 24; 17:1, 3, 4, 7, 8, 9, 11, 13, 14, 17, 18, 19, 22, 25, 26; 18:1, 2, 22; 19:1, 2, 3, 4, 8, 11, 13, 14, 17, 18, 21, 23, 26, 28; 20:17, 20, 21, 22, 25,

'예수'와 관련된 성구

구주 예수 그리스도 – 딛 2:13; 3:6; 벧후 1:1, 11; 2:20; 3:18
그리스도 예수 우리 주 – 롬 6:23; 고전 15:31; 딤전 1:2, 12; 딤후 1:2
그리스도 예수의 사도 – 고전 1:1; 고후 1:1; 엡 1:1; 골 1:1; 딤전 1:1; 딤후 1:1
나사렛 예수 – 마 26:71; 막 1:24; 10:47; 14:67; 16:6; 눅 4:34; 18:37; 24:19; 요 1:45; 18:5, 7; 19:19; 행 2:22; 3:6; 4:10; 6:14; 10:38; 22:8; 26:9
예수 그리스도 – 마 1:1, 18; 16:21; 막 1:1; 요 1:17; 17:3; 행 2:38; 3:6; 4:10; 8:12; 9:34; 10:36, 48; 11:17; 15:25–26; 16:18; 20:21; 28:31; 롬 1:1, 4, 6, 7, 8; 2:16; 3:22; 5:1, 11, 15, 17, 21; 7:25; 13:14; 15:6, 30; 16:25, 27; 고전 1:2, 3, 7, 8, 9, 10; 2:2; 3:11; 6:11; 8:6; 15:57; 16:23; 고후 1:2, 3, 19; 4:6; 8:9; 13:5, 13; 갈 1:3, 2, 12; 2:16; 3:1, 22; 6:14, 18; 엡 1:2, 3, 5, 17; 5:20; 6:23, 24; 빌 1:2, 8, 11, 19; 2:11; 3:20; 4:23; 골 1:3; 살전 1:1, 3; 5:9, 23, 28; 살후 1:1, 2, 12; 2:1, 14, 16; 3:6, 12, 18; 딤전 1:16; 6:3, 14; 딤후 2:8; 딛 1:1; 2:13; 3:6; 몬 1:3, 9, 25; 히 10:10; 13:8, 21; 약 1:1; 2:1; 벧전 1:1, 2, 3, 7, 13; 2:5; 3:21; 4:11; 벧후 1:1, 8, 11, 14, 16; 2:20; 3:18; 요일 1:3; 2:1; 3:23; 4:2; 5:6, 20; 요이 1:3, 7; 유 1:1, 4, 17, 21, 25; 계 1:1, 2, 5

예수를 따르다 – 마 4:20, 22; 20:29, 34; 26:58; 막 1:20; 2:15; 14:51; 눅 5:11; 18:43; 23:26; 요 1:37, 40; 18:15

예수를 믿다 – 요 4:39; 7:5, 31; 10:42; 12:11; 행 16:31; 갈 2:16

예수를 시험하다 – 마 16:1; 22:35; 눅 10:25; 11:16; 요 8:6

【 예수 】

30, 32; 21:1, 6, 7, 10, 11, 12, 14, 15, 16, 21, 23, 24, 27, 31, 42, 45, 46; 22:1, 15, 16, 18, 20, 22, 23, 29, 34, 37, 41; 23:1; 24:1, 3, 4; 26:1, 4, 6, 7, 10, 15, 16, 17, 19, 20, 25, 26, 31, 34, 36, 48, 49, 50, 51, 52, 55, 56, 57, 62, 63, 64, 67, 69; 27:3, 11, 17, 18, 20, 22, 26, 27, 32, 34, 37, 38, 39, 46, 50, 53, 54, 55, 57; 28:5, 9, 10, 16, 17, 18; 막 1:9, 2, 14, 17, 21, 25, 30, 32, 34, 35, 36, 40, 41, 45; 2:1, 2, 3, 4, 5, 8, 13, 16, 17, 18, 19, 23, 24, 25; 3:1, 2, 3, 7, 9, 10, 11, 12, 19, 21, 23, 31, 32; 4:1, 2, 10, 33, 36, 38, 39; 5:1, 2, 6, 8, 15, 17, 18, 20, 21, 22, 30, 32, 34, 35, 36, 40, 43; 6:1, 3, 4, 30, 34, 35, 41, 45, 47, 50, 54, 55, 56; 7:1, 5, 18, 24, 27, 29, 31, 32, 33, 36; 8:1, 5, 6, 9, 11, 12, 15, 17, 22, 23, 26, 27, 32, 33; 9:2, 4, 5, 8, 9, 11, 15, 16, 20, 21, 23, 25, 27, 30, 35, 38, 39; 10:1, 2, 5, 13, 14, 17, 18, 21, 23, 24, 27, 29, 32, 38, 39, 42, 46, 49, 50, 51, 52; 11:1, 6, 7, 11, 12, 14, 15, 18, 22, 27, 29, 33; 12:1, 12, 15, 16, 17, 18, 24, 28, 29, 34, 35, 38, 41, 43; 13:1, 2, 3, 5; 14:1, 3, 6, 10, 11, 12, 13, 16, 18, 22, 27, 30, 32, 40, 43, 44, 45, 46, 48, 50, 53, 54, 56, 57, 60, 62, 64, 72; 15:1, 2, 5, 10, 15, 16, 17, 21, 22, 23, 27, 29, 32, 34, 37, 39, 41, 44, 46, 47; 16:1, 7, 9, 10, 11, 12, 14, 19; 눅 1:31; 2:21, 27, 42, 43, 49, 51, 52; 3:21, 23, 29; 4:1, 4, 5, 8, 12, 14, 16, 21, 23, 30, 35, 38, 39, 40, 41, 42, 43; 5:1, 3, 8, 10, 12, 13,

【 예수 】

14, 16, 17, 18, 19, 20, 22, 27, 29, 31, 33, 34; 6:1, 3, 6, 7, 8, 9, 11, 12, 16, 19, 20; 7:1, 4, 6, 9, 11, 14, 15, 17, 20, 21, 22, 24, 36, 37, 38, 39, 40, 50; 8:1, 4, 19, 21, 23, 24, 27, 29, 30, 35, 37, 38, 39, 40, 41, 42, 44, 45, 46, 48, 50, 52, 54, 55, 56; 9:1, 10, 11, 13, 16, 18, 20, 28, 30, 31, 32, 33, 36, 41, 42, 43, 47, 50, 51, 52, 53, 55, 58, 62; 10:18, 21, 26, 28, 29, 30, 37, 38, 40; 11:1, 2, 14, 17, 28, 29, 37, 45; 12:1; 13:1, 10, 12, 14, 17, 18, 22; 14:1, 3, 4, 25; 15:3; 16:15; 17:1, 11, 12, 13, 16, 17, 20; 18:1, 15, 16, 19, 22, 24, 31, 38, 40, 42; 19:1, 3, 4, 5, 9, 28, 35, 47; 20:1, 8, 19, 20, 23, 34, 41, 45; 21:1, 5, 37; 22:2, 4, 6, 8, 14, 25, 39, 43, 44, 48, 51, 52, 54, 63, 66; 23:1, 3, 8, 11, 20, 25, 28, 32, 34, 42, 43, 46, 49, 55; 24:15, 17, 24, 28, 31, 35, 36, 38, 50; 요 1:29, 36, 38, 39, 42, 43, 47, 48, 50; 2:1, 2, 3, 4, 7, 11, 12, 13, 18, 19, 21, 22, 23, 24; 3:2, 3, 5, 10, 22; 4:1, 2, 6, 7, 10, 13, 17, 21, 26, 27, 30, 34, 40, 43, 45, 46, 47, 48, 50, 53, 54; 5:1, 6, 8, 13, 14, 15, 16, 17, 19; 6:1, 3, 5, 8, 10, 11, 12, 14, 15, 17, 19, 22, 24, 26, 29, 32, 35, 41, 42, 43, 53, 59; 7:1, 3, 6, 11, 12, 14, 16, 21, 28, 30, 32, 33, 37, 39, 43, 50; 8:1, 4, 9, 10, 11, 12, 14, 19, 23, 25, 28, 31, 34, 39, 42, 49, 54, 58, 59; 9:1, 3, 11, 14, 22, 35, 37, 39, 40, 41; 10:6, 7, 23, 25, 32, 34, 39; 11:3, 4, 5, 9, 13, 14, 17, 20, 21, 23, 25, 29, 30, 32, 33, 35, 38, 39, 40,

---

'예수' 와 관련된 성구

예수를 십자가에 못 박다 – 마 27:35; 눅 23:33; 요 19:16, 18, 23

예수를 죽이다 – 마 12:14; 26:59; 27:1, 20; 막 3:6; 14:55; 요 5:18; 11:53

예수의 날 – 고전 5:5; 고후 1:14; 빌 1:6

예수의 말씀 – 마 26:75; 막 12:13; 눅 6:17; 24:8; 요 4:41; 21:23

예수의 소문 – 마 9:31; 14:1; 막 1:28; 5:27; 7:25; 눅 4:37; 5:15; 7:3

예수의 시체 – 마 27:58; 막 15:43; 눅 23:52; 24:3; 요 19:38, 40; 20:12

예수의 이름 – 막 6:14; 행 4:18, 30; 5:40; 9:27; 빌 2:10

예수의 일 – 눅 24:19; 엡 3:1; 빌 2:21

예수의 피 – 히 10:19; 요일 1:7

우리 주 예수 그리스도 – 행 15:25-26; 20:21; 롬 1:4; 5:1, 11, 21; 7:25; 15:6, 30; 고전 1:7, 8, 10; 15:57; 고후 1:3; 8:9; 갈 6:14, 18; 엡 1:3; 17; 5:20; 6:24; 골 1:3; 살전 1:3; 5:9, 23, 28; 살후 2:1, 14, 16; 3:6, 18; 딤전 6:3, 14; 몬 1:25; 약 2:1; 벧전 1:3; 벧후 1:8, 14, 16; 유 1:4, 17, 21, 25

예수 우리 주 – 롬 4:24; 6:23; 고전 9:1; 15:31; 딤전 1:2, 12; 딤후 1:2

주 예수의 이름 – 행 8:16; 9:29; 19:5, 13, 17; 21:13; 고전 5:4; 골 3:17; 살후 1:12

하나님의 아들 예수 – 막 1:1; 5:7; 눅 8:28; 고후 1:19; 히 4:14

【 예수아 】 【 예언/-하다 】

41, 44, 45, 46, 51, 54, 56, 57; 12:1, 2, 3, 4, 7, 9, 12, 14, 16, 18, 21, 22, 23, 30, 35, 36, 44; 13:1, 2, 3, 7, 8, 10, 21, 23, 25, 26, 27, 31, 36, 38; 14:6, 9, 23; 16:19, 31; 17:1; 18:1, 2, 4, 6, 8, 11, 12, 19, 20, 22, 23, 24, 28, 32, 33, 34, 37; 19:1, 5, 6, 9, 11, 12, 13, 17, 20, 25, 26, 28, 29, 30, 32, 33, 39, 41, 42; 20:2, 14, 15, 16, 17, 19, 21, 24, 26, 29, 30, 31; 21:1, 4, 5, 7, 10, 12, 13, 14, 15, 17, 20, 21, 22, 25 **역사서** 행 1:1, 6, 11, 14, 16, 21, 22; 2:32, 33, 36; 3:13, 16, 20; 4:2, 11, 13, 27, 33; 5:30, 42; 7:55, 59; 8:35; 9:5, 17, 20, 22; 11:20; 13:6, 23, 27, 33; 15:11; 16:7; 17:3, 7, 18; 18:5, 25, 28; 19:4, 15; 20:24, 35; 24:24; 25:19; 26:15; 28:23 **서신서, 예언서** 롬 3:24, 25, 26; 4:25; 6:3, 6, 11; 8:1, 2, 11, 34, 39; 10:9; 14:14; 15:5, 16, 17; 16:3, 20; 고전 1:30; 4:15, 17; 11:23; 12:3; 16:24; 고후 4:5, 10, 11, 14; 11:4, 31; 갈 2:4; 3:14, 26, 28; 4:14; 5:6, 24; 6:17; 엡 2:6, 7, 10, 13, 20, 22; 3:6, 11, 21; 4:21; 빌 1:1, 26; 2:5; 3:3, 8, 12, 14; 4:7, 19, 21; 골 1:4, 19; 2:6; 4:11, 12; 살전 1:10; 2:14, 15, 19; 3:11, 13; 4:1, 2, 14; 5:10, 18; 살후 1:7, 8; 2:8; 딤전 1:14, 15; 2:5; 3:13; 4:6; 5:21; 6:13, 14; 딤후 1:9, 10, 13; 2:1, 3, 10; 3:12, 15; 4:1; 딛 1:4; 몬 1:1, 5, 23; 히 2:9; 3:1; 6:20; 7:20, 21, 22, 24; 8:4; 12:2, 24; 13:12, 15, 20; 벧전 1:8; 2:4; 벧후 1:2; 요일 2:22; 4:3, 15; 5:1, 5; 계 1:9; 12:17; 14:12; 17:6; 19:10; 20:4; 22:16, 20, 21

예수아(Jeshua)
1. 다윗 시대의 제사장이자 족장
대상 24:11 아홉째는 **예수아**요 열째는 스가냐요
2. 히스기야 시대에 제사장을 도왔던 레위인
대하 31:15 그의 수하의 에덴과 미냐민과 **예수아**와
3. 스룹바벨 시대에 활동한 레위인 우두머리
스 2:40 호다위야 자손 곧 **예수아**와 갓미엘 자손
스 3:9 **예수아**와 그의 아들들과 그의 형제들과
스 8:33 레위 사람 **예수아**의 아들 요사밧과 빈
느 7:43 레위 사람들은 호드야 자손 곧 **예수아**
느 8:7 **예수아**와 바니와 세레뱌와 야민과 악굽
느 9:4 레위 사람 **예수아**와 바니와 갓미엘과
느 9:5 레위 사람 **예수아**와 갓미엘과 바니와
느 10:9 레위 사람 곧 아사냐의 아들 **예수아**,
느 12:8 사람들은 **예수아**와 빈누이와 갓미엘과

느 12:24 갓미엘의 아들 **예수아**라 그들은 그들의
4. 스룹바벨과 함께 귀환한 사람
스 2:6 바핫모압 자손 곧 **예수아**와 요압 자손
느 7:11 바핫모압 자손 곧 **예수아**와 요압 자손
5. 미스바를 다스렸던 사람
느 3:19 그 다음은 미스바를 다스리는 **예수아**
6. 스룹바벨 시대의 대제사장
스 2:2 곧 스룹바벨과 **예수아**와 느헤미야와

📖 **예수아 6 - 기타 본문**
스 2:36; 3:2, 8; 4:3; 5:2; 느 7:7, 39; 10:18; 11:26; 12:1, 7, 10, 26

예순(sixty)
레 27:3 네가 정한 값은 스무 살로부터 **예순** 살
레 27:7 **예순** 살 이상은 남자면 그 값을 십오
대하 11:21 첩 **예순** 명을 거느려 … **예순** 명을 낳았
단 9:25 왕이 일어나기까지 일곱 이레와 **예순**
단 9:26 **예순**두 이레 후에 기름 부음을 받은 자

예스라(Ezrahite) **에단의 출신지**
왕상 4:31 모든 사람보다 지혜로워서 **예스라** 사람

예스라히야(Jezrahiah) **악사들을 감독한 사람**
느 12:42 찬송하였는데 그 감독은 **예스라히야**라

예식(禮式, ceremony)
출 12:25 주시는 땅에 이를 때에 이 **예식**을 지킬
출 12:26 너희의 자녀가 묻기를 이 **예식**이 무슨
출 13:5 이르게 하시거든 너는 이 달에 이 **예식**
출 13:8 이르기를 이 **예식**은 내가 애굽에서 나올
레 14:32 나병 환자로서 그 정결 **예식**에 그의 힘
눅 2:22 모세의 법대로 정결 **예식**의 날이 차매
요 2:6 유대인의 정결 **예식**을 따라 두세 통 드는
요 3:25 한 유대인과 더불어 정결 **예식**에 대하여
히 9:6 항상 첫 장막에 들어가 섬기는 **예식**을
히 11:28 믿음으로 유월절과 피 뿌리는 **예식**을

예언/-하다(豫言, prophecy, prophesy, speak)
모세오경, 역사서
민 11:25 그들이 **예언**을 하다가 다시는 하지 아니
민 11:26 영이 임하였으므로 진영에서 **예언한**
민 11:27 엘닷과 메닷이 진중에서 **예언하나이다**

【 예언/-하다 】

민 23:7 발람이 **예언**을 전하여 말하되 발락이
민 24:3 그가 **예언**을 전하여 말하되 브올의 아들
삼상 10:5 앞세우고 **예언하며** 내려오는 것을 만날
삼상 10:6 너도 그들과 함께 **예언**을 하고 변하여
삼상 10:10 임하므로 그가 그들 중에서 **예언**을 하니
삼상 10:11 사울이 선지자들과 함께 **예언함**을 보고
삼상 10:13 사울이 **예언하기**를 마치고 산당으로
삼상 19:20 선지자 무리가 **예언하는** 것과 … 사울의 전령들에게 임하매 그들도 **예언**을
삼상 19:21 **예언**을 했으므로 … 그들도 **예언**을 한
삼상 19:23 이르기까지 걸어가며 **예언**을 하였으며
삼상 19:24 사무엘 앞에서 **예언**을 하며 하루 밤낮
왕상 22:8 길한 일은 **예언하지** … **예언하기**로
왕상 22:10 선지자가 그들의 앞에서 **예언**을 하고
왕상 22:18 길한 것을 **예언하지** 아니하고 흉한 것을 **예언하겠다고** 당신에게 말씀하지
왕하 9:25 이같이 그의 일을 **예언하셨느니라**
대하 18:7 내게 대하여 좋은 일로는 **예언하지** 아니하고 항상 나쁜 일로만 **예언하기**로
대하 18:9 여러 선지자들이 그 앞에서 **예언**을 하는
대하 18:17 좋은 일로 **예언하지** … **예언할** 것이라
스 5:1 거주하는 유다 사람들에게 **예언하였더니**
느 6:12 산발랏에게 뇌물을 받고 내게 이런 **예언**

선지서

사 42:9 보라 전에 **예언한** 일이 이미 이루어졌
렘 2:8 선지자들은 바알의 이름으로 **예언하고**
렘 11:21 여호와의 이름으로 **예언하지** 말라 두렵
렘 14:14 마음의 거짓으로 너희에게 **예언하는**
렘 14:16 **예언**을 받은 백성은 기근과 칼로 말미
렘 19:14 자기를 보내사 **예언하게** 하신 도벳에서
렘 20:1 예레미야의 이 일 **예언함**을 들은지라
렘 23:13 그들은 바알을 의지하고 **예언하여** 내

렘 23:16 너희에게 **예언하는** 선지자들의 말을
렘 23:21 이르지 아니하였어도 **예언하였은즉**
렘 23:26 그 마음의 간교한 것을 **예언하느니라**
렘 25:13 모든 민족을 향하여 **예언하고** 이 책에
렘 26:11 들음같이 이 성에 관하여 **예언하였음**
렘 26:12 이 성전과 이 성을 향하여 **예언하게** 하셨
렘 26:20 **예언한** 사람이 … 경고하여 **예언하매**
렘 27:15 너희와 너희에게 **예언하는** 선지자들
렘 27:16 너희에게 **예언하는** 선지자들의 말을
렘 28:6 네가 **예언한** 말대로 이루사 여호와의
렘 28:8 재앙과 전염병을 **예언하였느니라**
렘 28:9 평화를 **예언하는** 선지자는 그 예언자
렘 29:31 스마야가 너희에게 **예언하고** 너희에게
렘 32:3-5 그가 **예언하기**를 여호와의 말씀에 보라 … 어찌하여 이같이 **예언하였느냐**
렘 37:19 치지 아니하리라고 **예언한** 왕의 선지자
겔 4:7 향하고 팔을 걷어 올리고 **예언하라**
겔 6:2 이스라엘 산을 향하여 그들에게 **예언하여**
겔 11:4 너는 그들을 쳐서 **예언하고 예언할지니라**
겔 11:13 **예언할** 때에 브나야의 아들 블라댜가
겔 12:27 멀리 있는 때에 대하여 **예언하였다** 하느
겔 13:2 선지자들에게 경고하여 **예언하되** 자기
겔 13:3 자기 심령을 따라 **예언하는** 어리석은
겔 13:16 예루살렘에 대하여 **예언하기**를 평강이
겔 13:17 **예언하는** 여자들에게 경고하며 **예언하여**
겔 20:46 소리내어 남쪽의 숲을 쳐서 **예언하라**
겔 21:2 소리내어 이스라엘 땅에게 **예언하라**
겔 21:9 너는 **예언하여** 여호와의 말씀을 이같이
겔 21:14 그러므로 인자야 너는 **예언하며** 손뼉을
겔 21:28 이같이 말씀하셨다고 **예언하라** 너는
겔 25:2 족속에게 돌리고 그들에게 **예언하라**
겔 28:21 얼굴을 시돈으로 향하고 그에게 **예언하라**

'예언' 과 관련된 성구

거짓 예언 – 렘 14:14; 20:6
거짓을 예언하다 – 렘 5:31; 23:25, 26; 27:10, 14, 15, 16; 29:9, 21
아히야의 예언 – 대하 9:29
예언의 말씀 – 계 1:3; 22:7, 10, 18, 19
예언의 영 – 계 19:10
예언하는 자 – 겔 13:2; 행 21:9; 고전 14:3, 4, 5, 29, 32

예언하여 이르다 – 민 23:18; 24:15, 20, 21, 23; 왕상 22:12; 대하 18:11; 20:37; 렘 14:15; 23:32; 25:30; 26:9, 18; 겔 30:2; 34:2; 36:1, 3; 39:1; 눅 1:67; 유 1:14
오뎃의 예언 – 대하 15:8
이사야의 예언 – 마 13:14
이스라엘의 예언하는 선지자들 – 겔 13:2

예언/-하다

겔 29:2	온 애굽으로 얼굴을 향하고 **예언하라**
겔 34:2	너는 이스라엘 목자들에게 **예언하라**
겔 35:2	세일 산으로 향하고 그에게 **예언하여**
겔 36:6	이스라엘 땅에 대하여 **예언하되** 그 산들
겔 38:2	얼굴을 향하고 그에게 **예언하여**
겔 38:14	인자야 너는 또 **예언하여** 곡에게 이르
겔 38:17	그 때에 여러 해 동안 **예언하기를** 내가
단 9:24	환상과 **예언이** 응하며 또 지극히 거룩한
암 2:12	선지자에게 명령하여 **예언하지** 말라
암 3:8	여호와께서 말씀하신즉 누가 **예언하지**
암 7:12	떡을 먹으며 거기에서나 **예언하고**
암 7:13	다시는 벧엘에서 **예언하지** 말라 이는
암 7:15	가서 내 백성 이스라엘에게 **예언하라**
암 7:16	이스라엘에 대하여 **예언하지** 말며 이삭
미 2:6	너희는 **예언하지** 말라 이것은 **예언할**
미 2:11	포도주와 독주에 대하여 네게 **예언하리라**
슥 13:3	아직도 **예언할** 것 같으면 그 낳은 부모 가 그에게 … 그가 **예언할** 때에 칼로
슥 13:4	그 날에 선지자들이 **예언할** 때에 그 환상

신약

마 11:13	모든 선지자와 율법이 **예언한** 것은 요한
마 15:7	이사야가 너희에 관하여 잘 **예언하였도다**
막 7:6	외식하는 자에 대하여 잘 **예언하였도다**
행 2:17	자녀들은 **예언할** 것이요 너희의 젊은
행 2:18	여종들에게 부어 주리니 그들이 **예언할**
행 19:6	그들에게 임하시므로 방언도 하고 **예언**
롬 12:6	은사가 각각 다르니 혹 **예언이면** 믿음의
고전 11:4	머리에 무엇을 쓰고 기도나 **예언을** 하는
고전 11:5	머리에 쓴 것을 벗고 기도나 **예언을** 하는
고전 12:10	어떤 사람에게는 **예언함을**, 어떤 사람
고전 13:2	내가 **예언하는** 능력이 있어 모든 비밀
고전 13:8	떨어지지 아니하되 **예언도** 폐하고 방언
고전 13:9	부분적으로 알고 부분적으로 **예언하니**
고전 14:1	신령한 것들을 사모하되 특별히 **예언을**
고전 14:5	방언 말하기를 원하나 특별히 **예언하기**
고전 14:6	계시나 지식이나 **예언이나** 가르치는
고전 14:22	표적이나 **예언은** 믿지 아니하는 자들
고전 14:24	다 **예언을** 하면 믿지 아니하는 자들이
고전 14:31	위하여 하나씩 하나씩 **예언할** 수 있느
고전 14:39	그런즉 내 형제들아 **예언하기를** 사모
살전 5:20	**예언을** 멸시하지 말고
딤전 1:18	전에 너를 지도한 **예언을** 따라 그것으로
딤전 4:14	안수 받을 때에 **예언을** 통하여 받은 것

예후

벧전 1:10	너희에게 임할 은혜를 **예언하던** 선지자
벧후 1:19	확실한 **예언이** 있어 어두운 데를 비추는
벧후 1:20	성경의 모든 **예언은** 사사로이 풀 것이
벧후 1:21	**예언은** 언제든지 사람의 뜻으로 낸 것이
벧후 3:2	거룩한 선지자들이 **예언한** 말씀과 주
계 1:3	이 **예언의** 말씀을 읽는 자와 듣는 자와
계 10:11	방언과 임금에게 다시 **예언하여야**
계 11:3	베옷을 입고 천이백육십 일을 **예언하리라**
계 11:6	권능을 가지고 하늘을 닫아 그 **예언을**

예언자(像言者, prophet)

렘 28:9	평화를 예언하는 선지자는 그 **예언자**

예전(days of old, many years ago)

스 5:11	하나님의 종이라 **예전에** 건축되었던
렘 30:20	그의 자손은 **예전과** 같겠고 그 회중은
욜 2:3	그들의 **예전의** 땅은 에덴 동산 같았으나
욜 2:23	이른 비와 늦은 비가 **예전과** 같을 것이라

예절(禮節, way)

롬 16:2	주 안에서 성도들의 합당한 **예절로** 그를

예정/-하다(豫定, appoint, decide, predestine)

사 30:32	여호와께서 **예정하신** 몽둥이를 앗수르
행 3:20	너희를 위하여 **예정하신** 그리스도 곧
행 4:28	권능과 뜻대로 이루려고 **예정하신**
엡 1:5	우리를 **예정하사** 예수 그리스도로 말미
엡 1:9	때가 찬 경륜을 위하여 **예정하신** 것이니
엡 1:11	우리가 **예정을** 입어 그 안에서 기업이
엡 3:11	우리 주 그리스도 예수 안에서 **예정하신**

예표(像表, sign)

사 8:18	이스라엘 중에 징조와 **예표가** 되었나니
사 20:3	애굽과 구스에 대하여 징조와 **예표가**
슥 3:8	이들은 **예표의** 사람들이라 내가 내 종

예후(Jehu)

1. 북이스라엘의 10대 왕

왕상 19:16	너는 또 님시의 아들 **예후에게** 기름을

📖 예후 1 - 기타 본문

왕상 19:17; 왕하 9:2, 5, 6, 11, 13, 14, 15, 16, 17, 18, 19, 20, 21, 22, 24, 25, 27, 30, 31, 32, 33, 34,

【 옛것 】 　　　【 옛적 】

36; 10:1, 5, 6, 7, 8, 11, 12, 13, 15, 18, 19, 20, 21,
22, 23, 24, 25, 28, 30, 31, 34, 35, 36; 12:1; 13:1;
14:8; 15:12; 대하 20:34; 22:7, 8, 9; 25:17; 호 1:4

2. 이스라엘 왕 바아사 때의 선지자
왕상 16:1 하나니의 아들 **예후**에게 임하여 바아사

📖 예후 2 - 기타 본문
왕상 16:7, 12; 대하 19:2

3. 시글락에 있던 다윗과 연합한 베냐민 사람
대상 12:3 벨렛과 또 브라가와 아나돗 사람 **예후**와

4. 히스기야 왕 때에 시므온 자손의 족장
대상 4:35 스라야의 손자 요시비야의 아들 **예후**와

5. 유다 지파에 속한 오벳의 아들
대상 2:38 오벳은 **예후**를 낳고 **예후**는 아사랴를

옛것(long ago, old)
사 48:7 　이 일들은 지금 창조된 것이요 **옛것**이
마 13:52 서기관마다 마치 새것과 **옛것**을 그 곳간

옛길(ancient path)
렘 18:15 그들의 길 곧 그 **옛길**에서 넘어지게 하며

옛날(day of old, former day, past)
신 32:7 　**옛날**을 기억하라 역대의 연대를 생각하라
왕하 19:25 내가 태초부터 행하였고 **옛날**부터 정한
대하 3:3 지대는 이러하니 **옛날**에 쓰던 자로 길이
시 44:1 　주께서 우리 조상들의 날 곧 **옛날**에 행
시 77:5 　내가 **옛날** 곧 지나간 세월을 생각하였
시 143:5 내가 **옛날**을 기억하고 주의 모든 행하신
전 7:10 　**옛날**이 오늘보다 나은 것이 어찜이냐
사 23:7 　이것이 **옛날**에 건설된 너희 희락의 성
사 43:18 이전 일을 기억하지 말며 **옛날** 일을 생각
사 51:9 　능력을 베푸소서 **옛날** 옛시대에 깨신
사 63:16 주는 우리의 아버지시라 **옛날**부터 주의
애 1:7 　유리하는 고통을 당하는 날에 **옛날**의
애 2:17 　정하신 일을 행하시고 **옛날**에 명령하신
겔 20:5 　**옛날**에 내가 이스라엘을 택하고 야곱
겔 25:15 블레셋 사람이 **옛날**부터 미워하여 멸시
겔 35:5 　네가 **옛날**부터 한을 품고 이스라엘 족속
욜 2:2 　이와 같은 것이 **옛날**에도 없었고 이후

미 7:14 양 떼를 먹이시되 그들을 **옛날**같이 바산
습 8:11 내가 이 남은 백성을 대하기를 **옛날**과
말 3:4 　유다와 예루살렘의 봉헌물이 **옛날**과

옛 못(Old Pool)
사 22:11 너희가 또 **옛 못**의 물을 위하여 두 성벽

옛 문(Jeshanah Gate)
느 3:6 　**옛 문**은 바세아의 아들 요야다와 브소
느 12:39 에브라임 문 위로 **옛 문**과 어문과 하나넬

옛사람(old self)
삼하 20:18 여인이 말하여 이르되 **옛사람**들이 흔히
마 5:21 **옛사람**에게 말한 바 살인하지 말라 누구
마 5:33 또 **옛사람**에게 말한 바 헛 맹세를 하지
롬 6:6 　우리가 알거니 우리의 **옛사람**이 예수
엡 4:22 썩어져 가는 구습을 따르는 **옛사람**을
골 3:9 　너희가 서로 거짓말을 하지 말라 **옛사람**

옛 산(ancient mountain)
신 33:15 **옛 산**의 좋은 산물과 영원한 작은 언덕

옛 시대(former generations)
욥 8:8 　청하건대 너는 **옛 시대** 사람에게 물으며
사 51:9 　능력을 **옛 시대**에 깨신 것같이 하소서

옛적(ancient, earlier time, long ago, past)
신 3:13 **옛적**에는 르바임의 땅이라 부르더니
수 24:2 여호와께서 이같이 말씀하시기를 **옛적**
삿 1:7 　아도니 베섹이 이르되 **옛적**에 칠십 명의
룻 4:7 　**옛적** 이스라엘 중에는 모든 것을 무르
삼상 9:9 (**옛적** 이스라엘에 … **옛적**에는 선견자
왕상 18:31 돌 열두 개를 취하니 이 야곱은 **옛적**
왕하 17:35 **옛적**에 여호와께서 야곱의 자손에게
대상 4:40 이는 **옛적**부터 거기에 거주해 온 사람
대하 1:5 　**옛적**에 훌의 손자 우리의 아들 브살렐
스 1:7 　여호와의 성전 그릇을 꺼내어 **옛적**에
느 1:8 　**옛적**에 주께서 주의 종 모세에게 명령
욥 22:15 네가 악인이 밟던 **옛적** 길을 지키려느냐
시 68:33 **옛적** 하늘들의 하늘을 타신 자에게 찬송
전 3:15 이제 있는 것이 **옛적**에 … **옛적**에 있었
사 9:1 　흑암이 없으리로다 **옛적**에는 여호와
렘 2:20 네가 **옛적**부터 네 멍에를 꺾고 네 결박을

【 오 】   【 오늘/-날 】

애 5:21   우리의 날들을 다시 새롭게 하사 **옛적**
겔 26:20 내려가서 **옛적** 사람에게로 나아가게
단 7:9   내가 보니 왕좌가 놓이고 **옛적**부터 항상
호 9:10   **옛적**에 내가 이스라엘을 만나기를 광야
암 9:11   그 허물어진 것을 일으켜서 **옛적**과 같이
미 7:20   주께서 **옛적**에 우리 조상들에게 맹세
슥 1:4   너희 조상들을 본받지 말라 **옛적** 선지자
히 1:1   **옛적**에 선지자들을 통하여 여러 부분과
유 1:4   그들은 **옛적**부터 이 판결을 받기로 미리

📖 옛적 – 기타 본문

신 6:21; 29:23; 삼상 27:8; 왕하 21:7; 23:5, 13; 대상 9:20; 21:29; 대하 20:10; 33:7; 스 2:1; 4:20; 느 7:6; 9:7, 15; 12:46; 13:26; 시 74:2; 77:11; 78:12; 102:25; 사 17:9; 22:11; 25:1; 46:9, 10; 48:8; 63:9, 11; 렘 6:16; 31:3; 겔 28:13; 31:17; 36:2; 38:17; 47:14; 단 7:13, 22; 벧후 2:3; 3:5; 계 11:17

오(五, one mile, fifth)
마 5:41   또 누구든지 너로 억지로 **오** 리를 가게

📖 '오'와 관련된 성구

오대 손 – 대상 4:37; 5:14; 9:11, 12; 스 7:2; 느 11:4, 5, 7, 11, 12; 12:35
오 리 – 눅 24:13; 요 11:18
오분(의) 일 – 창 41:34; 47:24, 26; 레 5:16; 6:5; 22:14; 27:13, 15, 19, 31; 민 5:7; 왕상 6:31
오월 – 민 33:38; 왕하 25:8; 렘 1:3; 슥 7:3
제오년 – 왕상 14:25; 8:16; 대하 12:2; 렘 36:9

오그란(Ochran) 아셀 지파의 지도자
민 1:13   아셀 지파에서는 **오그란**의 아들 바기엘

📖 오그란 – 기타 본문

민 2:27; 7:72, 77; 10:26

오난(Onan) 유다의 아들
창 38:4   아들을 낳고 그의 이름을 **오난**이라 하고

📖 오난 – 기타 본문

창 38:8, 9; 46:12; 민 26:19; 대상 2:3

오남(Onam)
1. 에돔 땅에 거하던 세일 족속의 후손
창 36:23 알완과 마나핫과 에발과 스보와 **오남**
대상 1:40 알랸과 마나핫과 에발과 스비와 **오남**

2. 여라므엘 자손 가운데 한 사람
대상 2:26 이름은 아다라라 그는 **오남**의 어머니
대상 2:28 **오남**의 아들들은 삼매와 야다요 삼매

오네시모(Onesimus) 빌레몬의 종
골 4:9   사랑을 받는 형제 **오네시모**를 함께 보내
몬 1:10   갇힌 중에서 낳은 아들 **오네시모**를 위하

오네시보로(Onesiphorus) 에베소 교회 성도
딤후 1:16 주께서 **오네시보로**의 집에 긍휼을 베푸
딤후 4:19 브리스가와 아굴라와 및 **오네시보로**의

오노(Ono) 엘바알의 아들들이 재건한 성읍
대상 8:12 에벨과 미삼과 세멧이니 그는 **오노**와

📖 오노 – 기타 본문

스 2:33; 느 6:2; 7:37; 11:35

오늘/-날(today, tonight, this day)
창 4:14   **오늘** 이 지면에서 나를 쫓아내시온즉
신 1:10   너희가 **오늘날** 하늘의 별같이 많거니와
수 4:3   그것을 가져다가 **오늘** 밤 너희가 유숙할

📖 오늘/-날 – 기타 본문

모세오경, 역사서 창 19:5, 34, 37, 38; 21:26; 22:14; 24:12, 42; 25:31, 33; 26:33; 30:15, 32; 31:43, 48; 40:7; 41:9; 42:13, 32; 47:23, 26; 50:20; 출 2:18; 5:14; 10:6; 14:13; 16:25; 19:10; 32:29; 34:11; 레 8:34; 9:4; 10:19; 민 22:30; 신 2:18, 22, 25, 30; 3:14; 4:4, 8, 20, 26, 38, 39, 40; 5:1, 3, 24; 6:6, 24; 7:11; 8:1, 11, 18; 9:1, 3; 10:8, 13, 15; 11:2, 4, 8, 13, 26, 27, 28, 32; 12:8; 13:18; 15:4-5, 15; 19:9; 20:3; 26:3, 16, 17, 18; 27:1, 4, 9, 10; 28:1, 13, 14, 15; 29:4, 10, 12, 13, 15, 18, 28; 30:2, 8, 11, 15, 16, 18, 19; 31:21, 27; 32:46; 34:6; 수 3:7; 4:9; 5:9; 6:25; 7:25, 26; 8:28; 29; 9:27; 10:27; 13:13; 14:10, 11, 14; 15:63; 16:10; 22:3, 16, 17, 18, 22, 29, 31; 23:8, 9, 14; 24:15; 삿 1:21, 26; 6:24; 9:18, 19; 10:4, 15; 11:27; 12:3; 15:19; 18:12; 19:30;

【 오다 】 　　　　　　　　　　　　　　　　　　　　　【 오다 】

21:3, 6; 룻 1:12; 2:19; 룻 3:2, 18; 4:9, 10, 14; 삼상 4:3, 16; 5:5; 6:18; 8:8; 9:12, 19; 10:2, 19; 11:13; 12:2, 5, 17; 14:28, 30, 38, 45; 15:28; 17:10, 46; 18:21; 20:27; 21:5; 22:8, 13, 15; 24:10; 24:11, 18, 19; 25:32, 33; 26:8, 19, 21, 23, 24; 27:6, 10; 28:18; 29:3, 6, 8; 30:25; 삼하 3:8, 38, 39; 4:3, 8; 6:8, 20; 7:6; 11:12; 14:22; 15:20; 16:3, 12; 17:1, 16; 18:20, 31; 19:5, 6, 7, 20, 22; 왕상 1:25, 30, 48, 51; 2:24, 26; 3:6; 5:7; 8:8, 24, 28, 61; 9:13, 21; 10:12; 12:7, 19; 18:15, 36; 20:13; 왕하 2:3, 5, 22; 4:23; 6:28, 31; 7:9; 8:22; 10:27; 14:7; 16:6; 17:23, 34, 41; 19:3; 20:17; 21:15; 대상 4:41, 43; 5:26; 13:11; 17:5; 28:7; 29:5; 대하 5:9; 6:15; 8:8; 10:19; 18:4; 20:26; 21:10; 35:21, 25; 스 9:7, 15; 느 1:11; 5:11; 8:9, 11; 9:10, 32, 36; 에 1:18; 5:4; 9:13 **시가서 – 신약** 욥 23:2; 시 2:7; 95:7; 119:91; 잠 7:14; 22:19; 전 7:10; 사 37:3; 38:19; 39:6; 48:7; 56:12; 58:4; 렘 1:10, 18; 3:25; 7:25; 11:5, 7; 25:3, 18; 32:20, 31; 35:14; 36:2; 40:4; 42:19, 21; 44:2, 6, 10, 22, 23; 겔 2:3; 20:29, 31; 24:2; 단 9:7, 15; 학 2:15, 18, 19; 슥 9:12; 마 6:11, 30; 11:23; 16:3; 21:28; 26:31, 34; 27:8, 19; 28:15; 막 14:30; 눅 2:11; 4:21; 5:26; 12:20, 28; 13:32, 33; 19:5, 9, 42; 22:34, 61; 23:43; 행 2:29; 4:9; 13:33; 19:40; 20:26; 22:3; 23:1; 24:21; 26:2, 22, 29; 27:33; 롬 11:28; 고후 3:14, 15; 히 1:5; 3:7, 13, 15; 4:7; 5:5; 13:8; 약 4:13

오다(come)

창 37:19　서로 이르되 꿈 꾸는 자가 **오는도다**
출 16:13　저녁에는 메추라기가 **와서** 진에 덮이고
출 18:3　두 아들을 데리고 **왔으니** 그 하나의 이름
잠 25:25　먼 땅에서 **오는** 좋은 기별은 목마른 사람
사 55:1　사 먹되 돈 없이, 값 없이 **와서** 포도주
렘 29:12　내게 **와서** 기도하면 내가 너희들의 기도
마 3:2　회개하라 천국이 가까이 **왔느니라** 하였
마 21:9　찬송하리로다 주의 이름으로 **오시는**
막 1:15　하나님의 나라가 가까이 **왔으니** 회개
요 7:37　누구든지 목마르거든 내게로 **와서** 마시
요 16:13　진리의 성령이 **오시면** 그가 너희를 모든
행 1:11　하늘로 가심을 본 그대로 **오시리라** 하였
벧전 4:7　만물의 마지막이 가까이 **왔으니** 그러
계 1:7　그가 구름을 타고 **오시리라** 각 사람의

'오라'와 관련된 성구

창 31:44; 45:18; 민 22:16; 23:27; 삿 4:22; 삼상 11:14; 14:38; 17:44; 19:15; 20:11; 21:2; 삼하 14:32; 왕상 12:5, 12; 왕하 14:8; 대하 10:5, 12; 25:17; 느 6:2, 7; 시 95:1, 6; 잠 3:28; 7:18; 아 4:16; 사 1:18; 2:3, 5; 45:20; 55:1; 56:12; 렘 18:18; 50:5; 51:10; 겔 39:17; 단 3:26; 호 6:1; 미 4:2; 마 8:9; 11:28; 14:28, 29; 22:3, 9; 눅 7:8; 딤후 4:9, 21; 딛 3:12; 계 6:1, 3, 5, 7; 17:1; 21:9; 22:17

오다 – 기타 본문

모세오경 창 2:22; 8:9; 14:13; 16:8; 19:5; 24:43, 62, 63, 65; 26:26, 27, 32; 27:26, 35, 33; 29:4, 9; 30:30, 38; 31:52; 32:8, 11; 33:1; 34:6; 37:18, 25; 42:6, 7, 9, 10, 12, 15, 37; 43:3, 5, 10, 25, 26; 45:4, 16; 46:31, 32; 47:4, 5, 15, 18; 48:2, 5; 49:10; 50:18; 출 2:16, 17, 20; 3:4, 5; 16:22; 17:8; 18:6, 12, 15; 19:21; 21:3; 24:3, 12; 34:31, 32; 35:10, 21, 22; 36:2, 4; 레 4:28; 21:17; 25:25; 민 1:51; 4:15; 6:10; 16:40; 21:1; 22:6, 11, 14, 17, 20, 36, 37, 38; 23:7; 24:24; 33:40; 신 4:34; 9:24; 14:29; 15:9; 28:45; 29:22; 30:13; 32:44; 33:2, 21 **역사서** 수 2:3, 4; 3:9; 5:14; 7:10, 23; 9:6, 8, 9, 12, 22; 10:24; 11:20; 삿 3:18; 4:20; 5:19, 23, 28; 6:18, 25; 9:10, 12, 14, 15, 37; 11:3, 6, 7, 12; 13:6; 16:2; 18:23; 19:17; 21:22; 룻 2:4, 7, 9, 11, 12, 14; 4:1; 삼상 2:13, 14, 15, 27, 36; 4:16; 7:1; 9:13, 15; 10:22; 11:5; 12:12; 13:8, 10, 11; 14:36; 16:2, 4, 5, 6, 11, 23; 17:4, 25, 34; 20:9, 29; 22:9; 23:7, 25, 27; 25:8, 11; 26:1; 29:3, 6, 10; 30:13, 21, 23; 31:4, 8; 삼하 1:3; 2:4; 3:15, 23, 25; 8:5, 10; 12:4; 13:5, 6, 11, 34; 14:15, 23, 29; 15:4, 5, 6, 12, 13, 18, 20, 32; 17:20; 18:25; 19:15, 25, 43; 20:8; 23:16; 왕상 1:35, 42, 47, 53; 2:13; 3:16; 4:34; 7:14; 8:31, 37, 42; 9:12; 10:1, 7, 10, 11, 22, 25; 12:3; 13:9, 11, 21, 23; 15:19; 19:7; 20:5, 39; 22:24; 왕하 4:1, 27, 42; 5:15, 22; 6:32; 7:8, 9, 11, 17, 30; 10:8, 15, 19; 12:9; 13:20; 15:16, 19, 29; 17:28; 18:32; 19:4; 20:14; 23:17; 25:25; 대상 4:40; 9:25; 10:4, 7, 8; 11:18; 12:1, 17, 31; 18:5;

【 오다 】

19:7, 9; 22:4; 29:16; 대하 6:22, 28, 32; 9:1, 6, 24; 10:3; 14:11; 18:23; 19:10; 20:1, 2, 11, 12; 22:1; 24:11, 17, 24; 28:17; 30:1, 5; 31:8; 32:4, 23; 33:11; 36:17; 스 5:5; 10:8; 느 2:10; 4:12; 6:10; 13:21, 22; 에 1:17, 19; 5:4, 12, 8; 6:1 **시가서** 욥 1:6, 7, 14, 15, 16, 17, 18, 19; 2:1, 2; 3:21; 6:20; 18:20; 29:2; 30:26; 35:2; 38:11; 시 17:3; 22:25, 31; 27:2; 34:11; 40:7; 41:6; 46:8; 50:3; 66:5, 16; 80:2; 86:9; 91:10; 118:26; 119:150; 141:1; 잠 4:16; 9:5; 11:2; 18:17; 26:1; 27:15; 전 2:12; 4:16; 5:16; 6:4; 9:14; 아 3:6 **선지서** 사 3:14; 7:17; 10:3; 13:5; 14:9, 31; 17:14; 20:1; 21:7; 27:11; 31:4; 35:4; 37:33; 39:3; 41:5; 50:2; 56:1, 9; 60:5, 6, 9, 11; 63:1, 4, 17; 66:18; 렘 1:15; 3:22; 4:16; 6:1, 3; 9:18; 13:20; 17:6, 26; 26:2; 28:6; 32:8, 29; 34:14; 36:29; 37:8, 19; 38:25, 27; 39:1; 40:10; 41:5; 43:11; 46:13, 21; 48:2; 49:9, 14; 50:26, 41, 44; 51:13, 48; 겔 1:4, 28; 7:5, 6; 9:2; 16:33, 40; 19:8; 20:1, 3; 23:22, 24, 40, 42; 24:2; 26:3, 7; 28:7, 23; 30:11; 37:9; 38:13, 18; 39:8, 10; 40:4; 43:2; 44:13; 단 5:13; 6:13; 7:13, 22; 8:5; 9:22, 23, 26; 10:12, 13, 14, 20; 11:6, 7, 10, 15, 16, 40; 호 10:12; 욜 1:13; 3:11, 13; 욘 1:8; 합 1:9; 3:3; 습 3:10; 학 1:14; 슥 1:21; 2:10; 4:1; 6:15; 7:14; 8:22; 12:9; 14:21, 16; 말 4:6 **복음서** 마 2:2; 3:7, 11, 14; 4:17; 5:17, 24; 8:1, 9; 9:10, 13, 18, 20; 10:7, 34, 35; 11:18, 19; 12:22, 32, 42; 13:4, 19, 25, 27, 32, 49; 14:12, 25, 35; 15:23, 25, 30; 16:1, 28; 17:11, 12, 14, 16; 19:13, 14, 16, 21; 20:8, 9, 10, 12, 14, 20, 28; 21:7, 25, 32; 22:3, 4, 23; 23:39; 24:3, 5, 30; 25:5, 10, 11, 20, 22, 24, 36; 26:18, 40, 43, 45, 46, 47, 50, 60, 64; 27:49, 57, 64; 28:6, 13; 막 1:7, 9, 24, 38, 40; 2:17, 18; 3:31; 4:4, 15; 5:22, 25, 27, 33, 35; 6:21, 29, 31, 48; 7:1, 4, 25; 8:3, 11; 9:7, 12, 13, 14; 10:13, 14, 21, 45; 11:1, 7, 9, 10; 12:9, 14, 18, 42; 13:6, 26, 36; 14:3, 40, 41, 42, 43, 45, 62, 66; 15:21, 36, 43; 눅 1:17, 59; 2:27; 3:3, 12, 16; 4:22, 34; 5:7, 17, 18, 32; 6:17; 7:8, 33, 34, 37; 8:19, 41, 44, 49; 9:34; 10:9, 11; 11:6, 22, 31; 12:37, 49, 51; 13:1, 6, 7, 14, 25, 27, 29, 35; 14:9, 10, 17, 26, 31; 15:6, 25; 16:5, 21, 28; 18:5, 15, 16, 22; 19:10, 18, 20, 23, 35, 37, 38, 41; 20:1, 16, 27; 21:8, 27, 31; 22:47, 52; 23:5, 14,

【 오라버니 】

26; 24:23; 요 1:7, 8, 9, 15, 17, 27, 30, 31, 39, 42, 46, 47; 3:2, 8, 19, 20, 23, 31; 4:7, 15, 25, 29, 40, 51, 54; 5:40, 43, 44; 6:5, 15, 17, 23, 35, 37, 44, 46; 7:17, 27, 28, 34, 36, 45, 50, 52; 8:3, 21, 22, 25, 42; 9:7, 16, 29, 30, 33, 39; 10:10, 12, 41; 11:17, 19, 20, 27, 34, 45, 48, 56; 12:12, 13, 15, 23, 27, 46, 47; 14:3, 28; 15:22; 16:7, 8, 27, 28, 32; 17:7; 18:3, 37; 19:39; 20:1, 19, 26; 21:8, 12 **역사서** 행 2:5, 10; 3:2; 5:9, 16, 21, 25; 6:9, 12; 7:26, 52; 8:27; 9:17, 21; 10:21, 29; 11:26; 13:24, 25; 14:13, 19; 16:37, 39; 18:2, 19; 19:1, 4, 18, 19, 37; 20:15; 21:11, 22; 22:27; 23:15, 16, 35; 24:17, 18, 19, 24, 25; 25:13, 23; 28:2, 9, 21, 30 **서신서, 예언서** 롬 11:26; 고전 2:12; 4:5; 16:11, 17, 22; 고후 5:2; 7:6, 7; 11:12; 갈 1:8; 2:10, 12; 3:19, 23, 25; 엡 1:21; 2:7; 골 4:9, 12, 16; 살전 3:6; 4:10, 14; 딤전 6:7; 딤후 4:13; 히 9:11; 10:7, 9, 37; 13:23, 24; 약 3:7; 5:17; 벧전 2:12; 4:12; 벧후 3:3; 요일 2:16; 4:2; 요삼 1:3; 계 3:9; 7:13; 8:3; 11:6; 15:4; 16:12; 17:1; 19:17; 22:20

오뎃(Oded)
1. 선지자 아사랴의 아버지
대하 15:1 하나님의 영이 **오뎃**의 아들 아사랴에게
2. 아낫 시대의 선지자
대하 15:8 아사가 이 말 곧 선지자 **오뎃**의 예언을
대하 28:9 여호와의 선지자가 있는데 이름은 **오뎃**

오드니(Othni) 레위 사람으로 성전 문지기
대상 26:7 스마야의 아들들은 **오드니**와 르바엘과

오디새(hoopoe)
레 11:19 황새와 백로 종류와 **오디새**와 박쥐니라

오라기(thread)
창 14:23 네게 속한 것은 실 한 **오라기**나 들메끈

오라버니(brother)
창 24:29 리브가에게 **오라버니**가 있어 그의 이름
창 24:53 주고 그의 **오라버니**와 어머니에게도
창 24:55 리브가의 **오라버니**와 그의 어머니가
창 27:43 하란으로 가서 내 **오라버니** 라반에게로
창 34:25 디나의 **오라버니** 시므온과 레위가 각기

【 오라비 】　　　　　　　　　　　　　　　　　【 오래다 】

삼하 13:7 이제 네 **오라버니** 암논의 집으로 가서
삼하 13:8 다말이 그 **오라버니** 암논의 집에 이르매
삼하 13:10 침실에 들어가 그의 **오라버니** 암논에게
삼하 13:12 내 **오라버니**여 나를 욕되게 하지 말라
삼하 13:20 그의 **오라버니** 압살롬이 … 네 **오라버니** 암논이 너와 … 그는 네 **오라버니**이니 … 다말이 그의 **오라버니** 압살롬의
요 11:2 닦던 자요 병든 나사로는 그의 **오라버니**
요 11:21 여기 계셨더라면 내 **오라버니**가 죽지
요 11:32 주께서 여기 계셨더라면 내 **오라버니**가

오라비 (brother)

창 20:5 그 여인도 그는 내 **오라비**라 하였사오니
창 20:13 그대의 **오라비**라 하라 이것이 그대가
창 20:16 내가 은 천 개를 네 **오라비**에게 주어서
창 28:5 야곱과 에서의 어머니 리브가의 **오라비**
욥 42:15 아버지가 그들에게 그들의 **오라비**들처럼
아 8:1 내 어머니의 젖을 먹은 **오라비** 같았더
요 11:19 마르다와 마리아에게 그 **오라비**의 일로
요 11:23 예수께서 이르시되 네 **오라비**가 다시

오락 (娛樂, pleasure, entertainment)

사 58:3 너희가 금식하는 날에 **오락**을 구하며
사 58:13 네 발을 금하여 내 성일에 **오락**을 행하지 아니하고 … **오락**을 구하지 아니하며
단 6:18 밤이 새도록 금식하고 그 앞에 **오락**을

오래 (long)

창 26:8 이삭이 거기 **오래** 거주하였더니 이삭이
레 26:10 너희는 **오래** 두었던 묵은 곡식을 먹다가
민 20:15 우리가 애굽에 **오래** 거주하였더니 애굽

┌─ '오래' 와 관련된 성구 ─┐
오래도록 – 창 37:34; 수 22:3; 왕상 2:38; 욘 2:6
오래 살다 – 신 4:40
오래지 아니하다 – 사 10:25; 13:22; 29:17; 63:18; 렘 49:34
오래 참다 – 잠 25:15; 렘 15:15; 눅 18:7; 롬 9:22; 고전 13:4; 고후 6:6; 갈 5:22; 엡 4:2; 골 1:11; 3:12; 살전 5:14; 딤전 1:16; 딤후 3:10; 4:2; 히 6:12, 15; 약 5:10; 벧전 3:20; 벧후 3:9, 15
└─────────────────────┘

신 4:25 아들을 낳고 손자를 얻으며 **오래** 살 때
삿 3:25 그들이 **오래** 기다려도 왕이 다락문들
삼상 1:12 그가 여호와 앞에 **오래** 기도하는 동안
삼상 7:2 들어간 날부터 이십 년 동안 **오래** 있은
삼하 14:2 죽은 사람을 위하여 **오래** 슬퍼하는 여인
욥 20:21 먹으니 그런즉 그 행복이 **오래** 가지 못할
욥 34:23 사람을 심판하시기에 **오래** 생각하실
시 120:6 화평을 미워하는 자들과 함께 **오래** 거주
사 25:6 골수가 가득한 기름진 것과 **오래** 저장
사 58:12 네게서 날 자들이 **오래** 황폐된 곳들을
사 61:4 **오래** 황폐하였던 곳을 다시 쌓을 것이며
렘 4:14 네 악한 생각이 네 속에 얼마나 **오래**
렘 29:28 우리에게 편지하기를 **오래** 지나야 하리
애 5:20 우리를 이같이 **오래** 버리시나이까
겔 38:8 네가 명령을 받고 그 땅 곧 **오래** 황폐
미 7:18 인애를 기뻐하시므로 진노를 **오래** 품지
눅 8:27 그 사람은 **오래** 옷을 입지 아니하며 집에
눅 20:9 농부들에게 세로 주고 타국에 가서 **오래**
요 14:9 빌립아 내가 이렇게 **오래** 너희와 함께
행 14:3 두 사도가 **오래** 있어 주를 힘입어 담대히
행 14:28 제자들과 함께 **오래** 있으니라
행 18:20 여러 사람이 더 **오래** 있기를 청하되 허락
행 20:9 졸더니 바울이 강론하기를 더 **오래** 하매
행 27:21 사람이 **오래** 먹지 못하였으매 바울이
행 28:6 죽을 줄로 기다렸다가 **오래** 기다려도

오래다 (ancient, chronic, early)

레 13:11 그의 피부의 **오랜** 나병이라 제사장이
신 1:6 너희가 이 산에 거주한 지 **오래니**
신 2:3 너희가 이 산을 두루 다닌 지 **오래니**
신 28:59 크고 **오래고** 그 질병이 중하고 오랠
수 23:1 쉬게 하신 지 **오랜** 후에 여호수아가 나이
삼하 3:1 다윗의 집 사이에 전쟁이 **오래매** 다윗
시 143:3 죽은 지 **오랜** 자같이 나를 암흑 속에
전 4:2 죽은 지 **오랜** 죽은 자들을 더 복되다 하였
전 9:6 미움과 시기도 없어진 지 **오래이니**
렘 5:15 너희에게로 오게 하리니 곧 강하고 **오랜**
렘 13:27 네가 얼마나 **오랜** 후에야 정결하게 되겠
애 3:6 어둠 속에 살게 하시기를 죽은 지 **오랜** 자
단 10:14 이 환상이 **오랜** 후의 일이라 하더라
마 25:19 **오랜** 후에 그 종들의 주인이 돌아와 그들
막 15:44 백부장을 불러 죽은 지가 **오래냐** 묻고
눅 23:8 들었으므로 보고자 한 지 **오래였고**

【 오래되다 】   【 오르다 】

행 21:16 오랜 제자 구브로 사람 나손을 데리고
히 4:7   오랜 후에 다윗의 글에 다시 어느 날을

고전 9:10 오로지 우리를 위하여 말씀하심이 아니

오래되다 (for a long time)

대하 15:3 없고 율법도 없은 지가 오래되었으나
사 64:5   이 현상이 이미 오래되었사오니 우리가
요 5:6   병이 벌써 오래된 줄 아시고 이르시되
히 5:12   때가 오래되었으므로 너희가 마땅히

오르난 (Araunah) 다윗에게 타작마당을 판 사람

대상 21:20 오르난이 밀을 타작하다가 돌이켜 천사
          를 보고 오르난이 네 명의 아들과 함께

오르난 - 기타 본문
대상 21:15, 18, 21, 22, 23, 24, 25, 28; 대상 3:1

오래전 (long ago)

전 1:10   우리가 있기 오래전 세대들에도 이미
전 2:12   무슨 일을 행할까 이미 행한 지 오래전
전 6:10   이미 있는 것은 무엇이든지 오래전부터
사 16:13 이는 여호와께서 오래전부터 모압을
행 15:7   말씀을 들어 믿게 하시려고 오래전부터

오르다 (come up, go up, lead up, ride, rise)

1. 상승하다 (come up, rise, flow over)

창 7:20   물이 불어서 십오 규빗이나 오르니 산들
출 27:5   가장자리 아래 곧 제단 절반에 오르게
출 38:4   아래에 두되 제단 절반에 오르게 하고
삼하 22:9 코에서 연기가 오르고 입에서 불이 나와
시 18:8   그의 코에서 연기가 오르고 입에서 불이
시 104:8 흘러갔고 산은 오르고 골짜기는 내려
렘 10:13 땅 끝에서 구름이 오르게 하시며 비를
렘 14:2   예루살렘의 부르짖음이 위로 오르도다
렘 51:16 땅 끝에서 구름이 오르게 하시며 비를
겔 8:11   들었는데 향연이 구름같이 오르더라
겔 47:3   건너게 하시니 물이 발목에 오르더니
겔 47:4   무릎에 오르고 … 물이 허리에 오르고
욜 2:20   악취가 오르리니 이는 큰 일을 행하였음

오랫동안 (for along time)

신 20:19 너희가 어떤 성읍을 오랫동안 에워싸고
수 11:18 그 모든 왕들과 싸운 지가 오랫동안이라
대하 30:5 이는 기록된 규례대로 오랫동안 지키지
사 42:14 내가 오랫동안 조용하며 잠잠하고 참았
사 57:11 경외하지 아니함은 내가 오랫동안 잠잠
렘 32:14 증서를 가지고 토기에 담아 오랫동안
행 8:11   오랫동안 그 마술에 놀랐으므로 그들이
행 20:11 올라가 떡을 떼어 먹고 오랫동안 곧 날이

2. 이동하다 (go up, lead up)

출 8:17   다 이가 되어 사람과 가축에게 오르니
출 19:12 삼가 산에 오르거나 그 경계를 침범하지
출 19:23 백성이 시내 산에 오르지 못하리이다
출 20:26 너는 층계로 내 제단에 오르지 말라 네
출 24:15 모세가 산에 오르매 구름이 산을 가리며
출 34:3   아무도 너와 함께 오르지 말며 온 산에
민 20:27 회중의 목전에서 호르 산에 오르니라
민 22:41 바알의 산당에 오르매 발람이 거기서
신 5:5   산에 오르지 못하므로 내가 여호와와
신 10:3   돌판 둘을 다듬어 손에 들고 산에 오르매
삿 9:48   함께 있는 모든 백성이 살몬 산에 오르고
왕상 6:8 오르고 중층에서 셋째 층에 오르게 하였
느 12:31 유다의 방백들을 성벽 위에 오르게 하고
시 68:18 주께서 높은 곳으로 오르시며 사로잡은
사 2:3   오라 우리가 여호와의 산에 오르며 야곱
사 40:9   너는 높은 산에 오르라 아름다운 소식을
렘 3:6   모든 높은 산에 오르며 모든 푸른 나무
막 3:13   또 산에 오르사 자기가 원하는 자들을

오렌 (Oren) 여라므엘의 아들들 가운데 한 사람

대상 2:25 맏아들 람과 그 다음 브나와 오렌과 오셈

오렙 (Oreb) 기드온 시대의 미디안 방백

삿 7:25 두 방백 오렙과 스엡을 사로잡아 오렙은
         오렙 바위에서 죽이고 … 오렙과 스엡을
삿 8:3   미디안의 방백 오렙과 스엡을 너희 손에
시 83:11 그들의 귀인들이 오렙과 스엡 같게 하시

'오렙 바위' 와 관련된 성구
삿 7:25; 사 10:26

오로지 (constantly, surely)

행 1:14 더불어 마음을 같이하여 오로지 기도에
행 2:42 서로 교제하고 떡을 떼며 오로지 기도
행 6:4   우리는 오로지 기도하는 일과 말씀 사역

【 오르락내리락하다 】　　　　　　　　　　　　　　　　　【 오른손 】

요 6:3	예수께서 산에 **오르사** 제자들과 함께
엡 4:10	그가 곧 모든 하늘 위에 **오르신** 자니
벧전 3:22	하늘에 **오르사** 하나님 우편에 계시니

3. 지위를 차지하다(take the throne)

신 17:18	왕위에 **오르거든** 이 율법책의 등사본을
왕상 2:24	내 아버지 다윗의 왕위에 **오르게** 하시고
왕상 5:5	네 자리에 **오르게** 할 네 아들 그가 내
행 7:18	못하는 새 임금이 애굽 왕위에 **오르매**

4. 탑승하다(ride, get into)

시 45:4	병거에 **오르소서** 왕의 오른손이 왕게
마 8:23	배에 **오르시매** 제자들이 따랐더니
마 9:1	예수께서 배에 **오르사** 건너가 본 동네에
마 14:32	배에 함께 **오르매** 바람이 그치는지라
마 15:39	흩어 보내시고 배에 **오르사** 마가단 지경
막 5:18	예수께서 배에 **오르실** 때에 귀신 들렸던
막 8:10	제자들과 함께 배에 **오르사** 달마누다
눅 5:3	예수께서 한 배에 **오르시니** 그 배는 시몬
눅 8:22	하루는 제자들과 함께 배에 **오르사** 그들
요 6:22	제자들과 함께 그 배에 **오르지** 아니하
행 21:6	서로 작별한 후 우리는 배에 **오르고** 그들
행 27:6	알렉산드리아 배를 만나 우리를 **오르게**

5. 취침하다(go to bed)

창 49:4	네가 아버지의 침상에 **올라** 더럽혔음
시 132:3	들어가지 아니하며 내 침상에 **오르지**

6. 덮다(depth over)

겔 26:19	바다가 네 위에 **오르게** 하며 큰 물이

7. 자라다(appear)

겔 37:8	그 뼈에 힘줄이 생기고 살이 **오르며** 그

8. 비상하다(soar)

욥 1:4	독수리처럼 높이 **오르며** 별 사이에 깃들

9. 포획하다(catch)

마 17:27	낚시를 던져 먼저 **오르는** 고기를 가져

오르락내리락하다(ascending and descending)

창 28:12	사자들이 그 위에서 **오르락내리락하고**
겔 1:13	그 생물 사이에서 **오르락내리락하며**
요 1:51	사자들이 인자 위에 **오르락내리락하는**

오르바(Orpah) 모압 여인 나오미의 며느리

룻 1:4	하나의 이름은 **오르바**요 하나의 이름은
룻 1:14	**오르바**는 그의 시어머니에게 입 맞추되

오른발(right foot)

출 29:20	그 오른손 엄지와 **오른발** 엄지에 바르고
계 10:2	두루마리를 들고 그 **오른발**은 바다를

오른손(right hand)

창 48:13	**오른손**으로는 에브라임을 … 이스라 엘의 **오른손**을 향하게 하여 이끌어 그
출 15:6	**오른손**이 권능으로 … 주의 **오른손**이
출 29:20	그 **오른손** 엄지와 오른발 엄지에 바르고
신 33:2	그의 **오른손**에는 그들을 위해 번쩍이는
삿 5:26	**오른손**에 일꾼들의 방망이를 들고 시스
삿 16:29	하나는 왼손으로 하나는 **오른손**으로
삼하 20:9	형은 평안하냐 하며 **오른손**으로 아마사
욥 40:14	그리하면 네 **오른손**이 너를 구원할 수
시 17:7	일어나 치는 자들에게서 **오른손**으로
시 18:35	주의 **오른손**이 나를 붙들고 주의 온유함
시 20:6	그의 **오른손**의 구원하는 힘으로 그의
시 21:8	왕의 **오른손**이 왕을 미워하는 자들을
시 26:10	사악함이 있고 그들의 **오른손**에 뇌물이
시 48:10	주의 **오른손**에는 정의가 충만하였나
시 63:8	가까이 따르니 주의 **오른손**이 나를 붙드
시 73:23	함께 하니 주께서 내 **오른손**을 붙드셨
시 74:11	곧 주의 **오른손**을 거두시나이까 주의
시 78:54	성소의 영역 곧 그의 **오른손**으로 만드신
시 80:15	주의 **오른손**으로 심으신 줄기요 주를
시 89:13	주의 손은 강하고 주의 **오른손**은 높이
시 98:1	그의 **오른손**과 거룩한 팔로 자기를 위하
시 108:6	우리에게 응답하사 **오른손**으로 구원
시 118:15	소리가 있음이여 여호와의 **오른손**이
시 137:5	내가 너를 잊을진대 내 **오른손**이 그의
시 138:7	분노를 막으시며 주의 **오른손**이 나를
시 144:8	말하며 그의 **오른손**은 거짓의 **오른손**
잠 3:16	**오른손**에는 장수가 있고 그의 왼손에는
아 8:3	내 머리를 고이고 **오른손**으로는 나를
사 41:10	참으로 나의 의로운 **오른손**으로 너를
사 44:20	나의 **오른손**에 거짓 것이 있지 아니하냐
사 45:1	내가 그의 **오른손**을 붙들고 그 앞에 열국
사 48:13	땅의 기초를 정하였고 내 **오른손**이 하늘
사 62:8	여호와께서 그 **오른손**, 그 능력의 팔로
렘 22:24	고니야가 나의 **오른손**의 인장반지라
애 2:3	그의 **오른손**을 뒤로 거두어 들이시고
겔 21:22	**오른손**에 예루살렘으로 갈 점괘를 얻었
겔 39:3	떨어뜨리고 네 화살을 네 **오른손**에서
합 2:16	여호와의 **오른손**의 잔이 네게로 돌아

【 오른쪽 】　　　　　　　　　　　　　　　　　　　　　　　　　　【 오말 】

마 5:30	또한 만일 네 **오른손**이 너로 실족하게
마 6:3	구제할 때에 **오른손**이 하는 것을 왼손
마 27:29	갈대를 그 **오른손**에 들리고 그 앞에서
눅 6:6	가르치실새 거기 **오른손** 마른 사람이
행 2:33	하나님이 **오른손**으로 예수를 높이시매
행 5:31	그를 **오른손**으로 높이사 임금과 구주로
계 1:16	**오른손**에 일곱 별이 있고 그의 입에서
계 2:1	**오른손**에 있는 일곱 별을 붙잡고 일곱
계 5:1	보좌에 앉으신 이의 **오른손**에 두루마리
계 10:5	서 있는 천사가 하늘을 향하여 **오른손**
계 13:16	자유인이나 종들에게 그 **오른손**에나

📖 **오른손 - 기타 본문**

창 48:14, 17, 18; 출 15:12; 삿 7:20; 시 44:3; 60:5; 77:10; 89:25, 42; 118:16; 139:10; 144:11; 잠 27:16; 사 41:13; 45:1; 63:12; 애 2:4; 행 3:7; 계 1:17, 20; 5:7

오른쪽(right)

출 29:20	피를 가져다가 아론의 **오른쪽** 귓부리와 그의 아들들의 **오른쪽** 귓부리에 바르고
출 29:22	그것들 위의 기름과 **오른쪽** 넓적다리를
레 7:32	또 너희는 그 화목제물의 **오른쪽** 뒷다리

📖 **오른쪽 - 기타 본문**

레 7:33; 8:23, 24, 25, 26; 9:21; 14:14, 16, 17, 25, 27, 28; 민 18:18; 20:17; 수 17:7; 삿 3:16, 21; 삼하 2:21; 24:5; 왕상 2:19; 6:8; 7:21, 39; 왕하 11:11; 12:9; 23:13; 대상 6:39; 대하 3:11, 12, 17; 4:6, 7, 8, 10; 23:10; 느 8:4; 12:31; 욥 23:9; 30:12; 시 16:8, 11; 45:9; 80:17; 91:7; 109:6, 31; 110:1, 5; 121:5; 142:4; 전 10:2; 사 9:20; 30:21; 겔 1:10; 4:6; 10:3; 16:46; 21:16; 40:10; 47:1, 2; 슥 3:1; 4:3; 11:17; 눅 22:50

오른팔(right arm)

아 2:6	머리를 고이고 **오른팔**로 나를 안는구나

오른편(right)

마 5:39	네 **오른편** 뺨을 치거든 왼편도 돌려 대며
마 25:33	양은 그 **오른편**에 염소는 왼편에 두리라
마 25:34	임금이 그 **오른편**에 있는 자들에게 이르
요 18:10	대제사장의 종을 쳐서 **오른편** 귀를 베어
요 21:6	이르시되 그물을 배 **오른편**에 던지라
엡 1:20	살리시고 하늘에서 자기의 **오른편**에

오리다(cut)

출 39:3	금을 얇게 쳐서 **오려서** 실을 만들어 청색

오만 1/-하다(傲慢, arrogance)

삼상 2:3	**오만**한 말을 너희의 입에서 내지 말지
시 1:1	아니하며 **오만**한 자들의 자리에 앉지
시 5:5	**오만**한 자들이 주의 목전에 서지 못하리
시 73:3	형통함을 보고 **오만**한 자를 질투하였음
시 75:4	내가 **오만**한 자들에게 **오만**하게 행하지
시 94:4	**오만**하게 떠들며 죄악을 행하는 자들이
시 131:1	내 눈이 **오만**하지 아니하오며 내가 큰
사 5:15	낮아지고 **오만**한 자의 눈도 낮아질 것
사 13:11	교만한 자의 **오만**을 끊으며 강포한 자의
사 28:14	너희 **오만**한 자여 여호와의 말씀을 들을
사 28:22	그러므로 너희는 **오만**한 자가 되지 말라
사 29:20	**오만**한 자가 그쳤으며 죄악의 기회를
사 37:29	네가 나를 거슬러 분노함과 네 **오만**함
렘 43:2	**오만**한 자가 예레미야에게 말하기를
렘 48:29	그의 자고와 **오만**과 자랑과 그 마음의
호 7:5	왕은 **오만**한 자들과 더불어 악수하는

오만 2(五萬, fifty thousand)

대상 5:21	낙타 **오만** 마리와 양 이십오만 마리와
대상 12:33	나아가서 싸움을 잘하는 자가 **오만** 명
행 19:19	그 책 값을 계산한즉 은 **오만**이나 되더라

'오만'과 관련된 수

오만 구천삼백 명	– 민 1:23
오만 삼천사백 명	– 민 26:47
오만 이천칠백 명	– 민 26:34
(오만) 칠십 명	– 삼상 6:19

📖 **오만 2 - 기타 본문**

민 1:29, 31, 43; 2:6, 8, 13, 30

오말(Omar) 에서의 장자인 엘리바스의 아들

창 36:11	엘리바스의 아들들은 데만과 **오말**과
창 36:15	데만 족장, **오말** 족장, 스보 족장, 그나스
대상 1:36	엘리바스의 아들은 데만과 **오말**과 스비

[오메가]　　　　　　　　　　　　　　　　　　　　　　　　　　[오백]

오메가(Omega) 그리스 자모의 맨 끝 글자
계 1:8　나는 알파와 **오메가**라 이제도 있고 전에
계 21:6　나는 알파와 **오메가**요 처음과 마지막
계 22:13　나는 알파와 **오메가**요 처음과 마지막

오멜(omer) 곡식이나 고체량을 재는 단위
출 16:16　한 **오멜**씩 거두되 각 사람이 그의 장막

오멜 1 - 기타 본문
출 16:18, 22, 32, 33, 36

오묘하다(奧妙, mystery, riddle)
욥 11:6　지혜의 **오묘함**으로 네게 보이시기를
욥 11:7　하나님의 **오묘함**을 어찌 능히 측량하며
욥 15:8　하나님의 **오묘하심**을 네가 들었느냐
욥 37:14　가만히 서서 하나님의 **오묘한** 일을 깨달
시 49:4　기울이고 수금으로 나의 **오묘한** 말을
잠 1:6　지혜 있는 자의 말과 그 **오묘한** 말을

오물(unclean thing)
겔 7:19　그 은을 거리에 던지며 그 금을 **오물**
겔 7:20　내가 그것을 그들에게 **오물**이 되게 하여

오므리(Omri)
1. 북이스라엘의 여섯 번째 왕
왕상 16:16 군대 지휘관 **오므리**를 이스라엘의 왕
왕하 8:26 아달랴 이스라엘 왕 **오므리**의 손녀

오므리 1 - 기타 본문
왕상 16:17, 21, 22, 23, 25, 27, 28, 29, 30; 대하 22:2; 미 6:16

2. 베냐민의 손자이자 베겔의 아들
대상 7:8　**오므리**와 여레못과 아비야와 아나돗과
3. 유다의 자손으로 이므리의 아들
대상 9:4　그는 암미훗의 아들이요 **오므리**의 손자
4. 잇사갈 지파의 관장 미가엘의 아들
대상 27:18 지도자는 미가엘의 아들 **오므리**요

오바댜(Obadiah)
1. 아합의 궁전에 있던 사람
왕상 18:3 아합이 왕궁 맡은 자 **오바댜**를 불렀으
니 이 **오바댜**는 여호와를 지극히 경외

오바댜 1 - 기타 본문
왕상 18:4, 5, 6, 7, 16

2. 하나냐의 아들이며 스룹바벨의 후손
대상 3:21 아르난의 아들들, **오바댜**의 아들들,
3. 잇사갈 지파의 족장
대상 7:3　미가엘과 **오바댜**와 요엘과 잇시야 다섯
4. 아셀의 아들
대상 8:38 스아랴와 **오바댜**와 하난이라 아셀의
대상 9:44 **오바댜**와 하난이라 아셀의 아들들이
5. 스마야의 아들
대상 9:16 또 **오바댜**니 그는 스마야의 아들이요
느 12:25 맛다냐와 박부갸와 **오바댜**와 므술람과
6. 다윗의 용사
대상 12:9 에셀이요 둘째는 **오바댜**요 셋째는
7. 이스마야의 아버지
대상 27:19 지도자는 **오바댜**의 아들 이스마야요
8. 여호사밧의 다섯 군장 가운데 한 사람
대하 17:7 벤하일과 **오바댜**와 스가랴와 느다넬과
9. 요시야 때 성전을 수리한 므라리의 후손
대하 34:12 야핫과 **오바댜**요 그핫 자손들 중 스가랴
10. 포로 귀환 때 에스라와 함께 돌아온 제사장
스 8:9　자손 중에서는 여히엘의 아들 **오바댜**니
11. 느헤미야 시대 제사장
느 10:5　하림, 므레못, **오바댜**,
12. 오바댜서를 쓴 선지자
옵 1:1　**오바댜**의 묵시라 주 여호와께서 에돔

오발(Obal) 욕단의 아들로 아라비아 종족의 조상
창 10:28 **오발**과 아비마엘과 스바와

오백(五百, five hundred)
창 5:32　노아는 **오백** 세 된 후에 셈과 함과 야벳

'오백'과 관련된 성구
오백구십오 년 - 창 5:30
오백 명 - 대상 4:42; 에 9:6, 12
오백삼십 벌 - 느 7:70
오백 세겔 - 출 30:23, 24
오백오십 명 - 왕상 9:23
오백 척 - 겔 42:16, 17, 18, 19, 20; 45:2

1778

【 오벧에돔 】　　　　　　　　　　　　　　　　　　　　　　　　　【 오빌 】

창 11:11　아르박삿을 낳은 후에 **오백** 년을 지내며
민 31:28　나귀나 양 떼의 **오백** 분의 일을 여호와
대하 35:9　양 오천 마리와 수소 **오백** 마리를 레위
욥 1:3　　소가 **오백** 겨리요 암나귀가 **오백** 마리
눅 7:41　　자가 둘이 있어 하나는 **오백** 데나리온
고전 15:6　그 후에 **오백**여 형제에게 일시에 보이

오벧에돔(Obed-Edom)
1. 가드 사람
삼하 6:10가드 사람 **오벧에돔**의 집으로 메어 간

▸ 오벧에돔 1 – 기타 본문
　삼하 6:11, 12; 대상 13:13, 14

2. 레위 자손 여두둔의 아들
대상 15:18 믹네야와 문지기 **오벧에돔**과 여이엘을

▸ 오벧에돔 2 – 기타 본문
　대상 15:21, 24, 25; 16:5, 38

3. 성전 기명을 지키던 사람
대상 26:4 **오벧에돔**의 아들들은 맏아들 스마야와

▸ 오벧에돔 3 – 기타 본문
　대상 26:5, 8, 15; 대하 25:24

오벨 (Ophel)　예루살렘 성안 동남쪽의 언덕
대하 27:3 윗문을 건축하고 또 **오벨** 성벽을 많이
대하 33:14 이르러 **오벨**을 둘러 매우 높이 쌓고
느 3:26　 그 때에 느디님 사람은 **오벨**에 거주하여
느 3:27　 곳에서부터 **오벨** 성벽까지 이르렀느니
느 11:21　느디님 사람은 **오벨**에 거주하니 시하와
사 32:14　**오벨**과 망대가 영원히 굴혈이 되며

오벳(Obed)
1. 이새의 아버지이자 다윗의 조부
룻 4:17　 **오벳**이라 하였는데 그는 다윗의 아버지

▸ 오벳 1 – 기타 본문
　룻 4:21, 22; 대상 2:12; 마 1:5; 눅 3:32

2. 유다 지파 사람으로 에블랄의 아들
대상 2:37 에블랄을 낳고 에블랄은 **오벳**을 낳고

대상 2:38 **오벳**은 예후를 낳고 예후는 아사랴를
3. 다윗의 용사 중 한 사람
대상 11:47 **오벳**과 므소바 사람 야아시엘이더라
4. 솔로몬 성전의 문지기
대상 26:7 아들들은 오드니와 르바엘과 **오벳**과
5. 아사랴의 아버지
대하 23:1 이스마엘과 **오벳**의 아들 아사랴와

오봇(Oboth)　모압의 동편 광야의 한 지명
민 21:10 이스라엘 자손이 그 곳을 떠나 **오봇**에

▸ 오봇 – 기타 본문
　민 21:11; 33:43, 44

오브니(Ophni)　베냐민 지파의 북방 성읍
수 18:24 암모니와 **오브니**와 게바이니 열두 성읍

오브라(Ophrah)
1. 유다의 후손으로 므오노대의 아들
대상 4:14 **오브라**를 낳고 스라야는 요압을 낳았
2. 베냐민 지파의 성읍
수 18:23 아윔과 바라와 **오브라**와
삼상 13:17 **오브라** 길을 따라서 수알 땅에 이르렀고
3. 므낫세 지파에 속한 아비에셀의 땅
삿 6:11　요아스에게 속한 **오브라**에 이르러

▸ 오브라 3 – 기타 본문
　삿 6:24; 8:27, 32; 9:5

오빌(Ophir)
1. 이스마엘 사람으로 다윗의 약대를 맡은 자
대상 27:30 이스마엘 사람 **오빌**은 낙타를 맡았고
2. 셈의 자손으로 욕단의 아들
창 10:29 **오빌**과 하윌라와 요밥을 낳았으니 이들
대상 1:23 **오빌**과 하윌라와 요밥을 낳았으니 욕단
3. 순금과 보석과 백단목의 생산지
왕상 9:28 그들이 **오빌**에 이르러 거기서 금 사백
왕상 10:11 **오빌**에서부터 금을 실어온 히람의 배
　들이 **오빌**에서 많은 백단목과 보석을

▸ 오빌 3 – 기타 본문
　왕상 22:48; 대상 29:4; 대하 8:18; 9:10; 욥
　22:24; 28:16; 시 45:9; 사 13:12

오셈(Ozem)
1. 이새의 여섯째 아들
대상 2:15 여섯째로 **오셈**과 일곱째로 다윗을 낳았
2. 여라므엘의 넷째 아들
대상 2:25 그 다음 브나와 오렌과 **오셈**과 아히야

오솔길(winding path)
삿 5:6 대로가 비었고 길의 행인들은 **오솔길**로

오순절(五旬節, Pentecost)
행 2:1 **오순절** 날이 이미 이르매 그들이 다같이
행 20:16 **오순절** 안에 예루살렘에 이르려고 급히
고전 16:8 내가 **오순절**까지 에베소에 머물려 함은

오스납발(Ashurbanipal) 앗수르 왕
스 4:10 **오스납발**이 사마리아 성과 유 브라데

오스니(Ozni) 갓 자손이며 오스니 가족의 가장
민 26:16 **오스니**에게서 난 **오스니** 종족과 에리

오십(五十, fifty-KJV)
눅 16:6 증서를 가지고 빨리 앉아 **오십**이라 쓰라

오이(cucumber)
민 11:5 **오이**와 참외와 부추와 파와 마늘들을

오정(午正, noon)
행 22:6 갔을 때에 **오정**쯤 되어 홀연히 하늘로

'오십'과 관련된 성구
오십 고르 - 학 2:16
오십 규빗 - 창 6:15; 왕상 7:2, 6; 에 5:14, 9
오십 년 - 레 25:10, 11; 왕하 15:23
오십 데나리온 - 눅 7:41
오십 명 - 창 18:24, 26, 28; 삼하 15:1; 왕상 1:5; 18:4, 13; 왕하 1:9, 10, 11, 12, 13, 14; 2:7, 16, 17; 13:7; 15:25; 스 8:6; 막 6:40; 눅 9:14
오십부장 - 출 18:21, 25; 신 1:15; 삼상 8:12; 왕하 1:9, 10, 11, 13, 14; 사 3:3
오십분의 일 - 민 31:30, 47
오십 세 - 민 4:3, 23, 30, 35, 39, 43, 47; 8:25; 요 8:57
오십 세겔 - 레 27:3, 16; 신 22:29; 수 7:21; 삼하 24:24; 왕하 15:20; 대하 3:9
오십오 년 - 왕하 21:1; 대하 33:1
오십육 명 - 스 2:22
오십이 년 - 왕하 15:2, 27; 대하 26:3
오십이 명 - 스 2:29; 느 7:33
오십이 일 - 느 6:15
오십 일 - 레 23:16
오십 칸 - 요 21:8

오직(only)
창 7:23 **오직** 노아와 그와 함께 방주에 있던 자

오직 – 기타 본문
모세오경, 역사서 창 14:24; 24:8; 레 10:6; 11:23; 27:26, 28; 민 14:38; 18:17; 26:55; 36:6; 신 1:36; 2:37; 4:4, 9, 39; 6:4; 7:5, 9; 10:15; 12:5, 14, 16, 18, 26; 15:23; 16:6; 20:14, 16; 25:15; 28:13; 30:14; 수 1:7, 17, 18; 6:18; 8:2, 27; 13:14, 33; 22:3, 5, 19, 28; 23:8; 24:15; 삿 1:25; 10:15; 19:24; 삼상 1:22, 23; 12:20, 24; 13:22; 18:17; 삼하 7:28; 13:32, 33; 왕상 3:11; 11:13, 32; 14:13; 19:10, 14; 22:31; 왕하 5:18; 6:12; 7:10; 14:4, 6; 15:4, 35; 16:15; 17:18, 36, 39; 대상 17:5, 26; 대하 1:11; 8:9; 17:4; 18:30; 20:12; 21:13; 25:4; 26:18; 스 10:15; 느 2:20; 9:6; 에 4:11 **시가서, 선지서** 욥 4:16; 13:20; 시 1:2, 4; 4:8; 5:7; 13:5; 14:6; 22:9; 44:3, 7; 52:7; 62:2, 6; 68:6; 69:29; 75:7; 78:7, 38, 68; 88:13; 91:8; 115:1, 3; 잠 1:33; 9:18; 11:23; 19:21; 24:25; 30:8; 31:30; 전 5:7; 7:29; 10:10; 사 5:16; 13:21; 14:19; 28:19; 33:8, 9, 15; 38:19; 40:31; 49:14; 59:2; 60:2, 19; 61:6; 62:4, 9; 65:11; 66:4; 렘 2:25, 32, 34; 3:13; 6:6; 7:23; 10:10; 19:6; 겔 7:19; 16:33; 32:28; 33:24; 44:22; 단 2:9, 28, 30; 4:18; 10:21; 11:16, 32, 41; 12:10; 호 4:2; 7:14; 암 5:24; 옵 1:17; 미 3:8; 4:5; 6:8; 7:7; 합 2:20; 3:14; 습 2:15; 3:7; 슥 4:6; 8:19;

[오찬]   [오홀리바마]

말 2:15 복음서, 역사서 마 5:37; 6:18, 20; 10:28;
16:11; 17:8; 19:11, 17; 24:36; 막 1:45; 2:7, 22;
9:8; 12:14; 눅 4:26, 27; 5:21; 6:35; 9:36;
13:28; 20:21; 요 1:13; 6:46; 8:9, 28, 49; 14:31;
16:4, 13; 20:31; 행 1:8; 8:16; 10:41; 20:23;
24:21; 25:19; 27:22 서신서, 예언서 롬 1:17;
2:8, 13, 29; 3:4, 27; 4:13; 6:13; 7:13; 8:20, 26;
9:7, 8, 11, 16; 11:7; 12:2, 3; 13:14; 14:17; 고전
1:17, 24; 2:7, 10, 12, 13; 3:6, 7; 4:14, 19, 20;
5:8; 6:13; 7:4, 17, 19, 35; 9:24; 10:13; 12:24,
25; 14:33, 34; 15:10; 고후 1:9, 13, 24; 2:4; 3:3,
5, 6; 4:2, 5; 5:12, 15; 6:4, 12; 7:7, 12; 8:7, 8;
10:4, 13, 15, 18; 11:17; 12:14; 13:7, 8; 갈 1:1,
12; 2:16, 20; 3:16; 4:14, 17, 26; 5:13, 22; 6:15;
엡 2:19; 4:15, 20, 23, 29; 5:15, 17, 18, 29; 6:4;
빌 1:27; 2:3; 3:9, 12, 13, 16; 4:17; 골 2:23;
3:11, 22; 살전 2:4; 5:6, 9, 살후 3:8, 9; 딤전 1:9;
2:10, 12; 3:3; 4:12; 6:11, 16, 17; 딤후 1:7, 8, 9;
딛 1:8, 15; 2:1; 3:5; 몬 1:22; 히 1:11; 2:9, 16;
3:13; 5:4, 5; 7:16, 21; 9:7, 12; 10:5, 12, 25, 27,
39; 12:10; 13:16; 약 1:6, 14; 3:17; 4:12; 5:12;
벧전 1:15, 19, 25; 2:16, 23; 3:4; 벧후 1:21; 2:5;
3:9, 18; 요일 2:17, 27; 4:1; 요이 1:8; 계 2:6;
9:4; 15:4; 19:10; 21:27

오찬(午餐, dinner)
마 22:4 내가 **오찬**을 준비하되 나의 소와 살진

오천(五千, five thousand)
삼상 17:5 그 갑옷의 무게가 놋 **오천** 세겔이며
대상 29:7 성전 공사를 위하여 금 **오천** 달란트와
대하 35:9 요사밧은 양 **오천** 마리와 수소 오백
스 1:11 금, 은 그릇이 모두 **오천**사백 개라
스 2:69 금이 육만 천 다릭이요 은이 **오천** 마네요
겔 45:6 거룩한 구역 옆에 너비는 **오천** 척을 길이
겔 48:15 다음으로 너비 **오천** 척은 속된 땅으로
행 4:4 남자의 수가 약 **오천**이나 되었더라

> '**오천 명**'과 관련된 성구
>
> 수 8:12; 삿 20:45; 마 16:9; 막 6:44;
> 8:19; 눅 9:14; 요 6:10

오핫(Ohad) 시므온의 아들
창 46:10 여무엘과 야민과 **오핫**과 야긴과 스할
출 6:15 여무엘과 야민과 **오핫**과 야긴과 소할

오해하다(誤解, error)
마 22:29 능력도 알지 못하는 고로 **오해하였도다**
막 12:27 너희가 크게 **오해하였도다** 하시니라
막 12:24 하나님의 능력도 알지 못하므로 **오해함**

오헬(Ohel) 다윗의 후손
대상 3:20 또 하수바와 **오헬**과 베레갸와 하사댜와

오호라(alas, woe)
삼하 1:19 산 위에서 죽임을 당하였도다 **오호라**

> **오호라 - 기타 본문**
>
> 삼하 1:25, 27; 왕상 13:30; 전 2:16; 사 55:1; 렘
> 47:6; 48:1; 애 5:16; 겔 6:11; 11:13; 21:15; 슥
> 2:6; 롬 7:24

오홀라(Oholah) 사마리아를 가리킨 이름
겔 23:4 그 이름이 형은 **오홀라**요 아우는 오홀
리바라 … 말하면 **오홀라**는 사마리아요

> **오홀라 - 기타 본문**
>
> 겔 23:5, 36, 44

오홀리바(Oholibah) 예루살렘을 가리킨 이름
겔 23:4 아우는 **오홀리바**라 그들이 내게 속하
여 자녀를 … **오홀리바**는 예루살렘이

> **오홀리바 - 기타 본문**
>
> 겔 23:11, 22, 36, 44

오홀리바마(Oholibamah)
   1. 히위 족속 아나의 딸
창 36:2 시브온의 딸인 아나의 딸 **오홀리바마**를

> **오홀리바마 1 - 기타 본문**
>
> 창 36:5, 14, 18, 25

   2. 에서의 후손
창 36:41 **오홀리바마** 족장, 엘라 족장, 비논 족장,

【 오홀리압 】   【 옥 2 】

대상 1:52 **오홀리바마** 족장과 엘라 족장과 비논

오홀리압(Oholiab) 단 지파에 속하는 기술자
출 31:6   또 단 지파 아히사막의 아들 **오홀리압**을

📖 오홀리압 - 기타 본문
출 35:34; 36:1, 2; 38:23

오히려(more)
민 16:10   오게 하셨거늘 너희가 **오히려** 제사장의

📖 오히려 - 기타 본문
민 16:13; 23:11; 신 7:7; 수 24:10; 삿 2:17; 18:24; 삼하 7:19; 왕상 16:31; 17:40; 대상 17:17; 대하 35:22; 욥 6:10; 시 35:20; 37:8, 15; 잠 26:12; 29:20; 아 8:7; 애 3:21; 슥 11:16; 마 10:6; 눅 11:28; 롬 1:21; 고전 5:2; 고후 5:4; 엡 5:4; 빌 2:7; 딛 2:10; 벧전 1:6; 4:13; 요일 1:12; 요삼 1:10; 계 9:20

옥 1(Og) 바산 왕 옥
민 21:33   바산 왕 **옥**이 그의 백성을 다 거느리고

📖 옥 1 - 기타 본문
민 32:33; 신 1:4; 3:1, 3, 4, 10, 11, 13; 4:47; 29:7; 31:4; 수 2:10; 9:10; 12:4; 13:12, 30, 31; 왕상 4:19; 느 9:22; 시 135:11; 136:20

옥 2(獄, prison)
구약
창 39:20   그를 잡아 **옥**에 가두니 그 **옥**은 왕의 죄
              수를 가두는 곳이었더라 요셉이 **옥**에
창 40:3   집 안에 있는 **옥**에 가두니 곧 요셉이 갇힌
창 40:15   **옥**에 갇힐 일은 행하지 아니하였나이다
창 41:14   그들이 급히 그를 **옥**에서 내 놓은지라
창 42:19   형제 중 한 사람만 그 **옥**에 갇히게 하고
출 12:29   바로의 장자로부터 **옥**에 갇힌 사람의
삿 16:21   그에게 **옥**에서 맷돌을 돌리게 하였더라
왕상 22:27 왕의 말씀이 이 놈을 **옥**에 가두고 내가
왕하 17:4   호세아가 배반함을 보고 그를 **옥**에 감금
왕하 25:27 유다의 왕 여호야긴을 **옥**에서 내놓아
대하 16:10 아사가 노하여 선견자를 **옥**에 가두었
대하 18:26 **옥**에 가두고 내가 평안히 돌아올 때까지

스 7:26   가산을 몰수하거나 **옥**에 가둘지니라
시 142:7   내 영혼을 **옥**에서 이끌어 내사 주의 이름
사 24:22   깊은 **옥**에 모임같이 모이게 되고 **옥**에
사 42:22   굴 속에 잡히며 **옥**에 갇히도다 노략
렘 37:15   그들이 이 집을 **옥**으로 삼았음이더라
렘 37:18   무슨 죄를 범하였기에 나를 **옥**에 가두
렘 52:11   끌고 가서 그가 죽는 날까지 **옥**에 가두
겔 19:9   바벨론 왕에게 이르렀나니 그를 **옥**에
              가두어 … 내어 주어 **옥**에 가둘까 염려

신약
마 5:25   **옥**리에게 내어주며 **옥**에 가둘까 염려하
마 11:2   요한이 **옥**에서 그리스도께서 하신 일
마 14:3   요한을 잡아 결박하여 **옥**에 가두었으니
마 14:10   사람을 보내어 **옥**에서 요한의 목을 베어
마 18:30   가서 그가 빚을 갚도록 **옥**에 가두거늘
마 25:36   병들었을 때에 돌보았고 **옥**에 갇혔을
막 6:17   사람을 보내어 요한을 잡아 **옥**에 가두
막 6:27   그 사람이 나가 **옥**에서 요한을 목 베어
눅 3:20   한 가지 악을 더하여 요한을 **옥**에 가두
눅 12:58   옥졸에게 넘겨 주어 옥졸이 **옥**에 가둘까
눅 21:12   회당과 **옥**에 넘겨 주며 임금들과 집권자
눅 22:33   주여 내가 주와 함께 **옥**에도, 죽는 데에
눅 23:19   민란과 살인으로 말미암아 **옥**에 갇힌
눅 23:25   민란과 살인으로 말미암아 **옥**에 갇힌
요 3:24   요한이 아직 **옥**에 갇히지 아니하였더라
행 5:18   사도들을 잡아다가 **옥**에 가두었더니
행 5:21   원로들을 다 모으고 사람을 **옥**에 보내어
행 5:22   부하들이 가서 **옥**에서 사도들을 보지
행 5:23   이르되 우리가 보니 **옥**은 든든하게 잠기
행 5:25   보소서 **옥**에 가두었던 사람들이 성전에
행 8:3   각 집에 들어가 남녀를 끌어다가 **옥**에
행 12:4   잡으매 **옥**에 가두어 군인 넷씩이 네 패
행 12:17   주께서 자기를 이끌어 **옥**에서 나오게
행 16:23   친 후에 **옥**에 가두고 간수에게 명하여
행 22:4   죽이기까지 하고 남녀를 결박하여 **옥**에

'옥 2'와 관련된 성구
옥리 - 마 5:25
옥문 - 행 5:19; 16:27
옥졸 - 마 18:34; 눅 12:58
옥중 - 창 39:22; 행 12:7
옥터 - 행 16:26

【 옥돌 】   【 온 3 】

행 26:10 성도를 옥에 가두며 또 죽일 때에 내가
고후 11:23 수고를 넘치도록 하고 옥에 갇히기도
히 11:36 조롱과 채찍질뿐 아니라 결박과 옥에
벧전 3:19 또한 영으로 가서 옥에 있는 영들에게
계 2:10 몇 사람을 옥에 던져 시험을 받게 하리니
계 20:7 천 년이 차매 사탄이 그 옥에서 놓여

옥 2 - 기타 본문
삿 16:25; 마 25:39, 43, 44; 행 12:5, 6; 16:24, 37, 40

옥돌(marble)
대상 29:2 채석과 다른 모든 보석과 옥돌이 매우

옥상(屋上, roof)
삼하 11:2 그의 침상에서 일어나 왕궁 옥상에서
삼하 16:22 압살롬을 위하여 옥상에 장막을 치니

옥수(玉髓, chalcedony)
계 21:19 둘째는 남보석이요 셋째는 옥수요 넷째

옥토(沃土, good land)
신 8:10 여호와께서 옥토를 네게 주셨음으로
시 107:34 주민의 악으로 말미암아 옥토가 변하여

렘 48:33 기쁨과 환희가 옥토와 모압 땅에서 빼앗
겔 17:5 그 땅의 종자를 꺾어 옥토에 심되 수양
겔 17:8 포도나무를 큰 물 가 옥토에 심은 것은

옥합(玉盒, alabaster jar)
마 26:7 여자가 매우 귀한 향유 한 옥합을 가지고
막 14:3 순전한 나드 한 옥합을 가지고 와서 그
옥합을 깨뜨려 예수의 머리에 부으니
눅 7:37 집에 앉아 계심을 알고 향유 담은 옥합을

온 1(On) 이집트 삼각주에 있던 한 성읍
창 41:45 온의 제사장 보디베라의 딸 아스낫을
창 41:50 온의 제사장 보디베라의 딸 아스낫이
창 46:20 온의 제사장 보디베라의 딸 아스낫이

온 2(On) 르우벤 지파의 족장
민 16:1 아들 다단과 아비람과 벨렛의 아들 온이

온 3(all)
창 1:26 하늘의 새와 가축과 온 땅과 땅에 기는

온 3 - 기타 본문
모세오경 창 4:14; 9:10, 18; 10:21; 13:11; 17:27; 18:26; 19:5, 25, 28; 31:8; 41:29; 45:20; 출 9:24;

'온 3'과 관련된 성구
온 공회 - 마 26:59; 막 14:55; 15:1; 행 22:30
온 교회 - 행 5:11; 15:22; 롬 16:23; 고전 14:23
온 군대 - 출 14:4; 수 8:13; 삿 4:15, 16; 삼하 8:9; 20:23; 왕하 6:24; 25:10; 대상 18:9; 대하 25:10; 26:14; 32:9; 렘 37:10; 겔 32:31; 38:4; 마 27:27; 막 15:16
온 나라 - 수 13:12, 21, 30; 왕상 11:34; 대하 19:5; 36:22; 스 1:1; 에 3:6; 단 1:20; 말 3:9
온 낮 - 출 10:13
온 도(province) - 스 7:16
온 땅 - 창 1:26; 2:11, 13; 6:11; 9:19; 11:1, 9; 13:9, 10; 14:7; 17:8; 41:41, 44, 45, 46, 54, 55; 45:8; 출 1:7; 5:12; 7:19, 21; 8:2, 16, 17, 24; 9:9, 22, 25; 10:14, 15, 19, 22; 11:6; 32:13; 34:10; 레 25:24; 신 3:10; 18:6; 29:2, 23; 34:1, 2, 11; 수 1:4; 2:3, 24; 3:11, 13; 6:27; 10:40; 11:16, 23; 21:43; 24:3; 삿

11:21; 20:6; 삼상 13:3, 19; 17:46; 30:16; 삼하 2:29; 15:23; 20:14; 왕상 4:10, 12; 9:19; 15:20; 왕하 10:33; 15:29; 17:5; 대상 5:10; 13:2; 16:14, 23, 30; 대하 8:6; 11:23; 15:5, 8; 16:9; 31:1; 시 8:1, 9; 19:4; 33:8; 47:2, 7; 66:1, 4; 72:19; 96:1, 9; 97:5, 9; 98:4; 100:1; 105:7; 108:5; 사 6:3; 7:24; 12:5; 13:5; 14:7, 29; 28:22; 54:5; 렘 1:18; 4:20, 27; 8:16; 12:11; 23:15; 40:4; 44:26; 45:4; 51:47; 겔 6:14; 32:4; 35:14, 15; 36:5; 단 6:25; 암 8:8; 9:5; 미 4:13; 합 2:20; 습 1:18; 3:8; 슥 1:11; 5:3, 6; 7:5; 12:12; 13:8; 14:10; 마 9:26, 31; 27:45; 막 15:33; 눅 4:25; 23:44; 행 7:11; 17:26; 26:20; 롬 9:17; 10:18; 계 5:6; 13:3
온 몸 - 대하 25:12; 겔 10:12; 마 5:29, 30; 6:22, 23; 눅 5:12; 11:34, 36; 요 13:10; 고전 12:17; 엡 4:16; 골 2:19; 약 3:2, 3, 6

【 온 3 】　　　　　　　　　　　　　　　　　　　　　　　　　　　　　　　　　　　【 온갖 】

10:13, 23; 11:8; 12:39, 50; 18:21; 19:11; 34:30, 32; 레8:3; 9:23, 24; 10:3; 21:24; 민11:10; 14:1, 10; 15:36; 16:34; 27:21; 신4:49; 5:1; 7:18; 11:6; 13:11; 17:13; 21:21; 27:9; 31:1, 7, 11; 32:45; 34:12 역사서 수 3:7; 7:25; 8:15, 21, 24, 33; 10:15, 29, 31, 34, 36, 38, 41, 43; 11:20; 12:1, 5; 13:5, 9, 11, 16; 22:20; 23:2, 14; 24:32; 삿 3:18; 6:35; 7:21, 22, 23; 8:12, 27; 9:1; 11:22; 16:30; 20:2, 26, 34; 21:13; 삼상 2:22; 3:20; 4:1, 5; 7:5; 11:2, 3; 12:1; 13:4, 20; 14:40; 15:11; 17:11; 18:5, 16; 19:5; 20:6; 24:2; 25:1; 27:1; 28:3, 4; 29:3, 6; 삼하 2:9; 3:12, 21, 34, 36, 37; 4:1; 5:5; 6:15, 19; 8:14, 15; 10:17; 11:1; 12:4, 12; 14:25; 16:21, 22; 17:11, 13, 14; 18:17; 19:11, 40, 41; 20:2; 왕상 1:20; 2:15; 3:28; 4:1, 7; 5:13; 6:10, 22; 7:7; 8:23, 38, 48, 65; 11:42; 12:1, 16, 18, 20; 14:18; 15:22, 27; 18:19; 22:17; 왕하 3:6; 6:24; 9:14; 10:21; 11:14, 18, 19; 17:20; 22:13; 25:10; 대상 4:27; 9:1; 11:1, 4, 10; 12:38; 13:5, 6; 14:8; 18:14; 19:17; 21:12; 28:8; 29:21, 23, 26; 대하 1:2; 6:14, 29, 38; 7:6, 8; 9:30; 10:1, 3, 16; 11:13; 12:1, 3; 13:15; 15:15; 16:6; 17:19; 18:16; 20:3, 15, 18, 22; 23:3, 17; 25:7; 26:1; 28:11, 23; 29:18, 24, 28; 30:1, 5, 6; 31:20; 32:33; 34:7, 9; 35:3, 18, 24; 스 2:64; 10:5; 느 7:66, 73; 9:10; 12:47; 13:12, 26 시가서, 선지서 욥 17:7; 시 67:4; 105:31; 잠 4:22; 아 8:7; 사 1:5; 4:5; 51:20; 렘 7:15; 17:3; 20:4; 29:13; 44:11; 48:31; 겔 11:15; 29:2; 41:19; 단 9:6; 슥 1:10; 말 4:4 신약 마 2:3; 3:5; 4:23, 24; 8:32; 22:40; 막 1:28, 39; 눅 1:65; 2:10; 7:17; 21:35; 23:5; 요 11:50; 행 1:8; 2:47; 7:14; 9:31; 10:37; 13:44; 16:33; 19:27; 20:28; 21:31; 28:30; 롬 11:26; 고전 2:12; 5:6; 고후 1:1; 갈 5:9; 살전 4:10; 5:23; 히 9:19; 약 2:10

온갖(every)
왕상 9:4 네게 명령한 대로 **온갖** 일에 순종하여
왕상 9:11 솔로몬에게 그 **온갖** 소원대로 백향목

'온 3'과 관련된 성구

온 무리 - 민 16:16; 삼하 2:28; 10:7; 왕하 7:13; 대상 13:8; 15:3; 19:8; 대하 32:7; 겔 32:22; 마 13:2; 막 4:1; 9:15; 눅 6:19; 13:17; 19:37; 행 6:5; 15:12

온 산 - 출 19:18; 34:3

온 산지 - 수 11:21; 삿 7:24

온 성 - 왕하 11:20; 마 21:10; 눅 8:39; 행 21:30

온 성읍 - 창 18:28; 삿 20:37, 40, 48; 룻 1:19; 삼상 4:13; 5:11

온 세계 - 민 14:21; 시 45:16; 48:2; 57:5, 11; 83:18; 사 10:14, 23; 14:26; 렘 15:10; 50:23; 51:7, 25; 단 2:35, 39

온 세상 - 창 19:31; 41:57; 수 23:14; 왕상 10:24; 대상 14:17; 29:30; 욥 34:13; 렘 51:41, 49; 습 3:19; 슥 4:10, 14; 6:5; 마 24:14; 요 12:19; 롬 1:8; 3:19; 요일 2:2; 5:19; 계 3:10

온 족속 - 출 40:38; 레 10:6; 22:18; 민 20:29; 수 5:6; 삼상 7:2, 3; 삼하 6:5; 14:7; 19:20; 왕상 12:21, 23; 왕하 17:20; 느 4:16; 겔 5:4; 12:10; 20:40; 36:10; 37:11, 16; 39:25; 45:6; 행 10:22

온 지면 - 창 1:29; 2:6; 7:3; 8:9; 11:4, 8, 9; 41:56; 겔 34:6; 단 8:5

온 지방 - 신 3:4, 13, 14; 왕상 4:11; 렘 12:4; 단 2:48; 막 6:55

온 지파 - 신 18:1; 삿 20:12; 21:5

온 집 - 창 7:1; 41:51; 45:8; 47:12; 50:8; 민 12:7; 신 6:22; 삿 16:31; 삼상 1:21; 9:20; 22:1, 11, 15, 16; 25:17; 삼하 3:19, 29; 6:11, 21; 9:9; 19:28; 왕상 15:29; 16:11, 12; 왕하 9:8; 대상 10:6; 28:4; 욥 16:7; 렘 13:11; 요 4:53; 행 2:2, 36; 7:10; 10:2; 11:14; 16:34; 18:8; 히 3:2, 5

온 천하 - 출 9:14, 16; 왕하 5:15; 욥 28:24; 41:11; 사 25:8; 단 7:23, 27; 9:12; 마 16:26; 26:13; 막 8:36; 14:9; 16:15; 눅 9:25; 골 1:6; 계 12:9; 16:14

온 회중 - 출 12:3; 16:1, 2, 3, 9, 10; 17:1; 35:1, 4, 20; 레 4:13; 9:5; 10:6; 16:17; 19:2; 24:14, 16; 민 1:18; 3:7; 8:9, 20; 10:3; 13:26; 14:2, 5, 7, 35, 36; 15:24, 25, 26, 33, 35; 16:19, 22; 20:1, 22; 25:6; 26:2; 27:2, 19, 20, 21, 22; 수 8:35; 9:19, 21; 18:1; 22:12, 16, 18; 왕상 8:14, 22, 55; 12:3; 대상 13:2, 4; 29:1, 10, 20; 대하 1:3; 6:3; 28:14; 30:2, 4, 23, 25; 31:18; 스 10:14; 렘 26:17

【 온순하다/온순히 】　　　　　　　　　　【 온전하다/온전히 】

왕상 22:53 그의 아버지의 **온갖** 행위같이 하였더라
대상 22:15 곧 석수와 목수와 **온갖** 일에 익숙한 모든
대하 32:27 보석과 향품과 방패와 **온갖** 보배로운
대하 32:28 창고를 세우며 **온갖** 짐승의 외양간을
느 10:31 안식일에 물품이나 **온갖** 곡물을 가져다
잠 1:13 우리가 **온갖** 보화를 얻으며 빼앗은 것
잠 14:15 어리석은 자는 **온갖** 말을 믿으나 슬기로
잠 16:4 여호와께서 **온갖** 것을 그 쓰임에 적당
잠 18:1 소욕을 따르는 자라 **온갖** 참 지혜를 배척
잠 26:10 장인이 **온갖** 것을 만들지라도 미련한
사 58:3 금식하는 날에 오락을 구하며 **온갖** 일
겔 7:14 그들이 나팔을 불어 **온갖** 것을 준비하였
눅 4:40 해 질 무렵에 사람들이 **온갖** 병자들을
롬 7:8 내 속에서 **온갖** 탐심을 이루었나니 이는
고후 7:1 육과 영의 **온갖** 더러운 것에서 자신을
엡 4:14 간사한 유혹에 빠져 **온갖** 교훈의 풍조에
엡 5:3 음행과 **온갖** 더러운 것과 탐욕은 너희
약 1:17 **온갖** 좋은 은사와 온전한 선물이 다 위로

온순하다/온순히(溫順, gently, peace)
대상 22:9 한 아들이 네게서 나리니 그는 **온순한**
잠 15:4 **온순한** 혀는 곧 생명 나무이지만 패역한
사 40:11 젖먹이는 암컷들을 **온순히** 인도하시리

온유/-하다(溫柔, afflicted, gentle, humble)
민 12:3 이 사람 모세는 **온유함**이 지면의 모든
신 28:54 너희 중에 **온유하고** 연약한 남자까지
신 28:56 또 너희 중에 **온유하고** 연약한 부녀 곧
　　　　온유하고 연약하여 자기 발바닥으로
삼하 22:36 내게 주시며 주의 **온유함**이 나를 크게
시 18:35 나를 붙들고 주의 **온유함**이 나를 크게
시 25:9 **온유한** 자를 … 지도하심이여 **온유한**
시 37:11 그러나 **온유한** 자들은 땅을 차지하며
시 45:4 왕은 진리와 **온유**와 공의를 위하여 왕의
시 76:9 땅의 모든 **온유한** 자를 구원하시려고
잠 26:23 **온유한** 입술에 악한 마음은 낮은 은을
마 5:5 **온유한** 자는 복이 있나니 그들이 땅을
마 11:29 나는 마음이 **온유하고** 겸손하니 나의
고전 4:21 너희에게 나아가랴 사랑과 **온유한** 마음
고전 13:4 사랑은 오래 참고 사랑은 **온유하며** 시기
고후 10:1 이제 그리스도의 **온유**와 관용으로 친히
갈 5:23 **온유**와 절제니 이같은 것을 금지할 법이
갈 6:1 신령한 너희는 **온유한** 심령으로 그러한

엡 4:2 모든 겸손과 **온유**로 하고 오래 참음으로
골 3:12 긍휼과 자비와 겸손과 **온유**와 오래 참음
딤전 6:11 믿음과 사랑과 인내와 **온유**를 따르며
딤후 2:24 모든 사람에 대하여 **온유하며** 가르치기
딤후 2:25 거역하는 자를 **온유함**으로 훈계할지니
딛 3:2 관용하며 범사에 **온유함**을 모든 사람
약 1:21 마음에 심어진 말씀을 **온유함**으로 받아
약 3:13 선행으로 말미암아 지혜의 **온유함**으로
벧전 3:4 마음에 숨은 사람을 **온유하고** 안정한
벧전 3:15 대답할 것을 항상 준비하되 **온유**와 두려

온전하다/온전히(穩全, complete, perfect)
[모세오경, 역사서]
레 6:22 영원한 규례로 여호와께 **온전히** 불사를
레 6:23 모든 소제물은 **온전히** 불사르고 먹지
레 22:21 아무 흠이 없는 **온전한** 것으로 할지니
레 27:28 오직 여호와께 **온전히** 바친 모든 것은
레 27:29 **온전히** 바쳐진 그 사람은 다시 무르지
민 3:9 이스라엘 자손 중에서 아론에게 **온전히**
민 5:7 죄를 자복하고 그 죄 값을 **온전히** 갚되
민 8:16 이스라엘 자손 중에서 내게 **온전히** 드린
민 14:24 그들과 달라서 나를 **온전히** 따랐은즉
민 15:31 자기에게로 돌아가서 **온전히** 끊어지리
민 19:2 이스라엘 자손에게 일러서 **온전하여**
민 32:11 그들이 나를 **온전히** 따르지 아니하였음
민 32:12 여호수아는 여호와를 **온전히** 따랐느
신 1:36 여분네의 아들 갈렙은 **온전히** 여호와께
신 16:15 복 주실 것이니 너는 **온전히** 즐거워할
신 25:15 오직 **온전하고** 공정한 저울추를 두며
　　　　온전하고 공정한 되를 둘 것이라 그리
신 30:2 네게 명령한 것을 **온전히** 따라 마음을
수 3:16 물은 **온전히** 끊어지매 백성이 여리고
수 6:17 모든 것은 여호와께 **온전히** 바치되 기생
수 6:18 너희는 **온전히** 바치고 그 바친 것 중에서
수 6:21 모든 것을 **온전히** 바치되 남녀 노소와
수 24:14 여호와를 경외하며 **온전함**과 진실함
룻 2:12 네게 **온전한** 상 주시기를 원하노라 하는
왕상 8:61 우리 하나님 여호와께 **온전히** 바쳐 완전
왕상 9:4 다윗이 행함같이 마음을 **온전히** 하고
왕상 11:4 그의 하나님 여호와 앞에 **온전하지** 못
왕상 11:6 아버지 다윗이 여호와를 **온전히** 따름
왕상 15:3 그의 하나님 여호와 앞에 **온전하지** 못
왕상 15:14 일평생 여호와 앞에 **온전하였으며**

1785

【 온전하다/온전히 】

대상 28:21 지휘관과 백성이 **온전히** 네 명령 아래
대하 15:17 아사의 마음이 일평생 **온전하였더라**

시가서, 선지서

욥 1:1 그 사람은 **온전하고** 정직하여 하나님
욥 1:8 그와 같이 **온전하고** 정직하여 하나님
욥 2:3 그와 같이 **온전하고** 정직하여 하나님
 을 경외하며 … 자기의 **온전함을** 굳게
욥 2:9 당신이 그래도 자기의 **온전함을** 굳게
욥 4:6 네 자랑이 아니냐 네 소망이 네 **온전한**
욥 9:20 내가 **온전할지라도** 나를 정죄하시리라
욥 9:21 나는 **온전하다마는** 내가 나를 돌아보지
욥 9:22 나는 말하기를 하나님이 **온전한** 자나
욥 12:4 의롭고 **온전한** 자가 조롱거리가 되었구
욥 22:3 네 행위가 **온전한들** 그에게 무슨 이익이
욥 27:5 죽기 전에는 나의 **온전함을** 버리지 아니
욥 31:6 저울에 달아보시고 그가 나의 **온전함을**
욥 36:4 **온전한** 지식을 가진 이가 그대와 함께
시 37:18 여호와께서 **온전한** 자의 날을 아시나니
시 41:12 주께서 나를 **온전한** 중에 붙드시고 영원
시 50:2 **온전히** 아름다운 시온에서 하나님이
시 64:4 숨은 곳에서 **온전한** 자를 쏘며 갑자기
시 119:1 행위가 **온전하여** 여호와의 율법을 따라
시 141:10 그물에 걸리게 하시고 나만은 **온전히**
잠 2:7 예비하시며 행실이 **온전한** 자에게 방패
잠 11:20 행위가 **온전한** 자는 그의 기뻐하심을
잠 20:7 **온전하게** 행하는 자가 의인이라 그의
잠 29:10 피 흘리기를 좋아하는 자는 **온전한** 자를
사 2:18 우상들은 **온전히** 없어질 것이며
사 24:3 땅이 **온전히** 공허하게 되고 **온전히** 황무
사 38:16 심령의 생명도 **온전히** 거기에 있사오니
사 47:9 주문을 빌릴지라도 이 일이 **온전히** 네게
렘 13:19 유다가 다 잡혀가되 **온전히** 잡혀가도다
렘 14:19 주께서 유다를 **온전히** 버리시나이까
렘 23:39 내가 너희를 **온전히** 잊어버리며 내가
렘 49:12 네가 형벌을 **온전히** 면하겠느냐 면하지
애 2:15 말하기를 **온전한** 영광이라, 모든 세상
겔 15:5 그것이 **온전할** 때에도 아무 제조에 합당
겔 16:14 네 화려함이 **온전함이라** 나 주 여호와의
겔 27:3 네가 말하기를 나는 **온전히** 아름답다
겔 27:4 너를 지은 자가 네 아름다움을 **온전하게**
겔 27:11 방패를 달아 네 아름다움을 **온전하게**
겔 28:12 도장이었고 지혜가 충족하며 **온전히**
호 11:8 내 속에서 돌이키어 나의 긍휼이 **온전히**

암 9:8 그러나 야곱의 집은 **온전히** 멸하지는
미 2:4 우리가 **온전히** 망하게 되었도다 그가
나 1:9 그가 **온전히** 멸하시리니 재난이 다시
말 3:10 너희의 **온전한** 십일조를 창고에 들여

> **'온전' 과 관련된 성구**
>
> 온전한 마음 – 창 20:5, 6; 대상 28:9; 대하 25:2
> 온전한 번제 – 신 33:10; 삼상 7:9; 시 51:19
> 온전한 사람 – 시 37:37; 엡 4:13; 약 3:2
> 온전히 바친 물건 – 수 7:1, 11, 12, 13, 15; 22:20

신약

마 5:48 아버지의 **온전하심과** 같이 … **온전하라**
마 15:31 장애인이 **온전하게** 되고 다리 저는 사람
마 19:21 네가 **온전하고자** 할진대 가서 네 소유
마 21:16 입에서 나오는 찬미를 **온전하게** 하셨
막 5:15 옷을 입고 정신이 **온전하여** 앉은 것을
눅 6:40 **온전하게** 된 자는 그 선생과 같으리라
눅 8:14 향락에 기운이 막혀 **온전히** 결실하지
눅 8:35 정신이 **온전하여** 예수의 발치에 앉아
눅 9:32 깊이 졸다가 **온전히** 깨어나 예수의 영광
눅 11:36 너를 비출 때와 같이 **온전히** 밝으리라
요 4:34 뜻을 행하며 그의 일을 **온전히** 이루는
요 9:34 네가 **온전히** 죄 가운데서 나서 우리를
요 17:23 그들로 **온전함을** 이루어 하나가 되게
행 26:25 내가 미친 것이 아니요 참되고 **온전한**
롬 2:27 무할례자가 율법을 **온전히** 지키면 율법
롬 12:2 선하시고 기뻐하시고 **온전하신** 뜻이
고전 1:10 같은 마음과 같은 뜻으로 **온전히** 합하라
고전 2:6 우리가 **온전한** 자들 중에서는 지혜를
고전 13:10 **온전한** 것이 올 때에는 부분적으로
고전 13:12 나를 아신 것같이 내가 **온전히** 알리라
고후 5:13 정신이 **온전하여도** 너희를 위한 것이니
고후 7:1 거룩함을 **온전히** 이루어 육과 영의 온갖
고후 10:6 너희의 복종이 **온전하게** 될 때에 모든
고후 12:9 내 능력이 약한 데서 **온전하여짐이라**
고후 13:9 위하여 구하니 곧 너희가 **온전하게**
고후 13:11 형제들아 기뻐하라 **온전하게** 되며 위로
엡 4:12 이는 성도를 **온전하게** 하여 봉사의 일을
빌 1:20 지금도 전과 같이 **온전히** 담대하여 살든

【 온천 】　　　　　　　　　　　　　　　　　　　　　　【 올라가다 】

빌 3:12	얻었다 함도 아니요 **온전히** 이루었다		계 6:12	상복같이 검어지고 달이 **온통** 피같이
빌 3:15	그러므로 누구든지 우리 **온전히** 이룬			
골 3:14	사랑을 더하라 이는 **온전하게** 매는 띠		**올가미**(mesh)	
살전 5:23	하나님이 친히 너희를 **온전히** 거룩하게		욥 18:8	이는 그의 발이 그물에 빠지고 **올가미**에
딤전 5:2	젊은 여자에게는 **온전히** 깨끗함으로			
딤후 3:17	하나님의 사람으로 **온전하게** 하며 모든		**올라가다**(carry up, come, go, go up, pass)	
딤후 4:17	선포된 말씀이 **온전히** 전파되어 모든		모세오경	
딛 1:13	이는 그들로 하여금 믿음을 **온전하게**		창 13:1	소유와 롯과 함께 네게브로 **올라가니**
딛 2:2	믿음과 사랑과 인내함에 **온전하게**		창 17:22	말씀을 마치시고 그를 떠나 **올라가셨더라**
히 2:10	창시자를 고난을 통하여 **온전하게** 하심		창 26:23	거기서부터 브엘세바로 **올라갔더니**
히 5:9	**온전하게** 되셨은즉 자기에게 순종하는		창 35:1	일어나 벧엘로 **올라가서** 거기 거주하며
히 7:11	제사 직분으로 말미암아 **온전함을** 얻을		창 38:12	히라와 함께 딤나로 **올라가서** 자기
히 7:19	율법은 아무 것도 **온전하게** 못할지라		창 44:17	너희 아버지께로 도로 **올라갈** 것이니라
히 7:25	하나님께 나아가는 자들을 **온전히** 구원		창 45:9	당신들은 속히 아버지께로 **올라가서**
히 7:28	맹세의 말씀은 영원히 **온전하게** 되신		창 46:29	그의 수레를 갖추고 고센으로 **올라가서**
히 9:9	섬기는 자를 그 양심상 **온전하게** 할 수		창 49:9	너는 움킨 것을 찢고 **올라갔도다** 그가
히 9:11	속하지 아니한 더 크고 **온전한** 장막으로		창 50:5	**올라가서** 아버지를 장사하게 하소서
히 10:1	나아오는 자들을 언제나 **온전하게** 할 수		출 3:17	여부스 족속의 땅으로 **올라가게** 하리라
히 10:14	한 번의 제사로 영원히 **온전하게** 하셨		출 19:3	모세가 하나님 앞에 **올라가니** 여호와
히 10:22	참 마음과 **온전한** 믿음으로 하나님께		출 24:9	이스라엘 장로 칠십 인이 **올라가서**
히 11:40	그들로 **온전함을** 이루지 못하게 하려		출 32:30	내가 이제 여호와께로 **올라가노니** 혹
히 12:2	믿음의 주요 또 **온전하게** 하시는 이인		출 33:1	자손에게 주기로 한 그 땅으로 **올라가라**
히 12:23	하나님과 및 **온전하게** 된 의인의 영들		민 13:17	네겝 길로 행하여 산지로 **올라가서**
히 13:21	선한 일에 너희를 **온전하게** 하사 자기		민 14:40	여호와께서 허락하신 곳으로 **올라가리니**
약 1:2	여러 가지 시험을 당하거든 **온전히** 기쁘		민 16:12	그들이 이르되 우리는 **올라가지** 않겠노
약 1:4	**온전히** 이루라 이는 너희로 **온전하고**		민 21:33	돌이켜 바산 길로 **올라가매** 바산 왕 옥이
약 1:17	온갖 좋은 은사와 **온전한** 선물이 다 위로		민 32:9	에스골 골짜기에 **올라가서** 그 땅을 보고
약 1:25	자유롭게 하는 **온전한** 율법을 들여다		신 1:21	너희에게 이르신 대로 **올라가서** 차지
약 2:22	함께 일하고 행함으로 믿음이 **온전하게**		신 3:1	돌이켜 바산으로 **올라가매** 바산 왕 옥이
벧전 1:13	가져다 주실 은혜를 **온전히** 바랄지어다		신 9:23	너희는 **올라가서** 내가 너희에게 준 땅을
벧전 5:10	너희를 친히 **온전하게** 하시며 굳건하게		신 17:8	여호와께서 택하실 곳으로 **올라가서**
요일 2:5	사랑이 참으로 그 속에서 **온전하게** 되었		신 32:50	너도 **올라가는** 이 산에서 죽어 네 조상
요일 4:12	그의 사랑이 우리 안에 **온전히** 이루어		역사서	
요일 4:17	이로써 사랑이 우리에게 **온전히** 이루어		수 6:5	백성은 각기 앞으로 **올라갈지니라** 하시
요일 4:18	**온전한** 사랑이 두려움을…**온전히** 이루지		수 7:2	이르되 **올라가서** 그 땅을 정탐하라 하
요이 1:8	일한 것을 잃지 말고 오직 **온전한** 상을			매 그 사람들이 **올라가서** 아이를 정탐
계 3:2	내 하나님 앞에 네 행위의 **온전한** 것을		수 8:1	아이로 **올라가라** 보라 내가 아이 왕과
			수 10:7	용사와 더불어 길갈에서 **올라가니라**
온천(溫泉, hot spring)			수 11:17	곧 세일로 **올라가는** 할락 산에서부터
창 36:24	나귀를 칠 때에 광야에서 **온천을** 발견		수 12:7	세일로 **올라가는** 곳 할락 산까지 쳐서
			수 14:8	나와 함께 **올라갔던** 내 형제들은 백성
온통(whole)			수 15:3	가데스 바네아 남쪽으로 **올라가서** 헤스
딛 1:11	가르쳐 가정들을 **온통** 무너뜨리는도다			론을 지나며 아달로 **올라가서** 돌이켜

【 올라가다 】　　　　　　　　　　　　　　　　　　　　【 올라가다 】

수 16:1	여리고로부터 벧엘 산지로 **올라가며**
수 17:15	르바임 족속의 땅 삼림에 **올라가서**
수 18:12	여리고 북쪽으로 **올라가서** 서쪽 산지를 넘어서 또 **올라가서** 벧아웬 황무지
수 19:11	서쪽으로 **올라가서** 마랄라에 이르러
삿 1:1	우리 가운데 누가 먼저 **올라가서** 가나안
삿 4:10	**올라가고** 드보라도 그와 함께 **올라가니**
삿 8:8	거기서 브누엘로 **올라가서** 그들에게도
삿 9:51	문을 잠그고 망대 꼭대기로 **올라간지라**
삿 13:20	사자가 제단 불꽃에 휩싸여 **올라간지라**
삿 14:19	노하여 그의 아버지의 집으로 **올라갔고**
삿 15:6	블레셋 사람들이 **올라가서** 그 여인과
삿 16:5	그 여인에게로 **올라가서** 그에게 이르되
삿 18:9	그들을 치러 **올라가자** 우리가 그 땅을
삿 20:3	미스바에 **올라간** 것을 베냐민 자손이
룻 4:1	보아스가 성문으로 **올라가서** 거기 앉아
삼상 1:3	실로에 **올라가서** 만군의 여호와께 예배
삼상 2:19	그의 남편과 함께 **올라갈** 때마다 작은
삼상 6:9	그 본 지역 길로 **올라가서** 벧세메스로
삼상 9:11	향한 비탈길로 **올라가다가** 물 길으러
삼상 10:3	하나님을 뵈오려고 벧엘로 **올라가는**
삼상 13:15	베냐민 기브아로 **올라가니라** 사울이
삼상 14:9	가만히 서서 그들에게로 **올라가지** 말 것
삼상 15:34	사울 기브아 자기의 집으로 **올라가니라**
삼상 23:29	다윗이 거기서 **올라가서** 엔게디 요새에
삼상 24:22	다윗과 그의 사람들은 요새로 **올라가니라**
삼상 25:5	너희는 갈멜로 **올라가** 나발에게 이르러
삼상 27:8	다윗과 그의 사람들이 **올라가서** 그술
삼상 29:9	우리와 함께 전장에 **올라가지** 못하리라
삼하 2:1	내가 유다 한 성읍으로 **올라가리이까** 여호와께서 이르시되 **올라가라** 다윗이
삼하 5:8	물 긷는 데로 **올라가서** 다윗의 마음에
삼하 6:12	오벧에돔의 집에서 다윗 성으로 **올라갈새**
삼하 15:30	감람 산 길로 **올라갈** 때에 그의 … 자기의 머리를 가리고 울며 **올라가니라**
삼하 18:24	성 문 위층에 **올라가서** 눈을 들어 보니
삼하 20:2	다윗 따르기를 그치고 **올라가** 비그리의
삼하 24:18	그에게 아뢰되 **올라가서** 여부스 사람
왕상 2:34	브나야가 곧 **올라가서** 그를 쳐죽이매
왕상 8:4	모든 거룩한 기구들을 메고 **올라가되** 제사장과 … 그것들을 메고 **올라가매**
왕상 12:24	여호와의 말씀이 너희는 **올라가지** 말라
왕상 17:19	자기가 거처하는 다락에 **올라가서** 자기
왕상 18:41	아합에게 이르되 **올라가서** 먹고 마시소
왕상 20:1	이에 **올라가서** 사마리아를 에워싸고
왕상 22:6	그들이 이르되 **올라가소서** 주께서 그
왕하 1:3	너는 일어나 **올라가서** 사마리아 왕의
왕하 2:23	엘리사가 거기서 벧엘로 **올라가더니** 그가 길에서 **올라갈** 때에 … 대머리여 **올라가라** 대머리여 **올라가라** 하는지라
왕하 3:7	그가 이르되 내가 **올라가리이다** 나는
왕하 4:21	그의 어머니가 **올라가서** 아들을 하나님
왕하 15:14	디르사에서부터 사마리아로 **올라가서**
왕하 18:17	그들이 **올라가서** 윗못 수도 곁 곧 세탁
왕하 22:4	대제사장 힐기야에게 **올라가서** 백성이
왕하 23:29	유브라데 강으로 **올라가므로** 요시야

'올라가다' 와 관련된 성구

산 꼭대기에 올라가다 – 출 17:10; 민 14:40, 44; 신 3:27; 수 15:8; 왕상 18:42; 왕하 19:23; 대하 25:12; 사 37:24

산에 올라가다 – 창 19:30; 출 24:13; 34:4; 민 27:12; 33:38; 신 3:1; 9:9; 32:49; 34:1; 삼하 1:6; 미 4:2; 학 1:8; 마 5:1; 14:23; 15:29; 17:1; 막 9:2; 눅 9:28; 계 21:10

성전에 올라가다 – 왕상 10:5; 왕하 19:14; 20:5, 8; 23:2; 렘 26:10; 눅 18:10; 요 7:14; 행 3:1

여호와의 전에 올라가다 – 대하 9:4; 29:20; 34:30; 사 37:14; 38:22

예루살렘으로(에) 올라가다 – 삼하 19:34; 왕상 12:28; 18:17; 왕하 18:17; 스 1:3; 7:13; 마 16:21; 20:17, 18; 막 10:32, 33; 눅 2:22; 18:31; 요 2:13; 5:1; 11:55; 행 11:2; 21:12, 15; 25:1, 9, 20; 갈 1:18; 2:1

제단에 올라가다 – 왕상 12:32, 33; 왕하 23:9

지붕에 올라가다 – 수 2:6, 8; 사 22:1; 눅 5:19; 행 10:9

하늘에 올라가다 – 신 30:12; 삿 13:20; 왕하 2:1, 11; 시 139:8; 잠 30:4; 암 9:2; 막 16:19; 눅 2:15; 24:51; 요 3:13; 행 1:11; 2:34; 10:16; 롬 10:6; 계 11:12

【 올라가다 】   【 올라가다 】

대상 11:6 요압이 먼저 **올라갔으므로** 우두머리
대상 13:6 기럇여아림에 **올라가서** 여호와 하나님
대상 14:10 블레셋 사람들을 치러 **올라가리이까**
　　　　　주께서 … 이르시되 **올라가라** 내가 그
대상 15:14 여호와의 궤를 메고 **올라가려** 하여 몸을
대상 21:18 다윗으로 **올라가서** 여부스 사람 오르난의
대하 5:5 거룩한 기구를 메고 **올라가되** 레위인
　　　　　제사장들이 그것들을 메고 **올라가매**
대하 11:4 **올라가지** 말라 너희 형제와 싸우지 말고
대하 18:5 그들이 이르되 **올라가소서** 하나님이
대하 36:23 그의 백성된 자는 다 **올라갈지어다** 너희
스 1:5 하나님께 감동을 받고 **올라가서** 예루
느 2:15 밤에 시내를 따라 **올라가서** 성벽을 살펴
느 4:3 성벽은 여우가 **올라가도** 곧 무너지리라
느 12:37 성벽으로 **올라가는** 곳에 이르러 다윗
　　　　성의 층계로 **올라가서** 다윗의 궁 윗 길

시가서, 선지서

시 47:5 즐거운 함성 중에 **올라가심이여** 여호
　　　와께서 나팔 소리 중에 **올라가시도다**
시 122:1 여호와의 집에 **올라가자** 할 때에 내가
잠 21:22 지혜로운 자는 용사의 성에 **올라가서**
전 3:21 인생들의 혼은 위로 **올라가고** 짐승의
아 7:8 종려나무에 **올라가서** 그 가지를 잡으리
사 7:6 **올라가** 유다를 쳐서 그것을 쓰러뜨리고
사 9:18 수풀을 살라 연기가 위로 **올라가게** 함
사 14:14 높은 구름에 **올라가** 지극히 높은 이와
사 15:5 울며 루힛 비탈길로 **올라가며** 호로나임
사 21:2 엘람이여 **올라가고** 메대여 에워싸라
사 35:9 사나운 짐승이 그리로 **올라가지** 아니
사 36:10 내게 이르시기를 **올라가** 그 땅을 쳐서
사 40:31 독수리가 날개치며 **올라감** 같을 것이요
사 57:7 베풀었고 네가 또 거기에 **올라가서** 제사
렘 5:10 너희는 그 성벽에 **올라가** 무너뜨리되
렘 6:4 우리가 정오에 **올라가자** 아하 아깝다
렘 31:6 우리가 시온에 **올라가서** 우리 하나님
렘 39:5 느부갓네살 왕에게로 **올라가매** 왕이
렘 46:11 처녀 딸 애굽이여 길르앗으로 **올라가서**
렘 48:5 그들이 루힛 언덕으로 **올라가면서** 울고
렘 49:28 너희는 일어나 게달로 **올라가서** 동방
렘 50:21 너희는 **올라가서** 므라다임의 땅을 치며
겔 10:15 그룹들이 **올라가니** 그들은 내가 그발
겔 11:23 성읍 가운데에서부터 **올라가** 성읍 동쪽
겔 13:5 무너진 곳에 **올라가지도** 아니하였으며

겔 38:11 평원의 고을들로 **올라가리라** 성벽도
겔 40:22 그 문간으로 **올라가는** 일곱 층계가 있고
겔 41:7 아래층에서 중층으로 위층에 **올라가게**
단 6:10 자기 집에 돌아가서는 윗방에 **올라가**
호 4:15 벧아웬으로 **올라가지** 말며 여호와를
미 2:13 길을 여는 자가 그들 앞에 **올라가고** 그들

신약

마 13:2 예수께서 배에 **올라가** 앉으시고 온 무리
눅 2:5 마리아와 함께 호적하러 **올라가니**
눅 4:5 또 예수를 이끌고 **올라가서** 순식간에
눅 9:51 예루살렘을 향하여 **올라가기로** 굳게
눅 19:4 돌무화과나무에 **올라가니** 이는 예수
요 6:62 인자가 이전에 있던 곳으로 **올라가는**
요 7:8 너희는 명절에 **올라가라** 내 때가 아직
　　　차지 못하였으니 … 아직 **올라가지** 아니
요 20:17 아직 아버지께로 **올라가지** 아니하였
　　　노라 … 곧 너희 하나님께로 **올라간다**
요 21:11 시몬 베드로가 **올라가서** 그물을 육지에
행 1:10 **올라가실** 때에 제자들이 자세히 하늘을
행 9:39 그들이 데리고 다락방에 **올라가니** 모든
행 11:10 모든 것이 다시 하늘로 끌려 **올라가더라**
행 13:31 예루살렘에 함께 **올라간** 사람들에게
행 16:34 자기 집에 **올라가서** 음식을 차려 주고
행 18:22 가이사랴에 상륙하여 **올라가** 교회의
행 20:11 **올라가** 떡을 떼어 먹고 오랫동안 곧 날이
행 24:11 내가 예루살렘에 예배하러 **올라간** 지
롬 10:6 **올라가겠느냐** 함은 그리스도를 모셔
갈 2:2 계시를 따라 **올라가** 내가 이방 가운데
엡 4:8 그가 위로 **올라가실** 때에 사로잡혔던
계 8:4 손으로부터 하나님 앞으로 **올라가는지라**
계 14:11 고난의 연기가 세세토록 **올라가리로다**
계 19:3 그 연기가 세세토록 **올라가더라**

올라가다 - 기타 본문

창 35:1, 13; 44:24, 34; 46:31; 50:6, 7, 8, 9, 25; 출 19:20; 33:3, 12; 민 13:21, 22, 30, 31; 14:42; 16:14; 신 1:22, 26, 41, 42, 43; 수 7:3, 4; 8:3, 10, 11; 10:9, 10, 36; 15:6, 7, 8, 15; 19:12, 47; 삿 1:2, 3, 4, 16, 22; 8:11; 16:31; 18:12; 20:18, 23, 26, 28, 30, 31; 21:19; 삼상 1:7, 21, 22, 24; 6:20; 9:13, 14; 14:10, 13, 46; 25:13, 35; 29:11; 삼하 2:2, 3; 5:19, 23; 18:33; 24:19; 왕상 12:27; 18:42, 43, 44; 22:12, 15, 20, 29; 왕하 1:4, 6, 13; 3:8; 대상 14:11,

【 올라보다 】   【 올라오다 】

14; 21:19; 대하 18:11, 14, 19, 28; 시 122:4; 사 57:8; 렘 6:5; 겔 10:16, 17, 19; 11:24; 40:26, 31, 34, 37, 40, 49; 눅 2:42; 요 7:10; 행 1:13; 엡 4:9

올라보다(land)
요 21:9 육지에 올라보니 숯불이 있는데 그 위에

올라서다(stand)
느 9:4 단에 올라서서 큰 소리로 그들의 하나님

올라오다(come up)
모세오경
창 2:6   안개만 땅에서 올라와 온 지면을 적셨
창 24:16 그 물동이에 채워가지고 올라오는지라
창 38:13 양털을 깎으려고 딤나에 올라왔다 한지
창 41:2 살진 일곱 암소가 강 가에서 올라와 갈밭
창 41:3 나일 강 가에서 올라와 그 소와 함께
창 41:18 일곱 암소가 나일 강 가에서 올라와 갈밭
창 41:19 일곱 암소가 올라오니 그같이 흉한 것
창 41:27 그후에 올라온 파리하고 흉한 일곱 소는
창 46:4 너를 인도하여 다시 올라올 것이며 요셉
출 8:3   나일 강에서 무수히 생기고 올라와서
출 8:5   개구리들이 애굽 땅에 올라오게 하라
출 8:6   그의 손을 내밀매 개구리가 올라와서
출 8:7   행하여 개구리가 애굽 땅에 올라오게
출 10:12 메뚜기를 애굽 땅에 올라오게 하여 우박
출 19:24 아론과 함께 올라오고 제사장들과 백성에게는 … 여호와에게로 올라오지
출 24:1 칠십 명과 함께 여호와께로 올라와 멀리
출 24:2 백성은 너와 함께 올라오지 말지니라
출 34:2 아침에 시내 산에 올라와 산 꼭대기에서

역사서
수 4:16 명령하여 요단에서 올라오게 하라 하신
수 4:17 명령하여 이르기를 요단에서 올라오라
수 4:19 백성이 요단에서 올라와 여리고 동쪽
수 8:5   우리에게로 쳐 올라올 것이라 그리 할
수 10:4 올라와 나를 도우라 우리가 기브온을
수 10:5 모든 군대를 거느리고 올라와 기브온
수 10:6 속히 우리에게 올라와 우리를 구하소서
수 10:33 호람이 라기스를 도우려고 올라오므로
수 24:17 애굽 땅 종 되었던 집에서 올라오게 하신
삿 6:5   짐승과 장막을 가지고 올라와 메뚜기 떼
삿 6:35 납달리에 보내매 그 무리도 올라와 그들

삿 12:3 내게 올라와서 나와 더불어 싸우고자
삿 14:2 올라와서 자기 부모에게 말하여 이르되
삿 15:9 이에 블레셋 사람들이 올라와 유다에
삿 15:10 어찌하여 올라와서 … 우리가 올라온 것
삿 16:18 올라오라 … 그 여인에게로 올라오니라
삿 19:30 이스라엘 자손이 애굽 땅에서 올라온
삿 21:5 여호와 앞에 올라오지 아니한 자가 누구
삿 21:8 이스라엘 지파 중 미스바에 올라와서
삼상 11:1 암몬 사람 나하스가 올라와서 길르앗
삼상 13:5 그들이 올라와 벧아웬 동쪽 믹마스에
삼상 14:10 말하기를 우리에게로 올라오라 하면
삼상 14:12 우리에게로 올라오라 너희에게 보여 줄 것이 있느니라 … 나를 따라 올라오라
삼상 14:13 요나단이 손 발로 기어 올라갔고 그 무기
삼상 17:25 너희가 이 올라온 사람을 보았느냐 참
삼상 28:13 내가 영이 땅에서 올라오는 것을 보았
삼상 28:14 한 노인이 올라오는데 그가 겉옷을 입었
삼하 5:13 헤브론에서 올라온 후에 예루살렘에서
삼하 5:17 다윗을 찾으러 다 올라오매 다윗이 듣고
삼하 5:22 블레셋 사람들이 다시 올라와서 르바임
삼하 15:24 아비아달도 올라와서 모든 백성이 성
삼하 17:21 두 사람이 우물에서 올라와서 다윗 왕
삼하 21:13 요나단의 뼈를 가지고 올라오매 사람
왕상 1:35 그를 따라 올라오라 그가 와서 내 왕위
왕상 1:40 모든 백성이 그를 따라 올라와서 피리를
왕상 1:45 무리가 그 곳에서 올라오며 즐거워하
왕상 9:16 전에 애굽 왕 바로가 올라와서 게셀을
왕상 9:24 바로의 딸이 다윗 성에서부터 올라와
왕상 14:25 제오년에 애굽의 왕 시삭이 올라와서
왕상 16:17 깁브돈에서부터 올라와서 디르사를
왕상 20:26 소집하고 아벡으로 올라와서 이스라엘
왕하 1:6 그들이 말하되 한 사람이 올라와서 우리
왕하 1:7 왕이 그들에게 이르되 올라와서 너희
왕하 3:21 왕들이 올라와서 자기를 치려 한다 함을
왕하 6:24 그의 온 군대를 모아 올라와서 사마리아
왕하 12:10 서기와 대제사장이 올라와서 여호와의
왕하 12:17 하사엘이 올라와서 … 향하여 올라오고자
왕하 14:11 이스라엘의 왕 요아스가 올라와서 그와
왕하 16:5 아들 베가가 예루살렘에 올라와서 싸우
왕하 16:7 나를 치니 청하건대 올라와 그 손에서
왕하 16:9 그 청을 듣고 곧 올라와서 다메섹을 쳐서
왕하 17:3 살만에셀이 올라오니 호세아가 그에게
왕하 17:5 왕이 올라와 그 온 땅에 … 올라와 그

1790

【 올라오다 】 【 올려지다 】

왕하 18:9 왕 살만에셀이 사마리아로 **올라와서**
왕하 18:13 앗수르의 왕 산헤립이 **올라와서** 유다
왕하 18:25 이제 이 곳을 멸하러 **올라왔겠느냐** 여
　　　　 호와께서 전에 … 이 땅으로 **올라와서**
왕하 24:1 느부갓네살이 **올라오매** 여호야김이
대상 14:8 다윗을 찾으러 **올라오매** 다윗이 듣고
대상 15:25 메고 오벧에돔의 집에서 **올라왔는데**
대하 12:9 애굽 왕 시삭이 **올라와서** 예루살렘을
대하 20:16 그들이 시스 고개로 **올라올** 때에 너희가
대하 21:17 그들이 **올라와서** 유다를 침략하여 왕궁
대하 25:21 요아스가 **올라와서** 유다 왕 아마샤와
대하 36:6 바벨론 왕 느부갓네살이 **올라와서** 그를
스 2:59 앗단과 임멜에서 **올라온** 자가 있으나
스 4:12 당신에게서 우리에게로 **올라온** 유다
스 7:6 이 에스라가 바벨론에서 **올라왔으니**
스 7:8 이 에스라가 **올라왔으니** 왕의 제칠년
스 7:28 우두머리들을 모아 나와 함께 **올라오게**
스 8:1 나와 함께 바벨론에서 **올라온** 족장들과
느 7:61 앗돈과 임멜로부터 **올라온** 자가 있으나

시가서 - 신약

욥 7:9 스올로 내려가는 자는 다시 **올라오지**
잠 25:7 네게 이리로 **올라오라**고 말하는 것이
아 8:5 거친 들에서 **올라오는** 여자가 누구인가
사 14:8 네가 넘어져 있은즉 **올라와서** 우리를
사 24:18 함정 속에서 **올라오는** 자는 올무에 걸리
사 36:1 앗수르 왕 산헤립이 **올라와서** 유다의
사 36:10 내가 이제 **올라와서** 이 땅을 멸하는 것이
사 63:11 양 떼의 목자를 바다에서 **올라오게** 하신
렘 4:7 사자가 그 수풀에서 **올라왔으며** 나라들
렘 4:13 보라 그가 구름같이 **올라오나니** 그의
렘 35:11 느부갓네살 왕이 이 땅에 **올라왔을** 때에

'올라오다' 와 관련된 성구

애굽에서 **올라오다** - 창 45:25; 삿 2:1;
　　　　6:13; 11:13, 16; 삼상 15:6; 대상
　　　　17:5
예루살렘으로 **올라오다** - 왕하 24:10; 스
　　　　7:7; 슥 14:17
치러/치려고 **올라오다** - 삿 6:3; 삼상 7:7;
　　　　왕상 15:17; 왕하 25:1; 대하 12:2;
　　　　16:1; 24:23; 35:20; 렘 52:4; 나
　　　　2:1; 합 3:16

렘 48:18 모압을 파멸하는 자가 **올라와서** 너를
렘 50:9 큰 민족의 무리를 북쪽에서 **올라오게**
겔 10:4 여호와의 영광이 그룹에서 **올라와** 성전
겔 38:9 네가 **올라오되** 너와 네 모든 떼와 너와
단 11:23 그는 거짓을 행하여 **올라올** 것이요 소수
호 1:11 그 땅에서부터 **올라오리니** 이스르엘의
호 2:15 어렸을 때와 애굽 땅에서 **올라오던** 날과
욜 1:6 다른 한 민족이 내 땅에 **올라왔음이로다**
욜 3:9 병사로 다 가까이 나아와서 **올라오게**
욜 3:12 여호사밧 골짜기로 **올라올지어다** 내가
암 9:7 아람 사람을 기르에서 **올라오게** 하지
옵 1:21 구원 받은 자들이 시온 산에 **올라와서**
슥 14:16 남은 자가 해마다 **올라와서** 그 왕 만군의
슥 14:18 애굽 족속이 **올라오지** 아니할 때에는
　　　　 … 초막절을 지키러 **올라오지** 아니하는
슥 14:19 초막절을 지키러 **올라오지** 아니하는
마 3:16 세례를 받으시고 곧 물에서 **올라오실새**
막 1:10 곧 물에서 **올라오실새** 하늘이 갈라짐
막 15:41 예수와 함께 예루살렘에 **올라온** 여자
요 12:20 명절에 예배하러 **올라온** 사람 중에 헬라
계 4:1 그 음성이 이르되 이리로 **올라오라** 이
계 7:2 해 돋는 데로부터 **올라와서** 땅과 바다
계 9:2 큰 화덕의 연기 같은 연기가 **올라오매**
계 11:7 무저갱으로부터 **올라오는** 짐승이 그들
계 11:12 이리로 **올라오라** 함을 그들이 듣고 구름
계 13:11 또 다른 짐승이 땅에서 **올라오니** 어린 양
계 17:8 장차 무저갱으로부터 **올라와** 멸망으로

올라앉다(move up to a place, sit in)

막 4:1 바다에 떠 있는 배에 **올라앉으시고** 온
눅 14:10 벗이여 **올라앉으라** 하리니 그 때에야

올려가다(be snatched)

계 12:5 하나님 앞과 그 보좌 앞으로 **올려가더라**

올려지다(be taken up)

막 16:19 하늘로 **올려지사** 하나님 우편에 앉으
눅 24:51 때에 그들을 떠나 [하늘로 **올려지시니**]
행 1:9 그들이 보는데 **올려져** 가시니 구름이
행 1:11 너희 가운데서 하늘로 **올려지신** 이 예수
행 1:21 우리 가운데서 **올려져** 가신 날까지 주
행 10:16 그 그릇이 곧 하늘로 **올려져** 가니라
딤전 3:16 되시고 영광 가운데서 **올려지셨느니라**

【 올름바 】　　　　　　　　　　　　　　　　　　　　　　　　　　【 올바르다 】

올름바(Olympas) 바울이 문안한 로마 교인
롬 16:15　그의 자매와 **올름바**와 그들과 함께 있는

올리다(bring up, offer up, send)
레 2:12　냄새를 위하여는 제단에 **올리지** 말지며
삼상 2:6　내리게도 하시고 거기에서 **올리기도**
삼상 2:8　빈궁한 자를 거름더미에서 **올리사** 귀족
왕상 8:1　다윗 성 곧 시온에서 메어 **올리고자** 하여
왕상 10:9　이스라엘 왕위에 **올리셨고** 여호와께
왕하 2:1　엘리야를 하늘로 **올리고자** 하실 때에
왕하 10:15　손을 잡으니 예후가 끌어 병거에 **올리며**
대하 2:16　당신은 재목들을 예루살렘으로 **올리소서**
대하 9:8　당신을 기뻐하시고 그 자리에 **올리사**
스 4:11　아닥사스다 왕에게 **올린** 그 글의 초본은
스 4:18　너희가 **올린** 글을 내 앞에서 낭독시키고
스 5:6　아바삭 사람이 다리오 왕에게 **올린** 글의
잠 19:24　손을 그릇에 넣고서도 입으로 **올리기를**
잠 26:15　그릇에 넣고도 입으로 **올리기를** 괴로워
사 58:14　내가 너를 땅의 높은 곳에 **올리고** 네
애 1:14　그의 손으로 묶고 얽어 내 목에 **올리사**
겔 8:3　영이 나를 들어 천지 사이로 **올리시고**
겔 20:28　분노하게 하는 제물을 **올리며** 거기서
단 6:23　다니엘을 굴에서 **올리라** 하매 그들이
암 3:1　애굽 땅에서 인도하여 **올리신** 모든 족속
요 21:11　그물을 육지에 끌어 **올리니** 가득히 찬
딤전 5:11　젊은 과부는 **올리지** 말지니 이는 정욕
히 5:7　통곡과 눈물로 간구와 소원을 **올렸으며**

올려 보내다
창 44:33　그의 형제들과 함께 **올려 보내소서**
출 33:15　우리를 이 곳에서 **올려 보내지** 마옵소서
겔 23:46　무리를 **올려 보내** 그들이 공포와 약탈을

올무(snare, trap)
출 23:33　그 신들을 섬기면 그것이 너의 **올무가**
출 34:12　세우지 말라 그것이 너희에게 **올무가**
신 7:16　신을 섬기지 말라 그것이 네게 **올무가**
신 7:25　네가 그것으로 말미암아 **올무에** 걸릴까
신 12:30　그들의 자취를 밟아 **올무에** 걸리지 말라
수 23:13　그들이 너희에게 **올무가** 되며 덫이 되며
삿 2:3　그들의 신들이 너희에게 **올무가** 되리라
삿 8:27　그것이 기드온과 그의 집에 **올무가** 되니
삼상 18:21　말을 그에게 주어서 그에게 **올무가** 되게

삼상 28:9　내 생명에 **올무를** 놓아 나를 죽게 하려
삼하 22:6　나를 두르고 사망의 **올무가** 내게 이르
욥 5:5　덫에 걸린 것도 빼앗으며 **올무가** 그의
욥 18:9　뒤꿈치는 덫에 치이고 그의 몸은 **올무에**
욥 22:10　그러므로 **올무들이** 너를 둘러 있고 두려
시 18:5　나를 두르고 사망의 **올무가** 내게 이르
시 38:12　내 생명을 찾는 자가 **올무를** 놓고 나를
시 64:5　서로 격려하며 남몰래 **올무** 놓기를 함께
시 69:22　그들의 밥상이 **올무가** 되게 하시며 그들
시 91:3　이는 그가 너를 새 사냥꾼의 **올무에서**
시 106:36　섬기므로 그것들이 그들에게 **올무가**
시 119:110　악인들이 나를 해하려고 **올무를** 놓았
시 124:7　사냥꾼의 **올무에서** … **올무가** 끊어지
시 140:5　교만한 자가 나를 해하려고 **올무와** 줄을
시 141:9　그들이 나를 잡으려고 놓은 **올무와** 악을
시 142:3　길에 그들이 나를 잡으려고 **올무를** 숨겼
잠 22:5　가시와 **올무가** 있거니와 영혼을 지키는
잠 22:25　그의 행위를 본받아 네 영혼을 **올무에**
잠 29:6　악인이 범죄하는 것은 스스로 **올무가**
잠 29:25　사람을 두려워하면 **올무에** 걸리게 되느
전 7:26　마음은 **올무와** 그물 같고 손은 포승 같은
전 9:12　새들이 **올무에** 걸림같이 인생들도 재앙
사 8:14　예루살렘 주민에게는 함정과 **올무가**
사 24:17　땅의 주민아 두려움과 함정과 **올무가**
사 24:18　함정 속에서 올라오는 자는 **올무에** 걸리
사 29:21　성문에서 판단하는 자를 **올무로** 잡듯
렘 18:22　내 발을 빠뜨리려고 **올무를** 놓았음이
렘 48:43　모압 주민아 두려움과 함정과 **올무가**
렘 48:44　함정에서 나오는 자는 **올무에** 걸리리니
렘 50:24　바벨론아 내가 너를 잡으려고 **올무를**
겔 12:13　내 **올무에** 걸리게 하여 그를 끌고 갈대아
겔 17:20　위에 내 그물을 치며 내 **올무에** 걸리게
호 5:1　너희가 미스바에 대하여 **올무가** 되며
마 22:15　가서 어떻게 하면 예수를 말의 **올무에**
롬 11:9　그들의 밥상이 **올무와** 덫과 거치는 것과
고전 7:35　유익을 위함이요 너희에게 **올무를** 놓으
딤전 3:7　비방과 마귀의 **올무에** 빠질까 염려하라
딤전 6:9　시험과 **올무와** 여러 가지 어리석고 해로
딤후 2:26　그들로 깨어 마귀의 **올무에서** 벗어나

올바르다(upright)
시 58:1　인자들아 너희가 **올바르게** 판결해야
롬 10:2　하나님께 열심이 있으나 **올바른** 지식

1792

올빼미(owl)
레 11:17 올빼미와 가마우지와 부엉이와
레 11:18 흰 올빼미와 사다새와 너새와
신 14:16 올빼미와 부엉이와 흰 올빼미와
시 102:6 나는 광야의 올빼미 같고 황폐한 곳의
사 34:14 동류를 부르며 올빼미가 거기에 살면서

올응(兀鷹, osprey)
신 14:17 당아와 올응과 노자와

올해(this year)
사 37:30 왕에게 징조가 되리니 올해는 스스로

옭아매다(lay snare)
욥 34:30 권세를 잡아 백성을 옭아매지 못하게

옮기다/옮겨지다(move, go, withdraw)
모세오경
창 11:2 그들이 동방으로 옮기다가 시날 평지를
창 12:8 벧엘 동쪽 산으로 옮겨 장막을 치니 서쪽
창 13:11 요단 온 지역을 택하고 동으로 옮기니
창 13:12 그 장막을 옮겨 소돔까지 이르렀더라
창 13:18 이에 아브람이 장막을 옮겨 헤브론에
창 26:22 이삭이 거기서 옮겨 다른 우물을 팠더니
창 29:3 그들이 우물 아귀에서 돌을 옮기고 그 양
창 29:8 우물 아귀에서 돌을 옮겨야 우리가 양
창 29:10 우물 아귀에서 돌을 옮기고 외삼촌 라반
창 47:21 저 끝까지의 백성을 성읍들에 옮겼으나
창 48:17 머리에서 므낫세의 머리로 옮기고자
출 14:19 옮겨 가매 구름 기둥도 … 그 뒤로 옮겨
레 11:25 그 주검을 옮기는 모든 자는 그 옷을
레 11:28 그 주검을 옮기는 자는 그 옷을 빨지니
레 11:40 부정할 것이며 그 주검을 옮기는 자도
레 15:10 그런 것을 옮기는 자는 그의 옷을 빨
민 36:7 저 지파로 옮기지 않고 이스라엘 자손
민 36:9 이 지파에서 저 지파로 옮기게 하지 아니

역사서
삼상 6:3 그의 손을 너희에게서 옮기지 아니하는
삼하 3:10 사울의 집에서 다윗에게 옮겨서 그의
삼하 7:10 그를 거주하게 하고 다시 옮기지 못하게
삼하 14:19 말씀을 좌로나 우로나 옮길 자가 없으리
삼하 18:17 압살롬을 옮기다가 수풀 가운데 큰 구멍
삼하 20:12 큰길에서부터 밭으로 옮겼으나 거기에
왕하 15:29 그 백성을 사로잡아 앗수르로 옮겼더라
왕하 16:9 그 백성을 사로잡아 기르로 옮기고 또
왕하 16:14 성전 사이에서 옮기다가 그 제단 북쪽에
왕하 16:17 그 자리에서 옮기고 또 놋바다를 놋소
왕하 16:18 두려워하여 여호와의 성전에 옮겨 세웠
왕하 17:24 스발와임에서 사람을 옮겨다가 이스라엘
왕하 17:26 사마리아 여러 성읍에 옮겨 거주하게
왕하 18:32 너희를 한 지방으로 옮기리니 그 곳은
왕하 20:17 바벨론으로 옮긴 바 되고 하나도 남지
왕하 23:18 그의 뼈를 옮기지 말라 하매 무리가 그의
대상 5:26 고산 강 가에 옮긴지라 그들이 오늘까지
대상 6:15 예루살렘 백성을 옮기실 때에 여호사다
대하 33:8 정하여 준 땅에서 옮기지 않게 하리라
대하 35:12 그 번제물을 옮겨 족속의 서열대로 모든
스 1:7 예루살렘에서 옮겨다가 자기 신들의
스 4:10 강 건너편 다른 땅에 옮겨 둔 자들과
스 5:12 백성을 사로잡아 바벨론으로 옮겼더니
스 5:14 금, 은 그릇을 옮겨다가 바벨론 신당에
스 6:5 바벨론으로 옮겼던 하나님의 성전 금, 은
에 2:9 궁녀들을 후궁 아름다운 처소로 옮기더라

시가서, 선지서
욥 9:5 산을 무너뜨리시며 옮기실지라도 산이
욥 10:19 태에서 바로 무덤으로 옮겨졌으리이다
욥 14:18 흩어지고 바위는 그 자리에서 옮겨가고
욥 18:4 바위가 그 자리에서 옮겨지겠느냐
욥 36:16 좁지 않고 넉넉한 곳으로 옮기려 하셨
시 39:10 주의 징벌을 나에게서 옮기소서 주의
시 103:12 죄과를 우리에게서 멀리 옮기셨으며
잠 24:18 진노를 그에게서 옮기실까 두려우니라
사 6:12 사람들을 멀리 옮기셔서 이 땅 가운데에
사 8:4 노략물이 앗수르 왕 앞에서 옮겨질 것임
사 27:8 날에 폭풍으로 그들을 옮기셨느니라
사 33:20 그것은 옮겨지지 아니할 장막이라 그
사 36:17 떡과 포도원이 있는 땅에 옮기기까지
사 38:12 나를 떠나 옮겨졌고 직공이 베를 걷어
사 39:6 모두 바벨론으로 옮긴 바 되고 남을 것
사 54:10 산들이 떠나며 언덕들은 옮겨질지라도
렘 20:4 그들을 사로잡아 바벨론으로 옮겨 칼로
렘 20:6 모든 사람이 포로 되어 옮겨지리니 네가
렘 24:1 예루살렘에서 바벨론으로 옮긴 후에
렘 24:5 내가 이 곳에서 옮겨 갈대아인의 땅에
렘 27:20 바벨론으로 사로잡아 옮길 때에 가져
렘 27:22 그것들이 바벨론으로 옮겨지고 내가

【 옮기다 】 　　【 옳다 】

렘 32:31 내가 내 앞에서 그것을 **옮기려** 하노니
렘 39:7 바벨론으로 **옮기려고** 사슬로 결박하
렘 39:9 남은 백성을 잡아 바벨론으로 **옮겼으며**
렘 40:1 바벨론으로 **옮기는** 중에 예레미야도
렘 48:11 저 그릇으로 **옮기지** 않음 같아서 그 맛
렘 48:12 내가 술을 **옮겨** 담는 사람을 보낼 것이라
겔 12:3 네 처소를 다른 곳으로 **옮기는** 것을 그들
겔 12:5 성벽을 뚫고 그리로 따라 **옮기되**
호 10:6 그 송아지는 앗수르로 **옮겨다가** 예물
미 2:4 내 백성의 산업을 **옮겨** 내게서 떠나게
슥 14:4 산 절반은 북으로, 절반은 남으로 **옮기고**

신약

마 17:20 저기로 **옮겨지라** 하면 **옮겨질** 것이요
막 14:36 이 잔을 내게서 **옮기시옵소서** 그러나
눅 10:7 마땅하니라 이 집에서 저 집으로 **옮기지**
눅 22:42 이 잔을 내게서 **옮기시옵소서** 그러나
눅 24:2 돌이 무덤에서 굴려 **옮겨진** 것을 보고
요 5:24 사망에서 생명으로 **옮겼느니라**
요 20:1 무덤에 와서 돌이 무덤에서 **옮겨진** 것을
요 20:13 내 주님을 **옮겨다가** 어디 두었는지 내가
요 20:15 주여 당신이 **옮겼거든** 어디 두었는지
행 7:4 너희 지금 사는 이 땅으로 **옮기셨느니라**
행 7:16 세겜으로 **옮겨져** 아브라함이 세겜 하몰
행 7:43 내가 너희를 바벨론 밖으로 **옮기리라**
행 18:7 거기서 **옮겨** 하나님을 경외하는 디도
행 25:3 호의로 바울을 예루살렘으로 **옮기기를**
고전 13:2 또 산을 **옮길** 만한 모든 믿음이 있을새

'옮기다'와 관련된 성구

경계표를 **옮기다** – 신 19:14; 27:17; 욥 24:2; 호 5:10
궤를 **옮기다** – 삼상 7:1; 삼하 6:10; 대상 13:13
불 옮기는 그릇 – 출 27:3; 38:3; 민 4:14; 왕하 25:15; 대하 4:22
옮겨가다 – 창 12:9; 20:1; 출 14:19; 삼하 5:8, 9; 6:21; 삼하 20:13; 대상 17:9; 욥 14:18; 렘 27:18; 28:3; 겔 17:13; 슥 5:10
옮겨 놓다 – 왕하 4:4; 시 74:3; 요 11:39; 요 11:41
옮겨오다 – 왕하 17:33; 대상 13:3
지계석 **옮기다** – 잠 22:28; 23:10

골 1:13 그의 사랑의 아들의 나라로 **옮기셨으니**
살후 2:7 막는 자가 있어 그 중에서 **옮겨질** 때까지
히 11:5 죽음을 보지 않고 **옮겨졌으니** 하나님
　　　　이 그를 **옮기심으로** … 그는 **옮겨지기**
요일 3:14 사망에서 **옮겨** 생명으로 들어간 줄을
계 2:5 가서 네 촛대를 그 자리에서 **옮기리라**
계 6:14 각 산과 섬이 제 자리에서 **옮겨지매**

옳다(good, lawful, right, righteous)

모세오경, 역사서

창 16:5 당신이 받아야 **옳도다** 내가 나의 여종
창 31:30 돌아가려는 것은 **옳거니와** 어찌 내 신
창 34:31 누이를 창녀같이 대우함이 **옳으니이까**
창 38:26 이르되 그는 나보다 **옳도다** 내가 그를
출 18:17 그에게 이르되 네가 하는 것이 **옳지** 못
민 27:7 딸들의 말이 **옳으니** 너는 반드시 그들의
민 36:5 이르되 요셉 자손 지파의 말이 **옳도다**
신 5:28 말소리를 내가 들은즉 그 말이 다 **옳도다**
신 18:17 내게 이르시되 그들의 말이 **옳도다**
수 9:25 당신의 의향에 좋고 **옳은** 대로 우리에게
삿 11:23 네가 그 땅을 얻고자 하는 것이 **옳으냐**
삿 17:6 사람마다 자기 소견에 **옳은** 대로 행하
삿 21:25 사람이 각기 자기의 소견에 **옳은** 대로
삼상 9:10 네 말이 **옳다** 가자 하고 그들이 하나님
삼상 26:16 네가 행한 이 일이 **옳지** 못하도다 여호
삼하 13:16 다말이 그에게 이르되 **옳지** 아니하다
삼하 14:32 왕이 나를 죽이시는 것이 **옳으니라** 하는
삼하 15:3 보라 네 일이 **옳고** 바르다마는 네 송사를
삼하 17:4 이스라엘 장로들이 다 그 말을 **옳게** 여기
왕상 18:24 대답하되 그 말이 **옳도다** 하니라
대하 19:2 자들을 사랑하는 것이 **옳으니이까**
스 7:24 관세와 통행세를 받는 것이 **옳지** 않으
에 1:21 왕과 지방관들이 그 말을 **옳게** 여긴지라
에 3:9 **옳게** 여기시거든 조서를 내려 그들을

시가서, 선지서

욥 6:25 **옳은** 말이 어찌 그리 고통스러운고, 너희
욥 27:5 나는 결코 너희를 **옳다** 하지 아니하겠으
욥 33:27 내가 범죄하여 **옳은** 것을 그르쳤으나
욥 42:7 내 종 욥의 말같이 **옳지** 못함이니라
욥 42:8 말한 것이 내 종 욥의 말같이 **옳지** 못
시 50:23 행위를 **옳게** 하는 자에게 내가 하나님
시 119:137 의로우시고 주의 판단은 **옳으니이다**
잠 24:23 재판할 때에 낯을 보아 주는 것이 **옳지**

【옳다】

잠 24:24	악인에게 네가 **옳다** 하는 자는 백성에
사 41:26	이전부터 알게 하여 우리가 **옳다**고 말
사 43:9	그들의 증인을 세워서 자기들의 **옳음**을 … 듣는 자들이 **옳다**고 말하게 하여 보라
사 65:2	자기 생각을 따라 **옳지** 않은 길을 걸어
렘 26:14	너희 의견에 좋은 대로, **옳은** 대로 하려
렘 27:5	내가 보기에 **옳은** 사람에게 그것을 주었
렘 40:4	좋게 여기는 대로 **옳게** 여기는 곳으로
렘 40:5	네가 **옳게** 여기는 곳으로 가거나 할지
단 3:24	대답하여 이르되 왕이여 **옳소이다**
단 12:3	많은 사람을 **옳은** 데로 돌아오게 한 자
욘 4:4	네가 성내는 것이 **옳으냐** 하시니라
욘 4:9	성내는 것이 어찌 **옳으냐** 하시니 … 성내어 죽기까지 할지라도 **옳으니이다**
합 1:17	무자비하게 멸망시키는 것이 **옳으니까**
학 1:4	판벽한 집에 거주하는 것이 **옳으냐**
말 2:8	너희는 **옳은** 길에서 떠나 많은 사람을

복음서

마 5:37	너희 말은 **옳다 옳다**, 아니라 아니라
마 11:9	선지자를 보기 위함이었더냐 **옳다** 내가
마 11:19	지혜는 그 행한 일로 인하여 **옳다** 함을
마 11:26	**옳소이다** 이렇게 된 것이 아버지의 뜻
마 12:10	안식일에 병 고치는 것이 **옳으니까**
마 12:12	안식일에 선을 행하는 것이 **옳으니라**
마 14:4	그 여자를 차지한 것이 **옳지** 않다 하였
마 15:27	여자가 이르되 주여 **옳소이다마는** 개
마 19:3	그 아내를 버리는 것이 **옳으니까**
마 22:17	바치는 것이 **옳으니까 옳지** 아니하니
마 23:28	겉으로는 사람에게 **옳게** 보이되 안으로
마 27:6	핏값이라 성전고에 넣어 둠이 **옳지** 않다
마 27:11	예수께서 대답하시되 네 말이 **옳도다**
마 27:19	사람을 보내어 이르되 저 **옳은** 사람에게
막 3:4	구하는 것과 죽이는 것, 어느 것이 **옳으냐**
막 6:18	동생의 아내를 취한 것이 **옳지** 않다 하였
막 7:28	**옳소이다마는** 상 아래 개들도 아이들에
막 10:2	사람이 아내를 버리는 것이 **옳으니까**
막 12:14	세금을 바치는 것이 **옳으니까 옳지**
막 12:32	서기관이 이르되 선생님이여 **옳소이다**
막 15:2	대답하여 이르시되 네 말이 **옳도다** 하시
눅 6:9	구하는 것과 죽이는 것, 어느 것이 **옳으냐**
눅 7:26	무엇을 보려고 나갔더냐 선지자냐 **옳다**
눅 7:35	자기의 모든 자녀로 인하여 **옳다** 함을
눅 7:43	받은 자니이다 이르시되 네 판단이 **옳다**
눅 10:21	나타내심을 감사하나이다 **옳소이다**
눅 10:28	네 대답이 **옳도다** 이를 행하라 그러면
눅 10:29	그 사람이 자기를 **옳게** 보이려고 예수께
눅 11:48	조상의 행한 일에 증인이 되어 **옳게** 여기
눅 12:57	어찌하여 **옳은** 것을 스스로 판단하지
눅 16:8	주인이 이 **옳지** 않은 청지기가 일을 지혜
눅 16:15	너희는 사람 앞에서 스스로 **옳다** 하는
눅 20:22	바치는 것이 **옳으니이까 옳지** 않으니
눅 23:3	대답하여 이르시되 네 말이 **옳도다**
눅 23:41	이 사람이 행한 것은 **옳지** 않은 것이
요 4:17	네가 남편이 없다 하는 말이 **옳도다**
요 4:37	다른 사람이 거둔다 하는 말이 **옳도다**
요 5:10	네가 자리를 들고 가는 것이 **옳지** 아니
요 8:48	귀신이 들렸다 하는 말이 **옳지** 아니하냐
요 13:13	주라 하니 너희 말이 **옳도다** 내가 그러
요 13:14	서로 발을 씻어 주는 것이 **옳으니라**

역사서 – 예언서

행 4:19	하나님의 말씀을 듣는 것보다 **옳은**가
행 5:40	그들이 **옳게** 여겨 사도들을 불러들여
행 15:20	피를 멀리하라고 편지하는 것이 **옳으니**
행 15:28	너희에게 지우지 아니하는 것이 **옳은** 줄
행 15:38	아니한 자를 데리고 가는 것이 **옳지** 않다
행 18:14	내가 너희 말을 들어 주는 것이 **옳거니와**
행 24:9	이에 참가하여 이 말이 **옳다** 주장하니라
행 24:20	내가 공회 앞에 섰을 때에 무슨 **옳지** 않은
행 25:5	만일 **옳지** 아니한 일이 있거든 고발하라
행 28:25	너희 조상들에게 말씀하신 것이 **옳도다**
롬 1:32	그런 일을 행하는 자들을 **옳다** 하느니라
롬 11:20	**옳도다** 그들은 믿지 아니하므로 꺾이고
롬 14:22	자기가 **옳다** 하는 바로 자기를 정죄하지
고전 5:6	너희가 자랑하는 것이 **옳지** 아니하도다
고전 11:19	파당이 있어야 너희 중에 **옳다** 인정함을
고후 10:18	**옳다** 인정함을 받는 자는 자기를 칭찬
고후 13:7	이는 우리가 **옳은** 자임을 나타내고자
엡 6:1	부모에게 순종하라 이것이 **옳으니라**
빌 4:8	경건하며 무엇에든지 **옳으며** 무엇에든
살전 2:4	하나님께 **옳게** 여기심을 입어 복음을
살전 2:10	거룩하고 **옳고** 흠 없이 행하였는지에
딤전 1:9	이것이니 율법은 **옳은** 사람을 위하여
딤후 2:15	진리의 말씀을 **옳게** 분별하며 부끄러울
벧후 1:13	너희를 일깨워 생각나게 함이 **옳은** 줄로
벧후 1:19	너희가 이것을 주의하는 것이 **옳으니라**
계 19:8	이 세마포 옷은 성도들의 **옳은** 행실이

[옴]

옴(itch)
레 13:30 이는 옴이니라 머리에나 수염에 발생한
레 13:31 만일 제사장이 보기에 그 옴의 환부가 피부보다 … 제사장은 그 옴 환자를 이레
레 13:32 그 환부를 진찰할지니 그 옴이 퍼지지
레 13:33 제사장은 옴 환자를 또 이레 동안 가두어
레 13:34 이레 만에 제사장은 그 옴을 또 진찰할지니 그 옴이 피부에 퍼지지 아니하고
레 13:35 깨끗한 후에라도 옴이 크게 피부에 퍼지
레 13:36 제사장은 그를 진찰할지니 과연 옴이
레 13:37 제사장이 보기에 옴이 여전하고 그 자리에 검은 털이 났으면 그 옴은 나았고
레 14:54 각종 나병 환부에 대한 규례이니 곧 옴과

옷(clothes, garment, robe)

모세오경

창 9:23 셈과 야벳이 옷을 가져다가 자기들의
창 27:27 아버지가 그의 옷의 향취를 맡고 그에게
창 28:20 지키시고 먹을 떡과 입을 옷을 주시어
창 37:23 형들이 요셉의 옷 곧 그가 입은 채색옷을
창 37:31 요셉의 옷을 가져다가 … 그 옷을 피에
창 37:32 발견하였으니 아버지 아들의 옷인가
창 37:33 이르되 내 아들의 옷이라 악한 짐승이
창 39:12 그의 옷을 잡고 … 요셉이 자기의 옷을
창 39:13 그 여인이 요셉이 그의 옷을 자기 손에
창 39:15 그의 옷을 내게 버려두고 도망하여 나갔
창 39:16 그의 옷을 곁에 두고 자기 주인이 집으로
창 39:18 그가 그의 옷을 내게 버려두고 밖으로

[옷]

창 41:14 요셉이 곧 수염을 깎고 그의 옷을 갈아
창 45:22 그들에게 다 각기 옷 한 벌씩을 주되 베냐민에게는 은 삼백과 옷 다섯 벌을 주고
창 49:11 또 그 옷을 포도주에 빨며 그의 복장을
출 12:34 반죽 담은 그릇을 옷에 싸서 어깨에 메니
출 22:26 네가 만일 이웃의 옷을 전당 잡거든 해가
출 22:27 유일한 옷이라 … 알몸을 가릴 옷인즉
출 28:3 아론의 옷을 지어 그를 거룩하게 하여
출 28:4 그들이 지을 옷은 이러하니 곧 흉패와
출 28:33 그 옷 가장자리로 돌아가며 청색 자색
출 28:34 그 옷 가장자리로 돌아가며 한 금 방울
출 29:21 아론과 그의 옷과 … 아들들의 옷에 뿌리라 … 옷과 그의 … 아들들의 옷이 거룩
출 31:10 아론의 성의와 그의 아들들의 옷과
출 35:19 정교하게 만든 옷 곧 제사 직분을 … 아론의 거룩한 옷과 그의 아들들의 옷이
출 39:22 그가 에봇 받침 긴 옷을 전부 청색으로
출 39:23 그 옷의 두 어깨 사이에 구멍을 내고 갑옷
출 39:24 홍색 실과 가는 베 실로 그 옷 가장자리
출 39:25 방울을 만들어 그 옷 가장자리로 돌아
출 39:26 간격을 두고 번갈아 그 옷 가장자리로
출 39:41 아론의 거룩한 옷과 그의 아들들의 옷이
레 6:10 제사장은 세마포 긴 옷을 입고 세마포
레 6:11 그 옷을 벗고 다른 옷을 입고 그 재를
레 6:27 그 피가 어떤 옷에든지 묻었으면 묻은
레 8:30 아론과 그의 옷과 … 아들들의 옷에 뿌려서 아론과 그의 옷과 … 옷을 거룩하
레 10:5 모세가 말한 대로 그들을 옷 입은 채 진영
레 15:17 묻은 모든 옷과 가죽은 물에 빨 것이며
레 16:24 그의 몸을 씻고 자기 옷을 입고 나와서
레 19:19 뿌리지 말며 두 재료로 직조한 옷을 입지

성경에 나오는 '옷'

가는 베 옷 – 겔 9:2, 3, 11;10:2, 6, 7; 44:17
거룩한 옷 – 출 28:2, 4; 35:19, 21; 39:1, 41; 40:13; 레 16:4, 32; 시 29:2; 110:3
굵은 베 옷 – 느 9:1; 에 4:1, 2, 3, 4; 시 35:13; 사 3:24; 37:1, 2; 욜 1:13; 욘 3:5, 6, 8
낙타털 옷 – 마 3:4; 막 1:6
낡은 옷 – 수 9:5; 렘 38:11, 12; 마 9:16;
막 2:21; 눅 5:36
남루한 옷 – 약 2:2
더러운 옷 – 사 64:6; 슥 3:3, 4
부드러운 옷 – 마 11:8; 눅 7:25
붉은 옷 – 삼하 1:24; 사 63:1; 렘 4:30; 애 4:5; 계 18:12, 16
빛난 옷 – 겔 27:24; 눅 23:11; 행 10:30
새 옷 – 왕상 11:30; 눅 5:36
세마포 옷 – 창 41:42; 레 16:23, 32; 사

1796

[옷]   [옷]

민 19:8   송아지를 불사른 자도 자기의 **옷**을 물로
민 20:26   아론의 **옷**을 벗겨 그의 아들 엘르아살
민 20:28   아론의 **옷**을 벗겨 그의 아들 엘르아살
신 10:18   나그네를 사랑하여 그에게 떡과 **옷**을
신 24:13   그리하면 그가 그 **옷**을 입고 자며 너를
신 24:17   억울하게 하지 말며 과부의 **옷**을 전당
신 29:5   너희 몸의 **옷**이 낡아지지 아니하였고

역사서
수 9:13   이 **옷**과 신도 여행이 매우 길었으므로
삿 3:16   칼을 만들어 그의 오른쪽 허벅지 **옷** 속에
삿 14:19   수수께끼 푼 자들에게 **옷**을 주고 심히
삼상 19:24 그가 또 자기 **옷**을 벗고 사무엘 앞에서
삼상 28:8 사울이 다른 **옷**을 입어 변장하고 두 사람
삼하 1:2   진영에서 나왔는데 그의 **옷**은 찢어졌고
삼하 1:11 이에 다윗이 자기 **옷**을 잡아 찢으매 함께
삼하 1:24 화려하게 입혔고 금 노리개를 너희 **옷**에
삼하 13:18 출가하지 아니한 공주는 이런 **옷**으로
삼하 20:12 다 멈추어 서는 것을 보고 **옷**을 그 위에
왕하 2:12 엘리사가 자기의 **옷**을 잡아 둘로 찢고
왕하 5:22 그들에게는 은 달란트와 **옷** 두 벌을 주라
왕하 5:23 두 전대에 넣어 매고 **옷** 두 벌을 아울러
왕하 5:26 지금이 어찌 은을 받으며 **옷**을 받으며
왕하 9:13 무리가 각각 자기의 **옷**을 급히 가져다가
대상 10:8 죽임을 당한 자의 **옷**을 벗기다가 사울
대상 10:9 사울의 **옷**을 벗기고 그의 머리와 갑옷을
대하 28:15 노략하여 온 것 중에서 **옷**을 가져다가
스 2:69   은 오천 마네요 제사장의 **옷**이 백 벌
느 4:23   우리가 다 우리의 **옷**을 벗지 아니하였
느 9:21   부족함이 없게 하시므로 그 **옷**이 해어
에 6:9   원하시는 사람에게 **옷**을 입히고 말을
에 6:11   모르드개에게 **옷**을 입히고 말을 태워

시가서
욥 9:31   나를 개천에 빠지게 하시리니 내 **옷**이
욥 24:9   품에서 빼앗으며 가난한 자의 **옷**을 볼모
욥 24:10   그들이 **옷**이 없어 벌거벗고 다니며 곡식
욥 29:14   내가 의를 **옷**으로 삼아 입었으며 나의
욥 30:18   큰 능력으로 나의 **옷**을 떨쳐 버리시며
욥 38:9   그 때에 내가 구름으로 그 **옷**을 만들고
욥 38:14   인친 것같이 되었고 그들은 **옷**같이 나타
시 45:8   왕의 모든 **옷**은 몰약과 침향과 육계의
시 45:13   모든 영화를 누리니 그의 **옷**은 금으로
시 65:13   초장은 양 떼로 **옷** 입었고 골짜기는 곡식
시 69:11   내가 굵은 베로 내 **옷**을 삼았더니 내가
시 73:6   그들의 목걸이요 강포가 그들의 **옷**이며
시 93:1   여호와께서 능력의 **옷**을 입으시며 띠를
시 102:26 주는 영존하시겠고 그것들은 다 **옷**같이
시 104:1   위대하시며 존귀와 권위로 **옷** 입으셨
시 104:2   주께서 **옷**을 입음같이 빛을 입으시며
시 109:18 또 저주하기를 **옷** 입듯 하더니 저주가
시 109:19 저주가 그에게는 입는 **옷** 같고 항상 띠
시 109:29 대적들이 욕을 **옷** 입듯 하게 하시며 자기
시 132:9   주의 제사장들은 의를 **옷** 입고 주의 성도
시 132:16 제사장들에게 구원을 **옷** 입히리니 그
시 132:18 그의 원수에게는 수치를 **옷** 입히고 그
잠 6:27   품에 품고서야 어찌 그의 **옷**이 타지 아니
잠 7:10   그 때에 기생의 **옷**을 입은 간교한 여인이
잠 20:16   보증 선 자의 **옷**을 취하라 외인들을 위하
잠 23:21   즐겨 하는 자는 해어진 **옷**을 입을 것임
잠 25:20   추운 날에 **옷**을 벗김 같고 소다 위에 식초
잠 27:13   타인을 위하여 보증 선 자의 **옷**을 취하라
잠 27:26   어린 양의 털은 네 **옷**이 되며 염소는 밭을
잠 30:4   물을 **옷**에 싼 자가 누구인지, 땅의 모든

성경에 나오는 '옷'

3:23; 단 10:5; 12:6, 7; 계 15:6;
18:16; 19:8, 14
수 놓은 옷 – 시 45:14; 겔 16:10, 18; 26:16
아름다운 옷 – 사 52:1; 슥 3:4; 약 2:2, 3;
벧전 3:3
양의 옷 – 마 7:15
자색 옷 – 잠 31:22; 렘 10:9; 겔 23:6; 막
15:17, 20; 눅 16:19; 요 19:2, 5
자주 빛과 붉은 빛 옷 – 계 17:4

자주색 옷 – 단 5:7, 16, 29
자주 옷 – 계 18:12, 16
정교한 옷 – 출 39:1, 41
채색옷 – 창 37:3, 23, 32; 삿 5:30; 삼하
13:18, 19
피 뿌린 옷 – 계 19:13
화려한 옷 – 사 3:24; 눅 7:25
흰옷 – 막 16:5; 요 20:12; 행 1:10; 계 3:4,
5, 18; 4:4; 7:9, 13

1797

【옷】

잠 31:21	자기 집 사람들은 다 홍색 **옷**을 입었으
잠 31:24	베로 **옷**을 지어 팔며 띠를 만들어 상인
잠 31:25	능력과 존귀로 **옷**을 삼고 후일을 웃으며
아 5:3	내가 **옷**을 벗었으니 어찌 다시 입겠으며

선지서

사 4:1	우리 떡을 먹으며 우리 **옷**을 입으리니
사 22:21	네 **옷**을 그에게 입히며 네 띠를 그에게
사 32:11	염려 없는 자들아 당황할지어다 **옷**을
사 50:9	보라 그들은 다 **옷**과 같이 해어지며 좀
사 51:6	연기같이 사라지고 땅이 **옷**같이 해어
사 59:6	그 짠 것으로는 **옷**을 이룰 수 없을 것이요
사 61:3	슬픔을 대신하며 찬송의 **옷**으로 그 근심
사 61:10	이는 그가 구원의 **옷**을 내게 입히시며
사 63:2	네 의복이 붉으며 네 **옷**이 포도즙틀을
사 63:3	그들의 선혈이 내 **옷**에 튀어 내 의복을 다
렘 43:12	목자가 그의 몸에 **옷**을 두름같이 애굽
렘 49:10	에서의 **옷**을 벗겨 그 숨은 곳이 드러나게
애 4:14	그들의 **옷**들이 피에 더러워졌으므로
겔 7:27	고관은 놀람을 **옷** 입듯 하며 주민의 손은
겔 16:8	사랑을 할만한 때라 내 **옷**으로 너를 덮어
겔 18:7	음식물을 주며 벗은 자에게 **옷**을 입히며
겔 18:16	음식물을 주며 벗은 자에게 **옷**을 입히며
겔 23:26	또 네 **옷**을 벗기며 네 장식품을 빼앗을
겔 27:24	아름다운 물품 곧 청색 **옷**과 수 놓은 물품
겔 42:14	그 방에 두고 다른 **옷**을 입고 백성의 뜰로
겔 44:19	수종드는 **옷**을 벗어 거룩한 … 다른 **옷**을 입을지니 이는 그 **옷**으로 백성을 거룩
단 3:21	모자와 다른 **옷**을 입은 채 결박하여 맹렬
단 7:9	좌정하셨는데 그의 **옷**은 희기가 눈 같고
암 2:8	제단 옆에서 전당 잡은 **옷** 위에 누우며
나 2:3	그의 무사들의 **옷**도 붉으며 그 항오를
습 1:8	왕자들과 이방인의 **옷**을 입은 자들을
슥 3:5	정결한 관을 그 머리에 씌우며 **옷**을 입히
말 2:16	이혼하는 것과 **옷**으로 학대를 가리는

신약

마 9:16	이는 기운 것이 그 **옷**을 당기어 해어짐이
마 10:10	배낭이나 두 벌 **옷**이나 신이나 지팡이를
마 17:2	얼굴이 해같이 빛나며 **옷**이 빛과 같이
마 25:36	헐벗었을 때에 **옷**을 입혔고 병들었을
마 25:38	헐벗으신 것을 보고 **옷** 입혔나이까
마 25:43	헐벗었을 때에 **옷** 입지 아니하였고
마 27:28	그의 **옷**을 벗기고 홍포를 입히며
마 27:31	그의 **옷**을 입혀 십자가에 못 박으려고
마 27:35	십자가에 못 박은 후에 그 **옷**을 제비 뽑아
마 28:3	그 형상이 번개 같고 그 **옷**은 눈같이
막 5:15	군대 귀신 지폈던 자가 **옷**을 입고 정신이
막 5:27	무리 가운데 끼어 뒤로 와서 그의 **옷**에
막 5:28	내가 그의 **옷**에만 손을 대어도 구원을
막 5:30	돌이켜 말씀하시되 누가 내 **옷**에 손을
막 6:9	신만 신고 두 벌 **옷**도 입지 말라 하시고
막 6:56	시장에 두고 예수께 그의 **옷** 가에라도
막 9:3	그 **옷**이 광채가 나며 세상에서 빨래하는
막 12:38	긴 **옷**을 입고 다니는 것과 시장에서 문안
막 15:20	도로 그의 **옷**을 입히고 십자가에 못 박으
막 15:24	십자가에 못 박고 그 **옷**을 나눌새 누가
눅 3:11	대답하여 이르되 **옷** 두 벌 있는 자는 **옷**
눅 8:27	그 사람은 오래 **옷**을 입지 아니하며 집에
눅 8:35	귀신 나간 사람이 **옷**을 입고 정신이 온전
눅 8:44	예수의 뒤로 와서 그의 **옷** 가에 손을 대니
눅 9:3	배낭이나 양식이나 돈이나 두 벌 **옷**을
눅 9:29	용모가 변화되고 그 **옷**이 희어져 광채가
눅 10:30	강도들이 그 **옷**을 벗기고 때려 거의 죽은
눅 15:22	종들에게 이르되 제일 좋은 **옷**을 내어
눅 20:46	긴 **옷**을 입고 다니는 것을 원하며 시장
눅 23:34	하시더라 그들이 그의 **옷**을 나눠 제비
눅 24:4	문득 찬란한 **옷**을 입은 두 사람이 곁에
요 13:12	발을 씻으신 후에 **옷**을 입으시고 다시
요 19:23	십자가에 못 박고 그의 **옷**을 취하여 네

'옷'과 관련된 성구

그리스도로 **옷** 입다 – 롬 13:14; 갈 3:27

옷을 빨다 – 출 19:10, 14; 레 11:25, 28, 40; 13:6, 34; 14:8, 9, 47; 15:5, 6, 7, 8, 10, 11, 13, 21, 22, 27; 16:26, 28; 17:15; 민 8:21; 19:7, 10, 19, 21; 31:24; 삼하 19:24

옷을 찢다 – 창 37:29, 34; 44:13; 레 10:6; 13:45; 21:10; 민 14:6; 수 7:6; 삿 11:35; 삼상 4:12; 삼하 3:31; 13:19, 31; 15:32; 왕상 21:27; 왕하 5:7, 8; 6:30; 11:14; 18:37; 19:1; 22:11, 19; 대하 23:13; 34:19, 27; 스 9:3, 5; 에 4:1; 욥 1:20; 2:12; 사 36:22; 37:1; 렘 36:24; 41:5; 욜 2:13; 마 26:65; 막 14:63; 눅 5:36; 행 14:14; 16:22

【 옷감 】   【 와헵 】

요 19:24 그들이 내 옷을 나누고 내 옷을 제비
행 7:58 증인들이 옷을 벗어 사울이라 하는 청년
행 18:6 비방하거늘 바울이 옷을 털면서 이르되
행 22:20 그 죽이는 사람들의 옷을 지킨 줄 그들도
행 22:23 떠들며 옷을 벗어 던지고 티끌을 공중에
골 3:12 겸손과 온유와 오래 참음을 옷입고
딤전 2:9 단정하게 옷을 입으며 … 값진 옷으로
히 1:11 영존할 것이요 그것들은 다 옷과 같이
히 1:12 그것들은 옷과 같이 변할 것이나 주는
약 5:2 너희 재물은 썩었고 너희 옷은 좀먹었
유 1:23 어떤 자를 그 육체로 더럽힌 옷까지도
계 1:13 발에 끌리는 옷을 입고 가슴에 금띠를
계 3:4 사데에 그 옷을 더럽히지 아니한 자 몇 명
계 7:14 어린 양의 피에 그 옷을 씻어 희게 하였
계 12:1 하늘에 큰 이적이 보이니 해를 옷 입은
계 16:15 누구든지 깨어 자기 옷을 지켜 벌거벗지
계 19:16 그 옷과 그 다리에 이름을 쓴 것이 있으

옷감(cloth)
사 23:18 배불리 먹을 양식, 잘 입을 옷감이 되리
행 16:14 자색 옷감 장사로서 하나님을 섬기는
계 18:12 세마포와 자주 옷감과 비단과 붉은 옷감

옷깃(neck of garment, collar of robes)
욥 30:18 나의 옷깃처럼 나를 휘어잡으시는구나
시 133:2 아론의 수염에 흘러서 그의 옷깃까지
애 1:9 더러운 것이 그의 옷깃에 묻어 있으나

옷니엘/-자손(Othniel) 이스라엘의 첫 사사
수 15:17 그나스의 아들인 옷니엘이 그것을 점령
대상 27:15 열두째 지휘관은 옷니엘 자손에 속한

옷니엘/-자손 – 기타 본문
삿 1:13; 3:9, 10, 11; 대상 4:13

옷단(garment, cloth)
민 15:38 대대로 그들의 옷단 귀에 술을 만들고
렘 2:34 네 옷단에는 죄 없는 가난한 자를 죽인

옷술(tassel)
마 23:5 곧 그 경문 띠를 넓게 하며 옷술을 길게

옷자락(corner)
룻 3:9 룻이오니 당신의 옷자락을 펴 당신의
삼상 24:5 후에 사울의 옷자락 벰으로 말미암아
삼상 24:11 내 손에 있는 왕의 옷자락을 보소서 내가
왕하 4:39 그것에서 들호박을 따서 옷자락에 채워
느 5:13 내가 옷자락을 털며 이르기를 이 말대로
사 6:1 보좌에 앉으셨는데 그의 옷자락은 성전
겔 5:3 너는 터럭 중에서 조금을 네 옷자락에
학 2:12 사람이 옷자락에 거룩한 고기를 쌌는데
그 옷자락이 만일 떡에나 국에나 포도
슥 8:23 유다 사람 하나의 옷자락을 잡을 것이라
마 14:36 다만 예수의 옷자락에라도 손을 대게

옹기(甕器, clay jar)

렘 19:1 토기장이의 옹기를 사고
렘 19:10 너는 함께 가는 자의 목
전에서 그 옹기를 깨뜨리고

옹기 가마
창 19:28 눈을 들어 연기가 옹기 가마의 연기같이
출 19:18 그 연기가 옹기 가마 연기같이 떠오르고

와냐(Vaniah) 이방 여인을 취한 바니의 자손
스 10:36 와냐와 므레못과 에랴십과

와스디(Vashti)

바사 왕 아하수에로의 아내
에 1:9 왕후 와스디도 아하수에로
에 1:11 왕후 와스디를 청하여 왕후의 관을 정제
에 1:12 왕후 와스디는 내시가 전하는 왕명을
에 1:15 와스디가 내시가 전하는 아하수에로
에 1:16 대답하여 이르되 왕후 와스디가 왕에
에 1:17 아하수에로 왕이 명령하여 왕후 와스디
에 1:19 만일 좋게 여기실진대 와스디가 다시는
에 2:1 아하수에로 왕의 노가 그치매 와스디와
에 2:4 왕의 눈에 아름다운 처녀를 와스디 대신
에 2:17 관을 씌우고 와스디를 대신하여 왕후로

와헵(Waheb) 이스라엘 백성들이 머물렀던 장소
민 21:14 전쟁기에 일렀으되 수바의 와헵과

【 완강하다 】　　　　　　　　　　　　　　　【 완악하다/완악하여지다 】

완강하다(頑强, harden, stubborn, unyielding)
출 7:14　바로의 마음이 **완강하여** 백성 보내기
출 8:15　그의 마음을 **완강하게** 하여 그들의 말
출 8:32　바로가 이 때에도 그의 마음을 **완강하게**
출 9:7　　바로의 마음이 **완강하여** 백성을 보내
출 10:1　그의 신하들의 마음을 **완강하게** 함은
신 2:30　성품을 **완강하게** 하셨고 그의 마음을
호 4:16　이스라엘은 **완강한** 암소처럼 완강하니

완고하다(頑固, arrogance, obstinate, stubborn)
신 2:30　완강하게 하셨고 그의 마음을 **완고하게**
삼상 15:23점치는 죄와 같고 **완고한** 것은 사신
삼상 25:3남자는 **완고하고** 행실이 악하며 그는
시 78:8　그들의 조상들 곧 **완고하고** 패역하여
사 48:4　내가 알거니와 너는 **완고하며** 네 목은
사 63:17　우리의 마음을 **완고하게** 하사 주를 경외
요 12:40　그들의 마음을 **완고하게** 하셨으니 이는
고후 3:14그들의 마음이 **완고하여** 오늘까지도
히 3:8　　거역하던 것같이 너희 마음을 **완고하게**
히 3:13　죄의 유혹으로 **완고하게** 되지 않도록
히 3:15　마음을 **완고하게** 하지 말라 하였으니
히 4:7　　음성을 듣거든 너희 마음을 **완고하게**

완공하다(完工, finish, restore)
스 4:13　그 성곽을 **완공하면** 저 무리가 다시는
스 5:11　이스라엘의 큰 왕이 건축하여 **완공한**

완비하다(完備, complete)
대하 8:16준공하기까지 모든 것을 **완비하였으므로**

완성/-하다(完成, fulfill)
롬 13:10　그러므로 사랑은 율법의 **완성**이니라
고후 8:11마음에 원하던 것과 같이 **완성되** 있는

완악하다/완악하여지다(頑惡, harden)
출 4:21　그러나 내가 그의 마음을 **완악하게** 한즉
출 7:3　　바로의 마음을 **완악하게** 하고 내 표징
출 7:13　그러나 바로의 마음이 **완악하여** 그들
출 7:22　바로의 마음이 **완악하여** 그들의 말을
출 8:19　바로의 마음이 **완악하게** 되어 그들의
출 9:12　여호와께서 바로의 마음을 **완악하게**
출 9:34　다시 범죄하여 마음을 **완악하게** 하니
출 9:35　바로의 마음이 **완악하여** 이스라엘 자손
출 10:20　여호와께서 바로의 마음을 **완악하게**
출 10:27　여호와께서 바로의 마음을 **완악하게**
출 11:10　바로의 마음을 **완악하게** 하셨으므로
출 13:15　그 때에 바로가 **완악하여** 우리를 보내지
출 14:4　바로의 마음을 **완악하게** 한즉 바로가
출 14:8　애굽 왕 바로의 마음을 **완악하게** 하셨
출 14:17　내가 애굽 사람들의 마음을 **완악하게**
신 9:27　야곱을 생각하사 이 백성의 **완악함**과
신 15:7　가난한 형제에게 네 마음을 **완악하게**
신 21:18　사람에게 **완악하고** 패역한 아들이 있어
신 21:20　우리의 이 자식은 **완악하고** 패역하여
신 29:19　이르기를 내가 내 마음을 **완악하여** 젖은
수 11:20　그들의 마음이 **완악하여** 이스라엘을
삼상 6:6　바로가 그들의 마음을 **완악하게** 한 것
　　　　　같이 … 너희의 마음을 **완악하게** 하겠
삼상 17:28네 교만과 네 마음의 **완악함**을 아노니
대하 36:13목을 곧게 하며 마음을 **완악하게** 하여
욥 9:4　　그를 거슬러 스스로 **완악하게** 행하고
시 31:18　교만하고 **완악한** 말로 무례히 의인을
시 81:12　그러므로 내가 그의 마음을 **완악한** 대로
시 95:8　너희 마음을 **완악하게** 하지 말지어다
잠 7:11　이 여인은 떠들며 **완악하며** 그 발이
잠 28:14　**완악하게** 하는 자는 재앙에 빠지리라
사 9:9　　교만하고 **완악한** 마음으로 말하기를
사 10:12　앗수르 왕의 **완악한** 마음의 열매와 높은
사 46:12　마음이 **완악하여** 공의에서 멀리 떠난
렘 3:17　다시는 그들의 악한 마음의 **완악한** 대로
렘 7:24　자신들의 악한 마음의 꾀와 **완악한** 대로
렘 9:14　마음의 **완악함**을 따라 그 조상들이 자기
렘 11:8　각각 그 악한 마음의 **완악한** 대로 행하
렘 13:10　그 마음의 **완악한** 대로 행하며 다른 신
렘 16:12　너희가 각기 악한 마음의 **완악함**을 따라
렘 18:12　우리는 각기 악한 마음의 **완악한** 대로
렘 23:17　자기 마음이 **완악한** 대로 행하는 모든
단 5:20　그가 마음이 높아지며 뜻이 **완악하여**
말 3:13　여호와가 이르노라 너희가 **완악한** 말로
마 13:15　이 백성들의 마음이 **완악하여져서** 그
마 19:8　모세가 너희 마음의 **완악함** 때문에 아내
막 3:5　　마음이 **완악함**을 탄식하사 노하심으
막 10:5　마음이 **완악함**으로 말미암아 이 명령
막 16:14　믿음 없는 것과 마음이 **완악한** 것을 꾸짖
롬 9:18　하고자 하시는 자를 **완악하게** 하시느
유 1:15　죄인들이 주를 거슬러 한 모든 **완악한**

【 완전하다/완전히 】　　　　　　　　　　　　　　　　　　　　　　　　　　　　　　　　【 왕 】

완전하다/완전히(完全, blameless, perfect)
창 6:9　노아는 의인이요 당대에 **완전한** 자라
창 17:1　너는 내 앞에서 행하여 **완전하라**
신 18:13　네 하나님 여호와 앞에서 **완전하라**
신 32:4　반석이시니 그가 하신 일이 **완전하고**
삼상 28:20 사울이 갑자기 땅에 **완전히** 엎드러지
삼하 1:9　내 목숨이 아직 내게 **완전히** 있으므로
삼하 22:24 내가 또 그의 앞에 **완전하여** 스스로
삼하 22:26 **완전한** 자에게는 주의 **완전하심**을 보이
삼하 22:31 하나님의 도는 **완전하고** 여호와의 말씀
왕상 8:61 하나님 여호와께 온전히 바쳐 **완전하게**
스 7:12　하늘의 하나님의 율법에 **완전한** 학자
욥 11:7　측량하며 전능자를 어찌 능히 **완전히**
욥 27:3　(나의 호흡이 아직 내 속에 **완전히** 있고
욥 37:16　그대는 겹겹이 쌓인 구름과 **완전한** 지식
시 18:23　나는 그의 앞에 **완전하여** 나의 죄악에
시 18:25　**완전한** 자에게는 주의 **완전하심**을 보이
시 18:30　하나님의 도는 **완전하고** 여호와의 말씀
시 18:32　띠 띠우시며 내 길을 **완전하게** 하시며
시 19:7　여호와의 율법은 **완전하여** 영혼을 소성
시 26:1　나의 **완전함**에 행하였사오며 흔들리지
시 26:11 나는 나의 **완전함**에 행하오리니 나를
시 78:72 그가 그들을 자기 마음의 **완전함**으로
시 101:2　내가 **완전한** 길을 주목하오리니 주께
　　　서 … 임하시겠나이까 내가 **완전한** 마음
시 101:6 함께 살게 하리니 **완전한** 길에 행하는
시 119:80 내 마음으로 주 율례들에 **완전하게**
시 119:96 내가 보니 모든 **완전한** 것이 다 끝이
잠 2:7　그는 정직한 자를 위하여 **완전한** 지혜
잠 2:21　정직한 자는 땅에 거하며 **완전한** 자는
잠 3:21　아들아 **완전한** 지혜와 근신을 지키고
잠 11:5　**완전한** 자의 공의는 자기의 길을 곧게
잠 19:21 오직 여호와의 뜻만이 **완전히** 서리라
아 5:2　나의 사랑, 나의 비둘기, 나의 **완전한**
아 6:9　내 비둘기, 내 **완전한** 자는 하나뿐이로
렘 9:4　형제마다 **완전히** 속이며 이웃마다 다니
렘 19:11 그릇을 한 번 깨뜨리면 다시 **완전하게**
렘 23:20 너희가 끝날에 그것을 **완전히** 깨달으
렘 50:13 주민이 없어 **완전히** 황무지가 될 것이
겔 28:12 여호와의 말씀에 너는 **완전한** 도장이
겔 28:15 모든 길에 **완전하더니** 마침내 네게서
겔 38:4　곧 네 온 군대를 끌어내되 **완전한** 갑옷
단 7:26　그는 권세를 빼앗기고 **완전히** 멸망할

마 5:17　폐하러 온 것이 아니요 **완전하게** 하려
눅 13:32 고치다가 제삼일에는 **완전하여지리라**
행 3:16　모든 사람 앞에서 이같이 **완전히** 낫게
고후 1:13 너희가 **완전히** 알기를 내가 바라는 것
골 1:28　각 사람을 그리스도 안에서 **완전한** 자
골 4:12　하나님의 모든 뜻 가운데서 **완전하고**
히 6:2　교훈의 터를 다시 닦지 말고 **완전한** 데로

완치되다(完治, be completely healed)
출 21:19 손해를 배상하고 그가 **완치되게** 할 것

왕(王, king)
`모세오경`
창 14:5　그돌라오멜과 그와 함께 한 **왕**들이 나와
창 17:6　내가 네게서 민족들이 나게 하며 **왕**들이
창 35:11 백성들의 총회가 네게서 나오고 **왕**들이
창 36:31 이스라엘 자손을 다스리는 **왕**이 있기
　　　전에 에돔 땅을 다스리던 **왕**들은 이러
창 37:8　참으로 우리의 **왕**이 되겠느냐 참으로
창 39:20 그를 잡아 옥에 가두니 그 옥은 **왕**의 죄수
창 49:20 기름진 것이라 그가 **왕**의 수라상을 차리
출 1:8　요셉을 알지 못하는 새 **왕**이 일어나 애굽
출 5:15　바로에게 호소하여 이르되 **왕**은 어찌
출 7:16　여호와께서 나를 **왕**에게 보내어 이르
출 8:9　이르되 내가 **왕**과 **왕**의 신하와 **왕**의 백
　　　성을 위하여 이 개구리를 **왕**과 왕궁에서
출 9:29　세상이 여호와께 속한 줄을 **왕**이 알리
출 10:7　여호와를 섬기게 하소서 **왕**은 아직도
출 11:8　**왕**의 이 모든 신하가 내게 내려와 내게
민 16:13 스스로 우리 위에 **왕**이 되려 하느냐
민 23:21 하나님이 그들과 함께 계시니 **왕**을 부르
민 24:7　많은 물 가에 있으리로다 그의 **왕**이 아각
신 3:8　헤르몬 산에까지 아모리 족속의 두 **왕**
신 7:24　그들의 **왕**들을 네 손에 넘기시리니 너는
신 11:3　애굽에서 그 **왕** 바로와 그 전국에 행하신
신 33:5　여수룬에 **왕**이 있었으니 곧 백성의 수령
`역사서`
수 6:2　내가 여리고와 그 **왕**과 용사들을 네 손에
수 8:2　너는 여리고와 그 **왕**에게 행한 것같이
　　　아이와 그 **왕**에게 행하되 오직 거기서
수 9:1　히위 사람과 여부스 사람의 모든 **왕**들이
수 10:1　그 **왕**에게 행한 것같이 아이와 그 **왕**
수 11:2　평지와 서쪽 돌의 높은 곳에 있는 **왕**들과

[왕]   [왕]

수 12:1	그 땅에서 쳐죽인 **왕**들은 이러하니라
삿 1:7	칠십 명의 **왕**들이 그들의 엄지손가락
삿 3:19	돌아와서 이르되 **왕**이여 내가 은밀한
	일을 **왕**에게 … **왕**이 명령하여 조용히
삿 5:3	너희 **왕**들아 들으라 통치자들아 귀를
삿 9:8	기름을 부어 자신들 위에 **왕**으로 삼으
	려 하여 감람나무에게 … **왕**이 되라 하매
삼상 2:10	심판을 내리시고 자기 **왕**에게 힘을 주
삼상 8:6	우리에게 **왕**을 주어 우리를 다스리게
삼상 10:24	모든 백성이 **왕**의 만세를 외쳐 부르니라
삼상 12:2	이제 **왕**이 너희 앞에 출입하느니라 보라
삼상 13:1	사울이 **왕**이 될 때에 사십 세라 그가
삼상 14:36	무리가 이르되 **왕**의 생각에 좋은 대로
삼상 15:1	**왕**에게 기름을 부어 … 이제 **왕**은 여호
삼상 16:1	내가 그의 아들 중에서 한 **왕**을 보았느
삼상 17:25	그를 죽이는 사람은 **왕**이 많은 재물로
삼상 18:22	비밀히 말하여 이르기를 보라 **왕**이 너를
삼상 19:4	**왕**은 신하 다윗에게 … 그는 **왕**께 득죄
	하지 아니하였고 그가 **왕**께 행한 일은
삼상 20:5	내일은 초하루인즉 내가 마땅히 **왕**
삼상 21:2	제사장 아히멜렉에게 이르되 **왕**이 내게
삼상 22:11	**왕**이 사람을 보내어 아히둡의 아들 제
	사장 … 부르매 그들이 다 **왕**께 이른지라
삼상 23:20	그러하온즉 **왕**은 내려오시기를 원하시
	는 대로 … 그를 **왕**의 손에 넘길 것이
삼상 24:8	외쳐 이르되 내 주 **왕**이여 하매 사울이
삼상 25:36	나발에게로 돌아오니 그가 **왕**의 잔치와
삼상 26:14	아브넬이 대답하여 이르되 **왕**을 부르는
삼상 28:13	**왕**이 그에게 이르되 두려워하지 말라
삼상 29:4	사람을 돌려보내어 **왕**이 그에게 정하신
삼하 3:21	온 이스라엘 무리를 내 주 **왕**의 앞에 모아
삼하 4:8	이스보셋의 머리를 드리며 아뢰되 **왕**
	의 생명을 … 오늘 우리 주 되신 **왕**의
삼하 5:1	보소서 우리는 **왕**의 한 골육이니이다
삼하 7:1	주위의 모든 원수를 무찌르사 **왕**으로
삼하 9:2	그를 다윗의 앞으로 부르매 **왕**이 그에게
삼하 10:1	그 후에 암몬 자손의 **왕**이 죽고 그의 아들
삼하 11:1	그 해가 돌아와 **왕**들이 출전할 때가 되매
삼하 12:17	다윗을 땅에서 일으키려 하되 **왕**이 듣지
삼하 13:6	암논이 곧 누워 병든 체하다가 **왕**이 와

성경에 나오는 '왕'

가나안 왕 - 수 5:1; 삿 4:2, 23, 24; 5:19
가드 왕 - 삼상 21:10, 12; 27:2; 왕상 2:39
갈대아 왕 - 대하 36:17, 20; 단 5:30
게데스 왕 - 수 12:22
게델 왕 - 수 12:13
게셀 왕 - 수 10:33; 12:12
고레스 왕 - 대하 36:22; 스 1:7; 5:13, 14, 17; 6:3; 단 1:21; 6:28
고모라 왕 - 창 14:2, 8, 10
고임 왕 - 창 14:1, 9; 수 12:23
귀신의 왕 - 마 9:34; 12:24; 막 3:22; 눅 11:15
그랄 왕 아비멜렉 - 창 20:2
그술 왕 - 삼하 3:3; 13:37; 대상 3:2
남방 왕 - 단 11:6, 9, 10, 11, 14, 25, 40
느부갓네살 왕 - 대하 36:10, 13; 렘 21:2, 7; 24:1; 32:28; 34:1; 35:11; 37:1; 39:1, 5, 11; 43:10; 44:30; 46:2, 13, 26; 49:28, 30; 50:17; 51:34; 52:12; 겔 26:7; 29:18, 19; 30:10; 단 2:28; 46; 3:1, 2, 3, 5, 7, 9, 13, 24; 4:1, 18, 28, 31; 5:11
다리오 왕 - 스 5:6, 7; 6:1, 13, 15; 단 6:6, 9,
25, 28; 학 1:1, 15; 2:10; 슥 1:1, 7; 7:1
다이낙 왕 - 수 12:21
다윗 왕 - 삼하 3:31; 4:8; 5:3; 6:12, 16; 7:18; 8:8, 10, 11; 9:5; 13:21, 39; 16:5, 6; 17:2, 17, 21; 19:11, 16; 왕상 1:1, 13, 28, 31, 32, 37, 38, 43, 47; 왕하 11:10; 대상 4:31; 15:29; 17:16; 18:10, 11; 21:24; 24:31; 26:26, 32; 27:24, 31; 28:2; 29:1, 9, 24, 29; 대하 2:12; 7:6; 23:9; 마 1:6
답부아 왕 - 수 12:17
돌 왕 - 수 12:23
두로(의) 왕 - 삼하 5:11; 왕상 5:1; 9:11; 대상 14:1; 대하 2:3, 11; 렘 27:3; 겔 28:2, 12
드빌 왕 - 수 12:13
디르사 왕 - 수 12:24
라기스 왕 - 수 10:3, 5, 23; 12:11
랏사론 왕 - 수 12:18
르무엘 왕 - 잠 31:1
르호보암 왕 - 왕상 12:6, 18; 14:25, 27; 대하 10:6, 18; 12:2, 10, 13
립나 왕 - 수 12:15

1802

[왕]

서 그를 볼 때에 암논이 **왕**께 아뢰되
삼하 14:1 요압이 **왕**의 마음이 압살롬에게로 향하
삼하 15:2 송사가 있어 **왕**에게 재판을 청하러 올 때
삼하 16:2 **왕**이 시바에게 이르되 … 시바가 이르되
나귀는 **왕**의 가족들이 타게 하고 떡과
삼하 17:3 모든 사람이 돌아오기는 **왕**이 찾는 이
삼하 18:2 잇대의 휘하에 넘기고 **왕**이 백성에게
삼하 19:1 요압에게 아뢰되 **왕**이 압살롬을 위하여
삼하 20:2 유다 사람들은 그들의 **왕**과 합하여 요단
삼하 21:2 이에 **왕**이 기브온 사람을 불러 그들에게
삼하 22:51 여호와께서 그의 **왕**에게 큰 구원을 주시
삼하 24:2 이에 **왕**이 그 곁에 있는 군사령관 요압에
왕상 1:2 시종들이 **왕**께 아뢰되 우리 주 **왕**을 위
하여 … 그로 **왕**을 받들어 모시게 하고
왕의 품에 누워 우리 주 **왕**으로 따뜻하
왕상 1:47 하나님이 솔로몬의 이름을 **왕**의 이름보다
왕상 2:17 내게 주어 아내를 삼게 하소서 **왕**이 당신
왕상 3:4 이에 **왕**이 제사하러 기브온으로 가니
왕상 4:7 지방 관장을 두매 그 사람들이 **왕**과 왕실
왕상 5:1 기름 부음을 받고 그의 아버지를 이어 **왕**

[왕]

왕상 7:46 **왕**이 요단 평지에서 숙곳과 사르단 사이
왕상 8:15 **왕**이 이르되 이스라엘의 하나님 여호와
왕상 9:14 히람이 금 일백이십 달란트를 **왕**에게
왕상 10:3 묻는 말에 다 대답하였으니 **왕**이 알지
왕상 11:3 **왕**은 후궁이 칠백 명이요 첩이 삼백 명
이라 그의 여인들이 **왕**의 마음을 돌아
왕상 12:4 **왕**의 아버지가 우리의 멍에를 무겁게
하였으나 **왕**은 이제 **왕**의 아버지가 우
리에게 … 우리가 **왕**을 섬기겠나이다
왕상 13:6 **왕**이 하나님의 사람에게 말하여 … 여
호와께 은혜를 구하니 **왕**의 손이 다시
왕상 14:2 그는 이전에 내가 이 백성의 **왕**이 될 것을
왕상 15:29 **왕**이 될 때에 여로보암의 온 집을 쳐서
왕상 16:9 통솔한 지휘관 시므리가 **왕**을 모반하여
왕상 20:1 그의 군대를 다 모으니 **왕** 삼십이 명이
왕상 21:3 내 조상의 유산을 **왕**에게 주기를 여호와
왕상 21:4 내 조상의 유산을 **왕**께 줄 수 없다 하므로
왕상 21:5 이세벨이 그에게 나아가 이르되 **왕**의
왕상 22:6 주께서 그 성읍을 **왕**의 손에 넘기시리
왕하 1:5 사자들이 **왕**에게 돌아오니 **왕**이 그들

성경에 나오는 '왕'

마돈 왕 – 수 11:1; 12:19
막게다 왕 – 수 10:28
메대와 바사 왕들 – 에 10:2; 단 8:20
메대의 (모든) 왕 – 렘 25:25; 51:11, 28
메섹과 두발 왕 (곡) – 겔 38:2, 3; 39:1
메소보다미아 왕 구산 리사다임 – 삿 3:8, 10
모압(의) 왕 – 민 21:26; 22:4, 10; 23:7; 수 24:9; 삿 3:12, 14, 15, 17; 11:17, 25; 삼상 12:9; 22:3, 4; 왕하 3:4; 렘 27:3
므깃도 왕 – 수 12:21
미디안(의) 왕 – 민 31:8; 삿 8:5, 12, 26
바벨론(의) 왕 – 왕하 20:12; 24:1, 7, 10, 11, 12, 16, 17, 20; 25:1, 6, 8, 11, 20, 21, 22, 23, 24, 27; 대하 36:6; 스 2:1; 5:12, 13; 느 7:6; 13:6; 에 2:6; 사 14:4; 39:1; 렘 20:4; 21:4, 10; 22:25; 25:9, 11, 12; 27:6, 8, 9, 11, 12, 13, 14, 17, 18, 20; 28:2, 3, 4, 11, 14; 29:3, 21, 22; 32:3-5, 36; 34:2, 3, 7, 21; 36:29; 37:17, 19; 38:3, 17, 18, 22, 23; 39:3, 6, 13; 40:5, 7, 9, 11; 41:2, 18; 42:11; 50:18, 43; 51:31; 52:3, 4, 9, 10, 11, 12, 15, 26,
27, 34; 겔 17:12, 15, 16; 19:9; 21:19, 21, 23; 24:2; 30:24, 25; 32:11; 단 1:1
바사 왕 고레스 – 대하 36:23; 스 1:1, 2, 8; 3:7; 4:3, 5; 6:14; 단 10:1
바사 왕 다리오 – 스 4:5, 24; 느 12:22
바사 왕 아닥사스다 – 스 4:7; 7:1
바산(의) 왕 (옥) – 민 21:33; 32:33; 신 1:4; 3:1, 3, 11; 4:47; 29:7; 수 9:10; 12:4; 13:12, 30, 31; 왕상 4:19; 느 9:22; 시 135:11; 136:20
벧엘 왕 – 수 12:16
벨사살 왕 – 단 5:1, 9; 7:1; 8:1
북방 왕 – 렘 1:15; 단 11:6, 7, 8, 9, 11, 13, 15, 28, 40
분봉 왕 – 마 14:1; 눅 3:1, 19; 9:7; 행 13:1
블레셋 왕 아비멜렉 – 창 26:1, 8
사마리아(의) 왕 – 왕상 21:1; 왕하 1:3; 호 10:7
사울 왕 – 대상 5:10
살렘 왕 – 창 14:18; 히 7:1, 2
세삭 왕 – 렘 25:26
소돔 왕 – 창 14:2, 8, 10, 17, 21, 22

1803

【왕】

왕하 3:10 여호와께서 이 세 **왕**을 불러 모아 모압
왕하 4:13 내가 너를 위하여 무엇을 하랴 **왕**에게
왕하 5:7 너희는 깊이 생각하고 저 **왕**이 틈을 타서
왕하 6:9 이르되 **왕**은 삼가 아무 곳으로 지나가지
왕하 7:2 그 때에 **왕**이 그의 손에 의지하는 자 곧
왕하 8:3 전토를 위하여 호소하려 하여 **왕**에게
왕하 9:13 나팔을 불며 이르되 예후는 **왕**이라 하니
왕하 10:4 두려워하여 이르되 두 **왕**이 그를 당하지
왕하 11:1 아들이 죽은 것을 보고 일어나 **왕**의 자손
왕하 12:1 예후의 제칠년에 요아스가 **왕**이 되어
왕하 13:16 **왕**의 손으로 활을 잡으소서 하매 … 엘
　　　　　리사가 자기 손을 **왕**의 손 위에 얹고
왕하 14:23 여로보암이 사마리아에서 **왕**이 되어
왕하 15:25 호위소에서 **왕**과 아르곱과 아리에를
왕하 16:2 아하스가 **왕**이 될 때에 나이가 이십 세라
왕하 17:26 이르되 **왕**께서 사마리아 여러 성읍에
왕하 18:2 그가 **왕**이 될 때에 나이가 이십오 세라
왕하 19:8 **왕**이 거기서 립나와 싸우는 중이더라
왕하 20:9 여호와께로부터 **왕**에게 한 징표가 임하
왕하 21:1 므낫세가 **왕**이 될 때에 나이가 십이 세라

왕하 22:3 **왕**이 므술람의 손자 아살리야의 아들
왕하 23:1 **왕**이 보내 유다와 예루살렘의 모든 장로
왕하 24:8 여호야긴이 **왕**이 될 때에 나이가 십팔 세
왕하 25:4 군사가 밤중에 두 성벽 사이 **왕**의 동산
대상 1:43 이스라엘 자손을 다스리는 **왕**이 있기
　　　　전에 에돔 땅을 다스린 **왕**은 이러 하니
대상 4:23 거기서 **왕**과 함께 거주하면서 **왕**의 일을
대상 9:18 이 사람들은 전에 **왕**의 문 동쪽 곧 레위
대상 11:1 다윗을 보고 이르되 우리는 **왕**의 가까운
대상 12:19 그가 그의 **왕** 사울에게로 돌아가리니
대상 16:21 용납하지 아니하시고 그들 때문에 **왕**들
대상 17:2 다윗에게 아뢰되 하나님이 **왕**과 함께
대상 18:17 다윗의 아들들은 **왕**을 모시는 사람들의
대상 20:1 해가 바뀌어 **왕**들이 출전할 때가 되매
대상 21:3 내 주 **왕**이여 이 백성이 다 내 주의 종이
대상 24:6 서기관 스마야가 **왕**과 방백과 제사장
대상 25:6 아삽과 여두둔과 헤만은 **왕**의 지휘 아래
대상 26:30 여호와의 모든 일과 **왕**을 섬기는 직임을
대상 27:1 천부장과 백부장과 **왕**을 섬기는 관원들
대상 28:1 각 지파의 어른과 **왕**을 섬기는 반장들

성경에 나오는 '왕'

소바 왕 – 삼상 14:47; 삼하 8:3, 5, 12; 왕상
　　　11:23; 대상 18:3, 5, 9
소알 왕 – 창 14:2, 8
솔로몬 왕 – 왕상 1:34, 39, 51, 53; 2:17, 19, 22,
　　　29, 45; 4:1, 27; 5:13; 6:2; 7:13, 14, 40,
　　　45, 51; 8:2, 5; 9:15, 26, 28; 10:10, 13,
　　　16, 21, 23; 11:1; 12:2; 대상 29:24; 대하
　　　4:11, 16; 5:6; 7:5; 8:10, 18; 9:9, 12, 15,
　　　20, 22; 10:2; 아 3:9, 11; 렘 52:20
스발와임 성의 왕 – 왕하 19:13; 사 37:13
스보임 왕 – 창 14:2, 8
시날 왕 – 창 14:1, 9
시돈(의) 왕 – 왕상 16:31; 렘 25:22; 27:3
시드기야 왕 – 왕하 25:2; 렘 21:1; 32:1; 34:2,
　　　4, 6, 8, 21; 37:3, 17, 18, 21; 38:5, 14, 16,
　　　19; 39:1, 4; 44:30; 51:59; 52:5
시므론 왕 – 수 11:1; 12:20
시므리의 모든 왕 – 렘 25:25
아그립바 왕 – 행 25:13, 24, 26; 26:2, 7, 19, 27
아닥사스다 왕 – 스 4:8, 11, 23; 7:7, 11, 21;
　　　8:1; 느 1:1; 2:1; 5:14

아도니야 왕 – 왕상 1:25
아둘람 왕 – 수 12:15
아드마 왕 – 창 14:2, 8
아라비아(의 모든) 왕들 – 대하 9:14; 렘 25:24
아람의 르신 왕 – 사 7:1
아람의 벤하닷 왕 – 왕상 20:1
아람(의) 왕 – 왕상 10:29; 15:18; 19:15; 20:20,
　　　22, 23; 22:3, 31; 왕하 5:1, 5; 6:8, 11, 24;
　　　8:7, 9, 13, 28, 29; 9:14, 15; 12:17, 18;
　　　13:3, 4, 7, 22, 24; 15:37; 16:5, 6, 7; 대하
　　　1:17; 16:2, 7; 18:30; 22:5, 6; 28:5, 23
아랏 왕 – 민 21:1; 33:40; 수 12:14
아레다 왕 – 고후 11:32
아르밧 왕 – 왕하 19:13; 사 37:13
아마샤 왕 – 대하 26:2
아말렉 (사람의) 왕 아각 – 삼상 15:8, 20, 32
아모리인/사람/족속의 왕 – 민 21:21, 26, 29, 34;
　　　32:33; 신 1:4; 3:2; 4:46, 47; 31:4; 수 2:10;
　　　5:1; 9:10; 10:5, 6; 12:2; 13:10, 21; 24:12;
　　　삿 11:19; 왕상 4:19; 시 135:11; 136:19
아몬 왕 – 왕하 21:24; 대하 33:25

[왕]

대상 29:6 과 … 백부장들과 및 **왕**과 왕자의 모든
천부장과 백부장과 **왕**의 사무관이 다
대하 1:12 영광도 주리니 네 전의 **왕**들도 이런 일이
대하 4:17 **왕**이 요단 평지에서 숙곳과 스레다 사이
대하 5:3 이스라엘 모든 사람이 다 **왕**에게로 모이
대하 6:4 **왕**이 이르되 이스라엘 하나님 여호와를
대하 7:4 이에 **왕**과 모든 백성이 여호와 앞에 제사
대하 8:15 무슨 일에든지 **왕**이 명령한 바를 전혀
대하 9:5 **왕**께 말하되 내가 내 나라에서 당신의
대하 10:4 **왕**의 아버지께서 우리의 멍에를 … **왕**
은 이제 **왕**의 아버지께서 … **왕**을 섬기
대하 12:6 이스라엘 방백들과 **왕**이 스스로 겸비
대하 17:19 이는 다 **왕**을 모시는 자요 이 외에 또
온 유다 견고한 성읍들에 **왕**이 군사를
대하 18:5 하나님이 그 성읍을 **왕**의 손에 붙이시리
대하 19:2 이르되 **왕**이 악한 자를 돕고 여호와를
미워하는 … 진노하심이 **왕**에게 임하
대하 20:2 큰 무리가 바다 저쪽 아람에서 **왕**을 치러
대하 22:2 아하시야가 **왕**이 될 때에 나이가 사십이
대하 23:3 온 회중이 하나님의 전에서 **왕**과 언약을

대하 24:6 **왕**이 대제사장 여호야다를 불러 이르되
대하 25:7 **왕**이여 이스라엘 군대를 **왕**과 함께 가게
대하 26:11 조사한 수효대로 **왕**의 지휘관 하나냐
대하 29:15 성결하게 하고 들어가서 **왕**이 여호와
대하 30:2 **왕**이 방백들과 예루살렘 온 회중과 더불
대하 31:3 **왕**의 재산 중에서 얼마를 정하여 여호와
대하 33:24 그의 신하가 반역하여 **왕**을 궁중에서
대하 34:4 무리가 **왕** 앞에서 바알의 제단들을 헐
었으며 **왕**이 또 그 제단 위에 높이 달린
대하 35:2 **왕**이 제사장들에게 그들의 직분을 맡기
대하 36:13 그가 **왕**을 배반하고 목을 곧게 하며 마음
스 4:12 **왕**에게 아뢰나이다 당신에게서 우리에
스 5:8 **왕**께 아뢰옵나이다 우리가 유다 도에
스 6:8 장로들에게 행할 것을 알리노니 **왕**의
스 7:6 여호와의 도우심을 입음으로 **왕**에게
스 8:22 전에 **왕**에게 아뢰기를 우리 하나님의
손은 … 도울 보병과 마병을 **왕**에게 구하
스 9:7 우리 **왕**들과 우리 제사장들을 … **왕**들의
느 1:11 그 때에 내가 **왕**의 술 관원이 되었느니라
느 2:1 니산월에 **왕** 앞에 포도주가 있기로 …

성경에 나오는 '왕'

아벨 왕 – 수 12:18
아사 왕 – 왕상 15:20, 22, 25, 28, 33; 16:8, 10, 15, 23, 29; 대하 15:10, 16, 19; 16:1, 4, 6; 렘 41:9
아이 왕 – 수 8:1, 14, 23, 29; 12:9
아하수에로 왕 – 에 1:1, 2, 15, 16, 17; 2:1, 12, 16, 21; 3:1, 7, 8, 12; 6:2; 7:5; 8:1, 7, 10; 12; 9:2, 20; 10:1, 3
아하스 왕 – 왕하 13:22; 16:10, 11, 15, 16, 17; 대하 28:16, 22; 29:19; 사 7:1; 14:28
악삽 왕 – 수 11:1; 12:20
암몬 자손의 왕 – 삿 11:12, 13, 14, 28; 삼상 12:12; 삼하 10:1; 대상 19:1; 대하 27:5; 렘 27:3; 40:14
앗수르 왕 – 왕하 15:19, 20, 29; 16:7, 8, 9, 10, 18; 17:3, 4, 5, 6, 24, 26, 27; 18:7, 9, 11, 14, 16, 17, 19, 23, 28, 30, 31, 33; 19:4, 6, 8, 9, 10, 11, 17, 21, 32; 20:6; 23:29; 대상 5:6, 26; 대하 28:16, 20, 21; 30:6; 32:4, 7, 11, 21; 33:11; 스 4:2; 6:22; 느 9:32; 사 7:17, 20; 8:4, 7; 10:12; 20:1, 4, 6; 36:2, 4, 8, 13, 15, 16, 18; 37:4, 6, 8, 9, 10, 11, 18, 33; 38:6; 렘 50:17, 18; 호 5:13; 10:6; 나 3:18
앗수르의 사르곤 왕 – 사 20:1
앗수르의 산헤립 왕 – 사 37:21, 37
앗수르(의) 왕 산헤립 – 왕하 18:13; 19:20, 36; 대하 32:1, 9, 10, 22; 사 36:1
애굽 왕 – 창 40:1, 5; 41:46; 출 1:15, 17, 18; 2:23; 3:18, 19; 5:4; 14:5; 왕상 11:40; 14:25; 왕하 7:6; 17:4, 7; 18:21; 23:29; 24:7; 대하 12:2, 9; 35:20; 36:3, 4; 렘 25:19; 46:2
애굽의 바로 왕 – 렘 46:17; 겔 29:2, 3; 30:21, 22; 31:2; 32:2
애굽(의) 왕 바로 – 창 41:46; 출 6:11, 13, 27, 29; 14:8; 신 7:8; 왕상 3:1; 9:16; 11:18; 17:7; 18:21; 23:29; 사 36:6; 렘 25:19; 46:2; 행 7:10
야렙 왕 – 호 5:13; 10:6
야르뭇 왕 – 수 10:3, 5, 23; 12:10
에글론 왕 – 수 10:3, 5, 23; 12:11

[왕]   [왕]

느 3:15	왕에게 드렸는데 이전에는 내가 **왕** 앞에
	또 **왕**의 동산 근처 셀라 못 가의 성벽을
느 5:4	밭과 포도원으로 돈을 빚내서 **왕**에게
느 6:6	네가 그 말과 같이 **왕**이 되려 하는도다
느 9:24	가나안 사람들과 그들의 **왕**들과 본토
느 11:24	브다히야는 **왕**의 수하에서 백성의 일을
느 13:6	**왕**에게 나아갔다가 며칠 후에 **왕**에게
에 1:1	구스까지 백이십칠 지방을 다스리는 **왕**
에 2:2	**왕**의 측근 신하들이 아뢰되 **왕**은 **왕**을
에 2:18	지방의 세금을 면제하고 **왕**의 이름으로
에 3:8	한 민족이 **왕**의 나라 각 지방 … 달라서
	왕의 법률을 … 용납하는 것이 **왕**에게
에 3:12	관원에게 아하수에로 **왕**의 이름으로
에 4:7	하만이 유다인을 멸하려고 **왕**의 금고에
에 5:1	곧 어전 맞은편에 서니 **왕**이 어전에서
에 6:1	그 날 밤에 **왕**이 잠이 오지 아니하므로
에 7:1	**왕**이 하만과 함께 또 왕후 에스더의 잔치
에 8:1	**왕**께 아뢰었으므로 모르드개가 **왕** 앞에
시가서	
욥 12:18	**왕**들이 맨 것을 풀어 그들의 허리를 동이
욥 15:24	그를 두렵게 하며 싸움을 준비한 **왕**처럼
욥 18:14	장막에서 뽑히며 그는 공포의 **왕**에게
욥 29:25	으뜸되는 자리에 앉았나니 **왕**이 군대
욥 34:18	그는 **왕**에게라도 무용지물이라 하시며
욥 36:7	**왕**들과 함께 왕좌에 앉히사 영원토록
욥 41:34	교만한 자들에게 군림하는 **왕**이니라
시 2:6	나의 **왕**을 내 거룩한 산 시온에 세웠다
시 5:2	나의 **왕**, 나의 하나님이여 내가 부르짖는
시 10:16	여호와께서는 영원무궁하도록 **왕**이시니
시 18:50	여호와께서 그 **왕**에게 큰 구원을 주시며
시 20:9	여호와여 **왕**을 구원하소서 우리가 부를
시 21:1	여호와여 **왕**이 주의 힘으로 말미암아
시 29:10	여호와께서 영원하도록 **왕**으로 좌정
시 33:16	많은 군대로 구원 얻은 **왕**이 없으며 용사
시 44:4	하나님이여 주는 나의 **왕**이시니 야곱
시 45:1	내 마음이 좋은 말로 **왕**을 위하여 지은
시 47:2	여호와는 두려우시고 온 땅에 큰 **왕**이
시 48:2	큰 **왕**의 성 곧 북방에 있는 시온 산이
시 61:6	주께서 **왕**에게 장수하게 하사 그의 나이
시 63:11	**왕**은 하나님을 즐거워하리니 주께 맹세

성경에 나오는 '왕'

에돔 왕 – 창 36:32; 민 20:14, 18, 20, 21; 삿 11:17; 왕하 3:9, 12, 26; 렘 27:3; 암 2:1
엘라살 왕 – 창 14:1, 9
엘람 왕 – 창 14:1, 9; 렘 25:25
여고니야 왕 – 렘 29:2
여로보암 왕 – 왕상 13:4; 15:1, 9; 대하 13:1
여리고 왕 – 수 2:2, 3; 10:28, 30; 12:9
여호람 왕 – 왕하 3:6; 대하 22:11
여호사밧 왕 – 왕상 22:2, 8, 10, 18, 29, 51; 왕하 3:1; 대하 19:2; 20:15
여호아하스 왕 – 왕하 13:22
여호야긴 왕 – 렘 52:31; 겔 1:2
여호야김 왕 – 렘 26:21, 22, 23, 28, 29, 32
예루살렘 왕 – 수 10:1, 3, 5, 23; 12:10; 왕상 10:26; 대하 1:14; 9:25; 36:4, 10; 전 1:1; 겔 12:10
왕 다윗 – 삼상 21:11; 삼하 20:21; 렘 30:9; 호 3:5
왕 사울 – 삼상 18:6
요람 왕 – 왕하 8:29; 9:16; 11:2
요시야 왕 – 왕하 22:3, 23, 29; 대하 35:16, 23;

렘 3:6; 25:3; 35:1; 36:1, 9; 45:1; 46:2
요아스 왕 – 왕하 12:6, 7; 대하 24:22
욕느암 왕 – 수 12:22
웃시야 왕 – 대하 26:18, 21; 사 6:1
유다 왕 므낫세 – 왕하 21:11
유다 왕 아사 – 왕상 15:17; 대하 16:1, 7; 21:12
유다 왕 웃시야 – 왕하 15:13, 32; 사 1:1; 암 1:1; 슥 14:5
유다(의 모든) 왕 – 삼상 27:6; 왕상 12:27; 14:21; 15:1, 9, 17; 22:41; 왕하 8:16, 25; 9:29; 22:16, 18; 23:5, 11, 12, 22; 대하 13:1; 20:31; 34:11, 24, 26; 35:21; 렘 1:18; 8:1; 17:19; 17:20; 19:3, 4, 13; 20:5; 27:18; 32:2; 37:7; 44:9; 호 1:1; 미 1:1
(유다의) 여호사밧 왕 – 왕상 22:2, 8, 10, 18, 29, 51; 왕하 3:1; 대하 19:2; 20:15
유다의 여호야김 왕 – 렘 36:28, 29, 32
유다(의) 왕 르호보암 – 왕상 12:23, 27; 대하 11:3
유다의 왕 시드기야 – 렘 1:3; 21:7; 24:8; 27:3, 12; 28:1; 29:3; 32:3–5; 49:34

【왕】

성경에 나오는 '왕'

유다(의) 왕 아마샤 – 왕하 13:12; 14:9, 11, 13, 15; 15:1; 대하 25:17, 18, 21, 23

유다의 왕 아몬 – 렘 25:3

유다 왕 아사 – 왕상 15:17; 대하 16:1, 7; 21:12

유다(의) 왕 아사랴 – 왕하 15:8, 17, 23, 27

유다(의) 왕 아하스 – 왕하 17:1; 18:1

유다(의) 왕 아하시야 – 왕하 9:16, 21, 27; 10:13; 13:1

유다(의) 왕 여호야긴 – 왕하 24:12; 25:27; 렘 52:31

유다(의) 왕 여호야김 – 렘 1:3; 22:24; 24:1; 27:20; 28:4; 36:30; 단 1:1, 2

유다(의) 왕 여호람 – 왕하 8:25, 29; 대하 22:1, 6

유다(의) 왕 여호사밧 – 왕하 1:17; 3:7, 14; 8:16; 12:18; 대하 18:3, 9, 28; 19:1; 20:35; 21:2

유다(의) 왕 요담 – 왕하 16:1; 대상 5:17

유다(의) 왕 요시야 – 렘 1:2; 22:11, 18; 25:1; 26:1; 27:1; 습 1:1

유다(의) 왕 요아스 – 왕하 12:18; 13:10; 14:1, 17, 23; 대하 25:25

유다(의) 왕 히스기야 – 왕하 18:14, 16; 19:10; 대상 4:41; 대하 30:24; 32:8, 9, 23; 잠 25:1; 사 38:9; 렘 15:4; 26:18, 19

유다 족속의 왕 – 삼하 2:4, 11

유대 왕 헤롯 – 눅 1:5

유대인의 왕 – 마 2:2; 27:11, 29, 37; 막 15:2, 9, 12, 18, 26; 눅 23:3, 37, 38; 요 18:33, 39; 19:3, 19, 21

이스라엘 왕 다윗 – 대하 8:11; 29:27; 30:26; 35:3, 4; 스 3:10

이스라엘 왕 베가 – 왕하 15:29

이스라엘 왕 사울 – 삼상 29:3

이스라엘 왕 아하스 – 대하 28:19

이스라엘 왕 아하시야 – 대하 20:35

이스라엘 왕 오므리 – 왕하 8:26

이스라엘 왕 요아스 – 대하 25:25

이스라엘 왕 호세아 – 왕하 18:10

이스라엘(의 모든, 여러) 왕 – 삼상 15:17, 26, 35; 16:1; 23:17; 24:14; 26:20; 삼하 2:9, 10; 12:7; 19:22; 왕상 2:11; 6:1; 12:20; 15:25; 16:16, 33; 20:4, 7, 11, 21, 22, 28, 31, 32, 40, 41, 43; 22:2, 3, 4, 5, 6, 8, 9, 10, 18, 26, 29, 30, 31, 32, 33, 34, 44; 왕하 3:5, 10, 11, 13; 5:5, 6, 7, 8; 6:9, 10, 11, 12, 21, 26; 7:6; 8:16, 25; 9:3, 6, 12; 13:1, 10, 13, 16, 18; 14:16, 29; 15:17, 23, 27; 16:3, 7; 17:1, 2, 8; 23:19, 22; 대상 11:3; 12:38; 14:2; 23:1; 28:4; 29:25; 대하 18:4, 5, 7, 8, 9, 17, 25, 28, 29, 30, 31, 32, 33, 34; 28:5, 27; 33:18; 35:18; 전 1:12; 사 44:6; 겔 21:25; 호 1:1; 10:15; 미 1:14; 습 3:15; 마 27:42; 막 15:32; 요 12:13

이스라엘의 바아사 왕 – 왕상 15:32; 렘 41:9

이스라엘의 베가 왕 – 사 7:1

이스라엘의 아합 왕 – 왕상 20:2, 13; 21:18; 22:41

이스라엘의 왕 르말랴 – 왕하 15:32; 16:5

이스라엘(의) 왕 바아사 – 왕상 15:16, 17, 19; 대하 16:1, 3

이스라엘(의) 왕 솔로몬 – 왕하 23:13; 24:13; 느 13:26; 잠 1:1

이스라엘(의) 왕 아합 – 왕하 8:16, 25; 21:3; 대하 18:3, 19; 22:5

이스라엘의 왕 엘라 – 왕하 18:1, 9

이스라엘(의) 왕 여로보암 – 왕하 15:1; 대상 5:17; 암 7:10

이스라엘의 왕 여호아하스 – 왕하 14:1, 17

이스라엘(의) 왕 요아스 – 왕하 13:14; 14:8, 9, 11, 13, 23; 대하 25:17, 18, 21, 23; 암 1:1

이스라엘 왕 요람 – 왕하 9:21

하맛 왕 – 삼하 8:9; 왕하 19:13; 대상 18:9; 사 37:13

하솔 왕 – 수 11:1; 12:19; 삿 4:17

헤나와 이와의 왕 – 왕하 19:13; 37:13

헤롯 왕 – 마 2:1, 3; 막 6:14; 행 12:1

헤벨 왕 – 수 12:17

헤브론 왕 – 수 10:3, 5, 23; 12:10

헤스본 왕 시혼 – 신 2:24, 26, 30; 3:6; 29:7; 수 9:10; 12:5; 13:27; 삿 11:19; 느 9:22

헷 사람의 왕 – 왕상 10:29; 왕하 7:6; 대하 1:17

헬라 왕 – 단 8:21

호르마 왕 – 수 12:14

호브라 왕 – 렘 44:30

히스기야 왕 – 왕하 18:9, 10, 13, 17; 19:1, 5; 20:14; 대하 29:18, 20, 30; 31:13; 32:20; 사 36:1, 2; 37:1, 5, 10; 39:3

[왕]   [왕]

시 68:12	여러 군대의 **왕**들이 도망하고 도망하니
시 72:1	하나님이여 주의 판단력을 **왕**에게 주시
시 74:12	하나님은 예로부터 나의 **왕**이시라 사람
시 84:3	나의 **왕**, 나의 하나님, 만군의 여호와여
시 89:18	우리의 **왕**은 이스라엘의 거룩한 이에게
시 95:3	모든 신들보다 크신 **왕**이시기 때문이
시 98:6	나팔과 호각 소리로 **왕**이신 여호와 앞에
시 99:4	능력 있는 **왕**은 정의를 사랑하느니라
시 102:15	이 땅의 모든 **왕**들이 주의 영광을 경외
시 105:14	아니하시고 그들로 말미암아 **왕**들을
시 110:5	주께서 그의 노하시는 날에 **왕**들을 쳐서
시 119:46	또 **왕**들 앞에서 주의 교훈들을 말할 때
시 135:10	그가 많은 나라를 치시고 강한 **왕**들을
시 136:17	**왕**들을 치신 이에게 감사하라 그 인자
시 138:4	여호와여 세상의 모든 **왕**들이 주께 감사
시 144:10	주는 **왕**들에게 구원을 베푸시는 자시요
시 145:1	**왕**이신 나의 하나님이여 내가 주를 높이
시 149:2	시온의 주민은 그들의 **왕**으로 말미암아
잠 8:15	나로 말미암아 **왕**들이 치리하며 방백들
잠 14:28	백성이 많은 것은 **왕**의 영광이요 백성이
잠 16:10	하나님의 말씀이 **왕**의 입술에 있은즉
잠 19:12	**왕**의 노함은 사자의 부르짖음 같고 그의
잠 20:2	**왕**의 진노는 사자의 부르짖음 같으니
잠 21:1	**왕**의 마음이 여호와의 손에 있음이 마치
잠 22:29	이러한 사람은 **왕** 앞에 설 것이요 천한 자
잠 24:21	아들아 여호와와 **왕**을 경외하고 반역자
잠 25:2	하나님의 영화요 일을 살피는 것은 **왕**
잠 29:4	**왕**은 정의로 나라를 견고하게 하나 뇌물
잠 30:31	사냥개와 숫염소와 및 당할 수 없는 **왕**이
전 2:8	은 금과 **왕**들이 소유한 보배와 여러 지방
전 4:13	경고를 더 받을 줄 모르는 **왕**보다 나으니
전 5:9	사람을 위하여 있나니 **왕**도 밭의 소산을
전 8:3	**왕** 앞에서 물러가기를 급하게 하지 말
	며 악한 것을 일삼지 말라 **왕**은 자기가
전 9:14	성읍에 큰 **왕**이 와서 그것을 에워싸고
전 10:16	**왕**은 어리고 대신들은 아침부터 잔치
전 10:17	**왕**은 귀족들의 아들이요 대신들은 취하
아 1:4	**왕**이 나를 그의 방으로 이끌어 들이시니
아 7:5	자주 빛이 있으니 **왕**이 그 머리카락

대선지서

사 6:5	만군의 여호와이신 **왕**을 뵈었음이로다
사 8:21	그가 굶주릴 때에 격분하여 자기의 **왕**과
사 9:6	영존하시는 아버지라, 평강의 **왕**이라
사 10:8	그가 이르기를 내 고관들은 다 **왕**들이
사 14:9	모든 **왕**을 그들의 왕좌에서 일어서게
사 19:4	포학한 **왕**이 그들을 다스리리라 주 만군
사 23:15	그 날부터 두로가 한 **왕**의 연한같이 칠십
사 24:21	높은 군대를 벌하시며 땅에서 땅의 **왕**들
사 30:33	도벳은 이미 세워졌고 또 **왕**을 위하여
사 32:1	보라 장차 한 **왕**이 공의로 통치할 것이요
사 33:17	네 눈은 **왕**을 그의 아름다운 가운데에서
사 36:21	이는 **왕**이 그들에게 명령하여 대답하지
사 37:2	어른들도 굵은 베 옷을 입으니라 **왕**이
사 38:21	무화과를 가져다가 종처에 붙이면 **왕**이

'왕'과 관련된 성구

대신하여 왕으로 삼다 – 왕하 14:21; 23:30, 34; 24:17; 대하 26:1; 33:25

대신하여 왕이 되다 – 창 36:33, 34, 35, 36, 37, 38, 39; 삼하 10:1; 왕상 1:35; 3:7; 11:43; 14:20, 31; 15:8, 24, 28; 16:6, 10, 28; 22:40, 50; 왕하 1:17; 8:15, 24; 10:35; 12:21; 13:9, 24; 14:16, 29; 15:7, 10, 14, 22, 25, 30, 38; 16:20; 19:37; 20:21; 21:18, 26; 24:6; 대상 1:44, 45, 46, 47, 48, 49, 50; 19:1; 29:28; 대하 1:8; 9:31; 12:16; 14:1; 17:1; 21:1; 24:27; 26:23; 27:9; 28:27; 32:33; 33:20; 36:8

만왕의 왕 – 단 8:25; 딤전 6:15; 계 17:14; 19:16

세상(의) 왕 – 시 76:12; 89:27; 148:11; 겔 27:33; 39:18

영광의 왕 – 시 24:7, 8, 9, 10

왕 노릇하다 – 롬 5:14, 17, 21; 고전 4:8; 15:25; 딤후 2:12; 계 5:10; 11:15, 17; 20:4, 6; 22:5

왕으로 삼다 – 삿 9:6, 8, 15, 16, 18; 삼상 11:15; 15:1, 35; 삼하 2:4, 7, 9; 5:3, 12, 17; 왕상 1:34, 43, 45; 2:15; 10:9; 12:1, 20; 16:16, 21; 왕하 9:3, 6, 12; 11:12; 14:21; 17:21; 23:30, 34; 24:17; 대상 11:3, 10; 12:31, 38; 14:2; 23:1; 29:22; 대하 1:9; 9:8; 10:1; 23:11; 26:1; 33:25; 36:1, 4, 10; 느 13:26;

[왕]   [왕]

사 39:3	무슨 말을 하였으며 어디서 **왕**에게 왔나			자요 느다냐의 아들로서 **왕**의 장관인
사 41:2	열국을 그의 앞에 넘겨 주며 그가 **왕**을	렘 44:17	우리 선조와 우리 **왕**들과 우리 고관들
사 43:15	이스라엘의 창조자요 너희의 **왕**이니라	렘 46:18	만군의 여호와라 일컫는 **왕**이 이르시되
사 45:1	내가 **왕**들의 허리를 풀어 그 앞에 문들을	렘 48:15	만군의 여호와라 일컫는 **왕**께서 이와
사 49:7	**왕**들이 보고 일어서며 고관들이 경배	렘 49:38	내가 나의 보좌를 엘람에 주고 **왕**과 고관
사 52:15	그가 나라들을 놀라게 할 것이며 **왕**들	렘 50:41	큰 나라와 여러 **왕**이 충동을 받아 땅 끝
사 60:3	나라들은 네 빛으로, **왕**들은 비치는 네	렘 52:7	두 성벽 사이 **왕**의 동산 곁문 길로 도망
사 62:2	이방 나라들이 네 공의를, 뭇 **왕**이 다	애 2:6	그가 진노하사 **왕**과 제사장을 멸시하
렘 2:26	이스라엘 집 곧 그들의 **왕**과 지도자	애 2:9	빗장이 부서져 파괴되고 **왕**과 지도자
렘 4:9	여호와의 말씀이니라 그 날에 **왕**과 지도	애 4:12	세상의 모든 **왕**들과 천하 모든 백성이
렘 8:19	그의 **왕**이 그 가운데 계시지 아니한가	겔 7:27	**왕**은 애통하고 고관은 놀람을 옷 입듯
렘 10:7	이방 사람들의 **왕**이시여 주를 경외하지	겔 12:12	그중에 **왕**은 어두울 때에 어깨에 행장을
렘 13:13	다윗의 왕위에 앉은 **왕**들과 제사장과	겔 17:12	예루살렘에 이르러 **왕**과 고관을 사로
렘 17:25	다윗의 왕위에 앉아 있는 **왕**들과 고관들	겔 26:7	**왕**들 중의 **왕** 곧 바벨론의 느부갓네살
렘 22:4	다윗의 왕위에 앉을 **왕**들과 신하들과	겔 28:17	내가 너를 땅에 던져 **왕**들 앞에 두어 그들
렘 23:5	그가 **왕**이 되어 지혜롭게 다스리며 세상	겔 30:13	애굽 땅에서 **왕**이 다시 나지 못하게 하고
렘 25:14	그리하여 여러 민족과 큰 **왕**들이 그들로	겔 32:10	내 칼이 그들의 **왕** 앞에서 춤추게 할 때
렘 26:23	그를 데려오매 **왕**이 칼로 그를 죽이고		에 그 **왕**이 너로 말미암아 심히 두려워
렘 27:7	또한 많은 나라들과 큰 **왕**들이 그 자신을	겔 34:24	다윗은 그들 중에 **왕**이 되리라 나 여호와
렘 29:16	다윗의 왕좌에 앉은 **왕**과 이 성에 사는	겔 37:24	내 종 다윗이 그들의 **왕**이 되리니 그들
렘 32:32	그들과 그들의 **왕**들과 그의 고관들과	겔 43:7	그들의 **왕**들이 음행하며 그 죽은 **왕**들의
렘 36:1	요시야 **왕**의 아들 여호야김 제사년에	겔 44:3	**왕**은 **왕**인 까닭에 안 길로 이 문 현관
렘 36:16	우리가 이 모든 말을 **왕**에게 아뢰리라	겔 45:7	성읍의 기지 옆의 땅을 **왕**에게 돌리되
렘 37:1	고니야의 뒤를 이어 **왕**이 되었으니	단 1:3	**왕**이 환관장 아스부나스에게 말하여
렘 38:4	그 고관들이 **왕**께 아뢰되 이 사람을	단 2:2	**왕**이 그의 꿈을 자기에게 알려 주도록
렘 39:4	그들을 보고 도망하되 밤에 **왕**의 동산		박수와 … 그들이 들어가서 **왕**의 앞에
렘 41:1	일곱째 달에 **왕**의 종친 엘리사마의 손	단 3:4	각 언어로 말하는 자들아 **왕**이 너희 무리

'왕'과 관련된 성구

사 7:6; 렘 37:1

왕으로 세우다 – 신 17:15; 삼상 15:11; 왕하 10:5; 대하 11:22; 겔 17:16; 단 9:1; 행 13:22

왕을 구하다 – 삼상 12:17, 19; 행 13:21

왕을 세우다 – 신 17:14, 15; 삼상 8:5, 22; 10:19; 12:1, 13; 왕하 8:20; *대하 21:8*

왕을 해하다 – 삼상 24:9, 12, 13; 시 21:11

왕을 호위하다 – 왕하 11:7, 8, 11; 대하 23:7, 10

왕의 군대 – 왕하 25:5; 대하 16:7; 렘 34:7, 21; 38:3; 52:8; 단 11:7

왕의 군대 지휘관 – 왕상 15:20; 대상 27:34; 대하 16:4; 33:11

왕의 내시 – 에 2:21; 6:14; 렘 52:25

왕의 딸 – 왕하 9:34; 11:2; 대하 22:11; 시 45:13; 렘 41:10; 43:6; 단 11:6

왕의 말씀 – 출 8:10; 삼상 28:21; 삼하 14:17, 19; 19:11; 왕상 2:38; 20:4; 22:27; 왕하 1:9, 11; 9:18, 19; 18:19, 28, 29, 31; 에 5:8; 사 36:13, 14

왕의 (모든) 신하 – 출 8:9, 11; 9:30; 삿 3:24; 삼상 22:14, 17; 삼하 15:15; 왕상 1:9, 47; 20:23; 왕하 3:11; 에 3:2, 3; 4:11; 6:9; 사 37:5; 렘 37:18

왕의 명령 – 출 1:17; 삼하 21:14; 24:4; 대상 21:4, 6; 25:2; 대하 24:21; 30:6; 31:5;

[왕]

'왕'과 관련된 성구

35:10, 16; 스 7:26; 느 11:23; 에 1:15; 3:2, 3, 15; 4:3; 전 8:2; 단 2:13, 15; 3:22, 28; 히 11:23

왕의 모사 - 대상 27:33; 대하 25:16; 단 3:27

왕의 벗 - 왕상 4:5; 대상 27:33

왕의 사위 - 삼상 18:18, 22, 23, 26, 27; 22:14

왕의 상 - 삼하 9:11, 13; 19:28; 왕상 4:27

왕의 서기관 - 대하 24:11; 에 3:12; 8:9

왕의 선견자 - 대상 25:5; 대하 29:25; 35:15

왕의 아들 - 삼하 13:23, 27, 29, 30; 18:12, 20; 왕상 1:19, 25; 왕하 16:7; 대하 28:7; 시 45:16; 72:1; 렘 35:1; 36:9, 26; 38:6; 45:1; 46:2

왕의 어명 - 에 4:5; 8:14, 17; 9:1

왕의 음식 - 단 1:5, 8, 13, 15

왕의 이름 - 에 8:8; 시 45:17

왕의 조상 - 왕하 20:5, 17; 대하 21:12; 시 45:16

왕의 조서 - 스 4:23; 6:13; 8:36; 느 2:9; 에 1:20; 2:8

왕의 종 - 삼상 22:15; 삼하 11:21, 24; 14:19, 20; 15:34; 18:29; 19:20, 26, 37; 왕상 1:19, 26; 12:7; 20:32; 대하 10:7; 사 37:6; 렘 41:1

왕의 큰길 - 민 20:17; 21:22

왕의 하나님 - 삼상 13:13; 삼하 14:11, 17; 18:28; 24:3, 23; 왕상 1:17, 36, 47; 대하 11:2; 대하 16:7; 시 45:7

유다 왕 역대지략 - 왕상 14:29; 15:7, 23; 22:45; 왕하 8:23; 12:19; 14:18; 15:6, 36; 16:19; 20:20; 21:17, 25; 23:28; 24:5

이스라엘에 왕이 없다 - 삿 17:6; 18:1; 19:1; 21:25

이스라엘 왕들의 길 - 왕하 8:18; 대하 21:6, 13; 28:2

이스라엘 왕 역대지략 - 왕상 14:19; 15:31; 16:5, 14, 20, 27; 22:39; 왕하 1:18; 10:34; 13:8, 12; 14:15, 28; 15:11, 15, 21, 26, 31

이스라엘의 왕이 되다 - 왕상 4:1; 15:33; 16:8, 23, 29; 19:16; 22:51; 대상 14:8; 29:26

단 4:19 번민하는지라 **왕**이 그에게 … 그 꿈은 **왕**을 미워하는 자에게 … 해석은 **왕**의
단 5:2 이는 **왕**과 귀족들과 왕후들과 후궁들
단 6:2 직무를 보고하게 하여 **왕**에게 손해가
단 7:17 그 네 큰 짐승은 세상에 일어날 네 **왕**이
단 8:21 눈 사이에 있는 큰 뿔은 곧 그 첫째 **왕**
단 9:6 우리의 **왕**들과 우리의 고관과 조상들
단 10:13 바사 왕국의 **왕**들과 함께 머물러 있더니
단 11:2 바사에서 또 세 **왕**들이 일어날 것이요

소선지서

호 3:4 이스라엘 자손들이 많은 날 동안 **왕**도
호 7:3 그들이 그 악으로 **왕**을, 그 거짓말로
호 8:4 그들이 **왕**들을 세웠으나 내게서 난 것이
호 10:3 우리에게 **왕**이 없거니와 **왕**이 우리를
호 13:10 전에 네가 이르기를 내게 **왕**과 지도자들을 주소서 하였느니라 … 곧 네 **왕**이
암 1:15 그들의 **왕**은 그 지도자들과 함께 사로
암 5:26 너희가 너희 **왕** 식굿과 기윤과 너희 우상
암 7:1 **왕**이 풀을 벤 후 풀이 다시 움돋기 시작
욘 3:6 그 일이 니느웨 **왕**에게 들리매 **왕**이 보좌
미 2:13 그들의 **왕**이 앞서 가며 여호와께서는
미 4:9 너희 중에 **왕**이 없어졌고 네 모사가 죽었
합 1:10 **왕**들을 멸시하며 방백을 조소하며 모든
슥 9:9 보라 네 **왕**이 네게 임하시나니 그는 공의
슥 14:9 여호와께서 천하의 **왕**이 되시리니 그 날

신약

마 2:4 **왕**이 모든 대제사장과 백성의 서기관들
마 14:9 **왕**이 근심하나 자기가 맹세한 것과 그
마 21:5 시온 딸에게 이르기를 네 **왕**이 네게 임하
막 6:22 함께 앉은 자들을 기쁘게 한지라 **왕**이
눅 1:33 영원히 야곱의 집을 **왕**으로 다스리실
눅 19:14 우리는 이 사람이 우리의 **왕** 됨을 원하지
눅 23:2 바치는 것을 금하며 자칭 **왕** 그리스도라
요 4:46 **왕**의 신하가 있어 그의 아들이 가버나움
요 12:15 보라 너의 **왕**이 나귀 새끼를 타고 오신다
요 18:37 빌라도가 이르되 그러면 네가 **왕**이 아니냐 … 네 말과 같이 내가 **왕**이니라
요 19:12 무릇 자기를 **왕**이라 하는 자는 가이사
행 12:20 한마음으로 그에게 나아와 **왕**의 침소
행 25:14 베스도가 바울의 일로 **왕**에게 고하여
행 26:13 **왕**이여 정오가 되어 길에서 보니 하늘
고전 4:8 우리 없이도 **왕**이 되었도다 … 함께 **왕** 노릇 하기 위하여 … 너희가 **왕**이 되기를

1810

【 왕 】 　　　　　　　　　　　　　　　　　　　　　【 왕 】

딤전 1:17 영원하신 **왕** 곧 썩지 아니하고 보이지
히 7:1 　하나님의 제사장이라 여러 **왕**을 쳐서
히 11:27 믿음으로 애굽을 떠나 **왕**의 노함을 무서
벧전 2:9 그러나 너희는 택하신 족속이요 **왕** 같은
계 9:11 그들에게 **왕**이 있으니 무저갱의 사자라
계 15:3 크고 놀라우시도다 만국의 **왕**이시여
계 16:12 동방에서 오는 **왕**들의 길이 예비되었
계 17:10 일곱 **왕**이라 다섯은 망하였고 하나는
계 18:3 또 땅의 **왕**들이 그와 더불어 음행하였
계 19:18 **왕**들의 살과 장군들의 살과 장사들의
계 21:24 그 빛 가운데로 다니고 땅의 **왕**들이 자기

왕 - 기타 본문

모세오경, 역사서 창 14:9, 11, 17; 17:16; 출 8:10, 11, 29; 9:30; 10:25; 신 3:21; 수 10:16, 17, 22, 23, 24, 26, 28, 30, 37, 39, 40, 42; 11:5, 10, 12, 17, 18; 12:7, 24; 삿 3:20, 21, 24, 25; 5:19; 9:10, 12, 14; 삼상 8:7, 9, 10, 11, 18, 19, 20; 12:12, 13, 14, 25; 13:11, 13, 14; 14:40; 15:16, 16, 17, 18, 19, 23, 26, 28; 16:15, 16; 17:55, 56; 18:25, 27; 19:5; 20:24, 25, 29; 21:8; 22:14, 15, 16, 17, 18; 24:9, 10, 11, 12, 15, 20; 26:15, 16, 17, 19, 22, 23, 24; 28:21, 22; 29:8; 삼하 3:23, 24, 25, 32, 33, 36, 37, 38, 39; 5:2, 3, 6; 7:2, 3; 9:3, 4, 8, 11; 10:3, 5, 6, 19; 11:8, 11, 19, 20, 24; 12:18, 28, 30; 13:13, 24, 25, 26, 27, 31, 33, 35, 36, 39; 14:3, 4, 5, 8, 9, 10, 11, 12, 13, 15, 16, 17, 18, 19, 20, 21, 22, 24, 26, 28, 29, 32, 33; 15:3, 6, 7, 9, 10, 15, 16, 17, 18, 19, 21, 23, 25, 27, 34, 35; 16:3, 4, 6, 8, 9, 10, 14, 16, 19, 21; 17:8, 10, 16; 18:3, 4, 5, 12, 13, 18, 19, 21, 25, 26, 27, 28, 29, 30, 31, 32, 33; 19:2, 4, 5, 6, 7, 8, 9, 10, 11, 12, 14, 15, 17, 18, 19, 20, 23, 24, 25, 26, 27, 28, 29, 30, 31, 32, 33, 34, 35, 36, 37, 38, 39, 40, 41, 42, 43; 20:4, 5, 22; 21:4, 5, 6, 7, 8, 17; 24:3, 4, 9, 13, 20, 21, 22, 23, 24; 왕상 1:3, 4, 5, 11, 13, 14, 15, 16, 17, 18, 20, 21, 22, 23, 24, 27, 28, 29, 30, 32, 33, 36, 37, 44, 47; 2:18, 19, 20, 26, 30, 31, 35, 36, 38, 42, 44; 3:8, 13, 16, 22, 23, 24, 25, 26, 27, 28; 4:24, 27, 34; 5:17; 8:62, 63, 64, 66; 10:6, 10, 12, 13, 15, 17, 18, 22, 23, 27, 28; 11:4, 14, 24, 25, 26, 27, 37; 12:7, 8, 9, 10, 12, 13, 15, 16, 17; 13:7, 8, 11; 14:14, 28; 16:11, 15, 16, 22; 20:4, 8, 9, 12, 14, 16, 22, 23, 24, 25, 31, 33, 34, 38, 39, 42; 21:6, 7, 10, 13; 22:8, 11, 12, 13, 15, 16, 19, 23, 28, 34, 35, 37, 42, 47; 왕하 1:6, 7, 8, 11, 13, 15, 17; 3:13, 21, 23, 27; 5:8; 6:12, 13, 14, 23, 26, 27, 30, 31, 32, 33; 7:12, 14, 15, 17, 18; 8:4, 5, 6, 7, 8, 10, 14, 15, 16, 17, 25, 26; 11:8, 12, 14, 17, 19, 21; 12:10; 13:17, 19; 14:1, 2, 6; 15:1, 2, 5, 13, 32; 16:1, 7, 12, 15, 18; 18:1, 5, 14, 18, 36; 19:11; 20:14, 18; 21:19, 23, 24; 22:9, 10, 11, 12, 20; 23:2, 3, 4, 10, 13, 16, 17, 21, 25, 31, 33, 36; 24:15, 18; 25:5, 6, 19, 20, 22, 28, 30; 대상 11:2, 3; 19:3, 5, 7, 9; 20:2; 21:23; 26:32; 27:25; 29:20, 23, 25, 30; 대하 1:15, 16, 17; 2:11; 7:5, 10; 9:8, 11, 16, 17, 21, 22, 26, 27; 10:7, 8, 9, 10, 12, 13, 15, 16, 17; 12:11; 16:7, 8, 9, 12; 18:7, 10, 11, 12, 14, 15, 18, 22, 26, 27, 33; 19:3, 11; 20:36, 37; 22:1; 23:7, 11, 12, 13, 15, 16, 20; 24:8, 11, 14, 16, 17, 23, 25; 25:8, 9, 15, 16; 26:13, 18, 20, 23; 29:23, 24, 25, 29; 30:4, 5, 6; 34:16, 18, 19, 20, 22, 28, 29, 30, 31; 35:23; 36:18; 스 4:13, 14, 15, 16, 17, 19, 22; 5:10, 11, 17; 6:10, 12; 7:8, 12, 14, 15, 23, 27, 28; 8:25, 36; 9:9; 느 2:2, 3, 4, 5, 6, 7, 8, 14, 18, 19; 3:25; 6:7; 9:32, 34, 37; 13:26; 에 1:3, 4, 5, 7, 8, 10, 11, 12, 14, 16, 18, 19, 21; 2:4, 13, 14, 15, 16, 17, 18, 22, 23; 3:9, 10, 12, 13, 15; 4:8, 11; 5:3, 4, 5, 6, 8, 11, 12, 14; 6:2, 3, 4, 5, 6, 7, 8, 9, 10, 11; 7:2, 3, 4, 6, 7, 8, 9, 10; 8:2, 3, 4, 5, 8, 10, 11, 14, 15; 9:3, 11, 12, 13, 14, 16, 25 **시가서-신약** 시 21:7, 8, 9, 10, 12; 45:2, 3, 4, 5, 7, 8, 9, 11, 14, 16, 17; 47:6, 7; 48:4; 68:14, 24, 29; 72:10, 11; 105:20, 30; 136:18; 149:8; 잠 14:35; 16:12, 13, 14, 15; 20:8, 26, 28; 25:3, 5, 6; 29:14; 31:3, 4; 전 4:14, 15; 8:4; 10:20; 아 1:12; 사 7:2, 16; 14:18; 19:11; 24:23; 33:22; 37:9, 30, 38; 39:4, 5; 41:21; 49:23; 60:10, 11, 16; 렘 10:10; 13:18; 22:11, 15; 25:18, 20, 22, 24, 26; 26:21; 27:12; 36:20, 21, 22, 23, 24, 25, 26, 27; 37:17, 18, 19, 20; 38:5, 7, 8, 9, 10, 14, 15, 20, 25, 26, 27; 39:5, 6, 7; 44:21; 46:25; 51:57, 59; 52:8, 9, 31, 32, 33; 겔 17:16; 26:16; 27:35; 32:29; 37:25; 43:9; 45:8, 22; 단 1:5, 10, 18, 19, 20; 2:3, 4, 5, 7, 8, 10, 11, 12, 14, 15, 16, 21, 23, 24, 25, 26, 27, 28, 29, 30, 31, 34, 36, 37, 38, 39, 41, 43, 44, 45, 46, 47, 48, 49; 3:9, 10, 12, 13, 16, 17, 18, 24, 25, 30; 4:20,

[왕골]　　　　　　　　　　　　　　　　　　　　　　　　　　　　[왕궁]

22, 23, 24, 25, 26, 27, 30, 31, 37; 5:3, 5, 6, 7, 8,
10, 11, 12, 13, 17, 18, 22, 23, 26, 27, 28; 6:3, 6, 7,
8, 9, 10, 12, 13, 14, 15, 16, 17, 18, 19, 21, 22, 23,
24; 7:24; 8:23, 27; 9:8, 25, 26; 11:3, 5, 6, 22, 27,
36; 호 7:5, 7; 13:11; 암 7:10, 13; 욘 3:7; 슥
14:10, 16, 17; 마 2:9; 막 6:25, 26, 27; 눅 19:27,
38; 요 19:14, 15; 행 26:26, 30; 히 7:2; 벧전 2:13,
17; 계 16:14, 16; 17:11, 12, 18; 18:9

왕골(papyrus)
욥 8:11　　왕골이 진펄 아닌 데서 크게 자라겠으며

왕관(王冠, crown)
삼하 1:10　　왕관과 팔에 있
　　　　　는 고리를 벗겨서 내 주께로
삼하 12:30　　그 왕의 머리에
　　　　　서 보석 박힌 왕관을 가져
왕하 11:12 왕자를 인도하여 내어 왕관을 씌우며
대상 20:2 왕관을 빼앗아 중량을 달아보니 금 한
　　　　　 달란트라 그들의 왕관을 자기 머리에
에 6:8　　 왕께서 타시는 말과 머리에 쓰시는 왕관
욥 31:36　　어깨에 메기도 하고 왕관처럼 머리에
시 132:18 옷 입히고 그에게는 왕관이 빛나게 하리
아 3:11　　기쁠 때에 그의 어머니가 씌운 왕관이
사 62:3　　아름다운 관, 네 하나님의 손의 왕관이
겔 16:12　　귀고리를 귀에 달고 화려한 왕관을 머리
겔 21:26　　관을 제거하며 왕관을 벗길지라 그대로
슥 9:16　　왕관의 보석같이 여호와의 땅에 빛나
계 12:3　　열이라 그 여러 머리에 일곱 왕관이 있는
계 13:1　　열 왕관이 있고 그 머리들에는 신성 모독

왕국(王國, kingdom)
대하 21:4 아버지의 왕국을 다스리게 되어 세력
대하 22:10 유다 집의 왕국의 씨를 모두 진멸하였
시 46:6　 나라가 떠들며 왕국이 흔들렸더니 그가
시 68:32　왕국들아 하나님께 노래하고 주께 찬송
사 47:5　 네가 다시는 여러 왕국의 여주인이라
렘 1:10　 여러 나라와 여러 왕국 위에 세워 네가
렘 1:15　 북방 왕국들의 모든 족속들을 부를 것
렘 10:7　 왕국들의 지혜로운 자들 가운데 주와
단 10:13　바사 왕국의 군주가 이십일 일 동안 나를
단 11:2　 모든 사람을 충동하여 헬라 왕국을 칠
단 11:9　 북방 왕이 남왕의 왕국으로 쳐들어

습 3:8　　 여러 나라를 소집하며 왕국들을 모으
학 2:22　 여러 왕국들의 보좌를 엎을 것이요 여러
행 12:20　왕국에서 나는 양식을 먹는 까닭에 한

왕궁(王宮, palace, house)
모세오경, 역사서
출 8:9　　이 개구리를 왕과 왕궁에서 끊어 나일 강
출 8:11　　개구리가 왕과 왕궁과 왕의 신하와 왕의
삼하 11:8 우리아가 왕궁에서 나가매 왕의 음식물
삼하 11:27 사람을 보내 그를 왕궁으로 데려오니
삼하 12:20 전에 들어가서 경배하고 왕궁으로 돌아
삼하 15:16 후궁 열 명을 왕이 남겨 두어 왕궁을
삼하 16:21 왕의 아버지가 남겨 두어 왕궁을 지키게
삼하 19:11 이스라엘이 왕을 왕궁으로 도로 모셔오
삼하 19:30 내 주 왕께서 평안히 왕궁에 돌아오시는
삼하 20:3 전에 머물러 왕궁을 지키게 한 후궁 열
왕상 3:1　 다윗 성에 데려다가 두고 자기의 왕궁과
왕상 7:1　 솔로몬이 자기의 왕궁을 십삼 년 동안
왕상 7:2　 그가 레바논 나무로 왕궁을 지었으니
왕상 7:8　 솔로몬이 거처할 왕궁은 그 주랑 뒤 다른
왕상 9:1　 솔로몬이 여호와의 성전과 왕궁 건축
왕상 9:10 두 집 곧 여호와의 성전과 왕궁을 이십
왕상 9:15 여호와의 성전과 자기 왕궁과 밀로와
왕상 10:4 솔로몬의 모든 지혜와 그 건축한 왕궁과
왕상 10:12 백단목으로 여호와의 성전과 왕궁의
왕상 16:18 요새에 들어가서 왕궁에 불을 지르고
왕상 20:43 근심하고 답답하여 그의 왕궁으로 돌아
왕상 21:1 사마리아의 왕 아합의 왕궁에서 가깝
왕상 21:2 네 포도원이 내 왕궁 곁에 가까이 있으니
왕상 21:4 근심하고 답답하여 왕궁으로 돌아와
왕하 7:9　 우리에게 미칠지니 이제 떠나 왕궁에
왕하 7:11 그가 문지기들을 부르매 그들이 왕궁에
왕하 10:5 왕궁을 책임지는 자와 그 성읍을 책임
왕하 11:5 너희 중 삼분의 일은 왕궁을 주의하여
왕하 11:6 문에 있어서 이와 같이 왕궁을 주의하여
왕하 11:16 이에 그의 길을 열어 주매 그가 왕궁에
왕하 11:19 호위병의 문 길을 통하여 왕궁에 이르매
왕하 11:20 아달랴를 무리가 왕궁에서 칼로 죽였
왕하 12:18 여호와의 성전 곳간과 왕궁에 있는 금
왕하 14:10 스스로 영광을 삼아 왕궁에나 네 집에
왕하 15:5 왕자 요담이 왕궁을 다스리며 그 땅의
왕하 20:13 사자들에게 보였는데 왕궁과 그의 나라
왕하 20:15 이사야가 이르되 그들이 왕궁에서 무엇

1812

【 왕궁 】　　　　　　　　　　　　　　　　　　　　　　　　　　　　　　【 왕래하다 】

왕하 20:17 날이 이르리니 **왕궁**의 모든 것과 왕
왕하 25:9 성전과 **왕궁**을 불사르고 예루살렘의
대하 7:11 솔로몬이 여호와의 전과 **왕궁** 건축을
대하 8:11 그를 위하여 건축한 **왕궁**에 이르러 이
　　　　　르되…이스라엘 왕 다윗의 **왕궁**에 살지
대하 9:11 백단목으로 여호와의 전과 **왕궁**의 층대
대하 23:5 삼분의 일은 **왕궁**에 있고 삼분의 일은
대하 23:15 그에게 길을 열어 주고 그가 **왕궁** 말문
대하 23:20 윗문으로부터 **왕궁**에 이르러 왕을 나라
대하 26:21 그의 아들 요담이 **왕궁**을 관리하며 백성
대하 28:21 아하스가 여호와의 전과 **왕궁**과
스 4:14 우리가 이제 **왕궁**의 소금을 먹으므로
에 1:9 왕후 와스디도 아하수에로 **왕궁**에서
에 2:8 에스더도 **왕궁**으로 이끌려 가서 궁녀를
에 2:9 일용품을 곧 주며 또 **왕궁**에서 으레 주는
에 2:13 구하는 것을 다 주어 후궁에서 **왕궁**으로
에 2:16 곧 데벳월에 에스더가 **왕궁**에 인도되어
에 4:13 에스더에게 회답하되 너는 **왕궁**에 있으
에 5:1 에스더가 왕후의 예복을 입고 **왕궁** 안 뜰
에 6:4 달기를 왕께 구하고자 하여 **왕궁** 바깥
에 8:10 **왕궁**에서 길러서 왕의 일에 쓰는 준마를
에 9:4 모르드개가 **왕궁**에서 존귀하여 점점

시가서 – 신약

시 45:15 즐거움으로 인도함을 받고 **왕궁**에 들어

『왕궁』과 관련된 성구

- 바벨론 왕궁의 환관 – 왕하 20:18; 사 39:7
- 바벨론 왕궁 지붕 – 단 4:29
- 사마리아 왕궁 호위소 – 왕하 15:25
- 왕궁 곳간 – 왕상 15:18; 왕하 14:14;
　16:8; 18:15; 대하 16:2; 렘 38:11
- 왕궁 내시 – 렘 38:7
- 왕궁 맡은 자 – 왕상 16:9; 18:3; 사
　22:15; 36:3, 22; 37:2
- 왕궁 문 – 삼하 11:9; 왕상 14:27
- 왕궁 보물 – 왕상 14:26; 왕하 24:13; 대
　하 12:9
- 왕궁 옥상 – 삼하 11:2
- 왕궁 요새 – 왕상 16:18
- 왕궁 재물 – 대하 21:17; 25:24
- 왕궁 책임자 – 왕하 18:18, 37; 19:2
- 왕궁 후원 – 에 1:5; 7:7
- 유다 왕궁 – 렘 33:4; 38:22

잠 30:28 손에 잡힐 만하여도 **왕궁**에 있는 도마뱀
렘 26:10 유다의 고관들이 이 말을 듣고 **왕궁**에서
렘 36:12 **왕궁**에 내려가서 서기관의 방에 들어
렘 37:17 그를 이끌어내고 **왕궁**에서 그에게 비밀
렘 38:8 에벳멜렉이 **왕궁**에서 나와 왕께 아뢰어
렘 39:8 갈대아인들이 **왕궁**과 백성의 집을 불사
렘 52:13 성전과 **왕궁**을 불사르고 예루살렘의
단 1:4 학문에 익숙하여 **왕궁**에 설 만한 소년을
단 2:49 일을 다스리게 하였고 다니엘은 **왕궁**에
단 5:5 사람의 손가락들이 나타나서 **왕궁** 촛대
호 8:14 자기를 지으신 이를 잊어버리고 **왕궁**
나 2:6 강들의 수문이 열리고 **왕궁**이 소멸되며
마 11:8 부드러운 옷을 입은 사람들은 **왕궁**
눅 7:25 옷을 입고 사치하게 지내는 자는 **왕궁**에

왕권(王權, kingdom rule)

왕상 2:15 **왕권**이 돌아가 내 아우의 것이 되었음
왕상 2:22 나의 형이오니 그를 위하여 **왕권**도 구하
시 103:19 그의 **왕권**으로 만유를 다스리시도다
마 16:28 인자가 그 **왕권**을 가지고 오는 것을 볼
골 1:16 보이지 않는 것들과 혹은 **왕권**들이나

왕도(王都, royal city)

수 10:2 기브온은 **왕도**와 같은 큰 성임이요 아이
삼상 27:5 당신의 종이 어찌 당신과 함께 **왕도**에

왕래하다(往來, go back)

창 8:7 땅에서 마르기까지 날아 **왕래하였더라**
출 32:27 문에서 저 문까지 **왕래하며** 각 사람이
수 23:12 더불어 혼인하며 서로 **왕래하면**
삼상 17:15 다윗은 사울에게로 **왕래하며** 베들레헴
삼상 30:31 다윗과 그의 사람들이 **왕래하던** 모든
왕상 15:17 유다 왕 아사와 **왕래하지** 못하게 하려
대하 16:1 사람을 유다 왕 아사에게 **왕래하지** 못하
에 2:11 날마다 후궁 뜰 앞으로 **왕래하며**
욥 15:19 외인은 그들 중에 **왕래하지** 못하였느
시 82:5 흑암 중에 **왕래하니** 땅의 모든 터가 흔
전 12:5 돌아가고 조문객들이 거리로 **왕래하게**
사 23:2 **왕래하는** 시돈 상인들로 말미암아 부요
겔 1:14 그 생물들은 번개 모양같이 **왕래하더라**
겔 19:6 사자가 되매 여러 사자 가운데로 **왕래하며**
겔 28:14 불타는 돌들 사이에 **왕래하였도다**
겔 35:7 폐허가 되게 하여 그 위에 **왕래하는**

[왕명]　　　　　　　　　　　　　　　　　　　　　　　　　　[왕위]

단 12:4　봉함하라 많은 사람이 빨리 **왕래하며**
슥 3:7　너로 여기 섰는 자들 가운데에 **왕래하게**
슥 9:8　진을 쳐서 적군을 막아 거기 **왕래하지**
행 20:25　내가 여러분 중에 **왕래하며** 하나님의

왕명(王命, king's command)
에 1:12　왕후 와스디는 내시가 전하는 **왕명**을

왕벌(hornet)
출 23:28　내가 **왕벌**을 네 앞에 보내리니 그 벌이
신 7:20　네 하나님 여호와께서 또 **왕벌**을 그들
수 24:12　내가 **왕벌**을 너희 앞에 보내어 그 아모리

왕복(王服, royal robe)
왕상 22:10여호사밧 왕이 **왕복**을 입고 사마리아
왕상 22:30당신은 **왕복**을 입으소서 하고 이스라엘
대하 18:9왕 여호사밧이 **왕복**을 입고 사마리아
대하 18:29당신은 **왕복**을 입으소서 하고 이스라엘
에 6:8　입으시는 **왕복**과 왕께서 타시는 말과
에 6:9　**왕복**과 말을 왕의 신하 중 가장 존귀한
에 6:10　네 말대로 속히 **왕복**과 말을 가져다가
에 6:11　하만이 **왕복**과 말을 가져다가 모르드개
욘 3:6　왕이 보좌에서 일어나 **왕복**을 벗고 굵은
행 12:21　헤롯이 날을 택하여 **왕복**을 입고 단상에

왕비(王妃, queen)
왕상 11:19자기의 처제 곧 **왕비** 다브네스의 아우를
아 6:8　**왕비**가 육십 명이요 후궁이 팔십 명이요

아 6:9　그를 보고 복된 자라 하고 **왕비**와 후궁들
사 49:23　왕들은 네 양부가 되며 **왕비**들은 네 유모
렘 44:9　유다 왕들의 악행과 **왕비**들의 악행과
단 5:10　**왕비**가 왕과 그 귀족들의 말로 말미암아

왕성(王城, royal citadel)
삼하 12:26암몬 자손의 랍바를 쳐서 그 **왕성**을 점령

왕성하다(旺盛, wealth)
창 26:13　그 사람이 창대하고 **왕성하여** 마침내
스 9:12　너희가 **왕성하여** 그 땅의 아름다운 것
욥 29:4　내가 원기 **왕성하던** 날과 같이 지내기를
시 72:16　있는 자가 땅의 풀같이 **왕성하리로다**
행 6:7　말씀이 점점 **왕성하여** 예루살렘에 있는

왕실(王室, royal treasury)
삼상 22:14왕의 호위대장도 되고 **왕실**에서 존귀한
왕상 4:7　사람들이 왕과 **왕실**을 위하여 양식을
스 6:4　나무 한 켜를 놓으라 그 경비는 다 **왕실**

왕위(王位, throne)
신 17:20　그와 그의 자손이 **왕위**에 있는 날이 장구
삼하 2:10사십 세이며 두 해 동안 **왕위**에 있으니라
삼하 3:10다윗에게 옮겨서 그의 **왕위**를 단에서
삼하 14:9집으로 돌릴 것이니 왕과 **왕위**는 허물이
왕상 1:37그의 **왕위**를 내 주 다윗 왕의 **왕위**보다
왕상 1:47그의 **왕위**를 왕의 위보다 크게 하시기를
왕상 2:15당신도 아시는 바이거니와 이 **왕위**는

'왕위'와 관련된 성구

다윗의 왕위 – 왕상 2:12, 24, 45; 렘 13:13;
　17:25; 22:2, 4, 30; 36:30; 눅 1:32
다윗의 왕위에 앉은 (유다) 왕(자) – 렘 13:13;
　17:25; 22:2, 4, 30; 36:30
왕위가 (영원히) 견고하다 – 삼하 7:16; 대상
　17:14; 대하 1:1; 잠 29:14
왕위를 (영원히) 견고하게 하다 – 삼하 7:13;
　왕상 9:5; 대상 17:12; 대하 7:18
왕위를 잇다 – 왕하 3:27; 10:30; 단 11:7,
　20, 21
왕위에 앉다 – 왕상 1:13, 17, 20, 24, 30,
　35; 2:12; 8:20; 대상 29:23; 대하

6:10; 33:13; 시 132:12
왕위에 앉은 바로의 장자 – 출 11:5; 12:29
왕위에 앉을 사람 – 왕상 8:25; 대하 6:16
왕위에 앉을 자 – 왕상 1:27, 48
왕위에 오르다 – 신 17:18; 삼상 14:47; 삼하
　5:4; 왕상 2:24; 10:9; 16:11; 대하 3:2;
　행 7:18
이스라엘 왕위에 오를 사람 – 왕상 2:4; 9:5
이스라엘의 왕위 – 삼상 14:47; 왕상 2:4;
　8:20, 25; 9:5; 10:9, 30; 왕하 15:12;
　대하 6:10, 16
이스라엘 집의 왕위에 앉을 사람 – 렘 33:17

【 왕자 】 【 왕좌 】

왕상 2:33 그의 집과 그의 **왕위**에는 여호와께서
왕상 16:8 왕이 되어 이 년 동안 그 **왕위**에 있으
왕상 16:23 왕이 되어 십 년 동안 **왕위**에 있으며
대상 22:10 아버지가 되어 그 나라 **왕위**를 이스라엘
대하 2:1 자기 **왕위**를 위하여 궁궐 건축하기를
대하 2:12 성전을 건축하고 자기 **왕위**를 위하여
대하 16:13 아사가 **왕위**에 있은 지 사십일 년 후에
대하 17:7 그가 **왕위**에 있은 지 삼 년에 그의 방백
대하 21:3 여호람은 장자이므로 **왕위**를 주었더니
대하 22:1 막내 아들 아하시야에게 **왕위**를 계승
대하 22:9 아하시야의 집이 약하여 **왕위**를 힘으로
대하 29:19 또 아하스 왕이 **왕위**에 있어 범죄할 때
대하 34:3 아직도 어렸을 때 곧 **왕위**에 있은 지
대하 34:8 요시야가 **왕위**에 있은 지 열여덟째 해
대하 35:19 요시야가 **왕위**에 있은 지 열여덟째 해
대하 36:3 애굽 왕이 예루살렘에서 그의 **왕위**를
스 7:1 바사 왕 아닥사스다가 **왕위**에 있을 때
스 8:1 아닥사스다 왕이 **왕위**에 있을 때에 나와
에 1:3 **왕위**에 있은 지 제삼년에 그의 모든 지방
시 89:4 네 자손을 영원히 견고히 하며 네 **왕위**를
시 89:29 그의 후손을 영구하게 하여 그의 **왕위**를
시 89:36 그의 후손이 장구하고 그의 **왕위**는 해
시 89:44 그의 영광을 그치게 하시고 그의 **왕위**를
시 132:11 이르시기를 네 몸의 소생을 네 **왕위**에
잠 20:28 그의 **왕위**도 인자함으로 말미암아 견고
잠 25:5 악한 자를 제하라 그리하면 그의 **왕위**가
사 16:5 다윗의 장막에 인자함으로 **왕위**가 굳게
단 4:31 네게 말하노니 나라의 **왕위**가 네게서
단 5:20 교만을 행하므로 그의 **왕위**가 폐한 바
눅 19:12 이르시되 어떤 귀인이 **왕위**를 받아가
눅 19:15 귀인이 **왕위**를 받아가지고 돌아와서

'왕위에 오를 때 나이가' 와 관련된 성구

왕상 14:21; 16:11; 왕하 22:1; 대하 12:13;
20:31; 21:5; 24:1; 25:1; 26:3; 27:1, 8; 28:1;
29:1; 33:1, 21; 34:1; 36:2, 5, 9, 11; 렘 52:1

왕자(王子, prince)
삿 8:18 그들이 너와 같아서 하나같이 **왕자**들
삼하 9:11 므비보셋은 **왕자** 중 하나처럼 왕의 상
삼하 13:4 그가 암논에게 이르되 **왕자**여 당신은
삼하 13:32 내 주여 젊은 **왕자**들이 다 죽임을 당한

삼하 13:33 그러하온즉 내 주 왕이여 **왕자**들이 다
삼하 13:35 요나답이 왕께 아뢰되 보소서 **왕자**들
삼하 13:36 말을 마치자 **왕자**들이 이르러 소리를
왕상 1:9 양과 소와 살찐 송아지를 잡고 **왕자** 곧
왕상 22:26 미가야를 잡아 성주 아몬과 **왕자** 요아스
왕하 10:5 장로들과 **왕자**를 교육하는 자들이 예후
왕하 10:6 **왕자** 칠십 명이 그 성읍의 귀족들, 곧
왕하 10:7 편지가 그들에게 이르매 그들이 **왕자**
왕하 10:8 그 무리가 **왕자**들의 머리를 가지고 왔나
왕하 10:13 아하시야의 형제라 이제 **왕자**들과 태후
왕하 11:2 아하시야의 아들 요아스를 **왕자**들이
왕하 11:4 성전에서 맹세하게 한 후에 **왕자**를 그들
왕하 11:12 여호야다가 **왕자**를 인도하여 내어 왕관
왕하 15:5 나병환자가 되어 별궁에 거하고 **왕자**
대상 27:32 학모니의 아들 여히엘은 **왕자**들의 수종
대상 28:1 백부장들과 및 왕과 **왕자**의 모든 소유
대하 18:25 미가야를 잡아 시장 아몬과 **왕자** 요아스
대하 22:11 요아스를 **왕자**들이 죽임을 당하는 중에
대하 23:3 말씀하신 대로 **왕자**가 즉위하여야 할지
대하 23:11 무리가 **왕자**를 인도해 내어 면류관을
스 6:10 제물을 드려 왕과 **왕자**들의 생명을 위하
스 7:23 어찌하여 진노가 왕과 **왕자**의 나라에
습 1:8 희생의 날에 내가 방백들과 **왕자**들과

왕조(王朝, house, king)
대상 9:1 그들은 이스라엘 **왕조**실록에 기록되
대상 17:10 여호와가 너를 위하여 한 **왕조**를 세울
대상 17:24 주의 종 다윗의 **왕조**가 주 앞에서 견고히
대상 17:25 주께서 종을 위하여 **왕조**를 세우실 것을
대상 17:27 주께서 종의 **왕조**에 복을 주사 주 앞에

왕족(王族, royal blood)
왕하 25:25 칠월에 **왕족** 엘리사마의 손자 느다니야
욥 31:37 걸음의 수효를 그에게 알리고 **왕족**처럼
겔 17:13 그 **왕족** 중에서 하나를 택하여 언약을
단 1:3 말하여 이스라엘 자손 중에서 **왕족**과
호 5:1 이스라엘 족속들아 깨달으라 **왕족**들아
계 6:15 땅의 임금들과 **왕족**들과 장군들과 부자
계 18:23 땅의 **왕족**들이라 네 복술로 말미암아

왕좌(王座, throne)
창 41:40 내가 너보다 높은 것은
내 **왕좌**뿐이니라

【 왕후 】 【 외국 】

왕상 1:46 또 솔로몬도 **왕좌**에 앉아 있고
왕상 2:19 영접하여 절한 후에 다시 **왕좌**에 앉고
왕상 22:10 **왕좌**에 앉아 있고 모든 선지자가 그들의
왕하 10:3 그의 아버지의 **왕좌**에 두고 너희 주의
왕하 11:19 왕궁에 이르매 그가 왕의 **왕좌**에 앉으니
에 5:1 왕이 어전에서 전 문을 대하여 **왕좌**에
욥 36:7 왕들과 함께 **왕좌**에 앉히사 영원토록
사 9:7 평강의 더함이 무궁하며 또 다윗의 **왕좌**
사 14:9 열방의 모든 왕을 그들의 **왕좌**에서 일어
렘 29:16 다윗의 **왕좌**에 앉은 왕과 이 성에 사는
렘 43:10 **왕좌**를 내가 감추게 한 이 돌들 위에
단 7:9 내가 보니 **왕좌**가 놓이고 옛적부터 항상
계 16:10 다섯째 천사가 그 대접을 짐승의 **왕좌**에

왕후(王后, queen)

느 2:6 그 때에 **왕후**도 왕 곁에 앉아 있었더라
에 1:11 와스디를 청하여 **왕후**의 관을 정제하고 … 이는 **왕후**의 용모가 보기에 좋음
에 1:17 청하여도 오지 아니하였다 하는 **왕후**의
에 1:18 바사와 메대의 귀부인들이 **왕후**의 행위
에 1:19 그 **왕후**의 자리를 그보다 나은 사람에게
에 2:4 아름다운 처녀를 와스디 대신 **왕후**로
에 2:17 관을 씌우고 와스디를 대신하여 **왕후**로
에 4:4 시녀와 내시가 나아와 전하니 **왕후**가
에 4:14 네 아버지 집은 멸망하리라 네가 **왕후**의
에 5:1 제삼일에 에스더가 **왕후**의 예복을 입고
에 7:6 하만이 왕과 **왕후** 앞에서 두려워하거늘
에 7:8 저가 궁중 내 앞에서 **왕후**를 강간까지

┌─ 성경에 나오는 '왕후' ─┐

왕후 에스더 – 에 2:22; 5:2, 3, 12; 7:1, 2, 3, 5, 7; 8:1, 7; 9:12, 29, 31
왕후 와스디 – 에 1:9, 11, 12, 15, 16, 17

시 45:9 왕들의 딸이 있으며 **왕후**는 오빌의 금
렘 13:18 너는 왕과 **왕후**에게 전하기를 스스로
렘 29:2 그 때는 여고니야왕과 **왕후**와 궁중 내시
겔 16:13 곱고 형통하여 **왕후**의 지위에 올랐느
단 5:2 이는 왕과 귀족들과 **왕후**들과 후궁들이
단 5:3 왕이 그 귀족들과 **왕후**들과 후궁들과
단 5:23 왕과 귀족들과 **왕후**들과 후궁들이 다
나 2:7 정한 대로 **왕후**가 벌거벗은 몸으로 끌려

왜(why)

창 18:13 이르시되 사라가 **왜** 웃으며 이르기를

📖 왜 – 기타 본문

삼하 18:22; 마 14:31; 막 11:3; 행 3:12; 22:7, 16; 계 17:7

왜사다(Vaizatha) 하만의 열 아들 중의 한 명
에 9:9 바마스다와 아리새와 아리대와 **왜사다**

외(外, else)
창 19:12 그 사람들이 롯에게 이르되 이 **외**에 네게

📖 외 – 기타 본문

모세오경, 역사서 창 28:9; 31:50; 39:6; 46:26; 출 12:37; 20:3; 22:20; 35:35; 레 23:38; 민 8:8; 11:6; 14:30; 16:49; 26:65; 28:10, 15, 23, 24, 31; 29:6, 11, 16, 19, 22, 25, 28, 31, 34, 38, 39; 31:8, 32; 35:6; 신 3:5; 4:35; 5:7; 19:9; 29:1; 32:39; 수 11:19; 16:9; 17:5; 22:19, 29; 삿 7:6; 8:26; 20:15, 17; 룻 1:17; 2:7; 4:4; 삼상 15:15; 30:17; 삼하 7:22; 8:4; 22:32; 왕상 3:18; 4:23; 5:16; 8:9, 60; 10:13, 15; 11:1, 25; 12:20; 15:5; 20:15; 22:7; 왕하 4:2; 5:15, 17; 9:35; 13:7; 17:18; 21:16; 24:14; 대상 3:9; 15:2; 17:20; 18:4; 23:17; 29:3; 대하 5:10; 9:12, 14, 29; 17:19; 18:6; 20:34; 21:17; 23:6; 25:26; 31:16; 스 1:4, 6; 2:65; 7:20; 느 2:12, 16; 5:17; 7:67; 에 2:15; 6:6 **시가서, 선지서** 시 18:31; 73:25; 전 5:11; 사 5:4; 26:13; 43:11; 44:6, 8; 45:5, 14, 18, 21; 46:9; 47:8, 10; 56:8; 64:4; 렘 36:32; 39:9; 44:14; 겔 23:38; 41:9; 44:7; 45:2; 단 2:11; 6:7, 12; 7:20; 11:4; 호 13:4; 습 2:15 **신약** 마 11:27; 12:4; 13:57; 14:21; 15:24, 38; 17:8; 19:9; 막 2:7, 26; 5:37; 6:4, 8; 7:4; 9:29; 10:18; 11:13; 12:5, 32; 15:41; 눅 3:13; 5:21; 6:4; 8:51; 10:22; 17:18; 18:19; 22:65; 요 3:13; 6:22; 8:10; 19:15; 21:25; 행 8:1; 15:28; 19:39; 26:29; 롬 3:21; 13:8, 9; 15:18; 고전 1:14, 16; 2:2, 11; 3:11; 고후 1:13; 11:28; 12:5; 갈 1:8, 9, 19; 6:14; 빌 4:3, 15; 몬 1:19; 계 13:17; 22:18

외국(外國, foreign)
행 26:11 그들에 대하여 심히 격분하여 **외국** 성에

[외국인]　　　　　　　　　　　　　　　　　　　　　　　　　　　　　　[외삼촌]

외국인(外國人, foreigner)
창 31:15　아버지가 우리를 **외국인**처럼 여기는
출 21:8　여자를 속인 것이 되었으니 **외국인**에
레 22:25　너희는 **외국인**에게서도 이런 것을 받아
삼하 1:13　나는 아말렉 사람 곧 **외국인**의 아들이
렘 51:51　**외국인**이 여호와의 거룩한 성전에 들어
겔 14:7　이스라엘 가운데에 거류하는 **외국인**
욥 1:11　그의 재물을 빼앗아 가며 **외국인**이 그의
행 17:21　아덴 사람과 거기서 나그네 된 **외국인**들
고전 14:11　**외국인**이 되고 말하는 자도 내게 **외국인**
히 11:13　땅에서는 **외국인**과 나그네임을 증언

외딸(only daughter)
아 6:9　**외딸**이요 그 낳은 자가 귀중하게 여기는
눅 8:42　열두 살 된 **외딸**이 있어 죽어감이러라

외롭다/외로워지다(be alone)
시 10:14　주의 손으로 갚으려 하시오니 **외로운**
시 25:16　주여 나는 **외롭고** 괴로우니 내게 돌이
시 35:12　선을 악으로 갚아 나의 영혼을 **외롭게**
시 102:7　내가 밤을 새우니 지붕 위의 **외로운** 참새
사 49:21　자녀를 잃고 **외로워졌으며** 사로잡혀
애 1:16　원수들이 이기매 내 자녀들이 **외롭도다**
애 4:5　맛있는 음식을 먹던 자들이 **외롭게** 거리
겔 5:17　사나운 짐승을 너희에게 보내 **외롭게**
딤전 5:5　참 과부로서 **외로운** 자는 하나님께 소망

외면(外面, outer)
왕상 7:9　처마까지와 **외면**에서 큰 뜰에 이르기

외면하다(外面, reject)
시 94:14　아니하시며 자기의 소유를 **외면하지**
시 132:10　기름 부음 받은 자의 얼굴을 **외면하지**
행 7:42　하나님이 **외면하사** 그들을 그 하늘의

외모(外貌, partiality, favoritism, surface)
신 1:17　너희는 재판할 때에 **외모**를 보지 말고
신 10:17　재판을 **외모**로 보지 아니하시며 뇌물을
신 16:19　재판을 굽게 하지 말며 사람의 **외모**로
삼상 16:7　사람은 **외모**를 보거니와 나 여호와는
욥 34:19　고관을 **외모**로 대하지 아니하시며 가난
마 22:16　꺼리는 일이 없으시니 이는 사람의 **외모**
막 12:14　**외모**로 보지 않고 오직 진리로써 하나님

눅 20:21　사람을 **외모**로 취하지 아니하시고 오직
요 7:24　**외모**로 판단하지 말고 공의롭게 판단
행 10:34　내가 참으로 하나님은 사람의 **외모**를
롬 2:11　이는 하나님께서 **외모**로 사람을 취하지
고후 5:12　너희에게 주어 마음으로 하지 않고 **외모**
고후 10:7　너희는 **외모**만 보는도다 만일 사람이
갈 2:6　하나님은 사람을 **외모**로 취하지 아니
엡 6:9　사람을 **외모**로 취하는 일이 없는 줄 너희
골 3:25　보응을 받으리니 주는 사람을 **외모**로
벧전 1:17　**외모**로 보시지 않고 각 사람의 행위대로
벧전 3:3　금을 차고 아름다운 옷을 입는 **외모**로

외벽(外壁, rampart)
사 26:1　여호와께서 구원을 성벽과 **외벽**으로

외삼촌(外三寸, mother's brother)
창 28:2　브두엘의 집에 이르러 거기서 네 **외삼촌**
창 29:10　그의 **외삼촌** 라반의 딸 라헬과 그의
　　　　　외삼촌의 … 돌을 옮기고 **외삼촌** 라반의
창 29:18　**외삼촌**의 작은 딸 라헬을 위하여 **외삼촌**
창 29:25　**외삼촌**이 어찌하여 … 라헬을 위하여 **외**
　　　　　삼촌을 섬기지 … **외삼촌**이 나를 속이심
창 30:26　내가 **외삼촌**에게서 일하고 … 내가 **외**
　　　　　삼촌에게 한 일은 **외삼촌**이 아시나이다
창 30:29　내가 어떻게 **외삼촌**을 섬겼는지, 어떻
　　　　　게 **외삼촌**의 가축을 쳤는지 **외삼촌**이
창 30:30　내가 오기 전에는 **외삼촌**의 소유가 적
　　　　　더니 번성하여 … 여호와께서 **외삼촌**
창 30:31　**외삼촌**께서 내게 … 내가 다시 **외삼촌**
창 30:32　오늘 내가 **외삼촌**의 양 떼에 두루 다니며
창 30:33　후일에 **외삼촌**께서 오셔서 내 품삯을
창 31:31　내가 생각하기를 **외삼촌**이 **외삼촌**의
창 31:32　**외삼촌**의 신을 … 무엇이든지 **외삼촌**
　　　　　의 것이 발견되거든 **외삼촌**에게로 가져
창 31:36　무슨 죄가 있기에 **외삼촌**께서 내 뒤를
창 31:37　**외삼촌**께서 내 물건을 다 뒤져보셨으
　　　　　니 **외삼촌**의 집안 … 내 형제와 **외삼촌**
창 31:38　이십 년을 **외삼촌**과 함께 하였거니와
　　　　　외삼촌의 암양들이나 … 또 **외삼촌**의
창 31:39　내가 **외삼촌**에게로 가져가지 아니하
　　　　　고 … 밤에 도둑을 맞았든지 **외삼촌**이
창 31:41　내가 **외삼촌**의 집에 있는 이 이십 년
　　　　　동안 **외삼촌**의 두 딸을 … **외삼촌**의 양

【 외성 】　　　　　　　　　　　　　　　　　　　　　　　　　　　　　【 외전 】

떼를 … **외삼촌**에게 봉사하였거니와
외삼촌께서 내 품삯을 열 번이나 바꾸셨
창 31:42 **외삼촌**께서 … 어제 밤에 **외삼촌**을 책망

외성(外城, wall outside)
대하 32:5 **외성**을 쌓고 다윗 성의 밀로를 견고하게
대하 33:14 기혼 서쪽 골짜기 안에 **외성**을 쌓되 어문

외소(外곁, temple)
왕상 6:17 내소 앞에 있는 **외소** 곧 성소의 길이가
왕상 6:21 솔로몬이 정금으로 **외소** 안에 입히고
왕상 6:29 내 **외소** 사방 벽에는 모두 그룹들과 종려
왕상 6:33 또 **외소**의 문을 위하여 감람나무로 문설
왕상 7:50 금 돌쩌귀와 성전 곧 **외소** 문의 금 돌쩌
느 6:10 **외소** 안에 머물고 그 문을 닫자 저들이
느 6:11 누가 **외소**에 들어가서 생명을 보존하겠

외손녀(外孫女, daughter's daughter)
레 18:10 네 손녀나 네 **외손녀**의 하체를 범하지
레 18:17 여인의 손녀나 **외손녀**를 아울러 데려

외식/-하다(外飾, hypocrite)
마 23:28 사람에게 옳게 보이되 안으로는 **외식**과
마 24:51 엄히 때리고 **외식하는** 자가 받는 벌과

> '화 있을진저 **외식하는** 서기관들과
> 바리새인들이여' 와 관련된 성구
> 　　마 23:13, 15, 23, 25, 27, 29

막 12:15 예수께서 그 **외식함**을 아시고 이르시되
막 12:40 그들은 과부의 가산을 삼키며 **외식**으로
눅 12:1 바리새인들의 누룩 곧 **외식**을 주의하라
눅 20:47 그들은 과부의 가산을 삼키며 **외식**으로
갈 2:13 남은 유대인들도 그와 같이 **외식하므**
　　로 바나바도 그들의 **외식**에 유혹되었
딤전 4:2 양심이 화인을 맞아서 **외식함**으로
벧전 2:1 모든 악독과 모든 기만과 **외식**과 시기

> '**외식하는 자**' 와 관련된 성구
> 　　마 6:2, 5, 16; 7:5; 15:7; 22:18; 24:51;
> 　　막 7:6; 눅 6:42; 12:56; 13:15

외아들(only son, only child)
잠 4:3 내 어머니 보기에 유약한 **외아들**이었노
눅 9:38 돌보아 주옵소서 이는 내 **외아들**이니
히 11:17 그는 약속들을 받은 자로되 그 **외아들**을

외양간(外養間, stall)
왕상 4:26 솔로몬의 병거의 말 **외양간**이 사만이요
대하 9:25 솔로몬의 병거 메는 말의 **외양간**은 사천
대하 32:28 온갖 짐승의 **외양간**을 세우며 양 떼를
욥 39:9 너를 위하여 일하겠으며 네 **외양간**에
합 3:17 우리에 양이 없으며 **외양간**에 소가 없을
말 4:2 비추리니 너희가 나가서 **외양간**에서
눅 13:15 안식일에 자기의 소나 나귀를 **외양간**

외우다(make sure, read)
출 17:14 여호수아의 귀에 **외워** 들리라 내가 아말렉
행 13:27 안식일마다 **외우는** 바 선지자들의 말을

외인(外人, anyone, alien)
민 1:51 레위인이 그것을 세울 것이요 **외인**이
민 3:10 제사장 직무를 행하게 하라 **외인**이
민 3:38 성소의 직무를 수행할 것이며 **외인**이
민 18:7 가까이 하는 **외인**은 죽임을 당할지니라
민 19:10 이스라엘 자손과 그중에 거류하는 **외인**
욥 15:19 이 땅은 그들에게만 주셨으므로 **외인**은
잠 5:10 네 수고한 것이 **외인**의 집에 있게 될까
잠 20:16 **외인들**을 위하여 보증 선 자는 그의 몸을
잠 27:2 네 입으로는 하지 말며 **외인**이 너를 칭찬
잠 27:13 보증 선 자의 옷을 취하라 **외인들**을 위하
사 25:2 성읍을 황폐하게 하시며 **외인**의 궁성을
사 61:5 **외인**은 서서 너희 양 떼를 칠 것이요
애 5:2 기업이 **외인들**에게, 우리의 집도 이방
막 4:11 비밀을 너희에게는 주었으나 **외인에게**
엡 2:12 약속의 언약들에 대하여는 **외인**이요
엡 2:19 이제부터 너희는 **외인**도 아니요 나그네
골 4:5 **외인에게** 대해서는 지혜로 행하여 세월
살전 4:12 이는 **외인**에 대하여 단정히 행하고 또한
딤전 3:7 또한 **외인에게서도** 선한 증거를 얻은

외전(外殿, outer sanctuary)
겔 41:15 백 척이더라 내전과 **외전**과 그 뜰의 현관
겔 41:17 문 통로 위와 내전과 **외전**의 사방 벽도
겔 41:21 **외전** 문설주는 네모졌고 내전 전면에

겔 41:23 내전과 **외전**에 각기 문이 있는데

외조모(外祖母, grandmother)
딤후 1:5 이 믿음은 먼저 네 **외조모** 로이스와 네

외조부(外祖父, mother's father)
창 28:2 일어나 밧단아람으로 가서 네 **외조부**
삿 9:1 형제에게 이르러 그들과 그의 **외조부**

외치다(cry out, shout)
레 13:45 머리를 풀며 윗입술을 가리고 **외치기를**

'외치다'와 관련된 성구

기뻐 외치다 - 욥 33:26; 시 5:11; 71:23;
　　　　　　잠 11:10; 렘 31:7
외치는 자의 소리 - 사 40:3; 마 3:3; 막
　　　　　　1:3; 눅 3:4; 요 1:23
즐거이 외치다 - 시 32:11; 65:13; 95:1;
　　　　　　132:9, 16
크게 외치다 - 스 3:13; 사 24:14; 36:13;
　　　　　　58:1; 렘 4:5; 12:6; 단 3:4; 행 25:24
큰 소리로 외치다 - 수 6:5; 삼상 4:5; 6;
　　　　　　28:12; 대하 15:14; 계 7:2, 10; 10:3

외치다 - 기타 본문

수 6:10, 16, 20; 삿 7:3, 20; 9:7; 삼상 10:24;
17:8; 20:37, 38; 24:8; 26:14; 삼하 2:26; 18:25,
26, 28; 20:16; 왕상 11:14; 13:2, 4, 21, 32;
22:36; 왕하 4:40; 6:5, 26; 대상 16:32; 대하
23:13; 욥 39:25; 시 47:1; 60:8; 92:4; 96:11; 98:7;
108:9; 사 10:30; 40:2, 6; 42:2, 13; 44:7; 54:1; 렘
2:2; 20:8; 22:20; 25:34; 31:6; 48:31; 49:29; 애
4:15; 겔 9:1; 21:22; 단 8:16; 호 5:8; 암 1:14; 2:2;
욘 1:2; 3:4; 미 3:5; 6:9; 합 1:2; 슥 1:4, 14, 17;
4:7; 6:8; 7:7; 눅 8:8; 18:38; 요 1:15; 7:28, 37;
12:13, 44; 행 19:28, 32, 34; 21:28, 36; 23:6;
24:21; 롬 9:27; 갈 4:27; 계 5:2; 14:15; 18:2, 18,
19; 19:17

외투(外套, robe)
수 7:21 시날 산의 아름다운 **외투** 한 벌과 은 이백
수 7:24 아간을 잡고 그 은과 그 **외투**와 그 금덩이

외형(外形, present form)
고전 7:31 못하는 자같이 하라 이 세상의 **외형**은

왼발(left foot)
계 10:2 그 오른 발은 바다를 밟고 **왼발**은 땅을

왼손(left hand)
창 48:13 이스라엘의 왼손을 향하게 하고 **왼손**
창 48:14 에브라임의 머리에 얹고 **왼손**을 펴서
삿 3:21 에훗이 **왼손**을 뻗쳐 그의 오른쪽 허벅지
삿 7:20 항아리를 부수고 **왼손**에 횃불을 들고
삿 16:29 기둥 가운데 하나는 **왼손**으로 하나는
잠 3:16 오른손에는 장수가 있고 그의 **왼손**에는
겔 39:3 네 활을 쳐서 네 **왼손**에서 떨어뜨리고
마 6:3 구제할 때에 오른손이 하는 것을 **왼손**이

왼손잡이(left-handed)
삿 3:15 베냐민 사람 게라의 아들 **왼손잡이** 에훗
삿 20:16 택한 칠백 명은 다 **왼손잡이**라 물매로

왼쪽(left)
레 14:15 한 록의 기름을 취하여 자기 **왼쪽** 손바닥
레 14:16 오른쪽 손가락으로 **왼쪽** 손의 기름을
레 14:26 제사장은 그 기름을 자기 **왼쪽** 손바닥
레 14:27 오른쪽 손가락으로 **왼쪽** 손의 기름을
민 20:17 지경에서 나가기까지 **왼쪽**으로나 오른
수 19:27 느이엘에 이르고 가불 **왼쪽**으로 나아
삼하 2:21 그에게 이르되 너는 **왼쪽**으로나 오른쪽
왕상 7:21 야긴이라 하고 **왼쪽**의 기둥을 세우고
왕상 7:39 성전 **왼쪽**에 두었고 성전 오른쪽 동남쪽
왕하 11:11 성전 오른쪽에서부터 **왼쪽**까지 제단과
왕하 23:8 여호수아의 대문 어귀 곧 성문 **왼쪽**에
대상 6:44 형제 므라리의 자손 중 그의 **왼쪽**에서
대하 3:11 날개 길이가 모두 이십 규빗이라 **왼쪽**
대하 3:12 날개도 다섯 규빗이니 **왼쪽** 그룹의 날개
대하 3:17 **왼쪽**에 하나요 … 야긴이라 부르고 **왼쪽**
대하 4:6 다섯 개는 **왼쪽**에 두어 씻게 하되 번제에
대하 4:7 내전 안에 두었으니 **왼쪽**에 다섯 개요
대하 4:8 내전 안에 두었으니 **왼쪽**에 다섯 개요
대하 23:10 성전 오른쪽에서부터 성전 **왼쪽**까지
느 8:4 힐기야와 마아세야 그의 **왼쪽**에 선 자
느 12:38 감사 찬송하는 다른 무리는 **왼쪽**으로
욥 23:9 그가 **왼쪽**에서 일하시나 내가 만날 수

【 왼팔 】

시 91:7 천 명이 네 **왼쪽**에서, 만 명이 네 오른쪽
전 10:2 오른쪽에 있고 우매자의 마음은 **왼쪽**에
사 9:20 오른쪽으로 움킬지라도 주리고 **왼쪽**으로
사 30:21 너희가 오른쪽으로 치우치든지 **왼쪽**으로
겔 1:10 넷의 **왼쪽**은 소의 얼굴이요 넷의 뒤는
겔 4:4 너는 또 **왼쪽**으로 누워 이스라엘 족속의
겔 16:46 네 형은 그 딸들과 함께 네 **왼쪽**에 거주
겔 21:16 오른쪽을 치라 대열을 맞추라 **왼쪽**을
겔 40:10 그 동문간의 문지기 방은 **왼쪽**에 셋이
슥 4:3 오른쪽에 있고 하나는 그 **왼쪽**에 있나

왼팔(left arm)
아 2:6 그가 **왼팔**로 내 머리를 고이고 오른팔로
아 8:3 너는 **왼팔**로는 내 머리를 고이고 오른

왼편(left)
창 14:15 밤에 그들을 쳐부수고 다메섹 **왼편** 호바
마 5:39 누구든지 네 오른편 뺨을 치거든 **왼편**
마 25:33 양은 그 오른편에 염소는 **왼편**에 두리라
마 25:41 **왼편**에 있는 자들에게 이르시되 저주를
행 21:3 구브로를 바라보고 이를 **왼편**에 두고

요(褥, bed)
시 6:6 밤마다 눈물로 내 침상을 띄우며 내 **요**를
잠 7:16 내 침상에는 **요**와 애굽의 무늬 있는 이불
행 5:15 사람을 메고 거리에 나가 침대와 **요** 위에

요게벳(Jochebed) 모세의 어머니
출 6:20 아므람은 그들의 아버지의 누이 **요게벳**
민 26:59 아므람의 처의 이름은 **요게벳**이니 레위

요구/-하다(要求, ask)
구약
신 10:12 하나님 여호와께서 네게 **요구하시**는
신 23:21 그것을 네게 **요구하시**리니 더디면 그것
수 19:50 여호와의 명령대로 여호수아가 **요구**한
삼상 8:10 사무엘이 왕을 **요구하**는 백성에게 여호
삼하 3:13 내가 네게 한 가지 일을 **요구하노**니 나를
스 6:9 기름을 예루살렘 제사장의 **요구**대로
느 5:12 그들에게서 아무것도 **요구하**지 아니
느 5:18 내가 총독의 녹을 **요구하**지 아니하였음
에 5:3 그대의 소원이 무엇이며 **요구**가 무엇
에 5:6 그대의 **요구**가 무엇이뇨 나라의 절반

【 요나 】

에 5:7 이르되 나의 소청, 나의 **요구**가 이러하
에 5:8 내 소청을 허락하시며 내 **요구**를 시행
에 7:2 허락하겠노라 그대의 **요구**가 무엇이냐
에 7:3 내 생명을 내게 주시고 내 **요구**대로 내
에 9:12 곧 허락하겠노라 그대의 **요구**가 무엇
시 21:2 그의 입술의 **요구**를 거절하지 아니하셨
시 40:6 번제와 속죄제를 **요구하**지 아니하신다
시 106:15 여호와께서는 그들이 **요구**한 것을 그들
잠 15:14 명철한 자의 마음은 지식을 **요구하**고
사 1:12 이것을 누가 너희에게 **요구하**였느냐
겔 20:40 첫 열매와 너희 모든 성물을 **요구하**리라
단 2:49 왕이 또 다니엘의 **요구**대로 사드락과

신약
마 26:65 어찌 더 증인을 **요구하**리요 보라 너희
막 14:63 우리가 어찌 더 증인을 **요구하**리요
막 15:6 명절이 되면 백성들이 **요구하**는 대로
막 15:8 전례대로 하여 주기를 **요구한**대
눅 11:8 그 간청함을 인하여 일어나 그 **요구**대로
눅 12:48 무릇 많이 받은 자에게는 많이 **요구할**
눅 22:31 너희를 밀 까부르듯 하려고 **요구하**였으나
눅 22:71 이르되 어찌 더 증거를 **요구하**리요
눅 23:25 그들이 **요구하**는 자 곧 민란과 살인으로
롬 8:4 우리에게 율법의 **요구**가 이루어지게
히 8:7 무흠하였더라면 둘째 것을 **요구할** 일이

요글리(Jogli) 북기의 아버지
민 34:22 단 자손 지파에서는 지휘관 **요글리**의

요긴하다(要緊, good, indispensable)
행 15:28 성령과 우리는 이 **요긴한** 것들 외에는
고전 12:22 보이는 몸의 지체가 도리어 **요긴하**고

요김(Jokim) 유다의 아들 셀라의 자손
대상 4:22 또 **요김**과 고세바 사람들과 요아스와

요나(Jonah) 선지자 중의
하나로 아밋대의 아들
욘 1:1 여호와의 말씀이
아밋대의 아들 **요나**에게

요나 - 기타 본문

욘 1:3, 5, 7, 15, 17; 2:1, 10; 3:1, 3, 4; 4:1, 5, 6,
8, 9; 마 12:39, 40, 41; 16:4; 눅 11:29, 30, 32

【 요나단 】

요나단(Jonathan)
1. 사울 왕의 큰 아들
삼상 13:2 일천 명은 **요나단**과 함께 베냐민 기브아

📖 요나단 1 - 기타 본문
> 삼상 13:3, 16, 22; 14:1, 3, 4, 6, 8, 12, 13, 14, 17, 21, 27, 29, 39, 40, 41, 42, 43, 44, 45, 49; 18:1, 3, 4; 19:1, 4, 6, 7; 20:1, 2, 3, 4, 5, 9, 10, 11, 12, 13, 16, 17, 18, 25, 27, 28, 30, 32, 33, 35, 36, 37, 38, 39, 40, 42; 23:16, 17, 18; 31:2; 삼하 1:4, 5, 12, 17, 22, 23, 25, 26; 4:4; 9:1, 3, 6, 7; 21:7, 12, 13, 14; 대상 8:33, 34; 9:39, 40; 10:2

2. 모세의 손자이자 게르솜의 아들
삿 18:30 모세의 손자요 게르솜의 아들인 **요나단**

3. 아비아달의 아들로 다윗 시대의 제사장
삼하 15:27 아비아달의 아들 **요나단**을 데리고 평안

📖 요나단 3 - 기타 본문
> 삼하 15:36; 17:17, 20; 왕상 1:42, 43

4. 다윗의 삼촌으로 왕실 법정의 서기관
대상 27:32 다윗의 숙부 **요나단**은 지혜가 있어서

5. 다윗의 형 삼마의 아들
삼하 21:21 다윗의 형 삼마의 아들 **요나단**이 그를
대상 20:7 다윗의 형 시므아의 아들 **요나단**이 그를

6. 야센의 아들로 다윗의 용사 30명 중 한 사람
삼하 23:32 사람 엘리아바와 야센의 아들 **요나단**과
대상 11:34 아들들과 하랄 사람 사게의 아들 **요나단**

7. 다윗 당시 왕실 곳간을 맡은 자
대상 27:25 웃시야의 아들 **요나단**은 밭과 성읍과

8. 예레미야 때 서기관
렘 37:15 서기관 **요나단**의 집에 가두었으니 이는
렘 37:20 서기관 **요나단**의 집으로 돌려보내지
렘 38:26 왕 앞에 간구하기를 나를 **요나단**의 집

9. 가레아의 아들로 여하난이라고도 함
렘 40:8 아들 요하난과 **요나단**과 단후멧의 아들

10. 아딘의 자손 에벳의 아버지
스 8:6 아딘 자손 중에서는 **요나단**의 아들 에벳

11. 대제사장 요야김 당시 말루기 가족의 족장
느 12:14 말루기 족속에는 **요나단**이요 스바냐

12. 요야다의 아들이며 얏두아의 아버지

【 요단 2 】

느 12:11 **요나단**을 낳고 **요나단**은 얏두아를 낳았

13. 스마야의 아들이고 스가랴의 아버지
느 12:35 나팔을 잡았으니 **요나단**의 아들 스마야

14. 아사헬의 아들
스 10:15 아사헬의 아들 **요나단**과 디과의 아들

15. 유다 지파 야다의 아들
대상 2:32 야다의 아들들은 예델과 **요나단**이라
대상 2:33 **요나단**의 아들들은 벨렛과 사사라

요나답(Jonadab)
1. 다윗의 형제 시므아의 아들로 다윗의 조카
삼하 13:3 **요나답**이라 하는 친구가 있으니 그는
삼하 13:5 **요나답**이 그에게 이르되 침상에 누워
삼하 13:32 다윗의 형 시므아의 아들 **요나답**이 아뢰
삼하 13:35 **요나답**이 왕께 아뢰되 보소서 왕자들이

2. 겐 족속 레갑의 아들
렘 35:6 레갑의 아들 우리 선조 **요나답**이 우리

📖 요나답 2 - 기타 본문
> 렘 35:8, 10, 14, 16, 18, 19

요남(Jonam) 예수님의 선조 중의 한 사람
눅 3:30 그 위는 **요남**이요 그 위는 엘리아김이요

요다(Joda) 예수님의 선조
눅 3:26 그 위는 요섹이요 그 위는 **요다**요

요단 1(Jotham) 야대의 아들로 갈렙 자손
대상 2:47 야대의 아들은 레겜과 **요단**과 게산과

요단 2(Jordan) 이스라엘의 강
창 13:10 이에 롯이 눈을 들어 **요단** 지역을 바라본

📖 요단 2 - 기타 본문
> 창 13:11; 32:10; 민 13:29; 22:1; 26:3, 63; 32:21; 34:12, 15; 36:13; 신 2:29; 3:17, 27; 4:21, 22, 26, 46; 9:1; 11:31; 12:10; 27:2, 3, 4, 12; 30:18; 31:2, 13; 32:47; 수 1:2, 11; 2:7; 3:1, 8, 11, 13, 14, 15, 17; 4:1, 3, 5, 7, 8, 9, 10, 16, 17, 18, 19, 20, 22, 23; 5:1; 9:1, 10; 12:1, 7; 13:8, 23, 27, 32; 15:5; 16:1, 7; 17:5; 18:7, 12, 19, 20; 19:22, 33, 34; 22:10, 11, 25; 23:4; 24:11; 삿 10:9; 11:13, 22; 삼상

13:7; 31:7; 삼하 2:29; 10:17; 17:22, 24; 19:15, 18, 31, 36, 39, 41; 20:2; 24:5; 왕상 2:8; 7:46; 17:3, 5; 왕하 2:6, 7, 13; 6:2, 4; 7:15; 10:33; 대상 6:78; 12:37; 19:17; 26:30; 대하 4:17; 시 42:6; 114:3, 5; 렘 50:44; 슥 11:3

'요단' 과 관련된 성구

요단 강 – 창 50:10, 11; 민 31:12; 32:5; 33:48, 49, 50, 51; 35:1, 10; 신 3:8; 11:30; 삿 3:28; 5:17; 6:33; 7:24, 25; 8:4; 10:8; 12:5, 6; 삼하 19:17; 왕하 5:10, 14; 대상 12:15; 욥 40:23; 렘 12:5; 49:19; 겔 47:18; 마 3:5, 6, 13; 4:15, 25; 19:1; 막 1:5, 9; 3:8; 10:1; 눅 3:3; 4:1; 요 1:28; 3:26; 10:40

요단 이쪽 – 민 32:19, 32; 35:14; 신 4:41, 47, 49; 수 1:14, 15; 22:7

요단 저쪽 – 민 32:19; 신 1:1, 5; 3:20, 25; 수 2:10; 7:7; 14:3; 20:8; 22:4; 24:8; 사 9:1

요담(Jotham)

1. 기드온의 70명의 아들 중 한 사람
삿 9:5 여룹바알의 막내 아들 요담은 스스로
삿 9:7 요담에게 그 일을 알리매 요담이 그리
삿 9:21 요담이 그의 형제 아비멜렉 앞에서 도망
삿 9:57 여룹바알의 아들 요담의 저주가 그들

2. 웃시야의 아들로 남유다 제11대 왕
왕하 15:5 왕자 요담이 왕궁을 다스리며 그 땅을

요담 2 – 기타 본문
왕하 15:7, 30, 32, 34, 35, 36, 38; 16:1; 대상 3:12; 5:17; 대하 26:21, 23; 27:1, 2, 6, 7, 8; 사 1:1; 7:1; 호 1:1; 미 1:1; 마 1:9

요동하다(搖動, shake)
삼하 22:8 하늘의 기초가 요동고 흔들렸으니
시 18:7 진동하고 산들의 터도 요동하였으니
시 55:22 그가 너를 붙드시고 의인의 요동함을
사 6:4 문지방의 터가 요동하며 성전에 연기가
사 54:11 곤고하며 광풍에 요동하여 안위를 받지

사 57:20 늘 솟구쳐 내는 요동하는 바다와 같으니
렘 4:24 본즉 다 진동하며 작은 산들도 요동하며
나 2:3   번쩍이고 노송나무 창이 요동하는도다
눅 6:48 부딪치되 잘 지었기 때문에 능히 요동하지
행 2:25 나로 요동하지 않게 하기 위하여 그가
갈 5:10 너희를 요동하게 하는 자는 누구든지
엡 4:14 온갖 교훈의 풍조에 밀려 요동하지 않게
약 1:6   마치 바람에 밀려 요동하는 바다 물결

요라(Jorah) 바벨론 포로 귀환 자손의 족장
스 2:18 요라 자손이 백십이 명이요

요란하다(燎亂, shout, turmoil)
출 32:17 여호수아가 백성들의 요란한 소리를
왕상 1:41 어찌하여 성읍 중에서 소리가 요란하냐
대하 15:5 땅의 모든 주민이 크게 요란하여 사람의
대하 15:6 여러 가지 고난으로 요란하게 하셨음
느 4:8 예루살렘으로 가서 치고 그 곳을 요란하게
잠 29:8 거만한 자는 성읍을 요란하게 하여도
사 33:3 요란한 소리로 말미암아 민족들이 도망
렘 25:31 요란한 소리가 땅 끝까지 이름은 여호와
렘 51:55 사나우며 그 물결은 요란한 소리를 내는
겔 5:7   나 주 여호와가 말하노라 너희 요란함이
겔 7:7   날이 가까웠으니 요란한 날이요 산에서
호 10:14 너희 백성 중에 요란함이 일어나며 네
암 2:2   모압이 요란함과 외침과 나팔 소리 중
암 3:9   얼마나 큰 요란함과 학대함이 있나 보라
미 7:4   임하였으니 이제는 그들이 요란하리로다
슥 14:13 여호와께서 그들을 크게 요란하게 하시
행 16:20 유대인인데 우리 성을 심히 요란하게
행 19:29 시내가 요란하여 바울과 같이 다니는
행 21:31 예루살렘이 요란하다는 소문이 군대의

요람(Joram)

1. 하맛 왕 도이의 아들
삼하 8:10 도이가 그의 아들 요람을 보내 … 다윗이 하닷에셀을 쳐서 무찌름이라 요람

2. 이스라엘 왕 아합의 아들
왕하 8:16 이스라엘의 왕 아합의 아들 요람 제오년

요람 2 – 기타 본문
왕하 8:25, 28, 29; 9:14, 16, 17, 21, 22, 23, 24, 29; 대하 22:5, 6, 7

【 요래 】　　　　　　　　　　　　　　　　　　　【 요새 】

　　　3. 유다의 왕 여호사밧의 아들
왕하 11:2 요람 왕의 딸 아하시야의 누이 여호세바
대상 3:11 아들은 요람이요 그의 아들은 아하시야
마 1:8　　여호사밧은 요람을 낳고 요람은 웃시야
　　　4. 레위 사람 여사야의 아들
대상 26:25 그의 아들 요람과 그의 아들 시그리와

요래(Jorai) 갓 자손으로 일곱 씨족 족장 중 한 명
대상 5:13 미가엘과 므술람과 세바와 요래와 야간

요르그암(Jorkeam) 갈렙의 자손으로 라함의 아들
대상 2:44 라함은 요르그암의 아버지이며 레겜은

요리인(料理人, cook)
삼상 9:23 사무엘이 요리인에게 이르되 내가 네게
삼상 9:24 요리인이 넓적다리와 그것에 붙은 것을

요리하다(料理, cook, prepare)

창 18:7　송아지를 잡아 하인에게 주니 그가 급히 요리한지라
창 18:8　우유와 하인이 요리한 송아지를 가져다
삼상 8:13 향료 만드는 자와 요리하는 자와 떡 굽는
삼상 25:18 요리한 양 다섯 마리와 볶은 곡식 다섯

요림(Jorim) 예수의 선조 중 한 사람
눅 3:29　그 위는 엘리에서요 그 위는 요림이요

요밥(Jobab)
　　　1. 셈의 자손
창 10:29 오빌과 하윌라와 요밥을 낳았으니 이들
대상 1:23 오빌과 하윌라와 요밥을 낳았으니 욕단
　　　2. 에돔 왕
창 36:33 보스라 사람 세라의 아들 요밥이 그를
창 36:34 요밥이 죽고 데만 족속의 땅의 후삼이
대상 1:44 보스라 세라의 아들 요밥이 대신하여
대상 1:45 요밥이 죽으매 데만 종족의 땅의 사람
　　　3. 북부 팔레스타인의 마돈 왕
수 11:1　야빈이 이 소식을 듣고 마돈 왕 요밥과
　　　4. 사하라임의 아내
대상 8:9　호데스에게서 낳은 자는 요밥과 시비와
　　　5. 아마시야의 아들
대상 8:18 이스므래와 이슬리아와 요밥은 다 엘

요사(Joshah) 시므온 지파로 아마시야의 아들
대상 4:34 야믈렉과 아마시야의 아들 요사와

요사갈(Jozabad) 유다 왕 요아스를 암살한 사람
왕하 12:21 요사갈과 소멜의 아들 여호사바드였더라

요사닥(Jozadak) 예수아의 아버지
스 3:2　　요사닥의 아들 예수아와 그의 형제 제사
스 3:8　　스알디엘의 아들 스룹바벨과 요사닥의
스 5:2　　스알디엘의 아들 스룹바벨과 요사닥의
스 10:18 예수아 자손 중 요사닥의 아들과 그의
느 12:26 이상의 모든 사람들은 요사닥의 손자

요사밧(Joshaphat)
　　　1. 다윗의 30용사 중 하나
대상 11:43 마아가의 아들 하난과 미덴 사람 요사밧
　　　2. 다윗 시대의 제사장
대상 15:24 제사장 스바냐와 요사밧과 느다넬과
　　　3. 베냐민 사람으로 다윗을 도와주었던 자
대상 12:4 아하시엘과 요하난과 그데라 사람 요사밧
　　　4. 므낫세 지파의 천부장
대상 12:20 아드나와 요사밧과 여디아엘과 미가엘
　　　과 요사밧과 엘리후와 실르대이니 다
　　　5. 요시야 때 레위 사람의 두목
대하 35:9 요사밧은 양 오천 마리와 수소 오백 마리
　　　6. 히스기야 때에 백성들이 드린 예물 관리자
대하 31:13 요사밧과 엘리엘과 이스마야와 마핫과
　　　7. 에스라 당시 레위인
느 8:7　　그리다와 아사랴와 요사밧과 하난과
느 11:16 레위 사람의 족장 삽브대와 요사밧이니
　　　8. 에스라 때 이방 여인을 취한 사람
스 8:33　예수아의 아들 요사밧과 빈누이의 아들
스 10:22 이스마엘과 느다넬과 요사밧과 엘라사
스 10:23 레위 사람 중에서는 요사밧과 시므이와

요사위야(Joshaviah) 다윗 시대의 용사
대상 11:46 엘라암의 아들 여리배와 요사위야와

요새(要塞, stronghold)
삼상 22:4 그들은 다윗이 요새에 있을 동안에 모압
삼상 22:5 갓이 다윗에게 이르되 너는 이 요새에
삼상 24:22 다윗과 그의 사람들은 요새로 올라가
삼하 5:17 다 올라오매 다윗이 듣고 요새로 나가

1823

【 요새 】　　　　　　　　　　　　　　　　　　　　　　　　　　　【 요셉 】

삼하 22:2 여호와는 나의 반석이시요 나의 **요새**
대상 12:8 갓 사람 중에서 광야에 있는 **요새**에 이르
대상 12:16 베냐민과 유다 자손 중에서 **요새**에 이르
시 9:9 　당하는 자의 **요새**이시요 환난 때의 **요새**
시 18:2 　여호와는 나의 반석이시요 나의 **요새**
시 37:39 그는 환난 때에 그들의 **요새**이시로다
시 48:3 　그 여러 궁중에서 자기를 **요새**로 알리셨
시 59:9 　하나님은 나의 **요새**이시니 그의 힘으로
시 59:16 주는 나의 **요새**이시며 나의 환난 날에
시 59:17 하나님은 나의 **요새**이시며 나를 긍휼히
시 62:2 　나의 구원이시요 나의 **요새**이시니 내가
시 62:6 　나의 구원이시요 나의 **요새**이시니 내가
시 71:3 　주께서 나의 반석이시요 나의 **요새**이심
시 89:40 모든 울타리를 파괴하시며 그 **요새**
시 91:2 　그는 나의 피난처요 나의 **요새**요 내가
시 94:22 여호와는 나의 **요새**이시요 나의 하나님
시 144:2 여호와는 나의 사랑이시요 나의 **요새**
사 25:4 　빈궁한 자의 **요새** … 가난한 자의 **요새**
사 29:7 　열방의 무리 곧 아리엘과 그 **요새**를 쳐서
사 33:16 견고한 바위가 그의 **요새**가 되며 그의
렘 6:5 　일어나라 우리가 밤에 올라가서 그 **요새**
렘 6:27 　이미 너를 내 백성 중에 망대와 **요새**로
렘 16:19 여호와 나의 힘, 나의 **요새**, 환난날의
렘 48:18 올라와서 너를 쳐서 네 **요새**를 깨뜨렸음
렘 48:41 성읍들이 점령을 당하며 **요새**가 함락
렘 50:15 그가 항복하였고 그 **요새**는 무너졌고
렘 51:30 용사는 싸움을 그치고 그들의 **요새**에
렘 51:53 높은 곳에 있는 피난처를 **요새**로 삼더
슥 9:3 　두로는 자기를 위하여 **요새**를 건축하며
슥 9:12 소망을 품은 자들아 너희는 **요새**로 돌아

성경에 나오는 '요새'

견고한 요새 – 삼하 22:33; 대하 17:12
광야의 요새 – 삼상 23:14
기름 부음 받은 자의 구원의 요새 – 시 28:8
바다의 요새 – 사 23:4
블레셋 사람의 요새 – 삼하 23:14
성벽의 높은 요새 – 사 25:12
에브라임의 요새 – 사 17:3
엔게디 요새 – 삼상 23:29
왕궁 요새 – 왕상 16:18
하길라 산 수풀 요새 – 삼상 23:19

요세(Joses)
1. 예수님의 형제 중 한 사람으로 요셉과 동일인
막 15:47 막달라 마리아와 **요세**의 어머니 마리아
　　2. 야고보의 형제로 어머니는 마리아
막 15:40 야고보와 **요세**의 어머니 마리아와 또

요섹(Josech) 예수님의 선조 중의 한 사람
눅 3:26 　그 위는 서머인이요 그 위는 **요섹**이요

요셉(Joseph)
1. 야곱의 아들
창 30:24 이름을 **요셉**이라 하니 여호와는 다시

📖 요셉 1 – 기타 본문

창 30:25; 33:2, 7; 35:24; 37:2, 3, 5, 6, 9, 13, 17,
18, 21, 22, 23, 28, 29, 31, 33; 39:1, 2, 4, 5, 6, 7, 8,
10, 11, 12, 13, 20, 21, 22, 23; 40:3, 4, 6, 7, 8, 9,
12, 16, 18, 22, 23; 41:14, 15, 16, 17, 25, 39, 41,
42, 44, 45, 46, 48, 50, 51, 54, 55, 56, 57; 42:3, 4,
6, 7, 8, 9, 12, 14, 18, 23, 24, 36; 43:15, 16, 17, 18,
19, 24, 25, 26, 27, 29, 30, 32, 33, 34; 44:1, 2, 4,
14, 15, 17; 45:1, 2, 3, 4, 9, 14, 15, 16, 17, 21, 26,
27, 28; 46:4, 19, 20, 27, 28, 29, 30, 31; 47:1, 3, 5,
7, 11, 14, 15, 16, 17, 18, 20, 21, 23, 26, 29, 30;
48:1, 2, 3, 8, 9, 10, 11, 12, 15, 17, 21; 49:22, 24,
26; 50:1, 4, 7, 8, 9, 10, 14, 15, 16, 17, 18, 19, 22,
23, 24, 25, 26; 출 1:5, 6, 8; 13:19; 민 1:10, 32;
13:7, 11; 26:28, 37; 27:1; 32:33; 34:23; 36:1, 5,
12; 신 27:12; 33:13, 16; 수 14:4; 16:1, 4; 17:1,
2, 14, 16, 17; 18:5, 11; 24:32; 삿 1:22, 23, 35; 삼
하 19:20; 왕상 11:28; 대상 2:2; 5:1, 2; 7:29; 시
77:15; 78:67; 80:1; 81:5; 105:17; 겔 37:16, 19;
47:13; 48:32; 암 5:6, 15; 6:6; 옵 1:18; 슥 10:6;
요 4:5; 행 7:13, 14, 18; 히 11:21, 22; 계 7:8

2. 아삽의 아들로 레위 사람
대상 25:2 삭굴과 **요셉**과 느다냐와 아사렐라니
대상 25:9 아들 중 **요셉**이요 둘째는 그달리야니

3. 에스라 당시 이방 여인을 아내로 맞이한 사람
스 10:42 살룸과 아마랴와 **요셉**이요

4. 대제사장 요야김 때에 있었던 제사장
느 12:14 요나단이요 스바냐 족속에는 **요셉**이요

5. 마리아의 남편

【 요셉밧세벳 】　　　　　　　　　　　　　　　　　　　　【 요아 】

마 1:16　마리아의 남편 **요셉**을 낳았으니 마리아

📖 **요셉 5 – 기타 본문**
　마 1:18, 19, 20, 24; 2:13, 14, 19, 21; 눅 1:27;
　2:4, 16; 3:23; 4:22; 요 1:45; 6:42

6. 예수님의 형제
마 13:55　형제들은 야고보, **요셉**, 시몬, 유다라
막 6:3　야고보와 **요셉**과 유다와 시몬의 형제가

7. 야고보의 동생으로 요세와 동일인
마 27:56　막달라 마리아와 또 야고보와 **요셉**의

8. 아리마대 사람
마 27:57　아리마대의 부자 **요셉**이라 하는 사람이

📖 **요셉 8 – 기타 본문**
　마 27:59; 막 15:43, 45, 46; 눅 23:50; 요 19:38

9. 예수님의 선조로 맛다디야의 아들
눅 3:24　멜기오 그 위는 얀나요 그 위는 **요셉**이요
눅 3:30　**요셉**이요 그 위는 요남이요 그 위는

10. 유스도의 별명
행 1:23　별명은 유스도라고 하는 **요셉**이요 하나

11. 바나바의 본래 이름
행 4:36　**요셉**이라 사도들이 일컬어 바나바라

요셉밧세벳(Josheb-Bassebeth)　다윗의
　세 용사 중 한 사람
삼하 23:8　다그몬 사람 **요셉밧세벳**이라고도 하고

요술(妖術, secret art, witchcraft)
출 7:11　애굽 요술사들도 그들의 **요술**로 그와
출 7:22　애굽 요술사들도 자기들의 **요술**로 그와
출 8:7　자기 **요술**대로 그와 같이 행하여 개구리
출 8:18　요술사들도 자기 **요술**로 그같이 행하여
신 18:10　점쟁이나 길흉을 말하는 자나 **요술**하는
대하 33:6　사술과 **요술**을 행하며 신접한 자와 박수
시 58:5　소리도 듣지 않고 능숙한 술객의 **요술**도

요술객(妖術客, spiritist)
사 19:3　우상과 마술사와 신접한 자와 **요술객**을

요술사(妖術士, magician)
출 7:11　애굽 **요술사**들도 그들의 요술로 그와

출 7:22　애굽 **요술사**들도 자기들의 요술로 그와
출 8:7　**요술사**들도 자기 요술대로 그와 같이
출 8:18　**요술사**들도 자기 요술로 그같이 행하여
출 8:19　**요술사**가 바로에게 말하되 이는 하나님
출 9:11　**요술사**들도 악성 종기로 말미암아 모
　세 앞에⋯악성 종기가 **요술사**들로부터

요술자(妖術子, craftsman)
사 3:3　모사와 정교한 장인과 능란한 **요술자**를
렘 27:9　복술가나 꿈꾸는 자나 술사나 **요술자**가

요스브가사(Joshbekashah)　헤만의 아들
대상 25:4　로맘디에셀과 **요스브가사**와 말로디와
대상 25:24　**요스브가사**니 그의 아들들과 형제들

요시뱌(Josiphiah)　슬로밋의 아버지
스 8:10　슬로밋 자손 중에서는 **요시뱌**의 아들

요시비야(Joshibiah)　예후의 아버지
대상 4:35　아시엘의 증손 스라야의 손자 **요시비야**

요시아(Josiah)　스바냐의 아들
슥 6:10　스바냐의 아들 **요시아**의 집에 들어갔

　**요시야**(Josiah)　남유다의 16
　　　　　　　번째 왕
　　　왕상 13:2　다윗의 집에 **요시야**
　　　라 이름하는 아들을 낳으리니

📖 **요시야 – 기타 본문**
왕하 21:24, 26; 22:1, 2, 3; 23:16, 17, 19, 23, 24,
25, 28, 29, 30, 34; 대상 3:14, 15; 대하 33:25;
34:1, 8, 33; 35:1, 7, 16, 18, 19, 20, 21, 22, 23, 24,
25, 26; 36:1; 렘 1:2, 3; 3:6; 22:11, 18; 25:1, 3;
26:1; 27:1; 35:1; 36:1, 2, 9; 37:1; 45:1; 46:2;
습 1:1; 마 1:10, 11

요아(Joah)
1. 히스기야 시대의 사관으로 아삽의 아들
왕하 18:18　셉나와 아삽의 아들 사관 **요아**가 그에게

📖 **요아 1 – 기타 본문**
왕하 18:26, 37; 사 36:3, 11, 22

1825

【 요아난 】　　　　　　　　　　　　　　【 요야김 】

2. 게르손 사람으로 심마의 아들
대상 6:21 아들은 **요아**요 그의 아들은 잇도요 그의
대하 29:12 사람중 심마의 아들 **요아**와 **요아**의 아들

3. 오벧에돔의 셋째 아들
대상 26:4 둘째 여호사밧과 셋째 **요아**와 넷째 사갈

4. 요시야 시대의 사관으로 요아하스의 아들
대하 34:8 서기관 요아하스의 아들 **요아**를 보낸

요아난(Joanan) 예수님의 선조
눅 3:27　그 위는 **요아난**이요 그 위는 레사요 그 위

요아스(Joash)
1. 기드온의 아버지
삿 6:11　아비에셀 사람 **요아스**에게 속한 오브
　　　　라에 이르러 … 앉으니라 마침 **요아스**의

📖 요아스 1 - 기타 본문
삿 6:29, 30, 31; 7:14; 8:13, 29, 32

2. 유다 왕으로 아하시야의 아들
왕하 11:2　아하시야의 아들
　　　　　요아스를 왕자들이 죽임을

📖 요아스 2 - 기타 본문
왕하 11:3, 21; 12:1, 2, 4, 6, 7, 18, 19, 20; 13:1,
10; 14:1, 3, 13, 17, 23; 대상 3:11; 대하 22:11,
12; 24:1, 2, 22, 23, 24, 25, 27; 25:23, 25

3. 이스라엘 왕 여호아하스의 아들
왕하 13:9 장사되고 그 아들 **요아스**가 대신하여

📖 요아스 3 - 기타 본문
왕하 13:10, 12, 13, 14, 25; 14:1, 8, 9, 11, 13, 15,
16, 17, 23, 27; 대하 25:17, 18, 21, 23, 25; 호 1:1;
암 1:1

4. 아합 왕가의 사람
왕상 22:26 성주 아몬과 왕자 **요아스**에게로 끌고
대하 18:25 시장 아몬과 왕자 **요아스**에게로 끌고

5. 다윗의 용사
대상 12:3 아히에셀이요 다음은 **요아스**이니 기브

6. 유다 사람
대상 4:22 요김과 고세바 사람들과 **요아스**와 모압

7. 베냐민 사람으로 베겔의 아들
대상 7:8　베겔의 아들들은 스미라와 **요아스**와

8. 다윗의 관리
대상 27:28 뽕나무를 맡았고 **요아스**는 기름 곳간

요아하스(Jehoahaz)
1. 이스라엘 11대 왕
대하 25:25 이스라엘 왕 **요아하스**의 아들 요아스

2. 요시야 왕의 사관으로 요아의 아버지
대하 34:8 마아세야와 서기관 **요아하스**의 아들

요안나(Joanna) 헤롯 안디바 가의 청지기 구사의 아내
눅 8:3　헤롯의 청지기 구사의 아내 **요안나**와
눅 24:10 여자들은 막달라 마리아와 **요안나**와

요압(Joab)
1. 다윗의 군대장관
삼상 26:6 스루야의 아들 **요압**의 아우 아비새에게

📖 요압 1 - 기타 본문
삼하 2:13, 14, 18, 22, 24, 26, 27, 28, 30, 32; 3:22,
23, 24, 26, 27, 29, 30, 31; 8:16; 10:7, 9, 13, 14;
11:1, 6, 7, 11, 14, 16, 17, 18, 22, 25; 12:26, 27;
14:1, 3, 19, 20, 21, 22, 23, 29, 30, 31, 32, 33;
17:25; 18:2, 5, 10, 11, 12, 14, 15, 16, 20, 21, 22,
23, 29; 19:1, 5, 13; 20:7, 8, 9, 10, 11, 13, 15, 16,
17, 20, 21, 22, 23; 23:18, 24, 37; 24:2, 3, 4, 9; 왕
상 1:7, 19, 41; 2:5, 22, 28, 29, 30, 31, 32, 33, 35;
11:15, 16, 21; 대상 2:16, 54; 11:6, 8, 20, 26, 39;
18:15; 19:8, 10, 14, 15; 20:1; 21:2, 3, 4, 5, 6;
26:28; 27:7, 24, 34

2. 유다 자손으로 스라야의 아들
대상 4:14 오브라를 낳고 스라야는 **요압**을 낳았
　　　　　으니 **요압**은 게하라심의 조상이라 그들

3. 포로 귀환 가족의 조상
스 2:6　곧 예수아와 **요압** 자손이 이천팔백십이
스 8:9　**요압** 자손 중에서는 여히엘의 아들
느 7:11　곧 예수아와 **요압** 자손이 이천팔백십팔

요야김(Joiakim) 대제사장 예수아의 아들
느 12:10 **요야김**을 낳고 **요야김**은 엘리아십을

[요야다]

느 12:12 **요야김** 때에 제사장, 족장 된 자는
느 12:26 예수아의 아들 **요야김**과 총독 느헤미야

요야다 (Joiada)

1. 느헤미야 시대 옛문 중수한 사람
느 3:6 　바세야의 아들 **요야다**와 브소드야의

2. 대제사장 엘리아십의 아들
느 12:10 엘리아십을 낳고 엘리아십은 **요야다**
느 12:11 **요야다**는 요나단을 낳고 요나단은
느 12:22 엘리아십과 **요야다**와 요하난과 얏두아
느 13:28 대제사장 엘리아십의 손자 **요야다**의

요야립 (Joiarib)

1. 에스라 시대 학자
스 8:16 　부르고 또 명철한 사람 **요야립**과 엘라단

2. 제사장으로 여호야립과 동일인
느 11:10 제사장 중에는 **요야립**의 아들 여다야와
느 12:6 　스마야와 **요야립**과 여다야와
느 12:19 **요야립** 족속에는 맛드내요 여다야 족속

3. 마아세야의 자손으로 유다 사람
느 11:5 　**요야립**의 오대 손이요 스가랴의 육대 손

요에셀 (Joezer) 베냐민 사람으로 다윗의 용사
대상 12:6 잇시야와 아사렐과 **요에셀**과 야소브암

요엘 (Joel)

1. 요엘서를 기록한 선지자
욜 1:1 　브두엘의 아들 **요엘**에게 임한 여호와의 말씀
행 2:16 　선지자 **요엘**을 통하여 말씀하신 것이니

2. 사무엘의 아들로 악한 사사
삼상 8:2 장자의 이름은 **요엘**이요 차자의 이름
대상 6:28 사무엘의 아들들은 맏아들 **요엘**이요
대상 6:33 **요엘**의 아들이요 **요엘**은 사무엘의 아들

3. 사무엘의 아버지 엘가나의 선조
대상 6:36 엘가나는 **요엘**의 아들이요 **요엘**은

4. 르우벤의 자손으로 스마야의 아버지
대상 5:4 　**요엘**의 아들은 스마야 그의 아들은
대상 5:8 　세마의 손자요 **요엘**의 증손이라 그

5. 시므온의 자손으로 그 지파의 족장
대상 4:35 **요엘**과 아시엘의 증손 스라야의 손자

6. 바산에 살던 갓 자손의 족장
대상 5:12 우두머리는 **요엘**이요 다음은 사밤이요

[요제]

7. 잇사갈의 자손이며 족장
대상 7:3 　미가엘과 오바댜와 **요엘**과 잇시야 다섯

8. 다윗의 용사 중 나단의 형제
대상 11:38 나단의 아우 **요엘**과 하그리의 아들 밉할

9. 다윗 시대 므낫세 반 지파의 관장
대상 27:20 지도자는 브다야의 아들 **요엘**이요

10. 히스기야 왕을 도와 성전을 청소한 사람
대하 29:12 아사랴의 아들 **요엘**과 므라리의 자손

11. 에스라 시대 이방 여인을 아내로 취한 자
스 10:43 샛밧과 스비내와 잇도와 **요엘**과 브나야

12. 느헤미야 시대 베냐민 지파의 감독
느 11:9 　시그리의 아들 **요엘**이 그들의 감독이

13. 게르솜의 자손으로 족장
대상 15:7 게르솜 자손 중에 지도자 **요엘**과 그의
대상 15:11 레위 사람 우리엘과 아사야와 **요엘**과
대상 15:17 레위 사람이 **요엘**의 아들 헤만과 그의

14. 라단의 아들
대상 23:8 우두머리 여히엘과 또 세담과 **요엘** 세

15. 여히엘리의 아들
대상 26:22 스담과 그의 아우 **요엘**이니 여호와의

요엘라 (Joelah) 여로함의 아들로 다윗의 용사
대상 12:7 그돌 사람 여로함의 아들 **요엘라**와

요엣 (Joed) 포로 귀환 후 예루살렘 거주자
느 11:7 　그는 므술람의 아들이요 **요엣**의 손자요

요점 (要點, point)
히 8:1 　지금 우리가 하는 말의 **요점**은 이러한

요제 (搖祭, wave offering)

출 29:24 손에 주고 그것을 흔들어 여호와 앞에 **요제**를 삼으며
출 29:26 여호와 앞에 흔들어 **요제**를 삼으라 이것이 네 분깃이니라
레 7:30 제사장은 그 가슴을 여호와 앞에 흔들어 **요제**를 삼고
레 8:27 손에 두어 여호와 앞에 흔들어 **요제**를
레 8:29 여호와 앞에 흔들어 **요제**를 삼았으니
레 9:21 그가 여호와 앞에 **요제**로 흔드니 모세가
레 10:15 여호와 앞에 흔들어 **요제**를 삼을지니
레 14:12 드리되 여호와 앞에 흔들어 **요제**를
레 14:24 가져다가 여호와 앞에 흔들어 **요제**를

[요제물]　　　　　　　　　　　　　　　　　　　　　[요한]

레 23:15　안식일 이튿날 곧 너희가 **요제**로 곡식단
레 23:17　누룩을 넣어서 구운 것이요 이는 첫 **요제**
레 23:20　여호와 앞에 흔들어서 **요제**를 삼을 것
민 6:20　여호와 앞에 **요제**로 흔들 것이며 그것과
민 8:13　아들들 앞에 세워 여호와께 **요제**로 드릴
민 8:15　네가 그들을 정결하게 하여 **요제**로 드린
민 8:21　아론이 그들을 여호와 앞에 **요제**로 드리

요제물(搖祭物, wave offering)
출 29:27　너는 그 흔든 **요제물** 곧 아론과 그의
민 18:11　거제물과 모든 **요제물**이라 내가 그것

요즈음/요즘(these day)
삼상 25:10　이새의 아들은 누구냐 **요즈음**에 각기
눅 24:18　예루살렘에 체류하면서도 **요즘** 거기

요청하다(要請, request)
삿 8:24　내가 너희에게 **요청할** 일이 있으니 너희
삿 8:26　기드온이 **요청한** 금 귀고리의 무게가

요통(腰痛, pain)
사 21:3　이러므로 나의 **요통**이 심하여 해산이

요하(Joha)
　　　1. 베냐민 사람으로 브리아의 아들
대상 8:16　이스바와 **요하**는 다 브리아의 아들들
　　　2. 시므리의 아들로 다윗의 30용사 중 한 명
대상 11:45　여디아엘과 그의 아우 디스 사람 **요하**와

요하난(Johanan)
　　　1. 예루살렘 함락 후의 유다 군대장관
왕하 25:23　이스마엘과 가레아의 아들 **요하난**과

📖 요하난 1 – 기타 본문
렘 40:8, 13, 15, 16; 41:11, 13, 14, 15, 16; 42:1, 8; 43:2, 4, 5
　　　2. 요시야 왕의 맏아들
대상 3:15　맏아들 **요하난**과 둘째 여호야김과 셋째
　　　3. 다윗의 자손
대상 3:24　블라야와 악굽과 **요하난**과 들라야와
　　　4. 솔로몬 시대의 제사장
대상 6:9　아사를 낳고 아사랴는 **요하난**을 낳고

대상 6:10　**요하난**은 아사랴를 낳았으니 이 아사랴
　　　5. 다윗의 용사
대상 12:4　야하시엘과 **요하난**과 그데라 사람
대상 12:12　여덟째는 **요하난**이요 아홉째는 엘사밧
　　　6. 학가단의 아들
스 8:12　학가단의 아들 **요하난**이니 그와 함께
　　　7. 대제사장 엘리아십의 자손
느 12:22　엘리아십과 요야다와 **요하난**과 얏두아
느 12:23　엘리아십의 아들 **요하난** 때까지 역대
　　　8. 에브라임 자손
대하 28:12　우두머리 몇 사람 곧 **요하난**의 아들

요한(John)

　　　1. 세례 요한
마 3:1　세례 **요한**이 이르러 유
　　대 광야에서 전파하여

📖 요한 1 – 기타 본문
마 3:4, 13, 15; 4:12; 9:14; 11:2, 4, 7, 11, 12, 13;
14:2, 3, 4, 5, 8, 10; 16:14; 17:1, 13; 21:26; 막 1:4, 9,
14; 2:18; 6:14, 16, 17, 18, 19, 20, 24, 25, 27; 8:28;
11:32; 눅 1:13, 60, 63; 3:2, 15, 19, 20; 5:33; 7:18,
20, 22, 24, 28, 29, 33; 9:7, 9, 19; 11:1; 16:16; 20:6;
요 1:6, 19, 28, 29, 35; 3:25, 26; 4:1; 5:33, 36; 10:40,
41; 행 1:21; 10:37; 11:16; 13:24; 18:25; 19:3, 4

　　　2. 사도 요한
마 4:21　야고보와 그의 형제 **요한**이 그의 아버지

📖 요한 2 – 기타 본문
마 10:2; 17:1; 막 1:19, 29; 3:17; 5:37; 9:2, 38;
10:35, 41; 13:3; 14:33; 눅 5:10; 6:14; 8:51;
9:28, 49, 54; 22:8; 행 1:13; 3:1, 3, 4, 11; 4:13,
19; 8:14; 갈 2:9; 계 1:1, 9; 22:8

　　　3. 마가 요한
행 12:12　마가라 하는 **요한**의 어머니 마리아의

📖 요한 3 – 기타 본문
행 12:25; 13:5, 13; 15:37

　　　4. 베드로의 아버지
요 1:42　예수께서 보시고 이르시되 네가 **요한**의

【 욕/-하다/-되다 】　　　　　　　　　　　【 욕/-하다/-되다 】

📖 요한 4 – 기타 본문
　요 21:15, 16, 17

　　　5. 대제사장 요한
행 4:6　대제사장 안나스와 가야바와 **요한**과

욕/-하다/-되다(辱, speak maliciously against, violate, profane)

모세오경 – 시가서

창 34:2　보고 끌어들여 강간하여 **욕되게** 하고
삼상 20:34 다윗을 **욕되게** 하였으므로 다윗을 위하
삼하 13:12 내 오라버니여 나를 **욕되게** 하지 말라
삼하 13:22 그의 누이 다말을 **욕되게** 하였으므로
삼하 13:32 압살롬의 누이 다말을 **욕되게** 한 날부터
대상 10:4 나를 **욕되게** 할까 두려워하노라 그러나
대하 32:17 여호와를 **욕하고** 비방하여 이르기를
대하 36:16 그의 선지자를 **욕하여** 여호와의 진노를
느 4:4　그들이 **욕하는** 것을 자기들의 머리에
욥 1:11　틀림없이 주를 향하여 **욕하지** 않겠나
욥 2:5　틀림없이 주를 향하여 **욕하지** 않겠나
욥 2:9　굳게 지키느냐 하나님을 **욕하고** 죽으라
시 4:2　나의 영광을 바꾸어 **욕되게** 하며 헛된
시 31:11 대적들 때문에 **욕을** 당하고 내 이웃에
시 39:8　우매한 자에게서 **욕을** 당하지 아니하게
시 40:14 기뻐하는 자는 다 물러가 **욕을** 당하게
시 44:9　이제는 주께서 우리를 버려 **욕을** 당하게
시 44:13 이웃에게 **욕을** 당하게 하시니 그들이
시 44:16 나를 비방하고 **욕하는** 소리 때문이요
시 69:6　찾는 자가 나로 말미암아 **욕을** 당하게
시 69:10 금식하였더니 그것이 도리어 나의 **욕이**
시 71:13 나를 모해하려 하는 자들에게는 **욕과**
시 78:66 영원히 그들에게 **욕되게** 하셨도다
시 89:39 그의 관을 땅에 던져 **욕되게** 하셨으며
시 89:41 탈취를 당하며 그의 이웃에게 **욕을** 당하
시 109:29 나의 대적들이 **욕을** 옷 입듯 하게 하시며
잠 11:2　교만이 오면 **욕도** 오거니 겸손한 자
잠 12:4　지아비의 면류관이나 **욕을** 끼치는 여인
잠 14:34 영화롭게 하고 죄는 백성을 **욕되게** 하느
잠 14:35 **욕을** 끼치는 신하는 그의 진노를 당하
잠 18:13 대답하는 자는 미련하여 **욕을** 당하는
잠 25:8　이웃에게서 **욕을** 보게 될 때에 네가 어찌
잠 28:7　자와 사귀는 자는 아비를 **욕되게** 하는

잠 29:15 버려 둔 자식은 어미를 **욕되게** 하느니라

선지서, 신약

사 13:16 노략을 당하겠고 그들의 아내는 **욕을**
사 23:9　영화를 **욕되게** 하시며 세상의 모든 교만
사 43:28 내가 성소의 어른들을 **욕되게** 하며 야곱
사 45:16 부끄러움을 당하며 **욕을** 받아 다 함께
사 45:17 영원히 부끄러움을 당하거나 **욕을** 받지
사 47:6　내 기업을 **욕되게** 하여 그들을 네 손에
사 48:11 내 이름을 **욕되게** 하리요 내 영광을 다른
렘 6:10　말씀을 그들이 자신들에게 **욕으로** 여기
렘 14:21 주의 영광의 보좌를 **욕되게** 마옵소서
렘 31:19 치욕을 지므로 부끄럽고 **욕됨이니이다**
애 2:2　나라와 그 지도자들을 **욕되게** 하셨도다
겔 13:19 나를 내 백성 가운데에서 **욕되게** 하여
겔 20:27 내게 범죄하여 나를 **욕되게** 하였느니라
겔 35:12 **욕하는** 모든 말을 나 여호와가 들은 줄을
겔 36:30 기근의 **욕을** 여러 나라에게 당하지 아니
호 4:7　그들의 영화를 변하여 **욕이** 되게 하리라
욜 2:17　주의 기업을 **욕되게** 하여 나라들로 그들
욜 2:19　너희가 나라들 가운데서 **욕을** 당하지
미 6:6　예언할 것이 아니거늘 **욕하는** 말을 그치
합 2:10　네 집에 **욕을** 부르며 네 영혼에게 죄를
합 2:16　네게로 돌아올 것이라 더러운 **욕이** 네
슥 14:2　부녀가 **욕을** 당하며 성읍 백성이 절반
말 2:10　우리 조상들의 언약을 **욕되게** 하느냐
말 2:11　사랑하시는 그 성결을 **욕되게** 하여 이방
마 5:11　나로 말미암아 너희를 **욕하고** 박해하고
마 27:44 못 박힌 강도들도 이와 같이 **욕하더라**
막 15:32 못 박힌 자들도 예수를 **욕하더라**
눅 6:22　너희를 미워하며 멀리하고 **욕하고** 너희
눅 22:65 이 외에도 많은 말로 **욕하더라**
요 9:28　그들이 **욕하여** 이르되 너는 그의 제자
행 23:4　하나님의 대제사장을 네가 **욕하느냐**
롬 1:24　두사 그들의 몸을 서로 **욕되게** 하게

'욕'과 관련된 성구

성호를 욕되게 하다 – 레 20:3; 22:2
수치와 욕을 당하다 – 시 35:26; 사 41:11; 렘 22:22
하나님을 욕되게 하다 – 욥 1:5; 롬 2:23
하나님의 이름을 욕되게 하다 – 레 18:21; 19:12; 21:6; 잠 30:9

[욕느암] 【 욥 2 】

고전 11:4 예언을 하는 자는 그 머리를 **욕되게** 하는
고전 11:5 머리를 **욕되게** 하는 것이니 이는 머리
고후 6:8 영광과 **욕됨**으로 그러했으며 악한 이름
고후 11:21 우리가 약한 것같이 **욕되게** 말하노라
히 6:6   못 박아 드러내 놓고 **욕되게** 함이라
히 10:29 은혜의 성령을 **욕되게** 하는 자가 당연히
벧전 2:23 욕을 당하시되 맞대어 **욕하지** 아니하
벧전 3:9   악을 악으로, **욕을 욕으**로 갚지 말고
벧전 3:16 너희의 선행을 **욕하는** 자들로 그 비방

욕느암(Jokneam) 갈멜에 있는 성읍
수 12:22 게데스 왕이요 하나는 갈멜의 **욕느암** 왕
수 19:11 마랄라에 이르러 답베셋을 만나 **욕느암**
수 21:34 스불론 지파 중에서 **욕느암**과 그 목초지
왕상 4:12 아벨므홀라에 이르고 **욕느암** 바깥까지

욕단(Joktan) 셈의 자손 에벨의 아들
창 10:25 벨렉의 아우의 이름은 **욕단**이며

🔸 **욕단 – 기타 본문**
창 10:26, 29; 대상 1:19, 20, 23

욕드암(Jokdeam) 유다 지파가 분배받은 성읍
수 15:56 이스르엘과 **욕드암**과 사노아와

욕드엘(Joktheel) 유다 지파가 분배받은 성읍
수 15:38 딜르안과 미스베와 **욕드엘**과
왕하 14:7 셀라를 취하고 이름을 **욕드엘**이라 하였

욕망(欲望, longing, craving)
출 15:9   그들로 말미암아 내 **욕망**을 채우리라
시 112:10 소멸되나니 악인들의 **욕망**은 사라지리
잠 21:25 게으른 자의 **욕망**이 자기를 죽이나니

욕므암(Jokmeam) 그핫 자손이 얻은 성읍
대상 6:68 **욕므암**과 그 초원과 벧호론과 그 초원

욕보이다(辱, dishonor, rape, ravish)
신 21:14 네가 그를 **욕보였은즉** 종으로 여기지
신 22:24 이웃의 아내를 **욕보였음이라** 너는 이
신 22:29 처녀를 **욕보였은즉** 평생에 그를 버리지
삿 19:24 너희가 그들을 **욕보이든지** 너희 눈에
삿 20:5   나를 죽이려 하고 내 첩을 **욕보여** 그를

애 5:11   각 성읍에서 처녀들을 **욕보였나이다**

욕브하(Jogbehah) 길르앗에 있는 성읍
민 32:35 아다롯소반과 야셀과 **욕브하**와
삿 8:11   기드온이 노바와 **욕브하** 동쪽 장막에

욕산(Jokshan) 아브라함의 첩 그두라의 아들
창 25:2   그가 시므란과 **욕산**과 므단과 미디안과
창 25:3   **욕산**은 스바와 드단을 낳았으며 드단
대상 1:32 그두라가 낳은 자손은 시므란과 **욕산**과

욕심(欲心, greedy, crave, desire)
민 11:34 기브롯 핫다아와라 불렀으니 **욕심**을
민 15:39 자신의 마음과 눈의 **욕심**을 따라 음행
시 10:3   악인은 그의 마음의 **욕심**을 자랑하며
시 78:30 그러나 그들이 그들의 **욕심**을 버리지
시 106:14 광야에서 **욕심**을 크게 내며 사막에서
잠 28:25 **욕심**이 많은 자는 다툼을 일으키나
사 5:14   그러므로 스올이 **욕심**을 크게 내어 한량
렘 3:5   악을 행하여 네 **욕심**을 이루었느니라
렘 8:10   큰 자까지 다 **욕심**내며 선지자로부터
렘 49:9   밤에 도둑이 오면 그 **욕심**이 차기까지
미 7:3   권세자는 자기 마음의 **욕심**을 말하며
합 2:5   스올처럼 자기의 **욕심**을 넓히며 또 그
막 4:19   염려와 재물의 유혹과 기타 **욕심**이 들어
요 8:44   마귀에게서 났으니 너희 아비의 **욕심**
롬 1:26   하나님께서 그들을 부끄러운 **욕심**에
갈 5:16   그리하면 육체의 **욕심**을 이루지 아니
엡 2:3   다 그 가운데서 우리 육체의 **욕심**을 따라
엡 4:19   방임하여 모든 더러운 것을 **욕심**으로
엡 4:22   너희는 유혹의 **욕심**을 따라 썩어져 가는
딤전 6:9 해로운 **욕심**에 떨어지나니 곧 사람으로
딤후 3:6 죄를 중히 지고 여러 가지 **욕심**에 끌린
약 1:14   시험을 받는 것은 자기 **욕심**에 끌려 미혹
약 1:15   **욕심**이 잉태한즉 죄를 낳고 죄가 장성
약 4:2   **욕심**을 내어도 얻지 못하여 살인하며

욥 1(Jashub) 잇사갈의 아들
창 46:13 잇사갈의 아들은 돌라와 부와와 **욥**과

욥 2(Job) 욥기서의 중심 인물
욥 1:1   우스 땅에 **욥**이라 불리는 사람이 있었는데 그 사람

[욥바]   [용납하다]

겔 14:14 비록 노아, 다니엘, 욥, 이 세 사람이 거기
약 5:11 너희가 욥의 인내를 들었고 주께서 주신

욥 2 - 기타 본문
욥 1:5, 8, 9, 13, 14, 20, 22; 2:3, 7, 8, 10, 11, 12, 13; 3:1, 2; 6:1; 9:1; 12:1; 16:1; 19:1; 21:1; 23:1; 26:1; 27:1; 29:1; 31:40; 32:1, 2, 3, 4, 12; 33:1, 31; 34:5, 7, 35, 36; 35:16; 37:14; 38:1; 40:1, 3, 6; 42:1, 7, 8, 9, 10, 12, 15, 16, 17; 겔 14:20

욥바(Joppa) 이스라엘 서쪽 지중해 연안에 있는 항구 도시

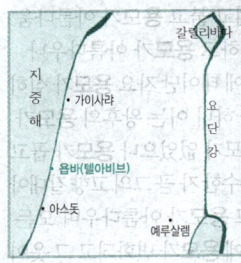

수 19:46 메얄곤과 락곤과 욥바 맞은 편 경계까지라

욥바 - 기타 본문
대하 2:16; 스 3:7; 욘 1:3; 행 9:36, 38, 42, 43; 10:5, 8, 23, 32; 11:5, 13

욧바(Jotbah) 유다에 있던 레위 지파의 성읍
왕하 21:19 어머니의 이름은 므술레멧이요 욧바

욧바다(Jotbathah) 광야에서 진쳤던 곳
민 33:33 홀하깃갓을 떠나 욧바다에 진을 치고
민 33:34 욧바다를 떠나 아브로나에 진을 치고
신 10:7 굿고다에 이르고 굿고다를 떠나 욧바다

용(龍, monster, dragon)
시 74:13 바다를 나누시고 물 가운데 용들의 머리
시 148:7 너희 용들과 바다여 땅에서 여호와를
사 27:1 리워야단을 벌하시며 바다에 있는 용을
계 12:3 보라 한 큰 붉은 용이 있어 머리가 일곱
계 12:4 용이 해산하려는 여자 앞에서 그가 해산
계 12:7 용과 더불어 싸울새 용과 그의 사자들도
계 12:9 큰 용이 내쫓기니 옛 뱀 곧 마귀라고도
계 12:16 땅이 여자를 도와 그 입을 벌려 용의 입
계 13:2 그 입은 사자의 입 같은데 용이 자기의
계 13:4 용이 짐승에게 권세를 주므로 용에게
계 13:11 어린 양같이 두 뿔이 있고 용처럼 말을
계 16:13 세 더러운 영이 용의 입과 짐승의 입과

용감하다/용감히(勇敢, hero, mighty, powerful)
민 24:18 그와 동시에 이스라엘은 용감히 행동
삼상 14:48 용감하게 아말렉 사람들을 치고 이스라엘
왕하 24:16 용감하여 싸움을 할 만한 모든 자들을
대상 5:24 호다위야와 야디엘이며 다 용감하고
시 60:12 우리가 하나님을 의지하고 용감하게
시 108:13 우리가 하나님을 의지하고 용감히 행하
사 5:22 포도주를 마시기에 용감하며 독주를
사 10:13 용감한 자처럼 위에 거주한 자들을 낮추
롬 5:7 선인을 위하여 용감히 죽는 자가 혹 있거
히 11:34 용감하게 되어 이방 사람들의 진을 물리

'용감하다' 와 관련된 성구
용감한 군사 - 대하 13:3
용감한 사냥꾼 - 창 10:9
용감한 사람 - 삼상 14:52; 왕하 2:16; 대상 11:22
용감한 장사 - 대상 7:5, 9, 40; 8:40

용광로(鎔鑛爐, furnace)
말 4:1 여호와가 이르노라 보라 용광로 불 같은

용기(勇氣, courage, bravery)
삿 20:22 이스라엘 사람들이 스스로 용기를 내어
삼상 16:18 수금을 탈 줄 알고 용기와 무용과 구변
삼상 18:17 나를 위하여 용기를 내어 여호와의 싸움
삼상 30:6 그의 하나님 여호와를 힘입고 용기를
삼하 13:28 아니냐 너희는 담대히 용기를 내라 한지
대하 23:1 제칠년에 여호야다가 용기를 내어 백부장
단 11:25 그가 그의 힘을 떨치며 용기를 다하여
미 3:8 영으로 말미암아 능력과 정의와 용기로

용납하다(容納, allow, permit, pass)
창 34:21 그들을 용납할 만하니 그들이 여기서
창 36:7 가축으로 말미암아 그들을 용납할 수
민 20:21 그의 영토로 지나감을 용납하지 아니
민 21:23 지나감을 용납하지 아니하고 그의 백성
신 18:11 초혼자를 너희 가운데 용납하지 말라
신 18:14 여호와께서 이런 일을 용납하지 아니
삿 1:34 골짜기에 내려오기를 용납하지 아니
삼하 14:12 당신의 여종을 용납하여 한 말씀을 내주
왕상 8:27 주를 용납하지 못하겠거든 하물며 내가
왕상 8:64 화목제의 기름을 다 용납할 수 없음이라

【 용량 】   【 용사 】

대상 16:21 그들을 해하기를 **용납**하지 아니하시고
대하 2:6 하늘이라도 주를 **용납**하지 못하겠거든
대하 6:18 하늘이라도 주를 **용납**하지 못하겠거든
대하 7:7 번제물과 소제물과 기름을 **용납**할 수
대하 20:10 주께서 **용납**하지 아니하시므로 이에
느 2:7 나를 **용납**하여 유다에 들어가기까지
느 13:27 범죄하는 것을 우리가 어찌 **용납**하겠느냐
에 3:8 법률을 지키지 아니하오니 **용납**하는 것
욥 15:16 가증하고 부패한 사람을 **용납**하시겠느냐
욥 21:3 나를 **용납**하여 말하게 하라 내가 말한
욥 36:2 나를 잠깐 **용납**하라 내가 그대에게 보이
시 101:5 마음이 교만한 자를 내가 **용납**하지 아니
시 105:14 그들을 억압하는 것을 **용납**하지 아니
겔 14:3 내게 묻기를 내가 조금인들 **용납**하랴
겔 20:3 내가 **용납**하지 아니하리라 주 여호와의
겔 20:31 내가 **용납**하겠느냐 주 여호와의 말씀
  이니라 … 내게 묻기를 내가 **용납**하지
마 19:14 어린 아이들을 **용납**하고 내게 오는 것을
막 10:14 내게 오는 것을 **용납**하고 금하지 말라
눅 18:16 내게 오는 것을 **용납**하고 금하지 말라
요 18:8 찾거든 이 사람들이 가는 것은 **용납**하라
롬 2:4 인자하심과 **용납**하심과 길이 참으심이
고후 11:1 **용납**하라 청하건대 나를 **용납**하라
고후 11:4 받게 할 때에는 너희가 잘 **용납**하는구나
고후 11:19 어리석은 자들을 기쁘게 **용납**하는구나
고후 11:20 뺨을 칠지라도 너희가 **용납**하는도다
엡 4:2 참음으로 사랑 가운데서 서로 **용납**하고
골 3:13 서로 **용납**하여 피차 용서하되 주께서
히 5:2 미혹된 자를 능히 **용납**할 수 있는 것은
히 13:22 권하노니 권면의 말을 **용납**하라 내가
계 2:2 악한 자들을 **용납**하지 아니한 것과 자칭
계 2:20 이세벨을 네가 **용납**함이니 그가 내 종들

용량(容量, bath)
겔 45:11 에바와 밧은 그 **용량**을 동일하게 하되 호
  멜의 **용량**을 따라 밧은 십분의 일 호멜

용력(勇力, military strength)
왕하 18:20 싸울 만한 계교와 **용력**이 있다고 한다

용맹/-하다/-스럽다(勇猛, courageous)
삿 18:2 그들의 가족 가운데 **용맹**스런 다섯 사람
삼하 23:20 그는 **용맹**스런 일을 행한 자라 일찍이

대하 17:13 예루살렘에 크게 **용맹**스러운 군사를
대하 26:17 제사장 아사랴가 여호와의 **용맹**한
욥 28:8 **용맹**스러운 짐승도 밟지 못하였고
욥 41:12 **용맹**과 늠름한 체구에 대하여 잠잠하지
사 36:5 계략과 **용맹**이 있노라 함은 입술에 붙은
렘 9:23 그의 **용맹**을 자랑하지 말라 부자는 그의
단 11:32 하나님을 아는 백성은 강하여 **용맹**을

용모(容貌, appearance)
창 39:6 간섭하지 아니하였더라 요셉은 **용모**가
신 28:50 **용모**가 흉악한 민족이라 노인을 보살피
삿 13:6 하나님의 사자의 **용모** 같아서 심히 두려
삼상 16:7 사무엘에게 이르시되 그의 **용모**와 키를
삼상 17:42 이는 그가 젊고 붉고 **용모**가 아름다움
삼상 25:3 여자는 총명하고 **용모**가 아름다우나
왕상 1:6 압살롬 다음에 태어난 자요 **용모**가 심히
에 1:11 보이게 하라 하니 이는 왕후의 **용모**가
에 2:7 에스더는 부모가 없으나 **용모**가 곱고
겔 23:15 **용모**는 다 준수한 자 곧 그의 고향 갈대아
단 1:4 곧 흠이 없고 **용모**가 아름다우며 모든
눅 9:29 기도하실 때에 **용모**가 변화되고 그 옷이

용사(勇士, hero, warrior, fighting man)
모세오경, 역사서
창 6:4 그들은 **용사**라 고대에 명성이 있는 사람
출 15:3 여호와는 **용사**시니 여호와는 그의 이름
수 1:14 너희 모든 **용사**들은 무장하고 너희의
수 6:2 여리고와 그 왕과 **용사**들을 네 손에 넘기
수 8:3 아이로 올라가려 하여 택한 **용사** 삼만 명을
수 10:7 여호수아가 모든 군사와 **용사**와 더불어
수 17:1 길르앗의 아버지라 그는 **용사**였기 때문
삿 3:29 모두 **용사**라 한 사람도 도망하지 못하
삿 5:13 여호와께서 나를 위하여 **용사**를 치시
삿 5:23 여호와를 도와 **용사**를 치지 아니함이
삿 20:44 엎드러진 자가 만 팔천 명이니 다 **용사**
삿 20:46 모두 이만 오천 명이니 다 **용사**였더라
삼상 2:4 **용사**의 활은 꺾이고 넘어진 자는 힘으로
삼상 17:33 너는 소년이요 그는 어려서부터 **용사**
삼상 17:51 블레셋 사람들이 자기 **용사**의 죽음을
삼상 26:15 아브넬에게 이르되 네가 **용사**가 아니냐
삼하 1:19 죽임을 당하였도다 오호라 두 **용사**가
삼하 1:21 두 **용사**의 방패가 버린 바 됨이니라 곧
삼하 1:22 죽은 자의 피에서, **용사**의 기름에서

1832

【 용사 】　　　　　　　　　　　　　　　　　　　　　　　　【 용사 】

삼하 1:25	오호라 두 **용사**가 전쟁 중에 엎드러졌
삼하 1:27	오호라 두 **용사**가 엎드러졌으며 싸우는
삼하 10:7	다윗이 듣고 요압과 **용사**의 온 무리를
삼하 11:16	요압이 그 성을 살펴 **용사**들이 있는 것
삼하 16:6	모든 백성과 **용사**들은 다 왕의 좌우에
삼하 17:8	추종자들은 **용사**라 그들은 들에 있는
삼하 17:10	사자 같은 마음을 가진 **용사**의 아들일 지라도 … 추종자들도 **용사**인 줄 앎이
삼하 20:7	블렛 사람들과 모든 **용사**들이 다 아비새
삼하 23:9	다윗과 함께 한 세 **용사** 중의 한 사람이라 … 물러간지라 세 **용사**가 싸움을
삼하 23:16	세 **용사**가 블레셋 사람의 진영을 돌파
삼하 23:17	즐겨하지 아니하니라 세 **용사**가 이런
삼하 23:20	갑스엘 **용사**의 손자 여호야다의 아들
삼하 23:22	일을 행하였으므로 세 **용사** 중에 이름을
왕상 1:10	선지자 나단과 브나야와 **용사**들과 자기
왕상 1:42	너는 **용사**라 아름다운 소식을 가져오는
왕하 24:14	모든 **용사** 만 명과 모든 장인과 대장장이
왕하 24:16	**용사** 칠천 명과 장인과 대장장이 천 명
대상 7:2	대대로 **용사**이더니 다윗 때에 이르러
대상 10:12	**용사**들이 다 일어나서 사울의 시체와
대상 11:10	다윗에게 있는 **용사**의 우두머리는 이러
대상 11:11	다윗에게 있는 **용사**의 수효가 이러하
대상 11:12	아들 엘르아살이니 세 **용사** 중 하나라
대상 11:19	원하지 아니하니라 세 **용사**가 이런 일을
대상 11:22	갑스엘 **용사**의 손자 여호야다의 아들
대상 11:24	이런 일을 행하였으므로 세 **용사** 중에
대상 12:1	그에게 와서 싸움을 도운 **용사** 중에 든
대상 12:4	삼십 명 중에 **용사**요 삼십 명의 우두머리
대상 12:8	다 **용사**요 싸움에 익숙하여 방패와 창을
대상 19:8	다윗이 듣고 요압과 **용사**의 온 무리를
대상 26:30	그의 동족 **용사** 천 칠백 명은 요단 서쪽
대상 26:32	그의 형제 중 이천칠백 명은 다 **용사**요
대상 27:6	브나야는 삼십 명 중에 **용사**요 삼십 명
대상 28:1	내시와 장사와 모든 **용사**를 예루살렘
대상 29:24	모든 방백과 **용사**와 다윗 왕의 여러 아들
대하 11:1	택한 **용사**가 십팔만 명이라 이스라엘
대하 28:6	베가가 유다에서 하루 동안에 **용사** 십이
대하 32:3	그의 방백들과 **용사**들과 더불어 의논
느 3:16	파서 만든 못을 지나 **용사**의 집까지 이르
느 11:6	사백육십팔 명이니 다 **용사**였느니라

시가서

욥 16:14	그가 나를 치고 다시 치며 **용사**같이
욥 41:25	그것이 일어나면 **용사**라도 두려워하며
시 33:16	구원 얻은 왕이 없으며 **용사**가 힘이 세어
시 45:3	**용사**여 칼을 허리에 차고 왕의 영화와
시 78:65	포도주를 마시고 고함치는 **용사**처럼
시 88:4	내려가는 자같이 인정되고 힘없는 **용사**
시 89:19	내가 능력 있는 **용사**에게는 돕는 힘을
잠 16:32	노하기를 더디하는 자는 **용사**보다 낫고
잠 21:22	지혜로운 자는 **용사**의 성에 올라가서
전 9:11	**용사**들이라고 전쟁에 승리하는 것이
아 3:7	솔로몬의 가마라 이스라엘 **용사** 중 육십
아 4:4	다윗의 망대 곧 방패 천 개, **용사**의 모든

선지서

사 3:2	**용사**와 전사와 재판관과 선지자와 복술
사 3:25	너희의 장정은 칼에, 너희의 **용사**는 전란
사 13:3	나의 위엄을 기뻐하는 **용사**들을 불러
사 21:17	게달 자손 중 활 가진 **용사**의 남은 수가
사 33:7	보라 그들의 **용사**가 밖에서 부르짖으며
사 42:13	여호와께서 **용사**같이 나가시며 전사
사 43:17	병거와 말과 군대의 **용사**를 이끌어 내어
사 49:24	**용사**가 빼앗은 것을 어떻게 도로 빼앗
사 49:25	여호와가 이같이 말하노라 **용사**의 포로
렘 5:16	열린 무덤이요 그 사람들은 다 **용사**라
렘 9:23	**용사**는 그의 용맹을 자랑하지 말라 부자

'용사'와 관련된 성구

나가 싸울 만한 용사 – 대상 5:18
노련한 용사 – 렘 50:9
다윗의 용사 – 삼하 23:8, 왕상 1:8
바벨론의 용사 – 렘 51:30
에브라임의 용사 – 대하 28:7
젊은 용사 – 대상 12:28
주의 용사 – 욜 3:11

첫 용사 – 창 10:8
큰 용사 – 삿 6:12; 11:1; 21:10; 왕상 11:28; 왕하 5:1; 대상 7:7, 11; 11:26; 12:21, 25, 30; 26:6, 31; 대하 13:3; 14:8; 17:14, 16, 17; 25:6; 26:12; 32:21; 느 11:14
택한 용사 – 왕상 12:21; 대하 11:1

【 용서/-하다/-되다 】

렘 14:9	구원하지 못하는 **용사** 같으시니이까
렘 20:11	여호와는 두려운 **용사** 같으시며 나와
렘 26:21	여호야김 왕과 그의 모든 **용사**와 모든
렘 46:5	그들의 **용사**는 패하여 황급히 도망하며
렘 46:6	발이 빠른 자도 도망하지 못하며 **용사**도
렘 46:9	**용사**여 나오라 방패 잡은 구스 사람과
렘 46:12	**용사**가 **용사**에게 걸려 넘어져 둘이 함께
렘 48:14	말하기를 우리는 **용사**요 능란한 전사라
렘 48:41	모압 **용사**의 마음이 산고를 당하는 여인
렘 49:22	에돔 **용사**의 마음이 진통하는 여인같이
렘 50:36	칼이 **용사**의 위에 떨어지리니 그들이
렘 51:56	**용사**들이 사로잡히고 그들의 활이 꺾이
렘 51:57	**용사**들을 취하게 하리니 그들이 영원히
애 1:15	나의 모든 **용사**들을 없는 것같이 여기
겔 27:11	성 위에 있었고 **용사**들은 네 여러 망대에
겔 27:27	**용사**와 네 가운데에 있는 모든 무리가
겔 32:12	네 무리가 **용사** 곧 모든 나라의 무서운
겔 32:21	**용사** 가운데에 강한 자가 그를 돕는 자와
겔 32:27	**용사**와 함께 … 마땅하지 아니하냐
	용사들은 다 … 세상에서 **용사**의 두려움
겔 39:18	너희가 **용사**의 살을 먹으며 세상 왕들의
겔 39:20	내 상에서 말과 기병과 **용사**와 모든 군사
단 3:20	**용사** 몇 사람에게 명령하여 사드락과
호 10:13	네가 네 길과 네 **용사**의 많음을 의뢰하
욜 2:7	그들이 **용사**같이 달리며 무사같이 성을
욜 3:9	전쟁을 준비하고 **용사**를 격려하고 병사
암 2:14	힘을 낼 수 없으며 **용사**도 자기 목숨을
암 2:16	**용사** 가운데 그 마음이 굳센 자도 그 날
옵 1:9	드만아 네 **용사**들이 놀랄 것이라 이로
나 2:3	그의 **용사**들의 방패는 붉고 그의 무사들
습 1:14	여호와의 날의 소리로다 **용사**가 거기서
슥 9:13	자식들을 치게 하며 너를 **용사**의 칼과
슥 10:5	싸울 때에 **용사**같이 거리의 진흙 중에
슥 10:7	에브라임이 **용사** 같아서 포도주를 마신

용서/-하다/-되다(容恕, forgive, pardon)

창 18:24	그 오십 의인을 위하여 **용서**하지 아니
창 18:26	그들을 위하여 온 지역을 **용서**하리라
창 50:17	허물과 죄를 **용서**하라 하셨나니 당신
	아버지의 … 우리 죄를 이제 **용서**하소서
출 10:17	바라건대 이번만 나의 죄를 **용서**하고
출 23:21	허물을 **용서**하지 아니할 것은 내 이름
출 34:7	과실과 죄를 **용서**하리라 그러나 벌을

신 13:9	너는 **용서** 없이 그를 죽이되 죽일 때에
삼상 25:28	허물을 **용서**하여 주옵소서 여호와께서
왕상 8:50	주께 범죄한 백성을 **용서**하시며 주께
왕하 5:18	**용서**하시기를 … 종을 **용서**하시기를
대상 21:8	죄를 **용서**하여 주옵소서 내가 심히 미련
대하 6:39	주께 범죄한 주의 백성을 **용서**하옵소서
느 9:17	주께서는 **용서**하시는 하나님이시라
시 39:13	주는 나를 **용서**하사 내가 떠나 없어지기
잠 6:34	분노하여 원수 갚는 날에 **용서**하지 아니
잠 19:11	사람의 슬기요 허물을 **용서**하는 것이
전 10:4	공손함이 큰 허물을 **용서** 받게 하느니라
사 2:9	귀한 자도 굴복하오니 그들을 **용서**하지
사 22:14	너희가 죽기까지 **용서**하지 못하리라
사 55:7	돌아오라 그가 너그럽게 **용서**하시리라
렘 5:1	찾으면 내가 이 성읍을 **용서**하리라
렘 5:7	내가 어찌 너를 **용서**하겠느냐 네 자녀가
렘 36:3	그리하면 내가 그 악과 죄를 **용서**하리라
렘 50:20	이는 내가 남긴 자를 **용서**할 것임이라
겔 16:63	이는 내가 네 모든 행한 일을 **용서**한 후
단 9:9	주 우리 하나님께는 긍휼과 **용서**하심이
단 9:19	주여 **용서**하소서 주여 귀를 기울이시고
단 9:24	죄악이 **용서**되며 영원한 의가 드러나며
호 1:6	족속을 긍휼히 여겨서 **용서**하지 않을
암 7:8	이스라엘 가운데 두고 다시는 **용서**하지
암 8:2	이르렀은즉 내가 다시는 그를 **용서**하지
마 6:14	사람의 잘못을 **용서**하면 너희 하늘 아
	버지께서도 너희 … **용서**하시려니와
마 6:15	잘못을 **용서**하지 … 잘못을 **용서**하지
마 18:21	죄를 범하면 몇 번이나 **용서**하여 주리
마 18:35	각각 마음으로부터 형제를 **용서**하지
막 11:25	아무에게나 혐의가 있거든 **용서**하라
눅 6:37	**용서**하라 그리하면 너희가 **용서**를 받으
눅 11:4	죄 지은 모든 사람을 **용서**하오니 우리
눅 17:3	범하거든 경고하고 회개하거든 **용서**하라
눅 17:4	내가 회개하노라 하거든 너는 **용서**하라
고후 2:7	그런즉 너희는 차라리 그를 **용서**하고
고후 2:10	무슨 일에든지 누구를 **용서**하면 … 내
	가 만일 **용서**한 일이 있으면 **용서**한 그
고후 12:13	나의 이 공평하지 못한 것을 **용서**하라
고후 13:2	내가 다시 가면 **용서**하지 아니하리라
엡 4:32	불쌍히 여기며 서로 **용서**하기를 하나
	님이 … 너희를 **용서**하심과 같이 하라
골 3:13	**용서**하되 주께서 너희를 **용서**하신 것

[용정]　　　　　　　　　　　　　　　　　　[우두머리]

벧후 2:4　하나님이 범죄한 천사들을 용서하지
벧후 2:5　옛 세상을 용서하지 아니하시고 오직

용정(龍井, Jackal Well)
느 2:13　그 밤에 골짜기 문으로 나가서 **용정**으로

우(右, right)
창 13:9　네가 좌하면 나는 우하고 네가 우하면
창 24:49　알게 해 주셔서 내가 **우**로든지 좌로든
신 2:27　내가 큰길로만 행하고 좌나 **우**로나
신 5:32　너희는 삼가 행하여 좌로나 **우**로나 치우
신 17:11　판결을 어겨 좌로나 **우**로나 치우치지
신 17:20　좌로나 **우**로나 치우치지 아니하리니
신 28:14　좌로나 **우**로나 치우치지 아니하고 다른
수 1:7　율법을 다 지켜 행하고 **우**로나 좌로나
수 23:6　지켜 행하라 그것을 떠나 **우**로나 좌로나
삼하 14:19왕의 말씀을 좌로나 **우**로나 옮길 자가
잠 4:27　좌로나 **우**로나 치우치지 말고 네 발을

우갈(Ucal) 야게의 아들인 아굴의 제자
잠 30:1　이디엘 곧 이디엘과 **우갈**에게 이른 것

우거하다(寓居, live, stay)
신 24:14　땅 성문 안에 **우거하는** 객이든지 그를
신 28:43　**우거하는** 이방인은 점점 높아져서 네
삼하 4:3　도망하여 오늘까지 거기에 **우거함**이
왕상 17:1　길르앗에 **우거하는** 자 중에 디셉 사람

왕상 17:20**우거하는** 집 과부에게 재앙을 내리사
왕하 8:2　블레셋 사람들의 땅에 칠 년을 **우거하다가**

우겨싸다(press)
고후 4:8　우리가 사방으로 **우겨쌈**을 당하여도

우대(Uthai)
　1. 포로 귀환 후 예루살렘에 거주한 사람
대상 9:4　유다의 아들 베레스 자손 중에 **우대**이니
　2. 에스라와 함께 귀환한 사람
스 8:14　비그왜 자손 중에서는 **우대**와 삽붓이니

우두머리(chief, leader, the first)
삼상 22:2　그는 그들의 **우두머리**가 되었는데 그와
삼하 23:18그 세 사람의 **우두머리**라 그가 그의 창을
삼하 23:19그들의 **우두머리**가 되었으나 그러나
왕상 9:23솔로몬에게 일을 감독하는 **우두머리**
대상 5:7　그의 형제가 종족과 계보대로 **우두머리**
대상 5:12**우두머리**는 요엘이요 다음은 사밤이요
대상 5:15압디엘의 아들 아히가 **우두머리**가 되었
대상 7:2　아버지 돌라의 집 **우두머리**라 대대로
대상 7:3　잇시야 다섯 사람이 모두 **우두머리**며
대상 7:40다 아셀의 자손으로 **우두머리**요 정선된
대상 8:10미르마이니 이 아들들은 **우두머리**이며
대상 9:17그의 형제들이니 살룸은 그 **우두머리**라
대상 11:6치는 자는 **우두머리**와 … **우두머리**가
대상 11:11야소브암은 삼십 명의 **우두머리**라 그가

'우두머리'와 관련된 성구

가문의 우두머리 – 대상 8:28; 26:21, 26, 32; 27:1
그 집의 우두머리 – 대상 7:7, 9, 11
나사렛 이단의 우두머리 – 행 24:5
대적의 우두머리 – 신 32:42
레위 사람들의 우두머리 – 대상 9:33; 대하 35:9
만민의 우두머리 – 욥 12:24
모든 지파의 우두머리 – 왕상 8:1; 대하 5:2
문지기의 우두머리 – 대상 9:26; 렘 37:13
방백의 우두머리 – 대상 7:40
백성의 우두머리 – 출 18:25; 느 10:14
아론의 집 우두머리 – 대상 12:27
야곱 (족속)의 우두머리 – 미 3:1, 9
에브라임 자손의 우두머리 – 대하 28:12

엘르아살 자손의 우두머리 – 대상 24:4
왕을 모시는 사람들의 우두머리 – 대상 18:17
용사의 우두머리 – 대상 11:10
유다의 우두머리들 – 슥 12:5
이스라엘 종족들의 우두머리 – 민 1:16
제사장과 레위 사람의 우두머리 – 대상 24:6, 31; 스 8:29
제사장의 우두머리 – 대하 36:14; 스 8:24
조상의 가문의 우두머리 – 민 1:4; 7:2
족보의 우두머리 – 대상 8:28; 9:34
종족의 가문의 우두머리 – 대상 9:9, 13
주민의 우두머리 – 대상 8:6, 13
지휘관의 우두머리 – 대상 27:3; 대하 8:9
헤브론 자손의 우두머리 – 대상 26:31

【 우둔하다/우둔하여지다 】 　　　　　　　　　　　　　　　　　　　　　　【 우르 】

대상 11:15 삼십 **우두머리** 중 세 사람이 바위로 내려
대상 11:20 아비새는 그 세 명 중 **우두머리**라 그가
대상 11:21 가장 뛰어나 그들의 **우두머리**가 되었
대상 11:42 곧 르우벤 자손의 **우두머리** 아디나와
대상 12:3 그 **우두머리**는 아히에셀이요 다음은
대상 12:4 삼십 명의 **우두머리**가 된 이스마야이
대상 12:9 그 **우두머리**는 에셀이요 둘째는 오바댜
대상 12:18 성령이 삼십 명의 **우두머리** 아마새를
대상 12:32 마땅히 행할 것을 아는 **우두머리**가 이백
대상 15:27 노래하는 자와 그의 **우두머리** 그나냐
대상 16:5 아삽은 **우두머리**요 그 다음은 스가랴
대상 23:8 라단의 아들들은 **우두머리** 여히엘과
대상 23:9 세 사람이니 이는 라단의 **우두머리**들
대상 23:11 그 **우두머리**는 야핫이요 그 다음은 시사
대상 23:16 게르솜의 아들중에 스브엘이 **우두머리**
대상 23:17 엘리에셀의 아들들은 **우두머리** 르하뱌
대상 23:18 이스할의 아들들은 **우두머리** 슬로밋
대상 23:19 헤브론의 아들들은 **우두머리** 여리야와
대상 23:20 웃시엘의 아들들은 **우두머리** 미가와
대상 23:24 일을 하는 이십세 이상 된 **우두머리**들
대상 24:4 엘르아살의 자손 중에 **우두머리**가 이
대상 24:21 그의 아들들 중에 **우두머리** 잇시야요
스 5:10 우리가 또 그 **우두머리**들의 이름을 적어
스 7:28 이스라엘 중에 **우두머리**들을 모아 나와
느 9:17 패역하여 스스로 한 **우두머리**를 세우고
욥 22:12 하늘에 계시지 아니하냐 보라 **우두머리**
렘 13:21 그가 네 위에 **우두머리**로 세우실 때에
겔 38:7 예비하고 너는 그들의 **우두머리**가 될지
호 1:11 이스라엘 자손이 함께 모여 한 **우두머리**
미 3:11 그들의 **우두머리**들은 뇌물을 위하여

우둔하다/우둔하여지다(愚鈍, fool, callous, be hardened)

시 19:7 여호와의 증거는 확실하여 **우둔한** 자를
시 119:130 말씀을 열면 빛이 비치어 **우둔한** 사람
사 19:11 모사의 책략은 **우둔하여졌으니** 너희가
사 32:5 **우둔한** 자를 다시 존귀한 자라 말하지
행 28:27 이 백성들의 마음이 **우둔하여져서** 그
롬 11:7 얻었고 그 남은 자들은 **우둔하여졌느니라**
롬 11:25 이스라엘의 더러는 **우둔하게** 된 것이라

우뚝(lofty)

겔 17:22 연한 가지를 꺾어 높고 **우뚝** 솟은 산에

우러러/-보다(look up)

창 15:5 하늘을 **우러러** 뭇별을 셀 수 있나 보라
욥 35:5 그대는 하늘을 **우러러보라** 그대보다
욥 36:25 모든 사람이 **우러러보나니** 먼 데서도
시 25:1 나의 영혼이 주께 **우러러보나이다**
시 40:12 죄악이 나를 덮치므로 **우러러볼** 수도
시 86:4 주여 내 영혼이 주를 **우러러보오니** 주여
단 4:34 느부갓네살이 하늘을 **우러러보았더니**
미 7:7 오직 나는 여호와를 **우러러보며** 나를
슥 9:1 지파의 눈이 여호와를 **우러러봄이니라**
마 14:19 하늘을 **우러러** 축사하시고 떡을 떼어
막 6:41 **우러러** 축사하시고 떡을 떼어 제자들
막 7:34 하늘을 **우러러** 탄식하시며 그에게 이르
눅 9:16 하늘을 **우러러** 축사하시고 떼어 제자들
요 11:41 예수께서 눈을 들어 **우러러보시고** 이르
요 17:1 눈을 들어 하늘을 **우러러** 이르시되
행 7:55 스데반이 성령 충만하여 하늘을 **우러러**

우레(thunder)

출 19:16 셋째 날 아침에 **우레**와 번개와 빽빽한 구름이 산
출 20:18 뭇 백성이 **우레**와 번개와 나팔 소리와 산의 연기
삼상 2:10 하늘에서 **우레**로 그들을 치시리로다
삼상 7:10 블레셋 사람에게 큰 **우레**를 발하여 그들
삼상 12:17 여호와께서 **우레**와 비를 보내사 너희가
삼상 12:18 여호와께서 그 날에 **우레**와 비를 보내
욥 28:26 비구름의 길과 **우레**의 법칙을 만드셨음
욥 36:33 그의 **우레**가 다가오는 풍우를 알려 주니
욥 38:25 물길을 터 주었으며 **우레**와 번개 길을
사 29:6 만군의 여호와께서 **우레**와 지진과 큰
막 3:17 이 둘에게는 보아너게 곧 **우레**의 아들
계 8:5 불을 담아다가 땅에 쏟으매 **우레**와 음성
계 10:3 그가 외칠 때에 일곱 **우레**가 그 소리를
계 10:4 일곱 **우레**가 말을 할 때에 내가 기록하려고 … 말하기를 일곱 **우레**가 말한 것
계 11:19 번개와 음성들과 **우레**와 지진과 큰 우박

우르(Ur) 메소포타미아 갈대아인의 성읍

창 11:28 고향 갈대아인의 **우르**에서 죽었더라

우르 - 기타 본문

창 11:31; 15:7; 느 9:7

【 우르바노 】　　　　　　　　　　　　　　　　　　　　　　　　　　　【 우릿간 】

우르바노(Urbanus) 로마 교회의 신자
롬 16:9　동역자인 **우르바노**와 나의 사랑하는

우리 1(Uri)
1. 유다 지파 훌의 아들
출 31:2　유다 지파 훌의 손자요 **우리**의 아들인

> 우리 1 – 기타 본문
> 출 35:30; 38:22; 대상 2:20; 대하 1:5

2. 솔로몬의 관장 게벨의 아버지
왕상 4:19　길르앗 땅에는 **우리**의 아들 게벨이니

3. 포로 귀환 후 이방인 문지기
스 10:24　문지기 중에서는 살룸과 델렘과 **우리**

우리 2(pen)
창 49:14　잇사갈은 양의 **우리** 사이에 꿇어앉은
민 32:16　우리 가축을 위하여 **우리**를 짓고 우리
민 32:24　양을 위하여 **우리**를 지으라 그리하고
민 32:36　건축하였고 또 양을 위하여 **우리**를 지었
삿 5:16　네가 양의 **우리** 가운데에 앉아서 목자의
삼상 24:3　길 가 양의 **우리**에 이른즉 굴이 있는지라
욥 5:24　장막의 평안함을 알고 네 **우리**를 살펴도
시 50:9　내가 네 집에서 수소나 네 **우리**에서 숫
시 68:13　너희가 양 **우리**에 누울 때에는 그 날개를
시 78:70　종 다윗을 택하시되 양의 **우리**에서 취하
사 65:10　사론은 양 떼의 **우리**가 되겠고 아골 골짜
렘 23:3　지방에서 모아 다시 그 **우리**로 돌아오게
겔 25:5　내가 랍바를 낙타의 **우리**로 만들며 암몬
겔 34:14　좋은 꼴을 먹이고 그 **우리**를 이스라엘
암 6:4　양 떼에서 어린 양과 **우리**에서 송아지를
합 3:17　**우리**에 양이 없으며 외양간에 소가 없을
습 2:6　목자의 움막과 양 떼의 **우리**가 거기에
요 10:1　양 **우리**에 들어가지 아니하고 다른
요 10:16　**우리**에 들지 아니한 다른 양들이 내게

우리아(Uriah)
1. 다윗의 용사로 밧세바의 남편
삼하 11:3　그는 엘리암의 딸이요 헷 사람 **우리아**의
왕상 15:5　이는 다윗이 헷 사람 **우리아**의 일 외에는

> 우리아 1 – 기타 본문
> 삼하 11:6, 7, 8, 9, 10, 11, 12, 14, 15, 16, 17, 21,
24, 26; 12:9, 10, 15; 23:39; 대상 11:41

2. 므레못의 아버지
스 8:33　제사장 **우리아**의 아들 므레못의 손에
느 3:4　그 다음은 학고스의 손자 **우리아**의 아들

우리야(Uriah)
1. 아하스 왕 시대의 대제사장
왕하 16:10　양식을 그려 제사장 **우리야**에게 보냈

> 우리야 1 – 기타 본문
> 왕하 16:11, 15, 16; 사 8:2

2. 기럇여아림 출신으로 스마야의 아들
렘 26:20　스마야의 아들 **우리야**라 그가 예레미야
렘 26:21　**우리야**가 그 말을 듣고 두려워 애굽으로
렘 26:23　그들이 **우리야**를 애굽에서 연행하여

3. 에스라와 느헤미야 시대의 제사장
느 8:4　스마와 아나야와 **우리야**와 힐기야와

4. '우리아 2'와 동일 인물
느 3:21　그 다음은 학고스의 손자 **우리야**의 아들

5. '우리아 1'과 동일 인물
마 1:6　다윗 왕을 낳으니라 다윗은 **우리야**의

우리엘(Uriel)
1. 다윗 때 여호와의 궤를 옮긴 그핫 족장
대상 6:24　다핫이요 그의 아들은 **우리엘**이요 그의
대상 15:5　그핫 자손 중에 지도자 **우리엘**과 그의
대상 15:11　레위 사람 **우리엘**과 아사야와 요엘과

2. 유다 왕 아비야의 외조부
대하 13:2　기브아 사람 **우리엘**의 딸이더라 아비야

우림(Urim)
출 28:30　너는 **우림**과 둠밈을 판결 흉패 안에 넣어
레 8:8　흉패를 붙이고 흉패에 **우림**과 둠밈을
민 27:21　엘르아살은 그를 위하여 **우림**의 판결
신 33:8　주의 둠밈과 **우림**이 주의 경건한 자에게
삼상 28:6　여호와께서 꿈으로도, **우림**으로도, 선지
스 2:63　방백이 그들에게 명령하여 **우림**과 둠밈
느 7:65　총독이 그들에게 명령하여 **우림**과 둠밈

우릿간(shelter)
창 33:17　가축을 위하여 **우릿간**을 지었으므로

1837

[우매/-하다/-자] [우물]

우매/-하다/-자 (愚昧, folly, fool, senseless)

욥 42:8 너희가 **우매**한 만큼 너희에게 갚지 아니
시 38:5 썩어 악취가 나오니 내가 **우매**한 까닭
시 39:8 나를 모든 죄에서 건지시며 **우매**한 자
시 69:5 나의 **우매**함을 아시오니 나의 죄가 주
시 73:22 내가 이같이 **우매** 무지함으로 주 앞에
시 74:18 원수가 주를 비방하며 **우매**한 백성이
시 74:22 주의 원통함을 푸시고 **우매**한 자가 종일
전 2:13 지혜가 **우매**보다 뛰어남이 빛이 어둠
전 2:14 머리 속에 있고 **우매자**는 어둠 속에 다니
전 2:15 내가 내 마음속으로 이르기를 **우매자**가
전 2:16 지혜자도 **우매자**와 함께 영원하도록
　　　 … 오호라 지혜자의 죽음이 **우매자**의
전 2:19 지혜자일지, **우매자**일지야 누가 알랴
전 5:1 **우매**한 자들이 제물 드리는 것보다 나으
전 5:3 꿈이 생기고 말이 많으면 **우매**한 자의
전 5:4 하나님은 **우매**한 자들을 기뻐하지 아니
전 6:8 지혜자가 **우매자**보다 나은 것이 무엇
전 7:4 마음은 초상집에 있으되 **우매**한 자의
전 7:5 사람의 책망을 듣는 것이 **우매**한 자들
전 7:7 탐욕이 지혜자를 **우매**하게 하고 뇌물
전 7:9 노를 발하지 말라 노는 **우매**한 자들의
전 7:17 악인이 되지도 말며 지나치게 **우매**한 자
전 9:17 지혜자들의 말들이 **우매**한 자들을 다스
전 10:1 적은 **우매**가 지혜와 존귀를 난처하게
전 10:2 오른쪽에 있고 **우매자**의 마음은 왼쪽에
전 10:3 **우매**한 자는 길을 갈 때에도 지혜가 부
　　　 족하여 각 사람에게 자기가 **우매**함을
전 10:12 은혜로우나 **우매자**의 입술들은 자기를
전 10:13 그의 입의 말들의 시작은 **우매**요 그의
사 35:8 있게 될 것이라 **우매**한 행인은 그 길로
렘 23:13 사마리아 선지자들 가운데 **우매**함을
막 7:22 음탕과 질투와 비방과 교만과 **우매**함

우묵하다/우묵하여지다 (deep, hollow)

레 13:3 환부가 피부보다 **우묵하여졌으면** 이는
레 13:4 피부에 색점이 희나 **우묵하지** 아니하고
레 13:25 피부보다 **우묵하면** 이는 화상에서 생긴
레 13:30 환부가 피부보다 **우묵하고** 그 자리에
레 13:31 옴의 환부가 피부보다 **우묵하지** 아니
레 13:32 털이 없고 피부보다 **우묵하지** 아니하면
레 13:34 피부보다 **우묵하지** 아니하면 그는 그를
레 14:37 무늬의 색점이 있어 벽보다 **우묵하면**

삿 15:19 하나님이 레히에서 한 **우묵한** 곳을 터뜨
왕상 7:31 반원형으로 **우묵하며** 그 나머지 면에는
사 51:1 너희를 파낸 **우묵한** 구덩이를 생각하여

우물 (well)

창 21:25 아브라함의 **우물**
　　　 을 빼앗은 일에 관하여
창 21:30 일곱을 받아 내가
　　　 이 **우물** 판 증거를 삼으라
창 24:16 그가 **우물**로 내
　　　 려가서 물을 그 물동이
창 24:20 길으려고 **우물**로 달려가서 모든 낙타를
창 24:29 이름은 라반이라 그가 **우물**로 달려가
창 24:42 내가 오늘 **우물**에 이르러 말하기를 내
창 24:45 물동이를 어깨에 메고 나와서 **우물**로
창 26:15 아버지의 종들이 판 모든 **우물**을 막고
창 26:18 아브라함 때에 팠던 **우물**들을 다시 팠
　　　 으나 … 블레셋 사람이 그 **우물**들을 메
　　　 웠음이라 이삭이 그 **우물**들의 이름을
창 26:20 다툼으로 말미암아 그 **우물** 이름을 에섹
창 26:21 또 다른 **우물**을 팠더니 그들이 또 다투
창 26:22 다른 **우물**을 팠더니 그들이 다투지 아니
창 26:25 이삭의 종들이 거기서도 **우물**을 팠더라
창 26:32 이삭의 종들이 자기들이 판 **우물**에 대하
창 29:2 들에 **우물**이 있고 … 목자들이 그 **우물**
　　　 에서 양 떼에게 … 큰 돌로 **우물** 아귀를
민 21:16 그들에게 물을 주리라 하시던 **우물**이라
민 21:18 이 **우물**은 지휘관들이 팠고 백성의 귀인
신 6:11 파지 아니한 **우물**을 차지하게 하시며
삼상 19:22 큰 **우물**에 도착하여 물어 이르되 사무엘
삼하 17:18 그의 뜰에 있는 **우물** 속으로 내려가니
삼하 17:21 두 사람이 **우물**에서 올라와서 다윗 왕
느 9:25 판 **우물**과 포도원과 감람원과 허다한
잠 5:15 너는 네 **우물**에서 물을 마시며 네 샘에서
잠 25:26 굴복하는 것이 **우물**이 흐려짐과 샘이
전 12:6 샘 곁에서 깨지고 바퀴가 **우물** 위에서
아 4:12 내 신부는 잠근 동산이요 덮은 **우물**이요
아 4:15 너는 동산의 샘이요 생수의 **우물**이요
사 12:3 너희가 기쁨으로 구원의 **우물**들에서
사 37:25 **우물**을 파서 물을 마셨으니 내 발바닥
렘 14:3 그들이 **우물**에 갔어도 물을 얻지 못하여
눅 14:5 소가 **우물**에 빠졌으면 안식일에라도
요 4:6 거기 또 야곱의 **우물**이 있더라 예수께서

【 우바르신 】　　　　　　　　　　　　　　　　　　　　　　　　　【 우상 】

요 4:11　우물은 깊은데 어디서 당신이 그 생수를
요 4:12　우리 조상 야곱이 이 우물을 우리에게

'우물'과 관련된 성구
우물가 – 창 24:30; 삼하 3:26
우물 곁 – 창 24:11, 13, 43; 출 2:15; 요 4:6
우물물 – 민 20:17; 21:17, 22; 삼하 23:15, 16;
　　왕하 18:31; 대상 11:17, 18; 사 36:16
우물 아귀 – 창 29:2, 3, 8, 10; 삼하 17:19

우바르신(PARSIN)
단 5:25　이것이니 곧 메네 메네 데겔 우바르신

우바스(Uphaz) 질 좋은 금의 생산지
렘 10:9　다시스에서 가져온 은박과 우바스에서
단 10:5　세마포 옷을 입었고 허리에는 우바스

우박(hail, hailstone)
출 9:18　내일 이맘때면 내가 무거운 우박을 내리
출 9:19　우박이 그 위에 내리리니 그것들이 죽으
출 9:22　애굽 전국에 우박이 애굽 땅의 사람과
출 9:23　우렛소리와 우박을 보내시고 불을 내
　　　　려 땅에 … 여호와께서 우박을 애굽 땅
출 9:24　우박이 내림과 불덩이가 우박에 섞여
출 9:25　우박이 애굽 온 땅에서 사람과 짐승을
　　　　막론하고 … 모든 것을 쳤으며 우박이
출 9:26　자손들이 있는 그곳 고센 땅에는 우박이
출 9:28　여호와께 구하여 이 우렛소리와 우박을
출 9:29　우렛소리가 그치고 우박이 다시 있지
출 9:33　우렛소리와 우박이 그치고 비가 땅에
출 9:34　바로가 비와 우박과 우렛소리가 그친
출 10:5　우박을 면하고 남은 것을 먹으며 너희를
출 10:12　애굽 땅에 올라오게 하여 우박에 상하지
출 10:15　메뚜기가 우박에 상하지 아니한 밭의
수 10:11　큰 우박 덩이를 아세가에 이르기까지
　　　　내리시매 … 칼에 죽은 자보다 우박에
욥 38:22　눈 곳간에 들어갔었느냐 우박 창고를
시 18:12　빽빽한 구름이 지나며 우박과 숯불이
시 18:13　음성을 내시며 우박과 숯불을 내리시
시 78:47　그들의 포도나무를 우박으로, 그들의
시 78:48　그들의 가축을 우박에, 그들의 양 떼를
시 105:32　비 대신 우박을 내리시며 그들의 땅에

시 147:17　우박을 떡 부스러기같이 뿌리시나니
시 148:8　불과 우박과 눈과 안개와 그의 말씀을
사 28:2　쏟아지는 우박같이, 파괴하는 광풍같이,
사 28:17　우박이 거짓의 피난처를 소탕하며 물이
사 30:30　맹렬한 화염과 폭풍과 폭우와 우박으로
사 32:19　그 숲은 우박에 상하고 성읍은 파괴되
겔 13:11　폭우가 내리며 큰 우박 덩이가 떨어지며
겔 13:13　폭우를 내리고 분노하여 큰 우박 덩어리
겔 38:22　큰 우박 덩이와 불과 유황으로 그와 그
학 2:17　재앙과 우박으로 쳤으나 너희가 내게로
계 8:7　첫째 천사가 나팔을 부니 피 섞인 우박과
계 11:19　음성들과 우레와 지진과 큰 우박이 있더
계 16:21　무게가 한 달란트나 되는 큰 우박이 하늘

우살(Uzal) 아라비아 종족의 선조
창 10:27　하도람과 우살과 디글라와
대상 1:21　하도람과 우살과 디글라와

우상(偶像, idol)
모세오경 – 시가서

레 26:1　너희는 자기를 위하여 우상을 만들지
레 26:30　너희의 시체들을 부숴진 우상들 위에
신 4:16　형상대로든지 우상을 새겨 만들지 말라
신 4:23　여호와께서 금하신 어떤 형상의 우상도
신 4:25　형상의 우상이든지 조각하여 네 하나님
삼상 15:23　사신 우상에게 절하는 죄와 같음이라
삼상 19:13　미갈이 우상을 가져다가 침상에 누이고
삼상 19:16　전령들이 들어가 본즉 침상에는 우상이
삼하 5:21　블레셋 사람들이 그들의 우상을 버렸
왕상 14:23　푸른 나무 아래에 산당과 우상과 아세라
왕상 15:12　쫓아내고 그의 조상들이 지은 모든 우상
왕상 15:13　태후의 위를 폐하고 그 우상을 찍어
왕상 21:26　아모리 사람의 모든 행함같이 우상에게
왕하 11:18　제단들과 우상들을 철저히 깨뜨리고
왕하 17:12　또 우상을 섬겼으니 이는 여호와께서
왕하 21:11　우상으로 유다를 범죄하게 하였도다
왕하 21:21　아버지가 섬기던 우상을 섬겨 그것들
왕하 23:5　분향하며 우상을 섬기게 한 제사장들
왕하 23:24　점쟁이와 드라빔과 우상과 모든 가증한
대상 14:12　그들의 우상을 그 곳에 버렸으므로 다윗
대하 15:16　그의 우상을 찍고 빻아 기드론 시냇가

【 우상 】

대하 24:18 아세라 목상과 **우상**을 섬겼으므로 그
대하 33:15 이방 신들과 여호와의 전의 **우상**을 제거
대하 33:19 아세라 목상과 **우상**을 세운 곳들이 다
시 96:5 모든 신들은 **우상**들이지만 여호와께서
시 106:36 그들의 **우상**들을 섬기므로 그것들이
시 115:4 그들의 **우상**들은 은과 금이요 사람이
시 115:8 **우상**들을 만드는 자들과 그것을 의지
시 135:15 열국의 **우상**은 은금이요 사람의 손으로

선지서
사 2:8 그 땅에는 **우상**도 가득하므로 그들이
사 2:18 **우상**들은 온전히 없어질 것이며
사 2:20 은 **우상**과 금 **우상**을 그 날에 두더지와
사 10:10 내 손이 이미 **우상**을 섬기는 나라들에
사 10:11 **우상**들에게 … 예루살렘과 그의 **우상**
사 19:3 그들이 **우상**과 마술사와 신접한 자와
사 31:7 범죄한 은 **우상**, 금 **우상**을 그 날에는
사 40:19 **우상**은 장인이 부어 만들었고 장색이
사 40:20 지혜로운 장인을 구하여 **우상**을 만들어
사 41:7 못을 단단히 박아 **우상**을 흔들리지 아니
사 41:21 나 여호와가 말하노니 너희 **우상**들은
사 42:8 영광을 다른 자에게, 내 찬송을 **우상**에게
사 44:9 **우상**을 만드는 자는 다 허망하도다 그들
사 44:15 신상을 만들어 경배하며 **우상**을 만들고
사 44:17 나머지로 신상 곧 자기의 **우상**을 만들고
사 45:16 **우상**을 만드는 자는 부끄러움을 당하며
사 46:1 느보는 구부러졌도다 그들의 **우상**들
사 57:13 네가 부르짖을 때에 네가 모은 **우상**들

사 66:3 분향하는 것은 **우상**을 찬송함과 다름이
렘 10:8 다 무지하고 어리석은 것이니 **우상**의
렘 50:2 신상들은 수치를 당하며 **우상**들은 부스
렘 51:47 내가 바벨론의 **우상**들을 벌할 것이라
렘 51:52 보라 날이 이르리니 내가 그 **우상**들을
겔 6:4 너희가 죽임을 당하여 너희 **우상** 앞에
겔 6:5 이스라엘 자손의 시체를 그 **우상** 앞에
겔 6:6 너희 **우상**들이 깨어져 없어지며 너희
겔 6:9 음란한 눈으로 **우상**을 섬겨 나를 근심
겔 6:13 그 죽임 당한 시체들이 그 **우상**들 사이에
겔 7:20 가증한 **우상**과 미운 물건을 만들었은즉
겔 8:3 질투의 **우상** 곧 질투를 … 하는 **우상**의
겔 8:5 제단문 어귀 북쪽에 그 질투의 **우상**이
겔 8:10 이스라엘 족속의 모든 **우상**을 그 사방
겔 8:12 **우상**의 방안 어두운 가운데에서 행하는
겔 14:3 인자야 이 사람들이 자기 **우상**을 마음에
겔 14:4 그 **우상**을 마음에 들이며 죄악의 걸림돌
을 … 나 여호와가 그 **우상**의 수효대로
겔 14:5 이는 이스라엘 족속이 다 그 **우상**으로
겔 14:6 너희는 마음을 돌이켜 **우상**을 떠나고
겔 14:7 **우상**을 마음에 들이며 죄악의 걸림돌
겔 16:17 장식품으로 너를 위하여 남자 **우상**을
겔 16:18 수 놓은 옷을 그 **우상**에게 입히고 나의
겔 16:21 자녀들을 죽여 **우상**에게 넘겨 불 가운데
겔 16:36 가증한 **우상**을 위하며 … 피를 그 **우상**
겔 18:12 **우상**에게 눈을 들거나 가증한 일을 행하
겔 18:15 이스라엘 족속의 **우상**에게 눈을 들지도

'우상'과 관련된 성구

가나안의 우상 – 시 106:38
나무 우상 – 사 45:20
목석 우상 – 신 28:64; 계 9:20
부어 만든 우상 – 민 33:52; 신 27:15; 대하 34:3, 4; 시 106:19; 사 30:22; 41:29; 42:17; 렘 10:14; 51:17; 단 11:8; 합 2:18
부은 우상 – 나 1:14
새긴 우상 – 출 20:4; 신 5:8; 삿 18:20; 미 1:7; 5:13; 나 1:14; 합 2:18
송아지 우상 – 대하 11:15
숫염소 우상 – 대하 11:15
아로새긴 우상 – 왕하 17:41; 대하 33:22; 34:3, 4, 7; 호 11:2
애굽의 우상 – 사 19:1; 겔 20:7, 8

우상숭배 – 겔 36:25; 고전 5:11; 10:14; 갈 5:20; 골 3:5; 벧전 4:3
우상숭배자 – 엡 5:5; 계 21:8; 22:15
우상숭배하는 자 – 고전 5:10; 6:9; 10:7
우상을 부어 만들다 – 신 9:12; 왕상 14:9; 대하 28:2; 사 44:10; 호 13:2
우상의 신전지기 – 행 19:35
우상의 제물 – 행 15:29; 21:25; 고전 8:1, 4, 7, 10; 10:19; 계 2:14, 20
은금의 우상 – 신 29:17
이방인의 우상 – 렘 14:22
이스라엘 족속의 우상 – 겔 18:6
조각한 우상 – 신 7:5; 시 78:58; 사 30:22; 42:17

【 우상 】　　　　　　　　　　　　　　　　　　　【 우스 】

겔 20:16	그들이 마음으로 **우상**을 따라 나의 규례	고후 6:16	하나님의 성전과 **우상**이 어찌 일치하
겔 20:18	그 **우상**들로 말미암아 스스로 더럽히지	살전 1:9	너희가 어떻게 **우상**을 버리고 하나님께
겔 20:24	그들의 조상들의 **우상**들을 사모함이며	요일 5:21	자녀들아 너희 자신을 지켜 **우상**에게서
겔 20:31	너희 자신을 **우상**들로 말미암아 더럽	계 13:14	살아난 짐승을 위하여 **우상**을 만들라
겔 20:39	각각 그 **우상**을 섬기라 그렇게 하려거든	계 13:15	권세를 받아 그 짐승의 **우상**에게 생기를
겔 21:21	흔들어 **우상**에게 묻고 희생제물의 간을		주어 그 짐승의 **우상**으로 말하게 하고
겔 22:3	벌 받을 때가 이르게 하며 **우상**을 만들어		또 짐승의 **우상**에게 경배하지 아니하는
겔 22:4	네가 만든 **우상**으로 말미암아 스스로	계 14:9	누구든지 짐승과 그의 **우상**에게 경배
겔 23:7	누구를 연애하든지 그들의 모든 **우상**	계 14:11	짐승과 그의 **우상**에게 경배하고 그의
겔 23:30	네가 음란하게 이방을 따르고 그 **우상**	계 15:2	짐승과 그의 **우상**과 그의 이름의 수를
겔 23:37	또 그 **우상**과 행음하며 내게 낳아 준 자	계 16:2	짐승의 표를 받은 사람들과 그 **우상**에게
	식들을 **우상**을 위하여 화제로 살랐으며	계 19:20	짐승의 표를 받고 그의 **우상**에게 경배
겔 23:39	그들이 자녀를 죽여 그 **우상**에게 드린	계 20:4	짐승과 그의 **우상**에게 경배하지 아니
겔 23:49	모든 **우상**을 위하던 죄를 담당할지라		
겔 30:13	그 **우상**들을 없애며 신상들을 놉 가운데	**우새**(Uzai) 발랄의 아버지	
겔 33:25	너희 **우상**들에게 눈을 들며 피를 흘리니	느 3:25	**우새**의 아들 발랄은 성 굽이 맞은편에
겔 36:18	그들이 땅 위에 피를 쏟았으며 그 **우상**들		
겔 37:23	그들이 그 **우상**들과 가증한 물건과 그	**우선**(first of all-NIV, first-KJV)	
겔 44:10	레위 사람도 그릇 행하여 그 **우상**을 따라	삼하 3:13	나를 보러올 때에 **우선** 사울의 딸 미갈
겔 44:12	그들이 전에 백성을 위하여 그 **우상** 앞	렘 16:18	내가 **우선** 그들의 악과 죄를 배나 갚을
단 2:32	그 **우상**의 머리는 순금이요 가슴과 두 팔	롬 3:2	범사에 많으니 **우선**은 그들이 하나님
단 2:35	**우상**을 친 돌은 태산을 이루어 온 세계에		
호 4:17	에브라임이 **우상**과 연합하였으니 버려	**우세하다**(優勢, prevail)	
호 8:4	자기를 위하여 **우상**을 만들었나니 결국	삼하 11:23	그 사람들이 우리보다 **우세하여** 우리를
호 9:10	부끄러운 **우상**에게 몸을 드림으로 저희		
	가 사랑하는 **우상**같이 가증하여졌도다	**우센세에라**(Uzzen Sheerah) 세에라가 세운	
호 13:2	정교함을 따라 **우상**을 만들었으며	성읍	
호 14:8	에브라임의 말이 내가 다시 **우상**과 무슨	대상 7:24	윗 성 벧호론과 **우센세에라**를 건설하
암 5:26	너희 왕 식굿과 기윤과 너희 **우상**들과		
암 8:14	사마리아의 죄된 **우상**을 두고 맹세하여	**우스**(Uz)	
합 2:18	만든 자가 말하지 못하는 **우상**을 의지	1. 인명	
슥 13:2	여호와가 말하노라 그 날에 내가 **우상**의	(1) 셈의 후손으로 아람의 아들	
신약		창 10:23	아람의 아들은 **우스**와 훌과 게델과 마스
행 7:41	송아지를 만들어 그 **우상** 앞에 제사하며	대상 1:17	아르박삿과 룻과 아람과 **우스**와 훌과
행 15:20	다만 **우상**의 더러운 것과 음행과 목매어	(2) 아브라함의 형제로 나홀과 밀가의 맏아들	
행 17:16	그 성에 **우상**이 가득한 것을 보고 마음에	창 22:21	그의 맏아들은 **우스**요 **우스**의 형제는
롬 1:23	동물 모양의 **우상**으로 바꾸었느니라	(3) 에서의 후손으로 호리 족속 디산의 아들	
롬 2:22	네가 간음하느냐 **우상**을 가증히 여기는	창 36:28	디산의 자녀는 **우스**와 아란이니
고전 8:4	우리가 **우상**은 세상에 아무 것도 아니며	대상 1:42	야아간이요 디산의 아들은 **우스**와 아란
고전 8:7	**우상**에 대한 습관이 있어 **우상**의 제물	2. 지명 : 욥의 고향	
고전 8:10	지식 있는 네가 **우상**의 집에 앉아 먹는	욥 1:1	**우스** 땅에 욥이라 불리는 사람이 있었
고전 10:19	**우상**의 제물은 무엇이며 **우상**은 무엇	렘 25:20	모든 섞여 사는 민족들과 **우스** 땅의 모든
고전 12:2	말 못하는 **우상**에게로 끄는 그대로 끌려	애 4:21	**우스** 땅에 사는 딸 에돔아 즐거워하며

우슬초 (牛膝草, hyssop)

출 12:22 우슬초 묶음을 가져다가 그릇에 담은
레 14:4 백향목과 홍색 실과 우슬초를 가져오게
레 14:6 백향목과 홍색 실과 우슬초와 함께 가져
레 14:49 마리와 백향목과 홍색 실과 우슬초를
레 14:51 백향목과 우슬초와 홍색 실과 살아 있는
레 14:52 새와 백향목과 우슬초와 홍색 실로 집을
민 19:6 동시에 제사장은 백향목과 우슬초와
민 19:18 정결한 자가 우슬초를 가져다가 그 물을
왕상 4:33 나는 우슬초까지 하고 그가 또 짐승과
시 51:7 우슬초로 나를 정결하게 하소서 내가
요 19:29 포도주를 적신 해면을 우슬초에 매어
히 9:19 우슬초를 취하여 그 두루마리와 온 백성

우습게 여기다 (laugh)

욥 39:18 그 위에 탄 자를 우습게 여기느니라
욥 41:29 창이 날아오는 소리를 우습게 여기며

우시 (Uzzi) 베냐민 자손으로 벨라의 아들

대상 7:7 아들들은 에스본과 우시와 웃시엘과

우아하다 (優雅, deicate)

렘 6:2 아름답고 우아한 시온의 딸을 내가 멸절

우애/-하다 (友愛, brotherly love)

롬 12:10 형제를 사랑하여 서로 우애하고 존경
벧후 1:7 경건에 형제 우애를, 형제 우애에 사랑을

우양 (牛羊, cattle and sheep)

삼상 15:3 우양과 낙타와 나귀를 죽이라 하셨나

우엘 (Uel) 유다 사람으로 바니의 아들

스 10:34 중에서는 마아대와 아므람과 우엘과

우연히 (偶然, suddenly, happen to)

민 35:22 악의가 없이 우연히 사람을 밀치거나
룻 2:3 이삭을 줍는데 우연히 엘리멜렉의 친족
삼상 6:9 손이 아니요 우연히 당한 것인 줄 알리라
삼하 1:6 내가 우연히 길보아 산에 올라가 보니

우열/-간 (優劣間, good one for bad one)

레 27:10 변경하여 우열간 바꾸지 못할 것이요
레 27:12 제사장이 우열간에 값을 정할지니 그
레 27:14 제사장이 그 우열간에 값을 정할지니
레 27:33 우열을 가리거나 바꾸거나 하지 말라

우유 (牛乳, milk)

창 18:8 아브라함이 엉긴 젖과 우유와 하인이
창 49:12 그의 이는 우유로 말미암아 희리로다
삿 4:19 내가 목이 마르다 하매 우유 부대를 열어
삿 5:25 물을 구하매 우유를 주되 곧 엉긴 우유를
시 55:21 그의 입은 우유 기름보다 미끄러우나
아 5:1 꿀을 먹고 내 포도주와 내 우유를 마셨으
아 5:12 시냇가의 비둘기 같은데 우유로 씻은

우유 기름

시 55:21 그의 입은 우유 기름보다 미끄러우나

우주 (宇宙, world)

행 17:24 우주와 그 가운데 있는 만물을 지으신

우쭐대다 (hold sway over)

삿 9:9 버리고 가서 나무들 위에 우쭐대리요
삿 9:11 버리고 가서 나무들 위에 우쭐대리요
삿 9:13 버리고 가서 나무들 위에 우쭐대리요

우편 (右便, right)

마 20:21 주의 나라에서 하나는 주의 우편에, 하나
마 22:44 네 발 아래에 둘 때까지 내 우편에 앉아
마 27:38 십자가에 못 박히니 하나는 우편에, 하나
막 10:37 우리를 하나는 주의 우편에, 하나는 좌편
막 12:36 발 아래에 둘 때까지 내 우편에 앉았으라
막 15:27 그의 우편에, 하나는 좌편에 있더라
막 16:5 흰 옷을 입은 한 청년이 우편에 앉은 것을
눅 1:11 주의 사자가 그에게 나타나 향단 우편에
눅 20:43 네 발등상으로 삼을 때까지 내 우편에
눅 23:33 그렇게 하니 하나는 우편에, 하나는 좌편
행 2:25 요동하지 않게 하기 위하여 그가 내 우편

'우편'과 관련된 성구

권능(자)의 우편 – 마 26:64; 막 14:62; 눅 22:69
하나님 우편에 계시다 – 롬 8:34; 벧전 3:22
하나님 우편에 서시다 – 행 7:55, 56
하나님 우편에 앉다 – 막 16:19; 골 3:1; 히 10:12

【 우환 】   　　　　　　　　　　　　　　　　　　　　　　【 울다 】

행 2:35　너는 내 **우편**에 앉아 있으라 하셨도다
히 1:3　지극히 크신 이의 **우편**에 앉으셨느니라
히 1:13　발등상이 되게 하기까지 너는 내 **우편**에
히 8:1　지극히 크신 이의 보좌 **우편**에 앉으셨으

우환(憂患, sorrow)
시 107:39　압박과 재난과 **우환**을 통하여 그들의
시 119:143　환난과 **우환**이 내게 미쳤으나 주의 계명
시 142:2　그의 앞에 토로하며 내 **우환**을 그의 앞에

우회하다(迂廻, go around)
민 21:4　길을 따라 에돔 땅을 **우회하려** 하였다

운노(Unni) 레위인으로 찬송하는 자들을 도움
느 12:9　박부갸와 **운노**는 직무를 따라 그들의

운니(Unni) 레위 사람으로 성전 악기 연주자
대상 15:18　야아시엘과 스미라못과 여히엘과 **운니**
대상 15:20　**운니**와 엘리압과 마아세야와 브나야는

운동장(運動場, race)
고전 9:24　**운동장**에서 달음질하는 자들이 다

운명(運命, fate)
욥 18:20　그의 **운명**에 서쪽에서 오는 자와 동쪽

운모석(雲母石, mother-of-pearl)
에 1:6　화반석, 백석, **운모석**, 흑석을 깐 땅에

운무(雲霧, cloud of dew)
사 18:4　일광 같고 가을 더위에 **운무** 같도다

운반하다(運搬, bringing)
창 44:1　양식을 각자의 자루에 **운반할** 수 있을
민 1:50　성막과 그 모든 기구를 **운반하며** 거기서
민 1:51　성막을 **운반할** 때에는 레위인이 그것을
왕상 5:9　종이 레바논에서 바다로 **운반하겠고**
왕상 10:11　많은 백단목과 보석을 **운반하여** 오매
대하 16:6　재목을 **운반하여**다가 게바와 미스바를
느 13:15　곡식단을 나귀에 실어 **운반하며** 포도주

운송하다(運送, bring)
스 3:7　레바논에서 욥바 해변까지 **운송하게**

운하(運河, canal)
출 7:19　애굽의 물들과 강들과 **운하**와 못과 모든
출 8:5　네 팔을 강들과 **운하**들과 못 위에 펴서

운행하다(運行, hover, make circuit)
창 1:2　하나님의 영은 수면 위에 **운행하시니라**
시 19:6　하늘 저 끝까지 **운행함이여** 그의 열기에
약 3:4　작은 키로써 사공의 뜻대로 **운행하나니**

운향(蕓香, rue)
눅 11:42　박하와 **운향**과 모든 채소의 십일조는

울(Ur) 엘리발의 아버지
대상 11:35　사갈의 아들 아히암과 **울**의 아들 엘리발

울다(weep)
창 33:4　어긋맞추어 그와 입맞추고 서로 **우니라**
창 42:24　그들을 떠나가서 **울고** 다시 돌아와서
창 43:30　울 곳을 찾아 안방으로 들어가서 **울고**
창 45:14　**우니** 베냐민도 요셉의 목을 안고 **우니라**
창 50:1　아버지 얼굴에 구푸려 **울며** 입맞추고
출 2:6　아기를 보니 아기가 **우는지라** 그가 그를
민 11:4　다시 **울며** 이르되 누가 우리에게 고기를
민 11:10　종족들이 각기 자기 장막 문에서 **우는**
민 11:13　향하여 **울며** 이르되 우리에게 고기를
민 11:18　먹기를 기다리라 너희가 **울며** 이르기를
민 11:20　여호와를 멸시하고 그 앞에서 **울며**
민 25:6　회중이 회막 문에서 **울** 때에 이스라엘
삿 14:16　그의 앞에서 **울며** 이르되 당신이 나를
삿 14:17　아내가 그 앞에서 **울며** 그에게 강요함으
삿 20:23　여호와 앞에서 저물도록 **울며** 여호와께
삿 20:26　벧엘에 이르러 **울며** 거기서 여호와 앞에
삼상 1:7　격분시키므로 그가 **울고** 먹지 아니하니
삼상 1:8　한나여 어찌하여 **울며** 어찌하여 먹지
삼상 6:12　대로로 가며 갈 때에 **울고** 좌우로 치우
삼상 20:41　서로 입 맞추고 같이 **울되** 다윗이 더욱
삼하 1:24　슬퍼하여 **울지어다** 그가 붉은 옷으로
삼하 3:16　남편이 그와 함께 오되 **울며** 바후림
삼하 3:32　왕이 소리를 높여 **울고** 백성도 다 **우니라**
삼하 3:34　온 백성이 다시 그를 슬퍼하여 **우니라**
삼하 11:26　그의 남편을 위하여 소리 내어 **우니라**
삼하 15:30　그가 가리고 맨발로 **울며** 가고 … 자기
　　　　　의 머리를 가리고 **울며** 올라가니라

【 울다 】　　　　　　　　　　　　　　　　　　【 울다 】

삼하 18:33	문 위층으로 올라가서 **우니라** 그가 올라
삼하 19:1	압살롬을 위하여 **울며** 슬퍼하시나이다
왕하 8:11	그의 얼굴을 쏘아보다가 **우니**
스 10:1	성전 앞에 엎드려 **울며** 기도하여 죄를
느 1:4	내가 이 말을 듣고 앉아서 **울고** 수일 동안
느 8:9	율법의 말씀을 듣고 다 **우는지라** 총독
	느헤미야와… 슬퍼하지 말며 **울지** 말라
에 4:3	크게 애통하여 금식하며 **울며** 부르짖고
에 8:3	해하려 한 악한 꾀를 제거하기를 **울며**
욥 2:12	그들이 일제히 소리 질러 **울며** 각각 자기
욥 4:10	사자의 **우는** 소리와 젊은 사자의 소리가
욥 6:5	들나귀가 풀이 있으면 어찌 **울겠으며**
	소가 꼴이 있으면 어찌 **울겠느냐**
욥 27:15	그들의 과부들이 **울지** 못할 것이며
욥 39:25	나팔 소리가 날 때마다 힝힝 **울며** 멀리서
시 126:6	**울며** 씨를 뿌리러 나가는 자는 반드시
시 137:1	앉아서 시온을 기억하며 **울었도다**
시 147:9	들짐승과 **우는** 까마귀 새끼에게 먹을
전 3:4	울 때가 있고 웃을 때가 있으며 슬퍼할
사 15:2	바잇과 디본 산당에 올라가서 **울며** 모압

> **'울다'와 관련된 성구**
>
> 개처럼 울다 – 시 59:6, 14
> 닭이 울다 – 마 26:34, 74, 75; 막 13:35; 14:30, 72; 눅 22:34, 60, 61; 요 13:38; 18:27
> 소리 내어 울다 – 창 21:16; 27:34; 29:11
> 소리를 높여 울다 – 창 27:38; 삿 2:4; 룻 1:9, 14; 삼상 11:4; 24:16; 30:4; 삼하 3:32
> 슬피 울다 – 삼상 6:19; 25:1; 28:3; 왕상 13:29; 사 14:31; 38:14; 59:11; 렘 22:10; 49:3; 겔 7:16; 21:12; 32:18; 욜 1:13; 습 1:11; 마 11:17
> 우는 사자 – 겔 22:25; 벧전 5:8
> 울고 애통하다 – 창 50:10; 계 18:11, 15
> 울며 애통하다 – 욜 2:12; 계 18:19
> 울며 이를 갈다 – 마 8:12; 13:42, 50; 22:13; 24:51; 25:30; 눅 13:28
> 크게 울다 – 창 50:10; 행 8:2; 20:37; 계 5:4
> 큰 소리로 울다 – 삿 21:2; 삼하 15:23

사 15:3	넓은 곳에서는 각기 애통하여 심히 **울며**
사 15:5	에글랏 슬리시야까지 이르고 **울며** 루힛
사 16:9	포도나무를 위하여 **울리라** 헤스본이여
사 65:14	마음이 슬프므로 **울며** 심령이 상하므로
사 65:19	나의 백성을 기뻐하리니 **우는** 소리와
렘 8:16	준마들이 **우는** 소리에 온 땅이 진동하며
렘 9:10	내가 산들을 위하여 **울며** 부르짖으며
렘 22:10	너희는 죽은 자를 위하여 **울지** 말며
렘 31:9	그들이 **울며** 돌아오리니 나의 인도함을
렘 48:5	언덕으로 올라가면서 **울고** 호로나임
렘 48:31	모압을 위하여 **울며** 온 모압을 위하여
렘 48:32	너를 위하여 울기를 야셀이 **우는** 것보다
렘 48:38	지붕과 거리 각처에서 슬피 **우는** 소리가
렘 51:8	파멸되니 이로 말미암아 **울라** 그 상처를
애 1:16	이로 말미암아 내가 **우니** 내 눈에 눈물이
겔 9:4	**우는** 자의 이마에 표를 그리라 하시고
겔 24:16	슬퍼하거나 **울거나** 눈물을 흘리거나
겔 31:15	위하여 슬프게 **울게** 하며 깊은 바다를 덮
	으며 … 그를 위하여 슬프게 **울게** 하며
호 12:4	천사와 겨루어 이기고 **울며** 그에게 간구
욜 1:5	취하는 자들아 너희는 깨어 **울지어다**
	포도주를 마시는 … 너희는 **울지어다**
욜 1:13	수종드는 자들아 너희는 **울지어다** 내
욜 2:17	낭실과 제단 사이에서 **울며** 이르기를
암 5:16	모든 광장에서 **울겠고** 모든 거리에서
	… 울음꾼을 불러다가 **울게** 할 것이며
미 1:10	가드에 알리지 말며 도무지 **울지** 말지어
슥 7:3	행한 대로 오월 중에 **울며** 근신하리이까
막 5:38	떠드는 것과 사람들이 **울며** 심히 통곡함
막 14:72	닭이 곧 두 번째 **울더라** 이에 베드로가
	… 기억되어 그 일을 생각하고 **울었더라**
막 16:10	사람들이 슬퍼하며 **울고** 있는 중에 이
눅 6:21	지금 **우는** 자는 복이 있나니 너희가 웃을
눅 7:13	과부를 보시고 불쌍히 여기사 **울지** 말라
눅 7:32	우리가 곡하여도 너희가 **울지** 아니하였
눅 7:38	그 발 곁에 서서 **울며** 눈물로 그 발
눅 8:52	사람이 아이를 위하여 **울며** 통곡하매
눅 23:27	그를 위하여 가슴을 치며 슬피 **우는** 여자
눅 23:28	예루살렘의 딸들아 나를 위하여 **울지**
	말고 너희와 너희 자녀를 위하여 **울라**
요 11:33	**우는** 것과 또 함께 온 유대인들이 **우는**
요 12:29	들은 무리는 천둥이 **울었다고도** 하며
요 20:11	밖에 서서 **울고** 있더니 **울면서** 구부려

1844

[울라]   [움 2]

요 20:15 이르되 여자여 어찌하여 **울며** 누구를
행 9:39 베드로 곁에 서서 **울며** 도르가가 그들과
롬 12:15 함께 즐거워하고 **우는** 자들과 함께 **울라**
고전 7:30 **우는** 자들은 **울지** 않는 자같이 하며
약 4:9 슬퍼하며 애통하며 **울지어다** 너희 웃음
약 5:1 임할 고생으로 말미암아 **울고** 통곡하라
약 5:4 그 추수한 자의 **우는** 소리가 만군의 주의
계 5:5 내게 말하되 **울지** 말라 유대 지파의 사자
계 18:9 불타는 연기를 보고 위하여 **울고** 가슴을

울라(Ulla) 아라와 한니엘과 리시아의 아버지
대상 7:39 **울라**의 아들들은 아라와 한니엘과

울람(Ulam)
　　1. 므낫세의 자손으로 베레스의 아들
대상 7:16 세레스이며 세레스의 아들들은 **울람**과
대상 7:17 **울람**의 아들들은 브단이니 이는 다
　　2. 베냐민 사람 에섹의 큰 아들
대상 8:39 맏아들은 **울람**이요 둘째는 여우스요
대상 8:40 **울람**의 아들은 다 용감한 장사요 활을

울리다(clanging, rumbling, tingle)
삿 5:22 빨리 달리니 말굽 소리가 땅을 **울리도다**
삼상 3:11 그것을 듣는 자마다 두 귀가 **울리리라**
왕하 21:12 내리니니 듣는 자마다 두 귀가 **울리리라**
대하 5:13 악기를 **울리며** 소리를 높여 여호와를
대하 29:27 불며 이스라엘 왕 다윗의 악기를 **울리고**
겔 3:12 내 뒤에서 크게 **울리는** 소리를 들으니
겔 3:13 곁의 바퀴 소리라 크게 **울리는** 소리더라
암 3:6 성읍에서 나팔이 **울리는데** 백성이 어찌
고전 13:1 사랑이 없으면 소리 나는 구리와 **울리는**

울부짖다(moan, lament, weep aloud)
삼하 13:19 머리 위에 얹고 가서 크게 **울부짖으니라**
시 17:1 나의 **울부짖음**에 주의하소서 거짓 되지
시 22:24 숨기지 아니하시고 그가 **울부짖을** 때에
사 15:5 호로나임 길에서 패망을 **울부짖으니**
렘 47:2 그 땅 모든 주민이 **울부짖으리라**
렘 48:5 파멸의 고통스런 **울부짖음**을 듣는도다
욜 1:18 가축이 **울부짖고** 소 떼가 소란하니 이는

울분/-하다(鬱憤, anger)
욥 18:4 **울분**을 터뜨리며 자기 자신을 찢는 사람

잠 22:24 노를 품은 자와 사귀지 말며 **울분한** 자와

울음(weeping)
욥 16:16 얼굴은 **울음**으로 붉었고 내 눈꺼풀에는
시 30:5 **울음**이 깃들일지라도 아침에는 기쁨이
사 16:9 야셀의 **울음**처럼 십마의 포도나무를
말 2:13 이런 일도 행하나니 곧 눈물과 **울음**과

> '울음'과 관련된 성구
> 울음꾼 - 암 5:16
> 울음 소리 - 시 6:8; 렘 31:16; 습 1:10

울타리(wall)
스 9:9 예루살렘에서 우리에게 **울타리**를 주셨
욥 1:10 모든 소유물을 **울타리**로 두르심 때문이
시 62:3 넘어지는 담과 흔들리는 **울타리**같이
시 89:40 모든 **울타리**를 파괴하시며 그 요새를
잠 15:19 게으른 자의 길은 가시 **울타리** 같으나
사 5:5 그 **울타리**를 걷어 먹힘을 당하게 하며
사 7:19 골짜기와 바위 틈과 가시나무 **울타리**와
사 17:11 네가 심는 날에 **울타리**를 두르고 아침에
렘 49:3 베를 감고 애통하며 **울타리** 가운데에서
미 7:4 가장 정직한 자라도 찔레 **울타리**보다
나 3:17 떼가 추운 날에는 **울타리**에 깃들였다가

울화(鬱火, frustrate)
삼하 13:2 누이 다말 때문에 **울화**로 말미암아 병이

움 1(place)
눅 11:33 누구든지 등불을 켜서 **움** 속에나 말 아래

움 2(bud)
민 17:8 집을 위하여 낸 아론의 지팡이에 **움**이
삼하 23:4 내린 후의 광선으로 땅에서 **움**이 돋는
욥 14:7 찍힐지라도 다시 **움**이 나서 연한 가지가
욥 14:9 물 기운에 **움**이 돋고 가지가 뻗어서 새로
잠 27:25 풀을 벤 후에는 새로 **움**이 돋나니 산에서
아 7:12 포도원으로 가서 포도 **움**이 돋았는지
사 27:6 이스라엘의 **움**이 돋고 꽃이 필 것이라
사 45:8 구원을 싹트게 하고 공의도 함께 **움** 돋게
사 61:11 동산이 거기 뿌린 것을 **움** 돋게 함같이
암 7:1 풀을 벤 후 풀이 다시 **움** 돋기 시작할

1845

움마(Ummah) 아셀 지파의 성읍
수 19:30 움마와 아벡과 르홉이니 모두 스물두

움막(place)
잠 21:9 큰 집에서 사는 것보다 움막에서 사는
잠 25:24 큰 집에서 사는 것보다 움막에서 혼자
습 2:6 해변은 풀밭이 되어 목자의 움막과 양 떼

움직이다(move)
창 1:28 하늘의 새와 땅에 움직이는 모든 생물을
창 7:21 땅 위에 움직이는 생물이 다 죽었으니
레 11:10 물에서 움직이는 모든 것과 물에서 사는
출 11:7 한 마리도 그 혀를 움직이지 아니하리니
삼상 1:13 한나가 속으로 말하매 입술만 움직이고
에 5:9 일어나지도 아니하고 몸을 움직이지도
욥 41:23 밀착되어 탄탄하며 움직이지 않는구나
잠 12:3 못거니와 의인의 뿌리는 움직이지
아 5:4 손을 들이밀매 내 마음이 움직여서
사 10:15 막대기가 자기를 드는 자를 움직이려
마 23:4 이것을 한 손가락으로도 움직이려 하지
행 16:26 큰 지진이 나서 옥터가 움직이고 문이
히 10:23 우리가 믿는 도리의 소망을 움직이지

움직이다 – 기타 본문
창 1:21; 레 11:46; 삿 13:25; 욥 9:6, 11; 시 77:18; 전 8:8; 아 7:9; 사 14:9; 46:7; 겔 37:7; 암 9:1; 슥 2:9; 요 5:3, 4, 7; 행 17:13; 27:41

움켜잡다(grip)
렘 49:24 달아나려 하니 떨림이 그를 움켜잡고

움켜쥐다(be tightfisted)
신 15:7 완악하게 하지 말며 네 손을 움켜쥐지

움큼(handful)
출 9:8 너희는 화덕의 재 두 움큼을 가지고 모세
레 2:2 제사장은 그 고운 가루 한 움큼과 기름과
레 5:12 제사장은 그것을 기념물로 한 움큼을
레 6:15 그 소제의 고운 가루 한 움큼과 기름과
레 9:17 손에 한 움큼을 채워서 아침 번제물에
민 5:26 제사장은 그 소제물 중에서 한 움큼을
왕상 17:12 통에 가루 한 움큼과 병에 기름 조금
겔 13:19 너희가 두어 움큼 보리와 두어 조각 떡을

움키다(prey, grasp, rob)
창 49:9 아들아 너는 움킨 것을 찢고 올라갔도다
창 49:27 빼앗은 것을 먹고 저녁에는 움킨 것을
레 26:22 그것들이 너희의 자녀를 움키고 너희
민 23:24 수사자같이 일어나서 움킨 것을 먹으며
삿 7:6 손으로 움켜 입에 대고 핥는 자의 수는
시 17:12 그 움킨 것을 찢으려 하는 사자 같으며
잠 27:16 오른손으로 기름을 움키는 것 같으니라
사 5:29 그들이 부르짖으며 먹이를 움켜 가져가
사 9:20 오른쪽으로 움킬지라도 주리고 왼쪽으
사 31:4 사자가 자기의 먹이를 움키고 으르렁
겔 10:2 두 손에 가득히 움켜 가지고 성읍 위에
단 6:24 그들을 움켜서 그 뼈까지도 부서뜨렸더
호 5:14 바로 내가 움켜 갈지라 내가 탈취하여
암 3:4 사자가 움킨 것이 없는데 어찌 수풀에서
나 2:12 그의 암사자들을 위하여 움켜 사냥한
합 1:8 달려오는 마병이라 마치 먹이를 움키려

웃다(laugh)
창 17:17 아브라함이 엎드려 웃으며 마음속으로
창 18:12 사라가 속으로 웃고 이르되 내가 노쇠하
창 18:13 사라가 왜 웃으며 이르기를 내가 늙었은
창 18:15 웃지 아니하였나이다 … 웃었느니라
창 21:6 사라가 이르되 하나님이 나를 웃게 하시
니 듣는 자가 다 나와 함께 웃으리로다
시 2:4 하늘에 계신 이가 웃으심이여 주께서
잠 1:26 만날 때에 내가 웃을 것이며 너희에게
잠 29:9 지혜로운 자가 노하든지 웃든지 그 다툼
잠 31:25 능력과 존귀로 옷을 삼고 후일을 웃으며
전 3:4 울 때가 있고 웃을 때가 있으며 슬퍼할
눅 6:21 우는 자는 복이 있나니 너희가 웃을 것임
눅 6:25 너희 지금 웃는 자여 너희가 애통하며

웃사(Uzzah)
1. 아비나답의 아들
삼하 6:3 아비나답의 아들 웃사와 아효가 그 새

웃사 1 – 기타 본문
삼하 6:6, 7, 8; 대상 13:7, 9, 10, 11

2. 유다 왕 므낫세와 아몬이 장사된 동산의 소유주
왕하 21:18 궁궐 동산 곧 웃사의 동산에 장사되고
왕하 21:26 아몬이 웃사의 동산 자기 묘실에 장사

【 웃시 】　　　　　　　　　　　　　　　　　　　　　　　【 웅덩이 】

　　3. 레위인으로 므라리의 자손
대상 6:29 아들은 시므이요 그의 아들은 **웃시**요
　　4. 베냐민 사람 에훗의 자손 게라의 아들
대상 8:7 아히야와 게라이며 게라는 또 **웃사**와
　　5. 느디님 사람들의 선조
스 2:49 **웃사** 자손과 바세아 자손과 베새 자손과
느 7:51 갓삼 자손과 **웃사** 자손과 바세아 자손과

웃시(Uzzi)
　　1. 아론의 자손으로 북기의 아들
대상 6:5 아비수아는 북기를 낳고 북기는 **웃시**를

　　▸ 웃시 1 – 기타 본문
　　대상 6:6; 느 11:22;12:19, 42

　　2. 잇사갈의 아들 돌라의 아들로 족장
대상 7:2 돌라의 아들들은 **웃시**와 르바야와
대상 7:3 **웃시**의 아들은 이스라히야요
　　3. 베냐민 자손 벨라의 아들로 족장
대상 9:8 미그리의 손자 **웃시**의 아들 엘라요

웃시야(Uzziah)
1. 아스드랏 사람으로 다윗의 용사 중 한 사람
대상 11:44 아스드랏 사람 **웃시야**와 아로엘 사람
2. 아사랴로도 불렸던 유다 왕국의 제 10대 왕
왕하 15:13 유다 왕 **웃시야** 제삼십구년에 야베스의

　　▸ 웃시야 2 – 기타 본문
　　왕하 15:30, 32, 34; 대상 27:25; 대하 26:1, 2, 3, 4,
　　6, 8, 9, 11, 14, 18, 19, 21, 22, 23; 사 1:1; 6:1;
　　7:1; 호 1:1; 암 1:1; 슥 14:5; 마 1:8, 9

　　3. 창고 감독 요나단의 아버지
대하 27:2 요담이 그의 아버지 **웃시야**의 모든 행위
　　4. 레위 사람 우리엘의 아들
대상 6:24 우리엘이요 그의 아들은 **웃시야**요
　　5. 포로 귀환 후의 제사장
스 10:21 엘리야와 스마야와 여히엘과 **웃시야**와
　　6. 하사야와 동일인
느 11:4 **웃시야**의 아들이요 스가랴의 손자요

웃시엘(Uzziel)
　　1. 레위의 손자로 고핫의 아들

출 6:18 아므람과 이스할과 헤브론과 **웃시엘**이
민 3:19 아므람과 이스할과 헤브론과 **웃시엘**이
대상 6:2 아므람과 이스할과 헤브론과 **웃시엘**이
대상 6:18 이스할과 헤브론과 **웃시엘**이요
대상 23:12 아므람과 이스할과 헤브론과 **웃시엘**

　　▸ '웃시엘 1'과 관련된 성구
　　웃시엘의 아들들 – 출 6:22; 레 10:4; 민
　　　3:30; 대상 23:20; 24:24
　　웃시엘 자손 – 대상 15:10; 26:23
　　웃시엘 종족 – 민 3:27

　　2. 레위 사람으로 헤만의 아들
대상 25:4 아들들 북기야와 맛다냐와 **웃시엘**과
　　3. 히스기야 시대 시브온 자손의 두목
대상 4:42 느아랴와 르바야와 **웃시엘**을 두목으로
　　4. 베냐민 사람 벨라의 아들
대상 7:7 에스본과 우시와 **웃시엘**과 여리못과
　　5. 히스기야 왕의 종교개혁에 참여한 사람
대하 29:14 여두둔의 자손 중 스마야와 **웃시엘**이라
　　6. 예루살렘에 거주한 금장색 할해야의 아들
느 3:8 다음은 금장색 할해야의 아들 **웃시엘**
　　7. 비느하스의 자손
스 7:4 십대 손이요 **웃시엘**의 십일대 손이요

웃음/-거리/-소리(laughter)
욥 8:21 **웃음**을 네 입에, 즐거운 소리를 네 입술
욥 12:4 들으심을 입은 내가 이웃에게 **웃음거리**
시 126:2 그 때에 우리 입에는 **웃음**이 가득하고
전 2:2 내가 **웃음**에 관하여 말하여 이르기를
전 7:3 슬픔이 **웃음**보다 나음은 얼굴에 근심하
전 7:6 우매한 자들의 **웃음소리**는 솥 밑에서
렘 18:16 땅으로 두려움과 영원한 **웃음거리**가
약 4:9 애통하며 울지어다 너희 **웃음**을 애통으

웅덩이(cistern, hole, pit)
레 11:36 물이 고인 **웅덩이**는 부정하여지지
삿 6:2 미디안으로 말미암아 산에서 **웅덩이**와
삼상 13:6 바위 틈과 은밀한 곳과 **웅덩이**에 숨으며
왕하 10:14 목자가 양털 깎는 집 **웅덩이** 곁에서
대하 26:10 광야에 망대를 세우고 물 **웅덩이**를 많이
시 7:15 그가 **웅덩이**를 파 만듦이여 제가 만든

【 웅장하다 】　　　　　　　　　　　　　　　　　　　　【 원 2/-하다 】

시 9:15	나라들은 자기가 판 **웅덩이**에 빠짐이여	민 6:26	향하여 드사 평강 주시기를 **원하노라**
시 35:7	그물을 **웅덩이**에 숨기며 까닭 없이 내	민 11:29	다 선지자가 되게 하시기를 **원하노라**
시 40:2	나를 기가 막힐 **웅덩이**와 수렁에서	신 1:26	올라가기를 **원하지** 아니하고 너희의
시 55:23	주께서 그들로 파멸의 **웅덩이**에	신 12:11	여호와께서 **원하시**는 모든 아름다운
시 57:6	억울하도다 그들이 내 앞에 **웅덩이**를	신 12:20	네가 언제나 마음에 **원하**는 만큼 고기를
시 69:15	삼키지 못하게 하시며 **웅덩이**가 내 위에	신 23:16	네 성읍 중에서 **원하**는 곳을 택한 대로
시 88:6	주께서 나를 깊은 **웅덩이**와 어둡고 음침	신 33:6	사람 수가 적지 아니하기를 **원하나이다**
시 119:85	교만한 자들이 나를 해하려고 **웅덩이**를	신 33:7	그 대적을 치게 하시기를 **원하나이다**
시 140:10	가운데와 깊은 **웅덩이**에 그들로 하여금		역사서
사 14:23	고슴도치의 굴혈과 물 **웅덩이**가 되게	수 1:17	같이 당신과 함께 계시기를 **원하나이다**
사 30:14	아궁이에서 불을 붙이거나 물 **웅덩이**에	수 24:10	내가 발람을 위해 듣기를 **원하지** 아니
렘 2:13	스스로 **웅덩이**를 판 것인데 그것은 그	삿 6:18	이 곳을 떠나지 마시기를 **원하나이다**
	물을 가두지 못할 터진 **웅덩이**들이니라	삿 13:12	당신의 말씀대로 되기를 **원하나이다**
렘 37:16	예레미야가 뚜껑 씌운 **웅덩이**에 들어간	룻 1:9	집에서 위로를 받게 하시기를 **원하노라**
		룻 2:12	온전한 상 주시기를 **원하노라** 하는지라
웅장하다(雄 壯, mighty)		룻 2:19	너를 돌본 자에게 복이 있기를 **원하노라**
시 68:33	그 소리를 내시니 **웅장**한 소리로다	룻 4:12	베레스의 집과 같게 하시기를 **원하노라**
		삼상 1:17	구한 것을 허락하시기를 **원하노라** 하니
웅크리다(crouch)		삼상 1:23	그의 말씀대로 이루시기를 **원하노라**
창 49:9	그가 엎드리고 **웅크림**이 수사자 같고	삼상 2:15	네게 삶은 고기를 **원하지** 아니하고
		삼상 2:20	아들을 대신하게 하시기를 **원하노라**
워단(Danites) 메디아와 메카의 중간 지점		삼상 18:25	아무 것도 **원하지** 아니하고 다만 왕의
겔 27:19	**워단**과 야완은 길쌈하는 실로 네 물품을	삼상 23:20	왕은 내려오시기를 **원하시**는 대로
		삼상 24:15	왕의 손에서 건지시기를 **원하나이다**
원　1(元, nature)		삼상 24:19	네게 선으로 갚으시기를 **원하노라**
롬 11:21	하나님이 **원**가지들도 아끼지 아니하셨은	삼상 25:8	아들 다윗에게 주기를 **원하노라** 하더라
롬 11:24	네가 **원** 돌감람나무에서 찍힘을 받고	삼상 25:26	주의 나발과 같이 되기를 **원하나이다**
		삼상 26:19	제물을 받으시기를 **원하나이다마는**
원　2/-하다(願, desire)		삼상 26:23	기름 부음을 받은 자 치기를 **원하지**
모세오경		삼하 2:6	진리로 너희에게 베푸시기를 **원하고**
창 3:16	자식을 낳을 것이며 너는 남편을 **원하고**	삼하 2:21	아사헬이 그렇게 하기를 **원하지** 아니
창 9:25	형제의 종들의 종이 되기를 **원하노라**	삼하 3:21	언약을 맺게 하고 마음에 **원하시**는 대로
창 9:27	종이 되게 하시기를 **원하노라** 하였더라	삼하 10:12	여기시는 대로 행하시기를 **원하노라**
창 16:5	여호와께서 판단하시기를 **원하노라**	삼하 15:4	내가 정의 베풀기를 **원하노라** 하고
창 17:18	하나님 앞에 살기를 **원하나이다**	삼하 18:32	청년과 같이 되기를 **원하나이다** 하니
창 23:9	매장할 소유지가 되게 하기를 **원하노라**	삼하 24:3	왕의 눈으로 보게 하시기를 **원하나이다**
창 27:28	포도주를 네게 주시기를 **원하노라**	삼하 24:14	빠지지 아니하기를 **원하노라** 하는지라
창 27:29	축복하는 자는 복을 받기를 **원하노라**	왕상 1:37	왕위보다 더 크게 하시기를 **원하나이다**
창 28:4	땅을 네가 차지하게 하시기를 **원하노라**	왕상 1:47	왕의 위보다 크게 하시기를 **원하나이다**
창 30:24	다른 아들을 내게 더하게 하시기를 **원하노라**	왕상 5:9	당신은 받으시고 내 **원**을 이루어 나의
창 32:5	내 주께 은혜 받기를 **원하나이다** 하라	왕상 5:10	솔로몬의 모든 **원**대로 백향목 재목과
출 5:21	살피시고 판단하시기를 **원하노라**	왕상 8:60	없는 줄을 알게 하시기를 **원하노라**
출 35:22	곧 마음에 **원하**는 남녀가 와서 팔찌와	왕상 9:1	자기가 이루기를 **원하던** 모든 것을 마친

1848

【 원 2/-하다 】

왕상 10:24 지혜를 들으며 그의 얼굴을 보기 **원하여**
대상 10:4 두려워하여 행하기를 **원하지** 아니하매
대상 11:19 그것을 마시기를 **원하지** 아니하니라
대상 12:17 감찰하시고 책망하시기를 **원하노라**
대상 19:13 여기시는 대로 행하시기를 **원하노라**
대상 19:19 암몬 자손 돕기를 **원하지** 아니하였더라
대상 21:3 더하시기를 **원하나이다** 내 주 왕이여
대상 22:12 율법을 지키게 하시기를 더욱 **원하노라**
대하 9:23 지혜를 들으며 그의 얼굴을 보기 **원하여**
대하 36:23 여호와께서 함께 하시기를 **원하노라**
스 6:12 하나님이 그들을 멸하시기를 **원하노라**

【 시가서 】
욥 7:16 생명을 싫어하고 영원히 살기를 **원하지**
욥 9:34 두렵게 하지 아니하시기를 **원하노라**
욥 21:19 갚으실 것을 알게 하시기를 **원하노라**
욥 27:7 자는 불의한 자같이 되기를 **원하노라**
욥 29:2 보호하시던 때가 다시 오기를 **원하노라**
욥 29:4 왕성하던 날과 같이 지내기를 **원하노라**
욥 33:1 내 모든 말에 귀를 기울이기를 **원하노라**
시 12:5 이제 일어나 그를 그가 **원하는** 안전한
시 19:14 주님 앞에 열납되기를 **원하나이다**
시 20:3 네 번제를 받아 주시기를 **원하노라**
시 20:4 모든 계획을 이루어 주시기를 **원하노라**
시 20:5 모든 기도를 이루어 주시기를 **원하노라**
시 51:6 주께서는 중심이 진실함을 **원하시오니**
시 78:29 그들의 원대로 그들에게 주셨도다
시 81:8 이스라엘이여 내게 듣기를 **원하노라**

시 81:11 이스라엘이 나를 **원하지** 아니하였도다
시 115:3 하나님은 하늘에 계셔서 **원하시는** 모든
시 115:14 더욱 번창하게 하시기를 **원하노라**
잠 8:11 진주보다 나으므로 **원하는** 모든 것을
잠 13:4 게으른 자는 마음으로 **원하여도** 얻지
잠 21:10 악인의 마음은 남의 재앙을 **원하나니**
전 2:10 무엇이든지 내 눈이 **원하는** 것을 내가
전 11:9 마음에 기뻐하여 마음에 **원하는** 길들과
아 4:16 그 아름다운 열매 먹기를 **원하노라**

【 선지서 】
사 30:15 얻을 것이거늘 너희가 **원하지** 아니하고
사 44:9 그들이 **원하는** 것들은 무익한 것이거늘
사 42:24 그의 길로 다니기를 **원하지** 아니하며
사 66:5 기쁨을 우리에게 보이시기를 **원하노라**
렘 8:3 사는 것보다 죽는 것을 **원하리라** 만군의
렘 17:16 재앙의 날도 내가 **원하지** 아니하였음을
렘 28:6 이 곳으로 되돌려 오시기를 **원하노라**
렘 29:22 아합 같게 하시기를 **원하노라** 하리니
렘 42:3 갈 길과 할 일을 보이시기를 **원하나이다**
단 4:19 왕의 대적에게 응하기를 **원하나이다**
단 8:4 구할 자가 없으므로 그것이 **원하는** 대로
호 6:6 원하고 제사를 **원하지** 아니하며 번제
보다 하나님을 아는 것을 **원하노라**
호 10:10 내가 **원하는** 때에 그들을 징계하리니
미 4:11 눈으로 바라보기를 **원하노라** 하거니와

【 복음서, 역사서 】
마 9:13 내가 긍휼을 원하고 제사를 **원하지**

'원하다'와 관련된 성구

간절히 원하다 – 롬 1:11; 히 6:11
마음에 원하는 대로 – 신 12:15; 삼상 2:16; 왕상 11:37
마음에 원하는 모든 것 – 신 12:21; 14:26
마음에 원하는 (모든) 자 – 출 35:5; 36:2; 대하 29:31
무엇을 원하느냐 – 수 15:18; 삿 1:14; 느 2:4; 마 20:21; 고전 4:21
무엇을 하여 주기를 원하느냐 – 마 20:32; 막 10:36, 51; 눅 18:41
벌을 내리시고 더/또 내리시기를 원하나이다 – 룻 1:17; 삼상 3:17; 14:44; 20:13; 25:22
보기를 원하다 – 시 45:12; 막 10:51; 눅 18:41; 고전 16:7; 딤후 1:4; 벧전 1:12; 3:10
복 받기를 원하다 – 신 5:29; 삿 17:2; 룻 2:20; 삼상 23:21; 시 34:12
복 주시기를 원하다 – 신 1:11; 룻 2:4; 3:10; 렘 31:23
왕이 존귀하게 하기를 원하다 – 에 6:6, 9, 11
은혜 베푸시기를 원하다 – 창 43:29; 민 6:25
은혜와 평강이 있기를 원하노라 – 롬 1:7; 고전 1:3; 고후 1:2; 갈 1:3
은혜 입기를 원하다 – 룻 2:13; 삼상 1:18
주의 영광이 온 세계 위에 높아지기를 원하나이다 – 시 57:5, 11; 108:5
죽기를 원하다 – 삿 16:30; 왕상 19:4

【 원 2/-하다 】

마 12:7 자비를 **원하고** 제사를 **원하지** 아니하노
마 23:37 그러나 너희가 **원하지** 아니하였도다
마 26:39 나의 **원대**로 마시옵고 아버지의 **원대**로
마 26:42 아버지의 **원대**로 되기를 **원하나이다**
마 27:17 너희에게 놓아 주기를 **원하느냐** 바라바
마 27:21 누구를 너희에게 놓아 주기를 **원하느냐**
막 20:33 주여 우리의 눈 뜨기를 **원하나이다**
막 3:13 또 산에 오르사 자기가 **원하는** 자들을
막 6:22 이르되 무엇이든지 네가 **원하는** 것을
막 12:39 윗자리를 **원하는** 서기관들을 삼가라
막 14:7 너희와 함께 있으니 아무 때라도 **원하는**
막 14:36 나의 **원대**로 마시옵고 아버지의 **원대**로
막 15:9 너희에게 놓아 주기를 **원하느냐** 하니
눅 4:6 넘겨 준 것이므로 내가 **원하는** 자에게
눅 5:39 포도주를 마시고 새 것을 **원하는** 자가
눅 12:49 이미 붙었으면 내가 무엇을 **원하리요**
눅 13:34 몇 번이냐 그러나 너희가 **원하지** 아니
눅 19:14 우리의 왕 됨을 **원하지** 아니하나이다
눅 19:27 내가 왕 됨을 **원하지** 아니하던 저 원수들
눅 22:15 이 유월절 먹기를 **원하고 원하였노라**
눅 22:42 그러나 내 **원대**로 마시옵고 아버지의
원대로 되기를 **원하나이다** 하시니
요 5:21 살리심같이 아들도 자기가 **원하는** 자들
요 5:40 영생을 얻기 위하여 내게 오기를 **원하지**
요 6:11 물고기도 그렇게 그들의 원대로 주시니
요 15:7 안에 거하면 무엇이든지 **원하는** 대로
요 18:39 너희에게 놓아 주기를 **원하느냐** 하니

【 '원하건대' 와 관련된 성구 】

창 12:13; 16:2; 18:3; 24:12; 27:19;
34:8; 44:18; 47:4; 50:4; 출 32:32;
33:13, 18; 34:9; 민 12:13; 27:16; 신
26:15; 33:13; 삿 6:39; 11:27; 룻 2:2;
삼상 14:4; 15:13; 16:16, 22; 19:4;
20:29; 22:15; 23:11; 25:24, 31; 26:19;
30:7; 삼하 2:14; 13:5, 6; 14:17; 19:19;
24:22; 왕상 8:26, 52; 17:21; 왕하 1:13;
6:17, 18; 19:19; 대상 12:18; 대하 1:9;
6:17; 14:11; 느 4:4; 욥 6:28; 사 7:13;
38:16; 63:17; 64:1; 렘 15:15; 단 2:7;
6:8, 21, 25; 욘 4:3; 미 7:14; 학 2:15;
막 5:7; 고후 11:1; 딤후 1:16, 18; 딛 3:8

요 21:18 띠고 **원하는**…**원하지** 아니하는 곳으로
행 15:29 삼가면 잘되리라 평안함을 **원하노라**
행 18:15 일에 재판장 되기를 **원하지** 아니하노라
행 26:29 나와 같이 되기를 하나님께 **원하나이다**

서신서, 예언서

롬 1:13 모르기를 **원하지** 아니하노니 이는 너희
롬 1:15 너희에게도 복음 전하기를 **원하노라**
롬 7:15 내가 알지 못하노니 곧 내가 **원하는** 것은
롬 7:16 내가 **원하지** 아니하는 그것을 행하면
롬 7:18 거하지 아니하는 줄을 아노니 **원함**은
롬 7:19 내가 **원하는** 바…도리어 **원하지** 아니하는
롬 7:20 내가 **원하지** 아니하는 그것을 하면 이를
롬 7:21 법을 깨달았노니 곧 선을 행하기 **원하는**
롬 9:3 그리스도에게서 끊어질지라도 **원하는**
롬 9:16 그런즉 **원하는** 자로 말미암음도 아니요
롬 10:1 형제들아 내 마음에 **원하는** 바와 하나님
롬 11:25 신비를 너희가 모르기를 내가 **원하지**
롬 16:19 지혜롭고 악한 데 미련하기를 **원하노라**
고전 4:8 참으로 너희가 왕이 되기를 **원하노라**
고전 7:7 사람이 나와 같기를 **원하노라** 그러나
고전 7:32 너희가 염려 없기를 **원하노라** 장가가지
고전 7:36 그같이 할 필요가 있거든 **원하는** 대로
고전 10:1 나는 너희가 알지 못하기를 **원하지** 아니
고전 10:20 귀신과 교제하는 자가 되기를 **원하지**
고전 12:1 나는 너희가 알지 못하기를 **원하지** 아니
고전 12:18 이제 하나님이 그 **원하시는** 대로 지체를
고전 14:5 특별히 예언하기를 **원하노라** 만일 방언
고후 1:8 당한 환난을 너희가 모르기를 **원하지**
고후 5:8 우리가 담대하여 **원하는** 바는 차라리
고후 8:10 시작할 뿐 아니라 **원하기**도 하였은즉
고후 8:11 일을 성취할지니 마음에 **원하던** 것과
고후 9:2 이는 내가 너희의 **원함**을 앎이라 내가
고후 12:20 너희에게 너희가 **원하지** 않는 것과 같이
갈 5:12 자들은 스스로 베어 버리기를 **원하노라**
갈 5:17 서로 대적함으로 너희가 **원하는** 것을
엡 2:3 지내며 육체와 마음의 **원하는** 것을 하여
엡 3:21 대대로 영원무궁하기를 **원하노라** 아멘
빌 1:12 진전이 된 줄을 너희가 알기를 **원하노라**
골 1:12 아버지께 감사하게 하시기를 **원하노라**
살전 3:13 거룩함에 흠이 없게 하시기를 **원하노라**
살전 4:13 알지 못함을 우리가 **원하지** 아니하노니
살전 5:23 때에 흠 없게 보전되기를 **원하노라**
살후 2:17 일과 말에 굳건하게 하시기를 **원하노라**

【 원고 】　　　　　　　　　　　　　　　　　　　　　　　　　　　　【 원망/-하다 】

살후 3:5　인내에 들어가게 하시기를 **원하노라**
살후 3:16　모든 사람과 함께 하시기를 **원하노라**
딤전 2:4　아는 데에 이르기를 **원하시느니라**
딤전 2:8　거룩한 손을 들어 기도하기를 **원하노라**
딤전 2:10　오직 선행으로 하기를 **원하노라** 이것이
딤전 5:14　기회를 조금도 주지 말기를 **원하노라**
몬 1:14　아무 것도 하기를 **원하지** 아니하노니
히 10:5　하나님이 제사와 예물을 **원하지** 아니하
히 10:8　번제와 속죄제는 **원하지도** 아니하고
히 11:35　고문을 받되 구차히 풀려나기를 **원하지**
히 13:21　우리 가운데서 이루시기를 **원하노라**
벧후 3:9　다 회개하기에 이르기를 **원하시느니라**
요이 1:12　종이와 먹으로 쓰기를 **원하지** 아니하고
요삼 1:13　먹과 붓으로 쓰기를 **원하지** 아니하고
유 1:9　주께서 너를 꾸짖으시기를 **원하노라**
계 1:5　평강이 너희에게 있기를 **원하노라** 우리
계 3:15　네가 차든지 뜨겁든지 하기를 **원하노라**
계 11:6　아무 때든지 **원하는** 대로 여러 가지 재앙
계 22:17　목마른 자도 올 것이요 또 **원하는** 자는

📖 원2/-하다 – 기타 본문
창 43:14; 48:16; 민 6:24; 23:10; 신 33:6; 룻 1:8;
2:12; 4:11, 14; 삼상 17:37; 25:25; 삼하 14:17;
15:20, 31; 24:23; 왕상 1:51; 왕하 5:18; 대상
21:13; 22:11; 대하 6:41; 욥 11:6; 16:21; 34:36;
시 120:7; 132:14; 잠 10:24; 아 1:2; 2:7; 3:5;
8:4; 사 53:10; 렘 38:20; 51:35; 단 4:1; 미 3:9; 마
8:2; 12:38; 13:28; 17:4; 26:17; 41; 27:43; 막
1:40, 41; 6:25; 10:35; 14:12, 38; 눅 5:12, 13;
9:54; 20:46; 22:9, 15; 요 5:35; 17:24; 행 19:39;
24:4; 롬 15:13; 고전 11:3; 빌 1:11; 골 2:1; 딤후
4:16; 히 13:19; 계 1:6

원고(原告, accuser)
행 25:16　대답하되 무릇 피고가 **원고**들 앞에서
행 25:18　**원고**들이 서서 내가 짐작하던 것 같은

원근(原根, distance, near and far)
창 19:4　백성들이 노소를 막론하고 **원근**에서
신 21:2　피살된 곳의 사방에 있는 성읍의 **원근**을
왕상 8:46　그들을 사로잡아 **원근**을 막론하고 적국
대하 6:36　그들을 사로잡아 땅의 **원근**을 막론하고
에 9:20　모든 유다인에게 **원근**을 막론하고 글을

렘 25:26　북쪽 **원근**의 모든 왕과 지면에 있는 세상
렘 48:24　그리옷과 보스라와 모압 땅 **원근** 모든

원금(元金, money)
마 25:27　**원금**과 이자를 받게 하였을 것이니라

원기(元氣, prime)
욥 29:4　내가 **원기** 왕성하던 날과 같이 지내기를

원년(元年, first year)
왕하 25:27　에윌므로닥이 즉위한 **원년** 십이월 그
대하 36:22　바사의 고레스 왕 **원년**에 여호와께서
스 1:1　고레스 **원년**에 여호와께서 예레미야의
스 5:13　바벨론 왕 고레스 **원년**에 고레스 왕이
스 6:3　고레스 왕 **원년**에 조서를 내려 이르기를
렘 25:1　바벨론의 왕 느부갓네살 **원년**에 유다의
렘 52:31　유다의 에윌므로닥 왕의 즉위 **원년**
단 1:21　다니엘은 고레스 왕 **원년**까지 있으니라
단 7:1　바벨론 벨사살 왕 **원년**에 다니엘이 그
단 9:2　곧 그 통치 **원년**에 나 다니엘이 책을 통해
단 11:1　내가 또 메대 사람 다리오 **원년**에 일어나

원두막(hut)
사 1:8　포도원의 망대같이, 참외밭의 **원두막**
사 24:20　취한 자같이 비틀비틀하며 **원두막**같이

원래(元來, formerly)
느 13:5　방을 만들었으니 그 방은 **원래** 소제물과

원로(元老, elder)
창 50:7　궁의 **원로**들과 애굽 땅의 모든 **원로**와
대하 10:6　솔로몬의 생전에 그 앞에 모셨던 **원로**들
대하 10:8　왕은 **원로**들이 가르치는 것을 버리고
대하 10:13　르호보암이 **원로**들의 가르침을 버리고
행 5:21　이스라엘 족속의 **원로**들을 다 모으고

원망/-하다(怨望, complain, grumble)
출 15:24　백성이 모세에게 **원망하여** 이르되 우리
출 16:2　그 광야에서 모세와 아론을 **원망하여**
출 16:7　자기를 향하여 **원망함**을 들으셨음이라
　 … 너희가 우리에게 대하여 **원망하느냐**
출 16:8　자기를 향하여 너희가 **원망하는** 그 말을
　 들으셨음이라 … 너희의 **원망**은 우리를

1851

【 원방 】　　　　　　　　　　　　　　　　　　　　　　　　　【 원수 】

출 16:9	너희의 **원망함**을 들으셨느니라 하라	창 24:60	네 씨로 그 **원수**의 성문을 얻게 할지어다
출 16:12	이스라엘 자손의 **원망함**을 들었노라	창 49:8	네 손이 네 **원수**의 목을 잡을 것이요
출 17:3	모세에게 대하여 **원망하여** 이르되 당신	출 15:6	주의 오른손이 **원수**를 부수시니이다
레 19:18	원수를 갚지 말며 동포를 **원망하지** 말며	출 15:9	**원수**가 말하기를 내가 뒤쫓아 따라잡아
민 11:1	백성이 악한 말로 **원망하매** 여호와께서	출 23:4	네 **원수**의 길 잃은 소나 나귀를 보거든
민 14:2	모세와 아론을 **원망하며** 온 회중이 그들	출 23:22	말대로 행하면 내가 네 **원수**에게 **원수**가
민 14:27	나를 **원망하는** 이 악한 회중에게 … 나를	출 23:27	모든 **원수들**이 네게 등을 돌려 도망하게
	향하여 **원망하는** 바 그 **원망하는** 말을	출 32:25	아론이 그들을 방자하게 하여 **원수**에게
민 14:29	계수된 자 곧 나를 **원망한** 자 전부가	레 26:7	너희의 **원수들**을 쫓으리니 그들이 너희
민 14:36	악평하여 온 회중이 모세를 **원망하게**	레 26:32	거주하는 너희 **원수들**이 그것으로
민 16:11	사람이기에 너희가 그를 **원망하느냐**	레 26:34	너희가 **원수**의 땅에 살 동안에 너희
민 16:41	회중이 모세와 아론을 **원망하여** 이르되	레 26:36	너희 남은 자에게는 그 **원수들**의 땅에서
민 17:5	너희에게 대하여 **원망하는** 말을 내	레 26:37	짓밟혀 넘어지리니 너희가 **원수들**을
민 17:10	그들로 내게 대한 **원망**을 그치고 죽지	레 26:38	민족 중에서 망하리니 너희의 **원수들**의
민 21:5	하나님과 모세를 향하여 **원망하되**	레 26:39	너희 남은 자가 너희의 **원수들**의 땅에서
민 21:7	여호와와 당신을 향하여 **원망함**으로	레 26:41	대항하여 내가 그들을 그들의 **원수들**의
신 1:27	장막 중에서 **원망하여** 이르기를 여호와	레 26:44	그런즉 그들이 그들의 **원수들**의 땅에
수 9:18	그러므로 회중이 다 족장들을 **원망하니**	민 23:11	이같이 행하느냐 나의 **원수**를 저주하라
느 5:1	형제인 유다 사람들을 **원망하는데**	민 24:10	그대를 부른 것은 내 **원수**를 저주하라는
욥 1:22	하나님을 향하여 **원망하지** 아니하니라	민 24:18	그의 **원수** 에돔은 … 그의 **원수** 세일도
욥 21:4	나의 **원망이** 사람을 향하여 하는 것이냐	민 31:2	이스라엘 자손의 **원수**를 미디안에게
시 106:25	그들의 장막에서 **원망하며** 여호와의	민 32:21	여호와께서 그의 **원수**를 자기 앞에서
잠 19:3	하고 마음으로 여호와를 **원망하느니라**	신 28:31	네 양을 **원수**에게 빼앗길 것이나 너를
잠 23:29	분쟁이 뉘게 있느뇨 **원망**이 뉘게 있느뇨	신 32:27	내가 **원수**를 자극하여 그들의 **원수**가
사 29:24	**원망하던** 자들도 교훈을 받으리라		잘못 생각할까 걱정하였으니 **원수들**이
애 3:39	죄들 때문에 벌을 받나니 어찌 **원망하랴**	신 32:31	반석과 같지 아니하니 우리의 **원수들**이
마 5:23	네 형제에게 **원망** 들을 만한 일이 있는	**역사서**	
마 20:11	받은 후 집 주인을 **원망하여** 이르되	수 7:8	주여 이스라엘이 그의 **원수들** 앞에서
행 6:1	빠지므로 히브리파 사람을 **원망하니**	수 7:12	이스라엘 자손들이 그들의 **원수** 앞에
고전 10:10	사람들이 **원망하다가** 멸망시키는 …	수 7:13	가운데에서 제하기까지는 네 **원수들**
	너희는 그들과 같이 **원망하지** 말라	수 10:13	멈추기를 백성이 그 대적에게 **원수**를
빌 2:14	모든 일을 **원망**과 시비가 없이 하라	수 21:44	그들의 모든 **원수들** 중에 그들과 맞선
약 5:9	서로 **원망하지** 말라 그리하여야 심판을		… 여호께서 그들의 모든 **원수들**을
벧전 4:9	서로 대접하기를 **원망** 없이 하고	수 22:8	너희의 **원수들**에게서 탈취한 것을 너희
유 1:16	사람들은 **원망하는** 자며 불만을 토하는	수 23:1	여호와께서 주위의 모든 **원수들**로부터
		삿 3:28	여호와께서 너희 **원수들**인 모압을
원방(遠方, afar, distant land)		삿 5:31	여호와여 주의 **원수들**은 다 이와 같이
사 30:27	여호와의 이름이 **원방**에서부터 오되	삿 8:34	이스라엘 자손이 주위의 모든 **원수들**의
사 39:3	히스기야가 이르되 그들이 **원방** 곧	삿 16:23	우리의 신이 우리 **원수** 삼손을 우리 손에
		삿 16:24	우리의 많은 사람을 죽인 **원수**를 우리의
원수(怨讐, enmity, enemy)		삿 16:28	블레셋 사람에게 **원수**를 단번에 갚게
모세오경		삼상 2:1	입이 내 **원수들**을 향하여 크게 열렸으니
창 3:15	여자와 **원수**가 … 후손과 **원수**가 되게	삼상 4:3	우리를 우리 **원수들**의 손에서 구원하게

1852

[원수]   [원수]

삼상 12:10	우리를 **원수**들의 손에서 건져내소서
삼상 18:25	왕의 **원수**의 보복으로 블레셋 사람들의
삼상 24:4	내가 **원수**를 네 손에 넘기리니 네 생각에
삼상 24:19	사람이 그의 **원수**를 만나면 그를 평안히
삼상 25:26	내 주의 **원수**들과 내 주를 해하려 하는
삼상 25:29	내 주의 **원수**들의 생명은 물매로 던지듯
삼상 26:8	하나님이 오늘 당신의 **원수**를 당신의
삼상 29:8	가서 내 주 왕의 **원수**와 싸우지 못하게
삼상 30:26	보라 여호와의 **원수**에게서 탈취한 것을
삼하 4:8	왕의 생명을 해하려 하던 **원수** 사울의 아
	들 … 주 되신 왕의 **원수**를 사울과 그의
삼하 7:1	여호와께서 주위의 모든 **원수**를 무찌르
삼하 7:9	내가 너와 함께 있어 네 모든 **원수**를 네
삼하 7:11	너를 모든 **원수**에게서 벗어나 편히 쉬게
삼하 12:14	여호와의 **원수**가 크게 비방할 거리를
삼하 18:32	왕의 **원수**와 일어나서 왕을 대적하는
삼하 19:22	너희가 오늘 나의 **원수**가 되느냐 오늘
삼하 22:1	다윗을 모든 **원수**의 손과 사울의 손에서
삼하 22:4	여호와께 아뢰리니 내 **원수**들에게서
삼하 22:18	나를 강한 **원수**와 미워하는 자에게서
삼하 22:38	내가 내 **원수**를 뒤쫓아 멸하였사오며
삼하 22:41	또 내 **원수**들이 등을 내게로 향하게
삼하 22:49	나를 **원수**들에게서 이끌어 내시며 나를
삼하 24:13	왕이 왕의 **원수**에게 쫓겨 석 달 동안
왕상 5:3	그의 **원수**들을 그의 발바닥 밑에 두시기
왕상 5:4	내게 사방의 태평을 주시매 **원수**도 없고
왕하 21:14	모든 **원수**에게 노략거리와 겁탈거리가
느 4:11	우리의 **원수**들은 이르기를 그들이 알지
느 4:12	그 **원수**들의 근처에 거주하는 유다 사람
느 6:1	게셈과 그 나머지 우리의 **원수**들이 내가
느 9:28	그들을 **원수**들의 손에 버려 두사 **원수**들
에 7:6	에스더가 이르되 대적과 **원수**는 이 악한

시가서

욥 6:23	내가 언제 말하기를 **원수**의 손에서 나를
욥 13:24	가리시고 나를 주의 **원수**로 여기시나이
욥 16:9	향하여 이를 갈고 **원수**가 되어 날카로운
욥 19:11	진노하시고 **원수**같이 보시는구나
욥 19:19	사람들이 돌이켜 나의 **원수**가 되었구나
욥 22:20	우리의 **원수**가 망하였고 그들의 남은
욥 27:7	나의 **원수**는 악인같이 되고 일어나 나를
욥 33:10	잘못을 찾으시며 나를 자기의 **원수**로
시 3:7	구원하소서 주께서 나의 모든 **원수**의
시 5:8	나의 **원수**들로 말미암아 주의 의로 나를

시 6:10	내 모든 **원수**들이 부끄러움을 당하고
시 7:5	**원수**가 나의 영혼을 쫓아 잡아 내 생명
시 8:2	이는 **원수**들과 보복자들을 잠잠하게
시 9:3	**원수**들이 물러갈 때에 주 앞에서 넘어져
시 9:6	**원수**가 끊어져 영원히 멸망하였사오니
시 13:2	내 **원수**가 나를 치며 자랑하기를 어느
시 13:4	두렵건대 나의 **원수**가 이르기를 내가
시 17:9	악인들과 나의 목숨을 노리는 **원수**들에
시 18:3	여호와께 아뢰리니 내 **원수**들에게서
시 18:17	나를 강한 **원수**와 미워하는 자에게서
시 18:37	내가 내 **원수**를 뒤쫓아가리니 그들이
시 18:40	또 주께서 내 **원수**들에게 등을 내게로
시 18:48	내 **원수**들에게서 구조하시니 주께서
시 21:8	손이 왕의 모든 **원수**들을 찾아냄이여
시 23:5	주께서 내 **원수**의 목전에서 내게 상을
시 25:2	나의 **원수**들이 나를 이겨 개가를 부르지
시 25:19	**원수**를 보소서 그들의 수가 많고 나를
시 27:2	나의 **원수**들인 그들은 실족하여 넘어
시 27:6	내 머리가 나를 둘러싼 내 **원수** 위에
시 27:11	내 **원수**를 생각하셔서 평탄한 길로 나를
시 30:1	주께서 나를 끌어내사 내 **원수**로 하여금
시 31:8	나를 **원수**의 수중에 가두지 아니하셨고
시 31:15	앞날이 주의 손에 있사오니 내 **원수**들과

'원수'와 관련된 성구

원수가 보응 받다 – 시 54:7; 59:10; 92:11

원수(를) 갚다 – 레 19:18; 26:25; 민 31:3; 수 10:13; 삿 11:36; 15:7; 삼하 14:11; 18:19, 31; 에 8:13; 잠 6:34; 사 63:4; 렘 20:10; 25:12, 14, 15, 17; 46:10; 행 7:24; 롬 12:19; 히 10:30

원수를 사랑하다 – 마 5:44; 눅 6:27, 35

원수에게 보복하다 – 삼상 14:24; 사 1:24

원수에게 보응하다 – 사 59:18; 66:6

원수의 생명을 멸하다 – 왕상 3:11; 대하 1:11

원수의 손에 넘기다 – 왕하 21:14; 렘 12:7; 20:5; 애 2:7; 겔 39:23

원수의 손에서 건지다 – 삼상 12:11; 왕하 17:39; 눅 1:74

원수의 손에서 구원하다 – 삼하 19:9; 시 106:10

【 원수 】　　　　　　　　　　　　　　　　　　　　　　　　　　　【 원수 】

시 35:19	원수 된 자가 나로 말미암아 기뻐하지	시 119:98	함께 하므로 그것들이 나를 원수보다
시 37:20	멸망하고 여호와의 원수들은 어린 양의	시 127:5	성문에서 그들의 원수와 담판할 때에
시 38:19	내 원수가 활발하며 강하고 부당하게	시 132:18	내가 그의 원수에게는 수치를 옷 입히고
시 41:2	그를 그 원수들의 뜻에 맡기지 마소서	시 138:7	손을 펴사 내 원수들의 분노를 막으시며
시 41:5	나의 원수가 내게 대하여 악담하기를	시 139:20	주의 원수들이 주의 이름으로 헛되이
시 41:11	원수가 나를 이기지 못하오니 주께서	시 139:22	미워하니 그들은 나의 원수들이니이다
시 42:9	내가 어찌하여 원수의 압제로 말미암아	시 143:3	원수가 내 영혼을 핍박하며 내 생명을
시 43:2	어찌하여 원수의 억압으로 말미암아	시 143:9	내 원수들에게서 건지소서 내가 주께
시 44:7	오직 주께서 우리를 우리 원수들에게서	시 143:12	인자하심으로 나의 원수들을 끊으시고
시 44:16	소리 때문이요 나의 원수와 나의 복수자	시 144:6	번개를 번쩍이사 원수들을 흩으시며
시 45:5	화살은 날카로워 왕의 원수의 염통을	잠 16:7	기쁘시게 하면 그 사람의 원수라도
시 54:5	주께서는 내 원수에게 악으로 갚으시리	잠 24:17	원수가 넘어질 때에 즐거워하지 말며
시 55:3	원수의 소리와 악인의 압제 때문이라	잠 25:21	원수가 배고파하거든 음식을 먹이고
시 55:12	책망하는 자가 원수가 아니라 원수일진	잠 26:24	원수는 입술로는 꾸미고 속으로는 속임
시 56:2	내 원수가 종일 나를 삼키려 하며 나를	잠 27:6	원수의 잦은 입맞춤은 거짓에서 난 것
시 56:9	아뢰는 날에 내 원수들이 물러가리니	선지서	
시 59:1	나의 하나님이여 나의 원수에게서 나를	사 9:11	그를 치게 하시며 그의 원수들을 격동
시 61:3	주는 나의 피난처시요 원수를 피하는	사 59:18	그들의 행위대로 갚으시되 그 원수에게
시 64:1	내가 근심하는 소리를 들으시고 원수	사 62:8	곡식을 네 원수들에게 양식으로 주지
시 66:3	주의 큰 권능으로 말미암아 주의 원수가	사 63:18	원수가 주의 성소를 유린하였사오니
시 68:1	일어나시니 원수들은 흩어지며 주를	사 64:2	주의 원수들이 주의 이름을 알게 하시며
시 68:21	그의 원수들의 머리 곧 죄를 짓고 다니는	사 66:14	그의 진노는 그의 원수에게 더하리라
시 68:23	개의 혀로 네 원수들에게서 제 분깃을	렘 6:25	길로도 다니지 말라 원수의 칼이 있고
시 69:4	머리털보다 많고 부당하게 나의 원수가	렘 12:7	마음으로 사랑하는 것을 그 원수의 손
시 69:18	내 원수로 말미암아 나를 속량하소서	렘 15:11	진실로 네 원수로 재앙과 환난의 때에
시 71:10	내 원수들이 내게 대하여 말하며 내 영혼	렘 15:14	네 원수와 함께 네가 알지 못하는 땅에
시 72:9	그 앞에 굽히며 그의 원수들은 티끌을	렘 17:4	알지 못하는 땅에서 네 원수를 섬기게
시 74:3	발을 옮겨 놓으소서 원수가 성소에서	렘 18:17	내가 그들을 그들의 원수 앞에서 흩어
시 74:10	대적이 언제까지 비방하겠으며 원수가	렘 19:9	그들이 그들의 원수와 그들의 생명을
시 74:18	여호와여 이것을 기억하소서 원수가	렘 20:4	그들의 원수들의 칼에 엎드러질 것이요
시 78:53	두려움이 없었으나 그들의 원수는 바다	렘 21:7	그들의 원수의 손과 그들의 생명을 찾는
시 80:6	다툼 거리가 되게 하시니 우리 원수들이	렘 30:14	네 원수가 당할 고난을 네가 받게 하며
시 81:14	그들의 원수를 누르고 내 손을 돌려 그들	렘 34:20	그들의 원수의 손과 그들의 생명을 찾는
시 83:2	주의 원수들이 떠들며 주를 미워하는	렘 34:21	시드기야 왕과 그의 고관들을 그의 원수
시 89:10	깨뜨리시고 주의 원수를 주의 능력의	렘 44:30	시드기야 왕을 그의 원수 곧 그의 생명
시 89:22	원수가 그에게서 강탈하지 못하며 악한		을…호브라 왕을 그의 원수들 곧 그의
시 89:42	오른손을 높이시고 그들의 모든 원수들	렘 49:22	보라 원수가 독수리같이 날아와서 그의
시 89:51	여호와여 이 비방은 주의 원수들이 주의	렘 49:37	원수의 앞, 그의 생명을 노리는
시 92:9	원수들은 패망하리이다 정녕 주의 원수	렘 51:25	보라 나는 네 원수라 나의 손을 네 위에
시 102:8	내 원수들이 종일 나를 비방하며 내게	렘 51:55	큰 소리를 끊으심이로다 원수는 많은
시 106:42	그들이 원수들의 압박을 받고 그들의	애 1:2	친구들도 다 배반하여 원수들이 되었도
시 110:1	주에게 말씀하시기를 내가 네 원수들로	애 1:5	머리가 되고 그의 원수들이 형통함은
시 110:2	권능의 규를 내보내시리니 주는 그들	애 1:9	여호와여 원수가 스스로 큰 체하오니

1854

【 원수 】 　　　　　　　　　　　　　　　　　　　　　　　　　【 원천 】

애 1:16	떠났음이로다 **원수**들이 이기매 내 자녀
애 1:21	나의 모든 **원수**들은 내가 재난 당하는
애 2:3	모든 뿔을 자르셨음이여 **원수** 앞에서
애 2:4	**원수**같이 그의 활을 당기고 대적처럼
애 2:5	**원수**같이 되어 이스라엘을 삼키셨음이
애 2:16	네 모든 **원수**들은 너를 향하여 그들의
애 2:17	여기지 아니하시고 무너뜨리사 **원수**가
애 2:22	아이들을 내 **원수**가 다 멸하였나이다
애 3:46	우리의 모든 **원수**들이 우리를 향하여
애 3:52	나의 **원수**들이 이유없이 나를 새처럼
애 4:12	대적과 **원수**가 예루살렘 성문으로
겔 25:14	내 백성 이스라엘의 손으로 내 **원수**를
겔 25:17	분노의 책벌로 내 **원수**를 그들에게 크게
겔 36:2	여호와께서 이같이 말씀하시기를 **원수**가
호 8:1	네 입에 댈지어다 **원수**가 독수리처럼
호 8:3	이스라엘이 이미 선을 버렸으니 **원수**가
암 6:8	성읍과 거기에 가득한 것을 **원수**에게
암 9:4	그 **원수** 앞에 사로잡혀 갈지라도 내가
옵 1:14	고난의 날에 그 남은 자를 **원수**에게
미 2:8	근래에 내 백성이 **원수**같이 일어나서
미 4:10	**원수**들의 손에서 속량하여 내시리라
미 5:9	대적들 위에 들려서 네 모든 **원수**를 진멸
미 7:6	**원수**가 곧 자기의 집안 사람이리로다
나 3:11	너도 **원수**들 때문에 피난처를 찾으리라
나 3:13	네 **원수** 앞에 넓게 열리고 빗장들은 불에
습 3:15	형벌을 제거하였고 네 **원수**를 쫓아냈으
슥 8:10	사람이 **원수**로 말미암아 평안히 출입
슥 9:15	호위하시리니 그들이 **원수**를 삼키며
슥 10:5	용사같이 거리의 진흙 중에 **원수**를 밟을

신약

마 5:43	이웃을 사랑하고 네 **원수**를 미워하라
마 10:36	사람의 **원수**가 자기 집안 식구러라
마 13:25	사람들이 잘 때에 그 **원수**가 와서 곡식
마 13:28	주인이 이르되 **원수**가 이렇게 하였구나
마 13:39	가라지를 뿌린 **원수**는 마귀요 추수 때는
마 22:44	내가 네 **원수**를 네 발 아래에 둘 때까지
막 6:19	요한을 **원수**로 여겨 죽이고자 하였으되
막 12:36	내 주께 이르시되 내가 네 **원수**를 네 발
눅 1:71	우리 **원수**에게서와 우리를 미워하는
눅 10:19	너희에게 뱀과 전갈을 밟으며 **원수**의
눅 18:3	과부가 있어 자주 그에게 가서 내 **원수**에
눅 19:27	왕 됨을 원하지 아니하던 저 **원수**들을
눅 19:43	날이 이를지라 네 **원수**들이 토둔을 쌓고
눅 20:43	네 **원수**를 네 발등상으로 삼을 때까지
눅 23:12	헤롯과 빌라도가 전에는 **원수**였으나
행 2:35	네 **원수**로 네 발등상이 되게 하기까지
행 13:10	모든 의의 **원수**여 주의 바른 길을 굽게
롬 5:10	우리가 **원수** 되었을 때에 그의 아들의
롬 8:7	육신의 생각은 하나님과 **원수**가 되나니
롬 11:28	그들이 너희로 말미암아 **원수** 된 자요
롬 12:20	네 **원수**가 주리거든 먹이고 목마르거든
고전 15:25	모든 **원수**를 그 발 아래에 둘 때까지
고전 15:26	맨 나중에 멸망 받을 **원수**는 사망이니라
갈 4:16	참된 말을 하므로 **원수**가 되었느냐
갈 5:20	우상 숭배와 주술과 **원수** 맺는 것과 분쟁
엡 2:14	둘로 하나를 만드사 **원수** 된 것 곧 중간에
엡 2:16	**원수** 된 것을 십자가로 소멸하시고
빌 3:18	그리스도의 십자가의 **원수**로 행하느니
골 1:21	행실로 멀리 떠나 마음으로 **원수**가
살후 3:15	그러나 **원수**와 같이 생각하지 말고 형제
히 1:13	네 **원수**로 네 발등상이 되게 하기까지
히 10:13	그 후에 자기 **원수**들을 자기 발등상이
약 4:4	하나님과 **원수** 됨을 … 하나님과 **원수**
계 11:5	입에서 불이 나와서 그들의 **원수**를 삼켜
계 11:12	하늘로 올라가니 그들의 **원수**들도 구경

원숭이 (ape)

| 왕상 10:22 | 금과 은과 상아와 **원숭이**와 공작을 실어 |
| 대하 9:21 | 다시스의 금과 은과 상아와 **원숭이**와 |

원주민 (原住民, inhabitant, native-born man)

민 32:17	**원주민**이 있으므로 우리 어린 아이들을
민 33:52	땅의 **원주민**을 너희 앞에서 다 몰아내고
민 33:55	너희가 만일 그 땅의 **원주민**을 너희 앞에
대상 7:21	가드 **원주민**에게 죽임을 당하였으니
대상 11:5	여부스 **원주민**이 다윗에게 이르기를
행 28:2	비가 오고 날이 차매 **원주민**들이 우리에
행 28:4	**원주민**들이 이 짐승이 그 손에 매달려

원주인 (原住人, person)

| 레 27:24 | 그 판 사람 곧 그 땅의 **원주인**에게로 |

원천 (源泉, fountain)

| 시 36:9 | 진실로 생명의 **원천**이 주께 있사오니 |
| 사 35:7 | 메마른 땅이 변하여 **원천**이 될 것이며 |

【 원통하다 】

원통하다(寃痛, complaint, mistreat)
삼상 1:16 원통함과 격분됨이 많기 때문이니이다
삼상 22:2 빚진 모든 자와 마음이 **원통**한 자가 다
삼하 16:12 여호와께서 나의 **원통**함을 감찰하시리
시 74:22 하나님이여 일어나 주의 **원통**함을
시 142:2 내가 내 **원통**함을 그의 앞에 토로하며
렘 11:20 나의 **원통**함을 주께 아뢰었사오니 그들
애 3:58 주께서 내 심령의 **원통**함을 풀어 주셨고
애 3:59 나를 위하여 **원통**함을 풀어주옵소서
행 7:24 사람이 **원통**한 일 당함을 보고 보호하여
딤후 3:3 무정하며 **원통**함을 풀지 아니하며 모함

원한(怨恨, angry, grief)
신 4:42 과거에 **원한**이 없이 부지중에 살인한
신 19:4 본래 **원한**이 없이 부지중에 그의 이웃을
신 19:6 그 사람이 그에게 본래 **원한**이 없으니
에 2:21 두 사람이 **원한**을 품고 아하수에로 왕을
시 10:14 주는 재앙과 **원한**을 감찰하시고 주의
잠 23:11 그가 너를 대적하여 그들의 **원한**을 풀어

월(月, month)
계 9:15 천사가 놓였으니 그들은 그 년 **월** 일 시에

월경/-하다(月經, period)
레 12:2 이레 동안 부정하리니 곧 **월경**할 때와
레 12:5 두 이레 동안 부정하리니 **월경**할 때와
레 18:19 너는 여인이 **월경**으로 불결한 동안에
레 20:18 누구든지 **월경** 중의 여인과 동침하여
겔 18:6 아내를 더럽히지 아니하며 **월경** 중에
겔 22:10 네 가운데에 **월경하는** 부정한 여인과
겔 36:17 행위가 **월경** 중에 있는 여인의 부정함과

월등하다(越等, excel)
창 49:3 기력의 시작이라 위풍이 **월등**하고 권능

월삭(月朔, New Moon)
사 1:13 가증히 여기는 바요 **월삭**과 안식일과
사 1:14 내 마음이 너희의 **월삭**과 정한 절기를
호 2:11 모든 희락과 절기와 **월삭**과 안식일과
암 8:5 너희가 이르기를 **월삭**이 언제 지나서

웝시(Vophsi) 가나안 정탐꾼인 나비의 아버지
민 13:14 납달리 지파에서는 **웝시**의 아들 나비요

【 위 2 】

위 1(胃, inner part)
신 18:3 앞다리와 두 볼과 **위**라 이것을 제사장에

위 2(上, above, on, over)
창 1:2 **위**에 있고 하나님의 영은 수면 **위**에
마 2:9 인도하여 가다가 아기 있는 곳 **위**에

위 2 – 기타 본문

모세오경 창 1:2, 7, 20; 6:1, 6, 16; 7:18, 21; 8:1, 13, 19; 15:11; 28:12, 13, 18; 31:34; 35:14; 49:25; 출 1:11; 7:5, 19; 8:3, 5, 6; 9:19; 10:12, 13, 21; 14:16, 21, 26, 27; 15:19; 17:6, 12; 18:21; 19:16; 20:4, 24, 26; 24:16, 17, 18; 25:21, 22, 26, 30, 37; 26:24, 31, 32, 34; 27:2; 28:8, 9, 22, 23, 28, 36, 37; 29:6, 13, 15, 16, 18, 19, 21, 22, 25, 38; 30:6, 7, 9; 31:7, 18; 33:21; 36:29; 37:13, 16; 38:2; 39:5, 21, 30; 40:4, 19, 20, 23, 27, 29, 35, 36, 38; 레 1:7, 8, 9, 12, 13, 15, 17; 2:1, 2, 6, 9, 15; 3:4, 5, 10, 11, 15, 16; 4:9, 10, 12, 19, 35; 5:11, 12; 6:10, 13, 15; 7:4, 5, 31; 8:9, 16, 26, 30; 9:10, 13, 14, 17, 20, 24; 11:35, 38; 14:5, 6, 17, 50; 15:23; 16:2, 12, 13, 15, 19; 21:12, 22; 24:4, 6, 7; 26:30; 민 4:6, 7, 8, 10, 11, 12, 13, 14, 25; 5:26; 7:89; 9:15, 18, 19, 20, 22; 10:34; 11:31; 12:10; 14:14; 15:11; 16:3, 7, 13, 17, 18, 33, 46; 21:8, 9; 23:9; 24:2; 27:16; 신 4:17, 18, 19, 39; 5:4, 8, 22; 10:4, 14; 11:12; 12:27; 14:1; 17:14, 15, 20; 21:6, 22, 23; 26:19; 27:3, 4, 6, 8; 28:1, 13, 23, 43; 29:20; 30:13; 31:15; 32:11, 23; 33:10 **역사서** 수 2:11, 15; 3:13, 16; 7:26; 8:29, 31; 10:12; 11:13; 22:23; 삿 1:36; 3:21; 6:20, 28; 9:5, 8, 9, 10, 11, 12, 13, 14, 15, 18, 49, 53; 11:38; 13:5, 19; 15:14; 16:12, 17; 삼상 2:8; 6:11, 15; 9:2; 10:19, 23; 12:1, 13; 13:13; 15:1; 17:39; 20:36; 31:4, 5; 삼하 1:19, 21, 25; 3:35; 4:7, 11; 11:20, 21, 24; 13:19; 17:12, 19; 18:1, 17; 19:13, 26; 20:12, 15; 21:9, 10; 22:11, 17, 49; 왕상 3:19; 7:2, 3, 11, 18, 25, 29, 31, 38, 42, 43; 8:7, 23; 9:25; 11:37; 13:2, 3, 34; 14:14, 23; 16:2, 24; 17:21; 18:23, 33; 19:2, 19; 20:10, 30; 왕하 2:3, 5, 8, 15; 3:15; 4:10, 21, 34, 35; 5:11; 6:26, 30, 31; 8:20; 9:9, 11, 14; 13:16; 16:4, 12, 15, 17; 17:10; 18:26, 27; 19:15, 30; 20:11; 23:3, 16, 20; 대상 6:49, 65; 10:4; 16:40; 22:10; 27:6; 대하 1:6; 3:5, 14; 4:4, 13, 14; 5:8;

【 위 2 】　　　　　　　　　　　　　　　　　　　　　　　　　　　　　　　　　　【 위대하다 】

6:13; 7:3; 8:12; 13:4; 21:8; 26:15; 28:4, 15; 29:23; 32:12, 18; 33:16; 34:4, 5; 스 3:2, 3; 6:11; 7:17, 28; 느 3:28; 8:5, 16; 9:6, 37; 12:31, 38, 39; 에 3:1; 7:8
시가서 욥 1:19; 3:4, 5; 5:7; 13:11; 18:6, 16; 19:25; 20:23; 21:9, 26; 24:18; 26:9; 30:22; 31:2, 28; 32:4; 38:5, 6; 39:18, 23; 시 7:7; 18:48; 24:2; 27:5, 6; 29:3; 40:2; 50:4; 55:10; 57:5, 11; 67:2, 4; 68:34; 69:15, 24; 72:6; 78:23; 89:6, 7, 25; 97:9; 102:7; 104:6; 108:5, 9; 136:6; 140:10; 144:7; 148:4, 13; 잠 8:28; 15:24; 19:12; 20:26; 22:18; 23:34; 25:20; 26:21; 30:19; 전 3:14, 21; 11:1; 12:6; 아 2:4; 8:9,14 **선지서** 사 2:2; 4:5; 5:6, 25; 8:1, 21; 9:18; 10:13; 11:2, 15; 13:2; 14:13; 18:3; 19:8, 16; 22:24, 25; 23:11; 24:18, 20; 25:7; 26:21; 30:17, 32; 32:15; 33:4; 34:5, 11; 35:10; 36:11, 12; 37:31; 40:7, 22; 42:5; 44:19; 45:8, 12; 51:11; 54:9; 57:7; 59:21; 60:1, 2; 62:6; 65:3, 7; 렘 1:10; 2:20; 3:21, 23; 4:28; 6:17; 7:29; 10:11; 11:16; 12:12; 13:21, 27; 14:2, 6, 16; 17:2; 19:13; 20:2; 23:4; 30:18, 23; 31:6, 37; 35:4; 36:10; 43:10; 46:16; 48:11, 40; 49:19, 22, 37; 50:35, 36, 37, 38; 51:25; 52:22, 23; 애 3:53, 54; 겔 1:3, 15, 22, 25, 26, 27; 2:10; 3:25; 4:1; 6:13, 14; 7:16; 8:2; 10:1, 2, 18, 19; 11:22; 12:13; 14:13, 19; 16:27; 17:20; 18:6, 11, 15; 19:8; 21:29; 22:9, 22, 31; 23:41; 24:7, 8, 11; 25:7, 13, 26; 26:4, 19; 27:11; 28:18; 29:15; 32:3, 4, 8, 13, 23; 35:3, 7; 36:10, 11, 12, 18; 37:6, 8, 16; 39:2, 4, 17, 21; 40:2, 16, 17, 26, 31, 34, 37, 39, 41, 42; 41:6, 7, 17; 43:18, 24, 27; 단 4:17; 6:2, 3; 호 4:13; 5:1; 7:12; 10:7, 8, 11; 11:7; 12:14; 욜 2:9; 암 2:8, 9; 6:12; 옵 1:18; 욘 1:4; 2:3; 3:6; 미 3:6; 4:1; 5:7, 9; 나 1:15; 3:6; 습 1:2, 3, 4; 학 2:15; 슥 1:16; 2:9; 4:2; 5:3, 8; 9:14; 13:7; 말 1:10, 12 **신약** 마 3:16; 5:14, 15; 7:24, 25, 26, 27; 13:7; 14:19, 25, 26, 28, 29; 16:18; 21:7, 44; 23:18, 20, 35; 24:2, 3, 17; 27:37, 51; 28:2; 막 4:21, 31; 5:23; 6:39, 48, 49; 10:16; 11:7; 13:2, 15; 15:26, 38; 눅 1:52, 78; 2:25, 40; 3:20, 22, 23, 24, 25, 26, 27, 29, 30, 31, 32, 33, 34, 35, 36, 37, 38; 4:40; 6:48, 49; 8:6, 13, 16; 11:33, 44; 12:3; 17:31; 19:35, 44; 20:18, 51; 요 3:31, 36; 6:19; 8:23; 19:11, 19, 23; 21:9; 행 2:3, 19, 30; 3:25; 5:15; 7:27; 9:33; 13:11; 20:10; 21:40; 롬 9:5, 28; 13:1; 15:20; 고전 3:10, 12, 14;

11:10; 고후 7:13; 갈 4:26; 엡 1:21, 22; 2:20; 4:6, 8, 10; 6:16; 빌 2:9, 17, 27; 3:14; 골 1:23; 3:1, 2,14; 살후 2:4; 히 6:7; 9:5; 10:8; 약 1:17; 3:15, 17; 벧전 2:13; 4:14; 유 1:20; 계 2:17; 3:12; 4:2, 4; 5:3, 13; 6:16; 7:15; 9:3, 17; 10:1; 12:17; 14:14, 15, 16; 17:1; 18:24; 20:3, 11; 21:12, 14

위 3(位, position, throne)
왕상 1:47　그의 왕위를 왕의 **위**보다 크게 하시기를
왕상 15:13　태후의 **위**를 폐하고 그 우상을 찍어
대상 26:31　왕 **위**에 있은 지 사십 년에 길르앗 야셀
대상 28:5　여호와의 나라 왕 **위**에 앉혀 이스라엘을
사 16:5　그 **위**에 앉을 자는 충실함으로 판결하며

위골되다(違骨, lame)
잠 25:19　의뢰하는 것은 부러진 이와 **위골**된 발

위급하다(危急, adversity, critical)
삼상 13:6　이스라엘 사람들이 **위급**함을 보고 절박
잠 17:17　형제는 **위급**한 때를 위하여 났느니라

위기(危機, in one's hand–KJV)
시 119:109　나의 생명이 항상 **위기**에 있사오나 나는

위대하다(偉大, great, mighty)
출 11:3　백성의 눈에 아주 **위대**하게 보였더라
삼하 7:9　**위대**한 자들의 … 네 이름을 **위대**하게
대상 29:11　여호와여 **위대**하심과 권능과 영광과
느 8:6　에스라가 **위대**하신 하나님 여호와를
시 69:30　감사함으로 하나님을 **위대**하시다
시 70:4　말하기를 하나님은 **위대**하시다 하게
시 77:13　하나님과 같이 **위대**하신 신이 누구오니
시 135:5　주는 모든 신들보다 **위대**하시도다
시 145:3　찬양할 것이라 그의 **위대**하심을 측량하
시 145:6　말할 것이요 나도 주의 **위대**하심을 선포

'위대하다'와 관련된 성구

여호와는 위대하시다 – 대상 16:25; 시 35:27; 40:16; 48:1; 96:4; 99:2; 135:5; 145:3
주는 위대하시다 – 삼하 7:22; 시 86:10; 104:1; 147:5

【 위독하다 】　　　　　　　　　　　　【 위로/-하다 】

시 150:2	찬양하며 그의 지극히 **위대하심**을 따라
겔 31:18	영광과 **위대함**이 에덴의 나무들 중에
겔 38:23	내가 여러 나라의 눈에 내 **위대함**과

위독하다(危篤, severe)

대하 16:12	매우 **위독했으나** 병이 있을 때에 그가

위력(威力, almighty, mighty, violence)

사 8:7	모든 **위력**으로 그들을 뒤덮을 것이라
사 10:33	여호와께서 혁혁한 **위력**으로 그 가지를
사 42:25	맹렬한 진노와 전쟁의 **위력**을 이스라엘
겔 35:5	죄악의 마지막 때에 칼의 **위력**에 그들을
엡 1:19	그의 힘의 **위력**으로 역사하심을 따라

위로/-하다(慰勞, comfort, reassure, recover)

모세오경 · 시가서

창 24:67	어머니를 장례한 후에 **위로**를 얻었더라
창 37:35	자녀가 위로하되 그가 그 **위로**를 받지
창 38:12	**위로**를 받은 후에 그의 친구 아둘람
룻 1:9	남편의 집에서 **위로**를 받게 하시기를
룻 2:13	하녀를 **위로하시고** 마음을 기쁘게 하는
삼하 12:24	아내 밧세바를 **위로하고** 그에게 들어가
삼하 13:39	죽었으므로 왕이 **위로**를 받았음이더라
삼하 14:17	왕의 말씀이 나의 **위로**가 되기를 원한다
대상 7:22	그의 형제가 가서 **위로하였더라**
대하 30:22	모든 레위 사람들을 **위로하였더라** 이와
욥 2:11	위문하고 **위로하려** 하여 서로 약속하고
욥 6:10	오히려 **위로**를 받고 그칠 줄 모르는
욥 7:13	내 잠자리가 나를 **위로하고** 내 침상이
욥 15:11	하나님의 **위로**와 은밀하게 하시는 말씀
욥 16:5	**위로**로 너희의 근심을 풀었으리라
욥 21:2	이것이 너희의 **위로**가 될 것이니라
욥 21:34	나를 헛되이 **위로하려느냐** 너희 대답은
욥 29:25	애곡하는 자를 **위로하는** 사람과도
욥 42:11	그를 위하여 슬퍼하며 **위로하고** 각각
시 71:21	하시고 돌이키사 나를 **위로하소서**
시 86:17	주는 나를 돕고 **위로하시는** 이시니이다
시 119:50	나의 고난 중의 **위로**라 주의 말씀이
시 119:52	내가 기억하고 스스로 **위로하였나이다**
시 135:14	종들로 말미암아 **위로**를 받으시리로다

선지서

사 22:4	나를 **위로하려고** 힘쓰지 말지니라
사 40:1	너희는 **위로하라** 내 백성을 **위로하라**
사 49:13	백성을 **위로하셨은즉** 그의 고난 당한
사 51:3	황폐한 곳들을 **위로하여** 그 사막을 에덴
사 51:12	너희를 **위로하는** 자는 나 곧 나이니라
사 51:19	기근과 칼이라 누가 너를 **위로하랴**
사 52:9	백성을 **위로하셨고** 예루살렘을 구속하
사 57:6	그것들에게 드리니 내가 어찌 **위로**를
사 57:18	슬퍼하는 자들에게 **위로**를 다시 얻게
사 61:2	선포하여 모든 슬픈 자를 **위로하되**
사 66:11	너희가 젖을 빠는 것같이 그 **위로하는**
사 66:13	자식을 **위로함같이** 내가 너희를 **위로할** 것인즉 너희가 예루살렘에서 **위로**를
렘 8:18	어떻게 **위로**를 받을 수 있을까 내 마음
렘 16:7	떡을 떼며 **위로하는** 자가 없을 것이며
렘 31:13	그들을 **위로하여** 그들의 근심으로부터
렘 48:17	그를 **위로하며** 말하기를 어찌하여 강한
애 1:2	그에게 **위로하는** 자가 없고 친구들도
애 1:9	그를 **위로할** 자가 없도다 여호와여 원수
애 1:16	나를 **위로하여** 내 생명을 회복시켜 줄
애 1:17	그를 **위로할** 자가 없도다 여호와께서
애 1:21	탄식하는 것을 들었으나 나를 **위로하는**
애 2:13	무엇으로 네게 비교하여 너를 **위로할까**
겔 14:22	모든 일에 대하여 너희가 **위로**를 받을
겔 14:23	그들에 의해 **위로**받고 내가 예루살렘
겔 16:54	이는 네가 그들에게 **위로**가 됨이라
겔 31:16	지하에서 **위로**를 받게 하였느니라
겔 32:31	모든 무리로 말미암아 **위로**를 받을
나 3:7	너를 **위로할** 자를 구하리요 하리라
슥 1:13	말씀, **위로하는** 말씀으로 대답하시더라
슥 1:17	**위로하며** 다시 예루살렘을 택하리라
슥 10:2	그 **위로**가 헛되므로 백성들이 양같이

신약

마 5:4	복이 있나니 그들이 **위로**를 받을 것임이
눅 2:25	이스라엘의 **위로**를 기다리는 자라 성령

'위로'와 관련된 성구

마음을 위로하다 – 삼하 19:7; 엡 6:22; 골 4:8; 살후 2:17

말로 위로하다 – 창 34:3; 50:21; 대하 32:6; 호 2:14

위로 받기를 거절하다 – 시 77:2; 렘 31:15; 마 2:18

위로의 하나님 – 롬 15:5; 고후 1:3

【 위로자 】　　　　　　　　　　　　　　　　　　　　　【 위엄 】

눅 6:24	너희 부요한 자여 너희는 너희의 **위로**를		
눅 16:25	그는 여기서 **위로**를 받고 너는 괴로움을		
요 11:31	집에 있어 **위로**하던 유대인들이 그가		
행 4:36	바나바라(번역하면 **위로**의 아들이라)		
행 9:31	**위로**로 진행하여 수가 더 많아지니라		
행 15:31	읽고 그 **위로**한 말을 기뻐하더라		
행 16:40	형제들을 만나 보고 **위로**하고 가니라		
행 20:12	데리고 가서 적지 않게 **위로**를 받았더라		
롬 12:8	**위로**하는 자면 **위로**하는 일로, 구제하는		
롬 15:4	또는 성경의 **위로**로 소망을 가지게		
고전 14:3	덕을 세우며 권면하며 **위로**하는 것이요		
고후 1:4	우리를 **위로**하사 … 받는 **위로**로써 모든 환난 중에 있는 … 능히 **위로**하게		
고후 1:5	받는 **위로**도 그리스도로 말미암아		
고후 1:6	너희가 **위로**와 구원을 받게 하려는 것이요 우리가 **위로**를 받는 것도 너희가 **위로**를 받게 하려는 것이니 이 **위로**가		
고후 1:7	참여하는 자가 된 것같이 **위로**에도		
고후 2:7	너희는 차라리 용서하고 **위로**할 것이니		
고후 7:4	우리의 모든 환난 가운데서도 **위로**가		
고후 7:6	**위로**하시는 … 우리를 **위로**하셨으니		
고후 7:7	너희에게서 받은 그 **위로**로 **위로**하고		
고후 7:13	**위로**를 받았고 우리가 받은 **위로** 위에		
고후 13:11	온전하게 되며 **위로**를 받으며 마음을		
빌 2:1	**위로**나 성령의 무슨 교제나 긍휼이나		
골 4:11	이런 사람들이 나의 **위로**가 되었느니라		
살전 2:11	자녀에게 하듯 권면하고 **위로**하고 경계		
살전 3:2	하고 너희 믿음에 대하여 **위로**함으로		
살전 3:7	말미암아 너희에게 **위로**를 받았노라		
살전 4:18	그러므로 이러한 말로 서로 **위로**하라		
살후 2:16	영원한 **위로**와 좋은 소망을 은혜로 주신		
몬 1:7	사랑으로 많은 기쁨과 **위로**를 받았노라		

위로자(慰勞者, comforter)

욥 16:2	다 재난을 주는 **위로자**들이로구나
전 4:1	**위로자**가 없도다 … **위로자**가 없도다

위문하다(慰問, comfort, sympathize)

욥 2:11	욥을 **위문**하고 위로하려 하여 서로 약속
요 11:19	그 오라비의 일로 **위문**하러 왔더니

위반하다(違反, brake)

겔 44:7	그들이 내 언약을 **위반**하게 하는 것이

위법(違法, against law)

행 10:28	교제하며 가까이 하는 것이 **위법**인 줄은

위세(威勢, fury, throne)

사 66:15	혁혁한 **위세**로 노여움을 나타내시며
단 4:36	또 지극한 **위세**가 내게 더하였느니라
단 7:27	천하 나라들의 **위세**가 지극히 높으신

위안(慰安, encourage, consolation, comfort)

시 94:19	내 속에 근심이 많을 때에 주의 **위안**이
시 119:76	주의 인자하심이 나의 **위안**이 되게
골 2:2	그들로 마음에 **위안**을 받고 사랑 안에서

위엄(威嚴, majesty, power, terror)

모세오경 - 시가서

출 15:11	찬송할 만한 **위엄**이 있으며 기이한 일을
출 23:27	내 **위엄**을 네 앞서 보내어 네가 이를
신 11:2	교훈과 그의 **위엄**과 그의 강한 손과
신 32:3	우리 하나님께 **위엄**을 돌릴지어다
신 33:17	수송아지같이 **위엄**이 있으니 그 뿔이
신 33:26	타고 궁창에서 **위엄**을 나타내시는도다
신 34:12	모든 큰 권능과 **위엄**을 행하게 하시매
대상 29:11	승리와 **위엄**이 다 주께 속하였사오니
에 1:4	부함과 **위엄**의 혁혁함을 나타내니라
욥 9:34	**위엄**이 나를 두렵게 하지 아니하시기를
욥 13:21	주의 **위엄**으로 나를 두렵게 하지 마실
욥 25:2	주권과 **위엄**을 가지셨고 높은 곳에서
욥 31:23	그의 **위엄**으로 말미암아 그런 일을 할
욥 33:7	**위엄**으로는 그대를 두렵게 하지 못하고
욥 37:4	그의 **위엄** 찬 소리로 천둥을 치시며 그
욥 37:22	빛이 나오고 하나님께는 두려운 **위엄**이
욥 39:20	그 **위엄**스러운 콧소리가 두려우니라
시 29:4	있음이여 여호와의 소리가 **위엄**차도다
시 45:3	칼을 허리에 차고 왕의 영화와 **위엄**을
시 68:34	그의 **위엄**이 이스라엘 위에 있고 그의
시 68:35	하나님이여 **위엄**을 성소에서 나타내시
시 145:5	영광스러운 **위엄**과 주의 기이한 일들을
시 145:12	주의 나라의 **위엄** 있는 영광을 인생들에

선지서, 신약

사 2:19	그의 **위엄**과 그 광대하심의 영광을 피할
사 2:21	**위엄**과 그 광대하심의 영광을 피하리라
사 13:3	나의 **위엄**을 기뻐하는 용사들을 불러
사 33:21	여호와는 거기서 **위엄** 중에 우리와 함께

【 위인 】　　　　　　　　　　　　　　　　　　【 위축 】

> **'위엄'과 관련된 성구들**
>
> 여호와의 위엄 – 사 2:10; 24:1; 26:10
> 영광과 위엄 – 신 5:24; 단 5:18; 유 1:25
> 왕의 위엄 – 대상 29:25; 시 45:4
> 존귀와 위엄/위엄과 존귀 – 출 15:11; 욥 40:10; 시 21:5; 96:6
> 큰 위엄 – 출 15:7; 신 9:26; 26:8; 겔 31:2; 벧후 1:16

겔 31:2　무리에게 이르기를 네 큰 **위엄**을 누구
단 4:30　내 **위엄**의 영광을 나타낸 것이 아니냐
단 4:36　내 **위엄**과 광명이 내게로 돌아왔고 또
단 5:18　나라와 큰 권세와 영광과 **위엄**을 주셨고
미 5:4　여호와의 이름의 **위엄**을 의지하고 서서
합 1:7　당당함과 **위엄**이 자기들에게서 나오며
눅 9:43　하나님의 **위엄**에 놀라니라 그들이 다
행 19:27　천하가 위하는 그의 **위엄**도 떨어질까
행 25:23　버니게가 크게 **위엄**을 갖추고 와서

위인(爲人, kind of man)
잠 23:7　그 마음의 생각이 어떠하면 그 **위인**도

위임/-하다/-되다(委任, anoint, entrust, leave)
출 28:41　그들에게 기름을 부어 **위임**하고 거룩
출 29:1　제사장 직분을 **위임**하여 그들을 거룩
출 29:9　그의 아들들에게 **위임**하여 거룩하게
출 29:29　그것을 입고 기름 부음으로 **위임**을 받을
출 29:33　그들을 **위임**하며 그들을 거룩하게 하는
레 16:32　부음을 받고 **위임**되어 자기의 아버지
레 21:10　관유로 부음을 받고 **위임**되어 그 예복을
민 3:3　구별되어 제사장 직분을 **위임** 받은
렘 40:7　아니한 빈민을 그에게 **위임**하였다 함을
렘 41:2　바벨론의 왕의 그 땅을 **위임**했던 사반의
렘 41:10　그다랴에게 **위임**하였던 바 미스바에
렘 41:18　바벨론의 왕이 그 땅을 **위임**한 아히감의
학 1:13　여호와의 **위임**을 받아 백성에게 말하여
행 26:12　그 일로 대제사장들의 권한과 **위임**을

위임식(委任式, ordination)
출 29:22　넓적다리를 가지라 이는 **위임식**의 숫양
출 29:26　아론의 **위임식** 숫양의 가슴을 가져다가
출 29:27　**위임식** 숫양의 가슴과 넓적다리

출 29:31　**위임식** 숫양을 가져다가 거룩한 곳에서
출 29:34　**위임식** 고기나 떡이 아침까지 남아
출 29:35　그같이 하여 이레 동안 **위임식**을 행하되
레 7:37　소제와 속죄제와 속건제와 **위임식**과
레 8:22　숫양 곧 **위임식**의 숫양을 드릴새 아론과
레 8:28　향기로운 냄새를 위하여 드리는 **위임식**
레 8:29　이는 **위임식**에서 잡은 숫양 중 모세의
레 8:31　그 고기를 삶아 **위임식** 광주리 안의
레 8:33　**위임식**은 이레 동안 행하나니 **위임식**이

위장(胃腸, stomach)
딤전 5:23　물만 마시지 말고 네 **위장**과 자주 나는

위정자(爲政者, ruler)
눅 12:11　회당이나 **위정자**나 권세 있는 자 앞에

위중하다(危重, worse)
왕상 17:17　증세가 심히 **위중하다**가 숨이 끊어진

위증자/위증하다(僞證, false testimony, false witness)
출 23:1　악인과 연합하여 **위증하는** 증인이 되지
신 19:16　만일 **위증하는** 자가 있어 어떤 사람이
시 27:12　**위증자**와 악을 토하는 자가 일어나 나를

위짝(upper one)
신 24:6　그 **위짝**을 전당 잡지 말지니 이는 그
삿 9:53　맷돌 **위짝**을 아비멜렉의 머리 위에 내려
삼하 11:21　**위짝**을 그 위에 던지매 그가 데벳스에서

위쪽(above)
출 25:11　안팎을 싸고 **위쪽** 가장자리로 돌아가며
출 28:27　가까운 쪽 곧 정교하게 짠 띠 **위쪽**에
출 37:2　순금으로 안팎을 싸고 **위쪽** 가장자리로
출 37:11　순금으로 싸고 **위쪽** 가장자리로 돌아가
출 39:20　가까운 쪽 곧 정교하게 짠 에봇 띠 **위쪽**
삿 1:36　아그랍빔 비탈의 바위부터 **위쪽**이었더
삿 7:13　그것을 쳐서 무너뜨려 **위쪽**으로 엎으니
단 12:6　**위쪽**에 있는 자에게 이르되 이 놀라운
단 12:7　강물 **위쪽**에 있는 자가 자기의 좌우

위축(萎縮, turn back)
시 44:18　우리의 마음은 **위축**되지 아니하고 우리

【 위층 】

위층(top floor)
삼하 18:24 파수꾼이 성 문 **위층**에 올라가서 눈을
삼하 18:33 심히 아파 문 **위층**으로 올라가서 우니라
렘 20:2 문 **위층**에 목에 씌우는 나무 고랑에 모
겔 41:7 아래층에서 중층으로 **위층**에 올라가게
겔 42:5 **위층**의 방은 … **위층**이 더 줄어짐이라
겔 42:6 그 **위층**이 아래층과 가운데 층보다 더욱
겔 43:15 번제단 **위층**의 높이는 네 척이며 그

위치(位置, place, situation)
민 2:17 자기의 **위치**에서 자기들의 기를 따라
왕하 2:19 성읍의 **위치**는 좋으나 물이 나쁘므로
겔 40:18 그 박석 깔린 땅의 **위치**는 각 문간의

위탁/-하다(委託, commission, entrust)
창 39:4 자기의 소유를 다 그의 손에 **위탁하니**
창 39:6 요셉의 손에 **위탁하고** 자기가 먹는 음식
창 39:8 아니하고 다 내 손에 **위탁하였으니**
민 27:19 그들의 목전에서 그에게 **위탁하여**
민 27:23 안수하여 **위탁하되** 여호와께서 모세에
행 14:23 그들이 믿는 주께 그들을 **위탁하고**
살전 2:4 복음을 **위탁** 받았으니 우리가 이와 같이

위태롭다/위태하다(危殆, danger, endanger, jeopardy)

【 위하다 】

대상 12:19 돌아가리니 우리 머리가 **위태할까**
단 1:10 왕 앞에서 **위태롭게** 되리라 하니라
눅 8:23 배에 물이 가득하게 되어 **위태한지라**
행 27:9 항해하기가 **위태한지라** 바울이 그들을

위풍(威風, honor)
창 49:3 기력의 시작이라 **위풍**이 월등하고 권능
잠 30:29 잘 걸으며 **위풍** 있게 다니는 것 서넛이

위하다(爲, for)
창 18:24 멸하시고 그 오십 의인을 **위하여** 용서

위하다 - 기타 본문
모세오경 창 18:26; 19:3; 20:7; 21:21; 22:8, 9; 23:2, 8; 24:3, 4, 7, 14, 19, 20, 37, 38, 40, 44, 48; 25:21; 26:22, 24, 30; 27:3, 7, 9, 10, 33, 36; 29:18, 20, 25, 27, 31, 41; 32:13; 33:17; 37:3, 34; 38:6, 8; 39:5; 40:17, 20; 41:35; 42:2; 43:2, 4, 9; 47:23; 48:15; 50:3, 10, 12; 출 1:16; 2:3, 7, 9, 19; 8:9, 28; 10:1, 2, 5; 12:3, 13, 32; 13:8; 14:13, 14, 25; 15:25; 21:13; 25:8, 22, 26, 35; 26:19, 20, 22, 23, 26, 27, 33, 36, 37; 27:14, 15, 16, 20; 28:2, 4, 40, 42; 30:19, 15; 32:1, 8, 13, 23, 30, 31; 34:10; 35:2, 19, 21, 29; 36:3, 25, 27, 28, 31, 32, 37; 37:13, 21; 38:21; 39:1, 27, 41; 레 1:4; 2:12; 4:20, 26, 31, 35; 5:6, 7, 10, 13,

'위하다'와 관련된 성구
교회를 위하다 - 고후 11:28; 엡 5:25; 골 1:24
복음을 위하다 - 막 8:35; 10:29; 롬 1:1; 고전 9:23; 고후 2:12; 엡 3:7; 빌 2:22; 딤후 1:11; 몬 1:13
성막을 위하다 - 출 26:15, 18; 36:23; 대하 24:6
성전을 위하다 - 왕상 6:4; 7:51; 왕하 25:16; 대상 22:14; 29:2, 3; 스 1:4; 7:16; 8:17, 25; 렘 51:11; 52:20
여호와를 위하다 - 창 13:18; 출 30:37; 레 16:9; 23:34; 민 28:16; 신 15:2; 16:21; 27:5; 수 8:30; 삿 6:24, 26; 삼상 7:17; 14:35; 삼하 24:18, 25; 왕상 6:1, 2; 9:25; 왕하 23:21; 대상 21:18, 22, 26; 22:5, 6; 대하 2:12; 9:8; 19:6; 30:1; 스

4:3; 사 19:19, 20; 렘 31:38; 겔 45:23
여호와의 이름을 위하다 - 왕상 3:2; 5:3, 5; 8:17, 20; 대상 22:7, 19; 대하 2:1, 4; 6:7, 10
예루살렘을 위하다 - 왕상 11:13, 32; 시 122:6; 사 62:1; 슥 1:14
이스라엘을 위하다 - 출 18:8; 수 10:14, 42; 24:31; 삿 2:7, 10; 삼상 7:9; 19:5; 삼하 5:12; 7:10; 대상 6:49; 14:2; 17:9; 29:21; 대하 29:24; 31:8; 느 10:33; 사 46:13; 겔 36:8; 욜 3:2; 말 4:4; 행 13:23
제단을 위하다 - 출 27:4, 6; 29:36, 37; 38:4; 레 16:20; 수 9:27; 겔 43:26
하나님을 위하다 - 민 25:13; 대하 2:6; 욥 13:7; 36:2; 롬 7:4; 계 1:6

【 위하다 】

16, 18; 6:6, 7, 26; 7:8; 8:21, 28, 34; 9:2, 3, 4, 7, 8, 18; 10:17; 12:6, 7, 8; 14:4, 18, 19, 20, 21, 23, 29, 31, 36, 49, 53; 15:13, 14, 29, 30; 16:5, 6, 8, 10, 11, 15, 16, 17, 18, 24, 30, 33, 34; 17:11; 19:4, 10, 22; 20:25; 22:25; 23:11, 22, 28; 24:2, 8; 25:10, 37; 26:1, 45; 27:23, 34; 민 3:7, 8, 38; 4:3, 19; 5:15; 6:23; 7:10; 8:11, 21; 11:22, 32; 15:25, 28, 39; 16:11, 40, 46, 47; 17:8; 19:9, 17; 20:10, 29; 21:7; 22:6, 11, 17; 23:1, 7, 13, 27, 29; 27:21; 28:22, 30; 29:5; 31:18, 50, 53; 32:16, 24, 36; 34:18; 35:11,12; 신 1:3, 22, 30; 4:16, 19, 34, 43; 5:8; 6:2, 24; 8:15; 9:12, 16, 20; 10:13, 18, 21; 11:15; 14:1; 16:22; 17:7, 17; 18:15, 18; 19:2, 7; 20:4, 14; 21:13; 24:13, 19, 20, 21; 26:14; 27:12, 13; 28:7, 10, 12, 51; 29:11; 30:12, 13, 19; 31:19; 32:38, 43; 33:1, 2, 7; 34:8 **역사서** 수 1:11; 5:13; 7:9, 13; 9:21, 23; 14:13; 16:9; 17:1, 2, 14; 18:6, 8, 10, 11; 19:1, 10, 17, 24, 32, 40; 20:2, 3, 9; 21:2, 4, 26; 22:16, 26, 28, 29; 23:3, 4, 10; 24:10, 25; 삿 2:18; 3:9, 15; 5:11, 13; 6:2, 31; 7:4, 18; 8:27; 9:3, 17; 11:36, 40; 13:15; 14:3; 16:25; 17:3, 10; 18:5, 30; 20:10; 21:6, 15, 22; 룻 2:16; 3:1; 4:6, 7, 8; 삼상 1:27; 2:5, 25, 35, 36; 6:17; 7:5, 8; 9:5, 24; 10:2; 12:19, 22, 23, 24; 15:12, 35; 16:1, 3, 5, 17; 17:17; 18:17; 20:4, 6, 34; 22:3, 8, 10, 13, 15; 24:12; 25:28; 28:7, 8; 31:9; 삼하 3:20, 33; 5:11; 6:17; 7:5, 7, 11, 13, 23, 27; 9:10; 10:12; 11:26; 12:4, 7, 16, 21; 13:7; 14:2, 8, 22; 15:1, 34; 16:22; 18:5, 18; 19:38; 20:4, 11; 21:2, 3, 10, 14; 22:2, 48; 23:17; 24:12; 왕상 1:2, 5; 2:18, 19, 22, 24, 36; 3:6, 11, 15, 26; 4:7, 27; 5:6, 9, 18; 6:19, 33; 7:7, 8, 17, 40, 42, 45; 8:13, 14, 24, 25; 10:12; 11:7, 8, 12, 34, 38; 12:10, 33; 13:6, 13, 23, 27, 30; 14:9, 13, 18; 15:4; 16:32; 17:12, 13; 20:25, 34; 22:11; 왕하 4:2, 10, 13, 14, 24, 38; 6:2; 7:7; 8:3, 5, 6, 19, 29; 10:3, 16, 20; 12:7, 12; 13:17; 16:18; 17:16, 32, 37; 18:21; 19:4, 34; 20:6; 21:3, 5; 22:13; 23:4, 7, 10, 11, 13, 35; 대상 4:39; 15:1; 16:1, 43; 17:10, 12, 19, 25; 19:13; 21:23; 22:8, 10; 23:5; 26:13, 14; 28:3; 29:1, 7, 16, 19; 대하 1:4, 11, 17; 2:9; 3:3; 4:6, 11, 13, 16; 5:1; 6:2, 3, 5, 8, 9, 16, 32, 34, 38; 7:20; 8:11; 9:11, 28; 10:10; 11:15; 13:8; 16:9, 14; 18:2; 20:8; 24:7; 26:14, 18; 29:21, 36; 30:17, 18, 27; 32:27, 28, 29; 33:3, 5; 34:11, 21;

【 위하다 】

35:6, 7, 14, 15, 25; 스 6:10, 17; 7:14, 19, 23; 8:21, 23, 35; 9:12; 10:14; 느 1:6; 2:8, 1; 4:14, 20, 22; 5:18, 19; 7:70; 9:1; 10:30, 32; 11:2; 12:29; 13:5, 7, 14, 22, 25; 에 1:3, 5, 9; 2:2, 18; 3:14; 4:8, 14, 16; 5:4, 8; 7:9; 9:31; 10:3 **시가서** 욥 3:14; 5:7; 6:22; 13:8; 14:13; 17:1; 21:19, 30; 22:17; 24:5; 27:14; 29:6, 13; 30:23, 25; 31:20; 36:23; 37:13; 38:23, 25, 39, 41; 39:9; 40:20; 41:5; 42:8, 10, 1; 시 4:3; 7:6; 9:7; 10:18; 18:47; 19:4; 23:3; 31:4, 19; 44:10, 22; 45:1; 47:4; 49:7; 57:2; 59:4; 60:4, 5; 66:16; 68:4, 10, 28, 29; 69:7, 9; 72:15; 78:20; 79:9; 80:15, 17; 82:3; 89:28; 91:11; 94:13, 16; 97:11; 98:1; 102:18; 126:2, 3; 132:1, 10, 17; 135:4, 7; 137:3; 138:8; 139:16; 140:2; 143:11; 146:7; 147:8; 잠 1:4; 2:7; 6:1; 10:13; 11:15; 13:22; 17:17; 19:29; 20:16; 21:31; 22:20; 24:27; 27:13; 28:8; 31:8, 20, 21, 22; 전 2:4, 6, 7, 8; 4:8; 5:9; 6:7; 10:19; 아 1:11; 5:5, 6; 7:9, 13; 8:8 **선지서** 사 1:9, 17, 23; 2:20; 4:2; 5:1, 4; 6:8; 7:6; 8:19; 11:16; 15:2, 5; 16:7, 9, 11; 22:11, 16; 25:6; 26:8, 11, 12; 30:33; 34:6, 8, 17; 35:8; 37:4, 35; 38:7; 43:7, 14, 21, 25; 44:14; 45:4; 48:9, 11, 21; 49:21; 51:16, 19; 53:12; 55:2, 3; 62:10; 63:17; 64:4; 65:8, 16; 66:1, 10; 렘 2:2, 3, 28; 4:11, 12; 5:24; 7:16, 18; 9:1, 10, 18; 10:13; 11:14; 12:3; 14:7, 11, 21; 15:5, 15; 16:5, 6, 7; 18:20; 19:5; 21:2, 10; 22:10, 14, 18; 25:33; 29:7, 15; 30:9; 31:7, 20; 32:8, 39, 40; 34:5; 37:3; 40:11; 42:2, 20; 45:5; 46:19; 48:31, 32, 36; 51:8, 16, 36; 애 2:19; 3:59; 겔 4:9; 8:14; 13:5, 18, 19; 14:7; 16:16, 17, 20, 24, 36; 18:8, 13; 19:1; 20:6, 9, 14, 22, 44; 21:10, 11, 15, 28; 22:28, 30; 23:37, 40, 49; 24:4-5, 17; 26:17; 27:2, 5, 30, 31, 32; 28:12, 13; 29:3, 20; 31:15; 32:10, 16, 18, 25; 34:29; 36:22, 32; 39:11, 17, 19, 25; 44:12, 25, 27; 45:4, 15, 17, 20, 22; 46:2, 12; 단 5:1, 17, 29; 7:22; 9:4, 17, 19, 20, 24; 호 2:8, 18, 23; 3:2; 8:4, 11, 12; 10:3, 12; 12:12; 13:2; 욜 2:23; 암 5:26; 6:5; 8:14; 옵 1:11; 욘 1:11, 12; 4:5, 6; 미 3:11; 6:7; 7:9; 나 2:12; 3:7; 합 1:12; 2:9; 3:19; 학 1:9; 슥 2:8; 5:11; 6:14; 7:6; 8:2; 9:3; 12:10; 13:1; 말 1:11; 3:11, 16 **복음서, 역사서** 마 2:18; 3:11; 4:6; 5:10, 44; 6:19, 20, 25, 28, 34; 10:10, 39; 11:9; 16:25; 17:4, 27; 18:19; 19:12, 29; 20:23; 22:2, 24;

【 위험/-하다 】   【 윗 】

23:15; 24:14, 22; 25:34, 41; 26:2, 12, 28; 막 2:27;
3:9; 6:8, 17; 9:5, 40; 10:40; 12:19; 13:20; 14:15,
24; 16:1, 3; 눅 1:17, 69; 2:11, 34; 4:10, 38, 43;
5:29; 6:28; 7:5, 30; 8:52; 9:3, 13, 24, 33, 50, 52;
12:21, 22; 15:30; 18:29; 19:4; 20:28; 22:8, 19,
20, 32; 23:27, 28; 요 5:31, 32, 36, 37, 40; 6:27,
51; 8:13, 14, 18; 10:3, 11, 15, 17; 11:4, 15, 42, 50,
51, 52, 55; 12:2, 7, 9, 27, 30; 13:37, 38; 14:2, 3;
15:13; 16:26; 17:9, 15, 19, 20; 18:14, 37; 행 2:25;
3:2, 20, 22; 5:41; 7:24, 40, 46, 47, 49; 8:2, 15, 24;
9:15, 16; 12:5; 13:2; 14:26; 15:14, 25~26; 17:23;
20:16, 28; 21:13, 24, 26; 22:15; 23:20, 24; 26:1;
27:34 서신서, 예언서 롬 1:5; 3:8; 4:16, 23, 25;
5:6, 7, 8; 7:5, 13; 8:17, 26, 27, 29, 31, 32, 34, 36;
9:3, 17; 10:1, 4; 11:4; 13:14; 14:6, 7, 8, 9; 15:4,
8, 12, 16, 18, 26, 30; 16:4, 6; 고전 1:4, 13; 2:7, 9;
4:6, 8; 5:7; 6:13; 7:2, 5, 35; 8:6, 11; 9:9, 10;
10:11, 25, 27, 28, 31; 11:9, 24; 14:12, 19, 22, 26,
31; 15:3, 29, 34; 16:1; 고후 1:11, 15; 2:10; 4:5,
11, 15; 5:13, 15; 7:4, 12, 14; 8:9, 16, 19, 23; 9:2,
3, 14; 11:2, 8, 9; 12:5, 8, 10, 14, 15, 19; 13:8, 9;
갈 1:4, 16; 2:20; 3:13, 20; 4:11, 19; 5:13; 6:8; 엡
1:9; 2:10, 22; 3:1, 2, 13; 5:2; 6:11, 13, 18, 19, 20,
22; 빌 1:4, 5, 7, 16, 24, 25, 27; 2:13, 30; 3:7,
8, 14; 4:10; 골 1:3, 5, 7, 9, 16, 25, 29; 2:1; 3:15;
4:3, 11, 12, 13; 살전 1:5; 3:3, 5, 9; 5:10, 25; 살후
1:3, 5, 11; 2:14; 3:1; 딤전 1:9, 10; 2:1, 2, 6, 7;
4:10; 5:23; 6:12, 19; 딤후 1:6, 8; 2:10; 4:8; 딛
1:2, 12; 3:14; 몬 1:1, 9, 10, 22; 히 1:14; 2:9, 10;
3:5; 4:16; 5:1, 3; 6:10, 20; 7:6, 25, 27; 8:3; 9:7,
24, 28; 10:5, 12, 18, 20, 36; 11:16, 22, 26, 40;
12:2, 3, 7, 10, 13, 16, 27; 13:11, 17, 18, 19; 약
5:14, 16; 벧전 1:2, 4, 5, 12, 20; 2:13, 14, 21; 3:9,
14, 18; 4:6; 5:2; 벧후 2:12, 17; 3:7; 요일 2:12;
3:16; 4:10; 5:16; 요삼 1:7, 8; 유 1:1, 3, 11, 16; 계
2:3; 9:7; 12:6; 13:14; 16:14; 18:9, 11, 20; 21:2;
22:2, 16

위험/-하다(危險, dread, peril, terror)
신 8:15   그 광대하고 **위험**한 광야 곧 불뱀과
신 28:66   **위험**에 처하고 주야로 두려워하며
시 55:4   아파하며 사망의 **위험**이 내게 이르렀도
시 107:20 고치시고 **위험**한 지경에서 건지시는도

시 107:26 **위험** 때문에 그들의 영혼이 녹는도다
전 10:9   쪼개는 자는 그로 말미암아 **위험**을
사 30:6   불뱀이 나오는 **위험**하고 곤고한 땅을
행 19:27   영업이 천하여질 **위험**이 있을 뿐 아니라
행 19:40   책망 받을 **위험**이 있고 우리는 이 불법
롬 8:35   박해나 기근이나 적신이나 **위험**이나
고전 15:30 우리가 언제나 **위험**을 무릅쓰리요
고후 11:26 **위험**과 강도의 **위험**과 동족의 **위험**과
           … **위험**과 시내의 **위험**과 광야의 **위험**
           과 바다의 **위험**과 … **위험**을 당하고

위협/-하다(威脅, terrify, threat)
욥 5:20   전쟁 때에 칼의 **위협**에서 너를 구원하실
시 10:18   속한 자가 다시는 **위협**하지 못하게
행 4:17   그들을 **위협**하여 이 후에는 이 이름으로
행 4:21   다시 **위협**하여 놓아 주었으니 이는 모든
행 4:29   그들의 **위협**함을 굽어보시옵고 또 종들
행 9:1   **위협**과 살기가 등등하여 대제사장에
엡 6:9   이와 같이 하고 **위협**을 그치라 이는
벧전 2:23 고난을 당하시되 **위협**하지 아니하시고

윗(top, upper)
창 40:17   **윗** 광주리에 바로를 위하여 만든 각종
대상 7:24 그가 아래 **윗** 성 벧호론과 우센세에라를
느 3:25   성 굽이 맞은편과 왕의 **윗** 궁에서 내민

'윗' 과 관련된 성구
윗고리 - 출 26:24; 36:29
윗길 - 느 12:37, 38
윗다락 - 행 20:8
윗덮개 - 출 26:14; 36:19
윗면 - 렘 1:13
윗못 - 왕하 18:17; 사 7:3; 36:2
윗문 - 왕하 15:35; 대하 23:20; 27:3; 겔 9:2
윗방 - 단 6:10
윗 벧호른 - 수 16:5; 대하 8:5
윗샘 - 수 15:19; 삿 1:15
윗샘물 - 대하 32:30
윗입술 - 레 13:45
윗자리 - 마 23:6; 막 12:39; 눅 20:46
윗지방 - 행 19:1

【 유갈 】

유갈(Jehucal) 셀레먀의 아들로 유다의 관원
렘 38:1 셀레먀의 아들 **유갈**과 말기야의 아들

유골(遺骨, bone)
출 13:19 요셉의 **유골**을 가졌으니 … 내 **유골**을

유교물(anything with yeast)
출 12:19 무릇 **유교물**을 먹는 자는 타국인이든지
출 12:20 너희는 아무 **유교물**이든지 먹지 말고

유교병(anything with yeast)
출 12:15 일곱째 날까지 **유교병**을 먹는 자는
출 13:3 그 날을 기념하여 **유교병**을 먹지 말라
출 13:7 이레 동안에는 무교병을 먹고 **유교병**을
출 23:18 제물의 피를 **유교병**과 함께 드리지 말며
출 34:25 제물의 피를 **유교병**과 함께 드리지 말며
레 7:13 **유교병**을 화목제의 감사제물과 함께
신 16:3 **유교병**을 그것과 함께 먹지 말고 이레

유기(鍮器, bronze pot)
레 6:28 그릇을 깨뜨릴 것이요 **유기**에 삶았으면

유년(幼年, young, youth)
렘 51:22 노년과 **유년**을 분쇄하며 네가 청년과

유념하다(留念, pay careful attention)
히 2:1 **유념함**으로 우리가 흘러 떠내려가지

유능하다(有能, skilled)
대상 28:21 또 모든 공사에 **유능한** 기술자가 기쁜

【 유다 1 】

유니게(Eunice) 로이스의 딸로 디모데의 어머니
딤후 1:5 로이스와 네 어머니 **유니게** 속에 있더니

유니아(Junias) 유대인 부인으로 바울의 친척
롬 16:7 안드로니고와 **유니아**에게 문안하라

유다 1(Judah)
  1. 지명 : 야곱의 자손인 지파 및
  남왕조 유다의 국민과 그 국토,
바사 시대에 있어서의 그 도(道)로서의 유다
신 34:2 므낫세의 땅과 서해까지의 **유다** 온 땅과

유다 1-1 – 기타 본문

역사서 수 11:21; 19:34; 20:7; 21:11; 삿 1:16; 15:9; 17:8, 9; 18:12; 19:1, 2, 18; 룻 1:1, 2, 8; 삼상 15:4; 17:1, 12, 52; 18:16; 23:3, 23; 27:6; 30:14, 26; 삼하 1: 18; 2:1, 7, 10, 11; 3:10; 5:5; 11:11; 12:8; 19:11, 15, 40; 21:2; 24:1, 7; 왕상 1:9, 35; 2:32; 4:20, 25; 12:17, 20, 21, 23, 27, 32; 13:1, 12, 14, 21, 22; 14:29; 15:1, 7, 9, 17, 22, 23; 25, 28, 33; 16:8, 10, 15, 23, 29; 19:3; 22:2, 10, 29, 41, 45, 51; 왕하 1:17; 3:1, 7, 9, 14; 8:16, 19, 20, 22, 23, 25, 29; 9:16, 21, 27, 29; 10:13; 12:18, 19; 13:1, 10, 12; 14:1, 9, 10, 11, 12, 13, 15, 17, 18, 21, 22, 23, 28; 15:1, 6, 8, 13, 17, 23, 27, 32, 36, 37; 16:1, 19; 17:1, 13; 18:1, 5, 13, 14, 16, 22, 26, 28; 19:10, 30; 20:20; 21:11, 12, 16, 17, 25; 22:13, 16; 22:18; 23:1, 2, 5, 8, 11, 12, 17, 22, 26, 27, 28; 24:2, 3, 5, 12, 20; 25:21, 27; 대상 4:41; 5:2, 17; 6:15, 65; 9:1; 13:6; 21:5; 27:18; 대하

'**유다 1-1**' 과 관련된 성구

유다 도 – 스 2:1; 5:8
유다 땅 – 룻 1:7; 삼상 22:5; 30:16; 왕하 23:24; 25:22; 대상 6:55; 대하 9:11; 11:5; 17:2; 느 2:5; 5:14; 사 26:1; 렘 31:23; 37:1; 39:10; 40:12; 43:4, 5; 44:9, 14, 21, 28; 암 7:12; 슥 1:21
유다 방언 – 대하 32:18; 느 13:24; 사 36:11, 13
유다 사람 – 삿 15:10, 11; 삼상 11:8; 15:4; 17:52; 삼하 2:4; 19:14, 16, 41, 42, 43; 20:2, 4, 5; 24:9; 왕하 16:6;
25:25; 대하 13:14, 15; 14:4, 7, 12; 20:4, 24; 23:8; 24:24; 25:5, 10; 30:12; 스 4:12, 23; 5:1; 6:8, 14; 느 2:16; 4:1, 2, 10, 12; 5:1, 8, 17; 6:6; 12:44; 13:23; 렘 44:1, 24, 26; 52:30; 단 3:8, 12; 9:7; 슥 8:23
유다 지파 – 출 31:2; 35:30; 38:22; 민 1:7, 27; 7:12; 13:6; 34:19; 수 7:1, 16, 18; 21:4; 왕하 17:18; 대상 28:4; 대하 19:11; 시 78:68; 계 7:5

유다 1

2:7; 10:17; 11:1, 3, 10, 12, 14, 17, 23; 12:4, 5, 12; 13:1, 13, 16, 18; 14: 5, 6, 8; 15: 2, 8, 9, 15; 16:1, 6, 7, 11; 17:5, 6, 7, 9, 10, 12, 13, 14, 19; 18:3, 9, 28; 19:1, 5; 20:3, 5, 13, 15, 17, 18, 20, 22, 27, 31, 35; 21:2, 3, 8, 10, 11, 12, 13, 17; 22:1 ,6, 8, 10; 23:2; 24:5, 6, 9, 17, 18, 23; 25:12, 13, 17, 18, 19, 21, 22, 23, 25, 26, 28; 26:1, 2; 27:4, 7; 28:6, 9, 10, 17, 18, 19, 25, 26; 29:8, 21; 30:1, 6, 24, 25; 31:1, 6, 20; 32:1, 8, 9, 12, 25, 32, 33; 33:9, 14, 16; 34:3, 5, 9, 11, 21, 24, 26, 29, 30; 35:18, 21, 24, 27; 36: 4, 8, 10, 23; 스 1:2, 3, 5, 8; 4:1, 4, 6; 5:5; 6:7; 7:14; 9:9; 10:7, 9; 10:23; 느 1:2; 2:7; 4:16; 6:7, 17, 18; 7:6; 11:3, 4, 9, 20, 24, 25, 36; 12:8, 31, 32, 34, 36; 13:12, 15, 16, 17; 에 2:5, 6; 3:4, 6, 10, 13; 4:3, 7, 8, 13, 14, 16; 5:13; 6:10, 13; 8:1, 3, 5, 7, 8, 9, 11, 13, 16, 17; 9:1, 2, 3, 5, 6, 10, 12, 13, 15, 16, 18, 19, 20, 22, 23, 24, 25, 26, 28, 29, 30, 31; 10:3 **시가서, 대선지서** 시 48:11; 60:7; 68:27; 69:35; 76:1; 97:8; 108:8; 114:2; 잠 25:1; 사 1:1; 2:1; 3:1; 8: 5:3, 7; 7:1, 6, 17; 8:8; 9:21; 11:12, 13; 19:17; 22:8, 21; 36:1, 7; 37:10, 31; 38:9; 40:9; 44:26; 48:1; 65:9; 렘 1:2, 3, 15, 18; 2:28; 3:7, 8, 10, 11, 18; 4:3, 4, 5, 16; 5:11, 20; 7:2, 17, 30, 34; 8:1; 9:11, 26; 10:22; 11:2, 6, 9, 10, 12, 13, 17; 12:14; 13:9, 11, 19; 14:2, 19; 15:4; 17:1, 19, 20, 25, 26; 18:11; 19:3, 4, 7, 13; 20:4, 5; 21:7, 11; 22:1, 2, 6, 11, 18, 24, 30; 23:6, 24:1, 4, 5; 25:1, 2, 3, 18; 26:1, 2, 10, 18, 19; 27:1, 3, 12, 18, 20, 21; 28:1, 4; 29:2, 3, 22; 30:3, 4; 31:24, 27, 31; 32:1, 2, 3, 4, 5, 12, 30, 32, 35, 44; 33:4, 7, 10, 11, 13, 14, 16; 34:2, 4, 6, 7, 9, 19, 21, 22; 35:1, 13, 17; 36:1, 2, 3, 6, 9, 28, 29, 30, 31, 32; 37:7; 38:19, 38:22; 39:1, 4, 6; 40:1, 5, 11, 15; 41:3; 42:15, 19; 43:9; 44:2, 6, 7, 11, 12, 17, 27, 30; 45:1; 46:2; 49:34; 50:4, 20, 33; 51:5, 59; 52:3, 10, 27, 28, 31; 애 1:3, 15; 2:2, 5; 5:11; 겔 4:6; 8:1, 7; 9:9; 21:20; 25:3, 8, 12, 17; 37:16, 19; 48:7, 8, 22; 48:31; 단 1:1, 2, 6; 2:25; 5:13; 6:13 **소선지서, 신약** 호 1:1, 7, 11; 4:15; 5:5, 10, 12, 13, 14; 6:4, 11; 8:14; 10:11; 11:12; 12:2; 욜 3:1, 6, 8, 18, 19, 20; 암 1:1; 2:4, 5; 옵 1:12; 미 1:1, 5, 9; 5:2; 나 1:15; 습 1:1, 4; 슥 2:7; 학 1:1, 14; 2:2, 21; 슥 1:12, 19;

유다 2

2:12; 8:13, 15, 19; 9:7, 13; 10:3, 6; 11:14; 12:2, 4, 5, 6, 7; 14:5, 14, 21; 말 2:11; 3:4; 히 8:8

2. 인명
(1) 야곱과 레아의 아들
창 29:35 그의 이름을 **유다**라 하였고 그의 출산이
창 35:23 다음 시므온과 레위와 **유다**와 잇사갈
창 37:26 **유다**가 자기 형제에게 이르되 우리가
창 38:1 그 후에 **유다**가 자기 형제들로부터 떠나
창 38:3 그가 임신하여 아들을 낳으매 **유다**가
창 38:7 **유다**의 장자 엘이 여호와가 보시기에

※ 유다 1-2-(1) - 기타 본문

창 38:2, 5, 6, 8, 11, 12, 15, 17, 18, 20, 22, 23, 24, 26; 43:3, 8; 44:14, 16, 18; 46:12, 28; 49:8, 9; 출 1:2; 민 26:19; 마 1:2, 3; 눅 3:33; 히 7:14

(2) 에스라 시대의 레위인
스 10:23 글리다와 브다히야와 **유다**와 엘리에셀
(3) 예루살렘의 부관
느 11:9 핫스누아의 아들 **유다**는 버금이 되어
(4) 레위 사람 악사
느 12:8 세레뱌와 **유다**와 맛다냐니 이 맛다냐는
(5) 유다 방백
느 12:34 **유다**와 베냐민과 스마야와 예레미야
(6) 제사장
느 12:36 느다넬과 **유다**와 하나니라 다 하나님의
(7) 성전 일꾼 감독자
스 3:9 갓미엘과 그의 아들들과 **유다** 자손과
(8) 족보에 나타난 예수님의 조상
눅 3:30 그 위는 시므온이요 그 위는 **유다**요

유다 2(Judas)

1. 가룟 유다
마 10:4 가나나인 시몬 및 가룟 **유다** 곧 예수를

※ 유다 2-1 - 기타 본문

마 26:14, 25, 47; 27:3, 5; 막 3:19; 14:10, 11, 43; 눅 6:16; 22:3, 4, 6, 47; 요 6:71; 12:4; 13:2, 26, 27, 29, 30; 18:2, 3, 5; 행 1:16, 25

2. 예수님의 친 동생이며 유다서의 저자
마 13:55 형제들은 야고보, 요셉, 시몬, **유다**라

【 유대 】　　　　　　　　　　　　　　　　　　【 유대인 】

막 6:3 　요셉과 **유다**와 시몬의 형제가 아니냐
유 1:1 　야고보의 형제인 **유다**는 부르심을 받은
　3. 예수님의 12제자 중 한 사람
눅 6:16 　야고보의 아들 **유다**와 예수를 파는 자
　4. 로마 제국의 인구 조사 당시 저항한 지도자
행 5:37 　호적할 때에 갈릴리의 **유다**가 일어나
　5. 다메섹에서 눈 먼 사울을 인도한 사람
행 9:11 　직가라 하는 거리로 가서 **유다**의 집에서
　6. 예루살렘 회의의 결정안을 안디옥 교회에 전한 사람
행 15:22 　인도자인 바사바라 하는 **유다**와 실라

유대(Judea, Judah)
　1. 지명 : 팔레스타인 지역을 부르는 말
마 2:6 　베들레헴아 너는 **유대** 고을 중에서 가장
마 2:22 　아버지 헤롯을 이어 **유대**의 임금 됨을
마 3:1 　그 때에 세례 요한이 이르러 **유대** 광야
마 24:16 　그 때에 **유대**에 있는 자들은 산으로
막 1:5 　**유대** 지방과 예루살렘 사람이 다 나아가
막 13:14 　그 때에 **유대**에 있는 자들은 산으로
눅 1:5 　**유대** 왕 헤롯 때에 아비야 반열에 제사
눅 1:39 　일어나 빨리 산골로 가서 **유대** 한 동네
눅 1:65 　모든 말이 온 **유대** 산골에 두루 퍼지매
눅 2:4 　동네에서 **유대**를 향하여 베들레헴이라
눅 3:1 　빌라도가 **유대**의 총독으로, 헤롯이
눅 7:17 　소문이 온 **유대**와 사방에 두루 퍼지니라
눅 21:21 　그 때에 **유대**에 있는 자들은 산으로
눅 23:5 　강하게 말하되 그가 온 **유대**에서 가르치
요 3:22 　제자들과 **유대** 땅으로 가서 거기 함께
요 4:3 　**유대**를 떠나사 다시 갈릴리로 가실새
요 4:47 　예수께서 **유대**로부터 갈릴리로 오셨다
요 4:54 　**유대**에서 갈릴리로 오신 후에 행하신
요 7:1 　**유대**에서 다니려 아니하심은 유대인들
요 7:3 　제자들도 보게 여기를 떠나 **유대**로
요 11:7 　제자들에게 이르시되 **유대**로 다시 가자
행 9:31 　온 **유대**와 갈릴리와 사마리아 교회가
행 10:22 　**유대** 온 족속이 칭찬하더니 그가 거룩한
행 10:37 　온 **유대**에 두루 전파된 그것을 너희도
행 11:1 　**유대**에 있는 사도들과 형제들이 이방인
행 11:29 　힘대로 **유대**에 사는 형제들에게 부조를
행 12:11 　헤롯의 손과 **유대** 백성의 모든 기대에서
행 15:1 　어떤 사람들이 **유대**로부터 내려와서
행 19:14 　**유대**의 한 제사장 스게와의 일곱 아들도
행 21:10 　아가보 하는 한 선지자가 **유대**로부터

행 25:24 　당신들이 보는 이 사람은 **유대**의 모든
행 26:20 　예루살렘에 있는 사람과 **유대** 온 땅과
행 28:21 　우리가 **유대**에서 네게 대한 편지도 받은
롬 15:31 　**유대**에서 순종하지 아니하는 자들로
살전 2:14 　예수 안에서 **유대**에 있는 하나님의 교회

　'유대 1'과 관련된 성구

　유대 (땅) 베들레헴 - 마 2:1, 5, 6
　유대 (사방)와 예루살렘 - 막 3:8; 눅 5:17;
　　6:17
　유대 여자 - 행 16:1; 24:24
　유대와 사마리아 - 행 1:8; 8:1
　유대와 요단 강 - 마 3:5; 4:25
　유대 지경 - 마 19:1; 막 10:1

　2. 인명 : 이스라엘의 12지파 중 유다 지파
계 5:5 　울지 말라 **유대** 지파의 사자 다윗의

유대교(Judaism)
행 2:10 　나그네 곧 유대인과 **유대교**에 들어온
행 6:5 　바메나와 **유대교**에 입교했던 안디옥
행 13:43 　유대인과 **유대교**에 입교한 경건한 사람
갈 1:13 　이전에 **유대교**에 있을 때에 행한 일을
갈 1:14 　여러 연갑자보다 **유대교**를 지나치게

유대인(Jew) 이스라엘 백성
마 28:15 　이 말이 오늘날까지 **유대인** 가운데 두루

　'유대인'과 관련된 성구

　유대인의 대제사장 - 요 19:21; 행 25:15
　유대인의 마음을 얻고자 하다 - 행 24:27; 25:9
　유대인의 명절 - 요 5:1; 6:4; 7:2
　유대인의 왕 - 마 2:2; 27:11, 29, 37; 막
　　15:2, 9, 12, 18, 26; 눅 23:3, 37,
　　38; 요 18:33, 39; 19:3, 19, 21
　유대인의 (여러) 회당 - 행 13:5; 14:1;
　　17:1, 10
　유대인의 유월절 - 요 2:13; 11:55

　유대인 - 기타 본문

복음서 막 7:3; 눅 7:3; 23:51; 요 1:19; 2:6, 18, 20;

【 유덕하다 】 　　　　　　　　　　　【 유명하다 】

3:1, 25; 4:9, 22; 5:10, 15, 16, 18; 6:41, 52; 7:1, 11, 13, 15, 35; 8:22, 31, 48, 52, 57; 9:18, 22; 10:19, 24, 31, 33; 11:8, 19, 31, 33, 36, 45, 54; 12:9, 11; 13:33; 18:12, 14, 20, 31, 35, 36; 19:7, 12, 14, 20, 31, 38, 40, 42; 20:19 역사서 행 2:5, 10, 14; 6:1; 9:22, 23, 29; 10:28, 39; 11:19; 12:3; 13:6, 43, 45, 50; 14:2, 4, 5, 19; 16:3, 20; 17:5, 13, 17; 18:2, 4, 5, 12, 14, 19, 24, 28; 19:10, 13, 17, 33, 34; 20:3, 19, 21; 21:11, 20, 21, 27, 39; 22:3, 12, 30; 23:12, 20, 27, 28; 24:5, 9, 18; 25:2, 7, 8, 10; 26:2, 3, 4, 7, 21; 28:17, 19 서신서, 예언서 롬 1:16; 2:9, 10,17, 28, 29; 3:1, 9, 29; 9:24; 10:12; 고전 1:22, 23, 24; 9:20; 10:32; 12:13; 고후 11:24; 갈 2:13, 14, 15; 3:28; 골 3:11; 살전 2:14, 15; 딛 1:14; 계 2:9; 3:9

유덕하다(有德, gracious)
잠 11:16　유덕한 여자는 존영을 얻고 근념한 남자

유두고(Eutychus) 드로아의 청년
행 20:9　유두고라 하는 청년이 창에 걸쳐 앉아

유딧(Judith) 에서의 아내로 헷 사람 브에리의 딸
창 26:34　브에리의 딸 유딧과 헷 족속 엘의 딸

유라굴로(northeaster–NIV, Euroclydon–KJV)

행 27:14!마 안 되어 싸운데 로부터 라굴로라는 풍이

유랑하다(流浪, wander)
대상 16:20　다른 백성에게로 유랑하였도다

유력자/유력하다(有力, reading men, ant, standing, famous)
룻 2:1　엘리멜렉의 친족으로 유력한
룻 4:11　에브랏에서 유력하고 베들레헴
삼상 9:1　베냐민 지파에 기스라 이름하면의
삼상 10:26　마음이 하나님께 감동된 유력한
행 13:50　경건한 귀부인들과 그 시내 유력
행 25:5　너희 중 유력한 자들은 나와 함께
갈 2:2　그들에게 제시하되 유력한 자에

갈 2:6　유력하다는 이들 중에 (본래 … 취하지 아니하시나니) 저 유력한 이들은 내게

유령(幽靈, ghost)
시 88:10　기이한 일을 보이시겠나이까 유령들이
마 14:26　바다 위로 걸어 오심을 보고 놀라 유령
막 6:49　바다 위로 걸어 오심을 보고 유령인가

유리(琉璃, glass)
계 4:6　수정과 같은 유리 바다가 있고 보좌
계 15:2　섞인 유리 … 자들이 유리 바다 가에
계 21:18　그 성은 정금인데 맑은 유리 같더라
계 21:21　되어 있고 성의 길은 맑은 유리 같은

유리하다/유리되다(流離, wander, stray)
창 4:12　땅에서 피하며 유리하는 자가 되리라
창 4:14　땅에서 피하며 유리하는 자가 될지라
왕하 21:8　조상들에게 준 땅에서 떠나 유리하지
시 56:8　나의 유리함을 주께서 계수하셨사오니
시 59:15　먹을 것을 찾아 유리하다가 배부름을
시 107:40　부으시고 길 없는 황야에서 유리하게
시 109:10　자녀들은 유리하며 구걸하고 그들의
잠 27:8　고향을 떠나 유리하는 사람은 보금자리
사 5:17　유리하는 자들이 부자의 버려진 밭에서
사 49:21　사로잡혀 유리하였거늘 이들을 누가
사 58:7　유리하는 빈민을 집에 들이며 헐벗은
애 1:7　예루살렘이 환난과 유리하는 고통을
겔 16:52　네 형과 아우를 유리하게 판단하였은
겔 34:6　산과 높은 멧부리에마다 유리되었고
슥 10:2　양같이 유리하며 목자가 없으므로
히 11:37　염소의 가죽을 입고 유리하여 궁핍과
히 11:38　산과 동굴과 토굴에 유리하였느니라
유 1:13　흑암으로 돌아갈 유리하는 별들이라

유린하다/유린당하다(蹂躪, trample, destroy)
사 63:18　원수가 주의 성소를 유린하였사오니
렘 47:4　이는 블레셋 사람을 유린하시며 두로와 시돈에서 … 블레셋 사람을 유린하시리라
렘 48:1　느보여 그가 유린당하였도다 기랴다임

유명하다(有名, famous, notorious)
룻 4:11　유력하고 베들레헴에서 유명하게 하시
룻 4:14　이름이 이스라엘 중에 유명하게 되기를

[유모]   [유삽헤셋]

대상 5:24   야디엘이며 다 용감하고 **유명한** 족장이
대상 12:30 가족으로서 **유명한** 큰 용사가 이만팔백
시 136:18   **유명한** 왕들을 죽이신 이에게 감사하라
겔 23:23   다 고관과 감독이며 귀인과 **유명한** 자요
겔 26:17   항해자가 살았던 **유명한** 성읍이여 너와
겔 32:18   그와 **유명한** 나라의 여자들을 구덩이에
마 27:16   그 때에 바라바라 하는 **유명한** 죄수가
행 4:16   그들로 말미암아 **유명한** 표적 나타난
고후 6:9   무명한 자 같으나 **유명한** 자요 죽은 자

유모(乳母, nurse)
창 24:59   그 누이 리브가와 그의 **유모**와 아브라함
창 35:8   리브가의 **유모** 드보라가 죽으매 그를
출 2:7   히브리 여인 중에서 **유모**를 불러다가
삼하 4:4   나이가 다섯 살이었는데 그 **유모**가 안고
왕하 11:2   그와 그의 **유모**를 침실에 숨겨 아달랴를
대하 22:11 그와 그의 **유모**를 침실에 숨겨 아달랴를
사 49:23   네 양부가 되며 왕비들은 네 **유모**가 될
살전 2:7   유순한 자가 되어 **유모**가 자기 자녀를

유발(Jubal) 라멕과 아다 사이에서 태어난 아들
창 4:21   아우의 이름은 **유발**이니 그는 수금과

유방(乳房, breast, bosom)
아 4:5   두 **유방**은 백합화 가운데서 꼴을 먹는
아 7:3   두 **유방**은 암사슴의 쌍태 새끼 같고
아 7:7   네 키는 종려나무 같고 네 **유방**은 그
아 7:8   **유방**은 포도송이 같고 네 콧김은 사과
아 8:8   작은 누이는 아직도 **유방**이 없구나
아 8:10   나는 성벽이요 내 **유방**은 망대 같으니
겔 16:7   심히 아름다우며 **유방**이 뚜렷하고 네
겔 23:3   그들의 **유방**이 눌리며 그 처녀의 가슴이
겔 23:21   사람에게 네 가슴과 **유방**이 어루만져졌
겔 23:34   깨어진 조각을 씹으며 네 **유방**을 꼬집을
호 2:2   음란을 제하게 하고 그 **유방** 사이에서
호 9:14   아이 배지 못하는 태와 젖 없는 **유방**을

유별하다(有別, very)
왕상 19:10 하나님 여호와께 열심이 **유별**하오니
왕상 19:14 하나님 여호와께 열심이 **유별**하오니

유부녀(有夫女, man's wife)
신 22:22   남자가 **유부녀**와 동침한 것이 드러나거

유브라데(Euphrates) 티그리스 강과 함께 메소포타미아에 있는 강
창 2:14   흘렀으며 넷째 강은 **유브라데**더라
렘 13:4   띠를 가지고 일어나 **유브라데**로 가서
렘 13:6   **유브라데**로 가서 내가 네게 명령하여
렘 13:7   내가 **유브라데**로 가서 그 감추었던 곳을

'유브라데'와 관련된 성구

유브라데 강 – 신 11:24; 수 1:4; 삼하
  8:3; 왕하 23:29; 24:7; 대상 5:9; 대
  하 9:26; 슥 9:10
유브라데 강가 – 대상 18:3; 대하 35:20;
  렘 46:2, 6, 10
유브라데 강 건너편 – 스 4:10; 5:3, 6;
  6:6, 8, 13; 7:21; 8:36
유브라데 강변 – 창 36:37
유브라데 강 속 – 렘 51:63
유브라데 물가 – 렘 13:5
유브라데 하수 – 사 11:15
큰 강 유브라데 – 창 15:18; 신 1:7; 계
  9:14; 16:12

유산(遺産, inheritance, part)
창 31:14   아버지 집에서 무슨 분깃이나 **유산**이
창 48:6   그들의 **유산**은 그들의 형의 이름으로
민 24:18   그 원수 에돔은 그들의 **유산**이 되며
            그 원수 세일도 그들의 **유산**이 되고
삼하 20:1   아들에게서 받을 **유산**이 우리에게
왕상 12:16 이새의 아들에게서 받을 **유산**이 없도다
왕상 21:3   아합에게 말하되 내 조상의 **유산**을
왕상 21:4   조상의 **유산**을 왕께 줄 수 없다 하므로
대하 10:16 이새의 아들에게서 받을 **유산**이 없도다
스 9:12   자손에게 물려 주어 영원한 **유산**으로
시 16:5   기쁨을 나누어 가지게 하사 주의 **유산**을
전 7:11   지혜는 **유산**같이 아름답고 햇빛을 보는
마 21:38   상속자니 자 죽이고 그의 **유산**을 차지하
막 12:7   상속자니 자 죽이자 그러면 그 **유산**이
눅 12:13   선생님 내 형을 명하여 **유산**을 나와
눅 20:14   이는 상속자니 그 **유산**을 우리의

헤셋(Jushab-Hesed) 여호야긴의 자손 스룹바벨의 아들 중 하나
대상 3:20   베레갸와 하사댜와 **유삽헤셋** 다섯 사람

【 유숙하다 】

유숙하다(留宿, spend, stay, stop for the night)
창 24:23	네 아버지의 집에 우리가 **유숙할** 곳이
창 24:25	우리에게 짚과 사료가 족하며 **유숙할**
창 24:54	동행자들이 먹고 마시고 **유숙하고** 아침
창 28:11	거기서 **유숙하려고** 그 곳의 한 돌을
민 22:8	이르되 이 밤에 여기서 **유숙하라** … 모 압 귀족들이 발람에게서 **유숙하니라**
민 22:19	이 밤에 여기서 **유숙하라** 여호와께서
수 2:1	기생의 집에 들어가 거기서 **유숙하더니**
수 3:1	건너가기 전에 거기서 **유숙하니라**
수 4:3	가져다가 오늘밤 너희가 **유숙할** 그 곳에
수 4:8	열둘을 택하여 자기들이 **유숙할** 곳으로
삿 18:2	미가의 집에 이르러 거기서 **유숙하니라**
삿 19:4	머물며 먹고 마시며 거기서 **유숙하다가**
삿 19:6	이 밤을 여기서 **유숙하여** 그대의 마음을
삿 19:7	간청으로 거기서 다시 **유숙하더니**
삿 19:9	이 밤도 **유숙하라** 보라 해가 기울었으니 라 … 그대는 여기서 **유숙하여** 그대의
삿 19:11	이 성읍에 들어가서 **유숙하십시다**
삿 19:13	라마 중 한 곳에 가서 거기서 **유숙하자**
삿 19:15	기브아에 가서 **유숙하려고** 그리로 돌아 들어가서 … 영접하여 **유숙하게** 하는
삿 19:20	당할 것이니 거리에서는 **유숙하지**
삿 20:4	베냐민에 속한 기브아에 **유숙하러**
아 7:11	함께 들로 가서 동네에서 **유숙하자**
사 10:29	게바에서 **유숙하매** 라마는 떨고 사울의
사 21:13	너희가 아라비아 수풀에서 **유숙하리라**
렘 14:8	거류하는 자같이, 하룻밤 **유숙하는**
행 10:6	시몬의 집에 **유숙하니** 그 집은 해변에
행 10:18	하는 시몬이 여기 **유숙하느냐** 하거늘
행 10:23	베드로가 불러 들여 **유숙하게** 하니라
행 10:32	무두장이 시몬의 집에 **유숙하느니라**
행 11:11	마침 세 사람이 내가 **유숙한** 집 앞에
행 28:23	그들이 날짜를 정하고 그가 **유숙하는**

유순하다(柔順, gentle)
잠 15:1	**유순한** 대답은 분노를 쉬게 하여도
고후 10:1	너희를 대면하면 **유순하고** 떠나 있으면
살전 2:7	도리어 너희 가운데서 **유순한** 자가 되어

유스도(Justus)
1. 요셉 바사바의 별명
행 1:23	바사바라고도 하고 별명은 **유스도**라고

【 유업 】

2. 바울의 동역자로 예수라고도 함
골 4:11	**유스도**라 하는 예수도 너희에게 문안

유심히(有心, comtemplate)
단 7:8	내가 그 뿔을 **유심히** 보는 중에 다른

유아(幼兒, children, young, little one)
출 12:37	숙곳에 이르니 **유아** 외에 보행하는 장정
민 14:31	너희의 **유아**들은 내가 인도하여 들이리
민 16:27	아비람은 그들의 처자와 **유아**들과
신 2:34	성읍을 그 남녀와 **유아**와 함께 하나도
신 3:6	멸망시키되 각 성읍의 남녀와 **유아**를
신 20:14	너는 오직 여자들과 **유아**들과 가축들과
신 28:50	노인을 보살피지 아니하며 **유아**를
신 29:11	너희의 **유아**들과 너희의 아내와 및 네
렘 40:7	남녀와 **유아**와 바벨론으로 잡혀가지
렘 41:16	여자와 **유아**와 내시를 기브온에서
렘 43:6	남자와 여자와 **유아**와 왕의 딸들과

유약하다(幼弱, tender)
잠 4:3	아들이었으며 내 어머니 보기에 **유약한**

유언/-하다(遺言, instruction, will)
대상 23:27	다윗의 **유언**대로 레위 자손이 이십 세
사 38:1	너는 네 집에 **유언하라** 네가 죽고 살지
히 9:16	**유언**은 **유언**한 자가 죽어야 되나니
히 9:17	**유언**은 그 사람이 죽은 후에야 유효한 즉 **유언**한 자가 살아 있는 동안에는

유업(遺業, inheritance, inherit)
레 20:24	땅을 너희에게 주어 **유업**을 삼게 하리라
시 2:8	구하라 내가 이방 나라를 네 **유업**으로
시 106:40	노하시며 자기의 **유업**을 미워하사
잠 17:2	형제들 중에서 **유업**을 나누어 얻으리라
행 7:5	여기서 발 붙일 만한 땅도 **유업**으로
고전 6:9	불의한 자가 하나님의 나라를 **유업**으로
고전 6:10	빼앗는 자들은 하나님의 나라를 **유업**으
고전 15:50	썩는 것은 썩지 아니하는 것을 **유업**으로
갈 3:18	그 **유업**이 율법에서 난 것이면 약속에서
갈 3:29	아브라함의 자손이요 약속대로 **유업**을
갈 4:1	**유업**을 이을 자가 모든 것의 주인이나
갈 4:7	아들이면 하나님으로 말미암아 **유업**을
갈 4:30	자유 있는 여자의 아들과 더불어 **유업**을

【 유오디아 】　　　　　　　　　　　　　　　　　　　　　　　　　　　【 유익/-하다 】

갈 5:21	하나님의 나라를 **유업**으로 받지 못할
히 11:8	순종하여 장래의 **유업**으로 받을 땅에
히 11:9	거류하여 동일한 약속을 **유업**으로
벧전 1:4	쇠하지 아니하는 **유업**을 잇게 하시나니

유오디아 (Euodia) 빌립보 교회의 성도
빌 4:2	**유오디아**를 권하고 순두게를 권하노니

유월절
(逾越節, Passover)
유대의 3대 절기 중 하나
출 12:11	먹으라 이것이 여호와의 **유월절**이니라
출 12:43	모세와 아론에게 이르시되 **유월절** 규례
레 23:5	열나흗날 저녁은 여호와의 **유월절**이요
민 9:2	이스라엘 자손에게 **유월절**을 그 정한
민 9:12	뼈를 하나도 꺾지 말아서 **유월절** 모든
민 9:14	지키고자 하면 **유월절** 율례대로 그 규례
민 28:16	날은 여호와를 위하여 지킬 **유월절**이며
민 33:3	라암셋을 떠났으니 곧 **유월절** 다음 날
신 16:1	네 하나님 여호와께 **유월절**을 행하라
수 5:11	**유월절** 이튿날에 그 땅의 소산물을 먹되
겔 45:21	열나흗날에는 **유월절**을 칠 일 동안 명절
마 26:2	**유월절**이라 인자가 십자가에 못 박히기
마 26:18	내 제자들과 함께 **유월절**을 네 집에
마 26:19	예수께서 시키신 대로 하여 **유월절**을
막 14:1	이틀이 지나면 **유월절**과 무교절이라
눅 2:41	그의 부모가 해마다 **유월절**이 되면
눅 22:1	**유월절**이라 하는 무교절이 다가오매
눅 22:8	우리를 위하여 **유월절**을 준비하여
눅 22:11	제자들과 함께 **유월절**을 먹을 객실이
눅 22:13	나가 그 하신 말씀대로 만나 **유월절**을
눅 22:15	너희와 함께 이 **유월절** 먹기를 원하고
눅 22:16	**유월절**이 하나님의 나라에서 이루기까
요 2:13	유대인의 **유월절**이 가까운지라 예수께
요 2:23	**유월절**에 예수께서 예루살렘에 계시니
요 6:4	유대인의 명절인 **유월절**이 가까운지라
요 11:55	유대인의 **유월절**이 가까우매 많은 사람
요 12:1	**유월절** 엿새 전에 예수께서 베다니에
요 13:1	**유월절** 전에 예수께서 자기가 세상을
요 18:28	더럽힘을 받지 아니하고 **유월절** 잔치를
요 18:39	**유월절**이면 내가 너희에게 한 사람을
요 19:14	이 날은 **유월절**의 준비일이요 때는
행 12:4	네 패에게 맡겨 지키고 **유월절** 후에
히 11:28	믿음으로 **유월절**과 피 뿌리는 예식을

'유월절'과 관련된 성구
유월절 양 – 고전 5:7
유월절 양을 먹다 – 대하 30:18
유월절 양을 불에 굽다 – 대하 35:13
유월절 양을/으로 잡다 – 출 12:21, 대하 30:15, 17; 35:11, 스 6:20, 막 14:12, 눅 22:7
유월절을 지키다 – 출 12:48, 민 9:4, 5, 6, 10, 13, 14; 수 5:10, 왕하 23:21, 22, 23; 대하 30:1, 2, 5; 35:1, 16, 17, 18, 19, 스 6:19
유월절 음식 – 마 26:17, 막 14:12, 14, 16
유월절 제물 – 출 34:25, 신 16:6, 대하 35:7, 8, 9
유월절 제사 – 출 12:27, 신 16:2, 5

유의하다 (留意, listen to, pay attention)
신 23:23	그대로 실행하도록 **유의하라** 무릇 자원
시 61:1	들으시며 내 기도에 **유의하소서**
사 42:20	많은 것을 볼지라도 **유의하지** 아니하며

유익/-하다 (有益, good, advantage)
모세오경 – 시가서
창 25:32	장자의 명분이 내게 무엇이 **유익하리요**
창 37:26	그의 피를 덮어둔들 무엇이 **유익할까**
삼상 12:21	**유익하게도** 못하며 구원하지도 못하는
대하 28:21	앗수르 왕에게 주었으나 그에게 **유익이**
욥 22:2	하나님께 **유익하게** 하겠느냐 지혜로운
욥 35:3	범죄하지 않는 것이 내게 무슨 **유익이**
욥 36:19	곤고한 가운데에서 그대를 **유익하게**
시 30:9	나의 피가 무슨 **유익이** 있으리요
시 119:71	고난 당한 것이 내게 **유익이라** 이로
잠 9:12	지혜로우면 그 지혜가 네게 **유익할 것이**
전 1:3	모든 수고가 사람에게 무엇이 **유익한가**
전 2:15	지혜가 있었다 한들 내게 무슨 **유익이**
전 5:11	눈으로 보는 것 외에 무엇이 **유익하랴**
전 5:16	잡는 수고가 그에게 무엇이 **유익하랴**
전 6:8	가난한 자에게는 무슨 **유익이** 있는가
전 6:11	그것들이 사람에게 무슨 **유익이** 있으랴
전 7:3	얼굴에 근심하는 것이 마음에 **유익하기**
전 7:11	아름답고 햇빛을 보는 자에게 **유익이**
전 7:12	지혜에 관한 지식이 더 **유익함**은 지혜가
전 10:10	오직 지혜는 성공하기에 **유익하니라**

【 유익/-하다 】　　　　　　　　　　　　　　　　　　　　　　　　　　【 유지하다 】

선지서

사 1:11	무수한 제물이 내게 무엇이 **유익**하뇨
사 30:5	**유익**하게 하지 … 못하며 **유익**하게도
사 47:12	**유익**을 얻을 수 있을는지, 혹시 놀라게
사 48:17	네게 **유익**하도록 가르치고 너를 마땅히
렘 18:10	내가 그에게 **유익**하게 하리라고 한 복에
렘 18:20	주의 앞에 서서 그들을 위하여 **유익**한
렘 23:32	백성에게 아무 **유익**이 없느니라 여호와
렘 40:9	섬기라 그리하면 너희에게 **유익**하리라
미 2:7	행하는 자에게 **유익**하지 아니하냐
합 2:18	무엇이 **유익**하겠느냐 부어 만든 우상은
	거짓 … 의지하니 무엇이 **유익**하겠느냐
말 3:14	슬프게 행하는 것이 무엇이 **유익**하리요

신약

마 5:29	지옥에 던져지지 않는 것이 **유익**하며
마 5:30	지옥에 던져지지 않는 것이 **유익**하니라
마 15:5	내가 드려 **유익**하게 할 것이 하나님께
마 16:26	제 목숨을 잃으면 무엇이 **유익**하리요
막 7:11	내가 드려 **유익**하게 할 것이 고르반
막 8:36	자기 목숨을 잃으면 무엇이 **유익**하리요
눅 9:25	빼앗기든지 하면 무엇이 **유익**하리요
요 11:50	않게 되는 것이 너희에게 **유익**한 줄을
요 16:7	떠나가는 것이 너희에게 **유익**이라 내가
요 18:14	백성을 위하여 죽는 것이 **유익**하다고
행 18:27	말미암아 믿은 자들에게 많은 **유익**을
행 20:20	**유익**한 것은 무엇이든지 공중 앞에서나
롬 2:25	네가 율법을 행하면 할례가 **유익**하나
롬 3:1	무엇이며 할례의 **유익**이 무엇이냐
고전 6:12	모든 것이 내게 가하나 다 **유익**한 것이
고전 7:35	너희의 **유익**을 위함이요 너희에게 올무
고전 10:23	모든 것이 가하나 모든 것이 **유익**한
고전 10:24	자기의 **유익**을 구하지 말고 남의 유익을
고전 10:33	모든 사람을 기쁘게 하여 자신의 **유익**을
고전 11:17	너희의 모임이 **유익**이 못되고 도리어
고전 12:7	사람에게 성령을 나타내심은 **유익**하게
고전 13:3	사랑이 없으면 내게 아무 **유익**이 없느니
고전 13:5	무례히 행하지 아니하며 자기의 **유익**을
고전 14:6	아니하면 너희에게 무엇이 **유익**하리요
고전 15:32	싸웠다면 내게 무슨 **유익**이 있으리요
고후 8:10	알리노니 이 일은 너희에게 **유익**함이라
갈 5:2	그리스도께서 너희에게 아무 **유익**이
빌 1:21	그리스도니 죽는 것도 **유익**함이라
빌 1:24	있는 것이 너희를 위하여 더 **유익**하리라
빌 3:7	내게 **유익**하던 것을 내가 그리스도를
빌 4:17	아니요 오직 너희에게 **유익**하도록
골 2:23	금하는 데는 조금도 **유익**이 없느니라
딤전 4:8	**유익**이 있으나 경건은 범사에 **유익**하니
딤전 6:2	이는 **유익**을 받는 자들이 믿는 자요
딤후 2:14	하나님 앞에서 엄히 명하라 이는 **유익**이
딤후 3:16	바르게 함과 의로 교육하기에 **유익**하니
딤후 4:11	데리고 오라 그가 나의 일에 **유익**하니라
딛 3:8	아름다우며 사람들에게 **유익**하니라
몬 1:11	이제는 나와 네게 **유익**하므로
히 4:2	그 말씀이 그들에게 **유익**하지 못한 것은
히 12:10	하나님은 우리의 **유익**을 위하여 그의
히 13:9	음식으로 말미암아 행한 자는 **유익**을
히 13:17	그렇지 않으면 너희에게 **유익**이 없느니
약 2:14	있노라 하고 행함이 없으면 무슨 **유익**이
약 2:16	주지 아니하면 무슨 **유익**이 있으리요

유인/-하다(誘引, lure, gain)

수 8:6	앞에서 도망한다 하고 우리의 **유인**을
수 8:16	모여 여호수아를 추격하며 **유인**함을
잠 28:10	정직한 자를 악한 길로 **유인**하는 자는
딤후 3:6	들어가 어리석은 여자를 **유인**하는

유일하다(唯一, precious, only)

출 22:27	**유일**한 옷이 그것이 그의 알몸을 가릴
신 6:4	여호와는 오직 **유일**한 여호와이시니
대상 29:1	아들 솔로몬이 **유일**하게 하나님께서
시 22:20	생명을 칼에서 건지시며 내 **유일**한 것을
시 35:17	멸망자에게서 구원하시며 내 **유일**한
사 37:16	천하 만국에 **유일**하신 하나님이시라
막 12:29	들으라 주 곧 우리 하나님은 **유일**한
요 5:44	영광을 취하고 **유일**하신 하나님께로부
요 17:3	영생은 곧 **유일**하신 참 하나님과 그가
딤전 6:15	하나님이 복되시고 **유일**하신 주권자이

유전하다(遺傳, keep alive)

창 7:3	데려와 그 씨를 온 지면에 **유전**하게

유지(有志, chief man)

욥 29:9	**유지**들은 말을 삼가고 손으로 입을

유지하다(維持, preserve)

겔 7:13	자기의 목숨을 **유지**할 수 없으리라

【 유출/-하다 】

유출/-하다(流出, discharge)
레 15:19	유출을 하되 그의 몸에 그의 유출이
레 15:25	유출이 그의 … 그 유출이 … 유출하는
레 15:26	그의 유출이 있는 모든 날 동안에 그
레 15:28	그의 유출이 그치면 이레를 센 후에야
레 15:30	한 마리는 번제로 드려 유출로 부정한

'유출'과 관련된 성구

유출병 – 레 15:2, 3, 15, 33
유출병이 있는 자 – 레 15:4, 6, 7, 8, 9,
　　11, 12, 13, 32
유출병자 – 레 22:4 / 유출증 – 민 5:2

유쾌하다(愉快, rejoice)
잠 23:16	정직을 말하면 내 속이 유쾌하리라

유하다(soothing, live, stay)
1. 부드럽다(柔, soothing)
시 55:21	그의 말은 기름보다 유하나 실상은 뽑كر

2. 머물러서 묵다(留, live, stay)
출 12:20	너희 모든 유하는 곳에서 무교병을
신 5:14	네 모든 가축이나 네 문 안에 유하는
마 21:17	베다니에 가서 거기서 유하시니라
막 6:10	그 곳을 떠나기까지 거기 유하라
눅 9:12	마을과 촌으로 가서 유하며 먹을 것을
눅 10:7	집에 유하며 주는 것을 먹고 마시라
눅 19:5	내려오라 내가 오늘 네 집에 유하여야
눅 19:7	저가 죄인의 집에 유하러 들어갔도다
눅 24:29	이르되 우리와 함께 유하사이다
요 3:22	유대 땅으로 가서 거기 함께 유하시며
요 4:40	함께 유하시기를 … 이틀을 유하시매
요 11:6	그 계시던 곳에 이틀을 더 유하시고
행 1:13	그들이 유하는 다락방으로 올라가니
행 15:35	바나바는 안디옥에서 유하며 수다한
행 16:12	식민지라 이 성에서 수일을 유하다가
행 16:15	내 집에 들어와 유하라 하고 강권하여

유행시키다/유행하다(流行, send, brake out)
신 29:22	여호와께서 그 땅에 유행시키는 질병
대상 21:12	전염병이 사흘 동안 이 땅에 유행하며
대하 7:13	전염병이 내 백성 가운데 유행하게
시 106:29	재앙이 그들 중에 크게 유행하였도다

【 유혹/-하다/-되다 】

유향(乳香, balm, incense)
창 37:25	낙타들에 향품과 유향과 몰약을 싣고
창 43:11	예물로 드릴지니 곧 유향 조금과 꿀
출 30:34	그 향품을 유향에 섞되 각기 같은 분량
레 2:1	기름을 붓고 또 그 위에 유향을 놓아
레 2:2	가루 한 움큼과 기름과 그 모든 유향을
레 2:15	그 위에 기름을 붓고 그 위에 유향을
레 2:16	찧은 곡식과 기름을 모든 유향과 함께
레 5:11	그 위에 기름을 붓지 말며 유향을 놓지
레 6:15	한 움큼과 기름과 소제물 위의 유향을
레 24:7	또 정결한 유향을 그 각 줄 위에 두어
민 5:15	그것에 기름도 붓지 말고 유향도 두지
대상 9:29	가루와 포도주와 기름과 유향과 향품을
느 13:5	원래 소제물과 유향과 그릇과 또 레위
느 13:9	하나님의 전의 그릇과 소제물과 유향을
아 3:6	몰약과 유향과 상인의 여러 가지 향품을
아 4:6	사라지기 전에 내가 몰약 산과 유향의
사 43:23	유향으로 말미암아 너를 괴롭게 하지
사 60:6	스바 사람들은 다 금과 유향을 가지고
렘 6:20	시바에서 유향과 먼 곳에서 향품을
렘 8:22	길르앗에는 유향이 있지 아니한가
렘 17:26	번제와 희생과 소제와 유향과 감사제물
렘 41:5	몸에 상처를 내고 손에 소제물과 유향을
렘 46:11	애굽이여 길르앗으로 올라가서 유향을

'유향'과 관련된 성구

유향나무 열매 – 창 43:11
유향목 – 아 4:14

렘 51:8	그 상처를 위하여 유향을 구하라 혹
겔 27:17	민닛 밀과 과자와 꿀과 기름과 유향을
마 2:11	보배합을 열어 황금과 유향과 몰약을
계 18:13	계피와 향료와 향과 향유와 유향과

유혹/-하다/-되다(誘惑, entice, temptation)
민 25:18	사건으로 너희를 유혹하였음이니라
신 7:4	그가 네 아들을 유혹하여 그가 여호와를
신 13:13	성읍 주민을 유혹하여 이르기를 너희가
신 30:17	마음을 돌이켜 듣지 아니하고 유혹을
욥 31:9	마음이 여인에게 유혹되어 이웃의 문을
욥 31:27	슬며시 유혹되어 내 손에 입맞추었다면
잠 7:21	여러 가지 고운 말로 유혹하며 입술의

[유황]   [육백]

사 3:12   백성이여 네 인도자들이 너를 **유혹하여**
사 47:10 지혜와 네 지식이 너를 **유혹하였음이라**
사 66:4   나 또한 **유혹**을 그들에게 택하여 주며
렘 20:10 실족하기를 기다리며 그가 혹시 **유혹**을
겔 13:10 백성을 **유혹하여** 평강이 없으나 평강이
겔 14:9   만일 선지자가 **유혹**을 받고 말을 하면
          나 여호와가 그 선지자를 **유혹**을 받게
미 3:5   내 백성을 **유혹하는** 선지자들은 이에
마 13:22 세상의 염려와 재물의 **유혹**에 말씀이
막 4:19   세상의 염려와 재물의 **유혹**과 기타 욕심
눅 22:40 그들에게 이르시되 **유혹**에 빠지지 않게
갈 2:13   그들의 외식에 **유혹되었느니라**
엡 4:14   사람의 속임수와 간사한 **유혹**에 빠져
엡 4:22   **유혹**의 욕심을 따라 썩어져 가는 구습을
히 3:13   너희 중에 누구든지 죄의 **유혹**으로 완고
벧후 2:14 굳세지 못한 영혼들을 **유혹하며** 탐욕에
벧후 2:18 육체의 정욕 중에서 **유혹하는도다**

유황(硫黃, sulfur)
창 19:24 여호와께로부터 **유황**과 불을 소돔과
신 29:23 온 땅이 **유황**이 되며 소금이 되며 또
욥 18:15 장막에 거하리니 **유황**이 그의 처소에
사 34:9   역청이 되고 그 티끌은 **유황**이 되고 그
계 9:17   입에서는 불과 연기와 **유황**이 나오더라
계 9:18   입에서 나오는 불과 연기와 **유황**으로

'유황'과 관련된 성구
　불과 유황 – 시 11:6; 겔 38:22; 눅 17:29;
　　계 14:10; 20:10; 21:8
　유황 개천 – 사 30:33
　유황불 붙는 못 – 계 19:20
　유황빛 호심경 – 계 9:17

유효하다(有效, effective, in force)
고전 16:9 내게 광대하고 **유효한** 문이 열렸으나
히 9:17   유언은 그 사람이 죽은 후에야 **유효한즉**

육 1(肉, flesh, body)
요 3:6   **육**으로 난 것은 **육**이요 영으로 난 것은
요 6:63   살리는 것은 영이니 **육**은 무익하니라
고전 9:11 신령한 것을 뿌렸은즉 너희의 **육**적인
고후 7:1 거룩함을 온전히 이루어 **육**과 영의 온갖

'육'과 관련된 성구
　육에 속한 사람 – 고전 2:14
　육에 속한 자 – 유 1:19 / 육의 마음판 – 고후 3:3
　육의 몸 – 고전 15:44; 골 2:11
　육의 사람 – 고전 3:4; 15:46
　혈과 육 – 고전 15:50; 엡 6:12; 히 2:14

육 2(六, six)
삼하 2:11 왕이 된 날 수는 칠 년 **육** 개월이더라

'육'과 관련된 성구
　육 개월 – 삼하 5:5; 대상 3:4; 눅 4:25; 행
　　18:11; 약 5:17
　육 년 – 창 31:41; 레 25:3; 삿 12:7; 왕상
　　16:23; 왕하 11:3; 18:10; 대하 22:12;
　　스 6:15; 렘 34:14
　육대 손 – 대상 5:14; 스 7:2; 느 11:5, 7, 12; 12:35
　육분의 일 – 겔 4:11; 45:13; 46:14
　제육 시 – 마 20:5; 27:45; 막 15:33; 눅
　　23:44; 요 19:14

육계(肉桂, cinnamon, cassia)
출 30:23 향기로운 **육계** 이백오십 세겔과 향기로
시 45:8   왕의 모든 옷은 몰약과 침향과 **육계**의

육만(六萬, sixty thousand)
대하 12:3 병거가 천이백 대요 마병이 **육만** 명이며

'육만'과 관련된 성구
　육만 사천사백 명 – 민 26:43
　육만 사천삼백 명 – 민 26:25
　육만 오백 명 – 민 26:27
　육만 이천칠백 명 – 민 1:39; 2:26

육백(六百, six hundred)
삿 3:31   소 모는 막대기로 블레셋 사람 **육백**

'육백'과 관련된 성구
　육백구십 인 – 대상 9:6 / 육백 달란트 – 대하 3:8
　육백육십 칠명 – 느 7:18

1873

[육신]　　　　　　　　　　　　　　　　　　　　　　　　　　　　　　　　　　　　　[육십]

육백 마리 – 대하 29:33
육백 명 – 삿 18:11, 16, 17; 20:47; 삼상 13:15; 14:2; 23:13; 30:9; 삼하 15:18
육백사십 이명 – 스 2:10; 느 7:62
육백사십 팔명 – 느 7:15 / 육백 세 – 창 7:6, 11
육백 세겔 – 삼상 17:7; 왕상 10:16, 29; 대상 21:25; 대하 1:17; 9:15
육백오십 – 스 8:26 / 육백오십오 명 – 느 7:20
육백오십이 명 – 스 2:60; 느 7:10
육백육십육 – 계 13:18 / 육백육십육 명 – 스 2:13
육백이십삼 명 – 스 2:11
육백이십일 명 – 스 2:26; 느 7:30
육백 이십팔 명 – 느 7:16
육백일 년 – 창 8:13 / 육백칠십오 – 민 31:37

육신(肉身, flesh, body)
창 6:3　그들이 육신이 됨이라 그러나 그들의
신 5:26　육신을 가진 자로서 우리처럼 살아
대하 32:8　그와 함께 하는 자는 육신의 팔이요
욥 10:4　주께도 육신의 눈이 있나이까 주께서
욥 12:10　생명과 모든 사람의 육신의 목숨이라
잠 14:30　평온한 마음은 육신의 생명이나 시기는
전 2:3　술로 내 육신을 즐겁게 할까 또 내가
렘 17:5　사람을 믿으며 육신으로 그의 힘을 삼고
겔 36:26　마음을 너희에게 주되 너희 육신에서
요 1:14　육신이 되어 우리 가운데 거하시매
행 2:31　음부에 버림이 되지 않고 그의 육신이
롬 1:3　그의 아들에 관하여 말하면 육신으로는
롬 2:28　유대인이 유대인이 아니요 표면적 육신
롬 4:1　육신으로 우리 조상인 아브라함이 무엇
롬 6:19　너희 육신이 연약하므로 내가 사람의
롬 7:5　우리가 육신에 있을 때에는 율법으로
롬 7:14　율법은 신령한 줄 알거니와 나는 육신에
롬 7:18　내 속 곧 내 육신에 선한 것이 거하지
롬 7:25　마음으로는 하나님의 법을 육신으로는
롬 8:3　율법이 육신으로 말미암아 … 죄 있는 육신의 모양으로 보내어 육신에 죄를
롬 8:4　육신을 따르지 않고 그 영을 따라 행하는
롬 8:5　육신을 따르는 자는 육신의 일을, 영을
롬 8:8　육신에 있는 자들은 하나님을 기쁘시게
롬 8:9　하나님의 영이 거하시면 너희가 육신에
롬 8:12　빚진 자로되 육신에게 져서 육신대로
롬 8:13　육신대로 살면 반드시 죽을 것이로되

롬 9:5　조상들도 그들의 것이요 육신으로 하면
롬 9:8　육신의 자녀가 하나님의 자녀가 아니요
고전 5:5　육신은 멸하고 영은 주 예수의 날에
고전 7:28　이런 이들은 육신에 고난이 있으리니
고전 10:18　육신을 따라 난 이스라엘을 보라 제물을
고후 5:16　이제부터는 어떤 사람도 육신을 따라
고후 10:2　우리를 육신에 따라 행하는 자로 여기는
고후 10:3　우리가 육신으로 행하나 육신에 따라
고후 10:4　우리의 싸우는 무기는 육신에 속한 것이
고후 11:18　사람이 육신을 따라 자랑하니 나도 자랑
빌 1:22　육신으로 사는 이것이 내 일의 열매를
빌 1:24　내가 육신으로 있는 것이 너희를 위하여
골 2:1　육신의 얼굴을 보지 못한 자들을 위하여
골 2:5　이는 내가 육신으로는 떠나 있으나
골 3:22　종들아 모든 일에 육신의 상전들에게
딤전 3:16　그는 육신으로 나타난 바 되시고 영으로
몬 1:16　내게 특별히 그러하거든 하물며 육신과
히 7:16　육신에 속한 한 계명의 법을 따르지
히 12:9　육신의 아버지가 우리를 징계하여도
요일 2:16　이는 세상에 있는 모든 것이 육신의

'육신' 과 관련된 성구

육신에 속한 자 – 고전 3:1, 3
육신의 생각 – 롬 8:6, 7; 골 2:18
육신의 일 – 롬 8:5; 13:14
육신이 약하다 – 마 26:41; 막 14:38

육십(六十, sixty)
신 3:4　성읍이 육십이니 곧 아르곱 온 지방이요
대상 2:23　모두 육십을 그들에게서 빼앗았으며
딤전 5:9　과부로 명부에 올릴 자는 나이가 육십이

'육십' 과 관련된 성구

육십 (개의 큰) 성읍 – 수 13:30; 왕상 4:13
육십 고르 – 왕상 4:22
육십 규빗 – 왕상 6:2; 대하 3:3; 스 6:3; 단 3:1
육십 마리 – 민 7:88
육십 명 – 왕하 25:19; 스 8:13; 아 3:7; 6:8; 렘 52:25
육십 배 – 마 13:8, 23; 막 4:8, 20
육십 세 – 창 25:26; 대상 2:21
육십오 년 – 사 7:8 / 육십오 세 – 창 5:15, 21

【 육십만 】

> 육십육 명 – 창 46:26 / 육십육 일 – 레 12:5
> 육십이 명 – 대상 26:8 / 육십이 세 – 단 5:31
> 육십일 마리 – 민 31:39 / 육십칠 벌 – 느 7:72

육십만(六十萬, six hundred thousand)
출 12:37 유아 외에 보행하는 장정이 **육십만** 가량

> **'육십만' 과 관련된 성구**
> 육십만 명 – 민 11:21
> 육십만 삼천오백오십 명 – 출 38:26; 민 1:46; 2:32
> 육십 칠만 오천 마리 – 민 31:32

육정(肉情, human decision)
요 1:13 혈통으로나 **육정**으로나 사람의 뜻으로

육지(陸地, land, shore)
창 7:22 **육지**에 있어 그 코에 생명의 기운의
출 14:22 이스라엘 자손이 바다 가운데를 **육지**로
출 14:29 이스라엘 자손은 바다 가운데를 **육지**로
레 11:2 **육지**의 모든 짐승 중 너희가 먹을 만한
수 4:18 그 발바닥으로 **육지**를 밟는 동시에 요단
느 9:11 그들이 바다 가운데를 **육지**같이 통과
시 66:6 하나님이 바다를 변하여 **육지**가 되게
시 95:5 만드셨고 **육지**도 그의 손이 지으셨도다
암 7:4 불이 큰 바다를 삼키고 **육지**까지 먹으려
욘 1:9 나는 히브리 사람이요 바다와 **육지**를
욘 1:13 사람들이 힘써 노를 저어 배를 **육지**로
욘 2:10 물고기에게 말씀하시매 요나를 **육지**에
학 2:6 하늘과 땅과 바다와 **육지**를 진동시킬
마 14:24 배가 이미 **육지**에서 수 리나 떠나서
마 23:15 한 사람을 얻기 위하여 바다와 **육지**를
막 4:1 올라 앉으시고 온 무리는 바닷가 **육지**에
눅 5:3 배는 시몬의 배라 **육지**에서 조금 떼기를
눅 5:11 그들이 배들을 **육지**에 대고 모든 것을
눅 8:27 예수께서 **육지**에 내리시매 그 도시 사람
요 21:8 제자들은 **육지**에서 거리가 불과 한 오십
요 21:9 **육지**에 올라보니 숯불이 있는데 그 위에
요 21:11 시몬 베드로가 올라가서 그물을 **육지**에
행 27:27 사공들이 어느 **육지**에 가까워지는 줄을
행 27:43 물에 뛰어내려 먼저 **육지**에 나가게 하고

【 육체 】

히 11:29 믿음으로 그들은 홍해를 **육지**같이 건넜

> **'육지' 와 관련된 성구**
> 육지 악어 – 레 11:30 / 육지 표면 – 욥 37:12

육천(六千, six thousand)
왕하 5:5 십 달란트와 금 **육천** 개와 의복 열 벌을
욥 42:12 주시니 그가 양 만 사천과 낙타 **육천**과

> **'육천' 과 관련된 성구**
> 육천 명 – 삼상 13:5; 대상 23:4
> 육천이백 명 – 민 3:34
> 육천칠백이십 – 스 2:67; 느 7:69
> 육천팔백 명 – 대상 12:24

육체(肉體, flesh, body)
모세오경 · 시가서
창 6:17 기운이 있는 모든 **육체**를 천하
창 7:15 생명의 기운이 있는 **육체**가
창 9:15 너희와 및 **육체**를 가진 모든 생물 … 물이 모든 **육체**를 멸하는
창 9:16 하나님과 모든 **육체**를 가진 땅의 모든
레 17:14 너희는 어떤 **육체**의 피든지 먹지 말라
레 21:17 너의 자손 중 대대로 **육체**에 흠이 있는
느 5:5 우리 **육체**도 우리 형제의 **육체**와 같고
욥 19:26 벗김을 당한 뒤에도 내가 **육체** 밖에서
욥 34:15 **육체**가 다 함께 죽으며 사람은 흙으로
시 16:9 나의 영도 즐거워하며 내 **육체**도 안전히
시 63:1 영혼이 주를 갈망하며 내 **육체**가 주를
시 65:2 기도를 들으시는 주여 모든 **육체**가 주께
시 73:26 내 **육체**와 마음은 쇠약하나 하나님은
시 78:39 그들은 **육체**이며 가고 다시 돌아오지
시 79:2 주의 성도들의 **육체**를 땅의 짐승에게
시 84:2 마음과 **육체**가 살아 계시는 하나님께
시 109:24 무릎이 흔들리고 내 **육체**는 수척하오며
시 119:120 **육체**가 주를 두려워함으로 떨며 내가
시 136:25 모든 **육체**에게 먹을 것을 주신 이에게
시 145:21 **육체**가 그의 거룩하신 이름을 영원히
잠 4:22 생명이 되며 그의 온 **육체**의 건강이
잠 5:11 네 **육체**가 쇠약할 때에 네가 한탄하여

【 육체 】 【 육체 】

전 5:6	입으로 네 **육체**가 범죄하게 하지 말라	갈 5:24	예수의 사람들은 **육체**와 함께 그 정욕과
		갈 6:8	**육체**를 위하여 심는 자는 **육체**로부터

선지서, 복음서

사 31:3	그들의 말들은 **육체**요 영이 아니라	갈 6:12	무릇 **육체**의 모양을 내려 하는 자들이
사 40:5	여호와의 영광이 나타나고 모든 **육체**가	갈 6:13	그들이 너희의 **육체**로 자랑하려 함이라
사 40:6	**육체**는 풀이요 그의 모든 아름다움은	엡 2:3	욕심을 따라 지내며 **육체**와 마음의
사 49:26	모든 **육체**가 나 여호와는 네 구원자요	엡 2:11	**육체**로는 이방인이요 손으로 **육체**에
렘 12:12	끝에서 저 끝까지 삼키니 모든 **육체**가	엡 2:14	중간에 막힌 담을 자기 **육체**로 허시고
렘 25:31	다투시며 모든 **육체**를 심판하시며	엡 5:29	누구든지 언제나 자기 **육체**를 미워하지
렘 32:27	**육체**의 하나님이라 내게 할 수 없는	엡 5:31	그의 아내와 합하여 그 둘이 한 **육체**가
렘 45:5	모든 **육체**에 재난을 내리리라 그러나	엡 6:5	떨며 성실한 마음으로 **육체**의 상전에게
렘 51:35	받은 폭행과 내 **육체**에 대한 학대가	골 1:22	**육체**의 죽음으로 말미암아 화목하게
겔 21:4	내 칼을 칼집에서 빼어 모든 **육체**를	골 1:24	몸된 교회를 위하여 내 **육체**에 채우노라
겔 21:5	**육체**는 나 여호와가 내 칼을 칼집에서	골 2:9	그 안에는 신성의 모든 충만이 **육체**로
단 2:11	**육체**와 함께 살지 아니하는 신들 외에는	골 2:13	범죄와 **육체**의 무할례로 죽었던 너희를
단 4:12	나는 새는 그 가지에 깃들이고 **육체**를	골 2:23	**육체** 따르는 것을 금하는 데는 조금도
슥 2:13	모든 **육체**가 여호와 앞에서 잠잠할 것은	딤전 4:8	**육체**의 연단은 약간의 유익이 있으나
눅 3:6	**육체**가 하나님의 구원하심을 보리라	히 5:7	그는 **육체**에 계실 때에 자기를 죽음에서
요 2:21	성전된 자기 **육체**를 가리켜 말씀하신	히 9:10	여러 가지 씻는 것과 함께 **육체**의
요 8:15	너희는 **육체**를 따라 판단하나 나는	히 9:13	부정한 자에게 뿌려 그 **육체**를 정결하게

역사서, 서신서

		히 10:20	새로운 살 길이요 휘장은 곧 그의 **육체**
행 2:17	내가 내 영을 모든 **육체**에 부어 주리니	히 13:11	성소에 들어가고 그 **육체**는 영문 밖에서
행 2:26	혀도 즐거워하였으며 **육체**도 희망에	벧전 1:24	모든 **육체**는 풀과 같고 그 모든 영광은
롬 3:20	그의 앞에 의롭다 하심을 얻을 **육체**가	벧전 3:18	앞으로 인도하려 하심이라 **육체**로는
고전 1:26	**육체**를 따라 지혜로운 자가 많지 아니	벧전 3:21	구원하는 표니 곧 세례라 이는 **육체**의
고전 1:29	아무 **육체**도 하나님 앞에서 자랑하지	벧전 4:1	그리스도께서 이미 **육체**의 고난을 받
고전 6:16	일렀으되 둘이 한 **육체**가 된다 하셨나니		으셨으니 … **육체**의 고난을 받은 자는
고전 15:39	**육체**는 다 같은 **육체**가 아니니 … 사	벧전 4:2	하나님의 뜻을 따라 **육체**의 남은 때를
	람의 **육체**요 하나는 짐승의 **육체**요 …	벧전 4:6	복음이 전파되었으니 이는 **육체**로는
	새의 **육체**요 하나는 물고기의 **육체**라	벧후 2:10	특별히 **육체**를 따라 더러운 정욕 가운데
고후 1:12	거룩함과 진실함으로 행하되 **육체**의	유 1:7	음란하며 다른 **육체**를 따라 가다가
고후 1:17	계획하기를 **육체**를 따라 계획하여	유 1:8	꿈꾸는 이 사람들도 그와 같이 **육체**를
고후 4:11	예수의 생명이 또한 우리 죽을 **육체**에	유 1:23	어떤 자를 그 **육체**로 더럽힌 옷까지도
고후 7:5	**육체**가 편하지 못하였고 사방으로 환난		
고후 12:7	자만하지 않게 하시려고 내 **육체**에 가시		
갈 2:16	행위로써는 의롭다 함을 얻을 **육체**가		
갈 2:20	이제 내가 **육체** 가운데 사는 것은 나를		
갈 3:3	성령으로 시작하였다가 이제는 **육체**로		
갈 4:13	내가 처음에 **육체**의 약함으로 말미암		
갈 4:14	너희를 시험하는 것이 내 **육체**에 있으되		
갈 5:13	자유로 **육체**의 기회를 삼지 말고 오직		
갈 5:17	**육체**의 소욕은 성령을 거스르고 성령의		
	육체를 거스르나니 이 둘이 서로 대적함		
갈 5:19	**육체**의 일은 분명하니 곧 음행과 더러운		

'육체'와 관련된 성구

- 그리스도께서 육체로 오시다 - 요일 4:2; 요이 1:7
- 육체가 구원을 얻지 못하다 - 마 24:22; 막 13:20
- 육체를 따라 나다 - 갈 4:23, 29
- 육체를 신뢰하다 - 빌 3:3, 4
- 육체의 생명 - 레 17:11, 14
- 육체의 생명의 하나님 - 민 16:22; 27:16
- 육체의 욕심 - 갈 5:16; 엡 2:3
- 육체의 정욕 - 벧전 2:11; 벧후 2:18

윤택하다/윤택하여지다 (潤澤, better, shine, ruddy)

신 32:15	네가 살찌고 비대하고 **윤택하매** 자기를
욥 21:24	젖이 가득하며 그의 골수는 **윤택하고**
시 65:9	땅을 돌보사 물을 대어 심히 **윤택하게**
시 104:15	사람의 얼굴을 **윤택하게** 하는 기름과
잠 3:8	몸에 양약이 되어 네 골수를 **윤택하게**
잠 11:25	자는 풍족하여질 것이요 남을 **윤택하게** 하는 자는 자기도 **윤택하여지리라**
잠 15:30	기쁘게 하고 좋은 기별은 뼈를 **윤택하게**
사 34:6	숫양의 콩팥 기름으로 **윤택하니** 이는
사 34:7	피에 취하며 흙이 기름으로 **윤택하리라**
렘 5:28	살지고 **윤택하며** 또 행위가 심히 악하여
애 4:7	희며 산호들보다 붉어 그들의 **윤택함이**
겔 45:15	이스라엘의 **윤택한** 초장의 가축 떼 이백
단 1:15	더욱 아름답고 살이 더욱 **윤택하여**

율례 (律例, statute)

모세오경, 역사서

창 26:5	내 명령과 내 계명과 내 **율례와** 내 법도
출 24:3	여호와의 모든 말씀과 그의 모든 **율례를**
민 9:3	그 모든 **율례와** 그 모든 규례대로 지킬
민 9:14	거류민에게나 본토인에게나 그 **율례는**
민 15:15	거류하는 타국인에게나 같은 **율례이니**
민 19:2	여호와께서 명령하시는 법의 **율례를**
민 19:21	이는 그들의 영구한 **율례니라** 정결하게
왕상 6:12	네가 만일 내 법도를 따르며 내 **율례를**
왕상 11:33	정직한 일과 내 법도와 내 **율례를** 행하
왕하 17:8	이스라엘 여러 왕이 세운 **율례를** 행하
왕하 17:13	나의 명령과 **율례를** 지키되 내가 너희
왕하 17:15	여호와의 **율례와** 여호와께서 그들의
대상 16:17	야곱에게 세우신 **율례** 곧 이스라엘의
대상 29:19	주의 계명과 권면과 **율례를** 지켜 이 모든
대하 7:17	모든 것을 행하여 내 **율례와** 법규를
대하 19:10	율법이나 계명이나 **율례나** 규례로 말미
스 7:11	이스라엘에게 주신 **율례** 학자요 학자
느 9:13	규례와 진정한 율법과 선한 **율례와** 계명
느 10:29	여호와의 모든 계명과 규례와 **율례를**

시가서

시 18:22	내게서 그의 **율례를** 버리지 아니하였음
시 50:16	내 **율례를** 전하며 내 언약을 네 입에
시 89:31	내 **율례를** 깨뜨리며 내 계명을 지키지
시 94:20	**율례를** 빙자하고 재난을 꾸미는 악한
시 99:7	그들은 그가 그들에게 주신 증거와 **율례를**
시 105:10	야곱에게 세우신 **율례** 곧 이스라엘에게
시 105:45	그의 **율례를** 지키고 그의 율법을 따르게
시 119:5	길을 굳게 정하사 주의 **율례를** 지키게
시 119:8	내가 주의 **율례를** 지키오리니 나를
시 119:12	주 여호와여 주의 **율례들을** 내게 가르치
시 119:16	주의 **율례들을** 즐거워하며 주의 말씀을
시 119:23	**율례들을** 작은 소리로 읊조렸나이다
시 119:26	응답하셨사오니 주의 **율례들을** 내게
시 119:33	주의 **율례들의** 도를 내게 가르치소서
시 119:48	**율례들을** 작은 소리로 읊조리리이다
시 119:54	주의 **율례들이** 나의 노래가 되었나이다
시 119:64	충만하였사오니 주의 **율례들로** 나를
시 119:68	행하시오니 주의 **율례들로** 나를 가르치
시 119:71	내가 주의 **율례들을** 배우게 되었나이다
시 119:80	내 마음으로 주의 **율례들에** 완전하게
시 119:83	가죽 부대같이 되었으나 주의 **율례들을**
시 119:112	주의 **율례들을** 영원히 행하려고 내 마음
시 119:117	내가 구원을 얻고 주의 **율례들에** 항상
시 119:118	주의 **율례들에서** 떠나는 자는 주께서
시 119:124	행하사 내게 주의 **율례들을** 가르치소서
시 119:135	비추시고 주의 **율례로** 나를 가르치소서
시 119:155	주의 **율례들을** 구하지 아니함이니이다
시 119:171	**율례를** 내게 가르치시므로 내 입술이

선지서

사 24:5	**율례를** 어기며 영원한 언약을 깨뜨렸음
겔 5:6	내 **율례도** … 규례를 버리고 내 **율례**
겔 5:7	이방인들보다 더하여 내 **율례를** 행하지
겔 11:12	너희가 내 **율례를** 행하지 아니하며 규례
겔 11:20	**율례를** 따르며 내 규례를 지켜 행하게
겔 18:9	내 **율례를** 따르며 내 규례를 지켜 진실
겔 18:17	내 규례를 지키며 내 **율례를** 행할진대
겔 18:19	정의와 공의를 행하며 내 모든 **율례를**
겔 18:21	내 모든 **율례를** 지키고 정의와 공의를
겔 20:11	삶을 얻을 내 **율례를** 주며 내 규례를
겔 20:13	삶을 얻을 나의 **율례를** 준행하지 아니
겔 20:16	**율례를** 행하지 아니하며 나의 안식일
겔 20:18	너희 조상들의 **율례를** 따르지 말며 그
겔 20:19	너희는 나의 **율례를** 따르며 나의 규례를
겔 20:21	삶을 얻을 나의 **율례를** 따르지 아니하며
겔 20:24	**율례를** 멸시하며 내 안식일을 더럽히
겔 20:25	내가 그들에게 선하지 못한 **율례와** 능히
겔 33:15	생명의 **율례를** 지켜 행하여 죄악을 범하

[율리아]　　　　　　　　　　　　　　　　　　　　　　　　　　　　　　　[율법]

겔 36:27	내 영을 너희 속에 두어 너희로 내 **율례**		신 33:10	주의 법도를 야곱에게, 주의 **율법**을
겔 37:24	내 규례를 준수하고 내 **율례**를 지켜		수 1:7	모세가 네게 명령한 그 **율법**을 다 지켜
겔 43:11	그 모든 법도와 그 모든 **율례**를 알게		수 8:32	모세가 기록한 **율법**을 이스라엘 자손의
겔 44:5	성전의 모든 규례와 모든 **율례**를 귀로		수 22:5	모세가 너희에게 명령한 명령과 **율법**을
암 2:4	여호와의 율법을 멸시하며 그 **율례**를		왕하 17:13	너희에게 전한 모든 **율법**대로 행하라
미 6:16	오므리의 **율례**와 아합 집의 모든 예법을		왕하 21:8	나의 종 모세가 명령한 모든 **율법**을

'율례' 와 관련된 성구

- 계명과 율례 - 왕상 2:3; 느 1:7; 9:14
- 법도와 율례 - 출 15:25; 왕상 8:58; 9:4; 왕하 23:3; 대하 34:31; 겔 44:24
- 영원한 율례 - 민 10:8; 15:15; 18:23; 19:10
- 유월절 율례 - 민 9:12, 14
- 율례와 규례 - 삼상 30:25; 대하 33:8; 스 7:10; 느 1:7; 시 147:19
- 율례와 명령 - 왕상 11:38; 대하 7:19
- 율례와 법도 - 출 18:16, 20; 수 24:25; 왕하 17:34, 37; 말 4:4
- 이스라엘의 율례 - 삼상 30:25; 시 81:4

			왕하 23:25	모세의 모든 **율법**을 따라 여호와께로
			대하 6:16	내 앞에서 행한 것같이 내 **율법**대로
			대하 15:3	가르치는 제사장도 없고 **율법**도 없이
			대하 19:10	형제가 혹 피를 흘림이나 혹 **율법**이나
			대하 31:21	하나님의 전에 수종드는 일이나 **율법**
			스 10:3	하나님과 언약을 세우고 **율법**대로 행할
			느 8:7	제자리에 서 있는 동안 그들에게 **율법**을
			느 9:14	계명과 율례와 **율법**을 그들에게 명령
			느 9:26	주를 거역하며 주의 **율법**을 등지고 주께
			느 9:29	주의 **율법**을 복종하게 하시려고 그들
			느 9:34	주의 **율법**을 지키지 아니하며 주의 명령
			느 12:44	**율법**에 정한 대로 거제물과 처음 익은
			느 13:3	백성이 이 **율법**을 듣고 곧 섞인 무리를

시가서, 선지서

시 1:2	**율법**을 즐거워하여 그의 **율법**을 주야로
시 78:1	내 **율법**을 들으며 내 입의 말에 귀를
시 78:10	언약을 지키지 아니하고 그의 **율법** 준행
시 105:45	그의 율례를 지키고 그의 **율법**을 따르게
시 119:18	내 눈을 열어서 주의 **율법**에서 놀라운
시 119:44	주의 **율법**을 항상 지키리이다 영원히
시 119:53	주의 **율법**을 버린 악인들로 말미암아
시 119:142	주의 의는 영원한 의요 주의 **율법**은
시 119:153	내가 주의 **율법**을 잊지 아니함이니이다
시 119:163	미워하며 싫어하고 주의 **율법**을 사랑
시 119:174	사모하였사오며 주의 **율법**을 즐거워
잠 28:4	**율법**을 버린 자는 악인을 … **율법**을
잠 28:7	**율법**을 지키는 자는 지혜로운 아들이요
잠 28:9	**율법**을 듣지 아니하면 그의 기도도 가증
잠 29:18	행하거니와 **율법**을 지키는 자는 복이
사 2:3	이는 **율법**이 시온에서부터 나올 것이요
사 8:16	싸매며 **율법**을 내 제자들 가운데에서
사 8:20	마땅히 **율법**과 증거의 말씀을 따를지니
사 24:5	그들이 **율법**을 범하며 율례를 어기며
사 33:22	여호와는 우리에게 **율법**을 세우신 이요
사 51:4	이는 **율법**이 내게로부터 나갈 것임이라
사 51:7	마음에 내 **율법**이 있는 백성들아, 너희
렘 2:8	**율법**을 다루는 자들은 나를 알지 못하며

율리아(Julia) 로마 교회의 여성도
롬 16:15　빌롤로고와 **율리아**와 또 네레오와 그의

율리오(Julius) 로마 백부장
행 27:1　아구스도대의 백부장 **율리오**란 사람
행 27:3　**율리오**가 바울을 친절히 대하여 친구들

율법(律法, law)
모세오경, 역사서

출 16:4	내 **율법**을 준행 하나 아니하나 내가
출 16:28	너희가 내 계명과 내 **율법**을 지키지
민 31:21	여호와께서 모세에게 명령하신 **율법**
신 1:5	모압 땅에서 이 **율법**을 설명하기 시작
신 4:8	너희에게 선포하는 이 **율법**과 같이 그
신 4:44	이스라엘 자손에게 선포한 **율법**이러
신 17:11	그들이 네게 가르치는 **율법**의 뜻대로,
신 17:19	**율법**의 모든 말과 이 규례를 지켜 행할
신 31:9	모세가 이 **율법**을 써서 여호와의 언약궤
신 31:11	이 **율법**을 낭독하여 온 이스라엘에게
신 33:4	모세가 우리에게 **율법**을 명령하였으니

[율법]   [율법]

렘 6:19	내 말을 듣지 아니하며 내 율법을 거절		행 6:13	이 거룩한 곳과 율법을 거슬러 말하기를
렘 9:13	내가 그들의 앞에 세운 나의 율법을		행 7:53	너희는 천사가 전한 율법을 받고도 지키
렘 16:11	나를 버려 내 율법을 지키지 아니하였		행 18:13	이 사람이 율법을 어기면서 하나님을
렘 18:18	제사장에게서 율법이, 지혜로운 자에		행 21:20	수만 명이 있으니 다 율법에 열성을
렘 26:4	내가 너희 앞에 둔 내 율법을 행하지		행 21:24	그대도 율법을 지켜 행하는 줄로 알 것
렘 32:23	주의 율법에서 행하지 아니하며 무릇		행 21:28	각처에서 우리 백성과 율법과 이 곳을
애 2:9	왕과 지도자들이 율법 없는 이방인들		행 22:3	우리 조상들의 율법의 엄한 교훈을 받았
겔 7:26	제사장에게는 율법이 없어질 것이요		행 22:12	율법에 따라 경건한 사람으로 거기 사는
겔 22:26	그 제사장들은 내 율법을 범하였으며		행 23:3	나를 율법대로 심판한다고 앉아서 율법
단 9:10	우리 앞에 세우신 율법을 행하지 아니		행 23:29	고발하는 것이 그들의 율법 문제에 관한
단 9:11	이스라엘이 주의 율법을 범하고 치우쳐		행 25:8	율법이나 성전이나 가이사에게나
호 8:1	내 언약을 어기며 내 율법을 범함이로다		서신서	
호 8:12	내가 그를 위하여 내 율법을 만 가지로		롬 2:12	무릇 율법 없이 범죄한 자는 또한 율법
미 4:2	이는 율법이 시온에서부터 나올 것이요		롬 2:13	하나님 앞에서는 율법을 듣는 자가 의
합 1:4	율법이 해이하고 정의가 전혀 시행되지			인이 아니요 오직 율법을 행하는 자라야
습 3:4	제사장들은 성소를 더럽히고 율법을		롬 2:14	(율법 없는 이방인이 본성으로 율법의
학 2:11	너는 제사장에게 율법에 대하여 물어			일을 … 율법이 없어도 … 율법이 되나
슥 7:12	그 마음을 금강석 같게 하여 율법과		롬 2:17	유대인이라 불리는 네가 율법을 의지
말 2:7	사람들은 그의 입에서 율법을 구하게		롬 2:18	율법의 교훈을 받아 하나님의 뜻을 알고
말 2:8	길에서 떠나 많은 사람을 율법에 거스르		롬 2:20	율법에 있는 지식과 진리의 모본을 가진
말 2:9	율법을 행할 때에 사람에게 치우치게		롬 2:23	율법을 자랑하는 네가 율법을 범함으로
복음서, 역사서			롬 2:25	네가 율법을 행하면 할례가 유익하나
마 5:17	내가 율법이나 선지자를 폐하러 온 줄로			만일 율법을 범하면 네 할례는 무할례
마 5:18	천지가 없어지기 전에는 율법의 일점		롬 2:26	무할례자가 율법의 규례를 지키면 그
마 7:12	남을 대접하라 이것이 율법이요 선지자		롬 2:27	무할례자가 율법을 온전히 지키면 율
마 11:13	모든 선지자와 율법이 예언한 것은 요한			법 조문과 할례를 가지고 율법을 범하는
마 12:5	죄가 없음을 너희가 율법에서 읽지 못		롬 3:19	무릇 율법이 말하는 바는 율법 아래에
마 22:36	율법 중에서 어느 계명이 크니이까		롬 3:20	육체가 없나니 율법으로는 죄를 깨달음
마 23:23	율법의 더 중한 바 정의와 긍휼과 믿음		롬 3:31	믿음으로 말미암아 율법을 파기하느
눅 2:23	율법에 쓴 바 첫 태에 처음 난 남자마다			냐 … 도리어 율법을 굳게 세우느니라
눅 2:24	주의 율법에 말씀하신 대로 산비둘기		롬 4:13	언약은 율법으로 말미암은 것이 아니요
눅 2:27	마침 부모가 율법의 관례대로 행하고자		롬 4:14	만일 율법에 속한 자들이 상속자이면
눅 2:39	주의 율법을 따라 모든 일을 마치고		롬 4:15	율법은 진노를 이루게 하나니 율법이
눅 10:26	예수께서 이르시되 율법에 무엇이라		롬 4:16	율법에 속한 … 뿐만 아니라 아브라함
눅 16:17	율법의 한 획이 떨어짐보다 천지가 없어		롬 5:13	죄가 율법 있기 전에도 세상에 … 율법
요 1:17	율법은 모세로 말미암아 주어진 것이요		롬 5:20	율법이 들어온 것은 범죄를 더하게 하
요 1:45	모세가 율법에 기록하였고 여러 선지자		롬 7:4	그리스도의 몸으로 말미암아 율법
요 7:19	너희에게 율법을 주지 아니하였느냐		롬 7:5	우리가 육신에 있을 때에는 율법으로
요 7:49	율법을 알지 못하는 이 무리는 저주를		롬 7:6	얽매였던 것에 대하여 죽었으므로 율법
요 7:51	우리 율법은 사람의 말을 듣고 그 행한		롬 7:7	율법이 죄냐 그럴 수 없느니라 율법으
요 8:5	모세는 율법에 이러한 여자를 돌로 치라			로 … 죄를 알지 못하였으니 곧 율법이
요 8:17	너희 율법에도 두 사람의 증언이 참되다		롬 7:8	온갖 탐심을 이루었나니 이는 율법이
요 12:34	우리는 율법에서 그리스도가 영원히			

【 율법 】　　　　　　　　　　　　　　　【 율법 】

롬 7:9	전에 율법을 깨닫지 못했을 때에는 내가
롬 7:12	율법은 거룩하고 계명도 거룩하고 의로
롬 7:14	우리가 율법은 신령한 줄 알거니와 나는
롬 7:16	행하면 내가 이로써 율법이 선한 것을
롬 8:3	율법이 육신으로 말미암아 연약하여
롬 8:4	우리에게 율법의 요구가 이루어지게
롬 9:4	양자 됨과 영광과 언약들과 율법을 세우
롬 9:31	의의 법을 따라간 이스라엘은 율법에
롬 10:4	믿는 자에게 의를 이루기 위하여 율법
롬 10:5	율법으로 말미암는 의를 행하는 사람은
롬 13:8	남을 사랑하는 자는 율법을 다 이루었
롬 13:10	그러므로 사랑은 율법의 완성이니라
고전 9:8	율법도 이것을 말하지 아니하느냐
고전 9:20	율법 아래에 있는 … 내가 율법 아래
	에 … 율법 아래에 있는 자 … 율법 아래
고전 9:21	율법 없는 … 하나님께는 율법 없는
	자가 아니요 … 율법 아래에 있는 자이
	나 율법 없는 자와 같이 … 율법 없는
고전 14:34	율법에 이른 것같이 오직 복종할 것
고전 15:56	사망이 쏘는 것은 죄요 죄의 권능은 율법
갈 2:21	의롭게 되는 것이 율법으로 말미암으면
갈 3:12	율법은 믿음에서 난 것이 아니니 율법
갈 3:13	율법의 저주에서 우리를 속량하셨으니
갈 3:17	사백삼십 년 후에 생긴 율법이 폐기하지
갈 3:18	그 유업이 율법에서 난 것이면 약속에
갈 3:19	율법은 무엇이냐 범법하므로 더하여
갈 3:21	율법이 하나님의 약속들과 … 능히 살게
	하는 율법을 주셨더라면 … 율법으로
갈 3:23	믿음이 오기 전에 우리는 율법 아래에
갈 3:24	율법이 우리를 그리스도께로 인도하는
갈 4:4	여자에게서 나게 하시고 율법 아래에
갈 4:5	율법 아래에 있는 자들을 속량하시고
갈 4:21	율법 아래에 있고자 하는 자들아 율법
갈 5:3	그는 율법 전체를 행할 의무를 가진
갈 5:4	율법 안에서 의롭다 함을 얻으려 하는
갈 5:14	온 율법은 네 이웃 사랑하기를 네 자신
갈 5:18	성령의 인도하시는 바가 되면 율법 아래
갈 6:13	그들이라도 스스로 율법은 지키지 아니
엡 2:15	법조문으로 된 계명의 율법을 폐하셨
빌 3:5	히브리인 중의 히브리인이요 율법으로
빌 3:6	교회를 박해하고 율법의 의로는 흠이
빌 3:9	내가 가진 의는 율법에서 난 것이 아니
딤전 1:7	율법의 선생이 되려 하나 자기가 말하는
딤전 1:8	율법은 사람이 그것을 적법하게만 쓰면
딤전 1:9	율법은 옳은 사람을 위하여 세운 것이
딛 3:9	변론과 족보 이야기와 분쟁과 율법에
히 7:5	율법을 따라 아브라함의 허리에서 난 자
히 7:11	(백성이 그 아래에서 율법을 받았으니)
히 7:12	제사 직분이 바꾸어졌은즉 율법도
히 7:19	(율법은 아무 것도 온전하게 못할지라)

'율법' 과 관련된 성구

모세의 율법 – 왕상 2:3; 대하 23:18; 30:16; 스 3:2; 7:6; 단 9:11, 13; 눅 24:44; 요 7:23; 행 13:39; 15:5; 28:23; 고전 9:9

여호와의 율법 – 출 13:9; 왕하 10:31; 대상 16:40; 22:12; 대하 12:1; 17:9; 31:3, 4; 34:14; 35:26; 스 7:10; 느 9:3; 시 1:2; 19:7; 119:1; 사 5:24; 렘 8:8; 44:23; 암 2:4

율법과 계명 – 출 24:12

율법과 규례와 법도 – 레 26:46

율법과 명령 – 대하 14:4

율법과 법규 – 렘 44:10, 23

율법과 선지자 – 마 22:40; 눅 16:16; 24:44; 행 13:15; 24:14; 28:23; 롬 3:21

율법과 율례와 규례 – 대하 33:8

율법과 율례와 법도와 계명 – 왕하 17:34; 37; 느 9:13

율법에 기록된 대로 – 왕상 2:3; 대하 31:3; 35:26; 느 10:36; 단 9:13

율법에 기록된 바 – 느 8:14; 요 10:34; 15:25; 고전 14:21

율법에 기록한 대로 – 대하 23:18; 스 3:2; 느 10:34

율법으로 말미암아 – 롬 2:12; 갈 2:19; 3:11

율법의 (모든) 말씀 – 신 27:3, 8, 26; 28:58; 29:29; 31:12, 24; 32:46; 수 8:34; 왕하 23:24; 대하 34:19; 느 8:9, 13

율법의 행위 – 롬 2:15; 3:20, 28; 갈 2:16; 3:2, 5, 10

율법 조문 – 롬 2:27, 29; 7:6; 고후 3:6, 7

하나님의 율법 – 스 7:12, 14, 21, 25; 느 10:28, 29; 단 6:5; 호 4:6

【 율법교사 】 【 은 】

히 7:28	율법은 약점을 가진 사람들을 제사장으로 세웠거니와 율법 후에 하신 맹세
히 8:4	율법을 따라 예물을 드리는 제사장이
히 9:19	모세가 율법대로 모든 계명을 온 백성
히 9:22	율법을 따라 거의 모든 물건이 피로써
히 10:1	율법은 장차 올 좋은 일의 그림자일
히 10:8	(이는 다 율법을 따라 드리는 것이라)
약 1:25	온전한 율법을 들여다보고 있는 자는
약 2:9	죄를 짓는 것이니 율법이 너희를 범법자
약 2:10	누구든지 온 율법을 지키다가 그 하나를
약 2:11	간음하지 아니하여도 살인하면 율법을
약 2:12	자유의 율법대로 심판 받을 자처럼 말도
약 4:11	율법을 비방하고 율법을 판단하는 것이라 네가 만일 율법을 판단하면 율법을

율법교사(律法敎士, lawyer)

눅 5:17	예루살렘에서 온 바리새인과 율법교사
눅 7:30	바리새인과 율법교사들은 그의 세례를
눅 10:25	율법교사가 일어나 예수를 시험하여
눅 11:45	율법교사가 예수께 대답하여 이르되
눅 11:46	화 있을진저 또 너희 율법교사여 지기
눅 11:52	화 있을진저 너희 율법교사여 너희가
눅 14:3	예수께서 대답하여 율법교사들과
행 5:34	바리새인 가말리엘은 율법교사로 모든
딛 3:13	율법교사 세나와 및 아볼로를 급히 먼저

율법사(律法士, expert in the law)

마 22:35	그 중의 한 율법사가 예수를 시험하여

율법서(律法書, copy of the law)

신 17:18	왕위에 오르거든 이 율법서의 등사본

율법책(律法冊, book of law)

신 28:61	이 율법책에 기록하지 아니한 모든 질병
신 29:21	이 율법책에 기록된 모든 언약의 저주
신 30:9-10	이 율법책에 기록된 그의 명령과 규례
신 31:26	율법책을 가져다가 너희 하나님 여호와
수 1:8	이 율법책을 네 입에서 떠나지 말게
왕하 11:12	왕관을 씌우며 율법책을 주고 기름을
왕하 22:8	내가 여호와의 성전에서 율법책을 발견
대하 23:11	면류관을 씌우며 율법책을 주고 세워
대하 34:15	내가 여호와의 전에서 율법책을 발견
느 8:3	읽으매 뭇 백성이 그 율법책에 귀를

> '율법책'과 관련된 성구
>
> 모세의 율법책 – 수 8:31; 왕하 14:6; 대하 25:4; 느 8:1
> 여호와의 율법책 – 대하 17:9; 34:14; 느 9:3
> 하나님의 율법책 – 느 8:8, 18

윳다(Juttah) 마온 남동쪽 산지의 유다 성읍

수 15:55	마온과 갈멜과 십과 윳다와
수 21:16	아인과 그 목초지와 윳다와 그 목초지

으뜸/-가다(chief, head, preeminence)

민 24:20	아말렉은 민족들의 으뜸이나 그의 종말
삼하 22:44	모든 민족의 으뜸으로 삼으셨으니 내가
대하 17:14	천부장 중에는 아드나가 으뜸이 되어
스 9:2	방백들과 고관들이 이 죄에 더욱 으뜸이
욥 29:25	그들의 길을 택하여 주고 으뜸 되는
욥 40:19	그것은 하나님이 만드신 것 중에 으뜸
시 18:43	건지시고 여러 민족의 으뜸으로 삼으셨
렘 49:35	내가 엘람의 힘의 으뜸가는 활을 꺾으
마 20:27	너희 중에 누구든지 으뜸이 되고자 하는
막 10:44	너희 중에 누구든지 으뜸이 되고자 하는
골 1:18	먼저 나신 이시니 이는 친히 만물의 으뜸
요삼 1:9	으뜸 되기를 좋아하는 디오드레베가

으레(usually)

에 2:9	왕궁에서 으레 주는 일곱 궁녀를 주고

으르렁거리다(roar, yell)

사 31:4	자기의 먹이를 움키고 으르렁거릴
렘 51:38	지르며 새끼 사자같이 으르렁거리며

으불로(Eubulus) 로마의 그리스도인

딤후 4:21	너는 겨울 전에 어서 오라 으불로와

은(銀, silver)

> 모세오경

창 13:2	아브람에게 가축과 은과 금이 풍부하
창 20:16	사라에게 이르되 내가 은 천 개를 네
창 23:16	상인이 통용하는 은 사백 세겔을 달아
창 45:22	베냐민에게는 은 삼백과 옷 다섯 벌을
출 3:22	은 패물과 금 패물과 의복을 구하여 너희
출 20:23	은으로나 금으로나 너희를 위하여 신상

[은] [은]

출 21:32	소 임자가 은 삼십 세겔을 그의 상전에
출 25:3	받을 예물은 이러하니 금과 은과 놋과
출 27:10	그 기둥의 갈고리와 가름대는 은으로
출 27:11	그 기둥의 갈고리와 가름대는 은으로
출 27:17	가름대와 갈고리는 은이요 그 받침은
출 31:4	정교한 일을 연구하여 금과 은과 놋으로
출 35:24	은과 놋으로 예물을 삼는 모든 자가 가져
출 35:32	금과 은과 놋으로 제작하는 기술을 고안
출 36:36	기둥의 네 받침은 은으로 부어 만들었
출 38:10	놋이요 기둥의 갈고리와 가름대는 은이
출 38:11	놋이요 기둥의 갈고리와 가름대는 은이
출 38:12	열이며 기둥의 갈고리와 가름대는 은이
출 38:17	가름대는 은이요 기둥 머리 싸개는 은
출 38:19	갈고리는 은이요 … 가름대도 은이며
출 38:25	계수된 회중이 드린 은은 성소의 세겔로
출 38:26	성소의 세겔로 각 사람에게 은 한 베가
출 38:27	은 백 달란트로 성소의 받침과 휘장 문의
레 5:15	성소의 세겔로 몇 세겔 은에 상당한 흠
레 27:6	은 다섯 세겔로 하고 … 값은 삼 세겔
레 27:16	보리 한 호멜지기에는 은 오십 세겔로
민 7:85	성소의 세겔로 모든 기구의 은이 모두
민 18:16	은 다섯 세겔로 대속하라 한 세겔은
민 31:22	금, 은, 동, 철과 주석과 납 등의
신 7:25	불사르고 그것에 입힌 은이나 금을 탐내
신 22:19	그에게서 은 일백 세겔을 벌금으로 받아

역사서

수 7:21	은 이백 세겔과 그 무게가 오십 세겔 되는 금덩이 … 감추었는데 은은 그 밑
수 7:22	장막 안에 감추어져 있는데 은이 그 밑
수 7:24	아간을 잡고 그 은과 그 외투와 그 금
수 22:8	많은 재산과 심히 많은 가축과 은과 금
삿 9:4	바알브릿 신전에서 은 칠십 개를 내어
삿 16:5	우리가 각각 은 천백 개씩을 네게 주리라
삿 16:18	블레셋 방백들이 손에 은을 가지고 그
삿 17:2	어머니께서 은 천백을 잃어버리셨으므
삿 17:3	미가가 은 천백을 … 내 손에서 이 은을 여호와께 거룩히 … 이제 이 은을 네게
삿 17:4	미가가 그 은을 그의 … 은 이백
삿 17:10	해마다 은 열과 의복 한 벌과 먹을 것을
삼상 2:36	각기 와서 은 한 조각과 떡 한 덩이를
삼상 9:8	보소서 내 손에 은 한 세겔의 사분의 일
삼하 18:11	네게 은 열 개와 띠 하나를 주었으리라
삼하 18:12	내 손에 은 천 개를 받는다 할지라도

삼하 24:24	다윗이 은 오십 세겔로 타작 마당과 소를
왕상 7:51	다윗이 드린 물건 곧 은과 금과 기구들
왕상 10:21	은 기물이 없으니 솔로몬의 시대에 은을
왕상 10:22	다시스 배로 삼 년에 한 번씩 금과 은과
왕상 10:27	왕이 예루살렘에서 은을 돌같이 흔하게
왕상 10:29	애굽에서 들여온 병거는 한 대에 은 육백
왕상 15:15	성전에 받들어 드렸으니 곧 은과 금과
왕상 16:24	은 두 달란트로 세멜에게서 사마리아 산
왕상 20:39	네가 은 한 달란트를 내어야 하리라
왕하 5:5	나아만이 곧 떠날새 은 십 달란트와 금
왕하 5:22	청하건대 당신은 그들에게 은 한 달란트
왕하 5:23	그를 강권하여 은 두 달란트를 두 전대에
왕하 5:26	지금이 어찌 은을 받으며 옷을 받으며
왕하 6:25	나귀 머리 하나에 은 팔십 세겔이요 비둘기 똥 사분의 일 갑에 은 다섯 세겔
왕하 7:8	거기서 은과 금과 의복을 가지고 가서
왕하 12:4	은 곧 사람이 통용하는 은이나 … 드리는 은이나 자원하여 … 모든 은을
왕하 12:7	너희가 아는 사람에게서 은을 받지 말고
왕하 12:8	제사장들이 다시는 백성에게 은을 받지
왕하 12:9	여호와의 성전에 가져 오는 모든 은을
왕하 12:10	이에 그 궤 가운데 은이 많은 것을 보면 … 성전에 있는 대로 그 은을 계산
왕하 12:11	그 달아본 은을 일하는 자 곧 여호와의
왕하 12:13	그 은으로 그 성전의 은 대접이나 불
왕하 12:14	그 은을 일하는 자에게 주어 그것으로
왕하 12:15	그 은을 받아 일꾼에게 주는 사람들과
왕하 12:16	속건제의 은과 속죄제의 은은 여호와
왕하 15:19	므나헴이 은 천 달란트를 불에게 주어
왕하 15:20	은을 이스라엘 모든 … 은 오십 세겔씩
왕하 18:14	은 삼백 달란트와 금 삼십 달란트를
왕하 18:15	성전과 왕궁 곳간에 있는 은을 다 주었고
왕하 22:4	드린 은 곧 문 지킨 자가 수납한 은을
왕하 22:7	그들의 손에 맡긴 은을 회계하지 말지니
왕하 23:33	그 나라로 은 백 달란트와 금 한 달란트
왕하 25:15	금으로 만든 것이나 은으로 만든 것이나
대상 18:10	하도람이 금과 은과 놋의 여러 가지 그릇
대상 19:6	하눈과 암몬 자손은 더불어 은 천 달란트
대상 22:14	금 십만 달란트와 은 백만 달란트와 놋
대상 22:16	금과 은과 놋과 철이 무수하니 너는
대상 28:14	섬기는 데에 쓰는 은 기구를 만들 은
대상 28:15	등잔대와 그 등잔을 만들 은의 무게를
대상 28:16	금의 무게를 정하고 은상을 만들 은도

[은]

대상 28:17	은잔 곧 각 잔을 만들 은의 무게를 정하
대상 29:2	기구를 만들 금과 은과 놋과 철과 나무
대상 29:3	내가 사유한 금, 은으로 내 하나님의
대상 29:7	금 만 다릭 은 만 달란트와 놋 만 팔천
대하 1:17	애굽에서 사들인 병거는 한 대에 은 육백
대하 2:7	청하건대 당신은 금, 은, 동, 철로 제조
대하 2:14	금, 은, 동, 철과 돌과 나무와 자색 청색
대하 5:1	다윗이 드린 은과 금과 모든 기구를 가져
대하 9:14	방백들도 금과 은을 솔로몬에게 가져
대하 9:20	솔로몬의 시대에 은을 귀하게 여기지
대하 9:21	다시스의 금과 은과 상아와 원숭이와
대하 9:27	왕이 예루살렘에서 은을 돌같이 흔하게
대하 15:18	은과 금과 그릇들을 하나님의 전에 드렸
대하 17:11	여호사밧에게 예물을 드리며 은으로
대하 25:6	은 백 달란트로 이스라엘 나라에서 큰
대하 27:5	암몬 자손이 은 백 달란트와 밀 만 고르
대하 36:3	왕위를 폐하고 또 그 나라에 은 백 달란트
스 1:4	사람들이 마땅히 은과 금과 그 밖의
스 2:69	은이 오천 마네 제사장의 옷이 백 벌
스 7:22	은은 백 달란트까지, 밀은 백 고르까지
스 8:25	하나님의 성전을 위하여 드린 은과 금과
스 8:26	달아서 그들 손에 준 것은 은 육백오십
스 8:28	은과 금은 너희 조상들의 하나님 여호와
스 8:30	은과 금과 그릇을 예루살렘 우리 하나님
스 8:33	하나님의 성전에서 은과 금과 그릇을
느 5:15	포도주와 또 은 사십 세겔을 그들에게
느 7:71	족장들은 금 이만 드라크마와 은 이천
느 7:72	금 이만 드라크마와 은 이천이백 마네
에 1:6	대리석 기둥 은 고리에 매고 금과 은으로
에 3:9	내가 은 일만 달란트를 왕의 일을 맡은
에 3:11	그 은을 네게 주고 그 백성도 그리하노니
에 4:7	왕의 금고에 바치기로 한 은의 정확한

시가서

욥 3:15	은으로 집을 채운 고관들과 함께 있었을
욥 22:25	네 보화가 되시며 네게 고귀한 은이 되시
욥 27:16	은을 티끌같이 쌓고 의복을 진흙같이
욥 27:17	그의 은은 죄 없는 자가 차지할 것이며
욥 28:1	은 나는 곳이 있고 금을 제련하는 곳
욥 28:15	은을 달아도 그 값을 당하지 못하리니
시 12:6	흙 도가니에 일곱 번 단련한 은 같도다
시 66:10	우리를 단련하시기를 은을 단련함같이
시 68:13	양 우리에 누울 때에는 그 날개를 은으로
시 68:30	꾸짖으시고 은 조각을 발 아래에 밟으
시 115:4	그들의 우상들은 은과 금이요 사람이
잠 2:4	은을 구하는 것같이 그것을 구하며 감추
잠 3:14	지혜를 얻는 것이 은을 얻는 것보다 낫고
잠 8:10	너희가 은을 받지 말고 나의 훈계를 받으
잠 16:16	명철을 얻는 것이 은을 얻는 것보다 더욱
잠 17:3	도가니는 은을, 풀무는 금을 연단하거
잠 22:1	은이나 금보다 은총을 더욱 택할 것이
잠 25:4	은에서 찌꺼기를 제하라 그리하면 장색
잠 26:23	온유한 입술에 악한 마음은 낮은 은을
잠 27:21	도가니로 은을, 풀무로 금을, 칭찬으로
전 2:8	은 금과 왕들이 소유한 보배와 여러 지방
전 5:10	은을 사랑하는 자는 은으로 만족하지
아 1:11	우리가 너를 위하여 금 사슬에 은을 박아
아 3:10	그 기둥은 은이요 바닥은 금이요 자리는
아 8:11	그 열매로 말미암아 은 천을 바치게 하였

성경에 나오는 '은' 으로 만든 제품

은 가름대 – 출 38:17 / 은 고리 – 에 1:6
은 그릇 – 삼하 8:10; 왕상 10:25; 왕하 12:13; 대상 29:5; 대하 9:24; 스 1:6, 11; 5:14; 6:5; 8:26; 단 5:2; 딤후 2:20
은 기물 – 왕상 10:21
은 나팔 – 민 10:2
은 대접 – 왕하 12:13; 스 1:10
은 등잔대 – 대상 28:15
은 망대 – 아 8:9
은 바리 – 민 7:13, 19, 25, 31, 37, 43, 49, 55, 61, 67, 73, 79, 84, 85
은반 – 민 7:13, 19, 25
은 받침 – 출 26:19, 21, 25, 32; 36:24, 26, 30; 왕상 7:32
은 사슬 – 사 40:19
은상 – 대상 28:16
은 우상 – 사 2:20; 31:7
은 쟁반 – 민 7:31, 37, 43, 49, 55, 61, 67, 73, 79, 84; 잠 25:11
은 접시 – 스 1:9
은 줄 – 전 12:6
은화 – 눅 19:13, 15

은

선지서

사 1:22	네 **은**은 찌꺼기가 되었고 네 포도주에
사 7:23	천 그루에 **은** 천 개의 가치가 있는
사 13:17	보라 **은**을 돌아보지 아니하며 금을 기뻐
사 30:22	너희가 너희 조각한 우상에 입힌 **은**과
사 46:6	금을 쏟아 내며 **은**을 저울에 달아 도금
사 48:10	보라 내가 너를 연단하였으나 **은**처럼
사 55:2	양식이 아닌 것을 위하여 **은**을 달아 주며
사 60:17	놋을 대신하며 **은**을 가지고 철을 대신
렘 6:30	사람들이 그들을 내버린 **은**이라 부르게
렘 10:4	그들이 **은**과 금으로 그것에 꾸미고 못과
렘 32:9	아나돗에 있는 밭을 사는데 **은** 십칠 세겔
렘 32:10	봉인하고 증인을 세우고 **은**을 저울에
렘 32:25	주께서 내게 **은**으로 밭을 사며 증인을
렘 32:44	네겝의 성읍들에 있는 밭을 **은**으로 사고
렘 52:19	물건의 금과 **은**으로 만든 물건의 **은**을
애 5:4	**은**을 주고 물을 마시며 값을 주고 나무들
겔 7:19	그들이 그 **은**을 거리에 던지며 그 금을
	오물… 내리는 날에 그들의 **은**과 금이
겔 16:17	금, **은** 장식품으로 너를 위하여 남자
겔 22:18	주석이나 쇠나 납이며 **은**의 찌꺼기로다
겔 22:20	**은**이나 놋이나 쇠나 납이나 주석이나
겔 22:22	**은**이 풀무 불 가운데에서 녹는 것같이
겔 27:12	**은**과 철과 주석과 납을 네 물품과 바꾸어
겔 28:4	재물을 얻었으며 금과 **은**을 곳간에 저축
겔 38:13	**은**과 금을 빼앗으며 짐승과 재물을 빼앗

'은'과 관련된 성구

순은 - 대상 29:4; 잠 8:19; 10:20
은 주머니 - 잠 7:20

단 2:32	가슴과 두 팔은 **은**이요 배와 넓적다리
단 2:35	그 때에 쇠와 진흙과 놋과 **은**과 금이
단 2:45	산에서 나와서 쇠와 놋과 진흙과 **은**과
단 5:4	금, **은**, 구리, 쇠, 나무, 돌로 만든 신들을
단 5:23	금, **은**, 구리, 쇠와 나무, 돌로 만든 신상
단 11:8	우상들과 **은**과 금의 아름다운 그릇들은
호 2:8	바알을 위하여 쓴 **은**과 금도 내가 그에
호 3:2	**은** 열다섯 개와 보리 한 호멜 반으로
호 8:4	그 **은**, 금으로 자기를 위하여 우상을
호 9:6	그들의 **은** 귀한 것이나 찔레가 덮을
호 13:2	더욱 범죄하여 그 **은**으로 자기를 위하여

욜 3:5	너희가 내 **은**과 금을 빼앗고 나의 진기한
암 2:6	**은**을 받고 의인을 팔며 신 한 켤레를
암 8:6	**은**으로 힘없는 자를 사며 신 한 켤레로
나 2:9	**은**을 노략하라 금을 노략하라 그 저축한
합 2:19	이는 금과 **은**으로 입힌 것이즉 그 속에
습 1:11	다 패망하고 **은**을 거래하는 자들이 끊어
습 1:18	그들의 **은**과 금이 여호와의 분노의 날에
학 2:8	**은**도 내 것이요 금도 내 것이니라 만군의
슥 6:11	**은**과 금을 받아 면류관을 만들어 여호사
슥 9:3	**은**을 티끌같이, 금을 거리의 진흙같이
슥 11:12	그들이 곧 **은** 삼십 개를 달아서 내 품삯
슥 11:13	그 **은** 삼십 개를 여호와의 전에서 토기장
슥 13:9	던져 **은**같이 연단하며 금같이 시험할
말 3:3	그가 **은**을 연단하여 … 금, **은**같이 그들

신약

마 10:9	너희 전대에 금이나 **은**이나 동을 가지지
마 26:15	주려느냐 하니 그들이 **은** 삼십을 달아
마 27:3	그 **은** 삼십을 대제사장들과 장로들에게
마 27:5	유다가 **은**을 성소에 던져 넣고 물러가서
마 27:6	대제사장들이 그 **은**을 거두며 이르되
마 27:9	가격 매긴 자의 가격 곧 **은** 삼십을 가지
행 3:6	베드로가 이르되 **은**과 금은 내게 없거니
행 7:16	세겜 하몰의 자손에게서 **은**으로 값 주고
행 8:20	살 줄로 생각하였으니 네 **은**과 네가
행 17:29	하나님을 금이나 **은**이나 돌에다 사람의
행 19:19	불사르니 그 책 값을 계산한즉 **은** 오만
행 19:24	어떤 은장색이 **은**으로 아데미의 신상
행 20:33	아무의 **은**이나 금이나 의복을 탐하지
고전 3:12	금이나 **은**이나 보석이나 나무나 풀이나
약 5:3	너희 금과 **은**은 녹이 슬었으니 이 녹이
벧전 1:18	**은**이나 금같이 없어질 것으로 된 것이
계 9:20	못하는 금, **은**, 동과 목석의 우상에게
계 18:12	상품은 금과 **은**과 보석과 진주와 세마포

은근히 (慇懃, in secret)

시 101:5	자기의 이웃을 **은근히** 헐뜯는 자를 내가

은금 (銀金, silver and gold)

모세오경, 역사서

창 24:35	소와 양과 **은금**과 종들과 낙타와 나귀를
창 24:53	**은금** 패물과 의복을 꺼내어 리브가에게
창 44:8	당신의 주인의 집에서 **은금**을 도둑질
출 11:2	각기 이웃들에게 **은금** 패물을 구하게

은덕

출 12:35	애굽 사람에게 **은금** 패물과 의복을 구하
민 22:18	발락이 그 집에 가득한 **은금**을 내게
민 24:13	발락이 그 집에 가득한 **은금**을 내게
신 8:13	네 소와 양이 번성하며 네 **은금**이 증식
신 17:17	자기를 위하여 **은금**을 많이 쌓지 말 것
신 29:17	가증한 것과 목석과 **은금**의 우상을 보았
수 6:19	**은금**과 동철 기구들은 다 여호와께 구별
수 6:24	**은금**과 동철 기구는 여호와의 집 곳간에
삼하 8:11	그가 정복한 모든 나라에서 얻은 **은금**
삼하 21:4	우리 사이의 문제는 **은금**에 있지 아니
왕상 15:18	**은금**을 모두 가져다가 그 신하의 손에
왕상 15:19	내가 당신에게 **은금** 예물을 보냈으니
왕상 20:3	네 **은금**은 내 것이요 네 아내들과 네
왕상 20:5	너는 네 **은금**과 아내들과 자녀들을 내게
왕상 20:7	내 아내들과 내 자녀들과 네 **은금**을
왕하 16:8	**은금**을 내어다가 앗수르 왕에게 예물로
왕하 23:35	힘대로 액수를 정하고 **은금**을 징수하였
대상 18:11	이방 민족에게서 빼앗아 온 **은금**과 함께
대하 1:15	예루살렘에서 **은금**을 돌같이 흔하게
대하 16:2	**은금**을 내어다가 다메섹에 사는 아람
대하 16:3	약조하자 내가 당신에게 **은금**을 보내
대하 21:3	**은금**과 보물과 유다 견고한 성읍들을
대하 32:27	부와 영광이 지극한지라 이에 **은금**과
스 7:15	하나님께 성심으로 드리는 **은금**을
스 7:16	바벨론 온 도에서 얻은 모든 **은금**과
스 7:18	그 나머지 **은금**은 너와 너의 형제가

시가서, 선지서

시 105:37	그들을 인도하여 **은금**을 가지고 나오게
시 135:15	열국의 우상은 **은금**이요 사람의 손으로
사 2:7	그 땅에는 **은금**이 가득하고 보화가 무한
사 39:2	보물 창고 곧 **은금**과 향료와 보배로운
사 60:9	먼 곳에서 네 자손과 그들의 **은금**을

은덕(恩德, good)

시 13:6	이는 주께서 내게 **은덕**을 베푸심이로다

은밀하다/은밀히 (隱密, secret, hide)

모세오경 – 시가서

신 27:15	그것을 만들어 **은밀히** 세우는 자는 저주
삼상 13:6	굴과 수풀과 바위 틈과 **은밀한** 곳과
삼상 19:2	아침에 조심하여 **은밀한** 곳에 숨어 있으
삼하 12:12	**은밀히** 행하였으나 나는 온 이스라엘
욥 12:22	어두운 가운데서 **은밀한** 것을 드러
욥 15:11	하나님의 위로와 **은밀하게** 하시는 말씀
욥 40:13	그들의 얼굴을 싸서 **은밀한** 곳에 둘지니
시 10:8	마을 구석진 곳에 앉으며 그 **은밀한**
시 10:9	굴에 엎드림같이 그가 **은밀한** 곳에
시 17:12	**은밀한** 곳에 엎드린 젊은 사자 같으니
시 27:5	그의 장막 **은밀한** 곳에 나를 숨기시며
시 31:20	주께서 그들을 주의 **은밀한** 곳에 숨기사
시 51:6	원하시오니 내게 지혜를 **은밀히** 가르치
시 81:7	우렛소리의 **은밀한** 곳에서 네게 응답
시 91:1	지존자의 **은밀한** 곳에 거주하며 전능자
시 139:15	내가 **은밀한** 데서 지음을 받고 땅의
아 2:14	바위 틈 낭떠러지 **은밀한** 곳에 있는

선지서

사 45:3	**은밀한** 곳에 숨은 재물을 주어 네 이름
렘 13:17	너희 교만으로 말미암아 **은밀한** 곳에서
렘 23:24	누가 자신을 **은밀한** 곳에 숨길 수 있겠
애 3:10	엎드려 기다리는 곰과 **은밀한** 곳에 있는
겔 28:3	지혜로워서 **은밀한** 것을 깨닫지 못할
단 2:19	**은밀한** 것이 밤에 환상으로 다니엘에게
단 2:27	왕이 물으신 바 **은밀한** 것은 지혜자나
단 2:28	**은밀한** 것을 나타내실 이는 하늘에 계신
단 2:29	**은밀한** 것을 나타내시는 이가 장래 일을
단 2:30	내게 이 **은밀한** 것을 나타내심은 내
단 2:47	능히 이 **은밀한** 것을 … 또 **은밀한** 것
단 4:9	거룩한 신들의 영이 있은즉 어떤 **은밀한**

신약

마 6:4	구제함을 **은밀하게** 하라 **은밀한** 중에
마 6:6	문을 닫고 **은밀한** 중에 … **은밀한** 중에
마 6:18	**은밀한** 중에 계신 … **은밀한** 중에 보시
요 7:10	올라가시되 나타내지 않고 **은밀히** 가시
요 18:20	성전에서 항상 가르쳤고 **은밀하게는**
롬 2:16	사람들의 **은밀한** 것을 심판하시는 그 날
고전 2:7	오직 **은밀한** 가운데 있는 하나님의 지혜
엡 5:12	그들이 **은밀히** 행하는 것들은 말하기도

'은밀한' 과 관련된 성구

은밀한 말 – 민 12:8; 단 5:12
은밀한 선물 – 잠 21:14
은밀한 일 – 삿 3:19; 잠 25:9; 전 12:14;
　　　　　렘 33:3; 단 2:18, 22
은밀한 죄 – 시 90:8
은밀한 처소 – 사 65:4; 겔 7:22

은박

은박(銀箔, hammered silver)
렘 10:9　다시스에서 가져온 **은박**과 우바스에서

은비하다(隱秘, hidden thing unknown)
사 48:6　새 일 곧 네가 알지 못하던 **은비한** 일

은사(恩賜, gift)
행 13:34　내가 다윗의 거룩하고 미쁜 **은사**를 너희
롬 1:11　어떤 신령한 **은사**를 너희에게 나누어
롬 5:15　이 **은사**는 그 범죄와 같지 아니하니
롬 5:16　**은사**는 많은 범죄로 말미암아 의롭다
롬 6:23　죄의 삯은 사망이요 하나님의 **은사**는
롬 11:29　하나님의 **은사**와 부르심에는 후회하심
롬 12:6　우리에게 주신 은혜대로 받은 **은사**가
고전 1:7　너희가 모든 **은사**에 부족함이 없이 우리
고전 7:7　각각 하나님께 받은 자기의 **은사**가 있으
고전 12:4　**은사**는 여러 가지나 성령은 같고
고전 12:9　사람에게는 한 성령으로 병 고치는 **은사**
고전 12:28　그 다음은 병 고치는 **은사**와 서로 돕는
고전 12:30　다 병 고치는 **은사**를 가진 자이겠느냐
고전 12:31　너희는 더욱 큰 **은사**를 사모하라 내가
고후 1:11　사람의 기도로 얻은 **은사**로 말미암아
고후 9:15　그의 **은사**로 말미암아 하나님께 감사
딤전 4:14　네 속에 있는 **은사** 곧 장로의 회에서
딤후 1:6　안수함으로 네 속에 있는 하나님의 **은사**
히 6:4　한 번 빛을 받고 하늘의 **은사**를 맛보고
약 1:17　온갖 좋은 **은사**와 온전한 선물이 다 위
벧전 4:10　각각 **은사**를 받은 대로 하나님의 여러

은신처(隱身處, hiding place, refuge)

시 32:7　주는 나의 **은신처**
시 119:114　주는 나의 **은신처**요 방패시라 내가 주의

은인(恩人, benefactor)
눅 22:25　주관하며 그 집권자들은 **은인**이라 칭함

은잔(銀盞, silver cup)
창 44:2　내 잔 곧 **은잔**을 그 청년의 자루 아귀에
대상 28:17　각 잔을 만들 금의 무게와 또 **은잔** 곧

은장색/은장이(銀匠, craftsman, silversmith)
삿 17:4　어머니가 그 이백을 가져다 **은장색**

은택

렘 10:9　기술공과 **은장색**의 손으로 만들었고
렘 10:14　사람마다 어리석고 무식하도다 **은장이**
호 13:2　우상을 만들었으며 그것은 다 **은장색**이
행 19:24　데메드리오 하는 어떤 **은장색**이 은

은총(恩寵, favor, love, kindness, goodness)
창 32:10　주께서 주의 종에게 베푸신 모든 **은총**과
출 33:16　나와 주의 백성이 주의 목전에 **은총** 입은
삼상 2:26　여호와와 사람들에게 **은총**을 더욱 받더
대하 6:42　주의 종 다윗에게 베푸신 **은총**을 기억
시 30:5　그의 노염은 잠깐이요 그의 **은총**은 평생
시 86:17　**은총**의 표적을 내게 보이소서 그러면
시 89:17　우리의 뿔이 주의 **은총**으로 높아지오리
시 90:17　우리 하나님의 **은총**을 우리에게 내리게
잠 3:4　하나님과 사람 앞에서 **은총**과 귀중히
잠 22:1　은이나 금보다 **은총**을 더욱 택할 것이
사 63:7　이스라엘 집에 베푸신 큰 **은총**을 말하
호 2:19　공의와 정의와 **은총**과 긍휼히 여김으로
호 3:5　경외하므로 여호와와 그의 **은총**으로
슥 4:7　무리가 외치기를 **은총**, **은총**이 그에게
슥 11:7　막대기 둘을 취하여 하나는 **은총**이라
슥 11:10　이에 **은총**이라 하는 막대기를 취하여
슥 12:10　다윗의 집과 예루살렘 주민에게 **은총**과
행 7:10　애굽 왕 바로 앞에서 **은총**과 지혜를

> **'은총'과 관련된 성구**
>
> **은총을 받다** – 잠 12:2; 18:22; 단 10:11, 19
>
> **은총을 베풀다** – 삼하 9:1, 3, 7; 10:2; 왕상 2:7; 시 40:13
>
> **은총을 빼앗다** – 삼하 7:15
>
> **은총을 얻다** – 삼상 16:22; 왕상 11:19; 에 2:17; 잠 8:35; 11:27
>
> **은총을 입다** – 출 33:12, 13, 17; 34:9; 잠 14:35; 전 9:11; 사 26:10; 단 9:23

은택(恩澤, benefit, favor)
시 51:18　주의 **은택**으로 시온에 선을 행하시고
시 65:11　주의 **은택**으로 한 해를 관 씌우시니
시 68:10　주께서 가난한 자를 위하여 주의 **은택**
시 103:2　여호와를 송축하며 그의 모든 **은택**을
잠 16:15　그의 **은택**이 늦은 비를 내리는 구름과
잠 19:12　부르짖음 같고 그의 **은택**은 풀 위의

1886

【 은행 】 　　　　　　　　　　　　　　　　　　　　　　　　　　【 은혜 】

은행(銀行, deposit)
눅 19:23　어찌하여 내 돈을 은행에 맡기지 아니

은혜(恩惠, grace)

모세오경, 역사서
창 20:13　그대가 내게 베풀 은혜라 하였었노라
창 33:5　하나님이 주의 종에게 은혜로 주신 자식
신 33:16　은혜로 말미암아 복이 요셉의 머리에,
신 33:23　은혜가 풍성하고 여호와의 복이 가득한
삿 8:35　기드온이 이스라엘에 베푼 모든 은혜를
삼상 13:12　여호와께 은혜를 간구하지 못하였다
삼하 2:6　여호와께서 은혜와 진리로 너희에게
왕상 3:6　주께서 또 그를 위하여 이 큰 은혜를
왕상 8:66　이스라엘에게 베푸신 모든 은혜로
대하 1:8　전에 큰 은혜를 내 아버지 다윗에게
대하 6:41　주의 성도들에게 은혜를 기뻐하게 하옵
대하 7:10　이스라엘에게 베푸신 은혜로 말미암아
대하 24:22　여호야다가 베푼 은혜를 기억하지 아니
대하 32:25　마음이 교만하여 그 받은 은혜를 보답
느 13:22　주의 크신 은혜대로 나를 아끼시옵소서

시가서
욥 10:12　생명과 은혜를 내게 주시고 나를 보살펴
시 5:12　방패와 같은 은혜로 그를 호위하시리
시 30:7　여호와여 주의 은혜로 나를 산같이
시 31:19　쌓아 두신 은혜 곧 … 베푸신 은혜가
시 45:2　왕은 사람들보다 아름다워 은혜를 입술
시 77:9　하나님이 그가 베푸실 은혜를 잊으셨
시 106:4　주의 백성에게 베푸시는 은혜로 나를
시 116:12　내게 주신 모든 은혜를 내가 여호와께
시 141:5　의인이 나를 칠지라도 은혜로 여기며
시 145:7　그들이 주의 크신 은혜를 기념하여 말하
잠 14:9　심상히 여겨도 정직한 자 중에는 은혜가

선지서
사 49:8　여호와께서 이같이 이르시되 은혜를
사 55:3　다윗에게 허락한 확실한 은혜이니라
사 60:10　이제는 나의 은혜로 너를 불쌍히 여겼
사 61:2　여호와의 은혜의 해와 우리 하나님의
렘 32:18　은혜를 천만인에게 베푸시며 아버지
욜 2:13　여호와께로 돌아올지어다 그는 은혜
욘 2:8　모든 자는 자기에게 베푸신 은혜를 버렸

복음서, 역사서
눅 4:19　주의 은혜의 해를 전파하게 하려 하심
눅 6:35　은혜를 모르는 자와 악한 자에게도 인자

요 1:16　충만한 데서 받으니 은혜 위에 은혜러라
행 14:3　기사를 행하게 하여 주사 자기 은혜의
행 15:40　형제들에게 주의 은혜에 부탁함을 받고
행 18:27　은혜로 말미암아 믿은 자들에게 많은
행 20:32　여러분을 주와 및 그 은혜의 말씀에

서신서, 예언서
롬 1:5　그로 말미암아 우리가 은혜와 사도의
롬 4:4　일하는 자에게는 그 삯이 은혜로 여겨
롬 4:16　상속자가 되는 그것이 은혜에 속하기
롬 5:2　우리가 믿음으로 서 있는 이 은혜에
롬 5:17　더욱 은혜와 의의 선물을 넘치게 받는
롬 5:20　그러나 죄가 더한 곳에 은혜가 더욱
롬 5:21　사망 안에서 왕 노릇 한 것같이 은혜도
롬 6:1　우리가 무슨 말을 하리요 은혜를 더하게
롬 6:14　너희가 법 아래에 있지 아니하고 은혜
롬 6:15　우리가 법 아래에 있지 아니하고 은혜
롬 11:5　지금도 은혜로 택하심을 따라 남은 자가
롬 11:6　만일 은혜로 된 것이면 행위로 말미암
　　　　지 않음이니… 은혜가 은혜 되지 못하
롬 12:3　내게 주신 은혜로 말미암아 너희 각
롬 12:6　우리에게 주신 은혜대로 받은 은사가
롬 15:15　하나님께서 내게 주신 은혜로 말미암아
롬 15:16　이 은혜는 곧 나로 이방인을 위하여
롬 16:20　우리 주 예수의 은혜가 너희에게 있을
고전 2:12　하나님께서 우리에게 은혜로 주신 것
고전 15:10　그의 은혜가 … 하나님의 은혜로라
고전 16:3　너희의 은혜를 예루살렘으로 가지고
고후 4:15　많은 사람의 감사로 말미암아 은혜가
고후 8:1　마게도냐 교회들에게 주신 은혜를 우리
고후 8:4　이 은혜와 성도 섬기는 일에 참여함을
고후 8:6　이 은혜를 그대로 성취하게 하라 하였
고후 8:7　모든 일에 풍성한 것같이 이 은혜에도
고후 8:19　우리가 맡은 은혜의 일로 우리와 동행
고후 9:8　하나님이 능히 모든 은혜를 너희에게
고후 9:14　지극한 은혜로 말미암아 너희를 사모
고후 12:9　이르시기를 내 은혜가 네게 족하도다
갈 1:15　택정하시고 그의 은혜로 나를 부르신
갈 2:9　게바와 요한도 내게 주신 은혜를 알므로
갈 5:4　그리스도에게서 끊어지고 은혜에서
엡 1:6　그의 은혜의 영광을 찬송하게 하려는
엡 1:7　그리스도 안에서 그의 은혜의 풍성함을
엡 2:5　살리셨고 (너희는 은혜로 구원을 받은
엡 2:7　그 은혜의 지극히 풍성함을 오는 여러

1887

【 은혜 】　　　　　　　　　　　　　　　　　　　　　　　　　　　　　　　　　　　　　　　【 을래 】

엡 2:8	그 은혜에 의하여 믿음으로 말미암아		얻기 위하여 은혜의 보좌 앞에 담대히
엡 3:2	내게 주신 하나님의 그 은혜의 경륜을	히 10:29	은혜의 성령을 욕되게 하는 자가 당연히
엡 4:29	선한 말을 하여 듣는 자들에게 은혜를	히 13:9	마음은 은혜로써 굳게 함이 아름답고
엡 6:24	변함없이 사랑하는 모든 자에게 은혜가	히 13:25	은혜가 너희 모든 사람에게 있을지어다
빌 1:7	너희가 다 나와 함께 은혜에 참여한	약 4:6	큰 은혜를 주시나니 … 은혜를 주신다
골 4:6	너희 말을 항상 은혜 가운데서 소금으로	벧전 1:10	너희에게 임할 은혜를 예언하던 선지자
골 4:18	내가 매인 것을 생각하라 은혜가 너희	벧전 1:13	너희에게 가져다 주실 은혜를 온전히
살후 2:16	영원한 위로와 좋은 소망을 은혜로 주신	벧전 3:7	생명의 은혜를 함께 이어받을 자로 알아
딤전 1:2	예수 우리 주께로부터 은혜와 긍휼	벧전 4:10	하나님의 여러 가지 은혜를 맡은 선한
딤전 1:14	우리 주의 은혜가 그리스도 예수 안에	벧전 5:10	모든 은혜의 하나님 곧 그리스도 안에서
딤전 6:21	믿음에서 벗어났느니라 은혜가 너희와	벧전 5:12	권하고 이것이 하나님의 참된 은혜임을
딤후 1:9	예수 안에서 우리에게 주신 은혜대로		증언하노니 너희는 이 은혜에 굳게 서라
딤후 2:1	그리스도 예수 안에 있는 은혜 가운데서	계 22:21	주 예수의 은혜가 모든 자들에게 있을
딤후 4:22	바라노니 은혜가 너희와 함께 있을지		
딛 3:7	우리로 그의 은혜를 힘입어 의롭다 하심	**을래**(Ulai) 바사의 수산 성 부근을 흐르는 강	
딛 3:15	문안하라 은혜가 너희 무리에게 있을	단 8:2	환상을 보기는 을래 강변에서이니라
히 4:16	긍휼하심을 받고 때를 따라 돕는 은혜를	단 8:16	내가 들은즉 을래 강 두 언덕 사이에서

'은혜'와 관련된 성구

은혜를 구하다 – 왕상 13:6; 욥 11:19; 20:10; 잠 19:6; 29:26; 슥 7:2; 8:21; 22; 말 1:9

은혜를 받게 하다 – 창 39:21; 출 11:3

은혜를 받다 – 창 32:5; 삼상 20:3;; 시 102:14; 눅 1:28; 행 4:33; 7:46; 15:11; 고후 6:2; 히 12:28

은혜를 베풀다 – 창 24:12; 32:9, 12; 33:11; 40:14; 43:14, 29; 출 1:20; 18:9; 20:6; 33:19; 민 6:25; 11:15; 신 5:10; 7:13; 삿 21:22; 룻 2:10, 20; 삼하 2:5; 3:8; 왕상 3:6; 8:23; 왕하 13:23; 대하 6:14; 스 9:8; 느 5:19; 에 2:9; 욥 33:26; 시 4:1; 6:2; 9:13; 25:16; 26:11; 30:10; 31:9; 37:21, 26; 41:4, 10; 51:1; 56:1; 57:1; 59:5; 67:1; 77:7; 85:1; 86:3, 15, 16; 102:13; 109:12; 112:5; 119:58, 132; 123:3; 잠 3:34; 13:15; 사 27:11; 30:18, 19; 33:2; 렘 16:13; 슥 8:15; 고후 6:2

은혜를 얻게 하다 – 창 33:15; 삼상 25:8; 스 7:28; 고후 1:15

은혜를 얻다 – 삿 6:17; 느 2:5; 히 4:16

은혜를 입게 하다 – 창 34:11; 민 11:11; 삼하 16:4; 느 1:11

은혜를 입다 – 창 6:8; 18:3; 19:19; 33:8, 10; 39:4; 47:25, 29; 50:4; 민 32:5; 수 11:20; 룻 2:2, 13; 삼상 1:18; 27:5; 삼하 14:22; 15:25; 에 5:8; 7:3; 8:5; 잠 21:10; 렘 31:2; 눅 1:30

은혜를 입히게 하다 – 출 3:21; 12:36

은혜를 주시다 – 엡 3:8; 4:7; 빌 1:29; 약 4:6; 벧전 5:5

은혜와 권능 – 행 6:8

은혜와 긍휼 – 단 1:9

은혜와 긍휼과 평강 – 딤후 1:2; 요이 1:3

은혜와 영화 – 시 84:11

은혜와 진리 – 삼하 2:6; 15:20; 요 1:14, 17

은혜와 평강 – 롬 1:7; 고전 1:3; 고후 1:2; 갈 1:3; 엡 1:2; 빌 1:2; 골 1:2; 살전 1:1; 살후 1:2; 딛 1:4; 몬 1:3; 벧전 1:2; 벧후 1:2; 계 1:5

(주 예수) 그리스도의 은혜 – 롬 5:15; 고전 16:23; 고후 8:9; 13:13; 갈 1:6; 6:18; 빌 4:23; 살전 5:28; 살후 1:12; 3:18; 몬 1:25; 벧후 3:18

하나님의 은혜 – 눅 2:40; 행 11:23; 13:43; 14:26; 20:24; 롬 3:24; 5:15; 고전 1:4; 3:10; 15:10; 고후 1:12; 6:1; 갈 2:21; 엡 3:7; 골 1:6; 딛 2:11; 히 2:9; 12:15; 유 1:4

읊다(say)
민 21:27 시인이 읊어 이르되 너희는 헤스본으로
시 81:2 시를 읊으며 소고를 치고 아름다운 수금

읊조리다(meditate, think of)
시 39:3 속에서 뜨거워서 작은 소리로 읊조릴
시 49:3 명철을 작은 소리로 읊조리리로다
시 63:6 주의 말씀을 작은 소리로 읊조릴 때
시 71:24 주의 의를 작은 소리로 읊조리오리니
시 77:12 주의 모든 일을 작은 소리로 읊조리며
시 119:15 주의 법도들을 작은 소리로 읊조리며
시 119:23 율례들을 작은 소리로 읊조렸나이다
시 119:27 일들을 작은 소리로 읊조리리이다
시 119:48 율례들을 작은 소리로 읊조리리이다
시 119:78 법도들을 작은 소리로 읊조리리이다
시 119:97 그것을 종일 작은 소리로 읊조리나이다
시 119:99 내가 주의 증거들을 늘 읊조리므로 나의
시 119:148 주의 말씀을 조용히 읊조리려고 내가
시 143:5 주의 모든 행하신 것을 읊조리며 주의
시 145:5 일들을 나는 작은 소리로 읊조리리이다

음(音, tune)
대상 15:21 수금을 타서 여덟째 음에 맞추어 인도하
고전 14:7 그 음의 분별을 나타내지 아니하면 피리

음경(陰莖, penis)
신 23:1 음경이 잘린 자는 여호와의 총회에

음낭(陰囊, private part)
신 25:11 손을 벌려 그 사람의 음낭을 잡거든

음녀(淫女, adulteress, adulterer, prostitute)
시 73:27 음녀같이 주를 떠난 자를 주께서 다
잠 2:16 또 너를 음녀에게서, 말로 호리는 이방
잠 5:3 대저 음녀의 입술은 꿀을 떨어뜨리며
잠 5:20 내 아들아 어찌하여 음녀를 연모하겠
잠 6:26 음녀로 말미암아 사람이 한 조각 떡만
잠 7:5 이것이 너를 지켜서 음녀에게, 말로
잠 7:8 그가 거리를 지나 음녀의 골목 모퉁이로
잠 7:25 네 마음이 음녀의 길로 치우치지 말며
잠 22:14 음녀의 입은 깊은 함정이라 여호와의
잠 23:27 대저 음녀는 깊은 구덩이요 이방 여인
잠 30:20 음녀의 자취도 그러하니라 그가 먹고

사 23:16 잊어버린 바 되었던 너 음녀여 수금을
사 57:3 무당의 자식, 간음자와 음녀의 자식들아
겔 16:30 이는 방자한 음녀의 행위라 네 마음이
겔 16:35 너 음녀야 여호와의 말씀을 들을지어다
호 3:1 타인의 사랑을 받아 음녀가 된 그 여자를
나 3:4 마술에 능숙한 미모의 음녀가 많은 음행
롬 7:3 남편 생전에 다른 남자에게 가면 음녀
라 … 다른 남자에게 갈지라도 음녀가
계 17:1 많은 물 위에 앉은 큰 음녀가 받을 심판
계 17:5 땅의 음녀들과 가증한 것들의 어미라
계 17:15 네가 본 바 음녀가 앉아 있는 물은 백성
계 17:16 열 뿔과 짐승은 음녀를 미워하여 망하게
계 19:2 음행으로 땅을 더럽게 한 큰 음녀를 심
판하사 자기 종들의 피를 그 음녀의 손에

음란/-하다/-히(淫亂, prostitute)
출 34:15 그들이 모든 신을 음란하게 섬기며 그들
출 34:16 그들의 딸들이 그들의 신들을 음란하게 섬기며 … 신들을 음란하게 섬기게
레 17:7 전에 음란하게 섬기던 숫염소에게 다시
레 20:5 그를 본받아 몰렉을 음란하게 섬기는
레 20:6 접신한 자와 박수무당을 음란하게 따르
신 31:16 그 땅으로 들어가 음란히 그 땅의 이방
삿 8:27 온 이스라엘이 그것을 음란하게 위하
욥 31:11 그것은 참으로 음란한 일이니 재판에
사 23:17 지면에 있는 열방과 음란을 행할 것이며
렘 3:2 사람 같아서 음란과 행악으로 이 땅을
렘 13:27 네가 행한 음란과 음행과 가증한 것을
겔 16:15 지나가는 모든 자와 더불어 음란을 많이
겔 16:22 네가 모든 가증한 일과 음란을 행하였
겔 16:26 애굽 사람과도 음행하되 심히 음란히
겔 16:34 네 음란함이 다른 여인과 같지 아니함
겔 16:43 네가 이 음란과 네 모든 가증한 일을
겔 16:58 네 음란과 네 가증한 일을 네가 담당하였
겔 23:8 몸에 음란을 쏟음을 당한 바 되었더니
겔 23:20 그의 정수는 말 같은 음란한 간부를
겔 23:27 내가 네 음란과 애굽 땅에서부터 행음
겔 23:29 네 음행의 벗은 몸 곧 네 음란하며 행음
겔 23:30 음란하게 이방을 따르고 그 우상들로
겔 23:35 너는 네 음란과 네 음행의 죄를 담당할
겔 23:48 이같이 내가 이 땅에서 음란을 그치게
겔 23:49 그들이 너희 음란으로 너희에게 보응
겔 24:13 너의 더러운 것들 중에 음란이 그 하나

[음료] [음성]

겔 43:9	이제는 그들이 그 음란과 그 왕들의 시체
호 1:2	이 나라가 여호와를 떠나 크게 음란함
호 2:2	그가 그의 얼굴에서 음란을 제하게 하고
마 15:19	악한 생각과 살인과 간음과 음란과 도둑
막 7:21	마음에서 나오는 것은 악한 생각 곧 음란
막 8:38	누구든지 이 음란하고 죄 많은 세대에서
요 8:41	우리가 음란한 데서 나지 아니하였고
롬 13:13	음란하거나 호색하지 말며 다투거나
고전 6:13	몸은 음란을 위하여 있지 않고 오직 주를
고후 12:21	더러움과 음란함과 호색함을 회개하지
골 3:5	땅에 있는 지체를 죽이라 곧 음란과 부정
살전 4:3	이것이니 너희의 거룩함이라 곧 음란을
벧전 4:3	너희가 음란과 정욕과 술취함과 방탕
벧후 2:7	무법한 자들의 음란한 행실로 말미암아
벧후 2:18	음란으로써 육체의 정욕 중에서 유혹
유 1:7	그들과 같은 행동으로 음란하며 다른

'음란'과 관련된 성구

악하고 음란한 세대 – 마 12:39; 16:4
음란한 눈 – 겔 6:9
음란한 마음 – 겔 6:9; 호 4:12; 5:4
음란한 여인 – 잠 6:26; 겔 23:44
음란한 여자 – 호 1:2
음란한 자식 – 호 1:2; 2:4

음료 (飮料, drink)

요 6:55	내 피는 참된 음료로다
고전 10:4	다 같은 신령한 음료를 마셨으니 이는 그들을 따르는 신령한

음모 (陰謀, conspire, plot)

삼상 23:9	사울이 자기를 해하려 하는 음모를 알고
에 2:21	아하수에로 왕을 암살하려는 음모를
에 6:2	아하수에로 왕을 암살하려는 음모를
시 21:11	그들이 왕을 해하려 하여 음모를 꾸몄
시 38:12	괴악한 일을 말하여 종일토록 음모를
시 64:2	주는 악을 꾀하는 자들의 음모에서 나를
렘 11:15	나의 사랑하는 자가 많은 악한 음모를

음부 1 (淫婦, adulteress)

레 20:10	간음하는 자는 그 간부와 음부를 반드시
호 4:14	남자들도 창기와 함께 나가며 음부와

음부 2 (陰府, grave)

마 11:23	하늘에까지 높아지겠느냐 음부에까지
마 16:18	교회를 세우리니 음부의 권세가 이기지
눅 10:15	하늘에까지 높아지겠느냐 음부에까지
눅 16:23	그가 음부에서 고통 중에 눈을 들어
행 2:27	내 영혼을 음부에 버리지 아니하시며
행 2:31	그가 음부에 버림이 되지 않고 그의
계 1:18	세세토록 살아 있어 사망과 음부의 열쇠
계 6:8	그 탄 자의 이름은 사망이니 음부가
계 20:13	사망과 음부도 그 가운데에서 죽은 자들
계 20:14	사망과 음부도 불못에 던져지니 이것은

음성 (音聲, voice)

모세오경 – 시가서

창 27:22	음성은 야곱의 음성이나 손은 에서의
출 19:19	모세가 말한즉 하나님이 음성으로 대답
신 4:12	음성뿐이므로 너희가 그 말소리만 듣고
신 4:36	교훈하시려고 하늘에서부터 그의 음성
신 5:22	흑암 가운데에서 큰 음성으로 너희 총회
신 5:24	불 가운데에서 나오는 음성을 우리가
신 26:7	여호와께서 우리 음성을 들으시고 우리
수 6:10	너희는 외치지 말며 너희 음성을 들리게
삿 18:3	그 레위 청년의 음성을 알아듣고 그리로
삼상 1:13	입술만 움직이고 음성은 들리지 아니
삼상 26:17	다윗아 이것이 네 음성이냐 하는지라 … 내 주 왕이여 내 음성이니이다 하고
삼하 22:14	내시며 지존하신 자가 음성을 내심이여
욥 9:16	내 음성을 들으셨다고는 내가 믿지 아니
욥 37:4	음성을 발하시며 … 그 음성이 들릴 때
욥 37:5	하나님은 놀라운 음성을 내시며 우리가
시 18:13	지존하신 이가 음성을 내시며 우박과
시 77:1	내가 내 음성으로 하나님께 부르짖으리니 내 음성으로 … 부르짖으면 내게
시 95:7	때문이라 너희가 오늘 그의 음성을
시 98:5	여호와를 노래하라 수금과 음성으로
시 116:1	여호와께서 내 음성과 내 간구를 들으심
시 141:1	주께 부르짖을 때에 내 음성에 귀를

선지서, 신약

애 3:56	주께서 이미 나의 음성을 들으셨사오니
겔 1:25	머리 위에 있는 궁창 위에서부터 음성이
겔 1:28	보고 엎드려 말씀하시는 이의 음성을
겔 10:5	전능하신 하나님이 말씀하시는 음성
겔 33:32	그들은 네가 고운 음성으로 사랑의 노래

【 음성 】

단 10:9	내가 그의 **음성**을 들었는데 그의 **음성**을
욘 2:2	부르짖었더니 주께서 내 **음성**을 들으셨
눅 11:27	무리 중에서 한 여자가 **음성**을 높여
요 5:28	무덤 속에 있는 자가 다 그의 **음성**을
요 5:37	너희는 아무 때에도 그 **음성**을 듣지
요 10:3	양은 그의 **음성**을 듣나니 그가 자기
요 10:4	양들이 그의 **음성**을 아는 고로 따라오되
요 10:5	타인의 **음성**은 알지 못하는 고로 타인을
요 10:16	그들도 내 **음성**을 듣고 한 무리가 되어
요 10:27	내 양은 내 **음성**을 들으며 나는 그들을
요 18:37	진리에 속한 자는 내 **음성**을 듣느니라
행 22:14	그 입에서 나오는 **음성**을 듣게 하셨으니
히 3:7	이르신 바와 같이 오늘 너희가 그의 **음성**
히 3:15	그의 **음성**을 듣거든 격노하시게 하던
히 4:7	**음성**을 듣거든 너희 마음을 완고하게
계 1:10	뒤에서 나는 나팔 소리 같은 큰 **음성**을
계 1:12	몸을 돌이켜 나에게 말한 **음성**을 알아
계 1:15	주석 같고 그의 **음성**은 많은 물 소리와
계 3:20	누구든지 내 **음성**을 듣고 문을 열면
계 4:1	나팔 소리 같은 그 **음성**이 이르되 이리
계 4:5	보좌로부터 번개와 **음성**과 우렛소리가
계 5:2	또 보매 힘있는 천사가 큰 **음성**으로
계 5:12	큰 **음성**으로 이르되 죽임을 당하신 어린
계 6:6	네 생물 사이로부터 나는 듯한 **음성**을
계 6:7	내가 넷째 생물의 **음성**을 들으니 말하되
계 8:5	땅에 쏟으매 우레와 **음성**과 번개와 지진
계 9:13	하나님 앞 금 제단 네 뿔에서 한 **음성**이
계 10:8	하늘에서 나서 내게 들리던 **음성**이 또
계 11:12	하늘로부터 큰 **음성**이 있어 이리로 올라
계 11:15	나팔을 불매 하늘에 큰 **음성**들이 나서
계 11:19	번개와 **음성**들과 우레와 지진과 큰 우박
계 12:10	내가 또 들으니 하늘에 큰 **음성**이 있어
계 14:7	큰 **음성**으로 이르되 하나님을 두려워
계 14:9	천사 곧 셋째가 그 뒤를 따라 큰 **음성**
계 14:13	들으니 하늘에서 **음성**이 나서 이르되
계 14:15	구름 위에 앉은 이를 향하여 큰 **음성**
계 14:18	예리한 낫 가진 자를 향하여 큰 **음성**
계 16:1	성전에서 큰 **음성**이 나서 일곱 천사에게
계 16:17	그 대접을 공중에 쏟으매 큰 **음성**이
계 16:18	번개와 **음성**들과 우렛소리가 있고 또
계 18:2	힘찬 **음성**으로 외쳐 이르되 무너졌도다
계 18:4	또 내가 들으니 하늘로부터 다른 **음성**이
계 19:1	하늘에 허다한 무리의 큰 **음성** 같은
계 19:5	보좌에서 **음성**이 나서 이르시되 하나님
계 19:6	허다한 무리의 **음성**과도 같고 많은 물
계 19:17	나는 모든 새를 향하여 큰 **음성**으로
계 21:3	내가 들으니 보좌에서 큰 **음성**이 나서

성경에 나오는 '음성'

- 다윗의 음성 – 삼상 26:17
- 베드로의 음성 – 행 12:14
- 신랑과 신부의 음성 – 계 18:23
- 신랑의 음성 – 요 3:29
- 야곱의 음성 – 창 27:22
- 여호와의 음성 – 신 5:25; 18:16; 수 5:6; 시 106:25
- 유다의 음성 – 신 33:7
- 전능자의 음성 – 겔 1:24
- 천사의 음성 – 계 5:11
- 하나님의 아들의 음성 – 요 5:25
- 하나님의 음성 – 신 4:33; 5:26; 욥 37:2; 겔 43:2

【 음식 】

음식(飮食, food, meal)
모세오경

창 24:33	그 앞에 **음식**을 베푸니 그 사람이 이르되
창 37:25	앉아 **음식**을 먹다가 눈을 들어 본즉
창 39:6	먹는 **음식** 외에는 간섭하지 아니하였
창 40:17	각종 구운 **음식**이 있는데 새들이 내 머리
창 43:25	거기서 **음식**을 먹겠다 함을 들었으므로
창 43:31	씻고 나와서 그 정을 억제하고 **음식**을
창 43:34	요셉이 자기 **음식**을 그들에게 주되 베냐민
출 2:20	버려두고 왔느냐 그를 청하여 **음식**을
출 21:10	그 여자의 **음식**과 의복과 동침하는 것은
레 3:11	화제로 여호와께 드리는 **음식**이니라
레 3:16	화제로 드리는 **음식**이요 향기로운 냄새
레 21:21	하나님께 **음식**을 드리지 못하느니라
레 22:7	성물을 먹을 것이니라 이는 자기의 **음식**
레 22:11	그렇게 하여 그들이 제사장의 **음식**을
레 22:13	아버지 몫의 **음식**을 먹을 것이나 일반인
레 22:16	나는 그 **음식**을 거룩하게 하는 여호와
레 26:5	너희가 **음식**을 배불리 먹고 너희의 땅에
민 21:5	마음이 이 하찮은 **음식**을 싫어하노라
민 28:2	내 **음식**인 화제물 내 향기로운 것은 너희

【 음식 】

민 28:24 향기로운 화제의 **음식**을 드리되 상번제

역사서
삿 13:16 내가 네 **음식**을 먹지 아니하리라 번제를
삼상 20:24 초하루가 되매 왕이 앉아 **음식**을 먹을
삼상 22:10 그에게 **음식**도 주고 블레셋 사람 골리앗
삼상 28:20 하루 밤낮을 **음식**을 먹지 못하였음이
삼하 3:35 다윗에게 **음식**을 권하니 다윗이 맹세
삼하 12:20 돌아와 명령하여 **음식**을 그 앞에 차리게
삼하 13:7 집으로 가서 그를 위하여 **음식**을 차리라
삼하 19:28 그러나 종을 왕의 상에서 **음식** 먹는 자
삼하 19:35 분간할 수 있사오며 **음식**의 맛을 알 수
왕상 17:9 명령하여 네게 **음식**을 주게 하였느니라
왕상 17:12 내 아들을 위하여 **음식**을 만들어 먹고
왕하 4:8 그를 간권하여 **음식**을 먹게 하였으므로 엘리사가 … 때마다 **음식**을 먹으러
왕하 6:23 왕이 위하여 **음식**을 많이 베풀고 그들이
대상 12:40 노새와 소에다 **음식**을 많이 실어왔으니
대하 31:4 레위 사람들 몫의 **음식**을 주어 그들에게
스 10:6 죄를 근심하여 **음식**도 먹지 아니하며

시가서
욥 1:13 맏아들의 집에서 **음식**을 먹으며 포도
욥 1:18 맏아들의 집에서 **음식**을 먹으며 포도
욥 3:24 나는 **음식** 앞에서도 탄식이 나며 내가
욥 12:11 입이 **음식**의 맛을 구별함같이 귀가 말을
욥 15:23 그는 헤매며 **음식**을 구하여 이르기를
욥 20:14 그의 **음식**이 창자 속에서 변하며 뱃속
욥 20:23 진노를 내리시리니 **음식**을 먹을 때에
욥 22:7 주린 자에게 **음식**을 주지 아니하였구나
욥 23:12 정한 **음식**보다 그의 입의 말씀을 귀히
욥 24:5 그들의 자식을 위하여 그에게 **음식**을
욥 28:5 **음식**은 땅으로부터 나오나 그 밑은 불
욥 33:20 생명은 **음식**을 싫어하고 그의 마음은
욥 36:31 심판하시며 **음식**을 풍성하게 주시느니
욥 42:11 함께 **음식**을 먹고 여호와께서 그에게
시 42:3 내 눈물이 주야로 내 **음식**이 되었도다
시 78:18 탐욕대로 **음식**을 구하여 그들의 심중에
시 78:25 떡을 먹었으며 그가 **음식**을 그들에게
시 102:4 내가 **음식** 먹기도 잊었으므로 나의 마음
시 106:28 연합하여 죽은 자에게 제사한 **음식**을
잠 12:9 스스로 높은 체하고도 **음식**이 핍절한
잠 23:1 관원과 함께 앉아 **음식**을 먹게 되거든
잠 23:6 악한 눈이 있는 자의 **음식**을 먹지 말며
잠 25:21 배고파하거든 **음식**을 먹이고 목말라

잠 27:27 너와 네 집의 **음식**이 되며 네 여종의
잠 30:22 종이 임금된 것과 미련한 자가 **음식**으로
잠 31:15 자기 집안 사람들에게 **음식**을 나누어

선지서, 신약
렘 51:34 좋은 **음식**으로 그 배를 채우고 나를 쫓아
애 4:5 맛있는 **음식**을 먹던 자들이 외롭게 거리
겔 12:18 너는 떨면서 네 **음식**을 먹고 놀라고 근심
겔 12:19 그 **음식**을 먹으며 놀라면서 그 물을 마실
겔 44:3 여호와 앞에서 **음식**을 먹고 그 길로 나갈
단 1:16 지정된 **음식**과 마실 포도주를 제하고
단 11:26 그의 **음식**을 먹는 자들이 그를 멸하리니
마 3:4 가죽 띠를 띠고 **음식**은 메뚜기와 석청
마 6:25 목숨이 **음식**보다 중하지 아니하며 몸이
마 9:10 집에서 앉아 **음식**을 잡수실 때에 많은
마 25:37 주리신 것을 보고 **음식**을 대접하였으며
막 6:31 오고 가는 사람이 많아 **음식** 먹을 겨를도
막 7:3 손을 잘 씻지 않고서는 **음식**을 먹지 아니
막 16:14 제자가 **음식** 먹을 때에 예수께서 그들
눅 12:23 목숨이 **음식**보다 중하고 몸이 의복보다
눅 15:2 사람이 죄인을 영접하고 **음식**을 같이
눅 24:30 함께 **음식** 잡수실 때에 떡을 가지사 축사
행 2:46 떡을 떼며 기쁨과 순전한 마음으로 **음식**
행 9:19 **음식**을 먹으매 강건하여지니라 사울이
행 10:41 그를 모시고 **음식**을 먹은 우리에게 하신
행 14:17 선한 일을 하사 **음식**과 기쁨으로 여러분
행 16:34 집에 올라가서 **음식**을 차려 주고 그와
롬 14:15 **음식**으로 말미암아 네 형제가 근심하게
롬 14:20 **음식**으로 말미암아 하나님의 사업을
고전 6:13 **음식**은 배를 위하여 있고 배는 **음식**을
고전 8:8 **음식**은 우리를 하나님 앞에 내세우지
고전 8:13 만일 **음식**이 내 형제를 실족하게 한다면
고전 10:3 다 같은 신령한 **음식**을 먹으며

'음식'과 관련된 성구
단단한 음식 - 히 5:12, 14
영구한 몫의 음식 - 민 18:8, 11, 19
왕의 음식 - 단 1:5, 8, 13, 15
유월절 음식 - 마 26:17; 막 14:12, 14, 16
음식 먹기를 권하다 - 행 27:33, 34
음식을 탐하는 자 - 잠 23:2, 21; 28:7
음식을 탐하지 말라 - 잠 23:3, 6
하나님의 음식 - 레 21:6, 8, 17, 22; 22:25

음식물

살후 3:8 누구에게서든지 **음식**을 값없이 먹지
히 12:16 음행하는 자와 혹 한 그릇 **음식**을 위하여
히 13:9 **음식**으로써 할 것이 아니니 **음식**으로

음식물(飲食物, food)

삼상 14:24 아무 **음식물**이든지 먹는 사람은 저주를 … 백성이 **음식물**을 맛보지 못하고
삼상 14:28 오늘 **음식물**을 먹는 사람은 저주를 받으
삼하 13:10 다말에게 이르되 **음식물**을 가지고 침실
왕상 5:9 나의 궁정을 위하여 **음식물**을 주소서
왕상 19:8 이에 일어나 먹고 마시고 그 **음식물**의
대하 9:4 그의 상의 **음식물**과 그의 신하들의 좌석
느 13:15 예루살렘에 들어와서 **음식물**을 팔기로
욥 6:7 싫어하나니 꺼리는 **음식물**같이 여김
욥 27:14 그의 후손은 **음식물**로 배부르지 못할
욥 34:3 입이 **음식물**의 맛을 분별함같이 귀가
시 69:21 쓸개를 나의 **음식물**로 주며 목마를 때
시 74:14 사막에 사는 자에게 **음식물**로 주셨으며
시 107:18 모든 **음식물**을 싫어하게 되어 사망의
잠 20:17 속이고 취한 **음식물**은 사람에게 맛이
전 9:7 기쁨으로 네 **음식물**을 먹고 즐거운 마음
전 9:11 지혜자들이라고 **음식물**을 얻는 것도
겔 4:10 너는 **음식물**을 달아서 하루 이십 세겔씩
겔 16:19 내 **음식물** 곧 고운 밀가루와 기름과 꿀을
겔 16:49 교만함과 **음식물**의 풍족함과 태평함이
겔 22:25 우는 사자가 **음식물**을 움킴 같았도다
겔 22:27 고관들은 **음식물**을 삼키는 이리 같아서
겔 24:17 초상집에서 먹는 **음식물**을 먹지 말라
학 2:12 다른 **음식물**에 닿았으면 그것이 성물이
막 7:19 모든 **음식물**을 깨끗하다 하시니라
딤전 4:3 혼인을 금하고 어떤 **음식물**은 먹지 말라고 … **음식물**은 하나님이 지으신 바니

> **'음식물'과 관련된 성구**
>
> 궁정의 음식물 - 왕상 5:11
> 사람의 음식물 - 겔 24:22
> 솔로몬의 하루의 음식물 - 왕상 4:22
> 왕의 음식물 - 삼하 11:8
> 주린 자에게 음식물을 주다 - 겔 18:7, 16

음심(淫心, adultery)

벧후 2:14 **음심**이 가득한 눈을 가지고 범죄하기를

음악/-하다(音樂, instrument)

전 12:4 일어날 것이며 **음악하**는 여자들은 다 쇠하여질 것
겔 33:32 노래를 하며 **음악**을 잘하는 자같이 여겼나니 네 말을

음욕(淫慾, lust)

사 57:5 나무 아래에서 **음욕**을 피우며 골짜기
겔 16:28 네가 **음욕**이 차지 아니하여 또 앗수르
겔 23:11 형보다 **음욕**을 더하며 그의 형의 간음함
마 5:28 너희에게 이르노니 **음욕**을 품고 여자를
롬 1:27 서로 향하여 **음욕**이 불 일듯 하매 남자가

음침하다(陰沈, dark, shadow)

시 23:4 사망의 **음침한** 골짜기로 다닐지라도
시 88:6 웅덩이와 어둡고 **음침한** 곳에 두셨사오

음탕/-하다(淫蕩, lewd, prostitute)

시 106:39 더러워지니 그들의 행동이 **음탕하도다**
막 7:22 속임과 **음탕**과 질투와 비방과 교만과

음행/-하다(淫行, prostitute)

구약

레 19:29 **음행**이 전국에 퍼져 죄악이 가득할까
민 15:39 욕심을 따라 **음행하**지 않게 하기 위함
민 25:1 백성이 모압 여자들과 **음행하**기를 시작
삿 2:17 다른 신들을 따라가 **음행하**며 그들에게
삿 8:33 바알들을 따라가 **음행하**였으며 또
삿 20:6 이스라엘 중에서 **음행**과 망령된 일을
왕하 9:22 이세벨의 **음행**과 술수가 이렇게 많으니
대하 21:11 예루살렘 주민으로 **음행하게** 하고 또
대하 21:13 주민들이 **음행하게** 하기를 아합의 집이 **음행하듯** 하며 또 네 아비 집에서
렘 13:27 작은 산 위에서 네가 행한 음란과 **음행**과
겔 16:20 불살랐느니라 네가 네 **음행**을 작은 일로
겔 16:25 자에게 다리를 벌려 심히 **음행하**고
겔 16:26 애굽 사람과도 **음행하**되 심히 음란히
겔 16:41 내가 너에게 곧 **음행**을 그치게 하리니
겔 22:11 그의 며느리를 더럽혀 **음행하**였으며
겔 23:14 그가 **음행**을 더하였음은 붉은 색으로
겔 23:17 침상에 올라 **음행**으로 그를 더럽히매
겔 23:18 그가 이같이 그의 **음행**을 나타내며 그가
겔 23:19 그의 **음행**을 더하여 젊었을 때 곧 애굽 땅

【 음행/-하다 】   【 응답/-하다 】

겔 23:29	몸으로 두어서 네 **음행**의 벗은 몸 곧 네	계 17:2	땅의 임금들도 그와 더불어 **음행하였고**
겔 23:35	네 음란과 네 **음행**의 죄를 담당할지니라	계 17:4	가증한 물건과 그의 **음행**의 더러운 것들
겔 23:43	**음행**으로 쇠한 여인을 가리켜 말하노라	계 18:9	그와 함께 **음행하고** 사치하던 땅의 왕들
겔 23:48	정신이 깨어 너희 **음행**을 본받지 아니	계 19:2	의로운지라 **음행**으로 땅을 더럽게 한
겔 43:7	왕들이 **음행하며** 그 죽은 왕들의 시체로		
호 2:2	그 유방 사이에서 **음행**을 제하게 하라	**읍**(邑, city)	
호 2:5	어머니는 **음행하였고** 그들을 임신했던	에 8:17	어명이 이르는 각 지방, 각 **읍**에서 유다
호 3:3	나와 함께 지내고 **음행하지** 말며 다른	에 9:2	아하수에로 왕의 각 지방, 각 **읍**에 모여
호 4:10	배부르지 아니하며 **음행하여도** 수효가	에 9:28	각 지방, 각 **읍**, 각 집에서 대대로 이 두 날
호 4:11	**음행**과 묵은 포도주와 새 포도주가 마음		
호 4:12	미혹되어 하나님을 버리고 **음행하였음**	**읍내**(邑內, town)	
호 4:13	딸들은 **음행하며** 너희 며느리들은 간음	막 5:14	도망하여 **읍내**와 여러 마을에 말하니
호 4:14	딸들이 **음행하며** 너희 며느리들이 간음		
호 4:15	너는 **음행하여도** 유다는 죄를 범하지	**읍장**(邑長, city official)	
호 4:18	이어서 **음행하였으며** 그들은 부끄러운	행 17:6	형제들을 끌고 **읍장**들 앞에 가서 소리
호 5:3	네가 **음행하였고** 이스라엘이 더러워	행 17:8	무리와 **읍장**들이 이 말을 듣고 소동하여
호 6:10	에브라임은 **음행하였고** 이스라엘은		
호 9:1	네가 **음행하여** 네 하나님을 떠나고 각	**응낙하다**(應諾, answer)	
나 3:4	능숙한 미모의 음녀가 많은 **음행**을 함	스 8:23	하나님께 간구하였더니 그의 **응낙하심**을
	이라 그가 그의 **음행**으로 여러 나라를		
		응답/-하다(應答, answer, respond)	
신약		**모세오경, 역사서**	
요 8:3	바리새인들이 **음행** 중에 잡힌 여자를	창 35:3	내 환난 날에 내게 **응답하시며** 내가 가는
행 15:20	우상의 더러운 것과 **음행**과 목매어 죽인	출 19:8	일제히 **응답하여** 이르되 여호와께서
행 15:29	죽인 것과 **음행**을 멀리할지니라 이에	출 24:3	한 소리로 **응답하여** 이르되 여호와께서
고전 5:1	심지어 **음행**이 있다 … **음행**은 이방인	신 27:15	백성은 **응답하여** 말하되 아멘 할지니라
고전 5:11	일컫는 자가 **음행하거나** 탐욕을 부리	삼상 7:9	부르짖으매 여호와께서 **응답하셨더라**
고전 10:8	사람들이 **음행하다가** 하루에 이만 삼	삼상 8:18	여호와께서 너희에게 **응답하지** 아니
	천 명이 죽었나니 … 같이 **음행하지** 말자	왕상 18:24	이에 불로 **응답하는** 신 그가 하나님이
갈 5:19	육체의 일은 분명하니 곧 **음행**과 더러운	왕상 18:26	바알이여 우리에게 **응답하소서** 하나
엡 5:3	**음행**과 온갖 더러운 것과 탐욕은 너희		아무 소리도 없고 아무 **응답하는** 자도
계 2:21	기회를 주었으되 자기의 **음행**을 회개	왕상 18:29	소리도 없고 **응답하는** 자나 돌아보는
계 9:21	복술과 **음행**과 도둑질을 회개하지 아니	왕상 18:37	내게 **응답하옵소서** 내게 **응답하옵소서**
계 14:8	그의 **음행**으로 말미암아 진노의 포도주	대상 5:20	하나님이 그들에게 **응답하셨음이라**
		대상 21:26	번제단 위에 불을 내려 **응답하시고**
'음행' 과 관련된 성구		대상 21:28	오르난의 타작 마당에서 **응답하심**을
음행을 피하다 - 행 21:25; 고전 6:18; 7:2		느 8:6	손을 들고 아멘 아멘 하고 **응답하고** 몸을
음행의 값 - 호 9:1; 미 1:7		**시가서**	
음행의 (진노의) 포도주 - 계 17:2; 18:3		욥 5:1	너는 부르짖어 보라 네게 **응답할** 자가
음행하는 자 - 겔 22:9; 고전 5:9, 10;		욥 19:7	폭행을 당한다고 부르짖으나 **응답이**
6:9, 18; 엡 5:5; 딤전 1:10; 히		시 3:4	그의 성산에서 **응답하시는도다**
12:16; 13:4; 계 21:8; 22:15		시 4:1	하나님이여 내가 부를 때에 **응답하소서**
음행한 이유 - 마 5:32; 19:9		시 13:3	하나님이여 나를 생각하사 **응답하시고**

【응답/-하다】

시 17:6	하나님이여 내게 **응답**하시겠으므로
시 20:1	환난 날에 여호와께서 네게 **응답**하시고
시 20:6	거룩한 하늘에서 그에게 **응답**하시리로다
시 20:9	우리가 부를 때에 우리에게 **응답**하소서
시 22:2	밤에도 잠잠하지 아니하오나 **응답**하지
시 22:21	주께서 내게 **응답**하시고 들소의 뿔에서
시 27:7	또한 나를 긍휼히 여기사 **응답**하소서
시 34:4	여호와께 구하매 내게 **응답**하시고
시 38:15	내 주 하나님이 내게 **응답**하시리이다
시 55:2	내게 굽히사 **응답**하소서 내가 근심으로
시 60:5	주의 오른손으로 구원하시고 **응답**하소서
시 65:5	엄위하신 일로 우리에게 **응답**하시리이다
시 69:13	인자와 구원의 진리로 내게 **응답**하소서
시 69:16	인자하심이 선하시오니 내게 **응답**하시며
시 69:17	환란 중에 있사오니 속히 내게 **응답**하소서
시 81:7	우렛소리의 은밀한 곳에서 네게 **응답**하며
시 86:1	주의 귀를 기울여 내게 **응답**하소서
시 86:7	주께서 내게 **응답**하시리이다
시 91:15	간구하리니 내가 그에게 **응답**하리라
시 99:6	그들이 여호와께 간구하매 **응답**하셨도다
시 99:8	주께서는 그들에게 **응답**하셨고 그들의
시 102:2	부르짖는 날에 속히 내게 **응답**하소서
시 108:6	**응답**하사 오른손으로 구원하소서
시 118:5	여호와께서 **응답**하시고 나를 넓은 곳에
시 118:21	주께서 내게 **응답**하시고 나의 구원이
시 119:26	아뢰매 주께서 내게 **응답**하셨사오니
시 119:145	부르짖었사오니 내게 **응답**하소서 내가
시 120:1	부르짖었더니 내게 **응답**하셨도다
시 138:3	내가 간구하는 날에 주께서 **응답**하시고
시 143:1	주의 진실과 의로 내게 **응답**하소서
시 143:7	여호와여 속히 내게 **응답**하소서 내 영이
잠 16:1	말의 **응답**은 여호와께로부터 나오느니라
전 5:20	마음에 기뻐하는 것으로 **응답**하심이니
아 5:6	그를 찾아도 못 만났고 불러도 **응답**이

선지서, 신약

사 30:19	그가 들으실 때에 네게 **응답**하시리라
사 41:17	나 여호와가 그들에게 **응답**하겠고 나
사 46:7	부르짖어도 능히 **응답**하지 못하며 고난
사 49:8	은혜의 때에 내가 네게 **응답**하였고 구원
사 58:9	부를 때에는 나 여호와가 **응답**하겠으며
사 65:24	그들이 부르기 전에 내가 **응답**하겠으며
렘 23:35	여호와께서 무엇이라 **응답**하셨으며
렘 33:3	내게 부르짖으라 내가 **응답**하겠고

【응하다】

렘 42:4	여호와께서 너희에게 **응답**하시는 것을
겔 14:7	자에게는 나 여호와가 친히 **응답**하여
단 10:12	결심하던 첫날부터 네 말이 **응답** 받았
호 2:21	이르시되 그 날에 내가 **응답**하리라 나는
	하늘에 **응답**하고 하늘은 땅에 **응답**하고
호 2:22	땅은 곡식과 포도주와 기름에 **응답**하
	고 또 이것들은 이스르엘에 **응답**하리라
욜 2:19	여호와께서 그들에게 **응답**하여 이르
미 3:4	여호와께 부르짖을지라도 **응답**하지
미 3:7	입술을 가릴 것은 하나님이 **응답**하지
합 2:11	부르짖고 집에서 들보가 **응답**하리라
말 2:12	사람에게 속한 자는 깨는 자나 **응답**하는
계 7:13	장로 중 하나가 **응답**하여 나에게 이르되

응대하다(應待, sing)

호 2:15	거기서 **응대**하기를 어렸을 때와 애굽

응하다(應, fulfill, respond)

민 11:23	이제 내 말이 네게 **응하는** 여부를 보리라
수 21:45	하나도 남음이 없이 다 **응하였더라**
수 23:14	너희에게 **응하여** 그 중에 하나도 어김이
삿 9:57	아들 요담의 저주가 그들에게 **응하니라**
삼상 9:6	반드시 다 **응하나니** 그리로 가사이다
삼상 10:9	주셨고 그 날 그 징조도 다 **응하니라**
렘 28:9	예언자의 말이 **응한** 후에야 그가 진실로
겔 12:23	날과 모든 묵시의 **응함이** 가까우니
겔 12:25	더디지 아니하고 **응하리라** 반역하는
겔 33:33	그 말이 응하리니 **응할** 때에는 그들이

'응하다' 와 관련된 성구

말씀을 **응하게 하다** – 왕상 2:27; 왕하 20:9; 대하 10:15; 요 18:9, 32

말씀이 **응하다** – 시 105:19; 계 17:17

성경을 **응하게 하다** – 요 13:18; 17:12; 19:28, 36

단 4:19	미워하는 자에게 **응하며** 그 해석은 왕
	의 대적에게 **응하기를** 원하나이다
단 4:33	느부갓네살에게 **응하므로** 내가 사람
단 9:24	의가 드러나며 환상과 예언이 **응하며**
합 2:3	기다리라 지체되지 않고 반드시 **응하리라**
눅 4:21	이 글이 오늘 너희 귀에 **응하였느니라**

{ 의 }

눅 18:31 기록된 모든 것이 인자에게 **응하리라**
요 15:25 미워하였다 한 말을 **응하게** 하려 함이라
요 19:24 제비 뽑나이다 한 것을 **응하게** 하려 함이
행 1:16 가리켜 미리 말씀하신 성경이 **응하였으니**
행 13:27 선지자들의 말을 **응하게** 하였도다
행 13:29 가리켜 기록한 말씀을 다 **응하게** 한 것
벧후 2:22 누웠다 하는 말이 그들에게 **응하였도다**

의(義, justice, righteousness)

시가서

욥 6:29 행악자가 되지 말라 아직도 나의 **의**가
욥 29:14 내가 **의**를 옷으로 삼아 입었으며 나의
욥 34:5 내가 의로우나 하나님이 내 **의**를 부인
욥 35:2 그대는 그대의 **의**가 하나님께로부터
욥 36:3 지식을 얻고 나를 지으신 이에게 **의**를
시 4:1 내 **의**의 하나님이여 내가 부를 때에 응답
시 4:5 **의**의 제사를 드리고 여호와를 의지할
시 7:8 나의 **의**와 나의 성실함을 따라 나를 심판
시 7:17 그의 **의**를 따라 감사함이여 지존하신
시 9:4 나의 **의**와 송사를 변호하셨으며 보좌에
시 17:1 여호와여 **의**의 호소를 들으소서 나의
시 18:20 내 **의**를 따라 상 주시며 내 손의 깨끗함을
시 18:24 여호와께서 내 **의**를 따라 갚으시되 그의
시 24:5 복을 받고 구원의 하나님께 **의**를 얻으리
시 35:27 나의 **의**를 즐거워하는 자들이 기꺼이
시 40:9 회중 가운데에서 **의**의 기쁜 소식을 전하
시 52:3 선보다 악을 사랑하며 **의**를 말함보다
시 65:5 주께서 **의**를 따라 엄위하신 일로 우리
시 72:3 **의**로 말미암아 산들이 백성에게 평강을
시 85:10 인애와 진리가 같이 만나고 **의**와 화평이
시 85:11 땅에서 솟아나고 **의**는 하늘에서 굽어
시 85:13 **의**가 주의 앞에 앞서 가며 주의 길을 닦으
시 94:15 심판이 **의**로 돌아가리니 마음이 정직한
시 96:13 **의**로 세계를 심판하시며 그의 진실하심
시 97:6 그의 **의**를 선포하니 모든 백성이 그의
시 98:9 **의**로 세계를 판단하시며 공평으로 그의
시 103:17 영원까지 이르며 그의 **의**는 자손의 자손
시 106:31 그의 **의**로 인정되었으니 대대로 영원
시 111:3 존귀하고 엄위하며 그의 **의**가 영원히
시 112:9 그의 **의**가 영구히 있고 그의 뿔이 영광
시 118:19 내게 **의**의 문들을 열지어다 내가 그리로
시 119:142 주의 **의**는 영원한 **의**요 주의 율법은
시 132:9 주의 제사장들은 **의**를 옷 입고 주의 성도
시 143:1 귀를 기울이시고 주의 진실과 **의**로 내게
잠 12:17 진리를 말하는 자는 **의**를 나타내어도
잠 25:5 그리하면 그의 왕위가 **의**로 말미암아

선지서

사 1:26 그리한 후에야 네가 **의**의 성읍이라, 신실
사 42:6 여호와가 **의**로 너를 불렀은즉 내가 네
사 42:21 여호와께서 그의 **의**로 말미암아 기쁨
사 45:19 **의**를 말하고 정직한 것을 알리느니라
사 51:1 **의**를 따르며 여호와를 찾아 구하는 너희
사 51:7 **의**를 아는 자들아, 마음에 내 율법이
사 61:3 그들이 **의**의 나무 곧 여호와께서 심으신
사 62:1 시온의 **의**가 빛같이, 예루살렘의 구원이
사 64:6 우리의 **의**는 다 더러운 옷 같으며 우리는
렘 33:16 여호와는 우리의 **의**라는 이름을 얻으리
겔 33:12 범죄하는 날에는 그 **의**로 말미암아 살지

복음서, 역사서

마 3:15 **의**를 이루는 것이 합당하니라 하시니
마 5:6 **의**에 주리고 목마른 자는 복이 있나니
마 5:10 **의**를 위하여 박해를 받은 자는 복이 있나
마 5:20 너희 **의**가 서기관과 바리새인보다 더
마 6:1 **의**를 행하지 않도록 주의하라 그리하지

'의'와 관련된 성구

영원한 의 – 시 119:142; 단 9:24
의로 여기다 – 창 15:6; 롬 4:3, 6, 9, 11, 22, 23, 24; 약 2:23
의를 배우다 – 사 26:9, 10
의를 세우다 – 욥 40:8; 롬 10:3
의를 이루다 – 마 3:15; 롬 10:4
의를 행하다 – 출 15:26; 신 12:28; 사 56:1; 마 6:1; 행 10:35; 롬 10:5; 고전 15:34;
히 11:33; 요일 2:29; 3:7, 10; 계 22:11
의의 길 – 시 23:3
의의 도 – 마 21:32; 벧후 2:21
의의 열매 – 고후 9:10; 빌 1:11; 약 3:18
주의 의 – 시 35:28; 36:6; 51:14; 71:2, 19, 24; 119:40, 142; 143:11; 145:7
하나님의 의 – 롬 1:17; 3:5; 10:3; 고후 5:21; 약 1:20

【 의 】   【 의논/-하다 】

마 6:33	그의 나라와 그의 **의**를 구하라 그리하면
마 21:32	요한이 **의**의 도로 너희에게 왔거늘 너희
눅 1:75	주의 앞에서 성결과 **의**로 두려움이 없이
요 16:8	죄에 대하여, **의**에 대하여, 심판에 대하여
요 16:10	**의**에 대하여라 함은 내가 아버지께로
행 13:10	모든 **의**의 원수여 주의 바른 길을 굽게
행 24:25	바울이 **의**와 절제와 장차 오는 심판을

서신서

롬 3:21	율법 외에 하나님의 한 **의**가 나타났으니
롬 4:11	믿음으로 된 **의** … 그들도 **의**로 여기심
롬 4:13	말미암은 것이 아니요 오직 믿음의 **의**로
롬 5:17	은혜와 **의**의 선물을 넘치게 받는 자들은
롬 5:21	또한 **의**로 말미암아 왕 노릇 하여 우리
롬 6:16	사망에 이르고 혹은 순종의 종으로 **의**에
롬 6:18	죄로부터 해방되어 **의**에게 종이 되었느
롬 8:10	영은 **의**로 말미암아 살아 있는 것이니라
롬 9:30	무슨 말을 하리요 **의**를 따르지 아니한 … **의**를 얻었으니 곧 믿음에서 난 **의**요
롬 9:31	**의**의 법을 따라간 이스라엘은 율법에
롬 10:5	**의**를 행하는 사람은 그 **의**로 살리라
롬 10:6	말미암는 **의**는 이같이 말하되 네 마음에
롬 14:17	성령 안에 있는 **의**와 평강과 희락이라
고후 3:9	영광이 있은즉 **의**의 직분은 영광이 더욱
고후 6:7	하나님의 능력으로 **의**의 무기를 좌우에
고후 6:14	멍에를 함께 메지 말라 **의**와 불법이 어찌
고후 9:9	**의**가 영원토록 있느니라 함과 같으니라
고후 11:15	사탄의 일꾼들도 자기 **의**의 일꾼으로
갈 3:6	믿으매 그것을 그에게 **의**로 정하셨다
갈 3:8	믿음으로 말미암아 **의**로 정하실 것을
갈 3:21	율법을 주셨더라면 **의**가 반드시 율법
갈 5:5	믿음을 따라 **의**의 소망을 기다리노니
엡 4:24	하나님을 따라 **의**와 진리의 거룩함으로
엡 6:14	허리 띠를 띠고 **의**의 호심경을 붙이고
빌 3:6	교회를 박해하고 율법의 **의**로는 흠이
빌 3:9	내가 가진 **의**는 율법에서 난 것이 아니요 오직 … 하나님께로부터 난 **의**라
골 4:1	상전들아 **의**와 공평을 종들에게 베풀지니
딤전 6:11	이것들을 피하고 **의**와 경건과 믿음과
딤후 2:22	부르는 자들과 함께 **의**와 믿음과 사랑과
딤후 3:16	바르게 함과 **의**로 교육하기에 유익하니
딤후 4:8	이제 후로는 나를 위하여 **의**의 면류관이
히 1:9	주께서 **의**를 사랑하시고 불법을 미워
히 5:13	먹는 자마다 어린 아이니 **의**의 말씀을

히 7:2	먼저는 **의**의 왕이요 그 다음은 살렘 왕
히 11:7	믿음을 따르는 **의**의 상속자가 되었느
히 12:11	받은 자들은 **의**와 평강의 열매를 맺느니
벧전 3:14	그러나 **의**를 위하여 고난을 받으면 복
벧후 1:1	그리스도의 **의**를 힘입어 동일하게 보배
벧후 2:5	오직 **의**를 전파하는 노아와 그 일곱 식구
벧후 2:21	**의**의 도를 안 후에 받은 거룩한 명령을
벧후 3:13	그의 약속대로 **의**가 있는 곳인 새 하늘과

의견 (意見, judgment, what I know)

삿 20:7	너희의 **의견**과 방책을 낼지니라 하니라
욥 32:6	뒷전에서 나의 **의견**을 감히 내놓지 못
욥 32:10	내 말을 들으라 나도 내 **의견**을 말하리라
욥 32:17	대답하고 나도 내 **의견**을 보이리라
렘 18:4	그가 그것으로 자기 **의견**에 좋은 대로
렘 26:14	너희 손에 있으니 너희 **의견**에 좋은 대로
행 15:19	내 **의견**에는 이방인 중에서 하나님께로
롬 14:1	연약한 자를 너희가 받되 그의 **의견**을
고전 7:25	충성스러운 자가 된 내가 **의견**을 말하

의논/-하다 (議論, confer, consult)

삼하 19:43	우리와 **의논하지** 아니하였느냐 하나
왕상 12:6	노인들과 **의논하여** 이르되 너희는
왕상 12:8	함께 자라난 어린 사람들과 **의논하여**
왕하 6:8	신복들과 **의논하여** 이르기를 우리가
대하 10:6	**의논하여** 이르되 너희는 이 백성에게
대하 10:8	함께 자라난 젊은 신하들과 **의논하여**
대하 34:26	하시기를 네가 들은 말을 **의논하건대**
잠 12:20	속임이 있고 화평을 **의논하는** 자에게
잠 15:22	**의논**이 없으면 경영이 무너지고 지략

'의논하다' 와 관련된 성구

더불어 **의논하다** – 대상 13:1; 대하 20:21; 30:2; 32:3; 사 40:14; 막 15:1

서로 **의논하다** – 대상 12:19; 시 83:3; 마 21:25; 막 11:31; 눅 6:11; 20:5, 14; 행 4:15

재미있게 **의논하다** – 시 55:14

한마음으로 **의논하다** – 시 83:5

함께 모여 **의논하다** – 마 28:12

함께 **의논하다** – 느 6:7; 시 31:13; 64:5; 사 45:21; 마 27:1

1897

【 의도 】　　　　　　　　　　　　　　　　　　　　　　　　　　　【 의롭다 】

잠 20:18	경영은 **의논함**으로 성취하나니 지략을	욥 8:6	너를 돌보시고 네 **의로운** 처소를 평안
사 45:21	알리며 진술하고 또 함께 **의논하여** 보라	욥 9:2	인생이 어찌 하나님 앞에 **의로우랴**
단 6:7	법관과 관원이 **의논하고** 왕에게 한 법률	욥 9:15	내가 **의로울지라도** 대답하지 못하겠고
슥 6:13	사이에 평화의 **의논**이 있으리라 하셨다	욥 9:20	가령 내가 **의로울지라도** 내 입이 나를
마 12:14	어떻게 하여 예수를 죽일까 **의논하거늘**	욥 10:15	내가 **의로울지라도** 머리를 들지 못하는
마 26:4	예수를 흉계로 잡아 죽이려고 **의논하되**	욥 11:2	많은 사람이 어찌 **의롭다** 함을 얻겠느냐
마 27:7	**의논한** 후 이것으로 토기장이의 밭을	욥 12:4	웃음거리가 되었으니 **의롭고** 온전한
막 3:6	어떻게 하여 예수를 죽일까 **의논하니라**	욥 15:14	여인에게서 난 자가 어찌 **의롭겠느냐**
눅 22:4	가서 예수를 넘겨 줄 방도를 **의논하매**	욥 22:3	네가 **의로운들** 전능자에게 무슨 기쁨
행 15:6	사도와 장로들이 이 일을 **의논하러** 모여	욥 25:4	하나님 앞에서 사람이 어찌 **의롭다** 하며
행 27:39	거기에 들여다 댈 수 있는가 **의논한** 후	욥 32:2	욥이 하나님보다 자기가 **의롭다** 함이요
갈 1:16	때에 내가 곧 혈육과 **의논하지** 아니하고	욥 33:12	이 말에 그대가 **의롭지** 못하니 하나님
		욥 33:32	기쁜 마음으로 그대를 **의롭다** 하리니
의도(意圖, motive)		욥 34:5	내가 **의로우나** 하나님이 내 의를 부인
출 32:12	악한 **의도**로 인도해 내었다고 말하게	욥 34:17	그대를 다스리시겠느냐 **의롭고** 전능하신
대상 28:9	모든 **의도**를 아시나니 네가 만일 그를	욥 35:7	**의로운들** 하나님께 무엇을 드리겠으며
느 4:15	우리가 그들의 **의도**를 눈치챘다 함을	시 7:9	의인을 세우소서 **의로우신** 하나님이
렘 49:20	여호와의 **의도**와 데만 주민에 대하여	시 9:4	보좌에 앉으사 **의롭게** 심판하셨나이다
마 26:8	이르되 무슨 **의도**로 이것을 허비하느냐	시 11:7	여호와는 **의로우사** **의로운** 일을 좋아
		시 17:15	나는 **의로운** 중에 주의 얼굴을 뵈오리니
의롭다(義, innocent, just, righteous)		시 19:9	여호와의 법도 진실하여 다 **의로우니**
창 7:1	세대에서 네가 내 앞에 **의로움**을 내가	시 51:4	말씀하실 때에 **의로우시다** 하고 주께
창 20:4	대답하되 주여 주께서 **의로운** 백성도	시 112:4	자비롭고 긍휼이 많으며 **의로운** 이로다
출 9:27	여호와는 **의로우시고** 나와 나의 백성	시 116:5	은혜로우시며 **의로우시며** 우리 하나님
출 23:7	무죄한 자와 **의로운** 자를 죽이지 말라	시 119:7	주의 **의로운** 판단을 배울 때에는 정직히
	나는 악인을 **의롭다** 하지 아니하겠노라	시 119:75	심판은 **의로우시고** 주께서 나를 괴롭게
출 23:8	눈을 어둡게 하고 **의로운** 자의 말을 굽게	시 119:123	구원과 주의 **의로운** 말씀을 사모하기에
신 6:25	곧 우리의 **의로움이니라** 할지니라	시 119:137	여호와여 주는 **의로우시고** 주의 판단은
신 12:25	여호와께서 **의롭게** 여기시는 일을 행	시 119:138	주께서 명령하신 증거들은 **의롭고**
신 25:1	의인은 **의롭다** 하고 악인은 정죄할 것	시 119:144	증거들은 영원히 **의로우시니** 나로
삿 5:11	사람들을 위한 **의로우신** 일을 노래하라	시 119:172	계명들이 **의로우므로** 내 혀가 주의
삿 9:16	진실하고 **의로우냐** 이것이 여룹바알과	시 129:4	여호와께서는 **의로우사** 악인들의 줄
삿 9:19	**의로운** 일이면 너희가 아비멜렉으로	시 143:2	눈 앞에는 **의로운** 인생이 하나도 없나
삼상 12:23	선하고 **의로운** 길을 너희에게 가르칠	시 145:17	행위에 **의로우시며** 그 모든 일에 은혜
삼상 24:17	나를 선대하니 너는 나보다 **의롭도다**	잠 8:8	입의 말은 다 **의로운즉** 그 가운데에 굽은
왕상 2:32	자기보다 **의롭고** 선한 두 사람을 쳤음	잠 8:16	존귀한 자 곧 모든 **의로운** 재판관들이
왕상 8:32	공의로운 자를 **의롭다** 하사 그의 **의로운**	잠 16:13	**의로운** 입술은 왕들이 기뻐하는 것이니
왕하 10:9	너희는 **의롭도다** 나는 내 주를 배반하여	잠 17:15	악인을 **의롭다** 하고 의인을 악하다 하는
대하 6:23	공의로운 자를 **의롭다** 하사 그의 **의로운**	잠 21:12	**의로우신** 자는 악인의 집을 감찰하시고
대하 12:6	겸비하여 이르되 여호와는 **의로우시다**	전 7:15	자기의 **의로움**에도 불구하고 멸망하는
스 9:15	여호와 주는 **의로우시니** 우리가 남아	사 5:23	말미암아 악인을 **의롭다** 하고 의인에
느 9:8	말씀대로 이루셨사오매 주는 **의로우심**	사 24:16	우리에게 들리기를 **의로우신** 이에게
욥 4:17	하나님보다 **의롭겠느냐** 사하신 이보다	사 26:2	신의를 지키는 **의로운** 나라가 들어오게

1898

【 의롭다 】

사 41:10	도와 주리라 참으로 나의 **의로운** 오른
사 43:26	너는 말하여 네가 **의로움**을 나타내라
사 45:25	다 여호와로 말미암아 **의롭다** 함을 얻고
사 50:8	나를 **의롭다** 하시는 이가 가까이 계시니
사 53:11	나의 **의로운** 종이 … 많은 사람을 **의롭게**
사 58:2	아니하는 나라 같아서 **의로운** 판단을
사 60:21	백성이 다 **의롭게** 되어 영원히 땅을 차지
렘 3:11	유다보다 자신이 더 **의로움**이 나타났
렘 12:1	주께서 **의로우시니이다** 그러나 내가
렘 23:5	다윗에게 한 **의로운** 가지를 일으킬 것
렘 31:23	다시 이 말을 쓰리니 곧 **의로운** 처소여
렘 50:7	여호와 곧 **의로운** 처소시며 그의 조상
애 1:18	여호와는 **의로우시도다** 그러나 내가
겔 16:51	행위로 네 형과 아우를 **의롭게** 하였느
겔 16:52	그들이 너보다 **의롭게** 되었나니 네가 네 형과 아우를 **의롭게** 하였은즉 너는
겔 18:5	사람이 만일 **의로워서** 정의와 공의를
겔 33:13	**의로운** 행위가 하나도 기억되지 아니
단 4:37	그의 행하심이 **의로우시므로** 교만하게
습 3:5	여호와는 **의로우사** 불의를 행하지 아니
마 5:45	비를 **의로운** 자와 불의한 자에게 내려
마 12:37	**의롭다** 함을 받고 네 말로 정죄함을
마 23:35	땅 위에서 흘린 **의로운** 피가 다 너희에
막 6:20	요한을 **의롭고** 거룩한 사람으로 알고
눅 2:25	사람은 **의롭고** 경건하여 이스라엘의
눅 7:29	이 말씀을 듣고 하나님을 **의롭다** 하되
눅 18:9	**의롭다고** 믿고 다른 사람을 멸시하는
눅 18:14	이 사람이 **의롭다** 하심을 받고 그의 집
눅 23:50	의원으로 선하고 **의로운** 요셉이라 하는
요 5:30	하려 하므로 내 심판은 **의로우니라**
요 17:25	**의로우신** 아버지여 세상이 아버지를
행 3:14	거룩하고 **의로운** 이를 거부하고 도리어
행 13:39	사람을 힘입어 믿는 자마다 **의롭다** 하심을
롬 2:5	하나님의 **의로우신** 심판이 나타나는
롬 2:13	율법을 행하는 자라야 **의롭다** 하심을
롬 3:4	주께서 주의 말씀에 **의롭다** 함을 얻으
롬 3:24	값 없이 **의롭다** 하심을 얻은 자 되었으니
롬 3:25	간과하심으로 자기의 **의로우심**을 나타
롬 3:26	자기의 **의로우심**을 … **의로우시며** 또한 예수 믿는 자를 **의롭다** 하려 하심이라
롬 3:28	사람이 **의롭다** 하심을 얻는 것은 율법
롬 3:30	말미암아 **의롭다** 하실 하나님은 한 분
롬 4:2	행위로써 **의롭다** 하심을 받았으면 자랑
롬 4:5	경건하지 아니한 자를 **의롭다** 하시는
롬 4:25	우리를 **의롭다** 하시기 위하여 살아나
롬 5:1	믿음으로 **의롭다** 하심을 받았으니 우
롬 5:9	그로 말미암아 **의롭다** 하심을 받았으니
롬 5:16	많은 범죄로 말미암아 **의롭다** 하심에
롬 5:18	정죄에 이른 것같이 한 **의로운** 행위로 말미암아 많은 사람을 **의롭다** 하심을
롬 6:7	죄에서 벗어나 **의롭다** 하심을 얻었음
롬 7:12	거룩하고 계명도 거룩하고 **의로우며**
롬 8:30	또한 **의롭다** 하시고 **의롭다** 하신 그들을
롬 8:33	택하신 자들을 고발하리요 **의롭다** 하신
고전 1:30	우리에게 지혜와 **의로움**과 거룩함과
고전 4:4	말미암아 **의롭다** 함을 얻지 못하노라
고전 6:11	거룩함과 **의롭다** 하심을 받았느니라
갈 2:16	그리스도를 믿음으로써 **의롭다** 함을
갈 2:17	그리스도 안에서 **의롭게** 되려 하다가
갈 2:21	**의롭게** 되는 것이 율법으로 말미암으면
갈 3:11	율법으로 말미암아 **의롭게** 되지 못할
갈 3:24	믿음으로 말미암아 **의롭다** 함을 얻게
갈 5:4	율법 안에서 **의롭다** 함을 얻으려 하는
엡 5:9	열매는 모든 착함과 **의로움**과 진실함에
딤전 3:16	영으로 **의롭다** 하심을 받으시고 천사
딛 1:8	신중하며 **의로우며** 거룩하며 절제하며
딛 2:12	다 버리고 신중함과 **의로움**과 경건함
딛 3:5	행한 바 **의로운** 행위로 말미암지 아니
딛 3:7	그의 은혜를 힘입어 **의롭다** 하심을 얻어
히 11:4	하나님께 드림으로 **의로운** 자라 하시는
약 2:21	행함으로 **의롭다** 하심을 받은 것이
약 2:24	사람이 행함으로 **의롭다** 하심을 받고
약 2:25	행함으로 **의롭다** 하심을 받은 것이
벧후 2:7	고통 당하는 **의로운** 롯을 건지셨으니
벧후 2:8	보고 들음으로 그 **의로운** 심령이 상함
요일 1:9	미쁘시고 **의로우사** 우리 죄를 사하시며
요일 2:1	대언자가 있으니 곧 **의로우신** 예수
요일 2:29	그가 **의로우신** 줄을 알면 의를 행하는

'의롭다'와 관련된 성구

의로우신 재판장 – 시 7:11, 딤후 4:8
의로운 (모든) 규례 – 시 119:62, 106, 160, 164
의로운 사람 – 잠 9:9, 합 1:13, 마 1:19
의로운 제사 – 신 33:19, 시 51:19

【 의뢰/-하다 】　　　　　　　　　　　　　　　　　　　　　　　【 의복 】

요일 3:7　자는 그의 **의로우심**과 같이 **의롭게**
요일 3:12　악하고 그의 아우의 행위는 **의로움이라**
계 15:3　왕이시여 주의 길이 **의롭고** 참되시도다
계 15:4　주의 **의로우신** 일이 나타났으매 만국
계 16:5　이렇게 심판하시니 **의로우시도다**
계 16:7　것이 참되시고 **의로우시도다** 하더라
계 19:2　**의로운지라** 음행으로 땅을 더럽게
계 22:11　더럽고 **의로운** 자는 그대로 의를 행하고

의뢰/-하다(依賴, confidence, depend, trust)
신 28:52　**의뢰하는** 높고 견고한 성벽을 다 헐며
삼하 22:30　**의뢰하고** 적진으로 달리며 내 하나님
왕하 18:19　말씀이 네가 **의뢰하는** 이 **의뢰가** 무엇
왕하 18:20　누구를 **의뢰하고** 나를 반역하였느냐
왕하 18:21　바로는 그에게 **의뢰하는** 모든 자에게
대상 5:20　그들이 싸울 때에 하나님께 **의뢰하고**
대하 32:10　에워싸고 있으면서 무엇을 **의뢰하느냐**
욥 31:24　순금에게 너는 내 **의뢰하는** 바라 하였
시 18:29　주를 **의뢰하고** 적군을 향해 달리며 내
시 22:4　조상들이 주께 **의뢰하고 의뢰하였으므로**
시 22:5　구원을 얻고 주께 **의뢰하여** 수치를 당하
시 91:2　나의 요새요 내가 **의뢰하는** 하나님이라
시 143:8　주를 **의뢰함이니이다** 내가 다닐 길을
잠 14:26　경외하는 자에게는 견고한 **의뢰가** 있나
잠 25:19　진실하지 못한 자를 **의뢰하는** 것은 부러
사 3:1　여호와께서 예루살렘과 유다가 **의뢰하며**
사 50:10　여호와의 이름을 **의뢰하며** 자기 하나님
사 57:13　나를 **의뢰하는** 자는 땅을 차지하겠고
렘 48:13　집이 벧엘을 **의뢰하므로** 수치를 당한 것
단 3:28　자기를 **의뢰하고** 그들의 몸을 바쳐 왕의
호 10:13　길과 네 용사의 많음을 **의뢰하였음이라**

'**의뢰하다**' 와 관련된 성구

애굽을 의뢰하다 - 왕하 18:21, 24
업적과 보물을 의뢰하다 - 렘 48:7
여호와를 의뢰하다 - 왕하 18:22, 30; 시
　　37:3; 112:7; 잠 22:19; 렘 17:7; 미
　　3:11; 습 3:2
의뢰하는 양식을 끊다 - 레 26:26; 겔
　　4:16; 5:16
재물을 의뢰하다 - 렘 49:4
허망한 것을 의뢰하다 - 사 59:4

의리(義理, righteousness)
슥 11:14　유다와 이스라엘 형제의 **의리**를 끊으려

의무(醫務, duty, obligation)
신 25:5　남편의 형제 된 **의무**를 그에게 다 행할
신 25:7　형제 된 **의무**를 내게 행하지 아니하나
삼상 23:20　왕의 손에 넘길 것이 우리의 **의무니이다**
고전 7:3　아내에 대한 **의무**를 다하고 아내도 그
갈 2:6　유력한 이들은 내게 **의무**를 더하여 준
갈 5:3　그는 율법 전체를 행할 **의무**를 가진 자

의문(疑問, difficult problem)
단 5:12　말을 밝히며 **의문**을 풀 수 있었나이다
단 5:16　해석을 잘하고 **의문**을 푼다 하도다

의복(衣服, clothes, garment)
창 24:53　은금 패물과 **의복**을 꺼내어 리브가에
창 27:15　좋은 **의복**을 가져다가 그의 작은 아들
창 35:2　정결하게 하고 너희들의 **의복**을 바꾸어
출 3:22　은 패물과 금 패물과 **의복**을 구하여 너희
출 12:35　사람에게 은 패물과 **의복**을 구하매
출 21:10　**의복**과 동침하는 것을 끊지 말 것이요
출 22:9　양이나 **의복**이나 또는 다른 잃은 물건
출 29:5　**의복**을 가져다가 아론에게 속옷과 에봇
출 31:10　정교하게 짠 **의복** 곧 제사장 아론의 성의
레 8:2　그 **의복**과 관유와 속죄제의 수송아지
레 11:32　나무 그릇에든지 **의복**에든지 가죽에
레 13:47　**의복**에 나병 색점이 발생하여 털옷에
레 13:49　그 **의복**이나 가죽이나 그 날에나 씨에
레 13:51　색점이 그 **의복**의 날에나 씨에나 가죽
레 13:52　색점 있는 **의복**이나 털이나 베의 날이
레 13:53　보기에 그 색점이 그 **의복**의 날에나 씨
레 13:56　그 **의복**에서나 가죽에서나 그 날에서
레 13:57　**의복**의 날에나 씨에나 가죽으로 만든
레 13:58　네가 빤 **의복**의 날에나 씨에나 가죽으로
레 14:55　**의복**과 가옥의 나병과
민 8:7　**의복**을 빨게 하여 몸을 정결하게 하고
민 31:20　모든 **의복**과 가죽으로 만든 모든 것과
신 8:4　네 **의복**이 해어지지 아니하였고 네 발이
신 22:3　나귀라도 그리하고 **의복**이라도 그리
신 22:5　남자의 **의복**을 입지 … 여자의
수 22:8　많은 **의복**을 가지고 너희의 장막으로
삿 8:26　자색 **의복**과 또 그 외에 그들의 낙타

[의복]

삿 17:10	은 열과 **의복** 한 벌과 먹을 것을 주리라
룻 3:3	기름을 바르고 **의복**을 입고 타작 마당에
삼상 19:13	그 머리에 씌우고 **의복**으로 그것을 덮었
삼상 27:9	낙타와 **의복**을 빼앗아 가지고 돌아와
삼하 10:4	그들의 **의복**의 중동볼기까지 자르고
삼하 12:20	기름을 바르고 **의복**을 갈아입고 여호와
왕상 10:25	금 그릇과 **의복**과 갑옷과 향품과 말과
왕상 11:29	아히야가 새 **의복**을 입었고 그 두 사람
왕하 5:5	금 육천 개와 **의복** 열 벌을 가지고 가서
왕하 7:8	은과 금과 **의복**을 가지고 가서 감추고
왕하 7:15	도망하느라고 버린 **의복**과 병기가 길에
대상 19:4	수염을 깎고 그 **의복**을 볼기 중간까지
대하 9:24	은 그릇과 금 그릇과 **의복**과 갑옷과 향품
대하 20:25	재물과 **의복**과 보물이 많이 있으므로
에 4:4	매우 근심하여 입을 **의복**을 모르드개
욥 7:5	구더기와 흙 덩이가 **의복**처럼 입혔고
욥 13:28	낡아짐 같으며 좀 먹은 **의복** 같으니이다
욥 22:6	볼모로 잡으며 헐벗은 자의 **의복**을 벗기
욥 24:7	**의복**이 없어 벗은 몸으로 밤을 지내며
욥 27:16	티끌같이 쌓고 **의복**을 진흙같이 준비
욥 31:19	사람이 **의복**이 없이 죽어가는 것이나
욥 37:17	그대의 **의복**이 따뜻한 까닭을 그대가
시 102:26	낡으리니 **의복**같이 바꾸시면 바뀌려
전 9:8	네 **의복**을 항상 희게 하며 네 머리에
아 4:11	**의복**의 향기는 레바논의 향기 같구나
사 3:7	양식도 없고 **의복**도 없으니 너희는 나를
사 63:2	네 **의복**이 붉으며 네 옷이 포도즙틀을
사 63:3	내 옷에 튀어 내 **의복**을 다 더럽혔음이니
겔 16:16	네 **의복**을 가지고 너를 위하여 각색으로
겔 16:39	네 **의복**을 벗기고 네 장식품을 빼앗고
미 2:8	평안히 지나가는 자들의 **의복**에서 겉옷
슥 14:14	금 은과 **의복**이 심히 많이 모여질 것이요
마 6:25	음식보다 중하지 아니하며 몸이 **의복**
마 6:28	너희가 어찌 **의복**을 위하여 염려하느냐
눅 12:23	음식보다 중하고 몸이 **의복**보다 중하
행 20:33	은이나 금이나 **의복**을 탐하지 아니하

'의복'과 관련된 성구
과부의 의복 – 창 38:14, 19
제사장의 의복 – 느 7:70, 72; 겔 42:14
죄수의 의복 – 왕하 25:29; 렘 52:33
화려한 의복 – 사 63:1; 겔 23:12

[의원 1]

| 히 1:12 | **의복**처럼 갈아입을 것이요 그것들은 |

의사 1(醫師, physician)

렘 8:22	그 곳에는 **의사**가 있지 아니한가 딸 내
마 9:12	건강한 자에게는 **의사**가 쓸 데 없고 병든
막 2:17	건강한 자에게는 **의사**가 쓸 데 없고 병든
막 5:26	많은 **의사**에게 많은 괴로움을 받았고
눅 4:23	반드시 **의사**야 너 자신을 고치라 하는
눅 5:31	건강한 자에게는 **의사**가 쓸 데 없고 병든
골 4:14	사랑을 받는 **의사** 누가와 또 데마가 너희

의사 2(意思, opinion)

| 잠 18:2 | 자기의 **의사**를 드러내기만 기뻐하느 |

의심/-하다(疑心, jealousy, suspect)

민 5:14	그 남편이 **의심**이 생겨 … 그의 아내가 더
	럽혀졌거나 또는 그 남편이 **의심**이 생겨
민 5:30	그 남편이 **의심**이 생겨서 자기의 아내를
마 14:31	믿음이 작은 자여 왜 **의심**하였느냐
마 21:21	믿음이 있고 **의심**하지 아니하면 이 무화과
마 28:17	예수를 뵈옵고 경배하나 아직도 **의심하는**
요 13:22	대하여 말씀하시는지 **의심**하더라
행 10:20	일어나 내려가 **의심**하지 말고 함께 가라
행 11:12	아무 **의심** 말고 함께 가라 하시매 이
롬 4:20	하나님의 약속을 **의심**하지 않고 믿음
롬 14:23	**의심**하고 먹는 자는 정죄되었나니 이는
약 1:6	조금도 **의심**하지 말라 **의심**하는 자는
유 1:22	어떤 **의심**하는 자들을 긍휼히 여기라

'의심'과 관련된 성구
마음에 의심이 일어나다 – 눅 24:38
마음에 의심하다 – 막 11:23
아내를 의심하다 – 민 5:14, 30
의심의 법 – 민 5:29
의심의 소제 – 민 5:15
의심의 소제물 – 민 5:18, 25

의아하다(疑訝, wonder)

| 행 10:17 | 속으로 **의아해** 하더니 마침 고넬료가 |

의원 1(醫員, physician)

| 창 50:2 | 수종 드는 **의원**에게 … **의원**이 이스라엘 |

【 의원 2 】　　　　　　　　　　　　　　　　　　　　　　【 의인 】

대하 16:12　구하지 아니하고 **의원**들에게 구하였더
욥 13:4　　지어내는 자요 다 쓸모 없는 **의원**이니라

의원 2(議員, member)
눅 23:50　공회 **의원**으로 선하고 의로운 요셉이라

의인(義人, righteous man, the righteous)
모세오경, 역사서
창 6:9　　노아는 **의인**이요 당대에 완전한 자라
창 18:23　**의인**을 악인과 함께 멸하려 하시나이까
창 18:24　그 성 중에 **의인** 오십 … 그 오십 **의인**을
창 18:25　**의인**을 악인과 함께 … **의인**과 악인을
창 18:26　소돔 성읍 가운데서 **의인** 오십 명을
창 18:28　오십 **의인** 중에 오 명이 부족하다면 그
민 23:10　나는 **의인**의 죽음을 죽기 원하며 나의
신 16:19　어둡게 하고 **의인**의 말을 굽게 하느니라
신 25:1　　재판하여 **의인**은 의롭다 하고 악인은
삼하 4:11　하물며 악인이 **의인**을 그의 집 침상 위
시가서
욥 17:9　　그러므로 **의인**은 그 길을 꾸준히 가고
욥 22:19　**의인**은 보고 기뻐하고 죄 없는 자는 그들
욥 27:17　준비한 것을 **의인**이 입을 것이요 그의
욥 32:1　　욥이 자신을 **의인**으로 여기므로 그 세
욥 36:7　　그의 눈을 **의인**에게서 떼지 아니하시고
시 1:5　　죄인들이 **의인**들의 모임에 들지 못하리
시 5:12　　여호와여 주는 **의인**에게 복을 주시고
시 7:9　　악을 끊고 **의인**을 세우소서 의로우신
시 11:3　　터가 무너지면 **의인**이 무엇을 하랴
시 11:5　　여호와는 **의인**을 감찰하시고 악인과
시 14:5　　하나님이 **의인**의 세대에 계심이로다
시 31:18　무례히 **의인**을 치는 거짓 입술이 말 못
시 32:11　**의인**들아 여호와를 기뻐하며 즐거워
시 33:1　　너희 **의인**들아 여호와를 즐거워하라
시 34:15　여호와의 눈은 **의인**을 향하시고 그의
시 34:17　**의인**이 부르짖으매 여호와께서 들으시
시 34:19　**의인**은 고난이 많으나 여호와께서 그의
시 34:21　악인을 죽일 것이라 **의인**을 미워하는
시 37:12　악인이 **의인** 치기를 꾀하고 그를 향하여
시 37:16　**의인**의 적은 소유가 악인의 풍부함보다
*시 37:17　악인의 팔은 부러지나 **의인**은 여호*
시 37:21　악인은 꾸고 갚지 아니하나 **의인**은 은혜
시 37:25　어려서부터 늙기까지 **의인**이 버림을
시 37:29　**의인**이 땅을 차지함이여 거기서 영원히
시 37:32　악인이 **의인**을 엿보아 살해할 기회를
시 37:39　**의인**들의 구원은 여호와로부터 오나니
시 52:6　　**의인**이 보고 두려워하며 또 그를 비웃어
시 55:22　그가 너를 붙드시고 **의인**의 요동함을
시 58:10　**의인**이 악인의 보복 당함을 보고 기뻐함
시 58:11　사람의 말이 진실로 **의인**에게 갚음이
시 64:10　**의인**은 여호와로 말미암아 즐거워하며
시 68:3　　**의인**은 기뻐하여 하나님 앞에서 뛰놀며
시 69:28　생명책에서 지우사 **의인**들과 함께 기록
시 72:7　　**의인**이 흥왕하여 평강의 풍성함이 달이
시 75:10　악인의 뿔을 다 베고 **의인**의 뿔은 높이
시 92:12　**의인**은 종려나무같이 번성하며 레바논
시 94:21　모여 **의인**의 영혼을 치려 하며 무죄한
시 97:11　그들이 **의인**을 위하여 빛을 뿌리고 마음
시 97:12　**의인**이여 너희는 여호와로 말미암아
시 112:6　흔들리지 아니함이여 **의인**은 영원히
시 118:15　**의인**들의 장막에는 기쁜 소리, 구원의
시 118:20　여호와의 문이라 **의인**들이 그리로 들어
시 125:3　악인의 규가 **의인**들의 … 이는 **의인**들로
시 140:13　진실로 **의인**들이 주의 이름에 감사하며
시 141:5　**의인**이 나를 칠지라도 은혜로 여기며
시 142:7　나에게 갚아 주시리니 **의인**들이 나를
시 146:8　일으키시며 여호와께서 **의인**들을 사랑
잠 10:3　　여호와께서 **의인**의 영혼은 주리지 않게
잠 10:6　　**의인**의 머리에는 복이 임하나 악인의
잠 10:7　　**의인**을 기념할 때에는 칭찬하거니와
잠 10:16　**의인**의 수고는 생명에 이르고 악인의
잠 10:20　**의인**의 혀는 순은과 같거니와 악인의
잠 10:24　두려워하는 것이 임하거니와 **의인**은
잠 10:25　악인은 없어져도 **의인**은 영원한 기초
잠 10:28　**의인**의 소망은 즐거움을 이루어도 악인
잠 10:30　**의인**은 영영히 이동되지 아니하여도
잠 11:8　　**의인**은 환난에서 구원을 얻으나 악인
잠 11:9　　**의인**은 그의 지식으로 말미암아 구원을
잠 11:10　**의인**이 형통하면 성읍이 즐거워하고
잠 11:21　벌을 면하지 못할 것이나 **의인**의 자손
잠 11:23　**의인**의 소원은 오직 선하나 악인의 소망
잠 11:28　**의인**은 푸른 잎사귀 같아서 번성하리라
잠 11:30　**의인**의 열매는 생명 나무라 지혜로운
잠 11:31　**의인**이라도 이 세상에서 보응을 받겠
잠 12:3　　굳게 서지 못하거니와 **의인**의 뿌리는
잠 12:5　　**의인**의 생각은 정직하여도 악인의 도모
잠 12:10　**의인**은 자기의 가축의 생명을 돌보나

【 의인 】

잠 12:12 불의의 이익을 탐하나 **의인**은 그 뿌리로
잠 12:13 그물에 걸려도 **의인**은 환난에서 벗어
잠 12:21 **의인**에게는 어떤 재앙도 임하지 아니하
잠 12:26 **의인**은 그 이웃의 인도자가 되나 악인의
잠 13:5 **의인**은 거짓말을 미워하나 악인은 행위
잠 13:9 **의인**의 빛은 환하게 빛나고 악인의 등불
잠 13:21 죄인을 따르고 선한 보응이 **의인**에게
잠 13:22 죄인의 재물은 **의인**을 위하여 쌓이느
잠 13:25 **의인**은 포식하여도 악인의 배는 주리느
잠 14:19 불의한 자는 **의인**의 문에 엎드리느니라
잠 14:32 엎드러져도 **의인**은 그의 죽음에도 소망
잠 15:28 **의인**의 마음은 대답할 말을 깊이 생각
잠 15:29 악인을 멀리 하시고 **의인**의 기도를 들으
잠 17:15 악인을 의롭다 하고 **의인**을 악하다 하는
잠 17:26 **의인**을 벌하는 것과 귀인을 정직하다고
잠 18:5 **의인**을 억울하게 하는 것이 선하지 아니
잠 18:10 **의인**은 그리로 달려가서 안전함을 얻느
잠 20:7 온전하게 행하는 자가 **의인**이라 그의
잠 21:15 정의를 행하는 것이 **의인**에게는 즐거움
잠 21:18 악인은 **의인**의 속전이 되고 사악한 자는
잠 21:26 **의인**은 아끼지 아니하고 베푸느니라
잠 23:24 **의인**의 아비는 크게 즐거울 것이요
잠 24:16 대저 **의인**은 일곱 번 넘어질지라도 다시
잠 25:26 **의인**이 악인 앞에 굴복하는 것은 우물이
잠 28:1 도망하나 **의인**은 사자같이 담대하니라
잠 28:12 **의인**이 득의하면 큰 영화가 있고 악인이
잠 28:28 사람이 숨고 그가 멸망하면 **의인**이 많아
잠 29:2 **의인**이 많아지면 백성이 즐거워하고
잠 29:6 올무가 되게 하는 것이나 **의인**은 노래
잠 29:7 **의인**은 가난한 자의 사정을 알아 주나
잠 29:16 죄도 많아지나니 **의인**은 그들의 망함을

'의인' 과 관련된 성구

의인은 믿음으로 (말미암아) 산다 – 롬
1:17; 갈 3:11; 히 10:38
의인을 부르러 온 것이 아니다 – 마 9:13;
막 2:17; 눅 5:32
의인의 간구 – 약 5:16; 벧전 3:12
의인의 길 – 시 1:6 잠 2:20; 4:18; 사 26:7
의인의 입 – 시 37:30; 잠 10:11, 31
의인의 입술 – 잠 10:21, 32
의인의 집 – 잠 3:33; 12:7; 15:6; 24:15

잠 29:27 **의인**에게 미움을 받고 바르게 행하는
전 3:17 마음속으로 이르기를 **의인**과 악인을
전 7:15 의로움에도 불구하고 멸망하는 **의인**이
전 7:16 지나치게 **의인**이 되지도 말며 지나치게
전 7:20 죄를 범하지 아니하는 **의인**은 세상에
전 8:14 벌을 받는 **의인**들도 있고 **의인**들의 행위
전 9:1 **의인**들이나 지혜자들이나 그들의 행위
전 9:2 모든 것이 일반이라 **의인**과 악인, 선한

선지서

사 3:10 너희는 **의인**에게 복이 있으리라 말하라
사 5:23 악인을 의롭다 하고 **의인**에게서 그 공의
사 26:7 정직하신 주께서 **의인**의 첩경을 평탄
사 29:21 헛된 일로 **의인**을 억울하게 하느니라
사 57:1 **의인**이 죽을지라도 … **의인**들은 악한
렘 20:12 **의인**을 시험하사 그 폐부와 심장을 보시
애 4:13 성읍 안에서 **의인**들의 피를 흘렸도다
겔 3:20 **의인**이 그의 공의에서 돌이켜 악을 행할
겔 3:21 그 **의인**을 깨우쳐 범죄하지 아니하게
겔 13:22 **의인**의 마음을 너희가 거짓말로 근심
겔 18:9 **의인**이니 반드시 살리라 주 여호와의
겔 18:20 **의인**의 공의도 자기에게로 돌아가고
겔 18:24 **의인**이 돌이켜 그 공의에서 떠나 범죄
겔 18:26 **의인**이 그 공의를 떠나 죄악을 행하고
겔 21:3 칼집에서 빼어 **의인**과 악인을 네게서
겔 21:4 **의인**과 악인을 네게서 끊을 터이므로
겔 23:45 **의인**이 간통한 여자들을 재판함같이
겔 33:12 네 민족에게 이르기를 **의인**이 범죄하는
날에는 … **의인**이 범죄하는 날에는 그
겔 33:13 내가 **의인**에게 말하기를 너는 살리라
겔 33:18 **의인**이 돌이켜 그 공의에서 떠나 죄악을
호 14:9 여호와의 도는 정직하니 **의인**은 그 길로
암 2:6 은을 받고 **의인**을 팔며 신 한 켤레를
암 5:12 너희는 **의인**을 학대하며 뇌물을 받고
합 1:4 악인이 **의인**을 에워쌌으므로 정의가
합 2:4 **의인**은 그의 믿음으로 말미암아 살리라
말 3:18 **의인**과 악인을 분별하고 하나님을 섬기는

신약

마 10:41 상을 받을 것이요 **의인**의 이름으로 **의인**을 영접하는 자는 **의인**의 상을 받을
마 13:17 많은 선지자와 **의인**이 너희가 보는 것
마 13:43 그 때에 **의인**들은 자기 아버지 나라에서
마 13:49 천사들이 와서 **의인** 중에서 악인을 갈라
마 23:29 선지자들의 무덤을 만들고 **의인**들의

[의자]　　　　　　　　　　　　　　　　　　[의지/-하다]

마 23:35	**의인** 아벨의 피로부터 성전과 제단 사이	삿 16:29	왼손으로 하나는 오른손으로 껴 **의지하고**
마 25:37	이에 **의인**들이 대답하여 이르되 주여	삼상 23:16	하나님을 힘 있게 **의지하게** 하였는데
마 25:46	영벌에, **의인**들은 영생에 들어가리라	삼하 3:29	지팡이를 **의지하는** 자나 칼에 죽는 자나
눅 1:6	이 두 사람이 하나님 앞에 **의인**이니 주의	삼하 22:19	내게 이르렀으나 여호와께서 나의 **의지**
눅 1:17	거스르는 자를 **의인**의 슬기에 돌아오게	왕상 19:8	음식물의 힘을 **의지하여** 사십 주 사십 야
눅 14:14	이는 **의인**들의 부활시에 네가 갚음을	왕하 5:18	내 손을 **의지하시매** 내가 림몬의 신당
눅 15:7	하늘에서는 회개할 것 없는 **의인** 아흔	왕하 7:2	왕이 그의 손에 **의지하는** 자 곧 한 장관
눅 20:20	그들로 스스로 **의인**인 체하며 예수의	왕하 7:17	그의 손에 **의지하였던** 그의 장관을 세워
눅 23:47	이르되 이 사람은 정녕 **의인**이었도다	왕하 18:21	사람이 그것을 **의지하면** 그의 손에 찔려
행 7:52	**의인**이 오시리라 … 그 **의인**을 잡아 준	대하 16:7	아람 왕을 **의지하고** 왕의 하나님 여호와
행 10:22	고넬료는 **의인**이요 하나님을 경외하는	시가서	
행 22:14	자기 뜻을 알게 하시며 그 **의인**을 보게	욥 8:14	믿는 것이 끊어지고 그가 **의지하는** 것이
행 24:15	**의인**과 악인의 부활이 있으리라 함이	욥 8:15	집을 **의지할지라도** 집이 서지 못하고
롬 2:13	율법을 듣는 자가 **의인**이 아니요 오직	욥 18:14	그가 **의지하던** 것들이 장막에서 뽑히며
롬 3:10	기록된 바 **의인**은 없나니 하나도 없으며	욥 29:24	그들이 **의지** 없을 때에 내가 미소하면
롬 5:7	**의인**을 위하여 죽는 자가 쉽지 않고 선인	욥 39:11	힘이 세다고 네가 그것을 **의지하겠느냐**
롬 5:19	순종하심으로 많은 사람이 **의인**이 되리라	시 13:5	주의 사랑을 **의지하였사오니** 나의 마음
히 12:23	하나님과 및 온전하게 된 **의인**의 영들과	시 18:18	이르렀으나 여호와께서 나의 **의지**가
약 5:6	**의인**을 정죄하고 죽였으나 그는 너희	시 20:7	사람은 말을 **의지하나** 우리는 여호와
벧전 3:12	**의인**을 향하시고 그의 귀는 **의인**의 간구	시 22:9	어머니의 젖을 먹을 때에 **의지하게** 하셨
벧전 3:18	**의인**으로서 불의한 자를 대신하셨으니	시 28:7	내 마음이 그를 **의지하여** 도움을 얻었
벧전 4:18	**의인**이 겨우 구원을 받으면 경건하지	시 33:21	그의 성호를 **의지하였기** 때문이로다
벧후 2:8	이 **의인**이 그들 중에 거하여 날마다 저	시 37:5	여호와께 맡기라 그를 **의지하면** 그가

의자(椅子, bench, chair)

삼상 1:9	여호와의 전 문설주 곁 **의자**에 앉아 있었
삼상 4:13	자기의 **의자**에 앉아 기다리며 그의 마음
삼상 4:18	자기 **의자**에서 뒤로 넘어져 문 곁에서
왕하 4:10	침상과 책상과 **의자**와 촛대를 두사이다
마 21:12	비둘기 파는 사람들의 **의자**를 둘러 엎으
막 11:15	상과 비둘기 파는 자들의 **의자**를 둘러

의존하다(依存, trust)

대상 4:22	이는 다 옛 기록에 **의존한** 것이라
렘 7:8	너희가 무익한 거짓말을 **의존하는도다**

의지/-하다(依支, lean, rely, trust)
 모세오경, 역사서

신 10:20	그를 섬기며 그에게 **의지하고** 그의 이름
신 11:22	*그의 모든 도를 행하여 그에게 **의지하면***
신 13:4	청종하며 그를 섬기며 그를 **의지하며**
신 30:20	말씀을 청종하며 또 그를 **의지하라** 그는
삿 16:26	버틴 기둥을 찾아 그것을 **의지하게** 하라

 '의지하다' 와 관련된 성구

구원을 의지하지 않다 – 시 78:22; 호 14:3
여호와를 의지하다 – 왕하 18:5; 대하 13:18; 16:7, 8; 시 4:5; 21:7; 26:1; 31:6; 40:3, 4; 56:10; 115:9, 10, 11; 125:1; 잠 16:20; 28:25; 29:25; 렘 17:7; 슥 10:12
여호와의 이름(의 위엄)을 의지하다 – 왕상 18:32; 렘 26:9; 미 4:5; 5:4
우상을 의지하다 – 사 42:17; 합 2:18
인생을 의지하지 말라 – 시 146:3; 사 2:22
재물을 의지하다 – 시 49:6; 52:7; 잠 11:28
주를/주께 의지하다 – 대하 14:11; 시 9:10; 10:14; 25:2; 31:14; 44:5; 55:23; 56:3; 71:6; 84:12; 86:2
하나님을/하나님께 의지하다 – 삼하 22:30; 시 18:29; 56:4, 10, 11; 60:12; 108:13; 사 48:2; 50:10

{ 의지/-하다 } **{ 이 1 }**

시 37:40 구원하심은 그를 **의지한** 까닭이로다
시 44:6 내 활을 **의지하지** 아니할 것이라 내 칼이
시 52:8 인자하심을 영원히 **의지하리로다**
시 62:8 시시로 그를 **의지하고** 그의 앞에 마음을
시 62:10 포악을 **의지하지** 말며 탈취한 것으로
시 65:5 바다에 있는 자가 **의지할** 주께서 의를
시 105:16 그들이 **의지하고** 있는 양식을 다 끊으셨
시 115:8 **의지하는** 자들이 다 그와 같으리로다
시 119:42 내가 주의 말씀을 **의지함이니이다**
시 135:18 그것을 **의지하는** 자가 다 그것과 같으리
시 146:3 귀인들을 **의지하지** 말며 도울 힘이 없는
잠 3:5 여호와를 신뢰하고 네 명철을 **의지하지**
잠 3:26 여호와는 네가 **의지할** 이시니라 네 발을
잠 21:22 용사의 성에 올라가서 그 성이 **의지하는**
잠 30:5 순전하며 하나님은 그를 **의지하는** 자의
아 8:5 그의 사랑하는 자를 **의지하고** 거친 들에

선지서
사 3:1 유다가 의뢰하며 **의지하는** 것을 … 그
가 **의지하는** 모든 양식과 그가 **의지하는**
사 10:20 자를 **의지하지** … 진실하게 **의지하리니**
사 26:13 주만 **의지하고** 주의 이름을 부르리이다
사 27:5 내 힘을 **의지하고** 나와 화친하며 나와
사 30:12 압박과 허망을 믿어 그것을 **의지하니**
사 31:1 말을 **의지하며** … 심히 강함을 **의지하고**
사 36:6 사람이 그것을 **의지하면** 손이 찔리리니
사 47:10 네가 네 악을 **의지하고** 스스로 이르기를
사 51:5 나를 앙망하여 내 팔을 **의지하리라**
사 59:16 베푸시며 자기의 공의를 스스로 **의지하사**
렘 2:37 이는 네가 **의지하는** 자들을 나 여호와가
렘 23:13 그들은 바알을 **의지하고** 예언하여 내
렘 46:25 바로와 및 그를 **의지하는** 자들을 벌할 것
렘 49:11 네 과부들은 나를 **의지할** 것이니라
겔 14:13 손을 그 위에 펴서 그 **의지하는** 양식을
겔 29:7 그들이 너를 **의지한즉** 네가 부러져서
겔 29:16 다시는 이스라엘 족속의 **의지가** 되지
단 9:18 공의를 **의지하여** … 긍휼을 **의지하여**
단 9:27 포악하여 가증한 것이 날개를 **의지하여**
미 1:11 애곡하여 너희에게 **의지할** 곳이 없게
미 4:5 자기의 신의 이름을 **의지하여** 행하되
미 7:5 친구를 **의지하지** 말며 네 품에 누운 여인

신약
마 9:34 귀신의 왕을 **의지하여** 귀신을 쫓아낸다
눅 5:5 잡은 것이 없지마는 말씀에 **의지하여**

요 13:23 사랑하시는 자가 예수의 품에 **의지하여**
요 13:25 예수의 가슴에 그대로 **의지하여** 말하되
요 21:20 예수의 품에 **의지하여** 주님 주님을 파는
행 19:13 전파하는 예수를 **의지하여** 너희에게
행 27:4 맞바람을 피하여 구브로 해안을 **의지하고**
행 27:44 혹은 배 물건에 **의지하여** 나가게 하니
롬 2:17 율법을 **의지하며** 하나님을 자랑하며
롬 9:32 믿음을 **의지하지** 않고 행위를 **의지함**
고후 1:9 **의지하지** 말고 … 하나님만 **의지하게**
골 2:18 그가 그 본 것에 **의지하여** 그 육신의
히 2:13 다시 내가 그를 **의지하리라** 하시고 또
히 11:21 지팡이 머리에 **의지하여** 경배하였으며

의탁하다(依託, commit, entrust, rely on)
대하 14:11 의지하오며 주의 이름을 **의탁하옵고**
욥 5:8 찾겠고 내 일을 하나님께 **의탁하리라**
욥 39:12 곡식 모으기를 그것에게 **의탁하겠느냐**
시 22:8 그가 여호와께 **의탁하니** 구원하실 걸,
습 3:12 여호와의 이름을 **의탁하여** 보호를 받을
막 9:39 내 이름을 **의탁하여** 능한 일을 행하고
요 2:24 예수는 그의 몸을 그들에게 **의탁하지**
딤후 1:12 내가 **의탁한** 것을 그 날까지 그가 능히
벧전 4:19 영혼을 미쁘신 창조주께 **의탁할지어다**

의하다(依, by)
대상 7:9 그 자손을 계보에 **의해** 계수하면 이만
욥 11:4 네 말에 **의하면** 내 도는 정결하고 나는
겔 14:23 소행을 볼 때에 그들에 **의해** 위로를 받고
호 7:4 과자 만드는 자에 **의해** 달궈진 화덕과
엡 2:8 그 은혜에 **의하여** 믿음으로 말미암아

의향(意向, purpose, be disposed)
수 9:25 당신의 **의향에** 좋고 옳은 대로 우리에게
삼상 20:12 너 다윗에게 대한 **의향이** 선하면 내가
딤후 3:10 나의 교훈과 행실과 **의향과** 믿음과 오래

의혹/-하다(疑惑, puzzle, suspense)
요 10:24 언제까지나 우리 마음을 **의혹하게** 하려
행 5:24 이 말을 듣고 **의혹하여** 이 일이 어찌
갈 4:20 높이려 함은 너희에 대하여 **의혹이** 있음

이 1(gnat)
출 8:16 치라 하라 그것이 애굽 온 땅에서 **이가**

【 이 2/잇 】　　　　　　　　　　　　　　　　　　【 이같이 】

출 8:17　애굽 온 땅의 티끌이 다 **이**가 되어 사람과
출 8:18　**이**를 생기게 하려 하였으나…**이**가 사람
시 105:31　파리 떼가 오며 그들의 온 영토에 **이**가

이 2/잇(tooth)

창 49:12　붉겠고 그의 **이**는 우
　　　　유로 말미암아 희리로다
출 21:27　남종의 **이**나 여종의 **이**를 쳐서 빠뜨리면
욥 4:10　사자의 소리가 그치고 어린 사자의 **이**가
욥 13:14　내 살을 내 **이**로 물고 내 생명을 내 손에
시 57:4　그들의 **이**는 창과 화살이요 그들의 혀는
시 124:6　우리를 내주어 그들의 **이**에 씹히지 아니
잠 10:26　그 부리는 사람에게 마치 **이**에 식초 같고
아 4:2　네 **이**는 목욕장에서 나오는 털 깎인 암양
아 6:6　네 **이**는 목욕하고 나오는 암양 떼 같으니
사 41:15　내가 너를 **이**가 날카로운 새 타작기로
단 7:5　입의 **잇** 사이에는 세 갈빗대가 물렸는데
단 7:7　쇠로 된 큰 **이**가 있어서 먹고 부서뜨리고
단 7:19　그 **이**는 쇠요 그 발톱은 놋이니 먹고 부서
슥 9:7　그의 **잇** 사이에서 그 가증한 것을 제거

'이 2'와 관련된 성구

이가 시다 - 렘 31:29, 30; 겔 18:2
이를 갈다 - 욥 16:9; 시 35:16; 37:12;
　　112:10; 애 2:16; 마 8:12; 13:42,
　　50; 22:13; 24:51; 25:30; 막 9:18;
　　눅 13:28; 행 7:54
이를 꺾다 - 시 3:7; 58:6
이빨 - 욜 1:6; 계 9:8
이에는 **이**로 갚다 - 출 21:24; 레 24:20;
　　신 19:21; 마 5:38

이 3(二, two)

창 11:10　셈은 백 세 곧 홍수 후 **이** 년에 아르박삿

'이 3'과 관련된 성구

이 년 - 창 41:1; 45:6; 삼상 13:1; 삼하
　　13:23; 왕상 15:25; 16:8; 22:51; 왕하
　　15:23; 대하 21:19; 33:21; 스 3:8; 렘
　　28:3, 11; 단 2:1; 암 1:1
이 층 - 겔 43:14 / 제이 구역 - 습 1:10

이가봇(Ichabod) 비느하스의 아들

삼상 4:21　**이가봇**이라 하였으니 하나님의 궤가
삼상 14:3　그는 **이가봇**의 형제 아히둡의 아들이요

이간/-하다/-시키다 (離間, slanderous, lienate, separate)

잠 6:19　증인과 및 형제 사이를 **이간하는** 자이니
잠 16:28　말쟁이는 친한 벗을 **이간하느니라**
잠 17:9　말하는 자는 친한 벗을 **이간하는** 자니라
겔 22:9　흘리려고 **이간**을 붙이는 자도 있었으며
갈 4:17　오직 너희를 **이간시켜** 너희로 그들에게

이갈(Igal)

1. 잇사갈 지파로 열두 정탐꾼 중 한 명
민 13:7　지파에서는 요셉의 아들 **이갈**이요
2. 나단의 아들로 다윗의 용사 중 한 명
삼하 23:36　소바 사람 나단의 아들 **이갈**과 갓 사람
3. 스마야의 아들로 여고냐(여호야긴) 왕의 자손
대상 3:22　스마야의 아들들은 핫두스와 **이갈**과

이같이(this, such a thing)

창 3:24　**이같이** 하나님이 그 사람을 쫓아내시고

이같이 - 기타 본문

모세오경　창 11:6; 18:25; 22:16; 24:30; 27:20;
29:25; 30:32; 31:9, 26; 32:4, 19; 34:15; 39:19;
41:34; 42:15, 18, 33; 44:5, 31; 50:17; 출 1:18;
2:18; 3:14, 15; 5:15; 7:17; 14:5, 11, 30; 16:4,
16, 23, 32; 19:3; 20:22; 29:9; 30:38; 31:16;
40:33; 레 4:26, 35; 7:38; 8:35; 25:54; 26:16, 27;
민 1:45; 4:19; 6:27; 8:7, 14, 24, 26; 11:15;
14:22, 35; 20:21; 21:25; 22:28, 30, 32, 33;
23:11; 24:10; 29:39; 신 5:29; 8:18; 9:5; 10:21;
12:25; 13:5, 11, 18; 15:15; 16:3; 19:10; 20:15;
21:21; 22:5, 24; 24:7; 25:9; 29:24; 32:6 **역사서**,
시가서 수 6:14; 9:24; 10:14; 11:16; 22:24, 28;
24:2, 12; 삿 4:6; 6:8; 8:1; 9:56; 11:15, 23; 15:7,
11; 18:23; 19:23; 삼상 2:14; 9:21; 10:18; 11:2,
9; 15:2; 17:50; 25:24; 27:11; 30:23; 삼하
11:25; 12:31; 14:13; 19:36; 23:5; 왕상 9:8;
10:12, 20; 12:15; 18:29; 왕하 4:13; 9:25; 19:10,
21; 22:18; 대상 20:3; 대하 7:21; 9:11, 19; 10:15;
11:4; 12:5; 18:10, 26; 20:15; 21:12; 24:20;

【 이것 】   【 이것 】

31:20; 32:10; 34:23, 24, 26; 35:18; 36:23; 느 4:21; 5:15, 18; 6:4; 8:17; 13:18, 21; 에 6:9, 11; 욥 16:3; 시 65:9; 73:22; 107:2; 128:4; 잠 6:3; 전 2:9; 3:14; 4:8; 아 5:9 **선지서** 사 6:4; 10:7; 20:6; 21:16; 25:8; 28:16; 29:22; 30:12, 15; 31:4; 36:4:16; 37:6, 10, 22, 33; 38:1, 5; 42:5; 43:16; 44:2, 6, 24; 45:1, 11, 14, 18; 47:15; 49:7, 8, 22, 25; 50:1; 51:22; 렘 2:10; 3:5; 5:29; 9:22; 10:11, 16; 13:9; 18:23; 19:3, 12; 21:3; 22:8; 25:15; 26:19; 27:4, 19; 28:2, 6; 29:1, 24, 31; 31:2; 32:3-5; 38:4; 45:2; 49:35; 51:64; 애 2:20; 5:20; 겔 4:13; 6:3, 11, 12; 7:2, 5; 11:7; 12:23; 13:8, 20; 14:21; 15:6; 16:3, 36, 59; 17:3, 22; 20:5, 27, 30, 39, 47; 21:9, 24, 26, 28; 22:3, 28; 23:18, 22, 28, 30, 32, 35, 46, 48; 24:3, 6, 9, 24, 27; 25:3, 6, 8, 12, 13, 15, 16; 26:3, 7, 15, 19; 27:3; 28:2, 6, 22, 25; 29:3, 8, 13, 19; 30:6, 10, 13, 19, 22; 31:10, 15; 32:3, 11; 33:25, 27; 34:2, 10, 11, 17, 20; 35:3, 14; 36:2, 3, 4, 5, 6, 7, 13, 22, 33, 37; 37:5, 9, 12, 19, 21; 38:3, 10, 14, 17, 23; 39:1, 10, 16, 17, 25; 42:20; 43:18, 26; 44:6, 9; 45:9, 18; 46:1, 15, 16; 47:13; 단 2:24; 3:29; 9:20; 10:19; 호 10:15; 미 4:4; 나 1:12; 학 1:2, 5; 2:6; 슥 1:4; 2:8; 6:12, 15; 7:9; 8:2, 3, 4, 6, 7, 9, 14, 19; 말 1:9, 13; 2:1 **신약** 마 5:12, 16, 45, 46, 47; 19:10 막 7:13; 눅 13:2; 23:31; 24:46; 요 12:16; 18:22; 21:11; 행 3:16, 19; 7:26; 13:47; 16:18; 19:10; 21:11; 23:13; 26:24; 롬 1:32; 4:18; 9:20; 10:6; 16:18; 고전 6:5; 8:12; 9:15; 14:10; 15:11; 16:16; 고후 1:10; 2:3; 3:4, 12; 갈 1:6; 3:3, 4, 24; 5:23; 살전 2:8; 딤후 3:5; 히 2:3; 4:7; 6:9, 15; 9:6; 11:14; 12:3; 13:16; 벧후 1:11; 3:15; 요일 4:11; 요삼 1:8; 계 3:16; 9:17; 16:18; 18:21

이것(this)
창 2:4   이것이 천지가 창조될 때에 하늘과 땅의

📖 **이것 - 기타 본문**

모세오경 창 2:23; 5:1; 6:9, 21; 8:17; 9:2, 3, 12, 13, 17; 17:10, 11; 20:13; 23:1; 25:10; 27:36; 28:17; 37:32; 41:28; 42:14; 44:5; 출 3:12; 4:17; 10:11; 12:11, 47; 13:9, 14, 16; 14:12; 15:17; 16:15, 16, 32; 17:14; 22:9; 25:28; 29:26; 30:16,

29, 31, 33; 35:29; 38:30; 레 2:8; 11:8, 9, 13, 24, 31, 35, 37, 42; 16:4; 23:2, 4, 18, 20, 37; 26:46; 27:34; 민 4:15; 7:26, 32, 38, 44, 50, 56, 62, 68, 74, 80; 13:27; 17:5; 18:11, 31; 19:9; 34:13; 신 4:6, 35; 5:31; 14:7; 18:3, 16; 21:7; 22:17; 30:13; 32:29, 34; 33:17 **역사서** 수 3:10; 4:6; 5:4; 14:1; 15:4; 삿 6:29; 9:16; 11:39; 룻 4:7; 삼상 6:16; 9:24; 14:10; 17:39; 20:3, 40; 24:4, 16; 26:17; 30:25; 삼하 7:19; 13:20; 16:2, 17; 24:23; 왕상 1:27, 45; 3:10, 11; 8:9; 10:17; 20:9; 22:11; 왕하 3:18; 4:43; 9:37; 대상 11:19; 16:16; 17:17; 21:23; 29:18; 대하 5:10; 9:16; 18:10; 에 4:5 **시가서** 욥 10:13; 12:9; 13:1, 16; 21:2; 27:12, 13; 34:16; 35:2; 36:21; 37:14; 38:23; 시 19:11; 25:6; 49:13; 56:8, 9; 69:31; 74:18; 87:4; 104:27; 105:9; 109:27; 119:56, 93; 127:5; 149:7; 잠 3:8, 21; 4:13; 6:24, 32; 7:3, 5; 21:20; 22:18, 19; 24:13, 14, 18, 23; 25:1; 전 1:10, 17; 2:1, 2, 10, 15, 19, 21, 23, 24, 26; 4:4, 8, 16; 5:10, 16; 6:2, 9; 7:2, 6, 18, 27, 28, 29; 8:10, 14; 9:3; 11:6; 12:12, 13 **선지서** 사 1:12; 6:7, 13; 14:26; 19:20; 23:7; 28:12; 30:21; 34:5, 8, 16; 37:30; 41:20; 48:5, 16; 50:11; 55:13; 58:5; 65:6; 렘 6:19; 7:4, 23; 9:24; 22:16; 27:20, 22; 29:14, 32; 32:8; 34:7; 44:29; 애 3:21, 23, 37; 겔 4:3; 5:5; 12:10; 17:21; 19:14; 20:20; 21:12, 13, 27; 23:11; 29:19; 30:9; 32:16; 37:18; 40:4; 45:15; 47:6; 48:21, 29; 단 2:44; 4:30; 5:22, 25; 호 2:12, 22; 7:16; 8:6; 욜 1:2; 암 4:5, 12; 7:3, 6; 미 2:6, 10; 7:10; 학 1:9; 2:3; 슥 4:4, 5, 13; 5:4, 5, 6; 6:4; 11:11; 말 2:5 **복음서** 마 6:26; 7:12; 8:9; 11:25; 13:28; 15:18; 18:13; 21:32, 42; 22:38; 23:4, 23, 36; 26:8, 9, 26, 27, 28; 27:6, 7; 막 2:8; 6:28; 8:7; 10:20; 12:11, 29, 31; 14:22, 24; 눅 1:18, 70; 2:12; 4:6, 28; 7:8; 10:21; 11:42; 16:25; 18:21, 34; 21:6; 22:17, 19, 51; 24:10, 44; 요 2:16; 3:19; 4:34, 54; 6:39, 40, 58; 11:26; 12:16; 13:17; 15:11, 12, 17; 16:1, 2, 4, 25, 33; 17:8; 19:24; 20:31; 21:14 **역사서** 행 2:33; 3:6, 12; 4:17; 5:8; 7:1, 43, 44; 8:32; 11:6; 12:22; 13:38, 39; 15:18; 17:11; 18:14; 24:14, 16; 27:34 **서신서** 롬 9:9; 11:27; 고전 1:12; 2:10, 13; 4:14; 7:26, 35; 9:3, 8, 15, 17, 18; 10:28; 11:22, 24, 25;

【 이것저것 】

15:50; 고후 1:12; 2:9; 5:5; 8:20; 9:6; 11:6, 14; 12:8; 13:9; 갈 2:10; 3:2, 17; 4:14, 24; 엡 2:8; 4:17; 5:5; 6:1, 2; 빌 1:19, 22, 25, 28; 3:15; 4:8; 골 2:4, 8, 17; 3:6; 살전 3:3; 4:3, 10, 15; 5:18; 살후 1:3; 딤전 1:9; 2:3, 10; 3:14; 4:6, 11, 16; 5:4, 7, 21; 6:2, 10, 11, 19, 21; 딤후 3:1; 딛 2:15; 3:8, 9; 히 6:3; 7:13, 19; 8:10; 9:5; 10:16, 18, 35; 11:29; 12:14; 13:17; 약 2:23; 3:9, 10; 4:15; 벧전 1:12; 5:12; 벧후 1:10, 12, 19; 3:3, 14, 17; 요일 1:4, 5; 2:1, 25, 26; 3:23; 4:3; 5:3, 4, 9, 11, 13, 14; 요이 1:6 **예언서** 계 2:6; 9:19; 11:2; 15:1; 18:14; 19:9; 20:14; 21:7, 8; 22:8, 16, 18, 20

이것저것(even more, both)
삼하 12:8 내가 네게 **이것저것**을 더 주었으리라
고전 6:13 하나님은 **이것저것**을 다 폐하시리라

이경(二更, middle watch, the second watch)
삿 7:19 기드온과 그와 함께 한 백 명이 **이경** 초에
눅 12:38 주인이 혹 **이경**에나 혹 삼경에 이르러서

이고니온(Iconium) **소아시아 남부 중앙에 위치한 곳**
행 13:51 발의 티끌을 떨어 버리고 **이고니온**으로

📖 **이고니온 – 기타 본문**
행 14:1, 19, 21; 16:2; 딤후 3:11

이곳(this place)
창 19:13 여호와께서 **이곳**을 멸하시려고 우리를

📖 **이곳 – 기타 본문**
창 19:14; 20:11; 28:17; 31:13; 45:5; 47:4; 출 33:15; 민 20:5; 21:5; 32:16, 26; 신 1:31; 2:20; 9:7; 11:5; 26:9; 29:7; 수 15:8; 18:6; 24:32; 삿 6:18; 삼상 12:8; 26:20; 왕상 8:29, 30, 35; 13:8, 16; 왕하 18:25; 22:16, 17, 19, 20; 대하 6:20, 21, 26, 40; 7:12, 15; 34:24, 25, 27, 28; 느 12:44; 사 49:20; 렘 7:3, 6, 7, 14, 20, 32; 14:13; 16:3, 9; 19:3, 4, 6, 7, 12; 22:3, 11; 24:5; 27:22; 28:3, 4, 6; 29:10; 31:8; 32:37; 33:12; 40:2; 44:29; 51:62; 학 2:9; 마 14:15; 막 6:35; 요 12:1; 행 6:14; 7:7; 14:26; 21:28

【 이기다 】

이기다(overcome, make the mud)
1. 힘을 겨루어 이기다
(overcome, overpower, triumph over)

구약
창 32:25 자기가 야곱을 **이기지** 못함을 보고 그가
출 18:11 교만하게 행하는 그들을 **이기셨도다**
민 22:6 내가 혹 그들을 쳐서 **이겨** 이 땅에서 몰아
신 12:10 너희 주위의 모든 대적을 **이기게** 하시고
삿 6:2 미디안의 손이 이스라엘을 **이긴지라**
삼상 2:9 힘으로는 **이길** 사람이 없음이로다
삼상 17:9 내가 **이겨** 그를 죽이면 너희가 우리의
왕상 16:22 아들 디브니를 따른 백성을 **이긴지라**
대하 14:11 사람이 주를 **이기지** 못하게 하옵소서
대하 20:27 여호와께서 그들이 그 적군을 **이김**으로
욥 14:20 주께서 사람을 영원히 **이기셔서** 떠나게
욥 20:5 **이긴다**는 자랑도 잠시요 경건하지 못한
시 12:4 우리의 혀가 **이기리라** 우리 입술은 우리
시 25:2 나의 원수들이 나를 **이겨** 개가를 부르지
시 41:11 원수가 나를 **이기지** 못하오니 주께서
시 129:2 여러 번 나를 괴롭혔으나 나를 **이기지**
잠 21:31 마병을 예비하거니와 **이김**은 여호와께
렘 1:19 그들이 너를 치나 너를 **이기지** 못하리니
렘 15:20 그들이 너를 칠지라도 **이기지** 못할 것은
렘 20:7 주께서 나보다 강하사 **이기셨으므로**
렘 20:10 우리가 그를 **이기어** 우리 원수를 갚자
렘 20:11 박해하는 자들이 넘어지고 **이기지** 못할
애 1:13 나의 골수에 불을 보내어 **이기게** 하시고
애 1:16 원수들이 **이기매** 내 자녀들이 외롭도다
단 11:7 그의 성에 들어가서 그들을 쳐서 **이기고**
호 12:4 겨루어 **이기고** 울며 그에게 간구하였으
옵 1:7 너와 화목하던 자들이 너를 속여 **이기며**
습 3:17 너로 말미암아 기쁨을 **이기지** 못하시며

신약
마 12:20 아니하기를 심판하여 **이길** 때까지
마 16:18 음부의 권세가 **이기지** 못하리라
눅 23:23 못 박기를 구하니 그들의 소리가 **이긴지라**
행 18:28 힘있게 유대인의 말을 **이김이러라**
행 19:16 그들에게 뛰어올라 눌러 **이기니** 그들이
행 20:9 졸음을 **이기지** 못하여 삼 층에서 떨어지
롬 3:4 판단 받으실 때에 **이기려** 하심이라 함과
롬 8:37 말미암아 우리가 넉넉히 **이기느니라**
롬 12:21 악에게 지지 말고 선으로 악을 **이기라**
고전 15:54 사망을 삼키고 **이기리라고** 기록된 말씀

【 이끌다/이끌리다 】

고후 2:14	우리를 그리스도 안에서 **이기게** 하시고
골 2:15	십자가로 그들을 **이기셨느니라**
히 11:33	믿음으로 나라들을 **이기기**도 하며 의를
약 2:13	긍휼은 심판을 **이기고** 자랑하느니라
벧후 2:19	누구든지 진 자는 **이긴** 자의 종이 됨이라
요일 2:13	것은 너희가 악한 자를 **이기었음이라**
요일 2:14	너희는 흉악한 자를 **이기었음이라**
요일 4:4	속하였고 또 그들을 **이기었나니** 이는
계 2:7	**이기는** 그에게는 내가 하나님의 낙원에
계 2:11	**이기는** 자는 둘째 사망의 해를 받지
계 2:17	**이기는** 그에게는 내가 감추었던 만나를
계 3:21	**이기는** 그에게는 … 내가 **이기고** 아버지
계 6:2	나아가서 **이기고** 또 **이기려고** 하더라
계 11:7	더불어 전쟁을 일으켜 그들을 **이기고**
계 13:7	권세를 받아 성도들과 싸워 **이기게** 되고
계 15:2	그의 우상과 그의 이름의 수를 **이기고**
계 17:14	그들을 **이기실** … 자들도 **이기리로다**

'이기다 1'과 관련된 성구

능히 **이기다** – 민 13:30; 잠 18:14
능히 **이기지** 못하다 – 왕하 16:5; 사 7:1
세상을 **이기다** – 요 16:33; 요일 5:4; 5:5
여호와께서 (크게) **이기게** 하시다 – 삼하
8:6, 14; 23:10; 대상 18:6, 13

이기다 1 – 기타 본문

창 30:8; 32:28; 출 17:11; 삿 3:10; 삼상 14:47; 17:50; 왕상 20:21; 대하 13:18; 27:5; 욥 15:24; 시 13:4; 65:3; 렘 5:22; 38:22; 단 7:21; 계 5:5; 12:11

2. 섞어서 반죽하다
(make the mud, mortar, smash)

출 1:14	흙 **이기기**와 벽돌 굽기와 농사의 여러
단 2:40	모든 물건을 부서뜨리고 **이기는** 것이라
요 9:6	땅에 침을 뱉어 진흙을 **이겨** 그의 눈에
요 9:11	하는 그 사람이 진흙을 **이겨** 내 눈에
요 9:14	예수께서 진흙을 **이겨** 눈을 뜨게 하신

이끌다/이끌리다(bring, take)

모세오경, 역사서

창 2:15	하나님이 그 사람을 **이끌어** 에덴 동산에
창 2:19	그것들을 그에게로 **이끌어** 가시니 아담
창 2:22	그를 아담에게로 **이끌어** 오시니
창 6:19	각기 암수 한 쌍씩 방주로 **이끌어** 들여
창 8:17	땅에 기는 모든 것을 다 **이끌어** 내라
창 12:5	소유와 얻은 사람들을 **이끌고** 가나안
창 12:15	여인을 바로의 궁으로 **이끌어** 들인지라
창 15:5	**이끌고** 밖으로 나가 이르시되 하늘을
창 15:7	갈대아인의 우르에서 **이끌어** 낸 여호와
창 19:5	온 사람들이 어디 있느냐 **이끌어** 내라
창 19:8	그들을 너희에게로 **이끌어** 내리니 너희
창 19:12	속한 자들을 다 성 밖으로 **이끌어** 내라
창 19:15	아내와 두 딸을 **이끌어** 내라 이 성의
창 19:17	그 사람들이 그들을 밖으로 **이끌어** 낸
창 20:14	양과 소와 종들을 **이끌어** 아브라함에게
창 28:15	지키며 너를 **이끌어** 이 땅으로 돌아오게
창 31:18	그가 밧단아람에서 모든 가축을 **이끌고**
창 36:6	모든 재물을 **이끌고** 그의 동생 야곱을
창 39:1	요셉이 **이끌려** 애굽에 내려가매 바로의
창 43:23	하고 시므온을 그들에게로 **이끌어** 내고
창 45:18	아버지와 너희 가족을 **이끌고** 내게로
창 48:10	요셉이 두 아들을 **이끌어** 아버지 앞으로
창 48:13	오른손을 향하게 하여 **이끌어** 그에게
출 14:11	당신이 우리를 **이끌어** 내어 이 광야에서
민 10:14	암미나답의 아들 나손이 **이끌었고**
민 10:15	군대는 수알의 아들 느다넬이 **이끌었고**
민 10:16	헬론의 아들 엘리압이 **이끌었더라**
민 10:18	스데울의 아들 엘리술이 **이끌었고**
민 10:19	수리삿대의 아들 슬루미엘이 **이끌었고**
민 10:20	드우엘의 아들 엘리아삽이 **이끌었더라**
민 10:22	암미훗의 아들 엘리사마가 **이끌었고**
민 10:23	브다술의 아들 가말리엘이 **이끌었고**
민 10:24	기드오니의 아들 아비단이 **이끌었더라**
민 10:25	암미삿대의 아들 아히에셀이 **이끌었고**
민 10:26	오그란의 아들 바기엘이 **이끌었고**
민 10:27	에난의 아들 아히라가 **이끌었더라**
민 16:13	젖과 꿀이 흐르는 땅에서 **이끌어** 내어
신 8:14	애굽 땅 종 되었던 집에서 **이끌어** 내시고
수 2:6	그들을 **이끌고** 지붕에 올라가서 그 지붕
수 6:22	그와 그에게 속한 모든 것을 **이끌어** 내라
수 6:23	**이끌어** 내고 또 그의 친족도 다 **이끌어**
수 7:24	속한 모든 것을 **이끌고** 아골 골짜기
수 24:3	아브라함을 강 저쪽에서 **이끌어** 내어
수 24:7	두고 바다를 **이끌어** 그들을 덮었나니

이끌다/이끌리다

삿 4:7 기손 강으로 **이끌어** 네게 이르게 하고
삼상 10:3 한 사람은 염소 새끼 셋을 **이끌었고**
삼하 22:49 나를 원수들에게서 **이끌어** 내시며 나를
왕상 1:53 보내어 그를 제단에서 **이끌어** 내리니
왕상 18:12 못하는 곳으로 당신을 **이끌어** 가시리니
대하 14:15 양과 낙타를 많이 **이끌고** 예루살렘으로
에 2:8 에스더도 왕궁으로 **이끌려** 가서 궁녀를

시가서, 선지서

욥 14:3 주 앞으로 **이끌어서** 재판하시나이까
욥 33:30 그들의 영혼을 구덩이에서 **이끌어** 생명
욥 36:16 하나님이 그대를 환난에서 **이끌어** 내사
욥 38:32 제 때에 **이끌어** 낼 수 있으며 북두성을
        다른 별들에게로 **이끌어** 갈 수 있겠느냐
시 45:14 시종하는 친구 처녀들도 왕께로 **이끌려**
시 60:9 누가 나를 **이끌어** 견고한 성에 들이며
시 68:6 갇힌 자들은 **이끌어** 내사 형통하게
시 71:20 깊은 곳에서 다시 **이끌어** 올리시리이다
시 78:71 젖 양을 지키는 중에서 그들을 **이끌어**
시 108:10 누가 나를 **이끌어** 견고한 성읍으로 인도
시 142:7 영혼을 옥에서 **이끌어** 내사 주의 이름
아 1:4 나를 그의 방으로 **이끌어** 들이시니 너는
아 8:2 내가 너를 **이끌어** 내 어머니 집에 들이고
사 40:26 주께서는 수효대로 만상을 **이끌어** 내시
사 42:7 갇힌 자를 감옥에서 **이끌어** 내며 흑암에
사 42:16 그들이 알지 못하는 길로 **이끌며** 그들이
사 43:6 아들들을 먼 곳에서 **이끌며** 내 딸들을
사 43:8 있어도 듣지 못하는 백성을 **이끌어** 내라
사 43:17 병거와 말과 군대의 용사를 **이끌어** 내어
사 49:10 긍휼히 여기는 이가 그들을 **이끌되** 샘물
사 51:18 모든 아들 중에 그 손으로 너를 **이끌** 자도
사 60:11 그들의 왕들을 포로로 **이끌어** 옴이라
렘 15:19 만일 돌아오면 내가 너를 다시 **이끌어**
렘 31:3 인자함으로 너를 **이끌었다** 하였노라
렘 31:18 여호와시니 나를 **이끌어** 돌이키소서
렘 37:17 왕이 사람을 보내어 그를 **이끌어** 내고
애 3:2 **이끌어** 어둠 안에서 걸어가게 하시고
겔 8:3 하나님의 환상 가운데에 나를 **이끌어**
겔 8:7 그가 나를 **이끌고** 뜰 문에 이르시기로
겔 23:24 병거와 수레와 크고 작은 방패를 **이끌고**
겔 38:16 곡아 끝 날에 내가 너를 **이끌어다가** 내
겔 38:17 너를 **이끌어다가** 그들을 치게 하리라
겔 39:2 너를 돌이켜서 **이끌고** 북쪽 끝에서부터
겔 40:24 그가 또 나를 **이끌고** 남으로 간즉 남쪽을

호 11:4 줄 곧 사랑의 줄로 그들을 **이끌었고**
습 3:20 내가 그 때에 너희를 **이끌고** 그 때에
슥 10:10 레바논으로 그들을 **이끌어** 가리니

신약

눅 4:5 또 예수를 **이끌고** 올라가서 순식간에
눅 4:9 또 **이끌고** 예루살렘으로 가서 성전
눅 13:15 나귀를 외양간에서 풀어내어 **이끌고**
요 6:44 보내신 아버지께서 **이끌지** 아니하시면
요 12:32 들리면 모든 사람을 내게로 **이끌겠노라**
행 8:39 주의 영이 빌립을 **이끌어** 간지라
행 12:17 주께서 자기를 **이끌어** 옥에서 나오게
고후 12:2 십사 년 전에 셋째 하늘에 **이끌려** 간
고후 12:4 그가 낙원으로 **이끌려** 가서 말로 표현할
히 1:6 맏아들을 **이끌어** 세상에 다시 들어오게
히 2:10 많은 아들들을 **이끌어** 영광에 들어가게
히 13:20 언약의 피로 죽은 자 가운데서 **이끌어**
벧후 3:17 무법한 자들의 미혹에 **이끌려** 너희가

> **'이끌다'와 관련된 성구**
>
> 모든 소유를 이끌다 – 창 31:21; 46:1, 32
> 성령에게 이끌리다 – 마 4:1; 눅 4:1
> 애굽 땅에서 이끌어 내다 – 출 14:11; 렘 11:4; 암 2:10
> 재물을 이끌다 – 창 15:14; 36:6; 46:6

이날

이날(that ⟨very⟩ day, this day, this ⟨very⟩ day)

창 17:23 자기에게 말씀하신 대로 **이날에** 그 아들
출 12:14 너희는 **이날을** 기념하여 여호와의 절기
출 32:28 자손이 모세의 말대로 행하매 **이날에**
출 35:2 안식일이라 누구든지 **이날에** 일하는
삿 4:23 **이날에** 하나님이 가나안 왕 야빈을
삼상 14:24 **이날에** 이스라엘 백성들이 피곤하였으
삼상 16:13 **이날** 이후로 다윗이 여호와의 영에게
느 8:10 **이날은** 우리 주의 성일이니 근심하지
에 9:18 십오일에 쉬며 **이날에** 잔치를 베풀어
시 118:24 **이날은** 여호와께서 정하신 것이라 **이날**
사 10:32 아직 **이날에** 그가 놉에서 쉬고 팔 시온
애 2:16 우리가 바라던 날이 과연 **이날이라** 우리
겔 30:2 통곡하며 이르기를 슬프다 **이날이여**
슥 6:10 요시야의 집에 들어갔나니 너는 **이날에**
슥 8:9 선지자들의 입의 말을 **이날에** 듣는 너희
막 15:42 **이날은** 준비일 곧 안식일 전날이므로

【 이놈 】　　　　　　　　　　　　　　　　　　　　　　　　　　　　　　【 이드르암 】

요 5:9　들고 걸어가니라 **이날**은 안식일이니
요 20:19　**이날** 곧 안식 후 첫날 저녁 때에 제자들이
행 2:41　받으매 **이날**에 신도의 수가 삼천이나
롬 14:5　어떤 사람은 **이날**을 저 날보다 낫게

이날 – 기타 본문
창 33:16; 50:3 출 12:17; 13:4; 레 16:30; 23:21,
28, 29, 30; 삿 5:1; 20:46; 삼상 11:13; 삼하 3:37;
24:18; 왕상 13:11; 22:35; 대상 29:22; 대하
18:34; 느 9:3; 12:43; 에 1:5; 9:22; 겔 39:8; 슥
8:10; 9:16; 눅 21:22, 35; 23:54; 요 11:53; 19:14,
31, 42

이놈(this fellow)
왕상 22:27　왕의 말씀이 **이놈**을 옥에 가두고 내가
대하 18:26　이같이 말하기를 **이놈**을 옥에 가두고

이다말(Ithamar) 아론의 막내 아들
출 6:23　나답과 아비후와 엘르아살과 **이다말**을

'이다말(의) 자손'과 관련된 성구
대상 24:3, 4, 5, 6; 스 8:2

이다말 – 기타 본문
출 28:1; 38:21; 레 10:6, 12, 16; 민 3:2, 4; 4:28,
33; 7:8; 26:60; 대상 6:3; 24:1, 2

이단(異端, heresy, faction)
행 24:5　하는 자요 나사렛 **이단**의 우두머리라
행 24:14　나는 그들이 **이단**이라 하는 도를 따라
갈 5:20　분냄과 당 짓는 것과 분열함과 **이단**과
딛 3:10　**이단**에 속한 사람을 한두 번 훈계한 후에
벤후 2:1　멸망하게 할 **이단**을 가만히 끌어들여

이달(this month)
출 12:3　**이달** 열흘에 너희 각자가 어린 양을
출 13:5　이르게 하시거든 너는 **이달**에 이 예식을
레 23:32　**이달** 아흐렛날 저녁 곧 그 저녁부터
민 9:3　그 정한 기일 곧 **이달** 열넷째 날 해 질

이달라(Idalah) 스불론의 성읍
수 19:15　갓닷과 나할랄과 시므론과 **이달라**와

이달리야(Italy) 이탈리아를 말함
행 10:1　있으니 **이달리야** 부대라 하는 군대의
행 18:2　브리스길라와 함께 **이달리야**로부터
행 27:1　우리가 배를 타고 **이달리야**에 가기로
행 27:6　**이달리야**로 가려 하는 알렉산드리아
히 13:24　**이달리야**에서 온 자들도 너희에게 문안

이대(Ithai) 베냐민 자손으로 다윗의 용사
대상 11:31　기브아 사람 리배의 아들 **이대**와 비라돈

이델 사람/이델 종족(Ithrite) 기럇여아림
　　에 살던 족속
삼하 23:38　**이델 사람** 이라와 **이델 사람** 가렙과
대상 2:53　기럇여아림 족속들은 **이델 종족**과 붓
대상 11:40　**이델 사람** 이라와 **이델 사람** 가렙과

이동되다(移動, uproot)
잠 10:30　의인은 영영히 **이동되지** 아니하여도

이두래(Iturea) 갈릴리와 다메섹 사이 지역
눅 3:1　빌립이 **이두래**와 드라고닛 지방의 분봉

이두매(Idumea) 에돔의 헬라 명칭
막 3:8　유대와 예루살렘과 **이두매**와 요단 강

이드라(Jether) 아마사의 아버지
삼하 17:25　**이드라** 하는 자의 아들이라 **이드라**가

이드란(Ithran)
　1. 호리 족속 세일의 자손으로 디손의 아들
창 36:26　헴단과 에스반과 **이드란**과 그란이요
대상 1:41　하므란과 에스반과 **이드란**과 그란이요
　2. 아셀 자손으로 소바의 아들
대상 7:37　베셀과 홋과 사마와 실사와 **이드란**과

이드로(Jethro) 미디안 제사장으로 모세의 장인
출 3:1　미디안 제사장 **이드로**의 양 떼를 치더니

이드로 – 기타 본문
출 4:18; 18:1, 2, 5, 6, 12

이드르암(Ithream) 다윗의 아들 중 한명
삼하 3:5　여섯째는 **이드르암**이라 다윗의 아내

【 이드마 】　　　　　　　　　　　　　　　　　　　　　　　　　　【 이래 】

대상 3:3　여섯째는 **이드르암**이라 다윗의 아내

이드마(Ithmah) 모압 사람으로 다윗의 용사
대상 11:46 요사위야와 모압 사람 **이드마**와

이득(利得, gain)
고후 12:17 보낸 자 중에 누구로 너희의 **이득**을 취하
고후 12:18 디도가 너희의 **이득**을 취하더냐 우리
딛 1:7　구타하지 아니하며 더러운 **이득**을 탐하
딛 1:11　**이득**을 취하려고 마땅하지 아니한 것
벧전 5:2　더러운 **이득**을 위하여 하지 말고 기꺼이
벧후 2:3　너희로 **이득**을 삼으니 그들의 심판은

이들라(Ithlah) 단 지파가 분배받은 성읍
수 19:42　사알랍빈과 아얄론과 **이들라**와

이들랍(Jidlaph) 나홀과 밀가의 아들
창 22:22　하소와 빌다스와 **이들랍**과 브두엘이라

이디엘(Ithiel)
　　1. 여사야의 아들이며 마아세야의 아버지
느 11:7　마아세야의 오대 손이요 **이디엘**의 육대
　　2. 아굴의 잠언을 우갈과 함께 받은 사람
잠 30:1　그가 이디엘 곧 **이디엘**과 우갈에게 이른

이때(this time, these days, that moment)
출 8:32　바로가 **이때**에도 그의 마음을 완강하게
민 23:23　**이때**에 야곱과 이스라엘에 대하여
민 24:17　내가 그를 보아도 **이때**의 일이 아니며
신 2:14　**이때**에는 그 시대의 모든 군인들이
삿 16:13　당신이 **이때**까지 나를 희롱하여 내게
삼상 9:24　너를 위하여 이것을 두고 **이때**를 기다
삼하 14:32 **이때**까지 거기에 있는 것이 내게 나았으
왕하 4:16 지나 **이때**쯤에 네가 아들을 안으리라
왕하 4:17 한 해가 지나 **이때**쯤에 엘리사가 여인에
왕하 10:32 **이때**에 여호와께서 이스라엘에서 땅을
왕하 13:23 **이때**까지 자기 앞에서 쫓아내지 아니하
왕하 18:4 놋뱀을 이스라엘 자손이 **이때**까지
대하 5:11 **이때**에는 제사장들이 그 반열대로 하지
에 4:14 **이때**에 네가 만일 잠잠하여 말이 없으
면 … 자리를 얻은 것이 **이때**를 위함이
학 1:4　황폐하였거늘 너희가 **이때**에 판벽한
슥 14:14 예루살렘에서 싸우리니 **이때**에 사방에

마 3:13　**이때**에 예수께서 갈릴리로부터 요단
마 16:21 **이때**로부터 예수 그리스도께서 자기가
막 14:35 될 수 있는 대로 **이때**가 자기에게서 지나
눅 1:39　**이때**에 마리아가 일어나 빨리 산골로
눅 2:38　**이때**에 나아와서 하나님께 감사하고
눅 6:12　**이때**에 예수께서 기도하시러 산으로
요 4:23　진리로 예배할 때가 오나니 곧 **이때**라
요 5:25　음성을 들을 때가 오나니 곧 **이때**라
요 7:46　말하는 것처럼 말한 사람은 **이때**까지
요 12:27 **이때**를 면하게 하여 주옵소서 그러나
　　내가 이를 위하여 **이때**에 왔나이다
행 1:6　이스라엘 나라를 회복하심이 **이때**니이
행 3:24　선지자도 **이때**를 가리켜 말하였느니라
롬 3:26　**이때**에 자기의 의로우심을 나타내사
롬 9:9　약속의 말씀은 이것이니 명년 **이때**에
고후 12:19 너희는 **이때**까지 우리가 자기 변명을

이라(Ira)
　　1. 야일 사람으로 다윗의 대신
삼하 20:26 야일 사람 **이라**는 다윗의 대신이 되니라
　　2. 드고아 사람 익게스의 아들로 다윗의 용사
삼하 23:26 드고아 사람 익게스의 아들 **이라**와
대상 11:28 드고아 사람 익게스의 아들 **이라**와
대상 27:9 드고아 사람 익게스의 아들 **이라**이니
　　3. 이델 사람으로 다윗의 용사
삼하 23:38 이델 사람 **이라**와 이델 사람 가렙과
대상 11:40 이델 사람 **이라**와 이델 사람 가렙과

이람(Iram) 에돔 종족의 한 족장
창 36:43 막디엘 족장, **이람** 족장이라 이들은 그
대상 1:54 막디엘 족장과 **이람** 족장이라 에돔의

이랏(Irad) 에녹의 아들이며 므후야엘의 아버지
창 4:18　에녹이 이랏을 낳고 **이랏**은 므후야엘을

이랑(furrow)
욥 39:10　네가 능히 줄로 매어 들소가 **이랑**을 갈게
시 65:10　그 **이랑**을 평평하게

이래(以來, from, since)
단 12:1　있으리니 이는 개국 **이래**로 그 때까지
계 16:18 사람이 땅에 있어 온 **이래**로 이같이 큰

이러이러하다 | 이러하다

이러이러하다(thus-KJV)
수 7:20 범죄하여 **이러이러하게** 행하였나이다
삿 18:4 그들에게 이르되 미가가 **이러이러하게**
삼상 17:27 그를 죽이는 사람에게는 **이러이러하게**
삼상 18:24 다윗이 **이러이러하게** 말하더이다
삼상 21:2 내가 나의 소년들을 **이러이러한** 곳으로
삼하 14:3 왕께 들어가서 그에게 **이러이러하게**
삼하 17:6 아히도벨이 **이러이러하게** 말하니
삼하 17:15 장로들에게 **이러이러하게** 계략을 세웠고 나도 **이러이러하게** 계략을 세웠으
삼하 17:21 당신들을 해하려고 **이러이러하게** 계략
왕상 14:5 **이러이러하게** 대답하라 그가 들어올
왕하 5:4 온 소녀의 말이 **이러이러하더이다** 하니

이러하다(these, this)
모세오경, 역사서
창 6:15 네가 만들 방주는 **이러하니** 그 길이는
창 36:15 에서 자손 중 족장은 **이러하니라** 에서의
창 36:31 에돔 땅을 다스리던 왕들은 **이러하니라**
창 36:40 거처와 이름을 따라 나누면 **이러하니**
출 6:14 조상을 따라 집의 어른은 **이러하니라**
출 6:16 그들의 족보대로 **이러하니** 게르손과
출 21:1 네가 백성 앞에 세울 법규는 **이러하니라**
출 28:4 그들이 지을 옷은 **이러하니** 곧 흉패와
출 29:1 그들을 거룩하게 할 일은 **이러하니** 곧
출 29:38 네가 제단 위에 드릴 것은 **이러하니라**
출 35:4 여호와께서 명령하신 일이 **이러하니라**
레 8:5   행하라고 명령하신 것이 **이러하니라**
레 11:2 중 너희가 먹을 만한 생물은 **이러하니**
레 11:4 너희가 먹지 못할 것은 **이러하니** 낙타는
레 11:29 길짐승 중에 네게 부정한 것은 **이러하니**
레 15:3 부정함이 **이러하니** 곧 그의 몸에서 흘러
민 3:1   아론과 모세가 낳은 자는 **이러하니라**
민 4:4   지성물에 대하여 할 일은 **이러하니라**
민 4:24 게르손 종족의 할 일과 멜 것은 **이러하니**
민 4:28 종족들이 회막에서 할 일은 **이러하며**
민 4:31 그 멜 것은 **이러하니** 곧 장막의 널판들
민 6:13 나실인의 법은 **이러하니라** 자기의 몸을
민 8:4   등잔대의 제작법은 **이러하니** 곧 금을
민 28:3 너희가 여호와께 드릴 화제는 **이러하니**
민 34:7 북쪽 경계는 **이러하니** 대해에서부터
민 34:12 너희 땅의 사방 경계가 **이러하니라**
신 4:44 자손에게 선포한 율법은 **이러하니라**
신 7:5   그들에게 행할 것은 **이러하니** 그들의
신 12:1 지켜 행할 규례와 법도는 **이러하니라**
신 14:4 너희가 먹을 만한 짐승은 **이러하니** 곧
신 19:4 도피하여 살 만한 경우는 **이러하니** 곧
신 29:1 세우신 언약의 말씀은 **이러하니라**
신 33:1 자손을 위하여 축복함이 **이러하니라**
신 33:7 대한 축복은 **이러하니라** 일렀으되
수 12:1 그 땅에서 쳐죽인 왕들은 **이러하니라**
수 12:7 쳐서 멸한 그 땅의 왕들은 **이러하니라**
수 13:2 이 남은 땅은 **이러하니** 블레셋 사람의
수 13:8 종 모세가 그들에게 준 것은 **이러하니**
수 13:32 모세가 분배한 기업이 **이러하여도**
수 15:12 가족대로 받은 사방 경계가 **이러하니라**
수 16:5 가족대로 받은 지역은 **이러하니라** 그들
수 17:1 위하여 제비 뽑은 것은 **이러하니라**

'이러하다'와 관련된 성구

계보는 이러하다 - 룻 4:18; 스 8:1
규례는/가 이러하다 - 출 12:43; 레 6:9, 14, 25; 7:1, 11; 14:2, 57; 신 15:2; 겔 43:18
노정은 이러하다 - 민 33:1, 2
명수가 이러하다 - 스 2:2; 느 7:7
아들은 이러하다 - 창 36:14; 대상 2:1, 50; 3:1, 5; 5:1; 6:33; 7:8, 33; 8:6, 39; 9:44
여호와의 명령이 이러하다 - 레 17:2; 민 30:1; 36:6
예물은 이러하다 - 출 25:3; 레 6:20; 겔 45:13
이름은 이러하다 - 창 36:10; 46:8; 출 1:1; 민 1:5; 3:2, 17; 13:4; 34:17, 19; 삼상 14:49; 삼하 23:8; 왕상 4:8; 대상 6:17; 8:38; 12:2; 마 10:2
자손은 이러하다 - 민 26:21, 30, 36; 대상 2:33; 6:26
족보는 이러하다 - 창 10:1; 11:10, 27; 25:12, 19; 36:1, 9; 37:2; 대상 1:29
종족대로 이러하다 - 민 3:18, 19; 26:48
종족들은 이러하다 - 민 26:12, 15, 20, 23, 26, 35, 38, 42, 44, 57, 58; 대상 6:19
해석은/이 이러하다 - 창 40:12, 18; 단 4:24

1913

【 이러하다 】　　　　　　　　　　　　　　　　　　　　　　　　　　【 이렇다 】

수 19:51	제비 뽑아 나눈 기업이 **이러하니라** 이에
수 21:8	성읍들과 그 목초지들이 **이러하니라**
삼상 2:13	백성에게 행하는 관습은 **이러하니** 곧
삼상 6:17	속건제물로 드린 금 독종은 **이러하니**
삼상 8:11	너희를 다스릴 왕의 제도는 **이러하니라**
삼상 27:11	이르기를 다윗이 행한 일이 **이러하니라**
왕상 4:2	그의 신하들은 **이러하니라** 사독의 아들
왕상 7:28	그 받침 수레의 구조는 **이러하니** 사면
왕상 9:15	역군을 일으킨 까닭은 **이러하니** 여호와
왕상 11:27	대적하는 까닭은 **이러하니라** 솔로몬이
왕하 11:5	너희가 행할 것이 **이러하니** 안식일에
왕하 19:29	또 네게 보일 징조가 **이러하니** 너희가
대상 1:51	에돔의 족장은 **이러하니** 딤나 족장과
대상 1:54	족장이라 에돔의 족장이 **이러하였더라**
대상 4:33	시므온 자손의 거주지가 **이러하고** 각기
대상 6:50	아론의 자손들은 **이러하니라** 그의 아들
대상 11:10	용사의 우두머리는 **이러하니라** 이 사람
대상 12:23	하였으니 그 수효가 **이러하였더라**
대상 24:1	자손의 계열들이 **이러하니라** 아론의
대상 24:4	나눈 것이 **이러하니** 엘르아살 자손의
대상 24:20	레위 자손 중에 남은 자는 **이러하니**
대상 26:1	사람들의 문지기 반들은 **이러하니라**
대상 26:19	자손의 문지기의 직책은 **이러하였더라**
대상 27:16	관할하는 자는 **이러하니라** 르우벤 사람
대상 27:31	왕의 재산을 맡은 자들이 **이러하였더라**
대하 3:3	전을 위하여 놓은 지대는 **이러하니**
대하 17:14	수효가 그들의 족속대로 **이러하니라**
스 4:11	그 글의 초본은 **이러하니** 강 건너편에
스 5:6	왕에게 올린 글의 초본은 **이러하니라**
느 11:3	거주한 그 지방의 지도자들은 **이러하니**
느 12:1	제사장들과 레위 사람들은 **이러하니라**
에 5:7	나의 소청, 나의 요구가 **이러하니이다**

시가서 - 신약

욥 1:5	함이라 욥의 행위가 항상 **이러하였더라**
욥 18:21	집이 **이러하고** … 처소가 **이러하니라**
욥 24:13	배반하는 사람들은 **이러하니** 그들은
잠 1:19	모든 자의 길은 다 **이러하여** 자기의
전 9:13	보고 내가 크게 여긴 것이 **이러하니**
사 38:9	병이 나은 때에 기록한 글이 **이러하니라**
사 59:21	내가 그들과 세운 나의 언약이 **이러하니**
렘 30:4	유다에 대하여 하신 말씀이 **이러하니라**
렘 31:33	이스라엘 집과 맺을 언약은 **이러하니**
렘 52:28	사로잡아 간 백성은 **이러하니라** 제칠년
겔 1:5	모양이 **이러하니** 그들에게 사람의 형상
겔 1:8	그 네 생물의 얼굴과 날개가 **이러하니**
겔 2:4	주 여호와의 말씀이 **이러하시다** 하라
겔 3:11	주 여호와의 말씀이 **이러하시다** 하라
겔 3:27	주 여호와의 말씀이 **이러하시다** 하라
겔 16:49	네 아우 소돔의 죄악은 **이러하니** 그와
겔 41:21	내전 전면에 있는 양식은 **이러하니라**
겔 43:13	제단의 크기는 **이러하니라** 한 자는
겔 47:15	경계선은 **이러하니라** 북쪽은 대해에서
겔 48:30	성읍의 출입구는 **이러하니라** 북쪽이
단 2:28	머리 속으로 받은 환상은 **이러하니이다**
단 4:10	머리 속으로 받은 환상이 **이러하니라**
암 7:1	내게 보이신 것이 **이러하니라** 왕이
암 7:7	내게 보이신 것이 **이러하니라** 다림줄을
욘 4:2	내가 고국에 있을 때에 **이러하겠다**
미 2:7	그의 행위가 **이러하시다** 하겠느냐 나의
슥 4:6	스룹바벨에게 하신 말씀이 **이러하니라**
슥 5:6	온 땅에서 그들의 모양이 **이러하니라**
슥 8:16	너희가 행할 일은 **이러하니라** 너희는
슥 14:12	여호와께서 내리실 재앙은 **이러하니**
마 1:18	예수 그리스도의 나심은 **이러하니라**
마 13:49	세상 끝에도 **이러하리라** 천사들이 와서
눅 8:11	이 비유는 **이러하니라** 씨는 하나님의
눅 17:30	인자가 나타나는 날에도 **이러하리라**
요 1:19	물을 때에 요한의 증언이 **이러하니라**
요 19:12	**이러하므로** 빌라도가 예수를 놓으려고
요 21:1	나타내셨으니 나타내신 일은 **이러하니라**
행 1:21	**이러하므로** 요한의 세례로부터 우리
고전 7:7	은사가 있으니 이 사람은 **이러하고**

📖 **이러하다 - 기타 본문**

창 36:19; 출 35:1; 민 19:14; 신 18:3; 수 15:20; 16:8; 대상 8:40; 11:11; 25:1; 사 64:12; 겔 43:12; 암 7:4

이렇다(this)

창 3:13　네가 어찌하여 **이렇게** 하였느냐 여자가

📖 **이렇다 - 기타 본문**

구약 창 3:14; 12:18; 20:5, 6, 9, 10; 26:10; 43:11; 44:7; 45:17, 19; 출 5:1, 10; 12:11; 32:27; 민 4:26; 6:23; 16:6; 23:5, 16; 수 7:10; 9:20; 삿 14:10; 20:9; 삼상 14:29; 삼하 13:4;

【 이렇듯 】　　　　　　　　　　　　　　　　　　　　　【 이론 2 】

14:20; 17:11; 왕상 1:36; 7:18; 22:20; 왕하 7:9; 9:22; 19:6; 22:18; 23:22; 대하 1:10; 8:14; 18:19; 19:10; 24:11; 29:25; 31:10; 34:26; 스 9:10; 느 5:13; 6:13; 에 4:16; 전 7:10; 사 37:6; 렘 42:9; 애 1:21; 겔 4:5; 11:5; 13:10, 14; 20:3; 23:34; 36:22, 32; 욜 3:9 신약 마 2:5; 6:9, 30; 11:26; 12:45; 13:28; 24:46; 26:40, 56; 막 2:7, 8; 4:40; 7:18; 9:21; 11:3; 눅 1:25; 2:48; 4:17; 6:33; 9:15; 10:21; 11:2, 45; 12:18, 28; 16:4; 요 4:23; 6:6; 8:6, 40; 9:22; 12:6, 33, 37, 41; 14:9; 20:18; 행 14:18; 26:29; 롬 3:8; 고후 1:17; 5:3; 9:5; 13:10; 갈 6:11; 빌 3:15; 살후 3:17; 히 4:4; 벧전 2:8; 벧후 3:11; 요일 4:9; 계 16:5

이렇듯(so)
히 12:21　보이는 바가 **이렇듯** 무섭기로 모세도

이레(seven days, seventh day)
출 7:25　여호와께서 나일 강을 치신 후 **이레**가
출 22:30　양도 그와 같이 하되 **이레** 동안 어미와
출 29:30　성소에서 섬길 때에는 **이레** 동안 그것을
출 29:35　아들들에게 그같이 하여 **이레** 동안
출 29:37　너는 **이레** 동안 제단을 위하여 속죄하여
레 8:33　위임식은 **이레** 동안 행하나니 위임식이 끝나는 날까지 **이레** 동안은 회막 문에
레 13:4　제사장은 그 환자를 **이레** 동안 가두어
레 13:5　**이레** 만에 제사장이 그를 진찰할지니
레 14:8　들어올 것이나 자기 장막 밖에 **이레**를
레 14:38　그 집 문으로 나와 그 집을 **이레** 동안
레 15:13　정결하게 되기 위하여 **이레**를 센 후에
레 15:19　그의 유출이 피이면 **이레** 동안 불결하니
레 15:28　유출이 그치면 **이레**를 센 후에야 정하리
레 22:27　수소나 양이나 염소가 나거든 **이레** 동안
레 23:6　무교절이니 **이레** 동안 너희는 무교병을
레 23:8　너희는 **이레** 동안 여호와께 화제를 드릴
레 23:34　초막절이니 여호와를 위하여 **이레** 동안
레 23:39　일곱째 달 열닷샛날부터 **이레** 동안
레 23:40　여호와 앞에서 **이레** 동안 즐거워할
레 23:41　너희는 매년 **이레** 동안 여호와께 이 절기
레 23:42　너희는 **이레** 동안 초막에 거주하되
민 12:14　침을 뱉었을지라도 그가 **이레** 동안
민 12:15　미리암이 진영 밖에 **이레** 동안 갇혀

민 28:24　이 순서대로 **이레** 동안 매일 여호와께
민 29:12　**이레** 동안 여호와 앞에 절기를 지킬
민 31:19　너희는 **이레** 동안 진영 밖에 주둔하라
신 16:3　유교병을 그것과 함께 먹지 말고 **이레**
신 16:4　**이레** 동안에는 네 모든 지경 가운데에
신 16:13　후에 **이레** 동안 초막절을 지킬 것이요
신 16:15　너는 **이레** 동안 네 하나님 여호와 앞에서
삿 14:12　잔치하는 **이레** 동안에 너희가 그것을
삼상 11:3　우리에게 **이레** 동안 말미를 주어 우리가
삼상 13:8　사무엘이 정한 기한대로 **이레** 동안을
대상 9:25　형제들은 **이레**마다 와서 그들과 함께
스 6:22　즐거움으로 **이레** 동안 무교절을 지켰으
느 8:18　율법책을 낭독하고 무리가 **이레** 동안
겔 45:23　**이레** 동안에 매일 흠 없는 수송아지 일곱
단 9:24　거룩한 성을 위하여 일흔 **이레**를 기한으
단 9:25　일어나기까지 일곱 **이레**와 예순두 **이레**
단 9:26　예순두 **이레** 후에 기름 부음을 받은 자가
단 9:27　많은 사람들과 더불어 한 **이레** 동안의 언약을 굳게 맺고 그가 그 **이레**의 절반에
단 10:2　나 다니엘이 세 **이레** 동안을 슬퍼하며
단 10:3　세 **이레**가 차기까지 좋은 떡을 먹지
눅 18:12　나는 **이레**에 두 번씩 금식하고 또 소득의
행 21:27　그 **이레**가 거의 차매 아시아로부터 온

┌─ '**이레**'와 관련된 성구 ─────────┐
│ **이레** 동안 가두다 - 레 13:5, 21, 26, 31, │
│   33; 민 12:14 │
│ **이레** 동안 간직하다 - 레 13:50, 54 │
│ **이레** 동안 무교병을 먹다 - 출 12:15; │
│   13:6; 23:15; 34:18; 민 28:17 │
│ **이레** 동안 부정하다 - 레 12:2, 5; 15:24; │
│   민 19:11, 14, 16 │
│ **이레**를 (함께) 머물다 - 행 20:6; 21:4; │
│   28:14 │
└────────────────────────┘

이론 1(Iron)　**납달리 지파에 분배된 성읍**
수 19:38　**이론**과 믹다렐과 호렘과 벧 아낫과

이론 2(理論, argument)
욥 32:14　내게 자기 **이론**을 제기하지 아니하였으니 나도 당신들의 **이론**으로 그에게
고후 10:4　능력이라 모든 **이론**을 무너뜨리며

【 이롭다 】　　　　　　　　　　　　　　　　　　　　　【 이루다/이루어지다 】

이롭다(benefit)
잠 11:17　인자한 자는 자기의 영혼을 **이롭게** 하고

이루(Iru)　여분네의 아들 갈렙의 자손
대상 4:15　여분네의 아들 갈렙의 자손은 **이루**와

이루다/이루어지다(complete, confirm)
모세오경, 역사서
창 1:14　징조와 계절과 날과 해를 **이루게** 하라
창 2:1　　천지와 만물이 다 **이루어지니라**
창 18:19　대하여 말한 일을 **이루려** 함이니라
창 21:13　내가 그로 한 민족을 **이루게** 하리라
창 26:3　아브라함에게 맹세한 것을 **이루어**
창 28:3　하여 네가 여러 족속을 **이루게** 하시고
창 28:15　네게 허락한 것을 다 **이루기까지** 너를
창 31:46　돌을 가져다가 무더기를 **이루매** 무리가
출 36:13　휘장을 연결하여 한 막을 **이루었더라**
민 14:12　크고 강한 나라를 **이루게** 하리라
민 30:5　그의 서원과 결심한 서약을 **이루지** 못할
민 30:12　말한 것을 아무것도 **이루지** 못하나니
신 8:18　언약을 오늘과 같이 **이루려** 하심이니라
신 9:5　야곱에게 하신 맹세를 **이루려** 하심이니
신 13:2　네게 말한 그 이적과 기사가 **이루어지고**
삼상 1:23　그 말씀대로 **이루시기를** 원하노라
삼상 3:12　끝까지 그 날에 그에게 다 **이루리라**
삼상 20:4　내가 너를 위하여 그것을 **이루리라**
삼하 2:25　아브넬을 따라 한 무리를 **이루고** 작은
삼하 3:9　맹세하신 대로 내가 **이루게** 하지 아니하면
삼하 15:7　헤브론에 가서 그 서원을 **이루게** 하소서
삼하 23:5　모든 소원을 어찌 **이루지** 아니하시랴
왕상 2:4　하신 말씀을 확실히 **이루게** 하시리라
왕상 5:9　내 원을 **이루어** 나의 궁정을 위하여
왕상 8:20　여호와께서 말씀하신 대로 **이루시도다**
왕상 8:43　이방인이 주께 부르짖는 대로 **이루사**
왕상 8:56　약속이 하나도 **이루어지지** 아니함이
왕상 9:1　자기가 **이루기를** 원하던 모든 것을 마친
왕상 22:22　꾀겠고 또 **이루리라** 나가서 그리하라
왕하 2:10　보면 그 일이 네게 **이루어지려니와** 그렇지 아니하면 **이루어지지** 아니하리라
왕하 7:20　그의 장관에게 그대로 **이루어졌으니**
왕하 10:10　통하여 하신 말씀을 이제 **이루셨도다**
왕하 19:25　이제 내가 **이루어** 너로 견고한 성들을
왕하 19:31　열심이 이 일을 **이루리라** 하셨나이다

대상 12:22　군대를 **이루어** 하나님의 군대와 같았더
대하 6:10　여호와께서 말씀하신 대로 **이루셨도다**
대하 6:33　이방인이 주께 부르짖는 대로 **이루사**
대하 7:11　**이루고자** 한 것을 다 형통하게 **이루니라**
대하 18:21　꾀겠고 또 **이루리라** 나가서 그리하라
대하 20:17　대열을 **이루고** 서서 너희와 함께 한
대하 31:6　그것을 쌓아 여러 더미를 **이루었는데**
느 6:9　손이 피곤하여 역사를 중지하고 **이루지**
느 6:16　우리 하나님께서 이 역사를 **이루신** 것을
느 9:8　**이루셨사오매** 주는 의로우심이로소이다
느 12:29　사방에 마을들을 **이루었음이라**

시가서
욥 15:32　이르기 전에 그 일이 **이루어질** 것인즉
욥 22:28　네가 무엇을 결정하면 **이루어질** 것이요
욥 23:14　내게 작정하신 것을 **이루실** 것이라 이런
욥 38:38　티끌이 덩어리를 **이루며** 흙덩이가 서로
욥 42:2　무슨 계획이든지 못 **이루실** 것이 없는
시 20:4　모든 계획을 **이루어** 주시기를 원하노라
시 20:5　모든 기도를 **이루어** 주시기를 원하노라
시 21:11　하여 음모를 꾸몄으나 **이루지** 못하도다
시 33:6　만상을 그의 입 기운으로 **이루었도다**
시 33:9　말씀하시매 **이루어졌으며** 명령하시매
시 37:4　마음의 소원을 네게 **이루어** 주시리로다
시 37:5　맡기라 그를 의지하면 그가 **이루시고**

"네 길을 여호와께 맡기라 그를 의지하면 그가 이루시고"(시 37:5)

시 37:7　자기 길이 형통하며 악한 꾀를 **이루는**
시 57:2　모든 것을 **이루시는** 하나님께로다
시 139:16　내 형질이 **이루어지기** 전에 주의 눈이
시 140:8　그의 악한 꾀를 **이루지** 못하게 하소서
시 145:19　경외하는 자들의 소원을 **이루시며**
잠 10:24　의인은 그 원하는 것이 **이루어지느니라**
잠 10:28　의인의 소망은 즐거움을 **이루어도** 악인
잠 11:23　악인의 소망은 진노를 **이루느니라**
잠 13:12　**이루어지면** 그것이 마음을 상하게 하거니와 소원이 **이루어지는** 것은 곧 생명
잠 13:13　멸시하는 자는 자기에게 패망을 **이루고**
잠 16:3　네가 경영하는 것이 **이루어지리라**

【 이루다/이루어지다 】　　　　　　　　　　【 이루다/이루어지다 】

잠 16:30	입술을 닫는 자는 악한 일을 **이루느니라**
잠 26:2	제비가 날아가는 것같이 **이루어지지**

선지서

사 5:19	일을 속속히 **이루어** 우리에게 보게 …
	자기의 계획을 속히 **이루어** 우리가 알게
사 7:7	일은 서지 못하며 **이루어지지** 못하리라
사 7:8	다시는 나라를 **이루지** 못할 것이며
사 8:10	계획하라 그러나 끝내 **이루지** 못하리라
사 9:7	여호와의 열심이 이를 **이루시리라**
사 14:24	되며 내가 경영한 것을 반드시 **이루리라**
사 17:1	다메섹이 장차 성읍을 **이루지** 못하고
사 26:12	일도 우리를 위하여 **이루심이니이다**
사 28:21	자기의 사역을 **이루시리니** 그의 사역이
사 37:26	이제 내가 **이루어** 네가 견고한 성읍들을
사 37:32	여호와의 열심이 이를 **이루시리이다**
사 38:7	말씀을 그가 **이루신다는** 증거이니라
사 38:15	내게 말씀하시고 또 친히 **이루셨사오니**
사 41:4	일을 누가 행하였느냐 누가 **이루었느냐**
사 42:9	예언한 일이 이미 **이루어졌느니라**
사 46:10	아직 **이루지** … 기뻐하는 것을 **이루리라**
사 48:3	행하여 그 일들이 **이루어졌느니라**
사 48:5	일이 **이루어지기** 전에 그것을 네게 듣게
사 55:11	나의 기뻐하는 뜻을 **이루며** 내가 보낸
사 60:22	천 명을 **이루겠고** 그 약한 자가 강국을
	이룰 것이라 … 여호와가 속히 **이루리라**
렘 1:12	내가 내 말을 지켜 그대로 **이루려** 함이라
렘 3:5	악을 행하여 네 욕심을 **이루었느니라**
렘 11:5	주리라 한 언약을 **이루리라** 한 것인데
렘 11:8	모든 규정대로 그들에게 **이루게** 하였
렘 23:20	뜻하는 바를 행하여 **이루기까지는**
렘 28:6	네가 예언한 말대로 **이루사** 여호와의
렘 30:24	마음의 뜻한 바를 행하여 **이루기까지는**
렘 31:8	큰 무리를 **이루어** 이 곳으로 돌아오리라
렘 39:16	나의 말이 그 날에 네 눈 앞에 **이루리라**
렘 40:3	아니하였으므로 이제 **이루어졌도다**
렘 44:29	내리리라 한 말이 반드시 **이루어질** 것을
렘 47:2	일어나 물결치는 시내를 **이루어** 그 땅과
렘 48:2	그를 끊어서 나라를 **이루지** 못하게 하자
렘 48:42	멸망하고 다시 나라를 **이루지** 못하리로
애 2:17	명령하신 말씀을 다 **이루셨음이여**
애 3:37	누가 이것을 능히 말하여 **이루게** 할 수
겔 7:8	내 진노를 네게 **이루어서** 네 행위대로
겔 12:25	내가 너희 생전에 말하고 **이루리라** 나
겔 12:28	내가 한 말이 **이루어지리라** 나 주 여호와
겔 13:6	그 말이 확실히 **이루어지기를** 바라게
겔 13:15	노를 담과 회칠한 자에게 모두 **이루고**
겔 17:8	포도나무를 **이루게** 하려 하였음이라
겔 17:24	나 여호와는 말하고 **이루느니라** 하라
겔 20:8	쏟으며 그들에게 진노를 **이루리라**
겔 20:21	쏟으며 그들에게 내 진노를 **이루리라**
겔 20:32	마음에 품은 것을 결코 **이루지** 못하리라
겔 21:7	재앙이 오나니 반드시 **이루어지리라**
겔 22:14	여호와가 말하였으니 내가 **이루리라**
겔 24:14	말하였은즉 그 일이 **이루어질지라**
겔 24:24	이 일이 **이루어지면** 내가 주 여호와인
겔 36:36	나 여호와가 말하였으니 **이루리라**
겔 36:37	이같이 자기들에게 **이루어** 주기를 내게
겔 37:22	모든 산에서 그들이 한 나라를 **이루어서**
겔 39:8	볼지어다 그 날이 와서 **이루어지리니**
단 2:1	마음이 번민하여 잠을 **이루지** 못한지라
단 2:35	우상을 친 돌은 태산을 **이루어** 온 세계에
단 11:14	높아져서 환상을 **이루려** 할 것이나
단 11:17	나라를 망하게 하려 할 것이나 **이루지**
단 11:27	아니하였으므로 그 일이 **이루어지지**

'이루다'와 관련된 성구

구원을 이루다 – 삼상 19:5; 삼하 23:12; 빌 2:12

능히 이루다 – 눅 14:29, 30; 롬 4:21

떼를 이루다 – 창 26:14; 30:30; 32:10

말씀을 이루게 하다 – 왕상 12:15; 왕하 23:3; 스 1:1

말씀을 이루다 – 대하 34:31; 단 9:12; 롬 9:28

말씀을 이루려 하다 – 왕하 23:24; 대하 36:22; 마 1:22; 4:14; 21:4; 요 12:38; 골 1:25

말씀이 이루어지다 – 삿 13:17; 대하 36:21; 마 27:9; 고전 15:54; 약 2:23

민족을 이루다 – 창 12:2; 21:13; 18; 46:3; 48:19

손으로 이루다 – 왕상 8:15, 24; 대하 6:4, 15; 렘 44:25; 막 6:2

온전히 이루다 – 요 4:34; 고후 7:1; 빌 3:12; 약 1:4; 요일 4:12, 17, 18

【 이루다/이루어지다 】　　　　　　　　　　　【 이루다/이루어지다 】

암 7:3	돌이키셨으므로 이것이 **이루어지지**
암 7:6	여호와께서 이르시되 이것도 **이루지**

신약

마 2:15	내 아들을 불렀다 함을 **이루려** 하심이라
마 2:18	거절하였도다 함이 **이루어졌느니라**
마 2:23	칭하리라 하심을 **이루려** 함이러라
마 3:15	이와 같이 하여 모든 의를 **이루는** 것이
마 5:18	결코 없어지지 아니하고 다 **이루리라**
마 6:10	**이루어진** 것같이 … **이루어지이다**
마 8:17	짊어지셨도다 함을 **이루려** 하심이더라
마 12:21	그의 이름을 바라리라 함을 **이루려**
마 13:14	그들에게 **이루어졌으니** 일렀으되
마 13:35	드러내리라 함을 **이루려** 하심이라
마 18:19	그들을 위하여 **이루게** 하시리라
마 26:54	한 성경이 어떻게 **이루어지겠느냐**
마 26:56	다 선지자들의 글을 **이루려** 함이니라
막 5:33	여자가 자기에게 **이루어진** 일을 알고
막 11:23	말하는 것이 **이루어질** 줄 믿고 마음에
막 13:4	이 모든 일이 **이루어지려** 할 때에 무슨
막 14:49	그러나 이는 성경을 **이루려** 함이니라
눅 1:1	우리 중에 **이루어진** 사실에 대하여
눅 1:20	이르면 내 말이 **이루어지리라** 하더라
눅 1:38	말씀대로 내게 **이루어지이다** 하매
눅 1:45	말씀이 반드시 **이루어지리라고** 믿은
눅 2:15	알리신 바 이 **이루어진** 일을 보자
눅 8:4	예수께로 나아와 큰 무리를 **이루니**
눅 8:34	그 **이루어진** 일을 보고 도망하여 성내와
눅 8:35	사람들이 그 **이루어진** 일을 보러 나와서
눅 12:50	그것이 **이루어지기까지** 나의 답답함이
눅 21:22	날들이 기록된 모든 것을 **이루는** 징벌의
눅 21:32	전에 모든 일이 다 **이루어지리라**
눅 22:16	하나님의 나라에서 **이루기까지** 다시
눅 22:37	받았다 한 말이 내게 **이루어져야** 하리 니 내게 관한 일이 **이루어져** 감이니라
눅 24:44	기록된 모든 것이 **이루어져야** 하리라
요 5:36	아버지께서 내게 주사 **이루게** 하시는
요 15:7	원하는 대로 구하라 그리하면 **이루리라**
요 17:4	내게 하라고 주신 일을 내가 **이루어**
요 17:23	그들로 온전함을 **이루어** 하나가 되게
요 19:28	예수께서 모든 일이 이미 **이루어진** 줄
요 19:30	**이루었다** 하시고 머리를 숙이니 영혼이
행 3:18	알게 하신 것을 이와 같이 **이루셨느니라**
행 4:28	권능과 뜻대로 **이루려고** 예정하신
행 4:30	예수의 이름으로 **이루어지게** 하옵소서
행 13:22	맞는 사람이라 내 뜻을 다 **이루리라**
행 13:33	자녀들에게 이 약속을 **이루게** 하셨다
행 21:14	우리가 주의 뜻대로 **이루어지이다** 하고
롬 3:8	선을 **이루기** 위하여 악을 행하자 하지
롬 4:15	율법은 진노를 **이루게** 하나니 율법이
롬 5:4	연단은 소망을 **이루는** 줄 앎이로다
롬 7:8	온갖 탐심을 **이루었나니** 이는 율법이
롬 8:4	우리에게 율법의 요구가 **이루어지게**
롬 8:28	모든 것이 합력하여 선을 **이루느니라**
롬 10:4	모든 믿는 자에게 의를 **이루기** 위하여
롬 11:27	**이루어질** 내 언약이 이것이라 함과
롬 13:8	사랑하는 자는 율법을 다 **이루었느니라**
롬 15:2	사람이 이웃을 기쁘게 하되 선을 **이루고**
롬 15:19	능력으로 **이루어졌으며** 그리하여

"예수께서 신 포도주를 받으신 후에 이르시 되 다 이루었다 하시고 머리를 숙이니 영혼 이 떠나가시니라"(요 19:30)

고전 12:6	모든 사람 가운데서 **이루시는** 하나님은
고후 4:17	중한 것을 우리에게 **이루게** 함이니
고후 5:5	우리에게 **이루게** 하시고 보증으로
고후 7:10	회개를 **이루는** … **이루는** 것이니라
고후 10:16	남의 규범으로 **이루어** 놓은 것으로 자랑
갈 4:19	그리스도의 형상을 **이루기까지** 다시
갈 5:14	하라 하신 한 말씀에서 **이루어졌나니**
갈 5:16	육체의 욕심을 **이루지** 아니하리라
엡 4:13	온전한 사람을 **이루어** 그리스도의 장성
빌 1:6	그리스도 예수의 날까지 **이루실** 줄을
골 1:20	그의 십자가의 피로 화평을 **이루사** 만물
골 4:17	주 안에서 받은 직분을 삼가 **이루라고**
살전 5:24	이는 미쁘시니 그가 또한 **이루시리라**
살후 1:11	믿음의 역사를 능력으로 **이루게** 하시고
히 4:3	창조할 때부터 그 일이 **이루어졌느니라**
히 7:27	그가 단번에 자기를 드려 **이루셨음이라**
히 9:12	오직 자기의 피로 영원한 속죄를 **이루사**
히 11:40	그들로 온전함을 **이루지** 못하게 하려
히 13:21	우리 가운데서 **이루시기를** 원하노라

【 이르나하스 】　　　　　　　　　　　　　　　　　　　　　　　　　【 이르다 】

약 1:20　것이 하나님의 의를 **이루지** 못함이라
계 10:7　같이 하나님의 그 비밀이 **이루어지리라**
계 17:17　그들에게 주사 한 뜻을 **이루게** 하시고
계 21:6　말씀하시되 **이루었도다** 나는 알파와

이르나하스 (Irnahash) 에스돈의 손자
대상 4:12 바세아와 **이르나하스**의 아버지 드힌

이르다 (arrive, go, say, early)
1. 어떤 곳에 도착하다 (arrive, come, go, put an end)
창 6:13　그 끝 날이 내 앞에 **이르렀으니** 내가
수 2:8　지붕에 올라가서 그들에게 **이르러**
욥 1:15　스바 사람이 갑자기 **이르러** 그것들을
사 10:28　아얏에 **이르러** 미그론을 지나 믹마스에
마 3:1　세례 요한이 **이르러** 유대 광야에서
행 2:1　오순절 날이 이미 **이르매** 그들이 다같이
롬 1:17　나타나서 믿음으로 믿음에 **이르게**

이르다 1 - 기타 본문
모세오경　창 11:31; 12:6, 11; 13:3, 12, 15, 18;
14:6, 7; 19:1, 22, 27; 22:9, 19; 24:10, 27, 29,
42; 25:18; 26:1; 28:2, 5, 11; 29:1; 30:30;
31:23, 25; 33:17, 18; 34:20; 35:6, 16, 27; 36:6;
37:29; 38:12; 41:57; 42:29; 43:21; 44:14;
45:25; 46:1, 28; 47:26; 48:1, 5; 49:10; 50:10;
출 1:19; 3:1; 8:24; 10:14, 26; 12:37; 13:5;
14:10, 20; 15:23, 27; 16:1, 35; 18:5; 19:1, 2,
14; 20:5; 23:20; 26:24; 28:42; 32:1, 19; 33:3;
36:29; 레 16:22; 25:28, 54; 민 9:6, 15; 11:16,
35; 13:21, 22, 23, 26; 16:43; 20:1, 6, 22; 21:7,
13, 16, 18, 19, 20, 23; 22:7, 39; 23:14, 28;
24:12; 29:1; 31:12; 33:9; 34:4, 5, 8, 9, 10, 11,
12; 신 1:19, 24, 31, 44; 2:19, 26, 29; 3:17, 20;
5:9, 31; 8:7; 9:7; 10:6, 7; 11:4, 5; 12:9; 17:14;
18:6; 21:19; 28:2, 35, 45; 32:49; 33:19; 34:1
역사서　수 2:22; 4:13; 5:13; 7:13; 8:6, 11, 14;
9:6, 17; 10:9, 10, 11, 21, 38, 41; 13:9; 15:1, 3,
4, 6, 7, 8, 9, 10, 11, 47; 16:2, 3, 5, 6, 8; 17:7, 9,
10; 18:12, 13, 14, 15, 16; 19:11, 12, 13, 14, 22,
26, 27, 28, 29, 34; 22:10, 15; 24:6, 11; 삿 1:9;

'이르다 1'과 관련된 성구

날이 이르다 - 삼상 26:10; 왕하 20:17; 욥
15:32; 전 12:1; 사 13:9; 39:6; 렘
7:32; 9:25; 16:14; 23:7; 31:27, 31,
38; 33:14; 46:21; 48:12; 49:2; 51:47,
52; 겔 21:25; 호 9:7; 욜 2:1, 31; 슥
14:1; 말 4:1, 5; 마 9:15; 막 2:20; 눅
21:6; 23:29; 행 2:1, 20; 살후 2:2, 3;
히 8:8; 계 6:17
땅 끝까지 이르다 - 신 33:17; 욥 37:3; 시 2:8;
98:3; 사 49:6; 슥 9:10; 행 1:8; 롬 10:18
때가 이르다 - 삼상 1:20; 욥 22:16; 아
2:12; 사 66:18; 렘 23:5; 49:8; 50:27,
31; 51:33; 겔 7:7, 12; 22:3; 단 7:22;
11:24, 27; 8:29; 막 4:29; 12:2; 눅
1:20; 17:22; 20:10; 22:14; 요 4:21,
35; 16:2, 21, 25; 17:1; 고전 4:5; 갈
6:9; 딤후 3:1; 4:3; 계 14:15
바벨론에 이르다 - 렘 20:6; 51:56, 61; 겔
12:13
사마리아에 이르다 - 왕상 20:43; 22:37; 왕
하 6:19; 10:17
애굽에 이르다 - 창 12:14; 46:27; 출 1:1;
사 23:5; 렘 42:18
여리고에 이르다 - 왕하 2:4; 대하 28:15; 막
10:46
영원까지 이르다 - 대상 22:10; 시 19:9;
103:17
예루살렘에 이르다 - 삿 1:7; 삼하 16:15;
24:8; 왕상 3:15; 10:2; 12:21; 왕하
9:28; 14:13; 25:8; 대하 9:1; 11:1, 14,
16; 12:4; 20:28; 24:23; 25:23;
30:11; 스 4:12; 7:9; 8:32; 느 2:11;
13:7; 렘 52:12; 겔 17:12; 21:20; 단
1:1; 습 3:16; 마 2:1; 막 11:11; 행
15:4; 20:16; 21:17
오늘까지 이르다 - 신 10:8; 수 9:27; 14:14;
삼상 30:25; 삼하 6:8; 왕상 9:21;
12:19; 왕하 10:27; 16:6; 17:23; 대하
13:11; 대하 35:25; 겔 2:3
요단에 이르다 - 수 3:1, 15; 삼하 19:15, 31;
왕하 6:4
요단 강에 이르다 - 삿 7:24; 8:4; 마 3:13

1919

【 이르다 】　　　　　　　　　　　　　　　　　　　　　【 이르다 】

3:27; 4:11, 16, 17; 5:8; 6:4, 11; 7:13, 17, 19, 22; 8:15; 9:1, 26, 31, 40, 52; 11:16, 19, 29, 32, 33; 13:11; 14:5, 9, 15; 15:14; 17:8; 18:2, 7, 8, 13, 15, 27, 30; 19:10, 14, 26, 29; 20:26, 34, 45, 47; 21:2, 5, 8; 룻 1:22; 2:3; 삼상 1:19; 4:12; 5:1, 10; 6:14, 18; 7:11; 9:5, 27; 10:3, 5; 11:4; 13:17, 23; 14:31; 15:5, 7, 12, 13; 16:4, 21; 17:20, 52; 19:23; 20:9, 19; 21:1; 22:1, 5, 9, 11; 23:16, 19; 24:3; 25:5, 40; 26:4, 5; 27:9; 28:4, 8, 21; 30:1, 3, 9, 21, 26; 31:7; 삼하 2:12, 23, 29, 32; 3:20; 4:5, 8; 5:1, 3, 8, 18, 20, 25; 6:6; 7:18; 10:2, 16, 17; 11:22; 13:8, 10, 30, 36; 15:17; 16:5, 14; 17:6, 23, 24, 27; 18:7, 31; 20:3, 8, 14; 22:6, 19; 24:5, 6, 7, 13, 18; 왕상 1:15, 32; 2:19, 30; 4:12, 21, 25; 7:9; 8:3; 9:28; 11:40; 12:1; 13:1; 14:4; 18:27, 29, 36, 44; 19:3, 8; 20:30, 32; 22:3, 15; 왕하 1:13, 15; 2:18, 22; 3:24; 4:8, 10, 11, 18, 27, 38; 5:6, 9, 24, 27; 6:32, 33; 7:5, 8, 10; 15; 9:2, 5, 11; 10:2, 6, 7, 12, 21; 11:13, 19; 12:6; 17:9; 18:8, 11, 17; 19:23, 32, 33; 20:4; 24:11, 20; 대상 4:39; 5:22; 7:2; 11:1, 4; 12:8, 16, 23, 38; 13:9; 14:9, 16; 17:16; 19:2, 17; 22:10; 24:21, 29; 25:3, 4; 대하 1:6; 5:4; 8:8, 11, 17, 18; 10:1, 19; 18:14; 23:2, 20; 25:11; 28:20; 29:16, 17, 28; 30:10, 15, 27; 31:1; 33:14; 35:22, 24; 36:20; 스 2:68; 3:1, 8; 5:16; 8:29; 10:17; 느 1:2; 2:11, 13, 14; 3:15; 16, 19, 20, 21, 24, 26, 27, 31; 4:6; 7:5; 8:1, 2; 9:23; 12:37, 38, 39; 에 4:2, 3, 6; 6:4, 14
시가서 욥 2:11; 4:5, 12, 14; 5:11, 26; 13:16; 15:21; 20:22; 29:7; 시 18:5, 18; 19:4; 33:11; 36:11; 43:3; 49:11; 55:4, 5; 57:10; 72:7; 75:2; 79:11; 88:2, 13; 100:5; 102:12; 106:32; 107:7, 18; 108:4; 119:90, 169, 170; 135:13; 145:13; 잠 4:18; 5:11; 6:11; 10:16; 11:19; 13:5, 18, 21; 19:23; 24:34; 30:1; 아 6:2, 12 **선지서** 사 15:5, 8; 16:8; 18:7; 22:5; 24:17; 30:4; 32:10; 35:10; 37:24, 34; 41:2, 25; 42:4, 9; 46:4; 53:10, 12; 60:1, 9, 13; 렘 8:16; 12:12; 14:13, 15; 15:14; 16:13, 19; 18:22; 24:5, 10; 27:7; 31:39, 40; 32:24; 35:4; 36:9; 37:13, 21; 40:8, 12, 13; 41:11; 43:7; 48:21, 34; 49:19, 52:3; 애 1:21; 4:18; 5:19; 겔 3:15; 7:3, 10, 14, 25;
8:3; 9:3, 9; 10:4; 11:1, 8; 12:16; 17:3, 4; 19:9; 20:6, 10, 35; 21:27; 27:26; 31:17; 32:9; 36:8; 37:26; 38:8, 9; 39:2, 28; 40:2, 3, 5, 6, 35, 48; 41:1; 42:1; 43:1, 13; 44:4; 46:17; 47:1, 2, 8, 9, 17, 19, 20; 48:28; 단 4:3, 32, 34; 5:21; 6:14, 20; 9:21; 11:17, 30, 35, 44, 45; 12:12; 욜 1:15; 2:2; 3:7; 암 1:5; 5:9; 8:2; 9:10; 옵 1:5, 7; 욘 2:7; 미 1:9, 15; 2:13; 4:1, 10; 5:10; 7:9; 나 2:5; 3:5; 합 1:12; 2:3; 3:14; 습 2:2; 학 1:2; 2:7, 16; 슥 12:2 **복음서** 마 3:1; 8:4, 11, 29; 9:1; 14:34; 15:29, 34; 16:13; 17:24; 19:1; 21:1; 24:33, 50; 26:36; 27:33; 28:16; 막 1:4; 5:1, 15; 6:53; 7:31; 9:13, 33; 11:1, 33; 13:29; 14:32; 15:22; 눅 1:27, 39, 50; 2:39, 51; 4:16; 5:35; 7:12; 8:26, 35, 36, 51; 10:32, 33; 12:38, 46; 19:5, 9; 22:7, 40; 23:33; 24:15; 요 2:4; 4:5, 36, 46; 5:24; 6:21; 7:6, 30; 8:20; 10:22; 12:1, 31; 13:1; 19:33; 20:4 **역사서** 행 4:1; 5:9; 6:12; 7:45; 8:36, 40; 9:3, 39; 11:19, 20, 23, 27; 12:10; 13:5, 6, 13, 14; 14:24, 26, 27; 16:1, 7, 12; 17:1, 6, 10, 15; 18:1, 24; 20:2, 15; 21:1, 7, 8; 23:31; 27:5, 7, 8; 28:13 **서신서, 예언서** 롬 3:23; 5:12, 16, 18, 21; 6:16, 19, 22; 7:9, 10; 8:21; 9:9, 31; 10:10; 11:11; 고전 16:10; 고후 1:15; 2:12, 16; 3:18; 7:5, 9, 10; 10:13, 14; 12:4; 갈 1:21; 2:11, 12; 엡 4:13; 빌 1:10, 19; 2:30; 3:11, 16; 골 1:6, 11; 4:10; 살전 1:5; 2:12; 5:3, 9; 딤전 2:4, 6; 4:7; 6:15; 딤후 3:15; 몬 1:6; 히 4:1; 6:11; 9:28; 10:39; 12:15, 19, 22; 벧전 1:22; 2:2; 벧후 3:9, 16; 요1 5:16, 17, 20; 유 1:21; 계 3:3; 9:12, 15; 11:14; 14:7; 17:7, 10; 18:8, 10; 19:7

2. 말하다(ask, say, speak, tell)

창 2:23	아담이 **이르되** 이는 내 뼈 중의 뼈요
레 1:2	이스라엘 자손에게 말하여 **이르라**
수 1:12	므낫세 반 지파에게 말하여 **이르되**
욥 1:9	여호와께 대답하여 **이르되** 욥이 어찌
사 2:3	많은 백성이 가며 **이르기를** 오라 우리가
마 2:13	주의 사자가 요셉에게 현몽하여 **이르되**
행 1:6	모였을 때에 예수께 여쭈어 **이르되**
롬 2:16	나의 복음에 **이른** 바와 같이 하나님이
계 4:1	나팔 소리 같은 그 음성이 **이르되** 이리로

【 이르다 】　　　　　　　　　　　　　　　　　　　　【 이르다 】

'이르다 2'와 관련된 성구

명령하여 이르다 – 창 32:4, 17, 19; 출 1:22; 5:6; 레 6:9; 민 16:24; 34:13; 36:5; 신 2:4; 3:18, 21; 15:11; 27:1, 11; 31:10, 25; 수 1:10, 11, 13; 3:3, 8; 4:3, 17; 6:10; 8:4; 18:8; 삿 21:10, 20; 룻 2:15; 삼하 11:19; 13:28; 18:5; 왕상 1:28; 2:1; 12:12; 22:31; 왕하 11:5, 15; 16:15; 17:27; 22:12; 23:21; 대하 10:12; 18:30; 19:9; 32:12; 34:20; 렘 7:23; 26:2; 32:13; 35:6; 36:5; 38:10; 39:11; 단 3:19

명령하여 이르시다 – 창 50:16 출 19:23; 신 31:23; 삼하 18:12; 왕상 13:9; 왕하 14:6; 17:35; 대하 25:4; 스 9:11; 느 1:8

모세가 이르다 – 출 3:3; 4:13; 8:10, 26, 29; 10:9, 25, 29; 16:25, 32; 18:3; 32:18, 29; 33:18; 레 9:6; 민 10:31; 11:21; 14:41; 16:28; 롬 10:19

바울이 이르다 – 행 16:37; 19:3, 4; 21:39; 22:28; 23:3, 5; 25:10; 26:25, 29

베드로가 이르다 – 마 17:26; 26:35; 눅 8:45; 22:58, 60; 요 13:6, 8, 9, 36, 37; 행 2:38; 3:6; 5:3, 8, 9; 8:20; 9:34; 10:14, 47

사울이 이르다 – 삼상 10:14; 11:13; 13:9, 11; 14:33, 34, 36, 38, 42, 44; 15:15, 30; 18:25; 22:12; 23:7, 21; 24:16; 26:21; 28:8, 11

아브라함이 이르다 – 창 18:30; 20:11; 21:24, 30; 22:8, 11; 눅 16:25, 29

여호와께서 이르시다 – 창 6:3; 11:6; 18:17, 26; 22:2, 16; 출 3:7; 4:3, 8; 33:14, 19; 34:10; 민 14:20; 신 5:5; 18:21; 삿 1:2; 20:28; 삼상 16:2, 12; 23:11, 12; 삼하 2:1; 21:1; 왕상 19:11; 22:22; 왕하 3:17; 7:1; 23:27; 대하 18:21; 사 6:9; 10:24; 20:3; 22:15, 25; 30:1; 33:10; 48:17; 59:21; 66:9; 렘 3:12; 4:1; 15:6, 11; 16:21; 51:20; 겔 4:13; 9:4; 호 1:9; 2:16, 21; 암 7:4; 욘 4:4, 10; 미 3:5; 5:10; 합 1:5; 습 1:2; 슥 5:4; 말 2:3

예레미야가 이르다 – 렘 32:6; 37:14; 38:20

이르시되 – 모세오경 창 1:3, 6, 9, 11, 14, 20, 22, 24, 26, 28, 29; 2:16, 18; 3:9, 11, 13, 14, 16, 17, 22; 4:6, 9, 10, 15; 6:7, 13; 7:1; 8:15, 21; 9:1, 8, 12, 17; 12:1, 7; 13:14; 15:1, 4, 5, 7, 9, 13, 18; 17:1, 3, 9, 15, 19; 18:10, 13, 15, 20, 28, 29, 30, 31, 32; 20:3, 6; 21:12, 17; 22:11, 12; 25:23; 26:2, 24; 28:13; 31:3, 12, 24; 35:1, 10, 11; 44:21; 46:2, 3; 48:4; 출 3:4, 5, 6, 12, 14, 15, 16; 4:2, 4, 6, 7, 11, 14, 19, 21, 27; 6:1, 2, 10, 29; 7:1, 8, 14, 16, 19; 8:1, 5, 16, 20; 9:1, 5, 8, 13, 22; 10:1, 12, 21; 12:43; 13:1; 14:1, 15, 26; 15:26; 16:4, 11, 28; 17:5, 14; 19:9, 10, 21, 24; 20:1, 22; 24:1, 12; 25:1; 30:11, 17, 22, 34; 31:1, 12; 32:7, 9, 33; 33:1, 17, 20; 34:1, 27; 40:1; 레 1:1; 4:1; 5:14; 6:1, 8, 19, 24; 7:22, 28; 8:1; 10:8; 11:1; 12:1; 13:1; 14:1, 33; 15:1; 16:2; 17:1; 18:1; 19:1; 20:1; 21:1, 16; 22:1, 17, 26; 23:1, 9, 23, 26, 33; 24:1, 13; 25:1; 27:1; 민 1:1, 48; 2:1; 3:5, 11, 14, 40, 44; 4:1, 17, 21; 5:1, 5, 11; 6:1, 22; 7:4; 8:1, 5, 23; 9:1, 9; 10:1; 11:16, 23; 12:4, 6, 14; 13:1; 14:11, 26; 15:1, 17, 35, 37; 16:20, 23, 36, 44; 17:1, 10; 18:1, 8, 20, 25; 19:1; 20:7, 12, 23; 21:8, 34; 22:12, 20; 23:5, 16; 25:4, 10, 16; 26:1, 52; 27:6, 12, 18; 28:1; 31:1, 25; 32:10; 33:50; 34:1, 16; 35:1, 9; 36:6; 신 1:34, 37, 42; 2:2, 9, 17, 31; 3:2; 5:28; 9:12, 13; 10:11; 18:17; 31:14, 16; 32:48; 34:4 역사서 – 선지서 수 1:1; 3:7; 4:1, 10; 6:2; 7:10; 20:1; 삿 2:20; 6:14, 16, 23, 25; 7:2, 4, 5, 7, 9; 10:11; 13:3; 삼상 3:11; 8:7, 22; 9:15, 17; 15:10; 16:1, 7; 23:2, 4; 삼하 1:9; 5:23; 7:4; 24:11, 16; 왕상 3:5, 11; 6:11; 8:18; 9:3; 12:22; 14:5; 16:1; 17:2, 8; 18:1; 19:9, 13, 15; 21:17,

【 이르다 】 【 이르다 】

23, 28; 왕하 10:30; 20:4; 21:10; 대상 14:10, 14; 17:3; 21:9, 15; 22:8; 28:3; 대하 1:7, 11; 6:8; 7:12; 11:2; 12:7; 18:20; 느 2:2, 4, 6; 욥 1:7, 8, 12; 2:2, 3, 6; 38:1; 42:7; 시 2:7; 50:5, 16; 81:6; 91:14; 사 7:3, 10; 8:1, 3, 5, 11; 14:24; 16:14; 18:4; 19:25; 20:2; 21:6, 9, 16; 22:14; 23:12; 28:16; 31:4; 37:22, 33; 38:4; 40:1, 25; 45:11; 49:3, 6, 7, 8; 51:12; 66:5; 렘 1:4, 7, 9, 11, 12, 13, 14; 2:1; 3:6, 11; 7:1; 11:1, 6, 9; 13:1, 3, 6, 8; 14:11, 14; 15:1; 16:1; 18:1, 5; 24:3, 4; 25:15; 26:1; 29:25, 30; 32:26; 33:1, 19, 23; 34:1, 12; 35:1, 12; 36:1, 27; 37:6; 39:15; 43:8; 44:1; 46:18; 49:14, 34; 애 3:57; 겔 2:1, 3; 3:1, 3, 4, 10, 16, 22, 24; 4:15, 16; 5:5; 6:1, 11; 7:1, 5; 8:5, 6, 8, 9, 12, 13, 15, 17; 9:1, 5, 7, 9; 10:2; 11:2, 5, 14; 12:1, 8, 17, 21, 26; 13:1; 14:2, 12, 21; 15:1; 16:1; 17:1, 3, 11; 18:1; 20:2, 45; 21:1, 8, 18; 22:1, 17, 23; 23:1, 36; 24:1, 15, 20; 25:1; 26:1; 27:1; 28:1, 11, 20; 29:1, 17; 30:1, 20; 31:1; 32:1, 17; 33:1, 23; 34:1; 35:1; 36:16; 37:3, 4, 9, 11, 15; 38:1; 43:7, 18; 44:2, 5; 46:20, 24; 47:6, 8; 호 1:2, 4, 6; 3:1; 7:6, 8; 8:2; 9:1; 욘 1:1; 3:1; 4:9; 미 7:15; 합 2:2; 학 1:1, 3; 2:1, 10, 20; 슥 1:1, 3, 21; 3:2, 4; 4:8; 6:9; 7:4; 8; 8:1, 18; 11:4, 13, 15; 12:1 **복음서** 마 1:22; 3:15; 4:4, 7, 17; 5:2; 8:3, 4, 7, 10, 13, 20, 22, 26; 9:2, 4, 9, 12, 15, 22, 24, 28, 29, 37; 10:5; 11:4, 25; 12:3, 11, 13, 25, 39, 48, 49; 13:3, 11, 24, 31, 37, 52; 14:16, 18, 27, 31; 15:3, 10, 13, 16, 24, 26, 28, 32, 34; 16:2, 6, 8, 13, 15, 17, 23, 24; 17:5, 7, 9, 11, 17, 20, 22, 25, 26; 18:3, 22; 19:4, 8, 11, 14, 17, 18, 21, 23, 26; *28; 20:17, 21, 22, 23, 25, 32; 21:2,* 13, 16, 19, 21, 27, 31, 42; 22:1, 18, 21, 29, 37, 43, 44; 23:1; 24:2, 4; 25:34, 40, 41, 45; 26:1, 10, 18, 21,

23, 26, 27, 31, 34, 36, 39, 42, 45, 50, 52, 64; 27:46; 28:9, 10, 18; 막 1:15, 17, 25, 38, 41, 44; 2:5, 8, 14, 17, 19, 25, 27; 3:3, 4, 5, 34; 4:2, 9, 11, 13, 21, 24, 26, 30, 35, 39, 40; 5:19, 34, 36, 39, 41; 6:4, 10, 31, 37, 38, 50; 7:6, 9, 14, 18, 20, 27, 29, 34; 8:1, 12, 15, 17, 21, 26, 27, 33, 34; 9:1, 12, 19, 23, 25, 29, 35, 36, 39; 10:3, 5, 11, 14, 18, 21, 23, 24, 27, 29, 32, 36, 38, 39, 42, 51, 52; 11:2, 14, 17, 22, 29, 33; 12:15, 16, 17, 24, 26, 34, 35, 36, 38, 43; 13:2, 5; 14:6, 13, 18, 20, 22, 24, 27, 30, 32, 36, 41, 48, 62; 15:2; 16:15; 눅 2:49; 4:8, 12, 23, 24, 35, 43; 5:4, 10, 13, 20, 22, 31, 34, 36; 6:3, 5, 8, 9, 10, 20; 7:9, 14, 22, 31, 40, 41, 43, 44, 48, 50; 8:10, 21, 22, 25, 38, 45, 46, 48, 50, 52, 54; 9:3, 13, 14, 18, 20, 22, 23, 41, 48, 50, 58, 60, 62; 10:2, 18, 21, 23, 26, 28, 30, 37, 41; 11:2, 5, 17, 28, 46; 12:1, 14, 15, 16, 20, 22, 54; 13:2, 12, 15, 18, 20, 23, 32; 14:3, 5, 7, 12, 16, 25; 15:3, 11; 16:1, 15; 17:1, 14, 17, 19, 20, 22, 37; 18:2, 6, 16, 19, 22, 24, 27, 29, 31, 40, 42; 19:5, 9, 12, 30, 40, 42, 46; 20:3, 8, 17, 23, 25, 34, 41, 42, 45; 21:3, 5, 8, 10, 29; 22:8, 10, 15, 17, 19, 20, 25, 34, 35, 36, 40, 42, 46, 48, 51, 52; 23:3, 28, 34, 43, 46; 24:17, 19, 25, 36, 38, 41, 44, 46; 요 1:38, 39, 42, 43, 47, 48, 50, 51; 2:4, 7, 16, 19; 3:3, 10; 4:10, 13, 16, 17, 21, 26, 32, 34, 48, 50; 5:6, 8, 14, 17, 19; 6:5, 10, 12, 20, 26, 29, 32, 35, 43, 53, 61, 65, 67; 7:6, 16, 21, 28, 33, 37; 8:7, 10, 11, 12, 14, 21, 23, 25, 28, 31, 39, 42, 58; 9:7, 35, 37, 39, 41; 10:7, 34; 11:4, 7, 11, 14, 23, 25, 34, 39, 40, 41, 44; 12:7, 23, 30, 35, 44; 13:7, 10, 12, 21, 27, 31; 14:6, 9, 23; 16:19, 17:1; 18:4, 5, 11; 19:27, 28, 30; 20:15, 17, 19, 21, 22, 26, 27, 29; 21:5, 6, 10, 12, 15, 16, 17, 19, 22　**역사서 – 예언서**

【 이르다 】   【 이르다 】

행 1:4, 7; 7:3, 7; 8:29; 9:4, 5, 10; 13:2, 22, 34; 22:8, 21; 23:11; 롬 9:12, 15, 17; 고전 11:24, 25; 고후 6:2, 16; 히 2:12; 5:5; 6:14; 8:5; 10:5; 12:26; 계 1:8, 17; 2:1, 8, 12, 18; 3:1, 7, 14; 6:11; 9:4; 14:13; 19:5; 21:5; 22:20

이사야가 이르다 – 왕하 20:7, 9, 15; 사 7:13; 38:21; 39:4; 롬 10:16; 15:12

주께서 이르시다 – 시 89:3; 사 6:8; 29:13; 암 7:8; 눅 11:39; 12:42; 17:6; 행 7:33, 49; 9:11, 15; 22:10; 26:15; 롬 14:11; 고전 14:21; 히 8:8, 9, 10; 10:16

진실로 너희에게 이르노니 – 마 5:18, 26; 6:2, 5, 16; 8:10; 10:15, 23, 42; 13:17; 16:28; 17:20; 18:3, 13, 18, 19; 19:23, 28; 21:21, 31; 23:36; 24:2, 47; 25:12, 40, 45; 26:13, 21, 34; 막 3:28; 8:12; 9:1, 41; 10:15, 29; 11:23; 12:43; 14:9, 18, 25, 30; 눅 4:24; 12:37; 18:17, 29; 23:43; 요 1:51; 3:3, 5, 11; 5:19, 24, 25; 6:26, 32, 47, 53; 8:34, 51, 58; 10:1; 12:24; 13:16, 20, 21, 38; 14:12; 16:20, 23; 21:18

천사가 이르다 – 눅 1:30; 2:10; 행 10:4; 12:8; 계 10:9; 16:5; 17:7

파수꾼이 이르다 – 삼하 18:27; 사 21:12

이르다 2 – 기타 본문

모세오경 창 3:1, 4, 12; 4:1, 9, 23; 5:29; 9:25, 26; 10:9; 12:12, 18; 13:8; 14:19, 21, 22; 15:2, 3, 8; 16:2, 5, 6, 8, 9, 10, 11, 13; 17:17; 18:5, 6, 9, 12, 13, 15, 23, 27, 29, 31, 32; 19:2, 5, 9, 12, 14, 15; 17, 18, 21, 31, 34; 20:9, 10, 15, 16; 21:6, 7, 10, 12, 26, 29; 22:1, 2, 5, 7, 14, 16, 20; 23:3, 5, 8, 10, 13, 14; 24:2, 5, 6, 7, 12, 14, 17, 18, 19, 24, 25, 27, 31, 33, 34, 37, 40, 45, 46, 47, 50, 54, 55, 56, 57, 58, 60, 65; 25:22, 30, 31, 32, 33; 26:9, 10, 11, 16, 20, 22, 27, 28, 32; 27:1, 2, 6, 11, 13, 18, 20, 21, 22, 24, 25, 26, 27, 31, 32, 33, 34, 35, 36, 37, 38, 39, 41, 42, 46; 28:1, 16, 17, 20; 29:4, 5, 6, 7, 8, 14, 15, 19, 21, 25, 26, 32, 33, 34, 35; 30:1, 2, 3, 6, 8, 11, 13, 14, 15, 16, 18, 20, 23, 25, 27, 28, 29, 31, 34; 31:5, 8, 14, 16, 26, 31, 35, 36, 43, 51; 32:2, 6, 9, 16, 26, 27, 28, 29, 30; 33:5, 8, 9, 10, 12, 13, 15; 34:4, 8, 11, 20, 30, 31; 35:2, 17; 37:6, 8, 9, 10, 13, 14, 15, 16, 17, 19, 21, 22, 23, 26, 30, 32, 33, 35; 38:8, 11, 16, 17, 18, 21, 22, 23, 24, 25, 26, 28, 29; 39:8, 12, 14, 17, 19; 40:8, 9, 12, 16, 18; 41:9, 15, 16, 17, 28, 38, 39, 41, 44, 55; 42:1, 2, 7, 9, 10, 12, 13, 14, 18, 22, 31, 33, 36, 37, 38; 43:2, 3, 6, 7, 8, 11, 16, 18, 23, 27, 29; 44:1, 4, 10, 15, 17, 18, 26, 27; 45:3, 4, 17, 24, 26, 28; 46:2, 30, 31, 34; 47:1, 5, 15, 16, 23, 25, 29, 30, 31; 48:3, 8, 9, 11, 15, 18, 19, 20, 21; 49:1, 29; 50:4, 5, 6, 11, 17, 18, 19, 24, 25; 출 1:9, 18; 2:6, 7, 8, 9, 10, 13, 14, 18, 19, 20, 22; 3:4, 13, 14, 15, 16, 18; 4:1, 2, 18, 22, 23, 25, 30; 5:1, 2, 3, 4, 5, 8, 10, 13, 14, 15, 17, 21; 6:12, 29; 7:9, 16, 17; 8:1, 8, 9, 20, 25; 9:1, 13, 27, 29; 10:3, 8, 10, 16, 24, 28; 11:1, 4, 8, 9; 12:1, 3, 21, 27, 31; 13:1, 3, 8, 14, 19; 14:5, 11, 12, 13, 25; 15:21, 24; 16:3, 6, 8, 9, 12, 15, 19, 23, 33; 17:2, 3, 4, 7, 9; 18:10, 14, 17; 19:8, 12, 15; 20:19, 20, 22; 22:9; 23:13; 24:3, 7, 8, 14; 25:22; 30:31; 31:13, 18; 32:2, 5, 11, 12, 13, 21, 22, 24, 26, 27, 30; 33:5, 21; 34:32; 35:1, 4, 30; 36:5, 6; 레 4:2; 6:25; 7:23, 29; 8:5, 31; 9:2, 3, 7; 10:3, 4, 6, 12, 16, 19; 11:2; 12:2; 15:2; 16:2; 17:2, 8, 14; 18:2; 19:2; 20:2, 24; 21:17; 22:3, 18; 23:2, 10, 24, 34; 24:15; 25:2; 27:2; 민 5:4, 6, 12, 19; 6:2, 23; 7:11; 8:2; 9:7, 8, 10, 23; 10:21, 29, 30; 11:4, 13, 16, 18, 20, 27, 28, 29; 12:2, 11, 13; 13:17, 27, 30, 31, 32; 14:2, 7, 15, 17, 18, 28, 40, 45; 15:2, 18; 16:3, 5, 8, 12, 16, 22, 26, 34, 1, 46; 17:12; 18:26, 30; 19:2; 20:3, 10, 14, 19, 20; 21:2, 17, 21, 27; 22:4, 5, 8, 10, 13, 16, 18, 20, 28, 30, 32, 35, 37, 38; 23:1, 3, 7, 11, 12, 15, 17, 18, 26, 27, 29; 24:12, 15, 20, 21, 23; 25:5; 26:3; 27:2, 8, 15; 28:2, 3; 30:1; 31:3, 15, 21; 32:2, 5, 6, 20, 25, 29, 31; 33:49, 51; 34:2; 35:10; 36:5; 신 5, 6, 9, 14, 16, 20, 21, 25, 27, 41, 42; 3:26; 6, 10; 5:1, 22, 27, 30; 6:21; 7:17; 8:17; 9:2, 4, 0, 23, 26; 10:1, 4; 12:20, 30; 13:6, 13; 15:9; 17; 18:21; 20:3, 5, 8, 9; 22:14;

1923

【 이르다 】

23:2; 25:9; 26:3; 27:9, 14; 28:67, 68; 29:2, 19; 30:12, 13; 31:2, 7; 32:46; 33:2, 7, 8, 9, 12, 13, 18, 20, 22, 23, 24 **역사서** 수 1:16; 2:1, 2, 3, 4, 14, 16, 17, 21, 24; 3:5, 6, 9, 15; 4:5, 6, 7, 8, 21, 22; 5:14, 15; 6:6, 7, 8, 16, 22, 26; 7:2, 3, 19, 20, 25; 9:7, 8, 11, 19, 21, 22, 24; 10:3, 12, 17, 18, 22, 24, 25; 14:6, 9, 10; 17:14, 15, 16, 17; 18:3; 20:2; 21:2; 22:2, 8, 11, 15, 21, 24, 27, 31; 23:2; 24:2, 16, 19, 22, 23, 27; 삿 1:1, 3, 7, 24; 2:1, 4; 3:4, 19, 20, 24, 28; 4:6, 7, 8, 14, 20, 22; 5:1; 6:8, 10, 12, 13, 18, 20, 22, 29, 30, 31; 7:3, 4, 13, 14, 15, 17, 18, 20; 8:1, 2, 5, 6, 7, 9, 19, 20, 21, 22, 23, 24; 9:1, 3, 7, 8, 9, 10, 11, 12, 13, 14, 15, 28, 29, 31, 36, 37, 38, 48, 54; 10:10, 18; 11:2, 6, 7, 8, 9, 10, 12, 15, 17, 30, 35, 36, 37, 38; 12:1, 2, 6; 13:6, 7, 8, 10, 11, 12, 13, 16, 18, 22, 23; 14:2, 3, 12, 13, 14, 15, 16, 18; 15:1, 3, 6, 7, 10, 11, 12, 13, 18; 16:2, 5, 7, 10, 11, 12, 13, 14, 15, 17, 18, 20, 23, 24, 25, 26, 28, 30; 17:2, 3, 9, 10, 13; 18:2, 3, 4, 5, 6, 14, 19, 23, 24, 25; 19:5, 6, 8, 9, 11, 12, 13, 18, 20, 22, 23, 28, 30; 20:3, 4, 8, 12, 18, 23, 32, 39; 21:1, 5, 6, 8, 16, 17, 18, 19; 룻 1:8, 10, 11, 15, 16, 19, 20; 2:2, 4, 5, 6, 8, 10, 11, 13, 14, 19, 20, 21, 22; 3:1, 5, 10, 15, 16, 17, 18; 4:1, 2, 3, 4, 5, 6, 8, 9, 11, 14; 삼상 1:8, 11, 14, 15, 17, 22, 23, 26; 2:1, 15, 16, 20, 23, 27, 36; 3:5, 6, 8, 9, 10, 16, 18; 4:3, 6, 7, 14, 16, 17, 20, 22; 5:7, 8, 10, 11; 6:2, 3, 4, 20, 21; 7:3, 5, 6, 8, 12; 8:5, 19, 22; 9:3, 5, 7, 8, 10, 12, 18, 19, 21, 23, 24, 26, 27; 10:1, 2, 11, 12, 15, 18, 19, 24, 27; 11:1, 2, 3, 5, 7, 9, 10, 12, 14; 12:1, 4, 5, 6, 10, 12, 19, 20; 13:3, 12, 13; 14:1, 6, 7, 8, 9, 11, 12, 17, 18, 19, 24, 28, 29, 40, 43; 15:1, 6, 12, 13, 14, 16, 17, 18, 20, 22, 24, 26, 28, 32, 33; 16:2, 4, 6, 8, 9, 10, 11, 15, 17, 18, 19, 22; 17:8, 10, 17, 25, 26, 27, 28, 29, 33, 37, 43, 44, 45, 55, 56; 18:7, 8, 11, 17, 18, 21, 22, 24; 19:2, 4, 11, 14, 15, 17, 19, 22, 24; 20:1, 7, 3, 4, 5, 9, 10, 11, 12, 17, 19, 24, 28, 29, 40, 42; 21:1, 2, 4, 5, 8, 9, 11, 14; 22:3, 5, 7, 9, 3, 14, 16, 17, 18, 22; 23:1, 2, 3, 9, 10, 11, 12, 19, 27; 24:1, 4, 6, 8, 9, 17; 25:5, 6, 10, 13, 14, 19, 4, 32, 35, 39, 40, 41; 26:1, 6, 8, 9, 10, 14, 15, 1, 18, 19, 22, 25; 27:5, 10, 11; 28:1, 2, 7, 9, 10, 2, 13, 14, 15, 16,

21, 23; 29:3, 4, 5, 6, 8, 9; 30:7, 8, 13, 15, 20, 22, 23, 26; 31:4; 삼하 1:4, 6, 8, 14, 15, 16; 2:4, 5, 14, 20, 21, 22, 26, 27; 3:7, 8, 12, 13, 14, 17, 23, 24, 28, 31, 33, 35, 38; 4:9; 5:1, 6, 19; 6:9, 12, 20, 21; 7:2, 11, 18, 26, 27; 9:1, 2, 3, 6, 7, 8, 9; 10:2, 5; 11:5, 7, 8, 10, 12, 15, 25; 12:1, 5, 7, 11, 13, 21, 27; 13:4, 5, 7, 9, 10, 11, 15, 16, 17, 20, 25, 26, 32; 14:2, 4, 5, 8, 10, 11, 12, 13, 18, 19, 21, 22, 24, 30, 31; 15:2, 3, 4, 9, 10, 14, 15, 19, 21, 22, 25, 27, 31, 33; 16:2, 3, 4, 10, 11, 17, 18, 20, 21; 17:1, 5, 6, 7, 14, 15, 20, 21; 18:2, 3, 4, 10, 11, 12, 14, 19, 20, 21, 22, 23, 25, 26, 28, 29, 30; 19:9, 11, 13, 14, 21, 22, 23, 25, 29, 33, 43; 20:1, 4, 6, 9, 11, 12, 16, 17, 18, 20, 21; 21:4, 6, 17; 23:3, 15; 24:2, 13, 14, 17, 21, 24; 왕상 1:5, 11, 13, 16, 23, 24, 29, 30, 32, 33, 36, 41, 42, 43, 47, 48, 51, 52, 53; 2:8, 13, 14, 15, 16, 17, 18, 20, 22, 23, 26, 29, 30, 31, 36, 39, 42, 43, 44; 3:6, 22, 23, 24, 25, 27; 5:2, 7, 8; 8:12, 15, 55; 9:8; 11:18, 22, 31; 12:3, 6, 7, 10, 14, 16, 23, 26; 13:2, 3, 6, 7, 9, 12, 13, 14, 15, 17, 18, 21, 27, 31; 14:2; 15:18; 17:10, 11, 12, 13, 18, 20, 21, 23, 24; 18:5, 15, 17, 21, 22, 25, 26, 27, 30, 31, 33, 34, 40, 41, 43, 44; 19:2, 4, 5, 7, 20; 20:2, 5, 7, 9, 10, 11, 12, 13, 14, 17, 18, 22, 28, 32, 33, 34, 35, 36, 37, 39, 40; 21:2, 4, 5, 6, 7, 9, 13, 15, 19, 20; 22:3, 4, 5, 6, 7, 8, 9, 12, 13, 14, 15, 16, 17, 18, 19, 22, 24, 25, 26, 28, 30, 32, 34, 36, 49; 왕하 1:2, 3, 5, 6, 7, 8, 9, 10, 11, 12, 13, 15; 2:2, 3, 4, 5, 6, 9, 14, 16, 18, 20, 21, 23; 3:7, 8, 10, 11, 12, 13, 14, 16, 17; 4:1, 2, 6, 7, 9, 12, 13, 14, 16, 19, 22, 23, 24, 25, 26, 27, 28, 29, 30, 36, 38, 40, 41, 42, 43; 5:3, 4, 5, 6, 7, 8, 10, 11, 13, 15, 17, 19, 20, 21, 22, 23, 25, 26; 6:1, 2, 3, 5, 6, 8, 9, 11, 12, 15, 17, 18, 19, 20, 21, 26, 27, 28, 29, 31, 32, 33; 7:1, 2, 10, 12, 13, 18, 19; 8:1, 4, 5, 6, 7, 8, 9, 10, 12, 13, 14; 9:1, 3, 5, 6, 12, 13, 15, 17, 18, 19, 20, 21, 22, 23, 25, 27, 31, 32, 34, 36; 10:1, 4, 5, 6, 8, 9, 15, 18, 22, 23, 24, 25; 12:4, 7; 13:14, 15, 16, 17, 18, 19; 14:6, 8, 9; 15:12; 16:7; 17:13, 26, 27; 18:14, 19, 22, 25, 26, 28, 30, 32, 19:3, 6, 9, 10, 15, 20, 23, 32; 20:1, 2, 5, 8, 14, 16, 19; 21:4, 7; 22:3, 8, 9, 10, 15; 23:17; 25:24; 대상 4:9, 10; 10:4; 11:1, 5, 6, 10, 17; 12:17, 18, 19; 13:2, 12; 14:10, 11;

【 이르다 】　　　　　　　　　　　　　　　　【 이르다 】

15:2, 12; 16:7, 31, 35; 17:1, 10, 16, 24; 18:3; 19:2, 5; 21:2, 10, 13, 18, 19, 22, 24; 22:1, 5, 7, 17; 23:25; 28:2, 6, 19, 20; 29:1, 10, 20; 대하 2:3, 11, 12; 5:13; 6:1, 4; 7:3, 21; 8:11; 10:3, 6, 7, 10, 14, 15, 16; 11:3; 12:5, 6; 13:4; 14:7, 9, 11, 13; 15:2; 16:2, 7; 18:3; 4, 5, 6, 7, 8, 11, 12, 13, 14, 15, 16, 17, 18, 21, 23, 24, 25, 27, 29, 31, 33; 19:2, 6; 20:2, 8, 15, 20, 21, 37; 21:12; 22:9; 23:3, 11, 14; 24:5, 6, 20, 22; 25:4, 7, 9, 15, 16, 17, 18; 26:18; 28:9, 13, 23; 29:5, 18, 31; 30:6, 18; 31:10; 32:6, 9, 11, 17; 33:4, 7, 10; 34:15, 16, 18, 23; 35:3, 21, 23; 36:12, 15, 22; 스 1:1; 3:11; 4:2, 3, 17; 5:3, 7, 11; 6:3; 7:21, 24; 8:17, 28; 9:1; 10:2, 10, 12; 느 1:3; 2:17, 18, 19, 20; 4:2, 3, 10, 11, 19; 5:7, 8, 9, 13; 6:2, 3, 6, 8, 10, 11; 7:3; 8:9, 10, 11, 15; 9:5, 18; 13:11, 17, 21, 25, 26; 에 1:16, 22; 3:3; 4:10, 15; 5:3, 4, 5, 6, 7, 12, 14; 6:3, 4, 5, 6, 9, 10, 13; 7:2, 3, 5, 6, 8, 9; 8:7, 17; 9:12, 13, 20 시가서 욥 2:4, 9, 10, 11; 3:2; 4:1; 6:1; 8:1, 10, 18; 9:1; 11:1; 12:1; 15:1, 20, 23; 16:1; 18:1; 19:1, 28; 20:1, 7; 21:1; 22:1; 23:1, 5; 25:1; 26:1; 27:1; 28:14, 22; 29:1; 32:6; 33:27; 34:1; 35:1; 36:1; 38:11; 40:1, 3, 6; 42:1; 시 2:5; 10:6, 11, 13; 13:4; 14:1; 19:9; 32:5; 35:3, 10, 25; 36:1; 43:4; 44:1; 50:12; 53:1; 59:7; 64:6; 73:15; 74:8; 78:6; 89:19; 95:10; 96:10; 110:4; 116:3, 11; 132:11, 13; 145:11; 잠 1:21, 27; 3:28; 4:4; 8:3; 9:3, 4, 15, 16; 전 1:2, 10, 16; 2:1, 2, 15; 3:17, 18; 4:8; 6:3; 7:23, 27; 8:4, 14; 9:16; 12:8; 아 2:10; 5:2 선지서 사 3:7; 5:5, 19; 6:3, 7, 8, 9, 11; 7:2, 4, 5, 12; 10:8; 14:4, 8, 10, 13; 18:2; 19:11; 22:15; 24:16; 28:9, 12; 29:11, 12, 15, 30:10, 16, 21, 22; 33:14; 35:4; 36:4, 7, 10, 11, 12, 13, 18; 37:3, 6, 9, 10, 15, 21, 24; 38:1, 5; 39:3, 5, 8; 40:3, 6, 9, 27; 41:6, 7, 9, 13; 43:6; 44:5, 16, 17, 26, 27, 28; 45:19; 46:10; 47:8, 10, 11; 48:20; 49:9, 14, 18, 21, 22; 51:16, 23; 52:7; 62:11; 63:11; 65:5; 66:5; 렘 1:6; 2:27; 3:18; 4:3, 5, 10, 31; 5:19, 20; 7:2; 10:1, 11; 11:3, 4, 5, 6, 21; 13:12, 13, 22; 14:14, 15, 17; 15:2; 17:15, 20; 18:11; 19:2, 11; 20:3, 10, 15; 22:14; 23:17, 21, 32, 33; 25:2, 3, 5, 27, 28, 30; 26:4, 8, 9, 11, 12, 16, 17, 18; 27:9, 12, 16; 28:1, 2, 7, 11, 12, 13, 15;

29:22, 24, 25, 31; 30:1, 2; 31:6, 10, 34, 38; 32:3–5, 8, 16; 33:2, 14; 34:2, 13; 35:13, 15, 18; 36:2, 4, 14, 15, 16, 17, 19; 37:13, 17, 18; 38:1, 5, 8, 12, 14, 15, 16, 17, 19, 24; 40:2, 5, 9, 14, 15, 16; 41:8; 42:2, 4, 5, 9, 20; 43:1; 44:4, 15, 19, 20, 25; 45:1, 4; 46:8, 13, 16; 48:2, 20; 50:2; 51:33; 애 2:12; 3:18, 24, 54; 4:15, 20; 겔 2:4, 8; 3:10, 11, 18, 27; 5:14; 8:7, 12; 9:8, 9, 11; 11:13, 15, 24; 12:19, 22, 23, 28; 13:11; 14:4, 6; 16:6; 17:9; 18:2, 19, 25, 29; 20:3, 5, 7, 13, 18, 21, 27, 29, 30, 32, 47, 49; 21:3, 20, 28; 22:3, 24; 24:3, 19, 21; 25:3, 8; 26:2, 17; 27:3; 28:2, 12, 22; 29:3, 9; 30:2; 31:2; 32:2; 33:2, 8, 10, 12, 20, 24, 25, 27, 30; 34:2; 36:1, 3, 6, 13, 20, 22, 35; 37:4, 9, 11 12, 18, 19, 21; 38:13, 14; 39:1, 17; 40:4, 45; 41:4, 22; 42:13; 44:6; 47:8; 단 1:10; 2:3, 4, 5, 7, 8, 10, 15, 20, 24, 26, 27, 47; 3:4, 9, 14, 16, 24, 25, 26, 28; 4:8, 14, 19, 23, 30, 31, 35; 5:10, 17; 6:5, 12, 13, 16, 25; 7:2, 5, 12, 16, 22, 23; 8:14, 16, 17; 9:4, 22; 10:11, 12, 16, 19, 20; 12:6, 7, 8, 9; 호 1:10; 2:5, 7, 12, 23; 3:3; 10:3; 13:10; 욜 2:17, 19; 3:10; 암 1:2; 3:1, 9; 4:1; 6:13; 7:2, 5, 10, 12, 14, 15, 16; 8:2, 5, 14; 옵 1:3, 7; 욘 1:10, 11, 14; 3:4, 7; 4:2, 8; 미 2:4, 7, 11; 3:1, 11; 4:2, 11; 5:10; 나 3:7; 합 1:12; 2:6; 습 1:12; 2:15; 3:7, 16; 학 1:13; 2:2, 4, 11, 12, 13, 14, 21; 슥 1:4, 6, 9, 10, 12, 14, 17; 2:4; 3:6; 4:4, 5, 6, 11, 12, 13; 5:3, 5, 6, 8, 11; 6:4, 5, 7, 8, 12; 7:3, 5, 9; 8:21; 9:12; 11:9, 12; 12:5; 13:3; 말 1:2, 4, 5, 6, 8, 9, 10, 11, 13; 2:2, 4, 8, 14, 16, 17; 3:1, 7, 10, 11, 13, 17; 4:1 복음서 마 1:20; 2:8, 13, 19; 3:3, 7, 9, 14; 4:3, 14; 5:20, 22, 28, 31, 32, 34, 39, 44; 6:25, 31; 7:22; 8:2, 4, 8, 11, 21, 25, 27, 29, 31; 9:3, 11, 14, 18, 27, 33, 34; 10:27; 11:9, 22, 24; 12:10, 23, 24, 31, 36, 44; 13:10, 14, 28, 29, 36, 54; 14:2, 8, 15, 17, 28, 30, 33; 15:1, 4, 5, 7, 12, 15, 22, 25, 27, 33; 16:7, 16, 18, 20, 22; 17:4, 9, 10, 14, 19, 24, 25; 18:1, 21, 22, 26, 28, 29; 19:3, 10, 16, 18, 20, 23, 25, 27, 28; 20:4, 6, 7, 8, 11, 13, 30, 31; 21:4, 5, 9, 10, 11, 20, 23, 24, 25, 27, 28, 29, 30, 31, 37, 43; 22:4, 8, 17, 21, 23, 24; 23:18, 29, 39; 24:3, 5; 25:8, 9, 11, 20, 21, 22, 23, 24, 26, 37, 44; 26:8, 17, 18, 25, 29, 33, 36, 48, 63, 64, 65, 66, 69, 70,

【 이르다 】 【 이름 】

72, 73, 74; 27:4, 6, 9, 11, 13, 17, 19, 21, 22, 23, 24, 25, 29, 41, 47, 49, 54, 62, 65; 28:5, 7; 막 1:3, 7, 23, 27, 37, 40; 2:11, 12, 16; 3:11; 4:38; 5:7, 8, 9, 12, 23, 35; 6:2, 14, 16, 22, 24, 25, 38; 7:11, 28, 36, 37; 8:5, 19, 20, 22, 24, 28, 29; 9:9, 11, 13, 21, 24; 10:28, 47, 48, 49, 51; 11:5, 6, 31, 33; 12:6, 14, 16, 32; 13:1, 4, 6; 14:14, 44, 57, 60, 61, 63, 65, 67, 68, 69; 15:4, 9, 12, 14, 18, 29, 35, 36, 39; 16:6, 7; 눅 1:13, 18, 19, 24, 28, 35, 38, 42, 46, 60, 61, 66, 67; 2:13, 20, 28, 34, 48; 3:4, 7, 8, 10, 11, 12, 14, 16; 4:3, 9, 16, 22, 25, 33, 36, 41, 43; 5:5, 8, 12, 14, 21, 24, 26, 30; 6:27; 7:4, 6, 9, 16, 19, 20, 26, 32, 39; 8:24, 28, 30; 9:9, 19, 21, 27, 35, 36, 38, 54, 59, 61; 10:17, 25, 27, 35, 37, 40; 11:7, 9, 24, 27, 45, 49, 51; 12:5, 13, 17, 18, 19, 22, 44, 51, 59; 13:3, 5, 7, 8, 14, 24, 25, 27, 31, 32, 35; 14:15, 17, 18, 19, 20, 21, 22, 23; 15:2, 7, 10, 17, 18, 21, 22, 29, 31; 16:2, 3, 5, 6, 7, 24; 17:10, 13, 34, 37; 18:8, 11, 13, 14, 18, 26, 34, 38, 41; 19:7, 9, 13, 14, 16, 17, 18, 19, 20, 22, 24, 25, 26, 33; 20:2, 5, 8, 13, 14, 16, 21, 28; 21:7, 8; 22:11, 16, 18, 51, 56, 57, 59, 64, 70, 71; 23:2, 3, 4, 18, 21, 35, 39, 40, 47; 24:5, 18, 19, 29; 요 1:15, 21, 25, 29, 32, 38, 45, 46, 48; 2:3, 5, 20; 3:2, 4, 9, 26, 27; 4:9, 11, 15, 17, 19, 25, 28, 31, 35, 45, 49; 5:10; 6:34, 36, 52, 63; 7:3, 15, 42, 52; 8:13, 22, 48, 52, 57; 9:2, 8, 12, 15, 20, 24, 26, 27, 28, 30, 34, 36, 40; 10:24; 11:3, 12, 24, 32, 34, 39, 47; 12:21, 28, 38, 39, 50; 13:19, 33; 14:2, 5, 8, 10, 22; 15:11; 16:1, 2, 25, 33; 18:22, 25, 26, 30, 31, 33, 37, 38, 40; 19:3, 6, 10, 12, 15, 21; 20:13, 15, 17, 18, 25, 28; 21:7, 15, 16, 17 역사서 행 1:15, 20, 24; 2:7, 12, 13, 14, 16, 25, 34, 37, 40; 3:4, 25; 4:8, 15, 19, 24; 5:19, 29; 6:2, 13; 7:1, 2, 26, 27, 40, 59, 60; 8:10, 24, 26, 32; 9:17, 40; 10:3, 8, 21, 26, 30; 11:7, 8, 9, 14, 18; 12:7, 11; 13:15, 35, 41, 46; 14:10, 11; 15:13, 23; 16:9, 15, 17, 18, 28, 30; 17:3, 6, 18; 18:6, 14, 21, 26; 19:2, 15, 25, 28, 34, 35; 21:20, 37; 22:7, 10, 14, 22, 25, 26, 27; 23:1, 6, 9, 17, 18, 22, 23, 25; 24:2, 22; 25:5, 8, 12, 14, 22; 26:1, 14, 24, 28, 32; 27:31, 33; 28:17, 21, 25 서신서 롬 5:16; 9:25; 10:11, 21; 11:9; 15:10; 고전 1:12; 4:5;

6:16; 7:8; 10:15; 12:15, 16; 고후 7:14; 12:9; 갈 2:14; 5:16; 엡 4:8; 5:14; 골 4:17; 딤전 5:18; 딤후 2:19; 히 2:6; 3:7, 10, 15; 4:4, 7; 8:9, 11; 12:5, 21; 13:7; 약 2:16; 4:6; 벧후 2:22; 유 1:14 예언서 계 4:8, 10; 5:9, 12, 13, 14; 6:6, 10; 7:10, 13, 14; 8:13; 10:6, 8; 11:15; 12:10; 13:4, 14; 14:7, 9, 13, 15, 18; 15:3; 16:17; 17:1; 18:2, 4, 10, 18, 19, 21; 19:1, 4, 6, 17; 21:3, 9

3. 시간이 늦지 않고 빠르다(early)

출 24:4 모든 말씀을 기록하고 **이른** 아침에
잠 27:14 **이른** 아침에 큰 소리로 자기 이웃을 축복
마 20:1 들여보내려고 **이른** 아침에 나간 집 주인
마 21:18 **이른** 아침에 성으로 들어오실 때에
막 16:9 예수께서 안식 후 첫날 **이른** 아침에
눅 21:38 말씀을 들으려고 **이른** 아침에 성전에

이른 비

신 11:14 여호와께서 너희의 땅에 **이른 비**, 늦은
시 84:6 샘이 있을 것이며 **이른 비**가 복을 채워
렘 5:24 너희 마음으로 우리에게 **이른 비**와 늦은
욜 2:23 비를 내리시되 **이른 비**를 너희에게 적
당하게 주시리니 **이른 비**와 늦은 비가
약 5:7 바라고 길이 참아 **이른 비**와 늦은 비를

이르브엘(Irpeel) 베냐민 지파에 분배된 성읍
수 18:27 레겜과 **이르브엘**과 다랄라와

이르세메스(Ir Shemesh) 단 지파 성읍
수 19:41 소라와 에스다올과 **이르세메스**와

이름(name)
창 2:11 첫째의 **이름**은 비손이라 금이 있는
출 2:10 그가 그의 **이름**을 모세라 하여 이르되
레 19:12 너희는 내 **이름**으로 거짓 맹세함으로
네 하나님의 **이름**을 욕되게 하지 말라
민 1:5 함께 설 사람들의 **이름**은 이러하니
신 3:14 지방을 점령하고 자기의 **이름**으로 이
수 5:9 **이름**을 오늘까지 길갈이라 하느니라
삿 1:10 헤브론의 본 **이름**은 기럇 아르바였더라
삼상 1:2 사람의 **이름**은 한나요 한 사람의 **이름**은
삼하 3:7 사울에게 첩이 있었으니 **이름**은 리스바
왕상 8:43 땅의 만민이 주의 **이름**을 알고 주의 백

【 이름 】

성 이스라엘처럼 … 성전을 주의 **이름**
대하 6:33 주의 **이름**을 알고 주의 백성 이스라엘
처럼 … 성전을 주의 **이름**으로 일컫는
대하 7:14 내 **이름**으로 일컫는 내 백성이 그들의
욥 18:17 거리에서는 그의 **이름**이 전해지지 않을

사 4:1 당신의 **이름**으로 우리를 부르게 하여
렘 7:10 내 **이름**으로 일컬음을 받는 이 집에
렘 32:34 내 **이름**으로 일컫는 집에 자기들의
겔 20:9 이는 내 **이름**을 위함이라 내 **이름**을
단 9:18 우리의 황폐한 상황과 주의 **이름**으로

'이름'과 관련된 성구

거룩한 이름 – 대상 16:35; 29:16; 시 97:12; 103:1; 105:3; 겔 20:39; 36:20, 21, 22; 39:7, 25; 43:7, 8; 암 2:7

바알의 이름 – 왕상 18:26; 렘 2:8

새 이름 – 민 32:38; 사 62:2; 계 2:17; 3:12

아버지의 이름 – 민 27:4; 눅 1:59; 요 5:43; 10:25; 12:28; 17:6, 11, 12, 26; 계 14:1

여호와의 이름 – 창 4:26; 12:8; 13:4; 16:13; 21:33; 26:25; 출 20:7; 33:19; 34:5; 레 24:11, 16; 신 5:11; 10:8; 18:5, 7, 22; 21:5; 28:10; 32:3; 수 2:12; 9:9; 삼상 17:45; 20:42; 24:21; 28:10; 삼하 6:2, 18; 왕상 3:2; 5:3, 5; 8:17, 20; 10:1; 18:24, 32; 22:16; 왕하 2:24; 5:11; 대상 16:2, 29; 21:19; 22:7, 19; 대하 2:1, 4; 6:7, 10; 18:15; 33:18; 욥 1:21; 시 7:17; 96:8; 102:15, 21; 113:1, 2, 3; 116:4, 13, 17; 118:10, 11, 1, 26; 122:4; 124:8; 129:8; 135:1; 148:5, 13; 잠 18:10; 사 18:7; 24:15; 0:27; 48:1; 50:10; 56:6; 59:19; 6:9; 렘 3:17; 11:21; 26:9; 16, 20; 44:6; 욜 2:26, 32; 암 6:10; 미 4:5; 5:4; 3:9, 12; 슥 13:3

영화로운 이름 – 대상 29:13; 느 5; 시 72:19

(예수) 그리스도의 이름 – 행 2:38; 4:10; 8:12; 10:48; 15:25–26; 18; 롬 15:20; 고전 1:2, 10; 6:11; 5:20; 살후 3:6; 벧전 4:14; 요일 3

이스라엘의 아들들의 이름 – 출 28:9, 11, 21, 29; 39:6, 14

(주) 예수의 이름 – 막 6:14; 행 8, 30; 5:40; 8:16; 9:27, 29; 19:13, 17; 21:13; 26:9; 고전 5:4; 10; 골 3:17; 살후 1:12

주의 이름 – 출 5:23; 삼하 7:26; 22:50; 왕상 8:33, 35, 41, 43, 44, 48; 대상 17:24; 대하 6:24, 26, 33, 34, 38; 14:11; 20:8, 9; 느 1:11; 9:5; 시 5:11; 8:1, 9; 9:2, 10; 18:49; 22:22; 25:11; 31:3; 44:5; 48:10; 52:9; 54:1, 6; 61:5, 8; 63:4; 66:4; 74:7, 10, 18, 21; 75:1; 79:6, 9; 80:18; 83:16; 86:9, 11, 12; 89:12, 16; 92:1–3; 109:21; 115:1; 119:55, 132; 135:13; 138:2; 139:20; 140:13; 142:7; 143:11; 145:1, 2; 사 25:1; 26:8, 13; 63:16, 19; 64:2, 7; 렘 10:6, 25; 14:7, 9, 21; 15:16; 32:20; 애 3:55; 단 9:6, 18, 19; 미 6:9; 말 1:6; 마 7:22; 21:9; 23:39; 막 9:38; 11:9; 눅 9:49; 10:17; 13:35; 19:38; 요 12:13; 행 2:21; 9:14; 22:16; 롬 10:13; 15:9; 딤후 2:19; 히 2:12; 약 5:10, 14; 요삼 1:7; 계 11:18; 15:4

주의 이름을 감사하라 – 시 44:8; 54:6; 97:12; 106:47; 122:4; 138:2; 140:13; 142:6

주의 이름을 선포하라 – 시 22:22; 히 2:12;

주의 이름을 송축하라 – 시 96:2; 100:4; 103:1; 145:1, 2, 21

주의 이름을 자랑하라 – 시 20:7; 105:3

주의 이름을 찬송하라 – 시 69:30; 72:19; 74:21; 99:3; 113:2; 135:1, 3; 사 25:1; 단 2:20; 욜 2:26; 롬 15:9

주의 이름을 찬양하라 – 삼하 22:50; 왕상 8:35; 대상 29:13; 시 7:17; 61:8; 68:4; 92:1–3; 113:1, 3; 135:3; 148:5, 13; 149:3

하나님의 이름 – 레 18:21; 19:12; 21:6; 삼상 17:45; 30:15; 스 5:1; 시 20:1, 5, 7; 44:8, 20; 69:30; 잠 30:9; 단 2:20; 롬 2:24; 딤전 6:1; 계 3:12; 16:9

【 이름 】

'(주의) 이름을 부르는 자'에 대한 약속과 명령

구원을 얻는다 – 욜 2:32; 행 2:21; 롬 10:13
불의에서 떠나야 한다 – 딤후 2:19
주께서 고난 가운데서 들으신다 – 슥 13:9
주께서 소생케 하신다 – 시 80:18

단 9:19 주의 성과 주의 백성이 주의 **이름**으로
암 9:12 그들이 에돔의 남은 자와 내 **이름**으로
마 1:21 아들을 낳으리니 **이름**을 예수라 하라
눅 1:5 있었으니 **이름**은 … **이름**은 엘리사벳이
요 1:6 사람이 있으니 그의 **이름**은 요한이라
행 3:16 그 **이름**을 믿으므로 그 **이름**이 너희가
롬 1:5 그의 **이름**을 위하여 모든 이방인 중에서
계 2:3 또 네가 참고 내 **이름**을 위하여 견디고

이름 – 기타 본문

모세오경 창 2:13, 14, 19, 20; 3:20; 4:17, 19, 21, 25, 26; 5:2, 3; 10:25; 11:4, 9, 29; 12:2; 16:1, 11, 15; 17:5, 15, 19; 19:22, 37, 38; 21:3, 31; 22:14; 24:29; 25:1, 13, 16, 25, 26; 26:18, 20, 21, 22, 33; 27:36; 28:19; 29:16, 32, 33, 34, 35; 30:6, 8, 11, 13, 18, 20, 21, 24; 31:48; 32:2, 27, 28, 29, 30; 33:17, 20; 35:8, 10, 15, 18; 36:10, 32, 35, 39, 40; 38:3, 4, 5, 6, 29, 30; 41:45, 51, 52; 46:8; 48:6, 16; 50:11; 출 2:22; 3:13, 15; 6:3, 16; 9:16; 15:3, 23; 16:31; 17:7, 15; 18:3, 4; 20:24; 23:13, 21; 28:10, 12; 32:32; 33:7, 12, 17; 34:14; 레 24:11; 민 1:18; 3:2, 3, 17, 18; 6:27; 11:3, 34; 13:4, 16; 16:2; 17:2, 3; 21:3; 25:14, 15; 26:33, 46, 55, 59; 27:1; 32:38, 42; 34:17, 19; 신 5:11; 6:13; 7:24; 9:14; 10:20; 12:3, 5, 11, 21; 14:23, 24; 16:2, 6, 11; 18:19, 20; 25:6, 7, 10; 26:2; 28:58; 29:20 **역사서** 수 7:9, 26; 14:15; 15:15; 17:3; 19:47; 23:7; 삿 1:11, 17, 23, 26; 2:5; 8:31; 13:2, 6, 17, 18, 24; 15:17, 19; 16:4; 17:1; 18:12, 29; 룻 1:2, 4; 2:1, 19; 4:5, 10, 14, 17; 삼상 1:20; 4:21; 7:12; 8:2; 9:1, 2; 12:22; 14:4, 49, 50; 17:4, 13, 43; 18:30; 21:7; 22:20; 25:3, 5, 9, 25; 삼하 4:2, 4; 5:9, 14, 20; 6:8; 7:9, 13; 9:2, 12; 12:24, 25, 28; 13:1; 14:7, 27; 16:5; 18:18; 20:1, 21; 23:8, 18, 22; 왕상 1:47; 4:8, 31; 5:5; 7:21; 8:16, 18, 19, 29, 42; 9:3, 7, 13; 11:26, 36; 13:2; 14:21, 31; 15:2, 10; 16:24; 18:25, 31; 21:8; 22:42; 왕하 8:26; 12:1; 14:2, 7, 27; 15:2, 33; 17:34; 18:2; 21:1, 4, 7, 19; 22:1; 23:27, 31, 34, 36; 24:8, 17, 18; 대상 1:19, 43, 46, 50; 2:26, 29; 4:9, 38; 6:17; 7:15, 16, 23; 8:29, 38; 9:35, 44; 11:20, 24; 12:2, 31; 13:6, 11; 14:4, 11; 16:8; 17:8, 21; 22:8, 9, 10; 23:13, 24; 24:6; 28:3; 대하 6:5, 6, 8, 9, 20, 32; 7:16, 20; 12:13; 13:2; 20:31; 22:2; 24:1; 25:1; 26:3, 8, 15; 27:1; 28:9, 15; 29:1; 33:4, 7; 36:4; 스 2:61, 62; 5:4, 10; 6:12; 8:13; 느 1:9; 7:63, 64; 9:7; 에 2:5, 14, 18, 22; 3:12; 8:8; 9:26 **시가서** 욥 30:8; 42:14; 시 9:5; 16:4; 23:3; 29:2; 34:3; 45:17; 49:11; 66:2; 68:4; 69:36; 72:17; 76:1; 83:4, 18; 89:24; 91:14; 99:6; 100:4; 105:1; 106:8; 109:13; 111:9; 135:3; 138:2; 147:4; 148:13; 잠 10:7; 21:24; 30:4; 전 6:4, 10; 7:1; 9:5; 아 1:3 **선지서** 사 7:14; 8:3; 9:6; 12:4; 14:20, 22; 29:23; 40:26; 41:25; 42:8; 43:7; 44:5; 45:3, 4; 47:4; 48:1, 2, 9, 11; 49:1; 51:15; 52:5, 6; 54:5; 56:5; 5:15; 63:12, 14; 65:1, 15; 66:5, 22; 렘 7:11, 12, 14, 30; 10:16; 11:16, 19; 12:16; 13:11; 14:14, 15; 16:21; 20:3, 9; 23:6, 25, 27; 25:29, 31; 27:15; 29:9, 21, 23, 25; 31:35; 32:18, 34; 33:2, 9, 16; 34:15, 16; 37:13; 44:26; 48:17; 50:34; 51:19; 52:1; 겔 20:14, 22, 44; 21:29; 22:5; 23:4; 24:2; 36:3; 39:11, 13, 16; 48:1, 31, 35; 단 1:7; 2:26; 4:8, 19; 5:12; 10:1; 호 1:4, 6, 9; 2:17; 12:5; 암 4:13; 5:8, 27; 9:6; 미 4:5; 나 1:14; 습 1:4; 슥 5:4; 6:12; 10:12; 13:2; 14:9; 말 1:11, 12, 14; 2:2, 5; 3:16 **복음서** 마 1:23, 25; 6:9; 10:2, 22, 41, 42; 12:21; 18:5, 20; 19:29; 24:5, 9; 28:19; 막 3:16, 17; 9:37, 39, 41; 13:6, 13; 16:17; 눅 1:13, 27, 31, 49, 59, 61, 63; 2:21; 6:14, 22; 8:30; 9:48; 10:20, 38; 16:20; 19:2; 21:8, 12, 17; 24:47; 요 1:12; 3:18; 10:3; 14:13, 14, 26; 15:11, 16, 21; 23, 24, 26; 18:10; 20:31 **역사서 – 예언서** 행 4:12, 17, 36; 5:28, 41; 9:15, 16, 21, 36; 10:43; 15:14, 17; 롬 9:17; 고전 1:13, 15; 고후 6:1; 21; 5:3; 빌 2:9; 4:3; 히 1:4; 6:10; 7:2; 13:15; 2:7; 벧전 4:16; 요일 2:12; 5:13; 요삼 1:15; 계 2:13, 17; 3:1, 5, 8, 12; 6:8; 8:11; 9:11; 13:1, 17; 14:11; 15:2; 17:3, 5, 8; 19:11, 12, 13, 14; 22:4

이리 1

이리 1(Iri) 베냐민 자손으로 벨라의 아들
대상 7:7   우시와 웃시엘과 여리못과 **이리** 다섯

이리 2(here)
창 45:8   나를 **이리**로 보낸 이는 당신들이 아니요
출 3:5   이르시되 **이리**로 가까이 오지 말라
수 2:2   땅을 정탐하러 **이리**로 들어왔나이다
수 3:9   **이리** 와서 너희의 하나님 여호와의 말씀
삿 18:3   누가 너를 **이리**로 인도하였으며 네가
룻 2:14   **이리**로 와서 떡을 먹으며 네 떡 조각을
룻 4:1   아무개여 **이리**로 와서 앉으라 하니 그가
삼상 13:9 번제와 화목제물을 **이리**로 가져오라
삼상 14:18 하나님의 궤를 **이리**로 가져오라 하니
삼상 14:34 사람은 각기 소와 양을 **이리**로 끌어다가
삼상 14:36 **이리**로 와서 하나님께로 나아가사이다
삼상 14:38 너희 군대의 지휘관들아 다 **이리**로 오라
삼상 17:28 네가 어찌하여 **이리**로 내려왔느냐 들에
삼상 23:9 아비아달에게 이르되 에봇을 **이리**로
삼하 5:6   결코 **이리**로 … 다윗이 **이리**로 들어오지
삼하 14:32 너를 **이리**로 오라고 청한 것은 내가
삼하 20:16 요압에게 이르기를 **이리**로 가까이 오라
왕하 19:32 **이리**로 화살을 쏘지 못하며 방패를 성을
대상 11:5 네가 **이리**로 들어오지 못하리라 하나
대하 28:13 너희는 이 포로를 **이리**로 끌어들이지
스 4:2   에살핫돈이 우리를 **이리**로 오게 한
시 73:10 백성이 **이리**로 돌아와서 잔에 가득한
잠 9:4   어리석은 자는 **이리**로 돌이키라 또 지혜
잠 9:16   어리석은 자는 **이리**로 돌이키라 또 지혜
잠 25:7   네게 **이리**로 올라오라고 말하는 것이
사 30:21 이것이 바른 길이니 너희는 **이리**로 가라
사 37:33 화살 하나도 **이리**로 쏘지 못하며 방패를
렘 2:7   너희가 **이리**로 들어와서는 내 땅을
겔 40:4   이것을 네게 보이려고 **이리**로 데리고
단 3:26   메삭, 아벳느고야 나와서 **이리**로 오라
마 17:17 너희에게 참으리요 그를 **이리**로 데려오
막 11:3   그리하면 즉시 **이리**로 보내리라 하시니
눅 9:41   네 아들을 **이리**로 데리고 오라 하시니
눅 19:27 원수들을 **이리**로 끌어다가 내 앞에서

'이리 2'와 관련된 성구

이리 돌며 저리 돌다 – 전 1:6
이리 뒤척 저리 뒤척하다 – 욥 7:4

요 20:27 네 손가락을 **이리** 내밀어 내 손을 보고
계 4:1   **이리**로 올라오라 이 후에 마땅히 일어날
계 11:12 큰 음성이 있어 **이리**로 올라오라
계 17:1   **이리**로 오라 많은 물 위에 앉은 큰 음녀
계 21:9   **이리** 오라 내가 신부 곧 어린 양의 아내

이리 3(wolf)
창 49:27 베냐민은 물어뜯는 **이리**라 아침에는 빼앗은
욥 30:29 나는 **이리**의 형제요 타조의 벗이로구나
사 11:6   그 때에 **이리**가 어린 양과 함께 살며
사 34:14 들짐승이 **이리**와 만나며 숫염소가 그
렘 5:6   사막의 **이리**가 그들을 멸하며 표범이
겔 22:27 고관들은 음식물을 삼키는 **이리** 같아서
합 1:8   군마는 표범보다 빠르고 저녁 **이리**보다
습 3:3   남겨 두는 것이 없는 저녁 **이리**요
말 1:3   산업을 광야의 **이리**들에게 넘겼느니라
마 7:15 나아오나 속에는 노략질하는 **이리**라
마 10:16 너희를 보냄이 양을 **이리** 가운데로 보냄
눅 10:3   너희를 보냄이 어린 양을 **이리** 가운데로
요 10:12 **이리**가 오는 것을 보면 … **이리**가 양을
행 20:29 떠난 후에 사나운 **이리**가 여러분에게

이리야(Irijah) 셀레먀의 아들로 베냐민 지파의 문지기 두목
렘 37:13 셀레먀의 아들인 **이리야**라 이름하는
렘 37:14 **이리야**가 듣지 아니하고 예레미야를

이리이리(this is how, here is what)
왕상 2:30 요압이 **이리이리** 내게 대답하더이다
왕하 9:12 그가 **이리이리** 내게 말하여 이르기를

이리저리(in all directions, here and there, to the right and to the left, back and forth)
삼상 14:16 사람들이 무너져 **이리저리** 흩어지더라
왕상 20:40 종이 **이리저리** 일을 볼 동안에 그가
왕하 2:8   치매 물이 **이리저리** 갈라지고 두 사람이
왕하 2:14 그도 물을 치매 물이 **이리저리** 갈라지고
왕하 4:35 집 안에서 한 번 **이리저리** 다니고 다시
시 107:27 그들이 **이리저리** 구르며 취한 자같이
나 2:4   달리며 대로에서 **이리저리** 빨리 달리니
행 27:27 우리가 아드리아 바다에서 **이리저리**

【 이마 】 　　　　　　　　　　　　　　　　　　　【 이므라 】

이마(forehead)

신 14:1 　눈썹 사이 **이마** 위의 털을 밀지 말라
삼상 17:49 　사람의 **이마**를 치매 돌이 그의 **이마**에
대하 26:19 　제사장들 앞에서 그의 **이마**에 나병이
사 48:4 　목은 쇠의 힘줄이요 네 **이마**는 놋이라
겔 3:8 　그들의 **이마**를 마주보도록 네 **이마**를
겔 3:9 　네 **이마**를 화석보다 굳은 금강석같이
겔 9:4 　탄식하며 우는 자의 **이마**에 표를 그리라
겔 9:6 　죽이되 **이마**에 표 있는 자에게는 가까이
계 7:3 　종들의 **이마**에 인치기까지 땅이나
계 9:4 　**이마**에 하나님의 인침을 받지 아니한
계 13:16 　종들에게 그 오른손에나 **이마**에 표를
계 14:1 　그들의 **이마**에는 어린 양의 이름과 그
계 14:9 　우상에게 경배하고 **이마**에나 손에 표를
계 17:5 　그의 **이마**에 이름이 기록되었으니
계 20:4 　그들의 **이마**와 손에 그의 표를 받지
계 22:4 　그의 이름도 그들의 **이마**에 있으리라

'이마'와 관련된 성구
아론의 이마 – 출 28:38
왕의 이마 – 대하 26:20
이마가 굳다 – 겔 3:7
이마 대머리 – 레 13:41, 42, 43

이만(二萬, twenty thousand)

삼하 8:4 　보병 **이만** 명을 사로잡고 병거 일백
삼하 10:6 　보병 **이만** 명과 마아가 왕과 그의 사람
삼하 18:7 　그 곳에서 전사자가 많아 **이만** 명에
대상 18:4 　기병 칠천 명과 보병 **이만** 명을 빼앗고
눅 14:31 　**이만** 명을 거느리고 오는 자를 대적할

'이만'과 관련된 성구
이만 고르 – 왕상 5:11; 대하 2:10
이만 드라크마 – 느 7:71, 72
이만 만 – 계 9:16 / 이만 밧 – 대하 2:10
이만 사천 명 – 민 25:9; 대상 23:4; 27:1,
　2, 4, 5, 7, 8, 9, 10, 11, 12, 13, 14, 15
이만 삼천 명 – 민 26:62; 고전 10:8
이만 오천 명 – 삿 20:46
이만 오천백 명 – 삿 20:35
이만 오천 척 – 겔 45:1, 3, 5, 6; 48:8, 9,
　10, 13, 15, 20, 21

이만 육천 명 – 삿 20:15; 대상 7:40
이만 이백 명 – 대상 7:9
이만 이천 마리 – 왕상 8:63; 대하 7:5
이만 이천 명 – 민 3:39; 삿 7:3; 20:21;
　삼하 8:5; 대상 18:5
이만 이천삼십사 명 – 대상 7:7
이만 이천육백 명 – 대상 7:2
이만 이천이백 명 – 민 26:14
이만 이천이백칠십삼 명 – 민 3:43
이만 칠천 명 – 왕상 20:30
이만 팔백 명 – 대상 12:30
이만 팔천육백 명 – 대상 12:35

이만큼(like this)
슥 9:13 　형벌을 가볍게 하시고 **이만큼** 백성을

이맘때(this hour)
창 18:10 　그가 이르시되 내년 **이맘때** 내가 반드시
출 9:18 　내일 **이맘때**면 내가 무거운 우박을
수 11:6 　두려워하지 말라 내일 **이맘때**에 내가
삼상 9:16 　내일 **이맘때**에 내가 베냐민 땅에서 한
삼상 20:12 　내가 내일이나 모레 **이맘때**에 내 아버지
왕상 19:2 　내가 내일 **이맘때**에는 반드시 네 생명을
왕상 20:6 　내일 **이맘때**에 내가 내 신하들을 네게
왕하 7:1 　내일 **이맘때**에 사마리아 성문에서 고운
왕하 7:18 　내일 **이맘때**에 사마리아 성문에서 보리
왕하 10:6 　머리를 가지고 내일 **이맘때**에 이스르엘
행 10:30 　이르되 내가 나흘 전 **이맘때**까지

이면적(裏面的, inwardly)
롬 2:29 　**이면적** 유대인이 유대인이며 할례는

이모(姨母, mother's sister)
레 18:13 　너는 네 **이모**의 하체를 범하지 말라
레 20:19 　**이모**나 고모의 하체를 범하지 말지니
요 19:25 　십자가 곁에는 그 어머니와 **이모**와

이물(bow)
행 27:30 　도망하고자 하여 **이물**에서 닻을 내리는
행 27:41 　배를 걸매 **이물**은 부딪쳐 움직일 수

이므라(Imrah) 소바의 아들 가운데 하나
대상 7:36 　하르네벨과 수알과 베리와 **이므라**와

【 이므리 】　　　　　　　　　　　　　　　　　　　　　　　　【 이방 】

이므리(Imri)
1. 유다 사람 베레스의 자손으로 바니의 아들
대상 9:4　오므리의 손자요 이므리의 증손이요
2. 예루살렘 성벽 재건 일을 한 삭굴의 아버지
느 3:2　또 그 다음은 이므리의 아들 삭굴이

이믈라(Imlah) 선지자 미가야의 아버지
왕상 22:8　아직도 이믈라의 아들 미가야 한 사람이
왕상 22:9　불러 이르되 이믈라의 아들 미가야를
대하 18:7　이믈라의 아들 미가야 한 사람이 있으니
대하 18:8　이르되 이믈라의 아들 미가야를 속히

이미(already)
사 42:9　예언한 일이 이미 이루어졌느니라
애 3:56　주께서 이미 나의 음성을 들으셨사오니
욘 1:17　여호와께서 이미 큰 물고기를 예비하사
마 3:10　이미 도끼가 나무 뿌리에 놓였으니 좋은
마 5:28　여자를 보는 자마다 마음에 이미 간음
행 2:1　오순절 날이 이미 이르매 그들이 다같이

이미 – 기타 본문
구약 창 43:23; 레 8:31; 10:16; 13:11; 민 4:17; 신 24:4; 25:8; 31:3, 4; 수 2:4, 6; 18:22:4; 23:4; 삿 3:25; 6:36, 37; 8:33; 16:9, ; 삼상 16:1, 7; 25:21; 30:1; 삼하 2:8; 3:18, ; 5:18; 13:28, 39; 19:8; 왕상 15:3; 20:5; 22:7; 왕하 4:1; 19:8; 대상 12:39; 14:9; 17:25; 2; 대하 1:4; 7:12, 16; 18:30; 28:13; 29:11; 4:12; 느 5:5; 에 4:11; 9:12, 23; 시 7:12; 잠 8, 25; 전 1:9, 10; 2:12; 3:15; 6:10; 7:24; 8:2; 10:10, 23; 28:25; 30:33; 48:7; 51:17; 56; 64:5; 렘 4:7, 28; 5:23; 6:27; 애 1:10; 2:1; 겔 3:20; 17:18; 20:43; 30:22; 32:27; 33:1; 11:16; 단 5:26; 6:12, 22; 8:26; 9:5, 13, 27; 호 8:3, 8; 미 2:10; 말 2:2; **신약** 마 6:2, 5, 16; 8; 14:15, 24; 15:32; 17:12; 막 5:8; 8:2; 11; 14:44; 눅 1:36; 2:5; 3:9; 6:24; 7:10, 29; 8; 11:7, 20; 12:49; 19:25, 37; 22:22; 24:29; 36; 5:13; 6:17; 7:14; 8:53; 9:22, 27; 11:17; 28; 13:10; 15:3; 19:28, 33; 행 2:30; 4:3; 27; 3:9; 고전 4:8; 5:3; 6:7; 고후 13:2; 빌 3:1 ; 6; 살후 2:7; 딤전 5:15; 딤후 2:18; 히 4:3; 10; 7:10; 11:18; 벧전 4:1; 벧후 1:12

이방(異邦, gentile)
창 15:13　네 자손이 이방에서 객이 되어 그들을
출 18:3　모세가 이르기를 내가 이방에서 나그네
왕상 11:1　바로의 딸 외에 이방의 많은 여인을
왕하 19:24　내가 땅을 파서 이방의 물을 마셨고
대하 14:3　이방 제단과 산당을 없애고 주상을
스 8:35　사로잡혔던 자의 자손 곧 이방에서
느 4:5　노략거리가 되어 이방에 사로잡히게
느 6:6　그 글에 이르기를 이방 중에도 소문이
느 9:37　주께서 우리 위에 세우신 이방 왕들이
시 18:45　이방 자손들이 쇠잔하여 그 견고한
시 137:4　우리가 이방 땅에서 어찌 여호와의 노래
사 9:1　해변 길과 요단 저쪽 이방의 갈릴리를
사 17:10　기뻐하는 나무를 심으며 이방의 나무
사 42:1　나의 영을 그에게 주었은즉 그가 이방에
렘 2:21　대하여 이방 포도나무의 악한 가지가
렘 8:19　어찌하여 그 조각한 신상과 이방의 헛된
렘 10:10　그 분노하심을 이방이 능히 당하지
렘 30:11　그 모든 이방을 내가 멸망시키리라
렘 31:10　이방들이여 너희는 여호와의 말씀을
겔 19:4　이방이 듣고 함정으로 그를 잡아 갈고리
겔 19:8　이방이 포위하고 있는 지방에서 그를
겔 22:4　내가 너로 이방의 능욕을 받으며 만국의
겔 23:30　음란하게 이방을 따르고 그 우상들로
겔 25:8　유다 족속은 모든 이방과 다름이 없다
겔 25:10　암몬 족속이 다시는 이방 가운데에서
겔 36:6　너희가 이방의 수치를 당하였음이라
겔 38:8　나라에서 모여 들어오며 이방에서 나와
겔 39:28　한 사람도 이방에 남기지 아니하리니
습 2:11　신을 쇠약하게 하리니 이방의 모든 해변
슥 8:23　날에는 말이 다른 이방 백성 열 명이
마 4:15　요단 강 저편 해변 길과 이방의 갈릴리
마 12:18　그에게 줄 터이니 그가 심판을 이방에
마 12:21　이방들이 그의 이름을 바라리라 함을
눅 2:32　이방을 비추는 빛이요 주의 백성
눅 21:24　죽임을 당하며 모든 이방에 사로잡혀
행 21:19　사역으로 말미암아 이방 가운데서
행 21:21　이방에 있는 모든 유대인을 가르치되
갈 1:16　그의 아들을 이방에 전하기 위하여 그를
갈 2:2　계시를 따라 올라가 내가 이방 가운데서
갈 2:15　우리는 본래 유대인이요 이방 죄인이
갈 3:8　하나님이 이방을 믿음으로 말미암아
히 11:9　믿음으로 그가 이방의 땅에 있는 것

【 이방 】

계 11:18 **이방**들이 분노하매 주의 진노가 내려

'이방'과 관련된 성구

이방 계집 – 잠 2:16; 5:20
이방 나그네 – 출 22:21; 23:9; 대상 29:15
이방 나라 – 출 34:24; 대하 20:29; 시 2:1,
  8; 9:5, 15, 17, 19, 20; 10:16; 18:49;
  79:1, 10; 106:35; 사 62:2; 64:2; 렘
  46:1; 슥 12:9; 14:2, 3, 16
이방 나라들의 보화 – 슥 14:14
이방 나라(들의) 사람 – 슥 14:18, 19
이방 나라들의 젖 – 사 60:16
이방 나라의 손 – 시 106:41
이방 나라의 재물 – 사 60:5, 11; 61:6
이방 민족 – 삿 2:21, 23; 3:2, 4; 대상
  14:17; 18:11; 시 106:34; 말 1:11, 14
이방 백성 – 대하 13:9; 32:13; 스 9:11; 슥
  8:23
이방 사람 – 창 17:12, 27; 출 12:43; 왕하
  17:11, 15; 대상 22:2; 대하 2:17; 느
  13:30; 사 61:5; 렘 10:2, 25; 겔 36:36;
  38:16; 호 8:7; 9:1; 욜 3:17; 미 4:2, 3,
  11; 슥 9:10
이방 사람들과 절교하다 – 느 9:2; 10:28
이방 사람들의 모든 나라 – 대하 20:6
이방 사람들의 왕 – 렘 10:7
이방 사람들의 진 – 히 11:34
이방 사람의 가증한 일 – 왕하 16:3; 21:2;
  대하 28:3; 33:2; 36:14
이방 사람의 규례 – 왕하 17:8
이방 사람의 더러운 것 – 스 6:21
이방 사람의 비방 – 느 5:9
이방 사람의 성읍 – 삿 19:12
이방 신 – 신 31:16; 수 24:20, 23; 삿 10:16;
  삼상 7:3; 대하 33:15; 시 44:20; 81:9;
  렘 2:25; 5:19; 단 11:39; 행 17:18
이방 신상 – 창 35:2, 4
이방 신의 딸 – 말 2:11 / 이방 신전 – 대상 10:9
이방 여인 – 룻 2:10; 왕상 11:8; 스 10:11, 17,
  18, 44; 느 13:26, 27; 잠 6:24; 7:5; 23:27
이방 여자 – 스 10:2, 10, 14
이방의 노략 거리 – 겔 26:5; 34:28
이방의 빛 – 사 42:6; 49:6; 행 13:47
이방 족속 – 느 5:17; 6:16

【 이방인 】

이방인 (異邦人, alien, gentile)

모세오경, 역사서

출 12:49 너희 중에 거류하는 **이방인**에게 이 법이
레 25:44 남녀를 막론하고 네 사방 **이방인** 중에서
레 25:46 **이방인** 중에서는 너희가 영원한 종을
신 14:21 객에게 주어 먹게 하거나 **이방인**에게
신 15:3 **이방인**에게는 네가 독촉하려니와 네
신 28:43 너의 중에 우거하는 **이방인**은 점점
수 8:33 본토인뿐 아니라 **이방인**까지 여호와의
삼하 22:45 **이방인**들이 내게 굴복함이여 그들이
삼하 22:46 **이방인**들이 쇠약하여 그들의 견고한
왕상 8:41 위하여 먼 지방에서 온 **이방인**이라도
왕상 8:43 하늘에서 들으시고 **이방인**이 주께
대하 6:32 이스라엘에 속하지 않은 **이방인**에게
대하 6:33 하늘에서 들으시고 모든 **이방인**이 주께

시가서, 선지서

시 18:44 즉시로 내게 청종함이여 **이방인**들이
사 17: **이방인**에게 삼켜졌으며 **이방인**에게
사 2: 블레셋 사람들같이 점을 치며 **이방인**과
사 25 폭약을 제함같이 주께서 **이방인**의
사 56 여호와께 연합한 **이방인**은 말하기를
사 56 나의 언약을 굳게 지키는 **이방인**마다
사 60:0 너를 불쌍히 여겼은즉 **이방인**들이 네
사 62 네가 수고하여 얻은 포도주를 **이방인**이
렘 3:1 네 길로 달려 **이방인**들에게로 나아가
렘 5:1 너희 것이 아닌 땅에서 **이방인**들을
렘 7:6 **이방인**과 고아와 과부를 압제하지
렘 14: **이방인**의 우상 가운데 능히 비를 내리게
렘 22: 압박하는 자의 손에서 건지고 **이방인**과
렘 30: 포박을 끊으리니 다시는 **이방인**을
애 1:1 주께서 이미 **이방인**들을 막아 주의 성회
애 2:9 왕과 지도자들이 율법 없는 **이방인**들
애 4:1 도망하여 방황할 때에 **이방인**들이
애 4:2 우리가 그의 그늘 아래에서 **이방인**들
애 5:2 집들도 **이방인**들에게 돌아갔나이다
겔 5:5 곧 예루살렘이라 내가 그를 **이방인**
겔 5:6 그가 내 규례를 거슬러서 **이방인**보다
겔 5:7 둘러싸고 있는 **이방인**들보다 더하여
겔 5:8 를 치며 **이방인**의 목전에서 너에게
겔 5:14 를 둘러싸고 있는 **이방인**들 중에서
겔 5:15 를 둘러싸고 있는 **이방인**들에게 네가

【 이방인 】

겔 6:8	너희 중에서 칼을 피하여 **이방인**들 중에
겔 6:9	살아 남은 자가 사로잡혀 **이방인**들 중에
겔 7:24	내가 극히 악한 **이방인**들을 데려와서
겔 11:16	내가 비록 그들을 멀리 **이방인** 가운데로
겔 12:15	내가 그들을 **이방인** 가운데로 흩으며
겔 12:16	그들이 이르는 **이방인** 가운데에서
겔 16:14	네 명성이 **이방인** 중에 퍼졌음은 내가
겔 20:23	내가 그들을 **이방인** 중에 흩으며 여러
겔 20:32	너희가 스스로 이르기를 우리가 **이방인**
겔 28:7	그런즉 내가 **이방인** 곧 여러 나라의
겔 36:3	너희가 남은 **이방인**의 기업이 되게 하여
겔 36:4	사방에 남아 있는 **이방인**의 노략 거리와
겔 36:5	내 맹렬한 질투로 남아 있는 **이방인**과
겔 36:7	너희 사방에 있는 **이방인**이 자신들의
겔 44:7	마음과 몸에 할례 받지 아니한 **이방인**을
겔 44:9	이스라엘 족속 중에 있는 **이방인** 중에
	… 할례를 받지 아니한 **이방인**은 내
호 7:9	**이방인**들이 그의 힘을 삼켰으나 알지
욜 2:17	어찌하여 **이방인**으로 그들의 하나님이
옵 1:11	네가 멀리 섰던 날 곧 **이방인**이 그의
습 1:8	내가 방백들과 왕자들과 **이방인**의 옷을
슥 8:13	족속아, 너희가 **이방인** 가운데에서
말 3:12	땅이 아름다워지므로 모든 **이방인**들이

복음서

마 5:47	더하는 것이 무엇이냐 **이방인**들도
마 6:7	기도할 때에 **이방인**과 같이 중언부언
마 6:32	이는 다 **이방인**들이 구하는 것이라 너희
마 10:5	**이방인**의 길로도 가지 말고 사마리아인
마 10:18	이는 그들과 **이방인**들에게 증거가 되게
마 18:17	교회의 말도 듣지 않거든 **이방인**과 세리
마 20:19	**이방인**들에게 넘겨 주어 그를 조롱하며
막 10:33	죽이기로 결의하고 **이방인**들에게
눅 17:18	**이방인** 외에는 하나님께 영광을 돌리러
눅 18:32	인자가 **이방인**들에게 넘겨져 희롱을
눅 21:24	**이방인**의 때가 차기까지 **이방인**들에게
눅 22:25	예수께서 이르시되 **이방인**의 임금들은

역사서

행 4:27	본디오 빌라도는 **이방인**과 이스라엘
행 7:45	그들 앞에서 쫓아내신 **이방인**의 땅을
행 9:15	가라 이 사람은 내 이름을 **이방인**과
행 10:28	유대인으로서 **이방인**과 교제하며
행 10:45	할례 받은 신자들이 **이방인**들에게도
행 11:1	형제들이 **이방인**들도 하나님의 말씀을
행 11:18	하나님께서 **이방인**에게도 생명 얻는
행 13:46	자처하기로 우리가 **이방인**에게로
행 13:48	**이방인**들이 듣고 기뻐하여 하나님의
행 14:2	유대인들이 **이방인**들의 마음을 선동
행 14:5	**이방인**과 유대인과 그 관리들이 두 사도
행 14:27	**이방인**들에게 믿음의 문을 여신 것을
행 15:3	사마리아로 다니며 **이방인**들이 주께
행 15:5	일어나 말하되 **이방인**에게 할례를
행 15:7	하나님이 **이방인**들로 내 입에서 복음의
행 15:12	자기들로 말미암아 **이방인** 중에서
행 15:14	하나님이 처음으로 **이방인** 중에서 자기
행 15:17	이름으로 일컬음을 받는 모든 **이방인**들
행 15:19	내 의견에는 **이방인** 중에서 하나님께로
행 15:23	수리아와 길리기아에 있는 **이방인** 형제
행 18:6	깨끗하니라 이 후에는 **이방인**에게로
행 21:25	주를 믿는 **이방인**에게는 우리가 우상의
행 22:21	내가 너를 멀리 **이방인**에게로 보내리라
행 26:17	이스라엘과 **이방인**들에게서 내가 너를
행 26:20	유대 온 땅과 **이방인**에게까지 회개하고
행 26:23	살아나사 이스라엘과 **이방인**들에게
행 28:28	하나님의 이 구원이 **이방인**에게로

서신서, 예언서

롬 1:5	그의 이름을 위하여 모든 **이방인** 중에서
롬 1:13	너희 중에서도 다른 **이방인** 중에서와
롬 2:14	율법 없는 **이방인**이 본성으로 율법의
롬 2:24	하나님의 이름이 너희 때문에 **이방인**
롬 9:24	유대인 중에서뿐 아니라 **이방인** 중에서
롬 9:30	의를 따르지 아니한 **이방인**들이 의를
롬 11:11	구원이 **이방인**에게 이르러 이스라엘로
롬 11:12	그들의 실패가 **이방인**의 풍성함이
롬 11:13	내가 **이방인**인 너희에게 말하노라
롬 11:25	신비는 **이방인**의 충만한 수가 들어오기
롬 15:9	**이방인**들도 그 긍휼하심으로 말미암아
롬 15:16	은혜는 곧 나로 **이방인**을 위하여 그리
	스도 예수의 일꾼이 되어 … **이방인**을
롬 15:18	그리스도께서 **이방인**들을 순종하게
롬 15:27	빚진 자니 만일 **이방인**들이 그들의
롬 16:4	나뿐 아니라 **이방인**의 모든 교회도
고전 1:23	거리끼는 것이요 **이방인**에게는 미련한
고전 5:1	음행은 **이방인** 중에서도 없는 것이라
고전 10:20	무릇 **이방인**이 제사하는 것은 귀신에게
고전 12:2	너희도 알거니와 너희가 **이방인**으로
고후 11:26	동족의 위험과 **이방인**의 위험과 시내의

[이백]   [이번]

갈 2:9	**이방인**에게로, 그들은 할례자에게로
갈 2:12	게바가 **이방인**과 함께 먹다가 그들이
갈 2:14	유대인으로서 **이방인**을 따르고 유대인답게 … 어찌하여 억지로 **이방인**을
갈 3:8	**이방인**이 너로 말미암아 복을 받으리라
갈 3:14	아브라함의 복이 **이방인**에게 미치게
엡 2:11	너희는 그 때에 육체로는 **이방인**이요
엡 3:1	그리스도 예수의 일로 너희 **이방인**을
엡 3:6	이는 **이방인**들이 복음으로 말미암아
엡 3:8	그리스도의 풍성함을 **이방인**에게
엡 4:17	이제부터 너희는 **이방인**이 그 마음의
골 1:27	비밀의 영광이 **이방인** 가운데 얼마나
살전 2:16	우리가 **이방인**에게 말하여 구원받게
살전 4:5	하나님을 모르는 **이방인**과 같이 색욕을
딤전 2:7	믿음과 진리 안에서 내가 **이방인**의 스승
딤후 4:17	말씀이 온전히 전파되어 모든 **이방인**이
벧전 2:12	너희가 **이방인** 중에서 행실을 선하게
벧전 4:3	무법한 우상 숭배를 하여 **이방인**의 뜻을
요삼 1:7	**이방인**에게 아무 것도 받지 아니함이라
계 11:2	그냥 두라 이것은 **이방인**에게 주었은즉

```
┌─ '이방인' 과 관련된 성구 ─────────┐
│                                        │
│   이방인의 규례 – 겔 5:7; 11:12        │
│   이방인의 눈 – 겔 20:9                │
│   이방인의 사도 – 롬 11:13; 갈 2:8     │
│   이방인의 손 – 느 5:8; 시 144:7, 11;  │
│        겔 28:10; 행 21:11              │
│   이방인의 집권자들 – 마 20:25; 막 10:42│
│   이방인의 하나님 – 롬 3:29            │
│                                        │
└────────────────────────────────────────┘
```

이백 (二百, two hundred)

창 32:14	암염소가 **이백**이요 숫염소가 이십이요 암양이 **이백**이요 숫양이 이십이요
삿 17:4	은 **이백**을 가져다 은장색에게 주어 한
삼상 25:18	떡 **이백** 덩이와 포도주 두 가죽 부대와 … 무화과 뭉치 **이백** 개를 가져다가
삼하 16:1	나귀에 떡 **이백** 개와 건포도 백 송이와
왕상 7:20	각기 석류 **이백** 개가 줄을 지었더라
왕상 10:16	금으로 큰 방패 **이백** 개를 만들었으니
대하 9:15	금으로 큰 방패 **이백** 개를 만들었으니
스 2:66	칠백삼십육이요 노새는 **이백**사십오요
아 8:12	열매를 지키는 자도 **이백**을 얻으려니와

```
┌─ '이백' 과 관련된 성구 ──────────┐
│                                        │
│   이백구 년 – 창 11:19                 │
│   이백 년 – 창 11:23                   │
│   이백 데나리온의 떡 – 막 6:37; 요 6:7 │
│   이백 마리 – 대하 29:32; 스 6:17;     │
│        겔 45:15                        │
│   이백 명 – 삼상 18:27; 25:13; 30:10,  │
│        21; 삼하 15:11; 대상 12:32;     │
│        15:8; 스 2:65; 8:4; 행 23:23    │
│   이백사십오 마리 – 느 7:68            │
│   이백사십오 명 – 느 7:67              │
│   이백사십이 명 – 느 11:13             │
│   이백삼십이 명 – 왕상 20:15           │
│   이백 세겔 – 수 7:21; 삼하 14:26      │
│   이백십팔 명 – 스 8:9                 │
│   이백열두 명 – 대상 9:22              │
│   이백오 세 – 창 11:32                 │
│   이백오십 개 – 민 16:17               │
│   이백오십 명 – 민 16:2, 35; 대하 8:10 │
│   이백오십 세겔 – 출 30:23             │
│   이백오십 척 – 겔 48:17               │
│   이백이십 명 – 대상 15:6; 스 8:20     │
│   이백이십삼 명 – 스 2:19, 28          │
│   이백칠 년 – 창 11:21                 │
│   이백칠십삼 명 – 민 3:46              │
│   이백칠십육 명 – 행 27:37             │
│   이백팔십사 명 – 느 11:18             │
│   이백팔십팔 명 – 대상 25:7            │
│                                        │
└────────────────────────────────────────┘
```

이번 (this time, once more)

창 18:32	**이번**만 더 아뢰리이다 거기서 십 명을
출 9:14	**이번**에는 모든 재앙을 너와 네 신하와
출 9:27	그들에게 이르되 **이번**은 내가 범죄하였
출 10:17	바라건대 **이번**만 나의 죄를 용서하고
삿 4:9	네가 **이번**에 가는 길에서는 영광을 얻지
삿 6:39	주여 내게 노하지 마옵소서 내가 **이번**만 말하리이다 구하옵나니 내게 **이번**만
삿 15:3	그들에게 이르되 **이번**은 내가 블레셋
삿 16:28	하나님이여 구하옵나니 **이번**만 나를
삼하 17:7	압살롬에게 이르되 **이번**에는 아히도벨
렘 10:18	땅에 사는 자를 **이번**에는 내던질 것이라
렘 16:21	보라 **이번**에 그들에게 내 손과 내 능력
단 11:29	남방에 이를 것이나 **이번**이 그 전번만
행 27:10	내가 보니 **이번** 항해가 하물과 배만

【 이복 누이 】   　　　　　　　　　　　　　　　　【 이삭 1 】

이복 누이(異腹, sister, daughter of my father though not of my mother)
창 20:12   나의 **이복 누이**로서 내 아내가 되었음

이불 (cover, linen, blanket)
삿 4:18   그 장막에 들어가니 야엘이 **이불**로
룻 3:4   그의 발치 **이불**을 들고 거기 누우라
룻 3:7   룻이 가만히 가서 그의 발치 **이불**을
왕상 1:1 나이가 많아 늙으니 **이불**을 덮어도
왕하 8:15 이튿날에 하사엘이 **이불**을 물에 적시어
잠 7:16   침상에는 요와 애굽의 무늬 있는 **이불**을
잠 31:22 아름다운 **이불**을 지으며 세마포와 자색
사 28:20 능히 몸을 펴지 못하며 **이불**이 좁아서

이브느야(Ibneiah) 예루살렘에 거주한 베냐민 자손
대상 9:8 여로함의 아들 **이브느야**와 미그리의

이브니야(Ibnijah) 예루살렘에 거주한 베냐민 자손
대상 9:8 웃시의 아들 엘라요 **이브니야**의 증손

이브드야(Iphdeiah) 베냐민 지파의 족장
대상 8:25 **이브드야**와 브누엘은 다 사삭의 아들들

이브리(Ibri) 므라리 자손으로 야아시야의 아들
대상 24:27 난 자는 브노와 소함과 삭굴과 **이브리**요

이블르암(Ibleam) 므낫세 지파에게 분배된 지역
수 17:11 그 마을들과 **이블르암**과 그 마을들과
삿 1:27   마을들의 주민과 **이블르암**과 그에 딸린
왕하 9:27 **이블르암** 가까운 구르 비탈에서 치니

이빨(tooth)
욥 1:6   **이빨**은 사자의 **이빨** 같고 그 어금니는
계 9:8   있고 그 **이빨**은 사자의 **이빨** 같으며

이사야(Isaiah) 선지자로 아모스의 아들
왕하 19:3 그들이 **이사야**에게 이르되 히스기야
롬 15:12 **이사야**가 이르되 이새의 뿌리 곧 열방을

'이사야' 와 관련된 성구

선지자 이사야의 글 – 막 1:2; 눅 4:17; 행 8:28, 30
선지자 이사야의 책 – 눅 3:4
아모스의 아들 선지자 이사야 – 왕하 19:2; 20:1; 대하 26:22; 32:20; 사 37:2; 38:1
아모스의 아들 이사야 – 왕하 19:20; 사 1:1; 2:1; 13:1; 20:2; 37:21
이사야의 묵시 책 – 대하 32:32

이사야 – 기타 본문

왕하 19:5, 6; 20:4, 7, 8, 9, 11, 14, 15, 16, 19; 사 7:3, 13; 20:3; 37:3, 5, 6; 38:4, 21; 39:3, 4, 5, 8; 마 3:3; 4:14; 8:17; 12:17; 13:14; 15:7; 막 7:6; 요 1:23; 12:38, 39, 41; 롬 9:27, 29; 10:16, 20

이삭 1(Isaac) 아브라함의 아들
창 17:19 이름을 **이삭**이라 하라 내가 그와 내
창 22:2   사랑하는 독자 **이삭**을 데리고 모리아

'이삭 1'과 관련된 성구

아브라함과 이삭 – 창 35:12, 27; 48:16
아브라함과 이삭과 야곱 – 창 50:24; 출 2:24; 3:16; 6:3, 8; 33:1; 민 32:11; 신 1:8; 6:10; 9:5, 27; 29:13; 30:20; 34:4; 왕하 13:23; 렘 33:26; 마 8:11; 눅 13:28; 행 3:13; 7:32
아브라함과 이삭과 이스라엘 – 출 32:13; 왕상 18:36; 대상 29:18; 대하 30:6
이삭의 종들 – 창 26:19, 25, 32
이삭의 집 – 암 7:16
이삭의 하나님 – 창 28:13; 32:9; 46:1; 출 3:6, 15; 4:5; 마 22:32; 막 12:26; 눅 20:37

이삭 1 – 기타 본문

구약 창 17:21; 21:3, 4, 5, 8, 9, 10, 12; 22:3, 6, 7, 9; 24:4, 14, 62, 63, 64, 66, 67; 25:5, 6, 9, 11, 19, 20, 21, 26, 28; 26:1, 2, 6, 8, 9, 12, 16, 17, 18, 20,

【 이삭 2 】　　　　　　　　　　　　　　　　　　　　　　　　　　　　　　　　　　　【 이상 2 】

22, 23, 26, 27, 30, 31, 35; 27:1, 2, 5, 20, 21, 22, 24, 25, 26, 30, 32, 33, 35, 37, 39, 46; 28:1, 5, 6, 8; 31:18, 42, 53; 48:15; 49:31; 레 26:42; 수 24:3, 4; 대상 1:28, 34; 16:16; 대하 30:6; 시 105:9; 암 7:9
신약 마 1:2; 눅 3:34; 행 7:8; 롬 9:7, 10; 갈 4:28; 히 11:9, 17, 18, 19, 20; 약 2:21

이삭 2(grain)

창 41:7 　이삭이 무성하고 충실한 일곱 이삭을
창 41:24　가는 이삭이 좋은 일곱 이삭을 삼키더라
창 41:26　일곱 좋은 이삭도 일곱 해니 그 꿈은
창 41:27　속이 빈 일곱 이삭도 일곱 해 흉년이니
출 9:31　 이삭이 나왔고 삼은 꽃이 피었으므로
신 23:25　네가 손으로 그 이삭을 따도 되느니라
욥 24:10　다니며 곡식 이삭을 나르고 굶주리고
욥 24:24　잘려 모아진 곡식 이삭처럼 되리라
사 17:5　 그의 손으로 이삭을 벤 것 같고 르바임
호 8:7　　줄기가 없으며 이삭은 열매를 맺지 못할
막 4:28　 다음에는 이삭이요 그 다음에는 이삭에

'이삭 2'와 관련된 성구

마른 일곱 이삭 – 창 41:6, 23
생 이삭 – 레 23:14
이삭을 자르다 – 마 12:1; 막 2:23; 눅 6:1
이삭(을) 줍다 – 레 19:9; 삿 20:45; 룻 2:2, 3, 7, 8, 15, 23; 사 17:5
첫 이삭 – 레 2:14; 23:10, 20
충실한 일곱 이삭 – 창 41:5, 7, 22

이삼천(二三千, two or three thousand)

수 7:3　 다 올라가게 하지 말고 이삼천 명만

이상 1(異象, vision)

창 46:2　 밤에 하나님이 이상 중에 이스라엘에게
삼상 3:1　여호와의 말씀이 희귀하여 이상이 흔히
삼상 3:15 이상을 엘리에게 알게 하기를 두려워하
겔 22:28　스스로 허탄한 이상을 보며 거짓 복술을
겔 40:2　 하나님의 이상 중에 나를 데리고
호 12:10 여러 선지자에게 말하였고 이상을 많이
욜 2:28　 꾸며 너희 젊은이는 이상을 볼 것이며
암 1:1　 아모스가 이스라엘에 대하여 이상을
미 3:6　 너희가 밤을 만나리니 이상을 보지 못할

이상 2(以上, all, or more)

출 30:14　스무 살 이상 된 자가 여호와께 드리되
출 38:26　계수된 자가 이십 세 이상으로 육십만
레 27:7　 예순 살 이상은 남자면 그 값을 십오
민 2:32　 이상은 이스라엘 자손이 그들의 조상의
민 3:15　 종족을 따라 계수하되 일 개월 이상된
민 3:22　 계수된 자 곧 일 개월 이상 된 남자의
민 3:28　 계수된 자로서 출생 후 일 개월 이상
민 3:34　 계수된 자 곧 일 개월 이상 된 남자는
민 3:39　 각 종족대로 계수한즉 일 개월 이상 된
민 3:40　 처음 태어난 남자를 일 개월 이상으로
민 3:43　 일 개월 이상으로 계수된 처음 태어난
민 4:3　　삼십 세 이상으로 오십 세까지 회막의
민 4:23　 삼십 세 이상으로 오십 세까지 회막에서
민 8:24　 이십오 세 이상으로는 회막에 들어가서
민 14:29　너희 중에서 이십 세 이상으로서 계수된
민 26:2　 이스라엘 중에 이십 세 이상으로 능히
민 26:4　 이십 세 이상 된 자를 계수하라 하니라
민 26:37　이상은 그 종족을 따른 요셉 자손이었더
민 26:62　일 개월 이상으로 계수된 레위인의 모든
민 32:11　애굽에서 나온 자들이 이십 세 이상으로
수 13:23　이상은 르우벤 자손의 기업으로 그 가족
삼하 23:39 우리아라 이상 총수가 삼십칠 명이었더
왕하 3:21 갑옷 입을 만한 자로부터 그 이상이 다
대상 1:23 낳았으니 욕단의 자손은 이상과 같으니
대상 5:17 이상은 유다 왕 요담 때와 이스라엘 왕
대상 23:3 레위 사람은 삼십 세 이상으로 계수하니
대상 23:24 섬기는 일을 하는 이십세 이상 된 우두
대상 23:27 레위 자손이 이십 세 이상으로 계수되었
대상 26:12 이상은 다 문지기의 반장으로서 그 형제
대하 25:5 이십 세 이상으로 계수하여 창과 방패를
대하 31:16 삼 세 이상으로 족보에 기록된 남자
대하 31:17 이십세 이상에서 그 반열대로 직무를
스 3:8　 공사를 시작하고 이십 세 이상의 레위
스 10:44 이상은 모두 이방 여인을 아내로 맞이한
느 12:7　 이상은 예수아 때에 제사장들과 그들의
느 12:26 이상의 모든 사람들은 요사닥의 손자
막 14:5　 이 향유를 삼백 데나리온 이상에 팔아

'이십 세 이상으로 싸움에 나갈 만한 자'

민 1:3, 20, 22, 24, 26, 28, 30, 32, 34, 36, 38, 40, 42, 45

【 이상 3/-하다/-히 】 　　　　　　　　　　　【 이스가 】

롬 12:3　마땅히 생각할 그 **이상**의 생각을 품지
고후 10:13　그러나 우리는 분수 **이상**의 자랑을 하지
고후 10:15　남의 수고를 가지고 분수 **이상**의 자랑을
몬 1:16　종과 같이 대하지 아니하고 종 **이상**으로

이상 3/-하다/-히 (異常, amaze, strange)

창 43:33　앉히게 되니 그들이 서로 **이상**히 여겼더
시 71:7　무리에게 **이상**한 징조같이 되었사오나
전 5:8　그것을 **이상**히 여기지 말라 높은 자는
사 33:19　**이상하여** 네가 깨닫지 못하는 자니라
사 59:16　중재자가 없음을 **이상**히 여기셨으므로
사 63:5　주는 자도 없으므로 **이상**하게 여겨
호 8:12　기록하였으나 그들은 **이상**한 것으로
마 21:15　예수께서 하시는 **이상**한 일과 또 성전
마 21:20　제자들이 보고 **이상**히 여겨 이르되
막 6:6　그들이 믿지 않음을 **이상**히 여기셨더라
막 15:44　예수께서 벌써 죽었을까 하고 **이상**히
눅 1:21　성전 안에서 지체함을 **이상**히 여기더라
눅 11:38　바리새인이 보고 **이상**히 여기는지라
요 4:27　말씀하시는 것을 **이상**히 여겼으나
요 7:21　다 이로 말미암아 **이상**히 여기는도다
요 9:30　대답하여 이르되 **이상**하다 이 사람이
행 4:13　학문 없는 범인으로 알았다가 **이상**히
행 17:20　어떤 **이상**한 것을 우리 귀에 들려주니
행 28:6　기다려도 그에게 아무 **이상**이 없음을
고후 11:14　이것은 **이상**한 일이 아니니라 사탄이
갈 1:6　따르는 것을 내가 **이상**하게 여기노라
벧전 4:4　아니하는 것을 그들이 **이상**히 여겨 비방
벧전 4:12　**이상**한 일 당하는 것같이 **이상**히 여기
요일 3:13　너희를 미워하여도 **이상**히 여기지 말라
계 15:1　하늘에 크고 **이상**한 다른 이적을 보매

이새 (Jesse) 다윗 왕의 아버지

룻 4:17　다윗의 아버지인 **이새**의 아버지였더라

'이새'와 관련된 성구

- 베들레헴 사람 **이새** – 삼상 16:1, 18:17:58
- **이새**의 뿌리 – 사 11:10; 롬 15:12
- **이새**의 아들 다윗 – 삼하 23:1; 대상 10:14; 29:26; 시 72:20; 행 13:22
- **이새**의 줄기 – 사 11:1

이새 - 기타 본문

룻 4:22; 삼상 16:3, 5, 9, 10, 11, 19, 20, 22; 17:12, 17, 20; 20:27, 30, 31; 22:7, 8, 9, 13; 25:10; 삼하 20:1; 왕상 12:16; 대상 2:12, 13; 12:18; 대하 10:16; 11:18; 마 1:5, 6; 눅 3:32

이생 (life)

눅 8:14　지내는 중 **이생**의 염려와 재물과 향락에
요일 2:16　육신의 정욕과 안목의 정욕과 **이생**의

이성 없는 짐승 (brute beast, unreasoning animal)

벧후 2:12　잡혀 죽기 위하여 난 **이성 없는 짐승**
유 1:10　그들은 **이성 없는 짐승**같이 본능으로

이세벨 (Jezebel) 북이스라엘의 왕 아합의 왕비

왕상 16:31　엣바알의 딸 **이세벨**을 아내로 삼고 가서
왕상 18:4　**이세벨**이 여호와의 선지자들을 멸할
왕상 18:13　**이세벨**이 여호와의 선지자들을 죽일
왕상 18:19　온 이스라엘과 **이세벨**의 상에서 먹는
왕상 19:1　선지자를 칼로 죽였는지를 **이세벨**에게
왕상 19:2　**이세벨**이 사신을 엘리야에게 보내어
왕상 21:5　**이세벨**이 그에게 나아와 이르되 왕의
왕상 21:7　아내 **이세벨**이 그에게 이르되 왕이
왕상 21:11　장로와 귀족들이 **이세벨**의 지시 곧
왕상 21:14　**이세벨**에게 통보하기를 나봇이 돌에
왕상 21:15　**이세벨**이 나봇이 돌에 맞아 죽었다 함을 듣고 **이세벨**이 아합에게 이르되
왕상 21:23　**이세벨**에게 … 성읍 곁에서 **이세벨**을
왕상 21:25　그의 아내 **이세벨**이 충동하였음이라
왕하 9:7　여호와의 종들의 피를 **이세벨**에게 갚으
왕하 9:10　개들이 **이세벨**을 먹으리니 그를 장사
왕하 9:22　**이세벨**의 음행과 술수가 이렇게 많으니
왕하 9:30　예후가 이스르엘에 오니 **이세벨**이 듣고
왕하 9:36　토지에서 개들이 **이세벨**의 살을 먹을
왕하 9:37　이것이 **이세벨**이라고 가리켜 말하지
계 2:20　자칭 선지자라 하는 여자 **이세벨**을 네가

이소할 (Zohar) 유다 지파 사람 아스훌의 아들

대상 4:7　헬라의 아들들은 세렛과 **이소할**과

이스가 (Iscah) 아브라함의 형제 하란의 딸

창 11:29　아버지이며 또 **이스가**의 아버지더라

【 이스라 사람 】　　　　　　　　　　　　　　　　　　　　　【 이스라엘 】

이스라 사람(Izrah) 다윗의 용사 삼훗의 출신지
대상 27:8 다섯째 지휘관은 **이스라 사람** 삼훗이니

이스라엘(Israel) 야곱의 개명된 이름
창 32:28 야곱이라 부를 것이 아니요 **이스라엘**
출 1:7   **이스라엘** 자손은 생육하고 불어나 번성
레 1:2   **이스라엘** 자손에게 말하여 이르라 너희
민 1:1   **이스라엘** 자손이 애굽 땅에서 나온 후
신 1:1   디사합 사이에서 **이스라엘** 무리에게
수 1:2   요단을 건너 내가 그들 곧 **이스라엘**
시 14:7 **이스라엘**의 구원이 시온에서 나오기를
         원하도다 … **이스라엘**이 기뻐하리로다
사 1:3   주인의 구유를 알건마는 **이스라엘**은
호 1:4   예후의 집에 갚으며 **이스라엘** 족속의
마 2:20 아기와 그의 어머니를 데리고 **이스라엘**
행 2:22 **이스라엘** 사람들아 이 말을 들으라 너희
롬 9:4   그들은 **이스라엘** 사람이라 그들에게는
계 2:14 발람이 발락을 가르쳐 **이스라엘** 자손

📖 **이스라엘 – 기타 본문**

모세오경 창 32:32; 33:20; 34:7; 35:10, 21, 22; 36:31; 37:3, 13, 14; 42:5; 43:6, 8, 11; 45:21, 28; 46:1, 2, 5, 8, 29, 30; 47:27, 29, 31; 48:2, 8, 10, 13, 14, 20, 21; 49:2, 7, 16, 24, 28; 50:2, 25; 출 1:7, 9, 12, 13; 2:23, 25; 3:9, 10, 11, 13, 14, 15, 16; 4:22, 29, 31; 5:2, 14, 15, 19; 6:5, 6, 9, 11, 12, 13, 14, 26, 27; 7:2, 4, 5; 9:4, 5, 6, 26, 35; 10:20, 23; 11:7, 10; 12:3, 19, 21, 28, 36, 37, 40, 42, 47, 50, 51; 13:2, 18, 19; 14:2, 3, 5, 8, 10, 15, 16, 19, 20, 22, 25, 29, 30, 31; 15:1, 19, 22; 16:2, 3, 6, 12, 15, 17, 35; 17:5, 6, 7, 8, 11; 18:1, 8, 9, 11, 12, 25; 19:1, 2, 3, 6; 20:22; 24:1, 4, 5, 9, 11, 17; 25:2, 22; 27:20, 21; 28:1, 21, 30, 38; 29:28, 43, 45; 30:12, 16, 31; 31:13, 16, 1; 32:4, 8, 13, 20; 33:5, 6; 34:27, 30, 32, 34, 35; 35:29, 30; 36:3; 39:6, 7, 14, 32, 42; 40:36, 38; 레 4:2, 13; 7:23, 29, 34, 36, 38; 9:1, 3; 10:6, 11, 14; 11:2; 12:2; 15:2, 31; 16:16, 17, 19, 21, 34; 17:2, 3, 5, 8, 10, 12, 13, 14; 18:2; 20:2; 21:24; 22:2, 3, 15, 18, 32, 23:2, 10, 24, 34, 42, 43, 44; 24:2, 8, 10, 11, 15, 23; 25:2, 33, 46, 55; 26:46; 27:2, 34; 민 1:1, 3, 16, 20, 44, 45, 49, 52, 54; 2:2, 32, 33, 34; 3:8, 9, 12, 13, 38, 40, 41, 42, 45, 46, 50; 4:46; 5:2, 4, 6, 9, 12; 6:2,
23, 27; 7:2, 84; 8:6, 10, 11, 14, 16, 17, 18, 19; 9:2, 4, 5, 7, 10, 17, 18, 19, 22; 10:4, 12, 28, 29, 36; 11:4, 16, 30; 13:2, 3, 24, 32; 14:2, 10, 27, 39; 15:2, 18, 29, 32, 38; 16:2, 25, 34, 38, 40; 17:2, 5, 6, 9, 12; 18:5, 6, 8, 11, 14, 19, 20, 21, 22, 23, 24, 26, 28, 32; 19:2, 9, 10, 13; 20:1, 13, 14, 19, 21, 22, 24, 29; 21:1, 2, 3, 6, 10, 17, 21, 23, 24, 25, 31; 22:1, 2, 3, 41; 23:7, 10, 21, 23; 24:1, 2, 5, 17, 18; 25:1, 2, 3, 4, 5, 8, 11, 13, 14; 26:4, 5, 51, 62, 63, 64; 27:8, 11, 12, 21; 28:2; 29:40; 30:1; 31:2, 4, 5, 9, 16, 30, 42, 47, 54; 32:4, 7, 9, 13, 14, 17, 18, 22, 28; 33:1, 3, 5, 38, 40, 51; 34:2, 13, 29; 35:2, 8, 10, 15, 34; 36:1, 2, 3, 4, 5, 7, 8, 9, 13; 신 1:1, 3, 38; 2:12; 3:18; 4:1, 44, 45, 46; 5:1; 6:3, 4; 9:1; 10:6, 12; 11:6; 13:11; 17:4, 12, 20; 18:1, 6; 19:13; 20:3; 21:8, 21; 22:19, 21, 22; 23:17; 24:7; 25:6, 7, 10; 26:15; 27:1, 9, 14; 29:1, 2, 10, 21; 31:1, 7, 9, 11, 19, 22, 23, 30; 32:8, 45, 49, 51, 52; 33:1, 5, 10, 21, 28, 29; 34:8, 9, 10, 12 **역사서** 수 1:2; 2:2; 3:1, 7, 9, 17; 4:4, 5, 7, 12, 14, 21, 22; 5:1, 2, 3, 6, 10, 12; 6:1, 18, 23, 25; 7:1, 6, 8, 11, 12, 15, 16, 23, 24, 25; 8:10, 14, 15, 17, 20, 21, 22, 24, 27, 31, 32, 33, 35; 9:2, 6, 7, 17, 26; 10:1, 4, 10, 11, 12, 14, 15, 20, 21, 24, 29, 30, 31, 32, 34, 36, 38, 43; 11:5, 6, 8, 13, 14, 16, 19, 20, 21, 22; 12:1, 6, 7; 13:6, 13, 22; 14:1, 5, 10; 17:13; 18:2, 3, 10; 19:49, 51; 20:2, 9; 21:1, 3, 8, 41, 43, 45; 22:9, 11, 13, 16, 18, 20, 21, 22, 24, 30, 31, 32, 33; 23:1, 2; 24:1, 9, 31, 32; 삿 1:1, 28; 2:4, 6, 7, 10, 11, 14, 20, 22; 3:1, 2, 4, 5, 7, 8, 9, 12, 13, 14, 15, 27, 30, 31; 4:1, 3, 5, 23, 24; 5:2, 7, 8, 9, 11; 6:1, 2, 3, 4, 6, 7, 8, 14, 15, 3, 37; 7:2, 8, 14, 15, 23; 8:22, 27, 28, 33, 34, 35; 9:22, 55; 10:1, 6, 7, 8, 9, 10, 11, 15, 16, 17; 11:4, 9, 17, 19, 20, 25, 26, 27, 33, 39, 40; 13:1, 5; 14:4; 17:6; 18:19, 29; 19:1, 12, 29, 30; 20:1, 2, 3, 6, 7, 10, 11, 13, 14, 17, 18, 19, 20, 21, 22, 23, 24, 25, 26, 27, 28, 29, 30, 31, 32, 33, 34, 35, 36, 38, 39, 41, 42, 45, 48; 21:1, 5, 6, 14, 17, 18, 24, 25; 룻 4:7, 11, 14; 삼상 2:14, 22, 28, 29, 32; 3:11, 20; 4:1, 2, 3, 5, 10, 17, 21, 22; 6:5; 7:2, 3, 4, 5, 6, 7, 8, 9, 10, 11, 13, 14, 15, 16, 17; 8:1, 4, 22; 9:2, 9, 20; 10:20; 11:2, 3, 7, 8, 13, 15; 12:1; 13:1, 2, 4, 5, 6, 13, 19,

【 이스라엘 】　　　【 이스라엘 】

'이스라엘'과 관련된 성구

이스라엘 나라 – 삼상 15:28; 24:20; 왕상 21:7; 대하 13:5; 25:6; 행 1:6; 엡 2:12

이스라엘 신의 궤 – 삼상 5:7, 8, 10, 11; 6:3

이스라엘 아들들의 이름 – 출 1:1; 28:9, 11, 12, 29

이스라엘 왕 – 삼상 14:47; 15:17, 26, 35; 16:1; 23:17; 24:14; 26:20; 29:3; 삼하 2:10; 5:3, 12, 17; 6:20; 12:7; 왕상 1:34; 2:4, 11; 6:1; 10:9; 14:19; 15:25, 31; 16:5, 14, 20, 27; 20:7, 11, 21, 22, 28, 40, 41, 43; 22:4, 31, 34, 39; 왕하 1:18; 3:4, 5, 9, 10, 11, 12, 13; 5:5, 6, 7, 8; 6:9, 10, 11, 21, 26; 7:6; 8:18, 26; 9:3, 12, 21; 10:30, 34; 13:1, 8, 10, 12, 13, 16, 18; 14:13, 15, 16, 28, 29; 15:1, 11, 12, 15, 17, 21, 23, 26, 27, 29, 31; 16:7; 17:1; 18:10; 23:13; 대상 5:17; 9:1; 12:38; 23:1; 28:4; 대하 6:10, 16; 8:11; 16:1, 3; 18:3, 4, 5, 7, 8, 9, 17, 19, 25, 28, 29, 30, 31, 32, 33, 34; 20:35; 21:6, 13; 22:5; 25:17, 18, 21, 23, 25; 28:2, 5, 19, 27; 29:27; 30:26; 33:18; 35:3, 4; 스 3:10; 느 13:26; 잠 1:1; 전 1:12; 겔 21:25; 호 1:1; 10:15; 암 1:1; 미 1:14; 습 3:15

이스라엘의 거룩하신 이 – 시 78:41; 사 1:4; 5:24; 10:20; 12:6; 17:7; 29:19; 30:11, 12, 15; 31:1; 37:23; 45:11; 48:17; 49:7; 55:5; 렘 51:5

이스라엘의 남은 자 – 대상 12:38; 사 10:20; 렘 6:9; 31:7; 겔 9:8; 11:13; 미 2:12; 습 3:13

이스라엘의 목자 – 삼하 5:2; 대상 11:2; 시 80:1; 마 2:6

이스라엘의 사사 – 삿 3:10; 4:4; 10:2, 3; 12:7, 8, 9, 11, 13, 14; 15:20; 16:31; 삼상 4:18

이스라엘의 주권자 – 삼하 5:2; 6:21; 7:8; 왕상 14:7; 대상 11:2; 17:7; 대하 6:5

이스라엘의 지도자 – 삼상 9:16; 25:30; 삼하 3:38

이스라엘의 하나님 – 출 24:10; 34:23; 민 16:9; 삿 6:8; 삼상 1:17; 2:30; 삼하 7:26, 27; 23:3; 왕상 8:26; 대상 16:36; 17:24; 대하 29:7; 스 1:3; 5:1; 6:22; 8:35; 9:4; 시 59:5; 68:8, 35; 69:6; 72:18; 106:48; 사 21:10; 29:23; 41:17; 45:3, 15; 48:1, 2; 52:12; 렘 7:3, 21; 9:15; 16:9; 19:3, 15; 25:27; 27:4, 21; 28:2, 14; 29:4, 8, 21, 25; 31:23 32:14, 15; 35:13, 17, 18, 19; 39:16; 42:15, 18; 43:10; 44:2, 7, 11, 25; 46:25; 48:1; 50:18; 51:33; 겔 10:20; 습 2:9; 마 15:31; 눅 1:68

이스라엘의 하나님 여호와 – 출 5:1; 32:27; 수 7:13, 19, 20; 8:30; 9:18, 19; 10:40, 42; 13:14, 33; 14:14; 22:24; 24:2, 23; 삿 4:6; 5:3, 5; 11:21, 23; 21:3; 룻 2:12; 삼상 10:18; 14:41; 20:12; 23:10, 11; 25:32, 34; 삼하 12:7; 왕상 1:30, 48; 8:15, 17, 20, 23, 25; 11:9, 31; 14:7, 13; 15:30; 16:13, 26, 33; 17:1, 14; 18:36; 22:53; 왕하 9:6; 10:31; 14:25; 18:5; 19:15, 20; 21:12; 22:15, 18; 대상 15:12; 16:4; 22:6; 24:19; 28:4; 29:10, 18; 대하 2:12; 6:4, 7, 10, 14, 16, 17; 11:16; 15:4, 13; 20:19; 29:10; 30:1, 5, 6; 32:17; 33:16, 18; 34:23, 26; 36:13; 스 1:3; 4:1, 3; 6:21; 7:6; 9:15; 시 41:13; 사 17:6; 21:17; 24:15; 37:21; 렘 11:3; 13:12; 21:4; 23:2; 24:5; 25:15; 30:2; 32:36; 33:4; 34:2, 13; 37:7; 38:17; 42:9; 44:7; 45:2; 말 2:16

이스라엘 자손의 온 회중 – 출 16:1, 9, 10; 17:1; 35:1, 4, 20; 레 16:5; 19:2; 민 1:2, 53; 8:9, 20; 13:26; 14:5, 7; 15:25, 26; 16:41; 20:12; 25:6; 26:2; 27:20; 31:12; 수 18:1; 22:12

이스라엘 지파 – 수 3:12; 11:23; 삿 18:1; 20:12; 21:8, 15; 삼상 9:21; 15:17; 대상 27:16, 22; 스 6:17; 겔 37:19; 47:22; 48:29, 31; 호 5:9

1939

【 이스라엘 】 　　　　　　　　　　　【 이스라엘 】

20; 14:12, 18, 21, 22, 23, 24, 37, 39, 40, 45, 48; 15:1, 2, 6, 29, 30; 17:2, 3, 8, 10, 11, 19, 21, 24, 25, 26, 45, 46, 52, 53; 18:6, 16, 18; 19:5; 24:2; 25:1; 26:2, 15; 27:1, 12; 28:1, 3, 4, 19; 29:1; 30:25; 31:1, 7; 삼하 1:3, 12, 19, 24; 2:9, 17, 28; 3:10, 12, 17, 18, 19, 21, 37; 4:1; 5:1, 5 ; 6:1, 5, 15, 19; 7:6, 7, 10, 11, 23, 24; 8:15; 10:9, 15, 17, 18, 19; 11:1, 11; 12:8, 12; 13:12, 13; 14:25; 15:2, 6, 10, 13; 16:3, 15, 18, 21, 22; 17:4, 10, 11, 13, 14, 15, 24, 25, 26; 18:6, 7, 16, 17; 19:8, 9, 11, 22, 40, 41, 42, 43; 20:1, 2, 14, 19, 23; 21:2, 4, 5, 15, 17, 21; 23:1, 9; 24:1, 2, 4, 9, 15, 25; 왕상 1:3, 20, 35; 2:5, 15, 32; 3:28; 4:1, 7, 20, 25; 5:13; 6:13; 8:1, 2, 3, 5, 9, 14, 16, 22, 30, 33, 34, 36, 38, 41, 43, 52, 55, 56, 59, 62, 63, 65, 66; 9:5, 7, 20, 21, 22; 11:2, 16, 25, 32, 37, 38, 42; 12:1, 3. 16. 17, 18, 19, 20, 21, 24, 28, 33; 14:10, 14, 15, 16, 18, 21, 24; 15:9, 16, 17, 19, 20, 26, 27, 32, 33, 34; 16:2, 8, 16, 17, 19, 21, 23, 29; 18:17, 18, 19, 20, 31; 19:10, 14, 16, 18; 20:2, 4, 13, 15, 20, 26, 27, 29, 31, 32; 21:18, 21, 22, 26; 22:1, 2, 3, 5, 6, 8, 9, 10, 17, 18, 26, 29, 30, 32, 33, 41, 44, 51, 52; 왕하 1:1, 3, 6, 16; 2:12; 3:1, 3, 6, 24, 27; 5:2, 4, 12, 15; 6:8, 12, 23; 7:13; 8:1, 16, 25; 9:8, 14; 10:21, 28, 29, 32, 36; 13:2, 3, 4, 5, 6, 11, 14, 22, 23, 25; 14:1, 8, 9, 11, 12, 17, 23, 24, 26, 27; 15:8, 9, 18, 20, 24, 28, 32; 16:3, 5; 17:2, 6, 7, 8, 9, 13, 18, 19, 20, 21, 22, 23, 24, 34; 18:1, 4, 9, 11; 19:22; 21:2, 3, 7, 8, 9; 23:15, 19, 22, 27; 24:13; 대상 1:34, 43; 2:1, 7; 4:10; 5:1, 3, 26; 6:38, 49, 64; 7:29; 9:2; 10:1, 7; 11:1, 3, 4, 10; 12:32, 40; 13:2, 5, 6, 8; 14:2, 8; 15:3, 14, 25, 28; 16:3, 12-13, 17, 40; 17:5, 6, 9, 10, 21, 22; 18:14; 19:10, 16, 17, 18, 19; 20:7; 21:1, 2, 3, 4, 5, 7; 21:12, 14; 22:1, 2, 9, 10, 12, 13, 17; 23:2, 25; 26:29, 30; 27:1, 23, 24; 28:1, 5, 8; 29:6, 21, 23, 25, 26, 27, 30; 대하 1:2, 13; 2:4, 17; 5:2, 3, 4, 6, 10; 6:3, 6, 11, 12, 13, 21, 24, 25, 27, 29, 32, 33; 7:3, 6, 8, 10, 18; 8:2, 7, 8, 9; 9:8, 30; 10:1, 3, 16, 17, 18, 19; 11:1, 3, 13; 12:1, 6, 13; 13:4, 12, 13, 15, 16, 17, 18; 15:3, 9, 17; 16:4, 11; 17:1, 4; 18:16; 19:8; 20:7, 10, 29, 34, 35; 21:4; 23:2; 24:5, 6, 9, 16; 25:7, 9, 22, 26; 27:7; 28:3, 8, 13, 23, 26; 29:24; 30:21, 25; 31:1,

5, 6, 8; 32:32; 33:2, 7, 8, 9; 34:7, 9, 21, 33; 35:17, 18, 25, 27; 36:8; 스 2:2, 59, 70; 3:1, 2, 11; 5:11; 6:14, 16; 7:7, 10, 11, 13, 15, 28; 8:18, 25, 29; 9:1; 10:1, 2, 5, 10, 25; 느 1:6; 2:10; 7:7, 61, 73; 8:1, 14, 17; 9:1; 10:33, 39; 11:20; 12:47; 13:2, 3, 18 시가서 시 22:3, 23; 25:22; 50:7; 53:6; 68:8, 34; 71:22; 73:1; 76:1; 78:5, 21, 31, 55, 59, 71; 81:4, 8, 11; 83:4; 89:18; 98:3; 103:7; 105:10, 23; 114:1, 2; 115:9, 12; 118:2; 121:4; 122:4; 124:1; 125:5; 128:6; 129:1; 130:7, 8; 131:3; 135:4, 12, 19; 136:11, 14, 22; 147:2, 19; 148:14; 149:2; 잠 1:12; 아 3:7 대선지서 사 1:24; 4:2; 5:7, 19; 7:1; 8:14, 18; 9:8, 12, 14; 10:17, 22; 11:12, 16; 14:1, 2, 25; 17:3, 9; 19:24, 25; 27:6, 12; 30:29; 31:6; 37:16, 23; 40:27; 41:8, 14, 16, 20; 42:24, 25; 43:1, 3, 14, 15, 22, 28; 44:1, 5, 6, 21; 45:4, 17, 25; 46:3, 13; 47:4; 48:12; 49:3, 5, 6; 54:5; 56:8, 10; 60:9, 14; 63:7, 16; 66:20; 렘 2:3, 4, 14, 26, 31; 3:6, 8, 11, 12, 18, 20, 21, 23; 4:1; 5:11, 15; 7:12; 9:26; 10:1, 16; 11:10, 17; 12:14; 13:11; 14:8; 16:14, 15; 17:13; 18:6, 13; 23:6, 7, 8, 13; 29:23; 30:3, 4, 10; 31:1, 2, 4, 9, 10, 21, 27, 31, 33, 36, 37; 32:20, 21, 30, 32; 33:7, 14, 17; 36:2; 41:9; 46:27; 48:13, 27; 49:1, 2; 50:4, 17, 19, 20, 29, 33; 51:19, 49; 애 2:1, 3, 5; 겔 2:3; 3:1, 4, 5, 7, 17; 4:3, 4, 5, 13; 5:4; 6:2, 3, 5, 11; 7:2; 8:4, 6, 10, 11, 12; 9:3, 9; 10:19; 11:5, 10, 15, 17, 22; 12:6, 9, 10, 19, 22, 23, 24, 27; 13:2, 4, 5, 9, 16; 14:1, 4, 5, 6, 7, 9, 11; 17:2, 23; 18:2, 3, 6, 15, 25, 29, 30, 31; 19:1, 9; 20:1, 3, 5, 13, 27, 30, 31, 38, 39, 40, 42, 44; 21:2, 3, 12; 22:6, 18; 24:21; 25:3, 6, 14, 17; 28:24, 25; 29:6, 16, 21; 33:7, 10, 11, 21, 24, 28; 34:2, 13, 14, 30; 35:5, 12, 15; 36:1, 4, 6, 8, 10, 12, 17, 21, 22, 32, 37; 37:11, 12, 16, 21, 22, 28; 38:8, 14, 16, 17, 18, 19; 39:2, 4, 7, 9, 11, 12, 17, 22, 23, 25, 29; 40:1, 2, 4; 43:2, 7, 10; 44:2, 6, 9, 10, 12, 15, 22, 28, 29; 45:6, 8, 9, 15, 16, 17; 47:13, 18, 21; 48:11, 19, 31; 단 1:3; 9:7, 11, 20 소선지서 호 1:4, 5, 6, 10, 11; 3:1, 4, 5; 4:1, 15, 16; 5:1, 3, 5; 6:10; 7:1, 10; 8:2, 3, 6, 8, 14; 9:1, 7, 10; 10:1, 6, 8, 9; 11:1, 8, 12; 12:12, 13; 13:1, 9; 14:1, 5; 욜 2:27; 3:2, 16; 암 2:6, 11;

【 이스라히야 】   【 이스마엘 】

3:1, 12, 14; 4:5, 12; 5:1, 2, 3, 4, 25; 6:1, 14; 7:8, 9, 10, 11, 15, 16, 17; 8:2; 9:7, 9, 14; 욥 1:20; 미 1:5, 13, 15; 3:1, 8, 9; 5:1, 2, 3; 6:2; 나 2:2; 습 3:14; 슥 1:19; 8:13; 9:1; 11:14; 12:1; 말 1:1, 5; 2:11; 4:4 **신약** 마 2:20, 21; 8:10; 9:33; 10:6, 23; 15:24; 19:28; 27:9, 42; 막 12:29; 15:32; 눅 1:16, 54, 80; 2:25, 32, 34; 4:25, 27; 7:9; 22:30; 24:21; 요 1:31, 47, 49; 3:10; 12:13; 행 2:36; 3:12; 4:10, 27; 5:21, 31, 35; 7:17, 23, 26, 37, 42; 9:15; 10:36; 13:16, 17, 23, 24; 21:28; 26:17, 23; 28:17, 20; 롬 9:6, 27, 31; 10:1, 19, 21; 11:1, 2, 7, 11, 25, 26, 30; 고전 10:18; 고후 3:7, 13; 11:22; 갈 6:16; 빌 3:5; 히 8:8, 10; 11:22; 계 2:14; 21:12

이스라히야(Izrahiah) 잇사갈 지파 웃시의 아들
대상 7:3   아들은 **이스라히야**요 **이스라히야**의

이스르엘(Jezreel)
　　　　　　1. 인 명
　　　　　　(1) 유다 지파 에담의 자손
대상 4:3   에담 조상의 자손들은 **이스르엘**과
　　　　　　(2) 호세아 첫 아들
호 1:4   그의 이름을 **이스르엘**이라 하라 조금 후
           에 내가 **이스르엘**의 피를 예후의 집에
호 1:5   그 날에 내가 **이스르엘** 골짜기에서
호 1:11   땅에서부터 올라오리니 **이스르엘**의
호 2:22   응답하고 또 이것들은 **이스르엘**에
　　　　　　2. 지 명
　　　　　　(1) 잇사갈 지파의 성읍
수 17:16   **이스르엘** 골짜기에 거주하는 자이든지
왕상 21:16 일어나 **이스르엘** 사람 나봇의 포도원
왕하 9:10   **이스르엘** 지방에서 개들이 이세벨을

　　📖 이스르엘 2-(1) - 기타 본문
수 19:18; 삿 6:33; 삼상 29:1, 11; 삼하 2:9; 4:4; 왕상 4:12; 18:45, 46; 21:1, 4, 6, 7, 15, 23; 왕하 8:29; 9:15, 16, 17, 21, 25, 30, 36, 37; 10:1, 6, 7, 11; 대하 22:6

　　　　　　(2) 유다 남부의 성읍
수 15:56   **이스르엘**과 육담과 사노아와
　　　　　　(3) 다윗 아내 아히노암의 고향

삼상 25:43 다윗이 또 **이스르엘** 아히노암을 아내로
삼상 27:3   다윗이 그의 두 아내 **이스르엘** 여자

　　'이스르엘 여인'과 관련된 성구
　　삼상 30:5; 삼하 2:2; 3:2; 대상 3:1

이스리(Izri) 다윗 시대의 찬송 대원
대상 25:11 **이스리**이니 그의 아들들과 형제들과

이스마(Ishma) 유다 지파 에담의 자손
대상 4:3   이스르엘과 **이스마**와 잇바스와 그들의

이스마갸(Ismakiah) 히스기야 당시 성전 관리자
대하 31:13 요사밧과 엘리엘과 **이스마갸**와 마핫과

이스마야(Ishmaiah)
　　　　　　1. 다윗의 30용사 중의 두목
대상 12:4   삼십 명의 우두머리가 된 **이스마야**이며
　　　　　　2. 다윗 시대 스불론의 관장
대상 27:19 오바댜의 아들 **이스마야**요 납달리의

이스마엘(Ishmael)
　　　　　　1. 아브라함의 아내 하갈이 낳은 아들
창 16:11   낳으리니 그 이름을 **이스마엘**이라
창 16:15   그 아들을 이름하여 **이스마엘**이라
창 28:9   **이스마엘**에게 … 아들 **이스마엘**의 딸

　　'이스마엘 사람'과 관련된 성구
　　창 37:25, 27, 28; 39:1; 삿 8:24; 대상
　　2:17; 시 83:6

　　📖 이스마엘 1 - 기타 본문
창 16:16; 17:18, 20, 23, 25; 25:9, 12, 13, 16, 17; 36:3; 대상 1:28, 29, 31

　　　　　　2. 느다냐의 아들로 다윗 왕족
왕하 25:25 느다냐의 아들 **이스마엘**이 부하

　　📖 이스마엘 2 - 기타 본문
왕하 25:23; 렘 40:8, 14, 15, 16; 41:1, 2, 3, 6, 7, 8, 9, 10, 11, 12, 13, 14, 15, 16, 18

【 이스므래 】　　　　　　　　　　　　　　　【 이슬 】

3. 베냐민 자손으로 아셀의 아들
대상 8:38 아스리감과 보그루와 **이스마엘**과
대상 9:44 아스리감과 보그루와 **이스마엘**과

4. 유다 지파의 자손
대하 19:11 유다 지파의 어른 **이스마엘**의 아들

5. 요아스 왕 시대의 백부장
대하 23:1 여호하난의 아들 **이스마엘**과 오벳으

6. 바스훌 자손
스 10:22 엘료에내와 마아세야와 **이스마엘**과

이스므래(Ishmerai) 베냐민 지파의 자손
대상 8:18 **이스므래**와 이슬리아와 요밥은 다

이스바 1(Ishbah) 유다 지파의 자손
대상 4:17 삼매와 에스드모아의 조상 **이스바**를

이스바 2(Ishpah) 베냐민 지파의 자손
대상 8:16 미가엘과 **이스바**와 요하는 다 브리아의

이스박(Ishbak) 아브라함의 소실 그두라가
낳은 아들
창 25:2 욕산과 므단과 미디안과 **이스박**과 수아
대상 1:32 욕산과 므단과 미디안과 **이스박**과 수아

이스반(Ishpan) 베냐민 지파의 자손
대상 8:22 **이스반**과 에벨과 엘리엘과

이스보셋(Ishbosheth) 사울 왕의 아들
삼하 3:7 **이스보셋**이 아브넬에게 이르되 네가

┌─────────────────────────────┐
│ '사울의 아들 이스보셋'과 관련된 성구 │
│ 삼하 2:8, 10, 12, 15; 3:14; 4:1, 2, 8 │
└─────────────────────────────┘

📖 이스보셋 - 기타 본문
삼하 3:8, 11, 15; 4:5, 7, 12

이스비브놉(Ishbi-Benob) 블레셋 사람
삼하 21:16 놋 창을 들고 새 칼을 찬 **이스비브놉**이

이스와(Ishvah) 아셀의 아들
창 46:17 아셀의 아들은 임나와 **이스와**와 이스위
대상 7:30 아셀의 아들들은 임나와 **이스와**와

이스위(Ishvi) 아셀의 아들
창 46:17 아들은 임나와 이스와와 **이스위**와
민 26:44 **이스위**에게서 난 이스위 종족과 브리아
삼상 14:49 아들은 요나단과 **이스위**와 말기수아요
대상 7:30 아들들은 임나와 이스와와 **이스위**와

이스할(Izhar)

1. 레위 사람 고핫의 아들
출 6:18 고핫의 아들들은 아므람과 **이스할**과
출 6:21 **이스할**의 아들들은 고라와 네벡과

📖 이스할 1 - 기타 본문
민 3:19, 27; 16:1; 대상 6:2, 18, 38; 23:12, 18; 26:23, 29

2. 레위 자손 슬로못의 아버지
대상 24:22 **이스할**의 아들들 중에는 슬로못이요

이스홋(Ishhod) 므낫세의 자손
대상 7:18 누이 함몰레겟은 **이스홋**과 아비에셀과

이슬(dew)
창 27:28 하나님은 하늘의 **이슬**과 땅의 기름짐이
창 27:39 기름짐에서 멀고 내리는 하늘 **이슬**에서
출 16:13 진에 덮이고 아침에는 **이슬**이 진 주위에
출 16:14 그 **이슬**이 마른 후에 광야 지면에 작고
민 11:9 밤에 **이슬**이 진영에 내릴 때에 만나도
신 32:2 교훈은 비처럼 내리고 내 말은 **이슬**처럼
신 33:13 하늘의 보물인 **이슬**과 땅 아래에 저장한
신 33:28 그의 하늘이 **이슬**을 내리는 곳에로다
삿 6:37 만일 **이슬**이 양털에만 있고 주변 땅은
삿 6:38 양털을 가져다가 그 양털에서 **이슬**을
삿 6:39 주변 땅에는 다 **이슬**이 있게 하옵소서
삿 6:40 그 주변 땅에는 다 **이슬**이 있었더라
삼하 1:21 길보아 산들아 너희 위에 **이슬**과 비가
삼하 17:12 그를 기습하기를 **이슬**이 땅에 내림같이
왕상 17:1 수 년 동안 비도 **이슬**도 있지 아니하리
욥 29:19 뿌리는 물로 뻗어나가고 **이슬**이 내 가지
욥 38:28 비에게 아비가 있느냐 **이슬** 방울은 누가
시 110:3 즐거이 헌신하니 새벽 **이슬** 같은 주의
시 133:3 **이슬**이 시온의 산들에 내림 같도다
잠 3:20 갈라지게 하셨으며 공중에서 **이슬**이
잠 19:12 그의 은택은 풀 위의 **이슬** 같으니라

【 이슬리아 】   【 이십만 】

아 5:2   내 머리에는 **이슬**이, 내 머리털에는
사 26:19   **이슬**은 빛난 **이슬**이니 땅이 죽은 자들을
단 4:15   하늘 **이슬**에 젖고 땅의 풀 가운데에서
단 4:23   그것이 하늘 **이슬**에 젖고 또 들짐승들과
단 4:25   하늘 **이슬**에 젖을 것이요 이와 같이
단 4:33   소처럼 풀을 먹으며 몸이 하늘 **이슬**에
단 5:21   그의 몸이 하늘 **이슬**에 젖었으며 지극히
호 6:4   아침 구름이나 쉬 없어지는 **이슬** 같도다
호 13:3   구름 같으며 쉬 사라지는 **이슬** 같으며
호 14:5   내가 이스라엘에게 **이슬**과 같으리니
미 5:7   여호와께로부터 내리는 **이슬** 같고
학 1:10   너희로 말미암아 하늘은 **이슬**을 그쳤고
슥 8:12   하늘은 **이슬**을 내리리니 이 내 남은

이슬리아(Izliah) 베냐민 사람 엘바알의 아들
대상 8:18 이스므래와 **이슬리아**와 요밥은 다

이시(Ishi)
　　　1. 유다 지파 여라므엘의 자손
대상 2:31 압바임의 아들은 **이시**요 **이시**의 아들은
　　　2. 유다 지파의 자손
대상 4:20 **이시**의 아들들은 소햇과 벤소햇이더라
　　　3. 시므온 자손 중 한 사람
대상 4:42 시므온 자손 중에 오백 명이 **이시**의
　　　4. 므낫세 지파의 족장
대상 5:24 그들의 족장은 에벨과 **이시**와 엘리엘과

이십(二十, twenty)
창 32:14   숫염소가 **이십**이요 … 숫양이 **이십**이요
창 32:15   암나귀가 **이십**이요 그 새끼 나귀가 열이
창 37:28   구덩이에서 끌어올리고 은 **이십**에
삿 11:33   **이십** 성읍을 치고 또 아벨 그라밈까지
왕하 4:42 곧 보리떡 **이십** 개와 또 자루에 담은

　　　'이십'과 관련된 성구
이십 게라 – 출 30:13; 레 27:25; 민 3:47; 18:16
이십 고르 – 왕상 5:11; 학 2:16
이십구 년 – 왕하 14:2; 18:2; 대하 25:1; 29:1
이십구 세 – 창 11:24
이십 규빗 – 왕상 6:2, 3, 16, 20; 대하 3:3, 4, 8, 11, 13; 4:1; 슥 5:2

이십 년 – 창 31:38, 41; 삿 4:3; 15:20; 16:31; 삼상 7:2; 왕상 9:10; 왕하 15:27; 대하 8:1
이십 명 – 창 18:31; 삼상 14:14; 삼하 3:20; 스 8:19
이십사 년 – 왕상 15:33
이십사 보좌 – 계 4:4
이십사 일 – 단 10:4; 학 1:15; 2:10, 18, 20; 슥 1:7
이십사 장로 – 계 4:4, 10; 5:8; 11:16; 19:4
이십삼 년 – 삿 10:2; 왕하 12:6; 13:1; 렘 25:3; 52:30
이십삼 세 – 왕하 23:31; 대하 36:2
이십 세 – 출 38:26; 민 1:3, 18, 20, 22, 24, 26, 28, 30, 32, 34, 36, 40, 42, 45; 14:29; 26:2, 4; 32:11; 왕하 16:2; 대상 23:24, 27; 27:23; 대하 25:5; 28:1; 31:17; 스 3:8
이십 세겔 – 레 27:5; 겔 4:10; 45:12
이십오 년 – 왕상 22:42; 대하 20:31
이십오 리 – 눅 24:13
이십오 세 – 민 8:24; 왕하 14:2; 15:33; 18:2; 23:36; 대하 25:1; 27:1, 8; 29:1; 36:5
이십오 일 – 느 6:15
이십육 년 – 왕상 16:8
이십이 년 – 삿 10:3; 왕상 14:20; 16:29
이십이 명 – 대상 12:28
이십이 세 – 왕하 8:26; 21:19; 대하 33:21
이십 일 – 스 10:9
이십일 세 – 왕하 24:18; 대하 36:11; 렘 52:1
이십일 일 – 출 12:18; 단 10:13; 학 2:1
이십칠 일 – 왕하 25:27
이십팔 명 – 스 8:11
제이십년 – 왕상 15:9; 왕하 15:30; 느 1:1; 2:1; 5:14
제이십삼일 – 대하 7:10
제이십육년 – 왕상 16:8
제이십칠 년 – 왕상 16:10, 15; 왕하 15:1

이십만(二十萬, two hundred thousand)
삼상 15:4 **이십만** 명이요 유다 사람이 만 명이라
대하 17:16 즐거이 드린 자라 큰 용사 **이십만** 명을
대하 17:17 방패를 잡은 자 **이십만** 명을 거느렸고
대하 28:8 자녀를 합하여 **이십만** 명을 사로잡고

【 이야기/-하다 】　　　　　　　　　　　　　　　　　　　　　【 이에 】

이십팔만
대하 14:8 활을 당기는 자가 **이십팔만** 명이라
대하 17:15 여호하난이니 **이십팔만** 명을 거느렸고

이야기/-하다(speak, tell)
출 33:11 사람이 자기의 친구와 **이야기**함같이
왕하 8:5 왕에게 **이야기**할 때에 그 다시 살린
욥 15:3 도움이 되지 아니하는 **이야기**, 무익한
눅 9:11 하나님 나라의 일을 **이야기**하시며
눅 24:14 이 모든 된 일을 서로 **이야기**하더라
눅 24:15 그들이 서로 **이야기**하며 문의할 때에
눅 24:17 서로 주고받고 하는 **이야기**가 무엇이냐
행 20:11 오랫동안 곧 날이 새기까지 **이야기**하고
행 24:26 고로 더 자주 불러 같이 **이야기**하더라
행 28:20 보고 함께 **이야기**하려고 청하였으니
행 28:21 좋지 못한 것을 전하든지 **이야기**한 일도
벧후 1:16 교묘히 만든 **이야기**를 따른 것이 아니요

'허탄한 이야기'와 관련된 성구
딤후 4:4, 딛 1:14

이야기거리/이야깃거리(byword)
왕상 9:7 속담거리와 **이야기거리**가 될 것이며
대하 7:20 민족 중에 속담거리와 **이야깃거리**가
시 44:14 뭇 백성 중에 **이야기거리**가 되게 하시며
겔 23:10 죽여 여인들에게 **이야깃거리**가 되게

이어받다(inherit)
겔 46:16 이는 그 기업을 **이어받음**이니와
겔 46:17 기업은 그 아들이 **이어받을** 것임이라
고전 15:50 하나님 나라를 **이어받을** 수 없고 또한

이어지다(join, be attached)
출 26:4 끝폭 가에 청색 고를 만들며 **이어질**
출 27:2 만들되 그 뿔이 그것에 **이어지게** 하고
출 28:7 둘을 달아 그 두 끝이 **이어지게** 하고
출 30:2 규빗으로 하며 그 뿔을 그것과 **이어지게**
대하 9:18 금 발판이 있어 보좌에 **이어졌고** 앉는
욥 41:17 서로 **이어져** 붙었으니 능히 나눌 수도

이에(then)
창 3:7 **이에** 그들의 눈이 밝아져 자기들이 벗은

이에-기타 본문
모세오경 창 8:11; 9:25; 11:2, 3; 12:4, 16; 13:10, 18; 17:13, 23; 22:5, 6, 9, 19; 23:12; 24:9, 10, 26, 54; 26:9, 11; 27:42; 28:5, 9, 17; 30:43; 31:45; 35:2; 36:8; 39:20; 41:14; 42:28; 45:24; 출 3:3; 10:11; 18:24; 32:5, 26; 레 8:29; 9:8; 민 8:21; 10:17; 12:11, 15; 13:21; 14:4; 16:16, 46, 47; 19:9; 21:35; 32:28; 신 34:5 **역사서** 수 1:10; 6:20; 7:16, 22; 8:3, 28; 11:7; 19:51; 20:7; 삿 1:3, 25; 3:14; 4:14; 6:6, 27; 7:3, 5, 8, 11, 24; 8:18; 9:14; 11:3, 11, 29, 32, 33; 13:6, 19; 15:9; 17:13; 18:7; 19:28; 20:1, 26, 36; 21:14; 룻 1:6, 19; 2:23; 3:18; 4:8, 13; 삼상 1:23; 3:9; 4:4; 5:8, 10, 11; 7:4, 13; 10:1, 20; 11:4, 10; 12:18; 13:12; 14:32, 40, 41; 15:6, 31, 34; 16:12, 19; 17:38; 18:21, 30; 19:22; 20:16; 23:2, 25, 28; 25:5, 12; 26:4, 6, 13; 29:11; 30:9; 31:4; 삼하 1:11; 3:21, 26; 5:3, 25; 10:4; 13:20, 34; 15:10; 16:22; 17:15, 24; 18:1, 6; 20:2, 6, 15, 22; 21:2, 8, 11; 22:8; 24:2, 15, 25; 왕상 1:15, 39; 2:19, 35, 38, 46; 3:4, 11, 15; 5:2, 8, 13, 17; 7:51; 8:1, 60, 62; 9:25; 10:10, 13; 12:19, 28; 13:10, 19, 24, 27; 15:22; 16:17; 17:10; 18:20, 24, 28, 38; 19:6, 8; 20:1, 7, 15, 33, 34; 22:6, 15; 왕하 1:4, 9; 2:2, 6, 12; 3:12, 27; 4:24, 30, 40, 41; 5:9, 14; 6:5, 14; 7:16; 8:21; 9:14; 10:16; 11:9, 16; 12:10; 13:5, 18; 15:20; 17:28; 18:15, 37; 22:14; 23:2; 25:23; 대상 11:3; 13:5; 14:11, 16; 15:14, 25; 16:43; 17:16; 19:4, 15; 21:14, 19; 24:5; 28:2; 29:6; 대하 1:13; 2:2; 5:1, 2; 7:4; 9:9, 12; 10:19; 12:6; 14:7, 13; 18:5, 14; 20:10, 20, 37; 22:9; 23:13, 15; 24:8, 20; 25:10; 28:14; 29:12, 22, 23, 31; 30:23; 32:4, 27; 34:22, 28; 35:13; 36:21; 스 1:5; 2:70; 3:7, 9; 4:24; 5:2, 16; 6:1; 8:16, 30, 32; 9:4; 10:5, 6; 느 4:6; 8:16, 17; 12:28, 31, 40; 13:10; 에 3:13; 5:5; 6:10 **시가서, 선지서** 욥 2:7; 22:26; 42:9, 11; 시 18:7; 78:72; 102:15; 105:23; 106:9, 12, 30; 107:6, 13, 19, 28; 전 2:15; 8:15; 아 3:2; 사 36:11, 13; 37:37; 38:4, 8; 39:3; 렘 14:13; 20:2; 35:3; 36:4, 14, 19, 32; 37:21; 38:4; 39:13; 41:14; 42:1; 43:4; 51:64; 겔 3:15; 10:1; 11:13; 20:21, 29; 37:7, 10; 단

【 이에셀 】 　　　　　　　　　　　　　【 이와 같다/이와 같이 】

2:17, 19, 24, 25, 46, 48; 3:3; 4:34; 5:3, 6, 10, 13, 29; 6:4, 6, 9, 12, 16, 17, 25; 7:19, 28; 8:27; 11:15; 호 1:3, 11; 암 7:5; 합 1:11; 학 2:14; 슥 1:19; 11:10 **복음서** 마 2:7, 16, 17; 3:15; 4:5, 10, 11; 8:29; 9:29, 37; 11:1; 12:13, 44, 45; 13:36; 15:12, 28; 16:20, 24; 17:18; 18:30, 32; 19:27; 21:39; 22:8, 15, 21; 23:1; 25:7, 37, 45; 26:30, 36, 38, 45, 50, 52, 56, 65, 67, 75; 27:9, 13, 26, 27, 51, 58; 28:10; 막 1:39; 3:14; 4:2, 40; 5:9, 12, 16, 21, 24, 29, 43; 6:6, 14, 32, 34, 50; 7:5, 25; 8:7, 25, 30; 9:4, 11, 14, 20, 27; 10:32; 11:6, 17, 33; 12:8, 17; 14:26, 45, 72; 15:38; 눅 1:64; 4:21, 37; 5:7; 7:4, 6, 36, 48; 8:12, 22, 24, 32, 41, 43; 11:24, 26; 13:6; 14:6, 21; 15:17, 20; 16:22; 18:14; 20:20; 21:29; 22:4, 17; 23:24, 34; 24:27, 29, 42, 45; 요 2:18; 3:25; 6:13, 21; 7:35; 8:7, 19, 28; 9:7, 17, 24, 34; 11:3, 14, 36, 38, 47; 12:18, 28, 34; 13:5, 27; 18:7, 10, 12, 27, 33; 19:1, 5, 16, 38, 40; 20:10; 21:6, 21 **역사서-예언서** 행 4:8; 8:17, 38; 10:47; 11:24; 12:5, 10, 11; 13:3, 12, 50; 14:1; 15:22; 16:5, 26; 17:31, 33; 19:13, 41; 21:33; 22:5; 23:22; 26:1, 32; 27:32; 28:22; 고후 4:2; 딤전 3:10; 히 7:19; 10:7; 약 2:23; 계 6:2, 4; 11:19; 18:21

이에셀(Iezer) 므낫세의 자손이며 길르앗의 아들
민 26:30 　길르앗 자손은 이러하니 **이에셀**에게서

이예아바림(Iye Abarim) 요단 동쪽의 광야
민 21:11 　해 돋는 쪽 광야 **이예아바림**에 진을
민 33:44 　오봇을 떠나 모압 변경 **이예아바림**에

이와(Ivvah) 산헤립이 정복한 수리아 도시
사 37:13 　스발와임 성의 왕과 헤나 왕과 **이와** 왕

이와 같다/이와 같이(so, likewise)
창 15:5 　이르시되 네 자손이 **이와 같으리라**
창 23:20 　**이와 같이** 그 밭과 거기에 속한 굴이
눅 10:37 　이르시되 가서 너도 **이와 같이** 하라

📖 이와 같이 - 기타 본문
모세오경 - 시가서 창 31:40; 41:36, 38; 45:23; 46:7; 49:28; 출 6:9; 8:20; 11:4; 12:50; 30:21,

32, 33; 39:32; 레 15:31; 21:23, 24; 23:44; 민 10:13, 28; 18:5; 신 3:21; 17:7; 21:9; 22:21; 28:14; 수 8:13; 10:25, 40; 11:23; 21:43; 삿 4:23; 5:31; 20:11; 삼상 11:7; 23:5; 삼하 7:5, 8; 12:7, 11; 15:6, 26; 16:7; 24:12; 왕상 7:37, 40; 8:63; 10:29; 13:2; 왕하 8:22; 10:28; 11:6; 17:33; 25:17, 21; 대상 10:6; 24:19; 대하 1:17; 2:9; 4:11, 18; 7:5; 21:10; 23:4; 24:22, 24; 29:35; 30:22; 32:15, 22; 34:33; 35:10, 16; 느 5:13; 7:73; 13:30; 욥 7:3; 8:13, 19; 14:3, 19; 34:28; 시 63:2; 147:20; 잠 6:29; 24:14; 27:9; 전 7:2 **선지서** 사 14:14; 20:4; 31:4; 36:6; 52:3, 4; 55:11; 56:1, 2, 4; 57:15; 63:14; 65:8, 13; 66:1, 12; 렘 2:2, 5; 4:3, 27; 5:14, 19; 6:6, 9, 16, 21, 22, 29; 7:3, 20, 21; 9:7, 15, 17, 23; 10:2, 18; 11:3, 11, 21, 22; 12:14; 13:1, 9; 14:10, 15; 15:2, 19; 16:3, 5, 9; 17:5, 19, 21; 18:13; 19:1, 11, 15; 20:4; 21:4, 12; 22:1, 3, 6, 11, 18, 30; 23:2, 15, 16, 38; 24:5, 8; 25:8, 32; 26:2, 4, 18; 27:2, 8, 16, 21; 28:11, 14, 16; 29:4, 8, 10, 16, 17, 21, 25, 32; 30:2, 5, 12; 31:7, 15, 16, 23, 35, 37; 32:3-5, 14, 15, 28, 36, 42; 33:2, 10-11, 12, 17, 20, 25; 34:2, 4, 13, 17; 35:13, 17, 18, 19; 36:29, 30; 37:7, 9; 38:2, 3, 17; 42:15, 17, 18; 43:10; 44:2, 7, 11, 25, 30; 45:4; 47:2; 48:1, 15; 49:1, 7, 12, 28; 50:18, 33; 51:1, 33, 36, 57, 58; 52:27; 겔 5:9, 13; 13:15; 16:13; 22:19; 23:27; 30:2; 33:7; 48:1; 단 4:25, 32; 욜 2:2; 암 1:3, 6, 9, 11, 13; 2:1, 4, 6; 3:11, 12; 4:12; 5:3, 4, 16; 7:17; 8:1; 옵 1:1; 습 2:15; 슥 8:20, 23 **신약** 마 3:15; 7:17; 17:12; 18:14, 35; 20:16; 23:28; 24:33, 39; 27:44; 막 4:16; 13:29; 14:31; 눅 6:23, 26; 10:32; 11:48; 12:21; 13:3, 5; 14:33; 15:7, 10; 17:10; 21:31; 행 3:18; 17:29; 19:20; 28:14; 롬 5:12; 6:11; 8:26; 11:5, 31; 12:5; 고전 2:11; 6:11; 7:17; 9:14, 24; 14:9; 15:48; 고후 6:16; 갈 4:3; 엡 4:4; 5:28; 6:9; 빌 1:7; 2:18, 29; 4:1; 골 1:7; 살전 2:4; 4:13, 14; 딤전 2:9; 3:8, 11; 5:25; 딛 2:3, 6; 히 5:5, 6; 9:21, 28; 약 1:11; 2:17, 25; 3:5, 12; 벧전 3:1, 5, 7; 5:5; 벧후 2:1; 계 2:15; 3:5

【 이왕 】

이왕 (已往)
창 20:18 여호와께서 이왕에 아브라함의 아내
슥 14:3 이방 나라들을 치시되 이왕의 전쟁 날에

이외 (以外, in addition)
민 3:49 레위인으로 대속한 이외의 사람에게서
민 6:21 이외에도 힘이 미치는 대로 하려니와
대하 18:15 진실한 것 이외에는 아무것도 말하지
행 17:21 새로운 것을 말하고 듣는 것 이외에는

이욘 (Ijon) 납달리 산지 북쪽에 있던 성읍
왕상 15:20 이스라엘 성읍들을 치되 이욘과 단과
왕하 15:29 앗수르 왕 디글랏 빌레셀이 와서 이욘과
대하 16:4 이스라엘 성읍들을 치되 이욘과 단과

이용하다/이용되다 (利用, answer, do so)
전 10:19 하는 것이나 돈은 범사에 이용되느니라
고전 7:21 자유롭게 될 수 있거든 그것을 이용하라

이웃 (neighbor)
모세오경
출 11:2 사람들에게 각기 이웃들에게 은금 패물
출 12:4 식구가 너무 적으면 그 집의 이웃과 함께
출 20:16 네 이웃에 대하여 거짓 증거하지 말라
출 21:14 사람이 그의 이웃을 고의로 죽였으면
출 22:7 이웃에게 맡겨 … 그 이웃 집에서 도둑
출 22:8 재판장 앞에 가서 자기가 그 이웃의 물품
출 22:10 소나 양이나 다른 짐승을 이웃에게 맡겨
출 22:11 두 사람 사이에 맡은 자가 이웃의 것에
출 22:14 만일 이웃에게 빌려온 것이 그 임자가
출 22:26 네가 만일 이웃의 옷을 전당 잡거든 해가
출 32:27 각 사람이 자기의 이웃을 죽이라 하셨
레 6:2 이웃이 맡긴 물건이나 전당물을 속이
레 19:13 네 이웃을 억압하지 말며 착취하지
레 19:16 사람을 비방하지 말며 네 이웃의 피를
레 19:17 마음으로 미워하지 말며 네 이웃을
레 24:19 만일 그의 이웃에게 상해를 입혔으면
레 25:14 네 이웃에게 팔든지 네 이웃의 손에서
레 25:15 희년 후의 연수를 따라서 너는 이웃에
신 5:20 네 이웃에 대하여 거짓 증거하지 말지
신 15:2 이웃에게 꾸어준 … 네 이웃에게나
신 19:4 원한이 없이 부지중에 그의 이웃을 죽인
신 19:5 그 이웃과 함께 … 빠져 그의 이웃을

신 19:11 만일 어떤 사람이 그의 이웃을 미워하여
신 23:24 이웃의 포도원에 들어갈 때에는 마음
신 23:25 네 이웃의 곡식밭에 … 그러나 네 이웃
신 24:10 네 이웃에게 무엇을 꾸어줄 때에 너는
신 27:24 그의 이웃을 암살하는 자는 저주를 받을

역사서
수 9:16 사흘이 지나서야 그들이 이웃에서 자기
수 20:5 미워함이 없이 부지중에 그의 이웃에게
룻 4:7 사람이 그의 신을 벗어 그의 이웃에게
룻 4:17 이웃 여인들이 그에게 이름을 지어 주되
삼상 15:28 왕보다 나은 왕의 이웃에게 주셨나이다
삼상 28:17 나라를 네 손에서 떼어 네 이웃 다윗에게
삼하 12:11 네 아내를 빼앗아 네 이웃들에게 주리니
왕상 8:31 어떤 사람이 그 이웃에게 범죄함으로
왕하 4:3 너는 밖에 나가서 모든 이웃에게 그릇
대하 6:22 만일 어떤 사람이 그의 이웃에게 범죄

시가서
욥 12:4 들으심을 입은 내가 이웃에게 웃음거리
욥 16:21 인자와 그 이웃 사이에 중재하시기를
욥 31:9 내 마음이 여인에게 유혹되어 이웃의
시 12:2 그들이 이웃에게 각기 거짓을 말함이여
시 15:3 그의 이웃에게 악을 … 그의 이웃을 비방
시 28:3 그들은 그 이웃에게 화평을 말하나 그들
시 31:11 대적들 때문에 욕을 당하고 내 이웃에
시 44:13 주께서 우리로 하여금 이웃에게 욕을
시 79:4 우리는 우리 이웃에게 비방 거리가 되며
시 79:12 주여 우리 이웃이 주를 비방한 그 비방
시 80:6 우리를 우리 이웃에게 다툼 거리가 되게
시 89:41 다 탈취를 당하며 그의 이웃에게 욕을
시 101:5 자기의 이웃을 은근히 헐뜯는 자를 내가
잠 3:28 네게 있거든 이웃에게 이르기를 갔다가
잠 3:29 네 이웃이 네 곁에서 평안히 살거든 그를
잠 6:1 내 아들아 네가 만일 이웃을 위하여 담보
잠 6:3 네 이웃의 손에 … 겸손히 네 이웃에게
잠 11:9 악인은 입으로 그의 이웃을 망하게 하여
잠 11:12 지혜 없는 자는 그의 이웃을 멸시하나
잠 12:26 의인은 그의 이웃의 인도자가 되나 악인
잠 14:20 가난한 자는 이웃에게도 미움을 받게
잠 14:21 이웃을 업신여기는 자는 죄를 범하는
잠 16:29 강포한 사람은 그 이웃을 꾀어 좋지 아니
잠 17:18 남의 손을 잡고 그의 이웃 앞에서 보증
잠 21:10 그 이웃도 그 앞에서 은혜를 입지 못하
잠 25:8 마침내 네가 이웃에게서 욕을 보게 될

【 이웃 】   【 이익 】

잠 25:9	너는 **이웃**과 다투거든 변론만 하고 남의	겔 23:5	그가 연애하는 자 곧 그의 **이웃** 앗수르
잠 27:10	가까운 **이웃**이 먼 형제보다 나으니라	겔 23:12	그의 **이웃** 앗수르 사람을 연애하였나니
잠 27:14	이른 아침에 큰 소리로 자기 **이웃**을 축복	미 7:5	너희는 **이웃**을 믿지 말며 친구를 의지
잠 29:5	**이웃**에게 아첨하는 것은 그의 발 앞에	합 2:15	**이웃**에게 술을 마시게 하되 자기의 분노
전 4:4	모든 재주로 말미암아 **이웃**에게 시기를	슥 8:16	너희는 **이웃**과 더불어 진리를 말하며
		슥 11:6	사람들을 각각 그 **이웃**의 손과 임금의

선지서
신약

사 3:5	서로 학대하며 각기 **이웃**을 잔해하며	눅 1:58	**이웃**과 친족이 주께서 그를 크게 긍휼히
사 41:6	**이웃**을 도우며 그 형제에게 이르기를	눅 10:29	여짜오되 그러면 내 **이웃**이 누구니이까
렘 6:21	거기에 걸려 넘어지며 **이웃**과 그의 친구	눅 10:36	세 사람 중에 누가 강도 만난 자의 **이웃**
렘 7:5	행위를 참으로 바르게 하여 **이웃**들 사이	눅 14:12	형제나 친척이나 부한 **이웃**을 청하지
렘 9:4	**이웃**을 조심하며 … 속이며 **이웃**마다	눅 15:6	집에 와서 그 벗과 **이웃**을 불러 모으고
렘 9:8	거짓을 말하며 입으로는 그 **이웃**에게	눅 15:9	또 찾아낸즉 벗과 **이웃**을 불러 모으고
렘 9:20	딸들에게 애곡하게 하고 각기 **이웃**에	롬 13:10	사랑은 **이웃**에게 악을 행하지 아니하
렘 12:14	나의 모든 악한 **이웃**에 대하여 여호와	롬 15:2	우리 각 사람이 **이웃**을 기쁘게 하되 선을
렘 22:13	자기의 **이웃**을 고용하고 그의 품삯을	엡 4:25	그런즉 거짓을 버리고 각각 그 **이웃**과
렘 23:35	너희는 서로 **이웃**과 형제에게 묻기를	약 4:12	너는 누구이기에 **이웃**을 판단하느냐
렘 31:34	다시는 각기 **이웃**과 형제를 가리켜	유 1:7	소돔과 고모라와 그 **이웃** 도시들도 그들
렘 34:15	바른 일을 행하여 각기 **이웃**에게 자유		
렘 34:17	각기 형제와 **이웃**에게 자유를 선포한		
렘 49:10	그 자손과 형제와 **이웃**이 멸망하였은	**이유**(理由, cause, why)
렘 49:18	소돔과 고모라와 그 **이웃** 성읍들이	삼상 6:3	너희에게서 옮기지 아니하는 **이유**도
렘 50:40	하나님께서 소돔과 고모라와 그 **이웃**	삼상 17:29	내가 무엇을 하였나이까 어찌 **이유**가

'이웃'과 관련된 성구

삼상 20:8	나를 네 아버지에게로 데려갈 **이유**가
왕상 1:13	그런데 아도니야가 무슨 **이유**로 왕이
시 119:86	그들이 **이유** 없이 나를 핍박하오니
렘 2:31	무슨 **이유**로 내 백성이 말하기를 우리는
렘 26:16	우리에게 말하였으니 죽일 만한 **이유**가
애 3:52	나의 원수들이 **이유** 없이 나를 새처럼
겔 14:23	모든 일이 **이유** 없이 한 것이 아닌 줄을
마 5:32	누구든지 음행한 **이유** 없이 아내를 버리
마 19:3	사람이 어떤 **이유**가 있으면 그 아내를
마 19:9	누구든지 음행한 **이유** 외에 아내를 버리
눅 8:45	나아와 엎드리어 그 손 댄 **이유**와 곧
요 15:25	율법에 기록된 바 그들이 **이유** 없이 나를
골 2:16	안식일을 **이유**로 누구든지 너희를 비판
골 2:18	천사 숭배를 **이유**로 너희를 정죄하지
딘 1:5	내가 너를 그레데에 남겨 둔 **이유**는 남은
벧전 3:15	너희 속에 있는 소망에 관한 **이유**를 묻는
요일 3:12	아우를 죽였으니 어떤 **이유**로 죽였느냐

- 네 이웃을 네 자신과 같이 사랑하라 - 마 19:19; 22:39; 막 12:31; 12:33; 눅 10:27; 롬 13:9
- 이웃 나라 - 겔 16:26
- 이웃 사람 - 출 3:22; 요 9:8
- 이웃 사랑 - 레 19:18; 마 5:43; 갈 5:14; 약 2:8
- 이웃을 치다 - 신 22:26; 잠 24:28; 25:18; 사 19:2
- 이웃을 속이다 - 레 25:17; 잠 26:19; 렘 9:5; 겔 22:12
- 이웃의 경계표 - 신 19:14; 27:17
- 이웃의 (모든) 소유 - 출 20:17; 신 5:21
- 이웃의 아내 - 출 20:17; 레 18:20; 20:10; 신 5:21; 22:24; 렘 5:8; 29:23; 겔 18:6, 11, 15; 22:11; 33:26
- 이웃(의) 집 - 출 20:17; 22:7; 신 5:21; 삿 18:22; 잠 25:17

이익(利益, gain, profit)

| 레 19:16 | 네 이웃의 피를 흘려 **이익**을 도모하지 |
| 레 25:37 | 돈을 꾸어 주지 말고 **이익**을 위하여 네 |

【 이임 1 】　　　　　　　　　　　　　　　　　　【 이적 】

삼상 8:3	**이익**을 따라 뇌물을 받고 판결을 굽게
에 10:3	그의 백성의 **이익**을 도모하며 그의 모든
욥 22:3	행위가 온전한들 그에게 무슨 **이익**이
욥 27:8	불경건한 자가 **이익**을 얻었으나 하나님
시 44:12	그들을 판 값으로 **이익**을 얻지 못하셨
잠 1:19	**이익**을 탐하는 모든 자의 길은 다 이러
잠 3:14	얻는 것보다 낫고 그 **이익**이 정금보다
잠 14:23	모든 수고에는 **이익**이 있어도 입술의
잠 15:27	**이익**을 탐하는 자는 자기 집을 해롭게
잠 22:16	**이익**을 얻으려고 가난한 자를 학대하는
전 3:9	그의 수고로 말미암아 무슨 **이익**이
사 23:18	무역한 것과 **이익**을 거룩히 여호와께
사 56:11	제 길로 돌아가며 사람마다 자기 **이익**만
렘 5:28	행위가 심히 악하여 자기 **이익**을 얻으려
겔 22:12	이자를 받았으며 **이익**을 탐하여 이웃
겔 22:13	불의를 행하여 **이익**을 얻은 일과 네
겔 33:31	사랑을 나타내어도 마음으로는 **이익**을
딤전 6:5	진리를 잃어 버려 경건을 **이익**의 방도
약 4:13	일 년을 머물며 장사하여 **이익**을 보리라
유 1:16	그 입으로 자랑하는 말을 하며 **이익**을

> **성경에 나오는 '이익'**
>
> 부당한 이익 - 합 2:9
> 불의의 이익 - 잠 12:12
> 불의한 이익 - 출 18:21; 겔 22:27
> 큰 이익 - 행 16:16; 딤전 6:6

이임 1(Iyim) 이예아바림의 단축형
민 33:45 **이임**을 떠나 디본갓에 진을 치고

이임 2(Iim) 에돔 국경의 유대 성읍
수 15:29 바알라와 **이임**과 에셈과

이자(利子, interest, usury)
출 22:25	그에게 채권자같이 하지 말며 **이자**를
레 25:36	그에게 **이자**를 받지 말고 네 하나님을
레 25:37	그에게 **이자**를 위하여 돈을 꾸어 주지
신 23:19	**이자**를 받지 … 돈의 **이자**, 식물의 이
	자, 이자를 낼 만한 모든 것의 이자를
신 23:20	네가 꾸어주면 **이자**를 … **이자**를 받지
느 5:7	각기 형제에게 높은 **이자**를 취하는도다
느 5:10	꾸어 주었거니와 우리가 그 **이자** 받기를
시 15:5	**이자**를 받으려고 돈을 꾸어 주지 아니
사 24:2	**이자**를 받는 자와 **이자**를 내는 자가 같으
겔 18:8	꾸어 주지 아니하며 **이자**를 받지 아니
겔 18:13	변리를 위하여 꾸어 주거나 **이자**를 받거
겔 18:17	변리나 **이자**를 받지 아니하여 내 규례
겔 22:12	네가 변돈과 **이자**를 받았으며 이익을
마 25:27	내가 돌아와서 내 원금과 **이자**를 받게
눅 19:23	내가 와서 그 **이자**와 함께 그 돈을 찾았

이적(異蹟, sign, wonders, miraculous)
출 3:20	여러 가지 **이적**으로 그 나라
출 4:9	이 두 **이적**을 믿지 아니하며
출 4:17	지팡이를 손에 잡고 이것으로 **이적**을
출 4:21	내가 네 손에 준 **이적**을 바로 앞에서
출 4:28	자기에게 명령하신 모든 **이적**을 아론
출 4:30	말씀을 전하고 그 백성 앞에서 **이적**을
출 7:3	내 표징과 내 **이적**을 애굽 땅에서 많이
출 7:9	이르기를 너희는 **이적**을 보이라 하거든
출 34:10	아무 국민에게도 행하지 아니한 **이적**을
민 14:11	내가 그들 중에 많은 **이적**을 행하였으나
민 14:22	광야에서 행한 내 **이적**을 보고서도 이
신 4:34	어떤 신이 와서 시험과 **이적**과 기사와
신 6:22	우리의 목전에서 크고 두려운 **이적**과
신 7:19	네가 본 큰 시험과 **이적**과 기사와 강한
신 11:3	그 왕 바로와 그 전국에 행하신 **이적**과
신 13:1	선지자나 꿈 꾸는 자가 일어나서 **이적**과
신 13:2	네게 말한 그 **이적**과 기사가 이루어지고
신 26:8	강한 손과 편 팔과 큰 위엄과 **이적**과
신 29:3	큰 시험과 **이적**과 큰 기사를 네 눈으로
신 34:11	모든 신하와 그의 온 땅에 모든 **이적**과
수 24:17	우리 목전에서 그 큰 **이적**들을 행하시고
삿 6:13	그 모든 **이적**이 어디 있나이까 이제
삿 13:19	바위 위에서 여호와께 드리매 **이적**이
대상 16:12-13	그의 **이적**과 그의 입의 법도를 기억할
대하 32:24	그에게 대답하시고 또 **이적**을 보이셨
대하 32:31	땅에서 나타난 **이적**을 물을 때에 하나님
느 9:10	**이적**과 기사를 베푸사 바로와 그의 모든
시 105:5-6	그의 **이적**과 그의 입의 판단을 기억할
단 4:2	내게 행하신 **이적**과 놀라운 일을 내가
단 4:3	참으로 크도다 그의 **이적**이여, 참으로
단 6:27	하늘에서든지 땅에서든지 **이적**과 기사
욜 2:30	내가 **이적**을 하늘과 땅에 베풀리니 곧

【 이전 】　　　　　　　　　　　　　　　　　　【 이제 】

미 7:15　그들에게 **이적**을 보이리라 하셨느니라
막 13:22　거짓 선지자들이 일어나서 **이적**과 기사
눅 23:8　무엇이나 **이적** 행하심을 볼까 바랐던
계 12:1　하늘에 큰 **이적**이 보이니 해를 옷 입은
계 12:3　또 다른 **이적**이 보이니 보라 한 큰 붉은
계 13:13　큰 **이적**을 행하되 심지어 사람들 앞에서
계 13:14　짐승 앞에서 받은 바 **이적**을 행함으로
계 15:1　하늘에 크고 이상한 다른 **이적**을 보매
계 16:14　그들은 귀신의 영이라 **이적**을 행하여

이전(以前, time ago, old)
창 41:31　흉년이 너무 심하므로 **이전** 풍년을 이
창 44:19　**이전**에 내 주께서 종들에게 물으시되
창 48:3　요셉에게 이르되 **이전**에 가나안 땅 루스
창 48:7　내게 대하여는 내가 **이전**에 밧단에서
신 2:10　(**이전**에는 에밈 사람이 거기 거주하였
수 3:4　너희가 **이전**에 이 길을 지나보지 못하
왕상 1:30　**이전**에 이스라엘의 하나님 여호와를
왕상 14:2　**이전**에 내가 이 백성의 왕이 될 것을
왕상 14:9　네 **이전** 사람들보다도 더 악을 행하고
왕상 16:30　오므리의 아들 아합이 그의 **이전**의 모든
왕상 16:33　그 **이전**의 이스라엘의 모든 왕보다 심히
왕하 8:1　엘리사가 **이전**에 아들을 다시 살려 준
왕하 9:25　**이전**에 너와 내가 함께 타고 그의 아버지
왕하 14:28　다메섹을 회복한 일과 **이전**에 유다에
왕하 17:34　그들이 오늘까지 **이전** 풍속대로 행하여
왕하 17:40　듣지 아니하고 오히려 **이전** 풍속대로
대하 24:13　하나님의 전을 **이전** 모양대로 견고하게
대하 21:7　**이전**에 다윗과 더불어 언약을 세우시고
대하 24:13　하나님의 전을 **이전** 모양대로 견고하게
느 2:1　그 포도주를 왕에게 드렸는데 **이전**에
느 13:4　**이전**에 우리 하나님의 전의 방을 맡은
욥 42:10　여호와께서 욥에게 **이전** 모든 소유보다
욥 42:11　그의 모든 형제와 자매와 **이전**에 알던
전 1:11　**이전** 세대들이 기억됨이 없으니 장래
사 41:22　우리에게 진술하라 또 **이전** 일이 어떠한
사 41:26　누가 **이전**부터 알게 하여 우리가 옳다
사 43:9　누가 이 일을 알려 주며 **이전** 일들을
사 43:18　너희는 **이전** 일을 기억하지 말며 옛날
사 45:21　옛부터 듣게 한 자가 누구냐 **이전**부터
사 48:7　오늘 **이전**에는 네가 듣지 못하였으니
사 65:16　이는 **이전** 환난이 잊어졌고 내 눈 앞에
사 65:17　새 하늘과 새 땅을 창조하나니 **이전** 것

렘 28:8　나와 너 **이전**의 선지자들이 예로부터
렘 46:26　땅이 **이전**같이 사람 살 곳이 되리라
애 4:5　**이전**에는 붉은 옷을 입고 자라난 자들
단 9:21　곧 내가 기도할 때에 **이전**에 환상 중에
미 4:8　시온의 산이여 **이전** 권능 곧 딸 예루살렘
학 2:3　이 성전의 **이전** 영광을 본 자가 누구냐
학 2:9　이 성전의 나중 영광이 **이전** 영광보다
학 2:15　오늘부터 **이전** 곧 여호와의 전에 돌이
학 2:18　**이전**을 기억하라 아홉째 달 이십사일
슥 1:21　그것들을 두렵게 하고 **이전**의 뿔들을
요 6:62　그러면 너희는 인자가 **이전**에 있던 곳
행 21:38　**이전**에 소요를 일으켜 자객 사천 명을
고후 5:17　새로운 피조물이라 **이전** 것은 지나갔
고후 7:3　내가 **이전**에 말하였거니와 너희가 우리
갈 1:13　내가 **이전**에 유대교에 있을 때에 행한
계 17:8　생명책에 기록되지 못한 자들이 **이전**에

이전되다(移轉, turn over)
렘 6:12　타인의 소유로 **이전되**리라 여호와의

이정표(里程標, road sign)
렘 31:21　처녀 이스라엘아 너는 **이정표**를 세우며

이제(now then)
창 18:21　내가 **이제** 내려가서 그 모든 행한 것이
수 1:2　모세가 죽었으니 **이제** 너는 이 모든 백성
삼상 12:16　너희는 **이제** 가만히 서서 여호와께서
느 1:6　**이제** 종이 주의 종들인 이스라엘 자손

> '이제' 와 관련된 성구
>
> **이제까지** – 출 7:16; 삼하 18:18; 왕하 8:6; 느 2:3; 요 5:17; 롬 8:22; 빌 1:5
>
> **이제도 계시다** – 계 1:4; 4:8
>
> **이제부터** – 신 2:31; 왕하 5:17; 12:7; 사 48:6; 52:1; 렘 3:4; 단 6:7, 12; 마 23:39; 26:29; 눅 22:18, 69; 요 14:7; 15:15; 고후 5:16; 엡 2:19; 4:14, 17; 딤전 5:23
>
> **이제부터 영원까지** – 시 113:2; 115:18; 사 59:21; 미 4:7; 마 21:19; 막 11:14
>
> **이제야** – 창 22:12; 왕상 17:24; 행 12:11
>
> **이제 후로는** – 창 17:5; 눅 1:48; 5:10; 딤후 4:8

【 이제 】　　　　　　　　　　　　【 이쪽 】

욥 42:5　귀로 듣기만 하였사오나 **이제**는 눈으로
사 43:19　새 일을 행하리니 **이제** 나타낼 것이라
행 20:22　**이제** 나는 성령에 매여 예루살렘으로
롬 8:1　**이제** 그리스도 예수 안에 있는 자에게
갈 2:20　**이제**는 내가 사는 것이 아니요 … 그리
　　　　스도께서 사시는 것이라 **이제** 내가 육체

이제 - 기타 본문

모세오경 창 12:19; 19:9; 20:7; 21:23; 24:49;
26:22, 29; 27:2, 36; 29:32, 35; 30:20; 31:16, 30,
42, 44; 41:33; 44:30, 33; 45:19; 47:29; 50:17; 출
3:9, 10; 4:12; 5:5, 18; 6:1, 5; 9:19; 11:1; 18:11,
19; 32:30, 32, 34; 민 11:6, 23; 14:15, 17, 41;
19:2; 20:16; 22:4, 11, 19; 24:11, 14; 신 1:30;
2:13, 24; 4:1; 5:25; 10:22; 26:10; 28:63; 31:2,
19; 32:39 **역사서** 수 2:12; 3:12; 7:21; 9:6, 11,
12, 19, 25; 14:10; 22:4, 26, 31; 24:14, 23; 삿
6:13; 7:3; 8:2; 9:16, 38; 11:7, 8, 13, 25; 13:3, 7,
12, 23; 14:2, 12; 15:18; 16:10, 18; 17:3, 13;
18:14, 24; 19:9, 18; 20:9, 13; 21:16; 룻 3:11; 삼
상 2:30; 9:27; 10:19; 12:2, 10, 13; 14:33; 15:1,
30; 19:2; 20:31; 21:3; 24:21; 25:7, 17; 26:16, 19,
20; 28:22; 29:7; 삼하 2:6, 7; 3:18; 7:8, 25, 29;
12:10, 28; 13:7, 13, 15, 17, 24, 25, 28; 14:15, 32;
15:34; 16:19; 17:1, 5, 16; 19:7, 9, 10, 35; 20:6;
24:2, 10, 16; 왕상 1:12, 18; 2:2, 16, 24; 5:4;
8:15, 20, 25; 10:7; 12:2, 4, 11, 16, 26; 14:14;
18:11, 14; 22:23; 왕하 3:15, 23; 4:1; 5:5, 15; 7:9;
10:10, 13, 19; 13:19; 16:7; 18:20, 21, 23, 25;
19:19, 25; 21:12; 대상 17:23, 27; 19:2; 21:8, 15;
22:5, 11, 19; 28:8, 10; 29:13, 17; 대하 1:9, 10;
2:4, 7, 13, 17; 6:4, 10, 16, 40; 7:15; 9:6; 10:4,
11, 16; 13:8; 18:22; 20:2, 11; 23:4; 28:10; 29:5,
10, 11, 31; 스 3:12; 4:13, 14, 16, 21; 5:17; 6:6;
9:8, 10; 10:14; 느 1:9; 5:5; 6:3, 7, 9; 9:32,
38; 에 4:11; 7:9; 9:12 **시가서** 욥 1:11; 2:5; 3:13;
4:5; 6:21, 28; 7:21; 10:8; 12:7; 14:16; 16:7;
30:1, 9, 16; 36:17; 40:15; 시 12:5; 17:11; 20:6;
27:6; 39:7; 41:8; 42:4; 44:9; 50:22; 74:6; 115:2;
118:2, 3, 4, 25; 119:67; 122:8; 124:1; 129:1; 잠
7:24; 8:32; 전 3:15 **선지서** 사 1:21; 5:3, 5; 8:17;
12:1; 14:7; 16:8, 14; 29:22; 30:8; 33:10;
36:4, 5, 8, 10; 37:20, 26; 41:27; 42:9; 44:1; 47:8,

12; 48:16; 49:5, 19; 52:5; 60:10, 15; 63:11, 13,
15; 64:8; 렘 4:12; 7:13; 14:10; 17:15; 18:11;
27:6, 16; 29:27; 34:15; 35:15; 37:19, 20; 40:3;
42:15; 애 1:1; 3:54, 56; 4:5, 6, 8; 겔 7:3, 8; 8:5;
19:13; 32:24, 25, 30, 32; 36:35; 39:25; 43:9; 단
2:9, 23, 36; 3:12, 15, 29; 5:12, 16; 6:26; 9:22,
23; 10:14, 20; 11:2; 호 2:10; 4:16; 5:3; 7:2; 8:8,
10, 13; 10:2, 3; 13:2, 10; 욜 2:1, 12; 3:21; 암 6:7;
7:16; 욘 4:3; 미 4:9, 10, 11; 5:4; 7:4; 나 1:13;
2:8, 11; 학 1:5; 2:3, 15; 슥 2:7; 8:11, 13, 15; 말
1:8; 2:1 **복음서, 역사서** 마 3:15; 19:6; 26:45;
27:43; 막 5:3; 10:8; 12:6; 14:41 눅 2:15, 29; 9:9;
16:25; 22:36, 53; 요 2:8; 4:42; 11:22; 12:31;
14:29; 16:31; 18:36; 행 4:29; 5:38; 7:34, 52;
10:33; 13:11, 31; 16:36, 37; 17:30; 20:25; 22:16;
23:15; 24:13; 26:6; 27:22 **서신서, 예언서** 롬
1:10; 3:21; 5:9, 11; 6:19, 21, 22; 7:6, 17;
8:11:30, 31; 13:11; 15:5, 23; 16:26; 고전
5:11; 7:14; 12:18, 20; 15:20; 16:7; 고후 8:11, 14,
22; 10:1; 12:14; 13:1; 갈 1:10; 3:3; 4:9, 20, 29;
엡 2:13; 3:5, 10; 5:8; 빌 1:30; 3:18; 4:10; 골
1:22, 24, 26; 3:8; 살전 3:8; 딤후 1:10; 몬 1:11; 히
6:10; 8:6; 9:5, 24, 26; 11:16; 12:26; 약 4:16; 벧
전 1:6, 8, 12; 2:10, 25; 3:21; 벧후 3:1, 7, 18; 요일
2:28; 요이 1:5; 유 1:25; 계 1:8, 18; 12:10

이종하다(移種, plant)
사 17:10　이방의 나무 가지도 **이종하는**도다

이질(痢疾, dysentery)
행 28:8　보블리오의 부친이 열병과 **이질**에 걸려

이쪽(one end, other side)
출 14:20　있고 **이쪽**에는 밤이 밝으므로 밤새도
　　　　록 저쪽이 **이쪽**에 가까이 못하였더라
출 17:12　홀이 한 사람은 **이쪽**에서, 한 사람은
출 25:12　네 발에 달되 **이쪽**에 두 고리 저쪽에
출 25:32　다른 세 가지는 **이쪽**으로 나오고 다른
출 25:33　**이쪽** 가지에 살구꽃 형상의 잔 셋과
출 26:13　막 곧 휘장의 길이의 남은 것은 **이쪽**에
출 26:19　마흔 개를 만들지니 **이쪽** 널판 아래에도
출 26:21　은 받침 마흔 개를 **이쪽** 널판 아래에도
출 26:25　은 받침이 열여섯이니 **이쪽** 판 아래에도

[이쪽]

출 26:26	조각목으로 띠를 만들지니 성막 **이쪽**
출 27:14	**이쪽**을 위하여 포장이 열다섯 규빗이며
출 36:31	곧 성막 **이쪽** 널판을 위하여 다섯 개요
출 37:3	네 발에 달았으니 곧 **이쪽**에 두 고리요
출 37:8	한 그룹은 **이쪽** 끝에, 한 그룹은 저쪽
출 37:18	등잔대의 세 가지는 **이쪽**으로 나왔으며
출 37:19	**이쪽** 가지에 살구꽃 형상의 잔 셋과
출 38:14	문 **이쪽**의 포장이 열다섯 규빗이요 그
출 38:15	저쪽도 그와 같으니 뜰 문 **이쪽**, 저쪽의
민 24:17	**이쪽**에서 저쪽까지 쳐서 무찌르고
신 3:8	그 때에 우리가 요단 강 **이쪽** 땅을
수 8:22	어떤 사람들은 **이쪽**에서 어떤 사람들은
삼상 14:4	건너가려 하는 어귀 사이 **이쪽**에는
삼상 14:40	나와 내 아들 요나단은 **이쪽**에 있으리라
삼상 17:3	사람들은 **이쪽** 산에 섰고 이스라엘은
삼상 20:21	보라 화살이 네 **이쪽**에 있으니 가져오라
삼상 23:26	사울이 산 **이쪽**으로 가매 다윗과 그의
삼하 2:13	함께 앉으니 이는 못 **이쪽**이요 그는 못
왕상 6:24	한 그룹의 **이쪽** 날개도 다섯 규빗이요 저쪽 날개도 다섯 규빗이니 **이쪽** 날개
왕상 6:27	**이쪽** 그룹의 날개는 **이쪽** 벽에 닿았고
왕상 6:34	그 두 문짝은 잣나무라 **이쪽** 문짝도 두
왕하 10:21	신당에 들어가매 바알의 신당 **이쪽**부터
겔 40:12	간막이 벽이 있는데 **이쪽** 간막이 벽도 한 척이요 … 방은 **이쪽**도 여섯 척이요
겔 40:21	문지기 방이 **이쪽**에도 셋이요 저쪽에도
겔 40:34	바깥뜰로 향하였고 그 **이쪽**, 저쪽
겔 40:37	바깥뜰로 향하였고 그 **이쪽**, 저쪽
겔 40:39	문의 현관 **이쪽**에 상 둘이 있고 저쪽에
겔 40:40	입구로 올라가는 곳 **이쪽**에 상 둘이
겔 40:41	문 곁 **이쪽**에 상이 넷이 있고 저쪽에
겔 40:48	너비는 **이쪽**도 … 문 **이쪽**도 세 척이요
겔 40:49	기둥이 있는데 하나는 **이쪽**에 있고 다른
겔 41:1	그 문 벽을 측량하니 **이쪽** 두께도 여섯
겔 41:2	문 통로 **이쪽** 벽의 너비는 다섯 척이요
겔 41:19	하나는 사람의 얼굴이라 **이쪽** 종려나무
단 12:5	두 사람이 있어 하나는 강 **이쪽** 언덕에
슥 5:3	도둑질하는 자는 그 **이쪽** 글대로 끊어지

┌─ '요단 **이쪽**'과 관련된 성구 ─┐
민 32:19, 32; 35:14; 신 4:41, 47, 49;
수 1:14, 15; 22:7
└─────────────────────┘

[이치]

눅 17:24 번개가 하늘 아래 **이쪽**에서 번쩍이어

이쪽저쪽(each side, front and back)
출 32:15 판의 양면 **이쪽저쪽**에 글자가 있으니
민 11:31 메추라기를 몰아 진영 곁 **이쪽저쪽** 곧
겔 40:26 안에 현관이 있으며 또 **이쪽저쪽** 문

이처럼(like this)
삼상 19:17 너는 어찌하여 **이처럼** 나를 속여 내

┌─ **이처럼** – 기타 본문 ─┐
삼하 2:5; 대상 17:7; 29:14; 단 4:14; 7:23; 슥 1:3, 16; 요 3:16
└─────────────────────┘

이천(二千, two thousand)
왕상 7:26 그 바다에는 **이천** 밧을 담겠더라
느 7:72 이만 드라크마와 은 **이천** 마네와 제사장
사 36:8 내가 네게 말 **이천** 필을 주어도 너는

┌─ '**이천**'과 관련된 성구 ─┐
이천 규빗 – 민 35:5; 수 3:4
이천 마리 – 왕하 18:23; 대상 5:21; 막 5:13
이천 명 – 삿 20:45; 삼상 13:2
이천백칠십 명 – 스 2:3; 느 7:8
이천백팔십 명 – 스 2:6
이천사백 세겔 – 출 38:29; 민 7:85
이천삼백이십 명 – 느 7:17
이천삼백 주야 – 단 8:14
이천오십육 명 – 스 2:14
이천육십칠 명 – 느 7:19
이천육백 명 – 대하 26:12
이천육백삼십 명 – 민 4:40
이천이백 마네 – 느 7:71
이천칠백 명 – 대상 26:32
이천칠백오십 명 – 민 4:36
이천팔백십 명 – 스 2:6
이천팔백십팔 명 – 느 7:11
└─────────────────────┘

이치(理致, explanation, right way)
욥 42:3 말로 **이치**를 가리는 자가 누구니이까
전 7:27 내가 낱낱이 살펴 그 **이치**를 연구하여
전 8:1 누가 사물의 **이치**를 아는 자이냐 사람의

【 이탈하다 】   【 이튿날 】

고전 7:35 너희로 하여금 **이치**에 합당하게 하여

이탈하다(離脫, swerve)
욥 2:7   나아가되 그 줄을 **이탈하지** 아니하며

이태(two years)
삼하 14:28 압살롬이 **이태** 동안 예루살렘에 있으되
행 24:27 **이태**가 지난 후 보르기오 베스도가
행 28:30 바울이 온 **이태**를 자기 셋집에 머물면서

이튿날(next day)

구약
창 19:34 **이튿날** 큰 딸이 작은 딸에게 이르되
출 2:13 **이튿날** 다시 나가니 두 히브리 사람이
출 9:6   **이튿날**에 여호와께서 이 일을 행하시니
출 18:13 **이튿날** 모세가 백성을 재판하느라고
출 32:6 **이튿날**에 그들이 일찍이 일어나 번제를
출 32:30 **이튿날** 모세가 백성에게 이르되 너희가
레 7:15 **이튿날** 아침까지 두지 말 것이니라
레 7:16 먹을 것이요 그 남은 것은 **이튿날**에도
레 19:6 그 제물은 드리는 날과 **이튿날**에 먹고
레 22:30 그 제물은 그 날에 먹고 **이튿날**까지
레 23:11 흔들되 안식일 **이튿날**에 흔들 것이며
레 23:15 안식일 **이튿날** 곧 너희가 요제로 곡식단
레 23:16 일곱 안식일 **이튿날**까지 합하여 오십
레 23:32 그 저녁부터 **이튿날** 저녁까지 안식을
민 11:32 그 날 종일 종야와 그 **이튿날** 종일토록
민 16:41 **이튿날** 이스라엘 자손의 온 회중이 모세
민 17:8 **이튿날** 모세가 증거의 장막에 들어가
수 5:11 유월절 **이튿날**에 그 땅의 소산물을 먹되
수 10:32 **이튿날**에 그 성읍을 점령하고 칼날로
삿 6:38 그대로 된지라 **이튿날** 기드온이 일찍이
삿 9:42 **이튿날** 백성이 밭으로 나오매 사람들이
삿 20:24 그 **이튿날**에 이스라엘 자손이 베냐민
삿 20:25 베냐민도 그 **이튿날**에 기브아에서
삿 21:4 **이튿날**에 백성이 일찍이 일어나 거기에
삼상 5:3 아스돗 사람들이 **이튿날** 일찍이 일어나
삼상 5:4 **이튿날** 아침에 그들이 일찍이 일어나
삼상 11:11 **이튿날** 사울이 백성을 삼 대로 나누고
삼상 18:10 *이튿날 하나님께서 부리시는 악령이*
삼상 20:27 **이튿날** 곧 그 달의 둘째 날에도 다윗을
삼상 30:17 다윗이 새벽부터 **이튿날** 저물 때까지
삼상 31:8 **이튿날** 블레셋 사람들이 죽은 자를

삼하 11:12 그 날에 예루살렘에 머무니라 **이튿날**
왕하 6:29 아들을 삶아 먹었더니 **이튿날**에 내가
왕하 8:15 **이튿날**에 하사엘이 이불을 물에 적시어
왕하 10:9 **이튿날** 아침에 그가 나가 서서 뭇 백성
대상 10:8 **이튿날**에 블레셋 사람들이 와서 죽임을
대상 29:21 **이튿날** 여호와께 제사를 드리고 또
느 8:13 **이튿날** 뭇 백성의 족장들과 제사장들이
겔 12:8 **이튿날** 아침에 여호와의 말씀이 또 내게
단 6:19 **이튿날** 왕이 새벽에 일어나 급히 사자
욘 4:7   벌레를 예비하사 **이튿날** 새벽에 그
습 3:3   그의 재판장들은 **이튿날**까지 남겨 두는

신약
마 27:62 **이튿날**은 준비일 다음 날이라 대제사장
막 11:12 **이튿날** 그들이 베다니에서 나왔을 때에
눅 9:37 **이튿날** 산에서 내려오시니 큰 무리가
눅 10:35 **이튿날** 그가 주막 주인에게 데나리온
요 1:29 **이튿날** 요한이 예수께서 자기에게
요 1:35 **이튿날** 요한이 자기 제자 중 두 사람과
요 1:43 **이튿날** 예수께서 갈릴리로 나가려
요 6:22 **이튿날** 바다 건너편에 서 있던 무리가
요 12:12 그 **이튿날**에는 명절에 온 큰 무리가
행 4:3   날이 이미 저물었으므로 **이튿날**까지
행 4:5   **이튿날** 관리들과 장로들과 서기관들이
행 7:26 **이튿날** 이스라엘 사람끼리 싸울 때에
행 10:9 **이튿날** 그들이 길을 가다가 그 성에
행 10:23 **이튿날** 일어나 그들과 함께 갈새 욥바의
행 10:24 **이튿날** 가이사랴에 들어가니 고넬료가
행 14:20 그 성에 들어갔다가 **이튿날** 바나바와
행 16:11 사모드라게로 직행하여 **이튿날**
행 20:7 바울이 **이튿날** 떠나고자 하여 그들에게
행 20:15 떠나 **이튿날** 기오 앞에 오고 그 **이튿날**
행 21:1 배를 타고 바로 고스로 가서 **이튿날**
행 21:8 **이튿날** 떠나 가이사랴에 이르러 일곱
행 21:18 **이튿날** 바울이 우리와 함께 야고보에게
행 21:26 이 사람들을 데리고 **이튿날** 그들과
행 22:30 **이튿날** 천부장은 유대인들이 무슨 일로
행 23:32 **이튿날** 기병으로 바울을 호송하게 하고
행 25:6 **이튿날** 재판 자리에 앉고 바울을 데려오
행 25:17 지체하지 아니하고 **이튿날** 재판 자리에
행 25:23 **이튿날** 아그립바와 버니게가 크게 위의
행 27:3 **이튿날** 시돈에 대니 율리오가 바울을
행 27:18 풍랑으로 심히 애쓰다가 **이튿날** 사공들
행 28:13 남풍이 일어나므로 **이튿날** 보디올에

이틀 1(two days)
출 16:29 여섯째 날에는 **이틀** 양식을 너희에게
출 21:21 그가 하루나 **이틀**을 연명하면 형벌을
민 9:22 **이틀**이든지 한 달이든지 일 년이든지
민 11:19 **이틀**이나 닷새나 열흘이나 스무 날만
삼하 1:1 다윗이 시글락에서 **이틀**을 머물더니
스 10:13 범죄하였은즉 하루 **이틀**에 할 일이
렘 41:4 그다랴를 죽인 지 **이틀**이 되었어도 이를
호 6:2 여호와께서 **이틀** 후에 우리를 살리시며
마 26:2 아는 바와 같이 **이틀**이 지나면 유월절이
막 14:1 **이틀**이 지나면 유월절과 무교절이라
요 4:40 함께 유하시기를 청하니 거기서 **이틀**을
요 4:43 **이틀**이 지나매 예수께서 거기를 떠나
요 11:6 그 계시던 곳에 **이틀**을 더 유하시고

이틀 2(tooth)
욥 41:14 벌릴 수 있겠느냐 그의 둥근 **이틀**은

이편(west side)
수 12:7 이스라엘 자손이 요단 **이편** 곧 서쪽

이하(以下, less)
대상 27:23 이스라엘 사람의 이십 세 **이하**의 수효는

이해/-하다(理解, understand)
엡 5:17 오직 주의 뜻이 무엇인가 **이해하라**
골 2:2 확실한 **이해**의 모든 풍성함과 하나님을

이행하다(履行, do, keep)
레 26:9 너희와 함께 한 내 언약을 **이행하리라**
민 30:2 입으로 말한 대로 다 **이행할** 것이니라
민 30:7 말이 없으면 그 서원을 **이행할** 것이요
민 30:11 않으면 그 서원은 다 **이행할** 것이요
신 7:9 언약을 **이행하시며** 인애를 베푸시되
룻 3:13 네게 **이행하려** 하면 좋으니 그가 …
  책임을 네게 **이행하기**를 기뻐하지 아
  니하면 … 책임을 네게 **이행하리라**
시 61:8 매일 나의 서원을 **이행하리이다**
시 65:1 사람이 서원을 주께 **이행하리이다**
렘 44:25 반드시 **이행하여** … 서원을 **이행하라**

이혼/-하다(離婚, divorce)
레 21:7 그들은 부정한 창녀나 **이혼** 당한 여인을
레 21:14 과부나 **이혼** 당한 여자나 창녀 짓을
레 22:13 그가 과부가 되든지 **이혼**을 당하든지
민 30:9 과부나 **이혼** 당한 여자의 서원이나 그가
겔 44:22 과부나 **이혼**한 여인에게 장가 들지 말고
말 2:16 **이혼하는** 것과 옷으로 학대를 가리는

> **'이혼'과 관련된 성구**
> 이혼서 - 렘 3:8
> 이혼 증서 - 신 24:1, 3; 사 50:1; 마 5:31; 19:7; 막 10:4

이후(以後, from, since)
레 22:27 여덟째 날 **이후**로는 여호와께 화제로
민 15:23 여호와께서 명령한 날 **이후**부터 너희
민 18:16 한 달 **이후**에 네가 정한 대로 성소의
삼상 16:13 이 날 **이후**로 다윗이 여호와의 영에게
대하 35:18 사무엘 **이후**로 이스라엘 가운데서
사 9:7 **이후**로 영원히 정의와 공의로 그것을
사 44:7 영원한 백성을 세운 **이후**로 나처럼
겔 39:22 **이후**에 이스라엘 족속은 내가 여호와
욜 2:2 없었고 **이후**에도 대대에 없으리로다
눅 11:50 창세 **이후**로 흘린 모든 선지자의 피를
요 9:32 창세 **이후**로 맹인으로 난 자의 눈을 뜨게
계 13:8 어린 양의 생명책에 창세 **이후**로 이름이
계 14:13 지금 **이후**로 주 안에서 죽는 자들은 복이
계 17:8 **이후**로 그 이름이 생명책에 기록되지

익게스(Ikkesh) 다윗의 30용사 중 한 사람
삼하 23:26 헬레스와 드고아 사람 **익게스**의 아들
대상 11:28 드고아 사람 **익게스**의 아들 이라와
대상 27:9 여섯째 지휘관은 드고아 사람 **익게스**의

익다(ripen)
창 40:10 싹이 나서 꽃이 피고 포도송이가 **익었고**
출 34:26 토지 소산의 처음 **익은** 것을 가져다가
레 2:12 처음 **익은** 것으로는 그것을 여호와께
민 15:20 너희의 처음 **익은** 곡식 가루 떡을 거제
민 15:21 너희의 처음 **익은** 곡식 가루 떡을
민 18:13 여호와께 드리는 그 땅의 처음 **익은**
민 28:26 칠칠절 처음 **익은** 열매를 드리는 날에
왕하 2:19 물이 나쁘므로 토산이 **익지** 못하고
느 10:37 처음 **익은** 밀의 가루와 거제물과 각종

| 익다랴 | | | 인내/-하다 |

느 12:44	처음 **익은** 것과 십일조를 모든 성읍
느 13:31	또 정한 기한에 나무와 처음 **익은** 것을
욥 15:33	포도 열매가 **익기** 전에 떨어짐 같고
잠 3:9	재물과 네 소산물의 처음 **익은** 열매로
아 2:13	무화과나무에는 푸른 열매가 **익었고**
사 18:5	포도가 맺혀 **익어갈** 때에 내가 낫으로
사 28:4	처음 **익은** 무화과와 같으리니 보는 자가
렘 24:2	광주리에는 처음 **익은** 듯한 극히 좋은
겔 44:30	또 각종 처음 **익은** 열매와 너희 모든
겔 48:14	땅의 처음 **익은** 열매를 남에게 주지도
호 2:9	곡식을 그것이 **익을** 계절에 도로 찾으며
욜 3:13	쓰라 곡식이 **익었도다** 와서 밟을지어다
미 7:1	마음에 사모하는 처음 **익은** 무화과가
나 3:12	무화과나무의 처음 **익은** 열매가 흔들기
막 4:29	열매가 **익으면** 곧 낫을 대나니 이는
롬 8:23	처음 **익은** 열매를 받은 우리까지도
롬 11:16	제사하는 처음 **익은** 곡식 가루가 거룩한
계 14:4	속량함을 받아 처음 **익은** 열매로 하나님
계 14:15	다 **익어** 거둘 때가 이르렀음이니이다
계 14:18	송이를 거두라 그 포도가 **익었느니라**

익다랴(Igdaliah) 레갑 족속 하난의 아버지
| 렘 35:4 | **익다랴**의 아들 하나님의 사람 하난의 |

익숙하다(skillful, experienced, well versed)
창 25:27	**익숙한** 사냥꾼이었으므로 들사람이
삼상 17:39	군복 위에 차고는 **익숙하지** 못하므로
삼하 17:8	왕의 부친은 전쟁에 **익숙한** 사람인즉
왕상 9:27	자기 종 곧 바다에 **익숙한** 사공들을
대상 5:18	칼을 들며 활을 당겨 싸움에 **익숙한**
대상 12:8	싸움에 **익숙하여** 방패와 창을 능히 쓰는
대상 15:22	그 나는 노래에 **익숙하므로** 노래를
대상 22:15	곧 석수와 목수와 온갖 일에 **익숙한**
대상 25:7	여호와 찬송하기를 배워 **익숙한** 자의
대하 2:14	모든 아로새기는 일에 **익숙하고** 모든
대하 34:12	**익숙한** 레위 사람들이 함께 하였으며
스 7:6	모세의 율법에 **익숙한** 학자로서 그의
욥 3:8	격동시키기에 **익숙한** 자들이 그 밤을
아 3:8	칼을 잡고 싸움에 **익숙한** 사람들이라
렘 2:24	광야에 **익숙한** 들암나귀들이 그들의
렘 13:23	**익숙한** 너희도 선을 행할 수 있으리라
렘 31:18	징벌하시매 멍에에 **익숙하지** 못한
겔 21:31	짐승 같은 자 곧 멸하기에 **익숙한** 자의

| 단 1:4 | 통달하며 학문에 **익숙하여** 왕궁에 |

익히(familiar)
| 시 139:3 | 나의 모든 행위를 **익히** 아시오니 |

익히다(get into the habit)
| 딤전 5:13 | 게으름을 **익혀** 집집으로 돌아 다니고 |

인/-치다(印, certify, seal)
왕상 21:8	그 **인**을 치고 봉하여 그의 성읍에서
에 3:12	언어로 쓰고 왕의 반지로 **인치니라**
에 8:8	이름을 쓰고 왕의 반지로 **인친** 조서는
에 8:10	명의로 쓰고 왕의 반지로 **인**을 치고
욥 38:14	변하여 진흙에 **인친** 것같이 되었고
요 3:33	하나님이 참되시다는 것을 **인쳤느니라**
요 6:27	아버지 하나님께서 **인치신** 자니라
롬 4:11	무할례시에 믿음으로 된 의를 **인친**
고전 9:2	나의 사도 됨을 주 안에서 **인친** 것이
고후 1:22	우리에게 **인치시고** 보증으로 우리 마음
엡 1:13	또한 믿어 약속의 성령으로 **인치심**을
엡 4:30	구원의 날까지 **인치심**을 받았느니라
계 7:3	하나님의 종들의 이마에 **인치기**까지

'일곱 인'에 관한 성구
계 5:1, 5; 6:1

인간(人間, man)
| 벧전 2:13 | **인간**의 모든 제도를 주를 위하여 순종하 |

인구(人口, people, noisy)
왕상 4:20	유다와 이스라엘의 **인구**가 바닷가의
전 9:14	작고 **인구**가 많지 아니한 어떤 성읍에
사 32:14	대저 궁전이 폐한 바 되며 **인구** 많던

'인구를 조사하다'와 관련된 성구
삼하 24:1, 2, 4

인내/-하다(忍耐, perseverance)
눅 8:15	듣고 지키어 **인내**로 결실하는 자니라
눅 21:19	너희의 **인내**로 너희 영혼을 얻으리라
롬 5:3	즐거워하나니 이는 환난은 **인내**를,

【 인도 1/-하다/-되다 】　　　　　　　　　　【 인도 1/-하다/-되다 】

롬 5:4	인내는 연단을, 연단은 소망을 이루는
롬 15:4	우리로 하여금 인내로 또는 성경의
롬 15:5	이제 인내와 위로의 하나님이 너희로
살전 1:3	예수 그리스도에 대한 소망의 인내를
살후 1:4	인내와 믿음으로 말미암아 하나님의
살후 3:5	하나님의 사랑과 그리스도의 인내에
딤전 6:11	경건과 믿음과 사랑과 인내와 온유를
딤후 3:10	믿음과 오래 참음과 사랑과 인내와
딛 2:2	신중하며 믿음과 사랑과 인내함에
히 10:36	너희에게 인내가 필요함은 너희가
히 12:1	죄를 벗어 버리고 인내로써 우리 앞에
약 1:3	믿음의 시련이 인내를 만들어 내는 줄
약 1:4	인내를 온전히 이루라 이는 너희로
약 5:11	보라 인내하는 자를 우리가 복되다 하
	나니 너희가 욥의 인내를 들었고 주께서
벧후 1:6	지식에 절제를, 절제에 인내를, 인내에
계 2:2	네 행위와 수고와 네 인내를 알고 또
계 2:19	사업과 사랑과 믿음과 섬김과 인내를
계 3:10	네가 나의 인내의 말씀을 지켰은즉 내가
계 13:10	칼에 죽을 것이니 성도들의 인내와
계 14:12	성도들의 인내가 여기 있나니 그들은

인도 1/-하다/-되다 (引導, guide, lead)

모세오경

창 19:16	두 딸의 손을 잡아 인도하여 성 밖에
창 24:5	나오신 땅으로 인도하여 돌아가리이까
창 24:27	여호와께서 길에서 나를 인도하사 내
창 24:67	이삭이 리브가를 인도하여 그의 어머니
창 29:13	안고 입맞추며 자기 집으로 인도하여
창 32:22	두 여종과 열한 아들을 인도하여 얍복
창 32:23	인도하여 시내를 건너가게 하며 그의
창 33:14	자식들의 걸음대로 천천히 인도하여
창 43:16	사람들을 집으로 인도해 들이고 짐승을
창 43:17	그 사람들을 요셉의 집으로 인도하니
창 43:18	요셉의 집으로 인도되매 두려워하여
창 43:24	그들을 요셉의 집으로 인도하고 물을
창 46:4	너를 인도하여 다시 올라올 것이며
창 46:28	자기를 고센으로 인도하게 하다 고센
창 47:7	요셉이 자기 아버지 야곱을 인도하여
창 48:21	너희를 인도하여 너희 조상의 땅으로
창 50:24	이 땅에서 인도하여 내사 아브라함과
출 3:1	떼를 광야 서쪽으로 인도하니 하나님의
출 3:8	그 땅에서 인도하여 아름답고 광대한
출 3:17	너희를 애굽의 고난 중에서 인도하여
출 6:8	맹세한 땅으로 너희를 인도하고 그
출 7:4	자손을 그 땅에서 인도하여 낼지라
출 7:5	자손을 그 땅에서 인도하여 낼 때에야
출 13:3	너희를 그 곳에서 인도해 내셨음이니라
출 13:5	여호와께서 너를 인도하여 가나안 사람
출 13:11	너를 가나안 사람의 땅에 인도하시고
출 13:14	종이 되었던 집에서 인도하여 내실새
출 13:17	그들을 그 길로 인도하지 아니하셨으니
출 13:18	광야 길로 돌려 백성을 인도하시매
출 13:21	구름 기둥으로 그들의 길을 인도하시고
출 15:13	주께서 구속하신 백성을 인도하시되
출 15:17	백성을 인도하사 그들을 주의 기업의
출 15:22	홍해에서 이스라엘을 인도하매 그들이
출 16:3	너희가 이 광야로 우리를 인도해 내어
출 19:4	너희를 업어 내게로 인도하였음을
출 23:23	사람과 여부스 사람에게로 인도하고
출 32:12	진멸하려는 악한 의도로 인도해 내었다
출 32:34	내가 네게 말한 곳으로 백성을 인도하라
출 33:12	내게 이 백성을 인도하여 올라가라
레 18:3	내가 너희를 인도할 가나안 땅의 풍속과
레 19:36	너희를 인도하여 애굽 땅에서 나오게
레 20:22	너희를 인도하여 거주하게 하는 땅이
레 25:38	애굽 땅에서 너희를 인도하여 낸 너희의
레 26:45	애굽 땅으로부터 그들을 인도하여 낸
민 14:3	여호와 우리를 그 땅으로 인도하여
민 14:8	우리를 그 땅으로 인도하여 들이시고
민 14:13	능력으로 이 백성을 인도하여 내셨거늘
민 14:16	백성에게 주기로 맹세한 땅에 인도할
민 14:24	그가 갔던 땅으로 내가 그를 인도하여
민 14:31	유아들은 내가 인도하여 들이리니
민 15:18	너희는 내가 인도하는 땅에 들어가거든
민 16:14	젖과 꿀이 흐르는 땅으로 인도하여
민 20:4	여호와의 회중을 이 광야로 인도하여
민 20:5	이 나쁜 곳으로 인도하였느냐 이 곳에는
민 20:12	그들에게 준 땅으로 인도하여 들이지
민 22:41	발락이 발람과 함께 하고 그를 인도하여
민 23:14	소빔 들로 인도하여 비스가 꼭대기에
민 23:27	오라 내가 너를 다른 곳으로 인도하리니
민 23:28	발락이 발람을 인도하여 광야가 내려다
민 27:17	그들 앞에 출입하며 그들을 인도하여
민 32:17	자손을 그 곳으로 인도하기까지
민 33:1	모세와 아론의 인도로 대오를 갖추어

1955

【 인도 1/-하다/-되다 】

신 4:34	한 민족을 다른 민족에게서 **인도하여**
신 4:37	택하시고 큰 권능으로 친히 **인도하여**
신 4:38	너를 그들의 땅으로 **인도하여** 들여서
신 5:15	손과 편 팔로 거기서 너를 **인도하여**
신 6:23	하시려고 우리를 거기서 **인도하여**
신 7:1	네 하나님 여호와께서 너를 **인도하사**
신 7:8	권능의 손으로 너희를 **인도하여** 내시되
신 7:19	하나님 여호와께서 너를 **인도하여** 내실
신 8:15	너를 **인도하여** 그 광대하고 위험한 광야
신 9:4	여호와께서 나를 이 땅으로 **인도하여**
신 9:28	주께서 우리를 **인도하여** 내신 그 땅 백성이 … 그들을 **인도하여** 들일 만한 … 죽이려고 **인도하여** 내셨다 할까
신 11:29	네가 가서 차지할 땅으로 너를 **인도하여**
신 13:10	땅 종 되었던 집에서 너를 **인도하여**
신 20:1	애굽 땅에서 너를 **인도하여** 내신 네
신 26:9	이곳으로 **인도하사** 이 땅 곧 젖과 꿀이
신 29:5	너희를 광야에서 **인도하게** 하셨거니와
신 31:20	꿀이 흐르는 땅으로 그들을 **인도하여**
신 31:21	내가 맹세한 땅으로 그들을 **인도하여**
신 31:23	너는 이스라엘 자손들을 **인도하여** 내가
신 32:12	여호와께서 홀로 그를 **인도하셨고** 그와
신 33:7	그의 백성에게로 **인도하시오며** 그의
역사서	
수 7:7	여호와여 어찌하여 이 백성을 **인도하여**
수 24:5	그 후에 너희를 **인도하여** 내었노라
수 24:8	내가 또 너희를 **인도하여** 요단 저쪽에
수 24:17	친히 우리와 우리 조상들을 **인도하여**
삿 2:12	땅에서 그들을 **인도하여** 내신 그들의
삿 7:4	아직도 많으니 그들을 **인도하여** 물가로
삿 7:5	이에 백성을 **인도하여** 물 가에 내려가매
삿 18:3	누가 너를 이리로 **인도하였으며** 네가
삿 19:3	여자가 그를 **인도하여** 아버지의 집에
삼상 9:22	사무엘이 사울과 그의 사환을 **인도하여**
삼상 17:57	아브넬이 그를 사울 앞으로 **인도하니**
삼상 19:7	요나단이 그를 사울에게로 **인도하니**
삼상 22:4	**인도하여** 모압 왕 앞에 나아갔더니
삼상 30:15	네가 나를 그 군대로 **인도하겠느냐** 하니 … 당신을 그 군대로 **인도하리이다**
삼상 30:16	그가 다윗을 **인도하여** 내려가니 그들이
삼하 15:25	은혜를 입으면 도로 나를 **인도하사** 내게
삼하 19:41	왕을 따르는 모든 사람을 **인도하여** 요단
삼하 22:20	나를 또 넓은 곳으로 **인도하시고** 나를
삼하 22:33	나를 안전한 곳으로 **인도하시며**
왕상 1:33	내 노새에 태우고 기혼으로 **인도하여**
왕상 1:38	다윗 왕의 노새에 태우고 **인도하여** 기혼
왕상 20:33	왕이 이르되 너희는 가서 그를 **인도하여**
왕하 6:19	너희를 **인도하여** 너희가 찾는 사람에게로 … 그들을 **인도하여** 사마리아에
왕하 11:12	여호야다가 왕자를 **인도하여** 내어 왕관
왕하 11:19	온 백성을 거느리고 왕을 **인도하여**
대상 15:21	타서 여덟째 음에 맞추어 **인도하는** 자요
대상 15:22	익숙하므로 노래를 **인도하는** 자요
대하 23:11	무리가 왕자를 **인도해** 내어 면류관을
대하 23:13	주악하며 찬송을 **인도하는지라** 이에
대하 23:20	모든 백성을 거느리고 왕을 **인도하여**
느 9:7	우르에서 **인도하여** 내시고 아브라함
느 9:12	낮에는 구름 기둥으로 **인도하시고**
느 9:18	곧 너희를 **인도하여** 애굽에서 나오게
느 9:19	떠나지 아니하고 길을 **인도하며**

'인도하다'와 관련된 성구

바른 길로 인도하다 – 창 24:48; 시 107:7; 잠 23:19

애굽 땅에서 인도하여 내다 – 출 6:13, 26; 12:17, 42, 51; 16:6, 32; 29:46; 32:1, 4, 7, 8, 11, 23; 33:1; 레 11:45; 22:33; 23:43; 25:42, 55; 26:13; 민 15:41; 신 1:27; 13:5; 삼상 12:6; 왕상 8:21; 9:9; 12:28; 왕하 17:7; 대하 6:5; 7:22; 시 81:10; 렘 2:6; 7:22; 11:7; 16:14; 23:7; 31:32; 32:21; 겔 20:6, 9; 단 9:15; 암 3:1; 미 6:4; 히 8:9

애굽 땅 종 되었던 집에서 인도하여 내다 – 출 20:2; 신 5:6; 6:12

애굽에서 인도하여 내다 – 출 3:10, 11, 12; 13, 16; 17:3; 18:1; 민 20:16; 21:5; 23; 24:8; 신 4:20; 6:21; 9:12, 26; 16; 26:8; 29:25; 수 24:6; 삿 6:8; 삼 8:8; 10:18; 12:8; 삼하 7:6; 왕상 8:51, 53; 왕하 17:36; 호 12:13

인도할 – 출 32:1, 23; 행 7:40

펴신 팔 인도하여 내다 – 신 9:29; 시 132

【 인도 1/-하다/-되다 】

느 9:23	말씀하신 땅으로 **인도하여** 이르렀
느 11:17	때에 감사하는 말씀을 **인도하는** 자가
에 2:16	에스더가 왕궁에 **인도되어** 들어가서

시가서

욥 31:18	어렸을 때부터 과부를 **인도하였노라**
시 5:8	말미암아 주의 의로 나를 **인도하시고**
시 18:19	나를 넓은 곳으로 **인도하시고** 나를
시 23:2	쉴 만한 물 가로 **인도하시는도다**
시 23:3	위하여 의의 길로 **인도하시는도다**
시 27:11	평탄한 길로 나를 **인도하소서**
시 28:9	되시어 영원토록 그들을 **인도하소서**
시 31:3	이름을 생각해서서 나를 **인도하시고**
시 42:4	하나님의 집으로 **인도하였더니** 이제
시 43:3	주의 진리를 보내시어 나를 **인도하시고**
시 45:14	놓은 옷을 입은 그는 왕께로 **인도함을**
시 45:15	그들은 기쁨과 즐거움으로 **인도함을**
시 48:14	우리를 죽을 때까지 **인도하시리로다**
시 60:9	성에 들이며 누가 나를 에돔에 **인도할까**
시 61:2	나보다 높은 바위에 나를 **인도하소서**
시 73:24	주의 교훈으로 나를 **인도하시고** 후에는
시 77:20	모세와 아론의 손으로 **인도하셨나이다**
시 78:14	밤에는 불빛으로 **인도하셨으며**
시 78:26	그의 권능으로 남풍을 **인도하시고**
시 78:52	그가 자기 백성은 양같이 **인도하여**
시 78:53	안전히 **인도하시니** 그들은 두려움이
시 78:54	오른손으로 만드신 산으로 **인도하시고**
시 80:1	요셉을 양 떼같이 **인도하시는** 이스라엘
시 105:37	마침내 그들을 **인도하여** 은 금을 가지고
시 106:9	마르니 그들을 **인도하여** 바다 건너가기
시 107:14	사망의 그늘에서 **인도하여** 내시고
시 107:28	그가 그들의 고통에서 그들을 **인도하여**
시 107:30	그들이 바라는 항구로 **인도하시는도다**
시 108:10	**인도해** 들이며 … 에돔으로 **인도할꼬**
시 136:11	이스라엘을 그들 중에서 **인도하여** 내신
시 136:16	그의 백성을 **인도하여** 광야를 통과하게
시 139:10	*거기서도 주의 손이 나를 **인도하시며***
시 139:24	보시고 나를 영원한 길로 **인도하소서**
시 143:10	선하시니 나를 공평한 땅에 **인도하소서**
잠 4:11	정직한 길로 너를 **인도하였은즉**
잠 6:22	그것이 네가 다닐 때에 너를 **인도하며**
잠 11:3	자의 성실은 자기를 **인도하거니와**
잠 16:9	계획할지라도 그의 걸음을 **인도하시는**
잠 16:29	꾀어 좋지 아니한 길로 **인도하느니라**

【 인도 1/-하다/-되다 】

잠 18:16	존귀한 자 앞으로 그를 **인도하느니라**
잠 21:1	같아서 그가 임의로 **인도하시느니라**
아 1:4	너는 나를 **인도하라** 우리가 너를 따라
아 2:4	나를 **인도하여** 잔칫집에 들어갔으니

선지서

사 9:16	**인도하는** 자가 그들을 미혹하니 **인도를**
사 40:11	암컷들을 온순히 **인도하시리로다**
사 42:16	알지 못하는 지름길로 **인도하며** 암흑이
사 48:15	내가 그를 부르며 그를 **인도하였나니**
사 48:17	너를 마땅히 행할 길로 **인도하는** 네
사 49:10	이끌되 샘물 근원으로 **인도할** 것임이라
사 51:18	낳은 모든 아들 중에 너를 **인도할** 자가
사 55:12	기쁨으로 나아가며 평안히 **인도함을**
사 56:7	나의 성산으로 **인도하여** 기도하는
사 57:18	**인도하며** 그와 그를 슬퍼하는 자들에게
사 58:11	여호와가 너를 항상 **인도하여** 메마른
사 63:13	그들을 깊음으로 **인도하시되** 광야에
사 63:14	주께서 이와 같이 주의 백성을 **인도하사**
렘 2:7	너희를 기름진 땅에 **인도하여** 그것의
렘 2:17	네 하나님 여호와가 너를 길로 **인도할**
렘 12:15	각 사람을 그 땅으로 다시 **인도하리니**
렘 16:15	**인도하여** … 땅으로 **인도하여** 들이리라
렘 23:8	그 모든 쫓겨났던 나라에서 **인도하여**
렘 24:6	다시 이 땅으로 **인도하여** 세우고 헐지
렘 31:8	그들을 북쪽 땅에서 **인도하며** 땅 끝에
렘 31:9	울며 돌아오리니 나의 **인도함을** 받고
렘 31:24	모든 성읍의 농부와 양 떼를 **인도하는**
렘 34:13	선조를 애굽 땅 종의 집에서 **인도하여**
겔 20:14	그들을 **인도하여** 내는 것을 본 나라
겔 20:15	아름다운 곳으로 그들을 **인도하여**
겔 20:22	그들을 **인도하여** 내는 것을 본 여러
겔 20:28	땅으로 그들을 **인도하여** 들였더니
겔 20:35	너희를 **인도하여** 여러 나라 광야에
겔 20:41	너희를 **인도하여** 여러 나라 가운데에
겔 20:42	곧 이스라엘 땅으로 너희를 **인도하여**
겔 27:26	사공이 너를 **인도하여** 큰 물에 이르게
겔 36:24	여러 나라 가운데에서 **인도하여** 내고
겔 37:21	잡혀 간 여러 나라에서 **인도하며** 그
겔 47:6	이것을 보았느냐 하시고 나를 **인도하여**
단 2:24	나를 왕의 앞으로 **인도하라** 그리하면
단 7:13	이에게 나아가 그 앞으로 **인도되매**
암 2:10	사십 년 동안 광야에서 **인도하고** 아모리
미 7:9	주께서 나를 **인도하사** 광명에 이르게

【 인도 2 】

신약
- 마 2:9 보던 그 별이 문득 앞서 **인도하**여
- 마 7:13 문으로 들어가라 멸망으로 **인도하**는
- 마 7:14 생명으로 **인도하**는 문은 좁고 길이
- 마 15:14 맹인을 **인도하**는 … **인도하**면 둘이 다
- 눅 1:79 평강의 길로 **인도하**시리로다 하니라
- 눅 6:39 맹인이 맹인을 **인도할** 수 있느냐 둘이
- 요 10:3 자기 양의 이름을 각각 불러 **인도하**여
- 요 10:16 다른 양들이 내게 있어 내가 **인도하**여야
- 요 16:13 모든 진리 가운데로 **인도하**시리니
- 행 7:36 사람이 백성을 **인도하**여 나오게 하고
- 행 7:40 애굽 땅에서 우리를 **인도하**던 이 모세는
- 행 13:11 안개와 어둠이 그를 덮어 **인도할** 사람을
- 행 13:17 백성을 높여 큰 권능으로 **인도하**여 내사
- 행 17:15 바울을 **인도하**는 사람들이 그를 데리고
- 행 23:17 청년을 천부장에게로 **인도하**라 그에게
- 롬 2:4 하나님의 인자하심이 너를 **인도하**여
- 롬 2:19 맹인의 길을 **인도하**는 자요 어둠에 있는
- 롬 8:14 무릇 하나님의 영으로 **인도함**을 받는
- 갈 3:24 우리를 그리스도께로 **인도하**는 초등
- 갈 5:18 너희가 만일 성령의 **인도하**시는 바가
- 살후 3:5 주께서 너희 마음을 **인도하**여 하나님의
- 히 13:7 너희를 **인도하**던 자들을 생각하며
- 히 13:17 너희를 **인도하**는 자들에게 순종하고
- 히 13:24 **인도하**는 자들과 및 모든 성도들에게
- 벧전 3:18 하나님 앞으로 **인도하**려 하심이라
- 계 7:17 생명수 샘으로 **인도하**시고 하나님께서
- 계 14:4 어린 양이 어디로 **인도하**든지 따라가는

인도 2(印度, India)
- 에 1:1 아하수에로는 **인도**로부터 구스까지
- 에 8:9 **인도**로부터 구스까지의 백이십칠 지방

인도자(引導者, leader)
- 잠 12:26 의인은 그 이웃의 **인도자**가 되나 악인의
- 사 3:12 **인도자**들이 너를 유혹하여 네가 다닐
- 사 55:4 증인으로 세웠고 만민의 **인도자**와
- 렘 25:34 너희 양 떼의 **인도자**들아 잿더미에서
- 렘 25:35 양 떼의 **인도자**들은 도주할 수 없으리로
- *렘 25:36 부르짖는 소리와 양 떼의 **인도자**들이*
- 마 23:16 화 있을진저 눈 먼 **인도자**여 너희가
- 마 23:24 맹인 된 **인도자**여 하루살이는 걸러 내되
- 행 15:22 형제 중에 **인도자**인 바사바라 하는 유다

【 인색하다 】

인류(人類, man)
- 욥 34:29 있으랴 그는 민족에게나 **인류**에게나
- 렘 32:19 **인류**의 모든 길을 주목하시며 그의 길과
- 렘 32:20 이스라엘과 **인류** 가운데 그와 같이
- 행 17:26 **인류**의 모든 족속을 한 혈통으로 만드사

인물(人物, man)
- 삼하 3:38 이스라엘의 지도자요 큰 **인물**이 죽은

인박히다(印, indulge)
- 딤전 3:8 술에 **인박히**지 아니하고 더러운 이를

인방(引枋, doorframe)
- 출 12:7 먹을 집 좌우 문설주와 **인방**에 바르고
- 출 12:22 그 피를 문 **인방**과 좌우 설주에 뿌리고
- 출 12:23 지나가실 때에 문 **인방**과 좌우 문설주의
- 왕상 6:31 문 **인방**과 문설주는 벽의 오분의 일이요

인봉/-하다(印封, seal)
- 느 9:38 사람들과 제사장들이 다 **인봉**하나이다
- 느 10:1 그 **인봉한** 자는 하가랴의 아들 총독
- 마 27:66 경비병과 함께 가서 돌을 **인봉하**고
- 계 5:9 두루마리를 가지시고 그 **인봉**을 떼기에
- 계 10:4 우레가 말한 것을 **인봉하**고 기록하지
- 계 20:3 던져 넣어 잠그고 그 위에 **인봉하**여
- 계 22:10 두루마리의 예언의 말씀을 **인봉하**지

인분(人糞, excrement)
- 겔 4:12 목전에서 **인분** 불을 피워 구울지니라
- 겔 4:15 쇠똥으로 **인분**을 대신하기를 허락하노

인사/-하다(人事, greet)

- 왕하 4:29 사람을 만나거든 **인사하**지 말며 사람이 네게 **인사할** 지라도 대답하지
- 눅 1:29 처녀가 그 말을 듣고 놀라 이런 **인사**가
- 요이 1:10 집에 들이지도 말고 **인사도** 하지 말라
- 요이 1:11 그에게 **인사하**는 자는 그 악한 일에

인색하다(吝嗇, reluctantly)
- 고후 9:7 **인색함**으로나 억지로 하지 말지니

1958

【 인생 】   【 인자 1 】

인생(人生, son of man, man)
민 23:19   **인생**이 아니시니 후회가 없으시도다
삼하 7:14   내가 사람의 매와 **인생**의 채찍으로 징계
욥 7:1   땅에 사는 **인생**에게 힘든 노동이 있지
욥 9:2   그런 줄을 알거니와 **인생**이 어찌 하나님
욥 10:5   주의 해가 어찌 **인생**의 해와 같기로
욥 14:10   죽으면 소멸되나니 **인생**이 숨을 거두면
욥 25:6   구더기 같은 사람, 벌레 같은 **인생**이랴
욥 35:8   그대의 공의는 어떤 **인생**에게도
욥 36:20   그대는 밤을 사모하지 말라 **인생**들이
욥 36:24   잊지 말지니라 **인생**이 그의 일을 찬송
시 4:2   **인생**들아 어느 때까지 나의 영광을
시 9:19   여호와여 일어나사 **인생**으로 승리를
시 9:20   이방 나라들이 자기는 **인생**일 뿐인 줄
시 11:4   눈이 **인생**을 통촉하시고 그의 안목이
시 12:1   충실한 자들이 **인생** 중에 없어지나이다
시 12:8   비열함이 **인생** 중에 높임을 받는 때에
시 14:2   하늘에서 **인생**을 굽어살피사 지각이
시 31:19   주께 피하는 자를 위하여 **인생** 앞에
시 33:13   하늘에서 굽어보사 모든 **인생**을 살피심
시 39:11   참으로 **인생**이란 모두 헛될 뿐이니이다
시 53:2   하늘에서 **인생**을 굽어살피사 지각이
시 62:9   사람은 입김이며 **인생**도 속임수이니
시 90:3   말씀하시기를 너희 **인생**들은 돌아가라
시 103:15   **인생**은 그 날이 풀과 같으며 그 영화가
시 107:8   여호와의 인자하심과 **인생**에게 행하신
시 107:15   여호와의 인자하심과 **인생**에게 행하신
시 107:21   여호와의 인자하심과 **인생**에게 행하신
시 107:31   여호와의 인자하심과 **인생**에게 행하신
시 143:2   주의 눈 앞에는 의로운 **인생**이 하나도
시 144:3   **인생**이 무엇이기에 그를 생각하시나이
시 145:12   나라의 위엄 있는 영광을 **인생**들에게
시 146:3   도울 힘이 없는 **인생**도 의지하지 말지니
전 1:13   하나님이 **인생**들에게 주사 수고하게
전 2:3   천하의 **인생**들이 그들의 **인생**을 살아
전 2:8   노래하는 남녀들과 **인생**들이 기뻐하는
전 3:10   하나님이 **인생**들에게 노고를 주사
전 3:18   마음속으로 이르기를 **인생**들의 일에
전 3:19   **인생**이 당하는 일을 짐승도 당하나니
전 3:21   **인생**들의 혼은 위로 올라가고 짐승의
전 4:15   내가 본즉 해 아래에서 다니는 **인생**들
전 8:11   속히 실행되지 아니하므로 **인생**들이
전 9:3   **인생**의 마음에는 악이 가득하여 그들의
전 9:12   올무에 걸림같이 **인생**들도 재앙의
사 2:22   너희는 **인생**을 의지하지 말라 그의 호흡
사 13:12   순금보다 희소하게 하며 **인생**을 오빌의
애 3:33   **인생**으로 고생하게 하시며 근심하게
미 5:7   기다리지 아니하며 **인생**을 기다리지

인솔하다(引率, march with)
삼상 29:2   수령들은 수백 명씩 수천 명씩 **인솔하여**

인신매매(人身賣買, slave trader)
딤전 1:10   남색하는 자와 **인신매매**를 하는 자와

인심(人心, heart)
삼하 15:13   이스라엘의 **인심**이 다 압살롬에게로

인애(仁愛, kindness, love)
창 47:29   허벅지 아래에 넣고 **인애**와 성실함으로
룻 3:10   베푼 **인애**가 처음보다 나중이 더하도다
시 85:10   **인애**와 진리가 같이 만나고 의와 화평이
잠 31:26   지혜를 베풀며 그의 혀로 **인애**의 법을
렘 2:2   청년 때의 **인애**와 네 신혼 때의 사랑을
호 4:1   진실도 없고 **인애**도 없고 하나님을 아는
호 6:4   **인애**가 아침 구름이나 쉬 없어지는 이슬
호 6:6   **인애**를 원하고 제사를 원하지 아니하며
호 10:12   공의를 심고 **인애**를 거두라 너희 묵은
호 12:6   하나님께로 돌아와서 **인애**와 정의를
미 7:18   사유하시며 **인애**를 기뻐하시므로 진노
미 7:20   아브라함에게 **인애**를 더하시리이다
슥 7:9   진실한 재판을 행하며 서로 **인애**와 긍휼

> **'인애'와 관련된 성구**
> 인애가 크다 – 욘 2:13; 욜 4:2
> 인애를 베풀다 – 신 7:9, 12; 시 109:12

인용하다(引用, quote)
눅 4:23   속담을 **인용하여** 내게 말하기를 우리가

인자 1(人子, Son of Man, man)

시가서, 선지서

욥 16:21   하나님 사이에와 **인자**와 그 이웃 사이에 중재

[인자 1]

시 8:4	주께서 그를 생각하시며 **인자**가 무엇
시 58:1	**인자**들아 너희가 올바르게 판결해야
시 80:17	하신 **인자**에게 주의 손을 얹으소서
잠 8:4	너희를 부르며 내가 **인자**들에게 소리를
잠 8:31	즐거워하며 **인자**들을 기뻐하였느니라
겔 2:1	이르시되 **인자**야 네 발로 일어서라 내가
겔 2:3	**인자**야 내가 너를 이스라엘 자손 곧
겔 2:6	**인자**야 너는 비록 가시와 찔레와 함께
겔 2:8	**인자**야 내가 네게 이르는 말을 듣고 그
겔 3:1	내게 이르시되 **인자**야 너는 발견한 것을
겔 3:3	**인자**야 내가 네게 주는 이 두루마리를
겔 3:4	이르시되 **인자**야 이스라엘 족속에게
겔 3:10	이르시되 **인자**야 내가 네게 이를 모든
겔 3:17	**인자**야 내가 너를 이스라엘 족속의
겔 3:25	너 **인자**야 보라 무리가 네 위에 줄을
겔 4:1	너 **인자**야 토판을 가져다가 그것을 네
겔 4:16	이르시되 **인자**야 내가 예루살렘에서
겔 5:1	**인자**야 너는 날카로운 칼을 가져다가
겔 6:2	**인자**야 너는 이스라엘 산을 향하여
겔 7:2	**인자**야 주 여호와께서 이스라엘 땅에
겔 8:5	내게 이르시되 **인자**야 이제 너는 눈을
겔 8:6	내게 이르시되 **인자**야 이스라엘 족속이
겔 8:8	이르시되 **인자**야 너는 이 담을 헐라
겔 8:12	**인자**야 이스라엘 족속의 장로들이
겔 8:15	이르시되 **인자**야 네가 그것을 보았느냐
겔 8:17	이르시되 **인자**야 네가 보았느냐 유다
겔 11:2	이르시되 **인자**야 이 사람들은 불의를
겔 11:4	**인자**야 너는 그들을 쳐서 예언하고
겔 11:15	**인자**야 예루살렘 주민이 네 형제 곧 네
겔 12:2	**인자**야 네가 반역하는 족속 중에 거주하
겔 12:3	**인자**야 너는 포로의 행장을 꾸리고 낮에
겔 12:9	**인자**야 이스라엘 족속 곧 그 반역하는
겔 12:18	**인자**야 너는 떨면서 네 음식을 먹고
겔 12:22	**인자**야 이스라엘 땅에서 이르기를 날이
겔 12:27	**인자**야 이스라엘 족속의 말이 그가 보는
겔 13:2	**인자**야 너는 이스라엘의 예언하는
겔 13:17	너 **인자**야 너의 백성 중 자기 마음대로
겔 14:3	**인자**야 이 사람들이 자기 우상을 마음에
겔 14:13	**인자**야 가령 어떤 나라가 불법을 행하여
겔 15:2	*인자야 포도나무가 모든 나무보다 나은*
겔 16:2	**인자**야 예루살렘으로 그 가증한 일을
겔 17:2	**인자**야 너는 이스라엘 족속에게
겔 20:3	**인자**야 이스라엘 장로들에게 말하여

겔 20:4	**인자**야 네가 그들을 심판하려느냐 네가
겔 20:27	그런즉 **인자**야 이스라엘 족속에게
겔 20:46	**인자**야 너는 얼굴을 남으로 향하라
겔 21:2	**인자**야 너는 얼굴을 예루살렘으로
겔 21:6	**인자**야 탄식하되 너는 허리가 끊어지듯
겔 21:9	**인자**야 너는 예언하여 여호와의 말씀을
겔 21:12	**인자**야 너는 부르짖어 슬피 울지어다
겔 21:14	그러므로 **인자**야 너는 예언하며 손뼉을
겔 21:19	**인자**야 너는 바벨론 왕의 칼이 올 두
겔 21:28	**인자**야 너는 주 여호와께서 암몬 족속과
겔 22:2	**인자**야 네가 심판하려느냐 이 피흘린
겔 22:18	**인자**야 이스라엘 족속이 내게 찌꺼기가
겔 22:24	**인자**야 너는 그에게 이르기를 너는
겔 23:2	**인자**야 두 여인이 있었으니 한 어머니의
겔 23:36	**인자**야 네가 오홀라와 오홀리바를
겔 24:2	**인자**야 너는 날짜 곧 오늘의 이름을
겔 24:16	**인자**야 내가 네 눈에 기뻐하는 것을 한
겔 24:25	**인자**야 내가 그 힘과 그 즐거워하는
겔 25:2	**인자**야 네 얼굴을 암몬 족속에게 돌리고
겔 26:2	**인자**야 두로가 예루살렘에 관하여
겔 27:2	**인자**야 너는 두로를 위하여 슬픈 노래를
겔 28:2	**인자**야 너는 두로 왕에게 이르기를 주
겔 28:12	**인자**야 두로 왕을 위하여 슬픈 노래를
겔 28:21	**인자**야 너는 얼굴을 시돈으로 향하고
겔 29:2	**인자**야 너는 애굽의 바로 왕과 온 애굽
겔 29:18	**인자**야 바벨론의 느부갓네살 왕이 그의
겔 30:2	**인자**야 너는 예언하여 이르라 주 여호와
겔 30:21	**인자**야 내가 애굽의 바로 왕의 팔을
겔 31:2	**인자**야 너는 애굽의 바로 왕과 그 무리
겔 32:2	**인자**야 너는 애굽의 바로 왕에 대하여
겔 32:18	**인자**야 애굽의 무리를 위하여 슬피 울고
겔 33:2	**인자**야 너는 네 민족에게 말하여 이르라
겔 33:7	**인자**야 내가 너를 이스라엘 족속의
겔 33:10	그런즉 **인자**야 너는 이스라엘 족속에게
겔 33:12	**인자**야 너는 네 민족에게 이르기를 의인
겔 33:24	**인자**야 이 이스라엘의 이 황폐한 땅에
겔 33:30	**인자**야 네 민족이 담 곁에서와 집
겔 34:2	**인자**야 너는 이스라엘 목자들에게 예언
겔 35:2	**인자**야 네 얼굴을 세일 산으로 향하고
겔 36:1	**인자**야 너는 이스라엘 산들에게 예언하
겔 36:17	**인자**야 이스라엘 족속이 그들의 고국
겔 37:3	그가 내게 이르시되 **인자**야 이 뼈들이
겔 37:9	또 내게 이르시되 **인자**야 너는 생기를

【 인자 1 】　　　　　　　　　　　　　　　　　　　　　　　　　【 인자 1 】

겔 37:11	이르시되 **인자**야 이 뼈들은 이스라엘
겔 37:16	**인자**야 너는 막대기 하나를 가져다가
겔 38:2	**인자**야 너는 마곡 땅에 있는 로스와
겔 38:14	**인자**야 너는 또 예언하여 곡에게 이르기
겔 39:1	그러므로 **인자**야 너는 곡에게 예언하여
겔 39:17	너 **인자**야 너는 각종 새와 들의 각종
겔 40:4	내게 이르되 **인자**야 내가 네게 보이는
겔 43:7	내게 이르시되 **인자**야 이는 내 보좌로
겔 43:10	**인자**야 너는 이 성전을 이스라엘 족속에
겔 43:18	내게 이르시되 **인자**야 주 여호와께서
겔 44:5	내게 이르시되 **인자**야 너는 전심으로
겔 47:6	이르시되 **인자**야 네가 이것을 보았느냐
단 8:17	이르되 **인자**야 깨달아 알라 이 환상은

복음서 – 서신서

마 8:20	거처가 있으되 **인자**는 머리 둘 곳이
마 9:6	그러나 **인자**가 세상에서 죄를 사하는
마 10:23	다 다니지 못하여서 **인자**가 오리라
마 11:19	**인자**는 와서 먹고 마시매 말하기를 보라
마 12:8	**인자**는 안식일의 주인이니라 하시니라
마 12:32	누구든지 말로 **인자**를 거역하면 사하심
마 12:40	뱃속에 있었던 것 같이 **인자**도 밤낮 사흘
마 13:37	이르시되 좋은 씨를 뿌리는 이는 **인자**요
마 13:41	**인자**가 그 천사들을 보내리니 그들이
마 16:13	사람들이 **인자**를 누구라 하느냐
마 16:27	**인자**가 아버지의 영광으로 그 천사들과
마 16:28	죽기 전에 **인자**가 그 왕권을 가지고
마 17:9	이르시되 **인자**가 죽은 자 가운데서
마 17:12	**인자**도 이와 같이 그들에게 고난을
마 17:22	제자들에게 이르시되 **인자**가 장차 사람
마 19:28	세상이 새롭게 되어 **인자**가 자기 영광의
마 20:18	**인자**가 대제사장들과 서기관들에게
마 20:28	**인자**가 온 것은 섬김을 받으려 함이
마 24:30	**인자**의 징조가 하늘에서 보이겠고 … 족속들이 통곡하며 그들이 **인자**가 구름
마 24:33	모든 일을 보거든 **인자**가 가까이 곧 문
마 24:44	생각하지 않은 때에 **인자**가 오리라
마 25:31	**인자**가 자기 영광으로 모든 천사와 함께
마 26:2	**인자**가 십자가에 못 박히기 위하여
마 26:24	**인자**는 자기에 대하여 기록된 대로 가거 니와 **인자**를 파는 그 사람에게는 화가
마 26:45	왔으니 **인자**가 죄인의 손에 팔리느니라
마 26:64	후에 **인자**가 권능의 우편에 앉아 있는
막 2:10	그러나 **인자**가 땅에서 죄를 사하는 권세
막 2:28	**인자**는 안식일에도 주인이니라
막 8:31	**인자**가 많은 고난을 받고 장로들과
막 8:38	**인자**도 아버지의 영광으로 거룩한 천사
막 9:9	**인자**가 죽은 자 가운데서 살아날 때까지
막 9:12	어찌 **인자**에 대하여 기록하기를 많은
막 9:31	제자들을 가르치시며 또 **인자**가 사람들
막 10:33	올라가노니 **인자**가 대제사장들과
막 10:45	**인자**가 온 것은 섬김을 받으려 함이
막 13:26	그 때에 **인자**가 구름을 타고 큰 권능과
막 13:29	일어나는 것을 보거든 **인자**가 가까이
막 14:21	**인자**는 자기에 대하여 기록된 대로 가거 니와 **인자**를 파는 그 사람에게는 화가
막 14:41	보라 **인자**가 죄인의 손에 팔리느니라
막 14:62	내가 그니라 **인자**가 권능자의 우편에
눅 5:24	**인자**가 땅에서 죄를 사하는 권세가 있는
눅 6:5	이르시되 **인자**는 안식일의 주인이니라
눅 6:22	**인자**로 말미암아 사람들이 너희를
눅 7:34	**인자**는 와서 먹고 마시매 너희 말이 보라
눅 9:22	**인자**가 많은 고난을 받고 장로들과
눅 9:26	부끄러워하면 **인자**도 자기와 아버지와
눅 9:44	귀에 담아 두라 **인자**가 장차 사람들의
눅 9:58	새도 집이 있으되 **인자**는 머리 둘 곳이
눅 11:30	표적이 됨과 같이 **인자**도 이 세대에
눅 12:8	시인하면 **인자**도 하나님의 사자들
눅 12:10	**인자**를 거역하면 사하심을 받으려니와
눅 12:40	않은 때에 **인자**가 오리라 하시니라
눅 17:24	비침같이 **인자**도 자기 날에 그러하리라
눅 17:30	**인자**가 나타나는 날에도 이러하리라
눅 18:8	그러나 **인자**가 올 때에 세상에서 믿음을
눅 18:31	통하여 기록된 모든 것이 **인자**에게
눅 18:32	**인자**가 이방인들에게 넘겨져 희롱을
눅 19:10	**인자**가 온 것은 잃어버린 자를 찾아
눅 21:27	**인자**가 구름을 타고 능력과 큰 영광으로
눅 21:36	**인자** 앞에 서도록 항상 기도하며 깨어
눅 22:22	**인자**는 이미 작정된 대로 가거니와 그를
눅 22:48	유다야 네가 입맞춤으로 **인자**를 파느냐
눅 22:69	이제부터는 **인자**가 하나님의 권능의
눅 24:7	이르시기를 **인자**가 죄인의 손에 넘겨져
요 1:51	사자들이 **인자** 위에 오르락 내리락 하는
요 3:13	**인자** 외에는 하늘에 올라간 자가 없느니
요 3:14	뱀을 든 것같이 **인자**도 들려야 하리니
요 5:27	**인자** 됨으로 말미암아 심판하는 권한을
요 6:27	양식은 **인자**가 너희에게 주리니 **인자**는

1961

【 인자 2/-하다 】

요 6:53 　**인자**의 살을 먹지 아니하고 **인자**의 피를
요 6:62 　너희는 **인자**가 이전에 있던 곳으로
요 8:28 　너희가 **인자**를 든 후에 내가 그인 줄을
요 9:35 　만나사 이르시되 네가 **인자**를 믿느냐
요 12:23 　대답하여 이르시되 **인자**가 영광을 얻을
요 12:34 　**인자**가 들려야 하리라 하느냐 이 **인자**는
요 13:31 　**인자**가 영광을 받았고 하나님도 **인자**로
행 7:56 　하늘이 열리고 **인자**가 하나님 우편에
히 2:6 　그를 생각하시며 **인자**가 무엇이기에

'인자 1'과 관련된 성구

인자(와) 같은 이 – 단 7:13; 10:16; 계 1:13; 14:14
인자의 날 – 눅 17:22
인자의 때 – 눅 17:26
인자의 임함 – 마 24:27, 37, 39

인자 2/-하다(仁慈, kindness, love, mercy)

모세오경, 역사서

창 19:19 　**인자**를 내게 베푸사 내 생명을 구원하시
창 24:49 　당신들이 **인자함**과 진실함으로 내 주인
창 39:21 　요셉과 함께 하시고 그에게 **인자**를
출 34:6 　노하기를 더디하고 **인자**와 진실이 많은
출 34:7 　**인자**를 천대까지 베풀며 악과 과실과
민 14:18 　노하기를 더디하시고 **인자**가 많아 죄악
수 2:14 　땅을 주실 때에는 **인자**하고 진실하게
삼상 20:8 　종에게 **인자**하게 행하라 네가 네 종에게
삼상 20:15 　네 **인자함**을 내 집에서 영원히 끊어
왕상 20:31 　왕들은 **인자한** 왕이라 하니 만일 우리가
대상 17:13 　**인자**를 그에게서 빼앗지 아니하기를
스 3:11 　**인자하심**이 이스라엘에게 영원하시도
느 9:17 　더디 노하시며 **인자**가 풍부하시므로
느 9:32 　언약과 **인자하심**을 지키시는 하나님이

시가서 – 신약

시 21:7 　지존하신 이의 **인자함**으로 흔들리지
시 23:6 　평생에 선하심과 **인자하심**이 반드시
시 25:6 　긍휼하심과 **인자하심**이 영원부터
시 32:10 　신뢰하는 자에게는 **인자하심**이 두르리
시 33:18 　경외하는 자 곧 그의 **인자하심**을 바라는
시 42:8 　여호와께서 낮에는 **인자하심**을 베푸시고
시 59:10 　그의 **인자하심**으로 나를 영접하시며
시 62:12 　주여 **인자함**은 주께 속하오니 주께서

시 66:20 　그의 **인자하심**을 내게서 거두지도
시 69:13 　**인자**와 구원의 진리로 내게 응답하소서
시 77:8 　그의 **인자하심**은 영원히 끝났는가, 그의
시 86:5 　주께 부르짖는 자에게 **인자함**이 후하심
시 86:15 　노하기를 더디하시며 **인자**와 진실이
시 89:2 　말하기를 **인자하심**을 영원히 세우시며
시 89:14 　정의가 주의 보좌의 기초라 **인자함**과
시 89:24 　성실함과 **인자함**이 그와 함께 하리니
시 89:28 　위하여 나의 **인자함**을 영원히 지키고
시 89:33 　나의 **인자함**을 그에게서 다 거두지는
시 89:49 　그 전의 **인자하심**이 어디 있나이까
시 98:3 　베푸신 **인자**와 성실을 기억하셨으므로
시 101:1 　내가 **인자**와 정의를 노래하겠나이다
시 103:4 　속량하시고 **인자**와 긍휼로 관을 씌우시
시 103:8 　더디 하시고 **인자하심**이 풍부하시도다
시 103:11 　그를 경외하는 자에게 그의 **인자하심**
시 106:7 　크신 **인자**를 기억하지 아니하고 바다

'인자 2'와 관련된 성구

그의 인자하심이 영원하다 – 대상 16:34; 대하 7:3; 20:21; 시 100:5; 118:1, 2, 3, 4, 29
그 인자하심이 영원함이로다 – 시 106:1; 107:1; 136:1, 2, 3, 4, 5, 6, 7, 8, 9, 10, 11, 12, 13, 14, 15, 16, 17, 18, 19, 20, 21, 22, 23, 24, 25, 26
여호와의 인자(하심) – 삼상 20:14; 대상 16:41; 대하 7:6; 시 33:5; 89:1; 103:17; 107:8, 15, 21, 31, 43; 117:2
인자를 베풀다 – 삼하 22:51; 시 18:50; 109:16; 단 9:4
인자와 진리 – 시 25:10; 40:10, 11; 57:3; 61:7; 잠 3:3; 14:22; 16:6; 20:28
주의 인자(하심) – 출 15:13; 민 14:19; 시 25:7; 26:3; 31:7; 33:22; 36:5, 7, 10; 44:26; 48:9; 51:1; 57:10; 59:16; 63:3; 69:16; 85:7; 86:13; 88:11; 90:14; 92:1–3; 94:18; 108:4; 109:21, 26; 119:41, 64, 76, 88, 124, 149, 159; 138:2, 8; 143:8, 12; 벧전 2:3

【 인장 】

시 106:45	언약을 기억하시고 그 크신 **인자하심**이
시 115:1	오직 주는 **인자**하시고 진실하시므로
시 130:7	여호와께서는 **인자하심**과 풍성한 속량
시 145:8	더디 하시며 **인자하심**이 크시도다
시 147:11	**인자하심**을 바라는 자들을 기뻐하시는
잠 11:17	**인자**한 자는 자기의 영혼을 이롭게 하고
잠 19:22	자기의 **인자함**으로 남에게 사모함을
잠 20:6	많은 사람이 각기 자기의 **인자함**을
잠 20:28	**인자**와 진리로 스스로 보호하고 그의 왕위도 **인자함**으로 말미암아 견고하니라
잠 21:21	공의와 **인자**를 따라 구하는 자는 생명과
사 16:5	**인자함**으로 왕위가 굳게 설 것이요
렘 16:5	나의 평강을 빼앗으며 **인자**와 사랑을
렘 31:3	너를 사랑하기에 **인자함**으로 너를
렘 33:10-11	선하시니 그 **인자하심**이 영원하다
애 3:32	그의 풍부한 **인자하심**에 따라 긍휼히
미 6:8	**인자**를 사랑하며 겸손하게 네 하나님
눅 6:35	자와 악한 자에게도 **인자하시니라**
롬 2:4	**인자하심**이 너를 인도하여 회개케 하심을 알지 못하여 **인자하심**과
롬 11:22	**인자하심**과 준엄하심을 ... 하나님의 **인자하심**에 머물러 있으면 그 **인자**

인장(印章, signet)

학 2:23	너를 세우고 너를 **인장**으로 삼으리

> '**인장 반지**'와 관련된 성구
> 창 41:42; 민 31:50; 렘 22:24

인정/-하다/-되다(認定, acknowlege, consider)

창 30:33	있거든 다 도둑질한 것으로 **인정**하서
신 1:13	지혜와 지식이 있는 **인정** 받는 들을
신 1:15	지혜가 있고 **인정** 받는 자들을 하여
신 5:11	일컫는 자를 죄 없는 줄로 **인정**지
신 21:17	아들을 장자로 **인정하여** 자기의유에
신 26:17	네 하나님으로 **인정**하고 또 그
신 33:9	형제들을 **인정하지** 아니하며 자녀
왕상 8:33	주의 이름을 **인정**하고 이 성전 주께
대하 6:24	주의 이름을 **인정**하고 주께로 와서
대하 6:26	주의 이름을 **인정**하고 그들에서
느 13:11	충직한 자로 **인정**됨이라 그은

【 인하다 】

욥 10:14	나를 죄인으로 **인정**하시고 내 죄악을
욥 40:14	너를 구원할 수 있다고 내가 **인정하리라**
시 1:6	여호와께서 **인정하시나** 악인들의 길은
시 88:4	내려가는 자같이 **인정되고** 힘없는
시 106:31	**인정되었으니** 대대로 영원까지로다
잠 3:6	너는 범사에 그를 **인정하라** 그리하면
잠 31:23	성문에 앉으며 사람들의 **인정**을 받으며
사 61:9	여호와께 복 받은 자손이라 **인정하리라**
사 63:16	이스라엘은 우리를 **인정하지** 아니할지
렘 5:12	그들이 여호와를 **인정하지** 아니하며
렘 14:20	조상의 죄악을 **인정하나이다** 우리가
렘 28:9	보내신 선지자로 **인정** 받게 되리라
렘 33:24	앞에서 나라로 **인정하지** 아니하도다
합 2:14	여호와의 영광을 **인정하는** 것이 세상에
눅 20:6	요한을 선지자로 **인정하니** 그들이 다
행 16:10	우리를 부르신 줄로 **인정함이러라**
롬 3:28	믿음으로 되는 줄 우리가 **인정하노라**
롬 4:8	주께서 그 죄를 **인정하지** 아니하실 사람
롬 16:10	그리스도 안에서 **인정함**을 받은 아벨레
고전 11:19	옳다 **인정함**을 받은 자들이 나타나게
고전 16:3	내가 이를 때에 너희가 **인정한** 사람에게
고후 10:18	옳다 **인정함**을 받은 자는 자기를 칭찬
고후 11:12	자랑하는 일로 우리와 같이 **인정** 받으려
딤후 2:15	일꾼으로 **인정된** 자로 자신을 하나님

인종(人種, mankind)

민 11:4	그들 중에 섞여 사는 다른 **인종**들이
신 32:8	기업을 주실 때에, **인종**을 나누실 때에

인척(姻戚, ally)

대하 18:1	아합 가문과 혼인함으로 **인척** 관계를

인하다(因, because of, for, through)

창 49:12	눈은 포도주로 **인하여** 붉겠고 그의 이는
레 22:16	성물을 먹으면 그 죄로 **인하여** 형벌을
삿 11:37	처녀로 죽음을 **인하여** 애곡하겠나이다
삿 11:38	산 위에서 처녀로 죽음을 **인하여** 애곡하
왕상 20:34	내가 이 조약으로 **인해** 당신을 놓으리라
느 8:10	여호와로 **인하여** 기뻐하는 것이 너희의
느 9:20	그들의 목마름을 **인하여** 그들에게 물을
욥 30:3	기근으로 **인하여** 파리하며 캄캄하고
시 69:6	바라는 자들이 나를 **인하여** 수치를
잠 6:2	네가 얽혔으며 네 입의 말로 **인하여**

【 일 1 】

잠 11:11	정직한 자의 축복으로 **인하여** 진흥하고
잠 13:2	입의 열매로 **인하여** 복록을 누리거니와
잠 16:6	인자와 진리로 **인하여** 죄악이 속하게
사 25:11	교만으로 **인하여** 그 손이 능숙함에도
사 32:12	**인하여** 열매 많은 포도나무로 **인하여**
미 1:16	기뻐하는 자식으로 **인하여** 네 머리털을
마 11:19	행한 일로 **인하여** 옳다 함을 얻느니라
마 27:19	사람으로 **인하여** 애를 많이 태웠나이다
막 4:17	견디다가 말씀으로 **인하여** 환난이나
막 6:26	앉은 자들로 **인하여** 그를 거절할 수
막 6:34	목자 없는 양 같음으로 **인하여** 불쌍히
막 10:22	말씀으로 **인하여** 슬픈 기색을 띠고 근심
눅 2:20	모든 것으로 **인하여** 하나님께 영광을
눅 5:14	깨끗하게 됨으로 **인하여** 모세가 명한
눅 7:35	자기의 모든 자녀로 **인하여** 옳다 함을
눅 8:19	동생들이 왔으나 무리로 **인하여** 가까이
눅 11:8	**인하여서는** 일어나서 주지 아니할지라도 그 간청함을 **인하여** 일어나 그
눅 15:27	다시 맞아들이게 됨으로 **인하여** 살진
눅 19:37	모든 능한 일로 **인하여** 기뻐하며 큰
눅 21:25	파도의 성난 소리로 **인하여** 혼란한 중에
눅 22:45	제자들에게 가서 슬픔으로 **인하여** 잠든
눅 24:4	이로 **인하여** 근심할 때에 문득 찬란한
행 3:10	그에게 일어난 일로 **인하여** 심히 놀랍게
롬 5:15	범죄를 **인하여** 많은 사람이 죽었은즉
엡 2:4	우리를 사랑하신 그 큰 사랑을 **인하여**

일 1(Ir) 베냐민 자손으로 숩빔과 흅빔의 아버지
대상 7:12 일의 아들은 숩빔과 흅빔이요 아헬의

일 2(一, a, one)
고후 11:25 세 번 파선하고 **일** 주야를 깊은 바다에

> **'일 2'와 관련된 성구**
>
> 백분의 일 – 느 5:11
> 사분의 일 – 출 29:40; 레 23:13; 민 15:4, 5; 23:10; 28:5, 7, 14; 삼상 9:8; 왕상 6:33; 왕하 6:25; 느 9:3; 계 6:8
> 삼분의 일 – 민 15:6, 7; 28:14; 삼하 18:2; 왕하 11:5, 6; 대하 23:4, 5; 느 10:32; 겔 5:2, 12; 46:14;

【 일 3 】

> 슥 13:8, 9; 계 8:7, 8, 9, 10, 11, 12; 9:15, 18; 12:4
> 십분의 일 – 창 14:20; 28:22; 출 16:36; 29:40; 레 5:11; 6:20; 14:21; 27:30; 민 5:15; 15:4; 28:5, 13, 21, 29; 29:4, 10, 15; 신 14:28; 삼상 8:17; 느 10:38; 11:1; 사 6:13; 겔 45:11, 14; 히 7:2, 4, 5, 6, 8, 9; 계 11:13
> 오백분의 일 – 민 31:28
> 오분의 일 – 창 41:34; 47:24, 26; 레 5:16; 6:5; 22:14; 27:13, 15, 19, 27, 31; 민 5:7; 왕상 6:31
> 오십분의 일 – 민 31:30, 47
> 일 년 – 출 23:29; 30:10; 레 16:34; 25:29; 민 9:22; 14:34; 28:14; 신 16:16; 24:5; 삼상 27:7; 왕상 4:7; 왕하 8:26; 대상 27:1; 대하 8:13; 22:2; 사 21:16; 32:10; 겔 4:6; 행 11:26; 18:11; 고후 8:10; 9:2; 히 9:7; 약 4:13
> 일 년 되고 흠 없는 송아지 – 레 9:3
> 일 년 되고 흠 없는 숫양 – 레 23:12; 민 6:14; 28:3, 9, 11; 29:2, 17, 20, 23, 26, 29, 32, 36
> 일 년 된 송아지 – 미 6:6
> 일 년 된 수컷 – 출 12:5
> 일 년 된 숫양 – 민 6:12; 28:19, 27; 29:8, 13
> 일 년 된 암염소 – 민 15:27
> 일 년 된 어린 숫양 – 레 23:19; 민 7:15, 17, 21, 27, 29, 33, 35, 39, 41, 45, 47, 51, 53, 57, 59, 63, 65, 69, 71, 75, 77, 81, 83, 87, 88
> 일 년 된 어린 양 – 출 29:38; 레 12:6
> 일 년 된 흠 없는 어린 암양 – 레 14:10; 민 6:14
> 일 년 된 흠 없는 어린 양 – 레 23:18; 겔 46:13

일 3(, day)
창 7: 물이 백오십 **일**을 땅에 넘쳤더라
레 1: 그 여인은 아직도 삼십삼 **일**을 지내야

【 일 3 】

'일 3'과 관련된 성구

사십 일 – 창 8:6; 50:3; 출 24:18; 34:28; 민 13:25; 14:34; 삼상 17:16; 겔 4:6; 욘 3:4; 마 4:2; 막 1:13; 눅 4:1; 행 1:3

삼 일 – 창 31:22; 42:17; 출 10:22; 민 10:33; 삿 19:4; 삼상 21:5; 왕상 12:5, 12; 왕하 20:5, 8; 대하 10:5, 12; 스 8:15, 32; 10:9; 에 4:16; 욘 1:17; 막 9:31; 10:34; 눅 18:33; 요 2:20; 행 25:1; 계 11:11

칠 일 – 창 7:4, 10; 8:10, 12; 29:27, 28; 31:23; 50:10; 삿 14:17; 삼상 10:8; 31:13; 왕상 8:65; 16:15; 20:29; 왕하 3:9; 대상 10:12; 대하 7:8, 9; 30:21, 22, 23; 에 1:5; 욥 2:13; 렘 46:13; 겔 3:15, 16; 43:25, 26; 44:26; 45:21, 23, 25; 히 11:30

팔 일 – 창 17:12; 21:4; 대하 29:17; 눅 1:59; 2:21; 9:28; 행 25:6

일 3 - 기타 본문

창 7:24; 8:3, 13; 30:33; 출 16:1; 레 12:4, 5; 16:29; 민 13:25; 14:34; 20:29; 신 34:8; 수 4:19; 삼상 17:16; 대하 7:10; 스 8:31, 33; 느 1:4; 6:15; 에 1:4, 10; 3:12; 4:11; 5:1; 8:9; 9:1, 15, 17, 18, 19, 21; 겔 4:5, 9; 45:20; 단 6:7, 12; 10:4, 13; 12:11; 마 16:21; 17:23; 20:19; 눅 9:22; 13:32; 24:7, 46; 행 25:6; 갈 1:18; 히 4:4; 계 2:10; 9:15; 11:3; 12:6

【 일 4/-하다 】

일 4/-하다(work)
모세오경, 역사서

창 2:2 그가 하시던 **일**을 일곱째 날에 마치시니
창 3:22 보라 이 사람이 선악을 아는 **일**에 우리
창 5:29 **일하는** 우리를 이 아들이 안위하리라
창 12:17 여호와께서 아브람의 아내 사래의 **일**로
창 18:14 여호와께 능하지 못한 **일**이 있겠느냐
창 18:19 아브라함에게 대하여 말한 **일**을 이루려
창 19:21 그가 그에게 이르되 내가 이 **일**에도 네
창 20:9 네가 합당하지 아니한 **일**을 내게 행하
창 20:16 네 수치를 가리게 하였노니 네 **일**이 다
창 20:18 아브라함의 아내 사라의 **일**로 아비멜렉
창 21:11 아들로 말미암아 그 **일**이 매우 근심이
창 21:25 아브라함의 우물을 빼앗은 **일**에 관하여
창 30:26 내가 외삼촌에게서 **일하고** 얻은 처자를
출 1:13 이스라엘 자손에게 **일**을 엄하게 시켜
출 5:18 이제 가서 **일하라** 짚은 너희에게 주지
출 31:14 날에 **일하는** 자는 모두 그 백성 중에서
출 31:15 안식일에 **일하는** 자는 누구든지 반드시
출 34:21 너는 엿새 동안 **일하고** 일곱째 날에는
출 35:2 엿새 동안은 **일하고** 일곱째 날은 너희를 … 누구든지 이 날에 **일하는** 자는
출 36:8 **일하는** 사람 중에 마음이 지혜로운 모든
레 10:19 번제를 여호와께 드렸어도 이런 **일**이
민 3:25 게르손 자손이 회막에서 맡을 **일**은 성막
민 8:26 직무를 지킬 것이요 **일하지** 아니할
신 1:12 어찌 능히 너희의 괴로운 **일**과 너희의 힘겨운 **일**과 너희의 다투는 **일**을 담당할
신 16:8 앞에 성회로 모이고 **일하지** 말지니라
삿 19:16 노인이 밭에서 **일하다**가 돌아오니 그
룻 2:19 이르되 오늘 **일하게** 한 사람의 이름은

'일 4'와 관련된 성구

가증한 일 – 레 18:22, 26, 27; 20:12, 13; 신 13:14; 17:4; 18:12; 20:18; 왕상 14:24; 왕하 16:3; 21:2, 11; 대하 28:3; 33:2; 36:8, 14; 스 9:1, 11; 렘 6:15; 7:10; 8:12; 23:14; 32:35; 44:4; 겔 5:9, 11; 6:9; 7:3, 4, 8, 9; 8:6, 13, 15, 17; 9:4; 12:16; 16:2, 22, 43, 50, 51, 58; 18:12, 13, 24; 20:4; 22:2, 11; 23:36; 33:26, 29; 36:31; 43:8; 44:6, 7, 13; 호 6:10; 말 2:11; 계 21:27

그와 같은 일이 없다 – 출 9:18, 24

그의 일 – 창 12:20; 39:11; 왕하 9:25; 25:29; 욥 36:24, 25; 사 28:21; 단 4:37; 요 4:34; 14:10

기이한 일 – 출 15:11; 수 3:5; 욥 5:9; 9:10; 시 9:1; 71:17; 72:18; 75:1; 77:11, 14; 78:11, 12, 32; 86:10; 88:10; 89:5; 98:1; 105:2; 106:7;

【 일 4/-하다 】

'일 4'와 관련된 성구

107:24; 119:27; 136:4; 145:5; 사 29:14

내 일 – 창 24:33; 29:15; 왕상 2:4; 욥 5:8; 빌 1:22; 2:23; 4:15; 계 2:26

놀라운 일 – 시 45:4; 131:1; 렘 5:30; 단 4:2, 3; 12:6; 욜 2:26; 눅 5:26

다가올 일 – 전 11:8

두려운 일 – 신 4:34; 10:21; 삼하 7:23; 대상 17:21; 욥 6:21; 시 145:6; 사 64:3; 애 2:22; 벧전 3:6

뒤에 올 일 – 사 41:23; 42:23

모든 일 – 창 2:2, 3; 20:8; 29:13; 출 18:1, 8, 14; 20:9; 23:13; 25:22; 36:1, 4, 7; 레 6:3; 8:36; 18:24, 29; 20:23; 민 4:27, 31; 16:28; 18:4, 7; 22:2; 29:40; 신 1:18, 30; 2:7; 3:21; 4:30; 5:13; 12:18; 15:10; 16:15; 24:19; 28:8, 12, 20; 29:2, 9; 30:9-10; 수 2:23; 9:9, 10; 22:2; 24:31; 삿 6:13; 13:23; 삼상 2:22; 18:14; 19:7; 삼하 9:11; 11:18, 19, 22; 13:21; 14:19; 15:11; 왕상 7:40, 51; 11:38, 41; 13:11; 14:22, 29; 15:5, 7, 23, 31; 16:14; 18:36; 19:1; 22:39; 왕하 8:23; 10:34; 12:19; 13:8, 12; 15:6, 21, 26, 31, 36; 21:17; 23:19, 28, 37; 24:5; 대상 6:48, 49; 10:11; 26:30, 32; 28:13, 19, 20; 29:5, 19; 대하 5:1; 19:11; 21:18; 31:1, 21; 32:30; 35:20; 스 9:13; 느 5:19; 9:33, 38; 10:33; 에 4:1, 7; 5:13; 6:13; 욥 1:22; 2:10; 33:29; 시 1:3; 26:7; 44:17; 77:12; 135:6; 145:17; 잠 16:33; 전 1:13, 14; 2:11; 7:15, 18; 8:9; 9:3, 6; 11:9; 사 26:12; 45:7; 렘 2:34; 3:7, 10; 5:19; 7:13; 31:37; 38:9; 겔 11:25; 14:22, 23; 16:30, 43, 54; 17:18; 43:11; 44:14; 단 1:20; 4:28; 7:16; 9:14; 12:7, 8; 학 1:11; 2:14, 17; 슥 8:17; 마 1:22; 8:33; 17:11; 24:33; 막 13:4, 23; 눅 1:3; 2:39; 7:18; 9:7, 43; 21:12, 32, 36; 24:48; 요 4:29, 45; 15:21; 19:28; 행 10:39; 13:39; 14:27; 15:4; 24:8, 13; 26:2; 롬 8:37;

고전 1:5; 9:25; 10:33; 11:2; 12:11; 16:14; 고후 6:4; 8:7; 9:8, 11; 11:6, 9; 갈 3:10; 엡 1:11; 6:13, 21; 빌 2:14; 4:6, 12; 골 3:20, 22; 살전 4:6; 딤전 3:11; 4:15; 딤후 4:5; 히 4:4, 15; 6:16; 13:18; 약 1:8; 벧후 3:10

무슨 일 – 창 21:17, 22; 삿 18:23, 24; 삼상 10:11; 11:5; 삼하 3:36; 14:5; 18:29; 왕하 6:28; 대하 8:15; 23:19; 에 4:5; 욥 13:13; 잠 27:1; 전 2:12; 6:12; 8:6; 렘 48:19; 욘 4:5; 미 6:3; 눅 15:26; 18:36; 24:19; 요 18:29; 행 10:4, 21, 29; 20:22; 21:33; 22:24, 30; 23:28; 고후 2:10; 3:5; 11:21; 빌 1:28; 골 3:23

사람의 일 – 삼상 21:11; 잠 29:26; 마 16:23; 막 8:33; 고전 2:11

선한 일 – 창 26:29; 레 5:4; 삼하 2:6; 대하 12:12; 19:3; 32:32; 35:26; 느 2:18; 13:14; 전 2:3; 마 19:16, 17; 요 5:29; 10:32, 33; 행 14:17; 롬 12:17; 13:3; 고후 8:21; 엡 2:10; 4:28; 골 1:10; 살후 2:17; 딤전 3:1; 5:10; 딤후 2:21; 3:17; 딛 1:16; 2:7, 14; 3:1, 8; 몬 1:14; 벧전 2:12

섬기는 일 – 출 35:24; 대상 23:24, 28; 대하 29:35; 30:22; 스 7:19; 느 12:45; 요 16:2; 행 7:42; 롬 12:7; 15:25, 31; 고후 8:4; 9:1; 히 9:21

아무 일 – 창 19:8, 22; 출 12:16; 20:10; 레 5:5; 16:29; 23:3, 31; 민 20:19; 28:18, 25, 26; 29:7, 12, 35; 신 5:14; 삼하 18:13; 마 23:16, 18; 요 9:33; 빌 1:20; 2:3; 딤전 5:21

악한 일 – 레 5:4; 신 23:9; 삿 20:3; 삼상 25:28, 39; 느 13:7; 욥 11:11; 34:8; 시 38:12; 101:4; 141:4; 잠 16:30; 30:32; 전 4:3; 8:11; 겔 8:9; 마 27:23; 막 15:14; 눅 3:19; 23:22; 요 5:29; 롬 13:3; 딤후 4:18; 약 3:16; 요이 1:11

어떤 일 – 레 23:28, 30; 사 37:11; 렘 17:22, 24; 요 10:32; 빌 3:15

왕의 일 – 삼상 21:8 대상 4:23; 26:32; 에 3:9; 8:10, 14; 사 37:21; 단 8:27

【 일 4/-하다 】　　　　　　　　　　　　【 일 4/-하다 】

'일 4'와 관련된 성구

이러한 일 – 왕상 11:11; 시 107:43; 사 24:13; 66:8; 렘 5:25; 요 5:16; 행 14:15; 18:15; 고전 10:6

이런 일 – 창 42:28; 44:7, 15; 레 10:19; 22:24; 26:23; 신 4:32; 18:12, 14; 25:16; 삿 19:30; 21:3; 삼상 2:23; 4:7; 삼하 12:6; 13:12; 23:17, 22; 24:3; 왕하 7:2; 대상 11:19, 24; 대하 1:12; 느 6:8; 에 7:5; 욥 23:14; 37:13; 시 7:3; 15:5; 74:9; 88:17; 사 64:4; 렘 13:22; 겔 16:16; 17:15; 호 14:9; 욜 1:2; 습 2:10; 말 2:13; 마 9:33; 21:21, 23, 24, 27; 24:3, 6; 26:54; 막 2:12; 11:28, 29, 33; 13:4, 7, 29; 눅 9:9; 20:2, 8; 21:7, 28, 31; 요 2:18; 16:3; 19:24; 행 10:16; 11:10; 26:10; 롬 2:2, 3; 고전 5:3; 7:15; 10:11; 갈 5:21; 벧후 3:16

자기의 일 – 느 13:30; 잠 18:9; 22:29; 사 5:19; 28:21; 막 8:30; 갈 6:4; 히 4:10

자기 일 – 삼상 8:16; 전 3:22; 요 9:21; 롬 14:12; 빌 2:4, 21; 살전 4:11

작은 일 – 창 30:15; 출 18:22, 26; 민 16:9, 13; 삼상 18:23; 20:2; 22:15; 왕상 2:20; 왕하 3:18; 사 7:13; 겔 16:20; 34:18; 슥 4:10; 눅 12:26; 고전 4:3; 6:2

장래 일 – 전 7:14; 8:7; 10:14; 사 45:11; 단 2:29, 45; 욜 2:28; 요 16:13; 롬 8:38; 골 2:17

장차 올 일 – 사 44:7

정교한 일 – 출 31:4; 35:33, 35

좋은 일 – 대하 18:7, 17; 렘 17:6; 마 26:10; 막 14:6; 갈 4:18; 빌 1:23; 딛 3:14; 히 9:11; 10:1

주의 일 – 시 66:3; 사 10:12; 합 3:2; 고전 7:32, 34; 15:58; 16:10

큰 일 – 출 18:22; 신 4:32; 11:7; 삿 2:7; 삼상 12:16, 24; 26:25; 삼하 7:21, 23; 왕하 5:13; 8:4; 대상 17:19; 욥 5:9; 9:10; 37:5; 시 71:19; 106:21; 126:2, 3; 131:1; 렘 45:5; 욜 2:20, 21; 막 3:8; 5:19, 20; 눅 1:49; 8:39; 요 1:50; 5:20;

14:12; 행 2:11

하나님의 일 – 대상 24:5; 시 64:9; 전 11:5; 마 16:23; 막 8:33; 요 6:28, 29; 롬 15:17; 고전 2:11; 히 2:17

하는 일 – 창 11:6; 23:8; 출 6:1; 36:4; 민 18:21; 신 31:29; 대상 23:28; 느 2:19; 4:2; 시 28:4; 33:15; 105:1; 111:7; 전 2:17; 9:7; 마 18:7; 눅 12:33; 요 12:19; 13:27; 14:12; 행 7:22; 롬 14:21; 고후 1:17; 히 1:3

한 가지 일 – 삼하 3:13; 왕하 5:18; 시 27:4; 렘 38:14; 합 1:5; 요 7:21

한 일 – 창 30:26; 민 30:3; 삿 8:3; 삼상 3:11; 왕상 1:6; 15:30; 전 1:9; 사 45:11; 단 10:1; 11:1; 마 12:3; 23:37; 막 2:25; 눅 6:3; 13:34; 행 13:41; 14:11; 빌 3:13

할 일 – 출 18:20; 29:1; 민 4:4, 19, 24, 28, 49; 룻 3:4; 대하 4:11; 스 10:13; 느 11:23; 욥 37:12; 사 19:15; 렘 42:3; 눅 16:4; 17:10; 고전 9:16

행하는 일 – 대하 28:13; 시 143:5; 렘 7:17; 겔 8:6; 요 7:3; 10:25; 고후 10:11; 약 1:11, 25

행하시는 일 – 시 33:4; 104:31; 111:2, 3, 6; 145:4; 전 7:13; 사 5:12

행하신 일 – 출 13:8; 민 23:23; 신 3:24; 4:34; 11:4, 5; 24:9; 수 23:3; 삿 2:10; 대상 16:8; 시 28:5; 44:1; 66:16; 78:7; 90:16; 92:4, 5; 106:13; 107:22, 24; 요 21:25

행한 일 – 창 9:24; 24:66; 출 10:2; 신 25:17; 수 2:10; 7:19; 9:3; 24:7; 삿 8:2; 14:6; 룻 2:12; 삼상 15:2; 19:4, 18; 24:19; 27:11; 28:9; 31:11; 삼하 21:11; 왕상 2:5; 느 8:17; 에 2:1; 시 9:16; 90:17; 95:9; 잠 31:31; 사 57:12; 겔 16:63; 미 6:5; 마 11:19; 26:13; 막 14:9; 눅 4:23; 11:48; 23:15, 41; 요 8:39, 41; 행 19:18; 25:10; 갈 1:13; 요삼 1:10; 계 9:20

행할 일 – 출 4:15; 34:10; 민 4:33; 삿 21:11; 삼상 16:3; 28:15; 왕상 2:9; 20:22; 잠 1:3; 렘 50:25; 슥 8:16

【 일 4/-하다 】 　　　　　　　　　　　　　　　【 일 4/-하다 】

삼상 14:6　위하여 **일하실까** 하노라 여호와
왕상 5:16　삼천삼백 명이라 그들이 **일하는** 백성을
왕상 9:23　오백오십 명이 있어 **일하는** 백성을
왕하 12:11　달아본 은을 **일하는** 자 곧 여호와의
왕하 12:14　은을 **일하는** 자에게 주어 그것으로
대상 20:3　쇠도끼와 돌써래로 **일하게** 하니라 다윗
대상 22:16　너는 일어나 **일하라** 여호와께서 너와
대상 25:1　직무대로 **일하는** 자의 수효는 이러하니
대하 2:7　재주 있는 사람들과 함께 **일하게** 하고
대하 2:14　다윗의 재주 있는 사람들과 함께 **일하게**
스 5:8　부지런히 **일하므로** 공사가 그 손에서
스 7:24　하나님의 성전에서 **일하는** 자들에게
느 2:16　외에 **일하는** 자들에게 알리지 아니하다
느 4:15　다 성에 돌아와서 각각 **일하였는데**
느 4:16　수하 사람들의 절반은 **일하고** 절반은
느 4:22　위하여 파수하겠으며 낮에는 **일하리라**
느 11:12　또 전에서 **일하는** 그들의 형제니 모두

시가서, 선지서

욥 4:5　이 일이 네게 이르매 … 이 일이 네게
욥 23:9　그가 왼쪽에서 **일하시나** 내가 만날 수
욥 24:5　들나귀 같아서 나가서 **일하며** 먹을 것을
욥 39:9　너를 위하여 **일하겠으며** 네 외양간에
시 104:23　나와서 **일하며** 저녁까지 수고하는도다
시 119:126　지금은 여호와께서 **일하실** 때이니이다
잠 8:22　시작 곧 태초에 **일하시기** 전에 나를
잠 16:26　고되게 **일하는** 자는 식욕으로 말미암아
잠 21:25　자기의 손으로 **일하기를** 싫어함이니라
잠 31:13　삼을 구하여 부지런히 손으로 **일하며**
사 7:7　여호와의 말씀이 그 일은 서지 못하며
사 44:12　숯불로 **일하며** 망치를 가지고 그것을
렘 2:10　게달에도 사람을 보내 이같은 일이
렘 14:7　주의 이름을 위하여 **일하소서** 우리의
겔 46:1　**일하는** 엿새 동안에는 닫되 안식일에
겔 48:18　소산을 성읍에서 **일하는** 자의 양식을
겔 48:19　성읍에서 **일하는** 자는 그 땅을 경작할

신약

마 1:20　일을 생각할 때에 주의 사자가 현몽하여
마 20:12　한 시간밖에 **일하지** 아니하였거늘 그들
마 21:28　얘 오늘 포도원에 가서 **일하라** 하니
막 1:45　사람이 나가서 이 일을 많이 전파하여
눅 1:20　이 일이 되는 날까지 네가 말 못하는
눅 10:40　나 혼자 **일하게** 두는 것을 생각지
요 5:17　이제까지 **일하시니** 나도 **일한다**

요 6:27　양식을 위하여 **일하지** 말고 영생하도
요 7:4　묻혀서 **일하는** 사람이 없나니 이 일을
행 1:2　명하시고 승천하신 날까지의 일을
행 15:38　자기들을 떠나 함께 **일하러** 가지 아니한
롬 1:28　내버려 두사 합당하지 못한 일을 하게
고전 9:6　나와 바나바만 **일하지** 아니할 권리가
고전 16:16　사람들과 또 함께 **일하며** 수고하는 모든
고후 6:1　우리가 하나님과 함께 **일하는** 자로서
엡 1:11　뜻의 결정대로 **일하시는** 이의 계획을
살전 2:9　밤낮으로 **일하면서** 너희에게 하나님의
살전 4:11　자기 일을 하고 너희 손으로 **일하기를**
살후 3:10　누구든지 **일하기** 싫어하거든 먹지도
살후 3:11　도무지 **일하지** 아니하고 일을 만들기만
살후 3:12　권하기를 조용히 **일하여** 자기 양식을
약 2:22　행함과 함께 **일하고** 행함으로 믿음이
요삼 1:8　진리를 위하여 함께 **일하는** 자가 되게
계 2:20　네게 책망할 일이 있노라 자칭 선지자라
계 18:17　선원들과 바다에서 **일하는** 자들이 멀리

✝ **일 4/-하다 - 기타 본문**

모세오경 창 22:1, 20; 24:9, 28, 50; 30:31; 31:16; 34:7, 19; 38:10; 40:15; 41:25, 28, 32, 37, 51; 42:21, 29; 43:18; 49:1; 출 1:14; 2:14, 15; 3:16; 5:11, 13, 19; 7:23; 8:29; 9:5, 6; 12:24; 18:16, 18, 23, 26; 23:7, 12; 24:14; 31:17; 33:17; 34:34; 35:4, 31; 36:2, 5; 레 18:23; 19:20; 20:17, 21; 23:3; 민 4:3, 15, 39, 47; 5:13, 19, 28; 7:9; 8:2, 25; 12:11; 14:41; 16:30, 49; 18:6, 31; 24:17, 23; 25:18; 30:12, 14; 32:20; 신 1:17, 32; 3:26; 4:3, 9; 6:18-19; 9:7; 10:8; 11:6; 12:7, 25, 31; 17:4, 8; 18:22; 21:4, 9; 22:20, 26; 23:18; 24:1, 13, 18, 22; 28:34; 29:29; 30:1; 31:27; 32:4, 35, 47; 33:2, 11　**역사서** 수 2:14, 20; 4:10; 7:15; 9:1; 14:6; 19:51; 22:22, 33; 삿 3:19, 20; 5:11; 6:27; 8:24; 9:7, 19, 24; 11:25, 37; 14:4; 15:6; 18:23; 19:23, 24, 30; 20:6, 10; 21:3, 12; 룻 2:11; 3:18; 4:7, 9; 삼상 2:34; 4:16; 10:16; 15:19; 18:20; 19:3; 20:9, 13, 19, 23, 29, 32, 39; 21:2, 11; 22:21, 23:3, 24:11, 25:26, 37; 26:16, 21; 28:10, 18; 30:24; 삼하 1:4, 20; 2:6, 26; 10:5; 11:11, 25, 27; 12:5, 12, 14, 21; 13:1, 12, 23, 24; 14:20, 21; 15:3, 4, 12; 19:10, 11, 12, 19, 29, 42,

【 일 4/-하다 】 　　　　　　　　　　　　　　　　　　　　　　　　　　　　　　　　　【 일곱 】

43; 20:18, 21; 23:20; 24:10; 왕상 1:27; 2:14, 32, 41; 7:14; 8:45, 49, 59; 9:4, 25; 10:12; 11:10, 12, 28, 33; 12:15, 24, 30; 13:34; 14:6, 8; 15:21; 16:20; 18:13; 20:24, 40; 21:1; 22:8; 왕하 2:10; 7:19; 8:5; 10:30; 12:15; 14:15, 28; 16:15; 17:7, 12; 19:11, 25, 31; 20:9, 20; 23:16, 17, 22; 24:3; 대상 6:32; 9:19, 31, 33; 13:4; 19:5; 21:3, 7, 8, 12; 22:15; 23:4, 24; 26:27, 29; 27:24; 28:20; 29:30; 대하 2:18; 6:35, 39; 8:9, 15; 10:2, 15; 11:4; 12:5; 16:5, 9; 19:7, 8; 24:5; 25:16; 26:18; 29:34, 36; 30:4, 22; 31:12; 32:1; 34:12; 35:10, 16; 스 4:15, 19, 22; 5:5, 8; 6:14, 15; 7:18; 9:1, 3; 10:4, 9, 14, 15, 16; 느 2:18; 4:6, 17; 5:16; 11:16, 22, 24; 12:8, 45; 13:7, 13, 14, 22, 26; 에 1:1; 2:23; 3:4; 6:3; 8:5; 9:17, 20, 26, 32 **시가서** 욥 4:5; 8:8; 9:2, 22; 12:3; 13:20; 15:4, 32; 19:28; 21:10; 23:14; 31:11, 33; 35:14; 36:24; 37:14; 38:13; 42:2, 3; 시 2:1; 4:2; 6:5; 11:7; 15:5; 19:1; 28:4; 33:15; 35:11; 38:12; 39:6; 42:4; 50:21; 65:5; 75:6; 77:11; 86:8; 102:18; 103:6; 104:13, 24; 106:22, 31; 107:23; 109:16; 111:6; 112:5; 118:17; 126:2, 3; 139:14; 144:14; 147:1; 잠 11:24; 13:8; 14:17; 16:30; 17:12; 19:19; 24:27; 25:2, 9; 27:1; 30:7; 31:3, 15, 27; 전 2:12, 14, 25; 3:5, 9, 11, 17, 18, 19; 5:13; 6:1, 12; 7:8; 8:14, 15, 16, 17; 9:10; 10:14, 20; 11:7; 12:13, 14 **선지서** 사 10:13; 12:5; 22:11; 23:8; 29:5, 15, 21; 32:8, 10; 36:12; 37:9; 41:4, 22, 24, 26; 42:9, 16; 43:9, 18, 19; 44:21, 23; 45:8, 21; 46:8, 9, 10; 47:7, 8, 9, 13; 48:5, 6; 49:6; 51:19; 55:11; 56:4; 58:3; 60:18; 64:4, 12; 65:12, 22; 렘 2:11, 12; 3:10, 23; 4:30; 5:30; 6:18, 29; 7:31; 9:6, 12, 24; 10:7; 12:4; 18:3; 25:11; 29:32; 30:15; 31:16, 22; 32:17, 19, 23, 27; 33:2, 3; 34:15; 38:15, 27; 40:3, 16; 44:21; 48:10; 50:29; 51:10; 52:6; 애 2:8, 17; 겔 4:14; 7:2; 12:27; 18:24; 22:13; 24:14, 19, 24, 26; 37:14; 46:1; 단 2:10, 11, 15, 17, 18, 22, 23, 28, 49; 3:16; 4:33; 6:12; 7:1, 28; 8:13, 19; 9:23; 10:14; 11:27, 36; 12:6; 호 2:5, 17; 4:18, 19; 5:9; 6:11; 욜 1:3; 2:28; 암 9:12; 욘 3:6; 미 4:3; 합 2:13; 학 2:4; 슥 4:9; 8:6; 10:6; 말 1:13, 14; 2:12 **복음서** 마 5:23; 6:34; 11:2; 12:2; 14:3; 16:22; 18:31; 21:15, 16, 42; 22:16; 24:20, 34; 25:21, 23; 28:11; 막 2:24; 3:28; 5:16, 19, 33, 43; 6:52; 7:13; 9:23, 39; 10:10, 32; 12:14; 13:18, 30; 14:6, 72; 15:14; 16:10; 눅 1:34, 71; 2:15; 3:19; 4:43; 6:2; 7:4, 47; 8:34, 35, 56; 9:11; 10:41; 11:53; 12:48; 13:1, 14, 17; 15:29; 16:2, 8; 19:8, 37, 42; 20:35; 21:9, 11, 13, 26; 22:23, 37, 49; 23:14, 47, 48, 49, 53; 24:12, 14, 18, 19, 21, 35; 요 3:9, 12; 5:19; 6:30; 7:23; 8:29; 9:3, 4; 10:33, 37, 38; 11:19, 45, 46; 12:2, 16; 13:19; 14:11, 29; 15:24; 17:4; 18:4, 29; 19:24, 36, 41; 21:1 **역사서** 행 1:3, 19; 2:11, 12, 14, 32; 3:10, 12, 15, 18; 4:7, 9, 12, 21; 5:4, 5, 7, 11, 24, 41; 6:3, 4; 7:42; 8:16; 9:27, 36; 10:8; 11:4, 8, 19; 12:3, 17, 25; 13:2; 14:26; 15:3, 6, 27; 17:32; 18:3, 14, 17; 19:14, 17, 21, 36, 40; 20:22, 24; 21:19; 23:11, 22; 24:22; 25:5, 14, 19, 20, 25; 26:9, 10, 12, 16, 20, 26; 28:17, 21 **서신서, 계시록** 롬 1:27, 32; 2:1, 2, 14; 4:4, 5, 6; 6:21; 8:5, 31; 9:17; 12:7, 8; 13:6, 12, 14; 14:19; 15:18, 23, 28; 고전 2:13, 14; 3:8; 4:6, 12; 6:3, 5; 7:33, 37; 8:4; 9:1, 13; 10:14; 11:17; 13:11; 15:15, 16, 17; 고후 2:10, 16; 4:2, 8; 7:2, 11; 8:10, 11, 19, 22; 9:3; 11:12, 14, 15, 21, 28; 갈 2:11; 3:5; 5:19; 6:1, 10; 엡 2:10; 3:1; 4:1, 12, 13; 5:11; 6:9, 20; 빌 1:5, 6, 12; 2:30; 3:2, 19; 골 3:17; 4:9; 몬 1:8; 살후 2:3, 5; 3:8; 딤전 4:16; 5:13; 딤후 1:15; 2:14; 3:11, 14; 4:11; 딛 1:5, 6; 2:5; 히 4:3; 5:1; 6:17; 7:13; 8:7; 10:2; 11:7, 20, 32; 12:3; 약 4:14; 벧전 4:1; 요일 3:8, 20; 요이 1:8; 요삼 1:4, 5; 유 1:15; 계 1:19; 13:5; 15:3, 4; 18:5; 22:6, 8

일곱 (seven, seventh)
창 21:30　　암양 새끼 **일곱**을 받아 내가 이 우물
출 2:16　　미디안 제사장에게 **일곱** 딸이 있었더니
레 25:8　　너는 **일곱** 안식년을 계수할지니 이는
민 23:1　　나를 위하여 여기 제단 **일곱**을 쌓고
수 6:4　　　**일곱** 양각 나팔을 잡고 언약궤 앞에서
수 18:2　　받지 못한 자가 아직도 **일곱** 지파라
삼상 2:5　　임신하지 못하던 자는 **일곱**을 낳았고
삼상 16:10 이새가 그의 아들 **일곱**을 다 사무엘
왕상 7:17　머리에 **일곱**이요 저 머리에 **일곱**이라

1969

【 일곱 】

'일곱'과 관련된 성구

- 귀신 일곱 – 마 12:45; 눅 11:26
- 등잔 일곱 – 출 25:37; 37:23
- (떡) 일곱 개 – 마 15:34, 36; 16:10; 막 8:6, 20
- 새 활촉 일곱 – 삿 16:7, 8
- 수송아지 일곱 마리 – 민 23:1, 29; 29:32; 대상 15:26; 대하 29:21; 겔 45:23
- 숫양 일곱 – 민 23:1, 29; 28:11, 19, 27; 29:2, 8, 36; 대상 15:26; 대하 13:9; 29:21; 욥 42:8; 겔 45:23
- 암수 일곱씩 – 창 7:2, 3
- 양각 나팔 일곱 – 수 6:6, 8, 13
- 어린 양 일곱 – 레 23:18; 민 28:21, 29; 29:4, 10; 대하 29:21
- 일곱 가닥 – 삿 16:13, 19
- 일곱 가지 – 욥 5:19; 잠 26:25
- 일곱 광주리 – 마 15:37; 막 8:8
- 일곱 교회 – 계 1:4, 11, 20
- 일곱 귀신 – 막 16:9; 눅 8:2
- 일곱 규빗 – 왕상 6:6
- 일곱 금 촛대 – 계 1:12, 20; 2:1
- 일곱 길 – 신 28:7, 25
- 일곱 눈 – 슥 3:9; 계 5:6
- 일곱 달 – 삼상 6:1; 겔 39:12, 14
- 일곱 대접 – 계 16:1; 17:1; 21:9
- 일곱 등잔 – 민 8:2; 슥 4:2
- 일곱 때 – 단 4:16, 23, 25, 32
- 일곱 머리 – 계 17:3, 7, 9
- 일곱 명 – 대상 5:13
- 일곱 배 – 레 26:18, 21; 사 30:26
- 일곱 번 – 창 33:3; 레 4:6, 17; 8:11; 14:7, 16, 27, 51; 16:14, 19; 25:8; 민 19:4; 수 6:4, 15; 왕상 18:43; 왕하 4:35; 5:10, 14; 시 12:6; 119:164; 잠 24:16; 마 18:21, 22; 눅 17:4
- 일곱 번째 – 수 6:16; 왕상 18:44
- 일곱 별 – 계 1:16, 20; 2:1; 3:1
- 일곱 부분 – 수 18:5, 6, 9
- 일곱 사람 – 삼하 21:6, 9; 대상 3:24; 에 1:10
- 일곱 산 – 계 17:9 / 일곱 소 – 창 41:4, 20, 27
- 일곱 아들 – 룻 4:15; 행 19:14
- 일곱 안식일 – 레 23:15, 16
- 일곱 암소 – 창 41:2, 3, 18, 19, 26
- 일곱 암양 새끼 – 창 21:28, 29
- 일곱 영 – 계 1:4; 3:1; 4:5; 5:6
- 일곱 우레 – 계 10:3, 4 / 일곱 이레 – 단 9:25
- 일곱 이삭 – 창 41:5, 6, 7, 22, 23, 24, 26, 27
- 일곱 인 – 계 5:1, 5; 6:1
- 일곱 재앙 – 계 15:1, 6, 8; 21:9
- 일곱 제단 – 민 23:4, 14, 29
- 일곱 족속 – 신 7:1; 행 13:19
- 일곱 주 – 신 16:9
- 일곱째 – 수 19:40; 대상 2:15; 12:11; 26:3, 5; 27:10; 마 22:26; 계 11:15; 21:20
- 일곱째 날 – 창 2:2, 3; 출 12:15, 16; 13:6; 16:26, 29, 30; 23:12; 24:16; 31:15, 17; 34:21; 35:2; 레 14:9; 23:3, 8; 민 6:9; 19:12, 19; 31:19, 24; 신 16:8; 수 6:4; 삿 14:17; 왕상 20:29; 겔 30:20
- 일곱째 달 – 레 16:29; 23:24, 34, 39, 41; 민 29:7, 12; 왕상 8:2; 대하 31:7; 스 3:1; 느 8:1, 14; 렘 28:17; 슥 7:5; 8:19
- 일곱째 인 – 계 8:1
- 일곱째 지휘관 – 대상 27:10
- 일곱째 천사 – 계 10:7; 11:15; 16:17
- 일곱째 해 – 출 21:2; 레 25:20; 신 15:9, 12; 느 10:31
- 일곱 천사 – 계 8:2, 6; 15:1, 6, 7, 8; 16:1; 17:1; 21:9
- 일곱 층계 – 겔 40:22, 26
- 일곱 해 – 창 41:27, 29, 30, 34, 36, 53, 54
- 일곱 해 동안 – 겔 39:9; 눅 2:36
- 제사장 일곱 – 수 6:4, 6, 8, 13

대하 29:21	숫염소 **일곱** 마리를 끌어다가 나라와
스 7:14	형편을 살피기 위하여 왕과 **일곱** 자문관
에 1:14	바사와 메대의 **일곱** 지방관 곧 가르스나
에 2:9	왕궁에서 으레 주는 **일곱** 궁녀를 주고
욥 1:2	그에게 아들 **일곱**과 딸 셋이 태어나니라
욥 42:8	너희는 수소 **일곱**과 숫양 **일곱**을 가지고
욥 42:13	또 아들 **일곱**과 딸 셋을 두었으며
잠 9:1	지혜가 그의 집을 짓고 **일곱** 기둥을
잠 26:16	대답하는 사람 **일곱**보다 자기를 지혜롭
전 11:2	**일곱**에게나 여덟에게 나눠 줄지어다
사 4:1	그 날에 **일곱** 여자가 한 남자를 붙잡고
사 11:15	하수를 쳐 **일곱** 갈래로 나누어 신을
사 30:26	햇빛은 **일곱** 배가 되어 **일곱** 날의 빛과
렘 15:9	**일곱**을 낳은 여인에게는 쇠약하여 기절

【 일광 】　　　　　　　　　　　　　　　　　　　　　　　　　【 일대 】

겔 41:3	통로의 벽의 너비는 각기 **일곱** 척이며
미 5:5	우리가 **일곱** 목자와 여덟 군왕을 일으켜
슥 4:2	그릇 위에 있는 등잔을 위해서 **일곱**
슥 4:10	**일곱**은 온 세상에 두루 다니는 여호와의
마 22:28	부활 때에 **일곱** 중의 누구의 아내가
막 8:5	몇 개나 있느냐 이르되 **일곱**이로소이다
막 8:20	광주리를 거두었더냐 이르되 **일곱**이니
막 12:22	**일곱**이 다 상속자가 없었고 최후에 여자
눅 20:31	**일곱**이 다 그와 같이 자식이 없이 죽고
눅 20:33	**일곱**이 다 그를 아내로 취하였으니 부활
요 4:52	어제 **일곱** 시에 열기가 떨어졌나이다
행 6:3	칭찬 받는 사람 **일곱**을 택하라 우리가
행 21:8	가이사랴에 이르러 **일곱** 집사 중 하나인
벧후 2:5	그 **일곱** 식구를 보존하시고 경건하지
계 4:5	보좌 앞에 켠 등불 **일곱**이 있으니 이는
계 5:6	그에게 **일곱** 뿔과 **일곱** 눈이 있으니
계 12:3	머리가 **일곱**이요 … 머리에 **일곱** 왕관이
계 13:1	뿔이 열이요 머리가 **일곱**이라 그 뿔에는
계 15:7	금 대접 **일곱**을 그 **일곱** 천사들에게
계 17:10	**일곱** 왕이라 다섯은 망하였고 하나는
계 17:11	여덟째 왕이니 **일곱** 중에 속한 자라

일광(日光, sunshine)
사 18:4	감찰함이 쬐이는 **일광** 같고 가을 더위에

일구다(plant)
잠 31:16	손으로 번 것을 가지고 포도원을 **일구며**
전 2:4	위하여 집들을 짓고 포도원을 **일구며**
렘 29:28	집을 짓고 살며 밭을 **일구고** 그 열매를

일구이언(一口二言, sincere)
딤전 3:8	집사들도 정중하고 **일구이언**을 하지

일기(日記, chronicle)

에 2:23	그 일을 왕 앞에서 궁중 **일기**에 기록하니라
에 6:1	역대 **일기**를 가져다가 자기 앞에서 읽히더니
에 10:2	메대와 바사 왕들의 **일기**에 기록되나

일깨다/일깨우다(wake up, guard)
사 41:2	사람을 **일깨워서** 공의로 그를 불러 자기
행 20:31	여러분이 **일깨어** 내가 삼 년이나 밤낮

벧후 1:13	너희를 **일깨워** 생각나게 함이 옳은 줄로
벧후 3:1	너희의 진실한 마음을 **일깨워** 생각나게
계 3:2	너는 **일깨어** 그 남은 바 죽게 된 것을
계 3:3	만일 **일깨지** 아니하면 내가 도둑같이

일꾼(workman, worker)
삿 5:26	오른손에 **일꾼**들의 방망이를 들고
왕하 12:15	은을 받아 **일꾼**에게 주는 사람들과 회계
대하 34:10	여호와의 전에 있는 **일꾼**들에게 주어
대하 34:17	감독자들과 **일꾼**에게 주었나이다
학 1:6	**일꾼**이 삯을 받아도 그것을 구멍 뚫어진
마 9:37	이르시되 추수할 것은 많되 **일꾼**이
마 10:10	이는 **일꾼**이 자기의 먹을 것 받는 것이
눅 10:2	**일꾼**이 적으니 그러므로 추수하는 주인
눅 10:7	먹고 마시라 **일꾼**이 그 삯을 받는 것이
엡 3:7	하나님의 은혜의 선물을 따라 내가 **일꾼**
딤전 5:18	또 **일꾼**이 그 삯을 받는 것은 마땅하다

> **성경에 나오는 '일꾼'**
>
> 교회의 일꾼 – 롬 16:1; 골 1:25
> 그리스도 예수의 일꾼 – 롬 15:16
> 그리스도의 일꾼 – 고전 4:1; 고후 11:23
> 말씀의 일꾼 – 눅 1:2
> 복음의 일꾼 – 골 1:23
> 부끄러울 것이 없는 일꾼 – 딤후 2:15
> 사탄의 일꾼 – 고후 11:15
> 새 언약의 일꾼 – 고후 3:6
> 성전 일꾼 – 스 3:9; 8:20
> 속이는 일꾼 – 고후 11:13
> 신실한 일꾼 – 골 1:7; 4:7
> 예수의 좋은 일꾼 – 딤전 4:6
> 의의 일꾼 – 고후 11:15
> 진실한 일꾼 – 엡 6:21
> 추수할 일꾼 – 마 9:38; 눅 10:2
> 하나님의 일꾼 – 롬 13:6; 고후 6:4; 살전 3:2

일다(make, let)
시 78:26	하늘에서 **일게** 하시며 그의 권능으로
슥 10:1	여호와 곧 구름을 **일게** 하시는 여호와께

일대(一隊, first)
민 2:9	육천사백 명이라 그들은 제 **일대**로

[일래]　　　　　　　　　　　　　　　　　　　　　　[일어나다]

일래(Ilai) 아호아 사람으로 다윗의 용사
대상 11:29 후사 사람 십브개와 아호아 사람 **일래**와

일루리곤(Illyricum) 로마서에 나오는 지역
롬 15:19 두루 행하여 **일루리곤**까지 그리스도의

일만(一萬, myriad, ten thousands)
신 33:2 **일만** 성도 가운데서 강림하셨고 그의
에 3:9 은 **일만** 달란트를 왕의 일을 맡은 자의
눅 14:31 먼저 앉아 **일만** 명으로써 저 이만 명을
고전 4:15 그리스도 안에서 **일만** 스승이 있으되
고전 14:19 말을 하는 것이 **일만** 마디 방언으로
딤전 6:10 돈을 사랑함이 **일만** 악의 뿌리가 되나니
계 7:5 받은 자가 **일만** 이천이요 … **일만** 이천이요 갓 지파 중에 **일만** 이천이요
계 7:6 지파 중에 **일만** 이천이요 … **일만** 이천이요 므낫세 지파 중에 **일만** 이천이요
계 7:7 지파 중에 **일만** 이천이요 … **일만** 이천이요 잇사갈 지파 중에 **일만** 이천이요
계 7:8 스불론 지파 중에 **일만** 이천이요 요셉 지파 중에 **일만** 이천이요 베냐민 지파 중에 인침을 받은 자가 **일만** 이천이라

일반(一般, one, common, although)
왕상 13:33 다시 **일반** 백성을 산당의 제사장으로
잠 25:22 머리에 놓는 것과 **일반**이요 여호와께서
전 2:16 죽음이 우매자의 죽음과 **일반**이로다
전 3:19 그들이 당하는 일이 **일반**이라 다 동일한
전 9:2 **일반**이라 의인과 악인, … 모두 **일반**이니 … 무서워하는 자가 **일반**이로다
전 9:3 모든 사람의 결국은 **일반**이라 이것은
유 1:3 사랑하는 자들아 우리가 **일반**으로 받은

일반인(一般人, one, unauthorized person)
레 22:10 **일반인**은 성물을 먹지 못할 것이며
레 22:12 제사장의 딸이 **일반인**에게 출가하였으
레 22:13 음식을 먹을 것이나 **일반인**은 먹지 못할

일백(一百, hundred)
신 22:19 그에게서 은 **일백** 세겔을 벌금으로 받아
삼하 8:4 병거 **일백** 대의 말만 남기고 다윗이
왕상 9:14 히람이 금 **일백** 이십 달란트를 왕에게
왕상 10:10 이에 그가 금 **일백** 이십 달란트와 심히

일부(一部, some)
느 11:25 마을과 들로 말하면 유다 자손의 **일부**는
느 11:36 유다에 있던 레위 사람의 **일부**는 베냐민
행 23:6 그중 **일부**는 사두개인이요 다른 **일부**는

일부러(deliberately)
벧후 3:5 말씀으로 된 것을 그들이 **일부러** 잊으려

일삼다(do, to be)
전 8:3 악한 것을 **일삼지** 말라 왕은 자기가
겔 22:29 강탈을 **일삼고** 가난하고 궁핍한 자를
행 6:2 제쳐 놓고 접대를 **일삼는** 것이 마땅하지
롬 3:13 혀로는 속임을 **일삼으며** 그 입술에는
딛 3:3 악독과 투기를 **일삼은** 자요 가증스러운

일생(一生, always, life)
민 22:30 당신의 **일생** 동안 탄 나귀가 아니냐
삼상 25:28 내 주의 **일생**에 내 주에게서 악한 일을
왕상 15:16 사이에 **일생** 동안 전쟁이 있으니라
왕상 15:32 왕 사이에 **일생** 동안 전쟁이 있으니라
시 31:10 **일생**을 슬픔으로 보내며 나의 연수를
시 39:5 **일생**이 주 앞에는 없는 것 같사오니
시 90:14 우리를 만족하게 하사 우리를 **일생** 동안

일시(一時, same time)
사 43:17 **일시**에 엎드러져 일어나지 못하고
고전 15:6 오백여 형제에게 **일시**에 보이셨나니

일심(一心, together, undivided heart)
수 9:2 모여서 **일심**으로 여호수아와 이스라엘
시 86:11 주의 진리에 행하오리니 **일심**으로 주를

일어나다(arise, get up)
[모세오경]
창 13:17 너는 **일어나** 그 땅을 종과 횡으로 두루
창 18:16 사람들이 거기서 **일어나서** 소돔으로
창 19:1 보고 **일어나** 영접하고 땅에 엎드려
창 21:18 **일어나** 아이를 일으켜 네 손으로 붙들라
창 23:3 시신 앞에서 **일어나** 나가서 헷 족속에게
창 24:61 리브가가 **일어나** 여자 종들과 함께 낙타
창 25:34 에서가 먹으며 마시고 **일어나** 갔으니
창 27:19 원하건대 **일어나** 앉아서 내가 사냥한
창 28:2 **일어나** 밧단아람으로 가서 네 외조부

【 일어나다 】　　　　　　　　　　　　【 일어나다 】

창 31:13	일어나 이 곳을 떠나서 네 출생지로
창 35:1	야곱에게 이르시되 일어나 벧엘로
창 38:19	그가 일어나 떠나가서 그 너울을 벗고
창 44:4	청지기에게 이르시되 일어나 그 사람들의
출 1:8	알지 못하는 새 왕이 일어나 애굽을
출 2:17	일어나 그들을 도와 그 양 떼에게
출 10:23	처소에서 일어나는 자가 없으되 온
출 12:30	사람이 일어나고 애굽에 큰 부르짖음이
출 21:19	지팡이를 짚고 일어나 걸으면 그를 친
출 32:1	아론에게 이르러 말하되 일어나라 우리
민 10:35	모세가 말하되 여호와여 일어나사 주의
민 11:32	백성이 일어나 그 날 종일 종야와 그
민 16:25	모세가 일어나 다단과 아비람에게로
민 22:14	모압 귀족들이 일어나 발락에게로 가서
민 23:18	발락이여 일어나 들을지어다 십볼의
민 24:17	이스라엘에서 일어나서 모압을
민 25:7	보고 회중 가운데에서 일어나 손에 창을
민 31:16	가운데에 염병이 일어나게 하였느니라
민 32:14	대를 이어 일어난 죄인의 무리로서
신 2:13	너희는 일어나서 세렛 시내를 건너가라
신 6:7	누워 있을 때에든지 일어날 때에든지
신 9:12	이르시되 일어나 여기서 속히 내려가라
신 10:11	내게 이르시되 일어나서 백성보다 먼저
신 11:19	누워 있을 때에든지, 일어날 때에든지
신 13:1	꿈꾸는 자가 일어나서 이적과 기사를
신 17:8	일어나 네 하나님 여호와께서 택하실
신 19:11	그를 기다리다가 일어나 상처를 입혀
신 22:26	사람이 일어나 그 이웃을 쳐죽인 것과
신 28:7	너를 대적하기 위해 일어난 적군들을
신 29:22	뒤에 일어나는 너희의 자손과 멀리서
신 31:16	이방 신들을 따르며 일어날 것이요 나를
신 32:22	내 분노의 불이 일어나서 스올의 깊은
신 33:2	세일 산에서 일어나시고 바란 산에서
신 34:10	같은 선지자가 일어나지 못하였나니

역사서

수 1:2	백성과 더불어 일어나 이 요단을 건너
수 3:16	성읍 변두리에 일어나 한 곳에 쌓이고
수 6:26	누구든지 일어나서 이 여리고 성을 건축
수 7:10	여호수아에게 이르시되 일어나라
수 8:1	다 거느리고 일어나 아이로 올라가라
수 18:4	그들은 일어나서 그 땅에 두루 다니며
수 24:9	십볼의 아들 발락이 일어나 이스라엘과

'일어나다'와 관련된 성구

광풍이 일어나다 – 시 107:25; 막 4:37; 행 27:14

급히 일어나다 – 수 8:19; 삼상 25:42; 단 3:24; 요 11:29, 31; 행 12:7

남방 여왕이 일어나다 – 마 12:42; 눅 11:31

다 일어나다 – 출 33:8, 10; 왕하 25:26; 대상 10:12; 스 1:5; 3:2; 마 24:34; 25:7; 막 13:30; 눅 23:1; 행 26:30

땅 끝에서 일어나다 – 렘 6:22; 25:32; 50:41

먹고 마시며 일어나다 – 출 32:6; 고전 10:7

밤에 일어나다 – 창 32:22; 삿 9:32, 34; 왕하 7:12; 8:21; 대하 21:9; 느 2:12

밤중에 일어나다 – 삿 16:3; 왕상 3:20; 시 119:62

새벽에 일어나다 – 삼상 29:10; 단 6:19

아침에 일어나다 – 창 24:54; 출 24:4; 민 22:13, 21; 삿 20:19; 삼하 24:11; 욥 1:5

아침에 일찍이 일어나다 – 창 19:27; 20:8; 21:14; 22:3; 26:31; 28:18; 31:55; 출 8:20; 9:13; 34:4; 민 14:40; 수 3:1; 6:12; 8:10; 삿 6:28; 19:5, 8; 삼상 1:19; 15:12; 17:20; 29:11; 왕하 19:35; 대하 20:20; 사 5:11; 37:36

여호와의 노여움이 일어나다 – 렘 23:19; 30:23

우림과 둠밈을 가진 제사장이 일어나기 전에는 지성물을 먹지 말라 – 스 2:63; 느 7:65

일제히 일어나다 – 삿 20:8; 스 3:9; 행 16:22; 18:12

일찍이 일어나다 – 창 19:2; 출 32:6; 수 6:15; 7:16; 8:14; 삿 6:38; 7:1; 19:27; 21:4; 삼상 5:3; 4; 9:26; 삼하 15:2; 왕하 3:22; 6:15; 대하 29:20; 시 127:2; 아 7:12

함께 일어나다 – 출 24:13; 민 16:2; 룻 1:6; 느 3:1

해질 무렵에 일어나다 – 왕하 7:5, 7

【 일어나다 】

삿 2:10	그 후에 **일어난** 다른 세대는 여호와를
삿 3:20	하매 왕이 그의 좌석에서 **일어나니**
삿 4:9	드보라 **일어나** 바락과 함께 게데스로
삿 5:7	드보라 **일어나** 이스라엘의 어머니가
삿 6:13	우리에게 **일어났나이까** 또 우리 조상들
삿 7:9	기드온에게 이르시되 **일어나** 진영으로
삿 8:20	여텔에게 이르되 **일어나** 그들을 죽이라
삿 9:18	너희가 오늘 **일어나** 우리 아버지의 집을
삿 10:1	돌라가 **일어나서** 이스라엘을 구원하니
삿 13:11	마노아가 **일어나** 아내를 따라가서 그
삿 18:9	이르되 **일어나** 그들을 치러 올라가자
삿 19:7	그 사람이 **일어나서** 가고자 하되 그
삿 20:3	악한 일이 어떻게 **일어났는지** 우리에게
룻 2:15	룻이 이삭을 주우러 **일어날** 때에 보아스
룻 3:14	어두울 때에 **일어났으니** 보아스가
삼상 1:9	한나가 **일어나니** 그 때에 제사장 엘리는
삼상 3:6	사무엘이 **일어나** 엘리에게로 가서
삼상 9:3	너는 **일어나** 한 사환을 데리고 가서
삼상 10:11	무슨 일이 **일어났느냐** 사울도 선지자들
삼상 11:6	크게 감동되매 그의 노가 크게 **일어나**
삼상 13:15	사무엘이 **일어나** 길갈에서 떠나 베냐민
삼상 16:12	이가 그니 **일어나** 기름을 부으라
삼상 17:35	그것이 **일어나** 나를 해하고자 하면 내가
삼상 18:27	다윗이 **일어나서** 그의 부하들과 함께
삼상 20:9	일이 결코 네게 **일어나지** 아니하리라
삼상 21:10	사울을 두려워하여 **일어나** 도망하여
삼상 23:4	**일어나** 그일라로 내려가라 내가 블레셋
삼상 24:4	다윗이 **일어나서** 사울의 겉옷 자락을
삼상 25:1	그를 장사한지라 다윗이 **일어나** 바란
삼상 26:2	사울이 **일어나** 십 광야에서 다윗을
삼상 26:5	다윗이 **일어나** 사울이 진 친 곳에
삼상 27:2	**일어나** 함께 있는 사람 육백 명과
삼상 28:23	그들의 말을 듣고 땅에서 **일어나** 침상에
삼상 31:12	장사들이 **일어나** 밤새도록 달려가서
삼하 2:14	청년들에게 **일어나서** 우리 앞에서 겨루게 하자 요압이 이르되 **일어나게** 하자
삼하 3:21	내가 **일어나** 가서 온 이스라엘 무리를
삼하 6:2	다윗이 **일어나** 자기와 함께 있는 모든
삼하 11:2	그의 침상에서 **일어나** 왕궁 옥상에서
삼하 12:20	다윗이 땅에서 **일어나** 몸을 씻고 기름을
삼하 13:15	암논이 그에게 이르되 **일어나** 가라 하니
삼하 14:7	온 족속이 **일어나서** 당신의 여종 나를
삼하 15:9	하니 그가 **일어나** 헤브론으로 가니라
삼하 17:1	오늘 밤에 내가 **일어나서** 다윗의 뒤를
삼하 18:32	내 주 왕의 원수와 **일어나서** 왕을 대적
삼하 19:7	이제 곧 **일어나** 나가 왕의 부하들에게
삼하 22:39	엎드러지고 능히 **일어나지** 못하였나이
왕상 1:49	손님들이 다 놀라 **일어나** 각기 갈 길로
왕상 2:19	왕이 **일어나** 영접하여 절한 후에 다시
왕상 3:12	네 뒤에도 너와 같은 자가 **일어남이**
왕상 8:20	다윗을 이어서 **일어나** 이스라엘의 왕
왕상 11:40	여로보암이 **일어나** 애굽으로 도망하여
왕상 14:2	청하건대 **일어나** 변장하여 사람들이
왕상 17:9	너는 **일어나** 시돈에 속한 사르밧으로
왕상 18:44	구름이 **일어나나이다** 이르되 올라가
왕상 19:3	그가 이 형편을 보고 **일어나** 자기의
왕상 21:15	아합에게 이르되 **일어나** 그 이스르엘
왕하 1:3	너는 **일어나** 올라가서 사마리아 왕의
왕하 3:24	이스라엘 사람이 **일어나** 모압 사람을
왕하 4:30	엘리사가 이에 **일어나** 여인을 따라가니
왕하 8:1	너는 **일어나서** 네 가족과 함께 거주할
왕하 9:2	그의 형제 중에서 **일어나게** 하고 그를
왕하 10:12	예후가 **일어나서** 사마리아로 가더니
왕하 11:1	죽은 것을 보고 **일어나** 왕의 자손을
왕하 12:20	요아스의 신복들이 **일어나** 반역하여
대상 21:1	사탄이 **일어나** 이스라엘을 대적하고
대상 22:16	너는 **일어나** 일하라 여호와께서 너와
대하 6:10	다윗을 대신하여 **일어나** 이스라엘
대하 13:6	느밧의 아들 여로보암이 **일어나** 자기의
대하 20:23	모압 자손이 **일어나** 세일 산 주민들을
대하 22:10	아들이 죽은 것을 보고 **일어나** 유다
대하 28:12	아마샤가 **일어나서** 전장에서 돌아오는
대하 29:12	레위 사람들이 **일어나니** 곧 그핫의 자손
대하 30:14	무리가 **일어나** 예루살렘에 있는 제단과
스 5:2	예수아가 **일어나** 예루살렘에 있던
스 9:5	내가 근심 중에 **일어나서** 속옷과 겉옷을
스 10:4	당신이 주장할 일이니 **일어나소서**
느 2:18	그들의 말이 **일어나** 건축하자 하고 모두
느 4:14	내가 돌아본 후에 **일어나서** 귀족들과
느 9:5	마땅히 **일어나** 영원부터 영원까지 계신
에 1:10	주흥이 **일어나서** 어전 내시 무흐만과
에 5:9	모르드개가 대궐 문에 있어 **일어나지도**
에 7:7	왕이 노하여 **일어나서** 잔치 자리를 떠나
에 8:4	내미는지라 에스더가 **일어나** 왕 앞에

시가서

욥 1:20	욥이 **일어나** 겉옷을 찢고 머리털을 밀고

【 일어나다 】 　　　　　　　　　　　　　　　【 일어나다 】

욥 5:6	재난은 티끌에서 **일어나는** 것이 아니며		시 92:11	눈으로 보며 **일어나** 나를 치는 행악자
욥 7:4	언제나 **일어날까**, 언제나 밤이 갈까		시 94:2	주여 **일어나사** 교만한 자들에게
욥 14:12	사람이 누우면 다시 **일어나지** 못하고		시 102:13	주께서 **일어나사** 시온을 긍휼히 여기시
욥 16:8	나의 파리한 모습이 **일어나서** 대면하여		시 109:28	그들은 **일어날** 때에 수치를 당할지라도
욥 19:18	내가 **일어나면** 나를 조롱하는구나		시 112:4	흑암 중에 빛이 **일어나나니** 그는 자비
욥 20:27	땅이 그를 대항하여 **일어날** 것인즉		시 124:2	우리를 치러 **일어날** 때에 여호와께서
욥 24:14	죽이는 자는 밝을 때에 **일어나서** 학대		시 132:8	여호와여 **일어나사** 주의 권능의 궤와
욥 27:7	**일어나** 나를 치는 자는 불의한 자같이		시 139:21	주를 치러 **일어나는** 자들을 미워하지
욥 29:8	젊은이들은 숨으며 노인들은 **일어나서**		시 140:10	빠져 다시 **일어나지** 못하게 하소서
욥 30:12	그들이 내 오른쪽에서 **일어나** 내 발을		잠 6:9	네가 어느 때에 잠이 깨어 **일어나겠느냐**
욥 31:14	하나님이 **일어나실** 때에 내가 어떻게		잠 13:10	교만에서는 다툼만 **일어날** 뿐이라 권면
욥 41:25	그것이 **일어나면** 용사라도 두려워하며		잠 17:14	즉 싸움이 **일어나기** 전에 시비를 그칠
시 3:1	그리 많은지요 **일어나** 나를 치는 자가		잠 24:16	다시 **일어나려니와** 악인은 재앙으로
시 7:6	여호와여 진노로 **일어나사** 내 대적들의		잠 27:1	무슨 일이 **일어날는지** 네가 알 수 없음
시 9:19	여호와여 **일어나사** 인생으로 승리를		잠 28:12	영화가 있고 악인이 **일어나면** 사람은
시 10:12	여호와여 **일어나옵소서** 하나님이여		잠 31:15	새기 전에 **일어나서** 자기 집안사람들
시 12:5	내가 이제 **일어나** 그를 그가 원하는		전 3:22	그의 뒤에 **일어날** 일이 무엇인지를 보게
시 17:7	주께 피하는 자들을 그 **일어나** 치는		전 4:15	왕을 대신하여 **일어난** 젊은이와 함께
시 18:38	능히 **일어나지** 못하게 하리니 그들이		전 9:2	**일어나는** 일들이 모두 일반이니 선인
			전 10:14	나중에 **일어날** 일을 누가 그에게 알리리
			전 12:2	비 뒤에 구름이 다시 **일어나기** 전에
			아 2:10	나의 사랑, 내 어여쁜 자야 **일어나서**
			아 3:2	이에 내가 **일어나서** 성 안을 돌아다니며
			아 4:16	북풍아 **일어나라** 남풍아 오라 나의 동산
			아 5:5	**일어나** 내 사랑하는 자를 위하여 문을
			아 8:6	불길같이 **일어나나니** 그 기세가 여호와의

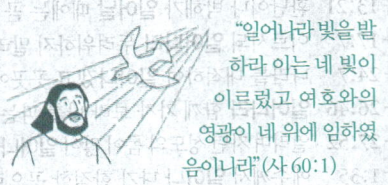
"**일어나라** 빛을 발하라 이는 네 빛이 이르렀고 여호와의 영광이 네 위에 임하였음이니라" (사 60:1)

〔선지서〕

시 20:8	엎드러지고 우리는 **일어나** 바로 서도다		사 2:19	땅을 진동시키려고 **일어나실** 때에 그의
시 27:3	전쟁이 **일어나** 나를 치려 할지라도 나는		사 3:13	여호와께서 변론하려 **일어나시며** 백성
시 36:12	엎드러지고 다시 **일어날** 수 없으리이다		사 21:5	너희 고관들아 **일어나** 방패에 기름을
시 41:8	이제 그가 눕고 다시 **일어나지** 못하리라		사 23:12	없으리니 **일어나** 깃딤으로 건너가라
시 44:5	치러 **일어나는** 자를 주의 이름으로		사 24:20	떨어져서 다시는 **일어나지** 못하리라
시 54:3	낯선 자들이 **일어나** 나를 치고 포악한		사 26:14	사망하였은즉 **일어나지** 못할 것이니
시 59:1	나를 건지시고 **일어나** 치려는 자에게서		사 28:21	브라심 산에서와 같이 **일어나시며**
시 68:1	하나님이 **일어나시니** 원수들은 흩어		사 29:5	일이 순식간에 갑자기 **일어날** 것이라
시 74:22	하나님이여 **일어나** 주의 원통함을		사 30:18	베풀려 하심이요 **일어나시리니** 이는
시 75:8	술 거품이 **일어나는도다** 속에 섞은 것이		사 31:2	**일어나사** 악행하는 자들의 집을 치시며
시 76:9	구원하시려고 심판하러 **일어나신**		사 32:9	안일한 여인들아 **일어나** 내 목소리를
시 78:6	이를 알게 하고 그들은 **일어나** 그들의		사 33:3	주께서 **일어나심**으로 말미암아 나라들
시 82:8	하나님이여 **일어나사** 세상을 심판하소		사 43:17	엎드러져 **일어나지** 못하고 소멸하기를
시 86:14	교만한 자들이 **일어나** 나를 치고 포악한		사 47:13	예고하는 자들에게 **일어나** 네게 임할
시 88:10	유령들이 **일어나** 주를 찬송하리이까		사 52:2	예루살렘이여 **일어나** 앉을지어다
시 89:9	파도가 **일어날** 때에 잔잔하게 하시나이		사 54:17	**일어나** 너를 대적하여 송사하는 모든

【 일어나다 】

사 60:1	일어나라 빛을 발하라 이는 네 빛이
렘 1:14	재앙이 북방에서 일어나 이 땅의 모든
렘 2:24	그들의 성욕이 일어나므로 헐떡거림
렘 4:4	분노가 불같이 일어나 사르리니 그것을
렘 6:4	너희는 그를 칠 준비를 하라 일어나라
렘 8:4	어찌 일어나지 아니하겠으며 사람이
렘 13:4	일어나 유브라데로 가서 거기서 그것을
렘 18:2	일어나 토기장이의 집으로 내려가라
렘 21:12	내 분노가 불같이 일어나서 사르리니
렘 25:27	다시는 일어나지 말아라 하셨느니라
렘 26:17	몇 사람이 일어나 백성의 온 회중에게
렘 31:6	너희는 일어나라 우리가 시온에 올라가
렘 37:10	그들이 각기 장막에서 일어나 이 성을
렘 41:2	사람이 일어나서 바벨론의 왕의 그 땅을
렘 44:23	오늘과 같이 너희에게 일어났느니라
렘 46:8	내가 일어나 땅을 덮어 성읍들과 그
렘 47:2	물이 북쪽에서 일어나 물결치는 시내를
렘 49:14	모여와서 그를 치며 일어나서 싸우라
애 2:19	초저녁에 일어나 부르짖을지어다 네
애 3:62	곧 일어나 나를 치는 자들의 입술에서
겔 3:22	내게 이르시되 일어나 들로 나아가라
겔 5:17	전염병과 살륙이 일어나게 하고 또 칼이
겔 7:11	포학이 일어나서 죄악의 몽둥이가
겔 8:3	질투를 일어나게 하는 우상의 자리가
겔 11:5	너희 마음에서 일어나는 것을 내가 다
겔 32:2	강에서 튀어 일어나 발로 물을 휘저어
겔 37:10	곧 살아나서 일어나 서는데 극히 큰
겔 38:19	날에 큰 지진이 이스라엘 땅에 일어나서
단 2:39	다른 나라가 일어날 것이요 셋째로 또
단 7:5	놋 같은 나라가 일어나서 온 세계를
단 8:22	이르기를 일어나서 많은 고기를 먹으라
단 9:12	가운데에서 네 나라가 일어나되 그의
단 11:1	천하에 예루살렘에 일어난 일 같은
단 12:1	다리오 원년에 일어나 그를 도와서 그를
호 10:9	미가엘이 일어날 것이요 또 환난이
호 11:7	어찌 기브아에서 일어나지 않겠느냐
호 13:15	돌아오라 할지라도 일어나는 자가
욜 2:20	광야에서 일어나는 여호와의 바람이라
욜 3:12	상한 냄새가 일어나고 악취가 오르리니
암 5:2	민족들은 일어나서 여호사밧 골짜기로
암 7:9	다시 일어나지 못하리로다 자기 땅에
암 8:14	일어나 칼로 여로보암의 집을 치리라
	엎드러지고 다시 일어나지 못하리라

욥 1:1	일어날지어다 우리가 일어나서 그와
욘 1:2	너는 일어나 저 큰 성읍 니느웨로 가서
욘 3:2	일어나 저 큰 성읍 니느웨로 가서 내가
욘 4:5	무슨 일이 일어나는가를 보려고 그
미 2:8	내 백성이 원수같이 일어나서 전쟁을
미 4:13	딸 시온이여 일어나서 칠지어다 내가
미 6:1	너는 일어나서 산을 향하여 변론하여
미 7:8	나는 엎드러질지라도 일어날 것이요
나 1:9	재난이 다시 일어나지 아니하리라
합 1:3	앞에 있고 변론과 분쟁이 일어났나이다
합 2:7	억누를 자들이 갑자기 일어나지 않겠느
습 1:10	무너지는 소리가 일어나리라
습 3:8	내가 일어나 벌할 날까지 너희는 나를
슥 2:13	거룩한 처소에서 일어나심이니라 하라

【 신약 】

마 1:24	요셉이 잠에서 깨어 일어나 주의 사자의
마 8:15	열병이 떠나가고 여인이 일어나서 예수
마 9:5	일어나 걸어가라 하는 말 중에 어느
마 11:11	세례 요한보다 큰 이가 일어남이 없도다
마 12:41	니느웨 사람들이 일어나 이 세대 사람을
마 13:21	환난이나 박해가 일어날 때에는 곧
마 17:7	이르시되 일어나라 두려워하지 말라
마 24:7	나라를 대적하여 일어나겠고 곳곳에
마 26:46	일어나라 함께 가자 보라 나를 파는
마 27:52	열리며 자던 성도의 몸이 많이 일어나되
막 1:35	예수께서 일어나 나가 한적한 곳으로
막 2:9	일어나 네 상을 가지고 걸어가라 하는
막 4:17	환난이나 박해가 일어나는 때에는 곧
막 5:41	내가 네게 말하노니 소녀야 일어나라
막 6:14	능력이 그 속에서 일어나느니라 하고
막 7:24	예수께서 일어나사 거기를 떠나 두로
막 10:49	이르되 안심하고 일어나라 그가 너를
막 13:8	나라를 대적하여 일어나겠고 곳곳에
막 14:42	일어나라 함께 가자 보라 나를 파는
눅 1:39	이 때에 마리아가 일어나 빨리 산골로
눅 4:29	일어나 동네 밖으로 쫓아내어 그 동네를
눅 5:23	일어나 걸어가라 하는 말이 어느 것이
눅 6:8	손 마른 사람에게 이르시되 일어나 한가
	운데 서라 하시니 그가 일어나 서거늘
눅 7:14	내가 네게 말하노니 일어나라 하시매
눅 8:54	잡고 불러 이르시되 아이야 일어나라
눅 9:46	중에서 누가 크냐 하는 변론이 일어나니
눅 10:25	율법교사가 일어나 예수를 시험하여

【 일어나다 】　　　　　　　　　　　　　　　　　　　　　　　　　　【 일어서다 】

눅 11:7	침실에 누웠으니 **일어나** 네게 줄 수가
눅 13:25	집 주인이 **일어나** 문을 한 번 닫은 후에
눅 15:18	내가 **일어나** 아버지께 가서 이르기를
눅 17:19	그에게 이르시되 **일어나** 가라 네 믿음이
눅 21:7	일이 **일어나려** 할 때에 무슨 징조가
눅 22:45	기도 후에 **일어나** 제자들에게 가서 슬픔
눅 23:19	이 바라바는 성중에서 **일어난** 민란과
눅 24:12	**일어나** 무덤에 달려가서 구부려 들여다
요 1:28	건너편 베다니에서 **일어난** 일이니라
요 5:8	예수께서 이르시되 **일어나** 네 자리를
요 6:18	큰 바람이 불어 파도가 **일어나더라**
요 8:7	아니하는지라 이에 **일어나** 이르시되
요 10:19	유대인 중에 다시 분쟁이 **일어나니**
요 13:4	저녁 잡수시던 자리에서 **일어나** 겉옷을
요 14:29	이제 일이 **일어나기** 전에 너희에게 말
	한 것은 일이 **일어날** 때에 너희로 믿게
요 19:36	이 일이 **일어난** 것은 그 뼈가 하나도
행 3:6	그리스도의 이름으로 **일어나** 걸으라
행 5:6	젊은 사람들이 **일어나** 시신을 싸서 메고
행 6:9	어떤 자들이 **일어나** 스데반과 더불어
행 8:26	**일어나서** 남쪽으로 향하여 예루살렘
행 9:6	너는 **일어나** 시내로 들어가라 네가 행할
행 10:13	소리가 있으되 베드로야 **일어나** 잡아
행 11:7	이르되 베드로야 **일어나** 잡아 먹으라
행 13:16	**일어나** 손짓하며 말하되 이스라엘
행 14:10	일어서라 하니 그 사람이 **일어나** 걷는지
행 15:2	다툼과 변론이 **일어난지라** 형제들이
행 20:30	말을 하는 사람들이 **일어날** 줄을 내가
행 22:10	주께서 이르시되 **일어나** 다메섹으로
행 23:9	서기관이 **일어나** 다투어 이르되 우리가
행 26:16	**일어나** 너의 발로 서라 내가 네게
행 28:13	남풍이 **일어나므로** 이튿날 보디올에
롬 15:12	열방을 다스리기 위하여 **일어나시는**
고전 10:11	그들에게 **일어난** 이런 일은 본보기로
엡 5:14	죽은 자들 가운데서 **일어나라** 그리스도
살전 4:16	안에서 죽은 자들이 먼저 **일어나고**
딤전 6:5	생각하는 자들의 다툼이 **일어나느니라**
히 7:15	한 제사장이 **일어난** 것을 보니 더욱
벧후 2:1	선지자들이 **일어났나니** 이와 같이
요일 2:18	적그리스도가 **일어났으니** 그러므로
계 1:1	**일어날** 일들을 그 종들에게 보이시려고
계 4:1	**일어날** 일들을 내가 네게 보이리라
계 11:1	**일어나서** 하나님의 성전과 제단과 그

📖 **일어나다 - 기타 본문**

구약 창 19:14, 15, 33, 35; 23:7; 27:31, 43; 31:17, 35; 35:3; 출 1:10; 12:31; 민 22:20; 23:24; 24:25; 25:18; 신 2:24; 13:13; 32:38; 33:11; 수 7:13; 8:3, 7; 18:8; 삿 4:14; 5:12; 7:15; 8:21; 9:33, 35, 43; 10:3; 13:19; 19:9, 10, 28, 30; 20:5, 18, 33; 삼상 3:8; 9:26; 17:48, 52; 20:41, 42; 23:13, 16, 24; 24:7, 8; 25:29, 41; 28:25; 삼하 2:15; 12:21; 13:29, 31; 14:23, 31; 15:14; 17:21, 22, 23; 19:8; 22:40; 왕상 1:50; 2:40; 3:21; 8:54; 14:4, 12, 17; 17:10; 18:45; 19:5, 7, 21; 21:16, 18; 왕하 1:15; 8:2; 9:6; 대상 22:19; 대하 6:41; 28:15; 30:27; 스 10:5, 6, 10, 15; 느 2:20; 에 1:18; 욥 24:22; 시 3:7; 17:13; 18:39; 27:12; 35:2, 11; 44:23, 26; 59:5; 74:23; 78:65; 94:16; 잠 28:28; 31:28; 전 12:4; 아 2:13; 사 2:21; 14:21, 22; 26:19; 30:27; 33:10; 렘 1:17; 2:27, 28; 6:5; 13:6; 46:16; 49:28, 31; 51:39, 64; 겔 3:23; 단 7:17, 24; 8:23, 27; 9:25; 11:2, 3, 14; 호 10:14; 욘 1:3, 4, 6; 3:3, 6; 미 2:10; 합 2:19 **신약** 마 2:13, 14, 20, 21; 8:24, 26; 9:6, 7, 9, 19, 25; 12:42; 24:11, 24; 26:62; 27:54; 막 2:11, 12, 14; 3:26; 5:42; 10:50; 13:18, 22, 29; 14:57, 60; 눅 4:38, 39; 5:24, 25, 28; 7:15, 16; 8:55; 11:8, 31, 32; 15:20; 21:10, 28, 31; 22:46; 24:21, 33, 38; 요 8:10; 13:19; 14:31; 행 3:10; 5:7, 12, 17, 34, 36, 37; 8:27; 9:8, 11, 18, 34, 39, 40; 10:20, 26; 11:19, 28; 14:20; 15:5, 7; 22:16; 계 11:1

일어서다 (rise and stand, rise, stand)

창 37:7	내 단은 **일어서고** 당신들의 단은 내
출 15:8	파도가 언덕같이 **일어서고** 큰 물이
레 19:32	머리 앞에서 **일어서고** 노인의 얼굴을
삼상 14:5	북쪽에서 믹마스 앞에 **일어섰고** 하나
	는 남쪽에서 게바 앞에 **일어섰더라**
왕하 13:21	뼈에 닿자 곧 회생하여 **일어섰더라**
왕하 18:28	랍사게가 드디어 **일어서서** 유다 말로
대상 28:2	이에 다윗 왕이 **일어서서** 이르되 나의
느 8:5	책을 펼 때에 모든 백성이 **일어서니라**
에 7:5	하만이 **일어서서** 왕후 에스더에게
욥 33:5	그대가 할 수 있거든 **일어서서** 내게
시 106:30	그 때에 비느하스가 **일어서서** 중재하니

【 일용품 】　　　　　　　　　　　　　　　　　　　　　　　　　【 일으키다 】

시 139:2	주께서 내가 앉고 **일어섬**을 아시고	창 21:18	일어나 아이를 **일으켜** 네 손으로 붙들라
사 14:9	모든 왕을 그들의 왕좌에서 **일어서게**	출 10:13	여호와께서 동풍을 **일으켜** 온 낮과 온
사 36:13	이에 랍사게가 **일어서서** 유다 방언으로	민 24:9	암사자와도 같으니 **일으킬** 자 누구이랴
사 49:7	보고 **일어서며** 고관들이 경배하리니	신 18:15	선지자 하나를 **일으키시리니** 너희는
사 51:17	깰지어다 **일어설지어다** 네가 이미	신 18:18	그들을 위하여 **일으키고** 내 말을 그
렘 51:3	갑옷을 입고 **일어선** 자를 향하여 쏘는	신 22:4	형제를 도와 그것들을 **일으킬지니라**
렘 51:64	**일어서지** 못하리니 그들이 피폐하리라	신 32:21	그들의 분노를 **일으키리로다**
겔 2:1	이르시되 인자야 네 발로 **일어서라** 내가	삼상 2:8	가난한 자를 진토에서 **일으키시며**
단 10:11	**일어서라** 내가 네게 보내심을 받았으니	삼상 2:35	충실한 제사장을 **일으키리니** 그 사람은
마 26:62	대제사장이 **일어서서** 예수께 묻되 아무	삼상 5:3	그들이 다곤을 **일으켜** 다시 그 자리에
막 3:3	이르시되 한 가운데에 **일어서라** 하시고	삼상 28:15	군대를 **일으켰고** 하나님은 나를 떠나서
막 9:27	잡아 일으키시니 이에 **일어서니라**	삼하 12:11	집에 재앙을 **일으키고** 내가 네 눈앞
막 14:60	대제사장이 가운데 **일어서서** 예수에게	삼하 12:17	다윗을 땅에서 **일으키려** 하되 왕이 듣지
행 1:15	베드로가 그 형제들 가운데 **일어서서**	왕상 9:15	솔로몬 왕이 역군을 **일으킨** 까닭은
행 10:26	베드로가 일으켜 이르되 **일어서라** 나도	왕상 11:14	하닷을 **일으켜** 솔로몬의 대적이 되게
행 14:10	네 발로 바로 **일어서라** 하니 그 사람	왕상 11:23	르손을 **일으켜** 솔로몬의 대적자가 되게
계 11:11	그들이 발로 **일어서니** 구경하는 자들이	왕상 14:14	한 왕을 **일으키신즉** 그가 그 날에
		대상 5:26	불의 마음을 **일으키시매** 앗수르 왕 디
일용품(日用品, special food)			글랏빌레셀의 마음을 **일으키시매**
에 2:9	물품과 **일용품**을 곧 주며 또 왕궁에서	느 4:2	무더기에서 다시 **일으키려는가** 하고
		시가서, 선지서	
일용하다(日用, daily, for that day)		욥 3:14	자기를 위하여 폐허를 **일으킨** 세상 임금
출 16:4	백성이 나가서 **일용할** 것을 날마다 거둘	욥 5:11	애곡하는 자를 **일으키사** 구원에 이르게
겔 16:27	**일용할** 양식을 감하고 너를 미워하는	시 9:13	나를 사망의 문에서 **일으키시는** 주여
마 6:11	오늘 우리에게 **일용할** 양식을 주시옵고	시 41:10	나를 **일으키사** 내가 그들에게 보응하게
눅 11:3	우리에게 날마다 **일용할** 양식을 주시옵	시 107:25	일어나 바다 물결을 **일으키는도다**
약 2:15	형제나 자매가 헐벗고 **일용할** 양식이	시 113:7	먼지 더미에서 **일으키시며** 궁핍한 자를
		시 135:7	땅 끝에서 **일으키시며** 비를 위하여
일월성신(日月星辰, the sun or the moon		시 145:14	비굴한 자들을 **일으키시는도다**
or the stars of the sky)		시 146:8	비굴한 자들을 **일으키시며** 여호와께서
신 17:3	내가 명령하지 아니한 **일월성신**에게	잠 18:14	상하면 그것을 누가 **일으키겠느냐**
왕하 17:16	하늘의 **일월성신**을 경배하며 또 바알을	잠 25:23	북풍이 비를 **일으킴같이** 참소하는 혀는
왕하 21:3	목상을 만들며 하늘의 **일월성신**을 경배	잠 26:21	좋아하는 자는 시비를 **일으키느니라**
왕하 21:5	두 마당에 하늘의 **일월성신**을 위하여	잠 26:28	아첨하는 입은 패망을 **일으키느니라**
왕하 23:4	아세라와 하늘의 **일월성신**을 위하여	전 4:10	동무를 붙들어 **일으키려니와** 홀로 있
대하 33:3	모든 **일월성신**을 경배하여 섬기며		어 넘어지고 붙들어 **일으킬** 자가 없는
대하 33:5	하늘의 **일월성신**을 위하여 제단을 둘	사 9:11	대적들을 **일으켜** 그를 치게 하시며
느 9:6	하늘들의 하늘과 **일월성신**과 땅과 땅	사 41:25	한 사람을 **일으켜** 북방에서 오게 하며
눅 21:25	**일월성신**에는 징조가 있겠고 땅에서는	사 45:13	내가 공의로 그를 **일으킨지라** 그의 모든
		사 49:6	야곱의 지파들을 **일으키며** 이스라엘
일으키다(bring, provoke, raise up)		사 49:8	나라를 **일으켜** 그들에게 그 황무하였던
모세오경, 역사서		사 61:4	무너진 곳을 다시 **일으킬** 것이며 황폐한
창 6:17	내가 홍수를 땅에 **일으켜** 무릇 생명의	렘 13:16	그가 어둠을 **일으키시기** 전, 너희 발이

【 일으키다 】　　　　　　　　　　　　　　　　　　　　　　　　【 일제히 】

렘 23:5	의로운 가지를 **일으킬** 것이라 그가 왕이	눅 1:69	뿔을 그 종 다윗의 집에 **일으키셨으니**
렘 29:15	바벨론에서 선지자를 **일으키셨느니라**	요 2:19	헐라 내가 사흘 동안에 **일으키리라**
렘 50:32	그를 **일으킬** 자가 없을 것이며 내가	요 2:20	네가 삼 일 동안에 **일으키겠느냐** 하더라
겔 2:2	나를 **일으켜** 내 발로 세우시기로 내가	요 5:21	아버지께서 죽은 자들을 **일으켜** 살리심
겔 3:24	나를 **일으켜** 내 발로 세우시고 내게	행 3:7	오른손을 잡아 **일으키니** 발과 발목이
겔 34:29	파종할 좋은 땅을 **일으키리니** 그들이	행 9:41	베드로가 손을 내밀어 **일으키고** 성도들
단 8:18	그가 나를 어루만져서 **일으켜** 세우며	행 10:26	베드로가 **일으켜** 이르되 일어서라 나도
단 10:10	무릎과 손바닥이 땅에 닿게 **일으키고**	행 13:33	하나님이 예수를 **일으키사** 우리 자녀들
단 11:11	북방 왕이 큰 무리를 **일으킬** 것이나	행 13:34	그를 **일으키사** 다시 썩음을 당하지 않게
호 6:2	우리를 **일으키시리니** 우리가 그의	행 15:16	허물어진 것을 다시 지어 **일으키리니**
호 7:4	발효되기까지만 불 **일으키기**를 그칠	행 20:9	삼 층에서 떨어지거늘 **일으켜** 보니
욜 3:7	팔아 이르게 한 곳에서 **일으켜** 나오게	행 21:38	이전에 소요를 **일으켜** 자객 사천 명을
암 2:11	나실인을 **일으켰나니** 이스라엘 자손들	엡 2:6	함께 **일으키사** 그리스도 예수 안에서
암 5:2	던지움이여 **일으킬** 자 없으리로다	골 2:12	**일으키신** 하나님의 역사를 믿음으로
암 6:14	나라를 **일으켜** 너희를 치리니 그들이		말미암아 그 안에서 함께 **일으키심을**
암 9:11	장막을 **일으키고** 그것들의 틈을 막으	히 12:12	피곤한 손과 연약한 무릎을 **일으켜**
	며 그 허물어진 것을 **일으켜서** 옛적과	약 5:15	주께서 그를 **일으키시리라** 혹시 죄를
미 5:5	일곱 목자와 여덟 군왕을 **일으켜** 그를	유 1:19	사람들은 분열을 **일으키는** 자며 육에
합 1:6	점령하는 갈대아 사람을 **일으켰나니**		
슥 9:13	내가 네 자식들을 **일으켜** 헬라 자식들을	**일일이**(一一, each one)	
슥 11:16	한 목자를 이 땅에 **일으키리니** 그가	눅 4:40	예수께서 **일일이** 그 위에 손을 얹으사
【신약】		눅 16:5	주인에게 빚진 자를 **일일이** 불러다가
막 1:31	손을 잡아 **일으키시니** 열병이 떠나고		
막 9:27	예수께서 그 손을 잡아 **일으키시니** 이에	**일점**(一點, least stroke)	
		마 5:18	**일점** 일획도 결코 없어지지 아니하고

'일으키다'와 관련된 성구

경련을 일으키다 – 막 1:26; 9:20, 26; 눅 9:39, 42
노를 일으키다 – 신 4:25; 사 65:3; 렘 7:18
노여움을 일으키다 – 시 78:58; 렘 11:17; 25:6, 7; 32:32; 44:3, 8; 겔 8:17
다툼을 일으키다 – 잠 6:14; 10:12; 15:18; 16:28; 18:6; 20:3; 28:25; 29:22
바람을 일으키다 – 출 15:10; 사 11:15
분을 일으키다 – 잠 25:23; 전 10:4; 렘 32:31
분쟁을 일으키다 – 사 54:15; 롬 16:17
불을 일으키다 – 렘 17:4; 겔 20:47, 48; 30:8, 16
전쟁을 일으키다 – 계 11:7; 19:19
진노를 일으키다 – 신 32:21; 왕하 21:6, 15
질투를 일으키다 – 신 32:16, 21

일정하다(一定, stand alone)
욥 23:13 　뜻이 **일정하시니** 누가 능히 돌이키랴

일제히(all together)
출 19:8	**일제히** 응답하여 이르되 여호와께서
삿 20:1	회중이 **일제히** 미스바에서 여호와 앞에
삿 20:8	백성이 **일제히** 일어나 이르되 우리가
삼하 2:16	찌르매 **일제히** 쓰러진지라 그러므로
대하 5:13	노래하는 자들이 **일제히** 소리를 내어
대하 30:5	이스라엘에 공포하여 **일제히** 예루살렘
스 3:1	일곱째 달에 이르러 **일제히** 예루살렘에
스 3:9	레위 사람들이 **일제히** 일어나 하나님의
스 6:20	제사장들과 레위 사람들이 **일제히** 몸을
느 8:1	모든 백성이 **일제히** 수문 앞 광장에
욥 2:12	그들이 **일제히** 소리 질러 울며 각각
욥 19:12	군대가 **일제히** 나아와서 길을 돋우고
시 62:3	너희가 **일제히** 공격하기를 언제까지

【 일주년 】 【 일컫다/일컬어지다 】

사 46:2	그들은 **일제히** 엎드러졌으므로 그 짐을	대하 6:13	솔로몬이 **일찍이** 놋으로 대를 만들었으
사 48:13	내가 그들을 부르면 그것들이 **일제히**	대하 14:7	아사가 **일찍이** 유다 사람에게 이르되
사 52:8	소리를 높여 **일제히** 노래하니 이는	느 1:10	이들은 주께서 **일찍이** 큰 권능과 강한
렘 5:5	**일제히** 멍에를 꺾고 결박을 끊은지라	욥 8:12	때가 되기 전에 다른 풀보다 **일찍이**
겔 1:9	돌이키지 아니하고 **일제히** 앞으로 곧게	사 51:23	그들은 **일찍이** 네게 이르기를 엎드리라
겔 1:12	돌이키지 아니하고 **일제히** 앞으로 곧게	렘 36:31	내가 **일찍이** 그들과 예루살렘 주민과
슥 10:4	권세 잡은 자가 다 **일제히** 그에게서	렘 45:3	**일찍이** 말하기를 화로다 여호와께서
눅 23:18	무리가 **일제히** 소리 질러 이르되 이	막 16:2	안식 후 첫날 매우 **일찍이** 해 돋을 때에
행 7:57	소리를 지르며 귀를 막고 **일제히** 그에게	요 13:33	찾을 것이나 **일찍이** 내가 유대인들에게
행 16:22	무리가 **일제히** 일어나 고발하니 상관들	요 19:39	**일찍이** 예수께 밤에 찾아왔던 니고데모
행 18:12	유대인이 **일제히** 일어나 바울을 대적하	요 20:1	안식 후 첫날 **일찍이** 아직 어두울 때에
행 19:29	아리스다고를 붙들어 **일제히** 연극장으	행 18:18	바울이 **일찍이** 서원이 있었으므로
		행 18:25	그가 **일찍이** 주의 도를 배워 열심으로
		계 5:6	어린 양이 서 있는데 **일찍이** 죽임을
		계 5:9	**일찍이** 죽임을 당하사 각 족속과 방언과

일주년(一週年, turn of the year)
대하 24:23 **일주년** 말에 아람 군대가 요아스를

일찍(early, long time)
삿 9:33 아침 해 뜰 때에 당신이 **일찍** 일어나
행 26:5 **일찍**부터 나를 알았으니 그들이 증언하

일차(一次, once)
대하 9:21 배들이 삼 년에 **일차**씩 다시스의 금과

일천(一千, thousand)
삼상 13:2 **일천** 명은 요나단과 함께 베냐민 기브아
왕상 3:4 솔로몬이 그 제단에 **일천** 번제를 드렸더
욥 33:23 만일 **일천** 천사 가운데 하나가 그

일찍이(early)

삿 6:13	조상들이 **일찍이** 우리에게 이르기를
삿 19:9	내일 **일찍이** 그대의 길을 가서 그대의
삼하 4:3	**일찍이** 브에롯 사람들이 깃다임으로
삼하 14:32	내가 **일찍이** 사람을 네게 보내 너를
삼하 23:20	**일찍이** 모압 아리엘의 아들 둘을 죽였고
왕상 11:2	여호와께서 **일찍이** 이 여러 백성에
왕상 11:9	여호와께서 **일찍이** 두 번이나 그에게

일체 1(一體, be)
레 17:14 피가 생명과 **일체**라 그러므로 내가

일체 2(一切, every)
고후 7:11 일에 대하여 **일체** 너희 자신의 깨끗함
빌 4:12 궁핍에도 처할 줄 아는 **일체**의 비결을
딤전 1:16 내게 먼저 **일체** 오래 참으심을 보이사
딤전 2:11 여자는 **일체** 순종함으로 조용히 배우라

> '**일찍이**' 와 관련된 성구
>
> 아침에 일찍이 일어나다 - 창 19:27; 20:8; 21:14; 22:3; 26:31; 28:18; 31:55; 출 8:20; 9:13; 34:4; 민 14:40; 수 3:1; 6:12; 8:10; 삿 6:28; 19:5, 8; 삼상 1:19; 15:12; 17:20; 29:11; 왕하 19:35; 대하 20:20; 사 5:11; 37:36
>
> 일찍이 일어나다 - 창 19:2; 출 32:6; 수 6:15; 7:16; 8:14; 삿 6:38; 7:1; 19:27; 21:4; 삼상 5:3, 4; 9:26; 삼하 15:2; 왕하 3:22; 6:15; 대하 29:20; 시 127:2; 아 7:12

일치/-하다(一致, agree, all alike)
막 14:56 그 증언이 서로 **일치하지** 못함이라
막 14:59 그 증언도 서로 **일치하지** 않더라
눅 14:18 **일치하게** 사양하여 한 사람은 이르되
행 15:15 선지자들의 말씀이 이와 **일치하도다**
고후 6:16 어찌 **일치**가 되리요 우리는 살아 계신

일컫다/일컬어지다(call)
모세오경 - 시가서
창 5:2 그들의 이름을 사람이라 **일컬으셨더라**

【 일컫다/일컬어지다 】　　　　　　　　　　　　　　　　【 일컫다/일컬어지다 】

창 35:20	지금까지 라헬의 묘비라 **일컫더라**	단 9:19	주의 백성이 주의 이름으로 **일컫는** 바
신 2:20	족속은 그들을 삼숨밈이라 **일컬었으며**	호 2:16	**일컫고** 다시는 내 바알이라 **일컫지** 아니
신 5:11	망령되이 **일컫지** 말라 나 여호와는 내	암 9:12	내 이름으로 **일컫는** 만국을 기업으로
	이름을 망령되이 **일컫는** 자를 죄 없는	슥 8:3	진리의 성읍이라 **일컫겠고** 만군의 여
삼상 9:9	자를 옛적에는 선견자라 **일컬었더라**)		호와의 산은 성산이라 **일컫게** 되리라
삼하 2:16	헬갓 핫수림이라 **일컬었으며** 기브온에	말 1:4	그들을 **일컬어** 악한 지역이라 할 것이요
삼하 12:28	**일컬음**을 받을까 두려워하나이다	신약	
삼하 18:18	그것을 압살롬의 기념비라 **일컫더라**	마 5:9	아들이라 **일컬음**을 받을 것임이요
왕상 8:43	성전을 주의 이름으로 **일컫는** 줄을 알게	마 5:19	**일컬음**을 받을 것이요 … 가르치는 자
왕상 16:24	이름을 따라 사마리아라 **일컬었더라**		는 천국에서 크다 **일컬음**을 받으리라
왕하 18:4	부수고 느후스단이라 **일컬었더라**	마 21:13	기도하는 집이라 **일컬음**을 받으리라
대상 13:6	그러한 이름으로 **일컬음**을 받았더라	마 27:8	그 밭을 피밭이라 **일컫느니라**
대하 6:33	성전을 주의 이름으로 **일컫는** 줄을 알게	막 10:18	나를 선하다 **일컫느냐** 하나님 한 분
대하 7:14	내 이름으로 **일컫는** 내 백성이 그들의	눅 1:32	아들이라 **일컬어질** 것이요 주 하나님께
대하 20:26	그 곳을 브라가 골짜기라 **일컫더라**	눅 1:35	이는 하나님의 아들이라 **일컬어지리라**
잠 16:21	지혜로운 자는 명철하다 **일컬음**을 받고	눅 1:48	만세에 나를 복이 있다 **일컬으리로다**
잠 24:8	악행하기를 꾀하는 자를 **일컬어** 사악한	눅 1:76	선지자라 **일컬음**을 받고 주 앞에 앞서
선지서		눅 2:21	잉태하기 전에 천사가 **일컬은** 바러라
사 5:16	공의로우시므로 거룩하다 **일컬음**을	눅 18:19	나를 선하다 **일컫느냐** 하나님 한 분
사 30:7	가만히 앉은 라합이라 **일컬었느니라**	행 4:36	사도들이 **일컬어** 바나바라(번역하면
사 35:8	거룩한 길이라 **일컫는** 바 되리니 깨끗하	행 8:10	사람은 크다 **일컫는** 하나님의 능력이라
사 47:1	아리땁다 **일컬음**을 받지 못할 것임이라	행 11:26	비로소 그리스도인이라 **일컬음**을 받게
사 47:5	여주인이라 **일컬음**을 받지 못하리라	행 15:17	이름으로 **일컬음**을 받는 모든 이방인들
사 48:1	이스라엘의 이름으로 **일컬음**을 받으며	롬 9:26	하나님의 아들이라 **일컬음**을 받으리라
사 54:5	하나님이라 **일컬음**을 받으실 것이라	고전 5:11	어떤 형제라 **일컫는** 자가 음행하거나
사 56:7	기도하는 집이라 **일컬음**이 될 것임이라	엡 1:21	오는 세상에 **일컫는** 모든 이름 위에
사 58:12	너를 **일컬어** 무너진 데를 보수하는 자라	히 3:13	오직 오늘이라 **일컫는** 동안에 매일 피차
사 58:13	안식일을 **일컬어** 즐거운 날이라, 여호와	히 9:2	진설병이 있으니 이는 성소라 **일컫고**
사 60:14	**일컬어** 여호와의 성읍이라, 이스라엘	히 9:3	뒤에 있는 장막을 지성소라 **일컫나니**
사 61:3	영광을 나타낼 자라 **일컬음**을 받게 하려	히 11:16	그들의 하나님이라 **일컬음** 받으심을
사 61:6	여호와의 제사장이라 **일컬음**을 받을	약 2:7	너희에게 대하여 **일컫는** 바 그 아름다운
사 62:2	정하실 새 이름으로 **일컬음**이 될 것이며	요일 3:1	하나님의 자녀라 **일컬음**을 받게 하셨는
사 62:12	너를 **일컬어** 거룩한 백성이라 여호와		
	께서 구속하신 자라 … 또 너를 **일컬어**		

'**일컫다**'와 관련된 성구

내 이름으로 일컬음을 받는 (이) 집 – 렘
　　7:10, 11, 14, 30; 34:15
만군의 여호와라 일컫는 왕 – 렘 46:18;
　　48:15; 51:57
아버지의 아들이라 일컬음을 감당하지 못
　　하다 – 눅 15:19, 21
주의 이름으로 일컬음을 받다 – 사 63:19;
　　렘 14:9; 15:16

렘 3:17	여호와의 보좌라 **일컬음**이 되며 모든
렘 11:16	여호와께서는 그의 이름을 **일컬어** 좋은
렘 23:6	이름은 여호와 우리의 공의라 **일컬음**을
렘 25:29	이름으로 **일컬음**을 받는 성에서부터
렘 32:34	이름으로 **일컫는** 집에 자기들의 가증한
애 2:15	세상 사람들의 기쁨이라 **일컫던** 성이
겔 20:29	(그것을 오늘날까지 바마라 **일컫느니라**)
겔 39:11	이름을 하몬곡의 골짜기라 **일컬으리라**
단 9:18	주의 이름으로 **일컫는** 성을 보옵소서

일평생

일평생(一平生, life, all one's days)
왕상 11:25 솔로몬의 **일평생**에 하닷이 끼친 환난
왕상 15:14 **일평생** 여호와 앞에 온전하였으며
왕하 25:29 그의 **일평생**에 항상 왕의 앞에서 양식을
대하 15:17 아사의 마음이 **일평생** 온전하였더라
욥 15:20 악인은 그의 **일평생**에 고통을 당하며
전 2:23 **일평생**에 근심하며 수고하는 것이
전 5:17 **일평생**을 어두운 데에서 먹으며 많은
전 5:18 주신 바 그 **일평생**에 먹고 마시며 해
전 6:12 그림자같이 보내는 **일평생**에 사람에게

일행(一行, who was moving about with)
창 13:5 아브람의 **일행** 롯도 양과 소와 장막이

일획(一畵, smallest letter)
마 5:18 일점 **일획**도 결코 없어지지 아니하고

일흔(seventy)
출 15:27 종려나무 **일흔** 그루가 있는지라 거기서
스 8:35 어린 양이 **일흔**일곱 마리요 또 속죄제의
겔 41:12 너비는 **일흔** 척이요 길이는 아흔 척이며
단 9:24 네 거룩한 성을 위하여 **일흔** 이레를
마 18:22 일곱 번뿐 아니라 일곱 번을 **일흔** 번
행 7:14 그의 아버지 야곱과 온 친족 **일흔**다섯

읽다/읽히다(read)
신 17:19 옆에 두고 **읽어** 그
신 31:30 노래의 말씀을 끝까지 **읽어** 들리니라
왕하 5:7 이스라엘 왕이 그 글을 **읽고** 자기 옷을
왕하 22:8 책을 사반에게 주니 사반이 **읽으니라**
왕하 22:10 하고 사반이 왕의 앞에서 **읽으매**
왕하 22:16 곧 유다 왕이 **읽은** 책의 모든 말대로
왕하 23:2 언약책의 모든 말씀을 **읽어** 무리의 귀에
대하 34:18 하고 사반이 왕 앞에서 그것을 **읽으매**
대하 34:24 유다 왕 앞에서 **읽은** 책에 기록된 모든
대하 34:30 언약책의 모든 말씀을 **읽어** 무리의 귀에
느 8:3 모든 사람 앞에서 **읽으매** 뭇 백성이
느 8:12 이는 그들이 그 **읽어** 들려 준 말을 밝히
에 6:1 일기를 가져다가 자기 앞에서 **읽히더니**
사 29:11 이를 **읽으라** 하면 그가 대답하기를 그 것이 봉해졌으니 나는 못 **읽겠노라** 할
사 29:12 이를 **읽으라** 하면 그가 대답하기를 나는

사 34:16 여호와의 책에서 찾아 **읽어** 보라 이것들
렘 29:29 선지자 예레미야에게 **읽어서** 들려 줄
렘 51:61 이르거든 삼가 이 모든 말씀을 **읽고**
렘 51:63 너는 이 책 **읽기**를 다한 후에 책에 돌을
단 5:7 이 글자를 **읽고** 그 해석을 내게 보이면
단 5:8 그 글자를 **읽지** 못하며 그 해석을 왕께
단 5:15 글을 **읽고** 그 해석을 내게 알게 하라
단 5:16 글을 **읽고** 그 해석을 내게 알려 주면
단 5:17 내가 왕을 위하여 이 글을 **읽으며** 그
합 2:2 새기되 달려가면서도 **읽을** 수 있게
마 12:3 시장할 때에 한 일을 **읽지** 못하였느냐
마 12:5 너희가 율법에서 **읽지** 못하였느냐
마 19:5 될지니라 하신 것을 **읽지** 못하였느냐
마 21:16 온전하게 하셨나이다 함을 너희가 **읽어**
마 21:42 우리 눈에 기이하도다 함을 **읽어** 본
마 22:32 것을 **읽어** 보지 못하였느냐 하나님은
마 24:15 거룩한 곳에 선 것을 보거든 (**읽는** 자는)
막 2:25 시장할 때에 한 일을 **읽지** 못하였느냐
막 12:11 우리 눈에 놀랍도다 함을 **읽어** 보지도
막 12:26 하나님이로라 하신 말씀을 **읽어** 보지
막 13:14 선 것을 보거든 (**읽는** 자는 깨달을진저)
눅 4:16 회당에 들어가사 성경을 **읽으려고**
눅 6:3 시장할 때에 한 일을 **읽지** 못하였느냐
눅 10:26 기록되었으며 네가 어떻게 **읽느냐**
요 19:20 유대인이 이 패를 **읽는데** 히브리와
행 8:28 타고 선지자 이사야의 글을 **읽더라**
행 8:30 글 **읽는** 것을 듣고 말하되 **읽는** 것을
행 8:32 **읽는** 성경 구절은 이것이니 일렀으되
행 13:15 율법과 선지자의 글을 **읽은** 후에 회당장
행 15:21 안식일마다 회당에서 그 글을 **읽음이라**
행 15:31 **읽고** 그 위로한 말을 기뻐하더라
행 23:34 총독이 **읽고** 바울더러 어느 영지 사람이
고후 1:13 오직 너희가 **읽고** 아는 것 외에 우리가
고후 3:2 마음에 썼고 뭇 사람이 알고 **읽는** 바라
고후 3:14 구약을 **읽을** 때에 그 수건이 벗겨지지
고후 3:15 오늘까지 모세의 글을 **읽을** 때에 수건이
엡 3:4 그것을 **읽으면** 내가 그리스도의 비밀을
골 4:16 너희에게서 **읽은** 후에 라오디게아인의 교회에서도 **읽게** 하고 또 라오디게 아로부터 오는 편지를 너희도 **읽으라**
살전 5:27 모든 형제에게 이 편지를 **읽어** 주라
딤전 4:13 내가 이를 때까지 **읽는** 것과 권하는
계 1:3 이 예언의 말씀을 **읽는** 자와 듣는 자와

잃다

잃다(lose, miss)
창 27:45 오리라 어찌 하루에 너희 둘을 **잃으랴**
출 22:9 어떤 **잃은** 물건 즉 소나 나귀나 양이나 의복이나 또는 다른 **잃은** 물건에 대하여
레 6:3 남의 **잃은** 물건을 줍고도 사실을 부인
레 6:4 착취한 것이나 맡은 것이나 **잃은** 물건
수 6:26 맏아들을 **잃을** 것이요 그 문을 세울 때에 그의 막내아들을 **잃으리라** 하였더라
삼상 9:3 암나귀들을 **잃고** 그의 아들 사울에게
삼상 9:20 사흘 전에 **잃은** 네 암나귀들을 염려하지
삼상 25:7 그들의 것을 하나도 **잃지** 아니하였으니
삼상 25:15 우리가 다치거나 **잃은** 것이 없었으니
삼상 30:19 아무것도 **잃은** 것이 없이 모두 다윗이
왕상 16:34 맏아들 아비람을 **잃었고** 그 성문을 세울 때에 막내 아들 스굽을 **잃었으니**
왕상 18:5 살리리니 짐승을 다 **잃지** 않게 되리라
욥 5:24 평안함을 알고 네 우리를 살펴도 **잃은**
잠 5:9 네 존영이 남에게 **잃어** 버리게 되며
잠 8:36 나를 **잃는** 자는 자기의 영혼을 해하는
잠 29:3 창기와 사귀는 자는 재물을 **잃느니라**
전 3:6 찾을 때가 있고 **잃을** 때가 있으며 지킬
렘 6:26 독자를 **잃음**같이 슬퍼하며 통곡할지어
렘 33:20 언약을 깨뜨려 주야로 그 때를 **잃게** 할
호 13:8 내가 새끼 **잃은** 곰같이 그들을 만나
마 10:39 자기 목숨을 얻는 자는 **잃을** 것이요

'잃다'와 관련된 성구

길을 잃다 – 출 23:4; 신 22:1; 27:18; 마 18:12, 13; 벧전 2:25
맛을 잃다 – 마 5:13; 막 9:50; 눅 14:34
목숨을 잃다 – 수 9:24; 마 10:39; 16:25, 26; 막 8:35, 36; 눅 9:24
빛을 잃다 – 애 4:1; 나 2:10; 눅 23:44
상을 잃다 – 마 10:42; 막 9:41
생명을 잃다 – 삿 18:25; 왕상 2:23; 욥 31:39; 잠 1:19; 7:23
잃은 양 – 시 119:176; 렘 50:6; 마 10:6; 15:24; 18:12; 눅 15:4, 6
자녀를 잃다 – 사 47:8, 9; 49:21; 렘 18:21
자식을 잃다 – 창 42:36; 43:14; 사 49:20; 겔 36:12
정신을 잃다 – 수 2:11; 5:1

임금

마 16:25 목숨을 구원하고자 하면 **잃을** 것이요
마 18:14 작은 자 중의 하나라도 **잃는** 것은 하늘
눅 9:24 목숨을 구원하고자 하면 **잃을** 것이요
눅 9:25 얻고도 자기를 **잃든지** 빼앗기든지
눅 15:8 하나를 **잃으면** 등불을 켜고 집을 쓸며
눅 15:9 즐기자 **잃은** 드라크마를 찾아내었노라
눅 15:24 **잃었다가** 다시 얻었노라 하니 그들이
눅 15:32 내가 **잃었다가** 얻었기로 우리가 즐거워
눅 17:33 자는 **잃을** 것이요 **잃는** 자는 살리리라
눅 23:44 제육시쯤 되어 해가 빛을 **잃고** 온 땅에
요 18:9 하나도 **잃지** 아니하였사옵나이다 하신
행 27:34 머리카락 하나도 **잃을** 자가 없으리라
요이 1:8 일한 것을 **잃지** 말고 오직 온전한 상을

잃어버리다(lose, be taken, be robbed, cost)
신 22:3 형제가 **잃어버린** 어떤 것이든지 네가
삿 17:2 천백을 **잃어버리셨으므로** 저주하시고
왕상 20:25 또 왕의 **잃어버린** 군대와 같은 군대를
왕상 20:39 사람을 지키라 만일 그를 **잃어버리면**
잠 5:9 네 존영이 남에게 **잃어버리게** 되며
잠 7:23 들어가되 그의 생명을 **잃어버릴** 줄을
사 47:8 자녀를 **잃어버리는** 일도 모르리라 하는
렘 23:4 두려워하거나 놀라거나 **잃어버리지**
렘 50:6 백성은 **잃어버린** 양 떼로다 그 목자들이
겔 34:4 **잃어버린** 자를 찾지 아니하고 다만 포악
겔 34:16 그 **잃어버린** 자를 내가 찾으며 쫓기는
겔 36:12 다시는 그들이 자식들을 **잃어버리지**
마 10:6 이스라엘 집의 **잃어버린** 양에게로 가라
마 15:24 나는 이스라엘 집의 **잃어버린** 양 외에는
눅 19:10 인자가 온 것은 **잃어버린** 자를 찾아
요 6:39 주신 자 중에 내가 하나를 **잃어버리지**
요 12:25 자기의 생명을 사랑하는 자는 **잃어버릴**
빌 3:8 내가 그를 위하여 모든 것을 **잃어버리고**
딤전 6:5 마음이 부패하여지고 진리를 **잃어버려**

임금(king)
신 28:36 **임금**을 너와 네 조상들이 알지 못하던
삼하 3:17 너희의 **임금**으로 세우기를 구하였으니
잠 22:11 있으므로 **임금**이 그의 친구가 되느니라
잠 30:22 종이 **임금**된 것과 미련한 자가 음식으로
잠 30:27 **임금**이 없으되 다 떼를 지어 나아가는
겔 37:22 이루어서 한 **임금**이 모두 다스리게
호 8:10 그들은 지도자인 **임금**이 지워 준 짐으로

1983

【 임나 】   【 임신하다 】

호 11:5	앗수르 사람이 그 **임금**이 될 것이라	대하 31:14	동문지기 레위 사람 **임나**의 아들 고레는
슥 9:5	**임금**이 끊어질 것이며 아스글론에는		
슥 11:6	이웃의 손과 **임금**의 손에 넘기리니		

임마누엘(Immanuel)

마 10:18	말미암아 총독들과 **임금**들 앞에 끌려
마 18:23	그 종들과 결산하려 하던 어떤 **임금**과
마 22:2	혼인 잔치를 베푼 어떤 **임금**과 같으니
마 22:7	**임금**이 노하여 군대를 보내어 그 살인한
마 22:11	**임금**이 손님들을 보러 들어올새 거기서
마 22:13	**임금**이 사환들에게 말하되 그 손발을
마 25:34	**임금**이 그 오른편에 있는 자들에게
마 25:40	**임금**이 대답하여 이르시되 내가 진실로
마 25:45	이에 **임금**이 대답하여 이르시되 내가
막 13:9	권력자들과 **임금**들 앞에 서리니 이는
눅 10:24	선지자와 **임금**이 너희가 보는 바를
눅 14:31	또 어떤 **임금**이 다른 **임금**과 싸우러
눅 21:12	옥에 넘겨 주며 **임금**들과 집권자들 앞에
요 6:15	억지로 붙들어 **임금**으로 삼으려는 줄
행 5:31	그를 오른손으로 높이사 **임금**과 구주로
행 7:18	요셉을 알지 못하는 새 **임금**이 애굽 왕
행 9:15	이름을 이방인과 **임금**들과 이스라엘
행 17:7	다른 **임금** 곧 예수라 하는 이가 있다
딤전 2:2	**임금**들과 높은 지위에 있는 모든 사람을
계 10:11	**임금**에게 다시 예언하여야 하리라
계 17:12	짐승과 더불어 **임금**처럼 한동안 권세를

사 7:14	그의 이름을 **임마누엘**이라 하리라
사 8:8	**임마누엘**이여 그가 펴는 날개가 네 땅에
마 1:23	이름은 **임마누엘**이라 하리라 하셨으니

임멜(Immer)

1. 다윗 때 열여섯 번째 제사장 반차의 지도자

대상 9:12	므실레밋의 현손이요 **임멜**의 오대손이

┌ **임멜 1 - 기타 본문** ─────────────┐
│ 대상 24:14; 스 2:37, 59; 10:20; 느 3:29; 7:40, 61; │
│ 11:13   │
└─────────────────────────────────┘

2. 예레미야 시대의 제사장 바스훌의 아버지

렘 20:1	**임멜**의 아들 제사장 바스훌은 여호와의

임명하다(任命, assign)

왕하 8:6	관리를 **임명하여** 이르되 이 여인에게

임무(任務, responsible)

대상 9:13	하나님의 성전의 **임무**를 수행할 힘있는

임박하다(臨迫, near, coming)

왕상 2:1	다윗이 죽을 날이 **임박하매** 그의 아들
대하 28:11	진노가 너희에게 **임박하였느니라**
대하 28:13	이스라엘에게 **임박하였느니라** 하매
사 13:8	해산이 **임박한** 여자같이 고통하며 서로
사 21:3	해산이 **임박한** 여인의 고통 같은 고통이
사 26:17	잉태한 여인이 산기가 **임박하여** 산고를
겔 7:10	**임박하도다** 정한 재앙이 이르렀으니
욜 2:1	이르게 됨이니라 이제 **임박하였으니**
마 3:7	너희를 가르쳐 **임박한** 진노를 피하라
고전 7:26	곧 **임박한** 환난으로 말미암아 사람이
벧후 1:14	나의 장막을 벗어날 것이 **임박한** 줄을
벧후 2:1	주를 부인하고 **임박한** 멸망을 스스로

┌─ **'임금'과 관련된 성구** ────────┐
│ 땅의 임금 - 계 1:5; 6:15; 17:2; 19:19 │
│ 세상(의) 임금 - 욥 3:14; 마 17:25; 요 │
│   12:31; 14:30; 16:11   │
│ 유대의 임금 - 마 2:22   │
│ 이방인의 임금 - 눅 22:25   │
│ 이스라엘의 임금 - 요 1:49   │
│ 큰 임금 - 말 1:14; 마 5:35   │
└─────────────────────────┘

임나(Imnah)

1. 아셀의 아들이며 족장

창 46:17	아셀의 아들은 **임나**와 이스와와 이스위
민 26:44	**임나**에게서 난 **임나** 종족과 이스위에게
대상 7:30	아셀의 아들들은 **임나**와 이스와와

2. 헬렘의 아들이며 아셀 자손

대상 7:35	아들들은 소바와 **임나**와 셀레스와 아말

3. 레위 사람이며 고레의 아버지

임신하다(姙娠, conceive, pregnant)

창 3:16	이르시되 내가 네게 **임신하는** 고통을
창 4:1	동침하매 하와가 **임신하여** 가인을 낳고
창 4:17	아내와 동침하매 그가 **임신하여** 에녹을
창 11:30	**임신하지** 못하므로 자식이 없었더라

【 임신하다 】 　　　　　　　　　　　　　　　　　　　　　　　　　【 임자 】

창 16:4	하갈이 **임신하매** 그가 자기의 **임신함**을	사 8:3	내 아내를 가까이 하매 그가 **임신하여**
창 16:5	품에 두었거늘 그가 자기의 **임신함**을	호 1:3	맞이하였더니 고멜이 **임신하여** 아들
창 16:11	또 그에게 이르되 네가 **임신하였은즉**	호 1:6	또 **임신하여** 딸을 낳으매 여호와께서
창 19:36	두 딸이 아버지로 말미암아 **임신하고**	호 1:8	로루하마를 젖뗀 후에 또 **임신하여**
창 21:2	사라가 **임신하고** 하나님이 말씀하신	호 2:5	음행하였고 그들을 **임신했던** 자는
창 25:21	그의 아내가 **임신하지** 못하므로 그를	호 9:11	배는 것이나 **임신하는** 것이 없으리라
창 29:32	레아가 **임신하여** 아들을 낳고 그 이름을	눅 1:36	본래 **임신하지** 못한다고 알려진 이가
창 29:33	그가 다시 **임신하여** 아들을 낳고 이르되	롬 9:10	한 사람으로 말미암아 **임신하였는데**
창 29:34	그가 또 **임신하여** 아들을 낳고 이르되	살전 5:3	안전하다 할 그 때에 **임신한** 여자에게
창 29:35	그가 또 **임신하여** 아들을 낳고 이르되		
창 30:2	성을 내어 이르되 그대를 **임신하지**	**임의**(任意, one's own device)	
창 30:5	**임신하여** 야곱에게 아들을 낳은지라	창 2:16	동산 각종 나무의 열매는 네가 **임의**로
창 30:7	빌하가 다시 **임신하여** 둘째 아들을 야곱	민 16:28	나의 **임의**로 함이 아닌 줄을 이 일로
창 30:17	그가 **임신하여** 다섯째 아들을 야곱에게	삼상 14:30	탈취하여 얻은 것을 **임의**로 먹었더라면
창 30:19	레아가 다시 **임신하여** 여섯째 아들을	느 9:24	족속들을 그들의 손에 넘겨 **임의**로
창 30:23	**임신하여** 아들을 낳고 이르되 하나님	느 9:37	몸과 가축을 **임의**로 관할하오니 우리의
창 38:3	그가 **임신하여** 아들을 낳으매 유다가	시 81:12	완악한 대로 버려 두어 그의 **임의**대로
창 38:4	그가 다시 **임신하여** 아들을 낳고 그의	잠 21:1	같아서 그가 **임의**로 인도하시느니라
창 38:18	그가 유다로 말미암아 **임신하였더라**	잠 29:15	**임의**로 행하게 버려 둔 자식은 어미를
창 38:24	행음함으로 말미암아 **임신하였느니라**	겔 16:27	부끄러워하는 자에게 너를 넘겨 **임의**로
창 38:25	물건 임자로 말미암아 **임신하였나이다**	겔 31:11	**임의**로 대우할 것은 내가 그의 악으로
출 2:2	여자가 **임신하여** 아들을 낳으니 그가	단 5:19	그는 **임의**로 죽이며 **임의**로 살리며 **임**
출 21:22	사람이 서로 싸우다가 **임신한** 여인을		**의**로 높이며 **임의**로 낮추었더니
출 23:26	낙태하는 자가 없고 **임신하지** 못하는	마 17:12	알지 못하고 **임의**로 대우하였도다
레 12:2	여인이 **임신하여** 남자를 낳으면 그는	마 20:25	그들을 **임의**로 주관하고 그 고관들이
민 5:28	정결하면 해를 받지 않고 **임신하리라**	막 10:42	그들을 **임의**로 주관하고 그 고관들이
삿 13:2	그의 아내가 **임신하지** 못하므로 출산	요 3:8	**임의**로 불매 네가 그 소리는 들어도
삿 13:3	네가 본래 **임신하지** 못하므로 출산하		
	지 못하였으나 이제 **임신하여** 아들을	**임자**(owner)	
삿 13:5	보라 네가 **임신하여** 아들을 낳으리니	창 38:25	물건 **임자**로 말미암아 임신하였나이다
삿 13:7	이르기를 보라 네가 **임신하여** 아들을	출 21:28	고기는 먹지 말 것이며 **임자**는 형벌을
룻 4:13	여호와께서 그에게 **임신하게** 하시므로	출 21:29	**임자**는 그로 … 쳐죽일 것이고 **임자**도
삼상 1:5	여호와께서 그에게 **임신하지** 못하게	출 21:31	딸을 받든지 이 법규대로 그 **임자**에게
삼상 1:6	여호와께서 그에게 **임신하지** 못하게	출 21:32	남종이나 여종을 받으면 소 **임자**가 은
삼상 1:20	한나가 **임신하고** 때가 이르매 아들을	출 21:34	잘 보상하여 짐승의 **임자**에게 돈을 줄
삼상 2:5	**임신하지** 못하던 자는 일곱을 낳았고	출 21:36	**임자**가 단속하지 아니하였으면 그는
삼상 2:21	한나를 돌보시사 그로 하여금 **임신하여**	출 22:11	**임자**는 그대로 믿을 것이며 그 사람은
삼상 4:19	비느하스의 아내가 **임신하여** 해산 때가	출 22:12	자기에게서 도둑 맞았으면 그 **임자**에게
삼하 11:5	**임신하매** 사람을 보내 다윗에게 말하여	출 22:14	이웃에게 빌려온 것이 그 **임자**가 함께
	이르되 내가 **임신하였나이다** 하니라	출 22:15	**임자**가 그것과 함께 있었으면 배상하지
대상 7:23	동침하매 **임신하여** 아들을 낳으니 그	레 6:5	그 죄가 드러나는 날에 그 **임자**에게 줄
욥 24:21	그는 **임신하지** 못하는 여자를 박대하며	잠 17:8	뇌물은 그 **임자**가 보기에 보석 같은즉
시 113:9	또 **임신하지** 못하던 여자를 집에 살게	사 1:3	소는 그 **임자**를 알고 나귀는 그 주인의

【 임종 】 　　　　　　　　　　　　　　　　　　　　　　　　　【 임하다 】

눅 19:33　나귀 새끼를 풀 때에 그 **임자**들이
행 21:11　유대인들이 이같이 이 띠 **임자**를 결박하

임종(臨終, end)
히 11:22　믿음으로 요셉은 **임종**시에 이스라엘

임하다(come)
<u>모세오경, 역사서</u>
창 15:1　　아브람에게 **임하여** 이르시되 아브람아
창 41:36　땅에 **임할** 일곱 해 흉년에 대비하시면
창 42:21　이 괴로움이 우리에게 **임하도다**
출 3:18　　여호와께서 우리에게 **임하셨은즉** 우리
출 15:16　놀람과 두려움이 그들에게 **임하매** 주의
출 19:9　　네게 **임함**은 내가 너와 말하는 것을
출 20:20　하나님이 **임하심**은 너희를 시험하고
레 10:19　이런 일이 내게 **임하였거늘** 오늘 내가
민 11:17　**임한** 영을 그들에게도 **임하게** 하리니
민 22:9　　하나님이 발람에게 **임하여** 말씀하시되
민 23:4　　하나님이 발람에게 **임하시는지라** 발람
민 24:2　　하나님의 영이 그 위에 **임하신지라**
신 4:30　　모든 일이 네게 **임하여** 환난을 당하다가
신 28:2　　청종하면 이 모든 복이 네게 **임하며**
신 30:1　　복과 저주가 네게 **임하므로** 네가 네
신 31:17　환난이 그들에게 **임할** 그 때에 그들이
신 33:16　중 구별한 자의 정수리에 **임할지로다**
수 9:20　　진노가 우리에게 **임할까** 하노니 이렇게
수 23:15　**임한** 것같이 … 너희에게 **임하게** 하사
삿 3:10　　여호와의 영이 그에게 **임하셨으므로**
삿 6:34　　여호와의 영이 기드온에게 **임하시니**
삿 11:29　여호와의 영이 입다에게 **임하시니** 입다
삿 13:9　　그에게 **임하였으나** 그의 남편 마노아는
삿 14:6　　삼손에게 강하게 **임하니** 그가 손에
삿 15:14　삼손에게 갑자기 **임하시매** 그의 팔 위에
삼상 3:10　여호와께서 **임하여** 서서 전과 같이
삼상 10:6　네게는 여호와의 영이 크게 **임하리니**
삼상 11:7　두려움이 백성에게 **임하매** 그들이 한
삼상 15:10　여호와의 말씀이 사무엘에게 **임하니라**
삼상 19:20　사울의 전령들에게 **임하매** 그들도 예언
삼하 7:4　　여호와의 말씀이 나단에게 **임하여**
삼하 24:11　선견자 된 선지자 갓에게 **임하여** 이르
왕상 6:11　여호와의 말씀이 솔로몬에게 **임하여**
왕상 12:22　하나님의 사람 스마야에게 **임하여**
왕상 13:20　그 사람을 데려온 선지자에게 **임하니**

왕상 16:1　　아들 예후에게 **임하여** 바아사를 꾸짖어
왕상 17:2　　여호와의 말씀이 엘리야에게 **임하여**
왕상 18:1　　엘리야에게 **임하여** 이르시되 너는 가서
왕상 19:9　　그에게 **임하여** 이르시되 엘리야야 네가
왕상 21:17　디셉 사람 엘리야에게 **임하여** 이르시되
왕하 3:27　　이스라엘에게 크게 격노함이 **임하매**
왕하 8:1　　그대로 이 땅에 칠 년 동안 **임하리라**
왕하 20:4　　여호와의 말씀이 그에게 **임하여**
왕하 24:3　　일이 유다에 **임함**은 곧 여호와의 말씀
대상 17:3　　하나님의 말씀이 나단에게 **임하여**
대상 27:24　진노가 이스라엘에게 **임한지라** 그 수효
대하 11:2　　사람 스마야에게 **임하여** 이르시되
대하 12:7　　스마야에게 **임하여** 이르시되 그들이
대하 15:1　　영이 오뎃의 아들 아사랴에게 **임하시매**
대하 19:2　　진노하심이 왕에게 **임하리이다**
대하 20:9　　기근이 우리에게 **임하면** 주의 이름이
대하 24:18　진노가 유다와 예루살렘에 **임하니라**
스 7:23　　　진노가 왕과 왕자의 나라에 **임하게** 하랴
느 13:18　　더욱 심하게 **임하도록** 하는도다 하고
<u>시가서</u>
욥 3:25　　　내가 두려워하는 그것이 내게 **임하고**
욥 13:11　　두려움이 너희 위에 **임하지** 않겠느냐
욥 20:22　　재난을 주는 자의 손이 그에게 **임하리라**
욥 21:9　　　하나님의 매가 그들 위에 **임하지** 아니
욥 22:21　　평안하라 그리하면 복이 네게 **임하리라**
욥 30:27　　없구나 환난 날이 내게 **임하였구나**
시 44:17　　모든 일이 우리에게 **임하였으나** 우리가
시 55:15　　사망이 갑자기 그들에게 **임하여** 산 채로
시 70:5　　　내게 **임하소서** 주는 나의 도움이시요
시 96:13　　그가 **임하시되** 땅을 심판하러 **임하실**
시 98:9　　　그가 땅을 심판하러 **임하실** 것임이로다
시 101:2　　주께서 어느 때나 **임하시겠나이까** 내가
시 109:17　자기에게 **임하고** 축복하기를 기뻐하지
시 119:41　주의 구원을 내게 **임하게** 하소서
잠 1:26　　　두려움이 **임할** 때에 내가 비웃으리라
잠 10:6　　　의인의 머리에는 복이 **임하나** 악인의
잠 11:26　　파는 자는 그의 머리에 복이 **임하리라**
잠 12:21　　어떤 재앙도 **임하지** 아니하려니와 악인
잠 24:22　　그들의 재앙은 속히 **임하리니** 그 둘의
잠 28:22　　급하고 빈궁이 자기에게로 **임할** 줄은
전 8:6　　　판단이 있으므로 사람에게 **임하는** 화가
전 9:2　　　모든 사람에게 **임하는** 그 모든 것이
전 11:2　　　땅에 **임할는지** 네가 알지 못함이니라

1986

임하다

선지서

사 2:12	거만한 자와 자고한 자에게 **임하리니**	겔 21:12	**임하며** 이스라엘 모든 고관에게 **임함이**
사 7:17	네 아버지 집에 **임하게** 하시리니 곧	겔 29:8	내가 칼을 네게 **임하게** 하여 네게서
사 9:8	그것을 이스라엘에게 **임하게** 하셨은즉	겔 30:4	애굽에 칼이 **임할** 것이라 애굽에서 죽임
사 13:6	전능자에게서 멸망이 **임할** 것임이로다	겔 33:2	내가 칼을 한 땅에 **임하게** 한다 하자
사 14:28	왕이 죽던 해에 이 경고가 **임하니라**	겔 40:1	여호와의 권능이 내게 **임하여** 나를
사 19:1	애굽에 **임하시리니** 애굽의 우상들이	단 4:28	나 느부갓네살 왕에게 **임하였느니라**
사 26:16	그들에게 **임할** 때에 그들이 간절히 주께	호 1:1	브에리의 아들 호세아에게 **임한** 여호와
사 38:4	여호와의 말씀이 이사야에게 **임하여**	호 6:3	늦은 비와 같이 우리에게 **임하시리라**
사 40:10	여호와께서 장차 강한 자로 **임하실**	호 11:9	거룩한 이니 진노함으로 네게 **임하지**
사 47:9	네게 **임할** 것이라 … 네게 **임하리라**	호 13:13	여인의 어려움이 그에게 **임하리라** 그는
사 48:14	갈대아인에게 **임할** 것이라 그들 중에	욜 1:1	브두엘의 아들 요엘에게 **임한** 여호와의
사 59:20	시온에 **임하며** … 자에게 **임하리라**	암 3:6	재앙이 어찌 성읍에 **임하겠느냐**
사 60:1	영광이 네 위에 **임하였음이니라**	암 5:6	집에 **임하여** 멸하시리니 벧엘에서 그
사 66:4	그들에게 **임하게** 하리니 이는 내가	욘 1:1	아밋대의 아들 요나에게 **임하니라**
렘 1:3	사로잡혀 가기까지 **임하니라**	욘 3:1	말씀이 두 번째로 요나에게 **임하니라**
렘 5:12	재앙이 우리에게 **임하지** 아니할 것이요	미 1:1	**임한** 여호와의 말씀 곧 사마리아와
렘 7:1	예레미야에게 말씀이 **임하니라** 이르시	미 3:11	재앙이 우리에게 **임하지** 아니하리라
렘 13:3	여호와의 말씀이 다시 내게 **임하여**	미 7:4	형벌의 날이 **임하였으니** 이제는 그들이
렘 14:1	예레미야에게 **임한** 여호와의 말씀이라	습 1:1	스바냐에게 **임한** 여호와의 말씀이라
렘 17:15	어디 있느냐 이제 **임하게** 할지어다	학 1:1	아들 대제사장 여호수아에게 **임하니라**
렘 21:1	예레미야에게 말씀이 **임하니라** 시드기야	학 2:1	선지자 학개에게 **임하니라** 이르시되
렘 22:23	고통이 네게 **임할** 때에 너의 가련함이	슥 1:1	선지자 스가랴에게 **임하니라** 이르시되
렘 23:17	재앙이 너희에게 **임하지** 아니하리라	슥 7:1	여호와의 말씀이 스가랴에게 **임하니라**
렘 25:3	여호와의 말씀이 내게 **임하기로** 내가	슥 8:1	여호와의 말씀이 **임하여** 이르시되
렘 26:1	여호와께로부터 이 말씀이 **임하여**	슥 9:2	**임하겠고** 두로와 시돈에도 **임하리니**
렘 32:6	여호와의 말씀이 내게 **임하였느니라**	슥 14:5	여호와께서 **임하실** 것이요 모든 거룩한
렘 34:12	예레미야에게 **임하니라** 이르시되	말 3:1	그의 성전에 **임하시리니** 곧 너희가 사모
렘 36:1	예레미야에게 말씀이 **임하니라**		하는 바 언약의 사자가 **임하실** 것이라
렘 39:15	여호와의 말씀이 그에게 **임하니라**		

신약

렘 40:1	여호와께로부터 예레미야에게 **임하니라**	마 3:16	내려 자기 위에 **임하심을** 보시더니
렘 42:16	너희에게 **임하리니** 너희가 거기서	마 6:10	나라가 **임하시오며** 뜻이 하늘에서
렘 48:44	벌 받을 해가 **임하게** 할 것임이라	마 10:13	너희 빈 평안이 거기 **임할** 것이요 만일
렘 51:53	자가 내게로부터 그들에게 **임하리라**	마 12:28	나라가 이미 너희에게 **임하였느니라**
애 3:47	파멸과 멸망이 우리에게 **임하였도다**	마 21:5	네게 **임하나니** 그는 겸손하여 나귀,
겔 1:3	특별히 **임하고** 여호와의 권능이 내 위에	마 24:3	주의 **임하심과** 세상 끝에는 무슨 징조가
겔 2:2	말씀하실 때에 그 영이 내게 **임하사**	마 27:45	온 땅에 어둠이 **임하여** 제구시까지
겔 3:22	거기서 내게 **임하시고** 또 내게 이르시되	막 9:1	나라가 권능으로 **임하는** 것을 볼 자들도
겔 5:17	너희에게 **임하게** 하리라 나 여호와의	막 15:33	온 땅에 어둠이 **임하여** 제구시까지
겔 6:3	칼이 너희에게 **임하게** 하여 너희 산당을	눅 1:35	성령이 네게 **임하시고** 지극히 높으신
겔 7:7	주민아 정한 재앙이 네게 **임하도다** 때가	눅 3:2	사가랴의 아들 요한에게 **임한지라**
겔 11:5	여호와의 영이 내게 **임하여** 이르시되	눅 4:18	성령이 내게 **임하셨으니** 이는 가난한
겔 14:17	가령 내가 칼이 그 땅에 **임하게** 하고	눅 11:2	여김을 받으시오며 나라가 **임하시오며**
		눅 17:20	어느 때에 **임하나이까** 묻거늘 예수께

【 임하다 】 【 입 】

눅 21:26 서 … 나라는 볼 수 있게 **임하는** 것이
눅 22:18 사람들이 세상에 **임할** 일을 생각하고
눅 23:42 하나님의 나라가 **임할** 때까지 포도나무
행 1:8 예수여 당신의 나라에 **임하실** 때에 나를
행 2:3 성령이 너희에게 **임하시면** 너희가 권능
행 8:24 각 사람 위에 하나씩 **임하여** 있더니
행 11:15 하나도 내게 **임하지** 않게 하소서 하니라
행 19:6 그들에게 **임하시기를** 처음 우리에게
롬 2:5 성령이 그들에게 **임하시므로** 방언도
고전 14:36 심판이 나타나는 그 날에 **임할** 진노를
엡 5:6 것이냐 또는 너희에게만 **임한** 것이냐
살전 2:16 진노가 불순종의 아들들에게 **임하나니**
살전 5:4 끝까지 그들에게 **임하였느니라**
딤전 1:15 그 날이 도둑같이 너희에게 **임하지**
히 10:5 세상에 **임하셨다** 하였도다 죄인 중에
약 5:1 그러므로 주께서 세상에 **임하실** 때에
벧전 1:10 부한 자들아 너희에게 **임할** 고생으로
벧전 1:10 너희에게 **임할** 은혜를 예언하던 선지자

벧후 3:12 하나님의 날이 **임하기를** 바라보고
요일 5:6 **임하신** 이시니 곧 예수 그리스도시라
유 1:14 물로만 아니요 물과 피로 **임하셨고**
계 3:10 수만의 거룩한 자와 함께 **임하셨나니**
계 3:10 온 세상에 **임하여** 땅에 거하는 자들을

임하다 – 기타 본문
창 15:4, 12; 출 20:24; 민 11:25, 26; 22:20; 23:16; 신 28:15; 삿 14:19; 삼상 10:7, 10; 19:23; 삼하 24:21; 왕상 16:7; 17:8; 18:31, 46; 19:13; 21:28; 왕하 20:9; 대하 19:10; 20:14; 시 119:77; 잠 1:27; 10:24; 11:27; 전 9:11, 12; 사 2:16; 47:11, 13; 60:2; 렘 1:13; 17:18; 25:13; 40:3; 겔 3:24; 7:12; 33:3, 4, 6; 욘 1:7, 8; 미 1:12; 학 1:3; 2:10, 20; 슥 1:6, 7; 7:8; 9:9; 말 3:2, 5; 마 24:42; 눅 1:78; 11:20; 21:34, 35; 23:44

'임하다' 와 관련된 성구

여호와의 말씀이 내게 임하다 – 대상 22:8; 렘 1:4; 2:1; 13:8; 18:5; 겔 3:16; 6:1; 7:1; 11:14; 12:1; 13:1; 14:2; 15:1; 16:1; 17:1; 18:1; 20:2; 21:1; 18; 22:1; 17; 23; 23:1; 24:1; 20; 26:1; 27:1; 28:1; 29:1; 30:1; 20; 31:1; 32:1; 17; 33:1; 23; 34:1; 35:1; 38:1; 슥 6:9; 7:4; 8:18

여호와의 말씀이 또 내게 임하다 – 렘 1:11; 16:1; 24:4; 겔 12:8; 17, 21, 26; 14:12; 17:11; 20:45; 21:8; 24:15; 25:1; 28:11, 20; 36:16; 37:15; 슥 4:8

여호와의 손이 내게 임하다 – 대상 28:19; 겔 33:22

예레미야에게 임하다 – 렘 1:2; 11:1; 18:1; 25:1; 28:12; 29:30; 30:1; 32:1; 26; 33:19, 23; 34:8; 35:1; 12; 36:27; 37:6; 42:7; 43:8; 44:1; 46:1; 47:1; 49:34

인자의 임함 – 마 24:27, 37, 39

진노가 임하다 – 민 1:53; 수 22:20; 골 3:6

입 (mouth)

모세오경, 역사서

창 8:11 **입**에 감람나무 새 잎사귀가 있는지라
창 45:12 당신들에게 이 말 하는 것은 내 **입**이라
출 4:10 나는 **입**이 뻣뻣하고 혀가 둔한 자니이다
출 6:12 바로가 어찌 들으리이까 나는 **입**이 둔한
출 13:9 여호와의 율법이 네 **입**에 있게 하라
출 23:13 부르지도 말며 네 **입**에서 들리게도
민 22:28 여호와께서 나귀 **입**을 여시니 발람에게
민 23:12 여호와께서 내 **입**에 주신 말씀을 내가
민 30:2 깨뜨리지 말고 그가 **입**으로 말한 대로
민 32:24 지으라 그리고 너희의 **입**이 말한 대로
신 18:18 내 말을 그 **입**에 두리니 내가 그에게
신 19:15 증인의 **입**으로나 또는 세 증인의 **입**으로
신 23:23 네 **입**으로 말한 것은 … 여호와께 네가 서원하여 **입**으로 언약한 대로 행할지니
신 30:14 네 **입**에 있으며 네 마음에 있은즉 네가
신 31:19 그들의 **입**으로 부르게 하여 이 노래로
수 1:8 율법책을 네 **입**에서 떠나지 말게 하며
수 6:10 **입**에서 아무 말도 내지 말라 그리하다
삿 7:6 손으로 움켜 **입**에 대고 핥는 자의 수는
삿 9:38 그 **입**이 이제 어디 있느냐 이들이 네가
삿 11:35 내가 여호와를 향하여 **입**을 열었으니
삿 18:19 잠잠하라 네 손을 **입**에 대라 우리와
삼상 1:12 동안에 엘리가 그의 **입**을 주목한즉
삼상 2:1 내 **입**이 내 원수들을 향하여 크게 열렸

1988

【 입 】　　　　　　　　　　　　　　　　　　　　　　　　【 입 】

삼상 14:26	두려워하여 손을 그 입에 대는 자가	욥 33:2	입을 여니 내 혀가 입에서 말하는구나
삼상 17:35	치고 그 입에서 새끼를 건져내었고	욥 34:3	입이 음식물의 맛을 분별함같이 귀가
삼하 1:16	네 입이 네게 대하여 증언하기를 내가	욥 35:16	욥이 헛되이 입을 열어 지식 없는 말을
삼하 14:3	말하라고 요압이 그의 입에 할 말을	욥 37:2	하나님의 음성 곧 그의 입에서 나오는
삼하 18:25	그의 입에 소식이 있으리라 할 때에	욥 40:23	쏟아져 그 입으로 들어가도 태연하니
삼하 22:9	코에서 연기가 오르고 입에서 불이 나와	욥 41:19	입에서는 횃불이 나오고 불꽃이 튀어
왕상 8:15	여호와께서 그의 입으로 내 아버지 다윗	시 5:9	입에 신실함이 없고 그들의 심중이
왕상 17:24	당신의 입에 있는 여호와의 말씀이 진실	시 10:7	입에는 저주와 거짓과 포악이 충만하며
왕하 4:34	엎드려 자기 입을 그의 입에, 자기 눈을	시 17:3	결심하고 입으로 범죄하지 아니하리이다
왕하 18:20	이는 입에 붙은 말 뿐이라 네가 이제	시 18:8	코에서 연기가 오르고 입에서 불이 나와
왕하 19:28	재갈을 네 입에 물려 너를 오던 길로	시 19:14	여호와여 내 입의 말과 마음의 묵상이
대상 16:12-13	이적과 그의 입의 법도를 기억할지어다	시 22:13	내게 그 입을 벌림이 찢으며 부르짖는
대하 6:4	여호와께서 그의 입으로 내 아버지	시 32:3	입을 열지 아니할 때에 종일 신음하므로
대하 13:7	마음이 연약하여 그들의 입을 능히	시 36:3	입에서 나오는 말은 죄악과 속임이라
느 9:20	그들의 입에서 끊어지지 않게 하시고	시 38:13	말 못하는 자같이 입을 열지 아니하오
에 7:8	이 말이 왕의 입에서 나오매 무리가	시 39:9	잠잠하고 입을 열지 아니함은 주께서
시가서		시 40:3	하나님께 올릴 찬송을 내 입에 두셨으니
욥 3:1	그 후에 욥이 입을 열어 자기의 생일을	시 49:3	내 입은 지혜를 말하겠고 내 마음은
욥 5:5	그의 재산을 향하여 입을 벌리느니라	시 50:16	내 율례를 전하며 내 언약을 네 입에
욥 7:11	그런즉 내가 내 입을 금하지 아니하고	시 51:15	내 입술을 열어 주소서 내 입이 주를
욥 8:2	어느 때까지 네 입의 말이 거센 바람과	시 54:2	내 기도를 들으시며 내 입의 말에 귀를
욥 9:20	의로울지라도 내 입이 나를 정죄하리니	시 55:21	그의 입은 우유 기름보다 미끄러우나
욥 11:5	말씀을 내시며 너를 향하여 입을 여시고	시 58:6	하나님이여 그들의 입에서 이를 꺾으소
욥 12:11	입이 음식의 맛을 구별함같이 귀가	시 59:7	그들의 입으로는 악을 토하며 그들의
욥 15:5	죄악이 네 입을 가르치나니 네가 간사한	시 62:4	거짓을 즐겨 하니 입으로는 축복이요
욥 16:5	입으로 너희를 강하게 하며 입술의	시 63:5	나의 영혼이 만족할 것이라 나의 입이
욥 19:16	대답하지 아니하니 내 입으로 그에게	시 66:14	내 환난 때에 내 입이 말한 것이니이다
욥 23:4	호소하며 변론할 말을 내 입에 채우고	시 69:15	내 위에 덮쳐 그것의 입을 닫지 못하게
욥 29:23	봄비를 맞이하듯 입을 벌렸느니라	시 71:8	돌림이 종일토록 내 입에 가득하리이다
욥 31:30	생명을 저주하여 내 입이 범죄하게 하지	시 73:9	그들의 입은 하늘에 두고 그들의 혀는
욥 32:5	사람의 입에 대답이 없음을 보고 화를	시 78:1	내 율법을 들으며 내 입의 말에 귀를

'입'과 관련된 성구

땅이 입을 벌리다 – 창 4:11; 민 26:10; 신 11:6

땅이 입을 열다 – 민 16:30, 32

입 기운 – 욥 4:9; 시 33:6

입에 넣다 – 삼하 14:19; 왕상 22:23; 대하 18:22; 겔 4:14

입에 말씀을 주시다 – 민 23:5, 16

입에 재갈을 물리다 – 시 39:1; 약 3:3

입을 가리다 – 욥 21:5; 29:9; 40:4

입을 막다 – 잠 30:32; 미 7:16; 롬 3:19; 딛 1:11; 히 11:33

입을 맞추다 – 삼하 14:33; 15:5; 19:39; 20:9; 아 8:1; 호 13:2; 마 26:49; 막 14:45; 눅 15:20; 22:48; 행 20:37

입을 봉하다 – 시 107:42; 사 52:15; 단 6:22

입을 크게 벌리다 – 욥 16:10; 시 35:21; 사 57:4; 애 3:46; 옵 1:12

입의 말씀 – 욥 23:12; 시 138:4; 사 1:20; 58:14; 렘 9:12, 20

입의 열매 – 잠 12:14; 13:2

【 입 】　　　　　　　　　　　　　　　　【 입 】

시 81:10	네 하나님이니 네 **입**을 크게 열라 내가	잠 24:7	그는 성문에서 **입**을 열지 못하느니라
시 89:1	주의 성실하심을 내 **입**으로 대대에 알게	잠 26:15	손을 그릇에 넣고도 **입**으로 올리기를
시 105:5-6	기적과 그의 이적과 그의 **입**의 판단을	잠 27:2	타인이 너를 칭찬하게 하고 네 **입**으로는
시 109:2	그들이 악한 **입**과 거짓된 **입**을 열어	잠 30:20	그의 **입**을 씻음같이 말하기를 내가
시 115:5	**입**이 있어도 말하지 못하며 눈이 있어도	잠 31:8	모든 고독한 자의 송사를 위하여 **입**을
시 119:13	주의 **입**의 모든 규례들을 나의 입술로	전 5:2	하나님 앞에서 함부로 **입**을 열지 말며
시 126:2	그 때에 우리 **입**에는 웃음이 가득하고	전 6:7	사람의 수고는 다 자기의 **입**을 위함이나
시 135:16	**입**이 있어도 말하지 못하며 눈이 있어도	전 10:13	입의 말들의 시작은 우매요 그의 **입**의
시 141:3	여호와여 내 **입**에 파수꾼을 세우시고	아 2:3	기뻐하였고 그 열매는 내 **입**에 달았도다
시 144:8	그들의 **입**은 거짓을 말하며 그의 오른손	아 4:3	네 **입**은 어여쁘고 너울 속의 네 뺨은
시 145:21	내 **입**이 여호와의 영예를 말하며 모든	아 5:16	**입**은 심히 달콤하니 그 전체가 사랑스럽
시 149:6	그들의 **입**에는 하나님에 대한 찬양이	아 7:9	네 **입**은 좋은 포도주 같을 것이니라…
잠 2:6	지혜를 주시며 지식과 명철을 그 **입**에서		흘러내려서 자는 자의 **입**을 움직이게
잠 4:5	명철을 얻으라 내 **입**의 말을 잊지 말며	선지서	
잠 5:3	꿀을 떨어뜨리며 그의 **입**은 기름보다	사 5:14	그 **입**을 벌린즉 그들의 호화로움과
잠 6:2	네 **입**의 말로 네가 얽혔으며 네 **입**의	사 6:7	이르되 보라 이것이 네 **입**에 닿았으니
잠 7:24	아들들아 내 말을 듣고 내 **입**의 말에	사 9:12	모두 **입**을 벌려 이스라엘을 삼키리라
잠 8:7	내 **입**은 진리를 말하며 내 입술은 악을	사 10:14	날개를 치거나 **입**을 벌리거나 지저귀는
잠 10:8	지혜로운 자는 계명을 받거니와 **입**이	사 11:4	그의 **입**의 막대기로 세상을 치며 그의
잠 11:9	악인은 **입**으로 그의 이웃을 망하게	사 29:13	주께서 이르시되 이 백성이 **입**으로는
잠 13:3	**입**을 지키는 자는 자기의 생명을 보전	사 30:2	애굽으로 내려갔으되 나의 **입**에 묻지
잠 14:3	미련한 자는 교만하여 **입**으로 매를	사 37:29	네 **입**에 물려 너를 오던 길로 돌아가게
잠 15:23	사람은 그 **입**의 대답으로 말미암아 기쁨	사 45:23	맹세하기를 내 **입**에서 공의로운 말이
잠 16:10	재판할 때에 그의 **입**이 그르치지 아니	사 48:3	내 **입**에서 그것들이 나갔으며 또 내가
잠 18:6	일으키고 그의 **입**은 매를 자청하느니라	사 49:2	**입**을 날카로운 칼같이 만드시고 나를
잠 19:24	손을 그릇에 넣고서도 **입**으로 올리기를	사 51:16	내가 내 말을 네 **입**에 두고 내 손 그늘로
잠 20:17	그의 **입**에 모래가 가득하게 되리라	사 53:7	**입**을 열지 아니하였음이여 … 잠잠한
잠 21:23	**입**과 혀를 지키는 자는 자기의 영혼을		양같이 그의 **입**을 열지 아니하였도다

성경에 나오는 '입'

다윗의 입 – 행 1:16; 4:25
명철한 사람의 입 – 잠 18:4
미련한 자의 입 – 잠 10:14; 15:2, 14; 18:6, 7; 26:7, 9
발람의 입 – 민 23:5
사자의 입 – 시 22:21; 단 6:22, 27; 암 3:12; 딤후 4:17; 히 11:33; 계 13:2
선지자의 입 – 왕상 22:22, 23; 대하 18:21, 22; 슥 8:9; 눅 1:70; 행 3:18, 21; 계 16:13
악인의 입 – 잠 10:6, 11, 32; 15:28; 19:28
악한 자의 입 – 잠 11:11
여호와의 입 – 신 8:3; 사 1:20; 34:16; 40:5; 58:14; 62:2; 렘 9:12; 23:16; 미 4:4
예레미야의 입 – 대하 36:21, 22; 스 1:1; 렘 36:27
용의 입 – 계 16:13
음녀의 입 – 잠 22:14
의인의 입 – 시 37:30; 잠 10:11, 21, 31, 32
정직한 자의 입 – 잠 12:6
젖먹이들의 입 – 시 8:2; 마 21:16
지존자의 입 – 애 3:38
지혜자의 입 – 전 10:12
짐승의 입 – 계 16:13
하나님의 입 – 대하 35:22; 욥 4:9; 22:22; 마 4:4

【입】

사 55:11	입에서 나가는 말도 이와 같이 헛되이	마 12:34	마음에 가득한 것을 입으로 말함이라
사 59:21	네 입에 둔 나의 말이 … 네 입에서와	마 13:35	입을 열어 비유로 말하고 창세부터
	네 후손의 입에서와 … 입에서 떠나지	마 15:11	입으로 들어가는 것이 사람을 더럽게 하
렘 1:9	입에 대시며 … 내가 내 말을 네 입에		는 것이 아니라 입에서 나오는 그것이
렘 5:14	내가 네 입에 있는 나의 말을 불이 되게	마 17:27	고기를 가져 입을 열면 돈 한 세겔을
렘 7:28	진실이 없어져 너희 입에서 끊어졌다	마 18:16	두세 증인의 입으로 말마다 확증하게
렘 9:8	입으로는 그 이웃에게 평화를 말하나	눅 1:64	그 입이 곧 열리고 혀가 풀리며 말을
렘 12:2	그들의 입은 주께 가까우나 그들의	눅 4:22	다 그를 증언하고 그 입으로 나오는
렘 15:19	나의 입이 될 것이라 그들은 네게로	눅 6:45	마음에 가득한 것을 입으로 말함이라
렘 32:3-5	입이 입을 대하여 말하고 눈이 서로 볼	눅 11:54	그 입에서 나오는 말을 책잡고자 하여
렘 34:3	그의 입은 네 입을 마주 대하여 말할	눅 22:71	우리가 친히 그 입에서 들었노라 하더라
렘 36:18	그가 그의 입으로 이 모든 말을 내게	요 19:29	해면을 우슬초에 매어 예수의 입에 대니
렘 44:17	입에서 낸 모든 말을 반드시 실행하여	행 8:32	어린 양이 조용함과 같이 그의 입
렘 51:44	입에서 끌어내리니 민족들이 다시는	행 10:34	베드로가 입을 열어 말하되 내가 참으로
애 2:16	그들의 입을 벌리며 비웃고 이를 갈며	행 11:8	깨끗하지 아니한 것은 결코 내 입에
애 3:29	그대의 입을 땅의 티끌에 댈지어다 혹시	행 15:7	내 입에서 복음의 말씀을 들어 믿게
겔 2:8	네 입을 벌리고 내가 네게 주는 것을	행 18:14	바울이 입을 열고자 할 때에 갈리오가
겔 3:2	내가 입을 벌리니 그가 그 두루마리를	행 22:14	의인을 보게 하시고 그 입에서 나오는
겔 16:56	아우 소돔을 네 입으로 말하지도 아니	행 23:2	곁에 서 있는 사람들에게 그 입을 치라
겔 21:22	공성퇴를 설치하며 입을 벌리고 죽이며	롬 3:14	그 입에는 저주와 악독이 가득하고
겔 24:27	그 날에 네 입이 열려서 도피한 자에게	롬 10:8	말씀이 네게 가까워 네 입에 있으며 네
겔 29:21	입을 열게 하리니 내가 여호와인 줄을	롬 10:9	네가 만일 네 입으로 예수를 주로 시인
겔 33:7	너는 내 입의 말을 듣고 나를 대신하여	롬 15:6	한마음과 한 입으로 하나님 곧 우리 주
겔 34:10	그들의 입에서 건져내어서 다시는 그	고후 6:11	우리의 입이 열리고 우리의 마음이 넓어
겔 35:13	너희가 나를 대적하여 입으로 자랑하며	고후 13:1	너희에게 가리니 두세 증인의 입으로
단 4:31	말이 아직도 나 왕의 입에 있을 때에	엡 4:29	무릇 더러운 말은 너희 입 밖에도 내지
단 7:5	입의 잇사이에는 세 갈빗대가 물렸는데	엡 6:19	나로 입을 열어 복음의 비밀을 담대히
단 10:3	포도주를 입에 대지 아니하며 또 기름을	빌 2:11	입으로 예수 그리스도를 주라 시인하여
호 2:17	바알들의 이름을 그의 입에서 제거하여	골 3:8	악의와 비방과 너희 입의 부끄러운 말
호 6:5	입의 말로 그들을 죽였노니 내 심판은	살후 2:8	주 예수께서 그 입의 기운으로 그를
호 8:1	네 입에 댈지어다 원수가 독수리처럼	딤전 5:18	소의 입에 망을 씌우지 말라 하였고 또
욜 1:5	포도주가 너희 입에서 끊어졌음이니	약 3:10	한 입에서 찬송과 저주가 나오는도다
욘 3:7	아무것도 입에 대지 말지니 곧 먹지도	벧전 2:22	죄를 범하지 아니하시고 그 입에 거짓도
미 3:5	평강을 외치나 그 입에 무엇을 채워	유 1:16	그 입으로 자랑하는 말을 하며 이익을
미 6:12	주민들은 거짓을 말하니 그 혀가 입에서	계 1:16	일곱 별이 있고 그의 입에서 좌우에
미 7:5	누운 여인에게라도 네 입의 문을 지킬지	계 2:16	네게 속히 가서 내 입의 검으로 그들과
나 3:12	흔들기만 하면 먹는 자의 입에 떨어짐과	계 3:16	차지도 아니하니 내 입에서 너를 토하여
습 3:13	거짓을 말하지 아니하며 입에 거짓된	계 9:17	사자 머리 같으며 그 입에서는 불과 연기
슥 9:7	입에서 그의 피로, 그의 잇사이에서	계 10:9	배에는 쓰나 네 입에는 꿀같이 달리라
슥 14:12	그들의 혀가 입 속에서 썩을 것이요	계 11:5	그들의 입에서 불이 나와서 그들의 원수
말 2:6	그의 입에는 진리의 법이 있었고 그의	계 12:15	여자의 뒤에서 뱀이 그 입으로 물을
신약		계 13:2	곰의 발 같고 그 입은 사자의 입 같은데
마 5:2	입을 열어 가르쳐 이르시되	계 14:5	입에 거짓말이 없고 흠이 없는 자들이더

1991

【 입관하다 】　　　　　　　　　　　　　　　　　　　　【 입다 2/입히다/입혀지다 】

계 19:15　입에서 예리한 검이 나오니 그것으로

📖 입-기타 본문

출 4:11, 12, 15, 16; 6:30; 민 22:38; 삿 11:36;
삼상 2:3; 14:27; 왕상 8:24; 대하 6:15; 욥 3:2;
5:15, 16; 8:21; 15:6, 13; 32:20; 41:21; 시
17:10; 38:14; 50:19; 59:12; 63:11; 66:17;
71:15; 78:2, 30, 36; 109:30; 119:43, 72, 88,
103, 108, 131; 135:17; 144:11; 잠 4:24; 5:7;
8:8, 13; 10:10; 16:21, 23, 26; 18:20; 24:13;
26:28; 30:32; 31:9, 26; 전 5:6; 사 9:17; 30:28;
53:9; 렘 44:25, 26; 겔 3:3, 17, 27; 16:63;
33:22, 31; 단 7:8, 20; 10:16; 말 2:7; 마 15:17,
18; 행 8:35; 롬 10:10; 계 9:18, 19; 10:10;
12:16; 13:5, 6; 19:21

입관하다(入棺, embalm)
창 50:26　향 재료를 넣고 애굽에서 **입관하였더라**

입교하다(入敎, convert)
행 6:5　유대교에 **입교했던** 안디옥 사람 니골라
행 13:43　유대인과 유대교에 **입교한** 경건한 사람
딤전 3:6　새로 **입교한** 자도 말지니 교만하여져서

입구(入口, entrance, mouth)
삿 1:24　이 성읍의 **입구**를 우리에게 보이라
삿 1:25　그 사람이 성읍의 **입구**를 가리킨지라
삿 3:3　하맛 **입구**까지 레바논 산에 거주하는
삿 9:35　성읍 문 **입구**에 설 때에 아비멜렉과 그와
삿 9:40　엎드러진 자가 많아 성문 **입구**까지 이르
삿 9:44　성문 **입구**에 서고 두 무리는 밭에 있는
삿 18:16　육백 명의 무기를 지니고 문 **입구**에 서
삿 18:17　무기를 지닌 육백 명과 함께 문 **입구**에
시 141:7　우리의 해골이 스올 **입구**에 흩어졌도다
렘 26:10　올라가 여호와의 성전 새 대문의 **입구**에
겔 40:40　그 북문 바깥 곧 **입구**로 올라가는 곳
겔 44:5　율례를 귀로 듣고 또 성전의 **입구**와 성소
겔 46:3　안식일과 초하루에 이 문 **입구**에서 나

입김(breath)
욥 15:30　하나님의 **입김**으로 그가 불려가리라
욥 26:13　**입김**으로 하늘을 맑게 하시고 손으로
욥 37:10　하나님의 **입김**이 얼음을 얼게 하고 물의

욥 41:21　그의 **입김**은 숯불을 지피며 그의 입은
시 62:9　아, 슬프도다 사람은 **입김**이며 인생도
　　　　속임수이니 … 그들은 **입김**보다 가벼우
사 40:24　하나님이 **입김**을 부시니 그들은 말라

입다 1(Iphtah)
1. 지명 : 유다 지파의 땅에 속해 있던 성읍
수 15:43　**입다**와 아스나와 느십과

2. 인명 : 길르앗이 기생에게서 낳은 아들로 사사

삿 11:1　길르앗 사
　　　　람 **입다**는 큰 용사
　　　　였으니

📖 입다 1-2 - 기타 본문

삿 11:2, 3, 5, 6, 7, 8, 9, 10, 11, 12, 13, 14, 15, 28,
29, 32, 34, 35, 40; 12:1, 2, 4, 7, 11; 히 11:32

입다 2/입히다/입혀지다(clothe, wrap, favor)
모세오경
창 3:19　네가 그것에서 취함을 **입었음이라**
창 3:21　위하여 가죽옷을 지어 **입히시니라**
창 26:10　네가 죄를 우리에게 **입혔으리라**
창 27:15　그의 작은 아들 야곱에게 **입히고**
창 27:16　손과 목의 매끈매끈한 곳에 **입히고**
창 28:20　지키시고 먹을 떡과 **입을** 옷을 주시어
창 35:2　너희들의 의복을 바꾸어 **입으라**
창 37:23　형들이 요셉의 옷 곧 그가 **입은** 채색옷
창 38:19　벗고 과부의 의복을 도로 **입으니라**
창 41:14　수염을 깎고 그의 옷을 갈아 **입고** 바로
창 43:32　같이 먹으면 부정을 **입음이었더라**
출 22:27　그가 무엇을 **입고** 자겠느냐 그가 내게
출 28:35　아론이 **입고** 여호와를 섬기러 성소에
출 28:41　아들들에게 **입히고** 그들에게 기름을
출 28:43　그것들을 **입어야** 죄를 짊어진 채 죽지
출 29:29　그것을 **입고** 기름 부음으로 위임을
출 29:30　때에는 이레 동안 그것을 **입을지니라**
출 31:10　제사직을 행할 때에 **입는** 정교하게 짠
출 35:19　직분을 행할 때에 **입는** 제사장 아론의
출 39:1　성소에서 섬길 때 **입을** 정교한 옷을 만들
출 39:41　제사 직분을 행할 때에 **입는** 제사장 아론
레 6:11　그 옷을 벗고 다른 옷을 **입고** 그 재를
레 8:7　에봇을 걸쳐 **입히고** 에봇의 장식 띠를

【 입다 2/입히다/입혀지다 】

레 10:5	말한 대로 그들을 옷 **입은** 채 진영 밖
레 16:4	세마포 속바지를 몸에 **입고** 세마포 띠를 띠며 … 물로 그의 몸을 씻고 **입을**
레 16:23	지성소에 들어갈 때에 **입었던** 세마포
레 16:24	자기 옷을 **입고** 나와서 자기의 번제와
레 19:19	말며 두 재료로 직조한 옷을 **입지** 말지며
레 24:19	이웃에게 상해를 **입혔으면** 그가 행한
레 24:20	상해를 **입힌** 그대로 그에게 그렇게 할
민 20:26	엘르아살에게 **입히라** 아론은 거기서
민 20:28	엘르아살에게 **입히매** 아론이 그 산 꼭
신 7:25	그것에 **입힌** 은이나 금을 탐내지 말며
신 19:11	상처를 **입혀** 죽게 하고 이 한 성읍으로
신 22:5	여자는 남자의 의복을 **입지** 말 것이요 남자는 여자의 의복을 **입지** 말 것이라
신 22:11	털과 베 실로 섞어 짠 것을 **입지** 말지니
신 22:12	너희는 너희가 **입는** 겉옷의 네 귀에 술
신 24:13	그 옷을 **입고** 자며 너를 위하여 축복하

역사서

수 9:5	낡은 옷을 **입고** 다 마르고 곰팡이가 난
삿 8:26	미디안 왕들이 **입었던** 자색 의복과 또
룻 3:3	의복을 **입고** 타작 마당에 내려가서 그
삼상 3:20	여호와의 선지자로 세우심을 **입은** 줄
삼상 17:38	다윗에게 **입히고** 놋 투구를 그의 머리
삼상 17:39	익숙하지 못하니 이것을 **입고** 가지 못하
삼상 18:4	요나단이 자기가 **입었던** 겉옷을 벗어
삼상 28:8	사울이 다른 옷을 **입어** 변장하고 두 사람
삼상 31:3	그 활 쏘는 자에게 중상을 **입은지라**
삼하 1:24	너희에게 화려하게 **입혔고** 금 노리개
왕상 6:15	천장까지의 벽에 **입히고** 또 잣나무 널판
왕상 6:18	성전 안에 **입힌** 백향목에는 박과 핀 꽃
왕상 6:20	**입혔고** 백향목 제단에도 **입혔더라**
왕상 6:21	외소 안에 **입히고** 내소 앞에 금사슬로
왕상 6:28	그가 금으로 그룹을 **입혔더라**
왕상 11:29	새 의복을 **입었고** 그 두 사람만 들에
왕상 11:30	아히야가 자기가 **입은** 새 옷을 잡아 열두
왕하 8:28	사람들이 요람에게 부상을 **입힌지라**
왕하 18:16	기둥에 **입힌** 금을 벗겨 모두 앗수르 왕
대상 9:22	택함을 **입어** 문지기 된 자가 모두 이백
대상 29:4	칠천 달란트라 모든 성전 벽에 **입히며**
대하 3:8	규빗이라 순금 육백 달란트로 **입혔으니**
대하 6:41	구원을 **입게** 하시고 또 주의 성도들이
대하 13:20	강성하지 못하고 여호와의 치심을 **입어**
대하 22:7	요람에게 가므로 해를 **입었으니** 이는
대하 28:15	벗은 자들에게 **입히며** 신을 신기며 먹이
대하 30:9	자비를 **입어** 다시 이 땅으로 돌아오리라
대하 35:23	내가 중상을 **입었으니** 나를 도와 나가게
스 8:23	하였더니 그의 응낙하심을 **입었느니라**
스 9:9	우리가 불쌍히 여김을 **입고** 소생하여
에 4:4	근심하여 **입을** 의복을 모르드개에게
에 4:11	부름을 **입어** 왕에게 나가지 못한 지가
에 6:8	왕께서 **입으시는** 왕복과 왕께서 타시는
에 6:9	옷을 **입히고** 말을 태워서 성 중 거리로
에 6:11	모르드개에게 옷을 **입히고** 말을 태워

시가서

욥 7:5	흙 덩이가 의복처럼 **입혀졌고** 내 피부
욥 10:11	피부와 살을 내게 **입히시며** 뼈와 힘줄
욥 27:17	그가 준비한 것을 의인이 **입을** 것이요
욥 29:14	내가 의를 옷으로 삼아 **입었으며** 나의
욥 31:20	그의 몸을 따뜻하게 **입혀서** 그의 허리
욥 33:6	나도 흙으로 지으심을 **입었은즉**
욥 34:6	허물이 없으나 화살로 상처를 **입었노라**
욥 39:19	목에 흩날리는 갈기를 네가 **입혔느냐**
욥 40:10	단장하며 영광과 영화를 **입을지니라**
시 21:5	존귀와 위엄을 그에게 **입히시나이다**
시 45:3	차고 왕의 영화와 위엄을 **입으소서**
시 65:13	초장은 양 떼로 옷 **입었고** 골짜기는

'입다 2'와 관련된 성구

그리스도로 옷 입다 – 롬 13:14; 갈 3:27

긍휼/긍휼하심을 입다 – 롬 11:30; 고후 4:1; 딤전 1:13, 16; 딤후 1:18

도우심을 입다 – 대상 5:20; 스 7:6, 9; 8:18

부르심을 입다 – 롬 8:28; 갈 5:13; 히 9:15

사랑을 입다 – 신 33:12; 느 13:26; 잠 8:17; 16:13; 롬 11:28

새사람을 입다 – 엡 4:24; 골 3:10

은총을 입다 – 출 33:12, 13, 17; 34:9; 잠 14:35; 전 9:11; 사 26:10; 단 9:23

은혜(를) 입다 – 창 6:8; 18:3; 19:19; 33:8, 10; 34:11; 39:4; 47:25; 29; 50:4; 출 3:21; 12:36; 민 11:11; 32:5; 수 11:20; 룻 2:2, 13; 삼상 1:13; 27:5; 삼하 14:22; 15:25; 16:4; 느 1:11; 에 5:8; 7:3; 8:5; 시 45:2; 잠 21:10; 렘 31:2; 눅 1:30

택하심을 입다 – 롬 11:7; 16:13; 벧전 2:4

【 입다 2/입히다/입혀지다 】

시 93:1 스스로 권위를 **입으셨도다** 여호와께서 능력의 옷을 **입으시며** 띠를 띠셨도다
시 104:1 존귀와 권위로 옷 **입으셨나이다**
시 104:2 옷을 **입음같이** 빛을 **입으시며** 하늘을
시 109:18 또 저주하기를 옷 **입듯** 하더니 저주가
시 109:19 저주가 그에게는 **입는** 옷 같고 항상 띠는
시 109:29 나의 대적들이 욕을 옷 **입듯** 하게 하시며 자기 수치를 겉옷같이 **입게** 하소서
시 132:9 주의 제사장들은 의를 옷 **입고** 주의 성도
시 132:16 제사장들에게 구원을 옷 **입히리니** 그
시 132:18 원수에게는 수치를 옷 **입히고** 그에게
잠 8:17 나의 사랑을 **입으며** 나를 간절히 찾는
잠 23:21 즐겨 하는 자는 해어진 옷을 **입을** 것임
잠 26:23 입술에 악한 마음은 낮은 은을 **입힌** 토기
아 5:3 어찌 다시 **입겠으며** 내가 발을 씻었으니
아 5:14 몸은 아로새긴 상아에 청옥을 **입힌** 듯

선지서

사 4:1 우리 옷을 **입으리니** 다만 당신의 이름
사 22:21 네 옷을 그에게 **입히며** 네 띠를 그에게
사 23:18 배불리 먹을 양식, 잘 **입을** 옷감이 되리
사 30:22 너희 조각한 우상에 **입힌** 은과 부어 만든
사 35:8 구속함을 **입은** 자들을 위하여 있게 될
사 43:10 종으로 택함을 **입었나니** 이는 너희가
사 50:3 내가 흑암으로 하늘을 **입히며** 굵은 베
사 58:7 헐벗은 자를 보면 **입히며** 또 네 골육을
사 59:17 속옷으로 삼으시며 열심을 **입어** 겉옷
사 61:10 이는 그가 구원의 옷을 내게 **입히시며**
렘 8:15 고침을 **입을** 때를 바라나 놀라움뿐이로다
렘 12:16 내 백성 가운데에 세움을 **입으려니와**
렘 22:14 백향목으로 **입히고** 붉은 빛으로 칠하
렘 31:4 세움을 **입을** 것이요 네가 다시 소고를
렘 52:33 죄수의 의복을 갈아 **입혔고** 그의 평생
겔 7:27 고관은 놀람을 옷 **입듯** 하며 주민의 손
겔 16:13 수 놓은 것을 **입으며** 또 고운 밀가루와
겔 16:14 내가 네게 **입힌** 영화로 네 화려함이 온전
겔 16:18 우상에게 **입히고** 나의 기름과 향을 그

옷과 관련된 '입다 2'와 관련된 성구

가는 베 옷을 입다 - 겔 9:2, 3, 11; 10:2, 6, 7; 44:17
갑옷(을) 입다 - 삼상 17:5, 38; 왕상 20:11; 왕하 3:21; 느 4:16; 렘 46:4; 51:3; 겔 38:4; 롬 13:12
거룩한 옷을 입다 - 출 40:13; 레 16:32; 시 29:2; 110:2
겉옷을 입다 - 출 40:14; 레 8:7; 삼상 28:14; 대상 15:27; 에 8:15; 행 12:8
고운 베옷을 입다 - 눅 16:19
군복을 입다 - 삼하 20:8
굵은 베를 입다 - 왕하 6:30; 대상 21:16
굵은 베 옷을 입다 - 느 9:1; 에 4:1, 2, 3; 시 35:13; 사 37:1, 2; 욜 1:13; 욘 3:5, 6, 8; 계 11:3
기생의 옷을 입다 - 잠 7:10
긴 옷을 입다 - 레 6:10; 막 12:38; 눅 20:46
낙타털 옷을 입다 - 마 3:4; 막 1:6
베옷을 입다 - 단 9:3; 마 11:21; 눅 10:13
붉은 옷을 입다 - 사 63:1; 렘 4:30; 애 4:5; 계 18:16
빛난 옷을 입다 - 눅 23:11; 행 10:30
상복을 입다 - 삼하 14:2
세마포를 입다 - 대하 5:12

세마포 옷을 입다 - 창 41:42; 단 10:5; 12:6, 7; 계 15:6; 19:8, 14
속옷을 입다 - 출 29:8; 레 8:7, 13; 16:4
수 놓은 옷을 입다 - 시 45:14; 겔 16:10
아름다운 옷을 입다 - 사 52:1; 슥 3:4; 약 2:2, 3; 벧전 3:3
양의 옷을 입다 - 마 7:15
에봇을 입다 - 출 29:5; 삼상 2:18, 28; 14:3; 22:18; 삼하 6:14; 대상 15:27
염소의 가죽을 입다 - 히 11:37
예복을 입다 - 레 21:10; 대하 20:21; 스 3:10; 에 5:1; 마 22:11, 12
왕복을 입다 - 왕상 22:10, 30; 대하 18:9, 29; 행 12:21
자색 옷을 입다 - 잠 31:22; 렘 10:9; 겔 23:6; 막 15:17; 요 19:2, 5
자주색 옷을 입다 - 단 5:7, 16, 29
조복을 입다 - 에 8:15
채색옷을 입다 - 삼하 13:18
하나님의 전신 갑주를 입다 - 엡 6:11
홍색 옷을 입다 - 잠 31:21
홍포를 입다 - 마 27:28
흰옷(을) 입다 - 막 16:5; 요 20:12; 행 1:10; 계 3:4, 5; 4:4; 7:9

입다 2/입히다/입혀지다

겔 18:7	음식물을 주며 벗은 자에게 옷을 **입히며**
겔 18:16	음식물을 주며 벗은 자에게 옷을 **입히며**
겔 23:12	화려한 의복을 **입은** 고관과 감독이요
겔 23:17	그가 더럽힘을 **입은** 후에 그들을 싫어
겔 26:16	수 놓은 옷을 버리고 떨림을 **입듯** 하고
겔 34:3	기름을 먹으며 그 털을 **입되** 양 떼는
겔 37:6	살을 **입히고** 가죽으로 덮고 너희 속에
겔 42:14	다른 옷을 **입고** 백성의 뜰로 나갈 것이
겔 44:17	양털 옷을 **입지** 말고 가는 베 옷을 **입을**
겔 44:18	베 바지를 **입고** 땀이 나게 하는 것으로
겔 44:19	다른 옷을 **입을지니** 이는 그 옷으로 백성
단 3:21	다른 옷을 **입은** 채 결박하여 맹렬히 타는
암 3:12	이스라엘 자손도 견져냄을 **입으리라**
습 1:8	왕자들과 이방인의 옷을 **입은** 자들을
학 1:6	흡족하지 못하며 **입어도** 따뜻하지 못하
슥 3:3	여호수아가 더러운 옷을 **입고** 천사 앞
슥 3:5	씌우며 옷을 **입히고** 여호와의 천사는
슥 13:4	속이려고 털옷도 **입지** 아니할 것이며

신약

마 6:25	무엇을 **입을까** 염려하지 말라 목숨이
마 6:29	모든 영광으로도 **입은** 것이 이 꽃 하나만
마 6:30	하나님이 이렇게 **입히시거든** 하물며
마 6:31	먹을까 무엇을 마실까 무엇을 **입을까**
마 11:8	부드러운 옷 **입은** 사람이냐 부드러운
	옷을 **입은** 사람들은 왕궁에 있느니라
마 22:14	청함을 받은 자는 많되 택함을 **입은** 자
마 25:36	헐벗었을 때에 옷을 **입혔고** 병들었을
마 25:38	헐벗으신 것을 보고 옷 **입혔나이까**
마 25:43	헐벗었을 때에 옷 **입히지** 아니하였고
마 27:31	그의 옷을 **입혀** 십자가에 못 박으려고
막 5:15	옷을 **입고** 정신이 온전하여 앉은 것을
막 6:9	신만 신고 두 벌 옷도 **입지** 말라 하시고
막 15:20	그의 옷을 **입히고** 십자가에 못 박으려고
눅 4:1	충만함을 **입어** 요단 강에서 돌아오사
눅 7:25	부드러운 옷 **입은** 사람이냐 보라 화려
	한 옷을 **입고** 사치하게 지내는 자는 왕궁
눅 8:27	그 사람은 오래 옷을 **입지** 아니하며 집에
눅 8:35	옷을 **입고** 정신이 온전하여 예수의 발치
눅 12:22	몸을 위하여 무엇을 **입을까** 염려하지
눅 12:27	모든 영광으로도 **입은** 것이 이 꽃 하나
눅 12:28	하나님이 이렇게 **입히시거든** 하물며
눅 15:22	좋은 옷을 내어다가 **입히고** 손에 가락지
눅 24:4	문득 찬란한 옷 **입은** 두 사람이 곁에
눅 24:49	너희는 위로부터 능력으로 **입혀질** 때
요 13:12	옷을 **입으시고** 다시 앉아 그들에게
행 20:32	거룩하게 하심을 **입은** 모든 자 가운데
롬 1:1	복음을 위하여 택정함을 **입었으니**
고전 12:23	귀한 것들로 **입혀** 주며 우리의 아름답지
고전 15:49	흙에 속한 자의 형상을 **입은** 것같이 또
	한 하늘에 속한 이의 형상을 **입으리라**
고전 15:53	**입겠고** … 죽지 아니함을 **입으리로다**
고전 15:54	이 썩을 것이 썩지 아니함을 **입고** 이
	죽을 것이 죽지 아니함을 **입을** 때에는
고후 5:3	**입음은** 우리가 벗은 자들로 발견되지
엡 1:11	우리가 예정을 **입어** 그 안에서 기업이
엡 2:20	선지자들의 터 위에 세우심을 **입은** 자라
골 3:10	지식에까지 새롭게 하심을 **입은** 자니
골 3:12	겸손과 온유와 오래 참음을 옷 **입고**
살전 2:4	하나님께 옳게 여기심을 **입어** 복음을
딤전 2:7	사도로 세움을 **입은** 것은 참말이요
딤전 2:9	여자들도 단정하게 옷을 **입으며** 소박함
딤전 6:8	우리가 먹을 것과 **입을** 것이 있은즉 족한
딤후 1:11	사도와 교사로 세우심을 **입었노라**
딤후 4:14	내게 해를 많이 **입혔으매** 주께서 그 행한
히 2:9	잠시 동안 못하게 하심을 **입은** 자 곧
히 2:11	거룩하게 함을 **입은** 자들이 다 한 근원
약 2:2	남루한 옷을 **입은** 가난한 사람이 들어올
계 1:13	발에 끌리는 옷을 **입고** 가슴에 금띠를
계 3:18	흰 옷을 사서 **입어** 벌거벗은 수치를 보이
계 10:1	천사가 구름을 **입고** 하늘에서 내려오
계 12:1	해를 옷 **입은** 한 여자가 있는데 그 발
계 19:13	그가 피 뿌린 옷을 **입었는데** 그 이름은

'입히다'와 관련된 성구

- 금으로 입히다 - 왕상 6:22, 30, 32, 35;
  대하 3:9, 10; 4:22; 사 40:19
- 놋을 입히다 - 대하 4:9
- 순금으로 입히다 - 대하 3:4, 5; 9:17
- 은으로 입히다 - 시 68:13; 합 2:19
- 은을 입히다 - 잠 26:23
- 정금으로 입히다 - 왕상 6:20, 21; 10:18
- 황금으로 입히다 - 시 68:13

입다엘 (Iphtah El) 스불론 지파의 북쪽 골짜기

수 19:14	한나돈에 이르고 **입다엘** 골짜기에
수 19:27	북쪽으로 **입다엘** 골짜기를 만나 벧에멕

【 입맞추다/입맞춤 】　　　　　　　　　　　　　【 입술 】

입맞추다/입맞춤 (kiss)

창 27:26　그에게 이르되 내 아들아 가까이 와서 내게 **입맞추라**
창 27:27　그에게 **입맞추니** 아버지가 그의 옷의
창 29:11　그가 라헬에게 **입맞추고** 소리 내어 울며
창 29:13　영접하여 안고 **입맞추며** 자기 집으로
창 31:28　손자들과 딸들에게 **입맞추지** 못하게
창 31:55　손자들과 딸들에게 **입맞추며** 그들에게
창 33:4　목을 어긋맞추어 그와 **입맞추고** 서로
창 45:15　요셉이 또 형들과 **입맞추며** 안고 우니
창 48:10　이스라엘이 그들에게 **입맞추고** 그들을
창 50:1　아버지 얼굴에 구푸려 울며 **입맞추고**
출 4:27　산에서 모세를 만나 그에게 **입맞추니**
출 18:7　장인을 맞아 절하고 그에게 **입맞추고**
룻 1:9　그들에게 **입맞추매** 그들이 소리를 높여
룻 1:14　시어머니에게 **입맞추되** 룻은 그를
삼상 10:1　사울의 머리에 붓고 **입맞추며** 이르되
삼상 20:41　**입맞추고** 같이 울되 다윗이 더욱 심하더
왕상 19:18　다 바알에게 **입맞추지** 아니한 자라
왕상 19:20　부모와 **입맞추게** 하소서 그리한 후에
욥 31:27　슬며시 유혹되어 내 손에 **입맞추었다면**
시 2:12　아들에게 **입맞추라** 그렇지 아니하면
시 85:10　만나고 의와 화평이 서로 **입맞추었으며**
잠 7:13　그에게 **입맞추며** 부끄러움을 모르는
잠 24:26　적당한 말로 대답함은 **입맞춤과** 같으니
잠 27:6　잦은 **입맞춤은** 거짓에서 난 것이니라
아 1:2　**입맞추기를** 원하니 네 사랑이 포도주보
마 26:48　내가 **입맞추는** 자가 그이니 그를 잡으라
막 14:44　내가 **입맞추는** 자가 그이니 그를 잡아
눅 7:38　머리털로 닦고 그 발에 **입맞추고** 향유를
눅 7:45　내게 **입맞추지** 아니하였으되 그는 내가 들어올 때로부터 내 발에 **입맞추기를**
눅 22:48　네가 **입맞춤으로** 인자를 파느냐 하시니
살전 5:26　거룩하게 **입맞춤으로** 모든 형제에게
벧전 5:14　사랑의 **입맞춤으로** 서로 문안하라

> '거룩하게 입맞춤으로 서로 문안하라'
> 롬 16:16; 고전 16:20; 고후 13:11

입법자 (立法者, lawgiver)

신 33:21　**입법자의** 분깃으로 준비된 것이로다
약 4:12　**입법자와** 재판관은 오직 한 분이시니

입산 (Ibzan) 입다 다음 사사

삿 12:8　뒤를 이어 베들레헴의 **입산이** 이스라엘
삿 12:10　**입산이** 죽으매 베들레헴에 장사되었더

입삼 (Ibsam) 돌라의 아들이며 족장

대상 7:2　**입삼과** 스므엘이니 다 그의 아버지 돌라

입술 (lip)

모세오경, 역사서

레 5:4　만일 누구든지 **입술로** 맹세하여 악한
민 30:6　결심한 서약을 경솔하게 그의 **입술로**
민 30:8　경솔하게 **입술로** 말한 서약은 무효가
민 30:12　**입술로** 말한 것을 아무것도 이루지
삼상 1:13　한나가 속으로 말하매 **입술만** 움직이고

시가서

욥 2:10　일에 욥이 **입술로** 범죄하지 아니하니라
욥 8:21　즐거운 소리를 네 **입술에** 채우시리니
욥 13:6　너희는 나의 변론을 들으며 내 **입술의**
욥 15:6　네 입이라 네 **입술이** 네게 불리하게
욥 16:5　강하게 하며 **입술의** 위로로 너희의 근심
욥 23:12　그의 **입술의** 명령을 어기지 아니하고
욥 27:4　내 **입술이** 불의를 말하지 아니하며 내
욥 33:3　내 말이며 내 **입술이** 아는 바가 진실을
시 12:4　우리 **입술은** 우리 것이니 우리를 주관할
시 16:4　**입술로** 그 이름도 부르지 아니하리로다
시 17:1　거짓 되지 아니한 **입술에서** 나오는 나의
시 17:4　나는 주의 **입술의** 말씀을 따라 스스로
시 21:2　**입술의** 요구를 거절하지 아니하셨나이
시 22:7　비웃으며 **입술을** 비쭉거리고 머리를
시 34:1　항상 송축함이여 내 **입술로** 항상 주를
시 34:13　악에서 금하며 네 **입술을** 거짓말에서
시 40:9　여호와여 내가 내 **입술을** 닫지 아니할
시 45:2　은혜를 **입술에** 머금으니 그러므로
시 51:15　내 **입술을** 열어 주소서 내 입이 주를
시 59:7　그들의 **입술에는** 칼이 있어 이르기를
시 59:12　그들의 **입술의** 말은 곧 그들의 입의
시 63:3　생명보다 나으므로 내 **입술이** 주를 찬양
시 63:5　나의 입이 기쁜 **입술로** 주를 찬송하되
시 66:14　이는 내 **입술이** 낸 것이요 내 환난 때에
시 71:23　찬양할 때에 나의 **입술이** 기뻐 외치며
시 89:34　언약을 깨뜨리지 아니하고 내 **입술에서**

【 입술 】 　　　　　　　　　　　　　　　　　　　　　　　　　　　　　　　　　　　　　　　【 입천장 】

시 106:33　그의 **입술**로 망령되이 말하였음이로다
시 119:13　규례들을 나의 **입술**로 선포하였으며
시 119:171　내게 가르치시므로 내 **입술**이 주를 찬양
시 120:2　여호와여 거짓된 **입술**과 속이는 혀에서
시 140:3　**입술** 아래에는 독사의 독이 있나이다
시 140:9　그들의 **입술**의 재난이 그들을 덮게 하소
시 141:3　세우시고 내 **입술**의 문을 지키소서
잠 4:24　비뚤어진 말을 네 **입술**에서 멀리 하라
잠 5:2　지키며 네 **입술**로 지식을 지키도록 하라
잠 7:21　고운 말로 유혹하며 **입술**의 호리는 말로
잠 8:6　선한 것을 말하리라 내 **입술**을 열어 정직
잠 8:7　입은 진리를 말하며 내 **입술**은 악을
잠 10:13　명철한 자의 **입술**에는 지혜가 있어도
잠 10:19　**입술**을 제어하는 자는 지혜가 있느니라
잠 12:13　악인은 **입술**의 허물로 말미암아 그물에
잠 12:19　진실한 **입술**은 영원히 보존되거니와
잠 13:3　**입술**을 크게 벌리는 자에게는 멸망이
잠 14:7　**입술**에 지식 있음을 보지 못함이니라
잠 14:23　이익이 있어도 **입술**의 말은 궁핍을 이룰
잠 16:13　의로운 **입술**은 왕들이 기뻐하는 것이요
잠 16:23　슬기롭게 하고 또 그의 **입술**에 지식을
잠 16:27　**입술**에는 맹렬한 불 같은 것이 있느니라
잠 16:30　**입술**을 닫는 자는 악한 일을 이루느니라
잠 17:4　**입술**이 하는 말을 잘 듣고 거짓말을
잠 17:28　그의 **입술**을 닫으면 슬기로운 자로
잠 18:6　미련한 자의 **입술**은 다툼을 일으키고
잠 18:7　멸망이 되고 그의 **입술**은 그의 영혼의
잠 18:20　그의 **입술**에서 나는 것으로 말미암아
잠 19:1　성실하게 행하는 자는 **입술**이 패역하고

'입술' 과 관련된 성구

거짓(된) 입술 – 시 31:18;　잠 10:18;
　　　　　　　12:22
아첨하는 입술 – 시 12:2, 3
왕의 입술 – 잠 16:10
음녀의 입술 – 잠 5:3
의인의 입술 – 잠 10:21, 32
입술을 가리다 – 레 13:45;　겔 24:17, 22;
　　　　　　　미 3:7
입술의 열매 – 사 57:19;　호 14:2;　히
　　　　　　　13:15
제사장의 입술 – 말 2:7
지혜로운 자의 입술 – 잠 14:3; 15:7

잠 20:15　진주도 많거니와 지혜로운 **입술**이 더욱
잠 20:19　비밀을 누설하나니 **입술**을 벌린 자를
잠 22:11　마음의 정결을 사모하는 자의 **입술**에는
잠 22:18　보존하며 네 **입술** 위에 함께 있게 함이
잠 23:16　만일 네 **입술**이 정직을 말하면 내 속이
잠 24:2　마음은 강포를 품고 그들의 **입술**은 재앙
잠 24:28　되지 말며 네 **입술**로 속이지 말지니라
잠 26:23　온유한 **입술**에 악한 마음은 낮은 은을
잠 26:24　원수는 **입술**로는 꾸미고 속으로는 속임
잠 27:2　너를 칭찬하게 하고 네 **입술**로는 하지
전 10:12　은혜로우나 우매자의 **입술**들은 자기를
아 4:3　**입술**은 홍색 실 같고 네 입은 어여쁘고
아 4:11　내 신부야 네 **입술**에서는 꿀 방울이
아 5:13　**입술**은 백합화 같고 몰약의 즙이 뚝뚝

선지서, 신약

사 6:5　**입술**이 부정한 사람이요 나는 **입술**이
사 6:7　그것을 내 **입술**에 대며 이르되 보라
사 11:4　**입술**의 기운으로 악인을 죽일 것이며
사 28:11　그러므로 더듬는 **입술**과 다른 방언으로
사 29:13　가까이 하며 **입술**로는 나를 공경하나
사 30:27　그의 **입술**에는 분노가 찼으며 그의 혀는
사 36:5　**입술**에 붙은 말뿐이니라 네가 이제 누구
사 59:3　너희 **입술**은 거짓을 말하며 너희 혀는
렘 17:16　**입술**에서 나온 것이 주의 목전에 있나이
애 3:62　나를 치는 자들의 **입술**에서 나오는 것
단 10:16　내 **입술**을 만진지라 내가 곧 입을 열어
합 3:16　목소리로 말미암아 내 **입술**이 떨렸도다
습 3:9　백성의 **입술**을 깨끗하게 하여 그들이
말 2:6　그의 **입술**에는 불의함이 없었으며 그가
마 15:8　백성이 **입술**로는 나를 공경하되 마음은
막 7:6　백성이 **입술**로는 나를 공경하되 마음은
롬 3:13　혀로는 속임을 일삼으며 그 **입술**에는
고전 14:21　다른 **입술**로 이 백성에게 말할지라도
벧전 3:10　악한 말을 그치며 그 **입술**로 거짓을

입증하다(立證, testimony)

마 8:4　드려 그들에게 **입증하라** 하시니라
막 1:44　드려 그들에게 **입증하라** 하셨더라
눅 5:14　드려 그들에게 **입증하라** 하셨더라

입천장(mouth, roof of mouth)

욥 20:13　아니하고 **입천장**에 물고 있을지라도
욥 29:10　낮추었으니 그들의 혀가 **입천장**에

【 입할 】		【 잇도 1 】

시 22:15	내 혀가 **입천장**에 붙었나이다 주께서
시 137:6	아니할진대 내 혀가 내 **입천장**에 붙을지
애 4:4	젖먹이가 목말라서 혀가 **입천장**에
겔 3:26	내가 네 혀를 네 **입천장**에 붙게 하여

입할(Ibhar) 예루살렘에서 태어난 다윗의 아들
삼하 5:15	**입할**과 엘리수아와 네벡과 야비아와
대상 3:6	또 **입할**과 엘리사마와 엘리벨렛과
대상 14:5	**입할**과 엘리수아와 엘벨렛과

잇난(Ithnan) 유다 지파에게 주어진 성읍
| 수 15:23 | 게데스와 하솔과 **잇난**과 |

잇다(carry on, get)
창 19:32	아버지로 말미암아 후손을 **이어** 가자
창 19:34	아버지로 말미암아 후손을 **이어** 가자
출 29:30	그를 **이어** 제사장이 되는 아들이 회막에
레 6:22	부음을 받고 그를 **이어** 제사장 된 자는
민 32:14	너희는 너희의 조상의 대를 **이어** 일어난
신 10:6	아들 엘르아살이 그를 **이어** 제사장의
신 25:6	죽은 형제의 이름을 **잇게** 하여 그 이름
신 25:7	이스라엘 중에 **잇기**를 싫어하여 남편의
수 5:7	그들의 대를 **잇게** 하신 이 자손에게
수 9:23	저주를 받나니 너희가 대를 **이어** 종으
삿 10:1	아비멜렉의 뒤를 **이어서** 잇사갈 사람
삿 11:2	아버지의 집에서 기업을 **잇지** 못하리라
삿 12:8	뒤를 **이어** 베들레헴의 입산이
삿 12:11	**이어** 스불론 사람 엘론이이스라엘의
삿 12:13	그 뒤를 **이어** 비라돈 사람 힐렐의 아들
삼하 16:8	그를 **이어서** 네가 왕이 되었으나 여호와
삼하 19:13	네가 요압을 **이어서** 항상 내 앞에서
왕상 1:13	아들 솔로몬이 반드시 나를 **이어** 왕이
왕상 1:17	솔로몬이 반드시 나를 **이어** 왕이 되어
왕상 1:20	누가 내 주 왕을 **이어** 그 왕위에 앉을지
왕상 1:24	아도니야가 나를 **이어** 왕이 되어 내
왕상 1:27	왕께서 내 주 왕을 **이어** 그 왕위에 앉으
왕상 1:30	아들 솔로몬이 반드시 나를 **이어** 왕이
왕상 5:1	그의 아버지를 **이어** 왕이 되었다 함을
왕상 5:5	내가 너를 **이어** 네 자리에 오르게 할
왕상 8:20	아버지 다윗을 **이어서** 일어나 이스라엘
왕상 15:4	아들을 세워 뒤를 **잇게** 하사 예루살렘을
왕하 3:27	이어 자기 왕위를 **이어** 왕이 될 맏아들을
왕하 10:30	자손이 이스라엘 왕위를 **이어** 사대를

대상 27:34	아비아달은 아히도벨의 뒤를 **이었고**
대상 29:23	왕위에 앉아 아버지 다윗을 **이어** 왕이
대하 35:17	유월절을 지키고 **이어서** 무교절을 칠
에 9:27	정해 놓은 때 이 두 날을 **이어서** 지켜
욥 35:1	엘리후가 말을 **이어** 이르되
욥 36:1	엘리후가 말을 **이어** 이르되
잠 19:13	아내는 **이어** 떨어지는 물방울이니라
잠 27:15	여자는 비 오는 날에 **이어** 떨어지는
사 37:38	그의 아들 에살핫돈이 **이어** 왕이 되니라
렘 22:11	아버지 요시야를 **이어** 왕이 되었다가
렘 37:1	여호야김의 아들 고니야의 뒤를 **이어**
단 11:7	사람이 왕위를 **이어** 권세를 받아 북방
호 1:1	요담과 아하스와 히스기야가 **이어** 유다
호 4:18	마시기를 다 하고는 **이어서** 음행하였으
마 2:22	아켈라오가 그의 아버지 헤롯을 **이어**
행 3:24	사무엘 때부터 **이어** 말한 모든 선지자
행 22:2	듣고 더욱 조용한지라 **이어** 이르되
벧전 1:4	유업을 **잇게** 하시나니 곧 너희를 위하여

잇대(Ittai)
1. 가드 사람으로 다윗에게 충성했던 자
| 삼하 15:19 | 가드 사람 **잇대**에게 이르되 어찌하여 |

잇대 1 - 기타 본문
삼하 15:21, 22; 18:2, 5, 12

2. 기브아 사람으로 다윗의 용사
| 삼하 23:29 | 속한 기브아 사람 리배의 아들 **잇대**와 |

잇도 1(Iddo)
1. 아히나답의 아버지
| 왕상 4:14 | 마하나임에는 **잇도**의 아들 아히나답이 |

2. 게르손 자손으로 요아의 아들
| 대상 6:21 | 아들은 **잇도**요 그의 아들은 세라요 |

3. 스가랴의 아들로 므낫세 반 지파의 관장
| 대상 27:21 | 스가랴의 아들 **잇도**요 베냐민의 지도자 |

4. 선견자
대하 9:29	선견자 **잇도**의 묵시 책 곧 잇도가 느밧의
대하 12:15	선견자 **잇도**의 족보책에 기록되지 아니
대하 13:22	선지자 **잇도**의 주석 책에 기록되니라

5. 가시뱌 지방의 족장
| 스 8:17 | 족장 **잇도**에게 나아가게 하고 **잇도**와 |

6. 바벨론 포로에서 귀환한 제사장
| 느 12:4 | **잇도**와 긴느도이와 아비야와 |

【 잇도 2 】　　　　　　　　　　　　　　　　　　　　　　　　　　　　　　　【 있다 】

느 12:16　잇도 족속에는 스가랴요 긴느돈 족속
　　　　　7. 선지자 스가랴의 할아버지
스 5:1　　선지자들 곧 선지자 학개와 잇도의 손자
스 6:14　　선지자 학개와 잇도의 손자 스가랴와
슥 1:1　　여호와의 말씀이 잇도의 손자 베레갸의
슥 1:7　　이십사일에 잇도의 손자 베레갸의 아들

잇도 2(Jaddai) 이방 여인과 결혼한 느보 사람
스 10:43　맛디디야와 사밧과 스비내와 잇도와

잇몸(tooth)
욥 19:20　붙었고 남은 것은 겨우 잇몸 뿐이로구나

잇바스(Idbash) 유다 자손으로 에담의 후손
대상 4:3　이스르엘과 이스마와 잇바스와 그들의

잇사갈(Issachar)
　　　　1. 레아가 야곱에게서 낳은 다섯째 아들
창 30:18　주셨다 하고 그의 이름을 잇사갈이라

📖 잇사갈 1 – 기타 본문

창 35:23; 46:13; 49:14; 출 1:3; 민 1:8, 28, 29; 2:5; 7:18; 10:15; 13:7; 26:23, 25; 34:26; 신 27:12; 33:18; 수 17:10, 11; 19:17, 23; 21:6, 28; 삿 5:15; 10:1; 왕상 4:17; 15:27; 대상 2:1; 6:62, 72; 7:1, 5; 12:32, 40; 27:18; 대하 30:18; 겔 48:25, 26, 33; 계 7:7

　　　　2. 고라 족속 오벳에돔의 일곱 번째 아들
대상 26:5　여섯째 암미엘과 일곱째 잇사갈과

잇사이/이 사이(between tooth)
민 11:33　고기가 아직 이 사이에 있어 씹히기
단 7:5　　잇사이에는 세 갈빗대가 물렸는데
슥 9:7　　잇사이에서 그 가증한 것을 제거하리니

잇새(tooth)
욥 29:17　물건을 그 잇새에서 빼내었느니라

잇시야 1(Isshiah)
　　　　1. 잇사갈 자손으로 이스라히야의 아들
대상 7:3　잇시야 다섯 사람이 모두 우두머리며
　　　　2. 고라 사람으로 다윗의 용사

대상 12:6　엘가나와 잇시야와 아사렐과 요에셀과
　　　　3. 레위 자손으로 웃시엘의 아들
대상 23:20　우두머리 미가와 그 다음 잇시야더라
대상 24:25　아우는 잇시야라 잇시야의 아들들
　　　　4. 레위 자손으로 르하뱌의 아들로 족장
대상 24:21　그의 아들들 중에 우두머리 잇시야요

잇시야 2(Izziah) 바로스 자손
스 10:25　라먀와 잇시야와 말기야와 미야민과

잇시야 3(Ishijah) 이방 아내를 보내기로 인
　　　　친 사람
스 10:31　엘리에셀과 잇시야와 말기야와 스마야

있다(be)
창 1:2　　흑암이 깊음 위에 있고 하나님의 영은
마 2:9　　아기 있는 곳 위에 머물러 서 있는지라

📖 있다 – 기타 본문

모세오경 창 1:3, 6, 14, 15, 21, 30; 2:9, 11, 12; 3:2, 3, 6, 9, 12, 14; 4:7, 8, 9; 5:24; 6:4, 12, 13, 17, 19; 7:6, 15, 22, 23; 8:1, 9, 11, 17, 22; 9:11, 16, 17; 12:19; 13:5, 9, 14, 16, 18; 15:5; 16:1, 6, 14; 17:4, 13; 18:1, 2, 7, 9, 10, 12, 14, 24; 19:1, 5, 8, 12, 15, 27; 20:3, 15; 21:17; 22:1, 7, 11, 13; 23:6, 9, 10, 17; 24:13, 23, 25, 29, 30, 31, 43, 51; 25:9, 23, 24; 26:3, 24; 27:1, 15, 18, 23, 37, 46; 28:12, 13, 15; 29:2, 9, 16, 19; 30:27, 32, 33, 35, 39, 40; 31:3, 4, 8, 10, 11, 12, 14, 18, 29, 35, 36, 41, 49; 32:3, 4, 5, 18, 20, 32; 33:1, 9, 13; 34:10, 27, 28; 35:2, 4, 8; 36:9, 16, 17, 21, 30, 31; 37:2, 14, 28; 38:5, 8, 11, 18, 21, 30; 39:2, 5, 10; 40:3, 6, 7, 8, 9, 10, 11, 16, 17; 41:1, 3, 11, 12, 29, 30, 33, 38, 39, 43, 48, 54, 56; 42:1, 2, 5, 13, 16, 27, 28, 32, 35; 43:6, 7, 12, 16, 18, 21; 44:1, 8, 14, 19, 20, 30, 33, 34; 45:11, 26, 28; 46:2, 30, 31; 47:1, 6, 14, 23; 49:9, 24, 29, 30, 32; 출 1:5; 2:16, 20; 3:4, 7, 12, 14; 4:2, 12, 14, 15, 18, 24; 5:13, 20; 7:15, 19, 21; 8:9, 11, 15, 20, 23; 9:3, 19, 25, 26, 29; 10:6, 21, 22, 23; 11:3, 5, 6; 12:4, 12, 13, 27, 30; 13:9, 12; 14:14, 20, 30; 15:11, 27; 16:1, 3, 13, 14, 16, 29, 34, 6; 17:4, 6; 18:13, 14, 16, 21, 25; 19:16, 17; 20:4, 21; 21:23, 29, 35, 36; 22:3, 4, 9,

1999

【 있다 】 　　　　　　　　　　　　　　　　　　　　　　　　【 있다 】

14, 15, 30; 23:21; 24:12, 14, 18; 25:22, 30, 33, 34, 35; 26:28, 34; 27:16; 28:3, 34, 37, 38; 29:13, 23, 32, 34; 30:6; 31:6; 32:15, 24, 26; 33:10, 21; 34:1, 28, 34; 35:23, 24; 36:5, 7, 22; 37:14, 19, 20, 21; 38:23; 40:9, 38; 레 1:8, 12, 17; 3:4, 5, 10, 15; 4:9, 13, 18, 22, 27; 5:1, 2, 3, 4, 5; 6:4, 9; 7:4, 27; 8:10, 28; 9:14; 10:7; 11:9, 10, 20, 21, 23, 33; 13:29, 30, 38, 42, 44, 46, 48, 52, 54, 55, 57; 14:3, 4, 7, 36, 37, 40, 51, 52, 53; 15:2, 4, 6, 7, 8, 9, 11, 12, 13, 23, 26, 31, 32, 33; 16:16, 17, 20, 21; 17:10, 11; 18:27, 28; 19:15, 33, 34; 21:12, 17, 18, 20, 21, 23; 22:20, 22, 25, 27; 25:7, 10, 23, 26, 28, 29, 32, 34, 35, 39, 40, 45, 47, 48; 26:37, 44; 민 2:10, 17, 18, 20, 25; 3:26; 4:16, 26, 33; 5:2, 31; 6:7, 18, 20; 7:3; 9:6, 10, 13, 16, 21, 22; 11:5, 18, 21, 33; 12:6, 15; 13:20, 22; 14:21, 40, 43; 15:14; 16:2, 34; 17:3, 6; 18:2, 31; 19:13, 14, 18; 20:16; 21:20, 32; 22:4, 9, 11, 22, 24, 29, 30, 36, 38; 23:12, 17, 21; 24:7, 21; 25:1; 30:3, 13, 16; 31:3; 32:4, 6, 17, 39; 33:9, 40; 35:2, 15, 28, 34; 36:12; 신 1:8, 12, 13, 15, 16, 17, 38, 42; 2:36, 37; 3:4, 5, 11, 24, 25; 4:6, 7, 8, 17, 18, 32, 34, 43; 5:3, 8, 31, 33; 6:7, 14; 7:17; 8:15; 9:15; 10:5; 11:11, 12, 19, 30; 12:12, 15, 20, 22, 28; 13:7, 14; 14:9; 15:21; 16:11; 17:1, 4, 20; 18:6, 7, 22; 19:13, 16; 20:5, 6, 7, 8, 14, 16; 21:2, 17, 18; 22:6, 24; 23:8, 17; 24:1, 5, 11; 25:19; 28:13, 40, 41, 46; 29:11, 15, 17, 19; 30:4, 12, 13, 14; 31:15, 27; 32:5, 29, 34, 37, 49; 33:2, 3, 5, 8, 12, 17, 18, 25, 27, 28; 34:6 역사서 수 1:5; 2:10, 15, 16, 19; 3:3, 7, 16; 4:9, 10; 5:13; 6:17, 21, 24; 7:2, 6, 12, 13, 21, 22, 26; 8:11, 13, 14, 16, 29; 9:1, 7, 10, 25; 10:1, 27, 28, 35, 40; 11:2, 11, 14; 12:2; 13:1, 9, 16, 17, 19, 27, 30; 14:6, 11, 12; 15:5, 7, 8, 46; 16:9; 17:8, 11, 16, 17; 18:5, 16, 19; 19:8, 51; 21:6, 42; 22:19, 24, 29; 23:4, 7, 12; 24:15, 23, 26; 삿 1:19; 2:12, 14; 3:20, 31; 4:3, 13, 17, 20; 5:15, 16, 21, 24, 31; 6:13, 24, 25, 37, 39, 40; 7:1, 8, 11; 8:5, 6, 10, 11, 15, 21, 24, 26, 31, 32; 9:5, 6, 9, 29, 32, 33, 34, 35, 38, 44, 45, 48, 49, 51; 10:4, 8; 11:12, 25, 26, 34; 12:4, 7, 14; 13:2, 9; 14:8, 10; 15:19; 16:3, 5, 6, 10, 13, 15, 27, 30; 17:1, 2, 4, 5, 7, 12; 18:3, 6, 7, 9, 10, 12, 14, 28, 31; 19:15, 17, 19, 24, 26, 27; 20:5, 7, 27; 21:13, 17, 19; 룻 1:7, 11, 12; 2:1, 8, 19, 20, 21, 23; 3:8, 12, 13, 18; 4:1, 6, 9, 11; 삼상 1:1, 2, 3, 9, 14, 22; 3:3, 4, 5, 6, 8, 16; 4:3, 4, 17, 20; 5:4, 5, 7, 11; 6:1, 2, 9, 14, 15, 18; 7:2, 14, 17; 8:4, 19; 9:1, 2, 6, 7, 8, 10, 11, 12, 19, 27; 10:2, 5, 11, 12; 12:2, 3, 7, 12; 13:2, 3, 7, 16, 22; 14:2, 3, 4, 7, 9, 12, 15, 16, 18, 25, 38, 39, 40, 47, 52; 16:2, 6, 11, 18; 17:3, 12, 26, 28, 47, 57; 18:10; 19:2, 3, 7, 8, 16, 19, 22, 23; 20:8, 19, 21, 22, 25, 26, 29, 37; 21:1, 3, 4, 7, 9; 22:3, 4, 5, 6, 11, 12, 22, 23; 23:3, 7, 13, 14, 15, 16, 23, 24, 25; 24:1, 3, 11; 25:2, 7, 8, 13, 15, 16, 33; 26:3, 7, 11, 12, 16, 18, 25; 27:2, 11; 28:7, 19, 24; 29:1, 6, 8; 30:2, 27, 28, 29, 30; 31:7; 삼하 1:2, 7, 9, 10, 11; 2:10, 16, 18, 32; 3:6, 7, 22, 31; 4:2, 4, 7, 8; 6:2, 3, 4, 11; 7:2, 3, 9, 19, 29; 8:10; 9:1, 2, 3, 4, 12; 10:8, 16; 11:1, 11, 12, 16; 12:1, 18, 23, 31; 13:1, 3, 20, 23, 24, 30; 14:6, 7, 13, 20, 28, 30, 32; 15:2, 4, 7, 8, 14, 19, 20, 21, 26, 29, 31, 35, 36; 16:3, 4, 6, 10, 14, 18, 21; 17:2, 8, 9, 12, 18, 20; 18:14, 18, 24, 25, 29, 30, 31, 32; 19:10, 16, 22, 28, 34, 35, 37, 42, 43; 20:1, 4, 10, 12; 21:1, 2, 4, 7, 20; 22:13; 23:2, 14, 21; 24:2, 13, 14, 16, 22; 왕상 1:23, 46; 2:8, 9, 14, 29, 33, 34, 39; 3:8, 9, 17, 18, 28; 4:12, 13, 28; 5:14; 6:4, 8, 17, 27; 7:2, 3, 4, 6, 8, 11, 17, 18, 19, 20, 22, 24, 28, 29, 30, 31, 32, 34, 35, 36; 8:1, 5, 8, 14, 17, 18, 29, 31, 37, 44, 48, 59; 9:3, 13, 18, 19, 20, 21, 23, 25; 10:2, 19, 20, 22; 11:11, 15, 20, 21, 22, 29, 36, 38, 40; 12:2, 8, 16, 27; 13:3, 4, 20, 24, 28, 32; 14:2, 24, 30; 15:6, 7, 16, 18, 19, 27, 29, 32; 16:8, 9, 15, 23; 17:1, 18, 24; 18:7, 8, 11, 14, 27, 41; 19:6, 9, 11, 12, 13, 19; 20:1, 2, 7, 32; 21:1, 2, 15, 18; 22:3, 7, 8, 10, 19, 22, 36, 46, 47; 왕하 1:2; 2:2, 3, 4, 5, 6, 7, 9, 15, 16; 3:11, 12, 13, 15, 21; 4:2, 13, 20, 25, 40; 5:8, 18; 6:13, 20, 31, 32; 7:2, 3, 4, 9, 10, 11, 12, 13, 19; 9:5, 16, 17, 19, 22, 37; 10:1, 2, 6, 11, 17, 23, 26, 29, 30, 33; 11:3, 6, 10; 12:10, 18; 14:14; 15:12, 16; 16:8, 10, 14; 17:6; 18:11, 15, 17, 20, 23, 26, 32, 33, 34; 19:4, 12, 13; 20:8, 13, 15, 19; 21:11; 22:5; 23:8, 11, 16, 20; 24:15, 25:6, 11, 17, 22, 25, 28, 30; 대상 1:43; 2:26, 34; 3:9; 4:27, 33, 41, 43; 5:2, 20, 26; 6:54, 62; 7:4;

【 있다 】

8:3, 38; 9:2, 13, 25, 27, 33, 44; 10:7; 11:3, 10, 11, 13, 16; 12:1, 8, 15, 18, 27, 40; 13:2, 13, 14; 15:28; 16:5, 14, 27, 37; 17:1, 2, 5, 8, 13; 18:10; 19:9, 16; 20:1, 2, 6; 21:29; 22:5, 7, 15; 23:22; 24:5; 25:6; 26:7, 8, 9, 10, 16, 18, 31; 27:6, 21, 29, 32; 28:2, 21; 29:11, 12, 14, 15, 17, 30; 대하 1:3, 5, 6, 11; 2:7, 13, 14; 3:4, 13; 4:3; 5:9, 11, 12, 13; 6:3, 7, 8, 22, 28, 34, 38; 7:3, 6, 16; 8:5, 6, 7, 8; 9:1, 14, 18, 19, 24; 10:2, 8, 16; 11:10; 12:12, 15; 13:8, 9, 10, 11, 13; 14:7, 14; 15:7, 8; 16:9, 12, 13; 17:7; 18:6, 7, 21; 19:3, 5; 20:2, 6, 9, 25; 22:6, 12; 23:5, 8, 9, 13; 25:9, 19; 26:11, 15; 28:9, 13; 29:10, 16, 19, 29, 34; 30:26; 31:1, 15, 19; 32:9, 10, 13, 18, 31; 34:3, 7, 8, 9, 10, 32; 35:15, 19, 21; 36:7; 스 1:4; 2:59, 68; 3:8; 4:11, 20; 5:2; 6:3, 22; 7:1, 13, 14, 16, 20, 25, 28; 8:1, 4, 5, 6, 7, 8, 9, 10, 11, 12, 13, 14, 25, 33; 10:2, 9, 44; 느 1:1, 2, 3, 9; 2:1, 2, 3, 5, 6, 9, 17; 3:19; 4:3, 13, 16; 5:5, 15, 17; 6:6, 7, 9, 16; 7:61, 67; 8:7; 10:28, 38, 39; 11:36; 12:9, 24, 26, 42, 46; 13:4, 6; 에 1:1, 3, 5, 8, 13; 2:5; 3:1, 2, 3, 6; 4:5, 6, 13, 16; 5:9; 6:4; 7:5; 8:5, 11, 16; 9:15, 16, 20, 30, 31; 10:2 시가서 욥 1:1, 3; 2:8; 3:14, 15, 18, 19, 26; 4:7, 16; 5:1, 16, 17, 21, 23; 6:2, 5, 6, 11, 30; 7:1, 8, 21; 8:9; 9:12, 35; 10:4, 13, 15, 19; 11:14, 17, 18; 12:3, 10, 12, 13, 16, 19; 13:17; 14:4, 5, 6, 7, 10; 15:7, 10, 23; 16:3, 4, 16; 17:2, 15; 18:10; 19:4, 5, 28, 29; 20:7, 13, 26; 21:15, 16, 21, 28; 22:3, 8, 10, 13, 17; 23:2, 7, 14; 24:8, 16, 22; 25:3; 27:3, 8, 11; 28:1, 3, 6, 11, 12, 14, 23; 29:5, 25; 30:2, 7, 21, 28, 30; 31:21, 31, 33, 35; 32:4, 8, 11; 33:5, 23, 32; 34:2, 16, 20, 24, 29, 34; 35:3, 4, 6, 8, 14; 36:2, 4, 14, 20, 23; 37:12, 18, 20, 22; 38:4, 13, 18, 19, 20, 28, 31, 32, 35; 39:1, 21, 30; 40:9, 14, 16, 17, 24; 41:1, 2, 7, 10, 11, 13, 14, 15, 16, 22, 30; 시 1:1; 2:12; 3:8; 7:3, 10; 10:7; 11:4; 14:2; 16:3, 6, 11; 17:14; 18:22; 22:17; 25:6, 14; 26:3, 10; 28:3; 29:1, 3, 4; 30:9; 31:7, 9, 15; 32:1, 2, 10; 33:12; 34:8; 36:5, 8, 9; 37:31, 35; 38:9, 17; 39:1, 5, 7, 12; 40:4, 7, 8; 41:1, 3; 42:3, 8, 10; 44:15; 45:8, 9; 46:4, 10; 48:2; 49:10, 11; 50:3, 8; 51:3; 52:1, 5, 8; 53:2; 55:6, 10, 11, 14, 15; 56:12; 58:11; 59:7; 62:7; 65:4, 5; 68:12, 27,

29, 34; 69:17, 19, 31; 72:5, 16; 73:11, 25; 74:8; 75:8; 76:2, 11; 77:18, 19; 78:19, 30, 51; 79:10; 80:15, 17; 84:4, 5, 6, 10, 12; 87:1, 4, 7; 88:11, 12; 89:7, 8, 13, 14, 15, 19, 21, 36, 49, 50; 94:12; 95:4; 96:6, 12; 99:4, 6; 103:1, 16, 20, 22; 104:15, 25, 33, 35; 105:7, 16, 30, 33, 35; 106:3, 7; 107:43; 109:15; 110:1; 111:3; 112:1, 2, 3, 9; 115:2, 5, 6, 7; 116:9; 118:15, 26; 119:1, 2, 42, 90, 91, 96, 109, 152, 165, 166, 168; 122:7, 8; 124:8; 125:1, 5; 127:1; 128:1, 3, 6; 129:8; 130:4, 7; 131:2; 132:6; 133:2; 134:1; 135:2, 16, 17; 137:8, 9; 139:18, 24; 140:3; 142:5; 144:15; 145:12; 146:5; 147:13; 148:4; 149:6, 9; 150:6; 잠 1:5, 6; 2:21; 3:13, 16, 27, 28, 32, 33; 5:10, 17, 21; 6:9, 10, 31; 7:16; 8:9, 14, 18, 24, 27, 28, 30, 32, 34; 9:8, 9, 14, 17, 18; 10:13, 19; 11:2, 24; 12:7, 18, 19, 20, 25, 28; 13:7, 8, 10, 14, 23; 14:7, 9, 13, 21, 22, 23, 26, 32, 33; 15:2, 6, 12, 24, 31; 16:1, 10, 20, 27, 33; 17:1, 24, 27; 19:18, 21; 20:5, 6, 7, 15, 24; 21:1, 20, 28, 31; 22:5, 11, 12, 13, 17, 18; 23:1, 3, 6, 18, 29, 30; 24:1, 5, 6, 14, 31, 33; 25:15; 26:12, 13, 18, 25; 27:11, 24; 28:2, 12, 22; 29:18, 20; 30:2, 11, 12, 13, 14, 15, 18, 21, 24, 28, 29; 31:12, 17, 29; 전 1:4, 9, 10, 16; 2:2, 7, 9, 14, 15, 22; 3:1, 2, 3, 4, 5, 6, 7, 8, 9, 14, 15, 16, 17, 19; 4:1, 2, 5, 8, 10, 12, 15; 5:2, 8, 9, 13, 17; 6:1, 8, 10, 11, 12; 7:4, 12, 15, 19, 22, 24; 8:4, 6, 9, 14, 15, 16; 9:1, 3, 4, 15; 10:2, 16, 17; 11:3; 12:3; 아 2:14; 3:10, 11; 4:1, 11; 7:4, 5; 8:8, 11, 12, 14 선지서 사 2:22; 3:6, 9, 10, 11, 14; 4:3, 6; 5:1, 4, 8, 11, 17, 18, 20, 21, 22, 25, 30; 6:2, 8, 13; 7:22, 23, 24; 8:12; 9:12, 17, 21; 10:2, 4, 5, 19, 34; 11:6, 16; 14:8; 16:4; 19:11, 12, 18, 19, 23, 25; 21:8; 22:16, 18, 21; 23:17; 24:13, 16, 18; 26:1; 27:1, 9; 28:1, 2, 4, 14; 29:8, 15; 30:1, 4, 8, 15, 18, 24, 33; 31:1, 9; 32:18, 20; 33:1, 6, 13, 18, 21; 34:6; 35:8; 36:5, 9, 11, 17, 18, 19; 37:4, 8, 12, 13; 38:16; 39:2, 4, 6, 8; 40:10; 41:4; 42:11, 20; 43:8; 44:7, 8, 20; 45:9, 10, 24; 46:7; 47:12; 48:16; 49:4, 9, 16, 24; 50:1, 11; 51:2, 3, 6, 7, 8, 11, 13; 52:6; 53:8, 9; 54:1, 13; 56:2, 10; 57:6, 15, 19; 58:9; 59:6, 7, 12, 21; 61:4, 7; 62:11; 63:4, 13, 15; 64:5; 65:1, 8; 66:17, 22; 렘 2:10,

【 있다 】　　　　　　　　　　　　　　　　　　　　　　　【 있다 】

11, 18, 22, 23, 28; 3:2, 10, 12, 23; 4:10, 11, 13, 22, 31; 5:13, 14, 21, 23, 26, 30; 6:11, 25; 8:3, 8, 9, 18, 22; 9:6, 12; 10:20, 23; 11:9, 15, 19; 12:9, 16; 13:20, 23, 27; 14:22; 17:2, 3, 15, 16, 25; 18:6; 19:2; 20:2, 17; 21:6; 22:13, 15; 23:1, 23, 24; 24:2, 8; 25:26, 29; 26:14, 20; 27:5, 18, 19, 21, 22; 28:5; 29:1, 8, 22, 23, 25, 28; 30:6, 10, 11; 31:6, 8, 9, 17, 37; 32:2, 4, 7, 8, 9, 12, 18, 27, 44; 33:1, 12, 20, 21; 34:1, 5, 8; 36:6, 8, 10, 12, 19, 22; 37:17, 19; 38:5, 6, 11, 22; 39:3, 5, 9; 40:4, 6, 7, 11, 13; 41:2, 3, 7, 10, 11, 13, 16, 17; 42:2, 6, 8, 11; 43:9; 44:27; 46:5, 28; 47:2, 4, 5; 48:11, 17, 37, 46; 49:29; 50:22, 25, 26, 27, 32, 37; 51:1, 4, 7, 46, 48, 53, 57; 52:9, 15, 20, 22, 23, 26, 32, 34; 애 1:9, 12, 17, 20; 2:9, 12; 3:10, 29, 34, 37, 39; 4:5; 5:9; 겔 1:1, 3, 5, 6, 8, 13, 15, 16, 20, 21, 22, 23, 25, 26, 28; 2:5, 6, 9, 10; 3:14; 5:5, 6, 7, 14, 15; 6:8, 9, 12, 13; 7:13, 15, 18; 8:1, 2, 3, 4, 5, 7, 8; 9:3, 6, 8; 10:1, 2, 3, 7, 9, 10, 14, 17, 20, 21; 11:1, 12, 22, 24; 12:2, 3, 10, 24, 27; 13:3, 4, 10, 12, 18; 14:14, 16, 18, 20, 22; 15:2, 3, 4, 6; 16:6, 23, 49, 57; 17:6, 7, 16; 18:6; 19:8; 20:40, 48; 21:27, 32; 22:4, 6, 9, 10, 12, 14, 18; 23:2, 38; 24:6, 7, 9, 19; 25:9; 26:6, 8, 17, 20, 21; 27:4, 8, 11, 19, 27, 36; 28:2, 13, 14, 18, 19, 25; 30:4, 9, 12, 13, 16, 21; 31:7, 9, 13, 14; 32:22, 23, 24, 25, 26, 27, 29, 30; 33:10, 27, 33; 34:2, 12, 14, 15, 30; 36:4, 5, 7, 17, 35; 37:3, 19, 24, 27, 28; 38:2, 20, 22; 39:4, 14; 40:2, 3, 5, 7, 10, 12, 14, 16, 17, 22, 23, 24, 25, 26, 27, 29, 31, 33, 34, 36, 37, 38, 39, 40, 41, 42, 43, 44, 47, 49; 41:5, 6, 7, 9, 10, 11, 12, 15, 16, 18, 21, 23, 24, 25, 26; 42:3, 4, 9, 10, 11, 12, 13, 15; 43:6, 7; 44:7, 9, 25, 28; 46:10, 19, 21, 22, 23; 47:16, 17, 18; 48:1, 8, 10, 15, 18, 21, 22; 단 1:6, 21; 2:10, 20, 22, 38, 41, 49; 4:1, 4, 8, 9, 10, 12, 18, 31; 5:11, 12, 14; 6:25, 26; 7:4, 5, 6, 7, 8, 20, 24, 27; 8:2, 5, 15, 21; 9:7, 9, 16, 26; 10:4, 8, 10, 13, 16, 17; 11:1, 3, 16; 12:1, 2, 3, 5, 6, 7, 10, 12; 호 4:5; 5:1, 4, 9; 7:2, 13, 15; 8:8; 9:8, 15; 10:7; 11:9; 12:9, 14; 13:4, 10, 14; 14:8, 9; 욜 1:2; 2:17, 27, 32; 3:4, 20; 암 1:8; 3:9, 11; 4:1; 5:18; 6:1, 10; 8:14; 옵 1:8, 9, 17, 20; 온 1:17; 4:2, 11; 미 1:2; 2:1; 3:5; 5:2, 7, 8; 6:10; 7:10,

18; 나 1:3, 5, 15; 3:1, 8, 17; 합 1:3; 2:2, 3, 5, 6, 9, 12, 15, 19; 습 2:5, 6, 15; 3:1; 학 2:3, 5, 6, 19; 슥 1:5, 8; 3:3, 9; 4:2, 3, 7, 10, 12, 14; 5:1, 9; 6:5, 13; 7:3, 7; 8:9; 9:12; 11:17; 12:8, 11; 13:6; 14:7, 10, 11, 14, 15, 17, 18, 20, 21; 말 1:6, 10, 12, 14; 2:4, 6; 3:10, 16 **복음서** 마 2:11, 13, 15, 16; 3:3, 17; 4:13; 5:3, 4, 5, 6, 7, 8, 9, 10, 11, 12, 14, 23, 25, 46; 6:8, 13, 21, 23, 27, 30, 32; 7:3, 4, 10, 29; 8:2, 9, 20, 29, 30; 9:6, 9, 12, 15; 10:28; 11:6, 8, 15, 21, 23, 25; 12:6, 10, 11, 34, 40, 41, 42, 47; 13:2, 9, 12, 16, 43, 56; 14:14, 17, 33; 15:32, 33, 34; 16:17, 28; 17:4, 17, 20; 18:7, 12, 20; 19:3, 12, 21, 25, 26; 20:3, 6, 7, 22; 21:2, 21, 28; 22:25, 30, 32, 44; 23:9, 13, 15, 16, 18, 20, 23, 25, 27, 29, 30, 34; 24:3, 6, 7, 16, 17, 18, 19, 21, 23, 24, 26, 28, 38, 40, 41, 42, 43, 44, 45, 46; 25:2, 4, 8, 9, 13, 29, 34, 41; 26:9, 11, 24, 36, 38, 40, 51, 54, 57, 58, 61, 64, 69, 71; 27:15, 16, 38, 55, 56, 63, 65; 28:17, 20; 막 1:3, 19, 22, 23, 24, 27, 30, 36, 40; 2:10, 14, 15, 17, 18, 19, 27; 3:1, 2, 14, 23; 4:1, 9, 23, 25, 33; 5:5, 7, 11, 18, 25, 40; 6:3, 38, 47; 7:4; 8:1, 2, 3, 4, 5, 7, 18; 9:1, 5, 14, 19, 22, 23; 10:21, 23, 26, 27, 30, 38, 39; 11:2, 4, 5, 13, 25; 12:20, 25, 34; 13:4, 7, 8, 14, 15, 16, 17, 21, 22, 25, 32, 33, 34, 35, 37; 14:5, 7, 14, 21, 31, 32, 34, 35, 37, 38, 47, 49, 66, 67, 69, 70; 15:6, 7, 26, 27, 40, 41; 16:4, 10; 눅 1:4, 5, 19, 22, 24, 34, 42, 45, 48, 52, 56, 80; 2:6, 7, 12, 25, 36, 40, 44, 49; 3:2, 4, 11; 4:20, 25, 26, 27, 28, 32, 33, 34, 38; 5:2, 7, 9, 12, 24, 27, 29, 31, 34; 6:6, 17, 20, 21, 22, 24, 25, 26, 39, 41, 42; 7:8, 10, 23, 25, 37, 40, 41, 49; 8:8, 12, 13, 15, 18, 20, 25, 28, 32, 35, 38, 42, 46; 9:12, 18, 27, 32, 33, 41, 58; 10:6, 9, 13, 21, 23, 39; 11:5, 27, 28, 31, 32, 35, 41, 42, 43, 44, 46, 47, 52, 54; 12:5, 11, 15, 25, 28, 30, 34, 35, 37, 38, 40, 42, 43, 50, 52; 13:2, 4, 6, 11, 14, 28, 30; 14:1, 2, 10, 22, 31, 32, 35; 15:4, 8, 11, 25, 31; 16:1, 8, 19, 23, 26, 28, 29, 30, 31; 17:6, 7, 17, 20, 21, 23, 31, 34, 35, 37; 18:2, 3, 22, 24, 26, 27; 19:2, 8, 11, 20, 24, 25, 26, 29, 30, 44; 20:9, 24, 29, 38; 21:4, 7, 9, 11, 21, 23, 25, 36; 22:11, 21, 22, 27, 30, 35, 36, 38, 53, 56, 59, 60, 69, 70; 23:7, 29, 33, 38, 43, 50; 24:5, 33, 36, 39, 41, 44; 요 1:4, 6, 9, 18,

【 있다 】　　　　　　　　　　　　　　　　　　　　　【 잉태/-하다/-되다 】

30, 46, 48; 2:1, 4, 14, 25; 3:1, 4, 9, 26, 36; 4:5, 6, 18, 20, 32, 46, 50, 51, 53; 5:2, 5, 26, 28, 32, 35, 36, 44, 45; 6:9, 22, 27, 46, 51, 60, 62, 64, 68; 7:6, 11, 23, 33, 34, 36, 44, 48; 8:10, 16, 19, 37, 58; 9:5, 12, 16, 18, 25, 40, 41; 10:16, 18, 21, 38; 11:1, 15, 17, 31, 57; 12:1, 2, 8, 17, 20, 24, 26, 35, 36, 48; 13:1, 17, 33; 14:3, 9, 16, 19, 20, 25; 15:2, 4, 11, 16, 27; 16:4, 15, 16, 17, 18, 19, 32; 17:11, 12, 21, 23, 24, 26; 18:1, 16, 26, 39; 19:7, 10, 13, 18, 26, 29, 41; 20:7, 11, 19, 21, 23, 24, 26; 21:2, 5, 7, 9 **역사서** 행 1:10, 13; 2:2, 3, 5, 24, 29, 35, 44; 3:6; 4:2, 13, 14, 34, 36, 37; 5:4, 17, 21, 23, 42; 6:7; 7:2, 11, 12, 31, 33, 38, 42, 44; 8:8, 9, 14, 31, 32, 36; 9:4, 6, 7, 10, 28, 36, 38, 39, 43; 10:1, 6, 12, 13, 15, 16, 33, 42; 11:1, 7, 9, 10, 11, 23, 26; 12:12; 13:1, 7, 11, 13, 15, 25, 43; 14:3, 4, 8, 9, 22, 28; 15:2, 7, 12, 21, 23, 33; 16:1, 2, 3, 4, 13, 14, 28, 32; 17:1, 7, 11, 13, 19, 24, 34; 18:10, 18, 20, 23, 28; 19:1, 20, 21, 22, 23, 25, 27, 36, 38, 40; 20:3, 6, 9, 10, 16, 32, 35; 21:7, 9, 10, 18, 20, 21, 23, 29, 37; 22:3, 5, 7, 9, 11, 25; 23:2, 8, 16, 17, 18, 30; 24:8, 11, 15, 18, 19, 21, 25; 25:5, 14, 15, 16, 19, 24, 26; 26:20, 32; 27:20, 31, 37, 39; 28:3, 4, 7, 8, 12, 16, 24 **서신서** 롬 1:7, 14, 15, 22; 2:9, 10, 12, 19, 20, 29; 3:9, 13, 16, 19, 24, 27, 28; 4:2, 7, 8, 17; 5:2, 7, 13; 6:11, 14, 15, 23; 7:2, 5, 18, 21, 23; 8:1, 2, 3, 8, 9, 10, 22, 39; 9:1, 4, 9, 14; 10:2, 8; 11:5, 22, 23, 25, 36; 12:16, 18, 19; 13:1, 9; 14:2, 4, 17, 22; 15:12, 17, 23; 16:1, 5, 7, 11, 14, 15, 20, 27; 고전 1:2, 3, 11, 19, 20, 21, 27, 28, 30; 2:4, 5, 7, 11; 3:3, 14, 18, 19, 20; 4:5, 7, 15, 20; 5:1, 3, 12, 13; 6:1, 4, 5, 7, 13, 18; 7:7, 12, 13, 16, 18, 21, 22, 28, 29, 36, 37, 39, 40; 8:1, 5, 6, 7, 10; 9:16, 18, 20, 21; 10:1, 15; 11:10, 11, 14, 15, 16, 18, 19; 12:2, 12; 13:2, 3, 13; 14:16, 26, 30, 31, 40; 15:6, 17, 32, 34, 40, 44, 55; 16:10, 12, 19; 고후 1:1, 2, 4, 17; 2:4, 5, 10; 3:1, 4, 7, 8, 9, 11, 12, 14, 17; 4:6, 7, 11; 5:1, 2, 4, 6, 8, 9, 15, 17; 6:9, 17; 7:3, 7, 11, 14; 8:11, 12; 9:9; 10:1, 2, 6, 10, 11; 11:9, 10, 16, 28; 12:2, 3, 13, 20; 13:2, 5, 10, 13; 갈 1:2, 13, 14, 22; 2:3, 5, 11; 3:9, 10, 13, 19, 25; 4:2, 3, 5, 14, 15,

20, 21, 22, 23, 25, 26, 27, 30, 31; 5:18; 6:4, 10, 16, 17, 18; 엡 1:1, 2, 10; 2:12, 13, 17; 3:4, 10, 14; 4:18, 21, 28; 5:9, 15; 6:2, 12, 23, 24; 빌 1:2, 5, 7, 23, 24, 26, 27, 30; 2:1, 10, 12, 16; 3:4, 13, 19, 20, 21; 4:3, 8, 13, 16, 18, 21, 23; 골 1:2, 20; 2:1, 3, 5, 23; 3:5, 11, 13; 4:2, 12, 13, 15, 18; 살전 1:1, 7; 2:7, 14; 3:4, 11; 4:1, 15, 17; 5:4, 10, 28; 살후 1:1, 2, 4; 2:3, 5, 6, 7, 10; 3:10, 11, 18; 딤전 1:2, 4, 14, 17, 20; 2:2; 3:13; 4:8, 12, 14; 5:4, 10, 15, 16; 6:1, 2, 6, 8, 16, 21; 딤후 1:1, 2, 5, 6, 13, 15, 17; 2:1, 2, 10, 17, 19, 20; 3:5, 6, 15; 4:1, 11, 18, 20, 22; 딛 1:4; 3:15, 16; 몬 1:2, 3, 5, 6, 8, 13, 18, 22, 25; 히 1:13; 2:8, 18; 3:4, 6, 14; 4:1, 6, 9, 12, 15; 5:2; 6:9, 10, 18, 19; 7:3, 9, 10, 11, 18, 23, 25; 8:1, 3, 4, 5, 9; 9:1, 2, 3, 4, 5, 8, 17, 23, 27; 10:3, 27, 30, 33, 34; 11:9, 10, 11, 15, 16, 20; 12:1, 2, 7, 18, 19; 13:2, 5, 10, 18, 21, 25; 약 1:1, 12, 25; 2:3, 13, 14, 16, 18; 3:7, 13, 14, 16; 5:13, 14; 벧전 1:3, 17, 21, 23, 25; 2:13, 16, 20; 3:14, 15, 16, 19; 4:11, 14; 5:2, 9, 11, 13, 14; 벧후 1:8, 12, 13, 18, 19; 2:1, 10, 17; 3:4, 5, 10, 13, 16, 18; 요일 1:1, 3, 6, 7, 8, 10; 2:1, 4, 5, 9, 11, 15, 16, 23; 3:14; 4:3, 4, 10, 18; 5:10, 11, 12, 13, 16, 17, 20; 요이 1:3; 요삼 1:3, 15; 유 1:4, 5, 11, 18, 25 **예언서** 계 1:3, 4, 5, 6, 7, 8, 9, 16, 18, 19; 2:1, 4, 6, 7, 11, 13, 14, 15, 17, 20, 24, 25, 29; 3:4, 6, 13, 22; 4:1, 2, 3, 4, 5, 6, 11; 5:1, 2, 6, 11; 6:2, 9; 7:10, 11, 12, 15; 8:2, 13; 9:1, 3, 8, 9, 10, 11, 17, 19; 10:1, 5, 6, 8; 11:4, 8, 12, 16, 19; 12:1, 3, 6, 7, 8, 10, 12, 17; 13:1, 9, 10, 11, 18; 14:1, 12, 13, 14, 17; 15:2; 16:14, 15, 18; 17:3, 8, 9, 10, 11, 14, 15; 18:10, 14, 16, 18, 19; 19:1, 9, 11, 12, 14, 16; 20:4, 6, 10, 12; 21:1, 3, 4, 11, 12, 14, 21; 22:2, 3, 4, 7, 12, 14, 15, 21

잉태/-하다/-되다(孕胎, conceive, pregnant)
왕하 4:17　여인이 과연 **잉태**하여 한 해가 지나
욥 15:35　그들은 재난을 **잉태**하고 죄악을 낳으며
시 51:5　　죄 중에서 나를 **잉태**하였나이다
아 3:4　　나를 **잉태**한 이의 방으로 가기까지 놓지
사 7:14　　처녀가 **잉태**하여 아들을 낳을 것이요
사 26:17　여호와여 **잉태**한 여인이 산기가 임박하
사 26:18　**잉태**하고 산고를 당하였을지라도

【 잊다 】

사 33:11	겨를 **잉태하고** 짚을 해산할 것이며	시 77:9	그가 베푸실 은혜를 **잊으셨는가**, 노하심
사 54:1	**잉태하지** 못하며 출산하지 못한 너는	시 78:7	하나님께서 행하신 일을 **잊지** 아니하고
사 59:4	거짓을 말하며 악행을 **잉태하여** 죄악을	시 78:11	보이신 그의 기이한 일을 **잊었도다**
사 59:13	거짓말을 마음에 **잉태하여** 낳으니	시 88:12	흑암 중에서 주의 기적과 **잊음의** 땅에서
렘 31:8	다리 저는 사람과 **잉태한** 여인과 해산	시 102:4	내가 음식 먹기도 **잊었으므로** 내 마음이
마 1:18	동거하기 전에 성령으로 **잉태된** 것이	시 103:2	그의 모든 은택을 **잊지** 말지어다
마 1:20	무서워하지 말라 그에게 **잉태된** 자는	시 106:21	그의 구원자 하나님을 그들이 **잊었나니**
마 1:23	처녀가 **잉태하여** 아들을 낳을 것이요	시 119:16	즐거워하며 주의 말씀을 **잊지** 아니하리
눅 1:7	엘리사벳이 **잉태를** 못하므로 그들에게	시 119:83	주의 율례들을 **잊지** 아니하나이다
눅 1:24	엘리사벳이 **잉태하고** 다섯 달 동안 숨어	시 119:141	주의 법도를 **잊지** 아니하였나이다
눅 1:31	보라 네가 **잉태하여** 아들을 낳으리니	시 119:176	주의 계명들을 **잊지** 아니함이니이다
눅 2:5	올라가니 마리아가 이미 **잉태하였더라**	시 137:5	예루살렘아 내가 너를 **잊을진대** 내 오
눅 2:21	예수라 하니 곧 **잉태하기** 전에 천사가		른손이 그의 재주를 **잊을지로다**
눅 23:29	사람이 말하기를 **잉태하지** 못하는 이와	잠 4:5	명철을 얻으라 내 입의 말을 **잊지** 말며
갈 4:27	기록된 바 **잉태하지** 못한 자여 즐거워하	▣ 선지서, 신약	
히 11:11	나이가 많아 단산하였으나 **잉태할** 수	사 49:14	나를 버리시며 주께서 나를 **잊으셨다**
약 1:15	욕심이 **잉태한즉** 죄를 낳고 죄가 장성	사 49:15	그 젖 먹는 자식을 **잊겠으며** … 혹시 **잊을지라도** 나는 너를 **잊지** 아니할

잊다(forget)

▣ 모세오경 – 시가서

창 40:23	요셉을 기억하지 못하고 그를 **잊었더라**	사 54:4	네 젊었을 때의 수치를 **잊겠고** 과부
신 6:12	인도하여 내신 여호와를 **잊지** 말라	사 65:11	여호와를 버리며 나의 성산을 **잊고**
신 9:7	격노하게 하던 일을 **잊지** 말고 기억하라	렘 2:32	**잊겠느냐** 신부가 어찌 그의 예복을 **잊 겠느냐** 오직 내 백성은 나를 **잊었나니**
신 25:19	기억을 지워버리라 너는 **잊지** 말지니라	렘 18:15	내 백성은 나를 **잊고** 허무한 것에게
신 26:13	명령을 범하지도 아니하였고 **잊지도**	렘 20:11	그 치욕은 길이 **잊지** 못할 것이니이다
신 28:20	악을 행하여 그를 **잊으므로** 네 손에	렘 23:40	너희는 영원한 치욕과 **잊지** 못할 영구한
신 31:21	그들의 자손이 부르기를 **잊지** 아니한	렘 30:14	너를 사랑하던 자가 다 너를 **잊고** 찾지
신 32:18	너를 내신 하나님을 네가 **잊었도다**	렘 44:9	악행과 너희 아내들의 악행을 **잊었느냐**
삼상 1:11	나를 기억하사 주의 여종을 **잊지** 아니	렘 50:5	오라 **잊을** 수 없는 영원한 언약으로
삼상 12:9	그들의 하나님 여호와를 **잊은지라**	렘 50:6	언덕으로 돌아다니며 쉴 곳을 **잊었도다**
욥 9:27	가령 내가 말하기를 내 불평을 **잊고**	겔 23:35	네가 나를 **잊었고** 또 나를 네 등 뒤에
욥 11:6	하나님께서 너로 하여금 너의 죄를 **잊게**	호 4:6	네가 네 하나님의 율법을 **잊었으니** 나도
욥 11:16	환난을 **잊을** 것이라 네가 기억할지라도	호 13:6	이로 말미암아 나를 **잊었느니라**
욥 19:14	가까운 친지들은 나를 **잊었구나**	암 8:7	모든 행위를 절대로 **잊지** 아니하리라
욥 36:24	일을 기억하고 높이라 **잊지** 말지니라	합 3:2	진노 중에라도 긍휼을 **잊지** 마옵소서
시 9:12	가난한 자의 부르짖음을 **잊지** 아니하		
시 10:11	마음에 이르기를 하나님이 **잊으셨고**	▣ '잊다'와 관련된 성구	
시 10:12	드옵소서 가난한 자들을 **잊지** 마옵소서	법을 잊다 – 시 119:61, 109	
시 42:9	나를 **잊으셨나이까** 내가 어찌하여	언약을 잊다 – 신 4:23, 31; 왕하 17:38; 잠 2:17	
시 44:17	우리가 주를 **잊지** 아니하며 주의 언약을	영원히 잊다 – 시 13:1; 74:19; 119:93; 애 5:20	
시 44:24	우리의 고난과 압제를 **잊으시나이까**	율법을 잊다 – 시 119:153; 호 4:6	
시 59:11	나의 백성이 **잊을까** 하나이다 우리 방패		
시 74:23	대적들의 소리를 **잊지** 마소서 일어나		

【 잊어버리다 】

마 16:5	갈새 떡 가져가기를 **잊었더니**
막 8:14	제자들이 떡 가져오기를 **잊었으매** 배에
히 12:5	너희에게 권면하신 말씀도 **잊었도다**
히 13:2	대접하기를 **잊지** 말라 이로써 부지중에
히 13:16	행함과 서로 나누어 주기를 **잊지** 말라
벧후 1:9	옛 죄가 깨끗하게 된 것을 **잊었느니라**
벧후 3:5	말씀으로 된 것을 그들이 일부러 **잊으려**
벧후 3:8	하루 같다는 이 한 가지를 **잊지** 말라
요삼 1:10	가면 그 행한 일을 **잊지** 아니하리라

잊어버리다 (be forgotten, forget)

창 27:45	자기에게 행한 것을 **잊어버리거든** 내가
창 41:30	애굽 땅에 있던 풍년을 다 **잊어버리게**
창 41:51	내 아버지의 온 집 일을 **잊어버리게**
신 4:9	눈으로 본 그 일을 **잊어버리지** 말라
신 24:19	그 한 뭇을 밭에 **잊어버렸거든** 다시
욥 24:20	모태가 그를 **잊어버리고** 구더기가 그를
시 9:18	궁핍한 자가 항상 **잊어림**을 당하지
시 31:12	**잊어버린** 바 됨이 죽은 자를 마음에
시 45:10	네 아버지의 집을 **잊어버릴지어다**
시 106:13	그들은 그가 행하신 일을 곧 **잊어버리며**
시 119:139	대적들이 주의 말씀을 **잊어버렸으므로**
잠 2:17	그의 하나님의 언약을 **잊어버린** 자라
잠 31:7	자기의 빈궁한 것을 **잊어버리겠고** 다시
전 2:16	모두 다 **잊어버린** 지 오랠 것임이라
전 8:10	행한 성읍 안에서 **잊어버린** 바 되었으니
전 9:5	그들의 이름이 **잊어버린** 바 됨이니라
사 23:15	칠십 년 동안 **잊어버린** 바 되었다가
사 23:16	**잊어버린** 바 되었던 너 음녀여 수금을
사 51:13	여호와를 어찌하여 **잊어버렸느냐** 너를
렘 13:25	네게 준 분깃이니 네가 나를 **잊어버리고**
렘 23:39	내가 너희를 온전히 **잊어버리며** 내가
애 2:6	절기와 안식일을 **잊어버리게** 하시며

> **'잊어버리다' 와 관련된 성구**
> 법을 잊어버리다 – 잠 3:1; 31:5
> 여호와를 잊어버리다 – 신 8:11, 14, 19;
>   삿 3:7; 렘 3:21
> 이름을 잊어버리다 – 시 44:20; 렘 23:27
> 하나님을 잊어버리다 – 욥 8:13; 시 9:17;
>   50:22; 사 17:10

겔 22:12	속여 빼앗았으며 나를 **잊어버렸도다**
호 2:13	나를 **잊어버리고** 향을 살라 바알들을
호 4:6	나도 네 자녀들을 **잊어버리리라**
호 8:14	자기를 지으신 이를 **잊어버리고** 왕궁
눅 12:6	하나님 앞에는 그 하나도 **잊어버리시는**
빌 3:13	한 일 즉 뒤에 있는 것은 **잊어버리고**
히 6:10	이제도 섬기고 있는 것을 **잊어버리지**
약 1:24	어떠했는지를 곧 **잊어버리거니와**
약 1:25	들여다보고 있는 자는 듣고 **잊어버리는**

잊혀지다 (forget)

사 44:21	너는 나에게 **잊혀지지** 아니하리라

잎 (leaf)

창 3:7	벗은 줄을 알고 무화과나무 **잎**을 엮어
욥 40:21	그것이 연 **잎** 아래에나 갈대 그늘에서나
욥 40:22	연 **잎** 그늘이 덮으며 시내 버들이 그를
시 37:35	본래의 땅에 서 있는 나무 **잎**이 무성함
사 34:4	**잎**이 마름 같고 무화과나무 **잎**이 마름
렘 17:8	**잎**이 청청하며 가무는 해에도 걱정이

잎사귀 (leaf)

창 8:11	**잎사귀**가 있는지라 이에 노아가 땅에
레 26:36	그들은 바람에 불린 **잎사귀** 소리에도
시 1:3	**잎사귀**가 마르지 아니함 같으니 그가
잠 11:28	의인은 푸른 **잎사귀** 같아서 번성하리라
사 1:30	너희는 **잎사귀** 마른 상수리나무 같을
사 64:6	우리는 다 **잎사귀**같이 시들므로 우리의
렘 8:13	**잎사귀**가 마를 것이라 내가 그들에게
겔 17:9	**잎사귀**가 마르게 하지 아니하겠느냐
겔 47:12	먹을 만하고 그 **잎사귀**는 약 재료가
단 4:12	**잎사귀**는 아름답고 그 열매는 많아서
단 4:14	그 **잎사귀**를 떨고 그 열매를 헤치고
단 4:21	**잎사귀**는 아름답고 그 열매는 많아서
마 21:19	그리로 가사 **잎사귀** 밖에 아무 것도
마 24:32	연하여지고 **잎사귀**를 내면 여름이
막 11:13	멀리서 **잎사귀** 있는 한 무화과나무를 보시고 … 가서 보신즉 **잎사귀** 외에
막 13:28	가지가 연하여지고 **잎사귀**를 내면 여름
계 22:2	그 나무 **잎사귀**들은 만국을 치료하기

2005

ㅈ

자(尺, cubit)
대상 23:29 반죽하는 것이나 또 모든 저울과 **자**를
겔 40:5 한 손바닥 너비가 더한 **자**로 여섯 척이
겔 43:13 크기는 이러하니라 한 **자**는 팔꿈치
마 6:27 그 키를 한 **자**라도 더할 수 있겠느냐
눅 12:25 염려함으로 그 키를 한 **자**라도 더할

자객(刺客, terrorist)
행 21:38 소요를 일으켜 **자객** 사천 명을 거느리고

자결하다(自決, kill oneself)
요 8:22 오지 못하리라 하니 그가 **자결하려는**가
행 16:27 생각하고 칼을 빼어 **자결하려** 하거늘

자고/-하다(自高, conceit)
사 2:12 거만한 자와 **자고한** 자에게 임하리니
사 2:17 그 날에 **자고한** 자는 굴복되며 교만한
렘 48:29 그의 **자고**와 오만과 자랑과 그 마음의

자고새(partridge)
렘 17:11 불의로 치부하는 자는 **자고새**가 낳지 아니한 알을 품음

자국(trail)
욥 41:30 진흙 바닥에 도리깨로 친 **자국**을 남기

자극/-하다(刺戟, ail, taunt)
신 32:27 내가 원수를 **자극하여** 그들의 원수
욥 16:3 네가 무엇을 **자극**을 받아 이같이 대답

자긍하다(自矜, arrogant, proud)
대하 25:19 네 마음이 교만하여 **자긍하는도다**
벧후 2:10 이들은 당돌하고 **자긍하며** 떨지 않고

자기(自己, one's, in oneself own)
창 1:27 하나님이 **자기** 형상 곧 하나님의 형상
창 3:6 열매를 따먹고 **자기**와 함께 있는 남편
창 41:42 **자기**의 인장 반지를 빼어 요셉의 손에
출 1:1 야곱과 함께 각각 **자기** 가족을 데리고
출 7:6 모세와 아론이 여호와께서 **자기**들에게
신 12:5 여호와께서 **자기**의 이름을 두시려
신 32:10 보호하시며 **자기**의 눈동자같이 지키셨
수 3:14 백성이 요단을 건너려고 **자기**들의 장막
삿 3:7 악을 행하여 **자기**들의 하나님 여호와를
룻 1:6 여호와께서 **자기** 백성을 돌보시사 그들
삼상 18:1 요나단이 그를 **자기** 생명같이 사랑하니
대하 2:11 여호와께서 **자기** 백성을 사랑하시므로
대하 16:9 전심으로 **자기**에게 향하는 자들을 위하
욥 1:4 그의 아들들이 **자기** 생일에 각각 **자기**의
시 19:12 **자기** 허물을 능히 깨달을 자 누구리요
시 23:3 내 영혼을 소생시키시고 **자기** 이름을
시 33:12 여호와를 **자기** 하나님으로 삼은 나라
시 49:6 **자기**의 재물을 의지하고 부유함을 자랑
시 78:52 **자기** 백성은 양같이 인도하여 내시고
시 94:14 여호와께서는 **자기** 백성을 버리지 아니
시 105:24 여호와께서 **자기**의 백성을 크게 번성하
시 144:15 여호와를 **자기** 하나님으로 삼는 백성
시 145:18 여호와께서는 **자기**에게 간구하는 모든
시 146:5 야곱의 하나님을 **자기**의 도움으로 삼으

【 자기 】

잠 11:3	정직한 자의 성실은 **자기**를 인도하거니
잠 11:25	남을 윤택하게 하는 자는 **자기**도 윤택
잠 11:28	**자기**의 재물을 의지하는 자는 패망하려
잠 13:3	지키는 자는 **자기**의 생명을 보전하나
잠 14:3	지혜로운 자의 입술은 **자기**를 보전하느
잠 14:10	고통은 **자기**가 알고 마음의 즐거움은
잠 16:2	행위가 **자기** 보기에는 모두 깨끗하여
잠 16:9	마음으로 **자기**의 길을 계획할지라도
잠 19:16	지키는 자는 **자기**의 영혼을 지키거니와
잠 19:22	**자기**의 인자함으로 남에게 사모함을
잠 25:28	**자기**의 마음을 제어하지 아니하는 자는
잠 28:13	**자기**의 죄를 숨기는 자는 형통하지 못하
잠 29:11	어리석은 자는 **자기**의 노를 다 드러내어
사 5:26	땅 끝에서부터 **자기**에게로 오게 하실
사 29:16	지음을 받은 물건이 어찌 **자기**를 지은
사 30:26	여호와께서 **자기** 백성의 상처를 싸매시
렘 18:4	그가 그것으로 **자기** 의견에 좋은 대로
렘 31:30	**자기**의 죄악으로 말미암아 죽으리라
겔 14:14	그들은 **자기**의 공의로 **자기**의 생명만
겔 33:9	**자기** 죄악으로 말미암아 죽으려니와
단 1:8	포도주로 **자기**를 더럽히지 아니하리라
호 10:12	너희는 **자기**를 위하여 공의를 심고 인애
욜 2:18	그 때에 여호와께서 **자기**의 땅을 극진히
미 4:4	각 사람이 **자기** 포도나무 아래와 **자기**
미 7:6	원수가 곧 **자기**의 집안 사람이리로다
마 1:21	그가 **자기** 백성을 그들의 죄에서 구원할
마 10:38	**자기** 십자가를 지고 나를 따르지 않는
마 10:39	**자기** 목숨을 얻는 자는 잃을 것이요
마 16:24	나를 따라오려거든 **자기**를 부인하고
마 23:12	누구든지 **자기**를 높이는 자는 낮아지고
마 26:24	**자기**에 대하여 기록된 대로 가거니와
막 8:34	**자기**를 부인하고 **자기** 십자가를 지고
막 8:35	누구든지 **자기** 목숨을 구원하고자 하면
막 10:45	**자기** 목숨을 많은 사람의 대속물로 주려
막 12:33	또 이웃을 **자기** 자신과 같이 사랑하는
막 14:21	**자기**에 대하여 기록된 대로 가거니와
눅 9:23	나를 따라오려거든 **자기**를 부인하고
눅 14:11	**자기**를 높이는 자는 낮아지고 **자기**를
눅 14:27	누구든지 **자기** 십자가를 지고 나를 따르
눅 18:14	**자기**를 높이는 자는 낮아지고 **자기**를
눅 24:27	성경에 쓴 바 **자기**에 관한 것을 자세히
요 1:7	모든 사람이 **자기**로 말미암아 믿게 하려
요 1:11	**자기** 땅에 오매 **자기** 백성이 영접하지

【 자기 】

요 10:3	**자기** 양의 이름을 각각 불러 인도하여
행 2:6	큰 무리가 모여 각각 **자기**의 방언으로
롬 5:8	하나님께서 우리에 대한 **자기**의 사랑을
롬 8:32	**자기** 아들을 아끼지 아니하시고 우리
롬 14:7	우리 중에 누구든지 **자기**를 위하여 사는
롬 15:3	그리스도께서도 **자기**를 기쁘게 하지
갈 1:4	우리 죄를 대속하기 위하여 **자기** 몸을
갈 6:4	각각 **자기**의 일을 살피라 그리하면 자랑
갈 6:8	**자기**의 육체를 위하여 심는 자는 육체로
빌 2:3	겸손한 마음으로 각각 **자기**보다 남을
빌 2:4	각각 **자기** 일을 돌볼 뿐더러 또한 각각
빌 2:7	오히려 **자기**를 비워 종의 형체를 가지사
딤후 3:2	사람들이 **자기**를 사랑하며 돈을 사랑하
히 11:6	그가 **자기**를 찾는 자들에게 상 주시는
계 22:14	**자기** 두루마기를 빠는 자들은 복이 있으

📖 자기 - 기타 본문

모세오경 창 3:7; 4:4, 25; 5:3; 6:2, 22; 7:5; 8:9; 9:6, 23, 24; 12:7; 14:16; 16:4, 5, 13; 17:23; 18:33; 20:2; 21:3; 22:3, 6, 8; 23:6; 24:2, 30, 65; 25:5, 6, 8, 17; 26:7, 32; 27:15, 17, 45; 29:12, 13; 30:1, 9, 35, 36, 40; 31:2, 4; 32:3, 7, 18, 25; 33:3, 17; 34:5; 35:2, 4, 14, 15, 29; 36:2, 6; 37:5, 26, 34; 38:1, 9, 12, 13, 14; 39:4, 5, 6, 8, 12, 13, 16, 19; 40:7; 41:1, 43; 43:15, 16, 29, 34; 45:1, 14, 27; 46:5, 28; 47:7; 50:7, 14; 출 2:11; 3:22; 4:28; 5:14; 7:22; 8:7, 18; 10:23; 12:22; 14:10; 16:7, 8; 18:1, 23, 24, 27; 19:7, 14; 21:7, 9, 15, 16, 17; 22:5, 8, 12; 30:12; 32:8, 12, 27, 29, 31; 33:4, 8, 11; 34:29, 32, 33, 35; 40:16; 레 5:1; 7:8, 20, 21, 25, 27, 30, 33; 8:4; 9:8; 11:43; 13:34; 14:8, 15, 21, 26; 15:14, 29; 16:6, 11, 17, 24, 32; 17:4; 18:6, 20, 23; 19:34; 20:9, 11, 12, 13, 14, 16, 17, 18, 27; 21:5, 10, 14; 22:7, 8; 25:10, 13, 17, 26, 27, 28, 50; 26:1, 39, 40, 43, 46; 27:14, 15, 16, 19, 22, 28; 민 1:18; 2:2, 17, 34; 3:42; 5:18, 30; 6:2, 4, 5, 6, 7, 8, 12, 13, 18, 19, 21; 7:89; 8:4; 10:9, 12; 11:10, 32; 12:4; 14:6; 15:31; 16:5, 9, 27; 17:9, 11; 18:23; 19:3, 5, 7, 8, 10, 19, 21; 21:23; 22:21, 22, 27; 24:1, 25; 25:2; 27:3, 22; 30:16; 31:53; 32:21, 42; 35:28; 36:8, 9; 신 1:3, 31; 3:14; 4:16, 20; 5:8; 7:6, 8, 10; 9:12, 16; 12:11, 21, 31; 14:1, 2, 24; 16:2, 6, 11, 22; 17:17, 19; 21:5, 16, 17; 24:1, 3, 7, 16; 28:9, 55;

【 자기 】

56, 57; 29:13, 25, 26; 32:9, 11, 15, 29, 36, 43; 33:7, 12, 21 역사서 수 4:8; 8:24; 9:16; 10:5, 19, 24; 11:9; 15:17, 18; 18:5; 19:9, 49; 20:4, 6; 21:3; 22:6; 삿 1:14; 3:6, 19; 4:13; 5:17; 6:2, 31; 7:7; 8:27, 29, 33, 34; 9:4, 5, 43, 48, 54, 55, 56; 10:16; 11:11, 23, 34, 35, 39; 13:6; 14:2, 6, 17, 19; 15:17; 16:19, 20, 24, 26; 17:6; 18:4, 26, 30; 19:18, 21, 25, 26, 28, 29; 20:8, 34, 36, 41; 21:21, 23, 24, 25; 룻 1:18; 2:15, 20; 3:8, 16; 삼상 1:3, 19; 2:10, 11, 14, 20, 25; 3:2, 9, 13, 21; 4:12, 13, 18; 7:17; 8:3, 7, 12, 14, 15, 16; 10:26; 12:22; 13:2, 15; 14:1, 6, 12, 17, 30, 34, 46; 15:12, 34; 16:21; 17:22, 38, 40, 50, 51, 54; 18:3, 4, 13, 16; 19:5, 18; 20:6, 17, 25; 23:9, 15, 18; 24:6, 7; 25:4, 12, 13, 20, 39; 26:3, 25; 27:12; 29:11; 30:2, 3, 21; 31:4, 5, 9; 삼하 1:5, 6, 11; 2:3; 3:12, 27, 30, 31; 5:12; 6:2, 10, 20; 7:23; 8:3; 10:6, 9, 15, 19; 11:4; 12:3, 4, 15, 30; 13:10, 19, 31; 14:24, 30; 15:1, 30; 17:23; 18:18; 19:39; 21:10; 22:31; 24:20; 왕상 1:5, 9, 10, 51; 2:5, 32, 34; 3:1, 11, 20; 4:27; 7:1; 8:1, 6, 25, 38, 48, 66; 9:1, 12, 15, 16, 19, 27; 10:2; 11:8, 19, 24, 30; 12:8, 16, 33; 13:10, 23, 29, 30; 14:2, 5, 21; 15:5, 15; 17:19; 19:3, 4, 19; 20:38, 41; 21:11; 22:11, 17; 왕하 2:12; 3:21, 27; 4:12, 13, 24, 25, 32, 34, 38; 5:7, 8, 21; 6:10, 20, 30, 32; 8:3, 5, 20, 21; 9:13; 10:15, 16, 24; 12:18; 13:5, 14, 16, 23, 25; 14:6; 15:19; 16:3, 13; 17:7, 16, 17, 29, 32, 33; 18:16, 27, 31; 20:13; 21:6, 7, 26; 23:1, 10; 24:3; 대상 9:33; 10:4, 5; 11:19; 13:13; 14:2; 15:1; 16:43; 17:21; 18:3; 19:6, 16, 19; 20:2; 대하 2:1, 12; 6:29, 38; 7:11, 22; 8:1, 6; 9:1; 10:8, 16; 11:14, 15; 13:6, 14; 15:18; 16:14; 17:16; 18:16; 21:8, 9; 22:10; 23:16, 18; 25:4, 10, 13, 14; 28:23; 30:16, 18; 31:1; 32:6, 15; 33:7; 34:19, 31; 35:7, 14, 15; 36:7; 스 1:7; 2:62; 6:20, 21; 8:22; 느 3:10, 23, 28, 29, 30; 4:2, 4; 7:3, 6, 64, 73; 8:1; 9:2, 18, 35; 11:3, 20; 12:29; 13:10, 30; 에 1:22; 2:7, 10, 15; 3:4; 4:1, 5, 7, 8; 5:11; 6:1, 4, 13; 7:7; 8:1; 9:1, 2, 5, 16, 23, 27, 31 시가서 욥 2:3, 4, 9, 11, 12; 3:1, 5, 14; 5:13; 7:10; 18:4; 19:6; 20:7, 10, 19; 21:20, 21; 22:2; 26:9; 32:2, 4, 14; 33:10; 36:30; 40:19; 42:9; 시 4:3, 8; 5:10; 7:16; 9:15, 16, 20; 10:2, 9; 18:11, 30; 20:6; 22:29; 29:11; 35:8; 36:2; 37:7;

【 자기 】

40:15; 44:3, 10; 48:3; 49:7, 11, 18; 50:4; 52:7; 53:6; 54:3; 55:12, 20; 57:6; 64:3; 69:33; 70:3; 74:4; 78:20, 36, 58, 72; 86:14; 89:48; 98:1; 101:5; 103:13, 17; 104:3, 4; 106:8, 20, 40, 43; 107:42; 109:17, 29; 111:5; 125:5; 132:13; 135:4, 12, 14; 137:3; 141:10; 145:19, 20; 147:11; 149:2, 4; 잠 1:18, 19, 31, 32; 5:6, 22; 6:31, 32; 8:36; 9:3, 14, 15; 11:5, 6, 8, 17, 29; 12:10, 11, 14, 15; 13:8, 13, 16; 14:1, 8, 14, 15; 15:27, 32; 16:17, 26, 32; 17:19; 18:1, 2, 9; 19:3, 8, 11, 24; 20:2, 6, 11, 20, 24; 21:2, 7, 13, 23, 25, 29; 22:29; 25:18, 27; 26:6, 16, 17, 19, 28; 27:14, 18; 28:8, 10, 11, 19, 22, 26; 29:24; 30:12; 31:7, 15, 16, 17, 18, 21, 22, 27; 전 3:18, 22; 4:5, 14; 5:13, 15, 20; 6:7, 10; 7:15; 8:3; 9:12; 10:3, 12; 12:5; 아 3:9; 6:2 선지서 사 2:8, 20; 3:6, 14; 5:17, 19, 25; 6:2; 8:19, 21; 9:13, 19, 20; 10:15, 20; 11:14; 13:14; 14:2, 18, 19; 16:12; 17:7, 8; 19:21; 22:16; 23:7; 25:8, 10; 28:5, 21, 24; 29:15; 30:5, 6; 31:4, 7; 36:12, 16, 18, 20, 22; 37:1, 38; 41:2; 43:9, 14; 44:5, 14, 15, 17, 20, 23; 45:9; 46:2, 15, 26; 50:10; 53:11, 12; 54:16; 56:11; 57:17; 58:5; 59:6, 16, 17; 61:10; 63:9; 64:4; 65:2, 16; 66:3; 렘 1:16; 3:8, 21; 5:4, 5, 28, 31; 6:3; 7:19; 9:14; 10:14; 11:10; 12:16; 14:3, 14; 15:7; 16:6, 20; 19:4, 5, 14; 22:9, 13, 14; 23:8, 16, 17, 36; 25:14; 28:11; 30:6; 31:17; 32:34, 35, 39; 33:24; 36:8, 24; 37:7; 38:2; 39:9; 41:5, 7; 43:1, 12; 44:3, 7, 15; 47:3; 48:10; 49:2; 51:14, 17; 52:3; 애 2:7, 20; 3:30, 39; 4:10; 겔 7:13, 16; 12:12, 16; 13:2, 3, 17, 18; 14:3, 4, 7, 10, 16, 18, 20; 17:12; 18:13, 20; 22:2, 3, 10; 29:3; 30:11; 32:10, 27; 33:4, 5, 6, 8, 14, 33; 34:2, 8, 10; 36:5, 37; 39:10, 22, 28; 43:10, 11; 44:13; 45:22; 46:18; 단 1:2; 2:2, 17; 3:28; 4:17, 25, 32, 35; 5:21; 6:1, 2, 10, 11, 23; 8:24; 11:4, 9, 16, 19, 28, 30, 32, 36; 12:7; 호 5:4, 13; 8:4, 14; 9:4; 10:6; 13:1, 2; 욜 1:3; 2:7, 8; 암 1:13; 2:14, 15; 3:7, 10; 4:2, 13; 5:2; 6:5; 옵 1:17; 욘 1:5, 10; 2:8; 4:5; 미 4:5; 6:2; 7:3, 16; 나 1:2, 7, 8; 합 1:6, 7, 11, 13; 2:5, 6, 9, 15; 습 1:9; 2:8, 11; 3:2, 5; 학 1:7, 9; 슥 2:9, 12; 3:4; 6:12, 13; 9:3, 16; 말 2:10; 3:17 복음서 마 3:6, 12, 16; 6:2, 5, 16; 8:18; 10:10, 36; 12:3, 4, 16; 13:31, 43, 44, 46, 57; 14:9, 11, 22; 16:20, 21; 17:25; 18:4, 28;

2008

【 자녀 】　　　　　　　　　　　　　　　【 자녀 】

19:28; 20:28; 21:7, 34, 37, 45; 22:2, 5, 16; 23:4;
25:14, 31; 26:65; 27:39, 40, 42, 60; 막 1:5, 10, 34;
2:25; 3:12, 13, 14, 26; 5:5, 10, 20, 30, 33, 40; 6:4,
17, 21, 26, 30, 45; 7:12, 26; 8:30, 36, 37; 9:8;
10:32; 11:7, 8; 12:12, 44; 13:20, 27; 14:35, 63,
72; 15:29, 31; 16:14; 눅 2:8, 17, 20; 3:17, 19;
4:41, 42; 5:9, 15, 25, 29; 6:3; 7:16, 35, 36, 38, 39;
8:3, 39, 41, 42; 9:10, 25, 26, 33, 47, 60; 10:29, 34,
38; 11:1, 21, 37; 12:21; 13:15, 19; 14:12, 26, 28,
33; 16:4, 8, 18; 17:15, 24, 33; 18:9, 15; 19:11, 35,
36, 37; 20:19; 21:4; 23:34; 24:26, 35; 요 1:29, 35,
41, 47; 2:21; 3:19; 4:12, 23, 40, 45, 53; 5:15, 18,
20, 21, 26, 43; 6:5, 15, 41, 42, 52, 64; 7:10, 18;
8:31; 9:2, 9, 21; 10:4; 11:55; 12:3, 25, 33; 13:1, 3,
11, 32; 14:22; 15:13, 19; 18:32; 19:7, 12, 17, 26,
27, 35; 20:10, 18; 21:1 역사서 행 1:7; 3:18; 4:32;
5:32; 6:1; 7:10, 13, 15, 21, 25, 41; 8:34; 9:12;
12:17; 14:3, 16, 17, 18; 15:4, 12, 14, 33, 38;
16:19, 33, 34; 17:2, 15; 18:19; 19:22; 20:3, 28,
30; 21:11, 19; 22:14; 25:4, 19, 21; 28:16, 30 서신
서 롬 1:32; 2:14; 3:25, 26; 4:19; 8:3, 20; 10:3;
11:1, 2, 24; 14:4, 5, 12, 22; 15:1; 16:4, 18; 고전
1:21; 2:9, 15; 3:8, 19; 6:18; 7:2, 4, 7, 36, 37, 39;
9:7; 10:24; 11:14, 15, 21, 28, 29; 13:5; 14:4, 28,
35, 37; 15:23, 28; 고후 1:9; 5:18, 19; 7:15; 10:7;
12, 18; 11:13, 14, 15; 12:19; 갈 2:20; 6:5; 엡 1:5,
20; 2:14, 15; 4:28; 5:22, 24, 27, 28, 29, 33; 빌 2:8,
13, 21, 26, 30; 3:21; 골 1:20; 3:10; 살전 2:7, 11,
12, 16; 4:4, 11; 5:10; 살후 1:7; 2:4; 3:12; 딤전
1:7; 2:6, 9; 3:4, 5, 12; 4:2; 5:4, 8, 16; 6:1, 10, 19;
딤후 1:9; 2:4, 13, 19, 21; 4:3; 딛 1:3; 2:5, 9, 14; 히
2:4; 3:2; 4:10; 5:2, 7, 9; 6:13; 7:5, 10, 21, 25,
27; 8:11; 9:7, 12, 14, 25, 26, 28; 10:13, 29; 11:14,
22, 35; 12:3, 10; 13:12, 21; 약 1:9, 10, 12, 14, 18,
23, 26, 27; 2:5, 14; 벧전 1:11; 12; 3:1, 5; 5:10; 벧
후 1:3; 2:1, 16; 3:3; 요일 2:6, 10; 3:3, 12; 4:9;
5:10; 유 1:6, 12, 13, 18 예언서 계 1:2; 2:21; 4:10;
6:11; 9:18; 11:16; 12:11, 12, 13, 14; 13:2; 16:10,
15; 17:13, 17; 18:7; 19:19, 2, 12; 20:12, 13; 21:24

창 10:21　그에게도 **자녀**가 출생하였으니
창 16:2　그로 말미암아 **자녀**를 얻을까 하노라
창 19:12　네 사위나 **자녀**나 성 중에 네게 속한
창 29:31　태를 여셨으나 라헬은 **자녀**가 없었더라
창 34:29　그들의 **자녀**와 그들의 아내들을 사로
창 36:6　에서가 자기 아내들과 자기 **자녀**들과
창 36:22　로단의 **자녀**는 호리와 헤맘과 로단의
창 36:23　소발의 **자녀**는 알완과 마나핫과 에발
창 36:24　시브온의 **자녀**는 아야와 아나며
창 36:25　아나의 **자녀**는 디손과 오홀리바마니
창 36:26　디손의 **자녀**는 헴단과 에스반과 이드란
창 36:27　에셀의 **자녀**는 빌한과 사아완과 아간이
창 36:28　디산의 **자녀**는 우스와 아란이니
창 37:35　모든 **자녀**가 위로하되 그가 그 위로
창 45:19　너희 **자녀**와 아내를 태우고 너희 아버지
창 50:21　당신들의 **자녀**를 기르리다 하고 그들
출 3:22　너희의 **자녀**를 꾸미라 너희는 애굽 사람
출 12:26　이 후에 너희의 **자녀**가 묻기를 이 예식
출 17:3　우리와 우리 **자녀**와 우리 가축이 목말라
출 22:24　과부가 되고 너희 **자녀**는 고아가 되리라
출 32:2　너희의 아내와 **자녀**의 귀에서 금 고리를
레 10:14　**자녀**가 너와 함께 정결한 곳에서 먹을
레 18:21　너는 결단코 **자녀**를 몰렉에게 주어 불로
레 25:41　그 때에는 그와 그의 **자녀**가 함께 네게
레 25:45　거류하는 동거인들의 **자녀** 중에서도
레 25:54　희년에 이르러는 그와 그의 **자녀**가 자유
레 26:22　그것들이 너희의 **자녀**를 움키고 너희
민 14:33　너희의 **자녀**들은 너희 반역한 죄를 지고
민 18:11　내가 그것을 너와 네 **자녀**에게 영구한
민 18:19　너와 네 **자녀**에게 주노니 이는 여호
신 1:39　너희의 **자녀**들도 그리로 들어갈 것이라
신 4:10　배우게 하며 그 **자녀**에게 가르치게
신 6:7　네 **자녀**에게 부지런히 가르치며 집에
신 11:2　너희의 **자녀**는 알지도 못하고 보지도
신 11:19　또 그것을 너희의 **자녀**에게 가르치며
신 11:21　너희의 날과 너희의 **자녀**의 날이 많아
신 12:12　너희와 너희의 **자녀**와 노비와 함께
신 12:18　오너는 네 **자녀**와 노비와 성중에 거주
신 12:31　심지어 자기들의 **자녀**를 불살라 그들의
신 13:6　아들 곧 네 형제나 네 **자녀**나 네 품의
신 14:1　너희는 너희 하나님 여호와의 **자녀**이니
신 16:11　너와 네 **자녀**와 노비와 네 성중에 있는
신 16:14　절기를 지킬 때에는 너와 네 **자녀**와

자녀 (子女, children, son and daughter)
모세오경

【 자녀 】　　　　　　　　　　　　　　　　　　　　　　　　　　【 자녀 】

신 28:4	네 몸의 **자녀**와 네 토지의 소산과
신 28:41	네가 **자녀**를 낳을지라도 그들이 포로가
신 28:53	여호와께서 네게 주신 **자녀** 곧 네 몸의
신 28:54	아내와 그의 남은 **자녀**를 미운 눈으로
신 28:55	자기가 먹는 그 **자녀**의 살을 그 중 누구
신 28:56	자기 품의 남편과 자기 **자녀**를 미운
신 31:13	그들의 **자녀**에게 듣고 네 하나님 여호와
신 32:5	악을 행하니 하나님의 **자녀**가 아니요
신 32:19	보시고 미워하셨으니 그 **자녀**가 그를
신 32:20	패역한 세대요 진실이 없는 **자녀**임이로
신 32:46	너희의 마음에 두고 너희의 **자녀**에게
신 33:9	**자녀**를 알지 아니한 것은 주의 말씀을

역사서

삼상 1:4	아내 브닌나와 그의 모든 **자녀**에게 주고
삼상 2:5	일곱을 낳았고 많은 **자녀**를 둔 자는
삼상 30:3	자기들의 아내와 **자녀**들이 사로잡혔는
삼상 30:6	백성들이 **자녀**들 때문에 마음이 슬퍼
삼상 30:19	곧 무리의 **자녀**들이나 빼앗겼던 것은
삼하 19:5	생명과 왕의 **자녀**의 생명과 처첩과 비빈
왕상 20:3	네 아내들과 네 **자녀**들의 아름다운
왕상 20:5	네 은금과 아내들과 **자녀**들을 내게 넘기
왕상 20:7	내 아내들과 내 **자녀**들과 내 은금을
왕하 14:6	왕을 죽인 자의 **자녀**들은 죽이지 아니
왕하 17:17	또 자기 **자녀**를 불 가운데로 지나가
왕하 17:31	스발와임 사람들은 그 **자녀**를 불살라
왕하 23:10	자기의 **자녀**를 불로 지나가지 못하게
대상 4:27	그의 형제에게는 **자녀**가 몇이 못되니
대상 6:3	아므람의 **자녀**는 아론과 모세와 미리암
대하 20:13	사람들이 그들의 아내와 **자녀**와 어린
대하 21:14	여호와가 네 백성과 네 **자녀**들과
대하 24:3	두 아내에게 장가들게 하였더니 **자녀**
대하 25:4	그들의 **자녀**들은 죽이지 아니하였으니
대하 28:3	일을 본받아 그의 **자녀**들을 불사르고
대하 28:8	그들의 아내와 **자녀**를 합하여 이십만
대하 29:9	**자녀**와 아내들이 사로잡혔느니라
대하 30:9	너희 **자녀**가 사로잡은 자들에게서
대하 31:18	어린 아이들 아내들 **자녀**들에게 나눠
느 4:14	너희 형제와 **자녀**와 아내와 집을 위하여
느 5:2	우리와 우리 **자녀**가 많으니 양식을 얻어
느 5:5	우리 **자녀**도 그들의 **자녀**와 같거늘 이제
느 10:28	그들의 아내와 그들의 **자녀**들 곧 지식
느 13:24	그들의 **자녀**가 아스돗 방언을 절반쯤이
에 5:11	자기의 큰 영광과 **자녀**가 많은 것과

시가서, 선지서

욥 1:13	하루는 욥의 **자녀**들이 그 맏아들의 집에
욥 1:18	주인의 **자녀**들이 그들의 맏아들의 집에
욥 8:4	**자녀**들이 주께 죄를 지었으므로 주께
욥 21:11	내보내고 그들의 **자녀**들은 춤추는구나
시 17:14	배를 채우고 **자녀**로 만족하고 그들의
시 34:11	너희 **자녀**들아 와서 내 말을 들으라
시 69:8	나의 어머니의 **자녀**에게는 낯선 사람이
시 106:37	그들이 그들의 **자녀**를 악귀들에게 희생
시 106:38	무죄한 피 곧 그들의 **자녀**의 피를 흘려
시 109:9	그의 **자녀**는 고아가 되고 그의 아내는
시 109:10	그의 **자녀**들은 유리하며 구걸하고
시 113:9	살게 하사 **자녀**들을 즐겁게 하는 어머니
시 147:13	네 가운데에 있는 네 **자녀**들에게
잠 14:26	의뢰가 있나니 그 **자녀**들에게 피난처가
전 6:3	비록 백 명의 **자녀**를 낳고 또 장수하여
사 8:18	여호와께서 내게 주신 **자녀**들이
사 38:19	신실을 아버지가 그의 **자녀**에게 알게
사 47:8	**자녀**를 잃어버리는 일도 모르리라 하는
사 47:9	한 날에 갑자기 **자녀**를 잃으며 과부가
사 49:17	**자녀**들은 빨리 걸으며 너를 헐며 너를
사 49:20	자식을 잃었을 때에 낳은 **자녀**가 후일에
사 49:21	**자녀**를 잃고 외로워졌으며 사로잡혀
사 49:25	대적하고 네 **자녀**를 내가 구원할 것이니
사 54:13	네 모든 **자녀**는 여호와의 교훈을 받을
사 57:5	가운데 바위 틈에서 **자녀**를 도살하는
사 63:8	거짓을 행하지 아니하는 **자녀**라 하시고
렘 2:30	내가 너희 **자녀**들을 때린 것이 무익함은
렘 3:19	너를 **자녀**들 중에 두며 허다한 나라들
렘 5:7	**자녀**가 나를 버리고 신이 아닌 것들로
렘 5:17	**자녀**들이 먹을 추수 곡물과 양식을 먹으
렘 7:31	그들의 **자녀**들을 불에 살랐나니 내가
렘 9:21	밖에서는 **자녀**를 거리에서는 청년들
렘 10:20	**자녀**가 나를 떠나가고 있지 아니하니
렘 11:22	청년들은 칼에 죽으며 **자녀**들은 기근에
렘 16:2	땅에서 아내를 맞이하지 말며 **자녀**를
렘 16:3	곳에서 낳은 **자녀**와 이 땅에서 그들을
렘 17:2	그들의 **자녀**가 높은 언덕 위 푸른 나무
렘 18:21	그들의 **자녀**를 … 아내들은 **자녀**를 잃고
렘 31:17	장래에 소망이 있을 것이라 너의 **자녀**가
렘 35:8	우리 아내와 **자녀**가 평생 동안 포도주를
렘 38:23	네 아내들과 **자녀**는 갈대아인에게로
렘 47:3	손맥이 풀려서 자기의 **자녀**를 돌보지

2010

{ 자녀 }

애 1:5	곤고하게 하셨음이라 어린 **자녀**들이	마 23:37	네 **자녀**를 모으려 한 일이 몇 번이더냐
애 1:16	원수들이 이기매 내 **자녀**들이 외롭도다	막 7:27	**자녀**로 먼저 배불리 먹게 할지니 **자녀**의
애 2:11	패망하여 어린 **자녀**와 젖 먹는 아이들이	눅 7:35	지혜는 자기의 모든 **자녀**로 인하여 옳다
애 2:19	기진한 네 어린 **자녀**들의 생명을 위하여	눅 13:34	내가 너희의 **자녀**를 모으려 한 일이
애 4:10	자기들의 손으로 자기들의 **자녀**를	눅 18:29	아내나 형제나 부모나 **자녀**를 버린 자는
겔 14:16	그들도 **자녀**는 건지지 못하고 자기만	눅 20:34	세상의 **자녀**들은 장가도 가고 시집도
겔 14:18	그들도 **자녀**는 건지지 못하고 자기만	눅 20:36	부활의 **자녀**로서 하나님의 **자녀**임이라
겔 14:20	그들도 **자녀**는 건지지 못하고 자기의	눅 23:28	울지 말고 너희와 너희 **자녀**를 위하여
겔 14:22	끌려 나오리니 곧 **자녀**들이라 그들이	요 1:12	믿는 자들에게는 하나님의 **자녀**가 되는
겔 16:20	네가 나를 위하여 낳은 네 **자녀**를 그들	요 11:52	흩어진 하나님의 **자녀**를 모아 하나가
겔 16:21	나의 **자녀**들을 죽여 우상에게 넘겨	행 2:17	육체에 부어 주리니 너희의 **자녀**들은
겔 16:36	우상을 위하며 네 **자녀**의 피를 그 우상	행 2:39	너희 **자녀**와 모든 먼 데 사람 곧 주 우리
		행 13:33	**자녀**들에게 이 약속을 이루게 하셨다
		롬 8:16	더불어 우리가 하나님의 **자녀**인 것을
		롬 8:17	**자녀**이면 또한 상속자 곧 하나님의
		롬 8:21	해방되어 하나님의 **자녀**들의 영광의
		롬 9:7	아브라함의 씨가 다 그의 **자녀**가 아니라
		롬 9:8	육신의 **자녀**가 하나님의 **자녀**가 아니
			요 오직 약속의 **자녀**가 씨로 여기심을
		고전 4:14	너희를 내 사랑하는 **자녀**같이 권하려
		고전 7:14	너희 **자녀**도 깨끗하지 못하니라 그러나
		고후 6:13	내가 **자녀**에게 말하듯 하노니 보답하는
		고후 6:18	아버지가 되고 너희는 내게 **자녀**가 되리
		갈 4:19	나의 **자녀**들아 너희 속에 그리스도의
겔 16:45	남편과 **자녀**를 … 남편과 **자녀**를 싫어한	갈 4:25	예루살렘과 같은 곳이니 그가 그 **자녀**들
겔 23:10	하체를 드러내고 그의 **자녀**를 빼앗으며	갈 4:27	사는 자의 **자녀**가 남편 있는 자의 **자녀**
겔 23:25	칼로 엎드러뜨리며 네 **자녀**를 빼앗고	갈 4:28	너희는 이삭과 같이 약속의 **자녀**라
겔 23:39	그들이 **자녀**를 죽여 그 우상에게 드린	갈 4:31	**자녀**가 아니요 자유 있는 여자의 **자녀**
겔 23:47	칼로 죽이고 그 **자녀**도 죽이며 그 집들	엡 2:3	다른 이들과 같이 본질상 진노의 **자녀**이
겔 24:21	너희의 버려 둔 **자녀**를 칼에 엎드러지게	엡 5:1	사랑을 받는 **자녀**같이 너희는 하나님을
겔 24:25	간절히 생각하는 **자녀**를 데려가는	엡 5:8	안에서 빛이라 빛의 **자녀**들처럼 행하라
겔 44:25	부모나 **자녀**나 형제나 시집가지 아니한	엡 6:1	**자녀**들아 주 안에서 너희 부모에게 순종
호 2:4	그의 **자녀**를 긍휼히 여기지 아니하리니	엡 6:4	아비들아 너희 **자녀**를 노엽게 하지 말고
호 4:6	율법을 잊었으니 나도 네 **자녀**들을 잊어	빌 2:15	하나님의 흠 없는 **자녀**로 세상에서 그들
욜 1:3	이 일을 너희 **자녀**에게 말하고 너희 **자**	골 3:20	**자녀**들아 모든 일에 부모에게 순종하라
	녀는 자기 **자녀**에게 말하게 그 **자녀**	골 3:21	아비들아 너희 **자녀**를 노엽게 하지 말지
욜 2:23	시온의 **자녀**들아 너희는 너희 하나님	살전 2:7	유모가 자기 **자녀**를 기름과 같이 하였으
욜 2:28	너희 **자녀**들이 장래 일을 말할 것이며	살전 2:11	아버지가 자기 **자녀**에게 하듯 권면하고
욜 3:8	너희 **자녀**를 유다 자손의 손에 팔리니	딤전 3:4	자기 집을 잘 다스려 **자녀**들로 모든
암 7:17	네 **자녀**들은 칼에 엎드러지며 네 땅은	딤전 3:12	아내의 남편이 되어 **자녀**와 자기 집을
미 2:9	그들의 어린 **자녀**에게서 나의 영광을	딤전 5:4	어떤 과부에게 **자녀**나 손자들이 있거든
슥 10:9	그들이 살아서 그들의 **자녀**들과 함께	딤전 5:10	선한 행실의 증거가 있어 혹은 **자녀**
말 4:6	**자녀**에게로 돌이키게 하고 **자녀**들의	딛 1:6	불순종하는 일이 없는 믿는 **자녀**를

신약

마 15:26	이르시되 **자녀**의 떡을 취하여 개들에게

"영접하는 자 곧 그 이름을 믿는 자들에게는 하나님의 자녀가 되는 권세를 주셨으니"(요 1:12)

【 자다 】   【 자라나다 】

| 딛 2:4 | 여자들을 교훈하되 그 남편과 **자녀**를
| 히 2:13 | 하나님께서 내게 주신 **자녀**라 하셨으니
| 히 2:14 | **자녀**들은 혈과 육에 속하였으매 그도
| 요일 2:1 | 나의 **자녀**들아 내가 이것을 너희에게
| 요일 2:12 | **자녀**들아 내가 너희에게 쓰는 것은 너희
| 요일 2:28 | **자녀**들아 이제 그의 안에 거하라 이는
| 요일 3:1 | 사랑을 우리에게 베푸사 하나님의 **자녀**
| 요일 3:2 | 지금은 하나님의 **자녀**라 장래에 어떻게
| 요일 3:7 | **자녀**들아 아무도 너희를 미혹하지 못하
| 요일 3:10 | 하나님의 **자녀**들과 마귀의 **자녀**들이
| 요일 3:18 | **자녀**들아 우리가 말과 혀로만 사랑하지
| 요일 4:4 | **자녀**들아 너희는 하나님께 속하였고
| 요일 5:2 | 우리가 하나님의 **자녀**를 사랑하는 줄을
| 요일 5:21 | **자녀**들아 너희 자신을 지켜 우상에게서
| 요이 1:1 | 택하심을 받은 부녀와 그의 **자녀**들에게
| 요이 1:4 | 너의 **자녀**들 중에 우리가 아버지께 받은
| 요이 1:13 | 택하심을 받은 네 자매의 **자녀**들이 네게
| 요삼 1:4 | 내가 내 **자녀**들이 진리 안에서 행한다
| 계 2:23 | 내가 사망으로 그의 **자녀**를 죽이리니

┌─ '**자녀**를 낳다' 와 관련된 성구 ─┐
창 5:4, 7, 10, 13, 16, 19, 22, 26, 30;
11:11, 13, 15, 17, 19, 21, 23, 25; 22:20;
대상 8:8; 스 10:44; 렘 29:6; 겔 23:4;
47:22
└─────────────────────────┘

자다 (lay down to sleep, lie with)
　1. 잠이 든 상태가 되다(lay down to sleep)

| 창 28:11 | 가져다가 베개로 삼고 거기 누워 **자더니**
| 출 22:27 | 가릴 옷인즉 그가 무엇을 입고 **자겠느냐**
| 신 24:12 | 너는 그의 전당물을 가지고 **자지** 말고
| 신 24:13 | 그가 그 옷을 입고 **자며** 너를 위하여
| 수 8:9 | 그 밤에 백성 가운데서 **잤더라**
| 삿 16:19 | 삼손에게 자기 무릎을 베고 **자게**
| 삼상 26:7 | 사울이 진영 가운데 누워 **자고** 창은
| 삼하 17:8 | 익숙한 사람인즉 백성과 함께 **자지** 아니
| 삼하 17:16 | 오늘밤에 광야 나루터에서 **자지** 말고
| 느 4:22 | 예루살렘 안에서 **잘지니** 밤에는 우리를
| 느 13:20 | 한두 번 예루살렘 성 밖에서 **자므로**
| 욥 3:13 | 이제는 내가 평안히 누워서 **자고** 쉬었을
| 욥 31:32 | 나그네가 거리에서 **자지** 아니하도록
| 잠 4:16 | 악을 행하지 못하면 **자지** 못하며 사람을
| 잠 6:22 | 인도하며 네가 잘 때에 너를 보호하며

| 잠 23:21 | 잠 **자기**를 즐겨 하는 자는 해어진 옷을
| 전 5:12 | **자거니**와 부자는 그 부요함 때문에 **자지**
| 전 8:16 | 일을 보았는데 밤낮으로 **자지** 못하는
| 아 5:2 | 내가 **잘지라도** 마음은 깨었는데 나의

┌─ '조상들과 함께 **자다**' 와 관련된 성구 ─┐
왕상 1:21; 11:21; 43; 14:20; 31; 15:8;
24; 16:6; 28; 19:5; 22:40; 50; 왕하 8:24;
10:35; 13:9; 14:16; 22; 15:7, 22,
38; 16:20; 20:21; 21:18; 24:6; 대하 9:31
└─────────────────────────┘

| 겔 34:25 | 평안히 거하며 수풀 가운데에서 **잘지라**
| 호 7:6 | 그들의 분노는 밤새도록 **자고** 아침에
| 나 3:18 | 앗수르 왕이여 네 목자가 **자고** 네 귀족
| 슥 4:1 | 나를 깨우니 마치 **자는** 사람이 잠에서
| 마 9:24 | 소녀가 죽은 것이 아니라 **잔다** 하시니
| 마 26:43 | 다시 오사 보신즉 그들이 **자니** 이는
| 마 26:45 | 이제는 **자고** 쉬라 보라 때가 가까이
| 마 28:13 | 와서 우리가 **잘** 때에 그를 도둑질하여
| 막 5:39 | 아이가 죽은 것이 아니라 **잔다** 하시니
| 막 14:40 | 다시 오사 보신즉 그들이 **자니** 이는
| 막 14:41 | 이제는 **자고** 쉬라 그만 되었다 때가
| 눅 8:52 | 말라 죽은 것이 아니라 **잔다** 하시니
| 고후 6:5 | 난동과 수고로움과 **자지** 못함과 먹지
| 고후 11:27 | 수고하며 애쓰고 여러 번 **자지** 못하고
| 살전 5:6 | **자지** 말고 오직 깨어 정신을 차릴지라
| 살전 5:7 | **자는** 자들은 밤에 **자고** 취하는 자들은

┌─ '죽다' 라는 뜻의 '**자다**' 와 관련된 성구 ─┐
행 7:60; 살전 5:10; 벧후 3:4
└─────────────────────────┘

┌─ **자고 깨다** ─┐
시 3:5 | 내가 누워 **자고 깨었으니** 여호와께서
막 4:27 | 그가 밤낮 **자고 깨고** 하는 중에 씨가
└─────────────────┘

　2. 남녀가 잠자리를 같이하다
　　　　　　(lie with)

| 삿 21:11 | 모든 남자 및 남자와 **잔** 여자를 진멸하
| 삼하 11:11 | 같이 **자리이까** 내가 이 일을 행하지

자라나다 (grow)

| 출 10:5 | 너희를 위하여 들에서 **자라나는** 모든

자라다

욥 14:2	꽃과 같이 **자라나서** 시들며 그림자같이
사 53:2	주 앞에서 **자라나기를** 연한 순 같고
눅 4:16	예수께서 그 **자라나신** 곳 나사렛에
고전 3:6	주었으되 오직 하나님께서 **자라나게**

📖 자라나다 - 기타 본문
레 25:5; 왕상 12:8, 10; 왕하 19:29; 대하 10:8, 10; 애 4:5

자라다 (grow, become great and strong)

1. 생물이 점점 커지다 (grow)

창 21:8	아이가 **자라매** 젖을 떼고 이삭이 젖을
출 2:10	아기가 **자라매** 바로의 딸에게로 데려가
출 9:32	그러나 밀과 쌀보리는 **자라지** 아니한
레 21:20	등 굽은 자나 키 못 **자란** 자나 눈에
민 6:5	거룩한즉 그의 머리털을 길게 **자라게**
신 33:14	결실하게 하는 선물과 태음이 **자라게**
삿 11:2	아내의 아들들이 **자라매** 입다를 쫓아내
삿 13:24	삼손이라 하니라 그 아이가 **자라매**
삿 16:22	머리털이 밀린 후에 다시 **자라기** 시작
룻 1:13	어찌 그들이 **자라기를** 기다리겠으며
삼상 2:21	아이 사무엘은 여호와 앞에서 **자라니라**
삼상 3:19	사무엘이 **자라매** 여호와께서 그와 함께
삼하 10:5	**자라기까지** 여리고에서 머물다가
삼하 12:3	그와 그의 자식과 함께 **자라며** 그가
왕하 4:18	아이가 **자라매** 하루는 추수꾼들에게
왕하 19:26	지붕의 잡초와 **자라기** 전에 시든 곡초
대상 19:5	수염이 **자라기까지** 여리고에 머물다가
욥 8:11	크게 **자라겠으며** … 크게 **자라겠느냐**
시 90:6	아침에 꽃이 피어 **자라다가** 저녁에는
시 92:7	악인들은 풀같이 **자라고** 악을 행하는
시 104:14	사람을 위한 채소를 **자라게** 하시며
시 129:6	풀과 같을지어다 그것은 **자라기** 전에
시 147:8	준비하시며 산에 풀이 **자라게** 하시며
전 11:5	자의 태에서 뼈가 어떻게 **자라는지를**
사 16:8	그 싹이 **자라서** 바다를 건넜더니 이제
사 34:13	견고한 성에는 엉겅퀴와 새품이 **자라서**
사 37:27	지붕의 풀같이, **자라지** 못한 곡초같이
사 44:14	심고 비를 맞고 **자라게도** 하느니라
겔 16:7	크게 **자라고** 심히 아름다우며 유방이 … 네 머리털이 **자랐으나** 네가 여전히
겔 17:6	**자라며** 퍼져서 높지 아니한 포도나무
겔 31:4	깊은 물이 그것을 **자라게** 하며 강들이
겔 44:20	머리털을 길게 **자라게도** 말고 그 머리털
겔 47:12	먹을 과실나무가 **자라서** 그 잎이 시들지
단 4:11	나무가 **자라서** 견고하여지고 그 높이는
마 6:28	백합화가 어떻게 **자라는가** 생각하여
마 13:7	떨어지매 가시가 **자라서** 기운을 막았고
마 13:32	씨보다 작은 것이로되 **자란** 후에는
막 4:8	좋은 땅에 떨어지매 **자라** 무성하여
막 4:32	심긴 후에는 **자라서** 모든 풀보다 커지며
눅 1:80	**자라며** 심령이 강하여지며 이스라엘
눅 2:40	**자라며** 강하여지고 지혜가 충만하며
눅 2:52	지혜와 키가 **자라가며** 하나님과 사람
눅 8:7	떨어지매 가시가 함께 **자라서** 기운을
행 22:3	다소에서 났고 이 성에서 **자라** 가말리엘
고전 3:7	아무 것도 아니로되 오직 **자라게** 하시는

2. 역량 따위가 나아지다
(become great and strong, grow)

단 4:22	왕이 **자라서** 견고하여지고 창대하사
고후 10:15	오직 너희 믿음이 **자랄수록** 우리의
엡 4:15	범사에 그에게까지 **자랄지라** 그는 머리
엡 4:16	분량대로 역사하여 그 몸을 **자라게** 하며
골 1:6	온 천하에서도 열매를 맺어 **자라는도다**
골 1:10	맺게 하시며 하나님을 아는 것에 **자라게**
골 2:19	하나님이 자라게 하시므로 **자라느니라**
살후 1:3	너희의 믿음이 더욱 **자라고** 너희가
벧전 2:2	구원에 이르도록 **자라게** 하려 함이라
벧후 3:18	그를 아는 지식에서 **자라** 가라 영광이

📖 자라다 2 - 기타 본문
레 21:20; 삼상 2:26; 겔 17:10; 단 4:20, 33; 마 13:30; 막 4:27

자랑/-하다 (boast)

구약

삿 7:2	거슬러 스스로 **자랑하기를** 내 손이 나를
왕상 20:11	벗는 자같이 **자랑하지** 못할 것이라
대상 16:10	그의 성호를 **자랑하라** 여호와를 구하는
욥 4:6	경외함이 네 **자랑이** 아니냐 네 소망이
욥 11:3	**자랑하는** 말이 어떻게 사람으로 잠잠하
욥 20:5	악인이 이긴다는 **자랑도** 잠시요 경건
욥 26:3	큰 지식을 참 잘도 **자랑하는구나**
욥 41:15	비늘은 그의 **자랑이로다** 튼튼하게
시 10:3	악인은 그의 마음의 욕심을 **자랑하며**
시 12:3	모든 아첨하는 입술과 **자랑하는**

【 자랑/-하다 】 　　　　　　　　　　　　　　　　　　【 자랑/-하다 】

시 13:2	내 원수가 나를 치며 **자랑하기**를 어느	롬 15:17	안에서 하나님의 일에 대하여 **자랑하는**
시 20:7	우리 하나님의 이름을 **자랑하리로다**	고전 1:29	육체도 하나님 앞에서 **자랑하지** 못하게
시 34:2	영혼이 여호와를 **자랑하리니** 곤고한	고전 1:31	**자랑하는** 자는 주 안에서 **자랑하라** 함과
시 36:2	**자랑하기**를 자기의 죄악은 드러나지	고전 3:21	그런즉 누구든지 사람을 **자랑하지** 말라
시 44:8	우리가 종일 하나님을 **자랑하였나이다**	고전 4:7	받지 아니한 것같이 **자랑하느냐**
시 49:6	재물을 의지하고 부유함을 **자랑하는**	고전 5:6	너희가 **자랑하는** 것이 옳지 아니하도다
시 52:1	계획을 스스로 **자랑하는가** 하나님의	고전 9:15	누구든지 내 **자랑하는** 것을 헛된 데로
시 63:11	맹세한 자마다 **자랑할** 것이나 거짓말	고전 9:16	복음을 전할지라도 **자랑할** 것이 없음이
시 64:10	마음이 정직한 자는 다 **자랑하리로다**	고전 13:4	사랑은 **자랑하지** 아니하며 교만하지
시 90:10	연수의 **자랑**은 수고와 슬픔뿐이요	고전 15:31	**자랑**을 두고 단언하노니 나는 날마다
시 97:7	허무한 것으로 **자랑하는** 자는 다 수치를	고후 1:12	증언하는 바니 이것이 우리의 **자랑**이라
시 105:3	거룩한 이름을 **자랑하라** 여호와를	고후 1:14	우리의 **자랑**이 되고 우리가 너희의 **자랑**
시 106:5	가지게 하사 주의 유산을 **자랑하게**	고후 5:12	말미암아 **자랑할** … 외모로 **자랑하는**
잠 20:6	자기의 인자함을 **자랑하나니** 충성된	고후 7:4	너희를 위하여 **자랑하는** 것도 많으니
잠 20:14	하다가 돌아간 후에는 **자랑하느니라**	고후 7:14	**자랑한** 것이 있더라도 … 디도 앞에서
잠 25:14	선물한다고 거짓 **자랑하는** 자는 비 없는		우리가 **자랑한** 것도 참되게 되었도다
잠 27:1	너는 내일 일을 **자랑하지** 말라 하루	고후 8:24	사랑과 너희에 대한 우리 **자랑**의 증거를
사 10:12	완악한 마음의 열매와 높은 눈의 **자랑**을	고후 9:2	준비하였다는 것을 **자랑하였는데** 과연
사 10:15	어찌 찍는 자에게 스스로 **자랑하겠으며**	고후 9:3	너희를 위한 우리의 **자랑**이 헛되지 않고
사 13:19	사람의 **자랑하는** 노리개가 된 바벨론	고후 10:8	대하여 지나치게 **자랑하여도** 부끄럽지
사 16:6	들었거니와 그의 **자랑**이 헛되도다	고후 10:13	우리는 분수 이상의 **자랑**을 하지 않고
사 20:5	그들이 바라던 구스와 **자랑하던** 애굽	고후 10:15	남의 수고를 가지고 분수 이상의 **자랑**을
사 41:16	거룩한 이로 말미암아 **자랑하리라**	고후 10:16	규범으로 이루어 놓은 것으로 **자랑하지**
사 45:25	말미암아 의롭다 함을 얻고 **자랑하리라**	고후 10:17	**자랑하는** 자는 주 안에서 **자랑할지니라**
사 61:6	먹으며 그들의 영광을 얻어 **자랑할**	고후 11:10	아가야 지방에서 나의 이 **자랑**이 막히지
렘 4:2	복을 빌며 나로 말미암아 **자랑하리라**	고후 11:12	기회를 찾는 자들이 그 **자랑하는** 일로
렘 9:23	지혜를 **자랑하지** 말라 용사는 그의 용맹	고후 11:16	조금 **자랑할** 수 있도록 어리석은 자로
	을 **자랑하지** 말라 … 부함을 **자랑하지**	고후 11:17	자와 같이 기탄없이 **자랑하노라**
렘 9:24	**자랑하는** 자는 이것을 **자랑할지니**	고후 11:18	따라 **자랑하니** 나도 **자랑하겠노라**
렘 48:29	심한 교만 곧 그의 자고와 오만과 **자랑**	고후 11:30	**자랑할진대** 내가 약한 것을 **자랑하리라**
렘 48:30	허탄함을 아노니 그가 **자랑하여도** 아무	고후 12:1	무익하나마 내가 부득불 **자랑하노니**
렘 49:4	골짜기를 **자랑하느냐** 네가 어찌하여	고후 12:5	**자랑하겠으나** 나를 … 외에 **자랑하지**
렘 50:36	칼이 **자랑하는** 자의 위에 떨어지리니	고후 12:6	내가 만일 **자랑하고자** 하여도 어리석은
겔 35:13	나를 대적하여 입을 **자랑하며** 나를	고후 12:9	여러 약한 것들에 대하여 **자랑하리니**
습 3:11	교만하여 **자랑하는** 자들을 제거하여	갈 6:4	자기의 일을 살피라 그리하면 **자랑할**
슥 11:3	소리가 남이여 이는 요단의 **자랑**이	갈 6:13	그들이 너희의 육체로 **자랑하려** 함이라
신약		갈 6:14	그리스도의 십자가 외에 결코 **자랑할**
롬 1:30	자요 **자랑하는** 자요 악을 도모하는	엡 2:9	이는 누구든지 **자랑하지** 못하게 함이라
롬 2:17	율법을 의지하며 하나님을 **자랑하며**	빌 1:26	예수 안에서 너희 **자랑**이 나로 말미암아
롬 2:23	율법을 **자랑하는** 네가 율법을 범함으로	빌 2:16	그리스도의 날에 내가 **자랑할** 것이 있게
롬 3:27	**자랑할** 데가 어디냐 있을 수가 없느니라	빌 3:3	그리스도 예수로 **자랑하고** 육체를 신뢰
롬 4:2	의롭다 하심을 받았으면 **자랑할** 것이	살전 2:19	소망이나 기쁨이나 **자랑**의 면류관이
롬 11:18	향하여 **자랑하지** 말라 **자랑할지라도**	살후 1:4	여러 교회에서 우리가 친히 **자랑하노라**

딤후 3:2	사랑하며 **자랑하며** 교만하며 비방하며	삿 1:6	엄지손가락과 엄지발가락을 **자르매**
히 3:6	우리가 소망의 확신과 **자랑을** 끝까지	삿 1:7	엄지손가락과 엄지발가락이 **잘리고**
약 1:9	낮은 형제는 자기의 높음을 **자랑하고**	삼하 10:4	그들의 의복의 중둥볼기까지 **자르고**
약 1:10	부한 자는 자기의 낮아짐을 **자랑할지니**	왕하 10:32	이스라엘에서 땅을 **잘라** 내기 시작하시
약 2:13	긍휼은 심판을 이기고 **자랑하느니라**	대상 19:4	의복을 볼기 중간까지 **자르고** 돌려보내
약 3:5	혀도 작은 지체로되 큰 것을 **자랑하도다**	욥 24:24	천대를 받을 것이며 **잘려** 모아진 곡식
약 3:14	다툼이 있으면 **자랑하지** 말라 진리를	시 55:9	멸하소서 그들의 혀를 **잘라** 버리소서
약 4:16	허탄한 **자랑을** 하니 그러한 **자랑은**	사 33:12	민족들은 불에 굽는 횟돌 같겠고 **잘라서**
벧후 2:18	그들이 허탄한 **자랑의** 말을 토하며 그릇	렘 48:25	모압의 뿔이 **잘렸고** 그 팔이 부러졌도다
요일 2:16	정욕과 이생의 **자랑이니** 다 아버지께	애 2:3	이스라엘의 모든 뿔을 **자르셨음이여**
유 1:16	그 입으로 **자랑하는** 말을 하며 이익을	겔 16:4	네 배꼽 줄을 **자르지** 아니하였고 너를
		단 4:14	베고 그 가지를 **자르고** 그 잎사귀를
자료 (資料, reason, result)		마 12:1	가실새 제자들이 시장하여 이삭을 **잘라**
행 19:40	불법 집회에 관하여 보고할 **자료가** 없다	막 2:23	그의 제자들이 길을 열며 이삭을 **자르니**
행 25:26	심문한 후 상소할 **자료가** 있을까 하여	눅 6:1	제자들이 이삭을 **잘라** 손으로 비비어
		요 18:26	베드로에게 귀를 **잘린** 사람의 친척이라
자루 1 (sack, sackcloth)			
창 42:25	각 사람의 돈은 그의 **자루에** 도로 넣게	**자리** 1 (place, seat, stool)	
창 42:27	주려고 **자루를** 풀고 본즉 그 돈이 **자루**	창 29:3	아귀 그 **자리에** 다시 그 돌을 덮더라
창 42:28	보라 **자루** 속에 있도다 이에 그들이	출 1:16	해산을 도울 때에 그 **자리를** 살펴서
창 42:35	**자루를** 쏟고 본즉 각 사람의 돈뭉치	출 28:27	에봇 앞 두 어깨받이 아래 매는 **자리**
창 43:12	너희 **자루** 아귀에 도로 넣어져 있던	레 1:17	날개 **자리에서** 그 몸을 찢되 아주 찢지
창 43:18	전번에 우리 **자루에** 들어 있던 돈의	레 13:25	색점의 털이 희고 그 **자리가** 피부보다
창 43:21	여관에 이르러 **자루를** 풀어본즉 각 사람	레 15:4	침상은 다 부정하고 그가 앉았던 **자리**
창 43:22	우리의 돈을 우리 **자루에** 넣은 자는	수 8:19	손을 드는 순간에 복병이 그들의 **자리**
창 43:23	하나님이 재물을 너희 **자루에** 넣어 너희	삼상 5:3	다곤을 일으켜 다시 그 **자리에** 세웠더니
창 44:1	양식을 각자의 **자루에** 운반할 수 있을	삼상 20:18	내일은 초하루인즉 네 **자리가** 비므로
창 44:2	곧 은잔을 그 청년의 **자루** 아귀에 넣고	삼상 20:25	**자리에** 앉아 있고 … 다윗의 **자리는**
창 44:8	우리 **자루에** 있던 돈도 우리가 가나안	삼상 20:27	둘째 날에도 다윗의 **자리가** 여전히 비었
창 44:11	그들이 각각 급히 **자루를** 땅에 내려놓고	삼하 6:17	장막 가운데 그 준비한 **자리에** 그것을
창 44:12	잔이 베냐민의 **자루에서** 발견된지라	왕상 2:19	어머니를 위하여 **자리를** 베푸니 그가
레 11:32	의복에든지 가죽에든지 **자루에든지**	왕상 3:6	오늘과 같이 그의 **자리에** 앉을 아들을
왕하 4:42	보리떡 이십 개와 또 **자루에** 담은 채소	왕상 5:5	내가 너를 이어 네 **자리에** 오르게
		왕상 10:19	둥근 머리가 있고 앉는 **자리** 양쪽에는
자루 2 (handle)		왕하 13:13	장사되고 여로보암이 그 **자리에** 앉으니
신 19:5	도끼가 **자루에서** 빠져 그의 이웃을 맞춰	왕하 16:17	물두멍을 그 **자리에서** 옮기고 또 놋바다
삼상 17:7	그 창 **자루는** 베틀 채 같고 창날은 철	대하 9:8	당신을 기뻐하시고 그 **자리에** 올리사
삼하 21:19	그 자의 창 **자루는** 베틀 채 같았더라	대하 9:18	**자리** 양쪽에는 팔걸이가 있고 팔걸이
삼하 23:7	철과 창 **자루를** 가져야 하리니 그것들	대하 15:16	아사가 그의 태후의 **자리를** 폐하고 그의
대상 20:5	이 사람의 창 **자루는** 베틀채 같았더라	에 1:14	왕의 기색을 살피며 나라 첫 **자리에**
		에 1:19	왕후의 **자리를** 그보다 나은 사람에게
자르다/잘리다 (cut)		에 4:14	왕후의 **자리를** 얻은 것이 이 때를 위함
신 23:1	상한 자나 음경이 **잘린** 자는 여호와	욥 6:17	따뜻하면 마르고 더우면 그 **자리에서**

자리 1

욥 8:18	곳에서 뽑히면 그 **자리**도 모르는 체하고	겔 8:3	질투를 일어나게 하는 우상의 **자리**가
욥 9:6	땅을 그 **자리**에서 움직이시니 그 기둥	겔 23:41	화려한 **자리**에 앉아 앞에 상을 차리고
욥 14:18	반드시 흩어지고 바위는 그 **자리**에서	겔 28:2	내가 하나님의 **자리** 곧 바다 가운데에
욥 16:4	너희 마음이 내 마음 **자리**에 있다 하자	겔 36:36	무너진 곳을 건축하며 황폐한 **자리**에
욥 16:18	부르짖음이 쉴 **자리**를 잡지 못하게 하라	겔 42:2	방들의 **자리**의 길이는 백 척이요 너비는
욥 18:4	버림을 받겠느냐 바위가 그 **자리**에서	단 5:21	뜻대로 누구든지 그 **자리**에 세우시는
욥 29:7	**자리**를 거리에 마련하기도 하였느니라	암 6:3	멀다 하여 포악한 **자리**로 가까워지게
욥 31:22	팔 뼈가 그 **자리**에서 부스러지기를	슥 14:10	문에서부터 첫 문 **자리**와 성 모퉁이
욥 37:1	마음이 떨며 그 **자리**에서 흔들렸도다	마 23:2	서기관들과 바리새인들이 모세의 **자리**에
욥 38:12	명하였느냐 새벽에게 그 **자리**를 일러	마 23:6	잔치의 윗자리와 회당의 높은 **자리**와
시 1:1	서지 아니하며 오만한 자들의 **자리**에	막 2:2	앞까지도 들어설 **자리**가 없게 되었는데
시 7:7	주를 두르게 하시고 그 위 높은 **자리**에	막 14:15	그리하면 **자리**를 펴고 준비한 큰 다락방
시 103:16	없어지나니 그 있던 **자리**도 다시 알지	눅 12:37	띠를 띠고 그 종들을 **자리**에 앉히고
시 107:32	높이며 장로들의 **자리**에서 그를 찬송할	눅 14:9	사람에게 **자리**를 내주라 하리니 그 때에
시 139:8	거기 계시며 스올에 내 **자리**를 펼지라도	눅 14:22	명하신 대로 하였으되 아직도 **자리**가
잠 9:14	앉으며 성읍 높은 곳에 있는 **자리**에	눅 22:12	그리하면 그가 **자리**를 마련한 큰 다락방
잠 25:6	높은 체하지 말며 대인들의 **자리**에 서지	요 13:4	저녁 잡수시던 **자리**에서 일어나 겉옷을
전 4:15	왕의 다음 **자리**에 있다가 왕을 대신하여	행 16:33	**자리**를 씻어 주고 자기와 그 온 가족
전 10:4	너는 네 **자리**를 떠나지 말라 공손함이	계 2:5	가서 네 촛대를 그 **자리**에서 옮기리라
아 3:10	금이요 **자리**는 자색 깔개라 그 안에		
사 13:13	진동시키며 땅을 흔들어 그 **자리**에서	**자리 1 - 기타 본문**	
사 14:13	하나님의 뭇 별 위에 내 **자리**를	레 13:26, 30, 31, 32, 37; 15:6, 20, 22, 23, 26	
사 30:26	그들의 맞은 **자리**를 고치시는 날에는		
사 65:5	사람에게 이르기를 너는 네 **자리**에	**자리 2** (bed, mat)	
렘 1:15	예루살렘 성문 어귀에 각기 **자리**를	출 21:18	상대방을 쳤으나 그가 죽지 않고 **자리**에
렘 7:32	도벳 **자리**가 없을 만큼 매장했기 때문	레 15:20	불결할 동안에는 그가 누웠던 **자리**도
렘 19:11	도벳에 매장할 **자리**가 없을 만큼 매장	시 4:4	범죄하지 말지어다 **자리**에 누워 심중에
렘 33:21	그의 **자리**에 앉아 다스릴 아들이 없게	눅 17:34	둘이 한 **자리**에 누워 있으매 하나는
렘 50:44	택한 자를 내가 그 **자리**에 세우리니	요 5:8	예수께서 이르시되 일어나 네 **자리**를
렘 52:32	그의 **자리**를 그와 함께 … 왕들의 **자리**	요 5:9	그 사람이 곧 나아서 **자리**를 들고 걸어
		요 5:10	안식일인데 네가 **자리**를 들고 가는 것이
		요 5:11	나를 낫게 한 그가 **자리**를 들고 걸어가라
		요 5:12	묻되 너에게 **자리**를 들고 걸어가라
		행 9:34	낫게 하시니 일어나 네 **자리**를 정돈하라

성경에 나오는 '자리'

- 끝자리 - 눅 14:9, 10
- 높은 자리 - 시 62:4; 막 12:39; 눅 11:43; 14:7, 8; 20:46
- 식사 자리 - 삼상 16:11; 20:29
- 심판 자리 - 잠 20:8
- 영광의 자리 - 삼상 2:8
- 윗자리 - 마 23:6; 막 12:39; 눅 20:46
- 으뜸 되는 자리 - 욥 29:25
- 잔치 자리 - 에 7:7, 8
- 재판 자리 - 사 41:1; 행 25:6, 10; 25:17
- 좋은 자리 - 약 2:3

자리옷 (cloth)

신 22:17 부모가 그 **자리옷**을 그 성읍 장로들

자만/-하다

자만/-하다 (自慢, conceit)

욥 19:5	너희가 참으로 나를 향하여 **자만하여**
시 94:4	죄악을 행하는 자들이 다 **자만하나이다**
렘 23:32	거짓과 헛된 **자만**으로 내 백성을 미혹
렘 48:42	여호와를 거슬러 **자만하였으므로**

【 자매 】　　　　　　　　　　　　　　　　　　　　　　　　　　　　　　　　【 자비/-하다/-롭다 】

고후 12:7 　너무 **자만하지** 않게 하시려고 내 육체
　　　　　에 가시 곧 … 너무 **자만하지** 않게
딤후 3:4 　배신하며 조급하며 **자만하며** 쾌락을

자매(姉妹, sister)
레 18:9 　**자매** 곧 네 아버지의 딸이나 네 어머니
레 18:18 　너는 아내가 생존할 동안에 그의 **자매**를
레 20:17 　그의 **자매** 곧 그의 아버지의 딸 … 그
　　　　　가 자기의 **자매**의 하체를 범하였은즉
레 21:3 　그의 **자매**로 말미암아서는 몸을 더럽힐
민 25:18 　죽임을 당한 그들의 **자매** 고스비의 사건
신 27:22 　**자매** 곧 그의 아버지의 딸이나 어머니
대상 2:16 　그들의 **자매**는 스루야와 아비가일이라
욥 17:14 　구더기에게 너는 내 어머니, 내 **자매**라
욥 42:11 　모든 형제와 **자매**와 이전에 알던 이들이
렘 3:7 　반역한 **자매** 유다는 그것을 보았느니라
렘 3:8 　반역한 **자매** 유다가 두려워하지 아니
렘 3:10 　일이 있어도 그의 반역한 **자매** 유다가
렘 22:18 　슬프다 내 **자매**여 하며 통곡하지 아니
겔 22:11 　어떤 사람은 그 **자매** 곧 아버지의 딸이
겔 44:25 　시집가지 아니한 **자매**를 위하여는
호 2:1 　암미라 하고 너희 **자매**에게는 루하마라
마 12:50 　뜻대로 하는 자가 내 형제요 **자매**요
마 19:29 　이름을 위하여 집이나 형제나 **자매**나
막 3:35 　뜻대로 행하는 자가 내 형제요 **자매**요
막 10:29 　복음을 위하여 집이나 형제나 **자매**나
막 10:30 　집과 형제와 **자매**와 어머니와 자식과
눅 14:26 　부모와 처자와 형제와 **자매**와 더욱이
요 11:1 　마리아와 그 **자매** 마르다의 마을 베다니
요 11:28 　돌아가서 가만히 그 **자매** 마리아를 불러
롬 16:1 　교회의 일꾼으로 있는 우리 **자매** 뵈뵈를
롬 16:15 　네레오와 그의 **자매**와 올름바와 그들과
고전 7:15 　갈리거든 갈리게 하라 형제나 **자매**나
고전 9:5 　게바와 같이 믿음의 **자매** 된 아내를
딤전 5:2 　온전히 깨끗함으로 **자매**에게 하듯 하라
몬 1:2 　**자매** 압비아와 우리와 함께 병사
약 2:15 　형제나 **자매**가 헐벗고 일용할 양식이
요이 1:13 　택하심을 받은 네 **자매**의 자녀들이 네게

자문/-하다(諮問, advice)
왕상 12:8 　왕이 노인들이 **자문하는** 것을 버리고
왕상 12:9 　어떻게 **자문하여** 이 백성에게 대답하게
왕상 12:13 　백성에게 대답할새 노인의 **자문**을

왕상 12:14 　어린 사람들의 **자문**을 따라 그들에게

자문관(諮問官, adviser)
스 7:14 　왕과 일곱 **자문관**의 보냄을 받았으니
스 7:15 　왕과 **자문관**들이 예루살렘에 거하시는

자물쇠(bolt)
느 3:3 　들보를 얹고 문짝을 달고 **자물쇠**와 빗장
느 3:6 　들보를 얹고 문짝을 달고 **자물쇠**와 빗장
느 3:13 　문짝을 달고 **자물쇠**와 빗장을 갖추고
느 3:14 　문짝을 달고 **자물쇠**와 빗장을 갖추었고
느 3:15 　문짝을 달고 **자물쇠**와 빗장을 갖추고

자백하다(自白, confess)
겔 12:16 　모든 가증한 일을 **자백하게** 하리니 내가
롬 14:11 　혀가 하나님께 **자백하리라** 하였느니라
요일 1:9 　우리 죄를 **자백하면** 그는 미쁘시고

자복하다(自服, confess)
레 5:5 　아무 일에 잘못하였노라 **자복하고**
레 26:40 　조상의 죄악을 **자복하고** 또 그들이 내게
민 5:7 　지은 죄를 **자복하고** 그 죄 값을 온전히
수 7:19 　여호와께 영광을 돌려 그 앞에 **자복하고**
스 10:1 　울며 기도하여 죄를 **자복할** 때에 많은
스 10:11 　앞에서 죄를 **자복하고** 그의 뜻대로
느 1:6 　범죄한 죄들을 **자복하오니** 주는 귀를
느 9:2 　자기의 죄와 조상들의 허물을 **자복하고**
느 9:3 　죄를 **자복하며** 그들의 하나님 여호와께
시 32:5 　내 허물을 여호와께 **자복하리라** 하고
잠 28:13 　죄를 **자복하고** 버리는 자는 불쌍히 여김
렘 3:13 　죄를 **자복하라** 이는 네 하나님 여호와를
단 9:4 　여호와께 기도하며 **자복하여** 이르기를
단 9:20 　이스라엘의 죄를 **자복하고** 내 하나님
마 3:6 　자기들의 죄를 **자복하고** 요단 강에서
막 1:5 　나아가 자기 죄를 **자복하고** 요단 강에서
행 19:18 　믿은 사람들이 많이 와서 **자복하여** 행한

자비/-하다/-롭다

(慈悲, merciful)
창 19:16 　여호와께서
　　　　　그에게 **자비**를
출 22:27 　내가 들으리니 나는 **자비로운** 자임이라
출 34:6 　여호와라 **자비롭고** 은혜롭고 노하기를

【 자색 】 　　　　　　　　　　　　　　　　【 자세히 】

신 4:31	여호와는 **자비하신** 하나님이심이라	대하 2:7	철로 제조하며 **자색** 홍색 청색 실로
신 13:17	너를 긍휼히 여기시고 **자비**를 더하사	에 8:15	큰 금관을 쓰고 **자색** 가는 베 겉옷을
삼하 22:26	**자비한** 자에게는 주의 **자비하심**을 나타	잠 31:22	지으며 세마포와 **자색** 옷을 입으며
대하 5:13	그의 **자비하심**이 영원히 있도다 하매	아 3:10	바닥은 금이요 자리는 **자색** 깔개라
대하 30:9	자들에게서 **자비**를 입어 다시 이 땅으로 … 은혜로우시고 **자비하신지라**	렘 10:9	청색 **자색** 옷을 입었나니 이는 정교한
		겔 23:6	그들은 다 **자색** 옷을 입은 고관과 감독
시 18:25	**자비로운** 자에게는 주의 **자비로우심**을	겔 27:7	엘리사 섬의 청색 **자색** 베로 차일을
시 111:4	은혜로우시고 **자비로우시도다**	막 15:17	예수에게 **자색** 옷을 입히고 가시관을
시 112:4	그는 **자비롭고** 긍휼이 많으며 의로운	눅 16:19	부자가 있어 **자색** 옷과 고운 베옷을
사 54:8	가렸으나 영원한 **자비**로 너를 긍휼히	요 19:2	관을 엮어 그의 머리에 씌우고 **자색**
사 54:10	나의 **자비**는 네게서 떠나지 아니하며	요 19:5	예수께서 가시관을 쓰고 **자색** 옷을 입고
사 63:7	베푸신 모든 **자비**와 그의 찬송을 말하며 그의 사랑을 따라, 그의 많은 **자비**를	행 16:14	두아디라 시에 있는 **자색** 옷감 장사로서

■ 자색 - 기타 본문

출 26:31, 36; 27:16; 28:5, 6, 8, 15, 33; 35:23, 35; 36:8, 35, 37; 38:23; 39:3, 5, 8, 24; 대하 2:14; 3:14; 에 1:6; 겔 27:16; 막 15:20

사 63:9	사랑과 그의 **자비**로 그들을 구원하시고		
사 63:15	베푸시던 간곡한 **자비**와 사랑이 내게		
애 4:10	멸망할 때에 **자비로운** 부녀들이 자기들		
욜 2:13	은혜로우시며 **자비로우시며** 노하기를		
욘 4:2	주께서는 은혜로우시며 **자비로우시며**		

자세(姿勢, lord it over)

벧전 5:3	맡은 자들에게 주장하는 **자세**를 하지

자세히(仔細, thoroughly)

마 12:7	**자비**를 원하고 제사를 원하지 아니하노	창 42:29	이르러 그들이 당한 일을 **자세히** 알리어
눅 6:36	**자비로우심**같이 너희도 **자비로운**	창 43:7	친족에 대하여 **자세히** 질문하여 이르기
눅 10:37	**자비**를 베푼 자니이다 예수께서 이르시	민 23:18	십볼의 아들이여 내게 **자세히** 들으라
롬 12:1	하나님의 모든 **자비하심**으로 너희를	신 13:14	너는 **자세히** 묻고 살펴 보아서 이런
고전 7:25	받은 계명이 없으되 주의 **자비하심**을	신 17:4	네가 듣거든 **자세히** 조사해 볼지니 만일
고후 1:3	**자비**의 아버지시요 모든 위로의 하나님	신 19:18	재판장은 **자세히** 조사하여 그 증인이
고후 6:6	지식과 오래 참음과 **자비함**과 성령의	삼상 3:18	사무엘이 그것을 그에게 **자세히** 말하고
갈 5:22	화평과 오래 참음과 **자비**와 양선과 충성	삼상 20:6	나에 대하여 **자세히** 묻거든 그 때에
엡 2:7	예수 안에서 우리에게 **자비하심**으로	삼상 20:18	네가 없음을 **자세히** 물으실 것이라
빌 2:1	성령의 무슨 교제나 긍휼이나 **자비**가	삼상 23:22	**자세히** 살펴서 그가 어디에 숨었으며
골 3:12	긍휼과 **자비**와 겸손과 온유와 오래 참음	삼하 13:28	술로 즐거워할 때에 **자세히** 보다가 내가
딛 3:4	구주 하나님의 **자비**와 사람 사랑하심이	왕상 3:21	아침에 **자세히** 보니 내가 낳은 아들이
히 2:17	이는 하나님의 일에 **자비하고** 신실한	왕상 20:7	악을 도모하고 있는 줄을 **자세히** 알라
약 5:11	보았거니와 주는 가장 **자비하시고**	욥 21:2	내 말을 **자세히** 들으라 이것이 너희의
		욥 32:12	내가 **자세히** 들은즉 당신들 가운데 욥

자색(紫色, purple)

출 25:4	청색 **자색** 홍색 실과 가는 베 실과 염소	시 37:10	그 곳을 **자세히** 살필지라도 없으리로다
출 26:1	청색 **자색** 홍색 실로 그룹을 정교하게	시 48:13	성벽을 **자세히** 보고 그의 궁전을 살펴서
출 35:25	여인은 손수 실을 빼고 그 뺀 청색 **자색**	사 10:30	외칠지어다 라이사야 **자세히** 들을지어
출 38:18	뜰의 휘장 문을 청색 **자색** 홍색 실과	사 14:16	주목하여 너를 **자세히** 살펴보며 말하기
출 39:1	모세에게 명령하신 대로 청색 **자색** 홍색	사 21:7	떼를 보거든 귀 기울여 **자세히** 들으라
출 39:2	**자색** 홍색 실과 가늘게 꼰 베실로 에봇	사 28:23	목소리를 들으라 **자세히** 내 말을 들으라
출 39:29	청색 **자색** 홍색 실로 수놓아 띠를 만들		
민 4:13	재를 버리고 그 제단 위에 **자색** 보자기		
삿 8:26	미디안 왕들이 입었던 **자색** 의복과		

【 자손 】　　　　　　　　　　　　　　　　　　　　　　　　　　　　　　　　　　　【 자손 】

렘 2:10	이같은 일이 있었는지를 **자세히** 살펴보
미 1:2	것들아 **자세히** 들을지어다 주 여호와께
마 2:7	박사들을 불러 별이 나타난 때를 **자세히**
마 2:8	가서 아기에 대하여 **자세히** 알아보고
마 2:16	사내아이를 박사들에게 **자세히** 알아본
눅 1:3	그 모든 일을 근원부터 **자세히** 미루어
눅 24:27	성경에 쓴 바 자기에 관한 것을 **자세히**
행 1:10	제자들이 **자세히** 하늘을 쳐다보고 있는
행 18:25	예수에 관한 것을 **자세히** 말하며 가르쳐
행 23:15	사실을 더 **자세히** 물어보려는 척하면서
행 24:22	벨릭스가 이 도에 관한 것을 더 **자세히**
엡 5:15	어떻게 행할지를 **자세히** 주의하여
살전 5:2	이를줄을 너희 자신이 **자세히** 알기
요일 1:1	눈으로 본 바요 **자세히** 보고 우리의

자손(子孫, offspring)

창 10:20	이들은 함의 **자손**이라 각기 족속과 언어
창 10:21	셈은 에벨 온 **자손**의 조상이요 야벳의
창 12:7	이 땅을 네 **자손**에게 주리라 하신지라
창 15:5	이르시되 네 **자손**이 이와 같으리라
창 15:13	**자손**이 … 사백 년 동안 네 **자손**을
창 15:14	그 후에 네 **자손**이 큰 재물을 이끌고
창 15:16	**자손**은 사대 만에 이 땅으로 돌아오리니
창 15:18	큰 강 유브라데까지 네 **자손**에게 주노니
창 26:3	모든 땅을 너와 네 **자손**에게 주리라
창 26:4	네 **자손**을 하늘의 별과 같이 번성하게 … 네 **자손**에게 주리니 네 **자손**으로
창 26:24	복을 주어 네 **자손**이 번성하게 하리라
창 28:4	너와 너와 함께 네 **자손**에게도 주사
창 28:13	누워 있는 땅을 내가 너와 네 **자손**에게
창 28:14	**자손**이 땅의 티끌 … 너와 네 **자손**으로
창 48:19	그의 **자손**이 여러 민족을 이루리라 하고
출 12:24	규례로 삼아 너희와 너희 **자손**이 영원히
출 30:21	**자손**이 대대로 영원히 지킬 규례니라
출 32:13	**자손**을 하늘의 별처럼 … 너희의 **자손**에
출 33:1	야곱에게 맹세하여 네 **자손**에게 주기로
출 34:7	아버지의 악행을 **자손** 삼사 대까지 보응
레 10:15	여호와의 명령대로 너와 네 **자손**의 영원
레 22:3	**자손** 중에 대대로 그의 몸이 부정하면서
신 1:36	땅을 내가 그와 그의 **자손**에게 주리라
신 5:29	그 **자손**이 영원히 복 받기를 원하노라
신 18:5	그를 택하여 내시고 그와 그의 **자손**에게
신 23:8	그들의 삼 대 후 **자손**은 여호와의 총회
신 28:46	모든 저주가 너와 네 **자손**에게 영원히
신 28:59	여호와께서 네 재앙과 네 **자손**의 재앙을
신 29:22	**자손**과 멀리서 오는 객이 그 땅을
신 29:29	나타난 일은 영원히 우리와 우리 **자손**
신 30:2	**자손**이 네 하나님 여호와께로 돌아와
신 30:6	마음과 네 **자손**의 마음에 할례를 베푸사
신 30:19	저주를 네 앞에 두었은즉 너와 네 **자손**
신 31:21	재앙과 환난을 당할 때에 그들의 **자손**
수 4:6	후일에 너희의 **자손**들이 물어 이르되
수 5:7	대를 잇게 하신 이 **자손**에게 여호수아가
수 14:9	밟는 땅은 영원히 너와 네 **자손**의 기업
수 22:27	너희 **자손**들이 후일에 우리 **자손**들에게
삿 1:16	모세의 장인은 겐 사람이라 그의 **자손**이
삿 18:30	게르솜의 아들인 요나단과 그의 **자손**은
삼상 20:42	내 **자손**과 네 **자손** 사이에 계시리라
삼하 4:8	왕의 원수를 사울과 그의 **자손**에게
삼하 21:6	**자손** 일곱 사람을 우리에게 내 주소서
왕상 8:25	**자손**이 자기 길을 삼가서 네가 내 앞에
왕상 11:14	왕의 **자손**으로서 에돔에 거하였더라
왕하 5:27	나아만의 나병이 네게 들어 네 **자손**에게
왕하 15:12	네 **자손**이 사 대 동안 이스라엘 왕위에
대상 1:32	아브라함의 소실 그두라가 낳은 **자손**은
대상 4:3	조상의 **자손**들은 이스르엘과 이스마
대상 6:26	엘가나로 말하면 그의 **자손**은 이러하니
대상 23:13	아론은 그 **자손**들과 함께 구별되어 몸을
대하 6:16	다윗에게 말씀하시기를 네 **자손**이 그들
대하 13:5	나라를 영원히 다윗과 그의 **자손**에게
대하 21:7	다윗과 그의 **자손**에게 항상 등불을 주겠
대하 36:20	갈대아 왕과 그의 **자손**의 노예가 되어
스 2:1	바벨론으로 갔던 자들의 **자손**들 중에서
스 4:1	사로잡혔던 자들의 **자손**이 이스라엘의
느 9:23	주께서 그들의 **자손**을 하늘의 별같이
느 9:24	**자손**이 들어가서 땅을 차지하되 주께서
느 11:3	솔로몬의 신하들의 **자손**은 유다 여러
느 12:35	제사장들의 **자손** 몇 사람이 나팔을
에 9:27	뜻을 정하고 자기들과 **자손**과 자기들과
시 18:45	**자손**들이 쇠잔하여 그 견고한 곳에서
시 25:13	살고 그의 **자손**은 땅을 상속하리로다
시 78:4	**자손**에게 숨기지 아니하고 여호와의
시 78:5	조상들에게 명령하사 그들의 **자손**에게
시 78:6	태어날 **자손**에게 … 그들의 **자손**에게
시 103:17	그의 의는 **자손**의 **자손**에게 이르니
시 109:13	그의 **자손**이 끊어지게 하시며 후대에

2019

【 자손 】

시 115:14	너희의 **자손**을 더욱 번창하게 하시기를
시 132:12	**자손**이 내 언약과 그들에게 교훈하는
잠 11:21	것이나 의인의 **자손**은 구원을 얻으리라
사 19:11	나는 지혜로운 자들의 **자손**이라 나는
사 39:7	네게서 태어날 **자손** 중에서 몇이 사로
사 43:5	**자손**을 동쪽에서부터 오게 하며 서쪽에
사 44:3	영을 네 **자손**에게, 나의 복을 네 후손
사 60:9	곳에서 네 **자손**과 그들의 은금을 아울러
사 60:14	너를 괴롭히던 자의 **자손**이 몸을 굽혀
사 65:23	그들은 여호와의 복된 자의 **자손**이요
사 66:22	너희 **자손**과 너희 이름이 항상 있으리라
겔 2:4	**자손**은 얼굴이 뻔뻔하고 마음이 굳은
겔 20:18	광야에서 그들의 **자손**에게 이르기를
호 10:9	그러니 범죄한 **자손**들에 대한 전쟁이
말 2:3	**자손**을 꾸짖을 것이요 똥 곧 너희 절기
말 2:15	**자손**을 얻고자 하심이라 그러므로
마 8:12	본 **자손**들은 바깥 어두운 데 쫓겨나
마 23:31	선지자를 죽인 자의 **자손**임을 스스로
마 27:25	피를 우리와 우리 **자손**에게 돌릴지어다
막 12:37	어찌 그의 **자손**이 되겠느냐 하시니 많은
눅 1:55	아브라함과 그 **자손**에게 영원히 하시리
행 2:30	하나님이 이미 맹세하사 그 **자손** 중에서
행 3:25	선지자들의 **자손**이요 … 언약의 **자손**
갈 3:16	**자손**에게 말씀하신 것인데 여럿을 가리켜 그 **자손**들이라 … 네 **자손**이라
갈 3:19	것인데 약속하신 **자손**이 오시기까지
히 11:18	말씀하시기를 네 **자손**이라 칭할 자는
계 12:17	여자의 남은 **자손** 곧 하나님의 계명을

성경에 나오는 '자손'

가나안 자손 – 창 10:18
갈렙의 자손 – 대상 2:50; 4:15
갓삼 자손과 웃사 자손과 바세아 자손 – 느 7:51
갓 자손 – 민 2:14; 7:42; 10:20; 26:15; 18: 32:1, 2, 6, 25, 29, 31, 33, 34; 34:14; 신 3:12, 16; 수 4:12; 13:24, 28; 22:9, 10, 13, 15, 21, 25, 30, 31, 32, 33, 34; 대상 5:11; 12:14, 37
게달 자손 – 사 21:7
게로스 자손과 시아/시아하 자손과 바돈 자손 – 스 2:44; 느 7:47
게르손/게르솜 자손 – 민 3:25; 4:22, 27, 28, 38, 41; 7:7; 10:17; 수 21:6, 27; 대상 6:62, 71; 15:7; 23:7; 26:21, 24
고라의 자손 – 대상 9:19, 31; 대하 20:19
고멜의 자손 – 대상 1:6
고핫/그핫 자손 – 민 3:29; 4:2, 4, 15, 34; 7:9; 수 21:5, 20, 26; 대상 6:33, 61, 66, 70; 9:32; 15:5; 대하 20:19; 29:12; 34:12
구스의 자손 – 대상 1:9
그두라 자손 – 창 25:4; 대상 1:33
기랴다림과 그비라와 브에롯 자손 – 스 2:25
길르앗 자손 – 민 26:30; 36:1; 대상 7:17
깁발 자손 – 스 2:20
깃델 자손과 가할 자손과 르아야 자손 – 스 2:47
납달리 자손 – 민 2:29; 7:78; 10:27; 26:48; 34:28; 수 19:32, 39; 삿 4:6
놉과 다바네스의 자손 – 렘 2:16

느보 자손 – 스 2:29; 10:43
느시야 자손과 하디바 자손 – 스 2:54; 느 7:56
다른 엘람 자손 – 스 2:31
다윗의 자손 – 왕상 11:39; 대하 13:8; 23:3; 32:33; 스 8:2; 렘 33:22, 26; 마 1:1, 20; 9:27; 12:23; 15:22; 20:30, 31; 21:9, 15; 22:42; 막 10:47, 48; 12:35; 눅 1:27; 18:38, 39; 20:41; 계 22:16
단 자손 – 민 2:25; 7:66; 10:25; 26:42; 34:22; 수 19:40, 47, 48; 삿 1:34; 18:2, 16, 22, 23, 25, 26, 27, 28, 30, 31; 대상 12:35
드단의 자손 – 창 25:3
들라야 자손과 도비야 자손과 느고다 자손 – 스 2:60; 느 7:62
라단의 자손 – 대상 26:21
라마와 게바 자손 – 스 2:26
라아마의 자손 – 대상 1:9
레위 자손 – 출 32:26, 28; 민 3:15; 4:2; 16:7, 8, 10; 18:21; 신 21:5; 31:9; 수 14:3; 21:10; 왕상 12:31; 대상 6:64; 9:18; 12:26; 15:15; 23:24, 27; 24:20, 30; 스 8:15; 느 10:39; 12:23; 말 3:3
로드와 하딧과 오노 자손 – 스 2:33; 느 7:37
롯 자손 – 신 2:9, 19; 시 83:8
르바나 자손과 하가바 자손과 살매 자손 – 느 7:48
르바나 자손과 하가바 자손과 악굽 자손

【 자손 】

성경에 나오는 '자손'

- ― 스 2:45
- 르신 자손과 느고다 자손과 갓삼 자손 ― 스 2:48
- 르아야 자손과 르신 자손과 느고다 자손 ― 느 7:50
- 르우벤 자손 ― 민 2:10; 7:30; 16:1; 26:5; 32:1, 2, 6, 25, 29, 31, 33, 37; 34:14; 신 3:12, 16; 11:6; 수 4:12; 13:15, 23; 15:6; 18:17; 22:9, 10, 13, 15, 21, 25, 30, 31, 32, 33, 34; 대상 5:6, 18; 11:42; 12:37
- 마길의 자손 ― 민 32:39; 수 13:31; 대상 2:23
- 막비스 자손 ― 스 2:30
- 말리의 자손 ― 스 8:18
- 모압 자손 ― 대하 20:1, 10, 23
- 므낫세 반 지파 자손 ― 대상 5:23
- 므낫세 자손 ― 민 2:20; 7:54; 10:23; 26:29; 34:23; 36:1, 12; 신 33:17; 수 4:12; 13:29; 16:9; 17:2, 6, 12; 22:30, 31; 대상 7:29; 9:3
- 므라리 자손 ― 민 3:36; 4:29, 33, 42, 45; 7:8; 10:17; 수 21:7, 34, 40; 대상 6:44, 63, 77; 9:14; 15:6, 17; 24:27; 26:10, 19; 대하 29:12; 34:12; 스 8:19
- 미디안의 자손 ― 대상 1:33
- 바니 자손 ― 스 2:10; 10:29, 34
- 바로스 자손 ― 스 2:3; 8:3; 10:25; 느 7:8
- 바르고스 자손과 시스라 자손과 데마 자손 ― 스 2:52; 느 7:55
- 바스훌 자손 ― 스 2:38; 10:22; 느 7:41
- 바슬릇 자손과 므히다 자손과 하르사 자손 ― 스 2:53; 느 7:54
- 바핫모압 자손 곧 예수아와 요압 자손 ― 스 2:6; 8:4; 10:30; 느 7:11
- 박북 자손과 하그바 자손과 할훌 자손 ― 스 2:51; 느 7:53
- 베냐민 자손 ― 민 2:22; 7:60; 10:24; 26:38, 41; 수 18:11, 20, 21, 28; 삿 1:21; 19:16; 20:3, 13, 15, 17, 18, 21, 23, 24, 28, 30, 31, 32, 36, 48; 21:13, 20, 23; 삼하 23:29; 대상 4:27; 8:40; 9:3, 7; 11:31; 12:29; 27:12; 느 11:4, 7, 31; 에 2:5; 렘 6:1
- 베레스 자손 ― 민 26:21; 대상 9:4; 27:3; 느 11:4, 6

【 자손 】

- 베배 자손 ― 스 8:11; 10:28
- 베새 자손 ― 스 2:17; 느 7:23
- 베새 자손과 므우님 자손과 느비스심 자손 ― 느 7:52
- 브리아의 자손 ― 민 26:45
- 브배 자손 ― 스 2:11; 느 7:16
- 비그왜 자손 ― 스 2:14; 8:14; 느 7:19
- 비느하스 자손 ― 스 8:2
- 빈누이 자손 ― 느 7:15
- 사독의 자손 ― 겔 40:46; 43:19; 44:15; 48:11
- 삭개 자손 ― 스 2:9; 느 7:14
- 살룸과 아델과 달문과 악굽과 하디다와 소배 자손 ― 스 2:42; 느 7:45
- 살마의 자손 ― 대상 2:54
- 삿두 자손 ― 스 2:8; 느 7:13
- 세겜의 자손 ― 수 17:2
- 세라 자손 ― 대상 9:6; 느 11:24
- 세일의 자손 ― 창 36:20; 대하 25:11, 14
- 셀라의 자손 ― 대상 4:21
- 셈의 자손 ― 대상 1:17
- 소대 자손과 소베렛/하소베렛 자손과 브리다 자손 ― 스 2:55; 느 7:57
- 소발의 자손 ― 대상 2:52
- 수델라 자손 ― 민 26:36
- 스가냐 자손 ― 스 8:3, 5
- 스나아 자손 ― 스 2:35; 느 7:38
- 스미다의 자손 ― 수 17:2
- 스바댜 자손 ― 스 2:4; 8:8; 느 7:9
- 스바댜 자손과 하딜 자손과 보게렛하스바임 자손과 아미/아몬 자손 ― 스 2:57; 느 7:59
- 스불론 자손 ― 민 2:7; 7:24; 10:16; 26:26; 34:25; 수 19:10, 16; 삿 4:6
- 슬로밋 자손 ― 스 8:10
- 시므온 자손 ― 민 2:12; 7:36; 10:19; 26:12; 수 19:1, 8, 9; 21:9; 대상 4:27, 28, 33, 42; 12:25
- 시하 자손과 하수바 자손과 답바옷 자손 ― 스 2:43; 느 7:46
- 아낙 자손 ― 민 13:22, 28, 33; 신 1:28; 9:2
- 아델 자손 곧 히스기야 자손 ― 스 2:16; 느 7:21
- 아도니감 자손 ― 스 2:13; 8:13; 느 7:18
- 아딘 자손 ― 스 2:15; 8:6; 느 7:20
- 아라 자손 ― 스 2:5; 느 7:10
- 아론의 자손 ― 레 1:5, 7, 8, 11; 2:2, 3; 3:2,

【 자손 】 　　　　　　　　　　　　　　【 자손 】

성경에 나오는 '자손'

5, 8, 13; 6:9, 14, 16, 18, 20, 22; 7:10, 31, 33, 34; 21:1, 21; 22:4; 24:9; 민 10:8; 16:40; 수 21:4, 10, 13, 19; 대상 6:49, 50, 54, 57; 15:4; 23:28, 32; 24:1, 31; 27:17; 대하 13:9, 10; 26:18; 29:21; 31:19; 35:14; 느 10:38; 12:47; 눅 1:5
아말렉 자손 – 삿 3:13
아므람 자손 – 대상 26:23
아브라함의 자손 – 대상 1:28; 사 41:8; 마 3:9; 눅 3:8; 19:9; 요 8:33, 37, 39; 갈 3:7, 29; 히 2:16
아비에셀의 자손 – 수 17:2
아삽 자손 – 대하 20:14; 29:13; 35:15; 스 2:41; 3:10; 느 7:44; 11:22
아셀 자손 – 민 2:27; 7:72; 10:26; 26:44, 47; 34:27; 수 19:24, 31; 대상 7:40
아스갓 자손 – 스 2:12; 8:12; 느 7:17
아스나 자손과 므우님 자손과 느부심 자손 – 스 2:50
아스리엘의 자손 – 수 17:2
아스마웻 자손 – 스 2:24
암몬 자손 – 창 19:38; 민 21:24; 신 3:16; 수 12:2; 13:10, 25; 삿 3:13; 10:6, 7, 9, 11, 17, 18; 11:4, 5, 6, 8, 9, 12, 13, 14, 15, 27, 28, 29, 30, 31, 32, 33, 36; 12:1, 2, 3; 12; 14:47; 삼하 8:12; 10:1, 2, 3, 6, 8, 10, 11, 14, 19; 11:1; 12:9, 26, 31; 왕상 11:7, 33; 왕하 23:13; 24:2; 대상 18:11; 19:1, 2, 3, 6, 7, 9, 11, 12, 15, 19; 20:1, 3; 대하 20:1, 10, 22; 27:5; 사 11:14; 렘 9:26; 25:21; 27:3; 40:11, 14; 41:10, 15; 49:1, 2, 6; 단 11:41; 암 1:13; 습 2:8, 9
야곱 자손 – 창 46:6, 18, 22, 25; 수 24:4; 왕하 17:34, 35; 대상 16:12-13; 시 22:23; 77:15; 105:5-6; 사 45:19; 59:20; 렘 33:26; 말 3:6
야벳 자손 – 대상 1:5
야알라 자손과 다르곤 자손과 깃델 자손 – 스 2:56; 느 7:58
야완의 자손 – 대상 1:7
에덴 자손 – 사 37:12
에돔 자손/에서 자손 – 창 36:19; 신 2:4, 8, 12, 22, 29; 시 137:7

에브라임 자손 – 창 50:23; 민 2:18; 7:48; 10:22; 26:35, 37; 34:24; 신 33:17; 수 16:5, 8, 9; 17:8; 대상 7:28; 12:30; 27:10, 14, 20; 대하 25:7; 28:12; 시 78:9; 렘 7:15
엘라의 자손 – 대상 4:15
엘람 자손 – 스 2:7; 8:7; 10:2, 26; 느 7:12, 34
엘르아살의 자손 – 대상 24:3, 4, 5, 6
엘리사반 자손 – 대상 15:8; 대하 29:13
여다야 자손 – 스 2:36; 느 7:39
여두둔의 자손 – 대상 25:1; 대하 29:14
여라므엘의 자손 – 대상 2:33
여리고 자손 – 스 2:34; 느 7:36
예루살렘 자손 – 욜 3:6
예수아 자손 – 스 10:18
오벧에돔의 자손 – 대상 26:8
옷니엘 자손 – 대상 27:15
요나답의 자손 – 렘 35:16
요라 자손 – 스 2:18
요셉 자손 – 민 1:10; 26:37; 34:23; 36:1, 2, 3, 4, 5; 수 14:4; 16:1, 4; 17:14, 16; 18:11; 24:32; 대상 5:1; 7:29; 시 77:15
요압 자손 – 스 8:9
욕단의 자손 – 대상 1:23
욕산의 자손 – 대상 1:32
웃사 자손과 바세아 자손과 베새 자손 – 스 2:49
웃시엘 자손 – 대상 15:10; 26:23
유다 자손 – 민 2:3; 10:14; 26:20; 수 14:6; 15:1, 12, 13, 20, 21, 63; 18:11, 14; 19:1, 9; 21:9; 삿 1:8, 9, 16; 대상 2:10; 4:27; 6:65; 9:3; 12:16, 24; 대하 25:12; 31:6; 스 3:9; 느 11:4, 25; 13:16; 렘 7:30; 32:30, 32; 50:4, 33; 단 1:6; 2:25; 5:13; 6:13; 호 1:11; 3:6, 8, 19; 욥 1:12
이다말 자손 – 대상 24:3, 4, 5, 6; 스 8:2
이스라엘 자손 – **모세오경** 창 36:31; 50:25; 출 1:7, 9, 12, 13; 2:23, 25; 3:9, 10, 11, 13, 14, 15; 4:29, 31; 5:14, 15, 19; 6:5, 6, 9, 11, 12, 13, 26, 27; 7:2, 4, 5; 9:4, 6, 26, 35; 10:2, 20, 23; 11:7, 10; 12:27, 28, 31, 35, 37, 40, 42, 50, 51; 13:2, 18, 19; 14:2, 3, 8, 10, 15, 16, 22, 29; 15:1, 19; 16:1, 2, 3, 6, 9, 10, 12, 15, 17, 35;

【 자손 】

성경에 나오는 '자손'

17:1, 7; 19:1, 3, 6; 20:22; 24:5, 11, 17; 25:2, 22; 27:20, 21; 28:1, 30, 38; 29:28, 43, 45; 30:12, 16, 31; 31:13, 16, 17; 32:20; 33:5, 6; 34:30, 32, 34, 35; 35:1, 4, 20, 29, 30; 36:3; 39:32, 42; 40:36; 레 1:2; 4:2; 7:23, 29, 34, 36, 38; 9:3; 10:11, 14; 11:2; 12:2; 15:2, 31; 16:5, 16, 19, 21, 34; 17:2, 5, 12, 13, 14; 18:2; 19:2; 20:2; 21:24; 22:2, 15, 18, 32; 23:2, 10, 24, 34, 43, 44; 24:2, 8, 10, 15, 23; 25:2, 33, 46, 55; 26:46; 27:2, 34; 민 1:1, 2, 45, 49, 52, 53, 54; 2:2, 32, 33, 34; 3:8, 9, 12, 38, 40, 41, 42, 45, 46, 50; 5:2, 4, 6, 9, 12; 6:2, 23, 27; 8:6, 9, 10, 11, 14, 16, 17, 18, 19, 20; 9:2, 4, 5, 7, 10, 17, 18, 19, 22; 10:12, 28; 11:4; 13:2, 3, 24, 26, 32; 14:2, 5, 7, 10, 27, 39; 15:2, 18, 25, 26, 29, 32, 38; 16:2, 38, 40, 41; 17:2, 5, 6, 9, 12; 18:5, 6, 8, 11, 19, 20, 22, 23, 24, 26, 28, 32; 19:2, 9, 10; 20:1, 12, 13, 19, 22, 24; 21:10; 22:1, 3; 25:6, 8, 11, 13; 26:2, 4, 51, 62, 63, 64; 27:8, 11, 12, 20, 21; 28:2; 29:40; 30:1; 31:2, 9, 12, 16, 30, 42, 47, 54; 32:7, 9, 17, 18, 28; 33:1, 3, 5, 38, 40, 51; 34:2, 13, 29; 35:2, 8, 10, 15, 34; 36:1, 2, 3, 4, 5, 7, 8, 9, 13; 신 1:3; 3:18; 4:44, 45, 46; 10:6; 17:20; 24:7; 29:1; 31:19, 22, 23; 32:8, 49, 51, 52; 33:1; 34:8, 9 **역사서** 수 1:2; 2:2; 3:1, 9; 4:4, 5, 7, 8, 12, 21; 5:1, 2, 3, 6, 10; 6:1; 7:1, 12, 23; 8:31, 32; 9:17, 18, 26; 10:4, 11, 12, 20, 21; 11:14, 19, 22; 12:1, 6, 7; 13:6, 13, 22; 14:1, 5; 17:13; 18:1, 2, 3, 10; 19:49, 51; 20:2, 9; 21:1, 3, 8, 41; 22:10, 12, 13, 31, 32, 33; 24:32; 삿 1:1; 2:4, 6, 11; 3:2, 5, 7, 8, 9, 12, 14, 15, 27; 4:1, 3, 5, 23, 24; 6:1, 2, 6, 7, 8; 8:28, 33, 34; 10:6, 8, 10, 11, 15, 17; 11:27, 33; 13:1; 19:12, 30; 20:1, 3, 7, 13, 14, 18, 19, 23, 24, 25, 26, 27, 28, 30, 32, 35; 21:5, 6, 18, 24; 삼상 2:28; 7:4, 6, 7, 8; 9:2; 10:18; 11:8; 14:18; 15:6; 17:53; 삼하

7:6, 7; 왕상 6:1, 13; 8:1, 9, 63; 9:20, 21, 22; 11:2; 12:17, 24, 33; 14:24; 18:20; 19:10, 14; 20:15, 27, 29; 21:26; 왕하 8:12; 13:5; 16:3; 17:7, 8, 9, 22, 24; 18:4; 21:2, 9; 대상 1:43; 6:64; 27:1; 대하 5:2, 10; 6:11; 7:3; 8:2, 8, 9; 10:17, 18; 13:12, 16, 18; 20:7; 28:3, 8; 30:6, 21; 31:1, 5; 33:2, 9; 34:33; 35:17; 스 3:1; 6:16, 21; 7:7; 느 1:6; 2:10; 7:73; 8:1, 14, 17; 9:1; 10:39; 13:2 **시가서** 시 22:23; 103:7; 148:14 **선지서** 사 17:3, 9; 27:12; 31:6; 45:25; 66:20; 렘 3:21; 16:14, 15; 23:7, 8; 31:36, 37; 32:30, 32; 50:4, 33; 겔 2:3; 4:13; 6:5; 37:16, 21; 단 1:3; 호 1:10, 11; 3:1, 4, 5; 4:1; 욜 3:16; 암 2:11; 3:1, 12; 4:5; 9:7; 옵 1:20; 미 5:3 **신약** 마 27:9; 눅 1:16; 행 7:23, 37; 9:15; 10:36; 롬 9:27; 고후 3:7, 13; 히 11:22; 계 2:14; 7:4; 21:12

이스마엘의 자손 - 대상 1:31
이스할 자손 - 대상 26:23, 29
임멜 자손 - 스 2:37; 10:20; 느 7:40
잇사갈 자손 - 민 2:5; 10:15; 26:23; 34:26; 수 19:17, 23; 대상 12:32
하갑 자손과 사믈래 자손과 하난 자손 - 스 2:46
하난 자손과 깃델 자손과 가할 자손 - 느 7:49
하림 자손 - 스 2:32, 39; 10:21, 31; 느 7:35, 42
하립 자손 - 느 7:24
하몰 자손 - 수 24:32; 행 7:16
하바야 자손과 학고스 자손과 바르실래 자손 - 스 2:61
하숨 자손 - 스 2:19; 10:33; 느 7:22
하스나아의 자손 - 느 3:3
함의 자손 - 대상 1:8; 4:40
헤나닷 자손 - 스 3:9; 느 10:9
헤만의 자손 - 대하 29:14
헤벨의 자손 - 수 17:2
헤브론 자손 - 대상 15:9; 26:23, 30, 31
헬렉의 자손 - 수 17:2
호다위야/호드야 자손 곧 예수아와 갓미엘 자손 - 스 2:40; 느 7:43
호바야 자손과 학고스 자손과 바르실래 자손 - 느 7:63
호밥의 자손 - 삿 4:11

【 자수정 】   【 자식 】

자손 – 기타 본문

모세오경 창 10:31, 32; 13:15, 16; 17:12; 25:18; 36:10, 12, 13, 15, 16, 17, 21; 46:7, 15; 48:11; 레 10:9; 21:15, 17; 민 14:24 **역사서** 수 4:21, 22; 22:24, 25; 왕상 2:4, 33; 9:6, 21; 왕하 8:19; 10:30; 11:1; 대상 7:9, 11; 9:23; 대하 8:8; 스 2:58; 6:16, 19, 20; 8:35; 9:2, 12; 10:7, 16; 느 7:60; 에 9:31 **시가서** 욥 5:25; 17:5; 21:8, 19; 27:14; 시 21:10; 37:25, 26, 28; 72:4; 89:4, 30; 90:16; 102:28 **선지서** 사 14:21; 29:23; 48:19; 54:3; 61:9; 렘 2:9; 22:28, 30; 29:32; 30:10, 20; 35:6, 14; 36:31; 46:27; 49:10, 28; 겔 20:21; 46:16; 단 11:4; 호 11:10; 슥 10:7 **신약** 마 22:45; 눅 20:44

자수정(紫水晶, amethyst)

출 28:19	셋째 줄은 호박 백마노 **자수정**이요
출 39:12	셋째 줄은 호박 백마노 **자수정**이요
계 21:20	열한째는 청옥이요 열두째는 **자수정**

자식(子息, child, boy)

모세오경, 역사서

창 3:16	네가 수고하고 **자식**을 낳을 것이며 너는
창 6:4	딸들에게로 들어와 **자식**을 낳았으니
창 11:30	임신하지 못하므로 **자식**이 없었더라
창 15:2	나는 **자식**이 없사오니 나의 상속자는
창 17:17	백 세 된 사람이 어찌 **자식**을 낳을까
창 18:19	그로 그 **자식**과 권속에게 명하여
창 21:7	이르되 사라가 **자식**들을 젖먹이겠다고
창 21:15	물이 떨어진지라 그 **자식**을 관목덤불
창 30:1	**자식**을 낳게 하라 그렇지 아니하면 내가
창 30:3	나도 그로 말미암아 **자식**을 얻겠노라
창 31:16	재물은 우리와 우리 **자식**의 것이니 이제
창 31:17	야곱이 일어나 **자식**들과 아내들을 낙타
창 31:43	딸이요 **자식**들은 내 **자식**이요 … 그들이 낳은 **자식**들에게 무엇을 하겠느냐
창 33:1	**자식**들을 나누어 레아와 라헬과 두 여종
창 33:2	**자식**들은 앞에 두고 레아와 그의 **자식**들
창 33:5	들어 여인들과 **자식**들을 보고 … 주의 종에게 은혜로 주신 **자식**들이니이다
창 33:6	여종들이 그의 **자식**들과 더불어 나아와
창 33:7	레아도 그의 **자식**들과 더불어 나아와
창 33:13	주도 아시거니와 **자식**들은 연약하고
창 33:14	앞에 가는 가축과 **자식**들의 걸음대로
창 42:36	너희가 나에게 내 **자식**들을 잃게 하도다
창 43:14	원하노라 내가 **자식**을 잃게 되면 잃으리
출 21:4	그의 아내와 그의 **자식**들은 상전에게
출 23:12	여종의 **자식**과 나그네가 숨을 돌리리라
레 20:2	거류민이든지 그의 **자식**을 몰렉에게
레 20:3	그의 **자식**을 몰렉에게 주어서 내 성소
레 20:4	그가 그의 **자식**을 몰렉에게 주는 것을
레 20:20	죄를 담당하여 **자식**이 없이 죽으리라
레 20:21	범함이니 그들에게 **자식**이 없으리라
레 22:13	이혼을 당하든지 **자식**이 없이 그의 친정
민 3:4	여호와 앞에서 죽어 **자식**이 없었으며
민 14:18	아버지의 죄악을 **자식**에게 갚아 삼사대
민 24:17	무찌르고 또 셋의 **자식**들을 다 멸하리로
신 21:20	우리의 이 **자식**은 완악하고 패역하여
신 24:16	그 **자식**들로 말미암아 죽임을 당하지 않을 것이요 **자식**들은 그 아버지로
신 28:57	자기가 낳은 어린 **자식**을 남몰래 먹으리
삿 11:2	다른 여인의 **자식**이니 우리 아버지의
삼상 1:2	**자식**이 있고 한나에게는 **자식**이 없었더
삼상 15:33	여인들에게 **자식**이 없게 한 것같이 여인 중 네 어미에게 **자식**이 없으리라
삼하 3:34	불의한 **자식**의 앞에 엎드러짐같이 네가
삼하 6:23	미갈이 죽는 날까지 그에게 **자식**이 없으
삼하 12:3	그와 그의 **자식**과 함께 자라며 그가

시가서, 선지서

욥 3:7	그 밤에 **자식**을 배지 못하였더라면,
욥 5:4	그의 **자식**들은 구원에서 멀고 성문에서
욥 15:34	경건하지 못한 무리는 **자식**을 낳지 못할
욥 19:17	허리의 **자식**들도 나를 가련하게 여기는
욥 24:5	빈 들이 그들의 **자식**을 위하여 그에게
욥 30:8	**자식**이요 이름 없는 자들의 **자식**으로서
시 103:13	**자식**을 긍휼히 여김같이 여호와께서는
시 127:3	**자식**들은 여호와의 기업이요 태의 열매
시 127:4	젊은 자의 **자식**은 장사의 수중의 화살
시 128:3	둘러앉은 **자식**들은 어린 감람나무같으
시 128:6	네 **자식**의 **자식**을 볼지어다 이스라엘에게
잠 13:24	**자식**을 미워함이라 **자식**을 사랑하는
잠 17:6	노인의 면류관이요 아비는 **자식**의 영화
잠 19:26	부끄러움을 끼치며 능욕을 부르는 **자식**
잠 23:24	**자식**을 낳은 자는 그로 말미암아 즐거우
잠 29:15	행하게 버려 둔 **자식**은 어미를 욕되게
잠 29:17	**자식**을 징계하라 그리하면 그가 너를

2024

【 자식 】

잠 29:21	곱게 양육하면 그가 나중에는 **자식**인
잠 31:28	그의 **자식**들은 일어나 감사하며 그의
사 1:2	내가 **자식**을 양육하였거늘 그들이 나를
사 1:4	부패한 **자식**이로다 그들이 여호와를
사 30:1	패역한 **자식**들은 화 있을진저 그들이
사 30:9	하는 **자식**들이요… 싫어하는 **자식**들이
사 49:15	여인이 어찌 그 젖 먹는 **자식**을 잊겠으
사 49:20	**자식**을 잃었을 때에 낳은 자녀가 후일에
사 54:1	여인의 **자식**이 남편 있는 자의 **자식**보다
사 57:3	무당의 **자식**, 간음자와 음녀의 **자식**들아
사 57:4	패역의 **자식**, 거짓의 후손이 아니냐
사 66:13	어머니가 **자식**을 위로함같이 내가 너희
렘 3:14	여호와의 말씀이니라 배역한 **자식**들아
렘 3:22	배역한 **자식**들아 돌아오라 내가 너희
렘 4:22	지각이 없는 미련한 **자식**이라 악을 행하
렘 7:18	**자식**들은 나무를 줍고 아버지들은 불을
렘 15:7	키로 까불러 그 **자식**을 끊어서 내 백성
렘 22:30	사람이 **자식**이 없겠고 그의 평생 동안
렘 30:6	너희는 **자식**을 해산하는 남자가 있는가
렘 31:15	**자식** 때문에 애곡하는 것이라 그가 **자식**
렘 31:20	사랑하는 아들 기뻐하는 **자식**이 아니냐
렘 49:1	이스라엘이 **자식**이 없느냐 상속자가
겔 23:37	행음하며 내게 낳아 준 **자식**들을 우상에
겔 36:12	**자식**들을 잃어버리지 않게 하리라
호 1:2	음란한 **자식**들을 낳으라 이 나라가
호 2:4	아니하리니 이는 그들이 음란한 **자식**
호 9:12	그들이 **자식**을 기를지라도 내가 그 **자식**
호 9:13	두로와 같으나 그 **자식**들을 살인하는
호 10:14	때에 어머니와 **자식**이 함께 부서졌도다
호 13:13	그는 지혜 없는 **자식**이로다 해산할 때가
미 1:16	기뻐하는 **자식**으로 인하여 네 머리털을
슥 9:13	내가 네 **자식**들을 일으켜 헬라 **자식**들을

신약

마 2:18	라헬이 그 **자식**을 위하여 애곡하는 것이
	라 그가 **자식**이 없으므로 위로 받기를
마 3:7	독사의 **자식**들아 누가 너희를 가르쳐
마 7:11	악한 자라도 좋은 것으로 **자식**에게
마 10:21	아버지가 **자식**을 죽는 데에 내주며 **자식**
마 12:34	독사의 **자식**들아 너희는 악하니 어떻게
마 18:25	아내와 **자식**들과 모든 소유를 다 팔아
마 19:29	자매나 부모나 **자식**이나 전토를 버린
마 22:24	만일 **자식**이 없이 죽으면 그 동생
마 23:15	너희보다 배나 더 지옥 **자식**이 되게

【 자신 】

막 10:29	아버지나 **자식**이나 전토를 버린 자는
막 10:30	어머니와 **자식**과 전토를 백 배나 받되
막 12:19	형이 **자식**이 없이 아내를 두고 죽으면
막 13:12	**자식**을 죽는 데에 내주며 **자식**이 부모
눅 1:7	그들에게 **자식**이 없고 두 사람의 나이가
눅 1:17	아버지의 마음을 **자식**에게, 거스르는
눅 3:7	독사의 **자식**들아 누가 너희에게 일러
눅 11:13	것을 **자식**에게 줄 줄 알거든 하물며
눅 19:44	너와 및 그 가운데 있는 네 **자식**들을
눅 20:28	형이 아내를 두고 **자식**이 없이 죽으면
눅 20:29	맏이가 아내를 취하였다가 **자식**이 없이
눅 20:31	일곱이 다 그와 같이 **자식**이 없이 죽고
요 17:12	**자식**뿐이오니 이는 성경을 응하게
행 7:5	아직 **자식**도 없는 그와 그의 후손에게
행 13:10	마귀의 **자식**이요 모든 의의 원수여 주의
롬 9:11	**자식**들이 아직 나지도 아니하고 무슨
빌 2:22	너희가 아나니 **자식**이 아버지에게
벧전 1:14	순종하는 **자식**처럼 전에 알지 못할 때에
벤후 2:14	마음을 가진 자들이니 저주의 **자식**이라

자신(自身, oneself)
구약

창 35:2	신상들을 버리고 **자신**을 정결하게 하고
레 19:18	이웃 사랑하기를 네 **자신**과 같이 사랑
레 21:4	제사장은 그의 백성의 어른인즉 **자신**을
레 21:9	제사장의 딸이든지 행음하여 **자신**을
민 15:39	너희를 방종하게 하는 **자신**의 마음과
민 19:12	일곱째 날에 잿물로 **자신**을 정결하게
	할 것이라 … 일곱째 날에 **자신**을 정결
민 19:13	시체를 만지고 **자신**을 정결하게 하지
민 19:20	사람이 부정하고도 **자신**을 정결하게
민 35:19	살인한 자를 **자신**이 죽일 것이니 그를
수 3:5	너희는 **자신**을 성결하게 하라 여호와께
삿 6:31	제단을 파괴하였은즉 그가 **자신**을 위해
삿 9:8	기름을 부어 **자신**들 위에 왕으로 삼으려
왕상 19:4	자기 **자신**은 광야로 들어가 하룻길쯤
왕상 21:20	네가 네 **자신**을 팔아 여호와 보시기에
왕상 21:25	예로부터 아합과 같이 그 **자신**을 팔아
대하 30:17	회중 가운데 많은 사람이 **자신**들을 성결
대하 30:24	회중에게 주었으며 **자신**들을 성결하게
욥 18:4	울분을 터뜨리며 자기 **자신**을 찢는 사람
욥 32:1	**자신**을 의인으로 여기므로 그 세 사람
욥 36:9	악행과 **자신**들의 교만한 행위를 알게

【 자신 】　　　　　　　　　　　　　　　　　　　　　　　　　　【 자연히 】

시 18:23	나의 죄악에서 스스로 **자신**을 지켰나니
시 32:1	허물의 사함을 받고 **자신**의 죄가 가려진
시 104:31	여호와는 **자신**께서 행하시는 일들로
잠 12:26	악인의 소행은 **자신**을 미혹하느니라
전 10:15	우매한 자들의 수고는 **자신**을 피곤하게
사 55:2	너희 **자신**들이 기름진 것으로 즐거움을
렘 3:11	반역한 유다보다 **자신**이 더 의로움이
렘 6:10	여호와의 말씀을 그들이 **자신**들에게
렘 7:24	**자신**들의 악한 마음의 꾀와 완악한 대로
렘 10:23	사람의 길이 **자신**에게 있지 아니하니
렘 23:24	**자신**을 은밀한 곳에 숨길 수 있겠느냐
렘 27:7	나라들과 큰 왕들이 그 **자신**을 섬기리라
애 3:43	진노로 **자신**을 가리시고 우리를 추격
애 3:44	구름으로 **자신**을 가리사 기도가 상달
겔 20:30	풍속을 따라 너희 **자신**을 더럽히며
겔 20:31	너희 **자신**을 우상들로 말미암아
겔 22:16	네가 **자신** 때문에 나라들의 목전에서
겔 23:7	모든 우상으로 **자신**을 더럽혔으며
겔 36:7	이방인이 **자신**들의 수치를 반드시 당하
겔 36:18	말미암아 **자신**들을 더럽혔으므로
겔 37:23	죄악으로 더 이상 **자신**들을 더럽히지
단 5:23	**자신**을 하늘의 주재보다 높이며 그의
단 9:19	나의 하나님이여 주 **자신**을 위하여 하시

신약

마 19:19	이웃을 네 **자신**과 같이 사랑하라 하신
마 22:39	이웃을 네 **자신**같이 사랑하라 하셨으니
막 12:31	둘째는 이것이니 네 이웃을 네 **자신**과
막 12:33	이웃을 자기 **자신**과 같이 사랑하는 것이
눅 4:23	의사야 너 **자신**을 고치라 하는 속담을
눅 7:30	**자신**을 위한 하나님의 뜻을 저버리나라
눅 10:27	네 **자신**같이 사랑하라 하였나이다
눅 23:35	택하신 자 그리스도이면 **자신**도 구원할
요 7:4	행하려 하거든 **자신**을 세상에 나타내소
롬 1:27	그릇됨에 상당한 보응을 그들 **자신**이
롬 2:21	가르치는 네가 네 **자신**은 가르치지
롬 6:11	같이 너희도 **자신**을 죄에 대하여
롬 6:13	오직 너희 **자신**을 죽은 자 가운데서
롬 6:16	너희 **자신**을 종으로 내주어 누구에게
롬 7:25	내 **자신**이 마음으로는 하나님의 법을
롬 9:3	**자신**이 저주를 받아 그리스도에게서
롬 13:9	이웃을 네 **자신**과 같이 사랑하라 하신
고전 3:15	그러나 **자신**은 구원을 받되 불 가운데서
고전 3:18	아무도 **자신**을 속이지 말라 너희 중에
고전 6:19	알지 못하느냐 너희는 너희 **자신**의 것이
고전 9:27	내가 남에게 전파한 후에 **자신**이 도리어
고전 10:33	기쁘게 하여 **자신**의 유익을 구하지 아니
고전 15:28	아들 **자신**도 그 때에 만물을 자기에게
고후 1:9	**자신**이 사형 선고를 받은 줄 알았으니
고후 5:15	그들 **자신**을 위하여 살지 않고 오직
고후 7:1	온갖 더러운 것에서 **자신**을 깨끗하게
고후 7:11	너희 **자신**의 깨끗함을 나타내었느니라
고후 8:5	먼저 **자신**을 주께 드리고 또 하나님의
고후 12:13	**자신**이 너희에게 폐를 끼치지 아니한
고후 12:15	재물을 사용하고 또 내 **자신**까지도 내어
고후 13:5	너희 **자신**을 시험하고 너희 **자신**을 확증
갈 2:20	나를 위하여 자기 **자신**을 버리신 하나님
갈 5:14	네 이웃 사랑하기를 네 **자신**같이 하라
갈 6:1	바로잡고 너 **자신**을 살펴보아 너도 시험
엡 4:19	감각 없는 자가 되어 **자신**을 방탕에
엡 5:2	우리를 위하여 **자신**을 버리사 향기로운
엡 5:25	교회를 위하여 **자신**을 주심같이 하라
엡 5:28	사랑하기를 자기 **자신**과 같이 할지니
엡 5:33	아내 사랑하기를 **자신**같이 하고 아내도
살전 4:9	너희들 **자신**이 하나님의 가르치심을
살전 5:2	같이 이를 줄을 너희 **자신**이 자세히
딤전 4:7	버리고 경건에 이르도록 네 **자신**을 연단
딤전 4:16	네가 네 **자신**과 가르침을 살펴 이 일을 계속하라 이것을 행함으로 네 **자신**과
딤전 5:22	간섭하지 말며 네 **자신**을 지켜 정결
딤후 2:15	일꾼으로 인정된 자로 **자신**을 하나님
딛 2:7	**자신**이 선한 일의 본을 보이며 교훈에
딛 2:14	그가 우리를 대신하여 **자신**을 주심은
몬 1:19	네가 이 외에 네 **자신**이 내게 빚진 것은
히 5:3	**자신**을 위하여도 드리는 것이 마땅하니
히 11:11	믿음으로 사라 **자신**도 나이가 많아 단산
히 13:17	영혼을 위하여 경성하기를 **자신**들이
약 1:22	듣기만 하여 **자신**을 속이는 자가 되지
약 1:24	**자신**을 보고 가서 그 모습이 어떠했는지
벧후 2:19	**자신**들은 멸망의 종들이니 누구든지
요일 5:21	자녀들아 너희 **자신**을 지켜 우상에게서
유 1:20	믿음 위에 **자신**을 세우며 성령으로
유 1:21	하나님의 사랑 안에서 **자신**을 지키며
계 19:7	기약이 이르렀고 그의 아내가 **자신**을

자연히(自然, for oneself)

| 눅 21:30 | 보고 여름이 가까운 줄을 **자연히** 아나니 |

자욱하다 (billow up)
출 19:18 시내 산에 연기가 **자욱하니** 여호와께서

자원/-하다 (自願, be willing)
출 35:21 마음이 감동된 모든 자와 **자원하는** 모든
출 35:29 마음에 **자원하는** 남녀는 누구나 … 이
스라엘 자손이 여호와께 **자원하여** 드린
출 36:3 백성이 아침마다 **자원하는** 예물을
레 7:16 그의 예물의 제물이 서원이나 **자원하는**
레 22:18 제물이나 **자원** 제물로 번제와 더불어
레 22:23 너희가 **자원** 제물로는 쓰려니와 서원
레 23:38 모든 **자원** 제물 외에 너희가 여호와께
신 16:10 주신 대로 네 힘을 헤아려 **자원하는**
신 23:23 무릇 **자원한** 예물은 네 하나님 여호와께
왕상 13:33 **자원하면** 그 사람을 산당의 제사장으로
왕하 12:4 드리는 은이나 **자원하여** 여호와의 성전
대상 29:9 백성들은 **자원하여** 드렸으므로 … 성
심으로 여호와께 **자원하여** 드렸으므로
대상 29:17 주의 백성이 주께 **자원하여** 드리는 것을
느 11:2 예루살렘에 거주하기를 **자원하는** 모든
시 51:12 회복시켜 주시고 **자원하는** 심령을 주사
시 119:108 내 입이 드리는 **자원** 제물을 받으시고
겔 46:12 만일 군주가 **자원하여** 번제를 준비하거
나 혹은 **자원하여** 감사제를 준비하여
고후 8:3 할 뿐 아니라 힘에 지나도록 **자원하여**
고후 8:17 권함을 받고 더욱 간절함으로 **자원하여**
벧전 5:2 하나님의 뜻을 따라 **자원함**으로 하며

자유/-하다 (自由, liberty, freedom, set free)
레 25:10 모든 주민을 위하여 **자유**를 공포하라
레 25:54 이르러는 그와 그의 자녀가 **자유하리니**
신 15:13 놓아 **자유하게** 할 때에는 빈손으로
신 15:18 그를 놓아 **자유하게** 하기를 어렵게
시 146:7 여호와께서는 갇힌 자들에게 **자유**를
사 58:6 압제당하는 자를 **자유하게** 하며 모든
사 61:1 상한 자를 고치며 포로 된 자에게 **자유**를
렘 34:8 맺고 **자유**를 선포한 후에 여호와께로부
렘 34:11 변하여 **자유**를 주었던 노비를 끌어다가
렘 34:15 이웃에게 **자유**를 선포하되 내 이름으로
렘 34:17 이웃에게 **자유**를 선포한 것을 실행하지
… 전염병과 기근에게 **자유**를 주리라
눅 4:18 포로 된 자에게 **자유**를, 눈 먼 자에게
행 24:23 바울을 지키되 **자유**를 주고 그의 친구들
롬 8:21 자녀들의 영광의 **자유**에 이르는 것이
고전 8:9 **자유**가 믿음이 약한 자들에게 걸려 넘어
고전 10:29 **자유**가 남의 양심으로 말미암아 판단을
고후 3:17 주의 영이 계신 곳에는 **자유**가 있느니라
갈 2:4 예수 안에서 우리가 가진 **자유**를 엿보고
갈 4:22 **자유** 있는 여자에게서 났다 하였으며
갈 4:23 **자유** 있는 여자에게서는 약속으로
갈 4:30 여종의 아들이 **자유** 있는 여자의 아들과
갈 4:31 여종의 자녀가 아니요 **자유** 있는 여자의
갈 5:1 **자유**를 주셨으니 그러므로 굳건하게
갈 5:13 형제들아 너희가 **자유**를 위하여 부르심
을 입었으나 그러나 그 **자유**로 육체의
약 2:12 **자유**의 율법대로 심판 받을 자처럼 말도
벧전 2:16 너희는 **자유**가 있으나 그 **자유**로 악을
벧후 2:19 그들에게 **자유**를 준다 하여도 자신들은

자유롭다 (let ~ go free, set ~ free)
신 15:12 너는 그를 놓아 **자유롭게** 할 것이요
욥 39:5 누가 들나귀를 놓아 **자유롭게** 하였느냐
시 105:20 통치자가 그를 **자유롭게** 하였도다
시 119:45 구하였사오니 **자유롭게** 걸어갈 것이오
렘 34:9 노비를 놓아 **자유롭게** 하고 그의 동족
렘 34:10 노비를 **자유롭게** 하고 다시는 종을
렘 34:14 그를 놓아 **자유롭게** 할지니라 하였으나
렘 34:16 마음대로 **자유롭게** 하였던 노비를
눅 4:18 전파하며 눌린 자를 **자유롭게** 하고
요 8:32 진리가 너희를 **자유롭게** 하리라
요 8:33 어찌하여 우리가 **자유롭게** 되리라 하느
요 8:36 그러므로 아들이 너희를 **자유롭게** 하
면 너희가 참으로 **자유로우리라**
롬 7:3 죽으면 그 법에서 **자유롭게** 되나니
고전 7:21 네가 **자유롭게** 될 수 있거든 그것을
고전 7:39 남편이 죽으면 **자유로워** 자기 뜻대로
고전 9:19 사람에게서 **자유로우나** 스스로 모든
갈 5:1 그리스도께서 우리를 **자유롭게** 하려고
약 1:25 **자유롭게** 하는 온전한 율법을 들여다

자유민 (自由民, freedman)
행 6:9 **자유민**들 즉 구레네인, 알렉산드리아인

자유인 (自由人, free man)
출 21:2 물지 않고 나가 **자유인**이 될 것이며
출 21:5 처자를 사랑하니 나가서 **자유인**이 되지

【 자유자 】　　　　　　　　　　　　　　　　　　　　　　　　　　　　　　【 자청하다 】

고전 7:22	속한 **자유인**이요 또 그와 같이 **자유인**	잠 29:1	**자주** 책망을 받으면서도 목이 곧은 사람
고전 9:1	내가 **자유인**이 아니냐 사도가 아니냐	렘 6:9	손을 광주리에 **자주자주** 놀리라 하시나
고전 12:13	종이나 **자유인**이나 다 한 성령으로	애 3:3	종일토록 손을 들어 **자주자주** 나를 치시
갈 3:28	유대인이나 헬라인이나 종이나 **자유인**	마 17:15	심히 고생하여 **자주** 불에도 넘어지며
엡 6:8	종이나 **자유인**이나 주께로부터 그대로	막 9:22	귀신이 그를 죽이려고 불과 물에 **자주**
골 3:11	스구디아인이나 종이나 **자유인**이 차별	눅 5:33	예수께 말하되 요한의 제자는 **자주** 금식
계 6:15	강한 자들과 모든 종과 **자유인**이 굴과	눅 18:3	과부가 있어 **자주** 그에게 가서 내 원수
계 13:16	**자유인**이나 종들에게 그 오른손에나	행 24:26	돈을 받을까 바라는 고로 더 **자주** 불러
계 19:18	탄 자들의 살과 **자유인**들이나 종들이나	딤전 5:23	위장과 **자주** 나는 병을 위하여는 포도주
		딤후 1:16	그가 나를 **자주** 격려해 주고 내가 사슬

자유자(自由者, free)
갈 4:26　　오직 위에 있는 예루살렘은 **자유자**니

		히 6:7	위에 **자주** 내리는 비를 흡수하여 받기는
		히 9:25	성소에 들어가는 것같이 **자주** 자기를
		히 9:26	창조한 때부터 **자주** 고난을 받았어야
		히 10:11	제사장마다 매일 서서 섬기며 **자주** 같은

자의(自意, spontaneous, voluntarily)

레 22:21	**자의**로 예물을 드리려 하여 소나 양으로
삿 21:22	너희가 **자의**로 그들에게 준 것이 아니니
단 8:12	진리를 땅에 던지며 **자의**로 행하여 형통
단 8:24	**자의**로 행하여 형통하며 강한 자들과
요 12:49	**자의**로 말한 것이 아니요 나를 보내신
고전 9:17	내 **자의**로 이것을 행하면 상을 얻으려
	니와 내가 **자의**로 아니한다 할지라도
골 2:23	**자의**적 숭배와 겸손과 몸을 괴롭게 하는
몬 1:14	일이 억지같이 되지 아니하고 **자의**로

자주 2/-색(紫朱, purple)

아 7:5	**자주** 빛이 있으니 왕이 그
단 5:7	이 글자를 읽고 그 해석을
	내게 보이면 **자주색** 옷을 입히고
단 5:16	네게 **자주색** 옷을 입히고
단 5:29	다니엘에게 **자주색** 옷을 입히게 하며
계 17:4	여자는 **자주** 빛과 붉은 빛 옷을 입고
계 18:12	세마포와 **자주** 옷감과 비단과 붉은 옷감
계 18:16	세마포 옷과 **자주** 옷과 붉은 옷을 입고

자자손손(子子孫孫, children's children)

왕하 17:41	그들의 **자자손손**이 그들의 조상들이
잠 13:22	선인은 그 산업을 **자자손손**에게 끼쳐도
겔 37:25	그들의 **자자손손**이 영원히 거기에 거주

자줏빛(purple)

슥 1:8	뒤에는 붉은 말과 **자줏빛** 말과 백마가
계 9:17	불빛과 **자줏빛**과 유황빛 호심경이 있고

자정(子正, midnight)
행 27:27　　바다에서 이리 저리 쫓겨가다가 **자정**쯤

자책하다(自責, count)

삼하 24:10	그의 마음에 **자책하고** 다윗이 여호와께
고전 4:4	내가 **자책할** 아무 것도 깨닫지 못하나

자제하다(自制, deny)
민 30:13　　모든 서원과 마음을 **자제하기**로 한 모든

자처하다(自處, consider)
행 13:46　　합당하지 않은 자로 **자처하기**로 우리가

자족하다(自足, content)
빌 4:11　　어떠한 형편에든지 나는 **자족하기**를
딤전 6:6　　**자족하는** 마음이 있으면 경건은 큰 이익

자천하다(自薦, commend)

고후 3:1	다시 **자천하기**를 시작하겠느냐 우리가
고후 5:12	너희에게 **자천하는** 것이 아니요 오직
고후 6:4	하나님의 일꾼으로 **자천하여** 많이

자주 1/-자주(again and again)

욥 10:17	주께서 **자주자주** 증거하는 자를 바꾸어
시 103:9	**자주** 경책하지 아니하시며 노를 영원히
잠 25:17	이웃집에 **자주** 다니지 말라 그가 너를

자청하다(自請, bring, invite)
삼상 3:13　　아들들이 저주를 **자청하되** 금하지

【 자체 】　　　【 작별하다 】

잠 14:3　　교만하여 입으로 매를 **자청**하고 지혜로
잠 18:6　　일으키고 그의 입은 매를 **자청**하느니라

자체(自體, by itself)
약 2:17　　없는 믿음은 그 **자체**가 죽은 것이라

자초하다(自招, cause one's own)
삼하 16:8　흘린 자이므로 화를 **자초**하였느니라
대하 25:19　어찌하여 화를 **자초**하여 너와 유다가
렘 7:6　　다른 신들 뒤를 따라 화를 **자초**지

자취(way, step, footstep)
신 12:30　멸망한 그들의 **자취**를 밟아 올무에
시 34:16　**자취**를 땅에서 끊으려 하시는도다
잠 30:19　독수리의 **자취**와 반석 위로 기어 다니는
　　　　　뱀의 **자취**와 바다로 지나다니는 배의 **자취**와 남자가 여자와 함께 한 **자취**며
잠 30:20　음녀의 **자취**도 그러하니라 그가 먹고
롬 4:12　　무할례시에 가졌던 믿음의 **자취**를
벧전 2:21　너희에게 본을 끼쳐 그 **자취**를 따라오게

자취하다(自取, bring on oneself)
왕하 14:10　돌아가라 어찌하여 화를 **자취**하여 너와
사 3:9　　있을진저 그들이 재앙을 **자취**하였도다
렘 2:17　　그를 떠남으로 이를 **자취**함이 아니냐
렘 7:19　　얼굴에 부끄러움을 **자취**함이 아니냐
롬 13:2　　거스르는 자들은 심판을 **자취**하리라

자칭(自稱, claim, boast)
눅 23:2　　바치는 것을 금하며 **자칭** 왕 그리스도
요 10:33　사람이 되어 **자칭** 하나님이라 함이로라
요 19:21　유대인의 왕이라 쓰지 말고 **자칭** 유대인
행 8:9　　백성을 놀라게 하며 **자칭** 큰 자라
계 2:2　　용납하지 아니한 것과 **자칭** 사도라 하되
계 2:9　　네가 부요한 자니라 **자칭** 유대인이라
계 2:20　책망할 일이 있노라 **자칭** 선지자라 하는
계 3:9　　보라 사탄의 회당 곧 **자칭** 유대인이라

작다/작아지다(small, short)
출 16:14　마른 후에 광야 지면에 **작고** 둥글며
삼상 15:17　사무엘이 이르되 왕이 스스로 **작게** 여길
왕상 8:64　놋제단이 **작으므로** 번제물과 소제물과
대상 17:17　주께서 이것을 오히려 **작게** 여기시고

'작은'과 관련된 성구

작은 돌 – 삼하 17:13 / 작은 동생 – 창 43:29
작은 방패 – 왕상 10:17; 대하 9:16; 14:8; 23:9; 렘 46:3; 겔 23:24; 38:4; 39:9
작은 배 – 막 3:9; 요 21:8
작은 산 – 민 23:9; 신 12:2; 삼하 2:25; 왕하 16:4; 대하 28:4; 시 65:12; 72:3; 114:4, 6; 148:9; 아 2:8; 4:6; 사 2:2; 17:9; 41:15; 65:7; 렘 3:23; 4:24; 13:27; 호 4:13; 10:8; 욜 3:18; 암 9:13; 미 4:1; 6:1; 나 1:5; 합 3:6; 슥 1:10; 눅 3:5; 23:30
작은 생선 – 마 15:34; 막 8:7
작은 섬 – 행 27:16
작은 아이 – 삼상 20:35; 왕상 3:7; 11:17; 왕하 2:23
작은 야고보 – 막 15:40 / 작은 여우 – 아 2:15
작은 일 – 창 30:15; 출 18:22, 26; 민 16:9, 13; 삼상 18:23; 20:2; 22:15; 왕상 2:20; 왕하 3:18; 사 7:13; 겔 16:20; 34:18; 슥 4:10; 눅 12:26; 고전 4:3; 6:2
작은 자와 큰 자 – 삼상 5:9; 왕상 22:31; 대상 12:14; 25:8; 대하 18:30; 욥 3:19; 렘 6:13; 8:10; 16:6; 31:34; 겔 13:18; 눅 7:28; 히 8:11; 계 11:18; 13:16; 19:5, 18; 20:12
작은 집 – 암 6:11

느 9:32　　오늘까지 당한 모든 환난을 이제 **작게**
잠 30:24　땅에 **작고도** 가장 지혜로운 것 넷이
전 9:14　　**작고** 인구가 많지 아니한 어떤 성읍에
사 7:13　　사람을 괴롭히고서 그것을 **작은** 일로
렘 49:15　너를 여러 나라 가운데서 **작아지게**
암 8:5　　에바를 **작게** 하고 세겔을 크게 하여
옵 1:2　　내가 너를 나라들 가운데에 매우 **작게**
미 5:2　　너는 유다 족속 중에 **작을지라도**
마 2:6　　유대 고을 중에서 가장 **작지** 아니하도다
눅 19:3　　보고자 하되 키가 **작고** 사람이 많아

작대기(stick)
사 28:27　소회향은 **작대기**로 떨고 대회향은

작별하다(作別, party, separate)
미 1:14　　너는 가드모레셋에 **작별하는** 예물을

[작살]   [잔]

막 6:46 무리를 **작별**하신 후에 기도하러 산으로
눅 9:61 먼저 내 가족을 **작별**하게 허락하소서
행 15:30 그들이 **작별**하고 안디옥에 내려가
행 18:18 여러 날 머물다가 형제들과 **작별**하고
행 18:21 **작별**하여 이르되 만일 하나님의 뜻이면
행 20:1 제자들을 불러 권한 후에 **작별**하고 떠나
행 21:1 우리가 그들을 **작별**하고 배를 타고
행 21:6 서로 **작별**한 후 우리는 배에 오르고
고후 2:13 심령이 편하지 못하여 그들을 **작별**하고

작살(fishing spear)
욥 41:7 가죽을 찌르거나 **작살**을 그 머리에 꽂을

작업자(作業者, worker)
왕하 22:5 여호와의 성전에 있는 **작업자**에게 주어

작은누이(young sister)
아 8:8 우리에게 있는 **작은누이**는 아직도

작은딸(younger daughter)
창 19:31 딸이 **작은딸**에게 이르되 우리 아버지
창 19:34 이튿날 큰딸이 **작은딸**에게 이르되 어제
창 19:35 술을 마시게 하고 **작은딸**이 일어나
창 19:38 **작은딸**도 아들을 낳아 이름을 벤암미라
창 29:18 외삼촌의 **작은딸** 라헬을 위하여 외삼촌
삼상 14:49 맏딸의 이름은 메랍이요 **작은딸**의 이름

작은아들(younger son)
창 9:24 노아가 술이 깨어 그의 **작은아들**이 자기
창 27:15 좋은 의복을 가져다가 그의 **작은아들**
창 27:42 이에 사람을 보내어 **작은아들** 야곱을

작정/-하다/-되다(determine, decree, appoint)
왕상 20:42 멸하기로 **작정**한 사람을 네 손으로 놓았
대하 25:16 하나님이 왕을 멸하시기로 **작정하신**
에 9:27 지켜 폐하지 아니하기로 **작정**하고
욥 7:3   받으니 고달픈 밤이 내게 **작정되었구나**
욥 23:14 내게 **작정하신** 것을 이루실 것이라
시 49:14 양같이 스올에 두기로 **작정되었으니**
잠 16:33 사람이 뽑으나 모든 일을 **작정**하기
잠 29:26 사람의 일의 **작정**은 여호와께로 말미암
사 10:22 넘치는 공의로 파멸이 **작정되었음이라**
사 10:23 **작정된** 파멸을 주 만군의 여호와께서

사 28:22 온 땅을 멸망시키기로 **작정하신** 것을
렘 4:28 이미 말하였으며 **작정하였고** 회개하지
단 5:23 길을 **작정하시는** 하나님께는 영광을
단 9:26 있으리니 황폐할 것이 **작정되었느니라**
단 11:29 **작정된** 기한에 그가 다시 나와서 남방에
단 11:36 그 **작정된** 일을 반드시 이룰 것임이라
눅 22:22 인자는 이미 **작정된** 대로 가거니와 그를
행 11:29 형제들에게 부조를 보내기로 **작정하고**
행 13:48 영생을 주시기로 **작정된** 자는 다 믿더라
행 15:2 장로들에게 보내기로 **작정하니라**
행 16:4 장로들이 **작정한** 규례를 그들에게
행 17:31 공의로 심판할 날을 **작정하시고** 이에
행 19:21 예루살렘에 가기로 **작정하여** 이르되
행 20:3 마게도냐를 거쳐 돌아가기로 **작정하니**
행 20:16 지나 배 타고 가기로 **작정하였으니**
행 27:1 타고 이달리야에 가기로 **작정되매**
고전 2:2 알지 아니하기로 **작정하였음이라**
고전 4:9 죽이기로 **작정된** 자같이 끄트머리에
고전 16:15 성도 섬기기로 **작정한** 줄을 너희가 아는
딛 3:12 겨울을 지내기로 **작정하였노라**

잔(盞, cup)
구약
창 40:21 관원장은 전직을 회복하매 그가 **잔**을
창 44:2 내 **잔** 곧 은잔을 그 청년의 자루 아귀에
창 44:12 조사하매 그 **잔**이 베냐민의 자루에서
창 44:16 우리와 이 **잔**이 발견된 자가 다 내 주의
창 44:17 **잔**이 그 손에서 발견된 자만 내 종이
출 25:29 대접과 숟가락과 병과 붓는 **잔**을 만들되
출 25:31 **잔**과 꽃받침과 꽃을 한 덩이로 연결하고
출 37:16 대접과 숟가락과 **잔**과 따르는 병을 순금
출 37:17 밑판과 줄기와 **잔**과 꽃받침과 꽃이 그것
출 37:19 이쪽 가지에 살구꽃 형상의 **잔** 셋과
출 39:37 그 **잔** 곧 벌여 놓는 등잔대와 그 모든
민 4:7   주발들과 붓는 **잔**들을 그 위에 두고
삼하 12:3 그의 **잔**으로 마시며 그의 품에 누우므로
왕상 7:26 백합화의 양식으로 **잔** 가와 같이 만들었
대상 28:17 곧 각 **잔**을 만들 금의 무게와 또 은잔
         곧 각 **잔**을 만들 은의 무게를 정하고
대하 4:5 둘레는 **잔** 둘레와 같이 백합화의 모양
에 1:7   금잔으로 마시게 하니 **잔**의 모양이 각기
시 11:6 바람이 그들의 **잔**의 소득이 되리로다

【 잔 】　　　　　　　　　　　　　　　　【 잔잔하다/잔잔하여지다 】

시 16:5	여호와는 나의 산업과 나의 **잔**의 소득
시 73:10	백성이 이리로 돌아와서 **잔**에 가득한
시 75:8	**잔**이 있어 술 거품이 일어나는도다 속
	에 섞은 것이 가득한 그 **잔**을 하나님이
시 116:13	내가 구원의 **잔**을 들고 여호와의 이름을

'잔'과 관련된 성구

- 금잔 – 대상 28:17; 에 1:7; 렘 51:7; 계 17:4
- 바로의 잔 – 창 40:11, 13
- 살구꽃 형상의 잔 – 출 25:33, 34; 37:19, 20
- 술잔 – 렘 35:5; 49:12
- 은잔 – 대상 28:17
- 잔을 마시다 – 사 51:17; 마 20:23; 막 10:39; 고전 11:26, 28
- 잔을 받다 – 렘 25:17, 28; 눅 22:17; 계 16:19

잠 23:31	포도주는 붉고 **잔**에서 번쩍이며 순하게
아 7:2	포도주를 가득히 부은 둥근 **잔** 같게
사 51:22	**잔** 곧 나의 분노의 큰 **잔**을 네 손에서
사 51:23	그 **잔**을 너를 괴롭게 하던 자들의 손에
렘 16:7	위로의 **잔**을 그들에게 마시게 할 자가
렘 52:19	사령관은 **잔**들과 화로들과 주발들을
애 4:21	즐거워하며 기뻐하라 **잔**이 네게도
겔 23:31	내가 그의 **잔**을 네 손에 주리라
겔 23:32	깊고 크고 가득히 담긴 네 형의 **잔**을
겔 23:33	사마리아의 **잔** 곧 놀람과 패망의 **잔**을
겔 23:34	그 **잔**을 다 기울여 마시고 그 깨어진
합 2:16	여호와의 오른손의 **잔**이 네게로 돌아올
슥 12:2	취하게 하는 **잔**이 되게 할 것이라

신약

마 20:22	마시려는 **잔**을 너희가 마실 수 있느냐
마 23:25	바리새인들이여 **잔**과 대접의 겉은
마 26:27	**잔**을 가지사 감사 기도하시고 그들에게
마 26:39	이 **잔**을 내게서 지나가게 하옵소서
마 26:42	**잔**이 내게서 지나갈 수 없거든 아버지
막 7:4	**잔**과 주발과 놋그릇을 씻음이러라
막 10:38	마시는 **잔**을 너희가 마실 수 있으며
막 14:23	**잔**을 가지사 감사 기도하시고 그들에게
막 14:36	이 **잔**을 내게서 옮기시옵소서
눅 11:39	바리새인은 지금 **잔**과 대접의 겉은
눅 22:20	**잔**도 그와 같이 하여 이르시되 이 **잔**은
눅 22:42	아버지의 뜻이거든 이 **잔**을 내게서 옮기
요 18:11	아버지께서 주신 **잔**을 내가 마시지 아니
고전 10:16	축복하는 바 축복의 **잔**은 그리스도의
고전 10:21	너희가 주의 **잔**과 귀신의 **잔**을 겸하여
고전 11:25	또한 그와 같이 **잔**을 가지시고 이르시
	되 이 **잔**은 내 피로 세운 새 언약이니
고전 11:27	주의 떡이나 **잔**을 합당하지 않게 먹고
계 14:10	진노의 **잔**에 섞인 것이 없이 부은 포도
계 18:6	갑절을 갚아 주고 그가 섞은 **잔**에도

잔디 (grass)

마 14:19	**잔디** 위에 앉히시고 떡 다섯 개와
막 6:39	사람으로 떼를 지어 푸른 **잔디** 위에
요 6:10	하라 하시니 그 곳에 **잔디**가 많은지라

잔뜩 (fill)

사 56:12	독주를 **잔뜩** 마시자 내일도 오늘같이
렘 13:13	예루살렘 모든 주민으로 **잔뜩** 취하게

잔멸하다 (殘滅, destroy)

행 8:3	교회를 **잔멸할새** 각 집에 들어가 남녀를

잔인/-하다 (殘忍, cruel, heartless)

잠 5:9	수한이 **잔인한** 자에게 빼앗기게 될까
잠 11:17	**잔인한** 자는 자기의 몸을 해롭게 하느니
잠 12:10	돌보나 악인의 긍휼은 **잔인**이니라
잠 17:11	그에게 **잔인한** 사자가 보냄을 받으리라
잠 27:4	분은 **잔인하고** 노는 창수 같거니와 투기
아 8:6	질투는 스올같이 **잔인하며** 불길같이
사 19:4	애굽인을 **잔인한** 주인의 손에 붙이리니
렘 6:23	그들은 활과 창을 잡았고 **잔인하여** 사랑
렘 30:14	고난을 네가 받게 하며 **잔인한** 징계를
렘 50:42	그들은 활과 투창을 가진 자라 **잔인하여**
애 4:3	새끼를 먹이나 딸 내 백성은 **잔인하여**

잔잔하다/잔잔하여지다 (潺潺, calm)

욥 26:12	그는 능력으로 바다를 **잔잔하게** 하시며
시 89:9	그 파도가 일어날 때에 **잔잔하게**
시 107:29	광풍을 고요하게 하사 물결도 **잔잔하게**
욘 1:11	바다가 우리를 위하여 **잔잔하겠느냐**
욘 1:12	바다가 너희를 위하여 **잔잔하리라**
마 8:26	바다를 꾸짖으시니 아주 **잔잔하게**
막 4:39	바람이 그치고 아주 **잔잔하여지더라**
눅 8:24	꾸짖으시니 이에 그쳐 **잔잔하여지더라**

잔치/-하다 (feast, banquet)

구약

창 21:8	젖을 떼는 날에 아브라함이 큰 **잔치**를
창 26:30	이삭이 그들을 위하여 **잔치**를 베풀매
창 29:22	라반이 그 곳 사람을 다 모아 **잔치**하고
창 40:20	위하여 **잔치**를 베풀 때에 술 맡은
삿 14:10	삼손이 거기서 **잔치**를 베풀었으니 청년
삿 14:12	수수께끼를 내리니 **잔치하는** 이레 동안
삿 14:17	칠 일 동안 그들이 **잔치**할 때 그의 아내
삼상 25:36	왕의 **잔치**와 같은 **잔치**를 그의 집에
삼하 3:20	그와 함께한 사람을 위하여 **잔치**를
왕상 3:15	모든 신하들을 위하여 **잔치**하였더라
에 1:3	신하들을 위하여 **잔치**를 베푸니 바사와
에 1:5	왕궁 후원 뜰에서 칠 일 동안 **잔치**를
에 1:9	여인들을 위하여 **잔치**를 베푸니라
에 2:18	왕이 크게 **잔치**를 베푸니 이는 에스더를 위한 **잔치**라 모든 … 위하여 **잔치**를
에 5:4	내가 왕을 위하여 **잔치**를 베풀었사오니
에 5:5	함께 에스더가 베푼 **잔치**에 가니라
에 5:6	**잔치**의 술을 마실 때에 왕이 에스더에게
에 5:8	하만을 위하여 베푸는 **잔치**에 또 오소서
에 5:12	에스더가 그 베푼 **잔치**에 왕과 함께
에 5:14	왕과 함께 즐거이 **잔치**에 가소서 하니
에 6:14	하만을 데리고 에스더가 베푼 **잔치**에
에 7:1	하만과 함께 또 왕후 에스더의 **잔치**에
에 7:2	둘째 날 **잔치**에 술을 마실 때에 다시
에 7:7	노하여 일어나서 **잔치** 자리를 떠나 왕궁
에 7:8	후원으로부터 **잔치** 자리에 돌아오니
에 8:17	유다인들이 즐기고 기뻐하여 **잔치**를
에 9:17	십사일에 쉬며 그 날에 **잔치**를 베풀어
에 9:18	십오일에 쉬며 이 날에 **잔치**를 베풀어
에 9:19	십사일을 명절로 삼아 **잔치**를 베풀고
에 9:22	날을 지켜 **잔치**를 베풀고 즐기며 서로
욥 1:4	**잔치**를 베풀고 그의 누이 세 명도 청하
욥 1:5	그들이 차례대로 **잔치**를 끝내면 욥이
잠 15:15	마음이 즐거운 자는 항상 **잔치하느니라**
전 10:16	어리고 대신들은 아침부터 **잔치하는**
전 10:19	**잔치**는 희락을 위하여 베푸는 것이요
겔 39:17	내가 너희를 위한 **잔치** 곧 이스라엘 산 위에 예비한 큰 **잔치**로 너희는 사방에서
겔 39:19	예비한 **잔치**의 기름을 너희가 배불리
단 5:1	그의 귀족 천 명을 위하여 큰 **잔치**를
단 5:10	말미암아 **잔치하는** 궁에 들어왔더니

신약

마 23:6	**잔치**의 윗자리와 회당의 높은 자리와
막 6:21	갈릴리의 귀인들로 더불어 **잔치할새**
막 12:39	회당의 높은 자리와 **잔치**의 윗자리를
눅 5:29	예수를 위하여 자기 집에서 큰 **잔치**를
눅 13:29	와서 하나님의 나라 **잔치**에 참여하리니
눅 14:13	**잔치**를 베풀거든 차라리 가난한 자들과
눅 14:16	이르시되 어떤 사람이 큰 **잔치**를 베풀고
눅 14:17	**잔치**할 시각에 그 청하였던 자들에게
눅 14:24	하나도 내 **잔치**를 맛보지 못하리라
눅 20:46	회당의 높은 자리와 **잔치**의 윗자리를
요 12:2	예수를 위하여 **잔치할새** 마르다는
요 18:28	**잔치**를 먹고자 하여 관정에 들어가지
계 19:17	외쳐 이르되 와서 하나님의 큰 **잔치**에

'혼인 잔치'와 관련된 성구

마 22:2, 3, 4, 8, 9, 10; 25:10; 눅 14:8; 계 19:9

잔칫집 (house of feasting)

전 7:2	가는 것이 **잔칫집**에 가는 것보다
아 2:4	나를 인도하여 **잔칫집**에 들어갔으니
렘 16:8	너는 **잔칫집**에 들어가서 그들과 함께

잔해/-하다 (殘害, trouble)

시 10:7	그의 혀 밑에는 **잔해**와 죄악이 있나이다
사 3:5	서로 학대하며 각기 이웃을 **잔해하며**

잔혹하다/잔혹히 (殘酷, become cruel, ruthlessly)

욥 30:21	돌이켜 내게 **잔혹하게** 하시고 힘 있는
사 13:9	보라 여호와의 날 곧 **잔혹히** 분냄과

잘 (well)

창 44:15	같은 사람이 점을 **잘** 치는 줄을 너희는
출 21:34	구덩이 주인이 **잘** 보상하여 짐승의 임자
출 23:22	목소리를 **잘** 청종하고 내 모든 말대로
신 7:18	바로와 온 애굽에 행하신 것을 **잘** 기억
신 11:22	명하는 이 모든 명령을 **잘** 지켜 행하여
삼하 3:24	어찌하여 그를 보내 **잘** 가게 하셨나이까
왕하 10:30	정직한 일을 행하되 **잘** 행하여 내 마음
대하 19:6	여호와를 위하여 할 것인지를 **잘** 살피라
욥 26:2	힘 없는 자를 참 **잘**도 도와 주는구나 기

2032

	력 없는 팔을 참 **잘**도 구원하여 주는구나	**잘라먹다**(begin to pluck heads of grain and to eat)	
욥 26:3	**잘**도 가르치는구나 큰 지식을 참 **잘**도		
시 119:4	주께서 명령하사 주의 법도를 **잘** 지키게	마 12:1	제자들이 시장하여 이삭을 **잘라먹으니**
시 122:3	예루살렘아 너는 **잘** 짜여진 성읍과 같이	**잘못**(sin, fault)	
전 12:11	스승들의 말씀들은 **잘** 박힌 못 같으니	창 37:2	있었더니 그가 그들의 **잘못**을 아버지에
사 5:22	마시기에 용감하며 독주를 **잘** 빚는	창 43:12	다시 가지고 가라 혹 **잘못**이 있었을까
사 17:11	아침에 네 씨가 **잘** 발육하도록 하였으나	레 5:6	**잘못**으로 말미암아 여호와께 속죄제를
사 23:18	사는 자가 배불리 먹을 양식, **잘** 입을	레 5:10	제사장이 그의 **잘못**을 위하여 속죄한
렘 24:5	이 좋은 무화과같이 **잘** 돌볼 것이라	레 5:16	성물에 대한 **잘못**을 보상하되 그것이
겔 24:4-5	나무를 쌓아 넣고 **잘** 삶되 가마 속에	레 5:19	그가 여호와 앞에 참으로 **잘못**을 저질
마 15:7	이사야가 너희에 관하여 **잘** 예언하였도	레 26:40	그들이 나를 거스른 **잘못**으로 자기의
막 7:3	장로들의 전통을 지키어 손을 **잘** 씻지	신 32:27	자극하여 그들의 원수가 **잘못** 생각할까
막 7:6	외식하는 자에 대하여 **잘** 예언하였도다	수 24:19	하나님이시니 너희의 **잘못**과 죄들을
막 7:9	지키려고 하나님의 계명을 **잘** 저버리는	욥 33:10	하나님이 나에게서 **잘못**을 찾으시며
막 12:28	듣고 예수께서 **잘** 대답하신 줄을 알고	시 59:3	여호와여 이는 나의 **잘못**으로 말미암음
눅 6:48	집에 부딪치되 **잘** 지었기 때문에 능히	시 77:10	또 내가 말하기를 이는 나의 **잘못**이라
눅 20:39	어떤 이들이 말하되 선생님 **잘** 말씀하셨	잠 14:22	도모하는 자는 **잘못** 가는 것이 아니냐
고후 11:4	복음을 받게 할 때에는 너희가 **잘** 용납	잠 19:2	못하고 발이 급한 사람은 **잘못** 가느니라
딤전 3:4	**잘** 다스려 자녀들로 모든 공손함으로	사 19:14	애굽을 매사에 **잘못** 가게 함이 취한
딤전 3:12	되어 자녀와 자기 집을 **잘** 다스리는	사 28:7	말미암아 비틀거리며 환상을 **잘못** 풀며
딤전 6:2	더 **잘** 섬기게 하라 이는 유익을 받는	마 6:14	사람의 **잘못**을 용서하면 너희 하늘 아버
			지께서도 너희 **잘못**을 용서하시려니와
		마 6:15	너희가 사람의 **잘못**을 용서하지 아니
			하면 너희 아버지께서도 너희 **잘못**을
		히 8:8	그들의 **잘못**을 지적하여 말씀하시되
		약 4:3	못함은 정욕으로 쓰려고 **잘못** 구하기

'**잘**'과 관련된 성구

잘 듣다 – 출 19:5; 잠 17:4; 렘 28:7
잘 보다 – 창 27:1; 삼상 3:2; 렘 1:12
잘 생각하다 – 렘 9:17; 살전 3:6
잘 쏘다 – 대상 8:40
잘 알다 – 시 139:14; 행 25:10; 딤후 1:18
잘 있다 – 창 37:14; 삼하 18:29, 32
잘 타다 – 삼상 16:16, 17

잘못되다(err)	
삼상 26:21	일을 하였으니 대단히 **잘못되었도다**
렘 42:14	땅으로 들어가 살리라 하면 **잘못되리라**

잘되다(go well)		**잘못하다**(have sin)	
창 40:14	**잘되시거든** 나를 생각하고 내게 은혜	출 2:13	서로 싸우는지라 그 **잘못한** 사람에게
시 112:5	은혜를 베풀며 꾸어 주는 자는 **잘되나니**	레 5:5	있을 때에는 아무 일에 **잘못하였노라**
잠 31:18	자기의 장사가 **잘되는** 줄을 깨닫고 밤에	삼하 6:7	여호와 하나님이 웃사가 **잘못함**으로
전 8:12	경외하여 그를 경외하는 자들은 **잘될**	에 1:16	뭇 백성에게도 **잘못하였나이다**
전 8:13	악인은 **잘되지** 못하며 장수하지 못하고	렘 2:29	너희가 다 내게 **잘못하였느니라** 여호와
전 11:6	손을 놓지 말라 이것이 **잘될지**, 저	마 20:13	친구여 내가 네게 **잘못한** 것이 없노라
	것이 **잘될지**, 혹 둘이 다 **잘될지**	요 18:23	말을 **잘못하였으면** 그 **잘못한** 것을 증언
사 41:7	땜질이 **잘된다** 하니 그 못을 단단히		
행 15:29	이에 스스로 삼가면 **잘되리라** 평안함을	**잘생기다**(fine, elite)	
엡 6:3	이로써 네가 **잘되고** 땅에서 장수하리라	출 2:2	임신하여 아들을 낳으니 그가 **잘생긴**
요삼 1:2	영혼이 **잘됨**같이 네가 범사에 **잘되고**		

겔 23:7 그가 앗수르 사람들 가운데에 **잘생긴**

잘잘못(good or bad)
삼하 13:22 대하여 **잘잘못**을 압살롬이 말하지

잘하다(do well)
출 4:10 말을 **잘하지** 못하는 자니이다 주께서
출 4:14 말 **잘하는** 것을 내가 아노라 그가 너를
삼하 23:1 이스라엘의 노래 **잘하는** 자가 말하노라
왕상 5:6 중에는 시돈 사람처럼 벌목을 **잘하는**
대상 12:33 진영에 나아가서 싸움을 **잘하는** 자가
대상 12:35 단 자손 중에서 싸움을 **잘하는** 자가
대상 12:36 진영에 나가서 싸움을 **잘하는** 자가 사만
대상 26:8 직무를 **잘하는** 자이니 오벧에돔에게서
대하 2:8 레바논에서 벌목을 **잘하나니** 내 종들이
대하 2:14 베로 일을 **잘하며** 또 모든 아로새기는
겔 33:32 노래를 하며 음악을 **잘하는** 자같이
단 5:16 너는 해석을 **잘하고** 의문을 푼다 하도다
마 25:21 그 주인이 이르되 **잘하였도다** 착하고
마 25:23 그 주인이 이르되 **잘하였도다** 착하고
막 7:37 모든 것을 **잘하였도다** 못 듣는 사람도
눅 19:17 **잘하였다** 착한 종이여 네가 지극히 작은
행 10:33 오셨으니 **잘하였나이다** 이제 우리는
고전 7:37 약혼녀를 그대로 두기로 하여도 **잘하는**
고전 7:38 결혼하는 자도 **잘하거니와** 결혼하지
아니하는 자는 더 **잘하는** 것이니라
고전 14:17 너는 감사를 **잘하였으나** 그러나 다른
갈 5:7 달음질을 **잘하더니** 누가 너희를 막아
빌 4:14 함께 참여하였으니 **잘하였도다**
딤전 3:2 나그네를 대접하며 가르치기를 **잘하며**
딤전 3:13 집사의 직분을 **잘한** 자들은 아름다운
딤후 2:24 대하여 온유하며 가르치기를 **잘하며**
약 2:8 최고의 법을 지키면 **잘하는** 것이거니와
약 2:19 한 분이신 줄을 믿느냐 **잘하는도다**

잠(sleep)
창 15:12 질 때에 아브람에게 깊은 **잠**이 임하고
에 6:1 그 날 밤에 왕이 **잠**이 오지 아니하므로
시 76:5 가진 것을 빼앗기고 **잠**에 빠질 것이며
시 127:2 사랑하시는 자에게는 **잠**을 주시는도다
잠 3:24 네가 누운즉 네 **잠**이 달리로다
잠 4:16 사람을 넘어뜨리지 못하면 **잠**이 오지
렘 31:26 내가 깨어 보니 내 **잠**이 달았더라

단 2:1 그로 말미암아 마음이 번민하여 **잠**을

> **'잠' 과 관련된 성구**
> 잠에서 깨다 – 시 78:65; 슥 4:1; 마 1:24
> 잠을 자다 – 시 13:3; 전 5:12
> 잠이/잠을 깨다 – 창 28:16; 삿 16:14, 20; 욥 14:12; 잠 6:9; 눅 8:24
> 잠이 들다 – 창 41:5; 욘 1:5; 눅 8:23

잠그다(shut, dip)
1. (문을) 잠그다(shut)
삿 3:23 다락문들을 뒤에서 닫아 **잠그니라**
삿 9:51 도망하여 들어가서 문을 **잠그고** 망대
욥 24:16 틈타 집을 뚫는 자는 낮에는 **잠그고**
아 4:12 누이, 내 신부는 **잠근** 동산이요 덮은
계 20:3 무저갱에 던져 넣어 **잠그고** 그 위에

2. (물에) 잠그다(dip)
왕하 5:14 요단 강에 일곱 번 몸을 **잠그니** 그의
시 68:23 그들의 피에 네 발을 **잠그게** 하며

잠기다(be locked, be covered)
1. (문이) 잠기다(be locked)
삿 3:24 다락문들이 **잠겼음**을 보고 이르되 왕이
행 5:23 옥은 든든하게 **잠기고** 지키는 사람들이

2. (물 등에) 잠기다(be covered)
창 7:19 넘치매 천하의 높은 산이 다 **잠겼더니**
창 7:20 십오 규빗이나 오르니 산들이 **잠긴지라**
출 15:4 최고의 지휘관들이 홍해에 **잠겼고**
출 15:10 그들이 거센 물에 납같이 **잠겼나이다**
신 21:20 듣지 아니하고 방탕하며 술에 **잠긴** 자라
신 33:24 되며 그의 발이 기름에 **잠길지로다**
수 3:15 궤를 멘 제사장들의 발이 물가에 **잠기자**
시 17:10 그들의 마음은 기름에 **잠겼으며** 그들의
시 94:17 영혼이 벌써 침묵 속에 **잠겼으리로다**
잠 23:30 잠긴 자에게 있고 혼합한 술을 구하러
눅 5:7 그들이 와서 두 배에 채우매 **잠기게**

3. 근심에 잠기다(will be over whelm)
고후 2:7 그가 너무 많은 근심에 **잠길까** 두려워

잠깐(awhile, temporary)
삿 20:36 매복한 군사를 믿고 **잠깐** 베냐민 사람
삼상 9:27 **잠깐** 서 있으라 내가 하나님의 말씀을

【 잠들다 】　　　　　　　　　　　　　　　　　　　　　　　　　　　　　　【 잠자다 】

왕상 18:27	혹은 그가 **잠깐** 나갔는지 혹은 그가		**잠시**(for a moment, a little while)	
욥 20:5	못한 자의 즐거움도 **잠깐**이니라		민 4:20	그들은 **잠시**라도 들어가서 성소를 보지
욥 21:13	그들의 날을 행복하게 지내다가 **잠깐**		룻 2:7	아침부터 와서는 **잠시** 집에서 쉰 외에
욥 24:24	그들은 **잠깐** 동안 높아졌다가 천대를		스 9:8	여호와께서 우리에게 **잠시** 동안 은혜를
욥 36:2	**잠깐** 용납하라 내가 그대에게 보이리니		욥 10:20	버려두사 **잠시**나마 평안하게 하시되
시 30:5	노염은 **잠깐**이요 그의 은총은 평생으로		시 37:10	**잠시** 후에는 악인이 없어지리니 네가
시 90:5	그들은 **잠깐** 자는 것 같으며 아침에		잠 12:19	보존되거니와 거짓 혀는 **잠시** 동안만
사 26:20	네 문을 닫고 분노가 지나기까지 **잠깐**		사 54:7	**잠시** 너를 버렸으나 큰 긍휼로 너를
겔 11:16	나라들에서 내가 **잠깐** 그들에게 성소가		사 54:8	진노로 내 얼굴을 네게서 **잠시** 가렸으나
막 4:17	뿌리가 없어 **잠깐** 견디다가 말씀으로		마 13:21	뿌리가 없어 **잠시** 견디다가 말씀으로
막 6:31	한적한 곳에 가서 **잠깐** 쉬어라 하시니		요 12:35	예수께서 이르시되 아직 **잠시** 동안 빛이
눅 8:13	기쁨으로 받으나 뿌리가 없어 **잠깐**		요 13:33	내가 아직 **잠시** 너희와 함께 있겠노라
행 5:34	명하여 사도들을 **잠깐** 밖에 나가게 하고		고후 4:17	우리가 **잠시** 받는 환난의 경한 것이
고후 4:18	보이는 것은 **잠깐**이요 보이지 않는 것은		고후 7:8	편지가 너희로 **잠시**만 근심하게 한 줄을
히 10:37	**잠깐** 후면 오실 이가 오시리니 지체하지		살전 2:17	우리가 **잠시** 너희를 떠난 것은 얼굴이요
약 4:14	생명이 무엇이냐 너희는 **잠깐** 보이다가		몬 1:15	그가 **잠시** 떠나게 된 것은 너로 하여금
벧전 1:6	시험으로 말미암아 **잠깐** 근심하게 되지		히 2:7	그를 **잠시** 동안 천사보다 못하게 하시며
벧전 5:10	**잠깐** 고난을 당한 너희를 친히 온전하게		히 2:9	우리가 천사들보다 **잠시** 동안 못하게
			히 11:25	백성과 함께 고난 받기를 **잠시** 죄악의
잠들다(sleep)			히 12:10	그들은 **잠시** 자기의 뜻대로 우리를 징계
창 2:21	아담을 깊이 **잠들게** 하시니 **잠들매**		계 6:11	아직 **잠시** 동안 쉬되 그들의 동무 종들
삿 4:21	그가 깊이 **잠드니** 헤벨의 아내 야엘이		계 17:10	아니하였으나 이르면 반드시 **잠시** 동안
삼상 26:12	그들을 깊이 **잠들게** 하셨으므로 그들			
	이 다 **잠들어** 있었기 때문이었더라		 **잠언**(箴言, proverbs)	
왕상 3:20	내가 **잠든** 사이에 내 아들을 내 곁에서		왕상 4:32	**잠언** 삼천 가지를
욥 4:13	사람이 깊이 **잠들** 즈음 내가 그 밤에		잠 1:1	솔로몬의 **잠언**이라
욥 33:15	사람이 침상에서 졸며 깊이 **잠들** 때에나		잠 1:6	**잠언**과 비유와 지혜 있는 자의 말과
시 76:6	병거와 말이 다 깊이 **잠들었나이다**		잠 10:1	솔로몬의 **잠언**이라 지혜로운 아들은
시 132:4	내 눈으로 **잠들게** 하지 아니하며		잠 25:1	솔로몬의 **잠언**이요 유다 왕 히스기야의
잠 6:4	네 눈을 **잠들게** 하지 말며 눈꺼풀을		잠 26:7	미련한 자의 입의 **잠언**도 그러하니라
잠 19:15	게으름이 사람으로 깊이 **잠들게** 하나니		잠 26:9	미련한 자의 입의 **잠언**은 술 취한 자가
사 29:10	대저 여호와께서 깊이 **잠들게** 하는 영을		잠 30:1	말씀은 야게의 아들 아굴의 **잠언**이니
렘 51:39	기뻐하다가 영원히 **잠들어** 깨지 못하게		잠 31:1	그의 어머니가 그를 훈계한 **잠언**이라
렘 51:57	영원히 **잠들어** 깨어나지 못하리라		전 12:9	깊이 생각하고 연구하여 **잠언**을 많이
단 8:18	깊이 **잠들매** 그가 나를 어루만져서			
단 10:9	얼굴을 땅에 대고 깊이 **잠들었느니라**		 **잠자다**(sleep)	
눅 22:45	제자들에게 가서 슬픔으로 인하여 **잠든**		잠 20:13	**잠자기**를 좋아하지 말라
요 11:11	우리 친구 나사로가 **잠들었도다** 그러나		잠 23:21	**잠자기**를 즐겨 하는 자는 해어진 옷을
요 11:12	이르되 주여 **잠들었으면** 낫겠나이다		사 56:10	누워 있는 자들이요 **잠자기**를 좋아하는
요 11:13	**잠들어** 쉬는 것을 가리켜 말씀하심인		단 6:18	오락을 그치고 **잠자기**를 마다하니라
행 13:36	따라 섬기다가 **잠들어** 그 조상들과 함께		고전 11:30	약한 자와 병든 자가 많고 **잠자는** 자도
고전 15:6	살아 있고 어떤 사람은 **잠들었으며**		고전 15:18	그리스도 안에서 **잠자는** 자도 망하였
벧후 2:3	아니하며 그들의 멸망은 **잠들지** 아니			

잠자리

고전 15:20 죽은 자 가운데서 다시 살아나사 **잠자는**
고전 15:51 우리가 다 **잠잘** 것이 아니요 마지막
엡 5:14 그러므로 이르시기를 **잠자는** 자여

잠자리 (intimate relation, bed)

왕상 1:4 시중들었으나 왕이 **잠자리**는 같이하지
욥 7:13 말하기를 내 **잠자리**가 나를 위로하고

잠잠하다/잠잠히 (keep quiet)

구약

창 34:5 그들이 돌아오기까지 **잠잠하였고**
레 10:3 하셨느니라 아론이 **잠잠하니**
신 27:9 이스라엘아 **잠잠하여** 들으라 오늘 네가
삿 18:19 그에게 이르되 **잠잠하라** 네 손을 입에
삼상 2:9 흑암 중에서 **잠잠하게** 하시리니
삼상 10:27 아니하였으나 그는 **잠잠하였더라**
삼하 13:20 누이야 지금은 **잠잠히** 있고 이것으로
삼하 19:10 도로 모셔 올 일에 **잠잠하고** 있느냐
왕상 22:3 도로 찾지 아니하고 **잠잠히** 있으리요
왕하 2:3 또한 아노니 너희는 **잠잠하라** 하니라
왕하 2:5 이르되 나도 아노니 너희는 **잠잠하라**
왕하 18:36 그러나 백성이 **잠잠하고** 한 마디도
느 5:8 팔리게 하겠느냐 하매 그들이 **잠잠하여**
에 4:14 네가 만일 **잠잠하여** 말이 없으면 유다
에 7:4 팔렸더라면 내가 **잠잠하였으리이다**
욥 6:24 것을 깨닫게 하라 내가 **잠잠하리라**
욥 11:3 말이 어떻게 사람으로 **잠잠하게**
욥 13:5 너희가 참으로 **잠잠하면** 그것이 너희의
욥 13:13 너희는 **잠잠하고** 나를 버려두어 말하게
욥 13:19 내가 **잠잠하고** 기운이 끊어지리라
욥 16:6 근심이 풀리지 아니하고 **잠잠하여도**
욥 29:21 내가 가르칠 때에 **잠잠하였노라**
욥 31:34 밖으로 나가지 못하고 **잠잠하였던가**
욥 33:31 욥이여 내 말을 귀담아 들으라 **잠잠하라**
욥 33:33 만일 없으면 내 말을 들으라 **잠잠하라**
욥 41:12 체구에 대하여 **잠잠하지** 아니하리라
시 4:4 누워 심중에 말하고 **잠잠할지어다** (셀라)
시 8:2 원수들과 보복자들을 **잠잠하게** 하려
시 22:2 부르짖고 밤에도 **잠잠하지** 아니하오나
시 28:1 주께서 내게 **잠잠하시면** 내가 무덤에
시 30:12 **잠잠하지** 아니하고 내 영광으로 주를
시 31:17 부끄럽게 하사 스올에서 **잠잠하게**
시 35:22 보셨사오니 **잠잠하지** 마옵소서 주여

잠잠하다/잠잠히

시 37:7 여호와 앞에 **잠잠하고** 참고 기다리라
시 39:2 내가 **잠잠하여** 선한 말도 하지 아니하니
시 39:9 **잠잠하고** 입을 열지 아니함은 주께서
시 39:12 내가 눈물 흘릴 때에 **잠잠하지** 마옵소서
시 50:3 하나님이 오사 **잠잠하지** 아니하시니
시 50:21 이 일을 행하여도 내가 **잠잠하였더니**
시 58:1 말해야 하거늘 어찌 **잠잠하냐** 인자들
아 너희가 … 하거늘 어찌 **잠잠하냐**
시 62:1 나의 영혼이 **잠잠히** 하나님만 바람이여
시 62:5 나의 영혼아 **잠잠히** 하나님만 바라라
시 76:8 선포하시매 땅이 두려워 **잠잠하였나니**
시 83:1 침묵하지 마소서 하나님이여 **잠잠하지**
시 109:1 내가 찬양하는 하나님이여 **잠잠하지**
잠 11:12 멸시하나 명철한 자는 **잠잠하느니라**
잠 17:28 미련한 자라도 **잠잠하면** 지혜로운 자로
전 3:7 때가 있고 꿰맬 때가 있으며 **잠잠할**
사 23:2 된 너희 해변 주민들아 **잠잠하라**
사 30:15 있어야 구원을 얻을 것이요 **잠잠하고**
사 36:21 그들이 **잠잠하여** 한 말도 대답하지
사 41:1 섬들아 내 앞에 **잠잠하라** 민족들아 힘을
사 42:14 오랫동안 조용하며 **잠잠하고** 참았으나
사 47:5 딸 갈대아여 **잠잠히** 앉으라 흑암으로
사 53:7 어린 양과 털 깎는 자 앞에서 **잠잠한**
사 57:11 내가 오랫동안 **잠잠했기** 때문이 아니냐
사 62:1 **잠잠하지** 아니하며 예루살렘을 위하여
사 62:6 주야로 계속 **잠잠하지** 않게 하였느니라
사 64:12 **잠잠하시고** 우리에게 심한 괴로움을
사 65:6 기록되었으니 내가 **잠잠하지** 아니하고
렘 4:19 마음이 답답하여 **잠잠할** 수 없으니 이는
렘 47:5 **잠잠하게** 되었나니 네가 네 몸 베기를
렘 47:7 어떻게 **잠잠하며** 쉬겠느냐 아스글론과
애 2:10 시온의 장로들이 땅에 앉아 **잠잠하고**
애 3:26 사람이 여호와의 구원을 바라고 **잠잠히**
애 3:28 앉아서 **잠잠할** 것은 주께서 그것을
겔 24:27 다시는 **잠잠하지** 아니하리라 이같이
겔 33:22 입이 열리기로 내가 다시는 **잠잠하지**
암 5:13 이런 때에 지혜자가 **잠잠하나니** 이는
암 6:10 말하기를 **잠잠하라** 우리가 여호와의
암 8:3 시체가 많아서 사람이 **잠잠히** 그 시체
합 1:13 사람을 삼키는데도 **잠잠하시나이까**
합 2:20 계시니 온 땅은 그 앞에서 **잠잠할지니라**
습 1:7 주 여호와 앞에서 **잠잠할지어다** 이는
습 3:17 기쁨을 이기지 못하시며 너를 **잠잠히**

【 잡다 】   【 잡다 】

슥 2:13	여호와 앞에서 **잠잠할** 것은 여호와께서

신약

마 20:31	꾸짖어 **잠잠하라** 하되 더욱 소리 질러
막 1:25	예수께서 꾸짖어 이르시되 **잠잠하고**
막 3:4	옳으냐 하시니 그들이 **잠잠하거늘**
막 4:39	바다더러 이르시되 **잠잠하라** 고요하라
막 9:34	그들이 **잠잠하니** 이는 길에서 서로 누가
막 10:48	많은 사람이 꾸짖어 **잠잠하라** 하되 그가
눅 4:35	예수께서 꾸짖어 이르시되 **잠잠하고**
눅 9:36	예수만 보이더라 제자들이 **잠잠하여**
눅 14:4	그들이 **잠잠하거늘** 예수께서 그 사람을
눅 18:39	앞서 가는 자들이 그를 꾸짖어 **잠잠하라**
행 11:18	그들이 이 말을 듣고 **잠잠하여** 하나님께
고전 14:28	교회에서는 **잠잠하고** 자기와 하나님께
고전 14:30	있으면 먼저 하던 자는 **잠잠할지니라**
고전 14:34	여자는 교회에서 **잠잠하라** 그들에게는

잡다 (slay, slaughter, grasp, catch)

1. 죽이다 (slay, slaughter)

모세오경, 역사서

창 18:7	기름지고 좋은 송아지를 **잡아** 하인에게
창 22:10	내밀어 칼을 잡고 그 아들을 **잡으려**
창 43:16	짐승을 **잡고** 준비하라 이 사람들이
출 12:3	열흘에 너희 각자가 어린 양을 **잡을지니**
출 12:4	사람 수를 따라서 하나를 **잡고** 각 사람
출 12:6	질 때에 이스라엘 회중이 그 양을 **잡고**
출 12:21	어린 양을 택하여 유월절 양으로 **잡고**
출 22:1	사람이 소나 양을 도둑질하여 **잡거나**
출 29:11	문 여호와 앞에서 그 송아지를 **잡고**
출 29:16	너는 그 숫양을 **잡고** 그 피를 가져다가
출 29:20	그 숫양을 **잡고** 그것의 피를 가져다가
레 1:5	앞에서 그 수송아지를 **잡을** 것이요
레 8:15	모세가 **잡고** 그 피를 가져다가 손가락으
레 8:19	모세가 **잡아** 그 피를 제단 사방에 뿌리
레 8:23	모세가 **잡고** 그 피를 가져다가 아론의
레 8:29	이는 위임식에서 **잡은** 숫양 중 모세의
레 9:8	자기를 위한 속죄제 송아지를 **잡으매**
레 9:12	또 번제물을 **잡으매** 아론의 아들들이
레 9:15	속죄제의 염소를 가져다가 **잡아** 전과
레 9:18	수소와 숫양을 **잡으매** 아론의 아들
레 14:5	흐르는 물 위 질그릇 안에서 **잡게** 하고
레 14:6	가져다가 흐르는 물 위에서 **잡은** 새를
레 14:13	속죄제와 번제물 **잡는** 곳에서 **잡을**
레 14:19	위하여 속죄하고 그 후에 번제물을 **잡을**
레 14:25	속건제의 어린 양을 **잡아서** 제사장은
레 14:50	흐르는 물 위 질그릇 안에서 **잡고**
레 14:51	새를 가져다가 **잡은** 새의 피와 흐르는
레 16:11	자기를 위한 그 속죄제 수송아지를 **잡고**
레 16:15	또 백성을 위한 속죄제 염소를 **잡아**
레 17:3	염소를 진영 안에서 **잡든지** 진영 밖에서
레 17:5	이스라엘 자손이 들에서 **잡던** 그들의
레 17:13	사냥하여 **잡거든** 그것의 피를 흘리고
레 22:28	어미와 새끼를 같은 날에 **잡지** 말지니라
민 11:22	그들을 위하여 양 떼와 소 떼를 **잡은들**
민 19:3	밖으로 끌어내어서 자기 목전에서 **잡게**
민 22:40	발락이 소와 양을 **잡아** 발람과 그와
신 12:15	원하는 대로 가축을 **잡아** 그 고기를
신 12:21	여호와께서 주신 소와 양을 **잡아**
신 28:31	네 소를 네 목전에서 **잡았으나** 네가
삿 6:26	수소를 **잡아** 네가 찍은 아세라 나무로
삼상 1:25	수소를 **잡고** 아이를 데리고 엘리에게
삼상 11:7	겨리의 소를 **잡아** 각을 뜨고 전령들의
삼상 14:32	끌어다가 그것을 땅에서 **잡아** 피째 먹었
삼상 17:35	해하고자 하면 내가 그 수염을 **잡고**
삼상 25:11	양 털 깎는 자를 위하여 **잡은** 고기를
삼상 25:18	부대와 **잡아서** 요리한 양 다섯 마리와
삼상 28:24	그것을 급히 **잡고** 가루를 가져다가 뭉쳐
삼하 12:4	자기의 양과 소를 아껴 **잡지** 아니하고
	가난한 사람의 양 새끼를… **잡았나이다**
왕상 1:9	살찐 송아지를 **잡고** 왕자 곧 자기의
왕상 1:19	수소와 살찐 송아지와 양을 많이 **잡고**
왕상 1:25	많이 **잡고** 왕의 모든 아들과 군사령관
왕상 18:23	송아지 한 마리를 **잡아** 나무 위에 놓고
왕상 18:25	송아지 한 마리를 택하여 **잡고** 너희
왕상 18:26	그들이 받은 송아지를 가져다가 **잡고**
왕상 19:21	겨릿소를 가져다가 **잡고** 소의 기구를
대하 18:2	시종을 위하여 양과 소를 많이 **잡고**
대하 29:22	이에 수소를 **잡으매** 제사장들이 그 피
	를 … 또 숫양들을 **잡으매** 그 피를 제
	단에 뿌리고 또 어린 양들을 **잡으매**
대하 29:24	제사장들이 **잡아** 그 피를 속죄제로 삼
대하 30:15	달 열넷째 날에 유월절 양을 **잡으니**
대하 30:17	부정한 사람을 위하여 유월절 양을 **잡아**
대하 35:1	열넷째 날에 유월절 어린 양을 **잡으니라**
대하 35:6	성결하게 하고 유월절 어린 양을 **잡아**
대하 35:11	유월절 양을 **잡으니** 제사장들은 그들

【 잡다 】   【 잡다 】

의 손에서 피를 … 레위 사람들은 잡은
스 6:20   자기를 위하여 유월절 양을 잡으니
신 22:18   성읍 장로들은 그 사람을 잡아 때리고
신 25:11   손을 벌려 그 사람의 음낭을 잡거든

시가서 – 신약
역사서

잠 9:2   짐승을 잡으며 포도주를 혼합하여 상을
사 22:13   죽이고 양을 잡아 고기를 먹고 포도주를
겔 34:3   너희가 살진 양을 잡아 그 기름을 먹으
겔 40:39   속죄제와 속건제의 희생제물을 잡게
겔 40:41   개와 그 위에서 희생제물을 잡았더라
겔 40:42   번제의 희생제물을 잡을 때에 쓰는 기구
겔 44:11   희생물과 다른 희생물을 잡아 백성 앞에
암 6:4   어린 양과 우리에서 송아지를 잡아서
마 22:4   나의 소와 살진 짐승을 잡고 모든 것을
눅 15:23   그리고 살진 송아지를 끌어다가 잡으라
눅 15:27   인하여 살진 송아지를 잡았나이다
눅 15:30   위하여 살진 송아지를 잡으셨나이다
눅 22:7   유월절 양을 잡을 무교절날이 이른지라

수 6:4   제사장 일곱은 일곱 양각 나팔을 잡고
수 7:24   아들 아간을 잡고 그 은과 그 외투와
수 8:18   이르시되 네 손에 잡은 단창을 들어
              아이를 가리키라 … 손에 잡은 단창을
수 8:26   여호수아가 단창을 잡아 든 손을 거두지
수 11:17   바알갓까지라 그들의 왕들을 모두 잡아
삿 1:6   도망하는지라 그를 쫓아가서 잡아 그의
삿 5:14   지팡이를 잡은 자들이 내려왔도다
삿 5:26   손으로 장막 말뚝을 잡으며 오른손에
삿 6:21   여호와의 사자가 손에 잡은 지팡이 끝을
삿 8:14   사람 중 한 소년을 잡아 그를 심문하매
삿 11:34   소고를 잡고 춤추며 나와서 영접하니
삿 12:6   길르앗 사람이 곧 그를 잡아서 요단
룻 3:15   펴서 잡으라 하매 그것을 펴서 잡으니
삼상 19:14 사울이 전령들을 보내어 다윗을 잡으려
삼상 19:20 사울이 다윗을 잡으려 전령들을 보냈더
삼상 23:26 다윗과 그의 사람들을 에워싸고 잡으려
삼하 1:11 다윗이 자기 옷을 잡아 찢으매 함께
삼하 2:16 상대방의 머리를 잡고 칼로 상대방의
삼하 4:10 그를 잡아 시글락에서 죽여서 그것을
삼하 10:4 하눈이 다윗의 신하들을 잡아 그들의
삼하 20:3 왕궁을 지키게 한 후궁 열 명을 잡아
삼하 20:9 오른손으로 아마사의 수염을 잡고 그와
삼하 23:6 가시나무 같으니 이는 손으로 잡을
삼하 23:37 요압의 무기를 잡은 자 브에롯 사람
왕상 1:50 일어나 가서 제단 뿔을 잡으니
왕상 1:51 지금 제단 뿔을 잡고 말하기를 솔로몬
왕상 2:28 장막으로 도망하여 제단 뿔을 잡으니
왕상 11:30 아히야가 자기가 입은 새 옷을 잡아
왕상 13:4 제단에서 손을 펴며 그를 잡으라 하더라
왕상 18:40 바알의 선지자를 잡되 그들 중 하나도
              도망하지 못하게 하라 하매 곧 잡은지라
왕상 22:26 미가야를 잡아 성주 아몬과 왕자 요아스
왕하 2:12 이에 엘리사가 자기의 옷을 잡아 둘로
왕하 6:13 사람을 보내어 그를 잡으리라 왕에게
왕하 10:15 나와 손을 잡자 손을 잡으니 예후가
왕하 11:8 각각 손에 무기를 잡고 왕을 호위하며
왕하 11:11 호위병이 각각 손에 무기를 잡고 왕을
왕하 13:16 활을 잡으소서 하매 그가 손으로 잡으니
왕하 24:12 바벨론 왕에게 나아가매 왕이 잡으니

잡다 1 – 기타 본문

레 1:11; 3:2, 8, 13; 4:4, 15, 24, 29, 33; 6:25; 7:2

2. 거머쥐거나 붙잡다(grasp, catch)
모세오경

창 19:16   아내의 손과 두 딸의 손을 잡아 인도하
창 22:10   내밀어 칼을 잡고 그 아들을 잡으려
창 25:26   손으로 에서의 발꿈치를 잡았으므로
창 27:20   이같이 속히 잡았느냐 그가 이르되
창 37:24   그를 잡아 구덩이에 던지니 그 구덩이는
창 39:12   그 여인이 그의 옷을 잡고 이르되 나와
창 43:18   우리를 잡아 노예로 삼고 우리의 나귀를
창 49:8   네 손이 네 원수의 목을 잡을 것이요
출 4:4   잡으라 그가 손을 내밀어 그것을 잡으니
출 4:17   너는 이 지팡이를 손에 잡고 이것으로
출 4:20   하나님의 지팡이를 손에 잡았더라
출 7:15   그 뱀 되었던 지팡이를 손에 잡고
출 9:2   만일 보내기를 거절하고 억지로 잡아
출 12:11   신고 손에 지팡이를 잡고 급히 먹으라
출 15:20   미리암이 손에 소고를 잡으매 모든 여
              인도 그를 따라 나오며 소고를 잡고
출 17:5   나일 강을 치던 네 지팡이를 손에 잡고
출 17:9   하나님의 지팡이를 손에 잡고 산꼭대기
민 20:9   여호와 앞에서 지팡이를 잡으니라
민 25:4   백성의 수령들을 잡아 태양을 향하여
신 19:12   거기서 잡아다가 보복자의 손에 넘겨

2038

【 잡다 】   【 잡다 】

대상 11:39 아들 요압의 무기 **잡은** 자 베롯 사람
대상 19:4 하눈이 이에 다윗의 신하들을 **잡아**
대하 14:8 창을 **잡는** 자가 삼십만 명이요 베냐민 중에서 작은 방패를 **잡으며** 활을 당기는
대하 17:17 엘리아다는 활과 방패를 **잡은** 자 이십만
대하 18:25 이스라엘 왕이 이르되 미가야를 **잡아**
대하 23:7 레위 사람들은 각각 손에 무기를 **잡고**
대하 26:19 웃시야가 손으로 향로를 **잡고** 분향하려
스 10:19 그들이 다 손을 **잡아** 맹세하여 그들의
느 4:17 일을 하며 한 손에는 병기를 **잡았는데**
느 4:21 때부터 별이 나기까지 창을 **잡았으며**
느 4:23 갈 때에도 각각 병기를 **잡았느니라**
느 13:21 이같이 하면 내가 **잡으리라** 하였더니
에 5:2 사랑스러우므로 손에 **잡았던** 금 규를

시가서
욥 16:12 내 목을 **잡아** 나를 부숴뜨리시며 나를
욥 16:18 나의 부르짖음이 쉴 자리를 **잡지** 못하게
욥 17:3 담보물을 주소서 나의 손을 **잡아** 줄
욥 18:10 그를 **잡을** 덫이 땅에 숨겨져 있고 그를
욥 21:6 불안하고 두려움이 내 몸을 **잡는구나**
욥 27:6 내 공의를 굳게 **잡고** 놓지 아니하리니
욥 36:17 심판과 정의가 그대를 **잡았나니**
욥 40:2 트집 **잡는** 자가 전능자와 다투겠느냐
욥 40:24 눈을 뜨고 있을 때 누가 능히 **잡을**
욥 41:9 **잡으려는** 그의 희망은 헛된 것이니라
시 7:5 원수가 나의 영혼을 쫓아 **잡아** 내 생명
시 10:9 엎드려 가련한 자를 **잡으려고** 기다리며 자기 … 가련한 자를 **잡나이다**
시 35:2 방패와 손 방패를 **잡으시고** 일어나 나를
시 35:7 그들이 까닭 없이 나를 **잡으려고** 그들의
시 141:9 나를 지키사 그들이 나를 **잡으려고** 놓은
시 142:3 내가 가는 길에 그들이 나를 **잡으려고**
잠 4:13 훈계를 굳게 **잡아** 놓치지 말고 지키라
잠 11:21 악인은 피차 손을 **잡을지라도** 벌을
잠 12:27 게으른 자는 그 **잡을** 것도 사냥하지
잠 16:5 미워하시나니 피차 손을 **잡을지라도**
잠 17:18 지혜 없는 자는 남의 손을 **잡고** 그의
잠 20:21 처음에 속히 **잡은** 산업은 마침내 복이
잠 22:26 너는 사람과 더불어 손을 **잡지** 말며
잠 26:17 다툼을 간섭하는 자는 개의 귀를 **잡는**
잠 31:19 들고 손가락으로 가락을 **잡으며**
전 1:14 보라 모두 다 헛되어 바람을 **잡으려는**
전 7:18 이것도 **잡으며** 저것에서도 네 손을 놓지

아 2:15 포도원을 허는 작은 여우를 **잡으라** 우리
아 3:8 칼을 **잡고** 싸움에 익숙한 사람들이라
아 7:8 가지를 **잡으리라** 하였노니 네 유방은

선지서
사 2:6 점을 치며 이방인과 더불어 손을 **잡아**
사 28:19 지나갈 때마다 너희를 **잡을** 것이니 아침
사 29:21 성문에서 판단하는 자를 올무로 **잡듯**
사 42:6 네 손을 **잡아** 너를 보호하며 너를 세워
사 56:2 하는 사람, 이와 같이 굳게 **잡는** 사람은
사 56:4 일을 선택하며 나의 언약을 굳게 **잡는**
렘 5:26 같이 지키며 덫을 놓아 사람을 **잡으며**
렘 6:23 창을 **잡았고** 잔인하여 사랑이 없으며
렘 6:24 고통이 우리를 **잡았으므로** 그 아픔이
렘 12:3 어떠함을 감찰하시오니 양을 **잡으려고**
렘 18:22 그들이 나를 **잡으려고** 구덩이를 팠고
렘 31:32 언약은 내가 그들의 조상들의 손을 **잡고**
렘 36:26 바룩과 선지자 예레미야를 **잡으라**
렘 37:14 아니하고 예레미야를 **잡아** 고관들에게
렘 39:5 시드기야에게 미쳐 그를 **잡아서** 데리고
렘 39:9 그 외의 남은 백성을 **잡아** 바벨론으로
렘 46:9 용사여 나오라 방패 **잡은** 구스 사람과
렘 50:16 추수 때에 낫을 **잡은** 자를 바벨론에서
렘 50:24 바벨론아 내가 너를 **잡으려고** 올무를
렘 52:8 평지에서 시드기야를 따라 **잡으매** 왕의
애 1:3 자들이 궁지에서 그를 뒤따라 **잡았도다**
애 4:19 뒤쫓으며 광야에서도 우리를 **잡으려고**
겔 8:3 머리털 한 모숨을 **잡으며** 주의 영이
겔 9:2 손에 죽이는 무기를 **잡았고** 그 중의
겔 14:5 마음먹은 대로 그들을 **잡으려** 함이라
겔 19:4 듣고 함정으로 그를 **잡아** 갈고리로 꿰어
겔 19:8 그의 위에 그물을 치고 함정에 **잡아**
겔 21:11 그 칼을 손에 **잡아** 쓸 만하도록 빛나게
겔 21:23 죄악을 기억하고 그 무리를 **잡으리라**
겔 27:29 **잡은** 모든 자와 사공과 바다의 선장들이
겔 29:7 너를 손으로 **잡은즉** 네가 부러져서
겔 30:21 **잡을** 힘이 있도록 그것을 아주 싸매지도
겔 37:20 막대기들을 무리의 눈앞에서 손에 **잡고**
겔 38:4 방패와 작은 방패를 가지며 칼을 **잡은**
겔 40:5 사람의 손에 측량하는 장대를 **잡았는데**
겔 47:3 손에 줄을 **잡고** 동쪽으로 나아가며
호 9:8 선지자는 모든 길에 친 새 **잡는** 자의
호 12:3 모태에서 그의 형의 발뒤꿈치를 **잡았고**
암 1:5 주민들을 끊으며 벧에덴에서 규 **잡은**

2039

【 잡다 】

암 1:8	아스글론에서 규를 **잡은** 자를 끊고
암 3:4	사자가 **잡은** 것이 없는데 어찌 굴에서
암 7:7	주께서 손에 다림줄을 **잡고** 서셨더니
미 7:2	매복하며 각기 그물로 형제를 **잡으려**
합 1:15	낚시로 모두 낚으며 그물로 **잡으며** 투망
슥 2:1	사람이 측량줄을 그의 손에 **잡았기**로
슥 8:4	많으므로 저마다 손에 지팡이를 **잡을**
슥 8:23	하나의 옷자락을 **잡을** 것이라 곧 **잡고**
슥 11:5	사들인 자들은 그들을 **잡아도** 죄가 없다

복음서

마 9:25	들어가사 소녀의 손을 **잡으시매** 일어
마 14:3	헤로디아의 일로 요한을 **잡아** 결박하여
마 18:28	동료 한 사람을 만나 붙들어 목을 **잡고**
마 21:35	농부들이 종들을 **잡아** 하나는 심히 때리
마 21:39	**잡아** 포도원 밖에 내쫓아 죽였느니라
마 22:6	그 남은 자들은 종들을 **잡아** 모욕하고
마 26:4	예수를 흉계로 **잡아** 죽이려고 의논하되
마 26:48	내가 입맞추는 자가 그이니 그를 **잡으라**
마 26:50	나아와 예수께 손을 대어 **잡는지라**
마 26:55	강도를 **잡는** 것같이 칼과 몽치를 가지 고 나를 **잡으러** 나왔느냐 내가 날마다 성전에 … 나를 **잡지** 아니하였도다
마 26:57	예수를 **잡은** 자들이 그를 끌고 대제사
막 1:31	손을 **잡아** 일으키시니 열병이 떠나고
막 5:41	아이의 손을 **잡고** 이르시되 달리다굼
막 6:17	보내어 요한을 **잡아** 옥에 가두었으니
막 9:18	어디서든지 그를 **잡으면** 거꾸러져 거품
막 9:27	예수께서 그 손을 **잡아** 일으키시니 이에
막 12:3	종을 **잡아** 심히 때리고 거저 보내었거늘
막 12:8	**잡아** 죽여 포도원 밖에 내던졌느니라
막 12:12	말씀하심인 줄 알고 **잡고자** 하되 무리를
막 14:1	서기관들이 예수를 흉계로 **잡아** 죽일
막 14:44	내가 입맞추는 자가 그이니 그를 **잡아**
막 14:46	그들이 예수께 손을 대어 **잡거늘**
막 14:48	너희가 강도를 **잡는** 것같이 검과 몽치 를 가지고 나를 **잡으러** 나왔느냐
막 14:49	너희가 나를 **잡지** 아니하였도다
눅 5:4	데로 가서 그물을 내려 고기를 **잡으라**
눅 5:5	밤이 새도록 수고하였으되 **잡은** 것이
눅 5:6	그렇게 하니 고기를 **잡은** 것이 심히
눅 8:54	아이의 손을 **잡고** 불러 이르시되 아이야
눅 9:39	귀신이 그를 **잡아** 갑자기 부르짖게 하고
눅 9:62	손에 쟁기를 **잡고** 뒤를 돌아보는 자는

【 잡다 】

눅 20:19	말씀하심인 줄 알고 즉시 **잡고자** 하되
눅 22:52	예수께서 그 **잡으러** 온 대제사장들과 성전의 … 너희가 강도를 **잡는** 것같이
요 7:30	**잡고자** 하나 손을 대는 자가 없으니
요 7:32	바리새인들이 그를 **잡으려고**
요 7:44	그 중에는 그를 **잡고자** 하는 자들도
요 7:45	오니 그들이 묻되 어찌하여 **잡아** 오지
요 8:20	헌금함 앞에서 하셨으나 **잡는** 사람이
요 10:39	그들이 다시 예수를 **잡고자** 하였으나
요 11:57	예수 있는 곳을 알거든 신고하여 **잡게**
요 18:12	유대인의 아랫사람들이 예수를 **잡아**
요 21:3	나는 물고기 **잡으러** 가노라 하니 … 그 날 밤에 아무 것도 **잡지** 못하였더니
요 21:6	오른편에 던지라 그리하면 **잡으리라**
요 21:10	예수께서 이르시되 지금 **잡은** 생선을

역사서 - 예언서

행 1:16	다윗의 입을 통하여 예수 **잡는** 자들의
행 3:7	오른손을 **잡아** 일으키니 발과 발목이
행 4:3	그들을 **잡으매** 날이 이미 저물었으므로
행 5:18	사도들을 **잡아다가** 옥에 가두었더니
행 5:21	사람을 옥에 보내어 사도들을 **잡아** 오라
행 5:26	부하들과 같이 가서 그들을 **잡아** 왔으나
행 9:2	막론하고 결박하여 예루살렘으로 **잡아**
행 12:3	기뻐하는 것을 보고 베드로도 **잡으려**
행 18:17	모든 사람이 회당장 소스데네를 **잡아**
행 21:30	바울을 **잡아** 성전 밖으로 끌고 나가니
행 21:33	가까이 가서 바울을 **잡아** 두 쇠사슬
행 23:19	그의 손을 **잡고** 물러가서 조용히 묻되
행 24:6	더럽게 하려 하므로 우리가 **잡았사오니**
행 26:21	유대인들이 성전에서 나를 **잡아** 죽이고
행 27:16	섬 아래로 지나 간신히 거루를 **잡아**
고후 11:32	아레다 왕의 고관이 나를 **잡으려고**
빌 3:12	예수께 **잡힌** 바 된 그것을 **잡으려고**
빌 3:13	내가 **잡은** 줄로 여기지 아니하고 … 잊 어버리고 앞에 있는 것을 **잡으려고**
히 3:6	확신과 자랑을 끝까지 굳게 **잡고** 있으면
히 3:14	끝까지 견고히 **잡고** 있으면 그리스도와
히 4:14	우리가 믿는 도리를 굳게 **잡을지어다**
히 8:9	그들의 열조의 손을 **잡고** 애굽 땅에서
히 10:23	도리의 소망을 움직이지 말고 굳게 **잡고**
계 2:13	이름을 굳게 **잡아서** 내 충성된 증인
계 2:25	있는 것을 내가 올 때까지 굳게 **잡으라**
계 3:11	속히 오리니 네가 가진 것을 굳게 **잡아**

【 잡다 】 　　　　　　　　　　　　　　　　　　　　　　　　　　【 잡아가다 】

계 20:2　용을 **잡으니** 곧 옛 뱀이요 마귀요 사
　　　　탄이라 **잡아서** 천 년 동안 결박하여

잡다 2 - 기타 본문
출 7:19; 8:5, 17; 수 6:2, 8, 13; 대하 23:10; 25:5;
전 1:17; 2:11, 17, 26; 4:4, 6, 16; 5:16; 6:9

3. (일이나 직업에) 종사하거나 활동하다
(perform)
창 4:21　수금과 퉁소를 **잡는** 모든 자의 조상이
대상 25:1　수금과 비파와 제금을 **잡아** 신령한 노래
대상 25:3　수금을 **잡아** 신령한 노래를 하며 여호와
대상 25:6　비파와 수금을 **잡아** 여호와의 전에서
대하 5:12　수금을 **잡고** 또 나팔 부는 제사장
대하 29:25 명령한 대로 제금과 비파와 수금을 **잡게**
대하 29:26 악기를 **잡고** 제사장은 나팔을 **잡고** 서매
느 12:35　자손 몇 사람이 나팔을 **잡았으니**
느 12:36　다윗의 악기를 **잡았고** 학사 에스라가
느 12:41　스가랴와 하나냐는 다 나팔을 **잡았고**

4. 맡아 가지다(take pledge)
출 22:26　만일 이웃의 옷을 전당 **잡거든** 해가
신 24:6　사람이 맷돌이나 그 위짝을 전당 **잡지**
　　　　말지니 이는 그 생명을 전당 **잡음이니라**
신 24:17　하지 말며 과부의 옷을 전당 **잡지** 말라
겔 18:16　학대하지도 아니하며 저당을 **잡지도**
암 2:8　모든 제단 옆에서 전당 **잡은** 옷 위에

5. (권리나 세력 따위를) 차지하다
(have been strengthening)
삼하 3:6　사울의 집에서 점점 권세를 **잡으니라**
욥 34:30　이는 경건하지 못한 자가 권세를 **잡아**
잠 29:2　즐거워하고 악인이 권세를 **잡으면** 백성
겔 19:11　가지들은 강하여 권세 **잡은** 자의 규가
겔 19:14　태우니 권세 **잡은** 자의 규가 될 만한
슥 10:4　싸우는 활이 그에게서, 권세 **잡은** 자가
엡 2:2　풍조를 따르고 공중의 권세 **잡은** 자를

'잡다'와 관련된 성구
볼모 잡다 - 왕하 14:14; 욥 22:6; 24:3, 9; 잠
　　　　　20:16; 27:13; 합 2:6
잡아 가두다 - 창 39:20; 삼하 20:3; 욥 11:10
잡아 드리다 - 신 15:21; 사 66:3
잡아 주다 - 마 24:10; 요 12:4; 행 7:52

딛 3:1　그들로 하여금 통치자들과 권세 **잡은**
히 2:14　통하여 죽음의 세력을 **잡은** 자 곧 마귀
계 11:17 전능하신 이여 친히 큰 권능을 **잡으시고**

잡류(雜類, group of adventurers)
삿 11:3　돕 땅에 거주하매 **잡류**가 그에게로 모여
겔 23:42 광야에서 **잡류**와 술 취한 사람을 청하여

잡배(雜輩, scoundrel)
대하 13:7 난봉꾼과 **잡배**가 모여 따르므로 스스로

잡수시다(eat)
창 27:10 전에 네게 축복하기 위하여 **잡수시게**
창 27:19 내가 사냥한 고기를 **잡수시고** 아버지
창 27:31 아들이 사냥한 고기를 **잡수시고** 마음껏
삼상 28:22 드리게 하시고 왕은 **잡수시고** 길 가실
삼하 12:21 죽은 후에는 일어나서 **잡수시니** 이 일이
마 9:10　마태의 집에서 앉아 음식을 **잡수실** 때에
마 9:11　세리와 죄인들과 함께 **잡수시느냐**
마 26:17 이르되 유월절 음식 **잡수실** 것을 우리가
막 2:15　집에 앉아 **잡수실** 때에 많은 세리와
막 2:16　죄인 및 세리들과 함께 **잡수시는** 것을
막 14:12 선생님께서 유월절 음식을 **잡수시게**
눅 4:2　아무 것도 **잡수시지** 아니하시니 날 수가
눅 7:36　예수께 자기와 함께 **잡수시기를**
눅 11:37 자기와 함께 점심 **잡수시기를** 청하므로
눅 14:1　바리새인 지도자의 집에 떡 **잡수시러**
눅 24:30 그들과 함께 음식 **잡수실** 때에 떡을
눅 24:43 받으사 그 앞에서 **잡수시더라**
요 4:31　청하여 이르되 랍비여 **잡수소서**
요 4:33　제자들이 서로 말하되 누가 **잡수실** 것을
요 13:4　저녁 **잡수시던** 자리에서 일어나 겉옷을

잡아가다(seize, bring)
왕상 20:6 것을 그들의 손으로 **잡아가져** 가리라
왕하 23:34 여호아하스는 애굽으로 **잡아갔더니**
대하 25:24 사람들을 볼모로 **잡아가지고** 사마리아
대하 36:4 여호아하스를 애굽으로 **잡아갔더라**
대하 36:6 결박하여 바벨론으로 **잡아가고**
대하 36:10 바벨론으로 **잡아가고** 여호와의
렘 41:16 그다랴를 죽이고 미스바에서 **잡아간**
겔 29:19 넘기리니 그가 그 무리를 **잡아가며**
행 6:12 서기관들을 충동시켜 와서 **잡아가지고**

잡아끌다 (lead away)
눅 22:54   예수를 **잡아끌고** 대제사장의 집으로

잡아내다 (take away)
출 21:14   너는 그를 내 제단에서라도 **잡아내려**
행 12:6   헤롯이 **잡아내려고** 하는 그 전날 밤에

잡아매다 (tie)
행 21:11   띠를 가져다가 자기 수족을 **잡아매고**

잡아먹다/잡아먹히다 (devour)
창 37:20   말하기를 악한 짐승이 그를 **잡아먹었다**
창 37:33   옷이라 악한 짐승이 그를 **잡아먹었도다**
삼상 14:34   끌어다가 여기서 **잡아먹되** 피째로
시 44:11   우리를 **잡아먹을** 양처럼 그들에게
렘 30:16   너를 먹는 모든 자는 **잡아먹힐** 것이며
겔 5:10   가운데에서 아버지가 아들을 **잡아먹고** 아들이 그 아버지를 **잡아먹으리라**
겔 34:28   땅의 짐승들에게 **잡아먹히지도** 아니
행 10:13   있으되 베드로야 일어나 **잡아먹어라**
행 11:7   이르되 베드로야 일어나 **잡아먹으라**
고후 11:20   종으로 삼거나 **잡아먹거나** 빼앗거나

잡족 (雜族, foreigners)
출 12:38   수많은 **잡족**과 양과 소와 심히 많은 가축
슥 9:6   아스돗에는 **잡족**이 거주하리라 내가

잡초 (雜草, grass)
왕하 19:26   푸른 풀과 지붕의 **잡초**와 자라기 전에

잡혀가다 (be carried away)
욥 18:14   뽑히며 그는 공포의 왕에게로 **잡혀가고**
사 46:2   내지 못하고 자기들도 **잡혀갔느니라**
사 52:5   내 백성이 까닭 없이 **잡혀갔으니** 내가
렘 13:19   유다가 다 잡혀가되 온전히 **잡혀가도다**
렘 22:10   위하여 애통하지 말고 **잡혀간** 자를
렘 30:10   자손을 **잡혀가** 있는 땅에서 구원하리니
렘 40:7   유아와 바벨론으로 **잡혀가지** 아니한
겔 30:4   것이며 애굽의 무리가 **잡혀가며**
마 5:22   라가라 하는 자는 공회에 **잡혀가게** 되고

잡히다 (be caught, be mortaged, wrinkle)
1. 잡음을 당하다 (be caught)

출 15:14   떨며 블레셋 주민이 두려움에 **잡히며**
출 15:15   모압 영웅이 떨림에 **잡히며** 가나안
출 22:7   도둑이 **잡히면** 갑절을 배상할 것이요
출 22:8   도둑이 **잡히지** 아니하면 그 집 주인이
민 5:13   일에 증인도 없고 그가 **잡히지도** 아니
욥 3:6   그 밤이 캄캄한 어둠에 **잡혔더라면**,
시 35:8   숨긴 그물에 자기가 **잡히게** 하시며 멸망
잠 6:2   얽혔으며 네 입의 말로 인하여 **잡히게**
잠 9:7   책망하는 자는 도리어 흠이 **잡히느니라**
잠 11:6   사악한 자는 자기의 악에 **잡히리라**
잠 30:28   손에 **잡힐** 만하여도 왕궁에 있는 도마뱀
사 8:15   것이며 부러질 것이며 덫에 걸려 **잡힐**
사 13:15   만나는 자마다 창에 찔리겠고 **잡히는**
사 42:22   굴 속에 **잡히며** 옥에 갇히도다 노략을
사 49:9   **잡혀** 있는 자에게 이르기를 나오라 하며
렘 6:11   나이 든 사람과 늙은이가 다 **잡히리로다**
렘 8:9   두려워 떨다가 **잡히리라** 보라 그들이
렘 8:21   상하여 슬퍼하며 놀라움에 **잡혔도다**
렘 23:9   사람 같으며 포도주에 **잡힌** 사람 같으니
렘 38:23   왕의 손에 **잡히리라** 또 네가 이 성읍
렘 40:1   옮기는 중에 예레미야도 **잡혀** 사슬
렘 50:24   싸웠으므로 발각되어 **잡혔도다**
렘 51:7   여호와의 손에 **잡혀** 있어 온 세계가
겔 21:24   기억한 바 되었은즉 그 손에 **잡히리라**
겔 37:21   이스라엘 자손을 **잡혀** 간 여러 나라에서
암 3:5   치겠으며 **잡힌** 것이 없는데 덫이 어찌
슥 11:4   나의 하나님이 이르시되 너는 **잡혀** 죽을
슥 11:7   내가 **잡혀** 죽을 양 떼를 먹이니 참으로
마 4:12   예수께서 요한이 **잡혔음을** 들으시고
막 1:14   요한이 **잡힌** 후 예수께서 갈릴리에 오셔
막 14:51   예수를 따라가다가 무리에게 **잡히매**
눅 5:9   모든 사람이 고기 **잡힌** 것으로 말미암아
요 8:3   바리새인들이 음행 중에 **잡힌** 여자
요 8:4   간음하다가 현장에서 **잡혔나이다**
행 23:27   사람이 유대인들에게 **잡혀** 죽게 된 것을
고전 11:23   받은 것이니 곧 주 예수께서 **잡히시던**
빌 3:12   예수께 잡힌 바 된 그것을 **잡으려고**
벧후 2:12   이 사람들은 본래 **잡혀** 죽기 위하여
계 19:20   짐승이 **잡히고** … 함께 **잡혔으니** 이는

2. 저당잡히다 (be mortaged)
느 5:3   포도원과 집이라도 저당 **잡히고** 이 흉년

3. 주름이 서다 (wrinkle)
엡 5:27   주름 **잡힌** 것이나 이런 것들이 없이

【 잣나무 】　　　　　　　　　　　　　　　　　　　　　　　　　【 장관 】

잣나무(cypress)
- 삼하 6:5　족속은 **잣나무**로 만든
- 왕상 5:8　재목과 **잣나무** 재목에
- 왕상 5:10　재목과 **잣나무** 재목을
- 왕상 6:15　**잣나무** 널판으로 성전
- 왕상 6:34　그 두 문짝은 **잣나무**라 이쪽 문짝도
- 왕상 9:11　온갖 소원대로 백향목과 **잣나무**와 금을
- 왕하 19:23　아름다운 **잣나무**를 베고 내가 그 가장
- 대하 2:8　레바논에서 백향목과 **잣나무**와 백단목
- 대하 3:5　대전 천장은 **잣나무**로 만들고 또 순금
- 시 104:17　속에 깃들임이여 학은 **잣나무**로 집을
- 아 1:17　집은 백향목 들보, **잣나무** 서까래로구나
- 사 41:19　사막에는 **잣나무**와 소나무와 황양목을
- 사 60:13　레바논의 영광 곧 **잣나무**와 소나무와
- 겔 27:5　스닐의 **잣나무**로 네 판자를 만들었음이
- 겔 31:8　**잣나무**가 그 굵은 가지만 못하며 단풍
- 호 14:8　나는 푸른 **잣나무** 같으니 네가 나로
- 슥 11:2　**잣나무**여 곡할지어다 백향목이 넘어졌

장(長, high rank)
- 삼상 18:5　사울이 그를 군대의 **장**으로 삼았더니

장가(marry)
- 마 22:30　부활 때에는 **장가**도 아니 가고 시집도
- 막 12:25　살아날 때에는 **장가**도 아니 가고 시집도
- 눅 20:34　세상의 자녀들은 **장가**도 가고 시집도

장가가다(marry)
- 눅 20:35　여김을 받은 자들은 **장가가**고 시집가
- 고전 7:28　**장가가**도 죄 짓는 것이 아니요 처녀가
- 고전 7:32　너희가 염려 없기를 원하노라 **장가가**지
- 고전 7:33　**장가간** 자는 세상 일을 염려하여 어찌

장가들다(marry)
- 창 11:29　아브람과 나홀이 **장가들었으니** 아브람
- 출 2:1　사람이 가서 레위 여자에게 **장가들어**
- 출 21:3　**장가들었으면** 그의 아내도 그와 함께
- 출 21:10　상전이 다른 여자에게 **장가들지라도**
- 왕상 7:8　솔로몬이 또 그가 **장가든** 바로의 딸을
- 대상 2:19　갈렙이 또 에브랏에게 **장가들었더니**
- 대상 2:21　아버지 마길의 딸에게 **장가들어** 동침
- 대상 7:15　마아가라 하는 이에게 **장가들었더라**
- 대상 23:22　기스의 아들이 그에게 **장가들었으며**
- 대하 11:20　압살롬의 딸 마아가에게 **장가들었더니**
- 대하 24:3　아내에게 **장가들게** 하였더니 자녀를
- 스 10:14　이방 여자에게 **장가든** 자는 다 기한에
- 겔 44:22　과부나 이혼한 여인에게 **장가들지** 말고 오직 … 과부에게 **장가들** 것이며
- 호 2:19　**장가들어** 영원히 살되 공의와 정의와 은총과 긍휼히 여김으로 네게 **장가들며**
- 호 2:20　진실함으로 네게 **장가들리니** 네가
- 마 5:32　누구든지 버림받은 여자에게 **장가드는**
- 마 19:9　아내를 버리고 다른 데 **장가드는** 자는
- 마 19:10　아내에게 이같이 할진대 **장가들지** 않는
- 마 22:24　그 아내에게 **장가들어** 형을 위하여
- 마 22:25　형제가 있었는데 맏이가 **장가들었다가**
- 마 24:38　사람들이 먹고 마시고 **장가들고** 시집가
- 막 6:17　빌립의 아내 헤로디아에게 **장가든** 고로
- 막 10:11　아내를 버리고 다른 데에 **장가드는** 자는
- 눅 14:20　한 사람은 이르되 나는 **장가들었으니**
- 눅 16:18　다른 데 **장가드는** 자도 간음함이요 무릇 버림당한 여자에게 **장가드는** 자도
- 눅 17:27　사람들이 먹고 마시고 **장가들고** 시집

장검(長劍, sword)
- 잠 30:14　앞니는 **장검** 같고 어금니는 군도 같아서

장관(將官, 長官, commander)
- 창 21:22　때에 아비멜렉과 그 군대 **장관** 비골이
- 창 21:32　아비멜렉과 그 군대 **장관** 비골은 떠나
- 창 26:26　아훗삿과 군대 **장관** 비골과 더불어 그랄
- 삿 4:2　군대 **장관**은 하로셋 학고임에 거주하는
- 삿 4:7　내가 야빈의 군대 **장관** 시스라와 그의
- 삿 11:6　싸우려 하니 당신은 와서 우리의 **장관**이
- 삿 11:11　백성이 그를 자기들의 머리와 **장관**을
- 왕상 5:1　아람 왕의 군대 **장관** 나아만은 그의
- 왕하 7:2　손에 의지하는 자 곧 한 **장관**이 하나님
- 왕하 7:17　손에 의지하였던 그의 **장관**을 세워 성문
- 왕하 7:19　**장관**이 하나님의 사람에게 대답하여
- 왕하 7:20　그의 **장관**에게 그대로 이루어졌으니
- 왕하 8:21　에돔 사람과 그 병거의 **장관들**을 치니
- 왕하 9:5　군대 **장관들**이 앉아 있는지라 소년이 이르되 **장관**이여 … **장관**이여 당신에게
- 왕하 9:25　그의 **장관** 빗갈에게 이르되 그 시체
- 왕하 11:14　왕이 규례대로 단 위에 섰고 **장관들**과
- 왕하 15:25　**장관** 르말랴의 아들 베가가 반역하여

【 장구하다 】　　　　　　　　　　　　　　　　　　　　　　　　　　　【 장래 】

왕하 25:19　백성을 징집하는 **장관**의 서기관 한 사람
왕하 25:26　노소를 막론하고 백성과 군대 **장관**들이
대상 18:15　아힐룻의 아들 여호사밧은 행정 **장관**이
느 2:9　군대 **장관**과 마병을 보내어 나와 함께
렘 39:3　네르갈사레셀은 궁내 **장관**이며 바벨론
렘 39:13　내시장 느부사스반과 궁내 **장관** 네르
　　　　 갈사레셀과 바벨론 왕의 모든 **장관**이
렘 41:1　아들로서 왕의 **장관**인 이스마엘이

장구하다(長久, continue forever)
신 6:2　하기 위한 것이며 또 네 날을 **장구하게**
신 11:9　흐르는 땅에서 너희의 날이 **장구하리라**
신 17:20　자손이 왕위에 있는 날이 **장구하리라**
신 32:47　그 땅에서 너희의 날이 **장구하리라**
시 49:12　사람은 존귀하나 **장구하지** 못함이여
시 72:17　이름이 해와 같이 **장구하리로다** 사람들
시 89:36　후손이 **장구하고** 그의 왕위는 해같이
잠 8:18　부귀가 내게 있고 **장구한** 재물과 공의도
잠 28:2　지식 있는 사람으로 말미암아 **장구하게**
단 4:27　평안함이 혹시 **장구하리이다** 하니라

장군(將軍, commander)
단 11:18　많이 점령할 것이나 한 **장군**이 나타나
계 6:15　임금들과 왕족들과 **장군**들과 부자들과
계 19:18　왕들의 살과 **장군**들의 살과 장사들의

장난하다(play)
사 11:8　먹는 아이가 독사의 구멍에서 **장난하며**

장남(長男, firstborn)
창 41:51　요셉이 그의 **장남**의 이름을 므낫세라

장단(長短, long and wide)
출 26:2　너비는 네 규빗으로 각 폭의 **장단**을
출 36:9　너비는 네 규빗으로 각 폭의 **장단**을
출 36:15　너비는 네 규빗으로 열한 폭의 **장단**을

장담하다(壯談, assert)
눅 22:59　시간쯤 있다가 또 한 사람이 **장담하여**

장대(pole, rod)
민 21:8　불뱀을 만들어 **장대** 위에 매달아라 물린
민 21:9　놋뱀을 만들어 **장대** 위에 다니 뱀에게

겔 40:3　손에 삼줄과 측량하는 **장대**를 가지고
겔 40:5　**장대**를 잡았는데 그 길이가 팔꿈치에
　　　　 서 … 한 **장대**요 높이도 한 **장대**며
겔 40:6　**장대**요 그 문 안쪽 … 길이도 한 **장대**며
겔 40:7　길이가 한 **장대**요 너비가 한 **장대**요
　　　　 각 방 사이 벽이 다섯 … 한 **장대**요
겔 40:8　또 안 문의 현관을 측량하니 한 **장대**며
겔 41:8　지대의 높이는 한 **장대** 곧 큰 자로 여섯
겔 42:16　측량하는 **장대** 곧 그 **장대**로 동쪽을
겔 42:17　**장대**로 북쪽을 측량하니 오백 척이요
겔 42:18　**장대**로 남쪽을 측량하니 오백 척이요
겔 42:19　서쪽으로 돌이켜 그 **장대**로 측량하니

장대하다(長大, great size)
민 13:32　거기서 본 모든 백성은 신장이 **장대한**
신 1:28　백성은 우리보다 **장대하며** 그 성읍들은
삼하 23:21　또 **장대한** 애굽 사람을 죽였는데 그의
사 10:33　그 가지를 꺾으시리니 그 **장대한** 자가
사 18:2　나누인 나라로 가되 **장대하고** 준수한
사 18:7　강들이 흘러 나누인 나라의 **장대하고**
사 45:14　구스가 무역한 것과 스바의 **장대한** 남자

장도리(hammer)
렘 10:4　금으로 그것에 꾸미고 못과 **장도리**로

장래(將來, future)
삼하 7:19　집에 있을 먼 **장래**의 일까지도 말씀하시
대상 17:17　종의 집에 대하여 먼 **장래**까지 말씀하셨
시 71:18　후대에 전하고 주의 능력을 **장래**의 모든
시 102:18　일이 **장래** 세대를 위하여 기록되리니
잠 23:18　정녕히 네 **장래**가 있겠고 네 소망이
잠 24:14　이것을 얻으면 정녕히 네 **장래**가 있겠고
잠 24:20　대저 행악자는 **장래**가 없겠고 악인의
전 1:11　**장래** 세대도 그 후 세대들과 함께 기억
전 3:15　옛적에 있었고 **장래**에 있을 것도 옛적에
렘 31:17　너의 **장래**에 소망이 있을 것이라 너의
고전 3:22　것이나 **장래** 것이나 다 너희의 것이요
고전 15:37　네가 뿌리는 것은 **장래**의 형체를 뿌리는

> '**장래 일**'과 관련된 성구
> 전 7:14; 8:7; 10:14; 사 45:11; 단 2:29,
> 45; 욜 2:28; 요 16:13; 롬 8:38; 골 2:17

살전 1:10	장래의 노하심에서 우리를 건지시는	수 24:31	여호수아 뒤에 생존한 장로들 곧 여호
딤전 6:19	이것이 장래에 자기를 위하여 좋은 터를	삿 2:7	여호수아 뒤에 생존한 장로들 곧 여호
히 3:5	모세는 장래에 말할 것을 증언하기 위하	삿 8:14	숙곳의 방백들과 장로들 칠십칠 명을
히 9:11	그리스도께서는 장래 좋은 일의	삿 8:16	그 성읍의 장로들을 붙잡아 들이가시와
히 11:8	순종하여 장래의 유업으로 받을 땅에	삿 21:16	회중의 장로들이 이르되 베냐민의 여인
요일 3:2	하나님의 자녀 장래에 어떻게 될지는	룻 4:2	보아스가 그 성읍 장로 열 명을 청하여

장례/-하다/-법 (葬禮, burial)

창 24:67	이삭이 그의 어머니를 장례한 후에
삼하 11:27	장례를 마치매 다윗이 사람을 보내 그를
마 26:12	몸에 이 향유를 부은 것은 내 장례를
막 14:8	내 몸에 향유를 부어 내 장례를 미리
요 12:7	가만 두어 나의 장례할 날을 위하여
요 19:40	시체를 가져다가 유대인의 장례법대로

		룻 4:4	앉은 이들과 내 백성의 장로들 앞에서
		룻 4:9	보아스가 장로들과 모든 백성에게
		룻 4:11	성문에 있는 모든 백성과 장로들이
		삼상 15:30	이제 청하옵나니 내 백성의 장로들 앞과
		삼상 16:4	베들레헴에 이르매 성읍 장로들이 떨며
		왕상 20:7	이스라엘 왕이 나라의 장로를 다 불러
		왕상 20:8	모든 장로와 백성들이 다 왕께 아뢰되
		왕상 21:8	나봇과 함께 사는 장로와 귀족들에게
		왕상 21:11	성읍에 사는 장로와 귀족들이 이세벨
		왕하 6:32	앉아 있고 장로들이 그와 함께 앉아 있
			는데 … 엘리사가 장로들에게 이르되
		왕하 10:1	이스르엘 귀족들 곧 장로들과 아합의
		왕하 10:5	성읍을 책임지는 자와 장로들과 왕자
		왕하 19:2	셉나와 제사장 중 장로들에게 굵은 베를
		대상 21:16	다윗이 장로들과 더불어 굵은 베를 입고

장로 (長老, elder)

모세오경, 역사서

출 3:18	그들의 장로들과 함께
출 19:7	백성의 장로들을 불러
출 24:14	장로들에게 이르되
레 4:15	회중의 장로들이 여호와
민 11:16	네가 알기로 백성의 장로와 지도자가
민 11:24	백성에게 알리고 백성의 장로 칠십 인을
민 11:25	영을 칠십 장로에게도 임하게 하시니
신 5:23	지파의 수령과 장로들이 내게 나아와
신 19:12	본 성읍 장로들이 사람을 보내어 그를
신 21:2	장로들과 재판장들은 나가서 그 피살된
신 21:3	가까운 성읍의 장로들이 그 성읍에서
신 21:4	성읍의 장로들이 물이 항상 흐르고 갈지
신 21:6	성읍의 모든 장로들은 그 골짜기에
신 21:19	성문에 이르러 그 성읍 장로들에게
신 21:20	성읍 장로들에게 말하기를 우리의
신 22:15	표를 얻어 가지고 그 성문 장로들에게
신 22:16	처녀의 아버지가 장로들에게 말하기를
신 22:17	부모가 그 자리옷을 그 성읍 장로들
신 22:18	성읍 장로들은 그 사람을 잡아 때리고
신 25:7	그 성문으로 장로들에게로 나아가서
신 25:8	그 성읍 장로들은 그를 불러다가 말할
신 25:9	형제의 아내가 장로들 앞에서 그에게
신 29:10	지파와 너희의 장로들과 너희의 지도자
신 31:28	지파 모든 장로와 관리들을 내 앞에
수 9:11	그러므로 우리 장로들과 우리 나라의
수 20:4	성읍의 장로들의 귀에 자기의 사건을

성경에 나오는 '장로'

길르앗 장로 – 삿 11:5, 7, 8, 9, 10, 11
모압 장로 – 민 22:7
미디안 장로 – 민 22:4, 7
시온의 장로 – 애 2:10
야베스 장로 – 삼상 11:3
예루살렘 장로 – 왕하 23:1; 대하 34:29
유다 장로 – 삼상 30:26; 삼하 19:11; 왕하 23:1; 대하 34:29; 스 5:5; 6:8, 14; 겔 8:1
이스라엘의 장로 – 출 3:16; 4:29; 12:21; 17:5, 6; 18:12; 24:1, 9; 레 9:1; 민 11:30; 16:25; 신 27:1; 31:9; 수 7:6; 8:10, 33; 23:2; 24:1; 삼상 4:3; 8:4; 삼하 3:17; 5:3; 17:4, 15; 왕상 8:1, 3; 대상 11:3; 15:25; 대하 5:2, 4; 겔 8:11; 12:14:1; 20:1, 3

스 5:9	우리가 그 장로들에게 물어보기를 누가
스 6:7	유다 총독과 장로들이 하나님의 이 성전
스 10:8	누구든지 방백들과 장로들의 훈시를
스 10:14	기한에 각 고을의 장로들과 재판장과

[장로]

시가서, 선지서
시 105:22 지혜로 **장로**들을 교훈하게 하였도다
시 107:32 높이며 **장로**들의 자리에서 그를 찬송할
잠 31:23 그의 남편은 그 땅의 **장로**들과 함께
사 3:2 재판관과 선지자와 복술자와 **장로**와
사 3:14 여호와께서 자기 백성의 **장로**들과 고관
사 9:15 머리는 곧 **장로**와 존귀한 자요 그 꼬리
사 24:23 예루살렘에서 왕이 되시고 그 **장로**들
렘 26:17 그 지방의 **장로** 중 몇 사람이 일어나
렘 29:1 있는 **장로**들과 제사장들과 선지자들과
애 1:19 제사장들과 **장로**들은 그들의 목숨을
애 4:16 아니하였으며 **장로**들을 대접하지 아니
애 5:12 **장로**들의 얼굴도 존경을 받지 못하나이
겔 7:26 **장로**에게는 책략이 없어질 것이며
욜 1:14 소집하여 **장로**들과 이 땅의 모든 주민
욜 2:16 거룩하게 하고 **장로**들을 모으며 어린이

신약
마 15:2 어찌하여 **장로**들의 전통을 범하나이까
마 16:21 예루살렘에 올라가 **장로**들과 대제사
마 21:23 백성의 **장로**들이 나아와 이르되 네가
마 26:3 대제사장들과 백성의 **장로**들이 가야바
마 26:47 대제사장들과 백성의 **장로**들에게서
마 26:57 가야바에게로 가니 거기 서기관과 **장로**
마 27:1 백성의 **장로**들이 예수를 죽이려고 함께
마 27:3 은 삼십을 대제사장들과 **장로**들에게
마 27:12 대제사장들과 **장로**들에게 고발을 당하
마 27:20 **장로**들이 무리를 권하여 바라바를 달라
마 27:41 대제사장들도 서기관들과 **장로**들과
마 28:12 그들이 **장로**들과 함께 모여 의논하고
막 7:3 유대인들은 **장로**들의 전통을 지키어
막 7:5 제자들은 **장로**들의 전통을 준행하지
막 8:31 고난을 받고 **장로**들과 대제사장들과
막 11:27 대제사장들과 서기관들과 **장로**들이
막 14:43 서기관들과 **장로**들에게서 파송된 무리
막 14:53 대제사장들과 **장로**들과 서기관들이
막 15:1 즉시 **장로**들과 서기관들 곧 온 공회와
눅 7:3 소문을 듣고 유대인의 **장로** 몇 사람
눅 9:22 고난을 받고 **장로**들과 대제사장들과
눅 20:1 서기관들이 **장로**들과 함께 가까이 와서
눅 22:52 경비대장들과 **장로**들에게 이르시되
눅 22:66 날이 새매 백성의 **장로**들 곧 대제사장
행 4:5 **장로**들과 서기관들이 예루살렘에
행 4:8 충만하여 이르되 백성의 관리들과 **장로**

행 4:23 동료에게 가서 제사장들과 **장로**들의
행 6:12 백성과 **장로**와 서기관들을 충동시켜
행 11:30 바나바와 사울의 손으로 **장로**들에게
행 14:23 교회에서 **장로**들을 택하여 금식 기도
행 15:2 예루살렘에 있는 사도와 **장로**들에게
행 15:4 사도와 **장로**들에게 영접을 받고 하나님
행 15:6 사도와 **장로**들이 이 일을 의논하러 모여
행 15:22 이에 사도와 **장로**와 온 교회가 그 중에
행 15:23 **장로** 된 형제들은 안디옥과 수리아
행 16:4 **장로**들이 작정한 규례를 그들에게
행 20:17 사람을 에베소로 보내어 교회 **장로**들을
행 21:18 함께 야고보에게로 들어가니 **장로**들도
행 22:5 대제사장과 모든 **장로**들이 내 증인이라
행 23:14 대제사장들과 **장로**들에게 가서 말하되
행 24:1 어떤 **장로**들과 한 변호사 더둘로와 함께
행 25:15 **장로**들이 그를 고소하여 정죄하기를
딤전 4:14 속에 있는 은사 곧 **장로**의 회에서 안수
딤전 5:17 다스리는 **장로**들은 배나 존경할 자로
딤전 5:19 **장로**에 대한 고발은 두세 증인이 없으면
딛 1:5 명한 대로 각 성에 **장로**들을 세우게

"너희 중에 병든 자가 있느냐 그는 교회의 장로들을 청할 것이요 그들은 주의 이름으로 기름을 바르며 그를 위하여 기도할지니라"
(약 5:14)

약 5:14 교회의 **장로**들을 청할 것이요 그들은
벧전 5:1 **장로**들에게 권하노니 나는 함께 **장로**
벧전 5:5 이와 같이 **장로**들에게 순종하고 다 서로
요이 1:1 **장로**인 나는 택하심을 받은 부녀와 그의
요삼 1:1 **장로**인 나는 사랑하는 가이오 곧 내가
계 4:4 보좌 위에 이십사 **장로**들이 흰 옷을
계 4:10 이십사 **장로**들이 보좌에 앉으신 이 앞에
계 5:5 **장로** 중의 한 사람이 내게 말하되 울지
계 5:6 **장로**들 사이에 한 어린 양이 서 있는데
계 5:8 생물과 이십사 **장로**들이 그 어린 양 앞에
계 5:11 **장로**들을 둘러 선 많은 천사의 음성이
계 5:14 생물이 이르되 아멘 하고 **장로**들은 수
계 7:11 천사가 보좌와 **장로**들과 네 생물의

2046

[장립]　　　　　　　　　　　　　　　　　　　　　　　　　　　　[장막]

계 7:13	장로 중 하나가 응답하여 나에게 이르되
계 11:16	이십사 장로가 엎드려 얼굴을 땅에 대고
계 14:3	보좌 앞과 네 생물과 장로들 앞에서
계 19:4	이십사 장로와 네 생물이 엎드려 보좌에

장립 (將立, consecrate)

대하 13:9 일곱 마리를 끌고 와서 장립을 받고자

장막 (帳幕, tent)

모세오경

창 4:20	장막에 거주하며
창 9:21	포도주를 마시고 취하여 그 장막 안에서
창 13:5	아브람의 일행 롯도 양과 소와 장막이
창 13:12	머무르며 그 장막을 옮겨 소돔까지 이르
창 13:18	이에 아브라이 장막을 옮겨 헤브론에
창 18:1	날이 뜨거울 때에 그가 장막 문에 앉아
창 18:2	장막 문에서 달려 나가 영접하며 몸을
창 18:6	아브라함이 급히 장막으로 가서 사라
창 18:9	사라가 어디 있느냐 대답하되 장막에
창 24:67	사라의 장막으로 들이고 그를 맞이하여
창 25:27	야곱은 조용한 사람이었으므로 장막에
창 31:33	야곱의 장막에 들어가고 레아의 장막에 들어가고 두 여종의 장막에 들어갔으나 … 장막에서 나와 라헬의 장막에
창 31:34	라반이 그 장막에서 찾다가 찾아내지
출 16:16	사람이 그의 장막에 있는 자들을 위하여
출 18:7	서로 문안하고 함께 장막에 들어가
출 25:9	보이는 모양대로 장막을 짓고 기구들
출 36:27	장막 뒤 곧 서쪽을 위하여는 널판 여섯
출 36:28	장막 뒤 두 모퉁이 편을 위하여는 널판
레 14:8	들어올 것이나 자기 장막 밖에 이레를
민 3:25	회막에서 맡을 일은 성막과 장막과
민 4:16	장막 전체와 그 중에 있는 모든 것과
민 4:31	장막의 널판들과 그 띠들과 그 기둥들과
민 7:1	모세가 장막 세우기를 끝내고 그것에
민 7:3	마리씩이라 그것들을 장막 앞에 드리지
민 11:24	백성의 장로 칠십 인을 모아 장막에
민 11:26	사람이 진영에 머물고 장막에 나아가지
민 12:10	구름이 장막 위에서 떠나갔고 미리암은
민 16:24	다단과 아비람의 장막 사방에서 떠나라
민 16:26	악인들의 장막에서 떠나고 그들의 물건
민 16:27	아비람 장막 사방을 떠나고 다단과
민 18:3	레위인은 네 직무와 장막의 모든 직무를
민 18:4	레위인은 너와 합동하여 장막의 모든
민 19:14	장막에서 사람이 … 누구든지 그 장막에 들어가는 자와 그 장막에 있는 자가
민 19:18	우슬초를 가져다가 그 물을 찍어 장막과
민 24:5	야곱이여 네 장막들이, 이스라엘이여
신 1:27	장막 중에서 원망하여 이르기를 여호
신 5:30	그들에게 각기 장막으로 돌아가라 이르
신 11:6	그들의 가족과 그들의 장막과 그들을
신 16:7	고기를 구워 먹고 아침에 네 장막으로
신 31:15	기둥 가운데에서 장막에 나타나시고
신 33:18	잇사갈이여 너는 장막에 있음을 즐거워

'장막'과 관련된 성구

장막 궁전 – 단 11:45

장막 말뚝 – 출 35:18; 삿 4:21; 5:26

장막 문 – 창 18:10; 출 33:8, 10; 36:37; 39:38; 민 11:10; 12:5; 16:27; 신 31:15; 삿 4:20

장막에 거하다 – 창 9:27; 왕하 13:5; 욥 18:15; 히 11:9

장막 줄 – 욥 4:21

장막(을) 치다 – 창 12:8; 13:3; 26:17; 25; 31:25; 33:18, 19; 35:21; 출 13:20; 14:2, 9; 15:27; 17:1; 19:2; 33:7; 신 1:33; 삿 4:11; 삼하 16:22; 24:5; 대상 4:41; 15:1; 대하 1:4; 느 11:30; 계 7:15

장막 터 – 사 54:2

수 3:14	요단을 건너려고 자기들의 장막을 떠날
수 7:21	물건들을 내 장막 가운데 땅 속에 감추
수 7:22	물건이 그의 장막 안에 감추어져 있는데
수 7:23	그것을 장막 가운데서 취하여 여호수아
수 7:24	나귀들과 그의 양들과 그의 장막과
수 22:4	너희에게 준 소유지로 가서 너희의 장막
수 22:6	축복하여 보내매 그들이 자기 장막으로
수 22:7	여호수아가 그들을 그들의 장막으로
수 22:8	많은 의복을 가지고 너희의 장막으로
삿 4:18	장막에 들어가니 야엘이 이불로 그를
삿 5:24	받을 것이니 장막에 있는 여인들보다
삿 6:5	그들이 그들의 짐승과 장막을 가지고
삿 7:8	모든 백성을 각각 그의 장막으로 돌려

【 장막 】   【 장막 】

삿 7:13	굴러 들어와 한 **장막**에 이르러 그것을
삿 8:11	기드온이 노바와 욕브하 동쪽 **장막**에
삿 20:8	자기 **장막**으로 돌아가지 말며 한 사람도
삼상 4:10	이스라엘이 패하여 각기 **장막**으로 도망
삼상 13:2	남은 백성은 각기 **장막**으로 보내니라
삼상 17:54	가져가고 갑주는 자기 **장막**에 두니라
삼하 6:17	다윗이 그것을 위하여 친 **장막** 가운데
삼하 7:6	오늘까지 집에 살지 아니하고 **장막**과
삼하 18:17	이스라엘 무리가 각기 **장막**으로 도망
삼하 19:8	이스라엘은 이미 각기 **장막**으로 도망
삼하 20:1	없도다 이스라엘아 각각 **장막**으로
삼하 20:22	흩어져 성읍에서 물러나 각기 **장막**으로
삼하 22:12	구름으로 둘린 **장막**을 삼으심이여
왕상 8:66	자기 **장막**으로 돌아가는데 여호와께서
왕상 12:16	너희의 **장막**으로 … 그 **장막**으로 돌아
왕상 20:12	벤하닷이 왕들과 **장막**에서 마시다가
왕상 20:16	벤하닷은 **장막**에서 돕는 왕 삼십이 명과
왕하 7:7	도망하되 그 **장막**과 말과 나귀를 버리고
왕하 7:8	한 **장막**에 들어가서 먹고 마시고 거기서 은과 금과 … 다른 **장막**에 들어가
왕하 7:10	말과 나귀만 매여 있고 **장막**들이 그대로
왕하 8:21	백성이 도망하여 각각 그들의 **장막**들로
왕하 14:12	이스라엘 앞에서 패하여 각기 **장막**으로
대상 5:10	길르앗 동쪽 온 땅에서 **장막**에 거주하였
대상 6:48	레위 사람들은 하나님의 집 **장막**의 모든
대상 16:1	다윗이 그것을 위하여 친 **장막** 가운데에
대상 17:5	**장막**과 저 **장막**에 있으며 이 성막과
대하 5:5	궤와 회막과 **장막** 안에 모든 거룩한
대하 7:10	백성을 그들의 **장막**으로 돌려보내매
대하 10:16	너희의 **장막**으로 … 그들의 **장막**으로
대하 25:22	이스라엘 앞에서 패하여 각기 **장막**으로
스 8:15	거기서 삼 일 동안 **장막**에 머물며 백성

시가서 – 신약

욥 5:24	네 **장막**의 평안함을 알고 네 우리를
욥 8:22	부끄러움을 당할 것이라 악인의 **장막**은
욥 11:14	버리라 불의가 네 **장막**에 있지 못하게
욥 18:6	**장막** 안의 빛은 어두워지고 그 위의
욥 18:14	그가 의지하던 것들이 **장막**에서 뽑히며
욥 19:12	돋우고 나를 치며 내 **장막**을 둘러 진을
욥 *20:26*	멸하며 그 **장막**에 남은 것을 해치리라
욥 21:28	악인이 살던 **장막**이 어디 있느냐 하는
욥 22:23	받을 것이며 또 네 **장막**에서 불의를
욥 29:4	하나님이 내 **장막**에 기름을 발라 주셨도

욥 31:31	**장막** 사람들은 주인의 고기에 배부르지
욥 36:29	그의 **장막**의 우렛소리를 누가 능히
시 18:11	**장막**같이 자기를 두르게 하심이여
시 19:4	하나님이 해를 위하여 하늘에 **장막**을
시 27:5	그의 **장막** 은밀한 곳에 나를 숨기시며
시 27:6	그의 **장막**에서 즐거운 제사를 드리겠고
시 31:20	비밀한 **장막**에 감추사 말다툼에서
시 52:5	붙잡아 네 **장막**에서 뽑아내며 살아 있는
시 69:25	황폐하게 하시며 그들의 **장막**에 사는
시 76:2	**장막**은 살렘에 있음이여 그의 처소는
시 78:55	이스라엘의 지파들이 그들의 **장막**에
시 78:60	가운데 세우신 **장막** 곧 실로의 성막
시 91:10	재앙이 네 **장막**에 가까이 오지 못하리니
시 106:25	그들의 **장막**에서 원망하며 여호와의
시 118:15	의인들의 **장막**에는 기쁜 소리, 구원의
시 132:3	내가 내 **장막** 집에 들어가지 아니하며
사 13:20	아라비아 사람도 거기에 **장막**을 치지
사 33:20	그것은 옮겨지지 아니할 **장막**이라
렘 4:20	나의 **장막**과 휘장이 갑자기 파멸되도다
렘 6:3	주위에 자기 **장막**을 치고 각기 그 처소

성경에 나오는 '장막'

강도의 장막 – 욥 12:6
게달의 장막 – 시 120:5; 아 1:5
구산의 장막 – 합 3:7
뇌물을 받는 자의 장막 – 욥 15:34
다윗의 장막 – 사 16:5; 암 9:11; 행 15:16
목자(들)의 장막 – 아 1:8; 사 38:12
몰록의 장막 – 행 7:43
시온의 장막 – 애 2:4
악인의 장막 – 시 84:10
야곱의 장막 – 렘 30:18; 말 2:12
야엘의 장막 – 삿 4:17
에돔의 장막 – 시 83:6
여호와의 장막 – 민 31:47; 왕상 2:28, 29, 30; 대하 1:5
요셉의 장막 – 시 78:67
유다 장막 – 슥 12:7
정직한 자의 장막 – 잠 14:11
주의 장막 – 시 15:1; 61:4; 84:1
증거의 장막 – 민 17:7, 8; 18:2; 행 7:44; 계 15:5
하나님의 장막 – 계 21:3
함의 장막 – 시 78:51

【 장모 】　　　　　　　　　　　　　　　　　　　　　　　　【 장사 2/-하다/-되다 】

렘 10:20　장막이 무너지고 … 장막을 세울 자와
렘 35:7　동안 장막에 살아라 그리하면 너희가
렘 35:10　장막에 살면서 우리 선조 요나답이 우리
렘 37:10　장막에서 일어나 이 성을 불사르리라
렘 43:10　돌들 위에 놓고 또 그 화려한 큰 장막을
렘 49:29　너희는 그들의 장막과 양 떼를 빼앗으며
호 9:6　장막 안에는 가시덩굴이 퍼지리라
호 12:9　다시 장막에 거주하게 하기를 명절날
고후 5:1　땅에 있는 우리의 장막 집이 무너지면
고후 5:4　이 장막에 있는 우리가 짐진 것같이
히 8:2　참 장막에서 섬기는 이시라 이 장막은
히 8:5　모세가 장막을 지으려 할 때에 지시하심
히 9:2　예비한 첫 장막이 있고 그 안에 등잔대
히 9:3　둘째 휘장 뒤에 있는 장막을 지성소라
히 9:6　제사장들이 항상 첫 장막에 들어가
히 9:7　오직 둘째 장막은 대제사장이 홀로
히 9:8　성령이 이로써 보이신 것은 첫 장막이
히 9:9　장막은 현재까지의 비유니 이에 따라
히 9:11　속하지 아니한 더 크고 온전한 장막으로
히 9:21　또한 이와 같이 피를 장막과 섬기는
히 13:10　장막에서 섬기는 자들은 그 제단에서
벧후 1:13　장막에 있을 동안에 너희를 일깨워 생각
벧후 1:14　나도 나의 장막을 벗어날 것이 임박한
계 13:6　그의 이름과 그의 장막 곧 하늘에 사는

장모 (丈母, mother-in-law)
레 20:14　누구든지 아내와 자기의 장모를 함께
마 8:14　그의 장모가 열병으로 앓아 누운 것을
막 1:30　시몬의 장모가 열병으로 누워 있는지라
눅 4:38　장모가 중한 열병을 앓고 있는지라

장부 1(丈夫, rebel)
사 46:8　패역한 자들아 이 일을 기억하고 장부가

장부 2(臟腑, inner parts)
출 29:17　그 숫양의 각을 뜨고 그 장부와 다리는

장비 (裝備, equipment)
삼상 8:12　무기와 병거의 장비도 만들게 할 것이며
사 10:28　미그론을 지나 믹마스에 그의 장비를

장사 1(壯士, valiant man, warrior)
삿 3:29　장사요 모두 용사라 한 사람도 도망하지

삼상 31:12　모든 장사들이 일어나 밤새도록 달려가
대상 7:5　잇사갈의 모든 종족은 다 용감한 장사라
대상 7:9　집의 우두머리요 용감한 장사라 그 자손
대상 7:40　정선된 용감한 장사요 방백의 우두머리
대상 8:40　울람의 아들은 다 용감한 장사요 활을
대상 28:1　가축의 감독과 내시와 장사와 모든 용사
시 19:5　그의 길을 달리기 기뻐하는 장사 같아서
시 76:5　빠질 것이며 장사들도 모두 그들에게
시 120:4　장사의 날카로운 화살과 로뎀 나무 숯불
시 127:4　젊은 자의 자식은 장사의 수중의 화살
사 22:17　여호와가 너를 단단히 결박하고 장사
렘 46:15　너희 장사들이 쓰러짐은 어찌함이냐
계 19:18　왕들의 살과 장군들의 살과 장사들의

장사 2/-하다/-되다 (葬事, bury)
《모세오경》
창 15:15　평안히 조상에게로 돌아가 장사될 것이
창 23:4　자를 내 앞에서 내어다가 장사하게
창 23:6　장사하소서 … 당신의 죽은 자 장사함
창 23:8　죽은 자를 내 앞에서 내어다가 장사하게
창 23:11　드리오니 당신의 죽은 자를 장사하소서
창 23:13　내가 나의 죽은 자를 거기 장사하겠노라
창 23:15　되리이까 당신의 죽은 자를 장사하소서
창 23:19　마므레 앞 막벨라 밭 굴에 장사하였더라
창 25:9　밭에 있는 막벨라 굴에 장사하였으니
창 25:10　그의 아내 사라가 거기 장사되니라
창 35:8　아래에 있는 상수리나무 밑에 장사하고
창 35:19　에브랏 곧 베들레헴 길에 장사되었고
창 35:29　아들 에서와 야곱이 그를 장사하였더라
창 47:29　내게 행하여 애굽에 나를 장사하지 아니
창 47:30　조상의 묘지에 장사하라 요셉이 이르되
창 48:7　그를 에브랏 길에 장사하였느니라
창 49:29　있는 굴에 우리 선조와 함께 장사하라
창 49:31　거기 장사되었고 … 거기 장사되었으
　　　　　며 나도 레아를 그 곳에 장사하였노라
창 50:5　묘실에 나를 장사하라 하였나니 나로
　　　　　올라가서 아버지를 장사하게 하소서
창 50:6　올라가서 네 아버지를 장사하라
창 50:7　요셉이 자기 아버지를 장사하러 올라
창 50:13　앞 막벨라 밭 굴에 장사하였으니 이는
창 50:14　요셉이 아버지를 장사한 후에 자기 형제
민 11:34　욕심을 낸 백성을 거기 장사함이었더라
민 20:1　거기서 죽으매 거기 장사되니라

2049

【 장사 2/-하다/-되다 】

민 33:4 모든 장자를 **장사하는** 때라 여호와께서
신 10:6 아론이 거기서 죽어 **장사되었고** 그의
신 21:23 날에 **장사하여** 네 하나님 여호와께서
신 34:6 모압 땅에 있는 골짜기에 **장사되었고**

역사서 - 선지서

수 24:30 딤낫 세라에 **장사하였으니** 딤낫 세라
수 24:32 요셉의 뼈를 세겜에 **장사하였으니** 이곳
수 24:33 산지에서 받은 산에 **장사하였더라**
삿 2:9 산 북쪽 딤낫 헤레스에 **장사하였고**
삿 8:32 아버지 요아스의 묘실에 **장사되었더라**
삿 10:2 년 만에 죽으매 사밀에 **장사되었더라**
삿 10:5 야일이 죽으매 가몬에 **장사되었더라**
삿 12:7 있는 그의 성읍에 **장사되었더라**
삿 12:10 죽으매 베들레헴에 **장사되었더라**
삿 12:12 스불론 땅 아얄론에 **장사되었더라**
삿 12:15 사람의 산지 비라돈에 **장사되었더라**
삿 16:31 아버지 마노아의 장지에 **장사하니라**
삼상 25:1 라마 그의 집에서 그를 **장사한지라**
삼상 28:3 그의 고향 라마에 **장사하였고** 사울은
삼상 31:13 에셀 나무 아래에 **장사하고** 칠 일 동안
삼하 2:4 사울을 **장사한** 사람은 길르앗 야베스
삼하 2:5 은혜를 베풀어 그를 **장사하였으니**
삼하 2:32 조상 묘에 **장사하고** 요압과 그의 부하들
삼하 3:32 아브넬을 헤브론에 **장사하고** 아브넬을
삼하 17:23 죽으매 그의 조상의 묘에 **장사되니라**
삼하 21:14 그의 아버지 기스의 묘에 **장사하되** 모두
왕상 2:10 조상들과 함께 누워 다윗 성에 **장사되니**
왕상 11:15 죽임을 당한 자들을 **장사하고** 에돔의
왕상 11:43 **장사되고** 그의 아들 르호보암이 대신
왕상 13:29 성읍으로 들어가서 슬피 울며 **장사하되**
왕상 13:31 사람을 **장사한** 후에 그가 그 아들들에게 … **장사한** 묘실에 나를 **장사하되**
왕상 14:13 슬퍼하며 **장사하려니와** 여로보암에게
왕상 14:18 이스라엘이 그를 **장사하고** 그를 위하여
왕상 14:31 조상들과 함께 다윗 성에 **장사되니라**
왕상 15:8 다윗 성에 **장사되고** 그 아들 아사가
왕상 15:24 조상 다윗의 성읍에 **장사되고** 그의 아들
왕상 16:6 함께 자매 디르사에 **장사되고** 그의 아들
왕상 16:28 사마리아에 **장사되고** 그 아들 아합이
왕상 22:37 이르러 왕을 사마리아에 **장사하니라**
왕상 22:50 조상들과 함께 다윗 성에 **장사되고** 그의 아들
왕하 8:24 다윗 성에 **장사되고** 그의 아들 아하시야
왕하 9:10 **장사할** 사람이 없으리라 하셨느니라

왕하 9:28 조상들과 함께 그의 묘실에 **장사하니라**
왕하 9:34 저주 받은 여자를 찾아 **장사하라** 그는
왕하 9:35 가서 **장사하려** 한즉 그 두골과 발과
왕하 10:35 사마리아에 **장사되고** 그의 아들
왕하 12:21 함께 **장사되고** 그의 아들 아마샤가 그를
왕하 13:9 사마리아에 **장사되고** 그의 아들 요아스가
왕하 13:13 사마리아에 **장사되고** 여로보암이
왕하 13:20 엘리사가 죽으니 그를 **장사하였고** 해가
왕하 13:21 마침 사람을 **장사하는** 자들이 그 도적
왕하 14:16 **장사되고** 그의 아들 여로보암이 대신하여
왕하 14:20 조상들과 함께 다윗 성에 **장사하니라**
왕하 15:7 다윗 성에 그의 조상들과 함께 **장사되고**
왕하 15:38 **장사되고** 그 아들 아하스가 대신하여
왕하 16:20 함께 **장사되고** 그의 아들 히스기야
왕하 21:18 궁궐 동산 곧 웃사의 동산에 **장사되고**
왕하 21:26 웃사의 동산 자기 묘실에 **장사되고**
왕하 23:30 그의 무덤에 **장사하니** 백성들이 요시야
대상 10:12 상수리나무 아래에 그 해골을 **장사하고**
대하 9:31 성에 **장사되고** 그의 아들 르호보암이
대하 12:16 누우매 다윗 성에 **장사되고** 그의 아들
대하 14:1 다윗 성에 **장사되고** 그의 아들 아사가
대하 16:14 무리가 **장사하되** 그의 시체를 법대로
대하 21:1 그의 조상들과 함께 다윗 성에 **장사되고**
대하 21:20 다윗 성에 **장사하였으나** 열왕의 묘실에
대하 22:9 아들이라 하고 **장사하였더라**
대하 24:16 여러 왕의 묘실 중에 **장사하였으니** 이는
대하 24:25 **장사하였으나** … 묘실에는 **장사하지**
대하 25:28 함께 유다 성읍에 **장사하였더라**
대하 26:23 조상들의 곁에 **장사하니라** 그의 아들
대하 27:9 다윗 성에 **장사되고** 그의 아들 아하스가
대하 28:27 예루살렘 성에 **장사하였더라** 그의 아들
대하 32:33 자손의 묘실 중 높은 곳에 **장사하여**
대하 33:20 그의 궁에 **장사되고** 그의 아들 아몬이
대하 35:24 조상들의 묘실에 **장사되니라** 온 유다와
전 8:10 내가 본즉 악인들은 **장사** 지낸 바 되어
렘 14:16 던짐을 당할 것인즉 그들을 **장사할** 자가
호 9:6 높은 그들을 **장사하리니** 그들의 은은

신약

마 8:21 내가 먼저 가서 내 아버지를 **장사하게**
마 8:22 그들의 죽은 자들을 **장사하게** 하고
마 14:12 시체를 가져다가 **장사하고** 가서 예수께
막 6:29 듣고 와서 시체를 가져다가 **장사하니라**
눅 9:59 먼저 가서 내 아버지를 **장사하게** 허락

【 장사 3/-하다 】　　　　　　　　　　　　　【 장수 2/-하다 】

눅 9:60	죽은 자들을 **장사하게** 하고 너는 가서
눅 16:22	품에 들어가고 부자도 죽어 **장사되매**
눅 23:53	아직 사람을 **장사한** 일이 없는 바위에
요 19:41	안에 아직 사람을 **장사한** 일이 없는
행 2:29	다윗이 죽어 **장사되어** 그 묘가 오늘까지
행 5:6	시신을 싸서 메고 나가 **장사하니라**
행 5:9	남편을 **장사하고** 오는 사람들의 발이
행 5:10	보고 메어다가 그의 남편 곁에 **장사하니**
행 7:16	은으로 값 주고 산 무덤에 **장사되니라**
행 8:2	경건한 사람들이 스데반을 **장사하고**
롬 6:4	받음으로 그와 함께 **장사되었나니**
고전 15:4	**장사** 지낸 바 되셨다가 성경대로 사흘
골 2:12	세례로 그리스도와 함께 **장사되고**
계 11:9	사흘 반 동안을 보며 무덤에 **장사하지**

장사 3/-**하다**(trade business)

잠 31:18	자기의 **장사**가 잘 되는 줄을 깨닫고
사 47:15	어려서부터 너와 함께 **장사하던** 자들이
겔 16:29	**장사하는** 땅 갈대아에까지 심히 행음
겔 17:4	가지고 **장사하는** 땅에 이르러 상인의
마 25:16	그것으로 **장사하여** 또 다섯 달란트를
눅 19:13	이르되 내가 돌아올 때까지 **장사하라**
눅 19:15	각각 어떻게 **장사하였는지**를 알고자
눅 19:45	성전에 들어가사 **장사하는** 자들을
요 2:16	아버지의 집으로 **장사하는** 집을 만들지
약 4:13	일 년을 머물며 **장사하여** 이익을 보리라

장사 4/-**꾼**(merchant, dealer, maker)

느 3:8	다음은 향품 **장사** 하나냐 등이 중수하되
느 13:20	**장사꾼**들과 각양 물건 파는 자들이
욥 41:6	**장사꾼**들이 그것을 놓고 거래하겠으며
겔 27:23	스바와 앗수르와 길맛의 **장사꾼**들도
마 13:45	천국은 마치 좋은 진주를 구하는 **장사**와
행 16:14	두아디라 시에 있는 자색 옷감 **장사**로서

장색(匠色, goldsmith, silversmith)

| 잠 25:4 | 제하라 그리하면 **장색**의 쓸 만한 그릇 |
| 사 40:19 | 우상은 장인이 부어 만들었고 **장색**이 |

장성하다(長成, grow, of age)

창 21:20	그 아이와 함께 계시매 그가 **장성하여**
창 25:27	그 아이들이 **장성하매** 에서는 익숙한
창 38:11	셀라가 **장성하기**를 기다리라 하니 셀라
창 38:14	이는 셀라가 **장성함**을 보았어도 자기를
출 2:11	**장성한** 후에 한번은 자기 형제들에게
삼상 17:13	**장성한** 세 아들은 사울을 따라 싸움에
삼상 17:14	다윗은 막내라 **장성한** 세 사람은 사울을
시 144:12	아들들은 어리다가 **장성한** 나무들과
렘 12:2	박히고 **장성하여** 열매를 맺었거늘 그들
요 9:21	그에게 물어 보소서 그가 **장성하였으니**
요 9:23	부모가 말하기를 그가 **장성하였으니**
고전 13:11	아이와 같다가 **장성한** 사람이 되어서
고전 14:20	어린 아이가 되라 지혜에는 **장성한**
엡 4:13	사람을 이루어 그리스도의 **장성한** 분량
히 5:14	음식은 **장성한** 자의 것이니 그들은 지각
히 11:24	믿음으로 모세는 **장성하여** 바로의 공주
약 1:15	잉태한즉 죄를 낳고 죄가 **장성한즉** 사망

장소(場所, place)

출 33:21	내 곁에 한 **장소**가 있으니 너는 그 반석
레 14:13	어린 숫양은 거룩한 **장소** 곧 속죄제와
민 32:1	본즉 그 곳은 목축할 만한 **장소**인지라
민 32:4	멸하신 땅은 목축할 만한 **장소**요 당신의
삿 20:33	복병은 그 **장소** 곧 기브아 초장에서
행 25:23	함께 접견 **장소**에 들어오고 베스도의

장수 1(將帥, military leader)

| 에 1:3 | 베푸니 바사와 메대의 **장수**와 각 지방의 |
| 나 3:17 | **장수**들은 큰 메뚜기 떼가 추운 날에는 |

장수 2/-**하다**(長壽, good old age)

창 15:15	너는 **장수하다**가 평안히 조상에게로
신 22:7	그리하면 네가 복을 누리고 **장수하리라**
신 30:20	생명이시요 네 **장수**이시니 여호와께서
왕상 3:11	위하여 **장수하기**를 구하지 아니하며
대하 1:11	**장수**도 구하지 아니하고 오직 내가 네게
욥 5:26	**장수하다가** 무덤에 이르리니 마치
욥 12:12	늙은 자에게는 지혜가 있고 **장수하는**
욥 21:7	어찌하여 악인이 생존하고 **장수하며**
시 21:4	주셨으니 곧 영원한 **장수로소이다**
시 61:6	주께서 왕에게 **장수하게** 하사 그의 나이
시 91:16	그를 **장수하게** 함으로 그를 만족하게
잠 3:2	그리하면 그것이 네가 **장수하여** 많은
잠 3:16	그의 오른손에는 **장수**가 있고 그의 왼손
잠 10:27	여호와를 경외하면 **장수하느니라**
잠 28:16	탐욕을 미워하는 자는 **장수하리라**

{ 장식/-하다 }　　　　　　　　　　　　　　　　{ 장인 2 }

전 6:3	자녀를 낳고 또 **장수하여** 사는 날이		**장애인**(障碍人, the crippled)	
전 7:15	악행에도 불구하고 **장수하는** 악인이		마 15:30	큰 무리가 다리 저는 사람과 **장애인**과
전 8:12	백 번이나 악을 행하고도 **장수하거니와**		마 15:31	못하는 사람이 말하고 **장애인**이 온전하
전 8:13	악인은 잘 되지 못하며 **장수하지** 못하고		마 18:8	범죄하게 하거든 찍어 내버리라 **장애인**
엡 6:3	이로써 네가 잘되고 땅에서 **장수하리라**		막 9:43	찍어버리라 **장애인**으로 영생에 들어가

장식/-하다(粧飾, ornament)

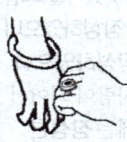

레 8:7 에봇의 **장식** 띠를 띠워
왕하 25:17 기둥의 **장식**과 그물
잠 3:22 네 목에 **장식**이 되리니
사 3:18 주께서 그 날에 그들이 **장식한** 발목
사 49:18 무리를 **장식**처럼 몸에 차며 그것을 띠기
겔 7:20 그들이 그 화려한 **장식**으로 말미암아
겔 16:13 이와 같이 네가 금, 은으로 **장식하고**
호 2:13 그가 귀고리와 패물로 **장식하고** 그가

장엄하다(莊嚴, majestic)
민 29:35 날에는 **장엄한** 대회로 모일 것이요 아무
사 30:30 여호와께서 그의 **장엄한** 목소리를 듣게

장인 1(丈人, father-in-law)
출 3:1 모세가 그의 **장인** 미디안 제사장 이드로
출 4:18 그의 **장인** 이드로에게로 돌아가서 그에
출 18:1 **장인**이며 미디안 제사장인 이드로가
출 18:2 모세의 **장인** 이드로가 모세가 돌려 보냈
출 18:5 모세의 **장인** 이드로가 모세의 아들들과
출 18:6 말을 전하되 네 **장인** 나 이드로가
출 18:7 모세가 나가서 그의 **장인**을 맞아 절하고
출 18:8 그들을 구원하신 일을 다 그 **장인**에게
출 18:12 모세의 **장인** 이드로가 번제물과 희생 제물들을 하나님께 … 모세의 **장인**과
출 18:14 모세의 **장인**이 모세가 백성에게 행하는
출 18:15 모세가 그의 **장인**에게 대답하되 백성이
출 18:17 모세의 **장인**이 그에게 이르되 네가 하는
출 18:24 모세가 자기 **장인**의 말을 듣고 그 모든
출 18:27 모세가 그의 **장인**을 보내니 그가 자기
민 10:29 모세가 모세의 **장인** 미디안 사람 르우엘
삿 1:16 모세의 **장인**은 겐 사람이라 그의 자손이
삿 4:11 모세의 **장인** 호밥의 자손 중 겐 사람
삿 15:1 내 아내를 보고자 하노라 하니 **장인**이
삿 15:6 삼손이니 **장인**이 삼손의 아내를 빼앗아
삿 19:4 그의 **장인** 곧 그 여자의 아버지가 그를
삿 19:7 하되 그의 **장인**의 간청으로 거기서 다시
삿 19:9 떠나고자 하매 그의 **장인** 곧 그 여자의
요 18:13 그 해의 대제사장인 가야바의 **장인**이라

성경에 나오는 '장식'
금장식 - 렘 4:30 / 머리 장식 - 행 28:11
반달 장식 - 사 3:18 / 정금 장식 - 잠 25:12
초승달 장식 - 삿 8:21, 26

장식품(裝飾品, jewel)
욥 28:17 없고 정금 **장식품**으로도 바꿀 수 없으며
겔 16:17 네가 또 내가 준 금, 은 **장식품**으로 너를
겔 16:39 **장식품**을 빼앗고 네 몸을 벌거벗겨 버려
겔 23:26 옷을 벗기며 네 **장식품**을 빼앗을지라

장신구(裝身具, ornament)
출 33:5 너희는 **장신구**를 떼어 내라 그리하면
출 33:6 호렙 산에서부터 그들의 **장신구**를 떼어

장악하다(掌握, take possession)
삿 3:28 요단 강 나루를 **장악하여** 한 사람도
삿 12:5 요단 강 나루턱을 **장악하고** 에브라임

장애(障碍, hinder)
고전 9:12 그리스도의 복음에 아무 **장애**가 없게

장애물(障碍物, obstacle)
레 19:14 앞에 **장애물**을 놓지 말고 네 하나님을
시 119:165 큰 평안이 있으니 그들에게 **장애물**이
렘 6:21 백성 앞에 **장애물**을 두리니 아버지와

장인 2(匠人, craftsman)
왕하 24:14 용사 만 명과 모든 **장인**과 대장장이를
왕하 24:16 **장인**과 대장장이 천 명 곧 용감하여
대상 22:15 **장인**이 네게 많이 있나니 곧 석수와
대상 29:5 금, 은 그릇을 만들며 **장인**의 손으로
느 11:35 로드와 오노와 **장인들**의 골짜기에 거주
사 3:3 오십부장과 귀인과 모사와 정교한 **장인**

【 장자 】   【 장차 】

사 40:20	지혜로운 **장인**을 구하여 우상을 만들어
사 54:16	제조하는 **장인**도 내가 창조하였고 파괴
호 8:6	이것은 이스라엘에서 나고 **장인**이 만든

장자(長子, firstborn)

창 10:15	가나안은 **장자** 시돈과 헷을 낳고
창 25:13	이스마엘의 **장자**는 느바욧이요 그 다음
창 35:23	레아의 아들들은 야곱의 **장자** 르우벤과
창 36:15	에서의 **장자** 엘리바스의 자손으로는
창 38:6	유다가 **장자** 엘을 위하여 아내를 데려
창 38:7	유다의 **장자** 엘이 여호와가 보시기에
창 48:14	**장자**라도 팔을 엇바꾸어 얹었더라
창 48:18	이는 **장자**이니 오른손을 그의 머리에
창 49:3	르우벤아 너는 내 **장자**요 내 능력이요
출 4:22	말씀에 이스라엘은 내 아들 내 **장자**라
출 4:23	네 아들 네 **장자**를 죽이리라 하셨다
출 6:14	이스라엘의 **장자** 르우벤의 아들은 하녹
출 11:5	**장자**로부터 맷돌 뒤에 있는 몸종의 **장자**
출 12:29	**장자**로부터 옥에 갇힌 사람의 **장자**까지
출 13:15	처음 난 모든 것은 사람의 **장자**로부터
출 34:20	아들 중 **장자**는 다 대속할지며 빈손으로
민 1:20	이스라엘의 **장자** 르우벤의 아들들에게
민 3:2	**장자**는 나답이요 다음은 아비후와
민 26:5	이스라엘의 **장자**는 르우벤이라 르우벤
민 33:4	모든 **장자**를 장사하는 때라 여호와께서

> '**장자의 명분**'과 관련된 성구
>
> 창 25:31, 32, 33, 34; 27:36; 대상 5:1, 2;
> 히 12:16

신 21:15	그 미움을 받는 자의 아들이 **장자**이면
신 21:16	아들을 **장자**로 삼아 참 **장자** 곧 미움을
신 21:17	미움을 받는 자의 아들을 **장자**로 인정하
	여 … 기력의 시작이라 **장자**의 권리가
수 17:1	요셉의 **장자**였고 므낫세의 **장자** 마길은
삼상 8:2	**장자**의 이름은 요엘이요 차자의 이름은
삼상 17:13	세 아들의 이름은 **장자** 엘리압이요
대상 5:1	이스라엘의 **장자** 르우벤의 아들들은
	이러하니라(르우벤은 **장자**라도 그의
대상 5:3	이스라엘의 **장자** 르우벤의 아들들은
대상 8:30	**장자**는 압돈이요 다음은 술과 기스와
대상 24:23	제비 뽑혔으니 **장자**의 가문과 막내 동생

대상 26:10	그의 **장자**는 시므리라 시므리는 본래
	맏아들이 아니나 그의 아버지가 **장자**로
대하 21:3	여호람은 **장자**이므로 왕위를 주었더니
욥 18:13	사망의 **장자**가 그의 지체를 먹을 것이며
시 78:51	애굽에서 모든 **장자** 곧 함의 장막에
시 89:27	내가 또 그를 **장자**로 삼고 세상 왕들에
시 105:36	기력의 시작인 그 땅의 모든 **장자**를
시 136:10	애굽의 **장자**를 치신 이에게 감사하라
사 14:30	가난한 자의 **장자**는 먹겠고 궁핍한 자는
렘 31:9	아버지요 에브라임은 나의 **장자**니
겔 20:26	**장자**를 다 화제로 드리는 그 예물
슥 12:10	통곡하기를 **장자**를 위하여 통곡하듯
히 11:28	**장자**를 멸하는 자로 그들을 건드리지
히 12:23	기록된 **장자**들의 모임과 교회와 만민의

장정(壯丁, man)

창 33:1	에서가 사백 명의 **장정**을 거느리고 오고
출 10:11	**장정**만 가서 여호와를 섬기라 이것이
출 12:37	유아 외에 보행하는 **장정**이 육십만 가량
왕하 8:12	지르며 **장정**을 칼로 죽이며 어린 아이
욥 14:10	**장정**이라도 죽으면 소멸되나니 인생이
욥 14:14	**장정**이라도 죽으면 어찌 다시 살리이까
사 3:25	너희의 **장정**은 칼에, 너희의 용사는
사 9:17	주께서 그들의 **장정**들을 기뻐하지 아니
사 31:8	도망할 것이요 그의 **장정**들은 복역하는
사 40:30	곤비하며 **장정**이라도 넘어지며 쓰러지
렘 18:21	과부가 되며 그 **장정**은 죽음을 당하며
렘 48:15	선택 받은 **장정**들은 내려가서 죽임을
렘 49:26	날에 그의 **장정**들은 그 거리에 엎드러
렘 50:30	날에 **장정**들이 그 거리에 엎드러지겠고
렘 51:3	**장정**들을 불쌍히 여기지 말며 그의 군대
겔 30:17	아웬과 비베셋의 **장정**들은 칼에 엎드러
나 3:13	가운데 **장정**들은 여인 같고 네 땅의

장중(掌中, grasp, hollow of hand)

| 시 71:4 | 불의한 자와 흉악한 자의 **장중**에서 |
| 잠 30:4 | 바람을 그 **장중**에 모은 자가 누구인지, |

장지(葬地, tomb)

| 삿 16:31 | 아버지 마노아의 **장지**에 장사하니라 |

장차(將次, later)

| 창 41:35 | 그들로 **장차** 올 풍년의 모든 곡물을 |

2053

【 장차 】   【 재 】

수 22:22	이스라엘도 **장차** 알리라 이 일이 만일		로 … 지금은 없으나 **장차** 나올 짐승을
왕하 18:32	**장차** 와서 너희를 한 지방으로 옮기리니		
사 1:24	**장차** 내 대적에게 보응하여 내 마음을	**장터**(marketplace)	
사 17:1	다메섹이 **장차** 성읍을 이루지 못하고	마 11:16	비유하건대 아이들이 **장터**에 앉아
사 32:1	보라 **장차** 한 왕이 공의로 통치할 것이	마 20:3	제삼시에 나가 보니 **장터**에 놀고
사 40:10	주 여호와께서 **장차** 강한 자로 임하실	눅 7:32	비유하건대 아이들이 **장터**에 앉아 서로
사 44:7	있거든 될 일과 **장차** 올 일을 그들에게	행 16:19	바울과 실라를 붙잡아 **장터**로 관리들에
사 49:8	내가 **장차** 너를 보호하여 너를 백성의	행 17:17	경건한 사람들과 또 **장터**에서는 날마다
겔 36:34	황폐하게 보이던 그 황폐한 땅이 **장차**		
단 7:25	**장차** 지극히 높으신 이를 말로 대적하며	**잦다**(parch, multiply)	
단 8:24	**장차** 놀랍게 파괴 행위를 하고 자의로	**1. 말라 없어지다**(parch)	
단 9:26	**장차** 한 왕의 백성이 와서 그 성읍과	욥 14:11	바다에서 줄어들고 강물이 **잦아서** 마름
단 9:27	**장차** 많은 사람들과 더불어 한 이레	사 19:5	없어지겠고 강이 **잦아서** 마르겠고
호 8:2	**장차** 내게 부르짖기를 나의 하나님이여	사 26:21	땅이 그 위에 **잦았던** 피를 드러내고
미 1:15	주민아 내가 **장차** 너를 소유할 자로	**2. 자주 일어나다**(multiply)	
습 2:9	삶을 두고 맹세하노니 **장차** 모압은 소돔	잠 27:6	**잦은** 입맞춤은 거짓에서 난 것이니라
슥 2:12	여호와께서 **장차** 유다를 거룩한 땅에서		
마 17:22	제자들에게 이르시되 인자가 **장차** 사람	**재**(ash)	
눅 1:66	이 아이가 **장차** 어찌 될까 하니 이는	창 18:27	나는 티끌이나 **재**와 같사오나 감히 주께
눅 3:7	너희에게 일러 **장차** 올 진노를 피하라	출 9:8	너희는 화덕의 **재** 두 움큼을 가지고
눅 8:17	숨은 것이 **장차** 드러나지 아니할 것이	출 9:9	**재**가 애굽 온 땅의 티끌이 되어 애굽
	없고 감추인 것이 **장차** 알려지고 나타	출 9:10	그들이 화덕의 **재**를 가지고 바로 앞에
눅 9:31	나타나서 **장차** 예수께서 예루살렘에	레 6:10	위에서 불탄 번제의 **재**를 가져다가
눅 9:44	인자가 **장차** 사람들의 손에 넘겨지리라	레 6:11	**재**를 진영 바깥 정결한 곳으로 가져갈
눅 21:36	이러므로 너희는 **장차** 올 이 모든 일을	민 4:13	제단의 **재**를 버리고 그 제단 위에 자색
요 1:42	네가 요한의 아들 시몬이니 **장차** 게바라	민 19:9	정결한 자가 암송아지의 **재**를 거두어
행 24:25	바울이 의와 절제와 **장차** 오는 심판을	민 19:10	암송아지의 **재**를 거둔 자도 자기의 옷을
행 26:16	곧 네가 나를 본 일과 **장차** 내가 네게	민 19:17	불사른 **재**를 가져다가 흐르는 물과 함께
고후 3:13	이스라엘 자손들에게 **장차** 없어질	삼하 13:19	다말이 **재**를 자기의 머리에 덮어쓰고
살전 3:4	너희와 함께 있을 때에 **장차** 받을 환난	왕상 13:3	제단이 갈라지며 그 위에 있는 **재**가
히 2:5	우리가 말하는 바 **장차** 올 세상을 천사	왕상 13:5	징조대로 제단이 갈라지며 **재**가 제단
히 10:1	**장차** 올 좋은 일의 그림자일 뿐이요	왕하 23:4	불사르고 그것들의 **재**를 벧엘로 가져가
히 11:20	믿음으로 이삭은 **장차** 있을 일에 대하여	에 4:1	베옷을 입고 **재**를 뒤집어쓰고 성중에
히 13:14	영구한 도성이 없으므로 **장차** 올 것을	에 4:3	굵은 베옷을 입고 **재**에 누운 자가 무수
계 1:4	이제도 계시고 전에도 계셨고 **장차** 오실	욥 2:8	욥이 **재** 가운데 앉아서 질그릇 조각을
계 1:8	전에도 있었고 **장차** 올 자요 전능한 자라	욥 13:12	너희의 격언은 **재** 같은 속담이요 너희
계 1:19	본 것과 지금 있는 일과 **장차** 될 일을	욥 30:19	가운데 던지셨고 나를 티끌과 **재** 같게
계 2:10	너는 **장차** 받을 고난을 두려워하지 말라	욥 42:6	거두어들이고 티끌과 **재** 가운데에서
	볼지어다 마귀가 **장차** 너희 가운데서	시 102:9	**재**를 양식같이 먹으며 나는 눈물 섞인
계 3:10	**장차** 온 세상에 임하여 땅에 거하는		
계 4:8	이제도 계시고 **장차** 오실 이시라	'재버리는 곳'과 관련된 성구	
계 12:5	낳으니 이는 **장차** 철장으로 만국을	레 1:16; 4:12	
계 17:8	**장차** 무저갱으로부터 올라와 멸망		

2054

【 재갈 】　　　【 재난 】

시 147:16　눈을 양털같이 내리시며 서리를 재같이
사 44:20　그는 재를 먹고 허탄한 마음에 미혹되어
사 58:5　굵은 베와 재를 펴는 것을 어찌 금식이라
사 61:3　재를 대신하며 기쁨의 기름으로 그 슬픔
렘 6:26　베를 두르고 재에서 구르며 독자를 잃음
렘 31:40　시체와 재의 모든 골짜기와 기드론 시내
애 3:16　이들을 꺾으시고 재로 나를 덮으셨도다
겔 27:30　티끌을 머리에 덮어쓰며 재 가운데에
겔 28:18　모든 자 앞에서 너를 땅 위에 재가 되게
단 9:3　내가 금식하며 베옷을 입고 재를 덮어
암 2:1　에돔 왕의 뼈를 불살라 재를 만들었음
욘 3:6　왕복을 벗고 굵은 베 옷을 입고 재 위에
말 4:3　밑에 재와 같으리라 만군의 여호와가
마 11:21　그들이 벌써 베옷을 입고 재에 앉아
눅 10:13　그들이 벌써 베옷을 입고 재에 앉아
히 9:13　암송아지의 재를 부정한 자에게 뿌려
벧후 2:6　멸망하기로 정하여 재가 되게 하사 후세

재갈(bit)
왕하 19:28　꿰고 재갈을
시 32:9　그것들은 재갈
시 39:1　내 입에 재갈을
잠 26:3　나귀에게는 재갈

사 30:28　여러 민족의 입에 미혹하는 재갈을 물리
사 37:29　갈고리로 네 코를 꿰며 재갈을 네 입에
약 1:26　혀를 재갈 물리지 아니하고 자기 마음을
약 3:3　말들의 입에 재갈 물리는 것은 우리에게

재건하다(再建, repair)
대하 15:8　앞에 있는 여호와의 제단을 재건하고

재난(災難, harm, trouble)
창 42:4　생각에 재난이 그에게 미칠까 두려워
창 42:38　가는 길에서 재난이 그에게 미치면
삼상 10:19　너희는 너희를 모든 재난과 고통 중에서
욥 9:23　갑자기 재난이 닥쳐 죽을지라도 무죄한
욥 15:35　그들은 재난을 잉태하고 죄악을 낳으며
욥 16:2　다 재난을 주는 위로자들이로구나
욥 20:22　괴로움이 이르리니 모든 재난을 주는
욥 31:29　멸망을 기뻐하고 그가 재난을 당함으로
시 35:26　재난을 기뻐하는 자들이 함께 부끄러워
시 55:10　두루 다니니 성 중에는 죄악과 재난이

시 73:14　종일 재난을 당하며 아침마다 징벌을
시 88:3　무릇 나의 영혼에는 재난이 가득하며
시 94:20　율례를 빙자하고 재난을 꾸미는 악한
시 106:32　때문에 재난이 모세에게 이르렀나니
시 107:39　다시 압박과 재난과 우환을 통하여 그들
시 140:9　입술의 재난이 그들을 덮게 하소서
시 141:5　재난 중에도 내가 항상 기도하리로다
전 5:14　그 재물이 재난을 당할 때 없어지나니
전 9:12　물고기들이 재난의 그물에 걸리고 새들

'재난의 날'과 관련된 성구
욥 21:30; 렘 18:17; 46:21; 51:2

전 10:5　해 아래에서 한 가지 재난을 보았노니
사 41:23　복을 내리든지 재난을 내리든지 하라
사 65:23　그들이 생산한 것이 재난을 당하지 아니
렘 4:6　북방에서 재난과 큰 멸망을 가져오리라
렘 11:15　거룩한 제물 고기로 네 재난을 피할
렘 36:3　재난을 듣고 각기 악한 길에서 돌이키
렘 36:31　유다 사람에게 그 모든 재난을 내리리라
렘 38:4　구하지 아니하고 재난을 구하오니
렘 39:16　내가 이 성에 재난을 내리고 복을 내리
렘 40:2　여호와께서 이 곳에 이 재난을 선포하시
렘 42:10　이는 내가 너희에게 내린 재난에 대하여
렘 42:17　그들에게 내리는 재난을 벗어나서 남을
렘 44:2　내린 나의 모든 재난을 보았느니라
렘 44:17　풍부하며 복을 받고 재난을 당하지 아니
렘 44:23　재난이 오늘과 같이 너희에게 일어났느
렘 44:27　깨어 있어 그들에게 재난을 내리고 복을
렘 44:29　내가 너희에게 재난을 내리리라 한 말의
렘 45:5　모든 육체에 재난을 내리리라 그러나
렘 48:16　모압의 재난이 가까웠고 그 고난이 속히
렘 49:8　내가 에서의 재난을 그에게 닥치게 하여
렘 49:32　사면에 흩고 그 재난을 여러 곳에서 오게
렘 50:13　지나가는 자마다 그 모든 재난에 놀라며
렘 51:60　예레미야가 바벨론에 닥칠 모든 재난
렘 51:64　바벨론이 나의 재난 때문에 이같이 몰락
애 1:21　원수들은 내가 재난 당하는 것을 듣고
애 3:19　고초와 재난 곧 쑥과 담즙을 기억하소서
나 1:9　그가 온전히 멸하시리니 재난이 다시
마 24:8　이 모든 것은 재난의 시작이니라
막 13:8　기근이 있으리니 이는 재난의 시작이니

【 재능 】   【 재물 】

재능(才能, ability)
- 출 38:23   하였으니 오홀리압은 재능이 있어서
- 왕상 7:14   놋 일에 지혜와 총명과 재능을 구비한
- 사 11:2   총명의 영이요 모략과 재능의 영이요
- 마 25:15   그 재능대로 한 사람에게는 금 다섯

재다(measure)
- 신 3:11   그것을 사람의 보통 규빗으로 재면
- 삼하 8:2   그들로 땅에 엎드리게 하고 줄로 재어
- 시 16:6   줄로 재어 준 구역은 아름다운 곳에
- 사 44:13   목공은 줄을 늘여 재고 붓으로 긋고
- 행 27:28   물을 재어 보니 … 가다가 다시 재니

재료(材料, material)
- 창 50:26   그들이 그의 몸에 향 재료를 넣고 애굽
- 출 36:7   재료가 모든 일을 하기에 넉넉하여 남음
- 출 38:21   레위 사람이 쓴 재료의 물목은 제사장
- 레 19:19   말며 두 재료로 직조한 옷을 입지 말지
- 대상 28:2 있어서 건축할 재료를 준비하였으나
- 대하 2:4   앞에서 향 재료를 사르며 항상 떡을
- 대하 16:14 법대로 만든 각양 향 재료를 가득히
- 아 5:1   몰약과 향 재료를 거두고 나의 꿀송이
- 겔 27:22   각종 극상품 향 재료와 각종 보석과 황금
- 겔 47:12   먹을 만하고 그 잎사귀는 약 재료가

재목(材木, timber)
- 레 14:45   돌과 재목과 그 집의 모든 흙을
- 왕상 5:8   백향목 재목과 잣나무 재목에 대하여는
- 왕상 5:10 원대로 백향목 재목과 잣나무 재목을
- 왕상 5:18 성전을 건축하기 위하여 재목과 돌들을
- 왕상 15:22 라마를 건축하던 돌과 재목을 가져오매
- 왕하 6:2   각각 한 재목을 가져다가 그 곳에 우리
- 왕하 12:12 성전 파손한 데를 수리할 재목과 다듬은
- 왕하 22:6 또 재목과 다듬은 돌을 사서 그 성전을
- 대상 22:14 심히 많이 준비하였고 또 재목과 돌을
- 대하 2:9   위하여 재목을 많이 준비하게 하소서
- 대하 2:16 재목들을 예루살렘으로 올리소서
- 대하 16:6 라마를 건축하던 돌과 재목을 운반하여
- 느 2:8   들보로 쓸 재목을 내게 주게 하옵소서
- 겔 26:12   돌들과 네 재목과 네 흙을 다 물 가운데

재무관(財務官, treasurer)
- 단 3:2   수령과 행정관과 모사와 재무관과
- 단 3:3   수령과 행정관과 모사와 재무관과
- 롬 16:23   성의 재무관 에라스도와 형제 구아도도

재물(財物, riches, wealth)
모세오경, 역사서
- 창 14:11   모든 재물과
- 창 14:12   조카 롯도 사로잡고 그 재물까지 노략
- 창 14:16   재물과 자기의 조카 롯과 그의 재물과
- 창 15:14   네 자손이 큰 재물을 이끌고 나오리라
- 창 31:1   소유로 말미암아 이 모든 재물을 모았다
- 창 31:16   아버지에게서 취하여 가신 재물은 우리
- 창 34:29   그들의 모든 재물을 빼앗으며 그들의
- 창 36:6   가나안 땅에서 모은 모든 재물을 이끌고
- 창 43:23   너희 아버지의 하나님이 재물을 너희
- 창 46:6   가축과 가나안 땅에서 얻은 재물을 이끌
- 민 16:32   고라에게 속한 모든 사람과 그들의 재물
- 민 16:33   그들과 그의 모든 재물이 산 채로 스올
- 민 31:9   그들의 가축과 양 떼와 재물을 다 탈취
- 신 8:17   내 손의 힘으로 내가 이 재물을 얻었다
- 신 8:18   기억하라 그가 네게 재물 얻을 능력을
- 수 11:14   재물과 가축은 이스라엘 자손들이 탈취
- 삼상 17:25 왕이 많은 재물로 부하게 하고 그의
- 대하 1:11 부나 재물이나 영광이나 원수의 생명
- 대하 1:12 지혜와 지식을 주고 부와 재물과 영광도
- 대하 20:25 가운데에 재물과 의복과 보물이 많이
- 대하 21:14 아내들과 네 모든 재물을 큰 재앙으로
- 대하 21:17 왕궁의 모든 재물과 그의 아들들과 아내
- 대하 25:24 금은과 그릇과 왕궁의 재물을 빼앗고

시가서, 선지서
- 욥 6:22   나를 위하여 너희 재물을 선물로 달라고
- 욥 20:10   그도 얻은 재물을 자기 손으로 도로 줄
- 욥 20:15   재물을 삼켰을지라도 토할 것은 하나님
- 욥 20:18   매매하여 얻은 재물로 즐거움을 삼지
- 욥 31:25   재물의 풍부함과 손으로 얻은 것이 많음
- 시 17:14   그들은 주의 재물로 배를 채우고 자녀로
- 시 39:6   재물을 쌓으나 누가 거둘는지 알지 못하
- 시 49:6   자기의 재물을 의지하고 부유함을 자랑
- 시 49:10   그들의 재물은 남에게 남겨 두고 떠나는
- 시 52:7   오직 자기 재물의 풍부함을 의지하며
- 시 62:10   재물이 늘어도 거기에 마음을 두지 말지
- 시 73:12   항상 평안하고 재물은 더욱 불어나도다
- 시 112:3   재물이 그의 집에 있음이여 그의 공의가

【 재물 】　　　　　　　　　　　　　　　　　　　　【 재미 】

시 112:9	재물을 흩어 빈궁한 자들에게 주었으니
시 119:14	모든 재물을 즐거워함같이 주의 증거를
잠 3:9	재물과 네 소산물의 처음 익은 열매로
잠 5:10	두렵건대 타인이 네 재물로 충족하게
잠 8:18	부귀가 내게 있고 장구한 재물과 공의도
잠 8:21	사랑하는 자가 재물을 얻어서 그 곳간에
잠 10:2	재물은 무익하여도 공의는 죽음에서
잠 10:15	재물은 그의 견고한 성이요 가난한
잠 11:16	얻고 근면한 남자는 재물을 얻느니라
잠 11:28	재물을 의지하는 자는 패망하려니와
잠 13:7	체하여도 재물이 많은 자가 있느니라
잠 13:8	재물이 자기 생명의 속전일 수 있으나
잠 13:11	망령되이 얻은 재물은 줄어가고 손으로
잠 13:22	재물은 의인을 위하여 쌓이느니라
잠 14:24	지혜로운 자의 재물은 그의 면류관이요
잠 18:11	부자의 재물은 그의 견고한 성이라
잠 19:14	집과 재물은 조상에게서 상속하거니와
잠 21:6	속이는 말로 재물을 모으는 것은 죽음을
잠 22:1	재물보다 명예를 택할 것이요 은나
잠 22:4	여호와를 경외함의 보상은 재물과 영광
잠 23:5	정녕히 재물은 스스로 날개를 내어 하늘
잠 27:24	재물은 영원히 있지 못하나니 면류관
잠 28:22	악한 눈이 있는 자는 재물을 얻기에만
잠 29:3	창기와 사귀는 자는 재물을 잃느니라
전 5:13	소유주가 재물을 자기에게 해가 되도록
전 5:19	하나님이 재물과 부요를 그에게 주사
전 6:2	재물과 부요와 존귀를 하나님께 받았을
전 9:11	명철자들이라고 재물을 얻는 것도 아니
사 8:4	다메섹의 재물과 사마리아의 노략물이
사 10:13	그들의 재물을 약탈하였으며 또 용감한
사 10:14	열국의 재물을 얻은 것은 새의 보금자리
사 15:7	재물과 쌓았던 것을 가지고 버드나무
사 30:6	사신들이 그들의 재물을 어린 나귀 등에
사 33:15	토색한 재물을 가증히 여기는 자, 손을
사 33:23	때가 되면 많은 재물을 탈취하여 나누 리니 저는 자도 그 재물을 취할 것이며
사 45:3	은밀한 곳에 숨은 재물을 주어 네 이름
사 60:5	돌아오며 이방 나라들의 재물이 네게
사 60:11	네게로 이방 나라들의 재물을 가져오며
사 61:6	이방 나라들의 재물을 먹으며 그들의
렘 48:36	소리 내나니 이는 그가 모은 재물이
렘 49:4	어찌하여 재물을 의뢰하여 말하기를
렘 51:13	살면서 재물이 많은 자여 네 재물의

겔 7:11	재물도 하나도 남지 아니하며 그 중에
겔 27:27	재물과 상품과 바꾼 물건과 네 사공과
겔 27:33	재물과 무역품이 많으므로 세상 왕들을
겔 28:4	네 지혜와 총명으로 재물을 얻었으며
겔 28:5	무역으로 재물을 더하고 그 재물로
겔 38:12	여러 나라에서 모여서 짐승과 재물을
겔 38:13	짐승과 재물을 빼앗으며 물건을 크게
단 11:24	노략하고 탈취한 재물을 무리에게 흩어
단 11:28	북방 왕은 많은 재물을 가지고 본국으로
호 12:8	부자라 내가 재물을 얻었는데 내가 수고
옵 1:11	이방인이 그의 재물을 빼앗아 가며
옵 1:13	환난을 당하는 날에 네가 그 재물에
미 4:13	그들의 재물을 온 땅의 주께 돌리리라
미 6:10	악인의 집에 아직도 불의한 재물이 있느
습 1:13	그들의 재물이 노략되며 그들의 집이
슥 14:1	날에 네 재물이 약탈되어 네 가운데서

신약

마 6:24	하나님과 재물을 겸하여 섬기지 못하느
마 13:22	세상의 염려와 재물의 유혹에 말씀이
마 19:22	청년이 재물이 많으므로 이 말씀을 듣고
막 4:19	세상의 염려와 재물의 유혹과 기타 욕심
막 10:22	사람은 재물이 많은 고로 이 말씀으로
막 10:23	재물이 있는 자는 하나님의 나라에 들어
눅 8:14	이생의 염려와 재물과 향락에 기운이
눅 11:22	무장을 빼앗고 그의 재물을 나누느니라
눅 12:21	자기를 위하여 재물을 쌓아 두고 하나님
눅 15:13	아들이 재물을 다 모아 가지고 먼 나라
눅 16:9	재물로 친구를 사귀라 그리하면 그 재물
눅 16:11	불의한 재물에도 충성하지 아니하면
눅 16:13	너희는 하나님과 재물을 겸하여 섬길
눅 18:24	재물이 있는 자는 하나님의 나라에 들어
행 4:32	물건을 서로 통용하고 자기 재물을 조금
고후 12:14	너희의 재물이 아니요 오직 너희니라 어린 아이가 부모를 위하여 재물을 저축하는
고후 12:15	크게 기뻐하므로 재물을 사용하고
딤전 6:17	정함이 없는 재물에 소망을 두지 말고
히 11:26	애굽의 모든 보화보다 더 큰 재물로
약 5:2	재물은 썩었고 너희 옷은 좀먹었으며
약 5:3	살을 먹으리라 너희가 말세에 재물을
요일 3:17	세상의 재물을 가지고 형제의 궁핍함

재미(enjoy)

| 창 27:46 | 맞이하면 내 삶이 내게 무슨 재미가 |

2057

【 재발하다 】　　　　　　　　　　　　　　　　　　　　　　　　　【 재앙 】

시 55:14　같이 **재미**있게 의논하며 무리와 함께

재상(宰相, prince)
잠 8:16　말미암아 **재상**과 존귀한 자 곧 모든

재발하다(再發, reappear)
레 13:57　색점이 여전히 보이면 **재발하는** 것이니
레 14:43　고쳐 바른 후에 색점이 집에 **재발하면**

재앙(災殃, plague, disease)

모세오경, 역사서
창 19:19　없나이다 두렵건대 **재앙**을
민 8:19　**재앙**이 없게

재배/-하다(栽培, plant)
시 107:37　파종하며 포도원을 **재배하여** 풍성한
암 7:14　나는 목자요 뽕나무를 **재배하는** 자로서
욘 4:10　수고도 아니하였고 **재배**도 아니하였고

민 11:33　진노하사 심히 큰 **재앙**으로 치셨으므로
민 14:37　악평한 자들은 여호와 앞에서 **재앙**으로
신 28:22　썩는 **재앙**으로 너를 치시리니 이 **재앙**들
신 28:59　여호와께서 네 **재앙**과 네 자손의 **재앙**을 극렬하게 하시리니 그 **재앙**이 크고
신 28:61　질병과 모든 **재앙**을 네가 멸망하기까지
신 29:22　멀리서 오는 객이 그 땅의 **재앙**과
신 31:17　허다한 **재앙**과 환난이 그들에게 임할
신 31:21　수많은 **재앙**과 환난을 당할 때에 그들의
신 31:29　너희가 후일에 **재앙**을 당하리라 하니라
신 32:23　내가 **재앙**을 그들 위에 쌓으며 내 화살
삼상 4:8　광야에서 여러 가지 **재앙**으로 애굽인을
삼상 5:6　엄중히 더하사 독한 종기의 **재앙**으로
삼상 6:4　너희와 너희 통치자에게 내린 **재앙**이
삼하 12:11　너와 네 집에 **재앙**을 일으키고 내가
삼하 22:19　그들이 나의 **재앙**의 날에 내게 이르렀으
삼하 24:21　백성에게 내리는 **재앙**을 그치게 하려
삼하 24:25　이스라엘에 내리는 **재앙**이 그쳤더라
왕상 5:4　사방의 태평을 주시매 원수도 없고 **재앙**
왕상 8:37　성읍을 에워싸거나 무슨 **재앙**이나 무슨
왕상 8:38　자기의 마음에 **재앙**을 깨닫고 이 성전
왕하 6:33　이 **재앙**이 여호와께로부터 나왔으니
왕하 22:20　모든 **재앙**을 네 눈이 보지 못하리라
대상 7:23　아들을 낳으니 그 집이 **재앙**을 받았으
대하 6:28　무슨 **재앙**이나 무슨 질병이 있거나를
대하 6:29　마음에 **재앙**과 고통을 깨닫고 이 성전
대하 18:22　여호와께서 왕에게 대하여 **재앙**을 말씀
대하 20:9　**재앙**이나 난리나 견책이나 전염병이나
대하 34:28　내리는 모든 **재앙**을 네가 눈으로 보지

재산(財産, property, possession)
창 25:6　서자들에게도 **재산**을 주어 자기 생전에
창 34:23　그러면 그들의 가축과 **재산**과 그들의
출 21:21　형벌을 면하리니 그는 상전의 **재산**임이
민 35:3　초장은 그들의 **재산**인 가축과 짐승들을
신 33:11　여호와여 그의 **재산**을 풍족하게 하시고
수 14:4　성읍들과 가축과 **재산**을 위한 목초지만
수 22:8　너희는 많은 **재산**과 심히 많은 가축과
왕상 10:23　왕의 **재산**과 지혜가 세상의 그 어느
대상 27:31　다윗 왕의 **재산**을 맡은 자들이 이러하였
대하 9:22　솔로몬 왕의 **재산**과 지혜가 천하의 모든
대하 31:3　왕의 **재산** 중에서 얼마를 정하여 여호와
대하 32:29　이는 하나님이 그에게 **재산**을 심히 많이
스 6:8　왕의 **재산** 곧 유브라데 강 건너편에서
스 10:8　**재산**을 적몰하고 사로잡혔던 자의 모임
에 3:13　도륙하고 진멸하고 또 그 **재산**을 탈취
에 8:11　도륙하고 진멸하고 그 **재산**을 탈취하게
에 9:10　**재산**에는 손을 대지 아니하였더라
에 9:15　그들의 **재산**에는 손을 대지 아니하였고
에 9:16　도륙하되 그들의 **재산**에는 손을 대지
욥 5:5　그의 **재산**을 향하여 입을 벌리느니라
욥 15:29　부요하지 못하고 **재산**이 보존되지 못할
잠 28:8　변리로 자기 **재산**을 늘이는 것은 가난한 사람을 불쌍히 … 위해 그 **재산**을
렘 15:13　**재산**과 보물로 값없이 탈취를 당하게
렘 17:3　**재산**과 네 모든 보물과 산당들로 노략을
겔 22:25　**재산**과 보물을 탈취하며 과부를
눅 15:12　아버지여 **재산** 중에서 내게 돌아올 분깃
행 2:45　**재산**과 소유를 팔아 각 사람의 필요를

시가서 - 신약
욥 5:19　일곱 가지 환난이라도 그 **재앙**이 네게
욥 12:5　평안한 자의 마음은 **재앙**을 … **재앙**이
욥 18:12　쇠하고 그 곁에는 **재앙**이 기다릴 것이며
욥 21:17　**재앙**이 그들에게 닥침과 하나님이 진노
욥 23:2　근심이 있나니 내가 받는 **재앙**이 탄식

재삼(再三, twice even three times)
욥 33:29　하나님이 사람에게 이 모든 일을 **재삼**

2058

【 재앙 】

욥 30:13	길을 헐고 내 **재앙**을 재촉하는데도 도울
욥 30:24	**재앙**을 당할 때에 어찌 도움을 부르짖지
욥 31:23	나는 하나님의 **재앙**을 심히 두려워하고
욥 42:11	**재앙**에 관하여 그를 위하여 슬퍼하며
시 7:14	악인이 죄악을 낳음이여 **재앙**을 배어
시 7:16	**재앙**은 자기 머리로 돌아가고 그의 포악
시 10:14	주는 **재앙**과 원한을 감찰하시고 주의
시 18:18	그들이 나의 **재앙**의 날에 내게 이르렀으
시 40:12	수많은 **재앙**이 나를 둘러싸고 나의 죄악
시 41:1	**재앙**의 날에 여호와께서 그를 건지시리
시 57:1	이 **재앙**들이 지나기까지 피하리이다
시 73:5	사람들이 당하는 **재앙**도 그들에게는
시 78:49	고난 곧 **재앙**의 천사들을 그들에게 내려
시 91:6	밝을 때 닥쳐오는 **재앙**을 두려워하지
시 91:7	엎드러지나 이 **재앙**이 네게 가까이 하지
시 91:10	못하며 **재앙**이 네 장막에 가까이 오지
시 106:29	격노하게 함으로써 **재앙**이 그들 중에
시 106:30	일어서서 중재하니 이에 **재앙**이 그쳤
시 140:11	포악한 자는 **재앙**이 따라서 패망하게

'재앙을 내리다' 와 관련된 성구

창 12:17; 출 9:14; 11:1; 12:13, 23, 27; 레 26:16, 21; 신 29:27; 31:17; 수 22:17; 24:5, 20; 삿 2:15; 삼상 6:6, 9; 삼하 24:16; 왕상 9:9; 14:10; 17:20; 21:21, 29; 왕하 21:12; 22:16; 대상 21:15, 17; 대하 7:22; 34:24; 느 13:18; 욥 2:11; 잠 6:15; 사 31:2; 렘 6:19; 11:11, 23; 18:11; 19:3, 15; 23:12; 25:29; 26:3; 32:23; 42; 35:17; 겔 6:10; 14:22; 단 9:12, 13, 14; 욜 2:13; 욘 3:10; 4:2; 슥 8:14; 14:18

잠 1:26	너희가 **재앙**을 만날 때에 내가 웃을
잠 1:27	너희의 **재앙**이 폭풍같이 이르겠고
잠 1:33	듣는 자는 평안히 살며 **재앙**의 두려움
잠 12:21	의인에게는 어떤 **재앙**도 임하지 아니
잠 13:17	악한 사자는 **재앙**에 빠져도 충성된 사신
잠 17:5	사람의 **재앙**을 기뻐하는 자는 형벌을
잠 17:20	혀가 패역한 자는 **재앙**에 빠지느니라
잠 19:13	미련한 아들은 그의 아비의 **재앙**이요
잠 19:23	경외하는 자는 족하게 지내고 **재앙**을
잠 21:10	악인의 마음은 남의 **재앙**을 원하나니

잠 22:3	슬기로운 자는 **재앙**을 보면 숨어 피하여
잠 22:8	뿌리는 자는 **재앙**을 거두리니 그 분노
잠 24:2	마음은 강포를 품고 그들의 입술은 **재앙**
잠 24:16	**재앙**으로 말미암아 엎드러지느니라
잠 24:22	대저 그들의 **재앙**은 속히 임하리니
잠 27:12	슬기로운 자는 **재앙**을 보면 숨어 피하여
잠 28:14	완악하게 하는 자는 **재앙**에 빠지리라
전 9:12	인생들도 **재앙**의 날이 그들에게 홀연히
전 11:2	무슨 **재앙**이 땅에 임할는지 네가 알지
사 3:9	영혼에 화가 있을진저 그들이 **재앙**을
사 15:9	내가 디몬에 **재앙**을 더 내리되 모압에
사 28:15	**재앙**이 밀려올지라도 우리에게 미치지
사 28:18	넘치는 **재앙**이 밀려올 때에 너희가 그것
렘 1:14	**재앙**이 북방에서 일어나 이 땅의 모든
렘 2:3	벌을 받아 **재앙**이 그들에게 닥치리라
렘 4:15	선포하며 에브라임 산에서 **재앙**을 공포
렘 5:12	계시지 아니하니 **재앙**이 우리에게 임하
렘 6:1	벧학게렘에서 깃발을 들라 **재앙**과
렘 11:17	만군의 여호와께서 그에게 **재앙**을 선언
렘 15:10	**재앙**이로다 나의 어머니여 어머니께
렘 15:11	원수로 **재앙**과 환난의 때에 네게 간구
렘 16:10	모든 큰 **재앙**을 선포하심은 어찌 됨이며
렘 17:16	따랐사오며 **재앙**의 날도 내가 원하지
렘 17:17	**재앙**의 날에 주는 나의 피난처시니이다
렘 17:18	**재앙**의 날을 그들에게 임하게 하시며
렘 18:8	생각하였던 **재앙**에 대하여 뜻을 돌이키
렘 19:8	**재앙**으로 말미암아 지나는 자마다 놀라
렘 23:17	**재앙**이 너희에게 임하지 아니하리라
렘 25:32	보라 **재앙**이 나서 나라에서 나라에 미칠
렘 26:13	선언하신 **재앙**에 대하여 뜻을 돌이키시
렘 26:19	선언한 **재앙**에 대하여 뜻을 돌이키지
렘 28:8	나라들에 대하여 전쟁과 **재앙**과 전염병
렘 29:11	평안이요 **재앙**이 아니니라 너희에게
렘 49:17	모든 **재앙**으로 말미암아 탄식하리로다
렘 49:37	내가 **재앙** 곧 나의 진노를 그들 위에
겔 2:10	위에 애가와 애곡과 **재앙**의 말이 기록되
겔 7:5	**재앙**이로다, … **재앙**이로다 볼지어다
겔 7:7	**재앙**이 네게 임하도다 때가 이르렀고
겔 7:10	정한 **재앙**이 이르렀으니 몽둥이가 꽃이
겔 21:7	대답하기를 **재앙**이 다가온다는 소문
	때문이니 각 마음이 녹으며 … **재앙**이
겔 30:9	애굽의 **재앙**의 날과 같이 그들에게도
호 13:14	사망아 네 **재앙**이 어디 있느냐 스올아

【 재주 】　　【 재판/-하다 】

암 3:6	여호와의 행하심이 없는데 **재앙**이 어찌
암 4:9	곡식을 마르게 하는 **재앙**과 깜부기 **재앙**
욥 1:12	네가 형제의 날 곧 그 **재앙**의 날에 방관
욘 1:7	제비를 뽑아 이 **재앙**이 누구로 말미암아
욘 1:8	**재앙**이 누구 때문에 우리에게 임하였는
미 1:12	**재앙**이 여호와께로 말미암아 예루살렘
미 2:3	**재앙**을 계획하나니 … 이는 **재앙** 때임
미 3:11	계시지 아니하냐 **재앙**이 우리에게 임하
학 2:17	**재앙**과 깜부기 **재앙**과 우박으로 쳤으나
슥 14:12	여호와께서 내리실 **재앙**은 이러하니
슥 14:15	가축에게 미칠 **재앙**도 그 **재앙**과 같으
계 9:18	세 **재앙** 곧 자기들의 입에서 나오는
계 9:20	**재앙**에 죽지 않고 남은 사람들은 손으로
계 11:6	원하는 대로 여러 가지 **재앙**으로 땅을
계 15:1	**재앙**을 가졌으니 곧 마지막 **재앙**이라
계 15:6	일곱 **재앙** 가진 일곱 천사가 성전으로
계 15:8	일곱 **재앙**이 마치기까지는 성전에 능히
계 16:9	**재앙**들을 행하는 권세를 가지신 하나님
계 16:21	**재앙** 때문에 하나님을 비방하니 그 **재앙**
계 18:4	죄에 참여하지 말고 그가 받을 **재앙**들을
계 18:8	동안에 그 **재앙**들이 이르리니 곧 사망
계 21:9	일곱 **재앙**을 담은 일곱 천사 중 하나가
계 22:18	두루마리에 기록된 **재앙**들을 그에게

재주(craft–NIV, manner of workmanship–KJV)
출 31:3	지혜와 총명과 지식과 여러 가지 **재주**로
대하 2:7	아로새길 줄 아는 **재주** 있는 사람 하나 를 … 준비한 나의 **재주** 있는 사람들과
대하 2:13	내가 이제 **재주** 있고 총명한 사람을
대하 2:14	당신의 **재주** 있는 사람들과 당신의 아 버지 내 주 다윗의 **재주** 있는 사람들과
대하 26:15	예루살렘에서 **재주** 있는 사람들에게

'재주를 부리다' 와 관련된 성구

삿 16:25, 27

시 137:5	잊을진대 내 오른손이 그의 **재주**를
전 2:21	지식과 **재주**를 다하여 수고하였어도
전 4:4	수고와 모든 **재주**로 말미암아 이웃에게

재차(再次, on one's second)
행 7:13	**재차** 보내매 요셉이 자기 형제들에게

재채기/-하다(sneeze)
왕하 4:35	아이가 일곱 번 **재채기하고** 눈을 뜨는
욥 41:18	그것이 **재채기**를 한즉 빛을 발하고

재촉하다(urge, prod)
창 19:15	동틀 때에 천사가 롯을 **재촉하여** 이르되
출 12:33	백성을 **재촉하여** 그 땅에서 속히 내보내
삿 16:16	그를 **재촉하여** 조르매 삼손의 마음이
삼하 24:4	요압과 군대 사령관들을 **재촉한지라**
대상 21:4	왕의 명령이 요압을 **재촉한지라** 드디어
마 14:22	예수께서 즉시 제자들을 **재촉하사** 자기
막 6:45	예수께서 즉시 제자들을 **재촉하사** 자기
눅 23:23	소리로 **재촉하여** 십자가에 못 박기를

재판/-하다(裁判, judgement, judge)
출 18:13	이튿날 모세가 백성을 **재판하느라고**
출 18:16	그 양쪽을 **재판하여** 하나님의 율례와
출 18:22	백성을 **재판하게** 하라 … 작은 일은 모두 그들이 스스로 **재판할** 것이니
출 18:26	백성을 **재판하되** 어려운 일은 모세에 게 가져오고 … 스스로 **재판하더라**
레 19:15	너희는 **재판할** 때에 불의를 행하지 말 며 … 공의로 사람을 **재판할지며**
레 19:35	너희는 **재판할** 때나 길이나 무게나 양을
신 1:17	**재판**은 하나님께 속한 것인즉 너희는 **재판할** 때에 외모를 보지 말고 귀천을
신 16:19	너는 **재판**을 굽게 하지 말며 사람을
신 25:1	시비가 생겨 **재판**을 청하면 재판장이 그들을 **재판하여** 의인은 의롭다 하고
수 20:6	살인자는 회중 앞에 서서 **재판**을 받기
삿 4:5	이스라엘 자손은 그에게 나아가 **재판**
삼하 15:2	송사가 있어 왕에게 **재판**을 청하러
삼하 15:4	누구든지 송사나 **재판할** 일이 있어 내게
삼하 15:6	이스라엘 무리 중에 왕께 **재판**을 청하러
왕상 3:9	누가 주의 이 많은 백성을 **재판할** 수 있 사오리이까 … 주의 백성을 **재판하여**
왕상 7:7	심판하기 위하여 보좌의 주랑 곧 **재판**
대하 1:10	주의 백성을 누가 능히 **재판하리이까**
대하 19:6	너희가 **재판하는** 것이 사람을 위하여 할 것인지 여호와를 … 너희가 **재판할**
대하 19:8	예루살렘 주민의 모든 송사를 **재판하게**
스 7:25	모든 백성을 **재판하게** 하고 그 중 알지
욥 9:32	대답할 수 없으며 함께 들어가 **재판**을

【 재판관/재판자/재판장 】

욥 11:10	사람을 잡아 가두시고 **재판**을 여시면
욥 14:3	주 앞으로 이끌어서 **재판하시나이까**
욥 31:11	참으로 음란한 일이니 **재판**에 회부할
욥 31:28	그것도 **재판**에 회부할 죄악이니 내가
시 37:33	아니하시고 **재판** 때에도 정죄하지 아니
시 72:2	공의로 **재판하며** … 정의로 **재판하리니**
시 82:1	그들 가운데에서 **재판하시느니라**
잠 16:10	있은즉 **재판할** 때에 그의 입이 그르치지
잠 17:23	사람의 품에서 뇌물을 받고 **재판**을 굽게
잠 18:5	악인을 두둔하는 것과 **재판할** 때에 의인
잠 31:9	공의로 **재판하여** 곤고한 자와 궁핍한
전 3:16	아래에서 보건대 **재판하는** 곳 거기에도
사 28:7	환상을 잘못 풀며 **재판할** 때에 실수하나
렘 5:28	**재판**을 공정하게 판결하지 아니하니
애 3:35	지존자의 얼굴 앞에서 사람의 **재판**을
겔 23:24	너를 에워싸리라 내가 **재판**을 그들에게 맡긴즉 … 법대로 너를 **재판하리라**
겔 23:45	여자들을 **재판함같이 재판하며** 피를 흘린 여인을 **재판함같이 재판하리니**
겔 24:14	행위대로 너를 **재판하리라** 주 여호와
겔 44:24	일을 **재판하되** 내 규례대로 **재판할**
호 5:11	좋아하므로 학대를 받고 **재판**의 압제를
호 10:4	**재판**이 밭이랑에 돋는 독초 같으리로다
슥 7:9	너희는 진실한 **재판**을 행하며 서로 인애
슥 8:16	성문에서 진실하고 화평한 **재판**을
요 18:31	너희 법대로 **재판하라** 유대인들이
행 8:33	굴욕을 당했을 때 공정한 **재판**도 받지
행 19:38	고발할 것이 있으면 **재판** 날도 있고

재판관/재판자/재판장(裁判官, 裁判者, 裁判長, judge)

출 2:14	다스리는 자와 **재판관**으로 삼았느냐
출 21:6	그를 데리고 **재판장**에게로 갈 것이요
출 21:22	반드시 벌금을 내되 **재판장**의 판결을
출 22:8	그 집 주인이 **재판장** 앞에 가서 자기가
출 22:9	**재판장** 앞에 나아갈 것이요 **재판장**이
출 22:28	**재판장**을 모독하지 말며 백성의 지도자
민 25:5	모세가 이스라엘 **재판관**들에게 이르되
신 1:16	너희의 **재판장**들에게 명하여 이르기를
신 16:18	지파를 따라 **재판장**들과 지도자들을
신 17:9	레위 사람 제사장과 당시 **재판장**에게
신 17:12	섬기는 제사장이나 **재판장**에게 듣지
신 19:17	당시의 제사장과 **재판장** 앞에 설 것이요
신 21:2	장로들과 **재판장**들은 나가서 그 피살된
신 25:1	재판을 청하면 **재판장**은 그들을 재판하
신 25:2	태형이 합당하면 **재판장**은 그를 엎드리
수 8:33	**재판장**들과 본토인뿐 아니라 이방인까
수 23:2	그들의 장로들과 수령들과 **재판장**들과
수 24:1	그들의 수령들과 **재판장**들과 관리들을
삼상 24:15	여호와께서 **재판장**이 되어 나와 왕 사이
삼하 15:4	내가 이 땅에서 **재판관**이 되고 누구든지
대상 23:4	보살피는 자요 육천 명은 관원과 **재판관**
대상 26:29	일을 다스리는 관원과 **재판관**이 되었고
대하 1:2	**재판관**들과 온 이스라엘의 방백들과
대하 19:5	나라의 견고한 성읍에 **재판관**을 세우되
대하 19:6	**재판관**들에게 이르되 너희가 재판하는
스 7:25	율법을 아는 자를 법관과 **재판관**을 삼아
스 10:14	기한에 각 고을의 장로들과 **재판관**과
욥 9:24	**재판관**의 얼굴도 가려졌나니 그렇게
욥 12:17	끌어가시며 **재판장**을 어리석은 자가
시 2:10	세상의 **재판관**들아 너희는 교훈을 받을
시 7:11	하나님은 의로우신 **재판장**이심이여
시 68:5	고아의 아버지시며 과부의 **재판장**이
시 75:7	**재판장**이신 하나님이 이를 낮추시고
시 141:6	**재판관**들이 바위 곁에 내려 던져졌도다
시 148:11	백성들과 고관들과 땅의 모든 **재판관**들
잠 8:16	모든 의로운 **재판관**들이 다스리느니라
사 1:26	네 **재판관**들을 처음과 같이, 네 모사들
사 3:2	전사와 **재판관**과 선지자와 복술자와
사 33:22	여호와는 우리 **재판장**이시요 여호와
렘 30:13	송사를 처리할 **재판관**이 없고 네 상처에
단 9:12	우리를 재판하던 **재판관**을 쳐서 하신
호 7:7	화덕같이 뜨거워져서 그 **재판장**들을
호 13:10	이제 어디 있으며 네 **재판장**들이 어디
암 2:3	그중에서 **재판장**을 멸하며 지도자들을
미 5:1	이스라엘 **재판자**의 뺨을 치리로다
미 7:3	그 지도자와 **재판관**은 뇌물을 구하며
습 3:3	그의 **재판장**들은 이튿날까지 남겨 두는
마 5:25	**재판관**에게 내어 주고 **재판관**이 옥리에
마 12:27	그들이 너희의 **재판관**이 되리라
눅 11:19	그러므로 그들이 너희 **재판관**이 되리라
눅 12:14	나를 너희의 **재판장**이나 물건 나누는
눅 12:58	너를 **재판장**에게 끌어가고 **재판장**이
눅 18:2	사람을 무시하는 한 **재판장**이 있는데
눅 18:6	주께서 또 이르시되 불의한 **재판장**이
행 7:27	관리와 **재판장**으로 우리 위에 세웠느냐

{ 재판석/재판 자리 }　　　　　　　　　　　　　　　　　　　　　　{ 저기 }

행 7:35　그들의 말이 누가 너를 관리와 **재판장**
행 10:42　죽은 자의 **재판장**으로 정하신 자가
행 18:15　나는 이러한 일에 **재판장** 되기를 원하
행 24:10　해 전부터 이 민족의 **재판장** 된 것을
딤후 4:8　의로우신 **재판장**이 그 날에 내게 주실
약 4:11　율법의 준행자가 아니요 **재판관**이로
약 4:12　**재판관**은 오직 한 분이시니 능히 구원

재판석/재판 자리(裁判席, judgement seat)
사 41:1　우리가 서로 **재판 자리**에 가까이 나아
마 27:19　총독이 **재판석**에 앉았을 때에 그의 아내
요 19:13　가바다)에 있는 **재판석**에 앉아 있더라
행 25:6　가이사랴로 내려가서 이튿날 **재판 자리**
행 25:10　가이사의 **재판 자리** 앞에 섰으니 마땅
행 25:17　**재판 자리**에 앉아 명하여 그 사람을

재해(災害, harm)
창 44:29　**재해**가 그 몸에 미치면 나의 흰 머리
창 44:34　**재해**가 내 아버지에게 미침을 보리이다

잿더미(dust)
렘 25:34　양 떼의 인도자들아 **잿더미**에서 뒹굴라

잿물(soda)
민 19:12　셋째 날과 일곱째 날에 **잿물**로 자신을
욥 9:30　눈 녹은 물로 몸을 씻고 **잿물**로 손을
사 1:25　찌꺼기를 **잿물**로 씻듯이 녹여 청결하게
렘 2:22　네가 **잿물**로 스스로 씻으며 네가 많은
말 3:2　불과 표백하는 자의 **잿물**과 같을 것이라

쟁기(plow)
눅 9:62　이르시되 손에 **쟁기**를 잡고 뒤를 돌아

쟁론/-하다(爭論, argue)
왕상 3:22　하며 왕 앞에서 그와 같이 **쟁론하는지라**
욥 31:13　남종이나 여종이 나와 더불어 **쟁론할**
막 9:34　서로 누가 크냐 하고 **쟁론하였음이라**
요 7:43　예수로 말미암아 무리 중에서 **쟁론이**
행 17:18　스토아 철학자들도 바울과 **쟁론할새**

쟁반(錚盤, plate)
민 7:31　백삼십 세겔 무게의 은 **쟁반** 하나와
잠 25:11　경우에 합당한 말은 아로새긴 은 **쟁반**

행반 = 기타 본문
민 7:37, 43, 49, 55, 61, 67, 73, 79, 84, 85

쟁쟁하다(錚錚, jingle)
사 3:16　아기작거려 걸으며 발로는 **쟁쟁한** 소리

저 1(flute)
삼상 10:5　산당에서부터 비파와 소고와 **저**와 수금

저 2(him, another)
대하 10:18　이스라엘 자손이 **저**를 돌로 쳐 죽인지라
시 75:7　이를 낮추시고 **저**를 높이시느니라
마 6:24　이를 미워하고 **저**를 사랑하거나 혹 이를
　　　　중히 여기고 **저**를 경히 여기리라 너희가
눅 16:13　이를 미워하고 **저**를 사랑하거나 혹 이를
　　　　중히 여기고 **저**를 경히 여길 것임이니라

'저 2'와 관련된 성구
저 동네 - 마 10:23; 23:34
저 사람 - 출 21:35; 삼하 11:25; 왕상
　19:2; 22:18; 대하 18:17; 시 87:5; 렘
　38:9; 행 16:10; 고전 7:7; 고후 2:16

저것(that)
왕하 23:17　내게 보이는 **저것**은 무슨 비석이냐 하니
전 7:18　잡으며 **저것**에서도 네 손을 놓지 아니
전 11:6　이것이 잘 될는지, **저것**이 잘 될는지,
마 23:23　그러나 이것도 행하고 **저것**도 버리지
눅 11:42　그러나 이것도 행하고 **저것**도 버리지
약 4:15　우리가 살기도 하고 이것이나 **저것**을

저기(there)
창 21:17　두려워하지 말라 하나님이 **저기** 있는
창 22:5　내가 아이와 함께 **저기** 가서 예배하고
민 23:15　내가 **저기**서 여호와를 만나 뵐 동안에
왕하 4:25　사환 게하시에게 이르되 **저기** 수넴 여인
사 28:10　여기서도 조금, **저기**서도 조금 하는구나
사 28:13　여기서도 조금, **저기**서도 조금 하사
마 17:20　산을 명하여 여기서 **저기**로 옮겨지라
마 24:23　그리스도가 여기 있다 혹은 **저기** 있다
마 26:36　**저기** 가서 기도할 동안에 너희는 여기

【 저녁 】　　　　　　　　　　　　　　　　　　　　　　　　【 저녁때 】

막 13:21 　그리스도가 여기 있다 보라 저기 있다
눅 17:21 　있다 저기 있다고도 못하리니 하나님
눅 17:23 　저기 있다 보라 여기 있다 하리라
히 7:8 　저기는 산다고 증거를 얻은 자가 받았는

저녁 (evening)

모세오경, 역사서

창 29:23 　저녁에 그의
창 49:27 　저녁에는 움킨
출 12:18 　열나흘날 저녁부터 이십일일 저녁까지
출 16:6 　자손에게 이르되 저녁이 되면 너희가
출 16:8 　여호와께서 저녁에는 너희에게 고기를
출 16:13 　저녁에는 메추라기가 와서 진에 덮이고
출 18:13 　백성은 아침부터 저녁까지 모세 곁에
출 18:14 　앉아 있고 백성은 아침부터 저녁까지
출 27:21 　저녁부터 아침까지 항상 여호와 앞에
레 6:20 　절반은 아침에, 절반은 저녁에 드리되
레 23:5 　열나흘날 저녁은 여호와의 유월절이요
레 23:32 　저녁 곧 그 저녁부터 이튿날 저녁까지
레 24:3 　저녁부터 아침까지 여호와 앞에 항상
민 9:15 　저녁이 되면 성막 위에 불 모양 같은
민 9:21 　구름이 저녁부터 아침까지 있다가 아침
민 19:19 　몸을 씻을 것이라 저녁이면 정결하리라
신 28:67 　저녁이 되었으면 좋겠다 할 것이요 저녁
수 5:10 　저녁에는 여리고 평지에서 유월절을
수 10:26 　다섯 나무에 매달고 저녁까지 나무에
삿 21:2 　벧엘에 이르러 거기서 저녁까지 하나님
룻 2:17 　룻이 밭에서 저녁까지 줍고 그 주운
삼상 14:24 　저녁 곧 내가 내 원수에게 보복하는
삼상 20:5 　나를 보내어 셋째 날 저녁까지 들에
왕상 17:6 　떡과 고기를, 저녁에도 떡과 고기를
왕상 18:29 　미친듯이 떠들어 저녁 소제 드릴 때
왕상 18:36 　저녁 소제 드릴 때에 이르러 선지자
왕상 22:35 　사람을 막다가 저녁에 이르러 죽었
왕하 16:15 　아침 번제물과 저녁 소제물과 왕의 번제
대상 23:30 　아침과 저녁마다 서서 여호와께 감사
대하 31:3 　아침과 저녁의 번제와 안식일과 초하루
대하 35:14 　번제와 기름을 저녁까지 드리므로 레위
스 9:4 　내가 저녁 제사 드릴 때까지 기가 막혀
스 9:5 　저녁 제사를 드릴 때에 내가 근심 중에
에 2:14 　저녁이면 갔다가 아침에는 둘째 후궁

시가서 — 신약

욥 4:20 　아침과 저녁 사이에 부스러져 가루가
욥 7:2 　종은 저녁 그늘을 몹시 바라고 품꾼은
시 30:5 　은총은 평생이로다 저녁에는 울음
시 55:17 　저녁과 아침과 정오에 내가 근심하여
시 65:8 　아침 되는 것과 저녁 되는 것을 즐거워
시 90:6 　꽃이 피어 자라다가 저녁에는 시들어
시 104:23 　사람은 나와서 일하며 저녁까지 수고
시 141:2 　손드는 것이 저녁 제사같이 되게 하소
전 11:6 　저녁에도 손을 놓지 말라 이것이 잘
사 17:14 　보라 저녁에 두려움을 당하고 아침이
렘 6:4 　아깝다 날이 기울어 저녁 그늘이 길었구
겔 24:18 　저녁에 내 아내가 죽었으므로 아침에
겔 33:22 　나아오기 전날 저녁에 여호와의 손이
겔 46:2 　밖으로 나가고 그 문은 저녁까지 닫지
단 9:21 　빨리 날아서 저녁 제사를 드릴 때 즈음
합 1:8 　표범보다 빠르고 저녁 이리보다 사나우
습 2:7 　양 떼를 먹이고 저녁에는 아스글론 집들
습 3:3 　이튿날까지 남겨 두는 것이 없는 저녁
마 14:15 　저녁이 되매 제자들이 나아와 이르되
마 16:2 　저녁에 하늘이 붉으면 날이 좋겠다
눅 14:12 　점심이나 저녁이나 베풀거든 벗이나
눅 22:20 　저녁 먹은 후에 잔도 그와 같이 하여
요 13:3 　저녁 먹는 중 예수는 아버지께서 모든
요 13:4 　저녁 잡수시던 자리에서 일어나 겉옷을
요 20:19 　안식 후 첫날 저녁 때에 제자들이 유대
행 28:23 　아침부터 저녁까지 강론하여 하나님의

저녁때 (in the evening)

창 19:1 　저녁때에 그 두 천사가 소돔에 이르니
창 24:11 　성 밖 우물 곁에 꿇렸으니 저녁때라
출 29:39 　아침에 드리고 한 어린 양은 저녁때에
출 29:41 　한 어린 양은 저녁때에 드리되 아침에
출 30:8 　저녁때 등불을 켤 때에 사를지니

'저녁'과 관련된 성구

저녁까지 부정하다 - 레 11:24, 25, 27, 28, 31, 32, 39, 40; 14:46; 15:5, 6, 7, 8, 10, 11, 16, 17, 18, 19, 21, 22, 23, 27; 17:15; 22:6, 민 19:7, 8, 10, 21, 22
저녁 먹다 - 눅 22:20; 요 13:3
저녁이 되고 아침이 되니 - 창 1:5, 8, 13, 19, 23, 31
저녁 잡숫다 - 요 13:4

2063

저당/저당물(抵當, mortgage)

느 5:3	포도원과 집이라도 **저당** 잡히고 이 흉년
겔 18:7	빚진 자의 **저당물**을 돌려주며 강탈하지
겔 18:12	강탈하거나 빚진 자의 **저당물**을 돌려
겔 18:16	**저당**을 잡지도 아니하며 강탈하지도
겔 33:15	**저당물**을 도로 주며 강탈한 물건을 돌려

저러하다/저렇다(have that)

왕상 22:20	하겠다 하고 또 하나는 **저렇게** 하겠다
대하 18:19	하겠다 하고 하나는 **저렇게** 하겠다 하였
고전 7:7	사람은 이러하고 저 사람은 **저러하니라**

저런(another)

행 19:32	이는 **저런** 말을 하니 모인 무리가 분란
행 21:34	이는 **저런** 말로 소리 치거늘 천부장

저리(aside)

민 23:3	**저리**로 가리이다 여호와께서 혹시 오셔
욥 7:4	새벽까지 이리 뒤척, **저리** 뒤척 하는
잠 25:7	귀인 앞에서 **저리**로 내려가라고 말하는
전 1:6	이리 돌며 **저리** 돌아 바람은 그 불던
애 4:15	**저리** 가라 부정하다, **저리** 가라, **저리**

저마다(each man)

삼상 27:3	다윗과 그의 사람들이 **저마다** 가족을
슥 8:4	나이가 많으므로 **저마다** 손에 지팡이를

저물다/저물도록(be getting late, till evening)

창 24:63	이삭이 **저물** 때에 들에 나가 묵상하다가
창 30:16	**저물** 때에 야곱이 들에서 돌아오매 레아
수 7:6	머리에 티끌을 뒤집어쓰고 **저물도록**
삿 19:9	날이 **저물어** 가니 청하건대 이 밤도
삿 20:23	여호와 앞에서 **저물도록** 울며 여호와께
삿 20:26	앉아서 그 날 **저물도록** 금식하고 번제
삼상 30:17	다윗이 새벽부터 이튿날 **저물** 때까지
욥 24:15	간음하는 자의 눈은 **저물기**를 바라며
시 59:6	그들이 **저물어** 돌아와서 개처럼 울며
시 59:14	**저물어** 돌아와서 개처럼 울며 성으로
잠 7:9	**저물** 때, 황혼 때, 깊은 밤 흑암 중에라
아 2:17	사랑하는 자야 날이 **저물고** 그림자가
아 4:6	날이 **저물고** 그림자가 사라지기 전에
겔 12:4	포로의 행장같이 하고 **저물** 때에 너는
겔 12:7	포로의 행장같이 내놓고 **저물** 때에
마 8:16	**저물매** 사람들이 귀신 들린 자를 많이
마 14:15	곳은 빈들이요 때도 이미 **저물었으니**
마 14:23	산에 올라가시니라 **저물매** 거기 혼자
마 20:8	**저물매** 포도원 주인이 청지기에게
마 26:20	**저물** 때에 예수께서 열두 제자와 함께
마 27:57	**저물었을** 때에 아리마대의 부자 요셉
막 1:32	**저물어** 해 질 때에 모든 병자와 귀신
막 4:35	그 날 **저물** 때에 제자들에게 이르시되
막 6:35	때가 **저물어** 가매 제자들이 예수께 나 아와 여짜오되 … 날도 **저물어** 가니
막 6:47	**저물매** 배는 바다 가운데 있고 예수
막 11:11	때가 이미 **저물매** 열두 제자를 데리시고
막 11:19	날이 **저물매** 그들이 성 밖으로 나가더라
막 13:35	**저물** 때일지, 밤중일지, 닭 울 때일
막 14:17	**저물매** 그 열둘을 데리시고 가서
막 15:42	준비일 곧 안식일 전날이므로 **저물었**
눅 9:12	날이 **저물어** 가매 열두 사도가 나아와
눅 24:29	**저물어** 가고 날이 이미 기울었나이다
요 6:16	**저물매** 제자들이 바다에 내려가서
행 4:3	그들을 잡으매 날이 이미 **저물었으므로**

저미다(cut to pieces)

사 51:9	라합을 **저미시고** 용을 찌르신 이가 어찌

저버리다(have broken, turn back)

민 5:12	탈선하여 남편에게 신의를 **저버렸고**
신 12:19	거주하는 동안에 레위인을 **저버리지**
신 14:27	없는 자이니 또한 **저버리지** 말지니라
스 9:10	주의 계명을 **저버렸사오니** 이제 무슨
욥 6:14	경외하기를 **저버릴지라도** 그의 친구로
욥 31:13	때에 내가 그의 권리를 **저버렸다면**
잠 13:18	훈계를 **저버리는** 자에게는 궁핍과 수욕
사 58:2	규례를 **저버리지** 아니하는 나라 같아서
겔 17:16	맹세를 **저버리고** 언약을 배반하였은
막 7:9	하나님의 계명을 잘 **저버리는도다**

저속하다

눅 7:30	자신을 위한 하나님의 뜻을 **저버리니라**
눅 10:16	**저버리는** 자는 곧 나를 **저버리는** 것이 요 나를 **저버리는** … **저버리는** 것이라
요 12:48	나를 **저버리고** 내 말을 받지 아니하는
살전 4:8	**저버리는** 자는 사람을 저버림이 아니요
딤전 5:12	믿음을 **저버렸으므로** 정죄를 받느니라
벧후 2:21	거룩한 명령을 **저버리는** 것보다 알지
계 2:13	믿는 믿음을 **저버리지** 아니하였도다

저속하다(低俗, godless)

욥 8:13	이와 같고 **저속한** 자의 희망은 무너지

저수지(貯水池, pool)

왕하 20:20	모든 업적과 **저수지**와 수도를 만들어
사 22:11	성벽 사이에 **저수지**를 만들었느니라

저술하다(著述, draw up)

눅 1:2	전하여 준 그대로 내력을 **저술하려고**

저울(scale)

레 19:36	공평한 **저울**과 공평
레 26:26	너희 떡을 구워 **저울**
삼하 14:26	왕의 **저울**로 이백
대상 23:29	반죽하는 것이나 또 모든 **저울**과 자를
욥 6:2	파멸을 **저울** 위에 모두 놓을 수 있다면
욥 31:6	하나님께서 나를 공평한 **저울**에 달아
시 62:9	**저울**에 달면 그들은 입김보다 가벼우리
잠 11:1	속이는 **저울**은 여호와께서 미워하시나
잠 20:23	속이는 **저울**은 좋지 못한 것이니라
잠 24:12	마음을 **저울**질 하시는 이가 어찌 통찰
사 40:12	**저울**로 산들을, 막대 **저울**로 언덕들
사 40:15	**저울**의 작은 티끌 같으며 섬들은 떠오르
사 46:6	은을 **저울**에 달아 도금장이에게 주고
렘 32:10	증인을 세우고 은을 **저울**에 달아 주고
겔 5:1	머리털과 수염을 깎아서 **저울**로 달아
겔 45:10	너희는 공정한 **저울**과 공정한 에바와
단 5:27	데겔은 왕을 **저울**에 달아 보니 부족함이
호 12:7	상인이라 손에 거짓 **저울**을 가지고 속이
암 8:5	세겔을 크게 하여 거짓 **저울**로 속이며
계 6:5	나오는데 그 탄 자가 손에 **저울**을 가졌

저울추(weight)

신 25:13	주머니에 두 종류의 **저울추** 곧 큰 것과
신 25:15	오직 온전하고 공정한 **저울추**를 두며
잠 16:11	주머니 속의 **저울추**도 다 그가 지으신
잠 20:10	한결같지 않은 **저울추**와 한결같지 않은
잠 20:23	한결같지 않은 **저울추**는 여호와께서
사 28:17	공의를 **저울추**로 삼으니 우박이 거짓을
미 6:11	주머니에 거짓 **저울추**를 두었으면 깨끗

저자(marketplace)

행 17:5	유대인들은 시기하여 **저자**의 어떤 불량

저장하다/저장되다(貯藏, store)

창 41:36	곡물을 이 땅에 **저장하여** 애굽 땅에
창 41:48	칠 년 곡물을 거두어 각 성에 **저장하되**
출 23:16	연말에 밭에서부터 거두어 **저장함이니**
신 33:13	보물인 이슬과 땅 아래에 **저장한** 물과
사 25:6	오래 **저장하였던** 포도주로 연회를 베 푸시리니 … 오래 **저장하였던** 맑은
렘 40:10	기름을 모아 그릇에 **저장하고** 너희는
호 13:12	봉함되었고 그 죄가 **저장되었나니**

저절로(by itself)

겔 44:31	새나 가축이 **저절로** 죽은 것이나 찢겨서
행 12:10	**저절로** 열리는지라 나와서 한 거리를

저주/-하다(詛呪, curse)

모세오경

창 5:29	땅을 **저주하시므로** 수고롭게 일하는
창 8:21	사람으로 말미암아 땅을 **저주하지** 아니
창 12:3	**저주하는** 자에게는 내가 **저주하리니**
창 27:13	아들아 너의 **저주**는 내게로 돌리리니
창 27:29	너를 **저주하는** 자는 **저주**를 받고 너를
출 21:17	어머니를 **저주하는** 자는 반드시 죽일지
출 22:28	백성의 지도자를 **저주하지** 말지니라
레 5:1	누구든지 **저주하는** 소리를 듣고서도
레 19:14	귀먹은 자를 **저주하지** 말며 맹인 앞에
레 20:9	어머니를 **저주하는** 자는 반드시 죽일지 니 … 아버지나 어머니를 **저주하였은즉**
레 24:11	여호와의 이름을 모독하며 **저주하므로**
레 24:14	**저주한** 사람을 진영 밖으로 끌어내어
레 24:15	그의 하나님을 **저주하면** 죄를 담당할
레 24:23	그들이 그 **저주한** 자를 진영 밖으로
민 5:18	그의 두 손에 두고 제사장은 **저주가**
민 5:19	더럽힌 일이 없으면 **저주가** 되게 하는

【 저주/-하다 】　　　　　　　　　　　　　【 저주/-하다 】

민 5:21	여인에게 **저주**의 맹세를 하게 하고	삿 17:2	천백을 잃어버리셨으므로 **저주**하시고
민 5:22	**저주**가 되게 하는 이 물이 네 창자에	삼상 3:13	그가 자기의 아들들이 **저주**를 자청하되
민 5:23	제사장이 **저주**의 말을 두루마리에 써서	삼상 17:43	그의 신들의 이름으로 다윗을 **저주**하고
민 5:24	여인에게 그 **저주**가 되게 하는 쓴 물을 마시게 할지니 그 **저주**가 되게 하는	삼하 16:5	그가 나오면서 계속하여 **저주**하고
민 5:27	그 **저주**가 되게 하는 물이 그의 속에	삼하 16:7	시므이가 **저주**하는 가운데 이와 같이
민 22:6	나를 위하여 이 백성을 **저주**하라 … 복을 비는 자는 복을 받고 **저주**하는	삼하 16:9	어찌 내 주 왕을 **저주**하리이까 청하건대
		삼하 16:10	그가 **저주**하는 것은 여호와께서 그에게 다윗을 **저주**하라 하심이니 네가 어찌
민 22:11	그들을 **저주**하라 내가 혹 그들을 쳐서	삼하 16:11	그에게 명령하신 것이니 그가 **저주**하게
민 22:12	백성을 **저주**하지도 말라 그들은 복을	삼하 16:12	오늘 그 **저주** 때문에 여호와께서 선으로
민 22:17	위하여 이 백성을 **저주**하라 하시더이다	삼하 16:13	산비탈로 따라가면서 **저주**하고 그를
민 23:7	**저주**하라, 와서 이스라엘을 꾸짖으라	삼하 19:21	기름 부으신 자를 **저주**하였으니 그로
민 23:8	하나님이 **저주**하지 않으신 자를 내가 어찌 **저주**하며 여호와께서 꾸짖지 않으신	왕상 2:8	악독한 말로 나를 **저주**하였느니라
민 23:11	원수를 **저주**하라고 그대를 데려왔거늘	왕상 21:10	하나님과 왕을 **저주**하였다 하게 하고
민 23:13	거기서 나를 위하여 그들을 **저주**하라	왕상 21:13	나봇이 하나님과 왕을 **저주**하였다 하매
민 23:25	그들을 **저주**하지도 말고 축복하지도	왕하 2:24	여호와의 이름으로 **저주**하매 곧 수풀
민 23:27	위하여 그들을 **저주**하기를 하나님이	왕하 22:19	빈 터가 되고 **저주**가 되리라 한 말을
민 24:9	복을 받을 것이요 너를 **저주**하는 자마다	대하 34:24	앞에서 읽은 책에 기록된 모든 **저주**대로
민 24:10	원수를 **저주**하라는 것이어늘 그대가	느 10:29	귀족들을 따라 **저주**로 맹세하기를 우리
신 11:26	오늘 복과 **저주**를 너희 앞에 두나니	느 13:2	뇌물을 주어 **저주**하게 하였음이라 그러나 우리 하나님이 그 **저주**를 돌이켜
신 11:29	축복을 선포하고 에발 산에서 **저주**를	느 13:25	내가 그들을 책망하고 **저주**하며 그들
신 23:4	주어 너희를 **저주**하게 하려 하였으나	**시가서**	
신 23:5	여호와께서 그 **저주**를 변하여 복이 되게	욥 3:1	입을 열어 자기의 생일을 **저주**하니라
신 27:13	납달리는 **저주**하기 위하여 에발 산에	욥 3:8	날을 **저주**하는 자들 곧 리워야단을 격동시키기에 … 그 밤을 **저주**하였더라면,
신 28:15	**저주**가 네게 임하며 네게 이를 것이니	욥 5:3	보고 그의 집을 당장에 **저주**하였노라
신 28:20	여호와께서 **저주**와 혼란과 책망을 내리	욥 31:30	그의 생명을 **저주**하여 내 입이 범죄하게
신 28:45	모든 **저주**가 네게 와서 너를 따르고	시 10:7	입에는 **저주**와 거짓과 포악이 충만하며
신 28:46	모든 **저주**가 너와 네 자손에게 영원히	시 59:12	말하는 **저주**와 거짓말로 말미암아
신 29:19	**저주**의 말을 듣고도 심중에 스스로 복을	시 62:4	입으로는 축복이요 속으로는 **저주**로다
신 29:20	책에 기록된 모든 **저주**를 그에게 더하실	시 109:17	그가 **저주**하기를 좋아하더니 그것이
신 29:21	율법책에 기록된 모든 언약의 **저주**대로	시 109:18	**저주**하기를 옷 입듯 하더니 **저주**가 물같
신 29:27	기록된 모든 **저주**대로 재앙을 내리시고	시 109:19	**저주**가 그에게는 입는 옷 같고 항상
신 30:1	모든 복과 **저주**가 네게 임하므로 네가	시 109:28	그들은 내게 **저주**하여도 주는 내게 복을
신 30:7	핍박하던 자에게 이 모든 **저주**를 내리게	잠 3:33	악인의 집에는 여호와의 **저주**가 있거니
신 30:19	생명과 사망과 복과 **저주**를 네 앞에	잠 20:20	자기의 아비나 어미를 **저주**하는 자는
역사서		잠 26:2	까닭 없는 **저주**는 참새가 떠도는 것과
수 8:34	기록된 모든 것 대로 축복과 **저주**하는	잠 27:14	축복하면 도리어 **저주**같이 여기게 되리
수 24:9	발람을 불러다가 너희를 **저주**하게 하려	잠 28:27	못 본 체하는 자에게는 **저주**가 크리라
삿 5:23	메로스를 **저주**하라 너희가 거듭거듭 그 주민들을 **저주**할 것은 그들이 와서	잠 29:24	**저주**를 들어도 진술하지 아니하느니라
삿 9:27	먹고 마시며 아비멜렉을 **저주**하니	잠 30:10	비방하지 말라 그가 너를 **저주**하겠고
삿 9:57	여룹바알의 아들 요담의 **저주**가 그들	잠 30:11	아비를 **저주**하며 어미를 축복하지 아니

【 저주/-하다 】　　　　　　　　　　　　　　　　　　　　　　　　　　【 저축하다 】

전 7:21	너를 **저주하는** 것을 듣지 아니하리라
전 7:22	사람을 **저주하였다**는 것을 네 마음도
전 10:20	심중에라도 왕을 **저주하지** 말며 침실에서라도 부자를 **저주하지** 말라 공중의

선지서
사 8:21	자기의 하나님을 **저주할** 것이며 위를
사 24:6	**저주가** 땅을 삼켰고 그 중에 사는 자들
렘 15:10	아니하였건마는 다 나를 **저주하는도다**
렘 23:10	간음하는 자가 가득하도다 **저주로**
렘 25:18	비웃음과 **저주를** 당함이 오늘과 같으니
렘 29:18	쫓아낸 나라들 가운데에서 **저주와** 경악
렘 42:18	너희가 가증함과 놀램과 **저주와** 치욕
렘 44:8	나라 가운데에서 **저주와** 수치거리가
렘 44:12	높은 자까지 칼과 기근에 죽어서 **저주와**

'저주'와 관련된 성구

저주를 받다 – 창 3:14, 17; 4:11; 9:25; 27:12, 29; 49:7; 민 22:6; 24:9; 신 11:28; 21:23; 27:15, 16, 17, 18, 19, 20, 21, 22, 24, 25, 26; 28:16, 17, 18, 19; 수 6:26; 9:23; 삿 21:18; 삼상 14:24, 28; 26:19; 왕하 9:34; 욥 24:18; 시 37:22; 119:21; 잠 11:26; 24:24; 사 65:20; 렘 11:3; 17:5; 20:14, 15; 24:9; 48:10; 말 1:14; 3:9; 마 25:41; 요 7:49; 롬 9:3; 고전 16:22; 갈 1:8, 9; 3:13

저주하며 맹세하다 – 마 26:74; 막 14:71

저줏거리 – 민 5:21, 27; 사 65:15; 렘 26:6; 29:22; 44:22; 49:13

애 3:65	거만한 마음을 주시고 그들에게 **저주를**
단 9:11	**저주가** 우리에게 내렸으되 곧 하나님의
호 4:2	오직 **저주와** 속임과 살인과 도둑질과
슥 5:3	온 땅 위에 내리는 **저주라** 도둑질하는
슥 8:13	이방인 가운데에서 **저주가** 되었으나
슥 14:11	**저주가** 있지 아니하리니 예루살렘
말 2:2	너희에게 **저주를** 내려 너희의 복을 **저주하리라** 내가 이미 **저주하였나니** 이는
말 4:6	내가 와서 **저주로** 그 땅을 칠까 하노라

신약
막 11:21	**저주하신** 무화과나무가 말랐나이다
눅 6:28	너희를 **저주하는** 자를 위하여 축복하며
롬 3:14	그 입에는 **저주와** 악독이 가득하고
롬 12:14	자를 축복하라 축복하고 **저주하지**
고전 12:3	누구든지 예수를 **저주할** 자라 하지 아니
갈 3:10	율법 행위에 속한 자들은 **저주** 아래에 있나니 … 아니하는 자는 **저주** 아래에
갈 3:13	율법의 **저주에서** 우리를 속량하셨으니 기록된 바 나무에 달린 자마다 **저주**
히 6:8	**저주함에** 가까워 그 마지막은 불사름이
약 3:9	지음을 받은 사람을 **저주하나니**
약 3:10	한 입에서 찬송과 **저주가** 나오는도다
벧후 2:14	연단된 마음을 가진 자들이니 **저주의**
계 22:3	**저주가** 없으며 하나님과 그 어린 양의

저지대(低地帶, western, foothills)
렘 32:44	산지의 성읍들과 **저지대의** 성읍들과

저지르다(do)
창 19:8	사람들에게는 아무 일도 **저지르지** 말라
레 5:19	앞에 참으로 잘못을 **저질렀음이니라**
삿 19:23	이같은 악행을 **저지르지** 말라 이 사람이
욥 15:16	악을 **저지르기를** 물 마심같이 하는

저쪽(one side, the other side)
신 1:5	요단 **저쪽** 모압 땅에서 이 율법을 설명
신 3:20	요단 **저쪽에서** 너희의 하나님 여호와
신 11:30	두 산은 요단 강 **저쪽** 곧 해지는 쪽으로
눅 17:24	하늘 아래 **저쪽까지** 비침같이 인자도

저쪽 – 기타 본문

출 14:20; 17:12; 25:12, 32, 33; 26:13, 19, 21, 25, 27; 27:15; 36:32; 37:3, 8, 18, 19; 38:15; 민 24:17; 32:19; 신 1:1; 3:20, 25; 수 2:10; 7:7; 8:22; 14:3; 20:8; 22:4; 24:2, 3, 8, 14, 15; 삿 5:17; 10:8; 11:18; 삼상 14:4, 40; 17:3; 23:26; 31:7; 삼하 2:13; 왕상 6:24, 27, 34; 왕하 10:21; 대하 20:2; 사 7:20; 9:1; 겔 40:12, 21, 34, 37, 39, 40, 41, 48, 49; 41:1, 2, 19; 단 12:5; 슥 5:3

저축하다(貯蓄, store)
창 6:21	양식을 네게로 가져다가 **저축하라**
신 14:28	일을 다 내어 네 성읍에 **저축하여**
대상 29:16	성전을 건축하려고 미리 **저축한** 이 모든

【 저편 】   【 적군 】

대하 11:11 두고 양식과 기름과 포도주를 **저축하고**
잠 28:8 여기는 자를 위해 그 재산을 **저축하는**
겔 28:4 금과 은을 곳간에 **저축하였으며**
나 2:9 **저축한** 것이 무한하고 아름다운 기구가
고후 12:14 부모를 위하여 재물을 **저축하는** 것이

저편(over)
수 12:1 이스라엘 자손이 요단 **저편** 해 돋는 쪽
수 13:8 갓 족속은 요단 **저편** 동쪽에서 그들의
수 18:7 므낫세 반 지파는 요단 **저편** 동쪽에서
대상 12:37 요단 **저편** 르우벤 자손과 갓 자손과
마 4:15 납달리 땅과 요단 강 **저편** 해변 길과
막 4:35 제자들에게 이르시되 우리가 **저편**으로
눅 8:22 그들에게 이르시되 호수 **저편**으로 건너
요 3:26 요단 강 **저편**에 있던 이 곧 선생님이
요 10:40 다시 요단 강 **저편** 요한이 처음으로

저희(them)
삼상 12:9 모압 왕의 손에 넘기셨더니 그들이 **저희**
왕상 8:9 **저희**와 언약을 맺으실 때에 모세가 호렙
대하 12:7 내가 멸하지 아니하고 **저희**를 조금 구원
대하 15:9 **저희** 중에 머물러 사는 자들을 모았으니
대하 17:8 **저희**와 함께 제사장 엘리사마와 여호람
호 9:10 우상에게 몸을 드림으로 **저희**가 사랑
롬 15:27 **저희**가 기뻐서 하였거니와 또한 **저희**는

적 1(ever)
신 4:32 큰 일이 있었느냐 이런 일을 들은 **적**이
욥 39:1 암사슴이 새끼 낳는 것을 네가 본 **적**이
시 88:15 어릴 **적**부터 고난을 당하여 죽게 되었사
마 9:33 이스라엘 가운데서 이런 일을 본 **적**이
요 8:33 아브라함의 자손이라 남의 종이 된 **적**이
행 14:8 나면서 걷지 못하게 되어 걸어 본 **적**이

적 2(敵, enemy)
수 5:13 너는 우리를 위하느냐 우리의 **적**들을
대하 26:13 건장하고 싸움에 능하여 왕을 도와 **적**

적개심(敵愾心, hostility)
창 49:23 활쏘는 자가 그를 학대하며 **적개심**을

적국(敵國, hostile nation, enemy)
민 24:8 들소와 같도다 그의 **적국**을 삼키고

왕상 8:33 이스라엘이 주께 범죄하여 **적국** 앞에
왕상 8:37 나거나 **적국**이 와서 성읍을 에워싸거나
왕상 8:44 백성이 그들의 **적국**과 더불어 싸우고자
왕상 8:46 그들을 **적국**에게 넘기시매 **적국**이 그들
         을 사로잡아 원근을 막론하고 **적국**의
왕상 8:48 사로잡아 간 **적국**의 땅에서 온 마음
대하 6:24 이스라엘이 주께 범죄하여 **적국** 앞에
대하 6:28 황충이 나거나 **적국**이 와서 성읍들을
대하 6:34 백성이 그 **적국**과 더불어 싸우고자 하여
대하 6:36 **적국**에게 넘기시매 **적국**이 그들을 사로
대하 6:38 사로잡아 간 **적국**의 땅에서 온 마음과
대하 32:22 앗수르 왕 산헤립의 손과 모든 **적국**의
겔 39:27 만민 중에서 돌아오게 하고 **적국** 중에서

적군(敵軍, enemy)
신 20:1 나가서 **적군**과 싸우려 할 때에 말과
신 20:4 너희를 위하여 너희 **적군**과 싸우시고
신 20:14 여호와께서 네게 주신 **적군**에게서
신 21:10 **적군**과 싸울 때에 네 하나님 여호와께
신 23:9 네가 **적군**을 치러 출진할 때에 모든
신 23:14 구원하시고 **적군**을 네게 넘기시려고
신 25:19 여호와께서 사방에 있는 모든 **적군**으로
신 28:7 너를 대적하기 위해 일어난 **적군**들을
신 28:25 여호와께서 네 **적군** 앞에서 너를 패하게
신 28:48 치게 하실 **적군**을 섬기게 될 것이니
신 28:53 **적군**에게 에워싸이고 맹렬한 공격을
신 28:55 **적군**이 네 모든 성읍을 에워싸고 맹렬히
신 28:57 자식을 남몰래 먹으리니 이는 네 **적군**이
신 28:68 너희가 너희 몸을 **적군**에게 남녀 종으로
신 30:7 여호와께서 네 **적군**과 너를 미워하고
삿 7:22 친구끼리 칼로 치게 하시므로 **적군**이
삿 8:11 **적군**이 안심하고 있는 중에 기드온이
삼하 3:22 다윗의 신복들과 요압이 **적군**을 치고
왕상 20:20 각각 **적군**을 쳐죽이매 아람 사람이 도망
대상 21:12 석 달을 **적군**에게 패하여 **적군**의 칼을
대하 20:25 백성이 가서 **적군**의 물건을 탈취할새
대하 20:27 여호와께서 그들이 그 **적군**을 이김으로
대하 20:29 여호와께서 이스라엘의 **적군**을 치셨다
대하 24:25 요아스가 크게 부상하매 **적군**이 그를
대하 25:8 하나님이 왕을 **적군** 앞에 엎드러지게
스 8:22 길에서 **적군**을 막고 우리를 도울 보병과
시 18:29 내가 주를 의뢰하고 **적군**을 향해 달리며
슥 9:8 내가 내 집을 둘러 진을 쳐서 **적군**을

2068

적그리스도(antichrist)

- 요일 2:18 　**적그리스도**가 오리라는 말을 너희가 들은 것과 같이 지금도 많은 **적그리스도**가
- 요일 2:22 　아들을 부인하는 그가 **적그리스도**니
- 요일 4:3 　이것이 곧 **적그리스도**의 영이니라 오리
- 요이 1:7 　이런 자가 미혹하는 자요 **적그리스도**니

적다/적어지다(little, few, write)

1. (분량이나 수효가) 일정한 기준에 이르지 못하다(little, few)

- 창 30:30 　오기 전에는 외삼촌의 소유가 **적더니**
- 창 34:30 　수가 **적은즉** 그들이 모여 나를 치고
- 창 44:12 　많은 자에게서부터 시작하여 나이 **적은**
- 출 12:4 　어린 양에 대하여 식구가 너무 **적으면**
- 출 16:17 　그 거둔 것이 많기도 하고 **적기도** 하나
- 출 16:18 　거둔 자도 남음이 없고 **적게** 거둔 자도
- 레 25:16 　연수가 **적으면** 너는 그것의 값을 **적게**
- 레 25:52 　희년까지 남은 해가 **적으면** 그 사람과
- 민 9:20 　성막 위에 머무는 날이 **적을** 때에도
- 민 11:32 　종일토록 메추라기를 모으니 **적게** 모은
- 민 13:18 　거민이 강한지 약한지 많은지 **적은지와**
- 민 26:54 　**적은** 자에게는 기업을 **적게** 줄 것이니
- 민 33:54 　**적으면** 적은 기업을 주되 각기 제비
- 민 35:8 　**적게** 받은 자에게서는 **적게** 떼어 줄
- 신 7:7 　오히려 모든 민족 중에 가장 **적으니라**
- 신 28:38 　메뚜기가 먹으므로 거둘 것이 **적을** 것이
- 신 33:6 　살기를 원하며 그 사람 수가 **적지** 아니
- 삼상 14:6 　여호와의 구원은 사람이 많고 **적음**에
- 삼하 7:19 　**적게** 여기시고 또 종의 집에 있을
- 왕상 20:27 　이스라엘 자손은 두 무리의 **적은** 염소
- 대상 16:19 　수가 **적어서** 보잘것없으며 그 땅에 객이
- 대하 24:24 　아람 군대가 **적은** 무리로 왔으나 여호와
- 느 7:4 　성읍은 광대하고 그 주민은 **적으며** 가옥
- 욥 10:20 　날이 **적지** 아니하나이까 그런즉 그치시
- 욥 37:6 　눈을 명하여 땅에 내리라 하시며 **적은**
- 시 37:16 　의인의 **적은** 소유가 악인의 풍부함보다
- 시 105:12 　그들의 사람 수가 **적어** 그 땅의 나그네
- 잠 10:20 　악인의 마음은 가치가 **적으니라**
- 잠 14:28 　영광이요 백성이 **적은** 것은 주권자의
- 잠 15:16 　가산이 **적어도** 여호와를 경외하는 것이
- 전 5:2 　그런즉 마땅히 말을 **적게** 할 것이며
- 전 5:12 　노동자는 먹는 것이 많든지 **적든지** 잠을
- 전 10:1 　악취가 나게 만드는 것같이 **적은** 우매
- 전 12:3 　맷돌질하는 자들이 **적으므로** 그칠 것이
- 전 12:4 　맷돌 소리가 **적어질** 것이며 새의 소리로
- 사 16:14 　남은 수가 심히 **적어** 보잘것없이 되리라
- 사 21:17 　활 가진 용사의 남은 수가 **적으리라**
- 사 24:6 　땅의 주민이 불타서 남은 자가 **적도다**
- 렘 42:2 　우리는 많은 사람 중에서 남은 **적은**
- 겔 8:17 　행한 가증한 일을 **적다** 하겠느냐 그들이
- 겔 16:47 　그것을 **적게** 여겨서 네 모든 행위가
- 학 1:6 　너희가 많이 뿌릴지라도 수확이 **적으며**
- 학 1:9 　많은 것을 바랐으나 도리어 **적었고**
- 마 7:14 　길이 협착하여 찾는 자가 **적음이라**
- 마 9:37 　추수할 것은 많되 일꾼이 **적으니**
- 마 22:14 　자는 많되 택함을 입은 자는 **적으니라**
- 마 25:21 　착하고 충성된 종아 네가 **적은** 일에
- 마 25:23 　착하고 충성된 종아 네가 **적은** 일에
- 눅 7:47 　사함을 받은 일이 **적은** 자는 **적게** 사랑
- 눅 10:2 　일꾼이 **적으니** 그러므로 추수하는 주인
- 눅 12:48 　알지 못하고 맞을 일을 행한 종은 **적게**
- 눅 13:23 　구원을 받는 자가 **적으니이까** 그들에게
- 행 9:13 　주의 성도에게 **적지** 않은 해를 끼쳤다
- 행 12:18 　어떻게 되었는지 알지 못하여 **적지** 않게
- 행 15:2 　그들 사이에 **적지** 아니한 다툼과 변론이
- 행 17:4 　헬라인의 큰 무리와 **적지** 않은 귀부인도
- 행 17:12 　헬라의 귀부인과 남자가 **적지** 아니하나
- 행 19:23 　말미암아 **적지** 않은 소동이 있었으니
- 행 19:24 　모형을 만들어 직공들에게 **적지** 않은
- 행 20:12 　살아난 청년을 데리고 가서 **적지** 않게
- 행 26:28 　아그립바가 바울에게 이르되 네가 **적은**
- 행 26:29 　이르되 말이 **적으나** 많으나 당신뿐만
- 고전 5:6 　**적은** 누룩이 온 덩어리에 퍼지는 것을
- 고전 11:30 　병든 자가 많고 잠자는 자도 **적지** 아니
- 고후 8:15 　아니하였고 **적게** 거둔 자도 모자라지
- 고후 9:6 　이것이 곧 **적게** 심는 자는 **적게** 거두고

2. 기록하다(write)

- 창 5:1 　이것은 아담의 계보를 **적은** 책이니라
- 삿 8:14 　장로들 칠십칠 명을 그에게 **적어** 준지
- 스 5:10 　그 우두머리들의 이름을 **적어** 왕에게

적당하다(適當, fit)

- 신 11:14 　늦은 비를 **적당한** 때에 내리시리니
- 삼상 25:25 　이름이 그에게 **적당하니** 그의 이름이
- 잠 16:4 　그 쓰임에 **적당하게** 지으셨나니 악인도 악한 날에 **적당하게** 하셨느니라

【 적대시하다 】　　　　　　　　　　　　　　　　　　　　　　　　　　【 전 2 】

잠 19:10　미련한 자가 사치하는 것이 **적당하지**
잠 26:1　영예가 **적당하지** 아니하니 마치 여름
사 27:8　백성을 **적당하게** 견책하사 쫓아내실
사 28:26　그의 하나님이 그에게 **적당한** 방법을
욜 2:23　이른 비를 너희에게 **적당하게** 주시리니

적대시하다(敵對視, assail)
욥 16:9　그는 진노하사 나를 찢고 **적대시하시며**

적막하다(寂寞, silence, desolate)
시 115:17　**적막한** 데로 내려가는 자들은 아무도
사 27:10　견고한 성읍은 **적막하고** 거처가 황무하
사 32:14　성읍이 **적막하며** 오벨과 망대가 영원히
사 49:19　황폐하고 **적막한** 곳들과 네 파멸을 당하
렘 25:37　진노하시는 열기 앞에서 **적막하게**
애 1:1　어찌 그리 **적막하게** 앉았는고 전에는
애 1:4　모든 성문들이 **적막하며** 제사장들이
애 3:11　내 몸을 찢으시며 나를 **적막하게** 하셨
겔 12:20　황폐하며 땅이 **적막하리니** 내가 여호와
겔 27:32　두로와 같이 바다 가운데에서 **적막한**
겔 36:35　황량하고 **적막하고** 무너진 성읍들이
욜 2:20　떠나게 하여 메마르고 **적막한** 땅으로
습 2:14　창에서 울 것이며 문턱이 **적막하리니**

적몰하다(籍沒, forfeit)
스 10:8　그의 재산을 **적몰하고** 사로잡혔던 자의

적법하다(適法, properly)
딤전 1:8　율법은 사람이 그것을 **적법하게만** 쓰면

적병(敵兵, invader)
대하 13:14　앞 뒤의 **적병**으로 말미암아 여호와께
사 21:1　**적병**이 광야에서, 두려운 땅에서 네겝

적수(敵手, rival)
삼상 1:6　**적수**인 브닌나가 그를 심히 격분하게

적시다(watering, drench)
창 2:6　땅에서 올라와 온 지면을 **적셨더라**
창 2:10　강이 에덴에서 흘러 나와 동산을 **적시고**
창 37:31　숫염소를 죽여 그 옷을 피에 **적시고**
출 12:22　담은 피에 **적셔서** 그 피를 문 인방과
레 6:21　기름에 **적셔** 썰어서 소제로 여호와께

왕하 8:15　하사엘이 이불을 물에 **적시어** 왕의 얼굴
시 6:6　내 침상을 띄우며 내 요를 **적시나이다**
시 72:6　내리는 비같이, 땅을 **적시는** 소나기
사 16:9　눈물로 너를 **적시리니** 너의 여름 실과,
사 55:10　땅을 **적셔서** 소출이 나게 하며 싹이
렘 13:1　사서 네 허리에 띠고 물에 **적시지** 말라
호 6:3　비와 같이, 땅을 **적시는** 늦은 비와 같이
마 27:48　해면을 가져다가 신 포도주에 **적시어**
막 15:36　해면에 신 포도주를 **적시어** 갈대에 꿰어
눅 7:38　눈물로 그 발을 **적시고** 자기 머리털로
눅 7:44　눈물로 내 발을 **적시고** 그 머리털로
요 13:26　조각을 **적셔다** 주는 … 조각을 **적셔서**
요 19:29　포도주를 **적신** 해면을 우슬초에 매어

적신(赤身, nakedness)
롬 8:35　박해나 기근이나 **적신**이나 위험이나

적진(敵陣, camp, battle line)
삼상 11:11　새벽에 **적진** 한가운데로 들어가서 날이
삼하 10:9　요압이 자기와 맞서 앞뒤에 친 **적진**을
삼하 22:30　의뢰하고 **적진**으로 달리며 내 하나님
대상 19:10　앞 뒤에 친 **적진**을 보고 이스라엘에서

전 1(全, all, whole)
사 39:2　히스기야가 궁중의 소유와 **전** 국내의
행 19:26　바울이 에베소뿐 아니라 거의 **전** 아시아

전 2(展, house)
대상 9:22　다윗과 선견자 사무엘이 **전**에 세워서
대하 30:8　영원히 거룩하게 하신 **전**에 들어가서
대하 32:21　고국으로 돌아갔더니 그의 신의 **전**에
대하 34:10　일꾼들에게 주어 그 **전**을 수리하게 하되
대하 35:3　다윗의 아들 솔로몬이 건축한 **전** 가운데
대하 36:14　예루살렘에 거룩하게 두신 그의 **전**을
느 11:12　**전**에서 일하는 그들의 형제니 모두 팔백
에 5:1　왕이 어전에서 **전** 문을 대하여 왕좌에
시 48:9　주의 **전** 가운데에서 주의 인자하심을
시 68:29　예루살렘에 있는 주의 **전**을 위하여 왕들
요 2:17　성경 말씀에 주의 **전**을 사모하는 열심이

'**전 뜰**'과 관련된 성구

대하 23:5;　24:21;　29:16;　느 13:7

고전 6:19 너희 가운데 계신 성령의 전인 줄을

계 1:4 이제도 계시고 **전**에도 계셨고 장차 오실
계 4:8 하나님 곧 전능하신 이여 **전**에도 계셨고

성경에 나오는 '전'

여호와의 전 – 출 23:19; 34:26; 신 23:18; 삼상 1:9; 3:3; 삼하 12:20; 왕상 7:40; 9:2; 왕하 19:1; 대상 25:6; 대하 3:1; 4:16; 5:1, 13; 7:2, 7, 11; 8:1, 16; 9:4, 11; 12:9, 11; 16:2; 20:5, 28; 23:6, 12, 14, 18, 19, 20; 24:4, 7, 8, 12, 14, 18; 26:19, 21; 27:3; 28:21, 24; 29:3, 5, 15, 17, 18, 20, 25, 31; 30:1, 15; 31:10, 11, 16; 33:4, 5; 34:8, 10, 14, 15, 17, 30; 35:2; 36:7, 10, 18; 사 2:2; 37:1, 14; 38:20, 22; 애 2:7; 겔 8:14; 10:19; 11:1; 미 4:1; 학 2:15; 슥 6:12, 13, 14, 15; 7:3; 11:13; 14:20, 21

하나님의 전 – 대상 25:6; 26:20; 대하 3:3; 4:19; 5:1, 14; 7:5; 15:18; 22:12; 23:3, 9; 24:5, 7, 13, 27; 25:24; 28:24; 31:13, 21; 33:7; 34:9; 35:8; 36:18, 19; 스 2:68; 5:15; 7:23; 느 6:10; 10:32, 33, 34, 35, 36, 37, 38, 39; 11:11, 16; 11:22; 12:40; 13:4, 9, 11, 14; 사 2:3; 단 1:2; 5:3; 호 9:8; 미 4:2; 학 1:14; 마 12:4; 막 2:26; 눅 6:4

전 3(前, before)
창 8:21 어려서부터 악함이라 내가 **전**에 행한
창 13:3 벧엘과 아이 사이 곧 **전**에 장막쳤던 곳
신 10:19 나그네를 사랑하라 **전**에 너희도 애굽
단 6:10 **전**에 하던 대로 하루 세 번씩 무릎을
욜 2:31 여호와의 크고 두려운 날이 이르기 **전**에
마 26:34 오늘 밤 닭 울기 **전**에 네가 세 번 나를
막 1:35 새벽 아직도 밝기 **전**에 예수께서 일어나
행 2:20 주의 크고 영화로운 날이 이르기 **전**에
롬 3:25 참으시는 중에 **전**에 지은 죄를 간과하심
갈 3:23 믿음이 오기 **전**에 우리는 율법 아래에
엡 2:13 이제는 **전**에 멀리 있던 너희가 그리스도
딤전 1:13 내가 **전**에는 비방자요 박해자요 폭행자
딛 3:3 우리도 **전**에는 어리석은 자요 순종하지

📖 **전 3 – 기타 본문**

모세오경 창 13:10; 19:4; 24:15, 33, 45; 27:4, 7, 10, 33, 36; 30:30; 31:2, 5; 32:9; 36:31; 37:18; 41:50; 44:4; 45:28; 48:5; 50:16; 출 1:19; 3:19; 5:7, 8, 14; 10:14; 33:12; 레 9:15; 12:4; 14:36; 17:7; 18:27, 28; 19:30; 20:24; 22:4; 민 10:21; 11:33; 13:22; 21:26; 23:24; 24:1; 35:32; 신 2:20; 4:32; 9:18; 28:68; 31:21; 33:1 **역사서** 수 2:8; 3:1; 4:18; 6:15; 8:33; 10:14; 삿 2:6; 8:15; 9:17, 38; 11:7; 14:18; 16:20; 20:31; 21:7; 룻 2:11; 3:18; 삼상 2:5, 15, 30; 3:10; 9:13, 20; 17:27, 30; 18:26; 19:7; 30:13, 21; 삼하 3:14, 35; 4:4, 10; 7:10; 13:15; 15:34; 16:19; 20:3; 21:2, 12; 22:38; 왕상 1:13, 17; 8:29; 10:12; 12:2, 15; 13:6; 16:25; 왕하 2:9; 3:11; 5:1; 6:32; 13:5; 16:11; 17:2; 18:25; 19:26; 20:4; 21:4, 11; 23:25; 대상 1:43; 9:18; 12:19; 17:9, 13; 19:2; 22:5; 27:23; 28:4; 대하 1:4, 8, 12; 2:3, 13, 17; 3:1; 6:20; 7:6, 18; 8:14; 9:9, 11; 10:2, 15; 20:7; 22:1; 23:18; 33:4, 19; 스 2:63; 8:22; 느 7:3, 65; 9:23; 13:19; 에 2:12 **시가서** 욥 4:3; 8:12; 10:21; 15:7, 32, 33; 22:16; 27:5; 시 18:37; 39:13; 42:4; 58:9; 89:49; 90:2; 119:67, 147, 152; 129:6; 139:16; 잠 8:22, 23, 24, 25; 17:14; 18:13; 30:7; 31:15; 전 1:10; 2:12; 6:10; 7:17; 10:11; 12:1, 2, 7; 아 2:7, 17; 3:5; 4:6; 8:4 **선지서** 사 7:16; 8:4; 12:1; 14:2; 16:8, 13; 17:14; 18:5; 28:4; 42:9; 43:10; 48:5; 52:4; 65:24; 66:7; 렘 1:5; 13:16; 31:21; 38:10; 40:5; 47:1; 애 1:1, 8; 4:20; 겔 3:23; 16:57; 24:13; 36:11; 39:10; 43:3; 44:12; 단 6:24; 7:7; 11:13; 호 1:10; 2:12; 7:12; 욜 2:25; 3:21; 암 1:1; 4:7; 미 7:10; 나 1:12; 2:11; 합 1:12; 습 2:2; 슥 8:10; 10:8; 말 3:11; 4:5 **복음서** 마 1:18; 5:12, 18, 26; 6:8; 8:29; 12:45; 16:28; 17:9; 24:34, 38; 26:75; 27:64; 막 9:1; 13:30; 14:30, 72; 16:7, 9; 눅 2:21, 26; 9:27; 11:26, 38; 14:24; 21:12, 32; 22:15, 34, 61; 23:12; 요 1:15, 30, 48; 4:46, 49; 6:65; 7:50, 51; 8:58; 9:8, 13; 11:55; 12:1; 13:1, 19, 38; 14:29; 17:5, 24 **역사서** 행 3:21; 4:13; 5:36; 7:2; 8:9; 10:30; 14:26; 15:7; 23:12, 14, 15, 21; 24:10; 25:16 **서신서, 예언서** 롬 5:13; 6:19; 11:30; 15:4,

23; 고전 2:7; 4:5; 고후 8:10; 9:2, 5; 12:2, 21; 갈 1:9, 23; 2:12; 5:21; 엡 1:4, 12; 2:10; 5:8; 빌 1:20; 골 1:5; 3:7; 살후 2:3; 딤전 1:18; 딤후 1:9; 4:21; 딛 1:2; 몬 1:11; 히 11:5; 벧전 1:14, 20; 2:10, 25; 3:20; 유 1:25; 계 1:8, 18; 16:5; 17:8

전각(殿閣, archives)
스 5:17   바벨론에서 왕의 보물 **전각**에서 조사
스 6:1   바벨론의 보물을 쌓아둔 보물 **전각**에서

전갈 1(scorpion)
신 8:15   위험한 광야 곧 불뱀과 **전갈**이 있고
왕상 12:11   나는 **전갈** 채찍으로 너희를 징계하리라
왕상 12:14   나는 **전갈** 채찍으로 너희를 징치하리라
대하 10:11   너희를 치셨으나 나는 **전갈** 채찍으로
대하 10:14   너희를 치셨으나 나는 **전갈** 채찍으로
겔 2:6   찔레와 함께 있으며 **전갈** 가운데에 거주
눅 10:19   뱀과 **전갈**을 밟으며 원수의 모든 능력을
눅 11:12   알을 달라 하는데 **전갈**을 주겠느냐
계 9:3   땅에 있는 **전갈**의 권세와 같은 권세를
계 9:5   그 괴롭게 함은 **전갈**이 사람을 쏠 때에
계 9:10   또 **전갈**과 같은 꼬리와 쏘는 살이 있어

전갈 2(傳喝, message)
삼하 19:14   그들이 왕께 **전갈**을 보내어 이르되 당신
왕하 14:9   백향목에게 **전갈**을 보내어 이르기를
대하 25:18   백향목에게 **전갈**을 보내어 이르기를

전국(全國, whole land, entire kingdom)
창 41:43   그에게 애굽 **전국**을 총리로 다스리게
창 45:9   나를 애굽 **전국**의 주로 세우셨으니
출 9:22   하늘을 향하여 손을 들어 애굽 **전국**에
레 19:29   음행이 **전국**에 퍼져 죄악이 가득할까
레 25:9   뿔나팔 소리를 내되 **전국**에서 뿔나팔을
신 11:3   그 왕 바로와 그 **전국**에 행하신 이적
신 28:52   **전국**에서 네 모든 성읍을 에워싸고 네가
에 1:20   왕의 조서가 이 광대한 **전국**에 반포되면
단 6:1   고관 백이십 명을 세워 **전국**을 통치하게
단 6:3   왕이 그를 세워 **전국**을 다스리게 하고자
단 11:17   결심하고 **전국**의 힘을 다하여 이르렀다

전권(全權, full authority)
에 9:29   에스더와 유다인 모르드개가 **전권**으로

전날(before)
삼상 4:7   우리에게 화로다 **전날**에는 이런 일이
삼상 9:15   오기 **전날**에 여호와께서 사무엘에게
겔 33:22   도망한 자가 내게 나아오기 **전날** 저녁에
막 15:42   이 날은 준비일 곧 안식일 **전날**이므로
행 12:6   헤롯이 잡아 내려고 하는 그 **전날** 밤에

전남편(first husband)
신 24:4   더럽혔은즉 그를 내보낸 **전남편**이 그를

전념하다(專念, devote oneself)
대상 9:33   주야로 자기 직분에 **전념하므로** 다른
딤전 4:13   권하는 것과 가르치는 것에 **전념하라**

전능자(全能者, almighty)
창 49:24   야곱의 **전능자** 이스라엘의 반석인 목자
창 49:25   너를 도우실 것이요 **전능자**로 말미암아
민 24:4   말씀을 듣는 자, **전능자**의 환상을 보는
민 24:16   **전능자**의 환상을 보는 자, 엎드려서
룻 1:20   나를 마라라 부르라 이는 **전능자**가 나를
룻 1:21   나를 징벌하셨고 **전능자**가 나를 괴롭게
욥 5:17   **전능자**의 징계를 업신여기지 말지니라
욥 6:14   낙심한 자가 비록 **전능자**를 경외하기를
욥 11:7   오묘함을 어찌 능히 측량하며 **전능자**를
욥 13:3   참으로 나는 **전능자**에게 말씀하려 하며
욥 15:25   대적하며 교만하여 **전능자**에게 힘을
욥 21:20   자기의 눈으로 보게 하며 **전능자**의 진노
욥 22:3   네가 의로운들 **전능자**에게 무슨 기쁨이
욥 22:17   **전능자**가 우리를 위하여 무엇을 하실
욥 22:23   **전능자**에게로 돌아가면 네가 지음을
욥 22:25   **전능자**가 네 보화가 되시며 네게 고귀한
욥 22:26   네가 **전능자**를 기뻐하여 하나님께로
욥 23:16   마음을 약하게 하시며 **전능자**가 나를
욥 24:1   **전능자**는 때를 정해 놓지 아니하셨는
욥 27:2   영혼을 괴롭게 하신 **전능자**의 사심을
욥 27:10   **전능자**를 기뻐하겠느냐 항상 하나님께
욥 27:11   너희에게 가르칠 것이요 **전능자**에게
욥 27:13   얻을 분깃, 포악자가 **전능자**에게서 받을
욥 29:5   **전능자**가 아직도 나와 함께 계셨으며
욥 31:2   높은 곳의 **전능자**께서 주시는 기업이
욥 31:35   서명이 여기 있으니 **전능자**가 내게 대답
욥 32:8   영이 있고 **전능자**의 숨결이 사람에게
욥 33:4   하나님의 영이 나를 지으셨고 **전능자**의

【 전능/-하다 】

욥 34:10	**전능자**는 결코 불의를 행하지 아니하시
욥 34:12	악을 행하지 아니하시며 **전능자**는 공의
욥 35:13	듣지 아니하시며 **전능자**가 돌아보지
욥 40:2	트집 잡는 자가 **전능자**와 다투겠느냐
시 91:1	거주하며 **전능자**의 그늘 아래에 사는
시 132:2	여호와께 맹세하며 야곱의 **전능자**에게
시 132:5	야곱의 **전능자**의 성막을 발견하기까지
사 1:24	만군의 여호와 이스라엘의 **전능자**가
사 13:6	여호와의 날이 가까웠으니 **전능자**에게
사 49:26	구원자요 네 구속자요 야곱의 **전능자**인
겔 1:24	물소리와도 같으며 **전능자**의 음성과도
사 60:16	구원자, 네 구속자, 야곱의 **전능자**인
욜 1:15	멸망같이 **전능자**에게로부터 이르리로
습 3:17	계시니 그는 구원을 베푸실 **전능자**이시

전능/-하다 (全能, almighty)

창 17:1	나는 **전능한** 하나님이라 너는 내 앞에서
창 35:11	나는 **전능한** 하나님이라 생육하며 번성
창 48:3	가나안 땅 루스에서 **전능하신** 하나님이
출 6:3	이삭과 야곱에게 **전능의** 하나님으로
수 22:22	**전능하신** 자 하나님 여호와, **전능하신**
욥 8:3	굽게 하시겠으며 **전능하신** 이가 어찌
욥 8:5	네가 만일 하나님을 찾으며 **전능하신**
욥 34:17	**전능하신** 이를 그대가 정죄하겠느냐
사 9:6	기묘자라, 모사라, **전능하신** 하나님
겔 10:5	들리는데 **전능하신** 하나님이 말씀하시
고후 6:18	내게 자녀가 되리라 **전능하신** 주의 말씀
계 1:8	전에도 있었고 장차 올 자요 **전능한**
계 4:8	하나님 곧 **전능하신** 이여 전에도 계셨고
계 11:17	지금도 계신 주 하나님 곧 **전능하신**
계 15:3	하나님 곧 **전능하신** 이시여 하시는 일이
계 16:7	하나님 곧 **전능하신** 이시여 심판하시는
계 16:14	하나님 곧 **전능하신** 이의 큰 날에 있을
계 19:6	하나님 곧 **전능하신** 이가 통치하시도다
계 19:15	친히 하나님 곧 **전능하신** 이의 맹렬한
계 21:22	하나님 곧 **전능하신** 이와 및 어린 양이

전당 (典當, pledge)

출 22:26	만일 이웃의 옷을 **전당** 잡거든 해가
신 24:6	사람이 맷돌이나 그 위짝을 **전당** 잡지
	말지니 이는 그 생명을 **전당** 잡음이니
신 24:17	하지 말며 과부의 옷을 **전당** 잡지
암 2:8	제단 옆에서 **전당** 잡은 옷 위에 누우며

【 전도자 】

전당물 (典當物, pledge)

레 6:2	맡긴 물건이나 **전당물**을 속이거나 도둑
신 24:10	그의 집에 들어가서 **전당물**을 취하지
신 24:11	꾸는 자가 **전당물**을 밖으로 가지고 나와
신 24:12	가난한 자이면 너는 그의 **전당물**을
신 24:13	해 질 때에 그 **전당물**을 반드시 그에게

전대 (纏帶, sack, purse)

수 9:4	꾀를 내어 사신의 모양을 꾸미되 해어진 **전대**와
왕하 5:23	은 두 달란트를 두 **전대**에 넣어 매고 옷 두 벌을
잠 1:14	우리와 함께 제비를 뽑고 우리가 함께 **전대** 하나
학 1:6	삯을 받아도 그것을 구멍 뚫어진 **전대**에
마 10:9	너희 **전대**에 금이나 은이나 동을 가지지
막 6:8	지팡이 외에는 양식이나 배낭이나 **전대**
눅 22:35	내가 너희를 **전대**와 배낭과 신발도 없이
눅 22:36	이제는 **전대** 있는 자는 가질 것이요

전도/-하다 (傳道, preach)

마 11:1	동네에서 가르치시며 **전도하시려고**
마 12:41	그들이 요나의 **전도**를 듣고 회개하였음
막 1:38	거기서도 **전도하리니** 내가 이를 위하여
막 1:39	여러 회당에서 **전도하시고** 또 귀신들을
막 3:14	있게 하시고 또 보내사 **전도도** 하며
눅 4:44	갈릴리 여러 회당에서 **전도하시더라**
눅 11:32	요나의 **전도**를 듣고 회개하였음이거니
행 5:42	그리스도라고 가르치기와 **전도하기를**
행 8:12	그리스도의 이름에 관하여 **전도함을**
행 10:42	백성에게 **전도하되** 하나님이 살아 있는
고전 1:21	하나님께서 **전도의** 미련한 것으로 믿는
고전 2:4	내 말과 내 **전도함이** 설득력 있는 지혜
골 4:3	기도하되 하나님이 **전도할** 문을 우리
딛 1:3	말씀을 **전도로** 나타내셨으니 이 **전도는**

전도자 (傳道者, teacher-NIV, preacher-KJV)

전 1:1	아들 예루살렘 왕 **전도자**의 말씀이라
전 1:12	**전도자**는 예루살렘에서 이스라엘 왕이
전 12:9	**전도자**는 지혜자이어서 여전히 백성에
행 21:8	일곱 집사 중 하나인 **전도자** 빌립의
딤후 4:5	신중하여 고난을 받으며 **전도자**의 일을

【 전란 】

전란(戰亂, battle)
사 3:25　장정은 칼에, 너희의 용사는 **전란**에

전략(戰略, guidance)
잠 24:6　너는 **전략**으로 싸우라 승리는 지략이

전력하다(全力, give oneself wholly to)
딤전 4:15　이 모든 일에 전심 **전력**하여 너의 성숙

전령(傳令, messenger)
삼상 11:3　이스라엘 온 지역에 **전령**들을 보내게
삼상 11:4　이에 **전령**들이 사울이 사는 기브아에
삼상 11:7　소를 잡아 각을 뜨고 **전령**들의 손으로
삼상 11:9　**전령**들에게 이르되 너희는 길르앗 야베
　　　　　스 사람에게 이같이 … 하라 **전령**이
삼상 16:19　사울이 이에 **전령**들을 이새에게 보내어
삼상 19:11　사울이 **전령**들을 다윗의 집에 보내어
삼상 19:14　사울이 **전령**들을 보내어 다윗을 잡으려
삼상 19:15　사울이 또 **전령**들을 보내어 다윗을 보라
삼상 19:20　사울이 다윗을 잡으러 **전령**들을 보냈
　　　　　더니 … 하나님의 영이 사울의 **전령**들
삼상 19:21　다른 **전령**들을 … 세 번째 다시 **전령**들
삼상 25:14　문안하러 광야에서 **전령**들을 보냈거늘
삼상 25:40　다윗의 **전령**들이 갈멜에 가서 아비가일
삼상 25:41　주의 여종은 내 주의 **전령**들의 발 씻길
삼상 25:42　다섯과 함께 다윗의 **전령**들을 따라가서
삼하 2:5　사람들에게 **전령**들을 보내 그들에게
삼하 3:12　아브넬이 자기를 대신하여 **전령**들을
삼하 3:26　다윗에게서 나와 **전령**들을 보내 아브넬
삼하 11:4　**전령**을 보내어 그 여자를 자기에게로
삼하 11:25　다윗이 **전령**에게 이르되 너는 요압에게
삼하 12:27　요압이 **전령**을 다윗에게 보내 이르되
삼하 15:13　**전령**이 다윗에게 와서 말하되 이스라엘
대상 13:2　제사장과 레위 사람에게 **전령**을 보내
렘 51:31　맞으려고 달리며 **전령**은 **전령**을 맞으려

전례 1(前例, transaction, custom)
룻 4:7　이것이 이스라엘 중에 증명하는 **전례**가
에 1:13　규례와 법률을 아는 자에게 묻는 **전례**가
마 27:15　죄수 한 사람을 놓아 주는 **전례**가
막 10:1　모여들거늘 예수께서 다시 **전례**대로
막 15:6　죄수 한 사람을 놓아 주는 **전례**가
막 15:8　무리가 나아가서 **전례**대로 하여 주기를

【 전병 】

눅 1:9　제사장의 **전례**를 따라 제비를 뽑아 주의
요 18:39　사람을 놓아 주는 **전례**가 있으니 그러면

전례 2(典例, statute)
시 122:4　감사하려고 이스라엘의 **전례**대로

전리품(戰利品, plunder)
삼상 30:20　이는 다윗의 **전리품**이라 하였더라
삼상 30:26　시글락에 이르러 **전리품**을 그의 친구
렘 21:9　살 것이나 그의 목숨은 **전리품**같이

전면(前面, front)
출 26:9　폭 절반은 성막 **전면**에 접어 드리우고
출 28:37　청색 끈으로 관 위에 매되 곧 관 **전면**에
출 39:31　패를 청색 끈으로 관 **전면**에 달았으니
레 8:9　머리에 관을 씌우고 그 관 위 **전면**에
겔 41:21　문설주는 네모졌고 내전 **전면**에 있는

전멸하다/전멸되다/전멸시키다(全滅,
　　destroy, crush completely)
신 4:26　너희의 날이 길지 못하고 **전멸될** 것이
수 2:10　**전멸시킨** 일을 우리가 들었음이니라
삼하 22:39　그들을 무찔러 **전멸시켰더니** 그들이
시 73:19　놀랄 정도로 그들은 **전멸하였나이다**
렘 51:3　여기지 말며 그의 군대를 **전멸시켜라**

전무후무하다(前無後無, have never done
　　before)
출 11:6　애굽 온 땅에 **전무후무한** 큰 부르짖음이
겔 5:9　일로 말미암아 내가 **전무후무하게**
겔 16:16　행음하였나니 이런 일은 **전무후무하니**

전문(殿門, enter the temple)
슥 12:9　여호와의 **전문** 어귀 오른쪽 곧 제단

전번(前番, before, first time)
수 43:18　두려워하여 이르되 **전번**에 우리 자루에
수 43:20　이르되 내 주여 우리가 **전번**에 내려와서
수 1:14　불이 하늘에서 내려와 **전번**의 오십부장
수 11:29　남방에 이를 것이나 이번은 그 **전번**만

전병(煎餅, cake, bread)
29:2　바른 무교 **전병**을 모두 고운 밀가루로

2

【 전복하다/전복시키다 】　　　　　　　　　　　　　　　　　　　　　　　【 전심전력하다 】

출 29:23	기름 바른 과자 한 개와 **전병** 한 개를		행 15:33	평안히 가라는 **전송**을 형제들에게 받고
레 8:26	기름 섞은 떡 한 개와 **전병** 한 개를		행 20:38	근심하고 배에까지 그를 **전송**하니라
대상 9:31	맛디댜라 하는 레위 사람은 **전병**을 굽는		행 21:5	처자와 함께 성문 밖까지 **전송**하거늘
호 7:8	혼합되니 그는 곧 뒤집지 않은 **전병**이		요삼 1:6	하나님께 합당하게 그들을 **전송**하면

전복하다/전복시키다(顚覆, overthrow)
대상 19:3 땅을 엿보고 정탐하여 **전복시키고자**
렘 31:28 무너뜨리며 **전복하며** 멸망시키며
렘 31:40 영원히 다시는 뽑거나 **전복하지** 못할

전부(全部, all, entirely, completely)
출 25:36 줄기와 연결하여 **전부를** 순금으로 쳐
출 28:31 너는 에봇 받침 겉옷을 **전부** 청색으로

　전부 – 기타 본문
출 29:12, 18, 24; 37:22; 39:22; 레 1:9, 13; 4:7, 18, 30, 34; 8:21, 27; 민 14:29; 17:9; 신 13:16; 삼하 19:30; 왕상 6:22; 7:1; 느 4:6; 잠 24:31; 사 10:18; 마 13:33; 18:32; 막 12:44; 눅 13:21; 21:4; 행 27:17

전사(戰士, fighting man, warrior)
삿 20:17 자의 수는 사십만 명이니 다 **전사라**
사 3:2 **전사**와 재판관과 선지자와 복술자와
사 42:13 용사같이 나가시며 **전사**같이 분발하여
렘 6:23 그들이 말을 타고 **전사**같이 다 대열을
렘 48:14 말하기를 우리는 용사요 능란한 **전사라**
합 3:14 주께서 그들의 **전사**의 머리를 그들의

전사자(戰死者, casualty)
삼하 18:7 패하매 그 날 그 곳에서 **전사자**가 많아

전사하다(戰死, die in battle)
신 20:5 집으로 돌아갈지니 **전사하면** 타인이
신 20:6 집으로 돌아갈지니 **전사하면** 타인이
신 20:7 집으로 돌아갈지니 **전사하면** 타인이

전세(戰勢, battle)
왕하 3:26 왕이 **전세**가 극렬하여 당하기 어려움을

전송/-하다(轉送, see, send, send off)
창 18:16 아브라함은 그들을 **전송하러** 함께
행 15:3 그들이 교회의 **전송**을 받고 베니게와

전신(全身, whole body)
창 25:25 붉고 **전신**이 털옷 같아서 이름을 에서
레 13:13 과연 그의 **전신**에 퍼졌으면 그 환자를
레 15:16 설정한 자는 **전신**을 물로 씻을 것이며
민 8:7 **전신**을 삭도로 밀게 하고 그 의복을
요 7:23 사람의 **전신**을 건전하게 한 것으로

전신갑주(全身甲冑, full armor)
엡 6:11 대적하기 위하여 하나님의 **전신갑주**를
엡 6:13 하나님의 **전신갑주**를 취하라 이는 악한

전심(全心, all one's heart)
삼상 7:3 너희가 **전심**으로 여호와께 돌아오려거
왕상 14:8 다윗이 내 명령을 지켜 **전심**으로 나를
왕하 10:31 **전심**으로 이스라엘 하나님 여호와
왕하 20:3 내가 진실과 **전심**으로 주 앞에 행하며
대하 17:6 **전심**으로 여호와의 길을 걸어 산당들과
대하 22:9 **전심**으로 여호와를 구하던 여호사밧의
시 9:1 내가 **전심**으로 여호와께 감사하오며
시 86:12 내가 **전심**으로 주를 찬송하고 영원토록
시 111:1 회중 가운데에서 **전심**으로 여호와께
시 119:2 **전심**으로 여호와를 구하는 자는 복이
시 119:10 내가 **전심**으로 주를 찾았사오니 주의
시 119:34 법을 준행하며 **전심**으로 지키리이다
시 119:58 **전심**으로 주께 간구하였사오니 주의
시 119:69 **전심**으로 주의 법도들을 지키리이다
시 119:145 여호와여 내가 **전심**으로 부르짖었사오
시 138:1 **전심**으로 주께 감사하며 신들 앞에서
전 7:25 돌이켜 **전심**으로 지혜와 명철을 살피고
사 38:3 진실과 **전심**으로 행하며 주의 목전에서
렘 24:7 그들이 **전심**으로 내게 돌아오게 하리니
겔 44:5 너는 **전심**으로 주목하여 내가 네게 말
　하는 … 성소의 출구를 **전심**으로 주목
습 3:14 딸아 **전심**으로 기뻐하며 즐거워할지
행 8:13 받은 후에 **전심**으로 빌립을 따라다니며

전심전력하다(全心全力, give oneself wholly)
딤전 4:15 모든 일에 **전심전력하여** 너의 성숙함을

2075

전액(全額, exact weight)
창 43:21 돈이 **전액** 그대로 자루 아귀에 있기로

전언하다(傳言, send message)
렘 29:31 포로에게 **전언**하여 이르기를 여호와께

전열(戰列, battle positions)
삿 20:20 베냐민과 싸우려고 **전열**을 갖추고
삿 20:22 첫날 **전열**을 갖추었던 곳에서 다시 **전열**
삿 20:30 올라가서 전과 같이 기브아에 맞서 **전열**
삿 20:33 바알다말에서 **전열**을 갖추었고
삼상 17:2 사람들을 대하여 **전열**을 벌였으니
삼상 17:8 나와서 **전열**을 벌였느냐 나는 블레셋
삼상 17:21 이스라엘과 블레셋 사람들이 **전열**을
삼상 17:23 골리앗이라 하는 자가 그 **전열**에서 나와
대상 12:33 **전열**을 갖추고 두 마음을 품지 아니하고
대상 12:38 모든 군사가 **전열**을 갖추고 다 성심으로
대하 14:10 마레사의 스바다 골짜기에 **전열**을 갖추

전염되다(傳染, touch)
레 15:24 불결함에 **전염**되면 이레 동안 부정할

전염병(傳染病, plague)
출 5:3 여호와께서 **전염병**이나 칼로 우리를
민 14:12 **전염병**으로 그들을 쳐서 멸하고 네게
삼하 24:13 땅에 사흘 동안 **전염병**이 있을 것이니
삼하 24:15 **전염병**을 이스라엘에게 내리시니
왕상 8:37 이 땅에 기근이나 **전염병**이 있거나 곡식
대상 21:12 여호와의 칼 곧 **전염병**이 사흘 동안
대상 21:14 여호와께서 이스라엘 백성에게 **전염병**
대상 21:22 제단을 쌓으리니 그리하면 **전염병**이
대하 6:28 이 땅에 기근이나 **전염병**이 있거나 곡식
대하 7:13 **전염병**이 내 백성 가운데에 유행하게
대하 20:9 재앙이나 난리나 견책이나 **전염병**이나
시 78:50 못하게 하시고 그들의 생명을 **전염병**에
시 91:3 사냥꾼의 올무에서와 심한 **전염병**에서
시 91:6 퍼지는 **전염병**과 밝을 때 닥쳐오는
렘 14:12 칼과 기근과 **전염병**으로 내가 그들을
렘 21:6 치리니 그들이 큰 **전염병**에 죽으리라
렘 21:7 성읍에서 **전염병**과 칼과 기근에서 남은
렘 24:10 내가 칼과 기근과 **전염병**을 그들 가운데
렘 27:8 멸망하기까지 칼과 기근과 **전염병**으로
렘 27:13 칼과 기근과 **전염병**에 죽으려 하나이까

렘 28:8 나라들에 대하여 전쟁과 재앙과 **전염병**
렘 29:17 내가 칼과 기근과 **전염병**을 그들에게
렘 29:18 기근과 **전염병**으로 그들을 뒤따르게
렘 32:24 기근과 **전염병**으로 말미암아 이 성이
렘 32:36 기근과 **전염병**으로 말미암아 바벨론
렘 34:17 대적하여 칼과 **전염병**과 기근에게 자유
렘 38:2 머무는 자는 칼과 기근과 **전염병**에 죽으
렘 42:17 칼과 기근과 **전염병**에 죽을 것인즉 내가
렘 42:22 칼과 기근과 **전염병**에 죽을 줄 분명히
렘 44:13 사는 자들을 칼과 기근과 **전염병**으로
겔 5:12 **전염병**으로 죽으며 기근으로 멸망할
겔 5:17 가운데에 **전염병**과 살륙이 일어나게
겔 6:11 행하므로 마침내 칼과 기근과 **전염병**에
겔 6:12 먼 데 있는 자는 **전염병**에 죽고 가까운
겔 7:15 안에는 **전염병**과 기근이 있어서 … 성
          읍에 있는 자는 기근과 **전염병**에 망할
겔 12:16 남겨 칼과 기근과 **전염병**에서 벗어나게
겔 14:19 땅에 **전염병**을 내려 죽임으로 내 분노를
겔 14:21 짐승과 **전염병**을 예루살렘에 함께 내려
겔 28:23 그에게 **전염병**을 보내며 그의 거리에
겔 33:27 산성과 굴에 있는 자는 **전염병**에 죽게
겔 38:22 **전염병**과 피로 그를 심판하며 쏟아지는
암 4:10 너희 중에 **전염병** 보내기를 애굽에서
눅 21:11 큰 지진과 기근과 **전염병**이 있겠고
행 24:5 이 사람은 **전염병** 같은 자로 천하에

전원(田園, open land, pastureland)
겔 45:2 반듯하며 그 외에 사방 쉰 척으로 **전원**
겔 48:15 세우며 거주하는 곳과 **전원**을 삼되 성읍

전율하다(戰慄, tremble)
합 3:6 나라가 **전율**하며 영원한 산이 무너지며

전일(前日, other day)
삿 13:6 남편에게 알리어 이르되 보소서 **전일**에

전장(戰場, battle)
삿 8:13 아들 기드온이 헤레스 비탈 **전장**에서
삼상 14:20 백성이 모여 **전장**에 가서 본즉 블레셋
삼상 17:20 진영에 이른즉 마침 군대가 **전장**에 나와
삼상 26:10 날이 이르거나 또는 **전장**에 나가서 망할
삼상 29:4 **전장**에서 우리의 대적이 될까 하나이다
삼상 29:9 우리와 함께 **전장**에 올라가지 못하리라

[전쟁/-하다]　　　　　　　　　　　　　　　　　　　　　　　　　　　　　[전쟁/-하다]

삼상 30:24 너희에게 듣겠느냐 **전장**에 내려갔던
삼하 17:11 당신께로 모으고 친히 **전장**에 나가시고
삼하 21:17 우리와 함께 **전장**에 나가지 마옵소서
왕상 20:39 **전장** 가운데에 나갔더니 한 사람이 돌이
대하 25:5 능히 **전장**에 나갈 만한 자 삼십만 명을
대하 25:13 아마샤가 자기와 함께 **전장**에 나가지
대하 28:12 아마사가 일어나서 **전장**에서 돌아오는
시 89:43 둔하게 하사 그가 **전장**에서 더 이상
렘 18:21 죽음을 당하며 그 청년은 **전장**에서 칼을

전쟁/-하다 (戰爭, battle, war)

모세오경, 역사서

창 14:8 싯딤 골짜기에서 그들과 **전쟁**을 하기
출 1:10 더 많게 되면 **전쟁**이 일어날 때에 우리
출 13:17 백성이 **전쟁**을 하게 되면 마음을 돌이켜
민 26:2 **전쟁**에 나갈 만한 모든 자를 계수하라
민 31:3 너와 함께 있는 사람들 가운데서 **전쟁**
민 31:4 지파에서 천 명씩을 **전쟁**에 보낼지니라
민 31:6 신호나팔을 들려서 그들과 함께 **전쟁**
민 31:27 반분하여 그 절반은 **전쟁**에 나갔던 군인
민 31:36 절반 곧 **전쟁**에 나갔던 자들의 소유가
민 31:42 모세가 **전쟁**에 나갔던 자에게서 나누어
신 4:34 기사와 **전쟁**과 강한 손과 편 팔과 크게
수 11:23 기업으로 주매 그 땅에 **전쟁**이 그쳤더라
수 14:15 사람이었더라 그리고 그 땅에 **전쟁**이
삿 3:1 여호와께서 가나안의 모든 **전쟁들**을
삿 3:2 **전쟁**을 알지 못하는 자들에게 그것을
삿 5:8 **전쟁**이 성문에 이르렀으나 이스라엘의
삿 21:22 우리가 **전쟁**할 때에 각 사람을 위하여
삼상 4:2 그들에게 **전쟁**에서 죽임을 당한 군사
삼상 14:23 이스라엘을 구원하시므로 **전쟁**이
삼상 17:28 완악함을 아노니 네가 **전쟁**을 구경하러
삼상 17:47 **전쟁**은 여호와께 속한 것인즉 그가
삼하 1:4 대답하되 군사가 **전쟁** 중에 도망하기도
삼하 1:25 두 용사가 **전쟁** 중에 엎드러졌도다
삼하 3:1 사울의 집과 다윗의 집 사이에 **전쟁**이
삼하 3:6 사울의 집과 다윗의 집 사이에 **전쟁**이
삼하 3:30 그가 기브온 **전쟁**에서 자기 동생 아사헬
삼하 8:10 하닷에셀이 도이와 더불어 **전쟁**이 있던
삼하 11:18 요압이 사람을 보내 그 **전쟁**의 모든
삼하 11:19 **전쟁**의 모든 일을 네가 왕께 보고하기를
삼하 17:8 왕의 부친은 **전쟁**에 익숙한 사람인즉
삼하 21:18 **전쟁**할 때에 후사 사람 십브개는 거인

삼하 21:19 사람과 곰에서 **전쟁할** 때에 베들레헴
삼하 21:20 가드에서 **전쟁할** 때에 그 곳에 키가
삼하 22:40 주께서 내게 **전쟁하게** 하려고 능력으로
왕상 2:5 태평 시대에 **전쟁**의 피를 흘리고 **전쟁**의
왕상 5:3 사방의 **전쟁**으로 말미암아 그의 하나님
왕상 14:30 르호보암과 여로보암 사이에 항상 **전쟁**
왕상 15:6 여로보암 사이에 사는 날 동안 **전쟁**이
왕상 15:7 아비얌과 여로보암 사이에도 **전쟁**이
왕상 15:16 바아사 사이에 일생 동안 **전쟁**이 있으니
왕상 15:32 바아사 왕 사이에 일생 동안 **전쟁**이
왕상 22:1 아람과 이스라엘 사이에 **전쟁**이 없이
왕상 22:35 이 날에 **전쟁**이 맹렬하였으므로 왕이
왕상 22:45 **전쟁하였는지**는 다 유다 왕 역대지략
왕하 13:25 부친 여호아하스가 **전쟁** 중에 빼앗겼던
왕하 14:7 **전쟁**을 하여 셀라를 취하고 이름을
대상 18:10 **전쟁**이 있던 터에 다윗이 하닷에셀을
대상 20:4 블레셋 사람들과 게셀에서 **전쟁할** 때에
대상 20:5 블레셋 사람들과 **전쟁할** 때에 야일의
대상 20:6 가드에서 **전쟁할** 때에 그 곳에 키 큰
대상 22:8 심히 많이 흘렸고 크게 **전쟁하였느니라**
대상 28:3 하나님이 내게 이르시되 너는 **전쟁**을
대하 12:15 르호보암과 여로보암 사이에 항상 **전쟁**
대하 13:12 우리와 함께하여 **전쟁**의 나팔을 불어
대하 15:19 아사 왕 제삼십오년까지 다시는 **전쟁**이
대하 16:9 후부터는 왕에게 **전쟁**이 있으리이다
대하 18:34 **전쟁**이 맹렬하였으므로 이스라엘
대하 20:15 놀라지 말라 이 **전쟁**은 너희에게 속한
대하 20:17 **전쟁**에는 너희가 싸울 것이 없나니 대열
대하 27:7 요담의 남은 사적과 그의 모든 **전쟁**과

시가서 - 신약

욥 5:20 기근 때에 죽음에서, **전쟁** 때에 칼의
욥 38:23 환난 때와 교전과 **전쟁**의 날을 위하여
시 18:39 주께서 나를 **전쟁하게** 하려고 능력으로
시 24:8 강하고 능한 여호와시요 **전쟁**에 능한
시 27:3 마음이 두렵지 아니하며 **전쟁**이 일어나
시 46:9 땅 끝까지 **전쟁**을 쉬게 하심이여 활을
시 55:18 대적하는 자 많더니 나를 치는 **전쟁**에서
시 55:21 미끄러우나 그의 마음은 **전쟁**이요 그의
시 68:30 발아래에 밟으소서 그가 **전쟁**을 즐기는
시 76:3 방패와 칼과 **전쟁**을 없이하셨도다(셀라)
시 78:9 활을 가졌으나 **전쟁**의 날에 물러갔도다
시 140:7 여호와 **전쟁**의 날에 주께서 내 머리를
시 144:1 손가락을 가르쳐 **전쟁하게** 하시는도다

【 전쟁기 】   【 전제 】

잠 20:18	지략을 베풀고 **전쟁**할지니라		왕이 변장하고 **전쟁**터로 들어가느니라
전 3:8	미워할 때가 있으며 **전쟁**할 때가 있고	왕상 22:34	네 손을 돌려 내가 **전쟁**터에서 나가게
전 8:8	주장할 사람도 없으며 **전쟁**할 때를 모면	대하 18:29	나는 변장하고 **전쟁**터로 들어가려 하
전 9:11	용사들이라고 **전쟁**에 승리하는 것이		노니 … 왕이 변장하고 둘이 **전쟁**터로
사 2:4	치지 아니하며 다시는 **전쟁**을 연습하지	렘 8:6	**전쟁**터로 향하여 달리는 말같이 각각
사 21:15	활과 **전쟁**의 어려움에서 도망하였음이	계 9:9	많은 말들이 **전쟁**터로 달려 들어가는
사 22:2	칼에 죽은 것도 아니요 **전쟁**에 사망한		
사 30:32	탈 것이며 그는 **전쟁** 때에 팔을 들어	**전제**(奠祭, drink offering)	
사 42:25	맹렬한 진노와 **전쟁**의 위력을 이스라엘	출 29:40	**전제**로 포도주 사분의 일 힌을 더할지며
렘 4:19	심령이 나팔 소리와 **전쟁**의 경보를 들음	출 29:41	아침에 한 것처럼 소제와 **전제**를 그것과
렘 28:8	많은 땅들과 큰 나라들에 대하여 **전쟁**과	출 30:9	번제나 소제를 드리지 말며 **전제**의 술을
렘 42:14	**전쟁**도 보이지 아니하며 나팔 소리도	레 23:13	향기로운 냄새가 되게 하고 **전제**로는
렘 49:2	내가 **전쟁** 소리로 암몬 자손의 랍바에	레 23:18	**전제** 제물과 함께 여호와께 드려서 번제
겔 7:14	준비하였을지라도 **전쟁**에 나갈 사람이	레 23:37	번제와 소제와 희생제물과 **전제**를 각각
겔 13:5	여호와의 날에 **전쟁**에서 견디게 하려고	민 6:17	여호와께 드리고 그 소제와 **전제**를 드릴
겔 17:17	많은 무리로도 그 **전쟁**에 그를 도와주지	민 15:5	제물이 어린 양이면 **전제**로 포도주
단 9:26	끝까지 **전쟁**이 있으리니 황폐할 것이	민 15:24	화제로 드리고 규례대로 소제와 **전제**
단 10:1	**전쟁**에 관한 것이라 다니엘이 그 일을	민 28:7	**전제**는 어린 양 한 마리에 사분의 일
단 11:10	아들들이 **전쟁**을 준비하고 심히 많은		힌을 드리되 … 독주의 **전제**를 부어
호 1:7	활과 칼이나 **전쟁**이나 말과 마병으로	민 28:8	소제와 **전제**와 같이 여호와께 향기로운
호 2:18	칼을 꺾어 **전쟁**을 없이하고 그들로	민 28:9	십분의 이에 기름 섞은 소제와 그 **전제**
호 10:9	자손들에 대한 **전쟁**이 어찌 기브아에서	민 28:10	상번제와 그 **전제** 외에 매 안식일의
호 10:14	살만이 **전쟁**의 날에 벧아벨을 무너뜨린	민 28:14	**전제**는 수송아지 한 마리에 포도주
욜 3:9	너희는 **전쟁**을 준비하고 용사를 격려하	민 28:15	**전제** 외에 숫염소 한 마리를 속죄제로
암 1:14	사르되 **전쟁**의 날에 외침과 회오리바람	민 28:24	음식을 드리되 상번제와 그 **전제** 외에
미 2:8	일어나서 **전쟁**을 피하여 평안히 지나	민 28:31	상번제와 그 소제와 **전제** 외에 그것들을
미 3:5	채워 주지 아니하는 자에게는 **전쟁**을	민 29:6	소제와 그 **전제** 외에 그 규례를 따라
미 4:3	치지 아니하며 다시는 **전쟁**을 연습하지	민 29:11	**전제** 외에 숫염소 한 마리를 속죄제로
슥 9:10	예루살렘의 말을 끊겠고 **전쟁하는** 활도	민 29:16	**전제** 외에 숫염소 한 마리를 속죄제로
슥 10:3	유다 족속을 돌보아 그들을 **전쟁**의 준마	민 29:18	그 소제와 **전제**는 수송아지와 숫양과
슥 14:3	이방 나라들을 치시되 이왕의 **전쟁** 날에	민 29:19	**전제** 외에 숫염소 한 마리를 속죄제로
히 11:34	**전쟁**에 용감하게 되어 이방 사람들의	민 29:21	그 소제와 **전제**는 수송아지와 숫양과
계 9:7	황충들의 모양은 **전쟁**을 위하여 준비한	민 29:22	상번제와 그 소제와 그 **전제** 외에
계 11:7	짐승이 그들과 더불어 **전쟁**을 일으켜	민 29:24	그 소제와 **전제**는 수송아지와 숫양과
계 12:7	하늘에 **전쟁**이 있으니 미가엘과 그의	민 29:25	**전제** 외에 숫염소 한 마리를 속죄제로
계 16:14	전능하신 이의 큰 날에 있을 **전쟁**을	민 29:27	그 소제와 **전제**는 수송아지와 숫양과
계 19:19	말 탄 자와 그의 군대와 더불어 **전쟁**을	민 29:28	**전제** 외에 숫염소 한 마리를 속죄제로
		민 29:30	**전제**는 수송아지와 숫양과 어린 양의
전쟁기(戰爭記, Book of the Wars)		민 29:31	**전제** 외에 숫염소 한 마리를 속죄제로
민 21:14	*여호와의 **전쟁기**에 일렀으되 수바의*	민 29:33	그 소제와 **전제**는 수송아지와 숫양과
		민 29:34	상번제와 그 소제와 그 **전제** 외에
전쟁터(battle)		민 29:37	그 소제와 **전제**는 수송아지와 숫양과
왕상 22:30	변장하고 **전쟁**터로 들어가려 하노니 …	민 29:38	상번제와 그 소제와 그 **전제** 외에

2078

【 전제물 】   【 전파/-하다/-되다 】

민 29:39 낙헌제로 드리는 번제, 소제, **전제**,
신 32:38 먹고 그들의 **전제**의 제물인 포도주를
대상 29:21 **전제**라 온 이스라엘을 위하여 풍성한
대하 29:35 **전제**들이 많더라 이와 같이 여호와의
스 7:17   **전제**의 물품을 신속히 사서 예루살렘
시 16:4   드리는 피의 **전제**를 드리지 아니하며
사 57:6   네가 **전제**와 예물을 그것들에게 드리니
렘 7:18   다른 신들에게 **전제**를 부음으로 나의
렘 19:13 신들에게 **전제**를 부음으로 더러워졌은
렘 32:29 신들에게 **전제**를 드려 나를 격노하게
렘 44:17 분향하고 그 앞에 **전제**를 드리리라
렘 44:18 분향하고 그 앞에 **전제** 드리던 것을
렘 44:19 그 앞에 **전제**를 드릴 때에 어찌 우리
          남편의 … 과자를 만들어 놓고 **전제**를
렘 44:25 여왕에게 분향하고 **전제**를 드리리라
겔 45:17 **전제**를 명절과 초하루와 안식일과
욜 1:9   소제와 **전제**가 여호와의 성전에서
욜 1:13   소제와 **전제**를 너희 하나님의 성전에
욜 2:14   여호와께 소제와 **전제**를 드리게 하지
빌 2:17   섬김 위에 내가 나를 **전제**로 드릴지라도

전제물(奠祭物, drink offering)
창 35:14 곧 돌기둥을 세우고 그 위에 **전제물**을
민 6:15   무교전병들과 그 소제물과 **전제물**
왕하 16:13 또 **전제물**을 붓고 수은제 짐승의 피를
왕하 16:15 **전제물**을 다 이 큰 제단 위에 불사르고
겔 20:28 또 분향하고 **전제물**을 부어 드린지라

전직(前職, position)
창 40:13 당신의 **전직**을 회복시키니 당신이
창 40:21 바로의 술 맡은 관원장을 **전직**을 회복

전진하다(前進, move)
민 4:5   진영이 **전진**할 때에 아론과 그의 아들들
느 12:37 샘문으로 **전진**하여 성벽으로 올라가는

전체(全體, all, whole)
출 34:10 너희 **전체** 백성앞에 행할 것이라 네가
레 4:12   송아지 **전체**를 진영 바깥 재 버리는
레 7:14   **전체** 예물 중에서 하나씩 여호와께
민 4:16   장막 **전체**와 그 중에 있는 모든 것과
신 19:3   기업으로 주신 땅 **전체**를 세 구역으로
대상 7:5 용감한 장사 **전체**를 계수하면 팔만

스 6:17   숫염소 열두 마리로 이스라엘 **전체**를
스 8:35   **전체**를 위한 수송아지가 열두 마리요
아 5:16   심히 달콤하니 그 **전체**가 사랑스럽구나
막 12:33 **전체**로 드리는 모든 번제물과 기타
갈 5:3   증언하노니 그는 율법 **전체**를 행할 의무

전토(田土, land, field)
레 25:31 촌락의 가옥은 나라의 **전토**와 같이 물려
왕하 8:3 **전토**를 위하여 호소하려 하여 왕에게
왕하 8:5 **전토**를 위하여 왕에게 호소하는지라
사 5:8   이으며 **전토**에 **전토**를 더하여 빈틈이
마 19:29 부모나 자식이나 **전토**를 버린 자마다
막 10:29 어머니나 아버지나 자식이나 **전토**를
막 10:30 어머니와 자식과 **전토**를 백 배나 받되

전통(傳統, tradition)
미 6:16   **전통**을 따르니 내가 너희를 황폐하게
마 15:2   장로들의 **전통**을 범하나이까 떡 먹을
마 15:3   **전통**으로 하나님의 계명을 범하느냐
마 15:6   **전통**으로 하나님의 말씀을 폐하는도다
막 7:3   장로들의 **전통**을 지키어 손을 잘 씻지
막 7:5   제자들은 장로들의 **전통**을 준행하지
막 7:8   하나님의 계명은 버리고 사람의 **전통**을
막 7:9   **전통**을 지키려고 하나님의 계명을
막 7:13   너희가 전한 **전통**으로 하나님의 말씀을
고전 11:2 너희에게 전하여 준 대로 그 **전통**을
갈 1:14   조상의 **전통**에 대하여 더욱 열심이 있었
골 2:8   이것은 사람의 **전통**과 세상의 초등학문
살후 2:15 우리의 편지로 가르침을 받은 **전통**을
살후 3:6 우리에게서 받은 **전통**대로 행하지

전투(戰鬪, battle)
고전 14:8 분명하지 못한 소리를 내면 누가 **전투**

전파/-하다/-되다(轉派, proclaim, preach)
구약
출 9:16   천하에 **전파**되게 하려 하였음이니라
신 32:3   여호와의 이름을 **전파**하리니 너희는
삿 5:10   길에 행하는 자들아 **전파**할지어다
삼상 4:1 말이 온 이스라엘에 **전파**되니라
삼하 1:20 **전파**하지 말지어다 블레셋 사람들의
에 1:17   여인들에게 **전파**되면 그들도 그들의
시 51:15 내 입이 주를 찬송하여 **전파**하리이다

【 전파/-하다/-되다 】　　　　　　　　　　　【 전파/-하다/-되다 】

시 73:28	삼아 주의 모든 행적을 **전파하리이다**	눅 16:16	복음이 **전파되어** 사람마다 그리로 침입
시 75:1	주의 기이한 일들을 **전파하나이다**	눅 24:47	족속에게 **전파될** 것이 기록되었으니
시 96:2	그의 구원을 날마다 **전파할지어다**	행 8:5	내려가 그리스도를 백성에게 **전파하니**
잠 12:23	자의 마음은 미련한 것을 **전파하느니라**	행 9:20	예수가 하나님의 아들이심을 **전파하니**
잠 15:7	입술은 지식을 **전파하여도** 미련한	행 10:37	온 유대에 두루 **전파된** 그것을 너희도
전 10:20	소리를 전하고 날짐승이 그 일을 **전파할**	행 11:20	말하여 주 예수를 **전파하니**
사 23:1	땅에서부터 그들에게 **전파되었음이라**	행 13:24	이스라엘 모든 백성에게 **전파하니라**
사 52:15	그들이 아직 그들에게 **전파되지** 아니한	행 13:32	주신 약속을 너희에게 **전파하노니**
사 60:6	가지고 와서 여호와의 찬송을 **전파할**	행 15:35	함께 주의 말씀을 가르치며 **전파하니라**
사 66:19	나의 영광을 뭇 나라에 **전파하리라**	행 19:13	바울이 **전파하는** 예수를 의지하여 너희
렘 31:7	기뻐 외치라 너희는 **전파하며** 찬양하며	행 20:25	하나님의 나라를 **전파하였으나** 이제는
렘 31:10	여호와의 말씀을 듣고 먼 섬에 **전파하여**	행 28:31	나라를 **전파하며** 주 예수 그리스도
렘 50:2	**전파하라** 공포하라 깃발을 세우라 숨김		
나 1:14	이름이 다시는 **전파되지** 않을 것이라		

신약

마 3:1	요한이 이르러 유대 광야에서 **전파하여**
마 4:17	예수께서 비로소 **전파하여** 이르시되
마 4:23	천국 복음을 **전파하시며** 백성 중의 모든
마 9:35	가르치시며 천국 복음을 **전파하시며**
마 10:7	가면서 **전파하여** 말하되 천국이 가까이
마 10:27	귓속말로 듣는 것을 집 위에서 **전파하라**
마 11:5	가난한 자에게 복음이 **전파된다** 하라
마 24:14	증언되기 위하여 온 세상에 **전파되리니**
마 26:13	복음이 **전파되는** 곳에서는 이 여자가
막 1:4	받게 하는 회개의 세례를 **전파하니**
막 1:7	**전파하여** 이르되 나보다 능력 많으신
막 1:14	오셔서 하나님의 복음을 **전파하여**
막 1:45	나가서 이 일을 많이 **전파하여** 널리
막 5:20	데가볼리에 **전파하니** 모든 사람이
막 6:12	제자들이 나가서 회개하라 **전파하고**
막 7:36	하실수록 그들이 더 널리 **전파하니**
막 13:10	먼저 만국에 **전파되어야** 할 것이니라
막 14:9	어디서든지 복음이 **전파되는** 곳에는
막 16:15	다니며 만민에게 복음을 **전파하라**
막 16:20	나가 두루 **전파할새** 주께서 함께 역사
눅 3:3	받게 하는 회개의 세례를 **전파하니**
눅 4:18	눈 먼 자에게 다시 보게 함을 **전파하며**
눅 4:19	은혜의 해를 **전파하게** 하려 하심이라
눅 7:22	가난한 자에게 복음이 **전파된다** 하라
눅 8:39	행하셨는지를 온 성내에 **전파하니라**
눅 9:2	나라를 **전파하며** 앓는 자를 고치게
눅 9:60	너는 가서 하나님의 나라를 **전파하라**
눅 12:3	대고 말한 것이 지붕 위에서 **전파되리라**

"너는 말씀을 전파하라 때를 얻든지 못 얻든
지 항상 힘쓰라 범사에 오래 참음과 가르침
으로 경책하며 경계하며 권하라"(딤후 4:2)

롬 1:8	너희 믿음이 온 세상에 **전파됨이로다**
롬 9:17	이름이 온 땅에 **전파되게** 하려 함이라
롬 10:8	있다 하였으니 곧 우리가 **전파하는**
롬 10:14	어찌 믿으리요 **전파하는** 자가 없이 어찌
롬 10:15	받지 아니하였으면 어찌 **전파하리요**
롬 16:25	나의 복음과 예수 그리스도를 **전파함은**
고전 9:27	남에게 **전파한** 후에 자신이 도리어 버림
고전 14:25	참으로 너희 가운데 계신다 **전파하리라**
고전 15:11	그들이나 이같이 **전파하매** 너희도
고전 15:12	살아나셨다 **전파되었거늘** 너희 중에
고전 15:14	**전파하는** 것도 헛것이요 또 너희 믿음
고후 1:19	**전파된** 하나님의 아들 예수 그리스도는
고후 4:5	**전파하는** 것이 아니라 오직 그리스도 예수의 …종된 것을 **전파함이라**
고후 11:4	**전파하지** 아니한 다른 예수를 **전파하** 거나 혹은 너희가 받지 아니한 다른
갈 2:5	가운데서 **전파하는** 복음을 그들에게
빌 1:12	당한 일이 되어 복음 **전파에** 진전을
빌 1:15	착한 뜻으로 그리스도를 **전파하나니**
빌 1:17	다툼으로 그리스도를 **전파하느니라**
빌 1:18	하든지 **전파되는** 것은 그리스도니

【 전하다/전해지다 】 　　　　　　　　　　【 전하다/전해지다 】

골 1:23	복음은 천하 만민에게 **전파된** 바요	삼상 17:31	듣고 그것을 사울에게 **전하였으므로**
골 1:28	우리가 그를 **전파하여** 각 사람을 권하고	삼상 18:23	다윗의 귀에 **전하매** 다윗이 이르되 왕의
딤전 2:7	위하여 내가 **전파하는** 자와 사도로 세움	삼상 19:18	행한 일을 다 **전하였고** 다윗과 사무엘이
딤전 3:16	보이시고 만국에서 **전파되시고**	삼상 19:19	**전하여** 이르되 다윗이 라마 나욧에
딤후 4:2	말씀을 **전파하라** 때를 얻든지 못 얻든지	삼상 23:1	다윗에게 **전하여** 이르되 보소서 블레셋
딤후 4:17	선포된 말씀이 온전히 **전파되어** 모든	삼상 25:12	돌아와 이 모든 말을 그에게 **전하매**
벧전 4:6	죽은 자들에게도 복음이 **전파되었으니**	삼상 27:4	사울에게 **전하매** 사울이 다시는 그를
벧후 2:5	의를 **전파하는** 노아와 그 일곱 식구를	삼하 1:13	다윗이 그 소식을 **전한** 청년에게 묻되

전하다/전해지다(send, tell)

　　　　**모세오경, 역사서**

	창 45:11	없도록 하겠나	
		이다 하더라고 **전하소서**	
창 50:16	요셉에게 말을 **전하여** 이르되 당신의	삼하 4:10	소식을 **전하는** 줄로 생각하였어도 …
출 4:30	모세에게 이르신 모든 말씀을 **전하고**		죽여서 그것을 그 소식을 **전한** 갚음으로
출 6:9	이와 같이 이스라엘 자손에게 **전하나**	삼하 17:16	빨리 사람을 보내 다윗에게 **전하기를**
출 6:13	바로에게 명령을 **전하고** 이스라엘 자손	삼하 18:18	자기 이름을 **전할** 아들이 내게 없다고
출 10:2	아들과 네 자손의 귀에 **전하기** 위함이라	삼하 18:19	왕의 원수 갚아 주신 소식을 **전하게**
출 18:6	그가 모세에게 말을 **전하되** 네 장인	삼하 18:20	소식을 **전하는** 자가 되지 말고 다른 날
출 19:6	말을 이스라엘 자손에게 **전할지니라**		에 **전할** 것이니라 왕의 아들이 죽었으
출 19:8	모세가 백성의 말을 여호와께 **전하매**		니 네가 오늘 소식을 **전하지** 못하리라
출 24:3	율례를 백성에게 **전하매** 그들이 한 소리	삼하 19:11	두 제사장에게 소식을 **전하여** 이르되
출 34:34	일을 이스라엘 자손에게 **전하며**	왕상 14:6	명령을 받아 흉한 일을 네게 **전하리니**
민 6:2	자손에게 **전하여** 그들에게 이르라 남자	왕상 1:17	왕이 엘리야가 **전한** 여호와의 말씀대로
민 11:27	한 소년이 달려와서 모세에게 **전하여**	왕하 5:6	이스라엘 왕에게 그 글을 **전하니** 일렀으
민 14:14	거주민에게 **전하리이다** 주 여호와께서	왕하 9:18	파수꾼이 **전하여** 이르되 사자가 그들에
민 22:7	이르러 발락의 말을 그에게 **전하매**	왕하 9:20	파수꾼이 또 **전하여** 이르되 그도 그들
민 22:14	발락에게로 가서 **전하되** 발람이 우리와	왕하 9:36	돌아와서 **전하니** 예후가 이르되 이는
민 23:7	예언 **전하여** 말하되 발락이 나를 아람	왕하 10:1	아들을 교육하는 자들에게 **전하니** 일렀
민 24:3	예언 **전하여** 말하되 브올의 아들 발람	왕하 10:5	예후에게 말을 **전하여** 이르되 우리는
민 26:3	모압 평지에서 그들에게 **전하여** 이르되	왕하 10:8	예후에게 **전하여** 이르되 그 무리가 왕자
신 5:5	말씀을 너희에게 **전하였노라** 여호와께	왕하 18:37	나아가서 랍사게의 말을 **전하니라**
신 5:27	이르시는 것을 다 우리에게 **전하소서**	왕하 20:19	이르되 당신이 **전한** 바 여호와의 말씀
신 18:19	누구든지 내 이름으로 **전하는** 내 말을	왕하 23:16	사람이 **전하였더니** 그 **전한** 여호와의
신 18:20	내가 **전하라고** 명령하지 아니한 말을	왕하 23:17	일을 **전하러** 유다에서 왔던 하나님의
	제 마음대로 내 이름으로 **전하든지**	대상 10:9	이방 신전과 그 백성에게 소식을 **전하고**
신 31:1	가서 온 이스라엘에게 이 말씀을 **전하여**	대상 11:3	여호와께서 사무엘을 통하여 **전하신**
수 10:6	여호수아에게 **전하되** 당신의 종들 돕기	대상 16:9	찬양하고 그의 모든 기사를 **전할지어다**
삿 5:11	공의로우신 일을 **전하라** 이스라엘에서	대상 17:15	이 모든 계시대로 다윗에게 **전하니라**
삼상 4:17	소식을 **전하는** 자가 대답하여 이르되	대상 19:17	다윗에게 **전하매** 다윗이 온 이스라엘을
삼상 11:5	그들이 야베스 사람의 말을 **전하니라**	대하 20:2	여호사밧에게 **전하여** 이르되 큰 무리가
삼상 11:9	돌아가서 야베스 사람들에게 **전하매**	대하 30:6	두루 다니며 **전하니** 일렀으되 이스라엘
삼상 14:33	사울에게 **전하여** 이르되 보소서 백성이	대하 30:12	방백들이 여호와의 말씀대로 **전한** 명령
		대하 33:8	모세를 통하여 **전한** 모든 율법과 율례와
		대하 34:22	살았더라 그들이 그에게 이 뜻을 **전하매**
		대하 34:26	유다 왕에게는 너희가 이렇게 **전하라**
		대하 35:6	여호와께서 모세를 통하여 **전하신** 말씀
		스 4:21	너희는 명령을 **전하여** 그 사람들에게

2081

【 전하다/전해지다 】

느 2:9	이르러 왕의 조서를 **전하**였더니
느 2:18	내게 이른 말씀을 **전하**였더니 그들의
느 6:19	그에게 **전하**매 도비야가 내게 편지하여
에 1:12	왕후 와스디는 내시가 **전하**는 왕명을
에 1:15	와스디가 내시가 **전하**는 아하수에로
에 3:4	보고자 하여 하만에게 **전하**였더라
에 3:14	명령을 각 지방에 **전하**기 위하여 조서의
에 4:4	시녀와 내시가 나아와 **전하**니 왕후가
에 4:10	이르되 너는 모르드개에게 전하기를
에 4:12	에스더의 말을 모르드개에게 **전하**매
에 8:9	**전할새** 각 지방의 문자와 각 민족의
에 8:10	조서를 역졸들에게 부쳐 **전하**게 하니
에 8:13	초본을 각 지방에 **전하**고 각 민족에게

시가서, 선지서

욥 15:18	곧 지혜로운 자들이 **전하**여 준 것이니
욥 18:17	거리에서는 그의 이름이 **전해지**지 않을
시 2:7	여호와의 명령을 **전하**노라 여호와께서
시 9:14	그리하시면 내가 주의 찬송을 다 **전할**
시 19:2	말하고 밤은 밤에게 지식을 **전하**니
시 22:30	그를 섬길 것이요 대대에 주를 **전할**
시 22:31	태어날 백성에게 **전함이여** 주께서 이루
시 40:9	기쁜 소식을 **전하**였나이다 여호와여
시 48:13	보고 그의 궁전을 살펴서 후대에 **전하**라
시 50:16	어찌하여 내 율례를 **전하**며 내 언약을
시 71:15	구원을 내 입으로 종일 **전하**리이다
시 71:16	오겠사오며 주의 공의만 **전하**겠나이다
시 71:17	주의 기이한 일들을 **전하**였나이다
시 71:18	후대에 **전하**고 주의 능력을 장래의 모든 사람에게 **전하**기까지 나를 버리지
시 78:3	우리의 조상들이 우리에게 **전한** 바라
시 78:4	기이한 사적을 후대에 **전하**리로다
시 79:13	주의 영예를 대대에 **전하**리이다
잠 4:2	선한 도리를 너희에게 **전하**노니 내 법을
전 10:20	공중의 새가 그 소리를 **전하**고 날짐승이
사 13:3	용사들을 불러 나의 노여움을 **전하**게
사 21:10	들은 대로 너희에게 **전하**였노라
사 28:9	가르치며 누구에게 도를 **전하**여 깨닫게
사 36:22	랍사게의 말을 그에게 **전하**니라
사 40:9	시온에 **전하**는 자여 너는 높은 산에 오르라…소식을 예루살렘에 **전하**는 자여
사 40:21	태초부터 너희에게 **전하**지 아니하였느
사 41:27	내가 기쁜 소식을 **전할** 자를 예루살렘
사 42:12	섬들 중에서 그의 찬송을 **전할지어다**

사 52:7	좋은 소식을 **전하**며 평화를 공포하며
사 53:1	우리가 **전한** 것을 누가 믿었느냐 여호와
사 61:1	가난한 자에게 아름다운 소식을 **전하**게
렘 4:11	백성과 예루살렘에 **전할** 자가 있어서
렘 4:16	나라에 **전하**며 또 예루살렘에 알리기를
렘 13:18	너는 왕과 왕후에게 **전하**기를 스스로
렘 20:15	아버지에게 소식을 **전하**여 이르기를
렘 21:8	길을 두었노라 너는 이 백성에게 **전하**라
렘 26:2	이르게 한 모든 말을 **전하**되 한 마디도
렘 26:8	말씀을 모든 백성에게 **전하**기를 마치매
렘 27:4	너희는 너희의 주에게 이같이 **전하**라
렘 27:12	유다의 왕 시드기야에게 **전하**여 이르되
렘 27:16	백성에게 **전하**여 이르되 여호와께서
렘 36:13	때에 들은 모든 말을 그들에게 **전하**매
렘 36:32	말을 예레미야가 **전하**는 대로 기록하고
렘 38:25	우리에게 **전하**라 우리에게 숨기지 말라 … 왕이 네게 말씀한 것을 **전하**라
렘 42:20	말씀하신 대로 우리에게 **전하**라 우리가
렘 42:21	내가 오늘 너희에게 **전하**였어도 너희
렘 51:31	바벨론의 왕에게 **전하**기를 그 성읍 사방
겔 40:4	이스라엘 족속에게 **전할지어다**
나 1:15	아름다운 소식을 알리고 화평을 **전하**는
슥 7:12	옛 선지자들을 통하여 **전한** 말을 듣지

신약

눅 1:2	일꾼 된 자들이 **전하**여 준 그대로 내력
눅 1:19	소식을 **전하**여 네게 말하라고 보내심을
눅 2:10	기쁨의 좋은 소식을 너희에게 **전하**노라
눅 2:17	이 아기에 대하여 말한 것을 **전하**니
눅 3:18	백성에게 좋은 소식을 **전하**였으나
눅 4:43	복음을 **전하**여야 하리니 나는 이 일에
눅 8:1	그 복음을 **전하실새** 열두 제자가 함께
눅 9:6	두루 다니며 곳곳에 복음을 **전하**며 병을
행 4:2	부활이 있다고 백성을 가르치고 **전함**을
행 4:29	담대히 하나님의 말씀을 **전하**게 하여
행 4:31	담대히 하나님의 말씀을 **전하**니라
행 6:14	우리에게 **전하**여 준 규례를 고치겠다
행 7:53	**전한** 율법을 받고도 지키지 아니하였도
행 8:4	두루 다니며 복음의 말씀을 **전할새**
행 8:25	여러 마을에서 복음을 **전하**니라
행 8:35	시작하여 예수를 가르쳐 복음을 **전하**니
행 8:40	복음을 **전하**고 가이사랴에 이르니라
행 9:15	이스라엘 자손들에게 **전하**기 위하여
행 9:27	담대히 말하였는지를 **전하**니라

【 전하다 】   【 전후 】

행 10:36	복음을 **전하사** 이스라엘 자손들에게	고전 15:1	내가 너희에게 **전한** 복음을 너희에게
행 11:19	이르러 유대인에게만 말씀을 **전하는데**	고전 15:2	너희가 만일 내가 **전한** 그 말을 굳게
행 12:17	형제들에게 이 말을 **전하라** 하고 떠나	고전 15:3	받은 것을 먼저 너희에게 **전하였노니**
행 13:5	유대인의 여러 회당에서 **전할새** 요한을	고후 10:16	너희 지역을 넘어 복음을 **전하려** 함이라
행 13:38	힘입어 죄 사함을 너희에게 **전하는**	고후 11:7	복음을 값없이 너희에게 **전함**으로 죄를
행 13:46	마땅히 먼저 너희에게 **전할** 것으로되	갈 1:8	**전한** 복음 외에 다른 복음을 **전하면**
행 14:7	거기서 복음을 **전하니라**	갈 1:9	받은 것 외에 다른 복음을 **전하면** 저주
행 14:15	여러분에게 복음을 **전하는** 것은 이런	갈 1:11	내가 너희에게 알게 하노니 내가 **전한**
행 14:21	복음을 그 성에서 **전하여** 많은 사람을	갈 1:16	아들을 이방에 **전하기** 위하여 그를
행 14:25	말씀을 버가에서 **전하고** 앗달리아로	갈 1:23	멸하려던 그 믿음을 지금 **전한다** 함을
행 15:21	모세를 **전하는** 자가 있어 안식일마다	갈 2:7	무할례자에게 복음 **전함**을 맡은 것이
행 15:27	보내니 그들도 이 일을 말로 **전하리라**	갈 3:8	아브라함에게 복음을 **전하되** 모든
행 15:30	무리를 모은 후에 편지를 **전하니**	갈 4:13	너희에게 복음을 **전한** 것을 너희가 아는
행 15:36	주의 말씀을 **전한** 각 성으로 다시 가서	갈 5:11	지금까지 할례를 **전한다면** 어찌하여
행 16:6	아시아에서 말씀을 **전하지** 못하게 하시	엡 2:17	너희에게 평안을 **전하시고** 가까운 데
행 16:10	사람들에게 복음을 **전하라고** 우리를		있는 자들에게 평안을 **전하셨으니**
행 16:17	종으로서 구원의 길을 너희에게 **전하는**	엡 3:8	풍성함을 이방인에게 **전하게** 하시고
행 16:21	못하고 행하지도 못할 풍속을 **전한다**	엡 4:11	복음 **전하는** 자로, 어떤 사람은 목사와
행 16:32	그 집에 있는 모든 사람에게 **전하더라**	빌 1:14	하나님의 말씀을 더욱 담대히 **전하게**
행 17:3	**전하는** 이 예수가 곧 그리스도라	살전 2:2	하나님의 복음을 너희에게 **전하였노라**
행 17:13	말씀을 베뢰아에서도 **전하는** 줄을	살전 2:9	너희에게 하나님의 복음을 **전하였노라**
행 17:18	**전하는** 사람인가보다 하니 이는 바울	살전 3:2	복음을 **전하는** 하나님의 일꾼인 디모데
	이 예수와 부활을 **전하기** 때문이러라	살전 3:6	기쁜 소식을 우리에게 **전하고** 또 너희
행 20:20	거리낌이 없이 여러분에게 **전하여**	딤후 2:8	내가 **전한** 복음대로 다윗의 씨로 죽은
행 20:27	뜻을 다 여러분에게 **전하였음이라**	히 4:2	**전함**을 받은 자이나 들은 바 그 말씀이
행 22:26	듣고 가서 천부장에게 **전하여** 이르되	히 4:6	복음 **전함**을 먼저 받은 자들은 순종하지
행 26:20	회개에 합당한 일을 하라 **전하므로**	벧전 1:12	성령을 힘입어 복음을 **전하는** 자들로
행 26:23	이방인들에게 빛을 **전하시리라**	벧전 1:25	너희에게 **전한** 복음이 곧 이 말씀
행 28:21	네게 대하여 좋지 못한 것을 **전하든지**	요일 1:2	너희에게 **전하노니** 이는 아버지와
롬 1:15	로마에 있는 너희에게도 복음 **전하기를**	요일 1:3	들은 바를 너희에게도 **전함**은 너희로
롬 6:17	종이더니 너희에게 **전하여** 준 바 교훈을	요일 1:5	**전하는** 소식은 이것이니 곧 하나님은
롬 10:16	우리가 **전한** 것을 누가 믿었나이까 하였	계 10:7	**전하신** 복음과 같이 하나님의 그 비밀
롬 15:19	복음을 편만하게 **전하였노라**	계 14:6	종족과 방언과 백성에게 **전할** 영원한
롬 15:20	이름을 부르는 곳에는 복음을 **전하지**		
고전 1:17	오직 복음을 **전하게** 하려 하심이로되	**전혀**(never, quite)	
고전 1:23	십자가에 못 박힌 그리스도를 **전하니**	삼하 17:19	덮고 찧은 곡식을 그 위에 널매 **전혀**
고전 2:1	하나님의 증거를 **전할** 때에 말과 지혜의	대하 8:15	명령한 바를 **전혀** 어기지 아니하였더라
고전 9:14	복음 **전하는** 자들이 복음으로 말미암아	전 7:20	선을 행하고 **전혀** 죄를 범하지 아니하는
고전 9:16	복음을 **전할지라도** 자랑할 것이 없음	합 1:4	율법이 해이하고 정의가 **전혀** 시행되지
	은 내가 부득불 … 만일 복음을 **전하지**	고전 16:12	지금은 갈 뜻이 **전혀** 없으나 기회가
고전 9:18	내가 복음을 전할 때에 값없이 **전하고**		
고전 11:23	너희에게 **전한** 것은 주께 받은 것이니	**전후**(前後, either before or after)	
고전 11:26	주의 죽으심을 그가 오실 때까지 **전하는**	왕하 18:5	**전후** 유다 여러 왕 중에 그러한 자가

【 전후좌우 】　　　　　　　　　　　　　　　　　　　　　　　　　【 절다 】

전후좌우(前後左右, all the sides)
출 30:3 　**전후좌우** 면과 뿔을 순금으로 싸고 주위
출 37:26 　상면과 **전후좌우** 면과 그 뿔을 순금으로

절교하다(絕交, separate)
느 9:2 　이방 사람들과 **절교**하고 서서 자기의
느 10:28 　이방 사람과 **절교**하고 하나님의 율법

절구(mortar)
민 11:8 　맷돌에 갈기도 하며 **절구**에 찧기도
잠 27:22 　미련한 자를 곡물과 함께 **절구**에 넣어

절기(節期, festival, feast)

모세오경 – 시가서
출 5:1 　앞에 **절기**를
출 10:9 　우리가 여호와 앞에 **절기**를 지킬 것인즉
출 13:6 　일곱째 날에는 여호와께 **절기**를 지키라
출 13:10 　**절기**가 되면 이 규례를 지킬지니라
출 23:14 　매년 세 번 내게 **절기**를 지킬지니라
출 23:15 　너는 무교병의 **절기**를 지키라 내가 네게
출 23:18 　**절기** 제물의 기름을 아침까지 남겨두지
출 34:18 　그 **절기**에 이레 동안 무교병을 먹으라
레 23:2 　말하여 이르라 이것이 나의 **절기**들이니
레 23:41 　이레 동안 여호와께 이 **절기**를 지킬지니
민 10:10 　너희의 희락의 날과 너희가 정한 **절기**와
민 29:12 　동안 여호와 앞에 **절기**를 지킬 것이라
민 29:39 　너희가 이 **절기**를 당하거든 여호와께
신 16:14 　**절기**를 지킬 때에는 너와 네 자녀와
신 16:15 　하나님 여호와 앞에서 **절기**를 지키고
왕상 8:2 　일곱째 달 **절기**에 솔로몬 왕에게 모이고
왕상 8:65 　하나님 여호와 앞에서 **절기**로 지켰는데
왕상 12:32 　**절기**를 정하여 유다의 **절기**와 비슷하게
왕상 12:33 　이스라엘 자손을 위하여 **절기**로 정하고
대상 23:31 　안식일과 초하루와 **절기**에 모든 번제를
대하 5:3 　일곱째 달 **절기**에 이스라엘 모든 사람이
대하 7:8 　그 때에 솔로몬이 칠 일 동안 **절기**를
대하 7:9 　행한 후 이 **절기**를 칠 일 동안 지키니라
대하 8:13 　정한 **절기** 곧 일 년의 세 **절기** 무교절과
대하 30:22 　이와 같이 **절기** 칠 일 동안에 무리가
대하 31:3 　안식일과 초하루와 **절기**의 번제에 쓰며
스 3:5 　여호와의 모든 거룩한 **절기**의 번제와
느 8:14 　일곱째 달 **절기**에 초막에서 거할지니라
느 8:18 　낭독하고 무리가 이레 동안 **절기**를
느 10:33 　번제와 안식일과 초하루에 정한 **절기**에
시 104:19 　여호와께서 달로 **절기**를 정하심이여
시 118:27 　밧줄로 **절기** 제물을 제단 뿔에 맬지어다

선지서 – 신약
사 1:14 　너희의 월삭과 정한 **절기**를 싫어하나니
사 29:1 　성읍이여 해마다 **절기**가 돌아오거니와
사 30:29 　거룩한 **절기**를 지키는 밤에 하듯이
사 33:20 　우리 **절기**의 시온 성을 보라 네 눈이
애 1:4 　**절기**를 지키려 나아가는 사람이 없음
애 2:6 　그의 **절기**를 폐하셨도다 여호와께서
　　　　　시온에서 **절기**와 안식일을 잊어버리게
애 2:7 　여호와의 전에서 떠들기를 **절기**의 날과
애 2:22 　**절기** 때 무리를 부름같이 하셨나이다
겔 36:38 　예루살렘이 정한 **절기**의 양 무리같이
겔 44:24 　모든 정한 **절기**에는 내 법도와 율례를
겔 46:9 　그러나 모든 정한 **절기**에 이 땅 백성이
호 2:11 　모든 희락과 **절기**와 월삭과 안식일과
암 5:21 　내가 너희 **절기**들을 미워하여 멸시하며
암 8:10 　**절기**를 애통으로, 너희 모든 노래를
나 1:15 　**절기**를 지키고 네 서원을 갚을지어다

> '여호와의 절기'와 관련된 성구
> 출 12:14; 레 23:2, 4, 37, 39, 44; 대하 2:4; 호 9:5

습 3:18 　내가 **절기**로 말미암아 근심하는 자들을
슥 8:19 　희락의 **절기**들이 되리니 오직 너희는
말 2:3 　너희 **절기**의 희생의 똥을 너희 얼굴에
눅 2:42 　열두 살 되었을 때에 그들이 이 **절기**의
행 27:9 　여러 날이 걸려 금식하는 **절기**가 이미
갈 4:10 　날과 달과 **절기**와 해를 삼가 지키니
골 2:16 　마시는 것과 **절기**나 초하루나 안식일을

절기제(節期祭, festival)
민 15:3 　제사나 낙헌제나 정한 **절기제**에 소나

절다(lame, cripple)
신 15:21 　흠이 있어서 **절거**나 눈이 멀었거나 무슨
삼하 4:4 　급히 도망하다가 아이가 떨어져 **절게**
삼하 9:13 　사니라 그는 두 발을 다 **절더라**
삼하 19:26 　종인 나는 다리를 **절므로** 내 나귀에

【 절대로 】　　　　　　　　　　　　　　　　　　　　　　　　　　　　　　　　　　【 절하다 】

> **성경에 나오는 '저는' 것**
>
> 저는 것 – 말 1:8, 13 / 저는 다리 – 히 12:13
> 저는 사람 – 삼하 5:8; 욥 29:15; 렘 31:8; 마 15:30, 31; 요 5:3
> 저는 자 – 레 21:18; 삼하 5:6; 9:3; 잠 26:7; 사 33:23; 35:6; 미 4:6, 7; 습 3:19; 마 18:8; 21:14; 막 9:45; 눅 14:13; 14:21

절대로(絕對, never)
민 6:5　절대로 그의 머리에 대지 말 것이라
렘 11:12　가운데에서 절대로 그들을 구원하지
암 8:7　그들의 모든 행위를 절대로 잊지 아니
요 13:8　베드로가 이르되 내 발을 절대로 씻지

절도(竊盜, thief)
요 10:1　다른 데로 넘어가는 자는 절도며 강도요
요 10:8　나보다 먼저 온 자는 다 절도요 강도니

절망(絕望, despair)
욥 9:23　무죄한 자의 절망도 그가 비웃으시리라
욥 41:22　그 앞에서는 절망만 감돌 뿐이구나

절박하다(切迫, press)
삼상 13:6　위급함을 보고 절박하여 굴과 수풀과

절반(折半, half)
출 26:9　연결하고 여섯째 폭 절반은 성막 전면에

> **절반 – 기타 본문**
>
> 출 27:5; 38:4; 레 6:20; 민 31:27, 29, 30, 36, 42, 43, 47; 신 3:12; 수 8:33; 12:2; 12:5; 13:25; 13:31; 삼하 10:4; 18:3; 19:40; 왕상 10:7; 13:8; 16:9, 21; 대상 2:52, 54; 6:61; 대하 9:6; 느 3:9, 12, 16, 17, 18; 4:6, 16, 21; 12:32, 38, 40; 13:24; 에 5:3, 6; 7:2; 사 44:16, 19; 겔 16:51; 단 9:27; 슥 14:2, 4, 8; 막 6:23; 눅 19:8

절벽(絕壁, cliff)
겔 38:20　모든 산이 무너지며 절벽이 떨어지며

절일(節日, festival)
출 32:5　이르되 내일은 여호와의 절일이니라

절제/-하다(節制, self-control)
행 24:25　의와 절제와 장차 오는 심판을 강론하니
고전 7:5　다시 합하라 이는 너희가 절제 못함으로
고전 7:9　만일 절제할 수 없거든 결혼하라 정욕
고전 9:25　모든 일에 절제하나니 그들은 썩을 승리
갈 5:23　온유와 절제니 이같은 것을 금지할 법이
딤전 3:2　아내의 남편이 되며 절제하며 신중하며
딤전 3:11　정숙하고 모함하지 아니하며 절제하며
딤후 1:7　오직 능력과 사랑과 절제하는 마음이니
딤후 3:3　모함하며 절제하지 못하며 사나우며
딛 1:8　신중하며 의로우며 거룩하며 절제하며
딛 2:2　절제하며 경건하며 신중하며 믿음과
벧후 1:6　지식에 절제를, 절제에 인내를, 인내에

절하다(bow down, worship)
모세오경
창 19:1　일어나 영접하고 땅에 엎드려 절하며
창 24:52　말을 듣고 땅에 엎드려 여호와께 절하고
창 33:6　그의 자식들과 더불어 나아와 절하고
창 33:7　그의 자식들과 더불어 나아와 절하고
창 37:7　단은 내 단을 둘러서서 절하더이다
창 37:9　해와 달과 열한 별이 내게 절하더이다
창 37:10　가서 땅에 엎드려 네게 절하겠느냐
창 42:6　와서 그 앞에서 땅에 엎드려 절하매
창 43:26　그에게 드리고 땅에 엎드려 절하니
창 43:28　하고 머리 숙여 절하더라
창 48:12　물러나게 하고 땅에 엎드려 절하고
창 49:8　아버지의 아들들이 네 앞에 절하리로다
출 11:8　절하며 이르기를 너와 너를 따르는
출 18:7　모세가 나가서 그의 장인을 맞아 절하고
출 20:5　그것들에게 절하지 말며 그것들을
출 34:14　너는 다른 신에게 절하지 말라 여호와
민 25:2　백성이 먹고 그들의 신들에게 절하므로
신 5:9　그것들에게 절하지 말며 그것들을
신 8:19　섬기며 그들에게 절하면 내가 너희에게
신 11:16　다른 신들을 섬기며 그것에게 절하므로
신 17:3　그것에게 절하며 내가 … 절한다 하자
신 29:26　따라가서 그들을 섬기고 절한 까닭이라
신 30:17　유혹을 받아 다른 신들에게 절하고 그를
수 5:14　얼굴을 땅에 대고 엎드려 절하고
수 23:7　그것을 섬겨서 그것들에게 절하지 말라
수 23:16　신들을 섬겨 그들에게 절하면 여호와의
삿 2:12　신들을 따라 그들에게 절하여 여호와를

【 절하다 】

삿 2:17	그들에게 **절하고** 여호와의 명령을 순종
삿 2:19	신들을 따라 섬기며 그들에게 **절하고**
룻 2:10	룻이 엎드려 얼굴을 땅에 대고 **절하며**
삼상 15:23	완고한 것은 사신 우상에게 **절하는** 죄와
삼상 20:41	엎드려 세 번 **절한** 후에 서로 입 맞추고
삼상 24:8	다윗이 땅에 엎드려 **절하고**
삼상 28:14	알고 그의 얼굴을 땅에 대고 **절하니라**
삼하 1:2	다윗에게 나아와 땅에 엎드려 **절하매**
삼하 9:6	다윗에게 나아와 그 앞에 엎드려 **절하매**
삼하 9:8	그가 **절하여** 이르되 이 종이 무엇이기에
삼하 14:22	요압이 땅에 엎드려 **절하고** 왕을 위하여
삼하 14:33	앞에서 얼굴을 땅에 대어 그에게 **절하매**
삼하 15:5	사람이 가까이 와서 그에게 **절하려** 하면
삼하 16:4	시바가 이르되 내가 **절하나이다**
삼하 18:21	사람이 요압에게 **절하고** 달음질하여
삼하 18:28	얼굴을 땅에 대고 **절하며** 이르되 왕의
삼하 24:20	왕 앞에서 얼굴을 땅에 대고 **절하며**
왕상 1:16	밧세바가 몸을 굽혀 왕께 **절하니** 왕이
왕상 1:23	들어와서 얼굴을 땅에 대고 왕께 **절하고**
왕상 1:31	밧세바가 얼굴을 땅에 대고 **절하며**
왕상 1:53	그가 와서 솔로몬 왕께 **절하매** 솔로몬
왕상 2:19	왕이 일어나 영접하여 **절한** 후에 다시
왕하 4:37	엎드려 **절하고** 아들을 안고 나가니라
대상 21:21	나와 얼굴을 땅에 대고 다윗에게 **절하매**
대상 29:20	머리를 숙여 여호와와 왕에게 **절하고**
대하 24:17	유다 방백들이 와서 왕에게 **절하매** 왕이
에 3:2	모르드개는 꿇지도 아니하고 **절하지도**
에 3:5	꿇지도 아니하고 **절하지도** 아니함을

시가서 - 신약

시 22:29	못할 자도 다 그 앞에 **절하리로다**
시 81:9	두지 말며 이방 신에게 **절하지** 말지어다
사 2:9	천한 자도 **절하며** 귀한 자도 굴복하오니
사 49:23	**절하고** 네 발의 티끌을 핥을 것이니
렘 1:16	자기 손으로 만든 것들에 **절하였은즉**
렘 13:10	섬기며 그에게 **절하니** 그들이 이 띠가
렘 16:11	그들을 섬기며 그들에게 **절하고** 나를
렘 22:9	신들에게 **절하고** 그를 섬긴 까닭이라
단 2:46	왕이 엎드려 다니엘에게 **절하고** 명하여
단 3:5	왕이 세운 금 신상에게 **절하라**
단 3:6	누구든지 엎드려 **절하지** 아니하는 자는
단 3:7	왕이 세운 금 신상에게 엎드려 **절하니라**
단 3:11	엎드려 **절하지** 아니하는 자는 맹렬히
단 3:12	세우신 금 신상에게 **절하지** 아니하나이
단 3:14	내가 세운 금 신상에게 **절하지** 아니한다
단 3:15	**절하면** 좋거니와 너희가 만일 **절하지**
단 3:18	세우신 금 신상에게 **절하지도** 아니할
단 3:28	섬기지 아니하며 그에게 **절하지** 아니한
마 8:2	한 나병환자가 나아와 **절하며** 이르되
마 9:18	한 관리가 와서 **절하며** 이르되 내 딸이
마 14:33	예수께 **절하며** 이르되 진실로 하나님의
마 15:25	여자가 와서 예수께 **절하며** 이르되 주여
마 18:26	엎드려 **절하며** 이르되 내게 참으소서
마 20:20	아들들을 데리고 예수께 와서 **절하며**
막 5:6	그가 멀리서 예수를 보고 달려와 **절하며**
막 15:19	머리를 치며 침을 뱉으며 꿇어 **절하더라**
눅 4:7	만일 내게 **절하면** 다 네 것이 되리라
요 9:38	주여 내가 믿나이다 하고 **절하는지라**
행 7:43	이것은 너희가 **절하고자** 하여 만든 형상
행 10:25	고넬료가 맞아 발 앞에 엎드리어 **절하니**
계 3:9	그들로 와서 네 발 앞에 **절하게** 하고
계 9:20	금, 은, 동과 목석의 우상에게 **절하고**

【 젊다 】

젊다(young)

출 33:11	아들 **젊은** 수종자 여호수아는 회막을
레 22:13	친정에 돌아와서 **젊었을** 때와 같으면

성경에 나오는 '젊은' 것

젊은 남자 – 신 32:25; 암 8:13; 딛 2:6

젊은 사람들 – 행 5:6, 10

젊은 사자 – 삿 14:5; 욥 4:10; 10:16; 38:39; 시 17:12; 34:10; 58:6; 91:13; 104:21; 사 31:4; 렘 25:38; 51:38; 겔 19:2, 3, 5, 6; 호 5:14; 암 3:4; 미 5:8; 나 2:11, 13

젊은 시절 – 시 25:7; 잠 2:17; 렘 48:11

젊은 신하 – 대하 10:8, 10, 14

젊은 압살롬 – 삼하 18:5, 12, 29, 32

젊은 여자 – 창 24:43; 룻 4:12; 딤전 5:2; 딛 2:4

젊은이 – 창 14:24; 수 6:23; 에 3:13; 욥 29:5, 8; 잠 7:7, 22; 전 4:13, 15; 사 65:20; 애 2:21; 욜 2:28; 요 8:9; 행 2:17; 딤전 5:1, 14

젊은 자 – 룻 3:10; 욥 30:1; 시 127:4; 잠 1:4; 20:29; 사 20:4; 겔 9:6; 눅 22:26; 벧전 5:5

젊은 처녀 – 삿 21:12; 왕상 1:2

【 젊 1/-치다 】 　　　【 점령하다 】

삼상 2:33	집에서 출산되는 모든 자가 **젊어서** 죽으	창 30:39	에 아롱진 것과 **점** 있는 것을 가려
삼상 17:42	그가 **젊고** 붉고 용모가 아름다움이라	창 30:39	얼룩얼룩한 것과 **점**이 있고 아롱진 것을
삼하 13:32	이르되 내 주여 **젊은** 왕자들이 다 죽임	창 31:8	이르기를 **점** 있는 것이 네 삯이 되리라
삼하 19:7	그 화가 왕이 **젊었을** 때부터 지금까지		하면 온 양 떼가 낳은 것이 **점** 있는 것이
대상 12:28	**젊은** 용사 사독과 그의 가문의 지휘관	창 31:10	얼룩무늬 있는 것과 **점** 있는 것과 아롱
욥 13:26	기록하시며 내가 **젊었을** 때에 지은 죄를	창 31:12	숫양은 다 얼룩무늬 있는 것, **점** 있는
욥 31:18	실상은 내가 **젊었을** 때부터 고아 기르기	레 13:10	피부에 흰 **점**이 돋고 털이 희어지고
욥 36:14	그들의 몸은 **젊어서** 죽으며 그들의 생명	레 13:19	종처에 흰 **점**이 돋거나 희고 붉으스름한
시 89:45	**젊은** 날들을 짧게 하시고 그를 수치로	벧전 1:19	흠 없고 **점** 없는 어린 양 같은 그리스도
잠 5:18	네가 **젊어서** 취한 아내를 즐거워하라	벧후 2:13	**점**과 흠이라 너희와 함께 연회할 때에
사 47:12	이제 너는 **젊어서**부터 힘쓰던 주문과	벧후 3:14	바라보나니 주 앞에서 **점**도 없고 흠도
사 54:4	네가 네 **젊었을** 때의 수치를 잊겠고		
애 3:27	사람은 **젊었을** 때에 멍에를 메는 것이		**점검하다**(點檢, put mark)
겔 23:8	그가 **젊었을** 때에 애굽 사람과 동침하매	욥 13:27	살피사 내 발자취를 **점검하시나이다**
겔 23:19	더하여 **젊었을** 때 곧 애굽 땅에서		
겔 23:21	네가 **젊었을** 때에 행음하여 애굽 사람		**점괘**(占卦, divination)
암 2:7	아버지와 아들이 한 **젊은** 여인에게 다녀	겔 13:6	허탄한 것과 거짓된 **점괘**를 보며 사람
요 21:18	네가 **젊어서는** 스스로 띠 띠고 원하	겔 13:7	허탄한 묵시를 보며 거짓된 **점괘**를 말한
행 26:4	예루살렘에서 **젊었을** 때 생활한 상황을	겔 21:22	오른손에 예루살렘으로 갈 **점괘**를 얻었
딤전 5:11	**젊은** 과부는 올리지 말지니 이는 젊	겔 21:23	맹약한 자들은 그것을 거짓 **점괘**로 여길

점 1/-치다(占, divination)

창 44:5	**점치는** 데에 쓰는 것이 아니냐 너희
창 44:15	같은 사람이 **점**을 잘 치는 줄을 너희
레 19:26	피째 먹지 말며 **점**을 치지 말며 술법
삼상 15:23	거역하는 것은 **점치는** 죄와 같고 완고
왕하 21:6	가운데로 지나게 하며 **점치며** 사술
대하 33:6	지나가게 하며 또 **점치며** 사술과 요술
사 2:6	블레셋 사람들같이 **점**을 치며 이방
사 44:25	징표를 폐하며 **점치는** 자들을 미치게
겔 13:9	허탄한 묵시를 보며 거짓 것을 **점쳤으**
겔 21:21	두 길 어귀에 서서 **점**을 치되 화살들
미 3:6	만나리니 **점치지** 못하리라 하셨나니
미 3:11	돈을 위하여 **점**을 치면서도 여호와를
슥 10:2	임할 것이라 **점치는** 자에게와 간음하는
행 16:16	기도하는 곳에 가다가 **점치는** 귀신 들린
	여종 하나를 만나니 **점**으로 그 주인들

점 2(點, spot)

창 30:32	아롱진 것과 **점** 있는 것과 검은 것을
	가려내며 또 염소 중에 **점** 있는 것과
창 30:33	아롱지지 아니한 것이나 **점**이 없는 것은
창 30:35	**점** 있는 것을 가리고 암염소 중 흰 바탕

점령하다(占領, possess, take)

민 21:24	아르논에서부터 얍복까지 **점령하여**
신 3:14	온 지방을 **점령하고** 자기의 이름으로
수 8:19	달려 들어가서 **점령하고** 곧 성읍에
수 11:16	이스라엘 산지와 평지를 **점령하였으니**
수 11:19	자손이 싸워서 다 **점령하였으니**
수 15:16	기럇 세벨을 쳐서 그것을 **점령하는** 자에
수 15:17	그것을 **점령함으로** 갈렙이 자기 딸 악사
수 19:47	레셈과 싸워 그것을 **점령하여** 칼날로
삿 1:8	예루살렘을 쳐서 **점령하여** 칼날로 치고
삿 1:12	그것을 **점령하는** 자에게는 내 딸 악사

'점령하다' 와 관련된 성구

땅을 점령하다 - 민 21:35; 33:53; 수 11:23; 18:3; 24:8; 삿 11:13, 15, 21; 왕하 15:29; 24:7; 느 9:25; 행 7:45

성을 점령하다 - 수 6:20; 대하 32:18

성읍을 점령하다 - 신 2:34, 36; 20:19; 수 6:20; 8:7, 21; 10:32, 37, 39; 삿 3:13; 9:45; 삼하 12:27, 28; 왕하 18:13; 대하 32:18; 렘 48:41; 단 11:15

【 점복 】

점복

삿 1:13	옷니엘이 그것을 **점령하였으므로** 갈렙
삿 1:18	지역과 에그론 및 그 지역을 **점령하였고**
삿 7:24	요단 강에 이르는 수로를 **점령하라** 하
	매 … 강에 이르는 수로를 **점령하고**
삿 9:45	성을 쳐서 마침내 **점령하고** 거기 있는
삿 9:50	맞서 진 치고 그것을 **점령하였더니**
삿 11:22	족속의 온 지역을 **점령하였느니라**
삼하 12:26	자손의 랍바를 쳐서 그 왕성을 **점령하매**
삼하 12:29	랍바로 가서 그 곳을 쳐서 **점령하고**
왕하 12:17	쳐서 **점령하고** 예루살렘을 향하여
왕하 16:9	쳐서 **점령하여** 그 백성을 사로잡아
왕하 17:6	사마리아를 **점령하고** 이스라엘 사람
대하 8:3	가서 하맛소바를 쳐서 **점령하고**
대하 28:18	마을들을 **점령하고** 거기에 살았으니
대하 32:1	향하여 진을 치고 쳐서 **점령하고자** 한지
렘 48:1	수치를 당하여 **점령되었고** 미스갑이
렘 49:1	갓을 **점령하며** 그 백성이 그 성읍들에
렘 49:2	자기를 **점령하였던** 자를 **점령하리라**
렘 49:16	바위 틈에 살며 산꼭대기를 **점령한** 자여
겔 7:24	그들이 그 집들을 **점령하게** 하고 강하
단 11:18	바닷가로 돌려 많이 **점령할** 것이나
단 11:39	크게 견고한 산성들을 **점령할** 것이요
합 1:6	소유가 아닌 거처들을 **점령하는** 갈대아
합 1:10	흉벽을 쌓아 그것을 **점령할** 것이라

점복(占卜, divination)

| 겔 13:23 | 묵시를 보지 못하고 **점복**도 못할지라 |

점술(占術, divination)

민 23:23	야곱을 해할 **점술**이 없고 이스라엘을
민 24:1	전과 같이 **점술**을 쓰지 아니하고 그의
렘 14:14	거짓 계시와 **점술**과 헛된 것과 자기

점술가(占術家, magician)

창 41:8	사람을 보내어 애굽의 **점술가**와 현인
창 41:24	그 꿈을 **점술가**에게 말하였으나 그것
수 13:22	아들 **점술가** 발람도 칼날로 죽였더라
계 21:8	살인자들과 음행하는 자들과 **점술가**
계 22:15	개들과 **점술가**들과 음행하는 자들과

점심(點心, luncheon)

| 눅 11:37 | 자기와 함께 **점심** 잡수시기를 청하니 |
| 눅 14:12 | **점심**이나 저녁이나 베풀거든 벗이 |

【 접근하다 】

점쟁이(占, diviner, medium)

신 18:10	가운데로 지나게 하는 자나 **점쟁이**나
신 18:14	말하는 자나 **점쟁이**의 말을 듣거니와
왕하 23:24	보이는 신접한 자와 **점쟁이**와 드라빔과
렘 29:8	선지자들에게와 **점쟁이**에게 미혹되지
단 2:2	박수와 술객과 **점쟁이**와 갈대아 술사를
단 2:27	지혜자나 술객이나 박수나 **점쟁이**가
단 4:7	박수와 술객과 갈대아 술사와 **점쟁이**가
단 5:7	**점쟁이**를 불러오게 하고 바벨론의
단 5:11	술객과 갈대아 술사와 **점쟁이**의 어른을
미 5:12	끊으리니 네게 다시는 **점쟁이**가 없게

점점(漸漸, more and more, continue)

창 8:3	물이 땅에서 물러가고 **점점** 물러가서
행 6:7	하나님의 말씀이 **점점** 왕성하여
출 19:19	나팔 소리가 **점점** 커질 때에 모세가
신 28:43	너의 중에 우거하는 이방인은 **점점** 높
	아져서 … 너는 **점점** 낮아질 것이며
수 4:24	가나안 왕 야빈을 **점점** 더 눌러서 마침

> 점점 - 기타 본문
> 창 8:5; 12:9; 삼상 2:26; 3:2; 14:19; 17:41; 삼하 3:1, 6; 5:10; 18:25; 대상 11:9; 대하 13:21; 17:12; 24:13; 27:6; 에 9:4; 욥 17:9; 사 10:18; 애 4:9; 호 11:2; 욘 1:11, 13; 빌 1:9; 딤후 2:16

점차(漸次, secretly)

| 호 17:9 | 이스라엘의 자손이 **점차**로 불의를 |

점호하다(點呼, muster)

| 수 8:10 | 일찍이 일어나 백성을 **점호하고** |
| 삼상 14:17 | 나갔는지 **점호하여** 보라 … **점호한즉** |

접견(接見, audience)

| 행 25:23 | 시중의 높은 사람들과 함께 **접견** 장소에 |

접경/-하다/-지(接境, border)

출 16:35	가나안 땅 **접경**에 이르기까지 그들이
겔 48:12	레위인의 **접경지**에 관한 가장 거룩한
슥 9:2	그 **접경한** 하맛에도 임하겠고 두로와

접근하다(接近, come near)

| 레 16:22 | 모든 불의를 지고 **접근하기** 어려운 땅에 |

【 접다 】

민 4:19   그들이 지성물에 **접근**할 때에 그들의
민 34:3   남쪽은 에돔 곁에 **접근**한 신 광야니
수 15:21   에돔 경계에 **접근**한 성읍들은 갑스엘과

접다(double)
출 26:9   폭 절반은 성막 전면에 **접어** 드리우고
왕상 6:34   이쪽 문짝도 두 짝으로 **접게** 되었고 저
           쪽 문짝도 두 짝으로 **접게** 되었으며

접대/-하다(接待, receive)
겔 16:61   아우를 **접대**할 때에 네 행위를 기억하고
행 6:2   하나님의 말씀을 제쳐 놓고 **접대**를
약 2:25   라합이 사자들을 **접대하여** 다른 길로

접붙이다(接, graft)
롬 11:17   그들 중에 **접붙임**이 되어 참감람나무
롬 11:19   나로 **접붙임**을 받게 하려 함이라 하리니
롬 11:23   머무르지 아니하면 **접붙임**을 받으리니
롬 11:24   **접붙임**을 받았으니 원 가지인 이 사람
           들이야 … 감람나무에 **접붙이심**을

접시(dish)
스 1:9   금 접시가 서른 개요 은 **접시**가 천 개요
잠 16:11   공평한 저울과 **접시** 저울은 여호와의
사 40:12   되에 담아 보았으며 **접시** 저울로 산들을

접신하다(接神, spiritist)
레 20:6   **접신**한 자와 박수무당을 음란하게
레 20:27   남자나 여자가 **접신하거나** 박수무당이

접어들다(turn toward)
수 15:9   바알라 곧 기럇 여아림으로 **접어들며**
수 15:11   북쪽으로 나아가 식그론으로 **접어들어**
수 18:17   북쪽으로 **접어들어** 엔 세메스로 나아

접전하다(接戰, battle)
왕상 20:29   일곱째 날에 **접전하여** 이스라엘 자손이

접촉하다/접촉되다(接觸, touch)
출 29:37   제단에 **접촉하는** 모든 것이 거룩하리라
출 30:29   이것에 **접촉하는** 것은 모두 거룩하리라
레 6:27   **접촉하는** 모든 자는 거룩할 것이며
레 7:19   부정한 물건에 **접촉되었으면** 먹지 말고

【 정결/-하다 】

레 15:5   그의 침상에 **접촉하는** 자는 그의 옷을
레 15:7   유출병이 있는 자의 몸에 **접촉하는**
레 15:10   그의 몸 아래에 닿았던 것에 **접촉한**
레 22:4   시체의 부정에 **접촉된** 자나 설정한 자나
레 22:5   **접촉된** 모든 사람과 무슨 부정이든지
           사람을 더럽힐 만한 것에게 **접촉된**
레 22:6   곧 이런 것에 **접촉된** 자는 저녁까지
시 144:5   강림하시며 산들에 **접촉하사** 연기를

접하다(接, come upon)
삼상 19:9   악령이 사울에게 **접하였으므로** 다윗이
수 12:5   헤스본 왕 시혼의 경계에 **접한** 곳이라
대하 26:23   왕들의 묘실에 **접한** 땅 곧 그의 조상

젓다(row, churn)
잠 30:33   **저으면** 엉긴 젖이 되고 코를 비틀면
사 33:21   **젓는** 배나 큰 배가 통행하지 못하리라
욘 1:13   노를 **저어** 배를 육지로 돌리고자 하다가
요 6:19   제자들이 노를 **저어** 십여 리쯤 가다가
막 6:48   힘겹게 노 **젓는** 것을 보시고 밤 사경쯤

정 1(tool)
출 20:25   돌로 쌓지 말라 네가 **정**으로 그것을

정 2(情, oneself, flirting)
창 43:31   얼굴을 씻고 나와서 그 **정**을 억제하고
창 45:1   시종하는 자들 앞에서 그 **정**을 억제하지
사 3:16   교만하여 늘인 목, **정**을 통하는 눈으로

정강이(leg)
레 1:9   내장과 **정강이**를 물로 씻을 것이요
레 1:13   내장과 그 **정강이**를 물로 씻을 것이요
레 4:11   고기와 그것의 머리와 **정강이**와 내장과
레 8:21   물로 내장과 **정강이들**을 씻고 모세가
레 9:14   내장과 **정강이**는 씻어서 단 위에 있는
삿 15:8   블레셋 사람들의 **정강이**와 넓적다리를

정결/-하다(精潔, clean, purity)
〔모세오경〕
창 7:2   너는 모든 **정결**한 짐승은 암수 일곱씩
창 8:20   **정결**한 짐승과 모든 **정결**한 새 중에서
창 35:2   자신을 **정결**하게 하고 너희들의 의복을
출 37:29   거룩한 관유와 향품으로 **정결**한 향을

【 정결/-하다 】　　　　　　　　　　　　　　　　　　　　　【 정결/-하다 】

레 4:12	바깥 재 버리는 곳인 **정결한** 곳으로	욥 16:17	포학이 없고 나의 기도는 **정결하니라**
레 6:11	진영 바깥 **정결한** 곳으로 가져갈 것이요	시 19:9	여호와를 경외하는 도는 **정결하여** 영원
레 10:14	너와 함께 **정결한** 곳에서 먹을지니 이는	시 51:7	우슬초로 나를 **정결하게** 하소서 내가
레 12:4	산혈이 깨끗하리니 **정결하게** 되는 기한	시 73:1	이스라엘 중 마음이 **정결한** 자에게 선을
레 12:8	위하여 속죄할지니 그가 **정결하리라**	잠 15:26	미워하시나 선한 말은 **정결하니라**
레 13:7	그가 **정결한지를** 제사장에게 보인 후에	잠 22:11	마음의 **정결을** 사모하는 자의 입술에는
레 14:2	나병 환자가 **정결하게** 되는 날의 규례	사 52:11	기구를 메는 자들이여 스스로 **정결하게**
레 14:7	나병에서 **정결함을** 받을 자에게 일곱	사 66:17	스스로 **정결하게** 하고 동산에 들어가서
레 14:8	**정결함을** 받는 자는 그의 옷을 빨고	렘 4:11	키질하기 위함도 아니요 **정결하게** 하려
레 14:11	**정결하게** 하는 제사장은 **정결함을** 받을	렘 13:27	얼마나 오랜 후에야 **정결하게** 되겠느냐
레 14:14	피를 취하여 **정결함을** 받을 자의 오른쪽	겔 16:4	물로 씻어 **정결하게** 하지 아니하였고
레 14:49	**정결하게** 하기 위하여 새 두 마리와	겔 22:24	너는 **정결함을** 얻지 못한 땅이요 진노
레 14:52	우슬초와 홍색 실로 집을 **정결하게** 하고	겔 36:25	숭배에서 너희를 **정결하게** 할 것이며
레 14:53	속죄할 것이라 그러면 **정결하리라**	겔 36:33	죄악에서 **정결하게** 하는 날에 성읍들
레 15:13	유출이 깨끗하지거든 그가 **정결하게**	겔 37:23	모든 처소에서 구원하여 **정결하게** 한즉
레 16:30	너희를 **정결하게** 하리니 너희의 모든	겔 39:12	매장하여 그 땅을 **정결하게** 할 것이라
	죄에서 너희가 여호와 앞에 **정결하리라**	겔 43:20	발라 속죄하여 제단을 **정결하게** 하고
레 22:4	유출병자는 그가 **정결하기** 전에는	겔 44:26	이런 자는 스스로 **정결하게** 한 후에
레 24:7	너는 또 **정결한** 유향을 그 각 줄 위에		
민 5:28	여인이 더럽힌 일이 없고 **정결하면** 해를	**성경에 나오는 '정결 예식'**	
민 6:9	그의 몸을 **정결하게** 하는 날에 머리를	레 14:32; 눅 2:22; 요 2:6; 3:25	
민 8:6	레위인을 데려다가 **정결하게** 하라		
민 8:15	그들을 **정결하게** 하여 요제로 드린 후에	겔 45:18	한 마리를 가져다가 성소를 **정결하게**
민 8:21	또 그들을 위하여 속죄하여 **정결하게**	단 8:14	때에 성소가 **정결하게** 되리라 하였느니
민 9:13	사람이 **정결하기도** 하고 여행 중에도	단 11:35	무리 중에서 연단을 받아 **정결하게** 되며
민 18:11	주었은즉 네 집의 **정결한** 자마다 먹을	단 12:10	스스로 **정결하게** 하며 희게 할 것이나
민 19:9	**정결한** 자가 암송아지의 재를 거두어	합 1:13	주께서는 눈이 **정결하시므로** 악을 차마
민 19:18	**정결한** 자가 우슬초를 가져다가 그 물을	슥 3:5	내가 말하되 **정결한** 관을 그의 머리에
민 31:23	깨끗하려니와 다만 **정결하게** 하는 물로		씌우소서 하매 곧 **정결한** 관을 그 머리
역사서 - 선지서		**신약**	
수 22:17	**정결함을** 받지 못하였거늘 그 죄악	고후 11:2	내가 너희를 **정결한** 처녀로 한 남편인
대상 23:28	섬기고 또 모든 성물을 **정결하게** 하는	빌 4:8	무엇에든지 **정결하며** 무엇에든지 사랑
대하 5:11	스스로 **정결하게** 하고 성소에 있다가	딤전 5:22	간섭하지 말며 네 자신을 지켜 **정결하게**
대하 34:3	유다와 예루살렘을 비로소 **정결하게**	히 1:3	죄를 **정결하게** 하는 일을 하시고 높은
대하 34:5	유다와 예루살렘을 **정결하게** 하였으며	히 9:13	육체를 **정결하게** 하여 거룩하게 하거든
대하 34:8	그 땅과 성전을 **정결하게** 하기를 마치고	히 9:22	**정결하게** 되나니 피흘림이 없은즉
스 6:20	일제히 몸을 **정결하게** 하여 다 정결하매	히 9:23	것들로써 **정결하게** 할 필요가 있었으나
느 12:30	레위 사람들이 몸을 **정결하게** 하고 또	히 10:2	섬기는 자들이 단번에 **정결하게** 되어
	백성과 성문과 성벽을 **정결하게** 하니라	약 1:27	하나님 아버지 앞에서 **정결하고** 더러움
느 13:9	명령하여 그 방을 **정결하게** 하고 하나님	벧전 3:2	너희의 두려워하며 **정결한** 행실을 봄이
느 13:22	레위 사람들에게 몸을 **정결하게** 하고		
에 2:3	그 몸을 **정결하게** 하는 물품을 주게	**정결하다 – 기타 본문**	
욥 11:4	도는 **정결하고** 나는 주께서 보시기에	창 7:8; 레 12:6; 14:4, 17, 18, 19, 20, 25, 28, 29,	

2090

【 정교하다 】

31; 민 8:7; 18:13; 19:12, 13, 19, 20, 21; 에 2:9, 12; 겔 39:14, 16; 43:22, 23, 26

정교하다(精巧, skilled, artistic)
출 26:1   그룹을 **정교하게** 수놓은 열 폭의 휘장
출 26:31   그 위에 그룹들을 **정교하게** 수놓아서
출 28:6   가늘게 꼰 베 실로 **정교하게** 짜서 에봇
출 28:8   가늘게 꼰 베 실로 에봇에 **정교하게**
출 28:15   꼰 베 실로 **정교하게** 짜서 만들되
출 28:27   가까운 쪽 곧 **정교하게** 짠 띠 위쪽에
출 28:28   흉패로 **정교하게** 짠 에봇 띠 위에 붙여
출 29:5   흉패를 달고 에봇에 **정교하게** 짠 띠를
출 31:4   **정교한** 일을 연구하여 금과 은과 놋으로
출 31:10   행할 때에 입는 **정교하게** 짠 의복
출 35:19   성소에서 섬기기 위하여 **정교하게** 만든
출 35:33   나무를 새기는 여러 가지 **정교한** 일을
출 35:35   여러 가지 일을 하게 하시고 **정교한**
출 36:35   휘장을 짜고 그 위에 그룹들을 **정교하게**
출 39:1   성소에서 섬길 때 입을 **정교한** 옷을
출 39:3   홍색 실과 가는 베 실에 섞어 **정교하게**
출 39:8   흉패를 **정교하게** 짜되 에봇과 같은 모양
출 39:20   자리 가까운 쪽 곧 **정교하게** 짠 에봇
출 39:21   흉패로 **정교하게** 짠 에봇 띠 위에 붙여
출 39:41   섬기기 위한 **정교한** 옷 곧 제사장
사 3:3   오십부장과 귀인과 모사와 **정교한** 장인
렘 10:9   입었나니 이는 **정교한** 솜씨로 만든 것이
호 13:2   우상을 부어 만들되 자기의 **정교함**으로

정권(政權, authority)
사 22:21   그에게 띠워 힘 있게 하고 네 **정권**을

정금(正金, pure gold)
왕상 6:20 높이가 이십 규빗이라 **정금**으로 입혔고
왕상 6:21 솔로몬이 **정금**으로 외소 안에 입히고
왕상 7:49 내소 앞에 좌우로 다섯씩 둘 **정금** 등잔
왕상 7:50 **정금** 대접과 불집게와 주발과 숟가락
왕상 10:18 큰 보좌를 만들고 **정금**으로 입혔으니
왕상 10:21 그릇들도 다 **정금**이라 은 기물이 없으니
욥 28:17   비교할 수 없고 **정금** 장식품으로도 바꿀
잠 3:14   얻는 것보다 낫고 그 이익이 **정금**보다
잠 8:10   받지 말고 나의 훈계를 받으며 **정금**보다
잠 8:19   열매는 금이나 **정금**보다 나으며 내 소득
잠 25:12   청종하는 귀에 금 고리와 **정금** 장식이니

계 21:18   벽옥으로 쌓였고 그 성은 **정금**인데 맑은
계 21:21   성의 길은 맑은 유리 같은 **정금**이더라

정녕/-히(丁寧, surely, completely)
삼상 20:26 부정한가보다 **정녕** 부정한가보다
시 92:9   원수들은 패망하리이다 **정녕** 주의 원수
잠 23:5   **정녕히** 재물은 스스로 날개를 내어 하늘
잠 23:18   **정녕히** 네 장래가 있겠고 네 소망이
잠 24:14   이것을 얻으면 **정녕히** 네 장래가 있겠고
사 5:9   귀에 말씀하시되 **정녕히** 허다한 가옥이
사 8:20   말씀에 맞지 아니하면 그들이 **정녕** 아침
사 48:8   **정녕** 배신하여 모태에서부터 네가 배역
겔 3:6   보냈다면 그들은 **정녕** 네 말을 들었으리
겔 3:21   범죄하지 아니하면 **정녕** 살리니 이는
호 10:15   이스라엘 왕이 새벽에 **정녕** 망하리로다
눅 23:47   이르되 이 사람은 **정녕** 의인이었도다
엡 5:5   너희도 **정녕** 이것을 알거니와 음행하는

정도(程度, certaim measure, degree)
시 73:19   그리 갑자기 황폐되었는가 놀랄 **정도**로
고전 11:18 분쟁이 있다 함을 듣고 어느 **정도**
고후 2:5   어느 **정도** 너희 모두를 근심하게 한 것이니 어느 **정도**라 함은 내가 너무

정당하다(正當, justice, right)
욥 27:2   나의 **정당함**을 물리치신 하나님, 나의
욥 33:23   중보자로 함께 있어서 그의 **정당함**을
욥 34:6   내가 **정당**에도 거짓말쟁이라 하였고

정돈하다(整頓, prepare)
창 43:25   예물을 **정돈**하고 요셉이 정오에 오기를
대하 29:19 모든 그릇들도 우리가 **정돈**하고 성결
대하 35:20 요시야가 성전을 **정돈**하기를 마친 후에
행 9:34   네 자리를 **정돈하라** 한대 곧 일어나

정들다(情, love)
겔 16:33   오직 너는 네 모든 **정든** 자에게 선물
겔 16:36   누추한 것을 쏟으며 네 **정든** 자와 행음
겔 16:37   너의 즐거워하는 **정든** 자와 사랑하던
겔 23:9   그를 그의 **정든** 자 곧 그가 연애하는

정량(定量, limit, regular allowance)
스 7:22   기름도 백 밧까지 … 소금은 **정량** 없이

【 정렬되다 】　　　　　　　　　　　　　　　　　　　　　　　　　　　【 정신없다/정신없이 】

렘 52:34　바벨론의 왕에게서 받는 **정량**이 있었고

정렬되다(整列, be posted)
사 22:7　마병은 성문에 **정렬되었도다**

정리하다(整理, tend, straighten)
레 24:3　여호와 앞에 항상 등잔불 **정리할지니**
레 24:4　위의 등잔들을 항상 **정리할지니라**
삼하 17:23　집을 **정리하고** 스스로 목매어 죽으매
왕하 20:1　여호와의 말씀이 너는 집을 **정리하라**
딛 1:5　남겨 둔 이유는 남은 일을 **정리하고**

정복/-하다/-되다(征服, subdue)
창 1:28　번성하여 땅에 충만하라, 땅을 **정복하라**
수 18:1　그들 앞에서 돌아와 **정복되었더라**
삼하 8:11　그가 **정복한** 모든 나라에서 얻은 은금
대하 17:2　아버지 아사가 **정복한** 에브라임 성읍
렘 48:7　너도 **정복**을 당할 것이요 그모스는 그의
렘 50:9　대열을 벌이고 쳐서 **정복할** 것이라
단 11:18　한 장군이 나타나 그의 **정복**을 그치게
슥 9:4　주께서 그를 **정복하시며** 그의 권세를

정사(政事, government)
사 9:6　어깨에는 **정사**를 메었고 그의 이름은
사 9:7　**정사**와 평강의 더함이 무궁하며 또 다윗

정선되다(精選, choice)
대상 7:40　우두머리요 **정선된** 용감한 장사요

정성/-되다(精誠, wholehearted)
대상 29:19　또 내 아들 솔로몬에게 **정성된** 마음을
렘 32:41　나의 마음과 **정성**을 다하여 그들을

정수 1(定數, number of prescribed)
스 3:4　초막절을 지켜 번제를 매일 **정수**대로

정수 2(精水, semen)
레 15:17　**정수**가 묻은 모든 옷과 가죽은 물에
겔 23:20　하체는 나귀 같고 그의 **정수**는 말 같은

정수리(頂, brow, top of the head)
창 49:26　뛰어난 자의 **정수리**로 돌아오리로다
신 28:35　생기게 하여 발바닥에서부터 **정수리**

신 33:16　구별한 자의 **정수리**에 임할지로다
신 33:20　암사자같이 엎드리고 팔과 **정수리**를
삼하 14:25　발바닥부터 **정수리**까지 흠이 없음이라
슥 9:6　이는 우리 죄악이 많아 **정수리**에 넘치고
욥 2:7　그의 발바닥에서 **정수리**까지 종기가
시 7:16　그의 포악은 자기 **정수리**에 내리리로다
시 68:21　짓고 다니는 자의 **정수리**는 하나님이
사 3:17　시온의 딸들의 **정수리**에 딱지가 생기게
렘 2:16　다바네스의 자손도 네 **정수리**를 상하였
렘 48:45　모압의 살쩍과 떠드는 자들의 **정수리**를

정숙하다(靜肅, calm-NIV, grave-KJV)
느 8:11　레위 사람들도 모든 백성을 **정숙하게**
딤전 2:15　여자들이 만일 **정숙함**으로써 믿음과
딤전 3:11　여자들도 이와 같이 **정숙하고** 모함하지

정식(正式, lawful)
행 19:39　외에 무엇을 원하면 **정식**으로 민회에서

정신(情神, courage, mind)
신 28:65　쇠하게 하고 **정신**을 산란하게 하시리니
수 2:11　너희로 말미암아 사람이 **정신**을 잃었나
수 5:1　이스라엘 자손들 때문에 **정신**을 잃었더
삿 15:19　삼손이 그것을 마시고 **정신**이 회복되어
삼상 18:10　그가 집 안에서 **정신** 없이 떠들어대므로
삼상 30:12　못하였음이니라 그가 먹고 **정신**을 차리
대하 9:4　올라가는 층계를 보고 **정신**이 황홀하여
욥 26:4　누구를 향하여 말하느냐 누구의 **정신**이
사 19:3　애굽인의 **정신**이 그 속에서 쇠약할 것이
겔 23:48　여인이 **정신**이 깨어 너희 음행을 본받지
겔 33:4　그들이 나팔 소리를 듣고도 **정신** 차리지
막 5:15　옷을 입고 **정신**이 온전하여 앉은 것을
눅 8:35　옷을 입고 **정신**이 온전하여 예수의 발치
행 12:11　이에 베드로가 **정신**이 들어 이르되 내가
고후 5:13　**정신**이 온전하여도 너희를 위한 것이니
살전 5:6　자지 말고 오직 깨어 **정신**을 차릴지라
살전 5:8　우리는 낮에 속하였으니 **정신**을 차리고
벧전 4:7　너희는 **정신**을 차리고 근신하여 기도

정신병(精神病, confusion of mind)
신 28:28　미치는 것과 눈 머는 것과 **정신병**으로

정신없다/**정신없이**(out of one's mind)

【 정오 】　　　　　　　　　　　　　　　　　　　　　　　　【 정의 】

렘 46:9	달려라 병거들아 **정신없이** 달려라
고후 11:23	그리스도의 일꾼이냐 **정신없는** 말을

정오(正午, at noon, at midday)

창 43:16	사람들이 **정오**에 나와 함께 먹을 것이니
창 43:25	예물을 정돈하고 요셉이 **정오**에 오기를
왕상 18:27	**정오**에 이르러는 엘리야가 그들을 조롱
왕상 18:29	**정오**가 지났고 그들이 미친 듯이 떠들어
왕상 20:16	그들이 **정오**에 나가니 벤하닷은 장막
느 8:3	수문 앞 광장에서 새벽부터 **정오**까지
시 37:6	나타내시며 네 공의를 **정오**의 빛같이
시 55:17	저녁과 아침과 **정오**에 내가 근심하여
아 1:7	네가 양 치는 곳과 **정오**에 쉬게 하는
렘 6:4	일어나라 우리가 **정오**에 올라가자 아하
행 26:13	왕이여 **정오**가 되어 길에서 보니 하늘로

정욕(情慾, desire, passion)

전 12:5	메뚜기도 짐이 될 것이며 **정욕**이 그치리
롬 13:14	예수 그리스도로 옷 입고 **정욕**을 위하여
고전 7:9	만일 절제할 수 없거든 결혼하라 **정욕**이
딤전 5:11	이는 **정욕**으로 그리스도를 배반할 때에
딛 2:12	**정욕**을 다 버리고 신중함과 의로움과
딛 3:3	여러 가지 **정욕**과 행락에 종 노릇 한
약 3:15	땅 위의 것이요 **정욕**의 것이요 귀신의
약 4:1	너희 지체 중에서 싸우는 **정욕**으로부터

성경에 나오는 '정욕'

- 마음의 정욕 - 롬 1:24
- 안목의 정욕 - 요일 2:16
- 육신의 정욕 - 요일 2:16
- 육체의 정욕 - 벧전 2:11; 벧후 2:18
- 정욕과 탐심 - 갈 5:24; 골 3:5
- 죄의 정욕 - 로마서 7:5
- 청년의 정욕 - 딤후 2:22

약 4:3	못함은 **정욕**으로 쓰려고 잘못 구하기
벧전 4:2	사람의 **정욕**을 따르지 않고 하나님의
벧전 4:3	너희가 음란과 **정욕**과 술취함과 방탕과
벧후 1:4	너희가 **정욕** 때문에 세상에서 썩어질
벧후 2:10	육체를 따라 더러운 **정욕** 가운데서 행하
벧후 3:3	조롱하는 자들이 와서 자기의 **정욕**을
요일 2:17	**정욕**도 지나가되 오직 하나님의 뜻을

유 1:16	불만을 토하는 자며 그 **정욕**대로 행하는
유 1:18	자기의 경건하지 않은 **정욕**대로 행하며

정원(庭園, garden house-KJV)

왕하 9:27	이를 보고 **정원**의 정자 길로 도망하니

정월(正月, first month)

대상 12:15	**정월**에 요단 강물이 모든 언덕에 넘칠

정의(正義, justice, righteousness)

모세오경 - 시가서

창 18:25	세상을 심판하시는 이가 **정의**를 행하실
출 23:6	너는 가난한 자의 송사라고 **정의**를 굽게
신 10:18	고아와 과부를 위하여 **정의**를 행하시며
신 32:41	내 손이 **정의**를 붙잡고 내 대적들에게
삼하 15:4	내게로 오는 자에게 내가 **정의** 베풀기를
대하 14:2	여호와 보시기에 선과 **정의**를 행하여
대하 31:20	선과 **정의**와 진실함으로 행하였으니
욥 8:3	하나님이 어찌 **정의**를 굽게 하시겠으며
욥 19:7	응답이 없고 도움을 간구하였으나 **정의**
욥 29:14	나의 **정의**는 겉옷과 모자 같았느니라
욥 32:9	노인이라고 **정의**를 깨닫는 것이 아니니
욥 34:4	우리가 **정의**를 가려내고 무엇이 선한가
욥 34:17	**정의**를 미워하시는 이시라면 어찌 그대
욥 36:17	그대에게 가득하였고 심판과 **정의**가
욥 37:23	권능이 지극히 크사 **정의**나 무한한 공의
시 25:9	온유한 자를 **정의**로 지도하심이여 온유
시 37:30	지혜로우며 그의 혀는 **정의**를 말하며
시 48:10	오른손에는 **정의**가 충만하였나이다
시 58:1	통치자들아 너희가 **정의**를 말해야 하거
시 72:2	공의로 재판하며 주의 가난한 자를 **정의**
시 89:14	**정의**가 주의 보좌의 기초라 인자함과
시 97:2	공의와 **정의**가 그의 보좌의 기초로다
시 101:1	내가 인자와 **정의**를 노래하겠나이다
시 106:3	**정의**를 지키는 자들과 항상 공의를 행하
시 111:7	그의 손이 하는 일은 진실과 **정의**이며
시 111:8	정하신 바요 진실과 **정의**로 행하신 바
시 112:5	잘 되나니 그 일을 **정의**로 행하리로다
시 140:12	궁핍한 자에게 **정의**를 베푸시리이다
시 146:7	사람들을 위해 **정의**로 심판하시며
잠 2:8	대저 그는 **정의**의 길을 보호하시며
잠 2:9	공의와 **정의**와 정직 곧 모든 선한 길을
잠 19:28	망령된 증인은 **정의**를 업신여기고 악인

【 정의 】 　　　　　　　　　　　　　　　　　　　　　　　　　　【 정죄/-하다/-되다 】

잠 21:3	공의와 **정의**를 행하는 것은 제사 드리는
잠 21:7	자기를 소멸하나니 이는 **정의**를 행하기
잠 21:15	**정의**를 행하는 것이 의인에게는 즐거움
잠 28:5	악인은 **정의**를 깨닫지 못하나 여호와를
잠 29:4	왕은 **정의**로 나라를 견고하게 하나 뇌물
전 3:16	**정의**를 행하는 곳 거기에도 악이 있도다

선지서 – 신약

사 1:17	선행을 배우며 **정의**를 구하며 학대 받는
사 1:21	어찌하여 창기가 되었는고 **정의**가 거기
사 1:27	시온은 **정의**로 구속함을 받고 그 돌아온
사 5:7	**정의**를 바라셨더니 도리어 포학이요
사 16:5	**정의**를 구하며 공의를 신속히 행하리라
사 28:17	**정의**를 측량줄로 삼고 공의를 저울추로
사 30:18	대저 여호와는 **정의**의 하나님이심이라
사 32:1	공의로 통치할 것이요 방백들이 **정의**로
사 32:16	그 때에 **정의**가 광야에 거하며 공의가
사 33:5	높은 곳에 거하심이요 **정의**와 공의를
사 40:14	그에게 **정의**의 길로 가르쳤으며 지식을
사 42:1	그에게 주었은즉 그가 이방에 **정의**를
사 42:3	등불을 끄지 아니하고 진실로 **정의**를
사 42:4	세상에 **정의**를 세우기에 이르니니 섬들
사 56:1	말씀하시기를 너희는 **정의**를 지키며
사 59:8	그들이 행하는 곳에는 **정의**가 없으며
사 59:9	그러므로 **정의**가 우리에게서 멀고 공의
사 59:11	비둘기같이 슬피 울며 **정의**를 바라나
사 59:14	**정의**가 뒤로 물리침이 되고 공의가 멀리
사 59:15	여호와께서 이를 살피시고 그 **정의**가
렘 5:1	만일 **정의**를 행하며 진리를 구하는 자를
렘 7:5	바르게 하여 이웃들 사이에 **정의**를
겔 34:16	내가 없애고 **정의**대로 그것들을 먹이리
호 2:19	공의와 **정의**와 은총과 긍휼히 여김으로
호 12:6	인애와 **정의**를 지키며 항상 너의 하나님
암 5:7	**정의**를 쓴 쑥으로 바꾸며 공의를 땅에
암 5:15	사랑하며 성문에서 **정의**를 세울지어다

'정의'와 관련된 성구
정의를 사랑하다 – 시 33:5; 37:28; 45:7; 99:4; 사 61:8
정의와 공의 – 창 18:19; 삼하 8:15; 왕상 10:9; 대상 18:14; 대하 9:8; 시 99:4; 119:121; 전 5:8; 사 9:7; 33:5; 렘 4:2; 9:24; 22:3, 15; 23:5; 33:15; 겔 18:5, 19, 21, 27; 33:14, 16, 19; 45:9

암 5:24	오직 **정의**를 물같이, 공의를 마르지
암 6:12	너희는 **정의**를 쓸개로 바꾸며 공의를
미 3:1	**정의**를 아는 것이 너희의 본분이 아니냐
미 3:8	능력과 **정의**와 용기로 충만해져서 야곱
미 3:9	**정의**를 미워하고 정직한 것을 굽게 하는
미 6:8	**정의**를 행하며 인자를 사랑하며 겸손
합 1:4	**정의**가 전혀 … 에워쌌으므로 **정의**가
말 2:17	말하기를 **정의**의 하나님이 어디 계시냐
마 23:23	율법의 더 중한 바 **정의**와 긍휼과 믿음

정의롭다(正義, justice, righteousness)

신 32:4	모든 길이 **정의롭고** 진실하고 거짓이
욥 13:18	내가 **정의롭다** 함을 얻을 줄 아노라
잠 1:3	지혜롭게, 공의롭게, **정의롭게**, 정직하
잠 8:20	나는 **정의로운** 길로 행하며 공의로운
사 5:16	만군의 여호와는 **정의로우시므로** 높임
렘 21:12	아침마다 **정의롭게** 판결하여 탈취당한

정자(亭子, garden house)

왕하 9:27 아하시야가 이를 보고 정원의 **정자** 길로

정절(貞節, propriety, purity)

딤전 2:9 옷을 입으며 소박함과 **정절**로써 자기를
딤전 4:12 사랑과 믿음과 **정절**에 있어서 믿는 자에

정제하다(整齊, wear)

에 1:11 왕후의 관을 **정제하고** 왕 앞으로 나아

정조(貞操, faithful)

호 5:7 그들이 여호와께 **정조**를 지키지 아니

정죄/-하다/-되다(定罪, guilty, condemn)
구약

신 25:1	의롭다 하고 악인은 **정죄할** 것이며
욥 9:20	내 입이 나를 **정죄하리니** 가령 내가 온전할지라도 나를 **정죄하시리라**
욥 9:29	**정죄하심을** 당할진대 어찌 헛되이 수고
욥 10:2	하나님께 아뢰오리니 나를 **정죄하지**
욥 15:6	**정죄한** 것은 내가 아니요 네 입이라
욥 32:3	대답하지 못하면서도 욥을 **정죄함이라**
욥 34:17	전능하신 이를 그대가 **정죄하겠느냐**
욥 34:29	침묵하신다고 누가 그를 **정죄하며** 그가
시 5:10	하나님이여 그들을 **정죄하사** 자기 꾀에

【 정죄/-하다/-되다 】　　　　　　　　　　　　　　　　　　　　　　【 정직/-하다/-히 】

시 32:2	여호와께 **정죄**를 당하지 아니하는 자는
시 37:33	재판 때에도 **정죄하지** 아니하시리로다
시 94:21	무죄한 자를 **정죄하여** 피를 흘리려 하나
잠 12:2	악을 꾀하는 자는 **정죄하심**을 받으리라
사 24:6	그중에 사는 자들이 **정죄함**을 당하였고
사 50:9	나를 도우시리니 나를 **정죄할** 자 누구냐
사 54:17	모든 혀는 네게 **정죄**를 당하리니 이는

신약

마 12:7	무죄한 자를 **정죄하지** 아니하였으리라
마 12:37	의롭다 함을 받고 네 말로 **정죄함**을
마 12:41	이 세대 사람을 **정죄하리니** 이는 그들이
마 12:42	일어나 이 세대 사람을 **정죄하리니** 이는
마 27:3	그의 **정죄됨**을 보고 스스로 뉘우쳐
막 14:64	예수를 사형에 해당한 자로 **정죄하고**
막 16:16	믿지 않는 사람은 **정죄**를 받으리라
눅 6:37	**정죄하지** 말라 그리하면 너희가 **정죄**를
눅 11:31	사람을 **정죄하리니** 이는 그가 솔로몬의
눅 11:32	세대 사람을 **정죄하리니** 이는 그들이
눅 23:40	네가 동일한 **정죄**를 받고서도 하나님을
요 3:19	**정죄**는 이것이니 곧 빛이 세상에 왔으되
요 8:10	그들이 어디 있느냐 너를 **정죄한** 자가
요 8:11	너를 **정죄하지** 아니하노니 가서 다시는
행 13:27	**정죄하여** 선지자들의 말을 응하게
행 25:15	장로들이 그를 고소하여 **정죄하기**를
롬 2:1	판단하는 것으로 네가 너를 **정죄함**이니
롬 2:27	범하는 너를 **정죄하지** 아니하겠느냐
롬 3:8	말을 한다고 하니 그들은 **정죄** 받는 것이
롬 5:16	사람으로 말미암아 **정죄**에 이르렀으나
롬 5:18	범죄로 많은 사람이 **정죄**에 이른 것같이
롬 8:1	예수 안에 있는 자에게는 결코 **정죄함**
롬 8:34	누가 **정죄하리요** 죽으실 뿐 아니라 다시
롬 14:22	바로 자기를 **정죄하지** 아니하는 자는
롬 14:23	의심하고 먹는 자는 **정죄되었나니** 이는
고전 11:32	우리로 세상과 함께 **정죄함**을 받지 않게
고후 3:9	**정죄**의 직분도 영광이 있은즉 의의 직분
고후 7:3	너희를 **정죄하려고** 하는 것이 아니라
골 2:18	숭배를 이유로 너희를 **정죄하지** 못하게
딤전 3:6	마귀를 **정죄하는** 그 정죄에 빠질까 함이
딤전 5:12	믿음을 저버렸으므로 **정죄**를 받느니
딛 3:11	부패하여 스스로 **정죄한** 자로서 죄를
히 11:7	이로 말미암아 세상을 **정죄하고** 믿음을
약 2:9	율법이 너희를 범법자로 **정죄하리라**
약 5:6	너희는 의인을 **정죄하고** 죽였으나 그는
약 5:12	생각하는 것은 아니라 하여 **정죄** 받음을
유 1:15	말미암아 그들을 **정죄하려** 하심이라

정중하다(鄭重, respect)

| 딤전 3:8 | 집사들도 **정중하고** 일구이언을 하지 |

정직/-하다/-히(正直, innocence, right)

창 44:16	어떻게 우리의 **정직함**을 나타내리이까
신 6:18-19	여호와께서 보시기에 **정직하고** 선량한
신 9:5	마음이 **정직함**으로 말미암음도 아니요
신 13:18	하나님 여호와의 목전에서 **정직하게**
삼상 29:6	네가 **정직하여** 내게 온 날부터 오늘까지
느 9:13	말씀하사 **정직한** 규례와 진정한 율법과
욥 1:1	사람은 온전하고 **정직하여** 하나님을
욥 1:8	그와 같이 온전하고 **정직하여** 하나님을
욥 2:3	그와 같이 온전하고 **정직하여** 하나님을
욥 8:6	청결하고 **정직하면** 반드시 너를 돌보시
욥 33:3	마음의 **정직함**이 곧 내 말이며 내 입술
시 9:8	세계를 심판하심이여 **정직**으로 만민에
시 15:2	**정직하게** 행하며 공의를 실천하며 그의
시 19:8	교훈은 **정직하여** 마음을 기쁘게 하고
시 19:13	**정직하여** 큰 죄과에서 벗어나겠나이다

'정직'과 관련된 성구

여호와 보시기에 정직하게 행하다 – 왕상 15:5, 11; 22:43; 왕하 12:2; 14:3; 15:3, 34; 16:2; 18:3; 22:2; 대하 20:32; 24:2; 25:2; 26:4; 27:2; 28:1; 29:2; 34:2

정직한 길 – 잠 2:13; 4:11

정직한 마음 – 왕상 3:6; 대상 29:17; 시 119:7

정직한 사람 – 잠 16:17

정직한 영 – 시 51:10

정직한 일 – 신 21:9; 왕상 11:33; 14:8; 왕하 10:30

정직한 자 – 왕하 10:3; 욥 4:7; 17:8; 23:7; 시 7:10; 11:7; 33:1; 36:10; 37:14, 37; 49:14; 64:10; 94:15; 97:11; 107:42; 111:1; 112:2, 4; 125:4; 140:13; 잠 2:7, 21; 3:32; 10:29; 11:3, 6, 11; 12:6; 13:6; 14:9, 11; 15:8, 19; 21:18, 29; 28:10; 29:10; 사 26:10; 미 7:2, 4

정처

시 25:8	여호와는 선하시고 **정직**하시니
시 25:21	내가 주를 바라오니 성실과 **정직**으로
시 32:11	마음이 **정직**한 너희들아 다 즐거이 외칠
시 33:4	여호와의 말씀은 **정직**하며 그가 행하시
시 78:8	그들의 마음이 **정직**하지 못하며 그 심령
시 84:11	은혜와 영화를 주시며 **정직**하게 행하는
시 92:15	여호와의 **정직**하심과 나의 바위 되심
잠 2:9	네가 공의와 정의와 **정직** 곧 모든 선한
잠 8:6	말하리라 내 입술을 열어 **정직**을 내리라
잠 8:9	아는 바요 지식 얻은 자가 **정직**하게
잠 12:5	의인의 생각은 **정직**하여도 악인의 도모
잠 14:2	**정직**하게 행하는 자는 여호와를 경외
잠 16:13	기뻐하는 것이요 **정직**하게 말하는
잠 17:26	벌하는 것과 귀인을 **정직**하다고 때리는
잠 20:11	품행이 청결한 여부와 **정직**한 여부를
잠 21:2	보기에는 모두 **정직**하여도 여호와는
잠 23:16	만일 네 입술이 **정직**을 말하면 내 속이
전 7:29	하나님은 사람을 **정직**하게 지으셨으나
전 12:10	말씀을 **정직**하게 기록하였느니라
사 11:4	심판하며 **정직**으로 세상의 겸손한 자를
사 26:7	길은 **정직함이여** 정직하신 주께서
사 33:15	공의롭게 행하는 자, **정직**히 말하는
사 45:19	여호와는 의를 말하고 **정직**한 것을 알리
사 59:14	거리에 엎드러지고 **정직**이 나타나
렘 8:6	기울여 들은즉 그들이 **정직**을 말하지
렘 23:10	힘쓰는 것이 **정직**하지 못함이로다
호 14:9	여호와의 도는 **정직**하니 의인은 그 길로
암 5:10	책망하는 자를 미워하며 **정직**히 말하는
미 2:7	말이 **정직**하게 행하는 자에게 유익하지
미 3:9	곧 정의를 미워하고 **정직**한 것을 굽게
합 2:4	마음은 교만하며 그 속에서 **정직**하지
말 2:6	화평함과 **정직함**으로 나와 동행하며

정처(定處, certain dwelling place)

삼하 15:20	너는 어제 왔고 나는 **정처** 없이 가니
고전 4:11	목마르며 헐벗고 매맞으며 **정처**가 없고

정탐/-꾼(偵探, spy)

창 42:9	너희는 **정탐꾼**
창 42:11	당신의 종들은 **정탐꾼**이 아니니이다
창 42:14	**정탐꾼**들이라 한 말이 이것이니라
창 42:16	아니하면 너희는 과연 **정탐꾼**이니라

정탐하다

창 42:30	우리를 그 땅에 대한 **정탐꾼**으로 여기기
창 42:31	확실한 자들이요 **정탐꾼**이 아니니이다
창 42:34	그러면 너희가 **정탐꾼**이 아니요 확실한
수 2:1	싯딤에서 두 사람을 **정탐꾼**으로 보내며
삿 1:24	**정탐꾼**들이 그 성읍에서 한 사람이 나오
삼상 26:4	이에 다윗이 **정탐꾼**을 보내어 사울이
삼하 15:10	압살롬이 **정탐**을 이스라엘 모든 지파
왕상 20:17	벤하닷이 **정탐꾼**을 보냈더니 그들이
눅 20:20	넘기려 하여 **정탐**들을 보내어 그들로
히 11:31	믿음으로 기생 라합은 **정탐꾼**을 평안히

정탐하다(偵探, explore)

민 13:2	땅을 **정탐**하게 하되 그들의 조상의 가문
민 13:16	이는 모세가 땅을 **정탐**하러 보낸 자들
민 13:17	모세가 가나안 땅을 **정탐**하러 그들을
민 13:18	어떠한지 **정탐**하라 곧 그 땅 거민이
민 13:21	이에 그들이 올라가서 땅을 **정탐**하되
민 13:25	사십 일 동안 땅을 **정탐**하기를 마치고
민 13:32	그 **정탐**한 땅을 … 두루 다니며 **정탐**한
민 14:6	땅을 **정탐**한 자 중 눈의 아들 여호수아
민 14:7	두루 다니며 **정탐**한 땅은 심히 아름다운
민 14:34	너희는 그 땅을 **정탐**한 날 수인 사십
민 14:36	보냄을 받고 땅을 **정탐**하고 돌아와서
민 14:38	땅을 **정탐**하러 갔던 사람들 중에서 오직
민 21:32	사람을 보내어 야셀을 **정탐**하게 하고
신 1:22	그 땅을 **정탐**하고 어느 길로 올라가야
신 1:24	골짜기에 이르러 그 곳을 **정탐**하고
수 2:2	몇 사람이 이 땅을 **정탐**하러 이리로
수 2:3	끌어내라 그들은 이 온 땅을 **정탐**하러
수 6:22	여호수아가 그 땅을 **정탐**한 두 사람에게
수 6:23	**정탐**한 젊은이들이 들어가서 라합과
수 6:25	여호수아가 여리고를 **정탐**하려고 보낸
수 7:2	올라가서 그 땅을 **정탐**하라 하매 그 사람들이 올라가서 아이를 **정탐**하고
수 14:7	땅을 **정탐**하게 하였으므로 내가 성실한
삿 1:23	요셉 가문이 벧엘을 **정탐**하게 하였는데
삿 18:2	땅을 **정탐**하고 살피게 하며 그들에게
삿 18:14	라이스 땅을 **정탐**하러 갔던 다섯 사람
삿 18:17	땅을 **정탐**하러 갔던 다섯 사람이 그리
삼상 23:23	모든 곳을 **정탐**하고 실상을 내게 보고
왕하 7:13	사람을 보내 **정탐**하게 하소서 그것들이
왕하 7:14	아람 군대 뒤로 보내며 가서 **정탐**하라
대상 19:3	땅을 엿보고 **정탐**하여 전복시키고자

【 정하다 】   【 정하다 】

정하다(set, put, designate, repay, clean)
1. 어떻게 하기로 마음먹다(set, put, designate)
모세오경, 역사서

창 24:14	주의 종 이삭을 위하여 **정하신** 자라
창 30:28	네 품삯을 **정하라** 내가 그것을 주리라
창 41:32	하나님이 이 일을 **정하셨음이라** 하나님
출 9:5	여호와께서 기한을 **정하여** 이르시되
출 15:25	그들을 위하여 법도와 율례를 **정하시고**
출 19:12	주위에 경계를 **정하고** 이르기를 너희는
출 21:13	그를 위하여 한 곳을 **정하리니** 그 사람
출 23:15	네게 명령한 대로 아빕월의 **정한** 때에
출 23:31	광야에서부터 강까지 **정하고** 그 땅에
출 33:5	어떻게 할 것인지 **정하겠노라** 하셨음이
레 23:4	그 **정한** 때에 성회로 공포할 여호와의
레 25:50	따라서 그 몸의 값을 **정할** 때에 그 사람
레 27:2	서원하였으면 너는 그 값을 **정할지니**
레 27:3	**정한** 값은 스무 살로부터 예순 살까지
레 27:8	**정한** 값을 감당하지 … 그 값을 **정하되**
	그 서원자의 형편대로 값을 **정할지니**
레 27:13	그가 그것을 무르려면 네가 **정한** 값에
레 27:14	**정할지니** 그 값은 제사장이 **정한** 대로
레 27:15	집을 무르려면 네가 값을 **정한** 돈에
레 27:16	네가 값을 **정하되** 보리 한 호멜지기에는
레 27:17	성별하여 드렸으면 그 값을 네가 **정한**
레 27:19	**정한** 돈에 그 오분의 일을 더할지니
레 27:25	네가 **정한** 모든 값은 성소의 세겔로
레 27:27	네가 **정한** 값에 그 오분의 일을 더하여
민 6:12	여호와께 드릴 날을 새로 **정하고**
민 9:2	자손에게 유월절을 그 **정한** 기일에 지키
민 9:3	그 **정한** 기일 곧 이 달 열넷째 날 해
민 9:7	자손과 함께 **정한** 기일에 여호와께
민 10:10	너희의 희락의 날과 너희가 **정한** 절기와
민 15:3	제사나 낙헌제나 **정한** 절기제에 소나
민 18:16	**정한** 대로 성소의 세겔을 따라 은 다섯
민 28:2	향기로운 것을 너희가 그 **정한** 시기에
민 28:6	시내 산에서 **정한** 상번제로서 여호와께
민 35:11	도피성으로 **정하여** 부지중에 살인한
신 3:16	골짜기의 중앙으로 지역을 **정하였으니**
신 19:14	조상이 **정한** 네 이웃의 경계표를 옮기지
신 19:15	증인으로만 **정할** 것이 아니요 두 증인의
신 25:8	그가 이미 **정한** 뜻대로 말하기를 내가
신 32:8	수효대로 백성의 경계를 **정하셨도다**
수 8:14	아라바 앞에 이르러 **정한** 때에 이스라엘
수 20:2	말한 도피성들을 너희를 위해 **정하여**
삼상 13:8	사울은 사무엘이 **정한** 기한대로 이레
삼상 13:11	백성은 내게서 흩어지고 당신은 **정한**
삼상 20:35	작은 아이를 데리고 다윗과 **정한** 시간에
삼상 29:4	왕이 그에게 **정하신** 그 처소로 가게
삼하 7:10	이스라엘을 위하여 한 곳을 **정하여** 그를
삼하 20:5	사람을 모으러 가더니 왕이 **정한** 기일에
삼하 24:15	그 아침부터 **정하신** 때까지 전염병을
왕상 1:27	이것이 내 주 왕께서 **정하신** 일이니이까
왕상 8:32	종들을 심판하사 악한 자의 죄를 **정하여**
왕상 12:32	절기를 **정하여** 유다의 절기와 비슷하게
왕상 12:33	마음대로 **정한** 달 … 절기로 **정하고**
왕하 18:14	달란트를 **정하여** 유다 왕 히스기야에게
왕하 19:25	옛날부터 **정한** 바라 이제 내가 이루어
왕하 23:35	사람의 힘대로 액수를 **정하고** 은금을
대상 17:9	이스라엘을 위하여 한 곳을 **정하여** 그들
대상 23:31	그가 명령하신 규례의 **정한** 수효대로
대상 28:14	은 기구를 만들 은의 무게를 **정하고**
대상 28:16	금의 무게를 **정하고** 은상을 만들 은도
대상 28:17	곧 각 잔을 만들 은의 무게를 **정하고**
대하 1:16	왕의 무역상들이 떼로 값을 **정하여**
대하 3:1	오르난의 타작 마당에 다윗이 **정한** 곳이
대하 6:23	악한 자의 죄를 **정하여** 그의 행위대로
대하 8:13	안식일과 초하루와 **정한** 절기 곧 일년의
대하 8:14	제사장들의 반열을 **정하여** 섬기게 하고
대하 9:24	말과 노새라 해마다 **정한** 수가 있었더라
대하 20:33	백성이 여전히 마음을 **정하여** 그들의
대하 23:18	자기들의 **정한** 규례대로 즐거이 부르고
대하 24:6	회중이 성막을 위하여 **정한** 세를 유다와
대하 30:3	못하였으므로 그 **정한** 때에 지킬 수
대하 31:2	레위 사람들의 반열을 **정하고** 그들의
대하 31:3	얼마를 **정하여** 여호와의 율법에 기록된
대하 33:8	다시는 그의 조상들에게 **정하여** 준 땅에
스 7:26	죄를 **정하여** 혹 죽이거나 귀양 보내거나
느 2:6	좋게 여기시기로 내가 기한을 **정하고**
느 10:32	스스로 규례를 **정하기를** 해마다 각기
느 12:44	율법에 **정한** 대로 거제물과 처음 익은
느 13:31	또 **정한** 기한에 나무와 처음 익은 것을
에 2:12	여자에 대하여 **정한** 규례대로 열두 달
에 2:15	내시 헤개가 **정한** 것 외에는 다른 것을
에 9:27	뜻을 **정하고** 자기들과 자손과 자기들과
에 9:31	**정한** 기간에 이 부림일을 지키게 하였
	으니 … 자기 자손을 위하여 **정한** 바가

【 정하다 】　　　　　　　　　　　　　　　　【 정하다 】

시가서, 선지서

사 23:8	두로에 대하여 누가 이 일을 **정하**였느냐
욥 11:13	네가 마음을 바로 **정하**고 주를 향하여
사 23:9	여호와께서 그것을 **정하신** 것이라 모든
욥 14:5	**정하셨고** 그의 달수도 주께 있으므로
사 25:1	기사를 옛적에 **정하신** 뜻대로 성실함
	그의 규례를 **정하여** 넘어가지 못하게
사 28:25	대맥을 **정한** 곳에 심으며 귀리를 그
욥 14:13	나를 위하여 규례를 **정하시**고 나를 기억
사 37:26	상고부터 **정한** 바로서 이제 내가 이루어
욥 20:29	분깃이요 하나님이 그에게 **정하신** 기업
사 44:14	한 나무를 **정하며** 나무를 심고 비를
욥 23:12	명령을 어기지 아니하고 **정한** 음식보다
사 48:13	기초를 **정하**였고 내 오른손이 하늘을
욥 28:25	무게를 **정하시며** 물의 분량을 **정하시며**
사 51:13	하늘을 펴고 땅의 기초를 **정하**고 너를
욥 28:26	비 내리는 법칙을 **정하시**고 비구름의
사 51:16	땅의 기초를 **정하며** 시온에게 이르기를
욥 30:23	생물을 위하여 **정한** 집으로 돌려보내
사 62:2	여호와의 입으로 **정하실** 새 이름으로
욥 34:14	그가 만일 뜻을 **정하시**고 그의 영과
렘 1:15	어귀에 각기 자리를 **정하고** 그 사방
욥 36:23	누가 그를 위하여 그의 길을 **정하**였느냐
렘 5:24	우리를 위하여 추수 기한을 **정하시**는
욥 38:5	누가 그것의 도량법을 **정하**였는지, 누가
렘 8:7	**정한** 시기를 알고 산비둘기와 제비와
욥 38:10	한계를 **정하여** 문빗장을 지르고
렘 13:25	내가 헤아려 **정하여** 네게 준 분깃이니
시 37:23	여호와께서 사람의 걸음을 **정하시**고
렘 31:35	밤의 빛으로 **정하**였고 바다를 뒤흔들어
시 74:17	주께서 땅의 경계를 **정하시며** 주께서
렘 33:25	법칙을 내가 **정하지** 아니하였다면
시 75:2	주의 말씀이 내가 **정한** 기약이 이르면
렘 47:7	해변을 치려 하여 그가 **정하셨느니라**
시 78:5	법도를 이스라엘에게 **정하시**고
애 2:17	여호와께서 이미 **정하신** 일을 행하시고
시 102:13	그에게 은혜를 베푸실 때라 **정한** 기한이
겔 4:5	네게 날수를 **정하**였나니 곧 삼백구십
시 102:20	탄식을 들으시며 죽기로 **정한** 자를
겔 4:6	내가 네게 사십 일로 **정하**였나니 하루가
시 104:8	그들을 위하여 **정하여** 주신 곳으로
겔 7:7	땅 주민아 **정한** 재앙이 네게 임하도다
시 104:9	물의 경계를 **정하여** 넘치지 못하게
겔 36:38	예루살렘이 **정한** 절기의 양 무리같이
시 104:19	달로 절기를 **정하심**이여 해는 그 지는
겔 43:21	수송아지를 가져다가 성전의 **정한** 처소
시 108:1	마음을 **정하**였사오니 내가 노래하며
겔 44:24	모든 **정한** 절기에는 내 법도와 율례를
시 111:8	영원무궁토록 **정하신** 바요 진실과 정의
겔 45:14	기름은 **정한** 규례대로 한 고르에서 십분
시 112:7	의뢰하고 그의 마음을 굳게 **정하**였도다
겔 45:17	이스라엘 족속의 모든 **정한** 명절에 갖추
시 118:24	여호와께서 **정하신** 것이라 이 날에 우리
겔 46:9	그러나 모든 **정한** 절기에 이 땅 백성이
시 119:5	길을 굳게 **정하사** 주의 율례를 지키게
단 1:8	다니엘은 뜻을 **정하여** 왕의 음식과 그가
시 119:106	지키기로 맹세하고 굳게 **정하**였나이다
단 6:7	한 법률을 세우며 한 금령을 **정하실**
시 139:16	나를 위하여 **정한** 날이 하루도 되기
단 7:12	생명은 보존되어 **정한** 시기가 이르기를
시 148:6	폐하지 못할 명령을 **정하셨도**다
단 8:17	이 환상은 **정한** 때 끝에 관한 것이니라
잠 8:29	**정하여** 물이 명령을 거스르지 못하게
단 9:24	일흔 이레를 기한으로 **정하**였나니 허물
	하시며 또 땅의 기초를 **정하실** 때에
단 9:27	이미 **정한** 종말까지 진노가 황폐하게
잠 15:25	허시며 과부의 지계를 **정하시느니라**
단 11:35	이르게 하리니 이는 아직 **정한** 기한이
잠 30:4	땅의 모든 끝을 **정한** 자가 누구인지,
호 6:11	네게도 추수할 일을 **정하**였느니라
잠 31:15	나누어 주며 여종들에게 일을 **정하여**
호 11:12	거룩하신 자에게 대하여 **정함**이 없도다
전 10:17	기력을 보하려고 **정한** 때에 먹는 나라여
욜 1:14	너희는 금식일을 **정하**고 성회를 소집
사 1:14	너희의 월삭과 **정한** 절기를 싫어하나니
욜 2:15	거룩한 금식일을 **정하**고 성회를 소집
사 14:26	이것이 온 세계를 향하여 **정한** 경영이며
미 6:9	그것을 **정하신** 이가 누구인지 들을지니
사 16:14	말씀하여 이르시되 품꾼의 **정한** 해와
합 2:3	이 묵시는 **정한** 때가 있나니 그 종말이
사 19:12	여호와께서 애굽에 대하여 **정하신** 뜻을
습 3:7	형벌을 내리기로 **정하기는** 하였지만
사 19:17	여호와께서 애굽에 대하여 **정하신** 계획
습 3:8	내가 뜻을 **정하**고 나의 분노와 모든
사 21:16	품꾼의 **정한** 기한같이 일 년 내에 게달
말 3:17	내가 **정한** 날에 그들을 나의 특별한

【 정하다 】   【 젖 】

신약

행 2:23 하나님께서 **정하신** 뜻과 미리 아신 대로
행 10:42 죽은 자의 재판장으로 **정하신** 자가
행 16:37 사람인 우리를 죄도 **정하지** 아니하고
행 17:26 그들의 연대를 **정하시며** 거주의 경계를
행 20:13 가고자 하여 그렇게 **정하여** 준 것이라
행 22:25 시민 된 자를 죄도 **정하지** 아니하고
행 28:23 그들이 날짜를 **정하고** 그가 유숙하는
롬 1:32 하나님께서 **정하심을** 알고도 자기들만
롬 8:29 미리 **정하셨으니** 이는 그로 많은 형제
롬 8:30 또 미리 **정하신** 그들을 또한 부르시고
롬 13:1 모든 권세는 다 하나님께서 **정하신** 바라
고전 2:7 영광을 위하여 만세 전에 미리 **정하신**
고전 7:37 그가 마음을 **정하고** 또 부득이한 일도
고후 9:7 각각 그 마음에 **정한** 대로 할 것이요
갈 3:6 그것을 그에게 의로 **정하셨다함과**
갈 3:8 믿음으로 말미암아 의로 **정하실** 것을
갈 3:15 사람의 언약이라도 **정한** 후에는 아무도
갈 3:17 하나님께서 미리 **정하신** 언약을 사백
갈 4:2 아버지가 **정한** 때까지 후견인과 청지기
히 4:7 다시 어느 날을 **정하여** 오늘이라고 미리
히 11:28 유월절과 피 뿌리는 예식을 **정하였으니**
약 1:8 두 마음을 품어 모든 일에 **정함이** 없는
벧전 2:8 넘어지나니 이는 그들을 이렇게 **정하신**
벧후 2:6 소돔과 고모라 성을 멸망하기로 **정하여**

† **정하다 1 - 기타 본문**

창 24:44; 레 27:12, 18, 23; 민 9:13; 대하 24:9; 느 10:33, 34; 겔 7:10; 단 8:19; 말 4:3

2. 맑고 깨끗하다(clean)

레 10:10 분별하며 부정하고 **정한** 것을 분별하고
레 11:32 저녁까지 부정하다가 **정할** 것이며
레 11:37 종자에 떨어지면 그것이 **정하거니와**
레 11:47 부정하고 **정한** 것과 먹을 생물과 먹지
레 13:6 제사장이 그를 **정하다** 할 것이요 그의 옷을 빨 것이라 그리하면 **정하리라**
레 13:13 전신에 퍼졌으면 그 환자를 **정하다** 할 지니 다 희어진 자인즉 **정하거니와**
레 13:34 그는 그를 **정하다** 할 것이요 그는 자기의 옷을 빨아서 **정하게** 되려니와
레 13:37 사람은 정하니 제사장은 그를 **정하다**
레 13:39 발생한 어루러기라 그는 **정하니라**
레 13:40 머리털이 빠지면 그는 대머리니 **정하고**
레 13:58 그것을 다시 빨아야 **정하리라**
레 13:59 발생한 나병 색점의 **정하고** 부정한 것을
레 14:7 일곱 번 뿌려 **정하다** 하고 그 살아 있는
레 14:8 몸을 씻을 것이라 그리하면 **정하리니**
레 14:48 나은 것이니 제사장은 그 집을 **정하다**
레 14:57 **정함을** 가르치는 것이니 나병의 규례가
레 15:8 **정한** 자에게 침을 뱉으면 **정한** 자는
레 15:13 몸을 씻을 것이라 그러면 그가 **정하리니**
레 15:28 그치면 이레를 센 후에야 **정하리니**
레 16:21 염소의 머리에 두어 미리 **정한** 사람에게
레 20:25 **정하고** 부정함과 새가 **정하고** 부정함을
레 22:7 때에야 **정하리니** 그 후에야 그 성물을
민 19:9 재를 거두어 진영 밖 **정한** 곳에 둘지니
민 19:12 그리하면 **정하려니와** 셋째 날과 일곱째
신 12:15 그 고기를 먹을 수 있나니 곧 **정한** 자나
신 15:22 성중에서 먹되 부정한 자나 **정한** 자가
시 51:7 내가 **정하리이다** 나의 죄를 씻어 주소서
시 51:10 속에 **정한** 마음을 창조하시고 내 안에
시 78:37 하나님께 향하는 그들의 마음이 **정함**
잠 15:7 미련한 자의 마음은 **정함이** 없느니라
잠 20:9 내가 내 마음을 **정하게** 하였다 내 죄를
렘 33:8 그 모든 죄악에서 **정하게** 하며 그들을
겔 22:26 부정함과 **정한** 것을 사람이 구별하게
겔 44:23 구별을 가르치며 부정한 것과 **정한** 것을
마 3:12 자기의 타작 마당을 **정하게** 하사 알곡
눅 3:17 자기의 타작 마당을 **정하게** 하사 알곡
딤전 6:17 마음을 높이지 말고 **정함이** 없는 재물

† **정하다 2 - 기타 본문**

레 13:17, 23, 28, 41; 14:9

정혼하다(定婚, betroth)

레 19:20 사람과 **정혼한** 여종 곧 아직 속량되거나
삼하 3:14 사람의 포피 백 개로 나와 **정혼한** 자니

정확하다(正確, very clear, adequate)

신 27:8 위에 분명하고 **정확하게** 기록할지니라
에 4:7 바치기로 한 은의 **정확한** 액수를 하다
행 18:26 하나님의 도를 더 **정확하게** 풀어 이르

젖(milk)

창 21:7 이르되 사라가 자식들을 **젖** 먹이겠다고

2099

[젖]   [젖동생]

창 21:8	아이가 자라매 **젖**을 떼고 이삭이 **젖**을	아 8:1	어머니의 **젖**을 먹은 오라비 같았더라면
창 32:15	**젖** 나는 낙타 삼십과 그 새끼요 암소가	사 7:22	그것들이 내는 **젖**이 많으므로 엉긴 **젖**을
창 49:25	깊은 샘의 복과 **젖** 먹이는 복과 태의	사 11:8	**젖** 먹는 아이가 독사의 구멍에서 장난
출 2:7	불러다가 이 아기에게 **젖**을 먹이게		하며 **젖** 뗀 어린 아이가 독사의 굴에
출 2:9	나를 위하여 **젖**을 먹이라 내가 그 삯을	사 28:9	**젖** 떨어져 품을 떠난 자들에게 하려는가
	주리라 여인이 아기를 데려다가 **젖**을	사 40:11	모아 품에 안으시며 **젖** 먹이는 암컷들을
출 23:19	너는 염소 새끼를 그 어미의 **젖**으로	사 49:15	여인이 어찌 그 **젖** 먹는 자식을 잊겠으
출 34:26	새끼를 그 어미의 **젖**으로 삶지 말지니라	사 55:1	돈 없이, 값 없이 와서 포도주와 **젖**을
민 11:12	양육하는 아버지가 **젖** 먹는 아이를 품듯	사 60:16	이방 나라들의 **젖**을 빨며 뭇 왕의 **젖**을
		사 66:11	**젖**을 빠는 것같이 그 위로하는 품에서
			만족하겠고 **젖**을 넉넉히 빤 것같이

> **'젖'과 관련된 성구**
>
> 엉긴 젖 – 창 18:8; 신 32:14; 욥 10:10;
>   20:17; 잠 30:33; 사 7:15, 22
> 젖과 꿀 – 출 3:8, 17; 13:5; 33:3; 레
>   20:24; 민 13:27; 14:8; 16:13, 14;
>   신 6:3; 11:9; 26:9, 15; 27:3; 31:20;
>   수 5:6; 사 7:15, 22; 렘 11:5; 32:22;
>   겔 20:6, 15

		사 66:12	너희가 그 성읍의 **젖**을 빨 것이며 너희
		렘 44:7	남자와 여자와 아이와 **젖** 먹는 자를
		애 2:11	패망하여 어린 자녀와 **젖** 먹는 아이들
		애 4:3	들개들도 **젖**을 주어 그들의 새끼를 먹이
		애 4:7	눈보다 깨끗하고 **젖**보다 희며 산호들보
		겔 25:4	네 열매를 먹으며 네 **젖**을 마실지라
		호 1:8	고멜이 로루하마를 **젖** 뗀 후에 또 임신
		호 9:14	아이 배지 못하는 태와 **젖** 없는 유방을
신 14:21	염소 새끼를 그 어미의 **젖**에 삶지 말지	욜 2:16	장로들을 모으며 어린이와 **젖** 먹는 자를
신 32:14	소의 엉긴 **젖**과 양의 **젖**과 어린 양의	욜 3:18	작은 산들이 **젖**을 흘릴 것이며 유다
신 32:25	처녀도 백발 노인과 함께 **젖** 먹는 아이	마 24:19	아이 밴 자들과 **젖** 먹이는 자들에게
삼상 1:22	그의 남편에게 이르되 아이를 **젖** 떼거든	막 13:17	아이 밴 자들과 **젖** 먹이는 자들에게
삼상 1:23	그를 **젖** 떼기까지 기다리라 오직 여호	눅 11:27	당신을 밴 태와 당신을 먹인 **젖**이 복이
	와께서 … 양육하며 그가 **젖** 떼기까지	눅 21:23	**젖** 먹이는 자들에게 화가 있으리니 이는
삼상 1:24	**젖**을 뗀 후에 그를 데리고 올라갈새	눅 23:29	해산하지 못한 배와 먹이지 못한 **젖**이
삼상 6:7	멍에를 메어 보지 아니한 **젖** 나는 소	고전 3:2	**젖**으로 먹이고 밥으로 아니하였노니
삼상 6:10	그 사람들이 그같이 하여 **젖** 나는 소	고전 9:7	양 떼를 기르고 그 양 떼의 **젖**을 먹지
삼상 7:9	사무엘이 **젖** 먹는 어린 양 하나를 가져	히 5:12	단단한 음식은 못 먹고 **젖**이나 먹어야
삼상 15:3	남녀와 소아와 **젖** 먹는 아이와 우양과	히 5:13	이는 **젖**을 먹는 자마다 어린아이니 의의
삼상 22:19	남녀와 아이들과 **젖** 먹는 자들과 소와	벧전 2:2	갓난아기들같이 순전하고 신령한 **젖**을
왕상 3:21	내가 내 아들을 **젖** 먹이려고 일어나		
왕상 11:20	아이를 바로의 궁중에서 **젖**을 떼게 하매	**젖다**(drench)	
욥 3:12	받았던가 어찌하여 내가 **젖**을 빨았던가	신 29:19	내가 내 마음이 완악하여 **젖**은 것과
욥 10:10	**젖**과 같이 쏟으셨으며 엉긴 **젖**처럼	욥 24:8	산중에서 만난 소나기에 **젖으며** 가릴
욥 21:24	그의 그릇에는 **젖**이 가득하며 그의 골수	단 4:15	그것이 하늘 이슬에 **젖고** 땅의 풀 가운데
욥 29:6	**젖**으로 내 발자취를 씻으며 바위가 나를	단 4:23	그것이 하늘 이슬에 **젖고** 또 들짐승들과
시 22:9	내 어머니의 **젖**을 먹을 때에 의지하게	단 4:25	하늘 이슬에 **젖을** 것이요 이와 같이
시 131:2	**젖** 뗀 아이가 그의 어머니 품에 있음	단 4:33	몸이 하늘 이슬에 **젖고** 머리털이 독수리
	같게 하였나니 내 영혼이 **젖** 뗀 아이와	단 5:21	그의 몸이 하늘 이슬에 **젖었으며** 지극히
잠 27:27	염소의 **젖**은 넉넉하여 너와 네 집의		
잠 30:33	대저 **젖**을 저으면 엉긴 **젖**이 되고 코를	**젖동생**(who be brought up with someone)	
아 4:11	혀 밑에는 꿀과 **젖**이 있고 네 의복의	행 13:1	분봉 왕 헤롯의 **젖동생** 마나엔과 및

【 젖먹이 】　　　　　　　　　　　　　　　　【 제거하다/제거당하다/제거되다 】

젖먹이(infant)
시 8:2　　아이들과 **젖먹이**들의 입으로 권능을
애 4:4　　**젖먹이**가 목말라서 혀가 입천장에 붙음
마 21:16　그렇다 어린 아기와 **젖먹이**들의 입에

젖양(sheep)
시 78:71　**젖양**을 지키는 중에서 그들을 이끌어

제 1(own)
신 18:20　말을 **제** 마음대로 내 이름으로 전하든지
신 18:22　선지자가 **제** 마음대로 한 말이니 너는
사 53:6　양 같아서 그릇 행하여 각기 **제** 길로
마 16:25　누구든지 **제** 목숨을 구원하고자 하면
마 16:26　**제** 목숨을 잃으면 … **제** 목숨과 바꾸겠
눅 9:23　자기를 부인하고 날마다 **제** 십자가를
눅 9:24　**제** 목숨을 구원하고자 하면 잃을 것이요
　　　　　누구든지 나를 위하여 **제** 목숨을 잃으면
눅 13:34　암탉이 **제** 새끼를 날개 아래에 모음같이

✞ 제 1 – 기타 본문
　욥 39:16; 시 7:15; 68:23; 84:3; 전 5:19; 사 34:15, 16; 47:15; 56:11; 단 4:15, 23; 8:25; 슥 5:11; 마 9:21; 11:16; 13:24; 14:8; 15:27; 요 8:44; 10:12; 16:32; 행 1:25; 딛 1:7; 계 6:14

제 2(第, about)
민 2:9　　육천사백 명이라 그들은 **제**일 대로
행 2:15　**제**삼 시니 너희 생각과 같이 이 사람
행 10:3　하루는 **제**구 시쯤 되어 환상 중에 밝히
행 10:9　올라가니 그 시각은 **제**육 시더라
행 10:30　이맘때까지 내 집에서 **제**구 시 기도를
행 23:23　백부장 둘을 불러 이르되 밤 **제**삼 시에

제각기(every, each)
민 16:17　너희는 **제각기** 향로를 들고 그 위에
민 16:18　그들이 **제각기** 향로를 가져다가 불을

제거하다/제거당하다/제거되다 (除去, remove, purge from, put away)
레 1:16　모이주머니와 그 더러운 것은 **제거하여**
삿 9:29　내가 아비멜렉을 **제거하였으리라**
삿 20:13　이스라엘 중에서 악을 **제거하여** 버리게
삼상 7:3　아스다롯을 너희 중에서 **제거하고**
삼상 7:4　자손이 바알과 아스다롯을 **제거하고**
삼상 17:26 이스라엘의 치욕을 **제거하는** 사람에게
왕하 12:3　산당들을 **제거하지** 아니하였으므로
왕하 14:4　산당들을 **제거하지** 아니하였으므로
왕하 15:4　산당은 **제거하지** 아니하였으므로
왕하 15:35 산당을 **제거하지** 아니하였으므로
왕하 17:18 노하사 그들을 그의 앞에서 **제거하시니**
왕하 18:4　그가 여러 산당들을 **제거하며** 주상을
왕하 18:22 산당들과 제단을 **제거하고** 유다와
왕하 23:19 한 산당을 요시야가 다 **제거하되** 벧엘
왕하 23:24 모든 가증한 것을 다 **제거하였으니**
대하 17:6　목상들도 유다에서 **제거하였더라**
대하 30:14 제단과 향단들을 모두 **제거하여** 기드론
대하 31:1　온 땅에서 산당들과 제단들을 **제거하여**
대하 32:12 산당들과 제단들을 **제거하여** 버리고
대하 33:15 여호와의 전의 우상을 **제거하며** 여호
대하 34:3　우상들과 부어 만든 우상들을 **제거하여**
대하 34:33 땅에서 가증한 것들을 다 **제거하여**
에 8:3　악한 꾀를 **제거하기**를 울며 구하니
에 9:1　유다인의 대적들이 그들을 **제거하기**를
욥 7:21　내 죄악을 **제거하여** 버리지 아니하시나
욥 34:20　사람의 손을 빌리지 않고 **제거함**을
렘 6:29　이와 같이 악한 자가 **제거되지** 아니
겔 11:18　미운 물건과 모든 가증한 것을 **제거하여**
겔 11:19　몸에서 돌 같은 마음을 **제거하고** 살처럼
겔 21:26　말씀하셨느니라 관을 **제거하며** 왕관을
겔 33:4　그 임하는 칼에 **제거함**을 당하면 그
겔 33:6　그 임하는 칼에 **제거당하면** 그는 자기
겔 36:13　네 나라 백성을 **제거한** 자라 하거니와
겔 36:14　네 나라 백성을 **제거하지** 아니하리라
겔 36:26　너희 육신에서 굳은 마음을 **제거하고**
겔 43:9　내게서 멀리 **제거하여** 버려야 할 것이
겔 45:9　너희는 포악과 겁탈을 **제거하여** 버리고
호 2:17　바알들의 이름을 그의 입에서 **제거하여**
호 14:2　모든 불의를 **제거하시고** 선한 바를
습 3:11　교만하여 자랑하는 자들을 **제거하여**
습 3:15　여호와가 네 형벌을 **제거하였고** 네
슥 3:4　내가 네 죄악을 **제거하여** 버렸으니
슥 3:9　이 땅의 죄악을 하루에 **제거하리라**
슥 9:7　그 가증한 것을 **제거하리니** 그들도
슥 11:8　내가 세 목자를 **제거하였으니** 이는
요 15:2　아버지께서 그것을 **제거해** 버리시고
갈 5:11　십자가의 걸림돌이 **제거되었으리니**

【 제공하다 】　　　　　　　　　　　　　　　　　　　　　　　【 제단 】

제공하다(提供, give)
왕상 9:11　잣나무와 금을 **제공하였음이라**

제구(諸具, bag)
삼상 17:40　골라서 자기 목자의 **제구** 곧 주머니에

제금(提琴, cymbal)
삼하 6:5　소고와 양금과 **제금**으로 여호와 앞에서
대상 13:8　수금과 비파와 소고와 **제금**과 나팔로
대상 15:16　수금과 **제금** 등의 악기를 울려서 즐거운
대상 15:19　아삽과 에단은 놋**제금**을 크게 치는 자요
대상 15:28　나팔을 불며 **제금**을 치며 비파와 수금을
대상 16:5　비파와 수금을 타고 아삽은 **제금**을
대상 16:42　나팔과 **제금**들과 하나님을 찬송하는
대상 25:1　수금과 비파와 **제금**을 잡아 신령한 노래
대상 25:6　아버지의 지휘 아래 **제금**과 비파와 수금
대하 5:12　제단 동쪽에 서서 **제금**과 비파와 수금
대하 5:13　나팔 불고 **제금** 치고 모든 악기를 울리
대하 29:25　나단이 명령한 대로 **제금**과 비파와 수금
스 3:10　아삽 자손 레위 사람들은 **제금**을 들고
느 12:27　감사하며 노래하며 **제금**을 치며 비파와
시 150:5　**제금**으로 찬양하며 높은 소리 나는 **제금**

제기하다(提起, marshal against)
욥 32:14　자기 이론을 **제기하지** 아니하였으니

제단(祭壇, altar)
모세오경
창 8:20　제물을 취하여 번제로 **제단**에 드렸더니
출 20:26　층계로 내 **제단**에 오르지 말라 네 하체
출 21:14　**제단**에서라도 잡아내려 죽일지니라
출 27:2　이어지게 하고 그 **제단**을 놋으로 싸고
출 27:3　옮기는 그릇을 만들되 **제단**의 그릇을
출 27:5　**제단** 주위 가장자리 아래 곧 **제단**
출 27:7　**제단** 양쪽 고리에 그 채를 꿰어 **제단**을
출 27:8　**제단**은 널판으로 속이 비게 만들되 산에
출 29:16　피를 가져다가 **제단** 위의 주위에 뿌리고
출 29:20　오른발 엄지에 바르고 그 피를 **제단**
출 29:21　**제단** 위의 피와 관유를 가져다가 아론과
출 29:38　내가 **제단** 위에 드릴 것은 이러하니라
출 29:44　내가 그 회막과 **제단**을 거룩하게 하며
출 30:3　**제단** 상면과 전후 좌우 면과 뿔을 순금
출 30:4　그 양쪽에 만들지니 이는 **제단**을 메는

'제단' 과 관련된 성구
(번)제단 밑에 쏟다 – 출 29:12; 레 4:7, 18, 25, 30, 34; 8:15; 9:9
제단 뿔 – 출 29:12; 레 4:18, 25, 30, 34; 9:9; 왕상 1:50, 51; 2:28; 시 118:27; 렘 17:1
제단 사방에 뿌리다 – 레 1:5, 11; 3:2, 8, 13; 7:2; 8:19, 24; 9:12, 18
제단에 가까이 가다/하다 – 출 28:43; 30:20; 40:32; 레 21:23
제단에 기름을 바르다 – 민 7:10, 84, 88
제단에 뿌리다 – 출 24:6; 레 17:6, 11; 민 18:17; 왕하 16:13; 대하 29:22
제단에서 불사르다 – 레 16:25
제단 위에(서) 불사르다 – 출 29:13, 18, 25; 레 1:9, 13, 15; 2:2, 9; 3:11, 16; 4:19, 26, 31; 6:15; 7:5, 31; 8:16, 21; 9:10, 13, 17, 20; 민 5:26; 왕하 23:16, 20; 대하 34:5
제단 위의 불 위에 있는 나무 – 레 1:8, 12, 17; 3:5
제단을 만들다 – 출 27:1; 30:1; 37:25; 38:1; 왕하 16:11; 대하 4:1; 스 3:2; 겔 43:18
제단을 쌓다 – 창 8:20; 12:7, 8; 13:4, 18; 22:9; 26:25; 33:20; 35:1, 3, 7; 출 17:15; 20:25; 24:4; 32:5; 민 23:4, 14, 29; 신 27:6; 수 8:30; 22:10, 11, 16, 23, 26, 29; 삿 6:24, 26; 21:4; 삼상 7:17; 14:35; 삼하 24:18, 21, 25; 왕상 18:32; 왕하 21:3, 4, 5; 대상 21:18, 22, 26; 대하 33:3, 4, 5
제단을 위하다 – 출 27:4, 6; 38:4; 수 9:27; 겔 43:26
제단을 위하여 속죄하다 – 출 29:36, 37; 레 16:20
제단을 헐다 – 신 7:5; 12:3; 삿 2:2; 6:25; 왕상 19:10, 14; 대하 34:4, 7; 롬 11:3
제단의 봉헌물 – 민 7:11, 84, 88

출 30:6　그 **제단**을 증거궤 위 속죄소 맞은편
출 30:10　**제단**은 여호와께 지극히 거룩하니라
출 30:18　회막과 **제단** 사이에 두고 그 속에

【 제단 】　　　　　　　　　　　　　　　　　　　　　　　　　　【 제단 】

출 34:13	도리어 그들의 **제단**들을 헐고 그들의
출 37:26	**제단** 상면과 전후 좌우면과 그 뿔을
출 37:27	양쪽에 만들어 **제단**을 메는 채를 꿰게
출 38:2	그 뿔을 **제단**과 연결하게 하고 **제단**을
출 38:3	**제단**의 모든 기구 곧 통과 부삽과 대야
출 38:30	그물과 **제단**의 모든 기구를 만들었으며
출 40:7	물두멍을 회막과 **제단** 사이에 놓고
출 40:10	거룩하게 하라 그 **제단**이 지극히 거룩하
출 40:30	그는 또 물두멍을 회막과 **제단** 사이에
출 40:33	그는 또 성막과 **제단** 주위 뜰에 포장을
레 1:7	제사장 아론의 자손들은 **제단** 위에 불을
레 1:15	그것을 **제단**으로 가져다가 … 피는 **제단**
레 1:16	제거하여 **제단** 동쪽 재 버리는 곳에
레 2:8	제사장은 그것을 **제단**으로 가져가서
레 2:12	향기로운 냄새를 위하여는 **제단**에 올리
레 4:35	떼 낸 것같이 떼 내어 **제단** 위 여호와의
레 5:9	**제단** 곁에 뿌리고 그 남은 피는 **제단**
레 5:12	한 움큼을 가져다가 **제단** 위 여호와의
레 6:9	**제단** 위에 있는 석쇠 위에 두고 **제단**의
레 6:12	**제단** 위의 불은 항상 피워 꺼지지 않게
레 6:13	끊임이 없이 **제단** 위에 피워 꺼지지
레 6:14	아론의 자손은 그것을 **제단** 앞 여호와
레 8:11	**제단**에 일곱 번 뿌리고 또 그 **제단**과
레 8:28	손에서 가져다가 **제단** 위에 있는 번제물
레 8:30	모세가 관유와 **제단** 위의 피를 가져다가
레 9:7	**제단**에 나아가 네 속죄제와 네 번제를
레 9:8	아론이 **제단**에 나아가 자기를 위한
레 9:24	여호와 앞에서 나와 **제단** 위의 번제물과
레 10:12	취하여 누룩을 넣지 말고 **제단** 곁에서
레 14:20	번제와 소제를 **제단**에 드려 그를 위하여
레 16:12	여호와 앞 **제단** 위에서 피운 불을 그것
레 16:19	이스라엘 자손의 부정에서 **제단**을 성결
레 16:33	지성소를 속죄하며 회막과 **제단**을 속죄
레 22:22	**제단** 위에 화제물로 여호와께 드리지
민 3:26	성막과 **제단** 사방에 있는 뜰의 휘장
민 3:31	증거궤와 상과 등잔대와 **제단**들과 성소
민 4:13	**제단**의 재를 버리고 그 **제단** 위에 자색
민 4:14	부삽과 대야들과 **제단**의 모든 기구를
민 4:26	뜰의 휘장과 성막과 **제단** 사방에 있는
민 5:25	여호와 앞에 흔들고 **제단**으로 가지고
민 7:1	기구와 **제단**과 그 모든 기물에 기름을
민 16:38	향로를 쳐서 **제단**을 싸는 철판을 만들라
민 16:39	드렸던 놋 향로를 가져다가 쳐서 **제단**
민 16:46	향로를 가져다가 **제단**의 불을 그것에
민 18:3	성소의 기구와 **제단**에는 가까이 하지
민 18:5	너희는 성소의 직무와 **제단**의 직무를
민 18:7	너와 네 아들들은 **제단**과 휘장 안의
민 23:1	이르되 나를 위하여 여기 **제단** 일곱을
민 23:2	발락과 발람이 **제단**에 수송아지와 숫양
민 23:4	**제단**에 수송아지와 숫양을 드렸나이다
민 23:14	각 **제단**에 수송아지와 숫양을 드리니
민 23:30	말대로 행하여 각 **제단**에 수송아지와
신 16:21	하나님 여호와를 위하여 쌓은 **제단** 곁에
신 27:5	하나님 여호와를 위하여 **제단** 곧 돌단을
신 33:10	번제를 주의 **제단** 위에 드리리로다

역사서

수 8:31	돌로 만든 **제단**이라 무리가 여호와께
수 22:10	**제단**을 쌓았는데 보기에 큰 **제단**이었더
수 22:28	여호와의 **제단** 모형을 보라 이는 번제를
수 22:29	성막 앞에 있는 **제단** 외에 **제단**을 쌓음
삿 6:28	아세라가 찍혔고 새로 쌓은 **제단** 위에
삿 6:31	그의 **제단**을 파괴하였은즉 그가 자신을
삼상 2:28	그가 내 **제단**에 올라 분향하며 내 앞에
삼상 2:33	내 **제단**에서 내가 끊어 버리지 아니할
삼상 14:35	여호와를 위하여 처음 쌓은 **제단**이었더
왕상 1:53	사람을 보내어 그를 **제단**에서 이끌어
왕상 2:29	여호와의 장막으로 도망하여 **제단** 곁에
왕상 3:4	솔로몬이 그 **제단**에 일천 번제를 드렸더

성경에 나오는 '제단'

금 **제단** - 출 39:38; 민 4:11; 대하 4:19; 계 8:3; 9:13

놋 **제단** - 출 38:30; 39:39; 왕상 8:64; 왕하 16:14, 15; 대하 1:5, 6; 7:7; 겔 9:2

바알의 **제단** - 삿 6:25, 28, 30, 32; 대하 34:4

여호와의 **제단** - 레 17:6; 신 12:27; 26:4; 27:6; 수 9:27; 22:19, 28; 왕상 8:22, 54; 18:30; 왕하 23:9; 대하 6:12; 8:12; 15:8; 29:19, 21; 33:16; 35:16; 느 10:34; 말 2:13

이방 **제단** - 대하 14:3

주의 **제단** - 왕상 8:31; 19:10, 14; 대하 6:22; 시 26:6; 51:19; 84:3; 롬 11:3

하나님의 **제단** - 스 3:2; 시 43:4

【 제단 】   【 제단 】

왕상 6:20	정금으로 입혔고 백향목 **제단**에도
왕상 6:22	내소에 속한 **제단**의 전부를 금으로 입혔
왕상 8:54	마치고 여호와의 **제단** 앞에서 일어나
왕상 9:25	**제단** 위에 ⋯ 여호와 앞에 있는 **제단**에
왕상 12:32	비슷하게 하고 **제단**에 올라가되 벧엘
왕상 12:33	절기로 정하고 벧엘에 쌓은 **제단**에 올라
왕상 13:1	**제단** 곁에 서서 분향하는지라
왕상 13:3	말씀하신 징조라 **제단**이 갈라지며
왕상 13:5	**제단**이 갈라지며 재가 **제단**에서 쏟아진
왕상 13:32	벧엘에 있는 **제단**을 향하고 또 사마리아
왕상 16:32	신전 안에 바알을 위하여 **제단**을 쌓으며
왕상 18:26	그들이 그 쌓은 **제단** 주위에서 뛰놀더라
왕상 18:30	그가 무너진 여호와의 **제단**을 수축하되
왕상 18:35	물이 **제단**으로 두루 흐르고 도랑에도
왕하 11:11	오른쪽에서부터 왼쪽까지 **제단**과 성전
왕하 12:9	여호와의 전문 어귀 오른쪽 곧 **제단**
왕하 16:10	**제단**을 보고 아하스 왕이 그 **제단**의
왕하 16:12	돌아와 **제단**을 보고 **제단** 앞에 나아가
왕하 16:15	이 큰 **제단** 위에 불사르고 또 번제물의
왕하 23:15	벧엘에 세운 **제단**과 산당을 왕이 헐고
왕하 23:16	**제단** 위에서 불살라 그 **제단**을 더럽게
왕하 23:17	왕께서 벧엘의 **제단**에 대하여 행하신
대하 5:12	세마포를 입고 **제단** 동쪽에 서서 제금과
대하 7:9	한 성회를 여니라 **제단**의 낙성식을
대하 23:10	성전 왼쪽까지 **제단**과 성전 곁에 서게
대하 23:17	**제단**들과 형상들을 깨뜨리고 그 **제단**
대하 28:24	문들을 닫고 예루살렘 구석마다 **제단**을
대하 29:24	그 피를 속죄제로 삼아 **제단**에 드려
대하 29:27	히스기야가 명령하여 번제를 **제단**에
대하 30:14	예루살렘에 있는 **제단**과 향단들을 모두
대하 31:1	므낫세 온 땅에서 산당들과 **제단**들을
대하 33:15	예루살렘에 쌓은 모든 **제단**들을
대하 34:4	**제단** 위에 높이 달린 태양상들을 찍고
스 3:3	백성을 두려워하여 **제단**을 그 터에 세우
스 7:17	예루살렘 네 하나님의 성전 **제단** 위에

<u>선지서, 신약</u>

사 6:6	부젓가락으로 **제단**에서 집은 바 핀 숯을
사 17:8	손으로 만든 **제단**을 바라보지 아니하며
사 19:19	중앙에는 여호와를 위하여 **제단**이 있겠
사 27:9	그가 **제단**의 모든 돌을 부서진 횟돌
사 56:7	번제와 희생을 나의 **제단**에서 기꺼이
사 60:7	내 **제단**에 올라 기꺼이 받음이 되리니
렘 11:13	물건의 **제단** 곧 바알에게 분향하는 **제단**
렘 17:2	나무 곁에 있는 그 **제단**들과 아세라들을
애 2:7	자기 **제단**을 버리시며 자기 성소를
겔 6:4	너희 **제단**들이 황폐하고 분향 **제단**들이
겔 6:5	너희 해골을 너희 **제단** 사방에 흩으리라
겔 8:5	들어 북쪽을 바라보니 **제단** 문 어귀
겔 8:16	여호와의 성전 문 곧 현관과 **제단** 사이
겔 40:46	북쪽을 향한 방은 **제단**을 지키는 제사장
겔 40:47	네모 반듯하며 **제단**은 성전 앞에 있더라
겔 41:22	나무 **제단**의 높이는 세 척이요 길이는
겔 43:22	속죄물로 삼아 드려서 그 **제단**을 정결
겔 43:27	제사장이 **제단** 위에서 너희 번제와
겔 45:19	성전 문설주와 **제단** 아래층 네 모퉁이와
겔 47:1	오른쪽 **제단** 남쪽으로 흘러내리더라
호 8:11	**제단**을 많이 만들더니 그 **제단**이 그에게
호 10:1	그 열매가 많을수록 **제단**을 많게 하며
호 10:2	벌을 받을 것이라 하나님이 그 **제단**을
호 10:8	가시와 찔레가 그 **제단** 위에 날 것이니
호 12:11	제사를 드리며 그 **제단**은 밭이랑에 쌓인
욜 1:13	**제단**에 수종 드는 자들아 너희는 울지
욜 2:17	제사장들은 낭실과 **제단** 사이에서 울며
암 2:8	모든 **제단** 옆에서 전당 잡은 옷 위에
암 3:14	벧엘의 **제단**들을 벌하여 그 **제단**의 뿔들
암 9:1	보니 주께서 **제단** 곁에 서서 이르시되
슥 9:15	피 묻은 **제단** 모퉁이와도 같을 것이라
슥 14:20	모든 솥이 **제단** 앞 주발과 다름이 없으
말 1:7	더러운 떡을 나의 **제단**에 드리고도
말 1:10	내 **제단** 위에 헛되이 불사르지 못하게
마 5:23	**제단**에 드리려다가 거기서 네 형제
마 5:24	예물을 **제단** 앞에 두고 먼저 가서 형제와
마 23:18	너희가 또 이르되 누구든지 **제단**으로
눅 11:51	아벨의 피로부터 **제단**과 성전 사이에서
고전 9:13	**제단**에서 섬기는 이들은 **제단**과 함께
고전 10:18	제물을 먹는 자들이 **제단**에 참여하는
히 7:13	이것은 한 사람도 **제단** 일을 받들지
히 13:10	우리에게 **제단**이 있는데 장막에서 섬 기는 자들은 그 **제단**에서 먹을 권한이
약 2:21	아들 이삭을 **제단**에 바칠 때에 행함으로
계 6:9	말미암아 죽임을 당한 영혼들이 **제단**
계 8:3	또 다른 천사가 와서 **제단** 곁에 서서
계 8:5	향로를 가지고 **제단**의 불을 담아다가
계 11:1	하나님의 성전과 **제단**과 그 안에서 경배
계 14:18	불을 다스리는 다른 천사가 **제단**으로
계 16:7	내가 들으니 **제단**이 말하기를 그러하다

【 제도 1 】　　　　　　　　　　　　　　　　　　　　　　　　　　　　　　　【 제물 】

> 제단 – 기타 본문
> 출 29:37; 37:25; 38:4, 7; 레 1:11; 6:10; 8:15; 16:18; 민 7:10; 7:84; 수 22:34; 삿 13:20; 왕상 13:2, 4; 왕하 11:18; 16:14; 18:22; 23:9, 20; 대하 29:22; 32:12; 33:16; 사 36:7; 렘 17:1; 겔 6:6, 13; 43:13, 18, 20, 26; 마 23:19, 20, 35

제도 1 (製圖, pattern)
- 왕하 16:10　그 제단의 모든 구조와 **제도**의 양식을
- 겔 43:11　이 성전의 **제도**와 구조와 그 출입하는

제도 2 (制度, regulation)
- 삼상 8:9　경고하고 그들을 다스릴 왕의 **제도**를
- 삼상 8:11　너희를 다스릴 왕의 **제도**는 이러하니라
- 삼상 10:25　사무엘이 나라의 **제도**를 백성에게
- 벧전 2:13　인간의 모든 **제도**를 주를 위하여 순종

제때 (harvest time, in season, there season)
- 욥 5:26　곡식단을 **제때**에 들어올림 같으니라
- 욥 38:32　너는 별자리들을 각각 **제때**에 이끌어
- 마 21:41　진멸하고 포도원은 **제때**에 열매를 바칠

제련하다 (製鍊, refine)
- 욥 28:1　은이 나는 곳이 있고 금을 **제련하는** 곳

제물 (祭物, offering)
> 모세오경
- 창 4:3　땅의 소산으로 **제물**을 삼아 여호와께
- 창 4:4　여호와께서 아벨과 그의 **제물**은 받으셨
- 창 4:5　가인과 그의 **제물**은 받지 아니하신지라
- 창 8:20　모든 정결한 새 중에서 **제물**을 취하여
- 출 23:18　네 **제물**의 피를 … 내 절기 **제물**의 기름
- 출 32:8　예배하며 그것에게 **제물**을 드리며
- 출 34:15　그들의 신들에게 **제물**을 드리고 너를 청하면 네가 그 **제물**을 먹을까 함이며
- 출 34:25　내 **제물**의 피를 유교병과 함께 드리지
- 레 4:29　그 **제물**을 번제물을 잡는 곳에서 잡을
- 레 7:7　속건제는 규례가 같으니 그 **제물**은
- 레 7:16　그러나 그의 예물의 **제물**이 서원이나 자원하는 것이면 그 **제물**을 드린 날에
- 레 7:17　**제물**의 고기가 셋째 날까지 남았으면
- 레 7:25　여호와께 화제로 드리는 **제물**의 기름을
- 레 7:30　**제물**의 기름과 가슴을 가져올 것이요
- 레 9:13　그들이 또 번제의 **제물** 곧 그의 각과
- 레 10:18　아니하는 것이었으니 그 **제물**은 너희
- 레 17:5　**제물**을 회막 문 여호와께로 끌고 가서
- 레 17:8　거류하는 거류민이 번제나 **제물**을
- 레 19:6　그 **제물**은 드리는 날과 이튿날에 먹고
- 레 22:30　**제물**은 그 날에 먹고 이튿날까지 두지
- 민 8:11　레위인을 흔들어 바치는 **제물**로 여호와
- 민 15:5　번제나 다른 제사로 드리는 **제물**이 어린
- 신 12:6　너희의 **제물**과 너희의 십일조와 너희
- 신 12:27　**제물**의 피는 네 하나님 여호와의 제단
- 신 18:3　드리는 **제물**의 소나 양이나 그 앞다리
- 신 32:38　**제물**의 기름을 먹고 그들의 전제의 **제물**

> 역사서, 시가서
- 삼상 1:4　제사를 드리는 날에는 **제물**의 분깃을
- 삼상 2:29　내 처소에서 명령한 내 **제물**과 예물을
- 삼상 3:14　**제물**로나 예물로나 영원히 속죄함을
- 삼상 9:13　그가 **제물**을 축사한 후에야 청함을
- 삼상 26:19　여호와께서는 **제물**을 받으시기를
- 삼하 1:21　아니하며 **제물** 낼 밭도 없을지어다
- 왕상 13:2　위에서 **제물**로 바칠 것이요 또 사람의
- 왕하 16:15　또 번제물의 피와 다른 **제물**의 피를
- 대상 16:29　돌릴지어다 **제물**을 들고 그 앞에
- 대상 29:21　이스라엘을 위하여 풍성한 **제물**을
- 대하 7:1　**제물**들을 사르고 여호와의 영광이
- 대하 7:5　솔로몬 왕이 드린 **제물**이 소가 이만
- 대하 29:31　**제물**과 감사 **제물**을 여호와의 전으로 가져오라 하니 회중이 **제물**과 감사**제물**
- 스 6:10　하나님께 향기로운 **제물**을 드려 왕과
- 시 50:8　나는 네 **제물** 때문에 너를 책망하지는
- 잠 21:27　악인의 **제물**은 본래 가증하거든 하물며
- 전 5:1　우매한 자들이 **제물** 드리는 것보다

> 선지서
- 사 1:11　너희의 무수한 **제물**이 내게 무엇이 유익
- 사 1:13　헛된 **제물**을 다시 가져오지 말라 분향은
- 사 19:21　여호와를 알고 **제물**과 예물을 그에게
- 사 43:23　**제물**로 나를 공경하지 … 나는 **제물**로
- 렘 11:15　무엇을 하려느냐 거룩한 **제물** 고기로
- 겔 16:20　그들에게 데리고 가서 드려 **제물**로 삼아
- 겔 18:6　위에서 **제물**을 먹지 아니하며 이스라엘
- 겔 18:11　위에서 **제물**을 먹거나 이웃의 아내를
- 겔 18:15　**제물**을 먹지도 아니하며 이스라엘
- 겔 20:28　제사를 드리고 분노하게 하는 **제물**을
- 겔 22:9　가운데에 산 위에서 **제물**을 먹는 자도

【 제물 】   【 제비 2 】

겔 46:24 수종 드는 자가 백성의 **제물**을 여기서
호 4:19 그들이 그 **제물**로 말미암아 부끄러운
호 8:13 그들이 내게 고기를 **제물**로 드리고
호 9:4 그들의 **제물**은 애곡하는 자의 떡과
욘 1:16 여호와께 **제물**을 드리고 서원을 하였더
말 1:11 이름을 위하여 분향하며 깨끗한 **제물**을
말 3:3 공의로운 **제물**을 나 여호와께 바칠

신약

막 12:33 번제물과 기타 **제물**보다 나으니이다
눅 13:1 갈릴리 사람들의 피를 그들의 **제물**에
행 7:42 희생과 **제물**을 내게 드린 일이 있었느냐
행 24:17 내 민족을 구제할 것과 **제물**을 가지고
롬 12:1 거룩한 산 **제물**로 드리라 이는 너희가
롬 15:16 이방인을 **제물**로 드리는 것이 성령 안에
고전 10:18 육신을 따라 난 이스라엘을 보라 **제물**을
고전 10:28 이것이 **제물**이라 말하거든 알게 한 자와
엡 5:2 버리사 향기로운 **제물**과 희생제물로
빌 2:17 만일 너희 믿음의 **제물**과 섬김 위에

성경에 나오는 '제물'

감사 제물 – 대하 29:31
거제 제물 – 겔 44:30
번제물 – 레 4:29, 33; 6:25; 대하 7:1
번제와 감사의 제물 – 왕상 3:15; 9:25
소제와 번제와 감사 제물 – 겔 45:15
소제와 속죄제와 속건제의 제물 – 겔 42:13; 44:29
소제 제물 – 겔 46:20
속죄(제의) 제물 – 레 4:25, 29, 33; 6:25; 30
속죄제와 소제와 번제와 감사 제물 – 겔 45:17
우상의 제물 – 행 15:29; 21:25; 고전 8:1, 4, 7, 10; 10:19; 계 2:14, 20
유월절 제물 – 출 34:25; 신 16:6; 대하 35:7, 8, 9
절기 제물 – 시 118:27
화목(제의) 제물 – 출 29:28; 레 3:1, 3, 6, 9; 4:10, 26; 요일 2:2; 4:10

빌 4:18 향기로운 **제물**이요 하나님을 기쁘시게
히 9:23 이런 것들보다 더 좋은 **제물**로 할지니라
히 9:26 이제 자기를 단번에 **제물**로 드려 죄를

제반(諸般, all that)
창 39:22 요셉의 손에 맡기므로 그 제반 사무를

제비 1(swallow)

시 84:3 제 집을 얻고 **제비**도 새끼
잠 26:2 참새가 떠도는 것과 **제비**
사 38:14 나는 **제비**같이, 학같이
렘 8:7 산비둘기와 **제비**와 두루미

제비 2(lot)
레 16:8 염소를 위하여 **제비** 뽑되 한 **제비**는 여호와를 위하고 한 **제비**는 아사셀을
레 16:9 아론은 여호와를 위하여 **제비** 뽑은 염소
레 16:10 아사셀을 위하여 **제비** 뽑은 염소는
민 26:55 오직 그 땅을 **제비** 뽑아 나누어 그들의
민 26:56 다소를 막론하고 그들의 기업을 **제비**
민 33:54 **제비** 뽑아 나눌 것이니 … 각기
민 34:13 너희가 **제비** 뽑아 받을 땅이라 여호와
민 36:2 이스라엘 자손에게 **제비** 뽑아 그 기업의
민 36:3 우리가 **제비** 뽑은 기업에서 떨어져 나갈
수 14:2 명령하신 대로 그들의 기업을 **제비** 뽑아
수 15:1 가족대로 **제비** 뽑은 땅의 남쪽으로는
수 16:1 자손이 **제비** 뽑은 것은 여리고 샘 동쪽
수 17:1 므낫세 지파를 위하여 **제비** 뽑은 것은
수 17:2 그들의 가족대로 **제비**를 뽑았는데
수 17:14 기업을 위하여 한 **제비**, 한 분깃으로
수 18:6 하나님 여호와 앞에서 **제비**를 뽑으리
수 18:8 여호와 앞에서 너희를 위하여 **제비**를
수 18:10 실로의 여호와 앞에서 **제비**를 뽑고 그가
수 18:11 가족대로 **제비**를 뽑았으니 그 **제비** 뽑은
수 19:1 가족대로 **제비**를 뽑았으니 그들의
수 19:10 가족대로 **제비**를 뽑았으니 그들의
수 19:17 그들의 가족대로 **제비**를 뽑았으니
수 19:24 지파를 위하여 그 가족대로 **제비**를
수 19:32 자손의 가족대로 **제비**를 뽑았으니
수 19:40 그들의 가족대로 **제비**를 뽑았으니
수 19:51 여호와 앞에서 **제비** 뽑아 나눈 기업이
수 21:4 그핫 가족을 위하여 **제비**를 뽑았는데 … 베냐민 지파 중에서 **제비** 뽑은 대로
수 21:5 **제비** 뽑은 대로 열 성읍을 받았으며
수 21:6 므낫세 반 지파 중에서 **제비** 뽑은 대로
수 21:8 이스라엘 자손이 **제비** 뽑아 레위 사람
수 21:10 아론 자손이 첫째로 **제비** 뽑혔으므로

[제비 2]   [제사/-하다]

수 21:20	자손에게는 **제비** 뽑아 에브라임 지파	행 1:26	**제비** 뽑아 맛디아를 얻으니 그가 열한
수 21:40	그들이 **제비** 뽑아 얻은 성읍이 열두		
수 23:4	너희를 위하여 **제비** 뽑아 너희의 지파		

제사/-하다(祭祀, sacrifice)
모세오경 – 역사서

삿 1:3	내가 **제비** 뽑아 얻은 땅에 나와 함께
	올라가서 … 네가 **제비** 뽑아 얻은 땅에
삿 20:9	행하리니 곧 **제비**를 뽑아서 그들을
대상 6:54	곧 그핫 종족이 먼저 **제비** 뽑았으므로
대상 6:61	종족 중에서 **제비** 뽑아 열 성읍을 주었
대상 6:63	지파와 스불론 지파 중에서 **제비** 뽑아
대상 6:65	이 위에 기록한 여러 성읍을 **제비** 뽑아
대상 24:5	**제비** 뽑아 피차에 차등이 없이 나누었으
대상 24:7	첫째로 **제비** 뽑힌 자는 여호야립이요
대상 24:31	그들의 형제아론 자손처럼 **제비** 뽑혔으
대상 25:8	막론하고 다같이 **제비** 뽑아 직임을 얻었
대상 25:9	첫째로 **제비** 뽑힌 자는 아삽의 아들
대상 26:13	가문을 따라 대소를 막론하고 다 **제비**
대상 26:14	모사를 위하여 **제비** 뽑으니 북쪽을 뽑았
느 10:34	백성들이 **제비** 뽑아 각기 종족대로
느 11:1	그 남은 백성은 **제비** 뽑아 십분의 일은
에 3:7	곧 **제비**를 뽑아 열두째 달 곧 아달월에
에 9:24	**제비**를 뽑아 그들을 죽이고 멸하려 하였
욥 6:27	너희는 고아를 **제비** 뽑으며 너희 친구
시 22:18	겉옷을 나누며 속옷을 **제비** 뽑나이다
잠 1:14	너는 우리와 함께 **제비**를 뽑고 우리가
잠 16:33	**제비**는 사람이 뽑으나 모든 일을 작정
잠 18:18	**제비** 뽑는 것은 다툼을 그치게 하여
사 34:17	여호와께서 그것들을 위하여 **제비**를
사 57:6	그것들이 곧 네가 **제비** 뽑아 얻은 것이
겔 24:6	**제비** 뽑을 것도 없이 그 덩이를 하나
겔 45:1	너희는 **제비** 뽑아 땅을 나누어 기업으로
겔 47:22	너희는 이 땅을 나누되 **제비** 뽑아 너희
겔 48:29	이것은 너희가 **제비** 뽑아 이스라엘 지파
욜 3:3	**제비** 뽑아 내 백성을 끌어가서 소년을
옵 1:11	예루살렘을 얻기 위하여 **제비** 뽑던 날에
욘 1:7	서로 이르되, 자 우리가 **제비**를 뽑아
	… 곧 **제비**를 뽑으니 **제비**가 요나에게
나 3:10	그의 존귀한 자들은 **제비** 뽑혀 나뉘었고
마 27:35	십자가에 못 박은 후에 그 옷을 **제비**
막 15:24	어느 것을 가질까 하여 **제비**를 뽑더라
눅 1:9	**제비**를 뽑아 주의 성전에 들어가 분향
눅 23:34	그들이 그의 옷을 나눠 **제비** 뽑을새
요 19:24	누가 얻나 **제비** 뽑자 하니 이는 성경에
	그것이 내 옷을 … 옷을 **제비** 뽑나이다

창 31:54	야곱이 또 산에서 **제사**를 드리고 형제
출 3:18	우리 하나님 여호와께 **제사**를 드리러
출 5:3	우리 하나님 여호와께 **제사**를 드리러
출 5:8	우리 하나님께 **제사**를 드리자 하나니
출 5:17	우리가 가서 여호와께 **제사**를 드리자
출 8:8	그들이 여호와께 **제사**를 드릴 것이니라
출 8:25	땅에서 너희 하나님께 **제사**를 드리라
출 8:26	우리 하나님 여호와께 **제사**를 드리는
	것은 … 애굽 사람의 목전에서 **제사**를
출 8:27	여호와께 **제사**를 드리되 우리에게
출 8:28	하나님 여호와께 광야에서 **제사**를 드릴
출 8:29	백성을 보내어 여호와께 **제사**를 드리는
출 10:25	하나님 여호와께 드릴 **제사**와 번제물
출 13:15	내가 여호와께 **제사**를 드려서 내 아들
출 22:20	신에게 **제사**를 드리는 자는 멸할지니
출 35:19	정교하게 만든 옷 곧 **제사** 직분을 행할
출 39:41	정교한 옷 곧 **제사** 직분을 행할 때에
레 6:26	위하여 **제사** 드리는 제사장이 그것을
레 7:18	그 **제사**는 기쁘게 받아들여지지 않을
레 17:7	숫염소에게 다시 **제사하지** 말 것이니라
민 15:5	번제나 다른 **제사**로 드리는 제물이 어린
민 25:2	여자들이 자기 신들에게 **제사할** 때에
신 16:4	네가 첫날 해 질 때에 **제사** 드린 고기를
신 32:17	하나님께 **제사하지** 아니하고 귀신들
신 33:19	의로운 **제사**를 드릴 것이며 바다의 풍부
수 22:26	이는 번제를 위함도 아니요 다른 **제사**를
수 22:27	우리의 번제와 우리의 다른 **제사**와 우리
수 22:28	다른 **제사**를 위한 것도 아니라 오직
수 22:29	우리가 번제나 소제나 다른 **제사**를
삿 2:5	거기서 여호와께 **제사**를 드렸더라
삿 16:23	그들의 신 다곤에게 큰 **제사**를 드리고
삼상 1:3	만군의 여호와께 예배하며 **제사**를
삼상 1:4	엘가나가 **제사**를 드리는 날에는 제물이
삼상 2:13	어떤 사람이 **제사**를 드리고 그 고기를
삼상 2:15	제사장의 사환이 와서 **제사** 드리는 사람
삼상 2:17	여호와의 **제사**를 멸시함이었더라
삼상 6:15	여호와께 번제와 다른 **제사**를 드리니라
삼상 9:12	백성이 오늘 산당에서 **제사**를 드리므로
삼상 15:15	당신의 하나님 여호와께 **제사하려** 하여

【 제사/-하다 】

삼상 15:21 하나님 여호와께 **제사하려고** 양과 소를
삼상 15:22 번제와 다른 **제사**를 그의 목소리를 청
종하는 … 순종이 **제사**보다 낫고 듣는
삼상 16:2 여호와께 **제사**를 드리러 왔다 하고
삼상 16:5 여호와께 **제사하러** 왔으니 스스로 성
결하게 하고 와서 나와 함께 **제사하자**
삼상 20:29 우리 가족이 그 성읍에서 **제사할** 일이
삼하 6:13 다윗이 소와 살진 송아지로 **제사**를 드리
삼하 15:12 **제사** 드릴 때에 압살롬이 사람을 보내
왕상 3:2 백성들이 산당에서 **제사하며**
왕상 3:3 산당에서 **제사하며** 분향하더라
왕상 3:4 이에 왕이 **제사하러** 기브온으로 가니
왕상 8:5 양과 소로 **제사**를 지냈으니 그 수가
왕상 11:8 신들에게 분향하며 **제사하였더라**
왕상 12:27 여호와의 성전에 **제사**를 드리고자
왕상 12:32 그가 만든 송아지에게 **제사**를 드렸으며
왕상 22:43 백성이 아직도 산당에서 **제사**를 드리며
왕하 10:19 내가 이제 큰 **제사**를 바알에게 드리고자
왕하 10:24 무리가 번제와 다른 **제사**를 드리려고
왕하 12:3 산당에서 **제사하며** 분향하였더라
왕하 14:4 여전히 산당에서 **제사**를 드리며 분향
왕하 15:4 산당에서 **제사**를 드리며 분향하였고
왕하 15:35 산당에서 **제사**를 드리며 분향하였더
왕하 16:4 모든 푸른 나무 아래에서 **제사**를 드리며
왕하 16:12 제단 앞에 나아가 그 위에 **제사**를 드리
왕하 17:32 자기를 위하여 **제사**를 드리게 하나라
왕하 17:35 그를 섬기지 말며 그에게 **제사하지**
왕하 17:36 그를 예배하며 그에게 **제사**를 드릴 것이
대상 6:49 분향하며 **제사**를 드리며 지성소의 모든
대상 15:26 숫양 일곱 마리로 **제사**를 드렸더라
대상 21:28 응답하심을 보고 거기서 **제사**를 드렸으
대상 29:21 이튿날 여호와께 **제사**를 드리고
대하 5:6 양과 소로 **제사**를 드렸으니 그 수가

대하 7:4 모든 백성이 여호와 앞에서 **제사**를 드리니
대하 7:12 이 곳을 택하여 내게 **제사하는** 성전을
대하 11:16 조상들의 하나님 여호와께 **제사하고자**
대하 15:11 양 칠천 마리로 여호와께 **제사**를 지내고
대하 24:14 그릇을 만들었으니 곧 섬겨 **제사** 드리는
대하 28:4 모든 푸른 나무 아래에서 **제사**를 드리며
대하 28:23 다메섹 신들에게 **제사하여** 이르되 …
그 신에게 제사하여 나를 돕게 하리라
대하 29:29 **제사** 드리기를 마치매 왕과 그와 함께
대하 33:17 **제사**를 드렸으나 아직도 산당에서 **제사**
대하 33:22 아로새긴 모든 우상에게 **제사하여**
대하 34:4 가루를 만들어 **제사하던** 자들의 무덤
스 4:2 우리가 하나님께 **제사**를 드리노라 하니
스 6:3 성전 곧 **제사** 드리는 처소를 건축하되
스 9:4 **제사** 드릴 때까지 기가 막혀 앉았더니
스 9:5 저녁 **제사**를 드릴 때에 내가 근심 중에
느 4:2 견고하게 하려는가, **제사**를 드리려는
느 12:43 무리가 큰 **제사**를 드리고 심히 즐거워

시가서 - 신약

시 4:5 **제사**를 드리고 여호와를 의지할지어다
시 27:6 **제사**를 드리겠고 노래하며 여호와를
시 40:6 **제사**와 예물을 기뻐하지 아니하시며
시 50:5 앞에 모으라 그들은 **제사**로 나와 언약한
시 50:14 하나님께 **제사**를 드리며 지존하신
시 50:23 **제사**를 드리는 자가 나를 영화롭게
시 51:17 하나님께서 구하시는 **제사**는 상한 심령
시 51:16 **제사**를 기뻐하지 아니하시나니
시 51:19 의로운 **제사**와 번제와 온전한 번제를
시 54:6 낙헌제로 주께 **제사하리이다** 여호와여
시 106:38 가나안의 우상들에게 **제사하므로**
시 141:2 나의 손드는 것이 저녁 **제사**같이 되게
잠 15:8 악인의 **제사**는 여호와께서 미워하셔도
잠 21:3 공의와 정의를 행하는 것은 **제사** 드리는
전 9:2 **제사**를 드리는 자와 **제사**드리지 아니
사 57:7 또 거기에 올라가서 **제사**를 드렸으며
사 65:3 동산에서 **제사하며** 벽돌 위에서 분향
렘 33:18 **제사**를 항상 드릴 레위 사람 제사장
렘 48:35 모압 산당에서 **제사하며** 그 신들에게
겔 20:28 거기에서 **제사**를 드리고 분노하게 하는
겔 36:38 **제사** 드릴 양 떼 곧 예루살렘이 정한
단 9:27 절반에 **제사**와 예물을 금지할 것이며
호 4:13 그들이 산꼭대기에서 **제사**를 드리며
호 6:6 인애를 원하고 **제사**를 원하지 아니하며

【 제사장 】   【 제사장 】

호 11:2	바알들에게 **제사하며** 아로새긴 우상	출 19:22	여호와에게 가까이하는 **제사장**들에게
호 12:11	길갈에서는 무리가 수송아지로 **제사를**	출 19:24	함께 올라오고 **제사장**과 백성에게는
호 13:2	그것에 대하여 말하기를 **제사를** 드리는	출 28:1	나를 섬기는 **제사장** 직분을 행하게 하되
욘 2:9	나는 감사하는 목소리로 주께 **제사를**	출 28:3	그를 거룩하게 하여 내게 **제사장** 직분
합 1:16	그물에 **제사하며** 투망 앞에 분향하오니	출 28:4	아론이 내게 **제사장** 직분을 행하게 하라
슥 14:21	여호와의 성물이 될 것인즉 **제사** 드리는	출 29:1	그들에게 나를 섬길 **제사장** 직분을 위임
말 2:12	여호와께 **제사를** 드리는 자도 여호	출 29:9	그들에게 **제사장**의 직분을 맡겨 영원한
마 9:13	긍휼을 원하고 **제사를** 원하지 아니	출 29:30	그를 이어 **제사장**이 되는 아들이 회막에
마 12:7	나는 자비를 원하고 **제사를** 원하지 아니	출 40:15	내게 **제사장**의 직분을 행하게 하라 그
눅 2:24	혹은 어린 집비둘기 둘로 **제사하려** 함이		들이 기름 부음을 … 영영히 **제사장**이
행 7:41	우상 앞에 **제사하며** 자기 손으로 만든	레 1:5	아론의 자손 **제사장**들은 그 피를 가져
행 14:13	대문 앞에 와서 무리와 함께 **제사하고**	레 1:9	물로 씻을 것이요 **제사장**은 그 전부를
행 14:18	무리를 말려 자기들에게 **제사를** 못하게	레 1:11	아론의 자손 **제사장**들은 그것의 피를
행 21:26	각 사람을 위하여 **제사** 드릴 때까지의	레 1:12	기름을 베어낼 것이요 **제사장**은 그것을
롬 11:16	**제사하는** 처음 익은 곡식 가루가 거룩	레 1:13	씻을 것이요 **제사장**은 그 전부를 가져
고전 10:20	이방인이 **제사하는** 것은 귀신에게 하	레 1:15	**제사장**은 그것을 제단으로 가져다가
	는 것이요 하나님께 **제사하는** 것이	레 1:17	아주 찢지 말고 **제사장**이 그것을 제단
히 5:1	위하여 예물과 속죄하는 **제사를** 드리게	레 2:2	**제사장**들에게로 가져갈 것이요 **제사장**
히 7:11	레위 계통의 **제사** 직분으로 말미암아	레 2:8	**제사장**에게 줄 것이요 **제사장**은 그것을
히 7:12	**제사** 직분이 바꾸어졌은즉 율법도	레 2:16	**제사장**은 찧은 곡식과 기름을 모든 유향
히 7:27	날마다 **제사** 드리는 것과 같이 할 필요	레 3:2	아론의 자손 **제사장**들은 그 피를 제단
히 8:3	대제사장마다 예물과 **제사** 드림을 위하	레 3:11	**제사장**은 그것을 제단 위에서 불사를
히 9:9	이에 따라 드리는 예물과 **제사**는 섬기는	레 4:3	기름 부음을 받은 **제사장**이 범하여
히 10:1	늘 드리는 같은 **제사**로는 나아오는	레 4:5	기름 부음을 받은 **제사장**은 그 수송아지
히 10:2	**제사** 드리는 일을 그치지 아니하였으	레 4:6	**제사장**이 손가락에 그 피를 찍어 여호와
히 10:5	**제사와** 예물을 원하지 아니하시고	레 4:7	**제사장**은 또 그 피를 여호와 앞 곧 회막
히 10:8	위에 말씀하시기를 주께서는 **제사와**	레 4:10	**제사장**은 그것을 번제단 위에서 불사를
히 10:11	자주 같은 **제사를** 드리되 이 **제사는**	레 4:16	기름 부음을 받은 **제사장**은 그 수송아지
히 10:12	영원한 **제사를** 드리시고 하나님 우편에	레 4:17	그 **제사장**이 손가락으로 그 피를 찍어
히 10:14	한 번의 **제사로** 영원히 온전하게 하셨	레 4:20	**제사장**이 그것으로 회중을 위하여 속죄
히 10:18	죄를 위하여 **제사** 드릴 것이 없느니라	레 4:25	**제사장**은 그 속죄 제물의 피를 손가락
히 10:26	죄를 범한즉 다시 속죄하는 **제사가** 없고	레 4:26	불사를지니 이같이 **제사장**이 그 범한
히 11:4	믿음으로 아벨은 가인보다 더 나은 **제사**	레 5:6	속죄제를 드릴 것이요 **제사장**은 그의
히 13:15	항상 찬송의 **제사를** 하나님께 드리자	레 5:8	**제사장**에게로 가져갈 것이요 **제사장**은
히 13:16	이같은 **제사를** 기뻐하시느니라	레 5:10	규례대로 번제를 드릴지니 **제사장**이
벧전 2:5	신령한 **제사를** 드릴 거룩한 제사장이	레 5:12	**제사장**에게로 가져갈 것이요 **제사장**은
		레 5:13	**제사장**이 그가 이 중에서 하나를 범하
			여 얻은 … 소제물같이 **제사장**에게
		레 5:16	**제사장**에게 줄 것이요 **제사장**은 그
		레 6:6	속건제물을 위하여 **제사장**에게로 끌고
		레 6:7	**제사장**은 여호와 앞에서 그를 위하여
		레 6:10	**제사장**은 세마포 긴 옷을 입고 세마포
		레 6:12	**제사장**은 아침마다 나무를 그 위에서

제사장(祭司長, priest)

모세오경

창 47:22	**제사장**들의 토지는 사지 아니하였으니 **제사장**들
출 19:6	너희가 내게 대하여 **제사장** 나라가 되며

2109

【 제사장 】　　　　　　　　　　　　　　　　　　　　　【 제사장 】

레 6:22	기름 부음을 받고 그를 이어 **제사장**
레 6:23	**제사장**의 모든 소제물은 온전히 불사르
레 6:26	드리는 **제사장**이 그것을 먹되 곧 회막
레 6:29	**제사장**인 남자는 모두 그것을 먹을지니
레 7:2	**제사장**은 그 피를 제단 사방에 뿌릴
레 7:5	**제사장**은 그것을 다 제단 위에서 불살라
레 7:6	**제사장**인 남자는 모두 그것을 먹되 거룩
레 7:7	제물은 속죄하는 **제사장**에게로 돌아갈
레 7:8	**제사장** 곧 그 **제사장**은 그 드린 번제물
레 7:9	그 드린 **제사장**에게로 돌아갈 것이니
레 7:14	화목제의 피를 뿌린 **제사장**들에게로
레 7:30	가져올 것이요 **제사장**은 그 가슴을
레 7:32	오른쪽 뒷다리를 **제사장**에게 주며
레 12:6	산비둘기를 회막 문 **제사장**에게로
레 12:7	**제사장**은 그것을 여호와 앞에 드려서
레 12:8	속죄제물로 삼을 것이요 **제사장**은 그를
레 13:2	그의 아들 중 한 **제사장**에게로 데리고
레 13:3	**제사장**은 그 피부의 병을 진찰할지니 환
	부의 … 나병의 환부라 **제사장**이 그를
레 13:4	희지 아니하면 **제사장**은 그 환자를
레 13:5	이레 만에 **제사장**이 그를 진찰할지니
	그가 … **제사장**이 그를 또 이레 동안을
레 13:7	정결한지를 **제사장**에게 보인 후에 병이
	피부에 퍼지면 **제사장**에게 다시 보일
레 15:15	**제사장**은 그 한 마리는 속죄제로, 다른
레 15:29	회막 문 앞 **제사장**에게로 가져갈 것이요
레 15:30	**제사장**은 그 한 마리는 속죄제로, 다른
레 16:32	**제사장**의 직분을 행하는 **제사장**은 속죄
레 16:33	또 **제사장**들과 백성의 회중을 위하여
레 17:5	문 여호와께로 끌고 가서 **제사장**에게
레 17:6	**제사장**은 그 피를 회막 문 여호와의
레 19:22	**제사장**은 그가 범한 죄를 위하여
레 21:1	자손 **제사장**들에게 말하여 이르라
레 21:4	**제사장**은 그의 백성의 어른인즉 자신을
레 21:5	**제사장**들은 머리털을 깎아 대머리 같게
레 21:9	**제사장**의 딸이든지 행음하여 자신을
레 22:10	성물을 먹지 못할 것이며 **제사장**의
레 22:11	그러나 **제사장**이 그의 돈으로 어떤 사람
	을 샀으면 … 그들이 **제사장**의 음식을
레 22:12	**제사장**의 딸이 일반인에게 출가하였으
레 22:14	일을 더하여 **제사장**에게 줄지니라
레 23:10	한 단을 **제사장**에게로 가져갈 것이요
레 23:11	**제사장**은 너희를 위하여 그 단을 여호와

레 23:20	**제사장**은 그 첫 이삭의 떡과 함께 그
	두 마리 어린 … 성물이니 **제사장**에게
레 27:8	**제사장** 앞으로 데리고 갈 것이요 **제사장**
레 27:11	가축을 **제사장** 앞으로 끌어갈 것이요
레 27:12	**제사장**은 우열 간에 값을 정할지니 그
	값이 **제사장**의 정한 대로 될 것이며
레 27:14	여호와께 드리려 하면 **제사장**이 그 우
	열 간에 값을 정할지니 그 값은 **제사장**이
레 27:18	성별하여 드렸으면 **제사장**이 다음 희년
레 27:21	영영히 드린 땅과 같이 **제사장**의 기업이
레 27:23	너는 값을 정하고 **제사장**은 그를 위하여

"그러나 너희는 택하신 족속이요 왕 같은 제
사장들이요 거룩한 나라요 … 그의 기이한
빛에 들어가게 하신 이의 아름다운 덕을 선
포하게 하려 하심이라"(벧전 2:9)

민 3:3	**제사장** 직분을 위임 받은 **제사장**들이라
민 3:4	앞에서 **제사장**의 직분을 행하였더라
민 3:10	아들들을 세워 **제사장** 직무를 행하게
민 5:8	**제사장**에게로 돌릴 것이니 이는 그를
민 5:9	이스라엘 자손이 거제로 **제사장**에게
민 5:10	누구든지 **제사장**에게 주는 것은 그의
민 5:15	그의 아내를 데리고 **제사장**에게로 가서
민 6:10	가지고 회막 문에 와서 **제사장**에게 줄
민 6:11	**제사장**은 그 하나를 속죄제물로, 하나를
민 6:16	**제사장**은 그것들을 여호와 앞에 가져
민 6:19	머리털을 민 후에 **제사장**이 삶은 숫양의
민 6:20	**제사장**에게 돌릴 것이니라 그 후에는
민 10:8	그 나팔은 아론의 자손인 **제사장**들이
민 15:25	**제사장**이 이스라엘 자손의 온 회중을
민 15:28	**제사장**은 그 부지중에 범죄한 사람이
민 16:10	오히려 **제사장**의 직분을 구하느냐
민 18:1	너희의 **제사장** 직분에 대한 죄를 함께
민 18:7	일에 대하여 **제사장**의 직분을 지켜 섬
	기라 내가 **제사장**의 직분을 너희에게
민 19:6	동시에 **제사장**은 백향목과 우슬초와
민 19:7	**제사장**은 자기의 옷을 빨고 물로 몸을
민 25:13	영원한 **제사장** 직분의 언약이라 그가

2110

【 제사장 】

신 10:6 아들 엘르아살이 그를 이어 **제사장**의
신 17:9 레위 사람 **제사장**과 당시 재판장에게
신 17:12 섬기는 **제사장**이나 재판장에게 듣지
신 18:3 **제사장**이 백성에게서 받을 몫은 이러
하니 곧 그 드리는 … 이것을 **제사장**
신 19:17 당시의 **제사장**과 재판장 앞에 설 것이
신 20:2 싸울 곳에 가까이 가면 **제사장**은 백성
신 21:5 레위 자손 **제사장**들도 그리로 갈지니
신 24:8 레위 사람 **제사장**들이 너희에게 가르
신 26:3 그 때의 **제사장**에게 나아가 그에게 이르
신 26:4 **제사장**은 네 손에서 그 광주리를 받아
신 27:9 모세와 레위 **제사장**들이 온 이스라엘
신 31:9 레위 자손 **제사장**들과 이스라엘 모든

역사서

수 3:3 레위 사람 **제사장**들이 너희 하나님
수 3:6 여호수아가 또 **제사장**들에게 말하여
수 3:8 언약궤를 멘 **제사장**들에게 명령하여
수 6:4 **제사장** 일곱은 일곱 양각 나팔을 잡고
언약궤 앞에서 나아갈 … 그 **제사장**들은
수 8:33 레위 사람 **제사장**들 앞에서 궤의 좌우에
삿 17:5 아들을 세워 그의 **제사장**으로 삼았더라
삿 17:10 나를 위하여 아버지와 **제사장**이 되라
삿 17:13 이르되 레위인이 내 **제사장**이 되었으니
삿 18:4 나를 자기의 **제사장**으로 삼았느니라
삼상 2:13 그 **제사장**들이 백성에게 행하는 관습
은 이러하니 … 삶을 때에 **제사장**의
삼상 2:28 내가 그를 택하여 내 **제사장**으로 삼아
삼상 2:35 내가 나를 위하여 충실한 **제사장**을
삼상 2:36 이르되 청하노니 내게 **제사장**의 직분
삼상 6:2 블레셋 사람들이 **제사장**들과 복술자
삼상 14:19 사울이 **제사장**에게 말할 때에 블레셋
삼상 21:4 **제사장**이 다윗에게 대답하여 이르되
삼상 22:11 놉에 있는 **제사장**들을 부르매 그들이
삼상 22:18 돌아가서 **제사장**들을 죽이라 하매 에
돔 사람 도엑이 돌아가서 **제사장**들을
왕상 8:3 장로들이 다 이르매 **제사장**들이 궤를
왕상 8:4 올라가되 **제사장**과 레위 사람이 그것
왕상 8:6 **제사장**들이 여호와의 언약궤를 자기의
왕상 8:10 **제사장**이 성소에서 나올 때에 구름이
왕상 12:31 레위 자손 아닌 보통 백성으로 **제사장**을
왕상 12:32 지은 산당의 **제사장**을 벧엘에서 세웠
왕상 13:2 그가 네 위에 분향하는 산당 **제사장**을
왕하 10:11 귀족들과 신뢰 받는 자들과 **제사장**들을

【 제사장 】

왕하 10:19 모든 **제사장**들을 한 사람도 빠뜨리지
왕하 11:10 **제사장**이 여호와의 성전에 있는 다윗
왕하 12:4 요아스가 **제사장**들에게 이르되 여호와
왕하 17:27 그 곳에서 사로잡아 온 **제사장** 한 사람
왕하 19:2 서기관 셉나와 **제사장** 중 장로들에게
왕하 23:2 예루살렘 주민과 **제사장**들과 선지자들
왕하 23:5 우상을 섬기게 한 **제사장**들을 폐하며
대상 6:10 예루살렘에 세운 성전에서 **제사장**의
대상 9:2 이스라엘 사람은 **제사장**들과 레위
대상 9:10 **제사장** 중에서는 여다야와 여호야립과
대상 9:30 **제사장**의 아들 중의 어떤 자는 향품으
대상 13:2 성읍에 사는 **제사장**과 레위 사람에게
대상 15:14 **제사장**들과 레위 사람들이 이스라엘
대상 16:39 **제사장** 사독과 그의 형제 **제사장**들에게
대상 23:2 이스라엘 모든 방백과 **제사장**과 레위
대상 24:2 엘르아살과 이다말이 **제사장**의 직분을
대상 24:6 아비아달의 아들 아히멜렉과 및 **제사장**
대상 24:31 다윗 왕과 사독과 아히멜렉과 **제사장**의
대상 28:13 **제사장**과 레위 사람의 반열과 여호와
대상 28:21 **제사장**과 레위 사람의 반이 있으니
대상 29:22 사독에게도 기름을 부어 **제사장**이 되게
대하 4:6 바다는 **제사장**들이 씻기 위한 것이더라
대하 4:9 **제사장**의 뜰과 큰 뜰과 뜰 문을 만들고
대하 5:5 **제사장**들이 그것들을 메고 올라가매
대하 5:7 **제사장**들이 여호와의 언약궤를 그 처소
대하 5:11 이 때에는 **제사장**들이 그 반열대로 하지
대하 5:12 나팔 부는 **제사장** 백이십 명이 함께
대하 5:14 **제사장**들이 그 구름으로 말미암아 능히
대하 7:2 **제사장**들이 여호와의 전으로 능히
대하 7:6 그 때에 **제사장**들은 직분대로 모셔 서
고 레위 사람도 … **제사장**들은 무리
대하 8:14 다윗의 규례를 따라 **제사장**들의 반열
을 정하여 섬기게 하고 … **제사장**들
대하 8:15 **제사장**들과 레위 사람이 국고 일에든
대하 11:13 이스라엘의 **제사장**들과 레위 사람들
대하 11:14 여호와께 **제사장**의 직분을 행하지
대하 11:15 송아지 우상을 위하여 친히 **제사장**들을
대하 13:9 **제사장**을 삼지 … 신들의 **제사장**이
대하 15:3 가르치는 **제사장**도 없고 율법도 없은
대하 17:8 저희와 함께 **제사장** 엘리사마와 여호람
대하 19:8 예루살렘에서 레위 사람들과 **제사장**들
대하 23:4 너희는 이와 같이 행하라 너희 **제사장**들
대하 23:18 직원들을 세워 레위 **제사장**의 수하에

【 제사장 】　　　　　　　　　　　　　　　　　　　　　　　【 제사장 】

대하 24:5	제사장들과 레위 사람들을 모으고
대하 26:17	여호와의 용맹한 제사장 팔십 명을
대하 26:18	구별함을 받은 아론의 자손 제사장들이
대하 26:19	그가 제사장에게 화를 낼 때에 여호와의 전 안 향단 곁 제사장들 앞에서 그의
대하 26:20	모든 제사장이 왕의 이마에 나병이 생겼
대하 29:4	제사장들과 레위 사람들을 동쪽 광장에
대하 29:16	제사장들도 여호와의 전 안에 들어가서
대하 29:21	아론의 자손 제사장들을 명령하여
대하 29:22	수소를 잡으매 제사장들이 그 피를 받아
대하 29:24	제사장들이 잡아 그 피를 속죄제로 삼아
대하 29:26	다윗의 악기를 잡고 제사장은 나팔을
대하 29:34	그런데 제사장이 부족하여 … 다른 제사장들이 성결하게 … 제사장들보다
대하 30:3	성결하게 한 제사장들이 부족하고 백성
대하 30:15	유월절 양을 잡으니 제사장과 레위 사람
대하 31:2	히스기야가 제사장들과 레위 사람들의 반열을 정하고 … 곧 제사장들과
대하 31:4	백성을 명령하여 제사장들과 레위 사람
대하 31:9	히스기야가 그 더미들에 대하여 제사
대하 31:15	아마랴와 스가냐는 제사장들의 성읍들
대하 31:17	족보에 기록된 제사장들에게 나눠 주며
대하 34:5	제사장들의 뼈를 제단 위에서 불살라
대하 34:30	예루살렘 주민과 제사장들과 레위
대하 35:2	제사장들에게 그들의 직분을 맡기고
대하 35:8	백성과 제사장들과 레위 사람들에게 주었고 하나님의 … 여히엘은 제사장들에
대하 35:10	구비되매 왕의 명령을 따라 제사장들은
대하 35:11	유월절 양을 잡으니 제사장들은 그들의
대하 35:14	자기와 제사장을 … 자손 제사장들을
대하 35:18	요시야가 제사장들과 레위 사람들
대하 36:14	모든 제사장들의 우두머리들과 백성
스 1:5	유다와 베냐민 족장들과 제사장들과
스 2:36	제사장들은 예수아의 집 여다야 자손이
스 7:13	이스라엘 백성과 그들 제사장들과 레위
스 7:16	백성과 제사장들이 예루살렘에 있는
스 7:24	이르노니 제사장들이나 레위 사람들이
스 10:18	제사장의 무리 중에 이방 여인을 아내
느 2:16	유다 사람들에게나 제사장들에게나
느 3:1	제사장들과 함께 일어나 양문을 건축하
느 3:22	평지에 사는 제사장들이 중수하였고
느 3:28	마문 위로부터는 제사장들이 각각 자기
느 5:12	제사장들을 불러 그들에게 그 말대로
느 12:44	곳간을 맡기고 제사장들과 레위 사람들에게 … 섬기는 제사장들과 레위 사람
느 13:5	새 포도주와 기름과 또 제사장들에게

시가서, 선지서

욥 12:19	제사장들을 벌거벗겨 끌어가시고 권력
시 78:64	그들의 제사장들은 칼에 엎드러지고
시 99:6	그의 제사장들 중에는 모세와 아론이
시 110:4	멜기세덱의 서열을 따라 영원한 제사장
시 132:16	내가 그 제사장들에게 구원을 옷 입히리
사 24:2	백성과 제사장이 같을 것이며 종과 상전
사 28:7	독주로 말미암아 비틀거리며 제사장과
사 37:2	서기관 셉나와 제사장 중 어른들도 굵은
사 66:21	가운데에서 택하여 제사장과 레위인을
렘 1:18	지도자들과 그 제사장들과 그 땅 백성
렘 2:8	제사장들은 여호와께서 어디 계시냐
렘 2:26	지도자들과 제사장들과 선지자들이
렘 4:9	지도자들은 낙심할 것이며 제사장들은
렘 5:31	거짓을 예언하며 제사장들은 자기 권력
렘 6:13	탐욕을 부리며 선지자로부터 제사장
렘 19:1	백성의 어른들과 제사장의 어른 몇 사람
렘 23:11	여호와의 말씀이니라 선지자와 제사장
렘 29:25	스바냐와 모든 제사장에게 글을 보내
애 4:13	그의 선지자들의 죄들과 제사장들의
애 4:16	제사장들을 높이지 아니하였으며
겔 7:26	제사장에게는 율법이 없어질 것이요
겔 22:26	그 제사장들은 내 율법을 범하였으며
겔 40:45	이 방은 성전을 지키는 제사장들이

성경에 나오는 '제사장'

다곤의 제사장 – 삼상 5:5
단 지파의 제사장 – 삿 18:30
미가의 제사장 – 삿 17:12
미디안 제사장 – 출 2:16; 3:1; 18:1
바알의 제사장 – 왕하 11:18; 대하 23:17
아나돗의 제사장 – 렘 1:1
여호와의 제사장 – 레 7:35; 수 18:7; 삼상 1:3; 14:3; 22:17, 21; 왕상 2:27; 대하 13:9; 사 61:6
온의 제사장 – 창 41:45, 50; 46:20
제우스 신당의 제사장 – 행 14:13
주의 제사장 – 대하 6:41; 시 132:9
하나님과 그리스도의 제사장 – 계 20:6
하나님의 제사장 – 창 14:18

【 제사장 】

겔 44:22	혹시 **제사장**의 과부에게 장가들 것이며
겔 44:30	**제사장**에게 … 밀가루를 **제사장**에게
겔 44:31	찢겨서 죽은 것은 다 **제사장**이 먹지
겔 45:4	성소에서 수종 드는 **제사장**들 곧 하나님
겔 45:19	**제사장**이 그 속죄제 희생제물의 피를
겔 46:19	북쪽을 향한 **제사장**의 거룩한 방에
겔 46:20	**제사장**이 속건제와 속죄제 희생제물
겔 48:10	드리는 거룩한 땅은 **제사장**에게 돌릴지
겔 48:11	거룩하게 구별한 **제사장**에게 돌릴지어
겔 48:13	**제사장**의 경계선을 따라 레위 사람의
호 4:4	네 백성들이 **제사장**과 다투는 자처럼
호 4:6	너를 버려 내 **제사장**이 되지 못하게
호 4:9	백성이나 **제사장**이나 동일함이라
호 6:9	**제사장**의 무리가 세겜 길에서 살인하니
욜 1:13	**제사장**들아 너희는 굵은 베로 동이고
욜 2:17	여호와를 섬기는 **제사장**들은 낭실과
미 3:11	그들의 **제사장**은 삯을 위하여 교훈하며
습 1:4	그마림이란 이름과 및 그 **제사장**들을
습 3:4	그의 **제사장**들은 성소를 더럽히고 율법
학 2:11	너는 **제사장**에게 율법에 대하여 물어
말 1:6	이름을 멸시하는 **제사장**들아 나 만군의
말 2:1	너희 **제사장**들아 이제 너희에게 이같이

복음서, 역사서

마 8:4	다만 가서 **제사장**에게 네 몸을 보이고
마 12:4	그가 하나님의 전에 들어가서 **제사장**
마 12:5	안식일에 **제사장**들이 성전 안에서 안식
막 1:44	가서 네 몸을 **제사장**에게 보이고 네가
눅 1:5	아비야 반열에 **제사장** 한 사람이 있었으
눅 1:8	차례대로 하나님 앞에서 **제사장**의 직무
눅 1:9	**제사장**의 전례를 따라 제비를 뽑아
눅 5:14	아무에게도 이르지 말고 가서 **제사장**
눅 6:4	**제사장** 외에는 먹어서는 안 되는 진설병
눅 10:31	마침 한 **제사장**이 그 길로 내려가다가
눅 17:14	보시고 이르시되 가서 **제사장**들에게
요 1:19	유대인들이 예루살렘에서 **제사장**들과
행 4:1	사도들이 백성에게 말할 때에 **제사장**들
행 6:7	심히 많아지고 허다한 **제사장**의 무리도
행 22:30	**제사장**들과 온 공회를 모으고 바울을

성경에 나오는 '제사장' 이름

대제사장 스라야 – 왕하 25:18; 렘 52:24

(대)제사장 아사랴 – 대하 26:17, 20

(대)제사장 여호야다 – 왕하 11:9, 15; 12:2, 7, 9; 대상 27:5; 대하 22:11; 23:8, 9, 14; 24:2, 6, 20, 25; 렘 9:26

(대)제사장 힐기야 – 왕하 22:4, 8, 10, 12, 14; 23:24; 대하 34:9, 14, 18

(부)제사장 스바냐 – 왕하 25:18; 대상 15:24; 렘 29:29; 37:3; 52:24

제사장 마아세야 – 렘 21:1; 29:25

제사장 바스훌 – 렘 20:1

제사장 브나야 – 대상 16:6

제사장 비느하스 – 수 22:30

제사장 사독 – 삼하 15:27, 35; 17:15; 19:11; 20:25; 왕상 1:8, 26, 32, 34, 38, 39, 44, 45; 2:35; 왕상 4:4; 대상 15:11; 16:39; 24:6

제사장 사붓 – 왕상 4:5

제사장 셀레먀 – 느 13:13

제사장 스게와 – 행 19:14

제사장 아론 – 출 31:10; 35:19; 38:21; 39:41; 레 1:7; 7:34; 13:2; 21:21; 민 3:6, 32; 4:16, 28, 33; 7:8; 16:37; 18:28; 25:7, 11; 26:1, 64; 33:38; 수 21:4, 13, 19; 스 7:5

제사장 아마샤 – 암 7:10

제사장 아비아달 – 삼상 23:9; 30:7; 삼하 15:35; 17:15; 19:11; 20:25; 왕상 1:7, 19, 25, 42; 2:22, 26; 4:4

제사장 아사리아 – 왕상 4:2

제사장 아히멜렉 – 삼상 21:1, 2, 11; 삼하 8:17; 대상 18:16

제사장 야하시엘 – 대상 16:6

제사장 에스겔 – 겔 1:3

제사장 에스라 – 스 7:11, 12, 21; 10:10, 16; 느 8:2, 9; 12:26

제사장 엘르아살 – 민 16:39; 19:3, 4; 26:3, 63; 27:2, 19, 22; 31:6, 12, 13, 21, 26, 29, 31, 41, 51, 54; 32:2, 28; 34:17; 수 14:1; 17:4; 19:51; 21:1; 22:13, 31, 32

제사장 엘리 – 삼상 1:9; 2:11

제사장 엘리사마 – 대하 17:8

제사장 엘리아김 – 느 12:41

제사장 엘리아십 – 느 13:4

제사장 우리아 – 스 8:33

제사장 우리야 – 왕하 16:10, 11, 15, 16; 사 8:2

제사장

서신서, 예언서
롬 15:16 하나님의 복음의 **제사장** 직분을 하게
히 5:6 멜기세덱의 반차를 따르는 **제사장**이라
히 7:1 지극히 높으신 하나님의 **제사장**이라
히 7:3 아들과 닮아서 항상 **제사장**으로 있느
히 7:5 레위의 아들들 가운데 **제사장**의 직분을
히 7:14 **제사장**들에 관하여 말한 것이 하나
히 7:15 멜기세덱과 같은 별다른 한 **제사장**이
히 7:17 멜기세덱의 반차를 따르는 **제사장**이라
히 7:20 예수께서 **제사장**이 되신 것은 맹세 없이
히 7:21 **제사장**이 되었으되 … 영원히 **제사장**이
히 7:23 **제사장** 된 그들의 수효가 많은 것은
히 7:24 예수는 영원히 계시므로 그 **제사장** 직분
히 8:4 땅에 계셨더라면 **제사장**이 되지 아니
히 8:4 하셨을 … 드리는 **제사장**이 있음이라
히 9:6 예비하였으니 **제사장**들이 항상 첫 장막
히 10:11 **제사장**마다 매일 서서 섬기며 자주 같은
히 10:21 하나님의 집 다스리는 큰 **제사장**이
벧전 2:5 신령한 제사를 드릴 거룩한 **제사장**이
벧전 2:9 택하신 족속이요 왕 같은 **제사장**들이요
계 1:6 나라와 **제사장**으로 삼으신 그에게 영광
계 5:10 하나님 앞에서 나라와 **제사장**들을

제사장 - 기타 본문
모세오경 창 47:26; 출 28:41; 29:44; 30:30; 40:13; 레 1:8; 3:16; 4:30, 31, 34, 35; 5:18; 13:6, 8, 9, 10, 11, 12, 15, 16, 17, 19, 21, 22, 23, 25, 26, 27, 28, 30, 31, 32, 33, 34, 36, 37, 39, 43, 44, 49, 50, 53, 54, 56; 14:2, 3, 4, 5, 11, 13, 14, 17, 18, 19, 20, 23, 24, 25, 28, 29, 31, 35, 36, 38, 44, 48; 15:14; 민 5:16, 18, 21, 23, 25, 26, 30; 신 17:18; 18:1 **역사서** 수 3:13, 14, 15, 17; 4:3, 9, 10, 11, 16, 17, 18; 6:5, 6, 8, 9, 12, 13, 16, 20; 18:6, 17, 18, 19, 20, 24, 27; 삼상 2:14, 15; 14:36; 21:5, 6, 9; 22:19; 왕상 8:11; 13:33; 왕하 11:15; 12:5, 6, 7, 8, 16; 17:28, 32; 23:8, 9, 20; 대하 13:10, 12, 14; 23:6, 14; 30:16, 21, 24, 25, 27; 31:19; 스 2:61, 62, 63, 69, 70; 3:2, 8, 10, 12; 6:9, 16, 18, 20; 7:7; 8:15, 24, 29, 30; 9:1, 7; 10:5; 느 7:39, 63, 64, 65, 70, 72, 73; 8:13; 9:32, 34; 10:8, 28, 34, 36, 37, 38, 39; 11:3, 10, 20; 12:1, 7, 12, 22, 30, 35; 13:29, 30 **선지서** 렘 8:1, 10; 13:13; 14:18; 18:18; 23:33, 34; 26:7, 8, 11, 16; 27:16;

28:1, 5; 29:1, 26; 31:14; 32:32; 33:18, 21; 34:19; 48:7; 49:3; 애 1:4, 19; 2:6, 20; 겔 40:46; 42:13, 14; 43:19, 24, 27; 44:13, 15, 21; 46:2; 호 5:1; 10:5; 욜 1:9; 학 2:12, 13; 슥 6:13; 7:3, 5; 말 2:7 **신약** 행 4:23; 5:24; 히 7:11, 28

제어하다 (制御, hold, restrain, subdue)
삼하 3:39 사람들을 **제어하기**가 너무 어려우니
잠 10:19 입술을 **제어하는** 자는 지혜가 있느니라
잠 25:28 자기의 마음을 **제어하지** 아니하는 자는
잠 27:16 **제어하기**가 바람을 **제어하는** 것 같으며
렘 2:25 발을 **제어하여** 벗은 발이 되게 하지
렘 8:17 내가 술법으로도 **제어할** 수 없는 뱀과
막 5:4 아무도 그를 **제어할** 힘이 없는지라
막 6:7 더러운 귀신을 **제어하는** 권능을 주시고
눅 9:1 귀신을 **제어하며** 병을 고치는 능력을
눅 10:19 원수의 모든 능력을 **제어할** 권능을
약 3:3 순종하게 하려고 그 온 몸을 **제어하며**
벧전 2:11 거슬러 싸우는 육체의 정욕을 **제어하라**

제우스 (Zeus) 그리스 신화에 나오는 최고 신
행 14:12 바나바는 **제우스**라 하고 바울은 그 중에
행 14:13 **제우스** 신당의 제사장이 소와 화환
행 19:35 에베소 시가 큰 아데미와 **제우스**에게서

제일 (第一, supreme, best)
신 21:3 그 피살된 곳에서 **제일** 가까운 성읍의
신 21:6 그 피살된 곳에서 **제일** 가까운 성읍의
욥 15:7 네가 **제일** 먼저 난 사람이냐 산들이
잠 4:7 지혜가 **제일**이니 지혜를 얻으라 네가
사 37:24 그 **제일** 높은 곳에 들어가 살진 땅의
고전 13:13 항상 있을 것인데 그 중의 **제일**은 사랑

'제일 좋은'과 관련된 성구
민 18:12; 삼상 8:14; 눅 15:22

제자 (弟子, disciple)
구약
대상 25:8 스승이나 **제자**를 막론하고 다같이 제비
사 8:16 말씀을 싸매며 율법을 내 **제자**들 가운데
복음서
마 5:1 올라가 앉으시니 **제자**들이 나아온지라

[제자]　　　　　　　　　　　　　　　　　　　　　　　　　　　　　　　　　　[제자]

마 8:21	제자 중에 또 한 사람이 이르되 주여	마 17:23	살아나리라 하시니 제자들이 매우 근심
마 8:23	배에 오르시매 제자들이 따랐더니	마 18:1	제자들이 예수께 나아와 이르되 천국
마 8:25	제자들이 나아와 깨우며 이르되 주여	마 19:10	제자들이 이르되 만일 사람이 아내에게
마 9:10	예수와 그의 제자들과 함께 앉았더니	마 19:13	어린 아이들을 데리고 오매 제자들이
마 9:11	바리새인들이 보고 그의 제자들에게	마 19:23	예수께서 제자들에게 이르시되 내가
마 9:14	어찌하여 당신의 제자들은 금식하지	마 19:25	제자들이 듣고 몹시 놀라 이르되 그렇다
마 9:19	예수께서 일어나 따라가시매 제자들도	마 20:24	열 제자가 듣고 그 두 형제에 대하여
마 9:37	제자들에게 이르시되 추수할 것은 많되	마 20:25	예수께서 제자들을 불러다가 이르시되
마 10:24	제자가 그 선생보다, 또는 종이 그 상전	마 21:1	이르렀을 때에 예수께서 두 제자를 보내
마 10:25	제자가 그 선생 같고 종이 그 상전 같으	마 21:6	제자들이 가서 예수께서 명하신 대로
마 10:42	누구든지 제자의 이름으로 이 작은	마 21:20	제자들이 보고 이상히 여겨 이르되
마 11:2	그리스도께서 하신 일을 듣고 제자들을	마 22:16	제자들을 헤롯 당원들과 함께 예수께
마 12:1	제자들이 시장하여 이삭을 잘라 먹으니	마 23:1	예수께서 무리와 제자들에게 말씀하여
마 12:2	말하되 보시오 당신의 제자들이 안식일	마 24:1	성전에서 나와서 가실 때에 제자들이
마 12:49	손을 내밀어 제자들을 가리켜 이르시되	마 24:3	앉으셨을 때에 제자들이 조용히 와서
마 13:10	제자들이 예수께 나아와 이르되 어찌	마 26:1	이 말씀을 다 마치시고 제자들에게
마 13:36	들어가시니 제자들이 나아와 이르되	마 26:8	제자들이 보고 분개하여 이르되 무슨
마 13:52	그러므로 천국의 제자 된 서기관마다	마 26:17	무교절의 첫날에 제자들이 예수께
마 14:15	저녁이 되매 제자들이 나아와 이르되	마 26:18	내 때가 가까이 왔으니 내 제자들과
마 14:17	떡을 떼어 제자들에게 주시매 제자들이	마 26:19	제자들이 예수께서 시키신 대로 하여
마 14:22	예수께서 즉시 제자들을 재촉하사 자기	마 26:26	축복하시고 떼어 제자들에게 주시며
마 14:25	예수께서 바다 위로 걸어서 제자들에게	마 26:31	그 때에 예수께서 제자들에게 이르시되
마 14:26	제자들이 그가 바다 위로 걸어오심을	마 26:35	부인하지 않겠나이다 하고 모든 제자도
마 15:2	당신의 제자들이 어찌하여 장로들의	마 26:36	예수께서 제자들과 함께 겟세마네라 하
마 15:12	제자들이 나아와 이르되 바리새인들		는 곳에 이르러 제자들에게 이르시되
마 15:23	대답하지 아니하시니 제자들이 와서	마 26:40	제자들에게 오사 그 자는 것을 보시고
마 15:32	예수께서 제자들을 불러 이르시되 내가	마 26:45	제자들에게 오사 이르시되 이제는 자고
마 15:33	제자들이 이르되 광야에 있어 우리가	마 26:56	제자들이 다 예수를 버리고 도망하니
마 15:36	떼어 제자들에게 주시니 제자들이 무리	마 27:57	하는 사람이 왔으니 그도 예수의 제자라
마 16:5	제자들이 건너편으로 갈새 떡 가져가기	마 27:64	그의 제자들이 와서 시체를 도둑질하여
마 16:7	제자들이 서로 논의하여 이르되 우리가	마 28:7	또 빨리 가서 그의 제자들에게 이르되
마 16:12	그제서야 제자들이 떡의 누룩이 아니요	마 28:8	떠나 제자들에게 알리려고 달음질할
마 16:13	제자들에게 물어 이르시되 사람들이	마 28:13	너희는 말하기를 그의 제자들이 밤에
마 16:20	제자들에게 경고하사 자기가 그리스도	마 28:16	열한 제자가 갈릴리에 가서 예수께서
마 16:21	살아나야 할 것을 제자들에게 비로소	마 28:19	가서 모든 민족을 제자로 삼아 아버지와
마 16:24	예수께서 제자들에게 이르시되 누구든	막 2:15	예수와 그의 제자들과 함께 앉았으니
마 17:6	제자들이 듣고 엎드려 심히 두려워하니	막 2:16	그의 제자들에게 이르되 어찌하여 세리
마 17:8	제자들이 눈을 들고 보매 오직 예수	막 2:18	어찌하여 당신의 제자들은 금식하지
마 17:10	제자들이 물어 이르되 그러면 어찌하여	막 2:23	그의 제자들이 길을 열며 이삭을 자르니
마 17:13	그제서야 제자들이 예수께서 말씀하신	막 3:7	예수께서 제자들과 함께 바다로 물러
마 17:16	내가 주의 제자들에게 데리고 왔으나	막 3:9	대기하도록 제자들에게 명하셨으니
마 17:19	이 때에 제자들이 조용히 예수께 나아와	막 4:34	다만 혼자 계실 때에 그 제자들에게
마 17:22	갈릴리에 모일 때에 예수께서 제자들	막 4:35	그 날 저물 때에 제자들에게 이르시되

2115

【 제자 】 【 제자 】

막 4:38	주무시더니 **제자**들이 깨우며 이르되
막 4:40	이에 **제자**들에게 이르시되 어찌하여
막 5:31	**제자**들이 여짜오되 무리가 에워싸 미는
막 6:1	고향으로 가시니 **제자**들도 따르니라
막 6:12	**제자**들이 나가서 회개하라 전파하고
막 6:35	저물어 가매 **제자**들이 예수께 나아와
막 6:39	**제자**들에게 명하사 그 모든 사람으로
막 6:41	**제자**들에게 주어 사람들에게 나누어
막 6:45	예수께서 즉시 **제자**들을 재촉하사 자기
막 6:48	바람이 거스르므로 **제자**들이 힘겹게
막 6:49	**제자**들이 그가 바다 위로 걸어오심을
막 6:51	바람이 그치는지라 **제자**들이 마음에
막 7:2	**제자** 중 몇 사람이 부정한 손 곧 씻지
막 7:5	어찌하여 당신의 **제자**들은 장로들의
막 7:17	들어가시니 **제자**들이 그 비유를 묻자
막 8:1	먹을 것이 없는지라 예수께서 **제자**들을
막 8:4	**제자**들이 대답하되 이 광야 어디서 떡을
막 8:6	축사하시고 떼어 **제자**들에게 주어 나 누어 주게 하시니 **제자**들이 무리에게
막 8:10	**제자**들과 함께 배에 오르사 달마누다
막 8:14	**제자**들이 떡 가져오기를 잊었으매 배에
막 8:16	**제자**들이 서로 수군거리기를 이는
막 8:27	예수와 **제자**들이 빌립보 가이사랴 여러 마을로 나가실새 길에서 **제자**들에게
막 8:28	**제자**들이 여짜와 이르되 세례 요한이라
막 8:33	예수께서 돌이키사 **제자**들을 보시며
막 8:34	**제자**들을 불러 이르시되 누구든지
막 9:14	그들이 **제자**들에게 와서 보니 큰 무리
막 9:18	내가 선생님의 **제자**들에게 내쫓아 달라
막 9:28	들어가시매 **제자**들이 조용히 묻자오되
막 9:31	**제자**들을 가르치시며 또 인자가 사람
막 9:32	**제자**들은 이 말씀을 깨닫지 못하고
막 9:33	계실새 **제자**들에게 물으시되 너희가
막 9:36	가운데 세우시고 안으시며 **제자**들에게
막 10:10	집에서 **제자**들이 다시 이 일을 물으니
막 10:13	어린 아이들을 데리고 오매 **제자**들이
막 10:23	예수께서 둘러보시고 **제자**들에게
막 10:24	**제자**들이 그 말씀에 놀라는지라 예수께
막 10:26	**제자**들이 매우 놀라 서로 말하되 그런즉
막 *10:41*	***제자****가* 듣고 야고보와 요한에 대하여
막 10:46	예수께서 **제자**들과 허다한 무리와 함께
막 11:1	이르렀을 때에 예수께서 **제자** 중 둘을
막 11:4	**제자**들이 가서 본즉 나귀 새끼가 문 앞
막 11:6	**제자**들이 예수께서 이르신 대로 말한대
막 11:14	따 먹지 못하리라 하시니 **제자**들이
막 12:43	예수께서 **제자**들을 불러다가 이르시되
막 13:1	성전에서 나가실 때에 **제자** 중 하나가
막 14:12	양 잡는 날에 **제자**들이 예수께 여짜오되
막 14:13	예수께서 **제자** 중의 둘을 보내시며
막 14:14	선생님의 말씀이 내가 내 **제자**들과 함께
막 14:16	**제자**들이 나가 성내로 들어가서 예수
막 14:22	축복하시고 떼어 **제자**들에게 주시며
막 14:27	예수께서 **제자**들에게 이르시되 너희가
막 14:31	부인하지 않겠나이다 하고 모든 **제자**도
막 14:32	예수께서 **제자**들에게 이르시되 내가
막 14:37	돌아오사 **제자**들이 자는 것을 보시고

"그러므로 너희는 가서 모든 민족을 제자로
삼아 아버지와 아들과 성령의 이름으로 세
례를 베풀고"(마 28:19)

막 14:50	**제자**들이 다 예수를 버리고 도망하니
막 16:7	그의 **제자**들과 베드로에게 이르기를
막 16:13	사람이 가서 남은 **제자**들에게 알리었으
막 16:14	열한 **제자**가 음식 먹을 때에 예수께서
막 16:20	**제자**들이 나가 두루 전파할새 주께서
눅 5:30	그들의 서기관들이 그 **제자**들을 비방
눅 5:33	당신의 **제자**들은 먹고 마시나이다
눅 6:1	사이로 지나가실새 **제자**들이 이삭을
눅 6:13	그 **제자**들을 부르사 그 중에서 열둘을
눅 6:17	평지에 서시니 그 **제자**의 많은 무리와
눅 6:20	예수께서 눈을 들어 **제자**들을 보시고
눅 6:40	**제자**가 그 선생보다 높지 못하나 무릇
눅 7:11	나인이란 성으로 가실새 **제자**와 많은
눅 7:19	그 **제자** 중 둘을 불러 주께 보내어
눅 8:9	**제자**들이 이 비유의 뜻을 물으니
눅 8:22	하루는 **제자**들과 함께 배에 오르사
눅 8:24	**제자**들이 나아와 깨워 이르되 주여 주여
눅 8:25	**제자**들에게 이르시되 너희 믿음이 어디
눅 9:6	**제자**들이 나가 각 마을에 두루 다니며
눅 9:14	오천 명 됨이러라 **제자**들에게 이르시되

【제자】   【제자】

눅 9:15	제자들이 이렇게 하여 다 앉힌 후	요 3:22	예수께서 제자들과 유대 땅으로 가서
눅 9:16	우러러 축사하시고 떼어 제자들에게	요 4:1	예수께서 제자를 삼고 세례를 베푸시는
눅 9:18	예수께서 따로 기도하실 때에 제자들이	요 4:2	세례를 베푸신 것이 아니요 제자들이
눅 9:36	예수만 보이더라 제자들이 잠잠하여	요 4:8	이는 제자들이 먹을 것을 사러 그 동네
눅 9:40	당신의 제자들에게 내쫓아 주기를	요 4:27	이 때에 제자들이 돌아와서 예수께서
눅 9:43	놀랍게 여길새 예수께서 제자들에게	요 4:31	사이에 제자들이 청하여 이르되 랍비여
눅 9:46	제자 중에서 누가 크냐 하는 변론이	요 4:33	제자들이 서로 말하되 누가 잡수실 것을
눅 9:54	제자 야고보와 요한이 이를 보고 이르되	요 6:3	예수께서 산에 오르사 제자들과 함께
눅 10:23	제자들을 돌아보시며 조용히 이르시되	요 6:8	제자 중 하나 곧 시몬 베드로의 형제
눅 11:1	기도하시고 마치시매 제자 중 하나가	요 6:12	배부른 후에 예수께서 제자들에게
눅 12:1	예수께서 먼저 제자들에게 말씀하여	요 6:16	저물매 제자들이 바다에 내려가서
		요 6:19	제자들이 노를 저어 십여 리쯤 가다가
		요 6:22	또 어제 예수께서 제자들과 함께 그 배
			에 오르지 아니하시고 제자들만 가는
		요 6:24	예수도 안 계시고 제자들도 없음을
		요 6:60	제자 중 여럿이 듣고 말하되 이 말씀은
		요 6:61	예수께서 스스로 제자들이 이 말씀에
		요 6:66	때부터 그의 제자 중에서 많은 사람이
		요 7:3	당신이 행하는 일을 제자들도 보게 여기
		요 8:31	너희가 내 말에 거하면 참으로 내
눅 12:22	제자들에게 이르시되 그러므로 내가	요 9:2	제자들이 물어 이르되 랍비여 이 사람이
눅 14:26	미워하지 아니하면 능히 내 제자가 되지	요 9:27	듣고자 하나이까 당신들도 그의 제자가
눅 14:27	나를 따르지 않는 자도 능히 내 제자가	요 9:28	그의 제자이나 우리는 모세의 제자라
눅 14:33	버리지 아니하면 능히 내 제자가 되지	요 11:7	그 후에 제자들에게 이르시되 유대로
눅 16:1	제자들에게 이르시되 어떤 부자에게	요 11:8	제자들이 말하되 랍비여 방금도 유대인
눅 17:1	예수께서 제자들에게 이르시되 실족	요 11:12	제자들이 이르되 주여 잠들었으면
눅 17:22	제자들에게 이르시되 때가 이르리니	요 11:16	다른 제자들에게 말하되 우리도 주와
눅 18:15	아기를 데리고 오매 제자들이 보고	요 11:54	에브라임이라는 동네에 가서 제자들과
눅 18:34	제자들이 이것을 하나도 깨닫지 못하였	요 12:4	제자 중 하나로서 예수를 잡아 줄 가룟
눅 19:29	베다니에 가까이 가셨을 때에 제자	요 12:16	제자들은 처음에 이 일을 깨닫지 못하였
눅 19:37	가까이 오시매 제자의 온 무리가 자기	요 13:5	대야에 물을 떠서 제자들의 발을 씻으시
눅 19:39	말하되 선생이여 당신의 제자들을 책망	요 13:22	제자들이 서로 보며 누구에게 대하여
눅 20:45	들을 때에 예수께서 그 제자들에게	요 13:23	예수의 제자 중 하나 곧 그가 사랑하시
눅 22:11	네게 하는 말씀이 내가 내 제자들과	요 13:35	이로써 모든 사람이 너희가 내 제자인
눅 22:39	감람산에 가시매 제자들도 따라갔더니	요 15:8	받으실 것이요 너희는 내 제자가 되리라
눅 22:45	일어나 제자들에게 가서 슬픔으로	요 16:17	제자 중에서 서로 말하되 우리에게 말씀
눅 24:33	열한 제자 및 그들과 함께 한 자들이	요 16:29	제자들이 말하되 지금은 밝히 말씀하
요 1:35	이튿날 요한이 자기 제자 중 두 사람과	요 18:1	예수께서 이 말씀을 하시고 제자들과
요 1:37	제자가 그의 말을 듣고 예수를 따르거늘		함께 … 동산이 있는데 제자들과 함께
요 2:2	그 제자들도 혼례에 청함을 받았더니	요 18:2	가끔 예수께서 제자들과 모이시는 곳이
요 2:11	영광을 나타내시매 제자들이 그를 믿으	요 18:15	제자 한 사람이 예수를 따르니 이 제자
요 2:12	예수께서 그 어머니와 형제들과 제자들	요 18:16	대제사장을 아는 그 다른 제자가 나가서
요 2:17	제자들이 성경 말씀에 주의 전을 사모하	요 18:17	이 사람의 제자 중 하나가 아니냐 하니
요 2:22	살아나신 후에야 제자들이 이 말씀이		

"너희가 서로 사랑하면 이로써 모든 사람이
너희가 내 제자인 줄 알리라"(요 13:35)

【 제자 】　　　　　　　　　　　　　　　　　　　　　　　　　　　【 제작법/제작하다 】

요 18:19	대제사장이 예수에게 그의 **제자들**과
요 18:25	너도 그 **제자** 중 하나가 아니냐 베드로
요 19:26	자기의 어머니와 사랑하시는 **제자**가
요 19:27	또 그 **제자**에게 이르시되 보라 네 어머
	니라 하신대 그 때부터 그 **제자**가 자기
요 19:38	아리마대 사람 요셉은 예수의 **제자**이나
요 20:2	다른 **제자**에게 달려가서 말하되 사람들
요 20:3	베드로와 그 다른 **제자**가 나가서 무덤
요 20:4	다른 **제자**가 베드로보다 더 빨리 달려가
요 20:8	무덤에 먼저 갔던 그 다른 **제자**도 들어
요 20:10	두 **제자**가 자기들의 집으로 돌아가니
요 20:18	막달라 마리아가 가서 **제자들**에게 내가
요 20:19	안식 후 첫날 저녁 때에 **제자들**이 유대
요 20:20	손과 옆구리를 보이시니 **제자들**이 주를
요 20:25	다른 **제자들**이 그에게 이르되 우리가
요 20:26	여드레를 지나서 **제자들**이 다시 집 안에
요 20:30	예수께서 **제자들** 앞에서 이 책에 기록
요 21:1	또 **제자들**에게 자기를 나타내셨으니
요 21:2	세베대의 아들들과 또 다른 **제자** 둘이
요 21:4	바닷가에 서셨으나 **제자들**이 예수이신
요 21:7	예수께서 사랑하시는 그 **제자**가 베드로
요 21:8	다른 **제자들**은 육지에서 거리가 불과
요 21:12	**제자들**이 주님이신 줄 아는 고로 당신
요 21:14	살아나신 후에 세 번째로 **제자들**에게
요 21:20	예수께서 사랑하시는 그 **제자**가 따르는
요 21:23	그 **제자**는 죽지 아니하겠다 하였으나
요 21:24	이 일들을 기록한 **제자**가 이 사람이라

역사서, 서신서

행 1:10	올라가실 때에 **제자들**이 자세히 하늘을
행 1:12	**제자들**이 감람원이라 하는 산으로부터
행 2:6	각각 자기의 방언으로 **제자들**이 말하는
행 6:1	**제자**가 더 많아졌는데 헬라파 유대인
행 6:2	열두 사도가 모든 **제자**를 불러 이르되
행 6:7	예루살렘에 있는 **제자**의 수가 더 심히
행 9:1	사울이 주의 **제자들**에 대하여 여전히
행 9:10	아나니아 하는 **제자**가 있더니 주께서
행 9:19	사울이 다메섹에 있는 **제자들**과 함께
행 9:25	그의 **제자들**이 밤에 사울을 광주리에
행 9:26	예루살렘에 가서 **제자들**을 사귀고자 하
	나 다 두려워하여 그가 **제자** 됨을 믿지
행 9:28	**제자들**과 함께 있어 예루살렘에 출입
행 9:38	욥바에서 가까운지라 **제자들**이 베드로
행 11:26	무리를 가르쳤고 **제자**라 칭함을 안디옥에서
행 11:29	**제자들**이 각각 그 힘대로 유대에 사는
행 13:52	**제자들**은 기쁨과 성령이 충만하니
행 14:20	**제자들**이 둘러섰을 때에 바울이 일어나
행 14:21	그 성에서 전하여 많은 사람을 **제자로**
행 14:22	**제자들**의 마음을 굳게 하여 이 믿음에
행 14:28	**제자들**과 함께 오래 있으니라
행 15:10	능히 메지 못하던 멍에를 **제자들**의 목에
행 16:1	디모데라 하는 **제자**가 있으니 그 어머니
행 18:23	차례로 다니며 모든 **제자**를 굳건하게
행 18:27	격려하며 **제자들**에게 편지를 써 영접
행 19:1	다녀 에베소에 와서 어떤 **제자들**을 만나
행 19:9	바울이 그들을 떠나 **제자들**을 따로
행 19:30	가운데로 들어가고자 하나 **제자들**이
행 20:1	바울은 **제자들**을 불러 권한 후에 작별
행 20:2	여러 말로 **제자들**에게 권하고 헬라에
행 20:30	또한 여러분 중에서도 **제자들**을 끌어
행 21:4	**제자들**을 찾아 거기서 이레를 머물더
	니 그 **제자들**이 성령의 감동으로 바울
행 21:16	**제자**가 함께 가며 한 오랜 **제자** 구브로

'제자' 와 관련된 성구

바리새인의 제자 – 막 2:18; 눅 5:33

선지자의 제자 – 왕하 2:3, 5, 7, 15; 4:1, 38; 5:22; 6:1; 9:1

열두 제자 – 마 10:1; 11:1; 20:17; 26:20; 막 4:10; 6:7; 9:35; 10:32; 11:11; 눅 8:1; 9:1; 18:31; 요 6:67; 20:24; 고전 15:5

요한의 제자 – 마 9:14; 14:12; 막 2:18; 6:29; 눅 5:33; 7:18; 요 3:25

제자리(one's position)

삿 7:21	각기 **제자리**에 서서 그 진영을 에워싸
스 5:15	성전에 두고 하나님의 전을 **제자리**에
스 6:5	성전 안 각기 **제자리**에 둘지니라
스 6:7	이 성전을 **제자리**에 건축하게 하라
느 8:7	레위 사람들은 백성이 **제자리**에 서
느 9:3	이 날에 낮 사분의 일은 그 **제자리**에
느 13:11	레위 사람을 불러 모아 다시 **제자리**에

제작법/제작하다(製作法, make, work)

출 35:32	금과 은과 놋으로 **제작하는** 기술을 고안
민 8:4	등잔대의 **제작법**은 이러하니 곧 금을

【 제재 】　　　　　　　　　　　　　　　　　　　　　　　　　　　【 조각 】

제재(制裁, control)
고전 14:32　영은 예언하는 자들에게 **제재**를 받나니

제정하다(制定, make)
수 24:25　위하여 율례와 법도를 **제정하였**더라

제조/-하다/-되다(製造, build, make, create)
출 30:25　**제조하는** 법대로 향기름을 만들지니
왕상 22:48　다시스의 선박을 **제조하고** 오빌로 금을
대하 2:7　당신은 금, 은, 동, 철로 **제조하며**
사 54:16　자기가 쓸 만한 연장을 **제조하는** 장인도
사 54:17　너를 치려고 **제조된** 모든 연장이 쓸모가
겔 15:3　그 나무를 가지고 무엇을 **제조할** 수
겔 15:4　가운데도 태웠으면 **제조**에 무슨 소용이
겔 15:5　때에도 아무 **제조**에 합당하지 아니하였거든 … 어찌 **제조**에 합당하겠느냐
암 6:5　자기를 위하여 악기를 **제조하며**

제치다(remove, leave)
창 8:13　노아가 방주 뚜껑을 **제치고** 본즉 지면
행 6:2　우리가 하나님의 말씀을 **제쳐** 놓고 접대

제품(製品, product)
겔 27:16　**제품**이 풍부하므로 아람은 너와 거래
겔 27:18　**제품**이 많고 각종 보화가 풍부하므로
겔 27:19　가공한 쇠와 계피와 대나무 **제품**이 네

제하다(除, remove)
출 12:15　너희 집에서 **제하라** 무릇 첫날부터
출 23:25　복을 내리고 너희 중에서 병을 **제하리니**
신 7:24　너는 그들의 이름을 천하에서 **제하여**
신 17:12　이스라엘 중에 악을 **제하여** 버리라
신 19:13　이스라엘에서 **제하라** 그리하면 네게
신 19:19　그에게 행하여 너희 중에서 악을 **제하라**
신 21:21　네가 너희 중에서 악을 **제하라** 그리하면
수 7:13　가운데에서 **제하기까지는** 네 원수들
삿 10:16　이방 신들을 **제하여** 버리고 여호와를
왕상 2:31　나와 내 아버지의 집에서 네가 **제하리라**
왕상 20:24　왕들을 **제하여** 각각 그 곳에서 떠나게
왕하 23:11　드린 말들을 **제하여** 버렸으니 이 말들은
대하 15:17　이스라엘 중에서 **제하지** 아니하였으나
시 51:2　씻으시며 나의 죄를 깨끗이 **제하소서**
잠 25:4　은에서 찌꺼기를 **제하라** 그리하면 장색

잠 25:5　왕 앞에서 악한 자를 **제하라** 그리하면
사 1:25　청결하게 하며 네 혼잡물을 다 **제하여**
사 3:1　의뢰하며 의지하는 것을 **제하여** 버리시
사 3:23　옷과 머리 수건과 너울을 **제하시리니**
사 5:2　땅을 파서 돌을 **제하고** 극상품 포도나무
사 6:7　**제하여졌고** 네 죄가 사하여졌느니라
사 25:5　마른 땅에 폭양을 **제함같이** 주께서
사 25:7　열방 위에 덮인 덮개를 **제하시며**
사 25:8　온 천하에서 **제하시리라** 여호와께서
사 36:7　제단을 히스기야가 **제하여** 버리고
사 57:14　백성의 길에서 거치는 것을 **제하여**
사 58:9　멍에와 손가락질과 허망한 말을 **제하여**
사 62:10　돌을 **제하라** 만민을 위하여 기치를 들라
렘 16:5　인자와 사랑을 **제함이라** 여호와의 말씀
렘 28:16　너를 지면에서 **제하리니** 네가 여호와께
겔 20:38　범죄하는 자를 모두 **제하여** 버릴지라
단 1:16　지정된 음식과 마실 포도주를 **제하고**
호 2:2　그의 얼굴에서 음란을 **제하게** 하고 그 유방 사이에서 음행을 **제하게** 하라
말 2:3　그것과 함께 **제하여** 버림을 당하리라
골 2:14　증서를 지우시고 **제하여** 버리사 십자가
벧전 3:21　이는 육체의 더러운 것을 **제하여** 버림이
계 6:4　땅에서 화평을 **제하여** 버리며 서로
계 22:19　**제하여** 버리면 … 참여함을 **제하여**

조(millet)
겔 4:9　너는 밀과 보리와 콩과 팥과 **조**와 귀리

조각(piece)
〔구약〕
레 2:6　**조각**으로 나누고 그 위에 기름을 부을
룻 2:14　떡을 먹으며 네 떡 **조각**을 초에 찍으라
삼상 2:36　은 한 **조각**과 떡 한 덩이를 위하여 그에게 엎드려 … 내게 떡 **조각**을 먹게
삼상 28:22　왕 앞에 한 **조각** 떡을 드리게 하시고
삼하 6:19　떡 한 개와 고기 한 **조각**과 건포도
왕상 11:30　자기가 입은 새 옷을 잡아 열두 **조각**으
왕상 11:31　여로보암에게 이르되 너는 열 **조각**을
왕상 17:11　네 손의 떡 한 **조각**을 내게로 가져오라
욥 2:8　재 가운데 앉아서 질그릇 **조각**을 가져
욥 31:17　떡덩이를 먹고 고아에게 그 **조각**을 먹이
욥 41:30　날카로운 토기 **조각** 같은 것이 달려
시 22:15　내 힘이 말라 질그릇 **조각** 같고 내 혀가

2119

【 조각목 】　　　　　　　　　　　　　　　　　　　　　　　　【 조건 】

시 68:30	은**조각**을 발아래에 밟으소서 그가 전쟁		출 37:4	**조각목**으로 채를 만들어 금으로 싸고
잠 6:26	음녀로 말미암아 사람이 한 **조각** 떡만		출 37:10	그가 또 **조각목**으로 상을 만들었으니
잠 17:1	마른 떡 한 **조각**만 있고도 화목하는		출 37:15	**조각목**으로 상 멜 채를 만들어 금으로
잠 28:21	한 **조각** 떡으로 말미암아 사람이 범법		출 37:25	그가 또 **조각목**으로 분향할 제단을 만들
사 30:14	아낌이 없이 부수시리니 그 **조각** 중에서		출 37:28	**조각목**으로 그 채를 만들어 금으로 쌌으
사 45:9	질그릇 **조각** 중 한 **조각** 같은 자가 자기		출 38:1	또 **조각목**으로 번제단을 만들었으니
렘 34:18	송아지를 둘로 쪼개고 그 두 **조각** 사이		출 38:6	채를 **조각목**으로 만들어 놋으로 싸고
렘 34:19	송아지 두 **조각** 사이로 지난 유다 고관		신 10:3	**조각목**으로 궤를 만들고 처음 것과 같은
겔 13:19	너희가 두어 움큼 보리와 두어 **조각** 떡을			

조각목 – 기타 본문

출 25:13, 23, 28; 26:15, 32, 37; 27:1; 30:5; 35:7, 24

겔 23:34	기울여 마시고 그 깨어진 **조각**을 씹으며
암 3:12	양의 두 다리나 귀 **조각**을 건져냄과
암 4:11	불붙는 가운데서 빼낸 나무 **조각**같이
슥 5:7	그 때에 둥근 납 한 **조각**이 들리더라
슥 5:8	던져 넣고 납 **조각**을 에바 아귀 위에

조각물(彫刻物, vessel–NIV, picture–KJV)

사 2:16　　배와 모든 아름다운 **조각물**에 임하리니

신약

마 9:16	**조각**을 낡은 옷에 붙이는 자가 없나니
마 14:20	배불리 먹고 남은 **조각**을 열두 바구니에
마 15:37	배불리 먹고 남은 **조각**을 일곱 광주리에

조각칼(graving tool–KJV)

출 32:4　　부어서 **조각칼**로 새겨 송아지 형상을

막 2:21	**조각**을 낡은 옷에 붙이는 자가 없나니
막 6:43	남은 떡 **조각**과 물고기를 열두 바구니에

조각품(彫刻品, carved paneling–NIV, carved work–KJV)

시 74:6　　도끼와 철퇴로 성소의 모든 **조각품**을

막 8:8	배불리 먹고 남은 **조각** 일곱 광주리를
막 8:19	줄 때에 **조각** 몇 바구니를 거두었더냐
막 8:20	명에게 떼어 줄 때에 **조각** 몇 광주리를
눅 5:36	새 옷에서 한 **조각**을 찢어 낡은 옷에
	붙이는 … 또 새 옷에서 찢은 **조각**이

조각하다(彫刻, carve)

출 35:35	여러 가지 일을 하게 하시되 **조각하는**
출 38:23	오홀리압은 재능이 있어서 **조각하며**
레 26:1	우상을 만들지 말지니 **조각한** 것이나
신 4:23	금하신 어떤 형상의 우상도 **조각하지**
신 4:25	**조각하여** 네 하나님 여호와 앞에 악을
신 27:15	장색의 손으로 **조각하였거나** 부어 만든

눅 9:17	배불렀더라 그 남은 **조각**을 열두 바구니
요 6:12	이르시되 남은 **조각**을 거두고 버리는
요 6:13	개로 먹고 남은 **조각**이 열두 바구니에
요 13:26	대답하시되 내가 떡 한 **조각**을 적셔다
	주는 자가 그니라 하시고 곧 한 **조각**을
요 13:27	**조각**을 받은 후 곧 사탄이 그 속에
요 13:30	그 **조각**을 받고 곧 나가니 밤이러라

성경에 나오는 '조각한 것'

조각한 석상 – 레 26:1
조각한 신상 – 신 7:25; 12:3; 시 97:7; 사 10:10; 21:9; 렘 8:19; 10:14; 50:38
조각한 우상 – 신 7:5; 시 78:58; 사 30:22; 42:17

조각목(acacia wood)

출 25:5	숫양의 가죽과 해달의 가죽과 **조각목**과
출 25:10	**조각목**으로 궤를 짜되 길이는 두 규빗
출 26:26	너는 **조각목**으로 띠를 만들지니 성막
출 27:6	그 제단을 위하여 채를 만들되 **조각목**
출 30:1	분향할 제단을 만들지니 곧 **조각목**으로
출 36:20	또 **조각목**으로 성막에 세울 널판들을
출 36:31	그가 또 **조각목**으로 띠를 만들었으니
출 36:36	**조각목**으로 네 기둥을 만들어 금으로
출 37:1	브살렐이 **조각목**으로 궤를 만들었으니

조객(弔客, man to express sympathy)

삼하 10:3　왕은 다윗이 **조객**을 당신에게 보낸 것이

조건(條件, basis)

요 8:6　　그들이 이렇게 말함은 고발할 **조건**을

조공(朝貢, tribute)

신 20:11	모든 주민들에게 네게 **조공**을 바치고
삼하 8:2	사람들이 다윗의 종들이 되어 **조공**을
삼하 8:6	다윗의 종이 되어 **조공**을 바치니라 다윗
왕상 4:21	사는 동안에 그 나라들이 **조공**을 바쳐
왕하 17:3	호세아가 그에게 종이 되어 **조공**을 드리
왕하 17:4	앗수르 왕에게 **조공**을 드리지 아니하매
대상 18:2	모압 사람이 다윗의 종이 되어 **조공**을
대상 18:6	아람 사람이 다윗의 종이 되어 **조공**을
대하 17:11	은으로 **조공**을 바쳤고 아라비아 사람들
대하 26:8	사람들이 웃시야에게 **조공**을 바치매
스 4:13	무리가 다시는 **조공**과 관세와 통행세를
스 4:20	땅이 그들에게 **조공**과 관세와 통행세
스 7:24	성전에서 일하는 자들에게 **조공**과 관세
에 10:1	바다 섬들로 하여금 **조공**을 바치게 하였
시 72:10	다시스와 섬의 왕들이 **조공**을 바치며

조금/-씩 (little, some)

창 18:4	물을 **조금** 가져오게 하사 당신들의 발을
창 24:17	물동이의 물을 내게 **조금** 마시게 하라
창 32:10	진실하심을 **조금**도 감당할 수 없사오나
창 43:2	다시 가서 우리를 위하여 양식을 **조금**
창 43:11	유향 **조금**과 꿀 **조금**과 향품과 몰약과
창 44:25	다시 가서 곡물을 **조금** 사오라 하시기로
출 4:9	너는 나일 강 물을 **조금** 떠다가 땅에
출 5:11	너희 일은 **조금**도 감하지 아니하리라
출 12:46	그 고기를 **조금**도 집밖으로 내지 말고
출 17:4	**조금** 있으면 내게 돌을 던지겠나이다
출 23:30	그들을 네 앞에서 **조금씩** 쫓아내리라
레 7:15	먹을 것이요 **조금**이라도 이튿날 아침
레 14:27	왼쪽 손의 기름을 **조금** 찍어 여호와
레 19:7	셋째 날에 **조금**이라도 먹으면 가증한
민 9:12	아침까지 그것을 **조금**도 남겨 두지 말며
신 7:22	민족들을 네 앞에서 **조금씩** 쫓아내시리
신 13:17	이 진멸할 물건을 **조금**도 네 손에 대지
삿 4:19	청하노니 내게 물을 **조금** 마시게 하라
삿 19:5	이르되 떡을 **조금** 먹고 그대의 기력을
삿 20:16	물매로 돌을 던지면 **조금**도 틀림이 없는
룻 2:16	그를 위하여 곡식 다발에서 **조금씩** 뽑아
삼상 3:18	자세히 말하고 **조금**도 숨기지 아니하니
삼상 14:29	이 꿀 **조금**을 맛보고도 내 눈이 이렇게
삼하 16:1	다윗이 마루턱을 **조금** 지나니 므비보셋
삼하 19:42	우리가 왕의 것을 **조금**이라도 얻어 먹었
왕상 17:10	그릇에 물을 **조금** 가져다가 내가 마시게
왕상 18:45	**조금** 후에 구름과 바람이 일어나서 하늘
왕하 4:3	빈 그릇을 빌리되 **조금** 빌리지 말고
왕하 5:19	하니라 그가 엘리사를 떠나 **조금** 가니라
왕하 10:18	**조금** 섬겼으나 예후는 많이 섬기리라
대하 12:7	멸하지 아니하고 저희를 **조금** 구원하여
스 9:8	종노릇 하는 중에서 **조금** 소생하게
에 6:10	네가 말한 것에서 **조금**도 빠짐이 없이
시 8:5	그를 하나님보다 **조금** 못하게 하시고
시 119:43	진리의 말씀이 내 입에서 **조금**도 떠나지
잠 23:8	**조금** 먹은 것도 토하겠고 네 아름다운
사 1:9	생존자를 **조금** 남겨 두지 아니하셨더면
사 28:10	여기서도 **조금**, 저기서도 **조금** 하는구나
렘 6:15	부끄러워하였느냐 아니라 **조금**도
렘 38:5	왕은 **조금**도 너희를 거스를 수 없느니라
겔 5:3	너는 터럭 중에서 **조금**을 네 옷자락에
겔 14:3	내게 묻기를 내가 **조금**인들 용납하랴
단 6:23	그의 몸이 **조금**도 상하지 아니하였으니
단 11:34	몰락할 때에 도움을 **조금** 얻을 것이나
호 1:4	이름을 이스르엘이라 하라 **조금** 후에
학 2:6	여호와가 이같이 말하노라 **조금** 있으면
슥 1:15	진노하나니 나는 **조금** 노하였거늘
마 26:39	**조금** 나아가사 얼굴을 땅에 대시고
마 26:73	**조금** 후에 곁에 섰던 사람들이 나아와
막 1:19	**조금** 더 가시다가 세베대의 아들 야고보
막 14:35	**조금** 나아가사 땅에 엎드리어 될 수
막 14:70	부인하더라 **조금** 후에 곁에 서 있는
눅 5:3	시몬의 배라 육지에서 **조금** 떼기를
눅 11:36	네 온 몸이 밝아 **조금**도 어두운 데가
눅 13:11	꼬부라져 **조금**도 펴지 못하는 한 여자가
눅 22:58	**조금** 후에 다른 사람이 보고 이르되
요 6:7	빌립이 대답하되 각 사람으로 **조금씩**
요 7:33	너희와 함께 **조금** 더 있다가 나를 보내
요 14:19	**조금** 있으면 세상은 다시 나를 보지
요 16:16	**조금** 있으면 너희가 나를 보지 못하겠
	고 또 **조금** 있으면 나를 보리라 하시니
요 16:17	**조금** 있으면 나를 … 또 **조금** 있으면
요 16:18	말하되 **조금** 있으면이라 하신 말씀이
요 16:19	내 말이 **조금** 있으면 나를 보지 못하겠
	고 또 **조금** 있으면 나를 보리라 하므로
행 4:32	자기 재물을 **조금**이라도 자기 것이라
행 20:24	나의 생명조차 **조금**도 귀한 것이라
행 27:28	물을 재어 보니 스무 길이 되고 **조금**

【 조급하다 】 　　　　　　　　　　　【 조문 】

행 28:5	짐승을 불에 떨어 버리매 **조금**도 상함이	시 119:51	교만한 자들이 나를 심히 **조롱**하였어도
고후 11:5	부족한 것이 **조금**도 없는 줄로 생각하노	잠 17:5	가난한 자를 **조롱하는** 자는 그를 지으신
고후 11:16	내가 **조금** 자랑할 수 있도록 어리석은	잠 30:17	**조롱하며** 어미 순종하기를 싫어하는
고후 12:11	사도들보다 **조금**도 부족하지 아니하니	렘 19:8	성읍으로 놀람과 **조롱** 거리가 되게 하
고후 13:7	너희로 악을 **조금**도 행하지 않게 하시기		리니 … 지나는 자마다 놀라며 **조롱할**
골 2:23	육체 따르는 것을 금하는 데는 **조금**도	렘 20:7	이기셨으므로 내가 **조롱** 거리가 되나
딤전 5:14	비방할 기회를 **조금**도 주지 말기를 원하		사람마다 종일토록 나를 **조롱하나이다**
딤전 5:23	병을 위하여는 포도주를 **조금**씩 쓰라	렘 24:9	거리가 되게 하며 **조롱**과 저주를 받게
약 1:4	온전하고 구비하여 **조금**도 부족함이	렘 38:19	넘기면 그들이 나를 **조롱할까** 하노라
약 1:6	믿음으로 구하고 **조금**도 의심하지 말라	렘 44:12	저주와 놀램과 **조롱**과 수치의 대상이
요일 1:5	그에게는 어둠이 **조금**도 없으시다는	렘 48:26	그 토한 것에서 뒹굴므로 **조롱** 거리가
		렘 48:27	이스라엘을 **조롱하지** 아니하였느냐
	조금/-씩 = 기타 본문	렘 48:39	사방 모든 사람의 **조롱** 거리와 공포가
	창 18:5; 24:43; 출 5:19; 레 7:18; 삼상 14:43; 왕	렘 51:18	그것들은 헛된 것이요 **조롱** 거리이니
	상 17:12; 사 28:13; 렘 8:12; 겔 18:23	애 3:14	모든 백성에게 **조롱** 거리 곧 종일토록
		애 3:63	앉으나 서나 나를 **조롱하여** 노래하는
조급하다 (躁急, impatient, rash, quick-		겔 5:15	수치와 **조롱** 거리가 되고 두려움과 경고
	tempered, haste)	겔 22:4	이방의 능욕을 받으며 만국의 **조롱** 거리
욥 20:2	하나님 이는 내 중심이 **조급함이라**	겔 22:5	자나 먼 자나 다 너를 **조롱하리라**
욥 21:4	내 마음이 어찌 **조급하지** 아니하겠느냐	겔 23:32	형의 잔을 네가 마시고 코웃음과 **조롱**
잠 14:29	마음이 **조급한** 자는 어리석음을 나타내	겔 36:4	노략 거리와 **조롱** 거리가 된 버린 성읍
잠 21:5	풍부함에 이를 것이나 **조급한** 자는 궁핍	호 7:16	이것이 애굽 땅에서 **조롱** 거리가 되리라
잠 29:20	네가 말이 **조급한** 사람을 보느냐 그보다	미 2:4	너희를 **조롱하는** 시를 지으며 슬픈 노래
사 32:4	**조급한** 자의 마음이 지식을 깨닫고	합 2:6	다 속담으로 그를 평론하며 **조롱하는**
딤후 3:4	배신하며 **조급하며** 자만하며 쾌락을	습 2:8	암몬 자손이 **조롱하는** 말을 들었나니
		마 20:19	그를 **조롱하며** 채찍질하며 십자가에
조롱/-하다 (嘲弄, laughingstock, taunt,		행 2:13	**조롱하여** 이르되 그들이 새 술에 취하였
	jeer, mock, ridicule)	행 17:32	부활을 듣고 어떤 사람은 **조롱**도 하고
출 32:25	방자하게 하여 원수에게 **조롱** 거리가	히 11:36	**조롱**과 채찍질뿐 아니라 결박과 옥에
왕상 18:27	그들을 **조롱하여** 이르되 큰 소리로 부르	벧후 3:3	알지니 말세에 **조롱하는** 자들이 와서
왕하 2:23	그를 **조롱하여** 이르되 대머리여 올라		자기의 정욕을 따라 행하며 **조롱하여**
대하 30:10	사람들이 그들을 **조롱하며** 비웃더라	유 1:18	행하며 **조롱하는** 자들이 있으리라
욥 12:4	의롭고 온전한 자가 **조롱** 거리가 되었구		
욥 16:20	나를 **조롱하고** 내 눈은 하나님을 향하여	**조르다** (nag)	
욥 17:2	**조롱하는** 자들이 나와 함께 있으므로	삿 16:16	그 말로 그를 재촉하여 **조르매** 삼손이
욥 19:18	내가 일어나면 나를 **조롱하는구나**		
욥 21:3	내가 말한 후에 너희가 **조롱할지라**	**조문** (條文, written code)	
욥 30:9	이제는 그들이 나를 노래로 **조롱하며**	롬 2:27	율법을 온전히 지키면 율법 **조문**과 할례
시 22:6	비방 거리요 백성의 **조롱** 거리이니라	롬 2:29	영에 있고 율법 **조문**에 있지 아니한
시 35:16	연회에서 망령되이 **조롱하는** 자같이	롬 7:6	율법 **조문**의 묵은 것으로 아니할지니라
시 44:13	둘러싸고 조소하고 **조롱하나이다**	고후 3:6	율법 **조문**으로 하지 아니하고 오직 영으
시 59:8	모든 나라들을 **조롱하시리이다**		로 함이니 율법 **조문**은 죽이는 것이요
시 79:4	에워싼 자에게 조소와 **조롱** 거리가 되었	고후 3:7	죽게 하는 율법 **조문**의 직분도 영광이

【 조문객 】

조문객(弔問客, mourner)
전 12:5　영원한 집으로 돌아가고 **조문객**들이

조문사절(弔問使節, comforter-KJV)
대상 19:3　말하되 왕은 다윗이 **조문사절**을 보낸

조물주(造物主, creator)
롬 1:25　피조물을 **조물주**보다 더 경배하고 섬김

조반(朝飯, breakfast)
요 21:12　예수께서 이르시되 와서 **조반**을 먹으라
요 21:15　그들이 **조반** 먹은 후에 예수께서 시몬

조복(朝服, royal garments, robe)
에 8:15　모르드개가 푸르고 흰 **조복**을 입고
겔 26:16　보좌에서 내려 **조복**을 벗으며 수 놓은

조부(祖父, father)
창 28:13　너의 **조부** 아브라함의 하나님이요
창 32:9　또 이르시되 내 **조부** 아브라함의 하나님
창 48:15　내 **조부** 아브라함과 아버지 이삭이

조사/-하다(調査, check, inquiry)
창 30:33　내 품삯을 **조사하실** 때에 나의 공의가
창 44:12　나이 적은 자에게까지 **조사하매** 그 잔이
출 22:8　그 이웃의 물품에 손 댄 여부의 **조사**를
출 30:12　네가 이스라엘 자손의 수효를 **조사할** 때에 **조사** 받은 각 사람은 그들을 계수
민 26:2　조상의 가문을 따라 **조사하되** 이스라엘
신 17:4　네가 듣거든 자세히 **조사해** 볼지니 만일
신 19:18　자세히 **조사하여** 그 증인이 거짓 증거
삼하 24:1　이스라엘과 유다의 인구를 **조사하라**
삼하 24:2　인구를 **조사하여** 백성의 수를 내게 보고
삼하 24:4　이스라엘 인구를 **조사하려고** 왕 앞에서
삼하 24:10　다윗이 백성을 **조사한** 후에 그의 마음에
대상 27:23　수효는 다윗이 **조사하지** 아니하였으니
대상 27:24　스루야의 아들 요압이 **조사하기**를 시작
대하 2:17　땅에 사는 이방 사람들을 **조사하였더** 니 이제 솔로몬이 다시 **조사하매** 모두
대하 26:11　병영장 마아세야가 직접 **조사한** 수효
스 5:17　보물전각에서 **조사하사** 과연 고레스
스 6:1　보물을 쌓아둔 보물전각에서 **조사하게**
스 10:16　달 초하루에 앉아 그 일을 **조사하여**

【 조상 】

스 10:17　아내로 맞이한 자의 일 **조사하기**를
에 2:23　**조사하여** 실증을 얻었으므로 두 사람을
욥 34:24　세력 있는 자를 **조사할** 것 없이 꺾으시
시 95:9　보고서도 나를 시험하고 **조사하였도다**
렘 46:23　셀 수 없으므로 **조사할** 수 없는 그의
애 3:40　스스로 우리의 행위들을 **조사하고**

조상(祖上, father)

모세오경

창 15:15　너는 장수하다가 평안히 **조상**에게로
창 31:3　네 **조상**의 땅 네 족속에게로 돌아가라
창 31:53　그들의 **조상**의 하나님은 우리 사이에
창 47:9　얼마 못 되나 우리 **조상**의 나그네 길의
창 48:16　내 이름과 내 **조상** 아브라함과 이삭의
창 48:21　너희를 인도하여 너희 **조상**의 땅으로
출 3:6　**조상**의 하나님이니 아브라함의 하나님
출 3:13　이르기를 너희의 **조상**의 하나님이 나를
출 4:5　그들의 **조상**의 하나님 곧 아브라함의
출 6:14　**조상**을 따라 집의 어른은 이러하니라
출 10:6　이는 네 아버지와 네 **조상**이 이 땅에
출 13:5　네게 주시려고 네 **조상**들에게 맹세하신
출 13:11　여호와께서 너와 네 **조상**에게 맹세하신
레 25:41　가족과 그의 **조상**의 기업으로 돌아가게
레 26:39　**조상**의 죄로 말미암아 그 **조상**같이
레 26:45　그들을 인도하여 낸 그들의 **조상**과
민 1:2　**조상**의 가문에 따라 그 명수대로 계수
민 2:2　자기의 진영의 군기와 자기의 **조상**의
민 2:32　이스라엘 자손이 그들의 **조상**의 가문을
민 3:15　레위 자손을 그들의 **조상**의 가문과 종족
민 4:2　종족과 **조상**의 가문에 따라 집계할지니
민 14:23　내가 그들의 **조상**들에게 맹세한 땅을
민 17:2　중에서 각 **조상**의 가문을 따라 지팡이
민 18:1　네 아들들과 네 **조상**의 가문은 성소에
민 20:15　우리 **조상**들이 애굽으로 내려갔으므로 우리가 애굽에 … 우리 **조상**들과 우리
민 27:13　돌아간 것같이 너도 **조상**에게로 돌아
민 31:2　갚으라 그 후에 네가 네 **조상**에게로
민 32:8　너희 **조상**들도 내가 가데스바네아에서
민 32:14　너희는 너희의 **조상**의 대를 이어 일어난
민 33:54　소유가 될 것인즉 너희 **조상**의 지파를
민 34:14　그들의 **조상**의 가문에 따라 그들의 기업
민 36:3　그들의 기업은 우리 **조상**의 기업에서
신 1:8　내가 너희의 **조상** 아브라함과 이삭과

2123

【 조상 】

신 4:1	너희가 살 것이요 너희 **조상**의 하나님
신 5:3	이 언약은 여호와께서 우리 **조상**들과
신 6:3	그리하면 네가 복을 받고 네 **조상**들의
신 7:8	또는 너희의 **조상**들에게 하신 맹세를
신 7:12	네 **조상**들에게 맹세하신 언약을 지켜
신 7:13	주리라고 네 **조상**들에게 맹세하신 땅에
신 8:1	여호와께서 너희의 **조상**들에게 맹세
신 9:5	이같이 하심은 네 **조상** 아브라함과
신 10:11	그들에게 주리라고 그들의 **조상**들에게
신 11:9	여호와께서 너희의 **조상**들에게 맹세하
신 11:21	너희 **조상**들에게 주리라고 맹세하신
신 12:1	**조상**의 하나님 여호와께서 네게 주셔서
신 13:6	너와 네 **조상**들이 알지 못하던 다른
신 13:17	자비를 더하사 네 **조상**들에게 맹세하심
신 18:8	**조상**의 것을 판 것은 별도의 소유이니
신 19:8	여호와께서 네 **조상**들에게 … 네 **조상**들
신 19:14	소유가 된 기업의 땅에서 **조상**이 정한

성경에 나오는 족속/자손의 '조상'

가축을 치는 자의 조상 야발 - 창 4:20
게르손 자손의 조상 게르손 - 민 3:21, 24; 4:22
게하라심의 조상 요압 - 대상 4:14
고핫 사람 조상 고핫 - 민 3:30
그돌의 조상 예렛 - 대상 4:18
기브온의 조상 여이엘 - 대상 8:29; 9:35
단 자손의 조상 단 - 수 19:47; 삿 18:29
레갑 가문의 조상 함맛 - 대상 2:55
레위인/레위 사람의 조상 레위 - 출 6:25; 민 3:20
모압의 조상 모압 - 창 19:37
므라리 조상 므라리 - 민 3:35
미디안 백성의 조상 - 민 25:15
사노아의 조상 여구디엘 - 대상 4:18
삼매와 에스드모아의 조상 이스바 - 대상 4:17
소고의 조상 헤벨 - 대상 4:18
수금과 퉁소를 잡는 자의 조상 유발 - 창 4:21
시드온인의 조상 - 민 25:14
암몬 자손의 조상 벤암미 - 창 19:38
에담 조상 - 대상 4:3
에돔 족속의 조상 에서 - 창 36:9, 43
에벨 자손의 조상 셈 - 창 10:21
이스라엘의 조상 - 수 21:43

신 26:3	**조상**들에게 맹세하신 땅에 이르렀나이
신 27:3	네 **조상**들의 하나님 여호와께서 네게
신 28:11	여호와께서 네게 주리라고 네 **조상**들
신 28:36	너와 네 **조상**들이 알지 못하던 나라로
신 28:64	네 **조상**들이 알지 못하던 목석 우상을
신 29:13	말씀하신 대로 또 네 **조상** 아브라함과
신 29:25	**조상**의 하나님 여호와께서 그들의 **조상**
신 30:5	너를 네 **조상**들이 차지한 땅으로 돌아오 게 … 너를 네 **조상**들보다 더 번성하게
신 31:7	여호와께서 그들의 **조상**에게 주리라고
신 32:17	너희의 **조상**들이 두려워하지 아니하던
신 32:50	그의 **조상**에게로 돌아간 것같이 너도 올 라가는 이 산에서 죽어 네 **조상**에게로

역사서

수 1:6	너는 내가 그들의 **조상**에게 맹세하여
수 5:6	대하여 맹세하사 그들의 **조상**들에게
수 18:3	너희가 너희 **조상**의 하나님 여호와께서
수 21:44	안식을 주셨으되 그 **조상**들에게 맹세
수 22:14	그들의 **조상**들의 가문의 수령으로서
수 22:28	우리 **조상**이 지은 여호와의 제단 모형을
수 24:2	말씀하시기를 옛적에 너희의 **조상**들
삿 2:1	내가 너희의 **조상**들에게 맹세한 땅으로
삿 3:4	그들의 **조상**들에게 이르신 명령들을
삿 6:13	**조상**들이 일찍이 우리에게 이르기를
삼상 2:27	이르되 여호와의 말씀에 너희 **조상**의
삼상 2:28	집과 네 **조상**의 집이 내 앞에 영원히
삼상 2:31	네 팔과 네 **조상**의 집 팔을 끊어 네 집에
삼상 12:6	너희 **조상**들을 애굽 땅에서 인도하여
삼하 2:32	베들레헴에 있는 그의 **조상** 묘에 장사
삼하 17:23	스스로 목매어 죽으매 그의 **조상**의 묘에
왕상 8:21	내가 또 그 곳에 우리 **조상**들을 애굽
왕상 8:34	그들의 **조상**들에게 주신 땅으로 돌아
왕상 8:58	**조상**들에게 명령하신 계명과 법도와
왕상 9:9	대답하기를 그들이 그들의 **조상**들을
왕상 13:22	시체가 네 **조상**들의 묘실에 들어가지
왕상 14:15	그의 **조상**들에게 주신 이 좋은 땅에서
왕상 14:22	악을 행하되 그의 **조상**들이 행한 모든
왕상 15:3	그의 **조상** 다윗의 마음과 같지 아니하여
왕상 15:11	아사가 그의 **조상** 다윗같이 여호와 보시
왕상 15:12	그의 **조상**들이 지은 모든 우상을 없애고
왕상 19:4	나는 내 **조상**들보다 낫지 못하니이다
왕상 21:3	나봇이 아합에게 말하되 내 **조상**의 유산
왕상 21:4	대답하여 이르기를 내 **조상**의 유산을

【 조상 】   【 조상 】

왕하 12:18 유다의 왕 요아스가 그의 **조상**들 유다
왕하 14:3 정직히 행하였으나 그의 **조상** 다윗과는
왕하 15:9 **조상**들의 행위대로 여호와 보시기에
왕하 16:2 십육 년간 다스렸으나 그의 **조상** 다윗과
왕하 18:3 히스기야가 그의 **조상** 다윗의 모든 행위
왕하 19:12 내 **조상**들이 멸하신 여러 민족 곧 고산
왕하 20:5 왕의 **조상** 다윗의 하나님 여호와의 말씀
왕하 20:17 왕의 **조상**들이 오늘까지 쌓아 두었던
왕하 21:8 그들의 발로 다시는 그의 **조상**들에게
왕하 21:15 애굽에서 나온 그의 **조상** 때부터 오늘
왕하 21:22 그의 **조상**들의 하나님 여호와를 버리고

'조상들과 함께 자다'와 관련된 성구

왕상 1:21; 11:21, 43; 14:20, 31; 15:8, 24; 16:6, 28; 19:5; 22:40, 50; 왕하 8:24; 10:35; 13:9, 13; 14:16, 22, 29; 15:7, 22, 38; 16:20; 20:21; 21:18; 24:6; 대하 9:31

왕하 22:2 정직히 행하여 그의 **조상** 다윗의 모든
왕하 22:13 여호와께 물으라 우리 **조상**들이 이 책의
왕하 22:20 내가 너로 너의 **조상**들에게 돌아가
왕하 23:32 여호아하스가 그의 **조상**들의 모든 행위
왕하 23:37 여호야김이 그의 **조상**들이 행한 모든
대상 1:4 노아, 셈, 함과 야벳은 **조상**들이라
대상 1:27 아브람 곧 아브라함은 **조상**들이요
대상 5:13 그 **조상**의 가문의 형제들은 미가엘과
대상 5:25 그들이 그들의 **조상**들의 하나님께 범죄
대상 6:19 **조상**에 따라 레위의 종족은 이러하니
대상 9:19 그들의 **조상**들도 여호와의 진영을 맡고
대상 12:17 불의함이 없으니 우리 **조상**들의 하나님
대상 17:11 네가 **조상**들에게로 돌아가면 내가
대상 23:11 한 **조상**의 가문으로 계수되었더라
대상 23:24 레위 자손이니 그 **조상**의 가문을 따라
대상 24:4 이다말 자손은 그 **조상**들의 가문을 따라
대상 24:30 이는 다 그 **조상**의 가문에 따라 기록한
대상 26:6 두어 아들을 낳았으니 그들의 **조상**의
대상 26:13 문을 지키기 위하여 그의 **조상**의 가문을
대상 29:10 우리 **조상** 이스라엘의 하나님 여호와여
대상 29:15 우리는 우리 **조상**들과 같이 주님 앞에서
대상 29:18 **조상**들 아브라함과 이삭과 이스라엘의
대상 29:20 회중이 그의 **조상**들의 하나님 여호와를

대하 6:25 그들의 **조상**들에게 주신 땅으로 돌아
대하 6:31 주께서 우리 **조상**들에게 주신 땅에서
대하 6:38 주께 돌아와서 주께서 그들의 **조상**들
대하 7:22 자기 **조상**들을 애굽 땅에서 인도하여
대하 11:16 그들의 **조상**들의 하나님 여호와께 제사
대하 13:12 이스라엘 자손들아 너희 **조상**들의
대하 13:18 그들이 그들의 **조상**들의 하나님 여호와
대하 14:4 사람에게 명하여 그 **조상**들의 하나님
대하 15:12 마음을 다하고 목숨을 다하여 **조상**들의
대하 17:3 그의 **조상** 다윗의 처음 길로 행하여
대하 19:4 그들을 그들의 **조상**들의 하나님 여호와
대하 20:6 이르되 우리 **조상**들의 하나님 여호와여
대하 20:33 여전히 마음을 정하여 그들의 **조상**들의
대하 21:10 그가 그의 **조상**들의 하나님 여호와를
대하 24:18 **조상**들의 하나님 여호와의 전을 버리고
대하 24:24 유다 사람들이 그들의 **조상**들의 하나님
대하 28:1 그의 **조상** 다윗과 같지 아니하여 여호와
대하 29:2 히스기야가 그의 **조상** 다윗의 모든 행실
대하 30:7 **조상**들과 너희 형제같이 하지 말라 그
  들은 그의 **조상**들의 하나님 여호와께
대하 30:8 그런즉 너희 **조상**들같이 목을 곧게 하지
대하 30:19 하나님 곧 그의 **조상**들의 하나님 여호와
대하 30:22 화목제를 드리고 그의 **조상**들의 하나님
대하 32:13 나와 내 **조상**들이 이방 모든 백성들에게
대하 32:14 **조상**들이 진멸한 모든 나라의 그 모든
대하 32:15 손과 나의 **조상**들의 손에서 건져내지
대하 33:8 그의 **조상**들에게 정하여 준 땅에서
대하 33:12 여호와께 간구하고 그의 **조상**들의
대하 34:33 백성이 그의 **조상**들의 하나님 여호와
대하 35:24 그가 죽으니 그의 **조상**들의 묘실에 장사
대하 36:15 그 **조상**들의 하나님 여호와께서 그의
스 2:59 올라온 자가 있으나 그들의 **조상**의 가문
스 4:15 왕은 **조상**들의 사기를 살펴보시면
스 5:12 우리 **조상**들이 하늘에 계신 하나님을
스 7:27 **조상**들의 하나님 여호와를 송축할지로
스 8:28 금은 너희 **조상**들의 하나님 여호와께
스 9:7 **조상**들의 때로부터 오늘까지 우리의
스 10:11 **조상**들의 하나님 앞에서 죄를 자복하고

'조상들과 함께 눕다'와 관련된 성구

삼하 7:12; 왕상 2:10; 대하 14:1; 16:13; 21:1; 26:23; 27:9; 28:27; 32:33

【 조상 】　　　　　　　　　　　　　　　【 조상 】

느 2:3	왕은 만세수를 하옵소서 내 **조상**들의
느 2:5	유다 땅 나의 **조상**들의 묘실이 있는
느 9:2	자기의 죄와 **조상**들의 허물을 자복하고
느 13:18	**조상**들이 이같이 행하지 아니하였느냐

시가서, 선지서

욥 8:8	시대 사람에게 물으며 **조상**들이 터득한
욥 15:18	**조상**에게서 숨기지 아니하였느니라
시 22:4	**조상**들이 주께 의뢰하고 의뢰하였으므
시 39:12	나그네이며 나의 모든 **조상**들처럼
시 44:1	주께서 우리 **조상**들의 날 곧 옛날에
시 44:2	**조상**들을 이 땅에 뿌리박게 하시며 …
	우리 **조상**들은 번성하게 하셨나이다
시 45:16	아들들은 왕의 **조상**들을 계승할 것이라
시 49:19	그들은 그들의 역대 **조상**들에게로 돌아
시 78:3	들어서 아는 바요 우리의 **조상**들이
시 78:5	**조상**들에게 명령하사 그들의 자손에게
시 78:8	그들의 **조상** 곧 완고하고 패역하여
시 78:12	일을 그들의 **조상**들의 목전에서 행하셨
시 78:57	그들의 **조상**들같이 배반하고 거짓을
시 79:8	**조상**들의 죄악을 기억하지 마시고 주의
시 95:9	너희 **조상**들이 내가 행한 일을 보고서도
시 106:6	우리가 우리의 **조상**들처럼 범죄하여
시 106:7	**조상**들이 애굽에 있을 때 주의 기이한
시 109:14	여호와는 그의 **조상**들의 죄악을 기억
잠 19:14	집과 재물은 **조상**에게서 상속하거니와
사 14:21	그들의 **조상**들의 죄악으로 말미암아
사 37:12	**조상**들이 멸하신 열방 고산과 하란과
사 38:5	이르기를 네 **조상** 다윗의 하나님 여호와
사 39:6	모든 소유와 네 **조상**들이 오늘까지 쌓아
사 51:2	너희의 **조상** 아브라함과 너희를 낳은
사 58:14	네 **조상** 야곱의 기업으로 기르리라
사 64:11	우리 **조상**들이 주를 찬송하던 우리의
사 65:7	죄악과 너희 **조상**들의 죄악은 한 가지니
렘 2:5	너희 **조상**들이 내게서 무슨 불의함을
렘 3:18	**조상**들에게 기업으로 준 땅에 그들이
렘 3:24	청년의 때로부터 우리 **조상**들의 산업인
렘 7:7	**조상**에게 영원무궁토록 준 땅에니라
렘 7:14	너희와 너희 **조상**들에게 준 이 곳에 행하
렘 7:22	너희 **조상**들을 애굽 땅에서 인도하여
렘 7:26	목을 곧게 하여 너희 **조상**들보다 악을
렘 9:14	완악함을 따라 그 **조상**들이 자기에게
렘 9:16	너희와 **조상**이 알지 못하던 여러 나라
렘 11:4	언약은 내가 너희 **조상**들을 쇠풀무 애굽

렘 11:5	너희 **조상**들에게 한 맹세는 그들에게
렘 11:7	너희 **조상**들을 애굽 땅에서 인도하여
렘 11:10	내가 그들의 **조상**들과 맺은 언약을
렘 14:20	여호와여 우리의 악과 우리 **조상**의 죄악
렘 16:11	여호와께서 말씀하시되 너희 **조상**들이
렘 16:12	너희가 너희 **조상**들보다 더욱 악을 행하
렘 16:13	땅에서 쫓아내어 너희와 너희 **조상**들이
렘 16:15	그들을 그들의 **조상**들에게 준 그들의
렘 16:19	우리 **조상**들의 계승한 바는 허망하고
렘 17:22	너희 **조상**들에게 명령함같이 안식일
렘 19:4	자기와 자기 **조상**들과 유다 왕들이 알지
렘 23:27	그 생각인즉 그들의 **조상**들이 바알로
렘 23:39	너희와 너희 **조상**들에게 준 이 성읍을
렘 24:10	그들이 내가 그들과 그들의 **조상**들에게
렘 25:5	너희 **조상**들에게 영원부터 영원까지
렘 30:3	그들을 그 **조상**들에게 준 땅으로 돌아
렘 31:32	이 언약은 내가 그들의 **조상**들의 손을
렘 32:22	주시기로 그 **조상**들에게 맹세하신 바
렘 34:5	먼저 있은 네 **조상** 곧 선왕들에게
렘 44:3	그들이 자기나 너희나 너희 **조상**들이
렘 44:9	**조상**들의 악행과 유다 왕들의 악행과

'**조상**들과 함께 장사되다/하다' 와 관련된 성구

왕상 14:31; 15:24; 22:50; 왕하 8:24;
9:28; 12:21; 13:9, 13; 14:16, 20; 15:7,
38; 16:20; 21:18; 대하 9:31; 12:16;
21:1; 25:28; 26:23; 32:33

렘 44:10	너희와 너희 **조상**들 앞에 세운 나의
렘 50:7	**조상**들의 소망이신 여호와께 범죄하였
애 5:7	우리의 **조상**들은 범죄하고 없어졌으며
겔 2:3	그 **조상**들이 내게 범죄하여 오늘까지
겔 20:4	너는 그들에게 그들의 **조상**들의 가증한
겔 20:18	**조상**들의 율례를 따르지 말며 그 규례를
겔 20:24	그들의 **조상**들의 우상들을 사모함이며
겔 20:27	**조상**들이 또 내게 범죄하여 나를 욕되게
겔 20:30	**조상**들의 풍속을 따라 너희 자신을
겔 20:36	애굽 땅 광야에서 너희 **조상**들을 심판한
겔 20:42	내가 내 손을 들어 너희 **조상**들에게
겔 36:28	너희 **조상**들에게 준 땅에서 너희가 거주
단 2:23	**조상**들의 하나님이여 주께서 이제 내게
단 9:6	우리의 고관들 **조상**들과 온 국민에게

【 조상 】　　　　　　　　　　　　　　　　　　　　　　　【 조상 】

단 9:8	우리의 고관과 **조상**들에게 돌아온 것은	행 7:2	우리 **조상** 아브라함이 하란에 있기 전
단 9:16	우리의 죄와 우리 **조상**들의 죄악으로	행 7:8	이삭이 야곱을, 야곱이 우리 열두 **조상**
단 11:24	그의 **조상**들과 **조상**들의 **조상**이 행하지	행 7:9	여러 **조상**이 요셉을 시기하여 애굽에
단 11:37	**조상**들의 신들과 여자들이 흠모하는	행 7:11	환난이 있을새 우리 **조상**들이 양식이
단 11:38	**조상**들이 알지 못하던 신에게 금 은	행 7:12	곡식 있다는 말을 듣고 먼저 우리 **조상**
호 9:10	너희 **조상**들을 보기를 무화과나무에서	행 7:19	교활한 방법을 써서 **조상**들을 괴롭게
욜 1:2	너희의 날에나 너희 **조상**들의 날에 이런	행 7:32	나는 네 **조상**의 하나님 즉 아브라함과
암 2:4	율례를 지키지 아니하고 그의 **조상**들이	행 7:38	천사와 우리 **조상**들과 함께 광야 교회에
미 7:20	주께서 옛적에 우리 **조상**들에게 맹세	행 7:39	**조상**들이 모세에게 복종하지 아니하고
슥 1:2	여호와가 너희의 **조상**들에게 심히 진노	행 7:44	광야에서 우리 **조상**들에게 증거의 장막
슥 1:4	**조상**들을 본받지 말라 옛적 선지자들이	행 7:45	우리 **조상**들이 그것을 받아 하나님이
슥 1:5	**조상**들이 어디 있느냐 또 선지자들이	행 7:51	너희 **조상**과 같이 항상 성령을 거스르는
슥 1:6	너희 **조상**들에게 임하지 아니하였느냐	행 7:52	너희 **조상**들이 선지자들 중의 누구를
슥 8:14	**조상**들이 나를 격노하게 하였을 때에	행 13:17	이스라엘 백성의 하나님이 우리 **조상**
말 2:10	거짓을 행하여 우리 **조상**들의 언약을	행 13:32	우리도 **조상**들에게 주신 약속을 너희
말 3:7	너희 **조상**들의 날로부터 너희가 나의	행 13:36	**조상**들과 함께 묻혀 썩음을 당하였으되
신약		행 15:10	**조상**과 우리도 능히 메지 못하던 멍에를
마 3:9	속으로 아브라함이 우리 **조상**이라고	행 22:3	가말리엘의 문하에서 우리 **조상**들의
마 23:30	우리가 **조상** 때에 있었더라면 우리는	행 22:14	이르되 **조상**들의 하나님이 너를
마 23:32	너희가 너희 **조상**의 분량을 채우라	행 24:14	**조상**의 하나님을 섬기고 율법과 선지자
막 11:10	찬송하리로다 오는 우리 **조상** 다윗의	행 26:6	하나님이 우리 **조상**에게 약속하신 것을
눅 1:32	하나님께서 그 **조상** 다윗의 왕위를	행 28:17	이스라엘 백성이나 우리 **조상**의 관습을
눅 1:55	**조상**에게 말씀하신 것과 같이 아브라함	행 28:25	선지자 이사야를 통하여 너희 **조상**들
눅 1:72	**조상**을 긍휼히 여기시며 그 거룩한 언약	롬 4:1	육신으로 우리 **조상**인 아브라함이 무엇
눅 1:73	우리 **조상** 아브라함에게 하신 맹세라	롬 4:11	무할례자로서 믿는 모든 자의 **조상**이
눅 3:8	아브라함이 우리 **조상**이라 말하지 말라	롬 4:12	할례자의 **조상**이 되었나니 곧 할례 받은
눅 6:23	상이 큼이라 그들의 **조상**들이 선지자	롬 4:16	아브라함은 우리 모든 사람의 **조상**이라
눅 6:26	그들의 **조상**들이 거짓 선지자들에게	롬 4:17	많은 민족의 **조상**으로 세웠다 하심과
눅 11:47	그들을 죽인 자도 너희 **조상**들이로다	롬 4:18	많은 민족의 **조상**이 되게 하려 하심이
눅 11:48	너희가 너희 **조상**의 행한 일에 증인이	롬 9:5	**조상**들도 그들의 것이요 육신으로 하면
요 4:12	우리 **조상** 야곱이 이 우물을 우리에게	롬 9:10	리브가가 우리 **조상** 이삭 한 사람에게
요 4:20	**조상**들은 이 산에서 예배하였는데 당신	롬 11:28	택하심으로 하면 **조상**들로 말미암아
요 6:31	**조상**들은 광야에서 만나를 먹었나이다	롬 15:8	**조상**들에게 주신 약속들을 견고하게
요 6:49	**조상**들은 광야에서 만나를 먹었어도	고전 10:1	우리 **조상**들이 다 구름 아래에 있고
요 6:58	**조상**들이 먹고도 죽은 그것과 같지 아니	갈 1:14	내 **조상**의 전통에 대하여 더욱 열심이
요 7:22	모세에게서 난 것이 아니요 **조상**들에게	딤후 1:3	**조상** 적부터 섬겨 오는 하나님께 감사
요 8:53	이미 죽은 우리 **조상** 아브라함보다 크냐	히 1:1	부분과 여러 모양으로 우리 **조상**들에게
요 8:56	**조상** 아브라함은 나의 때 볼 것을 즐거	히 7:4	**조상** 아브라함도 노략물 중 십분의 일을
행 2:29	내가 **조상** 다윗에 대하여 담대히 말할	히 7:10	레위는 이미 자기 **조상**의 허리에 있었음
행 3:13	**조상**의 하나님이 그의 종 예수를 영화	약 2:21	우리 **조상** 아브라함이 그 아들 이삭을
행 3:25	하나님이 너희 **조상**과 더불어 세우신	벧전 1:18	너희 **조상**이 물려 준 헛된 행실에서
행 4:25	주의 종 우리 **조상** 다윗의 입을 통하여	벧후 3:4	**조상**들이 잔 후로부터 만물이 처음 창조
행 5:30	죽인 예수를 우리 **조상**의 하나님이 살리		

【 조상하다 】   【 조세 】

조상 - 기타 본문

창 47:30; 49:29; 출 3:15, 16; 레 26:40; 민 1:4, 16, 18, 20, 22, 24, 26, 28, 29, 30, 32, 34, 36, 38, 40, 42, 44, 45, 47; 2:34; 4:22, 29, 34, 38, 40, 42, 46; 7:2; 13:2; 17:3; 18:2; 20:24, 26; 26:2, 55; 36:4, 6, 7, 8; 신 1:11, 21, 35; 4:31, 37; 6:10, 18-19, 23; 8:3, 16, 18; 10:15, 22; 26:5, 7, 15; 30:9-10, 20; 31:16, 20; 수 24:3, 6, 7, 14, 15, 17; 삿 2:10, 12, 17, 19, 20, 22; 삼상 12:7, 8, 15; 왕상 8:40, 48, 53, 57; 왕하 17:13, 14, 15, 41; 대하 21:12, 19; 28:6, 9, 25; 29:5, 6, 9; 34:3, 21, 28, 32, 33; 느 9:9, 10, 11, 16, 32, 34, 36; 렘 37:25; 47:14; 행 7:15

조상하다 (弔喪, comfort-KJV)
삼하 1:17 사울과 그의 아들 요나단을 **조상하고**
삼하 10:2 아버지를 **조상하라** 하니라 다윗의

조서 (詔書, order, decree)
대하 36:22 온 나라에 공포도 하고 **조서**도 내려
스 1:1   그가 온 나라에 공포도 하고 **조서**도
스 4:17   땅 백성에게 **조서**를 내리니 일렀으되
스 4:21   건축하지 못하게 하고 내가 다시 **조서**
스 6:8   또 **조서**를 내려서 하나님의 이 성전을
스 7:13   **조서**를 내리노니 우리나라에 있는
스 7:21   건너편 모든 창고지기에게 **조서**를 내려
스 8:36   왕의 **조서**를 왕의 총독들과 유브라데
느 2:7   강 서쪽 총독들에게 내리시는 **조서**를
느 2:8   왕의 삼림 감독 아삽에게 **조서**를 내리사
느 2:9   총독들에게 이르러 왕의 **조서**를 전하였
에 1:19   앞에 오지 못하게 하는 **조서**를 내리되
에 1:20   왕의 **조서**가 이 광대한 전국에 반포되면
에 1:22   모든 지방에 **조서**를 내려 이르기를 남편
에 2:1   그에 대하여 내린 **조서**를 생각하거늘
에 2:8   왕의 **조서**와 명령이 반포되매 처녀들이
에 3:9   옳게 여기시거든 **조서**를 내려 그들을
에 3:13   **조서**를 역졸에게 맡겨 왕의 각 지방에
에 3:14   위하여 **조서**의 초본을 모든 민족에게
에 3:15   그 **조서**가 도성 수산에도 반포되니
에 4:3   왕의 명령과 **조서**가 각 지방에 이르매
에 4:8   수산 궁에서 내린 **조서** 초본을 하닥에게
에 8:5   **조서**를 내리사 아각 사람 함므다다의 아들 … 꾀하고 쓴 **조서**를 철회하소서
에 8:8   너희는 왕의 명의로 유다인에게 **조서**

에 8:9   를 뜻대로 … 왕의 반지로 인친 **조서**는
에 8:10   모르드개가 시키는 대로 **조서**를 써서 반지로 인을 치고 그 **조서**를 역졸들에게
에 8:11   **조서**에는 왕이 여러 고을에 있는 유다인
에 8:13   이 **조서** 초본을 각 지방에 전하고
에 8:14   빨리 나가고 그 **조서**가 도성 수산에도
에 9:13   내일도 오늘 **조서**대로 행하게 하시고
에 9:14   그대로 행하기를 허락하고 **조서**를
에 9:25   **조서**를 내려 하만이 유다인을 해하려던
단 3:29   **조서**를 내리노니 각 백성과 각 나라와
단 4:1   언어를 말하는 자들에게 **조서**를 내리노
단 5:29   그를 위하여 **조서**를 내려 나라의 셋째
단 6:8   **조서**에 왕의 도장을 찍어 메대와 바사의
단 6:10   다니엘이 이 **조서**에 왕의 도장이 찍힌
단 6:25   언어가 다른 모든 사람들에게 **조서**를
단 6:26   **조서**를 내리노라 내 나라 관할 아래에
욘 3:7   대신들이 **조서**를 내려 니느웨에 선포

성경에 나오는 '조서'

고레스 왕의 조서 - 스 5:17; 6:3
다리오 왕의 조서 - 스 5:13; 6:1, 12, 13; 단 6:9
아닥사스다 왕의 조서 - 스 4:23; 6:14; 7:11
아하수에로 왕의 조서 - 에 3:12

조석 (朝夕, morning and evening)
삼상 17:16 그 블레셋 사람이 사십 일을 **조석**으로
사 38:12   주께서 나를 틀에서 끊으시리니 **조석**
사 38:13   모든 뼈를 꺾으시오니 **조석** 간에 나를

조성자 (造成者, maker-NIV, former-KJV)
렘 10:16 만물의 **조성자**요 이스라엘은 그의 기업

조성하다 (造成, bring forth)
시 90:2   세계도 주께서 **조성하시기** 전 곧 영원
사 27:11 그들을 **조성하신** 이가 은혜를 베풀지

조세 (租稅, tax)

롬 13:6   **조세**를 바치는 것도 이로 말미암음이라
롬 13:7   모든 자에게 줄 것을 주되 **조세**를 받을 자에게 **조세**를 바치고 관세를 받을 자

조소/-하다 (嘲笑, scorn, scoff)

시 40:15	나를 향하여 하하 하하 하며 **조소하는**
시 44:13	그들이 우리를 둘러싸고 **조소하고** 조롱
시 79:4	에워싼 자에게 **조소**와 조롱거리가
시 123:4	안일한 자의 **조소**와 교만한 자의 멸시가
사 37:22	딸 시온이 너를 멸시하며 **조소하였고**
렘 29:18	저주와 경악과 **조소**와 수모의 대상이
애 1:8	예루살렘이 크게 범죄함으로 **조소** 거리
미 6:16	주민을 사람의 **조소** 거리로 만들리라
합 1:10	방백을 **조소하며** 모든 견고한 성들을

조심하다 (操心, be careful, beware)

신 4:9	네 마음에서 떠나지 않도록 **조심하라**
신 6:12	**조심하여** 너를 애굽 땅 종 되었던 집에
수 23:11	그러므로 스스로 **조심하여** 너희의
삼상 19:2	아침에 **조심하여** 은밀한 곳에 숨어 있으
욥 36:18	않도록 **조심하며** … 가게 할까 **조심하라**
시 39:1	내가 말하기를 나의 행위를 **조심하여**
렘 9:4	각기 이웃을 **조심하며** 어떤 형제든지
막 13:9	너희는 스스로 **조심하라** 사람들이 너희
눅 17:3	너희는 스스로 **조심하라** 만일 네 형제가
눅 21:34	스스로 **조심하라** 그렇지 않으면 방탕함
행 5:35	대하여 어떻게 하려는지 **조심하라**
고전 3:10	어떻게 그 위에 세울까를 **조심할지니라**
고전 8:9	하는 것이 되지 않도록 **조심하라**
고전 10:12	생각하는 자는 넘어질까 **조심하라**
고전 16:10	디모데가 이르거든 너희는 **조심하여**
고후 8:20	이것을 **조심함은** 우리가 맡은 이 거액을
고후 8:21	앞에서도 선한 일에 **조심하려** 함이라
고후 11:9	스스로 조심하였고 또 **조심하리라**
갈 5:15	물고 먹으면 피차 멸망할까 **조심하라**
딛 3:8	하나님을 믿는 자들로 하여금 **조심하여**
히 3:12	계신 하나님에게서 떨어질까 **조심할**

조약 (條約, treaty)

수 9:6	나라에서 왔나이다 이제 우리와 **조약을**
수 9:7	어떻게 너희와 **조약을** 맺을 수 있으랴
수 9:11	우리와 **조약을** 맺읍시다 하라 하였나
수 9:15	그들을 살리리라는 **조약을** 맺고 회중
수 9:16	그들과 **조약을** 맺은 후 사흘이 지나서야
왕상 20:34	내가 이 **조약으로** 인해 당신을 놓으리
	라 하고 이에 더불어 **조약을** 맺고 그를
사 33:8	행인이 끊어지며 대적이 **조약을** 파하고

조약돌 (gravel)

애 3:16	**조약돌로** 내 이들을 꺾으시고 재로 나를

조언자 (助言者, counsellor)

사 41:28	그들 가운데 한 말도 대답할 **조언자가**

조용하다/조용히 (calm, quiet)

창 25:27	야곱은 **조용한** 사람이었으므로
민 13:30	갈렙이 모세 앞에서 백성을 **조용하게**
삿 3:19	왕이 명령하여 **조용히** 하라 하매 모셔
삿 16:2	밤새도록 **조용히** 하며 이르기를
삼하 3:27	요압이 더불어 **조용히** 말하려는 듯이
느 8:11	오늘은 성일이니 마땅히 **조용하고**
욥 4:16	그 때에 내가 **조용한** 중에 한 목소리를
시 83:1	잠잠하지 마시고 **조용하지** 마소서
시 119:148	주의 말씀을 **조용히** 읊조리려고 내가
전 9:17	**조용히** 들리는 지혜자들의 말들이
사 7:4	그에게 이르기를 너는 삼가며 **조용하라**
사 14:7	이제는 온 땅이 **조용하고** 평온하니
사 18:4	내가 나의 처소에서 **조용히** 감찰함이
사 30:15	너희가 돌이켜 **조용히** 있어야 구원을
사 32:18	안전한 거처와 **조용히** 쉬는 곳에
사 42:14	내가 오랫동안 **조용하며** 잠잠하고
렘 48:2	맛멘이여 너도 **조용하게** 되리니 칼이
겔 24:17	슬퍼하지 말고 **조용히** 탄식하며 수건
슥 1:11	온 땅이 평안하고 **조용하더이다** 하더
마 17:19	이 때에 제자들이 **조용히** 예수께 나아와
마 24:3	제자들이 **조용히** 와서 이르되 우리에게
막 9:28	집에 들어가시매 제자들이 **조용히**
막 13:3	야고보와 요한과 안드레가 **조용히** 묻되
눅 10:23	제자들을 돌아 보시며 **조용히** 이르시되
행 8:32	털 깎는 자 앞에 있는 어린 양이 **조용함**
행 12:17	베드로가 그들에게 손짓하여 **조용하게**
행 21:40	백성에게 손짓하여 매우 **조용히** 한 후
행 22:2	말로 말함을 듣고 더욱 **조용한지라**
행 23:19	그의 손을 잡고 물러가서 **조용히** 묻되
살전 4:11	너희에게 명한 것같이 **조용히** 자기
살후 3:12	그리스도 안에서 권하기를 **조용히**
딤전 2:11	여자는 일체 순종함으로 **조용히** 배우라
딤전 2:12	아니하노니 오직 **조용할지니라**

조장 (組長, tribal official)

신 1:15	오십부장과 십부장과 **조장을** 삼고

【 조종하다 】　　　　　　　　　　　　　　　　　　【 족속 】

조종하다(操縱, counsel-KJV)
욥 37:12　그들의 할 일을 **조종하시느니라** 그는

조카(nephew-NIV, brother's son-KJV)
창 12:5　아브람이 그의 아내 사래와 **조카** 롯과
창 14:12　아브람의 **조카** 롯도 사로잡고 그 재물
창 14:14　아브람이 그의 **조카**가 사로잡혔음을
창 14:16　자기 **조카** 롯과 그의 재물과 또 부녀

조치(措置, action)
단 6:17　다니엘에 대한 **조치**를 고치지 못하게

조화(造化, work-NIV, way-KJV)
잠 8:22　여호와께서 그 **조화**의 시작 곧 태초에

조화되다(調和, harmony)
고후 6:15　그리스도와 벨리알이 어찌 **조화되며**

족보(族譜, account-NIV, generation-KJV)
창 6:9　노아의 **족보**니라 노아는 의인이요 당대
창 10:1　노아의 아들 셈과 함과 야벳의 **족보**는
창 10:32　백성들의 **족보**에 따르면 노아 자손의
창 11:10　**족보**는 이러하니라 셈은 백 세 곧 홍수
창 11:27　데라의 **족보**는 이러하니라 데라는
창 25:12　낳은 아들 이스마엘의 **족보**는 이러하고
창 25:19　아브라함의 아들 이삭의 **족보**는 이러
창 36:1　에서 곧 에돔의 **족보**는 이러하니라
창 36:9　족속의 조상 에서의 **족보**는 이러하고
창 37:2　야곱의 **족보**는 이러하니라 요셉이 십칠
출 6:16　그들의 **족보**대로 이러하니 게르손과
출 6:19　이들은 그들의 **족보**대로 레위의 족장
대상 1:29　이스마엘의 **족보**는 이러하니 그의
대상 5:1　요셉의 자손에게로 돌아가서 **족보**에
대상 5:17　이스라엘 왕 여로보암 때에 **족보**에 기록
대상 8:28　그들의 **족보**의 우두머리로서 예루살렘
대상 9:34　그들의 **족보**의 우두머리로서 예루살렘
대상 26:31　여리야가 그의 **족보**와 종족대로 헤브론
대하 12:15　선지자 스마야와 선견자 잇도의 **족보**
대하 31:16　삼 세 이상으로 **족보**에 기록된 남자
대하 31:17　그들의 **족보**대로 **족보**에 기록된 제사장
대하 31:18　그 **족보**에 기록된 온 회중의 어린 아이
대하 31:19　제사장들의 모든 남자와 **족보**에 기록된
스 8:3　그와 함께 **족보**에 기록된 남자가 백오십

딤전 1:4　신화와 끝없는 **족보**에 몰두하지 말게
딛 3:9　어리석은 변론과 **족보** 이야기와 분쟁과
히 7:3　**족보**도 없고 시작한 날도 없고 생명의
히 7:6　레위 **족보**에 들지 아니한 멜기세덱은

족속(族屬, clan-NIV, family-KJV)
모세오경
창 10:20　이들은 함의 자손이라 각기 **족속**과 언어
창 10:31　셈의 자손이니 그 **족속**과 언어와 지방과
창 11:6　무리가 한 **족속**이요 언어도 하나이므로
창 12:3　땅의 모든 **족속**이 너로 말미암아 복을
창 24:4　고향 내 **족속**에게로 가서 내 아들 이삭
창 24:38　내 **족속**에게로 가서 내 아들을 위하여
창 24:40　**족속** 중 내 아버지 집에서 내 아들을
창 24:41　**족속**에게 이를 때에는 네가 내 맹세와
창 25:16　부락대로 된 이름이며 그 **족속**대로는
창 25:23　**족속**이 저 **족속**보다 강하겠고 큰 자가
창 28:3　번성하게 하여 네가 여러 **족속**을 이루게
창 28:14　땅의 모든 **족속**이 너와 네 자손으로
창 31:3　네 조상의 땅 네 **족속**에게로 돌아가라
창 32:9　**족속**에게로 돌아가라 내가 네게 은혜를
창 36:30　이들은 그들의 **족속**들에 따라 세일 땅에
창 48:19　아들아 나도 안다 그도 한 **족속**이 되며
출 33:13　은총을 입게 하시며 이 **족속**을 주의
레 18:24　너희 앞에서 쫓아내는 **족속**들이 이 모든
레 20:23　너희 앞에서 쫓아내는 **족속**의 풍속을
역사서
수 5:6　나온 **족속** 곧 군사들이 다 멸절하기까지
수 7:14　뽑히는 그 지파는 그 **족속**대로 가까이
　　　　나아올 것이요 여호와께 뽑히는 **족속**
삿 18:19　이스라엘의 한 지파 한 **족속**의 제사장이
삼하 14:7　온 **족속**이 일어나서 당신의 여종 나를
왕상 12:23　온 **족속**과 또 그 남은 백성에게 말하여
왕상 18:10　당신을 찾지 아니한 **족속**이나 … 엘리
　　　　야가 없다 하면 그 나라와 그 **족속**으로
대하 17:14　군사의 수효가 그들의 **족속**대로 이러하
대하 25:5　**족속**을 따라 천부장들과 백부장들을
대하 31:17　그들의 **족속**대로 **족보**에 기록된 제사장
대하 35:4　너희 **족속**대로 반열을 따라 스스로 준비
대하 35:5　너희 형제 모든 백성의 **족속**의 서열대로
대하 35:12　번제물을 옮겨 **족속**의 서열대로 모든
대하 35:21　나와 더불어 싸우는 **족속**을 치려는 것이
느 9:22　나라들과 **족속**들을 그들에게 각각 나누

【 족속 】　　　　　　　　　　　　　　　　　　　【 족속 】

느 9:24	그들의 왕들과 본토 여러 **족속**들을	겔 2:8	그 패역한 **족속**같이 패역하지 말고
느 13:24	그 하는 말이 각 **족속**의 방언이므로	겔 3:9	그들이 비록 반역하는 **족속**이라도
		겔 3:26	못하게 하리니 그들은 패역한 **족속**임

시가서 – 신약

시 22:27	모든 나라의 모든 **족속**이 주의 앞에	겔 3:27	아니하리니 그들은 반역하는 **족속**임이
시 24:6	여호와를 찾는 **족속**이요 야곱의 하나님	겔 12:2	인자야 네가 반역하는 **족속** 중에 거주
시 96:7	만국의 **족속**들아 영광과 권능을 여호와	겔 12:3	그들이 보면 비록 반역하는 **족속**이라도
시 105:13	**족속**에게서 저 **족속**에게로, 이 나라에	겔 12:9	반역하는 **족속**이 네게 묻기를 무엇을
사 22:24	그 위에 걸리니 그 후손과 **족속** 되는	겔 12:25	반역하는 **족속**이여 내가 너희 생전에
렘 1:15	내가 북방 왕국들의 모든 **족속**들을 부를	겔 17:12	너는 반역하는 **족속**에게 묻기를 너희가
렘 2:4	집과 이스라엘의 집 모든 **족속**들아	겔 20:32	이방인 곧 여러 나라 **족속**같이 되어서
렘 3:14	너희를 성읍에서 하나와 **족속** 중에서	겔 24:3	이 반역하는 **족속**에게 비유를 베풀어
렘 10:25	기도하지 아니하는 **족속**들에게 주의	단 11:7	공주의 본 **족속**에게서 난 자 중의 한
겔 2:5	패역한 **족속**이라 그들이 듣든지 아니	암 3:1	땅에서 인도하여 올리신 모든 **족속**에
겔 2:6	그들은 패역한 **족속**이라도 그 말을	암 3:2	내가 땅의 모든 **족속** 가운데 너희만을

성경에 나오는 '족속'

가나안 자손의 족속 – 창 10:18; 15:21; 24:3, 37; 34:30; 출 3:8, 17; 23:28; 신 1:7; 7:1; 11:30; 20:17; 수 3:10; 11:3; 12:8; 13:4; 16:10; 17:12, 13, 16, 18; 24:11; 삿 1:1, 3, 4, 5, 9, 10, 17, 27, 28, 29, 30, 32, 33; 3:3, 5; 느 9:8; 행 13:19

가드 족속 – 수 13:3
가사 족속 – 수 13:3
갈렙 족속 – 삼상 25:3
갓몬 족속 – 창 15:19
갓 족속 – 수 13:8
겐 족속 – 창 15:19; 민 24:21
고핫 족속 – 민 4:18
구스 족속 – 암 9:7
그니스 족속 – 창 15:19
그렛 족속 – 습 2:5
그발 족속 – 수 13:5
그술 족속 – 신 3:14; 수 13:2, 11, 13
기럇여아림 족속 – 대상 2:53
기르가스 족속 – 창 10:16; 15:21; 신 7:1; 수 3:10; 24:11; 느 9:8
긴느돈 족속 – 느 12:16
나단 족속 – 슥 12:12
노아 자손의 족속 – 창 10:32
다윗의 족속 – 슥 12:8, 12; 13:1; 눅 2:4
데만 족속 – 창 36:34
도갈마 족속 – 겔 27:14; 38:6
레위 족속 – 레 25:32; 35:5; 느 12:24; 시 135:20; 슥 12:13

르두시 족속 – 창 25:3
르바임 족속 – 신 3:11; 수 17:15
르바 족속 – 창 14:5; 15:20; 수 12:4; 13:12
르우벤 족속 – 수 13:8
르움미 족속 – 창 25:3
마아갓 족속 – 신 3:14; 수 13:11, 13
말루기 족속 – 느 12:14
메대 족속 – 단 9:1
모아댜 족속 – 느 12:17
므라옷 족속 – 느 12:15
므아라 족속 – 수 13:4
미디안 족속 – 창 36:35
밀로 족속 – 삿 9:6
베냐민 족속 – 삿 10:9; 삼하 2:25; 4:2; 대하 11:1
브리스 족속 – 창 15:20; 34:30; 출 3:8, 17; 신 7:1; 20:17; 수 3:10; 11:3; 12:8; 17:15; 24:11; 삿 1:4, 5; 3:5; 대하 8:7; 느 9:8
빌가 족속 – 느 12:18
사독의 족속 – 대하 31:10
사울 족속 – 삼하 16:8
살래 족속 – 느 12:20
세라 족속 – 수 7:17; 대상 27:11, 13
수로보니게 족속 – 막 7:26
수스 족속 – 창 14:5
스라야 족속 – 느 12:12
스마야 족속 – 느 12:18

【 족속 】

성경에 나오는 '족속'

- 스말 족속 – 창 10:18
- 스바냐 족속 – 느 12:14
- 시돈 족속 – 삿 3:3
- 시므이 족속 – 슥 12:13
- 신 족속 – 창 10:17
- 아낙 족속 – 신 2:10, 11, 21
- 아람 족속 – 창 25:20
- 아렉 족속 – 수 16:2
- 아론의 족속 – 시 135:19
- 아르왓 족속 – 창 10:18
- 아마랴 족속 – 느 12:13
- 아말렉 족속 – 창 14:7
- 아모리 족속 – 창 10:16; 14:7, 13; 15:16, 21; 48:22; 출 3:8, 17; 신 1:7, 19, 20, 27, 44; 3:2, 8, 9; 4:46, 47; 7:1; 20:17; 수 3:10; 10:5; 11:3; 12:2, 8; 13:4, 10, 21; 24:8, 11, 12, 15, 18; 삿 1:34, 35, 36; 3:5; 10:8; 11:19, 21, 22, 23; 대하 8:7; 느 9:8
- 아목 족속 – 느 12:20
- 아비야 족속 – 느 12:17
- 아셀 족속 – 삿 1:32
- 아스글론 족속 – 수 13:3
- 아스돗 족속 – 수 13:3
- 아위 족속 – 수 13:3
- 알가 족속 – 창 10:17
- 암몬 족속 – 신 2:19, 20, 21, 37; 3:11; 삼하 17:27; 겔 21:20, 28; 25:2, 3, 5, 10
- 앗수르 족속 – 창 25:3
- 애굽 족속 – 슥 14:18
- 야곱 족속 – 사 2:5, 6; 10:20; 14:1; 29:22; 암 3:13; 옵 1:17, 18; 미 2:7; 3:9
- 야블렛 족속 – 수 16:3
- 에그론 족속 – 수 13:3
- 에덴 족속 – 왕하 19:12
- 에돔 족속 – 창 36:9, 43
- 에브라임 족속 – 삿 10:9; 왕상 11:26
- 에서 족속 – 옵 1:18
- 에스라 족속 – 느 12:13
- 엠 족속 – 창 14:5
- 여다야 족속 – 느 12:19, 21
- 여부스 족속 – 창 10:16; 15:21; 출 3:17; 신 7:1; 20:17; 수 3:10; 11:3; 12:8; 15:63; 24:11; 삿 1:21; 3:5; 대하 8:7; 느 9:8
- 예레미야 족속 – 느 12:12
- 요셉 족속 – 수 17:17; 18:5; 삼하 19:20; 왕상 11:28; 시 81:5; 옵 1:18
- 요야립 족속 – 느 12:19
- 유다(유대) 족속 – 수 7:17; 삿 10:9; 삼하 1:18; 2:4, 7, 10, 11; 12:8; 19:15; 21:2; 왕상 12:21; 왕하 19:30; 대하 11:1; 느 4:16; 사 37:31; 렘 3:18; 겔 4:6; 8:17; 9:9; 25:3, 8, 12; 호 1:7; 5:12, 14; 미 5:2; 습 2:7; 슥 8:13, 15, 19; 10:3, 6; 12:4; 행 10:22
- 이방 족속 – 느 5:17; 6:16
- 이스라엘 족속 – 창 47:27; 출 3:8; 16:31; 40:38; 레 10:6; 22:18; 민 20:29; 수 21:45; 삼상 7:2, 3; 삼하 1:12; 6:5, 15; 12:8; 16:3; 21:2; 왕상 12:21; 왕하 17:20; 시 135:19; 사 5:7; 14:2; 렘 3:18, 20; 18:6; 겔 3:1, 4, 5, 7, 17; 4:3, 4, 5; 5:4; 6:11; 8:6, 10, 11, 12; 9:9; 11:5, 15; 12:6, 9, 10, 24, 27; 13:5, 9; 14:4, 5, 6, 7, 11; 17:2; 18:6, 15, 25, 29, 30, 31; 20:13, 27, 30, 31, 39, 40, 44; 22:18; 24:21; 28:24, 25; 29:6, 16, 21; 33:7, 10, 11; 34:30; 35:5, 15; 36:10, 17, 21, 22, 32, 37; 37:11, 16; 39:12, 22, 23, 25, 29; 40:4; 43:7, 10; 44:6, 9, 10, 12, 15, 22; 45:6, 8, 17; 47:22; 48:11; 호 1:4, 6; 5:1; 11:12; 암 5:1, 4, 25; 6:14; 7:10; 9:9; 미 1:5; 3:1, 9; 슥 8:13; 행 5:21; 빌 3:5
- 잇도 족속 – 느 12:16
- 잇사갈 족속 – 왕상 15:27
- 하림 족속 – 느 12:15
- 하맛 족속 – 창 10:18
- 헬라 족속 – 욜 3:6
- 헷 족속 – 창 15:20; 23:3, 5, 7, 10, 16, 18, 20; 25:9, 10; 26:34; 36:2; 50:13; 출 3:8, 17; 23:28; 신 7:1; 20:17; 수 1:4; 3:10; 11:3; 12:8; 24:11; 삿 3:5; 대하 8:7; 느 9:8
- 호리 족속 – 창 14:6; 36:20, 21, 29, 30
- 히위 족속 – 창 10:17; 34:2; 36:2; 출 3:8, 17; 23:28; 신 7:1; 20:17; 수 3:10; 11:3, 19; 12:8; 24:11; 삿 3:3, 5; 대하 8:7
- 힐기야 족속 – 느 2:21

[족쇄]　　　　　　　　　　　　　　　　　　　　　　　　　　　　　　　　　　[족장]

미 2:3	내가 이 **족속**에게 재앙을 계획하나니
나 3:4	미혹하고 그의 마술로 여러 **족속**을 미혹
슥 12:12	온 땅 각 **족속**이 따로 애통하되 다윗의
슥 12:14	남은 **족속**도 각기 따로 하고 그들의
슥 14:17	땅에 있는 **족속**들 중에 그 왕 만군의
마 24:30	땅의 모든 **족속**들이 통곡하며 그들이
눅 24:47	**족속**에게 전파될 것이 기록되었으니
행 3:25	위의 모든 **족속**이 너의 씨로 말미암아
행 4:25	어찌하여 열방이 분노하며 **족속**들이
행 7:19	**족속**에게 교활한 방법을 써서 조상들
행 17:26	인류의 모든 **족속**을 한 혈통으로 만드사
엡 3:14	내가 하늘과 땅에 있는 각 **족속**에게
벧전 2:9	그러나 너희는 택하신 **족속**이요 왕 같은
계 1:7	땅에 있는 모든 **족속**이 그로 말미암아
계 5:9	**족속**과 방언과 백성과 나라 가운데서
계 7:9	나라와 **족속**과 백성과 방언에서 아무도
계 11:9	백성들과 **족속**과 방언과 나라 중에서
계 13:7	**족속**과 백성과 방언과 나라를 다스리는

족쇄(足鎖, chain)
| 욥 36:8 | 혹시 그들이 **족쇄**에 매이거나 환난의 |

족장(族長, chief—NIV, duke—KJV)
모세오경
창 36:15	에서 자손 중 **족장**은 … 데만 **족장**, 오
	말 **족장**, 스보 **족장**, 그나스 **족장**과
창 36:16	고라 **족장**, 가담 **족장**, 아말렉 **족장**이니
	… 땅에 있는 엘리바스의 **족장**들이요
창 36:17	나핫 **족장**, 세라 **족장**, 삼마 **족장**, 미
	사 **족장**이니 … 르우엘의 **족장**들이요
창 36:18	여우스 **족장**, 얄람 **족장**, 고라 **족장** … 오
	홀리바마로 말미암아 나온 **족장**이라
창 36:19	곧 에돔의 자손으로서 **족장** 된 자들이
창 36:21	세일의 자손 중 호리 족속의 **족장**이요
창 36:29	호리 족속의 **족장**들은 곧 로단 **족장**,
	소발 **족장**, 시브온 **족장**, 아나 **족장**,
창 36:30	디손 **족장**, 에셀 **족장**, 디산 **족장**이라
	이들은 … 호리 족속의 **족장**들이었더라
창 36:40	에서에게서 나온 **족장**들의 이름은 그
	… 딤나 **족장**, 알와 **족장**, 여뎃 **족장**,
창 36:41	오홀리바마 **족장**, 엘라 **족장**, 비논 **족장**,
창 36:42	그나스 **족장**, 데만 **족장**, 밉살 **족장**,
창 36:43	막디엘 **족장**, 이람 **족장**이라 이들은 그

출 6:14	구역과 거처를 따른 에돔 **족장**들이며
출 6:19	갈미니 이들은 르우벤의 **족장**이요
출 6:24	그들의 족보대로 레위의 **족장**이요
출 35:27	아비아삽이니 이들은 고라 사람의 **족장**
레 4:22	모든 **족장**은 호마노와 및 에봇과 흉패에
	만일 **족장**이 그의 하나님 여호와의 계명

역사서
수 9:15	조약을 맺고 회중 **족장**들이 그들에게
수 9:18	그러나 회중 **족장**들이 이스라엘의 하
	나님 여호와로 … 회중이 다 **족장**들을
수 9:19	모든 **족장**이 온 회중에게 이르되 우리가
수 9:21	이르되 그들을 살리라 하니 **족장**들이
수 14:1	이스라엘 자손 지파의 **족장**들이 분배한
수 19:51	이스라엘 자손의 지파의 **족장**들이 실로
수 21:1	그 때에 레위 사람의 **족장**들이 … 이스
	라엘 자손의 지파 **족장**들에게 나아와
왕상 8:1	이스라엘 자손의 **족장**들을 예루살렘에
대상 1:51	죽으니라 그리고 에돔의 **족장**은 이러하
	니 딤나 **족장**과 알라 **족장**과 여뎃 **족장**
대상 1:52	**족장**과 엘라 **족장**과 비논 **족장**과
대상 1:53	그나스 **족장**과 데만 **족장**과 밉살 **족장**과
대상 1:54	막디엘 **족장**과 이람 **족장**이라 에돔의
	족장이 이러하였더라
대상 5:24	그들의 **족장**은 에벨과 이시와 엘리엘과
	아스리엘과 … 유명한 **족장**이었더라
대하 1:2	온 이스라엘의 방백들과 **족장**들에게
대하 5:2	이스라엘 자손의 **족장**들을 다 예루살렘
대하 19:8	제사장들과 이스라엘 **족장**들 중에서
대하 23:2	레위 사람들과 이스라엘 **족장**들을 모아
대하 26:12	**족장**의 총수가 이천육백 명이니 모두
스 1:5	유다와 베냐민 **족장**들과 제사장들과
스 2:68	어떤 **족장**들이 예루살렘에 있는 여호와
스 3:12	많은 **족장**들은 첫 성전을 보았으므로
스 4:2	스룹바벨과 **족장**들에게 나아와 이르되
스 4:3	기타 이스라엘 **족장**들이 이르되 우리
스 8:1	바벨론에서 올라온 **족장**들과 그들의
스 8:16	**족장** 곧 엘리에셀과 아리엘과 스마야와
스 8:17	그 곳 **족장** 잇도에게 나아가게 하고
스 8:29	이스라엘의 **족장**들 앞에서 이 그릇을
스 10:16	각각 지명된 **족장** 몇 사람을 선임하고
느 7:70	**족장**들은 역사를 위하여 보조하였고
느 7:71	또 어떤 **족장**들은 금 이만 드라크마와
느 8:13	이튿날 못 백성의 **족장**들과 제사장들과

【 족하다/족히 】　　　　　　　　　　　　　　　　　　　　　　　　【 존귀/-하다/-히 】

느 11:13	형제의 **족장**된 자이니 모두 이백사십이	벧전 4:3	따라 행한 것은 지나간 때로 **족하도다**
느 11:16	레위 사람의 **족장** 삽브대와 요사밧이니		
느 12:12	제사장, **족장** 된 자는 스라야 족속에는	**존경/-하다/-받다**(尊敬, respect, honor)	
느 12:22	레위 사람의 **족장**이 모두 책에 기록되었	삼상 9:6	하나님의 사람이 있는데 **존경**을 받는
느 12:23	레위 자손의 **족장**들은 엘리아십의 아들	대상 19:3	왕의 부친을 **존경**함인 줄로 여기시나
		에 1:20	여인들이 그들의 남편을 **존경**하리이다
족하다/족히(plenty, enough, sufficient)		에 10:3	크게 **존경**받고 그의 허다한 형제에게
창 24:25	우리에게 짚과 사료가 **족하며** 유숙할	사 43:20	나를 **존경**할 것은 내가 광야에 물을,
창 33:9	있는 것이 **족하니** 네 소유는 네게 두라	애 5:12	장로들의 얼굴도 **존경**을 받지 못하나이
창 33:11	소유도 **족하오니** 청하건대 내가 형님께	마 13:57	자기 고향과 자기 집 외에서는 **존경**을
창 45:28	이스라엘이 이르되 **족하도다** 내 아들	막 6:4	자기 친척과 자기 집 외에서는 **존경**을
창 46:30	얼굴을 보았으니 지금 죽어도 **족하도다**	막 15:43	사람은 **존경**받는 공회원이요 하나님의
출 22:15	만일 세 낸 것이면 세로 **족하니라**	행 5:34	백성에게 **존경**을 받는 자라 공회 중에
레 25:21	그 소출이 삼 년 동안 쓰기에 **족하게**	롬 12:10	서로 우애하고 **존경하기를** 서로 먼저
민 11:22	양 떼와 소 떼를 잡은들 **족하오며** 바다	롬 13:7	두려워할 자를 두려워하며 **존경**할 자를
	의 모든 고기를 모은들 **족하오리이까**	엡 5:33	하고 아내도 자기 남편을 **존경**하라
신 3:26	이르시기를 그만해도 **족하니** 이 일로	딤전 5:17	다스리는 장로들은 배나 **존경**할 자로
삼하 24:16	이르시되 **족하다** 이제는 네 손을 거두라		
대상 21:15	이르시되 **족하다** 이제는 네 손을 거두라	**존귀/-하다/-히**(尊貴, splendor, noble)	
잠 5:19	품을 항상 **족하게** 여기며 그의 사랑을	모세오경, 역사서	
잠 12:14	복록에 **족하며** 그 손이 행하는 대로	창 34:19	그의 아버지 집에서 가장 **존귀하였더라**
잠 19:23	경외하는 자는 **족하게** 지내고 재앙을	출 24:11	하나님이 이스라엘 자손들의 **존귀한**
잠 20:13	네 눈을 뜨라 그리하면 양식이 **족하리라**	민 22:17	그대를 높여 크게 **존귀하게** 하고 그대가
잠 25:16	너는 꿀을 보거든 **족하리만큼** 먹으라	민 22:37	그대를 높여 **존귀하게** 하지 못하겠느냐
잠 30:15	족한 줄을 알지 못하여 **족하다** 하지	민 24:11	심히 **존귀하게** 하기로 뜻하였더니 여호
잠 30:16	물로 채울 수 없는 땅과 **족하다** 하지		와께서 그대를 막아 **존귀하지** 못하게
전 4:8	그의 눈은 부요를 **족하게** 여기지 아니	민 27:20	네 **존귀**를 그에게 돌려 이스라엘 자손의
사 34:5	여호와의 칼이 하늘에서 **족하게** 마셨을	삿 13:17	우리가 당신을 **존귀히** 여기리이다 하니
사 36:5	내가 말하노니 네가 **족히** 싸울 계략과	삼상 22:14	호위대장도 되고 왕실에서 **존귀한** 자가
사 56:11	개들은 탐욕이 심하여 **족한** 줄을 알지	삼하 23:19	세 사람 중에 가장 **존귀한** 자가 아니냐
겔 7:19	그 심령을 **족하게** 하거나 그 창자를	삼하 23:23	삼십 명보다 **존귀하나** 그러나 세 사람에
겔 16:29	심히 행음하되 아직도 **족한** 줄을 알지	왕하 5:1	나아만은 그의 주인 앞에서 크고 **존귀한**
겔 44:6	너희의 모든 가증한 일이 **족하니라**	대상 16:27	**존귀**와 위엄이 그의 앞에 있으며 능력과
합 2:5	또 그는 사망 같아서 **족한** 줄을 모르고	대상 17:8	세상에서 **존귀한** 자들의 이름 같은 이름
마 6:34	한 날의 괴로움은 그 날로 **족하니라**	대상 17:17	여호와 하나님이여 나를 **존귀한** 자들
마 10:25	그 상전 같으면 **족하도다** 집 주인을	대상 29:28	늙도록 부하고 **존귀**를 누리다가 죽으매
눅 3:14	고발하지 말고 받는 급료를 **족한 줄로**	대하 23:20	백부장들과 **존귀한** 자들과 백성의 방백
눅 10:42	한 가지만이라도 **족하니라** 마리아는	대하 32:23	히스기야가 모든 나라의 눈에 **존귀하게**
눅 22:38	검 둘이 있나이다 대답하시되 **족하다**	스 4:10	**존귀한** 오스납발이 사마리아 성과
요 14:8	보여 주옵소서 그리하면 **족하겠나이다**	느 9:5	주의 이름이 **존귀하여** 모든 송축이나
고후 12:9	은혜가 네게 **족하도다** 이는 내 능력이	에 6:3	무슨 **존귀**와 관작을 모르드개에게
딤전 6:8	입을 것이 있은즉 **족한** 줄로 알 것이니	에 6:6	왕이 **존귀하게**…왕이 **존귀하게** 하기를
히 13:5	사랑하지 말고 있는 바를 **족한** 줄로	에 6:7	왕께 아뢰되 왕께서 사람을 **존귀하게**

【 존귀/-하다/-히 】　　　　　　　　　　　　　　　　　　　　　　　　　　　　　　　　　　　　　【 존영 】

에 6:9	가장 **존귀한** 자의 … 왕이 **존귀하게**
에 6:11	하시기를 원하시는 … 왕이 **존귀하게**
에 8:16	왕이 **존귀하게** 하시기를 원하시는 사람
에 9:4	즐거움과 기쁨과 **존귀함**이 있는지라
에 10:2	모르드개가 왕궁에서 **존귀하여** 점점
	모든 행적과 모르드개를 높여 **존귀하게**

시가서

욥 13:11	그의 **존귀**가 너희를 두렵게 하지 않겠
욥 14:21	그의 아들들이 **존귀하게** 되어도 그가
욥 20:6	그 **존귀함**이 하늘에 닿고 그 머리가
욥 22:8	권세 있는 자는 토지를 얻고 **존귀한**
욥 36:7	왕좌에 앉히사 영원토록 **존귀하게** 하시
욥 40:10	너는 위엄과 **존귀**로 단장하며 영광과
시 8:5	조금 못하게 하시고 영화와 **존귀**로
시 16:3	땅에 있는 성도들은 **존귀한** 자들이니
시 21:5	영광을 크게 하시고 **존귀**와 위엄을 그에
시 49:12	사람은 **존귀하나** 장구하지 못함이여
시 49:20	**존귀하나** 깨닫지 못하는 사람은 멸망
시 72:14	그의 눈앞에서 **존귀히** 여김을 받으리로
시 76:4	산에서 영화로우시며 **존귀하시도다**
시 96:6	**존귀**와 위엄이 그의 앞에 있으며 능력과
시 104:1	주는 심히 위대하시며 **존귀**와 권위로
시 111:3	그의 행하시는 일이 **존귀하고** 엄위하며
시 145:5	주의 **존귀하고** 영광스러운 위엄과 주의
잠 8:16	말미암아 재상과 **존귀한** 자 곧 모든
잠 15:33	지혜의 훈계라 겸손은 **존귀**의 길잡이니
잠 17:7	거짓말을 하는 것이 **존귀한** 자에게 합당
잠 18:12	멸망의 선봉이요 겸손은 **존귀**의 길잡이
잠 18:16	그의 길을 넓게 하며 또 **존귀한** 자 앞에
잠 31:25	능력과 **존귀**로 옷을 삼고 후일을 웃으며
전 6:2	부족함이 없어 재물과 부요와 **존귀**를
전 10:1	적은 우매가 지혜와 **존귀**를 난처하게

선지서

사 3:5	비천한 자가 **존귀한** 자에게 교만할 것이
사 5:15	여느 사람은 구푸리고 **존귀한** 자는 낮아
사 9:15	그 머리는 곧 장로와 **존귀한** 자요 그
사 13:2	손을 흔들어 그들을 **존귀한** 자의 문에
사 23:8	그 무역상들은 세상에 **존귀한** 자들이었
사 32:5	**존귀하다** 부르지 … 자를 다시 **존귀한**
사 32:8	**존귀한** 자는 **존귀한** 일을 계획하나니
	그는 항상 **존귀한** 일에 서리라
사 33:5	여호와께서는 지극히 **존귀하시니** 그는
사 42:21	교훈을 크게 하며 **존귀하게** 하려 하셨

사 43:4	네가 내 눈에 보배롭고 **존귀하며** 내가
사 44:5	이스라엘의 이름으로 **존귀히** 여김을
사 52:13	받들어 높이 들려서 지극히 **존귀하게**
사 53:12	내가 그에게 **존귀한** 자와 함께 몫을
사 57:15	지극히 **존귀하며** 영원히 거하시며 거룩
사 58:13	**존귀한** 날이라 하여 이를 **존귀하게** 여기
렘 30:19	내가 그들을 **존귀하게** 하리니 그들은
애 4:7	**존귀한** 자들의 몸이 눈보다 깨끗하고
나 2:5	그가 그의 **존귀한** 자들을 생각해 내니
나 3:10	그의 **존귀한** 자들은 제비 뽑혀 나뉘었고

신약

롬 2:7	참고 선을 행하여 영광과 **존귀**와 썩지
롬 2:10	선을 행하는 각 사람에게는 영광과 **존귀**
고전 4:10	너희는 강하고 너희는 **존귀하나** 우리는
빌 1:20	내 몸에서 그리스도가 **존귀하게** 되게
빌 2:29	영접하고 또 이와 같은 자들을 **존귀히**
살전 4:4	거룩함과 **존귀함**으로 자기의 아내 대할
딤전 1:17	홀로 하나이신 하나님께 **존귀**와 영광이
딤전 6:16	그에게 **존귀**와 영원한 권능을 돌릴지어
히 2:7	천사보다 못하게 하시며 영광과 **존귀**로
히 2:9	영광과 **존귀**로 관을 쓰신 예수를 보니
히 3:3	집 지은 자가 그 집보다 더욱 **존귀함**
히 5:4	이 **존귀**는 아무도 스스로 취하지 못하고
벧전 1:7	칭찬과 영광과 **존귀**를 얻게 할 것이니라
벧후 1:17	그가 하나님 아버지께 **존귀**와 영광을
계 4:9	살아 계시는 이에게 영광과 **존귀**와 감사
계 4:11	우리 주 하나님이여 영광과 **존귀**와 권능
계 5:12	능력과 부와 지혜와 힘과 **존귀**와 영광과
계 5:13	어린 양에게 찬송과 **존귀**와 영광과 권능
계 7:12	영광과 지혜와 감사와 **존귀**와 권능과
계 21:26	사람들이 만국의 영광과 **존귀**를 가지고

존대하다(尊待, honor, respect)

시 15:4	여호와를 두려워하는 자들을 **존대하며**
마 21:37	이르되 그들이 내 아들은 **존대하리라**
막 12:6	보내며 이르되 내 아들은 **존대하리라**
눅 20:13	보내리니 그들이 혹 그는 **존대하리라**
딤전 5:3	참 과부인 과부를 **존대하라**
벧전 2:17	하나님을 두려워하며 왕을 **존대하라**

존영(尊榮, strength, respect, honor)

| 잠 5:9 | 두렵건대 네 **존영**이 남에게 잃어버리게 |
| 잠 11:16 | 유덕한 여자는 **존영**을 얻고 근면한 남자 |

【 존재하다 】　　　　　　　　　　　　　　　　　　　　　　　【 종 2 】

잠 13:18　이르거니와 경계를 받는 자는 **존영**을

존재하다(存在, being)
욥 3:16　땅에 묻힌 아이처럼 나는 **존재하**지 않았
행 17:28　힘입어 살며 기동하며 **존재하**느니라

존중하다/존중히(尊重, honor, attention)
삼상 2:30　나를 **존중히** 여기는 자를 내가 **존중히**
단 6:13　왕의 도장이 찍힌 금령을 **존중하**지 아니
말 3:16　그 이름을 **존중히** 여기는 자를 위하여
롬 16:7　그들은 사도들에게 **존중히** 여겨지고

졸다(slumber)
욥 33:15　사람이 침상에서 **졸며** 깊이 잠들 때에나
시 121:3　너를 지키시는 이가 **졸지** 아니하시리로
시 121:4　**졸지도** 아니하시고 주무시지도 아니
시 132:4　잠들게 하지 아니하며 내 눈까풀로 **졸게**
잠 6:10　좀더 **졸자**, 손을 모으고 좀더 누워 있자
잠 24:33　네가 좀더 자자, 좀더 **졸자**, 손을 모으고
사 5:27　**조는** 자나 자는 자도 없을 것이며 그들
마 25:5　신랑이 더디 오므로 다 **졸며** 잘새
행 20:9　창에 걸터 앉아 있다가 깊이 **졸더니**

졸음(sound asleep)
행 20:9　**졸음**을 이기지 못하여 삼 층에서 떨어져

졸이다(charr)
겔 24:10　삶아 녹이고 국물을 **졸이고** 그 뼈를

좀 1/-먹다(moth)
욥 13:28　나는 썩은 물건의 낡아짐 같으며 **좀먹은**
욥 27:18　그가 지은 집은 **좀**의 집 같고 파수꾼의
시 39:11　그 영화를 **좀먹음**같이 소멸하게 하시니
사 50:9　옷과 같이 해어지며 **좀**이 그들을 먹으리
사 51:8　옷같이 **좀**이 그들을 먹을 것이며 양털
호 5:12　그러므로 내가 에브라임에게는 **좀** 같으
마 6:19　거기는 **좀**과 동록이 해하며 도둑이 구멍
마 6:20　거기는 **좀**이나 동록이 해하지 못하며
눅 12:33　하는 일이 없고 **좀**도 먹는 일이 없느니
약 5:2　재물은 썩었고 너희 옷은 **좀먹었**으며

좀 2(some)
마 25:8　등불이 꺼져가니 너희 기름을 **좀** 나눠

요 4:7　물을 길으러 왔으매 예수께서 물을 **좀**
요 4:10　네게 물 **좀** 달라 하는 이가 누구인 줄
요 21:10　이르시되 지금 잡은 생선을 **좀** 가져오라
고후 11:1　원하건대 너희는 나의 **좀** 어리석은 것을

좀더(a little)
잠 6:10　**좀더** 자자, **좀더** 졸자, 손을 모으고 **좀더**
잠 24:33　**좀더** 자자, **좀더** 졸자, 손을 모으고 **좀더**

좁다/좁아지다(be withholding, narrow, small)
민 22:24　여호와의 사자는 포도원 사이 **좁은** 길에
민 22:26　나아가서 좌우로 피할 데 없는 **좁은**
왕하 6:1　거주하는 이 곳이 우리에게는 **좁으니**
욥 36:16　그대를 환난에서 이끌어 내사 **좁지** 않고
잠 23:27　깊은 구덩이요 이방 여인은 **좁은** 함정
사 28:20　이불이 **좁아서** 능히 몸을 싸지 못함
사 49:20　이곳이 내게 **좁으니** 넓혀서 내가 거주
겔 42:5　위층의 방은 가장 **좁으니** 이는 회랑들로
겔 42:6　가운데 층보다 더욱 **좁아짐**이더라
미 7:17　그 **좁은** 구멍에서 나와서 두려워하며
마 7:13　**좁은** 문으로 들어가라 멸망으로 인도
마 7:14　생명으로 인도하는 문은 **좁고** 길이 협착
눅 13:24　**좁은** 문으로 들어가기를 힘쓰라 내가
고후 6:12　너희가 우리 안에서 **좁아진** 것이 아니라 오직 너희 심정에서 **좁아진** 것이니라

종 1(縱, length)
창 13:17　일어나 그 땅을 **종**과 횡으로 두루 다녀

종 2(servant)
<u>모세오경</u>
창 9:25　형제의 **종들**의 **종**이 되기를 원하노라
창 9:26　찬송하리로다 가나안은 셈의 **종**이
창 18:3　주께 은혜를 입었사오면 원하건대 **종**을
창 19:2　내 주여 돌이켜 **종**의 집으로 들어와
창 20:8　그 날 아침에 일찍이 일어나 모든 **종들**
창 20:14　양과 소와 **종들**을 이끌어 아브라함에게
창 21:10　이 **종**의 아들은 내 아들 이삭과 함께
창 21:25　아비멜렉의 **종들**이 아브라함의 우물을
창 22:3　나귀에 안장을 지우고 두 **종**과 그의
창 24:2　자기 집 모든 소유를 맡은 늙은 **종**에게
창 24:5　**종**이 이르되 여자가 나를 따라 이 땅으

【종2】　　　　　　　　　　　　　　　　　　　　　　　　　　　　　　　　　【종2】

창 24:59	그의 유모와 아브라함의 **종**과 그 동행자	신 7:8	인도하여 내시되 너희를 그 **종** 되었던
창 24:61	여자 **종**들과 함께 낙타를 타고 그 사람	신 8:14	여호와는 너를 애굽 땅 **종** 되었던 집에
	을 따라가니 그 **종**이 리브가를 데리고	신 13:5	애굽 땅에서 인도하여 내시며 **종** 되었던
창 26:14	양과 소가 떼를 이루고 **종**이 심히 많으	신 15:16	**종**이 만일 너와 네 집을 사랑하므로
창 26:15	아버지의 **종**들이 판 모든 우물을 막고	신 15:17	그리하면 그가 영구히 네 **종**이 되리라
창 26:19	이삭의 **종**들이 골짜기를 파서 샘 근원	신 16:12	너는 애굽에서 **종** 되었던 것을 기억하고
창 26:24	두려워하지 말라 내 **종** 아브라함을 위하	신 21:14	욕보였은즉 **종**으로 여기지 말지니라
창 27:37	모든 형제를 내가 그에게 **종**으로 주었	신 23:15	**종**이 그의 주인을 피하여 네게로 도망
창 32:16	**종**들의 손에 맡기고 그의 **종**에게 이르	신 24:7	사람을 유인하여 **종**으로 삼거나 판 것이
창 33:14	청하건대 내 주는 **종**보다 앞서 가소서	신 24:18	애굽에서 **종** 되었던 일과 네 하나님
창 39:17	당신이 우리에게 데려온 히브리 **종**이	신 28:68	너희가 너희 몸을 적군에게 남녀 **종**으로
창 41:10	바로께서 **종**들에게 노하사 나와 떡 굽는	신 32:36	백성을 판단하시고 그 **종**들을 불쌍히
창 41:12	그 곳에 친위대장의 **종** 된 히브리 청년	신 32:43	주께서 그 **종**들의 피를 갚으사 그 대적
창 42:10	내 주여 아니니이다 당신의 **종**들은 곡물	**역사서**	
창 47:25	주께 은혜를 입고 바로의 **종**이 되겠나이	수 1:2	**종** 모세가 죽었으니 이제 너는 이 모든
창 50:18	이르되 우리는 당신의 **종**들이니이다	수 5:14	내 주여 **종**에게 무슨 말씀을 하려 하시
출 5:15	당신의 **종**들에게 이같이 하시나이까	수 9:8	당신의 **종**이니이다 하매 여호수아가
출 6:5	애굽 사람이 **종**으로 삼은 이스라엘 자손	수 10:6	여호수아에게 전하되 당신의 **종**들 돕기
출 9:20	그 **종**들과 가축을 집으로 피하여 들였으	수 11:15	여호와께서 그의 **종** 모세에게 명령하신
출 12:44	각 사람이 돈으로 산 **종**은 할례를 받은	수 16:10	가운데에 거주하며 노역하는 **종**이
출 13:3	곧 **종** 되었던 집에서 나온 그 날을 기념	수 24:17	애굽 땅 **종** 되었던 집에서 올라오게
출 14:31	여호와와 그의 **종** 모세를 믿었더라	삿 6:8	애굽에서 인도하여 내며 너희를 그 **종**
출 20:2	너를 애굽 땅, **종** 되었던 집에서 인도하	삿 6:27	기드온이 **종** 열 사람을 데리고 여호와께
출 21:2	히브리 **종**을 사면 그는 여섯 해 동안	삿 15:18	여호와께 부르짖어 이르되 주께서 **종**의
출 21:5	만일 **종**이 분명히 말하기를 내가 상전과	삿 19:11	그해가 지려 하는지라 **종**이 주인에게
레 25:39	팔리거든 너는 그를 **종**으로 부리지 말고	삼상 4:9	**종**이 되기를 그들이 너희의 **종**이 되었던
레 25:55	이스라엘 자손은 나의 **종**들이 됨이라	삼상 8:17	거두어 가리니 너희가 그의 **종**이 될
	… 애굽 땅에서 인도하여 낸 내 **종**이요	삼상 12:19	사무엘에게 이르되 당신의 **종**들을 위하
레 26:13	인도해 내어 그들에게 **종** 된 것을 면하게	삼상 17:9	우리가 너희의 **종**이 되겠고 만일 내가
민 11:11	어찌하여 주께서 **종**을 괴롭게 하시나		이겨 그를 죽이면 너희가 우리의 **종**이
민 12:7	내 **종** 모세와는 그렇지 아니하니 그는	삼상 20:7	말이 좋다 하면 네 **종**이 평안하려니와
민 12:8	어찌하여 내 **종** 모세 비방하기를 두려워	삼상 22:15	원하건대 왕은 **종**과 **종**의 아비의 온 집
민 14:24	내 **종** 갈렙은 그 마음이 그들과 달라서		에 아무것도 돌리지 마옵소서 왕의 **종**은
민 22:22	자기 나귀를 탔고 그의 두 **종**은 그와	삼상 25:8	**종**들과 네 아들 다윗에게 주기를 원하
민 31:49	모세에게 말하되 당신의 **종**들이 이끈	삼상 25:10	주인에게서 억지로 떠나는 **종**이 많도다
민 32:4	당신의 **종**들에게는 가축이 있나이다	삼상 25:39	나의 모욕을 갚아 주사 **종**으로 악한
민 32:5	이 땅을 당신의 **종**들에게 그들의 소유로	삼상 25:41	내 주의 전령들의 발 씻길 **종**이니이다
민 32:27	**종**들은 우리 주의 말씀대로 무장하고	삼상 26:19	내 주 왕은 이제 **종**의 말을 들으소서
민 32:31	여호와께서 당신의 **종**들에게 명령하신	삼상 27:5	당신의 **종**이 어찌 당신과 함께 왕도에
신 5:6	나는 너를 애굽 땅, **종** 되었던 집에서	삼상 28:2	그러면 당신의 **종**이 행할 바를 아시리이
신 5:15	너는 기억하라 네가 애굽 땅에서 **종**이	삼상 29:8	당신이 **종**에게서 무엇을 보셨기에 내가
신 6:12	너는 조심하여 너를 애굽 땅 **종** 되었던	삼상 30:13	아말렉 사람의 **종**이더니 사흘 전에 병이
신 6:21	우리가 옛적에 애굽에서 바로의 **종**이	삼하 3:18	말씀하시기를 내가 내 **종** 다윗의 손으로

2137

【 종 2 】

삼하 7:5	내 종 다윗에게 말하기를 여호와께서
삼하 7:19	또 종의 집에 있을 먼 장래의 일까지도
삼하 7:25	종의 집에 대하여 말씀하신 것을 영원히
삼하 7:29	이제 청하건대 종의 집에 복을 주사
삼하 8:2	모압 사람들이 다윗의 종들이 되어 조공
삼하 9:2	사울의 집에는 종 한 사람이 있으니 그
	의 이름은 시바라 … 당신의 종이니이다
삼하 9:6	이르기를 보소서 당신의 종이니이다
삼하 9:12	집에 사는 자마다 므비보셋의 종이 되니
삼하 11:21	왕의 종 헷 사람 우리아도 죽었나이다
삼하 13:17	그가 부리는 종을 불러 이르되 이 계집
삼하 13:24	이제 종에게 양 털 깎는 일이 있사오니
	청하건대 … 당신의 종과 함께 가사이다
삼하 13:28	압살롬이 이미 그의 종들에게 명령하여
삼하 14:15	내가 왕께 여쭈오면 혹시 종이 청하는
삼하 14:19	왕의 종 요압이 내게 명령하였고 그가
삼하 14:30	자기의 종들에게 이르되 보라 요압의
	밭이 … 압살롬의 종들이 그 밭에 불을
삼하 15:2	종은 이스라엘 아무 지파에 속하였나이
삼하 15:8	당신의 종이 아람 그술에 있을 때에
삼하 15:34	종이니이다 전에는 내가 왕의 아버지의
	종이었더니 이제는 내가 왕의 종이니이
삼하 16:1	므비보셋의 종 시바가 안장 지운
삼하 17:20	압살롬의 종들이 그 집에 와서 여인에게
삼하 18:29	대답하되 요압이 왕의 종 나를 보낼
삼하 19:17	종 시바도 그의 아들 열다섯과 종 스무
삼하 19:19	나오시던 날에 종의 패역한 일을 기억
삼하 19:35	이 종이 어떻게 다시 노래하는 남자나
	여인의 … 어찌하여 종이 내 주 왕께
삼하 19:36	당신의 종은 왕을 모시고 요단을 건너려
삼하 19:37	당신의 종을 돌려보내옵소서 내가 …
	그러나 왕의 종 김함이 여기 있사오니
삼하 24:10	여호와여 이제 간구하옵나니 종의 죄를
삼하 24:21	내 주 왕께서 종에게 임하시나이까 하니
왕상 1:19	왕의 종 솔로몬은 청하지 아니하였나이
왕상 1:26	그러나 왕의 종 나와 제사장 사독과 여
	호야다의 아들 브나야와 왕의 종 솔로몬
왕상 1:27	그 왕위에 앉을 자를 종에게 알게 하지
왕상 1:51	솔로몬 왕이 오늘 칼로 자기 종을 죽이
왕상 2:38	**내 주 왕의 말씀대로 종이 그리 하겠나**
왕상 2:39	시므이의 두 종이 가드 왕 마아가의 아
	들 아기스에게로 … 이르되 당신의 종이
왕상 3:7	주께서 종으로 종의 아버지 다윗을 대신
왕상 3:9	하여 왕이 되게 하셨사오나 종은 작은
	듣는 마음을 종에게 주사 주의 백성을
왕상 5:6	내 종과 당신의 종이 함께 할 것이요
	… 당신의 모든 말씀대로 당신의 종의
왕상 5:9	내 종이 레바논에서 바다로 운반하겠고
왕상 8:23	주의 앞에서 행하는 종들에게 언약을
왕상 8:28	이 종이 오늘 주 앞에서 부르짖음과
왕상 9:27	히람이 자기 종 곧 바다에 익숙한 사공
	들을 솔로몬의 종과 함께 그 배로 보내
왕상 11:13	종 다윗과 내가 택한 예루살렘을 위하여
왕상 12:7	그들이 영원히 왕의 종이 되리이다 하나
왕상 14:8	내 종 다윗이 내 명령을 지켜 전심으로
왕상 14:18	여호와께서 그의 종 선지자 아히야를
왕상 15:29	여호와께서 그의 종 실로 사람 아히야를
왕상 18:9	당신의 종을 아합의 손에 넘겨 죽이게
왕상 18:12	당신의 종은 어려서부터 여호와를 경외
왕상 20:9	왕이 처음에 보내 종에게 구하신 것은
왕상 20:32	왕의 종 벤하닷이 청하기를 내 생명을
왕상 20:39	왕을 불러 이르되 종이 전장 가운데에
왕상 20:40	종이 이리 저리 일을 볼 동안에 그가
왕상 22:49	내 종으로 당신의 종과 함께 배에 가게
왕하 1:13	나의 생명과 당신의 종인 이 오십 명의
왕하 2:16	그에게 이르되 당신의 종들에게 용감한
왕하 4:1	당신의 종 나의 남편이 이미 죽었는데
	당신의 종이 여호와를 … 종을 삼고자
왕하 5:13	그의 종들이 나아와서 말하여 이르되
왕하 6:3	청하건대 당신도 종들과 함께 하소서
왕하 8:13	당신의 개 같은 종이 무엇이기에 이런
왕하 8:19	여호와께서 그의 종 다윗을 위하여 유다
왕하 9:7	집을 치라 내가 나의 종 곧 선지자
왕하 9:36	여호와께서 그 종 디셉 사람 엘리야
왕하 10:5	우리는 당신의 종이라 당신이 말하는
왕하 10:10	여호와께서 그의 종 엘리야를 통하여
왕하 14:25	그의 종 가드헤벨 아밋대의 아들 선지자
왕하 17:3	호세아가 그에게 종이 되어 조공을 드리
왕하 17:13	또 내 종 선지자들을 통하여 너희에게
왕하 18:26	아람 말로 당신의 종들에게 말씀하시고
왕하 19:34	나와 나의 종 다윗을 위하여 이 성을
왕하 20:6	내가 나를 위하고 또 내 종 다윗을 위하
왕하 21:8	나의 종 모세가 명령한 모든 율법을
왕하 21:10	여호와께서 그의 종 모든 선지자들을
대상 2:34	야르하 하는 애굽 종이 있으므로
대상 2:35	세산이 딸을 그 종 야르하에게 주어

【 종 2 】　　　【 종 2 】

대상 16:12-13	그의 종 이스라엘의 후손 곧 택하신	시 86:2	내 주 하나님이여 주를 의지하는 종을
대상 17:4	가서 내 종 다윗에게 말하기를 여호와의	시 89:3	맺으며 내 종 다윗에게 맹세하기를
대상 17:27	주께서 종의 왕조에 복을 주사 주 앞에	시 89:20	내가 내 종 다윗을 찾아내어 나의 거룩
대상 18:2	모압을 치매 모압 사람이 다윗의 종이	시 105:5-6	그의 종 아브라함의 후손 곧 택하신
대상 18:6	아람 사람이 다윗의 종이 되어 조공을	시 105:17	보내셨음이여 요셉이 종으로 팔렸도다
대상 18:13	에돔 사람이 다 다윗의 종이 되니라	시 105:25	종들에게 교활하게 행하게 하셨도다
대상 21:8	이제 간구하옵나니 종의 죄를 용서하여	시 105:26	그는 그의 종 모세와 그의 택하신 아론
대하 2:8	알거니와 당신의 종은 레바논에서 벌목	시 105:42	그의 거룩한 말씀과 그의 종 아브라함을
	을 잘 하나니 내 종들이 당신의 종들을	시 134:1	여호와의 모든 종들아 여호와를 송축
대하 2:10	내가 당신의 벌목하는 종들에게 짛은	시 135:14	그의 종들로 말미암아 위로를 받으시리
대하 6:20	눈이 주야로 보시오며 종이 이 곳을	시 136:22	그 종 이스라엘에게 기업으로 주신 이에
대하 8:18	종들을 보내매 그들이 솔로몬의 종들과	시 144:10	그의 종 다윗을 그 해하려는 칼에서
대하 9:21	왕의 배들이 후람의 종들과 함께 다시	잠 11:29	미련한 자는 마음이 지혜로운 자의 종이
대하 10:7	그들이 영원히 왕의 종이 되리이다 하나	잠 12:9	비천히 여김을 받을지라도 종을 부리는
대하 12:8	그러나 그들이 시삭의 종이 되어 나를	잠 17:2	슬기로운 종은 부끄러운 짓을 하는 주인
대하 32:16	여호와 하나님과 그의 종 히스기야를	잠 19:10	못하거든 하물며 종이 방백을 다스림이
대하 34:16	왕께서 종들에게 명령하신 것을 종들이	잠 22:7	주관하고 빚진 자는 채주의 종이 되느니
스 9:8	우리가 종 노릇하는 중에서 조금 소생	잠 29:19	종은 말로만 하면 고치지 아니하나니
느 1:6	이제 종이 … 종의 기도를 들으시옵소서	잠 29:21	종을 어렸을 때부터 곱게 양육하면 그가
느 2:5	만일 좋게 여기시고 종이 왕의 목전에서	잠 30:10	너는 종을 그의 상전에게 비방하지 말라
느 2:10	호론 사람 산발랏과 종이었던 암몬 사람	잠 30:22	곧 종이 임금된 것과 미련한 자가 음식
느 2:20	종들인 우리가 일어나 건축하려니와	전 2:7	나를 위하여 집에서 종들을 낳기도 하였
느 5:5	종으로 파는도다 우리 딸 중에 벌써 종	전 7:21	그리하면 네 종이 너를 저주하는 것을
느 9:17	되었던 땅으로 돌아가고자 하였나이	전 10:7	종들은 말을 타고 고관들은 종들처럼
느 9:36	오늘날 종이 되었는데 곧 주께서 우리	선지서	
	조상들에게 … 우리가 종이 되었나이다	사 20:3	여호와께서 이르시되 나의 종 이사야가
시가서		사 22:20	내가 힐기야의 아들 내 종 엘리아김을
욥 1:3	암나귀가 오백 마리이며 종도 많이 있었	사 24:2	백성과 제사장이 같을 것이며 종과 상전
욥 1:8	네가 내 종 욥을 주의하여 보았느냐	사 36:11	그 방언으로 당신의 종들에게 말하고
욥 1:15	그것들을 빼앗고 칼로 종들을 죽였나이	사 37:6	너희가 들은 바 앗수르 왕의 종들이
욥 2:3	이르시되 네가 내 종 욥을 주의하여	사 37:24	네가 네 종을 통해서 주를 훼방하여
욥 3:19	작은 자와 큰 자가 함께 있고 종이 상전	사 37:35	대저 내가 나를 위하며 내 종 다윗을
욥 4:18	하나님은 그의 종이라도 그대로 믿지	사 41:8	그러나 나의 종 너 이스라엘아 내가
욥 7:2	종은 저녁 그늘을 몹시 바라고 품꾼이	사 41:9	네게 이르기를 너는 나의 종이라 내가
욥 19:16	내가 내 종을 불러도 대답하지 아니하니	사 42:1	내가 붙드는 나의 종, 내 마음에 기뻐
욥 41:4	계약을 맺고 너는 그를 영원히 종으로	사 42:19	맹인이 누구냐 내 종이 아니냐 누가
욥 42:7	가리켜 말한 것이 내 종 욥의 말같이	사 43:10	나의 증인, 나의 종으로 택함을 입었
욥 42:8	종 욥에게 가서 너희를 위하여 번제를	사 44:1	나의 종 야곱, 내가 택한 이스라엘아
	드리라 내 종 욥이 … 내 종 욥의 말같이	사 44:2	나의 종 야곱, 내가 택한 여수룬아 두려
시 34:22	여호와께서 그의 종들의 영혼을 속량	사 44:21	이 일을 기억하라 너는 나의 종이니라 내
시 35:27	그의 종의 평안함을 기뻐하시는 여호와		가 너를 지었으니 너는 내 종이니라
시 69:36	그의 종들의 후손이 또한 이를 상속하고	사 44:26	그의 종의 말을 세워 주며 그의 사자들
시 78:70	그의 종 다윗을 택하시되 양의 우리에서	사 45:4	나의 종 야곱, 내가 택한 자 이스라엘

2139

【 종 2 】 【 종 2 】

사 48:20	여호와께서 그의 종 야곱을 구속하셨다
사 49:3	너는 나의 종이요 내 영광을 네 속에
사 49:5	태에서부터 나를 그의 종으로 지으신
사 49:6	나의 종이 되어 야곱의 지파들을 일으
사 49:7	관원들에게 종이 된 자에게 이같이 이르
사 50:10	종의 목소리를 청종하는 자가 누구냐
사 52:13	보라 내 종이 형통하리니 받들어 높이
사 53:11	나의 의로운 종이 자기 지식으로 많은
사 56:6	여호와의 이름을 사랑하며 그의 종이
사 65:8	나도 내 종들을 위하여 그와 같이 행하
사 65:9	기업으로 얻을 것이요 나의 종들이 거기
사 65:13	나의 종들은 먹을 것이로되 … 나의 종들은 마실 것이로되 … 나의 종들은
사 65:14	보라 나의 종들은 마음이 즐거우므로
사 65:15	내가 너를 죽이고 내 종들은 다른 이름
사 66:14	여호와의 손은 그의 종들에게 나타나
렘 2:14	이스라엘이 종이냐 씨종이냐 어찌하여
렘 7:25	오늘까지 내가 내 종 선지자들을 너희
렘 25:4	그의 모든 종 선지자를 너희에게 끊임
렘 25:9	내 종 바벨론의 왕 느부갓네살을 불러
렘 26:5	너희에게 나의 종 선지자를 꾸준히
렘 27:6	이제 내가 이 모든 땅을 내 종 바벨론의
렘 29:19	내 종 선지자들을 너희들에게 꾸준히
렘 30:10	그러므로 나의 종 야곱아 너는 두려워
렘 33:21	종 다윗에게 세운 나의 언약도 깨뜨려
렘 33:22	내가 그와 같이 내 종 다윗의 자손과
렘 33:26	야곱과 내 종 다윗의 자손을 버리고
렘 34:9	그의 동족 유다인을 종으로 삼지 못하게
렘 34:10	노비를 자유롭게 하고 다시는 종을 삼지
렘 34:13	너희 선조를 애굽 땅 종의 집에서 인도
렘 35:15	내 종 모든 선지자를 너희에게 보내고
렘 43:10	보라 내가 내 종 바벨론의 느부갓네살
렘 44:4	모든 종 선지자들을 너희에게 보내되
렘 46:26	바벨론의 느부갓네살 왕의 손과 그 종
렘 46:27	종 야곱아 두려워하지 말라 이스라엘아
렘 46:28	여호와의 말씀이니라 내 종 야곱아 내가
애 5:8	종들이 우리를 지배함이여 그들의 손에
겔 28:25	고국 땅 곧 내 종 야곱에게 준 땅에
겔 34:23	그는 내 종 다윗이라 그가 그들을 먹일
겔 37:25	내 종 야곱에게 준 땅 곧 그의 조상들이
겔 38:17	내가 옛적에 내 종 이스라엘 선지자들
겔 46:17	종에게 선물로 준즉 그 종 에게 속하여
단 1:12	당신의 종들을 열흘 동안 시험하여 채식
단 2:4	왕께서 그 꿈을 종들에게 이르시면 우리
단 3:28	절하지 아니한 종들을 구원하셨도다
단 9:10	여호와께서 그의 종 선지자들에게 부탁
단 10:17	주의 이 종이 어찌 능히 내 주와 더불어
암 3:7	자기의 비밀을 그의 종 선지자들에게 보이
미 6:4	애굽 땅에서 인도해 내어 종 노릇하는
학 2:23	스알디엘의 아들 내 종 스룹바벨아
슥 1:6	나의 종 선지자들에게 명령한 내 말과
슥 3:8	이들은 예표의 사람들이라 내가 내 종
슥 13:5	내가 어려서부터 사람의 종이 되었노라
말 1:6	아들은 그 아버지를, 종은 그 주인을
말 4:4	내 종 모세에게 명령한 법 곧 율례와

신약

마 8:9	오라 하면 오고 내 종더러 이것을 하라
마 10:24	제자가 그 선생보다, 또는 종이 그 상전
마 10:25	제자가 그 선생 같고 종이 그 상전 같으
마 12:18	내가 택한 종 곧 내 마음에 기뻐하는
마 13:27	주인의 종들이 와서 말하되 주여 밭에
마 13:28	원수가 이렇게 하였구나 종들이 말하되
마 18:23	그러므로 천국은 그 종들과 결산하려
마 18:26	종이 엎드려 절하며 이르되 내게 참으
마 18:27	종의 주인이 불쌍히 여겨 놓아 보내며
마 18:28	그 종이 나가서 자기에게 백 데나리온
마 18:32	악한 종아 네가 빌기에 내가 네 빚을
마 20:27	으뜸이 되고자 하는 자는 너희의 종이
마 21:34	그 열매를 받으려고 자기 종들을 농부들
마 21:35	농부들이 종들을 잡아 하나는 심히 때리
마 21:36	다시 다른 종들을 처음보다 많이 보내니
마 22:3	종들을 보내어 그 청한 사람들을 혼인
마 22:4	다시 다른 종들을 보내며 이르되 청한
마 22:6	그 남은 자들은 종들을 잡아 모욕하고
마 22:8	이에 종들에게 이르되 혼인 잔치는 준비
마 22:10	종들이 길에 나가 악한 자나 선한 자나
마 24:45	충성되고 지혜 있는 종이 되어 주인에게
마 24:46	그 종이 이렇게 하는 것을 보면 그 종이
마 24:48	그 악한 종이 마음에 생각하기를 주인이
마 24:50	못하는 시각에 그 종의 주인이 이르러
마 25:14	종들을 불러 자기 소유를 맡김과 같으니
마 25:19	오랜 후에 그 종들의 주인이 돌아와
마 25:21	착하고 충성된 종아 네가 적은 일에
마 25:23	잘하였도다 착하고 충성된 종아 네가
마 25:26	악하고 게으른 종아 나는 심지 않은
마 25:30	무익한 종을 바깥 어두운 데로 내쫓으라

【 종 2 】

마 26:51	대제사장의 종을 쳐 그 귀를 떨어뜨리니	눅 22:50	대제사장의 종을 쳐 그 오른쪽 귀를
막 10:44	되고자 하는 자는 모든 사람의 종이	요 4:51	내려가는 길에서 그 종들이 오다가 만나
막 12:2	포도원 소출 얼마를 받으려고 한 종을	요 8:33	남의 종이 된 적이 없거늘 어찌하여
막 12:3	종을 잡아 심히 때리고 거저 보내었거늘	요 8:34	이르노니 죄를 범하는 자마다 죄의 종이
막 12:4	다른 종을 보내니 그의 머리에 상처를	요 8:35	종은 영원히 집에 거하지 못하되 아들은
막 12:5	다른 종을 보내니 그들이 그를 죽이고 또 그 외 많은 종들도 더러는 때리고	요 13:16	너희에게 이르노니 종이 주인보다 크지
		요 15:15	너희를 종이라 하지 아니하리니 종은
막 13:34	타국으로 갈 때에 그 종들에게 권한을	요 15:20	내가 너희에게 종이 주인보다 더 크지
막 14:47	대제사장의 종을 쳐 그 귀를 떨어뜨리니	요 18:10	대제사장의 종을 쳐서 … 종의 이름은
눅 1:54	종 이스라엘을 도우사 궁휼히 여기시고	요 18:18	종과 아랫사람들이 불을 피우고 서서
눅 1:69	뿔을 그 종 다윗의 집에 일으키셨으니	요 18:26	대제사장의 종 하나는 베드로에게 귀를
눅 2:29	말씀하신 대로 종을 평안히 놓아 주시는	요 18:36	이 세상에 속한 것이었더라면 내 종들이
눅 7:2	어떤 백부장의 사랑하는 종이 병들어	행 3:13	우리 조상의 하나님이 그의 종 예수를
눅 7:3	보내어 오셔서 그 종을 구해 주시기를	행 3:26	그 종을 세워 복 주시려고 너희에게
눅 7:8	저더러 오라 하면 오고 내 종더러 이것	행 4:27	하나님께서 기름 부으신 거룩한 종 예수
눅 7:10	돌아가 보매 종이 이미 나아 있었더라	행 4:29	종들로 하여금 담대히 하나님의 말씀을
눅 12:37	그 종들은 복이 있으리로다 내가 진실로 너희에게 이르노니 … 그 종들을 자리에	행 4:30	표적과 기사가 거룩한 종 예수의 이름
		행 7:6	사람들이 종으로 삼아 사백 년 동안을
눅 12:38	혹 삼경에 이르러서도 종들이 그같이 하고 있는 것을 보면 그 종들은 복이	행 7:7	또 이르시되 종 삼는 나라를 내가 심판
		행 26:16	내가 네게 나타날 일에 너로 종과 증인
눅 12:42	그 집 종들을 맡아 때를 따라 양식을	롬 6:6	우리가 죄에게 종 노릇하지 아니하려
눅 12:43	그 종이 그렇게 하는 것을 보면 그 종은	롬 6:16	자신을 종으로 내주어 … 받는 자의 종 이 … 죄의 종으로 … 순종의 종으로
눅 12:45	만일 그 종이 마음에 생각하기를 주인이		
눅 12:46	종의 주인이 이르러 엄히 때리고 신실	롬 6:17	너희가 본래 죄의 종이더니 너희에게
눅 12:47	뜻대로 행하지 아니한 종은 많이 맞을	롬 6:18	해방되어 의에게 종이 되었느니라
눅 12:48	알지 못하고 맞을 일을 행한 종은 적게	롬 6:19	너희 지체를 의에게 종으로 내주어
눅 14:17	청하였던 자들에게 종을 보내어 이르되	롬 6:20	너희가 죄의 종이 되었을 때에는 의에
눅 14:21	종이 돌아와 주인에게 그대로 고하니 이 에 집 주인이 노하여 그 종에게 이르되	롬 6:22	하나님께 종이 되어 거룩함에 이르는
		롬 8:15	무서워하는 종의 영을 받지 아니하고
눅 14:22	종이 이르되 주인이여 명하신 대로 하였	롬 8:21	피조물도 썩어짐의 종 노릇한 데서 해방
눅 14:23	주인이 종에게 이르되 길과 산울타리	고전 7:21	종으로 있을 때에 부르심을 받았느냐
눅 15:22	아버지는 종들에게 이르되 제일 좋은	고전 7:22	주 안에서 부르심을 받은 자는 종이라도
눅 15:26	한 종을 불러 이 무슨 일인가 물은대	고전 7:23	값으로 사신 것이니 사람들의 종이 되지
눅 17:7	밭을 갈거나 양을 치거나 하는 종이	고전 9:19	스스로 모든 사람에게 종이 된 것은
눅 17:9	명한 대로 하였다고 종에게 감사하겠느	고전 12:13	우리가 유대인이나 헬라인이나 종이나
눅 17:10	우리는 무익한 종이라 우리가 하여야	고후 4:5	우리가 너희의 종 된 것을 전파함이라
눅 19:13	그 종 열을 불러 은화 열 므나를 주며	고후 11:20	누가 너희를 종으로 삼거나 잡아먹거나
눅 19:15	은화를 준 종들이 각각 어떻게 장사하였	갈 2:4	우리가 가진 자유를 엿보고 우리를 종으
눅 19:17	주인이 이르되 잘하였다 착한 종이여	갈 3:28	유대인이나 헬라인이나 종이나 자유인
눅 19:22	악한 종아 내가 네 말로 너를 심판하노	갈 4:1	주인이나 어렸을 동안에는 종과 다름이
눅 20:10	종을 농부들에게 보내니 농부들이 종을	갈 4:3	세상의 초등학문 아래에 있어서 종 노릇
눅 20:11	다시 다른 종을 보내니 그도 몹시 때리	갈 4:7	후로는 종이 아니요 아들이니 아들이면
눅 20:12	세 번째 종을 보내니 이 종도 상하게	갈 4:8	하나님이 아닌 자들에게 종 노릇 하였더

2141

【 종 2 】　　　　　　　　　　　　　　　　　　　　　　　　　　　　　　　　　　　　　　【 종교심 】

갈 4:9	돌아가서 다시 그들에게 종 노릇 하려	골 4:7	신실한 일꾼이요 주 안에서 함께 종이
갈 4:24	하나는 시내 산으로부터 종을 낳은 자니	딤전 6:1	멍에 아래에 있는 종들은 자기 상전
갈 4:25	그가 그 자녀들과 더불어 종 노릇 하고	딛 2:3	모함하지 말며 많은 술의 종이 되지
갈 5:1	그러므로 굳건하게 서서 다시는 종의	딛 2:9	종들은 자기 상전들에게 범사에 순종하
갈 5:13	삼지 말고 오직 사랑으로 서로 종 노릇	딛 3:3	여러 가지 정욕과 행락에 종 노릇 한
엡 6:5	종들아 두려워하고 떨며 성실한 마음으	몬 1:16	종과 같이 대하지 아니하고 종 이상으로
엡 6:8	종이나 자유인이나 주께로부터 그대로	히 2:15	한평생 매여 종 노릇 하는 모든 자들을
빌 2:7	자기를 비워 종의 형체를 가지사 사람	히 3:5	위하여 하나님의 온 집에서 종으로
골 1:7	우리와 함께 종 된 사랑하는 에바브라	벧후 2:19	멸망의 종들이니 … 자의 종이 됨이라
골 3:11	종이나 자유인이 차별이 있을 수 없나니	계 1:1	종들에게 보이시려고 그의 천사를 그 종
골 3:22	종들아 모든 일에 육신의 상전들에게	계 2:20	그가 내 종들을 가르쳐 꾀어 행음하게
골 4:1	공평을 종들에게 베풀지니 너희에게도	계 6:11	그들의 동무 종들과 형제들도 자기처럼
		계 6:15	종과 자유인이 굴과 산들의 바위 틈에
		계 10:7	그의 종 선지자들에게 전하신 복음과
		계 11:18	종 선지자들과 성도들과 또 작은 자든지
		계 13:16	부자나 가난한 자나 자유인이나 종들에
		계 18:13	소와 양과 말과 수레와 종들과 사람의
		계 19:2	자기 종들의 피를 그 음녀의 손에 갚으
		계 19:10	네 형제들과 같이 된 종이니 삼가 그리
		계 19:18	자유인들이나 종들이나 작은 자나 큰
		계 22:3	가운데에 있으리니 그의 종들이 그를
		계 22:6	선지자들의 영의 하나님이 그의 종들
		계 22:9	지키는 자들과 함께 된 종이니 그리하지

'종'과 관련된 성구

그리스도의 종 – 롬 1:1; 고전 7:22; 갈 1:10; 엡 6:6; 약 1:1; 벧후 1:1; 유 1:1

여호와의 종 – 신 34:5; 수 1:1, 13, 15; 8:31, 33; 11:12; 12:6; 13:8; 14:7; 18:7; 22:2, 4, 5; 24:29; 삿 2:8; 왕하 9:7; 10:23; 18:12; 대하 1:3; 24:6; 시 113:1; 135:1; 사 2:19; 54:17;

예수의 종 – 빌 1:1; 골 4:12

주의 종 – 창 19:19; 24:14; 32:4, 10, 18, 20; 33:5; 43:28; 44:9, 18, 23, 24, 27, 30, 31, 32, 33; 46:34; 출 4:10; 32:13; 민 32:25; 신 3:24; 9:27; 삼상 3:9, 10; 17:32, 34, 58; 23:10, 11; 26:18; 삼하 7:20, 21, 25, 26, 27, 28, 29; 14:16; 왕상 3:6; 8:24, 25, 26, 28, 29, 30, 32, 36, 53, 59; 18:36; 대상 17:18, 19, 23, 24, 25, 26; 21:3; 대하 2:15; 6:14, 15, 16, 17, 19, 21, 23, 27, 42; 스 9:11; 느 1:6, 7, 8, 10; 9:14; 시 19:11, 13; 27:9; 31:16; 69:17; 79:2; 10; 86:16; 89:39, 50; 90:13, 16; 102:14, 28; 109:28; 116:16; 119:17, 23, 38, 49, 65, 76, 84, 91, 122, 124, 125, 135, 140, 176; 132:10; 143:2, 12; 사 36:9; 63:17; 단 9:6, 17; 행 4:25; 딤후 2:24

하나님의 종 – 창 50:17; 대상 6:49; 대하 24:9; 스 5:11; 느 10:29; 단 3:26; 6:20; 9:11; 행 6:17; 딛 1:1; 벧전 2:16; 계 7:3; 15:3; 19:5

종 2 – 기타 본문

창 9:27; 18:5; 22:5, 19; 24:9, 10, 17, 34, 35, 52, 54, 65, 66; 26:25, 32; 33:15; 39:19; 42:11, 13; 44:7, 9, 10, 16, 17, 18, 19, 21, 31; 출 5:16; 9:21; 13:14; 레 25:42, 44, 46; 신 13:10; 15:15; 24:22; 수 1:7; 9:9, 11, 23, 24; 삿 19:13, 19; 삼상 20:8; 삼하 7:8; 8:6, 14; 9:8, 10, 11; 11:24; 13:29, 35; 14:20, 22, 31; 15:15, 21, 26; 19:20, 26, 27, 28; 왕상 2:40; 8:52, 56, 66; 11:32, 34, 36, 38; 왕하 5:15, 17, 18, 25; 17:23; 24:2; 대상 17:7, 17, 25; 느 1:11; 2:19; 욥 1:16, 17; 겔 34:24, 27; 37:24; 단 1:13; 2:7

종교(宗敎, religion)

행 25:19　오직 자기들의 종교와 또는 예수라 하는
행 26:5　내가 우리 종교의 가장 엄한 파를 따라

종교심(宗敎心, religious–NIV, superstitious–KJV)

행 17:22　너희를 보니 범사에 종교심이 많도다

종기(腫氣, boil)

출 9:9 사람과 짐승에게 붙어서 악성 종기가
출 9:10 사람과 짐승에게 붙어 악성 종기가 생기
출 9:11 요술사들도 악성 종기로 말미암아 모세 앞에 서지 못하니 악성 종기가 요술사
레 13:18 피부에 종기가 생겼다가 나았고
레 13:20 이는 종기로 된 나병의 환부임이니라
레 13:23 종기 흔적이니 제사장은 그를 정하다
레 22:22 베임을 당한 것이나 종기 있는 것이나
신 28:27 여호와께서 애굽의 종기와 치질과
신 28:35 종기를 생기게 하여 발바닥에서부터
삼상 5:6 독한 종기의 재앙으로 아스돗과 그 지역
삼상 5:9 작은 자와 큰 자를 다 쳐서 독한 종기가
삼상 5:12 종기로 치심을 당해 성읍의 부르짖음이
삼상 6:5 너희의 독한 종기의 형상과 땅을 해롭게
욥 2:7 그의 발바닥에서 정수리까지 종기가
계 16:2 경배하는 자들에게 악하고 독한 종기가
계 16:11 아픈 것과 종기로 말미암아 하늘의

종려/-나무(棕櫚, palm tree)

출 15:27 물 샘 열둘과 종려나무 일흔 그루가
레 23:40 아름다운 나무 과실과 종려나무 가지와
민 33:9 엘림에는 샘물 열둘과 종려 칠십 그루가
삿 4:5 드보라의 종려나무 아래에 거주하였고
왕상 6:29 모두 그룹들과 종려와 핀 꽃 형상을
왕상 6:32 그룹과 종려와 핀 꽃을 아로새기고 금으로 입히되 곧 그룹들과 종려에 금으로
왕상 6:35 그 문짝에 그룹들과 종려와 핀 꽃을
왕상 7:36 그룹들과 사자와 종려나무를 아로새겼
대하 3:5 그 위에 종려나무와 사슬 형상을 새겼고
느 8:15 종려나무 가지와 기타 무성한 나무 가지
시 92:12 의인은 종려나무같이 번성하며 레바논
아 7:7 종려나무 같고 네 유방은 그 열매송이
아 7:8 말하기를 종려나무에 올라가서 그 가지
사 9:14 머리와 꼬리와 종려나무 가지와 갈대를
사 19:15 종려나무 가지나 갈대가 아무 할 일이
겔 40:16 각 문 벽 위에는 종려나무를 새겼더라

> **'종려나무'와 관련된 성(읍)**
> 종려나무 성 – 대하 28:15
> 종려나무 성읍 – 삿 1:16; 3:13
> 종려나무의 성읍 – 신 34:3

겔 40:22 길이와 너비와 종려나무가 다 동쪽을
겔 40:26 이쪽저쪽 문 벽 위에 종려나무를 새겼
겔 40:31 그 문 벽 위에도 종려나무를 새겼으며
겔 40:34 종려나무를 새겼으며 그 문간으로 올라
겔 40:37 문 벽 위에도 종려나무를 새겼으며
겔 41:18 종려나무를⋯두 그룹 사이에 종려나무
겔 41:19 종려나무를 향하였고⋯저쪽 종려나무
겔 41:20 그룹들과 종려나무들을 새겼으니 성전
겔 41:25 이 성전 문에 그룹과 종려나무를 새겼
겔 41:26 닫힌 창도 있고 종려나무도 새겨져 있고
요 12:13 종려나무 가지를 가지고 맞으러 나가
계 7:9 흰 옷을 입고 손에 종려 가지를 들고

종류(種類, kind)

창 1:11 각기 종류대로 씨 가진 열매 맺는 나무
창 1:12 종류대로 씨 맺는 채소와 각기 종류대로
창 1:21 종류대로, 날개 있는 모든 새를 그 종류
창 1:24 땅은 생물을 그 종류대로 내되 가축과 기는 것과 땅의 짐승을 종류대로 내라
창 1:25 땅의 짐승을 그 종류대로, 가축을 그 종류대로, 땅에 기는 모든 것을 그 종류대
창 6:20 새가 그 종류대로, 가축이 그 종류대로, 땅에 기는 모든 것이 그 종류대로
창 7:14 그 종류대로, 모든 가축이 그 종류대로 ⋯ 그 종류대로, 모든 새가 그 종류대로
창 8:19 새도 그 종류대로 방주에서 나왔더라
레 11:14 말똥가리와 말똥가리 종류와
레 11:15 까마귀 종류와
레 11:16 타조와 타흐마스와 갈매기와 새매 종류와
레 11:19 황새와 백로 종류와 오디새와 박쥐니라
레 11:22 메뚜기 종류와 베짱이 종류와 귀뚜라미 종류와 팥중이 종류는 너희가 먹으려니
레 11:29 곧 두더지와 쥐와 큰 도마뱀 종류와
레 19:19 네 가축을 다른 종류와 교미시키지 말며
신 14:13 매와 새매와 매의 종류와
신 14:14 까마귀 종류와
신 14:15 타조와 타흐마스와 갈매기와 새매 종류
신 14:18 학과 황새 종류와 대승과 박쥐며
신 25:13 너는 네 주머니에 두 종류의 저울추
신 25:14 네 집에 두 종류의 되 곧 큰 것과 작은
삼하 7:10 악한 종류로 전과 같이 그들을 해하지
잠 30:25 곧 힘이 없는 종류로되 먹을 것을 여름
잠 30:26 약한 종류로되 집을 바위 사이에 짓는

【 종말 】 　　　　　　　　　　　　　　　　　　　　　　　　　【 종일/-토록 】

겔 47:10　그 고기가 각기 **종류**를 따라 큰 바다에
막 9:29　기도 외에 다른 것으로는 이런 **종류**가
고전 14:10　이같이 세상에 소리의 **종류**가 많으나
약 3:7　여러 **종류**의 짐승과 새와 벌레와 바다의

종말(終末, end)

민 23:10　나의 **종말**이 그와 같기를 바라노라 하매
민 24:20　민족들의 으뜸이나 그의 **종말**은 멸망에
신 32:20　그들의 **종말**이 어떠함을 보리니 그들은
신 32:29　깨달았으면 자기들의 **종말**을 분별하였
시 39:4　여호와여 나의 **종말**과 연한이 언제까지
시 49:13　말을 기뻐하는 자들의 **종말**이로다
시 73:17　성소에 들어갈 때에야 그들의 **종말**을
사 46:10　시초부터 **종말**을 알리며 아직 이루지
사 47:7　그들의 **종말**도 생각하지 아니하였도다
애 4:18　우리의 날들이 다하였으며 우리의 **종말**
단 9:27　이미 정한 **종말**까지 진노가 황폐하게
단 11:45　그의 **종말**이 이르리니 도와 줄 자가
합 2:3　그 **종말**이 속히 이르겠고 결코 거짓되지

종사하다(從事, service)

민 4:37　회막에서 **종사하는** 고핫인의 모든 종족
민 4:41　여호와의 명령대로 회막에서 **종사하는**

종살이하다(bondage)

스 9:9　우리 하나님이 우리를 그 **종살이하는**

종신토록(終身, all the days of one's life)

출 21:6　그의 귀를 뚫을 것이라 그는 **종신토록**
왕하 25:30　받는 양이 있어서 **종신토록** 끊이지
사 38:15　고통으로 말미암아 내가 **종신토록** 방황
사 38:20　**종신토록** 여호와의 전에서 수금으로
렘 52:34　있었고 죽는 날까지 곧 **종신토록** 받았
눅 1:75　**종신토록** 주의 앞에서 성결과 의로

종아리(leg)

단 2:33　그 **종아리**는 쇠요 그 발은 얼마는 쇠요

종야(終夜, all night)

민 11:32　그 날 종일 **종야**와 그 이튿날 종일토록

종양(腫瘍, gangrene)

딤후 2:17　그들의 말은 악성 **종양**이 퍼져나감과

종이(paper, parchment)

딤후 4:13　책은 특별히 가죽 **종이**에 쓴 것을 가져
요이 1:12　**종이**와 먹으로 쓰기를 원치 아니하고

종일/-토록(終日, all that day and night)

민 11:32　그 날 **종일** 종야와 그 이튿날 **종일토록**
신 28:32　**종일** 생각하고 찾음으로 눈이 피곤하여
수 10:13　**종일토록** 속히 내려가지 아니하였다고
삿 9:45　그 날 **종일토록** 그 성을 쳐서 마침내는
삼상 7:6　그 날 **종일** 금식하고 거기에서 이르되
시 13:2　나의 영혼이 번민하고 **종일토록** 마음에
시 25:5　내 구원의 하나님이시니 내가 **종일** 주를
시 32:3　**종일** 신음하므로 내 뼈가 쇠하였도다
시 35:28　주의 의를 말하며 **종일토록** 주를 찬송
시 37:26　그는 **종일토록** 은혜를 베풀고 꾸어 주니
시 38:6　심히 구부러졌으며 **종일토록** 슬픔 중에
시 38:12　괴악한 일을 말하여 **종일토록** 음모를
시 42:3　**종일** 내게 하는 말이 네 하나님이
시 44:8　우리가 **종일** 하나님을 자랑하였나이다
시 44:15　나의 능욕이 **종일** 내 앞에 있으며 수치
시 44:22　우리가 **종일** 주를 위하여 죽임을 당하게
시 56:1　나를 삼키려는 **종일** 치며 압제하나이다
시 56:2　내 원수가 **종일** 나를 삼키려 하며 나를
시 56:5　그들이 **종일** 내 말을 곡해하며 나를
시 71:8　영광 돌림이 **종일토록** 내 입에 가득하리
시 71:15　주의 공의와 구원을 내 입으로 **종일**
시 71:24　나의 혀도 **종일토록** 주의 의를 작은
시 72:15　그를 위하여 항상 기도하고 **종일** 찬송
시 73:14　**종일** 재난을 당하며 아침마다 징벌을
시 74:22　우매한 자가 **종일** 주를 비방하는 것을
시 86:3　은혜를 베푸소서 내가 **종일** 주께 부르짖
시 88:17　이런 일이 물같이 **종일** 나를 에우며
시 89:16　그들은 **종일** 주의 이름 때문에 기뻐하며
시 102:8　내 원수들이 **종일** 나를 비방하며 내게
시 119:97　내가 그것을 **종일** 작은 소리로 읊조리
잠 21:26　어떤 자는 **종일토록** 탐하기만 하나 의인
사 51:13　분노를 어찌하여 항상 **종일** 두려워하느
사 52:5　내 이름을 항상 **종일토록** 더럽히도다
사 65:2　내가 **종일** 손을 펴서 자기 생각을 따라
사 65:5　이런 자들은 내 코의 연기요 **종일** 타는
렘 20:7　사람마다 **종일토록** 나를 조롱하나이다
렘 20:8　내가 **종일토록** 치욕과 모욕 거리가 됨이
애 1:13　**종일토록** 나를 피곤하게 하여 황폐하게

종자 1 / 종족

애 3:3	**종일토록** 손을 들어 자주자주 나를 치시	민 3:15	그들의 조상의 가문과 **종족**을 따라 계수
애 3:14	**종일토록** 그들의 노랫거리가 되었도다	민 3:18	**종족**대로 이러하니 립니와 시므이요
애 3:62	**종일** 나를 모해하는 것들을 들으셨나이	민 3:19	아들들은 그들의 **종족**대로 이러하니
호 12:1	**종일토록** 거짓과 포학을 더하여 앗수르	민 3:20	그들의 **종족**대로 말리와 무시이니 이
마 20:6	어찌하여 **종일토록** 놀고 여기 서 있느냐		는 그의 **종족**대로 된 레위인의 조상의
마 20:12	**종일** 수고하며 더위를 견딘 우리와 같게	민 3:29	고핫 자손의 **종족**들은 성막 남쪽에 진을
롬 8:36	우리가 **종일** 주를 위하여 죽임을 당하게	민 3:35	이 **종족**은 성막 북쪽에 진을 칠 것이며
롬 10:21	내가 **종일** 내 손을 벌렸노라 하였느니라	민 3:39	레위인을 각 **종족**대로 계수한즉 일 개월
		민 4:22	조상의 가문과 **종족**에 따라 계수하되
종자 1(種子, seed)		민 4:28	게르손 자손의 **종족**들이 회막에서
창 47:19	우리에게 **종자**를 주시면 우리가 살고	민 4:29	그 조상의 가문과 **종족**에 따라 계수하되
창 47:23	**종자**가 있으니 너희는 그 땅에 뿌리라	민 4:33	자손의 **종족**들이 그 모든 직무대로
창 47:24	토지의 **종자**로도 삼고 너희의 양식으로	민 4:36	**종족**대로 계수된 자가 이천칠백오십
레 11:37	이것들의 주검이 심을 **종자**에 떨어지면	민 4:37	고핫인의 모든 **종족** 중 계수된 자이니라
레 11:38	만일 **종자**에 물이 묻었을 때에 그것이	민 4:41	게르손 자손의 모든 **종족** 중 계수된
레 19:19	네 밭에 두 **종자**를 섞어 뿌리지 말며	민 4:44	그 **종족**을 따라 계수된 자는 삼천이백
신 22:9	포도원에 두 **종자**를 섞어 뿌리지 말라	민 4:45	므라리 자손들의 **종족** 중 계수된 자니라
신 28:38	많은 **종자**를 들에 뿌릴지라도 메뚜기가	민 10:36	여호와여 이스라엘 **종족**들에게로 돌아
왕상 18:32	곡식 **종자** 두 세아를 둘 만한 도랑을	민 11:10	온 **종족**들이 각기 자기 장막 문에서
사 1:4	행악의 **종자**요 행위가 부패한 자식으로	민 26:7	이는 르우벤 **종족**들이라 계수된 자가
사 5:10	호멜의 **종자**를 뿌려도 간신히 한 에바가	민 26:14	이는 시므온 **종족**들이니 계수된 자가
사 30:23	네가 땅에 뿌린 **종자**에 주께서 비를	민 26:18	이는 갓 자손의 **종족**들이니 계수된 자
사 55:10	파종하는 자에게는 **종자**를 주며 먹는	민 26:22	이는 유다 **종족**들이니 계수된 자가
렘 2:21	너를 순전한 참 **종자** 곧 귀한 포도나무	민 26:25	이는 잇사갈 **종족**들이니 계수된 자가
렘 35:9	포도원이나 밭이나 **종자**도 가지지 아니	민 26:27	이는 스불론 **종족**들이니 계수된 자가
겔 17:5	땅의 **종자**를 꺾어 옥토에 심되 수양버들	민 26:28	요셉의 아들들의 **종족**들은 므낫세와
학 2:19	**종자**가 아직도 창고에 있느냐 포도나무	민 26:34	이는 므낫세의 **종족**이라 계수된 자가
고전 15:38	그에게 형체를 주시되 각 **종자**에게	민 26:37	에브라임 자손의 **종족**들이니 계수된
			… 그 **종족**을 따른 요셉 자손이었더라
종자 2(從者, helper, assistant, aide)		민 26:41	그들의 **종족**을 따른 베냐민 자손이라
느 4:22	사람마다 그 **종자**와 함께 예루살렘 안에	민 26:43	모든 **종족**의 계수된 자가 육만 사천사백
느 4:23	나나 내 형제들이나 **종자**들이나 나를	민 26:47	아셀 자손의 **종족**들이니 계수된 자가
느 5:10	내 형제와 **종자**들도 역시 돈과 양식을	민 26:50	그들의 **종족**을 따른 납달리 **종족**들이니
느 5:15	그들의 **종자**들도 백성을 압제하였으나	민 27:1	요셉의 아들 므낫세 **종족**들에게 므낫세
느 5:16	모든 **종자**들도 모여서 일을 하였으며	민 27:4	우리 아버지의 이름이 그의 **종족** 중에서
느 6:5	**종자**의 손에 봉하지 않은 편지를 들려	민 33:54	너희의 **종족**을 따라 그 땅을 제비 뽑아
느 13:19	나를 따르는 **종자** 몇을 성문마다 세워	민 36:1	**종족** 중 … 길르앗 자손 **종족**들의 수령

종족(種族, clan)

모세오경

창 10:5	각기 언어와 **종족**과 나라대로 바닷가의
창 36:40	그 **종족**과 거처와 이름을 따라 나누면
민 1:16	이스라엘 **종족**들의 우두머리라

'**종족**과 조상의 가문' 과 관련된 성구

민 1:2, 18, 20, 22, 24, 26, 28, 30, 32, 34, 36, 38, 40, 42; 2:34; 3:30, 35; 4:2, 34, 38, 40, 42, 46

[종족]   [종족]

민 36:6	오직 그 조상 지파의 **종족**에게로만 시집
민 36:8	모두 자기 조상 지파의 **종족**되는 사람의
민 36:12	므낫세 자손의 **종족** … 그들의 **종족**

역사서 – 신약

대상 4:2	낳았으니 이는 소라 사람의 **종족**이며
대상 4:21	짜는 자의 집 곧 아스베아의 집 **종족**과
대상 4:27	그들의 온 **종족**이 유다 자손처럼 번성
대상 4:38	그들의 **종족**과 그들의 가문의 지도자
대상 5:7	그의 형제가 **종족**과 계보대로 우두머리
대상 6:19	그 조상에 따라 레위의 **종족**은 이러하니
대상 6:60	**종족**이 얻은 성이 모두 열셋이었더라
대상 6:61	즉 므낫세 반 지파 **종족** 중에서 제비
대상 6:62	게르손 자손에게는 그들의 **종족**대로
대상 6:63	그 **종족**대로 르우벤 지파와 갓 지파와
대상 6:66	그핫 자손의 몇 **종족**은 에브라임 지파
대상 6:70	그핫 자손의 남은 **종족**에게는 므낫세
대상 6:71	므낫세 반 지파 **종족** 중에서 바산의
대상 7:4	그 계보와 **종족**대로 능히 출전할 만한
대상 7:5	잇사갈의 모든 **종족**은 다 용감한 장사라
대상 9:9	다 **종족**의 가문의 우두머리들이더라
대상 9:13	**종족**의 가문의 우두머리라 하나님의
대상 9:19	그의 **종족** 형제 곧 고라의 자손이 수종
대상 16:28	여러 나라의 **종족**들아 영광과 권능을
대상 26:31	그의 족보와 **종족**대로 헤브론 자손의
스 10:16	제사장 에스라가 그 **종족**을 따라 각각
느 4:13	백성이 그들의 **종족**을 따라 칼과 창과
느 7:61	그들의 **종족**이나 계보가 이스라엘에
느 10:34	제비 뽑아 각기 **종족**대로 해마다 정한
에 2:10	에스더가 자기의 민족과 **종족**을 말하지
에 2:20	그 **종족**과 민족을 말하지 아니하니 그가
에 10:3	이익을 도모하며 그의 모든 **종족**을 안위
욥 31:34	내가 언제 큰 무리와 여러 **종족**의 수모

이스라엘 지파의 '종족'

갓 자손의 종족들
스본 종족, 하기 종족, 수니 종족 – 민 26:15
아롯 종족, 아렐리 종족 – 민 26:17
오스니 종족, 에리 종족 – 민 26:16

납달리 종족들
야셀 종족, 구니 종족 – 민 26:48
예셀 종족, 실렘 종족 – 민 26:49

단 자손의 종족들 수함 종족 – 민 26:42

레위 종족들
게르손 종족 – 민 3:23; 4:24; 26:57
고라 종족 – 민 26:58
고핫 종족 – 민 3:27; 26:57
립니 종족 – 민 3:21; 26:58
말리 종족 – 민 3:33 / 무시 종족 – 민 3:33
므라리 종족 – 민 3:33, 35; 26:57
시므이 종족 – 민 3:21 / 아므람 종족 – 민 3:27
웃시엘 종족 – 민 3:27 / 이스할 종족 – 민 3:27
헤브론 종족 – 민 3:27; 26:58

르우벤 종족들
하녹 종족, 발루 종족 – 민 26:5
헤스론 종족, 갈미 종족 – 민 26:6

므낫세의 종족들
마길 종족, 길르앗 – 민 26:29

스미다 종족, 헤벨 종족 1 – 민 26:32
아스리엘 종족, 세겜 종족 – 민 26:31
이에셀 종족, 헬렉 종족 – 민 26:30

베냐민 자손의 종족들
벨라 종족, 아스벨 종족, 아히람 종족 – 민 26:38
스부밤 종족, 후밤 종족 – 민 26:39
아룻 종족, 나아만 종족 – 민 26:40

스불론 종족들
세렛 종족, 엘론 종족, 얄르엘 종족 – 민 26:26

시므온의 종족들
느무엘 종족, 야민 종족, 야긴 종족 – 민 26:12
세라 종족, 사울 종족 – 민 26:13

아셀 자손의 종족들
임나 종족, 이스위 종족, 브리아 종족 – 민 26:44
헤벨 종족 2, 말기엘 종족 – 민 26:45

에브라임 자손의 종족들
수델라 종족, 베겔 종족, 다한 종족 – 민 26:35
에란 종족 – 민 26:36

유다 종족들
셀라 종족, 베레스 종족, 세라 종족 – 민 26:20
헤스론 종족 2, 하물 종족 – 민 26:21

【 종지 】　　　　　　　　　　　　　　　　　　　　　　　【 좋다 】

> **성경에 나오는 이스라엘 지파 외 '종족'**
>
> 그핫 종족 - 대상 6:54
> 느도바 종족, 마나핫 종족, 소라 종족 - 대상 2:54
> 데만 종족 - 대상 1:45
> 람 종족 - 욥 32:2
> 블레셋 종족 - 대상 1:12
> 서기관 종족, 디랏 종족, 시므앗 종족, 수갓 종족, 겐 종족 - 대상 2:55
> 아르왓 종족, 스말 종족, 하맛 종족 - 대상 1:16
> 아하헬 종족 - 대상 4:8
> 애굽 종족 - 사 19:23
> 여부스 종족, 아모리 종족, 기르가스 종족 - 대상 1:14
> 이델 종족, 붓 종족, 수맛 종족, 미스라 종족, 에스다올 두 종족 - 대상 2:53
> 히위 종족, 알가 종족, 신 종족 - 대상 1:15

렘 25:9 　내가 북쪽 모든 **종족**과 내 종 바벨론의
렘 31:1 　내가 이스라엘 모든 **종족**의 하나님이
계 14:6 　곧 모든 민족과 **종족**과 방언과 백성에게

종지(bowl)
대상 28:17 　갈고리와 대접과 **종지**를 만들 순금과
사 22:24 　족속 되는 각 작은 그릇 곧 **종지**로부터
렘 35:5 　포도주가 가득한 **종지**와 술잔을 놓고

종처(腫處, place where the boil was)
레 13:19 　그 **종처**에 흰 점이 불그스름한 색점이
사 38:21 　무화과를 가져다가 **종처**에 붙이면 왕이

종친(宗親, royal blood)
삼하 19:42 　왕은 우리의 **종친**인 까닭이라 너희가
렘 41:1 　일곱째 달에 왕의 **종친** 엘리사마의

좇다(follow)
왕하 9:25 　그의 아버지 아합을 **좇았**을 때에 여호
대상 9:23 　그들의 자손이 그 순차를 **좇아** 여호와의

좋다(good)
모세오경
창 1:4 　빛이 하나님이 보시기에 **좋았더라**
창 1:10 　부르시니 하나님이 보시기에 **좋았더라**
창 1:12 　내니 하나님이 보시기에 **좋았더라**
창 1:18 　하시니 하나님이 보시기에 **좋았더라**
창 1:21 　하나님이 보시기에 **좋았더라**
창 1:25 　만드시니 하나님이 보시기에 **좋았더라**
창 1:31 　심히 **좋았더라** 저녁이 되고 아침이 되니
창 2:18 　사람이 혼자 사는 것이 **좋지** 아니하니
창 16:6 　당신의 눈에 **좋을** 대로 그에게 행하라
창 18:7 　기름지고 **좋은** 송아지를 잡아 하인에게
창 19:8 　너희 눈에 **좋을** 대로 그들에게 행하고
창 20:15 　네가 보기에 **좋은** 대로 거주하라 하고
창 27:9 　염소 떼에 가서 거기서 **좋은** 염소 새끼
창 34:18 　하몰과 그의 아들 세겜이 **좋게** 여기므로
창 41:24 　가는 이삭이 **좋은** 일곱 이삭을 삼키더라
창 41:26 　일곱 **좋은** 암소는 일곱 해요 일곱 **좋은**
창 41:37 　모든 신하가 이 일을 **좋게** 여긴지라
창 49:15 　그는 쉴 곳을 보고 **좋게** 여기며 토지를
출 8:9 　간구하는 것이 **좋을지** 내게 분부하소
출 16:3 　여호와의 손에 죽었더라면 **좋았을** 것을
레 10:19 　여호와께서 어찌 **좋게** 여기셨으리요
레 10:20 　모세가 그 말을 듣고 **좋게** 여겼더라
민 11:18 　우리에게 **좋다** 하는 말이 여호와께
민 13:19 　그들이 사는 땅이 **좋은지** 나쁜지와 사는
민 14:2 　이 광야에서 죽었으면 **좋았을** 것을
신 1:14 　당신의 말씀대로 하는 것이 **좋다** 하기에
신 1:23 　그 말을 **좋게** 여겨 너희 중 각 지파에서
신 1:25 　우리에게 주시는 땅이 **좋더라** 하였느니
신 15:16 　너와 동거하기를 **좋게** 여겨 네게 향하여
신 28:67 　아하 저녁이 되었으면 **좋겠다** 할 것이요 … 아하 아침이 되었으면 **좋겠다**
신 33:15 　옛 산의 **좋은** 산물과 영원한 작은 언덕

역사서
수 9:25 　당신의 의향에 **좋고** 옳은 대로 우리에게
수 22:30 　므낫세 자손의 말을 듣고 **좋게** 여긴지라
수 24:15 　섬기는 것이 너희에게 **좋지** 않게 보이
삿 10:15 　주께서 보시기에 **좋은** 대로 우리에게
삿 18:9 　땅을 본즉 매우 **좋더라** 너희는 가만히
삿 19:24 　욕보이든지 너희 눈에 **좋은** 대로 행하되
룻 2:22 　만나지 아니하는 것이 **좋으니라** 하는지
룻 3:13 　책임을 네게 이행하려 하면 **좋으니** 그가
삼상 1:23 　그대의 소견에 **좋은** 대로 하여 그를
삼상 2:24 　내게 들리는 소문이 **좋지** 아니하니라
삼상 11:10 　너희 생각에 **좋을** 대로 우리에게 다
삼상 12:14 　하나님 여호와를 따르면 **좋겠지마는**

【 좋다 】　　　　　　　　　　　　　　　　　　　　　　　　　　　　　　【 좋다 】

삼상 14:36	이르되 왕의 생각에 **좋은** 대로 하소서	에 7:3	**좋게** 여기시면 내 소청대로 내 생명을
삼상 14:40	왕의 생각에 **좋은** 대로 하소서 하니라	에 9:13	에스더가 이르되 왕이 만일 **좋게** 여기시
삼상 18:20	알릴지라 사울이 그 일을 **좋게** 여겨		**시가서**
삼상 18:26	왕의 사위 되는 것을 **좋게** 여기므로	욥 3:9	동틈을 보지 못하였더라면 **좋았을** 것을
삼상 20:7	그의 말을 **좋다** 하면 네 종이 평안하삼	욥 13:9	하나님이 너희를 감찰하시면 **좋겠느냐**
상 24:4	네 생각에 **좋은** 대로 그에게 행하라	욥 19:24	영원히 돌에 새겨졌으면 **좋겠노라**
삼상 27:1	피하여 들어가는 것이 **좋으리로다**	시 49:18	스스로 **좋게** 함으로 사람들에게 칭찬을
삼하 3:13	다윗이 이르되 **좋다** 내가 너와 언약을	시 84:10	성전 문지기로 있는 것이 **좋사오니**
삼하 17:7	베푼 계략이 **좋지** 아니하니이다 하고	시 92:1-3	주의 성실하심을 베풂이 **좋으이이다**
삼하 17:14	아히도벨의 **좋은** 계략을 물리치라고	시 119:66	주의 계명들을 믿었사오니 **좋은** 명철과
삼하 18:3	우리를 도우심이 **좋으이이다** 하니라	시 119:72	법이 내게는 천천 금은보다 **좋으이이다**
삼하 18:4	너희가 **좋게** 여기는 대로 내가 행하리라	잠 15:30	**좋은** 기별은 뼈를 윤택하게 하느니라
삼하 19:18	왕이 **좋게** 여기는 대로 쓰게 하려 하여	잠 16:29	그 이웃을 꾀어 **좋지** 아니한 길로 인도
삼하 19:35	이제 팔십 세라 어떻게 **좋고** 흉한 것을	잠 20:14	물건을 사는 자가 **좋지** 못하다 **좋지**
삼하 24:22	원하건대 내 주 왕은 **좋게** 여기시는	잠 20:17	사람에게 맛이 **좋은** 듯하나 후에는
왕상 2:18	**좋다** 내가 너를 위하여 왕께 말하리라	잠 20:23	속이는 저울은 **좋지** 못한 것이니라
왕상 2:38	이 말씀이 **좋사오니** 내 주 왕의 말씀	잠 24:13	이것이 **좋으니라** 송이꿀을 먹으라 이것
왕상 2:42	내가 들은 말씀이 **좋으이이다** 하였거늘	잠 24:25	기쁨을 얻을 것이요 또 **좋은** 복을 받으리
왕상 8:18	이 마음이 네게 있는 것이 **좋도다**	잠 25:25	땅에서 오는 **좋은** 기별은 목마른 사람
왕상 20:33	그 사람들이 **좋은** 징조로 여기고 그	잠 25:27	꿀을 많이 먹는 것이 **좋지** 못하고 자기
왕상 21:2	만일 네가 **좋게** 여기면 그 값을 돈으로	잠 26:25	그 말이 **좋을지라도** 믿지 말 것은
왕하 2:19	성읍의 위치는 **좋으나** 물이 나쁘므로	잠 28:21	사람의 낯을 보아 주는 것이 **좋지** 못하
왕하 5:3	선지자 앞에 계셨으면 **좋겠나이다** 그가	전 4:9	수고함으로 **좋은** 상을 얻을 것임이라
왕하 8:9	모든 **좋은** 물품으로 예물을 삼아 가지고	전 7:1	**좋은** 이름이 **좋은** 기름보다 낫고
왕하 10:5	당신이 보기에 **좋은** 대로 행하라 한지라	전 7:18	네 손을 놓지 아니하는 것이 **좋으니**
대상 13:2	만일 너희가 **좋게** 여기고 또 우리의	아 5:15	레바논 같으며 백향목처럼 보기 **좋고**
대상 13:4	뭇 백성의 눈이 이 일을 **좋게** 여기므로		**선지서**
대상 21:23	**좋게** 여기시는 대로 행하소서 보소서	사 16:8	이제 열국의 주권자들이 그 **좋은** 가지를
대하 6:8	이 마음이 네게 있는 것이 **좋도다**	사 39:8	여호와의 말씀이 **좋소이다** 하고 또 이르
대하 30:4	왕과 온 회중이 이 일을 **좋게** 여기고	렘 5:31	내 백성은 그것을 **좋게** 여기니 마지막
스 5:17	왕께서 **좋게** 여기시거든 바벨론에서	렘 18:4	그가 그것으로 자기 의견에 **좋은** 대로
스 7:18	너와 너의 형제가 **좋게** 여기는 일에	렘 24:3	그 **좋은** 무화과는 극히 **좋고** 그 나쁜
느 2:5	왕에게 아뢰되 왕이 만일 **좋게** 여기시고	렘 24:6	내가 그들을 돌아보아 **좋게** 하여 다시
느 2:6	왕이 나를 보내기를 **좋게** 여기시로	렘 26:14	의견에 **좋은** 대로, 옳은 대로 하려니와
느 2:7	만일 **좋게** 여기시거든 강 서쪽 총독들	렘 40:4	바벨론으로 가는 것을 **좋게** 여기거든
느 5:9	너희의 소행이 **좋지** 못하도다 우리의		가자 … **좋지 않게** … 네가 **좋게** 여기는
에 1:11	이는 왕후의 용모가 보기에 **좋음이라**	렘 42:6	우리에게 좋든지 **좋지 않든지를** 막론하
에 1:19	왕이 만일 **좋게** 여기실진대 와스디가	애 3:26	구원을 바라고 잠잠히 기다림이 **좋도다**
에 2:4	그 말을 **좋게** 여겨 그대로 행하니라	애 3:27	젊었을 때에 멍에를 메는 것이 **좋으니**
에 3:11	너의 소견에 **좋을** 대로 행하라 하더라	겔 24:4-5	모든 **좋은** 덩이를 그 가운데에 모으
에 5:4	**좋게** 여기시거든 하만과 함께 오소서	겔 25:3	그들에 대하여 이르기를 아하 **좋다** 하였
에 5:8	요구를 시행하시기를 **좋게** 여기시면	겔 34:14	**좋은** 꼴을 먹이고 그 우리를 이스라엘
에 5:14	하만이 그 말을 **좋게** 여기고 명령하여		높은 산에 두리니 … **좋은** 우리에 누워

2148

[**좋다**]

겔 34:18 너희가 **좋은** 꼴을 먹는 것을 작은 일로
겔 36:31 너희 **좋지** 못한 행위를 기억하고 너희
단 1:15 먹는 다른 소년들보다 더 **좋아** 보인지라
단 3:15 신상 앞에 엎드려 절하면 **좋거니와** 너희
단 10:3 **좋은** 떡을 먹지 아니하며 고기와 포도주
호 4:13 이는 그 나무 그늘이 **좋음이라** 이러므로
슥 11:12 너희가 **좋게** 여기거든 내 품삯을 내게
말 1:10 성전 문을 닫을 자가 있었으면 **좋겠도다**

신약

마 12:33 나무도 **좋고** 열매도 **좋다** 하든지 나무
　　　　도 **좋지** 않고 열매도 **좋지** 않다 하든지
마 13:45 마치 **좋은** 진주를 구하는 장사와 같으니
마 16:2 저녁에 하늘이 붉으면 날이 **좋겠다**
마 17:4 주여 우리가 여기 있는 것이 **좋사오니**
마 19:10 할진대 장가 들지 않는 것이 **좋겠나이다**
막 9:5 랍비여 우리가 여기 있는 것이 **좋사오니**
눅 1:3 차례대로 써 보내는 것이 **좋은** 줄 알았
눅 5:39 없나니 이는 묵은 것이 **좋다** 함이니
눅 8:15 **좋은** 마음으로 말씀을 듣고 지키어

눅 9:33 주여 우리가 여기 있는 것이 **좋사오니**
눅 10:42 이 **좋은** 편을 택하였으니 빼앗기지
눅 13:9 열매가 열면 **좋거니와** 그렇지 않으면
행 18:24 이 사람은 언변이 **좋고** 성경에 능통한
행 27:42 도망할까 하여 그들을 죽이는 것이 **좋다**
행 28:21 누가 와서 네게 대하여 **좋지** 못한 것
롬 1:10 너희에게로 나아갈 **좋은** 길 얻기를 구하
롬 11:24 본성을 거슬러 **좋은** 감람나무에 접붙임
고전 1:26 능한 자가 많지 아니하며 문벌 **좋은**
고전 7:1 남자가 여자를 가까이 아니함이 **좋으나**
고전 7:8 나와 같이 그냥 지내는 것이 **좋으니라**
고전 7:26 **좋으니** 곧 임박한 환난으로 말미암아
　　　　사람이 그냥 지내는 것이 **좋으니라**
고전 12:31 내가 또한 가장 **좋은** 길을 너희에게
갈 1:10 사람들에게 **좋게** 하랴 하나님께 **좋게**
갈 4:17 열심 내는 것은 **좋은** 뜻이 아니요 오직
갈 4:18 때뿐 아니라 언제든지 **좋으니라**
살전 3:1 우리만 아덴에 머물기를 **좋게** 생각하고
딤전 6:19 장래에 자기를 위하여 **좋은** 터를 쌓아

'좋다'와 관련된 성구

좋게 말하다 - 왕하 25:28; 대하 18:12
좋게 보다 - 에 2:9; 8:5; 말 2:17
좋은 것 - 창 23:6; 24:10; 40:16; 45:20; 출 22:5; 23:19; 삼상 2:29; 8:14; 15:9, 15, 21; 삼하 7:28; 대상 17:26; 욥 22:18; 시 34:10; 84:11; 85:12; 103:5; 104:28; 107:9; 잠 16:20; 사 55:2; 렘 5:25; 8:15; 14:19; 마 7:11; 13:48; 막 9:50; 눅 1:53; 11:13; 14:34; 16:25; 갈 6:6; 살전 5:21; 히 6:9; 11:40
좋은 곳 - 창 47:6
좋은 교훈 - 딤전 4:6
좋은 기름 - 민 18:12; 전 7:1
좋은 나무 - 창 2:9; 왕하 3:19, 25; 마 7:17, 18; 눅 6:43
좋은 날 - 삼상 25:8; 막 6:21; 벧전 3:10
좋은 땅 - 창 45:18; 47:11; 신 1:35; 왕상 14:15; 렘 4:26; 겔 34:29; 마 13:8, 23; 막 4:8, 20; 눅 8:8, 15
좋은 말 - 왕상 12:7; 시 45:1; 렘 12:6
좋은 무화과 - 렘 24:2, 3, 5

좋은 밭 - 왕하 3:19, 25; 대하 26:10; 사 32:12
좋은 사람 - 삼하 18:27; 요 7:12
좋은 소망 - 살후 2:16; 히 7:19
좋은 소식 - 삼하 4:10; 18:27; 사 52:7; 눅 1:19; 2:10; 3:18; 롬 10:15
좋은 씨 - 마 13:24, 27, 37, 38
좋은 약속 - 왕상 8:56; 히 8:6
좋은 언약 - 히 7:22; 8:6
좋은 열매 - 렘 11:16; 마 3:10; 눅 3:9; 6:43
좋은 옷 - 눅 15:22
좋은 음식 - 렘 51:34
좋은 의복 - 창 27:15
좋은 일 - 대하 18:7, 17; 렘 17:6; 마 26:10; 막 14:6; 갈 4:18; 빌 1:23; 딛 3:14; 히 9:11; 10:1
좋은 일꾼 - 딤전 4:6
좋은 포도 - 사 5:2, 4
좋은 포도주 - 민 18:12; 아 7:9 요 2:10
좋을 뻔하다 - 민 20:3; 수 7:7; 렘 20:16; 마 26:24; 막 14:21; 눅 19:42; 행 27:21

【 좋아하다 】　　　　　　　　　　　　　　　　　【 좌우 】

딤후 2:3	그리스도 예수의 **좋은** 병사로 나와 함께	호 5:11	사람의 명령 뒤따르기를 **좋아하므로**
히 9:23	이런 것들보다 더 **좋은** 제물로 할지니라	호 9:1	음행의 값을 **좋아하였느니라**
히 11:35	또 어떤 이들은 더 **좋은** 부활을 얻고자	호 10:11	밟기를 **좋아하나** 내가 그의 아름다운
약 1:17	**좋은** 은사와 온전한 선물이 다 위로부터	호 12:7	저울을 가지고 속이기를 **좋아하는도다**
약 2:3	**좋은** 자리에 앉으소서 하고 또 가난한	슥 8:17	거짓 맹세를 **좋아하지** 말라 이 모든
요삼 1:6	합당하게 그들을 전송하면 **좋으리로다**	마 6:5	서서 기도하기를 **좋아하느니라** 내가
		마 23:7	랍비라 칭함을 받는 것을 **좋아하느니라**

좋아하다(delight, fond, love)
<u>모세오경 – 시가서</u>

		눅 16:14	바리새인들은 돈을 **좋아하는** 자들이라
		눅 20:46	잔치의 윗자리를 **좋아하는** 서기관들을
창 6:2	자기들이 **좋아하는** 모든 여자를 아내로	고전 7:12	남편과 함께 살기를 **좋아하거든** 그를
창 25:28	에서가 사냥한 고기를 **좋아하므로** 그를	고전 7:13	아내와 함께 살기를 **좋아하거든** 그 남편
삿 14:3	내가 그 여자를 **좋아하오니** 나를 위하여	살후 2:12	불의를 **좋아하는** 모든 자들로 하여금
삼상 15:22	**좋아하심**같이 **좋아하시겠나이까** 순종	딤전 5:6	향락을 **좋아하는** 자는 살았으나 죽었느
삼상 19:1	요나단이 다윗을 심히 **좋아하므로**	딤전 6:4	변론과 언쟁을 **좋아하는** 자니 이로써
삼상 29:6	수령들이 너를 **좋아하지** 아니하니	딤전 6:18	나누어 주기를 **좋아하며** 너그러운 자가
삼하 19:38	네가 **좋아하는** 대로 그에게 베풀겠고	딤후 3:3	무사나우며 선한 것을 **좋아하지** 아니하
삼하 20:11	만일 네가 **좋아하면** 내가 그 대신에	딛 1:8	선행을 **좋아하며** 신중하며 의로우며
대하 26:10	두었으니 농사를 **좋아함이었더라**	히 11:25	죄악의 낙을 누리는 것보다 더 **좋아하고**
욥 9:3	하나님께 변론하기를 **좋아할지라도**	요삼 1:9	으뜸되기를 **좋아하는** 디오드레베가
욥 15:5	네가 간사한 자의 혀를 **좋아하는구나**	계 22:15	우상 숭배자들과 및 거짓말을 **좋아하며**
시 4:2	헛된 일을 **좋아하고** 거짓을 구하려는가		
시 11:5	악인과 폭력을 **좋아하는** 자를 마음에		

좌/-하다(左, left)

시 11:7	의로운 일을 **좋아하시나니** 정직한 자는	창 13:9	아니하냐 나를 떠나가라 네가 **좌하면** 나
시 52:4	남을 해치는 모든 말을 **좋아하는도다**		는 우하고 네가 우하면 나는 **좌하리라**
시 109:17	그가 저주하기를 **좋아하더니** 그것이	창 24:49	내가 우로든지 **좌로든지** 행하게 하소서
잠 1:22	어리석음을 **좋아하며** 거만한 자들은	신 2:27	큰길로만 행하고 **좌로나** 우로나 치우치
잠 11:25	**좋아하는** 자는 풍족하여질 것이요	신 5:32	삼가 행하여 **좌로나** 우로나 치우치지
잠 12:1	**좋아하는** 자는 지식을 **좋아하거니와**	신 17:11	어겨 **좌로나** 우로나 치우치지 말 것이니
잠 15:12	거만한 자는 견책 받기를 **좋아하지** 아니	신 17:20	명령에서 떠나 **좌로나** 우로나 치우치지
잠 17:19	다툼을 좋아하는 자는 죄과를 **좋아하는**	신 28:14	말씀을 떠나 **좌로나** 우로나 치우치지
잠 18:8	남의 말하기를 **좋아하는** 자의 말은 별식	수 1:7	지켜 행하고 우로나 **좌로나** 치우치지
잠 18:21	혀를 쓰기 **좋아하는** 자는 혀의 열매를	수 23:6	그것을 떠나 우로나 **좌로나** 치우치지
잠 19:6	선물 주기를 **좋아하는** 자에게는 사람	삼하 14:19	왕의 말씀을 **좌로나** 우로나 옮길 자가
잠 20:13	잠자기를 **좋아하지** 말라 네가 빈궁하게	잠 4:27	**좌로나** 우로나 치우치지 말고 네 발을
잠 21:17	연락을 **좋아하는** 자는 가난하게 되고 술		
	과 기름을 **좋아하는** 자는 부하게 되지		

좌석(座席, seat, seating)

잠 26:21	**좋아하는** 자는 시비를 일으키느니라	삿 3:20	있나이다 하매 왕이 그의 **좌석**에서 일어
잠 26:22	남의 말 하기를 **좋아하는** 자의 말은	왕상 10:5	그의 신하들의 **좌석**과 그의 시종들이
잠 29:10	피 흘리기를 **좋아하는** 자는 온전한 자를	대하 9:4	그의 신하들의 **좌석**과 그의 신하들이

<u>선지서, 신약</u>

좌우(左右, right and left, both sides)

사 56:10	누워 있는 자들이요 잠자기를 **좋아하는**	출 2:12	**좌우**를 살펴 사람이 없음을 보고 그
렘 22:28	천하고 깨진 그릇이냐 **좋아하지** 아니	출 12:7	양을 먹을 집 **좌우** 문설주와 인방에
호 4:18	그들은 부끄러운 일을 **좋아하느니라**		

2150

| 좌우편 | | | 죄 |

출 12:22	피에 적셔서 그 피를 문 인방과 **좌우**		겔 40:18	각 문간의 **좌우편**인데 그 너비가 문간
출 12:23	지나가실 때에 문 인방과 **좌우** 문설주의		겔 41:15	그 **좌우편** 회랑까지 백 척이더라 내전과
출 14:22	걸어가고 물은 그들의 **좌우**에 벽이 되니		겔 41:26	현관 **좌우편**에는 닫힌 창도 있고 종려
출 14:29	육지로 행하였고 물이 **좌우**에 벽이 되었		겔 45:7	성읍의 기지 된 땅의 **좌우편** 곧 드린
출 26:13	저쪽에 한 규빗씩 성막 **좌우** 양쪽에		겔 47:7	내가 돌아가니 강 **좌우편**에 나무가 심히
출 30:3	제단 상면과 전후 **좌우** 면과 뿔을 순금		겔 48:21	성읍의 기지 **좌우편**에 남은 땅은 군주
출 37:26	제단 상면과 전후 **좌우** 면과 그 뿔을		겔 48:22	**좌우편**과 성읍의 기지 **좌우편**이며 유다
민 22:24	포도원 사이 좁은 길에 섰고 **좌우**에는		마 20:23	내 **좌우편**에 앉는 것은 내가 주는 것이
민 22:26	더 나아가서 **좌우**로 피할 데 없는 좁은		막 10:40	내 **좌우편**에 앉는 것은 내가 줄 것이
수 8:33	궤의 **좌우**에 서되 절반은 그리심 산		요 19:18	**좌우편**에 못 박으니 예수는 가운데 있더
삿 3:16	에훗이 길이가 한 규빗 되는 **좌우**에			
삼상 6:12	갈 때에 울고 **좌우**로 치우치지 아니하였		**좌정하다**(坐定, enthrone)	
삼상 22:17	왕이 **좌우**의 호위병에게 이르되 돌아		삼하 6:2	그룹들 사이에 **좌정하신** 만군의 여호와
삼하 2:19	아브넬을 쫓아 달려가되 **좌우**로 치우치		시 29:10	여호와께서 홍수 때에 **좌정하셨음이여**
삼하 16:6	모든 백성과 용사들은 다 왕의 **좌우**에			… 영원하도록 왕으로 **좌정하시도다**
왕상 7:49	내소 앞에 **좌우**로 다섯씩 둘 정금 등잔		시 80:1	그룹 사이에 **좌정하신** 이여 빛을 비추
왕하 22:2	모든 길로 행하고 **좌우**로 치우치지 아니		시 99:1	여호와께서 그룹 사이에 **좌정하시니**
대상 12:2	가지며 **좌우** 손을 놀려 물매도 던지며		단 7:9	옛적부터 항상 계신 이가 **좌정하셨는데**
대하 34:2	다윗의 길로 걸으며 **좌우**로 치우치지			
겔 40:25	현관 **좌우**에 있는 창도 먼저 말한 창과		**좌편**(左便, left)	
겔 40:29	문간과 그 현관 **좌우**에도 창이 있으며		마 20:21	하나는 주의 **좌편**에 앉게 명하소서
겔 40:33	문간과 그 현관 **좌우**에도 창이 있으며		마 27:38	하나는 우편에, 하나는 **좌편**에 있더라
겔 40:36	현관이 다 그러하여 그 **좌우**에도 창이		막 10:37	하나는 주의 우편에, 하나는 **좌편**에
겔 40:48	문의 **좌우** 벽을 측량하니 너비는 이쪽도		막 15:27	하나는 그의 우편에, 하나는 **좌편**에
겔 42:13	내게 이르되 **좌우** 골방 뜰 앞 곧 북쪽과		눅 23:33	그렇게 하니 하나는 우편에, 하나는 **좌편**
겔 47:12	강 **좌우** 가에는 각종 먹을 과실나무가			
단 12:7	자기의 **좌우** 손을 들어 하늘을 향하여		**죄**(罪, sin, wickedness)	
욘 4:11	하물며 이 큰 성읍 니느웨에는 **좌우**를		모세오경	
슥 4:11	등잔대 **좌우**의 두 감람나무는 무슨 뜻으		창 4:7	선을 행하지 아니하면 **죄**가 문에 엎드려
슥 12:6	그들이 그 **좌우**에 에워싼 모든 민족들을			있느니라 **죄**가 너를 원하나 너는 **죄**를
고후 6:7	하나님의 능력으로 의의 무기를 **좌우**에		창 26:10	네 아내와 동침할 뻔하였도다 네가 **죄**를
히 4:12	**좌우**에 날선 어떤 검보다도 예리하여		창 31:36	무슨 **죄**가 있기에 외삼촌께서 내 뒤를
계 1:16	그의 입에서 **좌우**에 날선 검이 나오고		창 41:9	말하여 이르되 내가 오늘 내 **죄**를 기억
계 2:12	버가모 교회의 사자에게 편지하라 **좌우**		창 44:10	내게 종이 될 것이요 너희는 **죄**가 없으
계 22:2	강 **좌우**에 생명나무가 있어 열두 가지		창 50:17	그들의 허물과 **죄**를 용서하라 하셨나니
			출 5:16	매를 맞사오니 이는 당신의 백성의 **죄**니
좌우편(左右便, right and left, each side)			출 10:17	바라건대 이번만 나의 **죄**를 용서하고
왕상 10:20	여섯 층계 **좌우편**에 서 있으니 어느		출 20:5	나를 미워하는 자의 **죄**를 갚되 아버지로
왕상 22:19	하늘의 만군이 그의 **좌우편**에 모시고 서		출 20:7	망령되게 부르는 자를 **죄** 없다 하지
대하 18:18	하늘의 만군이 그의 **좌우편**에 모시고		출 22:2	보고 그를 쳐 죽이면 피 흘린 **죄**가 없으
겔 40:10	같은 크기요 그 **좌우편** 벽도 다 같은		출 22:3	피 흘린 **죄**가 있으리라 도둑은 반드시
겔 40:16	문 안 **좌우편**에 있는 벽 사이에도 창이		출 22:9	**죄** 있다고 하는 자가 그 상대편에게
	… 그러하고 그 창은 안 **좌우편**으로		출 28:43	섬길 때에 그것들을 입어야 **죄**를 짊어진

【 죄 】　　　　　　　　　　　　　　　　　　　　　　　　　　　　　　　　　　　【 죄 】

출 32:32	그들의 죄를 사하시옵소서 그렇지 아니	레 26:24	너희 죄로 말미암아 너희를 칠 배나
출 32:34	내가 보응할 날에는 그들의 죄를 보응	레 26:28	너희의 죄로 말미암아 칠 배나 더 징벌
출 34:7	악과 과실과 죄를 용서하리라 그러나	레 26:39	죄로 말미암아 쇠잔하며 그 조상의 죄로
출 34:9	우리의 악과 죄를 사하시고 우리를 주의	민 5:7	지은 죄를 자복하고 그 죄 값을 온전히
		민 6:11	그의 시체로 말미암아 얻은 죄를 속하고

성경에 나오는 '죄'의 목록

출 20:3-17; 막 7:20-23; 롬 1:29-31;
고전 6:9-10; 갈 5:19-21; 골 3:5-8; 딤
전 1:9-11

		민 8:21	레위인이 이에 죄에서 스스로 깨끗하게
		민 9:13	드리지 아니하였은즉 그의 죄를 담당
		민 14:33	너희의 자녀들은 너희 반역한 죄를 지고
		민 15:28	죄를 위하여 속죄하여 그 죄를 속할지니
		민 16:26	만지지 말라 그들의 모든 죄 중에서
		민 18:1	네 조상의 가문은 성소에 대한 죄를 함
레 4:3	범한 죄로 말미암아 흠 없는 수송아지로		께 담당할 것이요 … 죄를 함께 담당할
레 4:14	그 범한 죄를 깨달으면 회중은 수송아지	민 18:23	회막에서 봉사하며 자기들의 죄를 담당
레 4:23	그가 범한 죄를 누가 그에게 깨우쳐 주면	민 18:32	이로 말미암아 죄를 담당하지 아니할
레 4:26	이같이 제사장이 그 범한 죄에 대하여	민 19:17	그 부정한 자를 위하여 죄를 깨끗하게
레 4:28	그가 범한 죄를 누가 그에게 깨우쳐 주	민 27:3	고라의 무리에 들지 아니하고 자기 죄로
	면 … 그 범한 죄로 말미암아 그것을	민 30:15	무효하게 하면 그가 아내의 죄를 담당할
레 4:35	이같이 제사장이 그가 범한 죄에 대하여	민 32:23	죄가 반드시 너희를 찾아낼 줄 알라
레 5:1	그는 자기의 죄를 져야 할 것이요	민 35:27	만나 죽일지라도 피 흘린 죄가 없나니
레 5:7	지은 죄를 속죄하기 위하여 산비둘기	신 5:9	나를 미워하는 자의 죄를 갚되 아버지로
레 6:4	죄가 있는 자니 그 훔친 것이나 착취한	신 5:11	이름을 망령되이 일컫는 자를 죄 없는
레 6:5	그 죄가 드러나는 날에 그 임자에게	신 9:21	너희의 죄 곧 너희가 만든 송아지를
레 6:26	죄를 위하여 제사 드리는 제사장이 그것	신 9:27	백성의 완악함과 악과 죄를 보지 마옵소
레 7:18	그것을 먹는 자는 그 죄를 짊어지리라	신 15:9	여호와께 호소하리니 그것이 네게 죄가
레 9:15	가져다가 잡아 전과 같이 죄를 위하여	신 19:13	무죄한 피를 흘린 죄를 이스라엘에서
레 10:17	너희로 회중의 죄를 담당하여 그들을	신 19:15	또한 모든 죄에 관하여는 한 증인으로만
레 16:16	그들이 범한 모든 죄로 말미암아 지성소	신 21:8	마옵소서 하면 그 피 흘린 죄가 사함을
레 16:21	범한 모든 죄를 아뢰고 그 죄를 염소의	신 21:9	무죄한 자의 피 흘린 죄를 너희 중에서
레 16:30	너희의 모든 죄에서 너희가 여호와 앞에	신 22:26	처녀에게는 죽일 죄가 없음이라 이 일은
레 16:34	이스라엘 자손의 모든 죄를 위하여	신 23:21	요구하시리니 더디면 그것이 네게 죄가
레 17:11	생명이 피에 있으므로 피가 죄를 속하느	신 24:15	그렇지 않으면 그것이 네게 죄가 될
레 17:16	물로 씻지 아니하면 그가 죄를 담당하리	신 24:16	각 사람은 자기 죄로 말미암아 죽임을
레 19:8	더럽힘으로 말미암아 죄를 담당하리니	신 25:2	그의 죄에 따라 수를 맞추어 때리게

역사서

레 19:17	그러면 네가 그에 대하여 죄를 담당할	수 22:17	오늘까지 우리가 그 죄에서 정결함을
레 19:22	그가 범한 죄를 위하여 그 속건제의 숫	수 24:19	너희의 잘못과 죄들을 사하지 아니하실
	양으로 … 범한 죄를 사함 받으리라	삿 9:24	피 흘린 죄를 그들의 형제 아비멜렉과
레 20:17	하체를 범하였은즉 그가 그의 죄를 담당	삿 21:22	너희에게 죄가 없을 것임이니라 하겠노
레 20:19	하체인즉 그들이 그들의 죄를 담당하리	삼상 2:17	소년들의 죄가 여호와 앞에 심히 큰은
레 20:20	그들은 그들의 죄를 담당하여 자식이	삼상 12:19	우리가 우리의 모든 죄에 악을 더하였
레 22:16	그들이 성물을 먹으면 그 죄로 인하여	삼상 14:38	오늘 이 죄가 누구에게 있나 알아보자
레 24:15	그의 하나님을 저주하면 죄를 담당할	삼상 15:23	이는 거역하는 것은 점치는 죄와 같고
레 26:18	너희의 죄로 말미암아 내가 너희를 일곱		완고한 것은 사신 우상에게 절하는 죄와
레 26:21	내가 너희 죄대로 너희에게 일곱 배나		

【 죄 】   【 죄 】

삼상 15:25 청하오니 지금 내 죄를 사하고 나와
삼상 20:1 네 아버지 앞에서 내 죄가 무엇이기에
삼상 26:9 기름 부음 받은 자를 치면 죄가 없겠느
삼하 3:29 그 죄가 요압의 머리와 그의 아버지의
삼하 4:11 그런즉 내가 악인의 피흘린 죄를 너희
삼하 12:13 여호와께서도 당신의 죄를 사하셨나니
삼하 14:7 우리가 그의 동생 죽인 죄를 갚아 그를
삼하 14:9 내 주 왕이여 그 죄는 나와 내 아버지의
삼하 14:13 말씀을 하심으로 왕께서 죄 있는 사람
삼하 14:32 만일 죄가 있으면 왕이 나를 죽이시는
삼하 19:19 원하건대 내게 죄를 돌리지 마옵소서
삼하 24:10 이제 간구하옵나니 종의 죄를 사하여

"나는 너희를 위하여 기도하기를 쉬는 죄를
여호와 앞에 결단코 범하지 아니하고 선하
고 의로운 길을 너희에게 가르칠 것인즉"
(삼상 12:23)

왕상 8:32 주의 종들을 심판하사 악한 자의 죄를
왕상 8:34 주의 백성 이스라엘의 죄를 사하시고
왕상 8:35 주의 이름을 찬양하고 그들의 죄에서
왕상 8:36 주의 백성 이스라엘의 죄를 사하시고
왕상 12:30 이 일이 죄가 되었으니 이는 백성들이
왕상 13:34 일이 여로보암 집에 죄가 되어 그 집
왕상 14:16 여호와께서 여로보암의 죄로 말미암아
왕상 14:22 그 범한 죄로 여호와를 노엽게 하였으니
왕상 15:3 아버지가 이미 행한 모든 죄를 행하고
왕상 15:26 이스라엘에게 범하게 한 그 죄 중에
왕상 15:30 이스라엘에게 범하게 한 그 죄로 말미암음
왕상 15:34 이스라엘에게 범하게 한 그 죄 중에
왕상 16:2 범죄하게 하여 그들의 죄로 나를 노엽게
왕상 16:13 이는 바아사의 모든 죄와 그의 아들 엘
라의 죄 때문이라 그들이 범죄하고
왕상 16:19 이스라엘에게 죄를 범하게 한 그 죄
왕상 16:26 이스라엘에게 범하게 한 그 죄
왕상 16:31 느밧의 아들 여로보암의 죄를 따라 행하
왕상 17:18 내 죄를 생각나게 하고 또 내 아들을
왕하 3:3 이스라엘에게 범하게 한 그 죄를 따라
왕하 10:29 여로보암의 죄 곧 벧엘과 단에 있는 금

송아지를 섬기는 죄에서는 떠나지 아니
왕하 10:31 이스라엘에게 범하게 한 그 죄에서 떠나
왕하 13:2 여로보암의 죄를 따라가고 거기서 떠나
왕하 13:6 여로보암 집의 죄에서 떠나지 아니하고
왕하 13:11 여로보암의 모든 죄에서 떠나지 아니
왕하 14:6 오직 사람마다 자기의 죄로 말미암아
왕하 14:24 여로보암의 모든 죄에서 떠나지 아니
왕하 15:9 느밧의 아들 여로보암의 죄에서 떠나지
왕하 15:18 여로보암의 죄에서 평생 떠나지 아니
왕하 15:24 여로보암의 죄에서 떠나지 아니한지라
왕하 15:28 여로보암의 죄에서 떠나지 아니하였
왕하 17:22 여로보암이 행한 모든 죄를 따라 행하여
왕하 21:17 그가 행한 모든 일과 범한 죄는 유다
왕하 24:3 이는 므낫세의 지은 모든 죄 때문이며
대상 21:8 이제 간구하옵나니 종의 죄를 용서하여
대하 6:23 악한 자의 죄를 정하여 그의 행위대로
대하 6:25 백성 이스라엘의 죄를 사하시고 그들과
대하 6:26 주의 이름을 인정하고 그들의 죄에서
대하 6:27 주의 백성 이스라엘의 죄를 사하시고
대하 7:14 내가 하늘에서 듣고 그들의 죄를 사하고
대하 19:10 하라 너희가 이렇게 행하면 죄가 없으
대하 24:18 죄로 말미암아 진노가 유다와 예루살렘
대하 25:4 오직 각 사람은 자기의 죄로 말미암아
대하 28:13 우리의 죄와 허물을 더하게 함이로다
대하 33:19 그의 모든 죄와 허물과 겸손하기 전에
스 7:26 준행하지 아니하는 자는 속히 그 죄를
스 9:2 방백들과 고관들이 이 죄에 더욱 으뜸이
스 9:4 사로잡혔던 이 사람들의 죄 때문에
스 9:7 우리의 죄가 심하매 우리의 죄악으로
스 9:13 큰 죄로 말미암아 이 모든 일을 당하였
스 10:1 울며 기도하여 죄를 자복할 때에 많은
스 10:6 사로잡혔던 자들의 죄를 근심하여 음식
스 10:10 아내로 삼아 이스라엘의 죄를 더하게
스 10:11 너희 조상들의 하나님 앞에서 죄를 자복
스 10:19 또 그 죄로 말미암아 숫양 한 마리를
느 1:6 이스라엘 자손이 주께 범죄한 죄들을
느 4:5 그들의 죄를 도말하지 마옵소서 그들이
느 9:2 서서 자기의 죄와 조상들의 허물을 자복
느 9:3 낮 사분의 일은 죄를 자복하며 그들의
느 9:37 우리의 죄로 말미암아 주께서 우리 위에

시가서

욥 4:7 생각하여 보라 죄 없이 망한 자가 누구
욥 8:4 지었으므로 주께서 그들을 그 죄에 버려

[죄]   [죄]

욥 9:28	주께서 나를 죄 없다고 여기지 않으실	시 69:5	우매함을 아시오니 나의 죄가 주 앞에서
욥 10:6	허물을 찾으시며 나의 죄를 들추어내	시 79:9	위하여 우리를 건지시며 우리 죄를
욥 11:6	하나님께서 너로 하여금 너의 죄를 잊게	시 85:2	사하시고 그들의 모든 죄를 덮으셨나이
욥 13:23	많으니이까 나의 허물과 죄를 내게 알게	시 89:32	내가 회초리로 그들의 죄를 다스리며
욥 13:26	내가 젊었을 때에 지은 죄를 내게 받게	시 90:8	은밀한 죄를 주의 얼굴 빛 가운데에
욥 14:16	나의 걸음을 세시오니 나의 죄를 감찰	시 103:10	우리의 죄를 따라 우리를 처벌하지는
욥 17:8	죄 없는 자는 경건하지 못한 자 때문에	시 109:7	하시며 그의 기도가 죄로 변하게 하시며
욥 22:19	의인은 보고 기뻐하고 죄 없는 자는	시 109:14	그의 어머니의 죄를 지워 버리지 마시고
욥 22:30	죄 없는 자가 아니라도 건지시리니	잠 1:11	사람의 피를 흘리자 죄 없는 자를 까닭
욥 27:17	그의 은은 죄 없는 자가 차지할 것이며	잠 5:22	자기의 악에 걸리며 그 죄의 줄에 매이나
욥 34:37	그의 죄에 반역을 더하며 우리와 어울려	잠 10:16	생명에 이르고 악인의 소득은 죄에 이르
시 19:13	그 죄가 나를 주장하지 못하게 하소서	잠 14:9	미련한 자는 죄를 심상히 여겨도 정직한
시 25:7	내 젊은 시절의 죄와 허물을 기억하지	잠 14:34	공의는 나라를 영화롭게 하고 죄는 백성
시 25:18	나의 곤고와 환난을 보시고 내 모든	잠 20:9	죄를 깨끗하게 하였다 할 자가 누구냐
시 32:1	허물의 사함을 받고 자신의 죄가 가려진	잠 21:4	것과 악인이 형통한 것은 다 죄니라
시 32:5	내 죄를 아뢰고 내 죄악을 숨기지 아니	잠 24:9	미련한 자의 생각은 죄요 거만한 자는
시 36:1	악인의 죄가 그의 마음속으로 이르기를	잠 28:2	나라는 죄가 있으면 주관자가 많아져도
시 38:3	나의 죄로 말미암아 내 뼈에 평안함이	잠 28:13	죄를 숨기는 자는 형통하지 못하나 죄를
시 38:18	내 죄악을 아뢰고 내 죄를 슬퍼함이니	잠 28:24	부모의 물건을 도둑질하고서도 죄가
시 39:8	모든 죄에서 건지시며 우매한 자에게서	잠 29:16	악인이 많아지면 죄도 많아지나니 의인
시 40:12	죄가 나의 머리털보다 많으므로 내가	**대선지서**	
시 50:21	내가 너를 책망하여 네 죄를 네 눈앞에	사 1:18	너희의 죄가 주홍 같을지라도 눈과 같이
시 51:2	말갛게 씻으시며 나의 죄를 깨끗이 제하	사 3:9	그들의 죄를 말해 주고 숨기지 못함이
시 51:3	무릇 나는 내 죄과를 아오니 내 죄가	사 6:7	네 악이 제하여졌고 네 죄가 사하여졌
시 51:5	어머니가 죄 중에서 나를 잉태하였나	사 13:11	내가 세상의 악과 악인의 죄를 벌하며
시 51:7	나의 죄를 씻어 주소서 내가 눈보다	사 27:9	그의 죄 없이함을 받을 결과는 이로
시 51:9	주의 얼굴을 내 죄에서 돌이키시고	사 29:21	사람에게 죄를 씌우며 성문에서 판단하
시 51:14	피 흘린 죄에서 나를 건지소서 내 혀가	사 30:1	영으로 말미암지 아니하고 죄에 죄를
시 59:3	말미암음이 아니요 나의 죄로 말미암	사 38:17	모든 죄를 주의 등 뒤에 던지셨나이다
시 59:12	그들의 입의 죄라 그들이 말하는 저주와	사 40:2	모든 죄로 말미암아 여호와의 손에서

'죄'와 관련된 성구

죄를 범하다 – 창 20:9; 출 32:30, 31; 레 6:4; 민 5:6; 신 21:22; 수 22:31; 삼상 12:23; 삼하 7:14; 12:13; 24:10; 왕상 16:19, 26; 18:9; 왕하 17:7, 21; 대상 21:8; 대하 19:10; 욥 1:5; 시 125:5; 잠 14:21; 21:8; 전 7:20; 렘 2:35; 37:18; 겔 16:51, 52; 단 9:7; 호 4:15; 합 2:10; 마 18:15, 21; 27:4; 눅 17:3; 요 5:14; 8:11, 34; 행 25:8, 25; 롬 3:23; 고전 6:18; 히 10:26; 약 5:15; 벧전 2:22; 요일 2:1

죄를 짓다 – 창 39:9; 42:22; 43:9; 출 10:16; 레 22:9; 민 5:6, 7; 12:11; 신 9:18; 삿 11:27; 욥 8:4; 34:31; 시 19:13; 68:21; 겔 18:8; 호 10:9; 마 6:12; 눅 7:37; 15:18, 21; 17:4; 행 25:11; 롬 5:14; 6:15; 고전 7:28, 36; 8:12; 11:27; 15:34; 고후 11:7; 12:21; 13:2; 엡 4:26; 약 2:9; 요일 3:4, 8, 9

죄에 빠지다 – 창 20:9; 출 32:21; 딤전 2:14

【 죄 】

사 43:25	허물을 도말하는 자니 네 죄를 기억하지
사 44:22	네 죄를 안개같이 없이하였으니 너는
사 53:12	많은 사람의 죄를 담당하며 범죄자를
사 58:1	야곱의 집에 그들의 죄를 알리라
사 59:2	너희 죄가 그의 얼굴을 가리어서 너희
사 59:12	우리의 죄가 우리를 쳐서 증언하오니
렘 2:34	또 네 옷단에는 죄 없는 가난한 자를
렘 3:13	오직 네 죄를 자복하라 이는 네 하나님
렘 5:25	너희 죄가 너희로부터 좋은 것을 막았
렘 14:10	그들의 죄를 기억하시고 그 죄를 벌하
렘 15:13	그러나 네 모든 죄로 말미암아 네 국경
렘 16:10	우리 하나님 여호와께 범한 죄는 무엇
렘 16:18	내가 우선 그들의 악과 죄를 배나 갚을
렘 17:1	유다의 죄는 금강석 끝 철필로 기록되
렘 17:3	네 온 영토의 죄로 말미암아 내가
렘 18:23	죄를 주의 목전에서 지우지 마시고
렘 30:14	네 악행이 많고 네 죄가 많기 때문에
렘 30:15	네 악행이 많고 네 죄가 허다하므로
렘 31:34	다시는 그 죄를 기억하지 아니하리라
렘 36:3	내가 그 악과 죄를 용서하리라 하시니라
렘 50:20	죄를 찾을지라도 찾아내지 못하리니
렘 51:35	내 피 흘린 죄가 갈대아 주민에게로

"모든 사람이 죄를 범하였으매 하나님의 영광에 이르지 못하더니"(롬 3:23)

애 1:5	그의 죄가 많으므로 여호와께서 그를
애 3:39	살아 있는 사람은 자기 죄들 때문에
애 4:6	이제는 딸 내 백성의 죄가 소돔의 죄악
애 4:13	그의 선지자들의 죄들과 제사장들의
겔 3:20	죄 중에서 죽으려니와 그의 피 값은
겔 7:23	피 흘리는 죄가 그 땅에 가득하고 포악
겔 14:11	모든 죄로 스스로 더럽히지 아니하게
겔 17:19	배반하였은즉 내가 그 죄를 그 머리에
겔 18:14	죄를 보고 두려워하여 그대로 행하지
겔 18:19	아버지의 죄를 담당하지 아니하겠느냐
겔 18:21	만일 그가 행한 모든 죄에서 돌이켜
겔 18:24	그 범한 허물과 그 지은 죄로 죽으리라
겔 18:30	돌이켜 회개하고 모든 죄에서 떠날지어

【 죄 】

겔 21:24	너희 모든 행위의 죄가 나타났도다
겔 22:4	네가 흘린 피로 말미암아 죄가 있고
겔 23:35	네 음란과 네 음행의 죄를 담당할지니라
겔 23:49	모든 우상을 위하던 죄를 담당할지라
겔 33:6	제거되려니와 그 죄는 내가 파수꾼의
겔 33:10	우리의 허물과 죄가 이미 우리에게
겔 33:14	돌이켜 자기의 죄에서 떠나서 정의와
겔 33:16	본래 범한 모든 죄가 기억되지 아니하리
겔 39:26	부끄러움을 품고 내게 범한 죄를 뉘우치
단 4:27	공의를 행함으로 죄를 사하고 가난한
단 9:16	이는 우리의 죄와 우리 조상들의 죄악
단 9:20	내 죄와 내 백성 이스라엘의 죄를 자복
단 9:24	허물이 그치며 죄가 끝나며 죄악이 용서

소선지서

호 5:15	그 죄를 뉘우치고 내 얼굴을 구하기까지
호 7:1	에브라임의 죄와 사마리아의 악이 드러
호 8:11	에브라임은 죄를 위하여 제단을 많이
호 8:13	그들의 죄악을 기억하여 그 죄를 벌하
호 9:9	악을 기억하시고 그 죄를 벌하시리라
호 10:8	이스라엘의 죄 곧 아웬의 산당은 파괴되
호 10:10	징계하리니 그들이 두 가지 죄에 걸릴
호 10:13	너희는 악을 밭 갈아 죄를 거두고 거짓
호 12:8	수고한 모든 것 중에서 죄라 할 만한
호 13:12	불의가 봉함되었고 그 죄가 저장되었
암 1:3	다메섹의 서너 가지 죄로 말미암아 내가
암 1:6	여가사의 서너 가지 죄로 말미암아 내가
암 1:9	두로의 서너 가지 죄로 말미암아 내가
암 1:11	에돔의 서너 가지 죄로 말미암아 내가
암 1:13	암몬 자손의 서너 가지 죄로 말미암아
암 2:1	모압의 서너 가지 죄로 말미암아 내가
암 2:4	유다의 서너 가지 죄로 말미암아 내가
암 2:6	이스라엘의 서너 가지 죄로 말미암아
암 3:14	내가 이스라엘의 모든 죄를 보응하는
암 4:4	벧엘에 가서 범죄하며 길갈에 가서 죄를
암 8:14	사마리아의 죄된 우상을 두고 맹세하여
미 1:5	이스라엘 족속의 죄로 말미암음이라
미 1:13	라기스는 딸 시온의 죄의 근본이니 이는
미 2:1	침상에서 죄를 꾀하며 악을 꾸미고
미 3:8	야곱의 허물과 이스라엘의 죄를 그들
미 6:7	영혼의 죄로 말미암아 내 몸의 열매를
미 6:13	네 죄로 말미암아 너를 황폐하게 하였
미 7:19	모든 죄를 깊은 바다에 던지시리이다
슥 11:5	그들을 잡아도 죄가 없다 하고 판 자들

【 죄 】　　　　　　　　　　　　　　　　　　【 죄 】

슥 13:1	그 날에 **죄**와 더러움을 씻는 샘이 다윗

복음서

마 1:21	이는 그가 자기 백성을 그들의 **죄**에서
마 3:6	자기들의 **죄**를 자복하고 요단 강에서
마 6:12	사하여 준 것같이 우리 **죄**를 사하여
마 9:2	작은 자야 안심하라 네 **죄** 사함을 받았느
마 9:5	**죄** 사함을 받았느니라 하는 말과 일어나
마 9:6	그러나 인자가 세상에서 **죄**를 사하는
마 12:5	성전 안에서 안식을 범하여도 **죄**가 없음
마 12:31	사람에 대한 모든 **죄**와 모독은 사하심
마 26:28	이것은 **죄** 사함을 얻게 하려고 많은
막 1:4	세례 요한이 광야에 이르러 **죄** 사함을
막 1:5	나아가 자기 **죄**를 자복하고 요단 강에서
막 2:5	작은 자야 네 **죄** 사함을 받았느니라
막 2:7	하나님 한 분 외에는 누가 능히 **죄**를
막 2:9	중풍병자에게 네 **죄** 사함을 받았느니라
막 2:10	그러나 인자가 땅에서 **죄**를 사하는 권세
막 3:28	이르노니 사람의 모든 **죄**와 모든 모독
막 3:29	사하심을 얻지 못하고 영원한 **죄**가
막 4:12	돌이켜 **죄** 사함을 얻지 못하게 하려
막 8:38	누구든지 이 음란하고 **죄** 많은 세대에서
눅 1:77	백성에게 그 **죄** 사함으로 말미암는 구원
눅 3:3	요단 강 부근 각처에 와서 **죄** 사함을
눅 5:20	이 사람아 네 **죄** 사함을 받았느니라
눅 5:21	하나님 외에 누가 능히 **죄**를 사하겠느냐
눅 5:23	**죄** 사함을 받았느니라 하는 말과 일어나
눅 5:24	그러나 인자가 땅에서 **죄**를 사하는 권세
눅 7:47	네게 말하노니 그의 많은 **죄**가 사하여
눅 7:48	여자에게 이르시되 네 **죄** 사함을 받았
눅 7:49	속으로 말하되 이가 누구이기에 **죄**도
눅 11:4	우리가 우리에게 **죄** 지은 모든 사람을
	용서하오니 우리 **죄**도 사하여 주시옵고
눅 13:2	모든 갈릴리 사람보다 **죄**가 더 있는
눅 13:4	다른 모든 사람보다 **죄**가 더 있는 줄
눅 23:4	내가 보니 이 사람에게 **죄**가 없도다
눅 23:14	이 사람에게서 **죄**를 찾지 못하였고
눅 23:22	그에게서 죽일 **죄**를 찾지 못하였나니
눅 24:47	이름으로 **죄** 사함을 받게 하는 회개가
요 1:29	보라 세상 **죄**를 지고 가는 하나님의
요 8:7	*너희 중에 **죄** 없는 자가 먼저 돌로 치라*
요 8:21	너희가 나를 찾다가 너희 **죄** 가운데서
요 8:24	너희 **죄** 가운데서 죽으리라 하였
	노라 너희가 만일 … 너희 **죄** 가운데서

요 8:34	이르노니 **죄**를 범하는 자마다 **죄**의 종이
요 8:46	너희 중에 누가 나를 **죄**로 책잡겠느냐
요 9:2	맹인으로 난 것이 누구의 **죄**로 인함이니
요 9:3	이 사람이나 그 부모의 **죄**로 인한 것이
요 9:34	대답하여 이르되 네가 온전히 **죄** 가운데
요 9:41	**죄**가 없으려니와 본다고 하니 너희 **죄**
요 15:22	**죄**가 없었으려니와 지금은 그 **죄**를 핑계
요 15:24	그들에게 **죄**가 없었으려니와 지금은
요 16:8	그가 와서 **죄**에 대하여, 의에 대하여,
요 18:38	그에게서 아무 **죄**도 찾지 못하였노라
요 19:4	이는 내가 그에게서 아무 **죄**도 찾지
요 19:6	십자가에 못 박으라 나는 그에게서 **죄**
요 19:11	넘겨 준 자의 **죄**는 더 크다 하시니라
요 20:23	너희가 누구의 **죄**든지 사하면 사하여
	질 것이요 누구의 **죄**든지 그대로 두면

역사서 – 예언서

행 2:38	**죄** 사함을 받으라 그리하면 성령의 선물
행 3:19	회개하고 돌이켜 너희 **죄** 없이 함을
행 5:31	이스라엘에게 회개함과 **죄** 사함을 주시
행 7:60	크게 불러 이르되 주여 이 **죄**를 그들에
행 10:43	그의 이름을 힘입어 **죄** 사함을 받는다
행 13:28	**죄**를 하나도 찾지 못하였으나 빌라도
행 13:38	이 사람을 힘입어 **죄** 사함을 너희에게
행 16:37	로마 사람인 우리를 **죄**도 정하지 아니
행 22:16	이름을 불러 세례를 받고 너의 **죄**를
행 22:25	시민 된 자를 **죄**도 정하지 아니하고
행 26:18	하나님께로 돌아오게 하고 **죄** 사함과
롬 3:9	유대인이나 헬라인이나 다 **죄** 아래에
롬 3:20	육체가 없나니 율법으로는 **죄**를 깨달음
롬 3:25	**죄**를 간과하심으로 자기의 의로우심을
롬 4:7	불법이 사함을 받고 **죄**가 가리어짐을
롬 4:8	주께서 그 **죄**를 인정하지 아니하실 사람
롬 5:12	**죄**가 세상에 들어오고 **죄**로 말미암아 사
	망이 들 … 이와 같이 모든 사람이 **죄**를
롬 5:13	**죄**가 율법 있기 전에도 세상에 있었으
	나 … 없었을 때에는 **죄**를 **죄**로 여기지
롬 5:20	**죄**가 더한 곳에 은혜가 더욱 넘쳤나니
롬 5:21	**죄**가 사망 안에서 왕 노릇 한 것같이
롬 6:1	은혜를 더하게 하려고 **죄**에 거하겠느냐
롬 6:2	그럴 수 없느니라 **죄**에 대하여 죽은
롬 6:6	**죄**의 몸이 죽어 다시는 우리가 **죄**에게
롬 6:7	이는 죽은 자가 **죄**에서 벗어나 의롭다
롬 6:10	죽으심은 **죄**에 대하여 단번에 죽으심이

[죄]

롬 6:11	너희도 너희 자신을 **죄**에 대하여는
롬 6:12	그러므로 너희는 **죄**가 너희 죽을 몸을
롬 6:13	지체를 불의의 무기로 **죄**에게 내주지
롬 6:14	**죄**가 너희를 주장하지 못하리니 이는
롬 6:16	혹은 **죄**의 종으로 사망에 이르고 혹은
롬 6:17	너희가 본래 **죄**의 종이더니 너희에게
롬 6:18	**죄**로부터 해방되어 의에게 종이 되었
롬 6:20	너희가 **죄**의 종이 되었을 때에는 의에
롬 6:22	그러나 이제는 너희가 **죄**로부터 해방
롬 6:23	**죄**의 삯은 사망이요 하나님의 은사는
롬 7:5	율법으로 말미암는 **죄**의 정욕이 우리

"만일 우리가 우리 죄를 자백하면 그는 미쁘시고 의로우사 우리 죄를 사하시며 우리를 모든 불의에서 깨끗하게 하실 것이요"(요일 1:9)

롬 7:7	율법이 **죄**냐 그럴 수 없느니라 율법으로 말미암지 않고는 내가 **죄**를 알지 못하였
롬 7:8	그러나 **죄**가 기회를 타서 계명으로 말미암아 내 속에서 … 율법이 없으면 **죄**가
롬 7:9	계명이 이르매 **죄**는 살아나고 나는 죽었
롬 7:11	**죄**가 기회를 타서 계명으로 말미암아
롬 7:13	**죄**가 **죄**로 드러나기 위하여 선한 그것으로 … **죄**로 심히 **죄** 되게 하려 함이라
롬 7:14	나는 육신에 속하여 **죄** 아래에 팔렸도다
롬 7:17	내가 아니요 내 속에 거하는 **죄**니라
롬 7:20	내가 아니요 내 속에 거하는 **죄**니라
롬 7:23	내 지체 속에 있는 **죄**의 법으로 나를
롬 7:25	하나님의 법을 육신으로는 **죄**의 법을
롬 8:2	생명의 성령의 법이 **죄**와 사망의 법에서
롬 8:3	곧 **죄**로 말미암아 자기 아들을 **죄** 있는 육신의 모양으로 보내어 육신에 **죄**를
롬 8:10	몸은 **죄**로 말미암아 죽은 것이나 영은
롬 11:27	그들의 **죄**를 없이 할 때에 그들에게
롬 14:23	믿음을 따라 하지 아니하는 것은 다 **죄**
고전 6:18	사람이 범하는 **죄**마다 몸 밖에 있거니와
고전 11:29	마시는 자는 자기의 **죄**를 먹고 마시는
고전 15:3	그리스도께서 우리 **죄**를 위하여 죽으시고
고전 15:17	너희가 여전히 **죄** 가운데 있을 것이요
고전 15:56	쏘는 것은 **죄**요 **죄**의 권능은 율법이라
고후 5:19	그들의 **죄**를 그들에게 돌리지 아니하시
고후 5:21	**죄**를 알지도 못하신 … 대신하여 **죄**로
갈 1:4	우리를 건지시려고 우리 **죄**를 대속하기
갈 2:17	그리스도께서 **죄**를 짓게 하는 자냐 결코
갈 3:22	성경이 모든 것을 **죄** 아래에 가두었으니
엡 1:7	그의 피로 말미암아 속량 곧 **죄** 사함을
엡 2:1	허물과 **죄**로 죽었던 너희를 살리셨도다
골 1:14	아들 안에서 우리가 속량 곧 **죄** 사함을
골 2:13	그와 함께 살리시고 우리의 모든 **죄**를
살전 2:16	자기 **죄**를 항상 채우매 노하심이 끝까지
딤전 5:22	사람의 **죄**에 간섭하지 말며 네 자신을
딤전 5:24	어떤 사람들의 **죄**는 밝히 드러나 먼저 심판에 나아가고 어떤 사람들의 **죄**는
딤후 3:6	그 여자는 **죄**를 중히 지고 여러 가지
딛 3:11	부패하여 스스로 정죄한 자로서 **죄**를
히 1:3	**죄**를 정결하게 하는 일을 하시고 높은
히 2:17	신실한 대제사장이 되어 백성의 **죄**를
히 3:13	너희 중에 누구든지 **죄**의 유혹으로 완고
히 4:15	똑같이 시험을 받으신 이로되 **죄**는
히 7:27	자기 **죄**를 위하고 다음에 백성의 **죄**를
히 8:12	그들의 **죄**를 다시 기억하지 아니하리라
히 9:15	첫 언약 때에 범한 **죄**에서 속량하려고
히 9:26	제물로 드려 **죄**를 없이 하시려고 세상
히 9:28	많은 사람의 **죄**를 담당하시려고 단번에 드리신 바 되셨고 … **죄**와 상관 없이
히 10:2	정결하게 되어 다시 **죄**를 깨닫는 일이
히 10:3	이 제사들에는 해마다 **죄**를 기억하게
히 10:4	이는 황소와 염소의 피가 능히 **죄**를
히 10:11	이 제사는 언제나 **죄**를 없게 하지 못하
히 10:12	오직 그리스도는 **죄**를 위하여 한 영원한
히 10:17	그들의 **죄**와 그들의 불법을 내가 다시
히 10:18	**죄**를 위하여 제사 드릴 것이 없느니라
히 12:1	**죄**를 벗어 버리고 인내로써 우리 앞에
히 12:4	너희가 **죄**와 싸우되 아직 피흘리기까지
히 13:11	이는 **죄**를 위한 짐승의 피는 대제사장이
약 1:15	욕심이 잉태한즉 **죄**를 낳고 **죄**가 장성한
약 4:17	행할 줄 알고도 행하지 아니하면 **죄**니
약 5:16	너희 **죄**를 서로 고백하며 병이 낫기를
약 5:20	사망에서 구원할 것이며 허다한 **죄**를
벧전 2:20	**죄**가 있어 매를 맞고 참으면 무슨 칭찬
벧전 2:24	**죄**를 담당하셨으니 이는 우리로 **죄**에

【 죄과 】　　　　　　　　　　　　　　　　　　　　　　　　　　　　　　【 죄악 】

벧전 3:18	그리스도께서도 단번에 **죄**를 위하여
벧전 4:1	육체의 고난을 받은 자는 **죄**를 그쳤음
벧전 4:8	서로 사랑할지니 사랑은 허다한 **죄**를
벧후 1:9	보지 못하고 그의 옛 **죄**가 깨끗하게
요일 1:7	예수의 피가 우리를 모든 **죄**에서 깨끗
요일 1:8	만일 우리가 **죄**가 없다고 말하면 스스로
요일 1:9	우리 **죄**를 자백하면 그는 … 우리 **죄**를
요일 2:2	그는 우리 **죄**를 위한 화목 제물이니 우리만 위할 뿐 아니요 온 세상의 **죄**를
요일 2:12	너희 **죄**가 그의 이름으로 말미암아 사함
요일 3:4	**죄**를 짓는 자마다 불법을 행하나니 **죄**는
요일 3:5	우리 **죄**를 없애려고 나타나신 것을 너희가 아나니 그에게는 **죄**가 없느니라
요일 4:10	우리 **죄**를 속하기 위하여 화목 제물로
요일 5:16	형제가 사망에 이르지 아니하는 **죄** 범하는 것을 보거든 … 사망에 이르는 **죄**가
요일 5:17	**죄**로되 사망에 이르지 아니하는 **죄**도
계 1:5	피로 우리 **죄**에서 우리를 해방하시고
계 18:4	거기서 나와 그의 **죄**에 참여하지 말고
계 18:5	그의 **죄**는 하늘에 사무쳤으며 하나님은

죄 값

민 5:7	지은 죄를 자복하고 그 **죄 값**을 온전히
민 5:8	만일 **죄 값**을 받을 만한 친척이 없으면 그 **죄 값**을 여호와께 드려 제사장에게
민 18:22	회막에 가까이 하지 말 것이라 **죄 값**

죄 짐

창 4:13	가인이 여호와께 아뢰되 내 **죄 짐**을
창 44:32	아버지께 **죄 짐**을 지리이다 하였사오니
사 43:24	네 **죄 짐**으로 나를 수고롭게 하며

죄과 (罪過, transgression)

삼상 24:11	내 손에 악이나 **죄과**가 없는 줄을 오늘
시 19:13	정직하여 큰 **죄과**에서 벗어나겠나이다
시 51:3	무릇 나는 내 **죄과**를 아오니 내 죄가
시 103:12	**죄과**를 우리에게서 멀리 옮기셨으며
잠 17:19	다툼을 좋아하는 자는 **죄과**를 좋아하는
사 59:20	야곱의 자손 가운데서 **죄과**를 떠나는
렘 51:5	**죄과**가 땅에 가득하나 그의 하나님 만군

죄목 (罪目, charge, of crime)

| 행 25:27 | 그 **죄목**도 밝히지 아니하고 죄수를 보내 |

| 행 28:18 | 로마인은 나를 심문하여 죽일 **죄목**이 |

죄수 (罪囚, prisoner)

창 39:20	그 옥은 왕의 **죄수**를 가두는 곳이었더라
창 39:22	간수장이 옥중 **죄수**를 다 요셉의 손에
왕하 25:29	**죄수**의 의복을 벗게 하고 그의 일평생
사 24:22	그들이 **죄수**가 깊은 옥에 모임같이 모이
렘 52:33	**죄수**의 의복을 갈아 입혔고 그의 평생
마 27:15	무리의 청원대로 **죄수** 한 사람을 놓아
마 27:16	그 때에 바라바라 하는 유명한 **죄수**가
막 15:6	**죄수** 한 사람을 놓아 주는 전례가 있더
행 16:25	기도하고 하나님을 찬송하매 **죄수**들이
행 16:27	옥문들이 열린 것을 보고 **죄수**들이 도망
행 23:18	이르되 **죄수** 바울이 나를 불러 이 청년
행 25:27	죄목도 밝히지 아니하고 **죄수**를 보내는
행 27:1	바울과 다른 **죄수** 몇 사람을 아구스도대
행 27:42	군인들이 **죄수**가 헤엄쳐서 도망할까
행 28:17	예루살렘에서 로마인의 손에 **죄수**로

죄악 (罪惡, wickedness, sin, guilt, crime)

모세오경, 역사서

창 6:5	여호와께서 사람의 **죄악**이 세상에 가득
창 15:16	아모리 족속의 **죄악**이 아직 가득 차지
창 18:20	부르짖음이 크고 그 **죄악**이 심히 무거우
창 19:15	이끌어 내라 이 성의 **죄악** 중에 함께
창 44:16	하나님이 종들의 **죄악**을 찾아내셨으니
레 19:29	음행이 전국에 퍼져 **죄악**이 가득할까
레 26:40	자기의 **죄악**과 그들의 조상의 **죄악**을
레 26:41	낮아져서 그들의 **죄악**의 형벌을 기쁘게
레 26:43	자기 **죄악**의 형벌을 기쁘게 받으리라
민 5:15	이는 의심의 소제요 **죄악**을 기억나게
민 14:18	인자가 많아 **죄악**과 허물을 사하시나 형벌 받을 자는 … 아버지의 **죄악**을 자식
민 14:19	이 백성의 **죄악**을 사하시되 애굽에서
민 14:34	사십 년간 너희의 **죄악**을 담당할지니
민 15:31	**죄악**이 자기에게로 돌아가서 온전히
수 22:17	브올의 **죄악**으로 말미암아 여호와의 회중에 재앙이 내렸으나 … 그 **죄악**을
수 22:20	**죄악**으로 멸망한 자가 그 한 사람만이
삼상 3:13	아는 **죄악** 때문이니 이는 그가 자기
삼상 3:14	엘리 집의 **죄악**은 제물로나 예물로나
삼상 12:17	여호와의 목전에서 범한 **죄악**이 큼을
삼상 20:1	내 **죄악**이 무엇이며 네 아버지 앞에서

【 죄악 】   【 죄악 】

삼상 20:8	죄악이 있으면 네가 친히 나를 죽이라
삼상 25:24	주여 원하건대 이 죄악을 나 곧 내게로
삼하 22:24	완전하여 스스로 지켜 죄악을 피하였
스 9:6	우리 죄악이 많아 정수리에 넘치고 우리
스 9:7	우리의 죄악으로 말미암아 우리와 우리
스 9:13	우리 하나님이 우리 죄악보다 형벌을

시가서

욥 7:21	죄악을 제거하여 버리지 아니하시나이
욥 10:14	나를 죄인으로 인정하시고 내 죄악을
욥 11:14	손에 죄악이 있거든 멀리 버리라 불의가
욥 13:23	나의 죄악이 얼마나 많으니이까 나의
욥 14:17	허물을 주머니에 봉하시고 내 죄악을
욥 15:5	죄악이 네 입을 가르치나니 네가 간사한
욥 15:35	재난을 잉태하고 죄악을 낳으며 그들의
욥 20:27	하늘이 그의 죄악을 드러낼 것이요 땅이
욥 21:19	하나님은 그의 죄악을 그의 자손들을
욥 22:5	네 악이 크지 아니하냐 네 죄악이 끝이
욥 31:11	음란한 일이니 재판에 회부할 죄악이요
욥 31:28	회부할 죄악이니 내가 그리하였으면
욥 31:33	악행을 숨긴 일이 있거나 나의 죄악을
욥 36:10	교훈을 듣게 하시며 명하여 죄악에서
시 5:4	주는 죄악을 기뻐하는 신이 아니시니
시 7:3	이런 일을 행하였거나 내 손에 죄악이
시 7:14	악인이 죄악을 낳음이여 재앙을 배어
시 10:7	그의 혀 밑에는 잔해와 죄악이 있나이다
시 14:4	죄악을 행하는 자는 다 무지하냐 그들이
시 18:23	앞에 완전하여 나의 죄악에서 스스로
시 25:11	여호와여 나의 죄악이 크오니 주의 이름
시 31:10	기력이 나의 죄악 때문에 약하여지며
시 32:5	아뢰고 내 죄악을 숨기지 아니하였더
	니 곧 주께서 내 죄악을 사하셨나이다
시 36:2	죄악은 드러나지 아니하고 미워함을
시 36:3	입에서 나오는 말은 죄악과 속임이라
시 36:4	그의 침상에서 죄악을 꾀하며 스스로
시 38:4	죄악이 내 머리에 넘쳐서 무거운 짐
시 38:18	죄악을 아뢰고 내 죄를 슬퍼함이니이다
시 39:11	주께서 죄악을 책망하사 사람을 징계
시 40:12	수나의 죄악이 나를 덮치므로 우러러
시 49:5	죄악이 나를 따라다니며 나를 에워싸는
시 51:1	주의 많은 긍휼을 따라 내 죄악을 지워
시 51:2	나의 죄악을 말갛게 씻으시며 나의 죄를
시 51:5	죄악 중에서 출생하였음이여 어머니가
시 51:9	내 죄에서 돌이키시고 나의 모든 죄악을

시 53:4	죄악을 행하는 자들은 무지하냐 그들이
시 55:3	악인의 압제 때문이라 그들이 죄악을
시 55:10	성벽 위에 두루 다니니 성 중에는 죄악
시 64:6	그들은 죄악을 꾸미며 이르기를 우리가
시 65:3	죄악이 나를 이겼사오니 우리의 허물을
시 66:18	내가 나의 마음에 죄악을 품었더라면
시 69:27	그들의 죄악에 죄악을 더하사 주의 공의
시 78:38	오직 하나님은 긍휼하시므로 죄악을
시 79:8	우리 조상들의 죄악을 기억하지 마시고
시 85:2	주의 백성의 죄악을 사하시고 그들의
시 89:32	채찍으로 그들의 죄악을 벌하리로다
시 90:8	주께서 우리의 죄악을 주의 앞에 놓으시
시 92:7	죄악을 행하는 자들은 다 흩어지리이다
시 94:4	죄악을 행하는 자들이 다 자만하나이다
시 94:23	그들의 죄악을 그들에게로 되돌리시며
시 103:3	그가 네 모든 죄악을 사하시며 네 모든
시 103:10	우리의 죄악을 따라 우리에게 그대로
시 106:43	죄악으로 말미암아 낮아짐을 당하였도
시 107:17	미련한 자들은 그들의 죄악의 길을 따르
시 109:14	여호와는 그의 조상들의 죄악을 기억
시 109:15	그 죄악을 항상 여호와 앞에 있게 하사
시 119:133	굳게 세우시고 어떤 죄악도 나를 주관
시 125:3	이는 의인들로 하여금 죄악에 손을 대지
시 130:3	여호와여 주께서 죄악을 지켜보실진대
시 130:8	그가 이스라엘을 그의 모든 죄악에서
시 141:4	마음이 악한 일에 기울어 죄악을 행하는
잠 16:6	인자와 진리로 인하여 죄악이 속하게
잠 19:28	정의를 업신여기고 악인의 입은 죄악을

선지서, 신약

사 5:18	죄악을 끌며 수레 줄로 함같이 죄악을
사 14:21	그들의 조상들의 죄악으로 말미암아
사 22:14	이 죄악은 너희가 죽기까지 용서하지
사 24:20	그 위의 죄악이 중하므로 떨어져서
사 26:21	땅의 거민의 죄악을 벌하실 것이라
사 29:20	오만한 자가 그쳤으며 죄악의 기회를
사 30:13	이 죄악이 너희에게 마치 무너지려고
사 40:2	죄악이 사함을 받았느니라 그의 모든
사 43:24	나를 수고롭게 하며 네 죄악으로 나를
사 50:1	보라 너희는 너희의 죄악으로 말미암아
사 53:5	그가 상함은 우리의 죄악 때문이라
사 53:6	모두의 죄악을 그에게 담당시키셨도다
사 53:11	또 그들의 죄악을 친히 담당하리로다
사 57:17	탐심의 죄악으로 말미암아 내가 노하여

【 죄악 】   【 죄악 】

사 59:2	너희 **죄악**이 너희와 너희 하나님 사이를	겔 7:27	그들에게 갚고 그 **죄악**대로 그들을 심판
사 59:3	거짓을 말하며 악행을 잉태하여 **죄악**을	겔 9:9	이스라엘과 유다 족속의 **죄악**이 심히
사 59:6	그 행위는 **죄악**의 행위라 그 손에는 포악	겔 14:3	우상을 마음에 들이며 **죄악**의 걸림돌
사 59:12	있음이니라 우리의 **죄악**을 우리가 아나	겔 14:4	우상을 마음에 들이며 **죄악**의 걸림돌
사 64:6	우리의 **죄악**이 바람같이 우리를 몰아	겔 14:7	**죄악**의 걸림돌을 자기 앞에 두고 자기를
사 64:7	**죄악**으로 말미암아 우리가 소멸되게	겔 14:10	선지자의 **죄악**과 그에게 묻는 자의 **죄**
사 64:9	**죄악**을 영원히 기억하지 마시옵소서		**악**이 같은즉 각각 자기의 **죄악**을 담당
사 65:7	너희의 **죄악**과 너희 조상들의 **죄악**은	겔 16:49	네 아우 소돔의 **죄악**은 이러하니 그와
렘 1:16	선고하여 그들의 모든 **죄악**을 징계하리	겔 18:10	행하지 아니하고 이 **죄악** 중 하나를
렘 2:22	비누를 쓸지라도 네 **죄악**이 내 앞에	겔 18:17	사람은 그의 아버지의 **죄악**으로 죽지
렘 11:10	자기들의 선조의 **죄악**으로 돌아가서	겔 18:18	아니하였으므로 그는 그의 **죄악**으로
렘 13:22	네 **죄악**이 크므로 네 치마가 들리고	겔 18:20	아버지의 **죄악**을 … 아들의 **죄악**을
렘 14:7	여호와여 우리의 **죄악**이 우리에게 대하	겔 18:26	의인이 그 공의를 떠나 **죄악**을 행하고
렘 14:20	여호와여 우리의 악과 우리 조상의 **죄악**		그로 말미암아 죽으면 그 행한 **죄악**으로
렘 16:10	우리의 **죄악**은 무엇이며 우리가 우리	겔 18:28	행한 모든 **죄악**에서 돌이켜 떠났으니
렘 16:17	그들의 **죄악**이 내 목전에서 숨겨지지	겔 18:30	너희에게 **죄악**의 걸림돌이 되지 아니
렘 25:12	그 **죄악**으로 말미암아 벌하여 영원히	겔 18:31	너희는 너희가 범한 모든 **죄악**을 버리고
렘 31:30	자기의 **죄악**으로 말미암아 죽으리라	겔 21:23	바벨론 왕은 그 **죄악**을 기억하고 그
렘 32:18	아버지의 **죄악**을 그 후손의 품에 갚으	겔 21:25	네 날이 이르렀나니 곧 **죄악**의 마지막
렘 33:8	모든 **죄악**에서 정하게 하며 그들이 내게	겔 21:29	그의 날 곧 **죄악**의 마지막 때가 이름은
	범하며 행한 모든 **죄악**을 사할 것이라	겔 24:23	울지도 아니하되 **죄악** 중에 패망하여
렘 36:31	그들의 **죄악**으로 말미암아 벌할 것이라	겔 28:18	네가 **죄악**이 많고 무역이 불의하므로
렘 50:20	이스라엘의 **죄악**을 찾을지라도 없겠고	겔 29:16	그 **죄악**이 기억되지 아니하리니 내가
렘 51:6	그의 **죄악**으로 말미암아 끊어짐을 보지	겔 32:27	그 백골이 자기 **죄악**을 졌음이여 생존
애 1:14	**죄악**의 멍에를 그의 손으로 묶고 얽어	겔 33:6	자기 **죄악**으로 말미암아 제거되려니와
애 1:22	모든 **죄악**들로 말미암아 내게 행하신	겔 33:8	악인은 자기 **죄악**으로 말미암아 죽으려
애 2:14	네 **죄악**을 드러내어서 네가 사로잡힌	겔 33:9	그는 자기 **죄악**으로 말미암아 죽으려
애 4:6	이제는 딸 내 백성의 죄가 소돔의 **죄악**	겔 33:13	스스로 믿고 **죄악**을 행하면 그 모든 의
애 4:13	선지자들의 죄들과 제사장들의 **죄악**들		로운 행위가 … 그가 그 지은 **죄악**으로
애 4:22	딸 시온아 네 **죄악**의 형벌이 다하였으	겔 33:15	율례를 지켜 행하여 **죄악**을 범하지
	니 주께서 다시는 … 주께서 네 **죄악**을	겔 33:18	그 공의에서 떠나 **죄악**을 범하면 그가
애 5:7	우리는 그들의 **죄악**을 담당하였나이다	겔 35:5	**죄악**의 마지막 때에 칼의 위력에 그들을
겔 3:18	악인이 그의 **죄악** 중에서 죽으려니와	겔 36:31	너희 모든 **죄악**과 가증한 일로 말미암아
겔 3:19	그는 그의 **죄악** 중에서 죽으려니와 너는	겔 36:33	내가 너희를 모든 **죄악**에서 정결하게
겔 4:4	이스라엘 족속의 **죄악**을 짊어지되 네가	겔 37:23	**죄악**으로 더 이상 자신들을 더럽히지
	눕는 날수대로 그 **죄악**을 담당할지니라	겔 39:23	여러 민족은 이스라엘 족속이 그 **죄악**
겔 4:5	너는 이렇게 이스라엘 족속의 **죄악**을	겔 43:10	그들이 자기의 **죄악**을 부끄러워하고
겔 4:6	오른쪽으로 누워 유다 족속의 **죄악**을	겔 44:10	멀리 떠났으니 그 **죄악**을 담당하리라
겔 4:17	피차에 두려워 하여 떨며 **죄악** 중에	겔 44:12	이스라엘 족속이 **죄악**에 걸려 넘어지게
겔 7:11	일어나서 **죄악**의 몽둥이가 되었은즉		하였으므로 … 그들이 **죄악**을 담당
겔 7:13	사람이 그 **죄악**으로 말미암아 자기의	단 4:27	가난한 자를 긍휼히 여김으로 **죄악**을
겔 7:16	**죄악** 때문에 골짜기의 비둘기들처럼	단 8:13	망하게 하는 **죄악**에 대한 일과 성소와
겔 7:19	그 창자를 채우지 못하고 오직 **죄악**	단 9:13	우리는 우리의 **죄악**을 떠나고 주의 진리

【 죄인 】　　　　　　　　　　　　　　　　　　　　　　【 죄인 】

단 9:16	우리의 죄와 우리 조상들의 **죄악**으로	사 13:9	보땅을 황폐하게 하며 그 중에서 **죄인**
단 9:24	죄가 끝나며 **죄악**이 용서되며 영원한	사 33:14	시온의 **죄인**들이 두려워하며 경건하지
호 4:8	속죄제물을 먹고 그 마음을 그들의 **죄악**	호 14:9	그 길로 다니거니와 그러나 **죄인**은
호 5:5	그 **죄악**으로 말미암아 이스라엘과	암 9:10	이르지 아니하리라 하는 모든 **죄인**은
호 8:13	이제 그들의 **죄악**을 기억하여 그 죄를	신약	
호 9:7	네 **죄악**이 많고 네 원한이 큼이니라	마 9:10	음식을 잡수실 때에 많은 세리와 **죄인**
암 3:2	너희 모든 **죄악**을 너희에게 보응하리라	마 9:11	세리와 **죄인**들과 함께 잡수시느냐
암 5:12	너희의 허물이 많고 **죄악**이 무거움을	마 9:13	의인을 부르러 온 것이 아니요 **죄인**을
미 3:10	시온을 피로, 예루살렘을 **죄악**으로 건축	마 11:19	세리와 **죄인**의 친구로다 하니 지혜는
미 7:18	주께서는 **죄악**과 그 기업에 남은 자의	마 26:45	때가 가까이 왔으니 인자가 **죄인**의 손에
미 7:19	우리의 **죄악**을 발로 밟으시고 우리의	막 2:15	세리와 **죄인**들이 예수와 그의 제자들과
합 1:3	어찌하여 내게 **죄악**을 보게 하시며 패역	막 2:16	어찌하여 세리 및 **죄인**들과 함께 먹는가
슥 3:4	이르시되 내가 네 **죄악**을 제거하여 버렸	막 2:17	의인을 부르러 온 것이 아니요 **죄인**을
슥 3:9	이 땅의 **죄악**을 하루에 제거하리라	막 14:41	때가 왔도다 보라 인자가 **죄인**의 손에
말 2:6	많은 사람을 돌이켜 **죄악**에서 떠나게	눅 5:8	나를 떠나소서 나는 **죄인**이로소이다
히 11:25	고난 받기를 잠시 **죄악**의 낙을 누리는	눅 5:30	너희가 어찌하여 세리와 **죄인**과 함께
		눅 5:32	온 것이 아니요 **죄인**을 불러 회개시키러
		눅 6:32	칭찬 받을 것이 무엇이냐 **죄인**들도 사랑
		눅 6:33	칭찬 받을 것이 무엇이냐 **죄인**들도

죄인(罪人, sinner)
구약

창 13:13	사람은 여호와 앞에 악하며 큰 **죄인**이었	눅 6:34	**죄인**들도 그만큼 받고자 하여 **죄인**에게
민 32:14	조상의 대를 이어 일어난 **죄인**의 무리	눅 7:34	즐기는 사람이요 세리와 **죄인**의 친구
삼상 15:18	가서 **죄인** 아말렉 사람을 진멸하되	눅 7:39	어떠한 자 곧 **죄인**인 줄을 알았으리라
왕상 1:21	나와 내 아들 솔로몬은 **죄인**이 되리이다	눅 15:1	모든 세리와 **죄인**들이 말씀을 들으러
욥 10:14	내가 범죄하면 주께서 나를 **죄인**으로	눅 15:2	이 사람이 **죄인**을 영접하고 음식을
시 1:1	**죄인**들의 길에 서지 아니하며 오만한	눅 15:7	**죄인** 한 사람이 회개하면 하늘에서는
시 1:5	**죄인**들이 의인들의 모임에 들지 못하	눅 15:10	**죄인** 한 사람이 회개하면 하나님의
시 25:8	그의 도로 **죄인**들을 교훈하시리로다	눅 18:13	나는 **죄인**이로소이다 하였느니라
시 26:9	영혼을 **죄인**과 함께, 내 생명을 살인자	눅 19:7	저가 **죄인**의 집에 유하러 들어갔도다
시 51:13	주의 도를 가르치리니 **죄인**들이 주께	눅 24:7	인자가 **죄인**의 손에 넘겨져 십자가에
시 104:35	**죄인**들을 땅에서 소멸하시며 악인들을	요 9:16	어떤 사람은 말하되 **죄인**으로서 어떻게
시 109:7	심판을 받을 때에 **죄인**이 되어 나오게	요 9:24	영광을 돌리라 우리는 이 사람이 **죄인**인
잠 11:31	보응을 받겠거든 하물며 악인과 **죄인**	요 9:25	대답하되 그가 **죄인**인지 내가 알지 못하
잠 13:6	정직한 자를 보호하고 악은 **죄인**을 패망	요 9:31	하나님이 **죄인**의 말을 듣지 아니하시고
잠 13:21	재앙은 **죄인**을 따르고 선한 보응은 의인	롬 3:7	영광이 되었다면 어찌 내가 **죄인**처럼
잠 13:22	**죄인**의 재물은 의인을 위하여 쌓이느	롬 5:8	아직 **죄인** 되었을 때에 그리스도께서
잠 21:15	의인에게는 즐거움이요 **죄인**에게는	롬 5:19	많은 사람이 **죄인** 된 것같이 한 사람이
잠 23:17	네 마음으로 **죄인**의 형통을 부러워하지	갈 2:15	우리는 본래 유대인이요 이방 **죄인**이
전 2:26	**죄인**에게는 노고를 주시고 그가 모아	갈 2:17	의롭게 되려 하다가 **죄인**으로 드러나면
전 7:26	그 여인을 피하려니와 **죄인**은 그 여인	딤전 1:9	경건하지 아니한 자와 **죄인**과 거룩하지
전 8:12	**죄인**은 백 번이나 악을 행하고도 장수	딤전 1:15	예수께서 **죄인**을 구원하시려고 세상
전 9:2	모두 일반이니 선인과 **죄인**, 맹세하는		에 임하셨다 하였도다 **죄인** 중에 내가
전 9:18	그러나 **죄인** 한 사람이 많은 선을 무너	딤후 2:9	복음으로 말미암아 내가 **죄인**과 같이
사 1:28	그러나 패역한 자와 **죄인**은 함께 패망	히 7:26	악이 없고 더러움이 없고 **죄인**에게서

【 죄책 】　　　　　　　　　　　　　　　　　　　　　　　　　【 주 1 】

히 12:3　**죄인**들이 이같이 자기에게 거역한 일을
약 4:8　**죄인**들아 손을 깨끗이 하라 두 마음을
약 5:20　너희가 알 것은 **죄인**을 미혹된 길에서
벧전 4:18　경건하지 아니한 자와 **죄인**은 어디에
유 1:15　경건하지 않은 **죄인**들이 주를 거슬러

죄책(罪責, guilt)
출 28:38　**죄책**을 담당하게 하라 그 패가 아론의
잠 30:10　너를 저주하겠고 너는 **죄책**을 당할까

죄패(罪牌, notice of the charge)
마 27:37　유대인의 왕 예수라 쓴 **죄패**를 붙였더라
막 15:26　그 위에 있는 **죄패**에 유대인의 왕이라

주 1(主, Lord)
창 4:14　**주**께서 오늘 이 지면에서 나를 쫓아내시
　　　　온즉 내가 **주**의 낯을 뵈옵지 못하리니
마 16:16　**주**는 그리스도시요 살아 계신 하나님의

📖 주 1 – 기타 본문
모세오경 창 4:14; 15:3; 18:3; 23, 24, 27, 30, 31; 32; 19:2, 18, 19; 20:4; 23:6, 11, 15; 24:14, 18; 27:29, 37; 31:35; 32:4, 5, 9, 10, 11, 18; 33:8, 13, 14, 15; 42:10; 43:20; 44:7, 16, 18, 19, 20, 22, 23; 45:8, 9; 47:15, 18, 19, 25; 출 4:10; 5:22, 23; 15:7, 11, 13, 16, 17; 19:23; 32:12, 13, 22, 32; 33:12, 13, 15, 16; 34:9; 민 10:35; 11:11, 12, 28; 12:11; 13:2; 14:14, 15, 17; 16:15; 21:2; 32:27; 36:2; 신 3:24; 9:26, 29; 10:17; 21:8; 26:10, 13, 14; 29:6; 32:43, 49, 52; 33:3, 7, 8, 9, 10 **역사서** 수 3:11; 5:14; 7:9; 22:22; 삿 4:18; 5:4, 31; 6:15, 17, 18, 36, 37, 39; 10:10, 15; 11:30; 13:8; 15:18; 룻 2:13; 삼상 1:15, 26; 2:2; 12:10; 14:37; 16:16; 22:12; 24:6, 8, 10; 25:24, 25, 26, 27, 28, 29, 30, 31, 41; 26:15, 16, 17, 18, 19; 29:4, 8, 10; 삼하 1:10; 2:5, 7; 3:21; 4:8; 7:20, 22, 23, 24, 26, 27, 29; 9:11; 10:3; 11:9, 11, 13; 13:32, 33; 14:9, 12, 15, 17, 18, 19, 20, 22; 15:15, 21; 16:4, 9; 18:31; 19:19, 20, 26, 27, 28, 30, 35, 37; 20:6; 22:26, 27, 29, 30, 36, 40, 50; 24:3, 21, 22; 왕상 1:2, 11, 13, 17, 18, 20, 21, 24, 27, 31, 33, 36, 37, 43, 47; 2:38; 3:6, 7, 9, 17, 26; 8:13, 23, 24, 25, 26, 27, 28, 29, 30, 32, 33, 34, 35, 38, 39, 40, 42, 43, 44, 45, 46, 47, 48, 50, 51, 52, 53, 58; 12:27; 17:20; 18:7, 8, 10, 11, 13, 14, 36, 37; 19:10, 14; 20:4, 9; 22:6; 왕하 4:28; 6:5, 12, 15, 26; 7:6; 8:5, 12; 9:7; 10:9; 16:15; 18:23, 24, 27; 19:4, 6, 15, 23; 20:3; 대상 4:10; 14:10; 16:33, 35; 17:17, 18, 19, 20, 22, 24, 25, 26, 27; 21:3, 17, 23; 29:10, 11, 12, 13, 14, 16, 17, 18; 대하 1:8, 9, 10; 2:4, 6, 14, 15; 6:2, 14, 15, 16, 17, 18, 19, 20, 21, 22, 23, 24, 25, 26, 27, 29, 30, 31, 32, 33, 34, 36, 37, 38, 39, 41; 13:6; 14:7, 11; 20:6, 7, 8, 9, 10, 11, 12; 스 9:11; 15; 느 1:5, 6, 7, 8, 10, 11; 4:5, 14; 8:10; 9:5, 6, 7, 8, 10, 11, 15, 17, 19, 20, 24, 25, 26, 27, 28, 29, 30, 31, 32, 33, 34, 35, 36, 37; 12:24; 13:22 **시가서** 욥 1:10, 11; 2:5; 7:8, 12, 17, 20, 21; 8:4; 9:28; 10:3, 4, 5, 7, 9, 13, 14, 16; 11:4, 13; 13:21, 22, 24; 14:3, 5, 13, 15, 16, 17, 19; 16:7; 28:28; 30:20, 23; 36:23; 40:4; 42:4, 5; 시 2:4; 3:3, 7, 8; 5:2, 3, 4, 5, 7, 8, 10, 11, 12; 6:5; 7:1, 6, 7; 8:1, 3, 4, 9; 9:1, 2, 3, 6, 10, 13, 19; 10:13, 14, 17; 13:5, 6; 15:1; 16:1, 2, 10, 11; 17:2, 5, 7, 13, 14; 18:1, 25, 26, 29, 35, 40, 48, 49; 21:4, 6, 13; 22:3, 4, 5, 9, 10, 15, 21, 22, 25, 27, 30, 31; 23:4; 25:1, 2, 4, 5, 6, 7, 20, 21; 26:6, 7, 8; 27:8, 9; 28:1, 2, 9; 30:1, 2, 3, 7, 8, 9, 12; 31:1, 3, 4, 7, 14, 17, 19, 20, 22; 32:5, 6; 33:22; 34:1, 5, 7; 35:18, 22, 23, 28; 36:6, 8, 9, 10; 37:13, 22; 38:1, 9, 15, 22; 39:5, 7, 9, 10, 12; 40:5, 6, 8, 9, 16, 17; 41:2, 4, 11, 12; 42:1, 6, 7; 43:3, 4; 44:1, 2, 3, 4, 5, 7, 9, 11, 12, 17, 21, 22, 23; 45:6; 48:10; 51:4, 6, 8, 11, 12, 13, 15, 16, 17, 19; 52:9; 54:4, 5, 6, 7; 55:9, 23; 56:3, 8, 12, 13; 57:1, 5, 9, 11; 59:4, 8, 9, 11, 16, 17; 60:1, 3, 4, 5, 10; 61:2, 4, 5, 8; 62:12; 63:1, 2, 3, 4, 5, 6, 7, 8, 11; 64:2; 65:1, 2, 3, 4, 5, 6, 8, 10, 11; 66:3, 4, 6, 9, 10, 12, 13, 15, 18; 67:2, 3, 4, 5; 68:1, 9, 10, 11, 17, 19, 24, 26, 29, 32, 33; 69:5, 6, 7, 9, 13, 19, 24, 26; 70:4, 5; 71:1, 2, 3, 5, 6, 7, 8, 14, 16, 17, 19, 20, 22, 23; 72:1, 2, 5; 73:20, 22, 23, 25, 27, 28; 74:1, 2, 3, 4, 7, 11, 13, 15, 16, 18, 19, 22, 23; 75:1, 6, 7, 10; 77:2, 11, 12, 14, 16, 18, 19; 78:65; 79:1, 5, 6, 11, 12, 13; 80:15, 16, 17, 18; 82:8; 83:2, 3, 5, 15, 18; 84:1, 3, 4, 9, 12; 85:1, 6, 13; 86:2, 3, 4, 5, 7, 8, 9, 10, 12, 14, 15, 17; 88:1, 2,

2162

【 주 1 】

5, 7, 9, 10, 12, 13, 15, 16; 89:5, 8, 10, 11, 12, 14, 16, 17, 19, 26, 38, 47, 49, 50, 51; 90:1, 2, 7, 8, 11, 16; 92:4, 8, 10; 93:2; 94:2, 5, 12, 19, 20; 97:5, 8, 9; 99:4, 8; 101:1, 2; 102:1, 2, 10, 12, 24, 25, 26, 27, 28; 104:1, 6, 7, 8, 13, 24, 26, 27, 28, 29; 106:2, 4, 5, 7, 29, 47; 108:3, 5, 11; 109:21, 27, 28; 110:1, 2, 3, 5; 114:7; 115:1; 116:4, 16, 17; 118:21, 28; 119:4, 6, 7, 10, 11, 12, 15, 16, 21, 26, 27, 29, 32, 34, 38, 48, 49, 51, 52, 55, 58, 61, 62, 63, 68, 70, 73, 74, 75, 77, 79, 81, 82, 84, 90, 93, 94, 97, 102, 109, 113, 114, 118, 119, 120, 123, 126, 136, 137, 146, 150, 151, 152, 154, 156, 160, 164, 166, 168, 169, 170, 171, 172, 173, 174, 175; 123:1; 130:1, 3, 4, 6; 132:9; 135:5, 13; 136:3; 138:1, 2, 3, 4, 7; 139:1, 7, 10, 12, 14, 15, 16, 18, 19, 20, 21; 140:6, 7, 12, 13; 141:1, 2, 8; 142:3, 5, 7; 143:5, 6, 8, 9, 10, 11, 12; 144:3, 9; 145:1, 2, 4, 5, 6, 7, 10, 11, 12, 13, 15, 147:5; 잠 14:31; 17:5; 30:7 **선지서** 사 1:24; 2:6; 3:1, 15, 17; 4:4; 6:1, 8, 11; 7:14, 20; 8:7; 9:3, 4, 8, 17; 10:12, 16, 23, 24, 33; 11:11; 12:1; 17:13; 19:4; 21:8; 22:5, 12, 14, 15; 25:1, 3, 5; 26:3, 7, 8, 9, 11, 12, 13, 14, 15, 16, 17, 19; 28:2; 30:20, 23, 31; 33:2, 3; 36:8, 12; 37:6, 16, 20, 24; 38:3, 12, 13, 16, 17, 18, 19; 40:26; 45:15; 49:14; 51:9, 10; 53:2; 58:3;59:12; 63:14, 15, 16, 17, 18, 19; 64:1; 2, 3, 5, 7, 8, 11, 12; 렘 2:19, 31; 3:22; 4:10; 5:3; 10:6, 7, 24, 25; 11:18, 20; 12:1, 2, 3; 14:7, 9, 19, 20, 21, 22; 15:15, 16, 17, 18; 16:19; 17:13, 14, 16, 17; 18:20, 23; 20:7,12; 22:18; 27:4; 31:18; 32:17, 19, 20, 21, 23, 24, 25; 34:5; 37:20; 38:9; 46:10; 50:25; 51:62; 애 1:10, 14, 15, 21, 22; 2:1, 18, 19, 20, 21; 3:28, 31, 36, 42, 56, 57, 58, 60, 64; 4:22; 5:19, 21; 겔 9:11; 37:3; 단 1:10; 2:23; 4:19, 24; 9:4, 7, 8, 9, 11, 15, 16, 17, 18, 19; 10:16, 17, 19; 11:4; 12:8; 호 2:23; 8:2; 12:14; 14:2, 3; 욜 1:19, 20; 2:17; 3:11; 암 5:16; 7:1, 7, 8; 9:1; 욘 1:14; 2:2, 3, 4, 6, 7, 9; 4:2; 미 1:2; 4:13; 6:8; 7:9, 14, 17, 18; 합 1:2, 12; 3:2, 8, 9, 10, 11, 13, 14; 슥 1:9; 4:4, 5, 13, 14; 6:4, 5; 14:5, 20; 말 1:2, 6, 7; 3:1, 8, 13 **복음서, 역사서** 마 1:22; 2:15; 4:7, 10; 5:33; 7:21, 22; 8:2, 6, 8, 21, 25; 9:28; 13:27; 14:28,

【 주 1 】

30; 15:22, 25, 27; 16:16, 22; 17:4, 16; 18:21; 19:16, 27; 20:21, 30, 31, 33; 21:3, 42; 22:37, 43, 44, 45; 24:3, 42; 25:11, 37, 44; 26:22, 33, 35; 27:10; 막 1:37; 5:19; 7:28; 8:29; 10:28, 35, 37; 11:3; 12:11, 29, 30, 36, 37; 13:20; 14:31; 16:20; 눅 1:6, 15, 16, 17, 28, 43, 46, 58, 68, 70, 75, 76; 2:11, 15, 23, 26; 4:8, 12; 5:8, 12, 17; 6:46; 7:6, 7, 19; 8:24, 45; 9:18, 33, 49, 54, 61;10:1, 17, 27, 39, 40; 11:1; 12:41, 42; 13:23, 25, 26; 17:5, 37; 18:28, 41; 19:8, 25, 31, 34; 20:37, 42, 44; 22:19, 33, 38, 49, 61; 24:34; 요 4:1, 11, 15, 19, 49; 5:7; 6:23, 34, 68, 69; 8:11; 9:36, 38; 11:2, 3, 12, 16, 21, 22, 27, 32, 34, 39; 12:38, 41; 13:6, 9, 13, 14, 25, 36, 37; 14:5, 8, 22; 16:30; 20:15, 18, 20, 25; 21:17; 행 1:6, 24; 2:25, 27, 28, 34, 36, 39, 47; 3:15, 19, 20; 4:26, 29; 5:14; 7:31, 60; 8:22, 24; 9:1, 5, 10, 13, 17, 27, 31, 35, 42; 10:4, 14, 33, 36;11:21, 23, 24; 12:11, 17; 13:10, 12, 35; 14:3, 23; 15:3, 17; 16:14, 15; 18:8, 9; 20:19, 32; 22:10, 18, 19, 20; 23:11; 26:15 **서신서, 예언서** 롬 1:25; 3:4; 4:24; 6:23; 8:36; 9:29; 10:9, 12, 16; 11:3, 35, 36; 12:11, 19; 14:4, 6, 8, 9, 11; 15:3, 9, 11, 21; 16:2, 8, 11, 12, 22, 23; 고전 1:2, 8, 9, 31; 2:8, 16; 3:5, 20; 4:4, 5, 17; 6:13, 14; 7:10, 17, 22, 25, 32, 34, 35, 39; 8:5; 9:1, 2, 5, 14; 10:9, 21, 22, 26; 11:11, 20, 23, 26, 27, 32; 12:3, 5; 13:12; 14:21; 15:28, 31, 58; 16:7, 10, 19, 22; 고후 2:12; 3:16, 17; 4:5; 5:6, 8, 9, 11; 8:5, 21; 10:8, 17, 18; 11:17; 12:1, 8; 갈 5:10; 엡 2:21; 4:1, 17, 27; 5:8, 15, 19, 22; 6:1, 7, 8, 10, 21; 빌 1:14; 2:11, 19, 24, 29; 3:1; 4:1, 2, 5, 10; 골 2:6; 3:13, 18, 20, 22, 23, 24, 25; 4:7, 17; 살전 1:6; 3:8, 12; 4:6, 15, 17; 5:12, 27; 살후 2:13; 3:4, 16; 딤전 1:2, 12, 16; 6:15; 딤후 1:2, 8, 16, 18; 2:7, 11, 12, 13, 19, 22; 3:11; 4:8, 14, 22; 몬 1:16, 20; 히 1:8, 9, 10, 11, 12; 2:3, 6, 12; 7:14, 21; 8:2, 8, 9, 10, 11; 10:5, 8, 30; 12:2, 5, 14; 13:6; 약 1:7, 12; 2:1; 3:9; 4:10; 5:7, 8, 11, 15; 벧전 2:13; 3:6, 12, 15; 5:7; 벧후 1:11; 2:1, 11, 20; 3:2, 4, 8, 9, 10, 14, 15, 18; 요일 2:27, 28; 3:19, 24; 4:17, 21; 유 1:5, 9, 14, 15; 계 4:11; 7:14; 11:4, 8, 15; 14:13; 15:3, 4; 16:9; 17:14; 19:6, 16; 22:6

'주 1'과 관련된 성구

주 그리스도 – 롬 8:39; 16:18; 엡 3:11; 빌 3:8; 골 3:24

주님 – 삼상 16:6; 대상 29:15; 시 16:2; 19:14; 59:5; 69:19; 마 14:28; 17:4; 요 20:2, 13, 28; 21:7, 12, 15, 16, 17, 20, 21; 행 1:24; 11:8; 22:8, 10, 19; 26:15

주 여호와 – 창 15:2, 8; 출 23:17; 34:23; 민 14:14; 신 3:24; 9:26; 수 3:13; 7:7; 삿 6:22; 16:28; 삼하 7:18, 19, 20, 22, 28, 29; 왕상 2:26; 8:53; 18:37; 19:19; 느 10:29; 시 41:10; 68:20; 71:5, 16; 73:28; 109:21, 27; 119:12; 140:7; 141:8; 사 7:7; 12:2; 25:8; 26:4; 28:16, 22; 30:15; 40:10; 48:16; 49:22; 50:4, 5, 7, 9; 51:22; 52:4;; 56:8; 61:1, 11; 65:13, 15; 렘 1:6; 2:22; 4:10; 7:20; 14:13; 32:17, 25; 44:26; 겔 2:4; 3:11; 27; 4:14; 5:5, 7, 8, 11; 6:3, 11; 7:2, 5; 8:1; 9:8; 11:7, 8, 13, 16, 17, 21; 12:10, 19, 23, 25, 28; 13:3, 8, 13, 16, 18, 20; 14:4, 6, 11, 14, 16, 18, 20, 21, 23; 15:6, 8; 16:3, 8, 14, 19, 23, 30, 36, 43, 48, 59, 63; 17:9, 16, 19, 22; 18:3, 9, 23, 30, 32; 20:3, 5, 27, 30, 31, 33, 36, 39, 40, 44, 47, 49; 21:7, 13, 24, 26, 28; 22:3, 12, 19, 28, 31; 23:22 28, 32, 34, 35, 46, 49; 24:3, 6, 9, 14, 21, 24; 25:3, 5, 6, 7, 8, 11, 12, 13, 14, 15, 16; 26:3, 5, 7, 14, 15, 19, 21; 27:3; 28:2, 6, 10, 12, 22, 24, 25; 29:3, 8, 13, 19, 20; 30:2, 6, 10, 13, 22; 31:10, 15, 18; 32:3, 8, 11, 14, 16, 31, 32; 33:11, 25, 27; 34:2, 8, 10, 11, 15, 17, 20, 30, 31; 35:3, 6, 11, 14; 36:2, 3, 4, 5, 6, 7, 13, 14, 15, 22, 23, 32, 33, 37; 37:3, 5, 9, 12, 19, 21; 38:3, 10, 14, 17, 18, 21; 39:1, 5, 8, 10, 13, 17, 20, 25, 29; 43:18, 19, 27; 44:6, 9, 12, 15, 27; 45:9, 15; 46:1, 16; 47:13, 23; 48:29; 암 1:8; 3:7, 8, 11, 13; 4:2, 5; 5:3; 6:8; 7:1, 2, 4, 5, 6; 8:1, 3, 9, 11; 9:8; 옵 1:1; 욘 1:14; 미 1:2; 합 3:19; 습 1:7; 슥 9:14

주 예수 – 막 16:19; 눅 24:3; 행 1:21; 4:33; 7:59; 8:16; 9:29; 11:17, 20; 15:11, 25–26; 16:31; 19:5, 13, 17; 20:21, 24, 35; 21:13; 28:31; 롬 1:4, 7; 5:1, 11, 21; 7:25; 13:14; 14:14; 15:6, 30; 16:20; 고전 1:3, 7, 8, 10; 5:4, 5; 6:11; 8:6; 11:23; 15:57; 16:23; 고후 1:2, 3, 14; 4:14; 8:9; 11:31; 13:13; 갈 1:3; 6:14, 18; 엡 1:2, 3, 15, 17; 5:20; 6:23, 24; 빌 1:2; 3:20; 4:23; 골 1:3; 3:17; 살전 1:1, 3; 2:15, 19; 3:11, 13; 4:1, 2; 5:9, 23, 28; 살후 1:1, 2, 7, 8, 12; 2:1, 8, 14, 16; 3:6, 12, 18; 딤전 6:3, 14; 몬 1:3, 5, 25; 히 13:20; 약 1:1; 2:1; 벧전 1:3; 벧후 1:2, 8, 14, 16; 유 1:4, 17, 21, 25; 계 22:20, 21

주의 계명 – 대상 29:19; 스 9:10, 14; 느 1:5; 9:29; 시 119:10, 19, 21, 32, 35, 47, 48, 60, 66, 73, 96, 98, 127, 131, 143, 166, 176; 단 9:4

주의 공의 – 시 31:1; 35:24; 36:10; 40:10; 69:27; 71:15, 16; 72:1; 88:12; 89:16; 119:108; 단 9:16

주의 교훈 – 스 10:3; 시 73:24; 119:22, 46, 145; 엡 6:4

주의 구원 – 창 49:18; 삼상 2:1; 삼하 22:36; 시 9:14; 13:5; 18:35; 21:1, 5; 40:16; 51:12; 67:2; 69:29; 70:4; 85:7; 106:4; 119:41, 81, 123, 166, 174; 눅 2:30

주의 권능 – 신 3:24; 시 21:13; 63:2; 110:2, 3; 132:8

주의 귀 – 창 44:18; 삼상 25:24; 시 71:2; 86:1; 88:2; 102:2; 애 3:56; 약 5:4

주의 규례 – 느 9:29; 시 119:20, 30, 39, 43, 91, 102, 149, 156, 175

주의 긍휼 – 느 9:28; 시 25:6; 40:11; 51:1; 69:16; 79:8; 119:77, 156; 딤후 1:18

주의 기름 부음 받은 자 – 대하 6:42; 시 89:38, 51; 132:10

주의 길 – 출 33:13; 대하 6:31; 시 5:8; 17:5; 25:4; 44:18; 65:11; 77:19; 85:13; 119:15, 37; 사 63:17; 64:5; 겔 18:25, 29; 33:17, 20; 마 3:3; 막

【 주 1 】

'주 1'과 관련된 성구

1:3; 눅 3:4; 요 1:23; 계 15:3

주의 나라 – 시 45:6; 106:5; 145:11, 12, 13; 마 20:21; 히 1:8

주의 날 – 욥 10:5; 살전 5:2; 살후 2:2; 벧후 3:10; 계 1:10

주의 날개 – 시 17:8; 36:7; 57:1; 61:4; 63:7

주의 노/노여움/노하심 – 시 38:1; 79:6; 88:7; 89:46; 90:7, 11

주의 눈 – 왕상 8:29; 대하 6:20; 욥 7:8; 시 17:2; 139:16; 143:2; 렘 5:3; 벧전 3:12

주의 능력 – 민 14:13; 대하 6:41; 시 21:13; 59:11; 71:18; 74:13; 77:14; 80:2; 89:10; 눅 5:17

주의 도 – 욥 21:14; 시 25:4; 27:11; 51:13; 67:2; 77:13; 86:11; 119:3; 행 18:25

주의 땅 – 삼하 7:23; 왕상 8:36; 대하 6:27; 시 10:16; 85:1

주의 뜻 – 삼하 7:21; 대상 17:19; 시 40:8; 143:10; 욘 1:14; 행 21:14; 엡 5:17; 약 4:15; 계 4:11

주의 마음 – 삼상 25:31; 왕상 3:10; 롬 11:34; 고전 2:16

주의 말씀 – 창 44:24; 민 11:21; 32:27; 신 33:3, 9; 삼하 7:21, 28; 왕상 18:36; 시 63:6; 75:2; 119:9, 11, 16, 17, 25, 28, 38, 41, 42, 50, 57, 58, 65, 67, 74, 81, 82, 89, 101, 103, 105, 107, 114, 116, 130, 133, 139, 140, 147, 148, 154, 158, 160, 161, 162, 169, 170, 172; 130:5; 138:2; 렘 15:16; 32:24; 눅 22:61; 행 8:25; 11:16; 13:49; 15:18, 35, 36; 16:32; 19:10, 20; 롬 3:4; 고후 6:18; 살전 1:8; 4:15; 살후 3:1; 벧전 1:25

주의 명령 – 민 32:25; 신 26:13; 느 9:16, 34; 애 3:37; 고전 7:12; 14:37

주의 목소리 – 사 6:8; 렘 32:23; 단 9:11

주의 목전 – 창 47:19; 출 33:13, 16; 민 11:11; 시 5:5; 31:22; 51:4; 76:7; 90:4; 사 38:3; 렘 17:16; 18:23; 욘 2:4

주의 백성 – 출 5:23; 15:16; 32:11, 12;

33:13, 16; 신 9:26, 29; 21:8; 26:15; 32:43; 삼하 7:23, 24; 왕상 3:9; 8:30, 33, 34, 36, 41, 43, 44, 51, 52, 59; 대상 17:21, 22; 21:17; 29:17, 18; 대하 1:10; 6:21, 24, 25, 27, 32, 33, 34, 39; 20:7; 느 1:10; 시 3:8; 28:9; 44:12; 60:3; 68:7; 72:2; 77:15, 20; 79:13; 80:4; 83:3; 85:2, 6; 94:5; 106:4; 110:3; 사 2:6; 63:14; 64:9; 렘 31:7; 32:21; 단 9:15, 16, 19; 욜 2:17; 미 7:14; 합 3:13; 눅 1:77; 2:32; 롬 15:10

주의 법도 – 신 33:10; 시 119:4, 15, 27, 40, 45, 56, 63, 69, 78, 87, 93, 94, 100, 104, 110, 128, 134, 141, 159, 168, 173; 단 9:5

주의 보좌 – 시 45:6; 89:14; 93:2; 애 5:19; 히 1:8

주의 복/복락 – 시 3:8; 36:8; 37:22

주의 분노/분노하심 – 시 6:1; 38:1; 69:24; 85:3, 4; 90:9; 102:10; 렘 10:25; 18:20; 단 9:16

주의 사랑/사랑하심 – 창 24:27; 시 6:4; 13:5; 31:16

주의 사자 – 마 1:20, 24; 2:13, 19; 눅 1:11; 2:9; 행 5:19; 8:26; 12:7, 23

주의 생각 – 시 40:5; 92:5; 139:17

주의 성도 – 대하 6:41; 시 30:4; 52:9; 79:2; 89:19; 132:9; 145:10; 행 9:13

주의 성령/영 – 느 9:30; 시 51:11; 104:30; 139:7; 143:10; 사 63:10; 겔 3:12, 14, 24; 8:3; 11:1, 24; 눅 4:18; 행 5:9; 8:39; 고후 3:17

주의 성소 – 시 74:7; 사 63:18; 애 2:20

주의 성실/성실하심 – 시 40:10; 54:5; 71:22; 88:11; 89:1, 2, 5, 8, 49; 92:1-3; 119:90; 애 3:23

주의 성전/전 – 시 48:9; 65:4; 68:29; 79:1; 138:2; 욘 2:4, 7; 눅 1:9; 요 2:17

주의 손/손가락 – 출 15:17; 삼상 25:26; 삼하 24:17; 대상 4:10; 21:17; 29:12, 14, 16; 대하 20:6; 욥 1:11; 2:5; 10:3, 7, 8; 13:21; 14:15; 시 8:3, 6; 10:14; 17:14; 31:5, 15; 32:4; 38:2; 39:10; 44:2; 74:11; 80:17; 88:5; 89:13;

【주 1】 【주 1】

'주 1'과 관련된 성구

92:4; 102:25; 109:27; 119:73, 173; 138:7, 8; 139:10; 143:5; 144:7; 사 26:11; 64:8; 렘 15:17; 눅 1:66; 행 11:21; 13:11; 히 1:10

주의 심판 – 시 10:5; 36:6; 48:11; 97:8; 119:75, 120

주의 아들 – 왕하 10:2, 3, 6; 시 73:15

주의 얼굴/얼굴의 빛/얼굴의 광채 – 욥 13:20; 시 4:6; 13:1; 17:15; 27:8, 9; 30:7; 31:16; 44:3, 24; 51:9; 69:17; 80:3, 7, 19; 88:14; 89:15; 90:8; 102:2; 119:135; 143:7; 애 2:19; 단 9:17; 살후 1:9; 벧전 3:12

주의 여종 – 삼상 1:11; 25:28, 31, 41; 시 86:16; 116:16; 눅 1:38

주의 영광 – 출 33:18; 대상 16:35; 시 8:1; 26:8; 57:5, 11; 90:16; 102:15; 108:5; 렘 14:21; 막 10:37; 눅 2:9; 요 12:41; 고후 3:18; 8:19

주의 오른손 – 출 15:6; 시 18:35; 44:3; 48:10; 60:5; 63:8; 74:11; 80:15; 89:13; 138:7; 139:10

주의 원수 – 삿 5:31; 삼상 25:26, 29; 욥 13:24; 시 66:3; 83:2; 89:10, 51; 92:9; 139:20; 사 64:2

주의 율례 – 시 119:5, 8, 12, 16, 23, 26, 33, 48, 54, 64, 68, 71, 80, 83, 112, 117, 118, 124, 135, 155

주의 율법 – 신 33:10; 느 9:26, 29, 34; 시 119:18, 44, 53, 142, 153, 163, 174; 렘 32:23; 단 9:11; 눅 2:23, 24, 39

주의 은택 – 시 51:18; 65:11; 68:10

주의 은혜 – 시 30:7; 눅 4:19; 행 15:40; 딤전 1:14

주의 의 – 시 5:8; 35:28; 36:6; 51:14; 71:2, 19, 24; 119:40, 142; 143:11; 145:7

주의 이름 – 출 5:23; 7:26; 22:50; 왕상 8:33, 35, 41, 43, 44, 48; 대상 17:24; 대하 6:24, 26, 33, 34, 38; 14:11; 20:8, 9; 느 1:11; 9:5; 시 5:11; 8:1, 9; 9:2, 10; 18:49; 22:22; 25:11; 31:3; 44:5; 48:10; 52:9; 54:1, 6; 61:5, 8; 63:4; 66:4; 74:7, 10, 18, 21; 75:1; 79:6, 9; 80:18; 83:16;

86:9, 11, 12; 89:12, 16; 92:1–3; 109:21; 115:1; 119:55, 132; 135:13; 138:2; 139:20; 140:13; 142:7; 143:11; 145:1, 2; 사 25:1; 26:8, 13; 63:16, 19; 64:2, 7; 렘 10:6, 25; 14:7, 9, 21; 15:16; 32:20; 애 3:55; 단 9:6, 18, 19; 미 6:9; 말 1:6; 마 7:22; 21:9; 23:39; 막 9:38; 11:9; 눅 9:49; 10:17; 13:35; 19:38; 요 12:13; 행 2:21; 9:14; 22:16; 롬 10:13; 15:9; 딤후 2:19; 히 2:12; 약 5:10, 14; 요삼 1:7; 계 11:18; 15:4

주의 인자/인자하심 – 출 15:13; 민 14:19; 시 25:7; 26:3; 31:7; 33:22; 36:5, 7, 10; 40:10, 11; 44:26; 48:9; 51:1; 57:10; 59:16; 63:3; 69:16; 85:7; 86:13; 88:11; 90:14; 92:1–3; 94:18; 108:4; 109:21, 26; 119:41, 64, 76, 88, 124, 149, 159; 138:2, 8; 143:8, 12; 벧전 2:3

주의 입/입술 – 왕상 8:24; 대하 6:15; 시 17:4; 119:13, 72, 88; 138:4

주의 종 – 창 19:19; 24:14; 32:4, 10, 18, 20; 33:5; 43:28; 44:9, 18, 23, 24, 27, 30, 31, 32, 33; 46:34; 출 4:10; 32:13; 민 32:25; 신 3:24; 9:27; 삼상 3:9, 10; 17:32, 34, 36, 58; 23:10, 11; 26:18; 삼하 7:20, 21, 25, 26, 27, 28, 29; 14:16; 왕상 3:6; 8:24, 25, 26, 28, 29, 30, 32, 36, 53, 59; 18:36; 대상 17:18, 19, 23, 24, 25, 26; 21:3; 대하 2:15; 6:14, 15, 16, 17, 19, 21, 23, 27, 42; 스 9:11; 느 1:6, 7, 8, 10; 9:14; 시 19:11, 13; 27:9; 31:16; 69:17; 79:2, 10; 86:16; 89:39, 50; 90:13, 16; 102:14, 28; 109:28; 116:16; 119:17, 23, 38, 49, 65, 76, 84, 91, 122, 124, 125, 135, 140, 176; 132:10; 143:2, 12; 사 36:9; 63:17; 단 9:6, 17; 행 4:25; 딤후 2:24

주의 지팡이 – 시 23:4; 미 7:14

주의 진노 – 욥 14:13; 시 6:1; 38:3; 85:3; 88:16; 90:11; 사 12:1; 애 2:21; 계 11:18

【 주 2 】 【 주관하다/주관자 】

'주 1'과 관련된 성구

주의 진리 – 시 25:5; 26:3; 30:9; 43:3;
　57:10; 86:11; 단 9:13
주의 진실/진실하심 – 시 36:5; 108:4; 143:1
주의 집 – 왕하 10:3; 시 5:7; 36:8; 65:4;
　66:13; 69:9; 84:4; 93:5
주의 증거 – 시 93:5; 119:14, 24, 31, 36,
　59, 79, 95, 99, 111, 119, 125, 129,
　144, 146, 152, 157, 167
주의 천사 – 마 28:2
주의 팔 – 출 15:16; 시 44:3; 77:15;
　89:13; 요 12:38
주의 하늘 – 시 8:3; 144:5
주의 형상 – 시 17:15
주의 화살 – 시 38:2; 77:17; 144:6; 합 3:11
주의 힘 – 출 15:13; 시 21:1; 54:1; 59:16;
　65:6; 71:18
주 하나님 – 왕하 4:16; 시 38:15; 61:5;
　86:2; 단 9:3, 4, 15; 눅 1:32; 행 3:22;
　계 1:8; 4:8, 11; 11:17; 15:3; 16:7;
　18:8; 21:22; 22:5

주 2(週, week)
신 16:9　일곱 주를 셀지니 … 첫 날부터 일곱 주

주간(週間, week)
행 20:7　주간의 첫날에 우리가 떡을 떼려 하여

주검(carcass, dead body)
레 11:8　고기를 먹지 말고 그 주검도 만지지
레 11:11　너희는 그 고기를 먹지 말고 그 주검을
레 11:24　이것들의 주검을 만지면 저녁까지 부정
레 11:25　그 주검을 옮기는 모든 자는 그 옷을
레 11:26　새김질 아니하는 것의 주검은 다 네게
레 11:27　그 주검을 만지는 자는 저녁까지 부정할
레 11:28　그 주검을 옮기는 자는 그 옷을 빨지니
레 11:31　이것들은 네게 부정하니 그 주검을 만지
레 11:32　이런 것 중 어떤 것의 주검이 나무 그릇
레 11:35　이런 것의 주검이 물건 위에 떨어지면
레 11:36　그 주검에 닿는 것은 모두 부정하여질
레 11:37　이것들의 주검이 심을 종자에 떨어지면
레 11:39　그 주검을 만지는 자는 저녁까지 부정할
레 11:40　저녁까지 부정할 것이며 그 주검을 옮기
민 5:2　유출증이 있는 자와 주검으로 부정하게
삿 14:8　사자의 주검을 본즉 사자의 몸에 벌
사 14:19　돌구덩이에 떨어진 주검들에 둘러싸였
나 3:3　죽임 당한 자의 떼, 주검의 큰 무더기,
마 24:28　주검이 있는 곳에는 독수리들이 모일
눅 17:37　주검 있는 곳에는 독수리가 모이느니라

주고받다(discuss)
눅 24:17　길 가면서 서로 주고받고 하는 이야기

주관하다/주관자(主管, govern, lord it over)
창 1:16　큰 광명체로 낮을 주관하게 하시고 작
　　　　은 광명체로 밤을 주관하게 하시며 또
창 1:18　낮과 밤을 주관하게 하시고 빛과 어둠을
창 39:5　소유물을 주관하게 한 때부터 여호와께
민 18:8　모든 헌물을 네가 주관하게 하고 네가
왕상 4:10　소고와 헤벨 온 땅을 그가 주관하였으며
왕상 11:34　그의 손에서 빼앗기 아니하고 주관하게
왕하 22:14　주관하는 살룸의 아내라 예루살렘
대상 26:30　이스라엘을 주관하여 여호와의 모든
에 1:22　남편이 자기의 집을 주관하게 하고 자기
에 2:3　궁녀를 주관하는 내시 헤개의 손에 맡겨
에 2:15　궁녀를 주관하는 내시 헤개가 정한 것
시 12:4　우리 입술은 우리 것이니 우리를 주관할
시 68:27　거기에는 그들을 주관하는 작은 베냐민
시 105:21　그의 집의 주관자로 삼아 그의 모든
시 119:133　죄악도 나를 주관하지 못하게 하소서
시 136:8　낮을 주관하게 하신 이에게 감사하라
시 136:9　달과 별들로 밤을 주관하게 하신 이에게
잠 22:7　부자는 가난한 자를 주관하고 빚진 자는
잠 28:2　나라는 죄가 있으면 주관자가 많아져도
사 14:2　자기를 압제하던 자들을 주관하리라
마 20:25　주관하고 그 고관들이 그들에게 권세를
막 10:42　집권자들이 그들을 임의로 주관하고
눅 22:25　주관하며 그 집권자들은 은인이라
롬 7:1　법이 사람이 살 동안만 그를 주관하는
고후 1:24　우리가 너희 믿음을 주관하려는 것이
엡 6:12　어둠의 세상 주관자들과 하늘에 있는
딤전 2:12　주관하는 것을 허락하지 아니하노니
벧후 2:10　주관하는 이를 멸시하는 자들에게는

【 주권자/주권 】　　　　　　　　　　　　　　　【 주다 】

주관하다/주관자 – 기타 본문
왕상 4:13; 대상 26:32; 에 2:8, 14

주권자/주권(主權者, ruler)
민 24:19　**주권자**가 야곱에게서 나서 남은 자들을
삼하 5:2　이스라엘의 **주권자**가 되리라 하셨나이
삼하 6:21　여호와의 백성 이스라엘의 **주권자**로
삼하 7:8　데려다가 내 백성 이스라엘의 **주권자**로
왕상 14:7　내 백성 이스라엘의 **주권자**가 되게 하
왕상 16:2　내 백성 이스라엘 위에 **주권자**가 되게
왕하 20:5　백성의 **주권자** 히스기야에게 이르기를
대상 5:2　형제보다 뛰어나고 **주권자**가 유다에게
대상 11:2　이스라엘의 **주권자**가 되리라 하셨나이
대상 17:7　데려다가 내 백성 이스라엘의 **주권자**로
대상 29:11 여호와여 **주권**도 주께 속하였사오니
대상 29:22 기름을 부어 여호와께 돌려 **주권자**가
대하 6:5　내 백성 이스라엘의 **주권자**가 될 사람을
욥 25:2　하나님은 **주권**과 위엄을 가지셨고 높은
잠 14:28　영광이요 백성이 적은 것은 **주권자**의
잠 29:26　**주권자**에게 은혜를 구하는 자가 많으나
잠 31:4　독주를 찾는 것이 **주권자**들에게 마땅하
전 10:4　**주권자**가 네게 분을 일으키거든 너는
전 10:5　곧 **주권자**에게서 나오는 허물이라
사 16:8　**주권자**들이 그 좋은 가지를 꺾었도다
엡 1:21　통치와 권세와 능력과 **주권**과 이 세상
골 1:16　왕권들이나 **주권**들이나 통치자들이나
딤전 6:15 하나님은 복되시고 유일하신 **주권자**이

주년(周年, at the turn of year)
대하 24:23 일 **주년** 말에 아람 군대가 요아스를

주다(give)
모세오경
창 2:20　들의 모든 짐승에게 이름을 **주니라**
창 3:6　함께 있는 남편에게도 **주매** 그도 먹은지
창 4:12　그 효력을 네게 **주지** 아니할 것이요
창 4:15　가인에게 표를 **주사** 그를 만나는 모든
창 14:20 십분의 일을 멜기세덱에게 **주었더라**
창 15:2　여호와여 무엇을 내게 **주시려** 하나이까
창 15:3　주께서 내게 씨를 **주지** 아니하셨으니
창 16:3　아브람에게 첩으로 **준** 때는 아브람이
창 18:7　하인에게 **주니** 그가 급히 요리한지라
창 20:14 소와 종들을 이끌어 아브라함에게 **주고**
창 23:4　중에서 내게 매장할 소유지를 **주어**
창 24:21 여호와께서 과연 평탄한 길을 **주신**
창 24:32 사료를 낙타에게 **주고** 그 사람의 발과 그의 동행자들의 발 씻을 물을 주고
창 25:5　이삭에게 자기의 모든 소유를 **주었고**
창 25:34 야곱이 떡과 팥죽을 에서에게 **주매** 에서
창 29:24 그의 딸 레아에게 시녀로 **주었더라**
창 29:26 이르되 언니보다 아우를 먼저 **주는** 것은
창 30:18 내 남편에게 **주었으므로** 하나님이 내게 그 값을 **주셨다** 하고 그의 이름을
창 34:8　원하건대 그를 세겜에게 **주어** 아내로
창 34:9　너희 딸을 우리에게 **주며** 우리 딸을
창 38:18 담보물을 네게 **주랴** … 유다가 그것들을 그에게 주고 그에게로 들어갔더니
창 38:26 아들 셀라에게 **주지** 아니하였음이로다
창 41:45 아스낫을 그에게 **주어** 아내로 삼게
창 42:25 길 양식을 그들에게 **주게** 하니 그대로
창 47:11 거주할 곳을 **주되** 애굽의 좋은 땅 라암셋을 그들에게 **주어** 소유로 삼게 하고
출 2:21　그의 딸 십보라를 모세에게 **주었더니**

"여호와는 네게 복을 주시고 너를 지키시기를 원하며"(민 6:24)

출 4:15　그의 입에 할 말을 **주라** 내가 네 입과
출 4:21　손에 **준** 이적을 바로 앞에서 다 행하라
출 5:7　벽돌에 쓸 짚을 전과 같이 **주지** 말고
출 10:25 번제물을 우리에게 **주어야** 하겠고
출 12:36 그들이 구하는 대로 **주게** 하시므로
출 16:29 너희에게 안식일을 **줌**으로 여섯째 날에는 이틀 양식을 너희에게 **주는** 것이니
출 21:4　만일 상전이 그에게 아내를 **주어** 그
출 25:16 내가 네게 **줄** 증거판을 궤 속에 두시며
출 29:24 아론의 손과 그의 아들들의 손에 **주고**
레 2:8　여호와께로 가져다가 제사장에게 **줄**
레 17:11 내가 이 피를 너희에게 **주어** 제단에
레 18:21 너는 결단코 자녀를 몰렉에게 **주어** 불로
레 20:2　자식을 몰렉에게 **주면** 반드시 죽이되

[주다]　　　　　　　　　　　　　　　　　　　　　　　　　　　　[주다]

레 25:37	이자를 위하여 돈을 꾸어 **주지** 말고
레 25:46	너희 후손에게 기업으로 **주어** 소유가
레 26:26	너희 떡을 구워 저울에 달아 **주리니**
민 3:51	아론과 그의 아들들에게 **주었으니**
민 11:13	모든 백성에게 **줄** 고기를 내가 어디서 얻으리이까 … 고기를 **주어** 먹게 하라
민 11:18	누가 우리에게 고기를 **주어** 먹게 하랴
민 16:14	우리에게 기업으로 **주지** 아니하니 네가
민 17:6	지팡이 하나씩을 그에게 **주었으니** 그
민 18:6	내게 돌리고 너희에게 선물로 **주어** 회막
민 26:53	명수대로 땅을 나눠 **주어** 기업을 삼게
민 27:9	없으면 그의 기업을 그의 형제에게 **줄**
민 31:30	여호와의 성막을 맡은 레위인에게 **주라**
민 31:41	엘르아살에게 **주었으니** 여호와께서
민 32:40	길르앗을 므낫세의 아들 마길에게 **주매**
민 35:4	레위인에게 **줄** 성읍들의 들은 성벽에서
민 35:6	너희가 레위인에게 **줄** 성읍은 살인자들
신 1:8	그들과 그들의 후손에게 **주리라**
신 2:5	한 발자국도 너희에게 **주지** 아니하리니
신 14:21	그것을 성중에 거류하는 객에게 **주어**
신 22:7	어미는 반드시 놓아 **줄** 것이요 새끼는
신 22:29	은 오십 세겔을 **주고** 그 처녀를 아내로
신 23:4	뇌물을 **주어** 너희를 저주하게 하려
신 24:15	그 품삯을 당일에 **주고** 해 진 후까지
신 26:12	고아와 과부에게 **주어** 네 성읍 안에서
신 26:13	레위인과 객과 고아와 과부에게 **주기를**

역사서

수 1:14	너희에게 **준** 요단 이쪽 땅에 머무르려니
수 9:24	이 땅을 다 당신들에게 **주고** 이 땅에
수 11:23	기업으로 **주매** 그 땅에 전쟁이 그쳤더라
수 13:8	여호와의 종 모세가 그들에게 **준** 것은
수 13:14	여호수아가 기업으로 **준** 것이 없었으니
수 14:12	이 산지를 지금 내게 **주소서** 당신도
수 14:13	헤브론을 그에게 **주어** 기업을 삼게 하매
수 15:13	여분네의 아들 갈렙에게 **주었으니**
수 15:16	내 딸 악사를 아내로 **주리라** 하였더니
수 17:14	분깃으로만 내게 **주심은** 어찌함이니이
수 18:7	여호와의 종 모세가 그들에게 **준** 것이니
수 19:49	아들 여호수아에게 기업을 **주었으니**
수 19:50	에브라임 산지 딤낫 세라를 **주매**
수 24:3	하려고 그에게 이삭을 **주었으며**
수 24:4	야곱과 에서를 **주었고** 에서에게는 세일 산을 소유로 **주었으나** 야곱과 그의
수 24:32	이곳은 야곱이 백 크시타를 **주고** 세겜의
삿 1:12	자에게는 내 딸 악사를 아내로 **주리라**
삿 1:13	그의 딸 악사를 그에게 아내로 **주었더라**
삿 1:15	내게 복을 **주소서** … 내게 **주소서** 하매 … 아랫샘을 그에게 **주었더라**
삿 1:20	헤브론을 갈렙에게 **주었더니** 그가
삿 5:25	시스라가 물을 구하매 우유를 **주되** 곧 엉긴 우유를 귀한 그릇에 담아 **주었고**
삿 14:12	겉옷 삼십 벌을 너희에게 **주리라**
삿 21:1	베냐민 사람에게 아내로 **주지** 아니하리
룻 2:14	볶은 곡식을 **주매** 룻이 배불리 먹고
룻 4:7	그의 신을 벗어 그의 이웃에게 **주더니**
삼상 1:4	아내 브닌나와 그의 모든 자녀에게 **주고**
삼상 1:5	갑절을 **주니** 이는 그를 사랑함이라
삼상 2:19	작은 겉옷을 지어다가 그에게 **주었더니**
삼상 2:28	내가 네 조상의 집에 **주지** 아니하였느냐

"네 조상들도 알지 못하던 만나를 광야에서 네게 먹이셨나니 이는 다 너를 낮추시며 너를 시험하사 마침내 네게 복을 주려 하심이었느니라"(신 8:16)

삼상 8:6	우리에게 왕을 **주어** 우리를 다스리게
삼상 18:4	겉옷을 벗어 다윗에게 **주었고** 자기의
삼상 18:17	내 맏딸 메랍을 네게 아내로 **주리니**
삼상 18:19	딸 메랍을 다윗에게 **줄** 시기에 므홀랏 사람 아드리엘에게 아내로 **주었더라**
삼상 20:40	요나단이 그의 무기를 아이에게 **주며**
삼상 21:6	제사장이 그 거룩한 떡을 **주었으니**
삼상 22:10	여호와께 묻고 그에게 음식도 **주고** 블레셋 사람 골리앗의 칼도 **주더이다**
삼상 22:13	떡과 칼을 **주고** 그를 위하여 하나님께
삼상 24:15	억울함을 풀어 **주시고** 나를 왕의 손에서
삼상 25:44	사는 라이스의 아들 발디에게 **주었더라**
삼상 28:17	떼어 네 이웃 다윗에게 **주셨느니라**
삼상 30:11	다윗에게로 데려다가 떡을 **주어** 먹게
삼상 30:12	건포도 두 송이를 **주었으니** 그가 밤낮
삼하 12:11	아내를 빼앗아 네 이웃들에게 **주리니**
왕상 1:48	내 왕위에 앉을 자를 **주사** 내 눈으로

2169

[주다]

왕상 2:17 아비삭을 내게 **주어** 아내를 삼게 하소서
왕상 2:21 수넴 여자 아비삭을 아도니야에게 **주어**
왕상 3:6 은혜를 항상 **주사** 오늘과 같이 그의 자리에 앉을 아들을 그에게 **주셨나이다**
왕상 3:9 종에게 **주사** 주의 백성을 재판하여 선악
왕상 3:25 여자에게 **주고** 반은 저 여자에게 **주라**
왕상 3:26 주여 산 아이를 그에게 **주시고** 아무쪼록
왕상 5:10 백향목 재목과 잣나무 재목을 **주매**
왕상 9:11 히람에게 **주었으니** 이는 두로 왕 히람이
왕상 9:12 솔로몬이 자기에게 **준** 성읍들을 보고
왕상 9:16 딸 솔로몬의 아내에게 예물로 **주었더니**
왕상 11:11 네게서 빼앗아 네 신하에게 **주리라**
왕상 11:13 한 지파를 네 아들에게 **주리라** 하셨더라
왕상 11:31 찢어 빼앗아 열 지파를 네게 **주고**
왕상 11:32 위하여 한 지파를 솔로몬에게 **주리니**
왕상 11:36 아들에게는 내가 한 지파를 **주어서**
왕상 21:3 주기를 여호와께서 금하실지로다
왕상 21:4 조상의 유산을 왕께 **줄** 수 없다 하므로
왕상 21:6 포도원을 내게 **주되** … 포도원을 네게 **주리라** 한즉 … 네게 **주지** 아니하겠노라
왕하 7:6 왕들에게 값을 **주고** 그들을 우리에게
왕하 10:22 바알을 섬기는 모든 자에게 **주라** 하매
왕하 11:10 왕의 창과 방패를 백부장들에게 **주니**
왕하 11:12 왕관을 씌우며 율법책을 **주고** 기름을
왕하 12:11 목수와 건축하는 자들에게 **주고**
왕하 12:12 미장이와 석수에게 **주고** 또 여호와의
왕하 12:14 그 은을 일하는 자에게 **주어** 그것으로
왕하 15:19 므나헴이 은 천 달란트를 불에게 **주어서**
왕하 15:20 앗수르 왕에게 **주었더니** 이에 앗수르
왕하 17:34 여호와께서 이스라엘이라 이름을 **주신**
왕하 18:15 왕궁 곳간에 있는 은을 다 **주었고**
왕하 18:16 금을 벗겨 모두 앗수르 왕에게 **주었더라**
왕하 22:6 목수와 건축자와 미장이에게 **주게** 하고
왕하 22:8 책을 사반에게 **주니** 사반이 읽으니라
왕하 22:10 제사장 힐기야가 내게 책을 **주더이다**
왕하 23:35 여호야김이 은과 금을 바로에게 **주니라** … 그에게 그 돈을 **주기** 위하여 나라
대상 2:35 야르하에게 **주어** 아내를 삼게 하였더니
대상 6:55 땅의 헤브론과 그 사방 초원을 **주었고**
대상 6:56 여분네의 아들 갈렙에게 **주었으며**
대상 6:57 아론 자손에게 도피성을 **주었으니**
대상 22:9 안일함을 이스라엘에게 **줄** 것임이니라
대상 25:5 헤만에게 열네 아들과 세 딸을 **주셨더라**

[주다]

대상 28:11 설계도를 그의 아들 솔로몬에게 **주고**
대하 11:23 후히 **주고** 아내를 많이 구하여 **주었더라**
대하 21:3 견고한 성읍들을 선물로 후히 **주었고**
여호람은 장자이므로 왕위를 **주었더니**
대하 23:11 면류관을 씌우며 율법책을 **주고** 세워
대하 24:12 그 돈을 여호와의 전 감독자에게 **주어**
대하 25:18 네 딸을 내 아들에게 **주어** 아내로 삼게
대하 28:21 앗수르 왕에게 **주었으나** 그에게 유익이
대하 30:24 양 칠천 마리를 회중에게 **주었고** 방백들은 … 회중에게 **주었으며** 자신들을
대하 31:4 레위 사람들 몫의 음식을 **주어** 그들에게
대하 34:9 하나님의 전에 헌금한 돈을 그에게 **주니**
대하 34:10 일꾼들에게 **주어** 그 전을 수리하게 하되
대하 34:15 하고 힐기야가 그 책을 사반에게 **주매**
대하 34:17 감독자들과 일꾼들에게 **주었나이다**
대하 34:18 제사장 힐기야가 내게 책을 **주더이다**
대하 35:7 삼천 마리를 내어 유월절 제물로 **주매**
스 3:7 돈을 **주고** 또 시돈 사람과 두로 사람에게 먹을 것과 마실 것과 기름을 **주고**
스 8:20 레위 사람들을 섬기라고 **준** 느디님 사람
스 8:25 은과 금과 그릇들을 달아서 **주었으니**
느 2:7 총독들에게 내리시는 조서를 내게 **주사**
느 2:8 들보로 쓸 재목을 내게 **주게** 하옵소서
느 2:12 내 마음에 **주신** 것을 내가 아무에게도
느 6:13 그들이 뇌물을 **준** 까닭은 나를 두렵게
느 10:30 딸들을 이 땅 백성에게 **주지** 아니하고
느 13:2 발람에게 뇌물을 **주어** 저주하게 하였음
느 13:5 십일조로 **주는** 곡물과 새 포도주와 기름과 또 제사장들에게 **주는** 거제물을
느 13:10 레위 사람들이 받을 몫을 **주지** 아니하였
에 1:19 자리를 그보다 나은 사람에게 **주소서**
에 2:3 몸을 정결하게 하는 물품을 **주게** 하시고
에 3:11 은을 네게 **주고** 그 백성도 그리하노니
에 4:8 조서 초본을 하닥에게 **주어** 에스더에게
에 5:3 나라의 절반이라도 그대에게 **주겠노라**
에 8:1 왕후 에스더에게 **주니라** 에스더가
에 8:7 내가 그 집을 에스더에게 **주었으니**
에 9:19 베풀고 즐기며 서로 예물을 **주더라**

시가서

욥 1:21 **주신** 이도 여호와시요 거두신 이도
욥 3:20 고난 당하는 자에게 빛을 **주셨으며** 마음이 아픈 자에게 생명을 **주셨는고**
욥 3:23 사람에게 어찌하여 빛을 **주셨는고**

2170

[**주다**]　　　　　　　　　　　　　　　　　　　　　　　[**주다**]

욥 16:2	다 재난을 **주는** 위로자들이로구나	시 112:9	빈궁한 자들에게 **주었으니** 그의 의가
욥 17:3	담보물을 **주소서** 나의 손을 잡아 줄	잠 1:4	젊은 자에게 지식과 근신함을 **주기** 위한
욥 22:7	주린 자에게 음식을 **주지** 아니하였구나	잠 3:28	갔다가 다시 오라 내일 **주겠노라** 하지
욥 31:2	전능자께서 **주시는** 기업이 무엇이겠с	잠 4:9	영화로운 면류관을 네게 **주리라** 하셨느
욥 32:8	숨결이 사람에게 깨달음을 **주시나니**	잠 19:6	선물 **주기를** 좋아하는 자에게는 사람
욥 35:10	밤에 노래를 **주시는** 자가 어디 계시냐고	잠 22:9	이는 양식을 가난한 자에게 **줌이니라**
욥 35:15	진노하심으로 벌을 **주지** 아니하셨고	잠 22:16	부자에게 **주는** 자는 가난하여질 뿐이니
욥 37:7	그가 모든 사람의 손에 표를 **주시어**	잠 23:26	아들아 네 마음을 내게 **주며** 네 눈으로
욥 38:36	준 것이냐 수탉에게 슬기를 준 자가	잠 26:8	미련한 자에게 영예를 **주는** 것은 돌을
욥 39:17	베풀지 아니하셨고 총명을 **주지** 아니함	잠 29:15	채찍과 꾸지람이 지혜를 **주거늘** 임의로
욥 39:19	말의 힘을 네가 **주었느냐** 그 목에	잠 29:17	하겠고 또 네 마음에 기쁨을 **주리라**
욥 41:11	누가 먼저 내게 **주고** 나로 하여금 갚게	전 1:13	하나님이 인생들에게 **주사** 수고하게
욥 42:10	이전 모든 소유보다 갑절이나 **주신지라**	전 9:9	하나님이 해 아래에서 네게 **주신** 모든
욥 42:11	하나씩과 금 고리 하나씩을 **주었더라**	전 12:7	영은 그것을 **주신** 하나님께로 돌아가기
시 37:21	의인은 은혜를 베풀고 **주는도다**	전 12:11	잘 박힌 못 같으니 다 한 목자가 **주신**
시 69:21	쓸개를 나의 음식물로 **주며** 목마를	아 7:12	거기에서 내가 내 사랑을 네게 **주리라**
시 72:3	백성에게 평강을 **주며** 작은 산들도	아 8:7	사람이 그의 온 가산을 다 **주고** 사랑과
시 76:5	그들에게 도움을 줄 손을 만날 수 없도	**선지서**	
시 78:20	능히 떡도 **주시며** 자기 백성을 위하여	사 21:14	목마른 자에게 **주고** 떡을 가지고 도피
시 78:29	그들의 원대로 그들에게 **주셨도다**	사 28:12	곤비한 자에게 안식을 **주라** 하셨으나
시 79:2	성도들의 육체를 땅의 짐승에게 **주며**	사 29:11	글 아는 자에게 **주며** 이르기를 그대에게
시 104:28	주께서 **주신즉** 그들이 받으며 주께서	사 42:8	다른 자에게, 내 찬송을 우상에게 **주지**

하나님께서 '주시는 것'

가시 – 고후 12:7
간절함 – 고후 8:16
고통 – 시 107:12
공의 – 시 72:1
구원 – 삼하 22:51; 시 18:50; 85:7; 롬 1:16; 딛 2:11 / 구원의 방패 – 삼하 22:36; 시 18:35 / 구원자 – 왕하 13:5; 느 9:27
권능 – 마 9:8; 10:1 / 권세 – 단 5:19; 요 1:12; 고후 10:8; 계 2:26; 11:3 / 권한 – 고후 13:10
금, 은 장식품 – 겔 16:17 / 은과 금 – 호 2:8
기념물과 이름 – 사 56:5
기쁜 소식을 전할 자 – 사 41:27
기업 – 레 14:34; 민 18:21, 24, 26; 신 2:5, 9, 19; 3:20; 4:21, 38; 32:8; 대하 20:11; 시 61:5; 111:6; 136:22; 렘 17:4
깃발 – 시 60:4

나라 – 왕상 14:8 / 나라와 족속 – 느 9:22 / 나라와 권세와 능력과 영광 – 단 2:37 / 나라와 권세와 영광과 위엄 – 단 5:18
넓은 마음 – 왕상 4:29 / 부드러운 마음 – 겔 11:19; 36:26 / 새 마음 – 삼상 10:9; 겔 36:26 / 여호와인 줄 아는 마음 – 렘 24:7 / 영원을 사모하는 마음 – 전 3:11 / 정성된 마음 – 대상 29:19 / 지혜롭고 총명한 마음 – 왕상 3:12 / 한 마음 – 겔 11:19
노고 – 전 2:26; 3:10
능력 – 빌 4:13 / 능력과 사랑과 절제하는 마음 – 딤 1:7 / 능력 행함, 예언함, 영들 분별함, 방언 말함, 방언들 통역함 – 고전 12:10
돌판 – 신 5:22; 9:10, 11 / 흰 돌 – 계 2:17
두려움 – 대하 17:10
두루마리 – 겔 3:3 / 흰 두루마기 – 계 6:11
등불 – 왕상 15:4; 왕하 8:19; 대하 21:7

2171

【 주다 】　　　　　　　　　　　　　　　　　　　　　　　【 주다 】

사 43:3	구스와 스바를 너를 대신하여 **주었노라**	겔 43:19	어린 수송아지 한 마리를 **주어** 속죄제물
사 48:11	영광을 다른 자에게 **주지** 아니하리라	겔 44:30	첫 밀가루를 제사장에게 **주어** 그들에게
렘 3:8	내쫓고 그에게 이혼서까지 **주었으되**	겔 48:13	레위 사람의 몫을 **주되** 길이는 이만
렘 10:5	그들에게 화를 주거나 복을 **주지** 못하나	겔 48:14	익은 열매를 남에게 **주지도** 못하리니
렘 14:13	너희에게 확실한 평강을 **주리라** 하나이	단 1:5	날마다 쓸 것을 **주어** 삼 년을 기르게
렘 22:13	품삯을 **주지** 아니하는 자에게 화 있을진	단 1:12	채식을 **주어** 먹게 하고 물을 **주어**
렘 27:3	사신들의 손에도 그것을 **주어** 에돔의	단 2:46	예물과 향품을 그에게 **주게** 하니라
렘 34:11	자유를 **주었던** 노비를 끌어다가 복종시	단 2:48	선물을 많이 **주며** 그를 세워 바벨론
렘 36:32	네리야의 아들 서기관 바룩에게 **주매**	단 5:28	바사 사람에게 **준** 바 되었다 함이니이다
렘 37:21	떡 한 개씩 그에게 **주게** 하매 성중에	단 7:14	그에게 권세와 영광과 나라를 **주고** 모든
렘 39:10	날에 포도원과 밭을 그들에게 **주었더라**	단 9:22	내가 이제 네게 지혜와 총명을 **주려고**
렘 40:5	사령관이 그에게 양식과 선물을 **주어**	단 11:17	여자의 딸을 그에게 **주어** 그의 나라를
렘 48:9	모압에 날개를 **주어** 날아 피하게 하라	단 11:21	영광을 그에게 **주지** 아니할 것이나
애 3:65	그들에게 완악한 마음을 **주시고** 그들에	호 8:9	에브라임이 값 주고 사랑하는 자들을
애 4:3	들개들도 젖을 **주어** 그들의 새끼를 먹이	호 8:10	여러 나라에게 값을 **주었을지라도**
애 5:4	은을 주고 물을 마시며 값을 주고 나무	호 13:10	왕과 지도자들을 **주소서** 하였느니라
겔 2:8	네 입을 벌리고 내가 네게 **주는** 것을	욘 1:3	가려고 배삯을 주고 배에 올랐더라
겔 10:7	가는 베 옷을 입은 자의 손에 **주매** 그가	미 2:4	밭을 나누어 패역자에게 **주시는도다**
겔 18:16	주린 자에게 음식물을 **주며** 벗은 자에게	슥 11:12	품삯을 내게 **주고** 그렇지 아니하거든
겔 21:27	마땅히 얻을 자가 이르면 그에게 **주리라**	말 2:5	이것을 그에게 **준** 것은 그로 경외하게
겔 29:5	공중의 새의 먹이로 **주었음이라**	복음서, 역사서	
겔 33:15	저당물을 도로 **주며** 강탈한 물건을 돌려	마 4:9	경배하면 이 모든 것을 네게 **주리라**

하나님께서 '주시는 것'

땅 – 창 12:7; 13:15, 17; 15:7, 18; 17:8; 24:7; 26:3, 4; 28:4, 13; 35:12; 48:4; 출 6:4, 8; 12:25; 13:5, 11; 20:12, 레 20:24; 23:10; 25:2, 38; 민 10:29; 14:8, 16; 15:2; 20:12, 24; 27:12; 32:5, 7, 9; 33:53; 신 1:20, 25, 35, 36, 39; 2:12, 29; 3:18, 20; 4:1, 40; 5:16, 31; 6:10, 23; 7:13; 8:10; 9:6, 23; 10:11; 11:9, 12, 17, 21, 31; 12:1, 10; 15:4-5, 7; 16:20; 17:14; 18:9; 19:1, 2, 3, 8, 10, 14; 21:1, 23; 24:4; 25:15, 19; 26:1, 2, 3, 9, 15; 27:2, 3; 28:8, 11; 30:20; 31:7; 34:4; 수 1:2, 3, 6, 11, 13, 15; 2:9, 14, 24; 5:6; 18:3; 21:43; 23:13, 15, 16; 24:13; 삿 6:9; 왕상 8:34, 36, 40, 48; 9:7; 14:15; 대상 16:18; 대하 6:25, 27, 31, 38; 20:7; 느 9:8, 15, 35, 36; 시 105:11, 44; 115:16; 135:12; 136:21; 렘 3:18, 19; 7:7; 11:5; 16:15; 24:10; 27:6; 30:3; 32:22; 35:15; 겔 11:15, 17; 20:42; 28:25; 29:20; 36:28; 37:25; 47:14; 암 9:15; 행 13:19

만나 – 계 2:17

만족 – 시 107:9

말씀 – 민 22:38; 23:5, 12, 16; 시 68:11; 요 17:8; 엡 6:9;

먹을 것/음식(고기, 물, 양식, 채소 등등) – 창 1:29, 30; 9:3; 14:19; 27:28; 28:20; 출 16:8, 15, 29; 17:2; 레 6:17; 7:34; 10:14, 17; 민 11:18, 21; 18:8, 11, 19; 21:16; 신 10:18; 12:21; 룻 1:6; 느 9:15, 20; 욥 36:31; 시 65:9; 78:24, 25; 104:15, 27; 111:5; 136:25; 145:15; 146:7; 147:9; 사 27:3; 30:20; 44:3; 55:10; 62:8; 호 2:28; 욜 2:19; 슥 10:1; 마 6:11; 눅 11:3; 고후 9:10

명철과 총명 – 대하 2:12

2172

[**주다**] [**주다**]

마 5:31	버리려거든 이혼 증서를 줄 것이라	마 21:33	망대를 짓고 농부들에게 세로 **주고** 타국
마 5:42	네게 구하는 자에게 **주며** 네게 꾸고자	마 25:15	사람에게는 한 달란트를 **주고** 떠났더니
마 6:11	오늘 우리에게 일용할 양식을 **주시옵고**	마 25:35	주릴 때에 너희가 먹을 것을 **주었고**
마 7:6	거룩한 것을 개에게 **주지** 말며 너희	마 25:42	너희가 먹을 것을 **주지** 아니하였고 목마
마 7:7	구하라 그리하면 너희에게 **주실** 것이요	마 26:9	가난한 자들에게 줄 수 있었겠도다
마 7:9	아들이 떡을 달라 하는데 돌을 **주며**	마 26:15	얼마나 **주려느냐** 하니 그들이 은 삼십을
마 7:10	달라 하는데 뱀을 줄 사람이 있겠느냐	마 27:10	토기장이의 밭 값으로 **주었으니** 이는
마 7:11	자식에게 줄 줄 알거든 하물며 하늘에	마 27:34	쓸개 탄 포도주를 예수께 **주어** 마시게
	계신 … 좋은 것으로 **주시지** 않겠느냐	마 28:12	의논하고 군인들에게 돈을 많이 **주며**
마 10:8	너희가 거저 받았으니 거저 **주라**	마 28:18	하늘과 땅의 모든 권세를 내게 **주셨으니**
마 10:19	그 때에 너희에게 할 말을 **주시리니**	막 2:26	함께 한 자들에게도 **주지** 아니하였느냐
마 10:34	세상에 화평을 **주러** 온 줄로 생각하지	막 4:11	너희에게는 **주었으나** 외인에게는 모든
	말라 화평이 아니요 검을 **주러** 왔노라	막 5:43	이에 소녀에게 먹을 것을 **주라**
마 10:42	냉수 한 그릇이라도 **주는** 자는 내가	막 6:7	더러운 귀신을 제어하는 권능을 **주시고**
마 11:27	아버지께서 모든 것을 내게 **주셨으니**	막 6:25	소반에 얹어 곧 내게 **주기**를 원하옵나이
마 12:18	내가 내 영을 그에게 줄 터이니 그가	막 8:12	세대에 표적을 **주지** 아니하리라 하시고
마 14:7	달라는 대로 **주겠다고** 약속하거늘	막 8:37	무엇을 **주고** 자기 목숨과 바꾸겠느냐
마 16:19	내가 천국 열쇠를 네게 **주리니** 네가	막 9:41	물 한 그릇이라도 **주면** 내가 진실로
마 16:26	무엇을 **주고** 제 목숨과 바꾸겠느냐	막 10:21	다 팔아 가난한 자들에게 **주라** 그리하면
마 17:27	가져다가 나와 너를 위하여 **주라** 하시니	막 10:45	많은 사람의 대속물로 **주려** 함이니
마 19:7	증서를 **주어서** 버리라 명하였나이까	막 12:1	망대를 지어서 농부들에게 세로 **주고**
마 19:21	가난한 자들에게 **주라** 그리하면 하늘에	막 12:9	포도원을 다른 사람들에게 **주리라**
마 20:4	내가 너희에게 상당하게 **주리라** 하니	막 14:5	가난한 자들에게 줄 수 있었겠도다 하며
마 20:28	많은 사람의 대속물로 **주려** 함이니라	막 14:11	듣고 기뻐하여 돈을 **주기**로 약속하니

하나님께서 '주시는 것'

목자들 – 렘 3:15
미래와 희망 – 렘 29:11
벌 – 시 94:2
보좌 – 렘 49:38
보혜사 – 요 14:16
보화와 재물 – 사 45:3 / 부귀와 영광 – 왕상 3:13 / 부와 재물과 영광 – 대하 1:12 / 재물과 부요 – 전 5:19
복 – 창 1:22, 28; 5:2; 9:1; 12:2; 17:16, 20; 22:17; 24:1, 35; 25:11; 26:3, 12, 24; 27:27; 28:3, 4; 30:27, 30; 35:9; 48:3, 16; 49:25; 출 20:24; 레 25:21; 민 6:24, 27; 23:20; 신 1:11; 2:7; 7:13; 8:16; 12:7, 15; 14:29; 15:6, 10, 14, 18; 16:10, 15, 17; 26:11, 15; 28:8, 11, 12; 30:9-10, 16; 수 17:14; 삿 13:24; 17:13; 룻 2:4; 3:10; 삼하 6:11, 12; 7:29; 대상 4:10; 17:27; 26:5; 대하 31:10; 느 13:31; 욥 42:12; 시 5:12; 28:9; 29:11; 45:2; 65:10; 67:1, 6, 7; 107:38; 109:28; 115:12, 13; 128:5; 132:15; 134:3; 147:13; 잠 10:22; 사 19:25; 51:2; 렘 31:23; 32:40, 41; 학 2:19; 행 3:26; 엡 1:3; 히 6:14
분깃 – 렘 13:25
비 – 레 26:4; 사 30:23; 렘 5:24; 욜 2:23
빛 – 잠 29:13
사람과 짐승 – 렘 27:5, 6; 28:14
사사 – 행 13:20
상 – 룻 2:12; 삼하 22:21; 시 18:20; 히 11:6, 26; 계 11:18
상속자/후사 – 룻 4:12; 삼상 2:20
새벽 별 – 계 2:28
생명 – 시 21:4; 렘 45:5; 요 5:26; 6:33; 요

{ 주다 }

막 14:22 제자들에게 **주시며** 이르시되 받으라
막 15:23 몰약을 탄 포도주를 **주었으나** 예수께서
눅 1:32 조상 다윗의 왕위를 그에게 **주시리니**
눅 4:6 내가 네게 **주리라** 이것은 내게 넘겨 준 것이므로 내가 원하는 자에게 **주노라**
눅 4:20 덮어 그 맡은 자에게 **주시고** 앉으시니
눅 6:4 먹고 함께 한 자들에게도 **주지** 아니하였
눅 6:14 곧 베드로라고도 이름을 **주신** 시몬과
눅 6:30 구하는 자에게 **주며** 네 것을 가져가는
눅 6:38 **주라** 그리하면 너희에게 줄 것이니 곧
눅 7:15 예수께서 그를 어머니에게 **주시니**
눅 7:41 이르시되 빚 **주는** 사람에게 빚진 자가
눅 7:44 내게 발 씻을 물도 **주지** 아니하였으되
눅 8:55 일어나거늘 예수께서 먹을 것을 **주라**
눅 9:1 병을 고치는 능력과 권위를 **주시고**
눅 9:13 먹을 것을 **주라** 하시니 여짜오되 우리에
눅 9:16 축사하시고 떼어 제자들에게 **주어** 무리
눅 9:42 낫게 하사 그 아버지에게 도로 **주시니**
눅 10:7 그 집에 유하며 **주는** 것을 먹고 마시라
눅 10:19 모든 능력을 제어할 권능을 **주었으니**
눅 11:8 일어나서 **주지** 아니할지라도 그 간청함을 인하여 일어나 그 요구대로 **주리라**
눅 11:9 구하라 그러면 너희에게 주실 것이요
눅 11:11 달라 하는데 생선 대신에 뱀을 **주며**

눅 11:12 알을 달라 하는데 전갈을 **주겠느냐**
눅 11:13 좋은 것을 자식에게 줄 줄 알거든
눅 12:32 너희에게 **주시기**를 기뻐하시느니라
눅 12:36 열어 **주려고** 기다리는 사람과 같이 되라
눅 12:51 내가 세상에 화평을 **주려고** 온 줄로
눅 13:8 두소서 내가 두루 파고 거름을 **주리니**
눅 15:12 돌아올 분깃을 내게 **주소서** 하는지라
눅 15:16 배를 채우고자 하되 **주는** 자가 없는지라
눅 15:29 염소 새끼라도 **주어** 나와 내 벗으로
눅 19:8 가난한 자들에게 **주겠사오며** 만일
눅 19:13 열 므나를 **주며** 이르되 내가 돌아올
눅 20:9 농부들에게 세로 **주고** 타국에 가서 오래
눅 21:15 없는 구변과 지혜를 너희에게 **주리라**
눅 22:19 감사 기도 하시고 떼어 그들에게 **주시며**
눅 23:36 희롱하면서 나아와 신 포도주를 **주며**
눅 24:30 축사하시고 떼어 그들에게 **주시니**
요 4:10 것이요 그가 생수를 네게 **주었으리**
요 4:12 이 우물을 우리에게 **주셨고** 또 여기서
요 5:27 말미암아 심판하는 권한을 **주셨느니라**
요 5:36 아버지께서 내게 **주사** 이루게 하시는
요 6:11 그렇게 그들의 원대로 **주시니라**
요 6:32 너희에게 하늘로부터 참 떡을 **주시나니**
요 6:39 보내신 이의 뜻은 내게 **주신** 자 중에
요 6:51 떡을 먹으면 영생하리라 내가 줄 떡은

하나님께서 '주시는 것'

일 5:16 / 생명과 은혜 - 욥 10:12 / 생명과 호흡과 만물 - 행 17:25 / 생명과 경건에 속한 모든 것 - 벧후 1:3 / 생명나무의 열매 - 계 2:7 / 생명의 관 - 계 2:10 / 생명수 샘물 - 계 21:6
선물 - 창 30:20; 엡 3:7; 4:8
선한 길 - 왕상 8:36
선한 영 - 민 11:29; 느 9:20; 사 42:1
성령 - 눅 11:13; 행 5:32; 15:8; 롬 5:5; 고후 1:22; 5:5; 갈 3:5; 살전 4:8; 요일 3:24; 4:13
성읍/성 - 신 13:12; 16:5, 18; 17:2, 20;16; 28:52; 수 6:16; 8:7; 24:13; 렘 23:39
세상 만국 - 대하 36:23 / 세상 모든 나라 - 스 1:2
소와 양 - 신12:21
소유지 - 수 22:4
슬기로운 아내 - 창 3:12; 잠 19:14
승리 - 고전 15:57
심령과 눈과 귀 - 롬 11:8 / 자원하는 심령 - 시 51:12
십계명 - 신 10:4
아브라함이라는 이름 - 느 9:7
안식 - 신 3:20; 12:10; 25:19; 수 1:13; 21:44; 22:4; 사 14:3
안식과 기업 - 신 12:9
안식일 - 겔 20:12
약속 - 롬 15:8; 갈 3:22; 벧후 1:4 / 할례의 언약 - 행 7:8
영 - 겔 11:19 / 지혜와 계시의 영 - 엡 1:17
영광 - 사 66:12; 벧전 1:21
영생 - 행 13:48; 요일 5:11
영원을 사모하는 마음 - 전 3:11 / 영원한 이름 - 사 56:5

【 주다 】

요 6:52	자기 살을 우리에게 **주어** 먹게 하겠느냐
요 7:19	너희에게 율법을 **주지** 아니하였느냐
요 10:28	그들에게 영생을 **주노니** 영원히 멸망하
요 10:29	그들을 **주신** 내 아버지는 만물보다
요 11:22	하나님께 구하시는 것을 하나님이 **주실**
요 12:5	가난한 자들에게 **주지** 아니하였느냐
요 13:26	가룟 시몬의 아들 유다에게 **주시니**
요 13:34	계명을 너희에게 **주노니** 서로 사랑하라
요 14:27	너희에게 **주노라** 내가 너희에게 **주는** 것은 세상이 **주는** 것과 같지 아니하니라
요 16:23	구하는 것을 내 이름으로 **주시리라**
요 17:2	**주신** 모든 사람에게 영생을 주게 하시려고 … 아들에게 **주셨음이로소이다**
요 18:9	**주신** 자 중에서 하나도 잃지 아니하였
요 18:11	칼을 칼집에 꽂으라 아버지께서 **주신**
요 19:11	대답하시되 위에서 **주지** 아니하셨더라
요 21:13	그들에게 **주시고** 생선도 그와 같이
행 3:6	내게 있는 이것을 네게 **주노니** 나사렛
행 4:12	이름을 우리에게 **주신** 일이 없음이라
행 4:35	각 사람의 필요를 따라 나누어 **줌이라**
행 7:38	살아 있는 말씀을 받아 우리에게 **주던**
행 8:19	내게도 **주어** 누구든지 내가 안수하는 사람은 성령을 받게 하여 **주소서** 하니
행 8:20	하나님의 선물을 돈 주고 살 줄로 생각
행 11:17	주 예수 그리스도를 믿을 때에 **주신** 것과 같은 선물을 그들에게도 **주셨으니**
행 13:32	조상들에게 **주신** 약속을 너희에게
행 14:17	비를 내리시며 결실기를 **주시는** 선한
행 16:4	작정한 규례를 그들에게 **주어** 지키게
행 16:16	점으로 그 주인들에게 큰 이익을 **주는**
행 18:27	믿은 자들에게 많은 유익을 **주니**
행 24:23	바울을 지키되 자유를 주고 그의 친구들
행 27:24	함께 항해하는 자를 다 네게 **주셨다**

서신서, 예언서

롬 8:32	모든 것을 우리에게 **주시지** 아니하겠느
롬 13:7	모든 자에게 **줄** 것을 주되 조세를 받을
고전 3:6	나는 심었고 아볼로는 물을 **주었으되**
고전 3:7	심는 이나 물 **주는** 이는 아무 것도
고전 3:8	심는 이와 물 **주는** 이는 한가지이나
고전 11:15	가리는 것을 대신하여 **주셨기** 때문이니
고전 12:11	그의 뜻대로 각 사람에게 나누어 **주시는**
고전 16:3	편지를 **주어** 너희의 은혜를 예루살렘으
고후 5:12	자랑할 기회를 너희에게 **주어** 마음으로
고후 8:5	하나님의 뜻을 따라 우리에게 **주었도다**
고후 9:9	가난한 자들에게 **주었으니** 그의 의가
갈 3:21	만일 능히 살게 하는 율법을 **주셨더라면**
갈 4:15	눈이라도 빼어 나에게 **주었으리라**
엡 1:6	우리에게 거저 **주시는** 바 그의 은혜의

하나님께서 '주시는 것'

예수 그리스도의 계시 – 계 1:1
왕위 – 대상 29:23 / 왕의 위엄 – 대상 29:25
울타리 – 스 9:9
유업 – 갈 3:18
율례 – 겔 20:11, 25 / 율례 학자 – 스 7:11 / 율법 – 출 24:12; 31:18; 스 7:6; 느 10:29 / 계명 – 요일 3:23 / 규례 – 겔 20:25 / 규례와 율법과 율례와 계명 – 느 9:13
은사 – 행 13:34
은혜 – 시 116:12; 롬 12:3, 6; 15:15; 고전 1:4; 2:12; 3:10; 15:10; 고후 8:1; 9:14; 갈 2:9; 엡 3:8; 4:7; 빌 1:29; 딤후 1:9; 약 4:6; 벧전 5:5 / 은혜와 영화 – 시 84:11
은혜의 경륜 – 엡 3:2

이름 – 엡 3:15; 빌 2:9
이방 나라 – 시 2:8
이스라엘 – 왕상 11:38 / 이스라엘 나라 – 삼상 15:28; 대하 13:5
자기 몸 – 갈 1:4
자녀/자식/아들 – 창 4:25; 29:33; 30:6; 33:5; 48:9; 신 28:53; 삼상 1:11; 왕상 5:7; 대상 28:5; 대하 2:12; 시 127:3; 사 8:18; 9:6; 히 2:13
자유 – 시 146:7; 갈 5:1
잔 – 겔 23:31
잠 – 시 127:2
재산 – 대하 32:29
적군에게서 빼앗은 것 – 신 20:14
종자 – 사 55:10
좋은 것 – 시 85:12
증거와 율례 – 시 99:7 / 믿을 만한 증거 – 행

【 주다 】　　　　　　　　　　　　　　　【 주다 】

엡 5:25	교회를 위하여 자신을 **주심**같이 하라
살전 2:8	목숨까지도 너희에게 **주기**를 기뻐함은
딤전 2:6	대속물로 주셨으니 기약이 이르러 **주신**
딤전 5:14	기회를 조금도 **주지** 말기를 원하노라
딤전 6:17	모든 것을 후히 **주사** 누리게 하시는
딤후 4:8	의로우신 재판장이 그 날에 내게 **주실**
딛 2:14	그가 우리를 대신하여 자신을 **주심**은
히 4:8	그들에게 안식을 **주었더라면** 그 후에
히 7:4	십분의 일을 그에게 **주었느니라**
약 1:5	사람에게 후히 **주시고** 꾸짖지 아니하시는 하나님께 … 그리하면 **주시리라**
약 2:16	그 몸에 쓸 것을 **주지** 아니하면 무슨
약 5:4	추수한 품꾼에게 **주지** 아니한 삯이 소리
약 5:11	주께서 **주신** 결말을 보았거니와 **주는**
약 5:18	다시 기도하니 하늘이 비를 **주고** 땅이
유 1:3	성도에게 단번에 **주신** 믿음의 도를
계 3:9	하는 자들 중에서 몇을 네게 **주어**
계 11:2	이것은 이방인에게 **주었은즉** 그들이
계 13:2	보좌와 큰 권세를 그에게 **주었더라**
계 13:4	용이 짐승에게 권세를 **주므로** 용에게
계 13:15	짐승의 우상에게 생기를 **주어** 그 짐승의
계 15:7	대접 일곱을 그 일곱 천사들에게 **주니**
계 17:13	자기의 능력과 권세를 짐승에게 **주더라**
계 22:12	내가 속히 오리니 내가 줄 상이 내게

† 주다 – 기타 본문

모세오경 창 3:12; 20:16; 21:27; 23:9, 13, 16; 24:22, 35, 36, 41, 53; 25:6; 27:17, 37; 28:22; 29:19, 21, 27, 28, 29; 30:4, 9, 26, 28, 31; 31:9; 32:20; 34:4, 11, 12, 14, 16, 21; 35:4; 37:16; 38:9, 14, 16, 17; 42:27; 43:23, 24, 34; 45:18, 21, 22; 46:18, 25; 47:12, 15, 16, 17, 19, 22; 48:22; 출 2:9; 5:10, 16, 18, 21; 21:32, 34; 22:16, 17, 25; 25:21; 레 5:16; 6:5; 7:32; 14:53; 15:14; 17:5; 20:3, 4; 25:27, 51; 26:6; 민 3:48; 5:10; 6:10; 7:5, 6, 7, 8, 9; 8:19; 11:4; 18:12; 19:3; 26:54, 62; 27:4, 7, 10, 11; 31:27, 29, 42, 47; 32:29, 33, 38; 33:4, 54; 34:13; 35:2, 7, 8, 13; 36:2; 신 1:3; 2:28; 3:12, 13, 15, 16, 19; 7:3; 14:24; 15:9; 18:3, 4; 21:17; 22:16, 19; 24:1, 3, 11; 28:55; 29:4, 8, 26; 31:9 **역사서** 수 1:15; 12:6, 7; 13:15, 24, 29, 33; 14:2, 3, 4; 15:17, 19; 17:4; 20:4; 21:2, 3, 8, 9, 11, 12, 13, 20, 23, 25, 27, 29, 31, 32, 34, 36, 38; 22:4, 7; 삿 3:6; 8:5, 6, 15; 9:4; 11:24; 14:19, 20; 15:2, 6; 16:5; 17:3, 4, 10; 21:7, 14, 18, 22; 삼상 8:14, 15; 9:23; 10:4; 11:3; 17:17, 18, 25, 44, 46; 18:21, 27; 21:3, 4, 9; 22:7; 25:8, 11, 27; 27:5, 6; 삼하 9:7, 9; 12:8; 13:13; 18:11; 19:42; 20:3; 24:24; 왕상 3:27;

┌─ **하나님께서 '주시는 것'** ─┐
│ 17:31
│ **지각** – 욥일 5:20
│ **지팡이 같은 갈대** – 계 11:1
│ **지혜** – 출 31:6; 왕상 5:12; 10:24; 대하 9:23; 잠 2:6; 단 1:17; 2:21 / **지혜와 지식** – 대하 1:10, 12; 단 2:21 / **지혜와 지식과 희락** – 전 2:26 / **지혜와 능력** – 단 2:23 / **지혜와 총명** – 왕상 4:29; 대상 22:12 / **은총과 지혜** – 행 7:10 / **총명** – 딤후 2:7
│ **직분** – 민 18:7; 골 1:25 / **화목하게 하는 직분** – 고후 5:18
│ **징조** – 사 7:14
│ **책무와 법도와 규례와 명령** – 신 11:1
│ **칭호** – 사 45:4
│ **태평** – 왕상 5:4; 8:56
│ **토지 소산의 맏물** – 신 26:10
│ **판단력** – 시 72:1
│ **평강** – 민 6:26; 대상 23:25; 대하 20:30; 사 66:12; 학 2:9; 살후 3:16 / **평안(함)** – 대하 14:6, 7; 15:15; 욥 24:23; 시 94:13; 사 38:17; 렘 50:34 / **평온함** – 대상 22:18 / **평탄한 길** – 창 24:40 / **평화의 언약** – 민 25:12
│ **학문** – 단 1:17 / **학자들의 혀** – 사 50:4
│ **형체** – 고전 15:38
│ **형통한 길** – 창 24:42, 56
│ **호흡** – 사 42:5
│ **화관** – 사 61:3
│ **회개** – 행 11:18; 딤후 2:25 / **회개함과 죄 사함** – 행 5:31 / **회개할 기회** – 계 2:21
│ **힘 / 능력** – 신 8:18; 삼상 2:10; 시 29:11; 68:35; 86:16; 138:3; 사 40:29; 딤후 4:17
└─────────────────────────

2176

【 주둔하다/주둔시키다 】　　　　　　　　　【 주리다 】

5:9, 11; 9:13; 10:13; 11:18; 13:7; 17:9, 23;
19:21; 21:2; 왕하 4:40, 43, 44; 5:17, 22; 11:16;
12:15; 14:9; 18:23; 21:8; 대상 6:60, 61, 62, 63,
64, 65, 67, 70, 71, 73, 75, 76, 77, 79, 81; 16:3;
21:25; 28:12; 대하 1:7; 2:10; 9:12; 23:9; 25:9;
34:11; 35:8, 9; 스 4:5; 6:8, 9; 7:19; 8:26; 9:12;
느 10:36, 37; 12:47; 13:25; 에 2:9, 13, 18; 3:10;
7:3; 9:22 **시가서** 욥 12:6; 15:19; 20:10, 22;
42:15; 시 74:14, 19; 78:46; 106:15; 120:3; 전
2:6; 5:18 **선지서** 사 29:12; 36:8; 46:6; 렘 7:14;
8:10, 13; 12:14; 34:17; 겔 16:33, 34, 41, 61;
18:7; 33:24; 39:11; 45:4; 46:18; 단 1:16; 2:16;
4:17, 25, 32; 5:17; 호 2:8, 12; 9:14; 13:11 **신약**
마 14:8, 11, 16, 19; 15:36; 20:8, 14, 23; 21:23;
25:20, 22, 28; 26:26, 27; 막 6:22, 23, 28, 37, 41;
8:6; 11:28; 13:11, 34; 14:23; 15:15; 눅 10:22;
11:7; 16:12; 19:24; 20:16; 22:5; 요 4:14, 15;
6:27, 31, 34, 37; 13:29, 32; 17:4, 6, 7, 8, 9, 11,
12, 14, 22, 24; 행 7:5, 16; 13:21; 고전 3:5; 계
17:17; 18:6

주둔하다/주둔시키다(駐屯, stay, station)
민 31:19　이레 동안 진영 밖에 **주둔하라** 누구든지
대하 17:2　모든 견고한 성읍에 군대를 **주둔시키고**

주랑(柱廊, portico)
왕상 6:3　성전의 성소 앞 **주랑**의 길이는 성전의
왕상 7:6　기둥을 세워 **주랑**을 지었으니 길이가
　　　　　오십 규빗이요 … 앞에 한 **주랑**이 있고
왕상 7:7　보좌의 **주랑** 곧 재판하는 **주랑**을 짓고
왕상 7:8　딸을 위하여 집을 지었는데 이 **주랑**과
왕상 7:12　여호와의 성전 안뜰과 **주랑**에 놓은 것
왕상 7:19　**주랑** 기둥 꼭대기에 있는 머리의 네
왕상 7:21　이 두 기둥을 성전의 **주랑** 앞에 세우되

주름(wrinkle)
엡 5:27　티나 **주름** 잡힌 것이나 이런 것들이

주리다(hungry)
구약
출 16:3　인도해 내어 이 온 회중이 **주려** 죽게
삼상 2:5　**주리던** 자들은 다시 **주리지** 아니하도다
왕하 6:25　성중이 크게 **주려서** 나귀 머리 하나에

왕하 7:12　그들이 우리가 **주린** 것을 알고 있으므로
대하 32:11　어찌 너희를 **주림**과 목마름으로 죽게
욥 5:5　그가 추수한 것은 **주린** 자가 먹되 덫에
욥 22:7　**주린** 자에게 음식을 주지 아니하였구나
시 34:10　사자는 궁핍하여 **주릴지라도** 여호와를
시 50:12　내가 가령 **주려도** 네게 이르지 아니할
시 107:5　**주리고** 목이 말라 그들의 영혼이 그들
시 107:9　**주린** 영혼에게 좋은 것으로 채워주심이
시 107:36　**주린** 자들로 말미암아 거기에 살게 하사
시 146:7　정의로 심판하시며 **주린** 자들에게 먹을
잠 6:30　**주릴** 때에 배를 채우려고 도둑질하면
잠 10:3　여호와께서 의인의 영혼은 **주리지** 않게
잠 13:25　포식하여도 악인의 배는 **주리느니라**
잠 27:7　배부른 자는 꿀이라도 싫어하고 **주린**
잠 19:15　잠들게 하나니 태만한 사람은 **주릴**
잠 28:15　악한 관원은 부르짖는 사자와 **주린**
사 9:20　오른쪽으로 움킬지라도 **주리고** 왼쪽으
사 29:8　**주린** 자가 꿈에 먹었을지라도 깨면 그
사 32:6　**주린** 자의 속을 비게 하며 목마른 자에
사 49:10　그들이 **주리거나** 목마르지 아니할 것이
사 58:7　**주린** 자에게 네 양식을 나누어 주며
사 58:10　**주린** 자에게 네 심정이 동하며 괴로워
사 65:13　너희는 **주릴** 것이니라 보라 나의 종들은
애 2:19　길 어귀에서 **주려** 기진한 네 어린 자녀
애 4:9　칼에 죽은 자들이 **주려** 죽은 자들보다
겔 18:7　강탈하지 아니하며 **주린** 자에게 음식물
겔 18:16　**주린** 자에게 음식물을 주며 벗은 자에게
암 8:11　양식이 없어 **주림**이 아니며 물이 없어
신약
마 4:2　밤낮으로 금식하신 후에 **주리신지라**
마 5:6　의에 **주리고** 목마른 자는 복이 있나니
마 25:35　**주릴** 때에 너희가 먹을 것을 주었고
마 25:37　우리가 어느 때에 주께서 **주리신** 것을
마 25:42　내가 **주릴** 때에 너희가 먹을 것을 주지
마 25:44　주께서 **주리신** 것이나 목마르신 것이나
눅 1:53　**주리는** 자를 좋은 것으로 배불리셨으며
눅 4:2　아니하시니 날 수가 다하매 **주리신지라**
눅 6:21　**주린** 자는 복이 있나니 너희가 배부름을
눅 6:25　지금 배부른 자여 너희는 **주리리로다**
눅 15:17　많은가 나는 여기서 **주려** 죽는구나
요 6:35　내게 오는 자는 결코 **주리지** 아니할
행 27:33　먹지 못하고 **주린** 지가 오늘까지 열나흘
롬 12:20　원수가 **주리거든** 먹이고 목마르거든

2177

【 주막 】

고전 4:11 주리고 목마르며 헐벗고 매맞으며
고후 11:27 여러 번 자지 못하고 주리며 목마르고
계 7:16 그들이 다시는 주리지도 아니하며

주막(酒幕, inn)
눅 10:34 자기 짐승에 태워 주막으로 데리고 가서
눅 10:35 이튿날 그가 주막 주인에게 데나리온

주머니(bag, sack)
신 25:13 주머니에 두 종류의 저울추 곧 큰 것과
삼상 9:7 우리 주머니에 먹을 것이 다하였으니
삼상 17:40 자기 목자의 제구 곧 주머니에 넣고
삼상 17:49 손을 주머니에 넣어 돌을 가지고 물매로
욥 14:17 허물을 주머니에 봉하시고 내 죄악을
잠 16:11 주머니 속의 저울추도 다 그가 지으신
사 46:6 사람들이 주머니에서 금을 쏟아 내며
미 6:11 주머니에 거짓 저울추를 두었으면

> 성경에 나오는 '주머니'
>
> 모이 주머니 - 레 1:16 / 몰약 향주머니 - 아 1:13 / 물 주머니 - 욥 38:37 / 손 주머니 - 사 3:22 / 은 주머니 - 잠 7:20

주먹(fist)
출 21:18 하나가 돌이나 주먹으로 그의 상대방을
욥 31:21 주먹을 들어 고아를 향해 휘둘렀다면
사 58:4 악한 주먹으로 치는도다 너희가 오늘
마 26:67 주먹으로 치고 어떤 사람은 손바닥으로
막 14:65 얼굴을 가리고 주먹으로 치며 이르되

주모(主母, mistress)
잠 30:23 시집 간 것과 여종이 주모를 이은 것이

주목하다(注目, watch, observe, stare)
구약
창 24:21 그를 묵묵히 주목하며 여호와께서
삼상 1:12 동안에 엘리가 그의 입을 주목한즉
삼상 18:9 그날 후로 사울이 다윗을 주목하였더라
왕상 1:20 온 이스라엘이 왕에게 다 주목하고 누가
욥 31:1 약속하였나니 어찌 처녀에게 주목하랴
욥 34:21 그는 사람의 길을 주목하시며 사람의
시 22:17 셀 수 있나이다 그들이 나를 주목하여

시 32:8 가르쳐 보이고 너를 주목하여 훈계하리
시 101:2 내가 완전한 길을 주목하오리니 주께서
잠 23:5 네가 어찌 허무한 것에 주목하겠느냐
사 14:16 너를 보는 이가 주목하여 너를 자세히
렘 32:19 인류의 모든 길을 주목하시며 그의 길과
애 3:63 노래하는 것을 주목하여 보옵소서
겔 44:5 전심으로 주목하여 내가 네게 말하는 바
… 성소의 출구를 전심으로 주목하고
단 7:11 큰 목소리로 말미암아 주목하여 보는
암 9:4 내가 그들에게 주목하여 화를 내리고
암 9:8 범죄한 나라를 주목하노니 내가 그것을
신약
막 8:25 그가 주목하여 보더니 나아서 모든 것을
막 14:67 주목하여 이르되 너도 나사렛 예수와
눅 4:20 회당에 있는 자들이 다 주목하여 보더라
눅 22:56 앉은 것을 보고 주목하여 이르되 이
행 3:4 요한과 더불어 주목하여 이르되 우리를
행 3:12 걷게 한 것처럼 왜 우리를 주목하느냐
행 6:15 스데반을 주목하여 보니 그 얼굴이 천사
행 7:55 하늘을 우러러 주목하여 하나님의 영광
행 10:4 고넬료가 주목하여 보고 두려워 이르되
행 11:6 이것을 주목하여 보니 땅에 네 발 가진
행 13:9 사울이 성령이 충만하여 그를 주목하고
행 14:9 바울이 주목하여 구원 받을 만한 믿음이
행 23:1 공회를 주목하여 이르되 여러분 형제들
고후 3:7 영광 때문에 그 얼굴을 주목하지
고후 3:13 결국 주목하지 못하게 하려고 수건을
고후 4:18 주목하는 것은 보이는 것이 아니요

주무시다(sleep)
창 19:2 발을 씻고 주무시고 일찍이 일어나 갈
시 44:23 어찌하여 주무시나이까 일어나시고
시 121:4 졸지도 아니하시고 주무시지도 아니
마 8:24 되었으되 예수께서는 주무시는지라
막 4:38 고물에서 베개를 베고 주무시더니

주문(呪文, spell)
사 47:9 무수한 주술과 많은 주문을 빌릴지라도
사 47:12 이제 너는 젊어서부터 힘쓰던 주문과

【 주민 】

주민(住民, people)
모세오경, 역사서
창 23:7 아브라함이 일어나 그 땅 주민 헷 족속

【 주민 】

창 34:30 나로 하여금 이 땅의 **주민** 곧 가나안
창 36:20 땅의 **주민** 호리 족속 세일의 자손은
출 23:31 **주민**을 네 손에 넘기리니 네가 그들을
출 34:12 들어가는 땅의 **주민**과 언약을 세우지
레 18:25 땅도 스스로 그 **주민**을 토하여 내느니라
신 13:13 성읍 **주민**을 유혹하여 이르기를 너희가
수 2:9 이 땅 **주민**들이 다 너희 앞에서 간담이
삿 1:19 **주민**을 쫓아내었으나 골짜기의 **주민**들
삿 2:2 땅의 **주민**과 언약을 맺지 말며 그들의

【 주민 】

삿 11:21 그 땅 **주민** 아모리 족속의 온 땅을 점령
삼상 27:8 애굽 땅으로 지나가는 지방의 **주민**이라
삼하 5:6 예루살렘으로 가서 그 땅 **주민** 여부스
왕하 22:16 이 곳과 그 **주민**에게 재앙을 내리되
느 7:4 그 성읍은 광대하고 그 **주민**은 적으며

시가서, 선지서

시 75:3 그 모든 **주민**이 소멸되리라 하시도다
전 8:8 그의 **주민**들을 건져낼 수는 없느니라
사 6:11 성읍들은 황폐하여 **주민**이 없으며

성경에 나오는 '주민'

가나안 주민 – 출 15:15; 느 9:24
가드 주민 – 대상 8:13
갈대아 주민 – 렘 51:24, 35
게바 주민 – 대상 8:6
게빔 주민 – 사 10:31
그일라 주민 – 삼상 23:5
기드론 주민 – 삿 1:30
기럇여아림 주민 – 삼상 6:21
기브아 주민 – 삿 20:15
기브온 주민 – 수 9:3; 10:1; 11:19
길르앗 야베스 주민 – 삼상 31:11
길르앗 주민 – 삿 10:18; 11:8
나할롤 주민 – 삿 1:30
다아낙 주민 – 수 17:11
데마 땅의 주민 – 사 21:14
데만 주민 – 렘 49:20
돌의 주민 – 수 17:11
드단 주민 – 렘 49:8
드빌 주민 – 수 15:15; 삿 1:11
라기스 주민 – 미 1:13
마레사 주민 – 미 1:15
마롯 주민 – 미 1:12
막데스 주민 – 습 1:11
모압 주민 – 렘 48:28, 43
므깃도 주민 – 수 17:11
바벨론 주민 – 렘 50:34, 35; 51:12
벧세메스 주민 – 삿 1:33
벧아낫 주민 – 삿 1:33
브곳 주민 – 렘 50:21
블레셋 주민 – 출 15:14
사노아 주민 – 느 3:13
사마리아 주민 – 호 10:5
사빌 주민 – 미 1:11

사아난 주민 – 미 1:11
세일 산 주민 – 대하 20:22, 23
셀라의 주민 – 사 42:11
시돈과 아르왓 주민 – 겔 27:8
시돈 주민 – 삿 1:31
시온(의) 주민 – 시 149:2; 사 12:6; 렘 51:35
아얄론 주민 – 대상 8:13
아이 주민 – 수 8:24, 26
악고 주민 – 삿 1:31
알랍과 악십과 헬바와 아빅과 르홉 주민 – 삿 1:31
애굽의 주민 – 겔 29:6
야베스 길르앗 주민 – 삿 21:9, 10, 12
에브라임과 사마리아 주민 – 사 9:9
엔답부아 주민 – 수 17:7
엔돌 주민 – 수 17:11
여리고 주민 – 수 24:11
여부스 땅의 주민 – 대상 11:4
예루살렘 주민 – 수 15:63; 왕하 23:2; 대하 19:8; 21:11; 22:1; 32:22, 26; 34:30, 32; 35:18; 느 7:3; 사 5:3; 8:14; 22:21; 렘 4:4; 8:1; 11:2, 9, 12; 13:13; 17:20, 25; 18:11; 19:3; 25:2; 32:32; 35:13, 17; 36:31; 42:18; 겔 11:15; 12:19; 15:6; 슥 12:5, 7, 8, 10; 13:1
유다와 베냐민과 예루살렘 주민 – 대하 34:9
유다와 예루살렘 주민 – 대하 20:15, 18, 20; 21:13; 32:33; 33:9; 스 4:6; 습 1:4
하솔 주민 – 렘 49:30
해변 주민 – 사 20:6; 23:2, 6; 겔 26:17; 습 2:5

【 주발 】　　　　　　　　　　　　　　　　　　　　　　　　【 주석 1 】

사 24:1	뒤집어엎으시고 그 **주민**을 흩으시리니
렘 1:14	이 땅의 모든 **주민**들에게 부어지리라
렘 2:15	성읍들은 불타서 **주민**이 없게 되었으며
렘 4:7	성읍들이 황폐하여 **주민**이 없게 되리니
렘 6:8	황폐하게 하여 **주민**이 없는 땅으로
렘 21:13	골짜기와 평원 바위의 **주민**아 보라
렘 23:14	소돔과 다름이 없고 그 **주민**은 고모라와
렘 46:8	땅을 덮어 성읍들과 그 **주민**을 멸할
렘 50:13	**주민**이 없어 완전히 황무지가 될 것이라
렘 51:29	황폐하여 **주민**이 없게 할 계획이 섰음이
겔 7:7	땅 **주민**아 정한 재앙이 네게 임하도다
겔 32:15	모든 **주민**을 치리니 내가 여호와인 줄을
겔 36:35	적막하고 무너진 성읍들에 성벽과 **주민**
호 4:1	여호와께서 이 땅 **주민**과 논쟁하시나니
욜 1:2	**주민**들아 너희는 귀를 기울일지어다
암 1:5	아웬 골짜기에서 그 **주민**들을 끊으며
암 8:8	가운데 모든 **주민**이 애통하지 않겠느냐
미 6:12	**주민**들은 거짓을 말하니 그 혀가 입에서
나 2:10	**주민**이 낙담하여 그 무릎이 서로 부딪히
합 2:8	성읍과 그 안의 모든 **주민**에게 강포를
습 1:18	여호와가 이 땅 모든 **주민**을 멸절하되
슥 8:20	백성과 많은 성읍의 **주민**이 올 것이라
슥 9:5	끊어질 것이며 아스글론에는 **주민**이
슥 11:6	다시는 이 땅 **주민**을 불쌍히 여기지

🔖 주민 - 기타 본문

출 34:15; 레 18:27, 28; 25:10; 신 13:15; 20:11; 수 2:24; 9:11, 24; 13:6; 17:21; 삿 1:27, 32; 5:23; 왕하 22:19; 대상 4:33; 22:18; 대하 15:5; 20:7; 34:24, 27, 28; 시 24:5, 6, 17; 37:27; 49:19; 107:34; 렘 6:12; 8:16; 9:11; 12:4; 13:13; 19:12; 22:6; 25:9, 29, 30; 26:9, 15; 33:10-11; 34:22; 44:22; 46:19; 47:2; 50:39; 51:37; 겔 7:27; 12:19; 26:17, 19; 27:35; 30:17; 욜 1:14; 2:1; 암 1:8; 미 6:16; 7:13; 합 2:17; 습 2:5; 슥 8:21

주발(周鉢, pitcher)

민 4:7	숟가락들과 **주발**들과 붓는 잔들을
왕상 7:50	정금 대접과 불집게와 **주발**과 숟가락
왕하 12:13	*은 대접이나 불집게나 **주발**이나 나팔*
왕하 25:15	불 옮기는 그릇들과 **주발**들 곧 금으로
대하 4:22	순금으로 만든 불집게와 **주발**과 숟가락
렘 52:18	부삽들과 부집게들과 **주발**들과 숟가락
렘 52:19	사령관은 잔들과 화로들과 **주발**들과
슥 14:20	모든 솥이 제단 앞 **주발**과 다름이 없을
막 7:4	오는 것이 있으니 잔과 **주발**과 놋그릇을

주변(周邊, beside, there of)

수 13:23	가족대로 받은 성읍들과 **주변** 마을들이
삿 6:37	만일 이슬이 양털에만 있고 **주변** 땅은
삿 6:39	**주변** 땅에는 다 이슬이 있게 하옵소서
대상 8:12	오노와 롯과 그 **주변** 마을들을 세웠고
대상 22:9	내가 그로 **주변** 모든 대적에게서 평온을
대하 28:18	소고 및 그 **주변** 마을들과 딤나 및 그 주변 마을들과 김소 및 그 **주변** 마을들을
느 11:25	**주변** 동네들과 디본과 그 **주변** 동네들과

🔖 주변 - 기타 본문

수 13:28; 삿 6:40; 대상 7:28, 29; 느 11:27, 28, 30, 31

주뼛하다(stand on-NIV, bristle up-NASB)

욥 4:15	지나매 내 몸에 털이 **주뼛하였느니라**

주상(柱像, sacred stone-NIV, image-KJV)

출 23:24	그것들을 다 깨뜨리며 그들의 **주상**을
출 34:13	그들의 **주상**을 깨뜨리고 그들의 아세라
레 26:1	조각한 것이나 **주상**을 세우지 말며 너희
신 7:5	그들의 제단을 헐며 **주상**을 깨뜨리며
신 12:3	**주상**을 깨뜨리며 아세라 상을 불사르고
신 16:22	**주상**을 세우지 말라 네 하나님 여호와께서
왕하 3:2	아버지가 만든 바알의 **주상**을 없이하였으
왕하 18:4	산당들을 제거하며 **주상**을 깨뜨리며
대하 14:3	이방 제단과 산당을 없애고 **주상**을
대하 31:1	유다 여러 성읍에 이르러 **주상**들을
호 3:4	제사도 없고 **주상**도 없고 에봇도 없고
호 10:1	그 땅이 번영할수록 **주상**을 아름답게
호 10:2	그 제단을 쳐서 깨뜨리시며 그 **주상**을
미 5:13	새긴 우상과 **주상**을 너희 가운데에서

주석 1(朱錫, tin, bronze)

민 31:22	금, 은, 동, 철과 **주석**과 납 등의
겔 22:18	풀무 불 가운데에 있는 놋이나 **주석**이나
겔 22:20	은이나 놋이나 쇠나 납이나 **주석**이나
겔 27:12	은과 철과 **주석**과 납을 네 물품과
계 1:15	발은 풀무불에 단련한 빛난 **주석** 같고
계 2:18	그 발이 빛난 **주석**과 같은 하나님의

【 주석 2 】   【 주위 】

주석 2(註釋, annotation)
대하 13:22 선지자 잇도의 **주석** 책에 기록되니라
대하 24:27 열왕기 **주석**에 기록되니라 그의 아들

주소(住所, dwelling)
창 27:39 **주소**는 땅의 기름짐에서 멀고 내리는
잠 8:12 명철로 **주소**를 삼으며 지식과 근신을

주술(呪術, sorcery, witchcraft)
전 10:11 **주술**을 베풀기 전에 뱀에게 물렸으면
사 47:9 무수한 **주술**과 많은 주문을 빌릴지라도
사 47:12 젊어서부터 힘쓰던 주문과 많은 **주술**을
갈 5:20 우상 숭배와 **주술**과 원수 맺는 것과

주시하다(注視, watch closely)
막 3:2 사람을 고치시는가 **주시하고** 있거늘

주악하다(奏樂, with musical instrument)
대하 23:13 노래하는 자들은 **주악하며** 찬송을 인도

주야(晝夜, day and night, night and day)
창 7:4 지금부터 칠 일이면 내가 사십 **주야**를
창 7:12 사십 **주야**를 비가 땅에 쏟아졌더라
레 8:35 **주야**를 회막 문에 머물면서 여호와께서
신 28:66 생명이 위험에 처하고 **주야**로 두려워하
수 1:8 입에서 떠나지 말게 하며 **주야**로 그것을
왕상 8:29 성전을 향하여 주의 눈이 **주야**로 보시오
왕상 8:59 말씀이 **주야**로 우리 하나님 여호와께
대상 9:33 그들은 골방에 거주하면서 **주야**로 자기
대하 6:20 눈이 **주야**로 보시오며 종이 이 곳을
느 1:6 이스라엘 자손을 위하여 **주야**로 기도하
느 4:9 그들로 말미암아 파수꾼을 두어 **주야**로
시 1:2 그의 율법을 **주야**로 묵상하는도다
시 32:4 주의 손이 **주야**로 나를 누르시오니 내
시 42:3 내 눈물이 **주야**로 내 음식이 되었도다
시 55:10 **주야**로 성벽 위에 두루 다니니 성 중에
시 88:1 내 구원의 하나님이여 내가 **주야**로
사 28:19 아침마다 지나가며 **주야**로 지나가리니
사 60:11 성문이 항상 열려 **주야**로 닫히지 아니
사 62:6 그들로 하여금 **주야**로 계속 잠잠하지
렘 9:1 죽임을 당한 딸 내 백성을 위하여 **주야**
렘 16:13 거기서 **주야**로 다른 신들을 섬기리니
렘 33:20 나의 언약을 깨뜨려 **주야**로 그 때를

렘 33:25 내가 **주야**와 맺은 언약이 없다든지 천지
단 8:14 이천삼백 **주야**까지니 그 때에 성소가
단 8:26 말한바 **주야**에 대한 환상은 확실하니
눅 2:37 성전을 떠나지 아니하고 **주야**로 금식
고후 11:25 세 번 파선하고 일 **주야**를 깊은 바다에
살전 3:10 **주야**로 심히 간구함은 너희 얼굴을 보고
살후 3:8 오직 수고하고 애써 **주야**로 일함은 너희
딤전 5:5 하나님께 소망을 두어 **주야**로 항상 간구

주위(周圍, border, around)
창 23:17 거기에 속한 굴과 그 밭과 그 **주위**에
창 41:48 성읍 **주위**의 밭의 곡물을 그 성읍 중에
출 16:13 진에 덮이고 아침에는 이슬이 진 **주위**에
출 19:12 백성을 위하여 **주위**에 경계를 정하고
출 19:23 우리에게 명령하여 이르시기를 산 **주위**
출 25:24 순금으로 싸고 **주위**에 금테를 두르고
출 25:25 그 **주위**에 손바닥 넓이만한 턱을 만들
고 그 턱 **주위**에 금으로 테를 만들고
출 27:5 그물은 제단 **주위** 가장자리 아래 곧
출 27:17 뜰 **주위** 모든 기둥의 가름대와 갈고리는
출 28:32 그 **주위**에 갑옷 깃같이 깃을 짜서
출 29:16 피를 가져다가 제단 위의 **주위**에 뿌리고
출 29:20 엄지에 바르고 그 피를 제단 **주위**에
출 30:3 순금으로 싸고 **주위**에 금테를 두를지며
출 37:12 그 **주위**에 손바닥 넓이만한 턱을 만들
고 그 턱 **주위**에 금으로 테를 만들었고
출 37:26 그 뿔을 순금으로 싸고 **주위**에 금 테를
출 38:4 제단 **주위** 가장자리 아래에 두되 제단
출 40:33 그는 또 성막과 제단 **주위** 뜰에 포장을
레 25:34 그러나 그들의 성읍 **주위**에 있는 들판은
민 1:50 거기서 봉사하며 성막 **주위**에 진을
민 16:34 그 **주위**에 있는 온 이스라엘이 그들의
신 12:10 너희에게 너희 **주위**의 모든 대적을
신 17:14 우리 **주위**의 모든 민족들같이 우리
수 6:3 그 성을 둘러 성 **주위**를 매일 한 번씩
수 21:11 헤브론과 그 **주위**의 목초지를 그들에게
수 21:44 여호와께서 그들의 **주위**에 안식을
수 23:1 **주위**의 모든 원수들로부터 이스라엘을
삿 2:12 다른 신들 곧 그들의 **주위**에 있는 백성
삿 7:18 **주위**에서 나팔을 불며 이르기를 여호와
삿 8:34 이스라엘 자손이 **주위**의 모든 원수들의
삿 20:29 이스라엘이 기브아 **주위**에 군사를 매복
삼하 7:1 여호와께서 **주위**의 모든 원수를 무찌르

【 주의하다 】　　　　　　　　　　　　　　　　　　　　　　　　【 주인 】

왕상 3:1　　여호와의 성전과 예루살렘 **주위**의 성의
왕상 7:12　　또 큰 뜰 **주위**에는 다듬은 돌 세 켜와
왕상 18:26　 그들이 그 쌓은 제단 **주위**에서 뛰놀더라
왕하 23:5　　성읍과 예루살렘 **주위**의 산당들에서
왕하 25:1　　성에 대하여 진을 치고 **주위**에 토성을
왕하 25:10　 갈대아 온 군대가 예루살렘 **주위**의 성벽
대상 4:33　　모든 성읍 **주위**에 살던 주민들의 경계라
대상 9:27　　성전 **주위**에서 밤을 지내며 아침마다
대하 4:2　　 다섯 규빗이요 **주위**는 삼십 규빗 길이의
대하 4:3　　 소가 열 마리씩 있어서 바다 **주위**에
대하 14:7　　성읍들을 건축하고 그 **주위**에 성곽과
느 5:17　　　그 외에도 우리 **주위**에 있는 이방 족속
느 6:16　　　우리의 모든 대적과 **주위**에 있는 이방
렘 6:3　　　 양 떼를 몰고 와서 **주위**에 자기 장막을
렘 21:14　　 모든 **주위**를 사르리라 여호와의 말씀이
렘 50:15　　 그 **주위**에서 고함을 지르리로다 그가
렘 52:4　　　성에 대하여 진을 치고 **주위**에 토성을
겔 1:27　　　그 속과 **주위**가 불 같고 내가 보니 그
겔 43:12　　 산꼭대기 지점의 **주위**는 지극히 거룩하
눅 22:49　　 그의 **주위** 사람들이 그 될 일을 보고
계 4:6　　　 보좌 가운데와 보좌 **주위**에 네 생물이
계 4:8　　　 그 안과 **주위**에는 눈들이 가득하더라
계 7:11　　　보좌와 장로들과 네 생물의 **주위**에 서

📖 주위 – 기타 본문
　　출 38:16, 20, 31; 39:23; 40:8; 수 21:42; 삿 2:14;
　　왕상 7:23, 24; 렘 50:32

주의하다(注意, guard, attention, heed)
구약
수 22:24　　목적이 있어서 **주의하고** 이같이 하였노
삼하 20:10　 요압의 손에 있는 칼에 **주의하지** 아니한
왕하 11:5　　너희 중 삼분의 일은 왕궁을 **주의하여**
왕하 11:6　　문에 있어서 이와 같이 왕궁을 **주의하여**
왕하 11:7　　두 대는 여호와의 성전을 **주의하여** 지켜
욥 1:8　　　 욥을 **주의하여** 보았느냐 그와 같이 온전
욥 2:3　　　 이르시되 네가 내 종 욥을 **주의하여**
시 17:1　　　나의 울부짖음에 **주의하소서** 거짓되지
시 119:15　　소리로 읊조리며 주의 길들에 **주의하며**
시 119:117　 얻고 주의 율례들에 항상 **주의하리이다**
잠 4:1　　　 훈계를 들으며 명철을 얻기에 **주의하라**
잠 4:20　　　아들아 내 말에 **주의하며** 내가 말하는
잠 5:1　　　 아들아 내 지혜에 **주의하며** 내 명철을

잠 7:24　　　내 말을 듣고 내 입의 말에 **주의하라**
잠 16:20　　 말씀에 **주의하는** 자는 좋은 것을 얻나니
사 48:18　　 네가 나의 명령에 **주의하였더라면** 네
사 51:4　　　내 백성이여 내게 **주의하라** 내 나라여
렘 18:18　　 어떤 말에도 **주의하지** 말자 하나이다

신약
마 6:1　　　 너희 의를 행하지 않도록 **주의하라**
마 16:6　　　사두개인들의 누룩을 **주의하라**
마 16:11　　 사두개인들의 누룩을 **주의하라**
마 24:4　　　사람의 미혹을 받지 않도록 **주의하라**
막 8:15　　　누룩과 헤롯의 누룩을 **주의하라**
막 13:5　　　사람의 미혹을 받지 않도록 **주의하라**
막 13:33　　 **주의하라** 깨어 있으라 그 때가 언제인지
눅 12:1　　　바리새인들의 누룩 곧 외식을 **주의하라**
눅 21:8　　　미혹을 받지 않도록 **주의하라** 많은 사람
롬 14:13　　 형제 앞에 두지 아니하도록 **주의하라**
엡 5:15　　　자세히 **주의하여** 지혜 없는 자같이 하지
골 2:8　　　 너희를 사로잡을까 **주의하라** 이것은
딤후 4:15　　너도 그를 **주의하라** 그가 우리말을 심히
히 13:7　　　행실의 결말을 **주의하여** 보고 그들의
벧후 1:19　　너희가 이것을 **주의하는** 것이 옳으니라

주인(主人, master)
구약
창 18:12　　 내가 노쇠하였고 내 **주인**도 늙었으니
창 24:5　　　**주인**의 아들을 **주인**이 나오신 땅으로
창 24:9　　　그 종이 이에 그의 **주인** 아브라함의
창 32:6　　　우리가 주인의 형 에서에게 이른즉 그가
창 39:2　　　사백 명을 거느리고 **주인**을 만나려고
창 40:1　　　형통한 자가 되어 그의 **주인** 애굽 사람
창 40:7　　　술 맡은 자와 떡 굽는 자가 그들의 **주인**
창 42:30　　 요셉이 그 **주인**의 집에 자기와 함께
창 42:33　　 땅의 **주인**인 그 사람이 엄하게 우리에게
창 44:5　　　땅의 **주인**인 그 사람이 우리에게 이르되
창 44:8　　　**주인**이 가지고 마시며 늘 점치는 데에
출 21:34　　 우리가 어찌 당신의 **주인**의 집에서
레 25:53　　 **주인**이 잘 보상하여 짐승의 임자에게
민 21:28　　 **주인**은 그를 매년의 삯꾼과 같이 여기고
신 15:16　　 아르를 삼키며 아르논 높은 곳의 **주인**을
신 23:15　　 **주인**을 떠나지 아니하겠노라 하거든
삿 19:11　　 그의 **주인**을 피하여 네게로 도망하거
　　　　　　 든 너는 그의 **주인**에게 돌려주지 말고
　　　　　　 종이 **주인**에게 이르되 청하건대 우리가

【 주인 】　　　　　　　　　　　　　　　　　　　　　　　　　　【 주인 】

삼상 20:38	화살을 주워 가지고 **주인**에게로 돌아왔
삼상 25:10	**주인**에게서 억지로 떠나는 종이 많도다
삼상 30:13	병이 들매 **주인**이 나를 버렸나이다
삼상 30:15	**주인**의 수중에 넘기지도 아니하겠고
삼하 9:9	속한 것은 내가 다 네 **주인**의 아들에게
삼하 9:10	네 **주인**의 아들에게 양식을 대주어 먹게
	하라 그러나 네 **주인**의 아들 므비보셋은
삼하 12:8	네 **주인**의 집을 네게 주고 네 **주인**의
삼하 16:3	이르되 네 **주인**의 아들이 어디 있느냐
왕상 11:23	그는 그의 **주인** 소바 왕 하닷에셀에게서
왕상 16:24	이 산 **주인**이었던 세멜의 이름을 따라
왕상 22:17	이 무리에게 **주인**이 없으니 각각 평안히
왕하 2:16	그들이 가서 당신의 **주인**을 찾게 하소서
왕하 2:19	**주인**께서 보시는 바와 같이 이 성읍의
왕하 5:1	그의 **주인** 앞에서 크고 존귀한 자니
왕하 8:14	그가 엘리사를 떠나가서 그의 **주인**에게
왕하 9:11	예후가 나와서 그의 **주인**의 신복들에게
왕하 9:31	**주인**을 죽인 너 시므리여 평안하냐 하니
대하 18:16	이 무리가 **주인**이 없으니 각각 평안히
느 3:5	**주인**들의 공사를 분담하지 아니하였으
욥 1:15	홀로 피하였으므로 **주인**께 아뢰러
욥 31:31	내 장막 사람들은 **주인**의 고기에 배부르
시 45:11	네 **주인**이시니 너는 그를 경배할지어다
잠 17:2	부끄러운 짓을 하는 **주인**의 아들을
잠 25:13	그 **주인**의 마음을 시원하게 하느니라
잠 27:18	자기 **주인**에게 시중드는 자는 영화를
사 1:3	그 **주인**의 구유를 알건마는 이스라엘은
사 19:4	애굽인을 잔인한 **주인**의 손에 붙이리니
사 22:18	던질 것이라 **주인**의 집에 수치를 끼치는
습 1:9	**주인**의 집에 채운 자들을 내가 벌하리라
말 1:6	그 아버지를, 종은 그 **주인**을 공경하나
	니 … 내가 **주인**일진대 나를 두려워함이

[신약]

마 6:24	사람이 두 **주인**을 섬기지 못할 것이니
마 9:38	추수하는 **주인**에게 청하여 추수할 일꾼
마 12:8	인자는 안식일의 **주인**이니라 하시니라
마 13:28	**주인**이 이르되 원수가 이렇게 하였구나
마 13:29	**주인**이 이르되 가만 두라 가라지를
마 15:27	제 **주인**의 상에서 떨어지는 부스러기를
마 18:25	**주인**이 명하여 그 몸과 아내와 자식들과
마 18:27	종의 주인이 불쌍히 여겨 놓아 보내며
마 18:31	딱하게 여겨 **주인**에게 가서 그 일을
마 18:32	**주인**이 그를 불러다가 말하되 악한 종아
마 18:34	**주인**이 노하여 그 빚을 다 갚도록 그를
마 20:13	**주인**이 그 중의 한 사람에게 대답하여
마 24:45	충성되고 지혜 있는 종이 되어 **주인**에게
마 24:46	**주인**이 올 때에 그 종이 이렇게 하는
마 24:47	**주인**이 그의 모든 소유를 그에게 맡기리
마 24:48	악한 종이 마음에 생각하기를 **주인**이
마 24:50	알지 못하는 시각에 그 종의 **주인**이
마 25:18	땅을 파고 그 **주인**의 돈을 감추어
마 25:19	오랜 후에 그 종들의 **주인**이 돌아와
마 25:20	이르되 **주인**이여 내게 다섯 달란트를
마 25:21	그 **주인**이 … 네게 맡기리니 네 **주인**의
마 25:22	**주인**이여 내게 두 달란트를 주셨는데
마 25:23	그 **주인**이 이르되 잘하였도다 착하고 충
	성된 종아 … 네게 맡기리니 네 **주인**의
마 25:24	**주인**이여 당신은 굳은 사람이라 심지
마 25:26	그 **주인**이 대답하여 이르되 악하고
막 2:28	이러므로 인자는 안식일에도 **주인**이니
눅 6:5	이르시되 인자는 안식일의 **주인**이니라
눅 10:2	추수하는 **주인**에게 청하여 추수할 일꾼
눅 10:35	주막 **주인**에게 데나리온 둘을 내어 주며
눅 12:36	마치 그 **주인**이 혼인집에서 돌아와
눅 12:37	**주인**이 와서 깨어 있는 것을 보면 그 종
	들은 복이 있으리로다 … **주인**이 띠를
눅 12:38	**주인**이 혹 이경에나 혹 삼경에 이르러서
눅 12:42	지혜 있고 진실한 청지기가 되어 **주인**
눅 12:43	**주인**이 이를 때에 그 종이 그렇게 하는
눅 12:44	**주인**이 그 모든 소유를 그에게 맡기리라
눅 12:45	마음에 생각하기를 **주인**이 더디 오리라
눅 12:46	종의 **주인**이 이르러 엄히 때리고 신실하
눅 12:47	**주인**의 뜻을 알고도 준비하지 아니하고
눅 13:8	대답하여 이르되 **주인**이여 금년에도

'주인'과 관련된 성구

여주인 – 창 16:4, 8, 9; 왕하 5:3; 시 123:2; 사 24:2; 47:5, 7

집 주인 – 출 22:8; 레 14:35; 삿 19:22, 23; 왕상 17:17; 마 10:25; 13:27, 52; 20:1, 11; 21:33; 24:43; 막 13:35; 14:14; 눅 12:39; 13:25; 14:21; 22:11

포도원 주인 – 마 20:8; 21:40; 막 12:9; 눅 20:13, 15

【 주장 】　　　　　　　　　　　　　　　　　　　　　【 주추 】

눅 14:21	종이 돌아와 **주인**에게 그대로 고하니	전 8:8	바람을 **주장하여** 바람을 움직이게 할
눅 14:22	이르되 **주인**이여 명하신 대로 하였으되		사람도 없고 죽는 날을 **주장할** 사람도
눅 14:23	**주인**이 종에게 이르되 길과 산울타리	전 8:9	사람이 사람을 **주장하여** 해롭게 하는
눅 16:1	**주인**의 소유를 낭비한다는 말이 그 **주인**	단 5:23	도리어 왕의 호흡을 **주장하시고** 왕의
눅 16:2	**주인**이 그를 불러 이르되 내가 네게	단 11:4	또 자기가 **주장하던** 권세대로도 되지
눅 16:3	청지기가 속으로 이르되 **주인**이 내 직분	눅 20:27	부활이 없다고 **주장하는** 사두개인 중
눅 16:5	**주인**에게 빚진 … 네가 내 **주인**에게	행 24:9	이에 참가하여 이 말이 옳다 **주장하니라**
눅 16:8	**주인**이 이 옳지 않은 청지기가 일을	행 25:19	죽은 것을 살아 있다고 바울이 **주장하는**
눅 16:13	집 하인이 두 **주인**을 섬길 수 없나니	롬 6:9	사망이 다시 그를 **주장하지** 못할 줄을
눅 19:16	그 첫째가 나아와 이르되 **주인**이여	롬 6:14	죄가 너희를 **주장하지** 못하리니 이는
눅 19:17	**주인**이 이르되 잘하였다 착한 종이여	고전 7:4	아내는 자기 몸을 **주장하지** 못하고 …
눅 19:18	둘째가 와서 이르되 **주인**이여 당신의		남편도 그와 같이 자기 몸을 **주장하지**
눅 19:19	**주인**이 그에게도 이르되 너도 다섯 고을	골 3:15	평강이 너희 마음을 **주장하게**
눅 19:20	한 사람이 와서 이르되 **주인**이여 보소서	살전 2:7	마땅히 권위를 **주장할** 수 있으나 도리어
눅 19:22	**주인**이 이르되 악한 종아 내가 네 말로	벧전 5:3	맡은 자들에게 **주장하는** 자세를 하지
눅 19:26	**주인**이 이르되 내가 너희에게 말하노니		
요 13:16	종이 **주인**보다 크지 못하고 보냄을 받은	**주재**(主宰, Creator, Sovereign Lord)	
요 15:15	종은 **주인**이 하는 것을 알지 못함이라	창 14:19	천지의 **주재**이시요 지극히 높으신
행 16:16	점으로 그 **주인**들에게 큰 이익을 주는	창 14:22	천지의 **주재**이시요 지극히 높으신
행 16:19	여종의 **주인**들은 자기 수익의 소망이	대상 29:12	주는 만물의 **주재**가 되사 손에 권세와
롬 14:4	**주인**에게 있으매 그가 세움을 받으리니	시 22:28	여호와는 모든 나라의 **주재**심이로다
갈 4:1	모든 것의 **주인**이나 어렸을 동안에는	단 2:47	왕의 **주재**시로다 네가 능히 이 은밀한
딤후 2:21	거룩하고 **주인**의 쓰심에 합당하며 모든	단 5:23	자신을 하늘의 **주재**보다 높이며 그의
벧전 2:18	사환들아 범사에 두려워함으로 **주인**들	단 8:11	스스로 높아져서 군대의 **주재**를 대적하
		마 11:25	천지의 **주재**이신 아버지여 이것을

원주인

레 27:24	그 땅의 **원주인**에게로 되돌아갈지니라

		눅 2:29	**주재**여 이제는 말씀하신 대로 종을
		눅 10:21	**주재**이신 아버지여 이것을 지혜롭고
		행 17:24	하나님께서는 천지의 **주재**시니 손으로
		유 1:4	홀로 하나이신 **주재** 곧 우리 주 예수

주인 - 기타 본문

창 24:10, 12, 14, 27, 35, 36, 37, 39, 40, 42, 44, 48, 49, 51, 54, 56, 65; 39:3, 4, 6, 7, 8, 9, 14, 16, 19, 20; 삿 19:12, 26, 27; 삼상 25:14, 17; 왕하 5:3, 4, 18, 20, 22, 25; 6:22, 23, 32; 욥 1:16, 17, 18, 19; 요 15:20

대주재

행 4:24	높여 이르되 **대주재**여 천지와 바다와
계 6:10	거룩하고 참되신 **대주재**여 땅에 거하는

주장(主將, leader)

대상 27:4	미글롯이 그의 반의 **주장**이 되었으니

주저하다(躊躇, discourage, wait)

신 1:21	차지하라 두려워하지 말라 **주저하지**
행 22:16	이제는 왜 **주저하느냐** 일어나 주의

주장하다(主張, administer, claim, rule)

대하 35:8	하나님의 전을 **주장하는** 자 힐기야와
스 10:4	당신이 **주장할** 일이니 일어나소서
욥 3:5	자기의 것이라 **주장하였더라면**, 구름이
시 19:13	죄가 나를 **주장하지** 못하게 하소서

주절거리다(mutter)

사 8:19	너희에게 말하기를 **주절거리며** 속살거

주추(foundation)

욥 38:6	그것의 **주추**는 무엇 위에 세웠으며 그

[주홍]

마 7:25	무너지지 아니하나니 이는 **주추**를 반석
눅 6:48	**주추**를 반석 위에 놓은 사람과 같으니
눅 6:49	**주추** 없이 흙 위에 집 지은 사람과

주홍 (朱紅, scarlet)

사 1:18	너희의 죄가 **주홍** 같을지라도 눈과 같이

주흥 (酒興, high spirit from wine-NIV, merry with wine-KJV)

에 1:10	제칠일에 왕이 **주흥**이 일어나서 어전

죽 (粥, stew)

창 25:29	야곱이 **죽**을 쑤었더니 에서가 들에서

죽다 (die)

모세오경

창 2:17	먹는 날에는 반드시 **죽으리라** 하시니라
창 3:3	만지지도 말라 너희가 **죽을까** 하노라
창 3:4	여자에게 이르되 너희가 결코 **죽지**
창 5:5	그는 구백삼십 세를 살고 **죽었더라**
창 6:17	땅에 있는 것들이 다 **죽으리라**
창 7:21	땅 위에 움직이는 생물이 다 **죽었으니**
창 11:28	고향 갈대아인의 우르에서 **죽었더라**
창 11:32	이백오 세가 되어 하란에서 **죽었더라**
창 19:19	없나이다 두렵건대 재앙을 만나 **죽을까**
창 20:3	이 여인으로 말미암아 네가 **죽으리니**
창 20:7	네게 속한 자가 다 반드시 **죽을 줄**
창 21:16	아이가 **죽는** 것을 차마 보지 못하겠다
창 23:2	기럇아르바에서 **죽으매** 아브라함이
창 25:8	기운이 다하여 **죽어** 자기 열조에게로
창 26:9	그로 말미암아 내가 **죽게** 될까 두려워
창 26:18	아브라함이 **죽은** 후에 블레셋 사람이
창 27:2	늙어 어느 날 **죽을는지** 알지 못하니
창 27:4	**죽기** 전에 내 마음껏 네게 축복하게
창 30:1	하라 그렇지 아니하면 내가 **죽겠노라**
창 33:13	지나치게 몰면 모든 떼가 **죽으리니**
창 35:8	드보라가 **죽으매** 그를 벧엘 아래에 있는
창 35:18	**죽게** 되어 그의 혼이 떠나려 할 때에
창 35:19	라헬이 **죽으매** 에브랏 곧 베들레헴 길에
창 35:29	기운이 다하매 **죽어** 자기 열조에게로
창 36:33	벨라가 **죽고** 보스라 사람 세라의 아들
창 36:34	요밥이 **죽고** 데만 족속의 땅의 후삼이
창 36:35	후삼이 **죽고** 브닷의 아들 곧 모압 들에

[죽다]

창 36:36	하닷이 **죽고** 마스레가의 삼라가 그를
창 36:37	삼라가 **죽고** 유브라데 강변 르호봇이
창 36:38	사울이 **죽고** 악볼의 아들 바알하난이
창 36:39	악볼의 아들 바알하난이 **죽고** 하달이
창 38:11	셀라도 그 형들같이 **죽을까** 염려함이라
창 38:12	유다의 아내 수아의 딸이 **죽은지라**
창 42:2	그러면 우리가 살고 **죽지** 아니하리라
창 42:20	너희가 **죽지** 아니하리라 하니 그들이
창 42:38	그의 형은 **죽고** 그만 남았음이라 만일
창 43:8	어린 아이들이 다 살고 **죽지** 아니하리이
창 44:9	그는 **죽을** 것이요 우리는 내 주의 종들
창 44:20	그의 형은 **죽고** 그의 어머니가 남긴
창 45:28	살아 있으니 내가 **죽기** 전에 가서 그를
창 46:12	엘과 오난은 가나안 땅에서 **죽었고**
창 46:30	얼굴을 보았으니 지금 **죽어도** 족하도다
창 47:15	주소서 어찌 주 앞에서 **죽으리이까**
창 48:7	땅에서 **죽었는데** 그 곳은 에브랏까
창 48:21	나는 **죽으나** 하나님이 너희와 함께
창 50:5	내가 **죽거든** 가나안 땅에 내가 파 놓은
창 50:15	그들의 아버지가 **죽었음을** 보고 말하되
창 50:24	나는 **죽을** 것이나 하나님이 당신들을
창 50:26	요셉이 백십 세에 **죽으매** 그들이 그의
출 1:6	형제와 그 시대의 사람은 다 **죽었고**
출 2:23	여러 해 후에 애굽 왕은 **죽었고**
출 4:19	네 목숨을 노리던 자가 다 **죽었느니라**
출 7:18	나일 강의 고기가 **죽고** 그 물에서는
출 8:13	마당과 밭에서부터 나와서 **죽은지라**
출 9:4	하나도 **죽지** 아니하리라 하셨다 하라
출 9:6	모든 가축은 **죽었으나** 이스라엘 자손 의 가축은 하나도 **죽지** 아니한지라
출 10:28	네가 내 얼굴을 보는 날에는 **죽으리라**
출 11:5	모든 가축의 처음 난 것까지 **죽으리니**
출 12:33	우리가 다 **죽은** 자가 되도다 하고 그
출 14:11	광야에서 **죽게** 하느냐 어찌하여 당신이
출 14:30	바닷가에서 애굽 사람들이 **죽어** 있는
출 16:3	여호와의 손에 **죽었더라면** 좋았을 것 을 너희가 … 이 온 회중이 주려 **죽게**
출 17:3	우리 자녀와 우리 가축이 목말라 **죽게**
출 19:21	와서 보려고 하다가 많이 **죽을까**
출 21:18	상대방을 쳤으나 그가 **죽지** 않고 자리에
출 21:20	**죽으면** 반드시 형벌을 받으려니와
출 21:34	짐승의 임자에게 돈을 줄 것이요 **죽은**
출 21:35	값을 반으로 나누고 또한 **죽은** 것도

2185

[죽다] [죽다]

출 21:36	소로 소를 갚을 것이요 **죽은** 것은 그가
출 22:10	**죽거나** 상하거나 끌려가도 본 사람이
출 22:14	함께 있지 아니할 때에 상하거나 **죽으면**
출 28:35	들릴 것이라 그리하면 그가 **죽지** 아니
출 28:43	입어야 죄를 짊어진 채 **죽지** 아니하리니
출 30:20	물로 씻어 **죽기**를 면할 것이요 제단에
레 7:24	스스로 **죽은** 것의 기름이나 짐승에게
레 10:2	삼키매 그들이 여호와 앞에서 **죽은지라**
레 11:39	먹을 만한 짐승이 **죽은** 때에 그 주검을
레 15:31	부정한 중에서 **죽지** 않도록 할지니라
레 16:1	두 아들이 여호와 앞에 나아가다가 **죽은**
레 16:2	그리하여 **죽지** 않도록 하라 이는 내가
레 16:13	가리게 할지니 그리하면 그가 **죽지**
레 17:15	**죽은** 것이나 들짐승에게 찢겨 **죽은** 것을
레 20:20	죄를 담당하여 자식이 없이 **죽으리라**
레 21:1	그의 백성 중에서 **죽은** 자를 만짐으로
레 22:8	시체나 찢겨 **죽은** 짐승을 먹음으로
레 22:9	가운데에서 **죽을까** 하노라 나는 그들을
민 3:4	여호와 앞에 **죽어** 자식이 없었으며
민 4:15	그들이 **죽으리라** 회막 물건 중에서
민 4:19	그들의 생명을 보존하고 **죽지** 않게 하기
민 4:20	성소를 보지 말라 그들이 **죽으리라**
민 6:7	그의 부모 형제자매가 **죽은** 때에라도
민 6:9	누가 갑자기 그 곁에서 **죽어서** 스스로
민 12:12	모태로부터 **죽어서** 나온 자같이 되지
민 14:2	땅에서 **죽었거나** 이 광야에서 **죽었으면**
민 14:35	이 광야에서 소멸되어 거기서 **죽으리라**
민 14:37	자들은 여호와 앞에서 재앙으로 **죽었고**
민 16:49	고라의 일로 **죽은** 자 외에 염병에 **죽은**
민 17:10	내게 대한 원망을 그치고 **죽지** 않게
민 17:12	**죽게** 되었나이다 망하게 되었나이다
민 17:13	가까이 나아가는 자마다 다 **죽사오니**
민 18:3	두렵건대 그들과 너희가 **죽을까**
민 19:13	누구든지 **죽은** 사람의 시체를 만지고
민 19:14	장막에서 사람이 **죽을** 때의 법은 이러하
민 19:16	누구든지 들에서 칼에 **죽은** 자나 시체나
민 20:1	거기서 **죽으매** 거기에 장사되니라
민 20:3	**죽을** 때에 우리도 **죽었더라면** 좋을
민 20:4	우리 짐승이 다 여기서 **죽게** 하느냐
민 20:26	*거기서 **죽어** 그 조상에게로 돌아가리라*
민 20:28	아론이 그 산 꼭대기에서 **죽으니라**
민 20:29	온 족속이 아론이 **죽은** 것을 보고 그를
민 21:5	인도해 내어 이 광야에서 **죽게** 하는가
민 21:6	이스라엘 백성 중에 **죽은** 자가 많은지라
민 23:10	나는 의인의 **죽음을 죽기** 원하며 나의
민 25:9	염병으로 **죽은** 자가 이만 사천 명이었더
민 26:10	무리와 고라를 삼키매 그들이 **죽었고**
민 26:11	고라의 아들들은 **죽지** 아니하였더라
민 26:19	에르와 오난은 가나안 땅에서 **죽었고**
민 26:61	불을 여호와 앞에 드리다가 **죽었더라**
민 26:65	반드시 광야에서 **죽으리라** 하셨음이라

"예수께서 이르시되 나는 부활이요 생명이
니 나를 믿는 자는 죽어도 살겠고 무릇 살아
서 나를 믿는 자는 영원히 죽지 아니하리니
이것을 네가 믿느냐" (요 11:25–26)

민 27:3	우리 아버지가 광야에서 **죽었으나** 여
	호와를 거슬러 … 자기 죄로 **죽었고**
민 27:8	사람이 **죽고** 아들이 없으면 그의 기업을
민 33:38	호르 산에 올라가 거기서 **죽었으니**
민 33:39	호르 산에서 **죽던** 때의 나이는 백이십삼
민 35:12	회중 앞에 서서 판결을 받기까지 **죽지**
민 35:25	**죽기**까지 거기 거주할 것이니라
신 4:22	나는 이 땅에서 **죽고** 요단을 건너지
신 5:25	**죽을** 까닭이 무엇이니이까 … 여호와
	의 음성을 다시 들으면 **죽을** 것이라
신 10:6	아론이 거기서 **죽어** 장사되었고 그의
신 14:1	**죽은** 자를 위하여 자기 몸을 베지 말며
신 14:21	스스로 **죽은** 모든 것은 먹지 말 것이나
신 18:16	보지 않게 하소서 두렵건대 내가 **죽을까**
신 19:5	그의 이웃을 맞혀 그를 **죽게** 함과 같은
신 19:11	상처를 입혀 **죽게** 하고 이 한 성읍으로
신 24:3	그를 아내로 맞이한 둘째 남편이 **죽었다**
신 25:5	하나가 **죽고** 아들이 없거든 그 **죽은** 자
신 25:6	여인이 낳은 첫 아들이 그 **죽은** 형제의
신 26:14	**죽은** 자를 위하여 이를 쓰지 아니하였고
신 31:14	**죽을** 기한이 가까웠으니 여호수아를
신 31:27	거역하였거든 하물며 내가 **죽은** 후의
신 32:50	아론이 호르 산에서 **죽어** 그의 조상에
	게로 돌아간 것같이 … 이 산에서 **죽어**
신 33:1	모세가 **죽기** 전에 이스라엘 자손을

[죽다]　　　　　　　　　　　　　　　　　　[죽다]

신 33:6	르우벤은 **죽지** 아니하고 살기를 원하며	룻 1:5	말론과 기룐 두 사람이 다 **죽고** 그 여인
신 34:5	여호와의 말씀대로 모압 땅에서 **죽어**	룻 1:8	집으로 돌아가라 너희가 **죽은** 자들과
신 34:7	모세가 **죽을** 때 나이 백이십 세였으나	룻 1:17	어머니께서 **죽으시는** 곳에서 나도 **죽**

역사서

			어 거기 묻힐 것이라 만일 내가 **죽는** 일
수 1:1	여호와의 종 모세가 **죽은** 후에 여호와께	룻 2:11	네 남편이 **죽은** 후로 네가 시어머니에게
수 1:2	내 종 모세가 **죽었으니** 이제 너는 이	룻 2:20	살아 있는 자와 **죽은** 자에게 은혜
수 5:4	애굽에서 나온 후 광야 길에서 **죽었는데**	룻 4:5	**죽은** 자의 아내 모압 여인 룻에게서 사
수 10:11	**죽었으니** 이스라엘 자손의 칼에 **죽은**		서 그 **죽은** 자의 기업을 그의 이름으로
	자보다 우박에 **죽은** 자가 더 많았더라	룻 4:10	**죽은** 자의 기업을 그의 이름으로 세워
수 20:6	대제사장이 **죽기**까지 그 성읍에 거주하	삼상 2:33	출산되는 모든 자가 젊어서 **죽으리라**
수 20:9	피의 보복자의 손에 **죽지** 아니하게 하기	삼상 2:34	홉니와 비느하스가 한 날에 **죽으리니**
수 24:29	눈의 아들 여호수아가 백십 세에 **죽으매**	삼상 4:18	목이 부러져 **죽었으니** 나이가 많고
수 24:33	아론의 아들 엘르아살도 **죽으매** 그들이	삼상 4:19	그의 시아버지와 남편이 **죽은** 소식을
삿 1:1	여호수아가 **죽은** 후에 이스라엘 자손이	삼상 12:19	우리가 **죽지** 않게 하소서 우리가 우리의
삿 1:7	이르렀더니 그가 거기서 **죽었더라**	삼상 14:39	반드시 **죽으리라** 하되 모든 백성 중
삿 2:8	눈의 아들 여호수아가 백십 세에 **죽으매**	삼상 14:43	맛보았을 뿐이오나 내가 **죽을** 수밖에
삿 2:19	사사가 **죽은** 후에는 그들이 돌이켜	삼상 14:44	반드시 **죽으리라** 그렇지 않으면 하나님
삿 2:21	나도 여호수아가 **죽을** 때에 남겨 둔	삼상 14:45	큰 구원을 이룬 요나단이 **죽겠나이까**
삿 3:11	그나스의 아들 옷니엘이 **죽었더라**		… 백성이 요나단을 구원하여 **죽지** 않게
삿 3:25	군주가 이미 땅에 엎드러져 **죽었더라**	삼상 15:35	사무엘이 **죽는** 날까지 사울을 다시 가서
삿 4:1	에훗이 **죽으니** 이스라엘 자손이 또	삼상 18:25	블레셋 사람들의 손에 **죽게** 하리라
삿 4:21	땅에 박히니 그가 기절하여 **죽으니라**	삼상 20:2	네가 **죽지** 아니하리라 내 아버지께서
삿 5:27	그 꾸부러진 곳에 엎드러져 **죽었도다**	삼상 20:14	베풀어서 나를 **죽지** 않게 할 뿐 아니라
삿 6:23	두려워하지 말라 **죽지** 아니하리라	삼상 20:31	끌어 오라 그는 **죽어야** 할 자이니라
삿 6:30	당연히 **죽을지니** 이는 바알의 제단을	삼상 20:32	사울에게 대답하여 이르되 그가 **죽을**
삿 8:10	칼 든 자 십이만 명이 **죽었고** 그 남은	삼상 22:16	아히멜렉아 네가 반드시 **죽을** 것이요
삿 8:32	기드온이 나이가 많아 **죽으매** 아비에셀	삼상 22:22	네 아버지 집의 모든 사람 **죽은** 것이
삿 9:49	세겜 망대에 있는 사람들이 다 **죽었으니**	삼상 24:14	누구의 뒤를 쫓나이까 **죽은** 개나 벼룩을
삿 9:55	이스라엘 사람들이 아비멜렉이 **죽은**	삼상 25:1	사무엘이 **죽으매** 온 이스라엘 무리가
삿 10:2	이십삼 년 만에 **죽으매** 사밀에 장사되었	삼상 25:38	나발을 치시매 그가 **죽으니라**
삿 10:5	야일이 **죽으매** 가몬에 장사되었더라	삼상 25:39	나발이 **죽었다** 함을 다윗이 듣고 이르되
삿 12:6	에브라임 사람의 **죽은** 자가 사만 이천	삼상 26:10	혹은 **죽을** 날이 이르거나 또는 전장에
삿 12:7	길르앗 사람 입다가 **죽으매** 길르앗	삼상 26:16	너희는 마땅히 **죽을** 자이니라 이제 왕의
삿 12:10	입산이 **죽으매** 베들레헴에 장사되었더	삼상 28:3	사무엘이 **죽었으므로** 온 이스라엘이
삿 12:12	엘론이 **죽으매** 스불론 땅 아얄론에	삼상 28:9	생명에 올무를 놓아 나를 **죽게** 하려느냐
삿 12:15	비라돈 사람 힐렐의 아들 압돈이 **죽으매**	삼상 31:1	길보아 산에서 엎드러져 **죽으니라**
삿 13:7	그가 **죽는** 날까지 하나님께 바쳐진	삼상 31:6	모든 사람이 다 그 날에 함께 **죽었더라**
삿 13:22	하나님을 보았으니 반드시 **죽으리로다**	삼상 31:7	사울과 그의 아들들이 **죽었음을** 보고
삿 15:18	내가 이제 목말라 **죽어서** 할례 받지	삼상 31:8	이튿날 블레셋 사람들이 **죽은** 자를 벗기
삿 16:16	조르매 삼손의 마음이 번뇌하여 **죽을**		러 왔다가 … 길보아 산에서 **죽은** 것을
삿 16:30	**죽기**를 원하노라 … 삼손이 **죽을** 때에	삼하 1:1	사울이 **죽은** 후에 다윗이 아말렉 사람을
삿 20:5	죽이려 하고 내 첩을 욕보여 그를 **죽게**	삼하 1:4	아들 요나단도 **죽었나이다** 하는지라
룻 1:3	엘리멜렉이 **죽고** 나오미와 그의 두 아들	삼하 2:7	주 사울이 **죽었고** 또 유다 족속이 내게

【 죽다 】   【 죽다 】

삼하 2:23 죽으매 아사헬이 엎드러져 죽은 곳에
삼하 3:29 지팡이를 의지하는 자나 칼에 죽는 자나
삼하 3:38 이스라엘의 지도자요 큰 인물이 죽은
삼하 4:1 아브넬이 헤브론에서 죽었다 함을 듣고
삼하 4:4 요나단이 죽은 소식이 이스르엘에서
삼하 4:10 보라 사울이 죽었다 하며 그가 좋은
삼하 6:7 그가 거기 하나님의 궤 곁에서 죽으니라
삼하 6:23 그러므로 사울의 딸 미갈이 죽는 날까지
삼하 9:8 죽은 개 같은 나를 돌아보시나이까
삼하 10:1 암몬 자손의 왕이 죽고 그의 아들 하눈
삼하 10:18 군사령관 소박을 치매 거기서 죽으니라
삼하 11:15 물러가서 그로 맞아 죽게 하라 하였더라
삼하 11:17 엎드러지고 헷 사람 우리아도 죽으니라
삼하 12:5 일을 행한 그 사람은 마땅히 죽을 자라
삼하 12:13 사하셨나니 당신이 죽지 아니하려니와
삼하 12:14 당신이 낳은 아이가 반드시 죽으리이다
삼하 13:32 암논만 죽었으리이다 그가 압살롬의
삼하 14:2 기름을 바르지 말고 죽은 사람을 위하여
삼하 14:5 나는 진정으로 과부니이다 남편은 죽고

"내가 진실로 진실로 너희에게 이르노니 한
알의 밀이 땅에 떨어져 죽지 아니하면 한 알
그대로 있고 죽으면 많은 열매를 맺느니라"
(요 12:24)

삼하 14:14 우리는 필경 죽으리니 땅에 쏟아진 물과
삼하 15:21 사나 죽으나 종도 그 곳에 있겠나이다
삼하 16:9 아비새가 왕께 여쭈오되 이 죽은 개가
삼하 17:23 스스로 목매어 죽으매 그의 조상의 묘에
삼하 18:3 우리가 절반이나 죽을지라도 우리에게
삼하 18:8 수풀에서 죽은 자가 칼에 죽은 자보다
삼하 18:20 왕의 아들이 죽었나니 네가 오늘 소식을
삼하 18:33 대신하여 죽었더면, 압살롬 내 아들아
삼하 19:6 우리가 다 죽었더면 왕이 마땅히 여기실
삼하 19:10 압살롬은 싸움에서 죽었거늘 이제 너희
삼하 19:23 왕이 시므에게 이르되 네가 죽지 아니
삼하 19:28 주 왕 앞에서는 다만 죽을 사람이 되지
삼하 19:37 고향 부모의 묘 곁에서 죽으려 하나
삼하 20:3 그들이 죽는 날까지 갇혀서 생과부로

삼하 20:10 다시 치지 아니하였으되 죽으니라 요압과
삼하 21:9 일곱 사람이 동시에 죽으니 죽은 때는
삼하 21:13 그 달려 죽은 자들의 뼈를 거두어다가
삼하 24:15 브엘세바까지 백성의 죽은 자가 칠만
왕상 1:52 그에게 악한 것이 보이면 죽으리라 하고
왕상 2:1 다윗이 죽을 날이 임박하매 그의 아들
왕상 2:26 아나돗으로 가라 너는 마땅히 죽을 자이
왕상 2:30 대답하되 아니라 내가 여기서 죽겠노라
왕상 2:46 그가 죽은지라 이에 나라가 솔로몬의
왕상 3:19 아들 위에 누우므로 그의 아들이 죽으니
왕상 11:21 군대 지휘관 요압이 죽은 것을 듣고
왕상 11:40 시삭에게 이르러 솔로몬이 죽기까지
왕상 13:31 내가 죽거든 하나님의 사람을 장사할
왕상 14:11 죽은즉 개가 먹고 들에서 죽은즉 공중의
왕상 14:12 성읍에 들어갈 때에 그 아이가 죽을지라
왕상 16:4 죽은즉 개가 먹고 그에게 속한 자가
         들에서 죽은즉 공중의 새가 먹으리라
왕상 16:18 불을 지르고 그 가운데서 죽었으니
왕상 16:22 디브니가 죽으매 오므리가 왕이 되니라
왕상 17:12 음식을 만들어 먹고 그 후에는 죽으리라
왕상 17:18 내 아들을 죽게 하려고 내게 오셨나이까
왕상 19:4 자기가 죽기를 원하여 이르되 여호와여
왕상 21:14 나봇이 돌에 맞아 죽었나이다
왕상 21:24 죽은 자는 개들이 먹고 들에서 죽은
왕상 21:27 베에 누우며 또 풀이 죽어 다니더라
왕상 22:20 그를 길르앗 라못에 올라가서 죽게 할꼬
왕상 22:35 저녁에 이르러 죽었는데 상처의 피가
왕상 22:37 죽으매 그의 시체를 메어 사마리아에
왕하 1:1 아합이 죽은 후에 모압이 이스라엘을
왕하 1:4 반드시 죽으리라 하셨다 하라 엘리야가
왕하 3:5 아합이 죽은 후에 모압 왕이 이스라엘
왕하 4:1 나의 남편이 이미 죽었는데 당신의 종이
왕하 4:20 어머니의 무릎에 앉아 있다가 죽은지라
왕하 7:3 우리가 어찌하여 여기 앉아서 죽기를
왕하 7:4 거기서 죽을 것이요 … 역시 우리가 죽
         을 … 우리를 죽이면 죽을 것이라 하고
왕하 7:17 하나님의 사람의 말대로 죽었으니 곧
왕하 7:20 백성이 성문에서 그를 밟으매 죽었더라
왕하 8:5 엘리사가 죽은 자를 다시 살린 일을
왕하 8:10 여호와께서 그가 반드시 죽으리라고
왕하 9:27 므깃도까지 도망하여 거기서 죽은지라
왕하 11:1 그의 아들이 죽은 것을 보고 일어나
왕하 13:20 엘리사가 죽으니 그를 장사하였고 해가

【 죽다 】

왕하 13:24 하사엘이 **죽고** 그의 아들 벤하닷이 대신
왕하 14:6 자기의 죄로 말미암아 **죽을** 것이니라
왕하 14:17 여호아하스의 아들 요아스가 **죽은** 후에
왕하 15:5 그가 **죽는** 날까지 나병환자가 되어 별궁
왕하 18:32 너희가 살고 **죽지** 아니하리라 히스기야
왕하 19:7 그의 본국에서 그에게 칼에 **죽게** 하리라
왕하 20:1 병들어 **죽게** 되매 아모스의 아들 선지자
이사야가 … 네가 **죽고** 살지 못하리라
왕하 23:34 잡아갔더니 그가 거기서 **죽으니라**
대상 1:44 벨라가 **죽으매** 보스라 세라의 아들 요밥
대상 1:45 요밥이 **죽으매** 데만 종족의 땅의 사람
대상 1:46 후삼이 **죽으매** 브닷의 아들 하닷이 대신
대상 1:47 하닷이 **죽으매** 마스레가의 사믈라가
대상 1:48 사믈라가 **죽으매** 강 가의 르호봇 사울이
대상 1:49 사울이 **죽으매** 악볼의 아들 바알하난이
대상 1:50 바알하난이 **죽으매** 하닷이 대신하여
대상 1:51 하닷이 **죽으니라** 그리고 에돔의 족장은
대상 2:19 아수바가 **죽은** 후에 갈렙이 또 에브랏에
대상 2:24 헤스론이 갈렙 에브라다에서 **죽은** 후에
대상 2:30 압바임이라 셀렛은 아들이 없이 **죽었고**
대상 2:32 요나단이라 예델은 아들이 없이 **죽었고**

"우리가 아직 죄인 되었을 때에 그리스도께서 우리를 위하여 죽으심으로 하나님께서 우리에 대한 자기의 사랑을 확증하셨느니라"(롬 5:8)

대상 10:5 무기 가진 자가 사울이 **죽는** 것을 보고
자기도 칼에 엎드러져 **죽으니라**
대상 10:6 세 아들과 그 온 집안이 함께 **죽으니라**
대상 10:7 사울과 그의 아들들이 다 **죽은** 것을
대상 13:10 그가 거기 하나님 앞에서 **죽으니라**
대상 18:5 아람 사람 이만 이천 명을 **죽이고**
대상 19:1 그 후에 암몬 자손의 왕 나하스가 **죽고**
대상 20:8 손과 그 신하의 손에 다 **죽었더라**
대상 21:14 백성 중에서 **죽은** 자가 칠만 명이었더라
대상 22:5 준비하리라 하고 다윗이 **죽기** 전에 많이
대상 23:22 엘르아살이 아들이 없이 **죽고** 딸만
대상 24:2 그들의 아버지보다 먼저 **죽고** 그들에게
대상 29:28 부하고 존귀를 누리다가 **죽으매** 그의
대하 13:20 못하여 여호와의 치심을 입어 **죽었고**

【 죽다 】

대하 16:13 사십일 년 후에 **죽어** 그의 조상들과
대하 18:19 길르앗 라못에 올라가서 **죽게** 할까
대하 18:34 사람을 막다가 해가 질 즈음에 **죽었더라**
대하 21:19 그 심한 병으로 **죽으니** 백성이 그들의
대하 22:4 그의 아버지가 **죽은** 후에 그가 패망하게
대하 22:10 자기의 아들이 **죽은** 것을 보고 일어나
대하 24:15 나이가 많고 늙어서 **죽으니 죽을** 때에
대하 24:17 여호야다가 **죽은** 후에 유다 방백들이
대하 24:22 **죽을** 때에 이르되 여호와는 감찰하시고
대하 25:4 자기의 죄로 말미암아 **죽을** 것이니라
대하 25:25 요아하스의 아들 요아스가 **죽은** 후에도
대하 26:21 웃시야 왕이 **죽는** 날까지 나병환자가
대하 32:11 주림과 목마름으로 **죽게** 함이 아니냐
대하 32:24 히스기야가 병들어 **죽게** 되었으므로
대하 35:24 그가 **죽으니** 그의 조상들의 묘실에
스 9:7 칼에 **죽으며** 사로잡히며 노략을 당하며
에 2:7 부모가 **죽은** 후에 모르드개가 자기
에 4:16 왕에게 나아가리니 **죽으면 죽으리이다**

시가서

욥 1:19 **죽었나이다** 나만 홀로 피하였으므로
욥 2:9 굳게 지키느냐 하나님을 욕하고 **죽으라**
욥 3:11 어찌하여 내가 태에서 **죽어** 나오지
욥 3:21 이러한 자는 **죽기를** 바라도 오지 아니하
욥 4:11 사냥한 것이 없어 **죽어** 가고 암사자의
욥 4:21 그들은 지혜가 없이 **죽느니라**
욥 7:15 차라리 숨이 막히는 것과 **죽는** 것을
욥 9:23 갑자기 재난이 닥쳐 **죽을지라도** 무죄한
욥 12:2 너희가 **죽으면** 지혜도 죽겠구나
욥 14:8 땅에서 늙고 줄기가 흙에서 **죽을지라도**
욥 14:10 장정이라도 **죽으면** 소멸되나니 인생이
욥 19:10 나는 **죽었구나** 내 희망을 나무 뽑듯
욥 20:16 독을 빨며 뱀의 혀에 **죽을** 것이라
욥 21:23 어떤 사람은 **죽도록** 기운이 충실하여
욥 21:25 사람은 마음에 고통을 품고 **죽으므로**
욥 24:12 성중에서 **죽어** 가는 사람들이 신음하며
욥 24:14 사람을 **죽이는** 자는 밝을 때에 일어나
서 학대 받는 자나 가난한 자를 **죽이고**
욥 27:5 내가 **죽기** 전에는 나의 온전함을 버리지
욥 30:23 나를 **죽게** 하사 모든 생물을 위하여
욥 31:19 사람이 의복이 없이 **죽어** 가는 것이나
욥 31:30 그가 **죽기를** 구하는 말로 그의 생명을
욥 34:15 모든 육체가 다 함께 **죽으며** 사람은
욥 34:20 그들은 한밤중에 순식간에 **죽나니**

【 죽다 】 　　　　　　　　　　　　　　【 죽다 】

욥 36:12	칼에 망하며 지식 없이 **죽을** 것이니라
욥 36:14	그들의 몸은 젊어서 **죽으며** 그들의
욥 42:17	욥이 늙어 나이가 차서 **죽었더라**
시 31:12	잊어버린 바 됨이 **죽은** 자를 마음에
시 41:5	어느 때에나 **죽고** 그의 이름이 언제나
시 48:14	우리를 **죽을** 때까지 인도하시리로다
시 49:10	지혜 있는 자도 **죽고** 어리석고 무지한
시 49:17	그가 **죽으매** 가져가는 것이 없고 그의
시 73:4	그들은 **죽을** 때에도 고통이 없고 그
시 82:7	사람처럼 **죽으며** 고관의 하나같이
시 88:10	주께서 **죽은** 자에게 기이한 일을 보이시
시 88:15	고난을 당하여 **죽게** 되었사오며 주께서
시 104:29	그들은 **죽어** 먼지로 돌아가나이다
시 106:28	연합하여 **죽은** 자에게 제사한 음식을
시 118:17	**죽지** 않고 살아서 여호와께서 하시는
시 143:3	**죽은** 지 오랜 자같이 나를 암흑 속에
잠 5:23	받지 아니함으로 말미암아 **죽겠고**
잠 7:26	엎드러지게 하였나니 그에게 **죽은** 자가
잠 9:18	어리석은 자는 **죽은** 자들이 거기 있는
잠 10:21	미련한 자는 지식이 없어 **죽느니라**
잠 11:7	악인은 **죽을** 때에 그 소망이 끊어지나니
잠 15:10	견책을 싫어하는 자는 **죽을** 것이니라
잠 19:16	행실을 삼가지 아니하는 자는 **죽으리라**
잠 23:13	채찍으로 그를 때릴지라도 그가 **죽지**
잠 30:7	**죽기** 전에 내게 거절하지 마시옵소서
잠 31:6	독주는 **죽게** 된 자에게, 포도주는 마음
전 3:2	날 때가 있고 **죽을** 때가 있으며 심을
전 3:19	짐승이 죽음같이 사람도 **죽으니** 사람이
전 4:2	**죽은** 지 오랜 **죽은** 자들을 더 복되다
전 7:1	좋은 이름이 좋은 기름보다 낫고 **죽는**
전 7:17	되지 말라 어찌하여 기한 전에 **죽으려고**
전 8:8	바람을 움직이게 할 사람도 없고 **죽는**
전 9:3	마음을 품고 있다가 후에는 **죽은** 자들
전 9:4	소망이 있음은 산 개가 **죽은** 사자보다
전 9:5	산 자들은 **죽을** 줄을 알되 **죽은** 자들은
선지서	
사 6:1	웃시야 왕이 **죽던** 해에 내가 본즉 주께
사 8:19	산 자를 위하여 **죽은** 자에게 구하겠느냐
사 14:28	아하스 왕이 **죽던** 해에 이 경고가 임하니
사 22:2	너의 죽임을 당한 자들은 칼에 **죽은**
사 22:13	포도주를 마시면서 내일 **죽으리니** 먹고
사 22:14	이 죄악은 너희가 **죽기**까지 용서하지
사 22:18	그 곳에서 **죽겠고** 네 영광의 수레도

사 26:14	그들은 **죽었은즉** 다시 살지 못하겠으
사 26:19	**죽은** 자들은 살아나고 그들의 시체들
	은 … 땅이 **죽은** 자들을 내 놓으리로다
사 37:7	그를 그의 고국에서 칼에 **죽게** 하리라
사 38:1	그 때에 히스기야가 병들어 **죽게** 되니
	… 네가 **죽고** 살지 못하리라 하셨나이다
사 50:2	악취를 내며 갈하여 **죽으리라**
사 51:6	하루살이같이 **죽으려니와** 나의 구원은
사 51:12	어떠한 자이기에 **죽을** 사람을 두려워
사 51:14	**죽지도** 아니할 것이요 구덩이로 내려
사 53:9	있었으며 그가 **죽은** 후에 부자와 함께
사 57:1	의인이 **죽을지라도** 마음에 두는 자가
사 59:5	알을 먹는 자는 **죽을** 것이요 그 알이
사 59:10	우리는 강장한 자 중에서도 **죽은** 자
사 65:20	**죽는** 어린이와 … 백 세에 **죽는** 자를
	젊은이라 하겠고 백 세가 못되어 **죽는**
사 66:24	벌레가 **죽지** 아니하며 그 불이 꺼지지
렘 8:3	남아 있는 자들이 사는 것보다 **죽는**
렘 11:21	우리 손에 **죽을까** 하노라 하도다
렘 14:18	들에 나간즉 칼에 **죽은** 자요 내가 성읍에
렘 15:2	**죽을** 자는 죽음으로 나아가고 칼을 받을
렘 16:4	독한 병으로 **죽어도** 아무도 슬퍼하지
렘 16:6	자든지 작은 자든지 이 땅에서 **죽으리니**
렘 16:7	그 **죽은** 자로 말미암아 슬퍼하는 자를
렘 20:6	거기서 **죽어** 거기 묻힐 것이라 너와
렘 21:6	그들이 큰 전염병에 **죽으리라** 하셨다
렘 21:9	칼과 기근과 전염병에 **죽으려니와**
렘 22:10	너희는 **죽은** 자를 위하여 울지 말며
렘 22:12	그가 거기서 **죽으리니** 이 땅을 다시
렘 26:8	붙잡고 이르되 네가 반드시 **죽어야**
렘 26:11	사람은 **죽는** 것이 합당하니 너희 귀로
렘 27:13	칼과 기근과 전염병에 **죽으려** 하나이까
렘 28:16	금년에 **죽으리라** 하셨느니라 하더니
렘 28:17	하나냐가 그 해 일곱째 달에 **죽었더라**
렘 31:30	자기의 죄악으로 말미암아 **죽으리라**
렘 34:4	이와 같이 말씀하시니라 네가 칼에 **죽지**
렘 34:5	평안히 **죽을** 것이며 사람이 너보다 먼저
렘 37:20	마옵소서 내가 거기에서 **죽을까**
렘 38:2	자는 칼과 기근과 전염병에 **죽으리라**
렘 38:9	그가 거기에서 굶어 **죽으리이다**
렘 38:10	선지자 예레미야가 **죽기** 전에 그를
렘 38:24	알리지 말라 그리하면 네가 **죽지** 아니
렘 42:16	임하리니 너희가 거기에서 **죽을** 것이라

2190

【 죽다 】 　　　　　　　　　　　　　　　　【 죽다 】

렘 42:17	칼과 기근과 전염병에 **죽을** 것인즉 내가
렘 44:12	칼과 기근에 **죽어서** 저주와 놀램과
렘 52:11	그가 **죽는** 날까지 옥에 가두었더라
애 3:6	나를 어둠 속에 살게 하시기를 **죽은** 지
애 4:9	칼에 **죽은** 자들이 주려 **죽은** 자들보다
애 5:9	광야에는 칼이 있으므로 **죽기**를 무릅쓰
겔 3:18	**죽으리라** 할 때에 … **죽으려니와** 내가
겔 3:19	죄악 중에서 **죽으려니와** 너는 네 생명을
겔 4:14	어려서부터 지금까지 스스로 **죽은**
겔 5:12	삼분의 일은 전염병으로 **죽으며** 기근
겔 6:12	전염병에 **죽고** … 자는 기근에 **죽으리라**
겔 7:15	밭에 있는 자는 칼에 **죽을** 것이요 성읍
겔 11:13	브나야의 아들 블라댜가 **죽기**로 내가
겔 12:13	그가 거기에서 **죽으려니와** 그 땅을 보지
겔 13:19	**죽지** 아니할 영혼을 **죽이고** 살지 못할
겔 17:16	왕과 함께 있다가 **죽을** 것이라
겔 18:4	범죄하는 그 영혼이 **죽으리라**
겔 18:13	**죽을지라** 자기의 피가 자기에게로
겔 18:17	그의 아버지의 죄악으로 **죽지** 아니하고
겔 24:18	저녁에 내 아내가 **죽었으므로** 아침에
겔 26:6	칼에 **죽으리니** 그들이 나를 여호와인
겔 28:8	**죽음**같이 바다 가운데에서 **죽게** 할지라
겔 30:24	고통하기를 **죽게** 상한 자의 고통하듯
겔 33:8	너는 반드시 **죽으리라** 하였다 하자 …
	자기 죄악으로 말미암아 **죽으려니와**
겔 33:9	자기 죄악으로 말미암아 **죽으려니와**
겔 33:11	**죽는** 것을 기뻐하지 아니하고 악인이
	그의 … 떠나라 어찌 **죽고자** 하느냐
겔 33:13	말미암아 곧 그 안에서 **죽으리라**
겔 33:27	산성과 굴에 있는 자는 전염병에 **죽게**
겔 43:7	**죽은** 왕들의 시체로 다시는 내 거룩한
겔 44:31	저절로 **죽은** 것이나 찢겨서 **죽은** 것은
단 2:13	왕의 명령이 내리매 지혜자들은 **죽게**
단 11:26	많은 사람이 엎드러져 **죽으리라**
호 2:3	마른 땅같이 되게 하여 목말라 **죽게** 할
암 2:2	요란함과 외침과 나팔 소리 중에서 **죽을**
암 6:9	집에 열 사람이 남는다 하여도 다 **죽을**
암 7:11	말하기를 여로보암은 칼에 **죽겠고**
암 7:17	너는 더러운 땅에서 **죽을** 것이요
암 9:10	하는 모든 죄인은 칼에 **죽으리라**
욘 4:3	사는 것보다 **죽는** 것이 내게 나음이니이
미 4:9	왕이 없어졌고 네 모사가 **죽었으므로**
슥 11:4	너는 잡혀 **죽을** 양 떼를 먹이라
슥 11:7	내가 잡혀 **죽을** 양 떼를 먹이니 참으로
슥 11:9	**죽는** 자는 **죽는** 대로, 망하는 자는

복음서

마 2:15	헤롯이 **죽기**까지 거기 있었으니 이는
마 2:19	헤롯이 **죽은** 후에 주의 사자가 애굽에
마 2:20	아기의 목숨을 찾던 자들이 **죽었느니라**
마 8:22	**죽은** 자들이 그들의 **죽은** 자들을 장사
마 8:25	주여 구원하소서 우리가 **죽겠나이다**
마 9:18	내 딸이 방금 **죽었사오나** 오셔서 그
마 9:24	소녀가 **죽은** 것이 아니라 잔다 하시니
마 10:8	병든 자를 고치며 **죽은** 자를 살리며
마 10:21	자식을 **죽는** … 대적하여 **죽게** 하리라
마 11:5	못 듣는 자가 들으며 **죽은** 자가 살아나
마 14:2	세례 요한이라 그가 **죽은** 자 가운데서
마 16:28	서 있는 사람 중에 **죽기** 전에 인자가
마 17:9	인자가 **죽은** 자 가운데서 살아나기
마 22:24	사람이 만일 자식이 없이 **죽으면** 그
마 22:25	맏이가 장가들었다가 **죽어** 상속자가
마 22:27	최후에 그 여자도 **죽었나이다**
마 22:32	하나님은 **죽은** 자의 하나님이 아니요
마 23:27	안에는 **죽은** 사람의 뼈와 모든 더러운
마 26:35	주와 함께 **죽을지언정** 주를 부인하지
마 26:38	마음이 매우 고민하여 **죽게** 되었으니
마 27:5	물러가서 스스로 목매어 **죽은지라**
마 27:64	백성에게 말하되 그가 **죽은** 자 가운데서
마 28:4	무서워하여 떨며 **죽은** 사람과 같이
마 28:7	**죽은** 자 가운데서 살아나셨고 너희보다
막 4:38	**죽게** 된 것을 돌보지 아니하시나이까
막 5:23	내 어린 딸이 **죽게** 되었사오니 오셔서
막 5:35	당신의 딸이 **죽었나이다** 어찌하여 선생
막 5:39	우느냐 이 아이가 **죽은** 것이 아니라
막 6:14	세례 요한이 **죽은** 자 가운데서 살아났도
막 9:1	여기 서 있는 사람 중에는 **죽기** 전에
막 9:9	인자가 **죽은** 자 가운데서 살아날 때까지
막 9:10	문의하되 **죽은** 자 가운데서 살아나는
막 9:26	나가니 그 아이가 **죽은** 것같이 되어 많
	은 사람이 말하기를 **죽었다** 하나
막 9:31	죽임을 당하고 **죽은** 지 삼 일만에
막 9:48	거기에서는 구더기도 **죽지** 않고 불도
막 12:19	자식이 없이 아내를 두고 **죽으면** 그
막 12:20	아내를 취하였다가 상속자가 없이 **죽고**
막 12:27	하나님은 **죽은** 자의 하나님이 아니요
막 13:12	아버지가 자식을 **죽는** 데에 내주며 자

2191

[죽다]　　　　　　　　　　　　　　　[죽다]

막 14:31	식들이 부모를 대적하여 **죽게** 하리라	요 8:52	아브라함과 선지자들도 **죽었거늘** 네
막 14:34	주와 함께 **죽을지언정** 주를 부인하지	요 8:53	너는 이미 **죽은** 우리 조상 아브라함보
막 15:44	마음이 심히 고민하여 **죽게** 되었으니		다 크냐 또 선지자들도 **죽었거늘** 너는
	예수께서 벌써 **죽었을까** 하고 이상히	요 11:14	밝히 이르시되 나사로가 **죽었느니라**
	여겨 백부장을 불러 **죽은** 지가 오래냐	요 11:16	말하되 우리도 주와 함께 **죽으러** 가자
눅 2:26	그리스도를 보기 전에는 **죽지** 아니하리	요 11:21	오라버니가 **죽지** 아니하였겠나이다
눅 7:2	백부장의 사랑하는 종이 병들어 **죽게**	요 11:25	생명이니 나를 믿는 자는 **죽어도**
눅 7:12	사람들이 한 **죽은** 자를 메고 나오니	요 11:26	살아서 나를 믿는 자는 영원히 **죽지**
눅 7:22	귀먹은 사람이 들으며 **죽은** 자가 살아	요 11:32	오라버니가 **죽지** 아니하였겠나이다
눅 8:24	이르되 주여 주여 우리가 **죽겠나이다**	요 11:37	그 사람은 **죽지** 않게 할 수 없었더냐
눅 8:42	열두 살 된 외딸이 있어 **죽어감이러라**	요 11:39	**죽은** 자의 누이 마르다가 이르되 주여
눅 8:49	당신의 딸이 **죽었나이다** 선생님을 더		**죽은** 지가 나흘이 되었으매 벌써 냄새
눅 8:52	예수께서 이르시되 울지 말라 **죽은** 것이	요 11:50	한 사람이 백성을 위하여 **죽어서** 온
눅 8:53	그 **죽은** 것을 아는 고로 비웃더라		
눅 9:7	요한이 **죽은** 자 가운데서 살아났다고도		
눅 9:27	**죽기** 전에 하나님의 나라를 볼 자들도		
눅 9:60	**죽은** 자들로 자기의 **죽은** 자들을		
눅 10:30	그 옷을 벗기고 때려 거의 **죽은** 것을		
눅 13:4	치어 **죽은** 열여덟 사람이 예루살렘에		
눅 13:33	선지자가 예루살렘 밖에서는 **죽는** 법이		

"한번 **죽는** 것은 사람에게 정해진 것이요
그 후에는 심판이 있으리니"(히 9:24)

눅 15:17	많은가 나는 여기서 주려 **죽는구나**	요 11:52	하나가 되게 하기 위하여 **죽으실** 것을
눅 15:24	내 아들은 **죽었다가** 다시 살아났으며	요 12:1	예수께서 **죽은** 자 가운데서 살리신
눅 16:22	거지가 **죽어** … 들어가고 부자도 **죽어**	요 12:9	예수만 보기 위함이 아니요 **죽은** 자
눅 16:30	아브라함이여 만일 **죽은** 자에게서	요 12:17	나사로를 무덤에서 불러내어 **죽은** 자
눅 16:31	**죽은** 자 가운데서 살아나는 자가 있을지	요 12:24	한 알의 밀이 땅에 떨어져 **죽지** 아니하
눅 20:28	자식이 없이 **죽으면** 그 동생이 그 아내		면 한 알 그대로 있고 **죽으면** 많은 열매
눅 20:29	아내를 취하였다가 자식이 없이 **죽고**	요 12:33	죽음으로 **죽을** 것을 보이심이러라
눅 20:31	일곱이 다 그와 같이 자식이 없이 **죽고**	요 18:14	한 사람이 백성을 위하여 **죽는** 것이
눅 20:32	그 후에 여자도 **죽었나이다**	요 18:32	자기가 어떠한 죽음으로 **죽을** 것을
눅 20:35	세상과 및 **죽은** 자 가운데서 부활함을	요 19:7	그가 당연히 **죽을** 것은 그가 자기를
눅 20:36	그들은 다시 **죽을** 수도 없나니 이는	요 19:33	예수께 이르러서는 이미 **죽으신** 것을
눅 20:38	하나님은 **죽은** 자의 하나님이 아니요	요 20:9	그가 **죽은** 자 가운데서 다시 살아나야
눅 22:33	내가 주와 함께 옥에도 **죽는** 데에도	요 21:14	이것은 예수께서 **죽은** 자 가운데서
눅 24:5	어찌하여 살아 있는 자를 **죽은** 자	요 21:23	제자는 **죽지** 아니하겠다 하였으나 예수
눅 24:46	고난을 받고 제삼일에 **죽은** 자 가운데서		의 말씀은 그가 **죽지** 않겠다 하신 것이
요 4:47	주소서 하니 그가 거의 **죽게** 되었음이라	**역사서**	
요 4:49	신하가 이르되 주여 내 아이가 **죽기**	행 2:29	다윗이 **죽어** 장사되어 그 묘가 오늘까
요 5:21	아버지께서 **죽은** 자들을 일으켜 살리심	행 3:15	**죽은** 자 가운데서 그를 살리셨으니
요 5:25	진실로 진실로 너희에게 이르노니 **죽은**	행 4:2	예수 안에 **죽은** 자의 부활이 있다고
요 6:49	광야에서 만나를 먹었어도 **죽었거니와**	행 4:10	하나님이 **죽은** 자 가운데서 살리신
요 8:21	너희 죄 가운데서 **죽겠고** 내가 가는	행 5:10	젊은 사람들이 들어와 **죽은** 것을 보고
요 8:24	죄 가운데서 **죽으리라** 하였노라 … 아	행 7:4	그의 아버지가 **죽으매** 하나님이 그를
	니하면 너희 죄 가운데서 **죽으리라**	행 7:15	자기와 우리 조상들이 거기서 **죽고**

【 죽다 】　　　　　　　　　　　　　　　【 죽다 】

행 9:37	그 때에 병들어 **죽으매** 시체를 씻어	롬 6:12	너희는 죄가 너희 **죽을** 몸을 지배하지
행 10:41	**죽은** 자 가운데서 부활하신 후 그를	롬 6:13	오직 너희 자신을 **죽은** 자 가운데서
행 10:42	하나님이 살아 있는 자와 **죽은** 자의	롬 7:2	**죽으면** 남편의 법에서 벗어나느니라
행 12:23	사자가 곧 치니 벌레에게 먹혀 **죽으니**	롬 7:3	남편이 **죽으면** 그 법에서 자유롭게
행 13:30	**죽은** 자 가운데서 그를 살리신지라	롬 7:4	다른 이 곧 **죽은** 자 가운데서 살아나신
행 13:34	하나님께서 **죽은** 자 가운데서 그를	롬 7:6	얽매였던 것에 대하여 **죽었으므로**
행 14:19	그들이 돌로 바울을 쳐서 **죽은** 줄로	롬 7:8	이는 율법이 없으면 죄가 **죽은** 것임이라
행 17:3	그리스도가 해를 받으며 **죽은** 자 가운데서	롬 7:9	이르매 죄는 살아나고 나는 **죽었도다**
행 17:31	그를 **죽은** 자 가운데서 다시 살리신	롬 7:13	선한 그것으로 말미암아 나를 **죽게**
행 17:32	**죽은** 자의 부활을 듣고 어떤 사람은	롬 8:10	몸은 죄로 말미암아 **죽은** 것이나 영은
행 20:9	떨어지거늘 일으켜보니 **죽었는지라**	롬 8:11	예수를 **죽은** 자 가운데서 … 그리스도
행 21:13	예루살렘에서 **죽을** 것도 각오하였노라		예수를 **죽은** 자 가운데서 … 너희 **죽을**
행 23:6	바리새인의 아들이라 **죽은** 자의 소망	롬 8:13	육신대로 살면 반드시 **죽을** 것이로되
행 23:27	사람이 유대인들에게 잡혀 **죽게** 된 것을	롬 8:34	정죄하리요 **죽으실** 뿐 아니라 다시 살아
행 24:21	내가 **죽은** 자의 부활에 대하여 오늘	롬 10:7	그리스도를 **죽은** 자 가운데서 모셔
행 25:11	**죽을** 죄를 지었으면 **죽기를** 사양하지	롬 10:9	또 하나님께서 그를 **죽은** 자 가운데서
행 25:19	예수라 하는 이가 **죽은** 것을 살아 있다	롬 11:15	**죽은** 자 가운데서 살아나는 것이 아니면
행 26:8	당신들은 하나님이 **죽은** 사람을 살리심	롬 14:7	사는 자가 없고 자기를 위하여 **죽는** 자도
행 26:23	그리스도가 고난을 받으실 것과 **죽은**	롬 14:8	주를 위하여 살고 **죽어도** 주를 위하여
행 28:6	갑자기 쓰러져 **죽을** 줄로 기다렸다가		**죽나니** 그러므로 사나 **죽으나** 우리가
서신서		롬 14:9	**죽었다가** 다시 살아나셨으니 곧 **죽은** 자
롬 1:4	성결의 영으로는 **죽은** 자들 가운데서	롬 14:15	그리스도께서 대신하여 **죽으신** 형제를
롬 4:17	믿은 바 하나님은 **죽은** 자를 살리시며	고전 7:39	남편이 **죽으면** 자유로워 자기 뜻대로
롬 4:19	몸이 **죽은** 것 같고 사라의 태가 **죽은**	고전 8:11	그리스도께서 위하여 **죽으신** 형제라
롬 4:24	**죽은** 자 가운데서 살리신 이를 믿는	고전 9:15	**죽을지언정** 누구든지 내 자랑하는
롬 5:6	경건하지 않은 자를 위하여 **죽으셨도다**	고전 10:8	하루에 이만 삼천 명이 **죽었나니** 우리는
롬 5:7	위하여 **죽는** 자가 쉽지 않고 선인을 위	고전 11:26	주의 **죽으심을** 그가 오실 때까지 전하는
	하여 용감히 **죽는** 자가 혹 있거니와	고전 15:3	우리 죄를 위하여 **죽으시고**
롬 5:8	우리를 위하여 **죽으심으로** 하나님께서	고전 15:12	**죽은** 자 가운데서 다시 살아나셨다 …
롬 5:10	아들의 **죽으심으로** 말미암아 하나님과		어찌하여 **죽은** 자 가운데서 부활이
롬 5:15	많은 사람이 **죽었은즉** 더욱 하나님의	고전 15:13	**죽은** 자의 부활이 없으면 그리스도도
롬 6:2	그럴 수 없느니라 죄에 대하여 **죽은**	고전 15:15	**죽은** 자가 다시 살아나는 일이 없으면
롬 6:3	그의 **죽으심과** 합하여 세례를 받은 줄을	고전 15:20	이제 그리스도께서 **죽은** 자 가운데서
롬 6:4	그의 **죽으심과** 합하여 세례를 받음으	고전 15:21	**죽은** 자의 부활도 한 사람으로 말미암는
	로 그와 함께 … 그리스도를 **죽은** 자	고전 15:22	아담 안에서 모든 사람이 **죽은** 것같이
롬 6:5	우리가 그의 **죽으심과** 같은 모양으로	고전 15:29	만일 **죽은** 자들이 도무지 다시 살아나
롬 6:6	죄의 몸이 **죽어** 다시는 우리가 죄에게		지 못하면 **죽은** 자들을 위하여 세례를
롬 6:7	**죽은** 자가 죄에서 벗어나 의롭다 하심을	고전 15:31	두고 단언하노니 나는 날마다 **죽노라**
롬 6:8	우리가 그리스도와 함께 **죽었으면** 또한	고전 15:32	유익이 있으리요 **죽은** 자가 다시 살아
롬 6:9	이는 그리스도께서 **죽은** 자 가운데서		나지 못한다면 내일 **죽을** 터이니 먹고
	살아나셨으매 다시 **죽지** 아니하시고	고전 15:35	누가 묻기를 **죽은** 자들이 어떻게 다시
롬 6:10	**죽으심은** 죄에 대하여 단번에 **죽으심**	고전 15:36	네가 뿌리는 씨가 **죽지** 않으면 살아나
롬 6:11	죄에 대하여는 **죽은** 자요 그리스도 예수	고전 15:52	**죽은** 자들이 썩지 아니할 것으로 다시

[죽다]   [죽다]

고전 15:53	죽을 것이 **죽지** 아니함을 입으리로다
고전 15:54	죽을 것이 **죽지** 아니함을 입을 때에
고후 1:9	오직 **죽은** 자를 다시 살리시는 하나님만
고후 3:7	**죽게** 하는 율법 조문의 직분도 영광이
고후 4:11	**죽음**을 육체에 나타나게 하려 함이라
고후 5:4	**죽을** 것이 생명에 삼킨바 되게 하려
고후 5:14	대신하여 **죽었은즉** 모든 사람이 **죽은**
고후 5:15	사람을 대신하여 **죽으심은** 살아 있는
	… 대신하여 **죽었다가** 다시 살아나신
고후 6:9	**죽은** 자 같으나 보라 우리가 살아 있고
고후 7:3	너희가 우리 마음에 있어 함께 **죽고**
고후 11:23	매도 수없이 맞고 여러 번 **죽을** 뻔하였
갈 1:1	예수 그리스도와 그를 **죽은** 자 가운데서
갈 2:19	율법에 대하여 **죽었나니** 이는 하나님
갈 2:21	그리스도께서 헛되이 **죽으셨느니**

"네가 **죽도록** 충성하라 그리하면 내가 생명의 관을 네게 주리라"(계 2:10하)

엡 1:20	그리스도 안에서 역사하사 **죽은** 자들
엡 2:1	허물과 죄로 **죽었던** 너희를 살리셨도다
엡 2:5	허물로 **죽은** 우리를 그리스도와 함께
엡 5:14	잠자는 자여 깨어서 **죽은** 자들 가운데서
빌 1:20	담대하여 살든지 **죽든지** 내 몸에서
빌 1:21	내게 사는 것이 그리스도니 **죽는** 것도
빌 2:8	나타나사 자기를 낮추시고 **죽기까지** 복종하셨으니 곧 십자가에 **죽으심이라**
빌 2:27	그가 병들어 **죽게** 되었으나 하나님이
빌 2:30	그가 그리스도의 일을 위하여 **죽기에**
빌 3:10	참여함을 알고자 하여 그의 **죽으심을**
빌 3:11	어떻게 해서든지 **죽은** 자 가운데서 부활
골 1:18	그가 근본이시요 **죽은** 자들 가운데서
골 2:12	**죽은** 자들 가운데서 그를 일으키신
골 2:13	범죄와 육체의 무할례로 **죽었던** 너희를
골 2:20	그리스도와 함께 **죽었거든** 어찌하여
골 3:3	너희가 **죽었고** 너희 생명이 그리스도와
살전 1:10	**죽은** 자들 가운데서 다시 살리신 그의
살전 4:14	우리가 예수께서 **죽으셨다가** 다시
살전 4:16	그리스도 안에서 **죽은** 자들이 먼저 일어
살전 5:10	예수께서 우리를 위하여 **죽으사** 우리로
딤전 5:6	좋아하는 자는 살았으나 **죽었느니라**
딤전 6:16	그에게만 **죽지** 아니함이 있고 가까이

딤후 2:8	다윗의 씨로 **죽은** 자 가운데서 다시
딤후 2:11	우리가 주와 함께 **죽었으면** 또한 함께
딤후 4:1	살아 있는 자와 **죽은** 자를 심판하실
히 2:15	또 **죽기를** 무서워하므로 한평생 매여
히 6:1	**죽은** 행실을 회개함과 하나님께 대한
히 6:2	세례들과 안수와 **죽은** 자의 부활과
히 7:8	여기는 **죽을** 자들이 십분의 일을 받으나
히 9:14	너희 양심을 **죽은** 행실에서 깨끗하게
히 9:15	범한 죄에서 속량하려고 **죽으사** 부르심
히 9:16	유언은 유언한 자가 **죽어야** 되나니
히 9:17	유언은 그 사람이 **죽은** 후에야 유효한즉
히 9:27	한번 **죽는** 것은 사람에게 정해진 것이요
히 10:28	불쌍히 여김을 받지 못하고 **죽었거든**
히 11:4	그가 **죽었으나** 그 믿음으로써 지금도
히 11:12	**죽은** 자와 같은 한 사람으로 말미암아
히 11:13	이 사람들은 다 믿음을 따라 **죽었으며**
히 11:19	능히 이삭을 **죽은** 자 가운데서 다시 살리실 줄로 … 비유컨대 그를 **죽은** 자
히 11:21	야곱은 **죽을** 때에 요셉의 각 아들에게
히 11:29	이것을 시험하다가 빠져 **죽었으며**
히 11:35	여자들은 자기의 **죽은** 자들을 부활로
히 13:20	영원한 언약의 피로 **죽은** 자 가운데서
약 2:17	없는 믿음은 그 자체가 **죽은** 것이라
약 2:26	**죽은** 것같이 행함이 없는 믿음은 **죽은**
벧전 1:3	그리스도를 **죽은** 자 가운데서 부활하게
벧전 1:21	너희는 그를 **죽은** 자 가운데서 살리시고
벧전 2:24	우리로 죄에 대하여 **죽고** 의에 대하여
벧전 3:18	단번에 죄를 위하여 **죽으사**
벧전 4:5	산자와 **죽은** 자를 심판하기로 예비하신
벧전 4:6	이를 위하여 **죽은** 자들에게도 복음이
벧후 2:12	이 사람들은 본래 잡혀 **죽기** 위하여
유 1:12	**죽고** 또 **죽어** 뿌리까지 뽑힌 열매 없는

예언서

계 1:5	충성된 증인으로 **죽은** 자들 가운데서
계 1:17	그의 발 앞에 엎드러져 **죽은** 자같이
계 1:18	내가 전에 **죽었었노라** 볼지어다 이제
계 2:8	마지막이요 **죽었다가** 살아나신 이가
계 2:10	네가 **죽도록** 충성하라 그리하면 내가
계 3:1	살았다 하는 이름은 가졌으나 **죽은**
계 3:2	너는 일깨어 그 남은 바 **죽게** 된 것을
계 8:9	피조물들의 삼분의 일이 **죽고** 배들의
계 8:11	쓴 물이 되므로 많은 사람이 **죽더라**
계 9:6	사람들이 **죽기를** 구하여도 **죽지** 못하고

【 죽을병 】　　　　　　　　　　　　　　　　　　　　　　【 죽음 】

	죽고 싶으나 죽음이 그들을 피하리로다	레 10:7	나가지 말라 그리하면 죽음을 면하리라
계 9:20	재앙에 죽지 않고 남은 사람들은 손으로	레 10:9	너희 죽음을 면하라 이는 너희 대대로
계 11:13	지진에 죽은 사람이 칠천이라 그 남은	민 16:29	이 사람들의 죽음이 모든 사람과 같고
계 11:18	주의 진노가 내려 죽은 자를 심판하시며	민 23:10	의인의 죽음을 죽기 원하며 나의 종말이
계 12:11	그들은 죽기까지 자기들의 생명을	수 2:13	사람을 살려 주어 우리 목숨을 죽음에서
계 13:3	상하여 죽게 된 것 같더니 그 죽게	삿 5:18	스불론은 죽음을 무릅쓰고 목숨을
계 13:10	죽을 자는 마땅히 칼에 죽을 것이니	삿 9:17	전에 죽음을 무릅쓰고 너희를 위하여
계 13:12	처음 짐승에게 경배하게 하니 곧 죽게	삿 11:37	처녀로 죽음을 인하여 애곡하겠나이다
계 14:13	지금 이후로 주 안에서 죽는 자들은	삿 11:38	산 위에서 처녀 죽음을 인하여 애곡
계 16:3	죽은 자의 피같이 … 생물이 죽더라	삼상 17:51	블레셋 사람들이 자기 용사의 죽음을
계 19:21	자의 입으로부터 나오는 검에 죽으매	삼상 20:3	맹세하노니 나와 죽음의 사이는 한 걸음
계 20:5	그 나머지 죽은 자들은 그 천 년이	삼상 31:5	사울의 죽음을 보고 자기도 자기 칼 위에
계 20:12	또 내가 보니 죽은 자들이 큰 자나 작은 자나 … 죽은 자들이 자기 행위를	삼하 1:12	이스라엘 족속이 칼에 죽음으로
계 20:13	가운데에서 죽은 자들을 내주고 또 사망과 음부도 그 가운데에서 죽은 자들을	삼하 3:33	죽음이 어찌하여 미련한 자의 죽음
		왕하 2:21	죽음이나 열매 맺지 못함이 없을지니라
		왕하 4:40	하나님의 사람이여 솥에 죽음의 독이
		대상 19:2	그의 아버지 죽음을 문상하게 하니라
		대하 32:33	그의 죽음에 그에게 경의를 표하였더라

📖 죽다 - 기타 본문

구약 창 5:8, 11, 14, 17, 20, 27, 31; 7:22; 9:29; 23:4, 6, 8, 11, 13, 15; 25:11, 17, 32; 27:7, 10; 44:22, 28, 31; 47:19, 29; 출 7:21; 9:7, 19; 14:12; 20:19; 30:21; 민 18:22, 32; 35:28, 32; 신 31:29; 삿 4:22; 8:33; 삼상 4:21; 삼하 1:5, 15, 23; 11:21, 24, 26; 12:18, 19, 21, 23; 13:33, 39; 19:21; 왕상 3:20, 21, 22, 23; 14:17; 17:20; 21:15, 16; 왕하 1:6, 16, 17; 4:32; 8:15; 대상 10:13; 욥 14:14; 렘 22:26; 38:26; 39:18; 42:22; 52:34; 겔 3:20; 18:18, 20, 21, 23, 24, 26, 28, 31; 33:14, 15, 18; 욘 4:8, 9; 신약 막 12:21, 22, 25; 눅 15:32; 요 6:50, 58; 고전 15:16

시가서

욥 3:5	어둠과 죽음의 그늘이 그 날을 자기의
욥 3:21	숨긴 보배를 찾음보다 죽음을 구하는
욥 5:20	기근 때에 죽음에서, 전쟁 때에 칼의
욥 10:21	어둡고 죽음의 그늘진 땅으로 가기 전에
욥 10:22	땅은 어두워서 흑암 같고 죽음의 그늘이
욥 12:22	죽음의 그늘을 광명한 데로 나오게
욥 16:16	붉었고 내 눈꺼풀에는 죽음의 그늘이
욥 24:17	죽음의 그늘같이 여기니 죽음의 그늘을
욥 27:15	그 남은 자들은 죽음의 병이 돌 때에
욥 28:3	어둠과 죽음의 그늘에 있는 광석도 탐지
시 22:15	또 나를 죽음의 진토 속에 두셨나이다
시 49:9	영원히 살아서 죽음을 보지 않을 것인가
시 78:50	그들의 목숨이 죽음을 면하지 못하게
시 89:48	살아서 죽음을 보지 아니하고 자기
시 116:15	그의 경건한 자들의 죽음은 여호와께서
시 118:18	심히 경책하셨어도 죽음에는 넘기지
잠 10:2	재물은 무익하여도 공의는 죽음에서
잠 11:4	진노하시는 날에 무익하나 공의는 죽음
잠 14:32	의인은 그의 죽음에도 소망이 있느니라
잠 16:14	왕의 진노는 죽음의 사자들과 같아도
잠 21:6	속이는 말로 재물을 모으는 것은 죽음을
전 2:16	오호라 지혜자의 죽음이 우매자의 죽음
전 3:19	짐승이 죽음같이 사람도 죽으니 사람
아 8:6	사랑은 죽음같이 강하고 질투는 스올

죽을병(illness from which he died)

왕하 13:14	엘리사가 죽을병이 들매 이스라엘의
요 11:4	이 병은 죽을병이 아니라 하나님의

죽을죄(guilty of a capital offense is put to death)

신 21:22	죽을죄를 범하므로 네가 그를 죽여
행 25:11	내가 불의를 행하여 무슨 죽을죄를

죽음(death)

모세오경, 역사서

출 10:17	하나님 여호와께 구하여 이 죽음만은
레 10:6	그리하여 너희 죽음을 면하고 여호와

2195

【 죽이다 】

선지서, 신약

렘 15:2	죽을 자는 **죽음**으로 나아가고 칼을 받을
렘 18:21	장정은 **죽음**을 당하며 그 청년은 전장에
애 1:20	빼앗아 가고 집 안에서는 **죽음** 같은
겔 28:8	**죽음**같이 바다 가운데에서 죽게 할지라
겔 28:10	할례 받지 않은 자의 **죽음**같이 하리니
겔 31:14	**죽음**에 넘겨주어 사람들 가운데에서
겔 37:9	생기야 사방에서부터 와서 이 **죽음**을
암 8:10	독자의 **죽음**으로 말미암아 애통하듯
눅 1:79	어둠과 **죽음**의 그늘에 앉은 자에게
요 8:51	사람이 내 말을 지키면 영원히 **죽음**을
요 8:52	내 말을 지키면 영원히 **죽음**을 맛보지
요 11:13	예수는 그의 **죽음**을 가리켜 말씀하신
요 12:33	자기가 어떠한 **죽음**으로 죽을 것을
요 18:32	자기가 어떠한 **죽음**으로 죽을 것을
요 21:19	베드로가 어떠한 **죽음**으로 하나님께
고후 4:10	우리가 항상 예수의 **죽음**을 몸에 짊어짐
고후 4:11	예수를 위하여 **죽음**에 넘겨짐은 예수의
골 1:22	육체의 **죽음**으로 말미암아 화목하게
히 2:9	곧 **죽음**의 고난 받으심으로 말미암아
히 2:14	**죽음**을 통하여 죽음의 세력을 잡은 자
히 5:7	자기를 **죽음**에서 능히 구원하실 이에게
히 7:23	그들의 수효가 많은 것은 **죽음**으로
히 11:5	믿음으로 에녹은 **죽음**을 보지 않고
계 9:6	죽고 싶으나 **죽음**이 그들을 피하리로다
계 11:10	그들의 **죽음**을 즐거워하고 기뻐하여

죽이다(kill)
모세오경

창 4:14	만나는 자마다 나를 **죽이겠나이다**
창 4:15	가인을 **죽이는** 자는 벌을 칠 배나 받 으리라 … 사람에게서 **죽임**을 면하게
창 4:23	말미암아 내가 사람을 **죽였고** 나의 상 함으로 말미암아 소년을 **죽였도다**
창 4:25	이는 하나님이 내게 가인이 **죽인** 아벨
창 12:12	이는 그의 아내라 하여 나는 **죽이고**
창 18:25	악인과 함께 **죽이심**은 부당하오며
창 20:11	아내로 말미암아 사람들이 나를 **죽일까**
창 26:7	리브가로 말미암아 자기를 **죽일까** 하여
창 26:11	아내를 범하는 자는 **죽이리라** 하였더라
창 27:41	내가 내 아우 야곱을 **죽이리라** 하였더니
창 27:42	네 형 에서가 너를 **죽여** 그 한을 풀려
창 34:25	성읍을 기습하여 그 모든 남자를 **죽이고**
창 34:26	하몰과 그의 아들 세겜을 **죽이고** 디나를
창 34:30	나를 **죽이리니** 그러면 나와 내 집이
창 37:18	그들이 요셉을 멀리서 보고 **죽이기**를
창 37:20	그를 **죽여** 한 구덩이에 던지고 우리가
창 37:26	우리 동생을 **죽이고** 그의 피를 덮어둔들
창 37:31	요셉의 옷을 가져다가 숫염소를 **죽여**
창 38:7	악하므로 여호와께서 그를 **죽이신지라**
창 42:37	내 두 아들을 **죽이소서** 그를 내 손에
창 49:6	그들이 그들의 분노대로 사람을 **죽이고**
출 1:16	아들이거든 그를 **죽이고** 딸이거든
출 2:14	사람을 **죽인** 것처럼 나도 **죽이려느냐**
출 2:15	바로가 이 일을 듣고 모세를 **죽이고자**
출 4:23	네 아들 네 장자를 **죽이리라** 하셨다
출 4:24	여호와께서 그를 만나사 그를 **죽이려**
출 5:21	그들의 손에 칼을 주어 우리를 **죽이게**
출 13:15	가축의 처음 난 것까지 다 **죽이셨으므로**
출 21:12	사람을 쳐 **죽인** 자는 반드시 죽일
출 21:14	이웃을 고의로 **죽였으면** 너는 그를 내 제단에서라도 잡아내려 **죽일지니라**
출 21:15	어머니를 치는 자는 반드시 **죽일지니라**
출 21:16	두었든지 그를 반드시 **죽일지니라**
출 21:17	저주하는 자는 반드시 **죽일지니라**
출 21:28	소가 남자나 여자를 받아서 **죽이면**
출 21:29	막론하고 받아 **죽이면** 그 소는 돌로 쳐 **죽일** 것이고 임자도 **죽일** 것이며
출 21:35	사람의 소를 받아 **죽이면** 살아 있는
출 22:19	행음하는 자는 반드시 **죽일지니라**
출 23:7	무죄한 자와 의로운 자를 **죽이지** 말라
출 31:14	그 날을 더럽히는 자는 모두 **죽일지며**
출 31:15	자는 누구든지 반드시 **죽일지니라**
출 32:12	여호와가 자기의 백성을 산에서 **죽이고**
출 32:27	자기의 이웃을 **죽이라** 하셨느니라
출 35:2	누구든지 이 날에 일하는 자는 **죽일지니**
레 20:2	자식을 몰렉에게 주면 반드시 **죽이되**
레 20:4	사람이 못 본 체하고 그를 **죽이지**
레 20:9	저주하는 자는 반드시 **죽일지니**
레 20:10	그 간부와 음부를 반드시 **죽일지니라**
레 20:11	**죽일지니** 그들의 피가 자기들에게로
레 20:15	**죽이고** 너희는 그 짐승도 **죽일** 것이며
레 20:27	박수무당이 되거든 반드시 **죽일지니**
레 24:16	그를 반드시 **죽일지니** 온 회중이 돌로 … 이름을 모독하면 그를 **죽일지니라**

[죽이다]　　　　　　　　　　　　　　　　　　　　　　[죽이다]

레 24:17	쳐 죽인 자는 반드시 죽일 것이요
레 24:21	짐승을 죽인 자는 그것을 물어 줄 것이요 사람을 죽인 자는 죽일지니
레 27:29	무르지 못하나니 반드시 죽일지니라
민 1:51	것이요 외인이 가까이 오면 죽일지며
민 3:13	처음 태어난 자를 다 죽이던 날에
민 3:38	것이며 외인이 가까이 하면 죽일지니라
민 14:15	이 백성을 하나같이 죽이시면 주의
민 15:35	그 사람을 반드시 죽일지니 온 회중이
민 16:13	광야에서 죽이려 함이 어찌 작은 일이기
민 22:29	손에 칼이 있었더면 곧 너를 죽였으리라
민 22:33	벌써 너를 죽이고 나귀는 살렸으리라
민 23:24	죽인 피를 마시기 전에는 눕지 아니하리
민 25:5	바알브올에게 가담한 사람들을 죽이라
민 25:8	사람을 죽이니 염병이 이스라엘 자손에
민 31:7	미디안을 쳐서 남자를 다 죽였고
민 31:8	죽인 자 외에 … 다섯 왕을 죽였으니
민 31:17	아이들 중에서 남자는 다 죽이고 남자와 동침하여 … 아는 여자도 다 죽이고
민 35:17	사람을 죽일 만한 돌을 손에 들고 사람을 쳐 죽이면 … 반드시 죽일 것이요
민 35:19	자신이 죽일 것이니 그를 만나면 죽일
민 35:20	만일 미워하는 까닭에 밀쳐 죽이거나 기회를 엿보아 무엇을 던져 죽이거나
민 35:23	사람을 죽일 만한 돌을 던져서 죽였거나
민 35:27	그 살인자를 만나 죽일지라도 피 흘린
민 35:30	죽인 모든 자 … 증인들의 말을 따라서 죽일 것이나 한 … 죽이지 말 것이요
민 35:31	생명의 속전을 받지 말고 반드시 죽일
신 9:28	광야에서 죽이려고 인도하여 내셨다
신 13:5	그런 선지자나 꿈꾸는 자는 죽이라 이는
신 13:9	죽이되 죽일 때에 네가 먼저 그에게
신 17:6	두 사람이나 세 사람의 증언으로 죽일 것이요 한 사람의 증언으로는 죽이지
신 17:7	이런 자를 죽이기 위하여는 증인이 먼저
신 17:12	그 사람을 죽여 이스라엘 중에서 악을
신 19:4	원한이 없이 부지중에 그의 이웃을 죽인
신 19:6	원한이 없으니 죽이기에 합당하지 아니하나 … 따라 잡아 죽일까 하노라
신 19:12	잡아다가 보복자의 손에 넘겨 죽이게
신 21:22	범하므로 네가 그를 죽여 나무 위에
신 22:22	동침한 남자와 그 여자를 둘 다 죽여
신 22:25	강간하였으면 그 강간한 남자만 죽일
신 22:26	처녀에게는 죽일 죄가 없음이라 이 일은
신 24:7	그 유인한 자를 죽일지니 이같이 하여
신 27:25	무죄한 자를 죽이려고 뇌물을 받는 자는
신 32:39	죽이기도 하며 살리기도 하며 상하게도

역사서

수 8:24	모든 아이 주민을 들에서 죽이되 그들을
수 9:26	이스라엘 자손의 손에서 건져서 죽이지
수 13:21	레겜과 술과 훌과 레바와 함께 죽였으며
수 20:3	실수로 사람을 죽인 자를 그리로 도망
삿 1:4	그들이 베섹에서 만 명을 죽이고
삿 1:5	가나안 족속과 브리스 족속을 죽이니
삿 1:10	세새와 아히만과 달매를 죽였더라
삿 3:29	그 때에 모압 사람 약 만 명을 죽였으니
삿 3:31	막대기로 블레셋 사람 육백 명을 죽였고
삿 7:25	오렙은 오렙 바위에서 죽이고 스엡은 스엡 포도주 틀에서 죽이고 미디안을
삿 8:17	망대를 헐며 그 성읍 사람들을 죽이니
삿 8:18	다볼에서 죽인 자들은 어떠한 사람들이
삿 8:19	나도 너희를 죽이지 아니하였으리라
삿 8:20	일어나 그들을 죽이라 하였으나 그 소년
삿 8:21	세바와 살문나를 죽이고 그들의 낙타
삿 9:5	한 바위 위에서 죽였으되 다만 여룹바알
삿 9:24	형제들을 죽이게 한 세겜 사람들에게로
삿 9:44	있는 자들에게 돌격하여 그들을 죽이니
삿 9:45	백성을 죽이며 그 성을 헐고 소금을
삿 9:54	너는 칼을 빼어 나를 죽이라 사람들이 … 이르기를 여자가 그를 죽였다 할까
삿 9:56	아비멜렉이 그의 형제 칠십 명을 죽여
삿 12:6	요단 강 나루턱에서 죽였더라 그 때에
삿 13:23	여호와께서 우리를 죽이려 하셨더라면
삿 15:8	크게 쳐서 죽이고 내려가서 에담 바위
삿 15:13	우리가 결단코 너를 죽이지 아니하리라
삿 15:15	집어 들고 그것으로 천 명을 죽이고
삿 15:16	나귀의 턱뼈로 내가 천 명을 죽였도다
삿 16:2	새벽이 되거든 그를 죽이리라 하였더라
삿 16:24	우리의 많은 사람을 죽인 원수를 우리의
삿 16:30	죽인 자가 살았을 때에 죽인 자보다
삿 20:4	레위 사람 곧 죽임을 당한 여인의 남편
삿 20:5	에워싸고 나를 죽이려 하고 내 첩을
삿 20:13	우리가 그들을 죽여 이스라엘 중에서
삿 20:31	이스라엘 사람 삼십 명 가량을 죽이기
삿 20:35	베냐민 사람 이만 오천백 명을 죽였으니
삿 20:45	기돔에 이르러 또 이천 명을 죽였으니

【 죽이다 】

삿 21:5 이르지 아니하는 자는 반드시 죽일
삼상 2:6 여호와는 죽이기도 하시고 살리기도
삼상 2:25 여호와께서 그들을 죽이기로 뜻하셨음
삼상 5:10 우리와 우리 백성을 죽이려 한다 하고
삼상 6:19 치사 (오만) 칠십 명을 죽이신지라
삼상 11:12 끌어내소서 우리가 죽이겠나이다
삼상 11:13 이 날에는 사람을 죽이지 못하리니
삼상 14:13 무기를 든 자가 따라가며 죽였으니
삼상 15:3 낙타와 나귀를 죽이라 하셨나이다
삼상 16:2 나를 죽이리이다 하니 여호와께서
삼상 17:9 만일 내가 이겨 그를 죽이면 너희가
삼상 17:25 그를 죽이는 사람은 왕이 많은 재물로
삼상 17:26 블레셋 사람을 죽여 이스라엘의 치욕을
삼상 17:27 그를 죽이는 사람에게는 이러이러하게
삼상 17:57 다윗이 그 블레셋 사람을 죽이고 돌아올
삼상 18:7 사울이 죽인 자는 천천이요 다윗은 만만
삼상 18:27 블레셋 사람 이백 명을 죽이고 그들의
삼상 19:1 다윗을 죽이라 말하였더니 사울의 아들
삼상 19:2 내 아버지 사울이 너를 죽이기를 꾀하시
삼상 19:5 블레셋 사람을 죽였고 여호와께서는 온 이스라엘 … 다윗을 죽여 무죄한
삼상 19:11 아침에 그를 죽이게 하려 한지라 다윗
삼상 19:15 내게로 들고 오라 내가 그를 죽이리라
삼상 19:17 어찌하여 나로 너를 죽이게 하겠느냐

【 죽이다 】

삼상 20:8 친히 나를 죽이라 나를 네 아버지에게로
삼상 20:33 아버지가 다윗을 죽이기로 결심한 줄
삼상 21:9 네가 엘라 골짜기에서 죽인 블레셋 사람
삼상 21:11 사울이 죽인 자는 천천이요 다윗은 만만
삼상 22:17 여호와의 제사장들을 죽이라 그들도 … 제사장들 죽이기를 싫어한지라
삼상 22:18 너는 돌아가서 제사장들을 죽이라 하매 … 에봇 입은 자 팔십오 명을 죽였고
삼상 22:21 여호와의 제사장들 죽인 일을 다윗에게
삼상 23:5 그들을 크게 쳐서 죽이고 그들의 가축을
삼상 24:10 어떤 사람이 나를 권하여 왕을 죽이라
삼상 24:11 내가 왕을 죽이지 아니하고 겉옷 자락을
삼상 24:18 네 손에 넘기셨으나 네가 나를 죽이지
삼상 26:9 다윗이 아비새에게 이르되 죽이지 말라
삼상 26:15 한 사람이 네 주 왕을 죽이려고 들어갔
삼상 29:5 이르되 사울이 죽인 자는 천천이요
삼상 30:2 한 사람도 죽이지 아니하고 다 사로잡아
삼상 30:15 그가 이르되 당신이 나를 죽이지도 아니
삼상 31:2 아비나답과 말기수아를 죽이니라
삼하 1:9 내 곁에 서서 나를 죽이라 하시기로
삼하 1:14 기름 부음 받은 자 죽이기를 두려워하지
삼하 1:15 가까이 가서 그를 죽이라 하매 그가
삼하 1:16 여호와의 기름 부음 받은 자를 죽였노라
삼하 2:31 자들을 쳐서 삼백육십 명을 죽였더라

성경에 나오는 '죽임'의 모습

나무에 달아 죽이다 - 행 5:30; 10:39
단창을 던져 죽이다 - 삼상 20:33
돌로 쳐서 죽이다 - 출 19:13; 21:28, 29, 32
목매어 죽이다 - 행 15:20, 29; 21:25
못 박아 죽이다 - 행 2:23
물어 죽이다 - 왕상 13:24
배를 찔러 죽이다 - 삼하 3:27
불살라 죽이다 - 렘 29:22
전염병을 내려 죽이다 - 겔 14:19
찢어 죽이다 - 왕상 13:26
창으로 죽이다 - 삼하 23:21; 대상 11:23
쳐 죽이다 - 창 4:8; 출 2:12; 19:13; 21:12, 29; 22:2; 레 24:17, 18; 민 15:36; 35:16, 17, 18, 21; 신 1:4; 13:10; 17:5; 20:13; 21:1, 21; 22:21, 24, 26; 수 7:5; 8:21, 22; 10:26; 11:8, 10, 17; 12:1; 삿 14:19; 20:39; 삼상 14:14; 17:35, 50; 19:8; 삼하 1:1; 4:7; 8:13; 11:21; 14:6, 7; 17:2; 18:15; 21:17, 18; 23:8, 20; 왕상 2:34; 12:18; 16:10; 20:20; 21:10, 13; 왕하 15:10, 14; 19:37; 25:21; 대상 5:10; 18:12; 20:4; 대하 10:18; 20:23; 24:21, 25; 사 10:26; 렘 41:2, 9; 52:27; 행 7:24
칼날로 죽이다 - 신 13:15; 수 8:24; 13:22
칼로 죽이다 - 출 22:24; 민 31:8; 삼상 17:51; 삼하 12:9; 왕상 2:8, 32; 19:1, 10, 14; 왕하 8:12; 10:25; 11:15, 20; 21:4; 23:14, 21; 32:21; 36:17; 욥 1:15, 17; 사 37:38; 렘 20:4; 26:23; 겔 23:10, 47; 26:8, 11; 암 4:10; 9:1; 행 12:2
태워 죽이다 - 단 3:22
화살/활로 쏘아 죽이다 - 출 19:13; 사 13:18

【 죽이다 】

삼하 3:30 죽인 것은 그가 기브온 전쟁에서 자기
　　　　　동생 아사헬을 죽인 까닭이었더라
삼하 3:37 아들 아브넬을 죽인 것이 왕이 한 것이
삼하 4:10 시글락에서 죽여서 그것을 그 소식을
삼하 4:11 그의 집 침상 위에서 죽인 것이겠느냐
삼하 4:12 청년들에게 명령하매 곧 그들을 죽이고
삼하 8:2 재어 그 두 줄 길이의 사람은 죽이고
삼하 8:5 아람 사람 이만 이천 명을 죽이고
삼하 10:18 마병 사만 명을 죽이고 또 그 군사령관
삼하 13:28 그를 죽이라 두려워하지 말라 내가
삼하 13:30 압살롬이 왕의 모든 아들들을 죽이고
삼하 14:7 그의 동생 죽인 죄를 갚아 그를 죽여
삼하 14:11 원수 갚는 자가 더 죽이지 못하게 하
　　　　　옵소서 내 아들을 죽일까 두렵나이다
삼하 14:32 죄가 있으면 왕이 나를 죽이시는 것이
삼하 19:22 가운데에서 사람을 죽이겠느냐
삼하 21:1 그가 기브온 사람을 죽였음이니라
삼하 21:2 그들을 죽이고자 하였더라 … 이스라
　　　　　엘 가운데에서 사람을 죽이는 문제도
삼하 21:12 사울을 길보아에서 죽여 블레셋 사람
삼하 21:16 칼을 찬 이스비브놉이 다윗을 죽이려
삼하 21:19 골리앗의 아우 라흐미를 죽였는데
삼하 21:21 삼마의 아들 요나단이 그를 죽이니라
삼하 23:18 그가 그의 창을 들어 삼백 명을 죽이고
삼하 23:20 일찍이 모압 아리엘의 아들 둘을 죽였고
삼하 23:21 또 장대한 애굽 사람을 죽였는데 그의
왕상 1:51 종을 죽이지 않겠다고 내게 맹세하기를
왕상 2:5 그가 그들을 죽여 태평 시대에 전쟁의
왕상 2:25 보내매 그가 아도니야를 쳐서 죽였더라
왕상 2:26 내가 오늘 너를 죽이지 아니하노라고
왕상 2:31 그를 죽여 묻으라 요압이 까닭 없이
왕상 3:26 주시고 아무쪼록 죽이지 마옵소서
왕상 3:27 죽이지 말라 저가 그의 어머니이니라
왕상 9:16 가나안 사람을 죽이고 그 성읍을 자기
왕상 11:15 에돔의 남자를 다 쳐서 죽였는데
왕상 11:24 다윗이 소바 사람을 죽일 때에 르손이
왕상 11:40 이러므로 솔로몬이 여로보암을 죽이려
왕상 12:27 나를 죽이고 유다의 왕 르호보암에게로
왕상 15:27 깁브돈에서 그를 죽였으니 이는 나답과
왕상 15:28 바아사가 나답을 죽이고 대신하여 왕이
왕상 16:11 바아사의 온 집안사람들을 죽이되 남자
왕상 16:16 왕을 죽였다는 말을 들은지라 그 날에
왕상 18:9 손에 넘겨 죽이게 하려 하시나이까

【 죽이다 】

왕상 18:13 이세벨이 여호와의 선지자들을 죽일
왕상 18:14 하시니 그리하면 그가 나를 죽이리이다
왕상 18:40 기손 시내로 내려다가 거기서 죽이니라
왕상 19:17 피하는 자를 예후가 죽일 것이요 예후의
　　　　　칼을 피하는 자를 엘리사가 죽이리라
왕상 20:29 하루에 아람 보병 십만 명을 죽이매
왕상 20:36 너를 죽이리라 그 사람이 그의 곁을 떠
　　　　　나가더니 사자가 그를 만나 죽였더라
왕상 21:19 여호와의 말씀이 네가 죽이고 또 빼앗았
왕하 5:7 내가 사람을 죽이고 살리는 하나님이냐
왕하 7:4 살 것이요 우리를 죽이면 죽을 것이라
왕하 9:31 주인을 죽인 너 시므리여 평안하냐 하니
왕하 10:7 그들이 왕자 칠십 명을 붙잡아 죽이고
왕하 10:9 죽였거니와 이 여러 사람을 죽인 자는
왕하 11:8 너희 대열을 침범하는 모든 자는 죽이고
왕하 11:18 바알의 제사장 맛단을 죽이니라 제사장
왕하 12:20 길 가의 밀로 궁에서 그를 죽였고
왕하 12:21 그를 쳐서 죽인 신복은 시므앗의 아들
왕하 14:5 그의 부왕을 죽인 신복들을 죽였으나
왕하 14:6 왕을 죽인 자의 자녀들은 죽이지 아니
　　　　　하였으니 … 아버지를 죽이지 말 것이
　　　　　요 아버지로 말미암아 자녀를 죽이지
왕하 14:7 에돔 사람 만 명을 죽이고 또 전쟁에
왕하 14:19 라기스로 따라 보내어 그를 거기서 죽이게
왕하 15:25 아르곱과 아리에를 죽이되 길르앗 사
　　　　　람 오십 명과 더불어 죽이고 대신하여
왕하 15:30 베가를 쳐서 죽이고 대신하여 왕이
왕하 16:9 기르로 옮기고 또 르신을 죽였더라
왕하 17:25 가운데에 보내시매 몇 사람을 죽인지라
왕하 17:26 그들을 죽였사오니 이는 그들이 그 땅
왕하 21:23 그에게 반역하여 왕을 궁중에서 죽이매
왕하 21:24 아몬 왕을 반역한 사람들을 다 죽이고
왕하 23:20 제단 위에서 죽이고 사람의 해골을 제단
왕하 23:29 므깃도에서 만났을 때에 죽인지라
왕하 25:7 그의 눈앞에서 죽이고 시드기야의 두
왕하 25:25 그달리야를 쳐서 죽이고 또 그와 함께
　　　　　미스바에 … 갈대아 사람을 죽인지라
대상 2:3 악하였으므로 여호와께서 죽이셨고
대상 10:2 아비나답과 말기수아를 죽이고
대상 10:14 그를 죽이시고 그 나라를 이새의 아들
대상 11:11 창을 들어 한꺼번에 삼백 명을 죽였고
대상 19:18 죽이고 또 군대 지휘관 소박을 죽이매
대상 20:5 라흐미를 죽였는데 이 사람의 창자루는

【 죽이다 】

대상 20:7	시므아의 아들 요나단이 그를 죽이니
대하 15:13	남녀를 막론하고 죽이는 것이 마땅하다
대하 21:13	집에서 너보다 착한 아우들을 죽였으니
대하 22:1	그의 모든 형들을 죽였음이라 그러므로
대하 23:7	다른 사람이 성전에 들어오거든 죽이고
대하 23:14	여호와의 전에서는 그를 죽이지 말라
대하 23:15	말문 어귀에 이를 때에 거기서 죽였더라
대하 23:17	앞에서 바알의 제사장 맛단을 죽이니라
대하 24:22	그의 아들 죽이니 그가 죽을 때에
대하 24:23	모든 방백들을 다 죽이고 노략한 물건을
대하 25:3	그의 부왕을 죽인 신하들을 죽였으나
대하 25:4	죽이지 아니하였으니 … 아버지를 죽이지 말 것이요 … 자녀를 죽이지 말
대하 25:11	이르러 세일 자손 만 명을 죽이고
대하 25:13	삼천 명을 죽이고 물건을 많이 노략하였
대하 25:14	아마샤가 에돔 사람들을 죽이고 돌아올
대하 25:27	따라 보내어 그를 거기서 죽이게
대하 28:6	하루 동안에 용사 십이만 명을 죽였으며
대하 28:7	총리대신 엘가나를 죽였더라
대하 33:24	신하가 반역하여 왕을 궁중에서 죽이매
대하 33:25	반역한 사람들을 다 죽이고 그의 아들
스 7:26	죄를 정하여 혹 죽이거나 귀양 보내거나
느 6:10	너를 죽이러 올 … 와서 너를 죽이리라
느 9:26	선지자들을 죽여 주를 심히 모독하였네
에 3:6	모르드개만 죽이는 것이 부족하다고
에 3:13	죽이고 도륙하고 진멸하고 또 그 재산을
에 4:11	왕에게 나아가면 오직 죽이는 법이요 왕이
에 8:11	처자를 죽이고 도륙하고 진멸하고
에 9:2	자기들을 해하고자 한 자를 죽이려 하니
에 9:6	도성 수산에서 오백 명을 죽이고 진멸
에 9:10	대적 하만의 열 아들을 죽였으나
에 9:12	오백 명을 죽이고 … 아들을 죽였으니
에 9:24	제비를 뽑아 그들을 죽이고 멸하려

시가서

욥 5:2	분노가 미련한 자를 죽이고 시기가
욥 13:15	나를 죽이시리니 내가 희망이 없노라
시 10:8	그 은밀한 곳에서 무죄한 자를 죽이며
시 34:21	악인을 죽일 것이라 의인을 미워하는
시 37:14	행위가 정직한 자를 죽이고자 하나
시 59:11	그들을 죽이지 마옵소서 나의 백성이
시 62:3	울타리같이 사람을 죽이려고 너희가
시 78:31	그들 중 강한 자를 죽이시며 이스라엘의
시 78:34	하나님이 그들을 죽이실 때에 그들이

【 죽이다 】

시 78:47	그들의 뽕나무를 서리로 죽이셨으며
시 79:11	죽이기로 정해진 자도 주의 크신 능력을
시 94:6	과부와 나그네를 죽이며 고아들을
시 102:20	갇힌 자의 탄식을 들으시며 죽이기로
시 105:29	되게 하사 그들의 물고기를 죽이셨도다
시 109:16	마음이 상한 자를 핍박하여 죽이려
시 135:10	나라를 치시고 강한 왕들을 죽이셨나니
시 136:18	유명한 왕들을 죽이신 이에게 감사하라
시 136:19	아모리인의 왕 시혼을 죽이신 이에게
시 136:20	바산 왕 옥을 죽이신 이에게 감사하라
시 139:19	악인을 죽이시리이다 피 흘리기를
잠 1:32	어리석은 자의 퇴보는 자기를 죽이며
잠 19:18	징계하되 죽일 마음은 두지 말지니라
잠 21:25	게으른 자의 욕망이 자기를 죽이나니
잠 26:18	화살을 쏘아서 사람을 죽이는 미친 사람

선지서

사 11:4	입술의 기운으로 악인을 죽일 것이며
사 14:20	네 백성을 죽였으므로 그들과 함께
사 14:30	내가 네 뿌리를 기근으로 죽일 것이요
사 22:2	너의 죽임을 당한 자들은 칼에 죽은
사 22:13	기뻐하며 즐거워하여 소를 죽이고
사 27:1	벌하시며 바다에 있는 용을 죽이시리라
사 65:15	내가 너를 죽이고 내 종들은 다른
렘 2:34	죄 없는 가난한 자를 죽인 피가 묻었나
렘 4:31	죽이는 자로 말미암아 나의 심령이
렘 5:6	수풀에서 나오는 사자가 그들을 죽이며
렘 7:32	죽임의 골짜기라 말하리니 이는 도벳에
렘 9:8	그들의 혀는 죽이는 화살이라 거짓을
렘 15:3	죽이는 칼과 찢는 개와 삼켜 멸하는
렘 18:23	여호와여 그들이 나를 죽이려 하는
렘 19:6	오직 죽임의 골짜기라 부르는 날이
렘 20:17	그가 나를 태에서 죽이지 아니하셨으며
렘 26:15	너희가 나를 죽이면 반드시 무죄한 피가
렘 26:16	우리에게 말하였으니 죽일 만한 이유가
렘 26:19	유다가 그를 죽였느냐 히스기야가
렘 26:21	왕이 그를 죽이려 하매 우리야가
렘 26:24	손에 내어 주지 아니하여 죽이지 못하게
렘 29:21	그가 너희 눈앞에서 그들을 죽일 것이
렘 33:5	나의 노여움과 분함으로 그들을 죽이고
렘 38:4	청하건대 이 사람을 죽이소서 그가
렘 38:15	왕이 결코 나를 죽이지 아니하시리라
렘 38:16	내가 너를 죽이지도 아니하겠으며
렘 38:25	우리가 너를 죽이지 아니하리라 또 왕이

죽이다

렘 39:6	눈앞에서 그의 아들들을 **죽였고** 왕이 또 유다의 모든 귀족을 **죽였으며**
렘 40:15	이스마엘을 **죽이게** 하라 어찌하여 그가
렘 41:3	거기에 있는 갈대아 군사를 **죽였더라**
렘 41:4	그가 그다랴를 **죽인** 지 이틀이 되었어도
렘 41:7	그들을 **죽여** 구덩이 가운데에 던지니라
렘 41:8	우리를 **죽이지** 말라 하니 그가 그치고 그들을 그의 형제와 마찬가지로 **죽이지**
렘 41:9	그다랴에게 속한 사람들을 **죽이고** 그
렘 43:3	갈대아 사람의 손에 넘겨 **죽이며** 바벨론
렘 43:11	애굽 땅을 치고 **죽일** 자는 **죽이고**
렘 50:27	그의 황소를 다 **죽이라** 그를 도살하려
렘 51:49	바벨론이 이스라엘을 **죽여** 엎드러뜨림
렘 52:10	아들들을 그의 눈앞에서 **죽이고** 또 리블라에서 유다의 모든 고관을 **죽이며**
애 2:4	아름다운 모든 사람을 **죽이셨음이여**
애 2:21	주께서 주의 진노의 날에 **죽이시되**
애 3:43	우리를 추격하시며 **죽이시고** 긍휼을
겔 6:13	**죽임** 당한 시체들이 그 우상들 사이에,
겔 9:1	각기 **죽이는** 무기를 손에 들고 나아오게
겔 9:2	각 사람의 손에 **죽이는** 무기를 잡았고
겔 9:6	다 **죽이되** 이마에 표 있는 자에게는
겔 11:6	너희가 이 성읍에서 많이 **죽여** 그 거리
겔 11:7	이 성읍 중에서 너희가 **죽인** 시체는 그
겔 13:19	죽지 아니할 영혼을 **죽이고** 살지 못할
겔 16:21	자녀들을 **죽여** 우상에게 넘겨 불 가운데
겔 21:10	그 칼이 날카로움은 **죽임을** 위함이요
겔 21:11	쓸 만하도록 빛나게 하되 **죽이는** 자의
겔 21:14	쓰이게 하라 이 칼은 **죽이는** 칼이라 사람들을 둘러싸고 **죽이는** 큰 칼이로다
겔 21:15	그 칼이 번개 같고 **죽이기** 위하여
겔 21:22	공성퇴를 설치하며 입을 벌리고 **죽이며**
겔 21:28	**죽이며** 멸절하며 번개같이 되기 위하여
겔 23:39	그들이 자녀를 **죽여** 그 우상에게 드린
겔 23:47	그 자녀도 **죽이며** 그 집들을 불사르리라
겔 28:9	네가 너를 **죽이는** 자 앞에서도 내가
단 2:12	바벨론의 모든 지혜자들을 다 **죽이라**
단 2:13	다니엘과 그의 친구들도 **죽이려고**
단 2:14	바벨론 지혜자들을 **죽이러** 나가매
단 2:24	왕이 바벨론 지혜자들을 **죽이라** 명령한 … 바벨론 지혜자들을 **죽이지** 말고
단 5:19	그는 임의로 **죽이며** 임의로 살리며
단 11:44	많은 무리를 다 **죽이며** 멸망시키고자
호 6:5	그들을 **죽였노니** 내 심판은 빛처럼
호 9:16	내가 그 사랑하는 태의 열매를 **죽이리라**
암 2:3	지도자들을 그와 함께 **죽이리라** 여호와
암 9:4	내가 거기에서 칼을 명령하여 **죽이게**
옵 1:9	사람은 다 **죽임을** 당하여 멸절되리라
합 2:17	짐승을 **죽인** 것 곧 사람의 피를 흘리며

신약

마 2:13	헤롯이 아기를 찾아 **죽이려** 하니 일어나
마 2:16	두 살부터 그 아래로 다 **죽이니**
마 10:28	몸은 **죽여도** 영혼은 능히 **죽이지** 못하는
마 12:14	어떻게 하여 예수를 **죽일까** 의논하거늘
마 14:5	헤롯이 요한을 **죽이려** 하되 무리가 그를
마 20:18	서기관들에게 넘겨지매 그들이 **죽이기**
마 21:35	심히 때리고 하나는 **죽이고** 하나는 돌로
마 21:38	말하되 이는 상속자니 자 **죽이고** 그의
마 21:39	잡아 포도원 밖에 내쫓아 **죽였느니라**
마 22:6	자들은 종들을 잡아 모욕하고 **죽이니**

'죽임당하다' 와 관련된 성구

죽임을 당하다 – 출 12:30; 19:12; 32:28; 레 19:20; 민 3:10; 25:18; 31:19; 신 18:20; 24:16; 수 1:18; 삿 6:31; 삼상 4:2, 11, 17; 19:6; 삼하 1:19; 13:32; 왕상 2:24, 37, 42; 18:12; 왕하 11:2, 16; 대상 7:21; 10:1; 13:17; 22:11; 에 7:4; 시 88:5; 사 27:7; 65:12; 렘 48:15; 51:4, 49; 애 2:20; 겔 6:4, 7; 26:15; 32:22, 23, 24; 단 2:18; 5:30; 7:11; 습 2:12; 마 15:4; 16:21; 막 7:10; 8:31; 9:31; 눅 9:22; 11:51; 21:24; 행 5:36; 8:1; 롬 7:4; 히 11:37; 벧전 3:18; 계 5:6, 9; 6:11; 9:18; 11:5; 18:24

죽임을 당한 딸 – 렘 9:1

죽임을 당한 바로 – 겔 32:31

죽임을 당한 영혼 – 계 6:9

죽임을 당한 자 – 민 19:18; 왕상 11:15; 대상 10:8; 시 89:10; 사 10:4; 22:2; 렘 25:33; 겔 28:8; 30:4, 11; 31:17, 18; 32:20, 21, 25, 26, 28, 29, 30, 32; 35:8; 나 3:3

죽임을 당할 자 – 사 66:16; 렘 51:47

【 죽이다 】

마 23:31	너희가 선지자를 죽인 자의 자손임을		요 7:25	이는 그들이 죽이고자 하는 그 사람이
마 23:34	너희가 그 중에서 더러는 죽이거나		요 10:10	도둑이 오는 것은 도둑질하고 죽이고
마 23:35	너희가 죽인 바라갸의 아들 사가랴의		요 11:53	이 날부터는 그들이 예수를 죽이려고
마 23:37	예루살렘아 선지자들을 죽이고		요 12:10	대제사장들이 나사로까지 죽이려고
마 24:9	너희를 죽이리니 너희가 내 이름 때문에		요 16:2	무릇 너희를 죽이는 자가 생각하기를
마 26:4	예수를 흉계로 잡아 죽이려고 의논하되		요 18:31	우리에게는 사람을 죽이는 권한이
마 26:59	예수를 죽이려고 그를 칠 거짓 증거를		행 3:15	생명의 주를 죽였도다 그러나 하나님
마 27:1	백성의 장로들이 예수를 죽이려고 함께		행 7:28	사람을 죽임과 같이 또 나를 죽이려느냐
마 27:20	바라바를 달라 하고 예수를 죽이자		행 7:52	오시리라 예고한 자들을 그들이 죽였고
막 3:4	생명을 구하는 것과 죽이는 것, 어느		행 9:23	유대인들이 사울 죽이기를 공모하더니
막 3:6	함께 어떻게 하여 예수를 죽일까		행 9:24	그들이 그를 죽이려고 밤낮으로 성문
막 6:19	요한을 원수로 여겨 죽이고자 하였으되		행 9:29	변론하니 그 사람들이 죽이려고 힘쓰거
막 9:22	귀신이 그를 죽이려고 불과 물에 자주		행 12:19	파수꾼들을 심문하고 죽이라 명하니라
막 10:33	그들이 죽이기로 결의하고 이방인들에		행 13:28	찾지 못하였으나 빌라도에게 죽여 달라
막 10:34	침 뱉으며 채찍질하고 죽일 것이나 그는		행 21:31	그를 죽이려 할 때에 온 예루살렘이
막 11:18	듣고 예수를 어떻게 죽일까 하고 꾀하니		행 22:4	이 도를 박해하여 사람을 죽이기까지
막 12:5	그들이 그를 죽이고 또 그 외 많은 종		행 22:20	내가 곁에 서서 찬성하고 그 죽이는
	들도 더러는 때리고 더러는 죽인지라		행 23:12	바울을 죽이기 전에는 먹지도 아니하고
막 12:7	상속자니 자 죽이자 그러면 그 유산이		행 23:14	우리가 바울을 죽이기 전에는 아무 것도
막 12:8	잡아 죽여 포도원 밖에 내 던졌느니라		행 23:15	그가 가까이 오기 전에 죽이기로 준비
막 14:1	예수를 흉계로 잡아 죽일 방도를 구하며		행 23:21	그들 중에서 바울을 죽이기 전에는 먹지
막 14:55	온 공회가 예수를 죽이려고 그를 칠			도 않고 … 사십여 명이 그를 죽이려고
눅 6:9	생명을 구하는 것과 죽이는 것, 어느		행 23:29	한 가지도 죽이거나 결박할 사유가
눅 11:47	무덤을 만드는도다 그들을 죽인 자도		행 25:3	길에 매복하였다가 그를 죽이고자
눅 11:48	이와 같이 그들은 죽이고 너희는 무덤을		행 25:25	내가 살피건대 죽일 죄를 범한 일이
눅 11:49	그 중에서 더러는 죽이며 또 박해하리라		행 26:10	많은 성도를 옥에 가두며 또 죽일 때에
눅 12:4	몸을 죽이고 그 후에는 능히 더 못하는		행 26:21	성전에서 나를 잡아 죽이고자
눅 12:5	곧 죽인 후에 또한 지옥에 던져 넣는		행 27:42	도망할까 하여 그들을 죽이는 것이 좋다
눅 13:31	떠나소서 헤롯이 당신을 죽이고자		행 28:18	로마인은 나를 심문하여 죽일 죄목이
눅 13:34	선지자들을 죽이고 네게 파송된 자들을		롬 7:11	나를 속이고 그것으로 나를 죽였는지라
눅 18:33	그들은 채찍질하고 그를 죽일 것이나		롬 8:13	영으로써 몸의 행실을 죽이면 살리니
눅 19:27	끌어다가 내 앞에서 죽이라 하였느니라		롬 11:3	주여 그들이 주의 선지자들을 죽였으며
눅 19:47	백성의 지도자들이 그를 죽이려고		고전 4:9	사도인 우리를 죽이기로 작정된 자같이
눅 20:14	이르되 이는 상속자니 죽이고 그 유산을		고후 3:6	율법 조문은 죽이는 것이요 영은 살리는
눅 20:15	내쫓아 죽였느니라 그런즉 포도원 주인		골 3:5	그러므로 땅에 있는 지체를 죽이라 곧
눅 21:16	넘겨주어 너희 중의 몇을 죽이게 하겠고		살전 2:15	유대인은 주 예수와 선지자들을 죽이고
눅 22:2	예수를 무슨 방도로 죽일까 궁리하니		살후 2:8	그 입의 기운으로 그를 죽이시고 강림
눅 23:15	그가 행한 일에는 죽일 일이 없느니라		딤전 1:9	아버지를 죽이는 자와 어머니를 죽이는
눅 23:22	그에게서 죽일 죄를 찾지 못하였나니		히 7:1	왕을 쳐서 죽이고 돌아오는 아브라함을
요 5:18	예수를 죽이고자 하니 이는 안식일을		약 3:8	쉬지 아니하는 악이요 죽이는 독이
요 7:1	다니려 아니하심은 유대인들이 죽이려		약 5:6	너희는 의인을 정죄하고 죽였으나 그는
요 7:19	너희가 어찌하여 나를 죽이려 하느냐		요일 3:12	죽였으니 어떤 이유로 죽였느냐 자기의
요 7:20	귀신이 들렸도다 누가 당신을 죽이려		계 6:4	화평을 제하여 버리며 서로 죽이게 하고

【 준공하다/준공되다 】　　　　　　　　　　　　　　【 준비/-하다/-되다 】

계 6:8	사망과 땅의 짐승들로써 **죽이더라**	민 15:6	기름 삼분의 일 힌을 섞어 **준비하고**
계 9:5	**죽이지는** 못하게 하시고 다섯 달 동안	민 15:12	너희가 **준비하는** 수효를 따라 각기
계 9:15	삼분의 일을 **죽이기**로 준비된 자들이	민 23:1	마리와 숫양 일곱 마리를 **준비하소서**
계 11:7	그들을 이기고 그들을 **죽일** 터인즉	민 23:2	발람의 말대로 **준비한** 후에 발락과
계 13:15	아니하는 자는 몇이든지 다 **죽이게**	민 23:29	마리와 숫양 일곱 마리를 **준비하소서**
		신 33:21	입법자의 분깃으로 **준비된** 것이로다

죽이다 - 기타 본문

창 38:10; 레 20:12, 13, 16; 민 35:16, 18, 21; 수 20:5; 삿 9:18; 삼상 5:11; 18:6; 삼하 1:10; 왕하 10:11, 14, 17, 25; 대상 11:14, 20, 22; 대하 22:8, 9; 사 27:7; 렘 41:16, 18

역사서

수 1:11	양식을 **준비하라** 사흘 안에 너희가
수 4:4	각 지파에 한 사람씩 **준비한** 그 열두
수 8:4	멀리 하지 말고 다 스스로 **준비하라**
수 9:5	다 마르고 곰팡이가 난 떡을 **준비하고**
수 22:26	이제 한 제단 쌓기를 **준비하자** 하였노니
삿 6:19	가서 염소 새끼 하나를 **준비하고**
삿 13:15	염소 새끼 하나를 **준비하게** 하소서 하니
삿 13:16	먹지 아니하리라 번제를 **준비하려거든**
삿 20:10	그 백성을 위하여 양식을 **준비하고**
삼하 6:17	장막 가운데 그 **준비한** 자리에 그것을
삼하 15:1	병거와 말들을 **준비하고** 호위병 오십
왕상 1:5	기병과 호위병 오십 명을 **준비하니**
왕상 20:22	왕께서 행할 일을 알고 **준비하소서**
대상 9:32	떡을 맡아 안식일마다 **준비하였더라**
대상 12:23	싸움을 **준비한** 군대 지휘관들이 헤브론
대상 12:24	방패와 창을 들고 싸움을 **준비한** 자가
대상 12:39	형제가 이미 식물을 **준비하였음이며**
대상 22:3	거멀못에 쓸 철을 많이 **준비하고** 또 무게를 … 심히 많은 놋을 **준비하고**
대상 22:4	백향목을 무수히 **준비하였으니** 이는
대상 22:5	이제 그것을 위하여 **준비하리라** 하고 다윗이 죽기 전에 많이 **준비하였더라**
대상 22:14	달 수 없을 만큼 심히 많이 **준비하였고** 또 재목과 돌을 **준비하였으나** 너는
대상 28:2	있어서 건축할 재료를 **준비하였으나**
대상 29:2	힘을 다하여 **준비하였나니** 곧 기구를
대상 29:3	성전을 위하여 **준비한** 이 모든 것
대상 29:18	마음을 **준비하여** 주께로 돌아오게
대상 29:19	내가 위하여 **준비한** 것으로 성전을 건축
대하 1:4	그것을 위하여 **준비한** 곳으로 메어
대하 2:7	다윗이 유다와 예루살렘에서 **준비한**
대하 2:9	재목을 많이 **준비하게** 하소서 내가 건축
대하 13:3	싸움을 **준비하였고** 여로보암은 큰 용사
대하 17:18	싸움을 **준비한** 자 십팔만 명을 거느렸으
대하 26:14	투구와 갑옷과 활과 물매 돌을 **준비하고**
대하 31:11	**준비하라** 하므로 그렇게 **준비하고**

준공하다/준공되다(竣工, completion, build)

왕상 7:1	동안 건축하여 그 전부를 **준공하니라**
대하 8:16	기초를 쌓던 날부터 **준공하기**까지 모든
스 4:16	이 성읍이 중건되어 성곽이 **준공되면**
슥 5:11	**준공되면** 그것이 제 처소에 머물게
눅 14:28	자기의 가진 것이 **준공하기**까지에

준령(峻嶺, lofty hill)

사 30:25	망대가 무너질 때에 고산마다 **준령**마다

준마(駿馬, fast horse, horse)

왕상 4:28	직무를 따라 말과 **준마**에게 먹일 보리와
에 8:10	왕궁에서 길러서 왕의 일에 쓰는 **준마**를
에 8:14	왕의 일에 쓰는 **준마**를 타고 빨리
아 1:9	너를 바로의 병거의 **준마**에 비하였구나
렘 8:16	**준마**들이 우는 소리에 온 땅이 진동하며
미 1:13	**준마**에 병거를 메울지어다 라기스는
슥 10:3	그들을 전쟁의 **준마**와 같게 하리니

준비/-하다/-되다(準備, provide, prepare)

모세오경

창 22:8	자기를 위하여 친히 **준비하시리라**
창 22:14	이르기를 여호와의 산에서 **준비되리라**
창 24:31	방과 낙타의 처소를 **준비하였나이다**
창 43:16	짐승을 잡고 **준비하라** 이 사람들이
출 12:39	양식도 **준비하지** 못하였음이었더라
출 16:5	거둔 것을 **준비할지니** 날마다 거두던
출 19:11	**준비하게** 하여 셋째 날을 기다리게 하라
출 19:15	백성에게 이르되 **준비하여** 셋째 날을
출 34:2	아침까지 **준비하고** 아침에 시내 산에
민 15:5	포도주 사분의 일 힌을 **준비할** 것이요

【 준비/-하다/-되다 】

대하 35:4 족속대로 반열을 따라 스스로 **준비**하고
대하 35:6 형제들을 위하여 **준비**하되 여호와께서
대하 35:14 제사장들을 위하여 **준비**하니 이는 …
　　　　　 제사장들을 위하여 **준비**함이더라
대하 35:15 그들을 위하여 **준비**하였음이더라
대하 35:16 당일에 여호와를 섬길 일이 다 **준비**되매
느 5:18 　마리를 **준비**하며 닭도 많이 **준비**하고
느 8:10 　단 것을 마시되 **준비**하지 못한 자에게는
에 3:14 　그 날을 위하여 **준비**하게 하라 하였더라
에 7:9 　오십 규빗 되는 나무를 **준비**하였는데
에 8:13 유다인들에게 **준비**하였다가 그 날에

시가서

욥 15:24 **준비**한 왕처럼 그를 쳐서 이기리라
욥 15:35 그들의 뱃속에 속임을 **준비**하느니라
욥 17:1 　무덤이 나를 위하여 **준비**되었구나
욥 27:16 쌓고 의복을 진흙같이 **준비**할지라도
욥 27:17 그가 **준비**한 것을 의인이 입을 것이요
시 9:7 　심판을 위하여 보좌를 **준비**하셨도다
시 10:17 그들의 마음을 **준비**하시며 귀를 기울여
시 57:6 　**준비**하였으니 내 영혼이 억울하도다
시 59:4 　그들이 달려와서 스스로 **준비**하오니
시 68:10 위하여 주의 은택을 **준비**하셨나이다
시 107:36 그들이 거주할 성읍을 **준비**하게 하시고
시 132:17 받은 자를 위하여 등을 **준비**하였도다
시 147:8 땅을 위하여 비를 **준비**하시며 산에 풀이
잠 24:27 밭에서 **준비**하고 그 후에 네 집을
잠 30:25 종류로되 먹을 것을 여름에 **준비**하는

선지서

사 14:21 그의 자손 도륙하기를 **준비**하여 그들이
사 51:13 너를 멸하려고 **준비**하는 저 학대자의
렘 6:4 　너희는 그를 칠 **준비**를 하라 일어나라
렘 22:7 　너를 파멸할 자를 **준비**하리니 그들이
렘 46:14 너희는 굳건히 서서 **준비**하라 네 사방이
렘 51:11 화살을 갈며 둥근 방패를 **준비**하라
렘 51:28 그 관하는 모든 땅을 **준비**시켜 그를
겔 7:14 　온갖 것을 **준비**하였을지라도 전쟁에
겔 28:13 위하여 소고와 비파가 **준비**되었도다
겔 45:23 나 여호와를 위하여 번제를 **준비**하되
겔 46:7 　소제를 **준비**하되 수송아지에는 밀가루
겔 46:12 군주가 자원하여 번제를 준비하거나
　　　　　혹은 자원하여 감사제를 **준비**하여 나
겔 46:15 어린 양과 밀가루와 기름을 **준비**하여
단 3:15 이제라도 너희가 **준비**하였다가 나팔과

단 11:10 그의 아들들이 전쟁을 **준비**하고 심히
단 11:13 군대를 전보다 더 많이 **준비**하였다가
욜 3:9 　전쟁을 **준비**하고 용사를 격려하고 병사
암 4:12 네 하나님 만나기를 **준비**하라
미 3:5 　전쟁을 **준비**하는도다 이런 선지자에
나 1:14 네 무덤을 **준비**하리니 이는 네가 쓸모
나 2:5 　급히 성에 이르러 막을 것을 **준비**하도다
습 1:7 　여호와께서 희생을 **준비**하고 그가 청할
말 3:1 　보내리니 그가 내 앞에서 길을 **준비**할

복음서

마 3:3 　너희는 주의 길을 **준비**하라 그가 오실
마 11:10 그가 네 길을 네 앞에 **준비**하리라 하신
마 22:4 　내가 오찬을 **준비**하되 나의 소와 살진
마 22:8 　혼인 잔치는 **준비**되었으나 청한 사람들
마 24:44 너희도 **준비**하고 있으라 생각하지 않은
마 25:7 　그 처녀들이 다 일어나 등을 **준비**할새
마 25:10 **준비**하였던 자들은 함께 혼인 잔치에
마 26:17 어디서 **준비**하기를 원하시나이까
마 26:19 대로 하여 유월절을 **준비**하였더라
막 1:2 　앞에 보내노니 그가 네 길을 **준비**하리라
막 1:3 　너희는 주의 길을 **준비**하라 그의 오실
막 10:40 누구를 위하여 **준비**되었든지 그들이
막 14:8 　부어 내 장례를 미리 **준비**하였느니라
막 14:12 잡수시게 **준비**하기를 원하시나이까
막 14:15 자리를 펴고 **준비**한 큰 다락방을 보이
　　　　　리니 거기서 우리를 위하여 **준비**하라
막 14:16 말씀대로 만나 유월절 음식을 **준비**하니
눅 1:17 주를 위하여 세운 백성을 **준비**하리라
눅 1:76 주 앞에 앞서 가서 그 길을 **준비**하여
눅 3:4 　너희는 주의 길을 **준비**하라 그의 오실
눅 7:27 그가 네 앞에서 네 길을 **준비**하리라
눅 9:52 예수를 위하여 **준비**하려고 사마리아인
눅 10:40 마르다는 **준비**하는 일이 많아 마음이
눅 12:20 그러면 네 **준비**한 것이 누구의 것이
눅 12:40 너희도 **준비**하고 있으라 생각하지 않은
눅 12:47 **준비**하지 아니하고 그 뜻대로 행하지
눅 14:17 오소서 모든 것이 **준비**되었나이다 하매
눅 17:8 도리어 그러러 내 먹을 것을 **준비**하고
눅 22:8 가서 우리를 위하여 유월절을 **준비**하여
눅 22:9 어디서 **준비**하기를 원하시나이까
눅 22:12 큰 다락방을 보이리니 거기서 **준비**하라
눅 22:13 말씀대로 만나 유월절을 **준비**하니라
눅 23:56 돌아가 향품과 향유를 **준비**하더라

【 준수하다 】　　　　　　　　　　　　　　　　　　　　　　　　　　　【 준행/-하다 】

눅 24:1	이 여자들이 그 **준비한** 향품을 가지고	왕상 1:6	용모가 심히 **준수한** 자라 그의 아버지가
요 7:6	아니하였거니와 너희 때는 늘 **준비되어**	사 18:2	장대하고 **준수한** 백성 곧 시초부터

역사서 – 예언서

행 7:46	하나님의 처소를 **준비하게** 하여 달라고
행 10:10	먹고자 하매 사람들이 **준비할** 때에
행 23:15	오기 전에 죽이기로 **준비하였노라**
행 23:21	그를 죽이려고 숨어서 지금 다 **준비하고**
행 23:23	칠십 명과 창병 이백 명을 **준비하라**
행 23:24	무사히 보내기 위하여 짐승을 **준비하라**
롬 9:22	멸하기로 **준비된** 진노의 그릇을 오래
고전 14:8	소리를 내면 누가 전투를 **준비하리요**
고후 9:2	일 년 전부터 **준비하였다는** 것을 자랑하
고후 9:3	말한 것같이 **준비하게** 하려 함이라
고후 9:4	너희가 **준비하지** 아니한 것을 보면
고후 9:5	약속한 연보를 미리 **준비하게** 하도록 권면하는 것이 … 이렇게 **준비하여야**
고후 10:6	복종하지 않는 것을 벌하려고 **준비하는**
고후 12:14	세 번째 너희에게 가기를 **준비하였으나**
엡 6:15	평안의 복음이 **준비한** 것으로 신을 신고
딤후 2:21	합당하며 모든 선한 일에 **준비함이**
딛 3:1	모든 선한 일 행하기를 **준비하게**
딛 3:14	필요한 것을 **준비하는** 좋은 일에 힘쓰기
히 11:7	경외함으로 방주를 **준비하여** 그 집을
벧전 3:15	항상 **준비하되** 온유와 두려움으로 하고
벧전 3:20	그들은 전에 노아의 날 방주를 **준비할**
계 8:6	일곱 천사가 나팔 불기를 **준비하더라**
계 9:7	황충들의 모양은 전쟁을 위하여 **준비한**
계 9:15	사람 삼분의 일을 죽이기로 **준비된**
계 19:7	그의 아내가 자신을 **준비하였으므로**
계 21:2	그 **준비한** 것이 신부가 남편을 위하여

준비일

마 27:62	이튿날은 **준비일** 다음 날이라 대제사장
막 15:42	이 날은 **준비일** 곧 안식일 전날이므로
눅 23:54	이 날은 **준비일**이요 안식일이 거의
요 19:14	이 날은 유월절의 **준비일**이요 때는
요 19:31	이 날은 **준비일**이라 유대인들은 그
요 19:42	이 날은 유대인의 **준비일**이요 또 무덤이

준수하다 (俊秀, impressive, handsome, smooth)

삼상 9:2	이름은 사울이요 **준수한** 소년이라 이스라엘 자손 중에 그보다 더 **준수한**
삼상 16:18	용기와 무용과 구변이 있는 **준수한** 자라
왕상 1:6	용모가 심히 **준수한** 자라 그의 아버지가
사 18:2	장대하고 **준수한** 백성 곧 시초부터
사 18:7	나누인 나라의 장대하고 **준수한** 백성
겔 23:6	고관과 감독이요 **준수한** 청년이요
겔 23:12	말 타는 자들과 **준수한** 청년이었느니라
겔 23:15	그의 용모는 다 **준수한** 자 곧 그의 고향
겔 23:23	모든 앗수르 사람 곧 **준수한** 청년이며
겔 37:24	그들이 내 규례를 **준수하고** 내 율례를

준엄하다 (峻嚴, distress, sternness)

출 33:4	백성이 이 **준엄한** 말씀을 듣고 슬퍼하여
롬 11:22	하나님의 인자하심과 **준엄하심을** 보라 넘어지는 자들에게는 **준엄하심이**

준행/-하다 (遵行, obey)

모세오경

창 6:22	자기에게 명하신 대로 다 **준행하였더라**
창 7:5	자기에게 명하신 대로 다 **준행하였더라**
창 22:18	나의 말을 **준행하였음이니라** 하셨고
창 31:16	당신에게 이르신 일을 다 **준행하라**
출 16:4	그들이 내 율법을 **준행하나** 아니하나
출 24:3	모든 것을 우리가 **준행하리이다**
출 24:7	모든 말씀을 우리가 **준행하리이다**
레 8:36	통하여 명령하신 모든 일을 **준행하니라**
레 26:3	너희가 내 규례와 계명을 **준행하면**
레 26:14	아니하여 이 모든 명령을 **준행하지**
레 26:15	내 모든 계명을 **준행하지** 아니하며 내
민 2:34	모세에게 명령하신 대로 다 **준행하여**
민 15:39	모든 계명을 기억하여 **준행하고**
민 22:20	내가 네게 이르는 말만 **준행할지니라**
신 4:1	가르치는 규례와 법도를 듣고 **준행하라**
신 33:9	주의 말씀을 **준행하고** 주의 언약을

역사서 – 신약

삼하 9:11	명령하신 대로 종이 **준행하겠나이다**
왕하 17:34	율법과 계명을 **준행하지** 아니하는도다
대상 16:40	명령하신 대로 다 **준행하게** 하였고
대상 28:7	나의 계명과 법도를 힘써 **준행하기를**
대하 23:8	여호야다가 명령한 모든 것을 **준행하여**
대하 30:12	전한 명령을 한 마음으로 **준행하게**
대하 34:16	것을 종들이 다 **준행하였나이다**
대하 34:21	기록된 모든 것을 **준행하지** 아니하였으
대하 35:4	솔로몬의 글을 **준행하여** 너희 족속대로
스 6:13	그들의 동관들이 신속히 **준행하니라**

【 준행자 】

스 7:10	여호와의 율법을 연구하여 **준행하며**
스 7:26	하나님의 명령과 왕의 명령을 **준행하지**
스 10:3	우리 하나님의 명령을 떨며 **준행하는**
느 9:29	교만하여 사람이 **준행하면** 그 가운데
느 10:28	하나님의 율법을 **준행하는** 모든 자와
시 78:10	지키지 아니하고 그의 율법 **준행을**
시 119:34	법을 **준행하며** 전심으로 지키리이다
렘 22:4	너희가 참으로 이 말을 **준행하면** 다윗의
겔 9:11	명령하신 대로 내가 **준행하였나이다**
겔 20:11	사람이 **준행하면** 그로 말미암아 삶을
겔 20:13	사람이 **준행하면** 그로 말미암아 삶을 얻을 나의 율례를 **준행하지** 아니하며
막 7:5	장로들의 전통을 **준행하지** 아니하고

준행자(遵行者, doer)

약 4:11　율법을 판단하면 율법의 **준행자**가

줄 1(row)

출 28:17	네 줄로 보석을 물리되 첫 **줄은** 홍보석
출 28:18	둘째 **줄은** 석류석 남보석 홍마노요
출 28:19	셋째 **줄은** 호박 백마노 자수정이요
출 28:20	넷째 **줄은** 녹보석 호마노 벽옥으로
출 39:10	그것에 네 줄 보석을 물렸으니 곧 홍보석 황옥 녹주옥이 첫 **줄이요**
출 39:11	둘째 **줄은** 석류석 남보석 홍마노요
출 39:12	셋째 **줄은** 호박 백마노 자수정이요
출 39:13	넷째 **줄은** 녹보석 호마노 벽옥이라 다
레 24:6	앞 순결한 상 위에 두 줄로 한 줄에
레 24:7	너는 또 정결한 유향을 그 각 줄 위에
왕상 7:2	백향목 기둥이 네 **줄이요** 기둥 위에
왕상 7:3	백향목으로 덮였는데 들보는 한 **줄에**
왕상 7:4	창틀이 세 줄로 있는데 창과 창이
왕상 7:18	기둥을 이렇게 만들었고 또 두 줄 석류
왕상 7:20	돌아가며 각기 석류 이백 개가 **줄을**
왕상 7:24	매 그물에 두 **줄씩으로** 기둥 위의
대하 4:3	만들 때에 두 줄로 부어 만들었으며
대하 4:13	각 그물에 두 **줄씩으로** 기둥 위의
욥 2:5	군사가 줄을 벌이고 싸우는 것 같으니
욥 2:7	자기의 길로 나아가되 그 **줄을** 이탈하지

줄줄이

사 28:25　대회향을 뿌리며 소맥을 **줄줄이** 심으며

줄 2(rope, line)

출 35:18	장막 말뚝과 뜰의 말뚝과 그 **줄과**
출 39:40	뜰 문의 휘장과 그 **줄들과** 그 말뚝들과
민 3:26	휘장 문과 그 모든 것에 쓰는 **줄들이**
민 4:32	말뚝들과 그 **줄들과** 그 모든 기구들과
수 2:15	그들을 창문에서 **줄로** 달아내리니
삿 16:9	삼손이 그 **줄들을** 끊기를 불탄 삼실을

성경에 나오는 여러 '줄'

가는 베 줄 – 에 1:6	사망의 줄 – 시 18:4; 116:3
가죽 줄 – 행 22:25	삼줄 – 겔 40:3
거룻줄 – 행 27:32	수레 줄 – 사 5:18
거미줄 – 욥 8:14; 사 59:5	스올의 줄 – 삼하 22:6; 시 18:5
놋줄 – 삿 16:21; 단 4:15, 23	악인들의 줄 – 시 119:61; 129:4
다림줄 – 암 7:7, 8; 슥 4:10	언약의 줄 – 겔 20:37
돛대 줄 – 시 33:23	은 줄 – 전 12:6
먹줄 – 스 1:16	장막 줄 – 욥 4:21
멍에의 줄 – 사 58:6	죄의 줄 – 잠 5:22
밧줄 – 삿 15:13, 14; 16:11, 12; 삼하 17:13; 욥 41:2; 시 118:27; 렘 38:11	측량줄 – 사 28:17; 렘 31:39; 슥 2:1
	혼란의 줄 – 사 34:11
	환난의 줄 – 욥 36:8
배꼽 줄 – 겔 16:4	활줄 – 삿 16:7, 8
붉은 줄 – 수 2:18, 21	힘줄 – 창 32:32; 49:6; 수 11:6, 9; 삼하 8:4; 대상 18:4; 욥 10:11; 40:16, 17; 사 48:4; 겔 37:6, 8; 골 2:19
사람의 줄 – 호 11:4	
사랑의 줄 – 호 11:4	

【 줄곧 오다 】　　　　　　　　　　　　　　　　　　　　　　【 줍다 】

왕상 7:15　각각 십이 규빗 되는 줄을 두를 만하며
왕하 21:13　내가 사마리아를 잰 줄과 아합의 집을
대하 4:2　삼십 규빗 길이의 줄을 두를 만하며
욥 38:5　그 줄을 그것의 위에 띄웠는지 네가
시 16:6　내게 줄로 재어 준 구역은 아름다운
시 107:14　내시고 그들의 얽어 맨 줄을 끊으셨도다
시 144:9　노래하며 열 줄 비파로 주를 찬양하리이
전 4:12　세 겹 줄은 쉽게 끊어지지 아니하느니라
사 33:20　그 줄이 하나도 끊어지지 아니할 것이며
사 44:13　목공은 줄을 늘여 재고 붓으로 긋고
렘 10:20　장막이 무너지고 나의 모든 줄이 끊어
렘 38:6　예레미야를 줄로 달아내렸는데 그
애 2:8　성벽을 헐기로 결심하시고 줄을 띠고
겔 3:25　너 인자야 보라 무리가 네 위에 줄을
미 2:5　분깃에 줄을 댈 자가 너희 중에 하나도
행 27:17　끌어 올리고 줄을 가지고 선체를 둘러
엡 4:3　평안의 매는 줄로 성령이 하나 되게

줄 2 – 기타 본문

민 3:37; 삼하 8:2; 왕상 7:23; 욥 39:10; 시 33:2; 140:5; 사 34:17; 52:2; 54:2; 렘 27:2; 38:12, 13; 겔 4:8; 47:3

줄곧 오다(be coming)
렘 46:20　북으로부터 쇠파리 떼가 줄곧 오리라

줄기(stalk)
창 41:5　꿈을 꾸니 한 줄기에 무성하고 충실한
창 41:22　한 줄기에 무성하고 충실한 일곱 이삭이
출 25:31　등잔대를 쳐 만들되 그 밑판과 줄기와
출 25:34　등잔대 줄기에는 살구꽃 형상의 잔 넷과
출 25:35　줄기와 연결하며 … 있어 줄기와 연결
　　　　　하며 … 한 꽃받침이 있어 줄기와 연결
출 25:36　줄기와 연결하여 전부를 순금으로 쳐
출 37:17　그 밑판과 줄기와 잔과 꽃받침과 꽃이
출 37:20　등잔대 줄기에는 살구꽃 형상의 잔 넷과
출 37:21　줄기와 연결하였고 … 있어 줄기와 연
　　　　　결하였고 … 한 꽃받침이 있어 줄기와
출 37:22　이 꽃받침과 가지들을 줄기와 연결하여
욥 14:8　그 뿌리가 땅에 늙고 줄기가 흙에서
시 80:15　주의 오른손으로 심으신 줄기요 주를
사 11:1　이새의 줄기에서 한 싹이 나며 그 뿌리
사 40:24　그 줄기가 겨우 땅에 뿌리를 박자 곧

호 8:7　심은 것이 줄기가 없으며 이삭은 열매를

줄다/줄이다(dwindle away)
레 26:22　가축을 멸하며 너희의 수효를 줄이리니
시 107:39　우환을 통하여 그들의 수를 줄이시며
잠 13:11　망령되이 얻은 재물은 줄어 가고 손으로

줄어들다/줄어지다(recede, dwindle, decrease)
창 8:1　땅 위에 불게 하시매 물이 줄어들었고
창 8:3　점점 물러가서 백오십 일 후에 줄어들고
창 8:5　줄어들어 열째 달 곧 그 달 초하룻날에
창 8:8　지면에서 물이 줄어들었는지를 알고자
창 8:11　이에 노아가 땅에 물이 줄어든 줄을
욥 14:11　물이 바다에서 줄어들고 강물이 잦아서
욥 16:6　잠잠하여도 내 아픔이 줄어들지 않으리
욥 37:10　얼음을 얼게 하고 물의 너비를 줄어들게
사 19:6　애굽의 강물은 줄어들고 마르므로
렘 29:6　거기에서 번성하고 줄어들지 아니하게
렘 30:19　그들의 수가 줄어들지 아니하겠고 내가
겔 42:5　가운데 충보다 위층이 더 줄어짐이라

줄짓다(follow after someone)
욥 21:33　모든 사람이 그의 뒤에 줄지었느니라

줍다(gather, pick up)
출 5:7　그들이 가서 스스로 짚을 줍게 하라
출 5:11　너희는 짚을 찾을 곳으로 가서 주우라
레 6:3　남의 잃은 물건을 줍고도 사실을 부인
레 6:4　맡은 것이나 잃은 물건을 주운 것이나
레 19:9　거두지 말고 네 떨어진 이삭도 줍지
레 19:10　네 포도원에 떨어진 열매도 줍지 말고
레 23:22　떨어진 것을 줍지 말고 그것을 가난한
삿 1:7　상아래에서 먹을 것을 줍더니 하나님이
삿 20:45　또 오천 명을 이삭 줍듯 하고 또 급히
룻 2:2　그를 따라서 이삭을 줍겠나이다 하니
룻 2:3　밭에서 이삭을 줍는데 우연히 엘리멜렉
룻 2:7　이삭을 줍게 하소서 하였고 아침부터
룻 2:8　내 딸아 들으라 이삭을 주우러 다른
룻 2:15　룻이 이삭을 주우러 일어날 때에 보아
　　　　스가 … 그에게 곡식 단 사이에서 줍게
룻 2:16　조금씩 뽑아 버려서 그에게 줍게 하고
룻 2:17　룻이 밭에서 저녁까지 줍고 그 주운
룻 2:18　그 주운 것을 보이고 그가 배불리 먹고

룻 2:19 어디서 **주웠느냐** 어디서 일을 하였느냐
룻 2:23 이삭을 **주우며** 그의 시어머니와 함께
삼상 20:38 화살을 **주워** 가지고 주인에게로 돌아
왕상 17:10 과부가 그 곳에서 나뭇가지를 **줍는지라**
왕상 17:12 나뭇가지 둘을 **주워다가** 나와 내 아들을
왕하 2:13 엘리야의 몸에서 떨어진 겉옷을 **주워**
사 10:14 온 세계를 얻은 것은 내버린 알을 **주움**
사 17:5 골짜기에서 이삭을 **주운** 것 같으리라
사 17:6 그 안에 **주울** 것이 남으리니 감람나무를
사 24:13 포도를 거둔 후에 그 남은 것을 **주움**
렘 6:9 이스라엘의 남은 자를 말갛게 **주우리라**
렘 7:18 자식들은 나무를 **줍고** 아버지들은 불을
겔 39:10 그들이 들에서 나무를 **주워** 오지 아니
마 16:9 떡 다섯 개로 오천 명을 먹이고 **주운**
마 16:10 떡 일곱 개로 사천 명을 먹이고 **주운**

중(中, middle)
창 6:16 문은 옆으로 내고 상 **중** 하 삼층으로

중간(中間, middle, center)
창 15:10 그 **중간**을 쪼개고 그 쪼갠 것을 마주
출 26:28 널판 가운데에 있는 **중간** 띠는 이 끝에
출 36:33 그 **중간** 띠를 만들되 널판 **중간** 이
신 5:5 여호와와 너희 **중간**에 서서 여호와의
수 8:22 그들이 이스라엘 **중간**에 든지라 어떤
수 18:11 유다 자손과 요셉 자손의 **중간**이라
대상 19:4 그 의복을 볼기 **중간**까지 자르고 돌려
요 7:14 명절의 **중간**이 되어 예수께서 성전에
엡 2:14 원수 된 것 곧 **중간**에 막힌 담을 자기

중건하다/중건되다(重建, restore, rebuild)
스 4:16 이 성읍이 **중건되어** 성곽이 준공되면
사 44:26 유다 성읍들에 대하여는 **중건될** 것이라
사 44:28 대하여는 이르기를 **중건되리라**
단 9:25 예루살렘을 **중건하라**는 영이 날 때부터 … 성이 **중건되어** 광장과 거리가

중년(中年, in the midst of days)
시 102:24 나의 하나님이여 나의 **중년**에 나를
사 38:10 내가 말하기를 나의 **중년**에 스올의 문에
렘 17:11 **중년**에 그것이 떠나겠고 마침내

중노동(重勞動, hard labor)
신 26:6 우리를 괴롭히며 우리에게 **중노동**을

중단하다/중단되다(中斷, stop)
왕상 15:21 라마를 건축하는 일을 **중단하고**
스 4:24 공사가 … 제이년까지 **중단되니라**

중대하다(重大, greatness-KJV)
대하 24:27 요아스가 **중대한** 경책을 받은 것과
행 25:7 여러 가지 **중대한** 사건으로 고발하되

중도(中途, in the course of)
시 102:23 힘을 **중도**에 쇠약하게 하시며 내 날을

중동볼기(buttocks)
삼하 10:4 그들의 의복의 **중동볼기**까지 자르고

중량(重量, weight)
삼하 12:30 **중량**이 금 한 달란트라 다윗이 자기의
대상 20:2 보석 있는 왕관을 빼앗아 **중량**을 달아

중매하다(仲媒, present)
고후 11:2 그리스도께 드리려고 **중매함이로다**

중문(中門, Middle Gate)
렘 39:3 고관이 나타나 **중문**에 앉으니 곧

중벌(重罰, oracle-NIV, burden-KJV)
렘 23:36 사람의 말이 자기에게 **중벌**이 되니니

중병(重病, lingering disease)
대하 21:15 창자에 **중병**이 들고 그 병이 날로

중보(仲保, aid)
사 38:14 압제를 받사오니 나의 **중보**가 되옵소서

중보자(仲保者, advocate, mediator)
욥 16:19 계시고 나의 **중보자**가 높은 데 계시니라
욥 33:23 하나가 그 사람의 **중보자**로 함께 있어서
갈 3:19 천사들을 통하여 한 **중보자**의 손으로
갈 3:20 **중보자**는 한 편만 위한 자가 아니니
딤전 2:5 사람 사이에 **중보자**도 한 분이시니
히 8:6 세우신 더 좋은 언약의 **중보자**시라
히 9:15 말미암아 그는 새 언약의 **중보자**시니

【 중상 】   【 중언부언 】

히 12:24   언약의 **중보자**이신 예수와 및 아벨의

중상(重傷, wound)
- 삼상 31:3   그 활 쏘는 자에게 **중상**을 입은지라
- 대하 35:23   **중상**을 입었으니 나를 도와 나가게 하라
- 렘 10:19   슬프다 내 상처여 내가 **중상**을 당하였도
- 겔 21:25   너 극악하여 **중상**을 당할 이스라엘 왕아
- 겔 21:29   너를 **중상** 당한 악인의 목 위에 두리니

중상하다(中傷, slander)
- 잠 10:18   거짓된 입술을 가진 자요 **중상하는** 자는

중생(重生, rebirth)
- 딛 3:5   그의 긍휼하심을 따라 **중생**의 씻음과

중수하다/중수되다(重修, restore, repair)
- 대상 11:8   성의 나머지는 요압이 **중수하였더라**
- 느 3:4   므레못이 **중수하였고** … 므술람이 중수하였고 … 아들 사독이 **중수하였고**
- 느 3:5   드고아 사람들이 **중수하였으나** 그 귀족
- 느 3:6   므술람이 **중수하여** 그 들보를 얹고
- 느 3:7   미스바 사람들과 더불어 **중수하였고**
- 느 3:8   웃시엘 등이 **중수하였고** 그 다음은 향품 장사 하나냐 등이 **중수하되** 그들이
- 느 3:9   후르의 아들 르바야가 **중수하였고**
- 느 3:10   **중수하였고** … 핫두스가 **중수하였고**
- 느 3:11   한 부분과 화덕 망대를 **중수하였고**
- 느 3:12   아들 살룸과 그의 딸들이 **중수하였고**
- 느 3:13   **중수하여** … 성벽 천 규빗을 **중수하였고**
- 느 3:14   레갑의 아들 말기야가 **중수하여** 문을
- 느 3:15   **중수하여** 문을 세우고 … 중수하여
- 느 3:16   아스북의 아들 느헤미야가 **중수하여**
- 느 3:17   르훔이 **중수하였고** 그 다음은 … 하사뱌가 그 지방을 대표하여 **중수하였고**
- 느 3:18   헤나닷의 아들 바왜가 **중수하였고**
- 느 3:19   한 부분을 **중수하여** 성 굽이에 있는
- 느 3:20   부분을 힘써 **중수하여** 성 굽이에서부터
- 느 3:21   므레못이 한 부분을 **중수하여** 엘리아십
- 느 3:22   평지에 사는 제사장들이 **중수하였고**
- 느 3:23   자기 집 맞은편 부분을 **중수하였고** … 자기 집에서 가까운 부분을 **중수하였고**
- 느 3:24   한 부분을 **중수하되** 아사랴의 집에서
- 느 3:25   가까운 부분을 **중수하였고** 그 다음은
- 느 3:27   드고아 사람들이 한 부분을 **중수하여**
- 느 3:28   자기 집과 마주 대한 부분을 **중수하였고**
- 느 3:29   부분을 **중수하였고** 그 다음은 동문지기 스가냐의 아들 스마야가 **중수하였고**
- 느 3:30   한 부분을 **중수하였고** 그 다음은 베레갸의 아들 므술람이 … **중수하였고**
- 느 3:31   마주 대한 부분을 **중수하여** 느디님
- 느 3:32   금장색과 상인들이 **중수하였느니라**
- 느 4:7   예루살렘 성이 **중수되어** 그 허물어진
- 사 61:4   곧 대대로 무너져 있던 것들을 **중수할**

중심(中心, heart)
- 창 8:21   여호와께서 그 향기를 받으시고 그 **중심**
- 삼상 16:7   여호와는 **중심**을 보느니라 하시더라
- 욥 20:2   대답하게 하나니 이는 내 **중심**이 조급함
- 시 41:6   거짓을 말하고 그의 **중심**에 악을 쌓았다
- 시 51:6   주께서는 **중심**이 진실함을 원하시오니
- 시 58:2   너희가 **중심**에 악을 행하며 땅에서
- 시 109:22   궁핍하여 나의 **중심**이 상함이니이다
- 사 26:9   **중심**이 주를 간절히 구하오리니 이는
- 겔 27:25   네가 바다 **중심**에서 풍부하여 영화가
- 단 7:15   다니엘이 **중심**에 근심하며 내 머리 속의
- 단 7:28   다니엘은 **중심**에 번민하였으며 내 얼굴
- 막 2:8   예수께서 곧 **중심**에 아시고 이르시되

중앙(中央, in the middle of)
- 창 3:3   동산 **중앙**에 있는 나무의 열매는 하나님
- 민 2:17   진영의 **중앙**에 있어 행진하되 그들의
- 민 35:5   성을 **중앙**에 두고 성 밖 동쪽으로 이천
- 신 3:16   골짜기의 **중앙**으로 지역을 정하였으니
- 왕상 6:27   날개는 성전의 **중앙**에서 서로 닿았더라
- 사 19:19   날에 애굽 땅 **중앙**에는 여호와를 위하여
- 렘 41:7   그들이 성읍 **중앙**에 이를 때에 느다냐
- 겔 38:12   짐승과 재물을 얻고 세상 **중앙**에 거주
- 겔 48:8   서쪽까지와 같고 성소는 그 **중앙**에
- 겔 48:10   이만 오천 척이라 그 **중앙**에 여호와의
- 겔 48:15   전원을 삼되 성읍이 그 **중앙**에 있게
- 겔 48:21   구별할 땅과 성전의 성소가 그 **중앙**에
- 단 4:10   내가 본즉 땅의 **중앙**에 한 나무가 있는

중언부언(重言復言, babbling)
- 마 6:7   기도할 때에 이방인과 같이 **중언부언**

【 중요하다 】 【 즉 】

중요하다 (重要, count)
대상 9:26 중요한 직분을 맡아 하나님의 성전 모든
갈 6:15 새로 지으심을 받는 것만이 중요하니라

중재하다/중재자 (仲裁, plead, intervener)
욥 16:21 인자와 그 이웃 사이에 중재하시기를
시 106:30 그 때에 비느하스가 일어서서 중재하니
사 59:16 사람이 없음을 보시며 중재자가 없음을

중지하다 (中止, leave, stop)
출 36:4 자들이 각기 하는 일을 중지하고
느 6:3 어찌하여 역사를 중지하게 하고 너희
느 6:9 그들의 손이 피곤하여 역사를 중지하고

중천 (中天, in the middle of sky)
수 10:13 야살의 책에 태양이 중천에 머물러서

중층 (中層, middle floor)
왕상 6:6 중층 다락의 너비는 여섯 규빗이요
왕상 6:8 중층 골방의 … 중층에 오르고 중층에서
겔 41:7 골방은 아래층에서 중층으로 위층에

중풍병/중풍병자 (中風病, paralysis, paralytic)
마 4:24 중풍병자들을 데려오니 그들을 고치시
마 8:6 주여 내 하인이 중풍병으로 집에 누워
마 9:2 침상에 누운 중풍병자를 사람들이 데리고 오거늘 … 보시고 중풍병자에게
마 9:6 중풍병자에게 말씀하시되 일어나 네
막 2:3 사람들이 한 중풍병자를 네 사람에게
막 2:4 지붕을 뜯어 구멍을 내고 중풍병자가
막 2:5 그들의 믿음을 보시고 중풍병자에게
막 2:9 중풍병자에게 네 죄 사함을 받았느니라
막 2:10 알게 하려 하노라 하시고 중풍병자에게
눅 5:18 한 중풍병자를 사람들이 침상에 메고
눅 5:24 너희로 알게 하리라 하시고 중풍병자
행 8:7 또 많은 중풍병자와 못 걷는 사람이
행 9:33 그는 중풍병으로 침상 위에 누운 지

중하다 (重, important, heavy, severe, worth)
민 11:14 책임이 심히 중하여 나 혼자는 이 모든
삼하 18:3 왕은 우리 만 명보다 중하시오니 왕은

사 24:20 그 위의 죄악이 중하므로 떨어져서
렘 15:18 나의 고통이 계속하며 상처가 중하여
겔 9:9 유다 족속의 죄악이 심히 중하여
마 6:25 중하지 아니하며 몸이 의복보다 중하지

📖 중하다 – 기타 본문
출 18:18; 신 28:59; 삼상 2:29; 26:14; 대하 21:15; 느 5:18; 잠 28:28; 렘 14:17; 30:12; 겔 5:15; 14:21; 나 3:19; 마 6:24; 23:23; 막 5:26; 12:40; 눅 4:38; 12:23; 16:13; 롬 14:6; 고후 4:17; 딤후 3:6

쥐 (rat)
레 11:29 두더지와 쥐와 큰 도마뱀 종류와
삼상 6:4 금 독종 다섯과 금 쥐 다섯 마리라야
삼상 6:5 쥐의 형상을 만들어 이스라엘 신께 영광
삼상 6:11 여호와의 궤와 및 금 쥐와 그들의 독종
삼상 6:18 드린 바 금 쥐들은 견고한 성읍에서부터
사 66:17 돼지고기와 가증한 물건과 쥐를 먹는

쥐엄 열매 (pod–NIV, husk–KJV)
눅 15:16 그가 돼지 먹는 쥐엄 열매로 배를

즈음 (as)
창 35:17 그가 난산할 즈음에 산파가 그에게
민 13:20 그 때는 포도가 처음 익을 즈음이었더라
삼상 4:13 하나님의 궤로 말미암아 떨릴 즈음이라
삼상 20:37 이를 즈음에 요나단이 아이 뒤에서 외쳐
삼하 4:5 길을 떠나 볕이 쬘 때 즈음에 이스보셋
왕상 11:29 그 즈음에 여로보암이 예루살렘에서
대하 18:34 아람 사람을 막다가 해가 질 즈음에
욥 4:13 잠들 즈음 내가 그 밤에 본 환상으로
욥 36:15 곤고에서 구원하시며 학대당할 즈음에
단 8:23 반역자들이 가득할 즈음에 한 왕이
단 9:21 제사를 드릴 때 즈음에 내게 이르더니
단 9:23 네가 기도를 시작할 즈음에 명령이
눅 9:34 말할 즈음에 구름이 와서 그들을 덮는
고전 10:13 시험 당할 즈음에 또한 피할 길을

즉 (卽, namely, that is)
출 22:9 어떤 잃은 물건 즉 소나 나귀나 양이나

📖 즉 – 기타 본문
대상 6:61; 마 27:33; 행 5:17; 6:9; 7:32; 빌 3:13

즉시 (卽時, right now, immediately)

민 11:15	내게 은혜를 베푸사 **즉시** 나를 죽여
시 18:44	내 소문을 들은 **즉시** 내게 청종함이여
사 66:8	시온은 진통하는 **즉시** 그 아들을 순산하
렘 49:19	내가 **즉시** 그들을 거기에서 쫓아내고
렘 50:44	내가 **즉시** 그들을 거기에서 쫓아내고
단 3:6	엎드려 절하지 아니하는 자는 **즉시**
단 3:15	너희가 만일 절하지 아니하면 **즉시**
마 8:3	깨끗함을 받으라 하시니 **즉시** 그의 나병
마 8:13	믿은 대로 될지어다 하시니 그 **즉시**
마 9:22	구원하였다 하시니 여자가 그 **즉시**
마 13:20	뿌려졌다는 것은 말씀을 듣고 **즉시** 기쁨
마 14:22	예수께서 **즉시** 제자들을 재촉하사
마 14:27	**즉시** 이르되 안심하라 나니 두려워
마 14:31	**즉시** 손을 내밀어 그를 붙잡으시며
마 21:3	주가 쓰시겠다 하라 그리하면 **즉시**
마 24:29	그 날 환난 후에 **즉시** 해가 어두워지며
막 4:15	사탄이 **즉시** 와서 그들에게 뿌려진 말씀
막 4:16	말씀을 들을 때에 **즉시** 기쁨으로 받으나
막 6:45	예수께서 **즉시** 제자들을 재촉하사
막 9:39	일을 행하고 **즉시**로 나를 비방할 자가
막 11:3	쓰시겠다 하라 그리하면 **즉시** 이리로
막 15:1	새벽에 대제사장들이 **즉시** 장로들과
눅 8:44	옷 가에 손을 대니 혈루증이 **즉시** 그쳤
눅 20:19	말씀하심인 줄 알고 **즉시** 잡고자 하되
행 9:18	**즉시** 사울의 눈에서 비늘 같은 것이
행 9:20	**즉시**로 각 회당에서 예수가 하나님
행 13:11	**즉시** 안개와 어둠이 그를 덮어 인도할
행 16:18	그에게서 나오라 하니 귀신이 **즉시**
행 22:13	보라 하거늘 **즉시** 그를 쳐다보았노라

즉위/-하다 (卽位, become king, reign)

왕하 25:27	바벨론의 왕 에윌므로닥이 **즉위한** 원년
대하 21:20	삼십이 세에 **즉위하고** 예루살렘에서
대하 23:3	말씀하신 대로 왕자가 **즉위하여야**
스 4:5	다리오가 **즉위할** 때까지 관리들에게
스 4:6	또 아하수에로가 **즉위할** 때에 그들이
에 1:2	아하수에로 왕이 수산 궁에서 **즉위하고**
렘 49:34	시드기야가 **즉위한** 지 오래지 아니하여
렘 52:31	바벨론의 에윌므로닥 왕의 **즉위** 원년

즐거이 (joyfully)

삿 5:2	백성이 **즐거이** 헌신하였으니 여호와를
삿 5:9	백성 중에서 **즐거이** 헌신하였음이니
삿 8:25	대답하되 우리가 **즐거이** 드리리이다
삼상 15:32	아각이 **즐거이** 오며 이르되 진실로 사망
삼하 6:15	온 이스라엘 족속이 **즐거이** 환호하며
대상 15:25	여호와의 언약궤를 **즐거이** 메고 오벧
대상 16:33	여호와 앞에서 **즐거이** 노래하리니
대상 29:5	**즐거이** 손에 채워 여호와께 드리겠느냐
대상 29:6	백부장과 왕의 사무관이 다 **즐거이**
대상 29:17	이 모든 것을 **즐거이** 드렸사오며 이제
대하 17:16	그는 자기를 여호와께 **즐거이** 드린 자라
대하 23:18	자기들의 정한 규례대로 **즐거이** 부르고
대하 31:14	고레는 **즐거이** 하나님께 드리는 예물을
대하 35:8	방백들도 **즐거이** 희생을 드려 백성과
스 3:11	여호와를 찬송하며 큰 소리로 **즐거이**
스 3:13	**즐거이** 부르는 소리와 통곡하는 소리를
스 6:16	기타 사로잡혔던 자의 자손이 **즐거이**
스 8:28	너희 조상들의 하나님 여호와께 **즐거이**
느 12:27	비파와 수금을 타며 **즐거이** 봉헌식을
에 5:9	그 날 하만이 마음이 기뻐 **즐거이**
에 5:14	왕과 함께 **즐거이** 잔치에 가소서 하니
에 8:15	왕 앞에서 나오니 수산 성이 **즐거이**
욥 39:13	타조는 **즐거이** 날개를 치나 학의 깃털과
시 32:11	정직한 너희들아 다 **즐거이** 외칠지어다
시 65:13	다 **즐거이** 외치고 또 노래하나이다
시 81:1	하나님을 향하여 **즐거이** 소리칠지어다
시 95:1	우리의 구원의 반석을 향하여 **즐거이**
시 95:2	나아가며 시를 지어 **즐거이** 그를 노래
시 96:12	모든 나무들이 여호와 앞에서 **즐거이**
시 98:4	땅이여 여호와께 **즐거이** 소리칠지어다
시 110:3	거룩한 옷을 입고 **즐거이** 헌신하니
시 132:9	의를 옷 입고 주의 성도들은 **즐거이**
시 132:16	그 성도들은 **즐거이** 외치리로다
사 42:11	노래하며 산꼭대기에서 **즐거이** 부르라
사 49:13	기뻐하라 산들이여 **즐거이** 노래하라
겔 7:7	요란한 날이요 산에서 **즐거이** 부르는
습 3:17	말미암아 **즐거이** 부르며 기뻐하시리라
슥 9:9	예루살렘의 딸아 **즐거이** 부를지어다
슥 9:15	그들이 피를 마시고 **즐거이** 부르기를
요 5:35	너희가 한때 그 빛에 **즐거이** 있기를

즐겁다/즐거워하다 (rejoice, joyful, joy)

모세오경

| 창 43:34 | 마시며 요셉과 함께 **즐거워하였더라** |

즐겁다/즐거워하다

레 23:40	여호와 앞에서 이레 동안 **즐거워할** 것이	스 6:22	여호와께서 그들을 **즐겁게** 하시고 또
신 12:7	너희와 너희의 가족이 **즐거워할지니라**	느 8:12	나누어 주고 크게 **즐거워하니** 이는
신 12:12	하나님 여호와 앞에서 **즐거워할** 것이요	느 12:43	심히 **즐거워하였으니** 이는 하나님이
신 12:18	네 하나님 여호와 앞에서 **즐거워하되**		크게 **즐거워하게** … **즐거워하였으므**
신 14:26	너와 네 권속이 함께 먹고 **즐거워할**		로 예루살렘이 **즐거워하는** 소리가
신 16:11	하나님 여호와 앞에서 **즐거워할지니라**	느 12:44	레위 사람들로 말미암아 **즐거워하기**
신 16:14	객과 고아와 과부가 함께 **즐거워하되**	에 8:5	이르되 왕이 만일 **즐거워하시며** 내가
신 16:15	것이니 너는 온전히 **즐거워할지니라**	**시가서**	
신 24:5	그가 맞이한 아내를 **즐겁게** 할지니라	욥 3:22	얻으면 심히 기뻐하고 **즐거워하나니**
신 26:11	거류하는 객과 함께 **즐거워할지니라**	욥 9:27	내 불평을 잊고 얼굴 빛을 고쳐 **즐거운**
신 27:7	네 하나님 여호와 앞에서 **즐거워하라**	욥 31:29	그가 재난을 당함으로 **즐거워하였던가**
신 28:47	**즐거운** 마음으로 네 하나님 여호와를	욥 36:11	형통한 날을 보내며 **즐거운** 해를 지낼
신 32:43	너희 민족들아 주의 백성과 **즐거워하라**	시 1:2	오직 여호와의 율법을 **즐거워하여** 그의
신 33:18	너는 장막에 있음을 **즐거워하라**	시 2:11	섬기고 떨며 **즐거워할지어다**
역사서		시 5:11	사랑하는 자들은 주를 **즐거워하리이다**
수 22:33	그 일이 이스라엘 자손을 **즐겁게** 한지라	시 9:2	주를 기뻐하고 **즐거워하며** 지존하신
삿 16:23	다곤에게 큰 제사를 드리고 **즐거워하고**	시 14:7	돌이키실 때에 야곱이 **즐거워하고**
삿 16:25	그들의 마음이 **즐거울** 때에 이르되	시 16:9	마음이 기쁘고 나의 영도 **즐거워하며**
삿 19:6	유숙하여 그대의 마음을 **즐겁게** 하라	시 21:1	말미암아 크게 **즐거워하리이다**
삿 19:9	그대의 마음을 **즐겁게** 하고 내일 일찍이	시 21:6	받게 하시며 주 앞에서 기쁘고 **즐겁게**
삿 19:22	마음을 **즐겁게** 할 때에 그 성읍의	시 27:6	그의 장막에서 **즐거운** 제사를 드리겠고
룻 3:7	보아스가 먹고 마시고 마음이 **즐거워**	시 31:7	주의 인자하심을 기뻐하며 **즐거워할**
삼상 2:1	마음이 여호와로 말미암아 **즐거워하며**	시 32:11	여호와를 기뻐하며 **즐거워할지어다**
삼하 1:20	블레셋 사람들의 딸들이 **즐거워할까**,	시 33:1	너희 의인들아 여호와를 **즐거워하라**
삼하 13:28	암논의 마음이 술로 **즐거워할** 때를	시 33:21	우리 마음이 그를 **즐거워함이며** 우리가
왕상 1:40	피리를 불며 크게 **즐거워하므로** 땅이	시 35:9	내 영혼이 여호와를 **즐거워함이여**
왕상 1:45	그 곳에서 올라오며 **즐거워하므로**	시 35:27	나의 의를 **즐거워하는** 자들이 기꺼이
왕상 4:20	많게 되매 먹고 마시며 **즐거워하였으며**		노래 부르고 **즐거워하게** 하시며 그의
왕상 8:66	기뻐하며 마음에 **즐거워하였더라**	시 37:11	풍성한 화평으로 **즐거워하리로다**
왕상 21:7	일어나 식사를 하시고 마음을 **즐겁게**	시 40:16	다 주 안에서 **즐거워하고** 기뻐하게
왕하 11:14	온 백성이 **즐거워하여** 나팔을 부는지라	시 45:8	나오는 현악은 왕을 **즐겁게** 하도다
왕하 11:20	백성이 **즐거워하고** 온 성이 평온하더라	시 47:5	하나님께서 **즐거운** 함성 중에 올라가심
대상 16:10	구하는 자마다 마음이 **즐거울지로다**	시 48:2	온 세계가 **즐거워함이여** 큰 왕의 성
대상 16:31	하늘은 기뻐하고 땅은 **즐거워하며** 모든	시 48:11	유다의 딸들은 **즐거워할지어다**
대상 16:32	그 가운데 모든 것은 **즐거워할지로다**	시 51:8	**즐겁고** 기쁜 … **즐거워하게** 하소서
대상 29:14	**즐거운** 마음으로 드릴 힘이 있었나이까	시 53:6	**즐거워하며** 이스라엘이 기뻐하리로다
대하 7:10	기뻐하며 마음에 **즐거워하였더라**	시 63:7	주의 날개 그늘에서 **즐겁게** 부르리이다
대하 20:27	**즐겁게** 예루살렘으로 … **즐거워하게**	시 63:11	하나님을 **즐거워하리니** 주께 맹세한
대하 23:13	그 땅의 모든 백성들이 **즐거워하여** 나팔	시 64:10	의인은 여호와로 말미암아 **즐거워하며**
대하 23:21	*그 땅의 모든 백성이 즐거워하고 성중이*	시 65:8	되는 것과 저녁 되는 것을 **즐거워하게**
대하 30:21	크게 **즐거워하며** 칠 일 동안 무교절을	시 67:4	온 백성은 기쁘고 **즐겁게** 노래할지니
대하 30:23	결의하고 이에 또 칠 일을 **즐겁게**	시 68:3	뛰놀며 기뻐하고 **즐거워할지어다**
대하 30:25	나그네들이 다 **즐거워하였으므로**	시 70:4	주로 말미암아 기뻐하고 **즐거워하게**

【 즐겁다/즐거워하다 】   　　　　　　　　【 즐겁다/즐거워하다 】

시 71:23	속량하신 내 영혼이 **즐거워하리이다**		잠 11:10	의인이 형통하면 성읍이 **즐거워하고**
시 86:5	주는 선하사 사죄하기를 **즐거워하시며**		잠 12:25	번뇌하게 되나 선한 말은 그것을 **즐겁게**
시 89:12	이름으로 말미암아 **즐거워하나이다**		잠 15:15	마음이 즐거운 자는 항상 잔치하느니라
시 89:15	**즐겁게** 소리칠 줄 아는 백성은 복이		잠 15:20	아비를 **즐겁게** 하여도 미련한 자는
시 90:14	우리를 일생 동안 **즐겁고** 기쁘게 하소서		잠 23:15	지혜로우면 나 곧 내 마음이 **즐겁겠고**
시 94:19	위안이 내 영혼을 **즐겁게** 하시나이다		잠 23:24	크게 **즐거울** 것이요…**즐거울** 것이니라
시 96:11	하늘은 기뻐하고 땅은 **즐거워하며**		잠 23:25	부모를 **즐겁게** 하며 너를 낳은 어미를
시 96:12	모든 것은 **즐거워할지로다** 그 때 숲의		잠 23:26	주며 네 눈으로 내 길을 **즐거워할지어다**
시 97:1	**즐거워하며** 허다한 섬은 기뻐할지어다		잠 24:17	네 원수가 넘어질 때에 **즐거워하지** 말며
시 97:8	유다의 딸들이 **즐거워하였나이다**		잠 27:9	기름과 향이 사람의 마음을 **즐겁게**
시 98:4	소리 내어 **즐겁게** 노래하며 찬송할지어		잠 29:2	의인이 많아지면 백성이 **즐거워하고**
시 98:6	왕이신 여호와 앞에 **즐겁게** 소리칠지어		잠 29:3	지혜를 사모하는 자는 아비를 **즐겁게**
시 98:8	박수할지어다 산악이 함께 **즐겁게**		전 2:1	내가 시험삼아 너를 **즐겁게** 하리니 너는
시 100:1	여호와께 **즐거운** 찬송을 부를지어다		전 2:3	술로 내 육신을 **즐겁게** 할까 또 내가
시 102:14	주의 종들이 시온의 돌들을 **즐거워하며**		전 2:10	무엇이든지 내 마음이 **즐거워하는** 것을
시 104:31	일들로 말미암아 **즐거워하시리로다**		전 3:22	사람이 자기 일에 **즐거워하는** 것보다
시 104:34	여호와로 말미암아 **즐거워하리로다**		전 5:19	제 몫을 받아 수고함으로 **즐거워하게**
시 105:3	구하는 자들은 마음이 **즐거울지로다**		전 8:15	이는 사람이 먹고 마시고 **즐거워하는**
시 105:43	그의 백성이 **즐겁게** 나오게 하시며		전 9:7	기쁨으로 네 음식물을 먹고 **즐거운** 마음
시 109:28	당할지라도 주의 종은 **즐거워하리이다**		전 9:9	사랑하는 아내와 함께 **즐겁게** 살지어다
시 111:2	이를 **즐거워하는** 자들이 다 기리는도다		전 11:7	눈으로 해를 보는 것이 **즐거운** 일이로다
시 112:1	그의 계명을 크게 **즐거워하는** 자는 복이		전 11:8	여러 해를 살면 항상 **즐거워할지로다**
시 113:9	자녀들을 **즐겁게** 하는 어머니가 되게		전 11:9	네 어린 때를 **즐거워하며** 네 청년의
시 118:24	우리가 **즐거워하고** 기뻐하리로다		아 1:4	너로 말미암아 기뻐하며 **즐거워하니**
시 119:14	내가 모든 재물을 **즐거워함같이** 주의		아 7:6	아름다운지, 어찌 그리 화창한지 **즐겁게**
	증거들의 도를 **즐거워하였나이다**		선지서	
시 119:16	주의 율례들을 **즐거워하며** 주의 말씀을		사 5:14	그 중에서 **즐거워하는** 자가 거기에 빠질
시 119:35	하소서 내가 이를 **즐거워함이니이다**		사 9:3	같이 그들이 주 앞에서 **즐거워하오니**
시 119:47	주의 계명들을 스스로 **즐거워하며**		사 22:2	소란하며 떠들던 성, **즐거워하던** 고을
시 119:70	같으나 나는 주의 법을 **즐거워하나이다**		사 22:13	기뻐하며 **즐거워하여** 소를 죽이고
시 119:162	나는 주의 말씀을 **즐거워하나이다**		사 24:7	포도나무가 쇠잔하며 마음이 **즐겁던**
시 119:174	주의 율법을 **즐거워하나이다**		사 24:8	소고 치는 기쁨이 그치고 **즐거워하는**
시 137:6	가장 **즐거워하는** 것보다 더 **즐거워하지**		사 25:9	그의 구원을 기뻐하며 **즐거워하리라**
시 149:2	말미암아 **즐거워하며** 시온의 주민은 그		사 29:19	거룩하신 이로 말미암아 **즐거워하리니**
	들의 왕으로 말미암아 **즐거워할지어다**		사 30:29	나아가는 자같이 마음에 **즐거워할**
시 149:5	성도들은 영광 중에 **즐거워하며** 그들의		사 35:1	사막이 백합화같이 피어 **즐거워하며**
잠 1:29	여호와 경외하기를 **즐거워하지** 아니		사 35:2	기쁜 노래로 **즐거워하며** 레바논의 영광
잠 2:10	지식이 네 영혼을 **즐겁게** 할 것이요		사 41:16	여호와로 말미암아 **즐거워하겠고**
잠 2:14	기뻐하며 악인의 패역을 **즐거워하나니**		사 51:3	그 가운데에 기뻐함과 **즐거워함과**
잠 3:17	그 길은 **즐거운** 길이요 그의 지름길은		사 58:2	나의 길 알기를 **즐거워함이** 마치 공의
잠 5:18	네가 젊어서 취한 아내를 **즐거워하라**			를…가까이 하기를 **즐거워하는도다**
잠 8:30	항상 그 앞에서 **즐거워하였으며**		사 58:13	안식일을 일컬어 **즐거운** 날이라, 여호와
잠 8:31	사람이 거처할 땅에서 **즐거워하며**		사 61:7	능욕 대신에 몫으로 말미암아 **즐거워할**

【 즐겁다/즐거워하다 】

사 61:10	하나님으로 말미암아 **즐거워하리니**
사 64:11	**즐거워하던** 곳이 다 황폐하였나이다
사 65:14	나의 종들은 마음이 즐거우므로 노래할
사 65:18	기뻐하며 **즐거워할지니라** 보라 내가 예루살렘을 **즐거운** 성으로 창조하며
사 65:19	예루살렘을 **즐거워하며** 나의 백성을
사 66:10	다 그 성읍과 함께 **즐거워하라** 그 성을
사 66:11	풍성함으로 말미암아 **즐거워하리라**
렘 7:34	기뻐하는 소리, **즐거워하는** 소리, 신랑
렘 15:17	**즐거워하지도** 아니하고 주의 손에
렘 16:9	기뻐하는 소리와 **즐거워하는** 소리와
렘 20:15	아버지를 **즐겁게** 하던 자가 저주를
렘 25:10	기뻐하는 소리와 **즐거워하는** 소리와
렘 30:19	**즐거워하는** 자들의 소리가 나오리라
렘 31:4	다시 소고를 들고 **즐거워하는** 자들과
렘 31:13	춤추며 **즐거워하겠고** 청년과 노인은 함께 **즐거워하리니** … **즐겁게** 하며 그들을
렘 33:10-11	**즐거워하는** 소리, 기뻐하는 소리, 신랑
렘 48:33	외침은 **즐거운** 외침이 되지 못하리로다
렘 49:25	나의 **즐거운** 성읍이 버린 것이 되었느냐
렘 50:11	너희가 **즐거워하며** 기뻐하고 타작하는
애 2:17	말미암아 **즐거워하게** 하며 네 대적들
애 4:21	우스 땅에 사는 딸 에돔아 **즐거워하며**
겔 16:37	너의 **즐거워하는** 정든 자와 사랑하던
겔 21:10	우리가 **즐거워하겠느냐** 내 아들의 규가
겔 24:25	인자야 내가 그 힘과 그 **즐거워하는**
겔 25:6	다하여 멸시하며 **즐거워하였나니**
겔 35:14	온 땅이 **즐거워할** 때에 내가 너를 황폐
겔 35:15	네가 **즐거워한** 것같이 내가 너를 황폐
겔 36:5	심히 **즐거워하는** 마음과 멸시하는
겔 43:27	너희를 **즐겁게** 받으리라 주 여호와의
욜 2:21	기뻐하며 **즐거워할지어다** 여호와께서
욜 2:23	기뻐하며 **즐거워할지어다** 그가 너희를
미 2:9	그들의 **즐거운** 집에서 쫓아내고 그들의
합 1:15	모으고 그리고는 기뻐하고 **즐거워하여**
합 3:14	가난한 자 삼키기를 **즐거워하나** 오직
합 3:18	나는 여호와로 말미암아 **즐거워하며**
습 3:14	전심으로 기뻐하며 **즐거워할지어다**
슥 10:7	같이 마음이 **즐거울** 것이요 … 여호와로 말미암아 마음에 **즐거워하리라**

【 신약 】

마 5:12	기뻐하고 **즐거워하라** 하늘에서 너희
막 12:37	되겠느냐 하시니 많은 사람들이 **즐겁게**
눅 1:14	너도 기뻐하고 **즐거워할** 것이요 많은
눅 1:58	여기심을 듣고 함께 **즐거워하더라**
눅 12:19	평안히 쉬고 먹고 마시고 **즐거워하자**
눅 15:5	또 찾아낸즉 **즐거워** 어깨에 메고
눅 15:24	얻었노라 하니 그들이 **즐거워하더라**
눅 15:32	우리가 **즐거워하고** 기뻐하는 것이
눅 19:6	급히 내려와 **즐거워하며** 영접하거늘
요 4:36	거두는 자가 함께 **즐거워하게** 하려
요 8:56	나의 때 볼 것을 **즐거워하다가** 보고
행 2:26	내 혀도 **즐거워하였으며** 육체도 희망에
롬 5:2	영광을 바라고 **즐거워하느니라**
롬 5:3	환난 중에도 **즐거워하나니** 이는 환난은
롬 5:11	하나님 안에서 또한 **즐거워하느니라**
롬 7:22	하나님의 법을 **즐거워하되**
롬 12:12	소망 중에 **즐거워하며** 환난 중에 참으며
롬 12:15	**즐거워하는** 자들과 함께 **즐거워하고**
롬 15:10	주의 백성과 함께 **즐거워하라** 하였으며
고전 12:26	모든 지체가 함께 **즐거워하느니라**
갈 4:27	잉태하지 못한 자여 **즐거워하라** 산고를
히 12:11	무릇 징계가 당시에는 **즐거워** 보이지
히 13:21	그 앞에 **즐거운** 것을 예수 그리스도로
약 5:13	**즐거워하는** 자가 있느냐 그는 찬송할지
벧전 4:13	고난에 참여하는 것으로 **즐거워하라** 이는 … 너희로 **즐거워하고** 기뻐하게
계 11:10	그들의 죽음을 **즐거워하고** 기뻐하여
계 12:12	가운데에 거하는 자들은 **즐거워하라**
계 18:20	그로 말미암아 **즐거워하라** 하나님이
계 19:7	우리가 **즐거워하고** 크게 기뻐하며

'즐겁다' 와 관련된 성구들

즐거운 소리 – 대상 15:16; 욥 3:7; 8:21; 시 33:3; 47:1; 66:1; 사 16:9, 10; 48:20

즐거움 – 창 18:12; 31:27; 대상 16:27; 대하 29:30; 스 6:22; 에 8:16; 욥 20:5, 18; 시 16:3, 11; 45:7, 15; 51:12; 119:24, 77, 92, 111, 143; 잠 10:28; 14:10, 13; 15:13; 17:22; 21:15; 사 9:3; 11:3; 16:10; 24:11; 35:10; 55:2; 58:14; 렘 15:16; 애 1:7; 욜 1:12, 16; 슥 8:19; 마 25:21, 23; 롬 12:8; 히 1:9; 13:17; 약 4:9; 벧전 1:8

즐기다 (like, want, joy, merry, delight)

구약
- 창 27:4 내가 즐기는 별미를 만들어 내게로
- 창 27:9 아버지를 위하여 그가 즐기시는 별미를
- 창 27:14 아버지가 즐기는 별미를 만들었더라
- 신 25:9 형제의 집을 세우기를 즐겨 아니하는
- 삼상 15:9 진멸하기를 즐겨 아니하고 가치 없고
- 느 9:25 먹어 살찌고 주의 큰 복을 즐겼사오나
- 에 8:17 유다인들이 즐기고 기뻐하여 잔치를
- 에 9:17 쉬며 그 날에 잔치를 베풀어 즐겼고
- 에 9:19 잔치를 베풀고 즐기며 서로 예물을
- 에 9:22 이 두 날을 지켜 잔치를 베풀고 즐기며
- 욥 21:12 수금으로 노래하고 피리 불어 즐기며
- 시 5:6 피 흘리기를 즐기는 자와 속이는 자를
- 시 40:8 내가 주의 뜻 행하기를 즐기오니 주의
- 시 59:2 피 흘리기를 즐기는 자에게서 나를
- 시 62:4 거짓을 즐겨 하니 입으로는 축복이요
- 시 68:30 그가 전쟁을 즐기는 백성을 흩으셨도다
- 시 139:19 피 흘리기를 즐기는 자들아 나를 떠날지
- 잠 13:1 거만한 자는 꾸지람을 즐겨 듣지 아니
- 잠 15:14 자의 입은 미련한 것을 즐기느니라
- 잠 15:21 미련한 것을 즐겨 하여도 명철한 자는
- 잠 23:20 술을 즐겨 하는 자들과 고기를 탐하는
- 잠 23:21 잠자기를 즐겨 하는 자는 해어진 옷을
- 전 2:25 먹고 즐기는 일을 누가 나보다 더 해
- 사 1:19 너희가 즐겨 순종하면 땅의 아름다운
- 사 32:14 들나귀가 즐기는 곳과 양 떼의 초장이
- 겔 20:8 내게 반역하여 내 말을 즐겨 듣지 아니
- 겔 23:42 편히 지껄이고 즐겼으며 또 광야에서
- 단 5:6 이에 왕의 즐기던 얼굴 빛이 변하고
- 호 8:8 여러 나라 가운데에 있는 것이 즐겨
- 합 2:5 그는 술을 즐기며 거짓되고 교만하여

신약
- 마 11:14 너희가 즐겨 받을진대 오리라 한 엘리야
- 마 11:19 보라 먹기를 탐하고 포도주를 즐기는
- 눅 7:34 포도주를 즐기는 사람이요 세리와 죄인
- 눅 15:6 나와 함께 즐기자 나의 잃은 양을
- 눅 15:9 나와 함께 즐기자 잃은 드라크마를
- 눅 15:23 끌어다가 잡으라 우리가 먹고 즐기자
- 눅 15:29 내 벗과 즐기게 하신 일이 없더니
- 눅 16:19 베옷을 입고 날마다 호화롭게 즐기더라
- 고후 9:7 하나님은 즐겨 내는 자를 사랑하시느니
- 딤전 3:3 술을 즐기지 아니하며 구타하지 아니

- 딛 1:7 술을 즐기지 아니하며 구타하지 아니
- 벧후 2:13 낮에 즐기고 노는 것을 기쁘게 여기는 자들이니 … 그들의 속임수로 즐기고

즐겨 하다
- 신 25:7 그 형제의 아내 맞이하기를 즐겨 하지
- 신 25:8 여자를 맞이하기를 즐겨 하지 아니하노
- 삼하 6:10 자기에게로 메어 가기를 즐겨 하지
- 삼하 23:17 마시기를 즐겨 하지 아니하니라 세
- 왕상 8:19 유다 멸하기를 즐겨 하지 아니하셨으니
- 왕하 13:23 멸하기를 즐겨 하지 아니하시고 이
- 왕하 24:4 여호와께서 사하시기를 즐겨 하지
- 대하 21:7 다윗의 집을 멸하기를 즐겨 하지 아니
- 사 65:12 즐겨 하지 아니하는 일을 택하였음이니
- 렘 6:10 욕으로 여기고 이를 즐겨 하지 아니하
- 단 4:2 일을 내가 알게 하기를 즐겨 하노라
- 고전 10:6 그들이 악을 즐겨한 것같이 즐겨 하는

즐비하다 (櫛比, have tightly)
- 욥 41:15 그의 즐비한 비늘은 그의 자랑이로다

즙 (汁, liquor, juice)
- 창 40:11 내가 포도를 따서 그 즙을 바로의 잔에
- 출 22:29 추수한 것과 네가 짜낸 즙을 바치기를
- 민 18:27 곡물과 포도즙 틀에서 드리는 즙같이
- 사 65:8 포도송이에는 즙이 있으므로 사람들이

'즙'과 관련된 성구
- 담즙 – 애 3:19
- 몰약의 즙 – 아 5:5, 13
- 석류즙 – 아 8:2
- 즙 짜는 틀 – 마 21:33; 막 12:1
- 포도즙 – 창 49:11; 민 6:3; 신 32:14; 잠 3:10; 사 24:7;
- 포도즙 틀 – 민 18:27, 30; 잠 3:10; 사 63:2, 3; 학 2:16

증거/-하다 (證據, witness, sign, testify)

모세오경, 역사서
- 창 21:30 내가 이 우물 판 증거를 삼으라 하고
- 창 31:44 너와 나 사이에 증거를 삼을 것이니라
- 창 31:48 무더기가 너와 나 사이에 증거가 된다

【 증거/-하다 】

창 31:52 무더기가 **증거**가 되고 이 기둥이 **증거**가
출 3:12 이것이 내가 너를 보낸 **증거**니라
출 20:16 네 이웃에 대하여 거짓 **증거하지** 말라
출 34:29 모세가 그 **증거**의 두 판을 모세의 손에
민 35:30 증인의 **증거**만 따라서 죽이지 말 것이요
신 4:26 내가 오늘 천지를 불러 **증거**를 삼노니
신 5:20 이웃에 대하여 거짓 **증거하지** 말지니라
신 6:17 명하신 명령과 **증거**와 규례를 삼가
신 6:20 명령하신 **증거**와 규례와 법도가 무슨
신 8:19 너희에게 **증거하노니** 너희가 반드시
신 19:18 그 증인이 거짓 **증거하여** 그 형제를
신 30:19 너희에게 **증거**를 삼노라 내가 생명과
신 31:19 이스라엘 자손에게 **증거**가 되게
신 31:26 언약궤 곁에 두어 너희에게 **증거**가 되게
신 31:28 그들에게 하늘과 땅을 **증거**로 삼으리라
수 22:27 후대 사이에 **증거**가 되게 할 뿐으로서
수 22:28 너희 사이에 **증거**만 되게 할 뿐이라
수 22:34 여호와께서 하나님이 되시는 **증거**라
수 24:27 이 돌이 우리에게 **증거**가 되리니 이는
　　　　 여호와께서 … 이 돌이 **증거**가 되리라
왕상 2:3 그 법률과 계명과 율례와 **증거**를 모세의
왕상 21:10 그에게 대하여 **증거하기**를 네가 하나님
느 7:61 이스라엘에 속하였는지는 **증거할** 수

【 시가서, 선지서 】

욥 10:17 주께서 자주자주 **증거하는** 자를 바꾸어
욥 16:8 이는 나를 향하여 **증거**를 삼으심이라
욥 21:29 묻지 아니하였느냐 그들의 **증거**를 알지
시 19:7 여호와의 **증거**는 확실하여 우둔한 자를
시 25:10 언약과 **증거**를 지키는 자에게 인자와
시 78:5 여호와께서 **증거**를 야곱에게 세우시며
시 79:9 주의 이름을 **증거하기** 위하여 우리를
시 81:5 족속 중에 이를 **증거**로 세우셨도다
시 93:5 주의 **증거들**이 매우 확실하고 거룩함이
시 99:7 그들에게 주신 **증거**와 율례를 지켰도다
시 119:2 여호와의 **증거들**을 지키고 전심으로
시 119:14 주의 **증거들**의 도를 즐거워하였나이다
시 119:24 주의 **증거들**은 나의 즐거움이요 나의
시 119:31 주의 **증거들**에 매달렸사오니 여호와여
시 119:36 마음을 주의 **증거들**에게 향하게 하시고
시 119:59 **증거들**을 향하여 내 발길을 돌이켰사오
시 119:79 그리하시면 그들이 주의 **증거들**을
시 119:95 나는 주의 **증거들**만을 생각하겠나이다
시 119:99 내가 주의 **증거들**을 늘 읊조리므로

시 119:111 주의 **증거들**로 내가 영원히 나의 기업을
시 119:119 내가 주의 **증거들**을 사랑하나이다
시 119:125 나를 깨닫게 하사 주의 **증거들**을 알게
시 119:129 주의 **증거들**은 놀라우므로 내 영혼이
시 119:138 주께서 명령하신 **증거들**은 의롭고
시 119:144 주의 **증거들**은 영원히 의로우시니 나로
시 119:146 내가 주의 **증거들**을 지키리이다
시 119:152 내가 전부터 주의 **증거들**을 알고 있었으
시 119:157 주의 **증거들**에서 떠나지 아니하였나이
시 119:167 내 영혼이 주의 **증거들**을 지켰사오며
시 119:168 주의 법도들과 **증거들**을 지켰사오니
시 132:12 내 언약과 그들에게 교훈하는 내 **증거들**
잠 25:18 자기의 이웃을 쳐서 거짓 **증거하는** 사람
사 3:9 그들의 안색이 불리하게 **증거하며**
사 8:16 너는 **증거**의 말씀을 싸매며 율법을 내
사 8:20 마땅히 율법과 **증거**의 말씀을 따를지니
사 19:20 만군의 여호와를 위하여 징조와 **증거**가
사 38:7 말씀을 그가 이루신다는 **증거**이니라
사 41:21 왕이 말하노니 너희는 확실한 **증거**를
렘 44:23 여호와의 율법과 법규와 여러 **증거**대로
애 2:13 내가 무엇으로 네게 **증거하며** 무엇으로

【 신약 】

마 10:18 이는 그들과 이방인들에게 **증거**가 되게
마 26:59 예수를 죽이려고 그를 칠 거짓 **증거**를
마 26:62 이 사람들이 너를 치는 **증거**가 어떠하냐
막 6:11 먼지를 떨어버려 그들에게 **증거**를
막 13:9 이는 그들에게 **증거**가 되려 함이라
막 14:55 예수를 죽이려고 그를 칠 **증거**를 찾되
막 14:60 사람들이 너를 치는 **증거**가 어떠하냐
눅 6:7 예수를 고발할 **증거**를 찾으려 하여
눅 9:5 먼지를 떨어 버려 그들에게 **증거**를
눅 21:13 이 일이 도리어 너희에게 **증거**가 되리라
눅 22:71 이르되 어찌 더 **증거**를 요구하리요
요 5:36 내게는 요한의 **증거**보다 더 큰 **증거**가
요 10:25 이름으로 행하는 일들이 나를 **증거하는**
행 1:3 그들에게 확실한 많은 **증거**로 친히 살아

> **'증거'와 관련된 성구**
>
> 언약의 증거 – 창 9:12, 13, 17
> 증거의 성막 – 민 1:50, 5; 9:15; 10:11
> 증거(의) 장막 – 민 17:7, 8; 18:2; 행 7:44; 계 15:5

【 증거궤 】　　　　　　　　　　　　　　　　　　　　　　　　　　【 증서 】

행 17:31　사람에게 믿을 만한 **증거**를 주셨음이니
행 25:7　중대한 사건으로 고발하되 능히 **증거**를
롬 2:15　이런 이들은 그 양심이 **증거**가 되어 그
롬 3:21　율법과 선지자들에게 **증거**를 받은
고전 1:6　그리스도의 **증거**가 너희 중에 견고하게
고전 2:1　하나님의 **증거**를 전할 때에 말과 지혜의
고후 2:9　너희가 범사에 순종하는지 그 **증거**를
고후 8:24　너희에 대한 우리 자랑의 **증거**를 그들
고후 9:13　**증거**를 삼아 너희가 그리스도의 복음을
고후 13:3　내 안에서 말씀하시는 **증거**를 너희가
빌 1:28　멸망의 **증거**요 너희에게는 구원의 **증거**
살후 1:10　(우리의 **증거**가 너희에 믿어졌음이라)
딤전 2:6　주셨으니 기약이 이르러 주신 **증거**니라
딤전 3:7　또한 외인에게서도 선한 **증거**를 얻은
딤전 5:10　선한 행실의 **증거**가 있어 혹은 자녀를
히 7:8　산다고 **증거**를 얻은 자가 받았느니라
히 11:1　실상이요 보이지 않는 것들의 **증거**니
히 11:2　선진들이 이로써 **증거**를 얻었느니라
히 11:4　의로운 자라 하시는 **증거**를 얻었으니
히 11:5　하나님을 기쁘시게 하는 자라 하는 **증거**
히 11:39　다 믿음으로 말미암아 **증거**를 받았으나
약 5:3　이 녹이 너희에게 **증거**가 되며 불같이
요일 5:9　**증거**는 더욱 크도다 하나님의 **증거**는
요일 5:10　자기 안에 **증거**가 있고 하나님을 믿지
　　　아니하는 자는… 증언하신 **증거**를 믿지
요일 5:11　**증거**는 이것이니 하나님이 우리에게
요삼 1:12　**증거**를 받았으매 우리도 증언하노니
계 1:2　예수 그리스도의 **증거** 곧 자기가 본
계 6:9　하나님의 말씀과 그들이 가진 **증거**로
계 12:17　예수의 **증거**를 가진 자들과 더불어

증거궤(證據櫃, ark of the Testimony)
출 25:22　속죄소 위 곧 **증거궤** 위에
출 26:33　**증거궤**를 그 휘장 안에 들여놓으라 그
출 26:34　지성소에 있는 **증거궤** 위에 속죄소를
출 27:21　아론과 그의 아들들로 회막 안 **증거궤**
출 30:6　**증거궤** 위 속죄소 맞은편 곧 **증거궤**
출 30:26　너는 그것을 회막과 **증거궤**에 바르고
출 30:36　내가 너와 만날 회막 안 **증거궤** 앞에
출 31:7　회막과 **증거궤**와 그 위의 속죄소와 회
출 35:12　**증거궤**와 그 채와 속죄소와 그 가리는

출 39:35　**증거궤**와 그 채들과 속죄소와
출 40:3　**증거궤**를 들여놓고 또 휘장으로 그 궤를
출 40:5　금 향단을 **증거궤** 앞에 두고 성막 문에
출 40:21　**증거궤**를 가리니 여호와께서 모세에게
레 16:13　향연으로 **증거궤** 위 속죄소를 가리게
레 24:3　회막안 **증거궤** 휘장 밖에서 저녁부터
민 3:31　그들이 맡을 것은 **증거궤**와 상과 등잔대
민 4:5　들어가서 칸 막는 휘장을 걷어 **증거궤**를
민 7:89　여호와께 말하려 할 때에 **증거궤** 위
민 17:4　내가 너희와 만나는 곳인 **증거궤** 앞에
민 17:10　아론의 지팡이는 **증거궤** 앞으로 도로
수 4:16　**증거궤**를 멘 제사장들에게 명령하여

증거막(證據幕, Tabernacle of the testimony)
출 38:21　성막 곧 **증거막**을 위하여 레위 사람이

증거판(證據板, Testimony)
출 16:34　그것을 **증거판** 앞에 두어 간수하게
출 25:16　내가 네게 줄 **증거판**을 궤 속에 둘지며
출 25:21　내가 네게 줄 **증거판**을 궤 속에 넣으라
출 31:18　이르시기를 마치신 때에 **증거판** 둘을
출 32:15　두 **증거판**이 그의 손에 있고 그 판의
출 40:20　그는 또 **증거판**을 궤 속에 넣고 채를

증명하다(證明, testify, test)
창 42:15　이같이 하여 너희 진실함을 **증명할**
룻 4:7　이것이 이스라엘 중에 **증명하는** 전례가
마 23:31　자의 자손임을 스스로 **증명함이로다**
고후 8:8　사랑의 진실함을 **증명하고자** 함이로라

증발하다(蒸發, distill)
욥 36:27　빗방울이 **증발하여** 안개가 되게 하시도

증서(證書, deed, bill)
렘 32:10　**증서**를 써서 봉인하고 증인을 세우고
렘 32:44　은으로 사고 **증서**를 기록하여 봉인하고
눅 16:6　이르되 여기 네 **증서**를 가지고 빨리

성경에 나오는 '증서'

매매 증서 – 렘 32:11, 12, 14, 16
이혼 증서 – 신 24:1, 3; 사 50:1; 마 5:31; 19:7; 막 10:4

【 증세 】

눅 16:7 여기 네 **증서**를 가지고 팔십이라 쓰라
골 2:14 법조문으로 쓴 **증서**를 지우시고 제하여

증세(症勢, ill)
왕상 17:17 여인의 아들이 병들어 **증세**가 심히

증손(曾孫, son)
민 16:1 레위의 **증손** 고핫의 손자 이스할의 아들
민 27:1 므낫세의 현손 마길의 **증손** 길르앗의
수 7:1 유다 지파 세라의 **증손** 삽디의 손자
수 7:18 유다 지파 세라의 **증손**이요 삽디의
수 17:3 길르앗의 손자 마길의 **증손** 므낫세의
삼상 1:1 엘리후의 손자요 도후의 **증손**이요
삼상 9:1 스롤의 손자요 베고랏의 **증손**이요
삼상 14:3 제사장이 되었던 엘리의 **증손**이었더라
대상 4:35 아시엘의 **증손** 스라야의 손자 요시비야
대상 4:37 시므리의 현손 여다야의 **증손** 알론의
대상 5:8 세마의 손자요 요엘의 **증손**이라
대상 5:14 길르앗의 **증손**이요 미가엘의 현손이요
대상 9:4 오므리의 손자요 이므리의 **증손**이요
대상 9:7 베냐민 자손 중에서는 핫스누아의 **증손**
대상 9:8 이브니야의 **증손** 르우엘의 손자
대상 9:11 므술람의 손자요 사독의 **증손**이요
대상 9:12 말기야의 **증손**이며 … 므술람의 **증손**
대상 9:14 아스리감의 손자요 하사뱌의 **증손**이며
대상 9:15 시그리의 손자요 아삽의 **증손**이며
대상 9:16 여두둔의 **증손**이며 또 베레갸이니
대상 9:19 고라의 **증손** 에비아삽의 손자 고레의
대하 20:14 맛다냐의 현손이요 여이엘의 **증손**이요
스 7:1 아사랴의 손자요 힐기야의 **증손**이요
느 12:35 스마야의 손자 맛다냐의 **증손** 미가야의
에 2:5 베냐민 자손이니 기스의 **증손**이요
렘 36:14 모든 고관이 구시의 **증손** 셀레먀의
습 1:1 아마랴의 **증손**이요 그다랴의 손자요

증손 - 기타 본문
느 11:4, 5, 7, 11, 12, 13, 15, 17, 22

증식되다(增殖, increase)
신 8:13 네 은금이 **증식되며** 네 소유가 다
욥 15:29 소유가 땅에서 **증식되지** 못할 것이라

증언/-하다/-되다(證言, evidence, declare)

【 증언/-하다/-되다 】

출 22:13 찢겼으면 그것을 가져다가 **증언할** 것
출 23:2 송사에 다수를 따라 부당한 **증언**을 하지
신 4:45 애굽에서 나온 후에 모세가 **증언**과
신 17:6 두 사람이나 세 사람의 **증언**으로 … 한 사람의 **증언**으로는 죽이지 말 것
신 32:46 오늘 너희에게 **증언한** 모든 말을 너희의
삼상 12:3 내게 대하여 **증언하라** 내가 누구의
삼상 12:5 여호와께서 너희에게 대하여 **증언하시며** … 오늘 **증언하느니라** 하니 그들이 이르되 그가 **증언하시나이다** 하니라
삼상 20:12 여호와께서 **증언하시거니와** 내가 내
삼하 1:16 네 입이 네게 대하여 **증언하기를** 내가
왕상 21:13 백성 앞에서 나봇에게 대하여 **증언**이
욥 15:6 네 입술이 네게 불리하게 **증언하느니라**
욥 16:8 대면하여 내 앞에서 **증언하리이다**
욥 19:5 수치스러운 행위가 있다고 **증언하려면**
욥 29:11 축복하고 눈이 본즉 나를 **증언하였나니**
시 50:7 내가 네게 **증언하리라** 나는 하나님 곧
시 81:8 백성이여 들으라 내가 네게 **증언하리라**
사 8:2 스가랴를 불러 **증언하게** 하리라
사 59:12 우리의 죄가 우리를 쳐서 **증언하오니**
렘 11:5 오늘 그것을 **증언하느니라** 하라
렘 14:7 죄악이 우리에게 대하여 **증언할지라도**
암 3:13 너희는 듣고 야곱의 족속에게 **증언하라**
미 1:2 너희에게 대하여 **증언하시되** 곧 주께
미 6:3 괴롭게 하였느냐 너는 내게 **증언하라**
슥 3:6 천사가 여호수아에게 **증언하여** 이르되
말 3:5 속히 **증언하리라** 만군의 여호와가
마 15:19 간음과 음란과 도둑질과 거짓 **증언**과
마 19:18 도둑질하지 말라, 거짓 **증언하지** 말라
마 24:14 천국 복음이 모든 민족에게 **증언되기**
마 27:13 너를 쳐서 얼마나 많은 것으로 **증언하는**
막 10:19 도둑질하지 말라, 거짓 **증언하지** 말라
막 14:56 예수를 쳐서 거짓 **증언하는** 자가 많으나 그 **증언**이 서로 일치하지 못함이라
막 14:57 예수를 쳐서 거짓 **증언하여** 이르되
막 14:59 그 **증언**도 서로 일치하지 않더라
막 16:20 표적으로 말씀을 확실히 **증언하시니라**
눅 4:22 그들이 다 그를 **증언하고** 그 입으로
눅 16:28 형제 다섯이 있으니 그들에게 **증언하게**
눅 18:20 도둑질하지 말라, 거짓 **증언하지** 말라
요 1:7 그가 **증언하러** 왔으니 곧 … **증언하고**
요 1:8 이 빛에 대하여 **증언하러** 온 자라

【 증언/-하다/-되다 】　　　　　　　　　　　　　【 증언/-하다/-되다 】

요 1:15	요한이 그에 대하여 **증언하여** 외쳐	행 13:22	다윗을 왕으로 세우시고 **증언하여**
요 1:19	물을 때에 요한의 **증언**이 이러하니라	행 14:3	자기 은혜의 말씀을 **증언하시니**
요 1:32	요한이 또 **증언하여** 이르되 내가 보매	행 14:17	그러나 자기를 **증언하지** 아니하신 것이
요 1:34	하나님의 아들이심을 **증언하였노라**	행 15:8	그들에게도 성령을 주어 **증언하시고**
요 2:25	사람에 대하여 누구의 **증언**도 받으실	행 17:3	다시 살아나야 할 것을 **증언하고** 이르되
요 3:11	아는 것을 말하고 본 것을 **증언하노라**	행 18:5	예수는 그리스도라 밝히 **증언하니**
	… 우리의 **증언**을 받지 아니하는도다	행 18:28	그리스도라고 **증언하여** 공중 앞에
요 3:26	곧 선생님이 **증언하시던** 이가 세례를	행 20:21	그리스도께 대한 믿음을 **증언한** 것이라
요 3:28	보내심을 받은 자라고 한 것을 **증언할**	행 20:23	성령이 각 성에서 내게 **증언하여** 결박과
요 3:32	**증언하되** 그의 **증언**을 받는 자가 없도다	행 20:24	하나님의 은혜의 복음을 **증언하는** 일
요 3:33	그의 **증언**을 받는 … 하나님이 참되시다	행 20:26	오늘 여러분에게 **증언하거니와**
요 4:39	그가 내게 말하였다 **증언하므로**	행 22:18	그들은 네가 내게 대하여 **증언하는** 말
요 4:44	**증언하시기를** 선지자가 고향에서는	행 23:11	나의 일을 **증언한** 것 … **증언하여야**
요 5:31	만일 나를 위하여 **증언하면** 내 **증언**은	행 26:5	일찍부터 나를 알았으니 … **증언하려**
요 5:32	나를 위하여 **증언하시는** 이가 따로 있	행 26:22	높고 낮은 사람 앞에서 **증언하는** 것은
	으니 … **증언하시는** 그 **증언**이 참인 줄	행 28:23	하나님의 나라를 **증언하고** 모세의 율법
요 5:33	요한이 진리에 대하여 **증언하였느니라**	롬 8:16	하나님의 자녀인 것을 **증언하시나니**
요 5:34	사람에게서 **증언**을 취하지 아니하노라	롬 9:1-2	성령 안에서 나와 더불어 **증언하노니**
요 5:36	나를 보내신 것을 나를 위하여 **증언하는**	롬 10:2	내가 **증언하노니** 그들이 하나님께
요 5:37	친히 나를 위하여 **증언하셨느니라**	고전 15:15	다시 살리셨다고 **증언하였음이라**
요 5:39	이 성경이 곧 내게 대하여 **증언하는**	고후 1:12	은혜로 행함은 우리 양심이 **증언하는**
요 7:7	세상의 일들을 악하다고 **증언함이라**	고후 1:23	목숨을 걸고 하나님을 불러 **증언하시게**
요 8:13	네가 너를 위하여 **증언하니** 네 **증언**은	고후 8:3	내가 **증언하노니** 그들이 힘대로 할 뿐
요 8:14	내가 나를 위하여 **증언하여도** 내 **증언**이	갈 4:15	내가 너희에게 **증언하노니** 너희가
요 8:17	너희 율법에도 두 사람의 **증언**이 참되다	갈 5:3	할례를 받는 각 사람에게 … **증언하노니**
요 8:18	나를 위하여 **증언하는** 자가 되고 나를	엡 4:17	이것을 말하며 주 안에서 **증언하노니**
	보내신 아버지도 … **증언하시느니라**	골 4:13	많이 수고하는 것을 내가 **증언하노라**
요 12:17	때에 함께 있던 무리가 **증언한지라**	살전 2:5	아니한 것을 하나님이 **증언하시느니라**
요 13:21	심령이 괴로워 **증언하여** 이르시되	살전 4:6	우리가 너희에게 미리 말하고 **증언한**
요 15:26	성령이 오실 때에 그가 나를 **증언하실**	딤전 6:12	많은 증인 앞에서 선한 **증언**을 하였도다
요 15:27	나와 함께 있었으므로 **증언하느니라**	딤전 6:13	빌라도를 향하여 선한 **증언**을 하신
요 18:23	잘못하였으면 그 잘못한 것을 **증언하라**	딤후 1:8	그러므로 너는 내가 우리 주를 **증언함**과
요 18:37	진리에 대하여 **증언하려** 함이로라	딛 1:13	이 **증언**이 참되도다 그러므로 네가
요 19:35	이를 본 자가 **증언하였으니** 그 **증언**이	히 2:4	그들과 함께 **증언하셨느니라**
요 21:24	이 일들을 **증언하고** 이 일들을 기록한	히 2:6	누구인가가 어디에서 **증언하여** 이르되
	제자가 이 사람이라 … **증언**이 참된 줄	히 3:5	장래에 말할 것을 **증언하기** 위하여
행 1:22	예수께서 부활하심을 **증언할** 사람	히 7:17	**증언하기를** 네가 영원히 멜기세덱의
행 2:22	너희 앞에서 그를 **증언하셨느니라**	히 10:15	또한 성령이 우리에게 **증언하시되**
행 4:33	큰 권능으로 주 예수의 부활을 **증언하니**	히 11:4	그 예물에 대하여 **증언하심이라**
행 8:25	두 사도가 주의 말씀을 **증언하여** 말한	히 11:13	외국인과 나그네임을 **증언하였으니**
행 9:22	예수를 그리스도라 **증언하여** 다메섹에	히 13:15	그 이름을 **증언하는** 입술의 열매니라
행 10:42	곧 이 사람인 것을 **증언하게** 하셨고	벧전 1:11	후에 받으실 영광을 미리 **증언하여**
행 10:43	그에 대하여 모든 선지자도 **증언하되**	벧전 5:12	하나님의 참된 은혜임을 **증언하노니**

【 증원하다 】　　　　　　　　　　　　　　　　　　　　　　　　　　【 증인 】

요일 1:2	영원한 생명을 우리가 보았고 **증언하여**	잠 6:19	거짓을 말하는 망령된 **증인**과 및 형제
요일 4:14	우리가 보았고 또 **증언하노니**	잠 12:17	의를 나타내어도 거짓 **증인**은 속이는
요일 5:6	물과 피로 임하셨고 **증언하는** 이는	잠 14:5	**증인**은 거짓말을 아니하여도 거짓 **증인**
요일 5:7	**증언하는** 이가 셋이니	잠 14:25	**증인**은 사람의 생명을 구원하여도
요일 5:9	사람들의 **증언**을 받을진대 … 그의 아들에 대하여 **증언하신** 것이니라	잠 19:5	거짓 **증인**은 벌을 면하지 못할 것이요
		잠 19:9	거짓 **증인**은 벌을 면하지 못할 것이요
요일 5:10	하나님께서 그 아들에 대하여 **증언하신**	잠 19:28	망령된 **증인**은 정의를 업신여기고
요삼 1:3	진리를 **증언하되** 네가 진리 안에서	잠 21:28	거짓 **증인**은 패망하려니와 확실히 들은
요삼 1:6	앞에서 너의 사랑을 **증언하였느니라**	잠 24:28	네 이웃을 쳐서 **증인**이 되지 말며 네
요삼 1:12	우리도 **증언하노니** … **증언**이 참된 줄	사 8:2	내가 진실한 **증인** 제사장 우리야와
계 1:2	곧 자기가 본 것을 다 **증언하였느니라**	사 43:9	그들이 그들의 **증인**을 세워서 자기들의
계 1:9	말씀과 예수를 **증언하였음으로** 말미암	사 43:10	나의 **증인**, 나의 종으로 택함을 입었나
계 11:7	그 **증언**을 마칠 때에 무저갱으로부터	사 43:12	나의 **증인**이요 나는 하나님이니라
계 12:11	어린 양의 피와 자기들이 **증언하는** 말	사 44:8	나의 **증인**이라 나 외에 신이 있겠느냐
계 19:10	예수의 **증언**을 … 예수의 **증언**은 예언의	사 44:9	그것들의 **증인**들은 보지도 못하며
계 20:4	내가 보니 예수를 **증언함**과 하나님의	사 55:4	내가 그를 만민에게 **증인**으로 세웠고
계 22:16	이것들을 너희에게 **증언하게** 하였노라	렘 29:23	나는 알고 있는 자로서 **증인**이니라
계 22:18	말씀을 듣는 모든 사람에게 **증언하노니**	렘 32:10	증서를 써서 봉인하고 **증인**을 세우고
계 22:20	이것들을 **증언하신** 이가 이르시되	렘 32:12	매매 증서에 인 친 **증인** 앞과 시위대
		렘 32:25	주께서 내게 은으로 밭을 사며 **증인**을
증원하다(增員, increase)		렘 32:44	증서를 기록하여 봉인하고 **증인**을
삿 9:29	이르되 네 군대를 **증원해서** 나오라	렘 42:5	우리 가운데 진실하고 성실한 **증인**이
		말 2:14	여호와께서 **증인**이 되시기 때문이라
증인(證人, witness)			
구약		신약	
창 31:50	나와 너 사이에 **증인**이 되시느니라	마 18:16	한두 사람을 데리고 가서 두세 **증인**의
출 23:1	악인과 연합하여 위증하는 **증인**이 되지	마 26:60	거짓 **증인**이 많이 왔으나 얻지 못하더니
레 5:1	저주하는 소리를 듣고서도 **증인**이 되어	마 26:65	어찌 더 **증인**을 요구하리요 보라 너희가
민 5:13	그 여자의 더러워진 일에 **증인**도 없고	막 14:63	우리가 어찌 더 **증인**을 요구하리요
민 35:30	살인한 자는 **증인**들의 … 한 **증인**의	눅 11:48	너희 조상의 행한 일에 **증인**이 되어
신 17:7	이런 자를 죽이기 위하여는 **증인**이 먼저	눅 24:48	너희는 이 모든 일의 **증인**이라
신 19:15	한 **증인**으로만 정할 것이 아니요 두 증인의 입으로나 또는 세 **증인**의 입으로	행 1:8	땅 끝까지 이르러 내 **증인**이 되리라
		행 2:32	살리신지라 우리가 다 이 일에 **증인**이로
신 19:18	조사하여 그 **증인**이 거짓 증거하여	행 3:15	살리셨으니 우리가 이 일에 **증인**이라
신 31:21	이 노래가 그들 앞에 **증인**처럼 되리라	행 5:32	우리는 이 일에 **증인**이요 하나님이 자기
수 24:22	스스로 **증인**이 … 우리가 **증인**이 되었	행 6:13	거짓 **증인**들을 세우니 이르되 이 사람이
삿 11:10	여호와는 우리 사이의 **증인**이시니	행 7:58	**증인**들이 옷을 벗어 사울이라 하는 청년
룻 4:9	손에서 산 일에 너희가 오늘 **증인**	행 10:39	그가 행하신 모든 일에 **증인**이라 그를
룻 4:10	너희가 오늘 **증인**이 되었느니라 하니	행 10:41	오직 미리 택하신 **증인** 곧 죽은 자
룻 4:11	우리가 **증인**이 되나니 여호와께서	행 13:31	그들이 이제 백성 앞에서 그의 **증인**이라
욥 16:19	나의 **증인**이 하늘에 계시고 나의 중보자	행 22:5	대제사장과 모든 장로들이\ 내 **증인**이라
시 35:11	불의한 **증인**들이 일어나서 내가 알지	행 22:15	네가 보고 들은 것에 **증인**이 되리라
시 89:37	궁창의 확실한 **증인**인 달같이 영원히	행 22:20	또 주의 **증인** 스데반이 피를 흘릴 때에
		행 26:16	나타날 일에 너로 종과 **증인**을 삼으려

| 증축하다 | | | 지계 |

롬 1:9	나의 **증인**이 되시거니와 항상 내 기도에	요일 5:20	우리에게 **지각**을 주사 우리로 참된 자를
고전 15:15	또 우리가 하나님의 거짓 **증인**으로 발견		
고후 13:1	너희에게 가리니 두세 **증인**의 입으로	**지경**(地境, border)	
빌 1:8	사모하는지 하나님이 내 **증인**이시니라	출 34:24	네 앞에서 쫓아내고 네 **지경**을 넓히리니
살전 2:10	너희가 **증인**이요 하나님도 그러하시도	민 20:17	왕의 큰길로만 지나가고 당신의 **지경**
딤전 5:19	장로에 대한 고발은 두세 **증인**이 없으면	민 21:22	당신의 **지경**에서 다 나가기까지 왕의
딤전 6:12	네가 부르심을 받았고 많은 **증인** 앞에서	민 34:2	기업이 되리니 곧 가나안 사방 **지경**이라
딤후 2:2	또 네가 많은 **증인** 앞에서 내게 들은	민 35:26	어느 때든지 그 피하였던 도피성 **지경**
히 10:28	두세 **증인**으로 말미암아 불쌍히 여김이	민 35:27	피를 보복하는 자가 도피성 **지경** 밖에서
히 12:1	구름같이 둘러싼 허다한 **증인**들이	신 12:20	**지경**을 넓히신 후에 네 마음에 고기를
벧전 5:1	그리스도의 고난의 **증인**이요 나타날	신 16:4	이레 동안에는 네 모든 **지경** 가운데에
계 1:5	충성된 **증인**으로 죽은 자들 가운데에서	신 19:8	네 조상들에게 맹세하신 대로 네 **지경**을
계 2:13	내 충성된 **증인** 안디바가 너희 가운데	삿 16:16	삼손의 마음이 번뇌하여 죽을 **지경**이라
계 3:14	충성되고 참된 **증인**이시요 하나님의	왕상 4:21	애굽 **지경**에 미치기까지의 모든 나라를
계 11:3	내가 나의 두 **증인**에게 권세를 주리니	왕하 3:24	도망하게 하고 그 **지경**에 들어가며 모압
계 17:6	성도들의 피와 예수의 **증인**들의 피에	대상 4:39	구하고자 하여 골짜기 동쪽 그들 **지경**
		대상 5:9	유브라데 강에서부터 광야 **지경**까지
증축하다(增築, rebuild)		대상 16:18	주어 너희 기업의 **지경**이 되게 하리라
대하 27:3	건축하고 또 오벨 성벽을 많이 **증축하고**	대상 21:12	여호와의 천사가 이스라엘 온 **지경**에
		대하 9:26	블레셋 땅과 애굽 **지경**까지의 모든 왕을
증표(證票, sign, assurance)		욥 38:20	그의 **지경**으로 그를 데려갈 수 있느냐
수 2:12	이름으로 내게 맹세하고 내게 **증표**를	시 105:33	그들의 **지경**에 있는 나무를 찍으셨도다
삼상 17:18	네 형들의 안부를 살피고 **증표**를 가져	시 107:20	그들을 고치시고 위험한 **지경**에서
		사 54:12	성문을 만들고 네 **지경**을 다 보석으로
증험/-하다(證驗, prove-KJV)		렘 31:17	자녀가 자기들의 **지경**으로 돌아오리라
신 18:22	여호와의 이름으로 말한 일에 **증험**도	겔 29:10	곧 구스 **지경**까지 황폐한 황무지 곧
히 3:9	너희 열조가 나를 시험하여 **증험하고**	겔 48:22	유다 **지경**과 베냐민 **지경** 사이에 있을지
		암 1:13	그들이 자기 **지경**을 넓히고자 하여
지각(知覺, wise, wit, understanding)		미 5:6	우리 땅에 들어와서 우리 **지경**을 밟을
욥 11:12	허망한 사람은 **지각**이 없나니 그의	미 7:11	건축하는 날 곧 그 날에는 **지경**이 넓혀
욥 23:15	그러므로 내가 그 앞에서 떨며 **지각**을	습 2:7	그 **지경**은 유다 족속의 남은 자에게로
시 14:2	하늘에서 인생을 굽어살피사 **지각**이	슥 9:8	포학한 자가 다시는 그 **지경**으로 지나가
시 53:2	**지각**이 있는 자와 하나님을 찾는 자가	마 2:16	그 모든 **지경** 안에 있는 사내아이를
시 107:27	모든 **지각**이 혼돈 속에 빠지는도다	마 4:13	스불론과 납달리 **지경** 해변에 있는
시 111:10	훌륭한 **지각**을 가진 자이니 여호와를	마 8:28	그 길로 지나갈 수 없을 **지경**이더라
사 27:11	백성이 **지각**이 없으므로 그들을 지으신	마 15:22	가나안 여자 하나가 그 **지경**에서 나와서
렘 4:22	**지각**이 없는 미련한 자식이라 악을 행하	마 15:39	보내시고 배에 오르사 마가단 **지경**으로
	기에는 **지각**이 있으나 선을 행하기에는	마 19:1	갈릴리를 떠나 요단 강 건너 유대 **지경**
렘 5:21	어리석고 **지각**이 없으며 눈이 있어도	막 10:1	떠나 유대 **지경**과 요단 강 건너편으로
욥 1:7	함정을 파니 네 마음에 **지각**이 없음으로		
욥 1:8	에서의 산에서 **지각** 있는 자를 멸하지	**지계**(地界, border, boundary)	
빌 4:7	그리하면 모든 **지각**에 뛰어난 하나님의	대상 6:54	거주한 곳은 사방 **지계** 안에 있으니
히 5:14	**지각**을 사용함으로 연단을 받아	대상 7:29	므낫세 자손의 **지계**에 가까운 벧스안과

【 지계석 】

잠 15:25 교만한 자의 집을 허시며 과부의 **지계**를

지계석(地界石, boundary stone)
잠 22:28 네 선조가 세운 옛 **지계석**을 옮기지
잠 23:10 옛 **지계석**을 옮기지 말며 고아들의 밭을

지구(地球, earth)
눅 21:35 이 날은 온 **지구**상에 거하는 모든 사람

지극하다(至極, very great, surpassing)
대하 32:27 히스기야가 부와 영광이 **지극한지라**
시 21:6 그가 영원토록 **지극한** 복을 받게 하시며
단 4:36 다시 세움을 받고 또 **지극한** 위세가
고후 9:14 하나님이 너희에게 주신 **지극한** 은혜로

지극히(至極, most)
신 32:14 염소와 **지극히** 아름다운 밀을 먹이시며
왕상 18:3 이 오바댜는 여호와를 **지극히** 경외하는
스 3:11 **지극히** 선하시므로 그의 인자하심이
시 96:4 위대하시니 **지극히** 찬양할 것이요
시 119:138 증거들은 의롭고 **지극히** 성실하니이다
시 119:167 내가 이를 **지극히** 사랑하나이다

'지극히' 와 관련된 성구

지극히 거룩하다 – 출 29:37; 30:10, 29, 36; 40:10; 레 2:3, 10; 6:17, 25, 29; 7:1, 6; 10:12, 17; 14:13; 24:9; 27:28; 민 18:9, 10; 겔 43:12; 45:3; 단 9:24; 유 1:20

지극히 높다 – 창 14:18, 19, 20, 22; 민 24:16; 신 32:8; 시 71:19; 사 14:14; 33:10; 단 3:26; 4:2, 17, 24, 25, 32, 34; 5:18, 21; 7:18, 22, 25, 27; 마 4:8; 막 5:7; 눅 1:32, 35, 76; 2:14; 6:35; 8:28; 행 7:48; 16:17; 히 7:1

지극히 선하다 – 롬 2:18; 빌 1:10

지극히 작다 – 왕하 18:24; 마 5:19; 25:40, 45; 눅 16:10; 19:17; 고전 6:2; 엡 3:8; 약 3:4

지극히 존귀하다 – 사 33:5; 52:13; 57:15

지극히 크다 – 창 15:1; 스 5:8; 느 4:14; 욥 37:23; 고후 4:17; 11:5; 12:7, 11; 엡 1:19; 히 1:3; 8:1; 벧후 1:4, 17

【 지금 】

시 150:2 **지극히** 위대하심을 따라 찬양할지어다
겔 29:15 나라 가운데에 **지극히** 미약한 나라가
요 12:3 마리아는 **지극히** 비싼 향유 곧 순전한
엡 2:7 은혜의 **지극히** 풍성함을 오는 여러 세대
빌 2:9 하나님이 그를 **지극히** 높여 모든 이름
계 21:11 영광이 있어 그 성의 빛이 **지극히** 귀한

지금(只今, now)
창 14:3 다 싯딤 골짜기 곧 **지금**의 염해에
창 29:6 딸 라헬이 **지금** 양을 몰고 오느니라
수 5:14 여호와의 군대 대장으로 **지금** 왔느니라
삿 8:6 세바와 살문나의 손이 **지금** 네 손 안에
삼상 2:16 **지금** 내게 내라 그렇지 아니하면 내가
삼하 12:23 **지금**은 죽었으니 내가 어찌 금식하랴
왕상 1:51 솔로몬 왕을 두려워하여 **지금** 제단 뿔을
왕하 5:22 나를 보내시며 말씀하시기를 **지금**
대상 21:3 여호와께서 그 백성을 **지금**보다 백 배나
느 6:7 유다에 왕이 있다 하게 하였으니 **지금**
욥 16:19 **지금** 나의 증인이 하늘에 계시고 나의
시 102:13 **지금**은 그에게 은혜를 베푸실 때라 정한
사 9:7 나라를 굳게 세우고 **지금** 이후로 영원히
애 1:11 **지금**도 탄식하며 양식을 구하나이다
겔 38:12 네 손을 들어서 황폐하였다가 **지금** 사람
단 4:37 그러므로 **지금** 나 느부갓네살은 하늘의
호 2:7 그 때의 내 형편이 **지금**보다 나았음이라
호 10:12 너희 묵은 땅을 기경하라 **지금**이 곧
말 3:15 **지금** 우리는 교만한 자가 복되다 하며
마 26:53 내가 내 아버지께 구하여 **지금** 열두
막 15:32 이스라엘의 왕 그리스도가 **지금** 십자가
눅 6:21 **지금** 주린 자는 복이 있나니 너희가 배 부름을 얻을 것임이요 **지금** 우는 자는
요 4:18 너에게 남편 다섯이 있었고 **지금** 있는
행 7:4 너희 **지금** 사는 이 땅으로 옮기셨느니라
롬 11:5 이와 같이 **지금**도 은혜로 택하심을
고전 3:2 감당하지 못하였음이거니와 **지금**도
고전 3:22 생명이나 사망이나 **지금** 것이나 장래
고전 13:12 우리가 **지금**은 거울로 보는 것같이 … **지금**은 내가 부분적으로 아나 그 때에는
고후 6:2 **지금**은 은혜 받을 만한 때요 보라 **지금**
고후 7:8 **지금**은 후회하지 아니함은 그 편지가
갈 1:9 우리가 전에 말하였거니와 내가 **지금**
엡 2:2 곧 **지금** 불순종의 아들들 가운데서 역사
빌 1:20 부끄러워하지 아니하고 **지금**도 전과

【 지껄이다 】　　　　　　　　　　　　　　　　　【 지나가다 】

'지금'과 관련된 성구

지금까지 – 창 24:16; 32:4, 32; 35:20; 43:28; 44:28; 45:26, 28; 46:30, 34; 48:15; 출 9:18; 민 14:19; 신 4:32; 10:5; 수 17:14; 룻 2:7; 삼상 1:16; 삼하 19:7; 스 5:16; 시 71:17; 겔 4:14; 호 10:9; 마 11:12; 24:21; 막 13:19; 요 2:10; 16:24; 행 20:18; 롬 1:13; 고전 4:13; 8:7; 15:6; 갈 1:10; 5:11; 요일 2:9

지금부터 – 창 7:4; 29:34; 40:13, 19; 시 121:8; 125:2; 131:3; 눅 15:19, 21; 요 13:19

빌 2:12 　지금 나 없을 때에도 항상 복종하여
살전 3:6 　지금은 디모데가 너희에게로부터 와서
살후 2:6 　너희는 지금 그로 하여금 그의 때에
살후 2:7 　비밀이 이미 활동하였으나 지금은
몬 1:9 　바울은 지금 또 예수 그리스도를 위하여
히 2:8 　지금 우리가 만물이 아직 그에게 복종
히 11:4 　그가 죽었으나 그 믿음으로써 지금도
요일 2:18 　지금은 마지막 때라 … 지금도 많은
요일 3:2 　사랑하는 자들아 우리가 지금은 하나님
요일 4:3 　너희가 들었거니와 지금 벌써 세상에
계 1:19 　네가 본 것과 지금 있는 일과 장차 될
계 11:17 　옛적에도 계셨고 지금도 계신 주 하나님

지금 – 기타 본문

창 31:13; 32:10; 35:17; 수 14:11, 12; 삿 8:15; 삼상 9:9, 13; 13:14; 15:3, 25; 17:17; 삼하 13:20; 17:9; 왕상 6:12; 19:4; 21:7; 왕하 5:26; 욥 35:15; 시 60:1; 119:126; 사 43:1; 48:7; 단 5:15; 9:17; 마 26:65; 27:42; 눅 6:25; 11:39; 19:42; 요 6:42; 8:40, 52; 9:19, 21, 25, 37; 12:27; 13:7, 31, 33, 36, 37; 15:22, 24; 16:5, 12, 22, 29, 30; 17:5, 7, 13; 21:10; 행 10:5; 15:10; 20:32; 22:1; 23:21; 24:25; 고전 16:12; 고후 7:9; 13:2; 갈 1:23; 4:15, 25; 히 8:1; 계 14:13; 16:5; 17:8, 11

지껄이다(pour, whisper)
욥 39:7 　들나귀는 성읍에서 지껄이는 소리를
시 94:4 　그들이 마구 지껄이며 오만하게 떠들며
사 29:4 　네 말소리가 티끌에서 지껄이리라

겔 23:42 　그 무리와 편히 지껄이고 즐겼으며 또

지나가다(pass, go through)
1. 어떤 곳을 거쳐서 가다(go through)
모세오경
창 18:3 　원하건대 종을 떠나 지나가지 마시옵고
창 18:5 　상쾌하게 하신 후에 지나가소서 당신들
창 37:28 　미디안 사람 상인들이 지나가고 있는지
출 12:23 　재앙을 내리려고 지나가실 때에 문 인방
출 15:19 　바다 가운데서 마른 땅으로 지나간지라
출 33:19 　네 앞으로 지나가게 하고 여호와의 이름
출 33:22 　내 영광이 지나갈 때에 내가 너를 반석
민 20:17 　땅을 지나가게 하소서 … 포도원으로 지나가지 아니하고 … 지나가고 당신의
민 20:18 　너는 우리 가운데로 지나가지 못하리라
민 20:19 　우리가 큰길로만 지나가겠고 우리나 우리 짐승이 … 도보로 지나갈 뿐인즉
민 20:20 　그는 이르되 너는 지나가지 못하리라
민 20:21 　영토로 지나감을 용납하지 아니하므로
민 21:22 　우리에게 당신의 땅을 지나가게 하소서 … 큰길로만 지나가리이다 하나
민 21:23 　영토로 지나감을 용납하지 아니하고

역사서
룻 4:1 　기업 무를 자가 지나가는지라 보아스가
삼상 16:8 　사무엘 앞을 지나가게 하매 사무엘이
삼상 16:10 　사무엘 앞으로 지나가게 하나 사무엘이
삼상 27:8 　애굽 땅으로 지나가는 지방의 주민이라
삼하 15:18 　그의 곁으로 지나가고 모든 그렛 사람과
삼하 23:16 　사람의 진영을 돌파하고 지나가서
왕상 9:8 　이 성전이 높을지라도 지나가는 자마다
왕상 13:25 　지나가는 사람이 길에 버린 시체와
왕상 19:11 　여호와께서 지나가시는데 여호와 앞에
왕상 20:39 　왕이 지나갈 때에 그가 소리 질러 왕을
왕하 4:9 　항상 우리를 지나가는 이 사람은 하나님
왕하 6:9 　왕은 삼가 아무 곳으로 지나가지 마소서
왕하 6:26 　왕이 성 위로 지나갈 때에 한 여인이
왕하 6:30 　그가 성 위로 지나갈 때에 백성이 본즉
왕하 14:9 　들짐승이 지나가다가 그 가시나무를
왕하 16:3 　자기 아들을 불 가운데로 지나가게 하며
왕하 17:17 　불 가운데로 지나가게 하며 복술과 사술
왕하 23:10 　자기의 자녀를 불로 지나가지 못하게
대상 11:18 　군대를 돌파하고 지나가서 베들레헴
대하 7:21 　높을지라도 그리로 지나가는 자마다

2223

【 지나가다 】　　　　　　　　　　　　　　　【 지나가다 】

대하 25:18 들짐승이 **지나가다가** 그 가시나무를
대하 33:6 그의 아들들을 불 가운데로 **지나가게**
느 2:14 못에 이르러서는 탈 짐승이 **지나갈** 곳
시가서
욥 6:15 그들은 개울의 물살같이 **지나가누나**
욥 19:8 그가 내 길을 막아 **지나가지** 못하게
욥 20:8 그는 꿈같이 **지나가니** 다시 찾을 수
욥 28:8 사자도 그리로 **지나가지** 못하였느니라
욥 41:16 바람이 그 사이로 **지나가지** 못하는구나
욥 41:30 그것이 **지나갈** 때는 진흙 바닥에 도리깨
시 37:36 내가 **지나갈** 때에 그는 없어졌나니 내가
시 48:4 왕들이 모여서 함께 **지나갔음이여**
시 48:5 보고 놀라고 두려워 빨리 **지나갔도다**
시 78:13 같이 서게 하시고 그들을 **지나가게**
시 80:12 어찌하여 그 담을 허시사 길을 **지나가는**
시 84:6 그들이 눈물 골짜기로 **지나갈** 때에 그
시 89:41 길로 **지나가는** 자들에게 다 탈취를
시 103:16 그것은 바람이 **지나가면** 없어지나니
시 106:9 바다 건너가기를 마치 광야를 **지나감**
시 109:23 석양 그림자같이 **지나가고** 또 메뚜기
시 129:8 **지나가는** 자들도 여호와의 복이 너희
잠 4:15 **지나가지** 말며 돌이켜 떠나갈지어다
잠 10:25 회오리바람이 **지나가면** 악인은 없어져
잠 26:10 미련한 자를 고용하는 것은 **지나가는**
잠 26:17 **지나가다가** 자기와 상관없는 다툼을
선지서
사 28:19 **지나갈** 때마다 너희를 잡을 것이니 아
침마다 **지나가며** 주야로 **지나가리니**
사 35:8 깨끗하지 못한 자는 **지나가지** 못하겠고
렘 9:12 광야같이 불타서 **지나가는** 자가 없게
렘 22:8 여러 민족들이 이 성읍으로 **지나가며**
렘 32:35 몰렉 앞으로 **지나가게** 하였느니라
렘 50:13 바벨론을 **지나가는** 자마다 그 모든 재난
렘 51:43 땅이 되었으니 그리로 **지나가는** 사람이
애 1:12 **지나가는** 모든 사람들이여 너희에게는
애 2:15 모든 **지나가는** 자들이 다 너를 향하여
겔 5:14 모든 **지나가는** 자의 목전에 모욕 거리가
겔 16:6 네 곁으로 **지나갈** 때에 네가 피투성이가
겔 16:15 **지나가는** 모든 자와 더불어 음란을 많이
겔 16:21 우상에게 넘겨 불 가운데로 **지나가게**
겔 16:25 모든 **지나가는** 자에게 다리를 벌려 심히
겔 20:37 내가 너희를 막대기 아래로 **지나가게**
겔 29:11 그 가운데로 사람의 발도 **지나가지** 아

니하며 짐승의 발도 **지나가지** 아니하고
겔 33:28 이스라엘의 산들이 황폐하여 **지나갈**
겔 36:34 전에는 **지나가는** 자의 눈에 황폐하게
겔 37:2 나를 그 뼈 사방으로 **지나가게** 하시기로
겔 39:15 **지나가는** 사람들이 그 땅으로 **지나가**
다가 사람의 뼈를 보면 그 곁에 푯말을
겔 46:21 나를 뜰 네 구석으로 **지나가게** 하시는데
단 11:40 침공하여 물이 넘침같이 **지나갈** 것이요
암 5:17 내가 너희 가운데로 **지나갈** 것임이라
미 2:8 전쟁을 피하여 평안히 **지나가는** 자들의
미 5:8 그가 **지나간즉** 밟고 찢으리니 능히 구원
습 2:15 **지나가는** 자마다 비웃으며 손을 흔들리
슥 9:8 다시는 그 지경으로 **지나가지** 못하리니
슥 10:11 내가 그들이 고난의 바다를 **지나갈** 때에
신약
마 8:28 그 길로 **지나갈** 수 없을 지경이더라
마 9:9 예수께서 그 곳을 떠나 **지나가시다가**
마 20:30 예수께서 **지나가신다** 함을 듣고 소리
마 27:39 **지나가는** 자들은 자기 머리를 흔들며
막 1:16 갈릴리 해변으로 **지나가시다가** 시몬과
막 2:14 **지나가시다가** 알패오의 아들 레위가
막 2:23 예수께서 밀밭 사이로 **지나가실새**
막 6:48 걸어서 그들에게 오사 **지나가려고**
막 11:20 아침에 **지나갈** 때에 무화과나무가
막 15:21 시골로부터 와서 **지나가는데** 그들이
막 15:29 **지나가는** 자들은 자기 머리를 흔들며
눅 6:1 예수께서 밀밭 사이로 **지나가실새**
눅 10:31 내려가다가 그를 보고 피하여 **지나가고**
눅 10:32 이르러 그를 보고 피하여 **지나가되**
눅 17:11 갈릴리 사이로 **지나가시다가**
눅 18:36 무리가 **지나감을** 듣고 이 무슨 일이냐고
눅 18:37 그들이 나사렛 예수께서 **지나가신다**
눅 19:1 여리고로 들어가 **지나가시더라**
눅 19:4 예수께서 그리로 **지나가시게** 됨이러라
롬 15:24 이에 **지나가는** 길에 너희를 보고 먼저
2. 때가 넘어가 버리거나 끝나다(pass)
민 6:12 그의 몸을 더럽혔은즉 **지나간** 기간은
신 4:32 지금까지 **지나간** 날을 상고하여 보라
욥 9:26 그 **지나가는** 것이 빠른 배 같고 먹이에
욥 14:2 그림자같이 **지나가며** 머물지 아니하거
욥 17:11 나의 날이 **지나갔고** 내 계획, 내 마음
욥 30:15 나의 구원은 구름같이 **지나가** 버렸구나
욥 39:3 새끼를 낳으니 그 괴로움이 **지나가고**

【 지나다 】

시 77:5	옛날 곧 **지나간** 세월을 생각하였사오며
시 90:4	주의 목전에는 천 년이 **지나간** 어제
시 90:9	모든 날이 주의 분노 중에 **지나가며**
시 144:4	그의 날은 **지나가는** 그림자 같으니이다
습 2:2	명령이 시행되어 날이 겨같이 **지나가기**
마 24:34	이 세대가 **지나가기** 전에 이 일이 다
마 26:39	이 잔을 내게서 **지나가게** 하옵소서
마 26:42	이 잔이 내게서 **지나갈** 수 없거든
막 13:30	이 세대가 **지나가기** 전에 이 일이 다
막 14:35	이 때가 자기에게서 **지나가기**를 구하여
눅 21:32	말하노니 이 세대가 **지나가기** 전에 모든
행 14:16	하나님이 **지나간** 세대에는 모든 민족
고전 7:31	이 세상의 외형은 **지나감이니라**
고후 5:17	피조물이라 이전 것은 **지나갔으니**
딤후 2:18	부활이 이미 **지나갔다** 함으로 어떤 사람
약 1:10	이는 그가 풀의 꽃과 같이 **지나감이라**
벧전 4:3	이방인의 뜻을 따라 행한 것은 **지나간**
요일 2:8	어둠이 **지나가고** 참빛이 벌써 비침이니
요일 2:17	그 정욕도 **지나가되** 오직 하나님의 뜻을
계 9:12	화는 **지나갔으나** 보라 아직도 이 후에
계 11:14	둘째 화는 **지나갔으나** 보라 셋째 화가
계 21:4	처음 것들이 다 **지나갔음이러라**

지나다(after, through, pass)

1. 시간이 흘러 과거가 되다(after, pass)

구약

창 4:3	세월이 **지난** 후에 가인은 땅의 소산으로
창 8:6	사십 일을 **지나서** 노아가 그 방주의
창 50:4	곡하는 기한이 **지나매** 요셉이 바로의
출 7:25	나일 강을 치신 후 이레가 **지나니**
레 15:25	그 유출이 그의 불결기를 **지나도** 계속
민 30:14	그의 남편이 여러 날이 **지나도록** 말이
신 9:11	사십 주 사십 야를 **지난** 후에 여호와께서
수 9:16	사흘이 **지나서야** 그들이 이웃에서
삼상 15:32	진실로 사망의 괴로움이 **지났도다**
왕상 18:1	많은 날이 **지나고** 제삼년에 여호와의
왕상 18:29	이같이 하여 정오가 **지났고** 그들이
왕하 4:16	엘리사가 이르되 한 해가 **지나** 이 때쯤
왕하 4:17	한 해가 **지나** 이 때쯤에 엘리사가 여인
느 13:19	성문을 닫고 안식일이 **지나기** 전에는
에 1:5	이 날이 **지나매** 왕이 또 도성 수산에
욥 16:22	수년이 **지나면** 나는 돌아오지 못할 길로
욥 29:2	나는 **지난** 세월과 하나님이 나를 보호
전 3:15	이미 **지난** 것을 다시 찾으시느니라
아 2:11	겨울도 **지나고** 비도 그쳤고
사 26:20	문을 닫고 분노가 **지나기**까지 잠깐
사 32:10	일 년 남짓 **지나면** 너희가 당황하리니
렘 8:20	추수할 때가 **지나고** 여름이 다하였으나
렘 33:10-11	이 땅의 포로를 돌려보내어 **지난** 날처럼
겔 29:11	사람이 없이 사십 년이 **지날지라**
단 4:29	열두 달이 **지난** 후에 내가 바벨론 왕궁
단 9:25	일곱 이레와 예순두 이레가 **지날** 것이요
단 12:7	반드시 한 때 두 때 반 때를 **지나서** 성도
암 8:5	언제 **지나서** 우리가 … 언제 **지나서**
욘 3:4	사십 일이 **지나면** 니느웨가 무너지리라

신약

마 26:2	너희가 아는 바와 같이 이틀이 **지나면**
마 28:1	안식일이 다 **지나고** 안식 후 첫날이
막 8:2	함께 있은 지 이미 사흘이 **지났으나**
막 14:1	이틀이 **지나면** 유월절과 무교절이라
막 16:1	안식일이 **지나매** 막달라 마리아와
요 4:35	너희는 넉 달이 **지나야** 추수할 때가
요 4:43	이틀이 **지나매** 예수께서 거기를 떠나
요 20:26	여드레를 **지나서** 제자들이 다시 집 안에
행 5:7	세 시간쯤 **지나** 그의 아내가 그 일어난
행 9:23	여러 날이 **지나매** 유대인들이 사울
행 24:27	이태가 **지난** 후 보르기오 베스도가
행 27:9	금식하는 절기가 이미 **지났으므로** 항해
고전 7:36	그 약혼녀의 혼기도 **지나고** 그같이 할

2. 어떤 곳을 거쳐 가거나 오다(through, pass)

모세오경

창 10:19	그랄을 **지나** 가사까지와 소돔과 고모라 와 … 스보임을 **지나** 라사까지였더라
창 12:6	땅을 **지나** 세겜 땅 모레 상수리나무에
창 15:17	타는 횃불이 쪼갠 고기 사이로 **지나더라**
창 32:31	그가 브니엘을 **지날** 때에 해가 돋았고
창 35:21	다시 길을 떠나 에델 망대를 **지나** 장막
출 17:5	백성 앞에 **지나서** 이스라엘 장로들을
출 33:22	너를 반석 틈에 두고 내가 **지나도록**
출 34:6	여호와께서 그의 앞으로 **지나시며** 선포
민 31:23	불을 **지나게** 하라 그리하면 깨끗하려 니와 … 모든 것은 물을 **지나게** 할
민 33:8	바다 가운데를 **지나** 에담 광야로 사흘
민 34:4	남쪽에 이르고 신을 **지나** 가데스바네 아 남쪽에 이르고 또 하살아달을 **지나**
민 34:5	아스몬에서 돌아서 애굽 시내를 **지나**

【 지나다 】   【 지나치다 】

민 34:9	또 시브론을 **지나** 하살에난에 이르나니
신 1:2	산에서 세일 산을 **지나** 가데스 바네아
신 1:19	크고 두려운 광야를 **지나** 아모리 족속의
신 2:4	에서의 자손이 사는 지역으로 **지날진대**
신 2:8	**지나며** 엘랏과 에시온 게벨 곁으로 **지나**
신 2:18	네가 오늘 모압 변경 아르를 **지나리니**
신 2:28	마시게 하라 나는 걸어서 **지날** 뿐인즉
신 8:15	물이 없는 간조한 땅을 **지나게** 하셨으며
신 18:10	아들이나 딸을 불 가운데로 **지나게** 하는

역사서

수 3:4	이 길을 **지나** 보지 못하였음이니라
수 24:17	우리가 **지나온** 모든 백성들 중에서 우리
삿 3:26	돌 뜨는 곳을 **지나** 스이라로 도망하니라
삿 9:25	그 길로 **지나는** 모든 자를 다 강탈하게
삼상 14:23	전쟁이 벧아웬을 **지나니라**
삼상 16:9	이새가 삼마로 **지나게** 하매 사무엘이
삼하 2:29	**지나** 요단을 건너 비드론 온 땅을 **지나**
삼하 16:1	다윗이 마루턱을 조금 **지나니** 므비보셋
삼하 18:9	가지 아래로 **지날** 때에 압살롬의 머리가
왕하 3:26	거느리고 돌파하여 **지나서** 에돔 왕에게
왕하 4:8	엘리사가 그 곳을 **지날** 때마다 음식을
왕하 21:6	자기의 아들을 불 가운데로 **지나게** 하며
느 3:16	또 파서 만든 못을 **지나** 용사의 집까지
느 3:24	아사랴의 집에서부터 성 굽이를 **지나**
느 12:39	하나넬 망대와 함메아 망대를 **지나** 양문

시가서, 선지서

욥 4:15	앞으로 **지나매** 내 몸에 털이 쭈뼛하였느
욥 9:11	그가 내 앞으로 **지나시나** 내가 보지
시 18:12	빽빽한 구름이 **지나며** 우박과 숯불이
시 57:1	그늘 아래에서 이 재앙들이 **지나기**까지
잠 7:8	그가 거리를 **지나** 음녀의 골목 모퉁이로
잠 24:30	밭과 지혜 없는 자의 포도원을 **지나며**
사 10:28	아얏에 이르러 미그론을 **지나** 믹마스에
사 16:1	셀라에서부터 광야를 **지나** 딸 시온
사 30:6	위험하고 곤고한 땅을 **지나** 자기에게
사 34:10	황무하여 그리로 **지날** 자가 영영히
사 41:3	가 보지 못한 길을 안전히 **지났나니**
사 43:2	가운데로 **지날** 때에 … 가운데로 **지날**
렘 9:10	그것들이 불에 탔으므로 **지나는** 자가
렘 18:16	그리로 **지나는** 자마다 놀라서 그의 머리
렘 19:8	모든 재앙으로 말미암아 **지나는** 자마다
렘 33:13	다시 계수하는 자의 손 아래로 **지나리라**
렘 34:18	두 조각 사이로 **지나매** 내 앞에 언약을
렘 34:19	곧 송아지 두 조각 사이로 **지난** 유다
렘 48:34	엘르알레를 **지나** 야하스까지 소알에서 호로나임을 **지나** 에글랏 셀리시야에
렘 49:17	그리로 **지나는** 자마다 놀라며 그 모든
겔 16:8	내가 네 곁으로 **지나며** 보니 네 때가
겔 20:31	불 가운데로 **지나게** 하며 오늘까지 너희
겔 29:11	가운데로 사람의 발도 **지나가지** 아니하
겔 48:1	헤들론 길을 거쳐 하맛 어귀를 **지나서**
습 3:6	내가 그들의 거리를 비게 하여 **지나는**

신약

마 5:37	이에서 **지나는** 것은 악으로부터 나느니
막 7:31	시돈을 **지나고** 데가볼리 지방을 통과
막 9:30	갈릴리 가운데로 **지날새** 예수께서
눅 4:30	예수께서 그들 가운데로 **지나서** 가시니
행 5:15	요 위에 누이고 베드로가 **지날** 때에
행 12:10	파수를 **지나** 시내로 … 거리를 **지나매**
행 13:6	온 섬 가운데로 **지나서** 바보에 이르러
행 14:24	비시디아 가운데로 **지나서** 밤빌리아에
행 16:8	무시아를 **지나** 드로아로 내려갔는데
행 20:16	에베소를 **지나** 배 타고 가기로 작정하였
행 27:7	앞을 **지나** 그레데 해안을 바람막이로
행 27:8	간신히 그 연안을 **지나** 미항이라는 곳에
행 27:16	작은 섬 아래로 **지나** 간신히 거루를
고전 10:1	구름 아래에 있고 바다 가운데로 **지나며**
고전 16:5	**지날** 타이니 마게도냐를 **지난** 후에 너희
고전 16:7	이제는 **지나는** 길에 너희 보기를 원하지
고후 1:16	너희를 **지나** 마게도냐로 갔다가 다시

📖 **지나다 2 - 기타 본문**

수 15:3, 6, 7, 10, 11; 16:2, 6, 8; 18:13, 18, 19; 19:13, 28, 33; 삿 11:17, 18, 19, 20, 29

3. 적당함을 넘어서다 (have gone to far)

| 민 16:3 | 이르되 너희가 분수에 **지나도다** |
| 고후 8:3 | 힘대로 할 뿐 아니라 힘에 **지나도록** |

지나다니다 (travel)

잠 30:19	뱀의 자취와 바다로 **지나다니는** 배의
막 11:16	성전 안으로 **지나다님**을 허락하지
행 8:40	여러 성을 **지나다니며** 복음을 전하고

지나치다 (hard, too, more, beyond)

| 창 33:13 | **지나치게** 몰면 모든 떼가 죽으리니 |

2226

【 지난날 】　　　　　　　　　　　　　　　　　　【 지내다 】

민 16:7 　너희가 너무 분수에 **지나치느니라**
신 25:3 　그것을 넘겨 매를 **지나치게** 때리면 네가
삼상 20:36 요나단이 화살을 그의 위로 **지나치게**
잠 17:7 　**지나친** 말을 하는 것도 미련한 자에게
전 7:16 　**지나치게** 의인이 되지도 말며 **지나치게**
전 7:17 　**지나치게** 악인이 되지도 말며 **지나치게**
아 3:4 　그들을 **지나치자마자** 마음에 사랑하는
렘 5:22 　그것으로 영원한 한계를 삼고 **지나치지**
합 1:11 　이에 바람같이 급히 몰아 **지나치게**
고후 2:5 　어느 정도라 함은 내가 너무 **지나치게**
고후 10:8 내가 이에 대하여 **지나치게** 자랑하여도
고후 10:14 스스로 **지나쳐** 나아간 것이 아니요
고후 12:6 내게 듣는 바에 **지나치게** 생각할까
갈 1:14 　유대교를 **지나치게** 믿어 내 조상의 전통
요이 1:9 　**지나쳐** 그리스도의 교훈 안에 거하지

지난날(before)
대상 29:30 온 세상 모든 나라의 **지난날**의 역사가
렘 33:10-11 땅의 포로를 돌려보내어 **지난날**처럼

지내다(live, spend, stay)
　1. 살아가다(live, spend, stay)
창 5:4 　아담은 셋을 낳은 후 팔백 년을 **지내며**
창 21:34 　사람의 땅에서 여러 날을 **지냈더라**
창 31:40 　눈 붙일 겨를도 없이 **지냈나이다**
룻 1:13 　남편 없이 **지내겠다고** 결심하겠느냐
삼하 13:20 압살롬의 집에 있어 처량하게 **지내니라**
삼하 20:3 죽는 날까지 갇혀서 생과부로 **지내니라**
왕하 10:30 이스라엘 왕위를 이어 사대를 **지내리라**
욥 21:13 그들의 날을 행복하게 **지내다가** 잠깐
욥 29:4 내가 원기 왕성하던 날과 같이 **지내기를**
욥 36:11 형통한 날을 보내며 즐거운 해를 **지낼**
시 95:8 또 광야의 맛사에서 **지냈던** 날과 같이
잠 19:23 경외하는 자는 족하게 **지내고** 재앙을
호 3:3 나와 함께 **지내고** 음행하지 말며 다른
호 3:4 에봇도 없고 드라빔도 없이 **지내다가**
눅 7:25 화려한 옷을 입고 사치하게 **지내는** 자는
눅 8:14 말씀을 들은 자이나 **지내는** 중 이생의
고전 7:8 이르노니 나와 같이 그냥 **지내는** 것이
고전 7:11 그대로 **지내든지** 다시 그 남편과 화합
고전 7:40 그러나 내 뜻에는 그냥 **지내는** 것이
엡 2:3 우리 육체의 욕심을 따라 **지내며** 육체와
벧전 1:17 나그네로 있을 때를 두려움으로 **지내라**

✝ **지내다 1 - 기타 본문**
창 5:7, 10, 13, 16, 19, 26, 30; 11:11, 13, 15, 17,
19, 21, 23, 25; 사 47:8; 고전 7:20, 26

2. 큰 일을 치르다(sacrifice)
왕상 8:5 양과 소로 제사를 **지냈으니** 그 수가
대하 15:11 양 칠천 마리로 여호와께 제사를 **지내고**

3. 일정한 시간이나 기간을 보내다(spend)
창 31:54 그들이 떡을 먹고 산에서 밤을 **지내고**
창 32:13 거기서 밤을 **지내고** 그 소유 중에서
창 32:21 그는 무리 가운데서 밤을 **지내다가**
레 12:4 그 여인은 아직도 삼십삼 일을 **지내야**
레 12:5 깨끗하게 됨은 육십육 일을 **지내야**
신 16:4 제사 드린 고기를 밤을 **지내** 아침까지
삿 15:20 사사로 이십 년 동안 **지냈더라**
삿 16:31 사사로 이십 년 동안 **지냈더라**
삿 19:2 돌아가서 거기서 넉 달 동안을 **지내매**
삿 19:10 그 사람이 다시 밤을 **지내고자** 하지
삿 20:47 이르러 거기에서 넉 달 동안을 **지냈더라**
왕상 22:1 사이에 전쟁이 없이 삼 년을 **지냈더라**
대상 9:27 성전 주위에서 밤을 **지내며** 아침마다
대상 12:39 거기서 다윗과 함께 사흘을 **지내며** 먹고
대하 36:21 안식하여 칠십 년을 **지냈으니** 여호와
욥 24:7 의복이 없어 벗은 몸으로 밤을 **지내며**
욥 29:19 내 가지에서 밤을 **지내고** 갈 것이며
사 18:6 여름을 **지내며** 땅의 들짐승들이 다 그
　　　　것으로 겨울을 **지내리라** 하셨음이라
사 65:4 은밀한 처소에서 밤을 **지내며** 돼지고기
렘 29:28 우리에게 편지하기를 오래 **지내야**
겔 3:15 중에서 두려워 떨며 칠 일을 **지내니라**
겔 44:26 정결하게 한 후에 칠 일을 더 **지낼** 것이
단 4:16 짐승의 마음을 받아 일곱 때를 **지내리라**
단 4:23 제 몫을 얻으며 일곱 때를 **지내리라**
단 4:25 이와 같이 일곱 때를 **지낼** 것이라
단 4:32 이와 같이 일곱 때를 **지내서** 지극히
단 7:25 되어 한 때와 두 때와 반 때를 **지내리라**
단 12:11 세울 때부터 천이백구십 일을 **지낼** 것이
행 21:5 이 여러 날을 **지낸** 후 우리가 떠나갈새
행 25:6 그들 가운데서 팔 일 혹은 십 일을 **지낸**
행 27:12 겨울을 **지내기에** … 겨울을 **지내자** 하는
행 28:13 하루를 **지낸** 후 남풍이 일어나므로
고전 16:6 너희와 함께 머물며 겨울을 **지낼** 듯도
고후 11:25 일 주야를 깊은 바다에서 **지냈으며**

【 지느러미 】 　　　　　　　　　　　　　　　　　　　　　　【 지다 】

딛 3:12　거기서 겨울을 **지내기**로 작정하였노라

지느러미(fin)
레 11:9　모든 것 중에서 **지느러미**와 비늘 있는
레 11:10　**지느러미**와 비늘 없는 모든 것은 너희
레 11:12　수중 생물에 **지느러미**와 비늘 없는 것은
신 14:9　너희가 먹을 것이니 **지느러미**와 비늘
신 14:10　**지느러미**와 비늘이 없는 모든 것은 너희

지니다(get, bear)
삿 18:11　무기를 **지니고** 소라와 에스다올에서
삿 18:16　육백 명은 무기를 **지니고** 문 입구에
삿 18:17　제사장은 무기를 **지닌** 육백 명과 함께
삼하 13:13　내가 이 수치를 **지니고** 어디로 가겠느냐
갈 6:17　내가 내 몸에 예수의 흔적을 **지니고**
히 2:14　혈과 육을 함께 **지니심**은 죽음을 통하여

지다(go down, carry, owe)
1. 해와 달이 서쪽으로 넘어가다(go down)
창 15:12　해 질 때에 아브람에게 깊은 잠이
창 15:17　해가 **져서** 어두울 때에 연기 나는 화로
출 12:6　열나흗날까지 간직하였다가 해 **질** 때에
출 16:12　너희가 해 **질** 때에는 고기를 먹고 아침
레 22:7　해 **질** 때에야 정하리니 그 후에야 그
민 9:3　정한 기일 곧 이 달 열넷째 날 해 **질**에
민 9:5　그들이 첫째 달 열넷째 날 해 **질** 때에
민 9:11　해 **질** 때에 그것을 지켜서 어린 양에
민 28:4　양 한 마리는 해 **질** 때에 드릴 것이요
민 28:8　해 **질** 때에는 두 번째 어린 양을 드릴
신 16:4　네가 첫날 해 **질** 때에 제사 드린 고기를
신 16:6　곧 초저녁 해 **질** 때에 유월절 제물을
신 23:11　해 **질** 때에 목욕하고 해 **진** 후에 진에
신 24:13　해 **질** 때에 그 전당물을 반드시 그에게
수 1:4　헷 족속의 온 땅과 또 해 **지는** 쪽 대해
수 8:29　나무에 달았다가 해 **질** 때에 명령하여
수 10:27　해 **질** 때에 여호수아가 명령하매 그들의
수 23:4　요단에서부터 해 **지는** 쪽 대해까지의
삿 19:11　기브아에 가까이 이르러 해가 **진지라**
삼하 2:24　맞은쪽 암마 산에 이를 때에 해가 **졌고**
왕상 22:36　해 **질** 녘에 진중에서 외치는 소리가
왕하 7:5　아람 진으로 가려 하여 해 **질** 무렵에
대하 18:34　아람 사람을 막다가 해 **질** 즈음에
시 50:1　해 돋는 데서부터 **지는** 데까지 세상을

시 104:19　달로 절기를 정하심이여 해는 그 **지는**
시 113:3　해 돋는 데에서부터 해 **지는** 데에까지
사 45:6　해 뜨는 곳에서든지 **지는** 곳에서든지
사 60:20　다시는 네 해가 **지지** 아니하며 네 달이
단 6:14　건져내려고 힘을 다하다가 해가 **질** 때에
미 3:6　선지자 위에는 해가 **져서** 낮이 캄캄할
슥 8:7　해가 뜨는 땅과 해가 **지는** 땅에서부터
말 1:11　해 뜨는 곳에서부터 해 **지는** 곳까지의
막 1:32　저물어 해 **질** 때에 모든 병자와 귀신
눅 4:40　해 **질** 무렵에 사람들이 온갖 병자들을
엡 4:26　죄를 짓지 말며 해 **지도록** 분을 품지

2. 이기지 못하고 패하다(not be overcome)
롬 8:12　육신에게 **져서** 육신대로 살 것이 아니니
롬 12:21　악에게 **지지** 말고 선으로 악을 이기라
벧후 2:19　누구든지 **진** 자는 이긴 자의 종이 됨이
벧후 2:20　그 중에 얽매이고 **지면** 그 나중 형편이

3. 등에 업거나 책임을 맡다(hold, carry, bring)
창 43:9　아니하면 내가 영원히 죄를 **지리이다**
창 44:32　아버지께 죄짐을 **지리이다** 하였사오니
레 5:1　그는 자기의 죄를 **져야** 할 것이요 그
레 16:22　염소가 그들의 모든 불의를 **지고** 접근
민 14:33　너희 반역한 죄를 **지고** 너희의 시체가
신 1:9　나는 홀로 너희의 짐을 **질** 수 없도다
왕하 5:23　그들이 게하시 앞에서 **지고** 가니라
느 13:15　여러 가지 짐을 **지고** 안식일에 예루살렘
사 53:4　그는 실로 우리의 질고를 **지고** 우리의
렘 17:21　스스로 삼가서 안식일에 짐을 **지고**
렘 17:24　안식일에 짐을 **지고** 이 성문으로 들어
렘 17:27　안식일에 짐을 **지고** 예루살렘 문으로
애 5:13　맷돌을 **지며** 아이들이 나무를 **지다가**
겔 32:27　그 백골이 자기 죄악을 **졌음이여** 생존
암 5:26　위하여 만든 신들의 별 형상을 **지고**
마 10:38　자기 십자가를 **지고** 나를 따르지 않는
마 11:28　수고하고 무거운 짐 **진** 자들아 다 내게
마 16:24　자기를 부인하고 자기 십자가를 **지고**
막 8:34　자기를 부인하고 자기 십자가를 **지고**
눅 9:23　제 십자가를 **지고** 나를 따를 것이니라
눅 14:27　자기 십자가를 **지고** 나를 따르지 않는
요 1:29　죄를 **지고** 가는 하나님의 어린 양이로다
갈 6:5　각각 자기의 짐을 **질** 것이라
딤후 3:6　그 여자는 죄를 중히 **지고** 여러 가지

4. 빚을 얻다(owe)
눅 7:41　둘이 있어 하나는 오백 데나리온을 **졌**

【 지대 】 　　　　　　　　　　　　　　　　【 지도자 】

	고 하나는 오십 데나리온을 졌는데
롬 13:8	아무 빚도 지지 말라 남을 사랑하는

5. 어떤 상태나 현상이 이루어지다(grow)

욥 10:22	죽음의 그늘이 져서 아무 구별이 없고

지대(地臺, foundation)

대하 3:3	하나님의 전을 위하여 놓은 지대는
스 3:6	그 때에 여호와의 성전 지대는 미처
스 5:16	하나님의 성전 지대를 놓았고 그 때로부
스 6:3	처소를 건축하되 지대를 견고히 쌓고
시 12:5	원하는 안전한 지대에 두리라 하시도다
겔 41:8	성전 삼면의 지대 곧 모든 골방 밑 지대
미 6:2	너희 산들과 땅의 견고한 지대들아
학 2:18	곧 여호와의 성전 지대를 쌓던 날부터
슥 8:9	성전을 건축하려고 그 지대를 쌓던 날에

지도자(指導者, prince, ruler, leader)

모세오경, 역사서

창 23:6	하나님이 세우신 지도자이시니 우리
창 25:16	그 족속대로는 열두 지도자들이었더라
출 16:22	회중의 모든 지도자가 와서 모세에게
출 22:28	백성의 지도자를 저주하지 말지니라
민 4:34	모세와 아론과 회중의 지도자들이 고핫
민 11:16	네가 알기로 백성의 장로와 지도자
민 25:14	시므온인의 조상의 가문 중 한 지도자
민 31:13	제사장 엘르아살과 회중의 지도자들이
신 16:18	재판장들과 지도자들을 둘 것이요 그들
신 29:10	너희의 장로들과 너희의 지도자와
수 17:4	눈의 아들 여호수아와 지도자들 앞에
수 22:14	한 지도자씩 열 지도자들을 그와 함께
수 22:30	함께한 회중의 지도자들 곧 이스라엘
수 22:32	비느하스와 지도자들이 르우벤 자손과
삼상 9:16	내 백성 이스라엘의 지도자로 삼으라
삼상 10:1	기업의 지도자로 삼지 아니하셨느냐
삼상 13:14	그의 백성의 지도자로 삼으셨느니라
삼상 25:30	내 주를 이스라엘의 지도자로 세우실
삼하 3:38	오늘 이스라엘의 지도자요 큰 인물이
왕하 23:8	산당들은 그 성읍의 지도자 여호수아의
왕하 24:12	어머니와 신복과 지도자들과 내시들과
왕하 24:14	모든 지도자와 모든 용사 만 명과 모든
왕하 25:23	바벨론 왕이 그달리야를 지도자로 삼았
대상 4:38	이 그들의 가문의 지도자들의 이름이라
대상 5:6	르우벤 자손의 지도자로서 앗수르 왕

대상 15:5	그핫 자손 중에 지도자 우리엘과 그의
대상 15:6	므라리 자손 중에 지도자 아사야와 그의
대상 15:7	게르솜 자손 중에 지도자 요엘과 그의
대상 15:8	엘리사반 자손 중에 지도자 스마야와
대상 15:9	헤브론 자손 중에 지도자 엘리엘과 그의
대상 15:10	웃시엘 자손 중에 지도자 암미나답과
대상 15:12	너희는 레위 사람의 지도자이니 너희와
대상 15:22	레위 사람의 지도자 그나냐는 노래에
대상 21:2	다윗이 요압과 백성의 지도자들에게
대상 27:16	사람의 지도자는 … 사람의 지도자는
대상 27:17	레위 사람의 지도자는 … 지도자는 사독
대상 27:18	유다의 지도자는 … 지도자는 미가엘의
대상 27:19	지도자는 … 지도자는 아스리엘의
대상 27:20	자손의 지도자는 … 반 지파의 지도자
대상 27:21	므낫세 반 지파의 지도자는 스가랴의 아 들 잇도요 베냐민의 지도자는 아브넬
대상 29:6	이에 모든 가문의 지도자들과 이스라 엘 모든 지파의 지도자들과 천부장과
대하 11:22	형제들 가운데 지도자로 삼아 왕으로
느 11:1	지도자들은 예루살렘에 거주하였고
느 11:3	예루살렘에 거주한 그 지방의 지도자들
느 12:7	그들의 형제의 지도자들이었느니라
느 12:24	레위 족속의 지도자들은 하사뱌와
느 12:32	호세야와 유다 지도자의 절반이요
느 12:46	노래하는 자의 지도자가 있어서 하나님

시가서 – 신약

욥 29:10	지도자들은 말소리를 낮추었으니 그들
욥 34:18	무용지물이라 하시며 지도자들에게랴
시 113:8	지도자들 곧 그의 백성의 지도자들과
사 29:10	선지자들과 너희의 지도자인 선견자들
렘 1:18	유다 왕들과 그 지도자들과 그 제사장들
렘 2:26	그들의 왕들과 지도자들과 제사장들과
렘 4:9	왕과 지도자들은 낙심할 것이며 제사장
렘 5:5	지도자들에게 가서 그들에게 말하리라
렘 8:1	그의 지도자들의 뼈와 제사장들의 뼈와
애 1:6	그의 지도자들은 꼴을 찾지 못한 사슴들
애 2:2	땅에 엎으시고 나라와 그 지도자들을
애 2:9	왕과 지도자들이 율법 없는 이방인들
애 5:12	지도자들은 그들의 손에 매달리고 장로
단 11:41	모압과 암몬 자손의 지도자들은
호 3:4	왕도 없고 지도자도 없고 제사도 없고
호 5:10	유다 지도자들은 경계표를 옮기는 자
호 7:3	그 악으로 왕을, 그 거짓말로 지도자들

【 지도하다 】 　　　　　　　　　　　　　　　　　　　　　　　【 지르다 】

호 7:5	우리 왕의 날에 **지도자**들은 술의 뜨거움
호 7:16	그들의 **지도자**들은 그 혀의 거친 말로
호 8:4	그들이 **지도자**들을 세웠으나 내가
호 8:10	그들은 **지도자**의 임금이 지워 준 짐으로
호 9:15	아니하리라 그들의 **지도자**들은 다 반역
호 13:10	왕과 **지도자**들을 주소서 하였느니라
암 1:15	그들의 왕은 그 **지도자**들과 함께 사로
암 2:3	재판장을 멸하며 **지도자**들을 그와 함께
암 6:1	머리인 **지도자**들이여 이스라엘 집이
미 7:3	그 **지도자**와 재판관은 뇌물을 구하며
슥 9:7	유다의 한 **지도자**같이 되겠고 에그론은
슥 12:6	그 날에 내가 유다 **지도자**들을 나무
마 23:10	**지도자**라 칭함을 받지 말라 너희의 지
	도자는 한 분이시니 곧 그리스도시니라
눅 14:1	안식일에 예수께서 한 바리새인 **지도자**
눅 19:47	서기관들과 백성의 **지도자**들이
요 3:1	하는 사람이 있으니 유대인의 **지도자**라

지도하다(指導, teach, guide, lead)

시 25:5	진리로 나를 **지도하시고** 교훈하소서
시 25:9	온유한 자를 정의로 **지도하심이여**
시 31:3	나를 인도하시고 **지도하소서**
시 78:52	광야에서 양 떼같이 **지도하셨도다**
시 78:72	능숙함으로 그들을 **지도하였도다**
잠 3:6	그리하면 네 길을 **지도하시리라**
사 40:13	누가 여호와의 영을 **지도하였으며** 그의

지략(智略, advice, counsel)

잠 1:5	명철한 자는 **지략**을 얻을 것이라
잠 11:14	지략이 없으면 백성이 망하여도 **지략**이
잠 15:22	의논이 없으면 경영이 무너지고 **지략**이
잠 20:18	경영은 의논함으로 성취하나니 **지략**을
잠 24:6	승리는 **지략**이 많음에 있느니라

지렁이(worm)

| 사 14:11 | 아래에 깔림이여 **지렁이**가 너를 덮었도 |

지르다(shout, cry out)

1. 목청을 높여 소리를 내다(shout, cry out)

구약

창 39:15	그가 나의 소리 **질러** 부름을 듣고 그의
창 39:18	내가 소리 **질러** 불렀더니 그가 자기
창 41:43	그의 앞에서 소리 **지르기**를 엎드리라
창 45:1	소리 **질러** 모든 사람을 자기에게서
출 5:8	그들이 게으르므로 소리 **질러** 이르기를
레 9:24	이를 보고 소리 **지르며** 엎드렸더라
신 22:24	처녀는 성안에 있으면서도 소리 **지르지**
수 6:20	크게 소리 **질러** 외치니 성벽이 무너져
삿 14:5	젊은 사자가 그를 보고 소리 **지르는지라**
삿 15:14	소리 **지를** 때 여호와의 영이 삼손에게
삼상 17:52	유다 사람들이 일어나서 소리 **지르며**
왕상 20:39	그가 소리 **질러** 왕을 불러 이르되 종이
왕상 22:32	한즉 여호사밧이 소리를 **지르는지라**
왕하 2:12	엘리사가 보고 소리 **지르되** 내 아버지여
왕하 18:28	유다 말로 크게 소리 **질러** 불러 이르되
대하 13:15	**지르매** 유다 사람이 소리 **지를** 때에
대하 18:31	여호사밧이 소리를 **지르매** 여호와께서
대하 32:18	유다 방언으로 크게 소리 **질러** 예루살렘
스 3:12	사람은 기쁨으로 크게 함성을 **지르니**
욥 2:12	일제히 소리 **질러** 울며 각각 자기의
욥 30:5	그들에게 소리를 **지름으로** 도둑같이
욥 39:7	치는 사람이 **지르는** 소리는 그것에게
잠 1:21	시끄러운 길목에서 소리를 **지르며** 성문
사 8:9	민족들아 함성을 **질러** 보아라 그러나
렘 2:15	그를 향하여 부르짖으며 소리를 **질러**
렘 50:15	그 주위에서 고함을 **지르리로다** 그가
겔 27:30	소리 **질러** 통곡하고 티끌을 머리에
단 4:14	소리 **질러** 이처럼 이르기를 그 나무를
단 5:7	크게 소리 **질러** 술객과 갈대아 술사와
단 6:20	슬피 소리 **질러** 다니엘에게 묻되 살아
욜 2:1	경고의 소리를 **질러** 이 땅 주민들로 다
욜 2:11	소리를 **지르시고** 그의 진영은 심히 크고
합 3:10	소리를 **지르며** 손을 높이 들었나이다

신약

마 8:29	소리 **질러** 이르되 하나님의 아들이여
마 9:27	소리 **질러** 이르되 다윗의 자손이여
마 14:26	하며 무서워하여 소리 **지르거늘**
마 14:30	소리 **질러** 이르되 주여 나를 구원하소서
마 15:22	그 지경에서 나와서 소리 **질러** 이르되
마 15:23	여자가 우리 뒤에서 소리를 **지르오니**
마 20:30	지나가신다 함을 듣고 소리 **질러** 이르되
마 20:31	소리 **질러** 이르되 주여 우리를 불쌍히
마 21:15	소리 **질러** 호산나 다윗의 자손이여
마 27:23	그들이 더욱 소리 **질러** 이르되 십자가에
마 27:46	제구시쯤에 예수께서 크게 소리 **질러**
마 27:50	예수께서 다시 크게 소리 **지르시고** 영혼

【 지르다 】   【 지면 】

막 1:23	들린 사람이 있어 소리 **질러** 이르되	왕하 8:12	네가 그들의 성에 불을 **지르며** 장정을
막 1:26	일으키고 큰 소리를 **지르며** 나오는지라	렘 49:27	내가 다메섹의 성벽에 불을 **지르리니**
막 5:5	산에서나 늘 소리 **지르며** 돌로 자기의	렘 50:32	내가 그의 성읍들에 불을 **지르리니**
막 6:49	보고 유령인가 하여 소리 **지르니**	애 4:11	시온에 불을 **지르사** 그 터를 사르셨도다
막 9:24	아이의 아버지가 소리를 **질러** 이르되	겔 30:14	소안에 불을 **지르며** 노 나라를 심판하며
막 9:26	귀신이 소리 **지르며** 아이로 심히 경련을		
막 10:47	소리 **질러** 이르되 다윗의 자손 예수여	**지름**(from rim to rim)	
막 10:48	더욱 크게 소리 **질러** 이르되 다윗의	대하 4:2	놋을 부어 바다를 만들었으니 **지름**이
막 11:9	소리 **지르되** 호산나 찬송하리로다		
막 15:13	그들이 다시 소리 **지르되** 그를 십자가에	**지름길**(path)	
막 15:14	더욱 소리 **지르되** 십자가에 못 박게	잠 3:17	그 길은 즐거운 길이요 그의 **지름길**은
막 15:34	**지르시되** 엘리 엘리 라마 사박다니	사 42:16	그들이 알지 못하는 **지름길**로 인도하며
막 15:37	큰 소리를 **지르시고** 숨지시니라	사 43:16	길을 큰 물 가운데에 **지름길**을 내고
눅 4:33	귀신 들린 사람이 있어 크게 소리 **질러**		
눅 4:41	귀신들이 나가며 소리 **질러** 이르되	**지면**(地面, face of the earth, face of the land)	
눅 9:38	무리 중의 한 사람이 소리 **질러** 이르되	창 1:29	하나님이 이르시되 내가 온 **지면**의 씨
눅 18:39	더욱 크게 소리 **질러** 다윗의 자손이여	창 4:14	오늘 이 **지면**에서 나를 쫓아내시온즉
눅 19:40	침묵하면 돌들이 소리 **지르리라**	창 7:3	암수 일곱씩을 데려와 그 씨를 온 **지면**
눅 23:18	소리 **질러** 이르되 이 사람을 없이하고	창 8:13	방주 뚜껑을 제치고 본즉 **지면**에서 물이
눅 23:21	그들은 소리 **질러** 이르되 그를 십자가에	창 11:4	우리 이름을 내고 온 **지면**에 흩어짐을
요 18:40	그들이 또 소리 **질러** 이르되 이 사람을	창 41:56	온 **지면**에 기근이 있으매 요셉이 모든
요 19:6	소리 **질러** 이르되 십자가에 못 박으소서	출 10:5	메뚜기가 **지면**을 덮어서 사람이 땅을
요 19:12	유대인들이 소리 **질러** 이르되 이 사람을	출 16:14	그 이슬이 마른 후에 광야 **지면**에 작고
요 19:15	그들이 소리 **지르되** 없이 하소서 없이	출 32:12	산에서 죽이고 **지면**에서 진멸하려는
행 7:57	그들이 큰 소리를 **지르며** 귀를 막고	민 11:31	각기 하룻길 되는 **지면** 위 두 규빗쯤에
행 8:7	더러운 귀신들이 크게 소리를 **지르며**	민 22:5	그들이 **지면**에 덮여서 우리 맞은편에
행 14:11	루가오니아 방언으로 소리 **질러** 이르되	신 6:15	진노하사 너를 **지면**에서 멸절시키실까
행 14:14	무리 가운데 뛰어 들어가서 소리 **질러**	삼상 20:15	너 다윗의 대적들을 **지면**에서 다 끊어
행 16:17	그가 바울과 우리를 따라와 소리 **질러**	왕상 17:14	나 여호와가 비를 **지면**에 내리는 날까
행 16:28	크게 소리 **질러** 이르되 네 몸을 상하지	왕상 18:1	보이라 내가 비를 **지면**에 내리리라
행 17:6	읍장들 앞에 가서 소리 **질러** 이르되	시 104:30	창조하사 **지면**을 새롭게 하시나이다
행 22:22	그들이 듣다가 소리 **질러** 이르되 이러한	잠 24:31	전부에 퍼졌으며 그 **지면**이 거친 풀로
갈 4:27	산고를 모르는 자여 소리 **질러** 외치라	사 23:17	다시 값을 받고 **지면**에 있는 열방과
약 5:4	아니한 삯이 소리 **지르며** 그 추수꾼	사 27:6	꽃이 필 것이라 그들이 그 결실로 **지면**
2. 건너막거나 내리꽂다(bolt, shut, fix)		렘 8:2	거두이거나 묻히지 못하여 **지면**에서
삼하 13:17	내보내고 곧 문빗장을 **지르라** 하니	렘 14:4	비가 없어 **지면**이 갈라지니 밭 가는
삼하 13:18	그를 끌어내고 곧 문빗장을 **지르니라**	렘 25:26	북쪽 원근의 모든 왕과 **지면**에 있는
느 7:3	문을 닫고 빗장을 **지르며** 또 예루살렘	렘 28:16	이와 같이 말씀하시되 내가 너를 **지면**에서
욥 38:10	한계를 정하여 문빗장을 **지르고**	겔 29:5	들에 던지리니 네가 **지면**에 떨어지고
3. 불을 일어나게 하다(set fire)		겔 38:20	기는 모든 벌레와 **지면**에 있는 모든
삼하 14:30	가서 불을 **지르라** 하니라 압살롬의 종	겔 39:14	매장할 사람과 더불어 **지면**에 남아 있는
	들이 그 밭에 불을 **질렀더니**	단 8:5	온 **지면**에 두루 다니되 땅에 닿지 아니
왕상 16:18	불을 **지르고** 그 가운데에서 죽었으니	암 5:8	바닷물을 불러 **지면**에 쏟으시는 이를

[지명/-하다/-되다] [지방]

| 암 9:6 | 바닷물을 불러 **지면**에 쏟으시는 이니 |
| 계 20:9 | **지면**에 널리 펴져 성도들의 진과 사랑 |

지면 - 기타 본문
창 2:6; 6:7; 7:4; 8:9, 13; 11:8, 9; 민 12:3; 22:11;
사 24:1; 렘 16:4; 25:33; 겔 34:6; 37:2; 암 9:8

지명/-하다/-되다(指名, choose, appoint)

출 31:2	우리의 아들인 브살렐을 **지명하여**
출 35:30	우리의 아들인 브살렐을 **지명하여**
민 1:17	모세와 아론이 **지명된** 이 사람들을
왕상 1:35	유다의 통치자로 **지명하였느니라**
대상 16:41	택함을 받아 **지명된** 나머지 사람을
스 8:20	그들은 모두 **지명** 받은 이들이었더라
스 10:16	각각 **지명된** 족장들 몇 사람을 선임하고
사 43:1	너를 **지명하여** 불렀나니 너는 내 것이라

지목하다(指目, note)

| 살후 3:14 | 그 사람을 **지목하여** 사귀지 말고 그로 |

지방(地方, territory, district, province, part)

모세오경, 역사서

창 10:20	족속과 언어와 **지방**과 나라대로였더라
창 10:31	족속과 언어와 **지방**과 나라대로였더라
창 24:3	내가 거주하는 이 **지방** 가나안 족속의
창 29:26	주는 것은 우리 **지방**에서 하지 아니하는
레 20:2	반드시 죽이되 그 **지방** 사람이 돌로 칠
레 20:4	**지방** 사람이 못 본 체하고 그를 죽이지
삼상 27:5	내가 당신께 은혜를 입었다면 **지방** 성읍
삼상 27:8	애굽 땅으로 지나가는 **지방**의 주민이라
왕상 4:5	나단의 아들 아사리아는 **지방** 관장의
왕상 4:7	솔로몬이 또 온 이스라엘에 열두 **지방**
왕상 4:11	돌 높은 땅 온 **지방**에는 벤아비나답이니
왕상 4:19	그 땅에서는 그 한 사람만 **지방** 관장이
왕상 4:27	**지방** 관장들은 각각 자기가 맡은 달에
왕상 8:41	곧 주의 이름을 위하여 먼 **지방**에서 온
왕상 20:14	여호와의 말씀이 각 **지방** 고관의 청년들
왕상 20:15	아합이 이에 각 **지방** 고관의 청년들을
왕상 20:17	**지방**의 고관의 청년들이 먼저 나갔더라
왕상 20:19	**지방** 고관의 청년들과 그들을 따르는
왕하 18:32	너희를 한 **지방**으로 … **지방** 곧 곡식과
	포도주가 있는 **지방**이요 … 포도원이
	있는 **지방**이요 … 꿀이 있는 **지방**이라
왕하 20:14	이르되 먼 **지방** 바벨론에서 왔나이다
대하 6:32	**지방**에서 와서 이 성전을 향하여 기도하
대하 11:13	그들의 모든 **지방**에서부터 르호보암에
스 9:2	거룩한 자손이 그 **지방** 사람들과 서로
스 10:11	그의 뜻대로 행하여 그 **지방** 사람들과
느 1:3	남아 있는 자들이 그 **지방** 거기에서 큰
느 3:17	**지방** 절반을 다스리는 하사뱌가 그 **지방**

성경에 나오는 여러 '지방'

가다라 지방 - 마 8:28
가시야 지방 - 스 8:17
갈릴리 지방 - 마 2:22
거라사인의 지방 - 막 5:1
그일라 지방 - 느 3:17, 18
놉과 바드로스 지방 - 렘 44:1
달마누다 지방 - 막 8:10
데가볼리 지방 - 막 7:31
두로와 시돈 지방 - 마 15:21
두로 지방 - 막 7:24, 31
리비야 지방 - 행 2:10
마게도냐 지방 - 행 16:12
모압 지방 - 룻 1:1, 2, 6, 22; 2:6; 4:3
미스바 지방 - 느 3:15
바벨론 지방 - 단 2:48, 49; 3:1, 12, 30
벧술 지방 - 느 3:16
벧학게렘 지방 - 느 3:14
블레셋 사람들의 지방 - 삼상 6:1; 27:7, 11
빌립보 가이사랴 지방 - 마 16:13
수리아와 길리기아 지방 - 갈 1:21
아가야 지방 - 고후 11:10
아르곱 지방 - 신 3:4, 13, 14
악십 지방 - 수 19:29
에돔 지방 - 렘 40:11
에브라임과 므낫세 지방 - 대하 30:10
엘람 지방 - 단 8:2
예루살렘 지방 - 느 3:9, 12
유다에 속한 지방 - 삼상 30:14
유다 지방 - 막 1:5
이두래와 드라고닛 지방 - 눅 3:1
이스르엘 지방 - 왕하 9:10
히위 족속, 여부스 족속의 지방 - 출 3:8

【 지방 】   【 지붕 】

느 11:3	예루살렘에 거주한 그 **지방**의 지도자들	마 8:34	예수를 만나려고 나가서 보고 그 **지방**
에 1:1	인도로부터 구스까지 백이십칠 **지방**을	막 5:10	**지방**에서 내보내지 마시기를 간구하더
에 1:3	**지방**의 귀족과 **지방** 관들이 다 왕 앞에	막 5:17	그 **지방**에서 떠나시기를 간구하더라
에 1:16	아하수에로 왕의 각 **지방**의 관리들과	막 6:55	온 **지방**으로 달려 돌아 다니며 예수께서
에 1:22	각 **지방** 각 백성의 문자와 언어로 모든	막 6:56	예수께서 들어가시는 **지방**이나 도시나
	지방에 조서를 내려 이르기를 남편이	행 12:20	그들의 **지방**이 왕국에서 나는 양식을
에 2:3	각 **지방**에 관리를 명령하여 아리따운	행 13:49	주의 말씀이 그 **지방**에 두루 퍼지니라
에 2:18	**지방**의 세금을 면제하고 왕의 이름으로	행 19:1	바울이 윗**지방**으로 다녀 에베소에 와서
에 3:8	한 민족이 왕의 나라 각 **지방** 백성 중에	행 20:2	그 **지방**으로 다녀가며 여러 말로 제자들
에 3:12	왕의 대신과 각 **지방**의 관리와 각 민족	롬 15:23	이제는 이 **지방**에 일할 곳이 없고 또
	의 관원에게 … 곧 각 **지방**의 문자와		
에 3:13	왕의 각 **지방**에 보내니 열두째 달 곧	🔖 **지방 – 기타 본문**	
에 3:14	명령을 각 **지방**에 전하기 위하여 조서를	에 8:12, 13	
에 4:3	왕의 명령과 조서가 각 **지방**에 이르매		
에 4:11	왕의 신하들과 왕의 각 **지방** 백성이 다	**지배/-하다**(支配, rule, reign)	
에 8:5	각 **지방**에 있는 유다인을 진멸하려고	대하 21:8	유다의 **지배** 하에서 벗어나 자기 위에
에 8:9	구스까지의 백이십칠 **지방** 유다인과	대하 21:10	**지배** 하에서 … 여호람의 **지배** 하에서
	… 각 **지방**의 문자와 각 민족의 언어와	느 9:28	원수들에게 **지배**를 당하게 하시다가
에 8:11	스스로 생명을 보호하여 각 **지방**의 백성	애 5:8	우리를 **지배**함이여 그들의 손에서
에 8:17	각 **지방**, 각 읍에서 유다인들이 즐기고	롬 6:12	너희 죽을 몸을 **지배하지** 못하게 하여
에 9:2	유다인들이 아하수에로 왕의 각 **지방**,		
에 9:3	**지방** 모든 지방관과 대신들과 총독들과	**지붕**(roof)	
에 9:4	이 사람 모르드개의 명성이 각 **지방**에	신 22:8	네가 새 집을 지을 때에 **지붕**에 난간을
에 9:12	왕의 다른 **지방**에서는 어떠하였겠느냐	수 2:6	**지붕**에 올라가서 그 **지붕**에 벌여 놓은
에 9:16	왕의 각 **지방**에 있는 다른 유다인들이	수 2:8	그들이 눕기 전에 라합이 **지붕**에 올라가
에 9:20	아하수에로 왕의 각 **지방**에 있는 모든	삿 16:27	블레셋 모든 방백들도 거기에 있고 **지붕**
에 9:28	각 **지방**, 각 읍, 각 집에서 대대로 이	삼상 9:25	사무엘이 사울과 함께 **지붕**에서 담화
에 9:30	아하수에로의 나라 백이십칠 **지방**에	삼상 9:26	사무엘이 **지붕**에서 사울을 불러 이르되
		왕하 19:26	푸른 풀과 **지붕**의 잡초와 자라기 전에
🟢 **시가서 – 신약**		왕하 23:12	유다 여러 왕이 아하스의 다락 **지붕**에
시 107:3	동서남북 각 **지방**에서부터 모으셨도다	느 8:16	나뭇가지를 가져다가 혹은 **지붕** 위에,
전 2:8	여러 **지방**의 보배를 나를 위하여 쌓고	시 102:7	내가 밤을 새우니 **지붕** 위의 외로운
전 5:8	어느 **지방**에서든지 빈민을 학대하는	시 129:6	그들은 **지붕**의 풀과 같을지어다 그것은
사 23:7	자기 발로 먼 **지방**까지 가서 머물던	사 15:3	**지붕**과 넓은 곳에서는 각기 애통하여
렘 12:4	언제까지 이 땅이 슬퍼하며 온 **지방**의	사 22:1	환상의 골짜기에 관한 경고라 네가 **지붕**
렘 22:26	너희가 나지 아니한 다른 **지방**으로 쫓아	사 37:27	푸른 나물같이, **지붕**의 풀같이, 자라기
렘 23:3	**지방**에서 모아 다시 그 우리로 돌아오게	렘 32:29	집 곧 그 **지붕**에서 바알에게 분향하며
렘 26:17	그 **지방**의 장로 중 몇 사람이 일어나	렘 48:38	모압의 모든 **지붕**과 거리 각처에서 슬피
렘 32:37	그들을 쫓아 보내었던 모든 **지방**에서	겔 40:13	이 방 **지붕** 가에서 저 방 **지붕** 가까지
겔 19:8	이방이 포위하고 있는 **지방**에서 그를	단 4:29	지난 후에 내가 바벨론 왕궁 **지붕**에서
겔 20:34	너희의 흩어진 여러 **지방**에서 모아내고	습 1:5	**지붕**에서 하늘의 뭇 별에게 경배하는
단 3:2	각 **지방** 모든 관원을 느부갓네살 왕이	마 24:17	**지붕** 위에 있는 자는 집 안에 있는 물건
단 3:3	재무관과 재판관과 법률사와 각 **지방**	막 2:4	그 계신 곳의 **지붕**을 뜯어 구멍을 내고
단 11:24	평안한 때에 그 **지방**의 가장 기름진		

[지사]　　　　　　　　　　　　　　　　　　　　　　　　　　　　[지식]

막 13:15　**지붕** 위에 있는 자는 내려가지도 말고
눅 5:19　**지붕**에 올라가 기와를 벗기고 병자를
눅 12:3　귀에 대고 말한 것이 **지붕** 위에서 전파
눅 17:31　그 날에 만일 사람이 **지붕** 위에 있고
행 10:9　그 때에 베드로가 기도하려고 **지붕**에

지사(知事, prefect)
단 3:27　총독과 **지사**와 행정관과 왕의 모사들이
단 6:7　모든 총리와 **지사**와 총독과 법관과

지상(地上, face of the earth)
신 7:6　네 하나님 여호와께서 **지상** 만민 중에서
신 14:2　여호와께서 **지상** 만민 중에서 너를
사 18:3　세상의 모든 거민, **지상**에 사는 너희여
렘 27:5　나의 쳐든 팔로 땅과 **지상**에 있는 사람

지성물(至聖物, most holy food)
레 21:22　그의 하나님의 음식이 **지성물**이든지
민 4:4　회막 안의 **지성물**에 대하여 할 일은
민 4:19　그들이 **지성물**에 접근할 때에 그들의
민 18:9　**지성물** 중에 불사르지 아니한 것은 네
대하 31:14　여호와께 드리는 것과 모든 **지성물**을
스 2:63　제사장이 일어나기 전에는 **지성물**을
느 7:65　제사장이 일어나기 전에는 **지성물**을
겔 42:13　**지성물**을 거기에서 먹을 것이며 **지성물**
겔 44:13　또 내 성물 곧 **지성물**에 가까이 오지

지성소(至聖所, Most Holy Place)
출 26:33　휘장이 너희를 위하여 성소와 **지성소**를
출 26:34　**지성소**에 있는 증거궤 위에 속죄소를
레 16:16　모든 죄로 말미암아 **지성소**를 위하여
레 16:17　**지성소**에 속죄하러 들어가서 자기와
레 16:20　**지성소**와 회막과 제단을 위하여 속죄
레 16:23　회막에 들어가서 **지성소**에 들어갈 때에
레 16:33　**지성소**를 속죄하며 회막과 제단을 속죄
왕상 6:5　**지성소**의 벽에 연접하여 돌아가며
왕상 6:16　성전의 내소 곧 **지성소**를 만들었으며
왕상 7:50　곧 **지성소** 문의 금 돌쩌귀와 성전 곧
왕상 8:6　성전의 내소인 **지성소** 그룹들의 날개
대상 6:49　제사를 드리며 **지성소**의 모든 일을 하여
대하 3:8　또 **지성소**를 지었으니 성전 넓이대로
대하 3:10　**지성소** 안에 두 그룹의 형상을 새겨
대하 4:20　**지성소** 앞에서 규례대로 불을 켤 순금

대하 4:22　또 성전 문 곧 **지성소**의 문과 내전의
대하 5:7　메어 들였으니 곧 본전 **지성소** 그룹들의
시 28:2　내가 주의 **지성소**를 향하여 나의 손을
겔 41:4　그가 내게 이르되 이는 **지성소**니라 하고
히 9:3　둘째 휘장 뒤에 있는 장막을 **지성소**라

지시하다(指示, tell, reveal, show)
창 26:2　내려가지 말고 내가 네게 **지시하는** 땅에
출 33:12　나와 함께 보낼 자를 내게 **지시하지**
민 15:34　어떻게 처치할는지 **지시하심**을 받지
민 23:3　내게 **지시하시는** 것은 다 당신에게
신 1:33　구름으로 너희가 갈 길을 **지시하신**
마 2:12　헤롯에게로 돌아가지 말라 **지시하심**을
마 2:22　꿈에 **지시하심**을 받아 갈릴리 지방으로
마 28:16　갈릴리에 가서 예수께서 **지시하신** 산에
행 10:28　하나님께서 내게 **지시하사** 아무도
히 8:5　모세가 장막을 지으려 할 때에 **지시하심**
벧전 1:11　누구를 또는 어떠한 때를 **지시하시는**지
벧후 1:14　**지시하신** 것같이 나도 나의 장막을

지식(知識, knowledge)
<mark>모세오경, 시가서</mark>
출 31:3　지혜와 총명과 **지식**과 여러 가지 재주로
출 35:31　지혜와 총명과 **지식**으로 여러 가지 일을
민 24:16　지극히 높으신 자의 **지식**을 아는 자,
신 1:13　너희의 각 지파에서 지혜와 **지식**이 있는
신 4:6　너희의 **지식**이라 … 과연 지혜와 **지식**이
삼상 2:3　여호와는 **지식**의 하나님이시라 행동을
대하 1:10　이제 내게 지혜와 **지식**을 주사 이 백성
대하 1:11　재판하기 위하여 지혜와 **지식**을 구하였
대하 1:12　그러므로 내가 네게 지혜와 **지식**을 주고
느 10:28　자녀들 곧 **지식**과 총명이 있는 자들은
욥 11:6　그의 **지식**이 광대하심이라 하나님께서
욥 15:2　지혜로운 자가 어찌 헛된 **지식**으로 대답
욥 21:22　능히 하나님께 **지식**을 가르치겠느냐
욥 26:3　가르치는구나 큰 **지식**을 참 잘도 자랑
욥 34:2　**지식** 있는 자들아 내게 귀를 기울이라
욥 35:16　욥이 헛되이 입을 열어 **지식** 없는 말을
욥 36:3　내가 먼 데서 **지식**을 얻고 나를 지으신
욥 36:4　온전한 **지식**을 가진 이가 그대와 함께
욥 36:12　순종하지 아니하면 칼에 망하며 **지식**
욥 37:16　쌓인 구름과 완전한 **지식**의 경이로움을
시 19:2　날은 날에게 말하고 밤은 밤에게 **지식**을

【 지식 】　　　　　　　　　　　　　　　　　　　　　　【 지식 】

시 73:11	하나님이 어찌 알랴 지존자에게 **지식**이	잠 28:2	명철과 **지식** 있는 사람으로 말미암아
시 94:10	곧 **지식**으로 사람을 교훈하시는 이가	잠 29:7	악인은 알아 줄 **지식**이 없느니라
시 119:66	좋은 명철과 **지식**을 내게 가르치소서	잠 30:3	못하였고 또 거룩하신 자를 아는 **지식**이
시 139:6	이 **지식**이 내게 너무 기이하니 높아서	전 1:16	지혜와 **지식**을 많이 만나 보았음이로다
잠 1:4	슬기롭게 하며 젊은 자에게 **지식**과	전 1:18	번뇌도 많으니 **지식**을 더하는 자는 근심
잠 1:7	여호와를 경외하는 것이 **지식**의 근본이	전 2:21	어떤 사람은 그 지혜와 **지식**과 재주를
잠 1:22	미련한 자들은 **지식**을 미워하니 어느	전 2:26	**지식**과 희락을 주시나 죄인에게는
잠 1:29	대저 너희가 **지식**을 미워하며 여호와	전 7:12	지혜에 관한 **지식**이 더 유익함은 지혜가
잠 2:3	**지식**을 불러 구하며 명철을 얻으려고	전 9:10	계획도 없고 **지식**도 없고 지혜도 없음
잠 2:6	대저 여호와는 지혜를 주시며 **지식**과	전 9:11	재물을 얻는 것도 아니며 **지식**인들이라
잠 2:10	곧 지혜가 네 마음에 들어가며 **지식**이	전 12:9	여전히 백성에게 **지식**을 가르쳤고 또
잠 3:20	그의 **지식**으로 깊은 바다를 갈라지게	선지서	
잠 5:2	지키며 네 입술로 **지식**을 지키도록 하라	사 11:2	**지식**과 여호와를 경외하는 영이 강림
잠 8:9	밝히 아는 바요 **지식** 얻은 자가 정직하	사 11:9	여호와를 아는 **지식**이 세상에 충만할
잠 8:10	나의 훈계를 받으며 정금보다 **지식**을	사 28:9	그들이 이르기를 그가 누구에게 **지식**을
잠 8:12	명철로 주소를 삼으며 **지식**과 근신을	사 32:4	조급한 자의 마음이 **지식**을 깨닫고
잠 8:14	계략과 참 **지식**이 있으며 나는 명철이라	사 33:6	구원과 지혜와 **지식**이 풍성할 것이니
잠 10:14	지혜로운 자는 **지식**을 간직하거니와	사 40:14	정의의 길로 가르쳤으며 **지식**을 가르쳤
잠 10:21	미련한 자는 **지식**이 없어 죽느니라	사 44:19	마음에 생각도 없고 **지식**도 없고 총명도
잠 11:9	의인은 그의 **지식**으로 말미암아 구원을	사 44:25	지혜로운 자들을 물리쳐 그들의 **지식**을
잠 12:1	좋아하는 자는 **지식**을 좋아하거니와	사 47:10	지혜와 네 **지식**이 너를 유혹하였음이라
잠 12:23	슬기로운 자는 **지식**을 감추어도 미련한	사 53:11	나의 의로운 종이 자기 **지식**으로 많은
잠 13:16	슬기로운 자는 **지식**으로 행하거니와	렘 3:15	**지식**과 명철로 너희를 양육하리라
잠 14:6	얻지 못하거니와 명철한 자는 **지식** 얻기	단 1:4	모든 지혜를 통찰하며 **지식**에 통달하며
잠 14:7	앞을 떠나라 그 입술에 **지식** 있음을	단 2:21	지혜를 주시고 총명한 자에게 **지식**을
잠 14:18	슬기로운 자는 **지식**으로 면류관을	단 5:12	마음이 민첩하고 **지식**과 총명이 있어
잠 15:2	있는 자의 혀는 **지식**을 선히 베풀고	단 12:4	사람이 빨리 왕래하며 **지식**이 더하리라
잠 15:7	지혜로운 자의 입술은 **지식**을 전파하여	호 4:1	인애도 없고 하나님을 아는 **지식**도 없고
잠 15:14	명철한 자의 마음은 **지식**을 요구하고	호 4:6	**지식**이 없으므로 망하는도다 네가 **지식**
잠 15:32	견책을 달게 받는 자는 **지식**을 얻느니라	말 2:7	제사장의 입술은 **지식**을 지켜야 하겠고
잠 16:23	슬기롭게 하고 또 그의 입술에 **지식**을	신약	
잠 17:27	말을 아끼는 자는 **지식**이 있고 성품이	눅 11:52	너희가 **지식**의 열쇠를 가져가서 너희도
잠 18:15	**지식**을 얻고 지혜로운 자의 귀는 **지식**	롬 2:20	율법에 있는 **지식**과 진리의 모본을 가진
잠 19:2	**지식** 없는 소원은 선하지 못하고 발이	롬 10:2	열심이 있으나 올바른 **지식**을 따른 것이
잠 19:25	자를 견책하라 그리하면 그가 **지식**을	롬 11:33	하나님의 지혜와 **지식**의 풍성함이여
잠 19:27	내 아들아 **지식**의 말씀에서 떠나게 하는	롬 15:14	**지식**이 차서 능히 서로 권하는 자임을
잠 21:11	지혜로운 자가 교훈을 받으면 **지식**이	고전 1:5	모든 언변과 모든 **지식**에 풍족하므로
잠 22:12	여호와의 눈은 **지식** 있는 사람을 지키시	고전 8:1	다 **지식**이 있는 줄을 아나 **지식**은
잠 22:17	지혜 있는 자의 말씀을 들으며 내 **지식**	고전 8:7	그러나 이 **지식**은 모든 사람에게 있는
잠 22:20	내가 모략과 **지식**의 아름다운 것을 너를	고전 8:10	**지식** 있는 네가 우상의 집에 앉아 먹는
잠 23:12	훈계에 착심하며 **지식**의 말씀에 귀를	고전 8:11	그러면 네 **지식**으로 그 믿음이 약한
잠 24:4	방들은 **지식**으로 말미암아 각종 귀하고	고전 12:8	사람에게는 같은 성령을 따라 **지식**의
잠 24:5	지혜 있는 자는 강하고 **지식** 있는 자는	고전 13:2	모든 비밀과 모든 **지식**을 알고 또 산을

고전 13:8	예언도 폐하고 방언도 그치고 **지식**도
고전 14:6	방언으로 말하고 계시나 **지식**이나 예언
고후 6:6	깨끗함과 **지식**과 오래 참음과 자비함과
고후 8:7	오직 너희는 믿음과 말과 **지식**과 모든
고후 11:6	내가 비록 말에는 부족하나 **지식**에는
엡 3:18	함께 **지식**에 넘치는 그리스도의 사랑을
빌 1:9	너희 사랑을 **지식**과 모든 총명으로 점점
빌 3:8	주 그리스도 예수를 아는 **지식**이 가장
골 2:3	지혜와 **지식**의 모든 보화가 감추어져
골 3:10	창조하신 이의 형상을 따라 **지식**에까지
딤전 6:20	망령되고 헛된 말과 거짓된 **지식**의 반론
딤후 3:7	항상 배우나 끝내 진리의 **지식**에 이를
딛 1:1	믿음과 경건함에 속한 진리의 **지식**과
히 10:26	우리가 진리를 아는 **지식**을 받은 후
벧전 3:7	남편들아 이와 같이 **지식**을 따라 너희
벧후 1:5	힘써 너희 믿음에 덕을, 덕에 **지식**을,
벧후 1:6	**지식**에 절제를, 절제에 인내를, 인내에
벧후 3:18	그를 아는 **지식**에서 자라 가라 영광이

지아비(husband)

잠 12:4	그 **지아비**의 … 여인은 그 **지아비**의 뼈

지어내다(make, smear)

느 6:8	없는 일이요 네 마음에서 **지어낸** 것이라
욥 13:4	거짓말을 **지어내는** 자요 다 쓸모없는
벧후 2:3	그들이 탐심으로써 **지어낸** 말을 가지고
계 22:15	거짓말을 좋아하며 **지어내는** 자는 다

지역(地域, plain, territory, field, place, region)

창 13:10	롯이 눈을 들어 요단 **지역**을 바라본즉
창 13:11	그러므로 롯이 요단 온 **지역**을 택하고
창 13:12	롯은 그 **지역**의 도시들에 머무르며 그
창 18:26	그들을 위하여 온 **지역**을 용서하리라
창 19:28	소돔과 고모라와 그 온 **지역**을 향하여
창 19:29	하나님이 그 **지역**의 성을 멸하실 때 곧
창 24:62	그가 네게브 **지역**에 거주하였음이라
신 2:4	에서의 자손이 사는 **지역**으로 지날진대
신 3:16	**지역**을 정하였으니 곧 암몬 자손의 **지역**
신 3:17	아라바와 요단과 그 **지역**이요 … 산기 슭에 이르기까지의 동쪽 **지역**이니라
수 13:2	모든 **지역**과 그술 족속의 모든 **지역**
수 13:11	마아갓 족속의 **지역**과 온 헤르몬 산과
수 13:16	그들의 **지역**은 아르논 골짜기 가에 있는
수 13:25	그들의 **지역**은 야셀과 길르앗 모든 성읍
수 13:26	브도님까지와 마하나임에서 드빌 **지역**
수 13:30	그 **지역**은 마하나임에서부터 온 바산
수 16:5	가족대로 받은 **지역**은 이러하니라
수 17:11	므깃도 주민과 그 마을들 세 언덕 **지역**
수 18:5	남쪽 자기 **지역**에 있고 요셉의 족속은 북쪽에 있는 그들의 **지역**에 있으니
수 19:18	그들의 **지역**은 이스르엘과 그술롯과
수 19:25	그들의 **지역**은 헬갓과 할리와 베덴과
수 19:33	그들의 **지역**은 헬렙과 사아난님의
수 19:41	그들의 기업의 **지역**은 소라와 에스다올
삿 1:18	가사 및 그 **지역**과 아스글론 및 그 **지역**과 에그론 및 그 **지역**을 점령하였고
삿 11:18	모압의 경계이므로 모압 **지역** 안에는
삿 11:20	**지역**으로 지나지 못하게 할 뿐 아니라
삿 11:22	아모리 족속의 온 **지역**을 점령하였느니
삼상 5:6	독한 종기의 재앙으로 아스돗과 그 **지역**
삼상 6:9	보고 있다가 만일 궤가 그 본 **지역** 길로
삼상 7:13	이스라엘 **지역** 안에 들어오지 못하였으
삼상 7:14	이스라엘이 그 사방 **지역**을 블레셋 사람
삼상 11:3	우리가 이스라엘 온 **지역**에 전령들을
삼상 11:7	이스라엘 모든 **지역**에 두루 보내어
삼상 13:18	스보임 골짜기가 내려다 보이는 **지역**
삼하 20:15	그 성읍을 향한 **지역** 언덕 위에 토성을
대상 4:10	나의 **지역**을 넓히시고 주의 손으로 나를
욥 2:11	자기 **지역**에서부터 이르렀으니 곧 데만
렘 48:34	에글랏 셀리시야에 이르는 **지역**에 사는
말 1:4	사람들이 그들을 일컬어 악한 **지역**이라
말 1:5	여호와께서는 이스라엘 **지역** 밖에서도
눅 2:8	그 **지역**에 목자들이 밤에 밖에서 자기
눅 10:1	친히 가시려는 각 동네와 각 **지역**으로
행 13:50	바나바를 박해하게 하여 그 **지역**에서
행 16:3	그를 데리고 떠나고자 할새 그 **지역**
고후 10:16	너희 **지역**을 넘어 복음을 전하려 함이라

지연하다(遲延, gain)

단 2:8	내렸음을 보았으므로 시간을 **지연하려**

지옥(地獄, hell)

마 5:22	미련한 놈이라 하는 자는 **지옥** 불에
마 5:29	온몸이 **지옥**에 던져지지 않는 것이
마 5:30	온몸이 **지옥**에 던져지지 않는 것이
마 10:28	오직 몸과 영혼을 능히 **지옥**에 멸하실

【 지우다/지워지다 】　　　　　　　　　　　　　【 지정하다/지정되다 】

마 18:9	두 눈을 가지고 **지옥** 불에 던져지는	신 25:19	아말렉에 대한 기억을 **지워** 버리라 너는
마 23:15	배나 더 **지옥** 자식이 되게 하는도다	신 29:20	그의 이름을 천하에서 **지워** 버리시되
마 23:33	어떻게 **지옥**의 판결을 피하겠느냐	시 9:5	그들의 이름을 영원히 **지우셨나이다**
막 9:43	두 손을 가지고 **지옥** 곧 꺼지지 않는	시 51:1	긍휼을 따라 내 죄악을 **지워** 주소서
막 9:45	두 발을 가지고 **지옥**에 던져지는 것보다	시 51:9	돌이키시고 내 모든 죄악을 **지워** 주소서
막 9:47	두 눈을 가지고 **지옥**에 던져지는 것보다	시 69:28	그들을 생명책에서 **지우사** 의인들과
눅 12:5	곧 죽인 후에 또한 **지옥**에 던져 넣는	시 109:13	후대에 그들의 이름이 **지워지게** 하소서
약 3:6	불사르나니 그 사르는 것이 **지옥** 불에서	시 109:14	그의 어머니의 죄를 **지워** 버리지 마시고
벧후 2:4	**지옥**에 던져 어두운 구덩이에 두어 심판	렘 18:23	죄를 주의 목전에서 **지우지** 마시고
		골 2:14	법조문으로 쓴 증서를 **지우시고** 제하여
		계 3:5	이름을 생명책에서 결코 **지우지** 아니하

지우다/지워지다(saddle, place, put, burden)
　1. 지게 하다(saddle, place, put, burden)

창 22:3	나귀에 안장을 **지우고** 두 종과 그의
창 22:6	그의 아들 이삭에게 **지우고** 자기는 불과
출 1:11	그들에게 무거운 짐을 **지워** 괴롭게 하여
민 22:21	자기 나귀에 안장을 **지우고** 모압 고관
삿 19:10	안장 **지운** 나귀 두 마리와 첩이 그와
룻 3:15	여섯 번 되어 룻에게 **지워** 주고 성읍으
삼하 16:1	므비보셋의 종 시바가 안장 **지운** 두
삼하 17:23	나귀에 안장을 **지우고** 일어나 고향으로
삼하 19:26	내 나귀에 안장을 **지워** 그 위에 타고
왕상 2:40	그의 나귀에 안장을 **지우고** 가드로 가서
왕상 13:13	**지우라** 그들이 나귀에 안장을 **지우니**
왕상 13:23	그를 위하여 나귀에 안장을 **지우니라**
왕상 13:27	나귀에 안장을 **지우라** 그들이 안장을
왕하 4:24	나귀에 안장을 **지우고** 자기 사환에게
왕하 5:23	사환에게 **지우매** 그들이 계하시 앞에서
왕하 18:14	내게 **지우시는** 것을 내가 당하리이다
렘 46:4	너희 기병이여 말에 안장을 **지워** 타며
호 8:10	임금이 **지워** 준 짐으로 말미암아 쇠하기
나 1:13	네게 **지운** 그의 멍에를 내가 깨뜨리고
습 3:18	그들에게 **지워진** 짐이 치욕이 되었느니
마 23:4	무거운 짐을 묶어 사람의 어깨에 **지우되**
마 27:32	예수의 십자가를 억지로 **지워** 가게
막 15:21	같이 가게 하여 예수의 십자가를 **지우고**
눅 11:46	어려운 짐을 사람에게 **지우고** 너희는
눅 23:26	십자가를 **지워** 예수를 따르게 하더라
행 15:28	아무 짐도 너희에게 **지우지** 아니하는
고후 12:16	짐을 **지우지는** 아니하였을지라도
계 2:24	다른 짐을 너희에게 **지울** 것은 없노라

　2. 있던 것을 없애다(blot out)

출 32:32	기록하신 책에서 내 이름을 **지워** 버려
출 32:33	내가 내 책에서 그를 **지워** 버리리라

지위(地位, position)

왕하 25:28	그의 **지위**를 … 모든 왕의 **지위**보다
에 3:1	하만의 **지위**를 높이 올려 함께 있는
전 10:6	높은 **지위**들을 얻고 부자들이 낮은 **지위**
사 22:19	네 관직에서 쫓아내며 네 **지위**에서
겔 16:13	극히 곱고 형통하여 왕후의 **지위**에
겔 16:55	옛 **지위**를 회복할 것이요 … 옛 **지위**
	를 회복할 것이며 … 너희 옛 **지위**를
겔 36:11	너희 전 **지위**대로 사람이 거주하게 하여
딤전 2:2	임금들과 높은 **지위**에 있는 모든 사람을
딤전 3:13	아름다운 **지위**와 그리스도 예수 안에
유 1:6	또 자기 **지위**를 지키지 아니하고 자기

지저귀다(song, chirp, cry)

시 104:12	나뭇가지 사이에서 **지저귀는도다**
사 10:14	입을 벌리거나 **지저귀는** 것이 하나도
사 38:14	나는 제비같이, 학같이 **지저귀며** 비둘기

지적하다(指摘, prove, find)

욥 24:25	능히 내 말을 거짓되다고 **지적하거나**
히 8:8	그들의 잘못을 **지적하여** 말씀하시되

지절거리다(strum away)

암 6:5	비파 소리에 맞추어 노래를 **지절거리며**

지점(地點, area)

겔 43:12	산꼭대기 **지점**의 주위는 지극히 거룩

지정하다/지정되다(指定, assign, specify)

레 5:15	네가 **지정한** 가치를 따라 성소의 세겔로
레 5:18	그는 네가 **지정한** 가치대로 양 떼 중

【 지존자 】　　　　　　　　　　　　　　　　【 지체 1 】

레 6:6	곧 네가 **지정한** 가치대로 양 떼 중 흠
민 4:32	맡아 멜 모든 기구의 품목을 **지정하라**
왕상 5:9	당신이 **지정하는** 곳으로 보내고 거기서
왕하 17:13	유다에게 **지정하여** 이르시기를 너희는
단 1:5	왕이 **지정하여** 그들에게 왕의 음식과
단 1:10	너희 마실 것을 **지정하셨거늘** 너희
단 1:16	그들에게 **지정된** 음식과 마실 포도주를

지존자(至尊者, Most High)
삼상 15:29 이스라엘의 **지존자**는 거짓이나 번개함
시 73:11 말하기를 하나님이 어찌 알랴 **지존자**
시 77:10 이는 나의 잘못이라 **지존자**의 오른손의
시 78:17 메마른 땅에서 **지존자**를 배반하였도다
시 82:6 신들이며 다 **지존자**의 아들들이라
시 83:18 주만 온 세계의 **지존자**로 알게 하소서
시 87:5 **지존자**가 친히 시온을 세우리라 하는도
시 89:27 장자로 삼고 세상 왕들에게 **지존자**가
시 91:1 **지존자**의 은밀한 곳에 거주하며 전능자
시 91:9 나의 피난처시라 하고 **지존자**를 너의
시 92:1-3 **지존자**여 십현금과 비파와 수금으로
시 107:11 하나님의 말씀을 거역하며 **지존자**의
애 3:35 **지존자**의 얼굴 앞에서 사람의 재판을
애 3:38 화와 복이 **지존자**의 입으로부터 나오지

지존하다(至尊, most high)
삼하 22:14 우렛소리를 내시며 **지존하신** 자가 음성
시 7:17 **지존하신** 여호와의 이름을 찬양하리로
시 9:2 즐거워하며 **지존하신** 주의 이름을 찬송
시 18:13 **지존하신** 이가 음성을 내시며 우박과
시 21:7 **지존하신** 이의 인자함으로 흔들리지
시 46:4 하나님의 성 곧 **지존하신** 이의 성소를
시 47:2 **지존하신** 여호와는 두려우시고 온 땅에
시 50:14 하나님께 제사를 드리며 **지존하신**
시 57:2 내가 **지존하신** 하나님께 부르짖음이여
시 78:35 **지존하신** 하나님이 그들의 구속자이심
시 78:56 그들은 **지존하신** 하나님을 시험하고
시 92:8 주는 영원토록 **지존하시니이다**
시 97:9 여호와여 주는 온 땅 위에 **지존하시고**
시 111:9 그의 이름이 거룩하고 **지존하시도다**

지진(地震, earthquake)
왕상 19:11 바람 후에 **지진**이 있으나 **지진** 가운데에
왕상 19:12 **지진** 후에 불이 있으나 불 가운데에도

사 29:6 여호와께서 우레와 **지진**과 큰 소리와
겔 38:19 큰 **지진**이 이스라엘 땅에 일어나서
암 1:1 요아스의 아들 여로보암의 시대 **지진**
슥 14:5 웃시야 때에 **지진**을 피하여 도망하던
마 24:7 일어나겠고 곳곳에 기근과 **지진**이
마 27:54 **지진**과 그 일어난 일들을 보고 심히
마 28:2 큰 **지진**이 나며 주의 천사가 하늘로부터
막 13:8 곳곳에 **지진**이 있으며 기근이 있으리니
눅 21:11 큰 **지진**과 기근과 전염병이 있겠고
행 16:26 갑자기 큰 **지진**이 나서 옥터가 움직이고
계 6:12 여섯째 인을 떼실 때에 큰 **지진**이 나며
계 8:5 쏟으매 우레와 음성과 번개와 **지진**이
계 11:13 그 때에 큰 **지진**이 나서 성 십분의 일이
　　　　　무너지고 **지진**에 죽은 사람이 칠천이라
계 11:19 또 번개와 음성들과 우레와 **지진**과 큰
계 16:18 또 큰 **지진**이 있어 얼마나 큰지 사람이
　　　　　땅에 있어 온 이래로 이같이 큰 **지진**이

지체 1(肢體, member, part of body)
레 21:18 저는 자나 코가 불완전한 자나 **지체**가
레 22:22 상한 것이나 **지체**에 베임을 당한 것이나
레 22:23 소나 양의 **지체**가 더하거나 덜하거나
욥 17:7 어두워지고 나의 온 **지체**는 그림자 같구
욥 18:13 사망의 장자가 그의 **지체**를 먹을 것이며
욥 41:12 내가 그것의 **지체**와 그것의 큰 용맹과
롬 6:13 너희 **지체**를 불의의 무기로 죄에게 내
　　　　주지 말고 … 너희 **지체**를 의의 무기로
롬 6:19 너희 **지체**를 부정과 불법에 내주어 불
　　　　법에 이른 것같이 이제는 너희 **지체**를
롬 7:5 죄의 정욕이 우리 **지체** 중에 역사하여
롬 7:23 내 **지체** 속에서 한 다른 법이 내 마음
　　　　의 법과 싸워 내 **지체** 속에 있는 죄의
롬 12:4 몸에 많은 **지체**를 가졌으나 모든 **지체**가
롬 12:5 안에서 한 몸이 되어 서로 **지체**가
고전 6:15 **지체**인 줄을 알지 못하느냐 내가 그리
　　　　　스도의 **지체**를 가지고 창녀의 **지체**를
고전 12:12 많은 **지체**가 있고 몸의 **지체**가 많으나
고전 12:14 몸은 한 **지체**뿐만 아니요 여럿이니
고전 12:18 원하시는 대로 **지체**를 각각 몸에 두셨으
고전 12:19 만일 다 한 **지체**뿐이면 몸은 어디냐
고전 12:20 이제 **지체**는 많으나 몸은 하나라
고전 12:22 더 약하게 보이는 몸의 **지체**가 도리어
고전 12:23 아름답지 못한 **지체**는 더욱 아름다운

【 지체 2/-하다/-되다 】

고전 12:24	아름다운 **지체**는 그럴 필요가 없느니라 … 부족한 **지체**에게 귀중함을 더하사
고전 12:25	**지체**가 서로 같이 돌보게 하셨느니라
고전 12:26	한 **지체**가 고통을 받으면 모든 **지체** … **지체**가 영광을 얻으면 모든 **지체**
고전 12:27	그리스도의 몸이요 **지체**의 각 부분이라
엡 3:6	함께 **지체**가 되고 함께 약속에 참여하는
엡 4:16	각 **지체**의 분량대로 역사하여 그 몸을
엡 4:25	말하라 이는 우리가 서로 **지체**가 됨이라
엡 5:30	우리는 그 몸의 **지체**임이라
골 3:5	그러므로 땅에 있는 **지체**를 죽이라 곧
약 3:5	이와 같이 혀도 작은 **지체**로되 큰 것을
약 3:6	우리 **지체** 중에서 온 몸을 더럽히고
약 4:1	너희 **지체** 중에서 싸우는 정욕으로부터

【 지체 2/-하다/-되다 】(遲滯, hesitate, delay)

창 19:16	그러나 롯이 **지체하매** 그 사람들이 롯의
창 34:19	그 일 행하기를 **지체하지** 아니하였으니
창 43:10	우리가 **지체하지** 아니하였더라면 벌써
창 45:9	애굽 전국의 주로 세우셨으니 **지체** 말고
출 12:39	애굽에서 쫓겨나므로 **지체**할 수 없었음
신 7:10	미워하는 자에게 **지체하지** 아니하시고
수 10:19	너희는 **지체하지** 말고 너희 대적의 뒤를
수 18:3	가기를 어느 때까지 **지체하겠느냐**
삼상 20:38	아이 뒤에서 또 외치되 **지체** 말고 빨리
삼하 18:14	나는 너와 같이 **지체**할 수 없다 하고
삼하 20:5	가더니 왕이 정한 기일에 **지체된지라**
왕하 9:3	문을 열고 도망하되 **지체하지** 말지니라
시 40:17	나의 하나님이여 **지체하지** 마소서
시 70:5	건지시는 이시오니 여호와여 **지체하지**
시 119:60	신속히 하고 **지체하지** 아니하였나이다
사 46:13	나의 구원이 **지체하지** 아니할 것이라
렘 4:6	도피하라, **지체하지** 말라, 내가 북방에
단 9:19	기울이시고 행하소서 **지체하지** 마옵소
합 2:3	더딜지라도 기다리라 **지체되지** 않고
눅 1:21	성전 안에서 **지체함**을 이상히 여기더라
행 9:38	두 사람을 보내어 **지체** 말고 와 달라고
행 20:16	아시아에서 **지체하지** 않기 위하여
행 25:17	**지체하지** 아니하고 이튿날 재판 자리에
딤전 3:15	내가 **지체하면** 너로 하여금 하나님의
히 10:37	이가 오시리니 **지체하지** 아니하시리라
벧후 2:3	심판은 옛적부터 **지체하지** 아니하며
계 10:6	가리켜 맹세하여 이르되 **지체하지** 아니

【 지키다 】

지치다(weary, exhausted)

렘 9:5	가르치며 악을 행하기에 **지치거늘**
렘 15:6	내가 뜻을 돌이키기에 **지쳤음이로다**
단 8:27	나 다니엘이 **지쳐서** 여러 날 앓다가

지켜보다(watch)

시 56:6	모여 숨어 내 발자취를 **지켜보나이다**
시 107:43	이러한 일들을 **지켜보고** 여호와의
시 130:3	죄악을 **지켜보실진대** 주여 누가 서리이

지키다(guard, keep, watch, tend, hold, celebrate, obey, observe)

1. 잃지 않도록 살피다(guard, keep, watch)

모세오경, 역사서

창 2:15	동산에 두어 그것을 경작하며 **지키게**
창 3:24	불 칼을 두어 생명나무의 길을 **지키게**
출 22:7	물품을 이웃에게 맡겨 **지키게** 하였다가
민 3:8	모든 기구를 맡아 **지키며** 이스라엘
민 36:7	각기 조상 지파의 기업을 **지킬** 것이니라
민 36:9	자손 지파가 각각 자기 기업을 **지키리라**
삼상 7:1	구별하여 여호와의 궤를 **지키게** 하였더
삼상 17:22	다윗이 자기의 짐을 짐 **지키는** 자의
삼상 25:21	내가 이 자의 소유물을 광야에서 **지켜**
삼하 15:16	왕이 남겨 두어 왕궁을 **지키게** 하니라
삼하 16:21	남겨 두어 왕궁을 **지키게** 한 후궁들과
삼하 20:3	머물러 왕궁을 **지키게** 한 후궁 열 명을
왕상 14:27	왕궁 문을 **지키는** 시위대 대장의 손에
왕하 7:17	장관을 세워 성문을 **지키게** 하였더니
왕하 9:14	맞서서 길르앗 라못을 **지키다가**
왕하 11:5	삼분의 일은 왕궁을 주의하여 **지키고**
왕하 11:6	이와 같이 왕궁을 주의하여 **지키고**
왕하 11:7	여호와의 성전을 주의하여 **지켜** 왕을
왕하 12:9	모든 은을 다 문을 **지키는** 제사장들이
왕하 22:4	여호와의 성전에 드린 은 곧 문 **지킨**
왕하 23:4	모든 부제사장들과 문을 **지킨** 자들에게
대상 9:19	문들을 **지켰으니** 그들의 조상들도 여호와의 진영을 맡고 출입문을 **지켰으며**
대상 9:23	여호와의 성전 곧 성막 문을 **지켰는데**
대상 9:26	성전 모든 방과 곳간을 **지켰음이라**
대상 15:23	엘가나는 궤 앞에서 문을 **지키는** 자요
대상 15:24	궤 앞에서 문을 **지키는** 자이더라
대상 16:42	여두둔의 아들에게 문을 **지키게** 하였더
대상 26:13	각 문을 **지키기** 위하여 그의 조상의

지키다		지키다	
대하 8:14	반열을 따라 각 문을 **지키게** 하였으니	눅 22:63	**지키는** 사람들이 예수를 희롱하고
대하 12:10	궁문을 **지키는** 경호 책임자들의 손에	요 18:16	문 **지키는** 여자에게 말하여 베드로를
대하 14:15	짐승 **지키는** 천막을 치고 양과 낙타를	요 18:17	문 **지키는** 여종이 베드로에게 말하되
대하 23:4	당번인 자들의 삼분의 일은 문을 **지키고**	행 5:23	옥은 든든하게 잠기고 **지키는** 사람들이
대하 25:24	오벧에돔이 **지키는** 모든 금은과 그릇과	행 9:24	죽이려고 밤낮으로 성문까지 **지키거늘**
대하 34:9	이 돈은 문을 **지키는** 레위 사람들이	행 12:4	네 패에게 맡겨 **지키고** 유월절 후에
스 8:29	앞에서 이 그릇을 달기까지 삼가 **지키라**	행 12:6	파수꾼들이 문 밖에서 옥을 **지키더니**
느 7:3	주민이 각각 자기가 **지키는** 곳에서 파 수하되 자기 집 맞은편을 **지키게** 하라	행 16:23	가두고 간수에게 명하여 든든히 **지키라**
느 13:22	성문을 **지켜서** 안식일을 거룩하게 하라	행 22:20	죽이는 사람들의 옷을 **지킨** 줄 그들도
에 2:21	문을 **지키던** 왕의 내시 빅단과 데레스	고후 11:32	나를 잡으려고 다메섹 성을 **지켰으나**
에 6:2	그 속에 기록하기를 문을 **지키던** 왕의	계 16:15	누구든지 깨어 자기 옷을 **지켜** 벌거벗

2. 법이나 약속 등을 어기지 않고 그대로 하다
(obey, observe)

시가서 – 신약

모세오경

욥 21:32	메어 가고 사람이 그 무덤을 **지키리라**	창 17:10	너희 후손 사이에 **지킬** 내 언약이니라
시 16:5	소득이시니 내 분깃을 **지키시나이다**	출 12:14	삼아 영원한 규례로 대대로 **지킬지니라**
시 25:20	내 영혼을 **지켜** 나를 구원하소서 내가	출 12:17	규례로 삼아 대대로 이 날을 **지킬지니라**
시 127:1	여호와께서 성을 **지키지** 아니하시면	출 12:24	너희와 너희 자손이 영원히 **지킬** 것이니
잠 19:16	자기의 영혼을 **지키거니와** 자기의 행실	출 12:42	여호와 앞에 **지킬** 것이니 이는 여호와 의 밤이라 … 다 대대로 **지킬** 것이니라
잠 27:18	무화과나무를 **지키는** 자는 그 과실을		
전 3:6	잃을 때가 있으며 **지킬** 때가 있고 버릴	출 12:47	이스라엘 회중이 다 이것을 **지킬지니라**
전 12:3	그런 날에는 집을 **지키는** 자들이 떨	출 12:48	가까이하여 **지킬지니** 곧 그는 본토인과
아 1:6	나의 포도원을 내가 **지키지** 못하였구나	출 23:13	내가 네게 이른 모든 일을 삼가 **지키고**
아 8:11	포도원이 있어 **지키는** 자들에게 맡겨	출 27:21	이스라엘 자손이 대대로 **지킬** 규례이니
아 8:12	너는 천을 얻겠고 열매를 **지키는** 자도	출 28:43	그와 그의 후손이 영원히 **지킬** 규례니
렘 4:17	그들이 밭을 **지키는** 자같이 예루살렘을	출 30:21	자손이 대대로 영원히 **지킬** 규례니라
렘 5:26	사냥꾼이 매복함같이 **지키며** 덫을 놓아	출 34:11	오늘 네게 명령하는 것을 삼가 **지키라**
렘 8:7	그들이 올 때를 **지키거늘** 내 백성은		
렘 35:4	문 **지키는** 살룸의 아들 마아세야의		
렘 48:19	길 곁에 서서 **지키며** 도망하는 자와		
렘 51:12	깃발을 세우고 튼튼히 **지키며** 파수꾼을		
겔 40:45	이 방은 성전을 **지키는** 제사장들이 쓸		
겔 40:46	북쪽을 향한 방은 제단을 **지키는** 제사장		
겔 44:14	그들을 세워 성전을 **지키게** 하고 성전에		
호 5:7	여호와께 정조를 **지키지** 아니하고		
나 2:1	너는 산성을 **지키며** 길을 파수하며 네		
슥 3:7	내 집을 다스릴 것이요 내 뜰을 **지킬**		
마 27:36	거기 앉아 **지키더라**		
마 27:54	백부장과 및 함께 예수를 **지키던** 자들이		
마 27:64	그 무덤을 사흘까지 굳게 **지키게** 하소서		
마 27:65	있으니 가서 힘대로 굳게 **지키라**		
마 27:66	가서 돌을 인봉하고 무덤을 굳게 **지키니**		
마 28:4	**지키던** 자들이 그를 무서워하여 떨며		
눅 11:21	무장을 하고 자기 집을 **지킬** 때에는		

"나를 사랑하고 내 계명을 지키는 자에게는
천 대까지 은혜를 베푸느니라"(출 20:6)

레 3:17	모든 처소에서 너희 대대로 **지킬** 영원한
레 8:35	여호와께서 **지키라고** 하신 것을 **지키라**
레 10:9	이는 너희 대대로 **지킬** 영영한 규례라
레 16:31	괴롭게 할지니 영원히 **지킬** 규례라
레 16:34	너희가 영원히 **지킬** 규례라 이스라엘
레 17:7	그들이 대대로 **지킬** 영원한 규례니라
레 23:3	너희가 거주하는 각처에서 **지킬** 여호와
레 23:14	거주하는 각처에서 대대로 **지킬** 영원한

【 지키다 】　　　　　　　　　　　　　　　　　　　　【 지키다 】

레 23:21	거주하는 각처에서 대대로 **지킬** 영원한
레 23:31	거주하는 각처에서 대대로 **지킬** 영원한
레 23:34	여호와를 위하여 이레 동안 **지킬** 것이라
레 23:41	너희는 일곱째 달에 이를 **지킬지니라**
레 24:3	이는 너희 대대로 **지킬** 영원한 규례라
민 8:26	회막에서 돕는 직무를 **지킬** 것이요
민 9:3	해 질 때에 너희는 그것을 **지키되** 그 모든 율례와 그 모든 규례대로 **지킬지니라**
민 9:11	그것을 **지켜서** 어린 양에 무교병과 쓴
민 9:12	유월절 모든 율례대로 **지킬** 것이니라
민 9:23	명령을 따라 여호와의 직임을 **지켰더라**
민 15:23	이후부터 너희 대대에 **지키지** 못하여
민 18:3	직무와 장막의 모든 직무를 **지키려니와**
민 18:7	제사장의 직분을 **지켜** 섬기라 내가
민 28:16	날은 여호와를 위하여 **지킬** 유월절이며
민 30:9	그가 결심한 모든 서약은 **지킬** 것이니라
민 30:11	그가 결심한 서약은 다 **지킬** 것이니라
민 30:13	남편이 그것을 **지키게도** 할 수 있고
민 30:14	결심한 일을 **지키게** 하는 … 아무 말도 아니하였으므로 **지키게** 됨이니라

신 4:6	너희는 **지켜** 행하라 이것이 여러 민족
신 4:13	**지키라** 명령하셨으니 곧 십계명이며
신 6:25	우리 하나님 여호와 앞에서 삼가 **지키면**
신 7:8	너희의 조상들에게 하신 맹세를 **지키려**
신 12:1	평생에 **지켜** 행할 규례와 법도는 이러하
신 12:28	모든 말을 너는 듣고 **지키라** 네 하나님
신 12:32	모든 말을 너희는 **지켜** 행하고 그것에
신 16:1	아빕 월을 **지켜** 네 하나님 여호와께
신 24:8	네가 힘써 다 **지켜** 행하되 너희는 내가 그들에게 명령한 대로 **지켜** 행하라
신 26:16	마음을 다하고 뜻을 다하여 **지켜** 행하라

역사서, 시가서

수 1:8	그 안에 기록된 대로 다 **지켜** 행하라
수 22:2	너희가 다 **지키며** 또 내가 너희에게
수 23:6	율법책에 기록된 것을 다 **지켜** 행하라
삿 13:14	그에게 명령한 것은 다 **지킬** 것이니라
삼상 13:14	명령하신 바를 왕이 **지키지** 아니하였으
삼하 22:24	그의 앞에 완전하여 스스로 **지켜** 죄악을
왕상 8:65	절기로 **지켰는데** 하맛 어귀에서부터
대상 23:32	아론 자손의 직무를 **지켜** 여호와의 성전

'지키다 2' 와 관련된 성구

가르침을 지키다 – 딛 1:9
계명과 권면과 율례를 지키다 – 대상 29:19
계명과 규례와 율법를 지키다 – 느 10:29
계명과 믿음을 지키다 – 계 14:12
계명과 법도와 율례를 지키다 – 왕상 8:58; 왕하 23:3; 대하 34:31
계명과 율례와 규례를 지키다 – 느 1:7
계명과 율법을 지키다 – 출 16:28
계명을 지키다 – 출 20:6; 레 22:31; 신 5:10; 7:9; 수 22:5; 왕상 6:12; 8:61; 9:6; 왕하 18:6; 대상 28:8; 대하 13:11; 느 1:5, 9; 시 78:7; 89:31; 111:10; 119:60, 115; 잠 19:16; 단 9:4; 마 19:17; 요 14:15, 21; 15:10; 고전 7:19; 요일 2:3, 4; 3:22, 24; 5:2, 3; 계 12:17
공의를 지키다 – 잠 11:19
관습을 지키다 – 행 21:21
교훈을 지키다 – 시 119:22, 88, 145; 잠 7:2; 계 2:14, 15
규례를 지키다 – 출 13:10; 15:26; 레 16:29; 18:4; 19:19; 20:8; 신 6:24; 16:12; 시 119:106; 겔 5:7; 11:12, 20; 18:9, 17; 20:18, 19, 21; 36:27; 습 2:3; 슥 3:7; 말 3:7; 행 16:4; 롬 2:26
규례와 명령과 법도를 지키다 – 신 26:17
규례와 명령을 지키다 – 신 4:40; 6:2
규례와 법도를 지키다 – 레 18:5, 26; 20:22; 신 5:1; 11:32
규율을 지키다 – 렘 35:18
날과 달과 절기와 해를 지키다 – 갈 4:10
도를 지키다 – 삿 2:22; 시 37:34; 잠 8:32
말씀을 지키다 – 왕상 8:24, 25; 대상 10:13; 대하 6:15, 16; 34:21; 시 105:28; 119:9, 17, 57, 67, 101, 158; 눅 8:15; 11:28; 요 8:55; 17:6; 요일 2:5; 계 3:10; 22:7
말을 지키다 – 잠 7:1; 렘 1:12; 요 8:51, 52; 12:47; 14:23, 24; 15:20; 고전 15:2; 딤후 1:13; 계 3:8; 22:9
맥추절을 지키다 – 출 23:16
명령과 규례를 지키다 – 신 10:13; 28:15, 45; 30:9–10

【 지키다 】　　　　　　　　　　　　　　【 지키다 】

'지키다 2'와 관련된 성구

명령과 규례와 법도를 지키다 – 신 7:11;
　30:16
명령과 내 법도를 지키다 – 왕상 11:34
명령과 법도와 규례를 지키다 – 신 8:11
명령과 율례를 지키다 – 왕하 17:13
명령과 증거와 규례를 지키다 – 신 6:17
명령을 지키다 – 레 18:30; 22:9; 민 9:19;
　15:22; 신 4:2; 8:6; 11:8, 22; 13:4,
　18; 15:4-5; 19:9; 26:18; 27:1; 28:1,
　9, 13; 삼상 13:13; 왕상 2:3, 43;
　11:10; 13:21; 14:8; 왕하 17:19; 시
　78:56; 잠 3:1; 4:4; 6:20; 전 8:2, 5;
　12:13; 렘 35:16; 말 3:14; 딤전 6:14
명절을 지키다 – 겔 45:25; 고전 5:8
무교절을 지키다 – 출 12:17; 34:18; 대하
　30:13, 21; 35:17; 스 6:22
믿음을 지키다 – 딤후 4:7
법도를 지키다 – 레 19:37; 25:18; 신 7:12;
　왕상 11:11; 시 119:4, 56, 63, 69, 100,
　134
법도와 규례를 지키다 – 겔 43:11
법도와 명령을 지키다 – 왕상 3:14
법도와 율례를 지키다 – 왕상 9:4; 겔 44:24
법도와 증거를 지키다 – 시 119:168
법률과 계명과 율례와 증거를 지키다 – 왕상
　2:3
법률을 지키다 – 에 3:8
법을 지키다 – 시 119:34, 55, 136; 잠 7:2;
　약 2:8
부림일을 지키다 – 에 9:31
서약을 지키다 – 민 30:4, 7
수장절을 지키다 – 출 23:16; 34:22
신의를 지키다 – 사 26:2
안식일을 지키다 – 출 20:8; 31:13, 14, 16;
　레 19:3, 30; 26:2; 신 5:12, 15; 사
　56:2, 4; 요 9:16
안식을 지키다 – 레 23:32
언약과 증거를 지키다 – 시 25:10
언약을 지키다 – 창 17:9; 출 19:5; 신 7:12;
　왕상 8:23; 대하 6:14; 느 1:5; 9:32; 시
　78:10; 103:18; 사 56:6; 렘 11:6; 겔
　17:14; 단 9:4
언약의 말씀을 지키다 – 신 29:9
여호와의 도를 지키다 – 창 18:19; 삿 2:22;

　삼하 22:22; 시 18:21
예법을 지키다 – 미 6:16
예식을 지키다 – 출 12:25; 13:5
유월절을 지키다 – 출 12:48; 민 9:2, 4, 5,
　6, 10, 13, 14; 수 5:10; 왕하 23:21,
　22, 23; 대하 30:1, 2, 5; 35:1, 16, 17,
　18, 19; 스 6:19; 겔 45:21; 마 26:18
율례를 지키다 – 시 105:45; 119:5, 8; 겔
　18:19, 21; 20:25; 33:15; 37:24; 암
　2:4
율례와 명령을 지키다 – 왕상 11:38
율례와 법규를 지키다 – 대하 7:17
율례와 법도를 지키다 – 창 26:5
율례와 법도와 율법과 계명을 지키다 – 왕하
　17:37
율법과 규례를 지키다 – 신 17:19
율법과 법규를 지키다 – 렘 44:10
율법과 율례와 규례를 지키다 – 대하 33:8
율법을 지키다 – 신 28:58; 수 1:7; 왕하
　10:31; 21:8; 대상 22:12; 느 9:34; 시
　119:44; 잠 28:4, 7; 29:18; 렘 16:11;
　요 7:19; 행 7:53; 15:5; 21:24; 롬
　2:27; 갈 6:13; 약 2:10
율법의 말씀을 지키다 – 신 31:12; 32:46
인애와 정의를 지키다 – 호 12:6
전통을 지키다 – 막 7:3, 8, 9; 고전 11:2; 살
　후 2:15
절기를 지키다 – 출 5:1; 10:9; 13:6; 23:14,
　15; 레 23:39, 41; 민 29:12; 신 16:14,
　15; 대하 7:8, 9; 느 8:18; 사 30:29; 애
　1:4; 나 1:15
정의를 지키다 – 시 106:3; 사 56:1
증거를 지키다 – 시 119:2, 146, 167;
　132:12
증거와 율례를 지키다 – 시 99:7
지혜와 근신을 지키다 – 잠 3:21
책무와 법도와 규례와 명령을 지키다 – 신
　11:1
책임을 지키다 – 민 1:53; 수 22:3
초막절을 지키다 – 신 16:13; 스 3:4; 슥
　14:16, 18, 19
초실절을 지키다 – 출 34:22
칠칠절을 지키다 – 신 16:10
훈계를 지키다 – 잠 4:13; 10:17

【 지키다 】   【 지키다 】

대하 23:6	여호와께 **지켜야** 할 바를 **지킬지며**
대하 30:3	못하였으므로 그 정한 때에 **지킬** 수
대하 30:5	규례대로 오랫동안 **지키지** 못하였음이
대하 30:23	온 회중이 다시 칠 일을 **지키기**로 결의하고 이에 또 칠 일을 즐겁게 **지켰더라**
대하 35:18	예루살렘 주민과 함께 **지킨** 것처럼은
에 9:21	아달월 십사일과 십오일을 **지키라**
에 9:22	이 두 날을 **지켜** 잔치를 베풀고 즐기며
에 9:27	두 날을 이어서 **지켜** 폐하지 아니하기로
에 9:28	대대로 이 두 날을 기념하여 **지키되**
에 9:29	대한 이 둘째 편지를 굳게 **지키게** 하되
욥 2:3	자기의 온전함을 굳게 **지켰느니라**
욥 2:9	자기의 온전함을 굳게 **지키느냐** 하나님
욥 22:15	네가 악인이 밟던 옛적 길을 **지키려느냐**
욥 23:11	그의 길을 **지켜** 치우치지 아니하였고
시 42:4	전에 성일을 **지키는** 무리와 동행하여
시 89:28	위하여 나의 인자함을 영원히 **지키고**
시 17:5	나의 걸음이 주의 길을 굳게 **지키고**
시 116:18	백성이 보는 앞에서 내가 **지키리로다**
시 116:19	곧 여호와의 성전 뜰에서 **지키리로다**
시 119:33	가르치소서 내가 끝까지 **지키리이다**
시 119:129	놀라우므로 내 영혼이 이를 **지키나이다**
시 146:6	지으시며 영원히 진실함을 **지키시며**
잠 2:11	근신이 너를 **지키며** 명철이 너를 보호하며
잠 2:20	또 의인의 길을 **지키게** 하리니
잠 16:17	자기의 길을 **지키는** 자는 자기의 영혼을
잠 19:8	영혼을 사랑하고 명철을 **지키는** 자는
잠 19:16	계명을 **지키는** 자는 자기의 영혼을

선지서, 신약

렘 35:10	우리에게 명령한 대로 다 **지켜** 행하였노
겔 44:8	직분을 **지키지** 아니하고 내 성소에 사람을 두어 너희 직분을 대신 **지키게**
겔 44:15	성소의 직분을 **지켰은즉** 그들은 내게
겔 44:16	수종 들어 내가 맡긴 직분을 **지키되**
겔 48:11	그들은 직분을 **지키고** 이스라엘 족속이
슥 11:11	폐하매 내 말을 **지키던** 가련한 양들은
말 2:7	제사장의 입술은 지식을 **지켜야** 하겠고
말 2:9	내 길을 **지키지** 아니하고 율법을 행할
마 5:33	네 맹세한 것을 주께 **지키라** 하였다는
마 19:20	이 모든 것을 내가 **지키었사온대** 아직도
마 23:3	그들이 말하는 바는 행하고 **지키되** 그들
마 23:16	성전의 금으로 맹세하면 **지킬지라**
마 23:18	그 위에 있는 예물로 맹세하면 **지킬지라**

마 28:20	분부한 모든 것을 가르쳐 **지키게** 하라
막 7:4	그 외에도 여러 가지를 **지키어** 오는
막 10:20	이것은 내가 어려서부터 다 **지켰나이다**
눅 18:21	내가 어려서부터 다 **지키었나이다**
엡 4:3	하나 되게 하신 것을 힘써 **지키라**
딤전 5:21	편견이 없이 이것들을 **지켜** 아무 일도
딤전 5:22	죄에 간섭하지 말며 네 자신을 **지켜**
딤전 6:20	피함으로 네게 부탁한 것을 **지키라**
딤후 1:14	네게 부탁한 아름다운 것을 **지키라**
계 1:3	기록한 것을 **지키는** 자는 복이 있나니
계 2:26	끝까지 내 일을 **지키는** 그에게 만국을
계 3:3	어떻게 들었는지 생각하고 **지켜** 회개

3. 어떤 상태를 유지하다(watch, keep watch over)

신 4:9	네 마음을 힘써 **지키라** 그리하여 네가
대하 22:9	약하여 왕위를 힘써 **지키지** 못하게
시 141:3	세우시고 내 입술의 문을 **지키소서**
잠 4:21	떠나게 하지 말며 네 마음속에 **지키라**
잠 4:23	**지킬** 만한 것 중에 더욱 네 마음을 **지키라** 생명의 근원이 이에서 남이니라
잠 5:2	**지키며** 네 입술로 지식을 **지키도록** 하라
잠 13:3	입을 **지키는** 자는 자기의 생명을 보전
잠 21:23	입과 혀를 **지키는** 자는 자기의 영혼을
잠 22:5	가시와 올무가 있거니와 영혼을 **지키는**
사 26:3	평강하고 평강하도록 **지키시리니** 이는
미 7:5	여인에게라도 네 입의 문을 **지킬지어다**
말 2:15	네 심령을 삼가 **지켜** 어려서 맞이한
말 2:16	너희 심령을 삼가 **지켜** 거짓을 행하지
빌 4:7	안에서 너희 마음과 생각을 **지키시리라**
약 1:27	그 환난 중에 돌보고 또 자기를 **지켜**
요일 5:21	자녀들아 너희 자신을 **지켜** 우상에게서
유 1:6	또 자기 지위를 **지키지** 아니하고 자기
유 1:21	하나님의 사랑 안에서 자신을 **지키며**

4. 보살펴 보호하거나 감시하다(keep, guard)

구약

창 4:9	알지 못하나이다 내가 내 아우를 **지키는**
창 28:15	너를 **지키며** 너를 이끌어 이 땅으로
창 28:20	내가 가는 이 길에서 나를 **지키시고**
창 30:31	외삼촌의 양 떼를 먹이고 **지키리이다**
출 22:10	다른 짐승을 이웃에게 맡기매 **지키게**
민 6:24	복을 주시고 너를 **지키시기를** 원하며
신 32:10	자기의 눈동자같이 **지키셨도다**
수 10:18	사람을 그 곁에 두어 그들을 **지키게**
삼상 2:9	그의 거룩한 자들의 발을 **지키실** 것이요

[지키다]   [지파]

삼상 16:11	양을 **지키나이다** 사무엘이 이새에게
삼상 17:20	양을 양 **지키는** 자에게 맡기고 이새가
삼상 17:34	주의 종이 아버지의 양을 **지킬** 때에
삼상 19:11	그를 **지키다가** 아침에 그를 죽이게 하려
삼상 25:16	우리가 양을 **지키는** 동안에 그들이 우리
삼상 28:2	내가 너를 영원히 내 머리 **지키는** 자를
왕상 20:39	이 사람을 **지키라** 만일 그를 잃어버리면
욥 7:12	주께서 어찌하여 나를 **지키시나이까**
욥 10:12	보살피심으로 내 영을 **지키셨나이다**
욥 30:1	내 양 떼를 **지키는** 개 중에도 둘 만하지
시 12:7	여호와여 그들을 **지키사** 이 세대로부터
시 16:1	하나님이여 나를 **지켜** 주소서 내가 주께
시 17:8	나를 눈동자같이 **지키시고** 주의 날개
시 18:23	나의 죄악에서 스스로 자신을 **지켰나니**
시 27:5	나를 그의 초막 속에 비밀히 **지키시고**
시 41:2	여호와께서 그를 **지키사** 살게 하시리니
시 78:71	젖양을 **지키는** 중에서 그들을 이끌어
시 91:11	명령하사 네 모든 길에서 너를 **지키게**
시 107:41	그의 가족을 양 떼같이 **지켜** 주시나니
시 116:6	여호와께서는 순진한 자를 **지키시나니**
시 121:3	**지키시는** 이가 졸지 아니하시리로다
시 140:4	여호와여 나를 **지키사** 악인의 손에
시 141:9	나를 **지키사** 그들이 나를 잡으려고 놓은
잠 3:26	의지할 이시니라 네 발을 **지켜** 걸리지
잠 6:24	너를 **지켜** 악한 여인에게, 이방 여인의
잠 7:5	이것이 너를 **지켜서** 음녀에게, 말로
잠 24:12	**지키시는** 이가 어찌 알지 못하시겠느냐
렘 31:10	양 떼에게 행함같이 그를 **지키시리로다**
겔 20:21	내게 반역하여 사람을 **지켜** 행하면 그로
겔 28:14	기름 부음을 받고 **지키는** 그룹임이여
겔 28:16	너 **지키는** 그룹아 그러므로 내가 너를

[신약]

눅 2:8	밤에 밖에서 자기 양 떼를 **지키더니**
눅 4:10	사자들을 명하사 너를 **지키게** 하시리라
눅 8:29	그를 쇠사슬과 고랑에 매어 **지켰으되**
요 17:12	그들을 보전하고 **지키었나이다** 그 중에
행 23:35	들으리라 하고 헤롯 궁에 그를 **지키라**
행 24:23	백부장에게 명하여 바울을 **지키되** 자유
행 25:21	자기를 **지켜** … 보내기까지 **지켜** 두라
행 28:16	바울에게는 자기를 **지키는** 한 군인과
살후 3:3	하시고 악한 자에게서 **지키시리라**
딤후 1:12	그가 능히 **지키실** 줄을 확신함이라
벧후 2:4	구덩이에 두어 심판 때까지 **지키게**
벧후 2:9	형벌 아래에 두어 심판 날까지 **지키시며**
요일 5:18	그를 **지키시매** 악한 자가 그를 만지지도
유 1:1	예수 그리스도를 위하여 **지키심을** 받은

🕮 **지키다 4 - 기타 본문**
시 25:30; 121:4, 5, 7, 8; 잠 4:6; 22:12

지탱하다(支撑, prop, support)

| 대하 18:34 | 왕이 병거에서 겨우 **지탱하며** 저녁 때 |
| 욥 24:23 | 그에게 평안을 주시며 **지탱해** 주시나 |

지파(支派, tribe)

🕮 **모세오경**

창 49:16	한 **지파**같이 그의 백성을 심판하리로다
민 1:4	각 **지파**의 각 조상의 가문의 우두머리
민 1:16	그 조상 **지파**의 지휘관으로서 이스라엘
민 1:47	레위인은 그들의 조상의 **지파**대로
민 4:18	고핫 족속의 **지파**를 레위인 중에서
민 7:2	그 **지파**의 지휘관으로서 그 계수함을
민 13:2	각 **지파** 중에서 지휘관 된 자 한 사람씩
민 17:6	그들의 지휘관들이 각 **지파**대로 지팡이
민 18:2	네 조상의 **지파**를 데려다가 너와 함께
민 24:2	눈을 들어 이스라엘이 그 **지파**대로 천막
민 26:55	그들의 조상 **지파**의 이름을 따라 얻게
민 30:1	모세가 이스라엘 자손 **지파**의 수령들
민 31:4	이스라엘 모든 **지파**에게 각 **지파**에서
민 31:5	각 **지파**에서 천 명씩 이스라엘 백만 명
민 31:6	모세가 각 **지파**에 천 명씩 싸움에 보내
민 32:28	이스라엘 자손 **지파**의 수령들에게 명령
민 33:54	너희 조상의 **지파**를 따라 기업을 받을
민 34:13	여호와께서 이것을 아홉 **지파** 반 쪽에게
민 34:15	두 **지파**와 그 반 **지파**는 여리고 맞은편
민 34:18	기업의 땅을 나누기 위하여 각 **지파**에
민 36:3	다른 **지파**들의 남자들의 아내가 되면 그 들의 … 그들이 속할 그 **지파**의 기업에
민 36:4	기업이 그가 속한 **지파**에 첨가될 것이라
민 36:6	조상 **지파**의 종족에게로만 시집갈지니
민 36:7	기업이 이 **지파**에서 저 **지파**로 옮기지 않고 … 각기 조상 **지파**의 기업을 지킬
민 36:8	이스라엘 자손의 **지파** 중 그 기업을 이 은 딸들은 모두 자기 조상 **지파**의 종족
민 36:9	그 기업이 이 **지파**에서 저 **지파**로 옮

【 지파 】

	기계 … 이스라엘 자손 **지파**가 각각
민 36:12	그들의 종족 **지파**에 그들의 기업이 남아
신 1:13	너희의 각 **지파**에서 지혜와 지식이 있는
신 1:15	너희 **지파**의 수령으로 지혜가 있고 인정 받는 … 각 **지파**를 따라 천부장과
신 1:23	너희 중 각 **지파**에서 한 사람씩 열둘을
신 5:23	**지파**의 수령과 장로들이 내게 나아와
신 12:5	너희 모든 **지파** 중에서 택하신 곳인 그
신 12:14	오직 너희의 한 **지파** 중에 여호와께서
신 16:18	네 **지파**를 따라 재판장들과 지도자들을
신 18:1	레위의 온 **지파**는 이스라엘 중에 분깃도
신 18:5	모든 **지파** 중에서 그를 택하여 내시고
신 29:10	너희의 **지파**와 너희의 장로들과 너희의
신 29:18	여자나 가족이나 **지파**나 오늘 그 마음이
신 29:21	이스라엘 모든 **지파** 중에서 그를 구별
신 31:28	너희 **지파** 모든 장로와 관리들을 내
신 33:5	이스라엘 모든 **지파**가 함께한 때에로다

역사서

수 3:12	이제 이스라엘 **지파** 중에서 각 **지파**에
수 4:2	각 **지파**에 한 사람씩 열두 사람을 택하
수 4:4	자손 중에서 각 **지파**에 한 사람씩 준비
수 4:5	이스라엘 자손들의 **지파** 수대로 각기
수 4:8	이스라엘 자손들의 **지파**의 수를 따라
수 7:14	너희의 **지파**대로 가까이 나아오라 여호와께 뽑히는 그 **지파**는 그 족속대로
수 7:16	그의 **지파**대로 … 유다 **지파**가 뽑혔고
수 11:23	이스라엘 **지파**의 구분에 따라 기업으로
수 12:7	여호수아가 이스라엘의 **지파**들에게
수 13:7	땅을 아홉 **지파**와 므낫세 반 **지파**에게
수 14:1	이스라엘 자손 **지파**의 족장들이 분배한
수 14:2	제비 뽑아 아홉 **지파**와 반 **지파**에게
수 14:3	이는 두 **지파**와 반 **지파**의 기업은 모세

성경에 나오는 '지파'들

갓 지파 – 민 1:14, 25; 2:14; 10:20; 13:15; 34:14; 신 4:43; 수 1:12; 13:24; 20:8; 21:7, 38; 대상 6:63, 80; 계 7:5

납달리 지파 – 민 1:15, 43; 2:29; 10:27; 13:14; 34:28; 수 19:39; 21:6, 32; 왕상 7:14; 대상 6:62, 76; 계 7:6

단 지파 – 출 31:6; 35:34; 38:23; 레 24:11; 민 1:12, 39; 13:12; 34:22; 수 19:40, 48; 21:5, 23; 삿 13:2; 18:1, 11, 30

레위 지파 – 민 1:49; 3:6; 18:2; 신 10:8; 수 13:14, 33; 대상 23:14; 계 7:7

르우벤 지파 – 민 1:5, 21; 13:4; 34:14; 신 4:43; 수 1:12; 13:15; 20:8; 21:7, 36; 대상 6:63, 78; 계 7:5

므낫세 반 지파 – 민 32:33; 신 3:13; 29:8; 수 1:12; 4:12; 12:6; 13:7, 8, 29; 18:7; 21:5, 6, 25, 27; 22:1, 7, 9, 10, 11, 13, 15, 21; 대상 5:18, 23, 26; 6:61, 70, 71; 12:31, 37; 26:32; 27:20, 21

므낫세 지파 – 민 1:10, 35; 2:20; 10:23; 13:11; 34:23; 신 4:43; 수 17:1; 20:8; 대상 6:62; 12:19, 20; 계 7:6

베냐민 지파 – 민 1:11, 37; 2:22; 10:24; 13:9; 34:21; 수 18:11, 21; 21:4, 17; 삼상 9:1, 21; 10:20, 21; 삼하 4:2; 왕상 12:21; 대상 6:60, 65; 12:2; 행 13:21; 롬 11:1; 빌 3:5; 계 7:8

스불론 지파 – 민 1:9, 31; 2:7; 10:16; 13:10; 34:25; 수 21:7, 34; 대상 6:63, 77; 계 7:8

시므온 지파 – 민 1:6, 23; 2:12; 10:19; 13:5; 34:20; 수 19:1, 8; 21:4, 9; 대상 6:65; 계 7:7

아셀 지파 – 민 1:13, 41; 2:27; 10:26; 13:13; 34:27; 수 19:24, 31; 21:6, 30; 대상 6:62, 74; 눅 2:36; 계 7:6

에브라임 지파 – 민 1:10, 33; 13:8; 34:24; 수 16:8; 21:5, 20; 대상 6:66; 시 78:67

열두 지파 – 창 49:28; 출 24:4; 28:21; 39:14; 겔 47:13; 마 19:28; 눅 22:30; 행 26:7; 약 1:1; 계 21:12

요셉 지파 – 민 13:11; 36:5; 계 7:8

유다 지파 – 출 31:2; 35:30; 38:22; 민 1:7, 27; 13:6; 34:19; 수 7:1, 16, 18; 15:1, 20, 21; 21:4, 9; 왕상 12:20; 왕하 17:18; 대상 6:65; 28:4; 대하 19:11; 시 78:68; 계 7:5

잇사갈 지파 – 민 1:8, 29; 2:5; 10:15; 13:7; 34:26; 수 19:23; 21:6, 28; 대상 6:62, 72; 계 7:7

【 지파 】   【 지팡이 】

수 14:4	므낫세와 에브라임의 두 **지파**가 되었음
수 18:2	받지 못한 자가 아직도 일곱 **지파**라
수 18:4	너희는 각 **지파**에 세 사람씩 선정하라
수 19:51	이스라엘 자손의 **지파**의 족장들이 실로
수 21:1	이스라엘 자손의 **지파** 족장들에게
수 21:16	목초지이니 이 두 **지파**에서 아홉 성읍을
수 22:7	남은 반 **지파**에게는 여호수아가 요단
수 22:14	각 **지파**에서 한 지도자씩 열 지도자들을
수 23:4	**지파**에게 기업이 되게 하였느니라
수 24:1	여호수아가 이스라엘 모든 **지파**를 세겜
삿 18:1	그들이 이스라엘 **지파** 중에서 그 때까지
삿 18:19	이스라엘의 한 **지파** 한 족속의 제사장이
삿 20:2	이스라엘 모든 **지파**의 어른들은 하나님
삿 20:10	이스라엘 모든 **지파** 중에서 백 명에
삿 20:12	이스라엘 **지파**들이 베냐민 온 **지파**에
삿 21:3	한 **지파**가 없어지게 하시나이까 하더니
삼상 2:28	이스라엘 모든 **지파** 중에서 내가 그를
삼상 9:21	나는 이스라엘 **지파**의 가장 작은 **지파**
삼상 10:19	너희의 **지파**대로 천 명씩 여호와 앞에
삼상 10:20	사무엘이 이에 이스라엘 모든 **지파**를
삼상 15:17	**지파**의 머리가 되지 아니하셨나이까
삼하 5:1	이스라엘 모든 **지파**가 헤브론에 이르러
삼하 7:7	이스라엘 어느 **지파**들 가운데 하나에게
삼하 15:2	이스라엘 아무 **지파**에 속하였나이다
삼하 15:10	이스라엘 모든 **지파** 가운데에 두루 보내
삼하 19:9	이스라엘 모든 **지파** 백성들이 변론하여
삼하 20:14	세바가 이스라엘 모든 **지파** 가운데 두루
삼하 24:2	이스라엘 모든 **지파** 가운데로 다니며
왕상 8:1	이스라엘 장로와 모든 **지파**의 우두머리
왕상 8:16	이스라엘 모든 **지파** 가운데에서 아무
왕상 11:13	내가 택한 예루살렘을 위하여 한 **지파**를
왕상 11:31	솔로몬의 손에서 찢어 빼앗아 열 **지파**를
왕상 11:32	이스라엘 모든 **지파** 중에서 택한 성읍 예루살렘을 위하여 한 **지파**를 솔로몬
왕상 11:35	나라를 빼앗아 그 열 **지파**를 네게 줄
왕상 11:36	그의 아들에게는 내가 한 **지파**를 주어서
왕상 14:21	이스라엘 모든 **지파** 가운데에서 택하신
왕상 18:31	야곱의 아들들의 **지파**의 수효를 따라
왕하 21:7	내가 이스라엘의 모든 **지파** 중에서 택한
대상 6:61	그핫 자손의 남은 자에게는 절반 **지파**
대상 27:16	이스라엘 **지파**를 관할하는 자는 이러하
대상 27:22	이스라엘 **지파**의 지휘관이었더라
대상 28:1	각 **지파**의 어른과 왕을 섬기는 반장들과
대상 29:6	이스라엘 모든 **지파**의 지도자들과
대하 5:2	모든 **지파**의 우두머리 곧 이스라엘 자손
대하 6:5	이스라엘 모든 **지파** 가운데서 아무 성읍
대하 11:16	이스라엘 모든 **지파** 중에 마음을 굳게
대하 12:13	곧 여호와께서 이스라엘의 모든 **지파**
대하 33:7	내가 이스라엘 모든 **지파** 중에서 택하
스 6:17	또 이스라엘 **지파**의 수를 따라 숫염소

시가서 – 신약

시 74:2	주의 기업의 **지파**로 삼으신 주의 회중을
시 78:55	이스라엘의 **지파**들이 그들의 장막에
시 105:37	그의 **지파** 중에 비틀거리는 자가 하나도
시 122:4	**지파**들 곧 여호와의 **지파**들이 여호와의
사 49:6	네가 나의 종이 되어 야곱의 **지파**들을
사 63:17	기업인 **지파**들을 위하사 돌아오시옵소
렘 10:16	이스라엘은 그의 기업의 **지파**라 그 이름
렘 51:19	이스라엘은 그의 소유인 **지파**라 그의
겔 37:19	요셉과 그 짝 이스라엘 **지파**들의 막대기
겔 45:8	이스라엘 족속에게 그 **지파**대로 줄지니
겔 47:21	이스라엘 모든 **지파**대로 이 땅을 나누어
겔 47:22	이스라엘 **지파** 중에서 너희와 함께 기업
겔 47:23	타국인이 머물러 사는 그 **지파**에서 그
겔 48:1	모든 **지파**의 이름은 이와 같으니라 북쪽
겔 48:23	나머지 모든 **지파**는 동쪽에서 서쪽까지
겔 48:29	너희가 제비 뽑아 이스라엘 **지파**에게
겔 48:31	그 성읍의 문들은 이스라엘 **지파**들의
호 5:9	내가 이스라엘 **지파** 중에서 반드시 있을
슥 9:1	사람들과 이스라엘 모든 **지파**의 눈이
히 7:13	**지파**에 속한 자를 가리켜 말한 것이라
히 7:14	이 **지파**에는 모세가 제사장들에 관하여
계 7:4	이스라엘 자손의 각 **지파** 중에서 인침을

지파 – 기타 본문

삿 21:5, 6, 8, 15, 17, 24; 겔 48:19

지팡이(staff, rod)

모세오경

창 32:10	내가 내 **지팡이**만 가지고 이 요단을
창 38:18	끈과 당신의 손에 있는 **지팡이**로 하라
창 38:25	이 도장과 그 끈과 **지팡이**가 누구의
창 49:10	통치자의 **지팡이**가 그 발 사이에서
출 4:2	무엇이냐 그가 이르되 **지팡이**니이다
출 4:4	그것을 잡으니 그의 손에서 **지팡이**가
출 4:17	너는 이 **지팡이**를 손에 잡고 이것으로

【 지팡이 】   【 지혜 】

출 4:20   하나님의 **지팡이**를 손에 잡았더라
출 7:9   너는 아론에게 말하기를 너의 **지팡이**를
출 7:10   그의 신하 앞에 **지팡이**를 던지니 뱀이
출 7:12   사람이 **지팡이**를 던지매 뱀이 되었으
          나 아론의 **지팡이**가 그들의 **지팡이**를
출 7:15   그를 맞으며 그 뱀 되었던 **지팡이**를
출 7:17   손의 **지팡이**로 나일 강을 치면 그것이
출 7:19   아론에게 명령하기를 네 **지팡이**를 잡고
출 7:20   그의 신하의 목전에서 **지팡이**를 들어
출 8:5   네 **지팡이**를 잡고 네 팔을 강들과 운하
출 8:16   아론에게 명령하기를 네 **지팡이**를 들어
출 8:17   그들이 그대로 행할새 아론이 **지팡이**를
출 9:23   모세가 하늘을 향하여 **지팡이**를 들매
출 10:13 그 **지팡이**를 들매 여호와께서 동풍을
출 12:11 손에 **지팡이**를 잡고 급히 먹으라 이것이
출 14:16 **지팡이**를 들고 손을 바다 위로 내밀어
출 17:5   나일 강을 치던 네 **지팡이**를 손에 잡고
출 17:9   내가 하나님의 **지팡이**를 손에 잡고 산
출 21:19 **지팡이**를 짚고 일어나 걸으면 그를 친
레 27:32 목자의 **지팡이** 아래로 통과하는 것의
민 17:2   **지팡이** 하나씩 … 지휘관에게서 **지팡**
          이 열둘을 취하고 … 그 **지팡이**에 쓰되
민 17:3   레위의 **지팡이**에는 아론의 이름을 쓰
          라 … 수령이 **지팡이** 하나씩 있어야 할
민 17:4   그 **지팡이**를 회막 안에서 내가 너희와
민 17:5   내가 택한 자의 **지팡이**에는 싹이 나리니
민 17:6   지파대로 **지팡이** 하나씩을 … **지팡이**가
          모두 열둘이라 그 중에 아론의 **지팡이**가
민 17:7   모세가 그 **지팡이**들을 증거의 장막 안
민 17:8   레위 집을 위하여 낸 아론의 **지팡이**에
민 17:9   모세가 그 **지팡이** … 각각 자기 **지팡이**
민 17:10 아론의 **지팡이**는 증거궤 앞으로 도로
민 20:8   **지팡이**를 가지고 네 형 아론과 함께
민 20:9   그 명령대로 여호와 앞에서 **지팡이**
민 20:11 그의 손을 들어 그의 **지팡이**로 반석을
민 21:18 귀인들이 규와 **지팡이**로 판 것이로다
민 22:27 발람이 노하여 자기 **지팡이**로 나귀를

역사서 – 신약

삿 5:14   대장군의 **지팡이**를 잡은 자들이 내려왔
삿 6:21   여호와의 사자가 손에 잡은 **지팡이** 끝을
삼상 14:27 손에 가진 **지팡이** 끝을 내밀어 벌집에
삼상 14:43 내 손에 가진 **지팡이** 끝으로 꿀을 조금
삼하 3:29 백탁병자나 나병 환자나 **지팡이**를 의지

왕하 4:29 허리를 묶고 내 **지팡이**를 손에 들고
           … **지팡이**를 그 아이 얼굴에 놓으라
왕하 4:31 게하시가 그들보다 앞서 가서 **지팡이**를
왕하 18:21 저 상한 갈대 **지팡이** 애굽을 의뢰하도다
시 23:4   주의 **지팡이**와 막대기가 나를 안위하시
사 36:6   그것은 상한 갈대 **지팡이**와 같은 것이라
렘 48:17   막대기, 아름다운 **지팡이**가 부러졌는고
겔 29:6   본래 이스라엘 족속에게 갈대 **지팡이**라
미 7:14   원하건대 주는 주의 **지팡이**로 주의 백성
슥 8:4   나이가 많으므로 저마다 손에 **지팡이**를
마 10:10   두 벌 옷이나 신이나 **지팡이**를 가지지
막 6:8   명하시되 여행을 위하여 **지팡이** 외에는
           아무 것도 가지지 말라 **지팡이**나 배낭
눅 9:3
히 9:4   항아리와 아론의 싹난 **지팡이**와 언약의
히 11:21   아들에게 축복하고 그 **지팡이** 머리에
계 11:1   내게 **지팡이** 같은 갈대를 주며 말하기를

지푸라기(stubble, straw, chaff)

출 15:7   그들을 **지푸라기**같이 사르니이다
욥 41:27   쇠를 **지푸라기**같이, 놋을 썩은 나무
욥 41:29   그것은 몽둥이도 **지푸라기**같이 여기고
시 83:13   바람에 날리는 **지푸라기** 같게 하소서
옵 1:18   에서 족속은 **지푸라기**가 될 것이라 그들
나 1:10   마른 **지푸라기**같이 모두 탈 것이거늘
말 4:1   다 **지푸라기** 같을 것이라 그 이르는

지피다(set ablaze, possess)

1. 불을 붙여 타게 하다(set ablaze)
욥 41:21   그의 입김은 숯불을 **지피며** 그의 입은

2. 신의 영이 내려 모든 것을 알게 되다(possess)
막 3:22   그가 바알세불이 **지폈다** 하며 또 귀신의
막 5:15   귀신 들렸던 자 곧 군대 귀신 **지폈던**

지하(地下, earth below)

겔 31:14   내려가는 자와 함께 **지하**로 내려가게
겔 31:16   아름다운 나무들이 **지하**에서 위로를
겔 31:18   에덴의 나무들과 함께 **지하**에 내려갈
겔 32:18   구덩이에 내려가는 자와 함께 **지하**에
겔 32:24   죽임을 당하여 칼에 엎드러져 **지하**에

지혜(智慧, wisdom)

모세오경
창 41:33   명철하고 **지혜** 있는 사람을 택하여 애굽

【 지혜 】　　　　　　　　　　　　　　　　　　　　　　　　　　　　　　【 지혜 】

창 41:39	너와 같이 명철하고 **지혜** 있는 자가
출 28:3	너는 무릇 마음에 **지혜** 있는 모든 자
출 31:3	그에게 충만하게 하여 **지혜**와 총명과
출 31:6	내가 **지혜**를 주어 그들이 내가 네게
출 35:31	그에게 충만하게 하여 **지혜**와 총명과
출 36:1	곧 여호와께서 **지혜**와 총명을 부으사
출 36:2	그 마음에 여호와께로부터 **지혜**를 얻고
신 1:13	너희의 각 지파에서 **지혜**와 지식이 있는
신 1:15	내가 너희 지파의 수령으로 **지혜** 있고
신 4:6	여러 민족 앞에서 너희의 **지혜**요 너희
	의 … **지혜**와 지식이 있는 백성이로다
신 32:6	어리석고 **지혜** 없는 백성아 여호와께
신 32:29	그들이 **지혜**가 있어 이것을 깨달았으면
신 34:9	그에게 **지혜**의 영이 충만하니 이스라엘

역사서

삼상 25:33	또 네 **지혜**를 칭찬할지며 또 네게 복이
삼하 14:20	왕의 **지혜**는 하나님의 사자의 **지혜**와
삼하 20:22	여인이 그의 **지혜**를 가지고 모든 백성
왕상 2:6	네 **지혜**대로 행하여 그의 백발이 평안히
왕상 2:9	너는 **지혜** 있는 사람이므로 그에게 행할
왕상 3:11	송사를 듣고 분별하는 **지혜**를 구하였으
왕상 3:28	하나님의 **지혜**가 그의 속에 있어 판결함
왕상 4:29	하나님이 솔로몬에게 **지혜**와 총명을
왕상 4:30	솔로몬의 **지혜**가 동쪽 모든 사람의 **지**
	혜와 애굽의 모든 **지혜**보다 뛰어난지라
왕상 4:34	**지혜**를 들으러 왔으니 이는 그의 **지혜**를
왕상 5:12	그 말씀대로 솔로몬에게 **지혜**를 주신
왕상 7:14	이 히람은 모든 놋 일에 **지혜**와 총명과
왕상 10:4	솔로몬의 모든 **지혜**와 그 건축한 왕궁과
왕상 10:6	당신의 행위와 당신의 **지혜**에 대하여
왕상 10:7	당신의 **지혜**와 복이 내가 들은 소문보다
왕상 10:8	당신 앞에 서서 당신의 **지혜**를 들음이로
왕상 10:23	솔로몬 왕의 재산과 **지혜**가 세상의 그
왕상 10:24	솔로몬의 마음에 주신 **지혜**를 들으며
왕상 11:41	그의 **지혜**는 솔로몬의 실록에 기록되지
대상 22:12	여호와께서 네게 **지혜**와 총명을 주사
대상 27:32	다윗의 숙부 요나단은 **지혜**가 있어서
대하 1:10	**지혜**와 지식을 주사 이 백성 앞에서
대하 1:11	백성을 재판하기 위하여 **지혜**와 지식을
대하 1:12	*그러므로 내가 네게 **지혜**와 지식을 주고*
대하 9:3	스바 여왕이 솔로몬의 **지혜**와 그가 건축
대하 9:5	당신의 **지혜**에 대하여 들은 소문이 진실
대하 9:6	당신의 **지혜**가 크다 한 말이 그 절반도
대하 9:7	당신 앞에 서서 당신의 **지혜**를 들음이로
대하 9:22	솔로몬 왕의 재산과 **지혜**가 천하의 모든
대하 9:23	솔로몬의 마음에 주신 **지혜**를 들으며
스 7:25	네 하나님의 **지혜**를 따라 네 하나님의

시가서

욥 4:21	아니하겠느냐 그들은 **지혜**가 없이
욥 11:6	**지혜**의 오묘함으로 네게 보이시기를
욥 12:2	백성이로구나 너희가 죽으면 **지혜**도
욥 12:12	늙은 자에게는 **지혜**가 있고 장수하는
욥 12:13	**지혜**와 권능이 하나님께 있고 계략과
욥 12:16	능력과 **지혜**가 그에게 있고 속은 자와
욥 13:5	잠잠하면 그것이 너희의 **지혜**일 것이니
욥 15:8	오묘하심을 네가 들었느냐 **지혜**를
욥 26:3	**지혜** 없는 자를 참 잘도 가르치는구나
욥 26:12	잔잔하게 하시며 **지혜**로 라합을 깨뜨리
욥 28:12	그러나 **지혜**는 어디서 얻으며 명철이
욥 28:18	벽옥으로도 비길 수 없나니 **지혜**의 값은
욥 28:20	그런즉 **지혜**는 어디서 오며 명철이
욥 28:28	보라 주를 경외함이 **지혜**요 악을 떠남이
욥 32:7	연륜이 많은 자가 **지혜**를 가르칠 것이라
욥 33:33	내 말을 들으라 잠잠하라 내가 **지혜**로
욥 34:2	**지혜** 있는 자들아 내 말을 들으며 지식
욥 34:34	슬기로운 자와 내 말을 듣는 **지혜** 있는
욥 36:5	아무도 멸시하지 아니하시며 **지혜**가
욥 38:36	가슴 속의 **지혜**는 누가 준 것이냐 수탉
욥 38:37	누가 **지혜**로 구름의 수를 세겠느냐 누가
욥 39:17	하나님이 **지혜**를 베풀지 아니하셨고
욥 39:26	향하는 것이 어찌 네 **지혜**로 말미암음이
시 2:10	너희는 **지혜**를 얻으며 세상의 재판관들
시 36:3	죄악과 속임이라 그는 **지혜**와 선행을
시 47:7	하나님은 온 땅의 왕이심이라 **지혜**의
시 49:3	입은 **지혜**를 말하겠고 내 마음은 명철을
시 49:10	그는 **지혜** 있는 자도 죽고 어리석고
시 51:6	내게 **지혜**를 은밀히 가르치시리이다
시 104:24	주께서 **지혜**로 그들을 다 지으셨으니
시 105:22	**지혜**로 장로들을 교훈하게 하였도다
시 107:43	**지혜** 있는 자들은 이러한 일들을 지켜
시 111:10	여호와를 경외함이 **지혜**의 근본이라
시 136:5	**지혜**로 하늘을 지으신 이에게 감사하라
시 147:5	*능력이 많으시며 그의 **지혜**가 무궁하시*
잠 1:2	이는 **지혜**와 훈계를 알게 하며 명철의
잠 1:5	**지혜** 있는 자는 듣고 학식이 더할 것이
잠 1:6	잠언과 비유와 **지혜** 있는 자의 말과 그

【 지혜 】

잠 1:7	미련한 자는 **지혜**와 훈계를 멸시하느니
잠 1:20	**지혜**가 길거리에서 부르며 광장에서
잠 2:2	귀를 **지혜**에 기울이며 네 마음을 명철에
잠 2:6	대저 여호와는 **지혜**를 주시며 지식과
잠 2:7	완전한 **지혜**를 예비하시며 행실이 온전
잠 2:10	곧 **지혜**가 네 마음에 들어가며 지식이
잠 2:16	**지혜**가 또 너를 음녀에게서, 말로
잠 2:20	**지혜**가 너를 선한 자의 길로 행하게
잠 3:13	**지혜**를 얻은 자와 명철을 얻은 자는
잠 3:14	**지혜**를 얻는 것이 은을 얻는 것보다
잠 3:15	**지혜**는 진주보다 귀하니 네가 사모하는
잠 3:18	**지혜**는 그 얻은 자에게 생명 나무라 **지혜**를 가진 자는 복되도다
잠 3:19	여호와께서는 **지혜**로 땅에 터를 놓으셨
잠 3:21	완전한 **지혜**와 근신을 지키고 이것들이
잠 4:5	**지혜**를 얻으며 명철을 얻으라 내 입의

"너희 중에 누구든지 지혜가 부족하거든 모든 사람에게 후히 주시고 꾸짖지 아니하시는 하나님께 구하라 그리하면 주시리라"(약 1:5)

잠 4:6	**지혜**를 버리지 말라 그가 너를 보호하리
잠 4:7	**지혜**가 제일이니 **지혜**를 얻으라 네가
잠 5:1	아들아 내 **지혜**에 주의하며 내 명철에
잠 6:6	그가 하는 것을 보고 **지혜**를 얻으라
잠 7:4	**지혜**에게 너는 내 누이라 하며 명철에게
잠 7:7	가운데에 한 **지혜** 없는 자를 보았노라
잠 8:1	**지혜**가 부르지 아니하느냐 명철이 소리
잠 8:11	대저 **지혜**는 진주보다 나으므로 원하는
잠 8:12	나 **지혜**는 명철로 주소를 삼으며 지식과
잠 8:33	훈계를 들어서 **지혜**를 얻으라 그것을
잠 9:1	**지혜**가 그의 집을 짓고 일곱 기둥을
잠 9:4	어리석은 자는 이리로 돌이키라 또 **지혜**
잠 9:8	미워할까 두려우니라 **지혜** 있는 자를
잠 9:9	**지혜** 있는 자에게 교훈을 더하라 그가
잠 9:10	여호와를 경외하는 것이 **지혜**의 근본
잠 9:11	**지혜**로 말미암아 네 날이 많아질 것이요
잠 9:12	만일 지혜로우면 그 **지혜**가 네게 유익
잠 9:16	어리석은 자는 이리로 돌이키라 또 **지혜**
잠 10:13	입술에는 **지혜**가 있어도 **지혜** 없는
잠 10:19	입술을 제어하는 자는 **지혜**가 있느니라

【 지혜 】

잠 10:23	낙을 삼는 것같이 명철한 자는 **지혜**로
잠 10:31	의인의 입은 **지혜**를 내어도 패역한 혀는
잠 11:2	욕도 오거니와 겸손한 자에게는 **지혜**가
잠 11:12	**지혜** 없는 자는 그의 이웃을 멸시하나
잠 12:8	사람은 그 **지혜**대로 칭찬을 받으려니와
잠 12:11	방탕한 것을 따르는 자는 **지혜**가 없느니
잠 13:10	일어날 뿐이라 권면을 듣는 자는 **지혜**가
잠 13:14	**지혜** 있는 자의 교훈은 생명의 샘이니
잠 13:15	선한 **지혜**는 은혜를 베푸나 사악한 자의
잠 13:20	지혜로운 자와 동행하면 **지혜**를 얻고
잠 14:6	거만한 자는 **지혜**를 구하여도 얻지
잠 14:8	슬기로운 자의 **지혜**는 자기의 길을 아는
잠 14:33	**지혜**는 명철한 자의 마음에 머물거니와
잠 15:2	**지혜** 있는 자의 혀는 지식을 선히 베풀
잠 15:12	좋아하지 아니하며 **지혜** 있는 자에게로
잠 15:33	여호와를 경외하는 것은 **지혜**의 훈계라
잠 16:16	**지혜**를 얻는 것이 금을 얻는 것보다
잠 17:16	값을 가지고 **지혜**를 사려 함은 어찜인고
잠 17:18	**지혜** 없는 자는 남의 손을 잡고 그의
잠 17:24	**지혜**는 명철한 자 앞에 있거늘 미련한
잠 18:1	자기 소욕을 따르는 자라 온갖 참 **지혜**
잠 18:4	**지혜**의 샘은 솟구쳐 흐르는 내와 같으니
잠 19:8	**지혜**를 얻는 자는 자기 영혼을 사랑하고
잠 19:25	어리석은 자도 **지혜**를 얻으리라 명철한
잠 20:1	이에 미혹되는 자마다 **지혜**가 없느니라
잠 21:11	어리석은 자도 **지혜**를 얻겠고 지혜로운
잠 21:20	**지혜** 있는 자의 집에는 귀한 보배와
잠 21:30	**지혜**로도 못하고, 명철로도 못하고 모략
잠 22:17	너는 귀를 기울여 **지혜** 있는 자의 말씀
잠 23:4	애쓰지 말고 네 사사로운 **지혜**를 버릴지
잠 23:19	내 아들아 너는 듣고 **지혜**를 얻어 네
잠 23:23	진리를 사되 팔지는 말며 **지혜**와 훈계와
잠 24:3	집은 **지혜**로 말미암아 건축되고 명철로
잠 24:5	**지혜** 있는 자는 강하고 지식 있는 자는
잠 24:7	**지혜**는 너무 높아서 미련한 자가 미치지
잠 24:14	**지혜**가 네 영혼에게 이와 같은 줄을
잠 24:30	게으른 자의 밭과 **지혜** 없는 자의
잠 27:11	아들아 **지혜**를 얻고 내 마음을 기쁘게
잠 29:3	**지혜**를 사모하는 자는 아비를 즐겁게
잠 29:15	채찍과 꾸지람이 **지혜**를 주거늘 임의로
잠 30:3	**지혜**를 배우지 못하였고 또 거룩하신
잠 31:26	열어 **지혜**를 베풀며 그의 혀로 인애를
전 1:13	마음을 다하며 **지혜**를 써서 하늘 아래

【 지혜 】　　　　　　　　　　　　　　　　　　　　　　　　　　　　　　【 지혜 】

전 1:16	**지혜**를 더 많이 … 내 마음이 **지혜**와
전 1:17	다시 **지혜**를 알고자 하며 미친 것들과
전 1:18	**지혜**가 많으면 번뇌도 많으니 지식을
전 2:3	내가 어떻게 하여야 내 마음을 **지혜**로
전 2:9	모든 자들보다 더 창성하니 내 **지혜**도
전 2:12	돌이켜 **지혜**와 망령됨과 어리석음을
전 2:13	내가 보니 **지혜**가 우매보다 뛰어남이
전 2:15	**지혜**가 있었다 한들 내게 무슨 유익이
전 2:19	해 아래에서 내 **지혜**를 다하여 수고한
전 2:21	어떤 사람은 그 **지혜**와 지식과 재주를
전 2:26	기뻐하시는 자에게는 **지혜**와 지식과
전 7:10	말라 이렇게 묻는 것은 **지혜**가 아니니라
전 7:11	**지혜**는 유산같이 아름답고 햇빛을 보는
전 7:12	**지혜**의 그늘 아래에 … **지혜**에 관한 지식이 더 유익함은 **지혜**가 그 **지혜** 있는
전 7:19	**지혜**가 지혜자를 성읍 가운데 있는
전 7:23	이 모든 것을 **지혜**로 시험하며 스스로 이르기를 … **지혜**가 나를 멀리 하였도다
전 7:25	내가 돌이켜 전심으로 **지혜**와 명철을
전 8:1	사람의 **지혜**는 그의 얼굴에 광채가 나게
전 8:16	내가 마음을 다하여 **지혜**를 알고자 하며
전 9:10	계획도 없고 지식도 없고 **지혜**도 없음이
전 9:13	내가 또 해 아래에서 **지혜**를 보고 내가
전 9:15	그의 **지혜**로 그 성읍을 건진 그것이라
전 9:16	그러므로 내가 이르기를 **지혜**가 힘보다 나으나 가난한 자의 **지혜**가 멸시를
전 9:18	**지혜**가 무기보다 나으니라 그러나 죄인
전 10:1	적은 우매가 **지혜**와 존귀를 난처하게
전 10:3	우매한 자는 길을 갈 때에도 **지혜**가 부족
전 10:10	더 드느니라 오직 **지혜**는 성공하기에

선지서

사 10:13	그의 말에 나는 내 손의 힘과 내 **지혜**로
사 11:2	그의 위에 여호와의 영 곧 **지혜**와 총명
사 28:29	그의 경영은 기묘하며 **지혜**는 광대하니
사 29:14	그들 중에서 지혜자의 **지혜**가 없어지고
사 33:6	구원과 **지혜**와 지식이 풍성할 것이니
사 47:10	**지혜**와 네 지식이 너를 유혹하였음이라
렘 8:8	어찌 우리는 **지혜**가 있고 우리에게는
렘 8:9	버렸으니 그들에게 무슨 **지혜**가 있으랴
렘 9:12	**지혜**가 있어서 이 일을 깨달을 만한
렘 9:23	지혜로운 자는 그의 **지혜**를 자랑하지
렘 10:12	**지혜**로 세계를 세우셨고 그의 명철로
렘 49:7	데만에 다시는 **지혜**가 없게 되었느냐 명
렘 51:15	철한 자에게 책략이 … 그들의 **지혜**가 **지혜**로 세계를 세우셨고 그의 명철로
렘 51:57	고관들과 **지혜** 있는 자들과 도백들과
겔 28:4	네 **지혜**와 총명으로 재물을 얻었으며
겔 28:5	큰 **지혜**와 네 무역으로 재물을 더하고
겔 28:7	그들이 칼을 빼어 네 **지혜**의 아름다운
겔 28:12	완전한 도장이었고 **지혜**가 충족하며
겔 28:17	영화로우므로 네 **지혜**를 더럽혔음이여
단 1:4	모든 **지혜**를 통찰하며 지식에 통달하며
단 1:17	서적을 깨닫게 하시고 **지혜**를 주셨으니
단 1:20	**지혜**와 총명이 온 나라 박수와 술객보다
단 2:20	하나님의 이름을 찬송할 것은 **지혜**와
단 2:21	왕들을 세우시며 지혜자에게 **지혜**를
단 2:23	주께서 이제 내게 **지혜**와 능력을 주시고
단 2:30	이 은밀한 것을 나타내심은 내 **지혜**가
단 5:11	명철과 총명과 **지혜**가 신들의 **지혜**와
단 5:14	네가 명철과 총명과 비상한 **지혜**가 있다
단 9:22	내가 이제 네게 **지혜**와 총명을 주려고
단 12:3	**지혜** 있는 자는 궁창의 빛과 같이 빛날
단 12:10	아무것도 깨닫지 못하되 오직 **지혜** 있는
호 7:11	어리석은 비둘기같이 **지혜**가 없어서
호 13:13	그는 **지혜** 없는 자식이로다 해산할 때가
호 14:9	누가 **지혜**가 있어 이런 일을 깨달으며
옵 1:8	그 날에 내가 에돔에서 **지혜** 있는 자를
미 6:9	**지혜**는 주의 이름을 경외함이니라 너희

신약

마 11:19	**지혜**는 그 행한 일로 인하여 옳다 함을
마 13:54	사람의 이 **지혜**와 이런 능력이 어디서
마 23:34	내가 너희에게 선지자들과 **지혜** 있는
마 24:45	충성되고 **지혜** 있는 종이 되어 주인에게
막 6:2	사람이 받은 **지혜**와 그 손으로 이루어지
막 12:33	또 마음을 다하고 **지혜**를 다하고 힘
막 12:34	예수께서 그가 **지혜** 있게 대답함을
눅 2:40	자라며 강하여지고 **지혜**가 충만하며
눅 2:47	듣는 자가 다 그 **지혜**와 대답을 놀랍게
눅 2:52	예수는 **지혜**와 키가 자라가며 하나님과
눅 7:35	**지혜**는 자기의 모든 자녀로 인하여 옳다
눅 11:49	그러므로 하나님의 **지혜**가 일렀으되
눅 12:42	이르시되 **지혜** 있고 진실한 청지기가
눅 16:8	**지혜** 있게 하였으므로 칭찬하였으니
눅 21:15	변박할 수 없는 구변과 **지혜**를 너희에게
행 6:3	형제들아 너희 가운데서 성령과 **지혜**가
행 6:10	스데반이 **지혜**와 성령으로 말함을 그들

[지혜]　　　　　　　　　　　　　　　　　　　　　[지혜롭다]

행 7:10	왕 바로 앞에서 은총과 **지혜**를 주시매	골 2:23	겸손과 몸을 괴롭게 하는 데는 **지혜**
행 7:22	모세가 애굽 사람의 모든 **지혜**를 배워	골 3:16	모든 **지혜**로 피차 가르치며 권면하고
행 13:7	바울은 **지혜** 있는 사람이라 바나바와	골 4:5	외인에게 대해서는 **지혜**로 행하여 세월
롬 1:14	**지혜** 있는 자나 어리석은 자에게 다 내가	딤후 3:15	믿음으로 말미암아 구원에 이르는 **지혜**
롬 1:22	스스로 **지혜** 있다 하나 어리석게 되어	약 1:5	너희 중에 누구든지 **지혜**가 부족하거든
롬 11:25	형제들아 너희가 스스로 **지혜** 있다	약 3:13	너희 중에 **지혜**와 총명이 있는 자가 누
롬 11:33	하나님의 **지혜**와 지식의 풍성함이여		구냐 그는 선행으로 말미암아 **지혜**의
롬 12:16	처하며 스스로 **지혜** 있는 체 하지 말라	약 3:15	**지혜**는 위로부터 내려온 것이 아니요
고전 1:17	말의 **지혜**로 하지 아니함은 그리스도의	약 3:17	오직 위로부터 난 **지혜**는 첫째 성결하고
고전 1:19	기록된 바 내가 **지혜** 있는 자들의 **지혜**	벧후 3:15	그 받은 **지혜**대로 너희에게 이같이 썼고
고전 1:20	**지혜** 있는 자가 어디 있느냐 선비가 어	계 5:12	능력과 부와 **지혜**와 힘과 존귀와 영광과
	디 있느냐 … 세상의 **지혜**를 미련하게	계 7:12	이르되 아멘 찬송과 영광과 **지혜**와 감사
고전 1:21	**지혜**에 있어서는 이 세상이 자기 **지혜**로	계 13:18	**지혜**가 여기 있으니 총명한 자는 그
고전 1:22	표적을 구하고 헬라인은 **지혜**를 찾으나	계 17:9	**지혜** 있는 뜻이 여기 있으니 그 일곱
고전 1:24	하나님의 능력이요 하나님의 **지혜**니라		
고전 1:27	세상의 미련한 것들을 택하사 **지혜** 있는	**지혜롭다**(智慧, gain wisdom)	
고전 1:30	우리에게 **지혜**와 의로움과 거룩함과	창 3:6	먹음직도 하고 보암직도 하고 **지혜롭게**
고전 2:1	하나님의 증거를 전할 때에 말과 **지혜**의	출 1:10	우리가 그들에게 대하여 **지혜롭게** 하자
고전 2:4	**지혜**의 말로 하지 아니하고 다만 성령의	출 36:8	일하는 사람 중에 마음이 **지혜로운** 모든
고전 2:5	믿음이 사람의 **지혜**에 있지 아니하고	삼상 18:5	사울이 보내는 곳마다 가서 **지혜롭게**
고전 2:6	**지혜**를 말하노니 이는 이 세상의 **지혜**	삼상 18:14	그의 모든 일을 **지혜롭게** 행하니라
	가 아니요 … 통치자들의 **지혜**도 아니요	삼상 18:15	사울은 다윗이 크게 **지혜롭게** 행함을
고전 2:7	은밀한 가운데 있는 하나님의 **지혜**를	삼상 18:30	사울의 모든 신하보다 더 **지혜롭게**
고전 2:8	**지혜**는 이 세대의 통치자들이 한 사람도	삼상 23:22	그는 심히 **지혜롭게** 행동한다 하나니
고전 2:13	이것을 말하거니와 사람의 **지혜**가	왕상 3:12	내가 네 말대로 하여 네게 **지혜롭고**
고전 3:18	너희 중에 누구든지 이 세상에서 **지혜**	왕상 4:31	모든 사람보다 **지혜로워서** 에스라 사람
고전 3:19	세상 **지혜**는 하나님께 어리석은 것이니	대하 11:23	르호보암이 **지혜롭게** 행하여 그의 모든
	기록된 바 하나님은 **지혜** 있는 자들로	욥 9:4	마음이 **지혜로우시고** 힘이 강하시니
고전 3:20	주께서 **지혜** 있는 자들의 생각을 헛것으	욥 32:9	어른이라고 **지혜롭거나** 노인이라고
고전 6:5	형제간의 일을 판단할 만한 **지혜** 있는	욥 34:35	무식하게 말하니 그의 말이 **지혜롭지**
고전 10:15	나는 **지혜** 있는 자들에게 말함과 같이	욥 35:11	우리를 더욱 **지혜롭게** 하시는 이가 어디
고전 12:8	성령으로 말미암아 **지혜**의 말씀을, 어떤	욥 37:24	그를 경외하고 그는 스스로 **지혜롭다**
고전 14:20	**지혜**에는 아이가 되지 말고 악에는 어	시 19:7	증거는 확실하여 우둔한 자를 **지혜롭게**
	린아이가 되라 **지혜**에는 장성한 사람	시 37:30	의인의 입은 **지혜로우며** 그의 혀는 정의
고후 1:12	육체의 **지혜**로 하지 아니하고 하나님의	시 94:8	자들아 너희가 언제나 **지혜로울까**
고후 10:12	자기로써 자기를 비교하니 **지혜**가 없도	시 119:98	나를 원수보다 **지혜롭게** 하나이다
엡 1:8	모든 **지혜**와 총명을 우리에게 넘치게	잠 1:3	**지혜롭게**, 공의롭게, 정의롭게, 정직하
엡 1:17	영광의 아버지께서 **지혜**와 계시의 영을	잠 3:7	**지혜롭게** 여기지 말지어다 여호와를
엡 3:10	하나님의 각종 **지혜**를 알게 하려 하심이	잠 9:9	그가 더욱 **지혜로워질** 것이요 의로운
엡 5:15	**지혜** 없는 자같이 하지 말고 오직 **지혜**	잠 9:12	네가 만일 **지혜로우면** 그 지혜가 네게
골 1:9	신령한 **지혜**와 총명에 하나님의 뜻을	잠 13:20	**지혜로운** 자와 동행하면 지혜를 얻고
골 1:28	**지혜**로 각 사람을 가르침이 각 사람을	잠 19:20	그리하면 네가 필경은 **지혜롭게** 되리라
골 2:3	그 안에는 **지혜**와 지식의 모든 보화가	잠 21:11	어리석은 자도 지혜를 얻겠고 **지혜로운**

【 지혜롭다 】　　　　　　　　　　　　　　　　　　　　　　　　　　　　　【 지혜자 】

잠 23:15	네 마음이 **지혜로우면** 나 곧 내 마음이
잠 26:5	두렵건대 그가 스스로 **지혜롭게** 여길까
잠 26:12	스스로 **지혜롭게** 여기는 자를 보느냐
잠 26:16	일곱보다 자기를 **지혜롭게** 여기느니라
잠 28:11	부자는 자기를 **지혜롭게** 여기나 가난해
잠 28:26	**지혜롭게** 행하는 자는 구원을 얻을
잠 30:24	작고도 가장 **지혜로운** 것 넷이 있나니
사 5:21	스스로 **지혜롭다** 하며 스스로 명철하다
사 31:2	여호와께서도 **지혜로우신즉** 재앙을
렘 8:9	**지혜롭다** 하는 자들은 부끄러움을
렘 9:23	**지혜로운** 자는 그의 지혜를 자랑하지
렘 20:11	그들은 **지혜롭게** 행하지 못하므로 큰
렘 23:5	왕이 되어 **지혜롭게** 다스리며 세상에서
겔 28:3	네가 다니엘보다 **지혜로워서** 은밀한

'지혜롭다'와 관련된 성구들

지혜로운 건축자 – 고전 3:10
지혜로운 길 – 잠 4:11
지혜로운 마음 – 출 31:6; 35:35; 시 90:12
지혜로운 말 – 잠 23:9; 마 12:42; 눅 11:31
지혜로운 모사 – 사 19:11
지혜로운 부녀 – 렘 9:17
지혜로운 사람 – 출 36:1, 2; 잠 16:14; 전 7:5; 마 7:24
지혜로운 시녀 – 삿 5:29
지혜로운 아들 – 왕상 5:7; 대하 2:12; 잠 10:1, 5; 13:1; 15:20; 28:7
지혜로운 여인 – 삼하 14:2; 20:16; 잠 14:1
지혜로운 영 – 출 28:3
지혜로운 왕 – 잠 20:26
지혜로운 입술 – 잠 20:15
지혜로운 자 – 출 35:10; 36:4; 에 6:13; 욥 5:13; 15:2, 18; 22:2; 잠 3:35; 10:8, 14; 11:29, 30; 12:15, 18; 13:20; 14:3, 16, 24; 15:7, 24, 31; 16:21, 23; 17:28; 18:15; 21:11, 22; 23:24; 24:23; 29:9, 11; 사 19:11, 12; 44:25; 렘 9:23; 10:7; 18:18; 50:35; 단 11:33, 35; 고전 1:26; 3:18; 고후 11:19
지혜로운 자식 – *잠 23:24*
지혜로운 장인 – 사 40:20
지혜로운 젊은이 – 전 4:13

슥 9:2	임하리니 그들이 매우 **지혜로움이니라**
마 10:16	뱀같이 **지혜롭고** 비둘기같이 순결하라
마 11:25	이것을 **지혜롭고** 슬기 있는 자들에게는
눅 10:21	이것을 **지혜롭고** 슬기 있는 자들에게는
눅 16:8	빛의 아들들보다 더 **지혜로움이니라**
롬 12:3	나누어 주신 믿음의 분량대로 **지혜롭게**
롬 16:19	선한 데 **지혜롭고** 악한 데 미련하기를
롬 16:27	**지혜로우신** 하나님께 예수 그리스도로
고전 1:25	사람보다 **지혜롭고** 하나님의 약하심이
고전 4:10	너희는 그리스도 안에서 **지혜롭고** 우리

지혜자(智慧者, wise man)

신 16:19	뇌물은 **지혜자**의 눈을 어둡게 하고 의인
욥 17:10	내가 너희 중에서 **지혜자**를 찾을 수
전 2:16	**지혜자**도 우매자와 함께 영원하도록 기억함을 … **지혜자**의 죽음이 우매자의
전 2:19	그 사람이 **지혜자**일지, 우매자일지야
전 7:7	탐욕이 **지혜자**를 우매하게 하고 뇌물이
전 7:16	지나치게 **지혜자**도 되지 말라 어찌하여
전 7:19	지혜가 **지혜자**를 성읍 가운데 있는
전 7:23	스스로 이르기를 내가 **지혜자**가 되리라
전 8:1	**지혜자**와 같으며 누가 사물의 이치를
전 8:5	**지혜자**의 마음은 때와 판단을 분변하나
전 8:17	비록 **지혜자**가 아노라 할지라도 능히
전 9:1	의인들이나 **지혜자**들이나 그들의 행위
전 9:11	**지혜자**들이라고 음식물을 얻는 것도
전 9:15	성읍 가운데 가난한 **지혜자**가 있어서
전 9:17	**지혜자**들의 말들이 우매한 자들을
전 12:9	전도자는 **지혜자**이어서 여전히 백성에
사 29:14	그들 중에서 **지혜자**의 지혜가 없어지고
겔 27:8	네 가운데 있는 **지혜자**들이 네 선장이
겔 27:9	노인들과 **지혜자**들이 네 가운데에서
단 2:12	바벨론의 모든 **지혜자**들을 다 죽이라
단 2:13	왕의 명령이 내리매 **지혜자**들은 죽게
단 2:14	아리옥이 바벨론 **지혜자**들을 죽이러
단 2:18	바벨론의 다른 **지혜자**들과 함께 죽임을
단 2:21	왕들을 세우시며 **지혜자**에게 지혜를
단 2:24	왕이 바벨론 **지혜자**들을 죽이라 명령한 아리옥에게로 가서 … **지혜자**들을
단 2:27	물으신 바 은밀한 것은 **지혜자**나 술객이
단 2:48	바벨론 모든 **지혜자**의 어른을 삼았으며
단 4:6	바벨론의 모든 **지혜자**들을 내 앞으로
단 4:18	내 나라 모든 **지혜자**가 능히 내게 그

【 지휘/-하다 】　　　【 지휘관 】

단 5:7	바벨론의 **지혜자**들에게 말하되 누구를	민 7:18	둘째 날에는 잇사갈의 **지휘관** 수알의
단 5:8	그 때에 왕의 **지혜자**가 다 들어왔으나	민 7:24	셋째 날에는 스불론 자손의 **지휘관** 헬론
단 5:15	지금 여러 **지혜자**와 술객을 내 앞에	민 7:30	넷째 날에는 르우벤 자손의 **지휘관**
암 5:13	이런 때에 **지혜자**가 잠잠하나니 이는	민 7:36	다섯째 날에는 시므온 자손의 **지휘관**
		민 7:42	여섯째 날에는 갓 자손의 **지휘관** 드우엘

지휘/-하다 (指揮, supervision)

민 4:19	그가 할 일과 그가 멜 것을 **지휘**하게	민 7:48	일곱째 날에는 에브라임 자손의 **지휘관**
대상 25:2	아삽의 **지휘** 아래 왕의 명령을 따라	민 7:54	여덟째 날에는 므낫세 자손의 **지휘관**
대상 25:3	그의 아버지 여두둔의 **지휘** 아래 수금을	민 7:60	아홉째 날에는 베냐민 자손의 **지휘관**
대상 25:6	아버지의 **지휘** 아래 제금과 비파와 수	민 7:66	열째 날에는 단 자손의 **지휘관** 암미삿대
	금을 잡아 … 왕의 **지휘** 아래 있었으니	민 7:72	열한째 날에는 아셀 자손의 **지휘관**
대상 26:28	슬로못과 그의 형제의 **지휘**를 받았더라	민 7:78	열두째 날에는 납달리 자손의 **지휘관**
합 3:19	이 노래는 **지휘하는** 사람을 위하여 내	민 7:84	이스라엘 **지휘관**들이 드린 바 제단의
		민 10:4	이스라엘의 천부장 된 **지휘관**들이
		민 13:2	각 지파 중에서 **지휘관** 된 자 한 사람씩

지휘관 (指揮官, officer, leader)

모세오경

		민 14:4	이에 서로 말하되 우리가 한 **지휘관**을
		민 16:2	곧 회중 가운데에서 이름 있는 **지휘관**
출 14:7	애굽의 모든 병거를 동원하니 **지휘관**들	민 17:2	그들의 조상의 가문대로 그 모든 **지휘관**
출 15:4	바다에 던지시니 최고의 **지휘관**들이	민 17:6	그들의 **지휘관**들이 각 지파대로 지팡이
민 1:16	그 조상 지파의 **지휘관**으로서 이스라엘	민 21:18	우물은 **지휘관**들이 팠고 백성의 귀인들
민 1:44	조상의 가문을 대표한 열두 **지휘관**이	민 25:18	미디안 **지휘관**의 딸 곧 브올의 일로
민 2:3	유다 자손의 **지휘관**은 암미나답의 아들	민 27:2	모세와 제사장 엘르아살과 **지휘관**들과
민 2:5	잇사갈 자손의 **지휘관**은 수알의 아들	민 34:18	나누기 위하여 각 지파에 한 **지휘관**씩
민 2:7	스불론 자손의 **지휘관**은 헬론의 아들	민 34:22	단 자손 지파에서는 **지휘관** 요글리의
민 2:10	르우벤 자손의 **지휘관**은 스데울의 아들	민 34:23	므낫세 자손 지파에서는 **지휘관** 에봇의
민 2:12	시므온 자손의 **지휘관**은 수리삿대의	민 34:24	에브라임 자손 지파에서는 **지휘관** 십단
민 2:14	**지휘관**은 르우엘의 아들 엘리아삽이요	민 34:25	스불론 자손 지파에서는 **지휘관** 바르낙
민 2:18	에브라임 자손의 **지휘관**은 암미훗의	민 34:26	잇사갈 자손 지파에서는 **지휘관** 앗산의
민 2:20	므낫세 자손의 **지휘관**은 브다술의 아들		
민 2:22	베냐민 자손의 **지휘관**은 기드오니의		
민 2:25	단 자손의 **지휘관**은 암미삿대의 아들		
민 2:27	아셀 자손의 **지휘관**은 오그란의 아들		
민 2:29	납달리 지파라 납달리 자손의 **지휘관**은		
민 3:24	게르손 사람의 조상의 가문의 **지휘관**이		
민 3:30	사람의 종족과 조상의 가문의 **지휘관**이		
민 3:32	레위인의 **지휘관**들의 어른이 되고 또		
민 3:35	므라리 종족과 조상의 가문의 **지휘관**이		
민 4:46	모세와 아론과 이스라엘 **지휘관**들이		
민 7:2	이스라엘 **지휘관**들 … 조상의 가문의 우		
	두머리들이요 그 지파의 **지휘관**으로서		
민 7:3	소 열두 마리이니 **지휘관** 두 사람에		
	수레가 하나씩이요 **지휘관** 한 사람에		
민 7:10	제단에 기름을 바르던 날에 **지휘관**들이		
민 7:11	모세에게 이르시기를 **지휘관**들은		

성경에 나오는 '지휘관'

가문의 지휘관 – 대상 12:28
군/군대의 지휘관 – 민 31:14, 48; 신 20:9; 삼상 14:38; 삼하 4:2; 17:25; 18:5; 23:8; 왕상 11:15, 21; 15:20; 16:16; 왕하 25:23; 대상 12:14, 18, 21, 23; 19:18; 25:1; 26:26; 27:34; 대하 16:4; 32:6; 33:11, 14; 렘 40:13; 41:11, 13, 16; 42:1, 8; 43:4, 5; 52:25
병거와 마병의 지휘관 – 왕상 9:22; 대하 8:9
병거의 지휘관 – 왕상 16:9; 22:31, 32, 33; 대하 18:30, 31, 32; 21:9
왕의 지휘관 – 대하 26:11
회중 지휘관 – 민 32:2

[직가]　　　　　　　　　　　　　　　　　　　　　　　　　　　[직무]

민 34:27　아셀 자손 지파에서는 **지휘관** 슬로미엘
민 34:28　납달리 자손 지파에서는 **지휘관** 암미훗
민 36:1　이스라엘 자손의 수령 된 **지휘관**들 앞에
역사서 -- 선지서
수 10:24　자기와 함께 갔던 **지휘관**들에게 이르되
삼하 19:6　사랑하는 자는 미워하시고 오늘 **지휘관**
삼하 19:13　항상 내 앞에서 **지휘관**이 되지 아니하면
삼하 20:23　**지휘관**이 되고 … 블렛 사람의 **지휘관**이
왕하 10:25　**지휘관**들에게 … 호위병과 **지휘관**들이
왕하 18:24　작은 **지휘관** 한 사람인들 물리치며
대상 11:6　우두머리와 **지휘관**으로 삼으리라
대상 12:34　납달리 중에서 **지휘관** 천 명과 방패와
대상 13:1　다윗이 천부장과 백부장 곧 모든 **지휘관**
대상 27:3　첫째 달 반의 모든 **지휘관**의 우두머리가
대상 27:5　셋째 달 군대의 셋째 **지휘관**은 대제사장
대상 27:7　넷째 달 넷째 **지휘관**은 요압의 아우
대상 27:8　다섯째 달 다섯째 **지휘관**은 이스라 사람
대상 27:9　여섯째 달 여섯째 **지휘관**은 드고아 사람
대상 27:10　일곱째 달 일곱째 **지휘관**은 에브라임
대상 27:11　여덟째 달 여덟째 **지휘관**은 세라 족속
대상 27:12　아홉째 달 아홉째 **지휘관**은 베냐민 지손
대상 27:13　열째 달 열째 **지휘관**은 세라 족속
대상 27:14　열한째 달 열한째 **지휘관**은 에브라임
대상 27:15　열두째 달 열두째 **지휘관**은 느도바 사람
대상 27:22　이스라엘 지파의 **지휘관**이었더라
대상 28:21　또 모든 **지휘관**과 백성이 온전히 네
대하 8:9　그들은 군사와 **지휘관**의 우두머리들과
대하 11:11　견고하게 하고 **지휘관**들을 그 가운데에
대하 17:15　다음은 **지휘관** 여호하난이니 이십팔만
대하 21:9　여호람이 **지휘관**들과 모든 병거를
대하 23:13　왕이 성전 문기둥 곁에 섰고 **지휘관**들과
대하 32:21　용사와 대장과 **지휘관**들을 멸하신지라
욥 39:25　멀리서 싸움 냄새를 맡고 **지휘관**들의
렘 40:7　들에 있는 모든 **지휘관**과 그 부하들이
렘 52:25　군사를 거느린 **지휘관** 한 사람과 또

직가(Straight Street) 다메섹을 동서로 관통
　　하는 길
행 9:11　주께서 이르시되 일어나 **직가**라 하는

직경(直徑, from rim to rim)
왕상 7:23　바다를 부어 만들었으니 그 **직경**이
왕상 7:31　면은 **직경** 한 규빗 반 되게 반원형으로

왕상 7:38　물두멍의 **직경**은 네 규빗이라 열 받침

직고하다(直告, give an account)
롬 14:12　사람이 자기 일을 하나님께 **직고하리라**

직공 1(織工, weaver)
사 38:12　**직공**이 베를 걷는 말음같이 내가 내

직공 2(職工, craftsman)
행 19:24　아데미의 신상 모형을 만들어 **직공**들
행 19:25　그 **직공**들과 그러한 영업하는 자들을
행 19:38　데메드리오와 그와 함께 있는 **직공**들이

직무(職務, duty, obligation, responsibility)
민 3:7　아론의 **직무**와 온 회중의 **직무**를 위하여
민 3:8　이스라엘 자손의 **직무**를 위하여 성막
민 3:10　아들들을 세워 제사장 **직무**를 행하게
민 3:38　자손의 **직무**를 위하여 성소의 **직무**를
민 4:28　그들의 **직무**는 제사장 아론의 아들 이
민 4:31　그들 **직무**를 따라 회막에서 할 모든
민 4:33　모든 **직무**대로 회막에서 행할 일이니라
민 8:26　회막에서 돕는 **직무**를 … 레위인의 **직무**
민 18:3　**직무**와 장막의 모든 **직무**를 지키려니와
민 18:4　장막의 모든 일과 회막의 **직무**를 다할
민 18:5　성소의 **직무**와 제단의 **직무**를 다하라
신 24:5　아무 **직무**도 그에게 맡기지 말 것이며
왕상 4:28　그들이 각기 **직무**를 따라 말과 준마에게
대상 6:32　행하되 그 계열대로 **직무**를 행하였더라
대상 6:33　**직무**를 행하는 자와 그의 아들들은
대상 6:39　헤만의 오른쪽에서 **직무**를 행하였으니
대상 6:44　왼쪽에서 **직무**를 행하는 자는 에단이라
대상 23:32　**직무**와 성소의 **직무**와 … **직무**를 지켜
대상 24:3　그들을 나누어 각각 그 섬기는 **직무**
대상 24:19　이와 같은 **직무**에 따라 여호와의 성전에
대상 25:1　**직무**대로 일하는 자의 수효는 이러하니
대상 26:8　**직무**를 잘하는 자이니 오벧에돔에게서
대하 31:16　반열대로 **직무**에 수종드는 자들에게
대하 31:17　반열대로 **직무**를 맡은 레위 사람들에게
대하 35:2　격려하여 여호와의 전에서 **직무**를 수행
대하 35:15　그 **직무**에서 떠날 것이 없었으니 이는
느 12:9　그들의 형제 박부갸와 운노는 **직무**를
느 13:10　그 **직무**를 행하는 레위 사람들과 노래
느 13:14　하나님의 전과 그 모든 **직무**를 위하여

【 직분 】

단 6:2	고관들로 총리에게 자기의 **직무**를 보고
눅 1:8	하나님 앞에서 제사장의 **직무**를 행할새
눅 1:23	**직무**의 날이 다 되매 집으로 돌아가니
눅 16:2	일을 셈하라 청지기 **직무**를 계속하지
행 1:17	우리 수 가운데 참여하여 이 **직무**의 한
행 1:25	**직무**를 대신할 … 유다는 이 **직무**를
고후 9:12	이 봉사의 **직무**가 성도들의 부족한 것을
고후 9:13	**직무**로 증거를 삼아 너희가 그리스도의
딤후 4:5	전도자의 일을 하며 네 **직무**를 다하라

직분(職分, ministry, charge)

출 30:20	제단에 가까이 가서 그 **직분**을 행하여
대상 9:22	사무엘이 전에 세워서 이 **직분**을 맡긴
대상 9:26	사람 넷이 중요한 **직분**을 맡아 하나님
대상 9:33	주야로 자기 **직분**에 전념하므로 다른
대상 23:28	그 **직분**은 아론의 자손을 도와 여호와
대하 7:6	그 때에 제사장들은 **직분**대로 모셔 서고
대하 8:14	레위 사람들에게도 그 **직분**을 맡겨
대하 31:18	성결하고 충실히 그 **직분**을 다하는자며
대하 35:2	제사장들에게 그들의 **직분**을 맡기고

성경에 나오는 '직분'

- 감독의 직분 – 딤전 3:1
- 목자의 직분 – 렘 17:16
- 성물의 직분 – 겔 44:8
- 성소의 직분 – 겔 44:15
- 성전을 맡은 직분 – 대상 9:27
- 영의 직분 – 고후 3:8
- 율법 조문의 직분 – 고후 3:7
- 은혜와 사도의 직분 – 롬 1:5
- 의의 직분 – 고후 3:9
- 정죄의 직분 – 고후 3:9
- 제사장(의) 직분 – 출 28:1, 3, 4, 41; 29:1, 9, 44; 30:30; 40:13, 15; 레 7:35; 16:32; 민 3:3, 4; 16:10; 18:1, 7; 25:13; 수 18:7; 삼상 2:36; 왕상 2:27; 대상 6:10; 24:2; 대하 11:14; 스 2:62; 느 7:64; 13:29; 겔 44:13; 롬 15:16; 히 7:5, 24
- 제사 직분 – 출 35:19; 39:41; 히 7:11, 12
- 집사의 직분 – 딤전 3:10, 13
- 찬송하는 직분 – 대상 6:31
- 화목하게 하는 직분 – 고후 5:18

느 13:13	**직분**은 형제들에게 분배하는 일이었느
시 109:8	그의 연수를 짧게 하시며 그의 **직분**을
겔 44:8	성소에 사람을 두어 너희 **직분**을 대신
겔 44:16	내게 수종들어 내가 맡긴 **직분**을 지키되
겔 48:11	그들은 **직분**을 지키고 이스라엘 족속이
눅 16:3	주인이 내 **직분**을 빼앗으니 내가 무엇을
눅 16:4	이렇게 하면 **직분**을 빼앗긴 후에 사람들
행 1:20	**직분**을 타인이 취하게 하소서 하였도다
롬 11:13	이방인의 사도인 만큼 내 **직분**을 영광
고전 12:5	**직분**은 여러 가지나 주는 같으며
고후 4:1	그러므로 우리가 이 **직분**을 받아 긍휼
고후 6:3	이 **직분**이 비방을 받지 않게 하려고
골 1:25	내게 주신 **직분**을 따라 하나님의 말씀을
골 4:17	주 안에서 받은 **직분**을 삼가 이루라고
딤전 1:12	충성되이 여겨 내게 **직분**을 맡기심이니
히 8:6	그는 더 아름다운 **직분**을 얻으셨으니

직업(職業, occupation)

창 46:33	당신들을 불러서 너희의 **직업**이 무엇

직원(職員, oversight-NIV, office-KJV)

대하 23:18	여호와의 전의 **직원**들을 세워 레위

직임(職任, service, responsiblity, duty)

민 7:5	레위인에게 주어 각기 **직임**대로 회막
민 7:7	**직임**대로 수레 둘과 소 네 마리를 주었
민 7:8	므라리 자손들에게는 그들의 **직임**대로
민 7:9	그들의 성소의 **직임**은 그 어깨로 메는
민 9:23	여호와의 명령을 따라 여호와의 **직임**을
신 10:6	그를 이어 제사장의 **직임**을 행하였으며
대상 25:8	막론하고 다같이 제비 뽑아 **직임**을
대상 26:12	형제처럼 **직임**을 얻어 여호와의 성전에
대상 26:30	여호와의 모든 일과 왕을 섬기는 **직임**을
대하 31:2	그들의 **직임**을 행하게 하되 곧 제사장들
대하 31:15	제사장들의 성읍들에 있어서 **직임**을

직접(直接, by the hand of-KJV)

대하 26:11	병영장 마아세야는 **직접** 조사한 수효

【 직조하다 】

직조하다(織造, weave)

출 39:27	그들이 또 **직조한** 가는 베 로 아론과 그의

[직책]　　　　　　　　　　　　　　　　　　　　　　　　　　　　　　[진노/-하다]

레 19:19　뿌리지 말며 두 재료로 **직조한** 옷을 입지
대하 2:7　홍색 청색 실로 **직조하며** 또 아로새길

직책(職責, division)
대상 26:19　고라와 므라리 자손의 문지기의 **직책**은

직행하다(直行, sail straight)
행 16:11　**직행하여** 이튿날 네압볼리로 가고

진 1(津, tar)
출 2:3　역청과 나무 **진**을 칠하고 아기를 거기

진 2(陣, army, camp)

출 14:19　이스라엘 **진** 앞에 가던 하나님의 사자가
출 14:20　애굽 **진**과 이스라엘 **진** 사이에 이르러
출 16:13　**진**에 덮이고 아침에는 이슬이 **진** 주위에
출 19:17　백성을 거느리고 **진**에서 나오매 그들이
출 29:14　수소의 고기와 가죽과 똥을 **진** 밖에서
출 32:27　각각 허리에 칼을 차고 **진** 이 문에서
출 33:7　항상 장막을 취하여 **진** 밖에 쳐서 **진**과 멀리 떠나게 하고 … **진** 바깥 회막으로
출 33:11　모세는 **진**으로 돌아오나 눈의 아들 젊은

'**진(을) 치다**'와 관련된 성구
창 14:8; 출 18:5; 민 1:50, 53; 2:2, 3, 5, 12, 17, 27, 34; 3:23, 29, 35, 38; 9:17, 18, 23; 10:31; 12:16; 21:10, 11, 12, 13; 22:1; 33:5, 6, 7, 8, 9, 10, 11, 13, 14, 15, 16, 17, 18, 19, 20, 21, 22, 23, 24, 25, 26, 27, 28, 29, 30, 31, 32, 33, 34, 35, 36, 37, 41, 42, 43, 44, 45, 46, 47, 48; 수 4:19; 5:10; 8:11; 11:5; 삿 6:4, 33; 7:1; 9:50; 10:17; 11:18, 20; 15:9; 18:12; 20:19; 삼상 4:1; 11:1; 13:5, 16; 17:1, 2; 26:3, 5; 28:4; 29:1; 삼하 10:8, 9, 10, 17; 11:11; 12:28; 17:26; 23:13; 왕상 16:15; 왕하 6:8; 25:1; 대상 11:15; 19:7, 9, 10, 11, 17; 22:1; 32:1; 욥 19:12; 시 3:6; 27:3; 34:7; 53:5; 사 29:1, 3; 렘 50:29; 52:4; 겔 4:2; 25:4; 습 9:8

민 22:41　거기서 이스라엘 백성의 **진** 끝까지 보니
신 23:11　해 질 때에 목욕하고 해 진 후에 **진**에
왕상 16:16　그 날에 이스라엘의 무리가 **진**에서 군대
왕하 3:24　이스라엘 **진**에 이르니 이스라엘 사람들
왕하 7:5　아람 **진**으로 가려 하여 해 질 무렵에
왕하 7:10　우리가 아람 **진**에 이르러서 보니 거기에
슥 14:15　또 말과 노새와 낙타와 나귀와 그 **진**에
고후 10:4　어떤 견고한 **진**도 무너뜨리는 하나님의
히 11:34　용감하게 되어 이방 사람들의 **진**을
계 20:9　지면에 널리 퍼져 성도들의 **진**과 사랑

진기하다(珍奇, finest-NIV, goodly-KJV)
욥 3:5　**진기한** 보물을 너희 신전으로 가져갔으

진노/-하다(震怒, wrath, anger, fury, be kindled)
모세오경
출 15:7　주께서 **진노**를 발하시니 그 **진노**가 그들
출 32:10　그들에게 **진노하여** 그들을 진멸하고
출 32:11　내신 주의 백성에게 **진노하시나이까**
레 10:6　여호와의 **진노**가 온 회중에게 미침을
레 20:3　그 사람에게 **진노하여** 그를 그의 백성
레 20:5　내가 그 사람과 그의 권속에게 **진노하여**
레 20:6　내가 **진노하여** 그를 그의 백성 중에서
레 26:28　내가 **진노**로 너희에게 대항하되 너희의
민 1:53　자손의 회중에게 **진노**가 임하지 않게
민 11:1　여호와께서 들으시고 **진노하사** 여호와
민 11:10　이러므로 여호와의 **진노**가 심히 크고
민 11:33　여호와께서 백성에게 대하여 **진노하사**
민 12:9　여호와께서 그들을 향하여 **진노하시고**
민 16:22　온 회중에게 **진노하시나이까**
민 16:46　여호와께서 **진노하셨으므로** 염병이
민 18:5　여호와의 **진노**가 다시는 이스라엘 자손
민 22:22　하나님이 **진노하시므로** 여호와의 사자
민 25:3　이스라엘에게 **진노하시니라**
민 25:4　그리하면 여호와의 **진노**가 이스라엘
민 32:10　여호와께서 **진노하사** 맹세하여 이르시
민 32:13　여호와께서 이스라엘에게 **진노하사**
신 1:37　너희 때문에 내게도 **진노하사** 이르시되
신 3:26　여호와께서 너희 때문에 내게
신 4:21　너희로 말미암아 내게 **진노하사** 내게
신 6:15　하나님 여호와께서 네게 **진노하사**
신 7:4　여호와께서 너희에게 **진노하사** 갑자기

【 진노/-하다 】   【 진노/-하다 】

신 9:8	여호와께서 **진노하사** 너희를 멸하려	대하 28:11	여호와의 **진노**가 너희에게 임박하였으
신 9:20	여호와께서 또 아론에게 **진노하사** 그를	대하 28:13	**진노하심**이 이스라엘에게 임박하였으
신 11:17	여호와께서 너희에게 **진노하사** 하늘을	대하 28:25	조상들의 하나님 여호와를 **진노하게**
신 13:17	그리하면 여호와께서 그의 **진노**를	대하 29:8	예루살렘에 **진노하시고** 내버리사
신 29:23	옛적에 여호와께서 **진노**와 격분으로	대하 30:8	너희 하나님 여호와를 섬겨 그의 **진노**가
신 29:27	여호와께서 이 땅에 **진노하사** 이 책에	대하 32:25	**진노**가 그와 유다와 예루살렘에 내리게
신 29:28	또 **진노**와 격분과 크게 통한하심으로	대하 32:26	여호와의 **진노**가 히스기야의 생전에는
신 31:17	내가 그들에게 **진노하여** 그들을 버리며	대하 33:6	악을 많이 행하여 여호와를 **진노하게**
신 32:16	가증한 것으로 그의 **진노**를 격발하였도	대하 34:21	여호와께서 우리에게 쏟으신 **진노**가
신 32:21	내 **진노**를 일으켰으니 나도 백성이 아닌	대하 36:16	여호와의 **진노**를 그의 백성에게 미치게
역사서		스 7:23	어찌하여 **진노**가 왕과 왕자의 나라에
수 7:1	이스라엘 자손들에게 **진노하시니라**	스 8:22	권능과 **진노**를 내리신다 하였으므로
수 7:26	여호와께서 그의 맹렬한 **진노**를 그치시	스 9:14	남아 피할 자가 없도록 **진노하시지**
수 9:20	**진노**가 우리에게 임할까 하노니 이렇게	스 10:14	하나님의 **진노**가 우리에게서 떠나게
수 22:18	이스라엘 온 회중에게 **진노하시리라**	느 13:18	안식일을 범하여 **진노**가 이스라엘에게
수 22:20	온 회중에 **진노**가 임하지 아니하였느냐	에 1:12	**진노하여** 마음속에 불 붙는 듯하더라
수 23:16	여호와의 **진노**가 너희에게 미치리니	**시가서**	
삿 2:12	그들에게 절하여 여호와를 **진노하시게**	욥 9:5	그가 **진노하심**으로 산을 무너뜨리시며
삿 2:14	여호와께서 이스라엘에게 **진노하사**	욥 9:13	하나님이 **진노**를 돌이키지 아니하시나
삿 2:20	여호와께서 이스라엘에게 **진노하여**	욥 10:17	나를 향하여 **진노**를 더하시니 군대가
삿 3:8	여호와께서 이스라엘에게 **진노하사**	욥 12:6	장막은 형통하고 하나님을 **진노하게**
삿 10:7	여호와께서 이스라엘에게 **진노하사**	욥 14:13	**진노**를 돌이킬 때까지 나를 숨기시고
삼상 28:18	**진노**를 아말렉에게 쏟지 아니하였으므	욥 16:9	그는 **진노하사** 나를 찢고 적대시 하시며
삼하 6:7	웃사가 잘못함으로 말미암아 **진노하사**	욥 19:11	나를 향하여 **진노하시고** 원수같이
삼하 22:8	흔들렸으니 그의 **진노**로 말미암으로	욥 20:23	하나님이 맹렬한 **진노**를 내리시리니
삼하 24:1	이스라엘을 향하여 **진노하사** 그들을	욥 20:28	그의 가산이 떠나가며 하나님의 **진노**의
왕상 8:46	그들에게 **진노하사** 그들을 적국에게	욥 21:17	하나님이 **진노하사** 그들을 곤고하게
왕상 11:9	여호와께서 그에게 **진노하시니라**	욥 21:20	자기의 눈으로 보게 하며 전능자의 **진노**
왕상 14:15	여호와를 **진노하게** 하였음이니라	욥 21:30	**진노**의 날을 향하여 끌려가느니라
왕하 21:6	악을 많이 행하여 그 **진노**를 일으켰으며	욥 35:15	**진노하심**으로 벌을 주지 아니하셨고
왕하 21:15	행하여 나의 **진노**를 일으켰음이니라	시 2:5	그 때에 분을 발하며 **진노하사** 그들을
왕하 22:13	여호와께서 우리에게 내리신 **진노**가	시 2:12	그렇지 아니하면 **진노하심**으로 너희가
왕하 22:17	이 곳을 향하여 내린 **진노**가 꺼지지		길에서 망하리니 그의 **진노**가 급하심이
왕하 23:26	크게 타오르는 **진노**를 돌이키지 아니	시 6:1	마시오며 주의 **진노**로 나를 징계하지
왕하 24:20	예루살렘과 유다를 **진노하심**이	시 7:6	여호와여 **진노**로 일어나사 내 대적들의
대상 13:10	여호와께서 **진노하사** 치시매 그가 거기	시 18:7	요동하였으니 그의 **진노**로 말미암음이
대상 27:24	그 일로 말미암아 **진노**가 이스라엘에게	시 21:9	**진노하사** 그들을 삼키시리니 불이
대하 6:36	그들에게 **진노하사** 그들을 적국에게	시 38:3	주의 **진노**로 말미암아 내 살에 성한
대하 19:2	그러므로 여호와께로부터 **진노하심**이	시 59:13	**진노하심**으로 소멸하시되 없어지기까
대하 19:10	너희와 너희 형제에게 **진노하심**이	시 74:1	주께서 기르시는 양을 향하여 **진노**의
대하 24:18	죄로 말미암아 **진노**가 유다와 예루살렘	시 78:21	이스라엘에게 **진노**가 불타 올랐으니
대하 25:15	아마샤에게 **진노하사** 한 선지자를	시 78:38	그의 **진노**를 여러 번 돌이키시며
대하 28:9	유다에게 **진노하셨으므로** 너희 손에	시 78:49	그의 맹렬한 노여움과 **진노**와 분노와

진노/-하다

시 78:50	그는 **진노**로 길을 닦으사 그들의 목숨이	렘 30:24	여호와의 **진노**는 그의 마음의 뜻한 바를
시 78:58	그들의 조각한 우상들로 그를 **진노**하게	렘 49:37	내가 재앙 곧 나의 **진노**를 그들 위에
시 85:3	분노를 거두시며 주의 **진노**를 돌이키셨	렘 50:13	여호와의 **진노**로 말미암아 주민이 없어
시 85:5	노하시며 대대에 **진노하시겠나이까**	렘 51:45	그 중에서 나와 각기 여호와의 **진노**를
시 88:16	주의 **진노**가 내게 넘치고 주의 두려움이	렘 52:3	예루살렘과 유다에게 **진노하심**이
시 90:11	능력을 알며 누가 주의 **진노**의 두려움을	애 1:12	여호와께서 그의 **진노하신** 날에 나를
시 102:10	분노와 **진노**로 말미암음이라 주께서	애 2:1	어찌 그리 **진노하사** 딸 시온을 구름으로
잠 11:4	재물은 **진노하시는** 날에 무익하나 공의		덮으셨는가…그의 **진노**의 날에 그의
잠 11:23	악인의 소망은 **진노**를 이루느니라	애 2:3	맹렬한 **진노**로 이스라엘의 모든 뿔을
잠 14:35	끼치는 신하는 그의 **진노**를 당하느니라	애 2:6	**진노하사** 왕과 제사장을 멸시하셨도다
잠 16:14	왕의 **진노**는 죽음의 사자들과 같아도	애 2:21	주께서 주의 **진노**의 날에 죽이시되
잠 20:2	왕의 **진노**는 사자의 부르짖음 같으니	애 2:22	여호와께서 **진노하시는** 날에는 피하거
잠 24:18	그의 **진노**를 그에게서 옮기실까 두려우	애 3:43	**진노**로 자신을 가리시고 우리를 추격
전 5:6	목소리로 말미암아 **진노하사** 네 손으로	애 3:66	주께서 **진노**로 그들을 뒤쫓으사 여호와
선지서		애 4:11	그의 맹렬한 **진노**를 쏟으심이여 시온에
사 9:12	그럴지라도 여호와의 **진노**가 돌아서지	애 5:22	아주 버리셨사오며 우리에게 **진노하심**
사 9:17	여호와의 **진노**가 돌아서지 아니하며	겔 6:12	기근에 죽으리라 이같이 내 **진노**를 그들
사 9:19	여호와의 **진노**로 말미암아 이 땅이	겔 7:3	**진노**를 네게 나타내어 네 행위를 심판
사 9:21	여호와의 **진노**가 돌아서지 아니하며	겔 7:8	내 **진노**를 네게 이루어서 네 행위대로
사 10:4	여호와의 **진노**가 돌아서지 아니하며	겔 7:12	파는 자도 근심하지 말 것은 **진노**가 그
사 10:5	내 **진노**의 막대기요 그 손의 몽둥이는	겔 7:14	내 **진노**가 그 모든 무리에게 이르렀음
사 10:25	그들은 내 **진노**로 멸하리라 하시도다	겔 7:19	이는 여호와 내가 **진노**를 내리는 날에
사 12:1	이제는 주의 **진노**가 돌아섰고 또 주께서	겔 13:13	내가 **진노하여** 폭우를 내리고 분노하여
사 13:5	여호와와 그의 **진노**의 병기라 온 땅을	겔 16:26	음행하되 심히 음란히 하여 내 **진노**를
사 28:21	기브온 골짜기에서와 같이 **진노하사**	겔 16:38	너를 심판하여 **진노**의 피와 질투의 피를
사 30:27	그의 **진노**가 불 붙듯 하며 빽빽한 연기	겔 20:8	나의 분노를 쏟으며 그들에게 **진노**를
사 30:30	혁혁한 **진노**로 그의 팔의 치심을 보이시	겔 20:21	내 분노를 쏟으며 그들에게 내 **진노**를
사 34:2	여호와께서 열방을 향하여 **진노하시며**	겔 21:31	내가 내 분노를 네게 쏟으며 내 **진노**의
사 42:25	그러므로 여호와께서 맹렬한 **진노**와	겔 22:24	**진노**의 날에 비를 얻지 못한 땅이로다
사 54:8	내가 넘치는 **진노**로 내 얼굴을 네게서	겔 22:31	내 **진노**의 불로 멸하여 그들 행위대로
사 64:5	주께서 **진노하셨사오며** 이 현상이 이미	겔 25:14	그들이 내 **진노**와 분노를 따라 에돔에
사 66:14	종들에게 나타나겠고 그의 **진노**는 그의	단 2:12	왕이 이로 말미암아 **진노하고** 통분하여
렘 2:35	무죄하니 그의 **진노**가 참으로 내게서	단 8:19	이르되 **진노하시는** 때가 마친 후에 될
렘 4:26	여호와의 앞 그의 맹렬한 **진노** 앞에	단 9:27	이미 정한 종말까지 **진노**가 황폐하게
렘 7:20	보라 나의 **진노**와 분노를 이 곳과 사람	호 5:10	나의 **진노**를 그들에게 물같이 부으리라
렘 10:10	그 **진노하심**에 땅이 진동하며 그 분노	호 8:5	내 **진노**가 무리를 향하여 타오르나니
렘 10:24	너그러이 하시고 **진노**로 하지 마옵소서	호 11:9	맹렬한 **진노**를 나타내지 아니하며…네
렘 15:14	나의 **진노**의 맹렬한 불이 너희를 사르려		가운데 있는 거룩한 이니 **진노함**으로
렘 21:5	내가 든 손과 강한 팔 곧 **진노**와 분노와	호 13:11	네게 왕을 주고 **진노하므로** 폐하였노라
렘 23:20	여호와의 **진노**가 내 마음의 뜻하는 바를	호 14:4	기쁘게 그들을 사랑하리니 나의 **진노**가
렘 25:15	너는 내 손에서 이 **진노**의 술잔을 받아	욘 3:9	하나님이 뜻을 돌이키시고 그 **진노**를
렘 25:37	목장들이 여호와의 **진노하심**에 열기	미 5:15	내가 또 **진노**와 분노로 순종하지 아니한
렘 25:38	그의 극렬한 **진노**로 말미암아 그들에	미 7:9	그의 **진노**를 당하려니와 마침내 주께서

【 진노/-하다 】　　　　　　　　　　【 진동하다/진동시키다 】

미 7:18	인애를 기뻐하시므로 **진노**를 오래 품지	**진단하다**(診斷, pronounce)	
나 1:2	보복하시며 **진노하시되** 자기를…자기	레 13:59	색점의 정하고 부정한 것을 **진단하는**
	를 대적하는 자에게 **진노**를 품으시며		
나 1:6	**진노**를 감당하랴 그의 **진노**가 불처럼	**진동하다/진동시키다**(震動, tremble, shake)	
합 3:2	수년 내에 나타내시옵소서 **진노** 중에라	출 19:18	떠오르고 온 산이 크게 **진동하며**
습 2:2	여호와의 **진노**가 너희에게 내리기 전,	삿 5:4	행진하실 때에 땅이 **진동하고** 하늘이
습 3:8	나의 분노와 모든 **진노**를 쏟으려고 여러	삿 5:5	**진동하니** 저 시내 산도 이스라엘의 하
슥 1:2	조상들에게 심히 **진노하였느니라**		나님 여호와 앞에서 **진동하였도다**
슥 1:15	여러 나라들 때문에 심히 **진노하나니**	삼상 14:15	떨었으며 땅도 **진동하였으니**
슥 7:12	큰 **진노**가 만군의 여호와께로부터	삼하 22:8	이에 땅이 **진동하고** 떨며 하늘의 기초가
말 1:4	여호와의 영원한 **진노**를 받은 백성이라	왕상 1:45	즐거워하므로 성읍이 **진동하였나니**
신약		시 18:7	땅이 **진동하고** 산들의 터도 요동하였으
마 3:7	너희를 가르쳐 임박한 **진노**를 피하라	시 29:8	소리가 광야를 **진동하심이여** 여호와
눅 3:7	너희에게 일러 장차 올 **진노**를 피하라		께서 가데스 광야를 **진동시키시도다**
눅 21:23	환난과 이 백성에게 **진노**가 있겠음이로	시 60:2	땅을 **진동시키사** 갈라지게 하셨사오니
요 3:36	하나님의 **진노**가 그 위에 머물러 있느니	시 68:8	**진동하며** 하늘이 하나님 앞에서 떨어지
롬 1:18	하나님의 **진노**가 불의로 진리를 막는		며…하나님 앞에서 **진동하였나이다**
롬 2:5	**진노**의 날 곧 하나님의 의로우신 심판	시 77:16	보고 두려워하며 깊음도 **진동하였고**
	이 나타나는 그 날에 임할 **진노**를 네게	시 104:32	그가 땅을 보신즉 땅이 **진동하며** 산들을
롬 2:8	불의를 따르는 자에게는 **진노**와 분노로	잠 30:21	세상을 **진동시키며** 세상이 견딜 수 없게
롬 3:5	**진노**를 내리시는 하나님이 불의하시냐	사 2:19	여호와께서 땅을 **진동시키려고** 일어
롬 4:15	율법은 **진노**를 이루게 하나니 율법이	사 2:21	여호와께서 땅을 **진동시키려고** 일어
롬 5:9	그로 말미암아 **진노하심**에서 구원을	사 5:25	그들을 치신지라 산들은 **진동하며** 그들
롬 9:22	**진노**를 보이시고 그 능력을 알게 하고	사 13:13	하늘을 **진동시키며** 땅을 흔들어 그 자리
	자 하사 멸하기로 준비된 **진노**의 그릇을	사 14:16	이 사람이 땅을 **진동시키며** 열국을
롬 12:19	하나님의 **진노하심**에 맡기라 기록되었	사 24:18	문이 열리고 땅의 기초가 **진동함이라**
롬 13:4	악을 행하는 자에게 **진노하심**을 따라	사 64:1	강림하시고 주 앞에서 산들이 **진동하기**
롬 13:5	**진노** 때문에 할 것이 아니라 양심을	사 64:3	산들이 주 앞에서 **진동하였사오니**
엡 2:3	다른 이들과 같이 본질상 **진노**의 자녀	렘 4:24	내가 산들을 본즉 다 **진동하며** 작은
엡 5:6	하나님의 **진노**가 불순종의 아들들에게	렘 8:16	온 땅이 **진동하며** 그들이 이르러 이
골 3:6	이것들로 말미암아 하나님의 **진노**가	렘 10:10	그 **진노하심**에 땅이 **진동하며** 그 분노
계 6:16	그 어린 양의 **진노**에서 우리를 가리라	렘 47:3	달리는 병거 바퀴가 **진동하는** 소리
계 6:17	그들의 **진노**의 큰 날이 이르렀으니 누가	렘 49:21	그들이 넘어지는 소리에 땅이 **진동하며**
계 11:18	이방들이 분노하매 주의 **진노**가 내려	렘 50:46	땅이 **진동하며** 그 부르짖음이 나라들
계 14:8	음행으로 말미암아 **진노**의 포도주를	렘 51:29	땅이 **진동하며** 소용돌이치나니 이는
계 14:10	**진노**의 포도주를 마시리니 그 또한	겔 26:10	말미암아 네 성곽이 **진동할** 것이며
계 14:19	하나님의 **진노**의 큰 포도주 틀에 던지매	겔 26:15	모든 섬이 **진동하지** 아니하겠느냐 곧
계 15:1	곧 마지막 재앙이라 하나님의 **진노**가	겔 26:18	네가 무너지는 그날에 섬들이 **진동할**
계 15:7	영원토록 살아 계신 하나님의 **진노**를	겔 31:16	떨어지는 소리로 말미암아 **진동하게**
계 16:1	너희는 가서 하나님의 **진노**의 일곱 대접	욜 2:10	그 앞에서 땅이 **진동하며** 하늘이 떨며
계 16:19	그의 맹렬한 **진노**의 포도주 잔을 받으매	욜 3:16	내시리니 하늘과 땅이 **진동하리로다**
계 18:3	그 음행의 **진노**의 포도주로 말미암아	나 1:5	그로 말미암아 산들이 **진동하며** 작은
계 19:15	그 전능하신 이의 맹렬한 **진노**의 포도주	합 3:6	그가 서신즉 땅이 **진동하며** 그가 보신즉

2259

【 진리 】

학 2:6	하늘과 땅과 바다와 육지를 **진동**시킬
학 2:7	나라를 **진동**시킬 것이며 모든 나라를
학 2:21	이르라 내가 하늘과 땅을 **진동**시킬
마 27:51	둘이 되고 땅이 **진동**하며 바위가 터지고
행 4:31	빌기를 다하매 모인 곳이 **진동**하더니
히 12:26	땅을 **진동**하였거니와 이제는 약속하시 여 … 하늘도 **진동**하리라 하셨느니라
히 12:27	또 한 번이라 하심은 **진동**하지 아니하는 것을 영존하게 하기 위하여 **진동**할 것들

진리(眞理, faithfulness, truth)
구약

삼하 2:6	여호와께서 은혜와 **진리**로 너희에게
삼하 15:20	은혜와 **진리**가 너와 함께 있기를 원하노
시 25:5	**진리**로 나를 지도하시고 교훈하소서
시 25:10	증거를 지키는 자에게 인자와 **진리**로다
시 26:3	목전에 있나이다 내가 주의 **진리** 중에
시 30:9	찬송하며 주의 **진리**를 선포하리이까
시 31:5	**진리**의 하나님 여호와여 나를 속량하셨
시 40:10	인자와 **진리**를 많은 회중 가운데서
시 40:11	인자와 **진리**로 나를 항상 보호하소서
시 43:3	주의 빛과 주의 **진리**를 보내시어 나를
시 45:4	왕은 **진리**와 온유와 공의를 위하여 왕의
시 57:3	그의 인자와 **진리**를 보내시리로다
시 57:10	하늘에 미치고 주의 **진리**는 궁창에
시 60:4	깃발을 주시고 **진리**를 위하여 달게
시 61:7	인자와 **진리**를 예비하사 그를 보호하소
시 69:13	인자와 구원의 **진리**로 내게 응답하소서
시 85:10	인애와 **진리**가 같이 만나고 의와 화평이
시 85:11	**진리**는 땅에서 솟아나고 의는 하늘에서
시 86:11	내가 주의 **진리**에 행하오리니 일심으로
시 119:43	**진리**의 말씀이 내 입에서 조금도 떠나지
시 119:142	영원한 의요 주의 율법은 **진리**로소이다
시 119:151	계시오니 주의 모든 계명들은 **진리**니이
시 119:160	주의 말씀의 강령은 **진리**이오니 주의
잠 3:3	인자와 **진리**가 네게서 떠나지 말게 하고
잠 8:7	내 입은 **진리**를 말하며 내 입술은 악을
잠 12:17	**진리**를 말하는 자는 의를 나타내어도
잠 14:22	선을 도모하는 자에게는 인자와 **진리**가
잠 16:6	인자와 **진리**로 인하여 죄악이 속하게
잠 20:28	왕은 인자와 **진리**로 스스로 보호하고
잠 22:21	**진리**의 확실한 말씀을 깨닫게 하며 또 너를 보내는 자에게 **진리**의 말씀으로
잠 23:23	**진리**를 사되 팔지는 말며 지혜와 훈계와
전 12:10	**진리**의 말씀들을 정직하게 기록하였느
사 65:16	복을 구하는 자는 **진리**의 하나님을 향하여 복을 구할 것이요 … **진리**의 하나님
렘 5:1	만일 정의를 행하며 **진리**를 구하는 자를
렘 5:3	여호와여 주의 눈이 **진리**를 찾지 아니
렘 44:28	그들의 말 가운데서 누구의 말이 **진리**
단 8:12	그것이 또 **진리**를 땅에 던지며 자의로
단 9:13	우리의 죄악을 떠나고 주의 **진리**를
단 10:21	내가 먼저 **진리**의 글에 기록된 것으로
슥 8:3	예루살렘은 **진리**의 성읍이라 일컫겠으
슥 8:8	나는 **진리**와 공의로 그들의 하나님이
슥 8:16	너희는 이웃과 더불어 **진리**를 말하며
슥 8:19	너희는 **진리**와 화평을 사랑할지니라
말 2:6	그의 입에는 **진리**의 법이 있었고 그의

복음서

마 22:16	참되시고 **진리**로 하나님의 도를 가르치
막 12:14	오직 **진리**로써 하나님의 도를 가르치심
눅 20:21	오직 **진리**로써 하나님의 도를 가르치시
요 1:14	독생자의 영광이요 은혜와 **진리**가
요 1:17	**진리**는 예수 그리스도로 말미암아
요 3:21	**진리**를 따르는 자는 빛으로 오나니 이는
요 4:23	참되게 예배하는 자들은 영과 **진리**로
요 4:24	예배하는 자가 영과 **진리**로 예배할지니

"**진리**를 알지니 **진리**가 너희를 자유롭게 하리라"(요 8:32)

요 5:33	요한이 **진리**에 대하여 증언하였느니라
요 8:32	**진리**를 알지니 **진리**가 너희를 자유롭게
요 8:40	지금 하나님께 들은 **진리**를 너희에게
요 8:44	**진리**가 그 속에 없으므로 **진리**에 서지
요 8:45	내가 **진리**를 말하므로 너희가 나를 믿지
요 8:46	내가 **진리**를 말하는데도 어찌하여 나를
요 14:6	내가 곧 길이요 **진리**요 생명이니 나로
요 14:17	그는 **진리**의 영이라 세상은 능히 그를
요 15:26	곧 아버지께로부터 나오시는 **진리**의
요 16:13	그러나 **진리**의 성령이 오시면 그가 너희를 모든 **진리** 가운데로 인도하시리니

【 진리 】 　　　　　　　　　　　【 진멸/-(당)하다/-되다/-시키다 】

요 17:17	그들을 **진리**로 거룩하게 하옵소서 아버지의 말씀은 **진리**니이다	딤후 2:18	**진리**에 관하여는 그들이 그릇되었도다
요 17:19	**진리**로 거룩함을 얻게 하려 함이니이다	딤후 2:25	회개함을 주사 **진리**를 알게 하실까 하며
요 18:37	**진리**에 속한 자는 내 음성을 듣느니라	딤후 3:7	항상 배우나 끝내 **진리**의 지식에 이를
요 18:38	빌라도가 이르되 **진리**가 무엇이냐	딤후 3:8	그들도 **진리**를 대적하니 이 사람들은

서신서, 예언서

요 17:17 그들을 **진리**로 거룩하게 하옵소서 아버지의 말씀은 **진리**니이다
요 17:19 **진리**로 거룩함을 얻게 하려 함이니이다
요 18:37 **진리**에 속한 자는 내 음성을 듣느니라
요 18:38 빌라도가 이르되 **진리**가 무엇이냐

서신서, 예언서
롬 1:18 하나님의 진노가 불의로 **진리**를 막는
롬 1:25 그들이 하나님의 **진리**를 거짓 것으로
롬 2:2 하나님의 심판이 **진리**대로 되는 줄 우리
롬 2:8 오직 당을 지어 **진리**를 따르지 아니하고
롬 2:20 율법에 있는 지식과 **진리**의 모본을 가진

"예수께서 이르시되 내가 곧 길이요 진리요 생명이니 나로 말미암지 않고는 아버지께로 올 자가 없느니라"(요 14:6)

고전 13:6 불의를 기뻐하지 아니하며 **진리**와 함께
고후 4:2 오직 **진리**를 나타냄으로 하나님 앞에서
고후 6:7 **진리**의 말씀과 하나님의 능력으로 의의
고후 11:10 그리스도의 **진리**가 내 속에 있으니
고후 13:8 우리는 **진리**를 거슬러 아무 것도 할 수 없고 오직 **진리**를 위할 뿐이니
갈 2:5 이는 복음의 **진리**가 항상 너희 가운데
갈 2:14 그러므로 나는 그들이 복음의 **진리**를
갈 5:7 너희를 막아 **진리**를 순종하지 못하게
엡 1:13 안에서 너희도 **진리**의 말씀 곧 너희의
엡 4:21 **진리**가 예수 안에 있는 것같이 너희가
엡 4:24 의와 **진리**의 거룩함으로 지으심을 받은
엡 6:14 그런즉 서서 **진리**로 너희 허리띠를 띠고
골 1:5 너희가 전에 복음 **진리**의 말씀을 들은
살후 2:10 그들이 **진리**의 사랑을 받지 아니하여
살후 2:12 **진리**를 믿지 않고 불의를 좋아하는 모든
살후 2:13 성령의 거룩하게 하심과 **진리**를 믿음
딤전 2:4 모든 사람이 구원을 받으며 **진리**를 아는
딤전 2:7 믿음과 **진리** 안에서 내가 이방인의 스승
딤전 3:15 살아 계신 하나님의 교회요 **진리**의 기둥
딤전 4:3 믿는 자들과 **진리**를 아는 자들이 감사할
딤전 6:5 마음이 부패하여지고 **진리**를 잃어 버려
딤후 2:15 **진리**의 말씀을 옳게 분별하며 부끄러울

딤후 2:18 **진리**에 관하여는 그들이 그릇되었도다
딤후 2:25 회개함을 주사 **진리**를 알게 하실까 하며
딤후 3:7 항상 배우나 끝내 **진리**의 지식에 이를
딤후 3:8 그들도 **진리**를 대적하니 이 사람들은
딤후 4:4 귀를 **진리**에서 돌이켜 허탄한 이야기를
딛 1:1 믿음과 경건함에 속한 **진리**의 지식과
딛 1:14 유대인의 허탄한 이야기와 **진리**를 배반
히 10:26 우리가 **진리**를 아는 지식을 받은 후
약 1:18 자기의 뜻을 따라 **진리**의 말씀으로 우리
약 3:14 자랑하지 말라 **진리**를 거슬러 거짓말
약 5:19 너희 중에 미혹되어 **진리**를 떠난 자를
벧전 1:22 너희가 **진리**를 순종함으로 너희 영혼을
벧후 1:12 이미 있는 **진리**에 서 있으나 내가 항상
벧후 2:2 이로 말미암아 **진리**의 도가 비방을 받을
요일 1:6 어둠에 행하면 거짓말을 하고 **진리**를
요일 1:8 **진리**가 우리 속에 있지 아니할 것이요
요일 2:4 거짓말하는 자요 **진리**가 그 속에 있지
요일 2:21 **진리**를 알지 못하기 때문이 아니라 알기 때문이요 또 모든 거짓은 **진리**에서
요일 3:19 이로써 우리가 **진리**에 속한 줄을 알고
요일 4:6 우리의 말을 듣지 아니하나니 **진리**의
요일 5:6 이는 성령이시니 성령은 **진리**니라
요이 1:1 사랑하는 자요 나뿐 아니라 **진리**를 아는
요이 1:2 우리와 함께할 **진리**로 말미암음이로다
요이 1:3 예수 그리스도께로부터 **진리**와 사랑
요이 1:4 아버지께 받은 계명대로 **진리**를 행하는
요삼 1:3 **진리**를 증언하되 네가 **진리** 안에서 행한
요삼 1:4 내 자녀들이 **진리** 안에서 행한다 함을
요삼 1:8 우리로 **진리**를 위하여 함께 일하는 자가
요삼 1:12 데메드리오는 뭇 사람에게도, **진리**에게

진멸/-(당)하다/-되다/-시키다

(盡滅, destroy)

모세오경

출 32:10 그들을 **진멸하고** 너를 큰 나라가 되게
출 32:12 산에서 죽이고 지면에서 **진멸하려는**
출 33:3 길에서 너희를 **진멸할까** 염려함이니라
출 33:5 너희를 **진멸하리니** 너희는 장신구를
신 2:34 하나도 남기지 아니하고 **진멸하였고**
신 7:2 그 때에 너는 그들을 **진멸할 것이라**
신 7:16 네 눈이 긍휼히 여기지 말고 **진멸하며**
신 7:23 혼란하게 하여 마침내 **진멸하시고**

【 진멸/-(당)하다/-되다/-시키다 】　　　　　　　　　　　　　　【 진상 】

신 7:24	없이 네가 마침내 그들을 **진멸**하리라	에 4:8	또 유다인을 **진멸**하라고 수산 궁에서
신 7:26	그것과 같이 **진멸**당할까 하노라 너는	에 7:4	도륙함과 **진멸**함을 당하게 되었나이다
	그것을 멀리하며 … 그것은 **진멸**당할	에 8:5	유다인을 **진멸**하려고 꾀하고 쓴 조서를
신 13:15	모든 것과 그 가축을 칼날로 **진멸**하고	에 8:11	도륙하고 **진멸**하고 그 재산을 탈취하게
신 13:17	**진멸**할 물건을 조금도 네 손에 대지	에 9:5	모든 대적들을 쳐서 도륙하고 **진멸**하고
신 20:17	네가 **진멸**하되 네 하나님 여호와께서	에 9:6	수산에서 오백 명을 죽이고 **진멸**하고
신 28:22	재앙들이 너를 따라서 너를 **진멸**하게	에 9:24	대적 하만이 유다인을 **진멸**하기를
역사서		**시가서 - 신약**	
수 8:24	다 칼날에 엎드러지게 하여 **진멸**하기를	시 74:8	우리가 그들을 **진멸**하자 하고 이 땅에
수 8:26	아이 주민들을 **진멸**하여 바치기까지	사 34:2	**진멸**하시며 살륙당하게 하셨은즉
수 10:1	여호수아가 아이를 빼앗아 **진멸**하되	사 34:5	이것이 에돔 위에 내리며 **진멸**하시기로
수 10:28	그 중에 있는 모든 사람을 **진멸**하여	사 43:28	**진멸**당하도록 내어 주며 이스라엘이
수 10:35	모든 사람을 당일에 **진멸**하여 바쳤으니	사 54:16	내가 창조하였고 파괴하며 **진멸**하는
수 10:37	그 중의 모든 사람을 **진멸**하여 바친	사 60:12	그 백성들은 반드시 **진멸**되리라
수 10:39	그 안의 모든 사람을 **진멸**하여 바치고	렘 4:27	온 땅이 황폐할 것이나 내가 **진멸**하지는
수 10:40	호흡이 있는 모든 자는 다 **진멸**하여	렘 5:18	그 때에도 내가 너희를 **진멸**하지는
수 11:11	칼날로 쳐서 **진멸**하여 호흡이 있는 자는	렘 8:13	내가 그들을 **진멸**하리니 포도나무에
수 11:12	칼날로 쳐서 **진멸**하여 바쳤으니 여호와	렘 9:16	그들을 흩어 버리고 **진멸**되기까지 그
수 11:20	그들을 **진멸**하여 바치게 하여 은혜를	렘 25:9	주민과 사방 모든 나라를 쳐서 **진멸**하여
수 11:21	그들의 성읍들을 **진멸**하여 바쳤으므로	렘 50:21	주민을 쳐서 **진멸**하되 내가 너희에게
삿 1:17	그곳을 **진멸**하였으므로 그 성읍의 이름	렘 50:26	쌓아 올려라 그를 **진멸**하고 남기지 말라
삿 4:24	마침내 가나안 왕 야빈을 **진멸**하였더	애 3:22	무궁하시므로 우리가 **진멸**되지 아니함
삿 20:42	나온 자를 그 가운데에서 **진멸**하니라	겔 25:15	원수를 갚아 **진멸**하고자 하였도다
삿 21:11	남자와 잔 여자를 **진멸**하여 바칠 것이니	겔 25:16	끊으며 해변에 남은 자를 **진멸**하되
삼상 15:3	모든 소유를 남기지 말고 **진멸**하되	암 2:9	그 아래의 뿌리를 **진멸**하였느니라
삼상 15:8	칼로로 그의 모든 백성을 **진멸**하였으되	미 5:9	위에 들려서 네 모든 원수를 **진멸**하기를
삼상 15:9	좋은 것을 남기고 **진멸**하기를 즐겨 아	나 1:8	그곳을 **진멸**하시고 자기 대적들을 흑암
	니하고 … 하찮은 것은 **진멸**하니라	나 1:15	악인이 **진멸**되었으니 그가 다시는 네
삼상 15:15	그 외의 것은 우리가 **진멸**하였나이다	습 1:2	내가 땅 위에서 모든 것을 **진멸**하리라
삼상 15:18	가서 죄인 아말렉 사람을 **진멸**하되 다	습 1:3	짐승을 **진멸**하고 … **진멸**할 것이라
삼상 15:20	왔고 아말렉 사람들을 **진멸**하였으나	마 21:41	그들이 말하되 그 악한 자들을 **진멸**하고
왕상 22:11	이것들로 아람 사람을 찔러 **진멸**하리라	마 22:7	그 살인한 자들을 **진멸**하고 그 동네를
왕하 10:17	속한 자들을 죽여 **진멸**하였으니	막 12:9	와서 그 농부들을 **진멸**하고 포도원을
왕하 13:19	왕이 아람을 **진멸**하기까지 쳤으리이다	눅 20:16	와서 그 농부들을 **진멸**하고 포도원을
왕하 19:11	여러 나라에 행한 바 **진멸**한 일을 네가		
대상 2:7	**진멸**시킬 물건을 범하여 이스라엘이	**진문**(陣門, entrance to the camp)	
대상 4:41	모우님 사람을 쳐서 **진멸**하고 대신하여	출 32:26	모세가 **진문**에 서서 이르되 누구든지
대하 18:10	아람을 찔러 **진멸**하리라 하셨고		
대하 20:23	일어나 세일 산 주민들을 쳐서 **진멸**하고	**진보**(進步, progress)	
대하 22:10	집의 왕국의 씨를 모두 **진멸**하였으나	빌 1:25	내가 살 것과 너희 믿음의 **진보**와 기쁨
대하 32:14	내 조상들이 **진멸**한 모든 나라의 그		
에 3:9	조서를 내려 그들을 **진멸**하소서 내가	**진상**(眞相, wisdom, true meaning, truth)	
에 3:13	죽이고 도륙하고 **진멸**하고 또 그 재산을	욥 32:13	말하기를 우리가 **진상**을 파악했으나

【 진설병 】　　　　　　　　　　　　　　　　　　　　　【 진실/-하다/-히 】

단 7:16　이 모든 일의 **진상**을 물으매 그가 내게
행 21:34　천부장이 소동으로 말미암아 **진상**을
행 22:30　일로 그를 고발하는지 **진상**을 알고자

진설병(consecrated bread, Shewbread)
출 25:30　상 위에 **진설병**을 두어 항상 내 앞에 있게
출 35:13　상과 그 채와 그 모든 기구와 **진설병**과
출 39:36　상과 그 모든 기구와 **진설병**과
민 4:7　**진설병**의 상에 청색 보자기를 펴고
삼상 21:6　거기는 **진설병** 곧 여호와 앞에서
왕상 7:48　만들었으니 곧 금단과 **진설병**의 금상과
대상 23:29　또 **진설병**과 고운 가루의 소제물 곧
대상 28:16　**진설병**의 각 상을 만들 금의 무게를
대하 4:19　만들었으니 곧 금 제단과 **진설병** 상들과
대하 13:11　또 깨끗한 상에 **진설병**을 놓고 또 금
느 10:33　곧 **진설병**과 항상 드리는 소제와 항상
마 12:4　먹어서는 안 되는 **진설병**을 먹지 아니
막 2:26　제사장 외에는 먹어서는 안 되는 **진설병**
눅 6:4　제사장 외에는 먹어서는 안 되는 **진설병**
히 9:2　그 안에 등잔대와 상과 **진설병**이 있으니

진설하다(陳設, set out)
출 40:4　상을 들여놓고 그 위에 물품을 **진설하고**
출 40:23　여호와 앞 그 상 위에 떡을 **진설하니**
레 24:6　두 줄로 한 줄에 여섯씩 **진설하고**
레 24:8　이 떡을 여호와 앞에 항상 **진설할지니**
민 4:7　그 위에 두고 또 항상 **진설하는** 떡을
대상 9:32　어떤 자는 **진설하는** 떡을 맡아 안식일
대하 29:18　그 모든 그릇들과 떡을 **진설하는** 상과
에 1:6　백석, 운모석, 흑석을 깐 땅에 **진설하고**

진수성찬(珍羞盛饌, delicacy-NIV, dainty-KJV)
시 141:4　말게 하시며 그들의 **진수성찬**을 먹지

진술하다(陳述, tell, prepare)
창 24:33　내가 내 일을 **진술하기** 전에는 먹지
출 19:7　그 모든 말씀을 그들 앞에 **진술하니**
신 30:1　내가 네게 **진술한** 모든 복과 저주가

슥 4:7　아람 방언으로 써서 **진술하였더라**
욥 13:18　보라 내가 내 사정을 **진술하였거니와**
욥 33:5　내게 대답하고 내 앞에 **진술하라**
시 142:2　내 우환을 그의 앞에 **진술하는도다**
잠 29:24　저주를 들어도 **진술하지** 아니하느니라
사 41:22　장차 당할 일을 우리에게 **진술하라** 또
사 45:21　너희는 알리며 **진술하고** 또 함께 의논
단 7:1　기록하며 그 일의 대략을 **진술하니라**
단 7:2　다니엘이 **진술하여** 이르되 내가 밤에

진실/-하다/-히(眞實, faithfulness, truth)
창 24:49　이제 당신들이 인자함과 **진실함**으로
창 32:10　**진실하심**을 조금도 감당할 수 없사오나
창 42:15　너희는 이같이 하여 너희 **진실함**을 증명
창 42:16　너희 중에 **진실**이 있는지 보리라 바로의
창 42:20　그러면 너희 말이 **진실함**이 되고 너희가
출 18:21　하나님을 두려워하며 **진실하며** 불의한
출 34:6　더디하고 인자와 **진실**이 많은 하나님이
신 32:4　그의 모든 길이 정의롭고 **진실하고** 거짓
신 32:20　그들은 심히 패역한 세대요 **진실**이 없는
수 2:14　이 땅을 주실 때에는 인자하고 **진실하게**
수 24:14　온전함과 **진실함**으로 그를 섬기라 너희
삿 9:16　행한 것이 과연 **진실하고** 의로우냐
삿 9:19　그의 집을 대접한 것이 **진실하고** 의로운
삼상 12:24　너희의 마음을 다하여 **진실히** 섬기라
삼하 22:31　여호와의 말씀은 **진실하니** 그는 자기
왕상 2:4　성품을 다하여 **진실히** 내 앞에서 행하면
왕상 17:24　여호와의 말씀이 **진실한** 줄 아노라 하니
왕상 22:16　여호와의 이름으로 **진실한** 것으로만
왕하 10:15　**진실함**과 같이 네 마음도 **진실하냐** 하니
왕하 20:3　여호와여 구하오니 내가 **진실과** 전심
왕하 20:19　내가 사는 날에 태평과 **진실**이 있을진대
왕하 22:7　말지니 이는 그들이 **진실하게** 행함이니
대하 9:5　지혜에 대하여 들은 소문이 **진실하도다**
대하 18:15　여호와의 이름으로 **진실한** 것 이외에는
대하 19:9　너희는 **진실과** 성심을 다하여 여호와를
대하 31:20　여호와 보시기에 선과 정의와 **진실함**으
느 9:33　주께서는 **진실하게** 행하셨음이니이다
에 9:30　화평하고 **진실한** 말로 편지를 써서
욥 33:3　내 말이며 내 입술이 아는 바가 **진실을**
시 15:2　공의를 실천하며 그의 마음에 **진실을**
시 19:9　여호와의 법도 **진실하여** 다 의로우니
시 31:23　여호와를 사랑하라 여호와께서 **진실한**

【 진실/-하다/-히 】　　　　　　　　　　　　　　　　【 진액 】

시 33:4	그가 행하시는 일은 다 **진실하시도다**		고후 8:8	너희의 사랑의 **진실함**을 증명하고자
시 36:5	하늘에 있고 주의 **진실하심**이 공중에		고후 9:13	너희가 그리스도의 복음을 **진실히** 믿고
시 51:6	주께서는 중심이 **진실함**을 원하시오니		고후 11:3	마음이 그리스도를 향하는 **진실함**과
시 86:15	인자와 **진실**이 풍성하신 하나님이시오		엡 5:9	열매는 모든 착함과 의로움과 **진실함**에
시 89:14	주의 보좌의 기초라 인자함과 **진실함**이		엡 6:21	주 안에서 **진실한** 일꾼인 두기고가 모든
시 91:4	**진실함**은 방패와 손 방패가 되시나니		빌 1:10	**진실하여** 허물 없이 그리스도의 날까지
시 96:13	**진실하심**으로 백성을 심판하시리로다		빌 2:20	너희 사정을 **진실히** 생각할 자가 이밖에
시 108:4	하늘보다 높으시며 주의 **진실**은 궁창에		벧후 3:1	이 두 편지로 너희의 **진실한** 마음을
시 111:7	그의 손이 하는 일은 **진실**과 정의이며		요일 3:18	사랑하지 말고 행함과 **진실함**으로 하자
시 111:8	영원무궁토록 정하신 바요 **진실**과 정의		계 3:7	거룩하고 **진실하사** 다윗의 열쇠를
시 115:1	오직 주는 인자하시고 **진실하시므로**		계 17:14	부르심을 받고 택하심을 받은 **진실한**
시 117:2	여호와의 **진실하심**이 영원함이로다		계 19:11	그 이름은 충신과 **진실**이라 그가 공의로
시 143:1	귀를 기울이시고 주의 **진실**과 의로 내게			
시 145:18	**진실하게** 간구하는 모든 자에게 가까이		**진실로**(眞實, surely)	
시 146:6	그 중의 만물을 지으시며 영원히 **진실함**		민 14:21	**진실로** 내가 살아 있는 것과 여호와의
잠 12:19	**진실한** 입술은 영원히 보존되거니와		신 32:31	**진실로** 그들의 반석이 우리의 반석과
잠 12:22	미움을 받아도 **진실하게** 행하는 자는		수 2:24	여호수아에게 이르되 **진실로** 여호와께
잠 14:25	**진실한** 증인은 사람의 생명을 구원하여		마 5:18	**진실로** 너희에게 이르노니 천지가
잠 25:19	환난 날에 **진실하지** 못한 자를 의뢰하는		계 22:20	내가 **진실로** 속히 오리라 하시거늘 아멘
사 8:2	내가 **진실한** 증인 제사장 우리야와			
사 10:20	거룩하신 이 여호와를 **진실하게** 의지하		🕮 진실로 – 기타 본문	
사 25:1	옛적에 정하신 뜻대로 성실함과 **진실함**		삼상 15:32; 20:3; 25:21; 삼하 15:21; 욥 9:2;	
사 38:3	내가 주 앞에서 **진실**과 전심으로 행하며		34:12; 36:4; 시 32:6; 36:9; 37:9; 39:5, 6; 58:11;	
사 48:1	하나님을 기념하면서도 **진실**이 없도다		68:16; 76:10; 85:9; 116:16; 140:13; 잠 3:34; 사	
사 57:1	**진실한** 이들이 거두어 감을 당할지라도		22:14; 42:3; 45:15; 렘 3:23; 4:10; 15:11; 26:15;	
사 59:4	**진실하게** 판결하는 자도 없으며 허망한		28:9; 51:14; 겔 36:5; 마 5:26; 6:2, 5, 16; 8:10;	
렘 4:2	**진실**과 정의와 공의로 여호와의 삶을		10:15, 23, 42; 11:11; 13:17; 14:33; 16:28;	
렘 7:28	교훈을 받지 아니하는 민족이라 **진실**이		17:20; 18:3, 13, 18, 19; 19:23, 28; 21:21, 31;	
렘 9:3	그들이 이 땅에서 강성하나 **진실하지**		23:36; 24:2, 34, 47; 25:12, 40, 45; 26:13, 21, 34,	
렘 9:5	그들은 각기 이웃을 속이며 **진실**을		73; 27:54; 막 3:28; 8:12; 9:1, 41; 10:15, 29;	
렘 33:6	평안과 **진실**이 풍성함을 그들에게		11:23; 12:43; 13:30; 14:9, 18, 25, 30; 15:39; 눅	
렘 42:5	여호와께서는 우리 가운데 **진실하고**		4:24; 12:37; 18:17, 29; 21:32; 23:43; 요 1:51;	
겔 18:8	아니하며 사람과 사람 사이에 **진실하게**		3:3, 5, 11; 5:19, 24, 25; 6:26, 32, 47, 53; 8:34,	
겔 18:9	내 규례를 지켜 **진실하게** 행할진대 그는		51, 58; 10:1, 7; 12:24; 13:16, 20, 21, 38; 14:12;	
단 4:37	**진실하고** 그의 행하심이 의로우시므로		16:20, 23; 21:18; 행 28:4; 롬 3:29; 살전 2:13	
호 2:20	**진실함**으로 네게 장가 들리니 네가			
호 4:1	이 땅에는 **진실**도 없고 인애도 없고		**진심**(眞心, all heart)	
슥 7:9	너희는 **진실한** 재판을 행하며 서로 인애		삿 16:17	삼손이 **진심**을 드러내어 그에게 이르되
슥 8:16	너희 성문에서 **진실하고** 화평한 재판을		삿 16:18	삼손이 **진심**을 … 삼손이 내게 **진심**을
슥 10:2	복술자는 **진실하지** 않은 것을 보고 거짓		렘 3:10	그의 반역한 자매 유다가 **진심**으로 내게
롬 15:8	그리스도께서 하나님의 **진실하심**을			
고전 5:8	누룩이 없이 오직 순전함과 **진실함**의		**진액**(津液, strength, nourishing sap)	
고후 1:12	하나님의 거룩함과 **진실함**으로 행하되		시 32:4	나를 누르시오니 내 **진액**이 빠져서

【 진언자 】   【 진영 】

| 시 92:14 | 여전히 결실하며 **진액**이 풍족하고 |
| 롬 11:17 | 참감람나무 뿌리의 **진액**을 함께 받는 |

진언자(who casts spell–NIV, charmer–KJV)
| 신 18:11 | **진언자**나 신접자나 박수나 초혼자를 |

진영(陣營, camp)
모세오경
레 4:12	송아지의 전체를 **진영** 바깥 재 버리는
레 4:21	그 수송아지를 **진영** 밖으로 가져다가
레 6:11	옷을 입고 그 재를 **진영** 바깥 정결한
레 8:17	고기와 똥은 **진영** 밖에서 불살랐으니
레 9:11	고기와 가죽을 **진영** 밖에서 불사르니라
레 10:4	형제들을 성소 앞에서 **진영** 밖으로 메고
레 10:5	옷 입은 채 **진영** 밖으로 메어 내니
레 13:46	부정한즉 혼자 살되 **진영** 밖에서 살지니
레 14:3	제사장은 **진영**에서 나가 진찰할지니
레 14:8	그 후에 **진영**에 들어올 것이나 자기
레 16:26	몸을 씻은 후에 **진영**에 들어갈 것이며
레 16:28	몸을 씻은 후에 **진영**에 들어갈지니라
레 17:3	염소를 **진영** 안에서 잡든지 **진영** 밖에서
레 24:10	이스라엘 사람과 **진영** 중에서 싸우다가
레 24:14	저주한 사람을 **진영** 밖으로 끌어내어
레 24:23	그 저주한 자를 **진영** 밖으로 끌어내어
민 1:3	모든 자를 너와 아론은 그 **진영**별로
민 1:52	그 **진영**별로 각각 그 **진영**과 군기 곁에
민 2:2	이스라엘 자손은 각각 자기의 **진영**을
민 2:3	그 **진영**별로 유다의 **진영**의 군기에 속한
민 2:9	유다 **진영**에 속한 군대대로 계수된 군인
민 2:10	남쪽에는 르우벤 군대 **진영**의 군기가
민 2:16	르우벤 **진영**에 속하여 계수된 군인은
민 2:17	레위인의 **진영**과 함께 모든 **진영**의
민 2:18	서쪽에는 에브라임의 군대의 **진영**의
민 2:24	에브라임 **진영**에 속하여 계수된 군인은
민 2:25	단 군대 **진영**의 군기가 있을 것이라
민 2:31	단의 **진영**에 속하여 계수함을 받은 군인
민 2:32	모든 **진영**의 군인 곧 계수된 자의 총계
민 4:5	**진영**이 전진할 때에 아론과 그의 아들
민 4:15	**진영**을 떠날 때에 아론과 그의 아들들이
민 5:2	부정하게 된 자를 다 **진영** 밖으로
민 5:3	다 **진영** 밖으로 내보내어 그들이 **진영**을 더럽히게 하지 말라 내가 그 **진영**
민 5:4	**진영** 밖으로 내보냈으니 곧 여호와께서

민 9:18	성막 위에 머무는 동안에는 그들이 **진영**
민 9:20	여호와의 명령을 따라 **진영**에 머물고
민 9:22	이스라엘 자손이 **진영**에 머물고 행진하
민 10:2	그것으로 회중을 소집하며 **진영**을 출발
민 10:5	그것을 크게 불 때에는 동쪽 **진영**들이
민 10:6	두 번째로 크게 불 때에는 남쪽 **진영**들
민 10:14	유다 자손의 **진영**의 군기에 속한 자들이 그들의 **진영**별로 행진하였으니
민 10:18	다음으로 르우벤 **진영**의 군기에 속한 자들이 그들의 **진영**별로 출발하였으니
민 10:22	에브라임 자손 **진영**의 군기에 속한 자들이 그들의 **진영**별로 행진하였으니
민 10:25	단 자손 **진영**의 군기에 … 그들의 **진영**별로 … **진영**의 마지막 **진영**이었더라
민 10:34	그들이 **진영**을 떠날 때에 낮에는 여호와
민 11:1	그들 중에 붙어서 **진영** 끝을 사르게
민 11:9	밤에 이슬이 **진영**에 내릴 때에 만나도
민 11:26	**진영**에 머물고 장막에 나아가지 … 영이 임하였으므로 **진영**에서 예언한지라
민 11:31	**진영** 곁 이쪽저쪽 곧 **진영** 사방으로
민 11:32	자기들을 위하여 **진영** 사면에 펴 두었더라
민 12:14	**진영** 밖에 이레 동안 가두고 그 후에
민 12:15	미리암이 **진영** 밖에 이레 동안 갇혀
민 13:19	사는 성읍이 **진영**인지 산성인지와
민 14:44	모세는 **진영**을 떠나지 아니하였더라
민 15:35	회중이 **진영** 밖에서 돌로 그를 칠지니라
민 15:36	회중이 곧 그를 **진영** 밖으로 끌어내고
민 19:3	그는 그것을 **진영** 밖으로 끌어내어서
민 19:7	몸을 씻은 후에 **진영**에 들어갈 것이라
민 19:9	암송아지의 재를 거두어 **진영** 밖 정한
민 31:12	평지의 **진영**에 이르러 모세와 제사장
민 31:13	회중의 지도자들이 다 **진영** 밖에 나가서
민 31:19	이레 동안 **진영** 밖에 주둔하라 누구든지
민 31:24	깨끗하게 한 후에 **진영**에 들어올지니라
민 33:49	모압 평지의 **진영**이 벧여시못에서부터
신 2:14	맹세하신 대로 **진영** 중에서 다 멸망하였
신 2:15	손으로 그들을 치사 **진영** 중에서 멸하신
신 23:10	**진영** 밖으로 나가고 **진영** 안에 들어오지
신 23:12	네 **진영** 밖에 변소를 마련하고 그리로
신 23:14	**진영** 중에 행하심이라 그러므로 네 **진영**

역사서 – 선지서
| 수 6:11 | **진영**으로 들어와서 **진영**에서 자니라 |
| 수 6:14 | 그 성을 한 번 돌고 **진영**으로 돌아오니라 |

【 진영 】 　　　　　　　　　　　　　　　　　　　　　　　　　　　　　【 진주 】

수 6:18	이스라엘 **진영**으로 바치는 것이 되게
수 6:23	이끌어 내어 그들을 이스라엘의 **진영**
수 9:6	길갈 **진영**으로 가서 여호수아에게
수 10:6	기브온 사람들이 길갈 **진영**에 사람을
수 10:15	온 이스라엘과 더불어 길갈 **진영**으로
수 10:21	백성이 평안히 막게다 **진영**으로 돌아와
수 10:43	온 이스라엘과 더불어 길갈 **진영**으로
수 18:9	실로 **진영**에 돌아와 여호수아에게
삿 7:1	미디안의 **진영**은 그들의 북쪽이요 모레
삿 7:8	미디안 **진영**은 그 아래 골짜기 가운데에
삿 7:9	기드온에게 이르시되 일어나 **진영**으로
삿 7:10	네 부하 부라와 함께 그 **진영**으로 내려
삿 7:11	네 손이 강하여져서 그 **진영**으로 내려
…	군대가 있는 **진영** 근처로 내려간즉
삿 7:13	보리떡 한 덩어리가 미디안 **진영**으로
삿 7:14	모든 **진영**을 그의 손에 넘겨주셨느니라
삿 7:15	이스라엘 **진영**으로 돌아와 이르되 일
	어나라 … 그 모든 **진영**을 너희 손에
삿 7:17	**진영** 근처에 이르러서 내가 하는 대로
삿 7:18	**진영** 주위에서 나팔을 불며 이르기를
삿 7:19	**진영** 근처에 이른즉 바로 파수꾼들을
삿 7:21	**진영**을 에워싸매 그 온 **진영**의 군사들이
삿 7:22	여호와께서 그 온 **진영**에서 친구끼리
삿 8:12	살문나를 사로잡고 그 온 **진영**을 격파
삿 21:8	한 사람도 **진영**에 이르러 총회에 참여
삿 21:12	그들을 실로 **진영**으로 데려오니 이 곳은
삼상 4:3	백성이 **진영**으로 돌아오매 이스라엘
삼상 4:5	여호와의 언약궤가 **진영**에 들어올 때에
삼상 4:6	히브리 **진영**에서 큰 소리로 외침은 어찌
…	여호와의 궤가 **진영**에 들어온 줄을
삼상 4:7	신이 **진영**에 이르렀도다 하고 또 이르되
삼상 4:12	어떤 베냐민 사람이 **진영**에서 달려나와
삼상 13:17	세 대로 블레셋 사람들의 **진영**에서
삼상 14:15	들에 있는 **진영**과 모든 백성이 공포에
삼상 14:19	블레셋 사람들의 **진영**에 소동이 점점
삼상 14:21	블레셋 사람들과 함께 **진영**에 들어왔더
삼상 17:4	사람들의 **진영**에서 싸움을 돋우는 자가
삼상 17:17	**진영**으로 속히 가서 네 형들에게 주고
삼상 17:20	명령한 대로 가지고 가서 **진영**에 이른즉
삼상 17:53	돌아와서 그들의 **진영**을 노략하였고
삼상 26:5	사울이 **진영** 가운데에 누웠고 백성은
삼상 26:6	나와 더불어 **진영**에 내려가서 사울에게
삼상 26:7	사울이 **진영** 가운데 누워 자고 창은

삼하 1:2	한 사람이 사울의 **진영**에서 나왔는데
삼하 1:3	이스라엘 **진영**에서 도망하여 왔나이다
삼하 23:16	용사가 블레셋 사람의 **진영**을 돌파하고
왕상 20:12	신하들에게 이르되 너희는 **진영**을 치라
	하매 곧 성읍을 향하여 **진영**을 치니라
왕상 20:27	그들 앞에 **진영**을 치니 이스라엘 자손은
왕상 20:29	**진영**이 서로 대치한 지 칠 일이라 일곱
왕하 7:5	해 질 무렵에 일어나 아람 **진영** 끝에
왕하 7:7	그 장막과 말과 나귀를 버리고 **진영**을
왕하 7:8	그 나병환자들이 **진영** 끝에 이르자 한
왕하 7:12	그 **진영**을 떠나서 들에 매복하고 스스로
왕하 7:16	백성들이 나가서 아람 사람의 **진영**을
왕하 19:35	앗수르 **진영**에서 군사 십팔만 오천 명을
대상 9:18	곧 레위 자손의 **진영**의 문지기이며
대상 9:19	여호와의 **진영**을 맡고 출입문을 지켰으
대상 11:16	블레셋 사람들의 **진영**은 베들레헴에
대상 12:33	능히 **진영**에 나아가서 싸움을 잘하는
대상 12:36	아셀 중에서 능히 **진영**에 나아가서 싸움을
대하 27:4	수풀 가운데에 견고한 **진영**들과 망대를
대하 32:21	앗수르 왕의 **진영**에서 모든 큰 용사와
시 106:16	**진영**에서 모세와 여호와의 거룩한 자
욜 2:11	**진영**은 심히 크고 그의 명령을 행하는
암 4:10	**진영**의 악취로 코를 찌르게 하였으나

진전(進展, advance, furtherance)

| 빌 1:12 | 도리어 복음 전파에 **진전**이 된 줄을 |

진정/~하다(眞情, true, indeed)

삼하 14:5	나는 **진정**으로 과부니이다 남편은 죽고
느 9:13	정직한 규례와 **진정한** 율법과 선한 율례
렘 40:16	이스마엘에 대하여 한 말은 **진정**이

진정하다/진정시키다(鎭靜, still, quiet)

| 시 65:7 | 만민의 소요까지 **진정하시나이다** |
| 행 19:35 | 무리를 **진정시키고** 이르되 에베소 사람 |

진주(眞珠, resin, coral, ruby, pearl)

민 11:7	만나는 깟씨와 같고
	모양은 **진주**와 같은 것이라
욥 28:18	**진주**와 벽옥으로도 비길 수 없나니 지혜의
잠 3:15	지혜는 **진주**보다 귀하니 네가 사모하는
잠 8:11	지혜는 **진주**보다 나으므로 원하는 모든

【 진중 】 【 진흙 】

잠 20:15 금도 있고 **진주**도 많거니와 지혜로운
잠 31:10 얻겠느냐 그의 값은 **진주**보다 더 하니라
마 7:6 너희 **진주**를 돼지 앞에 던지지 말라
마 13:45 천국은 마치 좋은 **진주**를 구하는 장사와
마 13:46 값진 **진주** 하나를 발견하매 가서 자기
　　　　　의 소유를 다 팔아 그 **진주**를 사느니라
딤전 2:9 땋은 머리와 금이나 **진주**나 값진 옷으로
계 17:4 보석과 **진주**로 꾸미고 손에 금 잔을
계 18:12 상품은 금과 은과 보석과 **진주**와 세마포
계 18:16 붉은 옷을 입고 금과 보석과 **진주**로
계 21:21 열두 **진주**니 각 문마다 한 개의 **진주**로

진중(陣中, in the camp)
출 19:16 나팔 소리가 매우 크게 들리니 **진중**에
출 32:17 모세에게 말하되 **진중**에서 싸우는 소리
출 36:6 그들이 **진중**에 공포하여 이르되 남녀를
민 11:27 엘닷과 메닷이 **진중**에서 예언하나이다
민 11:30 모세와 이스라엘 장로들이 **진중**으로
신 29:11 너희의 아내와 및 네 **진중**에 있는 객과
수 1:11 **진중**에 두루 다니며 그 백성에게 명령
수 3:2 사흘 후에 관리들이 **진중**으로 두루
수 5:8 백성이 **진중** 각 처소에 머물며 낫기를
삼상 4:16 **진중**에서 나온 자라 내가 오늘 **진중**에서
삼상 29:6 함께 **진중**에 출입하는 것이 내 생각에는
왕상 22:36 해가 질 녘에 **진중**에서 외치는 소리가
대하 18:33 손을 돌려 나를 **진중**에서 나가게 하라
시 78:28 그가 그것들을 그들의 **진중**에 떨어지게
사 37:36 **진중**에서 십팔만 오천인을 쳤으므로

진찰하다(診察, examine)
레 13:3 피부의 병을 **진찰할지니** 환부의 털이
　　　　희어졌고 … 제사장이 그를 **진찰하여**
레 13:5 이레 만에 제사장이 그를 **진찰할지니**
레 13:6 이레 만에 제사장이 또 **진찰할지니** 그
레 13:8 제사장은 **진찰할지니** 그 병이 피부에
레 13:10 제사장은 **진찰할지니** 피부에 흰 점이
레 13:13 그가 **진찰할** 것이요 나병이 과연 그의
레 13:15 제사장이 생살을 **진찰하고** 그를 부정하
레 13:17 제사장은 그를 **진찰하여서** 그 환부가
레 14:3 진영에서 나가 **진찰할지니** 그 환자에게

🔖 진찰하다 – 기타 본문
레 13:20, 21, 25, 27, 30, 32, 34, 36, 39, 43, 50

진창(mud)
렘 38:6 **진창**뿐이므로 예레미야가 **진창** 속에

진척되다(進陟, progress)
대하 24:13 수리하는 공사가 점점 **진척되므로**

진토(塵土, dust)
삼상 2:8 가난한 자를 **진토**에서 일으키시며 빈궁
욥 40:13 그들을 함께 **진토**에 묻고 그들의 얼굴을
시 22:15 또 나를 죽음의 **진토** 속에 두셨나이다
시 22:29 **진토** 속으로 내려가는 자 곧 자기 영혼
시 30:9 **진토**가 어떻게 주를 찬송하며 주의 진리
시 44:25 우리 영혼은 **진토** 속에 파묻히고 우리
시 119:25 영혼이 **진토**에 붙었사오니 주의 말씀대
잠 8:26 하나님이 아직 땅도, 들도, 세상 **진토**
사 2:10 바위 틈에 들어가며 **진토**에 숨어 여호와
사 25:12 높은 요새를 헐어 땅에 내리시되 **진토**
사 26:5 솟은 성을 헐어 땅에 엎으시되 **진토**

진통/–하다(陣痛, pain, in labor)
사 66:7 시온은 **진통**을 하기 전에 해산하며
사 66:8 그러나 시온은 **진통하는** 즉시 그 아들을
렘 49:22 그 날에 에돔 용사의 마음이 **진통하는**
렘 50:43 해산하는 여인처럼 **진통하는도다**

진펄(marsh, swamp)
욥 8:11 왕골이 **진펄** 아닌 데서 크게 자라겠으며
겔 47:11 그 **진펄**과 개펄은 되살아나지 못하고

진하다(津, more pleasing)
아 4:10 네 사랑은 포도주보다 **진하고** 네 기름의

진행하다(進行, travel, march)
출 13:21 비추사 낮이나 밤이나 **진행하게** 하시니
삿 5:4 에돔 들에서부터 **진행하실** 때에 땅이
렘 9:3 악에서 악으로 **진행하며** 또 나를 알지
행 9:31 경외함과 성령의 위로로 **진행하여** 수가

진홍(眞紅, crimson)
사 1:18 **진홍**같이 붉을지라도 양털같이 희게

진흙(mud, clay)
창 11:3 대신하며 역청으로 **진흙**을 대신하고

【 진흙하다 】　　　　　　　　　　　　　　　　　　　　　　　【 질병 】

삼하 22:43 거리의 **진흙**같이 밟아 헤쳤나이다
대하 4:17 숙곳과 스레다 사이의 **진흙**에 그것들을
욥 27:16 티끌같이 쌓고 의복을 **진흙**같이 준비할
욥 30:19 하나님이 나를 **진흙** 가운데 던지셨고
욥 38:14 땅이 변하여 **진흙**에 인친 것같이 되었고
욥 41:30 그것이 지나갈 때는 **진흙** 바닥에 도리깨
시 18:42 거리의 **진흙**같이 쏟아 버렸나이다
사 10:6 그들을 길거리의 **진흙**같이 짓밟게 하려
사 29:16 토기장이를 어찌 **진흙**같이 여기겠느냐
사 41:25 토기장이가 **진흙**을 밟음같이 하리니
사 45:9 화 있을진저 **진흙**이 토기장이에게 너는
사 57:20 물이 **진흙**과 더러운 것을 늘 솟구쳐
사 64:8 우리는 **진흙**이요 주는 토기장이시니
렘 18:4 **진흙**으로 만든 그릇이 토기장이의 손에
렘 18:6 이스라엘 족속아 **진흙**이 토기장이의
렘 38:22 발이 **진흙**에 빠짐을 보고 물러 갔도다
렘 43:9 대문의 벽돌로 쌓은 축대에 **진흙**으로
단 2:33 얼마는 쇠요 얼마는 **진흙**이었나이다
단 2:34 돌이 나와서 신상의 쇠와 **진흙**의 발을
단 2:35 그 때에 쇠와 **진흙**과 놋과 은과 금이
단 2:41 토기장이의 **진흙**이요 얼마는 쇠인 것을
보셨은즉 … 왕께서 쇠와 **진흙**이 섞인
단 2:42 발가락이 얼마는 쇠요 얼마는 **진흙**인즉
단 2:43 왕께서 쇠와 **진흙**이 섞인 것을 보셨은즉
그들이 … 쇠와 **진흙**이 합하지 않음과
단 2:45 쇠와 놋과 **진흙**과 은과 금을 부서뜨린
미 7:10 그가 거리의 **진흙**같이 밟히리니 그러고
나 3:14 **진흙**에 들어가서 흙을 밟아 벽돌 가마를
슥 9:3 은을 티끌같이, 금을 거리의 **진흙**같이
슥 10:5 거리의 **진흙** 중에 원수를 밟을 것이라
요 9:6 땅에 침을 뱉어 **진흙**을 이겨 그의 눈에
요 9:11 그 사람이 **진흙**을 이겨 내 눈에 바르고
요 9:14 예수께서 **진흙**을 이겨 눈을 뜨게 하신
요 9:15 그 사람이 **진흙**을 내 눈에 바르매 내가
롬 9:21 토기장이가 **진흙** 한 덩이로 하나는 귀히

진흥하다(振興, exalt)
잠 11:11 정직한 자의 축복으로 인하여 **진흥하고**

질고(疾苦, suffering, infirmity)
사 53:3 간고를 많이 겪었으며 **질고**를 아는 자라
사 53:4 실로 우리의 **질고**를 지고 우리의 슬픔을
사 53:10 상함을 받게 하시기를 원하사 **질고**를

질그릇(clay pot)
레 11:33 그것 중 어떤 것이 어느 **질그릇**에 떨어지면
레 14:5 그 새 하나는 흐르는 물 위 **질그릇** 안에서
레 14:50 하나를 흐르는 물 위 **질그릇** 안에서
레 15:12 유출병이 있는 자가 만진 **질그릇**은
삼하 17:28 침상과 대야와 **질그릇**과 밀과 보리와
욥 2:8 욥이 재 가운데 앉아서 **질그릇** 조각을
시 2:9 깨뜨림이여 **질그릇**같이 부수리라
시 22:15 내 힘이 말라 **질그릇** 조각 같고 내 혀가
사 45:9 **질그릇** 조각 중 한 조각 같은 자가 자기
고후 4:7 우리가 이 보배를 **질그릇**에 가졌으니
딤후 2:20 나무 그릇과 **질그릇**도 있어 귀하게 쓰는
계 2:27 그들을 다스려 **질그릇** 깨뜨리는 것과

질리다(face turned, terrified)
렘 30:6 모든 얼굴이 겁에 **질려** 새파래졌는가
렘 51:32 불탔으며 군사들이 겁에 **질렸더이다**
욜 2:6 그 앞에서 백성들이 **질리고**, 무리의

질문/-하다(質問, question)
창 43:7 자세히 **질문하여** 이르기를 너희 아버지
대하 9:1 명성을 듣고 와서 어려운 **질문**으로
시 35:11 내가 알지 못하는 일로 내게 **질문하며**
렘 12:1 내가 주께 **질문하옵나니** 악한 자의 길이
합 2:1 기다리고 바라보며 나의 **질문**에 대하여
행 4:9 받았느냐고 오늘 우리에게 **질문한다면**

질병(疾病, disease, plague)
출 15:26 애굽 사람에게 내린 모든 **질병** 중 하나
출 30:12 그것을 계수할 때에 그들 중에 **질병**이
신 7:15 여호와께서 또 모든 **질병**을 네게서 멀리
신 28:59 재앙이 크고 오래고 그 **질병**이 중하고
신 28:60 애굽의 모든 **질병**을 네게로 가져다가
신 28:61 기록하지 아니한 모든 **질병**과 모든 재앙
신 29:22 그 땅에 유행시키시는 **질병**을 보며
신 32:24 더위와 독한 **질병**에 삼켜질 것이라
왕상 8:37 무슨 재앙이나 무슨 **질병**이 있든지 막론
대하 6:28 무슨 재앙이나 무슨 **질병**이 있거나를
욥 18:13 **질병**이 그의 피부를 삼키니 곧 사망의
전 5:17 근심과 **질병**과 분노가 그에게 있느니라
렘 6:7 탈취가 거기에서 들리며 **질병**과 살상이

【 질서 】   【 짐 】

눅 7:21   마침 그 때에 예수께서 **질병**과 고통과
　　　　　
질서(秩序, order)
고전 14:40 모든 것을 품위 있게 하고 **질서** 있게
골 2:5   너희가 **질서** 있게 행함과 그리스도를

> '무질서'와 관련된 성구
> 고전 14:33; 살후 3:7

질투/-심/-하다(嫉妬, jealous, envy)
출 20:5   하나님 여호와는 **질투하는** 하나님인즉
출 34:14 여호와는 **질투**라 이름하는 **질투**의
레 18:18 그의 하체를 범하여 그로 **질투하게** 하지
민 25:11 **질투심**으로 **질투하여** 이스라엘 자손 중
　　　　　에서 내 노를 돌이켜서 내 **질투심**으로
민 25:13 하나님을 위하여 **질투하여** 이스라엘
신 4:24   소멸하는 불이시요 **질투하시는** 하나님
신 5:9   하나님 여호와는 **질투하는** 하나님인즉
신 6:15   여호와는 **질투하시는** 하나님이신즉
신 29:20 여호와의 분노와 **질투**의 불을 부으시며
신 32:16 다른 신으로 그의 **질투**를 일으키며
신 32:21 하나님이 아닌 것으로 내 **질투**를 일으키
수 24:19 거룩하신 하나님이시요 **질투하시는**
시 73:3   보고 오만한 자를 **질투하였음**
시 79:5   주의 **질투**가 불붙듯 하시리이까
시 106:16 여호와의 거룩한 자 아론을 **질투하매**
아 8:6   사랑은 죽음같이 강하고 **질투**는 스올
사 11:13 에브라임의 **질투**는 없어지고 유다를
　　　　　괴롭게 … 유다를 **질투하지** 아니하며
겔 8:3   거기에는 **질투**의 우상 곧 **질투**를 일어
겔 8:5   제단문 어귀 북쪽에 그 **질투**의 우상이
겔 16:38 너를 심판하여 진노의 피와 **질투**의 피를
겔 16:42 분노가 그치며 내 **질투**가 네게서 떠나고
겔 23:25 내가 너를 향하여 **질투하리니** 그들이
겔 35:11 그들을 미워하여 노하며 **질투한** 대로
겔 36:5   진실로 내 맹렬한 **질투**로 남아 있는
겔 36:6   내가 내 **질투**와 분노로 말하였나니
겔 38:19 **질투**와 맹렬한 노여움으로 말하였거니
나 1:2   **질투하시며** 보복하시는 하나님이시니
습 1:18   땅이 여호와의 **질투**의 불에 삼켜지리니
습 3:8   온 땅이 나의 **질투**의 불에 소멸되리라
슥 1:14   위하여 시온을 위하여 크게 **질투하며**

슥 8:2   내가 시온을 위하여 크게 **질투하며** 그
　　　　　를 위하여 크게 분노함으로 **질투하노라**
막 7:22   탐욕과 악독과 속임과 음탕과 **질투**와

질항아리(pot of clay)
애 4:2   그리 토기장이가 만든 **질항아리**같이

짊어지다(responsible, put, carry, bear)
출 28:43 죄를 **짊어진** 채 죽지 아니하리니 그와
레 7:18   그것을 먹는 자는 그 죄를 **짊어지리라**
겔 4:4   이스라엘 족속의 죄악을 **짊어지되** 네가
마 8:17   담당하시고 병을 **짊어지셨도다** 함을
고후 4:10 예수의 죽음을 몸에 **짊어짐**은 예수의
히 13:13 그의 치욕을 **짊어지고** 영문 밖으로

짐(burden, yoke, load)
> 모세오경 - 시가서

창 24:32 라반이 낙타의 **짐**을 부리고 짚과 사료를
창 44:13 그들이 옷을 찢고 각기 **짐**을 나귀에
창 49:15 아름답게 여기고 어깨를 내려 **짐**을 메고
출 1:11   그들에게 무거운 **짐**을 지워 괴롭게 하여
출 6:6   애굽 사람의 무거운 **짐** 밑에서 너희를
출 23:5   나귀가 **짐**을 … 그 **짐**을 부릴지니라
민 4:27   그들이 멜 **짐**을 그들에게 맡길 것이니라
민 11:11 맡기사 내가 그 **짐**을 지게 하시나이까
신 1:9   이르기를 나는 홀로 너희의 **짐**을 질 수
삼상 17:22 자기의 **짐**을 **짐** 지키는 자의 손에 맡기고
느 4:10   **짐**을 나르는 자의 힘이 다 빠졌으니
느 13:15 포도와 무화과 여러 가지 **짐**을 지고
욥 7:20   과녁으로 삼으셔서 내게 무거운 **짐**이
시 38:4   머리에 넘쳐서 무거운 **짐** 같으니 내가
시 55:22 네 **짐**을 여호와께 맡기라 그가 너를
시 66:11 어려운 **짐**을 우리 허리에 매어 두셨으며
시 68:19 날마다 우리 **짐**을 지시는 주 곧 우리의
시 81:6   내가 그의 어깨에서 **짐**을 벗기고 그의
전 12:5   메뚜기도 **짐**이 될 것이며 정욕이 그치리

> 선지서, 신약

사 1:14   무거운 **짐**이라 내가 지기에 곤비하였느
사 10:27 그 날에 그의 무거운 **짐**이 네 어깨에서
사 14:25 **짐**이 그들의 어깨에서 벗어질 것이라
사 46:1   피곤한 짐승의 무거운 **짐**이 되었도다
렘 10:17 앉은 자여 네 **짐** 꾸러미를 이 땅에서
렘 17:21 안식일에 **짐**을 지고 예루살렘 문으로

【 짐꾼 】　　　　　　　　　　　　　　　　　　　　　【 짐승 】

렘 46:19	너는 너를 위하여 포로의 **짐**을 꾸리라	창 36:6	모든 **짐승**과 자기가 가나안 땅에서
호 8:10	지워 준 **짐**으로 말미암아 쇠하기 시작	창 37:20	말하기를 악한 **짐승**이 그를 잡아먹었다
습 3:18	네게 속한 자라 그들에게 지워진 **짐**이	창 37:33	아들의 옷이라 악한 **짐승**이 그를 잡아
마 11:28	수고하고 무거운 **짐** 진 자들아 다 내게	창 43:16	사람들을 집으로 인도해 들이고 **짐승**을
마 11:30	내 멍에는 쉽고 내 **짐**은 가벼움이라	출 9:9	애굽 온 땅의 사람과 **짐승**에게 붙어서
마 23:4	무거운 **짐**을 묶어 사람의 어깨에 지우되	출 9:10	사람과 **짐승**에게 붙어 악성 종기가
눅 11:46	지기 어려운 **짐**을 사람에게 지우고 너희	출 9:19	사람이나 **짐승**이나 무릇 들에 있어서
	는 한 손가락도 이 **짐**에 대지 않는도다	출 9:22	애굽 땅의 사람과 **짐승**과 밭의 모든
행 15:28	아무 **짐**도 너희에게 지우지 아니하는	출 9:25	사람과 **짐승**을 막론하고 밭에 있는 모든
행 21:3	두로에서 상륙하니 거기서 배의 **짐**을	출 11:7	사람에게나 **짐승**에게나 개 한 마리도
행 27:18	사공들이 **짐**을 바다에 풀어 버리고	출 12:12	사람이나 **짐승**을 막론하고 애굽 땅에
고후 12:16	너희에게 **짐**을 지우지는 아니하였을지	출 13:2	사람이나 **짐승**을 막론하고 태에서 처음
갈 6:2	**짐**을 서로 지라 그리하여 그리스도의	출 19:13	화살로 쏘아 죽여야 하리니 **짐승**이나
갈 6:5	각각 자기의 **짐**을 질 것이라	출 21:34	잘 보상하여 **짐승**의 임자에게 돈을 줄
계 2:24	너희에게 말하노니 다른 **짐**으로 너희	출 22:5	**짐승**을 먹이다가 자기의 **짐승**을 놓아
		출 22:10	나귀나 소나 양이나 다른 **짐승**을 이웃
📖 **짐 - 기타 본문**		출 22:19	**짐승**과 행음하는 자는 반드시 죽일지니
		출 22:31	들에서 **짐승**에게 찢긴 동물의 고기를
출 6:7; 민 4:49; 11:17; 느 4:17; 13:19; 사 46:2; 렘		레 7:21	곧 사람의 부정이나 부정한 **짐승**이나
17:22, 24, 27		레 7:24	**짐승**에게 찢긴 것의 기름은 다른 데는
		레 7:26	너희가 사는 모든 곳에서 새나 **짐승**의
짐꾼(carrier, bearer of burdens)		레 11:2	모든 **짐승** 중 너희가 먹을 만한 생물은
왕상 5:15	솔로몬에게 또 **짐꾼**이 칠만 명이요	레 11:3	모든 **짐승** 중 굽이 갈라져 쪽발이 되고
대하 2:2	솔로몬이 이에 **짐꾼** 칠만 명과 산에서	레 11:4	새김질하는 것이나 굽이 갈라진 **짐승**
대하 2:18	그 중에서 칠만 명을 **짐꾼**이 되게 하였	레 11:26	굽이 갈라진 모든 **짐승** 중에 쪽발이
		레 11:27	발로 다니는 모든 **짐승** 중 발바닥으로

짐승(beast)
모세오경

창 1:21	**짐승**들과 물에서 번성하여	레 11:39	너희가 먹을 만한 **짐승**이 죽은 때에 그
창 1:24	기는 것과 땅의 **짐승**을	레 11:46	이는 **짐승**과 새와 물에서 움직이는 모든
창 1:25	하나님이 땅의 **짐승**을 그 종류대로,	레 17:13	거류민이 먹을 만한 **짐승**이나 새를 사냥
창 1:30	또 땅의 모든 **짐승**과 하늘의 모든 새와	레 18:23	너는 **짐승**과 교합하여 자기를 더럽히
창 2:20	모든 **짐승**에게 이름을 주니라 아담이		지 말며 여자는 **짐승** 앞에 서서 그것과
창 3:14	모든 가축과 들의 모든 **짐승**보다 더욱	레 20:15	남자가 **짐승**과 교합하면 반드시 죽일
창 7:2	너는 모든 정결한 **짐승**은 암수 일곱씩,		것이요 너희는 그 **짐승**도 죽일 것이며
창 7:8	정결한 **짐승**과 부정한 **짐승**과 새와 땅에	레 20:16	여자가 **짐승**에게 가까이 하여 교합하
창 8:19	땅 위의 동물 곧 모든 **짐승**과 모든 기는		면 너는 여자와 **짐승**을 죽이되 그들을
창 8:20	정결한 **짐승**과 모든 정결한 새 중에서	레 20:25	너희는 **짐승**이 정하고 … 내가 너희를
창 9:2	땅의 모든 **짐승**과 공중의 모든 새와		위하여 부정한 것으로 구별한 **짐승**이나
창 9:5	피를 찾으리니 **짐승**이면 **짐승**에게서	레 22:8	시체나 찢겨 죽은 **짐승**을 먹음으로
창 9:10	모든 것 곧 땅의 모든 **짐승**에게니라	레 24:18	**짐승**을 쳐죽인 자는 **짐승**으로 **짐승**을
창 34:23	그들의 모든 **짐승**이 우리의 소유가 되지	레 24:21	**짐승**을 죽인 자는 그것을 물어 줄 것이요
		레 26:6	사나운 **짐승**을 그 땅에서 제할 것이요
		레 27:27	만일 부정한 **짐승**이면 네가 정한 값에
		민 3:13	**짐승**을 다 거룩하게 구별하였음이니

[짐승]

민 8:17	태어난 것은 사람이든지 **짐승**이든지
민 18:15	사람이나 **짐승**이나 다 네 것이로되 처음
	태어난 … 처음 태어난 부정한 **짐승**도
민 20:4	우리 **짐승**이 다 여기서 죽게 하느냐
민 20:8	그들의 **짐승**에게 마시게 할지니라
민 20:11	솟아나오므로 회중과 그들의 **짐승**이
민 20:19	우리나 우리 **짐승**이 당신의 물을 마시면
민 31:11	탈취한 것, 노략한 것, 사람과 **짐승**을
민 31:26	사로잡은 사람들과 **짐승**들을 계수하고
민 31:30	나귀나 양 떼나 각종 **짐승** 오십분의
민 31:47	모세가 사람이나 **짐승**의 오십분의 일을
민 35:3	그들의 재산인 가축과 **짐승**들을 둘 곳이
신 4:17	땅 위에 있는 어떤 **짐승**의 형상이든지,
신 7:14	너희의 **짐승**의 암수에 생육하지 못함이
신 14:4	너희가 먹을 만한 **짐승**은 이러하니 곧
신 14:6	**짐승** 중에 굽이 갈라져 쪽발도 되고
신 14:7	새김질을 하거나 굽이 갈라진 **짐승**
신 15:21	그러나 그 **짐승**이 흠이 있어서 절거나
신 22:2	**짐승**을 네 집으로 끌고 가서 네 형제가
신 27:21	**짐승**과 교합하는 모든 자는 저주를 받을
신 28:4	**짐승**의 새끼와 소와 양의 새끼가 복을
신 28:26	땅의 **짐승**들의 밥이 될 것이나 그것들을
신 32:10	**짐승**이 부르짖는 광야에서 만나시고

역사서, 시가서

삿 6:5	그들이 그들의 **짐승**과 장막을 가지고
삼상 17:36	그가 그 **짐승**의 하나와 같이 되리이다
왕상 4:33	**짐승**과 새와 기어다니는 것과 물고기에
왕상 18:5	말과 노새를 살리리니 **짐승**을 다 잃지
왕하 3:17	가축과 **짐승**이 마시리라 하셨나이다
왕하 16:13	전제물을 붓고 수은제 **짐승**의 피를 제단
대상 5:21	그들이 대적의 **짐승** 곧 낙타 오만 마리
대상 7:21	가드 사람의 **짐승**을 빼앗고자 하였음이
대하 14:15	**짐승** 지키는 천막을 치고 양과 낙타를
대하 17:11	아라비아 사람들도 **짐승** 떼 곧 숫양
대하 29:34	모든 번제 **짐승**들의 가죽을 능히 벗기지
대하 32:28	온갖 **짐승**의 외양간을 세우며 양 떼와
대하 35:11	또 레위 사람들은 잡은 **짐승**의 가죽을
스 1:4	은과 금과 그 밖의 물건과 **짐승**으로
스 1:6	**짐승**과 보물로 돕고 그 외에도 예물을
느 2:12	탄 **짐승** 외에는 다른 **짐승**이 없더라
느 2:14	왕의 못에 이르러서는 탄 **짐승**이 지나갈
욥 12:7	이제 모든 **짐승**에게 물어 보라 그것들이
욥 18:3	우리를 **짐승**으로 여기며 부정하게

[짐승]

욥 28:8	용맹스러운 **짐승**도 밟지 못하였고
욥 35:11	**짐승**들보다도 우리를 더욱 가르치시고
욥 37:8	그러나 **짐승**들은 땅 속에 들어가 그 처소
욥 40:20	모든 들 **짐승**들이 뛰노는 산은 그것을
시 36:6	여호와여 주는 사람과 **짐승**을 구하여
시 49:12	못함이여 멸망하는 **짐승** 같도다
시 49:20	못하는 사람은 멸망하는 **짐승** 같도다
시 50:10	**짐승**들과 뭇 산의 가축이 다 내 것이며
시 50:11	아는 것이며 들의 **짐승**도 내 것임이로다
시 73:22	우매 무지함으로 주 앞에 **짐승**이오나
시 79:2	성도들의 육체를 땅의 **짐승**에게 주며
시 104:20	삼림의 모든 **짐승**이 기어나오나이다
시 135:8	난 자를 사람부터 **짐승**까지 치셨도다
시 148:10	**짐승**과 모든 가축과 기는 것과 나는
잠 9:2	**짐승**을 잡으며 포도주를 혼합하여 상을
잠 12:1	징계를 싫어하는 자는 **짐승**과 같으니라
잠 30:2	나는 다른 사람에게 비하면 **짐승**이라
잠 30:30	곧 **짐승** 중에 가장 강하여 아무 **짐승**
전 3:18	자기가 **짐승**과 다름이 없는 줄을 깨닫게
전 3:19	일을 **짐승**도 당하나니 … **짐승**이 죽음
	같이 사람도 죽으니 사람이 **짐승**보다
전 3:21	인생들의 혼은 위로 올라가고 **짐승**의

선지서

사 1:11	번제와 살진 **짐승**의 기름에 배불렀고
사 11:6	어린 사자와 살진 **짐승**이 함께 있으며
사 30:6	네겝 **짐승**들에 관한 경고라 사신들이
사 30:16	이르기를 우리가 빠른 **짐승**을 타리라
사 35:9	거기에는 사자가 없고 사나운 **짐승**이
사 40:16	땔감에도 부족하겠고 그 **짐승**들은
사 46:1	그들의 우상들은 **짐승**과 가축에게 실
	렸으니 … 피곤한 **짐승**의 무거운 짐이
사 56:9	**짐승**들아 숲 가운데의 모든 **짐승**들아
렘 7:20	사람과 **짐승**과 들나무와 땅의 소산에
렘 7:33	공중의 새와 땅의 **짐승**의 밥이 될 것이
렘 9:10	새도 **짐승**도 다 도망하여 없어졌음이라
렘 12:4	**짐승**과 새들도 멸절하게 되었사오니
렘 15:3	삼켜 멸하는 공중의 새와 땅의 **짐승**으로
렘 16:4	시체는 공중의 새와 땅의 **짐승**의 밥이
렘 19:7	시체를 공중의 새와 땅의 **짐승**의 밥이
렘 21:6	또 사람이나 **짐승**이나 이 성에 있는
렘 27:5	지상에 있는 사람과 **짐승**들을 만들고
렘 31:27	내가 사람의 씨와 **짐승**의 씨를 이스라엘
렘 32:43	사람이나 **짐승**이 없으며 갈대아인의

[짐승]　　　　　　　　　　　　　　　　　　　　　　[짐승]

성경에 나오는 '짐승'

길짐승 – 레 11:29, 41, 44, 46,
날짐승 – 전 10:20; 사 46:11
들짐승 – 창 2:19; 3:1; 7:14, 21; 8:1; 출
23:11, 29; 레 5:2; 17:15; 25:7;
26:22; 신 7:22; 32:24; 삼상 17:44,
46; 삼하 21:10; 왕하 14:9; 대하
25:18; 욥 5:22, 23; 39:15; 시 8:7;
68:30; 74:19; 80:13; 104:11;
147:9; 사 13:21; 18:6; 23:13;
34:14; 43:20; 렘 12:9; 27:6;
28:14; 50:39; 겔 29:5; 33:27;
34:5, 8; 39:4; 단 2:38; 4:12, 21,
23, 25, 32; 5:21; 호 2:12, 18; 4:3;
13:8; 욜 1:20; 2:22; 습 2:15; 막
1:13; 행 11:6

렘 33:10-11　사람도 없고 **짐승**도 없다 하던 여기 곧
황폐하여 … 주민도 없고 **짐승**도 없던
렘 33:12　황폐하여 사람도 없고 **짐승**도 없던
렘 34:20　새와 땅의 **짐승**의 먹이가 될 것이며
렘 36:29　땅을 멸하고 사람과 **짐승**을 이 땅에서
렘 50:3　사람이나 **짐승**이 다 도망할 것임이라
렘 51:62　땅을 멸하여 사람이나 **짐승**이 거기에
겔 4:14　스스로 죽은 것이나 **짐승**에게 찢긴 것을
겔 5:17　기근과 사나운 **짐승**을 너희에게 보내
겔 8:10　각양 곤충과 가증한 **짐승**과 이스라엘
겔 14:13　기근을 내려 사람과 **짐승**을 그 나라에서
겔 14:15　내가 사나운 **짐승**을 그 땅에 다니게 하
여 그 땅을 … 사람이 그 **짐승** 때문에
겔 14:17　사람과 **짐승**을 거기에서 끊는다 하자
겔 14:19　그 위에 쏟아 사람과 **짐승**을 거기에서
겔 14:21　칼과 기근과 사나운 **짐승**과 전염병을
예루살렘에 함께 내려 사람과 **짐승**과
겔 21:31　너를 **짐승** 같은 자 곧 멸하기에 익숙한
겔 25:13　위에 펴서 사람과 **짐승**을 그 가운데서
겔 29:8　네게 임하게 하여 네게서 사람과 **짐승**을
겔 29:11　**짐승**의 발도 지나가지 아니하고 거주
겔 31:6　들의 모든 **짐승**이 그 가는 가지 밑에
겔 31:13　들의 모든 **짐승**이 그 가지에 있으리니
겔 32:4　온 땅의 **짐승**이 너를 먹У 배부르게
겔 32:13　내가 또 모든 **짐승**을 큰 물 가에서

겔 34:25　멸하리니 사람의 발이나 **짐승**의 굽이
악한 **짐승**을 그 땅에서 그치게 하리니
그들이 … **짐승**들에게 잡아먹히지도
겔 36:11　내가 너희 위에 사람과 **짐승**을 많게
겔 38:12　여러 나라에서 모여서 **짐승**과 재물을
겔 38:13　은과 금을 빼앗으며 **짐승**과 재물을
겔 38:20　들의 **짐승**들과 땅에 기는 모든 벌레와
겔 39:17　각종 새와 들의 각종 **짐승**에게 이르기를
겔 39:18　살진 **짐승** 곧 숫양이나 어린 양이나
단 4:14　그 열매를 헤치고 **짐승**들을 그 아래에서
단 4:15　풀 가운데에서 **짐승**과 더불어 제 몫을
단 4:16　사람의 마음 같지 아니하고 **짐승**의 마음
단 7:3　**짐승** 넷이 바다에서 나왔는데 그 모양이
단 7:5　다른 **짐승** 곧 둘째는 곰과 같은데 그것
단 7:6　그 후에 내가 또 본즉 다른 **짐승** 곧 표
범과 같은 것이 있는데 … 그 **짐승**에게
단 7:7　그 다음에 본 넷째 **짐승**은 무섭고 놀라
우며 … 이 **짐승**은 전의 모든 **짐승**과
단 7:11　주목하여 보는 사이에 **짐승**이 죽임을
단 7:12　남은 **짐승**들은 그의 권세를 빼앗겼으나
단 7:17　네 큰 **짐승**은 세상에 일어날 네 왕이라
단 7:19　넷째 **짐승**에 관하여 확실히 알고자 하
였으니 곧 그것은 모든 **짐승**과 달라서
단 7:23　이르되 넷째 **짐승**은 곧 땅의 넷째 나라
단 8:4　당할 **짐승**이 하나도 없고 그 손에서
욘 3:7　사람이나 **짐승**이나 소 떼나 양 떼나
욘 3:8　사람이든지 **짐승**이든지 다 굵은 베옷을
미 5:8　그들은 수풀의 **짐승**들 중의 사자 같고
합 2:17　강포를 행한 것과 **짐승**을 죽인 것 곧
습 1:3　사람과 **짐승**을 진멸하고 공중의 새와
습 2:14　**짐승**이 그 가운데에 떼로 누울 것이며
슥 8:10　**짐승**도 삯을 받지 못하였으며 사람이
말 1:14　**짐승** 떼 가운데에 수컷이 있거늘 그

신약

마 21:5　곧 멍에 메는 **짐승**의 새끼를 탔도다
마 22:4　살진 **짐승**을 잡고 모든 것을 갖추었으니
눅 10:34　자기 **짐승**에 태워 주막으로 데리고
요 4:12　자기 아들들과 **짐승**이 다 마셨는데
행 10:12　땅에 있는 각종 네 발 가진 **짐승**과 기는
행 23:24　무사히 보내기 위하여 **짐승**을 준비하라
행 28:4　원주민들이 이 **짐승**이 그 손에 매달려
행 28:5　바울이 그 **짐승**을 불에 떨어 버리매
롬 1:23　새와 **짐승**과 기어 다니는 동물 모양의

【 짐승 】 【 집 】

고전 15:39	사람의 육체요 하나는 **짐승**의 육체요
딛 1:12	**짐승**이며 배만 위하는 게으름뱅이라
히 12:20	이는 **짐승**이라도 그 산에 들어가면 돌로
히 13:11	이는 죄를 위한 **짐승**의 피는 대제사장이
약 3:7	여러 종류의 **짐승**과 새와 벌레와 바다의
벧후 2:12	이성 없는 **짐승** 같아서 그 알지 못하는
유 1:10	그들은 이성 없는 **짐승**같이 본능으로
계 6:8	검과 흉년과 사망과 땅의 **짐승**들로써
계 11:7	무저갱으로부터 올라오는 **짐승**이 그들
계 13:1	내가 보니 바다에서 한 **짐승**이 나오는데
계 13:2	**짐승**은 표범과 비슷하고 그 발은 곰의
계 13:3	온 땅이 놀랍게 여겨 **짐승**을 따르고
계 13:4	용이 **짐승**에게 권세를 주므로 … **짐승**에게 경배하여 이르되 누가 이 **짐승**과
계 13:5	**짐승**이 과장되고 신성 모독을 말하는
계 13:6	**짐승**이 입을 벌려 하나님을 향하여 비방
계 13:8	이 땅에 사는 자들은 다 그 **짐승**에게
계 13:11	보매 또 다른 **짐승**이 땅에서 올라오니
계 13:12	그가 먼저 나온 **짐승**의 모든 권세를 그 앞에서 … 처음 **짐승**에게 경배하게 하니
계 13:14	**짐승** 앞에서 받은 바 이적을 행함으로 땅에 … 살아난 **짐승**을 위하여 우상을
계 13:15	그 **짐승**의 우상에게 생기를 주어 그 **짐승**의 우상으로 말하게 하고 또 **짐승**
계 13:17	이 표는 곧 **짐승**의 이름이나 그 이름의
계 13:18	총명한 자는 그 **짐승**의 수를 세어 보라
계 14:9	만일 누구든지 **짐승**과 그의 우상에게
계 14:11	**짐승**과 그의 우상에게 경배하고 그의
계 15:2	**짐승**과 그의 우상과 그의 이름의 수를
계 16:2	대접을 땅에 쏟으매 **짐승**의 표를 받은
계 16:10	다섯째 천사가 그 대접을 **짐승**의 왕좌에
계 16:13	용의 입과 **짐승**의 입과 거짓 선지자의
계 17:3	붉은 빛 **짐승**을 탔는데 그 **짐승**의 몸에
계 17:7	뿔 가진 **짐승**의 비밀을 네게 이르리라
계 17:8	본 **짐승**은 전에 있었다가 지금은 없으나 … 장차 나올 **짐승**을 보고 놀랍게
계 17:11	있었다가 지금 없어진 **짐승**은 여덟째
계 17:12	다만 **짐승**과 더불어 임금처럼 한동안
계 17:13	자기의 능력과 권세를 **짐승**에게 주더라
계 17:16	네가 본 바 이 열 뿔과 **짐승**은 음녀를
계 17:17	그들의 나라를 그 **짐승**에게 주게 하시되
계 19:19	또 내가 보니 그 **짐승**과 땅의 임금들과
계 19:20	**짐승**이 잡히고 … 표적을 행하던 거짓
	선지자도 함께 잡혔으니 이는 **짐승**의
계 20:4	**짐승**과 그의 우상에게 경배하지 아니하
계 20:10	**짐승**과 거짓 선지자도 있어 세세토록

짐작하다(斟酌, expect, sense)

| 행 25:18 | 내가 **짐작하던** 것 같은 악행의 혐의는 |
| 행 27:27 | 어느 육지에 가까워지는 줄을 **짐작하고** |

짐짓(deliberately)

| 삼상 20:21 | **짐짓** 아이에게 이르기를 보라 화살이 |
| 히 10:26 | **짐짓** 죄를 범한즉 다시 속죄하는 제사가 |

집(family, household, house)
모세오경

창 7:1	너와 네 온 **집**은 방주로 들어가라
창 12:17	바로와 그 **집**에 큰 재앙을 내리신지라
창 14:14	**집**에서 길리고 훈련된 자 삼백십팔 명을
창 15:3	내 **집**에서 길린 자가 내 상속자가 될
창 17:12	모든 남자는 **집**에서 난 자나 또는 너희
창 24:2	아브라함이 자기 **집** 모든 소유를 맡은
창 24:32	그 사람이 그 **집**으로 들어가매 라반이
창 27:15	**집** 안 자기에게 있는 그의 맏아들 에서
창 29:13	영접하여 안고 입맞추며 자기 **집**으로
창 30:30	그러나 나는 언제나 내 **집**을 세우리이까
창 33:17	자기를 위하여 **집**을 짓고 그의 가축을
창 34:29	사로잡고 **집** 속의 물건을 다 노략한지라
창 34:30	죽이리니 그러면 나와 내 **집**이 멸망하리
창 36:6	자기 자녀들과 자기 **집**의 모든 사람과
창 39:5	자기의 **집**과 그의 모든 소유물을 … 그 애굽 사람의 **집**에 … 복이 그의 **집**과
창 39:14	그 여인이 **집** 사람들을 불러서 그들에게
창 39:16	자기 주인이 **집**으로 돌아오기를 기다려
창 40:14	사정을 바로에게 아뢰어 이 **집**에서 나를
창 41:40	너는 내 **집**을 다스리라 내 백성이 다 네
창 41:51	내 모든 고난과 내 아버지의 온 **집** 일을
창 43:16	사람들을 **집**으로 인도해 들이고 짐승을
창 43:19	가까이 나아가 그 **집** 문 앞에서 그에게
창 43:26	**집**으로 오매 그들이 **집**으로 들어가서
창 44:1	그의 **집** 청지기에게 명하여 이르되 양식
창 45:8	그 온 **집**의 주로 삼으시며 애굽 온 땅의
창 46:27	야곱의 **집** 사람으로 애굽에 이른 자가
창 47:12	그의 아버지의 온 **집**에 그 식구를 따라
출 3:22	그 이웃 사람과 및 자기 **집**에 거류하는

2273

【 집 】   【 집 】

출 6:14	조상을 따라 집의 어른은 이러하니	신 15:16	너와 네 집을 사랑하므로 너와 동거하기
출 8:13	말대로 하시니 개구리가 집과 마당과	신 20:5	백성에게 말하여 이르기를 새 집을 건
출 8:21	파리 떼를 보내니 애굽 사람의 집집에		축하고 … 집으로 돌아갈지니 전사하면
출 9:19	무릇 들에 있어서 집에 돌아오지 않는	신 21:12	네 집으로 데려갈 것이요 그는 그 머리
출 9:20	종들과 가축을 집으로 피하여 들였으나	신 21:13	또 포로의 의복을 벗고 네 집에 살며
출 10:6	또 네 집들과 네 모든 신하의 집들과	신 22:2	짐승을 집으로 끌고 가서 네 형제가
		신 22:8	새 집을 지을 때에 지붕에 난간을 만들
			어 … 피가 네 집에 돌아갈까 하노라
		신 24:1	주고 그를 자기 집에서 내보낼 것이요
		신 24:2	여자는 그의 집에서 나가서 다른 사람의
		신 24:3	그를 자기 집에서 내보냈거나 또는 그를
		신 24:5	한가하게 집에 있으면서 그가 맞이한
		신 24:10	그의 집에 들어가서 전당물을 취하지
		신 25:9	형제의 집을 세우기를 즐겨 아니하는
		신 25:10	그의 이름을 신 벗김 받은 자의 집이라
		신 25:14	네 집에 두 종류의 되 곧 큰 것과 작은
		신 26:11	네 집에 주신 모든 복으로 말미암아
		신 26:13	내가 성물을 내 집에서 내어 레위인과
		신 28:30	집을 건축하였으나 거기에 거주하지

"여호와께서 집을 세우지 아니하시면 세우
는 자의 수고가 헛되며 여호와께서 성을 지
키지 아니하시면 파수꾼의 깨어 있음이 헛
되도다"(시 127:1)

역사서

출 12:4	식구가 너무 적으면 그 집의 이웃과 함께	수 2:3	네게로 와서 네 집에 들어간 그 사람들
출 12:7	그 피를 양을 먹을 집 좌우 문설주와	수 2:15	내리니 그의 집이 성벽 위에 있으므로
출 12:15	그 첫날에 누룩을 너희 집에서 제하라	수 2:18	네 아버지의 가족을 다 네 집에 모으라
출 12:22	아침까지 한 사람도 자기 집 문 밖에	수 2:19	집 문을 나가서 거리로 가면 … 그러나
출 12:23	너희 집에 들어가서 너희를 치지 못하게		누구든지 너와 함께 집에 있는 자에게
출 22:8	도둑이 잡히지 아니하면 그 집 주인이	수 6:17	그 집에 동거하는 자는 모두 살려 주라
레 14:34	어떤 집에 나병 색점을 발생하게 하거든	수 9:12	우리들의 집에서 아직도 뜨거운 것을
레 14:53	들에 놓아 주고 그 집을 위하여 속죄할	수 20:6	자기 성읍 자기 집으로 돌아갈지니라
레 18:9	어머니의 딸이나 집에서나 다른 곳에서	수 24:15	오직 나와 내 집은 여호와를 섬기겠노라
레 22:11	그의 집에서 출생한 자도 그렇게 하여	삿 8:27	기드온과 그의 집에 올무가 되니라
레 27:14	만일 어떤 사람이 자기 집을 성별하여	삿 8:29	여룹바알이 돌아가서 자기 집에 거주하였
레 27:15	만일 그 사람이 자기 집을 무르려면 네가	삿 8:35	모든 은혜를 따라 그의 집을 후대하지도
민 12:7	아니하니 그는 내 온 집에 충성함이라	삿 9:16	이것이 여룹바알과 그의 집을 선대함이
민 16:32	그들과 그들의 집과 고라에게 속한 모든	삿 9:19	너희가 오늘 여룹바알과 그의 집을 대접
민 18:11	네 집의 정결한 자마다 먹을 것이니라	삿 11:31	내 집 문에서 나와서 나를 영접하는
민 18:13	모든 열매는 네 것이니 네 집에서 정결	삿 11:34	미스바에 있는 자기 집에 이를 때에
민 22:18	그 집에 가득한 은금을 내게 줄지라도	삿 12:1	우리가 반드시 너와 네 집을 불사르리라
민 24:13	발락이 그 집에 가득한 은금을 내게	삿 16:26	나에게 이 집을 버틴 기둥을 찾아 그것을
민 30:16	아내에게, 아버지가 자기 집에 있는	삿 17:12	청년이 미가의 제사장이 되어 그 집에
민 32:18	기업을 받기까지 우리 집으로 돌아오지	삿 18:14	이 집에 에봇과 드라빔과 새긴 신상과
신 6:7	가르치며 집에 앉았을 때에든지 길을	삿 18:19	한 사람의 집의 제사장이 되는 것과
신 6:9	네 집 문설주와 바깥문에 기록할지니라	삿 18:26	자기보다 강한 것을 보고 돌이켜 집으로
신 6:11	물건이 가득한 집을 얻게 하시며 네가	삿 19:9	그대의 길을 가서 그대의 집으로 돌아
신 6:22	애굽과 바로와 그의 온 집에 베푸시고		
신 7:26	너는 가증한 것을 네 집에 들이지 말라		
신 8:12	먹어서 배부르고 아름다운 집을 짓고		
신 11:19	가르치며 집에 앉아 있을 때에든지,		
신 11:20	또 네 집 문설주와 바깥문에 기록하라		

[**집**] [**집**]

삿 20:5	묵고 있던 **집**을 에워싸고 나를 죽이려
삿 20:8	돌아가지 말며 한 사람도 자기 **집**으로
룻 2:7	아침부터 와서는 잠시 **집**에서 쉰 외에
룻 4:11	**집**에 들어가는 여인으로 이스라엘의 **집**
룻 4:12	네 **집**이 다말이 … 베레스의 **집**과 같게
삼상 1:19	라마의 자기 **집**에 이르니 엘가나가
삼상 1:21	사람 엘가나와 그의 온 **집**이 여호와께
삼상 2:11	엘가나는 라마의 자기 **집**으로 돌아가고
삼상 2:31	네 조상의 **집** 팔을 끊어 네 **집**에 노인이
삼상 2:35	그를 위하여 견고한 **집**을 세우리니 그가
삼상 2:36	그리고 네 **집**에 남은 사람이 각기 와서
삼상 3:13	내가 그의 **집**을 영원토록 심판하겠다고
삼상 6:7	그 송아지들은 떼어 **집**으로 돌려보내고
삼상 7:17	거기에 자기 **집**이 있음이니라 거기서도
삼상 10:25	두고 모든 백성을 각기 **집**으로 보내매
삼상 10:26	자기 **집**으로 갈 때에 마음이 하나님께
삼상 15:34	사울 기브아 자기의 **집**으로 올라가니라
삼상 18:10	그가 **집** 안에서 정신없이 떠들어대므로
삼상 19:9	**집**에 앉았을 때에 여호와께서 부리시는
삼상 20:15	인자함을 내 **집**에서 영원히 끊어 버리지
삼상 21:15	어찌 내 **집**에 들어오겠느냐 하니라
삼상 22:1	온 **집**이 듣고 그리로 내려가서 그에게
삼상 23:18	요나단은 자기 **집**으로 돌아가니라
삼상 24:22	사울은 **집**으로 돌아가고 다윗과 그의
삼상 25:1	라마 그의 **집**에서 그를 장사한지라 다윗
삼상 25:6	네 **집**도 평강하라 네 소유의 모든 것도
삼상 25:28	내 주를 위하여 든든한 **집**을 세우시리니
삼상 25:35	이르되 네 **집**으로 평안히 올라가라 내가
삼상 25:36	잔치와 같은 잔치를 그의 **집**에 배설하고
삼상 28:24	여인의 **집**에 살진 송아지가 있으므로
삼하 3:29	그의 아버지의 온 **집**으로 돌아갈지어다
삼하 4:6	가지러 온 체하고 **집** 가운데로 들어가서
삼하 5:8	맹인과 다리 저는 사람은 **집**에 들어오지
삼하 5:11	그들이 다윗을 위하여 **집**을 지으니
삼하 6:11	오벧에돔과 그의 온 **집**에 복을 주시니라
삼하 6:19	모든 백성이 각기 **집**으로 돌아가니라
삼하 6:21	네 아버지와 그의 온 **집**을 버리시고
삼하 7:5	나를 위하여 내가 살 **집**을 건축하겠느냐
삼하 7:6	오늘까지 **집**에 살지 아니하고 장막과
삼하 7:11	이르노니 여호와가 너를 위하여 **집**을
삼하 7:13	내 이름을 위하여 **집**을 건축할 것이요
삼하 7:16	네 **집**과 네 나라가 내 앞에서 영원히
삼하 7:18	**집**은 무엇이기에 나를 여기까지 이르게

삼하 7:27	너를 위하여 **집**을 세우리라 하셨으므로
삼하 9:9	사울과 그의 온 **집**에 속한 것은 내가
삼하 11:4	더불어 동침하매 그 여자가 자기 **집**으로
삼하 11:8	그가 또 우리아에게 이르되 네 **집**으로
삼하 12:10	네 **집**에서 영원토록 떠나지 아니하리라
삼하 13:7	다윗이 사람을 그의 **집**으로 보내 다말
삼하 14:8	왕이 여인에게 이르되 네 **집**으로 가라
삼하 14:13	그 내쫓긴 자를 왕께서 **집**으로 돌아오게
삼하 14:24	그의 **집**으로 물러가게 하여 내 얼굴을
	볼 수 없게 … 압살롬이 자기 **집**으로
삼하 17:18	바후림 어떤 사람의 **집**으로 들어가서
삼하 19:5	요압이 **집**에 들어가서 왕께 말씀 드리되
삼하 19:28	내 아버지의 온 **집**이 내 주 왕 앞에서는
삼하 21:1	피를 흘린 그 **집**으로 말미암음이니
삼하 21:4	사울과 그의 **집**과 우리 사이의 문제는
삼하 23:5	내 **집**이 하나님 앞에 이같지 아니하냐

"이르되 주 예수를 믿으라 그리하면 너와 네 집이 구원을 받으리라 하고"(행 16:31)

왕상 1:53	이르기를 네 **집**으로 가라 하였더라
왕상 2:24	나를 위하여 **집**을 세우신 여호와께서
왕상 2:33	그의 자손과 그의 **집**과 그의 왕위에는
왕상 2:34	광야에 있는 자기의 **집**에 매장되니라
왕상 2:36	예루살렘에서 너를 위하여 **집**을 짓고
왕상 3:17	한 **집**에서 사는데 내가 그와 함께 **집**에
왕상 5:14	두 달은 **집**에 있으며 아도니람은 감독이
왕상 7:8	그가 장가 든 바로의 딸을 위하여 **집**을
왕상 7:9	이 **집**들은 안팎을 모두 귀하고 다듬은
왕상 8:16	이름을 둘 만한 **집**을 건축하기 위하여
왕상 9:10	솔로몬이 두 **집** 곧 여호와의 성전과
왕상 11:18	그에게 **집**과 먹을 양식을 주며 또 토지
왕상 11:38	위하여 견고한 **집**을 세우고 이스라엘을
왕상 12:16	네 **집**이나 돌아보라 하고 이스라엘이
왕상 12:24	**집**으로 돌아가라 이 일이 나로 말미암아
왕상 13:7	나와 함께 **집**에 가서 쉬라 내가 네게
왕상 14:12	일어나 네 **집**으로 가라 네 발이 성읍에
왕상 14:17	디르사로 돌아가서 **집** 문지방에 이를
왕상 16:3	너 바아사와 네 **집**을 쓸어버려 네 **집**이

[집]

왕상 16:7 그의 집을 꾸짖으심은 그가 … 그의 집을
왕상 17:17 이 일 후에 그 집 주인 되는 여인의 아들
왕상 17:20 주께서 또 내가 우거하는 집 과부에게
왕상 20:6 그들이 네 집과 네 신하들의 집을 수색
왕상 21:22 또 네 집이 느밧의 아들 여로보암의 집
왕상 21:29 그 아들의 시대에야 그의 집에 재앙을
왕상 22:17 평안히 자기의 집으로 돌아갈 것이니라
왕하 4:2 네 집에 무엇이 있는지 내게 말하라 그
     가 이르되 계집종의 집에 기름 한 그릇
왕하 5:24 사환의 손에서 받아 집에 감추고 그들을
왕하 6:32 그 때에 엘리사가 그의 집에 앉아 있고
왕하 8:3 자기 집과 전토를 위하여 호소하려 하여
왕하 9:6 예후가 일어나 집으로 들어가니 청년이
왕하 14:10 스스로 영광을 삼아 왕궁에나 네 집으로
왕하 20:1 여호와의 말씀이 너는 집을 정리하라
왕하 25:9 모든 집을 귀인의 집까지 불살랐으며
대상 4:21 세마포 짜는 자의 집 곧 아스베야의 집
대상 7:7 다 그 집의 우두머리요 큰 용사라 그
대상 16:43 그 집으로 돌아가고 다윗도 자기 집을
대상 17:4 말씀이 너는 내가 거할 집을 건축하지
대상 17:14 내가 영원히 그를 내 집과 내 나라에
대상 17:16 나는 누구이오며 내 집은 무엇이기에
대상 17:23 주의 종과 그의 집에 대하여 말씀하신
대상 24:6 집을 뽑고 이다말의 자손 중에서 한 집
대상 28:11 다윗이 성전의 복도와 그 집들과 그 곳간
대하 6:5 이름을 둘 만한 집을 건축하기 위하여
대하 10:16 다윗이여 이제 너는 네 집이나 돌보라
대하 11:4 너희 형제와 싸우지 말고 각기 집으로
대하 18:16 각각 평안히 자기들의 집으로 돌아갈
대하 28:21 방백들의 집에서 재물을 가져다가
스 6:11 집에서 들보를 빼내고 그를 그 위에 매
     어달게 하고 그의 집은 이로 말미암아
느 2:8 들어갈 집을 위하여 들보로 쓸 재목을
느 3:10 자기 집과 마주 대한 곳을 중수하였고
느 4:14 너희 형제와 자녀와 아내와 집을 위하여
느 5:3 밭과 포도원과 집이라도 저당 잡히고
느 5:11 그들의 밭과 포도원과 감람원과 집이며
느 5:13 그 집과 산업에서 털어 버리실지니 그는
느 6:10 내가 그 집에 가니 그가 이르기를 들을
느 7:3 자기 맞은편을 지키게 하라 하였노니
느 9:25 아름다운 물건이 가득한 집과 판 우물과
에 1:22 남편이 자기의 집을 주관하게 하고 자기
에 5:10 참고 집에 돌아와서 사람을 보내어 자기

[집]

에 6:12 번뇌하여 머리를 싸고 급히 집으로
에 8:7 나무에 매달렸고 내가 그 집을 에스더에
에 9:28 각 집에서 대대로 이 두 날을 기념하여

시가서

욥 1:4 자기 생일에 각각 자기의 집에서 잔치를
욥 1:10 그와 그의 집과 그의 모든 소유물을
욥 3:15 금을 가지며 은으로 집을 채운 고관들과
욥 5:3 뿌리 내리는 것을 보고 그의 집을 당장
욥 7:10 다시 자기 집으로 돌아가지 못하겠고
욥 8:15 그 집을 의지할지라도 집이 서지 못하
     고 굳게 붙잡아 주어도 집이 보존되지
욥 15:28 사람이 살지 아니하는 집, 돌무더기가
욥 17:13 내가 스올이 내 집이 되기를 희망하여
욥 18:21 불의한 자의 집이 이러하고 하나님
욥 19:15 내 집에 머물러 사는 자와 내 여종들은
욥 20:19 자기가 세우지 않은 집을 빼앗음이니라
욥 21:9 그들의 집이 평안하여 두려움이 없고
욥 21:21 자기 집에 대하여 무슨 관계가 있겠느냐
욥 22:18 좋은 것으로 그들의 집에 채우셨느니라
욥 24:16 어둠을 틈타 집을 뚫는 자는 낮에는
욥 30:23 모든 생물을 위하여 정한 집으로 돌려
욥 38:20 그를 데려갈 수 있느냐 그의 집으로 가는
욥 39:6 내가 들을 그것의 집으로, 소금 땅을
욥 39:12 그것이 네 곡식을 집으로 실어 오며 네
욥 39:28 그것이 낭떠러지에 집을 지으며 뾰족한
욥 42:11 그의 집에서 그와 함께 음식을 먹고
시 26:8 여호와여 내가 주께서 계신 집과 주의
시 49:11 그들의 속생각에 그들의 집은 영원히
시 49:16 사람이 치부하여 그의 집의 영광이 더할
시 50:9 네 집에서 수소나 네 우리에서 숫염소를
시 68:12 집에 있던 여자들도 탈취물을 나누도다
시 68:23 네 집의 개의 혀로 네 원수들에게서 제
시 84:3 제단에서 참새도 제 집을 얻고 제비도
시 101:2 완전한 마음으로 내 집 안에서 행하리이
시 101:7 거짓을 행하는 자는 내 집 안에 거주하지
시 104:17 잣나무는 학의 집이로다
시 105:21 그의 집의 주관자로 삼아 그의 모든
시 109:10 구걸하고 그들의 황폐한 집을 떠나 빌어
시 112:3 부와 재물이 그의 집에 있음이여 그의
시 113:9 임신하지 못하던 여자를 집에 살게 하사
시 118:22 건축자가 버린 돌이 집 모퉁이의 머릿돌
시 119:54 내가 나그네 된 집에서 주의 율례들이
시 127:1 여호와께서 집을 세우지 아니하시면

2276

[집]

시 128:3	네 **집** 안방에 있는 네 아내는 결실한
잠 1:13	보화를 얻으며 빼앗은 것으로 우리 **집**을
잠 2:18	그의 **집**은 사망으로, 그의 길은 스올로
잠 5:8	그에게서 멀리 하라 그의 **집** 문에도
잠 5:16	어찌하여 네 샘물을 **집** 밖으로 넘치게
잠 6:31	자기 **집**에 있는 것을 다 내주게 되리라
잠 7:6	내 **집** 들창으로, 살창으로 내다 보다가
잠 7:8	모퉁이로 가까이 하여 그의 **집** 쪽으로
잠 7:11	완악하며 그의 발이 **집**에 머물지 아니하
잠 7:19	남편은 **집**을 떠나 먼 길을 갔는데
잠 7:20	가졌은즉 보름날에나 **집**에 돌아오리라
잠 7:27	그의 **집**은 스올의 길이라 사망의 방으로
잠 9:1	지혜가 그의 **집**을 짓고 일곱 기둥을
잠 9:14	자기 **집** 문에 앉으며 성읍 높은 곳에
잠 11:29	자기 **집**을 해롭게 하는 자의 소득은
잠 14:1	여인은 자기 **집**을 세우되 미련한 여인은
잠 15:27	이익을 탐하는 자는 자기 **집**을 해롭게
잠 17:1	제육이 **집**에 가득하고도 다투는 것보다
잠 17:13	갚으면 악이 그 **집**을 떠나지 아니하리라
잠 19:14	**집**과 재물은 조상에게서 상속하거니와
잠 21:9	여인과 함께 큰 **집**에서 사는 것보다
잠 24:3	**집**은 지혜로 말미암아 건축되고 명철로
잠 24:27	준비하고 그 후에 네 **집**을 세울지니라
잠 25:24	함께 큰 **집**에서 사는 것보다 움막에서
잠 27:27	너와 네 **집**의 음식이 되며 네 여종의
잠 30:26	약한 종류로되 **집**을 바위 사이에 짓는
잠 31:21	자기 **집** 사람들은 … 자기 **집** 사람들을
전 2:4	내가 나를 위하여 **집**들을 짓고 포도원을
전 2:7	위하여 **집**에서 종들을 낳기도 하였으며
전 10:18	서까래가 내려앉고 손을 놓은즉 **집**이
전 12:3	날에는 **집**을 지키는 자들이 떨 것이며
아 1:17	**집**은 백향목 들보, 잣나무 서까래로구나

선지서

사 3:7	내 **집**에는 양식도 없고 의복도 없으니
사 3:14	탈취한 물건이 너희의 **집**에 있도다
사 13:16	그들의 **집**은 노략을 당하겠고 그들의
사 14:17	사로잡힌 자들을 **집**으로 놓아 보내지
사 14:18	각각 자기 **집**에서 영광 중에 자건마는
사 23:1	두로가 황무하여 **집**이 없고 들어갈 곳도
사 24:10	약탈을 당한 성읍이 허물어지고 **집**마다
사 31:2	일어나사 악행하는 자들의 **집**을 치시며
사 32:13	성읍, 기뻐하는 모든 **집**에 나리니
사 32:18	내 백성이 화평한 **집**과 안전한 거처와
사 38:1	말씀하시기를 너는 네 **집**에 유언하라
사 39:6	날이 이르리니 네 **집**에 있는 모든 소유
사 44:13	사람의 모양을 만들어 **집**에 두게 하며
사 56:5	내가 내 **집**에서, 내 성 안에서 아들이
사 58:7	유리하는 빈민을 **집**에 들이며 헐벗은
사 66:1	너희가 나를 위하여 무슨 **집**을 지으랴
렘 5:27	새장에 새들이 가득함같이 너희 **집**들에
렘 6:12	그들의 **집**과 밭과 아내가 타인의 소유로
렘 7:10	이름으로 일컬음을 받는 이 **집**에 들어와
렘 11:15	나의 **집**에서 무엇을 하려느냐 거룩한
렘 12:7	내가 내 **집**을 버리며 내 소유를 내던져
렘 17:22	안식일에 너희 **집**에서 짐을 내지 말며

"이 **집**은 살아 계신 하나님의 교회요 진리의 기둥과 터니라"(딤전 3:15)

렘 18:22	**집**에서 부르짖음이 들리게 하옵소서
렘 20:6	바스훌아 너와 네 **집**에 사는 모든 사람
렘 22:4	병거와 말을 타고 이 **집** 문으로 들어오
렘 23:11	내 **집**에서도 그들의 악을 발견하였노라
렘 29:5	너희는 **집**을 짓고 거기에 살며 텃밭을
렘 32:15	사람이 이 땅에서 **집**과 밭과 포도원을
렘 32:29	성읍에 불을 놓아 성과 **집** 곧 그 지붕
렘 34:15	… 나를 격노하게 한 **집**들을 사르리니
렘 34:15	내 이름으로 일컬음을 받는 **집**에서 내
렘 35:7	너희가 **집**도 짓지 말며 파종도 하지 말며
렘 35:9	**집**도 짓지 아니하며 포도원이나 밭이나
렘 51:26	사람이 네게서 **집** 모퉁잇돌이나 기촛돌
애 1:20	칼이 내 아들을 빼앗아 가고 **집** 안에서
애 5:2	**집**들도 이방인들에게 돌아갔나이다
겔 3:24	이르시되 너는 가서 네 **집**에 들어가
겔 7:24	그들이 그 **집**들을 점령하게 하고 강한
겔 8:1	나는 **집**에 앉았고 유다의 장로들은 내
겔 11:3	말이 **집** 건축할 때가 가깝지 아니한즉
겔 16:41	네 **집**들을 사르고 여러 여인의 목전에서
겔 23:47	칼로 죽이고 그 자녀도 죽이며 그 **집**들
겔 26:12	네가 기뻐하는 **집**을 무너뜨릴 것이며
겔 28:26	그들이 그 가운데에 평안히 살면서 **집**을
겔 33:30	인자야 네 민족이 담 곁에서와 **집** 문에
겔 40:5	본즉 **집** 바깥 사방으로 담이 있더라
겔 44:30	제사장에게 주어 그들에게 네 **집**에 복이

【 집 】

겔 45:4	주는 거룩한 땅이니 그들이 **집**을 지을
겔 46:22	뜰의 네 구석 안에는 **집**이 있으니 길이
단 2:5	몸을 쪼갤 것이며 너희의 **집**을 거름더미
단 4:4	나 느부갓네살이 내 **집**에 편히 있으며
단 6:10	도장이 찍힌 것을 알고도 자기 **집**에 돌아
호 9:15	**집**에서 그들을 쫓아내고 다시는 사랑하
호 11:11	내가 그들을 그들의 **집**에 머물게 하리라
욜 2:9	성 위에 달리며 **집**에 기어 오르며 도둑
암 5:11	비록 다듬은 돌로 **집**을 건축하였으나
암 5:19	혹은 **집**에 들어가서 손을 벽에 대었다가
암 6:9	한 **집**에 열 사람이 남는다 하여도 다
암 6:10	그 뼈를 **집** 밖으로 가져갈 때에 그 **집**
암 6:11	타격을 받아 큰 **집**은 갈라지고 작은 **집**
미 2:2	밭들을 탐하여 빼앗으며 **집**들을 탐하여 차
미 2:9	지하니 그들이 남자와 그의 **집**과 사람과
미 6:4	백성의 부녀들을 그들의 즐거운 **집**에서
합 2:9	종노릇 하는 **집**에서 속량하였으며 모세와
합 2:10	자기 **집**을 위하여 부당한 이익을 취하는
합 2:11	네 **집**에 욕을 부르며 네 영혼에게 죄를
습 1:13	담에서 돌이 부르짖고 **집**에서 들보가
학 1:9	그들의 **집**이 황폐할 것이라 그들이 **집**
	그것을 **집**으로 가져갔으나 내가 불어 …
	내 **집**은 황폐하였으되 … 자기의 **집**을
슥 1:16	**집**이 그 가운데 건축되리니 예루살렘
슥 3:7	내 **집**을 다스릴 것이요 내 뜰을 지킬
슥 6:10	이 날에 그 **집**에 들어가서 그들에게서
슥 9:8	내 **집**을 둘러 진을 쳐서 적군을 막아
말 3:10	나의 **집**에 양식이 있게 하고 그것으로

복음서

마 2:11	**집**에 들어가 아기와 그의 어머니 마리아
마 5:15	이러므로 **집** 안 모든 사람에게 비치느니
마 7:24	그 **집**을 반석 위에 지은 지혜로운 사람
마 7:25	그 **집**에 부딪치되 무너지지 아니하나니
마 7:26	그 **집**을 모래 위에 지은 어리석은 사람
마 7:27	그 **집**에 부딪치매 무너져 그 무너짐이
마 8:6	내 하인이 중풍병으로 **집**에 누워 몹시
마 8:8	주여 내 **집**에 들어오심을 나는 감당하지
마 9:6	네 침상을 가지고 **집**으로 가라 하시니
마 10:12	그 **집**에 들어가면서 평안하기를 빌라
마 10:25	상전 같으면 족하도다 **집** 주인을 바알세
	불이라 하였거든 … 그 **집** 사람들이랴
마 10:27	너희가 귓속말로 듣는 것을 **집** 위에서
마 12:25	분쟁하는 동네나 **집**마다 서지 못하리라

마 12:29	강한 자의 **집**에 들어가 그 세간을 강탈
	하겠느냐 결박한 후에야 그 **집**을 강탈
마 12:44	**집**으로 돌아가리라 하고 와 보니 그 **집**
마 13:1	그 날 예수께서 **집**에서 나가사 바닷가
마 13:27	**집** 주인의 종들이 와서 말하되 주여
마 13:36	예수께서 무리를 떠나사 **집**에 들어가시
마 13:57	선지자가 자기 고향과 자기 **집** 외에서는
마 17:25	**집**에 들어가니 예수께서 먼저 이르시되
마 19:29	내 이름을 위하여 **집**이나 형제나 자매나
마 23:38	너희 **집**이 황폐하여 버려진 바 되리라
마 24:17	지붕 위에 있는 자는 **집** 안에 있는 물건
마 24:45	주인에게 그 **집** 사람들을 맡아 때를
마 26:18	내 제자들과 함께 유월절을 네 **집**에서
막 2:1	가버나움에 들어가시니 **집**에 계시다는
막 2:11	네 상을 가지고 **집**으로 가라 하시니
막 2:15	그의 **집**에 앉아 잡수실 때에 많은 세리
막 3:20	**집**에 들어가시니 무리가 다시 모이므로
막 3:25	만일 **집**이 스스로 분쟁하면 그 **집**이 설
막 3:27	그 강한 자의 **집**에 들어가 세간을 강탈
	하지 못하리니 결박한 후에야 그 **집**을
막 5:19	그에게 이르시되 **집**으로 돌아가 주께서
막 6:4	자기 친척과 자기 **집** 외에서는 존경을
막 6:10	어디서든지 누구의 **집**에 들어가거든
막 7:17	무리를 떠나 **집**으로 들어가시니 제자들
막 7:24	한 **집**에 들어가 아무도 모르게 하시려
막 7:30	여자가 **집**에 돌아가 본즉 아이가 침상에
막 8:3	만일 내가 그들을 굶겨 **집**으로 보내면
막 8:26	그 사람을 **집**으로 보내시며 이르시되
막 9:28	**집**에 들어가시매 제자들이 조용히
막 9:33	가버나움에 이르러 **집**에 계실새 제자들
막 10:10	**집**에서 제자들이 다시 이 일을 물으니
막 10:29	복음을 위하여 **집**이나 형제나 자매나
막 10:30	현세에 있어 **집**과 형제와 자매와 어머니
막 13:15	**집**에 있는 무엇을 가지러 들어가지도
막 13:34	사람이 **집**을 떠나 타국으로 갈 때에
막 14:14	어디든지 그가 들어가는 그 **집** 주인에게
눅 1:23	직무의 날이 다 되매 **집**으로 돌아가니
눅 1:56	석 달쯤 함께 있다가 **집**으로 돌아가니
눅 5:24	네 침상을 가지고 **집**으로 가라 하시매
눅 5:25	영광을 돌리며 자기 **집**으로 돌아가니
눅 5:29	예수를 위하여 자기 **집**에서 큰 잔치를
눅 6:48	**집**을 짓되 깊이 파고 … 탁류가 그 **집**에
눅 6:49	**집** 지은 사람과 … 부딪치매 **집**이 곧

[집]

성경에 나오는 '집'

가이사의 집 - 빌 4:22
관리의 집 - 마 9:23
교만한 자의 집 - 잠 15:25
귀인의 집 - 욥 21:28
글로에의 집 - 고전 1:11
기도하는 집 - 사 56:7; 마 21:13; 막 11:17; 눅 19:46
기생의 집 - 수 2:1; 6:22
나단멜렉의 집 - 왕하 23:11
남창의 집 - 왕하 23:7
남편의 집 - 민 30:10; 룻 1:9
다윗의 집 - 삼상 19:11; 20:16; 삼하 3:1, 6; 7:26; 왕상 12:19, 20, 26; 13:2; 14:8; 왕하 17:21; 대하 10:19; 21:7; 시 122:5; 사 7:2, 13; 22:22; 렘 21:12; 슥 12:7, 10; 눅 1:69; 2:4
대제사장의 집 - 마 26:58; 막 14:54; 눅 22:54; 요 18:15
도둑의 집 - 슥 5:4 / 돌라의 집 - 대상 7:2
동생 집 - 창 24:27
드로아 가보의 집 - 딤후 4:13
레갑 사람들의 집 - 렘 35:2
레위 사람의 집 - 삿 18:15
레위 집 - 민 17:8
루디아의 집 - 행 16:40
마길의 집 - 삼하 9:4, 5
마리아의 집 - 행 12:12
마태의 집 - 마 9:10
무두장이의 집 - 행 9:43
무할례자의 집 - 행 11:3
미가의 집 - 삿 17:4, 8; 18:2, 3, 13, 15, 18, 22
밀로의 집 - 삿 9:20
바로의 집 - 삼상 2:27
바리새인의 집 - 눅 7:36, 37
바리새인 지도자의 집 - 눅 14:1
바아사의 집 - 왕상 16:12; 21:22; 왕하 9:9
백성의 집 - 렘 39:8
백향목 집 - 삼하 7:7; 대상 17:6
베냐민의 집 - 삼하 3:19
베드로의 집 - 마 8:14
베레스의 집 - 룻 4:12
부친의 집 - 대상 28:4
브두엘의 집 - 창 28:2
빌립의 집 - 행 21:8

[집]

사가랴의 집 - 눅 1:40
사울의 집 - 삼하 3:1, 6, 8, 10; 9:1, 2, 3; 대상 12:29
선견자의 집 - 삼상 9:18
세겜의 집 - 창 34:26 / 셋집 - 행 28:30
스데바나의 집 - 고전 1:16; 16:15
시몬과 안드레의 집 - 막 1:29
시몬의 집 - 마 26:6; 막 14:3; 눅 4:38; 행 10:6, 17, 32
시바의 집 - 삼하 9:12
신들의 집 - 나 1:14
신령한 집 - 벧전 2:5
신하의 집 - 출 8:3, 24; 10:6
아론의 집 - 대상 12:27; 시 115:10, 12; 118:3
아르사의 집 - 왕상 16:9
아버지(의) 집 - 창 12:1; 20:13; 24:7, 23, 38, 40; 28:21; 31:14, 30; 34:19; 38:11; 50:8; 민 30:3; 신 22:21; 수 2:12; 삿 6:15; 9:5, 18; 11:2, 7; 14:15, 19; 16:31; 19:2, 3; 삼상 9:20; 17:25; 18:2, 18; 22:11, 22; 24:21; 삼하 14:9; 24:17; 왕상 2:31; 18:18; 대상 21:17; 느 1:6; 에 4:14; 시 45:10; 사 3:6; 7:17; 22:23, 24; 렘 12:6; 눅 2:49; 16:27; 요 2:16; 14:2; 행 7:20
아브라함의 집 - 창 17:23
아비나답의 집 - 삼상 7:1; 삼하 6:3, 4; 대상 13:7
아비멜렉의 집 - 창 20:18
아비 집 - 민 30:3 사 22:24
아사랴의 집 - 느 3:24
아스글론 집 - 습 2:7
아스다롯의 집 - 삼상 31:10
아스베야의 집 - 대상 4:21
아하시야의 집 - 대하 22:9
아합의 집 - 왕하 8:18, 27; 9:7, 8, 9; 10:10, 11, 30; 21:13; 대하 21:6, 13; 22:3, 4, 5, 7, 8; 미 6:16
아히야의 집 - 왕상 14:4
악심의 집 - 미 1:14
악인의 집 - 잠 3:33; 21:12; 미 6:10; 합 3:13
악한 자의 집 - 잠 14:11
암논의 집 - 삼하 13:7, 8
압살롬의 집 - 삼하 13:20; 14:31

【 집 】　　　　　　　　　　　　　　　　　　　　　　　　　　【 집 】

성경에 나오는 '집'

애굽 땅 종 되었던 집 – 출 20:2; 신 5:6; 6:12; 8:14; 13:10; 수 24:17
애굽 땅 종의 집 – 렘 34:13
애굽 사람의 집 – 창 39:2, 5; 출 8:21; 10:6
야곱(의) 집 – 출 19:3; 사 8:17; 46:3; 48:1; 58:1; 렘 2:4; 5:20; 겔 20:5; 암 9:8; 눅 1:33; 행 7:46
야손의 집 – 행 17:5
양털 깎는 집 – 왕하 10:12, 14
어머니 집 – 창 24:28; 룻 1:8; 아 3:4; 8:2
엘리사의 집 – 왕하 5:9
엘리아십의 집 – 느 3:20, 21
엘리의 집 – 삼상 3:12, 14; 왕상 2:27
여로보암(의) 집 – 왕상 13:34; 14:10, 13, 14; 15:29; 16:3, 7; 21:22; 왕하 9:9; 13:6; 암 7:9
여호와의 집 – 수 6:24; 삿 19:18; 삼상 1:7, 24; 3:15; 시 23:6; 27:4; 92:13; 118:26; 122:1; 135:2; 사 66:20; 렘 7:2; 19:14; 35:2, 4; 36:5; 호 8:1; 9:4; 슥 8:9
영광의 집 – 사 60:7
영원한 집 – 전 12:5; 고후 5:1
예루살렘 집 – 렘 19:13; 52:13
예수아의 집 – 스 2:36; 느 7:39
예후의 집 – 호 1:4
오네시보로의 집 – 딤후 1:16; 4:19
오벧에돔의 집 – 삼하 6:10, 11, 12; 대상 13:13, 14; 15:25
왕의 집 – 왕상 13:8
외삼촌의 집 – 창 31:41
외인의 집 – 잠 5:10 / 외조부의 집 – 삿 9:1
요나단의 집 – 렘 37:15, 20; 38:26
요셉의 집 – 창 43:17, 18, 19, 24, 26; 44:14; 50:8; 암 5:6
요시아의 집 – 슥 6:10
요압의 집 – 삼하 3:29
용사의 집 – 느 3:16
우상의 집 – 고전 8:10
유다 왕의 집 – 렘 19:13; 21:11; 22:1, 6
유다(의) 집 – 대하 22:10; 사 22:21; 렘 5:11; 11:10, 17; 12:14; 13:11; 31:27, 31; 33:14; 행 9:11; 히 8:8
의인의 집 – 잠 3:33; 12:7; 15:6; 24:15
이삭의 집 – 암 7:16

이스라엘 자손의 집 – 출 12:27
이스라엘(의) 집 – 레 17:3, 8, 10; 룻 4:11; 왕상 20:31; 시 98:3; 115:12; 사 8:14; 46:3; 63:7; 렘 2:4, 26; 5:11, 15; 10:1; 11:10, 17; 13:11; 23:8; 31:27, 31, 33; 33:14, 17; 48:13; 호 6:10; 암 6:1; 마 10:6; 15:24; 행 2:36; 7:42; 히 8:8, 10
이스보셋의 집 – 삼하 4:5
이웃의 집 – 출 20:17; 신 5:21
이웃집 – 출 22:7; 삿 18:22; 잠 25:17
잔칫집 – 전 7:2; 아 2:4; 렘 16:8
장막 집 – 시 132:3; 고후 5:1
장사하는 집 – 요 2:16
조상의 집 – 삼상 2:27, 28, 30, 31
좀의 집 – 욥 27:18
종 되었던 집 – 출 13:3, 14; 신 7:8; 13:5; 삿 6:8
종의 집 – 창 19:2; 삼하 7:19, 25, 29; 대상 17:17
죄인의 집 – 눅 19:7
주의 집 – 왕하 10:3; 시 5:7; 36:8; 65:4; 66:13; 69:9; 84:4; 93:5
주인의 집 – 창 40:7; 44:8; 삼상 25:17; 삼하 12:8; 사 22:18; 습 1:9
지혜 있는 자의 집 – 잠 21:20
창기의 집 – 렘 5:7
초상집 – 전 7:2, 4; 렘 16:5; 겔 24:17
친구의 집 – 슥 13:6
친위대장의 집 – 창 40:3; 41:10
큰 집 – 딤후 2:20
토기장이의 집 – 렘 18:2, 3
판벽한 집 – 학 1:4
하나님께서 지으신 집 – 고후 5:1
하나님의 집 – 창 28:17, 22; 수 9:23; 삿 18:31; 대상 6:48; 시 42:4; 52:8; 55:14; 122:9; 전 5:1; 고전 3:9; 딤전 3:15; 히 3:2, 6; 10:21; 벧전 4:17
하만의 집 – 에 7:9; 8:1, 2
하사엘의 집 – 암 1:4
형제의 집 – 잠 27:10 / 헤벨의 집 – 삿 4:17
혼인집 – 전 7:4; 마 9:15; 막 2:19; 눅 5:34; 12:36
회당장의 집 – 막 5:35, 38; 눅 8:49
흙집 – 욥 4:19

【 집 】 【 집게 】

눅 7:6	함께 가실새 이에 그 집이 멀지 아니하여 … 집에 들어오심을 나는 감당하지	행 16:15	그 집이 다 세례를 … 내 집에 들어와
눅 8:27	집에 거하지도 아니하고 무덤 사이에	행 18:7	집에 들어가니 그 집은 회당 옆이라
눅 9:4	어느 집에 들어가든지 거기서 머물다가	행 19:16	벗은 몸으로 그 집에서 도망하는지라
눅 9:58	굴이 있고 공중의 새도 집이 있으되	행 20:20	집에서나 거리낌이 없이 여러분에게
눅 10:5	집에 들어가든지 먼저 말하되 이 집이	행 21:6	배에 오르고 그들은 집으로 돌아가니
눅 10:38	한 여자가 자기 집으로 영접하더라	행 28:23	날짜를 정하고 그가 유숙하는 집에
눅 11:17	스스로 분쟁하는 집은 무너지느니라	롬 16:5	또 저의 집에 있는 교회에도 문안하라
눅 12:39	어느 때에 이를 줄 알더라면 그 집을	고전 11:22	너희가 먹고 마실 집이 없느냐 너희가
눅 12:42	주인에게 그 집 종들을 맡아 때를 따라	고전 14:35	집에서 자기 남편에게 물을지니 여자가
눅 12:52	이 후부터 한 집에 다섯 사람이 있어	고전 16:19	아굴라와 브리스가와 그 집에 있는 교회
눅 13:35	보라 너희 집이 황폐하여 버린 바 되리라	골 4:15	그 여자의 집에 있는 교회에 문안하고
눅 14:23	강권하여 데려다가 내 집을 채우라	딤전 3:4	집을 잘 다스려 자녀들로 모든 공손함
눅 15:6	집에 와서 그 벗과 이웃을 불러 모으고	딤전 5:4	그들로 먼저 자기 집에서 효를 행하여
눅 16:4	사람들이 나를 자기 집으로 영접하리라	딤전 5:14	집을 다스리고 대적에게 비방할 기회를
눅 16:13	집 하인이 두 주인을 섬길 수 없나니	딤후 3:6	그들 중에 남의 집에 가만히 들어가
눅 17:28	먹고 마시고 사고팔고 심고 집을 짓더니	몬 1:2	우리와 함께 병사 된 아킵보와 네 집에
눅 17:31	그의 세간이 그 집 안에 있으면 그것을	히 3:3	집 지은 자가 그 집보다 더욱 존귀하
눅 18:14	의롭다 하심을 받고 그의 집으로 내려	히 11:7	그 집을 구원하였으니 이로 말미암아
눅 18:29	하나님의 나라를 위하여 집이나 아내나	요이 1:10	그를 집에 들이지도 말고 인사도 하지
눅 19:5	오늘 네 집에 유하여야 하겠다 하시니		
눅 22:10	그가 들어가는 집으로 따라 들어가서		집 - 기타 본문
눅 24:12	된 일을 놀랍게 여기며 집으로 돌아가니		
요 8:35	종은 영원히 집에 거하지 못하되 아들은		**구약** 창 17:13, 27; 19:3, 4, 8, 10; 39:9, 11; 출 12:13, 19, 27, 30, 46; 레 14:35, 36, 37, 38, 41, 42, 43, 44, 45, 46, 47, 48, 49, 51, 52; 신 20:6, 7, 8; 삿 16:27, 29, 30; 19:15, 18, 21, 22, 23, 26, 27, 29; 삼상 2:20, 30, 32, 33; 6:10; 삼하 4:7, 11; 11:9, 10, 11, 13; 12:11, 15, 17; 17:19, 20, 23; 왕상 3:18; 13:15, 18, 19; 왕하 4:32, 35; 8:5; 대상 7:9, 11, 23; 대상 17:5, 12; 느 3:23, 28, 29, 31; 욥 1:13, 18, 19; 27:18; 렘 7:11, 14, 30; 19:13; 22:5, 13, 14; 29:28; 32:34; 37:15; 39:14; 단 2:17; 3:29; 슥 5:4, 11 **신약** 마 9:7, 28; 10:13, 14; 24:43; 눅 7:10, 44; 8:39, 41, 51; 10:7; 11:21, 24, 25; 15:8, 25; 19:9; 요 7:53; 11:31; 행 11:12, 13, 14; 16:31, 32, 34; 21:16; 고전 11:34; 딤전 3:5, 12, 15; 5:13; 히 3:4, 6
요 11:20	나가 맞이하되 마리아는 집에 앉았더라		
요 12:3	발을 닦으니 향유 냄새가 집에 가득하더		
요 19:27	그 때부터 그 제자가 자기 집에 모시니		
요 20:10	두 제자가 자기들의 집으로 돌아가니		
요 20:26	여드레를 지나서 제자들이 다시 집 안에		
	역사서, 서신서		
행 2:2	소리가 있어 그들이 앉은 온 집에 가득		
행 2:46	집에서 떡을 떼며 기쁨과 순전한 마음		
행 4:11	건축자들의 버린 돌로서 집 모퉁이의		
행 4:34	이는 밭과 집 있는 자는 팔아 그 판 것의		
행 5:42	날마다 성전에 있든지 집에 있든지 예수		**집게**(trimmer)
행 7:10	애굽과 자기 온 집의 통치자로 세웠느니	출 25:38	그 불 집게와 불 똥 그릇도 순금으로
행 7:47	솔로몬이 그를 위하여 집을 지었느니라	출 37:23	등잔 일곱과 그 불 집게와 불 똥 그릇을
행 7:49	너희가 나를 위하여 무슨 집을 짓겠으며	민 4:9	등잔들과 불 집게들과 불똥 그릇들과
행 8:3	각 집에 들어가 남녀를 끌어다가 옥에	왕상 7:49	등잔대며 또 금 꽃과 등잔과 불 집게며
행 9:17	아나니아가 떠나 그 집에 들어가서	왕상 7:50	정금 대접과 불 집게와 주발과 숟가락으
행 10:22	집으로 청하여 말을 들으려 하느니라		
행 10:30	집에서 제 구 시 기도를 하는데 갑자기		
행 11:11	사람이 내가 유숙한 집 앞에 서 있으니		

【 집계하다 】　　　　　　　　　　　　　　　　　　　　　　　　　　　【 집주인 】

왕하 12:13 성전의 은 대접이나 불 **집게**나 주발이나
대하 4:22 순금으로 만든 불 **집게**와 주발과 숟가락

> **'부집게'와 관련된 성구**
> 왕하 25:14; 렘 52:18

집계하다(集計, take a census)
민 4:2　　종족과 조상의 가문에 따라 **집계**할지니

집권자(執權者, ruler, governor)
마 20:25　이방인의 **집권자**들이 그들을 임의로
막 10:42　불러다가 이르시되 이방인의 **집권자**들
눅 21:12　옥에 넘겨주며 임금들과 **집권자**들 앞에
눅 22:25　**집권자**들은 은인이라 칭함을 받으나

집다(take up)
민 17:9　　각각 자기 지팡이를 **집어** 들었더라
삿 15:15　내밀어 **집어** 들고 그것으로 천 명을
왕하 6:7　이르되 너는 그것을 **집으라** 하니 그
　　　　　사람이 손을 내밀어 그것을 **집으니라**
왕하 13:18 이르되 화살들을 **집으소서** 곧 집으매
겔 10:7　　그룹들 사이에 있는 불을 **집어** 가는
막 16:18　뱀을 **집어** 올리며 무슨 독을 마실지라

집비둘기(young pigeon)
창 15:9　　숫양과 산비둘기와 **집비둘기** 새끼를
레 1:14　　번제이면 산비둘기나 **집비둘기** 새끼로
레 5:7　　두 마리나 **집비둘기** 새끼 두 마리를
레 5:11　　두 마리나 **집비둘기** 두 마리에도 미치지
레 12:6　　**집비둘기** 새끼나 산비둘기를 회막 문
레 12:8　　두 마리나 **집비둘기** 새끼 두 마리를
레 14:22　**집비둘기** 새끼 둘을 가져다가 하나는
레 14:30　한 마리나 **집비둘기** 한 마리를
레 15:14　두 마리나 **집비둘기** 새끼 두 마리를
레 15:29　두 마리나 **집비둘기** 새끼 두 마리를
민 6:10　　두 마리나 **집비둘기** 새끼 두 마리를
눅 2:24　　어린 **집비둘기** 둘로 제사하려 함이더라

집사(執事, deacon)
행 21:8　　가이사랴에 이르러 일곱 **집사** 중 하나인
빌 1:1　　모든 성도와 또한 감독들과 **집사**들에게
딤전 3:8　이와 같이 **집사**들도 정중하고 일구이언
딤전 3:10 책망할 것이 없으면 **집사**의 직분을 맡게
딤전 3:12 **집사**들은 한 아내의 남편이 되어 자녀와
딤전 3:13 **집사**의 직분을 잘한 자들은 아름다운

집안(household)
창 31:37　다 뒤져보셨으니 외삼촌의 **집안** 물건
창 39:8　　주인이 **집안**의 모든 소유를 간섭하지
창 42:19　너희는 곡식을 가지고 가서 너희 **집안**의
창 42:33　양식을 가지고 가서 너희 **집안**의 굶주림
출 1:21　　그들의 **집안**을 흥왕하게 하신지라
레 14:36　**집안**에 있는 모든 것이 부정을 면하게
레 16:6　　드리되 자기와 **집안**을 위하여 속죄하고
레 16:11　자기와 **집안**을 위하여 속죄하고 자기를
레 16:17　자기와 그의 **집안**과 이스라엘 온 회중을
삼하 19:17 **집안**의 종 시바도 그의 아들 열다섯과
삼하 19:41 왕의 **집안**과 왕을 따르는 모든 사람을
대상 10:6 사울과 그의 세 아들과 그 온 **집안**이
욥 16:7　　나를 피로하게 하시고 나의 온 **집안**을
시 114:1　야곱의 **집안**이 언어가 다른 민족에게서
렘 23:34　그 사람과 그 **집안**을 벌하리라 하셨다
마 10:36　사람의 원수가 자기 **집안** 식구리라
요 4:53　　그 때인 줄 알고 자기와 그 온 **집안**이
행 10:2　　경건하여 온 **집안**과 더불어 하나님을
행 10:7　　고넬료가 **집안** 하인 둘과 부하 가운데
행 16:34　그와 온 **집안**이 하나님을 믿으므로 크게
행 18:8　　온 **집안**과 더불어 주를 믿으며 수많은

집안사람(household, whole family)
창 35:2　　야곱이 이에 자기 **집안사람**과 자기와
왕상 16:11 바아사의 온 **집안사람**들을 죽이되 남자
잠 31:15　전에 일어나서 자기 **집안사람**들에게
미 7:6　　원수가 곧 자기의 **집안사람**이리로다

집안일(affair of household)
잠 31:27　자기의 **집안일**을 보살피고 게을리 얻은
딛 2:5　　신중하며 순전하며 **집안일**을 하며

집어내다(remove)
왕하 24:13 모든 보물과 왕궁 보물을 **집어내고** 또

집주인(owner of a house)
마 13:52　옛것을 그 곳간에서 내오는 **집주인**과
마 20:1　　이른 아침에 나간 **집주인**과 같으니

【 집집 】 　　　　　　　　　　　　　　　　　　【 짓다 】

마 21:33	다른 한 비유를 들으라 한 **집주인**이
마 24:43	너희도 아는 바니 만일 **집주인**이 도둑이
막 13:35	그러므로 깨어 있으라 **집주인**이 언제
눅 12:39	너희도 아는 바니 **집주인**이 만일 도둑이
눅 13:25	**집주인**이 일어나 문을 한 번 닫은 후에
눅 22:11	그 **집주인**에게 이르되 선생님이 네게

집주인 - 기타 본문
출 22:8; 레 14:35; 삿 19:22, 23; 왕상 17:17; 마 10:25; 20:11; 막 14:14; 눅 14:21

집집 (from house to house)
| 출 8:21 | 애굽 사람의 **집집**에 파리 떼가 가득할 것 |
| 딤전 5:13 | 또 그들은 게으름을 익혀 **집집**으로 돌아 |

집회 (集會, assembly)
창 49:6	그들의 **집회**에 참여하지 말지어다
시 26:5	행악자의 **집회**를 미워하오니 악한 자와
사 4:5	모든 **집회** 위에 낮이면 구름과 연기,
사 14:13	내가 북극 **집회**의 산 위에 앉으리라
행 19:40	불법 **집회**에 관하여 보고할 자료가 없다

짓 (behave)
레 21:14	과부나 이혼 당한 여자나 창녀 **짓**을
삼상 21:15	내 앞에서 미친 **짓**을 하게 하느냐 이 자
잠 17:2	슬기로운 종은 부끄러운 **짓**을 하는

짓누르다 (crush against)
| 민 22:25 | 발람의 발을 그 담에 **짓누르매** 발람이 |

짓다 (make, sin, form)
1. 만들다 (make)
모세오경
창 1:31	하나님이 **지으신** 그 모든 것을 보시니
창 2:7	땅의 흙으로 사람을 **지으시고** 생기를
창 2:8	동산을 창설하시고 그 **지으신** 사람을
창 2:18	위하여 돕는 배필을 **지으리라** 하시니라
창 2:19	들짐승과 공중의 각종 새를 **지으시고**
창 3:1	뱀은 여호와 하나님이 **지으신** 들짐승
창 3:21	그의 아내를 위하여 가죽옷을 **지어**
창 5:1	때에 하나님의 모양대로 **지으시되**
창 6:6	사람 **지으셨음**을 한탄하사 마음에 근심
창 6:7	내가 그것들을 **지었음**을 한탄함이니라

창 7:4	비를 내려 내가 **지은** 모든 생물을 지면
창 9:6	자기 형상대로 사람을 **지으셨음이니라**
창 33:17	가축을 위하여 우릿간을 **지었으므로**
창 37:3	그를 위하여 채색옷을 **지었더니**
출 4:11	사람의 입을 **지었느냐** 누가 말 못 하는
출 25:9	기구들도 그 모양을 따라 **지을지니라**
출 28:2	네 형 아론을 위하여 거룩한 옷을 **지어**
출 28:3	아론의 옷을 **지어** 그를 거룩하게 하여
출 28:4	그들이 **지을** 옷은 이러하니 곧 흉패와
출 28:??	…옷을 **지어** 아론이 내게 제사장 직분
출 35:21	회막을 **짓기** 위하여 그 속에서 쓸 모든
출 36:8	휘장으로 성막을 **지었으니** 곧 가늘게
	꼰 베… 무늬 놓아 짜서 **지은** 것이라
출 39:27	그의 아들들을 위하여 속옷을 **짓고**
출 39:28	세마포로 두건을 **짓고** 세마포로 빛난
민 32:16	우리 가축을 위하여 우리를 **짓고** 우리
민 32:24	양을 위하여 우리를 **지으라** 그리하고
민 32:36	또 양을 위하여 우리를 **지었으며**
신 8:12	배부르고 아름다운 집을 **짓고** 거주하게
신 22:8	네가 새 집을 **지을** 때에 지붕에 난간을
신 26:19	그런즉 여호와께서 너를 그 **지으신** 모든
신 32:6	아버지시요 너를 **지으신** 이가 아니시냐
신 32:15	자기를 **지으신** 하나님을 버리고 자기를

역사서
수 22:28	말하기를 우리 조상이 **지은** 여호와의
룻 4:11	이웃 여인들이 그에게 이름을 **지어** 주되
삼상 2:19	작은 겉옷을 **지어다가** 그에게 주었더니
삼하 3:33	아브넬을 위하여 애가를 **지어** 이르되
삼하 5:11	그들이 다윗을 위하여 집을 **지으니**
삼하 7:11	여호와가 너를 위하여 집을 **짓고**
왕상 2:36	집을 **짓고** 거기서 살고 어디든지 나가기
왕상 7:2	그가 레바논 나무로 왕궁을 **지었으니**
왕상 7:6	기둥을 세워 주랑을 **지었으니** 길이가
왕상 7:7	재판하는 주랑을 **짓고** 온 마루를 백향목
왕상 7:8	바로의 딸을 위하여 집을 **지었는데**
왕상 7:9	다듬은 돌로 **지었으니** 크기대로 톱으로
왕상 9:25	제단에 분향하니라 이에 성전 **짓는** 일을
왕상 9:26	근처 에시온게벨에서 배들을 **지은지라**
왕상 11:7	예루살렘 앞산에 산당을 **지었고** 또 암몬
왕상 12:31	그가 또 산당들을 **짓고** 레위 자손 아닌
왕상 12:32	그가 **지은** 산당의 제사장을 벧엘에서
왕상 15:12	그의 조상들이 **지은** 모든 우상을 없애고
왕하 17:29	사마리아 사람이 **지은** 여러 산당들에

2283

[짓다]　　　　　　　　　　　　　　　　　　　　　　　　　[짓다]

왕하 23:19	각 성읍에 **지어서** 여호와를 격노하게
왕하 24:3	이는 므낫세의 **지은** 모든 죄 때문이며
대상 16:26	여호와께서는 하늘을 **지으셨도다**
대상 21:29	옛적에 모세가 광야에서 **지은** 여호와의
대하 1:3	광야에서 **지은** 것이 거기에 있음이라
대하 1:5	우리의 아들 브살렐이 **지은** 놋제단은
대하 2:12	또 이르되 천지를 **지으신** 이스라엘의
대하 3:8	또 지성소를 **지었으니** 성전 넓이대로
대하 3:14	고운 베로 휘장문을 **짓고** 그 위에 그룹
대하 7:7	이는 솔로몬이 **지은** 놋 제단이 능히 그
대하 20:37	여호와께서 왕이 **지은** 것들을 파하시리
대하 32:19	사람의 손으로 **지은** 세상 사람의 신들을
대하 35:25	그를 위하여 애가를 **지었으며** 모든 노래
느 6:8	네 마음에서 **지어낸** 것이라 하였나니
느 6:13	악한 말을 **지어** 나를 비방하려 함이었느
느 8:4	학사 에스라가 특별히 **지은** 나무 강단에
느 8:15	기록된 바를 따라 초막을 **지으라** 하라
느 8:17	돌아온 회중이 다 초막을 **짓고** 그 안에
느 9:6	모든 것을 **지으시고** 다 보존하시오니

시가서

욥 10:3	주께서 주의 손으로 **지으신** 것을 학대
욥 10:9	기억하옵소서 주께서 내 몸 **지으시기를**
욥 14:15	손으로 **지으신** 것을 기다리시겠나이다
욥 22:23	네가 **지음**을 받을 것이며 또 네 장막을
욥 27:18	그가 **지은** 집은 좀의 집 같고 파수꾼이
욥 31:15	우리를 뱃속에 **지으신** 이가 한 분이
욥 32:22	만일 그리하면 나를 **지으신** 이가 속히
욥 33:4	하나님의 영이 나를 **지으셨고** 전능자의
욥 33:6	동일하니 나도 흙으로 **지으심**을 입었으
욥 34:19	다 그의 손으로 **지으신** 바가 됨이라
욥 35:10	나를 **지으신** 하나님은 어디 계시냐고
욥 36:3	지식을 얻고 나를 **지으신** 이에게 의를
욥 37:7	모든 사람이 그가 **지으신** 것을 알게
욥 39:28	그것이 낭떠러지에 집을 **지으며** 뾰족한
욥 40:15	너를 **지은** 것같이 그것도 **지었느니라**
욥 40:19	그것을 **지으신** 이가 자기의 칼을 가져
욥 41:33	두려움이 없는 것으로 **지음** 받았구나
시 28:4	그들의 손이 **지은** 대로 그들에게 갚아
시 28:5	손으로 **지으신** 것을 생각하지 아니함으
시 33:6	말씀으로 하늘이 **지음**이 되었으며
시 33:15	그들 모두의 마음을 **지으시며** 그들의
시 45:1	말로 왕을 위하여 **지은** 것을 말하리니
시 78:69	같이, 영원히 두신 땅같이 **지으셨도다**
시 86:9	주여 주께서 **지으신** 모든 민족이 와서
시 94:9	귀를 **지으신** 이가 듣지 아니하시랴 눈을
시 95:2	나아가며 시를 **지어** 즐거이 그를 노래
시 95:5	만드셨고 육지도 그의 손이 **지으셨도다**
시 95:6	우리를 **지으신** 여호와 앞에 무릎을 꿇자
시 96:5	여호와께서는 하늘을 **지으셨음이로다**
시 100:3	그는 우리를 **지으신** 이요 우리는 그의
시 102:25	하늘도 주의 손으로 **지으신** 바니이다
시 103:22	여호와의 **지으심**을 받고 그가 다스리시
시 104:20	주께서 흑암을 **지어** 밤이 되게 하시니
시 104:24	다 **지으셨으니** 주께서 **지으신** 것들이
시 104:26	주께서 **지으신** 리워야단이 그 속에서
시 115:15	너희는 천지를 **지으신** 여호와께 복을
시 121:2	도움은 천지를 **지으신** 여호와에게서로
시 124:8	우리의 도움은 천지를 **지으신** 여호와의
시 129:3	내 등을 갈아 그 고랑을 길게 **지었도다**
시 134:3	천지를 **지으신** 여호와께서 시온에서
시 136:5	지혜로 하늘을 **지으신** 이에게 감사하라
시 136:7	큰 빛들을 **지으신** 이에게 감사하라 그
시 138:8	영원하오니 주의 손으로 **지으신** 것을
시 139:13	주께서 내 내장을 **지으시며** 나의 모태
시 139:14	주께 감사하옴은 나를 **지으심**이 심히
시 139:15	내가 은밀한 데서 **지음**을 받고 땅의 깊은 곳에서 기이하게 **지음**을 받은 때에
시 145:9	모든 것을 선대하시며 그 **지으신** 모든
시 145:10	여호와여 주께서 **지으신** 모든 것들이
시 146:6	그 중의 만물을 **지으시며** 영원히 진실함
시 148:5	명령하시므로 **지음**을 받았음이로다
시 149:2	자기를 **지으신** 이로 말미암아 즐거워하
잠 8:27	그가 하늘을 **지으시며** 궁창을 해면에
잠 9:1	그의 집을 **짓고** 일곱 기둥을 다듬고
잠 14:31	사람을 학대하는 자는 그를 **지으신**
잠 16:4	그 쓰임에 적당하게 **지으셨나니** 악인도
잠 16:11	속의 저울추도 다 그가 **지으신** 것이니라
잠 17:5	가난한 자를 조롱하는 자는 그를 **지으신**
잠 20:12	눈은 다 여호와께서 **지으신** 것이니라
잠 22:2	함께 살거니와 그 모두를 **지으신** 이는
잠 30:26	종류로되 집을 바위 사이에 **짓는** 사반과
잠 31:22	아름다운 이불을 **지으며** 세마포와 자색
잠 31:24	베로 옷을 **지어** 팔며 띠를 만들어 상인
전 2:4	내가 나를 위하여 집들을 **짓고** 포도원을
전 3:11	하나님이 모든 것을 **지으시되** 때를 따라
전 7:29	하나님은 사람을 정직하게 **지으셨으나**

2284

【 짓다 】　　　　　　　　　　　　　　　　　　　　　　　　　　　　　　　　　【 짓다 】

전 12:9	연구하여 잠언을 많이 **지었으며**	렘 38:16	우리에게 이 영혼을 **지으신** 여호와께서
전 12:12	많은 책들을 **짓는** 것은 끝이 없고 많이	렘 49:16	보금자리를 높은 데에 **지었을지라도**
선지서		렘 51:15	그의 능력으로 땅을 **지으셨고** 그의 지혜
사 2:8	그들이 자기 손으로 **짓고** 자기 손가락	렘 51:19	그는 만물을 **지으신** 분이요 이스라엘은
사 4:6	그늘을 **지으며** 또 풍우를 피하여 숨는	렘 51:52	그 땅에서 한숨을 **지으리라** 여호와의
사 14:4	이 노래를 **지어** 이르기를 압제하던 자가	겔 19:1	이스라엘 고관들을 위하여 애가를 **지어**
사 16:3	대낮에 밤같이 그늘을 **지으며** 쫓겨난	겔 21:30	네가 **지음**을 받은 곳에서, 네가 출생한
사 17:7	사람이 자기를 **지으신** 이를 바라보겠으	겔 27:2	너는 두로를 위하여 슬픈 노래를 **지으라**
사 17:8	손가락으로 **지은** 아세라나 태양상을	겔 27:4	바다 가운데에 있음이여 너를 **지은** 자가
사 19:25	애굽이여, 내 손으로 **지은** 앗수르여	겔 28:12	왕을 위하여 슬픈 노래를 **지어** 그에게
사 27:11	**지으신** 이가 불쌍히 여기지 아니하시며	겔 28:13	**지음**을 받던 날에 너를 위하여 소고와
사 29:16	**지음**을 받은 물건이 어찌 자기를 **지은**	겔 28:15	네가 **지음**을 받던 날로부터 네 모든 길에
사 41:20	무리가 보고 여호와의 손이 **지으신** 바요	겔 45:4	그들이 집을 **지을** 땅이며 성소를 위한
사 43:1	너를 **지으신** 이가 말씀하시느니라	호 8:14	이스라엘은 자기를 **지으신** 이를 잊어
사 43:7	내가 **지었고** 그를 내가 만들었느니라	암 4:13	보라 산들을 **지으며** 바람을 창조하며
사 43:10	나의 전에 **지음**을 받은 신이 없었느니라	암 5:1	너희에게 대하여 애가로 **지은** 이 말을
사 43:21	이 백성은 내가 나를 위하여 **지었나니**	암 7:1	시작할 때에 주께서 메뚜기를 **지으시매**
사 44:2	너를 모태에서부터 **지어** 낸 너를 도와	욘 1:9	바다와 육지를 **지으신** 하늘의 하나님
사 44:21	너는 내 종이니라 내가 너를 **지었으니**	욘 4:5	자기를 위하여 초막을 **짓고** 그 성읍에
사 44:24	모태에서 너를 **지은** 나 여호와가 이같	미 2:4	그 때에 너희를 조롱하는 시를 **지으며**
	이 말하노라 나는 만물을 **지은** 여호와	습 2:14	백향목으로 **지은** 것이 벗겨졌음이라
사 45:7	**짓고** 어둠도 창조하며 나는 평안도 **짓고**	학 1:9	너희는 각각 자기의 집을 **짓기** 위하여
사 45:9	자기를 **지으신** 이와 더불어 다툴진대	학 2:17	내가 너희 손으로 **지은** 모든 일에 곡식을
사 45:11	이스라엘을 **지으신** 여호와께서 이같이	슥 5:11	그것을 위하여 집을 **지으려** 함이니라
사 45:18	그가 땅을 **지으시고** 그것을 만드셨으며	슥 12:1	세우시며 사람 안에 심령을 **지으신** 이가
	… 그것을 **지으셨으니** 나는 여호와라	말 2:10	한 하나님께서 **지으신** 바가 아니냐
사 46:4	내가 **지었은즉** 내가 업을 것이요 내가	**신약**	
사 49:5	종으로 **지으신** 이시요 야곱을 그에게로	마 7:24	그 집을 반석 위에 **지은** 지혜로운 사람
사 51:13	너를 **지은** 자 여호와를 어찌하여 잊어	마 7:26	그 집을 모래 위에 **지은** 어리석은 사람
사 54:5	이는 너를 **지으신** 이가 네 남편이시라	마 19:4	대답하여 이르시되 사람을 **지으신** 이가
사 54:12	홍보석으로 네 성벽을 **지으며** 석류석으		본래 그들을 남자와 여자로 **지으시고**
사 57:16	내가 **지은** 그의 영과 혼이 내 앞에서	마 21:33	거기에 즙짜는 틀을 만들고 망대를 **짓고**
사 64:8	우리는 다 주의 손으로 **지으신** 것이니이	마 26:61	성전을 헐고 사흘 동안에 **지을** 수 있다
사 66:1	너희가 나를 위하여 무슨 집을 **지으랴**	마 27:40	이르되 성전을 헐고 사흘에 **짓는** 자여
사 66:2	손이 이 모든 것을 **지었으므로** 그들이	막 10:6	사람을 남자와 여자로 **지으셨으니**
사 66:22	내가 **지을** 새 하늘과 새 땅이 내 앞에	막 12:1	망대를 **지어서** 농부들에게 세로 주고
렘 1:5	너를 모태에 **짓기** 전에 너를 알았고	막 14:58	손으로 **지은** 이 성전을 내가 헐고 손으로
렘 10:12	권능으로 땅을 **지으셨고** 그의 지혜로		**짓지** 아니한 … 사흘 동안에 **지으리라**
렘 22:13	부정하게 그 다락방을 **지으며** 자기를	막 15:29	아하 성전을 헐고 사흘에 **짓는다는** 자여
렘 22:14	넓은 다락방을 **지으리라** 하고 자기를	눅 1:62	무엇으로 이름을 **지으려** 하는가 물으니
렘 29:5	너희는 집을 **짓고** 거기에 살며 텃밭을	눅 6:48	그 집에 부딪치되 잘 **지었기** 때문에
렘 29:28	너희는 집을 **짓고** 살며 밭을 일구고 그	눅 6:49	없이 흙 위에 집 **지은** 사람과 같으니
렘 32:17	능력과 펴신 팔로 천지를 **지으셨사오니**	눅 7:5	우리를 위하여 회당을 **지었나이다** 하니

2285

【 짓다 】

눅 12:18	내 곳간을 헐고 더 크게 **짓고** 내 모든	민 12:11	어리석은 일을 하여 죄를 **지었으나**
요 1:3	말미암아 **지은** 바 되었으니 **지은** 것이	신 9:18	격노하게 하여 크게 죄를 **지었음이라**
요 1:10	세상은 그로 말미암아 **지은** 바 되었으되	왕상 8:47	반역을 행하며 악을 **지었나이다** 하며
요 2:20	이 성전은 사십육 년 동안에 **지었거늘**	욥 8:4	자녀들이 주께 죄를 **지었으므로** 주께서
행 4:24	바다와 그 가운데 만물을 **지은** 이시요	욥 13:26	젊었을 때에 **지은** 죄를 내가 받게 하시오
행 7:47	솔로몬이 그를 위하여 집을 **지었느니라**	시 68:21	원수들의 머리 곧 죄를 **짓고** 다니는
행 7:48	지극히 높으신 이는 손으로 **지은** 곳에	시 106:6	사악을 행하며 악을 **지었나이다**
행 7:50	이 모든 것이 다 내 손으로 **지은** 것이	시 119:69	거짓을 **지어** 나를 치려 하였사오나 나는
행 9:39	그들과 함께 있을 때에 **지은** 속옷과	겔 18:24	그 범한 허물과 **지은** 죄로 죽으리라
행 14:15	만물을 **지으시고** 살아 계신 하나님께로	겔 33:13	그가 그 **지은** 죄악으로 말미암아 곧 그
행 15:16	**지으며** 또 그 허물어진 것을 다시 **지어**	호 10:9	지금까지 죄를 **짓는구나** 그러니 범죄한
행 17:24	만물을 **지으신** 하나님께서는 천지의	마 6:12	우리가 우리에게 죄 **지은** 자를 사하여
	… **지은** 전에 계시지 아니하시고	눅 7:37	그 동네에 죄를 **지은** 한 여자가 있어
롬 9:20	지음을 받은 물건이 **지은** 자에게 어찌	눅 11:4	우리가 우리에게 죄 **지은** 모든 사람을
고전 11:9	남자가 여자를 위하여 **지음을** 받지 아	눅 15:18	내가 하늘과 아버지께 죄를 **지었사오니**
	니하고 여자가 남자를 위하여 **지음을**	눅 15:21	아버지께 죄를 **지었사오니** 지금부터는
고후 5:1	하나님께서 **지으신** 집 곧 손으로 **지은**	눅 17:4	하루에 일곱 번이라도 네게 죄를 **짓고**
갈 6:15	새로 **지으심을** 받는 것만이 중요하니라	행 25:11	죽을죄를 **지었으면** 죽기를 사양하지
엡 2:10	선한 일을 위하여 **지으심을** 받은 자니	롬 3:25	참으시는 중에 전에 **지은** 죄를 간과하심
엡 2:15	안에서 한 새 사람을 **지어** 화평하게	롬 5:12	모든 사람이 죄를 **지었으므로** 사망이
엡 2:22	예수 안에서 함께 **지어져** 가느니라	롬 6:15	은혜 아래에 있으니 죄를 **지으리요** 그럴
엡 4:24	의와 진리의 거룩함으로 **지으심을** 받은	고전 7:28	장가가도 죄 **짓는** 것이 아니요 처녀가
딤전 2:13	이는 아담이 먼저 **지음을** 받고 하와가		시집가도 죄 **짓는** 것이 아니로되 이런
딤전 4:3	음식물은 하나님이 **지으신** 바니 믿는	고전 7:36	그것은 죄 **짓는** 것이 아니니 그들로 결혼
딤전 4:4	하나님께서 **지으신** 모든 것이 선하매	고전 8:12	형제에게 죄를 **지어** 그 약한 양심을 상
히 1:2	말미암아 모든 세계를 **지으셨느니라**		하게 하는 것이 … 죄를 **짓는** 것이니라
히 1:10	두셨으며 하늘도 주의 손으로 **지으신**	고전 11:27	몸과 피에 대하여 죄를 **짓는** 것이니라
히 3:3	집 **지은** 자가 그 집보다 더욱 존귀함	고후 11:7	너희에게 전하므로 죄를 **지었느냐**
히 3:4	집마다 **지은** 이가 있으니 만물을 **지으신**	고후 12:21	내가 전에 죄를 **지은** 여러 사람의 그
히 4:13	**지으신** 것이 하나도 그 앞에 나타나지	고후 13:2	죄 **지은** 자들과 그 남은 모든 사람에게
히 8:5	모세가 장막을 **지으려** 할 때에 지시하	약 2:9	죄를 **짓는** 것이니 율법이 너희를 범법자
	심을 … 본을 따라 **지으라** 하셨느니라	요일 3:4	죄를 **짓는** 자마다 불법을 행하나니 죄는
히 11:3	하나님의 말씀으로 **지어진** 줄을 우리가	요일 3:8	죄를 **짓는** 자는 마귀에게 속하나니 마귀
히 11:10	그가 하나님이 계획하시고 **지으실** 터가		
약 3:9	하나님의 형상대로 **지음을** 받은 사람을	**3. 떼나 줄 따위를 이루다**(form, be in rows)	
계 4:11	만물을 **지으신지라** 만물이 주의 뜻대로	출 13:18	자손이 애굽 땅에서 대열을 **지어** 나올
	있었고 또 **지으심을** 받았나이다 하더라	민 16:1	아비람과 벨렛의 아들 온이 당을 **짓고**
		삼하 18:4	백 명씩 천 명씩 대를 **지어** 나가는지라
2. 나쁜 짓을 저지르다(sin)		왕상 7:20	각기 석류 이백 개가 줄을 **지었더라**
창 39:9	악을 행하여 하나님께 죄를 **지으리이까**	왕하 5:2	아람 사람이 떼를 **지어** 나가서 이스라엘
출 10:16	여호와와 너희에게 죄를 **지었으니**	대하 26:11	휘하에 속하여 떼를 **지어** 나가서 싸우는
레 22:9	그로 말미암아 죄를 **짓고** 그 가운데에서	느 12:31	성벽 위로 대오를 **지어** 가게 하였는데
민 5:6	여호와께 거역함으로 죄를 **지으면**	욥 1:17	갈대아 사람이 세 무리를 **지어** 갑자기
민 5:7	그가 죄를 **지었던** 그 사람에게 돌려줄	잠 30:27	임금이 없으되 다 떼를 **지어** 나아가는

【 짓밟다/짓밟히다 】　　　　　　　　　　　　　　　　　　　　　【 징벌/-하다 】

겔 27:25	배는 떼를 **지어** 네 화물을 나르니 네가		하나니 … 전능자의 **징계**를 업신여기지
호 7:1	도둑질하고 밖에서 떼를 **지어** 노략질하며	욥 33:19	고통과 뼈가 늘 쑤심의 **징계**를 받나니
막 6:39	그 모든 사람으로 떼를 **지어** 푸른 잔디	욥 37:13	혹은 **징계**를 위하여 혹은 땅을 위하여
눅 9:14	제자들에게 이르시되 떼를 **지어** 한 오십	시 6:1	주의 진노로 나를 **징계하지** 마옵소서
행 17:5	떼를 **지어** 성을 소동하게 하여 야손의	시 38:1	분노하심으로 나를 **징계하지** 마소서
행 23:12	날이 새매 유대인들이 당을 **지어** 맹세	시 39:11	죄악을 책망하사 사람을 **징계하실** 때에
롬 2:8	당을 **지어** 진리를 따르지 아니하고 불의	잠 3:11	내 아들아 여호와의 **징계**를 경히 여기지
고후 12:20	또 다툼과 시기와 분냄과 당 **짓는** 것과	잠 3:12	사랑하시는 자를 **징계하시기를** … 기뻐
갈 5:20	시기와 분냄과 당 **짓는** 것과 분열함과		하는 아들을 **징계함같이** 하시느니라
		잠 9:7	거만한 자를 **징계하는** 자는 도리어 능욕
짓밟다/짓밟히다(trample, crush)		잠 10:17	생명 길로 행하여도 **징계**를 버리는 자는
레 26:37	서로 **짓밟혀** 넘어지리니 너희가 원수	잠 12:1	**징계**를 싫어하는 자는 짐승과 같으니라
삿 20:43	추격하며 그 쉬는 곳에서 **짓밟으매**	잠 13:24	사랑하는 자는 근실히 **징계하느니라**
왕하 14:9	그 가시나무를 **짓밟았느니라**	잠 15:10	배반하는 자는 엄한 **징계**를 받을 것이요
대하 25:18	그 가시나무를 **짓밟았느니라**	잠 16:22	미련한 자에게는 그 미련한 것이 **징계**가
욥 40:12	악인을 그들의 처소에서 **짓밟을지니라**	잠 19:18	희망이 있은즉 그를 **징계하되** 죽일 마음
시 7:5	땅에 **짓밟게** 하고 내 영광을 먼지 속에	잠 22:15	**징계하는** 채찍이 이를 멀리 쫓아내리라
시 94:5	그들이 주의 백성을 **짓밟으며** 주의 소유	잠 29:17	네 자식을 **징계하라** 그리하면 그가 너를
전 5:8	정의와 공의를 **짓밟는** 것을 볼지라도	사 53:5	그가 **징계**를 받으므로 우리는 평화를
사 3:15	너희가 내 백성을 **짓밟으며** 가난한 자의	렘 1:16	그들의 모든 죄악을 **징계하리라**
사 5:5	하며 그 담을 헐어 **짓밟히게** 할 것이요	렘 2:19	악이 너를 **징계하겠고** 네 반역이 너를
사 10:6	그들을 길거리의 진흙같이 **짓밟게** 하려	렘 2:30	그들이 **징계**를 받아들이지 아니함이라
사 14:25	나의 산에서 그것을 **짓밟으리니** 그 때에	렘 5:3	그들이 **징계**를 받지 아니하고 그들의
사 21:10	내가 **짓밟은** 너여, 내가 타작한 너여,	렘 10:24	나를 **징계하옵시되** 너그러이 하시고
사 63:3	분함으로 말미암아 **짓밟았으므로** 그들	렘 30:11	내가 법에 따라 너를 **징계할** 것이요
렘 12:10	내 몫을 **짓밟아서** 내가 기뻐하는 땅을	렘 30:14	네가 받게 하며 잔인한 **징계**를 내렸도다
단 8:7	숫양을 땅에 엎드러뜨리고 **짓밟았으나**	렘 46:28	**징계할** 것이요 결코 무죄한 자로 여기지
단 8:10	몇을 땅에 떨어뜨리고 그것들을 **짓밟고**	호 7:12	회중에 들려 준 대로 그들을 **징계하리라**
단 8:13	백성이 내준 바 되며 **짓밟힐** 일이 어느	호 10:10	내가 원하는 때에 그들을 **징계하리니**
히 10:29	하나님의 아들을 **짓밟고** 자기를 거룩하	**신약**	
계 11:2	거룩한 성을 마흔두 달 동안 **짓밟으리라**	고전 11:32	주께 **징계**를 받는 것이니 이는 우리로
		고후 6:9	보라 우리가 살아 있고 **징계**를 받는 자
징계/-하다(懲戒, discipline, punish)		히 12:5	내 아들아 주의 **징계하심을** 경히 여기지
구약		히 12:6	주께서 그 사랑하시는 자를 **징계하시고**
신 8:5	아들을 **징계함같이** 네 하나님 여호와	히 12:7	참음은 **징계**를 … 아버지가 **징계하지**
	께서 너를 **징계하시는** 줄 마음에 생각	히 12:8	**징계**는 다 받는 것이거늘 너희에게
신 21:18	부모가 **징계하여도** 순종하지 아니하거	히 12:9	육신의 아버지가 우리를 **징계하여도**
삿 20:10	망령된 일을 행한 대로 **징계하게** 하리라	히 12:10	자기의 뜻대로 우리를 **징계하였거니와**
삼하 7:14	매와 인생의 채찍으로 **징계하려니와**	히 12:11	**징계**가 당시에는 즐거워 보이지 않고
왕상 12:11	채찍으로 너희를 **징계하였으나** 나는	계 3:19	책망하여 **징계하노니** 그러므로 네가
	전갈 … 너희를 **징계하리라** 하소서		
왕상 12:14	채찍으로 너희를 **징계하였으나** 나는	**징벌/-하다**(懲罰, punish, discipline)	
욥 5:17	하나님께 **징계** 받는 자에게는 복이 있	창 15:14	섬기는 나라를 내가 **징벌할지며** 그 후에

2287

【 징수하다 】   【 짚 】

레 26:18 내가 너희를 일곱 배나 더 **징벌하리라**
레 26:28 죄로 말미암아 칠 배나 더 **징벌하리니**
삿 8:16 찔레로 숙곳 사람들을 **징벌하고**
룻 1:21 여호와께서 나를 **징벌하셨고** 전능자가
왕하 19:3 히스기야의 말씀이 오늘은 환난과 **징벌**
대하 20:12 그들을 **징벌하지** 아니하시나이까 우리
대하 24:24 아람 사람들이 요아스를 **징벌하였더라**
시 39:10 주의 **징벌**을 나에게서 옮기소서 주의
시 73:14 종일 재난을 당하며 아침마다 **징벌**을
시 94:10 **징벌하시는** 이 곧 지식으로 사람을 교훈하시는 이가 **징벌하지** 아니하시랴
시 94:12 여호와여 주로부터 **징벌**을 받으며 주의
전 8:11 악한 일에 관한 **징벌**이 속히 실행되지
사 26:16 주의 **징벌**이 그들에게 임할 때에 그들이
사 29:6 불꽃으로 그들을 **징벌하실** 것인즉
사 53:4 **징벌**을 받아 하나님께 맞으며 고난을
렘 10:15 것인즉 **징벌하실** 때에 멸망할 것이나
렘 31:18 나를 **징벌하시매** 멍에에 익숙하지 못한 송아지 같은 내가 **징벌**을 받았나이다
렘 51:18 조롱 거리이니 **징벌하시는** 때에 멸망할
암 7:4 여호와께서 명령하여 불로 **징벌하게**
눅 21:22 기록된 모든 것을 이루는 **징벌**의 날이니
벧전 2:14 그가 악행하는 자를 **징벌하고** 선행하는

징수하다(徵收, exact)
왕하 23:35 액수를 정하고 은금을 **징수하였더라**

징조(徵兆, sign)
창 1:14 그것들로 **징조**와 계절과 날과 해를
삼상 10:7 이 **징조**가 네게 임하거든 너는 기회를
삼상 10:9 새 마음을 주셨고 그 날 그 **징조**도 다
왕상 13:3 그가 **징조**를 들어 … 말씀하신 **징조**라
왕상 13:5 여호와의 말씀으로 보인 **징조**대로 제단
왕상 20:33 사람들이 좋은 **징조**로 여기고 그 말을
왕하 19:29 또 네게 보일 **징조**가 이러하니 너희가
시 65:8 땅 끝에 사는 자가 주의 **징조**를 두려워
시 71:7 무리에게 이상한 **징조**같이 되었사오나
시 78:43 표적들을, 소안 들에서 그의 징조들을
시 105:27 함의 땅에서 **징조들**을 행하였도다
시 135:9 네게 행한 표적들과 **징조들**을 바로와
사 7:11 네 하나님 여호와께 한 **징조**를 구하되

사 7:14 친히 **징조**를 너희에게 주실 것이라
사 8:18 이스라엘 중에 **징조**와 예표가 되었나니
사 19:20 만군의 여호와를 위하여 **징조**와 증거가
사 20:3 애굽과 구스에 대하여 **징조**와 예표가
사 37:30 왕이여 이것이 왕에게 **징조**가 되리니
사 38:7 여호와께로 말미암는 너를 위한 **징조**이
사 38:22 여호와의 전에 올라갈 **징조**가 무엇이냐
사 66:19 내가 그들 가운데에서 **징조**를 세워서
렘 10:2 이방 사람들은 하늘의 **징조**를 두려워
겔 4:3 이스라엘 족속에게 **징조**가 되리라
겔 12:6 너를 세워 이스라엘 족속에게 **징조**가
겔 12:11 말하기를 나는 너희 **징조**라 내가 행한
마 24:3 주의 임하심과 세상 끝에는 무슨 **징조**가
마 24:30 그 때에 인자의 **징조**가 하늘에서 보이겠
막 13:4 이루어지려 할 때에 무슨 **징조**가 있사오
눅 21:7 일이 일어나려 할 때에 무슨 **징조**가
눅 21:11 무서운 일과 하늘로부터 큰 **징조들**이
눅 21:25 일월 성신에는 **징조**가 있겠고 땅에서는
행 2:19 땅에서는 **징조**를 베풀리니 곧 피와 불과

징집하다(徵集, conscript)
왕하 25:19 백성을 **징집하는** 장관의 서기관 한 사람

징치하다(懲治, scourge)
왕상 12:14 나는 전갈 채찍으로 너희를 **징치하리라**

징표(徵表, sign)
민 26:10 이백오십 명을 삼켜 **징표**가 되게 하였으
왕하 20:8 올라가게 하실 무슨 **징표**가 있나이까
왕하 20:9 여호와께로부터 왕에게 한 **징표**가
사 44:25 헛된 말을 하는 자들의 **징표**를 폐하며

짖다(bark)
사 56:10 벙어리 개들이라 **짖지** 못하며 다 꿈꾸는

짙다(blackness)
욜 2:2 곧 어둡고 캄캄한 날이요 **짙은** 구름이

짚(straw)
창 24:25 이르되 우리에게 **짚**과 사료가 족하며
창 24:32 짐을 부리고 **짚**과 사료를 낙타에게 주고
출 5:7 다시는 벽돌에 쓸 **짚**을 전과 같이 주지 말고 그들이 … 스스로 **짚**을 줍게 하라

{ 짚다 } { 짧다 }

출 5:10 내가 너희에게 **짚**을 주지 아니하리니
출 5:11 너희는 **짚**을 찾을 곳으로 가서 주우라
출 5:12 그루터기를 거두어다가 **짚**을 대신하니
출 5:13 너희는 **짚**이 있을 때와 같이 그 날의
출 5:16 당신의 종들에게 **짚**을 주지 아니하고
출 5:18 이제 가서 일하라 **짚**은 너희에게 주지
삿 19:19 나귀들에게 먹일 **짚**과 여물이 있고
사 33:11 겨를 잉태하고 **짚**을 해산할 것이며
사 65:25 사자가 소처럼 **짚**을 먹을 것이며 뱀은
고전 3:12 보석이나 나무나 풀이나 **짚**으로 이 터

짚다(strike)
출 21:19 지팡이를 **짚**고 일어나 걸으면 그를 친

짜내다(liquor-KJV)
출 22:29 추수한 것과 네가 **짜낸** 즙을 바치기를

짜다(make, squeeze, salty, give a sign)
1. 피륙 따위를 만들다(make, work)
출 25:10 조각목으로 궤를 **짜되** 길이는 두 규빗
출 27:16 수놓아 **짠** 스무 규빗의 휘장이 있게
출 28:6 가늘게 꼰 베 실로 정교하게 **짜서** 에봇
출 31:10 제사직을 행할 때에 입는 정교하게 **짠**
출 36:8 실로 그룹들을 무늬 놓아 **짜서** 지은
출 39:3 실과 가는 베 실에 섞어 정교하게 **짜고**
신 22:11 베 실로 섞어 **짠** 것을 입지 말지니라
삿 16:13 베틀의 날실에 섞어 **짜면** 되리라 하는지
왕하 23:7 아세라를 위하여 휘장을 **짜는** 처소였더
대상 4:21 세마포 **짜는** 자의 집 곧 아스베야의 집
시 122:3 예루살렘아 너는 잘 **짜여진** 성읍과 같이
사 19:9 세마포를 만드는 자와 베 **짜는** 자들이
사 59:5 알을 품으며 거미줄을 **짜나니** 그 알을
눅 12:27 실도 만들지 않고 **짜지도** 아니하느니라
요 19:23 아니하고 위에서부터 통으로 **짠** 것이라
계 6:12 해가 검은 털로 **짠** 상복같이 검어지고

⚓ **짜다 1 - 기타 본문**
출 26:3, 36; 28:8, 15, 27, 28, 32, 39; 29:5; 35:35;
36:35; 38:18; 39:5, 8, 20, 21, 22, 23, 28; 삿 16:14;
사 59:6

2. 비틀거나 눌러서 물 등을 내다(squeeze)
창 40:11 즙을 바로의 잔에 **짜서** 그 잔을 바로의

출 22:29 **짜낸** 즙을 바치기를 더디하지 말지며
출 27:20 감람으로 **짠** 순수한 기름을 등불을
삿 6:38 그 양털에서 이슬을 **짜니** 물이 그릇에
삿 9:27 포도를 거두어다가 밟아 **짜서** 연회를
욥 24:11 기름을 **짜며** 목말라 하면서 술 틀을
사 1:6 그것을 **짜며** 싸매며 기름으로 부드럽게
슥 14:10 하나넬 망대에서부터 왕의 포도주 **짜는**
마 21:33 산울타리로 두르고 거기에 즙 **짜는** 틀을
막 12:1 **짜는** 틀을 만들고 망대를 지어서 농부들

3. 소금 맛을 지니다(salty)
욥 30:4 떨기나무 가운데에서 **짠** 나물을 꺾으며
마 5:13 **짜게** 하리요 후에는 아무 쓸 데 없어
막 9:50 맛을 잃으면 무엇으로 이를 **짜게** 하리요
눅 14:34 그 맛을 잃으면 무엇으로 **짜게** 하리요
약 3:12 이와 같이 **짠** 물이 단 물을 내지 못하느

4. 계획하다, 구상하다(give a sign)
마 26:48 예수를 파는 자가 그들에게 군호를 **짜**
막 14:44 그들과 군호를 **짜** 이르되 내가 입맞추는

짝(partner, mate)
왕상 6:34 이쪽 문짝도 두 **짝**으로 접게 되었고
잠 2:17 젊은 시절의 **짝**을 버리며 그의 하나님의
사 34:15 각각 제 **짝**과 함께 거기에 모이리라
사 34:16 **짝**이 없는 것이 없으리니 이는 여호와의
겔 37:16 유다와 그 **짝**…요셉과 그 **짝** 이스라엘
겔 37:19 요셉과 그 **짝** 이스라엘 지파들의 막대기
겔 41:24 이 문에 두 **짝**이요 저 문에 두 **짝**이며
슥 13:7 칼아 깨어서 내 목자, 내 **짝** 된 자를 치라
말 2:14 그는 네 **짝**이요 너와 서약한 아내로되

짝짓다(join together)
마 19:6 하나님이 **짝지어** 주신 것을 사람이
막 10:9 하나님이 **짝지어** 주신 것을 사람이

짝하다(be like, companion)
삼상 10:24 모든 백성 중에 **짝할** 이가 없느니라
잠 29:24 도둑과 **짝하는** 자는 자기의 영혼을
사 1:23 도둑과 **짝하며** 다 뇌물을 사랑하며 예물
사 46:5 누구와 **짝하며** 누구와 비교하여 서로
고후 10:12 더불어 감히 **짝하며** 비교할 수 없노라

짧다(short)
민 11:23 이르시되 여호와의 손이 **짧으냐**

짧아지다 / 쪽 1

욥 14:1 여인에게서 태어난 사람은 생애가 **짧고**
시 89:45 그의 젊은 날들을 **짧게** 하시고 그를
시 89:47 나의 때가 얼마나 **짧은지** 기억하소서
시 102:23 중도에 쇠약하게 하시며 내 날을 **짧게**
시 109:8 그의 연수를 **짧게** 하시며 그의 직분을
사 28:20 침상이 **짧아서** 능히 몸을 펴지 못하며
사 50:2 손이 어찌 **짧아** 구속하지 못하겠느냐
사 59:1 여호와의 손이 **짧아** 구원하지 못하심도

단 3:29 경솔히 말하거든 그 몸을 **쪼개고** 그
합 3:9 주께서 강들로 땅을 **쪼개셨나이다**
히 4:12 영과 및 관절과 골수를 찔러 **쪼개기까지**

쪼다/쪼이다/쪼아내다 (chisel, peck)

출 20:25 정으로 그것을 **쪼면** 부정하게 함이니라
잠 30:17 골짜기의 까마귀에게 **쪼이고** 독수리
사 22:16 자기를 위하여 처소를 **쪼아내었도다**

짧아지다 (be cut short)

잠 10:27 그러나 악인의 수명은 **짧아지느니라**

쪼이다 (blaze)

욘 4:8 요나의 머리에 **쪼이매** 요나가 혼미하여

쪼개다 (cut, split)

창 15:10 중간을 **쪼개고** 그 쪼갠 것을 마주 대하
여 놓고 그 새는 **쪼개지** 아니하였으며
창 15:17 타는 횃불이 **쪼갠** 고기 사이로 지나더라
창 22:3 번제에 쓸 나무를 **쪼개어** 가지고 떠나
레 5:8 비틀어 끊고 몸은 아주 **쪼개지** 말며
삿 20:6 내가 내 첩의 시체를 거두어 **쪼개서**
삼상 15:33 여호와 앞에서 아각을 찍어 **쪼개니라**
대상 14:11 다윗이 이르되 하나님이 물을 **쪼갬같이**
시 74:15 주께서 바위를 **쪼개어** 큰 물을 내시며
시 78:15 광야에서 반석을 **쪼개시고** 매우 깊은
전 10:9 나무들을 **쪼개는** 자는 그로 말미암아
사 48:21 바위를 **쪼개사** 물이 솟아나게 하셨느니
렘 34:18 송아지를 둘로 **쪼개고** 그 두 조각 사이
단 2:5 몸을 **쪼갤** 것이며 너희의 집을 거름더미

쪽 1 (other side)

모세오경

출 26:20 성막 다른 **쪽** 곧 그 북쪽을 위하여
출 26:23 성막 뒤 두 모퉁이 **쪽**을 위하여는 널판
출 26:24 이르게 하고 두 모퉁이 **쪽**을 다 그리하
출 28:27 가까운 **쪽** 곧 정교하게 짠 띠 위에
출 36:25 성막 다른 **쪽** 곧 북쪽을 위하여도 널판
출 36:29 윗고리에 이르게 하고 두 모퉁이 **쪽**을
출 39:20 아래 매는 자리 가까운 **쪽** 곧 정교하게
레 3:4 두 콩팥과 그 위의 기름 곧 허리 **쪽**을
레 3:15 두 콩팥과 그 위의 기름 곧 허리 **쪽**을
레 7:4 그 위의 기름 곧 허리 **쪽**에 있는 것과
민 2:3 해 돋는 쪽에 진 칠 자는 그 진영별로
민 3:38 성막 앞 동쪽 곧 회막 앞 해 돋는 **쪽**에는
민 21:11 오봇을 떠나 모압 앞쪽 해 돋는 **쪽** 광야

'쪽 1'과 관련된 성구

남쪽 – 창 13:14; 28:14; 출 26:18, 35;
27:9; 36:23; 38:9; 40:24; 민 2:10;
3:29; 10:6; 34:3, 4; 35:5; 신 33:23;
수 11:2; 12:3; 13:3; 15:1, 2, 3, 4, 7,
8, 21; 17:9, 10; 18:5, 13, 14, 15, 16,
19; 19:34; 삿 21:19; 삼상 14:5;
20:41; 23:19, 24; 삼하 24:7; 왕상
7:25, 39; 대상 26:15, 17; 대하 4:4; 욥
39:26; 시 75:6; 사 43:6; 겔 20:46,
47; 40:24, 27, 44, 45; 41:11; 42:10,
12, 13, 18; 47:1, 19, 20; 48:10, 16,
17, 28, 33; 단 8:4, 9; 슥 6:6; 14:10;
행 8:26; 계 21:13
동쪽 – 창 2:14; 3:24; 4:16; 10:30; 12:8;
13:14; 25:6; 28:14; 출 27:13; 38:13;
레 1:16; 16:14; 민 3:38; 10:5; 23:7;
32:19; 34:3, 10, 11; 35:5; 신 3:17;
4:46, 49; 수 4:19; 7:2; 9:10; 11:3, 8;
12:1; 13:8, 27, 32; 15:5; 16:1, 5, 6;
17:5, 10; 18:7, 20; 19:12, 13; 20:8;
삿 8:11; 20:43; 21:19; 삼상 13:5; 왕
상 4:30; 7:25; 17:3; 왕하 10:33;
13:17; 대하 4:39; 5:10; 6:78; 7:28;
9:18; 26:14, 17; 대하 4:4; 5:12; 29:4;
느 3:26; 12:37; 욥 18:20; 시 75:6; 사
43:5; 46:11; 렘 31:40; 겔 8:16;
11:23; 39:11; 40:6, 19, 22, 23, 32;
41:14; 42:9, 12, 15, 16; 43:1, 2, 17;

'쪽 1'과 관련된 성구

44:1; 45:7; 46:1, 12; 47:1, 2, 3, 8, 18; 48:1, 2, 3, 4, 5, 6, 7, 8, 10, 16, 17, 18, 21, 23, 24, 25, 26, 27, 32; 단 8:9; 암 8:12; 욘 4:5; 슥 14:4; 계 21:13

뒤쪽 – 왕상 6:16

북쪽 – 창 13:14; 28:14; 출 26:20, 35; 27:11, 36:25; 38:11; 40:22; 레 1:11; 민 2:25; 3:35; 34:7, 9; 35:5; 수 8:11, 13; 11:2; 13:3; 15:5, 6, 7, 8, 10, 11; 16:6; 17:9, 10; 18:5, 12, 16, 17, 19; 19:14, 27; 24:30; 삿 2:9; 7:1; 12:1; 21:19; 삼상 14:5; 왕상 7:25; 왕하 16:14; 대상 26:14, 17; 대하 4:4; 욥 26:7; 37:22; 사 43:6; 49:12; 렘 23:8; 25:9, 26; 31:8; 46:6, 10, 24; 47:2; 50:3, 9, 41; 51:48; 겔 1:4; 8:5; 26:7; 32:30; 38:6, 15; 39:2; 40:19, 20, 23, 44, 46; 41:11; 42:1, 2, 4, 11, 13, 17; 46:19; 47:15, 17, 18; 48:1, 10, 16, 17, 30, 31; 단 8:4; 욜 2:20; 암 8:12; 습 2:13; 슥 6:6, 8; 계 21:13

서쪽 – 창 12:8; 13:14; 28:14; 출 3:1; 26:22, 27; 27:12; 36:27, 32; 38:12; 민 2:18; 3:23; 34:6; 35:5; 신 33:23; 수 5:1; 8:9, 12, 13; 9:1; 11:2, 3; 12:7; 13:23; 15:8, 10, 12; 16:3, 6, 8; 18:12, 14, 15; 19:11, 26, 34; 22:7; 왕상 7:25; 대상 7:28; 26:16, 18, 30; 대하 4:4; 32:30; 33:14; 느 2:7, 9; 3:7; 욥 18:20; 시 75:6; 사 11:14; 43:5; 49:12; 59:19; 겔 41:12, 13; 42:19; 45:7; 46:19; 47:20; 48:1, 2, 3, 4, 5, 6, 7, 8, 10, 16, 17, 18, 21, 23, 24, 25, 26, 27, 34; 단 8:4, 5; 호 11:10; 눅 12:54; 계 21:13

아래쪽 – 왕상 7:30; 욥 41:30

안쪽 – 출 28:26; 39:19; 겔 40:6, 7; 41:16

앞쪽 – 민 21:11; 수 22:11; 삼상 20:22, 37

양쪽 – 출 18:16; 25:14; 26:13; 27:7; 28:26; 30:4; 37:5, 7, 8, 27; 38:7; 레 21:5; 삿 5:30; 왕상 10:19; 대하 9:18, 19

오른쪽 – 출 29:20, 22; 레 7:32, 7:33; 8:23, 24, 25, 26; 9:21; 14:14, 16, 17, 25, 27, 28; 민 18:18; 20:17; 수 17:7; 삿 3:16, 21; 삼하 2:21; 24:5; 왕상 2:19; 6:8; 7:21, 39; 왕하 11:11; 12:9; 23:13; 대상 6:39; 대하 3:11, 12, 17; 4:6, 7, 8, 10; 23:10; 느 8:4; 12:31; 욥 23:9; 30:12; 시 16:8, 11; 45:9; 80:17; 91:7; 109:6, 31; 110:1, 5; 121:5; 142:4; 전 10:2; 사 9:20; 30:21; 겔 1:10; 4:6; 10:3; 16:46; 21:16; 40:10; 47:1, 2; 슥 3:1; 4:3; 11:17; 눅 22:50

왼쪽 – 레 14:15, 16, 26, 27; 민 20:17; 수 19:27; 삼하 2:21; 왕상 7:21, 39; 왕하 11:11; 23:8; 대상 6:44; 대하 3:11, 12, 17; 4:6, 7, 8; 23:10; 느 8:4; 12:38; 욥 23:9; 시 91:7; 전 10:2; 사 9:20; 30:21; 겔 1:10; 4:4; 16:46; 21:16; 40:10; 슥 4:3

위쪽 – 출 25:11; 28:27; 37:2, 11; 39:20; 삿 1:36; 7:13; 단 12:6, 12:7

이쪽 – 출 14:20; 17:12; 25:12, 32, 33; 26:13, 19, 21, 25, 26; 27:14; 32:15; 36:31; 37:3, 8, 18, 19; 38:14, 15; 민 11:31; 24:17; 32:19, 32; 35:14; 신 3:8; 4:41, 47, 49; 수 1:14, 15; 8:22; 22:7; 삼상 14:4, 40; 17:3; 20:21; 23:26; 삼하 2:13; 왕상 6:24, 27, 34; 왕하 10:21; 겔 40:12, 21, 26, 34, 37, 39, 40, 41, 48, 49; 41:1, 2, 19; 단 12:5; 슥 5:3; 눅 17:24

저쪽 – 출 14:20; 17:12; 25:12, 32, 33; 26:13, 19, 21, 25, 27; 27:15; 32:15; 36:32; 37:3, 8, 18, 19; 38:15; 민 11:31; 24:17; 32:19; 신 1:1, 5; 3:20, 25; 11:30; 수 2:10; 7:7; 8:22; 14:3; 20:8; 22:4; 24:2, 3, 8, 14, 15; 삿 5:17; 10:8; 11:18; 삼상 14:4, 40; 17:3; 23:26; 31:7; 삼하 2:13; 왕상 6:24, 27, 34; 왕하 10:21; 대하 20:2; 사 7:20; 9:1; 겔 40:12, 21, 26, 34, 37, 39, 40, 41, 48, 49; 41:1, 2, 19; 단 12:5; 슥 5:3; 눅 17:24

【 쪽 2 】   【 쫓기다 】

민 34:15 요단 건너편 곧 해 돋는 **쪽**에서 그들의
신 4:41   때에 모세가 요단 이쪽 해 돋는 **쪽**에서
신 4:47   요단 이쪽 해 돋는 **쪽**에 살았으며
신 11:30 요단 강 저쪽 곧 해지는 **쪽**으로 가는

역사서 – 선지서

수 1:4   온 땅과 또 해 지는 **쪽** 대해까지 너희의
수 12:1   요단 저편 해 돋는 **쪽** 곧 아르논 골짜기
수 19:12 동쪽으로 돌아 해 뜨는 **쪽**을 향하여
수 19:27 해 뜨는 **쪽**으로 돌아 벧 다곤에 이르며
수 19:34 서쪽은 아셀에 이르며 해 뜨는 **쪽**은
수 22:11 이스라엘 자손에게 속한 **쪽**에 제단을
수 23:4   요단에서부터 해 지는 **쪽** 대해까지의
삿 11:18 해 뜨는 **쪽**으로 들어가 아르논 저쪽에
삿 18:15 다섯 사람이 그 **쪽**으로 향하여 그 청년
왕상 8:44 건축한 성전이 있는 **쪽**을 향하여 여호와
왕상 8:48 건축한 성전 있는 **쪽**을 향하여 주께 기도
왕하 3:20 에돔 **쪽**에서부터 흘러와 그 땅에 가득
대하 6:34 성전 있는 **쪽**을 향하여 주께 기도하거든
대하 6:38 건축한 성전 있는 **쪽**을 향하여 기도하기
사 59:19 해 돋는 **쪽**에서 그의 영광을 두려워할
겔 1:12   어떤 **쪽**으로 가면 그 생물들도 그대로
겔 1:20   어떤 **쪽**으로 가면 생물들도 영이 가려
겔 4:7   네 얼굴을 에워싸인 예루살렘 **쪽**으로

쪽 2(half, column)

출 27:9   세마포 휘장을 쳐서 그 한 **쪽**을 당하게
아 4:3   너울 속의 네 뺨은 석류 한 **쪽** 같으나
아 6:7   너울 속의 네 뺨은 석류 한 **쪽** 같으나
렘 36:23 여후디가 서너 **쪽**을 낭독하면 왕이

반쪽

민 34:13 여호와께서 이것을 아홉 지파 **반쪽**에게

쪽발(split hoof)

레 11:3   굽이 갈라져 **쪽발**이 되고 새김질하는
레 11:7   돼지는 굽이 갈라져 **쪽발**이로되 새김질
레 11:26 굽이 갈라진 모든 짐승 중에서 **쪽발**이 아닌
신 14:6   짐승 중에 굽이 갈라져 **쪽발**도 되고

쫓겨나다(be driven out, be driven away)

출 10:11 이에 그들이 바로 앞에서 **쫓겨나니라**
출 12:39 그들이 애굽에서 **쫓겨나므로** 지체할
삼하 15:19 너는 **쫓겨난** 나그네이니 돌아가서 왕과

욥 6:13   능력이 내게서 **쫓겨나지** 아니하였느냐
욥 18:18 쫓겨 들어가며 세상에서 **쫓겨날** 것이며
욥 30:5   도둑같이 사람들 가운데에서 **쫓겨나서**
욥 30:8   자식으로서 고토에서 **쫓겨난** 자들이니
사 16:3   대낮에 밤같이 그늘을 지으며 **쫓겨난**
사 16:4   나의 **쫓겨난** 자들이 너와 함께 있게
사 27:13 멸망하는 자들과 애굽 땅으로 **쫓겨난**
사 56:8   이스라엘의 **쫓겨난** 자를 모으시는 주
렘 8:3   무릇 내게 **쫓겨나서** 각처에 남아 있는
렘 16:15 그 **쫓겨났던** 모든 나라에서 인도하여
렘 22:28 그와 그의 자손이 **쫓겨나서** 알지 못하는
렘 23:8   그 모든 **쫓겨났던** 나라에서 인도하여
렘 30:17 말씀이니라 그들이 **쫓겨난** 자라 하매
렘 40:12 모든 유다 사람이 **쫓겨났던** 각처에서
렘 43:5   **쫓겨났던** 여러 나라 가운데에서 유다
렘 49:36 엘람에서 **쫓겨난** 자가 가지 않는 나라가
단 4:25   왕이 사람에게 **쫓겨나서** 들짐승과
단 4:32   네가 사람에게서 **쫓겨나서** 들짐승과
단 4:33   내가 사람에게 **쫓겨나서** 소처럼 풀을
단 5:21   사람 중에서 **쫓겨나서** 그의 마음이
욘 2:4   내가 주의 목전에서 **쫓겨났을지라도**
미 4:6   날에는 내가 저는 자를 모으며 **쫓겨난**
미 4:7   멀리 **쫓겨났던** 자들이 강한 나라가 되게
습 2:4   아스돗은 대낮에 **쫓겨나며** 에그론은
습 3:19   **쫓겨난** 자를 모으며 온 세상에서 수욕
마 8:12   바깥 어두운 데 **쫓겨나** 거기서 울며
마 9:33   **쫓겨나고** 말 못하는 사람이 말하거늘
눅 13:28 오직 너희는 밖에 **쫓겨난** 것을 볼 때에
요 12:31 렀으니 이 세상의 임금이 **쫓겨나리라**
계 12:10 앞에서 밤낮 참소하던 자가 **쫓겨났고**

쫓기다(flee)

삼하 19:3 그 날에 백성들이 싸움에 **쫓겨** 부끄러워
삼하 24:13 왕이 왕의 원수에게 **쫓겨** 석 달 동안
대상 21:12 적군의 칼에 **쫓길** 일이든지 혹 여호와의
느 1:9   너희 **쫓긴** 자가 하늘 끝에 있을지라도
욥 18:18 광명으로부터 흑암으로 **쫓겨** 들어가며
사 8:22   심한 흑암 가운데로 **쫓겨** 들어가리라
사 11:12 이스라엘의 **쫓긴** 자들을 모으시며 땅
사 13:14 그들이 **쫓긴** 노루나 모으는 자 없는 양
렘 49:5   각 사람이 앞으로 **쫓겨** 나갈 것이요
겔 34:4   **쫓기는** 자를 돌아오게 하지 아니하며
겔 34:16 잃어버린 자를 내가 찾으며 **쫓기는** 자를

【 쫓다 】　　　　　　　　　　　　　　　　　【 쫓아내다 】

쫓겨 가다
신 30:1 네 하나님 여호와로부터 **쫓겨 간** 모든
신 30:4 **쫓겨 간** 자들이 하늘가에 있을지라도
행 27:15 갈 수 없어 가는 대로 두고 **쫓겨 가다가**
행 27:17 연장을 내리고 그냥 **쫓겨 가더니**
행 27:27 이리 저리 **쫓겨 가다가** 자정쯤 되어

쫓다 (drive away, chase, pursue)
창 15:11 위에 내릴 때에는 아브람이 **쫓았더라**
출 2:17 목자들이 와서 그들을 **쫓는지라** 모세가
레 26:7 너희의 원수들을 **쫓으리니** 그들이 너희
레 26:8 백을 **쫓고** 너희 백이 만을 **쫓으리니**
레 26:17 너희를 다스릴 것이며 너희는 **쫓는** 자가
레 26:36 **쫓는** 자가 없어도 엎드러질 것이라
레 26:37 그들은 **쫓는** 자가 없어도 칼 앞에 있음
신 1:44 벌 떼같이 너희를 **쫓아** 세일 산에서
신 28:26 밥이 될 것이나 그것들을 **쫓아** 줄 자가
신 32:30 어찌 하나가 천을 **쫓으며** 둘이 만을
신 33:27 그가 네 앞에서 대적을 **쫓으시며** 멸하라
수 23:10 너희 중 한 사람이 천 명을 **쫓으리니**
삼상 17:52 블레셋 사람들을 **쫓아** 가이와 에그론
삼상 17:53 블레셋 사람들을 **쫓다가** 돌아와서 그들
삼상 24:1 사울이 블레셋 사람을 **쫓다가** 돌아오매
삼상 24:14 **쫓나이까** 죽은 개나 벼룩을 **쫓음이니이**
삼상 25:29 사람이 일어나서 내 주를 **쫓아** 내 주의
삼상 26:18 주의 종을 **쫓으시나이까** 내가 무엇을
삼하 2:19 아브넬을 **쫓아**…아브넬의 뒤를 **쫓으니**
삼하 2:21 원하지 아니하고 그의 뒤를 **쫓으매**
삼하 2:22 너는 나 **쫓기를** 그치라 내가 너를 쳐서
삼하 2:24 아비새가 아브넬의 뒤를 **쫓아** 기브온
삼하 2:26 네가 언제 무리에게 그의 형제 **쫓기를**
삼하 2:27 그의 형제를 **쫓지** 아니하였으리라
삼하 2:30 요압이 아브넬 **쫓기를** 그치고 돌아와
왕상 20:20 이스라엘이 **쫓으니** 아람 왕 벤하닷이
왕상 22:33 이스라엘의 왕이 아님을 보고 **쫓기를**
시 7:5 원수가 나의 영혼을 **쫓아** 잡아 내 생명을
시 35:3 창을 빼사 나를 **쫓는** 자의 길을 막으시
시 83:15 주의 광풍으로 그들을 **쫓으시며** 주의
시 104:21 그들의 먹이를 **쫓아** 부르짖으며 그들의
사 30:16 하였으므로 너희를 **쫓는** 자들이 빠르리
렘 7:33 것이나 그것을 **쫓을** 자가 없을 것이라
호 5:8 베냐민아 네 뒤를 **쫓는다** 할지어다
욥 1:7 너와 약조한 모든 자들이 다 너를 **쫓아**

쫓아 보내다/쫓아 내보내다
신 4:27 여호와께서 너희를 **쫓아 보내실** 그
삼하 13:16아니하다 나를 **쫓아 보내는** 이 큰 악은
욥 14:20 빛을 변하게 하시고 **쫓아 보내시오니**
렘 15:1 그들을 내 앞에서 **쫓아 내보내라**
렘 24:9 그들에게 내가 **쫓아 보낼** 모든 곳에서
렘 29:14 **쫓아 보내었던** 나라들과 모든 곳에서
렘 32:37 큰 분노로 그들을 **쫓아 보내었던** 모든

쫓아가다 (pursue)
창 14:14 명을 거느리고 단까지 **쫓아가서**
창 14:15 쳐부수고 다메섹 왼편 호바까지 **쫓아가**
창 31:23 길을 **쫓아가** 길르앗 산에서 그에게
수 2:7 그들을 **쫓아갔고** 그들을 뒤쫓는 자들이
수 7:5 성문 앞에서부터 스바림까지 **쫓아가**
삿 1:6 베섹이 도망하는지라 그를 **쫓아가서**
삼상 30:8 그에게 대답하시되 그를 **쫓아가라** 네가
삼상 30:10 다윗이 사백 명을 거느리고 **쫓아가니라**
삼하 2:28 다시는 이스라엘을 **쫓아가지** 아니하고
삼하 3:26 아브넬을 **쫓아가게** 하였더니 시라 우물
삼하 20:6 그의 뒤를 **쫓아가라** 그가 견고한 성읍에
왕하 5:20 그를 **쫓아가서** 무엇이든지 그에게서
왕하 5:21 나아만의 뒤를 **쫓아가니** 나아만이 자기
왕하 9:27 예후가 그 뒤를 **쫓아가며** 이르되 그도
대하 13:19아비야가 여로보암을 **쫓아가서** 그의
욥 18:11 놀라게 하고 그 뒤를 **쫓아갈** 것이며
사 41:3 그들을 **쫓아가서** 그의 발로 가 보지
암 1:11 그가 칼로 그의 형제를 **쫓아가며** 긍휼을

쫓아내다 (drive out)
모세오경
창 3:24 하나님이 그 사람을 **쫓아내시고** 에덴
창 4:14 이 지면에서 나를 **쫓아내시온즉** 내가
출 6:1 바로가 그들을 그의 땅에서 **쫓아내리라**
출 11:1 때에는 여기서 반드시 다 **쫓아내리니**
출 23:28 족속과 헷 족속을 네 앞에서 **쫓아내리라**
출 23:29 그들을 네 앞에서 **쫓아내지** 아니하고
출 23:30 그들을 네 앞에서 조금씩 **쫓아내리라**
출 23:31 네가 그들을 네 앞에서 **쫓아낼지라**
출 33:2 히위 사람과 여부스 사람을 **쫓아내고**
출 34:11 히위 사람과 여부스 사람을 **쫓아내리니**
출 34:24 내가 이방 나라들을 네 앞에서 **쫓아내고**
레 18:24 내가 너희 앞에서 **쫓아내는** 족속들이

【 쫓아내다 】　　　　　　　　　　　　　　　　　　【 쫓아내다 】

레 20:23	너희는 내가 너희 앞에서 **쫓아내는** 족속
민 32:21	그의 원수를 자기 앞에서 **쫓아내시고**
민 32:39	빼앗고 거기 있는 아모리인을 **쫓아내매**
신 2:22	호리 사람을 **쫓아내고** 대신하여 오늘
신 4:38	여러 민족을 네 앞에서 **쫓아내고** 너를
신 6:18-19	모든 대적을 네 앞에서 **쫓아내시겠다고**
신 7:1	힘이 센 일곱 족속을 **쫓아내실** 때에
신 7:17	내가 어찌 그를 **쫓아낼** 수 있으리요
신 7:22	네 앞에서 조금씩 **쫓아내시리니** 너는
신 9:3	말씀하신 것같이 너는 그들을 **쫓아내며**
신 9:4	네 앞에서 **쫓아내신** 후에 네가 심중에
	…그들을 네 앞에서 **쫓아내심이니라**
신 9:5	그들을 네 앞에서 **쫓아내심이라**
신 11:23	너희 앞에서 다 **쫓아내실** 것이라 너희가
신 12:2	너희가 **쫓아낼** 민족들이 그들의 신들을
신 12:29	네가 들어가서 **쫓아낼** 그 민족들을 네
신 18:12	그들을 네 앞에서 **쫓아내시느니라**
신 18:14	네가 **쫓아낼** 이 민족들은 길흉을 말하는

역사서

수 3:10	너희 앞에서 반드시 **쫓아내실** 줄을
수 13:6	이스라엘 자손 앞에서 **쫓아내리니** 너는
수 13:12	이 땅의 사람들을 쳐서 **쫓아냈어도**
수 13:13	이스라엘 자손이 **쫓아내지** 아니하였으
수 14:12	말씀하신 대로 그들을 **쫓아내리이다**
수 15:14	세새와 아히만과 달매를 **쫓아내었고**
수 15:63	유다 자손이 **쫓아내지** 못하였으므로
수 16:10	가나안 족속을 **쫓아내지** 아니하였으매
수 17:12	그 성읍들의 주민을 **쫓아내지** 못하매
수 17:13	시켰고 다 **쫓아내지** 아니하였더라
수 17:18	강할지라도 네가 능히 그를 **쫓아내리라**
수 23:5	앞에서 그들을 **쫓아내사** 너희 목전에서
수 23:9	앞에서 **쫓아내셨으므로** 오늘까지 너희
수 23:13	목전에서 다시는 **쫓아내지** 아니하시리
수 24:12	너희 앞에서 **쫓아내게** 하였나니 너희
수 24:18	우리 앞에서 **쫓아내셨음이라** 그러므로
삿 1:19	산지 주민을 **쫓아내었으나** 골짜기의 주민들은 … 그들을 **쫓아내지** 못하였으며
삿 1:20	거기서 아낙의 세 아들을 **쫓아내었고**
삿 1:21	여부스 족속을 **쫓아내지** 못하였으므로
삿 1:27	그에 딸린 마을들의 주민들을 **쫓아내지**
삿 1:28	시켰고 다 **쫓아내지** 아니하였더라
삿 1:29	가나안 족속을 **쫓아내지** 못하매 가나안
삿 1:30	나할롤 주민을 **쫓아내지** 못하였으므로

삿 1:31	아빅과 르홉 주민을 **쫓아내지** 못하고
삿 1:32	이는 그들을 **쫓아내지** 못함이었더라
삿 1:33	벧아낫 주민을 **쫓아내지** 못하고 그 땅의
삿 2:3	너희 앞에서 **쫓아내지** 아니하리니
삿 2:21	앞에서 하나도 **쫓아내지** 아니하리니
삿 2:23	그들을 속히 **쫓아내지** 아니하셨으며
삿 6:9	그들을 너희 앞에서 **쫓아내고** 그 땅을
삿 9:41	형제들을 **쫓아내어** 세겜에 거주하지
삿 11:2	아들들이 자라매 입다를 **쫓아내며**
삿 11:7	아버지 집에서 **쫓아내지** 아니하였느냐
삿 11:23	백성 이스라엘 앞에서 **쫓아내셨거늘**
삿 11:24	앞에서 어떤 사람이든지 **쫓아내시면**
삼상 26:19	나를 **쫓아내어** 여호와의 기업에 참여
삼상 28:3	자와 박수를 그 땅에서 **쫓아내었더라**
왕상 2:27	아비아달을 **쫓아내어** 여호와의 제사장
왕상 14:24	이스라엘 자손 앞에서 **쫓아내신** 국민의
왕상 15:12	남색하는 자를 그 땅에서 **쫓아내고** 그의
왕상 21:26	이스라엘 자손 앞에서 **쫓아내신** 아모리
왕상 22:46	하는 자들을 그 땅에서 **쫓아내었더라**
왕하 13:23	자기 앞에서 **쫓아내지** 아니하셨더라
왕하 16:3	이스라엘 자손 앞에서 **쫓아내신** 이방
왕하 16:6	유다 사람을 엘랏에서 **쫓아내었고** 아람
왕하 17:8	이스라엘 자손 앞에서 **쫓아내신** 이방
왕하 17:20	마침내 그의 앞에서 **쫓아내시니라**
왕하 21:2	이스라엘 자손 앞에서 **쫓아내신** 이방
왕하 24:20	앞에서 **쫓아내실** 때까지 이르렀더라
대상 8:13	되어 그들이 가드 주민을 **쫓아냈더라**
대상 17:21	앞에서 모든 민족을 **쫓아내셨사오며**
대하 13:9	레위 사람들을 **쫓아내고** 이방 백성들의
대하 20:7	이스라엘 앞에서 **쫓아내시고** 그 땅을
대하 20:11	기업에서 우리를 **쫓아내고자** 하나이다
대하 26:20	성전에서 급히 **쫓아내고** 여호와께서
대하 28:3	이스라엘 자손 앞에서 **쫓아내신** 이방
대하 33:2	이스라엘 자손 앞에서 **쫓아내신** 이방
스 10:8	사로잡혔던 자의 모임에서 **쫓아내리라**
느 13:28	내가 **쫓아내어** 나를 떠나게 하였느니라

시가서 – 선지서

시 5:10	허물로 말미암아 그들을 **쫓아내소서**
시 36:11	악인들의 손이 나를 **쫓아내지** 못하게
시 51:11	나를 주 앞에서 **쫓아내지** 마시며 주의
시 78:55	또 나라를 그들의 앞에서 **쫓아내시며**
시 80:8	민족들을 **쫓아내시고** 그것을 심으셨나
잠 19:26	어미를 **쫓아내는** 자는 부끄러움을 끼

【 쫓아내다 】　　　　　　　　　　　　　　　【 찌꺼기 】

잠 22:10	거만한 자를 **쫓아내면** 다툼이 쉬고 싸움	막 9:28	어찌하여 능히 그 귀신을 **쫓아내지**
잠 22:15	징계하는 채찍이 이를 멀리 **쫓아내리라**	막 16:9	살아나신 후 전에 일곱 귀신을 **쫓아내어**
사 22:19	너를 네 관직에서 **쫓아내며** 네 지위에서	막 16:17	귀신을 **쫓아내며** 새 방언을 말하며
사 27:8	적당하게 견책하사 **쫓아내실** 때에	눅 4:29	일어나 동네 밖으로 **쫓아내어** 그 동네를
사 66:5	너희를 **쫓아내며** 이르기를 여호와께서	눅 8:2	악귀를 **쫓아내심**과 병 고침을 받은 어떤
렘 7:15	에브라임 온 자손을 **쫓아낸** 것같이 내	눅 11:14	귀신을 **쫓아내시니** 귀신이 나가매 말
	앞에서 너희를 **쫓아내리라** 하셨다	눅 11:15	바알세불을 힘입어 귀신을 **쫓아낸다**
렘 16:13	내가 너희를 이 땅에서 **쫓아내어** 너희와	눅 11:18	바알세불을 힘입어 귀신을 **쫓아낸다**
렘 22:26	지방으로 **쫓아내리니** 너희가 거기에서	눅 11:19	바알세불을 힘입어 귀신을 **쫓아내면**
렘 29:18	내가 그들을 **쫓아낸** 나라들 가운데에서		너희 아들은 … 힘입어 **쫓아내느냐**
렘 49:19	그들을 거기에서 **쫓아내고** 택한 자를	눅 11:20	손을 힘입어 귀신을 **쫓아낸다면**
렘 50:44	거기에서 **쫓아내고** 택한 자를 내가 그	눅 13:32	오늘과 내일은 내가 귀신을 **쫓아내며**
렘 51:34	그 배를 채우고 나를 **쫓아내었으니**	요 9:34	가르치느냐 하고 이에 **쫓아내어** 보내니
렘 52:3	그들을 자기 앞에서 **쫓아내시기까지**	요 9:35	예수께서 그들이 그 사람을 **쫓아냈다**
겔 4:13	여러 나라들로 **쫓아내어** 흩어 버릴	행 7:45	하나님이 그들 앞에서 **쫓아내신** 이방인
겔 11:16	그들을 멀리 이방인 가운데로 **쫓아내어**	행 13:50	박해하게 하여 그 지역에서 **쫓아내니**
겔 28:16	하나님의 산에서 **쫓아냈고** 불타는 돌들	행 18:16	그들을 법정에서 **쫓아내니**
겔 31:11	그의 악으로 말미암아 **쫓아내었음이라**	고전 5:2	너희 중에서 **쫓아내지** 아니하였느냐
겔 46:18	산업에서 **쫓아내지** 못할지니 군주가	살전 2:15	우리를 **쫓아내고** 하나님을 기쁘시게
단 4:14	하고 새들을 그 가지에서 **쫓아내라**		
단 9:7	다 주께서 **쫓아내신** 각국에서 수치를	**쫓아오다** (pursue)	
호 9:15	집에서 그들을 **쫓아내고** 다시는 사랑하	수 24:6	너희의 조상들을 홍해까지 **쫓아오므로**
욜 2:20	메마르고 적막한 땅으로 **쫓아내리니**	느 9:11	육지같이 통과하게 하시고 **쫓아오는**
미 2:9	즐거운 집에서 **쫓아내고** 그들의 어린	시 7:1	나를 **쫓아오는** 모든 자들에게서 나를
나 1:8	자기 대적들을 흑암으로 **쫓아내시리라**	잠 28:1	악인은 **쫓아오는** 자가 없어도 도망하나
습 3:15	원수를 **쫓아냈으며** 이스라엘 왕 여호와		
신약		**쬐다** (grow, bask, subject)	
마 7:22	주의 이름으로 귀신을 **쫓아내며** 주의	출 16:21	거두었고 햇볕이 뜨겁게 **쬐면** 그것이
마 8:16	말씀으로 귀신들을 **쫓아내시고**	욥 30:28	나는 햇볕에 **쬐지** 않고도 검어진 피부를
마 8:31	우리를 **쫓아내시려면** 돼지 떼에 들여	아 1:6	내가 햇볕에 **쬐어서** 거무스름할지라도
마 9:34	귀신의 왕을 의지하여 귀신을 **쫓아낸다**	사 18:4	조용히 감찰함이 **쬐이는** 일광 같고 가을
마 10:1	더러운 귀신을 **쫓아내며** 모든 병과 모든	막 14:54	아랫사람들과 함께 앉아 불을 **쬐더라**
마 10:8	귀신을 **쫓아내되** 너희가 거저 받았으니	막 14:67	베드로가 불 **쬐고** 있는 것을 보고 주목
마 12:24	않고는 귀신을 **쫓아내지** 못하느니라	요 18:18	서서 **쬐니** 베드로도 함께 서서 **쬐더라**
마 12:26	만일 사탄이 사탄을 **쫓아내면** 스스로	요 18:25	베드로가 서서 불을 **쬐더니** 사람들이
마 12:27	귀신을 **쫓아내면** 너희의 아들들은 누		
	구를 힘입어 **쫓아내느냐** 그러므로	**쭉정이** (chaff)	
마 12:28	성령을 힘입어 귀신을 **쫓아내는** 것이면	호 13:3	마당에서 광풍에 날리는 **쭉정이** 같으며
마 17:19	어찌하여 **쫓아내지** 못하였나이까	마 3:12	모아 곳간에 들이고 **쭉정이**는 꺼지지
막 3:22	귀신의 왕을 힘입어 귀신을 **쫓아낸다**	눅 3:17	알곡은 모아 곳간에 들이고 **쭉정이**는
막 3:23	말씀하시되 사탄이 어찌 사탄을 **쫓아낼**		
막 6:13	많은 귀신을 **쫓아내며** 많은 병자에게	**찌꺼기** (dreg, dross, scum)	
막 7:26	자기 딸에게서 귀신 **쫓아** 주시기를	시 75:8	그 **찌꺼기**까지도 땅의 모든 악인이

【 찌끼 】　　　　　　　　　　　　　　　　　　　　　　　　　　　　　　　【 찍다 】

시 119:119　세상의 모든 악인들을 **찌꺼기**같이
잠 25:4　은에서 **찌꺼기**를 제하라 그리하면 장색
사 1:22　은은 **찌꺼기**가 되었고 네 포도주에는
사 1:25　내가 또 내 손을 네게 돌려 네 **찌꺼기**를
겔 22:18　내게 **찌꺼기**가 … 은의 **찌꺼기**로다
겔 22:19　너희가 다 **찌꺼기**가 되었은즉 내가
암 8:6　켈레로 가난한 자를 사며 **찌꺼기** 밀을
습 1:12　예루살렘에서 **찌꺼기**같이 가라앉아서
고전 4:13　세상의 더러운 것과 만물의 **찌꺼기**같이

찌끼(dreg)
렘 48:11　술이 그 **찌끼** 위에 있고 이 그릇에서

찌다(fat)
욥 15:27　얼굴에는 살이 **찌고** 허리에는 기름이

찌르다(plunge, thrust, pierce)
민 33:55　너희의 옆구리에 **찌르는** 것이 되어 너희
삿 3:21　위에서 칼을 빼어 왕의 몸을 **찌르매**
삿 9:54　그 청년이 그를 **찌르매** 그가 죽은지라
삼상 2:14　큰 솥에나 가마에 **찔러** 넣어 갈고리에
삼상 26:8　그를 **찔러서** 단번에 땅에 꽂게 하소서
　　　　　　내가 그를 두 번 **찌를** 것이 없으리이다
삼상 31:4　**찌르라** 할례 받지 않은 자들이 와서
　　　　　　나를 **찌르고** 모욕할까 두려워하노라
삼하 2:16　칼로 상대방의 옆구리를 **찌르매** 일제히
삼하 2:23　창 뒤 끝으로 그의 배를 **찌르니** 창이
삼하 3:27　안으로 들어가 거기서 배를 **찔러** 죽이니
삼하 4:6　가운데로 들어가서 그의 배를 **찌르고**
삼하 18:14　아직 살아 있는 압살롬의 심장을 **찌르니**
삼하 20:10　요압이 칼로 그의 배를 **찌르매** 그의
왕상 22:11　이것들로 아람 사람을 **찔러** 진멸하리라
대상 10:4　칼을 빼어 그것으로 나를 **찌르라** 할례
대하 18:10　이것들로 아람 사람을 **찔러** 진멸하리라
욥 41:7　능히 많은 창으로 그 가죽을 **찌르거나**
시 22:16　무리가 나를 둘러 내 수족을 **찔렀나이다**
시 37:15　칼은 오히려 그들의 양심을 **찌르고**
시 38:2　주의 화살이 나를 **찌르고** 주의 손이
시 42:10　뼈를 **찌르는** 칼같이 내 대적이 나를
*잠 12:18　**찌름**같이 함부로 말하는 자가 있거니와*
전 12:11　지혜자들의 말씀들은 **찌르는** 채찍들
사 51:9　라합을 저미시고 용을 **찌르신** 이가 아니며
겔 16:40　와서 너를 돌로 치며 칼로 **찌르며**

겔 28:24　그들을 멸시하는 자 중에 **찌르는** 가시와
암 4:10　진영의 악취로 코를 **찌르게** 하였으나
합 3:14　머리를 그들의 창으로 **찌르셨나이다**
슥 12:10　그들이 그 **찌른** 바 그를 바라보고 그를
슥 13:3　그가 예언할 때에 칼로 그를 **찌르리라**
눅 2:35　칼이 네 마음을 **찌르듯** 하리니 이는
요 19:34　한 군인이 창으로 옆구리를 **찌르니**
요 19:37　성경에 그들이 그 **찌른** 자를 보리라
딤전 6:10　떠나 많은 근심으로써 자기를 **찔렀도다**
히 4:12　영과 및 관절과 골수를 **찔러** 쪼개기까지
계 1:7　눈이 그를 보겠고 그를 **찌른** 자들도

찍다(put, dip, cut down)
1. 바닥에 눌러 자국을 내다(put)
단 6:8　왕의 도장을 **찍어** 메대와 바사의 고치지
단 6:9　왕이 조서에 왕의 도장을 **찍어** 금령을
단 6:12　금령에 왕의 도장을 **찍어서** 이제부터

2. 액체 따위를 묻히다(dip)
레 4:6　제사장이 손가락에 그 피를 **찍어** 여호와
레 4:17　손가락으로 그 피를 **찍어** 여호와 앞
레 4:25　속죄 제물의 피를 손가락에 **찍어** 번제단
레 4:30　그 피를 **찍어** 번제단 뿔들에 바르고 그
레 4:34　손가락으로 **찍어** 번제단 뿔들에 바르고
레 9:9　손가락으로 그 피를 **찍어** 제단 뿔들에
레 14:6　흐르는 물 위에서 잡은 새의 피를 **찍어**
레 14:16　손가락으로 왼쪽 손의 기름을 **찍어**
레 14:27　왼쪽 손의 기름을 조금 **찍어** 여호와
레 14:51　잡은 새의 피와 흐르는 물에 **찍어** 그
민 19:4　엘르아살은 손가락에 그 피를 **찍고**
민 19:18　그 물을 **찍어** 장막과 그 모든 기구와
룻 2:14　떡 조각을 초에 **찍으라** 하므로 룻이
삼상 14:27　지팡이 끝을 내밀어 벌집의 꿀을 **찍고**
눅 16:24　손가락 끝에 물을 **찍어** 내 혀를 서늘하

3. 날이 선 연장을 내리치다(cut down)
출 34:13　그들의 아세라 상을 **찍을지어다**
신 7:5　아세라 목상을 **찍으며** 조각한 우상들을
신 12:3　그 조각한 신상들을 **찍어** 그 이름을 그
신 19:5　손에 도끼를 들고 벌목하려고 **찍을** 때에
신 20:19　나무를 **찍어** … 될 것임이니 **찍지** 말라
신 20:20　과목이 아닌 수목은 **찍어** 내어 너희
신 25:12　그 여인의 손을 **찍어** 버릴 것이고 네
삿 6:25　제단을 헐며 그 곁의 아세라 상을 **찍고**
삿 6:26　그 둘째 수소를 잡아 네가 **찍은** 아세라

【 찍히다 】　　　　　　　　　　　　　　　　　　　　　　　　　　　　　　【 찢기다/찢겨지다 】

삿 6:30	그 곁의 아세라를 **찍었음이니라** 하니
삿 9:48	도끼를 들고 나뭇가지를 **찍어** 그것을
삿 9:49	각각 나뭇가지를 **찍어서** 아비멜렉을
삿 19:29	첩의 시체를 거두어 그 마디를 **찍어**
삼상 15:33	여호와 앞에서 아각을 **찍어** 쪼개니라
왕상 15:13	**찍어** 기드론 시냇가에서 불살랐으나
왕하 18:4	아세라 목상을 **찍으며** 모세가 만들었던
왕하 23:14	아세라 목상들을 **찍고** 사람의 해골로
대하 14:3	주상을 깨뜨리며 아세라 상을 **찍고**
대하 15:16	우상을 **찍고** 빻아 기드론 시냇가에서
대하 31:1	아세라 목상들을 **찍으며** 유다와 베냐민
대하 34:4	태양상들을 **찍고** 또 아세라 목상들과
대하 34:7	이스라엘 땅에 있는 모든 태양상을 **찍고**
시 105:33	그들의 지경에 있는 나무를 **찍으셨도다**
사 10:15	어찌 **찍는** 자에게 스스로 자랑하겠으며
사 18:5	가지를 베며 퍼진 가지를 **찍어** 버려서
렘 22:7	아름다운 백향목을 **찍어** 불에 던지리라
렘 46:23	조사할 수 없는 그의 수풀을 **찍을** 것이
겔 26:9	성을 치며 도끼로 망대를 **찍을** 것이며
겔 31:12	그를 **찍어** 버렸으므로 그 가는 가지가
마 5:30	너로 실족하게 하거든 **찍어** 내버리라
마 18:8	**찍어** 내버리라 장애인이나 다리 저는
막 9:43	너를 범죄하게 하거든 **찍어** 버리라
막 9:45	발이 너를 범죄하게 하거든 **찍어** 버리라
눅 13:7	열매를 구하되 얻지 못하니 **찍어** 버리라
눅 13:9	그렇지 않으면 **찍어** 버리소서 하였다

찍히다(cut down, fell)

삿 6:28	그 곁의 아세라가 **찍혔고** 새로 쌓은
욥 14:7	나무는 희망이 있나니 **찍힐지라도** 다시
사 9:10	다듬은 돌로 쌓고 뽕나무들이 **찍혔으나**
사 10:33	그 장대한 자가 **찍힐** 것이요 그 높은
사 14:12	엎은 자여 어찌 그리 땅에 **찍혔는고**
단 6:10	다니엘이 이 조서에 왕의 도장이 **찍힌**
단 6:13	다니엘이 왕과 왕의 도장이 **찍힌** 금령을
마 3:10	맺지 아니하는 나무마다 **찍혀** 불에 던져
마 7:19	아니하는 나무마다 **찍혀** 불에 던져지느
눅 3:9	맺지 아니하는 나무마다 **찍혀** 불에 던져
롬 11:22	그렇지 않으면 너도 **찍히는** 바 되리라
롬 11:24	네가 원 돌감람나무에서 **찍힘을** 받고

찔레(brier)

삿 8:7	들가시와 **찔레**로 너희 살을 찢으리라
삿 8:16	들가시와 **찔레**로 숙곳 사람들을 징벌하
사 5:6	자름이나 북을 돋우지 못하여 **찔레**와
사 7:23	포도나무가 있던 곳마다 **찔레**와 가시가
사 7:24	땅에 **찔레**와 가시가 있으므로 화살과
사 7:25	보습으로 갈던 모든 산에도 **찔레**와 가시
사 9:18	**찔레**와 가시를 삼키며 빽빽한 수풀을
사 10:17	하루 사이에 그의 가시와 **찔레**가 소멸
사 27:4	**찔레**와 가시가 나를 대적하여 싸운다
사 32:13	백성의 땅에 가시와 **찔레**가 나며 희락의
사 55:13	화석류는 **찔레**를 대신하여 날 것이라
겔 2:6	인자야 너는 비록 가시와 **찔레**와 함께
호 9:6	은은 귀한 것이나 **찔레**가 덮을 것이요
호 10:8	가시와 **찔레**가 그 제단 위에 날 것이니
미 7:4	가장 정직한 자라도 **찔레** 울타리보다
습 2:9	**찔레**가 나며 소금 구덩이가 되어 영원히
눅 6:44	가시나무에서 무화과를, 또는 **찔레**에서

찔리다(pierce, thrust)

삼상 24:5	벰으로 말미암아 다윗의 마음이 **찔려**
왕하 18:21	그의 손에 **찔려** 들어갈지라 애굽의 왕
시 73:21	마음이 산란하며 내 양심이 **찔렸나이다**
사 13:15	만나는 자마다 창에 **찔리겠고** 잡히는
사 14:19	나무 가지 같고 칼에 **찔려** 돌구덩이에
사 36:6	그것을 의지하면 손이 **찔리리니** 애굽
사 53:5	그가 **찔림은** 우리의 허물 때문이요 그가
애 4:9	소산이 끊어지므로 그들은 **찔림** 받은
행 2:37	이 말을 듣고 마음에 **찔려** 베드로와
행 7:54	이 말을 듣고 마음에 **찔려** 그를 향하여

찢기다/찢겨지다(tear)

창 31:39	물려 **찢긴** 것은 내가 외삼촌에게로
창 37:33	먹었도다 요셉이 분명히 **찢겼도다** 하고
창 44:28	말하기를 틀림없이 **찢겨** 죽었다 하고
출 22:13	만일 **찢겼으면** 그것을 가져다가 증언할
출 22:31	들에서 짐승에게 **찢긴** 동물의 고기를
레 7:24	짐승에게 **찢긴** 것의 기름은 다른 데는
레 17:15	들짐승에게 **찢겨** 죽은 것을 먹은 모든
레 22:8	시체나 **찢겨** 죽은 짐승을 먹음으로 자기
잠 22:13	나가면 거리에서 **찢기겠다** 하느니라
렘 5:6	그리로 나오는 자마다 **찢기리니** 이는
겔 4:14	죽은 것이나 짐승에게 **찢긴** 것을 먹지
겔 30:16	나라는 **찢겨** 나누일 것이며 놉 나라가

찢다

겔 44:31	새나 가축이 저절로 죽은 것이나 **찢겨서**
행 23:10	천부장은 바울이 그들에게 **찢겨질**까

찢다 (tear)

모세오경, 역사서

창 37:29	본즉 거기 요셉이 없는지라 옷을 **찢고**
창 37:34	자기 옷을 **찢고** 굵은 베로 허리를 묶고
창 44:13	그들이 옷을 **찢고** 각기 짐을 나귀에
창 49:9	아들아 너는 움킨 것을 **찢고** 올라갔도다
레 1:17	그 몸을 찢되 아주 **찢지** 말고 제사장이
레 10:6	너희는 머리를 풀거나 옷을 **찢지** 말라
레 13:45	나병 환자는 옷을 **찢고** 머리를 풀며 윗
레 13:56	그 날에서나 씨에서나 그 색점을 **찢어**
레 21:10	머리를 풀지 말며 그의 옷을 **찢지** 말며
민 14:6	아들 갈렙이 자기들의 옷을 **찢고**
신 33:20	엎드리고 팔과 정수리를 **찢는도다**
수 7:6	여호수아가 옷을 **찢고** 이스라엘 장로들
삿 8:7	들가시와 찔레로 너희 살을 **찢으리라**
삿 11:35	이를 보고 자기 옷을 **찢으며** 이르되
삿 14:6	염소 새끼를 **찢는** 것같이 **찢었으나**
삼상 4:12	자기의 옷을 **찢고** 자기의 머리에 티끌을
삼하 1:11	다윗이 자기 옷을 잡아 **찢으매** 함께
삼하 3:31	너희는 옷을 **찢고** 굵은 베를 띠고
삼하 13:19	그의 채색옷을 **찢고** 손을 머리 위에
삼하 13:31	자기 옷을 **찢고** 땅에 드러눕고 그의 신하들도 다 옷을 **찢고** 모셔 선지라
삼하 15:32	아렉 사람 후새가 옷을 **찢고** 흙을 머리
왕상 11:30	입은 새 옷을 잡아 열두 조각으로 **찢고**
왕상 11:31	솔로몬의 손에서 **찢어** 빼앗아 열 지파를
왕상 13:26	넘기시매 사자가 그를 **찢어** 죽였도다
왕상 13:28	아니하였고 나귀를 **찢지도** 아니하였더
왕상 14:8	다윗의 집에서 **찢어** 내어 네게 주었거늘
왕상 21:27	그의 옷을 **찢고** 굵은 베로 몸을 동이고
왕하 2:12	엘리사가 자기의 옷을 잡아 둘로 **찢고**
왕하 2:24	아이들 중의 사십이 명을 **찢었더라**
왕하 5:7	글을 읽고 자기 옷을 **찢으며** 이르되
왕하 5:8	옷을 **찢었다** 함을 듣고 왕에게 보내어 르되 왕이 어찌하여 옷을 **찢었나이까**
왕하 6:30	옷을 **찢으니** 그가 성 위로 지나갈
왕하 11:14	나팔을 부는지라 아달랴가 옷을 **찢으며**
왕하 17:21	이스라엘을 다윗의 집에서 **찢어** 나누시
왕하 18:37	옷을 **찢고** 히스기야에게 나아가서
왕하 19:1	옷을 **찢고** 굵은 베를 두르고 여호와의
왕하 22:11	율법책의 말을 듣자 곧 그의 옷을 **찢으니**
왕하 22:19	곧 내 앞에서 겸비하여 옷을 **찢고** 통곡
대상 13:11	여호와께서 웃사의 몸을 **찢으셨으므로**
대상 15:13	하나님 여호와께서 우리를 **찢으셨으니**
대하 23:13	이에 아달랴가 그의 옷을 **찢으며** 외치되
대하 34:19	말씀을 듣자 곧 자기 옷을 **찢더라**
대하 34:27	곧 내 앞에서 겸손하여 옷을 **찢고** 통곡
스 9:3	내가 이 일을 듣고 속옷과 겉옷을 **찢고**
스 9:5	속옷과 겉옷을 **찢은** 채 무릎을 꿇고
에 4:1	자기의 옷을 **찢고** 굵은 베 옷을 입고

시가서 - 신약

욥 1:20	욥이 일어나 겉옷을 **찢고** 머리털을 밀고
욥 2:12	각각 자기의 겉옷을 **찢고** 하늘을 향하여
욥 16:9	그는 진노하사 나를 **찢고** 적대시 하시며
욥 18:4	터뜨리며 자기 자신을 **찢는** 사람아
시 7:2	사자같이 나를 **찢고** 뜯을까 하나이다
시 17:12	그는 그 움킨 것을 **찢으려** 하는 사자
시 22:13	내게 그 입을 벌림이 **찢으며** 부르짖는
시 35:15	나를 치며 **찢기를** 마지아니하도다
시 50:22	내가 너희를 **찢으리니** 건질 자 없으리라
사 36:22	옷을 **찢고** 히스기야에게 나아가서
사 37:1	히스기야 왕이 듣고 자기 옷을 **찢고**
렘 15:3	죽이는 칼과 **찢는** 개와 삼켜 멸하는
렘 36:24	두려워하거나 자기들의 옷을 **찢지**
렘 41:5	자기들의 수염을 깎고 옷을 **찢고** 몸에
애 3:11	몸을 **찢으시며** 나를 적막하게 하셨도다
겔 13:21	또 너희 수건을 **찢고** 내 백성을 너희
겔 29:7	어깨를 **찢었고** 그들이 너를 의지한즉
호 6:1	여호와께서 우리를 **찢으셨으나** 도로
호 13:8	그의 염통 꺼풀을 **찢고** 거기서 암사자 같이 … 들짐승이 그들을 **찢으리라**
욜 2:13	너희는 옷을 **찢지** 말고 마음을 **찢고**
미 5:8	지나간즉 밟고 **찢으리니** 능히 구원할
나 2:12	충분히 **찢고** 그의 … 굴을 채웠고 **찢은**
습 11:16	고기를 먹으며 또 그 굽을 **찢으리라**
마 7:6	발로 밟고 돌이켜 너희를 **찢어** 상하게
마 26:65	대제사장이 자기 옷을 **찢으며** 이르되
막 14:63	대제사장이 자기 옷을 **찢으며** 이르되
눅 5:36	한 조각을 **찢어** 낡은 옷에 … 옷을 **찢** 을 뿐이요 또 새 옷에서 **찢은** 조각이
요 19:24	군인들이 서로 말하되 이것을 **찢지** 말고
행 14:14	사도 바나바와 바울이 듣고 옷을 **찢고**
행 16:22	상관들이 옷을 **찢어** 벗기고 매로 치라

【 찢어지다 】   【 찧다 】

찢어지다(tear)

출 28:32 갑옷 깃같이 깃을 짜서 **찢어지지** 않게
출 39:23 그 구멍 주위에 깃을 짜서 **찢어지지**
수 9:4 해어지고 **찢어져서** 기운 가죽 포도주
수 9:13 가죽 부대도 새 것이었으나 **찢어지게**
삼상 15:27 그의 겉옷자락을 붙잡으매 **찢어진지라**
삼하 1:2 옷은 **찢어졌고** 머리에는 흙이 있더라
욥 26:8 싸시나 그 밑의 구름이 **찢어지지** 아니
마 27:51 위로부터 아래까지 **찢어져** 둘이 되고
막 15:38 위로부터 아래까지 **찢어져** 둘이 되니라
눅 5:6 것이 심히 많아 그물이 **찢어지는지라**
눅 23:45 성소의 휘장이 한가운데가 **찢어지더라**
요 21:11 많으나 그물이 **찢어지지** 아니하였더라

찧다(grind, crush)

출 29:40 밀가루 십분의 일 에바와 **찧은** 기름 사분의 일 힌을 더하고
출 30:36 향 얼마를 곱게 **찧어** 내가
레 2:14 이삭을 볶아 **찧은** 것으로
레 2:16 제사장은 **찧은** 곡식과 기름을 모든 유향
레 24:2 불을 켜기 위하여 감람을 **찧어** 낸 순결
민 11:8 맷돌에 갈기도 하며 절구에 **찧기도** 하고
신 9:21 송아지를 가져다가 불살라 **찧고** 티끌
삼하 17:19 우물 아귀를 덮고 **찧은** 곡식을 그 위에
대하 2:10 내가 당신의 벌목하는 종들에게 **찧은**
잠 27:22 절구에 넣고 공이로 **찧을지라도** 그의
단 2:40 뭇 나라를 부서뜨리고 **찧을** 것이며

차꼬(fetter, shackle)
삼하 3:34 네 발이 **차꼬**에 채이지 아니하였거늘
욥 13:27 발을 **차꼬**에 채우시며 나의 모든 길을
욥 33:11 발을 **차꼬**에 채우시고 나의 모든 길을
시 105:18 발은 **차꼬**를 차고 그의 몸은 쇠사슬에
행 16:24 옥에 가두고 그 발을 **차꼬**에 든든히

차남(次男, second son)
창 41:52 **차남**의 이름을 에브라임이라 하였으니
창 48:14 **차남** 에브라임의 머리에 얹고 왼손을

차다(over, full, bruise, cold, gasp, kick)
　1. 작정한 기한에 이르다(over, full)
창 25:24 그 해산 기한이 **찬즉** 태에 쌍둥이가
창 29:21 라반에게 이르되 내 기한이 **찼으니**
레 12:4 정결하게 되는 기한이 **차기** 전에는
레 12:6 딸이나 정결하게 되는 기한이 **차면** 그
민 6:5 여호와께 드리는 날이 **차기까지** 그는
민 6:13 몸을 구별한 날이 **차면** 그 사람을 회막
삼상 18:26 좋게 여기므로 결혼할 날이 **차기** 전에
삼하 7:12 네 수한이 **차서** 네 조상들과 함께 누울
대상 17:11 생명의 연한이 **차서** 네 조상들에게로
욥 42:17 욥이 늙어 나이가 **차서** 죽었더라
사 23:15 잊어버린 바 되었다가 칠십 년이 **찬**
사 23:17 칠십 년이 **찬** 후에 여호와께서 두로를
사 65:20 수한이 **차지** 못한 노인이 다시는 없을
렘 25:34 날과 흩음을 당할 기한이 **찼음인즉**
렘 29:10 바벨론에서 칠십 년이 **차면** 내가 너희를
겔 4:6 그 수가 **차거든** 너는 오른쪽에 누워
겔 5:2 그 성읍을 에워싸는 날이 **차거든** 너는
겔 22:4 네 날이 가까웠고 네 연한이 **찼도다**
겔 43:27 모든 날이 **찬** 후 제팔일과 그 다음에는
단 4:34 기한이 **차매** 나 느부갓네살이 하늘을
단 10:3 세 이레가 **차기까지** 좋은 떡을 먹지
막 1:15 때가 **찼고** 하나님의 나라가 가까이
눅 1:57 엘리사벳이 해산할 기한이 **차서** 아들을
눅 2:6 거기 있을 그 때에 해산할 날이 **차서**
눅 2:22 모세의 법대로 정결예식의 날이 **차매**
눅 9:51 예수께서 승천하실 기약이 **차가매**
눅 21:24 예루살렘은 이방인의 때가 **차기까지**
요 7:8 명절에 올라가라 내 때가 아직 **차지**
행 7:30 사십 년이 **차매** 천사가 시내 산 광야
행 21:27 이레가 거의 **차매** 아시아로부터 온
갈 4:4 때가 **차매** 하나님이 그 아들을 보내사
엡 1:9 그리스도 안에서 때가 **찬** 경륜을 위하여
계 6:11 죽임을 당하여 그 수가 **차기까지**
계 20:3 천 년이 **차도록** 다시는 만국을 미혹하지
계 20:5 죽은 자들은 그 천 년이 **차기까지** 하라
계 20:7 천 년이 **차매** 사탄이 그 옥에서 놓여
　2. 가득하게 되다(full)
창 15:16 아모리 족속의 죄악이 아직 가득 **차지**
왕하 4:4 모든 그릇에 기름을 부어서 **차는** 대로
왕하 4:6 그릇에 다 **찬지라** 여인이 아들에게
욥 37:4 음성을 발하시며 그의 위엄 **찬** 소리로
시 129:7 베는 자의 손과 묶는 자의 품에 **차지**
잠 3:10 네 창고가 가득히 **차고** 네 포도즙 틀에
전 1:8 족함이 없고 귀는 들어도 가득 **차지**
사 8:7 뒤덮을 것이라 그 모든 골짜기에 **차고**

【 차단되다 】   【 차리다 】

사 30:27   그의 입술에는 분노가 **찼으며** 그의 혀는
렘 13:12   모든 가죽부대가 포도주로 **차리라** …
           모든 가죽부대가 포도주로 **찰** 줄을
렘 49:9   밤에 도둑이 오면 그 욕심이 **차기까지**
겔 7:23   가득하고 포악이 그 성읍에 **찼음이라**
겔 9:9   그 성읍에 불법이 **찼나니** 이는 그들이
겔 16:28   음욕에 **차지** 아니하여 또 앗수르 사람으
호 6:8   고을이라 피 발자국으로 가득 **찼도다**
욜 3:13   포도주 틀이 가득하고 **차고** 포도주 독이
마 14:20   조각을 열두 바구니에 **차게** 거두었으며
마 15:37   조각을 일곱 광주리에 **차게** 거두었으며
막 6:43   조각과 물고기를 열두 바구니에 **차게**
요 21:11   가득한 **찬** 큰 물고기가 백쉰세 마리라
롬 15:14   선함이 가득하고 모든 지식이 **차서** 능히
고전 5:8   악하고 악의의 **찬** 누룩으로도 말고 누룩
계 15:8   성전에 연기가 가득 **차매** 일곱 천사의

3. 몸의 어딘가에 끼우거나 걸다(strap)

출 32:27   각각 허리에 칼을 **차고** 진 이 문에서
삿 3:16   그의 오른쪽 허벅지 옷 속에 **차고**
삼상 17:39 다윗이 칼을 군복 위에 **차고는** 익숙하지
삼상 25:13 각기 칼을 **차라** 하니 각기 칼을 **차매**
           다윗도 자기 칼을 **차고** 사백 명 가량은
삼하 21:16 놋 창을 들고 새 칼을 **찬** 이스비브놉이
느 4:18   허리에 칼을 **차고** 건축하며 나팔 부는
시 45:3   용사여 칼을 허리에 **차고** 왕의 영화와
아 3:8   말미암아 각기 허리에 칼을 **찼느니라**
사 49:18   모든 무리를 장식처럼 몸에 **차며** 그것을
겔 9:3   베옷을 입고 서기관의 먹 그릇을 **찬**
겔 9:11   베옷을 입고 허리에 먹 그릇을 **찬** 사람
벧전 3:3   너희의 단장은 머리를 꾸미고 금을 **차고**

4. 수갑이나 차꼬를 끼우거나 잠그다(bruise)

시 105:18 발은 차꼬를 **차고** 그 몸은 쇠사슬에

5. 온도가 차다(cold)

행 28:2   비가 오고 날이 **차매** 원주민들이 우리에
계 3:15   네가 **차지도** … 아니하도다 네가 **차든지**
계 3:16   뜨겁지도 아니하고 **차지도** 아니하니

6. 일정한 한도에 이르다(gasp)

사 42:14   여인같이 부르짖으리니 숨이 **차서**

7. 발로 내지르다(kick)

신 32:15   여수룬이 기름지매 발로 **찼도다** 네가

차단되다(遮斷, be denied)
욥 38:15   악인에게는 그 빛이 **차단되고** 그들의

차돌(rock)
시 114:8   못물이 되게 하시며 **차돌**로 샘물이 되게

차등(差等, partially)
대상 24:5 제비 뽑아 피차에 **차등**이 없이 나누었으

차라리(rather, better)
삿 9:28   신복은 스불이 아니냐 **차라리** 세겜의
삼하 18:33 압살롬아 **차라리** 내가 너를 대신하여
욥 7:15   뼈를 깎는 고통을 겪으니 **차라리** 숨이
잠 17:12   **차라리** 새끼 빼앗긴 암곰을 만날지언정
마 18:6   실족하게 하면 **차라리** 연자 맷돌이 그
마 25:9   **차라리** 파는 자들에게 가서 너희 쓸
마 26:24   **차라리** 태어나지 아니하였더라면 제게
막 9:42   **차라리** 연자 맷돌이 그 목에 매여 바다
막 14:21   사람은 **차라리** 나지 아니하였더라면
눅 14:10   청함을 받았을 때에 **차라리** 가서 끝자리
눅 14:13   잔치를 베풀거든 **차라리** 가난한 자들과
눅 17:2   하나를 실족하게 할진대 **차라리** 연자
고전 6:7   **차라리** 불의를 … **차라리** 속는 것이
고전 9:15 **차라리** 죽을지언정 누구든지 내 자랑하
고후 2:7   **차라리** 그를 용서하고 위로할 것이니
고후 5:8   담대하여 원하는 바는 **차라리** 몸을 떠나
빌 1:23   그 둘 사이에 끼었으니 **차라리** 세상을

차례(次例, turn)
에 2:12   처녀마다 **차례**대로 아하수에로 왕에게
에 2:15   에스더가 **차례**대로 왕에게 나아갈 때에
욥 1:5   그들이 **차례**대로 잔치를 끝내면 욥이
눅 1:3   데오빌로 각하에게 **차례**로 써 보내는
눅 1:8   사가랴가 그 반열의 **차례**대로 하나님
행 11:4   베드로가 그들에게 이 일을 **차례**로 설명
행 18:23   브루기아 땅을 **차례**로 다니며 모든 제자
고전 14:27 세 사람이 **차례**를 따라 하고 한 사람
고전 15:23 자기 **차례**대로 되리니 먼저는 첫 열매인

차리다(set, prepare, control)

1. 장만하여 갖추다(set, prepare)

창 18:8   그들 앞에 **차려** 놓고 나무 아래에 모셔
창 43:31   그 정을 억제하고 음식을 **차리라** 하매
창 43:32   따로 **차리고** 그 형제들에게 따로 **차리고**
           그와 … 애굽 사람에게도 따로 **차리니**
창 49:20   것이라 그가 왕의 수라상을 **차리리로다**

【 차마 】 【 차지하다 】

삼하 12:20 명령하여 음식을 그 앞에 **차리게** 하고
삼하 13:5 내가 보는 데에서 떡을 **차려** 그의 손으로
삼하 13:7 가서 그를 위하여 음식을 **차리라** 한지라
대하 2:4 떡을 **차려** 놓으며 안식일과 초하루와
시 23:5 원수의 목전에서 내게 상을 **차려** 주시고
겔 23:41 화려한 자리에 앉아 앞에 상을 **차리고**
눅 10:8 영접하거든 너희 앞에 **차려** 놓는 것을
행 16:34 음식을 **차려** 주고 그와 온 집안이
고전 10:27 너희 앞에 **차려** 놓은 것은 무엇이든지

2. 정신을 가다듬다(self-control)
삼상 30:12 그가 먹고 정신을 **차리매**
살전 5:6 자지 말고 오직 깨어 정신을 **차릴지라**
살전 5:8 낮에 속하였으니 정신을 **차리고** 믿음과
벧전 4:7 너희는 정신을 **차리고** 근신하여 기도

차마(too~to, not proper)
창 21:16 아이가 죽는 것을 **차마** 보지 못하겠다
스 4:14 수치 당함을 **차마** 보지 못하여 사람을
에 8:6 **차마** 보며 내 친척의 멸망함을 **차마**
합 1:13 악을 **차마** 보지 못하시며 패역을 **차마**

차별/-하다(差別, discriminate, favoritism)
신 1:17 귀천을 **차별** 없이 듣고 사람의 낯을
행 15:9 우리나 **차별하지** 아니하셨느니라
롬 3:22 믿는 자에게 미치는 하나님의 의니 **차별**
롬 10:12 유대인이나 헬라인이나 **차별**이 없음이
골 3:11 **차별**이 있을 수 없나니 오직 그리스도는
약 2:1 가졌으니 사람을 **차별하여** 대하지 말라
약 2:4 너희끼리 서로 **차별하며** 악한 생각으로
약 2:9 **차별하여** 대하면 죄를 짓는 것이니

차일(遮日, canopy)
사 40:22 하늘을 **차일**같이 펴셨으며 거주할 천막
겔 27:7 엘리사 섬의 청색 자색 베로 **차일**을

차자(次子, second son)
삼상 8:2 장자의 이름은 요엘이요 **차자**의 이름은

차지다(clay)
왕상 7:46 사르단 사이의 **차진** 흙에 그것들을

차지하다(take, possess, own)
출 21:34 돈을 줄 것이요 죽은 것은 그가 **차지할**

출 21:36 것이요 죽은 것은 그가 **차지할지니라**
신 1:21 이르신 대로 올라가서 **차지하라** 두려워
신 4:5 기업으로 **차지할** 땅에서 그대로 행하게
신 5:33 너희에게 있을 것이며 너희가 **차지한**
신 6:1 너희가 건너가서 **차지할** 땅에서 행할
신 7:1 네가 가서 **차지할** 땅으로 들이시고 네
신 8:1 땅에 들어가서 그것을 **차지하리라**
신 9:1 나라들로 들어가서 그것을 **차지하리니**
신 9:4 인도하여 들어서 그것을 **차지하게**
신 10:11 그들이 들어가서 그것을 **차지하리라**
신 11:8 **차지할** 땅에 들어가서 그것을 **차지할**
신 11:10 들어가 **차지하려** 하는 땅은 네가 나온
신 11:11 건너가서 **차지할** 땅은 산과 골짜기가
신 11:23 너희보다 강대한 나라들을 **차지할**
신 11:29 여호와께서 네가 가서 **차지할** 땅으로
신 11:31 들어가서 그 땅을 **차지하려** 하나니 반
　　　　 드시 그것을 **차지하여** 거기 거주할지라
신 12:1 여호와께서 네게 주셔서 **차지하게** 하신
신 13:16 속에서 빼앗아 **차지한** 물건을 다 거리에
신 19:14 여호와께서 네게 주어 **차지하게** 하시는
신 21:1 여호와께서 네게 주어 **차지하게** 하신

'차지하다'와 관련된 성구

고을을 차지하다 - 눅 19:19
금은과 모든 보물을 차지하다 - 단 11:43
땅을 차지하다 - 창 28:4; 민 14:24; 신
　　1:8, 38; 2:24, 31; 6:18-19; 9:5,
　　23; 12:29; 16:20; 17:14; 29:8;
　　31:3, 7; 수 1:6, 11, 15; 23:5; 삿
　　2:6; 느 9:15, 22, 24; 시 37:9, 11,
　　22, 29, 34; 44:3; 사 14:21; 34:11;
　　57:13; 60:21; 63:18; 렘 30:3; 겔
　　47:21; 암 2:10
물을 차지하다 - 계 16:5
밭을 차지하다 - 렘 8:10
성문을 차지하다 - 창 22:17
우물을 차지하다 - 신 6:11
유산을 차지하다 - 마 21:38
집과 우물과 포도원과 감람원과 허다한 과
　　목을 차지하다 - 느 9:25
집을 차지하다 - 미 2:2
포도원과 감람나무를 차지하다 - 신 6:11
포도원을 차지하다 - 왕상 21:15, 16, 18

【 차차 】   【 찬송/-하다 】

신 23:20	네가 들어가서 **차지할** 땅에서 네 손이	마 5:16	너희 **착한** 행실을 보고 하늘에 계신 너희
신 25:19	네게 기업으로 주어 **차지하게** 하시는	마 25:21	잘하였도다 **착하고** 충성된 종아 네가
신 26:1	네게 기업으로 주어 **차지하게** 하실 땅에	마 25:23	**착하고** 충성된 종아 네가 적은 일에
신 28:21	네가 들어가 **차지할** 땅에서 마침내 너를	눅 8:15	좋은 땅에 있다는 것은 **착하고** 좋은
신 28:63	들어가 **차지할** 땅에서 뽑힐 것이요	눅 19:17	잘하였다 **착한** 종이여 네가 지극히 작은
신 30:5	네 조상들이 **차지한** 땅으로 돌아오게	행 4:9	병자에게 행한 **착한** 일에 대하여 이
	하사 네게 다시 그것을 **차지하게** 하실	행 11:24	바나바는 **착한** 사람이요 성령과 믿음이
신 30:16	네가 가서 **차지할** 땅에서 네게 복을	고후 9:8	**착한** 일을 넘치게 하게 하려 하심이라
신 30:18	요단을 건너가서 **차지할** 땅에서 너희의	갈 6:10	**착한** 일을 하되 더욱 믿음의 가정들에게
신 31:13	너희가 요단을 건너가서 **차지할** 땅에	엡 5:9	열매는 모든 **착함**과 의로움과 진실함에
신 32:47	요단을 건너가서 **차지할** 그 땅에서 너희의	빌 1:6	**착한** 일을 시작하신 이가 그리스도 예수
신 33:23	너는 서쪽과 남쪽을 **차지할지로다**	빌 1:15	**착한** 뜻으로 그리스도를 전파하나니
수 12:1	동쪽 온 아라바를 **차지하고** 그 땅에서	딤전 1:19	믿음과 **착한** 양심을 가지라 어떤 이들은
수 19:47	칼날로 치고 그것을 **차지하여** 거기 거주		
수 21:43	주셨으므로 그들이 그것을 **차지하여**	**찬란하다**(燦爛, dazzling, lightning)	
삿 11:24	네게 주어 **차지하게** 한 것을 네가 차	단 2:31	크고 광채가 매우 **찬란하며** 그 모양이
	지하지 … 그것을 우리가 **차지하리라**	눅 24:4	근심할 때에 문득 **찬란한** 옷을 입은
삼상 2:8	영광의 자리를 **차지하게** 하시는도다		
삼하 19:30	그 전부를 **차지하게** 하옵소서 하니라	**찬물**(cool water)	
왕하 17:24	사마리아를 **차지하고** 그 여러 성읍에	렘 18:14	흘러내리는 **찬물**이 어찌 마르겠느냐
느 9:23	열조에게 들어가서 **차지하라고** 말씀하		
욥 27:17	그의 은은 죄 없는 자가 **차지할** 것이며	**찬미/-하다**(讚美, hymn, praising)	
사 34:17	영원히 **차지하며** 대대로 거기에 살리라	마 21:16	젖먹이들의 입에서 나오는 **찬미**를
렘 32:3-5	바벨론 왕의 손에 넘기리니 그가 **차지할**	마 26:30	**찬미하고** 감람산으로 나아가니라
렘 32:23	그들이 들어가서 이를 **차지하였거늘**	막 14:26	그들이 **찬미하고** 감람산으로 가니라
렘 32:28	왕의 손에 넘길 것인즉 그가 **차지할**	행 2:47	하나님을 **찬미하며** 또 온 백성에게
렘 38:3	손에 넘어가리니 그가 **차지하리라**		
마 14:4	당신이 그 여자를 **차지한** 것이 옳지	**찬성투표**(贊成投票, vote)	
눅 19:17	충성하였으니 열 고을 권세를 **차지하라**	행 26:10	옥에 가두며 또 죽일 때에 내가 **찬성투표**

차차(次次, growingly)
왕하 4:34 엎드리니 아이의 살이 **차차** 따뜻하더라

찬성하다(贊成, consent, approve)
눅 23:51 결의와 행사에 **찬성하지** 아니한 자라
행 22:20 흘릴 때에 내가 곁에 서서 **찬성하고**

착심하다(着心, apply your heart)
잠 23:12 훈계에 **착심하며** 지식의 말씀에 귀를

찬송/-하다(讚頌, bless, praise)
모세오경, 역사서
창 24:48 머리를 숙여 그에게 경배하고 **찬송하였나이다**

착취하다(搾取, cheat)
레 6:2 속이거나 도둑질하거나 **착취하고도**
레 6:4 훔친 것이나 **착취한** 것이나 맡은 것이나
레 19:13 이웃을 억압하지 말며 **착취하지** 말며

창 49:8 형제의 **찬송**이 될지라 네 손이 네 원수
출 15:2 **찬송할** 것이요 내 아버지의 하나님이시
출 15:11 거룩함으로 영광스러우며 **찬송할** 만한
신 8:10 주셨음으로 말미암아 그를 **찬송하리라**

착하다(good, kind)
대하 21:13 집에서 너보다 **착한** 아우들을 죽였으니

신 10:21 **찬송**이시요 네 하나님이시라 네 눈으로

【 찬송/-하다 】   【 찬송/-하다 】

신 26:19	민족 위에 뛰어나게 하사 **찬송**과 명예와		시 9:14	주의 **찬송**을 다 전할 것이요 딸 시온의
신 33:20	갓을 광대하게 하시는 이에게 **찬송**을		시 18:3	내가 **찬송** 받으실 여호와께 아뢰리니
룻 4:14	**찬송**할지로다 여호와께서 오늘 네게		시 18:46	나의 반석을 **찬송**하며 내 구원의 하나님
삼하 22:4	내가 **찬송** 받으실 여호와께 아뢰리니		시 21:13	주의 권능을 노래하고 **찬송**하게 하소서
삼하 22:47	반석을 **찬송**하며 내 구원의 반석이신		시 22:3	이스라엘의 **찬송** 중에 계시는 주여 주는
대상 6:31	다윗이 여호와의 성전에서 **찬송**하는		시 22:23	**찬송**할지어다 야곱의 모든 자손이여
대상 6:32	회막 앞에서 **찬송**하는 일을 행하되		시 22:25	나의 **찬송**은 주께로부터 온 것이니 주를
대상 6:33	헤만은 **찬송**하는 자라 그는 요엘의 아들		시 22:26	여호와를 찾는 자는 그를 **찬송**할 것이라
대상 9:33	**찬송**하는 자가 있으니 곧 레위 우두머리		시 28:7	기뻐하며 내 노래로 그를 **찬송**하리로다
대상 16:42	하나님을 **찬송**하는 악기로 소리를 크게		시 33:1	여호와를 즐거워하라 **찬송**은 정직한
대상 23:5	여호와께 **찬송**을 … 악기로 **찬송**하는		시 33:2	감사하고 열 줄 비파로 **찬송**할지어다
대상 23:30	서서 여호와께 감사하고 **찬송**하며		시 40:3	하나님께 올릴 **찬송**을 내 입에 두셨으니
대상 25:7	여호와 **찬송**하기를 배워 익숙한 자의		시 42:5	말미암아 내가 여전히 **찬송**하리로다
대하 7:6	인자하심이 영원함을 **찬송**하게 하던		시 42:8	밤에는 그의 **찬송**이 내게 있어 생명의
대하 8:14	직분을 맡겨 매일의 일과대로 **찬송**하며		시 45:17	만민이 왕을 영원히 **찬송**하리로다
대하 20:22	노래와 **찬송**이 시작될 때에 여호와께서		시 47:6	**찬송**하라 하나님을 **찬송**하라 **찬송**하라 우리 왕을 **찬송**하라
대하 23:12	아달랴가 백성들이 뛰며 왕을 **찬송**하는		시 47:7	왕이심이라 지혜의 시로 **찬송**할지어다
대하 23:13	노래하는 자들은 주악하며 **찬송**을 인도		시 48:10	주의 이름과 같이 **찬송**도 땅 끝까지
대하 31:2	휘장 문에서 섬기며 감사하며 **찬송**하게		시 56:4	의지하고 그 말씀을 **찬송**하올지라
느 12:8	맛다냐는 그의 형제와 함께 **찬송**하는		시 56:10	**찬송**하며 … 말씀을 **찬송**하리이다
느 12:31	감사 **찬송**하는 자의 큰 무리를 둘로		시 57:7	내가 노래하고 내가 **찬송**하리이다
느 12:38	감사 **찬송**하는 다른 무리는 왼쪽으로		시 65:1	**찬송**이 시온에서 주를 기다리오며
느 12:40	감사 **찬송**하는 두 무리가 하나님의 전에		시 66:2	찬양하고 영화롭게 **찬송**할지어다
느 12:42	노래하는 자는 크게 **찬송**하였는데 그		시 66:17	나의 혀로 높이 **찬송**하였도다
시가서			시 68:33	타신 자에게 **찬송**하라 주께서 그 소리를
욥 1:21	여호와의 이름이 **찬송**을 받으실지니이		시 69:30	하나님의 이름을 **찬송**하며 감사함으로
욥 36:24	인생이 그의 일을 **찬송**하였느니라			

'찬송하다' 와 관련된 성구

여호와를 찬송하게 하다 - 대하 29:30
여호와를/여호와께 찬송하다 – 창 29:35; 출 15:1, 21; 18:10; 레 19:24; 삿 5:2, 3, 9; 삼상 25:39; 왕상 1:48; 8:56; 대하 5:13; 20:21; 스 3:10, 11; 느 5:13; 시 9:11; 13:6; 27:6; 28:6; 30:4; 31:21; 98:1; 124:6; 135:3; 144:1; 147:12; 사 12:5; 42:10; 62:9; 슥 11:5
여호와의 이름을 찬송하다 – 시 113:2; 135:1
주를 찬송하게 하다 – 시 30:12; 67:3, 5; 76:10; 89:52
주를/주께 찬송하다 – 시 22:22; 30:9; 35:18, 28; 51:15; 59:9, 17; 63:5; 68:32; 71:6, 8, 14; 84:4; 86:12; 88:10; 119:175;

138:1; 사 64:11
주 아버지를 찬송하다 – 약 3:9
주의 이름을 찬송하게 하다 – 시 74:21
주의 이름을 찬송하다 – 시 9:2; 18:49; 99:3; 사 25:1; 롬 15:9
하나님 여호와를 찬송하다 – 창 9:26; 24:27; 삼상 25:32; 대하 20:19
하나님 여호와의 이름을 찬송하다 – 욜 2:26
하나님을/하나님께 찬송하다 – 창 14:20; 수 22:33; 느 12:46; 시 42:11; 43:5; 47:6; 66:20; 68:19, 35; 72:18; 146:2; 단 2:19; 3:28; 눅 1:64; 2:13, 28; 24:53; 행 3:8, 9; 16:25; 벧전 1:3; 계 19:5
하나님의 이름을 찬송하다 – 단 2:20

【 찬송/-하다 】   【 찬양/-하다 】

시 69:34	천지가 그를 **찬송**할 것이요 바다와	눅 13:35	이름으로 오시는 이를 **찬송**하리로다
시 72:15	항상 기도하고 종일 **찬송**하리로다	눅 19:38	**찬송**하리로다 주의 이름으로 오시는
시 72:19	영화로운 이름을 영원히 **찬송**할지어다	요 12:13	호산나 **찬송**하리로다 주의 이름으로
시 98:4	내어 즐겁게 노래하며 **찬송**할지어다	행 13:48	기뻐하여 하나님의 말씀을 **찬송**하며
시 100:1	여호와께 즐거운 **찬송**을 부를지어다	롬 1:25	섬김이라 주는 곧 영원히 **찬송**할
시 100:4	그의 문에 들어가며 **찬송**함으로 그의	롬 15:11	찬양하며 모든 백성들아 그를 **찬송**하라
시 107:8	기적으로 말미암아 그를 **찬송**할지로다	고전 14:15	**찬송**하고 또 마음으로 **찬송**하리라
시 107:15	기적으로 말미암아 그를 **찬송**할지로다	고전 14:26	각각 **찬송** 시도 있으며 가르치는 말씀으
시 107:21	기적으로 말미암아 그를 **찬송**할지로다	고후 1:3	**찬송**하리로다 그는 우리 주 예수
시 107:31	기적으로 말미암아 그를 **찬송**할지로다	고후 11:31	영원히 **찬송**할 하나님이 내가 거짓말
시 107:32	장로들의 자리에서 그를 **찬송**할지로다	엡 1:3	**찬송**하리로다 하나님 곧 우리 주 예수
시 109:30	감사하며 많은 사람 중에서 **찬송**하리니	엡 1:6	그의 은혜의 영광을 **찬송**하게 하려는
시 117:1	너희 모든 백성들아 그를 **찬송**할지어다	엡 1:12	그의 영광의 **찬송**이 되게 하려 하심이라
시 118:14	여호와는 나의 능력과 **찬송**이시요 또	엡 1:14	속량하시고 그의 영광을 **찬송**하게 하려
시 119:12	**찬송**을 받으실 주 여호와여 주의 율례	엡 5:19	시와 **찬송**과 신령한 노래들로 서로 화
시 135:1	**찬송**하라 여호와의 종들아 **찬송**하라		답하며 … 주께 노래하며 **찬송**하며
시 135:21	여호와는 시온에서 **찬송**을 받으실지어다	빌 1:11	하나님의 영광과 **찬송**이 되기를 원하노
시 147:1	**찬송**하는 일이 아름답고 마땅하도다	골 3:16	권면하고 시와 **찬송**과 신령한 노래를
선지서, 신약		히 2:12	주를 교회 중에서 **찬송**하리라 하셨으며
사 42:8	영광을 다른 자에게, 내 **찬송**을 우상에	히 13:15	항상 **찬송**의 제사를 하나님께 드리자
사 42:12	섬들 중에서 그의 **찬송**을 전할지어다	약 3:10	한 입에서 **찬송**과 저주가 나오는도다
사 43:21	지었나니 나를 **찬송**하게 하려 함이니라	약 5:13	자가 있느냐 그는 **찬송**할지니라
사 60:6	유향을 가지고 와서 여호와의 **찬송**을	계 5:12	존귀와 영광과 **찬송**을 받으시기에 합당
사 60:18	성벽을 구원이라, 네 성문을 **찬송**이라	계 5:13	어린 양에게 **찬송**과 존귀와 영광과 권능
사 61:3	**찬송**의 옷으로 그 근심을 대신하시고	계 7:12	**찬송**과 영광과 지혜와 감사와 존귀와
사 61:11	여호와께서 공의와 **찬송**을 모든 나라		
사 62:7	예루살렘을 세워 세상에서 **찬송**을 받게	【 **찬양**/-하다 】(讚揚, praise, sing)	
사 63:7	자비와 그의 **찬송**을 말하며 그의 사랑	삿 16:24	주었다 하고 자기들의 신을 **찬양**하며
사 66:3	우상을 **찬송**함과 다름이 없이 행하는	대상 16:9	노래하며 그를 **찬양**하고 그의 모든 기사
렘 17:14	여호와여 주는 나의 **찬송**이시오니 나를	대상 16:25	여호와는 위대하시니 극진히 **찬양**할
렘 31:12	시온의 높은 곳에서 **찬송**하며 여호와의	스 3:11	**찬양**으로 화답하며 여호와께 감사하여
렘 33:9	기쁜 이름이 될 것이며 **찬송**과 영광이	느 9:5	송축이나 **찬양**에서 뛰어남이니이다
렘 48:2	모압의 **찬송** 소리가 없어졌도다 헤스본	시 48:1	산에서 극진히 **찬양** 받으시리로다
렘 49:25	어찌하여 **찬송**의 성읍, 나의 즐거운	시 66:2	**찬양**하고 영화롭게 찬송할지어다
겔 3:12	울리는 소리를 들으니 **찬송**할지어다	시 66:8	그의 **찬양** 소리를 들리게 할지어다
합 3:3	영광이 하늘을 덮었고 그의 **찬송**이 세계	시 68:4	노래하며 그의 이름을 **찬양**하라 하늘
마 21:9	**찬송**하리로다 주의 이름으로 오시는	시 71:22	주의 성실을 **찬양**하리이다 이스라엘의
마 23:39	너희는 **찬송**하리로다 주의 이름으로	시 89:5	**찬양**할 … 가운데에서 **찬양**하리이다
막 11:9	호산나 **찬송**하리로다 주의 이름으로	시 96:4	여호와는 위대하시니 지극히 **찬양**할
막 11:10	**찬송**하리로다 오는 우리 조상 다윗의	시 105:2	노래하며 그를 **찬양**하며 그의 모든
막 14:61	다시 물어 이르되 네가 **찬송** 받을 이의	시 106:2	권능을 다 말하며 주께서 받으실 **찬양**을
눅 1:68	**찬송**하리로다 주 이스라엘의 하나님이	시 106:12	말씀을 믿고 그를 **찬양**하는 노래를
눅 2:20	영광을 돌리고 **찬송**하며 돌아가니라	시 106:47	이름을 감사하며 주의 영예를 **찬양**하게

2305

【 찬양/-하다 】　　　　　　　　　　　　　　　　　　　　　　　【 참가하다 】

시 106:48	영원까지 **찬양할지어다** 모든 백성들아	시 150:4	**찬양하며** 현악과 퉁소로 **찬양할지어다**
시 108:1	나의 마음을 다하여 **찬양하리로다**	시 150:5	제금으로 **찬양하며** … **찬양할지어다**
시 109:1	**찬양하는** 하나님이여 잠잠하지 마옵소	전 8:15	희락을 **찬양하노니** 이는 사람이 먹고
시 111:10	여호와를 **찬양함**이 영원히 계속되리로	렘 31:7	너희는 전파하며 **찬양하며** 말하라
시 113:1	할렐루야, 여호와의 종들아 **찬양하라**	단 4:34	영생하시는 이를 **찬양하고** 경배하였노
시 113:3	여호와의 이름이 **찬양**을 받으시로다	단 4:37	하늘의 왕을 **찬양하며** 칭송하며 경배하
시 115:17	**찬양하지** 못하나니 … 아무도 **찬양하지**	단 5:4	쇠, 나무, 돌로 만든 신들을 **찬양하니라**
시 126:2	우리 혀에는 **찬양**이 찼었도다 그 때에	단 5:23	나무, 돌로 만든 신상들을 **찬양하고**
시 135:3	아름다우니 그의 이름을 **찬양하라**	롬 9:5	만물 위에 계셔서 세세에 **찬양**을 받으실
시 145:3	여호와는 위대하시니 크게 **찬양할**		
시 145:4	주께서 행하시는 일을 크게 **찬양하며**	**참**(real, actual, true)	
시 147:1	하나님을 **찬양하는** 일이 선함이여	창 27:24	이삭이 이르되 네가 **참** 내 아들 에서냐
시 147:12	시온아 네 하나님을 **찬양할지어다**	신 21:16	장자로 삼아 **참** 장자 곧 미움을 받는
시 148:1	**찬양하며** 높은 데서 그를 **찬양할지어다**	대하 15:3	이스라엘에는 **참** 신이 없고 가르치는
시 148:2	**찬양하며** 모든 … 그를 **찬양할지어다**	스 1:3	이스라엘의 하나님은 **참** 신이시라
시 148:3	그를 **찬양하며** 밝은 … 그를 **찬양할지어다**	욥 26:2	힘없는 자를 **참** 잘도 … 팔을 **참** 잘도
시 148:4	그를 **찬양하며** 하늘 … 그를 **찬양할지어다**	욥 26:3	**참** 잘도 가르치는구나 큰 지식을 **참**
시 148:5	이름을 **찬양함**은 그가 명령하시므로	잠 8:14	내게는 계략과 **참** 지식이 있으며 나는
시 148:14	이스라엘 자손의 **찬양** 받을 이시로다	잠 18:1	자기 소욕을 따르는 자라 온갖 **참** 지혜
시 149:1	성도의 모임 가운데에서 **찬양할지어다**	렘 2:21	너를 순전한 **참** 종자 곧 귀한 포도나무
시 149:3	이름을 **찬양하며** … 그를 **찬양할지어다**	렘 10:10	여호와는 **참** 하나님이시요 살아 계신
시 149:6	하나님에 대한 **찬양**이 있고 그들의	호 8:6	만든 것이라 **참** 신이 아니니 사마리아
시 150:1	권능의 궁창에서 그를 **찬양할지어다**	막 11:32	사람이 요한을 **참** 선지자로 여기므로
시 150:2	행동을 **찬양하며** … 따라 **찬양할지어다**	막 12:32	다른 이가 없다 하신 말씀이 **참**이니이다
시 150:3	나팔 소리로 **찬양하며** … **찬양할지어다**	요 1:9	**참** 빛 곧 세상에 와서 각 사람에게
		요 6:32	아버지께서 너희에게 하늘로부터 **참**
		요 15:1	**참** 포도나무요 내 아버지는 농부라
		요 17:3	영생은 곧 유일하신 **참** 하나님과 그가
		요 19:35	그 증언이 **참**이라 그가 자기의 말하는
		고후 9:5	이렇게 준비하여야 **참** 연보답고 억지가
		딤전 1:2	믿음 안에서 **참** 아들 된 디모데에게
		딤전 5:3	**참** 과부인 과부를 존대하라
		딤전 5:5	**참** 과부로서 외로운 자는 하나님께 소망
		딤전 5:16	이는 **참** 과부를 도와 주게 하려 함이라
		딛 1:4	믿음을 따라 나의 **참** 아들 된 디도에게
		히 8:2	성소와 **참** 장막에서 섬기는 이시라
		히 9:24	그리스도께서는 **참** 것의 그림자인
		히 10:1	그림자일 뿐이요 **참** 형상이 아니므로
		히 10:22	물로 씻음을 받았으니 **참** 마음과 온전한
		요일 5:20	안에 있는 것이니 그는 **참** 하나님이시요

'찬양하다'와 관련된 성구

여호와를 찬양하게 하다 - 대상 16:4
여호와를/여호와께 찬양하다 - 삼하 18:28;
왕상 5:7; 대상 16:36; 25:3; 대하
30:21; 시 102:18; 115:17; 117:1;
146:1, 2; 148:1, 7; 150:6; 렘 20:13
여호와의 이름을 찬양하다 - 시 7:17; 113:1;
148:13
주를/주께 찬양하다 - 느 12:24; 시 34:1;
43:4; 63:3; 71:22, 23; 101:1;
108:3; 119:164; 171; 144:9; 사
38:18; 단 2:23; 눅 1:46; 롬 15:11
주의 이름을 찬양하다 - 삼하 22:50; 왕상
8:35; 대상 29:13; 시 61:8; 92:1-3
하나님을/하나님께 찬양하다 - 시 75:9;
104:33; 147:7; 150:1; 눅 18:43; 19:37;
골 3:16

참가하다(參加, accompany, join)

민 4:3 역사에 **참가할** 만한 모든 자를 계수하라

2306

삼상 28:1　나와 함께 나가서 군대에 **참가**할 것이니
행 24:9　유대인들도 이에 **참가하여** 이 말이

참감람나무 (olive)
롬 11:17　접붙임이 되어 **참감람나무** 뿌리의 진액

참나무 (oak)
호 4:13　산 위에서 분향하되 **참나무**와 버드나무

참다 (patient, endure, overlook)
민 14:27　어느 때까지 **참으랴** 이스라엘 자손이
신 10:10　내 말을 들으사 너를 **참아** 멸하지 아니
느 9:30　주께서 그들을 여러 해 동안 **참으시고**
에 5:10　**참고** 집에 돌아와서 사람을 보내어 그의
욥 4:2　싫증을 내겠느냐, 누가 **참고** 말하지
욥 6:11　마지막이 어떠하겠기에 그저 **참겠느냐**
욥 14:14　모든 고난의 날 동안을 **참으면서** 풀려
욥 32:4　여러 해 위이므로 욥에게 말하기를 **참고**
시 37:7　여호와 앞에 잠잠하고 **참고** 기다리라
시 55:12　원수일진대 내가 **참았으리라** 나를
잠 12:16　슬기로운 자는 수욕을 **참느니라**
잠 25:15　오래 **참으면** 관원도 설득할 수 있나니
전 7:8　일의 끝이 시작보다 낫고 **참는** 마음이
사 42:14　오랫동안 조용하며 잠잠하고 **참았으나**
사 48:9　영광을 위하여 내가 **참고** 너를 멸절하지
렘 6:11　여호와의 분노가 내게 가득하여 **참기**
렘 10:19　이는 참으로 고난이라 내가 **참아야**
렘 44:22　가증한 행위를 더 **참을** 수 없으셨으므로
마 17:17　너희에게 **참으리요** 그를 이리로 데려오
마 18:26　이르되 내게 **참으소서** 다 갚으리이다
마 18:29　간구하여 이르되 나에게 **참아** 주소서
막 9:19　함께 있으며 얼마나 너희를 **참으리요**
눅 9:41　너희와 함께 있으며 너희에게 **참으리요**
눅 18:7　그들에게 오래 **참으시겠느냐**
눅 22:51　일러 이르시되 이것까지 **참으라**
행 13:18　약 사십 년간 그들의 소행을 **참으시고**
행 20:19　간계로 말미암아 당한 시험을 **참고** 주를
롬 2:7　**참고** 선을 행하여 영광과 존귀와 썩지
롬 8:25　보지 못하는 것을 바라면 **참음으로**
롬 12:12　소망 중에 즐거워하며 환난 중에 **참으며**
고전 4:12　당한즉 축복하고 박해를 받은즉 **참고**
고전 9:12　권리를 쓰지 아니하고 범사에 **참는** 것은
고전 13:4　사랑은 오래 **참고** 사랑은 온유하며
고전 13:7　모든 것을 **참으며** 모든 것을 믿으며
고후 6:6　지식과 오래 **참음**과 자비함과 성령의
고후 12:12　모든 **참음**과 표적과 기사와 능력을 행한
갈 5:22　열매는 사랑과 희락과 화평과 오래 **참음**
엡 4:2　겸손과 온유로 하고 오래 **참음**으로 사랑
골 1:11　기쁨으로 모든 견딤과 오래 **참음**에
골 3:12　자비와 겸손과 온유와 오래 **참음**을 옷
살전 5:14　붙들어 주며 모든 사람에게 오래 **참으라**
딤전 1:16　내게 먼저 일체 오래 **참으심**을 보이사
딤후 2:10　모든 것을 **참음**은 그들도 그리스도 예수
딤후 2:12　**참으면** 또한 함께 왕 노릇 할 것이요
딤후 2:24　온유하며 가르치기를 잘하며 **참으며**
딤후 3:10　교훈과 행실과 의향과 믿음과 오래 **참음**
딤후 4:2　범사에 오래 **참음**과 가르침으로 경책하
히 6:12　게으르지 아니하고 믿음과 오래 **참음**으
히 6:15　이같이 오래 **참아** 약속을 받았느니라
히 11:27　자를 보는 것 같이 하여 **참았으며**
히 12:2　위하여 십자가를 **참으사** 부끄러움을
히 12:3　자기에게 거역한 일을 **참으신** 이를 생각
히 12:7　너희가 **참음**은 징계를 받기 위함이라
약 1:12　시험을 **참는** 자는 복이 있나니 이는
약 5:7　길이 **참으라** 보라 … 바라고 길이 **참아**
약 5:8　길이 **참고** 마음을 굳건하게 하라 주의
약 5:10　선지자들을 고난과 오래 **참음**의 본으로
벧전 2:19　하나님을 생각함으로 슬픔을 **참으면**
벧전 2:20　매를 맞고 **참으면** … 받고 **참으면** 이는
벧전 3:20　방주를 준비할 동안 하나님이 오래 **참고**
벧후 3:9　주께서는 너희를 대하여 오래 **참으사**
계 1:9　예수의 환난과 나라와 **참음**에 동참하는
계 2:3　네가 **참고** 내 이름을 위하여 견디고

참다못하다 (stand no longer)
살전 3:1　우리가 **참다못하여** 우리만 아덴에
살전 3:5　나도 **참다못하여** 너희 믿음을 알기

참담하다 (慘澹, dismay, miserable)
삿 11:35　나를 **참담하게** 하는 자요 너는 나를
시 143:4　내 마음이 내 속에서 **참담하니이다**

참되다 (true)
신 22:20　그 일이 **참되어** 그 처녀에게 처녀의
삼하 7:28　주의 말씀들이 **참되시니이다** 주께서
단 2:45　꿈은 **참되고** 이 해석은 확실하니이다

【 참되다 】　　　　　　　　　　　　　　　　　　　　　【 참여하다 】

단 10:1	다니엘에게 나타났는데 그 일이 **참되니**
단 11:2	이제 내가 **참된** 것을 네게 보이리라
마 22:16	당신은 **참되시고** 진리로 하나님의
막 12:14	아노니 당신은 **참되시고** 아무도 꺼리는
눅 16:11	충성하지 아니하면 누가 **참된** 것을
요 3:33	증언을 받는 자는 하나님이 **참되시다는**
요 4:18	네 남편이 아니니 네 말이 **참되도다**
요 4:23	아버지께 **참되게** 예배하는 자들은 영과
요 5:31	나를 위하여 증언하면 내 증언은 **참되지**
요 6:55	내 살은 **참된** 양식이요 내 피는 **참된**
요 7:18	보내신 이의 영광을 구하는 자는 **참되니**
요 7:28	나를 보내신 이는 **참되시니** 너희는 그를
요 8:13	너를 위하여 증언하니 네 증언은 **참되지**
요 8:14	위하여 증언하여도 내 증언이 **참되니**
요 8:16	내가 판단하여도 내 판단은 **참되니** 이는
요 8:17	율법에도 두 사람의 증언이 **참되다** 기록
요 8:26	나를 보내신 이가 **참되시매** 내가 그에게
요 21:24	이 사람이라 우리는 그의 증언이 **참된**
행 26:25	내가 미친 것이 아니요 **참되고** 온전한
롬 3:4	하나님은 **참되시다** 할지어다 기록된
롬 3:7	나의 거짓말로 하나님의 **참되심이** 더
고후 6:8	우리는 속이는 자 같으나 **참되고**
고후 7:14	다 **참된** 것같이 … 자랑한 것도 **참되게**
갈 4:16	**참된** 말을 하므로 원수가 되었느냐
엡 4:15	사랑 안에서 **참된** 것을 하여 범사에
엡 4:25	그 이웃과 더불어 **참된** 것을 말하라
빌 4:8	끝으로 형제들아 무엇에든지 **참되며**
살전 1:9	살아 계시고 **참되신** 하나님을 섬기는지
딤전 6:19	좋은 터를 쌓아 **참된** 생명을 취하는
딛 1:13	증언이 **참되도다** 그러므로 네가 그들을
딛 2:10	훔치지 말고 오히려 모든 **참된** 신실성을
벧전 5:12	하나님의 **참된** 은혜임을 증언하노니
벧후 2:22	**참된** 속담에 이르기를 개가 그 토하였던
요일 2:8	그에게와 너희에게도 **참된** 것이라
요일 2:27	너희에게 가르치며 또 **참되고** 거짓
요일 5:20	우리로 **참된** … 또한 우리가 **참된** 자
요삼 1:12	너는 우리의 증언이 **참된** 줄을 아느니라
계 3:14	충성되고 **참된** 증인이시요
계 6:10	거룩하고 **참되신** 대주재여 땅에 거하는
계 15:3	왕이시여 주의 길이 의롭고 **참되시도다**
계 16:7	이시여 심판하시는 것이 **참되시고**
계 19:2	심판은 **참되고** 의로운지라 음행으로
계 19:9	하나님의 **참되신** 말씀이라 하기로
계 21:5	이르시되 이 말은 신실하고 **참되니**
계 22:6	말은 신실하고 **참된지라** 주 곧 선지자들

참말(truth)

행 12:15	힘써 말하되 **참말**이라 하니 그들이
롬 9:1–2	그리스도 안에서 **참말**을 하고 거짓말을
고후 12:6	내가 **참말**을 함이라 그러나 누가 나를
딤전 2:7	사도로 세움을 입은 것은 **참말**이요

참모습(as he is)

요일 3:2	아는 것은 그의 **참모습** 그대로 볼 것이

참상(參狀, wrongdoing)

욥 24:12	부르짖으나 하나님이 그들의 **참상**을

참새(sparrow)

시 84:3	주의 제단에서 **참새**도 제 집을 얻고 제비도
시 102:7	밤을 새우니 지붕 위의 외로운 **참새** 같으
잠 26:2	까닭 없는 저주는 **참새**가 떠도는 것과
마 10:29	**참새** 두 마리가 한 앗사리온에 팔리지
마 10:31	두려워하지 말라 너희는 많은 **참새**보다
눅 12:6	**참새** 다섯 마리가 두 앗사리온에 팔리는
눅 12:7	두려워하지 말라 너희는 많은 **참새**보다

참석하다(參席, assemble)

단 3:2	왕이 세운 신상의 낙성식에 **참석하게**
단 3:3	신상의 낙성식에 **참석하여** 느부갓네살

참소하다(讒訴, denounce, accuse)

잠 25:23	북풍이 비를 일으킴 같이 **참소하는** 혀는
단 3:8	나아와 유다 사람들을 **참소하니라**
단 6:24	다니엘을 **참소한** 사람들을 끌어오게
계 12:10	**참소하던** 자 … 밤낮 **참소하던** 자가

참여하다(參與, join, share, take part)

구약

창 49:6	영광아 그들의 집회에 **참여하지** 말지어
민 4:39	오십 세까지 회막 봉사에 **참여하여**
민 4:47	회막 봉사와 메는 일에 **참여하여** 일할
신 29:12	언약에 **참여하며** 또 … 맹세에 **참여하여**
삿 21:8	사람도 진영에 이르러 총회에 **참여하지**

【 참외/-밭 】　　　　　　　　　　　　　　　　　　　　　　　　【 참으로 】

삼상 26:19	여호와의 기업에 **참여하지** 못하게 함이
왕상 2:7	상에서 먹는 자 중에 **참여하게** 하라
왕상 4:27	솔로몬 왕과 왕의 상에 **참여하는** 모든
대하 34:32	있는 자들이 다 여기에 **참여하게**
잠 14:10	마음의 즐거움은 타인이 **참여하지**
렘 23:18	누가 여호와의 회의에 **참여하여** 그 말을
렘 23:22	만일 나의 회의에 **참여하였더라면**

신약

마 23:30	선지자의 피를 흘리는 데 **참여하지**
마 25:21	네 주인의 즐거움에 **참여할지어다**
마 25:23	네 주인의 즐거움에 **참여할지어다**
눅 13:29	하나님의 나라 잔치에 **참여하리니**
요 4:38	그들이 노력한 것에 **참여하였느니라**
행 1:17	사람은 본래 우리 수 가운데 **참여하여**
행 4:6	및 대제사장의 문중이 다 **참여하여**
고전 9:23	모든 것을 행함은 복음에 **참여하고자**
고전 10:16	**참여함이** … 그리스도의 몸에 **참여함**
고전 10:17	이는 우리가 다 한 떡에 **참여함이라**
고전 10:18	제물을 먹는 자들이 제단에 **참여하는**
고전 10:21	식탁에 겸하여 **참여하지** 못하리라
고전 10:30	내가 감사함으로 **참여하면** 어찌하여
고후 1:7	견고함은 너희가 고난에 **참여하는**
고후 8:4	은혜와 성도 섬기는 일에 **참여함**
엡 3:6	함께 지체가 되고 함께 약속에 **참여하는**
엡 5:11	열매 없는 어둠의 일에 **참여하지** 말고
빌 1:5	이제까지 복음을 위한 일에 **참여하고**
빌 1:7	너희가 다 나와 함께 은혜에 **참여한**
빌 3:10	부활의 권능과 그 고난에 **참여함**
빌 4:14	너희가 내 괴로움에 함께 **참여하였으니**
빌 4:15	주고받는 내 일에 **참여한** 교회가 너희
히 3:14	잡고 있으면 그리스도와 함께 **참여한**
히 6:4	하늘의 은사를 맛보고 성령에 **참여한**
히 12:10	그의 거룩하심에 **참여하게** 하시느니라
벧전 4:13	너희가 그리스도의 고난에 **참여하는**
벧전 5:1	고난의 증인이요 나타날 영광에 **참여할**
벧후 1:4	신성한 성품에 **참여하는** 자가 되게 하려
요이 1:11	인사하는 자는 그 악한 일에 **참여하는**
계 18:4	나와 그의 죄에 **참여하지** 말고 그가
계 20:6	이 첫째 부활에 **참여하는** 자들은 복이
계 22:19	생명나무와 및 거룩한 성에 **참여함을**

참외/-밭(melon)

민 11:5	오이와 **참외**와 부추와 파와 마늘들을
사 1:8	포도원의 망대 같이, **참외밭**의 원두막

참으로(really, true)

창 3:1	하나님이 **참으로** 너희에게 동산 모든
창 29:14	이르되 너는 **참으로** 내 혈육이로다
창 31:28	못하게 하였으니 네 행위가 **참으로**
창 37:8	**참으로** 우리의 왕이 되겠느냐 **참으로**
창 37:10	나와 네 어머니와 네 형들이 **참으로**
출 4:25	당신은 **참으로** 내게 피 남편이로다
출 33:13	**참으로** 주의 목전에 은총을 입었사오면
레 5:19	속건제니 그가 여호와 앞에 **참으로**
수 7:20	여호수아에게 대답하여 이르되 **참으로**
삿 9:15	너희가 **참으로** 내게 기름을 부어 너희
삼상 17:25	보았느냐 **참으로** 이스라엘을 모욕하러
삼상 21:5	우리가 **참으로** 삼 일 동안이나 여자를
왕상 8:13	**참으로** 주를 위하여 계실 성전을 건축하
왕상 8:27	하나님이 **참으로** 땅에 거하시리이까
왕상 22:28	왕이 **참으로** 평안히 돌아오시게 될진대
왕하 4:14	게하시가 대답하되 **참으로** 이 여인은
대하 6:18	하나님이 **참으로** 사람과 함께 땅에
대하 18:27	이르되 왕이 **참으로** 평안히 돌아오시게
욥 12:2	너희만 **참으로** 백성이로구나 너희가
욥 13:5	너희가 **참으로** 잠잠하면 그것이 너희의
욥 19:5	너희가 **참으로** 나를 향하여 자만하며
욥 31:11	그것은 **참으로** 음란한 일이니 재판에
시 39:11	**참으로** 인생이란 모두 헛될 뿐이니이다
시 73:1	하나님이 **참으로** 이스라엘 중 마음이
시 73:18	주께서 **참으로** 그들을 미끄러운 곳에
시 130:6	주를 더 기다리나니 **참으로** 파수꾼이
사 41:10	**참으로** 너를 도와주리라 **참으로** 나의
사 49:4	힘을 다하였다 하였도다 **참으로** 나에
렘 2:35	그의 진노가 **참으로** 내게서 떠났다
렘 3:23	큰 산 위에서 떠드는 것은 **참으로** 헛된
렘 7:5	길과 행위를 **참으로** 바르게 하여 이웃들
렘 8:8	율법이 있다 말하겠느냐 **참으로** 서기관
렘 10:19	내가 말하노라 이는 **참으로** 고난이라
렘 22:4	너희가 **참으로** 이 말을 준행하면 다윗
렘 30:21	가까이 오리라 **참으로** 담대한 마음으로
애 5:22	우리에게 진노하심이 **참으로** 크시니이
단 2:47	하나님은 **참으로** 모든 신들의 신이시요
단 4:3	**참으로** 크도다 그의 이적이여, **참으로**
슥 11:7	죽일 양 떼를 먹이니 **참으로** 가련한
막 14:70	갈릴리 사람이니 **참으로** 그 도당이니라

【 참호 】   【 창 2 】

눅 4:25	**참으로** 너희에게 이르노니 엘리야 시대
눅 9:27	내가 **참으로** 너희에게 이르노니 여기
눅 12:5	그를 두려워하라 내가 **참으로** 너희에게
눅 12:44	내가 **참으로** 너희에게 이르노니 주인이
눅 21:3	**참으로** 너희에게 말하노니 이 가난한
눅 22:59	갈릴리 사람이니 **참으로** 그와 함께
요 1:47	**참으로** 이스라엘 사람이라 그 속에
요 4:42	친히 듣고 그가 **참으로** 세상의 구주신
요 6:14	표적을 보고 말하되 이는 **참으로** 세상에
요 7:26	당국자들은 이 사람을 **참으로** 그리스도
요 7:40	사람은 이 사람이 **참으로** 그 선지자라
요 8:31	너희가 내 말에 거하면 **참으로** 내 제자
요 8:36	자유롭게 하면 너희가 **참으로** 자유로
요 17:8	아버지께로부터 나온 줄을 **참으로**
행 10:34	내가 **참으로** 하나님은 사람의 외모를
행 12:11	내가 이제야 **참으로** 주께서 그의 천사를
고전 4:8	**참으로** 너희가 왕이 되기를 원하노라
고전 14:25	경배하며 하나님이 **참으로** 너희 가운데
엡 4:21	너희가 **참으로** 그에게서 듣고 또한 그
빌 1:18	겉치레로 하나 **참으로** 하나 무슨 방도로
빌 4:3	**참으로** 나와 멍에를 같이한 네게 구하노
골 1:6	너희가 듣고 **참으로** 하나님의 은혜를
요일 2:5	하나님의 사랑이 **참으로** 그 속에서
요이 1:1	내가 **참으로** 사랑하는 자요 나뿐 아니라
요삼 1:1	사랑하는 가이오 곧 내가 **참으로** 사랑하

참으로 — 기타 본문
신 32:36; 룻 3:12; 욥 13:3; 15:4; 18:21; 33:10;
41:9; 시 54:7; 119:3; 잠 23:28; 고후 5:2, 4

참호 (塹壕, siege ramp)

렘 32:24	이 성을 빼앗으려고 만든 **참호**가
렘 33:4	왕궁을 헐어서 갈대아인의 **참호**와 칼을

참혹하다 (慘酷, bitterness)

삼하 2:26	마침내 **참혹한** 일이 생길 줄을 알지

창 1 (窓, window)

창 6:16	거기에 **창**을 내되 위에서부터 한 규빗에
창 26:8	블레셋 왕 아비멜렉이 **창**으로 내다본
삼상 19:12	미갈이 다윗을 **창**에서 달아 내리매 그가
삼하 6:16	사울의 딸 미갈이 **창**으로 내다보다가
왕상 7:4	세 줄로 있는데 **창**과 **창**이 세 층으로
왕상 7:5	네모지게 만들었는데 **창**과 **창**이 세
왕하 7:2	여호와께서 하늘에 **창**을 내신들 어찌
왕하 7:19	여호와께서 하늘에 **창**을 내신들 어찌
왕하 9:30	눈을 그리고 머리를 꾸미고 **창**에서 바라
왕하 9:32	예후가 얼굴을 들어 **창**을 향하고 이르되
왕하 13:17	이르되 동쪽 **창**을 여소서 하여 곧 열매
대상 15:29	미갈이 **창**으로 내다보다가 다윗 왕이
전 12:3	그칠 것이며 **창**들로 내다보는 자가
아 2:9	벽 뒤에 서서 **창**으로 들여다보며 창살
겔 40:16	**창**이 있고 … **창**이 있고 … 그 **창**은 안
겔 40:22	**창**과 현관의 길이와 너비와 종려나무가
겔 40:25	현관 좌우에 있는 **창**도 먼저 말한 **창**과
겔 40:29	문간과 그 현관 좌우에도 **창**이 있으며
겔 40:33	문간과 그 현관 좌우에도 **창**이 있으며
겔 40:36	현관이 다 그러하여 그 좌우에도 **창**이
겔 41:16	**창**과 … 땅에서 **창**까지 … 가렸고 **창**은
겔 41:26	좌우편에는 닫힌 **창**도 있고 종려나무도
욜 2:9	집에 기어오르며 도둑 같이 **창**으로
습 2:14	그것들이 **창**에서 울 것이며 문턱이
행 20:9	유두고라 하는 청년이 **창**에 걸터앉아

창 2 (槍, spear)

민 25:7	보고 회중 가운데에서 일어나 손에 **창**을 들고,
삿 5:8	이스라엘의 사만 명 중에 방패와 **창**이 보였던가
삼상 13:19	히브리 사람이 칼이나 **창**을 만들까
삼상 13:22	백성의 손에는 칼이나 **창**이 없고 오직
삼상 17:7	그 **창** 자루는 베틀 채 같고 **창** 날은 철
삼상 17:45	너는 칼과 **창**과 단창으로 내게 나아오거
삼상 17:47	여호와의 구원하심이 칼과 **창**에 있지
삼상 18:10	타는데 그 때에 사울의 손에 **창**이 있는
삼상 18:11	사울이 그 **창**을 던졌으나 다윗이 그의
삼상 19:10	피하고 사울의 **창**은 벽에 박힌지라
삼상 21:8	수중에 **창**이나 칼이 없나이까 왕의 일이
삼상 26:7	누워 자고 **창**은 머리 곁 땅에 꽂혀 있고
삼상 26:8	내가 **창**으로 그를 찔러서 단번에 땅에
삼상 26:11	너는 그의 머리 곁에 있는 **창**과 물병만
삼상 26:12	다윗이 사울의 머리 곁에서 **창**과 물병
삼상 26:16	왕의 **창**과 왕의 머리 곁에 있던 물병이
삼상 26:22	대답하여 이르되 왕은 **창**을 보소서
삼하 1:6	사울이 자기 **창**에 기대고 병거와 기병은
삼하 2:23	**창** 뒤 끝으로 그의 배를 찌르니 **창**이

【 창 2 】 　　　　　　　　　　　　　　　　　　　　　　　　【 창녀 】

삼하 18:14	손에 작은 **창** 셋을 가지고 가서 상수리	삼하 23:7	만지는 자는 철과 **창** **자루**를 가져야
삼하 21:16	삼백 세겔 되는 놋 **창**을 들고 새 칼을	대상 20:5	라흐미를 죽였는데 이 사람의 **창** **자루**는
삼하 23:18	그가 그의 **창**을 들어 삼백 명을 죽이고		
삼하 23:21	손에 **창**이 … 손에서 **창**을 빼앗아 그 **창**	**창고**(倉庫, storehouse)	
왕상 18:28	피가 흐르기까지 칼과 **창**으로 그들의	창 41:56	요셉이 모든 **창고**를 열고 애굽 백성에게
왕하 11:10	다윗 왕의 **창**과 방패를 백부장들에게	신 28:8	네 **창고**와 네 손으로 하는 모든 일에
대상 11:11	**창**을 들어 한꺼번에 삼백 명을 죽였고	왕상 20:13	군기고와 **창고**의 모든 것을 다 사자들
대상 11:20	그가 **창**을 휘둘러 삼백 명을 죽이고	왕하 20:15	보았나니 나의 **창고**에서 하나도 보이지
대상 11:23	손에 든 **창**이 … **창**을 빼앗아 그 **창**으로	대하 32:27	보배로운 그릇들을 위하여 **창고**를
대상 12:8	싸움에 익숙하여 방패와 **창**을 능히 쓰는	대하 32:28	기름의 산물을 위하여 **창고**를 세우며
대상 12:24	유다 자손 중에서 방패와 **창**을 들고	욥 38:22	눈 곳간에 들어갔었느냐 우박 **창고**를
대상 12:34	방패와 **창**을 가지고 따르는 자가 삼만	잠 3:10	네 **창고**가 가득히 차고 네 포도즙 틀에
대하 11:12	성읍에 방패와 **창**을 두어 매우 강하게	사 39:2	그들에게 보물 **창고** 곧 은금과 향료와
대하 14:8	유다 중에서 큰 방패와 **창**을 잡는 자가	사 39:4	내 **창고**에 있는 것으로 보이지 아니한
대하 23:9	다윗 왕의 **창**과 큰 방패와 작은 방패를	단 1:2	신전에 가져다가 그 신들의 보물 **창고**에
대하 25:5	계수하여 **창**과 방패를 잡고 능히 전장에	욜 1:17	썩어졌고 **창고**가 비었고 곳간이 무너졌
대하 26:14	군대를 위하여 방패와 **창**과 투구와 갑옷	학 2:19	곡식 종자가 아직도 **창고**에 있느냐
느 4:13	그들의 종족을 따라 칼과 **창**과 활을	말 3:10	너희의 온전한 십일조를 **창고**에 들여
느 4:16	절반은 갑옷을 입고 **창**과 방패와 활을	마 6:26	거두지도 않고 **창고**에 모아들이지도
느 4:21	동틀 때부터 별이 나기까지 **창**을 잡았으	눅 12:24	거두지도 아니하며 골방도 없고 **창고**도
욥 39:23	머리 위에서는 화살통과 빛나는 **창**과		
욥 41:7	능히 많은 **창**으로 그 가죽을 찌르거나	**창고지기**(treasurer)	
욥 41:26	칼이 그에게 꽂혀도 소용이 없고 **창**이나	스 1:8	고레스가 **창고지기** 미드르닷에게 명령
욥 41:29	몽둥이도 지푸라기같이 여기고 **창**이	스 7:21	강 건너편 모든 **창고지기**에게 조서를
시 35:3	**창**을 빼сь 나를 쫓는 자의 길을 막으시	느 13:13	사독과 레위 사람 브다야를 **창고지기**로
시 46:9	활을 꺾고 **창**을 끊으며 수레를 불사르시		
시 57:4	**창**과 화살이요 그들의 혀는 날카로운	**창기**(娼妓, prostitute)	
사 2:4	그들의 **창**을 쳐서 낫을 만들 것이며	신 22:21	그가 그의 아버지 집에서 **창기**의 행동을
사 13:15	만나는 자마다 **창**에 찔리겠고 잡히는	신 23:17	이스라엘 여자 중에 **창기**가 있지 못할
렘 6:23	그들은 활과 **창**을 잡았고 잔인하여 사랑	신 23:18	**창기**가 번 돈과 개 같은 자의 소득은
렘 46:4	투구를 쓰고 나서며 **창**을 갈며 갑옷을	왕상 3:16	그 때에 **창기** 두 여자가 왕에게 와서
겔 39:9	활과 화살과 몽둥이와 **창**을 가지고 일곱	왕상 22:38	말씀과 같이 되었더라 거기는 **창기**들이
욜 3:10	낫을 쳐서 **창**을 만들지어다 약한 자도	잠 29:3	**창기**와 사귀는 자는 재물을 잃느니라
미 4:3	보습을 만들고 **창**을 쳐서 낫을 만들	사 1:21	성읍이 어찌하여 **창기**가 되었는고
나 2:3	쇠가 번쩍이고 노송나무 **창**이 요동하는	렘 5:7	간음하며 **창기**의 집에 허다히 모이며
나 3:3	번개 같은 **창**, 죽임 당한 자의 떼, 주검의	겔 16:31	쌓고도 값을 싫어하니 **창기** 같지도 아니
합 3:11	번쩍이는 주의 **창**의 광채로 말미암아	겔 16:33	사람들은 모든 **창기**에게 선물을 주거늘
합 3:14	그들의 전사의 머리를 그들의 **창**으로	호 4:14	남자들도 **창기**와 함께 나가며 음부와
요 19:34	한 군인이 **창**으로 옆구리를 찌르니		
		창녀(娼女, prostitute-NIV, harlot-KJV)	
창 자루		창 34:31	그가 우리 누이를 **창녀**같이 대우함이
삼상 17:7	그 **창** **자루**는 베틀 채 같고 창 날은 철	창 38:15	가리었으므로 유다가 그를 보고 **창녀**로
삼하 21:19	라흐미를 죽였는데 그 자의 **창** **자루**는	창 38:21	에나임에 있던 **창녀**가 어디 있느냐 그

【 창대하다 】　　　　　　　　　　　　　　　　　　　　【 창일하다 】

들이 이르되 여기는 **창녀**가 없느니라
창 38:22　사람도 이르기를 거기에는 **창녀**가 없다
레 19:29　딸을 더럽혀 **창녀**가 되게 하지 말라
레 21:7　부정한 **창녀**나 이혼 당한 여인을 취하지
레 21:14　과부나 이혼 당한 여자나 **창녀** 짓을
렘 3:3　네가 **창녀**의 낯을 가졌으므로 수치를
암 7:17　아내는 성읍 가운데서 **창녀**가 될 것이요
마 21:31　세리들과 **창녀**들이 너희보다 먼저
마 21:32　믿지 아니하였으되 세리와 **창녀**는
눅 15:30　아버지의 살림을 **창녀**들과 함께 삼켜
고전 6:15　그리스도의 지체를 가지고 **창녀**의 지체
고전 6:16　**창녀**와 합하는 자는 그와 한 몸인 줄을

창대하다 (昌大, prosperous)

창 9:27　하나님이 야벳을 **창대하게** 하사 셈의
창 12:2　복을 주어 네 이름을 **창대하게** 하리니
창 26:13　사람이 **창대하고** 왕성하여 마침내
레 26:9　너희를 **창대하게** 할 것이며 내가 너희와
대하 1:1　그와 함께 하사 심히 **창대하게** 하시니라
에 9:4　왕궁에서 존귀하여 점점 **창대하매** 이
욥 8:7　네 나중은 심히 **창대하리라**
시 71:21　나를 더욱 **창대하게** 하시고 돌이키사
단 4:22　견고하여지고 **창대하사** 하늘에 닿으시
미 5:4　거주할 것이라 이제 그가 **창대하여**

창문 (窓門, window)

창 7:11　큰 깊음의 샘들이 터지며 하늘의 **창문**
창 8:2　깊음의 샘과 하늘의 **창문**이 닫히고
창 8:6　노아가 그 방주에 낸 **창문**을 열고
수 2:15　라합이 그들을 **창문**에서 줄로 달아
수 2:18　우리를 달아 내린 **창문**에 이 붉은 줄을
수 2:21　보내어 가게 하고 붉은 줄을 **창문**에
삿 5:28　시스라의 어머니가 **창문**을 통하여
왕상 6:4　성전을 위하여 창틀 있는 붙박이 **창문**
렘 9:21　우리 **창문**을 통하여 넘어 들어오며
렘 22:14　**창문**을 만들고 그것에 백향목으로
단 6:10　예루살렘으로 향한 **창문**을 열고 전에

창백해지다 (蒼白, grow pale)

사 29:22　이제는 **창백해지지** 아니할 것이며

창병 (槍兵, spearman)

행 23:23　보병 이백 명과 기병 칠십 명과 **창병**

창살 (lattice)

삿 5:28　창문을 통하여 바라보며 **창살**을 통하여
아 2:9　창으로 들여다보며 **창살** 틈으로 엿보는

창설하다 (創設, plant)

창 2:8　동방의 에덴에 동산을 **창설하시고**

창성하다 (創成, become wealthy, greater)

창 24:35　복을 주시어 **창성하게** 하시되 소와 양과
전 2:9　이같이 **창성하여** 나보다 … 더 **창성하니**
사 9:3　나라를 **창성하게** 하시며 그 즐거움을
사 51:2　그를 부르고 그에게 복을 주어 **창성하게**

창세 (創世, beginning of the world)

마 13:35　입을 열어 비유로 말하고 **창세**부터
마 24:21　큰 환난이 있겠음이라 **창세**로부터
마 25:34　**창세**로부터 너희를 위하여 예비된 나라
눅 11:50　**창세** 이후로 흘린 모든 선지자의 피를
요 9:32　**창세** 이후로 맹인으로 난 자의 눈을
요 17:5　**창세** 전에 내가 아버지와 함께 가졌던
요 17:24　**창세** 전부터 나를 사랑하시므로
롬 1:20　**창세**로부터 그의 보이지 아니하는 것들
엡 1:4　**창세** 전에 그리스도 안에서 우리를
벧전 1:20　**창세** 전부터 미리 알린 바 되신 이나
계 13:8　생명책에 **창세** 이후로 이름이 기록되지
계 17:8　땅에 사는 자들로서 **창세** 이후로 그

창수 (漲水, torrent, flood of water)

삼하 22:5　불의의 **창수**가 나를 두렵게 하였으며
시 18:4　사망의 줄이 나를 얽고 불의의 **창수**가
잠 27:4　잔인하고 노는 **창수** 같거니와 투기 앞에
합 3:10　산들이 주를 보고 흔들리며 **창수**가
마 7:25　비가 내리고 **창수**가 나고 바람이 불어
마 7:27　비가 내리고 **창수**가 나고 바람이 불어

창시자 (創始者, author-NIV, captain-KJV)

히 2:10　**창시자**를 고난을 통하여 온전하게

창옥 (蒼玉, jasper)

겔 28:13　황옥과 홍마노와 **창옥**과 청보석과

창일하다 (漲溢, flooding, flowing)

사 8:7　그러므로 주 내가 흉용하고 **창일한** 큰

【 창자 】　　　　　　　　　　　　　　　　　　　　　　　　　　　　　　　【 창화하다 】

사 27:12　여호와께서 **창일하는** 하수에서부터
사 30:28　그의 호흡은 마치 **창일하여** 목에까지

창자(abdomen, intestine, bowel)

민 5:22　저주가 되게 하는 이 물이 네 **창자**에
삼하 20:10　배를 찌르매 그의 **창자**가 땅에 쏟아지니
대하 21:15　너는 **창자**에 … 날로 중하여 **창자**가
대하 21:18　능히 고치지 못할 병이 그 **창자**에 들게
대하 21:19　이 년 만에 그의 **창자**가 그 병으로
욥 20:14　음식이 **창자** 속에서 변하며 뱃속에서
사 16:11　소리를 발하며 내 **창자**가 길하레셋을
렘 31:20　내 **창자**가 들끓으니 내가 반드시 그를
애 2:11　내 눈이 눈물에 상하며 내 **창자**가 끊어
겔 3:3　두루마리를 네 배에 넣으며 네 **창자**에
겔 7:19　그 심령을 족하게 하거나 그 **창자**를
합 3:16　내 **창자**가 흔들렸고 그 목소리로
행 1:18　몸이 곤두박질하여 배가 터져 **창자**가

창조/-하다/-되다(創造, create, creation)

구약

창 1:1　태초에 하나님이 천지를 **창조하시니라**
창 1:21　있는 모든 새를 그 종류대로 **창조하시니**
창 1:27　**창조하시되** 남자와 여자를 **창조하시고**
창 2:3　하나님이 그 **창조하시며** 만드시던 모든
창 2:4　천지가 **창조될** 때에 하늘과 땅의 내력이
창 5:1　사람을 **창조하실** 때에 하나님의 모양
창 5:2　여자를 **창조하셨고** 그들이 **창조되던**
창 6:7　내가 **창조한** 사람을 내가 지면에서 쓸어
출 31:17　여호와가 엿새 동안에 천지를 **창조하고**
신 4:32　하나님이 사람을 세상에 **창조하신**
욥 4:17　어찌 그 **창조하신** 이보다 깨끗하겠느냐
시 51:10　내 속에 정한 마음을 **창조하시고**
시 89:12　남북을 주께서 **창조하셨으니** 다볼과
시 89:47　어찌 그리 허무하게 **창조하셨는지요**
시 102:18　**창조함**을 받을 백성이 여호와를 찬양하
시 104:30　영을 보내어 그들을 **창조하사** 지면에
사 40:21　기초가 **창조될** 때부터 너희가 깨닫지
사 40:26　누가 이 모든 것을 **창조하였나** 보라
사 40:28　땅 끝까지 **창조하신** 이는 피곤하지 않으
사 41:20　거룩한 이가 이것을 **창조하신** 바인 줄
사 42:5　하늘을 **창조하여** 펴시고 땅과 그 소산을
사 43:1　너를 **창조하신** 여호와께서 지금 말씀
사 43:7　내가 내 영광을 위하여 **창조한** 자를

사 45:7　나는 빛도 짓고 어둠도 **창조하며** 나는 평안도 짓고 환난도 **창조하나니** 나는
사 45:8　나 여호와가 이 일을 **창조하였느니라**
사 45:12　그 위에 사람을 **창조하였으며** 내가 내
사 45:18　하늘을 **창조하신** … 혼돈하게 **창조하지**
사 48:7　이 일들은 지금 **창조된** 것이요 옛 것이
사 54:16　장인도 내가 **창조하였고** 파괴하며 진 멸하는 자도 내가 **창조하였은즉**
사 57:19　입술의 열매를 **창조하는** 자 여호와가
사 65:17　내가 새 하늘과 새 땅을 **창조하나니**
사 65:18　내가 **창조하는** … 성으로 **창조하며**
렘 31:22　여호와가 새 일을 세상에 **창조하였나니**
암 4:13　산들을 지으며 바람을 **창조하며** 자기

신약

막 10:6　**창조** 때로부터 사람을 남자와 여자로
막 13:19　하나님께서 **창조하신** 시초부터 지금
엡 3:9　영원부터 만물을 **창조하신** 하나님 속에
골 1:16　**창조되되** … 그를 위하여 **창조되었고**
골 3:10　사람을 입었으니 이는 자기를 **창조하신**
히 4:3　**창조할** 때부터 그 일이 이루어졌느니라
히 9:11　**창조**에 속하지 아니한 더 크고 온전한
히 9:26　세상을 **창조한** 때부터 자주 고난을
벧후 3:4　잔 후로부터 만물이 처음 **창조될** 때와
계 3:14　하나님의 **창조**의 근본이신 이가 이르시
계 10:6　그 가운데에 있는 물건을 **창조하신**

창조자/**창조주**(創造者, 創造主, craftsman, Creator)

잠 8:30　내가 그 곁에 있어서 **창조자**가 되어
전 12:1　청년의 때에 너의 **창조주**를 기억하라
사 43:15　거룩한 이요 이스라엘의 **창조자**요 너희
벧전 4:19　영혼을 미쁘신 **창조주**께 의탁할지어다

창틀(clerestory)

왕상 6:4　성전을 위하여 **창틀** 있는 붙박이 창문을
왕상 7:4　**창틀**이 세 줄로 있는데 창과 창이 세

창포(菖蒲, calamus)

출 30:23　이백오십 세겔과 향기로운 **창포** 이백
아 4:14　나도와 번홍화와 **창포**와 계수와 각종

창화하다(唱和, sing)

사 51:3　즐거워함과 감사함과 **창화하는** 소리가

[찾다]   [찾다]

찾다(find, look for, search, seek)
모세오경
- 창 8:9   비둘기가 발붙일 곳을 **찾지** 못하고 방주
- 창 9:5   너희의 생명의 피를 **찾으리니** 짐승이면 … 그에게서 그의 생명을 **찾으리라**
- 창 18:26 의인 오십 명을 **찾으면** 그들을 위하여
- 창 18:28 내가 거기서 사십오 명을 **찾으면** 멸하지
- 창 18:29 사십 명을 **찾으시면** 어찌 하려 하시나이
- 창 18:30 삼십 명을 **찾으시면** 어찌 하려 하시나이까 … 내가 거기서 삼십 명을 **찾으면**
- 창 18:31 이십 명을 **찾으시면** 어찌 하려 하시나이
- 창 18:32 거기서 십 명을 **찾으시면** 어찌 하려
- 창 19:11 눈을 어둡게 하니 그들이 문을 **찾느라**
- 창 31:32 외삼촌의 신을 누구에게서 **찾든지** 그는
- 창 31:33 장막에 들어갔으나 **찾지** 못하고 레아
- 창 31:34 라반이 그 장막에서 **찾다가** 찾아내지
- 창 31:35 그 드라빔을 두루 **찾다가** 찾아내지
- 창 31:39 외삼촌이 그것을 내 손에서 **찾았으므로**
- 창 37:15 그에게 물어 이르되 네가 무엇을 **찾느냐**
- 창 37:16 내 형들을 **찾으오니** 청하건대 그들이
- 창 38:20 **찾으려** 하였으나 그가 그 여인을 **찾지**
- 창 38:22 **찾지** 못하였고 그 곳 사람도 이르기를
- 창 38:23 그대가 그를 **찾지** 못하였느니라
- 창 41:38 사람을 우리가 어찌 **찾을** 수 있으리요
- 창 43:9   아버지께서 내 손에서 그를 **찾으소서**
- 창 43:30 마음이 복받쳐 급히 울 곳을 **찾아** 안방
- 출 2:15   모세를 죽이고자 하여 **찾는지라** 모세가
- 출 4:31   이스라엘 자손을 **찾으시고** 그들의 고난
- 출 5:11   너희는 짚을 **찾을** 곳으로 가서 주우라
- 출 17:3   거기서 백성이 목이 말라 물을 **찾으매**
- 레 10:16 모세가 속죄제 드린 염소를 **찾은즉** 이미
- 레 13:36 털을 **찾을** 것 없이 그는 부정하니라
- 민 10:33 길에 앞서 가며 그들의 쉴 곳을 **찾았고**
- 신 1:33   장막 칠 곳을 **찾으시고** 밤에는 불로,
- 신 4:29   여호와를 **찾게** 되리니 만일 마음을 다하고 뜻을 다하여 그를 **찾으면** 만나리라
- 신 12:5   택하신 곳인 그 계실 곳으로 **찾아** 나아
- 신 22:2   네 형제가 **찾기까지** 네게 두었다가
- 신 28:31 네 목전에서 빼앗겨도 도로 **찾을** 할 수
- 신 28:32 생각하다 **찾음**으로 눈이 피곤하여지나

역사서
- 수 2:22   길에서 두루 **찾다가 찾지** 못하니라
- 삿 4:22   오라 네가 **찾는** 그 사람을 내가 네게
- 삿 11:26 어찌하여 도로 **찾지** 아니하였느냐
- 삿 16:26 나에게 이 집을 버틴 기둥을 **찾아** 그것
- 삿 17:8   사람이 거주할 곳을 **찾고자** 하여 그
- 삿 17:9   레위인으로서 거류할 곳을 **찾으러**
- 삼상 7:14 블레셋 사람들의 손에서 도로 **찾았고**
- 삼상 9:3 사환을 데리고 가서 암나귀들을 **찾으라**
- 삼상 9:4 땅으로 두루 다녀 보았으나 **찾지** 못하고 … 두루 다녀 보았으나 **찾지** 못하니라
- 삼상 9:20 암나귀들을 염려하지 말라 **찾았느니라**
- 삼상 10:2 네 **찾으러** 갔던 암나귀들을 **찾은지라**
- 삼상 10:14 암나귀들을 **찾다가 찾지** 못하므로
- 삼상 10:16 그가 암나귀들을 **찾았다고** 우리에게
- 삼상 10:21 사울이 뽑혔으나 그를 **찾아도 찾지**
- 삼상 20:1 죄가 무엇이기에 그가 내 생명을 **찾느냐**
- 삼상 20:21 아이를 보내어 가서 화살을 **찾으라** 하며

"그러나 네가 거기서 네 하나님 여호와를 찾게 되리니 만일 마음을 다하고 뜻을 다하여 그를 찾으면 만나리라"(신 4:29)

- 삼상 20:36 내가 쏘는 화살을 **찾으라** 하고 아이
- 삼상 22:23 내 생명을 **찾는** 자가 네 생명도 **찾는**
- 삼상 23:14 사울이 매일 **찾되** 하나님이 그를 그의
- 삼상 23:25 사울과 그의 사람들이 **찾으러** 온 것을
- 삼상 24:2   다윗과 그의 사람들을 **찾으러** 들염소
- 삼상 24:11 왕은 내 생명을 **찾아** 해하려 하시나
- 삼상 25:28 주에게서 악한 일을 **찾을** 수 없음이니이
- 삼상 25:29 내 주의 생명을 **찾을지라도** 내 주의
- 삼상 26:2   십 광야에서 다윗을 **찾으려고** 이스라
- 삼상 27:1   영토 내에서 다시 나를 **찾다가** 단념하리
- 삼상 28:7   나를 위하여 신접한 여인을 **찾으라** 내가
- 삼상 30:8   네가 반드시 따라잡고 도로 **찾으리라**
- 삼상 30:18 모든 것을 도로 **찾고** 그의 두 아내를
- 삼상 30:22 우리가 도로 **찾은** 물건은 무엇이든지
- 삼하 5:17   사람들이 다윗을 **찾으러** 다 올라오매
- 삼하 17:3   사람이 돌아오기는 왕의 **찾는** 이 사람
- 삼하 17:20 그들이 **찾아도** 만나지 못하고 예루살렘
- 왕상 2:40   시므이가 그 종을 **찾으려고** 일어나 그의
- 왕상 18:10 사람을 보내어 당신을 **찾지** 아니한 족속

2314

【 찾다 】   【 찾다 】

왕상 18:12	그가 당신을 **찾지** 못하면 내가 죽임을
왕상 19:10	내 생명을 **찾아** 빼앗으려 하나이다
왕상 19:14	내 생명을 **찾아** 빼앗으려 하나이다
왕상 21:20	나를 **찾았느냐** 대답하되 내가 **찾았노라**
왕상 22:3	아람의 왕의 손에서 도로 **찾지** 아니하고
왕하 2:16	그들이 가서 당신의 주인을 **찾게** 하소서
왕하 2:17	오십 명을 보냈더니 사흘 동안을 **찾되**
왕하 6:19	너희를 인도하여 너희가 **찾는** 사람에게
왕하 9:2	예후를 **찾아** 들어가서 그의 형제 중에서
왕하 9:34	저주 받은 여자를 **찾아** 장사하라 그는
왕하 9:35	발과 그의 손 외에는 **찾지** 못한지라
대상 14:8	블레셋 사람들이 다윗을 **찾으러** 올라
대상 16:11	항상 그의 얼굴을 **찾을지어다**
대상 28:9	네가 만일 그를 **찾으면** 만날 것이요
대하 7:14	낮추고 기도하여 내 얼굴을 **찾으면** 내가
대하 11:16	이스라엘의 하나님 여호와를 **찾는**
대하 14:4	조상들의 하나님 여호와를 **찾게** 하며
대하 14:7	하나님 여호와를 **찾았으므로** 이 땅이 아직 우리 … 우리가 주를 **찾았으므로**
대하 15:2	너희가 만일 그를 **찾으면** 그가 너희와
대하 15:4	여호와께로 돌아가서 **찾으매** 그가
대하 15:12	조상들의 하나님 여호와를 **찾기**로 언약
대하 15:13	이스라엘 하나님 여호와를 **찾지** 아니
대하 15:15	뜻을 다하여 여호와를 **찾았으므로**
대하 19:3	마음을 기울여 하나님을 **찾음이니이다**
대하 22:9	예후가 **찾으매** 무리가 그를 예후에게로
대하 26:5	하나님을 **찾았고** 그가 여호와를 **찾을**
대하 31:21	그의 하나님을 **찾고** 한마음으로 행하여
대하 34:3	하나님을 비로소 **찾고** 제십이년에
스 2:62	이름을 **찾아도** 얻지 못하므로 그들을
스 6:2	궁성에서 한 두루마리를 **찾았으니**
스 6:21	이스라엘의 하나님 여호와를 **찾는**
스 8:22	자기를 **찾는** 모든 자에게 선을 베푸시고
느 5:8	우리의 힘을 다하여 도로 **찾았거늘** 너희
느 7:64	자기 이름을 찾아도 **찾지** 못하였으므로
느 12:27	레위 사람들을 **찾아** 예루살렘으로

시가서

욥 3:21	땅을 파고 숨긴 보배를 **찾음**보다 죽음을
욥 3:22	무덤을 **찾아** 얻으면 심히 기뻐하고
욥 7:21	주께서 나를 애써 **찾으실지라도** 내가
욥 8:5	네가 만일 하나님을 **찾으며** 전능하신
욥 10:6	허물을 **찾으시며** 나의 죄를 들추어내시
욥 11:20	어두워서 도망할 곳을 **찾지** 못하리니
욥 17:10	너희 중에서 지혜자를 **찾을** 수 없느니라
욥 20:8	꿈같이 지나가니 다시 **찾을** 수 없을
욥 28:13	알지 못하나니 사람 사는 땅에서는 **찾을**
욥 33:10	하나님이 나에게서 잘못을 **찾으시며**
욥 37:23	전능자를 우리가 **찾을** 수 없나니 그는
욥 39:8	다니며 여러 가지 푸른 풀을 **찾느니라**
시 9:10	의지하오리니 이는 주를 **찾는** 자들을
시 10:15	이상 찾아낼 수 없을 때까지 **찾으소서**
시 14:2	지각이 있어 하나님을 **찾는** 자가 있는가
시 17:3	감찰하셨으나 흠을 **찾지** 못하셨사오니
시 22:26	여호와를 **찾는** 자는 그를 찬송할 것이라
시 24:6	여호와를 **찾는** 족속이요 야곱의 하나님
시 27:8	내 얼굴을 **찾으라** 하실 때에 내가 마음으로 주께 … 주의 얼굴을 **찾으리이다**
시 34:10	여호와를 **찾는** 자는 모든 좋은 것에
시 34:14	악을 버리고 선을 행하며 화평을 **찾아**
시 35:4	생명을 **찾는** 자들이 부끄러워 수치를
시 37:32	의인을 엿보아 살해할 기회를 **찾으나**
시 37:36	내가 **찾아도** 발견하지 못하였도다
시 38:12	생명을 **찾는** 자가 올무를 놓고 나를

"너희는 여호와를 만날 만한 때에 찾으라 가까이 계실 때에 그를 부르라"(사 55:6)

시 40:14	내 생명을 **찾아** 멸하려 하는 자는 다
시 40:16	**찾는** 자는 다 주 안에서 즐거워하고
시 42:1	사슴이 시냇물을 **찾기에** 갈급함 같이 내 영혼이 주를 **찾기에** 갈급하니이다
시 53:2	지각이 있는 자와 하나님을 **찾는** 자가
시 59:15	먹을 것을 **찾아** 유리하다가 배부름을
시 63:1	간절히 주를 **찾되** 물이 없어 마르고
시 63:9	나의 영혼을 **찾아** 멸하려 하는 그들은
시 64:6	우리가 묘책을 **찾았다** 하나니 각 사람의
시 69:6	이스라엘의 하나님이여 주를 **찾는** 자가
시 69:20	여길 자를 바라나 **찾지** 못하였나이다
시 69:32	하나님을 **찾는** 너희들아 너희 마음을
시 70:2	나의 영혼을 **찾는** 자들이 수치와 무안을
시 70:4	주를 **찾는** 모든 자들이 주로 말미암아
시 77:2	나의 환난 날에 내가 주를 **찾았으며**
시 78:34	구하며 돌이켜 하나님을 간절히 **찾았고**
시 83:16	가득하게 하사 그들이 주의 이름을 **찾게**

【 찾다 】   【 찾다 】

시 86:14	내 영혼을 **찾았사오며** 자기 앞에 주를
시 107:4	방황하며 거주할 성읍을 **찾지** 못하고
시 119:10	전심으로 주를 **찾았사오니** 주의 계명
시 119:94	내가 주의 법도들만을 **찾았나이다**
시 119:176	주의 종을 **찾으소서** 내가 주의 계명들을
시 132:6	함을 들었더니 나무 밭에서 **찾았도다**
잠 1:28	부지런히 나를 **찾으리라** 그래도 나를
잠 2:4	보배를 **찾는** 것 같이 그것을 **찾으면**
잠 5:6	생명의 평탄한 길을 **찾지** 못하며 자기
잠 7:15	너를 맞으려고 나와 네 얼굴을 **찾다가**
잠 8:12	주소를 삼으며 지식과 근신을 **찾아**
잠 8:17	간절히 **찾는** 자가 나를 만날 것이니라
잠 11:27	더듬어 **찾는** 자에게는 악이 임하리라
잠 28:5	못하나 여호와를 **찾는** 자는 모든 것을
잠 29:10	미워하고 정직한 자의 생명을 **찾느니라**
잠 31:4	독주를 **찾는** 것이 주권자들에게 마땅하
잠 31:10	누가 현숙한 여인을 **찾아** 얻겠느냐 그의
전 3:15	이미 지난 것을 다시 **찾으시느니라**
전 7:28	아직도 **찾지** 못한 것이 이것이라 천 사 람 가운데서 한 사람을 내가 **찾았으나** … 여자는 한 사람도 **찾지** 못하였느니라
전 11:1	던져라 여러 날 후에 도로 **찾으리라**
아 3:1	사랑하는 자를 **찾았노라 찾아도** 찾아
아 3:2	큰 길에서나 **찾으리라** 하고 **찾으나**
아 5:6	내가 그를 **찾아도** 못 만났고 불러도
아 6:1	돌아갔는가 우리가 너와 함께 **찾으리라**

선지서

사 9:13	만군의 여호와를 **찾지** 아니하도다
사 34:16	여호와의 책에서 **찾아** 읽어보라 이것들
사 41:12	네가 **찾아도** 너와 싸우던 자들을 만나지
사 45:19	너희가 나를 혼돈 중에서 **찾으라고**
사 51:1	의를 따르며 여호와를 **찾아** 구하는 너희
사 55:6	여호와를 만날 만한 때에 **찾으라** 가까이
사 58:2	그들이 날마다 나를 **찾아** 나의 길 알기를
사 62:12	너를 일컬어 **찾은** 바 된 자요 버림 받지
사 65:1	나를 **찾지** 아니하던 자에게 찾아냄이
사 65:10	눕는 곳이 되어 나를 **찾은** 내 백성이
렘 2:24	그것을 **찾는** 것들이 수고하지 아니하고
렘 3:16	기억하지 아니할 것이며 **찾지** 아니할
렘 4:30	너를 멸시하여 네 생명을 **찾느니라**
렘 5:1	구하는 자를 한 사람이라도 **찾으면**
렘 5:3	주의 눈이 진리를 **찾지** 아니하시나이까
렘 10:21	어리석어 여호와를 **찾지** 아니하므로
렘 11:21	네 생명을 빼앗으려고 **찾아** 이르기를
렘 19:7	그 대적 앞과 생명을 **찾는** 자의 손의
렘 19:9	그들의 생명을 **찾는** 자에게 둘러싸여
렘 21:7	생명을 **찾는** 자들의 손에 넘기리니
렘 22:25	생명을 **찾는** 자의 손과 네가 두려워하는
렘 29:13	마음으로 나를 구하면 나를 **찾을** 것이요
렘 30:14	너를 잊고 **찾지** 아니하니 이는 네 악행
렘 30:17	시온을 **찾는** 자가 없은즉 내가 너의
렘 34:20	그들의 생명을 **찾는** 자의 손에 넘기리니
렘 34:21	그의 생명을 **찾는** 자의 손과 너희에게서

"구하라 그리하면 너희에게 주실 것이요 찾으라 그리하면 찾아낼 것이요 문을 두드리라 그리하면 너희에게 열릴 것이니"(마 7:7)

렘 38:16	생명을 **찾는** 그 사람들의 손에 넘기지도
렘 44:30	생명을 **찾는** 바벨론의 느부갓네살 왕 의 손에 … 그의 생명을 **찾는** 자들의
렘 45:3	나의 탄식으로 피곤하여 평안을 **찾지**
렘 45:5	위하여 큰일을 찾느냐 그것을 **찾지** 말라
렘 50:20	이스라엘의 죄악을 **찾을지라도** 없겠고 유다의 죄를 **찾을지라도** 찾아내지
애 1:6	그의 지도자들은 꼴을 **찾지** 못한 사슴
겔 3:18	그의 피 값을 네 손에서 **찾을** 것이고
겔 3:20	그의 피 값은 내가 네 손에서 **찾으리라**
겔 20:6	인도하여 내어 그들을 위하여 **찾아**
겔 22:30	가운데에서 **찾다가 찾지** 못하였으므로
겔 26:21	사람이 비록 너를 **찾으나** 다시는 영원히
겔 33:6	그 죄는 내가 파수꾼의 손에서 **찾으리라**
겔 33:8	내가 그의 피를 네 손에서 **찾으리라**
겔 34:4	잃어버린 자를 **찾지** 아니하고 다만 포악
겔 34:6	온 지면에 흩어졌으되 **찾고 찾는** 자가
겔 34:8	내 목자들이 내 양을 **찾지** 아니하고
겔 34:10	양 떼를 그들의 손에서 **찾으리니** 목자
겔 34:11	나 곧 내가 내 양을 **찾고 찾되**
겔 34:12	떼를 **찾는** 것 같이 내가 내 양을 **찾아서**
겔 34:16	그 잃어버린 자를 내가 **찾으며** 쫓기는
단 2:13	그의 친구들도 죽이려고 **찾았더라**
단 6:4	고발할 근거를 **찾고자** 하였으나 아무 근거, 아무 허물도 **찾지** 못하였으니
단 6:5	하나님의 율법에서 근거를 **찾지** 못하면

【 찾다 】

호 2:6	담을 쌓아 그로 그 길을 **찾지** 못하게
호 2:7	그들을 **찾을지라도** 만나지 못할 것이라
호 2:9	계절에 도로 **찾으며** 내가 내 새 포도 주를 그것이 맛 들 시기에 도로 **찾으며**
호 3:5	그들의 왕 다윗을 **찾고** 마지막 날에는
호 5:6	소 떼를 끌고 여호와를 **찾으러** 갈지라도
호 10:12	여호와를 **찾을** 때니 마침내 여호와께서
암 5:4	말씀하시기를 너희는 나를 **찾으라**
암 5:5	벧엘을 **찾지** 말며 길갈로 들어가지 말며
암 5:6	여호와를 **찾으라** 그리하면 살리라
암 5:8	불러 지면에 쏟으시는 이를 **찾으라**
나 3:11	너도 원수들 때문에 피난처를 **찾으리라**
습 1:6	여호와를 **찾지도** 아니하며 구하지도
습 1:12	하는 자를 등불로 두루 **찾아** 벌하리니
습 2:3	겸손한 자들아 너희는 여호와를 **찾으며**
슥 8:21	만군의 여호와를 **찾고** 여호와께 은혜를
슥 8:22	만군의 여호와를 **찾고** 여호와께 은혜를
슥 11:16	흩어진 자를 **찾지** 아니하며 상한 자를

복음서

마 2:13	헤롯이 아기를 **찾아** 죽이려 하니 일어나
마 2:20	아기의 목숨을 **찾던** 자들이 죽었느니라
마 7:7	**찾으라** 그리하면 찾아낼 것이요 문을
마 7:8	이마다 받을 것이요 **찾는** 이는 찾아낼
마 7:14	문은 좁고 길이 협착하여 **찾는** 자가
마 16:25	나를 위하여 제 목숨을 잃으면 **찾으리라**
마 18:12	산에 두고 가서 길 잃은 양을 **찾지**
마 18:13	만일 **찾으면** 길을 잃지 아니한 아흔아홉
마 21:19	잎사귀 밖에 아무 것도 **찾지** 못하시고
마 26:59	죽이려고 그를 칠 거짓 증거를 **찾으매**
마 28:5	못 박히신 예수를 너희가 **찾는** 줄을
막 1:37	이르되 모든 사람이 주를 **찾나이다**
막 3:32	동생들과 누이들이 밖에서 **찾나이다**
막 14:55	예수를 죽이려고 그를 칠 증거를 **찾되**
막 16:6	예수를 **찾는구나** 그가 살아나셨고
눅 2:16	요셉과 구유에 누인 아기를 **찾아서**
눅 2:44	간 후 친족과 아는 자 중에서 **찾되**
눅 2:45	만나지 못하매 **찾으면서** 예루살렘에
눅 2:48	아버지와 내가 근심하여 너를 **찾았노라**
눅 2:49	이르시되 어찌하여 나를 **찾으셨나이까**
눅 4:17	책을 펴서 이렇게 기록된 데를 **찾으시니**
눅 4:42	한적한 곳에 가시니 무리가 **찾다가**
눅 6:7	고발할 증거를 **찾으려** 하여 안식일에
눅 11:9	**찾으라** 그리하면 찾아낼 것이요 문을
눅 11:10	**찾는** 이는 찾아낼 것이요 두드리는
눅 12:20	오늘 밤에 네 영혼을 도로 **찾으리니**
눅 15:8	찾아내기까지 부지런히 **찾지** 아니하겠
눅 19:10	인자가 온 것은 잃어버린 자를 **찾아** 구원
눅 19:23	그 이자와 함께 그 돈을 **찾았으리라**
눅 19:48	들으므로 어찌할 방도를 **찾지** 못하였더
눅 23:14	일에 대하여 이 사람에게서 죄를 **찾지**
눅 23:22	그에게서 죽일 죄를 **찾지** 못하였나니
눅 24:5	있는 자를 죽은 자 가운데서 **찾느냐**

"믿음이 없이는 하나님을 기쁘시게 하지 못하나니 하나님께 나아가는 자는 반드시 그가 계신 것과 또한 그가 자기를 찾는 자들에게 상 주시는 이심을 믿어야 할지니라"(히 11:6)

요 1:41	먼저 자기의 형제 시몬을 **찾아** 말하되
요 1:45	빌립이 나다나엘을 **찾아** 이르되 모세가
요 4:23	이렇게 예배하는 자들을 **찾으시느니라**
요 6:24	배들을 타고 예수를 **찾으러** 가버나움으
요 6:26	너희가 나를 **찾는** 것은 표적을 본 까닭
요 7:11	명절 중에 유대인들이 예수를 **찾으면서**
요 7:34	너희가 나를 **찾아도** 만나지 못할 터이요
요 7:36	나를 **찾아도** 만나지 못할 터이요 나
요 8:21	너희가 나를 **찾다가** 너희 죄 가운데서
요 11:56	그들이 예수를 **찾으며** 성전에 서서 서로
요 13:33	나를 **찾을** 것이나 일찍이 내가 유대인
요 18:4	나아가 이르시되 너희가 누구를 **찾느냐**
요 18:7	이에 다시 누구를 **찾느냐**고 물으신대
요 18:38	그에게서 아무 죄도 **찾지** 못하였노라
요 19:4	그에게서 아무 죄도 **찾지** 못한 것을
요 19:6	나는 그에게서 죄를 **찾지** 못하였노라
요 20:15	어찌하여 울며 누구를 **찾느냐** 하시니

역사서 – 예언서

행 4:21	어떻게 처벌할지 방법을 **찾지** 못하고
행 9:11	다소 사울이라 하는 사람을 **찾으라**
행 10:17	보낸 사람들이 시몬의 집을 **찾아** 문
행 10:19	말씀하시되 두 사람이 너를 **찾으니**
행 10:21	너희가 **찾는** 사람인데 너희가 무슨 일로
행 11:25	바나바가 사울을 **찾으러** 다소에 가서
행 12:19	그를 **찾아도** 보지 못하매 파수꾼들을

【 찾아가다 】　　　　　　　　　　　　　　　　　　　　　　　　　　　　　　【 채 1 】

행 13:28	죽일 죄를 하나도 **찾지** 못하였으나
행 15:17	모든 이방인들로 주를 **찾게** 하려 함이라
행 17:5	그들을 백성에게 끌어내려고 **찾았으나**
행 17:27	하나님을 더듬어 **찾아** 발견하게 하려
행 21:4	제자들을 **찾아** 거기서 이레를 머물더니
롬 3:11	깨닫는 자도 없고 하나님을 **찾는** 자도
롬 10:20	내가 나를 **찾지** 아니한 자들에게 **찾은**
롬 11:3	나만 남았는데 내 목숨도 **찾나이다**
롬 11:33	헤아리지 못할 것이며 그의 길은 **찾지**
고전 1:22	표적을 구하고 헬라인은 지혜를 **찾으나**
고후 11:12	기회를 **찾는** 자들이 그 자랑하는 일로
골 3:1	살리심을 받았으면 위의 것을 **찾으라**
히 6:18	소망을 얻으려고 피난처를 **찾은** 우리
히 11:6	자기를 **찾는** 자들에게 상 주시는 이심
히 11:14	자기들이 본향 **찾는** 자임을 나타냄이라
히 13:14	도성이 없으므로 장차 올 것을 **찾나니**
벧전 5:8	사자같이 두루 다니며 삼킬 자를 **찾나니**
계 3:2	네 행위의 온전한 것을 **찾지** 못하였노니

찾아가다 (go to visit)
| 삿 15:1 | 가지고 그의 아내에게로 **찾아가서** |
| 삼하 18:1 | 다윗이 그와 함께 한 백성을 **찾아가서** |

찾아내다 (find, track down, search)
창 31:34	라반이 그 장막에서 찾다가 **찾아내지**
창 31:35	그 드라빔을 두루 찾다가 **찾아내지**
창 31:37	물건 중에서 무엇을 **찾아내었나이까**
창 44:16	종들의 죄악을 **찾아내셨으니** 우리와
민 32:23	너희 죄가 반드시 너희를 **찾아낼** 줄
삼상 12:5	내 손에서 아무것도 **찾아낸** 것이 없음
삼상 23:23	몇 천 명 중에서라도 그를 **찾아내리라**
왕하 22:9	왕의 신복들이 성전에서 **찾아낸** 돈을
시 10:15	악을 더 이상 **찾아낼** 수 없을 때까지
시 21:8	원수들을 **찾아냄이여** … **찾아내리로다**
시 89:20	내 종 다윗을 **찾아내어** 나의 거룩한
아 3:1	찾았노라 찾아도 **찾아내지** 못하였노라
사 65:1	나를 찾지 아니하던 자에게 **찾아냄이**
렘 50:20	죄를 찾을지라도 **찾아내지** 못하리니
단 2:25	자손 중에서 한 사람을 **찾아내었나이다**
호 12:8	죄라 할 만한 불의를 내게서 **찾아낼** 자
암 9:3	내가 거기서 **찾아낼** 것이요 내 눈을
마 7:7	찾으라 그리하면 **찾아낼** 것이요 문을
마 7:8	찾는 이는 **찾아낼** 것이요 두드리는
마 10:11	합당한 자를 **찾아내어** 너희가 떠나기까
눅 11:9	주실 것이요 찾으라 그러면 **찾아낼**
눅 11:10	찾는 이는 **찾아낼** 것이요 두드리는
눅 15:4	잃은 것을 **찾아내기까지** 찾아다니지
눅 15:5	또 **찾아낸즉** 즐거워 어깨에 메고
눅 15:6	즐기자 나의 잃은 양을 **찾아내었노라**
눅 15:8	등불을 켜고 집을 쓸며 **찾아내기까지**
눅 15:9	**찾아낸즉** 벗과 이웃을 불러 모으고 말
	하되 … 잃은 드라크마를 **찾아내었노라**

찾아다니다 (go after)
| 눅 15:4 | 그 잃은 것을 찾아내기까지 **찾아다니지** |

찾아보다 (search, look around, look into)
전 7:28	내 마음이 계속 **찾아보았으나** 아직도
렘 5:1	넓은 거리에서 **찾아보고** 알라 너희가
요 7:52	갈릴리에서 왔느냐 **찾아보라** 갈릴리에

찾아오다 (bring back, visit)
창 14:16	재물과 또 부녀와 친척을 다 **찾아왔더라**
출 13:19	하나님이 반드시 너희를 **찾아오시리니**
민 27:1	슬로브핫의 딸들이 **찾아왔으니** 그의
삿 11:8	우리가 당신을 **찾아온** 것은 우리와 함께
삼상 30:19	것이 없이 모두 다윗이 도로 **찾아왔고**
시 91:5	너는 밤에 **찾아오는** 공포와 낮에 날아
단 4:36	관원들이 내게 **찾아오니** 내가 내 나라
요 19:39	일찍이 예수께 밤에 **찾아왔던** 니고데모
딤후 1:17	로마에 있을 때에 나를 부지런히 **찾아와**

채 1 (pole)
출 25:13	조각목으로 **채를** 만들어 금으로 싸고
출 25:14	그 **채를** 궤 양쪽 고리에 꿰어서 궤를
출 25:15	**채를** 궤의 고리에 꿴 대로 두고 빼내지
출 25:27	턱 곁에 붙이라 이는 상을 멜 **채를** 꿸
출 25:28	조각목으로 그 **채를** 만들고 금으로 싸라
출 27:6	제단을 위하여 **채를** 만들되 조각목으로
출 27:7	제단 양쪽 고리에 그 **채를** 꿰어 제단을
출 30:4	양쪽에 만들지니 이는 제단을 메는 **채를**
출 30:5	그 **채를** 조각목으로 만들고 금으로 싸고
출 35:12	증거궤와 그 **채와** 속죄소와 그 가리는
출 35:13	상과 그 **채와** 그 모든 기구와 진설병과
출 35:15	분향단과 그 **채와** 관유와 분향할 향품과
출 35:16	번제단과 그 놋 그물과 그 **채와** 그 모든

【 채 2 】   【 채식 】

출 37:4	조각목으로 채를 만들어 금으로 싸고
출 37:5	그 채를 궤 양쪽 고리에 꿰어 궤를 메게
출 37:14	고리가 턱 곁에 있어서 상을 메는 채를
출 37:15	조각목으로 상 멜 채를 만들어 금으로
출 37:27	양쪽에 만들어 제단을 메는 채를 꿰게
출 37:28	조각목으로 그 채를 만들어 금으로
출 38:5	놋 그물 네 모퉁이에 채를 꿸 고리 넷을
출 38:6	채를 조각목으로 만들어 놋으로 싸고
출 38:7	제단 양쪽 고리에 그 채를 꿰어 메게
출 39:35	증거궤와 그 채들과 속죄소와
출 39:39	놋 제단과 그 놋 그물과 그 채들과 그
출 40:20	또 증거판을 궤 속에 넣고 채를 궤에
민 4:6	순청색 보자기를 덮은 후에 그 채를
민 4:8	해달의 가죽 덮개로 덮은 후에 그 채를
민 4:11	해달의 가죽 덮개로 덮고 그 채를 꿰고
민 4:14	가죽 덮개를 그 위에 덮고 그 채를 꿸
삼상 17:7	그 창 자루는 베틀 채 같고 창날은 철
삼하 21:19	그 자의 창 자루는 베틀 채 같았더라
왕상 8:7	처소 위에서 날개를 펴서 궤와 그 채를
왕상 8:8	채가 길므로 채 끝이 … 그 채는 오늘까
대상 15:15	명령한 대로 레위 자손이 채에 하나님의
대하 5:8	처소 위에서 날개를 펴서 궤와 그 채를
대하 5:9	채가 길어서 궤에서 나오므로 그 끝이

채 2(in)
| 출 28:43 | 입어야 죄를 짊어진 채 죽지 아니하리니 |
| 출 29:3 | 그것을 광주리에 담은 채 그 송아지와 |

채 2 - 기타 본문
레 10:5; 14:6; 16:10; 민 16:30, 33; 수 10:26; 삼상 17:57; 스 9:5; 시 55:15; 잠 1:12; 렘 20:17; 겔 24:23; 단 3:21, 23; 눅 16:20; 요 11:44; 계 19:20

채권자(債權者, pledge)
| 출 22:25 | 돈을 꾸어 주면 너는 그에게 채권자같이 |

채색(彩色, turquose)
| 사 54:11 | 화려한 채색으로 네 돌 사이에 더하며 |

채색옷
창 37:3	더 사랑하므로 그를 위하여 채색옷을
창 37:23	형들이 요셉의 옷 곧 그가 입은 채색옷
창 37:32	채색옷을 보내어 그의 아버지에게로
삿 5:30	시스라는 채색옷을 … 채색옷이리로다 곧 양쪽에 수 놓은 채색옷이리니 노략한
삼하 13:18	다말이 채색옷을 입었으니 출가하지
삼하 13:19	채색옷을 찢고 손을 머리 위에 얹고

채석(stones of various colors)
| 대상 29:2 | 검은 보석과 채석과 다른 모든 보석과 |

채소(菜蔬, corp)

창 1:11	땅은 풀과 씨 맺는 채소와 각기 종류대로 씨 가진
창 1:12	풀과 각기 종류대로 씨 맺는 채소와
창 1:29	지면의 씨 맺는 모든 채소와 씨 가진
창 2:5	초목이 아직 없었고 밭에는 채소가 나지
창 3:18	것이라 네가 먹을 것은 밭의 채소인즉
창 9:3	채소같이 내가 이것을 다 너희에게
출 9:22	사람과 짐승과 밭의 모든 채소에 내리게
출 9:25	우박이 또 밭의 모든 채소를 치고 들의
출 10:12	우박에 상하지 아니한 밭의 모든 채소
출 10:15	밭의 채소와 … 나무나 밭의 채소나
신 32:2	가는 비같고 채소 위의 단비 같도다
왕하 4:39	채소를 캐러 들에 나가 들포도덩굴을
왕하 4:42	자루에 담은 채소를 하나님의 사람에게
왕하 19:26	그들은 들의 채소와 푸른 풀과 지붕의
시 37:2	베임을 당할 것이며 푸른 채소같이 쇠잔
시 104:14	가축을 위한 풀과 사람을 위한 채소를
시 105:35	땅에 있는 모든 채소를 먹으며 그들의
잠 15:17	채소를 먹으며 서로 사랑하는 것이 살진
렘 12:4	슬퍼하며 온 지방의 채소가 마르리이까
슥 10:1	밭의 채소를 각 사람에게 주시리라
눅 11:42	박하와 운향과 모든 채소의 십일조는
롬 14:2	믿음이 연약한 자는 채소만 먹느니라
히 6:7	밭 가는 자들이 쓰기에 합당한 채소를

채소밭(vegetable garden)
신 11:10	파종한 후에 발로 물 대기를 채소밭에
왕상 21:2	내게 주어 채소밭을 삼게 하라 내가
눅 13:19	사람이 자기 채소밭에 갖다 심은 겨자씨

채식(菜食, vegetable)
| 단 1:12 | 종들을 열흘 동안 시험하여 채식을 주어 |
| 단 1:16 | 마실 포도주를 제하고 채식을 주니라 |

채우다 (take, finish, fasten)

1. 차게 하다 (close up, finish, take)

모세오경
- 창 2:21 하나를 취하고 살로 대신 **채우시고**
- 창 29:27 이를 위하여 칠 일을 **채우라** 우리가
- 창 29:28 야곱이 그대로 하여 그 칠 일을 **채우매**
- 창 42:25 명하여 곡물을 그 그릇에 **채우게** 하고
- 창 44:1 자루에 운반할 수 있을 만큼 **채우고**
- 출 5:14 수효를 전과 같이 **채우지** 아니하였느냐
- 출 15:9 그들로 말미암아 내 욕망을 **채우리라**
- 출 16:32 명령하시기를 이것을 오멜에 **채워서**
- 출 23:26 것이라 내가 너의 날 수를 **채우리라**
- 출 28:3 내가 지혜로운 영으로 **채운** 자들에게
- 레 9:17 손에 한 움큼을 **채워서** 아침 번제물에
- 레 16:12 제단 위에서 피운 불을 그것에 **채우고**
- 레 23:15 세어서 일곱 안식일의 수효를 **채우고**
- 신 6:11 네가 **채우지** 아니한 아름다운 물건이

역사서, 시가서
- 삼하 1:24 입혔고 금 노리개를 너희 옷에 **채웠도다**
- 왕상 20:10 백성의 무리의 손에 **채우기**에 족할 것
- 왕하 4:39 들호박을 따서 옷자락에 **채워** 가지고
- 왕하 23:14 찍고 사람의 해골로 그 곳에 **채웠더라**
- 대상 29:5 오늘 누가 즐거이 손에 **채워** 여호와께
- 대하 16:14 각양 향 재료를 가득히 **채운** 상에 두고
- 스 9:11 저 끝에서 이 끝까지 그 더러움으로 **채웠음이라**
- 욥 3:15 금을 가지며 은으로 집을 **채운** 고관들과
- 욥 8:21 즐거운 소리를 네 입술에 **채우시리니**
- 욥 9:18 하시며 괴로움을 내게 **채우시는구나**
- 욥 15:2 어찌 동풍을 그의 복부에 **채우겠느냐**
- 욥 22:18 좋은 것으로 그들의 집에 **채우셨느니라**
- 욥 23:4 호소하며 변론할 말을 내 입에 **채우고**
- 욥 38:39 젊은 사자의 식욕을 **채우겠느냐**
- 시 17:14 그들은 주의 재물로 배를 **채우고** 자녀로
- 시 81:10 크게 열라 내가 **채우리라** 하였으나
- 시 84:6 것이며 이른 비가 복을 **채워** 주나이다
- 시 107:9 영혼에게 좋은 것으로 **채워** 주심이로다
- 잠 1:13 빼앗은 것으로 우리 집을 **채우리니**
- 잠 6:30 주릴 때에 배를 **채우려고** 도둑질하면
- 잠 8:21 재물을 얻어서 그 곳간에 **채우게** 하려
- 잠 24:4 아름다운 보배로 **채우게** 되느니라
- 잠 30:16 아이 배지 못하는 태와 물로 **채울** 수
- 전 1:7 바다로 흐르되 바다를 **채우지** 못하며
- 전 6:7 위함이나 그 식욕을 **채울** 수 없느니라

선지서, 신약
- 사 27:6 그들이 그 결실로 지면을 **채우리로다**
- 렘 15:17 주께서 분노로 내게 **채우셨음이니이다**
- 렘 19:4 무죄한 자의 피로 이 곳에 **채웠음이며**
- 렘 33:5 시체로 이 성을 **채우게** 하였나니 이는
- 렘 41:9 죽인 사람들의 시체를 거기에 **채우고**
- 렘 51:34 나의 좋은 음식으로 그 배를 **채우고**
- 겔 3:3 네 배에 넣으며 네 창자에 **채우라**
- 겔 7:19 족하게 하거나 그 창자를 **채우지** 못하고
- 겔 8:17 그들이 그 땅을 폭행으로 **채우고** 또
- 겔 9:7 더럽혀 시체로 모든 뜰에 **채우라** 너희는
- 겔 11:6 많이 죽여 그 거리를 시체로 **채웠도다**
- 겔 32:5 두며 네 시체를 여러 골짜기에 **채울**
- 겔 32:6 미치게 하며 그 모든 개천을 **채우리로다**
- 겔 35:8 죽임 당한 자를 그 여러 산에 **채우되**
- 겔 36:38 황폐한 성읍을 사람의 떼로 **채우리라**
- 미 3:5 그 입에 무엇을 **채워** 주지 아니하는
- 나 2:12 찢은 것으로 그 구멍을 **채웠었도다**
- 습 1:9 거짓을 자기 주인의 집에 **채운** 자들을
- 마 23:32 너희가 너희 조상의 분량을 **채우라**
- 눅 5:7 달라 하니 그들이 와서 두 배에 **채우매**
- 눅 14:23 강권하여 데려다가 내 집을 **채우라**
- 눅 15:16 돼지 먹는 쥐엄 열매로 배를 **채우고자**
- 고전 16:17 그들이 너희의 부족한 것을 **채웠음이라**
- 빌 2:30 섬기는 너희의 일에 부족함을 **채우려**
- 빌 4:19 대로 너희 모든 쓸 것을 **채우시리라**
- 골 1:9 하나님의 뜻을 아는 것으로 **채우게**
- 골 1:24 교회를 위하여 내 육체에 **채우노라**
- 살전 2:16 금하여 자기 죄를 항상 **채우매** 노하심이

'채우다 1'과 관련된 성구
- 고운 가루를 채우다 – 민 7:13, 19, 25, 31, 37, 43, 49, 55, 61, 67, 79
- 기름을 채우다 – 삼상 16:1
- 물을 채우다 – 창 21:19; 24:16; 출 2:16; 왕상 18:33; 요 2:7
- 향을 채우다 – 레 16:12; 민 7:14, 20, 26, 32, 38, 44, 50, 56, 62, 68, 74, 80, 86

2. 차꼬 등을 차게 하다 (fasten)
- 욥 13:27 내 발을 차꼬에 **채우시며** 나의 모든
- 욥 33:11 내 발을 차꼬에 **채우시고** 나의 모든

【 채이다 】 　　　　　　　　　　　　　　　　　　　　　　　【 책 】

렘 20:2　썩우는 나무 고랑으로 **채워** 두었더니
렘 29:26　고랑과 목에 썩우는 쇠고랑을 **채우게**
겔 16:11　패물을 **채우고** 팔고리를 손목에 끼우고
행 16:24　가두고 그 발을 차꼬에 든든히 **채웠더니**

채이다(fetter)
삼하 3:34　차꼬에 **채이지** 아니하였거늘 불의한

채주(債主, creditor)
신 15:2　이웃에게 꾸어준 모든 **채주**는 그것을
잠 22:7　가난한 자를 주관하고 빚진 자는 **채주의**
사 50:1　내가 어느 **채주에게** 너희를 팔았느냐

채찍(whip, scorpion)

수 23:13　너희의 옆구리에 **채찍이**
　　　　　되며 너희의 눈에 가시가 되어서
삼상 13:21　쇠스랑이나 도끼나
　　　　　쇠 **채찍이** 무딜 때에
삼하 7:14　범하면 내가 사람의
　　　　　매와 인생의 **채찍으로**
왕상 12:11　아버지는 **채찍으로** 너희를 징계하였
　　　　　으나 나는 전갈 **채찍으로** 너희를 징계
왕상 12:14　아버지는 **채찍으로** 너희를 징계하였
　　　　　으나 나는 전갈 **채찍으로** 너희를 징치
대하 10:11　아버지는 가죽 **채찍으로** 너희를 치셨으
　　　　　나 나는 전갈 **채찍으로** 하리라 하소서
대하 10:14　아버지는 가죽 **채찍으로** 너희를 치셨으
　　　　　나 나는 전갈 **채찍으로** 치리라 하니라
욥 5:21　네가 혀의 **채찍을** 피하여 숨을 수가
시 89:32　그들의 죄를 다스리며 **채찍으로** 그들
잠 10:13　지혜 없는 자의 등을 위하여는 **채찍이**
잠 19:29　**채찍은** 어리석은 자의 등을 위하여
잠 22:15　징계하는 **채찍이** 이를 멀리 쫓아내리라
잠 23:13　훈계하지 아니하려고 하지 말라 **채찍으**
잠 23:14　그를 **채찍으로** 때리면 그의 영혼을
잠 26:3　말에게는 **채찍이요** 나귀에게는 재갈이
잠 29:15　**채찍과** 꾸지람이 지혜를 주거늘 임의로
전 12:11　지혜자들의 말씀들은 찌르는 **채찍들**
사 9:4　어깨의 **채찍과** 그 압제자의 막대기를
사 10:26　만군의 여호와께서 **채찍을** 들어 그를
사 53:5　평화를 누리고 그가 **채찍에** 맞으므로
나 3:2　휙휙 하는 **채찍** 소리, 윙윙 하는 병거
요 2:15　노끈으로 **채찍을** 만드사 양이나 소를

벧전 2:24　그가 **채찍에** 맞으므로 너희는 나음을

채찍질/–하다(beat, flog)
민 22:23　나귀를 길로 돌이키려고 **채찍질하니**
민 22:25　짓누르매 발람이 다시 **채찍질하니**
마 10:17　그들의 회당에서 **채찍질하리라**
마 20:19　그를 조롱하며 **채찍질하며** 십자가에
마 23:34　더러는 너희 회당에서 **채찍질하고** 이
마 27:26　그들에게 놓아 주고 예수는 **채찍질하고**
막 10:34　능욕하며 침 뱉으며 **채찍질하고** 죽일
막 15:15　놓아 주고 예수는 **채찍질하고** 십자가에
눅 18:33　그들은 **채찍질하고** 그를 죽일 것이나
행 5:40　여겨 사도들을 불러들여 **채찍질하며**
행 22:24　알고자 하여 **채찍질하며** 심문하라
요 19:1　예수를 데려다가 **채찍질하더라**
행 22:25　정하지 아니하고 **채찍질할** 수 있느냐
히 11:36　어떤 이들은 조롱과 **채찍질뿐** 아니라
히 12:6　받아들이시는 아들마다 **채찍질하심이**

책(冊, book, scroll, written)

　　　　　　　　　모세오경, 역사서

창 5:1　이것은 아담의 계보
　　　　를 적은 **책이니라** 하나님
출 17:14　이르시되 이것을 **책에** 기록하여 기념하
출 32:32　주께서 기록하신 **책에서** 내 이름을 지워
출 32:33　범죄하면 내가 내 **책에서** 그를 지워
신 17:18　레위 사람 제사장 앞에서 **책에** 기록하여
신 28:58　이 **책에** 기록한 이 율법의 모든 말씀을
신 29:20　이 **책에** 기록된 모든 저주를 그에게 더
신 29:27　이 **책에** 기록된 모든 저주대로 재앙을
신 31:24　모세가 이 율법의 말씀을 다 **책에** 써서
수 18:9　성읍들을 따라서 일곱 부분으로 **책에**
삼상 10:25　제도를 백성에게 말하고 **책에** 기록하여
왕하 22:8　힐기야가 그 **책을** 사반에게 주니 사반이
왕하 22:10　제사장 힐기야가 내게 **책을** 주더이다
왕하 22:13　발견한 **책의** 말씀에 대하여 … 이 **책의**
　　　　　말씀을 듣지 아니하며 이 **책에** 우리를
왕하 22:16　왕이 읽은 **책의** 모든 말대로 하리니
왕하 23:3　**책에** 기록된 이 언약의 말씀을 이루게
왕하 23:24　**책에** 기록된 율법의 말씀을 이루려
대하 9:29　여로보암에 대하여 쓴 **책에** 기록되지
대하 12:15　족보 **책에** 기록되지 아니하였느냐
대하 13:22　선지자 잇도의 주석 **책에** 기록되니라

【 책 】 　　　　　　　　　　　　　　　　　　　　　　　　　　　【 책망/-하다/-받다 】

대하 34:15 하고 힐기야가 그 **책**을 사반에게 주매
대하 34:16 사반이 **책**을 가지고 왕에게 나아가서
대하 34:18 제사장 힐기야가 내게 **책**을 주더이다
대하 34:21 발견한 **책**의 말씀에 대하여 여호와께 물으라 … 이 **책**에 기록된 모든 것을
대하 34:24 유다 왕 앞에서 읽은 **책**에 기록된 모든
대하 34:31 **책**에 기록된 언약의 말씀을 이루리라
느 8:5 　그들 목전에 **책**을 펴니 **책**을 펼 때에
느 12:22 족장이 모두 **책**에 기록되었고 바사 왕 다리오 때에 제사장도 **책**에 기록되었고
느 13:1 　**책**을 낭독하여 … **책**에 기록하기를
에 9:32 　견고하게 하였고 그 일이 **책**에 기록되었

시가서 - 신약
욥 19:23 　곧 기록되었으면, **책**에 씌어졌으면
시 56:8 　주의 **책**에 기록되지 아니하였나이까
시 139:16 하루도 되기 전에 주의 **책**에 다 기록이
전 12:12 많은 **책**들을 짓는 것은 끝이 없고 많이
사 29:11 계시가 너희에게는 봉한 **책**의 말처럼
사 29:12 **책**을 글 모르는 자에게 주며 이르기를
사 29:18 날에 못 듣는 사람이 **책**의 말을 들을
사 30:8 　기록하며 **책**에 써서 후세에 영원히
사 34:16 너희는 여호와의 **책**에서 찾아 읽어보라
렘 25:13 **책**에 기록한 나의 모든 말을 그 땅에
렘 30:2 　네게 일러 준 모든 말을 **책**에 기록하라
렘 36:8 　**책**에 있는 여호와의 모든 말씀을 낭독하
렘 36:10 그 **책**에 기록된 예레미야의 말을 모든
렘 36:11 미가야가 그 **책**에 기록된 여호와의
렘 36:13 바룩이 백성의 귀에 **책**을 낭독할 때에
렘 36:18 주기로 내가 먹으로 **책**에 기록하였노라
렘 36:32 여호야김 왕이 불사른 **책**의 모든 말을
렘 45:1 　불러 주는 대로 이 모든 말을 **책**에
렘 51:60 기록한 이 모든 말씀을 한 **책**에 기록
렘 51:63 너는 이 **책** 읽기를 다한 후에 **책**에 돌을
단 7:10 　만만이며 심판을 베푸는데 **책**들이 펴
단 9:2 　나 다니엘이 **책**을 통해 여호와께서
단 12:1 　백성 중 **책**에 기록된 모든 자가 구원을
말 3:16 　앞에 있는 기념**책**에 기록하셨느니라
눅 3:4 　선지자 이사야의 **책**에 쓴 바 광야에서
눅 4:17 　선지자 이사야의 글을 드리거늘 **책**을
눅 4:20 **책**을 덮어 그 맡은 자에게 주시고
요 20:30 이 **책**에 기록되지 아니한 다른 표적도
요 21:25 기록된 **책**을 두기에 부족할 줄 아노라
행 7:42 　선지자의 **책**에 기록된 바 이스라엘의

행 19:19 마술을 행하던 많은 사람이 그 **책**을
딤후 4:13 또 **책**은 특별히 가죽 종이에 쓴 것을
계 20:12 **책**들이 펴 있고 또 다른 **책**이 펴졌으니 곧 생명책이라 … **책**들에 기록된 대로

> '**책**' 과 관련된 성구
>
> 두루마리 **책** - 시 40:7; 렘 36:2, 4; 겔 2:9; 히 10:7
> 모세의 **책** - 대하 35:12; 스 6:18; 느 13:1; 막 12:26
> 묵시 **책** - 대하 9:29; 32:32
> 생명**책** - 시 69:28; 빌 4:3; 계 3:5; 13:8; 17:8; 20:12, 15; 21:27
> 야살의 **책** - 수 10:13; 삼하 1:18
> 율법**책** - 신 28:61; 29:21; 30:9-10; 31:26; 수 1:8; 8:31, 34; 23:6; 24:26; 왕하 11:12; 14:6; 22:8, 11; 대하 17:9; 23:11; 25:4; 34:14, 15; 느 8:1, 2, 3, 8, 18; 9:3; 갈 3:10

책값(冊, value of the scroll)
행 19:19 **책값**을 계산한즉 은 오만이나 되더라

책략(策略, advice, counsel)
사 19:11 지혜로운 모사의 **책략**은 우둔하여졌으
렘 18:18 지혜로운 자에게서 **책략**이, 선지자에게
렘 32:19 **책략**에 크시며 하시는 일에 능하시며
렘 49:7 　명철한 자에게 **책략**이 끊어졌느냐
겔 7:26 　장로에게는 **책략**이 없어질 것이며

책망/-하다/-받다(責望, complain, rebuke, denounce)

구약
창 21:25 아브라함이 아비멜렉을 **책망하매**
창 31:36 라반을 **책망할새** 야곱이 라반에게
창 31:42 어제 밤에 외삼촌을 **책망하셨나이다**
레 19:20 설정하면 그것은 **책망**을 받을 일이니라
신 28:20 여호와께서 저주와 혼란과 **책망**을
룻 2:15 단 사이에서 줍게 하고 **책망하지** 말며
대상 12:17 하나님이 감찰하시고 **책망하시기**를
느 13:25 내가 그들을 **책망하고** 저주하며 그들
욥 6:25 　너희의 **책망**은 무엇을 **책망함**이냐
욥 13:10 따를진대 그가 반드시 **책망하시리니**

2322

| 책망/-하다/-받다 | | 책임/-지다 |

욥 20:3	나를 부끄럽게 하는 **책망**을 들었으므로
욥 22:4	너를 **책망**하시며 너를 심문하심이
시 6:1	주의 분노로 나를 **책망**하지 마시오며
시 9:5	이방 나라들을 **책망**하시고 악인을
시 38:1	주의 노하심으로 나를 **책망**하지 마시고
시 39:11	죄악을 **책망**하사 사람을 징계하실 때
시 50:8	제물 때문에 너를 **책망**하지는 아니하리
시 50:21	내가 너를 **책망**하여 네 죄를 네 눈앞에
시 55:12	나를 **책망**하는 자는 원수가 아니라
시 141:5	은혜로 여기며 **책망**할지라도 머리의
잠 1:23	나의 **책망**을 듣고 돌이키라 보라 내가
잠 1:25	교훈을 멸시하며 나의 **책망**을 받지
잠 1:30	나의 모든 **책망**을 업신여겼음이니라
잠 6:23	법은 빛이요 훈계의 **책망**은 곧 생명의
잠 9:7	악인을 **책망**하는 자는 도리어 흠이
잠 9:8	**책망**하지 말라 … 있는 자를 **책망**하라
잠 25:12	슬기로운 자의 **책망**은 청종하는 귀에
잠 27:6	친구의 아픈 **책망**은 충직으로 말미암
잠 29:1	**책망**을 받으면서도 목이 곧은 사람은
잠 30:6	너를 **책망**하시겠고 너는 거짓말하는
전 7:5	지혜로운 사람의 **책망**을 듣는 것이
사 54:9	**책망**하지 아니하기로 맹세하였노니
사 66:15	맹렬한 화염으로 **책망**하실 것이라
렘 2:19	네 반역이 너를 **책망**할 것이라 그런즉
렘 29:27	사람 예레미야를 **책망**하지 아니하느냐
렘 31:20	내가 그를 **책망**하여 말할 때마다 깊이
렘 51:51	우리가 **책망**을 들으며 수치를 당하여
겔 5:15	내 노와 분과 중한 **책망**으로 네게 벌을
호 4:4	사람이든지 다투지도 말며 **책망**하지도
암 5:10	성문에서 **책망**하는 자를 미워하며
습 3:2	너를 **책망**하노라 … 너를 **책망**하노라

신약

마 11:20	아니하므로 그 때에 **책망**하시되
막 14:5	하며 그 여자를 **책망**하는지라
눅 3:19	악한 일로 말미암아 요한에게 **책망**
눅 19:39	당신의 제자들을 **책망**하소서 하거늘
요 16:8	심판에 대하여 세상을 **책망**하시리라
행 19:40	우리가 소요 사건으로 **책망** 받을 위험이
고전 1:8	예수 그리스도의 날에 **책망**할 것이 없는
고전 14:24	모든 사람에게 **책망**을 들으며 모든 사람
갈 2:11	이르렀을 때에 **책망**받을 일이 있기로
	내가 그를 대면하여 **책망**하였노라
엡 5:11	일에 참여하지 말고 도리어 **책망**하라

엡 5:13	그러나 **책망**을 받는 모든 것은 빛으로
골 1:22	거룩하고 흠 없고 **책망**할 것이 없는
딤전 3:2	감독은 **책망**할 것이 없으며 한 아내의
딤전 3:10	**책망**할 것이 없으면 집사의 직분을 맡게
딤전 5:7	이것을 명하여 그들로 **책망** 받을 것이
딤전 6:14	없고 **책망** 받을 것도 없이 이 명령을
딤후 3:16	**책망**과 바르게 함과 의로 교육하기에
딛 1:6	**책망**할 것이 없고 한 아내의 남편이며
딛 1:7	감독은 하나님의 청지기로서 **책망**할
딛 1:9	거슬러 말하는 자들을 **책망**하게 하려
딛 2:8	**책망**할 것이 없는 바른 말을 하게 하라
딛 2:15	모든 권위로 **책망**하여 누구에게서든지
벧후 2:16	자기의 불법으로 말미암아 **책망**을 받되
요일 3:20	우리 마음이 혹 우리를 **책망**할 일이
요일 3:21	우리 마음이 우리를 **책망**할 것이 없으면
계 2:4	너를 **책망**할 것이 있나니 너의 처음
계 2:14	네게 두어 가지 **책망**할 것이 있나니
계 2:20	네게 **책망**할 일이 있노라 자칭 선지자라
계 3:19	사랑하는 자를 **책망**하여 징계하노니

책무(責務, requirement)
| 신 11:1 | 그가 주신 **책무**와 법도와 규례와 명령을 |

책벌(責罰, rebuke, vengeance)
| 사 37:3 | 말씀에 오늘은 환난과 **책벌**과 능욕의 |
| 겔 25:17 | 분노의 **책벌**로 내 원수를 그들에게 크게 |

책상(冊床, table)
| 왕하 4:10 | 침상과 **책상**과 의자와 촛대를 두사이다 |

책임/-지다(責任, burden, responsibility, charge)
민 11:14	**책임**이 심히 중하여 나 혼자는 이 모든
수 22:2	여호와께서 명령하신 그 **책임**을 지키도
왕하 10:5	왕궁을 **책임**지는 자와 그 성읍을 **책임**
	지는 자와 장로들과 왕자를 교육하는
대상 9:27	아침마다 문을 여는 **책임**이 그들에게

'책임'과 관련된 성구

기업 무를 자의 **책임** - 룻 3:13
성막에 대한 **책임** - 민 1:53

책임자

책임자(責任者, administrator, officer)
신 20:5   **책임자**들은 백성에게 말하여 이르기를
신 20:8   **책임자**들은 또 백성에게 말하여 이르기
왕하 18:18 왕궁의 **책임자**인 엘리야김과 서기관
왕하 18:37 왕궁 내의 **책임자**인 엘리야김과 서기관
왕하 19:2 왕궁의 **책임자**인 엘리야김과 서기관
대하 12:10 궁문을 지키는 경호 **책임자**들의 손에
대하 31:12 그 일의 **책임자**가 되고 … 부책임자를
느 11:21 시하와 기스바가 그들의 **책임자**가

책잡다(責, catch, trap)
막 12:13 그들이 예수의 말씀을 **책잡으려** 하여
눅 11:54 그 입에서 나오는 말을 **책잡고자** 하여
눅 20:20 의인인 체하며 예수의 말을 **책잡게** 하니
눅 20:26 그의 말을 능히 **책잡지** 못하고 그의
요 8:46   너희 중에 누가 나를 죄로 **책잡겠느냐**

처(妻, wife)
민 26:59 아므람의 **처**의 이름은 요게벳이니
삼하 3:14 전령들을 보내 이르되 내 **처** 미갈을
삼하 11:11 집으로 가서 먹고 마시고 내 **처**와 같이
눅 17:32 롯의 **처**를 기억하라

처결하다(處決, decide)
행 24:22 내려오거든 너희 일을 **처결하리라**

처녀

처녀(處女, virgin)
모세오경, 역사서
창 24:16 남자가 가까이 하지 아니한 **처녀**더라
출 22:16 사람이 약혼하지 아니한 **처녀**를 꾀어
출 22:17 **처녀**의 아버지가 … 그는 **처녀**에게
레 21:3   출가하지 아니한 **처녀**인 그의 자매로
레 21:13 그는 **처녀**를 데려다가 아내를 삼을지니
레 21:14 자기 백성 중에서 **처녀**를 취하여 아내를
신 22:14 그가 **처녀**임을 보지 못하였노라 하면
신 22:15 그 **처녀**의 부모가 그 **처녀**의 **처녀**인
신 22:16 **처녀**의 아버지가 장로들에게 말하기를
신 22:17 내가 네 딸에게서 **처녀**임을 보지 못하였
          노라 하나 보라 내 딸의 **처녀**의 표적이
신 22:19 이스라엘 **처녀**에게 누명을 씌움으로
신 22:20 그 일이 참되어 그 **처녀**에게 **처녀**의
신 22:21 **처녀**를 그의 아버지 집 문에서 끌어내고
신 22:23 **처녀**인 여자가 남자와 약혼한 후에 어떤
신 22:24 **처녀**는 성안에 있으면서도 소리 지르지
신 22:25 만일 남자가 어떤 약혼한 **처녀**를 들에서
신 22:26 **처녀**에게는 아무것도 행하지 말 것은 **처녀**에게는 죽일 죄가 없음이라 이 일은
신 22:27 남자가 **처녀**를 들에서 만난 까닭에 그 약혼한 **처녀**가 소리질러도 구원할 자가
신 22:28 만일 남자가 약혼하지 아니한 **처녀**를
신 22:29 **처녀**의 아버지에게 … 그 **처녀**를 아내로 삼을 것이라 그가 그 **처녀**를 욕보였은즉
신 32:25 젊은 남자도 **처녀**도 백발 노인과 함께
삿 5:30   사람마다 한두 **처녀**를 얻었으리로다
삿 11:37 **처녀**로 죽음을 인하여 애곡하겠나이다
삿 11:38 산 위에서 **처녀**로 죽음을 인하여 애곡하
삿 21:12 젊은 **처녀** 사백 명을 얻었으니 이는
삼상 25:42 그를 뒤따르는 **처녀** 다섯과 함께 다윗의
삼하 13:2 그는 **처녀**이므로 어찌할 수 없는 줄을
왕상 1:2 우리 주 왕을 위하여 젊은 **처녀** 하나를
왕상 1:4 **처녀**는 심히 아름다워 그가 왕을 받들어
에 2:4   아름다운 **처녀**를 와스디 대신 왕후로
에 2:8   **처녀**들이 도성 수산에 많이 모여 헤개의
에 2:9   헤개가 이 **처녀**를 좋게 보고 은혜를
에 2:12 **처녀**마다 차례대로 아하수에로 왕에게
에 2:13 **처녀**가 왕에게 나아갈 때에는 그가
에 2:17 그가 모든 **처녀**보다 왕 앞에 더 은총을
에 2:19 **처녀**들을 다시 모을 때에는 모르드개가

시가서 – 신약
욥 31:1   내 눈과 약속하였나니 어찌 **처녀**에게
시 45:14 시종하는 친구 **처녀**들도 왕께로 이끌려
시 68:25 소고 치는 **처녀**들 중에서 노래 부르는
시 78:63 그들의 **처녀**들은 혼인 노래를 들을 수
시 148:12 총각과 **처녀**와 노인과 아이들아
아 1:3   향기름 같으므로 **처녀**들이 너를 사랑하
아 1:4   더 진함이라 **처녀**들이 너를 사랑함이
사 7:14   **처녀**가 잉태하여 아들을 낳을 것이요
사 23:4   **처녀**들을 생육하지도 못하였다 하였음
사 62:5   마치 청년이 **처녀**와 결혼함 같이 네
렘 2:32   **처녀**가 어찌 그의 패물을 잊겠느냐
렘 31:13 그 때에 **처녀**는 춤추며 즐거워하리라
렘 51:22 유년을 분쇄하며 네가 청년과 **처녀**를
애 1:4   **처녀**들이 근심하며 시온도 곤고를
애 1:18   **처녀**들과 나의 청년들이 사로잡혀
애 2:10   예루살렘 **처녀**들은 머리를 땅에 숙였도
애 2:21   **처녀**들과 내 청년들이 칼에 쓰러졌나이

【 처단하다 】 　　　　　　　　　　　　　　　　　　　【 처소 】

애 5:11　각 성읍에서 **처녀**들을 욕보였나이다
겔 9:6　늙은 자와 젊은 자와 **처녀**와 어린이와
겔 23:3　그 **처녀**의 가슴이 어루만져졌나니
겔 23:8　그 **처녀**의 가슴이 어루만져졌으며
겔 44:22　이스라엘 족속의 **처녀**나 혹시 제사장
욜 1:8　**처녀**가 어렸을 때에 약혼한 남자로
암 8:13　그 날에 아름다운 **처녀**와 젊은 남자가
슥 9:17　곡식은 청년을, 새 포도주는 **처녀**를
마 1:23　**처녀**가 잉태하여 아들을 낳을 것이요
마 25:1　신랑을 맞으러 나간 열 **처녀**와 같다
마 25:7　그 **처녀**들이 다 일어나 등을 준비할새
마 25:11　후에 남은 **처녀**들이 와서 이르되 주여
눅 1:27　약혼한 **처녀**에게 이르니 그 **처녀**의 이름
눅 1:29　**처녀**가 그 말을 듣고 놀라 이런 인사가
행 21:9　딸 넷이 있으니 **처녀**로 예언하는 자라
고전 7:25　**처녀**에 대하여는 내가 주께 받은 계명이
고전 7:28　**처녀**가 시집 가도 죄 짓는 것이 아니로
고전 7:34　**처녀**는 주의 일을 염려하여 몸과 영을
고후 11:2　정결한 **처녀**로 한 남편인 그리스도께

'처녀'와 관련된 성구

아리따운 처녀 – 왕상 1:3; 에 2:2, 3, 7
처녀 딸 – 삿 19:24; 왕하 19:21; 사 23:12; 37:22; 47:1; 렘 14:17; 46:11; 애 1:15; 2:13
처녀 이스라엘 – 렘 18:13; 31:4, 21; 암 5:2

처단하다(處斷, take away)
렘 44:12　유다의 남은 자들을 **처단하리니** 그들이

처량하다(凄凉, desolate)
삼하 13:20　압살롬의 집에 있어 **처량하게** 지내니라

처리하다(處理, conduct, do)
창 39:22　그 제반 사무를 요셉이 **처리하고**
창 50:2　아버지의 몸을 향으로 **처리하게** 하매
창 50:3　향으로 **처리하는** 데는 이 날수가 걸림이
민 4:26　모든 것을 이렇게 맡아 **처리할** 것이라
민 4:27　멜 것과 **처리할** 것을 아론과 그의 아들
렘 30:13　송사를 **처리할** 재판관이 없고 네 상처에
행 18:15　스스로 **처리하라** 나는 이러한 일에

처마(eaves)
왕상 7:9　그 초석에서 **처마**까지와 외면에서 큰

처방(處方, healing)
렘 30:13　네 상처에는 약도 없고 **처방**도 없도다

처벌하다(處罰, punish)
시 103:10　우리의 죄를 따라 우리를 **처벌하지는**
행 4:21　어떻게 **처벌할지** 방법을 찾지 못하고

처분(處分, do)
삼하 19:27　같으시니 왕의 **처분**대로 하옵소서
삼하 19:37　건너가게 하시옵고 왕의 **처분**대로

처소(處所, place)
창 24:31　서 있나이까 내가 방과 낙타의 **처소**를
출 15:17　여호와여 이는 주의 **처소**를 삼으시려고
출 16:29　너희는 각기 **처소**에 있고 일곱째 날에는
레 23:17　너희의 **처소**에서 십분의 이 에바로 만든
왕상 8:7　그 궤 **처소** 위에서 날개를 펴서 궤와
왕상 8:21　언약을 넣은 궤를 위하여 한 **처소**를
왕하 6:2　우리가 거주할 **처소**를 세우사이다
왕하 23:7　아세라를 위하여 휘장을 짜는 **처소**였더
대하 5:8　그룹들이 궤 **처소** 위에서 날개를 펴서
대하 6:41　능력의 궤와 함께 주의 평안한 **처소**에
스 6:3　제사 드리는 **처소**를 건축하되 지대를

'처소'와 관련된 성구

거룩한 처소 – 출 15:13; 신 26:15; 대하 30:27; 스 9:8; 시 68:5; 렘 25:30; 슥 2:13
견고한 처소 – 렘 49:19; 50:44
모든 처소 – 출 35:3; 레 3:17; 겔 37:23
안식할 처소 – 사 66:1; 행 7:49
은밀한 처소 – 사 65:4; 겔 7:22
의로운 처소 – 욥 8:6; 렘 31:23; 50:7
주께서 영원히 계실 처소 – 왕상 8:13; 대하 6:2
처소가 되다 – 신 33:27; 사 34:13; 엡 2:22
처소로 삼다 – 욥 39:6; 사 34:14
처소에 머물다 – 수 5:8; 욥 37:8; 슥 5:11
처소에 서다 – 대하 30:16; 34:31; 35:10

【 처음 】

에 2:9 그 궁녀들을 후궁 아름다운 **처소**에
욥 18:21 알지 못하는 자의 **처소**도 이러하니라
욥 39:6 땅을 그것이 사는 **처소**로 삼았느니라
시 44:19 주께서 우리를 승냥이의 **처소**에 밀어
시 74:20 포악한 자의 **처소**가 가득하나이다
시 132:5 여호와의 **처소** 곧 야곱의 전능자의 성막
잠 24:15 말며 그가 쉬는 **처소**를 헐지 말지니라
사 17:9 **처소**와 작은 산 꼭대기의 **처소** 같아
사 22:16 자기를 위하여 **처소**를 쪼아내었도다
사 33:20 눈이 안정된 **처소**인 예루살렘을 보리니
사 34:14 올빼미가 거기에 살면서 쉬는 **처소**로
사 63:15 거룩하고 영화로운 **처소**에서 보옵소서
렘 7:12 처음으로 내 이름을 둔 **처소** 실로에
겔 46:19 들어가시니 그 방 뒤 서쪽에 한 **처소**가
겔 46:20 소제 제물을 구울 **처소**니 그들이 이
미 2:12 그들을 한 **처소**에 두기를 보스라의 양
눅 16:9 때에 그들이 너희를 영주할 **처소**로
행 7:46 하나님의 **처소**를 준비하게 하여 달라고
고후 5:2 하늘로부터 오는 우리 **처소**로 덧입기를
계 18:2 큰 성 바벨론이여 귀신의 **처소**와 각종

📖 **처소 – 기타 본문**

출 10:23; 16:29; 신 33:27; 수 5:8; 삿 7:7; 9:55; 20:33; 삼상 2:29, 32; 3:2, 9; 29:4; 왕상 8:6; 왕하 6:32; 대상 16:27; 대하 5:7; 34:31; 35:10, 15; 욥 7:10; 18:15; 20:9; 23:3; 27:21, 23; 37:8; 40:12; 시 76:2; 사 18:4; 26:21; 46:7; 54:2; 렘 4:7; 6:3; 49:20; 겔 3:12; 12:3; 37:27; 43:7, 21; 암 4:6; 미 1:3; 합 3:11, 16; 습 2:11; 유 1:6

처음(first)

창 41:20 파리하고 흉한 소가 **처음**의 일곱 살진
출 4:8 **처음** 표적의 표징을 받지 아니하여도
출 22:29 더디지 말지며 네 **처음** 난 아들들을
민 13:20 가져오라 하니 그 때는 포도가 **처음**
민 18:13 드리는 그 땅의 **처음** 익은 모든 열매는
민 18:15 생물의 **처음** 나는 것은 … **처음** 태어난 사람은 반드시 대속할 … **처음** 태어난
민 18:17 오직 **처음** 태어난 소나 **처음** 태어난 양이나 **처음** 태어난 염소는 대속하지
삿 20:38 **처음**에 이스라엘 사람과 복병 사이에
삿 20:39 이들이 틀림없이 **처음** 싸움 같이 우리에
삼상 14:35 여호와를 위하여 **처음** 쌓은 제단이었더

삼상 22:15 하나님께 물은 것이 오늘이 **처음**이니이
왕상 20:9 왕이 **처음**에 보낸 종에게 구하신 것은
왕하 4:42 **처음** 만든 떡 곧 보리떡 이십 개와 또
대하 17:3 다윗의 **처음** 길로 행하여 바알들에게

📖 **'처음'과 관련된 성구**

처음 거둔 – 출 23:19; 신 18:4

처음 것 – 출 34:1, 4; 신 10:3; 시 78:51; 계 2:19; 21:4

처음과 같다 – 신 10:1, 4, 10; 수 8:5, 6; 삿 20:32; 사 1:26; 렘 33:7

처음 난 것 – 출 11:5; 12:12, 29; 13:12, 15; 레 27:26; 신 12:6, 17; 14:23; 느 10:36

처음 난 모든 것 – 출 13:2, 12, 15

처음 난 수컷 – 출 34:19; 신 15:19

처음 난 자 – 출 13:15; 시 135:8

처음보다 – 룻 3:10; 욥 42:12; 겔 36:11; 마 21:36; 벧후 2:20

처음부터 – 사 41:4, 26; 48:16 눅 1:2; 요 6:64; 8:25, 44; 15:27; 16:4; 행 26:4; 살후 2:13; 요일 2:7; 3:8; 요이 1:5

처음부터 끝까지 – 삼상 3:12; 대상 29:29; 대하 12:15; 16:11; 25:26; 35:27

처음부터 듣다 – 요일 2:24; 3:11; 요이 1:6

처음으로 – 창 13:4; 삼상 14:14; 왕하 17:25; 대상 9:2; 느 7:5; 렘 7:12; 요 10:40; 행 15:14

처음 익은 것 – 출 34:26; 레 2:12; 느 12:44; 13:31

처음 익은 곡식 가루 – 민 15:20, 21; 롬 11:16

처음 익은 무화과 – 사 28:4; 미 7:1

처음 익은 열매 – 민 28:26; 잠 3:9; 겔 44:30; 48:14; 나 3:12; 롬 8:23; 계 14:4

처음 태어난 것 – 민 3:41; 8:17

처음 태어난 남자 – 민 3:40, 43

처음 태어난 자 – 민 3:13, 41, 42, 45, 46, 50; 8:16, 17, 18

처음 판 – 출 34:1; 신 10:2

【 처자 】　　　　　　　　　　　　　　　　　　　　　　　　　　【 척1 】

느 10:37	처음 익은 밀의 가루와 거제물과 각종	에 8:11	그들의 처자를 죽이고 도륙하고 진멸하
잠 20:21	처음에 속히 잡은 산업은 마침내 복이	단 6:24	처자들과 함께 사자 굴에 던져 넣게
사 44:6	나는 처음이요 나는 마지막이라 나 외에	눅 14:26	부모와 처자와 형제와 자매와 더욱이
사 48:3	예로부터 처음 일들을 알게 하였고 내	행 21:5	처자와 함께 성문 밖까지 전송하거늘
사 48:12	그러니 나는 처음이요 또 나는 마지막		
렘 24:2	광주리에는 처음 익은 듯한 극히 좋은		

처제(妻弟, sister of one's own wife)

왕상 11:19　바로가 자기의 처제 곧 왕비 다브네스의

렘 50:17	처음에는 앗수르 왕이 먹었고 다음에는
단 8:1	나 다니엘에게 처음에 나타난 환상 후

처지(處地, place)

고전 14:16　알지 못하는 처지에 있는 자가 네가
히 5:12　가르침을 받아야 할 처지이니 단단한

호 1:2	처음 호세아에게 말씀하실 때 여호와께
호 9:10	무화과나무에서 처음 맺힌 첫 열매를
막 4:28	스스로 열매를 맺되 처음에는 싹이요

처참하다(悽慘, waste)

렘 34:22　유다의 성읍들을 주민이 없어 처참한

눅 2:2	수리아 총독이 되었을 때에 처음 한
눅 2:23	첫 태에 처음 난 남자마다 주의 거룩한
요 12:16	제자들은 처음에 이 일을 깨닫지 못하였

처첩(妻妾, concubines and wives)

삼하 5:13　예루살렘에서 처첩들을 더 두었으므로
삼하 19:5　처첩과 비빈들의 생명을 구원한 모든
대하 11:21　압살롬의 딸 마아가를 모든 처첩보다
전 2:8　남녀들과 인생들이 기뻐하는 처첩들을

행 11:15	그들에게 임하시기를 처음 우리에게
롬 13:11	구원이 처음 믿을 때보다 가까웠음이라
롬 16:5	그는 아시아에서 그리스도께 처음 맺은
갈 4:13	내가 처음에 육체의 약함으로 말미암아
딤전 5:12	처음 믿음을 저버렸으므로 정죄를
딤후 4:16	내가 처음 변명할 때에 나와 함께 한
히 2:3	처음에 주로 말씀하신 바요 들은 자들

처치하다(處置, do, treat)

민 15:34　처치할지 지시하심을 받지 못한
에 1:15　규례대로 하면 어떻게 처치할까
렘 9:7　내 딸 백성을 어떻게 처치할꼬 그들을
단 2:9　알게 하지 아니하면 너희를 처치할 법이

벧후 3:4	만물이 처음 창조될 때와 같이 그냥
계 1:17	두려워하지 말라 나는 처음이요 마지막
계 2:4	책망할 것이 있나니 너의 처음 사랑을
계 2:5	처음 행위를 가지라 만일 그리하지
계 2:8	처음이며 마지막이요 죽었다가 살아나

처하다(處, be, put)

신 28:66　생명이 위험에 처하고 주야로 두려워하
마 24:51　외식하는 자가 받는 벌에 처하리니
눅 12:46　아니한 자의 받는 벌에 처하리니
롬 12:16　낮은 데 처하며 스스로 지혜 있는 체
빌 4:12　비천에 처할 줄도 알고 풍부에 처할
요일 5:19　온 세상은 악한 자 안에 처한 것이며

계 4:1	처음에 내게 말하던 나팔 소리 같은 그
계 13:12	처음 짐승에게 경배하게 하니 곧 죽게
계 21:1	처음 하늘과 처음 땅이 없어졌고 바다도
계 21:6	알파와 오메가요 처음과 마지막이라
계 22:13	알파와 오메가요 처음과 마지막이요

척 1(尺, cubit)

겔 40:5　손바닥 너비가 더한 자로 여섯 척이라

처자(妻子, wife and children)

📖 척 1 - 기타 본문

겔 40:7, 9, 11, 12, 13, 14, 15, 19, 21, 23, 25, 27, 29, 30, 33, 36, 42, 47, 48, 49; 41:1, 2, 3, 4, 5, 8, 9, 10, 11, 12, 13, 14, 15, 22; 42:2, 3, 4, 7, 8, 16, 17, 18, 19, 20; 43:13, 14, 15, 16, 17; 45:1, 2, 3, 5,

창 30:26	외삼촌에게서 일하고 얻은 처자를 내게
창 32:11	처자들을 칠까 겁이 나기 때문이니이다
창 46:5	아버지 야곱과 자기들의 처자들을
출 21:5	상전과 내 처자를 사랑하니 나가서
민 14:3	우리 처자가 사로잡히리니 애굽으로
민 16:27	다단과 아비람은 그들의 처자와 유아들
신 3:19	너희의 처자와 가축은 내가 너희에게
수 1:14	너희의 처자와 가축은 모세가 너희에게
삼상 30:22	각자의 처자만 데리고 떠나가게 하라
대상 7:4	삼만 육천 명이니 이는 그 처자가 많기

【 척 2 】　　　　　　　　　　　　　　　　　　　　　　　　　　　　　　　　　　【 천국 】

6; 46:22; 47:3, 4, 5; 48:8, 9, 10, 13, 15, 16, 17, 18, 20, 21, 30, 32, 33, 34, 35

척 2(隻, boat)
눅 5:2　호숫가에 배 두 **척**이 있는 것을 보시니
요 6:22　무리가 배 한 **척** 외에 다른 배가 거기

척하다(pretext)
수 8:15　거짓으로 패한 **척하여** 광야 길로 도망하
행 23:15　사실을 더 자세히 물어보려는 **척하면서**

천 1(blanket)
겔 27:20　말을 탈 때 까는 **천**을 너와 거래하였도

천 2(千, thousand)
출 38:25　세겔로 백 달란트와 **천**칠백칠십오
민 3:50　돈이 성소의 세겔로 **천**삼백육십오
신 32:30　어찌 하나가 **천**을 쫓으며 둘이 만을
삿 8:26　귀고리의 무게가 금 **천**칠백 세겔이요
삼하 8:4　그에게서 마병 **천**칠백 명과 보병
왕상 3:4　그 제단에 일 **천** 번제를 드렸더니
왕상 4:32　삼천 가지를 … 노래는 **천**다섯 편이며
왕상 10:26 마병을 모으매 병거가 **천**사백 대요
대상 9:13　힘있는 자는 모두 **천**칠백육십 명이더라
대상 18:4　그에게서 병거 **천** 대와 기병 칠천
대상 26:30 하사뱌와 그의 동족 용사 **천** 칠백 명은
대하 1:14　마병을 모으매 병거가 **천**사백 대요
대하 12:3　그에게 병거가 **천**이백 대요 마병이 육만
스 2:7　엘람 자손이 **천**이백오십이 명이요
스 2:12　아스갓 자손이 **천**이백이십이 명이요
스 2:31　다른 엘람 자손이 **천**이백오십사 명이요
스 2:37　임멜 자손이 **천**오십이 명이요
스 2:38　바스훌 자손이 **천**이백사십칠 명이요
스 2:39　하림 자손이 **천**십칠 명이었더라
스 8:27　금잔이 스무 개라 그 무게는 **천** 다릭이요
느 7:12　엘람 자손이 **천**이백오십사 명이요
느 7:34　기타 엘람 자손이 **천**이백오십사 명이요
느 7:40　임멜 자손이 **천**오십이 명이요
느 7:41　바스훌 자손이 **천**이백사십칠 명이요
느 7:42　하림 자손이 **천**십칠 명이었느니라
느 7:70　총독이 금 **천** 드라크마와 대접 오십과
욥 42:12　그가 양 만 사천과 낙타 육천과 소 **천**
시 84:10　한 날이 다른 곳에서의 **천** 날보다

아 8:11　말미암아 은 **천**을 바치게 하였구나
아 8:12　너는 **천**을 얻겠고 열매를 지키는 자도
사 7:23　날에는 **천** 그루에 은 **천** 개의 가치가
단 12:11　가증한 것을 세울 때부터 **천**이백구십
단 12:12　기다려서 **천**삼백삼십오 일까지 이르는
계 14:20　굴레에까지 닿았고 **천**육백 스다디온에

'천 2'와 관련된 성구

대장장이 천 명 – 왕하 24:16
방패 천 개 – 아 4:4
베냐민 사람 천 명 – 삼하 19:17
(수)천 명씩 – 민 31:4, 5, 6; 삼상 10:19; 29:2; 삼하 18:4
유다 몇 천 명 – 삼상 23:23
은 천 개 – 창 20:16; 삼하 18:12; 사 7:23
은 천백 – 삿 16:5; 17:2, 3
지휘관 천 명 – 대상 12:34
천 개 – 스 1:9, 10
천 규빗 – 민 35:4; 느 3:13
천 달란트 – 왕하 15:19; 대상 19:6
천 마디 – 욥 9:3
천 마리 – 삼상 25:2; 대상 29:21; 대하 1:6; 30:24
천 명 – 수 23:10; 삿 9:49; 15:15, 16; 20:10; 삼하 10:6; 시 91:7; 사 60:22; 단 5:1; 암 5:3
천 배 – 신 1:11
천 사람 – 전 7:28; 사 30:17
천 이백 육십 일 – 계 11:3; 12:6
천 척 – 겔 47:3, 4, 5

천국(天國, Kingdom of Heaven)
마 5:19　**천국**에서 … 가르치는 자는 **천국**에서
마 8:11　이삭과 야곱과 함께 **천국**에 앉으려니와
마 11:11　**천국**에서는 극히 작은 자라도 그보다
마 11:12　세례 요한의 때부터 지금까지 **천국**은
마 13:11　대답하여 이르시되 **천국**의 비밀을 아는
마 13:19　아무나 **천국** 말씀을 듣고 깨닫지 못할
마 13:24　비유를 들어 이르시되 **천국**은 좋은 씨
마 13:31　또 비유를 들어 이르시되 **천국**은 마치
마 13:33　비유로 말씀하시되 **천국**은 마치 여자가
마 13:38　세상이요 좋은 씨는 **천국**의 아들들이

마 13:44 **천국**은 마치 밭에 감추인 보화와 같으니
마 13:45 **천국**은 마치 좋은 진주를 구하는 장사
마 13:47 **천국**은 마치 바다에 치고 각종 물고기
마 13:52 **천국**의 제자된 서기관마다 마치 새것과
마 16:19 **천국** 열쇠를 네게 주리니 네가 땅에
마 18:1   예수께 나아와 이르되 **천국**에서는 누가
마 18:4   같이 자기를 낮추는 사람이 **천국**에서
마 18:23 그러므로 **천국**은 그 종들과 결산하려
마 19:12 사람이 만든 고자도 있고 **천국**을 위하여
마 19:14 금하지 말라 **천국**이 이런 사람의 것이니
마 20:1   **천국**은 마치 품꾼을 얻어 포도원에
마 22:2   **천국**은 마치 자기 아들을 위하여 혼인
마 23:13 너희는 **천국** 문을 사람들 앞에서 닫고
마 25:1   그 때에 **천국**은 마치 등을 들고 신랑을

'천국'과 관련된 성구

복이 있나니 천국이 그들의 것 - 마 5:3, 10
천국 복음 - 마 4:23; 9:35; 24:14
천국에 들어가다 - 마 7:21; 딤후 4:18
천국에 들어가지 못하다(들어가기 어렵다)
   - 마 5:20; 18:3; 19:23
천국이 가까이 왔다 - 마 3:2; 4:17; 10:7

천군(千軍, armies of heaven)
느 9:6   모든 **천군**이 주께 경배하나이다
시 103:21 그의 뜻을 행하는 모든 **천군**이여 여호와
눅 2:13   수많은 **천군**이 그 천사들과 함께 하나님

천년(千年, thousand years)
시 90:4   목전에는 **천년**이 지나간 어제 같으며
전 6:6   그가 비록 **천년**의 갑절을 산다 할지라도
벧후 3:8 주께는 하루가 **천년** 같고 **천년**이 하루
계 20:2   사탄이라 잡아서 **천년** 동안 결박하여
계 20:3   위에 인봉하여 **천년**이 차도록 다시는
계 20:4   살아서 그리스도와 더불어 **천년** 동안
계 20:5   나머지 죽은 자들은 그 **천년**이 차기까지
계 20:6   제사장이 되어 **천년** 동안 그리스도와
계 20:7   **천년**이 차매 사탄이 그 옥에서 놓여

천대 1(賤待, humiliate)
욥 24:24 잠깐 동안 높아졌다가 **천대**를 받을

말 2:9   멸시와 **천대**를 당하게 하였느니라

천대 2(千代, thousand generations)
출 34:7   인자를 **천대**까지 베풀며 악과 과실과
신 7:9   계명을 지키는 자에게는 **천대**까지 그의

'천대 2'에 관련된 성구

천대까지 은혜를 베풀다 - 출 20:6; 신 5:10
천대에 명령하신 말씀 - 대상 16:15; 시 105:8

천둥(thunder)
욥 37:4   위엄 찬 소리로 **천둥**을 치시며 그 음성
요 12:29 들은 무리는 **천둥**이 울었다고도 하며

천둥 소리

욥 40:9   능력이 있느냐 하나님처럼 **천둥 소리**를

천막(天幕, tent)
출 35:11 성막과 **천막**과 그 덮개와 그 갈고리와
민 24:2   이스라엘이 그 지파대로 **천막** 친 것을
대하 14:15 또 짐승 지키는 **천막**을 치고 양과 낙타
사 40:22 차일 같이 펴셨으며 거주할 **천막** 같이
행 18:3   그 생업은 **천막**을 만드는 것이더라

천만/천만인(千萬, innumerable, thousands)
창 24:60 우리 누이여 너는 **천만인**의 어머니가
시 3:6   **천만인**이 나를 에워싸 진 친다 하여도
렘 32:18 은혜를 **천만인**에게 베푸시며 아버지
히 12:22 도성인 하늘의 예루살렘과 **천만** 천사와

천박하다(淺薄, beggarly)
갈 4:9   다시 약하고 **천박한** 초등학문으로

천부장(千夫長, leader of units of a thousand)
출 18:21 백성 위에 세워 **천부장**과 백부장과 오십부장과
출 18:25 백성의 우두머리 곧 **천부장**과 백부장과 오십부장과
민 10:4   하나만 불 때에는 이스라엘의 **천부장** 된 지휘관

[천사]   [천사]

신 1:15	곧 각 지파를 따라 **천부장**과 백부장과
수 22:14	이스라엘 중에서 **천부장**들이라
삼상 8:12	너희의 아들들을 **천부장**과 오십부장을
삼상 17:18	그들의 **천부장**에게 주고 네 형들의 안부
삼상 18:13	그를 **천부장**으로 삼으매 그가 백성 앞에
삼상 22:7	밭과 포도원을 주며 너희를 **천부장**
대상 12:14	백부장이요, 그 큰 자는 **천부장**이더니
대상 12:20	실르대이니 다 므낫세의 **천부장**이라
대상 15:25	이스라엘 장로들과 **천부장**들이 가서
대하 17:14	유다에 속한 **천부장** 중에는 아드나가
막 6:21	생일에 대신들과 **천부장**들과 갈릴리의
요 18:12	군대와 **천부장**과 유대인의 아랫사람
행 21:31	요란하다는 소문이 군대의 **천부장**에게
행 21:32	**천부장**과 군인들을 보고 바울 치기를
행 21:33	**천부장**이 가까이 가서 바울을 잡아
행 21:34	**천부장**이 소동으로 말미암아 진상을
행 21:37	**천부장**에게 이르되 내가 당신에게
행 21:40	**천부장**이 허락하거늘 바울이 층대 위에
행 22:24	**천부장**이 바울을 영내로 데려가라
행 22:26	듣고 가서 **천부장**에게 전하여 이르되
행 22:27	**천부장**이 와서 바울에게 말하되 네가
행 22:28	**천부장**이 대답하되 나는 돈을 많이 들여
행 22:29	**천부장**도 그가 로마 시민인 줄 알고
행 22:30	**천부장**은 유대인들이 무슨 일로 그를
행 23:10	**천부장**은 바울을 그들에게 찢어질까
행 23:15	공회와 함께 **천부장**에게 청하여 바울을
행 23:17	**천부장**에게로 인도하라 그에게 무슨
행 23:18	**천부장**에게로 데리고 가서 이르되 죄수
행 23:19	**천부장**이 그의 손을 잡고 물러가서
행 23:22	**천부장**이 청년을 보내며 경계하되 이
행 24:22	**천부장** 루시아가 내려오거든 너희 일을
행 25:23	**천부장**들과 시중의 높은 사람들과 함께

'**천부장(들)과 백부장(들)**'과 관련된 성구

민 31:14, 48, 52, 54; 신 1:15; 삼하 18:1; 대상 13:1; 26:26; 27:1; 28:1; 29:6; 대하 1:2; 25:5

천사(天使, angel)

창 19:15	**천사**가 롯을 재촉하여 이르되 일어나
왕상 13:18	**천사**가 여호와의 말씀으로 내게 이르기
왕상 19:5	로뎀 나무 아래에 누워 자더니 **천사**가
대상 21:27	여호와께서 **천사**를 명령하시매 그가
욥 33:23	일천 **천사** 가운데 하나가 그 사람의
시 78:49	**천사**들을 그들에게 내려보내셨으며
호 12:4	**천사**와 겨루어 이기고 울며 그에게 간구
마 4:11	이에 마귀는 예수를 떠나고 **천사**들이
마 13:39	세상 끝이요 추수꾼은 **천사**들이니
마 24:36	하늘의 **천사**들도, 아들도 모르고 오직
마 28:2	지진이 나며 주의 **천사**가 하늘로부터
마 28:5	**천사**가 여자들에게 말하여 이르되 너희
막 1:13	들짐승과 함께 계시니 **천사**들이 수종
눅 1:13	**천사**가 그에게 이르되 사가랴여 무서워
눅 1:26	여섯째 달에 **천사** 가브리엘이 하나님의
눅 2:17	**천사**가 자기들에게 이 아기에 대하여
눅 2:21	예수라 하니 곧 잉태하기 전에 **천사**가
눅 9:26	아버지와 거룩한 **천사**들의 영광으로
눅 16:22	죽어 **천사**들에게 받들려 아브라함
눅 20:36	**천사**와 동등이요 부활의 자녀로서
눅 22:43	**천사**가 하늘로부터 예수께 나타나 힘
눅 24:23	살아나셨다 하는 **천사**들의 나타남을
요 5:4	**천사**가 가끔 못에 내려와 물을 움직이게
요 12:29	이들은 **천사**가 그에게 말하였다고도
행 6:15	주목하여 보니 그 얼굴이 **천사**의 얼굴과
행 7:30	사십 년이 차매 **천사**가 시내 산 광야
행 7:38	시내 산에서 말하던 그 **천사**와 우리
행 7:53	**천사**가 전한 율법을 받고도 지키지
행 10:22	거룩한 **천사**의 지시를 받아 당신을 그
행 11:13	말하기를 **천사**가 내 집에 서서 말하되
행 12:9	베드로가 나와서 따라갈새 **천사**가 하는
행 12:10	한 거리를 지나매 **천사**가 곧 떠나더라
행 23:9	영이나 혹 **천사**가 그에게 말하였으면
롬 8:38	생명이나 **천사**들이나 권세자들이나
고전 4:9	세계 곧 **천사**와 사람에게 구경거리가
고전 6:3	**천사**를 판단할 것을 너희가 알지 못하느
고전 11:10	그러므로 여자는 **천사**들로 말미암아
고전 13:1	사람의 방언과 **천사**의 말을 할지라도
고후 11:14	자기를 광명의 **천사**로 가장하나니
갈 1:8	혹은 하늘로부터 온 **천사**라도 우리가
골 2:18	꾸며낸 겸손과 **천사** 숭배를 이유로
딤전 3:16	**천사**들에게 보이시고 만국에서 전파되
히 1:4	**천사**보다 훨씬 뛰어남은 그들보다 더욱
히 2:5	세상을 **천사**들에게 복종하게 하심이
히 2:7	그를 잠시 동안 **천사**보다 못하게 하시며
히 2:9	우리가 **천사**들보다 잠시 동안 못하게

[천사]   [천지]

히 2:16	확실히 **천사**들을 붙들어 주려 하심이
히 12:22	도성인 하늘의 예루살렘과 천만 **천사**와
히 13:2	**천사**들을 대접한 이들이 있었느니라
벧전 1:12	알린 것이요 **천사**들도 살펴 보기를
벧전 3:22	하나님 우편에 계시니 **천사**들과 권세들
벧후 2:4	하나님이 범죄한 **천사**들을 용서하지
벧후 2:11	더 큰 힘과 능력을 가진 **천사**들도 주
유 1:6	처소를 떠난 **천사**들을 큰 날의 심판까지

'천사'와 관련된 성구

- 네 **천사** – 계 7:1, 2; 9:14, 15
- 넷째 **천사** – 계 8:12; 16:8
- 다른 **천사** – 슥 2:3; 계 7:2; 8:3; 10:1; 14:6, 8, 9, 15, 17, 18; 18:1
- 다섯째 **천사** – 계 9:1; 16:10
- 두 **천사** – 창 19:1; 요 20:12
- 둘째 **천사** – 계 8:8; 16:3
- 땅을 밟고 서 있는 **천사** – 계 10:5, 8
- 또 다른 **천사** – 계 8:3
- 모든 **천사**(들) – 시 148:2; 마 25:31; 히 1:6, 14; 계 7:11
- 셋째 **천사** – 계 8:10; 16:4
- 어느 때에 **천사** 중 누구에게 – 히 1:5, 13
- 여섯째 **천사** – 계 9:13, 14; 16:12
- 여호와의 **천사** – 왕상 19:7; 대상 21:12, 15, 16, 18, 30; 시 34:7; 35:5, 6; 103:20; 슥 1:11, 12; 3:1, 5, 6
- 일곱째 **천사** – 계 10:7; 11:15; 16:17
- 일곱 **천사** – 계 8:2, 6; 15:1, 6, 7, 8; 16:1; 17:1; 21:9
- **천사**가 내게 말하다 – 계 17:15; 19:9
- **천사**가 대답하여 이르다 – 슥 1:12; 4:5; 6:5; 눅 1:19, 35
- **천사**들을 통하여 – 갈 3:19; 히 2:2
- **천사**들이 오다 – 마 13:49; 계 8:3
- **천사**에게 말하다 – 슥 1:11; 눅 1:34; 계 9:14; 16:1
- **천사**에게 이르다 – 삼하 24:16; 대상 21:15; 눅 1:18
- **천사**의 손 – 행 7:35; 계 8:4; 10:8, 10
- **천사장** – 살전 4:16; 유 1:9
- 첫째 **천사** – 계 8:7; 16:2
- 하늘에 있는 **천사**(들) – 마 22:30; 막 12:25; 13:32

계 3:5	그 이름을 내 아버지 앞과 그의 **천사**들
계 5:2	힘있는 **천사**가 큰 음성으로 외치기를
계 5:11	많은 **천사**의 음성이 있으니 그 수가
계 8:5	**천사**가 향로를 가지고 제단의 불을
계 8:13	**천사**들이 불어야 할 나팔 소리가 남아
계 10:9	**천사**에게 나아가 작은 두루마리를 달라 한즉 **천사**가 이르되 갖다 먹어 버리라
계 14:10	거룩한 **천사**들 앞과 어린 양앞에서 불과
계 14:19	**천사**가 낫을 땅에 휘둘러 땅의 포도를
계 16:5	내가 들으니 물을 차지한 **천사**가 이르되
계 18:21	힘 센 **천사**가 큰 맷돌 같은 돌을 들어
계 19:17	내가 보니 한 **천사**가 태양 안에 서서
계 20:1	내가 보매 **천사**가 무저갱의 열쇠와 큰
계 21:12	열두 문이 있는데 문에 열두 **천사**가
계 21:17	규빗이니 사람의 측량 곧 **천사**의 측량
계 22:8	**천사**의 발 앞에 경배하려고 엎드렸더니

천사 – 기타 본문

민 20:16; 삼하 24:16, 17; 대상 21:15, 20; 대하 32:21; 욥 4:18; 시 91:11; 전 5:6; 단 3:28; 6:22; 슥 1:9, 13, 14, 19; 2:3; 3:1, 3; 4:1, 4, 5; 5:5, 10; 6:4; 마 13:41; 16:27; 22:30; 24:31; 25:31; 26:53; 막 8:38; 12:25; 13:27; 눅 1:30, 38; 2:10, 13, 15; 요 20:13; 행 10:4, 7; 12:8, 11, 15; 갈 4:14; 살후 1:7; 딤전 5:21; 히 1:7; 계 1:1; 17:7; 22:6

천장(天障, ceiling)
왕상 6:15 성전 마루에서 **천장**까지의 벽에 입히고
왕상 6:16 이십 규빗 되는 곳에 마루에서 **천장**까지
대하 3:5 대전 **천장**은 잣나무로 만들고 또 순금

천지(天地, heavens and the earth)
창 2:1 **천지**와 만물이 다 이루어지니라
창 2:4 이것이 **천지**가 창조될 때에 하늘과 땅의
신 3:24 **천지**간에 어떤 신이 능히 주께서 행하신
신 4:26 내가 오늘 **천지**를 불러 증거를 삼노니
대상 29:11 주께 속하였사오니 **천지**에 있는 것이
대하 6:14 여호와여 **천지**에 주와 같은 신이 없나이
스 5:11 이르기를 우리는 **천지**의 하나님의
시 69:34 **천지**가 그를 찬송할 것이요 바다와 그
시 113:6 스스로 낮추사 **천지**를 살피시고
시 119:91 **천지**가 주의 규례들대로 오늘까지 있음
렘 23:24 여호와가 말하노라 나는 **천지**에 충만하

[천천]　　　　　　　　　　　　　　　　　　　　　　　[천하다/천히]

렘 33:25　주야와 맺은 언약이 없다든지 **천지**를
눅 12:56　외식하는 자여 너희가 **천지**의 기상은

'천지'와 관련된 성구

주께서 천지를 만드셨나이다 – 왕하 19:15;
　사 37:16
천지는 없어지다 – 시 102:26; 마 5:18;
　24:35; 막 13:31; 눅 16:17; 21:33
천지를 짓다 – 대하 2:12; 시 115:15;
　121:2; 124:8; 134:3; 렘 10:11; 32:17
천지를 창조하다 – 창 1:1; 출 31:17
천지 사이 – 대상 21:16; 겔 8:3; 슥 5:9
천지와 바다 – 시 135:6; 146:6; 행 4:24;
　14:15
천지의 주재 – 창 14:19, 22; 마 11:25;
　눅 10:21; 행 17:24

천천(千千, thousands)

신 33:17　므낫세의 자손은 **천천**이리로다
삼상 18:8　내게는 **천천**만 돌리니 그가 더 얻을
시 68:17　하나님의 병거는 **천천**이요 만만이라
시 119:72　주의 입의 법이 내게는 **천천** 금은보다
시 144:13　우리의 양은 들에서 **천천**과 만만으로
단 7:10　나오며 그를 섬기는 자는 **천천**이요
미 6:7　여호와께서 **천천**의 숫양이나 만만의
계 5:11　있으니 그 수가 만만이요 **천천**이라

'천천'과 관련된 성구

천천의 수령들 – 수 22:21, 30
사울이 죽인 자는 천천이요 다윗은 만만이
　로다 – 삼상 18:7; 21:11; 29:5

천천히(slowly)

창 33:14　**천천히** 인도하여 세일로 가서 내 주께
사 8:6　이 백성이 **천천히** 흐르는 실로아 물을

천체(天體, heavenly array)

신 4:19　*해와 달과 별들, 하늘 위의 모든* **천체**

천하(天下, on the earth, under the sky)

창 1:9　이르시되 **천하**의 물이 한곳에 모이고

창 6:17　모든 육체를 **천하**에서 멸절하리니 땅에
창 7:19　물이 땅에 더욱 넘치매 **천하**의 높은
출 17:14　아말렉을 없이하여 **천하**에서 기억도
신 25:19　**천하**에서 아말렉에 대한 기억을 지워
욥 37:3　그 소리를 **천하**에 펼치시며 번갯불을
전 2:3　**천하**의 인생들이 그들의 인생을 살아가
전 3:1　범사에 기한이 있고 **천하** 만사가 다
애 4:12　모든 왕들과 **천하** 모든 백성이 믿지
단 4:1　느부갓네살 왕은 **천하**에 거주하는 모든
단 11:4　강성할 때에 그의 나라가 갈라져 **천하**
눅 2:1　가이사 아구스도가 영을 내려 **천하**로
행 2:5　경건한 유대인들이 **천하** 각국으로부터
행 4:12　**천하** 사람 중에 구원을 받을 만한 다른
행 11:28　**천하**에 큰 흉년이 들리라 하더니
행 17:6　**천하**를 어지럽게 하던 이 사람들이
행 17:31　정하신 사람으로 하여금 **천하**를 공의로
행 19:27　**천하**가 위하는 그의 위엄도 떨어질까
행 24:5　전염병 같은 자라 **천하**에 흩어진 유대인

'천하'와 관련된 성구

온 천하 – 왕하 5:15; 욥 28:24; 41:11;
　단 7:23, 27; 9:12; 마 16:26; 26:13;
　막 8:36; 14:9; 16:15; 눅 9:25; 골
　1:6; 계 12:9; 16:14
천하 만국 – 왕하 19:19; 사 37:16, 20;
　슥 12:3; 마 4:8; 눅 4:5
천하 만민 – 창 18:18; 22:18; 26:4; 출
　33:16; 신 2:25; 4:19; 습 3:20; 골
　1:23
천하에서 제하다/없애다/지우다 – 신
　7:24; 9:14; 29:20; 왕하 14:27; 사
　25:8
천하(의) (모든) (열)왕 – 왕상 4:34; 대하
　9:22, 23; 슥 14:9; 계 16:14

천하다/천히(賤, humble)

삼상 18:23　작은 일로 보느냐 나는 가난하고 **천한**
삼하 6:22　이보다 더 낮아져서 스스로 **천하게** 보일
욥 9:21　아니하고 내 생명을 **천히** 여기는구나
렘 22:28　사람 고니야는 **천하고** 깨진 그릇이냐
겔 16:5　네가 나던 날에 네 몸이 **천하게** 여겨져
행 19:27　영업이 **천하여질** 위험이 있을 뿐 아니라

철 1 〕   〔 철학/철학자

롬 9:21 천히 쓸 그릇을 만들 권한이 없느냐
고전 1:28 천한 것들과 멸시 받는 것들과 없는
딤후 2:20 귀하게 쓰는 것도 있고 천하게 쓰는

> **'천한 자'와 관련된 성구**
> 잠 22:29; 사 2:9; 단 4:17

철 1(season)
레 26:4 너희에게 철따라 비를 주리니 땅은 그
시 1:3 시냇가에 심은 나무가 철을 따라 열매를

철 2(鐵, iron)
레 26:19 하늘을 철과 같게 하며 너희 땅을 놋과
신 8:9 돌은 철이요 산에서는 동을 캘 것이라
신 28:23 하늘은 놋이 되고 네 아래의 땅은 철이
삼상 17:7 자루는 베틀 채 같고 창 날은 철 육백
삼하 12:31 써레질과 철 도끼질과 벽돌구이를
삼하 23:7 그것들을 만지는 자는 철과 창자루를
왕상 22:11 자기를 위하여 철로 뿔들을 만들어
대상 22:3 문짝 못과 거멀 못에 쓸 철을 많이 준비
대상 29:7 만 팔천 달란트와 철 십만 달란트를
대하 18:10 그나아나의 아들 시드기야는 철로 뿔들
욥 28:2 철은 흙에서 캐내고 동은 돌에서 녹여
잠 27:17 철이 철을 날카롭게 하는 것 같이 사람
사 44:12 철공은 철로 연장을 만들고 숯불로
사 60:17 가지고 철을 대신하며 … 철로 돌을
렘 15:12 능히 철 곧 북방의 철과 놋을 꺾으리요

> **'철'과 관련된 성구**
> 금, 은, 동, 철 – 민 31:22; 대하 2:7, 14
> 놋과 철/철과 놋 – 신 33:25; 대상 22:14,
>   16; 29:2; 렘 6:28; 15:12
> 철고랑 – 시 149:8
> 철 멍에 – 신 28:48
> 철 병거 – 수 17:16, 18; 삿 1:19; 4:3, 13
> 철 병기 – 욥 20:24
> 철 연장 – 민 35:16; 왕상 6:7; 전 10:10
> 철 침상 – 신 3:11
> 철 타작기 – 암 1:3
> 철 풀무 – 왕상 8:51
> 철 호심경 – 계 9:9

겔 27:12 철과 주석과 납을 네 물품과 바꾸어
계 18:12 나무와 구리와 철과 대리석으로 만든

철거하다(撤去, remove)
대하 20:33 산당만은 철거하지 아니하였으므로

철공(鐵工, mason)
삼상 13:19 온 땅에 철공이 없었으니 이는
대하 24:12 보수하며 또 철공과 놋쇠공을
사 44:12 철공은 철로 연장을 만들고 숯불로
렘 24:1 목공들과 철공들을 예루살렘에서

철벽(鐵壁, iron wall)
겔 4:3 너와 성읍 사이에 두어 철벽을 삼고

철장(鐵杖, iron scepter)
시 2:9 네가 철장으로 그들을 깨뜨림이여
계 2:27 철장을 가지고 그들을 다스려 질그릇
계 12:5 장차 철장으로 만국을 다스릴 남자라
계 19:15 그들을 철장으로 다스리며 또 친히

철저히(徹底, to pieces)
왕하 11:18 제단들과 우상들을 철저히 깨뜨리고

철퇴(鐵槌, hatchet, war club)
시 74:6 도끼와 철퇴로 성소의 모든 조각품을
렘 51:20 여호와께서 이르시되 너는 나의 철퇴

철판(鐵板, griddle, iron pan)
레 2:5 철판에 부친 것으로 소제의 예물을
레 6:21 그것을 기름으로 반죽하여 철판에 굽고
레 7:9 구운 소제물과 냄비에나 철판에서 만든
민 16:38 향로를 쳐서 제단을 싸는 철판을 만들라
겔 4:3 철판을 가져다가 너와 성읍 사이에 두어

철필(鐵筆, iron tool)
욥 19:24 철필과 납으로 영원히 돌에 새겨졌으면
렘 17:1 유다의 죄는 금강석 끝 철필로 기록되었

철학/–자(哲學, philosophy)
행 17:18 에피쿠로스와 스토아 철학자들도

| 철회하다 | | 첫째 |

골 2:8	누가 **철학**과 헛된 속임수로 너희를

철회하다(撤回, revoke)
에 8:5	꾀하고 쓴 조서를 **철회하소서**
에 8:8	인친 조서는 누구든지 **철회**할 수 없음

첨가되다(添加, add)
민 36:3	그 지파의 기업에 **첨가되리니** 그러면
민 36:4	그가 속한 지파에 **첨가될** 것이라

첩(妾, concubine)
창 16:3	아브람에게 **첩**으로 준 때는 아브람이
창 22:24	나홀의 **첩** 르우마라 하는 자도 데바와
창 35:22	르우벤이 가서 그 아버지의 **첩** 빌하와
창 36:12	에서의 아들 엘리바스의 **첩** 딤나는
삿 8:31	**첩**도 아들을 낳았으므로 그 이름을
삿 19:1	레위 사람이 유다 베들레헴에서 **첩**을
삿 19:2	그 **첩**이 행음하고 남편을 떠나 유다
삿 19:9	그 사람이 **첩**과 하인과 더불어 일어나
삿 19:10	안장 지운 나귀 두 마리와 **첩**이 그와
삿 19:24	내 처녀 딸과 이 사람의 **첩**이 있은즉
삿 19:25	그 사람이 자기 **첩**을 붙잡아 그들에게
삿 19:29	자기 **첩**의 시체를 거두어 그 마디를
삿 20:4	내가 내 **첩**과 더불어 베냐민에 속한
삿 20:5	나를 죽이려 하고 내 **첩**을 욕보여 그를
삿 20:6	**첩**의 시체를 거두어 쪼개서 이스라엘
삼하 3:7	**첩**이 있었으니 이름은 리스바요 … 어
	찌하여 내 아버지의 **첩**과 통간하였느냐
삼하 21:11	사울의 **첩** 리스바가 행한 일이 다윗에게
왕상 11:3	후궁이 칠백 명이요 **첩**이 삼백 명이라
대하 11:21	르호보암은 아내 열여덟 명과 **첩** 예순

첩경(捷徑, path, shortcut, way)
사 26:7	정직하신 주께서 의인의 **첩경**을 평탄하
사 30:11	바른 길을 버리며 **첩경**에서 돌이키라

첫(first)
창 10:8	또 니므롯을 낳았으니 그는 세상에 **첫**
창 26:1	아브라함 때에 **첫** 흉년이 들었더니 그
출 12:2	너희에게 달의 시작 곧 해의 **첫** 달이
출 34:19	**첫** 태생은 다 내 것이며 네 가축의 모든
레 2:14	**첫** 이삭의 … 드리거든 **첫** 이삭을
레 4:21	**첫**번 수송아지를 사람과 같이 불사르니
레 23:10	곡물의 **첫** 이삭 한 단을 제사장에게로
레 23:17	넣어서 구운 것이요 이는 **첫** 요제로
레 23:20	제사장은 그 **첫** 이삭의 떡과 함께 그
민 18:12	여호와께 드리는 **첫** 소산 곧 제일 좋은
신 33:17	그는 **첫** 수송아지 같이 위엄이 있으니
삼하 23:19	**첫** 세 사람에게는 미치지 못하였더라
대상 1:10	니므롯을 낳았으니 세상에서 **첫** 영걸이
스 3:12	많은 족장들은 **첫** 성전을 보았으므로
에 1:14	왕의 기색을 살피며 나라 **첫** 자리에
렘 36:28	불사른 **첫** 두루마리의 모든 말을 기록하
겔 44:30	**첫** 밀가루를 제사장에게 주어 그들에게
단 7:8	작은 뿔이 그 사이에서 나더니 **첫** 번째
슥 14:10	문에서부터 **첫** 문 자리와 성 모퉁이
막 12:28	모든 계명 중에 **첫째**가 무엇이니이까
눅 2:23	율법에 쓴 바 **첫** 태에 처음 난 남자마다
요 2:11	이 **첫** 표적을 갈릴리 가나에서 행하여
행 16:12	마게도냐 지방의 **첫** 성이요 또 로마의
엡 6:2	공경하라 이것이 약속이 있는 **첫** 계명

'첫'과 관련된 성구
- 첫 것 – 레 27:26; 히 8:13
- 첫 날 – 출 12:15, 16; 레 23:7, 24, 35, 39, 40; 민 28:18; 신 16:4, 9; 삿 20:22; 삼하 21:9; 느 8:18; 단 10:12; 마 26:17; 28:1; 막 14:12; 16:2, 9; 눅 24:1; 요 20:1, 19; 행 20:7, 18; 고전 16:2; 빌 1:5
- 첫 사람 – 고전 15:45, 47
- 첫 새끼 – 창 4:4; 출 13:13; 34:20; 신 15:19
- 첫 아들 – 신 25:6; 눅 2:7
- 첫 언약 – 히 8:7; 9:1, 15, 18
- 첫 열매 – 출 23:16; 대하 31:5; 느 10:35; 렘 2:3; 겔 20:40; 호 9:10; 고전 15:20, 23; 16:15; 약 1:18
- 첫 장막 – 히 9:2, 6, 8
- 첫 줄 – 출 28:17; 39:10

첫째(first)
창 2:11	**첫째**의 이름은 비손이라 금이 있는
욥 42:14	**첫째** 딸은 여미마라 이름하였고 둘째
겔 10:14	**첫째** 면은 그룹의 얼굴이요 둘째 면은
단 7:4	**첫째**는 사자와 같은데 독수리의 날개가

【 첫해 】　　　　　　　　　　　　　　　　　　　　　　　【 청년 】

단 8:21	사이에 있는 큰 뿔은 곧 그 **첫째** 왕이요	**청결하다**(淸潔, pure)	
슥 6:2	**첫째** 병거는 붉은 말들이, 둘째 병거는	욥 8:6	또 **청결**하고 정직하면 반드시 너를
마 22:38	이것이 크고 **첫째** 되는 계명이요	시 24:4	손이 깨끗하며 마음이 **청결**하며 뜻을
막 9:35	누구든지 **첫째**가 되고자 하면 뭇 사람의	잠 20:11	자기 품행이 **청결**한 여부와 정직한
막 12:28	모든 계명 중에 **첫째**가 무엇이니이까	사 1:25	찌꺼기를 잿물로 씻듯이 녹여 **청결**하게
막 12:29	**첫째**는 이것이니 이스라엘아 들으라	사 4:4	예루살렘의 피를 그 중에서 **청결**하게
눅 19:16	**첫째**가 나아와 이르되 주인이여 당신의	마 5:8	마음이 **청결**한 자는 복이 있나니 그들이
요 19:32	**첫째** 사람과 또 그 다른 사람의 다리를	딤전 1:5	이 교훈의 목적은 **청결**한 마음과 선한
행 12:10	**첫째**와 둘째 파수를 지나 시내로 통한	딤후 1:3	생각하여 **청결**한 양심으로 조상적부터
고전 12:28	**첫째**는 사도요 둘째는 선지자요 셋째는		
딤전 2:1	**첫째**로 권하노니 모든 사람을 위하여	**청구/-하다**(請求, request)	
히 10:9	**첫째** 것을 폐하심은 둘째 것을 세우려	창 30:14	언니의 아들의 합환채를 **청구**하노라
약 3:17	위로부터 난 지혜는 **첫째** 성결하고	출 21:22	남편의 **청구**대로 반드시 벌금을 내되
계 4:7	**첫째** 생물은 사자 같고 그 둘째 생물은		
계 9:12	**첫째** 화는 지나갔으나 보라 아직도	**청년**(靑年, young man)	
계 21:19	**첫째** 기초석은 벽옥이요 둘째는 남보석	모세오경, 역사서	

'첫째'와 관련된 성구

첫째 날 – 창 1:5; 민 1:1, 18; 7:12; 신 1:3
첫째 달 – 창 8:13; 출 12:18; 40:2, 17; 레 23:5; 민 9:1, 5; 20:1; 28:16; 33:3; 수 4:19; 대상 27:2, 3; 대하 29:3, 17; 35:1; 스 6:19; 7:9; 8:31; 10:17; 에 3:7, 12; 겔 29:17; 30:20; 40:1; 45:18, 21; 단 10:4
첫째로 제비 뽑다 – 수 21:10; 대상 24:7; 25:9
첫째 부활 – 계 20:5, 6
첫째 세 명(사람)에게는 미치지 못하다 – 대상 11:21, 25
첫째 천사 – 계 8:7; 16:2

창 41:12	친위대장의 종 된 히브리 **청년**이 우리와
창 44:2	은잔을 그 **청년**의 자루 아귀에 넣고 그
창 44:20	그가 노년에 얻은 아들 **청년**이 있으니
출 24:5	**청년**들을 보내어 여호와께 소로 번제와
삿 9:54	죽였다 할까 하노라 하니 그 **청년**이
삿 14:10	잔치를 베풀었으니 **청년**들은 이렇게
삿 17:7	가족에 속한 유다 베들레헴에 한 **청년**이
삿 17:11	그 **청년**이 미가의 아들 중 하나 같이
삿 17:12	레위인을 거룩하게 구별하매 그 **청년**이
삿 18:3	레위 **청년**의 음성을 알아듣고 그리로
삿 18:15	**청년** 레위 사람의 집 곧 미가의 집에
삿 19:19	우리들과 함께 한 **청년**에게 먹을 양식과
삼상 17:56	이 **청년**이 누구의 아들인가 물어보라
삼하 1:5	**청년**에게 묻되 사울과 그의 아들 요나단
삼하 1:6	그에게 알리는 **청년**이 이르되 내가
삼하 1:13	다윗이 그 소식을 전한 **청년**에게 묻되
삼하 1:15	**청년** 중 한 사람을 불러 이르되 가까이
삼하 2:14	원하건대 **청년**들에게 일어나서 우리
삼하 2:21	가서 **청년** 하나를 붙잡아 그의 군복을
삼하 4:12	**청년**들에게 명령하매 곧 그들을 죽이고
삼하 13:34	압살롬은 도망하니라 파수하는 **청년**이
삼하 14:21	허락하였으니 가서 **청년** 압살롬을
삼하 16:2	떡과 과일은 **청년**들이 먹게 하고 포도주
삼하 17:18	**청년**이 그들을 보고 압살롬에게 알린지
삼하 18:32	**청년**과 같이 되기를 원하나이다 하니
삼하 20:11	요압의 **청년** 중 하나가 아마사 곁에
삼하 20:12	피 속에 놓여 있는지라 그 **청년**이 모든

첫해(first year)

단 9:1　갈대아 나라 왕으로 세움을 받던 첫 해

청(請, request)

삼상 25:35　내가 네 말을 듣고 네 **청**을 허락하노라
왕하 16:9　**청**을 듣고 곧 올라와서 다메섹을 쳐서

'청을 거절하다'와 관련된 성구

왕상 2:16, 17, 20

【 청년 】　　　　　　　　　　　　　　　　　　　　　　　　　　　　　　　　　　【 청색 】

왕상 11:28	솔로몬이 이 **청년**의 부지런함을 보고	행 23:17	**청년**을 천부장에게로 인도하라 그에게
왕하 5:22	선지자의 제자 중에 두 **청년**이 에브라임	행 23:18	죄수 바울이 나를 불러 이 **청년**이 당신
왕하 6:17	여호와께서 그 **청년**의 눈을 여시매 그가	행 23:22	천부장이 **청년**을 보내며 경계하되 이
왕하 9:4	**청년** 곧 그 선지자의 **청년**이 길르앗	딤후 2:22	너는 **청년**의 정욕을 피하고 주를 깨끗한
왕하 9:6	예후가 일어나 집으로 들어가니 **청년**		
대하 36:17	칼로 **청년**들을 죽이며 **청년** 남녀와 노인		

'청년'과 관련된 성구

고관의 **청년**(들) – 왕상 20:14, 15, 17, 19
무기를 든 **청년** – 삿 9:54; 삼하 18:15
준수한 **청년** – 겔 23:6, 12, 23
청년들아 내가 너희에게 쓰나 – 요일 2:13, 14
청년(의) 때(시절) – 전 12:1; 렘 2:2; 3:4, 24, 25

시가서, 선지서	
욥 1:19	**청년**들 위에 무너지므로 그들이 죽으나
욥 20:11	그의 기골이 **청년** 같이 강장하나 그
욥 33:25	그의 살이 **청년**보다 부드러워지며
시 78:31	이스라엘의 **청년**을 쳐 엎드러뜨리셨도
시 78:63	그들의 **청년**은 불에 살라지고 그들의
시 110:3	같은 주의 **청년**들이 주께 나오는도다
시 119:9	**청년**이 무엇으로 그의 행실을 깨끗하게
전 11:9	**청년**이여 네 어린 때를 … 네 **청년**의
사 13:18	메대 사람이 활로 **청년**을 쏘아 죽이며
사 23:4	**청년**들을 양육하지도 못하였으며 처녀
사 62:5	**청년**이 처녀와 결혼함 같이 네 아들들
렘 6:11	**청년**들에게 부으리니 남편과 아내와
렘 9:21	자녀들을 거리에서는 **청년**들을 멸절
렘 11:22	내가 그들을 벌하리니 **청년**들은 칼에
렘 15:8	그들과 **청년**들의 어미를 쳐서 놀람과
렘 18:21	장정은 죽음을 당하며 그 **청년**은 전장에
렘 31:13	**청년**과 노인은 함께 즐거워하리니 내가
렘 51:22	노년과 유년을 분쇄하며 네가 **청년**
애 1:15	**청년**들을 부수심이여 처녀 딸 유다를
애 1:18	처녀들과 나의 **청년**들이 사로잡혀
애 2:21	처녀들과 내 **청년**들이 칼에 쓰러졌나이
애 5:13	**청년**들이 맷돌을 지며 아이들이 나무를
애 5:14	다시 성문에 앉지 못하며 **청년**들은
암 2:11	**청년** 중에서 나실인을 일으켰나니
암 4:10	너희 **청년**들을 죽였으며 너희 말들을
슥 9:17	곡식은 **청년**을, 새 포도주는 처녀를

신약

마 19:20	**청년**이 이르되 이 모든 것을 내가
마 19:22	그 **청년**이 재물이 많으므로 이 말씀을
막 14:51	**청년**이 벗은 몸에 베 홑이불을 두르고
막 16:5	무덤에 들어가서 흰 옷을 입은 한 **청년**
막 16:6	**청년**이 이르되 놀라지 말라 너희가
눅 7:14	**청년**아 내가 네게 말하노니 일어나라
행 7:58	옷을 벗어 사울이라 하는 **청년**의 발
행 20:9	유두고라 하는 **청년**이 창에 걸터 앉았
행 20:12	살아난 **청년**을 데리고 가서 적지 않게

청명하다 (淸明, clear)

출 24:10 청옥을 편 듯하고 하늘 같이 **청명하더라**

청보석 (靑寶石, sapphire)

겔 28:13 **청보석**과 남보석과 홍옥과 황금으로

청산하다 (淸算, account)

히 13:17 자신들이 **청산할** 자인 것 같이 하느니라

청색 (靑色, blue)

대하 2:7	홍색 **청색** 실로 직조하며 또 아로새길
대하 2:14	자색 **청색** 홍색 실과 가는 베로 일을
에 1:6	녹색, **청색** 휘장을 자색 가는 베 줄로
렘 10:9	**청색** 자색 옷을 입었나니 이는 정교한
겔 27:7	섬의 **청색** 자색 베로 차일을 만들었도다
겔 27:24	아름다운 물품 곧 **청색** 옷과 수 놓은

'청색'과 관련된 성구

전부 **청색**으로 짜다 – 출 28:31; 39:22
청색 고 – 출 26:4; 36:11
청색 끈 – 출 28:28, 37; 39:21, 31; 민 15:38
청색 보자기 – 민 4:7, 9, 11, 12
청색 자색 홍색 실 – 출 25:4; 26:1, 31, 36; 27:16; 28:5, 6, 8, 15, 33; 35:6, 23, 25, 35; 36:8, 35, 37; 38:18, 23; 39:1, 2, 3, 5, 8, 24, 29; 대하 3:14

청소하다/청소되다 (淸掃, sweep)
사 14:23 멸망의 빗자루로 **청소하리라** 나 만군의
마 12:44 그 집이 비고 **청소되고** 수리되었거늘
눅 11:25 보니 그 집이 **청소되고** 수리되었거늘

청옥/청옥수 (靑玉, sapphire onyx)
출 24:10 그의 발 아래에는 **청옥**을 편 듯하고
욥 28:6 그 돌에는 **청옥**이 있고 사금도 있으며
욥 28:16 귀한 **청옥수**나 남보석으로도 그 값을
아 5:14 몸은 아로새긴 상아에 **청옥**을 입힌 듯
사 54:11 돌 사이에 더하며 **청옥**으로 네 기초를
애 4:7 윤택함이 갈아서 빛낸 **청옥** 같더니
계 21:20 비취옥이요 열한째는 **청옥**이요 열두째

청원/−하다 (請願, petition)
마 27:15 명절이 되면 총독이 무리의 **청원**대로
행 25:24 여기서도 내게 **청원하였으나**

청종하다 (聽從, agree)
창 37:27 하매 그의 형제들이 **청종하였더라**
신 4:30 돌아와서 그의 말씀을 **청종하리니**
신 11:13 만일 **청종하고** 너희의 하나님 여호와를
신 13:3 꿈 꾸는 자의 말을 **청종하지** 말라 이는
신 30:20 사랑하고 그의 말씀을 **청종하며** 또
수 24:24 그의 목소리를 우리가 **청종하리이다**
삼상 15:24 그들의 말을 **청종하였음이니이다**
시 18:44 소문을 들은 즉시로 내게 **청종함이여**
잠 5:13 선생의 목소리를 **청종하지** 아니하며
잠 23:22 너를 낳은 아비에게 **청종하고** 네 늙은
잠 25:12 슬기로운 자의 책망은 **청종하는** 귀에

'청종하다' 와 관련된 성구
그의 목소리를 (잘) 청종하다 − 출 23:21, 22; 신 13:4; 삼상 15:22
내게 청종하지 아니하다 − 레 26:14, 18, 21, 27
내 목소리를 청종하지 아니하다 − 민 14:22; 렘 18:10; 22:21
여호와의 말씀을 청종하다 − 신 26:14; 27:10; 28:2, 45, 62; 30:2, 8, 9−10
여호와의 (목)소리를/음성을 청종하다 − 신 8:20; 수 5:6; 삼상 15:19, 20; 렘 26:13

사 50:10 종의 목소리를 **청종하는** 자가 누구냐

청지기 (steward)
창 43:16 자기의 **청지기**에게 이르되 이 사람들을
창 43:17 **청지기**가 요셉의 명대로 하여 그 사람
창 43:19 그들이 요셉의 집 **청지기**에게 가까이
창 44:1 요셉이 그의 집 **청지기**에게 명하여
창 44:4 요셉이 **청지기**에게 이르되 일어나 그
창 44:6 **청지기**가 그들에게 따라 가서 그대로
마 20:8 주인이 **청지기**에게 이르되 품꾼들을
눅 8:3 헤롯의 **청지기** 구사의 아내 요안나와
눅 12:42 있고 진실한 **청지기**가 되어 주인에게
눅 16:1 **청지기**가 있는데 그가 주인의 소유를
눅 16:2 네가 보던 일을 셈하라 **청지기** 직무를
눅 16:3 **청지기**가 속으로 이르되 주인이 내 직분
눅 16:8 옳지 않은 **청지기**가 일을 지혜 있게
갈 4:2 정한 때까지 후견인과 **청지기** 아래에
딛 1:7 감독은 하나님의 **청지기**로서 책망할
벧전 4:10 은혜를 맡은 선한 **청지기** 같이 서로

청청하다 (淸淸, fresh)
시 92:14 진액이 풍족하고 빛이 **청청하니**
사 15:6 시들었으며 연한 풀이 말라 **청청한** 것이
렘 17:8 **청청하며** 가무는 해에도 걱정이 없고

청춘 (靑春, youth)
시 103:5 만족하게 하사 네 **청춘**을 독수리같이

청하다 (請, ask, request)
모세오경, 역사서
창 24:2 늙은 종에게 이르되 **청하건대** 내 허벅지
창 33:14 **청하건대** 내 주는 종보다 앞서 가소서
창 34:12 아무리 큰 혼수와 예물을 **청할지라도**
창 38:25 **청하건대** 보소서 이 도장과 그 끈과
창 39:7 눈짓하다가 동침하기를 **청하니**
창 39:10 여인이 날마다 요셉에게 **청하였으나**
창 40:8 하나님께 있지 아니하니이까 **청하건대**
창 47:29 네게 은혜를 입었거든 **청하노니** 네 손을
출 2:20 버려두고 왔느냐 그를 **청하여** 음식을
출 34:15 너를 **청하면** 네가 그 제물을 먹을까
민 25:2 백성을 **청하매** 백성이 먹고 그들의
수 2:12 **청하노니** 내가 너희를 선대하였은즉
삿 1:24 **청하노니** 이 성읍의 입구를 우리에게

청하다

삿 9:38	아니냐 **청하노니** 이제 나가서 그들과
삿 14:15	소유를 빼앗고자 하여 우리를 **청한** 것이
삿 15:2	**청하노니** 너는 그를 대신하여 동생을
삿 19:11	**청하건대** 우리가 돌이켜 여부스 사람의
삿 21:22	**청하건대** 너희는 우리에게 은혜를
삼상 9:18	선견자의 집이 어디인지 **청하건대** 내게
삼상 9:24	내가 백성을 **청할** 때부터 너를 위하여
삼상 16:3	이새를 제사에 **청하라** 내가 네게 행할
삼상 16:5	성결하게 하고 제사에 **청하니라**
삼상 19:2	**청하노니** 아침에 조심하여 은밀한 곳에
삼상 22:3	당신들과 함께 있게 하기를 **청하나이다**
삼상 28:8	**청하노니** 나를 위하여 신접한 술법으로
삼하 1:9	고통 중에 있나니 **청하건대** 너는 내
삼하 13:23	압살롬이 왕의 모든 아들을 **청하고**
삼하 13:24	**청하건대** 왕은 신하들을 데리시고 당신
삼하 14:2	**청하건대** 너는 상주가 된 것처럼 상복을
삼하 14:15	**청하는** 것을 왕께서 시행하실 것이라
삼하 14:32	너를 이리로 오라고 **청한** 것은 내가
삼하 19:37	**청하건대** 당신의 … 있사오니 **청하건대**
삼하 24:14	고통 중에 있도다 **청하건대** 여호와께서
삼하 24:17	**청하건대** 주의 손으로 나와 내 아버지의
왕상 1:9	유다 모든 사람을 다 **청하였으나**
왕상 1:19	군사령관 요압을 **청하였으나** 왕
왕상 1:25	**청하였는데** 그들이 아도니야 앞에서
왕상 13:6	**청하건대** 너는 나를 위하여 네 하나님
왕상 14:2	**청하건대** 일어나 변장하여 사람들이
왕상 22:5	**청하건대** 먼저 여호와의 말씀이 어떠하
왕하 4:10	**청하건대** 우리가 그를 위하여 작은 방을
왕하 4:22	**청하건대** 사환 한 명과 나귀 한 마리를
왕하 6:3	**청하건대** 당신도 종들과 함께 하소서
왕하 9:12	당치 아니한 말이라 **청하건대** 그대는
왕하 16:7	**청하건대** 올라가 그 손에서 나를 구원
왕하 18:23	**청하건대** 이제 너는 내 주 앗수르 왕과
대상 10:13	또 신접한 자에게 가르치기를 **청하고**
대하 2:7	**청하건대** 당신은 금, 은, 동, 철로 제조하
대하 18:4	**청하건대** 먼저 여호와의 말씀이 어떠하
대하 18:12	**청하건대** 당신의 말도 그들 중 한 사람
느 8:1	모세의 율법책을 가져오기를 **청하매**
느 13:6	며칠 후에 왕에게 말미를 **청하고**
에 5:10	친구들과 그의 아내 세레스를 **청하여**

시가서, 선지서

욥 1:4	그의 누이 세 명을 **청하여** 함께 먹기
욥 8:8	**청하건대** 너는 옛 시대 사람에게 물으며
시 137:3	거기서 우리에게 노래를 **청하며** 우리
	를 황폐하게 한 자가 기쁨을 **청하고**
사 36:8	**청하노니** 내 주 앗수르 왕과 내기하라
렘 21:2	**청컨대** 너는 우리를 위하여 여호와께
렘 32:8	**청하노니** 너는 베냐민 땅 아나돗에 있는
렘 36:17	기록하였느냐 **청하노니** 우리에게
렘 37:3	**청하되** 너는 우리를 위하여 우리 하나님
렘 38:4	재난을 구하오니 **청하건대** 이 사람을
암 7:2	여호와여 **청하건대** 사하소서 야곱이
암 7:5	여호와여 **청하건대** 그치소서 야곱이
습 1:7	희생을 준비하고 그가 **청할** 자들을

복음서

마 16:1	하늘로부터 오는 표적 보이기를 **청하니**
눅 5:3	육지에서 조금 떼기를 **청하시고** 앉으사
눅 7:3	오셔서 그 종을 구해 주시기를 **청한지라**
눅 7:39	예수를 **청한** 바리새인이 그것을 보고
눅 9:38	**청컨대** 내 아들을 돌보아 주옵소서 이는
눅 14:12	부한 이웃을 **청하지** 말라 두렵건대 그
눅 14:13	자들과 저는 자들과 맹인들을 **청하라**
눅 14:16	잔치를 베풀고 많은 사람을 **청하였더니**
눅 14:17	**청하였던** 자들에게 종을 보내어 이르되
눅 14:24	전에 **청하였던** 그 사람들은 하나도 내

'청하다'와 관련된 성구

- 솔로몬은 청하지 아니하다 – 왕상 1:10, 19, 26
- 시몬을 청하다 – 행 10:5, 32; 11:13
- 왕후 와스디를 청하다 – 에 1:11, 17
- 잡수시기를 청하다 – 눅 7:36; 11:37
- 재판을 청하다 – 신 25:1; 삼하 15:2, 6
- 청컨대 나를 양해하도록 하라 – 눅 14:18, 19
- 청하여 오다 – 삼하 15:12; 왕상 12:20; 겔 23:42; 마 22:9
- 청하여 이르되/말하되 – 창 32:29; 34:4; 룻 4:2; 마 15:23; 요 4:31; 12:21; 행 16:9, 15; 23:17
- 청한 사람들 – 마 22:3, 4, 8
- 청한 자 – 삼상 9:22; 눅 14:9, 10, 12
- 청함을 받다 – 삼상 9:13; 삼하 15:11; 에 5:12; 마 22:14; 눅 14:7, 8, 10; 요 2:2; 행 28:14; 계 19:9

【 청혼 】 【 체하다 】

눅 14:32 　사신을 보내어 화친을 **청할지니라**
요 4:40 　함께 유하시기를 **청하니** 거기서 이틀을
역사서, 서신서
행 7:14 　온 친족 일흔다섯 사람을 **청하였더니**
행 8:31 　빌립을 **청하여** 수레에 올라 같이 앉으라
행 8:34 　**청컨대** 내가 묻노니 선지자가 이 말한
행 9:2 　여러 회당에 가져갈 공문을 **청하니** 이는
행 10:22 　당신을 그 집으로 **청하여** 말을 들으려
행 10:48 　베드로에게 며칠 더 머물기를 **청하니라**
행 12:20 　설득하여 화목하기를 **청한지라**
행 13:42 　사람들이 **청하되** 다음 안식일에도 이
행 16:39 　데리고 나가 그 성에서 떠나기를 **청하니**
행 18:20 　더 오래 있기를 **청하되** 허락하지 아니
행 20:17 　에베소로 보내어 교회 장로들을 **청하니**
행 21:39 　시민이니 **청컨대** 백성에게 말하기를
행 23:18 　있다 하여 데리고 가기를 **청하더이다**
행 23:20 　내려오기를 당신께 **청하자** 하였으니
행 23:21 　그들의 **청함을** 따르지 마옵소서 그들
행 25:3 　예루살렘으로 옮기기를 **청하니** 이는
행 25:15 　그를 고소하여 정죄하기를 **청하기에**
행 28:17 　유대인 중 높은 사람들을 **청하여**
행 28:20 　이야기하려고 **청하였으니** 이스라엘의
고전 10:27 　불신자 중 누가 너희를 **청할** 때에 너희
고후 11:1 　어리석은 것을 용납하라 **청하건대** 나를
약 5:14 　장로들을 **청할** 것이요 그들은 주의 이름

청하다 - 기타 본문
창 19:7, 8, 23; 23:13; 24:14, 17, 23, 43, 45;
32:29; 33:10, 11; 34:4; 37:6, 16; 38:16; 민
10:31; 12:11; 20:17; 22:6, 16, 17; 수 7:19;
15:18; 삿 1:14; 4:19; 8:5; 9:2; 11:17, 19; 12:5;
16:6, 10; 18:5; 19:6, 8, 9; 삼상 2:36; 3:17;
10:15; 15:25, 30; 26:8, 20; 28:22; 삼하 7:29;
13:13, 26; 14:11, 12; 15:7; 16:9; 18:19, 22;
19:37; 20:16; 왕상 2:17, 21; 3:26; 17:10, 11;
19:20; 20:32; 22:13; 왕하 2:2, 4, 6, 16; 5:15, 17,
22; 7:13; 18:26; 대상 21:17; 느 1:9; 에 1:11; 욥
17:3; 22:22; 사 29:11, 12; 36:11; 렘 37:20;
40:15; 단 1:12; 욘 1:8; 마 9:38; 눅 10:2; 요 4:47;
행 23:15

청혼(請婚, ask to marry)
아 8:8 　그가 **청혼을** 받는 날에는 우리가 그를

청황색(靑黃色, pale)
계 6:8 　**청황색** 말이 나오는데 그 탄 자의 이름

체(sieve)
암 9:9 　만국 중에서 체질하기를 **체로** 체질함

체구(體軀, form)
욥 41:12 　용맹과 늠름한 **체구에** 대하여 잠잠하지

체류하다(滯留, stay)
눅 24:18 　예루살렘에 **체류하면서도** 요즘 거기서

체질(體質, constitution, frame)
시 103:14 　우리의 **체질을** 아시며 우리가 단지 먼지

체질하다(shake)
암 9:9 　만국 중에서 **체질하기를** 체로 **체질함**

체포되다(逮捕, arrest)
막 15:7 　민란 중에 살인하고 **체포된** 자 중에

체하다(pretend)
삼상 21:13 　미친 **체하고** 대문짝에 그적거리며
삼하 4:6 　밀을 가지러 온 **체하고** 집 가운데로
삼하 20:9 　수염을 잡고 그와 입을 맞추려는 **체하매**
시 81:15 　그에게 복종하는 **체할지라도** 그들의
잠 13:7 　부한 **체하여도** … 가난한 **체하여도**
잠 29:21 　그가 나중에는 자식인 **체하리라**
눅 20:20 　스스로 의인인 **체하며** 예수의 말을
행 27:30 　내리는 **체하고** 거룻배를 바다에 내려
롬 12:16 　처하며 스스로 지혜 있는 **체하지** 말라

　　'**체하다**' 와 관련된 성구
다른 사람인 체하다 - 왕상 14:5, 6
모르는 체하다 - 창 42:7; 욥 8:18
못 본 체하다 - 레 20:4; 신 22:1, 3, 4;
　욥 31:19; 잠 28:27
병든 체하다 - 삼하 13:5, 6
스스로 높은 체하다 - 잠 12:9; 25:6;
　30:32
스스로 큰 체하다 - 사 10:15; 애 1:9; 단
　8:25
하나님의 마음 같은 체하다 - 겔 28:2, 6

【 쳐다보다 】　　　　　　　　　　　　　　　　　　　　　　　　　　　　　　【 쳐죽이다 】

쳐다보다(look at, look up)
민 21:9　뱀에게 물린 자가 놋뱀을 **쳐다본즉** 모두
사 8:21　저주할 것이며 위를 **쳐다보거나**
막 8:24　**쳐다보며** 이르되 사람들이 보이나이다
눅 18:13　눈을 들어 하늘을 **쳐다보지도** 못하고
눅 19:5　예수께서 그 곳에 이르사 **쳐다보시고**
행 1:10　제자들이 자세히 하늘을 **쳐다보고**
행 1:11　어찌하여 서서 하늘을 **쳐다보느냐** 너희
행 22:13　보라 하거늘 즉시 그를 **쳐다보았노라**

쳐들다(outstretch)
렘 27:5　큰 능력과 나의 **쳐든** 팔로 땅과 지상에

쳐들어가다(invade)
단 11:9　남방 왕의 왕국으로 **쳐들어갈** 것이나

쳐들어오다(raid)
대상 14:9　이르러 르바임 골짜기로 **쳐들어온지라**

쳐부수다(attack and route, defeat)
창 14:15　나뉘어 밤에 그들을 **쳐부수고** 다메섹
창 14:17　그와 함께 한 왕들을 **쳐부수고** 돌아올

쳐죽이다(kill, strike down, attack and murder)
〔모세오경〕
창 4:8　가인이 그의 아우 아벨을 **쳐죽이니라**
출 2:12　사람을 **쳐죽여** 모래 속에 감추니라
출 19:13　손을 대지 말고 돌로 **쳐죽이거나** 화살로
출 21:12　사람을 **쳐죽인** 자는 반드시 죽일 것이나
출 21:29　그 소는 돌로 **쳐죽일** 것이고 임자도
출 22:2　뚫고 들어오는 것을 보고 그를 **쳐죽이면**
레 24:17　사람을 **쳐죽인** 자는 반드시 죽일 것이요
레 24:18　짐승을 **쳐죽인** 자는 짐승으로 짐승을
민 15:36　밖으로 끌어내고 돌로 그를 **쳐죽여서**
민 35:16　만일 철 연장으로 사람을 **쳐죽이면** 그는
민 35:17　돌을 손에 들고 사람을 **쳐죽이면** 이는
민 35:18　나무 연장을 손에 들고 사람을 **쳐죽이면**
민 35:21　악의를 가지고 손으로 **쳐죽이면** 그 친
신 1:4　시혼을 **쳐죽이고** … 옥을 **쳐죽인** 후라
신 13:10　하려 한 자이니 너는 돌로 **쳐죽이라**
신 17:5　그 남자나 여자를 돌로 **쳐죽이되**
신 20:13　칼로로 그 안의 남자를 다 **쳐죽이고**
신 21:1　엎드러진 것을 발견하고 그 **쳐죽인** 자

신 21:21　모든 사람들이 그를 돌로 **쳐죽일지니**
신 22:21　성읍 사람들이 그를 돌로 **쳐죽일지니**
신 22:24　끌어내고 그들을 돌로 **쳐죽일** 것이니
신 22:26　사람이 일어나 그 이웃을 **쳐죽인** 것과
〔역사서〕
수 7:5　사람이 그들을 삼십육 명쯤 **쳐죽이고**
수 8:21　다시 돌이켜 아이 사람들을 **쳐죽이고**
수 8:22　어떤 사람들은 저쪽에서 **쳐죽여서** 한
수 10:26　그 후에 여호수아가 그 왕들을 **쳐죽여**
수 11:8　한 사람도 남기지 아니하고 **쳐죽이고**
수 11:10　하솔을 취하고 그 왕을 칼날로 **쳐죽이고**
수 11:17　그들의 왕들을 모두 잡아 **쳐죽였으며**
수 12:1　그 땅에서 **쳐죽인** 왕들은 이러하니라
삿 14:19　그 곳 사람 삼십 명을 **쳐죽이고** 노략하
삿 20:39　사람 삼십 명 가량을 **쳐죽이기를**
삼상 14:14　처음으로 **쳐죽인** 자가 이십 명 가량이라
삼상 17:35　그 수염을 잡고 그것을 **쳐죽였나이다**
삼상 17:50　블레셋 사람을 이기고 그를 **쳐죽였으나**
삼상 19:8　싸워 그들을 크게 **쳐죽이매** 그들이 그
삼하 1:1　다윗이 아말렉 사람을 **쳐죽이고** 돌아와
삼하 4:7　침상 위에 누워 있는지라 그를 **쳐죽이고**
삼하 8:13　사람 만 팔천 명을 **쳐죽이고** 돌아와
삼하 11:21　여룹베셋의 아들 아비멜렉을 **쳐죽인**
삼하 14:6　한 아이가 다른 아이를 **쳐죽인지라**
삼하 14:7　그의 동생을 **쳐죽인** 자를 내놓으라 우리
삼하 17:2　도망하리니 내가 다윗 왕만 **쳐죽이고**
삼하 18:15　열 명이 압살롬을 에워싸고 **쳐죽이니라**
삼하 21:17　그 블레셋 사람들을 **쳐죽이니** 그 때에
삼하 21:18　거인족의 아들 중의 삽을 **쳐죽였고**
삼하 23:8　그가 단번에 팔백 명을 **쳐죽였더라**
삼하 23:20　내려가서 사자 한 마리를 **쳐죽였으며**
왕상 2:34　브나야가 곧 올라가서 그를 **쳐죽이매**
왕상 12:18　온 이스라엘이 그를 돌로 **쳐죽인지라**
왕상 16:10　시므리가 들어가서 그를 **쳐죽이고** 그를
왕상 20:20　각각 적군을 **쳐죽이매** 아람 사람이 도망
왕상 21:10　곧 그를 끌고 나가서 돌로 **쳐죽이라**
왕상 21:13　성읍 밖으로 끌고 나가서 돌로 **쳐죽이고**
왕하 15:10　반역하여 백성 앞에서 **쳐죽이고** 대신하
왕하 15:14　살룸을 거기에서 **쳐죽이고** 대신하여
왕하 19:37　사레셀이 그를 칼로 **쳐죽이고** 아라랏
왕하 25:21　하맛 땅 립나에서 다 **쳐죽였더라** 이와
대상 5:10　손으로 **쳐죽이고** 길르앗 동쪽 온 땅에서
대상 18:12　에돔 사람 만 팔천 명을 **쳐죽인지라**

【 초 1 】　　　　　　　　　　　　　　　　　　　　　　　　　　　　　　　　【 초본 】

대상 20:4 　큰 자의 아들 중에 십배를 **쳐죽이매**
대하 10:18 이스라엘 자손이 저를 돌로 **쳐죽인지라**
대하 20:23 멸한 후에는 그들이 서로 **쳐죽였더라**
대하 24:21 여호와의 전 뜰 안에서 돌로 **쳐죽였더라**
대하 24:25 그를 그의 침상에서 **쳐죽인지라**

　선지서, 신약　
사 10:26 바위에서 미디안을 **쳐죽이신** 것 같이
렘 41:2 　아히감의 아들 그다랴를 칼로 **쳐죽였고**
렘 41:9 　아들 이스마엘이 그가 **쳐죽인** 사람들의
렘 52:27 땅 립나에서 다 **쳐죽였더라** 이와 같이
행 7:24 　원수를 갚아 애굽 사람을 **쳐죽이니라**

초 1(醋, vinegar)

민 6:3 　포도주로 된 초나 독주로 된 **초를**
룻 2:14 　네 떡 조각을 **초에** 찍으라 하므로 룻이
시 69:21 음식물로 주며 목마를 때에는 **초를**

초 2(初, beginning)

삿 7:19 　이경 **초에** 진영 근처에 이른즉 바로

초개(草芥, straw)

사 25:10 모압이 거름물 속에서 **초개가** 밟힘 같이
사 40:24 마라 회오리바람에 불려 가는 **초개** 같도다
사 41:2 　티끌 같게, 그의 활에 불리는 **초개** 같게
사 47:14 그들은 **초개** 같아서 불에 타리니 그 불

초닷새(fifth day of a month)

겔 1:1 　서른째 해 넷째 달 **초닷새에** 내가 그발
겔 1:2 　왕이 사로잡힌 지 오 년 그 달 **초닷새라**
겔 8:1 　여섯째 해 여섯째 달 **초닷새에** 나는

초대하다(招待, invite)

슥 3:10 무화과나무 아래로 서로 **초대하리라**

초등교사(初等敎師, supervision)

갈 3:24 그리스도께로 인도하는 **초등교사가**
갈 3:25 믿음이 온 후로는 우리가 **초등교사**

초등학문(初等學文, basic principle)

갈 4:3 　**초등학문** 아래에 있어서 종노릇하였더
갈 4:9 　약하고 천박한 **초등학문으로** 돌아가서

골 2:8 　전통과 세상의 **초등학문을** 따름이요
골 2:20 세상의 **초등학문에서** 그리스도와 함께

초막(草幕, booth, shelter)

욥 27:18 좀의 집 같고 파수꾼의 **초막** 같을 것
시 27:5 여호와께서 환난 날에 나를 그의 **초막**
사 4:6 　**초막이** 있어서 낮에는 더위를 피하는
애 2:6 　그의 **초막을** 동산처럼 헐어 버리시며

　'초막'과 관련된 성구　
초막 셋을 짓다 – 마 17:4; 막 9:5; 눅 9:33
초막에(서) 거(주)하다 – 레 23:42, 43; 느 8:14
초막을 짓다 – 느 8:15, 16, 17; 욘 4:5

초막절(草幕節, Feast of Tabernacles)

신 16:16 **초막절에** 네 하나님 여호와께서 택하신 곳에서
신 31:10 매 칠 년 끝 해 곧 면제년의 **초막절에**
대하 8:13 무교절과 칠칠절과 **초막절에** 드렸더라
요 7:2 　유대인의 명절인 **초막절이** 가까우니라

　'초막절을 지키다' 와 관련된 성구　
레 23:34; 신 16:13; 스 3:4; 슥 14:16, 18, 19

초목(草木, plant)

창 2:5 　들에는 **초목이** 아직 없었고 밭에는
왕상 4:33 **초목에** 대하여 말하되 레바논의 백향목
아 6:11 푸른 **초목을** 보려고 포도나무가 순이
사 42:15 **초목들을** 마르게 하며 강들이 섬이 되게

초보(初步, elementary teaching)

히 5:12 말씀의 **초보에** 대하여 누구에게서
히 6:1 　그리스도의 도의 **초보를** 버리고 죽은

초본(抄本, abstract, copy of the letter)

스 4:11 **초본은** 이러하니 강 건너편에 있는

　'조서(의) 초본'과 관련된 성구　
스 4:23; 7:11; 에 3:14; 4:8; 8:13

【 초산하다 】   【 초하루 】

스 5:6   왕에게 올린 글의 **초본**은 이러하니라

초산하다(初産, bearing one's first child)
렘 4:31   **초산하는** 자의 고통하는 소리 같으니

초상집(初喪, house of mourning)
전 7:2   **초상집**에 가는 것이 잔칫집에 가는
전 7:4   마음은 **초상집**에 있으되 우매한 자
렘 16:5   **초상집**에 들어가지 말라 가서 통곡하지
겔 24:17   **초상집**에서 먹는 음식물을 먹지 말라

초석(礎石, foundation)
왕상 7:9   그 **초석**에서 처마까지와 외면에서 큰
왕상 7:10   **초석**은 귀하고 큰 돌 곧 십 규빗 되는

초승달 장식(crescent)
삿 8:21   목에 있던 **초승달 장식들**을 떼어서
삿 8:26   **초승달 장식들**과 패물과 미디안 왕들이

초실절(初實節, Feast of Weeks with the firstfruits)
출 34:22   곧 맥추의 **초실절**을 지키고 세말에는

초원(草原, pastureland)
대상 6:55   땅의 헤브론과 그 사방 **초원**을 주었으

> 초원 - 기타 본문
> 대상 6:57, 58, 59, 60, 67, 68, 69, 70, 71, 72, 73, 74, 75, 76, 77, 78, 79, 80, 81; 13:2

초장(草場, field)
민 35:2   성읍들을 두르고 있는 **초장**을 레위인에
민 35:3   **초장**은 그들의 재산인 가축과 짐승들을
민 35:7   모두 사십팔 성읍을 주고 그 **초장**도
삿 20:33   곧 기브아 **초장**에서 쏟아져 나왔더라
왕상 4:23   **초장**의 소가 스무 마리요 양이 백 마리
욥 39:8   **초장** 언덕으로 두루 다니며 여러 가지
시 65:12   **초장**에도 떨어지니 작은 산들이 기쁨으
시 65:13   **초장**은 양 떼로 옷 입었고 골짜기는
사 5:17   어린 양들이 자기 **초장**에 있는 것같이
사 7:19   틈과 가시나무 울타리와 모든 **초장**에
사 19:7   나일 언덕의 **초장**과 나일 강 가까운
사 32:14   들나귀가 즐기는 곳과 양 떼의 **초장**이

렘 23:10   **초장**들이 마르나니 그들의 행위가
렘 25:30   그의 **초장**을 향하여 크게 부르시고
렘 25:36   그들의 **초장**을 황폐하게 함이로다
렘 50:45   끌어 가고 그들의 **초장**을 황폐하게
겔 34:31   양 곧 내 **초장**의 양 너희는 사람이요
겔 45:15   이스라엘의 윤택한 **초장**의 가축 떼 이백
암 1:2   **초장**이 마르고 갈멜 산 꼭대기가
미 2:12   양 떼같이 하며 **초장**의 양 떼같이

초저녁(early evening)
신 16:6   곧 **초저녁** 해 질 때에 유월절 제물을
애 2:19   **초저녁**에 일어나 부르짖을지어다 네

초조하다(焦燥, trouble)
욥 19:27   하지 않을 것이라 내 마음이 **초조하구나**
욥 20:2   **초조한** 마음이 나로 하여금 대답하게

초췌하다(憔悴, looking worse)
단 1:10   너희의 얼굴이 **초췌하여** 같은 또래의

초태생(初胎生, First offspring)
민 8:16   **초태생** 곧 모든 처음 태어난 자 대신

초팔일(eighth day)
대하 29:17   달 **초팔일**에 여호와의 낭실에 이르고

초하루(first day of a month)
민 33:38   **초하루**에 제사장 아론이 여호와의
삼상 20:5   요나단에게 이르되 내일은 **초하루**인즉
삼상 20:18   다윗에게 이르되 내일은 **초하루**인즉
삼상 20:24   다윗이 들에 숨으니라 **초하루**가 되매
왕하 4:23   **초하루**도 아니요 안식일도 아니거늘
대하 31:3   안식일과 **초하루**와 절기의 번제에 쓰게
스 10:16   열째 달 **초하루**에 앉아 그 일을 조사
느 10:33   안식일과 **초하루**와 정한 절기에 쓸 것과
시 81:3   **초하루**와 보름과 우리의 명절에 나팔을
겔 26:1   열한째 해 어느 달 **초하루**에 여호와의
겔 31:1   열한째 해 셋째 달 **초하루**에 여호와의
겔 32:1   열두째 해 열두째 달 **초하루**에 여호와의
겔 45:17   명절과 **초하루**와 안식일과 이스라엘
겔 46:1   닫되 안식일에는 열며 **초하루**에도
겔 46:3   **초하루**에 이 문 입구에서 나 여호와
골 2:16   마시는 것과 절기나 **초하루**나 안식일

【 초하룻날 】　　　　　　　　　　　　　　　　　　　【 총독 】

'초하루'와 관련된 성구

그 달 초하루 – 출 40:17; 민 29:1; 대하 29:17; 학 1:1
매월 초하루 – 민 28:14; 사 66:23
일곱째 달 초하루 – 스 3:6; 느 8:2
첫째 달 초하루 – 출 40:2, 17; 대하 29:17; 스 7:9; 10:17; 겔 29:17
초하루에(부터) 드리다 – 민 10:10; 28:11; 대상 23:31; 대하 2:4; 8:13; 스 3:5, 6; 겔 46:6

초하룻날(first day of a month)
창 8:5　열째 달 곧 그 달 초하룻날에 산들의
창 8:13　초하룻날에 땅 위에서 물이 걷힌지라
사 47:13　초하룻날에 예고하는 자들에게 일어나
겔 45:18　첫째 달 초하룻날에 흠 없는 수송아지

초혼자(招魂者, who consult the dead)
신 18:11　박수나 초혼자를 너희 가운데에 용납하

촉(dart, projection)
출 26:17　각 판에 두 촉씩 내어 서로 연결하게
출 26:19　두 촉을 위하여 … 아래에도 그 두 촉을
출 36:22　각 판에 두 촉이 있어 서로 연결하게
출 36:24　그 두 촉을 받게 하였고 저 널판 밑에도 두 받침이 그 두 촉을 받게 하였으며
욥 20:25　번쩍번쩍하는 촉이 그의 쓸개에서

촌(村, camp, settlement)
창 25:16　촌과 부락대로 된 이름이며 그 족속대로
신 2:23　각 촌에 거주하는 아위 사람을 멸하고
느 6:2　촌에서 서로 만나자 하니 실상은 나를
막 6:6　모든 촌에 두루 다니시며 가르치시더라
막 6:36　촌과 마을로 가서 무엇을 사 먹게
눅 9:12　마을과 촌으로 가서 유하며 먹을 것을
눅 21:21　촌에 있는 자들은 그리로 들어가지

촌락(村落, settlement, village)

레 25:31　성벽이 둘리지 아니한 촌락의 가옥은
민 21:25　헤스본과 그 모든 촌락에 거주하였으

민 21:32　촌락들을 빼앗고 그 곳에 있던 아모리인
민 31:10　그들이 거처하는 성읍과 촌락을 다
민 32:41　그 촌락들을 빼앗고 하봇야일이라
수 15:45　에그론과 그 촌락들과 그 마을들과
수 15:47　촌락들과 그 마을들과 가사와 그 촌락들
수 21:12　그 촌락들은 여분네의 아들 갈렙에게
렘 19:15　모든 촌락에 내리리니 이는 그들의 목을

촛대(lampstand)

왕하 4:10　침상과 책상과 의자와 촛대를 두사이다
렘 52:19　촛대들과 숟가락들과 바리들 곧 금으로 만든
계 1:13　촛대 사이에 인자 같은 이가 발에
계 2:5　내가 네게 가서 네 촛대를 그 자리에서
계 11:4　앞에 서 있는 두 감람나무와 두 촛대니

'촛대'와 관련된 성구

왕궁 촛대 – 단 5:5
일곱 (금) 촛대 – 계 1:12, 20; 2:1

총각(總角, young man)
시 148:12　총각과 처녀와 노인과 아이들아

총감독(總監督, chief officer)
렘 20:1　바스훌은 여호와의 성전의 총감독이라

총계(總計, total number)
3:43　처음 태어난 남자의 총계는 이만 이천

'총계'와 관련된 성구

계수된 군인의 총계 – 민 2:9, 16, 24, 31
계수된 자의 총계 – 민 1:46; 2:32

총독(總督, governor, officer, prince)
왕상 20:24　떠나게 하고 그들 대신에 총독들을
스 8:36　총독들과 유브라데 강 건너편 총독들
느 5:15　있었던 총독들은 백성에게서, 양식과
느 7:65　총독이 그들에게 명령하여 우림과 둠밈
느 7:70　총독은 금 천 드라크마와 대접 오십과
에 9:3　총독들과 왕의 사무를 보는 자들이

2343

【 총량 】　　　　　　　　　　　　　　　　　　　　　　　　　　【 총명/-하다 】

사 36:9　극히 작은 **총독** 한 사람인들 물리칠 수
단 3:27　**총독**과 지사와 행정관과 왕의 모사들이
단 6:7　총리와 지사와 **총독**과 법관과 관원이
말 1:8　그것을 너희 **총독**에게 드려 보라 그가
마 10:18　**총독**들과 임금들 앞에 끌려 가리니 이는
마 27:2　결박하여 끌고 가서 **총독** 빌라도에게
마 27:11　예수께서 **총독** 앞에 섰으매 **총독**이 물어
마 27:14　대답하지 아니하시니 **총독**이 크게
마 27:15　명절이 되면 **총독**이 무리의 청원대로
마 27:19　**총독**이 재판석에 앉았을 때에 그의
마 27:21　**총독**이 대답하여 이르되 둘 중의 누구를
마 27:27　**총독**의 군병들이 예수를 데리고 관정
마 28:14　말이 **총독**에게 들리면 우리가 권하여
눅 2:2　호적은 구레뇨가 수리아 **총독**이 되었을
눅 3:1　빌라도가 유대의 **총독**으로, 헤롯이
눅 20:20　예수를 **총독**의 다스림과 권세 아래에
행 13:7　그가 **총독** 서기오 바울과 함께 있으니
행 13:8　그들을 대적하여 **총독**으로 믿지 못하게
행 13:12　**총독**이 그렇게 된 것을 보고 믿으며
행 18:12　갈리오가 아가야 **총독**이 되었을 때에
행 19:38　재판 날도 있고 **총독**들도 있으니 피차
행 23:33　편지를 **총독**에게 드리고 바울을 그 앞에
행 23:34　**총독**이 읽고 바울더러 어느 영지 사람이
행 24:1　내려와서 **총독** 앞에서 바울을 고발하니
행 24:10　**총독**이 바울에게 머리로 표시하여
행 26:30　**총독**과 버니게와 그 함께 앉은 사람들이
벧전 2:14　자를 포상하기 위하여 보낸 **총독**에게

'**총독**'과 관련된 성구

강 건너편 총독 닷드내 - 스 5:3, 6; 6:6, 13
강 서쪽(에 있는) 총독들 - 느 2:7, 9; 3:7
유다 (땅) 총독 - 스 6:7; 느 5:14
유다 총독 세스바살 - 스 1:8; 5:14
유다 총독 스룹바벨 - 학 1:1, 14; 2:2, 21
총독 느헤미야 - 느 8:9; 10:1; 12:26
총독 벨릭스 - 행 23:24, 26
총독과 수령과 각 지방 모든 관원 - 단 3:2, 3
총독의 녹 - 느 5:14, 18

총량(總量, entire weight)
스 8:34　그 무게의 총량을 그 때에 기록하였느

총리(總理, administrator, ruler)
창 42:6　요셉이 나라의 **총리**로서 그 땅 모든
단 6:2　위에 **총리** 셋을 두었으니 다니엘이 그 중의 하나이라 이는 고관들로 **총리**에게
단 6:7　**총리**와 지사와 총독과 법관과 관원이

'**총리**'와 관련된 성구

애굽 (땅) 총리 - 창 41:41, 43; 45:26
총리들과 고관들 - 단 6:3, 4, 6

총리대신(總理大臣, second to the king)
대하 28:7　궁내대신 아스리감과 **총리대신** 엘가나

총명/-하다(聰明, very great insight, wisdom)
삼상 25:3　아비가일이라 그 여자는 **총명하고** 용모
왕상 3:12　지혜롭고 **총명한** 마음을 주노니 네 앞에
대하 2:13　재주 있고 **총명한** 사람을 보내오니 전에
욥 12:24　우두머리들의 **총명**을 빼앗으시고
잠 8:9　이는 다 **총명** 있는 자가 밝히 아는 바요
사 29:14　지혜가 없어지고 명철자의 **총명**이
사 29:16　이르기를 그가 **총명**이 없다 하겠느냐
사 29:24　혼미하던 자들도 **총명하게** 되며 원망
사 44:19　지식도 없고 **총명**도 없으므로 내가
엡 4:18　**총명**이 어두워지고 그들 가운데 있는
빌 1:9　지식과 모든 **총명**으로 점점 더 풍성하게

'**총명**'과 관련된 성구

명철과 총명 - 대하 2:12; 단 5:11, 14
지혜와 총명 - 출 31:3; 35:31; 36:1; 왕상 4:29; 7:14; 대상 22:12; 사 11:2; 겔 28:4; 단 1:20; 9:22; 엡 1:8; 골 1:9; 약 3:13
총명을 주다 - 대상 22:12; 대하 2:12; 욥 39:17; 단 9:22; 딤후 2:7
총명이 돌아오다 - 단 4:34, 36
총명이 있다 - 느 10:28; 욥 34:16; 잠 30:2; 단 5:12; 호 14:9; 약 3:13
총명한 자 - 욥 34:10; 잠 17:10; 사 10:13; 단 2:21; 고전 1:19; 계 13:18

【 총무 】 【 추수/-하다 】

총무(總務, household)
창 39:4 요셉을 가정 **총무**로 삼고 자기의 소유를

총수(總數, total number)
민 26:2 회중의 **총수**를 그들의 조상의 가문을
삼하 23:39 우리아라 이상 **총수**가 삼십칠 명이었더
대하 26:12 족장의 **총수**가 이천육백 명이니 모두
렘 52:30 칠백사십오 명이니 그 **총수**가 사천육백

총회(總會, community of nation, council)
창 35:11 **총회**가 네게서 나오고 왕들이 네 허리에
민 16:2 이스라엘 자손 **총회**에서 택함을 받은
신 5:22 큰 음성으로 너희 **총회**에 이르신 후에
신 31:30 이스라엘 **총회**에 이 노래의 말씀을
신 33:4 명령하였으니 곧 야곱의 **총회**의 기업이
삿 20:2 하나님 백성의 **총회**에 섰고 칼을 빼는
삿 21:5 온 지파 중에 **총회**와 함께 하여 여호와
삿 21:8 한 사람도 진영에 이르러 **총회**에 참여
느 13:1 모압 사람은 영원히 하나님의 **총회**에

'총회'와 관련된 성구

여호와의 총회 – 민 16:3; 신 23:1, 2, 3, 8
총회(의) 날 – 신 9:10; 10:4; 18:16

최고(最高, best)
출 15:4 바다에 던지시니 **최고**의 지휘관들이
약 2:8 네 몸과 같이 하라 하신 **최고**의 법을

최후(最後, finally)
마 22:27 **최후**에 그 여자도 죽었나이다
막 12:6 그가 사랑하는 아들이라 **최후**로 이를
막 12:22 없었고 **최후**에 여자도 죽었나이다
히 6:16 맹세는 그들이 다투는 모든 일의 **최후**

추(錘, weight)

레 19:36 공평한 저울과 공평한 **추**와 공평한
왕하 21:13 아합의 집을 다림 보던 **추**를 예루살렘에 베풀고
잠 11:1 공평한 **추**는 그가 기뻐하시느니라
사 34:11 줄과 공허의 **추**를 드리우실 것인즉

추격/-하다(追擊, pursue)
창 35:5 아들들을 **추격하는** 자가 없었더라
수 8:6   **추격하며** 이르기를 그들이 처음과 같이
수 8:16 **추격하려고** 모여 여호수아를 **추격하며**
수 8:17 열어 놓고 이스라엘을 **추격하였더라**
수 8:20 이스라엘 백성은 그 **추격하던** 자에게로
수 8:24 이스라엘이 자기들을 광야로 **추격하던**
수 10:10 비탈에서 **추격하여** 아세가와 막게다까
수 11:8 미스르봇 마임까지 **추격하고** 동쪽으로는 미스바 골짜기까지 **추격하여** 한
삿 4:16 **추격하여** 하로셋학고임에 이르니
삿 4:22 시스라를 **추격할** 때에 야엘이 나가서
삿 8:4   이르러 건너고 비록 피곤하나 **추격하며**
삿 9:40 그를 **추격하니** 그 앞에서 도망하였고
삿 20:42 군사가 급히 **추격하며** 각 성읍에서 나온
삿 20:43 동쪽까지 **추격하며** 그 쉬는 곳에서
삼상 30:8 이 군대를 **추격하면** 따라잡겠나이까
삼하 18:16 **추격하지** 아니하고 돌아오니라
대하 14:13 사람들을 **추격하여** 그랄까지 이르매
애 3:43 우리를 **추격하시며** 죽이시고 긍휼을

'추격'과 관련된 성구

뒤를 추격하다 – 창 31:36; 49:19; 출 14:23; 삿 8:5; 12
미디안을 추격하다 – 삿 7:23, 25
블레셋 사람들을 추격하다 – 삼상 7:11; 14:22, 36, 37
블레셋 사람들이 사울과 그 아들들을 추격하다 – 삼상 31:2; 대상 10:2
추격을 그치다 – 삼상 14:46; 대하 18:32

추구하다(追求, seek)
사 56:11 사람마다 자기 이익만 **추구하며**

추궁하다(追窮, refute)
욥 32:13 **추궁할** 자는 하나님이시요 사람이

추수/-하다(秋收, harvest)

창 45:6 들었으나 아직 오 년은 밭 갈이도 못하고 **추수**도 못할지라

[추악] [축복/-하다]

창 47:24	추수의 오분의 일을 바로에게 상납하고
룻 1:22	보리 추수 시작할 때에 베들레헴에
삼상 8:12	추수를 하게 할 것이며 자기 무기와
사 9:3	추수하는 즐거움과 탈취물을 나눌 때의
사 18:5	추수하기 전에 꽃이 떨어지고 포도가
사 23:3	추수를 큰 물로 수송하여 들였으니
렘 5:17	그들이 네 자녀들이 먹을 추수 곡물과
렘 5:24	우리를 위하여 추수 기한을 정하시는
호 6:11	사로잡힘을 돌이킬 때에 네게도 추수할
암 4:7	추수하기 석 달 전에 내가 너희에게
미 6:15	뿌려도 추수하지 못할 것이며 감람 열매

'추수' 와 관련된 성구

추수하는 것과 같다 – 잠 25:13; 26:1; 사 17:5
추수(할) 때 – 잠 6:8; 10:5; 26:1; 렘 8:20; 50:16; 51:33; 마 13:30, 39; 막 4:29; 요 4:35
추수꾼 – 왕하 4:18; 마 13:30, 39
추수를 마치기까지 – 룻 2:21, 23
추수하는 자 – 사 17:5; 렘 9:22; 암 9:13
추수할 일꾼들을 보내 주소서 – 마 9:38; 눅 10:2
추수한 것 – 출 22:29; 욥 5:5
추수한 자 – 사 62:9; 약 5:4
추수할 것은 많되 일꾼이 적다 – 마 9:37; 눅 10:2

추악(醜惡, evil)
롬 1:29	모든 불의, 추악, 탐욕, 악의가 가득한

추위(cold)
창 8:22	심음과 거둠과 추위와 더위와 여름과
창 31:40	낮에는 더위와 밤에는 추위를 무릅쓰고
욥 37:9	폭풍우는 그 밀실에서 나오고 추위는
시 147:17	뿌리시나니 누가 능히 그의 추위를 감당
렘 36:30	낮에는 더위, 밤에는 추위를 당하리라

추장(酋長, ruler)
창 34:2	추장 세겜이 그를 보고 끌어들여 강간하

추적하다(追跡, pursuit)
삼하 17:1	내가 일어나서 다윗의 뒤를 추적하여

추종하다(追從, following)
레 19:31	박수를 믿지 말며 그들을 추종하여

'추종자' 와 관련된 성구

삼하 2:3; 16:13; 17:8, 10; 21:17; 대상 11:42; 19:14; 롬 15:8

추천하다(推薦, commend)
롬 16:1	우리 자매 뵈뵈를 너희에게 추천하노니
고후 4:2	양심에 대하여 스스로 추천하노라

추천서(推薦書, letters of recommendation)
고후 3:1	어떤 사람처럼 추천서를 너희에게

축(軸, axle)
왕상 7:32	바퀴 축은 받침 수레에 연결되었는데
왕상 7:33	축과 테와 살과 통이 다 부어 만든

축나다/축내다(縮, decrease, ruin oneself)
민 31:49	우리 중 한 사람도 축나지 아니하였기로
전 4:5	있으면서 자기의 몸만 축내는도다

축대(築臺, pavement)
렘 43:9	대문의 벽돌로 쌓은 축대에 진흙으로

축복/-하다(祝福, bless)
구약
창 27:23	분별하지 못하고 축복하였더라
창 27:33	그를 위하여 축복하였은즉 그가 반드시
창 32:26	당신이 내게 축복하지 아니하면 가게
창 49:26	아버지의 축복이 내 선조의 축복보다 … 이 축복이 요셉의 머리로 돌아오며
출 12:32	소도 몰아가고 나를 위하여 축복하라
레 9:22	축복함으로 속죄제와 번제와 화목제를
민 23:11	그대가 오히려 축복하였도다
민 23:20	내가 축복할 것을 받았으니 그가 주신
민 23:25	그들을 저주하지도 말고 축복하지도
민 24:10	이같이 세 번 그들을 축복하였도다
신 11:29	산에서 축복을 선포하고 에발 산에서
신 24:13	너를 위하여 축복하리니 그 일이 네
신 27:12	베냐민은 백성을 축복하기 위하여
신 33:7	유다에 대한 축복은 이러하니라 일렀으

【 축복/-하다 】

'축복'과 관련된 성구

그들에게 축복하다 – 창 31:55; 48:9, 20; 49:28; 출 39:43; 수 22:6, 7
그에게 축복하다 – 창 27:27; 28:1, 6
내게 축복하소서 – 창 27:19, 31, 34, 38
네게 축복하게 하라 – 창 27:4, 7
네게 축복하다 – 창 27:4, 7, 10, 25
떡을 가지사 축복하시다 – 마 26:26; 막 14:22
백성에게 축복하다 – 레 9:23; 수 8:33; 삼하 6:18; 대상 16:2
야곱에게 축복하다 – 창 27:30, 41; 28:6; 32:29
야곱이 바로에게 축복하다 – 창 47:7, 10
여호와의 이름으로 축복하다 – 신 10:8; 21:5; 대상 23:13; 시 129:8
이스라엘을 축복하다 – 창 49:28; 민 6:23, 27; 24:1; 신 33:1; 수 8:33; 왕상 8:14, 55; 대하 6:3; 31:8
축복하는 자 – 창 12:3; 27:29; 민 24:9
축복하여 이르다 – 창 14:19; 24:60; 27:27; 48:15, 20; 민 6:23; 삼상 2:20

수 8:34 기록된 모든 것 대로 축복과 저주하는
수 14:13 축복하고 헤브론을 그에게 주어 기업을
수 24:10 너희를 축복하였고 나는 너희를 그의
삼하 6:20 자기의 가족에게 축복하러 돌아오매
삼하 8:10 축복하게 하니 이는 하닷에셀이 도이와
왕상 1:47 왕에게 축복하여 이르기를 왕의 하나님
왕상 8:66 왕을 위하여 축복하고 자기 장막으로
대상 16:43 집을 위하여 축복하려고 돌아갔더라
대상 18:10 다윗 왕에게 문안하고 축복하게 하니
대하 30:27 백성을 위하여 축복하였으니 그 소리가
욥 29:11 귀가 들은즉 나를 축복하고 눈이 본즉
시 62:4 거짓을 즐겨 하니 입으로는 축복이요
시 109:17 축복하기를 기뻐하지 아니하더니 복이
시 118:26 여호와의 집에서 너희를 축복하였도다
잠 11:11 성읍은 정직한 자의 축복으로 인하여
잠 27:14 아침에 큰 소리로 자기 이웃을 축복하면
잠 30:11 저주하며 어미를 축복하지 아니하는

신약

막 8:7 축복하시고 명하사 이것도 나누어 주게

막 10:16 그들 위에 안수하시고 축복하시니라
눅 2:34 축복하고 그의 어머니 마리아에게
눅 6:28 저주하는 자를 위하여 축복하며 너희를
눅 24:50 손을 들어 그들에게 축복하시더니
눅 24:51 축복하실 때에 그들을 떠나 [하늘로
롬 12:14 박해하는 자를 축복하라 축복하고
고전 4:12 모욕을 당한즉 축복하고 박해를 받은즉
고전 10:16 축복하는 바 축복의 잔은 그리스도의
고전 14:16 영으로 축복할 때에 알지 못하는 처지에
히 7:7 없이 낮은 자가 높은 자에게서 축복을
히 11:20 대하여 야곱과 에서에게 축복하였으며
히 11:21 요셉의 각 아들에게 축복하고 그 지팡이
히 12:17 축복을 이어받으려고 눈물을 흘리며

축사하다(祝辭, bless the food, give thanks)
삼상 9:13 그가 제물을 축사한 후에야 청함을 받은 자가 먹음이니이다
마 14:19 축사하시고 떡을 떼어 제자들에게
마 15:36 일곱 개와 그 생선을 가지사 축사하시고
막 6:41 축사하시고 떡을 떼어 제자들에게 주어
막 8:6 떡 일곱 개를 가지사 축사하시고 떼어
눅 9:16 축사하시고 떼어 제자들에게 주어 무리
눅 24:30 떡을 가지사 축사하시고 떼어 그들에게
요 6:11 예수께서 떡을 가져 축사하신 후에 앉아
요 6:23 축사하신 후 여럿이 떡 먹던 그 곳에
행 27:35 모든 사람 앞에서 하나님께 축사하고
고전 11:24 축사하시고 떼어 이르시되 이것은 너희

축소시키다(縮小, short ephah)
미 6:10 불의한 재물이 있느냐 축소시킨 가증한

축축하다(wet)
레 11:34 축축한 식물이 거기 담겼으면 부정하여

축하하다(祝賀, bless, celebrate)
시 49:18 축하하며 스스로 좋게 함으로 사람들에

【 출가하다 】

출가하다(出嫁, marry, virgin, come)
레 21:3 출가하지 아니한 처녀인 그의 자매로
레 22:12 딸이 일반인에게 출가하였으면
수 15:18 악사가 출가할 때에 그에게 청하여 자기

【 출교/-하다 】　　　　　　　　　　　　　　　　　　　【 출입/-하다 】

삿 1:14	악사가 **출가**할 때에 그에게 청하여 자기
삼하 13:18	채색옷을 입었으니 **출가**하지 아니한

출교/-하다 (黜敎, put out of the synagogue)

요 9:22	예수를 그리스도로 시인하는 자는 출**교하기**로
요 12:42	드러나게 말하지 못하니 이는 **출교**를
요 16:2	너희를 **출교**할 뿐 아니라 때가 이르면

출구(出口, exit)

겔 44:5	성전의 입구와 성소의 **출구**를 전심으로

출두하다(出頭, appearance)

렘 50:44	**출두**하라고 나에게 명령할 자가 누구며

출렁이다(surge)

렘 46:7	**출렁임** 같고 나일 강이 불어남 같은
렘 46:8	강물이 **출렁임** 같도다 그가 이르되 내가

출발하다(出發, start, set out, go)

민 10:2	소집하며 진영을 **출발**하게 할 것이라
민 10:12	광야에서 **출발**하여 자기 길을 가더니
민 10:17	자손이 성막을 메고 **출발**하였으며
민 10:18	진영별로 **출발**하였으니 르우벤의 군대
민 21:4	호르 산에서 **출발**하여 홍해 길을 따라
삿 18:11	지니고 소라와 에스다올에서 **출발**하여

출산/-하다/-되다(出産, delivery, have child)

창 16:2	여호와께서 내 **출산**을 허락하지
창 17:17	사라는 구십 세니 어찌 **출산**하리요
창 20:17	여종을 치료하사 **출산**하게 하셨으니
삼상 2:33	**출산**되는 모든 자가 젊어서 죽으리라

'출산'과 관련된 성구

출산이 멈추다 – 창 29:35; 30:9
출산하지 못하다 – 창 16:1; 삿 13:2, 3; 사 23:4; 26:18; 54:1

출생/-하다(出生, birth, bear)

창 10:21	형이라 그에게도 자녀가 **출생**하였으니
창 48:15	**출생**으로부터 지금까지 나를 기르신
레 18:9	다른 곳에서 **출생**하였음을 막론하고
레 22:11	그의 집에서 **출생**한 자도 그렇게 하여
민 3:28	계수된 자로서 **출생** 후 일 개월 이상 된
욥 11:12	지각이 없으니 그의 **출생**함이 들나귀
욥 15:7	산들이 있기 전에 네가 **출생**하였느냐
시 51:5	죄악 중에서 **출생**하였음이여 어머니가
시 58:8	만삭 되지 못하여 **출생**한 아이가 햇빛을
전 4:3	아직 **출생**하지 아니하여 해 아래에서
전 7:1	기름보다 낫고 죽는 날이 **출생**하는
겔 21:30	**출생**한 땅에서 내가 너를 심판하리로다

출생지(出生地, native land)

창 31:13	네 **출생지**로 돌아가라 하셨느니라

출신(出身, citizen)

사 48:2	그들은 거룩한 성 **출신**이라고 스스로

출입구(出入口, exit)

겔 48:30	성읍의 **출입구**는 이러하니라 북쪽의

출입/-하다(出入, come and go, serve)

창 34:24	**출입**하는 모든 … 성문으로 **출입**하는
민 27:17	**출입**하며 그들을 인도하여 **출입**하게
신 31:2	더 이상 **출입**하지 못하겠고 여호와께
수 6:1	여리고는 굳게 닫혔고 **출입**하는 자
수 14:11	싸움에나 **출입**에 감당할 수 있으니
삿 11:3	모여 와서 그와 함께 **출입**하였더라
삼상 12:2	너희 앞에 **출입**하느니라 보라 나는 … 오늘까지 너희 앞에 **출입**하였거니와
삼상 18:13	삼으매 그가 백성 앞에 **출입**하며
삼상 18:16	자기들 앞에 **출입**하기 때문이었더라
삼상 29:6	진중에 **출입**하는 것이 내 생각에는
삼하 5:2	**출입**하게 하신 분은 왕이시었고 여호와
왕상 3:7	좋은 작은 아이라 **출입**할 줄을 알지
왕하 19:27	거처와 네 **출입**과 네가 내게 향한 분노
대상 11:2	이스라엘을 거느리고 **출입**하게 한 자가
대하 1:10	이 백성 앞에서 **출입**하게 하옵소서
대하 15:5	크게 요란하여 사람의 **출입**이 평안하지
시 121:8	여호와께서 너의 **출입**을 지금부터
사 37:28	거처와 네 **출입**과 네가 나를 거슬러
렘 37:4	아니하였으므로 백성 가운데 **출입**하는
겔 43:11	**출입**하는 곳과 그 모든 형상을 보이며

【 출전하다 】　　　　　　　　　　　　　　　　　　　　　　　　　　　　　【 충동/-하다/-시키다 】

수 8:10　말미암아 평안히 **출입하지** 못하였으나
행 1:21　주 예수께서 우리 가운데 **출입하실**
행 9:28　함께 있어 예루살렘에 **출입하며**

> '**출입**'과 관련된 성구
>
> 왕이 출입하다 – 삼하 3:25; 왕하 11:8; 대
> 하 23:7
> 출입(하는) 문 – 대상 9:19; 잠 8:3; 렘
> 17:19; 48:28; 겔 42:11, 12

출전하다(出戰, go off to war, go out to war)
삼하 11:1　그 해가 돌아와 왕들이 **출전할** 때가
대상 7:4　그 계보와 종족대로 능히 **출전할** 만한
대상 7:11　그들의 자손 중에 능히 **출전할** 만한
대상 7:40　방백의 우두머리라 **출전할** 만한 자를
대상 20:1　해가 바뀌어 왕들이 **출전할** 때가 되매

출정하다(出征, go)
대하 21:9　모든 병거를 거느리고 **출정하였더니**

출진하다(出陣, encamp)
신 23:9　**출진할** 때에 모든 악한 일을 스스로

춤/-추다(dancing)
출 32:19　**춤추는** 것들을 보고 크게 노하여 손에서
삿 21:21　실로의 여자들이 **춤을** 추러 나오거든
삿 21:23　**춤추는** 여자들 중에서 자기들의 숫자대
삼상 18:6　노래하며 **춤추며** 소고와 경쇠를 가지고
삼상 21:11　**춤추며** 이 사람의 일을 노래하여 이르되
삼상 29:5　**춤추며** 노래하여 이르되 사울이 죽인
삼상 30:16　말미암아 먹고 마시며 **춤추는지라**
삼하 6:14　힘을 다하여 **춤을** 추는데 그 때에 다윗
삼하 6:16　여호와 앞에서 뛰놀며 **춤추는** 것을 보고
대상 15:29　다윗 왕이 **춤추며** 뛰노는 것을 보고
욥 21:11　내보내고 그들의 자녀들은 **춤추는구나**
시 30:11　슬픔이 변하여 내게 **춤이** 되게 하시며
시 149:3　**춤추며** 그의 이름을 찬양하며 소고와
시 150:4　소고 치며 **춤추어** 찬양하며 현악과 통소
전 3:4　있으며 슬퍼할 때가 있고 **춤출** 때
아 6:13　**춤추는** 것을 보는 것처럼 술람미 여자를
렘 31:4　들고 즐거워하는 자들과 함께 **춤추며**
렘 31:13　처녀는 **춤추며** 즐거워하겠고 청년과

애 5:15　기쁨이 그쳤고 우리의 **춤은** 변하여
겔 32:10　칼이 그들의 왕 앞에서 **춤추게** 할 때에
마 14:6　연석 가운데서 **춤을** 추어 헤롯을 기쁘게
막 6:22　**춤을** 추어 헤롯과 그와 함께 앉은 자들
눅 15:25　가까이 왔을 때에 풍악과 **춤추는** 소리를

> '**춤**'과 관련된 성구
>
> 소고를 잡고 춤추다 – 출 15:20; 삿 11:34
> 피리를 불어도 너희가 춤추지 않고 – 마
> 11:17; 눅 7:32

춥다(cold)
욥 24:7　몸으로 밤을 지내며 **추위도** 덮을 것이
잠 25:20　**추운** 날에 옷을 벗음 같고 소다 위에
나 3:17　메뚜기 떼가 **추운** 날에는 울타리에
요 18:18　그 때가 **추운** 고로 종과 아랫사람들이
고후 11:27　목마르고 여러 번 굶고 **춥고** 헐벗었노라

충고하다/충고자(忠告, advise, counselor)
왕상 12:6　어떻게 **충고하여** 이 백성에게 대답하게
시 119:24　나의 즐거움이요 나의 **충고자니이다**
잠 17:10　한 마디 말로 총명한 자에게 **충고하는**

충당하다(充當, supply)
행 20:34　나와 내 동행들이 쓰는 것을 **충당하여**

충돌하다(衝突, rage, smash, charge)
사 17:12　소동하였고 열방이 **충돌하였으되** 큰
물이 몰려옴 같이 그들도 **충돌하였도다**
사 17:13　열방이 **충돌하기를** 많은 물이 몰려옴과
렘 13:14　또 그들로 피차 **충돌하여** 상하게 하되
나 3:3　**충돌하는** 기병, 번쩍이는 칼, 번개 같은

충동/-하다/-시키다(衝動, incite, stir up)
삼상 26:19　만일 왕을 **충동시켜** 나를 해하려 하는
왕상 21:25　그의 아내 이세벨이 **충동하였음이라**
대상 21:1　다윗을 **충동하여** 이스라엘을 계수하게
욥 2:3　나를 **충동하여** 까닭 없이 그를 치게

> '**무리를 충동하다**'와 관련된 성구
>
> 막 15:11; 행 14:19; 21:27

【 충만/-하다/-히 】　　　　　　　　　　　　　　　【 충성/-하다/-되다 】

욥 17:2	있으므로 내 눈이 그들의 **충동함을**	겔 26:2	내가 **충만함을** 얻으리라 하였도다
사 13:17	내가 **충동하여** 그들을 치게 하리니	미 3:8	능력과 정의와 용기로 **충만해져서** 야곱
렘 50:41	큰 나라와 여러 왕이 **충동**을 받아 땅	눅 2:40	자라며 강하여지고 지혜가 **충만하며**
겔 23:22	싫어하던 자들을 **충동하여** 그들이	요 1:14	영광이요 은혜와 진리가 **충만하더라**
단 11:2	모든 사람을 **충동하여** 헬라 왕국을 칠	요 1:16	그의 **충만한** 데서 받으니 은혜 위에
행 6:12	백성과 장로와 서기관들을 **충동시켜**	요 3:29	나는 이러한 기쁨으로 **충만하였노라**
		요 17:13	내 기쁨을 그들 안에 **충만히** 가지게

충만/-하다/-히 (充滿, fullness, fill)

창 1:22	번성하여 여러 바닷물에 **충만하라**	행 4:8	성령이 **충만하여** 이르되 백성의 관리들
출 35:35	지혜로운 마음을 그들에게 **충만하게**	행 6:8	스데반이 은혜와 권능이 **충만하여** 큰
민 14:21	세계에 **충만할** 것을 두고 맹세하노니	행 9:17	다시 보게 하시고 성령으로 **충만하게**
시 10:7	입에는 저주와 거짓과 포악이 **충만하며**	행 11:24	성령과 믿음이 **충만한** 사람이라 이에
시 16:11	주의 앞에는 **충만한** 기쁨이 있고 주의	롬 11:12	되거든 하물며 그들의 **충만함이리요**
시 33:5	여호와의 인자하심이 **충만하도다**	롬 11:25	이방인의 **충만한** 수가 들어오기까지
시 48:10	오른손에는 정의가 **충만하였나이다**	롬 15:13	너희에게 **충만하게** 하사 성령의 능력으
시 69:20	**충만하니** 불쌍히 여길 자를 바라나	롬 15:29	그리스도의 **충만한** 복을 가지고 갈 줄을
시 89:11	그 중에 **충만한** 것을 주께서 건설하셨느	엡 1:23	**충만하게** 하시는 이의 **충만함이니라**
사 1:21	정의가 거기에 **충만하였고** 공의가 그	엡 4:10	오르신 자니 이는 만물을 **충만하게** 하려
사 6:4	요동하며 성전에 연기가 **충만한지라**	엡 4:13	그리스도의 장성한 분량이 **충만한**
사 11:9	아는 지식이 세상에 **충만할** 것임이라	골 2:10	**충만하여졌으니** 그는 모든 통치자와
사 33:5	공의를 시온에 **충만하게** 하심이라		
렘 23:24	말하노라 나는 천지에 **충만하지**		

충분하다/충분히 (充分, full)

창 23:9	**충분한** 대가를 받고 그 굴을 내게 주어
나 2:12	먹이를 **충분히** 찢고 그의 암사자들을
히 6:17	변하지 아니함을 **충분히** 나타내시려고

'충만'과 관련된 성구

거기(에) **충만한** 것 – 신 33:16; 대상 16:32; 시 24:1; 50:12; 96:11; 98:7; 고전 10:26

기쁨을 **충만하게** 하다 – 요 15:11; 빌 2:4; 요일 1:12

기쁨이 **충만하다** – 요 16:24; 행 2:28; 요일 1:4

땅에 **충만하다** – 창 1:28; 9:1; 시 119:64; 사 6:3; 34:1

모든 **충만** – 엡 3:19; 골 1:19; 2:9

성령의 **충만함을 받다/입다** – 눅 1:15, 41, 67; 4:1; 2:4

성령이/성령으로 **충만하다** – 행 4:31; 6:3, 5; 7:55; 13:9, 52; 엡 5:18

성막에 **충만하다** – 출 40:34, 35

영광이 **충만하다** – 시 72:19; 학 2:7

영이 **충만하다** – 신 34:9; 말 2:15

하나님의 영을 **충만하게 하다** – 출 31:3; 35:31

충성/-하다/-되다 (忠誠, faithfulness)

민 12:7	아니하니 그는 내 온 집에 **충성함이라**
대하 32:1	모든 **충성된** 일을 한 후에 앗수르 왕
느 9:8	그의 마음이 주 앞에서 **충성됨을** 보시고
시 78:8	심령이 하나님께 **충성하지** 아니하는
잠 13:17	사자는 재앙에 빠져도 **충성된** 사신은
잠 25:13	**충성된** 사자는 그를 보낸 이에게 마치
잠 27:9	**충성된** 권고가 이와 같이 아름다우니라
단 6:4	**충성되어** 아무 그릇됨도 없고 아무 허물
마 24:45	**충성되고** 지혜 있는 종이 되어 주인에게
눅 16:11	불의한 재물에도 **충성하지** 아니하면
눅 16:12	만일 남의 것에 **충성하지** 아니하면
눅 19:17	지극히 작은 것에 **충성하였으니** 열 고을
고전 4:2	맡은 자들에게 구할 것은 **충성이니라**
갈 5:22	오래 참음과 자비와 양선과 **충성과**
딤전 1:12	감사함은 나를 **충성되이** 여겨 내게 직분
계 2:10	죽도록 **충성하라** 그리하면 내가 생명의
계 3:14	**충성되고** 참된 증인이시요 하나님의

【 충성스럽다 】   【 취하다 】

> **'충성'과 관련된 성구**
>
> 착하고 충성된 종 – 마 25:21, 23
> 충성된 사람(들) – 욥 12:20; 딤후 2:2
> 충성된 자 – 삼하 20:19; 시 101:6; 잠
>   20:6; 28:20; 사 42:19; 눅 16:10;
>   딤전 3:11
> 충성된 증인 – 계 1:5; 2:13
> 하나님께 충성하다 – 수 14:8; 9 14

충성스럽다(忠誠, of integrity, trustworthy)
느 7:2   **충성스러운** 사람이요 하나님을 경외함
고전 7:25 주의 자비하심을 받아서 **충성스러운**

충신 1(忠臣, friend)
요 19:12 놓으면 가이사의 **충신**이 아니니이다

충신 2(忠信, Faithful)
계 19:11 이름은 **충신**과 진실이라 그가 공의로

충실하다/충실히(充實, faithful, good)
창 41:5   한 줄기에 무성하고 **충실한** 일곱 이삭이
창 41:7   일곱 이삭이 무성하고 **충실한** 일곱
창 41:22 무성하고 **충실한** 일곱 이삭이 나오고
삼상 2:35 위하여 **충실한** 제사장을 일으키리니
삼상 22:14 다윗같이 **충실한** 자가 누구인지요 그는
대하 31:18 이 회중은 성결하고 **충실히** 그 직분을
욥 21:23 죽도록 기운이 **충실하여** 안전하며
시 12:1   **충실한** 자들이 인생 중에 없어지나이다
사 16:5   위에 앉을 자는 **충실함**으로 판결하며
막 4:28   그 다음에는 이삭에 **충실한** 곡식이라

충심(衷心, spirit)
시 34:18 상한 자를 가까이 하시고 **충심**으로

충족하다/충족히(充足, enrich, feast on)
시 78:25 그가 음식을 그들에게 **충족히** 주셨도다
잠 5:10   타인이 네 재물로 **충족하게** 되며 네
겔 28:12 완전한 도장이었고 지혜가 **충족하며**

충직/–하다(忠直, trustworthy)
느 13:13 그들이 **충직한** 자로 인정됨이라 그
잠 27:6   책망은 **충직**으로 말미암는 것이나

충천하다(衝天, reach to heaven)
신 4:11   붙어 불길이 **충천하고** 어둠과 구름과
대하 28:9 넘기셨거늘 너희의 노기가 **충천하여**

취리하다(取利, usury)
마 25:27 마땅히 내 돈을 **취리하는** 자들에게나

취하다(娶, marry, take)
1. (아내로) 맞아들이다(marry, drink, take)
레 21:7   창녀나 이혼 당한 여인을 **취하지** 말지니
레 21:14 더러운 여인을 **취하지** 말고 자기 백성
          중에서 처녀를 **취하여** 아내를 삼아
민 12:1   모세가 구스 여자를 **취하였더니** 그 구
          스 여자를 **취하였으므로** 미리암과 아론
신 22:30 아버지의 아내를 **취하여** 아버지의
잠 5:18   복되게 하라 네가 젊어서 **취한** 아내를
사 62:5   너를 **취하겠고** 신랑이 신부를 기뻐함
마 22:28 그들이 다 그를 **취하였으니** 부활 때에
막 6:18   동생의 아내를 **취한** 것이 옳지 않다
막 12:19 아내를 **취하여** 형을 위하여 상속자를
막 12:20 맏이가 아내를 **취하였다가** 상속자가
막 12:21 그 여자를 **취하였다가** 상속자가 없이
막 12:23 그를 아내로 **취하였으니** 부활 때 곧
눅 20:28 동생이 그 아내를 **취하여** 형을 위하여
눅 20:29 아내를 **취하였다가** 자식이 없이 죽고
눅 20:30 그 둘째와 셋째가 그를 **취하고**
눅 20:33 다 그를 아내로 **취하였으니** 부활 때에
요 3:29   신부를 **취하는** 자는 신랑이나 서서 신랑
고전 5:1 아버지의 아내를 **취하였다** 하는도다

**2. 술이나 약 기운으로
정신이 흐릿해 지다**(drink)
삼상 1:13 아니하므로 엘리는 그가 **취한** 줄로 생각
삼상 1:14 이르되 네가 언제까지 **취하여** 있겠느냐
삼상 25:36 그의 집에 배설하고 크게 **취하여** 마음에
욥 12:25 하시며 **취한** 사람같이 비틀거리게
시 107:27 구르며 **취한** 자같이 비틀거리니 그들의
잠 23:21 술 **취하고** 음식을 탐하는 자는 가난하여
잠 26:9   입의 잠언은 술 **취한** 자가 손에 든
사 19:14 매사에 잘못 가게 함이 **취한** 자가
사 24:20 땅이 **취한** 자같이 비틀비틀하며 원두막
사 29:9   그들의 **취함**이 포도주로 말미암음이
사 49:26 **취함**같이 자기의 피에 취하게 하리니
사 51:21 포도주가 아니라도 **취한** 자여 이 말을

【 취하다 】　　　　　　　　　　　　　　　　　　　　　　　　　【 취하다 】

사 63:6	그들을 **취하게** 하고 그들의 선혈이 땅에	출 12:3	그 식구를 위하여 어린 양을 **취하되**
렘 13:13	예루살렘 모든 주민으로 잔뜩 **취하게**	출 12:5	하되 양이나 염소 중에서 **취하고**
렘 23:9	내가 **취한** 사람 같으며 포도주에 잡힌	출 12:36	그들이 애굽 사람의 물품을 **취하였더라**
렘 25:27	앞에서 마시며 **취하여** 토하고 엎드러져	출 29:28	제물 중에서 **취한** 거제물로서 여호와께
렘 48:26	모압으로 **취하게** 할지어다 이는 그가	출 30:16	자손에게서 속전을 **취하여** 회막 봉사에
렘 51:7	온 세계가 **취하게** 하는 금잔이라 뭇	레 10:12	거룩하니 너희는 그것을 **취하여** 누룩을
렘 51:39	그들이 **취하여** 기뻐하다가 영원히	레 14:10	기름 섞은 소제물과 기름 한 록을 **취할**
렘 51:57	태수들과 용사들을 **취하게** 하리니	레 14:14	피를 **취하여** 정결함을 받을 자의 오른쪽
애 3:15	쓴 것들로 배불리시고 쑥으로 **취하게**	레 14:15	그 한 록의 기름을 **취하여** 자기 왼쪽
애 4:21	이를지니 네가 **취하여** 벌거벗으리라	레 14:21	기름 섞은 것과 기름 한 록을 **취하고**
겔 23:33	패망의 잔에 넘치게 **취하고** 근심할지라	레 23:40	버들을 **취하여** 너희의 하나님 여호와
겔 23:42	술 **취한** 사람을 청하여 오매 그들이	레 25:44	이방인 중에서 **취할지니** 남녀 종은 이런
겔 39:19	너희가 배불리 먹으며 그 피를 **취하도록**	민 3:45	레위인의 가축을 **취하라** 레위인은 내
욜 1:5	**취하는** 자들아 너희는 깨어 울지어다	민 4:9	보자기를 **취하여** 등잔대와 등잔과
나 1:10	술을 마신 것같이 **취한** 그들은 마른	민 4:12	기구를 **취하여** 청색 보자기에 싸서 해달
나 3:11	**취하여** 숨으리라 너도 원수를 때문에	민 5:17	담고 성막 바닥의 티끌을 **취하여** 물에
합 2:15	그에게 **취하게** 하고 그 하체를 드러내려	민 5:25	의심의 소제물을 **취하여** 그 소제물을
슥 12:2	민족에게 **취하게** 하는 잔이 되게 할	민 5:26	소제물 중에서 한 움큼을 **취하여** 그
요 2:10	좋은 포도주를 내고 **취한** 후에 낮은	민 6:19	무교병 하나와 무교전병 하나를 **취하여**
행 2:13	이르되 그들이 새 술에 **취하였다**	민 8:16	태어난 자 대신 내가 그들을 **취하였나니**
행 2:15	생각과 같이 이 사람들이 **취한** 것이	민 17:2	하나씩을 **취하되** … 열둘을 **취하고** 그
고전 5:11	모욕하거나 술 **취하거나** 속여 빼앗거든	민 31:47	짐승의 오십분의 일을 **취하여** 여호와의
고전 6:10	부리는 자나 술 **취하는** 자나 모욕하는	민 31:51	그 금으로 만든 모든 패물을 **취한즉**
고전 11:21	사람은 시장하고 어떤 사람은 **취함이라**	민 31:54	금을 **취하여** 회막에 드려 여호와 앞에서
갈 5:21	**취함과** 방탕함과 또 그와 같은 것들이라	신 1:15	인정 받는 자들을 **취하여** 너희의 수령을
살전 5:7	밤에 자고 **취하는** 자들은 밤에 **취하되**	신 7:25	금을 탐내지 말며 **취하지** 말라 네가
		신 21:3	멍에를 메지 아니한 암송아지를 **취하여**
		신 22:6	어미 새와 새끼를 아울러 **취하지** 말고
		신 22:7	새끼는 **취하여도** 되나니 그리하면 네가
		신 24:10	그의 집에 들어가서 전당물을 **취하지**
		수 6:18	어떤 것이든지 **취하여** 너희가 이스라엘
		수 7:23	그것을 장막 가운데서 **취하여** 여호수아
		수 9:14	무리가 그들의 양식을 **취하고는** 어떻게
		수 10:28	그 날에 여호수아가 막게다를 **취하고**
		수 11:10	돌아와서 하솔을 **취하고** 그 왕을 칼날로
		수 19:9	기업 중에서 **취하였으니** 이는 유다 자손
		삿 18:27	그 제사장을 **취하여** 라이스에 이르러
		삼상 7:12	사무엘 돌을 **취하여** 미스바와 센
		삼하 24:22	좋게 여기시는 대로 **취하여** 드리소서
		왕하 7:13	다섯 마리를 **취하고** 사람을 보내 정탐하
		왕하 7:14	병거 둘과 그 말들을 **취한지라** 왕이
		왕하 14:7	셀라를 **취하고** 이름을 욕드엘이라
		대상 21:23	말하되 왕은 **취하소서** 내 주 왕께서

'취하다 2'와 관련된 성구

독주에 취하다 – 시 69:12
마시고 취하다 – 창 9:21; 삼하 11:13; 왕
　　상 16:9; 20:16; 눅 12:45
술 취하지 말라 – 롬 13:13; 엡 5:18
포도주에 취하다 – 사 5:11; 계 17:2
피에 취하다 – 신 32:42; 사 34:7; 49:26;
　　계 17:6

3. 버리지 않고 골라잡다 (capture, collect, take)

모세오경, 역사서

창 2:21	그 갈빗대 하나를 **취하고** 살로 대신
창 2:23	***취하였은즉*** 여자라 부르리라 하니라
창 3:19	그것에서 **취함을** 입었음이라 너는
창 8:20	정결한 새 중에서 제물을 **취하여** 번제로
창 31:16	우리 아버지에게서 **취하여** 가신 재물은

【 취하다 】 【 측량/-하다 】

시가서 – 신약
느 5:7 높은 이자를 **취하는도다** 하고 대회를
시 68:18 사로잡은 자들을 **취하시고** 선물들을
시 78:70 택하시되 양의 우리에서 **취하시며**
잠 18:19 견고한 성을 **취하기보다** 어려운즉
잠 20:17 속이고 **취한** 음식물은 사람에게 맛이
전 10:17 귀족들의 아들이요 대신들은 **취하지**
사 33:23 나누리니 저는 자도 그 재물을 **취할**
렘 46:11 올라가서 유향을 **취하라** 네가 치료를
렘 51:26 모퉁잇돌이나 기촛돌을 **취하지** 아니할
암 6:13 힘으로 뿔들을 **취하지** 아니하였느냐
합 2:9 위하여 부당한 이익을 **취하는** 자에게
슥 11:7 막대기 둘을 **취하여** 하나는 은총이라
슥 11:10 은총이라 하는 막대기를 **취하여** 꺾었으
마 15:26 자녀의 떡을 **취하여** 개들에게 던짐이
막 7:27 자녀의 떡을 **취하여** 개들에게 던짐이
눅 19:22 두지 않은 것을 **취하고** 심지 않은 것을
눅 20:21 외모로 **취하지** 아니하시고 오직 진리로
요 5:34 증언을 **취하지** 아니하노라 다만이 말을
요 19:23 각각 한 깃씩 얻고 속옷도 **취하니** 이
행 1:20 일렀으되 그의 직분을 타인이 **취하게**
행 15:14 백성을 **취하려고** 그들을 돌보신 것을
롬 2:11 외모로 사람을 **취하지** 아니하심이라
고후 12:16 자가 되어 너희를 속임수로 **취하였다**
엡 6:13 하나님의 전신 갑주를 **취하라** 이는 악한
빌 2:6 하나님과 동등됨을 **취할** 것으로 여기지
살전 5:21 범사에 헤아려 좋은 것을 **취하고**
딤전 6:12 싸움을 싸우라 영생을 **취하라** 이를
딤전 6:19 좋은 터를 쌓아 참된 생명을 **취하는**
히 5:4 존귀는 아무도 스스로 **취하지** 못하고

'취하다 3'과 관련된 성구
두루마리를 취하다 – 계 5:7, 8
레위인을 취하다 – 민 3:45; 8:18, 19
성읍을 취하다 – 수 8:8; 10:35
십분의 일을 취하다 – 히 7:5, 6
영광을 취하다 – 요 5:44
영광을 취하지 않다 – 요 5:41; 히 5:5
옷을 취하다 – 잠 20:16; 27:13; 요 19:23
외모로 취하지 않다/없다 – 눅 20:21; 갈 2:6; 엡 6:9; 골 3:25
이득을 취하다 – 고후 12:17, 18; 딛 1:11

히 9:19 양털과 우슬초를 **취하여** 그 두루마리
약 4:2 **취하지** 못하므로 다투고 싸우는도다
벧후 2:1 임박한 멸망을 스스로 **취하는** 자들이라

측근(側近, personal)
에 2:2 왕의 **측근** 신하들이 아뢰되 왕은 왕을
에 6:3 모르드개에게 베풀었느냐 하니 **측근**
에 6:5 **측근** 신하들이 아뢰되 하만이 뜰에

측량/-하다(測量, fathom, measure)
민 35:5 이천 규빗을 **측량할지니** 이는 그들의
왕상 7:47 두었으니 그 놋 무게를 능히 **측량할**
대하 4:18 만들었으므로 그 놋 무게를 능히 **측량할**
욥 9:10 **측량할** 수 없는 큰 일을, 셀 수 없는
욥 11:7 오묘함을 어찌 능히 **측량하며** 전능자를
욥 38:18 네가 **측량할** 수 있느냐 네가 그 모든
시 60:6 나누며 숙곳 골짜기를 **측량하리라**
시 71:15 **측량할** 수 없는 주의 공의와 구원을
시 108:7 나누며 숙곳 골짜기를 **측량하리라**
시 145:3 것이라 그의 위대하심을 **측량하지**
전 3:11 일의 시종을 사람으로 **측량할** 수 없게
렘 31:37 하늘을 **측량할** 수 있으며 밑에 있는
렘 33:22 바다의 모래는 **측량할** 수 없나니 내가
겔 40:3 하나가 손에 삼줄과 **측량하는** 장대를
겔 40:5 사람의 손에 **측량하는** 장대를 잡았는데 … 여섯 척이라 그 담을 **측량하니**
겔 40:6 그 문의 통로를 **측량하니** 길이가 한
겔 40:8 그가 또 안 문의 현관을 **측량하니** 한
겔 40:9 문의 현관을 또 **측량하니** 여덟 척이요
겔 40:11 문 통로를 **측량하니** 너비가 열 척이요
겔 40:13 문간을 **측량하니** 이 방 지붕 가에서
겔 40:14 현관을 **측량하니** 너비가 스무 척이요
겔 40:19 앞까지 **측량하니** 그 너비가 백 척이며
겔 40:20 향한 문간의 길이와 너비를 **측량하니**
겔 40:21 벽과 그 현관도 먼저 **측량한** 문간과
겔 40:23 문간에서 맞은쪽 문간까지 **측량하니**
겔 40:24 벽과 현관을 **측량하니** 먼저 **측량한** 것과
겔 40:27 문간에서 맞은쪽 문간까지 **측량하니**
겔 40:28 들어가서 그 남문의 너비를 **측량하니**
겔 40:29 현관도 먼저 **측량한** 것과 같고 그 문간
겔 40:32 동쪽으로 가서 그 문간을 **측량하니** 크기
겔 40:33 현관이 먼저 **측량한** 것과 같고 그 문간
겔 40:35 나를 데리고 북문에 이르러 **측량하니**

| 측량줄 | | 치다 |

겔 40:47	그 뜰을 **측량하니** 길이는 백 척이요	
겔 40:48	**측량하니** 너비는 이쪽도 다섯 척이요	
겔 41:1	문 벽을 **측량하니** 이쪽 두께도 여섯	
겔 41:2	다섯 척이며 그가 성소를 **측량하니** 그	
겔 41:3	들어가서 내전 문 통로의 벽을 **측량하니**	
겔 41:4	내전을 **측량하니** 길이는 스무 척이요	
겔 41:5	성전의 벽을 **측량하니** 두께가 여섯	
겔 41:13	그가 성전을 **측량하니** 길이는 백 척이요	
겔 41:15	뒤뜰 너머 있는 건물을 **측량하니** 그	
겔 41:17	다 그러하니 곧 **측량한** 크기대로며	
겔 42:15	안에 있는 성전 **측량하기를** 마친 후에	
	··· 길로 나가서 사방 담을 **측량하는데**	
겔 42:16	그가 **측량하는** 장대 곧 그 장대로 동	
	쪽을 **측량하니** 오백 척이요	
겔 42:17	장대로 북쪽을 **측량하니** 오백 척이요	
겔 42:18	장대로 남쪽을 **측량하니** 오백 척이요	
겔 42:19	서쪽으로 돌이켜 그 장대로 **측량하니**	
겔 42:20	그가 이같이 그 사방을 **측량하니** 그	
겔 43:10	부끄러워하고 그 형상을 **측량하게** 하라	
겔 45:3	**측량한** 가운데에서···만 척을 **측량하고**	
겔 45:5	만 척을 **측량하여** 성전에서 수종드는	
겔 45:6	이만 오천 척을 **측량하여** 성읍의 기지로	
겔 47:3	천 척을 **측량한** 후에 내게 그 물을	
겔 47:4	천 척을 **측량하고** ··· 천 척을 **측량하고**	
겔 47:5	다시 천 척을 **측량하시니** 물이 내가	
겔 47:18	동쪽 바다까지 **측량하라** 이는 그	
암 7:17	엎드러지며 네 땅은 **측량하여** 나누어	
슥 2:2	예루살렘을 **측량하여** 그 너비와 길이를	
엡 3:8	은혜를 주신 것은 **측량할** 수 없는	
계 11:1	그 안에서 경배하는 자들을 **측량하되**	
계 11:2	성전 바깥 마당은 **측량하지** 말고 그냥	
계 21:15	그 문들과 성곽을 **측량하려고** 금 갈대	
계 21:16	성을 **측량하니** 만 이천 스다디온이요	
계 21:17	그 성곽을 **측량하매** 백사십사 규빗이	
	니 사람의 **측량** 곧 천사의 **측량이라**	

측량줄(測量, measuring line)

사 28:17	나는 정의를 **측량줄로**	
	삼고 공의를 저울추로 삼으니	
렘 31:39	**측량줄이** 곧게 가렙 언	
	덕 밑에 이르고 고아로 돌아	
슥 2:1	눈을 들어 본즉 한 사람이	
	측량줄을 그의 손에 잡았기로	

측은히(惻隱, compassion)

렘 21:7	칼날로 그들을 치되 **측은히** 여기지
눅 15:20	아버지가 그를 보고 **측은히** 여겨 달려

층(層, story)

왕상 6:6	너비는 여섯 규빗이요 셋째 **층** 다락은
왕상 6:8	중층에 오르고 중층에서 셋째 **층**에
왕상 7:4	창과 창이 세 **층**으로 서로 마주 대하였
왕상 7:5	창이 세 **층**으로 서로 마주 대하였으며
겔 41:6	골방은 삼 **층**인데 골방 위에 골방이
겔 41:7	골방은 그 **층**이 높아질수록 넓으므로
겔 42:6	아래층과 가운데 **층**보다 더욱 좁아짐
겔 43:14	**층**의 높이는 네 척이요 그 가장자리의
행 20:9	이기지 못하여 삼 **층**에서 떨어지거늘

층계(層階, step)

출 20:26	너는 **층계**로 내 제단에 오르지 말라 네
왕상 6:8	모양 **층계**로 말미암아 하층에서 중층에
왕상 10:5	여호와의 성전에 올라가는 **층계**를 보고
왕상 10:19	그 보좌에는 여섯 **층계**가 있고 보좌 뒤
왕상 10:20	열두 사자가 있어 그 여섯 **층계** 좌우편
대하 9:4	여호와의 전에 올라가는 **층계**를 보고
대하 9:18	보좌에는 여섯 **층계**와 금 발판이 있어
대하 9:19	열두 사자가 있어 그 여섯 **층계** 양쪽
느 3:15	성에서 내려오는 **층계**까지 이르렀으
느 12:37	성의 **층계**로 올라가서 다윗의 궁 윗길에
겔 40:6	향한 문에 이르러 **층계**에 올라 그 문의
겔 40:22	문간으로 올라가는 일곱 **층계**가 있고
겔 40:26	그리로 올라가는 일곱 **층계**가 있고 그
겔 40:31	문간으로 올라가는 여덟 **층계**가 있더라
겔 40:34	문간으로 올라가는 여덟 **층계**가 있더라
겔 40:37	문간으로 올라가는 여덟 **층계**가 있더라
겔 40:49	열 척이며 문간으로 올라가는 **층계**
겔 43:17	너비는 한 척이니라 그 **층계**는 동쪽을

층대(層臺, steps)

대하 9:11	왕궁의 **층대**를 만들고 또 노래하는 자들
행 21:35	바울이 **층대**에 이를 때에 무리의 폭행으
행 21:40	천부장이 허락하거늘 바울이 **층대** 위에

치다(smite, strike, afflict, conquer, spread)

1. 비나 물결 등이 세차게
   뿌리거나 움직이다(smite)

【 치다 】　　　　　　　　　　　　　　　　　　　　　　　　　　　　　　　　【 치다 】

욥 1:19	모퉁이를 **치매** 그 청년들 위에 무너지므
사 17:12	파도가 **치는** 소리같이 그들이 소동하였
렘 51:16	번개를 **치게** 하시며 그의 곳간에서
슥 10:11	물결을 **치리니** 나일의 깊은 곳이 다

2. 때리거나 두드리다
(smite, strike)

창 16:12	**치겠고** 모든 사람의 손이 그를 **칠지며**
출 3:19	내가 아노니 강한 손으로 **치기** 전에는
민 20:11	두 번 **치니** 물이 많이 솟아나오므로
신 28:35	무릎과 다리를 **쳐서** 고치지 못할
수 10:28	왕을 **쳐서** 그 성읍과 그 중에 있는 모든
삿 5:26	시스라를 **쳐서** 그의 머리를 뚫되 곧
삼상 12:15	너희의 조상들을 **치신** 것같이 너희를
왕하 2:8	물을 **치매** 물이 이리 저리 갈라지고 두
대하 10:14	**치셨으나** 나는 전갈 채찍으로 **치리라**
욥 36:32	번갯불을 명령하사 과녁을 **치시도다**
사 10:24	몽둥이를 들어 너를 **칠지라도** 그를
렘 23:29	바위를 **쳐서** 부스러뜨리는 방망이 같지
겔 20:46	소리내어 남쪽의 숲을 **쳐서** 예언하라
단 2:34	쇠와 진흙의 발을 **쳐서** 부서뜨리매
호 10:2	그 제단을 **쳐서** 깨뜨리시며 그 주상을
암 9:1	머리를 **쳐서** 문지방이 움직이게 하며

'치다 2'와 관련된 성구

돌로 **치다** – 출 8:26; 21:28, 32; 레 20:2, 27; 24:16, 23, 14; 민 14:10; 15:35; 수 7:25; 삼상 30:6; 대하 10:18; 마 21:35; 23:37; 눅 13:34; 20:6; 요 8:5, 7, 9; 10:31, 32, 33; 11:8; 행 7:59; 14:15, 19; 히 11:37

뺨을 **치다** – 왕상 22:24; 대하 18:23; 욥 16:10; 시 3:7; 미 5:1; 마 5:39; 눅 6:29; 고후 11:20

칼날로 **치다** – 출 5:3; 17:13; 민 21:24; 수 10:28, 30, 32, 35, 37, 39; 11:11, 12, 14; 19:47; 삿 1:8; 25; 20:37, 48; 21:10; 삼상 22:19; 삼하 12:9; 23:10; 에 9:5; 렘 21:7; 43:11; 겔 28:7; 30:11; 38:21; 암 7:9; 슥 13:7; 마 26:51; 막 14:47; 눅 22:49

형제를 **치다** – 출 2:11; 32:29; 삿 1:17; 사 19:2

슥 12:4	**쳐서** 놀라게 하며 그 탄 자를 **쳐서** 미
	치게 … 말을 **쳐서** 눈이 멀게 하리니
마 11:17	슬피 울어도 너희가 가슴을 **치지** 아니
마 26:59	공회가 예수를 죽이려고 그를 **칠** 거짓
마 26:62	사람들이 너를 **치는** 증거가 어떠하냐
마 26:68	우리에게 선지자 노릇을 하라 너를 **친**
마 27:13	이르되 그들이 너를 **쳐서** 얼마나 많은
막 14:55	예수를 죽이려고 그를 **칠** 증거를 찾되
막 14:56	예수를 **쳐서** 거짓 증언 하는 자가
막 14:57	어떤 사람들이 일어나 예수를 **쳐서** 거짓
막 14:60	사람들이 너를 **치는** 증거가 어떠하냐
행 7:24	원수를 갚아 애굽 사람을 **쳐** 죽이니라
행 12:7	옆구리를 **쳐** 깨워 이르되 급히 일어나라
행 23:3	하나님이 너를 **치시리로다** … 율법을
	어기고 나를 **치라** 하느냐 하니
고전 9:27	내가 내 몸을 **쳐** 복종하게 함은 내가

치다 2 기타 본문

창 32:25, 32; 출 7:20; 8:16, 17; 9:25; 17:6; 21:15, 18, 19, 20, 22, 26, 27; 삿 7:13; 삼상 14:20; 17:36, 49; 왕하 2:14; 13:18, 19; 욥 37:4; 41:30; 시 74:6; 78:20; 105:33; 114:8; 사 10:26; 11:15; 30:31; 32:12; 45:2; 58:4; 렘 50:9; 겔 21:12, 16; 24:16; 29:10; 39:3; 44:12; 단 2:35; 8:7; 슥 14:13; 눅 22:50, 64; 행 16:22, 23; 21:32; 23:2

3. 때리거나 두드려서 소리를 내다 (strike)

민 24:10	노하여 손뼉을 **치며** 말하되 내가 그대를
대상 15:19	아삽과 에단은 놋제금을 크게 **치는** 자요
대하 5:13	불고 제금 **치고** 모든 악기를 올리며
욥 27:23	그를 바라보며 손뼉 **치고** 그의 처소에서
욥 34:37	우리와 어울려 손뼉을 **치며** 하나님을
시 47:1	만민들아 손바닥을 **치고** 즐거운 소리
시 68:25	소고 **치는** 처녀들 중에서 노래 부르는
사 24:8	소고 **치는** 기쁨이 그치고 즐거워하는
사 30:32	소고를 **치며** 수금을 탈 것이며 그는
사 55:12	들의 모든 나무가 손뼉을 **칠** 것이며
겔 6:11	손뼉을 **치고** 발을 구르며 말할지어다
겔 21:14	손뼉을 **쳐서** 칼로 두세 번 거듭 쓰이게
겔 21:17	내 손뼉을 **치며** 내 분노를 다 풀리로다
겔 22:13	흘린 일로 말미암아 내가 손뼉을 **쳤나니**
겔 25:6	손뼉을 **치며** 발을 구르며 마음을 다하여
나 3:19	손뼉을 **치나니** 이는 그들이 항상 네게

2355

【 치다 】　　　　　　　　　　　　　　　　　　　　　　　【 치다 】

4. 적을 공격하다(afflict, conquer, strike)

창 14:6	산 세일에서 **쳐서** 광야 근방 엘바란까지	왕상 2:29	보내며 이르되 너는 가서 그를 **치라**
창 14:7	사는 아모리 족속을 **친지라**	왕하 3:7	모압을 **치시겠느냐** 하니 그가 이르되
출 12:12	모든 처음 난 것을 다 **치고** 애굽의 모든	왕하 3:24	사람을 **쳐서** 그들 앞에서 도망하게 하고
출 12:23	너희 집에 들어가서 너희를 **치지** 못하게		그 지경에 들어가며 모압 사람을 **치고**
레 26:17	너희를 **치리니** 너희가 너희의 대적에	대상 4:41	모우님 사람을 **쳐서** 진멸하고 대신하여
레 26:24	말미암아 너희를 칠 배나 더 **치리라**	대상 4:43	살아남은 아말렉 사람을 **치고** 오늘까지
민 14:12	내가 전염병으로 그들을 **쳐서** 멸하고	대하 8:3	솔로몬이 가서 하맛소바를 **쳐서** 점령하
민 16:42	회중이 모여 모세와 아론을 **칠** 때에	대하 11:4	돌아가고 여로보암을 **치러** 가던 길에서
신 1:44	세일 산에서 **쳐서** 호르마까지 이른지라	느 5:7	하고 대회를 열고 그들을 **쳐서**
신 2:15	여호와께서 손으로 그들을 **치사** 진영	욥 2:3	까닭 없이 그를 **치게** 하였어도 그가
수 7:3	아이를 **치게** 하소서 그들은 소수이니	시 3:1	그리 많은지요 일어나 나를 **치는** 자가
수 7:5	쫓아가 내려가는 비탈에서 **쳤으므로**	시 17:9	피하는 자들을 그 일어나 **치는** 자들에게
삿 1:10	가나안 족속을 **쳐서** 세새와 아히만과	잠 24:28	너는 까닭 없이 네 이웃을 **쳐서** 증인이
삿 1:11	드빌의 주민들을 **쳤으니** 드빌의 본	잠 25:18	이웃을 **쳐서** 거짓 증거하는 사람은
삼상 2:10	우레로 그들을 **치시리로다** 여호와께서	아 5:7	나를 만나매 나를 **쳐서** 상하게 하였고
삼상 4:8	재앙으로 애굽인을 **친** 신들이니라	사 2:4	서로 **치지** 아니하며 다시는 전쟁을 연습
삼하 1:15	그를 죽이라 하매 그가 **치매** 곧 죽으니	사 9:11	그를 **치게** 하시며 그의 원수들을 격동
삼하 2:22	내가 너를 **쳐서** 땅에 엎드러지게 할	사 9:13	자기들을 **치시는** 이에게로 돌아오지
		렘 6:4	너희는 그를 **칠** 준비를 하라 일어나라
왕상 2:25	보내매 그가 아도니야를 **쳐서** 죽였더라	애 3:3	손을 들어 자주자주 나를 **치시는도다**

'치다 4'와 관련된 성구

군대를 치다 – 삼상 23:3; 삼하 5:24; 8:9; 대상 14:15, 16; 18:9; 렘 37:10; 단 11:5

나라를 치다 – 출 3:20; 시 135:10; 사 19:2; 렘 25:9; 단 2:44; 슥 14:3

대적(들)을 치다 – 민 10:9; 25:17; 삼상 20:16; 시 60:11; 78:66; 81:14; 108:12; 사 42:13

땅을 치다 – 출 8:2; 12:13; 수 10:41 삿 11:12; 삼상 27:9; 왕상 15:20; 왕하 15:19; 시 81:5; 사 36:10; 렘 37:19; 43:11; 50:21; 겔 30:25; 36:5; 38:18; 슥 11:6; 계 11:6

미디안을 치다 – 민 31:3, 7; 삿 7:24; 대상 1:46; 사 10:26

백성을 치다 – 출 9:15; 32:35; 민 13:31; 21:35; 신 2:33; 수 10:33; 삿 9:43; 11:21; 20:31; 삼상 6:19; 삼하 24:17; 시 83:3; 사 10:6; 27:7; 미 4:13

블레셋 사람을 치다 – 삿 14:4; 삼상 14:31, 47; 23:2, 5, 28; 삼하 5:25; 8:1; 23:12; 왕하 18:8; 대상 14:10; 18:1

성을 치다 – 삿 9:45; 왕하 19:32; 사 36:1; 렘 32:29; 34:22

성읍을 치다 – 신 20:10; 삿 20:11; 삼하 12:28; 왕상 15:20; 왕하 3:19, 25; 18:13; 대하 14:14; 16:4; 사 19:2; 렘 1:15; 34:1, 7

왕을 치다 – 민 21:26; 수 10:40; 왕상 20:22; 왕하 18:17; 대하 20:2; 시 110:5; 단 11:8, 25; 히 7:1

유다를 치다 – 왕상 15:17, 37; 24:2; 대하 16:1; 20:22; 28:1; 사 7:6; 9:21; 겔 25:12

예루살렘을 치다 – 왕하 25:1; 대하 12:2, 9; 32:2; 느 4:8; 사 7:1; 렘 39:1; 52:4; 슥 12:9; 14:12, 16

이스라엘을 치다 – 민 21:1, 23; 삿 3:13; 11:4, 5; 삼상 7:7; 31:1; 삼하 18:6; 왕상 14:15; 대상 21:7; 대하 13:15; 겔 38:16; 슥 12:3

집을 치다 – 삿 9:18; 왕상 15:29; 16:7; 왕하 9:7; 대상 21:17; 사 31:2

【 치다 】　　　　　　　　　　　　　　　　【 치다 】

겔 9:5	여기지 말며 긍휼을 베풀지 말고 **쳐서**
겔 9:8	그들을 **칠** 때에 내가 홀로 있었는지라
단 9:12	재판관을 **쳐서** 하신 말씀을 이루셨사
단 11:2	사람을 충동하여 헬라 왕국을 **칠** 것이며
호 6:5	내가 선지자들로 그들을 **치고** 내 입의
암 1:8	손을 돌이켜 에그론을 **치리니** 블레셋의
미 4:3	서로 **치지** 아니하며 다시는 전쟁을 연습
나 2:1	파괴하는 자가 너를 **치러** 올라왔나니
합 3:13	악인의 집의 머리를 **치시며** 그 기초를
학 2:17	우박으로 **쳤으나** 너희가 내게로 돌이키
슥 9:13	헬라 자식들을 **치게** 하며 너를 용사의
마 26:31	기록된 바 내가 목자를 **치리니** 양의
막 14:27	내가 목자를 **치리니** 양들이 흩어지리라
행 12:23	사자가 곧 **치니** 벌레에게 먹혀 죽으니라
고전 9:26	아니하고 싸우기를 허공을 **치는** 것같이
고후 12:7	나를 **쳐서** 너무 자만하지 않게 하려
계 19:15	그것으로 만국을 **치겠고** 친히 그들을

✝ 치다 4 - 기타 본문

모세오경, 역사서 창 34:30; 36:35; 출 12:29; 14:25; 민 22:6, 11; 24:17; 32:4, 39; 35:21, 24; 신 3:3; 4:46; 7:2; 23:9; 25:11, 18; 28:7, 22, 25, 27, 28, 48, 49, 55, 57; 수 8:5, 22; 9:18; 10:4, 19; 12:6, 7; 13:12; 15:15, 16; 삿 1:12, 17, 22; 5:13, 23; 6:3, 16; 8:11, 21; 10:8; 11:27; 12:3, 4; 15:8, 12; 18:9, 25; 20:5, 9, 23, 24, 25, 30, 34, 43; 삼상 5:6, 9; 6:9; 7:11; 11:11; 12:9, 12, 15; 13:3, 4, 12; 14:48; 15:3, 18; 17:35, 46; 18:21; 22:8, 13, 18; 23:1; 24:6; 25:38; 26:10, 11, 23; 30:1, 17, 23; 삼하 2:31; 3:22; 5:6, 8, 20; 6:7, 8; 8:2, 3, 10; 10:18; 11:23; 12:15, 26, 29; 13:28; 18:11; 20:10; 22:40; 24:1; 왕상 2:32, 46; 11:15; 20:12, 21, 27, 35, 37; 왕하 3:21; 6:21, 22; 7:6; 8:21; 9:27; 12:17, 21; 13:17, 25; 14:10; 15:16, 30; 16:7, 9; 18:25; 19:35; 25:25; 대상 4:6, 13; 12:19, 21; 13:10; 14:11; 18:2, 3, 10; 20:1; 대하 14:9, 11, 12; 15:6; 16:4; 18:2; 20:12, 23; 21:9, 14, 16, 18; 24:23; 25:19; 26:7, 13, 20; 28:5, 23; 32:1; 33:11; 35:20, 21; 36:6; 에 8:11 **시가서, 선지서** 욥 2:7; 6:4; 9:17; 10:17; 15:24; 16:14; 27:7; 시 18:38, 39; 27:3, 12; 31:13, 18; 37:12; 44:5; 54:3; 55:18, 20; 56:2, 5; 59:1, 3; 68:21, 23; 78:31; 83:3; 86:14; 89:23; 92:11; 94:21;

110:6; 119:69; 124:2; 139:21; 141:5; 사 9:13; 10:20; 13:17; 14:6, 22; 19:2, 22; 20:1; 25:4; 29:3, 7, 8; 31:4; 37:8, 33, 36; 41:12, 15; 57:14, 17; 59:12; 60:10; 렘 6:23; 14:19; 15:8, 20; 18:11, 18; 21:2, 5, 6, 13; 23:19, 30, 31, 32; 25:29; 31:19; 32:24; 37:8, 10; 47:1, 7; 48:18; 49:19, 30, 31; 50:3, 9, 21, 26, 44; 51:1, 2, 27, 28, 29, 46; 52:27; 애 3:30, 62; 겔 11:4; 13:8, 9, 10; 19:8; 21:4; 23:22, 24; 26:3, 7, 8; 28:9; 29:18; 32:15; 38:17; 단 11:7, 10, 14, 16, 24, 30; 호 10:10; 암 3:15; 4:9; 6:14; 미 4:13; 5:5; 6:13; 합 3:16; 슥 14:18

5. 크게 몸짓을 하다 (stagger, sway)

욥 40:17	꼬리 **치는** 것은 백향목이 흔들리는 것
사 10:14	날개를 **치거나** 입을 벌리거나 지저귀는
사 18:1	슬프다 구스의 강 건너편 날개 **치는**
사 51:17	네가 이미 비틀걸음 **치게** 하는 큰 잔을
사 51:22	내가 비틀걸음 **치게** 하는 잔 곧 나의

6. 쇠붙이를 두드려서 연장을 만들다 (hammer)

출 25:18	그룹 둘을 속죄소 두 끝에 **쳐서** 만들되
출 25:31	순금으로 등잔대를 **쳐** 만들되 그 밑판과
출 25:36	연결하여 전부를 순금으로 **쳐** 만들고
출 37:7	둘을 속죄소 양쪽에 **쳐서** 만들었으되
출 37:17	그것을 **쳐서** 만들었으니 그 밑판과 줄기
출 37:22	전부를 순금으로 **쳐서** 만들었으며
출 39:3	금을 얇게 **쳐** 오려서 실을 만들어
민 8:4	밑판에서 그 꽃까지 **쳐서** 만든 것이라
민 16:38	향로를 **쳐서** 제단을 싸는 철판을 만들라
민 16:39	드렸던 놋 향로를 가져다가 **쳐서** 제단을
왕상 10:16	솔로몬 왕이 **쳐서** 늘인 금으로 큰 방패
왕상 10:17	**쳐서** 늘인 금으로 작은 방패 삼백 개
대하 9:15	솔로몬 왕이 **쳐서** 늘인 금으로 큰 방패
대하 9:16	**쳐서** 늘인 금으로 작은 방패 삼백 개
사 2:4	**쳐서** 보습을 만들고 그들의 창을 **쳐서**
욜 3:10	보습을 **쳐서** 칼을 만들지어다 낫을 **쳐서**
미 4:3	칼을 **쳐서** 보습을 만들고 창을 **쳐서**

7. 선이나 그림을 그리다 (spread)

시 78:55	앞에서 쫓아내시며 줄을 **쳐서** 그들의
슥 1:16	**쳐지리라** 만군의 여호와의 말이니라

8. 뿌리거나 끼얹거나 붓다 (sprinkle)

출 30:35	법대로 만들고 그것에 소금을 **쳐서**
겔 43:24	제사장은 그 위에 소금을 **쳐서** 나

【 치다 】　　　　　　　　　　　　　　　　　　　【 치료/-하다/-받다 】

9. 값을 매기다(for)
민 14:34　하루를 일 년으로 **쳐서** 그 사십 년간

10. 점괘를 보다(practice, tell)
창 44:15　잘 **치는** 줄을 너희는 알지 못하였느냐
레 19:26　말며 점 **치지** 말며 술법을 행하지
사 44:25　징표를 폐하며 점 **치는** 자들을 미치게
겔 21:21　어귀에 서서 점을 **치되** 화살들을 흔들어
미 3:6　어둠을 만나리니 점 **치지** 못하리라
미 3:11　돈을 위하여 점을 **치면서도** 여호와를

**11. 새나 고기를 잡으려고 그물을 펴 놓다
(set, spread)**
시 31:4　위하여 비밀히 **친** 그물에서 빼내소서
잠 6:5　새가 그물 **치는** 자의 손에서 벗어나는
잠 29:5　그의 발 앞에 그물 **치는** 것이니라
사 19:8　슬퍼하며 물 위에 그물을 **치는** 자는
애 1:13　그물을 **치사** 나로 물러가게 하셨음이여
겔 12:13　내 그물을 그의 위에 **치고** 내 올무에
겔 19:8　치러 와서 그의 위에 그물을 **치고** 함정
겔 26:5　가운데에 그물 **치는** 곳이 되게 하리니
겔 32:3　거느리고 내 그물을 네 위에 **치고** 그
겔 47:10　그물 **치는** 곳이 될 것이라 그 고기가
호 5:1　올무가 되며 다볼 위에 **친** 그물이
호 7:12　그 위에 **쳐서** 공중의 새처럼 떨어뜨리고
호 9:8　모든 길에 **친** 새 잡는 자의 그물과 같으
마 13:47　천국은 마치 바다에 **치고** 각종 물고기

12. 병풍이나 가리개 등으로 둘레를 둘러막다(set up)
출 27:9　세마포 휘장을 **쳐서** 그 한 쪽을 당하게
민 1:52　이스라엘 자손은 막사를 **치되** 그 진영별
　　　　　로 각각 그 진영과 군기 곁에 **칠** 것이나
민 24:2　이스라엘이 그 지파대로 천막 **친** 것을
왕상 20:12　진영을 **치라** … 향하여 진영을 **치니라**
대상 19:10　앞 뒤에 **친** 적진을 보고 이스라엘에서
　　　　　… 뽑아 아람 사람을 대하여 진을 **치고**

'치다 12'과 관련된 성구

장막 **치다** – 창 12:8; 13:3; 26:17, 25;
　　　　31:25; 33:19; 35:21; 출 13:20;
　　　　14:2, 9; 15:27; 17:1; 19:2; 33:7;
　　　　민 10:31; 신 1:33; 삿 4:11; 6:4; 삼
　　　　하 6:17; 16:22; 대상 16:1; 대하
　　　　1:4; 느 11:30; 렘 43:10; 계 7:15
진 **치다** – 창 14:8; 출 18:5; 민 1:50, 53;

2:2, 3, 5, 12, 17, 27, 34; 3:23, 29,
35, 38; 9:17, 18; 12:16; 21:10;
21:11, 12, 13; 22:1; 33:13, 14, 37,
48; 수 4:19; 8:11; 10:5; 11:5; 삿
7:1; 9:50; 11:18, 20; 15:9; 18:12;
20:19; 삼상 4:1; 11:1; 13:5; 17:1,
2; 26:3, 5; 28:4; 29:1; 삼하 10:8, 9,
10, 17; 11:11; 12:28; 17:26; 23:13;
왕상 16:15; 25:1; 왕하 6:8; 대상
11:15; 19:7, 9, 11, 17; 대하 32:1;
욥 19:12; 시 27:3; 34:7; 53:5; 사
13:20; 29:1, 3; 렘 50:29; 슥 9:8
포장 **치다** – 출 27:11, 12; 40:8, 33
대하 14:15　또 짐승 지키는 천막을 **치고** 양과 낙타
시 104:2　빛을 입으시며 하늘을 휘장같이 **치시며**
렘 10:20　장막을 세울 자와 내 휘장을 **칠** 자가
습 1:16　성읍들을 **치며** 높은 망대를 **치는** 날이로

13. 동물이 새끼를 낳아 퍼뜨리다(give birth)
욥 39:1　염소가 새끼 **치는** 때를 네가 아느냐

14. 가축을 기르다(raise)
창 4:20　장막에 거주하며 가축을 **치는** 자의 조상
창 30:29　외삼촌의 가축을 **쳤는지** 외삼촌이
창 36:24　아버지 시브온의 나귀를 **칠** 때에 광야
욥 39:7　비웃나니 나귀 **치는** 사람이 지르는
눅 15:15　그를 들로 보내어 돼지를 **치게** 하였는데

'치다 14'와 관련된 성구

양 떼를 치다 – 창 30:36; 37:12; 47:4;
　　　　출 3:1; 사 61:5
양 무리를 치다 – 사 17:2; 벧전 5:2
양을 치다 – 창 29:9; 37:2, 13, 16; 삼상
　　　　16:19; 17:15; 왕하 3:4; 아 1:7; 호
　　　　12:12; 눅 17:7; 요 21:16
양 치는 자 – 창 4:2

치료/-하다/-받다(治療, cure, heal)
창 20:17　여종을 **치료하사** 출산하게 하셨으니
출 15:26　아니하리니 나는 너희를 **치료하는**
왕하 8:29　부상을 **치료하려** 하여 이스르엘로
왕하 9:15　부상한 것을 **치료하려** 하여 이스르엘로
대하 22:6　라마에서 맞아 상한 것을 **치료하려** 하여

【 치르다 】　　　　　　　　　　　　　　　　　　　　　【 치우치다 】

전 3:3　죽일 때가 있고 **치료**할 때가 있으며
사 38:16　나를 **치료**하시며 나를 살려 주옵소서
렘 8:22　딸 내 백성이 **치료**를 받지 못함은 어찌
렘 14:19　어찌하여 우리를 치시고 **치료하지** 아니
　　　　하시나이까… **치료** 받기를 기다리나
렘 33:6　내가 이 성읍을 **치료하며** 고쳐 낫게
렘 46:11　네가 **치료**를 많이 받아도 효력이 없어
렘 51:9　바벨론을 **치료하려** 하여도 낫지 아니한
호 7:1　이스라엘을 **치료하려** 할 때에 에브라임
말 4:2　떠올라서 **치료하는** 광선을 비추리니
계 22:2　그 나무 잎사귀들은 만국을 **치료하기**

치르다(give, reward)
창 42:22　그의 핏값을 **치르게** 되었도다 하니
욥 34:33　그대의 뜻대로 속전을 **치르시겠느냐**

치리하다(治理, reign)
룻 1:1　사사들이 **치리하던** 때에 그 땅에 흉년이
왕하 15:5　다스리며 그 땅의 백성을 **치리하였더라**
잠 8:15　말미암아 왕들이 **치리하며** 방백들이
전 4:16　**치리**를 받는 모든 백성들이 무수하였을

치리자(治理者, ruler)
잠 28:16　무지한 **치리자**는 포학을 크게 행하거니

치마(covering, skirt)
창 3:7　알고 무화과나무 잎을 엮어 **치마**로
사 47:2　벗으며 **치마**를 걷어 다리를 드러내고
렘 13:22　크므로 네 **치마**가 들리고 네 발뒤꿈치가
렘 13:26　그러므로 내가 네 **치마**를 네 얼굴에까지
나 3:5　네 **치마**를 걷어 올려 네 얼굴에 이르게

치부하다(致富, gain rich, grow rich, make rich)
창 14:23　말이 내가 아브람으로 **치부하게** 하였다
시 49:16　사람이 **치부하여** 그의 집의 영광이 더할
렘 17:11　불의로 **치부하는** 자는 자고새가 낳지
계 18:3　그 사치의 세력으로 **치부하였도다**
계 18:15　말미암아 **치부한** 이 상품의 상인들이
계 18:19　보배로운 상품으로 **치부하였더니** 한

치솟다(rise, send up)
창 19:28　연기가 옹기 가마의 연기같이 **치솟음**을
삿 20:38　성읍에서 큰 연기가 **치솟는** 것으로 군호

삿 20:40　성읍 가운데에서 **치솟을** 때에 베냐민

치열하다(熾烈, heavy)
삿 20:34　싸움이 **치열하나** 베냐민 사람은 화가

치욕(恥辱, disgrace, reproach)

삼상 17:26　이스라엘의 **치욕**을 제거하는 사람에게는
사 54:4　수치를 잊겠고 과부 때의 **치욕**을 다시 기억함이
렘 3:25　우리의 **치욕**이 우리를 덮을 것이니
렘 17:18　**치욕**을 당하게 하시고 나로 **치욕**을
렘 20:8　말미암아 내가 종일토록 **치욕**과 모욕
렘 20:11　큰 **치욕**을 당하오리니 그 **치욕**은 길이
렘 23:40　영원한 **치욕**과 잊지 못할 영구한 수치를
렘 31:19　어렸을 때의 **치욕**을 지므로 부끄럽고
렘 42:18　놀램과 저주와 **치욕** 거리가 될 것이라
렘 49:13　놀램과 **치욕** 거리와 황폐함과 저줏거리
렘 50:12　너희를 낳은 자가 **치욕**을 당하리라 보라
렘 51:47　그 온 땅이 **치욕**을 당하겠으니 그 죽임
애 3:30　뺨을 돌려대어 **치욕**으로 배불릴지어다
애 5:1　기억하시고 우리가 받은 **치욕**을 살펴
습 3:18　그들에게 지워진 짐이 **치욕**이 되었느니
히 13:13　그의 **치욕**을 짊어지고 영문 밖으로
벧전 4:14　그리스도의 이름으로 **치욕**을 당하면

치우다(take down)
레 26:10　말미암아 묵은 곡식을 **치우게** 될 것이며
수 24:14　섬기던 신들을 **치워** 버리고 여호와만
수 24:23　이방 신들을 **치워** 버리고 너희의 마음을
요 19:31　다리를 꺾어 시체를 **치워** 달라 하니

치우치다(turn aside)
민 20:17　오른쪽으로나 **치우치지** 아니하리이다
신 2:27　좌로나 우로나 **치우치지** 아니하리라
신 5:32　삼가 행하여 좌로나 우로나 **치우치지**
신 17:11　좌로나 우로나 **치우치지** 말 것이니라
신 17:20　좌로나 우로나 **치우치지** 아니하리니
신 28:14　우로나 **치우치지** 아니하고 다른 신을
수 1:7　우로나 좌로나 **치우치지** 말라 그리하면
수 23:6　그것을 떠나 우로나 좌로나 **치우치지**
삿 2:17　길에서 속히 **치우쳐** 떠나서 그와 같이
삼상 6:12　좌우로 **치우치지** 아니하였고 블레셋

【 치유 】　　　　　　　　　　　　　　　　　　　　　　　　　　　　　　　　　　【 친구 】

삼하 2:19	좌우로 **치우치지** 않고 아브넬의 뒤를		신 13:6	함께 하는 **친구**가 가만히 너를 꾀어
왕하 22:2	행하고 좌우로 **치우치지** 아니하였더라		삿 7:13	사람이 그의 **친구**에게 꿈을 말하여
대하 34:2	다윗의 길로 걸으며 좌우로 **치우치지**		삿 7:14	**친구**가 대답하여 이르되 이는 다른 것
욥 23:11	그의 길을 지켜 **치우치지** 아니하였고		삿 7:22	그 온 진영에서 **친구**끼리 칼로 치게
욥 36:21	악으로 **치우치지** 말라 그대가 환난보다		삿 11:37	여자 **친구**들과 산에 가서 나의 처녀로
시 14:3	**치우쳐** 함께 더러운 자가 되고 선을		삿 11:38	여자 **친구**들과 가서 산 위에서 처녀로
시 40:4	교만한 자와 거짓에 **치우치는** 자를		삿 14:11	데려와서 **친구**를 삼아 그와 함께 하게
시 125:5	굽은 길로 **치우치는** 자들은 여호와께서		삿 14:20	아내는 삼손의 **친구**였던 그의 **친구**에게
잠 4:27	좌로나 우로나 **치우치지** 말고 네 발을		삿 15:2	그를 네 **친구**에게 주었노라 그의 동생이
잠 7:25	음녀의 길로 **치우치지** 말며 그 길에		삿 15:6	그의 **친구**에게 준 까닭이라 하였더라
사 30:21	**치우치든지** 왼쪽으로 **치우치든지**		삼상 30:26	**친구** 유다 장로들에게 보내어 이르되
애 3:11	나의 길들로 **치우치게** 하시며 내 몸을		삼하 3:8	형제와 그의 **친구**에게 은혜를 베풀어
단 9:11	주의 율법을 범하고 **치우쳐** 가서 주의		삼하 13:3	요나답이라 하는 **친구**가 있으니 그는
말 2:9	사람에게 **치우치게** 하였으므로 나도		삼하 16:17	**친구**를 후대하는 것이냐 네가 어찌하
롬 3:12	다 **치우쳐** 함께 무익하게 되고 선을			여 네 **친구**와 함께 가지 아니하였느냐
			왕상 16:11	친족이든지 그의 **친구**든지 한 사람도
치유(治癒, cure, healing)			왕상 20:35	그의 **친구**에게 이르되 너는 나를 치라
신 28:27	치시리니 네가 **치유** 받지 못할 것이며		왕하 7:3	**친구**에게 서로 말하되 우리가 어찌하여
사 58:8	**치유**가 급속할 것이며 네 공의가 네		왕하 7:9	나병환자들이 그 **친구**에게 서로 말하되
			에 5:10	**친구**들과 그의 아내 세레스를 청하여
치다/치이다(roll, seize)			에 5:14	세레스와 모든 **친구**들이 이르되 높이가
욥 18:9	뒤꿈치는 덫에 **치이고** 그의 몸은 올무에		에 6:13	세레스와 모든 **친구**에게 말하매 그 중
잠 26:27	굴리는 자는 도리어 그것에 **치이리라**			
암 3:5	어찌 거기 **치이겠으며** 잡힌 것이 없는데		**시가서**	
눅 13:4	실로암에서 망대가 무너져 **치어** 죽은		욥 6:14	저버릴지라도 그의 **친구**로부터 동정
			욥 6:27	뽑으며 너희 **친구**를 팔아 넘기는구나
치즈(cheese)			욥 16:20	**친구**는 나를 조롱하고 내 눈은 하나님을
삼상 17:18	**치즈** 열 덩이를 가져다가 그들의 천부장		욥 17:5	보상을 얻으려고 **친구**를 비난하는 자는
삼하 17:29	꿀과 버터와 양과 **치즈**를 가져다가 다윗		욥 19:19	나의 가까운 **친구**들이 나를 미워하며
			욥 19:21	**친구**야 너희는 나를 불쌍히 여기다오
치질(痔疾, tumor)			욥 32:3	세 **친구**에게 화를 냄은 그들이 능히
신 28:27	종기와 **치질**과 괴혈병과 피부병으로		욥 35:4	있는 그대의 **친구**들에게 대답하리라
			욥 42:7	네 두 **친구**에게 노하나니 이는 너희가
친교(親交, fellowship)			욥 42:10	그의 **친구**들을 위하여 기도할 때 여호
갈 2:9	은혜를 알므로 나와 바나바에게 **친교**의		시 31:11	당하니 내 **친구**가 놀라고 길에서 보는
			시 35:14	**친구**와 형제에게 행함같이 그들에게
친구(親舊, friend)			시 38:11	**친구**들이 내 상처를 멀리하고 내 친척
모세오경, 역사서			시 41:9	가까운 **친구**도 나를 대적하여 그의
창 26:26	아비멜렉이 그 **친구** 아훗삿과 군대 장관		시 45:14	시종하는 **친구** 처녀들도 왕께로 이끌려
창 38:12	그의 **친구** 아둘람 사람 히라와 함께		시 55:13	나의 **친구**요 나의 가까운 친우로다
창 38:20	유다가 그 **친구** 아둘람 사람의 손에		시 88:18	내게서 사랑하는 자와 **친구**를 멀리
출 32:27	각 사람은 자기의 **친구**를, 각 사람은		시 119:63	주의 법도들을 지키는 자들의 **친구**라
출 33:11	자기의 **친구**와 이야기함같이 여호와		시 122:8	형제와 **친구**를 위하여 이제 말하리니
			잠 14:20	미움을 받게 되나 부요한 자는 **친구**가

【 친구 】   【 친절하다/친절히 】

잠 17:17	**친구**는 사랑이 끊어지지 아니하고 형제
잠 18:24	**친구**를 얻는 자는 해를 당하게 되거니와 어떤 **친구**는 형제보다 친밀하니라
잠 19:4	**친구**를 더하게 하나 가난한즉 **친구**가
잠 19:6	좋아하는 자에게는 사람마다 **친구**가
잠 19:7	**친구**야 그를 멀리 하지 아니하겠느냐
잠 22:11	있으므로 임금이 그의 **친구**가 되느니라
잠 27:6	**친구**의 아픈 책망은 충직으로 말미암는
잠 27:9	**친구**의 충성된 권고가 이와 같이 아름다
잠 27:10	네 **친구**와 네 아비의 **친구**를 버리지
잠 27:17	그의 **친구**의 얼굴을 빛나게 하느니라
아 1:7	네 **친구**의 양 떼 곁에서 어찌 얼굴을
아 5:1	마셨으니 나의 **친구**들아 먹으라 나의
아 5:16	이는 내 사랑하는 자요 나의 **친구**로다
아 8:13	**친구**들이 네 소리에 귀를 기울이니 내가

선지서

렘 6:21	이웃과 그의 **친구**가 함께 멸망하리라
렘 13:21	**친구** 삼았던 자를 그가 네 위에 우두
렘 19:9	먹게 하고 또 각기 **친구**의 살을 먹게
렘 20:4	모든 **친구**에게 두려움이 되게 하리니
렘 20:6	들은 네 모든 **친구**도 그와 같으리라
렘 38:22	네게 말하기를 네 **친구**들이 너를 꾀어
애 1:2	위로하는 자가 없고 **친구**들도 다 배반하
단 2:13	죽게 되었고 다니엘과 그의 **친구**들이
단 2:17	**친구** 하나냐와 미사엘과 아사랴에게
단 2:18	**친구**들이 바벨론의 다른 지혜자들과
미 7:5	이웃을 믿지 말며 **친구**를 의지하지
슥 13:6	이는 나의 **친구**의 집에서 받은 상처라

신약

마 20:13	이르되 **친구**여 내가 네게 잘못한 것이
마 22:12	이르되 **친구**여 어찌하여 예복을 입지
마 26:50	이르시되 **친구**여 네가 무엇을 하려고
눅 12:4	내가 내 **친구** 너희에게 말하노니 몸을
눅 16:9	재물로 **친구**를 사귀라 그리하면 그
눅 23:12	원수였으나 당일에 서로 **친구**가 되니라
요 3:29	음성을 듣는 **친구**가 크게 기뻐하나니
요 11:11	우리 **친구** 나사로가 잠들었도다 그러나
요 15:13	사람이 **친구**를 위하여 자기 목숨을
요 15:14	명하는 대로 행하면 곧 나의 **친구**라
요 15:15	너희를 **친구**라 하였노니 내가 내 아버지
행 10:24	고넬료가 그의 친척과 가까운 **친구**들을
행 24:23	그의 **친구**들이 그를 돌보아 주는 것을
행 27:3	**친구**들에게 가서 대접 받기를 허락하더

요삼 1:15	**친구**가 네게 문안하느니라 너는 **친구**들

'친구'와 관련된 성구

- 다윗의 친구 – 삼하 15:37; 16:16
- 바울의 친구 – 행 19:31
- 삼손의 친구 – 삿 14:20
- 세리와 죄인의 친구 – 마 11:19; 눅 7:34
- 욥의 친구 – 욥 2:11

친근히(親近, hold fast)

수 22:5	계명을 지켜 그에게 **친근히** 하고 너희의

친목하다(親睦, friendly, peaceful)

창 34:21	이 사람들은 우리와 **친목하고** 이 땅은
왕상 5:12	히람과 솔로몬이 **친목하여** 두 사람이

친밀하다(親密, confide, stick)

시 25:14	여호와와의 **친밀하심**이 그를 경외하는
잠 18:24	어떤 친구는 형제보다 **친밀하니라**

친속(親屬, family)

삼상 18:18	이스라엘 중에 내 **친속**이나 내 아버지의

친아들(true son)

히 12:8	너희에게 없으면 사생자요 **친아들**이

친우(親友, close friend)

시 55:13	나의 친구요 나의 가까운 **친우**로다

친위대장(親衛隊長, captain of the guard)

창 37:36	바로의 신하 **친위대장** 보디발에게
창 39:1	바로의 신하 **친위대장** 애굽 사람 보디발
창 40:3	그들을 **친위대장**의 집 안에 있는 옥에
창 40:4	**친위대장**이 요셉에게 그들을 수종들게
창 41:10	나와 떡 굽는 관원장을 **친위대장**의 집에
창 41:12	**친위대장**의 종 된 히브리 청년이

친절하다/친절히(親切, hospitality, kindness)

렘 52:32	그에게 **친절하게** 말하고 그의 자리를
행 27:3	바울을 **친절히** 대하여 친구들에게
행 28:7	영접하여 사흘이나 **친절히** 머물게
엡 4:32	서로 **친절하게** 하며 불쌍히 여기며 서로

친정(親庭, father's house)
레 22:13 자식이 없이 그의 **친정**에 돌아와서

친족(親族, brothers, kinsman, people, relative)
창 13:8 우리는 한 **친족**이라 나나 너나 내 목자
창 43:7 우리의 **친족**에 대하여 자세히 질문하여
민 10:30 가지 아니하고 내 고향 내 **친족**에게로
민 27:11 가까운 **친족**에게 주어 받게 할지니라
수 6:23 그의 **친족**도 다 이끌어 내어 그들을
룻 2:1 엘리멜렉의 **친족**으로 유력한 자가
룻 2:3 엘리멜렉의 **친족** 보아스에게 속한 밭에
룻 3:2 하녀들을 둔 보아스는 우리의 **친족**이
삼하 16:5 거기서 사울의 **친족** 한 사람이 나오니
왕상 16:11 남자는 그의 **친족**이든지 그의 친구든지
대상 8:32 그들은 **친족**들과 더불어 마주하고
대상 9:38 그들의 **친족**들과 더불어 마주하고
잠 7:4 누이라 하며 명철에게 너는 내 **친족**이라
막 3:21 예수의 **친족**들이 듣고 그를 붙들러
눅 1:36 네 **친족** 엘리사벳도 늙어서 아들을
눅 1:58 이웃과 **친족**이 주께서 그를 크게 긍휼히
눅 1:61 네 **친족** 중에 이 이름으로 이름한 이가
눅 2:44 하룻길을 간 후 **친족**과 아는 자 중에서
행 7:13 요셉의 **친족**이 바로에게 드러나게
행 7:14 온 **친족** 일흔다섯 사람을 청하였더니
딤전 5:8 자기 **친족** 특히 자기 가족을 돌보지

친지(親知, intimate friend)
욥 19:14 가까운 **친지**들은 나를 잊었구나

친척(親戚, kinsman, people, relative)
창 12:1 너는 너의 고향과 **친척**과 아버지의 집을
창 14:16 그의 재물과 또 부녀와 **친척**을 다 찾아
민 5:8 죄 값을 받을 만한 **친척**이 없으면 그
에 8:6 **친척**의 멸망함을 차마 보리이까 하니
욥 19:14 내 **친척**은 나를 버렸으며 가까운 친지들
시 38:11 내 상처를 멀리하고 내 **친척**들도 멀리
겔 11:15 형제 곧 네 형제와 **친척**과 온 이스라엘
암 6:10 죽은 사람의 **친척** 곧 그 시체를 불사를
막 6:4 고향과 자기 **친척**과 자기 집 외에서는
눅 14:12 벗이나 형제나 **친척**이나 부한 이웃을
눅 21:16 부모와 형제와 **친척**과 벗이 너희를 넘겨
요 18:26 베드로에게 귀를 잘린 사람의 **친척**이라
행 7:3 네 고향과 **친척**을 떠나 내가 네게 보일
행 10:24 고넬료가 그의 **친척**과 가까운 친구들을
롬 9:3 나의 형제 곧 골육의 **친척**을 위하여 내
롬 16:7 **친척**이요 나와 함께 갇혔던 안드로니고
롬 16:11 **친척** 헤로디온에게 문안하라 나깃수의
롬 16:21 나의 **친척** 누기오와 야손과 소시바더가
딤전 5:16 만일 믿는 여자에게 과부 **친척**이 있거든

친필(親筆, one's own hand)
고전 16:21 바울은 **친필**로 너희에게 문안하노니
골 4:18 바울은 **친필**로 문안하노니 내가 매인
살후 3:17 바울은 **친필**로 문안하노니 이는 편지
몬 1:19 바울이 **친필**로 쓰노니 내가 갚으려니와

친하다(親, close)
잠 16:28 말쟁이는 **친한** 벗을 이간하느니라
잠 17:9 거듭 말하는 자는 **친한** 벗을 이간하는
렘 20:10 **친한** 벗도 다 내가 실족하기를 기다리며

친히(親, oneself)
창 22:8 자기를 위하여 **친히** 준비하시리라 하고

친히 - 기타 본문
창 50:18; 출 24:12; 31:18; 33:14, 15; 신 3:22; 4:13, 37; 29:13; 수 22:23; 24:17; 삼상 10:19; 20:8; 25:26, 31, 33; 삼하 17:11; 왕상 10:7; 대하 11:15; 시 87:5; 사 7:14; 22:14; 38:15; 40:10; 53:11; 63:10; 렘 21:5; 겔 14:7; 34:15; 단 5:17; 슥 9:8; 마 8:17; 막 6:22; 12:36; 눅 10:1; 20:42; 22:71; 24:36; 요 2:24, 25; 3:32; 4:2, 42; 5:37; 6:6; 12:49; 16:27; 19:6; 행 1:3; 2:34; 16:37; 17:25; 20:35; 24:8; 롬 8:16, 26; 12:19; 고전 4:12; 고후 10:1; 엡 2:20; 골 1:18; 살전 2:1; 3:3; 4:16; 5:23; 살후 1:4; 3:16; 히 13:5; 약 1:13; 벧전 5:10; 벧후 1:16; 계 11:17; 19:15; 21:3

칠(七, seven)
레 8:35 너희는 **칠** 주야를 회막 문에 머물면서

'칠'과 관련된 성구
칠 년 – 창 29:18, 20, 27, 30; 41:27, 48; 레 25:8; 민 13:22; 신 15:1; 31:10; 삿 6:1, 25; 12:9; 삼하 2:11; 5:5;

【 칠만 】　　【 칠일 】

24:13; 왕상 2:11; 6:38; 왕하 8:1, :2;
대상 3:4; 29:27; 렘 34:14
칠대 손 – 대상 5:14; 스 7:3; 느 11:5, 7;
유 1:14
칠 명 – 창 46:25; 렘 52:25
칠 배 – 창 4:15, 24; 레 26:24, 28; 시
79:12; 잠 6:31; 단 3:19;
칠 세 – 왕하 11:21; 대하 24:1
칠 일 – 창 7:4, 10, 12, 27, 28; 31:23;
50:10; 삼상 10:8; 31:13; 왕상 8:65;
16:15; 20:29; 왕하 3:9; 대상 10:12; 대
하 7:8, 9; 30:21, 22, 23; 35:17; 에
1:5; 욥 2:13; 렘 46:13; 겔 3:15, 16;
43:26; 44:26; 45:21, 23, 25; 히 11:30
칠 형제 – 마 22:25; 막 12:20; 눅 20:29

칠만(七萬, seventy thousand)
민 1:27　유다지파에서 계수된 자는 **칠만** 사천
민 2:4　　계수된 자가 **칠만** 사천육백 명이며
민 26:22　계수된 자가 **칠만** 육천오백 명이었더라
민 31:33　소가 **칠만** 이천 마리요
에 9:16　자기들을 미워하는 자 **칠만** 오천 명을

'칠만'과 관련된 성구
죽은 자 칠만 명 – 삼하 24:15; 대상 21:14;
짐꾼 칠만 명 – 왕상 5:15; 대하 2:2, 18

칠백(七百, seven hundred)
삼하 10:18 다윗이 아람 병거 **칠백** 대와 마병 사만
대하 15:11 **칠백** 마리와 양 칠천 마리로 여호와께
렘 52:30　사로잡아 간 유다 사람이 **칠백**사십오

'칠백'과 관련된 성구
칠백 명 – 삿 20:15; 왕상 11:3; 왕하 3:26
칠백사십삼 명 – 스 2:25; 느 7:29
칠백삼십 세겔 – 출 38:24
칠백삼십육 – 스 2:66
칠백삼십육 마리 – 느 7:68
칠백육십 명 – 스 2:9; 느 7:14
칠백이십오 명 – 스 2:33
칠백이십일 명 – 느 7:37

칠백칠십오 명 – 스 2:5
칠백칠십칠 세 – 창 5:31
칠백팔십이 년 – 창 5:26

칠십(七十, seventy)
출 1:5　허리에서 나온 사람이 모두 **칠십**이요
민 11:25　그에게 임한 영을 **칠십** 장로에게도
민 31:38　여호와께 공물로 드린 것이 **칠십**이
민 33:9　엘림에는 샘물 열둘과 종려 **칠십** 그루가
시 90:10　우리의 연수가 **칠십**이요 강건하면

'칠십'과 관련된 성구
칠십 개 – 삿 9:4
칠십 년 – 대하 36:21; 사 23:15, 17; 렘
25:11, 12; 29:10; 단 9:2; 슥 1:12; 7:5
칠십 달란트 – 출 38:29
칠십 마리 – 삿 12:14; 대하 29:32
칠십 명 – 창 46:27; 출 24:1; 민 11:16;
삿 1:7; 8:30; 9:2, 5, 18, 24, 56; 삼
상 6:19; 왕하 10:1, 6, 7; 스 8:7,
14; 겔 8:11; 행 23:23
칠십사 명 – 스 2:40; 느 7:43
칠십 세 – 창 5:12; 11:26
칠십 세겔 – 민 7:13, 19, 25, 31, 37, 43,
49, 55, 61, 67, 73, 79, 85
칠십오 세 – 창 12:4
칠십 인 – 출 24:9; 민 11:24; 신 10:22;
눅 10:1, 17
칠십 일 – 창 50:3
칠십칠 명 – 삿 8:14
칠십칠 배 – 창 4:24

칠월(七月, seventh month)
왕하 25:25 **칠월**에 왕족 엘리사마의 손자 느다니야

칠일(七日, seventh day)
왕하 25:8 느부갓네살의 열아홉째 해 오월 **칠일**에
겔 45:20　그 달 **칠일**에도 모든 과실범과 모르고

'칠일'과 관련된 성구
제칠일 – 에 1:10; 히 4:4

【 칠천 】 　　　　　　　　　　　　　　　　　【 침범하다 】

칠천(七千, seven thousand)

민 3:22　　남자의 수효 합계는 **칠천**오백 명이며
대상 12:25 싸움하는 큰 용사가 **칠천**백 명이요
대상 19:18 다윗이 아람 병거 **칠천** 대의 군사와
대상 29:4 금 삼천 달란트와 순은 **칠천** 달란트라
대하 17:11 숫양 **칠천**칠백 마리와 숫염소 **칠천**칠백
스 2:65　 외에 남종과 여종이 **칠천**삼백삼십칠
느 7:67　 외에 노비가 **칠천**삼백삼십칠 명이요
계 11:13 무너지고 지진에 죽은 사람이 **칠천**이라

> '칠천'과 관련된 성구
> 양 칠천 마리 – 대하 15:11; 30:24; 욥 1:3
> 칠천 명 – 왕상 19:18; 20:15; 왕하 24:16; 대상 18:4; 롬 11:4

칠칠절(七七節, Feast of Weeks)

출 34:22 **칠칠절** 곧 맥추의 초실절을 지키고
민 28:26 **칠칠절** 처음 익은 열매를 드리는 날에
신 16:10 하나님 여호와 앞에 **칠칠절**을 지키되
신 16:16 일 년에 세 번 곧 무교절과 **칠칠절**과
대하 8:13 무교절과 **칠칠절**과 초막절에 드렸더라

칠하다(漆, pitch, whitewash)

창 6:14　 칸들을 막고 역청을 그 안팎에 **칠하라**
출 2:3　　역청과 나무 진을 **칠하고** 아기를 거기
겔 13:12 그것에 **칠한** 회가 어디 있느냐 하지
겔 13:15 담도 없어지고 **칠한** 자들도 없어졌느
렘 22:14 입히고 붉은 빛으로 **칠하도다**
겔 22:28 선지자들이 그들을 위하여 회를 **칠하고**

> '회 칠하다'와 관련된 성구
> 겔 13:10, 11, 14, 15; 마 23:27; 행 23:3

침(spit)

삼상 21:13 대문짝에 그적거리며 **침**을 수염에

> '침(을) 뱉다'와 관련된 성구
> 레 15:8; 민 12:14; 신 25:9; 욥 17:6; 30:10;
> 사 50:6; 마 26:67; 27:30; 막 7:33; 8:23;
> 10:34; 14:65; 15:19; 눅 18:32; 요 9:6

욥 7:19　 **침**을 삼킬 동안도 나를 놓지 아니하시기

침공하다(侵攻, invade)

단 11:40 여러 나라에 **침공하여** 물이 넘침같이

침노/–하다(侵擄, invade, raid)

삼상 23:27 블레셋 사람들이 땅을 **침노하나이다**
삼상 27:8 사람과 아말렉 사람을 **침노하였으니**
삼상 27:10 너희가 오늘은 누구를 **침노하였느냐**
삼상 30:1 이미 네겝과 시글락을 **침노하였는데**
삼상 30:14 갈렙 남방에 **침노하고** 시글락을 불살랐
대하 20:10 자손과 세일 산 사람들을 **침노하기**
대하 28:18 유다의 평지와 남방 성읍들을 **침노하여**
시 144:14 우리를 **침노하는** 일이나 우리가 나아가
마 11:12 천국은 **침노**를 당하나니 **침노하는** 자는

침대(寢臺, bed)

행 5:15　 병든 사람을 메고 거리에 나가 **침대**와

침략하다(侵略, attack)

대하 21:17 그들이 올라와서 유다를 **침략하여** 왕궁

침몰하다(沈沒, sweep over)

사 43:2　 강을 건널 때에 물이 너를 **침몰하지**

침묵/–하다(沈默, silent, keep quiet)

출 15:16 크므로 그들이 돌같이 **침묵하였사오니**
왕하 7:9 날이거늘 우리가 **침묵하고** 있도다
욥 34:29 주께서 **침묵하신다**고 누가 그를 정죄하
시 83:1　 하나님이여 **침묵하지** 마소서 하나님이
시 94:17 영혼이 벌써 **침묵** 속에 잠겼으리로다
마 26:63 예수께서 **침묵하시거늘** 대제사장이
막 14:61 **침묵하고** 아무 대답도 아니하시거늘
눅 19:40 만일 이 사람들이 **침묵하면** 돌들이 소리
눅 20:26 그의 대답을 놀랍게 여겨 **침묵하니라**
행 18:9　 두려워하지 말며 **침묵하지** 말고 말하라

침범하다(侵犯, approach, encroach, raid, touch)

출 19:12 산을 **침범하는** 자는 반드시 죽임을 당할
왕하 11:8 너희 대열을 **침범하는** 모든 자는 죽이고
대상 14:13 사람들이 다시 골짜기를 **침범한지라**
잠 23:10 고아들의 밭을 **침범하지** 말지어다

【 침상 】 　　　　　　　　　　【 침실 】

침상(寢牀, bed)

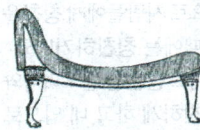

모세오경, 역사서
창 47:31 이스라엘이 **침상** 머리에서 하나님께 경배
창 48:2 왔다 하매 이스라엘이 힘을 내어 **침상**에
창 49:4 네가 아버지의 **침상**에 올라 더럽혔음이로다 그가 내 **침상**에 올랐도다
창 49:33 그 발을 **침상**에 모으고 숨을 거두니
출 8:3 궁과 네 침실과 네 **침상** 위와 네 신하의
레 15:4 유출병 있는 자가 눕는 **침상**은 다 부정
레 15:5 **침상**에 접촉하는 자는 그의 옷을 빨고
레 15:21 그의 **침상**을 만지는 자는 다 그의 옷을
레 15:23 그의 **침상** 위에나 그가 앉은 자리 위에
레 15:24 부정할 것이라 그가 눕는 **침상**은 다
레 15:26 눕는 **침상**은 그에게 불결한 때의 **침상**과
신 3:11 옥뿐이었으며 그의 **침상**은 철 **침상**이라
삼상 19:13 미갈이 우상을 가져다가 **침상**에 누이고
삼상 19:15 그를 **침상**째 내게로 들고 오라 내가
삼상 19:16 전령들이 들어가 본즉 **침상**에는 우상이
삼상 28:23 듣고 땅에서 일어나 **침상**에 앉으니라
삼하 4:5 마침 그가 **침상**에서 낮잠을 자는지라
삼하 4:7 이스보셋이 침실에서 **침상** 위에 누워
삼하 4:11 악인이 의인을 그의 집 **침상** 위에서
삼하 11:2 저녁 때에 다윗이 그의 **침상**에서 일어나
삼하 13:5 **침상**에 누워 병든 체하다가 네 아버지가
삼하 17:28 **침상**과 대야와 질그릇과 밀과 보리와
왕상 1:47 원하나이다 하매 왕이 **침상**에서 몸을
왕상 17:19 다락에 올라가서 자기 **침상**에 누이고
왕상 21:4 왕궁으로 돌아와 **침상**에 누워 얼굴을
왕하 1:4 올라간 **침상**에서 내려오지 못할지라
왕하 1:6 올라간 **침상**에서 내려오지 못할지라
왕하 1:16 올라간 **침상**에서 내려오지 못할지라
왕하 4:10 **침상**과 책상과 의자와 촛대를 두시다
왕하 4:21 아들을 하나님의 사람의 **침상** 위에 두고
왕하 4:32 죽었는데 자기 **침상**에 눕혔는지라
대상 5:1 그의 아버지의 **침상**을 더럽혔으므로
대하 24:25 반역하여 그를 그의 **침상**에서 쳐죽인지

시가서 - 신약
욥 7:13 위로하고 내 **침상**이 내 수심을 풀리라
욥 17:13 집이 되기를 희망하여 내 **침상**을 흑암
욥 33:15 사람이 **침상**에서 졸며 깊이 잠들 때에나
시 6:6 밤마다 눈물로 내 **침상**을 띄우며 내
시 36:4 그의 **침상**에서 죄악을 꾀하며 스스로
시 63:6 나의 **침상**에서 주를 기억하며 새벽에
시 132:3 들어가지 아니하며 내 **침상**에 오르지
시 149:5 그들의 **침상**에서 기쁨으로 노래할지
잠 7:16 **침상**에는 요와 애굽의 무늬 있는 이불을
잠 22:27 누운 **침상**도 빼앗길 것이라 네가 어찌
잠 26:14 도는 것같이 게으른 자는 **침상**에서
아 1:12 **침상**에 앉았을 때에 나의 나도 기름이
아 1:16 너는 어여쁘고 화창하다 우리의 **침상**은
아 3:1 내가 밤에 **침상**에서 마음으로 사랑하는
사 28:20 **침상**이 짧아서 능히 몸을 펴지 못하며
사 57:2 길로 가는 자들은 그들의 **침상**에서 편히
사 57:7 네가 높고 높은 산 위에 네 **침상**을 베
사 57:8 **침상**을 넓히고 … 그들의 **침상**을 사랑
겔 23:17 사람이 나아와 연애하는 **침상**에 올라
겔 32:25 죽임을 당한 자 가운데에 **침상**을 놓았고
단 2:28 왕의 꿈 곧 왕이 **침상**에서 머리 속으로
단 2:29 왕이여 왕이 **침상**에서 장래 일을 생각
단 4:5 **침상**에서 생각하는 것과 머리 속으로
단 4:10 내가 **침상**에서 나의 머리 속으로 받은
단 4:13 내가 **침상**에서 머리 속으로 받은 환상
단 7:1 다니엘이 그의 **침상**에서 꿈을 꾸며 머리
호 7:14 **침상**에서 슬피 부르짖으며 곡식과 새
암 3:12 사마리아에서 **침상** 모서리에나 걸상의
암 6:4 상아 상에 누우며 **침상**에서 기지개 켜며
미 2:1 **침상**에서 죄를 꾀하며 악을 꾸미고
마 9:2 **침상**에 누운 중풍병자를 사람들이
마 9:6 네 **침상**을 가지고 집으로 가라 하시니
막 6:55 듣는 대로 병든 자를 **침상**째로 메고
막 7:30 여자가 집에 돌아가 본즉 아이가 **침상**에
눅 5:18 한 중풍병자를 사람들이 **침상**에 메고
눅 5:19 병자를 **침상**째 무리 가운데로 예수 앞에
눅 5:24 일어나 네 **침상**을 가지고 집으로 가라
행 9:33 중풍병으로 **침상** 위에 누운 지 여덟
계 2:22 볼지어다 내가 그를 **침상**에 던질 터이요

침소(寢所, bed)
행 12:20 **침소** 맡은 신하 블라스도를 설득하여
히 13:4 결혼을 귀히 여기고 **침소**를 더럽히지

침실(寢室, bed)
출 8:3 네 **침실**과 네 침상 위와 네 신하의

【 침입하다 】　　　　　　　　　　　　　　　　　【 칭하다 】

삼하 4:7	이스보셋이 **침실**에서 침상 위에 누워
삼하 13:10	음식물을 가지고 **침실**로 들어오라 …
	만든 과자를 가지고 **침실**에 들어가
왕상 1:15	밧세바가 이에 **침실**에 들어가 왕에게
왕하 6:12	선지자 엘리사가 왕이 **침실**에서 하신
왕하 11:2	그와 그의 유모를 **침실**에 숨겨 아달랴를
대하 22:11	그와 그의 유모를 **침실**에 숨겨 아달랴를
전 10:20	**침실**에서라도 부자를 저주하지 말라
눅 11:7	아이들이 나와 함께 **침실**에 누웠으니

침입하다(侵入, force, rush)

| 눅 16:16 | 사람마다 그리로 **침입하느니라** |
| 행 17:5 | 소동하게 하여 야손의 집에 **침입하여** |

침침하다(沈沈, dry, thick)

욥 30:6	**침침한** 골짜기와 흙 구덩이와 바위
렘 13:16	사망의 그늘로 변하여 **침침한** 어둠이
히 12:18	불이 붙는 산과 **침침함**과 흑암과 폭풍과

침향(沈香, aloe)

시 45:8	왕의 모든 옷은 몰약과 **침향**과 육계의
잠 7:17	몰약과 **침향**과 계피를 뿌렸노라
아 4:14	각종 유향목과 몰약과 **침향**과 모든 귀한
요 19:39	몰약과 **침향** 섞은 것을 백 리트라쯤

침향목

| 민 24:6 | 여호와께서 심으신 **침향목들** 같으랴 |

칭송 / -하다(稱頌, exalt, praise, regard)

대상 16:4	하나님 여호와를 **칭송하고** 감사
대하 30:21	제사장들은 날마다 여호와를 **칭송하며**
단 4:37	하늘의 왕을 찬양하며 **칭송하며**
눅 4:15	뭇 사람에게 **칭송**을 받으시더라
행 2:47	찬미하며 또 온 백성에게 **칭송**을
행 5:13	사람이 없으나 백성이 **칭송하더라**

칭찬/-하다(稱讚, praise, respect, speak well)

구약

창 12:15	그를 보고 바로 앞에서 **칭찬하므로**
삼상 19:4	아버지 사울에게 다윗을 **칭찬하여**
삼상 25:33	네 지혜를 **칭찬할지며** 또 네게 복이
삼하 14:25	아름다움으로 크게 **칭찬** 받는 자가
시 49:18	스스로 좋게 함으로 사람들에게 **칭찬**을
잠 10:7	의인을 기념할 때에는 **칭찬하거니와**
잠 12:8	사람은 그 지혜대로 **칭찬**을 받으려니와
잠 27:2	타인이 너를 **칭찬하게** 하고 네 입으로
	는 하지 말며 외인이 너를 **칭찬하게**
잠 27:21	금을, **칭찬**으로 사람을 단련하느니라
잠 28:4	율법을 버린 자는 악인을 **칭찬하나** 율법
잠 31:28	감사하며 그의 남편은 **칭찬하기**를
잠 31:30	여호와를 경외하는 여자는 **칭찬**을 받을
잠 31:31	행한 일로 말미암아 성문에서 **칭찬**을
아 6:9	왕비와 후궁들도 그를 **칭찬하는구나**
렘 51:41	세상의 **칭찬** 받는 성읍이 빼앗겼도다
습 3:19	수욕 받는 자에게 **칭찬**과 명성을 얻게
습 3:20	가운데서 명성과 **칭찬**을 얻게 하리라

신약

눅 6:26	사람이 너희를 **칭찬하면** 화가 있도다
눅 6:32	사랑하는 자만을 사랑하면 **칭찬** 받을
눅 6:33	선대하는 자만을 선대하면 **칭찬** 받을
눅 6:34	사람들에게 꾸어 주면 **칭찬** 받을 것이
눅 16:8	지혜 있게 하였으므로 **칭찬하였으니**
행 6:3	성령과 지혜가 충만하여 **칭찬** 받는 사람
행 10:22	유대 온 족속이 **칭찬하더니** 그가 거룩한
행 16:2	이고니온에 있는 형제들에게 **칭찬** 받는
행 22:12	유대인들에게 **칭찬**을 듣는 아나니아라
롬 2:29	그 **칭찬**이 사람에게서가 아니요 다만
롬 13:3	선을 행하라 그리하면 그에게 **칭찬**을
롬 14:18	기쁘시게 하며 사람에게도 **칭찬**을
고전 4:5	각 사람에게 하나님으로부터 **칭찬**이
고전 11:2	너희가 지키므로 너희를 **칭찬하노라**
고전 11:17	이 일에 너희를 **칭찬하지** 아니하나니
고전 11:22	**칭찬하랴** 이것으로 **칭찬하지** 않노라
고후 8:18	복음으로써 모든 교회에서 **칭찬**을 받는
고후 10:12	우리는 자기를 **칭찬하는** 어떤 자와
고후 10:18	자기를 **칭찬하는** 자가 아니요 오직 주
	께서 **칭찬하시는** 자니라
고후 12:11	너희에게 **칭찬**을 받아야 마땅하도다
빌 4:8	무엇에든지 **칭찬** 받을 만하며 무슨 덕이
벧전 1:7	**칭찬**과 영광과 존귀를 얻게 할 것이니라
벧전 2:20	매를 맞고 참으면 무슨 **칭찬**이 있으리요

칭하다(稱, call)

| 창 48:16 | 아브라함과 이삭의 이름으로 **칭하게** |

【 칭하다 】　　　　　　　　　　　　　　　　　　【 칭호 】

삼상 23:28　그 곳을 셀라하마느곳이라 **칭하니라**
사 4:3　　기록된 모든 사람은 거룩하다 **칭함**을
사 19:18　그 중 하나를 멸망의 성읍이라 **칭하리라**
마 1:16　　그리스도라 **칭하는** 예수가 나시니라
마 2:23　　말씀에 나사렛 사람이라 **칭하리라**
마 22:43　어찌 그리스도를 주라 **칭하여** 말하되
마 22:45　다윗이 그리스도를 주라 **칭하였은즉**
마 23:7　　사람에게 랍비라 **칭함**을 받는 것을
마 23:8　　너희는 랍비라 **칭함**을 받지 말라 너희
마 23:10　지도자라 **칭함**을 받지 말라 너희
막 11:17　기도하는 집이라 **칭함**을 받으리라고
눅 6:13　　열둘을 택하여 사도라 **칭하셨으니**
눅 20:37　야곱의 하나님이시라 **칭하였나니**
눅 20:44　다윗이 그리스도를 주라 **칭하였으니**

눅 22:25　집권자들은 은인이라 **칭함**을 받으나
요 8:54　　너희 하나님이라 **칭하는** 그이시라
고전 15:9　사도라 **칭함** 받기를 감당하지 못할
엡 2:11　　무리라 **칭하는** … 무리라 **칭함**을 받는
히 5:10　　대제사장이라 **칭하심**을 받으셨느니라
히 11:18　자손이라 **칭할** 자는 이삭으로 말미암으
히 11:24　바로의 공주의 아들이라 **칭함** 받기를
약 2:23　　그는 하나님의 벗이라 **칭함**을 받았나니
벧전 3:6　사라가 아브라함을 주라 **칭하여** 순종한
계 19:13　이름은 하나님의 말씀이라 **칭하더라**

칭호(稱號, name, title of honor)

출 3:15　　이름이요 대대로 기억할 나의 **칭호**니라
사 45:4　　알지 못하였을지라도 네게 **칭호**를

카멜레온(chameleon)
레 11:30 도마뱀과 사막 도마뱀과 **카멜레온**이라

칸(room-NIV, cubit-KJV)
창 6:14 그 안에 **칸**들을 막고 역청을 그 안팎에
민 4:5 아들들이 들어가서 **칸** 막는 휘장을 걷어
요 21:8 거리가 불과 한 오십 **칸**쯤 되므로 작은

칼(knife)
모세오경, 역사서
창 3:24 두루 도는 불 **칼**을 두어 생명 나무의
창 22:6 자기는 불과 **칼**을 손에 들고 두 사람이
창 34:25 시므온과 레위가 각기 **칼**을 가지고 가서
창 48:22 내가 내 **칼**과 활로 아모리 족속의 손에
창 49:5 시므온과 레위는 형제요 그들의 **칼**은
출 5:21 그들의 손에 **칼**을 주어 우리를 죽이게
출 18:4 하나님이 나를 도우사 바로의 **칼**에서
레 26:6 것이요 **칼**이 너희의 땅에 두루 행하지
레 26:25 **칼**을 너희에게로 가져다가 언약을 어긴
레 26:37 쫓는 자가 없어도 **칼** 앞에 있음같이
민 22:29 손에 **칼**이 있었더면 곧 너를 죽였으리라
신 32:25 밖으로는 **칼**에, 방 안에서는 놀람이
신 32:42 **칼**이 그 고기를 삼키게 하리니
신 33:29 돕는 방패시요 네 영광의 **칼**이시로다
수 24:12 너희의 **칼**이나 너희의 활로써 이같이
삿 3:22 **칼**을 그의 몸에서 빼내지 아니하였으므
삿 7:14 요아스의 아들 기드온의 **칼**이라 하나님
삿 7:20 외쳐 이르되 여호와와 기드온의 **칼**이다
삿 8:10 모든 군대 중에 **칼** 든 자 십이만 명이

삿 19:29 **칼**을 가지고 자기 첩의 시체를 거두어
삼상 13:19 히브리 사람이 **칼**이나 창을 만들까
삼상 13:22 백성의 손에는 **칼**이나 창이 없고 오직
삼상 15:33 네 **칼**이 여인들에게 자식이 없게
삼상 17:39 다윗이 **칼**을 군복 위에 차고는 익숙하지
삼상 17:45 너는 **칼**과 창과 단창으로 내게 나아오거
삼상 17:47 여호와의 구원하심이 **칼**과 창에 있지
삼상 17:50 그를 쳐 죽였으나 자기 손에는 **칼**이
삼상 17:51 **칼**을 그 칼집에서 빼내어 그 **칼**로 그를
삼상 18:4 자기의 군복과 **칼**과 활과 띠도 그리하였
삼상 21:8 수중에 창이나 **칼**이 없나이까 왕의 일이
 급하므로 내가 내 **칼**과 무기를 가지지
삼상 21:9 골리앗의 **칼**이 보자기에 싸여 에봇 뒤에
삼상 22:10 음식도 주고 블레셋 사람 골리앗의 **칼**도
삼상 22:13 떡과 **칼**을 주고 그를 위하여 하나님께
삼하 1:12 이스라엘 족속이 **칼**에 죽음으로
삼하 1:22 **칼**이 헛되이 돌아오지 아니하였도다
삼하 2:26 **칼**이 영원히 사람을 상하겠느냐 마침내
삼하 11:25 **칼**은 이 사람이나 저 사람이나 삼키느니
삼하 12:10 삼았은즉 **칼**이 네 집에서 영원토록
삼하 20:8 띠를 띠고 칼집에 꽂은 **칼**을 허리에 맸
 는데 그가 나아갈 때에 **칼**이 빠져 떨어
삼하 20:10 **칼**은 주의하지 아니한지라 요압이 **칼**로
삼하 23:10 그의 손이 **칼**에 붙기까지 블레셋 사람
왕상 1:51 솔로몬 왕이 오늘 **칼**로 자기 종을
왕상 2:8 내가 **칼**로 너를 죽이지 아니하리라
왕상 3:24 **칼**을 내게로 가져오라 하니 **칼**을
왕상 18:28 피가 흐르기까지 **칼**과 창으로 그들의
왕상 19:10 주의 제단을 헐며 **칼**로 주의 선지자들을

[칼]   [칼]

왕상 19:14 칼로 주의 선지자들을 죽였음이오며
왕하 6:22 치지 마소서 칼과 활로 사로잡은 자인들
대상 21:27 천사를 명령하시매 그가 칼을 칼집에
대하 36:20 칼에서 살아남은 자를 그가 바벨론으로
스 1:9 서른 개요 은 접시가 천 개요 칼이 스물
느 4:13 따라 칼과 창과 활을 가지고 서 있게
에 9:5 유다인이 칼로 그 모든 대적들을 쳐서

시가서, 대선지서

욥 5:15 강한 자의 칼과 그 입에서, 또한 그들의
욥 5:20 전쟁 때에 칼의 위협에서 너를 구원하실
욥 19:29 칼을 두려워할지니라 분노는 칼의
욥 27:14 그의 자손은 번성하여도 칼을 위함이요
욥 39:22 아니하며 칼을 대할지라도 물러나지
욥 40:19 그것을 지으신 이가 자기의 칼을 가져
욥 41:26 칼이 그에게 꽂혀도 소용이 없고 창이나
시 17:13 칼로 악인에게서 나의 영혼을 구원하
시 22:20 내 생명을 칼에서 건지시며 내 유일한
시 37:15 칼은 오히려 그들의 양심을 찌르고
시 42:10 뼈를 찌르는 칼같이 내 대적이 나를
시 44:3 자기 칼로 땅을 얻어 차지함이 아니요
시 44:6 아니할 것이라 내 칼이 나를 구원하지

시 55:21 기름보다 유하나 실상은 뽑힌 칼이로
시 59:7 그들의 입술에는 칼이 있어 이르기를
시 63:10 칼의 세력에 넘겨져 승냥이의 먹이가
시 64:3 칼같이 자기 혀를 연마하며 화살같이
시 76:3 거기에서 그가 화살과 방패와 칼과 전쟁
시 144:10 다윗을 그 해하려는 칼에서 구하시는
잠 23:2 음식을 탐하는 자이거든 네 목에 칼을
잠 25:18 거짓 증거하는 사람은 방망이요 칼이요
사 2:4 무리가 그들의 칼을 쳐서 보습을 만들고
사 3:25 너희의 장정은 칼에, 너희의 용사는
사 21:15 그들이 칼날을 피하며 뺀 칼과 당긴
사 27:1 강한 칼로 날랜 뱀 리워야단 곧 꼬불
사 31:8 칼로 말미암음이 아닐 것이며 그는 칼
사 41:2 그들이 그의 칼에 티끌 같게, 그의 활에
사 51:19 황폐와 멸망이요 기근과 칼이라 누가
사 66:16 여호와께서 불과 칼로 모든 혈육에게
렘 2:30 칼이 사나운 사자같이 너희 선지자들
렘 4:10 평강이 있으리라 하시더니 칼이 생명에
렘 6:25 원수의 칼이 있고 사방에 두려움이 있음
렘 14:13 너희가 칼을 보지 아니하겠고 기근은
렘 14:16 기근과 칼로 말미암아 예루살렘 거리에

'칼'과 관련된 성구

날카로운 칼 – 시 57:4; 사 49:2; 겔 5:1
두 날 가진 칼 – 시 149:6; 잠 5:4
번쩍이는 칼 – 신 32:41; 나 3:3
여호와의 칼 – 대상 21:12; 사 34:5, 6; 렘 12:12; 47:6
칼과 기근 – 렘 5:12; 14:15; 16:4; 21:7; 44:12, 18, 27
칼과 기근과 사나운 짐승과 전염병 – 겔 14:21
칼과 기근과 전염병 – 렘 14:12; 21:9; 24:10; 27:8, 13; 29:17, 18; 32:24, 36; 38:2; 42:17, 22; 44:13; 겔 6:11; 12:16
칼로 멸하다 – 나 2:13
칼로 엎드러뜨리다 – 겔 23:25
칼로 찌르다 – 삼하 2:16; 20:10; 잠 12:18; 겔 16:40; 슥 13:3
칼로 (쳐)죽이다 – 창 34:26; 출 22:24; 민 31:8; 삼하 12:9; 왕상 1:51; 2:8, 32; 19:1, 10, 14; 왕하 8:12; 10:25; 11:15, 20; 19:37; 대하 21:4; 23:14; 21; 32:21; 36:17; 욥 1:15, 17; 사 37:38; 렘 20:4; 26:23; 41:2; 겔 23:47; 26:8, 11; 암 4:10; 9:1; 행 12:2
칼로 치다 – 출 5:3; 삿 7:22; 삼상 14:20; 22:19; 삼하 12:9; 렘 43:11; 겔 5:2; 38:21; 암 7:9; 눅 22:49
칼로 파멸하다 – 렘 5:17
칼에 넘기다 – 시 78:62; 겔 21:12; 32:20
칼에/칼로 망하다 – 민 14:43; 욥 36:12; 마 26:52
칼에 맞다 – 욥 33:18
칼에 붙이다 – 사 65:12; 렘 15:9
칼에 사로잡히다 – 창 31:26
칼에 삼켜지다 – 사 1:30; 31:8
칼에 삼키다 – 렘 46:14
칼에 쓰러지게 하다 – 민 14:3
칼에 쓰러지다 – 애 2:21
칼에 엎드러뜨리다 – 겔 33:27
칼에 엎드러지게 하다 – 렘 19:7; 겔 32:12
칼에 엎드러지다 – 레 26:7, 8; 삿 4:16; 삼

【 칼 】   【 칼 】

렘 15:2	칼을 받을 자는 칼로 나아가고 기근	애 1:20	칼이 내 아들을 빼앗아 가고 집 안에서
렘 15:3	죽이는 칼과 찢는 개와 삼켜 멸하는	애 5:9	광야에는 칼이 있으므로 죽기를 무릅
렘 18:21	그들을 칼의 세력에 넘기시며 그들의	겔 5:17	칼이 너희에게 임하게 하리라 나 여호와
렘 21:7	이 성읍에서 전염병과 칼과 기근에서	겔 6:3	내가 칼을 너희에게 임하게 하여 너희
렘 25:27	너희 가운데 보내는 칼 앞에서 마시며	겔 7:15	밖에는 칼이 있고 안에는 전염병과 기근
렘 25:29	내가 칼을 불러 세상의 모든 주민을	겔 11:8	너희가 칼을 두려워하니 내가 칼로 너희
렘 25:31	악인을 칼에 내어 주셨음이라 여호와의	겔 14:17	가령 내가 칼이 그 땅에 임하게 하고
렘 31:2	칼에서 벗어난 백성이 광야에서 은혜를		명령하기를 칼아 그 땅에 돌아다니라
렘 33:4	헐어서 갈대아인의 참호와 칼을 대항	겔 14:21	중한 벌 곧 칼과 기근과 사나운 짐승과
렘 34:17	대적하여 칼과 전염병과 기근에게 자유	겔 21:5	칼을 칼집에서 빼낸 줄을 알지라 칼이
렘 42:16	너희가 두려워하는 칼이 애굽 땅에서	겔 21:9	칼이여 칼이여 날카롭고도 빛나도다
렘 44:12	그들이 칼과 … 높은 자까지 칼과 기근	겔 21:10	그 칼이 날카로움은 죽임을 위함이요
렘 46:10	칼이 배부르게 삼키며 그들의 피를 넘치	겔 21:11	칼을 손에 잡아 쓸 만하도록 빛나게
렘 46:16	우리가 포악한 칼을 피하여 우리 민족	겔 21:14	칼로 두세 번 거듭 쓰이게 하라 이 칼은
렘 48:2	조용하게 되리니 칼이 너를 뒤쫓아		죽이는 칼이라 … 죽이는 큰 칼이로다
렘 48:10	자기 칼을 금하여 피를 흘리지 아니하는	겔 21:15	칼을 세워 놓았도다 오호라 그 칼이
렘 50:35	칼이 갈대아인의 위에와 바벨론 주민의	겔 21:16	칼아 모이라 오른쪽을 치라 대열을
렘 50:36	칼이 자랑하는 자의 위에 떨어지리니	겔 21:19	너는 바벨론 왕의 칼이 올 두 길을
렘 50:37	칼이 그들의 말들과 … 여인들같이 될	겔 21:20	칼이 암몬 족속의 랍바에 이르는 길과
	것이며 칼이 보물 위에 떨어지리니 그것	겔 21:28	칼이 뽑도다 칼이 뽑도다 죽이며
렘 51:50	칼을 피한 자들이여 멈추지 말고 걸어	겔 21:30	칼을 그 칼집에 꽂을지어다 네가 지음

'칼'과 관련된 성구

상 31:5; 대상 10:5; 대하 29:9; 시 78:64; 사 13:15; 31:8; 렘 20:4; 겔 5:12; 6:12; 11:10; 17:21; 24:21; 25:13; 30:5, 6; 32:22, 23, 24; 39:23; 호 7:16; 13:16; 암 7:17; 학 2:22

칼에 제거당하다 – 겔 33:4, 6

칼에 죽게 하다 – 왕하 19:7; 사 37:7

칼에 죽다 – 민 19:16; 수 10:11; 삼하 3:29; 18:8; 스 9:7; 사 22:2; 렘 11:22; 14:18; 34:4; 39:18; 애 4:9; 겔 26:6; 암 7:11; 9:10; 계 13:10

칼에(로) 죽임당하다 – 겔 31:17, 18; 32:21, 25, 26, 28, 29, 30, 31, 32; 35:8; 습 2:12; 히 11:37

칼에 쫓기다 – 대상 21:12

칼에 찔리다 – 사 14:19

칼을 갈다 – 신 32:41; 시 7:12

칼을 꺾다 – 호 2:18

칼을 두려워하다 – 대상 21:30; 욥 19:29; 렘 50:16; 겔 11:8

칼을 들다 – 창 22:6; 민 20:18; 대상 5:18; 사 2:4; 미 4:3

칼을 만들다 – 수 5:2, 3; 삿 3:16; 욜 3:10

칼을 믿다 – 창 27:40; 겔 33:26

칼을 보내다 – 렘 9:16; 25:16; 49:37

칼을 빼다 – 출 15:9; 레 26:33; 민 22:23, 31; 수 5:13; 삿 3:21; 8:20; 9:54; 20:2, 15, 17, 25, 35, 46; 삼상 31:4; 삼하 24:9; 대상 10:4; 21:5, 16; 시 37:14; 겔 5:2, 12; 12:14; 21:3, 4, 5; 28:7; 30:11; 마 26:51; 막 14:47; 행 16:27

칼을 뽑다 – 삼상 31:4; 대상 10:4

칼을 잡다 – 창 22:10; 아 3:8; 겔 38:4

칼을 차다 – 출 32:27; 삼상 25:13; 삼하 21:16; 왕하 3:26; 느 4:18; 시 45:3; 아 3:8

칼을 피하다 – 레 26:36; 왕상 19:17; 렘 44:28; 겔 6:8

칼이 임하다 – 겔 30:4; 33:3, 6

[**칼날**]   [**캄캄하다**]

겔 23:10	칼로 그를 죽여 여인들에게 이야깃거리	삿 3:22	아니하였으므로 기름이 **칼날**에 엉겼더
겔 23:25	남은 자를 **칼**로 엎드러뜨리며 네 자녀를	삿 4:15	**칼날**로 혼란에 빠지게 하시매 시스라가
겔 28:23	오는 **칼**에 상한 자가 그 가운데	욥 15:22	못하고 **칼날**이 숨어서 기다리느니
겔 29:8	내가 **칼**이 네게 임하게 하여 네게서	시 89:43	그의 **칼날**은 무디게 하사 그가 전장에서
겔 30:17	비베셋의 장정들은 **칼**에 엎드러질 것이	사 21:15	그들이 **칼날**을 피하며 뺀 칼과 당긴
겔 30:21	왕의 팔을 꺾었더니 **칼**을 잡을 힘이	단 11:33	그들이 **칼날**과 불꽃과 사로잡힘과
겔 30:22	팔을 꺾어서 **칼**이 그 손에서 떨어지게	눅 21:24	그들이 **칼날**에 죽임을 당하며 모든 이방
겔 30:24	**칼**을 그 손에 넘겨주려니와 내가 바로	히 11:34	**칼날**을 피하기도 하며 연약한 가운데서
겔 30:25	내가 내 **칼**을 바벨론 왕의 손에 넘기고		
겔 32:10	내가 내 **칼**이 그들의 왕 앞에서 춤추게		
겔 32:11	말씀하셨느니라 바벨론 왕의 **칼**이 네게		
겔 32:20	**칼**에 넘겨진 바 되었은즉 그와 그 모든		
겔 32:27	자기의 **칼**을 베개로 삼았으니 그 백골		
겔 33:2	내가 **칼**을 한 땅에 임하게 한다 하자		
겔 35:5	마지막 때에 **칼**의 위력에 그들을 넘겼		
겔 38:8	백성은 **칼**을 벗어나서 여러 나라에서		
겔 38:21	모든 산 중에서 그를 칠 **칼**을 부르리니		

'**칼날**'과 관련된 성구

칼날로 (진)멸하다 – 신 13:15; 수 6:21; 삼상 15:8

칼날로 (쳐)죽이다 – 신 13:15; 20:13; 수 8:24; 11:10; 13:22

칼날로 치다 – 출 17:13; 민 21:24; 수 10:28, 30, 32, 35, 37, 39; 11:11, 12, 14; 19:47; 삿 1:8, 25; 18:27; 20:37, 48; 21:10; 삼하 15:14; 렘 21:7

소선지서, 신약

호 1:7	활과 **칼**이나 전쟁이나 말과 마병으로
호 11:6	**칼**이 그들의 성읍들을 치며 빗장을 깨뜨
암 1:11	**칼**로 그의 형제를 쫓아가며 긍휼을
암 9:4	거기에서 **칼**을 명령하여 죽이게 할 것이
미 4:3	무리가 그 **칼**을 쳐서 보습을 만들고
미 5:6	**칼**로 앗수르 땅을 황폐하게 하며 니므롯
미 6:14	못하겠고 보존된 것은 내가 **칼**에
나 3:15	거기서 불이 너를 삼키며 **칼**이 너를
슥 9:13	하며 너를 용사의 **칼**과 같게 하리라
슥 11:17	양 떼를 버린 못된 목자여 **칼**이 그의
슥 13:7	만군의 여호와가 말하노라 **칼**아 깨어서
마 26:47	파송된 큰 무리가 **칼**과 몽치를 가지고
마 26:52	예수께서 이르시되 네 **칼**을 도로 칼집에
마 26:55	너희가 강도를 잡는 것같이 **칼**과 몽치
눅 2:35	**칼**이 네 마음을 찌르듯 하리니 이는
요 18:10	시몬 베드로 **칼**을 가졌는데 그것을
요 18:11	**칼**을 칼집에 꽂으라 아버지께서 주신
롬 8:35	기근이나 적신이나 위험이나 **칼**이랴
롬 13:4	두려워하라 그가 공연히 **칼**을 가지
계 6:4	버리며 서로 죽이게 하고 또 큰 **칼**
계 13:14	**칼**에 상하였다가 살아난 짐승을 위

칼자국 (slash)

렘 48:37 수염을 밀었으며 손에 **칼자국**이 있고

칼자루 (handle sank)

삿 3:22 **칼자루**도 날을 따라 들어가서 그 끝이

칼집 (sheath, scabbard)

삼하 20:8	띠를 띠고 **칼집**에 꽂은 칼을 허리에
삼상 21:27	명령하시매 그가 칼을 **칼집**에 꽂았더라
렘 47:6	않겠느냐 네 **칼집**에 들어가서 가만히
겔 21:3	내가 너를 대적하여 내 칼을 **칼집**에서
겔 21:4	칼을 **칼집**에서 빼어 모든 육체를 남에서
겔 21:5	여호와가 내 칼을 **칼집**에서 빼낸 줄을
겔 21:30	그러나 칼을 그 **칼집**에 꽂을지어다
마 26:52	칼을 도로 **칼집**에 꽂으라 칼을 가지는
요 18:11	칼을 **칼집**에 꽂으라 아버지께서 주신

칼날 (sword)

수 8:24 그들을 **칼날**에 엎드러지게 하여 진멸

캄캄하다 (turn to darkness, deep shadow)

출 10:22	**캄캄한** 흑암이 삼 일 동안
신 5:23	불에 타며 **캄캄한** 가운데에서 나오는
왕상 8:12	솔로몬이 이르되 여호와께서 **캄캄한**
왕상 18:45	하늘이 **캄캄해지며** 큰 비가 내리는지라

【 캄캄하다 】 【 코 】

대하 6:1	여호와께서 **캄캄**한 데 계시겠다 말씀하	**켜**(course)	
욥 3:4	날이 **캄캄**하였더라면, 하나님이 위에서	왕상 6:36	돌 세 **켜**와 백향목 두꺼운 판자 한 **켜**로
욥 3:6	그 밤이 **캄캄**한 어둠에 잡혔더라면,	왕상 7:12	돌 세 **켜**와 백향목 두꺼운 판자 한 **켜**를
욥 12:25	빛없이 **캄캄**한 데를 더듬게 하시며 취한	스 6:4	큰 돌 세 **켜**에 새 나무 한 **켜**를 놓으라
욥 30:3	파리하며 **캄캄**하고 메마른 땅에서 마른		
전 11:8	항상 즐거워할지로다 그러나 **캄캄**한	**켜다**(swing, lounge, light)	
사 29:18	어둡고 **캄캄**한 데에서 맹인의 눈이	1. 톱으로 자르거나 베다	
사 45:19	감추어진 곳과 **캄캄**한 땅에서 말하지	(swing, saw)	
사 59:9	것을 바라나 **캄캄**한 가운데에 행하므로	사 10:15	톱이 어찌 **켜**는 자에게 스스로 큰 체하
사 60:2	어둠이 땅을 덮을 것이며 **캄캄**함이	히 11:37	돌로 치는 것과 톱으로 **켜**는 것과 시험
렘 2:31	되었었느냐 **캄캄**한 땅이 되었었느냐	2. 기지개를 켜다(lounge)	
겔 12:6	**캄캄**할 때에 그들의 목전에서 어깨에	암 6:4	상아상에 누우며 침상에서 기지개 **켜**며
겔 12:7	내 손으로 성벽을 뚫고 **캄캄**할 때에	암 6:7	앞서 사로잡히리니 기지개 **켜**는 자의
겔 34:12	찾아서 흐리고 **캄캄**한 날에 그 흩어	3. 불을 켜다(set up, light)	
욜 2:2	곧 어둡고 **캄캄**한 날이요 짙은 구름이	출 27:20	가져오게 하고 끊이지 않게 등불을 **켜되**
욜 2:10	떨며 해와 달이 **캄캄**하며 별들이 빛을	출 35:14	불 **켜**는 등잔대와 그 기구와 그 등잔과
욜 3:15	해와 달이 **캄캄**하며 별들이 그 빛을	출 40:4	진설하고 등잔대를 들여놓아 불을 **켜**고
암 5:20	어둠이 아니며 빛남 없는 **캄캄**함이	출 40:25	여호와 앞에 등잔대에 불을 **켜**니 여호
암 8:9	대낮에 지게 하여 백주에 땅을 **캄캄**하게	레 24:2	명령하여 불을 **켜**기 위하여 감람을 찧
미 3:6	선지자 위에는 해가 져서 낮이 **캄캄**할		어낸 … 계속해서 등잔불을 **켜** 둘지며
습 1:15	황폐와 패망의 날이요 **캄캄**하고 어두운	대하 13:11	그 등에 저녁마다 불을 **켜**나니 우리는
벧후 2:17	그들을 위하여 **캄캄**한 어둠이 예비되어	시 18:28	주께서 나의 등불을 **켜**심이여 여호와
유 1:13	**캄캄**한 흑암으로 돌아갈 유리하는	마 5:15	등불을 **켜**서 말 아래에 두지 아니하고
		눅 8:16	등불을 **켜**서 그릇으로 덮거나 평상 아래
캐내다(take from)		눅 11:33	누구든지 등불을 **켜**서 움 속에나
욥 28:2	철은 흙에서 **캐내**고 동은 돌에서 녹여	눅 12:35	허리에 띠를 띠고 등불을 **켜**고 서 있으
		눅 15:8	하나를 잃으면 등불을 **켜**고 집을 쓸며
캐다(gather)		요 5:35	요한은 **켜**서 비추이는 등불이라 너희
신 8:9	돌은 철이요 산에서는 동을 **캘** 것이라		
왕하 4:39	사람이 채소를 **캐러** 들에 나가 들포도	**켤레**(pair)	
		암 2:6	신 한 **켤레**를 받고 가난한 자를 팔며
캐어묻다(ask)		암 8:6	신 한 **켤레**로 가난한 자를 사며 찌꺼기
삿 6:29	**캐어물**은 후에 이르되 요아스의 아들		
		코(nostril, nose)	
커지다(make great, grow in power)		창 2:7	지으시고 생기를 그 **코**에 불어넣으시니
출 19:19	소리가 점점 **커**질 때에 모세가 말하즉	창 7:22	그 **코**에 생명의 기운의 숨이 있는 것은
욥 12:23	민족들을 **커**지게도 하시고 다시 멸하기	레 24:47	내가 코걸이를 그 **코**에 꿰고 손목 고리
단 8:9	영화로운 땅을 향하여 심히 **커**지더니	레 21:18	맹인이나 다리 저는 … **코**가 불완전한
단 8:10	군대에 미칠 만큼 **커**져서 그 군대와	욥 22:9	그의 **코**에서 연기가 나오고 입에서 불이
막 4:32	심긴 후에는 자라서 모든 풀보다 **커**지며	겔 19:28	내가 갈고리를 네 **코**에 꿰고 재갈을 네
		욥 :3	하나님의 숨결이 아직 내 **코**에 있느
케쉬타(piece of silver)		욥 24	갈고리로 그것의 **코**를 꿸 수 있겠느냐
욥 42:11	각각 **케쉬타** 하나씩과 금 고리 하나씩을	욥 2	밧줄로 그 **코**를 꿸 수 있겠느냐 갈고리

【 코웃음 】 【 크다 】

시 18:8 코에서 연기가 오르고 입에서 불이 나와
시 115:6 못하며 코가 있어도 냄새 맡지 못하며
잠 11:22 아니하는 것은 마치 돼지 코에 금 고리
잠 30:33 코를 비틀면 피가 나는 것같이 노를
아 7:4 문 곁에 있는 연못 같고 코는 다메섹을
사 2:22 인생을 의지하지 말라 그의 호흡은 코에
사 37:29 내가 갈고리로 네 코를 꿰며 재갈을
사 65:5 내 코의 연기요 종일 타는 불이로다
겔 8:17 심지어 나뭇가지를 그 코에 두었느니라
겔 16:12 코고리를 코에 달고 귀고리를 귀에
겔 23:25 네 코와 귀를 깎아 버리고 남은 자를
암 4:10 진영의 악취로 코를 찌르게 하였으나

성경에 나오는 '코'에 거는 장식품
코걸이 - 창 24:22, 30, 47
코 고리 - 사 3:21; 겔 16:12

코웃음(scorn)
겔 23:32 잔을 네가 마시고 코웃음과 조롱을
말 1:13 코웃음 치고 훔친 물건과 저는 것, 병든

콧구멍(nostril)
욥 41:20 그것의 콧구멍에서는 연기가 나오니

콧김(blast of nostrils, blast of his anger)
출 15:8 주의 콧김에 물이 쌓이되 파도가 언덕
삼하 22:16 여호와의 꾸지람과 콧김으로 말미암아
욥 4:9 하나님의 입 기운에 멸망하고 그의 콧김
시 18:15 여호와의 꾸지람과 콧김으로 말미암아
아 7:8 유방은 포도송이 같고 네 콧김은 사과
애 4:20 우리의 콧김 곧 여호와께서 기름 부으신

콧소리(snorting)
욥 39:20 하였느냐 그 위엄스러운 콧소리가

콩(bean)
삼하 17:28 밀가루와 볶은 곡식과 콩과 팥과 볶은
겔 4:9 밀과 보리와 콩과 팥과 조와 귀리를

콩팥(kidney)
출 29:13 꺼풀과 두 콩팥과 그 위의 기름을 가져
사 34:6 기름 곧 숫양의 콩팥 기름으로 윤택하니

콩팥 - 기타 본문
출 29:22; 레 3:4, 10, 15; 4:9; 7:4; 8:16, 25; 9:10, 19; 욥 16:13

쾌락(快樂, lover of pleasure)
딤후 3:4 쾌락을 사랑하기를 하나님 사랑하는

크기(measurement, size)
왕상 6:25 두 그룹은 같은 크기와 같은 모양이요
왕상 7:9 지었으니 크기대로 톱으로 켠 것이라
왕상 7:11 위에는 크기대로 다듬은 귀한 돌들이 있고
왕상 7:37 만든 법과 크기와 양식을 다 동일하게
겔 40:10 크기요 그 좌우편 벽도 다 같은 크기며

크기 - 기타 본문
겔 40:28, 32, 35; 41:17; 43:13; 46:22; 48:16

크다(vast, grow)
1. 부피, 길이, 규모 등이 보통 정도를 넘다
(vast, great)

모세오경
창 1:16 두 큰 광명체를 만드사 큰 광명체로
창 1:21 큰 바다 짐승들과 물에서 번성하여
창 7:11 큰 깊음의 샘들이 터지며 하늘의 창문들
창 15:12 깊은 잠이 임하고 큰 흑암과 두려움이
창 18:20 고모라에 대한 부르짖음이 크고 그 죄악
창 19:19 주께서 큰 인자를 내게 베푸사 내 생명
창 34:12 아무리 큰 혼수와 예물을 청할지라도
창 41:29 애굽 땅에 일곱 해 큰 풍년이 있겠고
출 3:3 큰 광경을 보리라 떨기나무가 어찌하여
출 14:21 여호와께서 큰 동풍이 밤새도록 바닷물
출 15:16 팔이 크므로 그들이 돌같이 침묵하였
출 15:16 팔이 크므로 그들이 돌같이 침묵하였
출 18:11 모든 신보다 크시므로 이스라엘
출 31:15 일곱째 날은 큰 안식일이니 여호와께
레 11:29 이러하니 곧 두더지와 쥐와 큰 도마뱀
민 11:10 여호와의 진노가 심히 크고 모세도
민 14:12 멸하고 네게 그들보다 크고 강한 나라를
민 23:23 하나님께서 행하신 일이 어찌 그리 크냐
신 1:19 너희가 보았던 그 크고 두려운 광야를
신 1:28 성읍들은 크고 성곽은 하늘에 닿았으며
신 2:7 큰 광야에 두루 다님을 알고 네 하나님

[크다]

신 2:10	족속같이 강하고 많고 키가 **크므로**		대하 2:9	내가 건축하려 하는 성전은 **크고** 화려할
신 3:24	주께서 주의 **크심**과 주의 권능을 주의		대하 9:6	이제 와서 본즉 당신의 지혜가 **크다** 한
신 6:10	네가 건축하지 아니한 **크고** 아름다운		대하 9:22	지혜가 천하의 모든 왕들보다 **큰지라**
신 6:22	여호와께서 우리의 목전에서 **크고**		대하 16:8	룹 사람의 군대가 **크지** 아니하며 말과
신 7:21	여호와 곧 **크고** 두려운 하나님이 너희		대하 28:13	이미 **커서** 진노하심이 이스라엘에
신 9:1	성읍들은 **크고** 성벽은 하늘에 닿았으며		대하 30:13	예루살렘에 많이 모이니 매우 **큰** 모임
신 9:2	**크고** 많은 백성은 네가 아는 아낙 자손		대하 32:7	이가 그와 함께 하는 자보다 **크니**
신 10:17	**크고** 능하시며 두려우신 하나님이		대하 34:21	우리에게 쏟으신 진노가 **크도다** 하니라
신 10:21	눈으로 본 이같이 **크고** 두려운 일을		스 3:12	사람은 기쁨으로 **크게** 함성을 지르니
신 26:5	거기에서 **크고** 강하고 번성한 민족이		스 4:20	예루살렘을 다스리는 **큰** 군왕들이
신 28:59	재앙이 **크고** 오래고 그 질병이 중하고		스 5:8	**크신** 하나님의 성전에 나아가 본즉
신 29:24	이같이 **크고** 맹렬하게 노하심은 무슨		스 9:6	넘치고 우리 허물이 **커서** 하늘에 미침
역사서			느 1:5	하늘의 하나님 여호와 **크고** 두려우신
수 7:9	세상에서 끊으리니 주의 **크신** 이름을		느 1:7	**크게** 악을 행하여 주께서 주의 종 모세
수 14:12	성읍들은 **크고** 견고할지라도 여호와께		느 3:27	**큰** 망대와 마주 대한 곳에서부터 오벨
수 14:15	아낙 사람 가운데에서 가장 **큰** 사람이		느 4:14	지극히 **크시고** 두려우신 주를 기억하고
삿 20:38	성읍에서 **큰** 연기가 치솟는 것으로		느 4:19	공사는 **크고** 넓으므로 우리가 성에서
삼상 7:10	블레셋 사람에게 **큰** 우레를 발하여		느 6:3	**큰** 역사를 하니 내려가지 못하겠노라
삼상 12:17	여호와의 목전에서 범한 죄악이 **큼을**		느 9:19	주의 **크신** 긍휼로 그들을 광야에 버리지
삼상 12:22	여호와께서는 그의 **크신** 이름을 위해서		느 9:27	하늘에서 들으시고 주의 **크신** 긍휼로
삼상 14:15	진동하였으니 이는 **큰** 떨림이었더라		느 9:31	주의 **크신** 긍휼로 그들을 아주 멸하지
삼상 18:15	사울이 다윗이 **크게** 지혜롭게 행함을		느 13:5	도비야를 위하여 한 큰 방을 만들었으니
삼상 19:22	**큰** 우물에 도착하여 물어 이르되 사무엘		느 13:22	주의 **크신** 은혜대로 나를 아끼시옵소서
삼상 20:2	아버지께서 **크고** 작은 일을 내게 알리지		에 4:3	유다인이 **크게** 애통하여 금식하며 울며
삼상 22:15	종은 이 모든 **크고** 작은 일에 관하여		에 8:15	모르드개가 푸르고 흰 조복을 입고 **큰**
삼상 30:19	**크고** 작은 것을 막론하고 아무것도 잃은		**시가서, 선지서**	
삼하 3:38	이스라엘의 지도자요 **큰** 인물이 죽은		욥 11:9	**크심**은 땅보다 길고 바다보다 넓으니라
삼하 18:9	노새가 **큰** 상수리나무 번성한 가지		욥 20:26	**큰** 어둠이 그를 위하여 예비되어 있고
삼하 24:14	긍휼이 **크시니** 우리가 여호와의 손에		욥 22:5	악이 **크지** 아니하냐 네 죄악이 끝이
왕상 3:4	산당이 **큼이라** 솔로몬이 그 제단에		욥 26:3	가르치는구나 **큰** 지식을 참 잘도 자랑하
왕상 3:8	그들은 **큰** 백성이라 수효가 많아서 셀		욥 33:12	못하니 하나님은 사람보다 **크심이니라**
왕상 5:17	**크고** 귀한 돌을 떠다가 다듬어서 성전의		욥 37:23	그는 권능이 지극히 **크사** 정의나 무한한
왕상 7:5	문과 문설주를 다 **큰** 나무로 네모지게		욥 41:12	**큰** 용맹과 늠름한 체구에 대하여 잠잠하
왕상 8:42	그들이 주의 **크신** 이름과 주의 능한		시 19:11	받고 이것을 지킴으로 상이 **크니이다**
왕상 10:23	지혜가 세상의 그 어느 왕보다 **큰지라**		시 25:11	나의 죄악이 **크오니** 주의 이름으로
왕상 19:11	앞에 **크고** 강한 바람이 산을 가르고		시 31:19	앞에 베푸신 은혜가 어찌 그리 **큰지요**
왕하 3:27	이스라엘에게 **크게** 격노함이 임하매		시 37:35	악인의 **큰** 세력을 본즉 그 본래의
왕하 5:1	나아만은 그의 주인 앞에서 **크고** 존귀한		시 46:1	힘이시니 환난 중에 만날 **큰** 도움
왕하 22:13	우리에게 내리신 진노가 **크도다**		시 57:10	인자는 **커서** 하늘에 미치고 주의 진리는
대상 17:21	구속하시려고 나가사 **크고** 두려운 일로		시 79:11	죽이기로 정해진 자도 주의 **크신** 능력을
대상 21:13	여호와께서는 긍휼이 심히 **크시니** 내가		시 86:13	인자하심이 **크사** 내 영혼을 깊은 스올에
대상 29:1	아직 어리고 미숙하며 이 공사는 **크도다**		시 92:5	행하신 일이 어찌 그리 **크신지요** 주의
대하 2:5	내가 건축하고자 하는 성전은 **크니** 우리		시 93:4	물소리와 바다의 **큰** 파도보다 **크니이다**

【 크다 】

'크게'와 관련된 성구

크게 가증하다 - 겔 8:6
크게 감동되다 - 삼상 11:6; 16:13; 왕상 10:5
크게 감사하다 - 시 109:30; 행 24:3
크게 강성하다 - 창 26:16
크게 갚다 - 겔 25:17
크게 견고하다 - 단 11:39
크게 겸손하다 - 대하 33:12
크게 경쟁하다 - 창 30:8
크게 고통당하다 - 시 116:10
크게 굳게 하다 - 나 2:1
크게 긍휼히 여기다 - 눅 1:58
크게 기뻐하다 - 삼상 11:15; 왕상 5:7; 대상 29:22; 느 8:17; 시 28:7; 사 61:10; 렘 31:12; 욘 4:6; 슥 9:9; 마 2:10; 요 3:29; 행 16:34; 고후 12:9, 15; 빌 4:10; 벧전 1:6; 계 19:7
크게 기쁘게 하다 - 행 15:3
크게 낙담하다 - 느 6:16
크게 내다 - 민 10:7; 대상 15:16; 16:42; 시 106:14; 사 5:14
크게 넘치다 - 사 56:12
크게 노략하다 - 삼하 3:22
크게 노하다 - 출 32:19; 대하 16:10; 느 5:6; 단 11:11; 행 5:33
크게 놀라다 - 막 5:42; 행 3:11; 계 17:6
크게 놀라워하다 - 마 27:14
크게 높다 - 전 10:6
크게 높이다 - 삼하 7:26
크게 다급하다 - 삼상 30:6
크게 다투다 - 삿 8:1
크게 당하다 - 사 42:17; 렘 9:19
크게 더러워지다 - 렘 3:1
크게 더럽히다 - 겔 20:13
크게 더하다 - 창 3:16
크게 되다 - 창 48:19; 전 1:16; 말 1:11
크게 두려운 일 - 신 4:34
크게 두려워하다 - 창 35:5; 수 10:2; 삼상 12:18; 17:11; 느 2:2; 시 53:5; 욘 1:16; 눅 8:37; 행 5:5, 11; 계 11:11
크게 들리다 - 출 19:16
크게 떠들다 - 렘 10:22; 미 2:12; 행 23:9
크게 떨다 - 창 27:33; 단 10:7
크게 떨리다 - 삼상 28:5

크게 떨치다 - 대하 17:5; 대하 18:1
크게 만들다 - 욥 7:17
크게 맹세하다 - 삿 21:5
크게 멸시를 받다 - 옵 1:2
크게 명철하다 - 잠 14:29
크게 모독하다 - 느 9:18
크게 무서워하다 - 눅 2:9
크게 무찌르다 - 삿 11:33; 대하 13:17
크게 미워하다 - 시 78:59
크게 믿다 - 고후 8:22
크게 발생하다 - 레 13:12
크게 배신하다 - 사 24:16
크게 번민하다 - 단 5:9; 막 6:20
크게 번성하게 하다 - 시 105:24
크게 번성하다 - 창 16:10; 17:2, 20; 22:17; 신 6:3; 시 107:38
크게 벌리다 - 욥 16:10; 시 35:21; 잠 13:3; 사 57:4; 애 3:46; 옵 1:12
크게 범죄하다 - 대하 28:19; 36:14; 스 10:13; 애 1:8
크게 범하다 - 잠 21:8
크게 벗어지게 하다 - 미 1:16
크게 베풀다 - 에 2:18
크게 복을 주다 - 창 24:35
크게 부끄러워하다 - 삼하 10:5
크게 부르다 - 대상 15:28; 42:13; 렘 25:30; 행 7:60; 12:22
크게 부르짖다 - 느 5:1; 에 4:3; 사 15:4
크게 부상하다 - 대하 24:25
크게 부하다 - 잠 15:16
크게 분내다 - 계 12:12
크게 분노하다 - 느 4:1; 슥 8:2
크게 불다 - 레 25:9; 민 10:5, 6, 9
크게 비방하다 - 삼하 12:14
크게 빛나다 - 잠 4:18
크게 사랑하다 - 삼상 16:21
크게 살육하다 - 수 10:10, 20; 삼상 6:19; 대하 28:5; 사 30:25
크게 삼가다 - 신 12:23
크게 상하다 - 슥 12:3
크게 소동하다 - 삼하 18:29
크게 소리 내다 - 행 26:24
크게 소리/함성 지르다 - 창 39:14; 수 6:20; 왕하 18:28; 대하 32:18; 스 3:12; 겔

【 크다 】

'크게'와 관련된 성구

27:30; 단 5:7; 마 27:46; 27:50; 막 10:48; 15:34; 눅 4:33; 18:39; 행 8:7; 16:28
크게 속이다 – 렘 4:10
크게 수고하다 – 겔 29:18
크게 슬퍼하다 – 민 14:39
크게 싸우다 – 삿 12:2
크게 쌓다 – 수 7:26
크게 약탈하다 – 삼상 30:16; 겔 38:13
크게 여기다 – 전 9:13
크게 열다 – 시 81:10
크게 열리다 – 삼상 2:1
크게 오해하다 – 막 12:27
크게 외치다 – 스 3:13; 사 24:14; 36:13; 58:1; 렘 4:5; 12:6; 단 3:4; 행 25:24
크게 요란하게 하다 – 슥 14:13
크게 요란하다 – 대하 15:5
크게 용맹스러운 군사 – 대하 17:13
크게 울다 – 창 50:10; 행 8:2; 20:37; 계 5:4
크게 울리다 – 겔 3:12, 13
크게 울부짖다 – 삼하 13:19
크게 위엄을 갖추다 – 행 25:23
크게 유행하다 – 시 106:29
크게 은총을 얻다/입다 – 왕상 11:19; 단 9:23
크게 음란하다 – 호 1:2
크게 이기게 하다 – 삼하 23:10
크게 이기다 – 왕상 20:21
크게 일어나다 – 삼상 11:6; 행 27:14
크게 임하다 – 삼상 10:6, 10; 왕하 3:27
크게 자라다 – 욥 8:11; 겔 16:7
크게 전쟁하다 – 대상 22:8

크게 존경받다 – 에 10:3
크게 존귀하게 하다 – 민 22:17
크게 죄를 짓다 – 신 9:18
크게 주리다 – 왕하 6:25
크게 즐거워하게 하다 – 느 12:43
크게 즐거워하다 – 왕상 1:40; 대하 30:21; 느 8:12; 시 21:1; 112:1
크게 즐겁다 – 잠 23:24
크게 진동하다 – 출 19:18
크게 질투하다 – 슥 1:14; 8:2
크게 짓다 – 눅 12:18
크게 찬송(양)하다 – 느 12:42; 시 145:3, 4
크게 쳐(서) 죽이다 – 삿 15:8; 삼상 19:8; 23:5
크게 취하다 – 삼상 25:36
크게 치다 – 대상 15:19; 사 42:13
크게 칭찬 받다 – 삼하 14:25
크게 타오르다 – 왕하 23:26
크게 태우다 – 계 16:9
크게 통곡하다 – 스 10:1; 마 2:18
크게 통한하다 – 신 29:28
크게 퍼지다 – 레 13:22, 27, 35
크게 하다 – 수 3:7; 4:14; 삼하 22:36; 왕상 1:37, 47; 대상 29:12, 25; 욥 21:5; 시 18:35; 21:5; 전 2:4; 사 26:15; 42:21; 겔 24:9; 암 8:5
크게 행하다 – 삼상 18:15; 느 1:7; 잠 28:16
크게 혼란하게 하다 – 신 7:23
크게 혼란하다 – 삼상 14:20
크게 화가 나다 – 눅 4:28
크게 흉년이 들다 – 눅 15:14
크게 흔들리다 – 시 62:2
크게 힘쓰다 – 수 23:7

시 95:3	여호와는 **크신** 하나님이시요 모든 신들보다 **크신** 왕이시기 때문이로다
시 99:3	주의 **크고** 두려운 이름을 찬송할지니
시 103:11	자에게 그의 인자하심이 **크심이로다**
시 104:25	**크고** 넓은 바다가 있고 그 속에는 생물 곧 **크고** 작은 동물들이 무수하니이다
시 106:7	주의 **크신** 인자를 기억하지 아니하고
시 106:45	언약을 기억하시고 그 **크신** 인자하심을
시 111:2	여호와께서 행하시는 일들이 **크시오니**
시 117:2	인자하심이 **크시고** 여호와의 진실하심
시 138:5	것은 여호와의 영광이 **크심이니이다**
시 145:7	그들이 주의 **크신** 은혜를 기념하여
시 145:8	더디 하시며 인자하심이 **크시도다**
잠 8:24	바다가 생기지 아니하였고 **큰** 샘들이
잠 28:12	의인이 득의하면 **큰** 영화가 있고 악인이
잠 28:27	못 본 체하는 자에게는 저주가 **크리라**
전 5:13	해 아래에서 **큰** 폐단 되는 일이 있는
전 5:16	**큰** 불행이라 어떻게 왔든지 그대로

【 크다 】　　　　　　　　　　　　　　　　　　　　　　　　　　　【 크다 】

전 10:4	떠나지 말라 공손함이 **큰** 허물을 용서	겔 23:32	깊고 **크고** 가득히 담긴 네 형의 잔을
사 5:9	황폐하리니 **크고** 아름다울지라도	겔 27:25	중심에서 풍부하여 영화가 매우 **크도다**
사 8:1	**큰** 서판을 가지고 그 위에 통용 문자로	겔 28:5	**큰** 지혜와 네 무역으로 재물을 더하고
사 8:7	**큰** 하수 곧 앗수르 왕과 그의 모든	겔 31:3	숲의 그늘 같으며 키가 **크고** 꼭대기가
사 12:6	거룩하신 이가 너희 중에서 **크심이니라**	겔 41:8	지대의 높이는 한 장대 곧 **큰** 자로 여섯
사 27:1	여호와께서 그의 견고하고 **크고** 강한	단 2:10	**크고** 권력 있는 왕이라도 이런 것으로
사 31:4	**큰** 사자나 젊은 사자가 자기의 먹이를	단 2:31	왕이 한 **큰** 신상을 보셨나이다 그 신상
사 33:21	**큰** 호수가 있으나 노 젓는 배나 **큰** 배가		이 왕의 앞에 섰는데 **크고** 광채가 매우
사 38:17	**큰** 고통을 더하신 것은 내게 평안을	단 2:45	왕께서 보신 것은 **크신** 하나님이 장래
사 40:26	그의 권세가 **크고** 그의 능력이 강하므로	단 4:3	참으로 **크도다** 그의 이적이여, 참으로
사 42:17	신이라 하는 자는 물리침을 받아 **크게**	단 7:7	쇠로 된 **큰** 이가 있어서 먹고 부서뜨리
렘 4:6	북방에서 재난과 **큰** 멸망을 가져오리라	단 7:8	있고 또 입이 있어 **큰** 말을 하였더라
렘 9:19	우리가 **크게** 부끄러움을 당하였구나	단 7:11	작은 뿔이 말하는 **큰** 목소리로 말미암아
렘 10:6	이 없나이다 주는 **크시니** 주의 이름이	단 9:4	이르기를 **크시고** 두려워할 주 하나님,
	그 권능으로 말미암아 **크시니이다**	단 10:1	**큰** 전쟁에 관한 것이라 다니엘이 그
렘 11:16	**큰** 소동 중에 그 위에 불을 피웠고 그	단 10:4	힛데겔이라 하는 **큰** 강 가에 있었는데
렘 13:9	교만과 예루살렘의 **큰** 교만을 이같이	단 10:8	**큰** 환상을 볼 때에 내 몸에 힘이 빠졌고
렘 13:22	네 죄악이 **크므로** 네 치마가 들리고	단 11:25	왕도 심히 **크고** 강한 군대를 거느리고
렘 20:11	**큰** 치욕을 당하오리니 그 치욕은 길이	단 11:36	스스로 높여 모든 신보다 **크다** 하며
렘 21:6	그들이 **큰** 전염병에 죽으리라 하셨네	단 12:1	네 민족을 호위하는 **큰** 군주 미가엘이
렘 27:19	기둥들과 **큰** 대야와 받침들과 이 성에	호 1:11	이스르엘의 날이 **클** 것임이로다
		호 9:7	네 죄악이 많고 네 원한이 **큼이니라**
		욜 2:11	심히 **크고** 그의 명령을 행하는 자는 강
			하니 여호와의 날이 **크고** 심히 두렵도다
		욜 2:13	인애가 **크시사** 뜻을 돌이켜 재앙을
		욜 2:31	여호와의 **크고** 두려운 날이 이르기 전에
		욜 3:13	독이 넘치니 그들의 악이 **큼이로다**
		암 3:9	얼마나 **큰** 요란함과 학대함이 있나 보라
		암 3:15	궁들이 파괴되며 **큰** 궁들이 무너지리라
		암 6:2	**큰** 하맛으로 가고 또 블레셋 사람의
렘 32:18	**크고** 능력 있으신 하나님이시요 이름은	욘 4:2	노하기를 더디하시며 인애가 **크시사**
렘 32:19	책략에 **크시며** 하시는 일에 능하시며	미 2:10	반드시 멸하리니 그 멸망이 **크리라**
렘 32:37	**큰** 분노로 그들을 쫓아 보내었던 모든	나 1:3	노하기를 더디하시며 권능이 **크시며**
렘 33:3	알지 못하는 **크고** 은밀한 일을 네게	나 2:1	허리를 견고히 묶고 네 힘을 **크게** 굳게
렘 36:7	대하여 선포하신 노여움과 분이 **크니라**	나 3:17	장수들은 **큰** 메뚜기 떼가 추운 날에는
렘 43:10	그 화려한 **큰** 장막을 그 위에 치리라	학 2:9	나중 영광이 이전 영광보다 **크리라**
렘 50:12	너희의 어머니가 **큰** 수치를 당하리라	슥 7:12	**큰** 진노가 만군의 여호와께로부터
애 1:1	열국 중에 **크던** 자가 이제는 과부같이	슥 9:17	아름다움이 어찌 그리 **큰지** 곡식은
애 2:13	너의 파괴됨이 바다같이 **크니** 누가	슥 14:4	**큰** 골짜기가 되어서 산 절반은 북으로,
애 3:23	주의 성실하심이 **크시도소이다**	말 1:5	이스라엘 지역 밖에서도 **크시다**
애 5:22	진노하심이 참으로 **크시니이다**	말 4:5	여호와의 **크고** 두려운 날이 이르기 전에
겔 1:4	북쪽에서부터 폭풍과 **큰** 구름이 오는데	**신약**	
겔 16:26	하체가 **큰** 네 이웃 나라 애굽 사람과도		
겔 17:3	색깔이 화려하고 날개가 **크고** 깃이 길고		
겔 23:24	그들이 무기와 병거와 수레와 **크고** 작은	마 5:19	행하며 가르치는 자는 천국에서 **크다**

"너는 내게 부르짖으라 내가 네게 응답하겠고 네가 알지 못하는 **크고** 은밀한 일을 네게 보이리라" (렘 33:3)

2377

【 크다 】

마 6:5	큰 거리 어귀에 서서 기도하기를 좋아하	막 12:31	사랑하라 하신 것이라 이보다 더 큰
마 7:13	멸망으로 인도하는 문은 크고 그 길이	막 13:2	이 큰 건물들을 보느냐 돌 하나도 돌
마 8:24	바다에 큰 놀이 일어나 배가 물결에	막 16:4	굴려져 있는데 그 돌이 심히 크더라
마 11:11	극히 작은 자라도 그보다 크니라	눅 7:16	큰 선지자가 우리 가운데 일어나셨다
마 13:32	풀보다 커서 나무가 되매 공중의 새들이	눅 7:28	작은 자라도 그보다 크니라 하시니
마 15:28	네 믿음이 크도다 네 소원대로 되리라	눅 9:46	제자 중에서 누가 크냐 하는 변론이
마 18:1	이르되 천국에서는 누가 크니이까	눅 16:10	충성된 자는 큰 것에도 충성되고 지극
마 20:26	크고자 하는 자는 너희를 섬기는		히 작은 것에 불의한 자는 큰 것에도
마 22:36	율법 중에서 어느 계명이 크니이까	눅 16:26	큰 구렁텅이가 놓여 있어 여기서 너희
마 22:38	이것이 크고 첫째 되는 계명이요	눅 22:24	사이에 그 중 누가 크냐 하는 다툼이
마 23:17	어리석은 맹인들이여 어느 것이 크냐	눅 22:27	먹는 자가 크냐 섬기는 자가 크냐
마 23:19	맹인들이여 어느 것이 크냐 그 예물이냐	요 4:12	마셨는데 당신이 야곱보다 더 크니이까
마 24:24	선지자들이 일어나 큰 표적과 기사를	요 5:36	요한의 증거보다 더 큰 증거가 있으니
마 27:64	후의 속임이 전보다 더 클까 하나이다	요 8:53	아브라함보다 크냐 또 선지자들도
막 4:32	모든 풀보다 커지며 큰 가지를 내나니	요 10:29	아버지는 만물보다 크시매 아무도
막 4:37	큰 광풍이 일어나며 물결이 배에 부딪쳐	요 13:16	종이 주인보다 크지 못하고 보냄을 받
막 5:11	거기 돼지의 큰 떼가 산 곁에서 먹고		은 자가 보낸 자보다 크지 못하나
막 9:34	길에서 서로 누가 크냐 하고 쟁론하였	요 14:28	아버지는 나보다 크심이라
막 10:43	누구든지 크고자 하는 자는 너희를	요 15:20	종이 주인보다 더 크지 못하다 한 말을

'크다 1'과 관련된 성구

롯의 큰 딸 – 창 19:31, 33, 34, 37
병이 피부에 크게 퍼지다 – 레 13:22, 27, 35
사울의 키가 보통 사람의 어깨 위만큼 크다 –
    삼상 9:2; 10:23
세탁자의 밭 큰길 – 사 7:3; 36:2
소리를 크게 내다 – 민 10:7; 대상 15:16;
    16:42
스스로 큰 체하다 – 사 10:15; 애 1:9; 단
    8:25
심히 크(게 하)다 – 창 50:9; 민 13:28; 삼상
    2:17; 4:10; 대상 21:13; 애 1:20
욕심을 크게 내다 – 시 106:14; 사 5:14
크고 강한 나라/민족/바람/칼 – 민 14:12; 신
    26:5; 왕상 19:11; 사 27:1
크고 넓다 – 느 4:19; 시 104:25
크고 두려운 날 – 욜 2:31; 말 4:5
크고 작은 일 – 삼상 20:2; 22:15
크신 이(者) – 히 1:3; 8:1
크신 인자(하심) – 시 106:7, 45
크신/큰 능력 – 출 14:31; 신 3:24; 9:29; 왕
    하 17:36; 욥 26:14; 30:18; 시 79:11;
    사 63:1; 렘 27:5; 32:17; 행 8:13; 고
    후 4:7
크신/큰 위엄 – 출 15:7; 신 9:26; 26:8; 겔
    31:2; 벧후 1:16
큰 강 유브라데 – 창 15:18; 신 1:7; 수 1:4;
    계 9:14; 16:12
큰 것과 작은 것 – 신 25:13, 14
큰 결심 – 삿 5:15, 16
큰 구원 – 창 45:7; 삿 15:18; 삼상 14:45;
    19:5; 삼하 22:51; 23:12; 대상 11:14;
    시 18:50; 히 2:3
큰 군대 – 왕상 20:28; 왕하 7:6; 대상
    12:22; 대하 24:24; 겔 17:17; 37:10; 단
    11:25; 욜 2:25
큰 권능 – 출 32:11; 민 14:17; 33:3; 신
    4:37; 34:12; 수 17:17; 느 1:10; 욥
    23:6; 시 66:3; 106:8; 막 13:26; 행
    2:22; 4:33; 13:17; 계 11:17
큰 권세 – 단 5:18, 19; 11:3; 계 13:2; 18:1
큰 긍휼 – 사 54:7; 단 9:18
큰 기쁨 – 대하 30:26; 시 43:4; 마 28:8; 눅
    2:10; 24:52; 행 8:8
큰 기사 – 신 29:3; 행 6:8

【 크다 】

'크다 1'과 관련된 성구

큰 길 – 삿 20:31, 32, 45; 21:19; 삼하 20:12, 13; 왕하 18:17; 대상 26:16, 18; 아 3:2; 사 11:16; 62:10; 렘 31:21

큰길로만 지나가다 – 민 20:17, 19; 21:22; 신 2:27

큰 나라 – 출 32:10; 신 4:6, 7, 8; 렘 6:22; 28:8; 50:41; 겔 31:6

큰 나팔(소리) – 사 27:13; 마 24:31

큰 날 – 습 1:14; 요 7:37; 19:31; 유 1:6; 계 6:17; 16:14

큰 다락방을 보이다 – 막 14:15; 눅 22:12

큰 독수리 – 겔 17:3, 7; 계 12:14

큰 돌(무더기) – 창 29:2; 신 27:2; 수 10:18, 27; 24:26; 삼상 6:14, 15, 18; 14:33; 삼하 18:17; 왕상 7:10; 대하 26:15; 스 5:8; 6:4; 렘 43:9; 마 27:60

큰 두려움 – 욥 20:25; 렘 32:21

큰 뜰 – 왕상 7:9, 12; 대하 4:9

큰 목소리/음성 – 신 5:22; 단 7:11; 계 1:10; 5:2, 12; 11:12, 15; 12:10; 14:7, 9, 15, 18; 16:1, 17; 19:1, 17; 21:3

큰 목자 – 히 13:20

큰 무더기 – 수 8:29; 나 3:3

큰 무리 – 왕상 20:13; 대하 13:8; 20:2, 12, 15; 느 12:31; 욥 31:34; 시 68:11; 사 16:14; 렘 31:8; 44:15; 겔 26:7; 38:4, 15; 단 11:12; 마 13:2; 14:14; 15:30; 19:2; 20:29; 26:47; 막 2:13; 3:7; 4:1; 5:21, 24; 6:34; 8:1; 9:14; 눅 8:4; 9:37; 요 6:2, 5; 12:9, 12; 행 2:6; 5:14; 11:24, 26; 17:4; 계 7:9

큰 물 가 – 렘 41:12; 겔 17:5, 8; 31:7; 32:13

큰 물(결) – 출 15:8; 느 9:11; 시 69:2;, 15; 74:15; 77:19; 93:3; 98:8; 107:23; 144:7; 사 17:12; 23:3; 28:2; 43:16; 겔 26:19; 27:26; 31:15; 31:7; 32:13; 욘 2:3; 합 3:15; 눅 6:48; 행 27:41

큰 물고기 – 욘 1:17; 마 12:40; 요 21:11

큰 민족 – 수 17:14, 15, 17; 렘 50:9

큰 민족을 이루다 – 창 12:2; 21:18; 46:3

큰 바다 – 시 36:6; 겔 47:10; 단 7:2; 암 7:4

큰 바람 – 욥 1:19; 렘 25:32; 욘 1:4; 요 6:18

큰 바벨론 – 단 4:30; 계 17:5

큰 바위 – 삼하 20:8; 사 32:2

큰 방패 – 왕상 10:16; 대하 9:15; 14:8; 23:9; 렘 46:3; 겔 38:4; 39:9

큰 뱀 – 렘 49:33; 51:34

큰 보자기 같다 – 행 10:11; 11:5

큰 보좌를 만들고 순금으로 입히다 – 왕상 10:18; 대하 9:17

큰 복 – 창 22:17; 느 9:25, 35

큰 부르짖음 – 출 11:6; 12:30

큰 부자 – 삼하 19:32; 왕하 15:20; 눅 18:23

큰 불 – 신 4:36; 5:25; 18:16

큰 비 – 왕상 18:41, 45; 스 10:9, 13; 욥 37:6

큰 빛 – 시 136:7; 사 9:2; 마 4:16; 행 22:6

큰 뿔 – 단 7:20; 8:21

큰 사랑 – 요 15:13; 엡 2:4

큰 산 – 렘 3:23; 슥 4:7; 계 8:8

큰 살륙 – 삼상 4:17; 사 34:6

큰 상/상급 – 창 15:1; 에 2:18; 히 10:35

큰 성 – 수 10:2; 욘 1:2; 계 11:8; 17:18; 18:10, 16, 18, 19

큰 성 바벨론 – 계 14:8; 16:19; 18:2, 21

큰 성읍 – 창 10:12; 왕상 4:13; 렘 22:8; 욘 3:3

큰 성읍 니느웨 – 욘 1:2; 3:2; 4:11

큰 소리 – 신 27:14; 왕상 8:55; 대하 20:19; 스 10:12; 잠 27:14; 사 29:6; 렘 51:55; 눅 17:15; 19:37; 23:23; 행 14:10; 벧후 3:10; 계 8:13

큰 소리 나는 제금/악기 – 대하 30:21; 시 150:5

큰 소리로 부르다 – 삼하 19:4; 20:4; 왕상 18:27, 28; 스 3:1; 눅 1:42; 8:28; 계 6:10

큰 소리로 부르짖다 – 느 9:4; 겔 8:18; 11:13; 막 5:7

큰 소리로 외치다 – 수 6:5; 삼상 4:5, 6; 삼상 28:12; 대하 15:14; 사 10:30; 겔 9:1; 계 7:2, 10; 10:3

큰 소리로 울다 – 창 45:2; 삿 21:2; 삼하 15:23

【 크다 】

'크다 1'과 관련된 성구

큰 소리를 지르다 – 막 1:26; 15:37; 행 7:57
큰 솥 – 삼상 2:14; 왕하 4:38
큰 시돈 – 수 11:8; 19:28;
큰 시험 – 신 7:19; 29:3
큰 심판 – 출 6:6; 7:4; 약 3:1
큰 싸움 – 삼상 14:52; 히 10:32
큰 악 – 창 39:9; 삼하 13:16; 느 13:27; 잠 5:14; 전 2:21; 렘 44:7; 겔 29:3; 32:2; 호 10:15
큰 애통 – 창 50:11; 슥 12:11
큰 영광 – 에 5:11; 단 2:6; 마 24:30; 눅 21:27; 고후 3:10; 벧후 1:17
큰 왕 – 스 5:11; 시 47:2; 48:2; 136:17; 전 9:14; 렘 25:14; 27:7
큰 용사 – 삿 6:12; 11:1; 21:10; 왕상 11:28; 왕하 5:1; 대상 7:7, 11; 11:26; 12:21, 25, 30; 26:6, 31; 대하 13:3; 14:8; 17:14, 16, 17; 25:6; 26:12; 32:21
큰 우렛소리 – 계 14:2; 19:6
큰 우박(덩이) – 수 10:11; 겔 13:11, 13; 38:22; 계 11:19; 16:21
큰 은총 – 사 63:7
큰 은총을 받은 사람 – 단 10:11, 19
큰 은혜 – 출 18:9; 왕상 3:6; 대하 1:8; 약 4:6
큰 음녀 – 계 17:1; 19:2
큰 이(者) – 창 39:9; 마 11:11; 12:6, 41, 42; 눅 11:31, 32; 히 6:13
큰 이름 – 대하 6:32; 렘 44:26; 겔 36:23
큰 이익 – 행 16:16; 딤전 6:6
큰 이적 – 수 24:17; 계 12:1; 13:13
큰 일 – 출 18:22; 신 4:32; 11:7; 삿 2:7; 삼상 12:16, 24; 왕하 8:4; 시 131:1; 렘 45:5; 막 3:8; 요 1:50; 5:20; 14:12; 행 2:11
큰 일을 행하다 – 삼상 26:25; 삼하 7:21, 23; 왕하 5:13; 8:13; 대상 17:19; 욥 5:9; 9:10; 37:5; 시 71:19; 106:21; 126:2, 3; 136:4; 욜 2:20, 21; 막 5:19, 20; 눅 1:49; 8:39
큰 임금 – 말 1:14; 마 5:35
큰 자/큰 사람 – 삼하 21:20; 대상 11:23;
20:4, 6, 8; 겔 13:18
큰 자(尺) – 창 48:19; 삼상 5:9; 왕상 22:31; 대상 12:14; 25:8; 대하 18:30; 욥 3:19; 렘 6:13; 8:10; 16:6; 31:34; 마 18:4; 23:11; 눅 1:15, 32; 7:28; 9:48; 22:26; 행 8:9; 히 6:16; 8:11; 계 11:18; 13:16; 19:5; 20:12
큰 자가 어린 자를 섬기리라 – 창 25:23; 롬 9:12
큰 잔 – 사 51:17, 22
큰 잔치(를 벌이다/베풀다) – 창 21:8; 겔 39:17; 단 5:1; 눅 5:29; 14:16; 계 19:17
큰 재물 – 창 15:14; 히 11:26
큰 재앙 – 창 12:17; 민 11:33; 삼상 6:9; 대하 21:14; 렘 16:10; 32:42; 단 9:12
큰 제단 – 수 22:10; 왕하 16:15
큰 제사 – 삿 16:23; 왕하 10:19; 느 12:43
큰 죄/죄인/죄과(를 범하다/에 빠지다) – 창 13:13; 20:9; 출 32:21, 30; 31; 삼하 24:10; 왕하 17:21; 대상 21:8; 스 9:13; 시 19:13
큰 지진 – 겔 38:19; 마 28:2; 눅 21:11; 행 16:26; 계 6:12; 11:13; 16:18
큰 짐승 – 단 7:3, 17
큰 집 – 렘 22:14; 암 6:11; 딤후 2:20
큰 칼 – 겔 21:14; 계 6:4
큰 파멸 – 렘 6:1; 14:17; 48:3; 50:22; 51:54
큰 평강 – 단 4:1; 6:25
큰 평안 – 시 119:165; 사 54:13
큰 폭풍 – 욘 1:4, 12
큰 환난 – 삼상 5:9; 느 1:3; 마 24:21; 눅 21:23; 행 7:11; 계 2:22; 7:14
큰 회중 – 왕상 8:65; 대하 7:8; 시 22:25
큰 힘 – 삿 16:5, 6, 15; 벧후 2:11
키가 크다 – 신 2:10, 21; 겔 31:3, 10, 14
하나님의 영이 크게 임하다 – 삼상 10:6, 10
하나님의 크심 – 신 3:24; 대하 2:5; 욥 11:9; 33:12; 시 103:11; 138:5; 사 12:6; 요 14:28; 엡 1:19; 요일 4:4
하늘에서 너희의 상이 크다 – 마 5:12; 눅 6:23, 35

[크다]   [큰물]

요 19:11	넘겨 준 자의 죄는 더 **크다** 하시니라	계 14:19	거두어 하나님의 진노의 **큰** 포도주 틀
행 2:20	**크고** 영화로운 날이 이르기 전에 해가	계 15:1	**크고** 이상한 다른 이적을 보매 일곱
행 8:1	**큰** 박해가 있어 사도 외에는 다 유대와	계 15:3	하시는 일이 **크고** 놀라우시도다 만국의
행 8:10	사람이 **크다** 일컫는 하나님의 능력이라	계 16:9	사람들이 **크게** 태움에 태워진지라 이
행 19:27	**큰** 여신 아데미의 신전도 무시 당하게	계 20:1	천사가 무저갱의 열쇠와 **큰** 쇠사슬을
행 19:28	분노가 가득하여 외쳐 이르되 **크다**	계 20:11	**크고** 흰 보좌와 그 위에 앉으신 이를
행 19:34	다 한 소리로 외쳐 이르되 **크다** 에베소	계 21:12	**크고** 높은 성곽이 있고 열두 문이
행 19:35	에베소 시가 **큰** 아데미와 제우스에게서		
행 23:10	**큰** 분쟁이 생기니 천부장은 바울이		크다 1 - 기타 본문
행 27:20	**큰** 풍랑이 그대로 있으매 구원의 여망	창 19:13; 겔 17:7; 31:5, 7, 10, 14; 단 11:37; 행 19:34	
롬 9:1-2	나에게 **큰** 근심이 있는 것과 마음에		
고전 12:31	더욱 **큰** 은사를 사모하라 내가 또한		
고후 1:10	**큰** 사망에서 우리를 건지셨고 또 건지실	**2. 자라다**(be gained strength, grow)	
고후 2:4	**큰** 눌림과 걱정이 있어 많은 눈물로	삼하 15:12	반역하는 일이 커 가매 압살롬에게로
고후 4:17	환난의 경한 것이 지극히 **크고** 영원한	욥 39:4	새끼는 강하여져서 빈들에서 **크다가**
고후 11:5	나는 지극히 **크다는** 사도들보다 부족한		
고후 12:7	여러 계시를 받은 것이 지극히 **크므로**	**큰딸**(older daughter)	
고후 12:11	지극히 **크다는** 사도들보다 조금도 부족	창 19:31	**큰딸**이 작은딸에게 이르되 우리 아버지
갈 6:11	내 손으로 너희에게 이렇게 **큰** 글자로	창 19:33	아버지에게 술을 마시게 하고 **큰딸**이
엡 1:19	베푸신 능력의 지극히 **크심이** 어떠한	창 19:34	이튿날 **큰딸**이 작은딸에게 이르되 어제
엡 5:32	이 비밀이 **크도다** 나는 그리스도와	창 19:37	**큰딸**은 아들을 낳아 이름을 모압이라
살전 1:5	능력과 성령과 **큰** 확신으로 된 것임이라		
딤전 3:13	안에 있는 믿음에 **큰** 담력을 얻느니라	**큰물**(current, flood)	
딤전 3:16	**크도다** 경건의 비밀이여, 그렇지 않다	출 15:8	일어서고 **큰물**이 바다 가운데 엉기니이
딛 2:13	복스러운 소망과 우리의 **크신** 하나님	느 9:11	쫓아오는 자들을 돌을 **큰물**에 던짐
히 1:3	지극히 **크신** 이의 우편에 앉으셨느니라	시 69:2	물에 들어가니 **큰물**이 내게 넘치나이다
히 4:14	그러므로 우리에게 **큰** 대제사장이	시 69:15	**큰물**이 나를 휩쓸거나 깊음이 나를
히 6:18	피난처를 찾은 우리에게 **큰** 안위를 받게	시 74:15	주께서 바위를 쪼개어 **큰물**을 내시며
히 8:1	그는 하늘에서 지극히 **크신** 이의 보좌	시 77:19	주의 곧은길이 **큰물**에 있었으나 주의
히 9:11	창조에 속하지 아니한 더 **크고** 온전한	시 93:3	여호와여 **큰물**이 소리를 높였고 **큰** 물
히 10:21	하나님의 집 다스리는 **큰** 제사장이		이 그 소리를 높였으니 **큰물**이 그
약 3:4	배를 보라 그렇게 **크고** 광풍에 밀려가는	시 98:8	여호와 앞에서 **큰물**은 박수할지어다
약 3:5	혀도 작은 지체로되 **큰** 것을 자랑하도다	시 107:23	배들을 바다에 띄우며 **큰물**에서 일을
약 5:16	의인의 간구는 역사하는 힘이 **큼이니라**	시 144:7	손을 펴사 나를 **큰물**과 이방인의
벧후 1:4	보배롭고 지극히 **큰** 약속을 우리에게	사 17:12	열방이 충돌하였으되 **큰물**이 몰려옴
벧후 1:16	우리는 그의 **크신** 위엄을 친히 본 자라	사 23:3	나일의 추수를 **큰물**로 수송하여
요일 3:20	하나님은 우리 마음보다 **크시고** 모든	사 28:2	**큰물**이 넘침같이 손으로 그 면류관을
요일 4:4	계신 이가 세상에 있는 자보다 **크심이라**	사 43:16	바다 가운데에 길을, **큰물** 가운데에
요일 5:9	하나님의 증거는 더욱 **크도다** 하나님의	렘 41:12	가다가 기브온 **큰물** 가에서 그를 만나매
계 8:10	횃불같이 타는 **큰** 별이 하늘에서	겔 26:19	오르게 하며 **큰물**이 너를 덮게 할 때에
계 9:2	구멍에서 **큰** 화덕의 연기 같은 연기가	겔 27:26	사공이 너를 인도하여 **큰물**에 이르게
계 12:3	한 **큰** 붉은 용이 있어 머리가 일곱이요	겔 31:15	강을 쉬게 하며 **큰물**을 그치게 하고
계 12:9	**큰** 용이 내쫓기니 옛 뱀 곧 마귀라고도	욘 2:3	던지셨으므로 **큰물**이 나를 둘렀고 주의

[큰비]　　　　　　　　　　　　　　　　　　　　　　　　　　　[키 3]

합 3:15　주께서 말을 타시고 바다 곧 **큰물**의
눅 6:48　**큰물**이 나서 탁류가 그 집에 부딪치되

큰비 (heavy rain, mighty downpour)

왕상 18:41　먹고 마시소서 **큰비** 소리가 있나이다
왕상 18:45　하늘이 캄캄해지며 **큰비**가 내리는지라
스 10:9　광장에 앉아서 이 일과 **큰비** 때문에
스 10:13　백성이 많고 또 **큰비**가 내리는 때니
욥 37:6　땅에 내리라 하시며 적은 비와 **큰비**도

큰솥 (caldron, large pot)

삼상 2:14　그것으로 냄비에나 솥에나 **큰솥**에나
왕하 4:38　사환에게 이르되 **큰솥**을 걸고 선지자

큰일 (difficult case, great things)

출 18:22　백성을 재판하게 하라 **큰일**은 모두
신 4:32　끝에서 저 끝까지 이런 **큰일**이 있었느
신 11:7　여호와께서 행하신 이 모든 **큰일**을
삿 2:7　이스라엘을 위하여 행하신 모든 **큰일**
삼상 12:16　너희 목전에서 행하시는 이 **큰일**을
삼상 12:24　너희를 위하여 행하신 그 **큰일**을 생각
삼상 26:25　네가 **큰일**을 행하겠고 반드시 승리를
삼하 7:21　주의 뜻대로 이 모든 **큰일**을 행하사
삼하 7:23　위하여 **큰일**을, 주의 땅을 위하여
왕하 5:13　아버지여 선지자가 당신에게 **큰일**을
왕하 8:4　엘리사가 행한 모든 **큰일**을 내게 설명
대상 17:19　**큰일**을 행하사 이 모든 **큰일**을 알게
욥 5:9　하나님은 헤아릴 수 없이 **큰일**을
욥 9:10　측량할 수 없는 **큰일**을, 셀 수 없는
욥 37:5　내시며 우리가 헤아릴 수 없는 **큰일**을
시 71:19　하나님이여 주께서 **큰일**을 행하셨사
시 106:21　애굽에서 **큰일**을 행하신 그의 구원자
시 126:2　여호와께서 그들을 위하여 **큰일**을
시 126:3　여호와께서 우리를 위하여 **큰일**을
시 131:1　내가 **큰일**과 감당하지 못할 놀라운
렘 45:5　너를 위하여 **큰일**을 찾느냐 그것을
욜 2:20　오르리니 이는 **큰일**을 행하였음이니라
욜 2:21　즐거워할지어다 여호와께서 **큰일**을
막 3:8　많은 무리가 그가 하신 **큰일**을 듣고
막 5:19　어떻게 **큰일**을 행하사 너를 불쌍히
막 5:20　예수께서 자기에게 어떻게 큰 일 행하셨
눅 1:49　능하신 이가 **큰일**을 내게 행하셨으니
눅 8:39　어떻게 **큰일**을 … 어떻게 **큰일**을

요 1:50　보았다 하므로 믿느냐 이보다 더 **큰일**
요 5:20　아들에게 보이시고 또 그보다 더 **큰일**
요 14:12　**큰일**도 하리니 이는 내가 아버지께로
행 2:11　우리의 각 언어로 하나님의 **큰일**을

큰형 (oldest brother)

삼상 17:28　**큰형** 엘리압이 다윗이 사람들에게 하는

키 1 (height, stature)

레 21:20　등 굽은 자나 **키** 못 자란 자나 눈에 백막
신 2:10　족속같이 강하고 많고 **키**가 크므로
신 2:21　족속과같이 강하고 많고 **키**가 컸으나
삼상 9:2　준수한 자가 없고 **키**는 모든 백성보다
삼상 16:7　그의 용모와 **키**를 보지 말라 내가 이미
삼상 17:4　가드 사람이라 그의 **키**는 여섯 규빗
삼하 21:20　전쟁할 때에 그 곳에 **키**가 큰 자 하나는
대상 11:23　**키**가 큰 애굽 사람을 죽였는데 그 사람
　　　　　의 **키**가 다섯 규빗이요 그 손에 든 창이
대상 20:4　십브개가 **키**가 큰 자의 아들 중에 십배
대상 20:6　스물넷이 있는데 그도 **키**가 큰 자의
대상 20:8　가드의 **키** 큰 자의 소생이라도 다윗
아 7:7　**키**는 종려나무 같고 네 유방은 그 열매
겔 13:18　부적을 꿰어 매고 **키**가 큰 자나 작은
겔 19:11　**키**가 굵은 가지 가운데에서 높았으며
겔 31:3　그늘은 숲의 그늘 같으며 **키**가 크고
겔 31:5　나무가 물이 많으므로 **키**가 들의 모든
겔 31:10　그의 **키**가 크고 꼭대기가 구름에 닿아서
겔 31:14　나무는 **키**가 크다고 교만하지 못하게
암 2:9　**키**는 백향목 높이와 같고 강하기는
마 6:27　누가 염려함으로 그 **키**를 한 자라도
눅 2:52　예수는 지혜와 **키**가 자라가며 하나님과
눅 12:25　너희 중에 누가 염려함으로 그 **키**를
눅 19:3　사람인가 하여 보고자 하되 **키**가 작고

키 2 (fork, sieve)

사 30:24　어린 나귀도 **키**와 쇠스랑으로 까부르는
사 30:28　그가 멸하는 **키**로 열방을 까부르며 여러
렘 15:7　여러 성문에서 **키**로 까불러 그 자식을
마 3:12　**키**를 들고 자기의 타작마당을 정하게
눅 3:17　**키**를 들고 자기의 타작마당을 정하게

키 3 (rudder)

행 27:40　바다에 버리는 동시에 **키**를 풀어 늦추고

【 키우다 】   【 키질하다 】

약 3:4   작은 키로써 사공의 뜻대로 운행하나니

키우다(bring up, make)
겔 19:3   그 새끼 하나를 키우매 젊은 사자가
겔 19:5   하나를 또 골라 젊은 사자로 키웠더니

키질하다(winnow out)
잠 20:26   지혜로운 왕은 악인들을 키질하며
렘 4:11   키질하기 위함도 아니요 정결하게 하려
렘 51:2   키질하여 그의 땅을 비게 하리니 재난

타격(打擊, smash, disastrous)
암 6:11 타격을 받아 큰 집은 갈라지고 작은
행 27:10 우리 생명에도 타격과 많은 손해를 끼치
행 27:21 타격과 손상을 면하였더라면 좋을
계 8:12 타격을 받아 그 삼분의 일이 어두워지니

타고난 자(those to whom it has been given)
마 19:11 받지 못하고 오직 타고난 자라야 할지

타국(他國, foreign land)
출 2:22 내가 타국에서 나그네가 되었음이라
출 12:45 거류인과 타국 품꾼은 먹지 못하리라
마 21:33 짓고 농부들에게 세로 주고 타국에 갔더
마 25:14 또 어떤 사람이 타국에 갈 때 그 종들
막 12:1 지어서 농부들에게 세로 주고 타국에
막 13:34 가령 사람이 집을 떠나 타국으로
눅 20:9 농부들에게 세로 주고 타국에 가서 오래

타국 사람/타국인(他國人, alien, foreigner)
출 12:19 타국인이든지 본국에서 난 자든지
출 12:48 너희와 함께 거류하는 타국인이 여호와
민 9:14 타국인이 너희 중에 거류하여 여호와
민 15:14 거류하는 타국인이나 너희 중에 대대로
민 15:15 거류하는 타국인에게나 같은 율례이니
민 15:16 너희 중에 거류하는 타국인에게나 같은
민 15:26 그들 중에 거류하는 타국인도 사함을
민 15:29 타국인이든지 누구든 부지중에 범죄한
민 15:30 본토인이든지 타국인이든지 고의로
민 35:15 이스라엘 자손과 타국인과 이스라엘
신 1:16 그들 중에 있는 타국인에게도 그리
신 17:15 형제 아닌 타국인을 네 위에 세우지
신 23:20 타국인에게 네가 꾸어주면 이자를 받아
신 31:12 거류하는 타국인을 모으고 그들에게
욥 19:15 그들 앞에서 타국 사람이 되었구나
렘 51:2 타국인을 바벨론에 보내어 키질하여
겔 7:21 타국인의 손에 넘겨 노략하게 하며
겔 11:9 타국인의 손에 넘겨 너희에게 벌을 내리
겔 30:12 타국 사람의 손으로 그 땅과 그 가운데
겔 47:22 머물러 사는 타국인 곧 너희 가운데
겔 47:23 타국인이 머물러 사는 그 지파에서

타다(scorch, ride, mix)
 1. **불에 타다**(blazing, scorch)
창 15:17 연기 나는 화로가 보이며 타는 횃불이
출 3:3 떨기나무가 어찌하여 타지 아니하는고
신 5:23 불에 타며 캄캄한 가운데에서 나오는
시 37:20 어린 양의 기름같이 타서 연기가 되어
시 118:12 가시덤불의 불같이 타 없어졌나니 내가
잠 6:27 품에 품고서야 어찌 그의 옷이 타지
잠 26:21 더하는 것과 타는 불에 나무를 더하는
전 7:6 웃음소리는 솥 밑에서 가시나무가 타는
사 1:31 그의 행위는 불티같아서 함께 탈 것이나
사 10:16 붙는 것같이 맹렬히 타게 하실 것이라
사 33:14 누가 영영히 타는 것과 함께 거하리요
사 42:25 불타오르나 깨닫지 못하며 몸이 타나
사 43:2 불 가운데로 지날 때에 타지도 아니할
사 47:14 보라 그들은 초개같아서 불에 타리니
사 65:5 이런 자들은 내 코의 연기요 종일 타는

【 타다 】

렘 17:4	노를 맹렬하게 하여 영원히 **타는** 불을		욥 39:18	뛰어갈 때에는 말과 그 위에 **탄** 자를
렘 46:19	놉이 황무하며 불에 **타서** 주민이 없을		시 66:12	사람들이 우리 머리를 **타고** 가게 하셨나
렘 49:2	불에 탈 것이며 그 때에 이스라엘		시 68:4	그의 이름을 찬양하라 하늘을 **타고** 광야
겔 1:13	생물들의 모양은 **타는** 숯불과 횃불 모양		시 68:33	하늘들의 하늘을 **타신** 자에게 찬송하라
겔 15:5	하물며 불에 살라지고 **탄** 후에 어찌		전 10:7	보았노니 종들은 말을 **타고** 고관들은
단 3:6	맹렬히 **타는** 풀무불에 던져 넣으리라		사 19:1	여호와께서 빠른 구름을 **타고** 애굽에
단 3:11	맹렬히 **타는** 풀무불 가운데에 던져 넣음		사 22:6	병거 **탄** 자와 마병이 함께 하였고 기르
나 3:13	앞에 넓게 열리고 빗장들은 불에 **타도다**		사 30:16	우리가 말 **타고** 도망하리라 하였으므로
마 13:6	해가 돋은 후에 **타서** 뿌리가 없으므로		사 36:8	이천 필을 주어도 너는 그 **탈** 자를 능히
막 4:6	해가 돋은 후에 **타서** 뿌리가 없으므로		사 43:14	자기들이 연락하던 배를 **타고** 도망하여
고전 7:9	결혼하라 정욕이 불같이 **타는** 것보다		렘 6:23	말을 **타고** 전사같이 다 대열을 벌이고
벧후 3:12	날에 하늘이 불에 **타서** 풀어지고 물질		렘 17:25	고관들이 병거와 말을 **타고** 이 성문으로
계 8:7	**타** 버리고 … **타** 버리고 … **타** 버렸더라		렘 22:4	병거와 말을 **타고** 이 집문으로 들어오게
계 8:10	셋째 천사가 나팔을 부니 횃불같이 **타는**		렘 46:4	너희 기병이여 말에 안장을 지워 **타며**
계 21:8	모든 자들은 불과 유황으로 **타는** 못에		렘 50:42	바벨론아 그들이 말을 **타고** 무사같이
			겔 23:6	감독이요 준수한 청년이요 말 **타는**

🔖 타다 1 - 기타 본문

단 3:15, 17, 20, 21, 23, 26

			겔 27:20	드단은 네 상인이 되었음이여 말을 **탈**
			단 7:13	인자 같은 이가 하늘 구름을 **타고** 와서
			호 14:3	**타지** 아니하며 다시는 우리의 손으로

2. (탈 것에 몸을) **싣다**(ride, mount)

			암 2:15	발이 빠른 자도 피할 수 없으며 말 **타는**
			합 3:8	여호와여 주께서 말을 **타시며** 구원의

구약

창 24:61	여자 종들과 함께 낙타를 **타고** 그 사람		합 3:15	주께서 말을 **타시고** 바다 곧 큰물의
창 31:10	꿈에 눈을 들어 보니 양 떼를 **탄** 숫양		학 2:22	그 **탄** 자를 … 말과 그 **탄** 자가 각각 그
창 49:17	말굽을 물어서 **탄** 자를 뒤로 떨어지		슥 1:8	밤에 보니 한 사람이 붉은 말을 **타고**
민 22:30	당신의 일생 동안 **탄** 나귀가 아니냐		슥 9:9	겸손하여서 나귀를 **타시나니** 나귀의
신 32:13	땅의 높은 곳을 **타고** 다니게 하시며		슥 9:14	불게 하시며 남방 회오리바람을 **타고**
신 33:26	너를 도우시려고 하늘을 **타고** 궁창에서		슥 10:5	함께 한즉 그들이 싸워 말 **탄** 자들을
삿 5:10	나귀를 **탄** 자들, 양탄자에 앉은 자들,		슥 12:4	놀라게 하며 그 **탄** 자를 쳐서 미치게
삼상 25:20	아비가일이 나귀를 **타고** 산 호젓한 곳을			

신약

삼상 30:17	저물 때까지 그들을 치매 낙타를 **타고**		마 21:7	위에 얹으매 예수께서 그 위에 **타시니**
삼하 13:29	아들들이 일어나 각기 노새를 **타고** 도망		마 24:30	인자가 구름을 **타고** 능력과 큰 영광으
삼하 16:2	나귀는 왕의 가족들이 **타게** 하고 떡과		마 26:64	구름을 **타고** 오는 것을 너희가 보리라
삼하 19:26	내 나귀에 안장을 지워 그 위에 **타고**		막 5:21	예수께서 배를 **타시고** 다시 맞은편으로
삼하 22:11	그룹을 **타고** 날으심이여 바람 날개 위에		막 6:32	이에 배를 **타고** 따로 한적한 곳에 갈새
왕상 13:13	그들이 나귀에 안장을 지우니 그가 **타고**		막 6:45	보내는 동안에 배 **타고** 앞서 건너편
왕상 18:45	큰비가 내리는지라 아합이 마차를 **타고**		막 11:2	아직 아무도 **타** 보지 않은 나귀 새끼가
왕상 20:20	아람 왕 벤하닷이 말을 **타고** 마병과		막 11:7	그 위에 얹어 놓으매 예수께서 **타시니**
왕하 9:16	예후가 병거를 **타고** 이스르엘로 가니		막 13:26	인자가 구름을 **타고** 큰 권능과 영광으
왕하 9:21	아하시야가 각각 그의 병거를 **타고** 가서		막 14:62	구름을 **타고** 오는 것을 너희가 보리라
왕하 9:25	너와 내가 함께 **타고** 그의 아버지		눅 19:30	아무도 **타** 보지 않은 나귀 새끼가 매여
왕하 18:23	네가 만일 말 **탈** 사람을 낼 수 있다면		눅 21:27	사람들이 인자가 구름을 **타고** 능력과
느 2:12	내가 **탄** 짐승 외에는 다른 짐승이 없더라		요 6:17	배를 **타고** 바다를 건너 가버나움으로
느 2:14	왕의 못에 이르러서는 **탄** 짐승이 지나갈		요 6:24	제자들도 없음을 보고 곧 배들을 **타고**

2385

[타다]   [타인]

요 12:14 예수는 한 어린 나귀를 보고 **타시니**
요 12:15 너의 왕이 나귀 새끼를 **타고** 오신다
요 21:8   한 오십 칸쯤 되므로 작은 배를 **타고**
행 8:28   돌아가는데 수레를 **타고** 선지자 이사야
행 13:4   실루기아에 내려가 거기서 배 **타고**
행 13:13 바보에서 배 **타고** 밤빌리아에 있는 버가
행 14:26 거기서 배 **타고** 안디옥에 이르니
행 15:39 바나바는 마가를 데리고 배 **타고** 구브로
행 18:18 형제들과 작별하고 배 **타고** 수리아로
행 18:21 돌아오리라 하고 배를 **타고** 에베소를
행 20:3   석 달 동안 있다가 배 **타고** 수리아로
행 20:13 우리는 앞서 배를 **타고** 앗소에서 바울을
행 20:16 에베소를 지나 배 **타고** 가기로 작정하였
행 21:1   작별하고 배 **타고** 바로 고스로 가서
행 21:2   베니게로 건너가는 배를 만나서 **타고**
행 27:1   우리가 배를 **타고** 이달리야에 가기로
행 28:11 겨울을 난 알렉산드리아 배를 **타고** 떠나
고후 11:33 광주리를 **타고** 들창문으로 성벽을
계 1:7   그가 구름을 **타고** 오시리라 각 사람의
계 6:2   말이 있는데 그 **탄** 자가 활을 가졌고
계 9:17   가운데 그 말들과 그 위에 **탄** 자들을
계 11:12 그들이 듣고 구름을 **타고** 하늘로 올라
계 17:7   여자와 그가 **탄** 일곱 머리와 열 뿔 가진
계 19:11 백마와 그것을 **탄** 자가 있으니 그 이름
계 19:14 깨끗한 세마포 옷을 입고 백마를 **타고**
계 19:18 말들과 그것을 **탄** 자들의 살과 자유인
계 19:19 말 **탄** 자와 그의 군대와 더불어 전쟁을
계 19:21 나머지는 말 **탄** 자의 입으로부터 나오는

📖 **타다 2 - 기타 본문**
출 15:1, 21; 삼상 25:42; 왕하 9:18; 겔 23:12, 23;
38:15; 마 14:13, 22; 21:7; 계 6:4, 5, 8

3. (때, 틈 등을) 살피어 얻거나 이용하다
(occasion, opportunity)

삿 14:4   삼손이 틈을 **타서** 블레셋 사람을 치려
왕하 5:7 왕이 틈을 **타서** 나와 더불어 시비하려
단 11:21 평안한 때를 **타서** 속임수로 그 나라를
롬 7:8   죄가 기회를 **타서** 계명으로 말미암아
롬 7:11   죄가 기회를 **타서** 계명으로 말미암아

4. (악기 줄을) 튀기어 소리를 내다 (play)
삼상 16:16 수금을 잘 **타는** 사람을 구하게 하소서
삼상 16:17 나를 위하여 잘 **타는** 사람을 구하여

삼상 16:18 아들을 본즉 수금을 **탈** 줄 알고 용기와
삼상 18:10 평일과 같이 손으로 수금을 **타는**데
삼상 19:9 접하였으므로 다윗이 손으로 수금을 **탈**
왕하 3:15 **탈** 자를…거문고 **타는** 자가…**탈** 때에
대상 15:20 브나야는 비파를 **타서** 알라못에 맞추는
대상 15:21 아사시야는 수금을 **타서** 여덟째 음에
대상 15:28 비파와 수금을 힘있게 **타며** 여호와의
대상 16:5 여이엘라 비파와 수금을 **타고** 아삽은
느 12:27 비파와 수금을 **타며** 즐거이 봉헌식을
사 24:8   끊어지고 수금 **타는** 기쁨이 그쳤으며
사 30:32 소고를 치며 수금을 **탈** 것이며 그는
고전 14:7 피리 부는 것인지 거문고 **타는** 것인지
계 14:2   거문고 **타는** 자들이 그 거문고를 **타는**
계 18:22 거문고 **타는** 자와 풍류하는 자와 퉁소

5. (액체나 가루 등을) 섞다 (mix)
마 27:34 쓸개 **탄** 포도주를 예수께 주어 마시게
막 15:23 몰약을 **탄** 포도주를 주었으나 예수께서

6. 기타 (mate with)
창 31:12 양 떼를 **탄** 숫양은 다 얼룩무늬 있는

타락하다/타락시키다 (墮落, backsliding, corrupt)
삿 2:19   그들의 조상들보다 더욱 **타락하여** 다른
렘 14:7   우리의 **타락함이** 많으니이다 우리가
단 11:32 악행하는 자를 속임수로 **타락시킬**
히 6:6   **타락한** 자들은 다시 새롭게 하여 회개하

타오르다 (fierce, burn, ablaze, blazing)
왕하 23:26 **타오르는** 진노를 돌이키지 아니하셨으
사 9:18   악행은 불 **타오르는** 것 같으니 곧 찔레
단 7:9   불꽃이요 그의 바퀴는 **타오르는** 불이며
단 7:11   시체가 상한 바 되어 **타오르는** 불에
호 8:5   내 진노가 무리를 향하여 **타오르나니**

타이르다 (allure)
호 2:14   내가 그를 **타일러** 거친 들로 데리고

타인 (他人, other man, other, someone)
창 29:19 네게 주는 것이 **타인**에게 주는 것보다
출 29:33 **타인**은 먹지 못할지니 그것이 거룩하기
출 30:33 이것을 **타인**에게 붓는 모든 자는 그
레 27:20 밭을 무르지 아니하려거나 **타인**에게
신 20:5   집으로 돌아갈지니 전사하면 **타인**이

2386

【 타작/-하다 】　　　　　　　　　　　　　　【 타조 】

신 20:6　집으로 돌아갈지니 전사하면 **타인**이
신 20:7　전사하면 **타인**이 그를 데려갈까 하노라
신 25:5　죽은 자의 아내는 나가서 **타인**에게 시집
욥 31:8　심은 것을 **타인**이 먹으며 나의 소출을
욥 31:10　**타인**의 맷돌을 돌리며 **타인**과 더불어
시 109:8　연수를 짧게 하시며 그의 직분을 **타인**이
잠 5:10　두렵건대 **타인**이 네 재물로 충족하게
잠 5:17　물이 네게만 있게 하고 **타인**과 더불어
잠 6:1　만일 이웃을 위하여 담보하며 **타인**을
잠 11:15　**타인**을 위하여 보증이 되는 자는 손해를
잠 14:10　즐거움에 **타인**이 참여하지 못하느니라
잠 20:16　**타인**을 위하여 보증 선 자의 옷을
잠 27:2　**타인**이 너를 칭찬하게 하고 네 입으로는
잠 27:13　**타인**을 위하여 보증 선 자의 옷을
사 52:14　그의 모양이 **타인**보다 상하였고 그의
사 65:22　건축한 데에 **타인**이 … 심은 것을 **타인**
렘 3:1　그가 그에게서 떠나 **타인**의 아내가 된들
렘 6:12　그들의 집과 밭과 아내가 **타인**의 소유로
렘 8:10　내가 그들의 아내를 **타인**에게 주겠고
호 3:1　또 가서 **타인**의 사랑을 받아 음녀가 된
마 17:25　받느냐 자기 아들에게냐 **타인**에게냐
마 17:26　이르되 **타인**에게니이다 예수께서
요 10:5　**타인**의 음성은 알지 못하는 고로 **타인**을
행 1:20　직분을 **타인**이 취하게 하소서 하였도다
행 8:34　가리킴이냐 자기를 가리킴이냐 **타인**을

타작/-하다(打作, threshing)
레 26:5　너희의 **타작**은 포도 딸 때까지 미치며
삿 6:11　하여 밀을 포도주 틀에서 **타작하더니**
대상 21:20　오르난이 밀을 **타작하다가** 돌이켜 천사
대상 21:22　오르난에게 이르되 이 **타작하는** 곳을
잠 20:26　악인들을 키질하며 **타작하는** 바퀴를
사 21:10　내가 짓밟은 너여, 내가 **타작한** 너여,
렘 50:11　즐거워하며 기뻐하는 **타작하는** 송아지

타작기(打作機, threshing sledge)
사 41:15　이가 날카로운 새 **타작기**로 삼으리니
암 1:3　그들이 철 **타작기**로 타작하듯 길르앗을

타작마당(threshing floor)
창 50:10　요단 강 건너편 아닷 **타작마당**에 이르러
민 15:20　익은 곡식 가루 떡을 거제로 **타작마당**에서
민 18:27　내가 너희의 거제물을 **타작마당**에서

민 18:30　레위인에게는 **타작마당**의 소출과
신 15:14　양 무리 중에서와 **타작마당**에서와
신 16:13　너희 **타작마당**과 포도주 틀의 소출을
삿 6:37　내가 양털 한 뭉치를 **타작마당**에 두리니
룻 3:2　그가 오늘 밤에 **타작마당**에서 보리를
룻 3:3　기름을 바르고 의복을 입고 **타작마당**에
룻 3:6　**타작마당**으로 내려가서 시어머니의
룻 3:14　여인이 **타작마당**에 들어온 것을 사람이
삼상 23:1　그일라를 쳐서 그 **타작마당**을 탈취하더
삼하 6:6　나곤의 **타작마당**에 이르러서는 소들이
삼하 24:16　여부스 사람 아라우나의 **타작마당** 곁에
삼하 24:18　여부스 사람 아라우나의 **타작마당**에서
삼하 24:21　네게서 **타작마당**을 사서 여호와께 제단
삼하 24:24　다윗이 은 오십 세겔로 **타작마당**과 소를
왕하 6:27　무엇으로 너를 도우랴 **타작마당**으로
왕하 13:7　백성을 멸절하여 **타작마당**의 티끌같이
대상 13:9　기돈의 **타작마당**에 이르러서는 소들이
대상 21:15　여부스 사람 오르난의 **타작마당** 곁에
대상 21:18　오르난의 **타작마당**에서 여호와를
대상 21:21　다윗을 보고 **타작마당**에서 나와 얼굴을
대상 21:28　여부스 사람 오르난의 **타작마당**에서
대하 3:1　여부스 사람 오르난의 **타작마당**에 다윗
욥 39:12　**타작마당**에 곡식 모으기를 그것에게
렘 51:33　딸 바벨론은 때가 이른 **타작마당**과
단 2:35　여름 **타작마당**의 겨같이 되어 바람에
호 9:1　네 하나님을 떠나고 각 **타작마당**에서
호 9:2　**타작마당**이나 술틀이 그들을 기르지
호 13:3　사라지는 이슬 같으며 **타작마당**에서
미 4:12　여호와께서 곡식 단을 **타작마당**에 모음
마 3:12　키를 들고 자기의 **타작마당**을 정하게
눅 3:17　키를 들고 자기의 **타작마당**을 정하게

타조(駝鳥, horned owl, owl, ostrich)
레 11:16　**타조**와 타흐마스와 갈매기와 새매 종류
신 14:15　**타조**와 타흐마스와 갈매기와 새매 종류
욥 30:29　나는 이리의 형제요 **타조**의 벗이로구나
욥 39:13　**타조**는 즐거이 날개를 치나 학의 깃털과
사 13:21　그들의 가옥에 가득하며 **타조**가 거기에
사 34:13　승냥이의 굴과 **타조**의 처소가 될 것이니
사 43:20　장차 들짐승 곧 승냥이와 **타조**도 나를
렘 50:39　**타조**도 그 가운데에 살 것이요 영원히
애 4:3　잔인하여 마치 광야의 **타조** 같도다
미 1:8　들개같이 애곡하고 **타조**같이 애통하리

2387

타흐마스 (screech owl)
레 11:16 타조와 **타흐마스**와 갈매기와 새매
신 14:15 타조와 **타흐마스**와 갈매기와 새매

탁류 (濁流, torrent)
눅 6:48 큰물이 나서 **탁류**가 그 집에 부딪치되
눅 6:49 **탁류**가 부딪치매 집이 곧 무너져 파괴됨

탁월하다 (卓越, excel)
창 49:3 위풍이 월등하고 권능이 **탁월하다**마는
창 49:4 물의 끓음 같았은즉 너는 **탁월하**지

탄로되다 (綻露, become known)
출 2:14 두려워하여 이르되 일이 **탄로되었도다**
렘 38:27 일이 **탄로되지** 아니하였고 그들은

탄식/-하다 (歎息, groan, sigh, cry out)
출 2:23 노동으로 말미암아 **탄식하며** 부르짖으
욥 3:24 나는 음식 앞에서도 **탄식**이 나며 내가
욥 23:2 내가 받는 재앙이 **탄식**보다 무거움
시 6:6 **탄식함**으로 피곤하여 밤마다 눈물로
시 12:5 궁핍한 자들의 **탄식**으로 말미암아 내가
시 31:10 연수를 **탄식**으로 보냄이여 내 기력이
시 38:9 **탄식**이 주 앞에 감추이지 아니하나이다
시 55:2 근심으로 편하지 못하여 **탄식하오니**
시 55:17 정오에 내가 근심하여 **탄식하리니**
시 79:11 갇힌 자의 **탄식**을 주의 앞에 이르게
시 102:5 나의 **탄식** 소리로 말미암아 나의 살이
시 102:20 갇힌 자의 **탄식**을 들으시며 죽이기로
잠 29:2 권세를 잡으면 백성이 **탄식하느니라**
사 19:8 어부들은 **탄식하며** 나일 강에 낚시를
사 21:2 그의 모든 **탄식**을 내가 그치게 하였노라
사 24:7 마음이 즐겁던 자가 다 **탄식하며**
사 35:10 즐거움을 얻으리니 슬픔과 **탄식**이
사 51:11 위에 있고 슬픔과 **탄식**이 달아나리이다
렘 31:18 에브라임이 스스로 **탄식함**을 내가
렘 45:3 나의 **탄식**으로 피곤하여 평안을 찾지
렘 49:17 모든 재앙으로 말미암아 **탄식하리로다**
렘 50:13 그 모든 재난에 놀라며 **탄식하리로다**
렘 51:37 혐오의 대상이 되며 **탄식** 거리가 되고 주민이
애 1:4 제사장들이 **탄식하며** 처녀들이 근심하
애 1:8 보고 업신여김이여 그도 **탄식하며**
애 1:11 지금도 **탄식하며** 양식을 구하나이다
애 1:21 내가 **탄식하는** 것을 들었으나 나를
애 1:22 **탄식**이 많고 나의 마음이 병들었나이다
애 3:56 **탄식**과 부르짖음에 주의 귀를 가리지
겔 9:4 가증한 일로 말미암아 **탄식하며** 우는
겔 21:6 인자야 **탄식하되** … 끊어지듯 **탄식하**라 그들의 목전에서 슬피 **탄식하라**
겔 21:7 네가 어찌하여 **탄식하느냐** 하거든
겔 24:17 조용히 **탄식하며** 수건으로 머리를
겔 24:23 패망하여 피차 바라보고 **탄식하리라**
말 2:13 눈물과 울음과 **탄식**으로 여호와의 제단
막 3:5 마음이 완악함을 **탄식하사** 노하심으로
막 7:34 우러러 **탄식하시며** 그에게 이르시되
막 8:12 마음속으로 깊이 **탄식하시며** 이르시되
행 7:34 그 **탄식하는** 소리를 듣고 그들을 구원
롬 8:22 피조물이 다 이제까지 함께 **탄식하며**
롬 8:23 속으로 **탄식하여** 양자 될 것 곧 우리
롬 8:26 성령이 말할 수 없는 **탄식**으로 우리를
고후 5:2 우리가 여기 있어 **탄식하며** 하늘로부터
고후 5:4 짐진 것같이 **탄식하는** 것은 벗고자

탄원 (歎願, petition)
렘 37:20 **탄원**을 받으사 나를 서기관 요나단의
렘 42:2 당신은 우리의 **탄원**을 듣고 이 남아

탄탄하다 (firm)
욥 41:23 살껍질은 서로 밀착되어 **탄탄하며**

탈 (mask)
살전 2:5 아첨하는 말이나 탐심의 **탈**을 쓰지

탈선하다 (脫線, go astray)
민 5:12 어떤 사람의 아내가 **탈선하여** 남편에게
민 5:19 네 남편을 두고 **탈선하여** 다른 남자와
민 5:20 그러나 네가 네 남편을 두고 **탈선하여**
민 5:29 그의 남편을 두고 **탈선하여** 더럽힌 때나

탈취/-하다 (奪取, plunder, loot, capture)
민 31:9 가축과 양 떼와 재물을 다 **탈취하고**
민 31:11 **탈취한** 것, 노략한 것, 사람과 짐승을
민 31:12 사로잡은 자와 노략한 것과 **탈취한** 것을
민 31:53 각기 자기를 위하여 **탈취한** 것이니라
신 2:35 가축과 성읍에서 **탈취한** 것은 우리의
신 3:7 모든 가축과 그 성읍들에서 **탈취한** 것은

【 탈취/-하다 】　　【 탐심 】

수 8:2	거기서 **탈취할** 물건과 가축은 스스로	겔 38:13	네가 **탈취하러** 왔느냐 네가 네 무리를
수 8:27	대로 이스라엘이 **탈취하였더라**	단 5:2	예루살렘 성전에서 **탈취하여** 온
수 11:14	이스라엘 자손들이 **탈취하고** 모든 사람	단 5:3	성소 중에서 **탈취하여** 온 금 그릇을
수 22:8	너희의 원수들에게서 **탈취한** 것을 너희	단 11:24	그는 노략하고 **탈취한** 재물을 무리에게
삿 5:19	싸웠으나 은을 **탈취하지** 못하였도다	호 5:14	내가 **탈취하여** 갈지라도 건져낼 자가
삿 8:24	각기 **탈취한** 귀고리를 내게 줄지니라	나 3:1	가득하며 **탈취가** 떠나지 아니하는도다
삿 8:25	겉옷을 펴고 각기 **탈취한** 귀고리를 그	고후 11:8	비용을 받은 것은 **탈취한** 것이라
삼상 14:30	오늘 그 대적에게서 **탈취하여** 얻은 것을		
삼상 14:32	백성이 이에 **탈취한** 물건에 달려가서	**탈취물**(奪取物, plunder, spoiled)	
삼상 14:36	그들 중에서 **탈취하고** 한 사람도 남기지	출 15:9	뒤쫓아 따라잡아 **탈취물을** 나누리라
삼상 15:19	청종하지 아니하고 **탈취하기**에만	민 31:32	그 **탈취물** 곧 군인들의 다른 **탈취물**
삼상 23:1	쳐서 그 타작 마당을 **탈취하더이다**	신 13:16	그 성읍과 그 **탈취물** 전부를 불살라
삼상 30:26	원수에게서 **탈취한** 것을 너희에게	신 20:14	너를 위하여 **탈취물로** 삼을 것이며 너는
왕상 9:16	게셀을 **탈취하여** 불사르고 그 성읍에	시 68:12	집에 있던 여자들도 **탈취물을** 나누도다
왕하 14:14	모든 기명을 **탈취하고** 또 사람을 볼모로	시 119:162	사람이 많은 **탈취물을** 얻은 것처럼 나는
대하 20:25	물건을 **탈취할새** … 각기 **탈취하는데**	잠 16:19	교만한 자와 함께 하여 **탈취물을** 나누는
대하 21:17	아들들과 아내들을 **탈취하였으므로**	사 9:3	추수하는 즐거움과 **탈취물을** 나눌 때의
스 6:5	성전에서 **탈취하여** 바벨론으로 옮겼던	미 4:13	그들의 **탈취물을** 구별하여 여호와께
에 3:13	진멸하고 또 그 재산을 **탈취하라** 하였고		
에 8:11	진멸하고 그 재산을 **탈취하게** 하되	**탐구하다**(探究, inquire, test)	
시 44:10	자가 자기를 위하여 **탈취하였나이다**	신 12:30	신을 **탐구하여** 이르기를 이 민족들은
시 62:10	포악을 의지하지 말며 **탈취한** 것으로	욥 28:27	선포하시며 굳게 세우시며 **탐구하셨고**
시 89:41	지나가는 자들에게 다 **탈취를** 당하며		
시 109:11	수고한 것을 낯선 사람이 **탈취하게**	**탐내다**(covet, eager)	
잠 22:22	약한 자를 그가 약하다고 **탈취하지** 말며	출 20:17	이웃의 집을 **탐내지** 말라 … **탐내지**
사 3:14	가난한 자에게서 **탈취한** 물건이 너희의	출 34:24	아무도 네 땅을 **탐내지** 못하리라
사 10:6	나를 노하게 한 백성을 쳐서 **탈취하며**	신 5:21	**탐내지** 말지니라 … **탐내지** 말지니라
사 33:23	되면 많은 재물을 **탈취하여** 나누리니	신 7:25	그것에 입힌 은이나 금을 **탐내지** 말며
사 42:22	도둑 맞으며 **탈취를** 당하며 다 굴 속에	수 7:21	하나를 보고 **탐내어** 가졌나이다 보소서
	잡히며 … **탈취를** 당하되 되돌려 주라	롬 7:7	율법이 **탐내지** 말라 하지 아니하였더라
사 42:24	야곱이 **탈취를** 당하게 하신 자가 누구냐	롬 13:9	말라, 도둑질하지 말라, **탐내지** 말라
사 53:12	강한 자와 함께 **탈취한** 것을 나누게	딤전 6:10	**탐내는** 자들은 미혹을 받아 믿음에서
사 59:15	없어지므로 악을 떠나는 자가 **탈취를**		
렘 4:20	패망에 패망이 연속하여 온 땅이 **탈취를**	**탐색하다**(貪色, male prostitute)	
렘 6:7	폭력과 **탈취가** 거기에서 들리며 질병과	고전 6:9	간음하는 자나 **탐색하는** 자나 남색하는
렘 15:13	재산과 보물로 값 없이 **탈취를** 당하게		
렘 20:5	그들이 그것을 **탈취하여** 바벨론으로	**탐스럽다**(desirable)	
렘 21:12	아침마다 정의롭게 판결하여 **탈취** 당한	창 3:6	지혜롭게 할 만큼 **탐스럽기도** 한 나무인
렘 22:3	너희가 정의와 공의를 행하여 **탈취** 당한		
렘 30:16	너에게서 **탈취해** 간 자는 **탈취를** 당할	**탐심**(貪心, greed, coveting, desire)	
렘 48:32	여름 과일과 포도 수확을 **탈취하는** 자가	사 57:17	그의 **탐심**의 죄악으로 말미암아 내가
렘 49:32	그들의 많은 가축을 **탈취를** 당할 것이라	눅 12:15	이르시되 삼가 모든 **탐심을** 물리치라
겔 22:25	재산과 보물을 **탈취하며** 과부를 그	롬 7:7	아니하였더라면 내가 **탐심을** 알지

【 탐욕 】 　　　　　　　　　　　　　　　【 태 】

롬 7:8	내 속에서 온갖 **탐심**을 이루었나니 이는	행 20:33	아무의 은이나 금이나 의복을 **탐하**지
갈 5:24	육체와 함께 그 정욕과 **탐심**을 십자가에	딤전 3:8	인박하지 아니하고 더러운 이를 **탐하**지
골 3:5	정욕과 **탐심**이니 **탐심**은 우상 숭배나라	딛 1:7	더러운 이득을 **탐하**지 아니하며
살전 2:5	아무 때에도 아첨하는 말이나 **탐심**의	계 18:14	영혼이 **탐하**던 과일이 네게서 떠났으며
벧후 2:3	그들이 **탐심**으로써 지어낸 말을 가지고		

탐하는 자

탐욕(貪慾, greedy, crave, extortion)

민 11:4	다른 인종들이 **탐욕**을 품으매 이스라엘	잠 15:27	이익을 **탐하는 자**는 자기 집을 해롭게
시 10:3	**탐욕**을 부리는 자는 여호와를 배반하여	잠 23:2	네가 만일 음식을 **탐하는 자**이거든 네
시 78:18	그들의 **탐욕**대로 음식을 구하여 그들의	잠 23:20	하는 자들과 고기를 **탐하는 자**들과도
시 119:36	증거들에게 향하게 하시고 **탐욕**으로	잠 23:21	취하고 음식을 **탐하는 자**는 가난하여질
잠 28:16	치리자는 포학을 크게 행하거니와 **탐**	잠 28:7	음식을 **탐하는 자**와 사귀는 자는 아비
전 7:7	**탐욕**이 지혜자를 우매하게 하고 뇌물이	고전 5:10	음행하는 자들이나 **탐하는 자**들이나
사 56:11	개들은 **탐욕**이 심하여 족한 줄을 알지	엡 5:5	더러운 자나 **탐하는 자** 곧 우상 숭배자
렘 6:13	자로부터 큰 자까지 다 **탐욕**을 부리며		
렘 22:17	네 두 눈과 마음은 **탐욕**과 무죄한 피를	**탑**(塔, tower)	
마 23:25	그 안에는 **탐욕**과 방탕으로 가득하게	창 11:4	성읍과 **탑**을 건설하여 그 **탑** 꼭대기를
막 7:22	간음과 **탐욕**과 악독과 속임과 음탕과	창 11:5	사람들이 건설하는 그 성읍과 **탑**을
눅 11:39	너희 속에는 **탐욕**과 악독이 가득하도다		
롬 1:29	불의, 추악, **탐욕**, 악의가 가득한 자요	**탓/-하다**(responsible)	
고전 5:11	음행하거나 **탐욕**을 부리거나 우상 숭배	삼상 22:22	모든 사람 죽은 것이 나의 **탓**이로다
고전 6:10	도적이나 **탐욕**을 부리는 자나 술 취하는	욥 40:2	하나님을 **탓하**는 자는 대답할지니라
엡 5:3	온갖 더러운 것과 **탐욕**은 너희 중에서		
벧후 2:14	굳세지 못한 영혼들을 유혹하며 **탐욕**에	**탕감하다**(蕩減, cancel)	
		느 10:31	땅을 쉬게 하고 모든 빚을 **탕감하**리라
탐지하다(探知, explore, search)		마 18:27	여겨 놓아 보내며 그 빚을 **탕감하**여
민 13:20	있는지 없는지를 **탐지하**라 담대하라	마 18:32	빌기에 내가 네 빚을 전부 **탕감하**여
삼하 10:3	이 성을 엿보고 **탐지하**여 함락시키고자	눅 7:42	갚을 것이 없으므로 둘 다 **탕감하**여
욥 28:3	뚫고 모든 것을 끝까지 **탐지하**여 어둠과	눅 7:43	생각에는 많이 **탕감함**을 받은 자니이다
	죽음의 그늘에 있는 광석도 **탐지하**되		
렘 31:37	있는 땅의 기초를 **탐지할** 수 있다면	**탕진하다**(蕩盡, sweep away)	
		잠 13:23	불의로 말미암아 가산을 **탕진하**는 자가
탐하다(貪, lust, desire, crave)			
잠 1:19	**탐하**는 모든 자의 길은 다 이러하여	**태**(胎, womb, birth)	
잠 6:25	아름다움을 **탐하**지 말며 그 눈꺼풀에	창 20:18	아비멜렉의 집의 모든 **태**를 닫으셨음이
잠 12:12	악인은 불의의 이익을 **탐하**나 의인은	창 25:22	아들들이 그의 **태** 속에서 서로 싸우는지
잠 21:26	어떤 자는 종일토록 **탐하**기만 하나	창 25:24	기한이 찬즉 **태**에 쌍둥이가 있었는데
잠 23:3	그의 맛있는 음식을 **탐하**지 말라 그것은	창 29:31	**태**를 여셨으나 라헬은 자녀가 없었더라
잠 23:6	그의 맛있는 음식을 **탐하**지 말지어다	창 30:22	그의 소원을 들으시고 그의 **태**를
겔 22:12	이익을 **탐하**여 이웃을 속여 빼앗으며	창 49:25	깊은 샘의 복과 젖먹이는 복과 **태**의
미 2:2	밭들을 **탐하**여 빼앗고 집들을 **탐하**여	출 13:2	사람이나 짐승을막론하고 **태**에서 처음
마 11:19	보라 먹기를 **탐하**고 포도주를 즐기는	출 13:12	너는 **태**에서 …가축의 **태**에서 처음 난
눅 7:34	보라 먹기를 **탐하**고 포도주를 즐기는	출 13:15	**태**에서 처음 난 모든 수컷은 내가
		민 3:12	이스라엘 자손 중에 **태**를 열어 태어난

【 태도 】   【 태어나다 】

신 28:57 자기 다리 사이에서 나온 태와 자기가
삿 13:5   아이는 태에서 나옴으로부터 하나님께
삿 13:7   아이는 태에서부터 그가 죽는 날까지
욥 3:11   내가 태에서 죽어 나오지 아니하였던가
욥 10:18 주께서 나를 태에서 나오게 하셨음은
욥 10:19 있어도 없던 것같이 되어서 태에서
욥 31:15 나를 태 속에 만드신 이가 그도 만들지
욥 38:29 얼음은 누구의 태에서 났느냐 공중의
시 127:3 자식들은 여호와의 기업이요 태의 열매
잠 30:16 스올과 아이 배지 못하는 태와 물로
잠 31:2   무엇을 말하랴 내 태에서 난 아들아
전 11:5   밴 자의 태에서 뼈가 어떻게 자라는지를
사 13:18 태의 열매를 긍휼히 여기지 아니하며
사 46:3   태어남으로부터 내게 안겼고 태에서
사 49:1   여호와께서 태에서부터 나를 부르셨고
사 49:5   태에서부터 나를 그의 종으로 지으신
사 49:15 자기 태에서 난 아들을 긍휼히 여기지
사 66:9   나는 해산하게 하는 이인즉 어찌 태를
렘 20:17 그가 나를 태에서 죽이지 아니하셨으며
렘 20:18 내가 태에서 나와서 고생과 슬픔을 보며
호 9:14   아이 배지 못하는 태와 젖 없는 유방을
호 9:16   낳을지라도 내가 그 사랑하는 태의 열매
마 19:12 어머니의 태로부터 된 고자도 있고 사람
눅 2:23   율법에 쓴 바 첫 태에 처음 난 남자마다
눅 11:27 당신을 밴 태와 당신을 먹인 젖이 복이
롬 4:19   사라의 태가 죽은 것 같음을 알고도
갈 1:15   어머니의 태로부터 나를 택정하시고

태도(態度, be as~)
고후 10:2 나로 하여금 이 담대한 태도로 대하지

태만하다(怠慢, shiftless)
잠 19:15 깊이 잠들게 하나니 태만한 사람은

태반(太半, most)
대상 12:29 사울의 동족은 아직도 태반이나 사울의
행 19:32 무리가 분란하여 태반이나 어찌하여

태산(泰山, huge mountain)
단 2:35   우상을 친 돌은 태산을 이루어 온 세계에

태생(胎生, offspring)
출 34:19 모든 첫 태생은 다 내 것이며 네 가축의

태수(太守, official)
렘 51:23 도백과 태수들을 분쇄하도록 하리로다
렘 51:28 그 모든 태수와 그 관할하는 모든 땅을
렘 51:57 지혜 있는 자들과 도백들과 태수들과

태양(太陽, daylight, sun)
민 25:4   백성의 수령들을 잡아 태양을 향하여
신 33:14 태양이 결실하게 하는 선물과 태음이
수 10:12 태양아 너는 기브온 위에 머무르라 달아
수 10:13 태양이 머물고 달이 멈추기를 … 야살
          의 책에 태양이 중천에 머물러서 거의
왕하 23:11 유다 여러 왕이 태양을 위하여 드린 말
          들을 제하여 버렸으니 … 태양 수레를
겔 8:16   낯을 동쪽으로 향하여 동쪽 태양에게
계 19:17 내가 보니 한 천사가 태양 안에 서서

태양상(太陽像, incense altar)
대하 14:5 유다 모든 성읍에서 산당과 태양상을
대하 34:4 그 제단 위에 높이 달린 태양상들을
대하 34:7 온 이스라엘 땅에 있는 모든 태양상을
사 17:8   손가락으로 지은 아세라나 태양상을
사 27:9   아세라와 태양상이 다시 서지 못하게

태어나다(be born)
창 17:23 이스마엘과 집에서 태어난 모든 자와
창 17:27 그 집의 모든 남자 곧 집에서 태어난
창 21:3   아브라함이 그에게 태어난 아들 곧 사라
창 21:5   그의 아들 이삭이 그에게 태어날 때에
창 36:5   가나안 땅에서 그에게 태어난 자들이더
창 46:26 명이니 이는 다 야곱의 몸에서 태어난
출 1:22   태어나거든 너희는 그를 나일 강에
민 3:13   처음 태어난 자는 … 그 처음 태어난
          자를 다 죽이던 날에 … 태어난 자는
민 3:40   이스라엘 자손의 처음 태어난 남자를
민 3:41   처음 태어난 자 대신에 레위인을 …
          가축 중 모든 처음 태어난 것 대신에
민 3:42   이스라엘 자손 중 모든 처음 태어난
민 3:43   일 개월 이상으로 계수된 처음 태어난
민 3:45   자손 중 모든 처음 태어난 자 대신에
민 3:46   자손의 처음 태어난 자가 레위인보다
민 3:50   이스라엘 자손의 처음 태어난 자에게서
민 8:16   초태생 곧 모든 처음 태어난 자 대신
민 8:17   이스라엘 자손 중에 처음 태어난 것은

2391

【 태연하다 】　　　　　　　　　　　　　　　　　【 태중 】

	사람이든지 … 모든 처음 **태어난** 자를
민 8:18	이스라엘 자손 중 모든 처음 **태어난** 자
민 18:15	처음 **태어난** 사람은 반드시 대속할 것 이요 처음 **태어난** 부정한 짐승도 대속
민 18:17	오직 처음 **태어난** 소나 처음 **태어난** 양이나 처음 **태어난** 염소는 대속하지
삿 18:29	이스라엘에게서 **태어난** 그들의 조상
룻 4:17	나오미에게 아들이 **태어났다** 하여 그
왕상 1:6	압살롬 다음에 **태어난** 자요 용모가 심히
욥 1:2	그에게 아들 일곱과 딸 셋이 **태어나니라**
욥 14:1	여인에게서 **태어난** 사람은 생애가 짧고
욥 38:21	네가 그 때에 **태어났으리니** 너의 햇수가
시 22:31	그의 공의를 **태어날** 백성에게 전함이여
시 78:6	곧 **태어날** 자손에게 이를 알게 하고
전 4:14	나라에서 가난하게 **태어났을지라도**
사 39:7	**태어날** 자손 중에서 몇이 사로잡혀
사 66:8	민족이 어찌 한 순간에 **태어나겠느냐**
마 26:24	차라리 **태어나지** 아니하였더라면
눅 1:14	것이요 많은 사람도 그의 **태어남을**
요 18:37	이를 위하여 **태어났으며** 이를 위하여

태연하다(泰然, secure, confident)

욥 40:23	쏟아져 그 입으로 들어가도 **태연하니**
시 27:3	할지라도 나는 여전히 **태연하리로다**

태우다(burn, fire, put on, ride)

1. 불을 붙여 타게 하다(burn, fire)

출 22:6	거두지 못한 곡식이나 밭을 **태우면** 불
레 6:12	나무를 그 위에서 **태우고** 번제물을
민 4:16	등유와 **태우는** 향과 항상 드리는 소제물
삼상 2:15	기름을 **태우기** 전에도 제사장의 사환이
삼상 2:16	반드시 먼저 기름을 **태운** 후에 네 마음
왕상 18:38	번제물과 나무와 돌과 흙을 **태우고** 또
욥 41:20	마치 갈대를 **태울** 때에 솥이 끓는 것과
시 11:6	불과 유황과 **태우는** 바람이 그들의 잔에
렘 36:23	던져서 두루마리를 모두 **태웠더라**
애 1:20	환난을 당하여 나의 애를 다 **태우고**
겔 15:4	두 끝을 사르고 그 가운데도 **태웠으면**
겔 19:14	열매를 **태우니** 권세 잡은 자의 규가
겔 24:10	녹이고 국물을 졸이고 그 뼈를 **태우고**
단 3:22	아벳느고를 붙든 사람을 **태워** 죽였고
욜 2:3	그들의 뒤를 **태우니** 그들의 예전의 땅은
마 3:12	쭉정이는 꺼지지 않는 불에 **태우시리라**
눅 3:17	쭉정이는 꺼지지 않는 불에 **태우시리라**
히 10:27	대적하는 자를 **태울** 맹렬한 불만 있으리
약 3:5	불이 얼마나 많은 나무를 **태우는가**
계 16:8	해가 권세를 받아 불로 사람들을 **태우니**
계 16:9	크게 **태움에 태워진지라** 이 재앙들을
계 20:9	불이 내려와 그들을 **태워** 버리고

2. 탈것에 몸을 싣게 하다
(put on, ride, carry, transport)

창 31:17	자식들과 아내들을 낙타들에게 **태우고**
창 41:43	자기에게 있는 버금 수레에 그를 **태우매**
창 45:19	자녀와 아내를 **태우고** 너희 아버지를
창 45:27	야곱은 요셉이 자기를 **태우려고** 보낸
창 46:5	바로가 그를 **태우려고** 보낸 수레에 … 야곱과 자기들의 처자들을 **태우고**
출 4:20	그의 아내와 아들들을 나귀에 **태우고**
왕상 1:33	솔로몬을 내 노새에 **태우고** 기혼으로
왕상 1:38	다윗 왕의 노새에 **태우고** 인도하여
왕상 1:44	왕의 노새에 솔로몬을 **태워다가**
왕하 9:17	한 사람을 말에 **태워** 보내어 맞이하여
왕하 9:19	사람을 말에 **태워** 보내었더니 그들에게
왕하 10:16	보라 하고 이에 자기 병거에 **태우고**
대하 28:15	약한 자들은 모두 나귀에 **태워** 데리고
대하 35:24	그의 버금 병거에 **태워** 예루살렘에 이른
에 6:9	옷을 입히고 말을 **태워서** 성 중 거리로
에 6:11	옷을 입히고 말을 **태워** 성 중 거리로
사 66:20	노새와 낙타에 **태워다가** 여호와께 예물
호 10:11	에브라임 위에 사람을 **태우리니** 유다는
눅 10:34	상처에 붓고 싸매고 자기 짐승에 **태워**
눅 19:35	새끼 위에 걸쳐 놓고 예수를 **태우니**
행 20:13	앗소에서 바울을 **태우려고** 그리로 가니
행 20:14	만나니 우리가 배에 **태우고** 미둘레네로
행 23:24	바울을 **태워** 총독 벨릭스에게로 무사히

태음(太陰, moon)

신 33:14	태양이 결실하게 하는 선물과 **태음이**

태장(笞杖, rod)

고후 11:25	세 번 **태장**으로 맞고 한 번 돌로 맞고

태중(胎中, womb)

창 25:23	두 국민이 네 **태중**에 있구나 두 민족이
룻 1:11	**태중**에 너희의 남편 될 아들들이 아직
눅 1:42	네가 복이 있으며 네 **태중**의 아이도

【 태초 】

태초(太初, in the beginning, long ago)
창 1:1 　　태초에 하나님이 천지를 창조하시니라
왕하 19:25 일은 내가 태초부터 행하였고 옛날부터
잠 8:22 　여호와께서 그 조화의 시작 곧 태초에
잠 8:23 　만세 전부터, 태초부터, 땅이 생기기
사 37:26 이 일들은 내가 태초부터 행한 바요
사 40:21 너희가 듣지 못하였느냐 태초부터
사 43:13 과연 태초로부터 나는 그이니 내 손에서
요 1:1 　　태초에 말씀이 계시니라 이 말씀이
요 1:2 　　그가 태초에 하나님과 함께 계셨고
히 1:10 　태초에 주께서 땅의 기초를 두셨으며
요일 1:1 　태초부터 있는 생명의 말씀에 관하여는
요일 2:13 너희가 태초부터 계신 이를 알았음이요
요일 2:14 너희가 태초부터 계신 이를 알았음이요

태평/-하다(泰平, peace, rest, unconcerned)
왕상 2:5 　그가 그들을 죽여 태평 시대에 전쟁의
왕상 5:4 　내게 사방의 태평을 주시매 원수도 없고
왕상 8:56 백성 이스라엘에게 태평을 주셨으니
왕하 20:19 내가 사는 날에 태평과 진실이 있을진대
대하 20:30 여호사밧의 나라가 태평하였으니 이는
렘 30:10 　돌아와서 태평과 안락을 누릴 것이며
겔 16:49 교만함과 음식물의 풍족함과 태평함이
행 24:3 　우리가 당신을 힘입어 태평을 누리고

태형(笞刑, beat)
신 25:2 　악인에게 태형이 합당하면 재판장은

태후(太后, queen mother)
왕상 15:13 아세라 상을 만들었으므로 태후의 위를
왕하 10:13 왕자들과 태후의 아들들에게 문안하러
대하 15:16 아사가 그의 태후의 자리를 폐하고 그의

택정하다(擇定, set apart)
롬 1:1 　　하나님의 복음을 위하여 택정함을
갈 1:15 　어머니의 태로부터 나를 택정하시고

택하다(choose, choice, get, take)

모세오경
창 13:11 그러므로 롯
　　　　이 요단 온 지역을
　　　　택하고 동으로
창 18:19 그를 택하였나니 이는 나 여호와가

【 택하다 】
창 23:6 　우리 묘실 중에서 좋은 것을 택하여
창 24:3 　내 아들을 위하여 아내를 택하지 말고
창 24:4 　내 아들 이삭을 위하여 아내를 택하라
창 24:7 　내 아들을 위하여 아내를 택할지니라
창 24:37 족속의 딸들 중에서 아내를 택하지 말고
창 24:38 가서 내 아들을 위하여 아내를 택하라
창 24:40 아들을 위하여 아내를 택할 것이니라
창 24:48 아들을 위하여 택하게 하셨으므로 내가
창 32:13 형 에서를 위하여 예물을 택하니
창 41:33 지혜 있는 사람을 택하여 애굽 땅을
창 47:2 　형들 중 다섯 명을 택하여 바로에게
출 17:9 　우리를 위하여 사람들을 택하여 나가서
출 18:25 능력 있는 사람들을 택하여 그들을 백성
출 29:1 　수소 하나와 흠 없는 숫양 둘을 택하고
출 29:19 너는 다른 숫양을 택하고 아론과 그
출 35:5 　여호와께 드릴 것을 택하되 마음에
민 31:5 　백만 명 중에서 만 이천 명을 택하여
민 34:18 위하여 각 지파에 한 지휘관씩 택하라
신 1:13 　지식이 있는 인정 받는 자들을 택하라
신 4:20 　여호와께서 너희를 택하시고 너희를
신 4:37 　후손인 너를 택하시고 큰 권능으로 친히
신 7:6 　　너를 자기 기업의 백성으로 택하셨나니
신 7:7 　　너희를 기뻐하시고 너희를 택하심은
신 10:15 후손인 너희를 만민 중에서 택하셨음이
신 14:2 　지상 만민 중에서 너를 택하여 자기
신 18:5 　모든 지파 중에서 그를 택하여 내시고
신 23:16 성읍 중에서 원하는 곳을 택하는 대로

역사서
수 3:12 　각 지파에 한 사람씩 열두 명을 택하라
수 4:2 　　지파에 한 사람씩 열두 사람을 택하고
수 8:12 　오천 명을 택하여 성읍 서쪽 벧엘과
수 24:15 섬길 자를 오늘 택하라 오직 나와 내
삿 5:8 　　무리가 새 신들을 택하였으므로 그 때에
삿 20:16 모든 백성 중에서 택한 칠백 명은 다
삿 20:34 이스라엘 사람 중에서 택한 사람 만
삼상 2:28 내가 그를 택하여 내 제사장으로 삼아
삼상 13:2 사람 삼천 명을 택하여 그 중에서
삼상 17:8 한 사람을 택하여 내게로 내려보내라
삼상 20:30 네가 이새의 아들을 택한 것이 네 수치
삼하 6:21 온 집을 버리고 나를 택하사 나를
삼하 17:1 내가 사람 만 이천 명을 택하게 하소서
삼하 24:12 너는 그 중에서 하나를 택하라 내가
왕상 8:16 지파 가운데에서 아무 성읍도 택하지

【 택하다 】

왕상 11:34 아니하고 다만 다윗을 **택하여** 내 백성
왕상 18:23 내가 **택한** 내 종 다윗이 내 명령과 내
왕상 18:25 그들은 송아지 한 마리를 **택하여** 각을
왕하 21:7 송아지 한 마리를 **택하여** 잡고 너희
왕하 23:27 이스라엘의 모든 지파 중에서 **택한** 이
대상 15:2 내가 **택한** 이 성 예루살렘과 내 이름을
대상 16:41 여호와께서 그들을 **택하사** 여호와의
대상 21:10 헤만과 여두둔과 그리고 택함을 받아
대상 21:11 그 중에서 하나를 네가 **택하라** 내가
여호와의 말씀이 너는 마음대로 **택하라**

대상 28:4 집에서 **택하여** 영원히 … 유다 지파를
택하사 … 집을 **택하시고** 내 부친의
대상 28:6 내가 그를 **택하여** 내 아들로 삼고 나는
대상 28:10 여호와께서 너를 **택하여** 성전의 건물을
대상 29:1 솔로몬이 유일하게 하나님께서 **택하신**
대하 6:5 성읍도 **택하지** 아니하였으며 내 백성
… 사람을 아무도 **택하지** 아니하였더니
대하 6:6 예루살렘을 **택하여** 내 이름을 거기 두
고 또 다윗을 **택하여** 내 백성 이스라엘
대하 7:12 네 기도를 듣고 이 곳을 **택하여** 내게

'택하다'와 관련된 성구

기업을 택하다 – 신 33:21
니골라를 택하다 – 행 6:5
다윗을 택하다 – 시 78:70
돌 열둘을 택하다 – 수 4:3, 8
레위인을 택하다 – 민 3:12; 18:6
생명을 택하다 – 신 30:19
선을 택하다 – 사 7:15, 16
솔로몬을 택하다 – 대상 28:5
아브람을 택하다 – 느 9:7
어린 양을 택하다 – 출 12:21
어질고 정직한 자를 택하다 – 왕하 10:3
여호와께서 택하다 – 신 21:5
여호와께서 택하신 곳 – 신 12:26; 14:25; 15:20; 16:7, 15, 16; 17:10; 18:6; 수 9:27
여호와께서 택하신 자 – 민 16:7; 신 17:15; 삼상 10:24
여호와께서 택하지 아니하다 – 삼상 16:8, 9, 10
여호와를 택하다 – 수 24:22
열둘을 택하다 – 신 1:23; 눅 6:13; 요 6:70
예루살렘을 택하다 – 슥 1:17; 2:12; 3:2
이름을 두려고 택한/택하신 곳 – 신 12:21; 14:23, 24; 16:2, 6, 11; 26:2; 느 1:9
이스라엘을 택하다 – 겔 20:5
장로들을 택하다 – 행 14:23
제사장으로 택하다 – 왕하 17:32
주께서 택하신 성 – 대하 6:34, 38
택하신 곳 – 신 12:5; 31:11
택하신 기업 – 신 32:9
택하신 모세 – 시 106:23
택하신 백성 – 왕상 3:8
택하신 사도 – 행 1:2

택하신 사울 – 삼하 21:6
택하신 성읍 – 왕상 8:44, 48; 14:21
택하신 아론 – 시 105:26
택하신 야곱 – 대상 16:12–13; 시 105:5–6; 사 41:8
택하신 자 – 민 16:5; 시 106:5; 마 24:22, 24, 31; 막 13:20, 22, 27; 눅 18:7
택하신 족속 – 벧전 2:9
택하신 증인 – 행 10:41
택하실 곳 – 신 12:11, 14, 18; 17:8
택하심을 받은 부녀 – 요이 1:1
택한 군대 – 단 11:15
택한 나의 그릇 – 행 9:15
택한 병사 – 대하 13:17
택한 사람 삼천 명 – 삼상 24:2; 26:2
택한 성읍 예루살렘 – 왕상 11:32, 36
택한 신 – 삿 10:14
택한 여수룬 – 사 44:2
택한 예루살렘 – 왕상 11:13
택한 왕 – 삼상 8:18; 12:13
택한 용사 – 왕상 12:21; 대하 11:1
택한 이스라엘 – 사 44:1
택한 자 – 민 17:5; 삿 20:15; 삼하 16:18; 시 89:3; 105:43; 사 41:24; 43:20; 45:4; 65:15, 22; 렘 49:19; 50:44; 요 13:18; 히 5:1
택한 종 – 마 12:18
택함을 받은 자 – 민 16:2; 시 89:19; 눅 9:35; 딤후 2:10; 벧전 1:2
택함을 입은 자 – 마 22:14; 롬 11:7
하나님이 택하신 자 – 눅 23:35; 롬 8:33; 딛 1:1

【 택하다 】   【 터 1 】

대하 7:16   내가 이미 이 성전을 **택하고** 거룩하게
대하 12:13 이스라엘의 모든 지파 중에서 **택하여**
대하 13:3   용감한 군사 사십만 명을 **택하여** 싸움
           을 … 큰 용사 팔십만 명을 **택하여**
대하 20:21 노래하는 자들을 **택하여** 거룩한 예복을
대하 29:11 여호와께서 이미 너희를 **택하사** 그 앞에
대하 33:7   내가 이스라엘 모든 지파 중에서 **택한**

시가서, 선지서

욥 7:15   숨이 막히는 것과 죽는 것을 **택하리이다**
욥 9:14   그 앞에서 무슨 말을 **택하랴**
욥 29:25   내가 그들의 길을 **택하여** 주고 으뜸되는
욥 34:33   스스로 **택할** 것이요 내가 할 것이
욥 36:21   그대가 환난보다 이것을 **택하였느니라**
시 4:3   위하여 경건한 자를 **택하신** 줄 너희가
시 25:12   여호와를 경외하는 자 누구냐 그가 **택할**
시 47:4   우리를 위하여 기업을 **택하시나니** 곧
시 65:4   주께서 **택하시고** 가까이 오게 하사 주의
시 71:6   배에서부터 주께서 나를 **택하셨사오니**
시 78:67   버리시며 에브라임 지파를 **택하지**
시 78:68   그가 사랑하시는 시온 산을 **택하시며**
시 119:30 내가 성실한 길을 **택하고** 주의 규례들을
시 119:173 내가 주의 법도들을 **택하였사오니** 주의
시 132:13 여호와께서 시온을 **택하시고** 자기
시 135:4   자기의 특별한 소유로 **택하셨음이로다**
잠 22:1   명예를 **택할** 것이요 … **택할** 것이니라
사 1:29   당할 것이요 너희가 **택한** 동산으로
사 14:1   이스라엘을 다시 **택하여** 그들의 땅에
사 40:20   썩지 아니하는 나무를 **택하고** 지혜로운
사 41:9   **택하고** 싫어하여 버리지 아니하였다
사 42:1   내가 **택한** 사람을 보라 내가 나의 영을
사 43:10   종으로 **택함**을 입었나니 이는 너희가
사 48:10   너를 고난의 풀무 불에서 **택하였노라**
사 49:7   여호와 그가 너를 **택하였음이니라**
사 65:12   아니하는 일을 **택하였음이니라**
사 66:3   자기의 길을 **택하며** 그들의 마음은
사 66:4   또한 유혹을 그들에게 **택하여** 주며 그
           들이 … 아니하는 것을 **택하였음이라**
사 66:21   가운데에서 **택하여** 제사장과 위인을
렘 3:14   하나 족속 중에서 둘을 **택하여**
렘 33:24   자기가 **택하신** 그들 중에 두 가를
렘 33:26   자손을 다스릴 자를 **택하지** 아니하리라
겔 17:13   그 왕족 중에서 하나를 **택하여** 약을
겔 33:2   가운데의 하나를 **택하여** 파수꾼

겔 39:14   사람을 **택하여** 그 땅에 늘 순행하며
학 2:23   너를 **택하였음이니라** 만군의 여호와의

신약

눅 10:42   이 좋은 편을 **택하였으니** 빼앗기지
눅 14:7   청함을 받은 사람들이 높은 자리 **택함**을
요 15:16   **택한** 것이 아니요 내가 너희를 **택하여**
요 15:19   내가 너희를 세상에서 **택하였기** 때문에
행 1:24   사람 중에 누가 주님께 **택하신** 바 되어
행 6:3   칭찬 받는 사람 일곱을 **택하라** 우리가
행 12:21   헤롯이 날을 **택하여** 왕복을 입고 단상에
행 13:17   우리 조상들을 **택하시고** 애굽 땅에서
행 15:7   전부터 너희 가운데서 나를 **택하시고**
행 15:22   그 중에서 사람들을 **택하여** 바울과
행 15:25-26 사람을 **택하여** 우리 주 예수 그리스도의
행 15:40   바울은 실라를 **택한** 후에 형제들에게
행 22:14   우리 조상들의 하나님이 너를 **택하여**
롬 9:11   악을 행하지 아니한 때에 **택하심**을 따라
롬 11:5   지금도 은혜로 **택하심**을 따라 남은 자가
롬 11:28   말미암아 원수 된 자요 **택하심**으로 하면
롬 16:13   주 안에서 **택하심**을 입은 루포와 그의
고전 1:27 미련한 것들을 **택하사** … **택하사** 강한
고전 1:28 멸시 받는 것들과 없는 것들을 **택하사**
고후 8:19 여러 교회의 **택함**을 받아 우리가 맡은
엡 1:4   그리스도 안에서 우리를 **택하사**
빌 1:22   일의 열매일진대 무엇을 **택해야** 할지
골 3:12   너희는 하나님이 **택하사** 거룩하고 사랑
살전 1:4   받은 형제들아 너희를 **택하심**을
살후 2:13 하나님이 처음부터 너희를 **택하사** 성령
딤전 5:21 하나님과 그리스도 예수와 **택하심**을
약 2:5   가난한 자를 **택하사** 믿음에 부요하게
벧전 2:4   하나님께는 **택하심**을 입은 보배로운
벧전 2:6   보라 내가 **택한** 보배로운 모퉁잇돌을
벧후 1:10 힘써 너희 부르심과 **택하심**을 굳게 하라
계 17:14   부르심을 받고 **택하심**을 받은 진실한

터 1(about to, will, may)

창 19:14   여호와께서 이 성을 멸하실 **터이니** 너희
출 7:4   바로가 너희의 말을 듣지 아니할 **터인즉**
삼하 8:10 도이와 더불어 전쟁이 있던 **터**에 다윗이
삼하 18:3 쓰지 아니할 **터**이요 … 아니할 **터**이라
대상 18:10 도우와 맞서 여러 번 전쟁이 있던 **터**에
느 6:10   그들이 너를 죽이러 올 **터**이니 우리가
욥 5:20   칼의 위협에서 너를 구원하실 **터인즉**

【 터 2 】　　　　　　　　　　　　　　　　　　　　　　　　　　　【 터지다 】

잠 25:10	듣는 자가 너를 꾸짖을 **터**이요 또 네게
겔 21:4	의인과 악인을 네게서 끊을 **터**이므로
마 3:14	당신에게서 세례를 받아야 할 **터**인데
마 12:18	내가 내 영을 그에게 줄 **터**이니 그가
눅 14:32	못할 **터**이면 그가 아직 멀리 있을 때에
요 6:35	오는 자는 결코 주리지 아니할 **터**이요
요 7:34	너희가 나를 찾아도 만나지 못할 **터**이요
요 7:35	가서 헬라인을 가르칠 **터**인가
요 7:36	찾아도 만나지 못할 **터**이요 나 있는
요 10:16	내게 있어 내가 인도하여야 할 **터**이니
고전 3:13	사람의 공적이 나타날 **터**인데 그 날이
고전 15:16	다시 살아나신 일이 없었을 **터**이요
고전 15:32	살아나지 못한다면 내일 죽을 **터**이니
고전 16:5	마게도냐를 지날 **터**이니 마게도냐를
고후 8:12	마음만 있으면 있는 대로 받으실 **터**이요
엡 3:2	은혜의 경륜을 너희가 들었을 **터**이라
딤전 4:3	어떤 음식물은 먹지 말라고 할 **터**이나
히 5:12	너희가 마땅히 선생이 되었을 **터**인데
계 2:17	만나를 주고 또 흰 돌을 줄 **터**인데 그
계 2:22	볼지어다 내가 그를 침상에 던질 **터**이요
계 11:7	그들을 이기고 그들을 죽일 **터**인즉
계 17:14	왕이시므로 그들을 이기실 **터**이요
계 22:4	얼굴을 볼 **터**이요 그의 이름도 그들의

터 2(foundation, site)

신 32:22	삼키며 산들의 **터**도 불타게 하는도다
왕상 16:34	그 **터**를 쌓을 때에 맏아들 아비람을
왕하 22:19	주민에게 대하여 빈 **터**가 되고 저주가
대상 21:25	다윗은 그 **터** 값으로 금 육백 세겔을
스 2:68	예루살렘에 있는 여호와의 성전 **터**에
스 3:3	**터**에 세우고 그 위에서 아침 저녁으로
욥 4:19	집에 살며 티끌로 **터**를 삼고 하루살이
욥 22:16	**터**는 강물로 말미암아 함몰되었느니라
시 18:7	진동하고 산들의 **터**도 요동하였으니
시 18:15	밑이 드러나고 세상의 **터**가 나타났도다
시 24:2	여호와께서 그 **터**를 바다 위에 세우심
잠 3:19	여호와께서는 지혜로 땅에 **터**를 놓으셨
사 6:4	문지방의 **터**가 요동하며 성전에 연기가
애 4:11	쏟으심이여 시온에 불을 지르사 그 **터**를
겔 30:4	무리가 잡혀 가며 그 **터**가 헐릴 것이요
겔 41:9	벽 두께는 다섯 척이요 그 외에 빈 **터**가
겔 41:11	빈 **터**로 향하였는데 … 빈 **터**의 너비는
슥 12:1	곧 하늘을 펴시며 땅의 **터**를 세우시며

롬 15:20	이는 남의 **터** 위에 건축하지 아니하려
고전 3:10	지혜로운 건축자와 같이 **터**를 닦아 두매
고전 3:11	다른 **터**를 닦아 둘 자가 없으니 이 **터**는
고전 3:12	나무나 풀이나 짚으로 이 **터** 위에
엡 2:20	너희는 사도들과 선지자들의 **터** 위에
엡 3:17	사랑 가운데서 뿌리가 박히고 **터**가 굳어
골 1:23	너희가 믿음에 거하고 **터** 위에 굳게
딤전 3:15	하나님의 교회요 진리의 기둥과 **터**니라
딤전 6:19	장래에 자기를 위하여 좋은 **터**를 쌓아
딤후 2:19	하나님의 견고한 **터**는 섰으니 인침이
히 6:2	영원한 심판에 관한 교훈의 **터**를 다시
히 11:10	하나님이 계획하시고 지으실 **터**가 있는
벧전 5:10	하시며 강하게 하시며 **터**를 견고하게

터득하다(find out)

욥 8:8	사람에게 물으며 조상들이 **터득**한 일을

터뜨리다(break out, open up, burst)

창 38:29	네가 어찌하여 **터뜨리고** 나오느냐
삿 15:19	우묵한 곳을 **터뜨리시니** 거기서 물이
욥 15:13	네 영이 하나님께 분노를 **터뜨리며** 네
욥 18:4	울분을 **터뜨리며** 자기 자신을 찢는 사람
막 2:22	새 포도주가 부대를 **터뜨려** 포도주와
눅 5:37	새 포도주가 부대를 **터뜨려** 포도주가

터럭(hair)

겔 5:2	**터럭** 삼분의 일은 성읍 안에서 불사르고
겔 5:3	너는 **터럭** 중에서 조금을 네 옷자락에
마 5:36	한 **터럭**도 희고 검게 할 수 없음이라

터전(foundation)

시 87:1	그의 **터전**이 성산에 있음이여

터지다(burst, tear, break)

창 7:11	깊음의 샘들이 **터지며** 하늘의 창문들이
레 22:24	상하였거나 치었거나 **터졌거나** 베임을
욥 7:5	내 피부는 굳어졌다가 **터지는구나**
욥 32:19	봉한 포도주통 같고 **터지게** 된 새 가죽
사 1:6	상한 것과 **터진** 것과 새로 맞은 흔적뿐
사 30:13	마치 무너지려고 **터진** 담이 불쑥 나와
렘 2:13	물을 가두지 못할 **터진** 웅덩이들이니라
렘 18:4	토기장이의 손에서 **터지매** 그가 그것으
암 6:11	큰 집은 갈라지고 작은 집은 **터지리라**

{ 턱 1 } { 테두리 }

마 27:51　둘이 되고 땅이 진동하며 바위가 **터지고**

턱 1(rim)
출 25:25　넓이만한 턱을 만들고 그 턱 주위에
출 37:12　넓이만한 턱을 만들고 그 턱 주위에
출 37:14　고리가 턱 곁에 있어서 상을 메는 채를
왕상 6:6　성전의 벽 바깥으로 돌아가며 턱을 내어
겔 43:13　가로 둘린 턱의 너비는 한 뼘이니 이는
겔 43:17　밑받침에 둘린 턱의 너비는 반 척이며

턱 2(doors of one's mouth)
욥 41:14　누가 그것의 턱을 벌릴 수 있겠느냐

턱뼈(jawbone, fang)
삿 15:15　삼손이 나귀의 새 **턱뼈**를 보고 손을
삿 15:16　나귀의 **턱뼈**로 … 나귀의 **턱뼈**로 내가
삿 15:17　그가 말을 마치고 **턱뼈**를 자기 손에서
욥 29:17　불의한 자의 **턱뼈**를 부수고 노획한 물건

털(hairy, hair, wool)
창 27:11　내 형 에서는 **털**이 많은 사람이요 나는
창 27:23　형 에서의 손과 같이 **털**이 있으므로
레 13:3　환부의 **털**이 희어졌고 환부가 피부보다
레 13:4　**털**이 희지 아니하면 제사장은 그 환자를
레 13:10　피부에 흰 점이 돋고 **털**이 희어지고 거기
레 13:20　진찰하여 피부보다 얕고 그 **털**이 희면
레 13:25　제사장은 진찰할지니 그 색점의 **털**이
레 13:30　자리에 누르스름하고 가는 **털**이 있으면
레 13:32　자리에 누르스름한 **털**이 없고 피부보다
레 13:36　피부에 퍼졌으면 누른 **털**을 찾을 것
레 13:48　베나 **털**의 날에나 씨에나 혹 가죽에나
레 13:52　색점 있는 의복이나 **털**이나 베의 날이나
레 14:8　그의 옷을 빨고 모든 **털**을 밀고 물로
신 14:1　말며 눈썹 사이 이마 위의 **털**을 밀지
신 15:19　부리지 말고 네 양의 첫 새끼의 **털**은
왕하 1:8　**털**이 많은 사람인데 허리에 가죽 띠를
왕하 3:4　**털**과 숫양 십만 마리의 털을 이스라엘
욥 4:15　내 앞으로 지나매 내 몸에 **털**이 주뼛
아 4:2　이는 목욕장에서 나오는 **털** 깎인 암양
사 53:7　**털** 깎는 자 앞에서 잠잠한 양같이 그가
겔 17:3　날개가 크고 깃이 길고 **털**이 숱한 큰
겔 17:7　날개가 크고 **털**이 많은 큰 독수리 하나
겔 34:3　기름을 먹으며 그 **털**을 입되 양 떼는

행 8:32　**털** 깎는 자 앞에 있는 어린 양이 조용함

성경에 나오는 '**털**'

검은 털 – 레 13:31, 37; 계 6:12
독수리 털 – 단 4:33
머리털 – 레 14:9; 민 6:19; 삼하 14:26;
　　　　　사 7:20; 22:12
양 털 – 신 22:11; 25:2, 4, 7, 11; 삼하
　　　　13:23, 24; 잠 27:26; 단 7:9; 계 1:14
염소 털 – 출 25:4; 35:6, 23, 26; 36:14;
　　　　　삼상 19:13, 16
흰 털 – 레 13:21, 26

털다(shake off)
사 52:2　티끌을 **털어** 버릴지어다 예루살렘이여
행 18:6　바울이 옷을 **털면서** 이르되 너희 피가

털옷(hairy garment, woolen)
창 25:25　붉고 전신이 **털옷** 같아서 이름을 에서라
레 13:47　의복에 나병 색점이 발생하여 **털옷**에나
레 13:59　**털옷**에나 베옷에나 그 날에나 씨에나
슥 13:4　속이려고 **털옷**도 입지 아니할 것이며

텃밭(garden)
렘 29:5　너희는 집을 짓고 거기에 살며 **텃밭을**

테(rim, molding)
출 25:25　턱을 만들고 그 턱 주위에 금으로 **테**를
출 28:13　너는 금으로 **테**를 만들고
출 28:14　사슬을 땋고 그 땋은 사슬을 그 **테**에
출 37:12　턱을 만들고 그 턱 주위에 금으로 **테**를
출 37:27　**테** 아래 양쪽에 금 고리 둘을 만들었으
왕상 7:33　**테**와 살과 통이 다 부어 만든 것이며

'**금테**'와 관련된 성구

출 25:11, 24; 28:11, 20, 25; 30:3, 4;
37:2, 11, 26; 39:6, 13, 16, 18

테두리(band, rope)
왕상 7:35　받침 수레 위에 둥근 **테두리**가 있는데
왕상 20:31　베로 허리를 동이고 **테두리**를 머리에
왕상 20:32　**테두리**를 머리에 쓰고 이스라엘의

【 토공 】

토공(土工, artisan)
렘 29:2　고관들과 기능공과 **토공**들이 예루살렘

토굴(holes in the ground)
사 2:19　암혈과 **토굴**로 들어가서 여호와께서
히 11:38　산과 동굴과 **토굴**에 유리하였느니라

토기(土器, clay pot, clay jar, earthenware)
레 6:28　그 고기를 **토기**에 삶았으면 그 그릇을
민 5:17　**토기**에 거룩한 물을 담고 성막 바닥의
잠 26:23　악한 마음은 낮은 은을 입힌 **토기**니라
렘 32:14　**토기**에 담아 오랫동안 보존하게 하라

토기장이(potter)
사 29:16　**토기장이**를 어찌 진흙같이 여기겠느냐
사 30:14　무너뜨리시되 **토기장이**가 그릇을 깨뜨
사 41:25　고관들을 석회같이, **토기장이**가 진흙을
사 45:9　**토기장이**에게 너는 무엇을 만드느냐
사 64:8　우리는 진흙이요 주는 **토기장이**시니
렘 18:2　일어나 **토기장이**의 집으로 내려가라
렘 18:3　내가 **토기장이**의 집으로 내려가서 본즉
렘 18:4　진흙으로 만든 그릇이 **토기장이**의
렘 18:6　이 **토기장이**가 하는 것같이 … 이스라
　　　　엘 족속아 진흙이 **토기장이**의 손에
렘 19:1　가서 **토기장이**의 옹기를 사고 백성의
렘 19:11　**토기장이**의 그릇을 한번 깨뜨리면
애 4:2　그리 **토기장이**가 만든 질항아리같이
단 2:41　그 발과 발가락이 얼마는 **토기장이**의
슥 11:13　그 삯을 **토기장이**에게 던지라 하시기
　　　　로 … 여호와의 전에서 **토기장이**에게
마 27:7　의논한 후 이것으로 **토기장이**의 밭을
마 27:10　**토기장이**의 밭 값으로 주었으니 이는
롬 9:21　**토기장이**가 진흙 한 덩이로 하나는 귀히

토끼(rabbit)
레 11:6　**토끼**도 새김질은 하되 굽이 갈라지지
신 14:7　낙타와 **토끼**와 사반, 그것들은 새김질은

토단(土壇, altar of earth)
출 20:24　내게 **토단**을 쌓고 그 위에 네 양과

토둔(土屯, embankment)
눅 19:43　원수들이 **토둔**을 쌓고 너를 둘러 사면으

【 토지 】

토로하다(吐露, pour out)
욥 10:1　불평을 **토로하고** 내 마음이 괴로운 대로
시 142:2　내 원통함을 그의 앞에 **토로하며** 내

토론하다(討論, argue)
막 9:33　서로 **토론한** 것이 무엇이냐 하시되

토막(block, piece)
사 44:19　어찌 그 나무 **토막** 앞에 굴복하리요
눅 24:42　이에 구운 생선 한 **토막**을 드리니

토산(土産, land)
왕하 2:19　나쁘므로 **토산**이 익지 못하고 떨어지
대하 7:13　메뚜기들에게 **토산**을 먹게 하거나 혹

토산물(土産物, crop)
시 78:46　그들의 **토산물**을 황충에게 주셨고

토색/-하다(討索, extortion, oppress)
사 10:2　**토색하고** 고아의 것을 약탈하는 자는
사 16:4　대저 **토색하는** 자가 망하였고 멸절하는
사 33:15　**토색한** 재물을 가증히 여기는 자, 손을
눅 18:11　나는 다른 사람들 곧 **토색**, 불의, 간음을

토성(土城, fortification, siege)
삼하 20:15　언덕 위에 **토성**을 쌓고 요압과 함께 한
왕하 19:32　세우지 못하며 치려고 **토성**을 쌓지도
왕하 25:1　대하여 진을 치고 주위에 **토성**을 쌓으매
욥 13:12　너희가 방어하는 것은 **토성**이니라
렘 52:4　대하여 진을 치고 주위에 **토성**을 쌓으매
겔 17:17　대적이 **토성**을 쌓고 사다리를 세우고
겔 21:22　향하여 공성퇴를 설치하고 **토성**을 쌓고
겔 26:8　세우며 **토성**을 쌓으며 방패를 갖출
단 11:15　북방 왕은 와서 **토성**을 쌓고 견고한

토지(土地, land, field, soil)
창 41:47　일곱 해 풍년에 **토지** 소출이 심히 많은
창 47:18　아니하고 우리의 몸과 **토지**뿐이라
창 47:19　우리의 **토지**와 … 우리 **토지**를 … **토지**와 함께 … **토지**도 황폐하게 되지
창 47:20　모든 **토지**를 다 사서 … 각기 **토지**를
창 47:22　제사장들의 **토지**는 사지 아니하였으니 … 그들이 **토지**를 팔지 않음이었더라

【 토지법 】　　　　　　　　　　　　　　　　　　　　　　　　　　【 통 2 】

창 47:23　몸과 너희 **토지**를 샀노라 여기 종자가
창 47:24　오분의 사는 너희가 가져서 **토지**의
창 49:15　**토지**를 보고 아름답게 여기고 어깨를
출 23:19　**토지**에서 처음 거둔 열매의 가장 좋은
출 34:26　**토지** 소산의 처음 익은 것을 가져다가
레 23:39　너희가 **토지** 소산 거두기를 마치거든
레 25:23　**토지**를 영구히 팔지 말 것은 **토지**는
레 25:24　땅에서 그 **토지** 무르기를 허락할지니
민 13:20　**토지**가 비옥한지 메마른지 나무가
신 7:13　**토지** 소산과 곡식과 포도주와 기름을
신 14:22　너는 마땅히 매 년 **토지** 소산의 십일조
신 26:2　**토지**의 모든 소산의 맏물을 거둔 후에
신 26:10　주께서 내게 주신 **토지** 소산의 맏물을
신 28:4　몸의 자녀와 네 **토지**의 소산과 네 짐승
신 28:11　가축의 새끼와 **토지**의 소산을 많게
신 28:18　몸의 소생과 네 **토지**의 소산과 네 소와
신 28:33　네 **토지** 소산과 네 수고로 얻은 것을
신 28:42　네 모든 나무와 **토지** 소산은 메뚜기가
신 28:51　가축의 새끼와 네 **토지**의 소산을 먹어
신 30:9-10 네 **토지** 소산을 많게 하시고 네게 복을
삿 6:4　가사에 이르도록 **토지** 소산을 멸하여
왕상 11:18 먹을 양식을 주며 또 **토지**를 주었더라
왕하 9:21 이스르엘 사람 나봇의 **토지**에서 만나매
왕하 9:26 **토지**에서 네게 갚으리라 하셨으니
왕하 9:36 이스르엘 **토지**에서 개들이 이세벨의
왕하 9:37 시체가 이스르엘 **토지**에서 거름같이
대상 7:28 에브라임 자손의 **토지**와 겨주지는 벧엘
대하 36:21 이에 **토지**가 황폐하여 땅이 안식년을
느 10:35 해마다 우리 **토지** 소산의 맏물과 각종
욥 22:8　권세 있는 자는 **토지**를 얻고 존귀한
욥 38:27 황무하고 황폐한 **토지**를 흡족하게 하여
시 49:11 대대에 이르리라 하여 그들의 **토지**를
잠 12:11 자기의 **토지**를 경작하는 자는 먹을 것이
잠 28:19 자기의 **토지**를 경작하는 자는 먹을 것이
사 1:7　너희의 **토지**는 너희 목전에서 이방인에
사 6:11 사람이 없고 이 **토지**는 황폐하게
애 4:9　**토지** 소산이 끊어지므로 그들은 찔림
욜 1:10 밭이 황무하고 **토지**가 마르니 곡식이
말 3:11 메뚜기를 금하여 너희 **토지** 소산을 먹어
행 28:7 근처에 **토지**가 있는지라 그가 우리를

토지법(土地法, law concerning land)
창 47:26 애굽 **토지법**을 세우매 그 오분의 일이

토판(土版, clay tablet)
겔 4:1　너 인자야 **토판**을 가져다가 그것을 네

토하다(vomit, spit, spew)
레 18:25 스스로 그 주민을 **토하여** 내느니라
레 18:28 주민을 **토함**같이 너희를 **토할까** 하노라
레 20:22 하는 땅이 너희를 **토하지** 아니하리라
욥 20:15 그가 재물을 삼켰을지라도 **토할** 것은
시 27:12 위증자와 악을 **토하는** 자가 일어나 나를
시 59:7 그들의 입으로는 악을 **토하며** 그들의
시 62:8 앞에 마음을 **토하라** 하나님은 우리의
잠 23:8 조금 먹은 것도 **토하겠고** 네 아름다운
잠 25:16 족하리만큼 먹으라 과식함으로 **토할까**
잠 26:11 개가 그 **토한** 것을 도로 먹는 것같이
아 2:13 꽃을 피워 향기를 **토하는**구나
사 19:14 취한 자가 **토하면서** 비틀거림 같게
사 28:8 상에는 **토한** 것, 더러운 것이 가득하고
렘 25:27 앞에서 마시며 취하여 **토하고** 엎드러져
렘 48:26 그 **토한** 것에서 뒹굴므로 조롱 거리가
욘 2:10 말씀하시매 요나를 육지에 **토하니라**
벧후 2:18 허탄한 자랑의 말을 **토하며** 그릇되게
벧후 2:22 개가 그 **토하였던** 것에 돌아가고 돼지가
유 1:16 불만을 **토하는** 자며 그 정욕대로 행하는
계 3:16 아니하니 내 입에서 너를 **토하여** 버리리
계 12:15 입으로 물을 강같이 **토하여** 여자를
계 12:16 그 입을 벌려 용의 입에서 **토한** 강물을

톱(saw)
왕상 7:9 크기대로 **톱**으로 켠 것이라 그 초석에서
대상 20:3 **톱**과 쇠도끼와 돌써래로 일하게 하니라
사 10:15 **톱**이 어찌 켜는 자에게 스스로 큰
히 11:37 돌로 치는 것과 **톱**으로 켜는 것과 시험

톱질(saw)
삼하 12:31 백성들을 끌어내어 **톱질**과 써레질과

통 1(筒, hub)
왕상 7:33 그 축과 테와 살과 **통**이 다 부어 만든

통 2(桶, pot, jar)
출 27:3 담는 **통**과 부삽과 대야와 고기 갈고리와
출 38:3 제단의 모든 기구 곧 **통**과 부삽과 대야
왕상 17:12 떡이 없고 다만 **통**에 가루 한 움큼과

【 통 3 】　　　　　　　　　　　　　　　　　　　　　　　　　　　　　　　　　　　【 통로 】

왕상 17:14　그 **통**의 가루가 떨어지지 아니하고 그
왕상 17:16　엘리야를 통하여 하신 말씀같이 **통**의
왕상 18:33　나무 위에 놓고 이르되 **통** 넷에 물을
사 40:15　　그에게는 열방이 **통**의 한 방울 물과
요 2:6　　　예식을 따라 두세 **통** 드는 돌항아리

통 3(whole, one piece)
잠 1:12　　내려가는 자들같이 **통**으로 삼키자
요 19:23　호지 아니하고 위에서부터 **통**으로

통간하다(通姦, sleep)
삼하 3:7　내 아버지의 첩과 **통간하였느냐**
잠 6:29　　남의 아내와 **통간하는** 자도 이와 같을

통곡/-하다(痛哭, weep, wail, mourn)
민 14:1　　백성이 밤새도록 **통곡하였더라**
신 1:45　　여호와 앞에서 **통곡하나** 여호와께서
삼상 1:10　괴로워서 여호와께 기도하고 **통곡하며**
삼하 13:36 이르러 소리를 높여 **통곡하니** 왕과 그
　　　　　　의 모든 신하들도 심히 **통곡하니라**
왕하 20:3　하고 히스기야가 심히 **통곡하더라**
왕하 22:19 겸비하여 옷을 찢고 **통곡하였으므로**
대하 34:27 겸손하여 옷을 찢고 **통곡하였으므로**
스 3:13　　즐거이 부르는 소리와 **통곡하는** 소리를
스 10:1　　많은 백성이 크게 **통곡하매** 이스라엘
욥 30:31　수금은 **통곡**이 되었고 내 피리는 애곡이
사 15:2　　느보와 메드바를 위하여 **통곡하는도다**
사 16:7　　모압을 위하여 **통곡하되** 다 **통곡하며**
사 22:4　　보지 말지어다 나는 슬피 **통곡하겠노라**
사 22:12　**통곡하며** 애곡하며 머리 털을 뜯으며
사 30:19　너는 다시 **통곡하지** 아니할 것이라
사 38:3　　하고 히스기야가 심히 **통곡하니**
사 65:14　슬프므로 울며 심령이 상하므로 **통곡할**
렘 6:26　　잃음같이 슬퍼하며 **통곡할지어다**
렘 7:29　　산 위에서 **통곡할지어다** 여호와께서
렘 9:19　　시온에서 **통곡하는** 소리가 들리기를
렘 13:17　말미암아 눈물을 흘려 **통곡하리라**
렘 16:5　　들어가지 말라 가서 **통곡하지** 말며
렘 22:18　자매여 하며 **통곡하지** 아니할 것이며
　　　　　　… 형제여 하며 **통곡하지도** 아니할
렘 31:15　라마에서 슬퍼하며 **통곡하는** 소리가
애 2:8　　　성벽과 성곽으로 **통곡하게** 하셨으매
겔 27:30　소리 질러 **통곡하고** 티끌을 머리에

겔 27:31　마음이 아프게 슬피 **통곡하리로다**
겔 27:32　그들이 **통곡할** 때에 너를 위하여 슬픈
겔 30:2　　너희는 **통곡하며** 이르기를 슬프다
슥 12:10　**통곡하기를** 장자를 위하여 **통곡하듯**
마 2:18　　라마에서 슬퍼하며 크게 **통곡하는** 소리
마 24:30　땅의 모든 족속들이 **통곡하며** 그들이
마 26:75　생각나서 밖에 나가서 심히 **통곡하니라**
막 5:38　　사람들이 울며 심히 **통곡함**을 보시고
눅 8:52　　사람이 아이를 위하여 울며 **통곡하매**
눅 22:62　밖에 나가서 심히 **통곡하니라**
히 5:7　　　**통곡**과 눈물로 간구와 소원을 올렸고
약 5:1　　　임할 고생으로 말미암아 울고 **통곡하라**

통과하다(通過, pass, go through)
출 15:16　주의 백성이 **통과하기까지** 곧 주께서
　　　　　　사신 백성이 **통과하기까지**였나이다
레 18:21　몰렉에게 주어 불로 **통과하게** 함으로
레 27:32　목자의 지팡이 아래로 **통과하는** 것의
신 2:27　　나를 네 땅으로 **통과하게** 하라 내가
신 2:30　　헤스본 왕 시혼이 우리가 **통과하기를**
신 29:16　너희가 여러 나라를 **통과한** 것을 너희가
느 2:7　　　유다에 들어가기까지 **통과하게** 하시고
느 9:11　　가운데를 육지같이 **통과하게** 하시고
시 66:12　우리가 불과 물을 **통과하였더니** 주께서
시 136:14 이스라엘을 그 가운데로 **통과하게** 하신
시 136:16 백성을 인도하여 광야를 **통과하게** 하신
사 48:21　그들을 사막으로 **통과하게** 하시던 때에
렘 2:6　　　아니하는 땅을 우리가 **통과하게** 하시던
막 7:31　　데가볼리 지방을 **통과하여** 갈릴리 호수
요 4:4　　　사마리아를 **통과하여야** 하겠는지라

통달/-하다(通達, understanding, search)
전 7:24　　멀고 또 깊고 깊도다 누가 능히 **통달하랴**
사 40:14　가르쳤으며 **통달**의 도를 보여 주었느냐
단 1:4　　　지혜를 통찰하며 지식에 **통달하며** 학문
고전 2:10 깊은 것까지도 **통달하시느니라**

통로(通路, threshold)
겔 40:6　　**통로**를 측량하니 … 그 문 안쪽 **통로**의
겔 40:7　　안쪽 문 **통로**의 길이가 한 장대요 그
겔 40:11　문 **통로**를 측량하니 너비가 열 척이요
겔 40:15　문 **통로**에서부터 안 문 현관 앞까지
겔 41:2　　문 **통로**의 너비는 열 척이요 문 **통로**

【 통보하다 】　　　　　　　　　　　　　　　　【 통치자 】

겔 41:3　문 **통로**의 … 문 **통로**가 … 문 **통로**의
겔 41:16　문 **통로** 벽과 … 문 **통로** 안쪽에서부터
겔 41:17　문 **통로** 위와 내전과 외전의 사방 벽도
겔 41:20　땅에서부터 문 **통로** 위에까지 그룹들과
겔 46:2　군주는 문 **통로**에서 예배한 후에 밖으로

통보하다(通報, send word)
왕상 21:14　이세벨에게 **통보하기**를 나봇이 돌에

통분하다(痛忿, furious)
단 2:12　진노하고 **통분하여** 바벨론의 모든

통솔하다(統率, command)
왕상 16:9　신하 곧 병거 절반을 **통솔**한 지휘관
대상 12:32　그들은 그 모든 형제를 **통솔하는** 자이며

통역/–하다(通譯, interpretation, interpret, interpreter)
창 42:23　그들 사이에 **통역**을 세웠으므로 그들은
고전 12:10　사람에게는 방언들 **통역함**을 주시나니
고전 12:30　방언을 말하는 자이겠느냐 다 **통역하는**
고전 14:5　방언을 말하는 자가 **통역하여** 교회의
고전 14:13　말하는 자는 **통역하기**를 기도할지니
고전 14:26　계시도 있으며 방언도 있으며 **통역함**도
고전 14:27　따라 하고 한 사람이 **통역할** 것이요
고전 14:28　**통역하는** 자가 없으면 교회에서는

통용하다(通用, current, common)
창 23:16　상인이 **통용하는** 은 사백 세겔을 달아
왕하 12:4　**통용하는** 은이나 각 사람의 몸값으로
행 2:44　함께 있어 모든 물건을 서로 **통용하고**
행 4:32　서로 **통용하고** 자기 재물을 조금이라도

통용 문자(通用文字, ordinary pen)
사 8:1　**통용 문자**로 마헬살랄하스바스라 쓰라

통일하다/통일되다(統一, together, through)
엡 1:10　있는 것이 다 그리스도 안에서 **통일되게**
엡 4:6　만유 위에 계시고 만유에 **통일하시고**

통지하다(通知, send word, send a message)
마 14:35　근방에 두루 **통지하여** 모든 병든 자를
행 19:31　그에게 **통지하여** 연극장에 들어가지

통찰하다(通察, perceive, showing aptitude)
잠 24:12　저울질 하시는 이가 어찌 **통찰하지**
단 1:4　지혜를 **통찰하며** 지식에 통달하며 학문

통촉하다(洞燭, observe)
시 11:4　눈이 인생을 **통촉하시고** 그의 안목이

통치/–하다(統治, rule, reign, dominion)
신 15:6　여러 나라를 **통치할지라도** 너는 **통치**를
삿 4:2　하솔에서 **통치하는** 가나안 왕 야빈의
왕하 8:17　예루살렘에서 팔 년 동안 **통치하니라**
왕하 8:26　예루살렘에서 일 년을 **통치하니라** 그의
왕하 12:1　사십 년간 **통치하니라** 그의 어머니의
대상 16:31　여호와께서 **통치하신다** 할지로다
대하 36:20　노예가 되어 바사국이 **통치할** 때까지
시 145:13　나라이니 주의 **통치**는 대대에 이르리
시 146:10　네 하나님은 대대로 **통치하시리로다**
사 32:1　장차 한 왕이 공의로 **통치할** 것이요
사 52:7　하나님이 **통치하신다** 하는 자의 산을
렘 34:1　그의 모든 군대와 그의 **통치** 하에 있는
단 4:3　나라는 영원한 나라요 그의 **통치**는
단 6:1　백이십 명을 세워 전국을 **통치하게** 하고
단 9:2　그 **통치** 원년에 나 다니엘이 책을 통해
슥 9:10　그의 **통치**는 바다에서 바다까지 이르고
눅 3:1　디베료 황제가 **통치**한 지 열다섯 해
고전 15:24　그가 모든 **통치**와 모든 권세와 능력을
엡 1:21　모든 **통치**와 권세와 능력과 주권과 이
계 19:6　하나님 곧 전능하신 이가 **통치하시도다**

통치자(統治者, ruler, leader)
창 45:8　애굽 온 땅의 **통치자**로 삼으셨나이다
창 49:10　**통치자**의 지팡이가 그 발 사이에서
수 13:3　블레셋 사람의 다섯 **통치자들**의 땅 곧
삿 5:3　너희 왕들아 들으라 **통치자들**아 귀를
삼상 6:4　너희와 너희 **통치자**에게 내린 재앙이
왕상 1:35　그를 세워 이스라엘과 유다의 **통치자**로
시 58:1　**통치자들**아 너희가 정의를 말해야
시 105:20　석방함이여 뭇 백성의 **통치자**가 그를
잠 6:7　없고 감독자도 없고 **통치자**도 없으되
사 3:6　있으니 너는 우리의 **통치자**가 되어
사 3:7　나를 백성의 **통치자**로 삼지 말라 하리라
사 14:5　악인의 몽둥이와 **통치자**의 규를
사 16:1　이 땅 **통치자**에게 어린 양들을 드리되

【 통하다 】

렘 30:21	통치자도 그들 중에서 나오리라 내가
겔 45:9	이스라엘의 통치자들아 너희에게
단 5:7	그를 나라의 셋째 통치자로 삼으리라
단 5:16	너를 나라의 셋째 통치자로 삼으리라
단 5:29	내려 나라의 셋째 통치자로 삼으니라
미 3:1	이스라엘 족속의 통치자들아 들으라
미 3:9	이스라엘 족속의 통치자들 곧 정의를
행 7:10	그를 애굽과 자기 온 집의 통치자로
고전 2:6	세상에서 없어질 통치자들의 지혜도
고전 2:8	이 지혜는 이 세대의 통치자들이 한
엡 3:10	교회로 말미암아 하늘에 있는 통치자들
엡 6:12	통치자들과 권세들과 이 어둠의 세상
골 1:16	왕권들이나 주권들이나 통치자들이나
골 2:10	충만하여졌으니 그는 모든 통치자와
골 2:15	통치자들과 권세들을 무력화하여
딛 3:1	그들로 하여금 통치자들과 권세 잡은

통하다(toward, through, leading)

창 25:18	하윌라에서부터 앗수르로 통하는 애굽
수 12:3	염해의 벧여시못으로 통한 길까지와
삿 3:15	이스라엘 자손이 그를 통하여 모압 왕
삿 5:28	창문을 통하여 바라보며 창살을 통하여
삼상 1:15	여호와 앞에 내 심정을 통한 것뿐이오니
왕상 19:15	길을 돌이켜 광야를 통하여 다메섹에
왕상 20:14	누구를 통하여 그렇게 하시리이까
왕하 8:8	이 병에서 살아나겠는지 그를 통하여
왕하 11:19	호위병의 문 길을 통하여 왕궁에 이르매
대상 26:16	큰 길로 통한 살래갯 문 곁에 있어 서로
시 19:4	소리가 온 땅에 통하고 그의 말씀이
시 107:39	압박과 재난과 우환을 통하여 그들이
사 3:16	늘인 목, 정을 통하는 눈으로 다니며
사 19:23	애굽에서 앗수르로 통하는 대로가 있어
렘 9:21	우리 창문을 통하여 넘어 들어오며 우리
렘 39:4	두 담 샛문을 통하여 성읍을 벗어나서
겔 40:28	그 남문을 통하여 안뜰에 들어가서 그
겔 42:5	두 방 사이에 통한 길이 있어 너비는
겔 43:4	여호와의 영광이 동문을 통하여 성전
겔 44:4	북문을 통하여 성전 앞에 이르시기로
겔 46:2	군주는 바깥 문 현관을 통하여 들어와서
겔 46:8	군주가 올 때에는 이 문 현관을 통하여
겔 46:19	문 곁 통행구를 통하여 북쪽을 향한
겔 47:12	그 물이 성소를 통하여 나옴이라 그
암 4:3	너희가 성 무너진 데를 통하여 각기
요 10:1	문을 통하여 양의 우리에 들어가지

'통하다'와 관련된 성구

귀를 통하다 - 시 40:6
나를 통하다 - 삼상 28:17; 삼하 23:2; 왕상 22:28; 롬 15:18
다윗의 입을 통하다 - 행 1:16; 4:25
말라기를 통하다 - 말 1:1
모세를 통하다 - 레 8:36; 10:11; 26:46; 민 9:23; 15:23; 36:13; 수 20:2; 삿 3:4; 왕상 8:53, 56; 대상 22:13; 33:8; 대하 35:6; 느 8:14; 9:14; 10:29
사도들의 손을 통하다 - 행 5:12
사무엘을 통하다 - 대상 11:3
사자들을 통하다 - 왕하 19:23
선지자들을 통하다 - 왕하 17:13; 21:10; 24:2; 느 9:30; 겔 38:17; 호 12:10; 슥 7:7, 12; 눅 18:31; 행 13:40; 롬 1:2; 히 1:1
선지자들의 입을 통하다 - 행 3:21
선지자를 통하다 - 왕하 17:23; 마 2:15; 13:35; 21:4

선지자의 입을 통하다 - 행 3:18
시삭의 손을 통하다 - 대하 12:7
아들을 통하다 - 히 1:2
아히야를 통하다 - 왕상 14:18; 15:29
엘리야를 통하다 - 왕상 17:16; 왕하 9:36; 10:10
여호수아를 통하다 - 왕상 16:34
예레미야를 통하다 - 마 2:17; 27:9
예레미야의 입을 통하다 - 스 1:1; 렘 36:27
예언을 통하다 - 딤전 4:14
예후를 통하다 - 왕상 16:12
요나를 통하다 - 왕하 14:25
요엘을 통하다 - 행 2:16
우리를 통하다 - 고후 5:20
이사야를 통하다 - 마 3:3; 4:14; 8:17; 12:17; 행 28:25
자기의 손을 통하다 - 행 7:25
종의 손을 통하다 - 삿 15:18
천사들을 통하다 - 갈 3:19; 히 2:2

【통한하다/통한히】 　　　　　　　　　　　　　　　　　　　　　　　　【통소】

행 12:10　둘째 파수를 지나 시내로 **통한** 쇠문에
행 19:26　아시아를 **통하여** 수많은 사람을 권유하
롬 5:17　사람을 **통하여** … 그리스도를 **통하여**
엡 4:16　그에게서 온 몸이 각 마디를 **통하여**
히 2:10　창시자를 고난을 **통하여** 온전하게
히 2:14　죽음을 **통하여** 죽음의 세력을 잡은 자
계 22:14　문들을 **통하여** 성에 들어갈 권세를

통한하다/통한히 (痛恨, wrath, grief)
신 29:28　진노와 격분과 크게 **통한하심**으로
고전 5:2　교만하여져서 어찌하여 **통한히** 여기지

통할하다 (統轄, responsible)
민 3:32　또 성소를 맡을 자를 **통할할** 것이니

통행구 (通行口, entrance)
겔 42:9　동쪽에서 들어가는 **통행구**가 있으니
겔 46:19　문 곁 **통행구**를 통하여 북쪽을 향한

통행세 (通行稅, duty)
스 4:13　다시는 조공과 관세와 **통행세**를 바치지
스 4:20　그들에게 조공과 관세와 **통행세**를 다
스 7:24　조공과 관세와 **통행세**를 받는 것이 옳지

통행하다 (通行, sail, invade)
사 33:21　젓는 배나 큰 배가 **통행하지** 못하리라
겔 39:11　**통행하는** 골짜기를 … 주리니 **통행하던**
욜 3:17　그 가운데로 **통행하지** 못하리로다
나 1:15　네 가운데로 **통행하지** 아니하리로다

통혼하다 (通婚, intermarry)
창 34:9　우리와 **통혼하여** 너희 딸을 우리에게
왕상 11:2　서로 **통혼하지** 말며 … **통혼하게** 하지
스 9:14　백성들과 **통혼하오리이까** 그리하면

통회하다 (痛悔, crush, contrite)
시 34:18　가까이 하시고 충심으로 **통회하는** 자를
시 51:17　하나님이여 상하고 **통회하는** 마음을
사 57:15　**통회하고** … 소생시키며 **통회하는** 자의
사 66:2　마음이 가난하고 심령에 **통회하며** 내

퇴보 (退步, waywardness)
잠 1:32　어리석은 자의 **퇴보**는 자기를 죽이며

투구 (helmet)
삼상 17:5　머리에는 놋 **투구**를 썼고 몸에는 비늘
삼상 17:38　**투구**를 그의 머리에 씌우고 또 그에게
대하 26:14　군대를 위하여 방패와 창과 **투구**와
시 60:7　내 머리의 **투구**요 유다는 나의 규이며
시 108:8　에브라임은 내 머리의 **투구**요 유다는
사 59:17　자기의 머리에 써서 **투구**로 삼으시며
렘 46:4　**투구**를 쓰고 나서며 창을 갈며 갑옷을
겔 23:24　**투구** 쓴 군대를 거느리고 치러 와서
겔 27:10　네 가운데에서 방패와 **투구**를 달아 네
겔 38:5　그들과 함께 한 방패와 **투구**를 갖춘
엡 6:17　구원의 **투구**와 성령의 검 곧 하나님의
살전 5:8　붙이고 구원의 소망의 **투구**를 쓰자

투기/-하다 (妬忌, jealousy, envy)
잠 6:34　남편이 **투기**로 분노하여 원수 갚는 날에
잠 27:4　노는 창수 같거니와 **투기** 앞에야 누가
갈 5:21　**투기**와 술 취함과 방탕함과 또 그와
갈 5:26　노엽게 하거나 서로 **투기하지** 말지니라
빌 1:15　어떤 이들은 **투기**와 분쟁으로, 어떤
딤전 6:4　**투기**와 분쟁과 비방과 악한 생각이 나며
딛 3:3　악독과 **투기**를 일삼은 자요 가증스러운

투망 (投網, dragnet)
합 1:15　모두 낚으며 그물로 잡으며 **투망**으로
합 1:16　그물에 제사하며 **투망** 앞에 분향하오니

투쟁 (鬪爭, dispute)
신 21:5　소송과 모든 **투쟁**이 그들의 말대로 판결

투창 (投槍, lance)
욥 39:23　위에서는 화살통과 빛나는 창과 **투창**이
욥 41:26　창이나 **투창**이나 화살촉도 꽂히지
렘 50:42　그들은 활과 **투창**을 가진 자라 잔인하여

투표 (投票, vote)
행 26:10　또 죽일 때에 내가 찬성 **투표**를 하였고

통소 (洞簫, flute)
창 4:21　그는 수금과 **통소**를 잡는
시 150:4　소고 치며 춤 추어 찬양하며 현악과 **통소**로 찬양할지어다
계 18:22　풍류하는 자와 **통소**부는

2403

트다 (through, cut)
욥 28:10 반석에 수로를 **터서** 각종 보물을 눈으로
욥 38:25 홍수를 위하여 물길을 **터** 주었으며

트레이스 타베르네 (three taverns) 로마 교회 성도들이 바울을 마중나온 곳
행 28:15 압비오 광장과 **트레이스 타베르네**까지

특별하다/특별히 (特別, urgent, occasion, rather, especially)
민 6:2 남자나 여자가 **특별한** 서원 곧 나실인의
민 18:14 이스라엘 중에서 **특별히** 드린 모든 것은
민 22:37 발람에게 이르되 내가 **특별히** 사람을
느 8:4 학사 에스라가 **특별히** 지은 나무 강단에
시 135:4 곧 이스라엘을 자기의 **특별한** 소유로
잠 22:19 하여 이것을 오늘 **특별히** 네게 알게
겔 1:3 제사장 나 에스겔에게 **특별히** 임하고
말 3:17 그들을 나의 **특별한** 소유로 삼을 것이요
행 28:2 원주민들이 우리에게 **특별한** 동정을
고전 14:1 신령한 것들을 사모하되 **특별히** 예언을
고전 14:5 **특별히** 예언하기를 원하노라 만일 방언
고후 1:12 우리가 세상에서 **특별히** 너희에 대하여
엡 6:22 마음을 위로하기 위하여 내가 **특별히**
골 4:8 내가 그를 **특별히** 너희에게 보내는 것은
딤후 4:13 **특별히** 가죽 종이에 쓴 것을 가져오라
몬 1:16 내게 **특별히** 그러하거든 하물며 육신과
벧후 2:10 **특별히** 육체를 따라 더러운 정욕 가운데

특히 (especially)
행 25:26 당신들 앞 **특히** 아그립바 왕 당신 앞에
행 26:3 **특히** 당신이 유대인의 모든 풍속과 문제
빌 4:22 너희에게 문안하되 **특히** 가이사의
딤전 4:10 모든 사람 **특히** 믿는 자들의 구주시라
딤전 5:8 누구든지 자기 친족 **특히** 자기 가족을
딛 1:10 많은 중 할례파 가운데 **특히** 그러하니

튼튼하다/튼튼히 (strong, tightly, hard, firm)
창 30:41 **튼튼한** 양이 새끼 밸 때에는 야곱이
창 30:42 약한 것은 라반의 것이 되고 **튼튼한**
욥 41:15 비늘은 그의 자랑이로다 **튼튼하게** 봉인
욥 41:24 **튼튼하며** 맷돌 아래짝같이 **튼튼하구나**
사 33:23 돛대의 밑을 **튼튼히** 하지 못하였고 돛을
렘 51:12 깃발을 세우고 **튼튼히** 지키며 파수꾼을

히 6:19 영혼의 닻 같아서 **튼튼하고** 견고하여

틀 (frame, winepress)
민 4:10 가죽 덮개 안에 넣어 메는 **틀** 위에 두고
민 4:12 해달의 가죽 덮개로 덮어 메는 **틀** 위에
욥 24:11 목말라 하면서 술 **틀**을 밟느니라
사 16:10 **틀**에는 포도를 밟을 사람이 없으리니
사 38:12 나를 **틀**에서 끊으시리니 조석간에
마 21:33 거기에 즙 짜는 **틀**을 만들고 망대를
막 12:1 산울타리로 두르고 즙 짜는 **틀**을 만들고
계 14:20 성 밖에서 그 **틀**이 밟히니 **틀**에서 피가

성경에 나오는 '틀'
포도주 틀 – 신 15:14; 16:13; 삿 6:11; 7:25; 왕하 6:27; 렘 48:33; 욜 3:13; 계 14:19; 19:15
포도즙 틀 – 민 18:27, 30; 잠 3:10; 학 2:16

틀리다 (fail)
수 23:14 선한 말씀이 하나도 **틀리지** 아니하고
삿 20:16 물매로 돌을 던지면 조금도 **틀림**이 없는

틀림없이 (surely)
창 44:28 말하기를 **틀림없이** 찢겨 죽었다 하고
삿 20:39 **틀림없이** 처음 싸움같이 우리에게
왕상 22:32 이가 **틀림없이** 이스라엘의 왕이라 하고
왕하 3:23 이는 피라 **틀림없이** 저 왕들이 싸워
욥 1:11 그리하시면 **틀림없이** 주를 향하여
욥 2:5 살을 치소서 그리하시면 **틀림없이** 주를

틈 (unprotected, cleft, cave, among, space)
창 42:9 정탐꾼들이라 이 나라의 **틈**을 엿보려고
창 42:12 너희가 이 나라의 **틈**을 엿보러 왔느니라
삿 14:4 **틈**을 타서 블레셋 사람을 치려 함이었으

성경에 나오는 '틈'
바위틈 – 삿 15:8, 11, 13; 삼상 13:6; 아 2:14; 사 2:10, 21; 7:19; 57:5; 렘 13:4; 16:16; 49:16; 옵 1:3; 계 6:15
반석 틈 – 출 33:22
배의 틈 – 겔 27:9, 27
빈틈 – 사 5:8 / 창살 틈 – 아 2:9

【 틈타다 】   【 티끌 】

왕하 5:7	왕이 **틈**을 타서 나와 더불어 시비하려		**시가서 - 신약**
느 4:7	그 허물어진 **틈**이 메꾸어져 간다 함을	욥 2:12	겉옷을 찢고 하늘을 향하여 **티끌**을 날려
느 6:1	내가 성벽을 건축하여 허물어진 **틈**을	욥 4:19	하물며 흙집에 살며 **티끌**로 터를 삼고
시 60:2	갈라지게 하셨사오니 그 **틈**을 기우소서	욥 5:6	재난은 **티끌**에서 일어나는 것이 아니며
암 9:11	그것들의 **틈**을 막으며 그 허물어진 것을	욥 10:9	뭉치듯 하셨거늘 다시 나를 **티끌**로 돌려
행 12:6	베드로가 두 군인 **틈**에서 두 쇠사슬에	욥 14:19	물은 땅의 **티끌**을 씻어버리나이다
행 24:25	가라 내가 **틈**이 있으면 너를 부르리라	욥 16:15	피부에 덮고 내 뿔을 **티끌**에 더럽혔구나
고전 7:5	분방하지 말라 다만 기도할 **틈**을 얻기	욥 22:24	네 보화를 **티끌**로 여기고 오빌의 금을
엡 4:27	마귀에게 **틈**을 주지 말라	욥 27:16	은을 **티끌**같이 쌓고 의복을 진흙같이
		욥 30:19	가운데 던지셨고 나를 **티끌**과 재 같게
틈타다(seek an occasion)		욥 42:6	내가 스스로 거두어들이고 **티끌**과 재
욥 24:16	어둠을 **틈타** 집을 뚫는 자는 낮에는	시 18:42	그들을 바람 앞에 **티끌**같이 부숴뜨리고
		시 72:9	그 앞에 굽히며 그의 원수들은 **티끌**을
티(speck, stain)		시 90:3	주께서 사람을 **티끌**로 돌아가게 하시고
마 7:3	어찌하여 형제의 눈 속에 있는 **티**는	시 102:14	돌들을 즐거워하며 그의 **티끌**도 은혜를
마 7:4	나로 네 눈 속에 있는 **티**를 빼게 하라	사 5:24	그들의 뿌리가 썩겠고 꽃이 **티끌**처럼
마 7:5	보고 형제의 눈에서 **티**를 빼리라	사 17:13	흩어짐 같겠고 폭풍 앞에 떠도는 **티끌**
눅 6:41	형제의 눈 속에 있는 **티**는 보고 네 눈	사 26:19	**티끌**에 누운 자들아 너희는 깨어 노래
눅 6:42	눈 속에 있는 **티**를 빼게 하라 할 수 있느	사 29:4	말소리가 나직이 **티끌**에서 날 것이라
	냐 … 형제의 눈 속에 있는 **티**를 빼리라		… 네 말소리가 **티끌**에서 지껄이리라
엡 5:27	**티**나 주름 잡힌 것이나 이런 것들이	사 29:5	네 대적의 무리는 세미한 **티끌** 같겠고
		사 34:9	그 **티끌**은 유황이 되고 그 땅은 불붙는
	티끌(dust, soil)	사 40:12	땅의 **티끌**을 되에 담아 보았으며 접시
	모세오경	사 40:15	작은 **티끌** 같으며 섬들은 떠오르는 먼지

	창 13:16 땅의 **티끌** 같게	사 41:2	그의 칼에 **티끌** 같게, 그의 활에 불리는
	… 사람이 땅의 **티끌**을	사 47:1	바벨론이여 내려와서 **티끌**에 앉으라
창 18:27	나는 **티끌**이나 재와 같사오나 감히 주께	사 49:23	네 발의 **티끌**을 핥을 것이니 네가 나를
창 28:14	자손이 땅의 **티끌**같이 되어 네가 서쪽과	사 52:2	**티끌**을 털어 버릴지어다 예루살렘이여
출 8:16	지팡이를 들어 땅의 **티끌**을 치라 하라	애 2:10	땅에 앉아 잠잠하고 **티끌**을 머리에
출 8:17	땅의 **티끌**을 치매 애굽 온 땅의 **티끌**이	애 3:29	그대의 입을 땅의 **티끌**에 댈지어다 혹시
출 9:9	재가 애굽 온 땅의 **티끌**이 되어 애굽	겔 24:7	피를 땅에 쏟아 **티끌**이 덮이게 하지
민 5:17	물을 담고 성막 바닥의 **티끌**을 취하여	겔 26:4	나도 **티끌**을 그 위에서 쓸어 버려 맨
민 23:10	야곱의 **티끌**을 누가 능히 세며 이스라엘	겔 26:10	많으므로 그 **티끌**이 너를 가릴 것이며
신 9:21	가져다가 불살라 찧고 **티끌**같이 가늘게	겔 27:30	소리 질러 통곡하고 **티끌**을 머리에
신 28:24	여호와께서 비 대신에 **티끌**과 모래를	단 12:2	땅의 **티끌** 가운데에서 자는 자 중에서
신 32:24	내가 들짐승의 이와 **티끌**에 기는 것의	암 2:7	힘없는 자의 머리를 **티끌** 먼지 속에
수 7:6	땅에 엎드려 머리에 **티끌**을 뒤집어쓰고	미 1:10	내가 베들레아브라에서 **티끌**에
삼상 4:12	자기의 옷을 찢고 자기의 머리에 **티끌**	미 7:17	그들이 뱀처럼 **티끌**을 핥으며 땅에 기는
삼하 22:43	그들을 땅의 **티끌**같이 부스러뜨리고	나 1:3	광풍에 있고 구름은 그의 발의 **티끌**이로
왕상 16:2	너를 **티끌**에서 들어 내 백성 이스라엘	습 1:17	그들의 피는 쏟아져서 **티끌**같이 되며
왕하 13:7	타작마당의 **티끌**같이 되게 하고 마병	슥 9:3	은을 **티끌**같이, 금을 거리의 진흙같이
대하 1:9	주께서 나를 땅의 **티끌**같이 많은 백성	행 13:51	두 사람이 그들을 향하여 발의 **티끌**을
느 9:1	굵은 베 옷을 입고 **티끌**을 무릅쓰며	행 22:23	벗어 던지고 **티끌**을 공중에 날리니

파

파 1(onion)
민 11:5   생선과 오이와 참외와 부추와 **파**와 마늘들을 먹은

파 2(派, sect)
행 26:5   가장 엄한 **파**를 따라 바리새인의 생활을
행 28:22   이 **파**에 대하여는 어디서든지 반대를

파견자(派遣者, messenger)
나 2:13   네 **파견자**의 목소리가 다시는 들리지

파괴/-하다/-되다(破壞, destruction, break)
민 15:31   그의 명령을 **파괴**하였은즉 그의 죄악이
삿 6:28   바알의 제단이 **파괴**되었으며 그 곁의
삿 6:30   바알의 제단을 **파괴**하고 그 곁의 아세라
삿 6:31   그의 제단을 **파괴**하였은즉 그가 자신을
삿 6:32   바알의 제단을 **파괴**하였으므로 바알이
왕하 24:13 다 **파괴**하였으니 여호와의 말씀과 같이
왕하 25:4   성벽이 **파괴**되매 모든 군사가 밤중에
대하 24:7   하나님의 전을 **파괴**하고 또 여호와의
욥 30:14   성을 **파괴**하고 그 **파괴**한 가운데로
시 28:5   여호와께서 그들을 **파괴**하고 건설하지
시 89:40   모든 울타리를 **파괴**하시며 그 요새를
잠 17:19   자기 문을 높이는 자는 **파괴**를 구하는
사 1:7   삼켜졌으며 이방인에게 **파괴**됨같이
사 10:7   그의 마음은 허다한 나라를 **파괴**하며
사 14:17   성읍을 **파괴**하며 그에게 사로잡힌
사 23:14   너희의 견고한 성이 **파괴**되었느니라
사 24:12   황무하고 성문이 **파괴**되었느니라
사 28:2   **파괴**하는 광풍같이, 큰물이 넘침같이
사 32:19   숲은 우박에 상하고 성읍은 **파괴**되리라
사 54:16   내가 창조하였고 **파괴**하며 진멸하는
사 58:12   너는 역대의 **파괴**된 기초를 쌓으리니
렘 1:10   그것들을 뽑고 **파괴**하며 파멸하고
렘 12:12   **파괴**하는 자들이 광야의 모든 벗은 산
렘 48:1   미스갑이 수치를 당하여 **파괴**되었으니
렘 48:39   어찌하여 모압이 **파괴**되었으며 어찌하
렘 52:7   성벽이 **파괴**되매 모든 군사가 밤중에
애 2:9   땅에 묻히며 빗장이 부서져 **파괴**되고
애 2:13   너의 **파괴**됨이 바다같이 크니 누가
단 8:24   장차 놀랍게 파괴 행위를 하고 자의로
호 8:4   만들었나니 결국은 **파괴**되고 말리라
호 10:8   죄 곧 아웬의 산당은 **파괴**되어 가시와
암 3:15   궁들이 **파괴**되며 큰 궁들이 무너지리라
암 7:9   이스라엘의 성소들이 **파괴**될 것이라
나 2:1   **파괴**하는 자가 너를 치러 올라왔나니
습 3:6   그들의 망대가 **파괴**되었고 내가 그들의
눅 6:49   무너져 **파괴**됨이 심하니라 하시니라

파기하다/파기되다(worthless)
롬 3:31   믿음으로 말미암아 율법을 **파기**하느냐
롬 4:14   헛것이 되고 약속은 **파기**되었느니라

파내다(hew)
사 51:1   너희를 **파낸** 우묵한 구덩이를 생각하여

파다(dig)
창 21:30   일곱을 받아 내가 이 우물 **판** 증거를

【 파도 】   【 파멸/-하다/-되다/-시키다 】

창 26:18 때에 팠던 우물들을 다시 팠으니 이는
창 26:19 이삭의 종들이 골짜기를 파서 샘 근원을
창 26:21 다른 우물을 팠더니 그들이 또 다투므로
창 26:22 이삭이 거기서 옮겨 다른 우물을 팠더니
창 26:25 이삭의 종들이 거기서도 우물을 팠더라
창 26:32 종들이 자기들이 판 우물에 대하여
출 7:24 나일 강 가를 두루 파서 마실 물을
출 21:33 구덩이를 파고 덮지 아니하므로 소나
민 21:18 팠고 백성의 귀인들이 규와 지팡이로 판
신 6:11 파지 아니한 우물을 차지하게 하시며
신 23:13 그것으로 땅을 팔 것이요 몸을 돌려 그
왕하 19:24 내가 땅을 파서 이방의 물을 마셨고
대하 16:14 성에 자기를 위하여 파 두었던 묘실에
대하 26:10 물 웅덩이를 많이 파고 고원과 평지에
느 3:16 마주 대한 곳에 이르고 또 파서 만든
욥 3:21 땅을 파고 숨긴 보배를 찾음보다 죽음을
시 7:15 그가 웅덩이를 파 만듦이여 제가 만든
시 9:15 자기가 판 웅덩이에 빠짐이여 자기를
시 35:7 내 생명을 해하려고 함정을 팠사오니
시 57:6 내 앞에 웅덩이를 팠으나 자기들이 그
시 94:13 구덩이를 팔 때까지 평안을 주시리이다
시 119:85 나를 해하려고 웅덩이를 팠나이다
잠 26:27 함정을 파는 자는 그것에 빠질 것이요
전 2:6 삼림에 물을 주기 위하여 못들을 팠으며
전 10:8 함정을 파는 자는 거기에 빠질 것이요
사 5:2 땅을 파서 돌을 … 술틀을 팠도다 좋은
사 22:16 묘실을 팠느냐 … 위하여 묘실을 팠고
사 37:25 내가 우물을 파서 물을 마셨으니 내
렘 2:13 스스로 웅덩이를 판 것인데 그것은
렘 13:7 그 감추었던 곳을 파고 띠를 가져오니
렘 18:20 구덩이를 팠나이다 내가 주의 분노를
렘 18:22 구덩이를 팠고 내 발을 빠뜨리려고 올무
렘 41:9 바아사 왕을 두려워하여 팠던 것이라
암 9:2 그들이 파고 스올로 들어갈지라도 내
마 25:18 한 달란트 받은 자는 가서 땅을 파고
마 27:60 바위 속에 판 자기 새 무덤에 넣어 두고
눅 6:48 집을 짓되 깊이 파고 주추를 반석 위에
눅 13:8 두소서 내가 두루 파고 거름을 주리니
눅 16:3 무엇을 할까 땅을 파자니 힘이 없고
눅 23:53 장사한 일이 없는 바위에 판 무덤에

파도(波濤, wave, water)
출 15:8 물이 쌓이되 파도가 언덕같이 일어서고

욥 38:11 네 높은 파도가 여기서 그칠지니라
시 42:7 부르며 주의 모든 파도와 물결이 나를
시 88:7 나를 심히 누르시고 주의 모든 파도
시 89:9 바다의 파도를 다스리시며 그 파도가
시 93:4 많은 물소리와 바다의 큰 파도보다
사 17:12 바다 파도가 치는 소리같이 그들이
렘 5:22 파도가 거세게 이나 그것을 이기지
렘 31:35 파도로 소리치게 하나니 그의 이름은
렘 51:55 그 파도가 사나우며 그 물결은 요란한
겔 26:3 파도를 굽이치게 함같이 여러 민족들이
욘 2:3 나를 둘렀고 주의 파도와 큰 물결이 다
합 3:15 바다 곧 큰 물의 파도를 밟으셨나이다
눅 21:25 바다와 파도의 성난 소리로 인하여 혼란
유 6:18 큰 바람이 불어 파도가 일어나더라

파리(fly)
출 8:21 집들에 파리 떼가 … 집집에 파리 떼가
출 8:22 그 곳에는 파리가 없게 하리니 이로
출 8:24 무수한 파리가 … 땅에 이르니 파리로
출 8:29 파리 떼가 바로와 바로의 신하와 바로의
출 8:31 그 파리 떼가 바로와 그의 신하와 그의

파리하다(lean)
창 41:3 그 뒤에 또 흉하고 파리한 다른 일곱
창 41:4 흉하고 파리한 소가 그 아름답고 살진
창 41:19 흉하고 파리한 일곱 암소가 올라오니
창 41:20 파리하고 흉한 소가 처음의 일곱 살진
창 41:27 후에 올라온 파리하고 흉한 일곱 소는
삼하 13:4 이렇게 파리하여 가느냐 내게 말해 주지
욥 16:8 나의 파리한 모습이 일어나서 대면하여
욥 30:3 기근으로 인하여 파리하며 캄캄하고
욥 33:21 그의 살은 파리하여 보이지 아니하고
사 10:16 여호와께서 살진 자를 파리하게 하시며
사 17:4 쇠하고 그의 살진 몸이 파리하리니
겔 34:20 내가 살진 양과 파리한 양 사이에서

파면하다(罷免, remove)
왕상 2:27 직분을 파면하니 여호와께서 실로에서

파멸/-하다/-되다/-시키다(破滅, ruin, pit)
신 12:2 그 모든 곳을 너희가 마땅히 파멸하며
신 28:20 책망을 내리사 망하며 속히 파멸하게
욥 6:2 달아 보며 나의 파멸을 저울 위에 모두

【 파묻히다 】　　【 파수/-꾼/-하다 】

시 55:23	주께서 그들로 **파멸**의 웅덩이에
시 73:18	미끄러운 곳에 두시며 **파멸**에 던지시니
시 74:3	영구히 **파멸**된 곳을 향하여 주의 발을
시 103:4	생명을 **파멸**에서 속량하시고 인자와
사 10:22	자만 돌아오리니 넘치는 공의로 **파멸**이
사 10:23	작정된 **파멸**을 주 만군의 여호와께서
사 47:11	**파멸**이 홀연히 네게 임하리라 그러나
사 49:19	**파멸**을 당하였던 땅이 이제는 주민이
사 59:7	생각은 악한 생각이라 황폐와 **파멸**이
사 60:12	백성과 나라는 **파멸하리니** 그 백성들은
사 60:18	황폐와 **파멸**이 네 국경 안에 다시 없을
렘 1:10	그것들을 뽑고 파괴하며 **파멸하고**
렘 4:20	나의 장막과 휘장은 갑자기 **파멸되도다**
렘 5:17	믿는 견고한 성들을 칼로 **파멸하리라**
렘 6:1	깃발을 들라 재앙과 큰 **파멸**이 북방에서
렘 14:17	딸 내 백성이 큰 **파멸**, 중한 상처로
렘 15:8	**파멸시킬** 자를 그들에게로 데려다가
렘 20:8	**파멸**과 멸망을 선포하므로 여호와의
렘 22:7	너를 **파멸할** 자를 준비하리니 그들이
렘 48:3	부르짖는 소리여 황폐와 큰 **파멸**이로다
렘 48:5	호로나임 내리막 길에서 **파멸**의 고통스
렘 48:8	**파멸하는** … 평지는 파멸되어 여호와의
렘 48:18	모압을 **파멸하는** 자가 올라와서 너를
렘 50:22	땅에 싸움의 소리와 큰 **파멸**이 있으리라
렘 51:8	갑자기 넘어져 **파멸되니** 이로 말미암
렘 51:48	이는 **파멸시키는** 자가 북쪽에서 그에게
렘 51:54	갈대아 사람의 땅에 큰 **파멸**의 소리가
애 3:47	두려움과 함정과 **파멸**과 멸망이 우리에
애 3:48	내 백성의 **파멸**로 말미암아 내 눈에는
롬 3:16	**파멸**과 고생이 그 길에 있어
딤전 6:9	사람으로 **파멸**과 멸망에 빠지게 하는

파묻히다(bring down)

시 44:25	영혼은 진토 속에 **파묻히고** 우리 몸은

파선하다(破船, shipwreck)

왕상 22:48	배가 에시온게벨에서 **파선하였으므로**
겔 27:34	깊은 데에서 **파선한** 때에 네 무역품과
고후 11:25	세 번 **파선하고** 일주야를 깊은 바다에서
딤전 1:19	그 믿음에 관하여는 **파선하였느니라**

파손하다/파손되다(破損, damage)

왕하 12:5	성전의 어느 곳이든지 **파손**된 것을
왕하 12:6	제사장들이 성전의 **파손한** 데를 수리하
왕하 12:7	어찌하여 성전의 **파손한** 데를 수리하지
왕하 12:8	성전 **파손한** 것을 수리하지도 아니하기
왕하 12:12	여호와의 성전 **파손한** 데를 수리할

파송되다(派送, be sent)

마 23:37	네게 **파송된** 자들을 돌로 치는 자여
마 26:47	**파송된** 큰 무리가 칼과 몽치를 가지고
막 14:43	장로들에게서 **파송된** 무리가 검과 몽치
눅 13:34	네게 **파송된** 자들을 돌로 치는 자여

파수/-꾼/-하다(把守, watchman, watch)

삿 7:19	**파수꾼**들을 교대한 때라 그들이 나팔을
삼상 14:16	사울의 **파수꾼**이 바라본즉 허다한
삼하 13:34	**파수하는** 청년이 눈을 들어 보니 보라
삼하 18:24	**파수꾼**이 성 문 위층에 올라가서 눈을
삼하 18:25	**파수꾼**이 외쳐 왕께 아뢰매 왕이 이르되
삼하 18:26	**파수꾼**이 본즉 … **파수꾼**이 문지기에게
삼하 18:27	**파수꾼**이 이르되 내가 보기에는 앞선
왕하 9:17	이스르엘 망대에 **파수꾼** 하나가 서
왕하 9:18	**파수꾼**이 전하여 이르되 사자가 그들에
왕하 9:20	**파수꾼**이 또 전하여 이르되 그도 그들
대상 26:16	문 곁에 있어 서로 대하여 **파수하였으니**
느 4:9	그들로 말미암아 **파수꾼**을 두어 주야로
느 4:22	밤에는 우리를 위하여 **파수하겠고**
느 4:23	나를 따라 **파수하는** 사람들이나 우리가
느 7:3	아직 파수할 때에 … 곳에서 **파수하되**
느 12:25	순서대로 문안의 곳간을 **파수하였나니**
욥 27:18	지은 집은 좀의 집 같고 **파수꾼**의 초막
시 127:1	성을 지키지 아니하시면 **파수꾼**의
시 130:6	**파수꾼**이 아침을 기다림보다 … **파수꾼**
시 141:3	내 입에 **파수꾼**을 세우시고 내 입술의
아 5:7	성벽을 **파수하는** 자들이 나의 겉옷을
사 21:5	그들이 식탁을 베풀고 **파수꾼**을 세우고
사 21:6	내게 이르시되 가서 **파수꾼**을 세우되
사 21:8	**파수꾼**이 … 밤이 새도록 **파수하는** 곳에
사 21:11	**파수꾼**이여 … **파수꾼**이여 밤이 어떻게
사 21:12	**파수꾼**이 이르되 아침이 오나니 밤도
사 52:8	**파수꾼**들의 소리로다 그들이 소리를
사 56:10	이스라엘의 **파수꾼**들은 맹인이요 다
사 62:6	내가 너의 성벽 위에 **파수꾼**을 세우고
렘 6:17	내가 또 너희 위에 **파수꾼**을 세웠으니
렘 31:6	에브라임 산 위에서 **파수꾼**이 외치는

| 파악하다 | | 판결/-하다/-되다 |

렘 51:12 　파수꾼을 세우며 복병을 매복시켜 방비
겔 3:17 　이스라엘 족속의 파수꾼으로 세웠으니
겔 33:2 　가운데의 하나를 택하여 파수꾼을 삼은
겔 33:6 　파수꾼이 보고도 … 파수꾼의 손에서
겔 33:7 　이스라엘 족속의 파수꾼으로 삼음이
호 9:8 　하나님과 함께 한 파수꾼이며 선지자는
미 7:4 　그들의 파수꾼들의 날 곧 그들 가운데에
나 2:1 　산성을 지키며 길을 파수하며 네 허리
합 2:1 　내가 내 파수하는 곳에 서며 성루에
행 12:6 　누워 자는데 파수꾼들이 문 밖에서 옥을
행 12:10 　이에 첫째와 둘째 파수를 지나 시내로
행 12:19 　파수꾼들을 심문하고 죽이라 명하니라

파악하다(把握, find)
욥 32:13 　우리가 진상을 파악했으나 그를 추궁할

파종/-하다(播種, sow)
출 23:10 　여섯 해 동안은 너의 땅에 파종하여
레 25:3 　밭에 파종하며 육 년 동안 그 포도원을
레 25:4 　너는 그 밭에 파종하거나 포도원을
레 25:11 　너희는 파종하지 말며 스스로 난 것을
레 25:22 　너희가 여덟째 해에는 파종하려니와
레 26:5 　너희의 포도 따는 것은 파종할 때까지
레 26:16 　너희가 파종한 것은 헛되리니 너희의
민 20:5 　이 곳에는 파종할 곳이 없고 무화과도
신 11:10 　너희가 파종한 후에 발로 물 대기를
삿 6:3 　이스라엘이 파종한 때면 미디안과
시 107:37 　파종하며 포도원을 재배하여 풍성한
전 11:4 　풍세를 살펴보는 자는 파종하지 못할
사 28:24 　파종하려고 가는 자가 어찌 쉬지 않고
사 55:10 　파종하는 자에게는 종자를 주며 먹는
렘 4:3 　묵은 땅을 갈고 가시덤불에 파종하지
렘 35:7 　너희가 집을 짓지 말며 파종도 하지
렘 50:16 　파종하는 자와 추수 때에 낫을 잡은
겔 34:29 　내가 그들을 위하여 파종할 좋은 땅을
암 9:13 　이를지라 그 때에 파종하는 자가 곡식

파하다(破, defeat)
왕하 14:10 　네가 에돔을 쳐서 파하였으므로 마음을
대하 20:37 　왕이 지은 것들을 파하시리라 하더니
사 14:25 　내가 앗수르를 나의 땅에서 파하며 나의
사 33:8 　대적이 조약을 파하고 성읍들을 멸시
렘 33:21 　제사장에게 세운 언약도 파할 수 있으리

판(frame)
출 26:16 　판의 길이는 열 규빗, 너비는 한 규빗
출 26:25 　이쪽 판 아래에도 두 받침이요 저쪽 판
출 32:16 　판은 하나님이 … 쓰셔서 판에 새기신
출 32:19 　노하여 손에서 그 판들을 산 아래로
출 34:1 　처음 판에 있던 말을 내가 그 판에
출 34:29 　모세가 그 증거의 두 판을 모세의 손에
출 36:22 　판에 두 … 성막의 모든 판이 그러하며
출 36:26 　판 밑에도 받침이 둘이요 저 판 밑에도
신 10:2 　깨뜨린 처음 판에 쓴 말을 내가 그 판에
신 10:4 　십계명을 처음과 같이 그 판에 쓰시고
신 10:5 　판을 내가 만든 궤에 넣었더니 지금까지
렘 17:1 　그들의 마음 판과 그들의 제단 뿔에

판결/-하다/-되다(判決, condemn, judge)
출 21:22 　벌금을 내되 재판장의 판결을 따라
출 28:15 　너는 판결 흉패를 에봇 짜는 방법으로
출 28:29 　판결 흉패를 가슴에 붙여 여호와 앞에
출 28:30 　우림과 둠밈을 판결 흉패 안에 넣어
민 27:11 　이스라엘 자손에게 판결의 규례가 되게
민 27:21 　판결로써 여호와 앞에 물을 것이며
민 35:12 　회중 앞에 서서 판결을 받기까지 죽지
민 35:24 　보복하는 자 간에 이 규례대로 판결하여
민 35:29 　대대로 거주하는 곳에서 판결하는
신 1:16 　쌍방간에 공정히 판결할 것이며 그들
신 17:8 　네가 판결하기 어려운 일이 생기거든
신 17:9 　그리하면 그들이 어떻게 판결할지를
신 17:10 　그들이 네게 보이는 판결의 뜻대로 네가
신 17:11 　말하는 판결대로 … 보이는 판결을 어겨
신 21:5 　투쟁이 그들의 말대로 판결될 것이니라
삿 11:27 　암몬 자손 사이에 판결하시옵소서
삼상 8:3 　이익을 따라 뇌물을 받고 판결을 굽게
왕상 3:28 　심리하여 판결함을 … 있어 판결함이
시 9:8 　정직으로 만민에게 판결을 내리시리로
시 50:4 　자기의 백성을 판결하시려고 위 하늘과
시 58:1 　인자들아 너희가 올바르게 판결해야
시 76:8 　주께서 하늘에서 판결을 선포하시매
시 149:9 　판결대로 그들에게 시행할지로다
사 2:4 　백성을 판결하시리니 무리가 그들의
사 10:2 　가난한 자를 불공평하게 판결하여 가난
사 16:3 　너는 방도를 베풀며 공의로 판결하며
사 16:5 　충실함으로 판결하며 정의를 구하며
사 28:6 　재판석에 앉은 자에게는 판결하는 영이

【 판결자 】　　　　　　　　　　　　　　　　　　　　　　　　【 판단/-하다 】

사 59:4	소송하는 자도 없고 진실하게 판결하는	사 29:21	성문에서 판단하는 자를 올무로 잡듯
렘 5:28	재판을 공정하게 판결하지 아니하니	사 49:4	나에 대한 판단이 여호와께 있고 나의
렘 21:12	정의롭게 판결하여 탈취 당한 자를	사 58:2	의로운 판단을 내게 구하며 하나님과
미 4:3	강한 이방 사람을 판결하시리니 무리가	렘 11:20	공의로 판단하시며 사람의 마음을 감찰
마 23:33	새끼들아 너희가 어떻게 지옥의 판결을	겔 16:52	유리하게 판단하였은즉 너도 네 수치를
막 12:40	기도하는 자니 그 받는 판결이 더욱	겔 18:8	사람과 사람 사이에 진실하게 판단하며
눅 24:20	판결에 넘겨 주어 십자가에 못 박았으니		**신약**
행 25:21	바울은 황제의 판결을 받도록 자기를	눅 7:43	이르시되 네 판단이 옳다 하시고
유 1:4	판결을 받기로 미리 기록된 자니 경건하	눅 12:57	옳은 것을 스스로 판단하지 아니하느냐
유 1:9	판결을 내리지 못하고 다만 말하되	요 7:24	판단하지 말고 공의롭게 판단하라
		요 8:15	따라 판단하나 나는 아무도 판단하지
판결자(判決者, someone to arbitrate)		요 8:16	내가 판단하여도 내 판단이 참되니 이는
욥 9:33	우리 사이에 손을 얹을 판결자도 없구나	요 8:26	너희에게 대하여 말하고 판단할 것이
		요 8:50	구하지 아니하나 구하고 판단하시는
판단/-하다(判斷, judge, vindication)		행 4:19	말씀을 듣는 것보다 옳은가 판단하라
	구약	롬 2:1	판단하는…남을 판단하는…판단하는
창 16:5	나 사이에 여호와께서 판단하시기를	롬 2:3	이런 일을 행하는 자를 판단하고도 같은
창 31:37	두고 우리 둘 사이에 판단하게 하소서	롬 11:33	그의 판단은 헤아리지 못할 것이며 그의
창 31:53	우리 사이에 판단하옵소서 하매 야곱이	고전 2:15	판단하나 자기는 아무에게도 판단을
출 5:21	살피시고 판단하시기를 원하노라	고전 4:3	작은 일이라 나도 나를 판단하지 아니
신 32:31	우리의 원수들이 스스로 판단하도다	고전 4:5	판단하지 말라 그가 어둠에 감추인
신 32:36	여호와께서 자기 백성을 판단하시고	고전 5:3	이런 일 행한 자를 이미 판단하였노라
삼상 24:12	왕 사이를 판단하사 여호와께서 나를	고전 5:12	사람들을 판단하는…너희가 판단하지
욥 12:20	말을 물리치시며 늙은 자들의 판단을	고전 6:2	세상을 판단할 것을…너희에게 판단을
욥 35:14	일의 판단하심은 그 앞에 있으니 나는		받겠거든 지극히 작은 일 판단하기를
시 17:2	주께서 나를 판단하시며 주의 눈으로	고전 6:3	우리가 천사를 판단할 것을 너희가 알지
시 26:1	여호와여 나를 판단하소서	고전 6:5	판단할 만한 지혜 있는 자가 이같이
시 35:24	나를 판단하사 그들이 나로 말미암아	고전 10:15	내가 이르는 말을 스스로 판단하라
시 43:1	하나님이여 나를 판단하시되 경건하지	고전 10:29	자유가 남의 양심으로 말미암아 판단을
시 82:2	너희가 불공평한 판단을 하며 악인의	고전 11:13	너희는 스스로 판단하라 여자가 머리를
시 82:3	가난한 자와 고아를 위하여 판단하며	고전 11:31	우리가 우리를 살폈으면 판단을 받지
시 98:9	그가 의로 세계를 판단하시며 공평으로	고전 11:32	우리가 판단을 받는 것은 주께 징계를
시 105:5-6	기적과 그의 이적과 그의 입의 판단을	고전 14:24	들으며 모든 사람에게 판단을 받고
시 105:7	우리 하나님이시라 그의 판단이 온 땅에	히 4:12	또 마음의 생각과 뜻을 판단하나니
시 119:7	주의 의로운 판단을 배울 때에는 정직한	약 2:4	악한 생각으로 판단하는 자가 되는 것이
시 119:137	여호와여 주는 의로우시고 주의 판단은	약 4:11	형제를 판단하는 자는…율법을 판단하
시 135:14	자기 백성을 판단하시며 그의 종들로		는 것이라 네가 만일 율법을 판단하면
전 8:5	지혜자의 마음은 때와 판단을 분변하나	약 4:12	너는 누구이기에 이웃을 판단하느냐
전 8:6	무슨 일에든지 때와 판단이 있으므로		
사 2:4	열방 사이에 판단하시며 많은 백성을		**판단 받다**
사 5:3	내 포도원 사이에서 사리를 판단하라	롬 3:4	판단 받으실 때에 이기려 하심이라
사 11:3	그의 귀에 들리는 대로 판단하지	고전 4:3	판단 받는 것이 내게는 매우 작은
사 11:4	세상의 겸손한 자를 판단할 것이며 그의	고전 11:34	너희의 모임이 판단 받는 모임이 되지

【 판단력 】

판단력(判斷力, justice)
시 72:1　하나님이여 주의 **판단력**을 왕에게

판명되다(判明, prove)
신 19:18　형제를 거짓으로 모함한 것이 **판명되면**

판벽하다(板壁, paneled)
학 1:4　이 때에 **판벽한** 집에 거주하는 것이

판자(板子, beam)
왕상 6:36　백향목 두꺼운 **판자** 한 켜로 둘러 안뜰
왕상 7:12　백향목 두꺼운 **판자** 한 켜를 놓았으니
아 8:9　그가 문이라면 우리는 백향목 **판자**로
겔 27:5　잣나무로 네 **판자**를 만들었음이여

팔 1(hand, arm)
창 48:14　머리에 얹으니 므낫세는 장자라도 **팔**을
창 49:24　**팔**은 힘이 있으니 이는 야곱의 전능자
출 7:19　네 **팔**을 애굽의 물들과 강들과 운하와
출 8:5　네 **팔**을 강들과 운하들과 못 위에 펴서
출 15:16　주의 **팔**이 크므로 그들이 돌같이 침묵
출 17:12　**팔**이 피곤하매 그들이 돌을 가져다가
삼상 2:31　보라 내가 네 **팔**과 네 조상의 집 **팔**
삼하 22:35　가르쳐 싸우게 하시니 내 **팔**이 놋 활을
왕하 9:24　요람의 두 **팔** 사이를 쏘니 화살이 그의
욥 22:9　빈손으로 돌려보내며 고아의 **팔**을
욥 26:2　잘도 도와주는구나 기력 없는 **팔**을 참
욥 31:22　**팔**이 어깨뼈에서 떨어지고 내 **팔** 뼈가
욥 38:15　차단되고 그들의 높이 든 **팔**이 꺾이느니
시 10:15　악인의 **팔**을 꺾으소서 악한 자의 악을
시 18:34　가르쳐 싸우게 하시니 내 **팔**이 놋 활을
시 37:17　**팔**은 부러지나 의인은 여호와께서
시 44:3　그들의 **팔**이 그들을 구원함도 아니라 오직 주의 오른손과 주의 **팔**과 주의 얼굴
시 89:13　주의 **팔**에 능력이 있사오며 주의 손은
시 89:21　함께 하여 견고하게 하고 내 **팔**이 그를
잠 31:17　있게 허리를 묶으며 자기의 **팔**을 강하게
아 8:6　도장같이 **팔**에 두라 사랑은 죽음같이
사 30:30　**팔**의 치심을 보이시되 맹렬한 화염과
사 30:32　수금을 탈 것이며 그는 전쟁 때에 **팔**을
사 33:2　우리의 **팔**이 되시며 환난 때에 우리의
사 40:10　그의 **팔**로 다스리실 것이라 보라 상급이
사 40:11　그 **팔**로 모아 품에 안으시며 젖먹이는

【 팔 2 】

사 48:14　그의 **팔**이 갈대아인에게 임할 것이라
사 51:5　내 **팔**이 만민을 … 앙망하여 내 **팔**에
사 59:16　**팔**로 스스로 구원을 베푸시며 자기의
사 63:5　이상하게 여겨 내 **팔**이 나를 구원하며
사 63:12　영광의 **팔**이 모세의 오른손을 이끄시며
렘 27:5　나의 쳐든 **팔**로 땅과 지상에 있는 사람
렘 48:25　모압의 뿔이 잘렸고 그 **팔**이 부러졌도다
겔 4:7　에워싸인 예루살렘 쪽으로 향하고 **팔**을
겔 13:20　내가 너희 **팔**에서 떼어 버리고 너희
겔 30:21　바로 왕의 **팔**을 꺾었더니 칼을 잡을
겔 30:22　그 두 **팔** 곧 성한 **팔**과 이미 꺾인 **팔**을
겔 30:24　바벨론 왕의 **팔**을 … **팔**을 꺾으리니
겔 30:25　바벨론 왕의 **팔**은 들어 주고 바로의 **팔**
겔 31:17　그들은 옛적에 그의 **팔**이 된 자요 나라
단 10:6　그의 **팔**과 발은 빛난 놋과 같고 그의
호 7:15　그들 **팔**을 연습시켜 힘 있게 하였으나
호 11:3　**팔**로 안았음에도 내가 그들을 고치는
슥 11:17　**팔**과 오른쪽 눈에 내리리니 그의 **팔**이
슥 13:6　두 **팔** 사이에 있는 상처는 어찌 됨이냐
눅 1:51　그의 **팔**로 힘을 보이사 마음의 생각이
요 21:18　네 **팔**을 벌리리니 남이 네게 띠 띠우고

'팔'과 관련된 성구

강한 팔 - 렘 21:5; 겔 17:9
거룩한 팔 - 시 98:1; 사 52:10
능력의 팔 - 시 89:10; 사 62:8
여호와의 팔 - 사 51:9; 53:1
오른팔 - 아 2:6
왼팔 - 아 2:6; 8:3
펴신 팔 - 신 9:29; 11:2; 대하 6:32; 시 136:12; 렘 32:17, 21
편 팔 - 출 6:6; 신 4:34; 5:15; 7:19; 26:8; 왕하 17:36; 겔 20:33, 34
힘센 팔 - 사 44:12

팔 2(eight)
왕하 22:1　왕위에 오를 때에 나이가 **팔** 세라
대하 34:1　왕위에 오를 때에 나이가 **팔** 세라
대하 36:9　왕위에 오를 때에 나이가 **팔** 세라

팔대 손
스 7:3　칠대 손이요 아사랴의 **팔대 손**이요

【 팔걸이 】　　　　　　　　　　　　　　　　　　　　【 팔다/팔리다 】

팔 일

창 17:12 산 자를 막론하고 난 지 **팔 일** 만에
창 21:4 이삭이 난 지 **팔 일** 만에 그가 하나님이
대하 29:17 **팔 일** 동안 여호와의 전을 성결하게
눅 1:59 **팔 일**이 되매 아이를 할례하러 와서
눅 2:21 할례할 **팔 일**이 되매 그 이름을 예수라
눅 9:28 **팔 일**쯤 되어 예수께서 베드로와 요한과
행 25:6 **팔 일** 혹은 십 일을 지낸 후 가이사랴로
빌 3:5 나는 **팔 일** 만에 할례를 받고 이스라엘

팔걸이(armrest)

왕상 10:19 양쪽에는 **팔걸이**가 있고 **팔걸이** 곁에는
대하 9:18 양쪽에는 **팔걸이**가 있고 **팔걸이** 곁에는

팔고리(bracelet)

겔 16:11 패물을 채우고 **팔고리**를 손목에 끼우고

팔꿈치(hand breadth)

겔 40:5 **팔꿈치**에서 손가락에 이르기 한 손바닥
겔 43:13 **팔꿈치**에서부터 손가락에 이르기 한

팔다/팔리다(sell)

구약

창 25:31 형의 장자의 명분을 오늘 내게 **팔라**
창 31:15 우리를 **팔고** 우리의 돈을 다 먹어버렸으
창 37:27 그를 이스마엘 사람들에게 **팔고** 그에게
창 37:36 신하 친위대장 보디발에게 **팔았더라**
창 41:56 모든 창고를 열고 애굽 백성에게 **팔새**
창 42:6 곡식을 **팔더니** 요셉의 형들이 와서 그
창 45:4 아우 요셉이니 당신들이 애굽에 **판** 자라
창 45:5 나를 이 곳에 **팔았다고** 해서 근심하지
창 47:14 요셉이 곡식을 **팔아** 애굽 땅과 가나안
창 47:20 기근에 시달려 각기 토지를 **팔았음이라**
창 47:22 그들이 토지를 **팔지** 않음이었더라
출 21:7 자기의 딸을 여종으로 **팔았으면** 그는
출 21:8 외국인에게는 **팔지** 못할 것이요
출 21:16 사람을 납치한 자가 그 사람을 **팔았든지**
출 21:35 소를 **팔아** 그 값을 반으로 나누고 또한
출 22:1 소나 양을 도둑질하여 잡거나 **팔면** 그는
출 22:3 배상할 것이 없으면 그 몸을 **팔아** 그
레 25:14 네 이웃에게 **팔든지** 네 이웃의 손에서
레 25:23 토지를 영구히 **팔지** 말 것은 토지는 다
레 25:25 기업 중에서 얼마를 **팔았으면** 그에게
··· 그의 형제가 **판** 것을 무를 것이요
레 25:27 그 **판** 해를 계수하여 그 남은 값을 산
레 25:29 성 내의 가옥을 **팔았으면 판** 지 만 일 년
레 25:34 영원한 소유지이니 **팔지** 못할지니라
레 25:39 네게 몸이 **팔리거든** 너는 그를 종으로
레 25:42 낸 내 종들이니 종으로 **팔지** 말 것이라
레 27:20 아니하려거나 타인에게 **팔았으면**
레 27:24 그가 **판** 밭은 희년에 그 **판** 사람 곧 그
레 27:27 아니하려면 네가 정한 값대로 **팔지니라**
레 27:28 가축이든지 기업의 밭이든지 **팔지도**
신 2:28 양식을 **팔아** 내가 먹게 하고 돈을 받고
신 14:21 이방인에게 **파는** 것은 가하니라 너는
신 15:12 네게 **팔렸다** 하자 만일 여섯 해 동안
신 18:8 같을 것이요 그가 조상의 것을 **판** 것은
신 21:14 결코 돈을 받고 **팔지** 말지라 네가 그를
신 24:7 유인하여 종으로 삼거나 **판** 것이 발견되
신 28:68 몸을 적군에게 남녀 종으로 **팔려** 하나
신 32:30 그들을 **팔지** 아니하였고 여호와께서
삿 3:8 리사다임의 손에 **파셨으므로** 이스라엘
삿 4:2 그들을 **파셨으니** 그의 군대 장관은
삿 4:9 손에 **파실** 것임이니라 하고 드보라가
삿 10:7 손과 암몬 자손의 손에 그들을 **파시매**
룻 4:3 우리 형제 엘리멜렉의 소유지를 **팔려**
삼상 2:5 품을 **팔고** 주리던 자들은 다시 주리지
왕상 21:20 네가 네 자신을 **팔아** 여호와 보시기에
왕상 21:25 자신을 **팔아** 여호와 앞에서 악을 행한
왕하 4:7 기름을 **팔아** 빚을 갚고 남은 것으로
왕하 17:17 스스로 **팔려** 여호와 보시기에 악을
느 5:5 종으로 **파는도다** 우리 딸 중에 벌써
느 5:8 **팔린** 우리 ··· 형제를 **팔고자** 하느냐
느 10:31 곡물을 가져다가 **팔려고** 할지라도
느 13:20 장사꾼들과 각양 물건 **파는** 자들이 한두
에 7:4 나와 내 민족이 **팔려서** 죽임과 도륙함
과 ··· 만일 우리가 노비로 **팔렸더라면**
시 44:12 헐값으로 **파심이여** 그들을 **판** 값으로
시 105:17 보내셨음이여 요셉이 종으로 **팔렸도다**
잠 11:26 저주를 받을 것이나 **파는** 자는 그의
잠 23:23 진리를 사되 **팔지는** 말며 지혜와 훈계와
잠 31:24 옷을 지어 **팔며** 띠를 만들어 상인들에게
사 50:1 너희를 **팔았느냐** ··· **팔미암아 팔렸고**
사 52:3 값없이 **팔렸으니** 돈 없이 속량되리라
렘 34:14 형제 히브리 사람이 네게 **팔려** 왔거든
겔 7:12 사는 자도 기뻐하지 말고 **파는** 자도

팔다/팔리다

겔 7:13	파는 자가 살아 있다 …그 판 것을 얻지
겔 48:14	그들이 그 땅을 팔지도 못하며 바꾸지도
욜 3:6	헬라 족속에게 팔아서 그들의 영토에서
욜 3:7	보라 내가 그들을 너희가 팔아 이르게
욜 3:8	자손의 손에 팔리니 … 사람에게 팔리라
암 2:6	의인을 팔며 … 받고 가난한 자를 팔며
암 8:5	우리가 곡식을 팔며 안식일이 언제
암 8:6	가난한 자를 사며 찌꺼기 밀을 팔자
슥 11:5	죄가 없다 하고 판 자들은 말하기를

신약

마 10:4	시몬 및 가룟 유다 곧 예수를 판 자라
마 13:44	돌아가서 자기의 소유를 다 팔아
마 13:46	가서 자기의 소유를 다 팔아 그 진주를
마 18:25	아내와 자식들과 모든 소유를 다 팔아
마 19:21	네 소유를 팔아 가난한 자들에게 주라
마 21:12	사람들의 상과 비둘기 파는 사람들의
마 25:9	파는 자들에게 가서 너희 쓸 것을 사라
마 26:9	비싼 값에 팔아 가난한 자들에게 줄 수
마 26:21	너희 중의 한 사람이 나를 팔리라
마 26:23	그릇에 손을 넣는 그가 나를 팔리라
마 26:24	파는 그 사람에게는 화가 있으리로다
마 26:25	예수를 파는 유다가 대답하여 이르되
마 26:46	함께 가자 보라 나를 파는 자가 가까이
마 26:48	예수를 파는 자가 그들에게 군호를 짜
마 27:4	내가 무죄한 피를 팔고 죄를 범하였도다
막 10:21	팔아 가난한 자들에게 주라 그리하면
막 11:15	상과 비둘기 파는 자들의 의자를 둘러
막 14:5	이 향유를 삼백 데나리온 이상에 팔아
막 14:18	곧 나와 함께 먹는 자가 나를 팔리라
막 14:21	파는 그 사람에게는 화가 있으리로다
막 14:42	함께 가자 보라 나를 파는 자가 가까이
막 14:44	예수를 파는 자가 이미 그들과 군호를
눅 6:16	야고보의 아들 유다와 예수를 파는 자
눅 12:6	앗사리온에 팔리는 것이 아니냐 그러나
눅 12:33	너희 소유를 팔아 구제하여 낡아지지
눅 18:22	다 팔아 가난한 자들에게 나눠 주라
눅 22:21	보라 나를 파는 자의 손이 나와 함께
눅 22:22	파는 그 사람에게는 화가 있으리로다
눅 22:36	검 없는 자는 겉옷을 팔아 살지어다
눅 22:48	유다야 네가 입맞춤으로 인자를 파느냐
요 2:14	비둘기 파는 사람들과 돈 바꾸는 사람들
요 2:16	비둘기 파는 사람들에게 이르시되
요 6:64	팔 자가 누구인지 처음부터 아심이라
요 6:71	열둘 중의 하나로 예수를 팔 자러라
요 12:5	삼백 데나리온에 팔아 가난한 자들에게
요 13:2	유다의 마음에 예수를 팔려는 생각을
요 13:11	자기를 팔 자가 누구인지 아심이라
요 13:21	이르노니 너희 중 하나가 나를 팔리라
요 18:2	모이시는 곳이므로 예수를 파는 유다도
요 18:5	내가 그니라 하시니라 그를 파는 유다도
요 21:20	주님 주님을 파는 자가 누구오니이까
행 2:45	소유를 팔아 각 사람의 필요를 따라
행 4:34	밭과 집 있는 자는 팔아 그 판 것의 값을
행 4:37	있으매 팔아 그 값을 가지고 사도들의
행 5:1	그의 아내 삽비라와 더불어 소유를 팔아
행 5:4	네 땅이 아니며 판 후에도 네 마음대로
행 5:8	그 땅 판 값이 이것뿐이냐 내게 말하라
행 7:9	시기하여 애굽에 팔았더니 하나님이
롬 7:14	나는 육신에 속하여 죄 아래에 팔렸도다
고전 10:25	무릇 시장에서 파는 것은 양심을 위하여

사고팔다

눅 17:28	사람들이 먹고 마시고 사고팔고 심고

팔만 (八萬, eighty thousand)

왕상 5:15	산에서 돌을 뜨는 자가 팔만 명이며
대상 7:5	전체를 계수하면 팔만 칠천 명이었더라
대하 2:2	돌을 떠낼 자 팔만 명과 일을 감독할 자
대하 2:18	팔만 명은 산에서 벌목하게 하였고 삼천

팔목 고리 (bracelet)

사 3:19	귀 고리와 팔목 고리와 얼굴 가리개와

팔백 (八百, eight hundred-KJV)

창 5:4	아담은 셋을 낳은 후 팔백 년을 지내며
창 5:19	에녹을 낳은 후 팔백 년을 지내며 자녀
삼하 23:8	두목이라 그가 단번에 팔백 명을

'팔백'과 관련된 성구

팔백구십오 세 – 창 5:17
팔백사십 년 – 창 5:13
팔백사십오 명 – 느 7:13
팔백삼십 년 – 창 5:16
팔백삼십이 명 – 렘 52:29
팔백칠 년 – 창 5:7

【 팔뼈 】　　　　　　　　　　　　　　　　　　　　　　　　【 패망/-하다 】

팔뼈 (joint)
욥 31:22 어깨 뼈에서 떨어지고 내 팔 뼈가 그

팔십 (八十, eighty)
시 90:10 연수가 칠십이요 강건하면 팔십이라도
눅 16:7 여기 네 증서를 가지고 팔십이라 쓰라

'팔십'과 관련된 성구
- 팔십 년 – 삿 3:30
- 팔십 명 – 왕하 10:24; 대상 15:9; 대하 26:17; 스 8:8; 아 6:8; 렘 41:5
- 팔십사 세 – 눅 2:37
- 팔십삼 세 – 출 7:7
- 팔십 세 – 출 7:7; 삼하 19:32, 35
- 팔십 세겔 – 왕하 6:25
- 팔십오 명 – 삼상 22:18
- 팔십오 세 – 수 14:10
- 팔십육 세 – 창 16:16

팔십만 (eight hundred thousand-KJV)
삼하 24:9 담대한 자가 팔십만 명이요 유다 사람이
대하 13:3 여로보암은 큰 용사 팔십만 명을 택하여

팔아넘기다 (sell)
삿 2:14 팔아넘기시매 그들이 다시는 대적을
욥 6:27 뽑으며 너희 친구를 팔아넘기는구나

팔짱 (fold one's hands)
전 4:5 팔짱을 끼고 있으면서 자기의 몸만 축

팔찌 (brooch)
출 35:22 원하는 남녀가 와서 팔찌와 귀고리와
겔 23:42 팔찌를 그 손목에 끼우고 아름다운 관을

팔천 (八千, eight thousand-KJV)
민 3:28 남자는 모두 팔천육백 명인데 성소를
민 4:48 그 계수된 자는 팔천오백팔십 명이라

팥 (lentil)

삼하 17:28 밀가루와 볶은 곡식과 콩과 팥과 볶은 녹두와
겔 4:9 너는 밀과 보리와 콩과 팥과 조와 귀리를 가져다가

팥죽
창 25:34 야곱이 떡과 팥죽을 에서에게 주매 에서

팥중이 (locust swarm)
레 11:22 종류와 귀뚜라미 종류와 팥중이 종류는
욜 1:4 팥중이가 남긴 것을 메뚜기가 먹고
욜 2:25 느치와 황충과 팥중이가 먹은 햇수대로
암 4:9 팥중이로 너희의 많은 동산과 포도원과

패 1 (牌, plate, notice)
출 28:36 순금으로 패를 만들어 도장을 새기는
출 39:30 거룩한 패를 만들고 도장을 새김같이
출 39:31 패를 청색 끈으로 관 전면에 달았으니
막 15:26 그 위에 있는 죄 패에 유대인의 왕이라
눅 23:38 이는 유대인의 왕이라 쓴 패가 있더라
요 19:19 빌라도가 패를 써서 십자가 위에 붙이니

　패 1 ~ 기타 본문
　출 28:37, 38; 29:6; 레 8:9; 요 19:20

패 2 (squad)
행 12:4 군인 넷씩인 네 패에게 맡겨 지키고

패가하다 (敗家, destroy)
잠 18:9 일을 게을리하는 자는 패가하는 자의

패다 (cut)
신 29:11 나무를 패는 자로부터 물 긷는 자까지
수 9:21 회중을 위하여 나무를 패며 물을 긷는
수 9:23 내 하나님의 집을 위하여 나무를 패며
수 9:27 여호와의 제단을 위하여 나무를 패며
삼상 6:14 수레의 나무를 패고 그 암소들을 번제물

패망/-하다 (敗亡, destruction, perish)
대하 14:13 군대 앞에서 패망하였음이라 노략을
대하 22:4 패망하게 하는 아합의 집의 가르침을
욥 16:7 하시고 나의 온 집안을 패망하게
시 83:10 패망하여 땅에 거름이 되었나이다
시 92:9 패망하리이다 … 원수들은 패망하리니
시 140:11 포악한 자는 재앙이 따라서 패망하게
잠 11:10 악인이 패망하면 기뻐 외치느니라
잠 11:28 의지하는 자는 패망하려니와 의인은
잠 13:6 자를 보호하고 악은 죄인을 패망하게

【 패물 】

잠 13:13	패망을 이루고 계명을 두려워하는 자는
잠 14:28	백성이 적은 것은 주권자의 **패망이니라**
잠 16:18	교만은 **패망**의 선봉이요 거만한 마음은
잠 21:15	즐거움이요 죄인에게는 **패망이니라**
잠 21:28	거짓 증인은 **패망하려니** 확실히 들은
잠 26:28	자를 미워하고 아첨하는 입은 **패망**을
잠 29:1	목이 곧은 사람은 갑자기 **패망**을 당하고
전 7:16	되지 말라 어찌하여 스스로 **패망하게**
사 1:28	죄인은 함께 **패망하고** 여호와를 버린
사 7:8	에브라임이 **패망하여** 다시는 나라를
사 8:9	끝내 **패망하리라** 너희 먼 … 끝내 **패망**
	하리라 너희 …그러나 끝내 **패망하리라**
사 15:5	호로나임 길에서 **패망**을 울부짖으니
사 22:4	백성이 **패망하였음**으로 말미암아 나를
사 54:15	자는 너로 말미암아 **패망하리라**
렘 4:20	**패망**에 **패망**이 연속하여 온 땅이 탈취를
애 2:11	백성이 **패망하여** 어린 자녀와 젖 먹는
겔 7:25	**패망**이 이르리니 그들이 평강을 구하여
겔 23:33	**패망**의 잔에 넘치게 취하고 근심할지라
겔 24:23	죄악 중에 **패망하여** 피차 바라보고
겔 25:7	여러 나라 가운데에서 **패망하게** 하여
겔 26:21	너를 **패망하게** 하여 다시 있지 못하게
겔 27:27	무리가 네가 **패망하는** 날에 다 바다
겔 32:9	네 **패망**의 소문이 여러 나라 곧 네가
겔 32:28	**패망할 것임이여** 칼에 죽임을 당한 자와
단 11:41	많은 나라를 **패망하게** 할 것이나 오직
호 7:13	**패망할진저** 그들이 내게 범죄하였음이
호 13:9	이스라엘아 네가 **패망하였나니** 이는
암 5:9	갑자기 **패망**이 이르게 하신즉 그 **패망**이
옵 1:12	유다 자손이 **패망하는** 날에 기뻐할 것이
습 1:11	안 백성이 다 **패망하고** 은을 거래하는
습 1:15	황폐와 **패망**의 날이요 캄캄하고 어두운

패물(佩物, jewelry)

창 24:53	은금 **패물**과 의복을 꺼내어 리브가에게
출 3:22	여인에게 은 **패물**과 금패물과 의복을
출 11:2	각기 이웃들에게 은금 **패물**을 구하게
출 12:35	말대로 하여 애굽 사람에게 은금 **패물**과
민 31:51	그들에게서 그 금으로 만든 모든 **패물**을
삿 8:26	초승달 장식들과 **패물**과 미디안 왕들이
겔 16:11	어찌 그의 **패물**을 잊겠느냐 신부가 어찌
겔 16:11	**패물**을 채우고 팔고리를 손목에 끼우고
호 2:13	그가 귀고리와 **패물**로 장식하고 그가

【 패역/-하다 】

금패물

출 3:22	여인에게 은 패물과 **금패물**과 의복을
민 31:50	**금패물** 곧 발목 고리, 손목 고리, 인장

패역/-하다 (悖逆, perverse, do wrong, rebel)

신 21:18	사람에게 완악하고 **패역한** 아들이 있어
신 21:20	자식은 완악하고 **패역하여** 우리말을
삿 2:19	**패역한** 길을 그치지 아니하였으므로
대하 6:37	**패역**을 행하며 악을 행하였나이다
스 4:12	이 **패역하고** 악한 성읍을 건축하는데
스 4:15	사기에서 이 성읍은 **패역한** 성읍이라
스 4:19	그 중에서 항상 **패역하고** 반역하는 일을
느 9:17	목을 굳게 하며 **패역하여** 스스로 한
시 78:8	완고하고 **패역하여** 그들의 마음이 정직
잠 2:12	악한 자의 길과 **패역**을 말하는 자에게서
잠 2:14	행악하기를 기뻐하며 악인의 **패역**을
잠 2:15	길은 구부러지고 그 행위는 **패역하니라**
잠 6:14	그의 마음에 **패역**을 품으며 항상 악을
잠 8:8	그 가운데에 굽은 것과 **패역한** 것이
잠 8:13	악한 행실과 **패역한** 입을 미워하느니라
잠 10:32	악인의 입은 **패역**을 말하느니라
잠 11:3	사악한 자의 **패역**은 자기를 망하게
잠 14:2	**패역하게** 행하는 자는 여호와를 경멸
잠 19:1	**패역하고** 미련한 자보다 나으니라
사 1:5	매를 더 맞으려고 **패역**을 거듭하느냐
사 1:23	네 고관들은 **패역하여** 도둑과 짝하며
사 29:16	너희의 **패역함**이 심하도다 토기장이를
사 57:4	너희는 **패역**의 자식, 거짓의 후손이
사 57:17	그가 아직도 **패역하여** 자기 마음의 길로

'패역'과 관련된 성구

패역한 말 – 사 32:6; 렘 28:16; 29:32

패역한 백성 – 사 30:9; 65:2; 겔 2:3

패역한 세대 – 신 32:20; 마 17:17; 눅 9:41; 행 2:40

패역한 일 – 삼하 19:19; 잠 16:30

패역한 자 – 잠 3:32; 16:28; 17:20; 22:5; 사 1:28; 30:1; 46:8; 66:24; 겔 2:7; 호 5:2

패역한 족속 – 겔 2:5, 6, 8; 3:26

패역한 혀 – 잠 10:31; 15:4

【 패역무도 】   【 퍼지다 】

사 59:13	포학과 **패역**을 말하며 거짓말을 마음에
렘 49:4	**패역**한 딸아 어찌하여 골짜기 곧 네
겔 2:8	그 **패역**한 족속같이 **패역**하지 말고
단 9:5	범죄하여 **패역**하며 행악하며 반역하여
단 9:9	이는 우리가 주께 **패역**하였음이오며
합 1:3	죄악을 보게 하시며 **패역**을 눈으로 보게
합 1:13	차마 보지 못하시며 **패역**을 차마 보지
습 3:1	**패역**하고 더러운 곳, 포학한 그 성읍이
유 1:11	몰려갔으며 고라의 **패역**을 따라 멸망을

패역무도(悖逆無道, perverse and rebellious)
삼상 20:30 **패역무도**한 계집의 소생아 네가 이새의

패역자(悖逆者, traitor, rebel)
호 5:2 **패역자**가 살륙죄에 깊이 빠졌으매
미 2:4 밭을 나누어 **패역자**에게 주시는도다

패전하다(敗戰, fighting grow fierce)
삼상 31:3 **패전**하매 활 쏘는 자가 따라잡으니

패하다(敗, be defeated, be shattered)
출 32:18 승전가도 아니요 **패하여** 부르짖는 소리
레 26:17 너희가 너희의 대적에게 **패할** 것이요
민 14:42 말라 너희의 대적 앞에서 **패할까** 하노라
신 1:42 대적에게 **패할까** 하노라 하시기로
신 28:7 적군들을 네 앞에서 **패하게** 하시리라
신 28:25 네 적군 앞에서 너를 **패하게** 하시리니
수 8:15 앞에서 거짓으로 **패한** 척하여 광야 길로
수 10:10 이스라엘 앞에서 **패하게** 하시므로
삿 20:32 처음과 같이 우리 앞에서 **패한다** 하나
삿 20:36 자손이 자기가 **패한** 것을 깨달았으니
삿 20:39 처음 싸움같이 우리에게 **패한다** 하다가
삼상 4:2 블레셋 사람들 앞에서 **패하여**
삼상 4:3 블레셋 사람들 앞에 **패하게** 하셨는고
삼상 4:10 이스라엘이 **패하여** 각기 장막으로 도망
삼상 7:10 하시니 그들이 이스라엘 앞에서 **패한지라**
삼하 2:17 다윗의 신복들 앞에서 **패하니라**
삼하 10:15 이스라엘 앞에서 **패하였음**을 보고 다
삼하 10:19 왕들이 자기가 이스라엘 앞에서 **패함**을
삼하 15:34 아히도벨의 모략을 **패하게** 하리라
삼하 17:9 압살롬을 따르는 자 가운데서 **패함**을
삼하 18:7 백성이 다윗의 부하들에게 **패하매**
왕상 8:33 주께 범죄하여 적국 앞에 **패하게** 되므로

왕하 14:12	유다가 이스라엘 앞에서 **패하여** 각기
대상 5:20	있는 자들이 다 그들의 손에 **패하였으니**
대상 19:16	자기가 이스라엘 앞에서 **패하였음**을
대상 19:19	자기가 이스라엘 앞에서 **패하였음**을
대상 21:12	네가 석 달을 적군에게 **패하여** 적군의
대하 6:24	주께 범죄하여 적국 앞에 **패하게** 되므로
대하 20:22	치게 하시므로 그들이 **패하였으니**
대하 25:8	돕기도 하시고 능히 **패하게도** 하시나이
대하 25:22	유다가 이스라엘 앞에서 **패하여** 각기
잠 22:12	사악한 사람의 말은 **패하게** 하시느니라
전 4:12	한 사람이면 **패하겠거니와** 두 사람이면
렘 46:2	바벨론의 느부갓네살 왕에게 **패한** 애굽
렘 46:5	그들의 용사는 **패하여** 황급히 도망하며
렘 48:20	모압이 **패하여** 수치를 받나니 너희는
단 11:22	그에게 넘침으로 말미암아 **패할** 것이요
눅 2:34	많은 사람을 **패하거나** 흥하게 하며

퍼뜨리다(spread)
출 23:1 거짓된 풍설을 **퍼뜨리지** 말며 악인과
마 9:31 예수의 소문을 그 온 땅에 **퍼뜨리니라**

퍼붓다(unleash)
겔 13:13 분노하여 폭풍을 **퍼붓고** 내가 진노하여

퍼지다(scatter, spread)
창 9:19 아들로부터 사람들이 온 땅에 **퍼지니라**
창 28:14 동쪽과 북쪽과 남쪽으로 **퍼져** 나갈지며
출 1:12 받을수록 더욱 번성하여 **퍼져** 나가니
레 13:5 병색이 피부에 **퍼지지** 아니하였으면
레 13:6 병색이 피부에 **퍼지지** 아니하였으면
레 13:7 병이 피부에 **퍼지면** 제사장에게 다시
레 13:8 병이 피부에 **퍼졌으면** 그를 부정하다
레 13:12 환자의 머리부터 발끝까지 **퍼졌으면**
레 13:13 과연 그의 전신에 **퍼졌으면** 그 환자를
레 13:22 병이 크게 피부에 **퍼졌으면** 제사장은
레 13:23 색점이 여전하고 **퍼지지** 아니하였으면
레 13:27 병이 크게 피부에 **퍼졌으면** 그가 그를
레 13:28 여전하여 피부에 **퍼지지** 아니하고
레 13:32 그 음이 **퍼지지** 아니하고 그 자리에
레 13:34 음이 피부에 **퍼지지** 아니하고 피부보다
레 13:35 후에라도 음이 크게 피부에 **퍼지면**
레 13:36 음이 피부에 **퍼졌으면** 누른 털을 찾을
레 13:51 가죽으로 만든 것에 **퍼졌으면** 이는

퍼지다

레 13:53	가죽으로 만든 것에 **퍼지지** 아니하였으
레 13:55	색점이 **퍼지지** 아니하였으면 부정하니
레 14:39	살펴볼 것이요 그 색점이 벽에 **퍼졌으면**
레 14:44	그 색점이 만일 집에 **퍼졌으면** 악성
레 14:48	색점이 집에 **퍼지지** 아니하였으면 이는
레 19:29	음행이 전국에 **퍼져** 죄악이 가득할까
수 6:27	여호수아의 소문이 그 온 땅에 **퍼지니라**
삼하 18:8	그 땅에서 사면으로 **퍼져** 싸웠으므로
왕상 6:27	그룹들의 날개가 **퍼져** 있는데 이쪽
대상 14:17	명성이 온 세상에 **퍼졌고** 여호와께서
대하 26:8	이름이 애굽 변방까지 **퍼졌더라**
대하 26:15	이름이 멀리 **퍼짐은** 기이한 도우심을
에 9:4	모르드개의 명성이 각 지방에 **퍼지더라**
욥 12:23	민족들을 널리 **퍼지게도** 하시고 다시
시 91:6	어두울 때 **퍼지는** 전염병과 밝을 때
잠 24:31	가시덤불이 그 전부에 **퍼졌으며** 그 지면
아 7:12	돋았는지, 꽃술이 **퍼졌는지**, 석류 꽃이
사 18:5	가지를 베며 **퍼진** 가지를 찍어 버려서
사 54:3	네가 좌우로 **퍼지며** 네 자손은 열방을
렘 23:15	선지자들로부터 나와서 온 땅에 **퍼짐이**
겔 16:14	네 명성이 이방인 중에 **퍼졌음은** 내가
겔 17:6	자라며 **퍼져서** 높지 아니한 포도나무
호 9:6	장막 안에는 가시덩굴이 **퍼지리라**
호 14:6	그의 가지는 **퍼지며** 그의 아름다움은
마 4:24	소문이 온 수리아에 **퍼진지라** 사람들이
마 9:26	그 소문이 그 온 땅에 **퍼지더라**
마 28:15	날까지 유대인 가운데 두루 **퍼지니라**
막 1:28	소문이 곧 온 갈릴리 사방에 **퍼지더라**
막 1:45	일을 많이 전파하여 널리 **퍼지게** 하니
눅 1:65	모든 말이 온 유대 산골에 두루 **퍼지매**
눅 4:14	돌아가시니 그 소문이 사방에 **퍼졌고**
눅 4:37	예수의 소문이 그 근처 사방에 **퍼지니라**
눅 5:15	예수의 소문이 더욱 **퍼지매** 수많은
눅 7:17	소문이 온 유대와 사방에 두루 **퍼지니라**
행 4:17	이것이 민간에 더 **퍼지지** 못하게 그들을
행 13:49	주의 말씀이 그 지방에 두루 **퍼지니라**
롬 10:18	그 소리가 온 땅에 **퍼졌고** 그 말씀이
고전 5:6	적은 누룩이 온 덩어리에 **퍼지는** 것을
갈 5:9	적은 누룩이 온 덩이에 **퍼지느니라**
살전 1:8	소문이 각처에 **퍼졌으므로** 우리는
살후 3:1	말씀이 너희 가운데서와 같이 **퍼져** 나가
딤후 2:17	말은 악성 종양이 **퍼져** 나감과 같은데
계 14:20	닿았고 천육백 스다디온에 **퍼졌더라**
계 20:9	널리 **퍼져** 성도들의 진과 사랑하시는

퍽(most, very many)

고후 9:2	열심이 **퍽** 많은 사람들을 분발하게

펴다(extend, open, spread, stretch)

출 8:5	강들과 운하들과 못 위에 **펴서** 개구리
출 24:10	아래에는 청옥을 **편** 듯하고 하늘같이
출 40:19	성막 위에 막을 **펴고** 그 위에 덮개를
민 11:32	자기들을 위하여 진영 사면에 **펴** 두었더
신 22:17	그 성읍 장로들 앞에 **펼** 것이요
룻 3:9	옷자락을 **펴** 당신의 여종을 덮으소서
삼하 21:10	자기를 위하여 바위 위에 **펴고** 곡식
왕상 13:4	그를 향하여 **편** 손이 말라 다시 거두지
왕상 17:21	아이 위에 몸을 세 번 **펴서** 엎드리고
대상 18:3	강 가에서 자기 세력을 **펴고자** 하매

'펴다'와 관련된 성구

겉옷을 펴다 – 삿 8:25; 룻 3:15; 마 21:8; 막 11:8; 눅 19:36

날개를 펴다 – 출 25:20; 37:9; 신 32:11; 왕상 8:7; 대상 28:18; 대하 5:8; 렘 48:40; 49:22; 겔 1:11, 23; 나 3:16

두루마리를 펴다 – 계 5:2, 3, 4

보자기를 펴다 – 민 4:7, 8, 11, 13

손을 펴다 – 창 48:14; 출 7:5; 9:33; 신 15:8, 11; 삼하 15:5; 왕상 8:22, 38, 54; 13:4; 대상 13:9, 10; 대하 6:12, 13, 29; 욥 1:11; 2:5; 30:24; 시 44:20; 104:28; 138:7; 143:6; 144:7; 145:16; 잠 1:24; 31:20; 사 1:15; 11:11; 14:27; 23:11; 25:11; 65:2; 렘 4:31; 6:12; 15:6; 51:25; 애 1:10, 17; 겔 6:14; 14:9, 13; 16:27; 25:7, 13, 16; 35:3; 단 11:42; 습 1:4; 2:13; 마 26:51

편/펴신 팔 – 출 6:6; 신 4:34; 5:15; 7:19; 9:29; 11:2; 26:8; 왕상 8:42; 왕하 17:36; 대하 6:32; 시 136:12; 렘 32:17, 21; 겔 20:33, 34

하늘을 펴다 – 욥 9:8; 사 40:22; 42:5; 44:24; 45:12; 48:13; 51:13; 16; 렘 10:12; 51:15; 슥 12:1

펴지다

대상 21:16	들고 예루살렘 하늘을 향하여 **편**이라
대하 3:13	그룹이 **편** 날개가 모두 이십 규빗이라
느 8:5	목전에 책을 **펴니** 책을 **펼** 때에 모든
욥 26:7	북쪽을 허공에 **펴시며** 땅을 아무것도
욥 26:9	가리시고 자기의 구름을 그 위에 **펴시며**
시 105:39	낮에는 구름을 **펴사** 덮개를 삼으시고
시 136:6	땅을 물 위에 **펴신** 이에게 감사하라 그
시 139:8	내 자리를 **펼지라도** 거기 계시니이다
잠 7:16	요와 애굽의 무늬 있는 이불을 **폈고**
사 8:8	그가 **펴는** 날개가 네 땅에 가득하리라
사 14:26	열방을 향하여 **편** 손이라 하셨나니
사 28:20	침상이 짧아서 능히 몸을 **펴지** 못하며
사 54:2	처소의 휘장을 아끼지 말고 널리 **펴되**
사 58:5	베와 재를 **펴는** 것을 어찌 금식이라
겔 2:10	그가 그것을 내 앞에 **펴시니** 그 안팎에
겔 8:3	그가 손 같은 것을 **펴서** 내 머리털 한
마 21:8	다른 이들은 나뭇가지를 베어 길에 **펴며**
막 11:8	이들은 들에서 벤 나뭇가지를 길에 **펴며**
막 14:15	자리를 **펴고** 준비한 큰 다락방을 보이리
눅 4:17	책을 **펴서** 이렇게 기록된 데를 찾으시니
눅 13:11	꼬부라져 조금도 **펴지** 못하는 한 여자가
눅 13:13	곧 **펴고** 하나님께 영광을 돌리는지라
계 20:12	책들이 **펴** 있고 또 다른 책이 **펴졌으니**

펴 놓다/놓이다

왕하 19:14	그 편지를 여호와 앞에 **펴 놓고**
욥 17:13	희망하여 내 침상을 흑암에 **펴 놓으매**
사 37:14	올라가서 그 글을 여호와 앞에 **펴 놓고**
단 7:10	심판을 베푸는데 책들이 **펴 놓였더라**
계 10:2	그 손에는 **펴 놓인** 작은 두루마리를
계 10:8	천사의 손에 **펴 놓인** 두루마리를 가지라

펴지다 (open, stretch, upraise)

사 9:12	그의 손이 여전히 **펴져** 있으리라
사 9:17	그의 손이 여전히 **펴져** 있으리라
사 9:21	그의 손이 여전히 **펴져** 있으리라
사 10:4	그의 손이 여전히 **펴져** 있으리라
겔 2:9	보니 보라 한 손이 나를 향하여 **펴지고**
계 20:12	책들이 펴 있고 또 다른 책이 **펴졌으니**

편 1 (便, for, from)

출 32:26	누구든지 여호와의 **편**에 있는 자는
출 36:28	장막 뒤 두 모퉁이 **편**을 위하여는 널판
레 19:15	가난한 자의 **편**을 들지 말며 세력 있는
삼하 2:15	아들 이스보셋의 **편**에 열두 명이요
단 11:31	군대는 그의 **편**에 서서 성소 곧 견고한
눅 10:42	마리아는 이 좋은 **편**을 택하였으니
요 20:12	머리 **편**에, 하나는 발 **편**에 앉았더라
행 23:9	바리새인 **편**에서 몇 서기관이 일어나
갈 3:20	그 중보자는 한 **편**만 위한 자가 아니라

'편 1'과 관련된 성구

내 편 — 왕하 9:32; 10:6; 시 56:9; 118:6, 7
우리 편 — 시 124:1, 2

편 2 (篇, number)

왕상 4:32	말하였고 그의 노래는 천다섯 **편**이며
행 13:33	시편 둘째 **편**에 기록한 바와 같이 너는

편견 (偏見, partiality)

딤전 5:21	**편견**이 없이 이것들을 지켜 아무 일도
약 3:17	선한 열매가 가득하고 **편견**과 거짓이

편만하다 (遍滿, full, scatter)

삼상 30:16	그들이 온 땅에 **편만하여** 블레셋 사람
롬 15:19	그리스도의 복음을 **편만하게** 전하였으

편벽되이 (偏僻, show favoritism)

출 23:3	가난한 자의 송사라고 해서 **편벽되이**

편안하다 (便安, peaceably-KJV, be kind-NIV)

창 37:4	그를 미워하여 그에게 **편안하게** 말하
창 41:16	하나님께서 바로에게 **편안한** 대답을

편지/-하다 (便紙, send a letter, write a letter)

구약

삼하 11:14	아침이 되매 다윗이 **편지**를 써서 우리아의 손에 들려 요압에게
삼하 11:15	**편지**에 써서 이르기를 너희가 우리아를
왕상 21:8	아합의 이름으로 **편지**들을 쓰고 그 인을
왕상 21:9	**편지** 사연에 이르기를 금식을 선포하고
왕상 21:11	자기들에게 보낸 **편지**에 쓴 대로 하여
왕하 10:1	예후가 **편지**들을 써서 사마리아에

【 편지/-하다 】　　　　　　　　　　　　　　　　　　　【 펼치다/펼쳐지다 】

왕하 10:2 너희에게 있으니 이 **편지**가 너희에게
왕하 10:6 예후가 다시 그들에게 **편지**를 부치니
왕하 10:7 **편지**가 그들에게 이르매 그들이 왕자
왕하 19:14 **편지**를 받아보고 … 그 **편지**를 여호와
왕하 20:12 병들었다 함을 듣고 **편지**와 예물을
대하 30:1 에브라임과 므낫세에 **편지**를 보내어
대하 30:6 보발꾼들이 왕과 방백들의 **편지**를 받아
대하 32:17 산헤립이 또 **편지**를 써 보내어 이스라엘
느 6:5 종자의 손에 봉하지 않은 **편지**를 들려
느 6:17 **편지하였고** 도비야의 **편지**도 그들에게
느 6:19 도비야가 내게 **편지하여** 나를 두렵게
에 9:29 대한 이 둘째 **편지**를 굳게 지키게 하되
에 9:30 화평하고 진실한 말로 **편지**를 써서
렘 29:1 예루살렘에서 이 같은 **편지**를
렘 29:28 바벨론에 있는 우리에게 **편지하기**를

신약

행 15:20 피를 멀리하라고 **편지하는** 것이 옳으니
행 15:23 그 편에 **편지**를 부쳐 이르되 사도와
행 15:30 내려가 무리를 모은 후에 **편지**를 전하니
행 18:27 제자들에게 **편지**를 써 영접하라 하였으
행 21:25 피할 것을 결의하고 **편지하였느니라**
행 23:25 또 이 아래와 같이 **편지하니** 일렀으되
행 23:33 가이사랴에 들어가서 **편지**를 총독에게
행 28:21 유대에서 네게 대한 **편지**도 받은 일이
롬 16:22 **편지**를 기록하는 나 더디오도 주 안에서
고전 5:9 너희에게 쓴 **편지**에 음행하는 자들을
고전 14:37 내가 너희에게 **편지하는** 이 글이 주의
고전 16:3 너희가 인정한 사람에게 **편지**를 주어
고후 3:2 너희는 우리의 **편지**라 우리 마음에 썼고
고후 3:3 그리스도의 **편지**니 이는 먹으로 쓴 것이
고후 7:8 **편지**로 너희를 근심하게 … 그 **편지**가
고후 10:9 내가 **편지**들로 너희를 놀라게 하려는
고후 10:10 그의 **편지**들은 무게가 있고 힘이 있으나
고후 10:11 떠나 있을 때에 **편지**들로 말하는 것과
엡 1:1 있는 신실한 자들에게 **편지하노니**
빌 1:1 또한 감독들과 집사들에게 **편지하노니**
골 1:2 안에서 신실한 형제들에게 **편지하노니**
골 4:16 이 **편지**를 너희에게서 … 오는 **편지**를
살전 1:1 데살로니가인의 교회에 **편지하노니**
살전 5:27 모든 형제에게 이 **편지**를 읽어 주라
살후 1:1 데살로니가인의 교회에 **편지하노니**
살후 2:2 우리에게서 받았다 하는 **편지**로나 주의
살후 2:15 우리의 **편지**로 가르침을 받은 전통을

살후 3:14 누가 이 **편지**에 한 우리말을 순종하지
살후 3:17 이는 **편지**마다 표시로서 이렇게 쓰노라
딤전 1:2 참 아들 된 디모데에게 **편지하노니**
딤후 1:2 사랑하는 아들 디모데에게 **편지하노니**
딛 1:4 나의 참 아들 된 디도에게 **편지하노니**
몬 1:2 네 집에 있는 교회에 **편지하노니**
벧전 1:2 택하심을 받은 자들에게 **편지하노니**
벧후 1:1 우리와 함께 받은 자들에게 **편지하노니**
벧후 3:1 **편지**를 너희에게 쓰노니 이 두 **편지**로
벧후 3:16 그 모든 **편지**에도 이런 일에 관하여
요이 1:1 부녀와 그의 자녀들에게 **편지하노니**
요삼 1:1 참으로 사랑하는 자에게 **편지하노라**
유 1:1 지키심을 받은 자들에게 **편지하노라**
유 1:3 내가 너희에게 **편지하려는** 생각이 …
힘써 싸우라는 **편지**로 너희를 권하여야
계 1:4 아시아에 있는 일곱 교회에 **편지하노니**
계 2:1 에베소 교회의 사자에게 **편지하라**
계 2:8 교회의 사자에게 **편지하라** 처음이며
계 2:12 버가모 교회의 사자에게 **편지하라**
계 2:18 두아디라 교회의 사자에게 **편지하라**
계 3:1 교회의 사자에게 **편지하라** 하나님의
계 3:7 빌라델비아 교회의 사자에게 **편지하라**
계 3:14 교회의 사자에게 **편지하라** 아멘이시요

편집하다(編輯, copy)
잠 25:1 히스기야의 신하들이 **편집한** 것이니라

편하다/편히(便, carefree, content, get relief, have rest, relief-NIV, ease-KJV)
시 55:2 근심으로 **편하지** 못하여 탄식하오니
사 1:24 보응하여 내 마음을 **편하게** 하겠고
겔 23:42 그 무리와 **편히** 지껄이고 즐겼으며 또
단 4:4 나 느부갓네살이 내 집에 **편히** 있으며
고후 2:13 내 심령이 **편하지** 못하여 그들을 작별
고후 7:5 우리 육체가 **편하지** 못하였고 사방으로

┌─────────────────────────────────┐
│ '**편히 쉬다**' 와 관련된 성구 │
│ 삼하 7:11; 시 55:6; 사 57:2; 63:14; 롬 │
│ 15:32 │
└─────────────────────────────────┘

펼치다/펼쳐지다(scatter-NIV, spread-KJV)
욥 36:30 그가 번갯불을 자기의 사면에 **펼치시며**

【 평강/-하다 】　　　　　　　　　　　　　　　　　　　　　　　　【 평민 】

욥 37:3	그 소리를 천하에 펼치시며 번갯불을		겔 13:16	평강이 없으나 평강의 묵시를 보았다고
욥 39:26	매가 떠올라서 날개를 펼쳐 남쪽으로		단 4:4	내 집에 편히 있으며 내 궁에서 평강할
사 5:25	그의 손이 여전히 펼쳐져 있느니라		미 3:5	물것이 있으면 평강을 외치나 그 입에
사 44:24	나와 함께 한 자 없이 땅을 펼쳤고		미 5:5	사람은 평강이 될 것이라 앗수르 사람이
렘 8:2	하늘의 뭇 별 아래에서 펼쳐지게 하리니		학 2:9	이 곳에 평강을 주리라 만군의 여호와
겔 1:22	두려운데 그들의 머리 위에 펼쳐져 있고		슥 8:12	평강의 씨앗을 얻을 것이라 포도나무가
			말 2:5	나의 언약은 생명과 평강의 언약이라

평강/-하다(平康, peace)

【구약】

민 6:26	향하여 드사 평강 주시기를 원하노라
삼상 16:4	그를 영접하여 이르되 평강을 위하여
삼상 16:5	평강을 위함이니라 내가 여호와께
삼상 25:6	평강하라 … 평강하라 … 평강하라
삼하 18:28	아뢰되 평강하옵소서 하고 왕 앞에서
왕상 2:33	여호와께로 말미암는 평강이 영원히
대상 23:25	여호와께서 평강을 그의 백성에게
대하 20:30	하나님이 사방에서 그들에게 평강을
느 9:28	평강을 얻은 후에 다시 주 앞에서
시 29:11	자기 백성에게 평강의 복을 주시리로다
시 72:3	말미암아 산들이 백성에게 평강을 주며
시 72:7	흥왕하여 평강의 풍성함이 달이 다할
시 125:5	이스라엘에게는 평강이 있을지어다
시 128:6	이스라엘에게 평강이 있을지로다
잠 3:2	많은 해를 누리게 하며 평강을 더하게
잠 3:17	길이요 그의 지름길은 다 평강이니라
사 9:7	그 정사와 평강의 더함이 무궁하며 또
사 26:3	견고한 자를 평강하고 평강하도록
사 26:12	우리를 위하여 평강을 베푸시오리니
사 48:18	평강이 강과 같았겠고 네 공의가 바다
사 48:22	악인에게는 평강이 없다 하셨느니라
사 57:21	하나님의 말씀에 악인에게는 평강이
사 66:12	내가 그에게 평강을 강같이, 그에게
렘 4:10	너희에게 평강이 있으리라 하시더니
렘 6:14	평강하다 평강하다 … 평강이 없도다
렘 6:16	심령이 평강을 얻으리라 하나 그들의
렘 8:11	평강하다, 평강하다 … 평강이 없도다
렘 8:15	우리가 평강을 바라나 좋은 것이 없으며
렘 14:13	이곳에서 너희에게 확실한 평강을
렘 14:19	우리가 평강을 바라도 좋은 것이 없고
렘 16:5	이 백성에게서 나의 평강을 빼앗으며
애 3:17	주께서 내 심령이 평강에서 멀리 떠나게
겔 7:25	그들이 평강을 구하여도 없을 것이라
겔 13:10	유혹하여 평강이 없으나 평강이 있다

【신약】

롬 2:10	각 사람에게는 영광과 존귀와 평강이
롬 14:17	성령 안에 있는 의와 평강과 희락이라
롬 15:13	기쁨과 평강을 믿음 안에서 너희에게
갈 6:16	하나님의 이스라엘에게 평강과 긍휼이
빌 4:7	모든 지각에 뛰어난 하나님의 평강이
골 3:15	평강이 너희 마음을 주장하게 하라 너희 는 평강을 위하여 한 몸으로 부르심을
살후 3:16	평강의 주께서 … 너희에게 평강을
히 12:11	연단 받은 자들은 의와 평강의 열매를
벧후 3:14	점도 없고 흠도 없이 평강 가운데서
요삼 1:15	평강이 네게 있을지어다 여러 친구가
유 1:2	긍휼과 평강과 사랑이 너희에게 더욱

'평강'과 관련된 성구

은혜와 긍휼과 평강 – 딤전 1:2; 딤후 1:2; 요이 1:3

은혜와 평강 – 롬 1:7; 고전 1:3; 고후 1:2; 갈 1:3; 엡 1:2; 빌 1:2; 골 1:2; 살전 1:1; 살후 1:2; 딛 1:4; 몬 1:3; 벧전 1:2; 벧후 1:2; 계 1:5

평강의 길 – 사 59:8; 눅 1:79; 롬 3:17

평강의 왕 – 사 9:6; 히 7:2

평강의 하나님 – 롬 15:33; 16:20; 고후 13:11; 빌 4:9; 살전 5:23; 히 13:20

평강이 있을지어다 – 시 125:5; 사 57:19; 단 4:1; 단 6:25; 눅 24:36; 요 20:19, 21, 26; 벧전 5:14

평론하다(評論, ridicule)

합 2:6	평론하며 조롱하는 시로 그를 풍자하지

평민(平民, people)

레 4:27	만일 평민의 한 사람이 여호와의 계명
왕하 23:6	가루를 만들어 그 가루를 평민의 묘지에

【 평상 】

렘 17:19 　왕들이 출입하는 **평민**의 문과 예루살렘
렘 26:23 　그의 시체를 **평민**의 묘지에 던지게
렘 52:25 　성 안에서 만난 **평민** 육십 명이라

평상(平床, bed)
막 4:21 　말 아래에나 **평상** 아래에 두려 함이냐
눅 8:16 　그릇으로 덮거나 **평상** 아래에 두지

평생(平生, all the days of one's life)
창 3:17 　너는 네 **평생**에 수고하여야 그 소산을
신 6:2 　**평생**에 네 하나님 여호와를 경외하며
신 12:1 　너희가 **평생**에 지켜 행할 규례와 법도는
신 16:3 　네 **평생**에 항상 네가 애굽 땅에서 나온
신 17:19 　**평생**에 자기 옆에 두고 읽어 그의
신 22:19 　그 남자가 **평생**에 버릴 수 없는 아내가
신 22:29 　처녀를 욕보였은즉 **평생**에 그를 버리지
신 23:6 　네 **평생**에 그들의 평안함과 형통함을
수 1:5 　**평생**에 너를 능히 대적할 자가 없으리니
삼상 1:11 　내가 그의 **평생**에 그를 여호와께 드리게
삼상 1:28 　그의 **평생**을 여호와께 드리나이다 하고
삼상 18:29 　두려워하여 **평생**에 다윗의 대적이 되니
왕상 3:13 　네 **평생**에 왕들 중에 너와 같은 자가
왕상 5:1 　히람이 **평생**에 다윗을 사랑하였음이라
왕상 15:5 　**평생**에 여호와 보시기에 정직하게
왕하 15:18 　여로보암의 죄에서 **평생** 떠나지 아니
시 23:6 　**평생**에 선하심과 인자하심이 반드시
시 27:4 　내가 내 **평생**에 여호와의 집에 살면서
시 30:5 　은총은 **평생**이로다 저녁에는 울음이
시 63:4 　나의 **평생**에 주를 송축하며 주의 이름
시 90:9 　우리의 **평생**이 순식간에 다하였나이다
시 104:33 　내가 **평생**토록 여호와께 노래하며 내가
시 116:2 　기울이셨으므로 내가 **평생**에 기도하리
시 128:5 　너는 **평생**에 예루살렘의 번영을 보며
시 146:2 　나의 **평생**에 내 하나님을 찬송하리로다
전 9:3 　그들의 **평생**에 미친 마음을 품고 있다가
전 9:9 　**평생**의 모든 … **평생**에 해 아래에서
렘 22:30 　**평생** 동안 형통하지 못할 자로 기록하라
렘 35:7 　**평생** 동안 장막에 살아라 그리하면
렘 35:8 　**평생** 동안 포도주를 마시지 아니하며
렘 52:33 　그의 **평생** 동안 항상 왕의 앞에서 먹게

평소(平素, usual)
단 3:19 　풀무불을 뜨겁게 하기를 **평소**보다

【 평안/-하다 】

평시(平時, customary)
삼상 20:25 　왕은 **평시**와 같이 벽 곁 자기 자리에

평안/-하다(平安, peace, at rest, safe)
모세오경, 역사서
창 29:6 　그가 **평안하냐** 이르되 **평안하니라** 그의
창 43:28 　종 우리 아버지가 **평안하고** 지금까지
신 23:6 　네 평생에 그들의 **평안함**과 형통함을
신 29:19 　멸망할지라도 내게는 **평안**이 있으리라
삼상 20:7 　말이 좋다 하면 네 종이 **평안하려니와**
삼상 20:21 　맹세하노니 네가 **평안** 무사할 것이요
삼하 17:3 　그리하면 모든 백성이 **평안하리이다**
삼하 20:9 　내 형은 **평안하냐** 하며 오른손으로
왕하 4:26 　**평안하냐** 네 남편이 … **평안하냐** 하라
　　　　　 하였더니 … 대답하되 **평안하다** 하고
왕하 5:21 　내려 맞이하여 이르되 **평안이냐** 하니
왕하 5:22 　이르되 **평안하나이다** 우리 주인께서
왕하 9:11 　한 사람이 그에게 묻되 **평안하냐** 그
왕하 9:17 　보내어 맞이하여 **평안하냐** 묻게 하라
왕하 9:18 　왕의 말씀이 **평안하냐**…이르되 **평안**이
왕하 9:19 　왕의 말씀이 **평안하냐**…이르되 **평안**이
왕하 9:22 　**평안하냐** 하니 … 어찌 **평안**이 있으랴
왕하 9:31 　주인을 죽인 너 시므리여 **평안하냐** 하니
왕하 25:24 　그리하면 너희가 **평안하리라** 하니라
대상 4:40 　그 땅이 넓고 안정 되고 **평안하니** 이는
대상 12:18 　원하건대 **평안하소서** 당신도 **평안하**
　　　　　 고 … 돕는 자에게도 **평안**이 있을지니
대상 22:9 　생전에 **평안**과 안일함을 이스라엘에게
대하 6:41 　능력의 궤와 함께 주의 **평안한** 처소에
대하 14:1 　그의 땅이 십 년 동안 **평안하니라**
대하 14:5 　나라가 그 앞에서 **평안함**을 누리니라
대하 14:6 　**평안하여** 여러 해 싸움이 없은지라
대하 15:5 　크게 요란하여 사람의 출입이 **평안하지**
스 4:17 　내리니 일렀으되 너희는 **평안할지어다**
스 5:7 　일렀으되 다리오 왕은 **평안하옵소서**

시가서, 선지서
욥 8:6 　네 의로운 처소를 **평안하게** 하실 것이라
욥 10:20 　버려두사 잠시나마 **평안하게** 하시되
욥 12:5 　**평안한** 자의 마음은 재앙을 멸시하나
욥 12:6 　하나님을 진노하게 하는 자는 **평안하니**
욥 15:21 　**평안할** 때에 멸망시키는 자가 그에게
욥 16:12 　내가 **평안하더니** 그가 나를 꺾으시며
욥 20:20 　**평안**을 알지 못하니 그가 기뻐하는

평안/-하다

욥 21:9	집이 **평안하고** 두려움이 없고 하나님께
욥 21:23	기운이 충실하여 안전하며 **평안하고**
욥 22:21	하나님과 화목하고 **평안하라** 그리하면
시 35:27	종의 **평안함**을 기뻐하시는 여호와는
시 37:37	모든 화평한 자의 미래는 **평안**이로다
시 38:3	말미암아 내 뼈에 **평안함**이 없나이다
시 55:18	생명을 구원하사 **평안하게** 하셨도다
시 69:22	올무가 되게 하시며 그들의 **평안**이 덫이
시 73:12	악인들이라도 항상 **평안하고** 재물은
시 116:7	영혼아 네 **평안함**으로 돌아갈지어다
시 119:165	사랑하는 자에게는 큰 **평안**이 있으니
시 122:6	예루살렘을 위하여 **평안**을 구하라
시 122:7	네 성 안에는 **평안**이 있고 네 궁중에는
시 122:8	이제 말하리니 네 가운데에 **평안**이
시 132:8	궤와 함께 **평안한** 곳으로 들어가소서
시 147:14	네 경내를 **평안하게** 하시고 아름다운
잠 10:9	행하는 자는 걸음이 **평안하려니와**
잠 11:14	지략이 많으면 **평안**을 누리느니라
잠 11:15	되기를 싫어하는 자는 **평안하니라**
잠 29:17	너를 **평안하게** 하겠고 또 네 마음에
전 6:5	못하나 이가 그보다 더 **평안함**이라
사 32:17	공의의 결과는 영원한 **평안**과 안전이라
사 33:6	시대에 **평안함**이 있으며 구원과 지혜와
사 39:8	생전에는 **평안**과 견고함이 있으리로다
사 45:7	나는 **평안**도 짓고 환난도 창조하나니
사 54:13	받을 것이니 네 자녀에게는 큰 **평안**이
사 57:2	그들은 **평안**에 들어갔나니 바른 길로
렘 12:1	반역한 자가 다 **평안함**은 무슨 까닭이
렘 12:5	네가 **평안한** 땅에서는 무사하려니와
렘 12:12	끝까지 삼키니 모든 육체가 **평안하지**
렘 15:5	울 자 누구며 돌이켜 네 **평안**을 물을 자
렘 22:21	네가 **평안할** 때에 내가 네게 말하였으나
렘 23:17	**평안하리라** 여호와의 말씀이니라
렘 29:7	성읍의 **평안**을 구하고 … 이는 그 성읍
	이 **평안함**으로 너희도 **평안할** 것임이라
렘 29:11	내가 아나니 **평안**이요 재앙이 아니니라
렘 30:5	들으니 두려움이요 **평안함**이 아니로다
렘 33:6	**평안**과 진실의 풍성함을 그들에게
렘 33:9	모든 **평안**으로 말미암아 두려워하며
렘 38:4	사람이 백성의 **평안**을 구하지 아니하고
렘 45:3	나의 탄식으로 피곤하여 **평안**을 찾지
렘 46:27	야곱이 돌아와서 **평안하며** 걱정 없이
렘 48:11	젊은 시절부터 **평안하고** 포로도 되지
렘 49:23	바닷가에서 비틀거리며 **평안**이 없도다
겔 16:42	**평안하여** 다시는 노하지 아니하리라
겔 34:27	그들이 그 땅에서 **평안할지라** 내가
단 4:27	**평안함**이 혹시 장구하리이다 하니라
단 10:19	두려워하지 말라 **평안하라** 강건하라
단 11:21	**평안한** 때를 타서 속임수로 그 나라를
단 11:24	**평안한** 때에 그 지방의 가장 기름진
슥 1:11	땅이 **평안하고** 조용하더이다 하더라

신약

마 10:12	그 집에 들어가면서 **평안하기**를 빌라
마 10:13	빈 **평안**이 거기 … 그 **평안**이 너희에게
마 27:29	유대인의 왕이여 **평안할지어다** 하며
마 28:9	**평안하냐** 하시거늘 여자들이 나아가
막 15:18	유대인의 왕이여 **평안할지어다** 하고
눅 1:28	은혜를 받은 자여 **평안할지어다** 주께서
눅 10:5	먼저 말하되 이 집이 **평안할지어다** 하라
눅 10:6	**평안**을 받을 사람이 … 너희의 **평안**이
요 14:27	**평안**을 너희에게 끼치노니 곧 나의 **평안**
요 16:33	내 안에서 **평안**을 누리게 하려 함이라
요 19:3	유대인의 왕이여 **평안할지어다** 하며
행 9:31	사마리아 교회가 **평안하여** 든든히
행 15:29	삼가면 잘되리라 **평안함**을 원하노라
롬 8:6	영의 생각은 생명과 **평안**이니라
고후 8:13	다른 사람들은 **평안하게** 하고 너희는
고후 13:11	마음을 같이하며 **평안할지어다** 또 사랑
엡 2:17	너희에게 **평안**을 … 자들에게 **평안**을
엡 4:3	**평안**의 매는 줄로 성령이 하나 되게
엡 6:15	**평안**의 복음이 준비한 것으로 신을 신고
엡 6:23	**평안**과 믿음을 겸한 사랑이 형제들에게
살전 5:3	그들이 **평안하다**, 안전하다 할 그 때에
딤전 2:2	단정함으로 고요하고 **평안한** 생활을
몬 1:20	마음이 그리스도 안에서 **평안하게** 하라

'평안'과 관련된 성구

평안(함)을 얻다 – 신 28:65; 대상 6:31;
에 9:22; 사 23:12; 몬 1:7

평안(함)을 주다 – 대하 14:6, 7; 15:15;
욥 24:23; 시 94:13; 사 38:17; 렘
50:34; 요 14:27

평안히(平安, in peace, in safety)

창 15:15	너는 장수하다가 **평안히** 조상에게로

【 평안히 】   【 평원 】

창 28:21	내가 **평안히** 아버지 집으로 돌아가게	겔 38:11	염려 없이 다 **평안히** 거주하는 백성에게
창 33:18	**평안히** 가나안 땅 세겜 성읍에 이르러	겔 38:14	내 백성 이스라엘이 **평안히** 거주하는
창 44:17	너희는 **평안히** 너희 아버지께로 도로	겔 39:6	마곡과 및 섬에 **평안히** 거주하는 자에게
신 12:10	너희를 **평안히** 거주하게 하실 때에	겔 39:26	그들이 그 땅에 **평안히** 거주하고 두렵게
수 10:21	모든 백성이 **평안히** 막게다 진영으로	단 12:13	네가 **평안히** 쉬다가 끝날에는 네 몫을
삼상 24:19	만나면 그를 **평안히** 가게 하겠느냐	미 2:8	**평안히** 지나가는 자들의 의복에서
삼상 25:35	집으로 **평안히** 올라가라 내가 네 말을	슥 8:10	말미암아 **평안히** 출입하지 못하였으나
삼상 29:7	너는 **평안히** 돌아가서 블레셋 사람들의	슥 14:11	아니하리니 예루살렘이 **평안히** 서리로
삼하 15:27	데리고 **평안히** 성읍으로 돌아가라	눅 2:29	말씀하신 대로 종을 **평안히** 놓아 주시는
삼하 19:30	주 왕께서 **평안히** 왕궁에 돌아오시게	눅 12:19	**평안히** 쉬고 먹고 마시고 즐거워하자
왕상 2:6	그의 백발이 **평안히** 스올에 내려가지	고전 16:11	멸시하지 말고 **평안히** 보내어 내게로
왕상 22:17	**평안히** 자기의 집으로 돌아갈 것이니라	히 11:31	정탐꾼을 **평안히** 영접하였으므로
왕하 22:20	조상들에게 돌아가서 **평안히** 묘실로		
대하 18:16	각각 **평안히** 자기들의 집으로 돌아갈	**평야**(平野, foothill)	
대하 34:28	조상들에게 돌아가서 **평안히** 묘실로	대상 27:28	바알하난은 **평야**의 감람나무와 뽕나무
욥 3:18	거기서는 갇힌 자가 다 함께 **평안히**		
욥 11:18	안전할 것이며 두루 살펴보고 **평안히**	**평온/−하다/−히**(平穩, at peace, at rest, quiet, have peace)	
시 35:20	**평안히** 땅에 사는 자를 거짓말로	삿 3:11	그 땅이 **평온한** 지 사십 년에 그나스의
잠 3:23	네가 네 길을 **평안히** 행하겠고 네 발이	삿 3:30	그 땅이 팔십 년 동안 **평온하였더라**
사 47:8	사치하고 **평안히** 지내며 마음에 이르기	삿 5:31	그 땅이 사십 년 동안 **평온하였더라**
사 55:12	기쁨으로 나아가며 **평안히** 인도함을	삿 8:28	사십 년 동안 그 땅이 **평온하였더라**
렘 34:5	**평안히** 죽을 것이며 사람이 너보다 먼저	삿 18:7	시돈 사람들이 사는 것처럼 **평온하며**
렘 43:12	두르고 **평안히** 그 곳을 떠날 것이며	왕하 11:20	즐거워하고 온 성이 **평온하더라**
렘 49:31	일어나 고요하고도 **평안히** 사는 백성	대상 22:9	모든 대적에게서 **평온**을 얻게 하리라
겔 34:25	빈들에 **평안히** 거하며 수풀 가운데에서	대상 22:18	너희에게 **평온함**을 주지 아니하셨느냐
겔 34:28	**평안히** 거주하리니 놀랠 사람이 없으리	대하 23:21	백성이 즐거워하고 성중이 **평온하더라**
겔 38:8	이방에서 나와 다 **평안히** 거주하는	욥 3:26	나에게는 **평온**도 없고 안일도 없고
		시 107:30	그들이 **평온함**으로 말미암아 기뻐하는
		시 131:2	영혼으로 고요하고 **평온하게** 하기를
		잠 14:30	**평온한** 마음은 육신의 생명이나 시기는
		전 4:6	손에만 가득하고 **평온함**이 더 나으니라
		사 14:7	온 땅이 조용하고 **평온하니** 무리가
		사 57:20	악인은 **평온함**을 얻지 못하고 그 물이
		슥 7:7	사면 성읍에 백성이 **평온히** 거주하며

'평안히'와 관련된 성구

평안히 가다 – 창 26:29, 31; 출 4:18; 18:23; 삿 18:6; 삼상 1:17; 20:13, 42; 삼하 3:21, 22, 23; 15:9; 왕하 5:19; 막 5:34; 눅 7:50; 8:48; 행 15:33; 16:36; 약 2:16

평안히 눕다 – 욥 3:13; 시 4:8; 사 14:30; 호 2:18

평안히 돌아오다 – 삿 8:9; 11:31; 삼하 19:24; 왕상 22:27, 28; 대하 18:26, 27; 19:1

평안히 살다 – 삼하 7:1; 왕상 4:25; 시 25:13; 잠 1:33; 3:29; 렘 23:6; 겔 28:26

평원(平原, plateau)

신 3:10	우리가 빼앗은 것은 **평원**의 모든 성읍과
신 4:43	광야 **평원**에 있는 베셀이 르우벤 지파
렘 21:13	골짜기와 **평원** 바위의 주민아 보라
렘 39:5	여리고 **평원**에서 시드기야에게 미쳐
겔 38:11	**평원**의 고을들로 올라 가리라 성벽도
슥 7:7	**평원**에 사람이 거주할 때에 여호와가

평일(平日, usually)

삼상 18:10	다윗이 **평일**과 같이 손으로 수금을

평지(平地, plain)

신 1:7	아라바와 산지와 **평지**와 네겝과 해변과
신 34:3	골짜기 **평지**를 소알까지 보이시고
수 9:1	요단 서쪽 산지와 **평지**와 레바논 앞
수 10:40	네겝과 **평지**와 경사지와 그 모든 왕을
수 11:2	긴네롯 남쪽 아라바와 **평지**와 서쪽 돌의
수 11:16	온 땅과 **평지**와 아라바와 ⋯ **평지**를
수 12:8	산지와 **평지**와 아라바와 경사지와 광야
수 13:9	디본까지 이르는 메드바 온 **평지**
수 13:16	성읍과 메드바 곁에 있는 온 **평지**와
수 13:17	헤스본과 그 **평지**에 있는 모든 성읍 곧
수 13:21	**평지** 모든 성읍과 헤스본에서 다스리던
수 15:33	**평지**에는 에스다올과 소라와 아스나와
수 20:8	르우벤 지파 중에서 **평지** 광야의 베셀과
삿 1:9	산지와 남방과 **평지**에 거주하는 가나안
왕상 20:23	우리가 만일 **평지**에서 그들과 싸우면
왕상 20:25	우리가 **평지**에서 그들과 싸우면 반드시
대하 26:10	고원과 **평지**에 가축을 많이 길렀으며
대하 28:18	유다의 **평지**와 남방 성읍들을 침노하여
느 3:22	**평지**에 사는 제사장들이 중수하였고
사 40:4	평탄하게 되며 험한 곳이 **평지**가 될
렘 17:26	베냐민 땅과 **평지**와 산지와 네겝으로
렘 33:13	산지 성읍들과 **평지** 성읍들과 네겝과
렘 47:5	그들에게 남아 있는 **평지**가 잠잠하게
렘 48:8	골짜기가 멸망하였으며 **평지**는 파멸되
렘 48:21	심판이 **평지**에 이르렀나니 곧 홀론과

'평지'와 관련된 성구

두라 **평지** – 단 3:1
모압 **평지** – 민 22:1; 26:3, 63; 31:12; 33:48, 49, 50; 35:1; 36:13; 신 34:1, 8; 수 13:32
시날 **평지** – 창 11:2
여리고 **평지** – 수 4:13; 5:10; 왕하 25:5; 렘 52:8
오노 **평지** – 느 6:2
요단 **평지** – 왕상 7:46; 대하 4:17
평지의 뽕나무 – 왕상 10:27; 대하 1:15; 9:27

평화/-하다

욥 1:19	네겝과 에서의 산과 **평화**와 블레셋을
슥 4:7	네가 스룹바벨 앞에서 **평화**가 되리라
눅 6:17	그들과 함께 내려오사 **평지**에 서시니

평탄/-하다(平坦, level, prosperous)

수 1:8	**평탄**하게 될 것이며 네가 형통하리라
시 26:12	내 발이 **평탄**한 데에 섰사오니 무리
잠 4:26	네 발이 행할 길을 **평탄**하게 하며 네
잠 5:21	그가 그 사람의 모든 길을 **평탄**하게
사 26:7	의인의 첩경을 **평탄**하게 하시도다
사 40:3	우리 하나님의 대로를 **평탄**하게 하라
사 40:4	고르지 아니한 곳이 **평탄**하게 되며 험한
사 45:2	험한 곳을 **평탄**하게 하며 놋문을 쳐서
눅 3:5	굽어지고 험한 길이 **평탄**하여질 것이요

'평탄한 길'과 관련된 성구

창 24:21, 40; 스 8:21; 시 27:11; 잠 5:6

평토장하다(平土葬, unmarked grave)

눅 11:44	너희는 **평토장**한 무덤 같아서 그 위를

평평하다/평평히(平平, level)

시 65:10	그 이랑을 **평평**하게 하시며 또 단비로
사 28:25	지면을 이미 **평평**히 하였으면 소회향을

평화/-하다(平和, peace)

레 26:6	내가 그 땅에 **평화**를 줄 것인즉 너희가 누울 때 너희를 두렵게 할 자가
민 25:12	내가 그에게 내 **평화**의 언약을 주리니
신 2:26	사자를 보내어 **평화**의 말로 이르기를
삿 21:13	사람을 보내어 **평화**를 공포하게 하였으며
삼상 7:14	아모리 사람 사이에 **평화**가 있었더라
왕상 4:24	사방에 둘린 민족과 **평화**를 누렸으니
스 9:12	**평화**와 행복을 영원히 구하지 말라
전 3:8	전쟁할 때가 있고 **평화**할 때가 있느니라
사 33:7	밖에서 부르짖으며 **평화**의 사신들이
사 52:7	좋은 소식을 전하며 **평화**를 공포하며
사 53:5	징계를 받으므로 우리는 **평화**를 누리고
렘 9:8	이웃에게 **평화**를 말하나 마음으로는
렘 28:9	**평화**를 예언하는 선지자는 그 예언자

【 평화롭다/평화로이 】　　　　　　　　　　　　　　　【 폐하다/폐하여지다 】

슥 6:13	이 둘 사이에 **평화**의 의논이 있으리라
눅 2:14	기뻐하신 사람들 중에 **평화로다** 하니라
눅 19:38	**평화**요 가장 높은 곳에는 영광이로다
눅 19:42	너도 오늘 **평화**에 관한 일을 알았더라면

평화롭다/평화로이 (平和, peace)

삿 11:13	이제 그것을 **평화롭게** 돌려 달라 하니라
삿 18:10	너희가 가면 **평화로운** 백성을 만날
대상 12:17	만일 너희가 **평화로이** 내게 와서 나를
렘 25:37	**평화로운** 목장들이 여호와의 진노하시
단 8:25	**평화로운** 때에 많은 무리를 멸하며 또

폐 (弊, burden)

고후 11:9	너희에게 **폐**를 끼치지 않기 위하여
고후 12:13	자신이 너희에게 **폐**를 끼치지 아니한
고후 12:14	너희에게 **폐**를 끼치지 아니하리라
살전 2:9	아무에게도 **폐**를 끼치지 아니하려고
살후 3:8	너희 아무에게도 **폐**를 끼치지 아니하려

폐기하다 (廢棄, set aside)

갈 3:17	사백삼십 년 후에 생긴 율법이 **폐기하지**

폐단 (弊端, evil)

전 5:13	해 아래에서 큰 **폐단** 되는 일이 있는

폐물 (廢物, refuse)

애 3:45	뭇 나라 가운데에서 쓰레기와 **폐물**로

폐병 (肺病, wasting disease)

레 26:16	재앙을 내려 **폐병**과 열병으로 눈이
신 28:22	여호와께서 **폐병**과 열병과 염증과 학질

폐부 (肺腑, mind)

렘 17:10	여호와는 심장을 살피며 **폐부**를 시험하
렘 20:12	의인을 시험하사 그 **폐부**와 심장을

폐쇄하다 (閉鎖, close up)

레 14:38	나와 그 집을 이레 동안 **폐쇄하였다가**
레 14:46	그 집을 **폐쇄한** 날 동안에 들어가는

폐하다/폐하여지다 (廢, abolish, break, depose, dethrone)

구약

레 26:44	맺은 내 언약을 **폐하지** 아니하리니
왕상 15:13	상을 만들었으므로 태후의 위를 **폐하고**
왕상 22:43	산당은 **폐하지** 아니하였으므로 백성
왕하 23:5	한 제사장들을 **폐하며** 또 … 하늘의 모든 별에게 분향하는 자들을 **폐하고**
대하 15:16	아사가 그의 태후의 자리를 **폐하고** 그의
대하 36:3	예루살렘에서 그의 왕위를 **폐하고** 또
느 4:15	하나님이 그들의 꾀를 **폐하셨으므로**
에 9:27	날을 이어서 지켜 **폐하지** 아니하기로
에 9:28	부림일을 유다인 중에서 **폐하지** 않게
시 33:10	여호와께서 나라들의 계획을 **폐하시며**
시 77:8	그의 약속하심도 영구히 **폐하였는가**
시 89:33	아니하며 나의 성실함도 **폐하지** 아니
시 119:126	그들이 주의 법을 **폐하였사오니** 지금은
시 148:6	영원히 세우시고 **폐하지** 못할 명령을
사 14:4	강포한 성이 어찌 그리 **폐하였는고**
사 14:27	누가 능히 그것을 **폐하며** 그의 손을
사 28:18	사망과 더불어 세운 언약이 **폐하며** 스올
사 32:14	대저 궁전이 **폐한** 바 되며 인구 많던
사 40:23	귀인들을 **폐하시며** 세상의 사사들을
사 44:25	헛된 말을 하는 자들의 징표를 **폐하며**
사 51:6	영원히 있고 나의 공의는 **폐하여지지**
렘 14:21	언약을 기억하시고 **폐하지** 마옵소서
렘 31:36	법도가 내 앞에서 **폐할진대** 이스라엘
렘 44:18	앞에 전제 드리던 것을 **폐한** 후부터는
애 2:6	헐어 버리시며 그의 절기를 **폐하셨도다**
겔 6:6	찍히며 너희가 만든 것이 **폐하여지며**
겔 32:12	애굽의 교만을 **폐하며** 그 모든 무리를
단 2:21	왕들을 **폐하시고** 왕들을 세우시며
단 5:20	그의 왕위가 **폐한** 바 되며 그의 영광을
단 11:31	드리는 제사를 **폐하며** 멸망하게 하는
단 12:11	매일 드리는 제사를 **폐하며** 멸망하게
호 1:4	이스라엘 족속의 나라를 **폐할** 것임이니
호 2:11	월삭과 안식일과 모든 명절을 **폐하겠고**
호 13:11	네게 왕을 주고 진노하므로 **폐하였노라**
슥 11:10	백성들과 세운 언약을 **폐하려** 하였음이
슥 11:11	**폐하매** 내 말을 지키던 가련한 양들은

신약

마 5:17	**폐하러** 온 줄로 생각하지 말라 **폐하러**
마 15:6	전통으로 하나님의 말씀을 **폐하는도다**
막 7:13	전한 전통으로 하나님의 말씀을 **폐하며**
요 10:35	성경은 **폐하지** 못하나니 하나님의 말씀
롬 3:3	하나님의 미쁘심을 **폐하겠느냐**

【 폐허 】　　　　　　　　　　　　　　　　　　　　　　　　　【 포도 】

롬 9:6	하나님의 말씀이 **폐하여진** 것 같지
고전 1:19	총명한 자들의 총명을 **폐하리라** 하였으
고전 1:28	택하사 있는 것들을 **폐하려** 하시나니
고전 6:13	하나님은 이것 저것을 다 **폐하시리라**
고전 13:8	**폐하고** 방언도 그치고 지식도 **폐하리라**
고전 13:10	부분적으로 하던 것이 **폐하리라**
갈 2:21	하나님의 은혜를 **폐하지** 아니하노니
갈 3:15	정한 후에는 아무도 **폐하거나** 더하거나
엡 2:15	율법을 **폐하셨으니** 이는 이 둘로 자기
살후 2:8	강림하여 나타나심으로 **폐하시리라**
딤후 1:10	사망을 **폐하시고** 복음으로써 생명과
히 7:18	계명은 연약하고 무익하므로 **폐하고**
히 10:9	첫째 것을 **폐하심은** 둘째 것을 세우려
히 10:25	모이기를 **폐하는** 어떤 사람들의 습관과
히 10:28	모세의 법을 **폐한** 자도 두세 증인으로

폐허(廢墟, ruin, waste)

신 13:16	그 성읍은 영구히 **폐허가** 되어 다시는
욥 3:14	위하여 **폐허를** 일으킨 세상 임금들과
사 3:6	통치자가 되어 이 **폐허를** 네 손아래에
렘 25:9	땅으로 영원한 **폐허가** 되게 할 것이라
렘 25:11	이 모든 땅이 **폐허가** 되어 놀랄 일이
렘 25:12	말미암아 벌하여 영원히 **폐허가** 되게
렘 25:38	말미암아 그들의 땅이 **폐허가** 되리로다
렘 30:18	성읍은 그 **폐허가** 된 언덕 위에 건축될
렘 44:6	같이 **폐허와** 황무지가 되었느니라
렘 51:62	영원한 **폐허가** 되리라 하셨나이다 하라
겔 35:7	내가 세일 산이 황무지와 **폐허가** 되게
습 2:4	버림을 당하며 아스글론은 **폐허가** 되며

폐허 더미

렘 49:2	**폐허 더미** 언덕이 되겠고 그 마을들은

포기하다(抛棄, give up, stop)

대하 16:5	라마 건축하는 일을 **포기하고** 그 공사를
갈 6:9	**포기하지** 아니하면 때가 이르매 거두리

포도(葡萄, grape, vine)

창 40:11	바로의 잔이 있기로 내가 **포도를** 따서 그 즙을
레 25:11	가꾸지 아니한 **포도를** 거두지 말라
레 26:5	**포도** 딸 때까지 미치며 너희의 **포도**
민 13:20	그 때는 **포도가** 처음 익을 즈음이었더라
민 13:24	자손이 거기서 **포도를** 베었으므로
민 20:5	무화과도 없고 **포도도** 없고 석류도 없고
신 8:8	**포도와** 무화과와 석류와 감람나무와
신 23:24	그 **포도를** 배불리 먹어도 되느니라
신 24:21	네가 네 **포도원의 포도를** 딴 후에 그
신 28:39	벌레가 먹으므로 **포도를** 따지 못하고
신 32:32	그들의 **포도는** 독이 든 **포도이니** 그

'신포도'와 관련된 성구
　　렘 31:29, 30; 겔 18:2

삿 8:2	끝물 **포도가** 아비에셀의 만물 **포도보다**
삿 9:27	그들이 밭에 가서 **포도를** 거두어다가
왕하 18:31	너희는 각각 그의 **포도와** 무화과를 먹고
느 13:15	포도주와 **포도와** 무화과와 여러 가지
욥 24:6	남의 밭을 베며 악인이 남겨 둔 **포도를**
아 7:12	포도원으로 가서 **포도** 움이 돋았는지,
사 5:2	좋은 **포도** 맺기를 바랐더니 들포도를
사 5:4	좋은 **포도** 맺기를 기다렸거늘 들포도를
사 16:10	틀에는 **포도를** 밟을 사람이 없으리니
사 18:5	꽃이 떨어지고 **포도가** 맺혀 익어갈 때에
사 24:13	**포도를** 거둔 후에 그 남은 것을 주움
사 32:10	**포도** 수확이 없으며 열매 거두는 일이
사 36:16	각각 자기의 **포도와** 자기의 무화과를
렘 6:9	**포도를** 따듯이 … **포도** 따는 자처럼
렘 8:13	포도나무에 **포도가** 없을 것이며 무화과
렘 25:30	**포도** 밟는 자같이 흥겹게 노래하시리라
호 9:10	광야에서 **포도를** 만남같이 하였으며
암 9:13	**포도를** 밟는 자가 씨 뿌리는 자의 뒤를
옵 1:5	**포도를** 따는 자가 네게 이르렀을지라도
미 1:6	**포도** 심을 동산 같게 하며 또 그 돌들을
미 6:15	**포도를** 밟아도 술을 마시지 못하리라
미 7:1	**포도를** 거둔 후 같아서 먹을 포도송이가
마 7:16	가시나무에서 **포도를**, 또는 엉겅퀴에서
눅 6:44	또는 찔레에서 **포도를** 따지 못하느니라
고전 9:7	**포도를** 심고 그 열매를 먹지 않겠느냐
계 14:18	포도송이를 거두라 그 **포도가** 익었느니
계 14:19	낫을 땅에 휘둘러 땅의 **포도를** 거두어

포도나무

창 9:20	노아가 농사를 시작하여 **포도나무를**

【 포도 】　　　　　　　　　　　　　　　　　　　　　　　　【 포도원 】

창 40:9	내가 꿈에 보니 내 앞에 **포도나무가**
창 49:11	나귀를 **포도나무에** 매며 그의 암나귀
	새끼를 아름다운 **포도나무에** 맬 것이며
레 25:5	가꾸지 아니한 **포도나무가** 맺은 열매를
민 6:4	모든 날 동안에는 **포도나무** 소산은 씨나
신 32:32	그들의 **포도나무는** 소돔의 **포도나무요**
삿 9:12	나무들이 또 **포도나무에게** 이르되 너는
왕상 4:25	이르기까지 각기 **포도나무** 아래와
시 78:47	그들의 **포도나무를** 우박으로, 그들의
시 80:8	주께서 한 **포도나무를** 애굽에서 가져다
시 80:14	굽어보시고 이 **포도나무를** 돌보소서
시 105:33	그들의 **포도나무와** 무화과나무를
시 128:3	아내는 결실한 **포도나무** 같으며 네 식탁
아 2:13	푸른 열매가 익었고 **포도나무는** 꽃을
아 6:11	초목을 보려고 **포도나무가** 순이 났는가
사 5:2	제하고 극상품 **포도나무를** 심었도다
사 7:23	은 천 개의 가치가 있는 **포도나무가**
사 16:8	밭과 십마의 **포도나무가** 말랐음이라
사 16:9	울음처럼 십마의 **포도나무를** 위하여
사 24:7	새 포도즙이 슬퍼하고 **포도나무가**
사 32:12	많은 **포도나무로** 인하여 가슴을 치게
사 34:4	만상의 쇠잔함이 **포도나무** 잎이 마름
사 37:30	심고 거두며 **포도나무를** 심고 그 열매를
사 65:21	안에 살겠고 **포도나무를** 심고 열매를
렘 2:21	귀한 **포도나무로** 심었거늘 내게 대하
	여 이방 **포도나무의** 악한 가지가 됨은
렘 5:17	**포도나무와** 무화과나무 열매를 먹으며
렘 8:13	진멸하리니 **포도나무에** 포도가 없을
렘 31:5	사마리아 산들에 **포도나무들을** 심되
렘 48:32	십마의 **포도나무여** 너의 가지가 바다를
겔 15:2	인자야 **포도나무가** 모든 나무보다 나
	은 것이 무엇이랴 … **포도나무** 가지가
겔 15:6	수풀 가운데에 있는 **포도나무를** 불에
겔 17:6	높지 아니한 **포도나무** 곧 굵은 가지와
	가는 가지가 난 **포도나무가** 되어 그
겔 17:7	그 **포도나무가** 이 독수리에게 물을
겔 17:8	**포도나무를** 큰 물 가 옥토에 심은 것
	은 … 아름다운 **포도나무를** 이루게
겔 19:10	물가에 심겨진 **포도나무** 같아서 물이
호 2:12	그 **포도나무와** 무화과나무를 거칠게
호 10:1	열매 맺는 무성한 **포도나무라** 그 열매가
호 14:7	풍성할 것이며 **포도나무같이** 꽃이 필
욜 1:7	내 **포도나무를** 멸하며 내 무화과나무를

욜 2:22	무화과나무와 **포도나무가** 다 힘을
미 4:4	자기 **포도나무** 아래와 자기 무화과나무
나 2:2	**포도나무** 가지를 없이 하였음이라
합 3:17	**포도나무에** 열매가 없으며 감람나무에
학 2:19	**포도나무,** 무화과나무, 석류나무,
슥 3:10	**포도나무와** 무화과나무 아래로 서로
슥 8:12	씨앗을 얻을 것이라 **포도나무가** 열매를
말 3:11	너희 밭의 **포도나무** 열매가 기한 전에
마 26:29	너희에게 이르노니 내가 **포도나무에서**
막 14:25	**포도나무에서** 난 것을 하나님 나라에서
눅 22:18	나라가 임할 때까지 **포도나무에서** 난
요 15:4	가지가 **포도나무에** 붙어 있지 아니하면
요 15:5	나는 **포도나무요** 너희는 가지라 그가
약 3:12	**포도나무가** 무화과를 맺겠느냐 이와

포도송이(葡萄, cluster of grapes, cluster of the vine)

창 40:10	싹이 나서 꽃이 피고 **포도송이가** 익었고
민 13:23	거기서 **포도송이가** 달린 가지를 베어
아 7:8	유방은 **포도송이** 같고 네 콧김은 사과
사 65:8	**포도송이에는** 즙이 있으므로 사람들이
미 7:1	포도를 거둔 후에 먹을 **포도송이가**
계 14:18	예리한 낫을 휘둘러 땅의 **포도송이를**

포도원(葡萄園, vineyard)
모세오경, 역사서

출 22:5	밭에서나 **포도원에서** 짐승을 먹이다
	가 … 자기 **포도원의** 가장 좋은 것으로
레 19:10	네 **포도원의** 열매를 다 따지 말며 네
	포도원에 떨어진 열매도 줍지 말고
레 25:3	육 년 동안 그 **포도원을** 가꾸어 그 소출
레 25:4	그 밭에 파종하거나 **포도원을** 가꾸지
민 16:14	밭도 **포도원도** 우리에게 기업으로 주지
민 20:17	우리가 밭으로나 **포도원으로** 지나가지
민 21:22	우리가 밭에든지 **포도원에든지** 들어가
민 22:24	여호와의 사자는 **포도원** 사이 좁은 길에
신 6:11	네가 심지 아니한 **포도원과** 감람나무
신 22:9	**포도원에** 두 종자를 섞어 뿌리지 말라
	그리하면 … 열매와 **포도원의** 소산을
신 23:24	네 이웃의 **포도원에** 들어갈 때에는
신 24:21	네가 네 **포도원의** 포도를 딴 후에 그
신 28:30	**포도원을** 심었으나 네가 그 열매를 따지
신 28:39	네가 **포도원을** 심고 가꿀지라도 벌레가

2427

【 포도원 】

삿 14:5	딤나의 **포도원**에 이른즉 젊은 사자가
삿 15:5	**포도원**과 감람나무들을 사른지라
삿 21:20	명령하여 이르되 가서 **포도원**에 숨어
삿 21:21	**포도원**에서 나와서 실로의 딸 중에서
삼상 8:15	너희의 곡식과 **포도원** 소산의 십일조를
삼상 22:7	너희에게 각기 밭과 **포도원**을 주며
왕상 21:1	나봇에게 이스르엘에 **포도원**이 있어
왕상 21:2	네 **포도원**이 내 왕궁 곁에 가까이 있으니 내게 주어 … 아름다운 **포도원**을
왕상 21:6	네 **포도원**을 내게 주되 … 내가 그 대신에 **포도원**을 네게 주리라 한즉 그가 대답하기를 내가 내 **포도원**을 네게 주지
왕상 21:7	나봇의 **포도원**을 왕께 드리이다 하고
왕상 21:15	나봇의 **포도원**을 차지하소서 나봇이
왕상 21:16	나봇의 **포도원**을 차지하러 그리로
왕상 21:18	그가 나봇의 **포도원**을 차지하러 그리로
왕하 5:26	감람원이나 **포도원**이나 양이나 소나
왕하 18:32	떡과 **포도원**이 있는 지방이요 기름 나는
왕하 19:29	**포도원**을 심고 그 열매를 먹으리라
왕하 25:12	**포도원**을 다스리는 자와 농부가 되게
대상 27:27	라마 사람 시므이는 **포도원**을 맡았고 스밤 사람 삽디는 **포도원**의 소산 포도주
대하 26:10	좋은 밭에 농부와 **포도원**을 다스리는
느 5:3	밭과 **포도원**과 집이라도 저당 잡히고
느 5:4	우리는 밭과 **포도원**으로 돈을 빚내서
느 5:5	우리의 밭과 **포도원**이 이미 남의 것이

시가서, 선지서

욥 24:18	그들이 다시는 **포도원** 길로 다니지 못할
시 107:37	파종하며 **포도원**을 재배하여 풍성한
잠 24:30	지혜 없는 자의 **포도원**을 지나며 본즉
잠 31:16	자기의 손으로 번 것을 가지고 **포도원**을
전 2:4	내가 나를 위하여 집들을 짓고 **포도원**을
아 1:6	나의 **포도원**을 내가 지키지 못하였구나
아 1:14	엔게디 **포도원**의 고벨화 송이로구나
아 2:15	여우 곧 **포도원**을 … 우리의 **포도원**에
아 7:12	우리가 일찍이 일어나서 **포도원**으로
아 8:11	솔로몬이 바알하몬에 **포도원**이 있어
아 8:12	내게 속한 내 **포도원**은 내 앞에 있구나
사 1:8	시온은 **포도원**의 망대같이, 참외밭의
사 3:14	*포도원*을 삼킨 자는 너희이며 가난한
사 5:1	**포도원**을 노래하리라 … **포도원**이 있음
사 5:3	이제 나와 내 **포도원** 사이에서 사리를
사 5:4	내가 내 **포도원**을 위하여 행한 것 외에
사 5:5	**포도원**에 어떻게 행할지를 너희에게
사 5:7	만군의 여호와의 **포도원**은 이스라엘
사 5:10	열흘 갈이 **포도원**에 겨우 포도주 한
사 16:10	**포도원**에는 노래와 즐거운 소리가
사 27:2	너희는 아름다운 **포도원**을 두고 노래를
사 27:4	나는 **포도원**에 대하여 노함이 없나니
사 36:17	곡식과 포도주와 떡과 **포도원**이 있는
렘 12:10	많은 목자가 내 **포도원**을 헐며 내 몫을
렘 32:15	이 땅에서 집과 밭과 **포도원**을 다시
렘 35:7	파종도 하지 말며 **포도원**을 소유하지도
렘 35:9	**포도원**이나 밭이나 종자도 가지지
렘 39:10	날에 **포도원**과 밭을 그들에게 주었더라
렘 52:16	**포도원**을 관리하는 자와 농부가 되게
겔 28:26	집을 건축하며 **포도원**을 만들고 그들의
호 2:15	거기서 비로소 그의 **포도원**을 그에게
욜 1:11	**포도원**을 가꾸는 자들아 곡할지어다
암 4:9	너희의 많은 동산과 **포도원**과 무화과
암 5:11	아름다운 **포도원**을 가꾸었으나 그
암 5:17	모든 **포도원**에서도 울리니 이는 내가
암 9:14	거주하며 **포도원**들을 가꾸고 그 포도주
습 1:13	**포도원**을 가꾸나 그 포도주를 마시지

신약

마 20:1	품꾼을 얻어 **포도원**에 들여보내려고
마 20:2	품꾼들과 약속하여 **포도원**에 들여보내
마 20:4	너희도 **포도원**에 들어가라 내가 너희에게
마 20:7	너희도 **포도원**에 들어가라 하니라
마 21:28	이르되 애 오늘 **포도원**에 가서 일하라
마 21:33	집 주인이 **포도원**을 만들어 산울타리로
마 21:39	잡아 **포도원** 밖에 내쫓아 죽였느니라
마 21:41	**포도원**은 제 때에 열매를 바칠 만한
막 12:1	사람이 **포도원**을 만들어 산울타리로
막 12:2	농부들에게 **포도원** 소출 얼마를 받으려
막 12:8	잡아 죽여 **포도원** 밖에 내던졌느니라
막 12:9	진멸하고 **포도원**을 다른 사람들에게

'포도원'과 관련된 성구

포도원과 감람원 – 출 23:11; 수 24:13;
  삼상 8:14; 느 5:11; 9:25
포도원 주인 – 마 20:8; 21:40; 막 12:9;
  눅 20:13, 15
포도원지기 – 아 1:6; 사 27:3; 61:5; 눅 13:7

[포도주]　　　　　　　　　　　　　　　　　　　　　　　　　　　[포도주]

눅 13:6	사람이 **포도원**에 무화과나무를 심은
눅 20:9	사람이 **포도원**을 만들어 농부들에게
눅 20:10	때가 이르매 **포도원** 소출 얼마를 바치게
눅 20:15	**포도원** 밖에 … **포도원** 주인이 이 사람
눅 20:16	**포도원**을 다른 사람들에게 주리라

포도주(葡萄酒, wine)

모세오경, 역사서

창 14:18	멜기세덱이 떡과 **포도주**를 가지고 나왔으니
창 27:25	그가 먹고 또 **포도주**를 가져가매 그가
창 49:11	그 옷을 **포도주**에 빨며 그의 복장을
창 49:12	그의 눈은 **포도주**로 인하여 붉겠고 그의
출 29:40	전제로 **포도주** 사분의 일 힌을 더할지며
레 23:13	전제로는 **포도주** 사분의 일 힌을 쓸
민 6:3	**포도주**로 된 초나 독주로 된 초를
민 6:20	그 후에는 나실인이 **포도주**를 마실 수
민 15:5	전제로 **포도주** 사분의 일 힌을 준비할
민 15:7	전제로 **포도주** 삼분의 일 힌을 드려
민 15:10	전제로 **포도주** 반 힌을 드려 여호
민 18:12	좋은 **포도주**와 곡식을 네게 주었은즉
민 28:14	수송아지 한 마리에 **포도주** 반 힌이요
신 28:39	포도를 따지 못하고 **포도주**를 마시지
신 28:51	곡식이나 **포도주**나 기름이나 소의
신 32:33	그들의 **포도주**는 뱀의 독이요 독사의
신 32:38	제물인 **포도주**를 마시던 자들이 일어나
수 9:4	기운 가죽 **포도주** 부대를 나귀에 싣고
수 9:13	우리가 **포도주**를 담은 이 가죽 부대도
삿 9:13	내 **포도주**를 내가 어찌 버리고 가서
삿 19:19	청년에게 먹을 양식과 **포도주**가 있어
삼상 1:14	언제까지 취하여 있겠느냐 **포도주**를
삼상 1:24	밀가루 한 에바와 **포도주** 한 가죽부대를
삼상 10:3	사람은 **포도주** 한 가죽부대를 가진 자라
삼상 16:20	한 가죽부대의 **포도주**와 염소 새끼를
삼상 25:18	이백 덩이와 **포도주** 두 가죽 부대와
삼상 25:37	아침에 나발이 **포도주**에서 깬 후에 그의
삼하 16:1	과일 백 개와 **포도주** 한 가죽부대를
삼하 16:2	**포도주**는 들에서 피곤한 자들에게
대상 9:29	고운 가루와 **포도주**와 기름과 유향과
대상 12:40	과자와 건포도와 **포도주**와 기름이요
대상 27:27	삽다는 포도원의 소산 **포도주** 곳간을
대하 2:10	보리 이만 고르와 **포도주** 이만 밧과
대하 2:15	밀과 보리와 기름과 **포도주**는 주의
대하 11:11	양식과 기름과 **포도주**를 저축하고
스 6:9	어린 양과 또 밀과 소금과 **포도주**와
스 7:22	**포도주**는 백 밧까지, 기름도 백 밧까지
느 2:1	**포도주**가 있기로 내가 그 **포도주**를
느 5:15	양식과 **포도주**와 또 은 사십 세겔을
느 5:18	한 번씩은 각종 **포도주**를 갖추었나니
느 13:15	**포도주**와 포도와 무화과와 여러 가지

시가서

욥 1:13	음식을 먹으며 **포도주**를 마실 때에
욥 1:18	음식을 먹으며 **포도주**를 마시는데
욥 32:19	내 배는 봉한 **포도주** 통 같고 터지게
시 60:3	비틀거리게 하는 **포도주**를 우리에게
시 78:65	**포도주**를 마시고 고함치는 용사처럼
시 104:15	마음을 기쁘게 하는 **포도주**와 사람의
잠 9:2	짐승을 잡으며 **포도주**를 혼합하여 상을
잠 9:5	내 식물을 먹으며 내 혼합한 **포도주**를
잠 31:4	르무엘아 **포도주**를 마시는 것이 왕들에
잠 31:6	**포도주**는 마음에 근심하는 자에게
전 9:7	마음으로 네 **포도주**를 마실지어다 이는

'포도주'와 관련된 성구

곡식과 포도주 – 창 27:28; 27:37; 신 7:13; 11:14; 12:17; 14:23; 18:4; 왕하 18:32; 대하 31:5; 사 36:17; 애 2:12; 호 2:22;

새 포도주 – 신 33:28; 대하 32:28; 느 5:11; 10:37, 39; 13:5, 12; 시 4:7; 렘 31:12; 호 2:8, 9; 4:11; 7:14; 9:2; 욜 1:10; 2:19, 24; 학 1:11; 슥 9:17; 마 9:17; 막 2:22; 눅 5:37, 38

신 포도주 – 마 27:48; 막 15:36; 눅 23:36; 요 19:29, 30

진노의 포도주 – 계 14:8, 10; 18:3

포도주나/포도주와 독주 – 레 10:9; 민 6:3; 신 14:26; 29:6; 삿 13:4, 7, 14; 삼상 1:15; 미 2:11

포도주 틀 – 신 15:14; 16:13; 삿 6:11; 7:25; 왕하 6:27; 렘 48:33; 욜 3:13; 계 14:19; 19:15

【 포도주 】 　　　　　　　　　　　　　　　【 포도즙 】

전 10:19	포도주는 생명을 기쁘게 하는 것이나	호 9:4	그들은 여호와께 포도주를 부어 드리지
아 1:2	네 사랑이 포도주보다 나음이로구나	호 14:7	향기는 레바논의 포도주같이 되리라
아 1:4	네 사랑이 포도주보다 더 진함이라	욜 1:5	포도주를 마시는 … 이는 단 포도주가
아 4:10	사랑은 포도주보다 진하고 네 기름의	욜 3:13	포도주 독이 넘치니 그들의 악이 큼이로
아 5:1	내 포도주와 내 우유를 마셨으니 나의	욜 3:18	산들이 단 포도주를 떨어뜨릴 것이며
아 7:2	배꼽은 섞은 포도주를 가득히 부은 둥근	암 2:8	벌금으로 얻은 포도주를 마심이니라
아 7:9	포도주 같을 것이니라 이 포도주는	암 2:12	나실 사람으로 포도주를 마시게 하며
선지서		암 5:11	포도원을 가꾸었으나 그 포도주를
사 1:22	은은 찌꺼기가 되었고 네 포도주에는	암 6:6	대접으로 포도주를 마시며 귀한 기름을
사 5:10	포도원에 겨우 포도주 한 바트가 나겠고	암 9:13	산들은 단 포도주를 흘리며 작은 산들이
사 5:11	밤이 깊도록 포도주에 취하는 자들은	암 9:14	포도원들을 가꾸고 그 포도주를 마시며
사 5:12	소고와 피리와 포도주를 갖추었어도	습 1:13	포도원을 가꾸나 그 포도주를 마시지
사 22:13	잡아 고기를 먹고 포도주를 마시면서	학 2:12	떡에나 국에나 포도주에나 기름에나
사 24:9	노래하면서 포도주를 마시지 못하고	슥 10:7	포도주를 마심같이 마음이 즐거울
사 25:6	저장하였던 포도주로 연회를 베푸시리	슥 14:10	하나넬 망대에서부터 왕의 포도주 짜는
	니 … 저장하였던 맑은 포도주로 하실	**신약**	
사 28:7	포도주로 말미암아 옆 걸음 치며 … 말	마 9:17	부대가 터져 포도주도 쏟아지고 부대도
	미암아 옆 걸음 치며 포도주에 빠지며	마 11:19	보라 먹기를 탐하고 포도주를 즐기는
사 29:9	그들의 취함이 포도주로 말미암음이	마 27:34	쓸개 탄 포도주를 예수께 주어 마시게
사 51:21	너 곤고하며 포도주가 아니라도 취한	막 15:23	몰약을 탄 포도주를 주었으나 예수께서
사 55:1	돈 없이, 값없이 와서 포도주와 젖을	눅 1:15	포도주나 독한 술을 마시지 아니하며
사 56:12	포도주를 가져오리라 우리가 독주를	눅 5:37	포도주가 쏟아지고 부대도 못쓰게
사 62:8	네가 수고하여 얻은 포도주를 이방인이	눅 5:39	묵은 포도주를 마시고 새 것을 원하는
렘 13:12	가죽부대가 포도주로 차리라 … 모든	눅 7:33	떡도 먹지 아니하며 포도주도 마시지
	가죽부대가 포도주로 찰 줄을 우리가	눅 7:34	보라 먹기를 탐하고 포도주를 즐기는
렘 23:9	내가 취한 사람 같으며 포도주에 잡힌	눅 10:34	기름과 포도주를 그 상처에 붓고 싸매고
렘 35:2	데려다가 포도주를 마시게 하라 하시니	요 2:3	포도주가 … 저들에게 포도주가 없다
렘 35:5	포도주가 가득한 종지와 술잔을 놓고	요 2:9	연회장은 물로 된 포도주를 맛보고도
렘 35:6	포도주를 마시지 아니하겠노라 레갑	요 2:10	포도주를 … 좋은 포도주를 두었도다
	의 아들 … 영원히 포도주를 마시지	요 4:46	가나에 이르시니 전에 물로 포도주를
렘 35:8	평생 동안 포도주를 마시지 아니하며	롬 14:21	고기도 먹지 아니하고 포도주도 마시지
렘 35:14	그의 자손에게 포도주를 마시지 말라	딤전 5:23	병을 위하여는 포도주를 조금씩 쓰라
렘 40:10	너희는 포도주와 여름 과일과 기름을	계 6:6	감람유와 포도주는 해치지 말라 하더라
렘 40:12	포도주와 여름 과일을 심히 많이 모으니	계 16:19	맹렬한 진노의 포도주 잔을 받으매
렘 48:33	내가 포도주 틀에 포도주가 끊어지게	계 17:2	땅에 사는 자들도 그 음행의 포도주에
렘 51:7	민족이 그 포도주를 마심으로 미쳤도다	계 18:13	유향과 포도주와 감람유와 고운 밀가루
겔 27:18	포도주와 흰 양털을 너와 거래하였도다		
겔 44:21	안뜰에 들어갈 때에는 포도주를 마시지	**포도즙**(葡萄汁, blood of the grape)	
단 1:5	마시는 포도주에서 날마다 쓸 것을 주어	창 49:11	빨며 그의 복장을 포도즙에 빨리로다
단 *1:8*	그가 마시는 포도주로 자기를 더럽히지	민 6:3	포도즙도 마시지 말며 생포도나 건포도
단 1:16	지정된 음식과 마실 포도주를 제하고	신 32:14	포도즙의 붉은 술을 마시게 하셨도다
단 10:3	고기와 포도주를 입에 대지 아니하며	잠 3:10	네 포도즙 틀에 새 포도즙이 넘치리라
호 4:11	음행과 묵은 포도주와 새 포도주가 마음	사 24:7	포도즙이 슬퍼하고 포도나무가 쇠잔하

2430

【 포로 】 【 포악/-하다 】

'포도즙 틀'과 관련된 성구
민 18:27, 30; 잠 3:10; 사 63:2, 3; 학 2:16

포로 (捕虜, captive)

모세오경 -시가서
민 21:29 아모리인의 왕 시혼의 포로가 되게
민 24:22 나중에는 앗수르의 포로가 되리로다
민 31:19 하고 너희의 포로도 깨끗하게 할 것이며
신 21:11 그 포로 중의 아리따운 여자를 보고
신 21:13 포로의 의복을 벗고 네 집에 살며 그
신 28:41 그들이 포로가 되므로 너와 함께 있지
신 30:3 너를 긍휼히 여기사 포로에서 돌아오게
신 32:42 포로 된 자의 피요 대적의 우두머리의
대하 28:11 사로잡아 온 포로를 놓아 돌아가게 하라
대하 28:13 너희는 이 포로를 이리로 끌어들이지
대하 28:14 포로와 노략한 물건을 방백들과 온 회중
대하 28:15 포로를 맞고 노략하여 온 것 중에서
시 14:7 백성을 포로 된 곳에서 돌이키실 때에
시 53:6 자기 백성의 포로 된 것을 돌이키실
시 78:61 그가 그의 능력을 포로에게 넘겨주시며
시 85:1 포로 된 자들이 돌아오게 하셨으며
시 126:1 여호와께서 시온의 포로를 돌려보내실
시 126:4 여호와여 우리의 포로를 남방 시내들

선지서 , 신약
사 10:4 포로된 자 아래에 구푸리며 죽임을 당한
사 20:4 애굽의 포로와 구스의 사로잡힌 자가
사 49:25 용사의 포로도 빼앗을 것이요 두려운
사 51:14 결박된 포로가 속히 놓일 것이니 죽지도
사 60:11 재물을 가져오며 그들의 왕들을 포로로
사 61:1 포로 된 자에게 자유를, 갇힌 자에게
렘 2:14 씨종이냐 어찌하여 포로가 되었느냐
렘 15:2 포로 될 자는 포로 됨으로 나아갈지니라
렘 20:6 네 집에 사는 모든 사람이 포로 되어
렘 24:5 유다 포로를 이 좋은 무화과같이 잘
렘 28:4 바벨론으로 간 유다 모든 포로를 다시
렘 28:6 포로를 바벨론에서 이 곳으로 되돌려
렘 29:1 바벨론으로 끌고 간 포로 중 남아 있는
렘 29:4 사로잡혀 가게 한 모든 포로에게 이와
렘 29:14 너희를 포로 된 중에서 다시 돌아오게
렘 29:16 너희와 함께 포로 되어 가지 아니한 너희

렘 29:20 바벨론으로 보낸 너희 모든 포로여
렘 29:22 바벨론에 있는 유다의 모든 포로가
렘 29:31 너는 모든 포로에게 전언하여 이르기를
렘 30:3 유다의 포로를 돌아가게 할 날이 오리니
렘 30:18 내가 야곱 장막의 포로들을 돌아오게
렘 32:44 내가 그들의 포로를 돌아오게 함이니라
렘 33:7 포로와 이스라엘의 포로를 돌아오게
렘 33:10-11 내가 이 땅의 포로를 돌려보내어 지난
렘 33:26 그 포로 된 자를 돌아오게 하고 그를
렘 40:1 예루살렘과 유다의 포로를 바벨론으로
렘 46:19 너를 위하여 포로의 짐을 꾸리라 높이
렘 46:27 네 자손을 포로 된 땅에서 구원하리니
렘 48:7 제사장들과 고관들과 함께 포로 되어
렘 48:11 평안하고 포로도 되지 아니하였으므로
렘 48:46 사로잡혀 갔고 네 딸들은 포로가 되었도
렘 48:47 날에 모압의 포로를 돌려보내리라
렘 49:6 암몬 자손의 포로를 돌아가게 하리라
렘 49:39 이르러 내가 엘람의 포로를 돌아가게
겔 12:3 인자야 너는 포로의 행장을 꾸리고 낮에
겔 12:4 포로의 행장같이 하고 … 포로 되어
겔 12:7 나의 행장을 끌려가는 포로의 행장같이
겔 12:11 내가 행한 대로 그들도 포로로 사로잡혀
겔 30:17 그 성읍 주민들은 포로가 될 것이라
겔 30:18 구름이 덮일 것이며 그 딸들은 포로가
나 3:10 그가 포로가 되어 사로잡혀 갔고 그의
눅 4:18 나를 보내사 포로 된 자에게 자유를,

포박 (捕縛, bond)
렘 30:8 멍에를 꺾어 버리며 네 포박을 끊으리니

포상하다 (褒賞, commend)
벧전 2:14 선행하는 자를 포상하기 위하여 보낸

포수 (砲手, hunter)
렘 16:16 그 후에 많은 포수를 불러다가 그들을

포승 (捕繩, chain)
전 7:26 포승 같은 여인은 사망보다 더 쓰다는

포식하다 (飽食, eat to hearts' content)
잠 13:25 포식하여도 악인의 배는 주리느니라

포악/-하다 (暴惡, threat, violence)

【 포위하다/포위되다 】　　　　　　　　　　　　　　　　　　　　　　　　　　　【 폭 】

창 6:11　하나님 앞에 부패하여 **포악함**이 땅에
창 6:13　모든 혈육 있는 자의 **포악함**이 땅에
시 7:16　돌아가고 그의 **포악**은 자기 정수리에
시 10:7　입에는 저주와 거짓과 **포악**이 충만하며
시 10:10　그의 **포악**으로 말미암아 가련한 자들이
시 62:10　포악을 의지하지 말며 탈취한 것으로
사 59:6　죄악의 행위라 그 손에는 **포악한** 행동이
렘 22:17　흘림과 압박과 **포악**을 행하려 할 뿐이니
렘 46:16　일어나라 우리가 **포악한** 칼을 피하여
겔 7:23　가득하고 **포악**이 그 성읍에 찼음이라
겔 12:19　이 땅 모든 주민의 **포악**으로 말미암아
겔 22:29　이 땅 백성은 **포악하고** 강탈을 일삼고
겔 31:12　여러 나라의 **포악한** 다른 민족이 그를
겔 34:4　다만 **포악**으로 그것들을 다스렸도다
겔 45:9　너희는 **포악**과 겁탈을 제거하여 버리고
단 9:27　**포악하여** 가증한 것이 날개를 의지하여
호 4:2　도둑질과 간음뿐이요 **포악하여** 피가
욜 3:19　그들이 유다 자손에게 **포악**을 행하여
암 6:3　흉한 날이 멀다 하여 **포악한** 자리로
나 3:1　거짓이 가득하고 **포악**이 가득하며
습 1:9　**포악**과 거짓을 자기 주인의 집에 채운

┌─ '포악(한) 자'와 관련된 성구
│ 욥 15:20; 27:13; 시 17:4; 18:48; 52:1; 54:3;
│ 74:20; 86:14; 140:1, 4, 11; 겔 7:22; 단 11:14
└─

포위하다/포위되다(包圍, keep under siege)
왕하 25:2　왕 제십일년까지 **포위되었더라**
렘 52:5　왕 제십일년까지 **포위되었더라**
겔 4:3　삼고 성을 **포위하는** 것처럼 에워싸라
겔 19:8　이방이 **포위하고** 있는 지방에서 그를

포장(布帳, curtain)
출 27:11　그 북쪽에도 너비가 백 규빗의 **포장**을
출 27:12　곧 서쪽에 너비 쉰 규빗의 **포장**을 치되
출 27:14　이쪽을 위하여 **포장**이 열다섯 규빗이며
출 27:15　저쪽을 위하여도 **포장**이 열다섯 규빗이며
출 27:19　그 말뚝과 뜰의 **포장** 말뚝을 다 놋으로
출 35:17　**포장**과 그 기둥과 그 받침과 뜰 문의
출 38:9　남으로 뜰의 남쪽에는 세마포 **포장**이
출 38:12　서쪽에 **포장**은 쉰 규빗이라 그 기둥이
출 38:14　문 이쪽의 **포장**이 열다섯 규빗이요 그

출 38:15　저쪽의 **포장**이 열다섯 규빗씩이요
출 38:16　뜰 주위의 **포장**은 세마포요
출 38:18　너비와 높이는 뜰의 **포장**과 같이 다섯
출 39:40　뜰의 **포장**들과 그 기둥들과 그 받침들과
출 40:8　뜰 주위에 **포장**을 치고 뜰 문에 휘장을
출 40:33　성막과 제단 주위 뜰에 **포장**을 치고

포피(包皮, foreskin)
삼상 18:25　블레셋 사람들의 **포피** 백 개를 원하신다
삼상 18:27　그들의 **포피**를 가져다가 수대로 왕께
삼하 3:14　사람의 **포피** 백 개로 나와 정혼한 자

┌─ '포피를 베다'와 관련된 성구
│ 창 17:11, 14, 23, 24, 25; 출 4:25; 레 12:3
└─

포학/-하다(暴虐, be violence, oppress)
삿 9:24　칠십 명에게 저지른 **포학한** 일을 갚되
욥 16:17　**포학**이 없고 나의 기도는 정결하니라
잠 28:16　치리자는 **포학**을 크게 행하거니와
사 5:7　정의를 바라셨더니 도리어 **포학**이요
사 19:4　**포학한** 왕이 그들을 다스리리라 주 만군
사 25:3　**포학한** 나라들의 성읍이 주를 경외하리
사 59:13　**포학**과 패역을 말하며 거짓말을 마음에
렘 6:6　그 중에는 오직 **포학한** 것뿐이니라
겔 7:11　**포학**이 일어나서 죄악의 몽둥이가 되었은
겔 18:18　그의 아버지는 심히 **포학하여** 그 동족을
호 12:1　종일토록 거짓과 **포학**을 더하여 앗수르
암 3:10　궁궐에서 **포학**과 겁탈을 쌓는 자들이
옵 1:10　네가 네 형제 야곱에게 행한 **포학**으로
습 3:1　패역하고 더러운 곳, **포학한** 그 성읍이

┌─ '포학'과 관련된 성구
│ 포학한 말 - 왕상 12:13; 대하 10:13
│ 포학(한) 자 - 잠 3:31; 29:13; 사 25:4, 5; 슥 9:8
└─

포효하다(咆哮, roar)
렘 6:23　목소리는 바다처럼 **포효하는** 소리라
렘 25:30　여호와께서 높은 데서 **포효하시고** 그의

폭(幅, curtain)
출 26:1　수 놓은 열 **폭**의 휘장을 만들지니

【 폭군 】　　　　　　　　　　　　　　　　　　　　　　　　　　　　　　【 표 】

출 26:2	매 폭의 길이는 … 각 폭의 장단을 같게
출 26:3	그 휘장 다섯 폭을 … 다섯 폭도 서로
출 26:7	염소털로 만들되 열한 폭을 만들며
출 26:8	각 폭의 길이는 … 열한 폭의 길이를
출 26:9	다섯 폭을 … 여섯 폭을 … 여섯째 폭
출 26:12	휘장의 그 나머지 반 폭은 성막 뒤에
출 36:8	지혜로운 모든 사람이 열 폭 휘장으로
출 36:9	매 폭의 길이는 … 각 폭의 장단을 같게
출 36:10	다섯 폭을 … 그 다섯 폭을 서로 연결하
출 36:12	그 연결할 한 폭에 … 연결할 한 폭의
출 36:14	염소 털로 만들되 열한 폭을 만들었으니
출 36:15	각 폭의 길이는 … 열한 폭의 장단을
출 36:16	그 휘장 다섯 폭을 … 여섯 폭을 서로

'끝폭' 과 관련된 성구

출 26:4, 5, 10; 36:11, 17

폭군(暴君, ruthless)
욥 6:23　폭군의 손에서 나를 구원하라 하더냐

폭력(暴力, violence)
창 49:5　형제요 그들의 칼은 폭력의 도구로다
삼하 22:3　구원자시라 나를 폭력에서 구원하셨으
시 11:5　악인과 폭력을 좋아하는 자를 마음에
시 58:2　너희 손으로 폭력을 달아 주는도다
렘 6:7　폭력과 탈취가 거기에서 들리며 질병과

폭양(曝陽, heat)
사 25:4　폭풍 중의 피난처시며 폭양을 피하는
사 25:5　마른 땅에 폭양을 … 구름으로 폭양을

폭우(暴雨, storm, thunderstorm, torrents of rain)
잠 28:3　곡식을 남기지 아니하는 폭우 같으니라
사 30:30　맹렬한 화염과 폭풍과 폭우와 우박으로
사 32:2　폭우를 가리는 곳 같을 것이며 마른
겔 13:11　폭우가 내리며 큰 우박덩이가 떨어지며
겔 13:13　내가 진노하여 폭우를 내리고 분노하여
겔 38:22　쏟아지는 폭우와 큰 우박덩이와 불과

폭포(瀑布, waterfall)
시 42:7　주의 폭포 소리에 깊은 바다가 서로

폭풍(暴風, gale, storm, tempest, violent winds)
욥 9:17　그가 폭풍으로 나를 치시고 까닭 없이
욥 21:18　폭풍에 날려가는 겨같이 되었도다
욥 27:20　닥칠 것이요 폭풍이 밤에 그를 앗아갈
시 55:8　가서 폭풍과 광풍을 피하리라 하였도다
시 83:15　주의 폭풍으로 그들을 두렵게 하소서
잠 1:27　너희의 재앙이 폭풍같이 이르겠고
사 17:13　흩어짐 같겠고 폭풍 앞에 떠도는 티끌
사 25:4　성벽을 치는 폭풍과 같을 때에 빈궁한 자의 요새이시며 … 폭풍 중의 피난처
사 27:8　날에 폭풍으로 그들을 옮기셨느니라
사 29:6　회오리바람과 폭풍과 맹렬한 불꽃으로
사 30:30　맹렬한 화염과 폭풍과 폭우와 우박으로
렘 23:19　폭풍과 회오리바람처럼 악인의 머리를
렘 30:23　폭풍과 회오리바람처럼 악인의 머리
겔 1:4　북쪽에서부터 폭풍과 큰 구름이 오는데
겔 13:11　우박덩이가 떨어지며 폭풍이 몰아치리
겔 13:13　분노하여 폭풍을 퍼붓고 내가 진노하여
암 1:14　외침과 회오리바람의 날에 폭풍으로
욘 1:4　바다 가운데에 큰 폭풍이 일어나 배가
욘 1:12　큰 폭풍을 만난 것이 나 때문인 줄을
히 12:18　불이 붙는 산과 침침함과 흑암과 폭풍과

폭풍우(暴風雨, tempest, storm)
욥 37:9　폭풍우는 그 밀실에서 나오고 추위는
욥 38:1　여호와께서 폭풍우 가운데에서 욥에게
욥 40:6　여호와께서 폭풍우 가운데에서 욥에게

폭행/폭행자(暴行, violence, violent man)
욥 19:7　내가 폭행을 당한다고 부르짖으나
렘 51:35　받은 폭행과 내 육체에 대한 학대가
겔 8:17　그들이 그 땅을 폭행으로 채우고 또
행 21:35　무리의 폭행으로 말미암아 군사들에게
딤전 1:13　비방자요 박해자요 폭행자였으나

표(標, mark, proof, sign)
창 4:15　가인에게 표를 주사 그를 만나는 모든
출 13:9　네 손의 기호와 네 미간의 표를 삼고
출 13:16　네 손의 기호와 네 미간의 표가 되리라
민 6:7　드리는 표가 그의 머리에 있음이라
민 16:38　이스라엘 자손에게 표가 되리라 하신지
신 6:8　기호를 삼으며 네 미간에 붙여 표로

2433

【 표류시키다 】　　　　　　　　　　　　　　　　　　　　　　　　　【 표적 】

신 11:18	삼고 너희 미간에 붙여 표를 삼으며	계 13:2	본 짐승은 표범과 비슷하고 그 발은
신 22:15	그 처녀의 처녀인 표를 얻어가지고		
욥 37:7	모든 사람의 손에 표를 주시어 모든	**표시/-하다**(標示, mark, sign)	
겔 9:4	탄식하며 우는 자의 이마에 표를 그리라	눅 1:22	몸짓으로 뜻을 표시하며 그냥 말 못하는
겔 9:6	이마에 표 있는 자에게는 가까이 하지	행 24:10	바울에게 머리로 표시하여 말하라 하니
롬 4:11	그가 할례의 표를 받은 것은 무할례	살후 3:17	이는 편지마다 표시로서 이렇게 쓰노라
고전 11:10	권세 아래에 있는 표를 그 머리 위에		
고후 12:12	사도의 표가 된 것은 내가 너희 가운데	**표적**(表迹, miraculous sign, sign)	
살후 1:5	이는 하나님의 공의로운 심판의 표요	출 4:8	그 처음 표적의 표징을 받지 아니하여
벧전 3:21	이제 너희를 구원하는 표니 곧 세례라		도 나중 표적의 표징은 믿으리라
계 13:16	그 오른손에나 이마에 표를 받게 하고	출 12:13	있어서 너희를 위하여 표적이 될지라
계 13:17	이 표를 가진 자 … 이 표는 곧 짐승의	시 74:4	자기들의 깃발을 세워 표적으로 삼았으
계 14:9	경배하고 이마에나 손에 표를 받으면	시 74:9	표적은 보이지 아니하며 선지자도
계 14:11	그의 이름 표를 받는 자는 누구든지	시 78:43	애굽에서 그의 표적들을, 소안 들에서
계 16:2	짐승의 표를 받은 사람들과 그 우상에게	시 86:17	은총의 표적을 내게 보이소서 그러면
계 20:4	이마와 손에 그의 표를 받지 아니한	시 105:27	백성 중에서 여호와의 표적을 보이고
		시 135:9	여호와께서 네게 행한 표적들과 징조
표류시키다(漂流, sweep away)		마 12:38	선생님이여 우리에게 표적 보여주시기
삿 5:21	기손 강은 그 무리를 표류시켰으니	마 12:39	악하고 음란한 세대가 표적을 구하나 선
			지자 요나의 표적 밖에는 보일 표적이
표면(表面, face)		마 16:1	하늘로부터 오는 표적 보이기를 청하니
욥 37:12	땅과 육지 표면에 있는 모든 자들에게	마 16:3	분별할 줄 알면서 시대의 표적은 분별
		마 16:4	악하고 음란한 세대가 표적을 구하나
표면적(表面的, outward)			요나의 표적 밖에는 보여 줄 표적이
롬 2:28	표면적 유대인이 유대인이 아니요 표	막 8:11	하늘로부터 오는 표적을 구하거늘
	면적 육신의 할례가 할례가 아니니라	막 8:12	어찌하여 이 세대가 표적을 구하느냐
			… 이 세대에 표적을 주지 아니하리라
표명하다(表明, give away)		막 16:17	믿는 자들에게는 이런 표적이 따르리니
마 26:73	네 말소리가 너를 표명한다 하거늘	막 16:20	표적으로 말씀을 확실히 증언하시니라
		눅 2:12	이것이 너희에게 표적이니라 하더니
표백하다(漂白, launder)		눅 2:34	비방을 받는 표적이 되기 위하여 세움을
말 3:2	연단하는 자의 불과 표백하는 자의	눅 11:16	하늘로부터 오는 표적을 구하니
		눅 11:29	세대는 악한 세대라 표적을 구하되 요
표범(leopard)			나의 표적 밖에는 보일 표적이 없나니
아 4:8	스닐과 헤르몬 꼭대기	눅 11:30	요나가 니느웨 사람들에게 표적이 됨과
	에서 사자 굴과 표범 산에서	요 2:11	예수께서 이 첫 표적을 갈릴리 가나에서
사 11:6	이리가 어린 양과 함께	요 2:18	이런 일을 행하니 무슨 표적을 우리에게
	살며 표범이 어린 염소와 함께	요 2:23	그의 행하시는 표적을 보고 그의 이름을
렘 5:6	표범이 성읍을 엿본즉 그리로 나오는	요 3:2	이 표적을 아무도 할 수 없음이니이다
렘 13:23	표범이 그의 반점을 변하게 할 수	요 4:54	오신 후에 행하신 두 번째 표적이니라
단 7:6	다른 짐승 곧 표범과 같은 것이 있는데	요 6:2	행하시는 표적을 보았음이러라
호 13:7	길 가에서 기다리는 표범 같으니라	요 6:14	사람들이 예수께서 행하신 이 표적을
합 1:8	그들의 군마는 표범보다 빠르고 저녁	요 6:26	찾는 것은 표적을 본 까닭이 아니요

2434

【 표징 】　　　【 푸르다 】

요 6:30	믿도록 행하시는 **표적**이 무엇이니이까	삼상 14:10	이것이 우리에게 **표징**이 되리라 하고
요 7:31	행하실 **표적**이 이 사람이 행한 것보다	사 55:13	**표징**이 되어 끊어지지 아니하리라
요 9:16	어떻게 이러한 **표적**을 행하겠느냐	렘 44:29	이 곳에서 너희를 벌할 **표징**이 이것이라
요 10:41	아무 **표적**도 행하지 아니하였으나	겔 14:8	그들을 놀라움과 **표징**과 속담 거리가
요 11:47	이 사람이 많은 **표적**을 행하니 우리가	겔 20:12	주어 그들과 나 사이에 **표징**을 삼았노라
요 12:18	예수를 맞음은 이 **표적** 행하심을 들었음	겔 20:20	이것이 나와 너희 사이에 **표징**이 되어
요 12:37	많은 **표적**을 그들 앞에서 행하셨으나	겔 24:24	에스겔이 너희에게 **표징**이 되리니
요 20:30	이 책에 기록되지 아니한 다른 **표적**도	겔 24:27	너는 그들에게 **표징**이 되고 그들은 내가
행 4:16	그들로 말미암아 유명한 **표적** 나타난		
행 4:22	**표적**으로 병 나은 사람은 사십여 세나	**표하다** (表, do–KJV)	
행 8:6	빌립의 말도 듣고 행하는 **표적**도 보고	대하 32:33	그의 죽음에 그에게 경의를 **표하였더라**
행 8:13	그 나타나는 **표적**과 큰 능력을 보고		
고전 1:22	유대인은 **표적**을 구하고 헬라인은	**표현하다** (表現, express)	
고전 14:22	**표적**이나 예언은 믿지 아니하는 자들	고후 12:4	말로 **표현할** 수 없는 말을 들었으니
살후 2:9	사탄의 활동을 따라 모든 능력과 **표적**과		
히 2:4	하나님도 **표적**들과 기사들과 여러 가지	**푯대** (goal)	
계 19:20	앞에서 **표적**을 행하던 거짓 선지자도	빌 3:14	**푯대**를 향하여 그리스도 예수 안에서
	함께 잡혔으니 … **표적**으로 미혹하던		

'표적'과 관련된 성구

- 기사와 **표적** – 행 2:22, 43; 6:8; 7:36
- 요나의 **표적** – 마 12:39; 16:4; 눅 11:29
- 처녀의 **표적** – 신 22:17, 20
- **표적**과 기사 – 렘 32:20, 21; 마 24:24; 요 4:48; 행 4:30; 5:12; 14:3; 15:12; 롬 15:19; 고후 12:12

푯말 (guidepost, marker)

렘 31:21	너의 **푯말**을 만들고 큰 길 곧 네가 전에
겔 39:15	사람의 뼈를 보면 그 곁에 **푯말**을 세워

푸다 (pour out)

왕하 4:40	**퍼다가** 무리에게 주어 먹게 하였더니
왕하 4:41	**퍼다가** 무리에게 주어 먹게 하라 하매

푸르다 (blue, flourishing, greenish, verdant)

레 13:49	병색이 **푸르거나** 붉으면 이는 나병의
레 14:37	집 벽에 **푸르거나** 붉은 무늬의 색점이
에 8:15	모르드개가 **푸르고** 흰 조복을 입고 큰
욥 15:32	것인즉 그의 가지가 **푸르지** 못하리니
아 1:16	화창하다 우리의 침상은 **푸르고**

표징 (表徵, miraculous sign, sign)

창 17:11	나와 너희 사이의 언약의 **표징**이니라
출 4:8	그 처음 표적의 **표징**을 받지 아니하여
	도 나중 표적의 **표징**은 믿으리라
출 7:3	내 **표징**과 내 이적을 애굽 땅에서 많이
출 8:23	내일 이 **표징**이 있으리라 하셨다 하라
출 10:1	나의 **표징**을 그들 중에 보이기 위함이며
출 10:2	그들 가운데서 행한 **표징**을 네 아들과
출 31:13	너희 대대의 **표징**이니 나는 너희를
출 31:17	이스라엘 자손 사이에 영원한 **표징**이며
민 17:10	반역한 자에 대한 **표징**이 되게 하여
신 28:46	자손에게 영원히 있어서 **표징**과 훈계가
수 4:6	너희 중에 **표징**이 되리라 후일에 너희
삿 6:17	이가 주 되시는 **표징**을 내게 보이소서
삼상 2:34	둘이 당할 그 일이 네게 **표징**이 되리라

'푸르다'와 관련된 성구

- 푸른 가지 – 창 30:37
- 푸른 감람나무 – 시 52:8; 렘 11:16
- 푸른 것 – 출 10:15; 계 9:4
- 푸른 나무 – 신 12:2; 왕상 14:23; 왕하 16:4; 17:10; 대하 28:4; 사 57:5; 렘 2:20; 3:6; 13; 17:2; 겔 6:13; 17:24; 20:47; 눅 23:31
- 푸른 나물 – 사 37:27
- 푸른 열매 – 아 2:13

【 푼 】　　　　　　　　　　　　　　　　　　　　　　　　　　　　　【 풀다/풀리다 】

푸른 잎사귀 – 잠 11:28
푸른 잔디 – 막 6:39
푸른 잣나무 – 호 14:8
푸른 채소 – 시 37:2
푸른 초목 – 아 6:11
푸른 풀 – 창 1:30; 왕하 19:26; 욥 39:8;
　　　계 8:7
푸른 풀밭 – 시 23:2

푼(penny)
마 5:26　네가 한 푼이라도 남김이 없이 다 갚기
눅 12:59　한 푼이라도 남김이 없이 갚지 아니하고

풀 1(grass, hay, plant)
창 1:11　하나님이 이르시되 땅은 풀과 씨 맺는 채소와
창 1:12　땅이 풀과 각기 종류대로 씨 맺는 채소와 각기
창 29:7　양에게 물을 먹이고 가서 풀을 뜯게
민 22:4　무리가 소가 밭의 풀을 뜯어먹음같이
신 11:15　가축을 위하여 들에 풀이 나게 하시리니
신 29:23　거기에는 아무 풀도 나지 아니함이
삼하 23:4　움이 돋는 새 풀 같으니라 하시도다
욥 1:14　갈고 나귀는 그 곁에서 풀을 먹는데
욥 6:5　들나귀가 풀이 있으면 어찌 울겠으며
욥 8:12　전에 다른 풀보다 일찍이 마르느니라
욥 40:15　소같이 풀을 먹는 베헤못을 볼지어다
시 37:2　풀과 같이 속히 베임을 당할 것이며
시 72:6　그는 벤 풀 위에 내리는 비같이, 땅에
시 90:5　자는 것 같으며 아침에 돋는 풀 같으니
시 90:6　풀은 아침에 꽃이 피어 자라다가 저녁에
시 92:7　악인들은 풀같이 자라고 악을 행하는
시 102:4　마음이 풀같이 시들고 말라 버렸사오며
시 102:11　그림자 같고 내가 풀의 시들어짐 같으니
시 103:15　인생은 그 날이 풀과 같으며 그 영화가
시 104:14　가축을 위한 풀과 사람을 위한 채소를
시 106:20　자기 영광을 풀 먹는 소의 형상으로
시 129:6　그들은 지붕의 풀과 같을지어다 그것은
시 147:8　준비하시며 산에 풀이 자라게 하시며
잠 19:12　부르짖음 같고 그의 은택은 풀 위의
잠 24:31　지면이 거친 풀로 덮였고 돌담이 무너져
잠 27:25　풀을 벤 후에는 새로 움이 돋나니 산에
아 5:13　향기로운 풀 언덕과도 같고 입술은

사 5:17　초장에 있는 것같이 풀을 먹을 것이요
사 5:24　마른 풀이 불 속에 떨어짐같이 그들의
사 15:6　마르고 풀이 시들었으며 연한 풀이 말라
사 35:7　눕던 곳에 풀과 갈대와 부들이 날
사 37:27　지붕의 풀같이, 자라지 못한 곡초같이
사 40:6　육체는 풀이요 그의 모든 아름다움은
사 40:7　풀은 마르고 꽃이 시듦은 여호와의 기운이 그 … 이 백성은 실로 풀이로다
사 40:8　풀은 마르고 꽃이 시드나 우리 하나님의
사 44:4　그들이 풀 가운데에서 솟아나기를
사 51:12　풀같이 될 사람의 아들을 두려워하느냐
렘 14:5　새끼를 낳아도 풀이 없으므로 내버리며
렘 14:6　풀이 없으므로 눈이 흐려지는도다
단 4:15　그것을 들 풀 가운데 두어라 그것이 하늘 이슬에 젖고 땅의 풀 가운데에서
단 4:23　그것을 들 풀 가운데 두라 그것이
욜 1:19　불이 목장의 풀을 살랐고 불꽃이 들의
암 7:1　풀을 벤 후 풀이 다시 움돋기 시작할
욘 2:5　에워싸고 바다 풀이 내 머리를 감쌌나이
미 5:7　이슬 같고 풀 위에 내리는 단비 같아서
마 13:32　자란 후에는 풀보다 커서 나무가 되매
막 4:32　모든 풀보다 커지며 큰 가지를 내나니
고전 3:12　나무나 풀이나 짚으로 이 터 위에
약 1:10　이는 그가 풀의 꽃과 같이 지나감이라
약 1:11　뜨거운 바람이 불어 풀을 말리면 꽃이
벧전 1:24　육체는 풀과 같고 그 모든 영광은 풀의 꽃과 같으니 풀은 마르고 꽃은 떨어지되

'풀'과 관련된 성구

들의 풀 – 사 37:27; 겔 16:7; 욜 1:20; 2:22
땅의 풀 – 욥 5:25; 시 72:16; 단 4:15; 암 7:2; 계 9:4
소처럼 풀을 먹다 – 사 11:7; 단 4:25, 32, 33; 5:21
연한 풀 – 신 32:2; 욥 38:27; 사 15:6; 66:14
푸른 풀 – 창 1:30; 왕하 19:26; 욥 39:8; 계 8:7

풀 2(meekly)
왕상 21:27　베에 누우며 또 풀이 죽어 다니더라

풀다/풀리다(interpret, loose, pacify, release, limp, relieve, subside)

【 풀다/풀리다 】　　　　　　　　　　　　　　　　　　　　　　　　　　　　　　　　　　　【 풀려나다 】

창 27:42	형 에서가 너를 죽여 그 한을 **풀려** 하니
창 27:44	네 형의 노가 **풀리기**까지 몇 날 동안
창 27:45	형의 분노가 **풀려** 네가 자기에게 행한
창 32:20	예물로 형의 감정을 **푼** 후에 대면하면
창 41:12	꿈을 **풀되** 그 꿈대로 각 사람에게
창 41:15	너는 꿈을 들으면 능히 **푼다** 하더라
삿 8:3	하매 그 때에 그들의 노여움이 **풀리니라**
삿 14:12	이레 동안에 너희가 그것을 **풀어** 내게
삼하 4:1	맥이 **풀렸고** 온 이스라엘이 놀라니라
왕상 5:9	거기서 그것을 **풀리니** 당신은 받으시고

'풀다' 와 관련된 성구

머리를 풀다 – 레 10:6; 13:45; 21:10; 민 5:18
수수께끼를 풀다 – 삿 14:14, 18, 19
억울함을 풀다 – 창 30:6; 삼상 24:15; 시 72:4; 사 51:22
원통함을 풀다 – 시 74:22; 애 3:58, 59; 딤후 3:3
원한을 풀다 – 잠 23:11; 단 7:22; 눅 18:3, 5, 7, 8
자루를 풀다 – 창 42:27; 43:21; 44:11

욥 7:13	내 침상이 내 수심을 **풀리라** 할 때에
욥 12:18	맨 것을 **풀어** 그들의 허리를 동이시며
욥 12:21	멸시를 쏟으시며 강한 자의 띠를 **푸시며**
욥 16:5	위로로 너희의 근심을 **풀었으리라**
욥 16:6	말하여도 내 근심이 **풀리지** 아니하고
욥 38:31	있으며 삼성의 띠를 **풀** 수 있겠느냐
욥 39:5	누가 빠른 나귀의 매인 것을 **풀었느냐**
시 49:4	수금으로 나의 오묘한 말을 **풀리로다**
시 71:2	의로 나를 건지시며 나를 **풀어** 주시며
시 116:16	종이라 주께서 나의 결박을 **푸셨나이다**
전 12:6	은 줄이 **풀리고** 금 그릇이 깨지고
사 5:27	그들의 허리띠는 **풀리지** 아니하며
사 7:25	**풀어** 놓으며 양이 밟는 곳이 되리라
사 13:7	손의 힘이 **풀리고** 각 사람의 마음이
사 28:7	잘못 **풀며** 재판할 때에 실수하나니
사 33:23	네 돛대 줄이 **풀렸으니** 돛대의 밑을
사 45:1	왕들의 허리를 **풀어** 그 앞에 문들을
사 52:2	시온이여 네 목의 줄을 스스로 **풀지어다**
사 58:6	흉악의 결박을 **풀어** 주며 멍에의 줄을

렘 20:3	나무 고랑에서 **풀어** 주매 예레미야가
렘 40:4	손의 사슬을 **풀어** 너를 **풀어** 주노니
렘 47:3	아버지의 손맥이 **풀려서** 자기의 자녀를
렘 52:31	들어 주었고 감옥에서 **풀어** 주었더라
겔 5:13	그들을 향한 분이 **풀려서** 내 마음이
겔 16:53	사로잡힌 자의 사로잡힘을 **풀어** 주어
겔 21:17	분노를 다 **풀리로다** 나 여호와가 말하였
겔 24:13	내가 네게 향한 분노를 **풀기** 전에는 네
단 5:12	말을 밝히며 의문을 **풀** 수 있었나이다
단 5:16	너는 해석을 잘하고 의문을 **푼다** 하도다
슥 8:10	모든 사람을 서로 **풀어** 주게 하였느니라
마 16:19	무엇이든지 **풀면** 하늘에서도 **풀리리라**
마 18:18	땅에서 **풀면** 하늘에서도 **풀리리라**
마 21:2	것을 보리니 **풀어** 내게로 끌고 오라
막 1:7	신발끈을 **풀기도** 감당하지 못하겠노라
막 7:35	맺힌 것이 곧 **풀려** 말이 분명하여졌더라
막 11:2	매여 있는 것을 보리니 **풀어** 끌고 오라
막 11:4	앞 거리에 매여 있는지라 그것을 **푸니**
막 11:5	나귀 새끼를 **풀어** 무엇 하려느냐 하매
눅 1:64	그 입이 곧 열리고 혀가 **풀리며** 말을
눅 3:16	신발끈을 **풀기도** 감당하지 못하겠노라
눅 13:16	안식일에 이 매임에서 **푸는** 것이 합당하
눅 19:30	매여 있는 것을 보리니 **풀어** 끌고 오라
눅 19:31	너희에게 어찌하여 **푸느냐** 묻거든
눅 19:33	나귀 새끼를 **풀** 때에 그 임자들이 이르 되 어찌하여 나귀 새끼를 **푸느냐**
눅 24:32	우리에게 성경을 **풀어** 주실 때에 우리
요 1:27	나는 그의 신발끈을 **풀기도** 감당하지
요 11:44	예수께서 이르시되 **풀어** 놓아 다니게
행 2:24	그를 사망의 고통에서 **풀어** 살리셨으니
행 13:25	신발끈을 **풀기도** 감당하지 못하리라
행 17:3	뜻을 **풀어** 그리스도가 해를 받고 죽은
행 18:26	하나님의 도를 더 정확하게 **풀어** 이르더
행 21:3	거기서 배의 짐을 **풀려** 함이러라
행 22:30	알고자 하여 그 결박을 **풀고** 명하여
행 27:18	사공들이 짐을 바다에 **풀어** 버리고
행 27:40	키를 **풀어** 늦추고 돛을 달고 바람에
벧후 1:20	모든 예언은 사사로이 **풀** 것이 아니니
벧후 3:16	그것도 억지로 **풀다가** 스스로 멸망에

풀려나다 (release)

| 욥 14:12 | 참으면서 **풀려나기**를 기다리겠나이다 |
| 렘 40:1 | **풀려난** 후에 말씀이 여호와께로부터 |

【 풀무 】　　　　　　　　　　　　　　　　　　　　　【 품꾼 】

히 11:35　**풀려나기**를 원하지 아니하였으며

풀무(furnace)
왕상 8:51　주께서 철 **풀무** 같은 애굽에서 인도하여
잠 17:3　도가니는 은을, **풀무**는 금을 연단하거니
잠 27:21　도가니로 은을, **풀무**로 금을, 칭찬으로
사 31:9　여호와의 **풀무**는 예루살렘에 있느니라
렘 11:4　너희 조상들을 쇠 **풀무** 애굽 땅에서

'풀무 불'과 관련된 성구
신 4:20; 시 21:9; 사 48:10; 렘 6:29; 겔 22:18, 20, 22; 단 3:6, 11, 15, 17, 19, 20, 21, 22, 23, 26; 마 13:42, 50; 계 1:15

풀밭(pasture)
시 23:2　나를 푸른 **풀밭**에 누이시며 쉴 만한
사 49:9　모든 헐벗은 산에도 그들의 **풀밭**이 있을
습 2:6　해변은 **풀밭**이 되어 목자의 움막과

풀어내다(untie)
눅 13:15　나귀를 외양간에서 **풀어내어** 이끌고

풀어지다(be destroyed)
벧후 3:10　뜨거운 불에 **풀어지고** 땅과 그 중에
벧후 3:11　모든 것이 이렇게 **풀어지리니** 너희가
벧후 3:12　그 날에 하늘이 불에 타서 **풀어지고**

풀이하다(explain)
창 41:24　그것을 내게 **풀이해** 주는 자가 없느니라

품 1(arms)
창 16:5　내가 나의 여종을 당신의 **품**에 두었거늘
출 4:6　**품**에 넣으라 하시매 그가 손을 **품**에
출 4:7　**품**에 넣으라 하시매 그가 다시 손을 **품**
민 11:12　아이를 품듯 그들을 **품**에 품고 주께서
신 13:6　네 **품**의 아내나 너와 생명을 함께 하는
신 28:54　그의 **품**의 아내와 그의 남은 자녀를
신 28:56　**품**의 남편과 자기 자녀를 미운 눈으로
룻 4:16　나오미가 아기를 받아 **품**에 품고 그의
삼하 12:3　그의 잔으로 마시며 그의 **품**에 누우므로
삼하 12:8　주인의 아내들을 네 **품**에 두고 이스라엘
왕상 1:2　**품**에 누워 우리 주 왕으로 따뜻하시게

왕상 3:20　**품**에 누이고 … 내 **품**에 뉘었나이다
왕상 17:19　그 여인의 **품**에서 받아 안고 자기가
욥 24:9　고아를 어머니의 **품**에서 빼앗으며
욥 31:33　나의 죄악을 나의 **품**에 감추었으며
시 35:13　괴롭게 하였더니 내 기도가 내 **품**으로
시 74:11　**품**에서 손을 빼내시어 그들을 멸하소서
시 79:12　비방을 그들의 **품**에 칠 배나 갚으소서
시 89:50　많은 민족의 비방이 내 **품**에 있사오니
시 129:7　베는 자의 손과 묶는 자의 **품**에 차지
시 131:2　젖 뗀 아이가 그의 어머니 **품**에 있음
잠 5:19　너는 그의 **품**을 항상 족하게 여기며
잠 6:27　사람이 불을 **품**에 품고서야 어찌 그의
잠 17:23　악인은 사람의 **품**에서 뇌물을 받고 재판
잠 21:14　**품** 안의 뇌물은 맹렬한 분을 그치게
전 7:9　노는 우매한 자들의 **품**에 머무름이니라
아 1:13　나의 사랑하는 자는 내 **품** 가운데 몰약
사 28:9　젖 떨어져 **품**을 떠난 자들에게 하려는가
사 40:11　어린 양을 그 팔로 모아 **품**에 안으시며
사 49:22　아들들을 **품**에 안고 네 딸들을 어깨에
사 65:6　보응하되 그들의 **품**에 보응하리라
사 65:7　그들의 행위를 헤아리고 그들의 **품**에
사 66:11　그 위로하는 **품**에서 만족하겠고 젖을
렘 32:18　죄악을 그 후손의 **품**에 갚으시오니
애 2:12　그의 어머니들의 **품**에서 혼이 떠날 때에
미 7:5　네 **품**에 누운 여인에게라도 네 입의
눅 16:22　아브라함의 **품**에 들어가고 부자도 죽어
눅 16:23　아브라함의 그의 **품**에 있는 나사로를
요 1:18　아버지 **품** 속에 있는 독생하신 하나님이
요 13:23　사랑하시는 자가 예수의 **품**에 의지하여
요 21:20　그는 만찬석에서 예수의 **품**에 의지하여

품 2(hire out)
삼상 2:5　양식을 위하여 **품**을 팔고 주리던 자들은

품꾼(hired man, hired worker)
출 12:45　거류인과 타국 **품꾼**은 먹지 못하리라
레 19:13　**품꾼**의 삯을 아침까지 밤새도록 네게
레 22:10　**품꾼**도 다 성물을 먹지 못할 것이니라
레 25:6　여종과 네 **품꾼**과 너와 함께 거류하는
레 25:40　**품꾼**이나 동거인과 같이 함께 있게 하여
신 15:18　그가 여섯 해 동안에 **품꾼**의 삯의 배나
신 24:14　곤궁하고 빈한한 **품꾼**은 너희 형제든지
욥 7:1　날이 **품꾼**의 날과 같지 아니하겠느냐

2438

[**품다**] [**품삯**]

욥 7:2	저녁 그늘을 몹시 바라고 **품꾼**은 그의
욥 14:6	그가 **품꾼**같이 그의 날을 마칠 때까지
사 16:14	**품꾼**의 정한 해와 같이 삼 년 내에 모압
사 19:10	기둥이 부숴지고 **품꾼**들이 다 마음에
사 21:16	**품꾼**의 정한 기한같이 일 년 내에 게달
말 3:5	**품꾼**의 삯에 대하여 억울하게 하며 과부
마 20:1	**품꾼**을 얻어 포도원에 들여보내려고
마 20:2	하루 한 데나리온씩 **품꾼**들과 약속하여
마 20:7	**품꾼**으로 쓰는 이가 없음이니이다
마 20:8	**품꾼**들을 불러 나중 온 자로부터 시작하
막 1:20	아버지 세베대를 **품꾼**들과 함께 배에
눅 15:17	양식이 풍족한 **품꾼**이 얼마나 많은가
눅 15:19	나를 **품꾼**의 하나로 보소서 하리라 하고
약 5:4	밭에서 추수한 **품꾼**에게 주지 아니한

품다(carry in one's arms, conceal, harbor, plot)

민 11:4	다른 인종들이 탐욕을 **품으매** 이스라엘
민 11:12	아이를 **품듯** 그들을 품에 품고 주께서
신 15:9	너는 마음에 악한 생각을 **품지** 말라 곧
신 22:6	어미 새가 그의 새끼나 알을 **품은** 것을
룻 4:16	나오미가 아기를 받아 품에 품고 그의
왕상 14:13	향하여 선한 뜻을 **품었음이니라**
에 2:21	빅단과 데레스 두 사람이 원한을 **품고**
에 7:5	이런 일을 심중에 **품은** 자가 누구며
욥 10:13	주께서 이것들을 마음에 **품으셨나이다**
욥 21:25	사람은 마음에 고통을 **품고** 죽으므로
시 66:18	내가 나의 마음에 죄악을 **품었더라면**
시 71:14	나는 항상 소망을 **품고** 주를 더욱더욱
시 103:9	노를 영원히 **품지** 아니하시리로다
시 119:113	내가 두 마음 **품는** 자들을 미워하고
잠 4:8	만일 그를 **품으면** 그가 너를 영화롭게
잠 6:14	그의 마음에 패역을 **품으며** 항상 악을
잠 6:27	사람이 불을 품에 **품고서야** 어찌 그의
잠 22:24	노를 **품는** 자와 사귀지 말며 울분한 자와
잠 24:2	마음은 강포를 **품고** 그들의 입술은
잠 24:19	행악자들로 말미암아 분을 **품지** 말며
잠 26:24	꾸미고 속으로는 속임을 **품나니**
아 8:6	나를 도장같이 마음에 **품고** 도장같이
사 32:6	그 마음에 불의를 **품어** 간사를 행하며
사 46:4	내가 너희를 **품을** 것이라 내가 지었은
	즉 내가 업을 것이요 내가 **품고** 구하여
사 59:5	독사의 알을 **품으며** 거미줄을 짜나니

렘 3:5	**품으시겠나이까** 하지 아니하겠느냐
렘 3:12	한없이 **품지** 아니하느니라 여호와의
렘 17:11	자고새가 낳지 아니한 알을 **품음** 같아서
렘 50:45	사람의 땅에 대하여 **품은** 여호와의 생각
겔 7:20	장식으로 말미암아 교만을 **품었고**
겔 11:2	이 사람들은 불의를 **품고** 이 성 중에서
겔 20:32	마음에 **품은** 것을 결코 이루지 못하리라
겔 32:30	부끄러움을 **품고** 할례를 받지 못하고
겔 35:5	옛날부터 한을 **품고** 이스라엘 족속을
겔 39:26	부끄러움을 **품고** 내게 범한 죄를 뉘우치
암 1:11	화를 내며 분을 끝없이 **품었음이라**
미 7:18	진노를 오래 **품지** 아니하시나이다
나 1:2	대적하는 자에게 진노를 **품으시며**
슥 9:12	갇혀 있으나 소망을 **품은** 자들아 너희는
마 5:28	음욕을 **품고** 여자를 보는 자마다 마음에
행 8:22	기도하라 혹 마음에 **품은** 것을 사하여
행 14:2	형제들에게 악감을 **품게** 하거늘
롬 12:3	생각할 그 이상의 생각을 **품지** 말고
롬 12:11	게으르지 말고 열심을 **품고** 주를 섬기라
엡 4:26	짓지 말며 해가 지도록 분을 **품지** 말고

'마음을 품다' 와 관련된 성구

신 5:29; 15:10; 대상 12:33; 전 9:3; 렘 23:26; 호 10:2; 롬 11:20; 갈 5:10; 빌 2:2, 5; 4:2; 히 3:12; 약 1:8; 4:8

품목(品目, specific thing)

| 민 4:32 | 맡아 멜 모든 기구의 **품목**을 지정하라 |

품삯(wages)

창 29:15	네 **품삯**을 어떻게 할지 내게 말하라
창 30:28	네 **품삯**을 정하라 내가 그것을 주리라
창 30:32	이 같은 것이 내 **품삯**이 되리이다
창 30:33	외삼촌께서 오셔서 내 **품삯**을 조사하실
창 31:7	속여 **품삯**을 열 번이나 변경하였느니라
창 31:41	내 **품삯**을 열 번이나 바꾸셨으며
신 24:15	그 **품삯**을 당일에 주고 해 진 후까지 미
	루지 … 가난하므로 그 **품삯**을 간절히
렘 22:13	그의 **품삯**을 주지 아니하는 자에게 화
슥 11:12	좋게 여기거든 내 **품삯**을 내게 주고 그
	렇지 … 달아서 내 **품삯**을 삼은지라

【 품위 】

품위(品位, dignity, orderly way)
- 욥 30:15   그들이 내 **품위**를 바람같이 날려 버리니
- 고전 14:40   모든 것을 **품위** 있게 하고 질서 있게

품행(品行, conduct)
- 잠 20:11   **품행**이 청결한 여부와 정직한 여부를

풍기다(perfume)
- 아 3:6   상인의 여러 가지 향품으로 향내 **풍기며**

풍년(豊年, year of abundance)
- 창 41:29   애굽 땅에 일곱 해 큰 **풍년**이 있겠으며
- 창 41:30   애굽 땅에 있던 **풍년**을 다 잊어버리게
- 창 41:31   이전 **풍년**을 이 땅에서 기억하지 못하게
- 창 41:34   그 일곱 해 **풍년**에 애굽 땅의 오분의
- 창 41:35   장차 올 **풍년**의 모든 곡물을 거두고
- 창 41:47   **풍년**에 토지 소출이 심히 많은지라
- 창 41:53   애굽 땅에 일곱 해 **풍년**이 그치고

풍랑(風浪, storm)
- 행 27:18   우리가 **풍랑**으로 심히 애쓰다가 이튿날
- 행 27:20   **풍랑**이 그대로 있으매 구원의 여망마저

풍류하다(風流, music)
- 계 18:22   거문고 타는 자와 **풍류하는** 자와 퉁소

풍부/-하다/-히(豊富, abound, wealthy, multiply, overflow)
- 창 13:2   가축과 은과 금이 **풍부하였더라**
- 창 36:7   두 사람의 소유가 **풍부하여** 함께 거주할
- 신 8:13   증식되며 네 소유가 다 **풍부하게** 될
- 신 14:24   **풍부히** 주신 것을 가지고 갈 수 없거든
- 신 33:19   바다의 **풍부한** 것과 모래에 감추어진
- 느 9:17   인자가 **풍부하시므로** 그들을 버리지
- 에 1:7   각기 다르고 왕이 **풍부하였으므로**
- 욥 31:25   만일 재물의 **풍부함**과 손으로 얻은 것이
- 시 37:16   적은 소유가 악인의 **풍부함**보다 낫도다
- 시 52:7   오직 자기 재물의 **풍부함**을 의지하며
- 시 66:12   끌어내사 **풍부한** 곳에 들이셨나이다
- *시 103:8*   *더디 하시고 인자하심이 **풍부하시도다***
- 잠 21:5   부지런한 자의 경영은 **풍부함**에 이를
- 렘 44:17   그 때에는 우리가 먹을 것이 **풍부하며**
- 애 3:32   그 **풍부한** 인자하심에 따라 궁휼히

【 풍성하다/풍성하여지다/풍성히 】

- 겔 27:12   다시스는 각종 보화가 **풍부하므로** 너와
- 겔 27:16   너의 제품이 **풍부하므로** 아람은 너와
- 겔 27:18   각종 보화가 **풍부하므로** 다메섹이 너와
- 겔 27:25   네가 바다 중심에서 **풍부하여** 영화가
- 겔 27:33   세상 왕들을 **풍부하게** 하였었도다
- 나 2:9   무한하고 아름다운 기구가 **풍부함**이니
- 합 1:16   소득이 **풍부하고** 먹을 것이 풍성하게
- 슥 1:17   성읍들이 넘치도록 다시 **풍부할** 것이라
- 빌 4:12   처할 줄도 알고 **풍부**에 처할 줄도 알아
  … 배부름과 배고픔과 **풍부**와 궁핍에도
- 빌 4:18   또 **풍부한지라** 에바브로디도 편에

풍설(風說, report)
- 출 23:1   거짓된 **풍설**을 퍼뜨리지 말며 악인과

풍성하다/풍성하여지다/풍성히(豊盛, abound, rich, plentiful, increase)

구약

- 창 27:28   **풍성한** 곡식과 포도주를 네게 주시기를
- 레 19:25   너희에게 그 소산이 **풍성하리라** 나는
- 신 7:13   포도주와 기름을 **풍성하게** 하시고 네
- 신 33:23   은혜가 **풍성하고** 여호와의 복이 가득한
- 대상 29:21   온 이스라엘을 위하여 **풍성한** 제물을
- 대하 31:5   모든 소산의 첫 열매들을 **풍성히** 드렸고
- 욥 36:31   심판하시며 음식을 **풍성하게** 주시느니
- 시 4:7   새 포도주가 **풍성할** 때보다 더하니이다
- 시 5:7   오직 나는 주의 **풍성한** 사랑을 힘입어
- 시 22:29   모든 **풍성한** 자가 먹고 경배할 것이요
- 시 37:11   땅을 차지하며 **풍성한** 화평으로 즐거워
- 시 72:7   평강의 **풍성함**이 달이 다할 때까지
- 시 72:16   산꼭대기의 땅에도 곡식이 **풍성하고**
- 시 86:15   진실이 **풍성하신** 하나님이시오니
- 시 107:37   포도원을 재배하여 **풍성한** 소출을
- 시 130:7   여호와께서는 인자하심과 **풍성한** 속량
- 사 30:23   곡식이 **풍성하고** 기름지게 하실 것이며
- 사 33:6   구원과 지혜와 지식이 **풍성할** 것이니
- 사 66:11   **풍성함**으로 말미암아 즐거워하리라
- 렘 33:6   **풍성함**을 그들에게 나타낼 것이며
- 겔 32:15   거기에 **풍성한** 것이 없게 할 것임이여
- 겔 36:29   곡식이 **풍성하게** 하여 기근이 너희에게
- 겔 36:30   열매와 밭의 소산을 **풍성하게** 하여
- 호 14:7   곡식같이 **풍성할** 것이며 포도나무
- 합 1:16   풍부하고 먹을 것이 **풍성하게** 됨이니이

【 풍세 】　　　　　　　　　　　　　　　　　　　　　　　　　　　　【 풍족하다/풍족히 】

신약

눅 12:16	한 부자가 그 밭에 소출이 **풍성**하매
요 10:10	생명을 얻게 하고 더 **풍성**히 얻게
롬 2:4	길이 참으심이 **풍성**함을 멸시하느냐
롬 3:7	하나님의 참되심이 더 **풍성**하여 그의
롬 9:23	**풍성**함을 알게 하고자 하셨을지라도
롬 11:12	넘어짐이 세상의 **풍성**함이 되며 그들 의 실패가 이방인의 **풍성**함이 되거든
롬 11:33	하나님의 지혜와 지식의 **풍성**함이여
고전 4:8	배 부르며 이미 **풍성**하며 우리 없이도
고전 14:12	위하여 그것이 **풍성**하기를 구하라
고후 8:2	극심한 가난이 그들의 **풍성**한 연보를
고후 8:7	**풍성**한 것같이 이 은혜에도 **풍성**하게
고후 9:10	너희 심을 것을 주사 **풍성**하게 하시고
고후 10:15	너희 가운데서 더욱 **풍성**하여지기를
엡 1:7	그의 은혜의 **풍성**함을 따라 그의 피로
엡 1:18	성도 안에서 그 기업의 영광의 **풍성**함이
엡 2:4	**풍성**하신 하나님이 우리를 사랑하신
엡 2:7	그 은혜의 지극히 **풍성**함을 오는 여러
엡 3:8	측량할 수 없는 그리스도의 **풍성**함을
엡 3:16	영광의 **풍성**함을 따라 그의 성령으로
빌 1:9	지식과 모든 총명으로 점점 더 **풍성**하게
빌 1:26	나로 말미암아 **풍성**하게 하려 함이라
빌 4:17	너희에게 유익하도록 **풍성**한 열매를
빌 4:19	예수 안에서 영광 가운데 그 **풍성**한
골 1:27	이방인 가운데 얼마나 **풍성**한지를 알게
골 2:2	확실한 이해의 모든 **풍성**함과 하나님의
골 3:16	그리스도의 말씀이 너희 속에 **풍성**히
살후 1:3	다 각기 서로 사랑함이 **풍성**함이니
딤전 1:14	사랑과 함께 넘치도록 **풍성**하였도다
딛 3:6	우리에게 그 성령을 **풍성**히 부어 주사
히 6:11	끝까지 소망의 **풍성**함에 이르러

풍세(風勢, wind)

| 전 11:4 | **풍세**를 살펴보는 자는 파종하지 못할 |
| 행 27:7 | **풍세**가 더 허락하지 아니하므로 살모네 |

풍속(風俗, customs, practices)

레 18:3	애굽 땅의 **풍속**을 따르지 말며 내가 너 희를 인도할 가나안 땅의 **풍속**과 규례도
레 18:30	전에 행하던 가증한 **풍속**을 하나라도
레 20:23	너희 앞에서 쫓아내는 족속의 **풍속**을
삿 14:10	이렇게 행하는 **풍속**이 있음이더라

왕하 17:33	**풍속**대로 자기의 신들도 섬겼더라
왕하 17:34	그들이 오늘까지 이전 **풍속**대로 행하여
왕하 17:40	오히려 이전 **풍속**대로 행하였느니라
대하 13:9	이방 백성들의 **풍속**을 따라 제사장을
사 2:6	그들에게 동방 **풍속**이 가득하며 그들은
겔 20:30	조상들의 **풍속**을 따라 너희 자신을
행 16:21	받지도 못하고 행하지도 못할 **풍속**을
행 26:3	모든 **풍속**과 문제를 아심이니이다

풍습(風習, customs)

| 렘 10:3 | 여러 나라의 **풍습**은 헛된 것이니 삼림 |

풍악(風樂, music)

| 눅 15:25 | 집에 가까이 왔을 때에 **풍악**과 춤추는 |

풍요(豊饒, wealth)

| 전 5:10 | **풍요**를 사랑하는 자는 소득으로 만족하 |

풍우(風雨, storm)

| 욥 36:33 | 그의 우레가 다가오는 **풍우**를 알려 주니 |
| 사 4:6 | 그늘을 지으며 또 **풍우**를 피하여 숨는 |

풍자하다(諷刺, discourse, taunt)

욥 27:1	욥이 또 **풍자**하여 이르되
욥 29:1	욥이 **풍자**하여 이르되
합 2:6	조롱하는 시로 그를 **풍자**하지 않겠느냐

풍자향(風子香, galbanum)

| 출 30:34 | 소합향과 나감향과 **풍자향**의 향품을 |

풍재(風災, blight)

| 신 28:22 | 학질과 한재와 **풍재**와 썩는 재앙으로 |

풍조(風潮, ways, wind)

| 엡 2:2 | 세상 **풍조**를 따르고 공중의 권세 잡은 |
| 엡 4:14 | 교훈의 **풍조**에 밀려 요동하지 않게 하려 |

풍족하다/풍족히(豊足, abound, full, plentiful, prosper)

신 28:47	모든 것이 **풍족**하여도 기쁨과 즐거운
신 33:11	여호와여 그의 재산을 **풍족**하게 하시고
룻 1:21	내가 **풍족**하게 나갔더니 여호와께서
삼상 2:5	**풍족**하던 자들은 양식을 위하여 품을

【 풍채 】　　　　　　　　　　　　　　　　　　　　　　　　　　　　【 피 】

욥 20:22	풍족할 때에도 괴로움이 이르리니 모든	출 34:25	내 제물의 피를 유교병과 함께 드리지
시 36:8	집에 있는 살진 것으로 풍족할 것이라	레 1:5	제사장들은 그 피를 가져다가 회막 문
시 37:19	아니하며 기근의 날에도 풍족할 것이나	레 1:15	제단 위에서 불사르고 피는 제단 곁에
시 92:14	결실하며 진액이 풍족하고 빛이 청청하	레 3:17	기름과 피를 먹지 말라 이는 너희의
시 132:15	이 성의 식료품에 풍족히 복을 주고	레 4:6	제사장이 손가락에 그 피를 찍어 여호
잠 11:25	구제를 좋아하는 자는 풍족하여질	레 4:7	제사장은 또 그 피를 … 그 송아지의
잠 13:4	부지런한 자의 마음은 풍족함을 얻으니		피 전부를 회막 문 앞 번제단 밑에
잠 28:25	의지하는 자는 풍족하게 되느니라	레 4:17	제사장이 손가락에 그 피를 찍어
겔 16:49	교만함과 음식물의 풍족함과 태평함이	레 5:9	피를 제단 곁에 뿌리고 그 남은 피는
겔 27:33	네가 여러 백성을 풍족하게 하였음이여	레 6:27	그 피가 어떤 옷에든지 묻었으면 묻은
욜 2:26	먹되 풍족히 먹고 너희에게 놀라운 일을	레 6:30	피를 가지고 회막에 들어가 성소에서
마 25:29	무릇 있는 자는 받아 풍족하게 되고	레 7:14	화목제의 피를 뿌린 제사장들에게로
막 12:44	그들은 다 그 풍족한 중에서 넣었거니와	레 7:26	짐승의 피나 무슨 피든지 먹지 말라
눅 15:17	아버지에게는 양식이 풍족한 품꾼이	레 7:27	피든지 먹는 사람이 있으면 그 사람은
눅 21:4	그 풍족한 중에서 헌금을 넣었거니와	레 7:33	화목제물의 피와 기름을 드리는 자는
행 19:25	우리의 풍족한 생활이 이 생업에 있는데	레 8:15	그 피를 가져다가 … 그 피를 제단의
고전 1:5	모든 언변과 모든 지식에 풍족하므로		네 귀퉁이 뿔에 발라 … 그 피는 제단
빌 4:18	너희가 준 것을 받으므로 내가 풍족하니	레 8:23	모세가 잡고 그 피를 가져다가 아론의
		레 8:24	피를 바르고 또 모세가 그 피를 제단

풍채(風采, appearance)

사 53:2　고운 모양도 없고 풍채도 없은즉 우리가

피(blood)

모세오경

창 4:11	손에서부터 네 아우의 피를 받았은즉	레 8:30	모세가 관유와 제단 위의 피를 가져다가
창 9:5	피 곧 너희의 생명의 피를 찾으리니	레 10:18	그 피는 성소에 들여오지 아니하는
창 37:22	그들에게 이르되 피를 흘리지 말라 그	레 14:6	흐르는 물 위에서 잡은 새의 피를 찍어
창 37:26	그의 피를 덮어둔들 무엇이 유익할까	레 14:14	제사장은 그 속건제물의 피를 취하여
창 37:31	숫염소를 죽여 그 옷을 피에 적시고	레 15:19	그의 몸에 그의 유출이 피이면 이레
출 4:9	떠온 나일 강 물이 땅에서 피가 되리라	레 15:25	피의 유출이 그의 불결기가 아닌데도
출 4:25	당신은 참으로 내게 피 남편이로다 하니	레 16:14	손가락으로 그 피를 속죄소 앞에 일곱
출 4:26	때에 십보라가 피 남편이라 함은 할례	레 17:4	피 흘린 자로 여길 것이라 그가 피를
출 7:17	지팡이로 나일 강을 치면 그것이 피로	레 17:6	제사장은 그 피를 회막 문 여호와의
출 12:7	그 피를 양을 먹을 집 좌우 문설주와	레 17:10	피든지 먹는 자가 있으면 내가 그 피를
출 12:13	애굽 땅을 칠 때에 그 피가 너희가 사는	레 17:11	육체의 생명은 피에 있음이라 내가 이
	집에 있어서 너희를 … 피를 볼 때에		피를 너희에게 주어 … 생명이 피에 있
출 12:22	담은 피에 적셔서 그 피를 문 인방과		으므로 피가 죄를 속하느니라
출 12:23	문 인방과 좌우 문설주에 피를 보시면	레 19:16	네 이웃의 피를 흘려 이익을 도모하지
출 23:18	네 제물의 피를 유교병과 함께 드리지	레 20:18	자기의 피 근원을 드러내었음인즉
출 24:6	모세가 피를 가지고 반은 여러 양푼에	민 18:17	피는 제단에 뿌리고 그 기름은 불살라
출 24:8	모세가 그 피를 가지고 백성에게 뿌리며	민 19:4	손가락에 그 피를 찍고 그 피를 회막
출 29:12	피를 네 손가락으로 … 피 전부를	민 19:5	그 가죽과 고기와 피와 똥을 불사르게
출 30:10	속죄제의 피로 일 년에 한 번씩 대대로	민 35:33	피는 땅을 더럽히나니 피 흘림을 받은
			땅은 그 피를 흘리게 한 자의 피가
		신 12:16	오직 그 피는 먹지 말고 물같이 땅에
		신 12:23	그 피는 먹지 말라 피는 그 생명인즉
		신 12:25	피를 먹지 말라 네가 이같이 여호와께서
		신 12:27	그 고기와 피를 네 하나님 여호와의 제

【 피 】　　　　　　　　　　　　　　　　　　　　　　　　　　　　　　　　　　　　　　　【 피 】

　　　　　　단에 드릴 것이요 네 제물의 **피**는 네
신 15:23　　**피**는 먹지 말고 물같이 땅에 쏟을지니라
신 17:8　　　성중에서 서로 **피**를 흘렸거나 다투었거
신 19:10　　그의 **피**가 네게로 돌아가지 아니하리라
신 21:7　　　우리의 손이 이 **피**를 흘리지 아니하였고
신 32:42　　내 화살이 **피**에 취하게 하고 내 칼이
　　　　　　그 고기를 삼키게 … 포로된 자의 **피**요
신 32:43　　그 종들의 **피**를 갚으사 그 대적들에게

역사서

수 2:19　　　그의 **피**가 그의 머리로 … **피**는 우리의
삼상 25:26　주의 손으로 **피**를 흘려 친히 보복하시는
삼상 26:20　나의 **피**가 땅에 흐르지 말게 하옵소서
삼하 1:16　　**피**가 네 머리로 돌아갈지어다 네 입이
삼하 1:22　　죽은 자의 **피**에서, 용사의 기름에서
삼하 3:27　　동생 아사헬의 **피**로 말미암음이더라
삼하 3:28　　넬의 아들 아브넬의 **피**에 대하여 나와
삼하 16:7　　**피**를 흘린 자여 사악한 자여 가거라
삼하 20:12　길 가운데 **피** 속에 놓여 있는지라
삼하 21:1　　이는 사울과 **피**를 흘린 그의 집으로
삼하 23:17　목숨을 걸고 갔던 사람들의 **피**가 아니
왕상 2:5　　　전쟁의 **피**를 흘리고 전쟁의 **피**를 자기
왕상 2:9　　　그의 백발이 **피** 가운데 스올에 내려가게
왕상 2:31　　요압이 까닭 없이 흘린 **피**를 나와 내
왕상 2:32　　요압의 **피**를 그의 머리로 돌려보내실
왕상 2:33　　그들의 **피**는 영영히 요압의 머리와 그
왕상 2:37　　죽임을 당하리니 네 **피**가 네 머리로
왕상 18:28　그들의 규례를 따라 **피**가 흐르기까지
왕상 21:19　개들이 나봇의 **피**를 핥은 곳에서 개들
　　　　　　이 네 **피** 곧 네 몸의 **피**도 핥으리라
왕상 22:35　상처의 **피**가 흘러 병거 바닥에 고였더라
왕하 3:22　　맞은편 물이 붉어 **피**와 같음을 보고
왕하 3:23　　**피**라 틀림없이 저 왕들이 싸워 서로 죽인
왕하 9:7　　　선지자들의 **피**와 여호와의 종들의 **피**를
왕하 9:26　　나봇의 **피**와 그의 아들들의 **피**를 분명히
왕하 9:33　　그의 **피**가 담과 말에게 튀더라 예후가
왕하 16:15　번제물의 **피**와 다른 제물의 **피**를 다 그
왕하 21:16　무죄한 자의 **피**를 심히 많이 흘려
왕하 24:4　　무죄한 자의 **피**를 흘려 그의 **피**가
대상 11:19　사람들의 **피**를 어찌 마시리이까 하고
대상 22:8　　너는 **피**를 심히 많이 … 땅에 **피**를 많이
대상 28:3　　**피**를 많이 흘렸으니 내 이름을 위하여
대하 19:10　형제가 혹 **피** 흘림이나 혹 율법이나
대하 24:25　여호야다의 아들들의 **피**로 말미암아

대하 29:24　제사장들이 잡아 그 **피**를 속죄제로 삼아
대하 30:16　레위 사람의 손에서 **피**를 받아 뿌리니라
대하 35:11　제사장들은 그들의 손에서 **피**를 받아

시가서

욥 16:18　　　내 **피**를 가리지 말라 나의 부르짖음이
욥 39:30　　　그 새끼들도 **피**를 빠나니 시체가 있는
시 5:6　　　　여호와께서는 **피** 흘리기를 즐기는 자와
시 9:12　　　**피** 흘림을 심문하시는 이가 그들을
시 16:4　　　그들이 드리는 **피**의 전제를 드리지
시 30:9　　　나의 **피**가 무슨 유익이 있으리요 진토가
시 55:23　　　**피**를 흘리게 하며 속이는 자들은 그들의
시 58:10　　　그의 발을 악인의 **피**에 씻으리로다
시 59:2　　　**피** 흘리기를 즐기는 자에게서 나를 구원
시 68:23　　　그들의 **피**에 네 발을 잠그게 하며 네
시 72:14　　　그들의 **피**가 그의 눈 앞에서 존귀하
시 78:44　　　그들의 강과 시내를 **피**로 변하여 그들로
시 79:3　　　그들의 **피**를 예루살렘 사방에 물같이
시 94:21　　　무죄한 자를 정죄하여 **피**를 흘리려 하나
시 105:29　　그들의 물도 변하여 **피**가 되게 하사
시 106:38　　**피**를 흘려 … 땅이 **피**로 더러워졌도다
시 139:19　　**피** 흘리기를 즐기는 자들아 나를 떠날지
잠 1:16　　　달려가며 **피**를 흘리는 데 빠름이니라
잠 1:18　　　엎드림은 자기의 **피**를 흘릴 뿐이요
잠 6:17　　　거짓된 혀와 무죄한 자의 **피**를 흘리는
잠 12:6　　　말은 사람을 엿보아 **피**를 흘리자 하는
잠 29:10　　　**피** 흘리기를 좋아하는 자는 온전한 자를
잠 30:33　　　비틀면 **피**가 나는 것같이 노를 격동하면

선지서

사 1:15　　　너희의 손에 **피**가 가득함이라
사 4:4　　　 예루살렘의 **피**를 그 중에서 청결하게
사 9:5　　　 **피** 묻은 겉옷이 불에 섶같이 살라지리
사 15:9　　　물에 **피**가 가득함이로다 그럴지라도
사 26:21　　 그 위에 잦았던 **피**를 드러내고 그 살해
사 33:15　　 막아 **피** 흘리려는 꾀를 듣지 아니하는
사 34:3　　　악취가 솟아오르고 그 **피**에 산들이 녹을
사 34:6　　　칼이 곧 어린 양과 염소의 **피**에
사 34:7　　　그들의 땅이 **피**에 취하며 흙이 기름으로
사 49:26　　 새 술에 취함같이 자기의 **피**에 취하게
사 59:3　　　이는 너희 손이 **피**에, 너희 손가락이
사 66:3　　　예물은 돼지의 **피**와 다름이 없이 하고
렘 2:34　　　죄 없는 가난한 자를 죽인 **피**가 묻었나
렘 7:6　　　 무죄한 자의 **피**를 이 곳에서 흘리지
렘 19:4　　　무죄한 자의 **피**로 이 곳에 채웠음이며

2443

【 피 】

렘 46:10	그들의 **피**를 넘치도록 마시리니 주
렘 48:10	칼을 금하여 **피**를 흘리지 아니하는 자도
애 4:13	성읍 안에서 의인들의 **피**를 흘렸도다
애 4:14	그들의 옷들이 **피**에 더러워졌으므로
겔 9:9	땅에 **피**가 가득하며 그 성읍에 불법이
겔 16:9	내가 물로 네 **피**를 씻어 없애고 네게
겔 16:36	네 자녀의 **피**를 그 우상에게 드렸은즉
겔 16:38	사람의 **피**를 흘리는 … 너를 심판하여 진노의 **피**와 질투의 **피**를 네게 돌리고
겔 19:10	**피**의 어머니는 물가에 심겨진 포도나무
겔 21:32	**피**가 나라 가운데에 있을 것이며 네가
겔 22:2	이 **피** 흘린 성읍을 심판하려느냐
겔 22:3	자기 가운데에 **피**를 흘려 벌 받을 때가
겔 22:4	네가 흘린 **피**로 말미암아 죄가 있고
겔 22:6	고관은 각기 권세대로 **피**를 흘리려고
겔 22:9	가운데에 **피**를 흘리려고 이간을 붙이는
겔 22:12	가운데에 **피**를 흘리려고 뇌물을 받는
겔 22:13	가운데에 **피** 흘린 일로 말미암아 내가
겔 22:27	이익을 얻으려고 **피**를 흘려 영혼을
겔 23:37	**피**를 손에 묻혔으며 또 그 우상과 행음
겔 24:6	**피**를 흘린 성읍, 녹슨 가마 곧 그 속의
겔 24:7	**피**가 그 가운데에 있음이여 **피**를 땅에
겔 24:8	그 **피**를 맨 바위 위에 두고 덮이지
겔 24:9	화 있을진저 **피**를 흘린 성읍이여 내가
겔 28:23	거리에 **피**가 흐르게 하리니 사방에서
겔 32:6	**피**로 네 헤엄치는 땅에 물 대듯 하여
겔 33:4	그 **피**가 자기의 머리로 돌아갈 것이라
겔 33:8	내가 그의 **피**를 네 손에서 찾으리라
겔 33:25	우상들에게 눈을 들며 **피**를 흘리니 그
겔 35:6	**피**를 만나게 한즉 **피**가 너를 따르리라 네가 **피**를 미워하지 아니하였은즉 **피**가
겔 36:18	땅 위에 **피**를 쏟았으며 그 우상들로
겔 38:22	내가 또 전염병과 **피**로 그를 심판하며
겔 39:19	너희가 배불리 먹으며 그 **피**를 취하도록
겔 43:18	번제를 드리며 **피**를 뿌리는 규례는
겔 43:20	네가 그 **피**를 가져다가 제단의 네 뿔과
겔 44:7	내 떡과 기름과 **피**를 드릴 때에 그들로
겔 45:19	속죄제 희생제물의 **피**를 가져다가 성전
호 1:4	이스르엘의 **피**를 예후의 집에 갚으며
호 4:2	포악하여 **피**가 **피**를 뒤이음이라
호 6:8	행하는 자의 고을이라 **피** 발자국으로
호 12:14	주께서 그의 **피**로 그의 위에 머물러
욜 2:30	이적을 하늘과 땅에 베풀리니 곧 **피**와
미 3:10	시온을 **피**로, 예루살렘을 죄악으로
미 7:2	무리가 다 **피**를 흘리려고 매복하며 각기
나 3:1	화 있을진저 **피**의 성이여 그 안에는
합 2:12	**피**로 성읍을 건설하며 불의로 성을 건축
습 1:17	그들의 **피**는 쏟아져서 티끌같이 되며
슥 9:7	입에서 그의 **피**를, 그의 잇사이에서
슥 9:15	**피**가 가득한 동이와도 같고 **피** 묻은

신약

마 23:30	선지자의 **피**를 흘리는 데 참여하지

'피'와 관련된 성구

무죄한 피 – 신 19:10, 13; 21:8; 삼상 19:5; 25:31; 시 106:38; 사 59:7; 렘 22:3, 17; 26:15; 욜 3:19; 욘 1:14; 마 27:4

사람의 피 – 창 9:6; 잠 1:1; 28:17; 겔 16:38; 합 2:8, 17; 마 27:24; 행 5:28; 20:26

수송아지의 피 – 레 4:5, 16; 16:14, 18

언약의 피 – 출 24:8; 슥 9:11; 마 26:28; 막 14:24; 히 9:20; 10:29; 13:20

염소의 피 – 레 16:18, 27; 시 50:13; 사 1:11; 34:6; 히 9:19; 10:4

피가 자기(들)에게로 돌아가리라 – 레 20:9, 11, 12, 13, 16, 27; 겔 18:13; 33:5

피 값/핏값 – 창 42:22; 겔 3:18, 20; 마 27:6

피를 마시다 – 민 23:24; 시 50:13; 겔 39:17, 18; 슥 9:15; 요 6:53, 54, 56; 계 16:6

피를 보복하는 자/피의 보복자 – 민 35:19, 21, 24, 25, 27; 신 19:6; 수 20:3, 5, 9

피를 제단에 뿌리다 – 출 29:20; 레 1:11; 3:2, 8, 13; 5:9; 7:2; 8:19, 24; 9:12; 왕하 16:13; 대하 29:22

피째 먹다 – 창 9:4; 레 19:26; 삼상 14:32, 33, 34; 겔 33:25

피 흘린/흘리는 죄 – 출 22:2, 3; 민 35:27; 신 21:8, 9; 삿 9:24; 삼하 4:11; 시 51:14; 렘 51:35; 겔 7:23

피 흘림 – 민 35:33; 시 9:12; 79:10; 욜 3:21; 히 9:22

【 피 】　　　　　　　　　　　　　　　　　　　　　　　　　【 피곤하다 】

마 23:35	의인 아벨의 피로부터 … 사가랴의 피까지 … 피가 다 너희에게 돌아가리라	벧전 1:19	그리스도의 보배로운 피로 된 것이니라
마 26:28	많은 사람을 위하여 흘리는 바 나의 피	요일 1:7	아들 예수의 피가 우리를 모든 죄에서
마 27:25	피를 우리와 우리 자손에게 돌릴지어다	요일 5:6	물과 피로 임하신 이시니 … 물과 피로
막 14:24	많은 사람을 위하여 흘리는 나의 피 곧	요일 5:8	성령과 물과 피라 또한 이 셋은 합하여
눅 11:50	모든 선지자의 피를 이 세대가 담당하되	계 1:5	우리를 사랑하사 그의 피로 우리 죄에서
눅 11:51	아벨의 피로부터 … 사가랴의 피까지	계 5:9	나라 가운데에서 사람들을 피로 사서
눅 13:1	갈릴리 사람들의 피를 그들의 제물에	계 6:10	우리 피를 갚아 주지 아니하시기를 어느
눅 22:20	이 잔은 내 피로 세우는 새 언약이니	계 6:12	상복같이 검어지고 달은 온통 피같이
요 6:55	내 살은 참된 양식이요 내 피는 참된	계 7:14	양의 피에 그 옷을 씻어 희게 하였느니라
요 19:34	창으로 옆구리를 찌르니 곧 피와 물이	계 8:7	천사가 나팔을 부니 피 섞인 우박과
행 2:19	징조를 베풀리니 곧 피와 불과 연기로다	계 8:8	던져지매 바다의 삼분의 일이 피가 되고
행 2:20	어두워지고 달이 변하여 피가 되리라	계 11:6	권능을 가지고 물을 피로 변하게 하고
행 15:20	목매어 죽인 것과 피를 멀리하라고	계 12:11	어린 양의 피와 자기들이 증언하는 말씀
행 15:29	우상의 제물과 피와 목매어 죽인 것과	계 14:20	틀에서 피가 나서 말 굴레에까지 닿았고
행 18:6	너희 피가 너희 머리로 돌아갈 것이요	계 16:3	바다가 곧 죽은 자의 피같이 되니 바다
행 20:28	자기 피로 사신 교회를 보살피게	계 16:4	그 대접을 강과 물 근원에 쏟으매 피가
행 21:25	우상의 제물과 피와 목매어 죽인 것과	계 16:6	성도들과 선지자들의 피를 흘렸으므로
행 22:20	주의 증인 스데반이 피를 흘릴 때에	계 17:6	성도들의 피와 예수의 증인들의 피에
롬 3:15	그 발은 피 흘리는 데 빠른지라	계 18:24	죽임을 당한 모든 자의 피가 그 성
롬 3:25	예수를 하나님이 그의 피로써 믿음으로	계 19:2	종들의 피를 그 음녀의 손에 갚으셨도다
롬 5:9	이제 우리가 그의 피로 말미암아 의롭다	계 19:13	피 뿌린 옷을 입었는데 그 이름은
고전 10:16	그리스도의 피에 참여함이 아니며 우리		
고전 11:25	잔은 내 피로 세운 새 언약이니 이것을		
고전 11:27	몸과 피에 대하여 죄를 짓는 것이니라		

🕮 피 - 기타 본문

출 7:19, 20, 21; 29:16, 20, 21; 레 4:18, 25, 30, 34; 9:9, 12, 18; 14:17, 25, 28, 51, 52; 16:15, 19; 17:12, 13, 14; 신 22:8; 삼상 25:33; 삼하 16:8; 왕상 22:38; 겔 23:45; 44:15

엡 1:7	그의 피로 말미암아 속량 곧 죄 사함을
엡 2:13	예수 안에서 그리스도의 피로 가까워졌느니라
골 1:20	그의 십자가의 피로 화평을 이루사 만물
히 9:7	백성의 허물을 위하여 드리는 피 없이는
히 9:12	피로 하지 아니하고 오직 자기의 피로
히 9:13	염소와 황소의 피와 및 암송아지의 재를
히 9:14	그리스도의 피가 어찌 너희 양심을 죽은
히 9:18	이러므로 첫 언약도 피 없이 세운 것이
히 9:21	피를 장막과 섬기는 일에 쓰는 모든
히 9:22	모든 물건이 피로써 정결하게 되나니
히 9:25	대제사장이 해마다 다른 것의 피로써
히 10:19	우리가 예수의 피를 힘입어 성소에
히 11:28	믿음으로 유월절과 피 뿌리는 예식을
히 12:4	죄와 싸우되 아직 피 흘리기까지는
히 12:24	아벨의 피보다 … 말하는 뿌린 피니라
히 13:11	죄를 위한 짐승의 피는 대제사장에
히 13:12	자기 피로써 백성을 거룩하게 하려고
벧전 1:2	예수 그리스도의 피 뿌림을 얻기 위하여

피고(被告, he which is accused)
행 25:16　무릇 피고가 원고들 앞에서 고소 사건에

피곤하다(疲困, faint, famish, tired, weary)
창 25:29	에서가 들에서 돌아와서 심히 피곤하여
창 25:30	내가 피곤하니 그 붉은 것을 내가 먹게
출 17:12	팔이 피곤하매 그들이 돌을 가져다가
신 25:18	네가 피곤할 때에 네 뒤에 떨어진 약한
신 28:32	눈이 피곤하여지나 네 손에 힘이 없을
삿 8:4	이르러 건너고 비록 피곤하나 추격하며
삿 8:5	나를 따르는 백성이 피곤하니 청하건대
삿 8:15	네 피곤한 사람들에게 떡을 주겠느냐
삼상 14:24	이스라엘 백성들이 피곤하였으니 이는
삼상 14:28	그러므로 백성이 피곤하였나이다 하니
삼상 14:31	쳤으므로 그들이 심히 피곤한지라

【 피곤하다 】　　　　　　　　　　　　　　【 피난하다 】

삼상 30:10	**피곤하여** 브솔 시내를 건너지 못하는		욘 2:7	영혼이 내 속에서 **피곤할** 때에 내가
삼상 30:21	다윗이 전에 **피곤하여** 능히 자기를		합 2:13	나라들이 헛된 일로 **피곤하게** 되는 것이
삼하 16:2	들에서 **피곤한** 자들에게 마시게 하려		마 26:43	자니 이는 그들의 눈이 **피곤함일러라**
삼하 16:14	백성들이 다 **피곤하여** 한 곳에 이르러		막 14:40	그들의 눈이 심히 **피곤함이라** 그들이
삼하 21:15	사람과 싸우더니 다윗이 **피곤하매**		요 4:6	예수께서 길 가시다가 **피곤하여** 우물
삼하 23:10	그가 나가서 손이 **피곤하여** 그의 손이		히 12:3	너희가 **피곤하여** 낙심하지 않기 위하여
느 6:9	그들의 손이 **피곤하여** 역사를 중지하고		히 12:12	**피곤한** 손과 연약한 무릎을 일으켜
욥 3:17	소요를 그치며 거기서는 **피곤한** 자가			
욥 18:7	그의 활기찬 걸음이 **피곤하여지고** 그가		**피난민**(避難民, fugitive)	
시 6:6	탄식함으로 **피곤하여** 밤마다 눈물로		사 15:5	**피난민들은** 소알과 에글랏 슬리시야까
시 38:8	내가 **피곤하고** 심히 상하였으매 마음이			
시 69:3	내가 부르짖음으로 **피곤하여** 나의 목이		**피난처**(避難處, shelter, refuge)	
시 107:5	영혼이 그들 안에서 **피곤하였도다**		신 32:38	돕게 하고 너희를 위해 **피난처가** 되게
시 119:81	구원을 사모하기에 **피곤하오나** 나는		삼하 22:3	피할 나의 **피난처시요** 나의 구원자시라
시 119:82	주의 말씀을 바라기에 **피곤하니이다**		시 14:6	오직 여호와는 그의 **피난처가** 되시도다
시 119:123	말씀을 사모하기에 **피곤하니이다**		시 46:1	하나님은 우리의 **피난처시요** 힘이시니
시 143:7	내게 응답하소서 내 영이 **피곤하니이다**		시 46:7	하나님은 우리의 **피난처시로다**(셀라)
전 1:8	모든 만물이 **피곤하다는** 것을 사람이		시 46:11	하나님은 우리의 **피난처시로다**(셀라)
전 10:15	수고는 자신을 **피곤하게** 할 뿐이라		시 55:8	내가 나의 **피난처로** 속히 가서 폭풍과
전 12:12	공부하는 것은 몸을 **피곤하게** 하느니라		시 59:16	나의 환난 날에 **피난처심이니이다**
사 1:5	병들었고 온 마음은 **피곤하였으며**		시 61:3	주는 나의 **피난처시요** 원수를 피하는
사 16:12	그 산당에서 **피곤하도록** 봉사하며		시 62:7	힘의 반석과 **피난처도** 하나님께 있도다
사 19:8	위에 그물을 치는 자는 **피곤할** 것이며		시 62:8	토하라 하나님은 우리의 **피난처시로다**
사 40:28	창조하신 이는 **피곤하지** 않으시며		시 71:7	주는 나의 견고한 **피난처시오니**
사 40:29	**피곤한** 자에게는 능력을 주시며 무능한		시 73:28	주 여호와를 나의 **피난처로** 삼아 주의
사 40:30	소년이라도 **피곤하며** 곤비하며 장정		시 91:2	그는 나의 **피난처요** 나의 요새요 내가
사 40:31	걸어가도 **피곤하지** 아니하리로다		시 91:9	여호와는 나의 **피난처시라** 하고 지존자
사 46:1	그것들이 **피곤한** 짐승의 무거운 짐이		시 104:18	윙힘이여 바위는 너구리의 **피난처로다**
사 47:13	계략으로 말미암아 **피곤하게** 되었도다		시 142:4	나의 **피난처도** 없고 내 영혼을 돌보는
사 57:10	네가 길이 멀어서 **피곤할지라도** 헛되다		시 142:5	나의 **피난처시요** 살아 있는 사람들의
사 57:16	영과 혼이 내 앞에서 **피곤할까** 함이라		잠 14:26	그 자녀들에게 **피난처가** 있으리라
렘 4:31	나의 심령이 **피곤하도다** 하는도다		사 25:4	폭풍 중의 **피난처시며** 폭양을 피하는
렘 12:5	네가 보행자와 함께 달려도 **피곤하면**		사 28:15	우리는 거짓을 우리의 **피난처로** 삼았고
렘 14:2	무리가 **피곤하여** 땅 위에서 애통하니		사 28:17	우박이 거짓의 **피난처를** 소탕하며 물이
렘 31:25	내가 그 **피곤한** 심령을 상쾌하게 하며		렘 16:19	요새, 환난 날의 **피난처시여** 민족들이
렘 45:3	나는 나의 탄식으로 **피곤하여** 평안을		렘 17:17	재앙의 날에 주는 나의 **피난처시니이다**
렘 49:24	**피곤하여** 몸을 돌이켜 달아나려 하니		렘 51:53	높은 곳에 있는 **피난처를** 요새로 삼더라
애 1:13	종일토록 나를 **피곤하게** 하여 황폐하게		욜 3:16	여호와께서 그의 백성의 **피난처**,
애 1:14	올리사 내 힘을 **피곤하게** 하셨음이여		나 3:11	너도 원수들 때문에 **피난처를** 찾으리라
애 5:17	우리의 마음이 **피곤하고** 이러므로 우리		히 6:18	**피난처를** 찾은 우리에게 큰 안위를 받게
겔 7:17	손은 **피곤하고** 모든 무릎은 물과 같이			
겔 24:12	성읍이 수고하므로 스스로 **피곤하나**		**피난하다**(避難, flee, flight, refuge)	
욜 1:18	이는 꼴이 없음이라 양 떼도 **피곤하도다**		사 4:2	이스라엘의 **피난한** 자를 위하여 영화롭

【 피다 】   【 피부 】

사 10:20 족속의 **피난한** 자들이 다시는 자기를
사 10:31 맛메나는 **피난하며** 게빔 주민은 도망하
사 14:32 곤고한 자들이 그 안에서 **피난하리라**
사 45:20 열방 중에서 **피난한** 자들아 너희는 모여
렘 6:1   예루살렘 가운데로부터 **피난하라**

피다(blaze)

1. 불이 일어 붙다(blaze, live)

삼하 22:9 나와 사름이여 그 불에 숯이 **피었도다**
삼하 22:13 광채로 말미암아 숯불이 **피었도다**
시 18:8   나와 사름이여 그 불에 숯이 **피었도다**
잠 25:22 **핀** 숯을 그의 머리에 놓는 것과 일반이
사 6:6   제단에서 집은 바 **핀** 숯을 손에 가지고

2. 꽃봉오리나 잎이 벌어지다(blossom)

왕상 6:18 **핀** 꽃을 아로새겼고 모두 백향목이라
왕상 6:29 그룹들과 종려와 **핀** 꽃 형상을 아로새겼
왕상 6:32 그룹과 종려와 **핀** 꽃을 아로새기고
왕상 6:35 그룹들과 종려와 **핀** 꽃을 아로새기고
아 2:13   포도나무 꽃을 **피워** 향기를 토하는구
사 35:1   사막이 백합화같이 **피어** 즐거워하며
사 35:2   무성하게 **피어** 기쁜 노래로 즐거워하며
호 14:5   백합화같이 **피겠고** 레바논 백향목같이

> '꽃이 피다'와 관련된 성구
>
> 창 40:10; 출 9:31; 민 17:8; 시 90:6; 전
> 12:5; 아 2:12, 15; 6:11; 7:12; 사 27:6;
> 겔 7:10; 호 14:7

피로하다(疲勞, faint)

욥 16:7   주께서 나를 **피로하게** 하시고 나의
사 44:12 없고 물을 마시지 아니하면 **피로하니라**

피리(horn, flute, whistle)

삿 5:16   **피리** 부는 소리를 들음은 어찌 됨이
왕상 1:40 **피리**를 불며 크게 즐거워하므로 땅이
대하 15:14 큰 소리로 외치며 **피리**와 나팔을 불
욥 21:12 소고와 수금으로 노래하고 **피리** 불음
욥 30:31 수금은 통곡이 되었고 내 **피리**는 애곡
사 5:12   수금과 비파와 소고와 **피리**와 포도주
사 30:29 **피리**를 불며 여호와의 산으로 가서
렘 48:36 모압을 위하여 **피리**같이 … 길헤레
         사람들을 위하여 **피리**같이 소리 내나

마 9:23   **피리 부는** 자들과 떠드는 무리를 보시고
마 11:17 우리가 너희를 향하여 **피리**를 불어도
눅 7:32   너희를 향하여 **피리**를 불어도 너희가
고전 14:7 **피리**나 거문고와 같이 생명 없는 것…
         나타내지 아니하면 **피리** 부는 것인지

> '나팔과 피리와 수금과 삼현금과 양금'
> 과 관련된 성구
>
> 단 3:5, 7, 10, 15

피밭(Field of Blood)

마 27:8   오늘날까지 그 밭을 **피밭**이라 일컫느니
행 1:19   아겔다마라 하니 이는 **피밭**이라는

피부(皮膚, skin)

출 34:29 **피부**에 광채가 나나 깨닫지 못하였더라
출 34:30 모세의 얼굴 **피부**에 광채가 남을 보고
레 13:2   사람이 그의 **피부**에 무엇이 돋거나…
         그의 **피부**에 나병 같은 것이 생기거든
레 13:3   제사장은 그 **피부**의 병을 진찰할지니
         환부의 털이 희어졌고 환부가 **피부**보다
레 13:4   **피부**에 색점이 희나 우묵하지 아니하고
레 13:10 **피부**에 흰 점이 돋고 털이 희어지고
레 13:11 그의 **피부**의 오랜 나병이라 제사장이
레 13:12 나병이 그 **피부**에 크게 발생하였으되
레 13:18 **피부**에 종기가 생겼다가 나았고
레 13:20 그는 진찰하여 **피부**보다 얕고 그 털이
레 13:21 흰 털이 없고 **피부**보다 얕지 아니하고
레 13:24 **피부**가 불에 데었는데 그 덴 곳에
레 13:25 자리가 **피부**보다 우묵하면 이는 화상에
레 13:26 자리가 **피부**보다 얕지 아니하고 빛이
레 13:30 환부가 **피부**보다 우묵하고 그 자리에
레 13:31 환부가 **피부**보다 우묵하지 아니하고
레 13:32 털이 없고 **피부**보다 우묵하지 아니하면
레 13:34 **피부**보다 우묵하지 아니하면 그는 그를
레 13:38 남자나 여자의 **피부**에 색점 곧 흰 색점
레 13:39 **피부**의 색점이 부유스름하면 이는 **피부**
레 13:43 불그스름하여 **피부**에 발생한 나병과
욥 7:5   내 **피부**는 굳어졌다가 터지는구나
욥 10:11 **피부**와 살을 내게 입히시며 뼈와 힘줄로
욥 16:15 **피부**에 덮고 내 뿔을 티끌에 더럽혔구나
욥 18:13 질병이 그의 **피부**를 삼키리니 곧 사망의

【 피부병 】 　　　　　　　　　　　　　　　　　　　【 피차 】

욥 19:20　내 **피부**와 살이 뼈에 붙었고 남은 것은
욥 30:28　검어진 **피부**를 가지고 걸으며 회중
욥 30:30　덮고 있는 **피부**는 검어졌고 내 뼈는
렘 13:23　구스인이 그의 **피부**를, 표범이 그의
애 5:10　우리의 **피부**가 아궁이처럼 검으니이다

'피부에 퍼지다'와 관련된 성구
레 13:5, 6, 7, 8, 22, 27, 28, 34, 35, 36

피부병(皮膚病, infectious skin disease)

레 13:6　피부에 퍼지지 아니하였으면 **피부병**이라
신 28:27　괴혈병과 **피부병**으로 너를 치시리니

피살되다(被殺, be slain)
신 21:1　**피살**된 시체가 들에 엎드러진 것을
신 21:2　그 **피살**된 곳의 사방에 있는 성읍의
신 21:3　그 **피살**된 곳에서 제일 가까운 성읍의
신 21:6　그 **피살**된 곳에서 제일 가까운 성읍의

피살자(被殺者, slain)
신 32:42　**피살자**와 포로된 자의 피요 대적의

피신하다(避身, escape, flee)
창 27:43　내 오라버니 라반에게로 **피신**하여
대상 4:43　**피신**하여 살아남은 아말렉 사람을 치고

피우다(burn, incense, light)
출 35:3　모든 처소에서 불도 **피우지** 말지니라
레 6:12　제단 위의 불은 항상 **피워** 꺼지지 않게
레 6:13　제단 위에 **피워** 꺼지지 않게 할지니라
레 16:12　제단 위에서 **피운** 불을 그것에 채우고
민 16:46　위에 향을 **피워** 가지고 급히 회중에게로
욥 20:26　사람이 **피우지** 않은 불이 그를 멸하며
사 50:11　너희가 **피운** 횃불 가운데로 걸어갈지어

'불을 피우다'와 관련된 성구
사 44:15; 50:11; 렘 7:18; 11:16; 겔 4:12; 24:10; 39:10; 눅 22:55; 요 18:18; 행 28:2

사 57:5　모든 푸른 나무 아래에서 음욕을 **피우며**
렘 36:22　그 앞에는 불 **피운** 화로가 있더라
호 7:6　분노는 밤새도록 자고 아침에 **피우는**

피조물(被造物, creation)
롬 1:25　**피조물**을 조물주보다 더 경배하고 섬김
롬 8:19　**피조물**이 고대하는 바는 하나님의 아들
롬 8:20　**피조물**이 허무한 데 굴복하는 것은 자기
롬 8:21　**피조물**도 썩어짐의 종노릇 한 데서 해방
롬 8:22　**피조물**이 다 이제까지 함께 탄식하며
롬 8:39　깊음이나 다른 어떤 **피조물**이라도
고후 5:17　안에 있으면 새로운 **피조물**이라
골 1:15　형상이요 모든 **피조물**보다 먼저 나신
약 1:18　그 **피조물** 중에 우리로 한 첫 열매가
계 5:13　가운데 모든 **피조물**이 이르되 보좌에
계 8:9　생명 가진 **피조물**들의 삼분의 일이 죽고

피차(彼此, each other)
레 25:46　너희가 **피차** 엄하게 부리지 말지니라
대상 24:5　뽑아 **피차**에 차등이 없이 나누었으니
대하 15:6　또한 그러하여 **피차** 상한 바 되었나니
잠 11:21　악인은 **피차** 손을 잡을지라도 벌을
잠 16:5　**피차** 손을 잡을지라도 벌을 면하지
렘 13:14　그들로 **피차** 충돌하여 상하게 하되 부자
겔 4:17　떡과 물이 부족하여 **피차**에 두려워하여
겔 23:43　그가 그래도 그들과 **피차** 행음하는도다
겔 24:23　패망하여 **피차** 바라보고 탄식하리라
단 2:43　그들이 **피차**에 합하지 아니함이 쇠와
욜 2:8　**피차**에 부딪치지 아니하고 각기 자기의
눅 14:13　**피차** 손으로 붙잡으며 **피차** 손을 들어
말 3:16　여호와를 경외하는 자들이 **피차**에
행 15:39　심히 다투어 **피차** 갈라서니 바나바는
행 19:38　총독들도 있으니 **피차** 고소할 것이요
롬 1:12　말미암아 **피차** 안위함을 얻으려 함이라
롬 13:8　**피차** 사랑의 빚 외에는 아무에게든지
고전 6:7　너희가 **피차** 고발함이 너희 가운데
갈 5:15　만일 서로 물고 먹으면 **피차** 멸망할까
엡 5:21　그리스도를 경외함으로 **피차** 복종하라
골 3:13　서로 용납하여 **피차** 용서하되 주께서
골 3:16　모든 지혜로 **피차** 가르치며 권면하고
살전 5:11　**피차** 권면하고 서로 덕을 세우기를
딛 3:3　가증스러운 자요 **피차** 미워한 자였으나
히 3:13　매일 **피차** 권면하여 너희 중에 누구든지

【 피투성이 】　　　　　　　　　　　　　　　　　　　【 피하다 】

피차간
살전 3:12　너희도 **피차간**과 모든 사람에 대한

피투성이 (blood)
겔 16:6　네가 **피투성이**가 되어 … 너는 **피투성이**라도 … **피투성이**라도 살아 있으라
겔 16:22　**피투성이**가 되어서 발짓하던 것을

피폐하다 (疲弊, fall)
렘 51:64　일어서지 못하리니 그들이 **피폐하리라**

피하다 (escape, flee, get away, run away)

모세오경
창 4:12　땅에서 **피하며** 유리하는 자가 되리라
창 7:7　며느리들과 함께 홍수를 **피하여** 방주에
창 16:8　여주인 사래를 **피하여** 도망하나이다
창 32:8　한 떼를 치면 남은 한 떼는 **피하리라**
출 4:3　뱀이 된지라 모세가 뱀 앞에서 **피하매**
출 9:20　종들과 가축을 집으로 **피하여** 들였으나
민 22:26　좌우로 **피할** 데 없는 좁은 곳에 선지라
민 35:6　살인자들이 **피하게** 할 도피성으로 여섯
민 35:11　부지중에 살인한 자가 그리로 **피하게**
민 35:25　그가 **피하였던** 도피성으로 돌려보낼
신 7:20　너를 **피하여** 숨은 자를 멸하시리니
신 23:15　그의 주인을 **피하여** 네게로 도망하거든
신 32:37　그들이 **피하던** 반석이 어디 있느냐

역사서
수 20:3　위해 피의 보복자를 **피할** 곳이니라
삿 3:26　에훗이 **피하여** 돌 뜨는 곳을 지나
삿 9:15　내 그늘에 **피하라** 그리하지 아니하면
삿 9:21　앞에서 도망하여 **피해서** 브엘로 가서
삿 11:3　입다가 그의 형제들을 **피하여** 돕 땅에
삿 20:36　믿고 잠깐 베냐민 사람 앞을 **피하매**
삼상 18:11　다윗이 그의 앞에서 두 번 **피하였더라**
삼상 19:10　그는 사울의 앞을 **피하고** 사울의 창은
삼상 22:20　아히멜렉의 아들 중 하나가 **피하였으니**
삼상 23:13　다윗이 그일라에서 **피한** 것을 어떤
삼상 23:26　두려워하여 급히 **피하려** 하였으니
삼상 27:1　사람들의 땅으로 **피하여** 들어가는 것이
삼상 30:17　도망한 소년 사백 명 외에는 **피한** 사람
삼하 15:14　사람도 압살롬에게서 **피하지** 못하리라
삼하 19:9　압살롬을 **피하여** 그 땅에서 나가셨고
삼하 20:6　들어가 우리들을 **피할까** 염려하노라

삼하 22:3　내가 **피할** 나의 … 그에게 **피할** 나의
삼하 22:24　스스로 지켜 죄악을 **피하였나니**
삼하 22:31　자기에게 **피하는** 모든 자에게 방패시로
왕상 12:2　솔로몬 왕의 얼굴을 **피하여** 애굽으로
왕상 20:20　마병과 더불어 도망하여 **피하니라**
왕하 11:2　아달랴를 **피하여** 죽임을 당하지 아니하
왕하 19:30　유다 족속 중에서 **피하고** 남은 자는
왕하 19:31　**피하는** 자는 시온 산에서부터 나오리니
대하 20:24　시체들뿐이요 한 사람도 **피한** 자가
대하 22:11　숨겨 아달랴를 **피하게** 하였으므로
스 9:8　얼마를 남겨 두어 **피하게** 하신 우리를
스 9:14　우리를 멸하시고 남아 **피할** 자가 없도록
스 9:15　남아 **피한** 것이 오늘날과 같사옵거늘

시가서
욥 1:15　나만 홀로 **피하였으므로** 주인께 아뢰러
욥 5:21　네가 혀의 채찍을 **피하여** 숨을 수가
욥 13:20　주의 얼굴을 **피하여** 숨지 아니하오리니
욥 20:24　그가 철 병기를 **피할** 때에는 놋화살을
시 18:2　내가 그 안에 **피할** 나의 바위시요 나의
시 18:30　자기에게 **피하는** 모든 자의 방패시로다
시 19:6　운행함이여 그의 열기에서 **피할** 자가
시 31:11　길에서 보는 자가 나를 **피하였나이다**
시 34:8　알지어다 그에게 **피하는** 자는 복이
시 34:22　**피하는** 자는 다 벌을 받지 아니하리로다
시 36:7　주의 날개 그늘 아래에 **피하나이다**
시 55:8　속히 가서 폭풍과 광풍을 **피하리라**
시 55:12　미워하는 자일진대 내가 그를 **피하여**
시 57:1　**피하되** … 지나기까지 **피하리이다**
시 61:3　**피하는** 견고한 망대이심이니이다
시 61:4　주의 날개 아래로 **피하리이다** (셀라)
시 64:10　그에게 **피하리니** 마음이 정직한 자는
시 71:3　주는 내가 항상 **피하여** 숨을 바위가
시 71:4　흉악한 자의 장중에서 **피하게** 하소서
시 91:4　네가 그의 날개 아래에 **피하리로다**
시 94:13　사람에게는 환난의 날을 **피하게** 하사
시 94:22　나의 하나님은 내가 **피할** 반석이시라
시 139:7　가며 주의 앞에서 어디로 **피하리이까**
시 144:2　내가 그에게 **피하였고** 그가 내 백성을
잠 4:15　그의 길을 **피하고** 지나가지 말며 돌이켜
잠 19:5　거짓말을 하는 자도 **피하지** 못하리라
잠 22:3　재앙을 보면 숨어 **피하여도** 어리석은
잠 27:12　재앙을 보면 숨어 **피하여도** 어리석은
잠 29:1　갑자기 패망을 당하고 **피하지** 못하리라

【 피하다 】

전 7:26	여인을 **피하려니와** 죄인은 그 여인에게

선지서

사 2:10	위엄과 그 광대하심의 영광을 **피하라**
사 2:19	그 광대하심의 영광을 **피할** 것이라
사 4:6	**피하는** 그늘을 지으며 또 풍우를 **피하여**
사 16:4	멸절하는 자 앞에서 그들에게 **피할** 곳이
사 20:6	되었은즉 우리가 어찌 능히 **피하리요**
사 21:15	그들이 칼날을 **피하며** 뺀 칼과 당긴
사 25:4	폭풍 중의 피난처시며 폭양을 **피하는**
사 30:2	애굽의 그늘에 **피하려** 하여 애굽으로
사 30:3	애굽의 그늘에 **피함이** 너희의 수욕이
사 32:2	광풍을 **피하는** 곳, 폭우를 가리는 곳
사 37:31	유다 족속 중에 **피하여** 남은 자는 다시
사 37:32	**피하는** 자가 시온 산에서 나올 것임이라
사 48:20	바벨론에서 나와서 갈대아인을 **피하고**
사 58:7	골육을 **피하여** 스스로 숨지 아니하는
렘 11:11	그들에게 내리리니 그들이 **피할** 수 없을
렘 11:15	거룩한 제물 고기로 네 재난을 **피할** 수
렘 35:11	수리아인의 군대를 **피하여** 예루살렘으
렘 41:15	요하난을 **피하여** 암몬 자손에게로
렘 44:14	유다의 남은 자 중에 **피하거나** 살아남아
렘 46:6	용사도 **피하지** 못하고 그들이 다 북쪽
렘 48:9	모압에 날개를 주어 날아 **피하게** 하라
렘 48:19	도망하는 자와 **피하는** 자에게 무슨 일이
렘 50:29	그 사면으로 진을 쳐서 **피하는** 자가
렘 51:45	나와 각기 여호와의 진노를 **피하라**
애 2:22	진노하시는 날에는 **피하거나** 남은 자가
겔 7:16	도망하는 자는 산 위로 **피하여** 다 각기
겔 14:22	그 가운데에 **피하는** 자가 남아 있어
겔 17:15	**피하겠느냐** 언약을 … **피하겠느냐**
겔 17:18	모든 일을 행하였으니 **피하지** 못하리라
호 9:6	보라 그들이 멸망을 **피하여** 갈지라도

'피하다' 와 관련된 성구

낯을 피하다 – 창 3:8; 35:1, 7; 출 2:15;
왕상 2:7; 대하 10:2; 계 12:14
여호와께 피하다 – 시 2:12; 11:1; 118:8, 9
주께 피하다 – 시 5:11; 7:1; 16:1; 17:7;
25:20; 31:1, 19; 57:1; 71:1;
141:8; 143:9
칼을 피하다 – 레 26:36; 왕상 19:17; 렘
44:28; 46:16; 51:50; 겔 6:8

욜 2:3	황폐한 들 같으니 그것을 **피한** 자가
욜 2:32	예루살렘에서 **피할** 자가 있을 것임이요
암 2:15	발이 빠른 자도 **피할** 수 없으며 말 타는
암 5:19	사람이 사자를 **피하다가** 곰을 만나거나
암 9:1	그 중에서 한 사람도 **피하지** 못하리라
암 9:3	내 눈을 **피하여** 바다 밑에 숨을지라도
옵 1:17	오직 시온 산에서 **피할** 자가 있으리니
욘 1:3	얼굴을 **피하려고** … 얼굴을 **피하여**
욘 1:10	여호와의 얼굴을 **피함인** 줄을 그들에게
미 2:8	전쟁을 **피하여** 평안히 지나가는 자들의
나 1:7	자기에게 **피하는** 자들을 아시느니라
합 2:9	재앙을 **피하기** 위하여 높은 데 깃들이려
슥 2:7	거주하는 시온아 이제 너는 **피할지니라**
슥 14:5	지진을 **피하여** 도망하던 것 같이 하리라

신약

마 2:13	애굽으로 **피하여** 내가 네게 이르기까지
마 3:7	너희를 가르쳐 임박한 진노를 **피하라**
마 10:23	너희를 박해하거든 저 동네로 **피하라**
마 23:33	어떻게 지옥의 판결을 **피하겠느냐**
막 3:9	에워싸 미는 것을 **피하기** 위하여 작은
눅 3:7	너희에게 일러 장차 올 진노를 **피하라**
눅 10:31	그 길로 내려가다가 그를 보고 **피하여**
눅 10:32	이르러 그를 보고 **피하여** 지나가되
눅 21:36	장차 올 이 모든 일을 능히 **피하고** 인자
요 5:13	많으므로 예수께서 이미 **피하셨음이라**
행 21:25	**피할** 것을 결의하고 편지하였느니라
행 27:4	맞바람을 **피하여** 구브로 해안을 의지하
롬 2:3	하나님의 심판을 **피할** 줄로 생각하느냐
고전 6:18	음행을 **피하라** 사람이 범하는 죄마다
고전 7:2	음행을 **피하기** 위하여 남자마다 자기
고전 10:13	시험 당할 즈음에 또한 **피할** 길을 내사
고전 10:14	자들아 우상 숭배하는 일을 **피하라**
살전 5:3	이르리니 결코 **피하지** 못하리라
딤전 6:11	하나님의 사람아 이것들을 **피하고** 의와
딤전 6:20	거짓된 지식의 반론을 **피함**으로 네게
딤후 2:22	청년의 정욕을 **피하고** 주를 깨끗한
딛 3:9	율법에 대한 다툼은 **피하라** 이것은
히 2:3	등한히 여기면 어찌 그 보응을 **피하리요**
히 11:34	칼날을 **피하기도** 하며 연약한 가운데서
히 12:25	이를 거역한 그들이 **피하지** 못하였거든
약 4:7	대적하라 그리하면 너희를 **피하리라**
벧후 1:4	세상에서 썩어질 것을 **피하여** 신성한
벧후 2:18	겨우 **피한** 자들을 음란으로써 육체의

2450

【 피해 】

벧후 2:20 세상의 더러움을 **피한** 후에 다시 그
계 9:6 죽고 싶으나 죽음이 그들을 **피하리로다**
계 20:11 땅과 하늘이 그 앞에서 **피하여** 간 데

피하다 – 기타 본문
창 4:14; 민 22:33; 35:26, 32; 삼상 19:12, 17; 욥 1:16, 17, 19; 사 2:21

피해(避害, plague)
출 10:14 사방에 내리매 그 **피해**가 심하니 이런

필(匹)
창 24:10 주인의 낙타 중 열 **필**을 끌고 떠났는데
창 45:23 수나귀 열 **필**에 … 암나귀 열 **필**에는
왕상 10:29 말은 한 **필**에 백오십 세겔이라 이와
사 36:8 내가 네게 말 이천 **필**을 주어도 너는

필경(畢竟, in the end)
출 18:18 너와 함께 한 이 백성이 **필경** 기력이
삼하 14:14 우리는 **필경** 죽으리니 땅에 쏟아진 물을
잠 7:23 **필경**은 화살이 그 간을 뚫게 되리라
잠 14:12 어떤 길은 사람이 보기에 바르나 **필경**은
잠 16:25 사람이 보기에 바르나 **필경**은 사망의
잠 19:20 그리하면 네가 **필경**은 지혜롭게 되리라

필연(必然, certainly)
느 2:2 이는 **필연** 네 마음에 근심이 있음이로다
행 21:22 그들이 **필연** 그대가 온 것을 들으리니

필요/–하다(必要, need)
신 15:8 그에게 **필요한** 대로 쓸 것을 넉넉히
왕상 8:59 이스라엘의 일을 날마다 **필요한**대로
대상 23:26 모든 기구를 멜 **필요**가 없다 한라
스 6:9 **필요**로 하는 것 곧 하늘의 하나께
잠 30:8 **필요한** 양식으로 나를 먹이시옵서
단 3:16 대하여 왕에게 대답할 **필요**가 없나이다
요 2:25 누구의 증언도 받으실 **필요**가 없으니
요 13:10 이미 목욕한 자는 발밖에 씻을 **요**가
행 2:45 소유를 팔아 각 사람의 **필요**를 따
행 4:35 각 사람의 **필요**를 따라 나누어 주니라
고전 7:36 그같이 할 **필요**가 있거든 원하는 대로
고전 12:24 아름다운 지체는 그럴 **필요**가 없으나
고후 3:1 혹은 너희에게 받거나 할 **필요**가 냐

고후 9:1 내가 너희에게 쓸 **필요**가 없나니
고후 9:5 권면하는 것이 **필요**한 줄 생각하였노니
빌 2:25 보내는 것이 **필요**한 줄로 생각하노니
딛 3:14 **필요한** 것을 준비하는 좋은 일에 힘쓰기
히 7:11 다른 한 제사장을 세울 **필요**가 있느냐
히 7:27 드리는 것과 같이 할 **필요**가 없으니
히 9:23 이런 것들로써 정결하게 할 **필요**가
히 10:36 인내가 **필요함**은 너희가 하나님의
요일 2:27 아무도 너희를 가르칠 **필요**가 없고 오직
유 1:3 너희를 권하여야 할 **필요**를 느꼈노니

핍박/–하다(逼迫, persecute)
신 30:7 적군과 너를 미워하고 **핍박하던** 자에게
삼하 14:7 당신의 여종 나를 **핍박하여** 말하기를
시 31:15 원수들과 나를 **핍박하는** 자들의 손에서
시 55:3 더하며 노하여 나를 **핍박하나이다**
시 69:26 주께서 치신 자를 **핍박하며** 주께서
시 109:16 궁핍한 자와 마음이 상한 자를 **핍박하여**
시 119:84 나를 **핍박하는** 자들을 주께서 언제나
시 119:86 그들이 이유 없이 나를 **핍박하오니** 나를
시 119:157 나를 **핍박하는** 자들과 나의 대적들이
시 119:161 고관들이 거짓으로 나를 **핍박하오나**
시 142:6 **핍박하는** 자들에게서 나를 건지소서
시 143:3 원수가 내 영혼을 **핍박하며** 내 생명을
애 1:3 그를 **핍박하는** 모든 자들이 궁지에서

핍절하다(乏絶, have nothing, lack)
잠 12:9 높은 체하고도 음식이 **핍절한** 자보다
잠 31:11 믿나니 산업이 **핍절하지** 아니하겠으며

핏방울(drop of blood)
눅 22:44 땀이 땅에 떨어지는 **핏방울**같이 되더라

핏빛(blood)
욜 2:31 어두워지고 달이 **핏빛**같이 변하려니와

핏소리(blood cry out)
창 4:10 네 아우의 **핏소리**가 땅에서부터 내게

핑계하다(excuse)
요 15:22 지금은 그 죄를 **핑계할** 수 없느니라
롬 1:20 그러므로 그들이 **핑계하지** 못할지니라
롬 2:1 누구를 막론하고 네가 **핑계하지** 못할

하(下, lower)
창 6:16 문은 옆으로 내고 상 중 **하** 삼층으로

하가랴(Hacaliah) 느헤미야의 아버지
느 1:1 **하가랴**의 아들 느헤미야의 말이라
느 10:1 그 인봉한 자는 **하가랴**의 아들 총독

하가바(Hagabah) 느디님 사람의 선조
스 2:45 르바나 자손과 **하가바** 자손과 악굽 자손
느 7:48 르바나 자손과 **하가바** 자손과 살매 자손

하갈(Hagar) 사래의 여종이며 아브람의 첩
창 16:1 있으니 애굽 사람이요 이름은 **하갈**이라
갈 4:25 이 **하갈**은 아라비아에 있는 시내 산으로

> **하갈 - 기타 본문**
> 창 16:3, 4, 6, 8, 13, 15, 16; 21:9, 14, 17, 19;
> 25:12; 갈 4:24

하갈 사람/하갈인(Hagarite) 길르앗 동방에 살았던 사람
대상 5:10 **하갈** 사람과 더불어 싸워 손으로 쳐
대상 5:19 그들이 **하갈** 사람과 여두르와 나비스
대상 5:20 **하갈** 사람과 그들과 함께 있는 자들이
대상 27:30 **하갈** 사람 야시스는 양떼를 맡았으니
시 83:6 장막과 이스마엘인과 모압과 **하갈인**

하갑(Hagab) 느디님 사람의 선조
스 2:46 **하갑** 자손과 사믈래 자손과 하난 자손

하그돌림(Haggedolim) 삽디엘의 아버지
느 11:14 **하그돌림**의 아들 삽디엘이 그들의 감독

하그리(Hagri) 다윗의 용사 중 하나인 밉할의 아버지
대상 11:38 나단의 아우 요엘과 **하그리**의 아들 밉할

하그바(Hakupha) 느디님 사람의 선조
스 2:51 박북 자손과 **하그바** 자손과 할훌 자손
느 7:53 박북 자손과 **하그바** 자손과 할훌 자손

하길라(Hakilah) 유다 남부에 위치한 산
삼상 23:19 광야 남쪽 **하길라** 산 수풀 요새에 숨지
삼상 26:1 광야 앞 **하길라** 산에 숨지 아니하였나
삼상 26:3 광야 앞 **하길라** 산 길 가에 진 치니라

하나(one)
창 2:21 갈빗대 **하나**를 취하고 살로 대신 채우
출 8:31 백성에게서 떠나니 **하나**도 남지 아니
레 4:2 여호와의 계명 중 **하나**라도 그릇 범하였
민 6:11 **하나**를 속죄제물로, **하나**를 번제물로
신 3:5 좋은 땅을 볼 자가 **하나**도 없으리라
수 7:21 오십 세겔 되는 금덩이 **하나**를 보고
삿 2:21 그들 앞에서 **하나**도 쫓아내지 아니하
룻 4:4 **하나**의 이름은 오르바요 **하나**의 이름은
삼상 2:31 네 집에 노인이 **하나**도 없게 하는 날이
삼하 4:4 요나단에게 다리 저는 아들 **하나**가 있었
왕상 1:2 왕을 위하여 젊은 처녀 **하나**를 구하여
왕하 5:2 이스라엘 땅에서 어린 소녀 **하나**를 사로

【 하나 】　　　　　　　　　　　　　　　　　　【 하나같이 】

대상 1:19	두 아들을 낳아 **하나**의 이름을 벨렉이라
대하 2:7	아로새길 줄 아는 재주 있는 사람 **하나**
느 7:63	바르실래의 딸 중의 **하나**로 아내를 삼고
욥 14:4	가운데에서 낼 수 있으리이까 **하나**도
시 14:3	선을 행하는 자가 없으니 **하나**도 없도다
잠 1:14	우리가 함께 전대 **하나**만 두자 할지라도
전 4:10	혹시 그들이 넘어지면 **하나**가 그 동무를
아 4:2	새끼 없는 것은 **하나**도 없이 각각 쌍태
사 6:6	스랍 중의 **하나**가 부젓가락으로 제단
렘 3:14	성읍에서 **하나**와 족속 중에서 둘을 택하
겔 7:11	그 무리도, 그 재물도 **하나**도 남지 아니
단 7:16	곁에 모셔 선 자들 중 **하나**에게 나아가
호 7:7	그들 중에는 내게 부르짖는 자가 **하나**도
미 2:5	분깃에 줄을 댈 자가 너희 중에 **하나**도
학 2:13	그것들 가운데 **하나**를 만지면 그것이
마 5:19	이 계명 중의 지극히 작은 것 **하나**라도
막 6:15	그가 선지자니 옛 선지자 중의 **하나**와
눅 7:41	**하나**는 오백 데나리온을 졌고 **하나**는
요 1:3	지은 것이 **하나**도 그가 없이는 된 것이
행 1:22	우리와 함께 다니던 사람 중에 **하나**를
롬 3:10	기록된 바 의인은 없나니 **하나**도 없으며
고전 6:5	지혜 있는 자가 이같이 **하나**도 없느냐
고후 11:24	사십에서 **하나** 감한 매를 다섯 번 맞았
갈 4:22	**하나**는 여종에게서, **하나**는 자유 있는
딤후 2:4	생활에 얽매이는 자가 **하나**도 없나니
히 2:8	복종하지 않은 것이 **하나**도 없어야 하겠
약 2:10	온 율법을 지키다가 그 **하나**를 범하면
계 6:1	일곱 인 중의 **하나**를 떼시는데 그 때
	에 내가 들으니 네 생물 중의 **하나**

📖 하나 – 기타 본문

모세오경 창 3:22; 4:19; 10:25; 11:1, 6; 26:10; 27:38; 39:11; 41:25, 26; 42:13, 16, 32, 33; 44:28, 30; 출 9:4, 6, 7; 10:19; 12:4, 30; 14:28; 15:26; 16:22; 18:3, 4; 21:18; 29:1, 36; 레 4:13, 22, 27; 5:4, 5, 7, 13, 17; 6:3; 7:14; 12:8; 14:5, 22, 50; 18:26, 30; 23:19; 25:48; 민 6:19; 7:3, 13, 14, 19, 20, 25, 26, 31, 32, 37, 38, 43, 44, 49, 50, 55, 56, 61, 62, 67, 68, 73, 74, 79, 80; 8:12; 9:12; 10:4; 14:15; 17:2, 3, 6; 23:9; 신 2:34, 36; 3:4; 4:43; 10:1; 18:15, 18; 19:5; 20:16; 21:15; 25:5; 32:30, **역사서** 수 8:17, 35; 10:37, 39, 40; 11:11, 14, 15, 19, 22; 12:9, 10, 11, 12, 13, 14, 15,

16, 17, 18, 19, 20, 21, 22, 23, 24; 20:4; 21:44, 45; 23:9, 14; 삿 6:19; 8:18, 27; 11:35; 13:15; 16:29; 17:11; 18:10; 20:11, 32; 21:9, 21; 룻 2:13; 삼상 2:36; 3:17, 19; 6:7, 17; 7:9; 14:4, 5, 45; 17:36; 18:1; 22:8, 20; 25:7, 14, 21; 30:11, 12; 삼하 2:21; 7:7; 9:3, 12; 11:21; 13:13, 30; 14:2, 11, 27; 17:12, 13; 18:11; 19:14; 20:1, 11; 21:20; 22:13; 23:24; 24:12; 왕상 1:52; 7:38; 8:56; 10:3, 19; 12:29, 30; 18:40; 22:20; 왕하 6:3, 25; 9:1, 17; 10:10, 11, 14, 21, 23; 20:15, 17; 대상 12:17; 16:3; 17:11; 20:6; 21:10; 대하 3:17; 9:15, 16, 18; 18:12, 19; 느 13:28 **시가서, 선지서** 욥 20:20; 33:23; 42:11; 시 34:20; 82:7; 105:37; 106:11; 137:3; 139:4; 143:2; 아 6:6, 9; 사 10:14; 19:18; 33:20; 34:16; 37:33; 39:4; 40:26; 53:12; 렘 29:32; 52:25; 겔 1:15; 12:28; 17:7, 12; 18:10, 22, 24; 19:3, 5, 11, 14; 24:3, 13; 33:2, 13; 37:16, 17, 19; 40:3, 49; 41:19; 42:1; 45:7; 46:5; 48:31, 32, 33, 34; 단 7:24; 8:4, 9; 10:18; 11:5; 12:5, 6; 호 11:7; 슥 4:3; 8:23; 11:7; 말 2:15 **복음서** 마 5:29, 30; 6:29; 10:29, 42; 13:46; 15:22; 16:14; 17:4; 18:5, 6, 10, 12, 14, 24; 20:21; 21:35; 22:19; 23:8; 24:2; 25:40, 45; 26:51; 27:38; 막 6:27; 8:28; 9:5, 17, 36, 37, 42; 10:37; 12:15; 13:1, 2; 14:19, 20, 66; 15:27; 눅 8:27; 9:33, 47; 11:1; 12:6, 27; 14:15, 24; 15:4, 8, 19; 17:2, 34, 35; 18:10, 34; 19:44; 20:24; 21:6, 18; 23:33, 39, 40; 요 1:40; 6:8, 39, 71; 8:9; 11:52; 12:4; 13:21, 23; 17:11, 12, 21, 22, 23; 18:9, 17, 22, 25, 26; 19:36; 20:12, 24 **역사서 – 예언서** 행 1:23; 2:3; 3:22; 4:32; 8:24; 10:7; 13:28; 16:9, 16; 25:18; 26:26; 27:34; 롬 3:12; 9:21; 고전 9:15; 10:17; 12:20; 14:31; 15:39; 갈 4:24; 엡 2:14; 4:3, 4, 5, 13; 딤후 2:14; 4:16; 히 4:13; 7:14; 계 7:13; 9:1; 13:3; 15:7; 17:1, 10; 19:12; 21:9

하나같이 (together)

시 41:7　　나를 미워하는 자가 다 **하나같이** 내게

📖 하나같이 – 기타 본문

창 3:22; 민 14:15; 삿 8:18; 17:11; 20:11; 삼하 19:14; 왕상 22:13; 대하 18:12; 시 82:7

【 하나냐 】　　　　　　　　　　　　　　　　　　　【 하나님 】

하나냐(Hananiah)

1. 스룹바벨의 아들
대상 3:19　스룹바벨의 아들은 므술람과 **하나냐**
대상 3:21　**하나냐**의 아들은 블라댜와 여사야요

2. 베냐민 지파 사람이며 사삭의 아들
대상 8:24　**하나냐**와 엘람과 안도디야와

3. 헤만의 아들이며 성전 찬양대 지도자
대상 25:4　스브엘과 여리못과 **하나냐**와 하나니
대상 25:23　열여섯째는 **하나냐**니 그의 아들들과

4. 웃시야 왕의 군대 지휘관
대하 26:11　왕의 지휘관 **하나냐**의 휘하에 속하여

5. 베배 자손의 한 사람
스 10:28　베배 자손 중에서는 여호하난과 **하나냐**

6. 향품 장사로 성벽 재건에 동참했던 사람
느 3:8　그 다음은 향품 장사 **하나냐** 등이 중수

7. 셀레먀의 아들로 성벽 재건에 동참했던 사람
느 3:30　다음은 셀레먀의 아들 **하나냐**와 살랍의

8. 느헤미야 시대에 예루살렘을 다스린 관원
느 7:2　영문의 관원 **하나냐**가 함께 예루살렘
을 다스리게 … **하나냐**는 충성스러운

9. 갱신된 율법 준수 언약에 인친 사람
느 10:23　호세아, **하나냐**, 핫숩,

10. 예레미야 족속이며 제사장의 족장
느 12:12　므라야요 예레미야 족속에는 **하나냐**
느 12:41　스가랴와 **하나냐**는 다 나팔을 잡았고

11. 예레미야 시대의 거짓 선지자
렘 28:1　기브온 앗술의 아들 선지자 **하나냐**가

📖 하나냐 11 – 기타 본문
렘 28:5, 10, 11, 12, 13, 15, 17

12. 여호야김 왕의 방백인 시드기야의 아버지
렘 36:12　그마랴와 **하나냐**의 아들 시드기야와

13. 문지기의 두목이었던 이리야의 아버지
렘 37:13　베냐민 문에 이른즉 **하나냐**의 손자요

14. 다니엘의 세 친구 가운데 한 사람
단 1:6　다니엘과 **하나냐**와 미사엘과 아사랴가

📖 하나냐 14 – 기타 본문
단 1:7, 11, 19; 2:17

하나넬(Hananel) 예루살렘 성의 북편 망대 이름
느 3:1　함메아 망대에서부터 **하나넬** 망대까지

느 12:39　어문과 **하나넬** 망대와 함메아 망대를
렘 31:38　**하나넬** 망대로부터 모퉁이에 이르기
슥 14:10　**하나넬** 망대에서부터 왕의 포도주 짜는

하나니(Hanani)

1. 선지자 예후의 아버지
왕상 16:1　여호와의 말씀이 **하나니**의 아들 예후

📖 하나니 1 – 기타 본문
왕상 16:7; 대하 16:7; 19:2; 20:34

2. 헤만의 아들이며 성전 찬양대 지도자
대상 25:4　여리못과 하나냐와 **하나니**와 엘리아다
대상 25:25　열여덟째는 **하나니**니 그의 아들들과

3. 느헤미야의 형제
느 1:2　내 형제 가운데 하나인 **하나니**가 두어
느 7:2　내 아우 **하나니**와 영문의 관원 하나냐가

4. 다윗의 악기를 잡고 연주했던 사람
느 12:36　마애와 느다넬과 유다와 **하나니**라

5. 이방인 아내를 돌려보내기로 서약한 사람
스 10:20　임멜 자손 중에서는 **하나니**와 스바댜요

하나님(God)

모세오경
창 1:1　태초에 **하나님**이 천지를 창조하시니라
창 1:27　**하나님**이 자기 형상 곧 **하나님**의 형상
창 3:24　이같이 **하나님**이 그 사람을 쫓아내시고
창 6:12　**하나님**이 보신즉 땅이 부패하였으니
창 9:1　**하나님**이 노아와 그 아들들에게 복을
창 20:3　그 밤에 **하나님**이 아비멜렉에게 현몽
창 30:6　**하나님**이 내 억울함을 푸시려고 내 호소
창 33:11　**하나님**이 내게 은혜를 베푸셨고 내 소유
창 45:7　**하나님**이 큰 구원으로 당신들의 생명을
창 50:25　**하나님**이 반드시 당신들을 돌보시리니
출 2:23　부르짖는 소리가 **하나님**께 상달된지라
출 7:16　히브리 사람의 **하나님** 여호와께서 나를
출 17:9　내일 내가 **하나님**의 지팡이를 손에 잡고
출 19:19　모세가 말한즉 **하나님**이 음성으로 대답
출 34:6　더디 하고 인자와 진실이 많은 **하나님**
레 2:13　네 **하나님**의 언약의 소금을 빠뜨리지
레 11:45　나는 너희의 **하나님**이 되려고 너희를
레 25:17　**하나님**을 경외하라 나는 너희의 **하나님**
레 26:12　너희의 **하나님**이 되고 너희는 내 백성

【 하나님 】　　　　　　　　　　　　　　　　　　　　　　　　　　　　　【 하나님 】

민 10:9 너희 **하나님** 여호와가 너희를 기억하고
민 16:22 엎드려 이르되 **하나님**이여 모든 육체의
　　　　생명의 **하나님**이여 한 사람이 범죄하였
민 23:19 **하나님**은 사람이 아니시니 거짓말을
신 1:6 우리 **하나님** 여호와께서 호렙 산에서
신 4:31 네 **하나님** 여호와는 자비하신 **하나님**
신 5:15 네 **하나님** 여호와가 강한 손과 편 팔
　　　　로 … 네 **하나님** 여호와가 네게 명령
신 7:21 **하나님** 여호와 곧 크고 두려운 **하나님**
신 11:2 너희의 **하나님** 여호와의 교훈과 그의
신 13:4 너희는 너희의 **하나님** 여호와를 따르며
신 14:24 네 **하나님** 여호와께서 자기의 이름을
　　　　두시려고 택하신 … 네 **하나님** 여호와께서
신 16:2 **하나님** 여호와께 유월절 제사를 드리
신 18:7 **하나님** 여호와의 이름으로 섬길 수 있
신 23:14 네 **하나님** 여호와께서 너를 구원하시고
신 26:19 너를 네 **하나님** 여호와의 성민이 되게
신 30:6 네 **하나님** 여호와께서 네 마음과 네
　　　　자손의 마음에 할례를 … 네 **하나님**
신 33:27 영원하신 **하나님**이 네 처소가 되시니
역사서
수 3:9 너희의 **하나님** 여호와의 말씀을 들으라
수 18:6 **하나님** 여호와 앞에서 제비를 뽑으리라
수 22:34 제단은 여호와께서 **하나님**이 되시는
수 24:26 모든 말씀을 **하나님**의 율법책에 기록
삿 3:7 자기들의 **하나님** 여호와를 잊어버리고
삿 10:10 우리 **하나님**을 버리고 바알들을 섬김
삿 20:2 어른들은 **하나님** 백성의 총회에 섰고
삿 21:2 저녁까지 **하나님** 앞에 앉아서 큰 소리로
룻 1:16 어머니의 **하나님**이 나의 **하나님**이 되시
삼상 2:2 우리 **하나님** 같은 반석도 없으심이니
삼상 7:8 **하나님** 여호와께 쉬지 말고 부르짖어
삼상 10:9 몸을 돌이킬 때에 **하나님**이 새 마음을
삼상 14:45 오늘 **하나님**과 동역하였음이니이다
삼상 23:16 **하나님**을 힘 있게 의지하게 하였는데
삼상 29:9 네가 내 목전에 **하나님**의 전령같이 선한
삼하 3:9 **하나님**이 아브넬에게 벌 위에 벌을 내리
삼하 7:28 주 여호와여 오직 주는 **하나님**이시며
삼하 10:12 우리 백성과 우리 **하나님**의 성읍들을
삼하 14:16 나와 내 아들을 함께 **하나님**의 기업에서
삼하 22:47 구원의 반석이신 **하나님**을 높일지로다
왕상 8:28 내 **하나님** 여호와여 주의 종의 기도와
왕상 10:24 **하나님**께서 솔로몬의 마음에 주신 지혜

왕상 15:4 그의 **하나님** 여호와께서 다윗을 위하여
왕상 18:37 이 백성에게 주 여호와는 **하나님**이신
왕상 21:10 네가 **하나님**과 왕을 저주하였다 하게
왕하 1:6 이스라엘에 **하나님**이 없어서 네가
왕하 6:31 **하나님**이 내게 벌 위에 벌을 내리실지
왕하 16:2 **하나님** 여호와께서 보시기에 정직히
왕하 18:12 그들이 **하나님** 여호와의 말씀을 듣지
왕하 20:5 왕의 조상 다윗의 **하나님** 여호와의 말씀
대상 5:20 그들이 싸울 때에 **하나님**께 의뢰하고
　　　　부르짖으므로 **하나님**이 그들에게 응답
대상 11:2 왕의 **하나님** 여호와께서도 왕에게 말씀
대상 13:8 **하나님** 앞에서 힘을 다하여 뛰놀며 노래
대상 14:15 너보다 **하나님**이 앞서 나아가서 블레셋
대상 16:1 **하나님**의 궤를 메고 … 장막 가운데에
　　　　두고 번제와 화목제를 **하나님**께 드리
대상 17:26 여호와여 오직 주는 **하나님**이시라 주께
대상 22:12 **하나님**의 율법을 지키게 하시기
대상 26:5 **하나님**이 오벧에돔에게 복을 주셨음
대상 28:2 우리 **하나님**의 발판을 봉안할 성전을
대상 29:17 나의 **하나님**이여 주께서 마음을 감찰
대하 1:3 **하나님**의 회막 곧 여호와의 종 모세가
대하 6:18 **하나님**이 참으로 사람과 함께 땅에 계시
대하 13:10 여호와께서 우리 **하나님**이 되시니 우리
대하 18:5 **하나님**이 그 성읍을 왕의 손에 붙이시리
대하 24:16 이스라엘과 **하나님**과 그의 성전에 대하
대하 26:5 **하나님**의 묵시를 밝히 아는 … **하나님**
　　　　을 찾았고 그가 여호와를 … **하나님**이
대하 31:14 고레는 즐거이 **하나님**께 드리는 예물을
대하 32:19 그들이 예루살렘의 **하나님**을 비방하기
대하 34:27 마음이 연약하여 **하나님** 앞 곧 내 앞
대하 35:22 **하나님**의 입에서 나온 느고의 말을 듣지
대하 36:16 그의 백성이 **하나님**의 사신들을 비웃고
스 1:5 마음이 **하나님**께 감동을 받고 올라가서
스 5:5 **하나님**이 유다 장로들을 돌보셨으므로
스 6:8 **하나님**의 이 성전을 건축함에 대하여
스 7:9 **하나님**의 선한 손의 도우심을 입어 다섯
스 8:23 금식하며 우리 **하나님**께 간구하였더니
느 2:8 내 **하나님**의 선한 손이 나를 도우시므로
느 4:9 우리가 우리 **하나님**께 기도하며 그들로
느 5:15 **하나님**을 경외하므로 이같이 행하지
느 8:6 위대하신 **하나님** 여호와를 송축하매
느 9:17 주께서는 용서하시는 **하나님**이시라
느 12:46 **하나님**께 찬송하는 노래와 감사하는

【 하나님 】 　　　　　　　　　　　　　　　　【 하나님 】

느 13:31	**하나님**이여 나를 기억하사 복을 주옵	시 147:1	우리 **하나님**을 찬양하는 일이 선함이
시가서		잠 8:26	**하나님**이 아직 땅도, 들도, 세상 진토
욥 1:1	온전하고 정직하여 **하나님**을 경외하며	전 1:13	**하나님**이 인생들에게 주사 수고하게
욥 1:16	**하나님**의 불이 하늘에서 떨어져서 양과	전 3:10	**하나님**이 인생들에게 노고를 주사 애쓰
욥 4:18	**하나님**은 그의 종이라도 그대로 믿지	전 7:29	**하나님**은 사람을 정직하게 지으셨으나
욥 5:18	**하나님**은 아프게 하시다가 싸매시며	전 12:14	**하나님**은 모든 행위와 모든 은밀한 일을
욥 9:12	**하나님**이 빼앗으시면 누가 막을 수 있으	선지서	
욥 11:7	**하나님**의 오묘함을 어찌 능히 측량하며	사 5:16	거룩하신 **하나님**은 공의로우시므로
욥 15:11	**하나님**의 위로와 은밀하게 하시는 말씀	사 14:13	**하나님**의 뭇 별 위에 내 자리를 높이
욥 17:6	**하나님**이 나를 백성의 속담거리가 되게	사 30:18	대저 여호와는 정의의 **하나님**이심이
욥 21:9	평안하여 두려움이 없고 **하나님**의 매가	사 36:7	우리는 우리 **하나님** 여호와를 신뢰하
욥 22:21	너는 **하나님**과 화목하고 평안하라	사 40:3	사막에서 우리 **하나님**의 대로를 평탄
욥 27:11	**하나님**의 솜씨를 내가 너희에게 가르칠	사 45:18	하늘을 창조하신 이 그는 **하나님**이시
욥 31:6	**하나님**께서 나를 공평한 저울에 달아	사 45:21	공의를 행하며 구원을 베푸는 **하나님**
욥 35:13	헛된 것은 **하나님**이 결코 듣지 아니하	사 49:5	나의 **하나님**은 나의 힘이 되셨도다
욥 37:10	**하나님**의 입김이 얼음을 얼게 하고 물의	사 53:4	징벌을 받아 **하나님**께 맞으며 고난을
시 7:11	**하나님**은 의로우신 재판장이심이여 매	사 61:2	우리 **하나님**의 보복의 날을 선포하여
	일 분노하시는 **하나님**이시로다	사 65:16	진리의 **하나님**을 향하여 복을 구할 것
시 16:1	**하나님**이여 나를 지켜 주소서 내가 주께		이요 … 진리의 **하나님**으로 맹세하리니
시 18:32	이 **하나님**이 힘으로 내게 띠 띠우시며	렘 2:17	네 **하나님** 여호와가 너를 길로 인도할
시 25:2	나의 **하나님**이여 내가 주께 의지하였	렘 5:4	여호와의 길, 자기 **하나님**의 법을 알지
시 29:3	영광의 **하나님**이 우렛소리를 내시니	렘 10:10	참 **하나님**이시요 살아 계신 **하나님**이
시 31:5	진리의 **하나님** 여호와여 나를 속량하	렘 16:10	우리 **하나님** 여호와께 범한 죄는 무엇
시 40:8	나의 **하나님**이여 내가 주의 뜻 행하기	렘 22:9	그들이 자기 **하나님** 여호와의 언약을
시 42:1	**하나님**이여 사슴이 시냇물을 찾기에	렘 31:1	내가 이스라엘 모든 종족의 **하나님**이
시 42:9	내 반석이신 **하나님**께 말하기를 어찌	렘 37:3	**하나님** 여호와께 기도하라 하였으니
시 46:1	**하나님**은 우리의 피난처시요 힘이시니	렘 50:28	시온에서 우리 **하나님** 여호와의 보복
시 48:10	**하나님**이여 주의 이름과 같이 찬송도	렘 51:10	시온에서 우리 **하나님** 여호와의 일을
시 54:1	**하나님**이여 주의 이름으로 나를 구원	렘 51:56	여호와는 보복의 **하나님**이시니 반드시
시 54:4	**하나님**은 나를 돕는 이시며 주께서는	겔 1:1	하늘이 열리며 **하나님**의 모습이 내게
시 56:12	**하나님**이여 내가 주께 서원함이 있사	겔 10:2	**하나님**이 가는 베 옷을 입은 사람에게
시 60:12	우리가 **하나님**을 의지하고 용감하게	겔 28:6	네 마음이 **하나님**의 마음 같은 체하였
시 62:1	나의 영혼이 잠잠히 **하나님**만 바람이	겔 31:8	**하나님**의 동산의 백향목이 능히 그를
시 66:10	**하나님**이여 주께서 우리를 시험하시		가리지 못하며 … **하나님**의 동산의 어떤
시 72:1	**하나님**이여 주의 판단력을 왕에게 주시	겔 40:2	**하나님**의 이상 중에 나를 데리고
시 76:11	여호와 너희 **하나님**께 서원하고 갚으라	단 1:17	**하나님**이 이 네 소년에게 학문을 주시고
시 78:37	**하나님**께 향하는 그들의 마음이 정함	단 6:16	**하나님**이 너를 구원하시리라 하니라
시 83:12	우리가 **하나님**의 목장을 우리의 소유	단 6:23	그가 자기 **하나님**을 믿음이었더라
시 89:26	주는 나의 아버지시요 나의 **하나님**	단 9:9	주 우리 **하나님**께는 긍휼과 용서하심
시 104:33	*내가 살아 있는 동안 내 **하나님**을 찬양*	단 11:32	자기의 **하나님**을 아는 백성은 강하여
시 113:5	여호와 우리 **하나님**과 같은 이가 누구	호 1:7	그들의 **하나님** 여호와로 구원하겠고
시 139:23	**하나님**이여 나를 살피사 내 마음을 아시	호 4:1	인애도 없고 **하나님**을 아는 지식도 없고
시 145:1	왕이신 나의 **하나님**이여 내가 주를 높이	호 6:6	번제보다 **하나님**을 아는 것을 원하노라

[하나님]   [하나님]

호 11:12	**하나님** 곧 신실하시고 거룩하신 자에게		

호 11:12 **하나님** 곧 신실하시고 거룩하신 자에게
욜 2:13   너희 **하나님** 여호와께로 돌아올지어다
욜 2:26   너희 **하나님** 여호와의 이름을 찬송할
암 4:12   이스라엘아 네 **하나님** 만나기를 준비
욘 1:6   **하나님**께 구하라 혹시 **하나님**이 우리
욘 3:5   니느웨 사람들이 **하나님**을 믿고 금식을
욘 4:6   **하나님** 여호와께서 박넝쿨을 예비하사
미 5:4   **하나님** 여호와의 이름의 위엄을 의지
미 6:8   겸손하게 네 **하나님**과 함께 행하는 것이
나 1:2   질투하시며 보복하시는 **하나님**이시니
합 3:3   **하나님**이 데만에서부터 오시며 거룩한
습 3:2   자기 **하나님**에게 가까이 나아가지 아니
습 3:17   너의 **하나님** 여호와가 너의 가운데에
학 1:12   **하나님** 여호와의 목소리와 … 그들의
          하나님 여호와께서 그를 보내셨음이라
슥 8:8   나는 진리와 공의로 그들의 **하나님**이
슥 14:5   나의 **하나님** 여호와께서 임하실 것이요
말 1:9   너희는 나 **하나님**께 은혜를 구하면서

▷ 복음서

마 1:23   **하나님**이 우리와 함께 계시다 함이라
마 4:10   주 너의 **하나님**께 경배하고 다만 그를
마 6:24   너희가 **하나님**과 재물을 겸하여 섬기지
마 19:6   **하나님**이 짝지어 주신 것을 사람이 나누
마 23:22 하늘로 맹세하는 자는 **하나님**의 보좌와
막 2:12   그들이 다 놀라 **하나님**께 영광을 돌리며
막 7:11   고르반 곧 **하나님**께 드림이 되었다고
막 12:17 **하나님**의 것은 **하나님**께 바치라 하시니
막 13:19 **하나님**께서 창조하신 시초부터 지금
막 16:19 올려지사 **하나님** 우편에 앉으시니라
눅 1:6   이 두 사람이 **하나님** 앞에 의인이니
눅 6:12   산으로 가사 밤이 새도록 **하나님**께 기도
눅 9:43   사람들이 다 **하나님**의 위엄에 놀라니라
눅 16:13 너희는 **하나님**과 재물을 겸하여 섬길 수
눅 18:13 **하나님**이여 불쌍히 여기소서 나는 죄인
눅 22:69 인자가 **하나님**의 권능의 우편에 앉아
눅 24:53 늘 성전에서 **하나님**을 찬송하니라
요 1:2   그가 태초에 **하나님**과 함께 계셨고
요 3:16   **하나님**이 세상을 이처럼 사랑하사
요 6:33   **하나님**의 떡은 하늘에서 내려 세상에
요 9:31   **하나님**이 죄인의 말을 듣지 아니하시고
요 14:1   근심하지 말라 **하나님**을 믿으니 또 나를
요 17:3   영생은 곧 유일하신 참 **하나님**과 그가
요 20:28 나의 주님이시요 나의 **하나님**이시니

▷ 역사서

행 2:11   **하나님**의 큰 일을 말함을 듣는도다 하고
행 4:28   **하나님**의 권능과 뜻대로 이루려고 예정
행 7:17   **하나님**이 아브라함에게 약속하신 때
행 10:4   네 기도와 구제가 **하나님** 앞에 상달되어
행 13:16 **하나님**을 경외하는 사람들아 들으라
행 15:8   마음을 아시는 **하나님**이 우리에게와
행 17:24 만물을 지으신 **하나님**께서는 천지의
행 20:28 **하나님**이 자기 피로 사신 교회를 보살
행 24:15 **하나님**께 향한 소망을 나도 가졌으니
행 28:28 **하나님**의 이 구원이 이방인에게로 보내

▷ 서신서, 예언서

롬 2:6   **하나님**께서 각 사람에게 그 행한 대로
롬 4:17   **하나님**은 죽은 자를 살리시며 없는 것을
롬 5:8   **하나님**께서 우리에 대한 자기의 사랑을
롬 8:17   자녀이면 또한 상속자 곧 **하나님**의 상속
롬 10:1   **하나님**께 구하는 바는 이스라엘을 위함
롬 13:4   그는 **하나님**의 사역자가 되어 네게 선
          을 베푸는 … 곧 **하나님**의 사역자가
롬 14:10 우리가 다 **하나님**의 심판대 앞에 서리라
고전 1:27 **하나님**께서 세상의 미련한 것들을 택하
고전 4:5 각 사람에게 **하나님**으로부터 칭찬이
고전 7:7 **하나님**께 받은 자기의 은사가 있으니
고전 12:24 오직 **하나님**이 몸을 고르게 하여 부족한
고전 15:28 이는 **하나님**이 만유의 주로서 만유 안에
고후 1:4 **하나님**께 받는 위로로써 모든 환난 중에
고후 1:23 목숨을 걸고 **하나님**을 불러 증언하시게
고후 5:19 **하나님**께서 그리스도 안에 계시사 세상
고후 7:6 낙심한 자들을 위로하시는 **하나님**이
고후 9:8 **하나님**이 능히 모든 은혜를 너희에게
고후 12:21 **하나님**이 나를 너희 앞에서 낮추실까
갈 1:4   그리스도께서 **하나님** 곧 우리 아버지의
갈 3:18   **하나님**이 약속으로 말미암아 아브라함
갈 4:4   때가 차매 **하나님**이 그 아들을 보내사
엡 2:4   긍휼이 풍성하신 **하나님**이 우리를 사랑
엡 4:32   **하나님**이 그리스도 안에서 너희를 용서
엡 6:13   **하나님**의 전신 갑주를 취하라 이는 악한
빌 1:3   너희를 생각할 때마다 나의 **하나님**께
빌 2:9   **하나님**이 그를 지극히 높여 모든 이름
빌 3:14   **하나님**이 위에서 부르신 부름의 상을
골 2:2   **하나님**의 비밀인 그리스도를 깨닫게
골 4:3   **하나님**이 전도할 문을 우리에게 열어
살전 1:8 **하나님**을 향하는 너희 믿음의 소문이

【 하나님 】

살전 3:13 **하나님** 우리 아버지 앞에서 거룩함에
살전 4:16 **하나님**의 나팔 소리로 친히 하늘로부터
살후 1:11 **하나님**이 너희를 그 부르심에 합당한
살후 2:11 **하나님**이 미혹의 역사를 그들에게 보내
딤전 1:4 믿음 안에 있는 **하나님**의 경륜을 이룸
딤전 2:4 **하나님**은 모든 사람이 구원을 받으며
딤전 4:4 **하나님**께서 지으신 모든 것이 선하매
딤후 2:25 **하나님**이 그들에게 회개함을 주사 진리
딛 1:2 **하나님**이 영원 전부터 약속하신 것인데
딛 3:8 **하나님**을 믿는 자들로 하여금 조심하여
몬 1:4 내가 항상 내 **하나님**께 감사하고 기도
히 1:6 **하나님**의 모든 천사들은 그에게 경배
히 3:2 모세가 **하나님**의 온 집에서 한 것과
히 6:5 **하나님**의 선한 말씀과 내세의 능력을
히 9:20 이는 **하나님**이 너희에게 명하신 언약의
히 11:40 이는 **하나님**이 우리를 위하여 더 좋은
히 12:7 **하나님**이 아들과 같이 너희를 대우하시
약 2:5 **하나님**이 세상에서 가난한 자를 택하사
약 4:6 **하나님**이 교만한 자를 물리치시고 겸손
벧전 2:17 형제를 사랑하며 **하나님**을 두려워하며
벧전 5:6 **하나님**의 능하신 손 아래에서 겸손하라
벧후 3:12 **하나님**의 날이 임하기를 바라보고
요일 1:5 **하나님**은 빛이시라 그에게는 어둠이
요일 4:4 자녀들아 너희는 **하나님**께 속하였고
요일 5:3 **하나님**을 사랑하는 것은 이것이니 우리
계 2:7 **하나님**의 낙원에 있는 생명나무의 열매
계 9:13 **하나님** 앞 금 제단 네 뿔에서 한 음성
계 18:5 **하나님**은 그의 불의한 일을 기억하신
계 21:2 새 예루살렘이 **하나님**께로부터 하늘
계 22:3 저주가 없으며 **하나님**과 그 어린 양의

'하나님'과 관련된 성구

구원의 하나님 – 대상 16:35; 시 18:46; 24:5; 25:5; 27:9; 51:14; 65:5; 68:20; 79:9; 85:4; 88:1; 사 17:10; 합 3:18

만군의 하나님 – 삼하 5:10; 왕상 19:10, 14; 시 59:5; 80:4, 7, 14, 19; 84:8; 89:8; 렘 5:14; 15:16; 38:17; 44:7; 호 12:5; 암 3:13; 4:13; 5:14, 15, 16, 27; 6:8, 14

살아계신 하나님 – 수 3:10; 왕하 19:4, 16; 렘 10:10; 23:36; 호 1:10; 마 16:16; 26:63; 행 14:15; 롬 9:26; 고후 3:3; 6:16; 딤전 3:15; 4:10; 히 3:12; 9:14; 10:31; 12:22; 계 7:2; 15:7

아버지의 하나님 – 창 27:20; 31:5, 29, 42; 43:23; 46:3; 49:25; 50:17; 출 15:2; 18:4; 대상 28:9; 대하 17:4

아브라함의 하나님 – 창 24:12, 2, 42, 48; 26:24; 28:13; 31:42, 53; 32:9; 시 47:9

아브라함의 하나님 이삭의 하나님 야곱의 하나님 – 출 3:6, 15; 4:5; 마 22:32; 막 12:26; 눅 20:37

야곱의 하나님 – 출 3:16; 삼하 23:1; 시 20:1; 24:6; 46:7, 11; 75:9, 6; 81:1, 81:4; 84:8; 94:7; 114:7; 146:5; 사 2:3; 미 4:2; 행 3:13; 7:32

여호와 하나님 – 창 2:4, 5, 7, 8, 9, 15, 16, 18, 19, 21, 22; 3:1, 8, 9, 13, 14, 21, 22, 23; 출 9:30; 레 21:7; 삼하 6:7; 7:25; 대상 13:6; 17:16, 17; 22:1, 19; 28:20; 29:1; 대하 1:9; 6:41, 42; 32:16; 시 50:1; 68:18; 72:18; 84:11

우리 구주 하나님 – 딤전 1:1; 2:3; 딛 1:3; 2:10; 3:4

이스라엘(의) 하나님 – 출 5:1; 24:10; 32:27; 34:23; 민 16:9; 수 7:13, 19, 20; 8:30; 9:18, 19; 10:40, 42; 13:14, 33; 14:14; 22:16, 24; 24:2, 23; 삿 4:6; 5:3, 5; 6:8; 11:21, 23; 21:3; 룻 2:12; 삼상 1:17; 2:30; 10:18; 14:41; 20:12; 23:10, 11; 25:32, 34; 삼하 7:26, 27; 12:7; 23:3; 왕상 1:30, 48; 8:15, 17, 20, 23, 25, 26; 11:9, 31; 14:7, 13; 15:30; 16:13, 26, 33; 17:1, 14; 18:36; 22:53; 왕하 9:6; 10:31; 14:25; 18:5; 19:20, 15; 21:12; 22:15, 18; 대상 4:10; 5:26; 15:12, 14; 16:4, 36; 17:24; 22:6; 23:25; 24:19; 28:4; 29:10, 18; 대하 2:12; 6:4, 7, 10, 14, 16, 17; 11:16; 13:5; 15:4, 13; 20:19; 29:7, 10; 30:1, 5, 6; 32:17; 33:16, 18; 34:23, 26; 36:13; 스 1:3; 3:2; 4:1, 3; 5:1; 6:14, 21, 22; 7:6, 15; 8:35; 9:4, 15; 시 41:13; 59:5; 68:8, 35; 69:6; 72:18; 106:48; 사 17:6; 21:10, 17; 24:15; 29:23; 37:16, 21; 41:17; 45:3, 15; 48:1, 2; 52:12; 렘 7:3, 21; 9:15; 11:3; 13:12; 16:9; 19:3, 15; 21:4; 23:2; 24:5; 25:15, 27; 27:4, 21; 28:2, 14; 29:4, 8, 21, 25; 30:2; 31:23; 32:14, 15, 36; 33:4; 34:2, 13; 35:13, 17, 18, 19; 37:7; 38:17; 39:16; 42:9, 15, 18; 43:10; 44:2, 7,

【 하나님 】

'하나님'과 관련된 성구

11, 25; 45:2; 46:25; 48:1; 50:18; 51:33; 겔 8:4; 9:3; 10:19, 20; 11:22; 43:2; 44:2; 습 2:9; 말 2:16; 마 15:31; 눅 1:68

전능하신 하나님 - 창 28:3; 43:14; 48:3; 사 9:6; 겔 10:5

조상(들)의 하나님 - 창 31:53; 출 3:6, 13, 15, 16; 4:5; 신 1:11, 21; 4:1; 6:3; 12:1; 26:7; 27:3; 29:25; 수 18:3; 삿 2:12; 왕하 21:22; 대상 5:25; 12:17; 29:20; 대하 11:16; 13:12, 18; 14:4; 15:12; 19:4; 20:6, 33; 21:10; 24:18, 24; 28:6, 9, 25; 29:5; 30:7, 19, 22; 33:12; 34:32, 33; 36:15; 스 7:27; 8:28; 10:11; 단 2:23; 행 9:13; 5:30; 7:32; 22:14; 24:14

주 하나님 - 왕하 4:16; 시 38:15; 61:5; 86:2; 단 9:3, 4, 15; 눅 1:32; 행 3:22; 계 1:8; 4:8, 11; 11:17; 15:3; 16:7; 18:8; 21:22; 22:5

지극히 높으신 하나님 - 창 14:18, 19, 20, 22; 단 3:26; 4:2; 5:18, 21; 막 5:7; 눅 8:28; 히 7:1

질투하(시)는 하나님 - 출 20:5; 신 4:24; 5:9; 6:15; 수 24:19

평강의 하나님 - 롬 15:33; 16:20; 고후 13:11; 빌 4:9; 살전 5:23; 히 13:20

하나님께서 부리시는 악령 - 삼상 16:15, 16, 23; 18:10

하나님 아버지 - 갈 1:1, 3; 빌 2:11; 골 3:17; 살전 1:1, 3; 살후 1:2; 딤전 1:2; 딤후 1:2; 딛 1:4; 약 1:27; 벧전 1:2; 벧후 1:17; 요이 1:3; 유 1:1

하나님의 계명 - 시 119:115; 마 15:3; 막 7:8, 9; 고전 7:19; 계 12:17; 14:12

하나님의 교회 - 고전 1:2; 10:32; 11:22; 15:9; 고후 1:1; 갈 1:13; 살전 2:14; 딤전 3:5, 15

하나님의 구원 - 시 50:23; 98:3; 사 52:10; 눅 3:6; 계 12:10

하나님의 군대 - 창 32:2; 삼상 17:26, 36; 대상 12:22

하나님(의) 나라 - 마 12:28; 19:24; 21:31; 43; 막 1:15; 4:11, 26, 30; 9:1, 47; 10:14, 15, 23, 24, 25; 12:34; 14:25; 15:43; 눅 4:43; 6:20; 7:28; 8:1, 10; 9:2, 11, 27, 60, 62; 10:9, 11; 11:20; 13:18, 20, 28, 29; 14:15; 16:16; 17:20, 21; 18:16, 17, 24, 25, 29; 19:11; 21:31; 22:16, 18; 23:51; 요 3:3, 5; 행 1:3; 8:12; 14:22; 19:8; 20:25; 28:23,

31; 롬 14:17; 고전 4:20; 6:9, 10; 15:50; 갈 5:21; 엡 5:5; 골 4:11; 살후 1:5

하나님의 능력 - 마 22:29; 막 12:24; 행 8:10; 롬 1:16; 고전 1:18, 24; 2:5; 고후 6:7; 10:4; 13:4; 딤후 1:8; 벧전 1:5

하나님의 도 - 삼하 22:31; 시 18:30; 마 22:16; 막 12:14; 눅 20:21; 행 18:26

하나님의 뜻 - 스 7:18; 막 3:35; 눅 7:30; 요 7:17; 행 13:36; 18:21; 20:27; 롬 1:10; 2:18; 8:27; 9:11; 15:32; 고전 1:1; 고후 1:1; 7:9, 10, 11; 8:5; 엡 1:1; 6:6; 골 1:1; 1:9; 살전 4:3; 5:18; 딤후 1:1; 히 10:7, 9, 36; 벧전 3:17; 4:2, 19; 5:2; 요일 2:17

하나님의 말씀 - 창 3:3; 민 22:18; 24:4, 16; 삼상 9:27; 왕상 12:22; 대상 17:3; 25:5; 스 9:4; 욥 22:22; 시 107:11; 잠 16:10; 30:5; 사 40:8; 57:21; 렘 23:36; 25:27; 39:16; 암 3:13; 마 15:6; 막 7:13; 눅 3:2; 5:1; 8:11, 21; 11:28; 요 3:34; 8:47; 10:35; 행 4:19, 29, 31; 6:2, 7; 8:14; 11:1; 12:24; 13:5, 7, 44, 46, 48; 17:13; 18:5, 11; 롬 3:2; 9:6; 고전 14:36; 고후 2:17; 4:2; 엡 6:17; 빌 1:14; 골 1:25; 살전 2:13; 딤전 4:5; 딤후 2:9; 딛 2:5; 히 4:12; 5:12; 11:3; 13:7; 벧전 1:23; 4:11; 벧후 3:5; 요일 2:14; 계 1:2, 9; 6:9; 17:17; 19:13; 20:4

하나님의 명령 - 삿 3:20; 대상 14:16; 스 6:14; 7:26; 10:3

하나님의 백성 - 삼하 14:13; 시 47:9; 히 4:9; 11:25; 벧전 2:10; 계 21:3

하나님의 복음 - 막 1:14; 롬 1:1; 15:16; 고후 11:7; 살전 2:2, 8, 9; 벧전 4:17

하나님의 사람 - 신 33:1; 수 14:6; 삿 13:6, 8; 삼상 2:27; 9:6, 7, 8, 10; 왕상 12:22; 13:1, 2, 4, 5, 6, 7, 8, 11, 12, 14, 21, 26, 29, 31; 17:18, 24; 20:28; 왕하 1:9, 10, 11, 12, 13; 4:7, 16, 21, 22, 25, 27, 40, 42; 5:8, 14, 15, 20; 6:6, 9, 10, 15; 7:2, 17, 18, 19; 8:2, 4, 7, 8, 11; 13:19; 23:16, 17; 대상 23:14; 대하 8:14; 11:2; 25:7, 9; 30:16; 스 3:2; 느 12:24, 36; 렘 35:4; 딤전 6:11; 딤후 3:17

하나님의 사랑 - 느 13:26; 롬 1:7; 5:5; 8:39; 고후 13:13; 살전 1:4; 살후 3:5; 요일 2:5; 3:17; 4:9; 유 1:21

【 하나님 】

'하나님'과 관련된 성구

하나님의 사자 – 창 21:17; 28:12; 31:11; 32:1; 출 14:19; 삿 6:20; 13:6, 9; 삼하 14:17, 20; 19:27; 눅 12:8, 9; 15:10; 요 1:51; 행 10:3; 27:23

하나님의 산 – 출 3:1; 4:27; 18:5; 24:13; 삼상 10:5; 왕상 19:8; 시 36:6; 68:15; 겔 28:16

하나님의 선물 – 전 3:13; 5:19; 요 4:10; 행 8:20; 엡 2:8

하나님의 성 – 시 46:4; 48:1, 8; 87:3; 계 3:12

하나님의 성령 – 마 3:16; 12:28; 고전 2:14; 3:16; 6:11; 엡 4:30; 빌 3:3

하나님의 성민 – 신 7:6

하나님의 (성)전 – 대상 9:11, 13, 26, 27; 22:1, 2, 19; 23:28; 25:6; 26:20; 28:12; 21; 29:2, 3, 7; 대하 3:3; 4:11, 19; 5:1, 14; 7:5; 15:18; 22:12; 23:3, 9; 24:5, 7, 13, 27; 25:24; 28:24; 31:13, 21; 33:7; 34:9; 35:8; 36:18, 19; 스 1:4; 2:68; 3:8, 9; 4:3, 24; 5:2, 8, 14, 15, 16; 6:3, 5, 7, 12, 16, 17, 22; 7:16, 17, 19, 20, 23, 24; 8:17, 25, 30, 33, 36; 9:9; 10:1, 6, 9; 느 6:10; 8:16; 10:32, 33, 34, 36, 37, 38, 39; 11:11, 16, 22; 12:40; 13:4, 7, 9, 11, 14; 시 84:10; 135:2; 사 2:3; 단 1:2; 5:3; 호 9:8; 욜 1:13, 16; 미 4:2; 학 1:14; 마 12:4; 26:61; 막 2:26; 눅 6:4; 고전 3:16, 17; 고후 6:16; 살후 2:4; 계 11:1, 19

하나님의 손 – 삼상 5:11; 대하 30:12; 스 8:22, 31; 욥 19:21; 전 2:24; 9:1; 사 62:3; 눅 11:20; 히 10:31

하나님의 아들 – 창 6:2, 4; 욥 1:6; 2:1; 38:7; 호 1:10; 마 4:3, 6; 5:9; 8:29; 14:33; 16:16; 26:63; 27:40, 43, 54; 막 1:1; 3:11; 5:7; 15:39; 눅 1:35; 4:3, 9, 41; 8:28; 22:70; 요 1:34, 49; 5:25; 10:36; 11:4, 27; 19:7; 20:31; 행 9:20; 롬 1:4; 8:14, 19; 9:26; 고후 1:19; 갈 2:20; 3:26; 엡 4:13; 히 4:14; 6:6; 7:3; 10:29; 요일 3:8; 4:15; 5:5, 10, 12, 13, 20; 계 2:18

하나님의 (언약)궤 – 삿 20:27; 삼상 3:3; 4:4, 11, 13, 17, 18, 19, 21, 22; 5:1, 2, 10; 14:18; 삼하 6:2, 3, 4, 6, 7, 12; 7:2; 15:24, 24, 25, 29; 대상 13:3, 5, 6, 7, 12, 14; 15:1, 2, 15, 24; 16:1, 6; 대하 1:4; 계 11:19

하나님의 영 – 창 1:2; 41:38; 출 31:3; 35:31; 민

24:2; 삼상 10:10; 11:6; 19:20, 23; 대하 15:1; 24:20; 욥 33:4; 겔 11:24; 롬 8:9, 14; 고전 2:11; 7:40; 12:3; 고후 3:3; 벧전 4:14; 요일 4:2

하나님의 영광 – 시 19:1; 겔 8:4; 9:3; 10:19; 11:22; 43:2; 요 11:4, 40; 12:43; 행 7:55; 롬 1:23; 3:23; 5:2; 고전 10:31; 고후 4:6; 빌 1:11; 딤전 1:11; 히 1:3; 계 15:8; 21:11, 23

하나님의 율법 – 스 7:12, 14, 25; 느 10:28, 29; 단 6:5; 호 4:6

하나님의 은혜 – 눅 2:40; 행 11:23; 13:43; 14:26; 20:24; 롬 3:24; 5:15; 고전 1:4; 3:10; 15:10; 고후 1:12; 6:1; 갈 2:21; 엡 3:7; 골 1:6; 딛 2:11; 히 2:9; 12:15; 유 1:4

하나님의 음성 – 신 4:33; 5:26; 욥 37:2; 겔 43:2

하나님의 음식 – 레 21:6, 8, 17, 22; 레 22:25

하나님의 의 – 롬 1:17; 3:5, 22; 10:3; 고후 5:21; 약 1:20

하나님의 이름 – 레 18:21; 19:12; 21:6; 삼상 17:45; 30:15; 스 5:1; 시 20:1, 5, 7; 44:8, 20; 69:30; 잠 30:9; 단 2:20; 롬 2:24; 딤전 6:1; 계 3:12; 16:9

하나님의 인자하심 – 시 52:1, 8; 롬 2:4; 11:22

하나님의 일 – 마 16:23; 막 8:33; 요 6:28, 29; 롬 15:17; 고전 2:11; 히 2:17

하나님의 자녀 – 신 32:5; 눅 20:36; 요 1:12; 11:52; 롬 8:16, 21; 9:8; 요일 3:1, 2, 10; 5:2

하나님의 종 – 창 50:17; 대상 6:49; 대하 24:9; 스 5:11; 느 10:29; 단 3:26; 6:20; 9:11; 행 16:17; 딛 1:1; 벧전 2:16; 계 7:3; 15:3; 19:5

하나님의 지혜 – 왕상 3:28; 스 7:25; 눅 11:49; 롬 11:33; 고전 1:21, 24; 2:7

하나님의 진노 – 스 10:14; 욥 20:28; 요 3:36; 롬 1:18; 12:19; 엡 5:6; 골 3:6; 계 14:10, 19; 15:1, 7; 16:1

하나님의 집 – 창 28:17, 22; 수 9:23; 삿 18:31; 대상 6:48; 시 42:4; 52:8; 55:14; 122:9; 전 5:1; 고전 3:9; 딤전 3:15; 히 3:6; 10:21; 벧전 4:17

하나님의 형상 – 창 1:27; 고전 11:7; 고후 4:4; 골 1:15; 약 3:9

하늘에 계신 하나님 – 스 5:12; 애 3:41; 단 2:18, 19, 28

하늘의 하나님 – 창 24:3, 7; 스 1:2; 6:9, 10; 7:12, 21, 23; 느 1:4, 5; 2:4, 20; 시 136:26; 단 2:37, 44; 욘 1:9; 계 11:13; 16:11

【 하나님 】

하나님 - 기타 본문

모세오경 창 1:3, 4, 5, 6, 7, 8, 9, 10, 11, 12, 14, 16, 17, 18, 20, 21, 22, 24, 25, 26, 28, 29, 31; 2:2, 3; 3:1, 5, 10, 12; 4:25; 5:1, 2, 22, 24; 6:9, 11, 13, 22; 7:9, 16; 8:1, 15; 9:6, 8, 12, 16, 17, 26, 27; 16:13; 17:1, 3, 7, 8, 9, 15, 18, 19, 22, 23; 19:29; 20:6, 11, 13, 17; 21:2, 4, 6, 12, 17, 19, 20, 22, 23; 22:1, 3, 8, 9, 12; 23:6; 24:3; 25:11; 27:28; 28:4, 13, 20, 21, 22; 30:2, 17, 18, 20, 22, 23; 31:7, 9, 13, 16, 24, 42, 50, 53; 32:9, 28, 30; 33:5, 10; 35:1, 3, 5, 7, 9, 10, 11, 13, 14, 15; 39:9; 40:8; 41:16, 25, 28, 32, 39, 51, 52; 42:18, 28; 43:23, 29; 44:16; 45:5, 8, 9; 46:1, 2, 3; 47:31; 48:9, 11, 15, 20, 21; 50:19, 20, 24; 출 1:17, 20, 21; 2:24, 25; 3:4, 5, 6, 11, 12, 13, 14, 15, 18; 4:16, 20; 5:3, 8; 6:2, 3, 7; 8:10, 19, 25, 26, 27, 28; 9:1, 13; 10:3, 7, 8, 16, 17, 25, 26; 13:17, 18, 19; 15:2, 26; 16:12; 18:1, 12, 15, 16, 19, 21, 23; 19:3, 17; 20:1, 2, 7, 10, 12, 19, 20, 21; 21:13; 23:19, 25; 24:11; 29:45, 46; 31:18; 32:11, 16; 34:14, 24, 26; 레 4:22; 11:44; 18:2, 4, 30; 19:2, 3, 4, 10, 14, 25, 31, 32, 34, 36; 20:7, 24; 21:6, 12, 21; 22:33; 23:14, 22, 28, 40, 43; 24:15, 22; 25:36, 38, 43, 55; 26:1, 13, 44, 45; 민 6:7; 10:10; 12:13; 15:40, 41; 16:10; 21:5; 22:9, 10, 12, 20, 22, 38; 23:4, 8, 21, 22, 23, 27; 24:8, 23; 25:13; 27:16; 신 1:10, 17, 19, 20, 21, 25, 26, 30, 31, 32, 41; 2:7, 29, 30, 33, 36, 37; 3:3, 18, 20, 21, 22; 4:2, 3, 4, 5, 7, 10, 19, 21, 23, 25, 29, 30, 32, 34, 35, 39, 40; 5:2, 6, 11, 12, 14, 16, 24, 25, 27, 32, 33; 6:1, 2, 4, 5, 10, 13, 16, 17, 20, 24, 25; 7:1, 2, 6, 9, 12, 16, 18, 19, 20, 22, 23, 25; 8:2, 5, 6, 7, 10, 11, 14, 18, 19, 20; 9:3, 4, 5, 6, 7, 10, 16, 23; 10:9, 12, 14, 17, 20, 21, 22; 11:1, 12, 13, 22, 25, 27, 28, 29, 31; 12:4, 5, 7, 9, 10, 11, 12, 15, 18, 20, 21, 27, 28, 29, 31; 13:3, 5, 10, 12, 16, 18; 14:1, 2, 21, 23, 25, 26, 29; 15:4-5, 6, 7, 10, 14, 15, 18, 19, 20, 21; 16:1, 5, 6, 7, 8, 10, 11, 15, 16, 17, 18, 20, 21, 22; 17:1, 2, 8, 12, 14, 15, 19; 18:5, 9, 12, 13, 14, 15, 16; 19:1, 2, 3, 8, 9, 10, 14, 17; 20:1, 4, 13, 14, 16, 17, 18; 21:1, 5, 10, 23; 22:5; 23:5, 18, 20, 21, 23; 24:4, 9, 13, 18, 19; 25:15, 16, 18, 19; 26:1, 2, 3, 4, 5, 10, 11, 13, 14, 16, 17; 27:2, 3, 5, 6, 7, 9, 10; 28:1, 2, 8, 9,

13, 15, 45, 47, 52, 53, 58, 62; 29:6, 11, 12, 13, 15, 18, 29; 30:1, 2, 3, 4, 5, 7, 9-10, 16, 20; 31:3, 6, 11, 12, 13, 17, 26; 32:3, 4, 15, 17, 18, 21; 33:26 **역사서** 수 1:9, 11, 13, 15, 17; 2:11; 3:3; 4:5, 23, 24; 8:7; 9:9, 24; 10:19; 14:8, 9; 22:3, 4, 5, 19, 22, 29, 33; 23:3, 5, 8, 10, 11, 13, 14, 15, 16; 24:1, 17, 18, 24, 27; 삿 1:7; 4:23; 6:10, 26, 36, 39, 40; 7:14; 8:3, 34; 9:7, 9, 13, 23, 56, 57; 11:24; 13:5, 7, 9, 22; 15:19; 16:17, 28; 18:5, 10; 20:18; 21:2; 삼상 2:3, 25; 3:3, 17; 6:20; 9:9; 10:3, 7, 19, 26; 12:9, 12, 14, 19; 13:13; 14:36, 37, 44; 15:15, 21, 30; 17:46; 22:3, 13, 15; 23:7, 14; 25:22, 29; 26:8; 28:15; 30:6; 삼하 2:27; 3:35; 7:23, 24; 9:3; 12:16; 14:11, 14, 17; 15:32; 16:23; 18:28; 19:13; 21:14; 22:3, 7, 22, 30, 32, 33, 48; 23:3, 5; 24:3, 23, 24; 왕상 1:17, 36, 47; 2:3, 23; 3:5, 7, 11; 4:29; 5:3, 4, 5; 8:27, 57, 59, 60, 61, 65; 9:9; 10:9; 11:4, 23; 13:6, 21; 15:3; 17:12, 20, 21; 18:10, 21, 24, 36, 39; 21:13; 왕하 1:3, 12, 16; 2:14; 4:9; 5:7, 11; 17:7, 9, 14, 16, 19, 39; 18:22; 19:4, 10, 15, 19; 23:21; 대상 4:10; 5:22, 25; 11:19; 12:18; 13:2, 10, 12; 14:10, 11, 14; 15:13, 26; 16:14, 42; 17:2, 17, 20, 21, 22, 24, 25; 19:13; 21:7, 8, 15, 17, 30; 22:7, 11, 18, 19; 25:5; 26:32; 28:3, 4, 8, 20; 29:1, 13, 16, 20; 대하 1:1, 7, 8, 11; 2:4, 5, 6; 6:19, 40; 7:22; 9:8, 23; 10:15; 13:11, 12, 15, 16; 14:2, 7, 11; 15:6, 9; 16:7; 18:13, 31; 19:3, 7; 20:6, 7, 12, 15, 20, 29, 30; 21:12; 22:7; 24:20; 25:8, 16, 20; 26:7, 16, 18; 27:6; 28:5, 10; 29:6, 36; 30:8, 9, 19; 31:6, 20, 21; 32:8, 11, 14, 15, 29, 31; 33:7, 12, 13, 17, 18; 34:3, 8, 32, 33; 35:3, 21; 36:5, 12, 13, 17, 23; 스 1:3; 4:2; 5:2, 13, 17; 6:7, 12, 18; 7:6, 28; 8:18, 21; 9:5, 6, 8, 9, 10, 13; 10:2; 느 1:5; 2:12, 18; 4:4, 15, 20; 5:9, 13, 19; 6:12, 14, 16; 7:2, 5; 8:8, 9, 18; 9:3, 4, 5, 7, 18, 31, 32; 10:34; 12:43, 45; 13:1, 2, 14, 18, 22, 25, 26, 27, 29 **시가서** 욥 1:5, 8, 9, 22; 2:3, 9, 10; 3:4, 23; 4:9, 17; 5:8, 9, 12, 15, 17; 6:4, 8, 9; 8:3, 5, 13, 20; 9:2, 3, 13, 22, 32; 10:2; 11:5, 6, 10, 11; 12:4, 6, 13; 13:3, 7, 8, 9; 15:4, 8, 13, 15, 25, 26, 30; 16:11, 20, 21; 18:21; 19:6, 22, 26; 20:15, 23, 29; 21:14, 17, 19, 22; 22:2, 4, 12, 13, 17, 18, 22, 26, 29; 23:3, 16; 24:12, 22, 23; 25:2,

【 하나님 】

4; 26:6; 27:2, 3, 8, 9, 10, 13, 22; 28:23; 29:2, 4; 30:11, 19; 31:2, 14, 23, 28; 32:2, 13; 33:6, 10, 12, 13, 14, 24, 26, 28, 29; 34:5, 9, 10, 12, 23, 31, 33, 37; 35:2, 6, 7, 10, 14; 36:2, 5, 13, 15, 16, 22, 24, 26; 37:5, 14, 15, 22; 38:41; 39:17; 40:2, 9, 19; 시 3:2, 7; 4:1; 5:2, 10; 7:1, 3, 9, 10; 8:5; 9:17; 10:4, 11, 12, 13; 13:3; 14:1, 2, 5; 17:6; 18:2, 6, 21, 28, 29, 31, 47; 19:4; 22:1, 2, 10; 25:22; 30:2, 12; 31:14; 33:12; 35:23, 24; 36:1, 7; 37:31; 38:21; 40:3, 5, 17; 42:2, 3, 5, 6, 8, 10, 11; 43:1, 2, 4, 5; 44:1, 4, 8, 21; 45:2, 6, 7; 46:5, 10; 47:1, 5, 6, 7, 8, 9; 48:3, 8, 9, 14; 49:7, 15; 50:2, 3, 4, 6, 7, 14, 16, 22; 51:1, 10, 14, 17; 52:5, 7; 53:1, 2, 4, 5, 6; 54:2, 3; 55:1, 16, 19, 23; 56:1, 4, 7, 9, 10, 11, 13; 57:1, 2, 3, 5, 7, 11; 58:6, 11; 59:1, 9, 10, 13, 17; 60:1, 6, 10; 61:1, 7; 62:5, 7, 8, 11; 63:1, 11; 64:1, 7; 65:1, 9; 66:1, 3, 5, 6, 8, 16, 19, 20; 67:1, 3, 5, 6, 7; 68:1, 2, 3, 4, 5, 6, 7, 8, 9, 10, 16, 17, 19, 20, 21, 24, 26, 28, 31, 32, 34, 35; 69:1, 3, 5, 13, 29, 30, 32, 35; 70:1, 4, 5; 71:4, 11, 12, 17, 18, 19, 22; 73:1, 11, 17, 26, 28; 74:1, 8, 10, 12, 22; 75:1, 7, 8; 76:1, 9; 77:1, 3, 9, 13, 14, 16; 78:7, 8, 10, 12, 17, 18, 19, 22, 29, 31, 33, 34, 35, 38, 41, 43, 56, 59; 79:1, 10; 80:3, 10; 81:1, 5, 10; 82:1, 8; 83:1, 13; 84:2, 3, 7, 9; 85:8; 86:10, 12, 14, 15; 89:7; 90:2, 17; 91:2, 14; 92:13; 94:1, 22, 23; 95:3, 7; 99:5, 8, 9; 100:3; 102:24; 104:1, 21; 105:7; 106:14, 21, 47; 108:1, 5, 7, 11, 13; 109:1, 26; 115:2, 3; 116:5; 118:27, 28; 123:2; 136:2; 139:17, 19; 140:6; 143:10; 144:9, 15; 146:2, 5, 10; 147:7, 12; 149:6; 150:1; 잠 2:5, 17; 3:4; 25:2; 30:5, 9; 전 2:26; 3:11, 14, 15, 17, 18; 5:2, 4, 6, 7, 18, 19, 20; 6:2; 7:13, 14, 18, 26; 8:2, 12, 13, 15, 17; 9:7, 9; 11:9; 12:7, 13 선지서 사 1:10; 7:11, 13; 8:10, 19, 21; 10:21; 12:2; 13:19; 25:1, 9; 26:13; 28:26; 35:2, 4; 37:4, 10, 16, 17, 20; 38:5; 40:1, 9, 18, 24, 27, 28; 41:10, 13; 42:5; 43:3, 12; 45:14, 15, 22; 46:9; 48:17; 49:4; 50:10; 51:15, 20, 22; 52:7; 54:5, 6; 55:5, 7; 58:2; 59:2, 13; 60:9, 19; 61:6, 10; 62:5; 66:9; 렘 2:19; 3:13, 21, 22, 23, 25; 5:5, 19, 24; 7:23, 28; 8:14; 11:4; 13:16; 14:22; 23:23; 24:7; 26:13, 16; 30:9, 22; 31:6, 18, 33; 32:18,

【 하나님 】

27, 38; 34:8; 40:2; 42:2, 3, 4, 5, 6, 13, 20, 21; 43:1, 2; 50:4, 40; 51:5, 56; 겔 8:3; 10:6; 11:20; 14:11; 20:5, 7, 19, 20; 28:2, 9, 13, 14, 26; 31:9; 34:24, 30, 31; 36:28; 37:23, 27; 39:22, 28; 45:4; 단 1:9; 2:45, 47; 3:17, 28, 29; 4:26; 5:23, 26; 6:10, 11, 20, 22, 26; 9:4, 10, 13, 14, 17, 18, 19, 20; 10:12; 호 1:9; 2:23; 3:5; 4:12; 5:4; 7:10; 8:2; 9:1, 8, 17; 10:2; 11:9; 12:3, 4, 6, 9; 13:4, 16; 14:1; 욜 1:13, 14; 2:14, 17, 23, 27; 3:17; 암 4:11; 9:15; 욘 2:1, 6; 3:3, 8, 9, 10; 4:2, 7, 8, 9; 미 3:7; 4:5; 6:6; 7:7, 10, 17; 합 1:12; 습 2:7; 슥 6:15; 8:23; 9:7, 16; 10:6; 11:4; 12:5, 8; 13:9; 말 2:10, 17; 3:8, 14, 15, 18 복음서 마 3:9; 4:4, 7; 5:8, 34, 35, 45; 6:8, 30; 9:8; 15:4, 5; 19:26; 22:21, 31, 32, 37; 27:43, 46; 막 1:24; 2:7; 10:9, 18, 27; 11:22; 12:26, 27, 29, 30, 32, 33; 15:34; 눅 1:8, 16, 19, 26, 30, 37, 47, 64, 78; 2:13, 14, 20, 28, 38, 52; 3:8, 38; 4:8, 10, 12, 34; 5:21, 25, 26; 7:16, 29; 8:39; 9:20; 10:27; 11:42; 12:6, 20, 21, 24, 28; 13:13; 16:15; 17:15, 18; 18:2, 4, 7, 11, 19, 27, 43; 19:37; 20:25, 38; 23:35, 40, 47; 24:19; 요 1:1, 6, 13, 18, 29, 36; 3:2, 17, 18, 21, 33, 34; 4:24; 5:18, 42, 44; 6:27, 29, 45, 46, 69; 7:17; 8:40, 41, 42, 47, 54; 9:3, 16, 24, 29, 33; 10:33; 11:22; 13:3, 31, 32; 16:2, 27, 30; 20:17; 21:19 역사서 행 2:17, 22, 23, 24, 30, 32, 33, 36, 39, 47; 3:8, 9, 15, 18, 21, 25, 26; 4:10, 19, 21, 24, 27; 5:4, 29, 32, 39; 6:11; 7:2, 4, 6, 9, 20, 25, 35, 37, 42, 45, 46, 55, 56; 8:21; 10:2, 15, 22, 28, 31, 33, 34, 35, 38, 40, 42, 46; 11:9, 17, 18; 12:5, 23; 13:17, 21, 23, 26, 30, 33, 34, 37; 14:16, 27; 15:4, 7, 10, 12, 14, 19; 16:10, 14, 25, 34; 17:27, 29, 30; 18:7, 13; 19:11; 20:21; 21:19, 20; 22:3; 23:1, 3, 4; 24:16; 26:6, 7, 8, 18, 20, 22, 29; 27:24, 25, 35; 28:15 서신서 롬 1:2, 7, 8, 9, 19, 21, 24, 25, 26, 28, 30, 32; 2:2, 3, 5, 11, 13, 16, 17, 23, 29; 3:3, 4, 5, 6, 7, 11, 18, 19, 21, 25, 29, 30; 4:2, 3, 6, 20; 5:1, 10, 11; 6:10, 11, 13, 17, 22, 23; 7:4, 22, 25; 8:3, 7, 8, 28, 29, 31, 33, 34; 9:5, 14, 16, 18, 19, 20, 22; 10:2, 9; 11:1, 2, 8, 21, 23, 29, 30, 32; 12:1, 2, 3; 13:1, 2, 6; 14:3, 6, 11, 12, 18, 20, 22; 15:5, 6, 7, 8, 9, 13, 15, 30; 16:26, 27; 고전 1:3, 4, 9, 20, 21, 25, 28, 29, 30; 2:1, 7, 9, 10, 12; 3:6, 7,

2462

【 하나멜 】　　　　　　　　　　　　　　　【 하눈 】

9, 17, 19, 23; 4:1, 9; 5:13; 6:13, 14, 19, 20; 7:15, 17, 24; 8:3, 4, 6, 8; 9:9, 21; 10:5, 13, 20; 11:3, 12, 13, 16; 12:6, 18, 28; 14:2, 18, 25, 28, 33; 15:15, 24, 34, 38, 57; 고후 1:2, 3, 9, 12, 18, 20, 21; 2:14, 15, 17; 3:4, 5; 4:2, 6, 7, 15; 5:1, 5, 11, 13, 18, 20, 21; 6:1, 4, 16; 7:1, 12; 8:1, 16; 9:7, 11, 12, 13, 14, 15; 10:5, 13; 11:2, 31; 12:2, 3, 19; 13:7; 갈 1:10, 20, 24; 2:6, 19; 3:6, 8, 11, 17, 20, 21; 4:6, 7, 8, 9, 14; 6:7, 16; 엡 1:2, 3, 17; 2:10, 12, 16, 19, 22; 3:2, 9, 10, 12, 19; 4:6, 18, 24; 5:1, 2, 20; 6:11, 23; 빌 1:2, 8, 14, 28; 2:6, 13, 15, 27; 3:9, 15; 4:6, 7, 18, 19, 20; 골 1:2, 3, 10, 25, 27; 2:12, 13, 19; 3:1, 3, 12, 16; 4:12; 살전 1:2, 9; 2:4, 5, 10, 12, 13, 15; 3:2, 9, 11; 4:1, 5, 7, 8, 9, 14; 5:9; 살후 1:1, 3, 4, 5, 7, 8, 12; 2:4, 13, 16; 딤전 1:17; 2:5, 10; 4:3; 5:4, 5, 21; 6:13, 15, 17; 딤후 1:3, 6, 7, 9; 2:14, 15, 19, 26; 3:4, 16; 4:1; 딛 1:7, 16; 2:13; 몬 1:3; 히 1:1, 5, 8, 9; 2:4, 13, 17; 3:4, 5, 17, 18; 4:4, 10; 5:1, 4, 10; 6:1, 3, 7, 10, 13, 17; 7:19, 25; 8:10; 9:14, 24; 10:5, 7, 12, 22; 11:4, 5, 6, 10, 16, 19; 12:2, 10, 23, 28, 29; 13:4, 15, 16; 약 1:1, 5, 13; 2:19, 23; 4:4, 5, 7, 8; 벧전 1:3, 21; 2:4, 5, 12, 19, 20; 3:4, 5, 18, 20, 21, 22; 4:6, 10, 11, 16; 5:2, 5, 10, 12; 벧후 1:1, 2, 21; 2:4; 요일 1:6, 10; 3:9, 10, 20, 21; 4:1, 2, 3, 6, 7, 8, 9, 10, 11, 12, 15, 16, 20, 21; 5:1, 2, 4, 9, 10, 11, 18, 19, 20; 요이 1:9; 요삼 1:6, 11; 유 1:25 예언서 계 1:1, 6; 3:1, 2, 12, 14; 4:5; 5:6, 9, 10; 7:10, 11, 12, 15, 17; 8:2, 4; 9:4; 10:7; 11:11, 16; 12:5, 6, 10; 13:6; 14:4, 7; 15:2; 16:14, 19, 21; 17:3, 17; 18:20; 19:1, 4, 6, 9, 10, 15, 17; 20:6; 21:3, 7, 10; 22:1, 6, 9, 18, 19

하나멜(Hanamel) 살룸의 아들
렘 32:7　보라 네 숙부 살룸의 아들 **하나멜**이
렘 32:8　나의 숙부의 아들 **하나멜**이 시위대 뜰
렘 32:9　내 숙부의 아들 **하나멜**의 아나돗에 있는
렘 32:12　나의 숙부의 아들 **하나멜**과 매매 증서

하나하나(one by one)
사 27:12　과실을 떠는 것같이 너희를 **하나하나**
겔 24:6　뽑을 것도 없이 그 덩이를 **하나하나**

하난(Hanan)
　　1. 베냐민 사람 사삭의 아들
대상 8:23　압돈과 시그리와 **하난**과
　　2. 베냐민 지파 요나단의 자손으로 아셀의 아들
대상 8:38　이스마엘과 스아랴와 오바댜와 **하난**
대상 9:44　이스마엘과 스아랴와 오바댜와 **하난**
　　3. 다윗의 큰 용사 가운데 한 사람
대상 11:43　마아가의 아들 **하난**과 미덴 사람 요사밧
　　4. 익다랴의 아들
렘 35:4　하나님의 사람 **하난**의 아들들의 방에
　　5. 바벨론 포로에서 귀환한 성전 수종자
스 2:46　하갑 자손과 사믈래 자손과 **하난** 자손
　　6. 율법을 해석하고 갱신된 언약에 인친 레위인
느 8:7　아사랴와 요사밧과 **하난**과 블라야와

📖 **하난 6 – 기타 본문**
느 10:10, 22, 26; 13:13

하네스(Hanes) 애굽과 동맹을 위해 만난 곳
사 30:4　소안에 있고 그 사신들이 **하네스**에 이르

하녀(下女, servant girl)
룻 2:13　나는 당신의 **하녀** 중의 … 이 **하녀**를
룻 3:2　네가 함께 하던 **하녀**들을 둔 보아스는

하녹(Hanoch)
　　1. 그두라의 손자로 미디안의 아들
창 25:4　에벨과 **하녹**과 아비다와 엘다아이니
대상 1:33　미디안의 자손은 에바와 에벨과 **하녹**
　　2. 야곱의 손자이며 르우벤의 아들
창 46:9　르우벤의 아들 **하녹**과 발루와 헤스론
출 6:14　르우벤의 아들은 **하녹**과 발루와 헤스론
민 26:5　르우벤 자손은 **하녹**에게서 난 **하녹** 종족
대상 5:3　르우벤의 아들들은 **하녹**과 발루와

하눈(Hanun)
　　1. 암몬 자손의 왕이며 나하스의 아들
삼하 10:1　그의 아들 **하눈**이 대신하여 왕이 되니
대상 19:2　**하눈**의 아버지 나하스가 … 그의 아들 **하눈**에게 호의를 베풀리라 … **하눈**에게

📖 **하눈 1 – 기타 본문**
삼하 10:2, 3, 4; 대상 19:3, 4, 6

【 하늘 】　　　　　　　　　　　　　　　　　　　　【 하늘 】

　　2. 예루살렘 성벽 재건을 도왔던 사람
느 3:13　　골짜기 문은 **하눈**과 사노아 주민이
　　3. 성벽 중수에 참가했던 사람
느 3:30　　살랍의 여섯째 아들 **하눈**이 한 부분을

하늘(heaven, sky)
모세오경
창 1:8　　　하나님이 궁창을 **하늘**이라 부르시니라
창 1:26　　**하늘**의 새와 가축과 온 땅과 땅에 기는
창 2:4　　　여호와 하나님이 땅과 **하늘**을 만드시던
창 7:11　　샘들이 터지며 **하늘**의 창문들이 열려
창 8:2　　　**하늘**의 창문이 닫히고 **하늘**에서 비가
창 11:4　　그 탑 꼭대기를 **하늘**에 닿게 하여 우리
창 15:5　　**하늘**을 우러러 뭇별을 셀 수 있나 보라
창 19:24　여호와께서 **하늘** 곧 여호와께로부터
창 21:17　하나님의 사자가 **하늘**에서부터 하갈을
창 22:11　여호와의 사자가 **하늘**에서부터 그를
창 28:12　그 꼭대기가 **하늘**에 닿았고 또 본즉
창 49:25　위로 **하늘**의 복과 아래로 깊은 샘의
출 9:8　　　모세가 바로의 목전에서 **하늘**을 향하여
출 9:10　　바로 앞에 서서 모세가 **하늘**을 향하여
출 10:21　**하늘**을 향하여 네 손을 내밀어 애굽 땅
출 16:4　　너희를 위하여 **하늘**에서 양식을 비같이
출 24:10　청옥을 편 듯하고 **하늘**같이 청명하더라
레 26:19　너희의 **하늘**을 철과 같게 하며 너희
신 1:28　　성읍들은 크고 성곽은 **하늘**에 닿았으며
신 4:17　　**하늘**을 나는 날개 가진 어떤 새의 형상
신 4:36　　너를 교훈하시려고 **하늘**에서부터 그의
신 9:1　　　그 성읍은 크고 성벽은 **하늘**에 닿았으
신 10:14　**하늘**과 모든 **하늘**의 **하늘**과 땅과 그
신 11:11　**하늘**에서 내리는 비를 흡수하는 땅이
신 11:21　**하늘**이 땅을 덮는 날과 같으리라
신 26:15　주의 거룩한 처소 **하늘**에서 보시고 주의
신 28:12　**하늘**의 아름다운 보고를 여시사 네 땅에
신 30:4　　네 쫓겨간 자들이 **하늘** 가에 있을지라도
신 32:1　　**하늘**이여 귀를 기울이라 내가 말하리라
신 33:13　**하늘**의 보물인 이슬과 땅 아래에 저장된
역사서
수 2:11　　위로는 **하늘**에서도 아래로는 땅에서도
수 8:20　　그 성읍에 연기가 **하늘**에 닿은 것이
수 10:11　여호와께서 **하늘**에서 큰 우박 덩이를
삿 5:4　　　땅이 진동하고 **하늘**이 물을 내리고 구름
삿 13:20　불꽃이 제단에서부터 **하늘**로 올라가

삿 20:40　돌아보매 온 성읍에 연기가 **하늘**에 닿았
삼상 2:10　**하늘**에서 우레로 그들을 치시리로다
삼상 5:12　성읍의 부르짖음이 **하늘**에 사무쳤더라
삼하 21:10 **하늘**에서 비가 시체에 쏟아지기까지
삼하 22:8　**하늘**의 기초가 요동하고 흔들렸으니
왕상 8:22　온 회중과 마주서서 **하늘**을 향하여 손을
왕상 8:23　위로 **하늘**과 아래로 땅에 주와 같은
왕상 8:35　범죄함으로 말미암아 **하늘**이 닫히고
왕상 18:45 **하늘**이 캄캄해지며 큰 비가 내리는지라
왕상 22:19 **하늘**의 만군이 그의 좌우편에 모시고
왕하 1:10　**하늘**에서 내려와 너와 너의 오십 명을
왕하 2:1　　회오리바람으로 엘리야를 **하늘**로 올리
왕하 7:2　　여호와께서 **하늘**에 창을 내신들 어찌
왕하 23:5　**하늘**의 모든 별에게 분향하는 자들을
대상 16:26 여호와께서는 **하늘**을 지으셨도다
대상 21:16 예루살렘 **하늘**을 향하여 편지라 다윗
대하 6:13　무릎을 꿇고 **하늘**을 향하여 손을 펴고
대하 6:26　범죄함으로 말미암아 **하늘**이 닫히고
대하 7:1　　기도를 마치매 불이 **하늘**에서부터 내려
대하 18:18 **하늘**의 만군이 그의 좌우편에 모시고
대하 20:6　주는 **하늘**에서 하나님이 아니시니이까
대하 30:27 그 소리가 **하늘**에 들리고 그 기도가
　　　　　　여호와의 거룩한 처소 **하늘**에 이르렀
대하 32:20 **하늘**을 향하여 부르짖어 기도하였더니
대하 33:3　**하늘**의 모든 일월성신을 경배하여 섬기
대하 36:23 **하늘**의 신 여호와께서 세상 만국을
스 5:12　　조상들이 **하늘**에 계신 하나님을 노엽게
스 9:6　　　우리 허물이 커서 **하늘**에 미침이니이다
느 1:9　　　너희 쫓긴 자가 **하늘** 끝에 있을지라도
느 9:13　　**하늘**에서부터 그들과 말씀하사 정직한
시가서
욥 1:16　　하나님의 불이 **하늘**에서 떨어져서 양과
욥 2:12　　**하늘**을 향하여 티끌을 날려 자기 머리에
욥 9:8　　　그가 홀로 **하늘**을 펴시며 바다 물결을
욥 11:8　　**하늘**보다 높으시니 네가 무엇을 하겠
욥 14:12　**하늘**이 없어지기까지 눈을 뜨지 못하며
욥 15:15　**하늘**이라도 그가 보시기에 부정하거든
욥 16:19　지금 나의 증인이 **하늘**에 계시고 나의
욥 20:6　　그 존귀함이 **하늘**에 닿고 그 머리가
욥 22:12　하나님은 높은 **하늘**에 계시지 아니하냐
욥 22:14　둥근 **하늘**을 거니실 뿐이라 하는구나
욥 26:11　그가 꾸짖으신즉 **하늘** 기둥이 흔들리며
욥 35:5　　그대는 **하늘**을 우러러보라 그대보다

2464

【 하늘 】　　　　　　　　　　　　　　　　　　　　　　　　　【 하늘 】

욥 37:21	바람이 불어 **하늘**이 말끔하게 되었을	잠 23:5	**하늘**을 나는 독수리처럼 날아가리라
욥 38:33	**하늘**의 궤도를 아느냐 **하늘**로 하여금	잠 25:3	**하늘**의 높음과 땅의 깊음같이 왕의 마음
시 2:4	**하늘**에 계신 이가 웃으심이여 주께서	잠 30:4	**하늘**에 올라갔다가 내려온 자가 누구
시 8:1	아름다운지요 주의 영광이 **하늘**을 덮었	전 1:13	**하늘** 아래에서 행하는 모든 일을 연구
시 11:4	여호와의 보좌는 **하늘**에 있음이여 그의	전 5:2	하나님은 **하늘**에 계시고 너는 땅에 있음
시 14:2	여호와께서 **하늘**에서 인생을 굽어 살피	**선지서**	
시 18:9	그가 또 **하늘**을 드리우시고 강림하시니	사 1:2	**하늘**이여 들으라 땅이여 귀를 기울이라
시 19:1	**하늘**이 하나님의 영광을 선포하고 궁창	사 13:5	무리가 먼 나라에서, **하늘** 끝에서 왔음
시 19:4	하나님이 해를 위하여 **하늘**에 장막을	사 14:12	어찌 그리 **하늘**에서 떨어졌으며 너 열국
시 20:6	거룩한 **하늘**에서 그에게 응답하시리	사 34:4	**하늘**의 만상이 사라지고 **하늘**들이
시 33:6	여호와의 말씀으로 **하늘**이 지음이 되었	사 40:12	뼘으로 **하늘**을 쟀으며 땅의 티끌을 되에
시 36:5	여호와여 주의 인자하심이 **하늘**에 있고	사 42:5	**하늘**을 창조하여 펴시고 땅과 그 소산
시 50:4	판결하시려고 위 **하늘**과 아래 땅에 선포	사 44:23	**하늘**아 노래할지어다 땅의 깊은 곳들아
시 53:2	**하늘**에서 인생을 굽어 살피사 지각이	사 45:8	**하늘**이여 위로부터 공의를 뿌리며 구름
시 57:3	그가 **하늘**에서 보내사 나를 삼키려는	사 47:13	**하늘**을 살피는 자와 별을 보는 자와
시 57:5	하나님이여 주는 **하늘** 위에 높이 들리	사 48:13	내 오른손이 **하늘**을 폈나니 내가 그들을
시 68:4	**하늘**을 타고 광야에 행하시던 이를 위하	사 49:13	**하늘**이여 노래하라 땅이여 기뻐하라
시 73:9	그들의 입은 **하늘**에 두고 그들의 혀는	사 50:3	흑암으로 **하늘**을 입히며 굵은 베로 덮느
시 76:8	주께서 **하늘**에서 판결을 선포하시매	사 51:6	**하늘**로 눈을 들며…**하늘**이 연기같이
시 78:23	궁창을 명령하시며 **하늘** 문을 여시고	사 55:9	**하늘**이 땅보다 높음같이 내 길은 너희
시 80:14	**하늘**에서 굽어보시고 이 포도나무를	사 63:15	주여 **하늘**에서 굽어 살피시며 주의 거룩
시 85:11	진리는 땅에서 솟아나고 의는 **하늘**에서	사 64:1	주는 **하늘**을 가르고 강림하시고 주 앞
시 89:2	주의 성실하심을 **하늘**에서 견고히 하시	사 66:1	**하늘**은 나의 보좌요 땅은 나의 발판이니
시 89:5	주의 기이한 일을 **하늘**이 찬양할 것이요	렘 2:12	너 **하늘**아 이 일로 말미암아 놀랄지어다
시 96:5	여호와께서는 **하늘**을 지으셨음이로다	렘 4:23	혼돈하고 공허하며 **하늘**에는 빛이 없으
시 97:6	**하늘**이 그의 의를 선포하니 모든 백성이	렘 8:2	해와 달과 **하늘**의 뭇 별 아래에서 펼쳐
시 102:19	굽어보시며 **하늘**에서 땅을 살펴 보셨	렘 10:2	이방 사람들은 **하늘**의 징조를 두려워
시 103:11	**하늘**이 땅에서 높음같이 그를 경외하는	렘 10:11	땅 위에서, 이 **하늘** 아래에서 망하리라
시 104:2	빛을 입으시며 **하늘**을 휘장같이 치시며	렘 14:22	**하늘**이 능히 소나기를 내릴 수 있으리
시 105:40	**하늘**의 양식으로 그들을 만족하게 하셨	렘 19:13	그 집 위에서 **하늘**의 만상에 분향하고
시 107:26	그들이 **하늘**로 솟구쳤다가 깊은 곳으로	렘 31:37	위에 있는 **하늘**을 측량할 수 있으며
시 108:4	주의 인자하심이 **하늘**보다 높으시며	렘 33:22	**하늘**의 만상은 셀 수 없으며 바다의
시 113:4	그의 영광은 **하늘**보다 높으시도다	렘 49:36	**하늘**의 사방에서부터 사방 바람을 엘람
시 115:3	우리 하나님은 **하늘**에 계셔서 원하시는	렘 51:9	그 화가 **하늘**에 미쳤고 궁창에 달하였
시 119:89	주의 말씀은 영원히 **하늘**에 굳게 섰사	렘 51:15	세우셨고 그의 명철로 **하늘**들을 펴셨
시 123:1	**하늘**에 계시는 주여 내가 눈을 들어	애 2:1	이스라엘의 아름다움을 **하늘**에서 땅에
시 136:5	지혜로 **하늘**을 지으신 이에게 감사하라	애 3:41	마음과 손을 아울러 **하늘**에 계신 하나님
시 139:8	내가 **하늘**에 올라갈지라도 거기 계시며	애 4:19	우리를 뒤쫓는 자들이 **하늘**의 독수리
시 144:5	여호와여 주의 **하늘**을 드리우고 강림	겔 1:1	**하늘**이 열리며 하나님의 모습이 내게
시 147:8	구름으로 **하늘**을 덮으시며 땅을 위하여	겔 32:7	**하늘**을 가리어 별을 어둡게 하며 해를
시 148:1	할렐루야 **하늘**에서 여호와를 찬양하며	단 2:18	**하늘**에 계신 하나님이 이 은밀한 일에
잠 3:19	명철로 **하늘**을 견고히 세우셨고	단 4:11	그 높이는 **하늘**에 닿았으니 그 모양
잠 8:27	그가 **하늘**을 지으시며 궁창을 해면에	단 4:13	한 거룩한 자가 **하늘**에서 내려왔는데

2465

【 하늘 】 　　　　　　　　　　　　　　　【 하늘 】

단 4:20	그 높이는 **하늘**에 닿았으니 땅 끝에서	막 7:34	**하늘**을 우러러 탄식하시며 그에게 이르
단 4:22	견고하여지고 창대하사 **하늘**에 닿을	막 8:11	시험하여 **하늘**로부터 오는 표적을 구하
단 5:23	도리어 자신을 **하늘**의 주재보다 높이며	막 10:21	주라 그리하면 **하늘**에서 보화가 네게
단 6:27	**하늘**에서든지 땅에서든지 이적과 기사	막 11:30	요한의 세례가 **하늘**로부터냐 사람으로
단 7:2	**하늘**의 네 바람이 큰 바다로 몰려 불더	막 12:25	**하늘**에 있는 천사들과 같으니라
단 8:8	현저한 뿔 넷이 **하늘** 사방을 향하여	막 13:25	별들이 **하늘**에서 떨어지며 **하늘**에 있는
단 8:10	그것이 **하늘** 군대에 미칠 만큼 커져서	막 14:62	**하늘** 구름을 타고 오는 것을 너희가
단 12:7	**하늘**을 향하여 영원히 살아 계시는 이를	막 16:19	**하늘**로 올려지사 하나님 우편에 앉으시
호 2:21	나는 **하늘**에 응답하고 **하늘**은 땅에 응답	눅 2:15	천사들이 떠나 **하늘**로 올라가니 목자
욜 2:10	**하늘**이 떨며 해와 달이 캄캄하며 별	눅 3:21	세례를 받으시고 기도하실 때에 **하늘**이
암 9:2	**하늘**로 올라갈지라도 내가 거기에서	눅 4:25	엘리야 시대에 **하늘**이 삼 년 육 개월 간
암 9:6	그의 궁전을 **하늘**에 세우시며 그 궁창	눅 6:23	기뻐하고 뛰놀라 **하늘**에서 너희 상이
합 3:3	그의 영광이 **하늘**을 덮었고 그의 찬송	눅 9:16	**하늘**을 우러러 축사하시고 떼어 제자
습 1:5	지붕에서 **하늘**의 뭇 별에게 경배하는	눅 10:15	가버나움아 네가 **하늘**에까지 높아지
학 1:10	너희로 말미암아 **하늘**은 이슬을 그쳤고	눅 11:13	너희 **하늘** 아버지께서 구하는 자에게
슥 2:6	너희를 **하늘** 사방에 바람같이 흩어지게	눅 12:33	곧 **하늘**에 둔 바 다함이 없는 보물이니
슥 6:5	이는 **하늘**의 네 바람인데 온 세상의	눅 15:7	**하늘**에서는 회개할 것 없는 의인 아흔
슥 8:12	땅이 산물을 내며 **하늘**은 이슬을 내리	눅 17:24	번개가 **하늘** 아래 … **하늘** 아래 저쪽
슥 12:1	여호와 곧 **하늘**을 펴시며 땅의 터를	눅 18:13	눈을 들어 **하늘**을 쳐다보지도 못하고
말 3:10	내가 **하늘** 문을 열고 너희에게 복을	눅 19:38	**하늘**에는 평화요 가장 높은 곳에는 영광
복음서		눅 20:4	요한의 세례가 **하늘**로부터냐 사람으로
마 3:16	**하늘**이 열리고 하나님의 성령이 비둘기	눅 21:11	무서운 일과 **하늘**로부터 큰 징조들이
마 5:12	**하늘**에서 너희의 상이 큼이라 너희 전에	눅 22:43	천사가 **하늘**로부터 예수께 나타나 힘을
마 5:34	맹세하지 말지니 **하늘**로도 하지 말라	눅 24:51	축복하실 때에 그들을 떠나 [**하늘**로
마 6:9	**하늘**에 계신 우리 아버지여 이름이 거룩	요 1:32	성령이 비둘기같이 **하늘**로부터 내려
마 11:23	가버나움아 네가 **하늘**에까지 높아지겠	요 3:12	**하늘**의 일을 말하면 어떻게 믿겠느냐
마 14:19	**하늘**을 우러러 축사하시고 떡을 떼어	요 3:13	**하늘**에서 내려온 자 … **하늘**에 올라간
마 15:13	내 **하늘** 아버지께서 심으시지 않은 것은	요 6:31	**하늘**에서 그들에게 떡을 주어 먹게
마 16:1	**하늘**로부터 오는 표적 보이기를 청하니	요 6:32	모세가 너희에게 **하늘**로부터 떡을 준
마 16:2	저녁에 **하늘**이 붉으면 날이 좋겠다 하고	요 6:33	하나님의 떡은 **하늘**에서 내려 세상에
마 18:10	**하늘**에서 **하늘**에 계신 내 아버지의 얼굴	요 12:28	이에 **하늘**에서 소리가 나서 이르되
마 18:18	너희가 땅에서 매면 **하늘**에서도 매일 것이요 … 땅에서 풀면 **하늘**에서도 풀리	요 17:1	눈을 들어 **하늘**을 우러러 이르시되
마 19:21	주라 그리하면 **하늘**에서 보화가 네게	**역사서, 서신서**	
마 21:25	**하늘**로부터냐 … **하늘**로부터라 하면	행 1:10	제자들이 자세히 **하늘**을 쳐다보고 있
마 22:30	**하늘**에 있는 천사들과 같으니라	행 2:2	홀연히 **하늘**로부터 급하고 강한 바람
마 23:9	한 분이시니 곧 **하늘**에 계신 이시니라	행 3:21	**하늘**이 마땅히 그를 받아 두리라
마 24:29	별들이 **하늘**에서 떨어지며 **하늘**의 권능	행 7:42	그 **하늘**의 군대 섬기는 일에 버려 두셨
마 24:30	그 때에 인자의 징조가 **하늘**에서 보이	행 7:49	주께서 이르시되 **하늘**은 나의 보좌요
마 26:64	**하늘** 구름을 타고 오는 것을 너희가	행 9:3	**하늘**로부터 빛이 그를 둘러 비추는지라
마 28:2	주의 천사가 **하늘**로부터 내려와 돌을	행 10:11	**하늘**이 열리며 한 그릇이 내려오는 것
막 1:10	**하늘**이 갈라짐과 성령이 비둘기같이	행 11:5	**하늘**로부터 내리어 내 앞에까지 드리워
막 6:41	**하늘**을 우러러 축사하시고 떡을 떼어	행 14:17	여러분에게 **하늘**로부터 비를 내리시며

【 하늘 】   【 하늘 】

행 22:6	홀연히 **하늘**로부터 큰 빛이 나를 둘러	계 8:1	일곱째 인을 떼실 때에 **하늘**이 반 시간
행 26:13	**하늘**로부터 해보다 더 밝은 빛이 나와	계 9:1	**하늘**에서 땅에 떨어진 별 하나가 있는데
롬 1:18	불의에 대하여 **하늘**로부터 나타나나니	계 10:1	천사가 구름을 입고 **하늘**에서 내려오는
롬 10:6	네 마음에 누가 **하늘**에 올라가겠느냐	계 10:4	**하늘**에서 소리가 나서 말하기를 일곱
고전 8:5	비록 **하늘**에나 땅에나 신이라 불리는	계 11:6	그들이 권능을 가지고 **하늘**을 닫아 그
고전 15:40	**하늘**에 속한 형체도 있고 땅에 속한	계 11:12	**하늘**로부터 큰 음성이 있어 이리로 올라
	형체도 있으나 **하늘**에 속한 것의 영광		오라…구름을 타고 **하늘**로 올라가니
고후 5:1	**하늘**에 있는 영원한 집이 우리에게 있는	계 11:15	나팔을 불매 **하늘**에 큰 음성들이 나서
고후 5:2	**하늘**로부터 오는 우리 처소로 덧입기를	계 11:19	**하늘**에 있는 하나님의 성전이 열리니
고후 12:2	십사 년 전에 셋째 **하늘**에 이끌려 간	계 12:1	**하늘**에 큰 이적이 보이니 해를 옷 입은
갈 1:8	우리나 혹은 **하늘**로부터 온 천사라도	계 12:3	**하늘**에 또 다른 이적이 보이니 보라
엡 1:3	**하늘**에 속한 모든 신령한 복을 우리에게	계 12:7	**하늘**에 전쟁이 있으니 미가엘과 그의
엡 2:6	그리스도 예수 안에서 함께 **하늘**에 앉히		
엡 3:10	교회로 말미암아 **하늘**에 있는 통치자		
엡 4:10	모든 **하늘** 위에 오르신 자니 이는 만물		
엡 6:9	너희의 상전이 **하늘**에 계시고 그에게는		
빌 2:10	**하늘**에 있는 자들과 땅에 있는 자들과		
빌 3:20	그러나 우리의 시민권은 **하늘**에 있는		
골 1:5	너희를 위하여 **하늘**에 쌓아 둔 소망으로		
골 4:1	너희에게도 **하늘**에 상전이 계심을 알지		
살전 1:10	그의 아들이 **하늘**로부터 강림하실 것		
살전 4:16	**하늘**로부터 강림하시리니 그리스도		
살후 1:7	**하늘**로부터 불꽃 가운데에 나타나실		
히 1:10	땅의 기초를 두셨으며 **하늘**도 주의 손		
히 3:1	함께 **하늘**의 부르심을 받은 거룩한 형제		
히 6:4	한 번 빛을 받고 **하늘**의 은사를 맛보고		
히 7:26	죄인에게서 떠나 계시고 **하늘**보다 높이		
히 8:1	그는 **하늘**에서 지극히 크신 이의 보좌		
히 9:23	**하늘**에 있는 그것들은 이런 것들보다		
히 11:12	**하늘**의 허다한 별과 또 해변의 무수한		
히 12:22	하나님의 도성인 **하늘**의 예루살렘과		
히 12:23	**하늘**에 기록된 장자들의 모임과 교회		
약 5:12	**하늘**로나 땅으로나 아무 다른 것으로도		
약 5:18	다시 기도하니 **하늘**이 비를 주고 땅이		
벧전 1:4	곧 너희를 위하여 **하늘**에 간직하신 것		
벧전 3:22	**하늘**에 오르사 하나님 우편에 계시니		
벧후 1:18	**하늘**로부터 난 것을 들은 것이라		
벧후 3:5	**하늘**이 옛적부터 있는 것과 땅이 물로		

예언서

계 3:12	**하늘**에서 내 하나님께로부터 내려오는
계 4:1	**하늘**에 열린 문이 있는데 내가 들은 바
계 5:3	**하늘** 위에나 땅 위에나 땅 아래에 능히
계 6:14	**하늘**은 두루마리가 말리는 것같이 떠나

'하늘'과 관련된 성구

새 하늘과 새 땅 – 사 65:17; 66:22; 벧후 3:13; 계 21:1

하늘과 땅 – 창 2:4; 출 20:11; 신 10:14; 30:19; 31:28; 렘 51:48; 욜 2:30; 3:16; 학 2:6, 21; 마 28:18; 엡 3:14; 골 1:16; 벧후 3:7; 계 14:7

하늘과 하늘들의 하늘 – 왕상 8:27; 대하 2:6; 6:18; 느 9:6

하늘에 계신 내 아버지 – 마 7:21; 10:32, 33; 12:50; 16:17; 18:10, 19

하늘에 계신 너희 아버지 – 마 5:16, 45, 48; 6:1; 7:11; 18:14; 막 11:25

하늘에서 듣다 – 왕상 8:30, 32, 34, 36, 39, 43; 대하 6:21, 23, 25, 27, 30, 33; 7:14; 느 9:27, 28

하늘에 있는 것(들) – 출 20:4; 신 5:8; 30:12; 엡 1:10; 골 1:20; 히 8:5; 9:23; 11:16

하늘의 궁창 – 창 1:14, 15, 17, 20

하늘의 별 – 창 22:17; 26:4; 출 32:13; 신 1:10; 10:22; 28:62; 대상 27:23; 느 9:23; 사 13:10; 나 3:16; 계 6:13; 12:4

하늘의 여왕 – 렘 7:18, 44:17, 18, 19, 25

하늘(의) 이슬 – 창 27:28, 39; 단 4:15, 23, 25, 33; 5:21

하늘의 일월성신 – 왕하 17:16; 21:3, 5; 23:4; 대하 33:5

하늘의 하나님 – 창 24:3, 7; 스 1:2; 6:9, 10; 7:12, 21, 23; 느 1:4, 5; 2:4, 20; 시 136:26; 단 2:37, 44; 욘 1:9; 계 11:13; 16:11

【 하다 】   【 하다 】

계 13:6	그의 장막 곧 **하늘**에 사는 자들을 비방
계 13:13	사람들 앞에서 불이 **하늘**로부터 땅에
계 14:2	내가 **하늘**에서 나는 소리를 들으니 많은
계 15:1	**하늘**에 크고 이상한 다른 이적을 보매
계 15:5	내가 보니 **하늘**에 증거 장막의 성전이
계 16:21	큰 우박이 **하늘**로부터 사람들에게 내리
계 18:1	다른 천사가 **하늘**에서 내려오는 것을
계 18:4	내가 들으니 **하늘**로부터 다른 음성이
계 19:1	**하늘**에 허다한 무리의 큰 음성 같은
계 19:11	내가 **하늘**이 열린 것을 보니 보라 백마
계 20:1	그의 손에 가지고 **하늘**로부터 내려와
계 21:1	처음 **하늘**과 처음 땅이 없어졌고 바다도

하늘 – 기타 본문

창 1:28, 30; 22:15; 28:17; 출 9:22, 23; 10:22; 20:22; 신 4:19, 32, 39; 11:17; 28:23, 24; 32:40; 33:26, 28; 삿 5:20; 삼하 22:10, 14; 왕상 8:45, 49, 54; 왕하 1:12, 14; 2:11; 7:19; 대상 16:31; 21:26; 대하 6:35, 39; 7:13; 욥 20:27; 26:13; 35:11; 38:37; 시 8:3; 18:13; 19:6; 33:13; 50:6; 57:10, 11; 68:8, 33; 73:25; 78:24, 26; 89:11, 29; 96:11; 102:25; 103:19; 108:5; 115:16; 148:4, 13; 잠 8:28; 사 13:13; 14:13; 34:5; 40:22; 44:24; 45:12, 18; 51:13, 16; 55:10; 렘 4:28; 10:12, 13; 51:16, 53; 애 3:50, 66; 겔 32:8; 단 2:19, 28; 4:23, 31, 34, 35, 37; 7:13; 마 3:17; 6:10, 14, 20, 26, 32; 16:3, 19; 18:35; 23:22; 24:31, 36; 막 1:11, 31; 13:27, 32; 눅 3:22; 9:54; 10:18, 20; 11:16; 15:18, 21; 17:29; 18:22; 20:5; 21:26; 요 1:51; 3:27, 31; 6:38, 41, 42, 50, 51, 58; 행 1:11; 2:19, 34; 7:55, 56; 10:16; 11:9, 10; 26:19; 고전 15:47, 48, 49; 엡 1:20; 6:12; 히 9:24; 12:25, 26; 벧전 1:12; 벧후 3:10, 12; 계 4:2; 5:13; 8:10; 10:5, 6, 8; 12:8, 10, 12; 14:13, 17; 18:5, 20; 19:14; 20:9, 11; 21:2, 10

하다(do)

| 창 1:3 | 하나님이 이르시되 빛이 있으라 **하시니** |

하다 – 기타 본문

모세오경 창 1:6, 7, 9, 11, 14, 15, 16, 17, 18, 20, 22, 24, 26, 28, 30; 2:3, 9, 15, 17, 18, 21, 23; 3:1, 3, 6, 12, 13, 14, 15, 16, 19, 22, 23, 24; 4:1, 6, 10, 15, 17, 25, 26; 5:3, 29; 6:3, 7, 16, 19, 20, 22; 7:3; 8:1, 17; 9:7, 17, 25, 27; 10:9, 25; 11:3, 4, 6, 7, 9, 31; 12:2, 3, 7, 12, 13, 19; 13:8, 16; 14:20, 23; 15:4, 7, 16, 21; 16:2, 6, 10, 11, 12, 13, 15; 17:2, 5, 6, 8, 13, 15, 16, 17, 19, 20; 18:4, 5, 6, 10, 13, 17, 19, 21, 23, 24, 25, 29, 30, 31, 32; 19:8, 9, 11, 14, 15, 20, 22, 32, 33, 34, 35, 37, 38; 20:2, 5, 6, 9, 10, 13, 15, 16, 17; 21:3, 6, 7, 10, 13, 14, 16, 18, 19, 22, 24, 30; 22:1, 5, 7, 8, 10, 11, 12, 14, 17; 18, 20, 24; 23:4, 8, 9; 24:3, 5, 6, 7, 8, 12, 14, 16, 17, 18, 19, 21, 27, 30, 35, 37, 38, 39, 41, 43, 44, 45, 46, 47, 48, 49, 51, 54, 55, 56, 57; 25:6, 22, 23, 25, 26, 30; 26:4, 5, 7, 9, 10, 11, 20, 21, 22, 24, 27, 29, 32; 27:1, 4, 7, 10, 18, 19, 20, 21, 36, 37, 38, 40, 41, 42; 28:3, 4, 6, 8, 12, 15, 19, 21, 22; 29:7, 14, 15, 26, 28, 29, 32, 33, 34, 35; 30:1, 2, 3, 6, 8, 9, 11, 13, 15, 18, 20, 21, 23, 24, 25, 26, 34, 36, 38, 40, 41, 42; 31:3, 7, 8, 11, 13, 24, 26, 28, 29, 31, 32, 35, 37, 38, 43, 46, 48, 49, 53; 32:2, 5, 8, 9, 12, 16, 17, 18, 20, 23, 26, 29, 30; 33:11, 15; 34:2, 4, 5, 8, 10, 11, 12, 15, 21, 23, 30; 35:1, 2, 3, 5, 10, 12, 17; 37:8, 9, 14, 17, 20, 21, 22, 27, 32, 33, 35; 38:1, 2, 3, 4, 5, 8, 11, 16, 18, 20, 22, 23, 26, 29; 39:3, 11, 14, 15, 19, 21, 23; 40:4, 13, 19, 20; 41:15, 16, 25, 28, 33, 35, 38, 41, 43, 44, 45, 51, 52, 55; 42:2, 14, 15, 16, 18, 19, 20, 22, 25, 28, 32, 33, 34, 36; 43:3, 5, 6, 7, 11, 14, 17, 18, 23, 24, 25, 28, 31; 44:2, 5, 10, 16, 18, 19, 20, 21, 23, 25, 28, 29, 32, 33; 45:1, 5, 10, 11, 12, 13, 17, 19, 21, 24, 28; 46:2, 3, 4, 28, 32, 34; 47:1, 3, 4, 6, 7, 9, 11, 29, 31; 48:1, 2, 4, 11, 12, 13, 16, 18, 19, 20, 21; 49:17; 50:2, 5, 11, 15, 17, 19, 20, 21, 24, 25; 출 1:10, 11, 14, 15, 19, 21, 22; 2:7, 8, 10, 13, 15, 16, 20, 22; 3:3, 4, 8, 10, 13, 14, 15, 17, 18; 4:1, 3, 5, 6, 7, 11, 12, 15, 18, 23, 24, 25, 26, 27, 31; 5:1, 3, 4, 5, 7, 8, 9, 11, 13, 14, 15, 16, 17, 19, 21, 22; 6:1, 8, 11, 13, 14, 26; 7:1, 3, 5, 9, 16, 18, 19; 8:4, 5, 7, 8, 10, 11, 13, 14, 15, 18, 19, 22, 23, 24, 27; 9:4, 5, 12, 14, 16, 19, 22, 23, 28, 34; 10:4, 6, 7, 11, 12, 13, 17, 19, 20, 21, 25, 27; 11:2, 3, 7, 8, 9, 10; 12:2, 5, 16, 19, 23, 26, 27, 28, 32, 33, 35, 36, 38, 48, 49; 13:2, 5, 7, 8, 9, 13, 14, 16, 17, 19, 21; 14:2, 3, 4, 5, 8, 11, 12, 15, 16, 18, 21,

【 하다 】 【 하다 】

24, 25, 26; 15:9, 13, 18, 19, 21, 23, 24; 16:3, 4, 8, 9, 12, 15, 16, 17, 19, 26, 31, 32, 34; 17:2, 3, 4, 7, 12, 14, 15, 16; 18:1, 3, 4, 11, 17, 18, 20, 22, 23, 24; 19:9, 10, 11, 13, 14, 15, 21, 22, 23, 24; 20:5, 7, 10, 11, 19, 20, 24, 26; 21:5, 9, 11, 22, 26; 22:5, 7, 9, 10, 22, 23, 30; 23:2, 3, 6, 7, 8, 11, 12, 13, 20, 21, 29; 24:5, 7, 14; 25:2, 10, 14, 17, 20, 23, 32, 33, 34, 35, 37, 40; 26:2, 4, 5, 8, 11, 16, 17, 20, 21, 24, 28; 27:1, 2, 8, 10, 11, 19, 20, 21; 28:1, 3, 4, 7, 16, 28, 30, 31, 32, 34, 36, 37, 38, 40, 41, 43; 29:5, 9, 27, 33, 35, 36, 37, 41, 44; 30:2, 12, 18, 20, 24, 30, 33, 34, 35; 31:1, 3, 4, 5, 6, 13; 32:4, 5, 8, 10, 12, 13, 18, 20, 21, 23, 25, 26, 27, 30; 33:3, 5, 7, 12, 13, 14, 17, 19; 34:3, 12, 15, 16, 20, 27; 35:1, 31, 32, 33, 34, 35; 36:1, 2, 4, 6, 7, 9, 12, 15, 18, 22, 24, 29, 33; 37:5, 14, 21, 27, 29; 38:2, 4, 7, 8; 39:4, 5, 8, 21, 23, 31; 40:9, 10, 11, 13, 15, 24; 레 4:20; 5:2, 4, 15, 17, 21; 7:36; 8:4, 5, 10, 11, 12, 15, 27, 30, 31, 34, 35; 9:4, 6, 7; 10:3, 4, 6, 7, 17; 11:4, 5, 6, 43, 44; 12:5; 13:3, 6, 8, 11, 13, 15, 17, 20, 22, 23, 25, 27, 28, 30, 34, 37, 44, 45, 54; 14:4, 5, 7, 11, 34, 35, 36, 40, 41, 48, 49, 52; 15:19, 31; 16:2, 8, 29, 30; 17:2, 11, 12, 14; 18:21, 28; 19:12, 28, 29; 20:3, 7, 8, 14, 22, 24; 21:4, 5, 6, 8, 9, 11, 12, 14, 15, 23; 22:2, 5, 9, 11, 15, 16, 21, 23, 27, 32; 23:3, 7, 8, 13, 21, 25, 27, 28, 29, 30, 31, 32, 35, 36; 24:2, 5, 14, 20; 25:2, 10, 20, 21, 35, 40, 41, 45; 26:9, 13, 19, 31, 32, 33, 36; 27:3, 4, 5, 6, 7, 17, 25, 33; 민 1:4, 15, 50, 53; 2:31, 34; 3:6, 10, 12; 4:3, 4, 18, 19, 24, 27, 28, 31, 49; 5:3, 15, 16, 18, 19, 21, 22, 24, 26, 27; 6:2, 5, 9, 21, 26; 7:8, 9, 11; 8:2, 6, 7, 8, 9, 10, 11, 12, 15, 19, 21, 22; 9:2, 4, 7, 10, 13, 14; 10:29, 35, 36; 11:1, 4, 6, 8, 11, 12, 13, 15, 16, 17, 18, 20, 21, 25, 26, 27, 29, 31; 12:2, 4, 6, 8, 11, 12, 14, 15, 16; 13:2, 20, 30, 31; 14:3, 4, 9, 10, 12, 16, 18, 30, 34, 42, 43; 15:12, 13, 14, 36, 39; 16:5, 6, 9, 10, 13, 15, 19, 21, 24, 26, 28, 30, 34, 38, 40, 41, 45; 17:10, 11, 13; 18:2, 3, 6, 8, 21, 22, 24; 19:2, 5, 12, 13, 17, 20, 21; 20:4, 5, 8, 10, 12, 13, 17, 18, 20; 21:1, 3, 4, 5, 6, 7, 15, 16, 18, 22, 27, 29, 30, 32, 33; 22:4, 5, 17, 28, 30, 36, 37, 38; 23:1, 3, 7, 10, 13, 15, 17, 19, 23, 24, 26, 27; 24:7, 11, 13, 14, 19, 20, 22, 24;

25:5, 11; 26:2, 4, 10, 53, 65; 27:4, 7, 11, 17, 20, 22, 23; 28:18, 25, 26; 29:1, 7, 12, 18, 21, 24, 27, 30, 33, 35, 37; 30:3, 10, 12, 13, 14, 15; 31:4, 16, 19, 23, 31; 32:5, 6, 7, 8, 9, 12, 13, 14, 22, 32; 34:28, 29; 35:2, 3, 11, 12, 13, 14, 32; 36:2, 7, 9; 신 1:8, 10, 11, 14, 16, 17, 22, 25, 28, 31, 36, 38, 39, 40, 41, 42; 2:7, 13, 20, 25, 27, 28, 29, 30, 31; 3:1, 2, 18, 19, 20, 22, 25, 28; 4:5, 6, 7, 9, 10, 14, 21, 35, 36, 37, 38, 42; 5:9, 12, 14, 15, 19, 27, 31; 6:2, 10, 11, 20, 23, 24, 25; 7:2, 4, 8, 13, 15, 17, 22, 23, 25, 26; 8:2, 3, 7, 15, 16, 18; 9:2, 3, 4, 5, 7, 8, 14, 18, 19, 20, 22, 23, 25, 28, 29; 10:2, 8, 11, 16, 22; 11:6, 9, 10, 15, 17, 25; 12:1, 8, 10, 20, 29, 30; 13:3, 5, 7, 10, 12, 13, 17; 14:6, 7, 19, 21, 29; 15:7, 9, 10, 12, 13, 16, 18; 16:19; 17:3, 15, 16, 17; 18:5, 10, 16, 20, 21, 22; 19:3, 6, 7, 10, 11, 14; 20:1, 4, 5, 6, 7, 8, 12, 18; 21:1, 5, 8, 11, 14, 15, 20; 22:5, 8, 9, 14, 17, 19, 21, 24; 23:2, 4, 5, 14, 16, 20; 24:3, 4, 7, 15, 17, 19; 25:1, 2, 3, 6, 7, 8, 9, 11, 19; 26:1, 3, 10, 12, 13, 15, 18, 19; 27:3, 15, 16, 17, 18, 19, 20, 21, 22, 23, 24, 25, 26; 28:1, 7, 8, 9, 11, 12, 13, 20, 21, 25, 35, 48, 49, 55, 57, 58, 59, 60, 63, 65, 67, 68; 29:5, 6, 9, 12, 19, 24, 28, 29; 30:3, 5, 6, 7, 10, 12, 13, 16; 31:2, 6, 7, 12, 17, 19, 23, 26, 29; 32:4, 11, 13, 14, 17, 21, 22, 26, 27, 30, 38, 39, 40, 42, 46, 52; 33:7, 9, 11, 12, 14, 19, 20, 27; 34:4, 12 역사서 수 1:6, 8, 9, 11, 13, 15; 2:1, 5, 10, 16, 17, 20, 21, 24; 3:4, 5, 6, 7, 8, 9; 4:3, 6, 7, 10, 14, 16, 17, 21, 22, 23, 24; 5:1, 2, 6, 7, 9, 13, 14, 15; 6:5, 6, 7, 10, 11, 18, 19, 22, 26; 7:2, 3, 7, 8, 9, 13, 15, 16, 17, 18, 19, 21, 25; 8:2, 3, 5, 6, 8, 22, 24, 33; 9:2, 6, 8, 11, 14, 20, 21, 22, 23, 24, 26; 10:1, 4, 6, 8, 10, 12, 13, 17, 18, 19, 22, 23, 24, 25; 11:6, 12, 20; 13:6, 7; 14:7, 8, 9, 10, 12, 13; 15:16, 18, 19; 17:4, 14, 15, 16, 18; 18:7, 8; 19:47; 20:3, 4, 5, 6, 9; 21:2, 12, 43, 44; 22:5, 8, 11, 12, 13, 14, 16, 18, 20, 24, 25, 26, 27, 29, 31, 33, 34; 23:1, 4, 5, 8, 15, 16; 24:3, 8, 9, 12, 13, 15, 16, 17, 18, 20, 21, 22, 23, 24, 27, 28; 삿 1:2, 3, 7, 12, 14, 15, 17, 22, 23, 24, 26, 30, 33, 35; 2:1, 2, 3, 5, 12, 14, 16, 22; 3:1, 2, 4, 9, 12, 19, 20, 24, 28; 4:7, 8, 9, 14, 15, 18, 19, 20, 22, 23; 5:23, 28, 30, 31; 6:5, 8, 10, 11, 12, 13, 14, 15, 16, 18, 20, 22,

【 하다 】　　　　　　　　　　　　　　　　　　　【 하다 】

23, 24, 26, 29, 30, 31, 37, 39; 7:1, 2, 3, 4, 5, 7, 8, 11, 14, 15, 16, 17, 18, 20, 22, 24; 8:1, 2, 3, 5, 6, 7, 9, 15, 18, 19, 20, 21, 22, 23, 24, 25, 31, 35; 9:2, 3, 4, 8, 10, 12, 13, 14, 15, 20, 24, 25, 29, 31, 33, 36, 37, 38, 41, 48, 52, 54; 10:10, 14, 15, 18; 11:4, 6, 7, 8, 9, 10, 12, 13, 17, 19, 23, 27, 31, 35, 36, 37, 38; 12:1, 3, 4, 5, 6; 13:5, 7, 8, 10, 11, 14, 15, 16, 17, 18, 22, 23, 24; 14:2, 3, 9, 11, 13, 14, 15, 16, 18; 15:1, 2, 3, 6, 7, 10, 11, 12, 13, 16, 18; 16:2, 5, 6, 9, 10, 11, 12, 13, 14, 15, 17, 18, 19, 20, 21, 23, 24, 25, 26, 28, 30; 17:2, 8, 9, 10, 13; 18:2, 3, 4, 5, 6, 8, 9, 10, 14, 18, 19, 23, 24, 25, 29; 19:3, 4, 5, 6, 7, 8, 9, 10, 11, 12, 13, 15, 17, 19, 20, 22, 27, 30; 20:3, 5, 7, 10, 13, 14, 18, 20, 23, 28, 32, 38, 39, 42, 45; 21:1, 3, 5, 7, 8, 11, 13, 15, 16, 17, 18, 19, 22; 룻 1:6, 9, 10, 12, 13, 15, 17, 19, 20, 21; 2:2, 4, 5, 7, 9, 10, 12, 13, 14, 15, 16, 19, 20, 21, 22; 3:1, 4, 5, 9, 13, 14, 15, 16, 17, 18; 4:1, 2, 3, 4, 5, 6, 8, 10, 11, 12, 13, 14, 15, 17; 삼상 1:1, 5, 6, 7, 8, 14, 16, 17, 18, 20, 22, 23, 28; 2:3, 6, 7, 8, 9, 10, 15, 16, 20, 21, 23, 24, 25, 28, 29, 30, 31, 33, 36; 3:4, 5, 6, 8, 9, 10, 14, 15, 16, 17, 18, 19; 4:3, 6, 7, 9, 20, 21, 22; 5:6, 7, 8, 9, 10, 11; 6:2, 3, 4, 5, 6, 9, 10, 20; 7:1, 5, 6, 7, 8, 10, 12; 8:3, 5, 6, 7, 11, 12, 18, 19, 20, 22; 9:3, 5, 6, 7, 8, 9, 10, 11, 13, 15, 16, 17, 18, 20, 21, 22, 24, 26, 27; 10:2, 6, 10, 11, 12, 14, 15, 16, 18, 19, 20, 21, 22, 24, 27; 11:1, 3, 5, 7, 9, 10, 12, 14; 12:1, 3, 4, 5, 8, 10, 11, 12, 17, 19; 13:2, 3, 4, 9, 11, 12, 14, 19; 14:1, 4, 6, 9, 10, 11, 12, 17, 18, 19, 24, 28, 29, 33, 34, 36, 37, 39, 40, 41, 42, 44, 45; 15:3, 6, 9, 11, 12, 13, 14, 15, 16, 18, 21, 23, 25, 26, 29, 30, 32, 33; 16:1, 2, 3, 5, 6, 7, 8, 9, 10, 12, 15, 16, 17, 18, 19, 22; 17:1, 10, 12, 23, 25, 26, 27, 28, 29, 32, 35, 39, 43, 44, 46, 47, 55, 56, 58; 18:2, 8, 11, 13, 17, 18, 21, 22, 24, 25, 27; 19:3, 5, 10, 11, 14, 15, 17, 19, 21, 23; 20:1, 3, 5, 6, 7, 8, 9, 10, 11, 13, 15, 16, 17, 21, 22, 23, 26, 27, 29, 34, 36, 37, 38, 40, 42; 21:1, 2, 3, 4, 5, 8, 9, 11, 15; 22:3, 6, 8, 13, 15, 16, 18, 23; 23:1, 2, 3, 4, 8, 9, 10, 11, 12, 16, 17, 20, 23, 26; 24:1, 4, 5, 6, 7, 8, 9, 10, 11, 13, 15, 16, 19, 21; 25:4, 7, 8, 13, 17, 19, 22, 24, 26, 27, 30, 31, 32, 34, 36, 39, 40, 41; 26:1, 6, 8, 9, 11, 12, 14, 16, 17, 18, 19, 20,

21, 22, 24, 25; 27:1, 5, 10, 11; 28:2, 7, 8, 9, 10, 11, 13, 14, 15, 19, 22, 23; 29:3, 4, 5, 7, 8, 9, 10; 30:6, 8, 11, 13, 15, 20, 22, 24, 26; 삼하 1:3, 4, 8, 9, 10, 13, 14, 15, 16, 18, 27; 2:3, 4, 6, 7, 14, 22, 27; 3:7, 9, 10, 12, 13, 14, 16, 18, 21, 23, 24, 25, 26, 29, 31, 34, 35, 36, 37, 39; 4:1, 8, 10, 11; 5:2, 6, 8, 17, 19, 20, 24; 6:2, 9, 20, 21; 7:1, 3, 10, 11, 12, 13, 16, 18, 20, 21, 26, 27, 29; 8:2, 6, 9, 10, 14; 9:1, 2, 3, 4, 6, 7, 8, 10, 11; 10:2, 3, 5, 10, 12; 11:2, 3, 4, 5, 6, 8, 10, 11, 13, 15, 21, 24, 25; 12:4, 6, 10, 12, 13, 14, 17, 18, 19, 20, 21, 23, 24, 25, 28, 31; 13:3, 4, 5, 6, 9, 10, 11, 12, 13, 15, 16, 17, 20, 22, 24, 25, 26, 28, 33, 35; 14:2, 3, 4, 5, 7, 8, 10, 11, 12, 13, 14, 15, 17, 20, 21, 22, 24, 29, 30, 31, 32; 15:2, 3, 4, 5, 7, 8, 9, 10, 14, 15, 16, 20, 21, 22, 26, 28, 31, 34, 36; 16:2, 3, 4, 8, 9, 10, 11, 12, 16, 17, 19, 20, 21; 17:1, 2, 3, 5, 6, 7, 9, 13, 14, 16, 20, 25, 29; 18:2, 3, 4, 5, 10, 11, 12, 13, 14, 16, 19, 20, 21, 22, 23, 25, 26, 27, 28, 29, 30, 31, 32, 33; 19:1, 2, 4, 5, 7, 8, 10, 11, 12, 13, 14, 15, 18, 20, 21, 22, 23, 25, 26, 27, 28, 29, 30, 31, 36, 37, 38, 41; 20:1, 4, 6, 9, 11, 15, 16, 17, 18, 19, 20, 21; 21:1, 2, 3, 4, 5, 6, 10, 16, 17; 22:5, 34, 35, 36, 37, 40, 41, 48, 51; 23:4, 5, 7, 8, 10, 15, 17; 24:1, 2, 3, 9, 10, 12, 13, 14, 16, 17, 18, 21, 23, 24; 왕상 1:2, 5, 6, 13, 17, 23, 24, 25, 27, 28, 30, 31, 32, 34, 37, 39, 47, 48, 52, 53; 2:3, 4, 6, 7, 8, 9, 15, 17, 21, 22, 23, 24, 26, 27, 30, 35, 38, 42, 43, 45; 3:7, 9, 12, 14, 21, 22, 23, 24, 26, 27; 4:27, 29, 33; 5:1, 5, 6, 7, 8, 9, 17; 6:6, 8, 10, 12, 13, 35; 7:14, 18, 21, 26, 38; 8:1, 13, 16, 19, 24, 25, 26, 29, 32, 34, 38, 43, 44, 47, 50, 58, 59, 60, 61; 9:4, 5, 8, 9, 13, 15, 19; 10:1, 9, 22, 27, 29; 11:2, 3, 4, 7, 10, 13, 14, 17, 20, 21, 22, 23, 28, 34, 36, 38, 39, 40; 12:1, 4, 5, 6, 9, 10, 11, 12, 14, 15, 16, 21, 24, 27, 28, 32; 13:2, 3, 4, 8, 9, 11, 12, 17, 18, 22, 26, 30; 14:2, 3, 4, 7, 9, 11, 14, 15, 16, 18, 22; 15:4, 17, 19, 22, 29; 16:2, 3, 4, 7, 12, 13, 21, 26, 33, 34; 17:1, 4, 9, 10, 13, 14, 15, 16, 18, 19, 20, 21, 24; 18:5, 8, 9, 10, 11, 14, 17, 18, 19, 21, 23, 24, 27, 28, 29, 31, 33, 34, 36, 37, 39, 40, 44; 19:2, 3, 4, 5, 7, 11, 15, 16, 20, 21; 20:3, 4, 5, 9, 10, 11, 12, 13, 14, 17, 18, 22, 24, 26, 28, 31, 32, 34, 35, 37, 39, 40, 42; 21:2, 3,

【 하다 】　　　　　　　　　　　　【 하다 】

4, 6, 7, 10, 13, 14, 15, 16, 19, 22, 24, 29; 22:3, 9, 10, 11, 12, 13, 14, 16, 17, 20, 22, 27, 28, 30, 32, 34, 36, 38, 48, 49, 53; 왕하 1:2, 4, 5, 6, 8, 9, 11, 12, 14, 15, 16; 2:1, 2, 3, 4, 5, 6, 9, 10, 12, 14, 15, 16, 18, 20, 21, 23; 3:7, 8, 10, 11, 12, 13, 15, 16, 17, 19, 21, 23, 24, 25, 26; 4:1, 2, 4, 6, 7, 8, 10, 12, 13, 14, 15, 16, 19, 22, 23, 24, 26, 27, 28, 29, 31, 35, 36, 38, 40, 41, 42, 43; 5:1, 3, 4, 5, 6, 7, 8, 10, 11, 12, 13, 15, 16, 18, 19, 20, 21, 22, 23, 25, 27; 6:2, 3, 5, 6, 7, 8, 9, 11, 12, 15, 16, 17, 18, 19, 20, 21, 22, 25, 27, 28, 29, 31, 32, 33; 7:1, 2, 4, 5, 6, 9, 10, 12, 13, 14, 17, 19; 8:1, 3, 4, 5, 6, 7, 9, 10, 12, 13, 14, 18, 29; 9:2, 3, 5, 9, 10, 11, 12, 14, 15, 17, 18, 19, 20, 21, 22, 23, 26, 27, 31, 32, 33, 34, 37; 10:3, 4, 6, 8, 10, 13, 14, 15, 16, 19, 20, 22, 23, 24, 25, 30, 33; 11:8, 14, 15, 17, 18; 12:4, 5, 7, 12, 14, 15, 17; 13:7, 14, 15, 16, 17, 18, 19; 14:6, 7, 9, 10, 19, 25, 27; 15:12, 19, 20, 37; 16:3, 5, 7, 15; 17:2, 4, 7, 11, 13, 14, 15, 17, 20, 21, 23, 26, 27, 29, 32, 39; 18:7, 14, 17, 22, 25, 27, 30, 32, 35, 36; 19:4, 7, 8, 9, 10, 12, 13, 17, 19, 20, 24, 28, 31, 33, 34; 20:1, 3, 5, 6, 7, 8, 9, 10, 11, 14, 15, 18, 19; 21:4, 6, 8, 11, 15, 16, 24; 22:5, 6, 8, 9, 10, 16, 17, 19, 20; 23:3, 4, 8, 10, 13, 16, 17, 18, 21, 27, 29, 33; 24:2, 3, 4, 16, 17; 25:12, 22, 23, 24, 27, 29; 대상 1:19; 2:34, 35; 4:9, 10, 23, 39; 6:49; 7:15, 16, 21, 23; 9:31, 33; 11:2, 6, 10, 17, 19; 12:15, 17, 19, 22, 23, 31, 38; 13:2, 3, 5, 6, 12; 14:1, 8, 10, 11, 15, 17; 15:2, 3, 12, 13, 14, 16; 16:4, 7, 16, 17, 18, 22, 31, 33, 35, 36, 37, 39, 40, 41, 42; 17:6, 9, 10, 11, 12, 13, 14, 16, 18, 19, 23, 24, 25, 27; 18:3, 5, 6, 9, 10, 11, 13; 19:2, 3, 5, 6, 11, 13; 20:3; 21:1, 2, 3, 8, 10, 12, 13, 15, 17, 18, 22, 23, 24; 22:1, 2, 5, 9, 10, 12, 15, 16, 17, 18, 19; 23:13, 24, 28; 25:1, 2, 3; 26:32; 27:23; 28:3, 4, 5, 7, 8, 10, 15, 16; 29:5, 12, 18, 19, 20, 22, 25; 대하 1:1, 7, 8, 9, 10, 12, 15, 17; 2:4, 5, 7, 9, 10, 12, 14, 16, 18; 3:6; 4:5, 6, 11; 5:2, 11, 13; 6:2, 6, 9, 11, 16, 17, 18, 20, 23, 25, 29, 33, 34, 37, 40, 41, 42; 7:3, 6, 7, 13, 15, 16, 17, 18, 20, 21, 22; 8:2, 5, 6, 11, 14; 9:1, 6, 8, 27; 10:1, 4, 5, 6, 7, 9, 10, 11, 12, 14, 15, 16; 11:1, 4, 11, 12, 14, 16, 17, 23; 12:5, 6, 8, 13, 14; 13:8, 9; 14:4, 7, 9, 11, 14; 15:6, 7, 8, 13;

16:1, 3, 9; 17:1, 5, 7, 10, 13; 18:3, 4, 5, 6, 7, 8, 9, 10, 11, 12, 13, 14, 15, 16, 17, 19, 20, 21, 22, 23, 24, 26, 27, 29, 31, 33; 19:3, 4, 5, 6, 7, 8, 10, 11; 20:2, 4, 9, 12, 17, 20, 21, 22, 27, 29, 36, 37; 21:6, 11, 13, 15, 16, 18; 22:1, 3, 4, 5, 6, 7, 8, 9, 11; 23:7, 10, 11, 13, 14, 18, 19; 24:3, 5, 6, 8, 9, 11, 12, 13, 19, 20, 22; 25:2, 4, 7, 8, 9, 10, 12, 13, 15, 16, 18, 19, 20, 27; 26:5, 7, 9, 15, 18, 19, 23; 28:11, 13, 15, 23, 25; 29:5, 8, 11, 15, 16, 17, 18, 19, 21, 24, 25, 30, 31, 34; 30:1, 2, 5, 7, 8, 9, 12, 13, 15, 17, 18, 19; 31:2, 3, 4, 11; 32:1, 3, 4, 5, 6, 7, 8, 11, 12, 15, 17, 18, 19, 26, 31; 33:4, 6, 8, 11, 13, 16; 34:3, 5, 8, 10, 11, 12, 15, 17, 18, 21, 23, 24, 25, 28, 31, 32, 33; 35:2, 6, 12, 21, 22, 23, 24; 36:3, 4, 13, 14, 16, 21, 22, 23; 스 1:1, 2, 4, 5; 2:62, 63; 3:7, 8, 11; 4:1, 2, 3, 4, 10, 16, 21, 22, 23; 5:3, 9, 10, 12, 13, 15, 16, 17; 6:1, 3, 5, 7, 8, 9, 10, 11, 12, 18, 20, 22; 7:1, 20, 22, 23, 24, 25, 26, 28; 8:17, 22, 30; 9:2, 7, 8, 9, 10, 11, 12, 13, 15; 10:4, 5, 8, 10, 11, 13, 14, 19, 23; 느 1:3, 9, 11; 2:2, 3, 4, 5, 6, 7, 8, 9, 10, 12, 16, 17, 18, 19, 20; 3:8; 4:1, 2, 3, 4, 5, 6, 7, 8, 10, 11, 12, 13, 14, 15, 17, 20, 22; 5:2, 3, 5, 7, 8, 11, 12, 13, 16, 18; 6:1, 2, 3, 6, 7, 8, 9, 10, 11, 12, 13, 14, 19; 7:2, 3, 5, 64, 65; 8:6, 7, 8, 9, 10, 11, 13, 14, 15; 9:8, 11, 15, 16, 17, 18, 19, 20, 21, 23, 24, 27, 28, 29, 38; 10:31, 32, 33, 34, 35, 37; 11:1, 23; 12:27, 30, 31, 43, 44, 46; 13:2, 9, 11, 18, 19, 21, 22, 24, 25, 26, 28, 30, 31; 에 1:7, 8, 11, 15, 17, 19, 20, 22; 2:2, 3, 4, 10, 11, 12, 13; 3:3, 4, 6, 9, 11, 13, 14; 4:5, 8, 11, 14, 16; 5:3, 4, 5, 6, 8, 13, 14; 6:2, 3, 4, 5, 6, 7, 9, 10, 11; 7:2, 4, 5, 6, 8, 9; 8:2, 6, 7, 8, 10, 11, 12; 9:2, 12, 13, 22, 24, 25, 26, 28, 29, 31, 32; 10:1 시가서 욥 1:5, 10, 21; 2:3, 10, 11; 3:3, 10; 4:3, 4, 5, 18; 5:11, 12, 13, 14, 18, 19; 6:22, 23, 24; 7:4, 13, 14, 19, 20; 8:2, 3, 6, 10; 9:7, 12, 17, 18, 27, 31, 32, 34; 10:2, 9, 10, 18, 20; 11:2, 3, 4, 6, 8, 14, 17; 12:6, 17, 22, 23, 24, 25; 13:3, 11, 13, 18, 20, 21, 22, 23, 25, 26; 14:5, 6, 19, 20; 15:4, 11, 16, 23, 24; 16:4, 5, 7, 8, 9, 13, 18; 17:4, 6, 12, 14; 18:11; 19:2, 4, 5, 6, 8, 13, 16, 27, 28, 29; 20:2, 3, 7, 15; 21:3, 4, 6, 15, 17, 19, 20, 28; 22:2, 7, 11, 14, 17, 20; 23:13, 16; 24:11, 15, 19; 25:4;

2471

【 하다 】　　　　　　　　　　　　　　　　【 하다 】

26:12; 27:2, 5; 28:11, 14, 22; 29:7, 18; 30:11, 19, 21, 22, 23; 31:14, 16, 18, 20, 23, 24, 30, 31, 35, 36, 39, 40; 32:2, 7, 13, 15, 20; 33:5, 7, 11, 13, 16, 17, 18, 24, 26, 28, 30, 32; 34:6, 7, 8, 9, 11, 18, 24, 28, 30, 32, 33, 35, 37; 35:10, 11, 16; 36:2, 7, 9, 10, 16, 19, 23, 24, 27; 37:3, 6, 7, 10, 11, 12, 13, 15, 19, 24; 38:2, 11, 27, 33, 34, 35, 38; 39:5, 10, 14, 16, 20; 40:8, 12; 41:5, 11, 31; 42:2, 4, 5, 7; 시 1:3; 2:3, 5, 6, 9; 3:6; 4:1, 2, 6, 8; 5:8, 10; 7:5, 7; 8:2, 5, 6; 9:16, 19, 20; 10:2, 4, 14, 18; 11:1, 2, 3; 12:4, 5; 13:2, 3, 4; 14:1, 2; 16:2; 17:9, 12; 18:4, 11, 32, 33, 34, 35, 36, 38, 39, 40; 19:1, 7, 8, 12, 13; 21:5, 6, 11, 13; 22:9, 31; 25:2, 7, 15, 20; 27:8; 28:4; 29:6, 9; 30:1, 3, 6, 10, 11, 12; 31:1, 14, 17, 18, 20, 22; 32:5; 33:1, 10, 15, 17; 34:3, 16; 35:4, 5, 6, 8, 10, 13, 14, 19, 21, 24, 25, 26, 27; 36:1, 2, 8, 11; 37:6, 34; 39:1, 2, 4, 5, 8, 11; 40:2, 6, 8, 14, 15, 16; 41:2, 4, 5, 8, 10; 42:3, 9, 10; 43:3; 44:2, 3, 7, 9, 10, 13, 14; 45:7, 8, 17; 46:4, 9, 10; 47:3; 48:8; 49:11; 50:5, 15, 21, 23; 51:4, 7, 8, 10; 52:7; 53:1, 2, 5; 54:7; 55:8, 18, 23; 56:2, 13; 58:1, 7, 8, 9, 11; 59:3, 10, 12, 13, 14; 60:2, 3, 4, 8, 11; 61:6; 62:3, 4, 11; 63:6, 9; 64:5; 65:4, 8, 9, 10; 66:4, 6, 10, 11, 12; 67:3, 5; 68:2, 6, 9, 10, 16, 22, 23, 28; 69:4, 6, 14, 15, 20, 21, 22, 23, 24, 25, 26, 28, 30; 70:2, 3, 4; 71:1, 4, 11, 13, 21, 24; 72:17; 73:11, 13, 15, 16, 28; 74:8, 15, 21; 75:3, 4; 77:4, 9; 78:2, 5, 6, 8, 13, 15, 16, 20, 26, 28, 33, 41, 44, 45, 50, 55, 58, 64, 66, 71; 79:1, 5, 11; 80:3, 5, 6, 7, 12, 15, 17, 18; 81:6, 10, 12, 16; 82:2, 4, 6; 83:3, 4, 11, 12, 13, 15, 16, 17, 18; 85:1, 6, 8; 86:4, 11; 87:4, 5, 6, 7; 88:2, 7, 8, 15, 18; 89:1, 2, 4, 9, 21, 26, 27, 29, 35, 37, 39, 42, 43, 44, 45; 90:3, 12, 14, 15, 17; 91:2, 9, 11, 12, 15, 16; 92:4; 94:5, 13, 19; 95:8, 10, 11; 96:10; 98:2; 99:8; 101:6; 102:1, 21, 23, 28; 103:5, 8; 104:5, 9, 10, 11, 13, 14, 15, 20, 24, 30, 35; 105:1, 9, 10, 11, 15, 16, 20, 21, 22, 24, 25, 28, 29, 35, 37, 40, 43, 44, 45; 106:5, 8, 9, 15, 23, 26, 27, 32, 46, 47, 48; 107:7, 12, 23, 29, 33, 34, 35, 36, 37, 38, 40; 108:9, 12; 109:6, 7, 8, 10, 11, 12, 13, 15, 16, 18, 19, 27, 29, 31; 110:1, 4, 6; 111:4, 7; 113:9; 114:8; 115:2, 14; 116:4, 11;

118:2, 3, 4, 13, 17, 25; 119:4, 5, 9, 10, 11, 17, 18, 22, 25, 27, 29, 31, 34, 35, 36, 37, 38, 39, 40, 41, 43, 49, 57, 60, 69, 73, 75, 76, 77, 78, 79, 80, 82, 88, 93, 98, 107, 116, 122, 125, 133, 144, 169, 170, 173, 174, 175; 120:7; 121:3, 6, 7; 122:1; 124:1, 5, 6; 125:3, 5; 126:2; 129:8; 130:4; 131:2; 132:4, 5, 12, 13, 15, 18; 136:8, 9, 14, 16; 137:3, 7; 138:2, 3, 7; 139:11, 14; 140:3, 4, 6, 8, 9, 10, 11; 141:2, 4, 9, 10; 142:5, 7; 143:8, 10, 12; 144:1, 2, 5; 145:12, 16, 18; 146:9; 147:8, 10, 13, 14, 18; 149:4; 잠 1:2, 3, 4, 14, 19, 22; 2:8, 20; 3:2, 3, 8, 12, 20, 21, 26, 28; 4:8, 9, 21, 26, 27; 5:2, 9, 10, 14, 16, 17, 18, 21; 6:3, 4, 6, 10, 12, 13, 24, 31, 32; 7:4, 5, 20, 26; 8:21, 28, 29; 9:6, 17; 10:1, 3, 22; 11:3, 5, 9, 17, 25, 29; 12:4, 6, 17, 25; 13:6, 12, 14; 14:17, 27, 29, 30, 34; 15:1, 4, 13, 18, 20, 21, 30; 16:4, 7, 14, 21, 23, 30; 17:2, 4, 7, 8, 15, 22, 23; 18:5, 16, 18; 19:3, 5, 7, 11, 19, 23, 27; 20:1, 2, 8, 9, 14, 25; 21:14; 22:12, 13, 19, 21; 23:7, 13, 20, 21, 25, 28, 33, 35; 24:1, 8, 11, 12, 24, 33; 25:9, 13, 21; 26:4, 5, 13, 19; 27:2, 11, 17; 28:7, 14, 20, 24; 29:3, 4, 6, 8, 15, 17, 19, 21; 30:9, 15, 16, 20, 21, 32; 31:17, 29; 전 1:9, 10, 13, 16, 17; 2:1, 2, 3, 4, 7, 11, 15, 17, 18, 20, 24, 26; 3:5, 10, 11, 14, 17, 18, 22; 4:2, 3, 8; 5:4, 6, 18, 19; 6:1, 6, 11; 7:7, 10, 13, 14, 16, 17, 19, 21, 23, 25, 26; 8:3, 4, 9, 15, 16, 17; 9:7, 8, 10, 14, 16, 18; 10:4, 14, 19; 11:10; 12:1, 12; 아 1:7; 2:5, 14; 3:2, 3; 5:2, 7, 8; 6:5, 12, 13; 7:6, 8, 9; 8:2, 8, 11, 13 대선지서 사 1:3, 16, 17, 24, 25, 26; 2:3; 3:4, 6, 7, 15, 16, 17; 4:1, 4; 5:5, 6, 8, 10, 12, 18, 19, 20, 21, 23, 26; 6:3, 5, 7, 8, 9, 10, 11, 13; 7:2, 6, 9, 11, 13, 14, 17; 8:2, 3, 8, 12, 13, 19; 9:1, 3, 4, 6, 8, 10, 11; 10:3, 6, 7, 11, 14, 15, 16, 25, 26; 11:11, 13, 15, 16; 12:1, 4, 5, 6; 13:2, 3, 9, 12, 13, 17, 20; 14:8, 9, 10, 14, 16, 17, 20, 21, 23, 26, 32; 16:3, 4, 10, 13, 14; 17:11; 18:2, 6; 19:11, 13, 14, 15, 21, 25; 20:2, 6; 21:2, 4, 6, 7, 9, 12, 17; 22:10, 12, 13, 14, 21, 23, 25; 23:4, 9, 11, 12, 13, 16; 24:1, 3, 15, 16; 25:2, 3, 5, 6, 9; 26:5, 7, 15; 27:3, 4, 9; 28:9, 10, 12, 13, 15, 20, 22, 24, 25, 28; 29:2, 7, 10, 11, 12, 15, 16, 21, 23, 24; 30:2, 5, 8, 10, 11, 13, 16, 17, 18, 21, 22, 23, 27, 29, 30, 33;

【하다】

31:2, 4, 5; 32:4, 6; 33:5, 14, 23, 24; 34:2, 12; 35:3, 4; 36:2, 7, 9, 10, 11, 12, 15, 17, 18, 20, 21; 37:4, 7, 8, 9, 10, 13, 18, 20, 21, 25, 26, 29, 35; 38:1, 3, 7, 8, 10, 11, 15, 17, 19, 21, 22; 39:1, 3, 4, 7, 8; 40:2, 3, 6, 8, 9, 18, 23, 25, 27; 41:1, 2, 6, 7, 9, 10, 13, 18, 22, 23, 25, 26, 27; 42:2, 6, 7, 15, 16, 17, 21, 24; 43:6, 7, 9, 10, 14, 17, 21, 23, 24, 26, 28; 44:3, 5, 8, 13, 14, 15, 16, 17, 20, 25, 26, 27, 28; 45:1, 2, 3, 6, 7, 8, 10, 11, 13, 14, 18, 23, 25; 46:5, 6, 10; 47:6, 7, 8, 10, 13; 48:2, 3, 5, 6, 7, 9, 10, 11, 16, 19, 20, 21, 22; 49:3, 4, 5, 6, 8, 9, 14, 17, 18, 20, 21, 26; 50:2, 4, 7, 8; 51:2, 3, 9, 10, 15, 17, 22, 23; 52:5, 6, 7; 53:4, 8, 10, 11, 12; 54:2, 6, 9; 55:2, 5, 10; 56:1, 3, 8, 12; 57:9, 13, 14, 16, 18, 19, 21; 58:3, 4, 5, 6, 9, 10, 11, 12, 13; 59:21; 60:7, 9, 14, 15; 61:1, 3, 6, 10, 11; 62:4, 6, 7, 9, 11, 12; 63:6, 8, 10, 11, 12, 13, 14, 16, 17; 64:2, 7, 12; 65:1, 5, 20; 66:3, 4, 5, 7, 9, 17; 렘 1:5, 6, 8, 10, 11, 12, 13, 17, 18; 2:5, 6, 7, 15, 20, 23, 25, 27, 31, 35; 3:1, 5, 7, 10, 19, 21, 22, 25; 4:5, 7, 10, 11, 13, 16, 18, 28, 30, 31; 5:3, 5, 13, 14, 15, 19, 22, 28; 6:4, 5, 8, 9, 10, 16, 17, 23, 27; 7:3, 4, 5, 7, 10, 15, 20, 23, 26, 27, 28, 32, 34; 8:2, 8, 9, 13, 14, 17, 19, 20; 9:11, 15, 16, 18, 19, 20, 21, 22, 26; 10:4, 5, 11, 13, 18, 19, 22, 24, 25; 11:5, 7, 8, 15, 16, 18, 19, 20, 21; 12:4, 6, 9, 11, 16; 13:1, 4, 6, 9, 11, 12, 13, 14, 16, 18, 21, 22, 27; 14:3, 8, 10, 14, 15, 22; 15:1, 2, 3, 8, 9, 11, 14, 15, 20; 16:9, 10, 13, 16, 18, 20, 21; 17:3, 4, 18, 22, 23, 24, 27; 18:2, 3, 6, 10, 11, 12, 15, 16, 17, 20, 21, 22, 23; 19:4, 7, 8, 9, 13, 14, 15; 20:3, 4, 6, 9, 10, 12, 15, 16, 17, 18; 21:2, 6, 7, 8, 13; 22:8, 9, 14, 18, 21, 24, 30; 23:1, 3, 8, 13, 14, 15, 17, 22, 27, 31, 32, 33, 34, 35, 36, 38, 40; 24:3, 6, 7, 9, 10; 25:6, 9, 10, 12, 13, 15, 16, 17, 18, 26, 27, 28, 29, 38; 26:3, 5, 6, 7, 8, 9, 12, 15, 18, 19, 21, 23, 24; 27:4, 6, 9, 10, 11, 13, 14, 16, 17; 28:4, 6, 11, 14, 15, 16; 29:6, 10, 14, 17, 18, 22, 23, 26, 27, 28, 31, 32; 30:4, 14, 17, 19, 21; 31:2, 3, 6, 7, 9, 12, 13, 14, 19, 23, 25, 28, 29, 34; 32:5, 7, 8, 14, 15, 17, 19, 20, 25, 27, 31, 34, 35, 36, 37, 39, 40, 43; 33:2, 5, 6, 7, 8, 10, 15, 18, 22, 24, 26; 34:5, 9, 10, 14, 16, 22; 35:2, 7, 11, 14, 15, 17, 19; 36:3, 8, 19, 21, 26, 29, 32; 37:2, 3, 9,

10, 12, 13, 14, 21; 38:3, 5, 9, 12, 14, 15, 16, 18, 19, 22, 23, 25, 26; 39:7, 14, 16, 18; 40:4, 5, 7, 10, 11, 14, 15, 16; 41:6, 8; 42:3, 6, 9, 12, 13, 14, 18, 19, 20, 22; 43:2, 3, 4, 5, 13; 44:4, 7, 8, 14, 16, 17, 18, 19, 25, 26, 29; 45:4, 5; 46:9, 16, 28; 47:5, 7; 48:2, 9, 10, 12, 14, 17, 20, 33; 49:4, 5, 6, 8, 10, 13, 15, 20, 22, 24, 28, 29, 32, 33, 36, 39; 50:1, 2, 3, 5, 6, 7, 8, 9, 19, 29, 34, 40, 45, 46; 51:2, 7, 9, 14, 16, 23, 27, 28, 32, 33, 34, 39, 40, 53, 55, 57, 62, 64; 52:16, 33; 애 1:1, 5, 12, 13, 14, 17, 21, 22; 2:2, 6, 7, 8, 12, 15, 16, 17, 18, 19, 22; 3:2, 4, 6, 7, 9, 11, 15, 17, 24, 32, 33, 35, 36, 44, 54; 4:15, 20, 22; 5:6, 21; 겔 1:12, 13, 20; 2:1, 4, 8; 3:1, 3, 8, 9, 11, 12, 18, 22, 26, 27; 4:13; 5:5, 11, 14, 16, 17; 6:3, 6, 7, 10, 14; 7:4, 9, 13, 19, 20, 21, 24, 27; 8:3, 5, 6, 8, 9, 12, 13, 15, 17; 9:1, 6, 7, 8, 9, 10, 11; 10:2, 6; 11:8, 12, 13, 15, 16, 17, 20; 12:4, 6, 9, 10, 12, 13, 16, 20, 22, 23, 24, 25, 27, 28; 13:5, 6, 7, 9, 10, 12, 15, 16, 18, 19, 21, 22, 23; 14:7, 8, 9, 11, 13, 15, 17, 19, 23; 15:8; 16:2, 4, 6, 7, 8, 19, 21, 25, 26, 27, 33, 41, 43, 44, 50, 51, 52, 54, 56, 62, 63; 17:8, 9, 10, 12, 13, 14, 20, 24; 18:2, 10, 13, 14, 19, 25, 29, 31; 19:9, 14; 20:4, 5, 6, 7, 8, 10, 11, 12, 14, 15, 20, 21, 22, 23, 26, 27, 28, 29, 31, 32, 34, 37, 38, 39, 41, 44, 48, 49; 21:5, 7, 11, 14, 15, 19, 29, 32; 22:2, 3, 4, 16, 24, 25, 26, 28, 30; 23:10, 22, 27, 35, 40, 46, 49; 24:7, 9, 11, 16, 17, 19, 24; 25:3, 7, 8, 10, 13, 15, 17; 26:2, 3, 4, 5, 7, 13, 16, 17, 18, 19, 20, 21; 27:3, 4, 11, 33, 34, 36; 28:2, 3, 10, 17, 18, 19, 22, 23, 24; 29:3, 4, 7, 8, 9, 10, 12, 16, 20, 21; 30:2, 9, 11, 12, 13, 14, 19, 22, 24, 25; 31:4, 9, 14, 15, 16, 18; 32:4, 6, 7, 8, 14, 15, 21, 23, 24, 25, 26, 30, 32; 33:2, 8, 9, 10, 11, 13, 14, 16, 17, 20, 21, 24, 26, 27, 28, 29, 30, 32; 34:4, 10, 16, 19, 21, 22, 23, 25; 35:7, 8, 9, 10, 11, 12, 14; 36:2, 3, 10, 11, 12, 13, 15, 20, 25, 27, 29, 30, 33, 35, 37, 38; 37:2, 3, 5, 6, 9, 11, 12, 14, 17, 18, 19, 21, 22, 26, 28; 38:12, 13, 16, 17, 22, 23; 39:4, 7, 15, 16, 20, 21, 23, 25, 27, 28; 40:4, 46; 41:4, 22; 42:14; 43:6, 8, 10, 11, 20, 22, 23, 26; 44:7, 8, 12, 14, 18, 19, 24, 30; 45:2, 5, 8, 11, 12, 18, 20; 46:5, 6, 7, 11, 20, 21, 24; 47:3, 4, 6, 13, 14, 17, 22; 48:10, 13, 35; 단

【 하다 】　　【 하다 】

1:4, 5, 7, 8, 9, 10, 12, 13, 16, 19; 2:3, 4, 5, 6, 7, 9, 15, 16, 18, 23, 24, 25, 26, 28, 29, 30, 38, 45, 46, 48, 49; 3:2, 6, 9, 11, 12, 14, 15, 18, 19, 20, 24, 25, 26, 29; 4:2, 6, 14, 17, 18, 23, 26, 27, 30, 32, 35; 5:7, 10, 12, 14, 15, 16, 26, 27, 28, 29; 6:1, 2, 3, 4, 5, 6, 8, 10, 12, 13, 15, 16, 17, 20, 21, 22, 23, 24, 27; 7:5, 8, 14, 18, 20; 8:13, 14, 15, 19, 24, 26; 9:2, 12, 13, 16, 18, 19, 22, 27; 10:4, 11, 12, 14, 17, 18, 19; 11:17, 18, 27, 31, 35, 36, 37, 39, 44; 12:6, 7, 10 소선지서 호 1:2, 4, 5, 6, 7, 9, 10; 2:1, 2, 3, 5, 6, 7, 12, 15, 17, 18, 23; 3:1, 3; 4:7, 13; 5:8, 13; 6:1, 3, 4; 7:3, 7, 15; 8:2, 11, 14; 9:5, 10; 10:1, 3, 8; 11:7, 8, 11; 12:5, 8, 9, 14; 13:1, 2, 10; 14:3, 8; 욜 2:12, 13, 14, 16, 17, 20; 3:6, 7, 10, 11; 암 1:13, 14; 2:7, 10, 12; 3:2, 9, 11; 4:1, 6, 7, 9, 10, 11, 13; 5:3, 5, 9, 12, 16, 27; 6:3, 8, 9, 10, 13, 14; 7:2, 4, 5, 6, 8, 15, 16, 17; 8:2, 4, 5, 6, 7, 9, 10, 14; 9:1, 4, 5, 7, 9, 10, 12; 옵 1:1, 2, 3, 7; 욘 1:2, 3, 5, 6, 7, 8, 9, 10, 11, 12, 13, 14, 16, 17; 2:4, 9; 3:2, 4, 9; 4:3, 4, 6, 7, 8, 9, 11; 미 1:6, 11, 15, 16; 2:3, 4, 6, 7, 11, 12, 13; 3:3, 6, 9, 11, 12; 4:2, 5, 7, 11, 13; 5:6, 9, 15; 6:1, 3, 5, 13, 16; 7:2, 9, 10, 15; 나 1:15; 2:2, 3; 3:2, 4, 5, 6, 7, 12, 14, 15, 16, 19; 합 1:3, 8, 9, 14; 2:1, 2, 9, 10, 15, 19, 20; 3:2, 14, 19; 습 1:3, 12, 17; 2:5, 11, 13, 15; 3:6, 7, 9, 17, 19, 20; 학 1:2, 11, 13, 14; 2:4, 7, 12, 13, 17, 23; 슥 1:4, 6, 9, 11, 12, 17, 19, 21; 2:2, 4, 6, 9, 13; 3:2, 4, 5, 7, 8, 10; 4:3, 4, 5, 6, 7, 9, 10, 11, 12, 13, 14; 5:2, 3, 4, 5, 6, 7, 8, 10, 11; 6:4, 5, 7, 8, 13, 14; 7:3, 5, 7, 10, 12, 14; 8:8, 9, 10, 12, 13, 14, 21, 23; 9:13, 14, 17; 10:1, 3, 5, 6, 10, 12; 11:1, 5, 6, 7, 9, 10, 13, 14, 17; 12:2, 3, 4, 5, 6, 7, 10, 11, 12, 13, 14; 13:3, 5, 6, 9; 14:2, 3, 5, 13, 21; 말 1:2, 3, 4, 5, 6, 7, 9, 10, 12, 13; 2:2, 4, 5, 6, 7, 8, 9, 10, 11, 13, 14, 15, 17; 3:3, 5, 7, 8, 10, 11, 12, 13, 15; 4:6 복음서 마 1:19, 21, 22, 23, 25; 2:2, 6, 8, 13, 15, 18, 20, 23; 3:2, 3, 7, 9, 11, 12, 13, 15, 17; 4:3, 4, 6, 7, 10, 14, 16, 17, 18, 19; 5:9, 11, 13, 16, 17, 21, 22, 27, 29, 30, 31, 33, 34, 35, 37, 38, 40, 41, 42, 43; 6:2, 3, 4, 5, 7, 13, 16, 18, 31; 7:4, 9, 10, 12, 21, 22, 23; 8:2, 3, 4, 8, 9, 13, 17, 20, 22, 26, 27, 29, 31, 32; 9:4, 5, 6, 9, 13, 17, 18, 21, 22, 24, 27, 28, 29, 30, 33, 34, 38; 10:2, 7, 8, 18, 21, 25, 35, 42; 11:2, 4, 5, 6, 10, 17, 18, 19, 24, 28, 30; 12:2, 3, 7, 8, 10, 12, 13, 14, 18, 20, 21, 23, 24, 33, 34, 36, 37, 44, 47, 48, 50; 13:8, 9, 15, 17, 23, 28, 30, 35, 41, 51, 55, 56, 57; 14:2, 4, 5, 6, 8, 15, 18, 22, 26, 28, 29, 30, 31, 33, 36; 15:4, 5, 6, 9, 11, 14, 18, 20, 22, 24, 27, 28, 32, 34, 35; 16:2, 4, 6, 7, 11, 13, 15, 19, 20, 23, 25; 17:4, 5, 7, 9, 10, 12, 17, 20, 23, 25, 27; 18:7, 8, 9, 16, 19, 21, 23, 25, 26, 28, 29, 33, 35; 19:5, 6, 14, 16, 19, 21, 24, 26; 20:4, 5, 7, 8, 12, 13, 15, 17, 22, 26, 27, 28, 30, 31, 33; 21:3, 4, 5, 6, 9, 10, 11, 13, 15, 16, 19, 21, 22, 23, 24, 25, 26, 27, 28, 29, 30, 31, 36, 37, 38, 40, 42, 44; 22:3, 4, 12, 13, 15, 17, 19, 21, 23, 24, 26, 32, 34, 37, 39, 44, 45; 23:3, 4, 5, 9, 11, 13, 15, 16, 17, 18, 19, 25, 26, 30, 39; 24:5, 6, 23, 24, 26, 40, 41, 43, 46, 48; 25:1, 6, 8, 9, 12, 17, 21, 23, 27, 30, 32, 35, 37, 39, 40, 42, 43, 45, 46; 26:2, 3, 5, 9, 10, 12, 13, 14, 15, 18, 19, 21, 25, 26, 28, 29, 31, 35, 36, 38, 39, 41, 42, 49, 50, 54, 56, 61, 62, 63, 64, 65, 66, 68, 69, 70, 71, 72, 73, 74, 75; 27:4, 6, 9, 10, 11, 13, 16, 17, 19, 20, 22, 23, 25, 29, 31, 32, 34, 40, 43, 46, 47, 48, 49, 54, 57, 58, 63, 64, 65; 28:7, 9, 10, 13, 14, 15, 20; 막 1:3, 4, 11, 15, 17, 25, 27, 38, 40, 41, 44, 45; 2:5, 9, 10, 11, 12, 14, 17, 21, 22, 24, 25; 3:2, 3, 4, 5, 6, 8, 10, 11, 14, 15, 21, 22, 29, 30, 33; 4:8, 9, 12, 18, 20, 22, 27, 35, 38, 39, 40, 41; 5:7, 8, 9, 12, 19, 22, 23, 30, 31, 36, 39, 41, 43; 6:3, 4, 9, 11, 14, 15, 16, 18, 19, 20, 22, 23, 24, 25, 31, 36, 37, 38, 39, 41, 45, 48, 49, 50, 56; 7:7, 10, 11, 12, 13, 15, 16, 18, 19, 20, 23, 24, 29, 34, 36, 37; 8:5, 6, 7, 12, 15, 16, 21, 24, 26, 27, 28, 29, 32, 33, 35; 9:1, 5, 6, 7, 9, 10, 11, 12, 13, 18, 19, 20, 21, 22, 23, 24, 25, 26, 29, 33, 34, 35, 41, 42, 43, 45, 47, 50; 10:9, 15, 17, 19, 21, 23, 25, 26, 27, 34, 35, 36, 37, 39, 43, 44, 45, 47, 48, 49, 51, 52; 11:3, 5, 10, 13, 14, 17, 18, 23, 25, 28, 29, 31, 32, 33; 12:6, 7, 9, 11, 12, 13, 15, 17, 18, 19, 21, 26, 27, 30, 31, 32, 34, 35, 36, 37, 40, 44; 13:2, 6, 7, 11, 12, 21, 22, 36, 37; 14:2, 5, 6, 9, 11, 12, 14, 15, 16, 18, 21, 22, 25, 27, 31, 32, 34, 36, 38, 44, 45, 49, 58, 60, 62, 64, 65, 67, 68, 69, 71, 72; 15:2, 4, 7, 8, 9, 11, 12, 13, 14, 15, 18, 21, 22, 24, 30, 32, 34, 35, 36, 39, 43, 44; 16:3, 7, 8, 18; 눅

【 하다 】　　　　　　　　　　　　　　　　　　　　　　　【 하다 】

1:4, 13, 16, 17, 20, 25, 27, 28, 31, 38, 45, 55, 59, 60, 61, 62, 63, 64, 66, 73, 75, 77, 79; 2:1, 2, 4, 9, 12, 14, 15, 21, 23, 25, 26, 27, 32, 34, 35, 36, 46, 48, 49, 50; 3:3, 4, 6, 7, 8, 10, 11, 12, 13, 14, 17, 22; 4:3, 4, 8, 10, 11, 12, 13, 16, 18, 19, 21, 23, 29, 35, 36, 42, 43; 5:5, 6, 7, 8, 10, 12, 13, 14, 15, 18, 20, 22, 23, 24, 26, 27, 29, 36, 37, 39; 6:2, 3, 5, 7, 8, 9, 10, 11, 22, 23, 26, 30, 31, 33, 34, 38, 42, 46, 48, 49; 7:4, 5, 7, 8, 9, 13, 14, 15, 16, 19, 20, 21, 22, 23, 27, 28, 29, 32, 33, 34, 35, 39, 40, 43, 48, 49, 50; 8:2, 8, 10, 12, 16, 18, 21, 22, 25, 28, 29, 30, 31, 39, 41, 45, 46, 48, 49, 50, 52, 54, 56; 9:2, 5, 7, 8, 9, 12, 13, 14, 15, 16, 18, 19, 20, 22, 24, 25, 28, 33, 34, 35, 39, 41, 42, 44, 46, 50, 54, 58, 59, 60, 62; 10:2, 5, 9, 11, 16, 20, 22, 24, 25, 27, 28, 35, 37, 39, 40, 42; 11:2, 4, 6, 7, 11, 12, 13, 15, 18, 21, 24, 27, 28, 33, 36, 49, 51, 52, 54; 12:12, 13, 14, 15, 17, 18, 19, 20, 26, 29, 38, 39, 40, 41, 43, 45, 48, 51, 52, 53, 59; 13:7, 9, 12, 14, 17, 21, 25, 27, 30, 32, 33, 35; 14:5, 9, 10, 12, 14, 15, 17, 18, 19, 20, 21, 22, 24, 30, 34, 35; 15:2, 6, 9, 12, 15, 16, 19, 24, 27, 28, 29, 32; 16:2, 3, 4, 6, 7, 8, 15, 21, 24, 26, 28, 31; 17:1, 4, 5, 6, 7, 8, 9, 10, 13, 14, 18, 19, 22, 23, 33, 37; 18:3, 5, 8, 11, 12, 13, 14, 17, 18, 20, 22, 25, 27, 30, 33, 37, 38, 39, 40, 41, 42; 19:3, 5, 7, 13, 14, 15, 17, 19, 23, 24, 27, 28, 31, 34, 38, 39, 40, 44, 46; 20:2, 5, 6, 7, 8, 10, 12, 13, 14, 15, 16, 17, 18, 19, 20, 22, 25, 28, 38, 39, 41, 43, 44, 47; 21:4, 8, 9, 16, 28, 36, 37; 22:1, 8, 11, 12, 13, 16, 17, 18, 19, 20, 22, 23, 24, 30, 31, 32, 34, 37, 38, 40, 42, 46, 47, 48, 49, 51, 53, 56, 57, 58, 60, 61, 64, 69, 71; 23:2, 4, 14, 15, 18, 20, 21, 22, 24, 25, 26, 29, 30, 31, 33, 34, 35, 37, 39, 41, 42, 43, 46, 47, 50, 52; 24:7, 13, 17, 18, 22, 23, 24, 26, 28, 29, 32, 34, 36, 40, 41, 44, 45, 47, 49; 요 1:7, 15, 20, 22, 23, 27, 30, 31, 33, 34, 38, 41, 42, 43, 46, 50, 51; 2:3, 5, 7, 8, 10, 16, 17, 20, 22; 3:1, 2, 7, 14, 15, 16, 17, 20, 21, 30; 4:1, 4, 5, 9, 10, 15, 17, 20, 25, 26, 29, 33, 35, 36, 37, 42, 44, 45, 47, 50, 51, 52; 5:2, 4, 6, 8, 11, 12, 14, 15, 16, 17, 18, 19, 20, 23, 26, 30, 34, 36, 47; 6:5, 6, 10, 12, 14, 20, 25, 27, 28, 29, 30, 31, 36, 40, 41, 42, 50, 51, 52, 59, 62, 64, 65, 70; 7:4, 9, 11, 12, 15,

17, 19, 24, 25, 27, 29, 31, 34, 36, 38, 40, 41, 42, 44, 46, 52; 8:6, 7, 11, 20, 22, 24, 26, 28, 30, 32, 33, 36, 37, 39, 40, 41, 44, 48, 52, 53, 55, 58, 59; 9:3, 4, 6, 7, 9, 11, 12, 14, 15, 16, 17, 19, 21, 23, 26, 30, 32, 33, 34, 35, 38, 39, 41; 10:6, 10, 18, 20, 21, 24, 30, 31, 32, 33, 34, 35, 36, 38, 39, 41; 11:3, 4, 6, 7, 8, 11, 12, 15, 16, 28, 32, 34, 36, 37, 39, 40, 42, 43, 44, 45, 46, 47, 48, 50, 51, 52, 55, 56, 57; 12:2, 5, 7, 8, 13, 15, 19, 21, 27, 28, 29, 32, 34, 35, 36, 38, 40, 46, 48, 50; 13:7, 10, 11, 13, 15, 18, 19, 21, 24, 26, 27, 28, 29; 14:3, 9, 10, 12, 13, 16, 22, 25, 26, 28, 29, 30, 31; 15:2, 11, 12, 15, 16, 17, 20, 21, 24, 25; 16:1, 2, 3, 4, 6, 9, 10, 11, 15, 16, 17, 18, 19, 26, 28, 29, 33; 17:1, 2, 4, 5, 11, 13, 17, 19, 21, 22, 23, 24, 26; 18:1, 5, 6, 7, 8, 9, 11, 17, 21, 22, 23, 25, 28, 31, 32, 34, 35, 36, 37, 38, 39, 40; 19:3, 4, 5, 6, 7, 9, 11, 12, 15, 17, 21, 22, 24, 26, 27, 28, 30, 31, 35, 36, 37; 20:2, 9, 14, 15, 16, 17, 18, 20, 22, 23, 25, 26, 29, 31; 21:2, 3, 6, 7, 10, 12, 13, 15, 16, 17, 19, 22, 23 역사서 행 1:5, 6, 8, 9, 11, 12, 19, 20, 22, 23, 25; 2:4, 11, 12, 13, 21, 25, 27, 28, 30, 31, 35, 36, 37, 39, 40, 47; 3:4, 5, 6, 8, 13, 16, 18, 19, 23, 25, 26; 4:12, 15, 16, 17, 18, 20, 26, 29, 30, 32; 5:1, 4, 8, 9, 20, 21, 23, 24, 25, 28, 32, 34, 35, 37, 39; 6:4, 11, 14; 7:3, 6, 7, 19, 22, 26, 28, 32, 34, 35, 36, 37, 39, 40, 43, 44, 46, 50, 53, 58, 59, 60; 8:6, 9, 10, 14, 19, 24, 26, 29, 31, 33; 9:4, 6, 10, 11, 12, 13, 14, 16, 17, 21, 22, 33, 34, 36, 40, 43; 10:1, 3, 5, 6, 10, 13, 15, 17, 18, 20, 22, 23, 26, 28, 30, 32, 33, 38, 41, 42, 43, 44, 47, 48; 11:3, 7, 8, 9, 12, 13, 14, 15, 16, 17, 18, 28; 12:1, 4, 6, 7, 8, 9, 11, 12, 13, 14, 15, 17, 22, 25; 13:1, 2, 6, 7, 9, 10, 11, 15, 22, 25, 27, 28, 33, 34, 35, 39, 41, 42, 44, 47, 50; 14:2, 3, 10, 11, 12, 13, 15, 17, 18, 22; 15:1, 3, 5, 7, 9, 11, 17, 18, 19, 21, 22, 24, 29, 32, 36, 37, 38, 41; 16:1, 4, 6, 9, 13, 14, 15, 17, 18, 20, 21, 22, 23, 27, 28, 29, 30, 31, 35, 36, 37, 38; 17:3, 5, 6, 7, 11, 13, 14, 15, 18, 20, 23, 26, 27, 28, 30, 31, 32, 34; 18:2, 6, 7, 10, 13, 15, 19, 21, 23, 24, 27; 19:4, 6, 10, 11, 13, 15, 21, 24, 26, 27, 28, 32, 34, 36, 40, 41; 20:7, 9, 10, 13, 23, 28, 30, 32, 35, 38; 21:4, 10, 11, 13, 14, 19, 23, 24, 25, 28, 33, 39,

【 하다 】　　　　　　　　　　　　　　　　　　　　　　　　　　　　　　　　【 하다 】

40; 22:4, 5, 7, 8, 10, 12, 13, 14, 16, 18, 21, 22, 24, 25, 26, 28, 30; 23:1, 3, 5, 8, 9, 10, 11, 12, 15, 16, 17, 18, 19, 20, 21, 22, 23, 28, 30, 32, 35; 24:4, 5, 6, 8, 10, 12, 14, 15, 20, 21, 22, 23, 25, 27; 25:5, 8, 9, 12, 16, 19, 21, 22, 24, 26, 27; 26:1, 5, 10, 11, 18, 20, 21, 23, 24, 28, 29, 31, 32; 27:2, 6, 10, 12, 24, 26, 29, 30, 31, 34, 38, 42, 43, 44; 28:1, 2, 4, 6, 7, 8, 18, 22, 25, 27, 28 **서신서** 롬 1:10, 11, 13, 15, 17, 24, 27, 28, 32; 2:4, 7, 8, 13, 23, 29; 3:4, 5, 8, 18, 19, 20, 24, 25, 26, 28, 30; 4:2, 5, 8, 9, 11, 13, 16, 17, 18, 25; 5:1, 5, 9, 11, 14, 16, 17, 18, 20, 21; 6:1, 4, 6, 7, 12; 7:4, 5, 7, 10, 13, 20; 8:3, 4, 7, 20, 29, 30, 31, 33, 36; 9:1, 5, 7, 9, 11, 12, 13, 14, 15, 17, 18, 19, 22, 23, 26, 28, 29, 30, 33; 10:5, 6, 7, 8, 11, 15, 16, 18, 19, 21; 11:3, 4, 8, 9, 10, 14, 19, 25, 27, 28, 31, 32; 12:2, 8, 10, 16, 20; 13:5, 9; 14:9, 11, 15, 16, 18, 20, 21, 22, 23; 15:1, 2, 3, 4, 5, 6, 8, 9, 10, 11, 12, 13, 15, 16, 18, 21, 22, 26, 27, 31, 32; 16:17, 20, 26; 고전 1:8, 9, 10, 15, 17, 19, 20, 27, 28, 29, 31; 2:4, 5, 9, 12, 13; 3:1, 4, 5, 6, 7, 19, 20; 4:4, 6, 8, 12, 14, 17; 5:1, 5, 8, 9, 10, 11; 6:1, 5, 6, 11, 16; 7:3, 4, 5, 6, 11, 15, 29, 30, 31, 32, 33, 34, 35, 36, 37; 8:1, 8, 9, 12, 13; 9:7, 11, 12, 13, 14, 15, 16, 17, 25; 10:6, 7, 13, 15, 20, 22, 27, 31, 33; 11:4, 5, 18, 22, 24, 25, 32, 34; 12:3, 7, 13, 15, 16, 21, 24, 25; 13:1, 10; 14:1, 2, 9, 15, 16, 19, 21, 23, 24, 26, 30, 31, 40; 15:1, 10, 12, 25, 27, 28, 29, 32, 34, 35, 45; 16:1, 2, 3, 6, 10, 11, 18; 고후 1:4, 6, 9, 11, 12, 15, 17, 18, 19, 20, 21, 23; 2:4, 5, 9, 10, 11, 14, 17; 3:1, 6, 7, 13; 4:2, 4, 7, 10, 11, 13, 14, 15; 5:4, 5, 9, 12, 15, 18, 19, 21; 6:2, 3, 10, 13, 16, 18; 7:1, 2, 3, 7, 9, 10, 11, 12; 8:2, 3, 6, 8, 9, 10, 11, 13, 14, 20; 9:2, 3, 5, 6, 7, 8, 9, 10, 11; 10:2, 5, 8, 9, 10, 13, 15; 11:4, 12, 17, 23; 12:6, 7, 8, 9, 14, 16, 18, 19; 13:7, 10; 갈 1:7, 10, 11, 23; 2:2, 3, 5, 9, 14, 17; 3:2, 6, 8, 10, 11, 12, 13, 14, 15, 16, 17, 21, 24; 4:3, 4, 5, 6, 8, 9, 12, 15, 16, 17, 19, 21, 22, 27, 30; 5:1, 4, 7, 10, 12, 14, 17, 21, 26; 6:10, 12, 13, 17; 엡 1:4, 5, 6, 8, 10, 12, 14, 17, 19, 21, 22, 23; 2:3, 7, 10, 15, 16, 18; 3:3, 8, 9, 10, 11, 16, 17, 19, 20; 4:2, 3, 8, 9, 10, 12, 14, 15, 16, 28, 29, 30, 32; 5:4, 6, 14, 15, 22, 24, 25, 26, 27, 33; 6:4, 5, 6, 7, 9, 18,

19, 20, 21; 빌 1:9, 18, 20, 23, 26, 29; 2:3, 4, 10, 11, 13, 14, 16, 27, 28; 3:10, 11, 12, 21; 4:5, 10, 13; 골 1:9, 10, 11, 12, 18, 19, 22, 27; 2:2, 4, 7, 11, 14, 16, 18, 19, 21, 23; 3:9, 10, 15, 17, 19, 20, 21, 22, 23; 4:3, 4, 6, 8, 11, 16, 17; 살전 2:3, 4, 7, 11, 12, 15, 18; 3:2, 3, 5, 6, 10, 11, 12, 13; 4:7, 11, 12, 13, 17; 5:3, 9, 10, 11, 15, 23; 살후 1:5, 6, 11, 12; 2:2, 3, 6, 7, 11, 12, 13, 14, 17; 3:2, 3, 5, 9, 10, 11, 12, 14; 딤전 1:3, 4, 10, 12, 15, 16, 20; 2:2, 9, 10; 3:1, 4, 6, 8, 15, 16; 4:1, 3, 12, 15; 5:1, 2, 4, 5, 7, 13, 16, 18, 20, 21, 22; 6:1, 2, 3, 9, 12, 13, 17, 18; 딤후 1:4, 6, 9, 18; 2:4, 10, 12, 14, 18, 19, 21, 25, 26; 3:12, 13, 15, 17; 4:5, 17, 21; 딛 1:5, 6, 7, 9, 10, 12, 13, 14; 2:2, 5, 8, 9, 10, 13, 14; 3:1, 2, 5, 7, 8, 13, 14; 몬 1:6, 13, 14, 15, 17, 18, 20; 히 1:3, 5, 6, 7, 9, 12, 13; 2:2, 5, 7, 8, 9, 10, 11, 12, 13, 15, 16, 17; 3:2, 6, 8, 10, 11, 13, 15, 16, 18; 4:1, 3, 4, 5, 7, 11, 12; 5:5, 6, 11; 6:3, 6, 12, 14, 18; 7:9, 17, 21, 28; 8:1, 5, 11, 12, 13; 9:12, 13, 14, 15, 20, 23, 26, 28; 10:3, 4, 7, 8, 9, 11, 13, 14, 16, 17, 25, 29, 30, 38; 11:4, 5, 6, 18, 27, 28, 32, 33, 34, 35, 40; 12:1, 2, 6, 9, 10, 13, 15, 20, 21, 26, 27; 13:4, 5, 6, 9, 12, 17, 18, 21; 약 1:4, 13, 18, 19, 22, 25; 2:3, 5, 8, 11, 12, 14, 16, 18, 20, 21, 24, 25; 3:3, 18; 4:4, 5, 6, 8, 12, 13, 15; 5:5, 8, 12, 19, 20; 벧전 1:2, 3, 4, 16, 21, 22, 25; 2:2, 6, 8, 9, 12, 14, 16, 21, 24; 3:1, 3, 4, 7, 9, 12, 15, 16, 18; 4:2, 3, 6, 9, 11, 13, 17; 5:2, 3, 9, 10; 벧후 1:4, 8, 10, 11, 12, 15, 17; 2:4, 6, 11, 19, 22; 3:1, 2, 4; 요일 1:3, 4, 6, 7, 9, 10; 2:1, 4, 6, 9, 11, 24, 28; 3:1, 3, 7, 8, 12, 18, 19; 4:3, 5, 9, 17, 20; 5:13, 16, 20; 요이 1:6, 10, 12; 요삼 1:3, 4, 8, 10; 유 1:5, 9, 15, 16, 17, 18, 24 **예언서** 계 1:1, 8, 9, 11; 2:2, 7, 9, 10, 11, 14, 17, 20, 21, 27, 29; 3:1, 2, 6, 9, 10, 11, 12, 13, 15, 18, 21, 22; 4:1, 8, 11; 5:3, 4, 5, 10, 12, 13, 14; 6:1, 2, 3, 4, 5, 6, 7, 10, 11, 17; 7:1, 3, 10, 14; 8:13; 9:4, 5, 14, 20; 10:4, 7, 8, 9, 11; 11:5, 6, 8, 9, 10, 12, 15, 17, 18; 12:4, 9, 12, 15; 13:4, 11, 12, 13, 14, 15, 16, 17; 14:7, 8, 11, 13, 15, 18; 15:3, 4; 16:1, 6, 7, 16, 17; 17:2, 5, 16, 17, 18; 18:3, 7, 10, 18, 20, 24; 19:2, 3, 4, 5, 8, 9, 10, 16, 18; 20:3, 4, 6; 21:5, 9; 22:5, 7, 9, 11, 16, 17, 20

하다드림몬

하다드림몬(Hadad Rimmon) 므깃도 근교
슥 12:11 므깃도 골짜기 **하다드림몬**에 있던 애통

하다사(Hadashah) 유다 평지의 성읍
수 15:37 스난과 **하다사**와 믹달갓과

하닥(Hathach) 에스더를 시중들던 내시
에 4:5 내시 **하닥**을 불러 명령하여 모르드개

📖 **하닥 - 기타 본문**
에 4:6, 7, 8, 9, 10

하달(Hadad-NIV, Hadar-RSV) 에돔 왕
창 36:39 바알하난이 죽고 **하달**이 그를 대신하여

하닷 1(Hadad)
  1. 이스마엘의 여덟 번째 아들
창 25:15 **하닷**과 데마와 여둘과 나비스와 게드
대상 1:30 미스마와 두마와 맛사와 **하닷**과 데마
  2. 브닷의 아들로 에돔 왕
창 36:35 모압 들에서 미디안 족속을 친 **하닷**이
창 36:36 **하닷**이 죽고 마스레가의 삼라가 그를
대상 1:46 브닷의 아들 **하닷**이 대신하여 왕이 되었으니 **하닷**은 모압 들에서 미디안을
대상 1:47 **하닷**이 죽으매 마스레가의 사믈라가
  3. 바알하난 다음의 에돔 왕
대상 1:50 바알하난이 죽으매 **하닷**이 대신하여
대상 1:51 **하닷**이 죽으니라 그리고 에돔의 족장
  4. 에돔 왕의 자손으로 솔로몬을 대적한 사람
왕상 11:14 에돔 사람 **하닷**을 일으켜 솔로몬의 대적

📖 **하닷 4 - 기타 본문**
왕상 11:17, 19, 21, 25

하닷 2(Hathath) 사사 옷니엘의 아들
대상 4:13 옷니엘의 아들은 **하닷**이며

하닷사(Hadassah) 에스더의 히브리식 이름
에 2:7 삼촌의 딸 **하닷사** 곧 에스더를 부모가

하닷에셀(Hadadezer) 소바 왕 르홉의 아들
삼하 8:3 소바 왕 **하닷에셀**이 자기 권세를 회복
대상 19:19 **하닷에셀**의 부하들이 자기가 이스라엘

📖 **하닷에셀 - 기타 본문**
삼하 8:5, 7, 8, 9, 10, 12; 10:16, 19; 왕상 11:23; 대상 18:3, 5, 7, 8, 9, 10; 19:16

하도람(Hadoram)
  1. 셈의 후손 욕단의 아들
창 10:27 **하도람**과 우살과 디글라와
대상 1:21 **하도람**과 우살과 디글라와
  2. 하맛 왕 도우의 아들
대상 18:10 그의 아들 **하도람**을 보내서 다윗 왕에게 문안하고 … **하도람**이 금과 은과
  3. 르호보암 왕 때 역꾼의 감독
대하 10:18 르호보암 왕이 역꾼의 감독 **하도람**을

하드락(Hadrach) 팔레스타인 북쪽 수리아 성읍
슥 9:1 여호와의 말씀이 **하드락** 땅에 내리며

하들래(Hadlai) 아마사의 아버지
대하 28:12 **하들래**의 아들 아마사가 일어나서 전장

하디다(Hatita) 바벨론에서 귀환한 레위인
스 2:42 아델과 달문과 악굽과 **하디다**와 소배
느 7:45 달문 자손과 악굽 자손과 **하디다** 자손

하디바(Hatipha) 느디님 사람의 선조
스 2:54 느시야 자손과 **하디바** 자손이었더라
느 7:56 느시야 자손과 **하디바** 자손이었느니라

하딜(Hattil) 솔로몬 신복의 선조
스 2:57 자손과 **하딜** 자손과 보게렛하스바임

하딧(Hadid) 포로 후 베냐민 지파가 거한 곳
스 2:33 **하딧**과 오노 자손이 칠백이십오 명이요
느 7:37 로드와 **하딧**과 오노 자손이 칠백이십
느 11:34 **하딧**과 스보임과 느발랏과

하라(Hara) 앗수르 제국의 한 지방
대상 5:26 사로잡아 할라와 하볼과 **하라**와 고산

하라다(Haradah) 이스라엘이 에돔 국경에 이르기 전에 진 쳤던 곳
민 33:24 세벨 산을 떠나 **하라다**에 진을 치고
민 33:25 **하라다**를 떠나 막헬롯에 진을 치고

【 하란 】

하란(Haran)

1. 인 명

(1) 데라의 아들로 아브라함과 나홀의 형제

창 11:26 칠십 세에 아브람과 나홀과 **하란**을 낳았

> 하란 1 - 기타 본문
> 창 11:27, 28, 29, 31

(2) 갈렙과 그의 첩 에바 사이에 난 아들

대상 2:46 에바는 **하란**과 모사와 … **하란**은 가세스

(3) 레위 지파 게르손의 자손으로 시므이의 아들

대상 23:9 슬로밋과 하시엘과 **하란** 세 사람이니

2. 지명 : 북 메소포타미아에 있던 고대의 도시

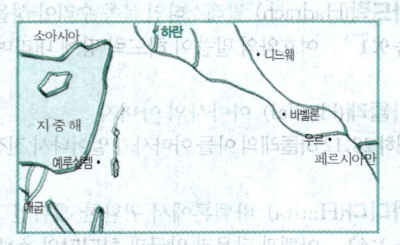

창 11:31 **하란**에 이르러 거기 거류하였으며

> 하란 2 - 기타 본문
> 창 11:32; 12:5; 27:43; 28:10; 29:4; 왕하 19:12;
> 사 37:12; 겔 27:23; 행 7:2, 4

하랄 사람(Hararite) 유다 산지나 에브라임 산지의 출신자

삼하 23:11 그 다음은 **하랄 사람** 아게의 아들 삼마
삼하 23:33 **하랄 사람** 삼마와 아랄 사람 사랄의
대상 11:34 기손 사람 하셈의 아들들과 **하랄 사람**
대상 11:35 **하랄 사람** 사갈의 아들 아히암과 울의

하로셋학고임(Harosheth Haggoyim) 시스라가 산 성읍

삿 4:2 군대 장관은 **하로셋학고임**에 거주하는
삿 4:13 모든 백성을 **하로셋학고임**에서부터
삿 4:16 군대를 추격하여 **하로셋학고임**에 이르

하로에(Haroeh) 갈렙의 자손 중 소발의 자손

대상 2:52 소발의 자손은 **하로에**와 므누홋 사람

【 하루 】

하롤(Harorite) 다윗의 용사인 삼훗의 고향

대상 11:27 **하롤** 사람 삼훗과 블론 사람 헬레스와

하롯(Harod) 길보아 산에 있던 샘

삿 7:1 일찍이 일어나 **하롯** 샘 곁에 진을 쳤고

하롯 사람(Harodite) 삼훗과 엘리가의 출신지

삼하 23:25 **하롯 사람** 삼훗과 **하롯 사람** 엘리가와

하루(one day)

1. 0시부터 24시까지의 시간 동안

창 27:45 불러오리라 어찌 **하루**에 너희 둘을 잃으
창 33:13 **하루**만 지나치게 몰면 모든 떼가 죽으
출 21:21 그가 **하루**나 이틀을 연명하면 형벌을
민 7:11 지휘관들은 **하루** 한 사람씩 제단의 봉
민 11:19 **하루**나 이틀이나 닷새나 열흘이나 스무
민 14:34 **하루**를 일 년으로 쳐서 그 사십 년간
삼상 19:24 예언을 하며 **하루** 밤낮을 벗은 몸으로
삼상 28:20 **하루** 밤낮을 음식을 먹지 못하였음이
왕상 4:22 솔로몬의 **하루**의 음식물은 가는 밀가루
왕상 20:29 이스라엘 자손이 **하루**에 아람 보병 십만
대하 28:6 **하루** 동안에 용사 십이만 명을 죽였으며
스 10:13 범죄하였은즉 **하루** 이틀에 할 일이 아니
느 4:2 **하루**에 일을 마치려는가 불탄 돌을 흙
에 3:13 아달월 십삼일 **하루** 동안에 모든 유다인
에 8:12 십이월 십삼일 **하루** 동안에 하게 하였고
시 119:164 내가 **하루** 일곱 번씩 주를 찬양하나이다
시 139:16 나를 위하여 정한 날이 **하루**도 되기 전
잠 27:1 **하루** 동안에 무슨 일이 일어날는지 네가
사 9:14 여호와께서 **하루** 사이에 이스라엘 중에
사 10:17 **하루** 사이에 그의 가시와 찔레가 소멸
사 66:8 나라가 어찌 **하루**에 생기겠으며 민족이
겔 4:6 네게 사십 일로 정하였나니 **하루**가 일년
겔 4:10 음식물을 달아서 **하루** 이십 세겔씩 때
단 6:10 **하루** 세 번씩 무릎을 꿇고 기도하며
단 6:13 금령을 존중하지 아니하고 **하루** 세 번씩
욘 3:4 요나가 그 성읍에 들어가서 **하루** 동안
슥 3:9 새기며 이 땅의 죄악을 **하루**에 제거하리
마 20:2 그가 **하루** 한 데나리온씩 품꾼들과 약속
눅 17:4 만일 **하루**에 일곱 번이라도 네게 죄를
눅 17:22 인자의 날 **하루**를 보고자 하되 보지
행 21:7 안부를 묻고 그들과 함께 **하루**를 있다
행 28:13 레기온에 이르러 **하루**를 지낸 후 남풍이

【 하루맙 】   【 하만 】

고전 10:8 음행하다가 **하루**에 이만 삼천 명이 죽었 | 이며 **하룻밤**에 모압 기르가 망하여 황폐
벧후 3:8 **하루**가 천 년 같고 천 년이 **하루** 같다는 | 렘 14:8 **하룻밤**을 유숙하는 나그네같이 하시나
계 18:8 **하루** 동안에 그 재앙들이 이르리니 곧 | 온 4:10 **하룻밤**에 났다가 **하룻밤**에 말라 버린

2. '어느 날'이란 뜻

출 2:15 미디안 땅에 머물며 **하루**는 우물 곁에
삿 9:8 **하루**는 나무들이 나가서 기름을 부어
삼상 14:1 **하루**는 사울의 아들 요나단이 자기의
왕하 4:8 **하루**는 엘리사가 수넴에 이르렀더니
왕하 4:11 **하루**는 엘리사가 거기에 이르러 그 방에
왕하 4:18 그 아이가 자라매 **하루**는 추수꾼들에게
욥 1:13 **하루**는 욥의 자녀들이 그 맏아들의 집
욥 2:1 **하루**는 하나님의 아들들이 와서 여호
눅 5:17 **하루**는 가르치실 때에 갈릴리의 각 마을
눅 8:22 **하루**는 제자들과 함께 배에 오르사 그들

하루맙(Harumaph) 여디야의 아버지

느 3:10 그 다음은 **하루맙**의 아들 여다야가 자기

하루살이(fly, gnat)

욥 4:19 **하루살이** 앞에서라도 무너질 자이겠느
사 51:6 사는 자들이 **하루살이**같이 죽으려니와
마 23:24 맹인 된 인도자여 **하루살이**는 걸러 내고

하루스(Haruz) 므낫세의 어머니인 므술레멧의 아버지

왕하 21:19 이름은 므술레멧이요 옷바 **하루스**의

하룸(Harum) 유다 지파 아하헬의 아버지

대상 4:8 소베바와 **하룸**의 아들 아하헬 종족들

하룹 사람(Haruphite) 다윗을 도운 베냐민 지파 용사

대상 12:5 브아랴와 스마랴와 **하룹 사람** 스바댜

하룻길(day's walk)

민 11:31 진영 사방으로 각기 **하룻길** 되는 지면
왕상 19:4 광야로 들어가 **하룻길**쯤 가서 한 로템
눅 2:44 동행 중에 있는 줄로 생각하고 **하룻길**을

하룻밤(night, overnight)

창 40:5 **하룻밤**에 꿈을 꾸니 각기 그 내용이
창 41:11 나와 그가 **하룻밤**에 꿈을 꾼즉 각기
사 15:1 **하룻밤**에 모압 알이 망하여 황폐할 것

하르네벨(Harnepher) 소바의 아들

대상 7:36 소바의 아들들은 수아와 **하르네벨**과

하르몬(Harmon) 높은 곳 혹은 궁을 뜻함

암 4:3 각기 앞으로 바로 나가서 **하르몬**에 던져

하르보나(Harbona) 아하수에로를 모신 내시

에 1:10 내시 므후만과 비스다와 **하르보나**와
에 7:9 왕을 모신 내시 중에 **하르보나**가 왕에

하르사(Harsha) 느디님 사람의 조상

스 2:52 바슬룻 자손과 므히다 자손과 **하르사**
느 7:54 바슬릿 자손과 므히다 자손과 **하르사**

하림(Harim)

1. 다윗 시대 제사장 반차를 관장하던 사람

대상 24:8 셋째는 **하림**이요 넷째는 스오림이요

2. 느헤미야 시대 갱신된 언약에 인친 제사장

느 10:5 **하림**, 므레못, 오바댜,

3. 느헤미야 시대 갱신된 언약에 인친 백성 두목

느 10:27 말룩, **하림**, 바아나이니라

4. 스룹바벨과 함께 돌아온 하림 가족의 조상

스 2:32 **하림** 자손이 삼백이십 명이요

📖 하림 4 – 기타 본문

스 2:39; 10:21, 31; 느 3:11; 7:35, 42; 12:15

하립(Hariph) 귀환한 성벽 수축자

느 7:24 **하립** 자손이 백십이 명이요
느 10:19 **하립**, 아나돗, 노배

하만(Haman) 아하수에로 왕의 대신

에 3:1 아각 사람 함므다다의 아들 **하만**의 지위

📖 하만 – 기타 본문

에 3:2, 4, 5, 6, 7, 8, 10, 12, 15; 4:7; 5:4, 5, 8,
9, 12, 14; 6:4, 5, 6, 10, 11, 12, 14; 7:1, 6, 7,
8, 10; 7:9; 8:1, 2, 3, 5, 7; 9:10, 12, 13, 14,
24, 25

【 하맛 】 【 하봇야일 】

하맛(Hamath) 수리아의 중부 성읍
창 10:18 아르왓 족속과 스말 족속과 **하맛** 족속

> 하맛 - 기타 본문

민 13:21; 34:8; 수 13:5; 삿 3:3; 삼하 8:9; 왕상 8:65;
왕하 14:25, 28; 17:24, 30; 18:34; 19:13; 23:33;
25:21; 대상 1:16; 13:5; 18:3, 9; 대하 7:8; 8:3, 4; 사
10:9; 11:11; 36:19; 37:13; 렘 39:5; 49:23; 52:9,
27; 겔 47:16, 17, 20; 48:1; 암 6:2, 14; 슥 9:2

하맛소바(Hamath Zobah) 다드몰 부근 성읍
대하 8:3 솔로몬이 가서 **하맛소바**를 쳐서 점령

하모나(Hamonah) 하몬곡 골짜기의 성읍
겔 39:16 성읍의 이름도 **하모나**라 하리라

하몬곡(Hamon Gog) 사해 동쪽의 골짜기
겔 39:11 무리를 매장하고 그 이름을 **하몬곡**의
겔 39:15 매장하는 사람에게 가서 **하몬곡** 골짜기

하몰(Hamor) 디나를 강간한 세겜의 아버지
창 33:19 세겜의 아버지 **하몰**의 아들들의 손에서
창 34:2   히위 족속 중 **하몰**의 아들 그 땅의 추장

> 하몰 - 기타 본문

창 34:4, 6, 8, 13, 18, 20, 24, 26; 수 24:32; 삿
9:28; 행 7:16

하무달(Hamutal) 요시야 왕의 아내
왕하 23:31 어머니의 이름은 **하무달**이라 립나
왕하 24:18 어머니의 이름은 **하무달**이요 립나인
렘 52:1   어머니의 이름은 **하무달**이라 립나인

하물 1(Hamul) 유다의 손자로 베레스의 아들
창 46:12 베레스의 아들은 헤스론과 **하물**이요
민 26:21 헤스론 종족과 **하물**에게서 난 **하물** 종족
대상 2:5 베레스의 아들은 헤스론과 **하물**이요

하물 2(荷物, cargo)
행 27:10 이번 항해가 **하물**과 배만 아니라 우리

하물며(how much better, how much more)
신 31:27 여호와를 거역하였거든 **하물며** 내가

> 하물며 - 기타 본문

삼상 14:30; 21:5; 23:3; 삼하 4:11; 16:11; 왕상
8:27; 왕하 5:13; 대하 6:18; 32:15; 욥 4:19; 9:14;
15:16; 25:6; 35:14; 잠 11:31; 15:11; 17:7; 19:7,
10; 21:2; 겔 15:5; 욘 4:11; 마 6:30; 7:11; 10:25;
눅 11:13; 12:28; 18:7; 요 3:12; 10:36; 롬 11:12;
고전 6:3; 9:12; 고후 3:8; 몬 1:16; 히 9:14; 10:29;
12:9, 25

하므란(Hemdan) 에돔 사람으로 디손의 아들
대상 1:41 디손의 아들은 **하므란**과 에스반과

하바라임(Hapharaim) 잇사갈 지파의 기업
이 된 성읍
수 19:19 **하바라임**과 시온과 아나하랏과

하바시냐(Habazziniah) 레갑 사람
렘 35:3   내가 **하바시냐**의 손자요 예레미야의

하바야(Hobaiah) 바벨론에서 귀환한 제사장
스 2:61   제사장 중에는 **하바야** 자손과 학고스

하박국(Habakkuk) 선지자로 하박국서의 저자
합 1:1   선지자 **하박국**이 묵시로 받은 경고라
합 3:1   시기오놋에 맞춘 선지자 **하박국**의 기도

하볼(Habor River) 메소포타미아 고산 지대 강

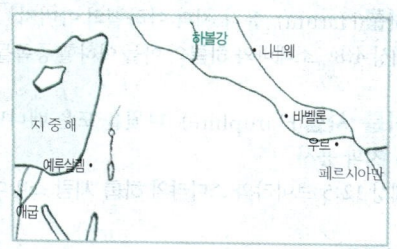

왕하 17:6 고산 강 가에 있는 할라와 **하볼**과 메대
왕하 18:11 고산 강 가에 있는 할라와 **하볼**과 메대
대상 5:26 사로잡아 할라와 **하볼**과 하라와 고산

하봇야일(Havvoth Jair) 야일이 빼앗은 성읍
민 32:41 촌락들을 빼앗아 **하봇야일**이라 불렀
신 3:14   바산을 오늘날까지 **하봇야일**이라 불러
삿 10:4   길르앗 땅에 있고 오늘까지 **하봇야일**

하사댜(Hasadiah) 스룹바벨의 아들
대상 3:20 하수바와 오헬과 베레갸와 **하사댜**와

하사뱌(Hashabiah)
  1. 아마시야의 아들로 성전 찬양을 담당
대상 6:45 말룩은 **하사뱌**의 아들이요 **하사뱌**는
  2. 여두둔의 아들로 성전 찬양을 담당
대상 25:3 여사야와 시므이와 **하사뱌**와 맛디디야
대상 25:19 열두째는 **하사뱌**니 그의 아들들과 형제
  3. 다윗 때 요단 서편을 관리함
대상 26:30 헤브론 자손 중에 **하사뱌**와 그의 동족
  4. 그므엘의 아들로 레위인의 관장
대상 27:17 지도자는 그므엘의 아들 **하사뱌**요 아론
  5. 요시야 왕 때 레위 사람의 두목 중 한 사람
대하 35:9 형제 스마야와 느다넬과 또 **하사뱌**와
  6. 에스라 때 포로 귀환을 위해 모인 레위인
스 8:19 **하사뱌**와 므라리 자손 중 여사야와 그의
스 8:24 열두 명 곧 세레뱌와 **하사뱌**와 그의
느 10:11 미가, 르홉, **하사뱌**,
느 12:24 레위 족속의 지도자들은 **하사뱌**와
  7. 예루살렘 성벽 재건에 동참한 사람
느 3:17 그일라 지방 절반을 다스리는 **하사뱌**가
  8. 레위 사람으로 아삽 자손
느 11:22 미가의 현손 맛다냐의 증손 **하사뱌**의
  9. 힐기야 족속으로 제사장
느 12:21 힐기야 족속에는 **하사뱌**요 여다야 족속
  10. 레위 사람 므라리 자손인 스마야의 증조부
대상 9:14 아스리감의 손자요 **하사뱌**의 증손이며
느 11:15 아스리감의 손자요 **하사뱌**의 증손이요

하사손다말(Hazazon Tamar) 아모리의 땅
창 14:7 아말렉 족속의 온 땅과 **하사손다말**에
대하 20:2 이제 **하사손다말** 곧 엔게디에 있나이다

하사야(Hazaiah) 유다 지파 마아세야의 조상
느 11:5 골호세의 손자요 **하사야**의 증손이요

하사엘(Hazael) 엘리야가 기름부은 아람 왕
왕상 19:15 다메섹에 가서 이르거든 **하사엘**에게

🔖 하사엘 – 기타 본문
  왕상 19:17; 왕하 8:8, 9, 12, 13, 15, 28, 29; 9:14, 15; 10:32; 12:17, 18; 13:3, 22, 24, 25; 대하 22:5, 6; 암 1:4

하살갓다(Hazar Gaddah) 유다 지파 성읍
수 15:2 **하살갓다**와 헤스몬과 벧 벨렛과

하살마웻(Hazarmaveth) 셈 자손 욕단의 아들
창 10:26 욕단은 알모닷과 셀렙과 **하살마웻**과
대상 1:20 욕단이 알모닷과 셀렙과 **하살마웻**과

하살수사(Hazar Susah) 시므온 지파 성읍
수 19:5 시글락과 벧 말가봇과 **하살수사**와

하살수심(Hazar Susim) 시므온의 성읍
대상 4:31 벧말가봇과 **하살수심**과 벧비리와

하살수알(Hazar Shual) 유다 남부 성읍
수 15:28 **하살 수알**과 브엘세바와 비스요댜와
수 19:3 **하살 수알**과 발라와 에셈과
대상 4:28 브엘세바와 몰라다와 **하살수알**과
느 11:27 **하살수알**과 브엘세바와 그 주변 동네

하살아달(Hazar Addar) 유다 남쪽 경계 지역
민 34:4 남쪽에 이르고 또 **하살아달**을 지나

하살에난(Hazar Enan) 이스라엘 북쪽 경계 지역
민 34:9 경계가 또 시브론을 지나 **하살에난**에
민 34:10 동쪽 경계는 **하살에난**에서 그어 스밤에

하삽나(Hashabnah) 포로 귀환 뒤 갱신된 언약서에 인친 사람
느 10:25 르훔, **하삽나**, 마아세야

하삽느야(Hashabneiah)
  1. 예루살렘 성벽을 중수한 핫두스의 아버지
느 3:10 **하삽느야**의 아들 핫두스가 중수하였고
  2. 예루살렘 성벽 봉헌식에 참석한 레위 사람
느 9:5 예수아와 갓미엘과 바니와 **하삽느야**와

하세롯(Hazeroth) 이스라엘이 진 쳤던 곳
민 11:35 핫다아와에서 행진하여 **하세롯**에 이르

🔖 하세롯 – 기타 본문
  민 12:16; 33:17, 18; 신 1:1

하셋핫디곤

하셋핫디곤 (Hazer Hatticon) 이스라엘 북동쪽의 성읍
겔 47:16 하우란 경계선 곁에 있는 **하셋핫디곤**

하셈 (Hashem) 다윗의 30용사 중 한 사람
대상 11:34 기손 사람 **하셈**의 아들들과 하랄 사람

하소 (Haso) 나홀과 밀가 사이에 난 아들
창 22:22 **하소**와 빌다스와 이들랍과 브두엘이라

하소베렛 (Hassophereth) 솔로몬의 신복 중 한 사람
스 2:55 시하의 자손은 소대 자손과 **하소베렛**

하솔 (Hazor)
　1. 갈릴리 호수 북쪽에 위치한 성읍
수 11:1 **하솔** 왕 야빈이 이 소식을 듣고 마돈 왕

　　하솔 1~ 기타 본문
　수 11:10, 11, 12, 13, 19; 19:36; 삿 4:17; 삼상 12:9; 왕상 9:15; 왕하 15:29

　2. 유다 남부 에돔과의 경계에 있던 성읍
수 15:23 게데스와 **하솔**과 잇난과
　3. 유다 남쪽 에돔과 경계에 위치해 있던 그리옷 헤스론과 같은 곳
수 15:25 **하솔** 하닷다와 그리옷 헤스론 곧 **하솔**
　4. 베냐민 자손의 성읍
느 11:33 **하솔**과 라마와 깃다임과
　5. 아라비아의 유목민들이 차지했던 성읍
렘 49:28 공격을 받은 게달과 **하솔** 나라들에 대한
렘 49:30 여호와의 말씀이니라 **하솔** 주민아 도망
렘 49:33 **하솔**은 큰 뱀의 거처가 되어 영원히

하솔 하닷다 (Hazor Hadattah) 유다 남쪽 성읍
수 15:25 **하솔 하닷다**와 그리옷 헤스론 곧 **하솔**

하수 (河水, river, stream)
사 7:18 그 날에는 여호와께서 애굽 **하수**에서
사 7:20 **하수** 저쪽에서 세내어 온 삭도 곧 앗수르
사 8:7 흉용하고 창일한 큰 **하수** 곧 앗수르 왕
사 11:15 손을 유브라데 **하수** 위에 흔들어 뜨거운
사 27:12 여호와께서 창일하는 **하수**에서부터
사 30:28 창일하여 목에까지 미치는 **하수** 같은
사 37:25 내 발바닥으로 애굽의 모든 **하수**를

하수바 1 (Hashubah) 스룹바벨의 아들
대상 3:20 또 **하수바**와 오헬과 베레갸와 하사댜

하수바 2 (Hasupha) 바벨론 포로에서 귀환한 사람
스 2:43 느디님 사람들은 시하 자손과 **하수바**
느 7:46 느디님 사람들은 시하 자손과 **하수바**

하술렐보니 (Hazzelelponi) 유다 지파에 속한 여인
대상 4:3 잇바스와 그들의 매제 **하술렐보니**와

하숨 (Hashum)
　1. 바벨론에서 귀환한 가족의 조상
스 2:19 **하숨** 자손이 이백이십삼 명이요
느 7:22 **하숨** 자손이 삼백이십팔 명이요
스 10:33 **하숨** 자손 중에서는 맛드내와 맛닷과
　2. 에스라가 율법책 낭독 때 왼쪽에 있던 사람
느 8:4 브다야와 미사엘과 말기야와 **하숨**과
　3. 포로 귀환 후 갱신된 언약서에 서명한 사람
느 10:18 호디야, **하숨**, 베새,

하스나아 (Hassenaah) 성벽 재건에 참여한 사람
느 3:3 어문은 **하스나아**의 자손들이 건축하여

하스라 (Hasrah) 살룸의 아버지
대하 34:22 훌다에게로 나아가니 그는 **하스라**의

하스모나 (Hashmonah) 이스라엘이 광야에서 머문 곳
민 33:29 밋가를 떠나 **하스모나**에 진을 치고
민 33:30 **하스모나**를 떠나 모세롯에 진을 치고

하스밧다나 (Hashbaddanah) 에스라의 율법을 들은 자
느 8:4 말기야와 하숨과 **하스밧다나**와 스가랴

하시드 문 (Potsherd Gate-NIV, east gate-KJV) 예루살렘의 성문 중 하나
렘 19:2 **하시드 문** 어귀 곁에 있는 힌놈의 아들

【 하시엘 】　　　　　　　　　　　　　　　　　　　　　　　　　　　【 하체 】

하시엘(Haziel)　레위 지파의 게르손 자손
대상 23:9　시므이의 아들들은 슬로밋과 **하시엘**

하아하스다리(Haahashtari)　유다의 자손
대상 4:6　헤벨과 데므니와 **하아하스다리**를 낳아

하얗다/하얘지다(white)
욥 1:7　벗겨서 버리니 그 모든 가지가 **하얗게**
욥 2:6　질리고, 무리의 낯빛이 **하얘졌도다**

하여간(be that as it may)
고후 12:16 **하여간** 어떤 이의 말이 내가 너희에게

하여금(through)
창 24:55　이 아이로 **하여금** 며칠 또는 열흘을

🔖 **하여금 - 기타 본문**

창 25:6; 34:30; 삼상 2:21; 15:25; 삼하 14:32; 왕하 18:17; 대하 10:15; 22:8; 에 10:1; 욥 11:6; 20:2, 3; 22:11; 31:16; 38:33; 41:11; 시 30:1; 44:13; 119:34, 35, 144; 125:3; 140:10; 143:8; 사 62:6; 63:9; 렘 4:17; 25:15; 겔 22:30; 26:7; 32:32; 단 1:9; 2:18; 말 2:9; 요 6:50; 12:40; 14:13; 행 3:26; 4:29; 17:31; 22:14; 롬 15:4; 고전 2:12; 3:5, 19; 4:6, 17; 7:35; 10:6; 고후 1:4; 5:15, 21; 10:2; 갈 3:14, 24; 골 1:9, 12, 27; 살전 5:10; 살후 1:5; 2:6, 12; 3:14; 딤전 3:15; 딤후 1:18; 3:15; 딛 1:13; 2:8; 3:1, 8; 몬 1:15; 히 9:15; 12:13; 13:17; 벧전 2:12; 벧후 1:15; 요일 5:13; 계 7:1

하와(Eve)　인류의 시조인 아담의 아내
창 3:20　그의 아내의 이름을 **하와**라 불렀으니
창 4:1　그의 아내 **하와**와 동침하매 **하와**가 임신
고후 11:3　뱀이 그 간계로 **하와**를 미혹한 것같이
딤전 2:13　이는 아담이 먼저 지음을 받고 **하와**가

하우란(Hauran)　이스라엘 동북쪽 경계
겔 47:16　사이에 있는 시브라임과 **하우란** 경계선
겔 47:18　동쪽은 **하우란**과 다메섹과 및 길르앗

하윌라(Havilah)
　　　　　　　1. 인 명
　　　(1) 구스의 아들이며 함의 손자

창 10:7　구스의 아들은 스바와 **하윌라**와 삽다와
대상 1:9　구스의 자손은 스바와 **하윌라**와 삽다와
　　　(2) 욕단의 아들이며 셈의 자손
창 10:29　오빌과 **하윌라**와 요밥을 낳았으니 이들
대상 1:23　오빌과 **하윌라**와 요밥을 낳았으니 욕단
　　　　　　　2. 지 명
　　　(1) 비손 강을 둘러싸고 있는 지역
창 2:11　비손이라 금이 있는 **하윌라** 온 땅을
　　　(2) 애굽의 연안 지방
창 25:18　그 자손들은 **하윌라**에서부터 앗수르로
삼상 15:7　사울이 **하윌라**에서부터 애굽 앞 술에

하인(下人, servant, official)
창 18:7　좋은 송아지를 잡아 **하인**에게 주니 그가
창 18:8　**하인**이 요리한 송아지를 가져다가 그들
삿 19:3　그를 데려오고자 하여 **하인** 한 사람과
삿 19:9　첩과 **하인**과 더불어 일어나 떠나고자
삼상 25:14 **하인**들 가운데 하나가 나발의 아내
삼하 13:18　암논의 **하인**이 그를 끌어내고 곧 문빗장
잠 29:12　거짓말을 들으면 그의 **하인**들은 다 악하
마 8:6　주여 내 **하인**이 중풍병으로 집에 누워
마 8:8　말씀으로만 하옵소서 그러면 내 **하인**이
마 8:13　될지어다 하시니 그 즉시 **하인**이 나으니
마 26:58　안에 들어가 **하인**들과 함께 앉아 있더라
막 14:65　노릇을 하라 하고 **하인**들은 손바닥으로
눅 7:7　알았나이다 말씀만 하사 내 **하인**을 낫게
눅 16:13　집 **하인**이 두 주인을 섬길 수 없나니
요 2:5　어머니가 **하인**들에게 이르되 너희에게
요 2:9　물 떠온 **하인**들은 알더라 연회장이 신랑
행 10:7　고넬료가 집안 **하인** 둘과 부하 가운데
롬 14:4　남의 **하인**을 비판하는 너는 누구냐 그가

하찮다(miserable, weak)
민 21:5　마음이 이 **하찮은** 음식을 싫어하노라
삼상 15:9　아니하고 가치 없고 **하찮은** 것은 진멸

하체(下體, nakedness, naked body)
출 20:26　내 제단에 오르지 말라 네 **하체**가 그

🔖 '**하체**'와 관련된 성구

하체를 범하다 - 출 28:42; 레 18:6, 7, 8, 9, 10, 11, 12, 13, 14, 15, 16, 17, 18, 19; 20:11, 17, 18, 19, 20, 21

【 하층 】　　　　　　　　　　　　　　　　　　　　【 학문 】

아버지의 하체 – 창 9:22, 23; 신 22:30; 27:20; 겔 22:10

하체 – 기타 본문
레 6:10; 사 3:17; 겔 23:10, 18, 20; 합 2:15

하층(下層, lowest floor)
왕상 6:6　　**하층** 다락의 너비는 다섯 규빗이요 중층
왕상 6:8　　나사 모양 층계로 말미암아 **하층**에서

하하(Aha! Aha!)
시 35:21　　입을 크게 벌리고 **하하** 우리가 목격하
시 40:15　　나를 향하여 **하하 하하** 하며 조소하는

하히롯(Hahiroth) 이스라엘이 홍해를 건너기 전에 진 쳤던 곳
민 33:8　　**하히롯** 앞을 떠나 광야를 바라보고 바다

학(鶴, stork)
신 14:18　　**학**과 황새 종류와 대승과 박쥐며
욥 39:13　　타조는 즐거이 날개를 치나 **학**의 깃털과 날개
시 104:17　새들이 그 속에 깃들임이여 **학**은 잣나무
사 38:14　　나는 제비같이, **학**같이 지저귀며 비둘기
렘 8:7　　　**학**은 그 정한 시기를 알고 산비둘기와
슥 5:9　　　두 여인이 나오는데 **학**의 날개 같은

학가단(Hakkatan) 요나단의 아버지
스 8:12　　아스갓 자손 중에서는 **학가단**의 아들

학개(Haggai) 선지자이며 학개서 저자
스 5:1　　선지자 **학개**와 잇도의 손자 스가랴가

학개 – 기타 본문
스 6:14; 학 1:1, 3, 12, 13; 2:1, 10, 12, 13, 14, 20

학고스(Hakkoz) 다윗 때 제7반의 제사장
대상 24:10 일곱째는 **학고스**요 여덟째는 아비야

학고스 – 기타 본문
스 2:61; 느 3:4, 21; 7:63

학기(Haggi) 갓의 아들로 학기 가족의 조상
창 46:16　갓의 아들은 시본과 **학기**와 수니와
민 26:15　스본 종족과 학기에게서 난 **학기** 종족

학기야(Haggiah) 므라리 자손으로 시므아 아들
대상 6:30 그의 아들은 **학기야**요 그의 아들은

학깃(Haggith) 다윗 아내로 아도니야 어머니
삼하 3:4　넷째는 아도니야라 **학깃**의 아들이요

학깃 – 기타 본문
왕상 1:5, 11; 2:13; 3:2

학대/-하다/-자
(oppression, mistreat)
창 16:6　　사래가 하갈을 **학대**하였더니 하갈이 사래
출 1:12　　그러나 **학대**를 받을수록 더욱 번성하여
사 51:13　멸하려고 준비하는 저 **학대자**의 분노를 어찌하여 … **학대자**의 분노가 어디

'가난한 자를 학대하다'와 관련된 성구
신 24:14; 욥 20:19; 24:4; 시 74:21; 잠 14:31; 22:16; 28:3; 전 5:8; 겔 18:12

학대/-하다/-자 – 기타 본문
창 49:23; 출 3:9; 5:22, 23; 22:21; 레 19:33; 민 20:15; 24:24; 신 26:6; 28:33; 삿 4:3; 6:9; 삼상 24:17; 왕하 13:4, 22; 대하 16:10; 욥 10:3; 19:3; 24:14; 35:9; 36:15; 전 4:1; 사 1:17; 3:5, 12; 23:12; 33:1; 54:14; 렘 22:3; 29:18; 50:33; 51:35; 겔 18:7, 16; 22:7, 29; 호 5:11; 암 3:9; 4:1; 5:12; 6:14; 말 2:16; 히 11:37; 13:3

학모니(Hacmoni) 여히엘 아버지
대상 27:32 **학모니**의 아들 여히엘은 왕자들의

학몬 사람(Hacmonite) 야소브암의 출신족
대상 11:11 **학몬 사람**의 아들 야소브암은 삼십 명

학문(學問, knowledge, learning)
단 1:4　　지식에 통달하며 **학문**에 익숙하여 왕궁

2484

【 학사 】　　　　　　　　　　　　　　　　　　　　　　　【 한꺼번에 】

단 1:17　하나님이 이 네 소년에게 **학문**을 주시고
행 4:13　말함을 보고 그들을 본래 **학문** 없는
행 26:24　바울아 네가 미쳤도다 네 많은 **학문**이

학사(學士, scribe)
느 8:1　수문 앞 광장에 모여 **학사** 에스라에게

> '**학사** 에스라'와 관련된 성구
> 느 8:4, 9, 13; 12:26, 36

학살하다(虐殺, destroy)
삼하 21:5　우리를 **학살**하였고 또 우리를 멸하여

학식(學識, learning)
잠 1:5　지혜 있는 자는 듣고 **학식**이 더할 것
잠 9:9　의로운 사람을 가르치라 그의 **학식**이
잠 16:21　입이 선한 자는 남의 **학식**을 더하게

학자(學者, teacher)
스 7:6　모세의 율법에 익숙한 **학자**로서 그의
스 7:11　이스라엘에게 주신 율례 **학자**요 **학자**
스 7:12　하나님의 율법에 완전한 **학자** 겸 제사장
스 7:21　하나님의 율법 **학자** 겸 제사장 에스라
사 50:4　**학자**들의 혀를 … 깨우치사 **학자**들같이

학질(scorching heat)
신 28:22　폐병과 열병과 염증과 **학질**과 한재와

한 1(恨, hostility)
창 27:42　네 형 에서가 너를 죽여 그 **한**을 풀려
겔 35:5　옛날부터 **한**을 품고 이스라엘 족속의

한 2(限, measure)
창 41:49　세기를 그쳤으니 그 수가 **한**이 없음이
창 49:26　영원한 산이 **한** 없음같이 이 축복이 요셉
신 4:40　네게 주시는 땅에서 **한** 없이 오래 살리라
에 1:7　왕이 풍부하였으므로 어주가 **한**이 없고
사 40:28　곤비하지 않으시며 명철이 **한**이 없으
렘 3:12　노를 **한**없이 품지 아니하느니라 여호와

한 3(about)
요 21:8　육지에서 거리가 불과 **한** 오십 칸쯤

한가운데(in the middle of)
신 11:6　이스라엘의 **한가운데**에서 모든 것을

> **한가운데** – 기타 본문
> 삼상 1:11; 시 116:19; 겔 27:26, 27; 슥 14:4; 막 3:3; 눅 6:8; 23:45

한가지(one)
사 65:7　죄악과 너희 조상들의 죄악은 **한가지**니
렘 34:8　예루살렘에 있는 모든 백성과 **한가지**로
습 3:9　다 여호와의 이름을 부르며 **한가지**로
고전 3:8　심는 이와 물 주는 이는 **한가지**이나

한가하다(閑暇, free)
신 24:5　그는 일 년 동안 **한가**하게 집에 있으면
삿 18:27　라이스에 이르러 **한가**하고 걱정 없이

한걸음(step)
삼상 20:3　나와 죽음의 사이는 **한걸음**뿐이니라

한결같다(same)
시 102:27　주는 **한결같으**시고 주의 연대는 무궁
잠 20:10　**한결같**지 않은 저울추와 **한결같**지 않은
잠 20:23　**한결같**지 않은 저울추는 여호와께서

한계(限界, limit)
욥 38:10　**한계**를 정하여 문빗장을 지르고
잠 8:29　바다의 **한계**를 정하여 물이 명령을
렘 5:22　**한계**를 삼되 그것으로 영원한 **한계**를
렘 51:13　재물이 많은 자여 네 재물의 **한계** 곧
고후 10:13　나누어 주신 그 범위의 **한계**를 따라

한곳(one place)
창 1:9　하나님이 이르시되 천하의 물이 **한곳**
수 3:13　물이 끊어지고 **한곳**에 쌓여 서리라

> **한곳** – 기타 본문
> 출 21:13; 수 16; 20:4; 삿 19:13; 삼상 27:5; 삼하 7:10; 16:14; 대상 17:9; 전 3:20; 6:6; 욜 3:7; 눅 11:1; 행 2:1

한꺼번에(in one encounter)
대상 11:11　창을 들어 **한꺼번**에 삼백 명을 죽였고

2485

【 한나 】   【 한번 】

한나(Hannah) 에브라임 사람 엘가나의 아내
삼상 1:2   한 사람의 이름은 **한나**요 한 사람의

✝ 한나 - 기타 본문

삼상 1:5, 7, 8, 9, 10, 13, 15, 19, 20, 22, 26; 2:1, 21

한나돈(Hannathon) 스불론에 분배된 성읍
수 19:14 **한나돈**에 이르고 입다엘 골짜기에

한날(same day)
삼상 2:34 홉니와 비느하스가 **한날**에 죽으리니

한낮(day)
잠 4:18   햇살 같아서 크게 빛나 **한낮**의 광명에

한니엘(Hanniel) 므낫세 자손의 족장으로 에봇의 아들
민 34:23 지파에서는 지휘관 에봇의 아들 **한니엘**
대상 7:39 울라의 아들들은 아라와 **한니엘**과

한담하다(閑談, gossip)
잠 11:13 두루 다니며 **한담하는** 자는 남의 비밀
잠 20:19 두루 다니며 **한담하는** 자는 남의 비밀

한동안(for a time)
단 4:19   다니엘이 **한동안** 놀라며 마음으로 번민
계 17:12 짐승과 더불어 임금처럼 **한동안** 권세

한두 번(time and again)
왕하 6:10 사람을 보내 방비하기가 **한두 번**이 아닌
느 13:20 물건 파는 자들이 **한두 번** 예루살렘 성
시 62:11 하나님이 **한두 번** 하신 말씀을 내가
딛 3:10   이단에 속한 사람을 **한두 번** 훈계한

한때(for a time)
단 7:25   그의 손에 붙인 바 되어 **한때**와 두 때
단 12:7   맹세하여 이르되 반드시 **한때** 두 때
요 5:35   **한때** 그 빛에 즐거이 있기를 원하였거니
골 2:22   모든 것은 **한때** 쓰이고는 없어지리라
계 12:14 그 뱀의 낯을 피하여 **한때**와 두 때와

한뜻(one mind)
행 4:32   믿는 무리가 한마음과 **한뜻**이 되어 모든

빌 1:27   너희가 한마음으로 서서 **한뜻**으로 복음
계 17:13 그들이 **한뜻**을 가지고 자기의 능력과
계 17:17 그들에게 주사 **한뜻**을 이루게 하시고

한량없이(限量, without limit)
사 5:14   스올의 욕심을 크게 내어 **한량없이** 그
요 3:34   이는 하나님이 성령을 **한량없이** 주심

한마디(word)
왕상 18:21 백성이 말 **한마디**도 대답하지 아니하

✝ 한마디 - 기타 본문

삼하 3:11; 왕하 18:36; 욥 2:13; 9:3; 잠 17:10; 렘 26:2; 38:14; 마 22:46; 27:14

한마음(one mind)
대상 12:38 이스라엘의 남은 자도 다 **한마음**으로
대하 30:12 말씀대로 전한 명령을 **한마음**으로 하되
대하 31:21 하나님을 찾고 **한마음**으로 행하여 형통
시 83:5   **한마음**으로 의논하고 주를 대적하여
렘 32:39 그들에게 **한마음**과 한 길을 주어 자기
겔 11:19 그들에게 **한마음**을 주고 그 속에 새 영
행 4:24   그들이 듣고 **한마음**으로 하나님께 소리
행 4:32   믿는 무리가 **한마음**과 한 뜻이 되어
행 8:6   행하는 표적도 보고 **한마음**으로 그가
행 12:20 양식을 먹는 까닭에 **한마음**으로 그에게
빌 1:27   너희가 **한마음**으로 서서 한뜻으로 복음
빌 2:2   사랑을 가지고 뜻을 합하며 **한마음**을

한밤중(in the middle of the night)
욥 34:20 그들은 **한밤중**에 순식간에 죽나니 백성
행 16:25 **한밤중**에 바울과 실라가 기도하고

한번(one day, one)
출 2:11   모세가 장성한 후에 **한번**은 자기 형제
겔 24:16 네 눈에 기뻐하는 것을 **한번** 쳐서 빼앗

✝ 한번 - 기타 본문

출 30:10; 레 16:34; 수 6:3, 11, 14; 삿 16:18; 왕상 1:6; 10:22; 왕하 4:35; 느 5:18; 욥 33:14; 40:5; 시 76:7; 89:35; 아 4:9; 렘 19:11; 눅 13:25; 고후 11:25; 빌 4:16; 살전 2:18; 히 6:4; 9:7, 27; 10:14; 12:26, 27

【 한사코 】 　　　　　　　　　　　　　　　　　　　　　　　　　　　【 할례/-하다 】

한사코(howsoever)
삼하 18:23　그가 **한사코** 달려가겠노라 하는지라

한순간(for a moment, in a moment)
출 33:5　목이 곧은 백성인즉 내가 **한순간**이라도
시 90:4　천 년이 지나간 어제 같으며 밤의 **한순간**
사 66:8　민족이 어찌 **한순간**에 태어나겠느냐

한숨(groan)
렘 51:52　부상자들이 그 땅에서 **한숨**을 지으리라

한시(for a moment)
갈 2:5　우리가 **한시**도 복종하지 아니하였으니

한없다/한없이(限, for all time)
창 49:26　영원한 산이 **한없음**같이 이 축복이 요셉
신 4:40　여호와께서 네게 주시는 땅에서 **한없이**

한재(旱災, scorching heat)
신 28:22　폐병과 열병과 염증과 학질과 **한재**와
학 1:11　수고하는 모든 일에 **한재**를 들게 하였

한적하다(閑寂, solitary, lonely, quiet)
막 1:35　예수께서 일어나 나가 **한적한** 곳으로
막 1:45　오직 바깥 **한적한** 곳에 계셨으나 사방
막 6:31　너희는 따로 **한적한** 곳에 가서 잠깐
막 6:32　이에 배를 타고 따로 **한적한** 곳에 갈새
눅 4:42　예수께서 나오사 **한적한** 곳에 가시니
눅 5:16　예수는 물러가사 **한적한** 곳에서 기도

한정하다(限定, determine)
행 17:26　정하시며 거주의 경계를 **한정하셨으니**

한쪽(one, halves)
출 27:9　세마포 휘장을 쳐서 그 **한쪽**을 당하게

📖 한쪽 – 기타 본문

삿 20:31; 삼하 23:11; 왕상 7:16; 아 4:3; 6:7; 단 7:5; 마 12:10; 막 3:1; 행 26:26; 27:12

한탄하다(恨歎, grieve)
창 6:6　땅 위에 사람 지으셨음을 **한탄하사** 마음
창 6:7　내가 그것들을 지었음을 **한탄함이니라**

창 45:5　근심하지 마소서 **한탄하지** 마소서
시 112:10　악인은 이를 보고 **한탄하여** 이를 갈면서
잠 5:11　네 육체가 쇠약할 때에 네가 **한탄하여**
겔 6:9　기억하고 스스로 **한탄하리니** 이는 그
겔 36:32　말미암아 부끄러워하고 **한탄할지어다**

한패(company)
욥 34:8　악한 일을 하는 자들과 **한패**가 되어 악인

한편(flank, one part)
겔 25:9　내가 모압의 **한편** 곧 그 나라 국경에
갈 3:20　중보자는 **한편**만 위한 자가 아니나

한평생(all one's lives)
히 2:15　죽기를 무서워하므로 **한평생** 매여 종

할당되다(割當, inherit)
시 105:11　네게 주어 너희에게 **할당된** 소유가 되게

할라(Hala) 앗수르의 포로로 잡혀갔던 성읍
왕하 17:6　고산 강 가에 있는 **할라**와 하볼과 메대
왕하 18:11　고산 강 가에 있는 **할라**와 하볼과 메대
대상 5:26　므낫세 반 지파를 사로잡아 **할라**와

할락 산(Mount Halak) 사해 남쪽 산
수 11:17　세일로 올라가는 **할락 산**에서부터
수 12:7　세일로 올라가는 곳 **할락 산**까지 쳐서

할렐루야(Hallelujah)
시 104:35　내 영혼아 여호와를 송축하라 **할렐루야**
시 105:45　따르게 하려 하심이로다 **할렐루야**

📖 할렐루야 – 기타 본문

시 106:1, 48; 111:1; 112:1; 113:1, 9; 115:18; 116:19; 117:2; 135:1, 21; 146:1, 10; 147:1, 20; 148:1, 14; 149:1, 9; 150:1, 6; 계 19:1, 3, 4, 6

할례/-하다(割禮, circumcision)
출 4:26　십보라가 피 남편이라 함은 **할례** 때문
수 5:4　여호수아가 **할례**를 시행한 까닭은 이것
수 5:7　**할례**를 행하지 못하였으므로 **할례** 없는
눅 1:59　아이를 **할례하러** 와서 그 아버지의 이름
눅 2:21　**할례할** 팔 일이 되매 그 이름을 예수라

【 할로헤스/할르헤스 】　　　　　　　　　　【 함 】

행 7:8　　할레의 언약을 … 여드레 만에 할례를
롬 2:25　　할례가 유익하나 … 범하면 네 할례는
고전 7:18　부르심을 받은 자가 있느냐 할례를 받지
갈 2:3　　 헬라인 디도까지도 억지로 할례를 받게
갈 5:6　　 예수 안에서는 할례나 무할례나 효력이
갈 5:11　　형제들아 내가 지금까지 할례를 전한
골 2:11　　몸을 벗는 것이요 그리스도의 할례니라

'할례'와 관련된 성구

무할례 – 행 11:3; 롬 2:25, 26, 27, 30;
4:9, 10, 11, 12; 고전 7:18; 갈 2:7;
5:6; 6:15; 골 2:13; 3:11

할례(를) 받다 – 창 17:10, 12, 13, 14, 26,
27; 34:15, 22, 24; 출 12:44, 48; 수
5:5; 렘 9:25; 요 7:23; 행 10:45; 롬
4:12; 고전 7:19; 갈 5:2, 3; 6:12,
13; 엡 2:11; 빌 3:5; 골 2:11

할례(를) 받지 않다 – 창 17:14; 34:14, 17;
출 12:48; 레 19:23; 26:41; 수 5:5;
삿 14:3; 15:18; 삼상 14:6; 17:26,
36; 31:4; 삼하 1:20; 대상 10:4; 사
52:1; 렘 6:10; 9:25, 26; 겔 28:10;
31:18; 32:19, 21, 24, 25, 26, 27,
28, 29, 30, 32; 44:7, 9; 합 2:16; 행
7:51; 11:3; 15:1; 고전 7:19; 엡 2:11

할례를 행하다 – 창 21:4; 신 10:16; 수
5:2, 3, 7; 5:8; 렘 4:4; 요 7:22; 행
7:8; 15:5; 16:3; 21:21

할례 산 – 수 5:3

할례자 – 행 7:8; 11:2; 롬 3:30; 4:9, 12;
고전 7:18; 갈 2:7, 8, 9, 12

할례파 – 빌 3:3; 골 3:11; 4:11; 딛 1:10

할례/–하다 – 기타 본문

롬 2:26, 27, 28, 29; 3:1; 4:10, 11; 15:8

할로헤스/할르헤스(Hallohesh)　예루살렘 반을 다스린 살룸의 아버지
느 3:12　　절반을 다스리는 할로헤스의 아들 살룸
느 10:24　 할르헤스, 빌하, 소벡

할리(Hali)　아셀 지파의 기업이 된 성읍
수 19:25　 그들의 지역은 헬갓과 할리와 베덴과

할아버지(grandfather)
삼하 9:7　 내가 네 할아버지 사울의 모든 밭을 다

할하스(Harhas)　여선지자 훌다의 시조부
왕하 22:14 훌다에게로 나아가니 그는 할하스의

할해야(Harhaiah)　성벽을 재건한 할시엘의 아버지
느 3:8　　 금장색 할해야의 아들 웃시엘 등이 중수

할훌(Harhur)　포로 귀환한 느디님 사람의 조상
수 15:58　할훌과 벧술과 그돌과
스 2:51　　박북 자손과 하그바 자손과 할훌 자손
느 7:53　　박북 자손과 하그바 자손과 할훌 자손

핥다(lap)
삿 7:5　　 개가 핥는 것같이 혀로 물을 핥는 자
삿 7:6　　 입에 대고 핥는 자의 수는 삼백 명이요
삿 7:7　　 이 물을 핥아 먹은 삼백 명으로 너희를
왕상 18:38 흙을 태우고 또 도랑의 물을 핥은지라
왕상 21:19 피 곧 네 몸의 피도 핥으리라 하였다
왕상 22:38 그의 피를 핥았으니 여호와께서 하신
시 72:9　　굽히며 그의 원수들은 티끌을 핥을 것
사 49:23　 네게 절하고 네 발의 티끌을 핥을 것이
미 7:17　　뱀처럼 티끌을 핥으며 땅에 기는 벌레
눅 16:21　 심지어 개들이 와서 그 헌데를 핥더라

함(Ham)

1. 인명 : 노아의 세 아들 중의 한 명
창 5:32　　노아는 오백 세 된 후에 셈과 함과 야벳
창 6:10　　세 아들을 낳았으니 셈과 함과 야벳이라

함 1 – 기타 본문

창 7:13; 9:18, 22; 10:1, 20; 대상 1:4; 4:40

2. 지명
(1) 요단 동의 성읍
창 14:5　　함에서 수스 족속을, 사웨 기랴다임에서
(2) 애굽의 시적 명칭
시 78:51　 애굽에서 모든 장자 곧 함의 장막에
시 105:23　애굽에 들어감이여 야곱이 함의 땅에
시 105:27　표적을 보이고 함의 땅에서 징조들을
시 106:22　함의 땅에서 기사와 홍해에서 놀랄 만한

【 함께 】

함께(with)

창 3:12 하나님이 주셔서 나와 **함께** 있게 하신
창 6:3 나의 영이 영원히 사람과 **함께** 하지 아니
창 6:13 내가 그들을 땅과 **함께** 멸하리라
창 6:18 아내와 네 며느리들과 **함께** 그 방주로
창 6:19 이끌어 들여 너와 **함께** 생명을 보존하게
민 2:33 레위인은 이스라엘 자손과 **함께** 계수

'함께'와 관련된 성구

(하나님이) 함께 계시다 – 창 21:20, 22; 26:28; 28:15, 20; 31:5, 42; 48:21; 출 18:19; 민 23:21; 수 1:17; 삿 1:19; 6:12, 13; 삼상 3:19; 16:18; 17:37; 18:12, 14, 28; 삼하 5:10; 7:3; 왕상 1:37; 8:57; 대상 11:9; 17:2; 22:11, 16, 18; 28:20; 대하 35:21; 욥 29:5; 시 68:18

함께 고난 받다 – 딤후 1:8; 2:3; 히 11:25

함께 먹다 – 창 43:16, 32; 신 12:23; 14:26; 16:3; 삿 19:6, 8; 삼상 9:19, 24; 욥 1:4; 사 11:7; 65:25; 막 2:16; 14:18; 눅 5:30; 14:15; 행 11:3; 고전 5:11; 갈 2:12; 유 1:12

함께 모이다 – 수 10:5; 삿 6:33; 삼하 2:25; 에 8:11; 욥 16:10; 시 102:22; 사 13:4; 41:5; 호 1:11; 마 28:12; 행 1:4; 4:26; 고전 5:4; 11:20; 14:23

함께 살다 – 시 68:6; 101:6; 사 11:6; 렘 40:6; 단 4:25; 5:21; 행 18:3; 고후 7:3; 살전 5:10

함께 죽다 – 창 18:25; 민 25:14; 수 13:21; 삿 16:30; 삼상 31:5, 6; 대상 10:6; 욥 34:15; 단 2:18; 암 2:3; 마 26:35; 막 14:31; 요 11:16; 롬 6:8; 고후 7:3; 골 2:20; 딤후 2:11

함께 – 기타 본문

모세오경 창 7:7, 23; 8:1, 16, 17, 18; 9:8, 10, 12; 12:4, 20; 13:1; 14:5, 17; 17:4, 27; 18:16, 23; 19:15, 30; 20:16; 21:6, 10; 22:8, 19; 24:40, 55, 58, 61; 26:3, 24, 27:44; 28:4, 20; 29:9, 14, 19; 30:20; 31:3, 38, 50; 32:4, 7; 33:5; 34:10, 16, 22, 23; 35:2, 3, 6, 7; 37:2; 38:12; 39:2, 3, 10, 21, 23;

40:7; 41:3, 12; 42:4, 13, 17, 32, 38; 43:3, 4, 5, 8, 34; 44:2, 23, 26, 30, 33, 34; 45:1; 46:4, 6, 26; 47:19, 30; 48:1, 6; 49:29, 30; 50:8, 13, 14, 22; 출 1:1; 3:12, 18; 4:12, 15; 10:10, 24, 26; 12:4, 38, 48; 15:19; 18:6, 7, 12, 18, 22, 24; 21:3, 14, 15, 25, 30; 23:18; 24:1, 2, 13, 14; 28:1, 41; 29:3, 17, 41; 31:6; 33:1, 3, 12, 16; 34:3, 5, 25, 28, 34; 38:23; 레 2:16; 3:4, 10, 15; 4:9; 7:4, 12, 13; 8:2; 10:14, 15; 14:6, 31; 18:20; 19:33, 34; 20:14; 23:18, 20; 25:6, 23, 35, 36, 39, 40, 41, 45, 47; 26:9; 민 1:4, 5; 5:8; 8:26; 9:7; 11:9, 16, 17; 13:31; 14:9, 43; 15:9; 16:2, 10, 16, 27; 18:1; 19:17; 20:8, 27; 22:12, 13, 14, 20, 21, 35, 40, 41; 23:6, 13, 17; 31:3, 6, 19, 29, 30; 34:14; 35:7; 신 2:7, 34; 12:12, 18; 13:6; 15:7; 16:11, 14; 19:5; 20:1, 4; 23:16; 25:5; 26:11; 29:15; 31:6, 8, 14, 16, 23; 32:12, 25; 33:5, 21 **역사서** 수 1:9, 19; 6:27; 7:6; 8:3, 11, 14; 10:24 11:5, 7; 13:8; 14:8, 12; 15:63; 22:7, 14, 30; 삿 1:3, 16, 17, 22; 2:1, 18; 4:8, 9, 10; 5:15; 6:16; 7:4, 10, 11, 19; 8:4; 11:3, 8, 11; 12:1; 13:9; 14:5, 11; 17:10, 11; 18:17, 19; 19:4, 10, 19; 21:5; 룻 1:6, 7, 10, 11, 18, 22; 2:4, 22, 23; 3:2; 삼상 2:8, 19; 4:4; 9:5, 25, 26; 10:6, 7, 11, 26; 11:11; 12:2; 13:2, 15, 16, 22; 14:2, 17, 20, 21; 15:6, 25, 26, 30; 16:5; 17:23; 18:27; 20:13; 21:1; 22:2; 23:19, 23; 25:29, 42; 26:2, 6; 27:3, 5; 28:1, 8, 19; 29:2, 3, 4, 6, 10; 30:4, 9, 21, 22; 삼하 2:3, 13; 3:16, 20, 22, 23; 7:12; 10:13; 12:3; 13:24, 26, 27; 14:16, 19; 15:11, 19, 24, 30, 33, 35, 36; 16:15, 17; 17:8, 22, 24, 29; 18:2; 19:7, 16, 17, 25, 26, 31, 33, 34, 37, 38, 40; 20:15; 21:14, 15, 17; 23:9; 왕상 1:21, 41, 44, 49; 2:10; 3:6, 17; 5:6, 12; 8:5, 62; 9:27; 10:13, 22; 11:16, 17, 21, 22, 43; 12:8, 10; 13:7, 8, 15, 16, 19; 14:20, 31; 15:8, 24; 16:6, 28; 21:8; 22:4, 40, 49, 50; 왕하 1:15; 3:7; 4:4, 5; 5:15, 26; 6:1, 3, 4, 16, 32; 8:1, 2, 24, 28; 9:25, 28; 10:16, 35; 11:3; 12:21; 13:9, 13; 14:10, 16, 20, 22, 29; 15:7, 22, 38; 16:20; 18:7, 27; 20:21; 21:18; 23:2; 24:6, 12; 25:25; 대상 4:23; 9:20; 12:19, 39; 13:14; 16:41, 42; 18:11; 20:3; 21:20; 23:13; 28:21; 대하 1:1, 3; 2:7, 14; 5:12; 6:18, 41; 7:8; 8:18; 9:21, 31; 10:8, 10; 12:3, 16; 13:12; 14:1,

13; 15:2, 9; 16:13; 17:3, 8; 18:2, 3; 19:6, 11; 20:1, 17; 21:1, 5, 7, 12; 24:21; 25:5, 7, 13; 26:23; 27:9; 28:27; 32:7, 8, 33; 33:20; 34:12, 30; 35:18; 36:10, 23; 스 2:2; 4:2, 10; 5:2; 7:28; 8:1, 3; 10:14; 느 1:2; 2:9, 12; 3:1; 4:8, 22; 5:1; 6:7; 7:2, 7; 12:1, 8, 40; 에 2:6; 3:15; 5:4, 5, 12, 14; 7:1 **시가서** 욥 2:13; 9:32; 17:2; 20:11; 21:8; 26:10; 28:14; 31:5, 38; 40:13; 42:11; 시 5:4; 14:3; 23:4; 26:9; 28:3; 31:13; 34:3, 8; 35:26; 37:38; 44:9; 46:7, 11; 48:4; 49:10; 53:3; 55:14; 60:10; 64:5; 66:15; 69:28; 73:23; 88:17; 89:21, 24; 91:15; 98:8; 108:11; 113:8; 119:98; 120:6; 125:5; 132:8; 141:4; 잠 1:11, 15; 16:19; 18:3; 21:9, 19; 22:2; 23:1, 7; 25:24; 27:22; 30:19; 31:23; 전 1:11; 2:16; 4:11; 9:9; 아 2:10, 13; 4:8; 6:1; 7:11 **선지서** 사 1:28, 31; 11:14; 14:20; 19:23; 22:3, 6; 31:3, 14; 34:7, 15; 36:12; 40:5; 41:10, 19, 20, 23; 43:2, 5, 26; 44:11, 24; 45:8, 16, 20, 21; 47:15; 50:8; 52:9; 53:12; 60:13; 63:3; 66:10, 17; 렘 1:8, 19; 3:18; 6:15, 21; 8:12; 11:19; 12:5; 15:14, 20; 16:8; 17:25; 19:10; 20:11; 26:22; 29:16; 31:4, 13, 24; 36:19; 40:4, 5; 41:1, 15; 46:12, 21; 48:7; 50:4, 33, 39; 51:59; 52:32; 애 2:8; 겔 10:17, 19; 14:21; 16:46; 21:12; 23:23; 26:20; 29:4; 30:5; 31:14, 16, 17, 18; 32:19, 21, 24, 27, 28, 30, 32; 36:9; 38:5, 6, 9, 15; 46:14; 47:22; 단 2:11; 4:32; 6:24; 10:7, 13; 호 3:3; 4:14; 5:5, 7; 9:8; 10:14; 암 1:15; 5:14; 욘 1:3; 미 6:8; 나 2:11; 학 1:13; 2:4; 슥 8:23; 10:5, 9; 14:5; 말 2:3 **복음서** 마 4:21; 5:25; 8:11; 9:10, 11; 12:3, 4, 30; 14:9; 15:32; 16:27; 22:16; 24:31; 25:4, 10, 31; 26:18, 20, 23, 29, 36, 38, 40, 46, 47, 58; 27:1, 38, 41, 44, 54, 62, 66; 막 1:20, 29; 2:15, 25, 26; 3:6, 7; 4:10, 36; 5:24, 38, 40; 6:3, 22; 8:2, 10, 38; 9:4; 10:46; 14:14, 20, 42, 43, 49, 54; 15:27, 31, 32, 41; 16:10, 20; 눅 1:28, 58, 66; 2:5, 13, 36, 51; 5:17, 29; 6:3, 4, 17; 7:6, 12, 36; 49; 8:1, 3, 7, 22, 51; 9:30, 49, 56; 11:7, 23, 37; 12:58; 14:10, 25; 15:6, 9, 30, 31; 17:35; 19:23; 20:1; 22:11, 14, 15, 21, 28, 33, 53, 55; 23:11, 32, 43, 55; 24:10, 24, 29, 30, 33; 요 1:35, 39; 2:12; 3:2, 22; 6:66; 7:33; 8:29; 11:31, 33, 54; 12:2; 14:17, 23; 15:27; 17:5, 24; 18:1, 5, 15, 18, 26;

19:18, 32, 40; 20:7; 21:3 **역사서** 행 1:22; 2:14; 3:8; 4:14; 5:9; 7:38, 45; 8:20; 9:19, 29; 10:20, 23, 38, 45; 11:12, 21, 23; 13:31, 36; 14:1, 13, 20, 27, 28; 15:22, 25, 26, 35, 38; 18:2, 18; 20:4, 36; 21:5, 7, 16, 18, 24, 26, 29; 22:9, 11; 23:15; 24:1, 24; 25:5, 17, 23; 26:30; 27:2, 17; 28:14, 16, 20 **서신서, 예언서** 롬 3:12; 6:4, 6; 7:21; 8:17, 22, 32; 11:17; 12:15; 15:10, 32; 16:7; 고전 4:8; 7:12, 13, 24; 9:10, 13; 11:32; 12:26; 13:6; 15:10; 16:4, 6, 7, 11, 12, 16, 23, 24; 고후 1:21; 4:14; 6:1, 14; 8:18, 22; 9:4; 12:18; 13:4; 갈 1:18; 2:1, 3, 20; 3:9; 5:24; 6:6; 엡 2:5, 6, 22; 3:18; 4:31; 빌 1:25; 2:1, 18, 22, 25; 3:17; 4:3, 14, 21; 골 1:7, 17; 2:12, 13; 3:1, 3, 4; 4:7, 9, 10, 11; 살전 3:13; 4:14, 17; 살후 1:7; 3:16; 딤전 1:14; 딤후 2:10, 12, 22; 4:11, 16; 딛 3:15; 몬 1:2, 23, 25; 히 2:4, 14; 3:1, 14; 9:10; 11:9, 31; 13:3, 23; 약 2:22; 벧전 3:7; 4:4; 5:1, 13; 벧후 1:1, 18; 2:13; 요일 2:19; 요이 1:2; 요삼 1:8; 유 1:14; 계 3:4, 21; 8:4; 12:9; 14:1; 17:14; 18:9; 19:20; 22:9

함락되다/함락시키다 (陷落, fall)
신 20:20 기구를 만들어 그 성읍을 **함락시킬** 때
삼하 10:3 엿보고 탐지하여 **함락시키고자** 함이
삼하 11:25 성을 향하여 더욱 힘써 싸워 **함락시키라**
왕상 16:18 시므리가 성읍이 **함락됨을** 보고 왕궁
왕하 18:10 그 성읍이 **함락되니** 곧 … **함락되매**
왕하 18:30 왕의 손에 **함락되지** 아니하게 하시리라
대상 20:1 있더니 요압이 랍바를 쳐서 **함락시키매**
사 21:9 **함락되었도다 함락되었도다** 바벨론
렘 38:28 예레미야가 예루살렘이 **함락되는** 날
렘 39:2 성이 **함락되니라** 예루살렘이 **함락되매**
렘 48:41 점령을 당하며 요새가 **함락되는** 날에
렘 50:2 바벨론이 **함락되고** 벨이 수치를 당하며
렘 51:31 전하기를 그 성읍 사방이 **함락되었으며**
렘 51:41 슬프다 세삭이 **함락되었도다** 온 세상
겔 33:21 나아와 말하기를 그 성이 **함락되었다**
겔 40:1 스물다섯째 해, 성이 **함락된** 후 열넷째
슥 14:2 성읍이 **함락되며** 가옥이 약탈되며 부녀

함맛(Hammath)
1. 인명 : 레갑의 집 조상
대상 2:55 레갑 가문의 조상 **함맛**에게서 나온 겐

【 함메아 】　　　　　　　　　　　　　　　　　　　　【 합당하다/합당히 】

2. 지명 : 납달리 지파의 땅에 있던 성읍
수 19:35　견고한 성읍들은 싯딤과 세르와 **함맛**과

함메아(Tower of the Hundred-NIV,
　　　tower of Meah-KJV) 예루살렘의 한 망대
느 3:1　성벽을 건축하여 **함메아** 망대에서부터
느 12:39　하나넬 망대와 **함메아** 망대를 지나 양문

함몬(Hammon)
　　1. 아셀 지파에게 분배된 성읍
수 19:28　에브론과 르홉과 **함몬**과 가나를 지나
　　2. 납달리 지파의 성읍
대상 6:76　초원과 **함몬**과 그 초원과 기랴다임과

함몰되다(陷沒, wash away)
욥 22:16　터는 강물로 말미암아 **함몰되었느니라**

함몰레겟(Hammoleketh) 길르앗의 누이
대상 7:18　누이 **함몰레겟**은 이스홋과 아비에셀

함못 돌(Hammoth Dor) 납달리 지파의 성읍
수 21:32　목초지를 주었고 또 **함못 돌**과 그 목초지

함무엘(Hammuel) 삭굴의 아버지
대상 4:26　미스마의 아들은 **함무엘**이요 그의 아들

함므다다(Hammedatha) 하만의 아버지
에 3:1　아하수에로 왕이 아각 사람 **함므다다**의

> 함므다다 - 기타 본문
에 3:10; 8:5; 9:10, 24

함밉갓 문(Inspection Gate) 성전 뜰을 싼
　　벽의 성문
느 3:31　금장색 말기야가 **함밉갓 문**과 마주 대한

함부로(thoughtlessly)
레 5:4　선한 일이든지 하리라고 **함부로** 말하
　　　면 그 사람이 **함부로** 말하여 맹세한
잠 12:18　칼로 찌름같이 **함부로** 말하는 자가
잠 20:25　**함부로** 이 물건은 거룩하다 하여 서원
전 5:2　너는 하나님 앞에서 **함부로** 입을 열지
막 9:13　기록된 바와 같이 사람들이 **함부로** 대우

함성(喊聲, shout, cry)
스 3:12　여러 사람은 기쁨으로 크게 **함성**을 지르
시 47:5　하나님께서 즐거운 **함성** 중에 올라가심
사 8:9　너희 민족들아 **함성**을 질러 보아라
렘 4:29　기병과 활 쏘는 자의 **함성**으로 말미암아

함정(陷穽, snare, pit, trap)
출 10:7　우리의 **함정**이 되리이까 그 사람들을
대상 11:22　눈 올 때에 **함정**에 내려가서 사자 한
욥 18:10　땅에 숨겨져 있고 그를 빠트릴 **함정**이
시 7:15　웅덩이를 파 만듦이여 제가 만든 **함정**에
시 35:7　까닭 없이 내 생명을 해하려고 **함정**을
시 140:5　길 곁에 그물을 치며 **함정**을 두었나이다
시 141:9　올무와 악을 행하는 자들의 **함정**에서
잠 22:14　음녀의 입은 깊은 **함정**이라 여호와의
잠 23:27　구덩이요 이방 여인은 좁은 **함정**이라
잠 26:27　**함정**을 파는 자는 그것에 빠질 것이요
잠 28:10　스스로 자기 **함정**에 빠져도 성실한 자
전 10:8　**함정**을 파는 자는 거기에 빠질 것이요
사 8:14　예루살렘 주민에게는 **함정**과 올무가
사 24:17　땅의 주민아 두려움과 **함정**과 올무가
사 24:18　도망하는 자는 **함정**에 빠지겠고 **함정**
렘 48:44　두려움에서 도망하는 자는 **함정**에 떨
　　　어지겠고 **함정**에서 나오는 자는 올무에
애 3:47　두려움과 **함정**과 파멸과 멸망이 우리
애 4:20　기름 부으신 자가 그들의 **함정**에 빠졌
겔 19:4　이방이 듣고 **함정**으로 그를 잡아갈고리
겔 19:8　치러 와서 그 위에 그물을 치고 **함정**
옵 1:7　먹는 자들이 네 아래에 **함정**을 파니 네

합계(合計, count)
민 3:22　일 개월 이상 된 남자의 수효 **합계**는
스 2:64　온 회중의 **합계**가 사만 이천삼백육십
느 7:66　온 회중의 **합계**는 사만 이천삼백육십
겔 48:20　예물로 드리는 땅의 **합계**는 길이도
겔 48:35　사방의 **합계**는 만 팔천 척이라 그 날

합당하다/합당히(合當, will, right)
> 구약
창 20:9　네가 **합당하지** 아니한 일을 내게 행하
창 23:13　당신이 **합당히** 여기면 청하건대 내 말을
창 27:36　야곱이라 함이 **합당하지** 아니하니이까
신 19:6　원한이 없으니 죽이기에 **합당하지** 아니

【 합당하다/합당히 】　　　　　　　　　　　　　　　　　　　　　　【 합당하다 】

신 25:2	악인에게 태형이 **합당하면** 재판장은	딛 2:1	오직 너는 바른 교훈에 **합당한** 것을
삼상 18:5	군대의 장으로 삼았더니 온 백성이 **합당히** 여겼고 사울의 신하들도 **합당히**	히 2:10	통하여 온전하게 하심이 **합당하도다**
		히 6:7	밭가는 자들이 쓰기에 **합당한** 채소
왕상 11:38	내 길로 행하며 내 눈에 **합당한** 일을	히 7:26	대제사장은 우리에게 **합당하니** 거룩
왕하 9:15	뜻에 **합당하거든** 한 사람이라도 이 성	요삼 1:6	하나님께 **합당하게** 그들을 전송하면
욥 35:2	그대는 이것을 **합당하게** 여기느냐 그대	계 3:4	나와 함께 다니리니 그들은 **합당한** 자인
시 93:5	확실하고 거룩함이 주의 집에 **합당하니**	계 4:11	권능을 받으시는 것이 **합당하오니** 주께
잠 17:7	미련한 자에게 **합당하지** 아니하거든 하물며 … 존귀한 자에게 **합당하겠느냐**	계 5:2	펴며 그 인을 떼기에 **합당하냐** 하나
		계 5:4	펴거나 보거나 하기에 **합당한** 자가
잠 25:11	경우에 **합당한** 말은 아로새긴 은 쟁반	계 5:9	인봉을 떼기에 **합당하시도다** 일찍이
렘 26:11	사람은 죽는 것이 **합당하니** 너희 귀로	계 5:12	영광과 찬송을 받으시기에 **합당하도다**
겔 15:5	제조에 **합당하지** 아니하였거든 하물며 … 후에 어찌 제조에 **합당하겠느냐**	계 16:6	피를 마시게 하신 것이 **합당하니이다**

‘합당하다’와 관련된 성구

합당한 영광 – 대상 16:29; 시 29:2; 96:8
회개에 합당한 열매 – 마 3:8; 눅 3:8

[신약]

마 3:15	의를 이루는 것이 **합당하니라** 하시니
마 10:11	그 중에 **합당한** 자를 찾아내어 너희가
마 10:13	이에 **합당하면** 너희 … 만일 **합당하지**
마 10:37	사랑하는 자는 내게 **합당하지** 아니하고 … 더 사랑하는 자도 내게 **합당하지**
마 10:38	따르지 않는 자도 내게 **합당하지** 아니
마 22:8	준비되었으나 청한 사람들은 **합당하지**
눅 7:4	것이 이 사람에게는 **합당하니이다**
눅 9:62	하나님의 나라에 **합당하지** 아니하니라
눅 13:16	이 매임에서 푸는 것이 **합당하지** 아니
눅 14:3	안식일에 병 고쳐 주는 것이 **합당하냐**
눅 20:35	부활함을 얻기에 **합당히** 여김을 받은
행 5:41	능욕 받는 일에 **합당한** 자로 여기심
행 13:46	영생을 얻기에 **합당하지** 않은 자로 자처
행 26:20	하나님께 돌아와서 회개에 **합당한**
롬 1:28	상실한 마음대로 내버려 두사 **합당하지**
롬 16:2	너희는 주 안에서 성도들의 **합당한** 예절
고전 7:35	이치에 **합당하게** 하여 흐트러짐이 없이
고전 7:36	자기의 약혼녀에 대한 행동이 **합당하지**
고전 11:27	주의 떡이나 잔을 **합당하지** 않게 먹고
고전 16:4	만일 나도 가는 것이 **합당하면** 그들이
엡 4:1	너희가 부르심을 받은 일에 **합당하게**
빌 1:27	너희는 그리스도의 복음에 **합당하게**
골 1:10	주께 **합당하게** 행하여 범사에 기쁘시게
골 1:12	기업의 부분을 얻기에 **합당하게** 하신
살전 2:12	영광에 이르게 하시는 하나님께 **합당히**
살후 1:5	하나님의 나라에 **합당한** 자로 여김을
살후 1:11	너희를 그 부르심에 **합당한** 자로 여기
딤후 2:21	주인의 쓰심에 **합당하며** 모든 선한 일

합동하다(合同, join)
민 18:4　레위인은 너와 **합동하여** 장막의 모든

합력하다(合力, side)
삼상 22:17　다윗과 **합력하였고** 또 그들이 다윗이
롬 8:28　입은 자들에게는 모든 것이 **합력하여**

합비세스(Happizzez) 아론의 자손으로 제사장
대상 24:15　헤실이요 열여덟째는 **합비세스**요

합세하다(合勢, meet together)
행 4:27　이방인과 이스라엘 백성과 **합세하여**

합심하다(合心, agree, unit)
삿 20:11　사람이 하나같이 **합심하여** 그 성읍을
마 18:19　두 사람이 땅에서 **합심하여** 무엇이든

합의(合意, mutual consent)
고전 7:5　기도할 틈을 얻기 위하여 **합의상** 얼마

합주하다(合奏)
대하 20:28　그들이 비파와 수금과 나팔을 **합주하고**

합하다(合, join, unite)
창 2:24　남자가 부모를 떠나 그의 아내와 **합하여**

| 합환채 | | | 항복/-하다 | |

창 46:15 딸 디나를 **합하여** 남자와 여자가 삼십
출 1:10 대적과 **합하여** 우리와 싸우고 이 땅에서
레 23:16 일곱 안식일 이튿날까지 **합하여** 오십
삼상 14:21 함께한 이스라엘 사람들과 **합하였고**
삼하 20:2 왕과 **합하여** 요단에서 예루살렘까지
대하 28:8 자녀를 **합하여** 이십만 명을 사로잡고
느 11:36 사람의 일부는 베냐민과 **합하였느니라**
사 9:21 그들이 **합하여** 유다를 치리라 그럴지
렘 3:15 내가 또 내 마음에 **합한** 목자들을 너희
겔 37:17 막대기를 서로 **합하여** 하나가 되게
겔 41:13 서쪽 뜰과 그 건물과 그 벽을 **합하여**
겔 48:20 땅은 성읍의 기지와 **합하여** 네모 반듯
단 2:43 피차에 **합하지** 아니함이 … **합하지** 않음
마 19:5 아내에게 **합하여** 그 둘이 한 몸이 될지
행 27:41 두 물이 **합하여** 흐르는 곳을 만나 배를
롬 6:3 예수와 **합하여** … 그의 죽으심과 **합하여**
롬 6:4 우리가 그의 죽으심과 **합하여** 세례를
고전 1:10 같은 마음과 같은 뜻으로 온전히 **합하라**
고전 6:16 창녀와 **합하는** 자는 그와 한 몸인 줄
고전 6:17 주와 **합하는** 자는 한 영이니라
고전 7:5 얼마 동안은 하되 다시 **합하라** 이는
갈 3:27 누구든지 그리스도와 **합하기** 위하여
엡 5:31 사람이 부모를 떠나 그의 아내와 **합하여**
빌 2:2 사랑을 가지고 뜻을 **합하며** 한마음을
요일 5:8 물과 피라 또한 이 셋은 **합하여** 하나
계 8:3 모든 성도의 기도와 **합하여** 보좌 앞 금

합환채(合歡采, mandrake)
창 30:14 나가서 들에서 **합환채**를 얻어 … 언니의 아들의 **합환채**를
창 30:15 내 아들의 **합환채**도 빼앗고자 하느냐 라헬이 이르되 그러면
창 30:16 내가 내 아들의 **합환채**로 당신을 샀노라
아 7:13 **합환채**가 향기를 뿜어내고 우리의 문 앞

핫두스(Hattush)
　　1. 다윗의 자손이며 스마야의 아들
대상 3:22 스마야의 아들들은 **핫두스**와 이갈과
스 8:2 다니엘이요 다윗 자손 중에서는 **핫두스**
　　2. 하삽느야의 아들
느 3:10 하삽느야의 아들 **핫두스**가 중수하였고
　　3. 갱신된 율법 준수 언약에 인친 사람
느 10:4 **핫두스**, 스바냐, 말룩,

느 12:2 아마랴와 말룩과 **핫두스**와

핫딜(Hattil) 솔로몬 신복의 한 사람
느 7:59 자손과 **핫딜** 자손과 보게렛하스바임

핫숩(Hasshub)
　　1. 예루살렘 돌담과 풀무 망대를 수리한 사람
느 3:11 말기야와 바핫모압의 아들 **핫숩**이 한
　　2. 성벽 재건 때 집 맞은편 벽을 중수했던 사람
느 3:23 다음은 베냐민과 **핫숩**이 자기 집 맞은편
　　3. 에스라 때 언약서에 서명한 사람
느 10:23 호세아, 하나냐, **핫숩**
　　4. 성전 일에 뽑힌 스마야의 아버지
대상 9:14 **핫숩**의 아들이요 아스리감의 손자요
느 11:15 스마야이니 그는 **핫숩**의 아들이요

핫스누아(Hassenuah) 포로 귀환 후 한 성읍을 다스린 유다의 아버지
대상 9:7 **핫스누아**의 증손 호다위아의 손자
느 11:9 그들의 감독이 되었고 **핫스누아**의

항거하다(抗拒, uproar)
시 74:23 일어나 주께 **항거하는** 자의 떠드는 소리

항구(港口, haven, harbor)
시 107:30 그들이 바라는 **항구**로 인도하시는도다
행 27:12 **항구**가 겨울을 … 그러데 **항구**라 한쪽

항만(港灣, bay, cove)
삿 5:17 해변에 앉으며 자기 **항만**에 거주하도다
행 27:39 경사진 해안으로 된 **항만**이 눈에 띄거늘

항변하다(抗辯, rebuke)
마 16:22 베드로가 예수를 붙들고 **항변하여**
막 8:32 베드로가 예수를 붙들고 **항변하매**

항복/-하다(降服, subdue, submit, go over)
민 32:29 싸워서 그 땅이 너희 앞에 **항복하기**에
삿 11:33 이스라엘 자손 앞에 **항복하였더라**
삼하 8:1 다윗이 블레셋 사람들을 쳐서 **항복을**
왕하 7:4 아람 군대에게 **항복하자** 그들이 우리를
왕하 18:31 너희는 내게 **항복하고** 내게로 나아오라
왕하 25:11 백성과 바벨론 왕에게 **항복한** 자들과

[항상]

대상 18:1 다윗이 블레셋 사람들을 쳐서 **항복**을
대상 20:4 십배를 쳐죽이매 그들이 **항복**하였더라
대하 13:18 이스라엘 자손이 **항복**하고 유다 자손
사 36:16 **항복**하고 내게로 나아오라 그리하면
사 45:1 열국을 **항복**하게 하며 내가 왕들의 허리
렘 21:9 갈대아인에게 나가서 **항복하는** 자는
렘 37:13 이르되 네가 갈대아인에게 **항복하려**
렘 37:14 나는 갈대아인에게 **항복하려** 하지 아니
렘 38:2 갈대아인에게 **항복하는** 자는 살리니
렘 38:17 왕의 고관들에게 **항복하면** 네 생명이
렘 38:18 바벨론의 왕의 고관들에게 **항복하지**
렘 38:19 갈대아인에게 **항복한** 유다인을 두려워
렘 38:21 만일 **항복하기**를 거절하시면 여호와
렘 39:9 남아 있는 백성과 자기에게 **항복한**
렘 50:15 고함을 지르리로다 그가 **항복하였고**
렘 52:15 바벨론 왕에게 **항복한** 자와 무리의 남은
눅 10:17 귀신들도 우리에게 **항복하더이다**
눅 10:20 귀신들이 너희에게 **항복하는** 것을

항상(恒常, all the time, at all times, always)
모세오경

창 6:5 마음으로 생각하는 모든 계획이 **항상**
출 25:30 상 위에 진설병을 두어 **항상** 내 앞에
출 27:21 **항상** 여호와 앞에 그 등불을 보살피게
출 28:30 이스라엘 자손의 흉패를 **항상** 그의 가슴
출 33:7 모세가 **항상** 장막을 취하여 진 밖에
레 6:12 제단 위의 불은 **항상** 피워 꺼지지 않게
레 6:20 가루 십분의 일 에바를 **항상** 드리는
레 24:3 여호와 앞에 **항상** 등잔불을 정리할지니
레 24:4 등잔대 위의 등잔들을 **항상** 정리할지
레 24:8 앞에 **항상** 진설할지니 이는 이스라엘
민 4:7 그 위에 두고 또 **항상** 진설하는 떡을
민 4:16 향과 **항상** 드리는 소제물과 관유이며
민 9:16 **항상** 그러하여 낮에는 구름이 그것을
신 5:29 다만 그들이 **항상** 이 같은 마음을 품어
신 6:24 여호와를 경외하여 **항상** 복을 누리게
신 9:24 너희를 알던 날부터 너희가 **항상** 여호와
신 11:1 법도와 규례와 명령을 **항상** 지키라
신 11:12 하나님 여호와의 눈이 **항상** 그 위에
신 14:23 하나님 여호와 경외하기를 **항상** 배울
신 16:3 평생에 **항상** 네가 애굽 땅에서 나온
신 18:5 자손에게 **항상** 여호와의 이름으로 서서
신 19:9 여호와를 사랑하고 **항상** 그의 길로 행할

[항상]

신 21:4 성읍의 장로들이 물이 **항상** 흐르고
신 28:29 네 길이 형통하지 못하여 **항상** 압제와
신 28:33 너는 **항상** 압제와 학대를 받을 뿐이리니

역사서

수 3:15 요단이 곡식 거두는 시기에는 **항상** 언덕
수 4:24 여호와를 **항상** 경외하게 하려 하심이라
삼하 9:7 너는 **항상** 내 상에서 떡을 먹을지니라
삼하 9:10 므비보셋은 **항상** 내 상에서 떡을 먹으니
삼하 9:13 므비보셋이 **항상** 왕의 상에서 먹으므로
삼하 19:13 요압을 이어서 **항상** 내 앞에서 지휘관
왕상 3:6 그를 위하여 이 큰 은혜를 **항상** 주사
왕상 8:40 땅에서 사는 동안에 **항상** 주를 경외하리
왕상 9:3 그 곳에 두며 내 눈길과 내 마음이 **항상**
왕상 10:8 신하들이여 **항상** 당신 앞에 서서 당신
왕상 11:36 다윗이 **항상** 내 앞에 등불을 가지고
왕상 14:30 르호보암과 여로보암 사이에 **항상** 전쟁
왕하 4:9 여인이 그의 남편에게 이르되 **항상** 우리
왕하 8:19 그의 자손에게 **항상** 등불을 주겠다고
왕하 13:22 아람 왕 하사엘이 **항상** 이스라엘을 학대
왕하 25:29 그의 일평생에 **항상** 왕의 앞에서 양식
대상 16:6 야하시엘은 **항상** 하나님의 언약궤 앞
대상 16:11 능력을 구할지어다 **항상** 그의 얼굴을
대상 16:37 여호와의 언약궤 앞에 있게 하며 **항상**
대상 16:40 **항상** 아침 저녁으로 번제단 위에 여호와
대상 23:31 명령하신 규례의 정한 수효대로 **항상**
대하 2:4 주 앞에서 향 재료를 사르며 **항상** 떡을
대하 6:31 땅에서 사는 동안에 **항상** 주를 경외하며
대하 7:16 내 눈과 내 마음이 **항상** 여기에 있으리
대하 9:7 신하들이여, **항상** 당신 앞에 서서 당신
대하 12:15 르호보암과 여로보암 사이에 **항상** 전쟁
대하 18:7 좋은 일로는 예언하지 아니하고 **항상**
대하 21:7 그의 자손에게 **항상** 등불을 주겠다고
대하 24:14 모든 날에 여호와의 전에 **항상** 번제와
스 3:5 **항상** 드리는 번제와 초하루와 여호와
스 4:15 **항상** 반역하는 일을 행하여 왕들과 각
스 4:19 왕들을 거역하며 그 중에서 **항상** 패역
느 10:33 진설병과 **항상** 드리는 소제와 **항상** 드리

시가서

욥 1:5 하였을까 함이라 욥의 행위가 **항상**
욥 17:2 내 눈이 그들의 충동함을 **항상** 보는구나
욥 27:10 전능자를 기뻐하겠느냐 **항상** 하나님께
시 9:18 **항상** 잊어버림을 당하지 아니함이여
시 16:8 내가 여호와를 **항상** 내 앞에 모심이여

【 항상 】   【 항상 】

시 25:15	내 눈이 **항상** 여호와를 바라봄은 내	사 51:13	분노를 어찌하여 **항상** 종일 두려워하
시 34:1	여호와를 **항상** 송축함이여…**항상** 주를	사 52:5	내 이름을 **항상** 종일토록 더럽히도다
시 35:27	위대하시다 하는 말을 그들이 **항상** 말	사 58:11	여호와가 너를 **항상** 인도하여 메마른
시 38:17	넘어지게 되었고 나의 근심이 **항상** 내	사 60:11	성문이 **항상** 열려 주야로 닫히지 아니
시 40:11	인자와 진리로 나를 **항상** 보호하소서	사 65:3	벽돌 위에서 분향하여 내 앞에서 **항상**
시 40:16	구원을 사랑하는 자는 **항상** 말하기를	사 66:22	내 앞에 **항상** 있는…너희 이름이 **항상**
시 50:8	책망하지는 아니하리니 네 번제가 **항상**	렘 8:5	예루살렘 백성이 **항상** 나를 떠나 물러감
시 51:3	나는 내 죄과를 아오니 내 죄가 **항상**	렘 20:17	배가 부른 채로 **항상** 있지 않게 하신
시 52:1	하나님의 인자하심은 **항상** 있도다	렘 23:17	**항상** 그들이 나를 멸시하는 자에게 이르
시 69:23	보지 못하게 하시며 그들의 허리가 **항상**	렘 32:39	자기 후손의 복을 위하여 **항상** 나를
시 70:4	사랑하는 자들이 **항상** 말하기를 하나님	렘 33:18	소제를 사르며 다른 제사를 **항상** 드릴
시 71:3	주는 내가 **항상** 피하여 숨을 바위가	렘 52:33	의복을 갈아 입혔고 그의 평생 동안 **항상**
시 71:6	주께서 나를 택하셨사오니 나는 **항상**	겔 46:14	영원한 규례로 삼아 **항상** 나 여호와께
시 71:14	**항상** 소망을 품고 주를 더욱더욱 찬송	단 6:16	다니엘에게 이르되 네가 **항상** 섬기는
시 73:12	이들은 악인들이라도 **항상** 평안하고	단 6:20	네가 **항상** 섬기는 네 하나님이 사자들
시 73:23	내가 **항상** 주와 함께 하니 주께서 내	호 12:6	인애와 정의를 지키며 **항상** 너의 하나님
시 74:23	항거하는 자의 떠드는 소리가 **항상** 주께	암 1:11	긍휼을 버리며 **항상** 맹렬히 화를 내며
시 84:4	사는 자들은 복이 있나니 그들이 **항상**	옵 1:16	마신 것같이 만국인이 **항상** 마시리니
시 89:36	왕위는 해같이내 앞에 **항상** 있으며	미 6:14	네가 먹어도 배부르지 못하고 **항상** 속이
시 102:28	주의 종들의 자손은 **항상** 안전히 거주	나 3:19	손뼉을 치나니 이는 그들이 **항상** 네게
시 105:4	능력을 구할지어다 그의 얼굴을 **항상**	말 2:4	언약이 **항상** 있게 하려 함인 줄을 너희
시 106:3	정의를 지키는 자들과 **항상** 공의를 행하	복음서, 역사서	
시 109:15	죄악을 **항상** 여호와 앞에 있게 하사	마 18:10	내 아버지의 얼굴을 **항상** 뵈옵느니라
시 109:19	저주가 그에게는 입는 옷 같고 **항상**	마 26:11	가난한 자들은 **항상** 너희와 함께 있거
시 119:20	규례들을 **항상** 사모함으로 내 마음이		니와 나는 **항상** 함께 있지 아니하리라
시 119:44	내가 주의 율법을 **항상** 지키리이다	마 28:20	끝날까지 너희와 **항상** 함께 있으리라
시 119:90	주께서 땅을 세우셨으므로 땅이 **항상**	막 14:7	**항상** 너희와 함께…너희와 **항상** 함께
시 119:98	계명들이 **항상** 나와 함께 하므로 그것	눅 15:31	아버지가 이르되 얘 너는 **항상** 나와
시 119:109	나의 생명이 **항상** 위기에 있사오나 나는	눅 22:28	너희는 나의 모든 시험 중에 **항상** 나와
시 119:117	구원을 얻고 주의 율례들에 **항상** 주의	요 6:34	그들이 이르되 주여 이 떡을 **항상** 우리
시 119:173	법도들을 택하였사오니 주의 손이 **항상**	요 8:29	**항상** 그가 기뻐하시는 일을 행하므로
잠 5:19	그의 품을 **항상** 족하게…사랑을 **항상**	요 11:42	**항상** 내 말을 들으시는 줄을 내가 알았
잠 6:14	그의 마음에 패역을 품으며 **항상** 악을	요 12:8	가난한 자들은 **항상**…나는 **항상** 있지
잠 6:21	그것을 **항상** 네 마음에 새기며 네 목에	요 15:16	너희 열매가 **항상** 있게 하여 내 이름
잠 8:30	그의 기뻐하신 바가 되었으며 **항상** 그	요 18:20	회당과 성전에서 **항상** 가르쳤고 은밀
잠 15:15	마음이 즐거운 자는 **항상** 잔치하느니라	행 1:22	**항상** 우리와 함께 다니던 사람 중에
잠 23:17	죄인의 형통을 부러워하지 말고 **항상**	행 2:25	다윗이 그를 가리켜 이르되 내가 **항상**
잠 28:14	**항상** 경외하는 자는 복되거니와 마음을	행 7:51	너희 조상과 같이 **항상** 성령을 거스르는
전 9:8	의복을 **항상** 희게 하며 네 머리에 향	행 13:43	사도가 더불어 말하고 **항상** 하나님의
전 11:8	사람이 여러 해를 살면 **항상** 즐거워할	행 20:18	지금까지 내가 **항상** 여러분 가운데서
선지서		행 24:16	하나님과 사람에 대하여 **항상** 양심에
사 32:8	존귀한 일을 계획하나니 그는 **항상** 존귀	서신서	
사 49:16	손바닥에 새겼고 너의 성벽이 **항상** 내	롬 1:9	나의 증인이 되시거니와 **항상** 내 기도

【 항상 】　　　　　　　　　　　　　　　　　　　　　　　　【 항해자 】

롬 11:10	흐려 보지 못하고 그들의 등은 **항상**
롬 12:12	환난 중에 참으며 기도에 **항상** 힘쓰며
롬 13:6	일꾼이 되어 바로 이 일에 **항상** 힘쓰
고전 1:4	너희를 위하여 **항상** 하나님께 감사하
고전 13:13	믿음, 소망, 사랑, 이 세 가지는 **항상**
고전 15:58	흔들리지 말고 **항상** 주의 일에 더욱
고후 2:14	**항상** 우리를 그리스도 안에서 이기게
고후 4:10	우리가 **항상** 예수의 죽음을 몸에 짊어
고후 4:11	살아 있는 자가 **항상** 예수를 위하여
고후 5:6	우리가 **항상** 담대하여 몸으로 있을 때
고후 9:8	모든 일에 **항상** 모든 것이 넉넉하여
갈 2:5	복음의 진리가 **항상** 너희 가운데 있게
갈 3:10	모든 일을 **항상** 행하지 아니하는 자는
엡 5:20	이름으로 **항상** 아버지 하나님께 감사
엡 6:18	모든 기도와 간구를 하되 **항상** 성령 안에서 … 깨어 구하기를 **항상** 힘쓰며
빌 1:4	무리를 위하여 기쁨으로 **항상** 간구함은
빌 2:12	지금 나 없을 때에도 **항상** 복종하여
골 4:6	너희 말을 **항상** 은혜 가운데서 소금으로
골 4:12	그가 **항상** 너희를 위하여 애써 기도하여
살전 1:2	너희 모두로 말미암아 **항상** 하나님께
살전 2:16	자기 죄를 **항상** 채우매 노하심이 끝까지
살전 3:6	너희가 **항상** 우리를 잘 생각하여 우리가
살전 4:17	그리하여 우리가 **항상** 주와 함께 있으
살전 5:15	모든 사람을 대하든지 **항상** 선을 따르라
살후 1:3	우리가 너희를 위하여 **항상** 하나님께
살후 1:11	우리도 **항상** 너희를 위하여 기도함은
살후 2:13	사랑하시는 형제들아 우리가 **항상**
딤전 5:5	하나님께 소망을 두어 주야로 **항상** 간구
딤후 2:13	미쁨이 없을지라도 주는 **항상** 미쁘시니
딤후 3:7	**항상** 배우나 끝내 진리의 지식에 이를
딤후 4:2	때를 얻든지 못 얻든지 **항상** 힘쓰라
딛 1:12	그레데인들은 **항상** 거짓말쟁이며 악한
몬 1:4	내가 **항상** 내 하나님께 감사하고 기도
히 3:10	노하여 이르기를 그들이 **항상** 마음이
히 7:3	하나님의 아들과 닮아서 **항상** 제사장
히 7:23	많은 것은 죽음으로 말미암아 **항상** 있지
히 7:25	그가 **항상** 살아 계셔서 그들을 위하여
히 9:6	제사장들이 **항상** 첫 장막에 들어가 섬기
히 13:15	예수로 말미암아 **항상** 찬송의 제사를
벧전 1:23	살아 있고 **항상** 있는 하나님의 말씀으로
벧전 3:15	묻는 자에게는 대답할 것을 **항상** 준비
벧후 1:12	**항상** 너희에게 생각나게 하려 하노라

╭─ '항상'과 관련된 성구 ─╮
│ **항상 계신 이** – 단 7:9, 13, 22 │
│ **항상 기도하다** – 시 72:15; 141:5; 눅 │
│ 　　　　18:1; 21:36; 행 10:2 │
│ **항상 기뻐하다** – 고후 6:10; 빌 4:4; 살전 │
│ 　　　　5:16 │
╰──────────────╯

항아리 (jar)

출 16:33	아론에게 이르되 **항아리**를 가져다가
삿 7:16	나팔과 빈 **항아리**를 들리고 **항아리** 안
삿 7:19	나팔을 불며 손에 가졌던 **항아리**를
삿 7:20	세 대가 나팔을 불며 **항아리**를 부수고
전 12:6	은줄이 풀리고 금 그릇이 깨지고 **항아리**
사 22:24	작은 그릇 곧 종지로부터 모든 **항아리**
요 2:7	예수께서 그들에게 이르시되 **항아리**에

╭─ 성경에 나오는 '항아리' ─╮
│ 　금 **항아리** – 히 9:4 │
│ 　돌 **항아리** – 요 2:6 │
│ 　질**항아리** – 애 4:2 │
╰──────────────╯

항오 (行伍, ready)

| 나 2:3 | 무사들의 옷도 붉으며 그 **항오**를 벌이는 |

항해/–하다 (航海, sail)

사 42:10	**항해하는** 자들과 바다 가운데의 만물아
행 21:3	이를 왼편에 두고 수리아로 **항해하여**
행 21:7	두로를 떠나 **항해**를 다 마치고 돌레마이
행 27:2	올라 **항해할새** 마게도냐의 데살로니가
행 27:4	구브로 해안을 의지하고 **항해하여**
행 27:7	그레데 해안을 바람막이로 **항해하여**
행 27:9	절기가 이미 지났으므로 **항해하기**가
행 27:10	여러분이여 내가 보니 이번 **항해**가 하물
행 27:13	감아 그레데 해변을 끼고 **항해하더니**
행 27:24	함께 **항해하는** 자를 다 네게 주셨다

항해자 (航海者, man of the sea)

| 겔 26:17 | 슬픈 노래를 불러 이르기를 **항해자**가 |

해 1(sun)

모세오경
창 19:23 소알에 들어갈 때에 **해**가 돋았더라
창 28:11 **해**가 진지라 거기서 유숙하려고 그 곳
창 29:7 야곱이 이르되 **해**가 아직 높은즉 가축
창 32:31 그가 브니엘을 지날 때에 **해**가 돋았고
창 37:9 꿈을 꾼즉 **해**와 달과 열한 별이 내게
출 12:6 열나흘날까지 간직하였다가 **해** 질 때에
출 16:12 너희가 **해** 질 때에는 고기를 먹고 아침
출 17:12 그 손이 **해**가 지도록 내려오지 아니한
출 22:26 네가 만일 이웃의 옷을 전당 잡거든 **해**가
민 2:3 동방 **해** 돋는 쪽에 진 칠 자는 그 진영
민 3:38 성막 앞 동쪽 곧 회막 앞 **해** 돋는 쪽에는
민 9:3 그 정한 기일 곧 이 달 열넷째 날 **해** 질
민 9:5 그들이 첫째 달 열넷째 날 **해** 질 때에
민 9:11 둘째 달 열넷째 날 **해** 질 때에 그것을
민 21:11 오봇을 떠나 모압 앞쪽 **해** 돋는 쪽 광야
민 34:15 여리고 맞은편 요단 건너편 곧 **해** 돋는
민 28:4 아침에 드리고 어린 양 한 마리는 **해** 질
신 4:19 네가 하늘을 향하여 눈을 들어 **해**와 달
신 4:41 그 때에 모세가 요단 이쪽 **해** 돋는 쪽
신 4:47 아모리 족속의 왕으로서 요단 이쪽 **해**
신 11:30 이 두 산은 요단 강 저쪽 곧 **해**지는 쪽
신 16:4 네가 첫날 **해** 질 때에 제사 드린 고기
신 16:6 초저녁 **해** 질 때에 유월절 제물을 드리고
신 23:11 **해** 질 때에 목욕하고 **해** 진 후에 진에
신 24:15 품삯을 당일에 주고 **해** 진 후까지 미루지

역사서
수 1:4 헷 족속의 온 땅과 또 **해** 지는 쪽 대해
수 1:15 이쪽 **해** 돋는 곳으로 돌아와서 그것을
수 8:29 나무에 달았다가 **해** 질 때에 명령하여
수 12:1 이스라엘 자손이 요단 저편 **해** 돋는 쪽
수 13:5 또 그발 족속의 땅과 **해** 뜨는 곳의 온
수 19:12 사릿에서부터 동쪽으로 돌아 **해** 뜨는
수 19:34 아셀에 이르러 **해** 뜨는 쪽은 요단에서
수 23:4 내가 요단에서부터 **해** 지는쪽 대해까지
삿 5:31 사랑하는 자들은 **해**가 힘 있게 돋음 같게
삿 9:33 아침 **해** 뜰 때에 당신이 일찍 일어나
삿 11:18 모압 땅은 **해** 뜨는 쪽으로 들어가 아르논
삿 14:18 **해** 지기 전에 성읍 사람들이 삼손에게
삿 19:8 그대의 기력을 돋우고 **해**가 기울도록

삼상 11:9 내일 **해**가 더울 때에 너희가 구원을
삼하 2:24 맞은쪽 암마 산에 이를 때에 **해**가 졌고
삼하 3:35 만일 내가 **해** 지기 전에 떡이나 다른
삼하 23:4 그는 돋는 **해**의 아침 빛 같고 구름 없는
왕하 3:22 모압 사람이 일찍이 일어나서 **해**가 물에
왕하 7:5 아람 진으로 가려 하여 **해** 질 무렵에
왕하 20:9 **해** 그림자가 십도를 나아갈 것이니이까
왕하 20:11 **해** 그림자를 십도 뒤로 물러가게 하셨
왕하 23:5 바알과 **해**와 달과 별 떼와 하늘의 모든
대하 18:34 저녁 때까지 아람 사람을 막다가 **해**가
느 7:3 내가 그들에게 이르기를 **해**가 높이 뜨기

시가서
욥 9:7 **해**를 명령하여 뜨지 못하게 하시며 별들
욥 31:26 만일 **해**가 빛남과 달이 밝게 뜬 것을
시 19:4 하나님이 **해**를 위하여 하늘에 장막을
시 50:1 하나님께서 말씀하사 **해** 돋는 데서부터
시 72:5 **해**가 있을 동안에도 주를 두려워하며
시 72:17 이름이 영구함이여 그의 이름이 **해**와
시 74:16 밤도 주의 것이라 주께서 빛과 **해**를
시 77:10 나의 잘못이라 지존자의 오른손의 **해**
시 84:11 하나님은 **해**요 방패이시라 여호와께서
시 89:36 후손이 장구하고 그의 왕위는 **해**같이
시 104:19 달로 절기를 정하심이여 **해**는 그 지는
시 113:3 **해** 돋는 데에서부터 **해** 지는 데에까지
시 121:6 낮의 **해**가 너를 상하게 하지 아니하며
전 1:5 **해**는 뜨고 **해**는 지되 그 떴던 곳으로
전 1:9 후에 다시 할지라 **해** 아래에는 새 것이
전 1:14 **해** 아래에서 행하는 모든 일을 보았노라
전 2:11 바람을 잡는 것이며 **해** 아래에서 무익한
전 3:16 **해** 아래에서 보건대 재판하는 곳 거기
전 4:1 다시 **해** 아래에서 행하는 모든 학대를
전 4:3 아직 출생하지 아니하여 **해** 아래에서
전 4:7 내가 또 다시 **해** 아래에서 헛된 것을
전 4:15 **해** 아래에서 다니는 인생들이 왕의 다음
전 5:13 내가 **해** 아래에서 큰 폐단 되는 일이
전 5:18 **해** 아래에서 하는 모든 수고 중에서 낙을
전 6:1 내가 **해** 아래에서 한 가지 불행한 일이
전 6:12 그 후에 **해** 아래에서 무슨 일이 있을
전 8:9 **해** 아래에서 행하는 모든 일을 마음에
전 8:15 더 나은 것이 **해** 아래에는 없음이라
전 8:17 **해** 아래에서 행해지는 일을 사람이 능히
전 9:3 이것은 **해** 아래에서 행해지는 모든 일
전 9:6 **해** 아래에서 행하는 모든 일 중에서

해 1

전 9:9	하나님이 **해** 아래에서 … **해** 아래에서
전 10:5	내가 **해** 아래에서 한 가지 재난을 보았
전 11:7	빛은 실로 아름다운 것이라 눈으로 **해**를
아 6:10	**해**같이 맑고 깃발을 세운 군대같이 당당

선지서

사 13:10	**해**가 돋아도 어두우며 달이 그 빛을
사 24:23	수치를 당하고 **해**가 부끄러워하리니
사 38:8	**해** 그림자를 … 나아갔던 **해**의 그림자
사 41:25	내 이름을 부르는 자를 **해** 돋는 곳에서
사 59:19	여호와의 이름을 두려워하겠고 **해** 돋는
사 60:19	다시는 낮에 **해**가 네 빛이 되지 아니하며
사 60:20	**해**가 지지 아니하며 네 달이 물러가지
렘 8:2	경배하던 **해**와 달과 하늘의 뭇 별 아래
렘 15:9	대낮에 그의 **해**가 떨어져서 그에게 수치
렘 31:35	그는 **해**를 낮의 빛으로 주셨고 달과 별
겔 32:7	별을 어둡게 하며 **해**를 구름으로 가리며
단 6:14	그를 건져내려고 힘을 다하다가 **해**가
욜 2:10	땅이 진동하며 하늘이 떨며 **해**와 달이
욜 2:31	두려운 날이 이르기 전에 **해**가 어두워
암 8:9	여호와의 말씀이니라 그 날에 내가 **해**를
욘 4:8	**해**가 뜰 때에 … **해**는 요나의 머리에
미 3:6	선지자 위에는 **해**가 져서 낮이 캄캄할
나 3:17	울타리에 깃들였다가 **해**가 뜨면 날아
합 3:11	주의 창의 광채로 말미암아 **해**와 달이
슥 8:7	내 백성을 **해**가 뜨는 땅과 **해**가 지는
말 1:11	**해** 뜨는 곳에서부터 **해** 지는 곳까지의
말 4:2	너희에게는 공의로운 **해**가 떠오르라

복음서 - 서신서

마 5:45	하나님이 그 **해**를 악인과 선인에게 비추
마 13:43	아버지 나라에서 **해**와 같이 빛나리라
마 17:2	그들 앞에서 변형되사 그 얼굴이 **해**같이
마 24:29	환난 후에 즉시 **해**가 어두워지며 달이
막 1:32	저물어 **해** 질 때에 모든 병자와 귀신
막 13:24	환난 후 **해**가 어두워지며 달이 빛을
막 16:2	안식 후 첫날 매우 일찍이 **해** 돋을 때
눅 1:78	이로써 돋는 **해**가 위로부터 우리에게
눅 23:44	때가 제육시쯤 되어 **해**가 빛을 잃고 온
행 2:20	**해**가 변하여 어두워지고 달이 변하여
행 13:11	맹인이 되어 얼마 동안 **해**를 보지 못하
행 27:20	여러 날 동안 **해**도 별도 보이지 아니하
엡 4:26	분을 내어도 죄를 짓지 말며 **해**가 지도록

예언서

| 계 1:16 | 날선 검이 나오고 그 얼굴은 **해**가 힘 |

해 2

계 6:12	큰 지진이 나며 **해**가 검은 털로 짠 상복
계 7:2	하나님의 인을 가지고 **해** 돋는 데로부터
계 7:16	목마르지도 아니하고 **해**나 아무 뜨거운
계 8:12	넷째 천사가 나팔을 부니 **해** 삼분의 일
계 9:2	연기가 올라오매 **해**와 공기가 그 구멍
계 10:1	무지개가 있고 그 얼굴은 **해** 같고 그
계 12:1	하늘에 큰 이적이 보이니 **해**를 옷 입은
계 16:8	대접을 **해**에 쏟으매 **해**가 권세를 받아
계 21:23	그 성은 **해**나 달의 비침이 쓸 데 없으니

해 1 - 기타 본문

창 15:12, 17; 출 22:3; 레 22:7; 민 28:8; 신 24:13; 수 10:27; 19:27; 삿 19:9, 11, 14; 왕상 22:36; 왕하 7:7; 시 19:5; 104:22; 136:8; 148:3; 전 1:3; 2:17, 18, 19, 20, 22; 9:11, 13; 12:2; 사 45:6; 욜 3:15; 마 13:6; 눅 4:40; 고전 15:41; 약 1:11

해 2(year)

모세오경

창 1:14	그것들로 징조와 계절과 날과 **해**를
창 7:11	노아가 육백 세 되던 **해** 둘째 달 곧 그
창 26:12	이삭이 그 땅에서 농사하여 그 **해**에 백
창 41:26	암소는 일곱 **해**요 … 일곱 **해**니 그 꿈은
창 41:27	속이 빈 일곱 이삭도 일곱 **해** 흉년이니
창 41:29	애굽 땅에 일곱 **해** 큰 풍년이 있겠고
창 41:30	후에 일곱 **해** 흉년이 들므로 애굽 땅에
창 41:34	그 일곱 **해** 풍년에 애굽 땅의 오분의
창 41:36	일곱 **해** 흉년에 대비하시면 땅이 이 흉년
창 41:47	일곱 **해** 풍년에 토지 소출이 심히 많은
창 41:53	애굽 땅에 일곱 **해** 풍년이 그치고
창 41:54	요셉의 말과 같이 일곱 **해** 흉년이 들기
창 45:11	흉년이 아직 다섯 **해**가 있으니 내가
창 47:17	모든 가축과 바꾸어서 그 **해** 동안에 먹을
창 47:18	**해**가 다 가고 새 **해**가 되매 무리가 요셉
출 2:23	여러 **해** 후에 애굽 왕은 죽었고 이스라엘
출 12:2	이 달을 너희에게 달의 시작 곧 **해**의
출 21:2	히브리 종을 사면 그는 여섯 **해** 동안 섬
	길 것이요 일곱째 **해**에는 몸값을 물지
출 3:10	여섯 **해** 동안은 너의 땅에 파종하여
출 12:2	이 달을 너희에게 달의 시작 곧 **해**의
출 21:2	일곱째 **해**에는 몸값을 물지 않고 나가
출 23:11	일곱째 **해**에는 갈지 말고 묵혀두어서
출 40:17	둘째 **해** 첫째 달 곧 그 달 초하루에 성막

【 해 2 】 　　　　　　　　　　　　　　　　　　　　　　【 해 2 】

레 19:24	넷째 **해**에는 그 모든 과실이 거룩하니
레 19:25	다섯째 **해**에는 그 열매를 먹을지니
레 25:4	일곱째 **해**에는 그 땅이 쉬어 안식하게
레 25:10	오십 년째 **해**를 거룩하게 … 이 **해**는
레 25:11	오십 년째 **해**는 너희의 희년이니 너희
레 25:20	만일 일곱째 **해**에 심지도 못하고 소출
레 25:21	내가 명령하여 여섯째 **해**에 내 복을 너희
레 25:22	여덟째 **해**에는 파종하려니와 묵은 소출을 먹을 것이며 아홉째 **해**에 그 땅에
레 25:27	그 판 **해**를 계수하여 그 남은 값을 산 자
레 25:50	자기 몸이 팔린 **해**로부터 희년까지를
레 25:51	만일 남은 **해**가 많으면 그 연수대로
레 25:52	희년까지 남은 **해**가 적으면 그 사람과
민 1:1	둘째 **해** 둘째 달 첫째 날에 여호와께서
민 9:1	애굽 땅에서 나온 다음 **해** 첫째 달에
민 10:11	둘째 **해** 둘째 달 스무날에 구름이 증거
신 1:3	마흔째 **해** 열한째 달 그 달 첫째 날에
신 15:9	일곱째 **해** 면제년이 가까이 왔다 하고
신 14:28	매 삼 년 끝에 그 **해** 소산의 십분의 일
신 15:12	만일 여섯 **해** 동안 … 일곱째 **해**에 너는
신 15:18	그가 여섯 **해** 동안에 품꾼의 삯의 배나
신 26:12	셋째 **해** 곧 십일조를 드리는 **해**에 네
신 31:10	이르기를 매 칠 년 끝 **해** 곧 면제년의

역사서

수 5:12	다시는 만나를 얻지 못하였고 그 **해**
삿 3:14	모압 왕 에글론을 열여덟 **해** 동안 섬기
삿 10:8	그 **해**에 그들이 요단 강 저쪽 길르앗에 있는 아모리 족속의 … 열여덟 **해** 동안
삼상 29:3	나와 함께 있은 지 여러 날 여러 **해**로되
삼하 2:10	나이가 사십 세이며 두 **해** 동안 왕위에
삼하 11:1	**해**가 돌아와 왕들이 출전할 때가 되매
삼하 21:1	다윗의 시대에 **해**를 거듭하여 삼 년
삼상 29:3	나와 함께 있은 지 여러 날 여러 **해**로되
삼하 2:10	나이가 사십 세이며 두 **해** 동안 왕위에
왕상 6:37	넷째 **해** 시브월에 여호와의 성전 기초
왕상 6:38	열한째 **해** 불울 곧 여덟째 달에 그 설계
왕상 15:1	여로보암 왕 열여덟 **해**에 아비얌이
왕상 15:25	유다의 아사 왕 둘째 **해**에 여로보암의
왕상 15:28	유다의 아사 왕 셋째 **해**에 바아사가
왕상 15:33	유다의 아사 왕 셋째 **해**에 아히야의 아들
왕상 20:22	행할 일을 알고 준비하소서 **해**가 바뀌면
왕상 20:26	**해**가 바뀌 벤하닷이 아람 사람을 소집
왕상 22:2	**해**에 유다의 여호사밧 왕이 이스라엘

왕하 1:17	여호사밧의 아들 여호람의 둘째 **해**였
왕하 3:1	유다의 여호사밧 왕 열여덟째 **해**에 아합의 아들 … 이스라엘을 열두 **해** 동안
왕하 4:16	엘리사가 이르되 한 **해**가 지나 이 때쯤
왕하 4:17	잉태하여 한 **해**가 지나 이 때쯤에 엘리사
왕하 10:36	다스린 햇수는 스물여덟 **해**이더라
왕하 11:4	일곱째 **해**에 여호야다가 사람을 보내
왕하 13:20	엘리사가 죽으니 그를 장사하였고 **해**
왕하 22:3	요시야 왕 열여덟째 **해**에 왕이 므술람
대상 20:1	**해**가 바뀌어 왕들이 출전할 때가 되매
대하 3:2	솔로몬이 왕위에 오른 지 넷째 **해** 둘째
대하 13:1	열여덟째 **해**에 아비야가 유다의 왕이
대하 14:6	땅이 평안하여 여러 **해** 싸움이 없은지라
대하 27:5	그 **해**에 암몬 자손이 은 백 달란트와
대하 29:3	첫째 **해** 첫째 달에 여호와의 전 문들을
대하 34:8	요시야가 왕위에 있은 지 열여덟째 **해**
대하 35:19	요시야가 왕위에 있은 지 열여덟째 **해**
대하 36:10	그 **해**에 느부갓네살 왕이 사람을 보내어
느 9:30	주께서 그들을 여러 **해** 동안 참으시고
욥 3:6	캄캄한 어둠에 잡혔더라면, **해**의 날
욥 10:5	주의 **해**가 어찌 인생의 **해**와 같기로
욥 32:4	그들의 나이가 자기보다 여러 **해** 위이
욥 36:11	형통한 날을 보내며 즐거운 **해**를 지낼
시 65:11	주의 은택으로 한 **해**를 관 씌우시니
잠 3:2	그것이 네가 장수하여 많은 **해**를 누리고
잠 4:10	내 말을 받으라 그리하면 네 생명의 **해**
잠 9:11	네 날이 많아질 것이요 네 생명의 **해**가
전 11:8	여러 **해**를 살면 항상 즐거워할지로다
전 12:1	아무 낙이 없다고 할 **해**들이 가깝기

선지서

사 6:1	웃시야 왕이 죽던 **해**에 내가 본즉 주께
사 14:28	아하스 왕이 죽던 **해**에 이 경고가 임하
사 16:14	품꾼의 정한 **해**와 같이 삼 년 내에 모압
사 37:30	둘째 **해**에는 또 거기에서 난 것을 먹을 것이요 셋째 **해**에는 심고 거두며 포도
사 61:2	여호와의 은혜의 **해**와 우리 하나님의
사 63:4	내 마음에 있고 내가 구속할 **해**가 왔으나
렘 11:23	재앙을 내리리니 곧 그들을 벌할 **해**에
렘 17:8	잎이 청청하며 가무는 **해**에도 걱정이
렘 23:12	그들을 벌하는 **해**에 내가 그들에게 재앙
렘 25:1	아들 여호야김 넷째 **해** 곧 바벨론의
렘 28:1	그 **해** 곧 유다 왕 시드기야가 다스리기
렘 28:17	하나냐가 그 **해** 일곱째 달에 죽었더라

2499

【 해 2 】

렘 32:1	유다의 시드기야 왕 열째 **해** 곧 느부갓네살 열여덟째 **해**에 여호와의 말씀이
렘 34:14	칠 년 되는 **해**에 그를 놓아 줄 것이니라
렘 45:1	요시야 왕의 아들 여호야김 넷째 **해**에
렘 46:2	넷째 **해**에 유브라데 강 가 갈그미스에
렘 48:44	모압이 벌 받을 **해**가 임하게 할 것임이
렘 51:46	소문이 이 **해**에도 있겠고 저 **해**에도
렘 52:6	그 **해** 넷째 달 구일에 성중에 기근이
렘 52:12	느부갓네살 왕의 열아홉째 **해** 다섯째
렘 52:29	느부갓네살의 열여덟째 **해**에 예루살렘
겔 1:1	서른째 **해** 넷째 달 초닷새에 내가 그발
겔 8:1	여섯째 **해** 여섯째 달 초닷새에 나는 집에
겔 20:1	일곱째 **해** 다섯째 달 열째 날에 이스라엘
겔 24:1	아홉째 **해** 열째 달 열째 날에 여호와의
겔 26:1	열한째 **해** 어느 달 초하루에 여호와의
겔 29:1	열째 **해** 열째 달 열두째 날에 여호와의
겔 29:17	스물일곱째 **해** 첫째 달 초하루에 여호와
겔 30:20	열한째 **해** 첫째 달 일곱째 날에 여호와
겔 31:1	열한째 **해** 셋째 달 초하루에 여호와의
겔 32:1	열두째 **해** 열두째 달 초하루에 여호와
겔 32:17	열두째 **해** 어느 달 열다섯째 날에 여호와
겔 33:21	사로잡힌 지 열두째 **해** 열째 달 다섯째
겔 38:17	그들이 그 때에 여러 **해** 동안 예언하기
겔 40:1	우리가 사로잡힌 지 스물다섯째 **해**, 성이 함락된 후 열넷째 **해** 첫째 달 열째 날
단 1:1	삼 년이 되는 **해**에 바벨론 왕 느부갓네살
단 2:1	이 년이 되는 **해**에 느부갓네살이 꿈을
단 11:6	몇 **해** 후에 그들이 서로 단합하리니 곧
단 11:8	애굽으로 가져갈 것이요 몇 **해** 동안은
단 11:13	몇 때 곧 몇 **해** 후에 대군과 많은 물건
슥 7:3	내가 여러 **해** 동안 행한 대로 오월 중

신약

마 9:20	열두 **해** 동안이나 혈루증으로 앓는
막 5:25	열두 **해**를 혈루증으로 앓아 온 한 여자
눅 2:36	그가 결혼한 후 일곱 **해** 동안 남편과
눅 3:1	디베료 황제가 통치한 지 열다섯 **해** 곧
눅 4:19	주의 은혜의 **해**를 전파하게 하려 하심
눅 8:43	열두 **해**를 혈루증으로 앓는 중에 아무
눅 12:19	영혼아 여러 **해** 쓸 물건을 많이 쌓아
눅 13:11	열여덟 **해** 동안이나 귀신 들려 앓으며
눅 13:16	그러면 열여덟 **해** 동안 사탄에게 매인
눅 15:29	내가 여러 **해** 아버지를 섬겨 명을 어김
요 5:5	거기 서른여덟 **해** 된 병자가 있더라

【 해 3/-하다/-받다 】

요 11:49	그 중의 한 사람 그 **해**의 대제사장인
요 11:51	그 **해**의 대제사장이므로 예수께서 그
요 18:13	안나스는 그 **해**의 대제사장인 가야바
행 19:10	두 **해** 동안 이같이 하니 아시아에 사는
행 24:10	당신이 여러 **해** 전부터 이 민족의 재판장
행 24:17	여러 **해** 만에 내가 내 민족을 구제할
롬 15:23	여러 **해** 전부터 언제든지 서바나로 갈
갈 4:10	날과 달과 절기와 **해**를 삼가 지키니

해 3/-하다/-받다 (害, harm)

모세오경

창 19:9	그들보다 너를 더 **해하리라** 하고 롯을
창 26:29	너는 우리를 **해하지** 말라 이는 우리가
창 31:29	너를 **해할** 만한 능력이 내 손에 있으나
창 31:52	기둥을 넘어 내게로 와서 **해하지** 아니
창 50:20	당신들은 나를 **해하려** 하였으나 하나님
출 21:22	다른 **해**가 없으면 그 남편의 청구대로
출 23:29	너희를 **해할까** 하여 일 년 안에는 그들
출 21:23	다른 **해**가 있으면 갚을 생명은 생명으로
민 5:28	더럽힌 일이 없고 정결하면 **해**를 받지
민 16:15	그들 중의 한 사람도 **해하지** 아니하였
민 16:38	그들의 생명을 스스로 **해하였거니와**
민 23:23	**해할** 점술이 없고 이스라엘을 **해할**
민 35:23	악의도 없고 **해하려** 한 것도 아닌즉
신 7:22	들짐승이 번성하여 너를 **해할까** 하노라

역사서

삿 15:3	블레셋 사람들을 **해할지라도** 그들에
삼상 17:35	나를 **해하고자** 하면 내가 그 수염을
삼상 20:7	만일 노하면 나를 **해하려고** 결심한 줄
삼상 23:9	다윗이 사울이 자기를 **해하려** 하는 음모
삼상 24:7	자기 사람들을 금하여 사울을 **해하지**
삼상 24:9	다윗이 왕을 **해하려** 한다고 하는 사람
삼상 24:10	손을 들어 내 주를 **해하지** 아니하리니
삼상 24:11	생명을 찾아 **해하려** 하시나 나는 왕에
삼상 24:12	내 손으로는 왕을 **해하지** 않겠나이다
삼상 24:13	내 손이 왕을 **해하지** 아니하리이다
삼상 25:7	우리가 그들을 **해하지** 아니하였고 그
삼상 25:17	온 집을 **해하기**로 결정하였음이니이다
삼상 25:26	내 주를 **해하려** 하는 자들은 나발과
삼상 25:34	**해하지** 않게 하신 이스라엘의 하나님
삼상 26:19	왕을 충동시켜 나를 **해하려** 하는 이가
삼상 26:21	내가 다시는 너를 **해하려** 하지 아니하
삼하 4:8	왕의 생명을 **해하려** 하던 원수 사울의

해 3/-하다/-받다

삼하 7:10	악한 종류로 전과 같이 그들을 **해하지**
삼하 15:14	따라와 우리를 **해하고** 칼날로 성읍을
삼하 16:11	내 몸에서 난 아들도 내 생명을 **해하려**
삼하 17:21	아히도벨이 당신들을 **해하려고** 이러
삼하 18:12	누구든지 젊은 압살롬을 **해하지** 말라
삼하 18:13	거역하여 그의 생명을 **해하였더라면**
삼하 20:6	압살롬보다 우리를 더 **해하리니** 너는
대상 16:21	여호와께서는 사람이 그들을 **해하기를**
대상 16:22	손을 대지 말며 나의 선지자를 **해하지**
대하 22:7	아하시야가 요람에게 가므로 **해를** 입었
느 6:2	만나자 하니 실상은 나를 **해하고자** 함
에 8:3	유다인을 **해하려** 한 악한 꾀를 제거하
에 9:2	자기들을 **해하고자** 한 자를 죽이려 하
에 9:25	하만이 유다인을 **해하려던** 악한 꾀를

시가서

욥 2:6	맡기노라 다만 그의 생명은 **해하지**
욥 7:20	주께 무슨 **해가** 되오리까 어찌하여
욥 21:27	생각을 알고 너희가 나를 **해하려는**
시 15:5	무죄한 자를 **해하지** 아니하는 자이니
시 21:11	그들이 왕을 **해하려** 하여 음모를 꾸몄
시 23:4	골짜기로 다닐지라도 **해를** 두려워하지
시 35:7	까닭 없이 내 생명을 **해하려고** 함정을
시 38:12	올무를 놓고 나를 **해하려는** 자가 괴악한
시 40:14	나의 **해를** 기뻐하는 자는 다 물러가 욕을
시 41:7	내게 대하여 수군거리고 나를 **해하려고**
시 59:3	그들이 나의 생명을 **해하려고** 엎드려
시 64:8	그들의 혀가 그들을 **해함이라** 그들을
시 78:45	물게 하시고 개구리를 보내어 **해하게**
시 105:15	손대지 말며 나의 선지자들을 **해하지**
시 119:85	교만한 자들이 나를 **해하려고** 웅덩이
시 119:110	악인들이 나를 **해하려고** 올무를 놓았
시 140:5	교만한 자가 나를 **해하려고** 올무와 줄을
시 144:3	그의 종 다윗을 그 **해하려는** 칼에서
잠 1:18	숨어 기다림은 자기의 생명을 **해할** 뿐
잠 3:29	네 곁에서 평안히 살거든 그를 **해하려고**
잠 8:36	나를 잃는 자는 자기의 영혼을 **해하는**
잠 9:12	만일 거만하면 너 홀로 **해를** 당하리라
잠 13:20	지혜를 얻고 미련한 자와 사귀면 **해를**
잠 18:24	친구를 얻는 자는 **해를** 당하게 되거니와
잠 20:2	노하게 하는 것은 자기의 생명을 **해하는**
잠 22:3	어리석은 자는 나가다가 **해를** 받느니라
잠 26:6	자기의 발을 베어 버림과 **해를** 받음과
잠 26:28	거짓말 하는 자는 자기가 **해한** 자를 미워
잠 27:12	어리석은 자들은 나가다가 **해를** 받느
전 5:13	재물을 자기에게 **해가** 되도록 소유하는

선지서

사 11:9	거룩한 산 모든 곳에서 **해** 됨도 없고
사 65:25	성산에서는 **해함도** 없겠고 상함도 없으
렘 9:8	평화를 말하나 마음으로는 **해를** 꾸미
렘 11:19	그들이 나를 **해하려고** 꾀하기를 우리
렘 18:20	생명을 **해하려고** 구덩이를 팠나이다
렘 25:6	그리하면 내가 너희를 **해하지** 아니하
렘 25:7	노여움을 일으켜 스스로 **해하였느니라**
렘 39:12	그를 데려다가 선대하고 **해하지** 말며
렘 44:7	자기 영혼을 **해하며** 유다 가운데에서
렘 48:2	무리가 그를 **해하려고** 악을 도모하고
겔 14:21	짐승을 그 중에서 끊으리니 그 **해가**
겔 22:7	가운데에서 고아와 과부를 **해하였도다**
단 3:27	그들의 몸을 **해하지** 못하였고 머리털
단 6:22	나는 왕에게도 **해를** 끼치지 아니하였
단 11:27	마음에 서로 **해하고자** 하여 한 밥상에
슥 7:10	압제하지 말며 서로 **해하려고** 마음에
슥 8:17	마음에 서로 **해하기를** 도모하지 말며

신약

마 6:19	거기는 좀과 동록이 **해하며** 도둑이 구멍
마 6:20	거기는 좀이나 동록이 **해하지** 못하며
막 16:18	독을 마실지라도 **해를** 받지 아니하며
눅 13:2	갈릴리 사람들이 이같이 **해받으므로**
요 19:11	나를 **해할** 권한이 없었으리니 그러므로
행 9:13	주의 성도에게 적지 않은 **해를** 끼쳤다
행 12:1	손을 들어 교회 중에서 몇 사람을 **해하려**
행 17:3	뜻을 풀어 그리스도가 **해를** 받고 죽은 자
행 20:3	자기를 **해하려고** 공모하므로 마게도
행 23:30	이 사람을 **해하려는** 간계가 있다고 누가
고전 3:15	누구든지 그 공적이 불타면 **해를** 받으
고후 7:9	근심하게 된 것은 우리에게서 아무 **해도**
빌 3:7	내가 그리스도를 위하여 다 **해로** 여길
빌 3:8	모든 것을 **해로** 여김은 내 주 그리스도
살전 4:6	분수를 넘어서 형제를 **해하지** 말라
딤후 4:14	구리 세공업자 알렉산더가 내게 **해를**
벧전 3:13	선을 행하면 누가 너희를 **해하리요**
계 2:11	이기는 자는 둘째 사망의 **해를** 받지 아니
계 7:3	땅이나 바다나 나무들을 **해하지** 말라
계 9:4	각종 수목은 **해하지** 말고 오직 이마에
계 9:4	하나님의 인침을 … **해하라** 하시더라
계 9:10	다섯 달 동안 사람들을 **해하는** 권세가

【 해갈하다 】   【 해마다 】

계 9:19　꼬리에 머리가 있어 이것으로 **해**하더라
계 11:5　만일 누구든지 그들을 **해**하고자 하면
　　　　 그들의 입에서 불이 나와서 … **해**하고자

해독(害毒, harm)
민 5:19　저주가 되게 하는 이 쓴 물의 **해독**을

해롭다(害, hurt)
창 42:36　가고자 하니 이는 다 나를 **해롭**게 함
출 22:22　너는 과부나 고아를 **해롭**게 하지 말라
출 22:23　네가 만일 그들을 **해롭**게 하므로 그들이
삼상 6:5　땅을 **해롭**게 하는 쥐의 형상을 만들어
시 15:4　마음에 서원한 것은 **해로울**지라도
잠 11:17　잔인한 자는 자기의 몸을 **해롭**게 하느
잠 11:29　자기 집을 **해롭**게 하는 자의 소득은
잠 15:27　이익을 탐하는 자는 자기 집을 **해롭**게
렘 26:19　우리의 생명을 스스로 심히 **해롭**게 하는
행 18:10　어떤 사람도 너를 대적하여 **해롭**게 할
고전 11:17　모임이 유익이 못되고 도리어 **해로움**
고후 7:2　아무에게도 **해롭**게 하지 않고 아무에
갈 4:12　너희가 내게 **해롭**게 하지 아니하였느
딤전 6:9　**해로운** 욕심에 떨어지나니 곧 사람으로
계 7:2　땅과 바다를 **해롭**게 할 권세를 받은

해갈하다(解渴, quench one's thirst)
시 104:11　마시게 하시니 들나귀들도 **해갈**하며

해결하다/해결되다(解決, vindicate)
창 20:16　하였노니 네 일이 다 **해결되**었느니라
잠 18:18　그치게 하여 강한 자 사이에 **해결**하게

해골(骸骨, human bones)
창 50:25　당신들은 여기서 내 **해골**을 메고 올라
왕하 23:14　아세라 목상들을 찍고 사람의 **해골**로
왕하 23:16　무덤에서 **해골**을 가져다가 제단 위에
왕하 23:20　제단 위에서 죽이고 사람의 **해골**을 제단
대상 10:12　상수리나무 아래에 그 **해골**을 장사하고
시 141:7　흙을 부스러뜨림같이 우리의 **해골**이
겔 6:5　우상 앞에 두며 너희 **해골**을 너희 제단
마 27:33　골고다 즉 **해골**의 곳이라는 곳에 이르러
막 15:22　골고다라 하는 곳(번역하면 **해골**의 곳
눅 23:33　**해골**이라 하는 곳에 이르러 거기서 예수
요 19:17　자기의 십자가를 지시고 **해골**(히브리

해마다(year after year)
출 13:10　**해마다** 절기가 되면 이 규례를 지킬지
삿 11:40　이스라엘의 딸들이 **해마다** 가서 길르앗
삿 17:10　내가 **해마다** 은 열과 의복 한 벌과 먹을
삼상 7:16　**해마다** 벧엘과 길갈과 미스바로 순회
왕상 5:11　이십 고르를 주고 **해마다** 그와 같이
왕상 9:25　제단 위에 **해마다** 세 번씩 번제와 감사
왕상 10:25　향품과 말과 노새라 **해마다** 그리하였
왕하 17:4　**해마다** 하던 대로 앗수르 왕에게 조공을
대하 9:24　향품과 말과 노새라 **해마다** 정한 수가
대하 24:5　이스라엘에게 **해마다** 너희의 하나님
느 10:31　일곱째 **해마다** 땅을 쉬게 하고 모든
느 10:32　**해마다** 각기 세겔의 삼분의 일을 수납
느 10:34　종족대로 **해마다** 정한 시기에 나무를
느 10:35　**해마다** 우리 토지 소산의 맏물과 각종
에 9:21　**해마다** 아달월 십사일과 십오일을 지키
에 9:27　**해마다** 그 기록하고 정해 놓은 때 이
사 29:1　다윗이 진 친 성읍이여 **해마다** 절기를
슥 14:16　**해마다** 올라와서 그 왕 만군의 여호와
눅 2:41　부모가 **해마다** 유월절이 되면 예루살렘
히 9:25　대제사장이 **해마다** 다른 것의 피로써
히 10:1　참 형상이 아니므로 **해마다** 늘 드리는
히 10:3　이 제사들에는 **해마다** 죄를 기억하게

해달(海獺, sea cow)
출 25:5　붉은 물들인 숫양의 가죽과 **해달**의 가죽
출 26:14　막 덮개를 만들고 **해달**의 가죽으로
출 35:7　붉은 물들인 숫양의 가죽과 **해달**의 가죽
출 35:23　물들인 숫양의 가죽과 **해달**의 가죽이
출 36:19　막 덮개를 만들고 **해달**의 가죽으로
출 39:34　숫양의 가죽 덮개와 **해달**의 가죽 덮개
민 4:6　그 위를 **해달**의 가죽으로 덮고 그 위에
민 4:8　보자기를 그 위에 펴고 그것을 **해달**의
민 4:10　등잔대와 그 모든 기구를 **해달**의 가죽
민 4:11　금제단 위에 청색 보자기를 펴고 **해달**
민 4:12　청색 보자기에 싸서 **해달**의 가죽 덮개
민 4:14　기구를 두고 **해달**의 가죽 덮개를 그
민 4:25　덮개와 그 위의 **해달**의 가죽 덮개와

해당하다(該當, worthy)
마 26:66　이르되 그는 사형에 **해당**하니라
막 14:64　예수를 사형에 **해당**한 자로 정죄하고
롬 1:32　사형에 **해당**한다고 하나님께서 정하심

2502

【 해만 】　　　　　　　　　　　　　　　　　　　　　　　　　【 해산/-하다 】

해만(海灣, bay, gulf)
수 15:2　경계는 염해의 끝 곧 남향한 **해만**에서
수 15:5　북쪽 경계는 요단 끝에 있는 **해만**에서
수 18:19　북쪽 **해만**이 그 경계의 끝이 되나니
사 11:15　여호와께서 애굽 **해만**을 말리시고 그의

해면 1(海綿, sponge)
마 27:48　한 사람이 곧 달려가서 **해면**을 가져다가
막 15:36　한 사람이 달려가서 **해면**에 신 포도주
요 19:29　신 포도주를 적신 **해면**을 우슬초에 매어

해면 2(海面, face of the deep)
잠 8:27　그가 하늘을 지으시며 궁창을 **해면**에

해몽하다(解夢, dream interpretation)
삿 7:15　기드온이 그 꿈과 **해몽하는** 말을 듣고

해방하다/해방되다(解放, free)
레 19:20　속량되거나 **해방되지** 못한 여인과 동
　　　　　침하여 설정하면 … 여인이 **해방되지**
시 102:20　들으시며 죽이기로 정한 자를 **해방하사**

> '**해방되다**' 와 관련된 성구
> 종노릇한 데서 해방되다 – 롬 8:21
> 죄로부터 해방되다 – 롬 6:18, 22; 8:2; 계 1:5

해변(海邊, seashore)
창 49:13　스불론은 **해변**에 … 배 매는 **해변**이라
출 14:9　바알스본 맞은편 비하히롯 곁 **해변**
민 13:29　산지에 거주하고 가나안인은 **해변**과
민 24:24　깃딤 **해변**에서 배들이 와서 앗수르를
민 34:11　내려가서 긴네렛 동쪽 **해변**에 이르게
신 1:7　아라바와 산지와 평지와 네겝과 **해변**과
수 5:1　아모리 사람의 모든 왕들과 **해변**의
수 11:4　백성이 많아 **해변**의 수많은 모래 같고
삿 5:17　아셀은 **해변**에 앉으며 자기 항만에 거주
삿 7:12　낙타의 수가 많아 **해변**의 모래가 많음
삼상 13:5　백성은 **해변**의 모래같이 많더라 그들이
스 3:7　백향목을 레바논에서 욥바 **해변**까지
사 9:1　후에는 **해변** 길과 요단 저쪽 이방의
사 20:6　그 날에 이 **해변** 주민이 말하기를 우리
사 21:1　**해변** 광야에 관한 경고라 적병이 광야

사 23:2　부요하게 된 너희 **해변** 주민들아 잠잠
사 23:6　다시스로 건너갈지어다 **해변** 주민아
렘 46:18　과연 산들 중의 다볼같이, **해변**의 갈멜
렘 47:7　**해변**을 치려 하여 그가 정하셨느니라
겔 25:16　손을 펴서 그렛 사람을 끊으며 **해변**에
겔 26:17　**해변**의 모든 주민을 두렵게 하였더니
습 2:5　**해변** 주민 그렛 족속에게 화 있을진저
습 2:6　**해변**은 풀밭이 되어 목자의 움막과 양 떼
습 2:11　이방의 모든 **해변** 사람들이 각각 자기
마 4:13　스불론과 납달리 지경 **해변**에 있는
마 4:15　납달리 땅과 요단 강 저편 **해변** 길과
마 4:18　갈릴리 **해변**에 다니시다가 두 형제 곧
마 13:2　배에 올라가 앉으시고 온 무리는 **해변**
막 1:16　갈릴리 **해변**으로 지나가시다가 시몬과
행 10:6　시몬의 집에 유숙하니 그 집은 **해변**에
행 27:2　**해변** 각처로 가려 하는 아드라뭇데노
행 27:13　닻을 감아 그레데 **해변**을 끼고 항해하
히 11:12　허다한 별과 또 **해변**의 무수한 모래와

해산/-하다(解産, give birth)
창 25:24　**해산** 기한이 찬즉 태에 쌍둥이가 있었
창 35:16　거리를 둔 곳에서 라헬이 **해산하게**
창 38:27　**해산할** 때에 보니 쌍태라
창 38:28　**해산할** 때에 손이 나오는지라 산파가
출 1:16　너희는 히브리 여인을 위하여 **해산을**
출 1:19　그들에게 이르기 전에 **해산하였더이다**
삼상 4:19　임신하여 **해산** 때가 … 구푸려 **해산하고**
왕상 3:17　그와 함께 집에 있으며 **해산하였더니**
왕상 3:18　**해산한** 지 사흘 만에 이 여자도 **해산하고**
왕하 19:3　아이를 낳을 때가 되었으나 **해산할** 힘
욥 3:11　내 어머니가 **해산할** 때에 내가 숨지지
시 48:6　그들을 사로잡으니 고통이 **해산하는**
사 13:8　괴로움과 슬픔에 사로잡혀 **해산이** 임박
사 21:3　요통이 심하여 **해산이** 임박한 여인의
사 33:11　너희가 겨를 잉태하고 짚을 **해산할** 것
사 37:3　아이를 낳으려 하나 **해산할** 힘이 없음
사 42:14　잠잠하고 참았으나 내가 **해산하는** 여인
사 45:10　무엇을 낳으려고 **해산의** 수고를 하였소
사 66:7　시온은 진통을 하기 전에 **해산하며** 고통
사 66:9　아이를 갖도록 하였은즉 **해산하게** …
　　　　　네 하나님이 이르시되 나는 **해산하게**
렘 4:31　내가 소리를 들은즉 여인의 **해산하는**
렘 6:24　우리를 잡았으므로 그 아픔이 **해산하는**

2503

【 해석/-하다 】　　　　　　　　　　　　　　　　　　　　　　　　　　　　　　　　　　　　【 해어지다 】

렘 16:3	자녀와 이 땅에서 그들을 **해산한** 어머니	단 2:30	오직 그 **해석**을 왕에게 알려서 왕이
렘 22:23	여인이 **해산하는** 고통 같은 고통이 네게	단 2:36	이제 그 **해석**을 왕 앞에 아뢰리이다
렘 30:6	너희는 자식을 **해산하는** 남자가 있는	단 2:45	이 꿈은 참되고 이 **해석**은 확실하니이다
	가 물어보라 … 모든 남자가 **해산하는**	단 4:6	그 꿈의 **해석**을 내게 알게 하라 하였
렘 31:8	잉태한 여인과 **해산하는** 여인이 함께	단 4:7	그들이 그 **해석**을 내게 알려 주지 못하였
렘 49:24	움켜잡고 **해산하는** 여인같이 고통과	단 4:9	내가 아노니 내 꿈에 본 환상의 **해석**을
렘 50:43	고통에 사로잡혀 **해산하는** 여인처럼	단 4:18	벨드사살아 그 **해석**을 밝히 말하라 내
호 9:11	새같이 날아가리니 **해산하는** 것이나		나라 모든 지혜자가 … **해석**을 알게
호 13:13	**해산하는** 여인의 … **해산할** 때가 되어	단 4:19	꿈과 그 **해석**으로 … **해석**은 왕의 대적
미 4:9	네가 **해산하는** 여인처럼 고통함이냐	단 4:24	그 **해석**은 이러하니이다 곧 지극히
미 4:10	**해산하는** 여인처럼 힘들여 낳을지어다	단 5:7	글자를 읽고 그 **해석**을 내게 보이면
미 5:3	**해산하기**까지 그들을 붙여 두시겠고	단 5:8	글자를 읽지 못하며 그 **해석**을 왕께
눅 1:57	엘리사벳이 **해산할** 기한이 차서 아들	단 5:12	능히 꿈을 **해석하며** 은밀한 말을 밝히
눅 2:6	거기 있을 그 때에 **해산할** 날이 차서		며 의문을 … 그 **해석**을 알려 드리리
눅 23:29	잉태하지 못하는 이와 **해산하지** 못한	단 5:15	그 **해석**을 내게 알게 하라 … **해석**을
요 16:21	여자가 **해산하게** 되면 그 때가 이르렀	단 5:16	너는 **해석**을 잘하고 … 읽고 그 **해석**을
갈 4:19	다시 너희를 위하여 **해산하는** 수고를	단 5:17	이 글을 읽으며 그 **해석**을 아뢰리이다
살전 5:3	여자에게 **해산**의 고통이 이름과 같이	단 5:26	그 글을 **해석하건대** 메네는 하나님이
딤전 2:15	사랑과 거룩함에 거하면 그의 **해산함**	단 7:16	내게 말하여 그 일의 **해석**을 알려 주며
계 12:2	여자가 아이를 배어 **해산하게** 되매	막 4:34	제자들에게 모든 것을 **해석하시더라**
계 12:4	**해산하려는** 여자 앞에서 그가 **해산하면**	히 7:2	이름을 **해석하면** 먼저는 의의 왕이요

해석/-하다(解釋, interpret)

해시계(stairway-NIV, sun dial-KJV)

창 40:8	꿈을 꾸었으나 이를 **해석할** 자가 없도	왕하 20:11	**해시계** 위에 나아갔던 해 그림자를
	다 … 그들에게 이르되 **해석**은 하나님	사 38:8	보라 아하스의 **해시계**에 나아갔던 해
창 40:12	요셉이 그에게 이르되 그 **해석**이 이러		
창 40:16	떡 굽는 관원장이 그 **해석**이 좋은 것을	**해안**(海岸, coastline)	
창 40:18	대답하여 이르되 그 **해석**은 이러하니		
창 40:22	요셉이 그들에게 **해석함**과 같이 되었	수 15:12	서쪽 경계는 대해와 그 **해안**이니 유다
창 41:8	그것을 바로에게 **해석하는** 자가 없었	눅 6:17	예루살렘과 두로와 시돈의 **해안**으로
창 41:12	풀되 그 꿈대로 각 사람에게 **해석하더니**	행 27:4	맞바람을 피하여 구브로 **해안**을 의지
창 41:13	그 **해석한** 대로 되어 나는 복직되고	행 27:7	살모네 앞을 지나 그레데 **해안**을 바람
창 41:15	꿈을 꾸었으나 그것을 **해석하는** 자가	행 27:39	경사진 **해안**으로 된 항만이 눈에 띄거늘
느 8:8	율법책을 낭독하고 그 뜻을 **해석하여**	행 27:40	돛을 달고 바람에 맞추어 **해안**을 향하여
단 2:4	이르시면 우리가 **해석하여** 드리겠나		
단 2:5	만일 꿈과 그 **해석**을 내게 알게 하지	**해어지다**(wear out)	
단 2:6	그 **해석**을 보이면 너희가 … 그 **해석**을	신 8:4	이 사십 년 동안에 네 의복이 **해어지지**
단 2:7	그리하시면 우리가 **해석하여** 드리겠	신 29:5	너희 발의 신이 **해어지지** 아니하였으며
단 2:9	너희가 그 **해석**도 보일 줄을 내가 알리	수 9:4	모양을 꾸미되 **해어진** 전대와 **해어지고**
단 2:16	왕에게 그 **해석**을 알려 드리리이다	느 9:21	그 옷이 **해어지지** 아니하였고 발이
단 2:24	내가 그 **해석**을 왕께 알려 드리리라	잠 23:21	잠자기를 즐겨 하는 자는 **해어진** 옷을
단 2:25	그가 그 **해석**을 왕께 알려 드리리이다	사 50:9	보라 그들은 다 옷과 같이 **해어지며**
단 2:26	내가 꾼 꿈과 그 **해석**을 네가 능히 내게	사 51:6	땅이 옷같이 **해어지며** 거기에 사는 자
		마 9:16	기운 것이 그 옷을 당기어 **해어짐**이

【 해이하다 】 　　　　　　　　　　　　　　　　　　　　　　　【 행로 】

막 2:21　새 것이 낡은 그것을 당기어 **해어짐이**

해이하다(解弛, paralyze)
합 1:4　율법이 **해이하고** 정의가 전혀 시행되지

해임하다(解任, reject)
대하 11:14　그들을 **해임하여** 여호와께 제사장의

해치다(害, oppress)
창 31:7　하나님이 그를 막으사 나를 **해치지** 못
창 37:21　이르되 우리가 그의 생명은 **해치지** 말자
삼상 20:9　너를 **해치려** 확실히 결심한 줄 알면
삼상 20:13　내 아버지께서 너를 **해치려** 하는데도
대상 17:9　사람들에게 전과 같이 그들을 **해치지**
욥 20:26　멸하며 그 장막에 남은 것을 **해치리라**
시 52:4　간사한 혀야 너는 남을 **해치는** 모든
시 121:6　밤의 달도 너를 **해치지** 아니하리로다
사 27:3　간수하여 아무든지 이를 **해치지** 못하게
막 5:5　소리 지르며 돌로 자기의 몸을 **해치고**
눅 10:19　제어할 권능을 주었으니 너희를 **해칠**
행 7:26　너희는 형제인데 어찌 서로 **해치느냐**
행 7:27　그 동무를 **해치는** 사람이 모세를 밀어
계 6:6　또 감람유와 포도주는 **해치지** 말라

햇볕(sun)
출 16:21　먹을 만큼만 거두었고 **햇볕**이 뜨겁게
욥 30:28　나는 **햇볕**에 쬐지 않고도 검어진 피부
아 1:6　내가 **햇볕**에 쬐어서 거무스름할지라도

햇빛(sunshine)
욥 8:16　**햇빛**을 받고 물이 올라 그 가지가 동산
시 58:8　출생한 아이가 **햇빛**을 보지 못함 같게
전 7:11　지혜는 유산같이 아름답고 **햇빛**을 보는
사 30:26　**햇빛** 같겠고 **햇빛**은 일곱 배가 되어
합 3:4　그의 광명이 **햇빛** 같고 광선이 그의
계 22:5　다시 밤이 없겠고 등불과 **햇빛**이 쓸 데

햇살(gleam)
잠 4:18　의인의 길은 돋는 **햇살** 같아서 크게 빛나

햇수(year)
창 23:1　살았으니 이것이 곧 사라가 누린 **햇수**라
왕하 10:36　이스라엘을 다스린 **햇수**는 스물여덟

욥 15:20　일평생에 고통을 당하며 포악자의 **햇수**
욥 36:26　우리가 그를 알 수 없고 그의 **햇수**를 헤아
욥 38:21　그 때에 태어났으리니 너의 **햇수**가 많음
시 78:33　**햇수**를 두려움으로 보내게 하셨도다
겔 4:5　그들의 범죄한 **햇수**대로 네게 날수를
욜 2:25　황충과 팥중이가 먹은 **햇수**대로 너희

행각(行閣, covered colonnade)
요 5:2　베데스다 하는 못이 있는데 거기 **행각**
요 10:23　예수께서 성전 안 솔로몬 **행각**에서
행 3:11　솔로몬의 행각이라 불리우는 **행각**에
행 5:12　마음을 같이하여 솔로몬 **행각**에 모이고

행군하다(行軍, set out)
수 9:17　이스라엘 자손이 **행군하여** 셋째 날에
암 5:3　천 명이 **행군해** 나가던 성읍에는 백 명
만 남고 백 명이 **행군해** 나가던 성읍

행동/~하다(行動, do, deed)
민 24:18　이스라엘은 용감히 **행동하리로다**
신 22:21　집에서 창기의 **행동**을 하여 이스라엘
삼상 2:3　여호와는 지식의 하나님이시라 **행동**을
삼상 21:13　그들 앞에서 그의 **행동**을 변하여 미친
삼상 23:22　심히 지혜롭게 **행동**한다 하나니 너희
시 89:51　기름 부음 받은 자의 **행동**을 비방한
시 106:39　더러워지니 그들의 **행동**이 음탕하도다
시 150:2　능하신 **행동**을 찬양하며 그의 지극히
잠 14:15　슬기로운 자는 자기의 **행동**을 삼가느
사 59:6　죄악의 행위라 그 손에는 포악한 **행동**
사 63:15　주의 능하신 **행동**이 이제 어디 있나이까
렘 25:16　비틀거리며 미친 듯이 **행동하리니** 이는
겔 14:22　그 **행동**과 소행을 보면 내가 예루살렘
겔 14:23　너희가 그 **행동**과 소행을 볼 때에 그들
행 18:14　불량한 **행동**이었으면 내가 너희 말을
고전 7:36　자기의 약혼녀에 대한 **행동**이 합당하지
벧후 2:16　선지자의 미친 **행동**을 저지하였느니라
유 1:7　그들과 같은 **행동**으로 음란하며 다른

행락(行樂, pleasure)
딛 3:3　여러 가지 정욕과 **행락**에 종노릇한 자

행로(行路, way)
신 14:24　너무 멀고 **행로**가 어려워서 네 하나님

2505

【 행복/-하다 】　　　　　　　　　　　　　　　【 행악/-하다 】

행복/-하다(幸福, bless, enjoyment, good)
신 10:13　오늘 네 행복을 위하여 네게 명하는
신 33:29　행복한 사람이로다 여호와의 구원을
스 9:12　　평화와 행복을 영원히 구하지 말라
욥 7:7　　　나의 눈이 다시는 행복을 보지 못하리
욥 20:21　그런즉 그 행복이 오래 가지 못할 것
욥 21:13　그들의 날을 행복하게 지내다가 잠간
욥 21:16　그들의 행복이 그들의 손 안에 있지
욥 21:25　마음에 고통을 품고 죽으므로 행복을
전 4:8　　나를 위하여는 행복을 누리지 못하게
전 6:3　　영혼은 그러한 행복으로 만족하지 못
전 6:6　　천 년의 갑절을 산다 할지라도 행복을

행사(行事, do, work)
삼상 8:8　그들이 모든 행사로 나를 버리고 다른
욥 26:14　보라 이런 것들은 그의 행사의 단편일
시 9:11　　여호와를 찬송하며 그의 행사를 백성
시 17:4　　사람의 행사로 논하면 나는 주의 입술
시 77:12　주의 행사를 낮은 소리로 되뇌이리라
시 79:9　　이름의 영광스러운 행사를 위하여 우리
시 103:7　행위를 모세에게, 그의 행사를 이스라엘
잠 16:3　　너의 행사를 여호와께 맡기라 그리하면
전 3:17　　모든 소망하는 일과 모든 행사에 때가
전 8:17　　하나님의 모든 행사를 살펴보니 해 아래
사 41:29　그들은 다 헛되며 그들의 행사는 허무
눅 23:51　그들의 결의와 행사에 찬성하지 아니
고전 4:17　나의 행사 곧 내가 각처 각 교회에서
히 3:9　　사십 년 동안 나의 행사를 보았느니라

행선하다(行船, sail)
눅 8:23　　행선할 때에 예수께서 잠이 드셨더니

행실(行實, doing)
삼상 2:12　엘리의 아들들은 행실이 나빠 여호와
삼상 25:3　남자는 완고하고 행실이 악하며 그는
대하 29:2　그의 조상 다윗의 모든 행실과 같이
스 9:13　　악한 행실과 큰 죄로 말미암아 이 모든
욥 33:17　이는 사람에게 그의 행실을 버리게 하려
시 14:1　　그들은 부패하고 그 행실이 가증하니
시 119:9　무엇으로 그의 행실을 깨끗하게 하리
잠 2:7　　완전한 지혜를 예비하시며 행실이 온전
잠 8:13　　거만과 악한 행실과 패역한 입을 미워
잠 13:6　　공의는 행실이 정직한 자를 보호하고
잠 19:16　영혼을 지키거니와 자기의 행실을 삼가
사 1:16　　목전에서 너희 악한 행실을 버리며 행악
렘 17:10　각각 그의 행위와 그의 행실대로 보응
겔 16:27　네 더러운 행실을 부끄러워하는 자에
호 4:9　　내가 그들의 행실대로 벌하며 그들의
호 12:2　　야곱을 그 행실대로 벌하시며 그의 행위
마 5:16　　너희 착한 행실을 보고 하늘에 계신
롬 8:13　　죽을 것이로되 영으로써 몸의 행실을
고전 15:33 속지 말라 악한 동무들은 선한 행실을
골 1:21　　전에 악한 행실로 멀리 떠나 마음으로
딤전 4:12　오직 말과 행실과 사랑과 믿음과 정절
딤전 5:10　행실의 증거가 있어 혹은 자녀를 양육
딤후 3:10　나의 교훈과 행실과 의향과 믿음과
딛 2:3　　늙은 여자로는 이와 같이 행실이 거룩
히 6:1　　초보를 버리고 죽은 행실을 회개함과
히 9:14　　양심을 죽은 행실에서 깨끗하게 하고
히 13:7　　그들의 행실의 결말을 주의하여 보고
벧전 1:15　거룩한 이처럼 너희도 모든 행실에
벧전 1:18　조상이 물려 준 헛된 행실에서 대속함
벧전 2:12　너희가 이방인 중에서 행실을 선하게
벧전 3:1　아내의 행실로 말미암아 구원을 받게
벧전 3:2　너희의 두려워하며 정결한 행실을 봄
벧후 2:7　무법한 자들의 음란한 행실로 말미암아
벧후 2:8　날마다 저 불법한 행실을 보고 들음으로
벧후 3:11　사람이 되어야 마땅하냐 거룩한 행실
계 19:8　　세마포 옷은 성도들의 옳은 행실이로다

행악/-하다(行惡, do evil, wrong)
잠 2:14　　행악하기를 기뻐하며 악인의 패역을
잠 10:23　미련한 자는 행악으로 낙을 삼는 것
잠 10:29　정직한 자에게는 산성이요 행악하는
사 1:4　　허물 진 백성이요 행악의 종자요 행위
사 1:16　　목전에서 너희 악한 행실을 버리며 행악
사 31:2　　악행하는 자들의 집을 치시며 행악을
사 59:7　　발은 행악하기에 빠르고 무죄한 피를
렘 3:2　　아라바 사람 같아서 음란과 행악으로

'행악자'와 관련된 성구
욥 6:29; 16:11; 31:3; 34:22; 시 5:5;
26:5; 92:11; 94:16; 119:115; 잠
24:19, 20; 렘 20:13; 눅 23:32, 33, 39;
요 18:40

[행위]　　　　　　　　　　　　　　　　　　　　　　　[행위]

단 9:5　범죄하여 패역하며 **행악하며** 반역하여
눅 13:27　**행악하는** 모든 자들아 나를 떠나 가라
빌 3:2　개들을 삼가고 **행악하는** 자들을 삼가고

행위(行爲, doing)
모세오경, 역사서
창 6:12　모든 혈육 있는 자의 **행위**가 부패함이
창 31:28　입맞추지 못하게 하였으니 네 **행위**가
삿 2:19　그들에게 절하고 그들의 **행위**와 패역
삼상 8:3　그의 아들들이 자기 아버지의 **행위**를
삼상 8:5　당신의 **행위**를 따르지 아니하니 모든
왕상 10:6　당신의 **행위**와 당신의 지혜에 대하여
왕상 16:7　손의 **행위**로 여호와를 노엽게 하였음
왕상 16:20　시므리의 남은 **행위**와 그가 반역한 일
왕상 22:53　그의 아버지의 온갖 **행위**같이 하였더라
왕하 18:3　조상 다윗의 모든 **행위**와 같이 여호
왕하 21:3　이스라엘의 왕 아합의 **행위**를 따라 바알
왕하 21:11　아모리 사람들의 **행위**보다 더욱 심하
왕하 22:17　그들의 손의 모든 **행위**로 나를 격노하게
왕하 24:9　아버지의 모든 **행위**를 따라서 여호와
왕하 24:19　여호야김의 모든 **행위**를 따라 여호와
대하 6:16　자손이 그들의 **행위**를 삼가서 네가 내
대하 9:5　내 나라에서 당신의 **행위**와 당신의 지혜
대하 13:22　그의 **행위**와 그의 말은 선지자 잇도의
대하 15:7　너희 **행위**에는 상급이 있음이라 하니라
대하 17:4　이스라엘의 **행위**를 따르지 아니하였
대하 27:7　전쟁과 **행위**는 이스라엘과 유다 열왕
대하 28:26　아하스의 남은 시종 사적과 모든 **행위**는
대하 34:25　모든 **행위**로 나의 노여움을 샀음이라
에 1:17　왕후의 **행위**의 소문이 모든 여인에
에 1:18　귀부인들이 왕후의 **행위**를 듣고 왕의
시가서
욥 1:5　욕되게 하였을까 함이라 욥의 **행위**가
욥 13:15　그러나 그의 앞에서 내 **행위**를 아뢰리라
욥 19:5　자만하며 내게 수치스러운 **행위**가 있다
욥 22:3　**행위**가 온전한들 그에게 무슨 이익이
욥 34:11　사람의 **행위**를 따라 갚으사 각각 그의
욥 34:25　그들의 **행위**를 아시고 그들을 밤 사이
욥 36:9　소행과 악행과 자신들의 교만한 **행위**
시 37:14　궁핍한 자를 엎드러뜨리며 **행위**가 정직
시 39:1　내가 말하기를 나의 **행위**를 조심하여
시 50:23　그의 **행위**를 옳게 하는 자에게 내가
시 101:3　배교자들의 **행위**를 내가 미워하오니
시 103:7　그의 **행위**를 모세에게, 그의 행사를
시 106:29　**행위**로 주를 격노하게 함으로써 재앙
시 106:35　그 이방 나라들과 섞여서 그들의 **행위**를
시 106:39　그들은 그들의 **행위**로 더러워지니 그들
시 119:1　**행위**가 온전하여 여호와의 율법을 따라
시 119:26　**행위**를 아뢰매 주께서 내게 응답하셨
시 119:29　거짓 **행위**를 내게서 떠나게 하시고 주의
시 119:59　**행위**를 생각하고 주의 증거들을 향하여
시 119:104　명철하게 되었으므로 모든 거짓 **행위**를
시 119:128　바르게 여기고 모든 거짓 **행위**를 미워
시 119:168　증거들을 지켰사오니 나의 모든 **행위**가
시 139:3　보셨으므로 나의 모든 **행위**를 익히 아시
시 145:17　여호와께서는 그 모든 **행위**에 의로우
잠 1:31　자기 **행위**의 열매를 먹으며 자기 꾀에
잠 2:15　그 길은 구부러지고 그 **행위**는 패역하
잠 3:31　부러워하지 말며 그의 어떤 **행위**도 따르
잠 11:20　여호와께 미움을 받아도 **행위**가 온전한
잠 12:15　미련한 자는 자기 **행위**를 바른 줄로
잠 13:5　거짓말을 미워하나 악인은 **행위**가
잠 14:14　자기 **행위**로 보응이 … 자기의 **행위**로
잠 21:29　정직한 자는 자기의 **행위**를 삼가느니라
전 8:14　악인들의 **행위**에 따라 벌을 받는 의인
들도 있고 의인들의 **행위**에 따라 상을
전 9:1　지혜자들이나 그들의 **행위**나 모두 다
전 12:14　하나님은 모든 **행위**와 모든 은밀한 일을
선지서
사 1:4　행악의 종자요 **행위**가 부패한 자식이
사 1:31　강한 자는 삼오라기 같고 그의 **행위**는
사 3:8　그들의 언어와 **행위**가 여호와를 거역
사 3:10　그들은 그들의 **행위**의 열매를 먹을 것임
사 59:6　그 **행위**로는 자기를 가릴 수 없을 것이
며 그 **행위**는 죄악의 **행위**라 그 손에
사 65:7　먼저 그들의 **행위**를 헤아리고 그들의
사 66:18　내가 그들의 **행위**와 사상을 아노라 때가
렘 2:33　어찌 사랑을 얻으려고 네 **행위**를 아름답
게 꾸미느냐 그러므로 네 **행위**를 악한
렘 4:18　네 길과 **행위**가 이 일들을 부르게 하였
렘 5:28　살지고 윤택하며 또 **행위**가 심히 악하여
렘 7:3　너희 길과 **행위**를 바르게 하라 그리하면
렘 7:5　너희가 만일 길과 **행위**를 참으로 바르게
렘 11:18　주께서 그들의 **행위**를 내게 보이셨나
렘 16:17　이는 내 눈이 그들의 **행위**를 살펴보므로
렘 17:10　폐부를 시험하고 각각 그 **행위**와 그의

【 행위 】　　　　　　　　　　　　　　　　　　　【 행음하다 】

렘 18:11	돌이키며 너희의 길과 **행위**를 아름답게
렘 23:22	악한 길과 악한 **행위**에서 돌이키게
렘 25:14	그들의 **행위**와 그들의 손이 행한 대로
렘 26:13	너희는 너희 길과 **행위**를 고치고 너희
렘 32:19	주목하시며 그의 길과 그의 **행위**의 열매
렘 35:15	악한 길에서 돌이켜 **행위**를 고치고 다른
렘 44:22	여호와께서 너희 악행과 가증한 **행위**를
애 3:40	우리가 스스로 우리의 **행위**들을 조사
겔 3:19	악한 마음과 악한 **행위**에서 돌이키지
겔 7:3	네게 나타내어 네 **행위**를 심판하고 네
겔 16:30	방자한 음녀의 **행위**라 네 마음이 어찌
겔 16:47	그것을 적게 여겨서 네 모든 **행위**가
겔 16:48	그의 딸들은 너와 네 딸들의 **행위**같이
겔 16:61	아우를 접대할 때에 네 **행위**를 기억하고
겔 20:43	스스로 더럽힌 모든 **행위**를 기억하고
겔 20:44	더러운 **행위**대로 하지 아니하고 내 이름
겔 21:24	모든 **행위**의 죄가 나타났도다 너희가
겔 36:17	그들의 **행위**로 그 땅을 더럽혔나니 나 보기에 그 **행위**가 월경 중에 있는 여인
겔 36:31	너희 좋지 못한 **행위**를 기억하고 너희
겔 36:32	너희 **행위**로 말미암아 부끄러워하고
단 8:24	파괴 **행위**를 하고 자의로 행하여 형통
호 5:4	그들의 **행위**가 그들로 자기 하나님에게
호 7:2	그들의 **행위**가 그들을 에워싸고 내 얼굴
암 8:7	그들의 모든 **행위**를 절대로 잊지 아니
미 2:7	그의 **행위**가 이러하시다 하겠느냐
미 7:13	그 주민의 **행위**의 열매로 말미암아
습 3:11	네가 내게 범죄한 모든 **행위**로 말미암아
학 1:5	이같이 말하노니 너희는 너희의 **행위**를
학 1:7	말하노니 너희는 자기의 **행위**를 살필
슥 1:4	악한 **행위**를 떠나서 돌아오라 하셨다

신약

마 23:5	그들의 모든 **행위**를 사람에게 보이고자
요 3:20	아니하나니 이는 그 **행위**가 드러날까
요 3:21	빛으로 오나니 이는 그 **행위**가 하나님
행 26:31	사형이나 결박을 당할 만한 **행위**가 없다
롬 2:15	그 마음에 새긴 율법의 **행위**를 나타내
롬 3:27	무슨 법으로냐 **행위**로냐 아니라 오직
롬 4:2	아브라함이 **행위**로써 의롭다 하심을
롬 9:11	하나님의 뜻이 **행위**로 말미암지 않고
롬 9:32	믿음을 의지하지 않고 **행위**를 의지함
롬 11:6	은혜로 된 것이면 **행위**로 말미암지 않음
롬 15:18	말하지 아니하노라 그 일은 말과 **행위**로

엡 2:9	**행위**에서 난 것이 아니니 이는 누구든지
골 3:9	거짓말을 하지 말라 옛 사람과 그 **행위**
딛 1:16	그들이 하나님을 시인하나 **행위**로는
히 6:10	하나님은 불의하지 아니하사 너희 **행위**
요일 3:12	자기의 **행위**는 악하고 … 아우의 **행위**
계 2:2	내가 네 **행위**와 수고와 네 인내를 알고
계 2:5	처음 **행위**를 가지라 만일 그리하지 아니
계 2:6	네가 니골라 당의 **행위**를 미워하는도다
계 2:19	섬김과 인내를 아노니 네 나중 **행위**가
계 2:22	간음하는 자들도 만일 그의 **행위**를 회개
계 3:1	이르시되 내가 네 **행위**를 아노니 네가
계 3:2	하나님 앞에 네 **행위**의 온전한 것을
계 3:8	네 **행위**를 아노니 네가 작은 능력을
계 3:15	내가 네 **행위**를 아노니 네가 차지도
계 16:11	하나님을 비방하고 그들의 **행위**를
계 20:12	죽은 자들이 자기 **행위**를 따라 책들에

'행위'와 관련된 성구

가증한 행위 – 신 18:9; 겔 16:51

각 사람의 행위대로 – 잠 24:12; 벧전 1:17; 계 2:23

율법의 행위 – 롬 3:20, 28; 갈 2:16; 3:2, 5

의로운 행위 – 겔 33:13; 롬 5:18; 딛 3:5

행위가 악하다/악한 행위 – 시 28:4; 139:24; 렘 23:10; 호 9:15; 요 3:19

행위대로 – 왕상 8:32, 39; 왕하 15:3, 9, 34; 23: 32; 대하 6:23, 30; 26:4; 27:2; 잠 24:12; 사 59:18; 렘 21:14; 겔 7:4, 8, 9, 27; 9:10; 11:21; 16:43; 22:31; 24:14; 36:19; 호 4:9; 12:2; 슥 1:6; 고후 11:15; 딤후 1:9; 벧전 1:17; 계 2:23; 18:6; 20:13

행위를 본받다 – 출 23:24; 신 18:9; 잠 22:25; 렘 52:2

행음하다(行淫, sexual immorality)

창 38:24	며느리 다말이 **행음하였고** 그 행음함
출 22:19	짐승과 **행음하는** 자는 반드시 죽일지
레 21:9	제사장의 딸이든지 **행음하여** 자신을
삿 19:2	**행음하고** 남편을 떠나 유다 베들레헴

[행인]　　　　　　　　　　　　　　　　　　　　　　　　　　　　[행진하다]

렘 2:20	아래에서 너는 몸을 굽혀 **행음하도다**
렘 3:1	네가 많은 무리와 **행음하고서도** 내게
렘 3:2	들어 헐벗은 산을 보라 네가 **행음하지**
렘 3:6	나무 아래로 가서 거기서 **행음하였도다**
렘 3:8	자기도 가서 **행음함**을 내가 보았노라
렘 3:9	돌과 나무와 더불어 **행음함**을 가볍게 여기고 **행음하여** 이 땅을 더럽혔거늘
겔 16:15	명성을 가지고 **행음하되** 지나가는 모든
겔 16:16	산당을 꾸미고 거기에서 **행음하였나니**
겔 16:17	위하여 남자 우상을 만들어 **행음하며**
겔 16:28	**행음하고** 그들과 **행음하고도** 아직도
겔 16:29	땅 갈대아에까지 심히 **행음하되** 아직
겔 16:33	주어서 사방에서 와서 너와 **행음하게**
겔 16:34	여인과 같지 아니함은 **행음하려고** 너를
겔 16:36	정든 자와 **행음함**으로 벗은 몸을 드러
겔 20:30	그 모든 가증한 것을 따라 **행음하느냐**
겔 23:3	**행음하되** 어렸을 때에 **행음하여** 그들
겔 23:5	오홀라가 내게 속하였을 때에 **행음하여**
겔 23:7	모든 자들과 **행음하고** 누구를 연애하든
겔 23:8	그가 그 때부터 **행음함**을 마지 아니하
겔 23:19	젊었을 때 곧 애굽 땅에서 **행음하던**
겔 23:21	네가 젊었을 때에 **행음하여** 애굽 사람
겔 23:27	네 음란과 애굽 땅에서부터 **행음하던**
겔 23:29	네 음란하며 **행음하던** 것을 드러낼 것
겔 23:37	그들이 **행음하였으며** 피를 손에 묻혔으며 또 그 우상과 **행음하며** 내게 낳아
겔 23:43	그가 그래도 그들과 피차 **행음하는도다**
계 2:14	우상의 제물을 먹게 하였으며 또 **행음하게**
계 2:20	내 종들을 가르쳐 꾀어 **행음하게** 하고

행인(行人, traveler)

삿 5:6	대로가 비었고 길의 **행인**들은 오솔길로
삼하 12:4	어떤 **행인**이 그 부자에게 오매 부자가 자기에게 온 **행인**을 위하여 자기의 양
욥 6:19	그것을 바라보고 스바의 **행인**들도 그것
욥 31:32	거리에서 자지 아니하도록 나는 **행인**
잠 9:15	자기 길을 바로 가는 **행인**들을 불러
잠 26:10	고용하는 것은 지나가는 **행인**을 고용
사 33:8	대로가 황폐하여 **행인**이 끊어지며 대적
사 35:8	우매한 **행인**은 그 길로 다니지 못할

행장 1(行狀, annal)

| 대하 33:18 | 이스라엘 왕들의 **행장**에 기록되었고 |

행장 2(行裝, thing packed)

| 겔 12:7 | 낮에 나의 **행장**을 끌려가는 포로의 **행장**같이 내놓고 … 캄캄할 때에 **행장**을 |
| 겔 12:12 | 무리가 성벽을 뚫고 **행장**을 그리로 … 왕은 어두울 때에 어깨에 **행장**을 메고 |

'포로의 행장'과 관련된 성구

겔 12:3, 4

행적(行蹟, deed, event)

왕상 14:19	여로보암의 그 남은 **행적** 곧 그가 어떻게
왕상 22:39	아합의 남은 **행적**과 그가 행한 모든
왕하 14:18	아마샤의 남은 **행적**은 유다 왕 역대지략
대상 16:24	민족 중에, 그의 기이한 **행적**을 만민
대상 29:29	왕의 **행적**은 처음부터 끝까지 선견자
대하 9:29	솔로몬의 시종 **행적**은 선지자 나단의
대하 12:15	르호보암의 처음부터 끝까지의 **행적**은
대하 16:11	아사의 처음부터 끝까지의 **행적**은 유다
대하 20:34	여호사밧의 시종 **행적**은 하나니의 아들
대하 25:26	처음부터 끝까지의 **행적**은 유다와
대하 26:22	웃시야의 남은 시종 **행적**은 아모스의
대하 32:32	히스기야의 남은 **행적**과 그의 모든 선한
대하 35:27	처음부터 끝까지의 **행적**은 이스라엘
에 10:2	왕의 능력 있는 모든 **행적**과 모르드개
시 46:8	와서 여호와의 **행적**을 볼지어다 그가
시 71:16	내가 주 여호와의 능하신 **행적**을 가지고
시 73:28	피난처로 삼아 주의 모든 **행적**을 전파
시 96:3	백성들 가운데에, 그의 기이한 **행적**을

행정관/행정장관(行政官, governor)

대상 18:15	아힐룻의 아들 여호사밧은 **행정장관**이
단 3:2	총독과 수령과 **행정관**과 모사와 재무관
단 3:3	이에 총독과 수령과 **행정관**과 모사와
단 3:27	총독과 지사와 **행정관**과 왕의 모사들

행진하다(行進, set out, travel)

출 40:36	이스라엘 자손이 그 모든 **행진하는** 길
출 40:38	모든 **행진하는** 길에서 그들의 눈으로
민 2:9	그들은 제일대로 **행진할지니라**
민 2:16	그들은 제이대로 **행진할지니라**
민 2:17	진영의 중앙에 있어 **행진하되** 그들의 진 친 순서대로 … 앞으로 **행진할지니라**

【 행차 】　　　　　　　　　　　　　　　　　　　　　　　　　【 행하다 】

민 2:24	그들은 제삼대로 **행진할지니라**		
민 2:31	따라 후대로 **행진할지니라** 하시니라		**행하다**(行, do)
민 2:34	기를 따라 진 치기도 하며 **행진하기도**	창 4:7	네가 선을 **행하면** 어찌 낯을 들지 못하겠느냐 선을 **행하지** 아니하면 죄가
민 9:17	이스라엘 자손이 곧 **행진하였고** 구름이	창 8:21	내가 전에 **행한** 것같이 모든 생물을
민 9:18	여호와의 명령을 따라 **행진하였고**	출 4:21	이적을 바로 앞에서 다 **행하라** 그러나
민 9:19	여호와의 명령을 지켜 **행진하지** 아니	레 6:3	모든 일 중의 하나라도 **행하여** 범죄하면
민 9:20	여호와의 명령을 따라 **행진하였으며**	민 3:10	제사장 직무를 **행하게** 하라 외인이 가까
민 9:21	구름이 떠오를 때에는 그들이 **행진하**였고 … 떠오르면 곧 **행진하였으며**	신 2:27	큰길로만 **행하고** 좌로나 우로나 치우치
		수 1:7	율법을 다 지켜 **행하고** 우로나 좌로나
민 9:22	이스라엘 자손이 … 머물고 **행진하지** 아니하다가 떠오르면 **행진하였으니**	삿 2:7	여호와께서 이스라엘을 위하여 **행하신**
		삼상 14:33	너희가 믿음 없이 **행하였도다** 이제 큰
민 9:23	여호와의 명령을 따라 **행진하고** 또 모세	왕상 2:3	그 길로 **행하여** 그 법률과 계명과 율례
민 10:5	크게 불 때에는 동쪽 진영들이 **행진할**	왕하 22:2	여호와 보시기에 정직히 **행하여** 그의
민 10:6	남쪽 진영들이 **행진할** 것이라 떠나려	대하 16:9	왕이 망령되이 **행하였은즉** 이 후부터는
민 10:13	모세에게 명령하신 것을 따라 **행진하기**	느 5:12	그들에게 그 말대로 **행하겠다고** 맹세
민 10:14	그들의 진영별로 **행진하였으니** 유다	시 7:8	만민에게 심판을 **행하시오니** 여호와
민 10:21	고핫인은 성물을 메고 **행진하였고**	시 101:6	완전한 길에 **행하는** 자가 나를 따르리
민 10:22	진영별로 **행진하였으니** 에브라임	잠 3:23	네가 네 길을 평안히 **행하겠고** 네 발이
민 10:25	그들의 진영별로 **행진하였으니** 이 군대	전 9:6	해 아래에서 **행하는** 모든 일 중에서
민 10:28	이스라엘 자손이 **행진할** 때에 이와 같이	사 64:3	두려운 일을 **행하시던** 그 때에 산들이
민 10:29	우리가 **행진하나니** 우리와 동행하자	렘 11:8	완악한 대로 **행하였으므로** 내가 그들에게 **행하라** … 그들이 **행하지** 아니한
민 11:35	기브롯 핫다아와에서 **행진하여** 하세롯		
민 12:15	다시 들어오게 하기까지 **행진하지** 아니	겔 18:26	의인이 그 공의를 떠나 죄악을 **행하고** 그로 말미암아 죽으면 그 **행한** 죄악으로
민 33:2	노정을 따라 그들이 **행진한** 것을 기록 하였으니 그들이 **행진한** 대로의 노정		
		단 4:37	그의 일이 다 진실하고 그의 **행하심이** 의로우시므로 교만하게 **행하는** 자를
신 1:7	방향을 돌려 **행진하여** 아모리 족속의		
신 2:8	에시온 게벨 곁으로 지나 **행진하고**	욜 2:26	놀라운 일을 **행하신** 너희 하나님 여호와
신 2:24	너희는 일어나 **행진하여** 아르논 골짜기	암 4:12	내가 이와 같이 네게 **행하리라** 내가 이것을 네게 **행하리니** 이스라엘아 네
수 6:9	나팔 부는 제사장들 앞에서 **행진하며** 후군은 궤 뒤를 따르고 … **행진하더라**		
		슥 7:9	진실한 재판을 **행하며** 서로 인애와 긍휼
수 6:13	궤 앞에서 계속 **행진하며** 나팔을 불고 무장한 자들은 그 앞에 **행진하며** … 제사장들은 나팔을 불며 **행진하니라**	마 7:26	나의 이 말을 듣고 **행하지** 아니하는
		막 6:5	거기서는 아무 권능도 **행하실** 수 없어
		눅 11:42	이것도 **행하고** 저것도 버리지 말아야
삼하 15:18	사람 육백 명이 왕 앞으로 **행진하니라**	요 2:23	많은 사람이 그의 **행하시는** 표적을 보고
대하 20:21	군대 앞에서 **행진하며** 여호와를 찬송	행 8:9	마술을 **행하여** 사마리아 백성을 놀라게
느 12:38	다른 무리는 왼쪽으로 **행진하는데**	롬 2:3	이런 일을 **행하는** 자를 판단하고도 같은 일을 **행하는** 사람아, 네가 하나님
시 68:7	앞서 나가사 광야에서 **행진하셨을**		
		고전 7:17	부르신 그대로 **행하라** 내가 모든 교회
행차하다(行次, procession)		고후 1:12	거룩함과 진실함으로 **행하되** 육체의 지혜로 하지… 하나님의 은혜로 **행함**
시 68:24	그들이 주께서 **행차하심**을 보았으니		
		빌 4:9	배우고 받고 듣고 본 바를 **행하라** 그리
행패(行悖, cruelty)		살전 2:10	거룩하고 옳고 흠 없이 **행하였는지에**
나 3:19	그들이 항상 네게 **행패**를 당하였음이	약 1:22	말씀을 **행하는** 자가 되고 듣기만 하여

【 행하다 】　　　　　　　　　　　　　　　　　【 행하다 】

벧후 2:18 그릇되게 **행하는** 사람들에게서 겨우
요이 1:4 진리를 **행하는** 자를 내가 보니 심히
계 16:9 재앙들을 **행하는** 권세를 가지신 하나님

행하다 - 기타 본문
모세오경 창 9:24; 12:18; 16:6; 17:1; 18:21; 19:8,
22; 20:9; 21:1, 23; 22:16; 24:42, 49, 66; 26:10,
29; 27:45; 29:25; 30:31; 31:12; 34:7, 19; 38:8;
39:19; 40:15; 41:32, 34; 42:25, 28; 44:15; 47:29,
30; 50:12, 15; 출 4:15; 7:3, 6, 10, 11, 20, 22; 8:7,
17, 18; 9:5, 6; 10:2; 11:10; 12:28, 50; 13:8; 14:4,
13, 16, 29, 31; 15:11; 17:1, 6, 10; 18:8, 11, 14;

'행하다' 와 관련된 성구

거짓을 행하다 - 출 8:29; 시 78:57; 사 63:8; 렘 6:13; 8:10; 단 11:23; 호 7:1; 말 2:10, 11, 14, 15, 16

공의를 행하다 - 삼하 8:15; 왕상 10:9; 대상 18:14

능력을 행하다 - 마 13:58; 행 19:11; 고전 12:28, 29; 고후 12:12; 갈 3:5

명령을 행하다 - 신 30:8; 삼상 15:11, 13; 대하 14:4; 욜 2:11

불의를 행하다 - 레 19:15, 35; 왕하 17:9; 욥 34:10; 36:23; 시 37:1; 119:3; 사 26:10; 겔 22:13; 습 3:5; 행 25:10, 11; 고전 6:8; 고후 7:2, 12; 계 22:11

선을 행하다 - 신 28:63; 30:5; 대하 24:16; 시 14:1, 3; 34:14; 37:3, 27; 51:18; 53:1, 3; 73:1; 119:68; 잠 31:12; 전 3:12; 렘 4:22; 13:23; 겔 18:18; 마 12:12; 막 3:4; 눅 6:9; 롬 2:7; 3:12; 7:18, 21; 13:3; 고후 13:7; 갈 6:9; 엡 6:8; 살후 3:13; 히 13:16; 약 4:17; 벧전 2:20; 3:6, 11, 13; 4:19; 요삼 1:11

악을 행하다 - 창 19:7; 39:9; 50:17; 출 23:2; 민 32:13; 신 4:25; 9:18; 17:2, 5; 19:16; 22:21; 25:16; 28:20; 31:29; 32:5; 삿 2:11; 3:7, 12; 4:1; 6:1; 10:6; 11:27; 13:1; 삼상 12:20, 25; 삼하 12:9; 22:22; 24:17; 왕상 11:6; 14:9, 22; 15:26, 34; 16:7, 19, 25; 21:20, 25; 22:52; 왕하 3:2; 8:18, 27; 13:2, 11; 14:24; 15:9, 18, 24, 28; 17:2, 11, 17; 21:2, 9, 11, 15, 16, 20; 23:32, 37; 24:9, 19; 대상 21:17; 대하 6:37; 12:14; 20:35; 21:6; 22:3, 4; 26:16; 29:6; 33:2, 9, 22; 36:5, 9, 12; 느 1:7; 9:28, 33; 13:17, 27; 욥 34:10, 12, 32; 시 15:3; 28:3; 34:16; 37:9; 51:4; 53:1; 56:7; 58:2; 59:5;

64:2; 74:3; 92:7; 101:8; 141:4, 9; 잠 3:30; 4:16; 30:20; 31:12; 전 5:1; 8:11, 12; 사 1:13; 9:17; 14:20; 56:2; 65:12; 66:4; 렘 2:13; 3:5; 4:22; 7:30; 9:5; 16:12; 23:14; 32:30, 32; 44:7; 51:24; 52:2; 겔 3:20; 6:9, 11, 23; 단 9:15; 12:10; 호 6:8; 습 3:13; 말 2:17; 3:15; 4:1; 막 3:4; 눅 6:9; 롬 3:8; 7:19; 9:11; 13:4, 10; 벧전 3:17; 요삼 1:11

율법/율례를 행하다 - 왕상 6:12; 11:33; 왕하 17:8; 스 10:3; 렘 26:4; 겔 5:6, 7; 11:12; 18:17; 20:16; 36:27; 단 9:10; 말 2:9; 롬 2:13, 25; 갈 3:12

의를 행하다 - 출 15:26; 신 12:28; 사 56:1; 마 6:1; 행 10:35; 롬 10:5; 고전 15:34; 히 11:33; 요일 2:29; 3:7, 10; 계 22:11

이적을 행하다 - 출 4:17, 30; 민 14:11; 계 13:13, 14; 16:14

정의를 행하다 - 창 18:19, 25; 신 10:18; 대하 9:8; 14:2; 시 99:4; 106:3; 119:121; 잠 21:3, 7; 전 3:16; 사 45:21; 58:2; 64:5; 렘 5:1; 7:5; 22:3, 15; 23:5; 겔 18:19, 21, 27; 33:16; 45:9; 단 4:27; 미 6:8

직분을 행하다 - 출 28:1, 3, 4; 29:44; 30:20, 30; 35:19; 39:41; 40:13, 15; 레 7:35; 16:32; 민 3:4; 대상 6:10; 24:2; 대하 11:14; 스 2:62; 느 7:64; 겔 44:13

큰 일을 행하다 - 삼상 26:25; 삼하 7:21; 왕하 5:13; 대상 17:19; 욥 5:9; 37:5; 시 71:19; 106:21; 126:2, 3; 욜 2:20, 21; 막 5:19; 눅 8:39

표적을 행하다 - 요 9:16; 11:47; 행 7:36; 계 19:20

할례를 행하다 - 창 21:4; 신 10:16; 수 5:2, 3, 7; 렘 4:4; 요 7:22; 행 7:8; 15:5; 16:3; 21:21

2511

【 행하다 】

19:4, 8; 20:9; 21:31; 23:22; 28:41; 29:35; 31:10; 32:28; 33:16; 34:10; 35:1; 39:32; 40:16; 레 8:5, 33, 34; 16:15, 34; 18:3, 4, 5, 26, 27, 29, 30; 19:26, 37; 20:8, 12, 22, 23, 24; 22:31; 24:19, 23; 25:18; 26:6, 12, 16; 민 1:54; 4:33; 5:4, 30; 6:2; 8:20, 22; 9:5, 14; 10:32; 11:15; 13:17; 14:14, 2228, 35; 15:11, 40; 16:28, 30; 21:34; 22:2; 23:11, 19, 23, 30; 24:13, 23; 30:4; 32:13, 20, 24, 25, 31; 33:56; 36:10; 신 1:18, 30; 2:12, 29; 3:2, 6, 21, 24; 4:3, 5, 6, 14, 34; 5:1, 13, 27, 31, 32, 33; 6:1, 3, 18–19; 7:5, 11, 12, 18, 19; 8:1; 9:18; 10:6, 12, 21; 11:3, 4, 5, 7, 22, 32; 12:1, 4, 14, 25, 28, 31, 32; 13:5, 11, 18; 15:4–5; 16:1, 3, 12, 15; 17:2, 10, 11, 12, 13, 19; 18:12; 19:9, 16, 19, 20; 20:4, 5, 15, 18; 16:1, 3; 17:2, 10, 12, 13; 18:12; 19:9,19, 20; 20:4, 5, 15, 18; 21:9; 22:21, 26; 23:14, 23; 24:8, 9, 18, 22; 25:5, 7, 16, 14, 16; 26:17; 27:10; 28:1, 13, 15, 58; 29:2, 9, 24, 29; 30:12, 13, 14, 16; 31:4, 5, 12; 32:46; 33:21; 34:12 역사서 수 1:8, 16; 2:10; 3:4, 5; 4:8; 5:4, 15; 6:14; 7:15, 17, 20; 8:2, 8; 9:3, 9, 10, 20, 25, 26; 10:1, 28, 30, 32, 35, 37; 11:9, 15; 14:5; 22:5; 23:3, 6, 8; 24:3, 5, 7, 17, 31; 삿 1:7; 2:10, 17, 22; 5:10; 6:27, 29, 40; 8:2; 9:16, 33, 48, 56; 10:15; 11:10, 16, 36, 39; 13:8, 12; 14:6; 10; 15:6, 7, 10, 11; 17:6; 18:14; 19:23, 24, 28; 20:6, 9, 10; 21:11, 23, 25; 룻 2:11, 12, 13, 16; 3:5, 11; 삼상 2:13, 22, 30, 35; 6:12; 10:7, 8; 11:10; 12:7, 16, 20, 24; 13:11, 13; 14:7, 43; 15:2, 19; 16:3, 4; 17:7; 18:5, 14, 30; 19:4, 18; 20:2, 8, 32; 24:4, 19; 25:12, 30; 26:16; 27:11; 28:2, 9, 15, 17, 18; 31:4; 삼하 3:39; 5:25; 7:3, 23, 25; 10:12; 11:11, 27; 12:5, 6, 12; 13:12, 16, 29; 15:15, 26; 16:20; 17:6; 18:4; 21:11, 14; 23:17, 20, 22; 24:10, 12; 24:17; 왕상 1:30; 2:4, 5, 6, 9, 44; 3:3, 6, 14; 8:23, 25, 32, 36, 39, 47, 58, 61, 63; 9:4, 8; 11:12, 13, 38, 41; 12:32; 13:11; 14:8, 24, 29; 15:3, 5, 7, 11, 23, 26, 31, 34; 16:2, 5, 14, 27, 19, 26, 30, 31; 18:27, 36; 19:1, 20; 20:22, 24; 21:26; 22:39, 43, 52; 왕하 1:18; 3:3; 5:13; 7:12; 8:2, 4, 12, 23 27; 10:5, 30, 31, 34; 11:5, 9; 12:2, 19; 13:6, 8, 11, 12; 14:3, 28; 15:3, 6, 21, 26, 31, 34, 36; 16:2, 3, 11, 16, 19; 17:12, 13, 17, 19, 22, 34, 37, 40, 41; 18:3; 19:11, 25; 20:3; 21:6; 21:8,

【 행하다 】

9, 16, 17, 20, 21, 22, 25; 22:13, 17, 19; 23:28, 37; 24:5, 19; 대상 6:32, 33, 39, 44; 10:4, 11; 11:19, 24; 12:32; 13:4, 16; 16:8, 12–13; 17:2, 23; 19:13; 21:8, 10, 17, 23; 22:13; 28:10, 20; 29:19; 대하 6:14, 16, 23, 27, 37; 7:5, 9, 17, 21; 11:17, 23; 17:3, 4; 19:7, 10, 11; 20:32; 21:6, 12, 13; 22:3; 23:4; 24:2; 25:2, 16; 26:4; 27:2; 28:1, 2, 13, 19; 29:2; 31:2, 20, 21; 32:13; 33:6, 8, 22; 34:2, 6; 35:6, 26; 36:8; 스 4:15, 19; 6:8, 12, 16, 17; 7:23; 9:1, 11; 10:4, 5, 11, 12; 느 1:9; 5:9, 13, 15, 19; 8:17; 9:12, 17, 24, 33; 10:29; 12:27, 45; 13:10, 14, 18; 에 1:21; 2:1, 4, 12; 3:11; 4:17; 6:10; 9:5, 13, 14, 17, 23 시가서 욥 9:4, 10; 12:9; 13:20; 23:13; 33:29; 42:9; 시 7:3; 9:16; 14:4; 15:2, 5; 22:31; 26:1, 3, 11; 31:23; 33:4; 35:14; 39:9; 40:5, 8; 44:1; 50:21; 52:2; 53:4; 60:12; 64:9; 66:5, 16; 68:4, 28; 72:18; 73:15; 75:4; 77:11, 14; 78:4; 81:12; 83:9; 84:11; 86:8, 10, 11; 89:30; 90:16; 92:4, 5; 92:9; 94:4; 98:1; 101:2, 7; 103:6, 18, 20, 21; 104:31; 105:5–6, 25, 27; 106:6, 13, 22; 107:8, 15, 21, 24, 31; 108:13; 109:27; 111:3, 6, 8; 115:3; 116:9; 119:1, 35, 67, 112, 124, 166; 135:6; 136:4; 141:4; 143:2, 5, 10; 145:4; 147:20; 잠 1:3; 2:13, 20; 3:30; 4:26; 6:32; 8:20; 9:6; 10:9, 17; 12:14, 22; 13:16; 14:2, 17, 35; 17:12; 19:1; 20:7; 22:6 24:29; 26:11; 28:6, 16, 18, 26; 29:15, 18, 29; 31:3, 31; 전 1:13, 14; 2:12, 22; 3:14; 4:1, 3; 6:8; 7:13; 8:9, 10; 11:9 선지서 사 2:3, 5; 3:11; 5:4, 5; 9:2; 10:11, 12, 13, 23; 12:4; 16:5; 19:21; 22:11; 23:17; 25:1; 28:21; 29:14, 15, 23; 32:6; 33:13, 15; 35:9; 37:11, 26; 38:3; 41:4; 42:5, 16; 43:13, 19; 44:23; 45:7; 48:3, 5, 14, 17; 50:10; 52:12; 53:6, 9; 57:12; 58:8, 13; 59:8, 9; 64:4; 65:8; 66:3; 렘 2:5, 23; 3:6, 7, 8, 17; 4:12; 5:19; 6:15; 7:10, 12, 13, 14, 17, 24, 26; 8:6, 12; 9:13, 24; 11:4; 13:10, 27; 15:4; 16:12; 18:6, 10, 12, 13, 23; 19:12; 20:11; 21:2; 22:17; 23:14, 17, 20; 25:14; 29:23, 32; 30:15, 24; 31:37; 32:20, 23, 35; 33:2, 8; 34:15; 35:10, 16, 18; 38:9; 39:12; 40:3, 16; 41:11; 42:5, 20; 44:4, 9, 10, 23; 50:15, 25, 29; 51:12, 24; 애 1:21, 22; 2:17, 20; 3:64; 겔 1:9, 12; 3:20; 8:6, 9, 12, 13, 17; 9:4; 11:20; 12:7, 11;

【 향 】 　　　　　　　　　　　　　　　　　　　　　　　　　　　　　【 향기/-롭다 】

16:5, 15, 22, 30, 43, 47, 46, 50, 51, 54, 59, 63; 17:18; 18:5, 10, 12, 13, 14, 22, 24, 27, 28, 30; 20:9, 14, 19, 21, 22, 24, 43, 44; 22:11, 28; 23:13; 29, 31, 39; 24:14, 18, 19, 22, 24; 25:14; 28:22; 33:13, 14, 15, 19, 20, 26, 29, 31, 32; 35:11; 39:21, 24; 43:8, 11; 44:10, 14, 15; 단 1:13; 4:2, 35; 5:20; 6:27; 8:4, 12, 24, 25; 9:14, 19; 11:3, 16, 23, 24; 11:28, 36; 호 2:5; 4:13; 6:9; 10:15; 욜 3:17, 19; 암 3:6, 7, 10; 9:12; 옵 1:10, 15; 욘 1:10, 14; 3:8, 10; 미 1:8; 2:1; 2:7, 11; 4:2, 5; 6:3, 5, 8; 7:3; 합 1:4, 5, 9, 11; 2:8, 17; 3:5, 6; 습 1:17; 슥 1:6; 3:7; 7:3; 8:16; 10:12; 말 1:9; 2:12, 13; 3:14 복음서, 역사서 마 1:24; 5:19; 7:21, 22, 23, 24; 11:19, 20, 21, 23; 13:41; 16:27; 23:3; 26:13, 50; 막 3:35; 5:32; 6:30; 7:13; 9:39; 13:22; 14:9; 눅 1:6, 8, 25; 2:27; 3:19; 4:23; 6:46, 47, 49; 8:21; 9:10, 43; 10:13, 28; 11:47, 48; 12:48; 17:10; 22:19, 23; 23:8, 15, 41; 요 2:11, 18; 3:2, 21; 4:29, 34, 39, 54; 5:16, 19, 20, 29; 6:2, 14, 30, 38; 7:3, 4, 17, 21, 31, 51; 8:29, 38, 39, 41, 44; 9:31; 10:25, 37, 38; 12:37; 13:12, 15, 17; 14:11, 13, 14, 31; 15:14; 20:30; 21:25; 행 1:1; 4:7, 9, 28; 6:8; 8:6; 9:6; 10:38, 39; 13:41; 14:3, 27; 15:4, 12; 16:21; 19:14, 19, 18; 20:18; 21:24, 26; 24:18; 26:9, 10, 26 서신서, 예언서 롬 1:27, 32; 2:2, 6, 14; 6:4; 7:15, 16, 17, 20; 8:4; 13:13; 14:15; 15:19; 고전 5:2, 3; 9:1, 17; 11:24, 25; 12:11; 13:5; 16:14; 고후 4:2; 5:7, 10; 6:16; 8:10; 10:2, 3, 11; 12:18, 21; 갈 1:13; 2:10, 14; 3:5, 10; 5:3, 16, 25; 6:16; 엡 2:2, 10, 11; 4:1, 17, 19; 5:2, 8, 12, 15; 6:6, 13; 빌 2:13; 3:16, 17, 18; 골 1:10; 2:6; 3:7; 4:5; 살전 2:12; 4:1, 10, 12; 살후 3:4, 6, 7, 11; 딤전 1:13, 15; 5:4, 10; 딤후 3:17; 4:14; 딛 3:1, 5; 몬 1:2; 히 2:9; 9:6; 10:7, 9, 36; 13:9, 18, 21; 약 1:11, 23, 25; 2:12, 13; 벧전 4:3; 벧후 1:10; 2:10; 3:3; 요일 1:6, 7; 2:6, 11; 3:4; 요이 1:6; 요삼 1:3, 10; 유 1:11, 15, 16, 18; 계 9:20; 13:12; 14:13; 18:20; 22:12

향(香, embalm, incense)
창 50:2　아버지의 몸을 **향**으로 처리하게 하매
창 50:3　사십 일이 걸렸으니 **향**으로 처리하는
출 25:6　등유와 관유에 드는 향료와 분향할 **향**
출 30:7　아론이 아침마다 그 위에 향기로운 **향**을
출 30:8　등불을 켤 때에 사를지니 이 **향**은 너희
출 30:9　다른 **향**을 사르지 말며 번제나 소제를
출 30:25　그것으로 거룩한 관유를 만들되 **향**을
출 30:35　그것으로 **향**을 만들되 **향** 만드는 법대로
출 30:36　그 **향** 얼마를 … 앞에 두라 이 **향**은
출 30:37　여호와를 위하여 만들 **향**은 거룩한 것
출 31:11　관유와 성소의 향기로운 **향**이라 무릇
출 35:8　관유에 드는 향품과 분향할 **향**을
출 37:29　향품으로 정결한 **향**을 만들었으되 **향**을
출 40:27　향기로운 **향**을 사르니 여호와께서 모세
레 16:12　곱게 간 향기로운 **향**을 두 손에 채워
민 16:7　그 위에 **향**을 두라 그 때에 여호와께서
민 16:17　그 위에 **향**을 얹고 각 사람이 그 향로
민 16:18　향로를 가져다가 불을 담고 **향**을 그 위
민 16:46　제단의 불을 그것에 담고 그 위에 **향**을
잠 27:9　기름과 **향**이 사람의 마음을 즐겁게 하나
겔 16:18　우상에게 입히고 나의 기름과 **향**을 그
호 2:13　나를 잊어버리고 **향**을 살라 바알들을
계 5:8　어린 양 앞에 엎드려 각각 거문고와 **향**이 가득한 금 대접을 가졌으니 이 **향**은
계 8:3　많은 **향**을 받았으니 이는 모든 성도의

> '향'과 관련된 성구
>
> 향내 – 아 3:4
> 향을 채우다 – 민 7:14, 20, 26, 32, 38, 44, 50, 56, 62, 68, 74, 80, 86
> 향 재료 – 창 50:26; 대하 2:4; 16:14; 아 5:1; 겔 27:22
> 향주머니 – 아 1:13

향기/-롭다(香氣, aroma, fragrance)
창 8:21　여호와께서 그 **향기**를 받으시고 그 중심
출 30:23　그 반수의 **향기로운** 육계 … **향기로운**
레 4:31　여호와께 **향기롭게** 할지니 제사장이
민 15:3　소나 양을 여호와께 **향기롭게** 드릴 때
민 15:7　힌을 드려 여호와 앞에 **향기롭게** 할 것
시 45:8　침향과 육계의 **향기**가 있으며 상아궁
시 66:15　내가 숫양의 **향기**와 함께 살진 것으로
아 1:12　앉았을 때에 나의 나도 기름이 **향기**를
아 2:13　꽃을 피워 **향기**를 토하는구나 나의 사랑
아 4:10　**향기**는 각양 향품보다 **향기롭구나**

【 향기름 】　　　　　　　　　　　　　　　　　　　　　　　　　　　　　　　　【 향료 】

아 4:11　의복의 **향기**는 레바논의 **향기** 같구나
아 4:16　불어서 **향기**를 날리라 나의 사랑하는
아 5:13　뺨은 **향기**로운 꽃밭 같고 **향기**로운
아 6:2　자기 동산으로 내려가 **향기**로운 꽃밭
아 7:13　합환채가 **향기**를 뿜어내고 우리의 문
아 8:2　나는 **향기**로운 술 곧 석류즙으로 네게
아 8:14　빨리 달리라 **향기**로운 산 위에 있는
사 3:24　그 때에 썩은 냄새가 **향기**를 대신하고
겔 16:19　네가 그 앞에 베풀어 **향기**를 삼았나니
겔 20:41　너희를 **향기**로 받고 내가 또 너희로
호 14:6　감람나무와 같고 그의 **향기**는 레바논
호 14:7　꽃이 필 것이며 그 **향기**는 레바논의
고후 2:15　하나님 앞에서 그리스도의 **향기**니

출 40:5　또 금 **향단**을 증거궤 앞에 두고 성막
출 40:26　그가 또 금 **향단**을 회막 안 휘장 앞에
레 4:7　피를 여호와 앞 곧 회막 안 **향단** 뿔들
대상 6:49　그의 자손들은 번제단과 **향단** 위에 분향
대상 28:18 **향단**에 쓸 순금과 또 수레 곧 금 그룹
대하 26:16 여호와의 성전에 들어가서 **향단**에 분향
대하 26:19 여호와의 전 안 **향단** 곁 제사장들 앞에
대하 30:14 예루살렘에 있는 제단과 **향단**들을 모두
눅 1:11　주의 사자가 그에게 나타나 **향단** 우편에

향락(享樂, pleasure)
눅 8:14　이생의 염려와 재물과 **향락**에 기운이
딤전 5:6　**향락**을 좋아하는 자는 살았으나 죽었
벧전 4:3　술취함과 방탕과 **향락**과 무법한 우상

┌─ '향기'와 관련된 성구 ─┐
│ **향기로운 냄새** – 출 29:18, 25, 41; 레
│ 　1:9, 13, 17; 2:2, 9, 12; 3:5, 16;
│ 　6:15, 21; 8:21, 28; 17:6; 23:13, 18;
│ 　26:31; 민 29:6
│ **향기로운 번제** – 민 28:13, 27; 29:2, 8
│ **향기로운 제물** – 스 6:10; 엡 5:2; 빌 4:18
│ **향기로운 향** – 출 30:7, 11; 39:38; 40:27;
│ 　레 16:12
│ **향기로운 화제** – 민 15:10, 13, 14, 24;
│ 　18:17; 28:2, 6, 8, 24; 29:13, 36
└─────────────────┘

향로(香爐, censer)
레 10:1　아비후가 각기 **향로**를 가져다가 여호와
레 16:12　**향로**를 가져다가 여호와 앞 제단 위에
민 16:6　너 고라와 네 모든 무리는 **향로**를 가져
민 16:7　내일 여호와 앞에서 그 **향로**에 불을 담고
민 16:17　제각기 **향로**를 들고 … 각 사람이 그
　　　　 향로를 여호와 앞으로 가져오라 **향로**
　　　　 는 모두 … 너와 아론도 각각 **향로**를
민 16:18　그들이 제각기 **향로**를 가져다가 불을
민 16:37　불 가운데에서 **향로**를 … 그 **향로**는
민 16:38　**향로**를 여호와 앞에 드렸으므로 그 **향**
　　　　 로가 거룩하게 되었나니 그 **향로**를 쳐서
민 16:39　불탄 자들이 드렸던 놋 **향로**를 가져다
민 16:46　아론에게 이르되 너는 **향로**를 가져다
민 16:47　명령을 따라 **향로**를 가지고 회중에게
대하 26:19 손으로 **향로**를 잡고 분향하려 하다가
겔 8:11　가운데 섰고 각기 손에 **향로**를 들었
계 8:5　천사가 **향로**를 가지고 제단의 불을 담아

┌─ '금향로'와 관련된 성구 ─┐
│ 히 9:4; 계 8:3
└──────────────────┘

향기름(香, perfume)
출 30:25　제조하는 법대로 **향기름**을 만들지니
대상 9:30　어떤 자는 향품으로 **향기름**을 만들었
전 9:8　네 머리에 **향기름**을 그치지 아니하도록
전 10:1　죽은 파리들이 **향기름**을 악취가 나게
아 1:3　아름답고 네 이름이 쏟은 **향기름** 같으

향나무(香, pine tree)
사 14:8　**향나무**와 레바논의 백향목도 너로
사 37:24　아름다운 **향나무**를 베고 또 그 제일

향년(享年, years which he lived)
창 25:7　아브라함의 **향년**이 백칠십오 세라
창 25:17　이스마엘의 **향년**이 백삼십칠 세에

향료(香料, perfumer, spice)
출 25:6　등유와 관유에 드는 **향료**와 분향할 향
삼상 8:13　너희의 딸들을 데려다가 **향료** 만드는
사 39:2　은금과 **향료**와 보배로운 기름과 모든
계 18:13　계피와 **향료**와 향과 향유와 유향과

향단(香壇, altar of incense)
출 30:10　한 번씩 이 **향단** 뿔을 위하여 속죄하되

2514

【 향목 】 　　　　　　　　　　　　　　　　　【 향하다 】

향목(香木, citron wood)
계 18:12　각종 향목과 각종 상아 그릇이요 값진

향방(向方, aim)
고전 9:26　달음질하기를 향방 없는 것같이 아니

향연(香煙, smoke of the incense)
레 16:13　분향하여 향연으로 증거궤 위 속죄소
겔 8:11　각기 손에 향로를 들었는데 향연이 구름
계 8:4　향연이 성도의 기도와 함께 천사의 손

향유(香油, perfume)
마 26:7　한 여자가 매우 귀한 향유 한 옥합을
마 26:12　몸에 이 향유를 부은 것은 내 장례를
막 14:3　매우 값진 향유 곧 순전한 나드 한 옥합
막 14:4　서로 말하되 어찌하여 이 향유를 허비
막 14:5　이 향유를 삼백 데나리온 이상에 팔아
막 14:8　힘을 다하여 내 몸에 향유를 부어 내
눅 7:37　집에 앉아 계심을 알고 향유 담은 옥합
눅 7:38　머리털로 닦고 그 발에 입맞추고 향유를
눅 7:46　감람유도 붓지 아니하였으되 그는 향유
눅 23:56　향품과 향유를 준비하더라 계명을 따라
요 11:2　이 마리아는 향유를 주께 붓고 머리털
요 12:3　지극히 비싼 향유 곧 순전한 나드 한
근을… 발을 닦으니 향유 냄새가 집에
요 12:5　이 향유를 어찌하여 삼백 데나리온에
계 18:13　향료와 향과 향유와 유향과 포도주와

향취(香臭, smell)
창 27:27　이르되 내 아들의 향취는 여호와께서

향품(香品, fragrant incense, spice)
창 37:25　낙타들에 향품과 유향과 몰약을 싣고
창 43:11　꿀 조금과 향품과 몰약과 유향나무 열매
출 25:6　드는 향료와 분향할 향을 만들 향품과
출 30:23　상등 향품을 가지되 액체 몰약 오백
출 30:34　풍자향의 향품을 가져다가 그 향품과
출 35:8　향품과 분향할 향을 만드는 향품과
출 35:15　채와 관유와 분향할 향품과 성막 문의
출 35:28　분향할 향에 소용되는 기름과 향품을
출 37:29　관유와 향품으로 정결한 향을 만들었
왕상 10:2　향품과 심히 많은 금과 보석을 낙타에
왕상 10:10　많은 향품과 보석을 왕에게 드렸으니

…많은 향품이 다시 오지 아니하였더라
왕상 10:25　의복과 갑옷과 향품과 말과 노새라 해
왕하 20:13　보물고의 금은과 향품과 보배로운 기름
대상 9:29　포도주와 기름과 유향과 향품을 맡았
대상 9:30　어떤 자는 향품으로 향기름을 만들었
대하 9:1　많은 시종들을 거느리고 향품과 많은
대하 9:9　많은 향품과 보석을 왕께 드렸으니 스
바 여왕이 솔로몬 왕께 드린 향품 같은
대하 9:24　의복과 갑옷과 향품과 말과 노새라
대하 32:27　보석과 향품과 방패와 온갖 보배로운
느 3:8　다음은 향품 장사 하나냐 등이 중수하
에 2:12　여섯 달은 향품과 여자에게 쓰는 다른
아 3:6　상인의 여러 가지 향품으로 향내 풍기며
아 4:10　네 기름의 향기는 각양 향품보다 향기
아 4:14　몰약과 침향과 모든 귀한 향품이요
사 43:24　나를 위하여 돈으로 향품을 사지 아니
사 57:9　몰렉에게 나아가되 향품을 더하였으며
렘 6:20　시바에서 유향과 먼 곳에서 향품을 내게
단 2:46　절하고 명하여 예물과 향품을 그에게
막 16:1　예수께 바르기 위하여 향품을 사다 두었
눅 23:56　향품과 향유를 준비하더라 계명을 따라
눅 24:1　이 여자들이 그 준비한 향품을 가지고
요 19:40　유대인의 장례법대로 그 향품과 함께

향하다(向, against, toward)
[모세오경]
창 18:16　일어나서 소돔으로 향하고 아브라함
창 18:22　떠나 소돔으로 향하여 가고 아브라함
창 19:28　고모라와 그 온 지역을 향하여 눈을
창 23:7　땅 주민 헷 족속을 향하여 몸을 굽히고
창 28:10　브엘세바에서 떠나 하란으로 향하여
창 30:38　양 떼를 향하게 하매 그 떼가 물을 먹
창 31:21　강을 건너 길르앗 산을 향하여 도망한
창 48:13　이스라엘의 왼손을 향하게 하고 왼손
으로는 므낫세를… 오른손을 향하게
출 4:14　여호와께서 모세를 향하여 노하여
출 16:7　자기를 향하여 원망함을 들으셨음이라
출 16:8　자기를 향하여… 우리를 향하여 함이
출 25:20　얼굴을 서로 대하여 속죄소를 향하게
출 27:9　성막의 뜰을 만들지니 남쪽을 향하여
출 27:13　동쪽을 향하여 뜰 동쪽의 너비도 쉰
출 37:9　서로 대하여 속죄소를 향하였더라
레 9:22　아론이 백성을 향하여 손을 들어 축복

2515

【 향하다 】　　　　　　　　　　　　　　　　　　　　　　　　【 향하다 】

레 19:4	너희는 헛된 것들에게로 **향하지** 말며	왕상 7:25	북쪽을 **향하였고** 셋은 서쪽을 **향하였**
민 2:2	기호 곁에 진을 치되 회막을 **향하여**		고 … **향하였고** 셋은 동쪽을 **향하였으며**
민 6:26	여호와는 그 얼굴을 네게로 **향하여** 드사	왕상 8:29	주의 종이 이 곳을 **향하여** 비는 기도를
민 11:13	그들이 나를 **향하여** 울며 이르되 우리	왕상 8:30	이스라엘이 이 곳을 **향하여** 기도할 때
민 12:9	여호와께서 그들을 **향하여** 진노하시고	왕상 8:35	벌을 받을 때에 이 곳을 **향하여** 기도
민 14:27	이스라엘 자손이 나를 **향하여** 원망하는	왕상 8:44	건축한 성전이 있는 쪽을 **향하여** 여호와
민 19:4	피를 찍고 그 피를 회막 앞을 **향하여**	왕상 8:48	건축한 성전 있는 쪽을 **향하여** 주께
민 21:5	백성이 하나님과 모세를 **향하여** 원망	왕상 8:58	우리의 마음을 주께로 **향하여** 그의 모든
민 21:7	당신을 **향하여** 원망함으로 범죄하였	왕상 13:4	그를 **향하여** 편 손이 말라 다시 거두지
민 21:15	비탈은 아르 고을을 **향하여** 기울어지고	왕상 13:21	사람을 **향하여** 외쳐 이르되 여호와의
민 24:1	아니하고 그의 낯을 광야로 **향하여**	왕상 13:32	성읍들에 있는 모든 산당을 **향하여** 외쳐
민 25:4	수령들을 잡아 태양을 **향하여** 여호와	왕상 16:15	깁브돈을 **향하여** 진을 치고 있더니
신 6:10	야곱을 **향하여** 네게 주리라 맹세하신	왕상 18:30	엘리야가 모든 백성을 **향하여** 이르되
신 15:16	좋게 여겨 네게 **향하여** 내가 주인을	왕하 3:14	그 앞에서 당신을 **향하지도** 아니하고
신 20:11	화평하기로 회답하고 너를 **향하여** 성문	왕하 9:32	예후가 얼굴을 들어 창을 **향하고** 이르되
역사서		왕하 10:15	네 마음을 **향하여** 진실함과 같이 네
수 3:16	아라바의 바다 염해로 **향하여** 흘러가는	왕하 18:4	이때까지 **향하여** 분향하므로 그것을
수 15:7	비탈 맞은편 길갈을 **향하고** 나아가	왕하 19:21	예루살렘이 너를 **향하여** 머리를 흔들
수 18:14	남쪽으로 **향하여** 유다 자손의 성읍	왕하 19:22	비방하였느냐 누구를 **향하여** 소리를
수 19:12	해 뜨는 쪽을 **향하여** 기슬롯 다볼을	왕하 19:27	네 출입과 네가 내게 **향한** 분노를 내가
삿 6:14	여호와께서 그를 **향하여** 이르시되 너는	왕하 19:28	네가 내게 **향한** 분노와 네 교만한 말이
삿 18:15	다섯 사람이 그 쪽으로 **향하여** 그 청년	왕하 19:32	방패를 성을 **향하여** 세우지 못하며
삿 20:42	몸을 돌려 광야 길로 **향하였으나** 군사	왕하 20:2	낯을 벽으로 **향하고** 여호와께 기도하여
삼상 2:1	내 원수들을 **향하여** 크게 열렸으니 이는	왕하 22:17	이 곳을 **향하여** 내린 진노가 꺼지지
삼상 13:18	한 대는 벧호론 길로 **향하였고** 한 대는	왕하 23:26	여호와께서 유다를 **향하여** 내리신
삼상 14:47	블레셋 사람들을 쳤는데 **향하는** 곳마다	대상 19:17	그들을 **향하여** 진을 … 사람을 **향하여**
삼상 17:8	그가 서서 이스라엘 군대를 **향하여** 외쳐	대하 3:13	그 얼굴을 내전으로 **향하여** 서 있으며
삼상 17:30	돌아서서 다른 사람을 **향하여** 전과 같이	대하 4:4	세 마리는 북쪽을 **향하였고** 세 마리는
삼상 17:48	다윗이 블레셋 사람을 **향하여** 빨리 달리		서쪽을 **향하였고** 세 마리는 남쪽을 **향**
삼상 17:55	다윗이 블레셋 사람을 **향하여** 나아감		**하였고** 세 마리는 동쪽을 **향하였으며**
삼상 28:15	나를 **향하여** 군대를 일으켰고 하나님		… 소의 엉덩이는 다 안으로 **향하였으며**
삼하 10:17	아람 사람들이 다윗을 **향하여** 진을 치고	대하 6:20	종이 이 곳을 **향하여** 비는 기도를 들으
삼하 11:23	우리를 **향하여** 들로 나오므로 우리가	대하 6:21	이스라엘이 이 곳을 **향하여** 기도할 때
삼하 11:24	왕의 부하들을 **향하여** 쏘매 왕의 부하	대하 6:26	이 곳을 **향하여** 빌며 주의 이름을 인정
삼하 11:25	그 성을 **향하여** 더욱 힘써 싸워 함락	대하 16:9	전심으로 자기에게 **향하는** 자들을 위하
삼하 13:39	다윗 왕의 마음이 압살롬을 **향하여** 간절	대하 20:3	여호와께로 낯을 **향하여** 간구하고 온
삼하 14:1	왕의 마음이 압살롬에게로 **향하는** 줄	대하 20:37	여호사밧이 **향하여** 예언하여 이르되
삼하 15:23	건너간 모든 백성이 광야 길로 **향하니라**	느 12:31	한 무리는 오른쪽으로 성문을 **향하여**
삼하 16:6	신하들을 **향하여** 돌을 던지니 그 때에	느 12:37	다윗의 궁 윗 길에서 동쪽으로 **향하여**
삼하 16:13	*따라가면서 저주하고 그를 향하여 돌을*	에 8:4	왕이 에스더를 **향하여** 금 규를 내미는
삼하 22:41	원수들이 등을 내게로 **향하게** 하시고	**시가서**	
삼하 24:20	그의 부하들이 자기를 **향하여** 건너옴	욥 5:1	자 중에 네가 누구에게로 **향하겠느냐**
왕상 2:15	내게로 **향하여** 왕으로 삼으려 하였는데	욥 5:5	그의 재산을 **향하여** 입을 벌리느니라

【 향하다 】　　　　　　　　　　　　　　　　　　　　　　　　　　　　　　　　　　【 향하다 】

욥 7:8	눈이 나를 **향하실지라도** 내가 있지 아니	잠 17:8	보석 같은즉 그가 어디로 **향하든지** 형통
욥 10:17	나를 **향하여** 진노를 더하시니 군대가	아 7:4	연못 같고 코는 다메섹을 **향한** 레바논
욥 11:5	하나님은 말씀을 내시며 너를 **향하여**	**선지서**	
욥 16:4	너희를 치며 너희를 **향하여** 머리를 흔들	사 5:30	물결 소리같이 백성을 **향하여** 부르짖
욥 16:8	이는 나를 **향하여** 증거를 삼으심이라	사 10:26	막대기를 드시되 바다를 **향하여** 애굽
욥 16:9	나를 찢고 적대시 하시며 나를 **향하여**	사 10:32	예루살렘 산을 **향하여** 그 손을 흔들리
욥 16:10	무리들은 나를 **향하여** 입을 크게 벌리며	사 11:12	여호와께서 열방을 **향하여** 기치를 세우
욥 19:5	너희가 참으로 나를 **향하여** 자만하며	사 14:26	이것이 온 세계를 **향하여** 정한 경영이
욥 19:11	나를 **향하여** 진노하시고 원수같이 보시		며 이것이 열방을 **향하여** 편 손이라
욥 21:4	원망이 사람을 **향하여** 하는 것이냐 내	사 34:2	대저 여호와께서 열방을 **향하여** 진노
욥 21:30	남겨둔 바 되었고 진노의 날을 **향하여**		하시며 그들의 만군을 **향하여** 분내사
욥 26:4	네가 누구를 **향하여** 말하느냐 누구의	사 37:22	딸 예루살렘이 너를 **향하여** 머리를
욥 31:21	주먹을 들어 고아를 **향해** 휘둘렀다면	사 37:23	높이 들어 **향한** 것은 누구에게냐 곧
욥 31:38	내 밭이 나를 **향하여** 부르짖고 밭이랑	사 38:2	얼굴을 벽으로 **향하고** 여호와께 기도
욥 39:26	날개를 펼쳐 남쪽으로 **향하는** 것이 어찌	사 42:17	우상을 **향하여** 너희는 우리의 신이라
시 18:29	내가 주를 의뢰하고 적군을 **향해** 달리며	사 49:22	내가 뭇 나라를 **향하여** 나의 손을 들
시 18:40	원수들에게 등을 내게로 **향하게** 하시고		고 민족들을 **향하여** 나의 기치를 세울
시 21:12	얼굴을 **향하여** 활시위를 당기리로다	사 52:7	시온을 **향하여** 이르기를 네 하나님이
시 28:2	내가 주의 지성소를 **향하여** 나의 손을	사 57:4	희롱하느냐 누구를 **향하여** 입을 크게
시 34:15	여호와의 눈은 의인을 **향하시고** 그의	렘 2:15	어린 사자들이 그를 **향하여** 부르짖으며
시 34:16	악을 행하는 자를 **향하사** 그들의 자취	렘 2:27	나무를 **향하여** 너는 … 돌을 **향하여**
시 35:16	조롱하는 자같이 나를 **향하여** 그들의	렘 3:12	가서 북을 **향하여** 이 말을 선포하여
시 35:21	그들이 나를 **향하여** 입을 크게 벌리고	렘 4:6	시온을 **향하여** 깃발을 세우라, 도피하라
시 35:26	나를 **향하여** 스스로 뽐내는 자들이 수치	렘 4:16	유다 성읍들을 **향하여** 소리를 지른다
시 37:12	의인 치기를 꾀하고 그를 **향하여** 그의	렘 7:24	내게로 돌리고 그 얼굴을 **향하지** 아니
시 38:16	실족할 때에 나를 **향하여** 스스로 교만	렘 8:6	전쟁터로 **향하여** 달리는 말같이 각각
시 40:5	우리를 **향하신** 주의 생각도 많아 누구도	렘 12:8	사자같이 되어서 나를 **향하여** 그 소리
시 40:15	나를 **향하여** 하하 하하 하며 조소하는	렘 12:11	나를 **향하여** 슬퍼하는도다 온 땅이 황폐
시 44:20	우리 손을 이방 신에게 **향하여** 폈더면	렘 21:10	내가 나의 얼굴을 이 성읍으로 **향함은**
시 74:1	주께서 기르시는 양을 **향하여** 진노	렘 25:13	땅을 **향하여** 선언한 … 민족을 **향하여**
시 74:3	파멸된 곳을 **향하여** 주의 발을 옮겨	렘 25:30	그의 초장을 **향하여** 크게 부르짖고 세상
시 78:37	이는 하나님께 **향하는** 그들의 마음이	렘 26:9	여호와의 성전에서 예레미야를 **향하여**
시 85:4	돌이키시고 우리에게 **향하신** 주의 분노	렘 26:12	이 성전과 이 성을 **향하여** 예언하게
시 86:13	이는 내게 **향하신** 주의 인자하심이 크	렘 29:11	여호와의 말씀이니라 너희를 **향한** 나의
시 95:1	우리의 구원의 반석을 **향하여** 즐거이	렘 32:33	얼굴을 내게로 **향하지** 아니하며 내가
시 117:2	우리에게 **향하신** 여호와의 인자하심이	렘 44:11	내가 얼굴을 너희에게로 **향하여** 환난
시 119:36	**향하게** 하시고 탐욕으로 **향하지** 말게	렘 49:29	소유로 삼고 그들을 **향하여** 외치기를
시 119:48	계명들을 **향하여** 내 손을 들고 주의	렘 50:5	그 얼굴을 시온으로 **향하여** 그 길을
시 119:59	생각하고 주의 증거들을 **향하여** 내 발길	렘 51:3	일어선 자를 **향하여** 쏘는 자는 그의
시 121:1	내가 산을 **향하여** 눈을 들리라 나의	렘 51:12	바벨론 성벽을 **향하여** 깃발을 세우고
시 123:1	주여 내가 눈을 들어 주께 **향하나이다**	렘 51:14	그들이 너를 **향하여** 환성을 높이리라
시 134:2	성소를 **향하여** 너희 손을 들고 여호와	애 2:15	다 너를 **향하여** 박수치며 딸 예루살렘
잠 15:24	위로 **향한** 생명 길로 말미암음으로 그		을 **향하여** 비웃고 머리를 흔들며 말하

2517

【 향하다 】　　　　　　　　　　　　　　　　　　【 향하다 】

애 2:16	모든 원수들은 너를 **향하여** 그들의 입	겔 40:46	북쪽을 **향한** 방은 제단을 지키는 제사장
애 3:46	원수들이 우리를 **향하여** 그들의 입을	겔 41:11	한 문은 북쪽으로 **향하였고** 한 문은
겔 1:17	사방으로 향한 대로 돌이키지 아니하	겔 41:14	앞 동쪽을 **향한** 뜰의 너비도 그러하며
겔 1:23	서로 **향하여** 펴 있는데 이 생물은 두	겔 41:19	저쪽 종려나무를 **향하였으며** 온 성전
겔 2:9	한 손이 나를 **향하여** 펴지고 보라 그	겔 42:1	앞뜰을 **향하였고** … 건물을 **향하였는데**
겔 4:2	그것을 **향하여** 사다리를 … **향하여** 흙	겔 42:2	쉰 척이며 그 문은 북쪽을 **향하였고**
	으로 … **향하여** 진을 치고 … **향하여**	겔 42:4	백 척이며 그 문들은 북쪽을 **향하였으며**
겔 5:13	노가 다한즉 그들을 **향한** 분이 풀려서	겔 42:8	바깥뜰로 **향한** 방의 … 성전 앞을 **향한**
겔 6:2	너는 이스라엘 산을 **향하여** 그들에게	겔 42:15	동쪽을 **향한** 문의 길로 나가서 사방 담
겔 6:3	산과 언덕과 시내와 골짜기를 **향하여**	겔 43:1	데리고 문에 이르니 곧 동쪽을 **향한** 문
겔 8:16	낯을 동쪽으로 **향하여** 동쪽 태양에게	겔 43:17	그 층계는 동쪽을 **향하게** 할지니라
겔 10:11	몸을 돌리지 아니하고 그 머리 향한 곳	겔 44:1	성소의 동쪽을 **향한** 바깥 문에 돌아오
겔 11:15	이스라엘 족속을 **향하여** 이르기를 너희	겔 45:7	서쪽으로 **향하여** … 동쪽으로 **향하여**
겔 17:6	그 가지는 독수리를 **향하였고** 그 뿌리	겔 46:1	안뜰 동쪽을 **향한** 문은 일하는 엿새 동안
겔 17:7	그를 **향하여** 뿌리가 뻗고 가지가 퍼졌	겔 46:9	나가지 말고 그 몸이 앞으로 **향한** 대로
겔 20:5	야곱 집의 후예를 **향하여** 내 손을 들어	겔 46:12	동쪽을 **향한** 문을 열고 그가 번제와
겔 20:46	얼굴을 남으로 향하라 남으로 **향하여**	겔 46:19	북쪽을 **향한** 제사장의 거룩한 방에
겔 21:2	예루살렘으로 향하며 성소를 **향하여**	겔 47:1	동쪽을 **향하였는데** 그 문지방 밑에서
겔 21:15	성문을 **향하여** 번쩍번쩍하는 칼을 세워	겔 47:2	동쪽을 **향한** 바깥 문에 이르기로 본즉
겔 21:16	대열을 맞추라 왼쪽을 치라 향한 대로	겔 47:8	물이 동쪽으로 **향하여** 흘러 아라바로
겔 21:22	성문을 **향하여** 공성퇴를 설치하고 토성	겔 48:21	동쪽을 **향한** … 서쪽을 **향한** 그 경계선
겔 23:25	내가 너를 **향하여** 질투하리니 그들이	단 3:19	아벳느고를 **향하여** 얼굴빛을 바꾸고
겔 23:27	너로 그들을 **향하여** 눈을 들지도 못하	단 6:10	예루살렘으로 **향한** 창문을 열고 전에
겔 24:13	네게 **향한** 분노를 풀기 전에는 네 더러움	단 8:4	북쪽과 남쪽을 **향하여** 받으나 그것을
겔 27:3	너는 두로를 **향하여** 이르기를 바다 어	단 8:8	현저한 뿔 넷이 하늘 사방을 **향하여**
겔 28:21	인자야 너는 얼굴을 시돈으로 **향하고**	단 8:9	남쪽과 동쪽과 또 영화로운 땅을 **향하여**
겔 29:2	바로 왕과 온 애굽으로 얼굴을 **향하고**	단 10:15	내가 곧 얼굴을 땅에 **향하고** 말문이
겔 35:2	인자야 네 얼굴을 세일 산으로 **향하고**	호 2:23	내 백성 아니었던 자에게 **향하여** 이르
겔 37:9	인자야 너는 생기를 **향하여** 대언하라	호 7:11	지혜가 없어서 애굽을 **향하여** 부르짖
겔 38:2	두발 왕 곧 곡에게로 얼굴을 **향하고**	호 8:5	무리를 **향하여** 타오르나니 그들이 어느
겔 40:2	거기에서 남으로 **향하여** 성읍 형상같은	호 14:3	손으로 만든 것을 **향하여** 너희는 우리
겔 40:6	그가 동쪽을 **향한** 문에 이르러 층계에	암 7:16	예언하지 말며 이삭의 집을 **향하여** 경고
겔 40:9	그 문의 현관이 안으로 **향하였으며**	욘 1:2	니느웨로 가서 그것을 **향하여** 외치라
겔 40:20	바깥뜰 북쪽을 **향한** 문간의 길이와 너비	욘 1:13	바다가 그들을 **향하여** 점점 더 흉용하
겔 40:22	동쪽을 **향한** 문간과 같으며 그 문간으	미 6:1	산을 **향하여** 변론하여 작은 산들이 네
겔 40:24	남쪽을 **향한** 문간이 있는데 그 벽과 현관	합 1:9	앞을 **향하여** 나아가며 사람을 사로잡아
겔 40:27	안뜰에도 남쪽을 **향한** 문간이 있는데	합 3:8	노여워하심이니이까 바다를 **향하여**
	그가 남쪽을 **향한** 그 문간에서 맞은쪽	습 2:13	북쪽을 **향하여** 손을 펴서 앗수르를
겔 40:31	현관이 바깥뜰로 **향하였고** 그 문 벽	슥 10:8	그들을 **향하여** 휘파람을 불어 그들을
겔 40:34	그 현관이 바깥뜰로 **향하였고** 그 이쪽,	**신약**	
겔 40:37	그 현관이 바깥뜰로 **향하였고** 그 이쪽,	마 11:17	우리가 너희를 **향하여** 피리를 불어도
겔 40:44	**향하였고** 남문 곁에 있는 … **향하였더라**	마 27:61	다른 마리아가 무덤을 **향하여** 앉았더라
겔 40:45	그가 내게 이르되 남쪽을 **향한** 이 방은	막 5:13	떼가 바다를 **향하여** 비탈로 내리달아

【 향하다 】

막 15:39	예수를 **향하여** 섰던 백부장이 그렇게
눅 2:4	유대를 **향하여** 베들레헴이라 하는 다윗
눅 7:32	너희를 **향하여** 피리를 불어도 너희가
눅 22:56	한 여종이 베드로의 불빛을 **향하여** 앉은
눅 23:28	예수께서 돌이켜 그들을 **향하여** 이르
요 20:22	말씀을 하시고 그들을 향하사 숨을 내
행 7:39	그 마음이 도리어 애굽으로 **향하여**
행 7:54	말을 듣고 마음에 찔려 그를 **향하여**
행 8:26	남쪽으로 **향하여** 예루살렘에서 가사로
행 9:40	시체를 **향하여** 이르되 다비다야 일어나
행 13:46	우리가 이방인에게로 **향하노라**
행 13:51	두 사람이 그들을 **향하여** 발의 티끌을
행 27:12	서남을, 한쪽은 서북을 **향하였더라**
행 27:40	바람에 맞추어 해안을 **향하여** 들어가
롬 1:27	서로 **향하여** 음욕이 불 일듯 하매 남자
롬 11:18	가지들을 **향하여** 자랑하지 말라 자랑
고후 2:4	너희를 **향하여** 넘치는 사랑이 있음을

'향하다'와 관련된 성구

성읍을 **향하다** - 수 8:4; 삼상 9:11; 삼하 20:15; 왕상 20:12; 대하 32:1; 미 6:9

성전을 **향하다** - 왕상 8:38, 42; 대하 6:29, 32, 34, 38; 시 5:7; 138:2

여호와를 **향하다** - 출 9:29, 33; 16:8; 신 32:5; 수 24:23; 삿 11:35, 36; 삼상 7:3; 왕상 14:13; 스 9:5; 시 91:2; 렘 50:29

예루살렘을 **향하다** - 삼하 24:16; 왕상 12:17; 렘 6:6; 겔 4:7; 9:8; 눅 9:51, 53; 19:28

이스라엘을 **향하다** - 민 32:14; 삼하 24:1

제단을 **향하다** - 왕상 13:2, 4, 32

주를 **향하다** - 느 1:7; 욥 1:11; 2:5; 11:13; 시 88:9; 141:8; 143:6; 렘 12:3; 애 2:18, 19; 욜 1:20; 요일 3:3

하나님을 **향하다** - 스 9:6; 욥 1:22; 16:20; 38:41; 시 68:31; 81:1; 사 65:16; 행 24:15; 고후 3:4; 살전 1:8; 벧전 3:21; 계 13:6

하늘을 **향하다** - 출 9:8, 10, 22, 23; 10:21, 22; 신 4:19; 32:40; 왕상 8:22; 54; 대하 21:16; 대하 6:13; 32:20; 욥 2:12; 단 12:7; 계 10:5

고후 6:11	고린도인들이여 너희를 **향하여** 우리
고후 7:4	나는 너희를 **향하여** 담대한 것도 많고
고후 7:15	너희를 **향하여** 그의 심정이 더욱 깊었
고후 11:3	그리스도를 **향하는** 진실함과 깨끗함
엡 1:15	믿음과 모든 성도를 **향한** 사랑을 나도
빌 3:14	푯대를 **향하여** 그리스도 예수 안에서
살전 2:10	믿는 자들을 **향하여** 어떻게 거룩하고
살전 5:18	예수 안에서 너희를 **향하신** 하나님의
딤전 6:13	본디오 빌라도를 **향하여** 선한 증언을
벧전 3:12	주의 눈은 의인을 **향하시고** 그의 귀는
요일 5:14	그를 **향하여** 우리가 가진 바 담대함이
계 7:2	권세를 받은 네 천사를 **향하여** 큰 소리
계 14:15	구름 위에 앉은 이를 **향하여** 큰 음성
계 14:18	예리한 낫 가진 자를 **향하여** 큰 음성
계 19:17	모든 새를 **향하여** 큰 음성으로 외쳐

향합(香盒, perfume bottle)
사 3:20 화관과 발목 사슬과 띠와 **향합**과 호신부

허공(虛空, empty space)
욥 26:7 북쪽을 **허공**에 펴시며 땅을 아무것도
렘 50:9 화살 같아서 **허공**을 치지 아니하리라
고전 9:26 싸우기를 **허공**을 치는 것같이 아니하며
고전 14:9 어찌 알리요 이는 **허공**에다 말하는 것

【 허다하다/허다히 】

허다하다/허다히(許多, large, many)

신 31:17	그들이 삼킴을 당하여 **허다한** 재앙과
삼상 14:16	파수꾼이 바라본즉 **허다한** 블레셋 사람
느 9:25	감람원과 **허다한** 과목을 차지하여
에 10:3	그의 **허다한** 형제에게 사랑을 받고
시 97:1	땅은 즐거워하며 **허다한** 섬은 기뻐할
잠 7:26	하였나니 그에게 죽은 자가 **허다하니라**
사 5:9	말씀하시되 정녕히 **허다한** 가옥이 황폐
사 10:7	그의 마음은 **허다한** 나라를 파괴하며
사 37:24	나의 **허다한** 병거를 거느리고 산들의
사 60:6	**허다한** 낙타, 미디안과 에바의 어린
렘 3:19	너를 자녀들 중에 두며 **허다한** 나라들
렘 5:7	간음하며 창기의 집에 **허다히** 모이며
렘 30:15	악행이 많고 네 죄가 **허다하므로** 내가
막 10:46	제자들과 **허다한** 무리와 함께 여리고
행 6:7	**허다한** 제사장의 무리도 이 도에 복종
행 14:1	유대와 헬라의 **허다한** 무리가 믿더라
히 11:12	하늘의 **허다한** 별과 또 해변의 무수한

【 허둥지둥하다 】　　　　　　　　　　　　　　　　　　　　　　　　【 허락/-하다/-되다 】

히 12:1	구름같이 둘러싼 **허다**한 증인들이 있
약 5:20	구원할 것이며 **허다**한 죄를 덮을 것임
벧전 4:8	서로 사랑할지니 사랑은 **허다**한 죄를
계 19:1	내가 들으니 하늘에 **허다**한 무리의 큰
계 19:6	또 내가 들으니 **허다**한 무리의 음성과

허둥지둥하다(rush here and there)
렘 49:3　울타리 가운데에서 **허둥지둥**할지어다

허락/-하다/-되다(許諾, give, let, promise)
구약

창 16:2	여호와께서 내 출산을 **허락**하지 아니
창 28:4	아브라함에게 **허락**한 복을 네게 주시
창 28:15	내가 네게 **허락**한 것을 다 이루기까지
창 34:15	너희에게 **허락**하리라 만일 너희 중 남자
창 34:22	거주하여 한 민족 되기를 **허락**할 것이라
창 41:44	애굽 온 땅에서 네 **허락** 없이는 수족을
창 48:19	아버지가 **허락**하지 아니하며 이르되
출 3:18	사흘 길쯤 광야로 가도록 **허락**하소서
출 3:19	애굽 왕이 너희가 가도록 **허락**하지 아니
출 5:3	가도록 **허락**하소서 여호와께서 전염
출 12:25	여호와께서 **허락**하신 대로 너희에게
출 18:23	하나님께서도 네게 **허락**하시면 네가
출 32:13	내가 **허락**한 이 온 땅을 너희의 자손
레 25:24	온 땅에서 그 토지 무르기를 **허락**할지니
민 14:40	여호와께서 **허락**하신 곳으로 올라가
민 22:13	너희와 함께 가기를 **허락**하지 아니하
민 30:5	날에 **허락**하지 … 아버지가 **허락**하지
민 30:8	남편이 그것을 듣는 날에 **허락**하지 아니
신 1:11	너희에게 **허락**하신 것과 같이 너희에
신 2:30	통과하기를 **허락**하지 아니하였으니
신 6:3	여호와께서 네게 **허락**하심같이 젖과
신 9:28	여호와께서 그들에게 **허락**하신 땅으로
신 12:20	네 하나님 여호와께서 네게 **허락**하신
신 15:6	네 하나님 여호와께서 네게 **허락**하신
삿 11:17	그도 **허락**하지 아니하므로 이스라엘
삿 11:37	이 일만 내게 **허락**하사 나를 두 달만
룻 1:9	여호와께서 너희에게 **허락**하사 각기
삼상 1:17	기도하여 구한 것을 **허락**하시기를 원하
삼상 1:27	바를 여호와께서 내게 **허락**하신지라
삼상 18:2	다시 돌아가기를 **허락**하지 아니하였고
삼상 20:6	급히 가기를 내게 **허락**하라 간청하였
삼상 25:35	내가 네 말을 듣고 네 청을 **허락**하노라

삼하 14:21	이르되 내가 이 일을 **허락**하였으니 가서
삼하 14:22	왕이 **허락**하시니 종이 왕 앞에서 은혜
왕상 1:12	구할 계책을 말하도록 **허락**하소서
왕상 2:24	왕위에 오르게 하시고 **허락**하신 말씀
왕상 20:8	왕은 듣지도 말고 **허락**하지도 마옵소서
왕상 22:49	여호사밧이 **허락**하지 아니하였더라
대상 4:10	그가 구하는 것을 **허락**하셨더라
대상 17:26	좋은 것으로 주의 종에게 **허락**하시고
대하 1:9	다윗에게 **허락**하신 것을 이제 굳게 하옵
대하 6:15	아버지 다윗에게 **허락**하신 말씀을 지키
대하 6:16	다윗을 위하여 그 **허락**하신 말씀을
느 2:8	손이 나를 도우시므로 왕이 **허락**하고
에 5:6	곧 **허락**하겠노라 그대의 요구가 무엇
에 5:8	소청을 **허락**하시며 내 요구를 시행하
에 5:12	오기를 **허락** 받은 자는 나밖에 없었고
에 7:2	소청이 무엇이냐 곧 **허락**하겠노라 그대
에 8:11	고을에 있는 유다인에게 **허락**하여 그들
에 9:12	무엇이냐 곧 **허락**하겠노라 그대의 요구
에 9:14	행하기를 **허락**하고 조서를 수산에
욥 6:8	나의 소원을 하나님이 **허락**하시랴
시 20:4	마음의 소원대로 **허락**하시고 네 모든
시 55:22	요동함을 영원히 **허락**하지 아니하시
시 66:9	우리의 실족함을 **허락**하지 아니하시
시 140:8	여호와여 악인의 소원을 **허락**하지 마시
전 6:2	그가 그것을 누리도록 **허락**하지 아니
사 55:3	언약을 맺으리니 곧 다윗에게 **허락**한
렘 32:42	큰 재앙을 내린 것같이 **허락**한 모든
렘 44:19	우리 남편의 **허락**이 없이 그의 형상과
겔 4:15	인분을 대신하기를 **허락**하노니 너는
겔 20:15	내가 그들에게 **허락**한 땅 곧 젖과 꿀이

신약

마 3:15	하시니 이에 요한이 **허락**하는지라
마 8:21	내 아버지를 장사하게 **허락**하옵소서
마 10:29	아버지께서 **허락**하지 아니하시면 그
마 13:11	아는 것이 너희에게는 **허락**되었으나
마 18:30	**허락**하지 아니하고 이에 가서 그가 빚
마 19:8	아내 버림을 **허락**하였거니와 본래는
막 1:34	자기를 알므로 그 말하는 것을 **허락**하지
막 5:13	**허락**하신대 더러운 귀신들이 나와서
막 5:19	**허락**하지 아니하시고 그에게 이르되
막 5:37	요한 외에 아무도 따라옴을 **허락**하지
막 7:12	아무 것도 하여 드리기를 **허락**하지 아니
막 10:4	써주어 버리기를 **허락**하였나이다

【 허랑방탕하다 】		【 허리 】	
막 11:6	이르신 대로 말한대 이에 **허락하는지라**	레 7:4	두 콩팥과 그 위의 기름 곧 **허리** 쪽에
막 11:16	성전 안으로 지나다님을 **허락하지** 아니	신 33:11	일어나는 자와 미워하는 자의 **허리**를
눅 4:41	말함을 **허락하지** 아니하시니 이는 자기	삼하 20:8	칼집에 꽂은 칼을 **허리**에 맸는데 그가
눅 8:10	너희에게는 **허락되었으나** 다른 사람	왕상 2:5	전쟁의 피를 자기의 **허리**에 띤 띠와
눅 8:32	돼지에게로 들어가게 **허락하심**을 간구	왕상 12:10	새끼 손가락이 내 아버지의 **허리**보다
눅 8:51	들어가기를 **허락하지** 아니하시니라	왕상 20:31	만일 우리가 굵은 베로 **허리**를 동이고
눅 9:59	내 아버지를 장사하게 **허락하옵소서**	왕하 1:8	그는 털이 많은 사람인데 **허리**에 가죽
눅 9:61	먼저 내 가족을 작별하게 **허락하소서**	왕하 4:29	이르되 네 **허리**를 묶고 내 지팡이를
눅 22:6	유다가 **허락하고** 예수를 무리가 없을	대하 6:9	네 **허리**에서 나올 네 아들 그가 내 이름
요 19:38	빌라도가 **허락하는지라** 이에 가서 예수	대하 10:10	새끼 손가락이 내 아버지의 **허리**보다
행 16:7	애쓰되 예수의 영이 **허락하지** 아니하	느 4:18	건축하는 자는 각각 **허리**에 칼을 차고
행 18:20	더 오래 있기를 청하되 **허락하지** 아니	욥 15:27	얼굴에는 살이 찌고 **허리**에는 기름이
행 21:39	청컨대 백성에게 말하기를 **허락하라**	욥 19:17	숨결을 싫어하며 내 **허리**의 자식들도
행 21:40	천부장이 **허락하거늘** 바울이 층대 위에	욥 31:20	그의 **허리**가 나를 위하여 복을 빌게
행 23:21	준비하고 당신의 **허락**만 기다리나이다	욥 38:3	너는 대장부처럼 **허리**를 묶고 내가 네
행 26:1	네게 **허락하노라** 하니 이에 바울이 손을	욥 40:7	너는 대장부처럼 **허리**를 묶고 내가 네
행 27:3	가서 대접 받기를 **허락하더니**	욥 40:16	그것의 힘은 **허리**에 있고 그 뚝심은
행 27:7	풍세가 더 **허락하지** 아니하므로 살모네	시 38:7	내 **허리**에 열기가 가득하고 내 살에
행 28:16	한 군인과 함께 따로 있게 **허락하더라**	시 45:3	용사여 칼을 **허리**에 차고 왕의 영화와
고전 4:19	주께서 **허락하시면** 내가 너희에게 속되	시 66:11	어려운 짐을 우리 **허리**에 매어 두셨으며
고전 7:6	그러나 내가 이 말을 함은 **허락이요** 명령	시 69:23	보지 못하게 하시며 그들의 **허리**가 항상
고전 10:13	시험 당함을 **허락하지** 아니하시고 시험	잠 31:17	힘 있게 **허리**를 묶으며 자기의 팔을
고전 14:34	그들에게는 말하는 것을 **허락함**이 없나	아 3:8	두려움으로 말미암아 각기 **허리**에 칼을
고전 16:7	이는 만일 주께서 **허락하시면** 얼마 동안	아 7:2	부은 둥근 잔 같고 **허리**는 백합화로
딤전 2:12	남자를 주관하는 것을 **허락하지** 아니	사 8:9	그러나 끝내 패망하리라 너희 **허리**
히 6:3	하나님께서 **허락하시면** 우리가 이것	사 20:2	네 **허리**에서 베를 끄르고 네 발에서
계 6:4	그 탄 자가 **허락**을 받아 땅에서 화평을	사 45:1	왕들의 **허리**를 풀어 그 앞에 문들을
계 19:8	세마포 옷을 입도록 **허락하셨으니** 이	사 48:1	유다의 **허리**에서 나왔으며 여호와의
		사 51:23	그들에게 네가 네 **허리**를 땅과 같게,
허랑방탕하다(虛浪放蕩, wild living)		렘 13:1	베 띠를 사서 네 **허리**에 띠고 물에 적시
눅 15:13	먼 나라에 가 거기서 **허랑방탕하여** 그	렘 13:2	여호와의 말씀대로 띠를 사서 내 **허리**
		렘 13:4	너는 사서 네 **허리**에 띤 띠를 가지고
허리(body, loins, waist)		렘 13:11	사람의 **허리**에 속함같이 내가 이스라엘
창 35:11	나오고 왕들이 네 **허리**에서 나오리라	렘 30:6	손을 자기 **허리**에 대고 모든 얼굴이
창 37:34	찢고 굵은 베로 **허리**를 묶고 오래도록	렘 48:37	손에 칼자국이 있고 **허리**에 굵은 베가
출 1:5	야곱의 **허리**에서 나온 사람이 모두 칠십	애 2:10	베를 **허리**에 둘렀음이여 예루살렘 처녀
출 12:11	그것을 이렇게 먹을지니 **허리**에 띠를	애 3:13	화살통의 화살들로 내 **허리**를 맞추셨
출 28:42	**허리**에서부터 두 넓적다리까지 이르게	겔 1:27	그 **허리** 위의 모양은 … 그 **허리** 아래
출 32:27	너희는 각각 **허리**에 칼을 차고 진 이	겔 7:18	그들이 굵은 베로 **허리**를 묶을 것이요
레 3:4	콩팥과 그 위의 기름 곧 **허리** 쪽에 있는	겔 8:2	그 **허리** 아래의 모양은 불 같고 **허리**
레 3:10	**허리** 쪽에 있는 것과 간에 덮인 꺼풀을	겔 9:2	옷을 입고 **허리**에 서기관의 먹 그릇을
레 3:15	콩팥과 그 위의 기름 곧 **허리** 쪽에 있는	겔 9:11	가는 베 옷을 입고 **허리**에 먹 그릇을
레 4:9	위의 기름 곧 **허리** 쪽에 있는 것과 간에	겔 21:6	탄식하되 너는 **허리**가 끊어지듯 탄식

【 허리띠 】　　　　　　　　　　　　　　　　【 허물 】

겔 29:7	그들의 모든 **허리**가 흔들리게 하였느
겔 47:4	내게 물을 건너게 하시니 물이 **허리**에
단 10:5	세마포 옷을 입었고 **허리**에는 우바스
나 2:1	길을 파수하며 네 **허리**를 견고히 묶고
나 2:10	서로 부딪히며 모든 **허리**가 아프게 되며
마 3:4	낙타털 옷을 입고 **허리**에 가죽 띠를
막 1:6	요한은 낙타털 옷을 입고 **허리**에 가죽
눅 12:35	**허리**에 띠를 띠고 등불을 켜고 서 있
요 13:4	겉옷을 벗고 수건을 가져다가 **허리**에
히 7:5	아브라함의 **허리**에서 난 자라도 자기
히 7:10	이미 자기 조상의 **허리**에 있었음이라

'허리를 동이다'와 관련된 성구

왕상 18:46; 20:32; 왕하 9:1; 욥 12:18;
사 32:11; 렘 1:17; 겔 23:15; 44:18;
암 8:10; 벧전 1:13; 5:5

허리띠(belt)

사 5:27	그들의 **허리띠**는 풀리지 아니하며 그들
사 11:5	그의 **허리띠**를 삼으며 성실로 그의 몸
엡 6:14	그런즉 서서 진리로 너희 **허리띠**를 띠고

허마(Hermas) 로마 교회의 신자

롬 16:14	바드로바와 **허마**와 및 그들과 함께 있는

허망/-하다/-하여지다(虛妄, worthless)

왕하 17:15	뒤따라 **허망**하며 또 여호와께서 명령
욥 11:11	하나님은 **허망**한 사람을 아시나니 악한
욥 11:12	**허망**한 사람은 지각이 없나니 그의 출생
시 26:4	**허망**한 사람과 같이 앉지 아니하였사
시 62:10	탈취한 것으로 **허망하여지지** 말며 재물
사 30:12	말을 업신여기고 압박과 **허망**을 믿어
사 41:24	일은 **허망**하며 너희를 택한 자는 가증
사 44:9	우상을 만드는 자는 다 **허망**하도다 그들
사 58:9	멍에와 손가락질과 **허망**한 말을 제하여
사 59:4	판결하는 자도 없으며 **허망**한 것을 의뢰
렘 16:19	조상들의 계승한 바는 **허망**하고 거짓
미 2:11	만일 **허망**하게 행하며 거짓말로 이르
롬 1:21	오히려 그 생각이 **허망하여지며** 미련한
엡 4:17	이방인이 그 마음의 **허망**한 것으로 행함

허메(Hermes) 바울이 로마서에서 문안한 성도

롬 16:14	야순그리도와 블레곤과 **허메**와

허모게네(Hermogenes) 바울을 떠난 사람

딤후 1:15	그 중에는 부겔로와 **허모게네**도 있느

허무하다(虛無, futility, worthless)

신 32:21	질투를 일으키며 **허무**한 것으로 내 진노
왕하 17:15	경계하신 말씀을 버리고 **허무**한 것을
대하 13:9	장립을 받고자 하는 자마다 **허무**한 신
욥 15:31	믿지 아니할 것은 **허무**한 것이 그의
시 89:47	어찌 그리 **허무하게** 창조하셨는지요
시 94:11	여호와께서는 사람의 생각이 **허무**함
시 97:7	조각한 신상을 섬기며 **허무**한 것으로
시 119:118	멸시하셨으니 그들의 속임수는 **허무**함
잠 11:18	악인의 삯은 **허무하되** 공의를 뿌린 자
잠 23:5	네가 어찌 **허무**한 것에 주목하겠느냐
전 7:15	내 **허무**한 날을 사는 동안 내가 그 모든
사 41:12	아무것도 아닌 것 같고 **허무**한 것같이
사 41:29	그들의 행사는 **허무**하며 그들이 부어
렘 18:15	백성은 나를 잊고 **허무**한 것에게 분향
겔 21:29	네게 대하여 **허무**한 것을 보며 네게
암 6:13	**허무**한 것을 기뻐하며 이르기를 우리
롬 8:20	피조물이 **허무**한 데 굴복하는 것은 자기

허물(crime, fault)

창 31:36	**허물**이 무엇이니이까 무슨 죄가 있기에
출 23:21	너희의 **허물**을 용서하지 아니할 것은
레 4:13	부지중에 범하여 **허물**이 있으나 스스로
레 4:22	하나라도 부지중에 범하여 **허물**이 있었
레 4:27	하나라도 부지중에 범하여 **허물**이 있었
레 5:1	자기의 죄를 져야 할 것이요 그 **허물**이
레 5:2	그 몸이 더러워져서 **허물**이 있을 것이요
레 5:3	그것을 깨달았을 때에는 **허물**이 있을
레 5:4	그 중 하나에 그에게 **허물**이 있을 것
레 5:5	**허물**이 있을 때에는 아무 일에 잘못
레 5:17	부지중에 범하여도 **허물**이라 벌을 당할
레 6:7	그를 위하여 속죄한즉 그는 무슨 **허물**
민 14:18	죄악과 **허물**을 사하시나 형벌 받을 자
수 2:17	이 맹세에 대하여 우리가 **허물**이 없게
수 2:19	우리는 **허물**이 없으리라 그러나 누구
수 2:20	맹세에 대하여 우리에게 **허물**이 없으
삿 15:3	그들에게 대하여 내게 **허물**이 없을 것
삼상 25:28	주의 여종의 **허물**을 용서하여 주옵소서

2522

[허물]　　　　　　　　　　　　　　　　　　　　　　　　　　　　　　　　[허벅다리]

삼상 29:3	오늘까지 내가 그의 **허물**을 보지 못하	단 9:24	기한으로 정하였나니 **허물**이 그치며
삼하 3:8	오늘 이 여인에게 관한 **허물**을 내게	암 5:12	너희의 **허물**이 많고 죄악이 무거움을
삼하 14:9	돌릴 것이니 왕과 왕위는 **허물**이 없으	미 1:13	이는 이스라엘의 **허물**이 네게서 보였음
왕상 8:50	모든 **허물**을 사하시고 그들을 사로잡	미 6:7	내 **허물**을 위하여 내 맏아들을, 내 영혼
대하 28:13	여호와께 **허물**이 있게 함이니 우리의	미 7:18	남은 자의 **허물**을 사유하시며 인애를
	죄와 **허물**을 더하게 … 우리의 **허물**이	막 11:25	아버지께서도 너희 **허물**을 사하여 주시
스 9:6	정수리에 넘치고 우리 **허물**이 커서 하늘	고전 6:7	뚜렷한 **허물**이 있나니 차라리 불의를
느 9:2	자기의 죄와 조상들의 **허물**을 자복하고	엡 2:5	**허물**로 죽은 우리를 그리스도와 함께
욥 6:24	나의 **허물**된 것을 깨닫게 하라 내가	딤후 4:16	그들에게 **허물**을 돌리지 않기를 원하
욥 7:21	어찌하여 내 **허물**을 사하여 주지 아니		
욥 10:6	나의 **허물**을 찾으시며 나의 죄를 들추어		
욥 13:23	얼마나 많으니이까 나의 **허물**과 죄를		
욥 14:17	주는 내 **허물**을 주머니에 봉하시고 내		
욥 19:4	내게 **허물**이 있다 할지라도 그 **허물**이		
욥 34:6	거짓말쟁이라 하였고 나는 **허물**이 없으		
시 5:10	많은 **허물**로 말미암아 그들을 쫓아내		
시 19:12	자기 **허물**을 능히 … 숨은 **허물**에서		
시 32:1	**허물**의 사함을 받고 자신의 죄가 가려		
시 32:5	이르기를 내 **허물**을 여호와께 자복하		
시 59:4	내가 **허물**이 없으나 그들이 달려와서		
시 65:3	우리의 **허물**을 주께서 사하시리이다		
잠 10:12	다툼을 일으켜도 사랑은 모든 **허물**을		
잠 10:19	말이 많으면 **허물**을 면하기 어려우나		
잠 12:13	입술의 **허물**로 말미암아 그물에 걸려도		
잠 17:9	**허물**을 덮어 주는 자는 사랑을 구하는		
잠 19:11	사람의 슬기요 **허물**을 용서하는 것이		
전 10:4	공손함이 큰 **허물**을 용서 받게 하느니라		
전 10:5	곧 주권자에게서 나오는 **허물**이라		
사 1:4	슬프다 범죄한 나라요 **허물** 진 백성이요		
사 43:25	나는 나를 위하여 네 **허물**을 도말하는		
사 44:22	내가 네 **허물**을 빽빽한 구름같이, 네		
사 53:5	찔림은 우리의 **허물** 때문이요 그가 상함		
사 58:1	그들의 **허물**을, 야곱의 집에 그들의		
사 59:12	이는 우리의 **허물**이 주의 앞에 심히 많		
	으며 이는 우리의 **허물**이 우리와 함께		
렘 5:6	그들의 **허물**이 많고 반역이 심함이니		
렘 5:25	너희 **허물**이 이러한 일들을 물리쳤고		
애 4:22	죄악을 벌하시며 네 **허물**을 드러내시		
겔 18:24	그 범한 **허물**과 그 지은 죄로 죽으리라		
겔 21:24	너희의 **허물**이 드러나며 너희 모든 행위		
겔 33:10	우리의 **허물**과 죄가 이미 우리에게 있		
단 6:4	아무 근거, 아무 **허물**도 찾지 … 그릇		
	됨도 없고 아무 **허물**도 없음이었더라		

　　　　　　　　　　　　　　　　　　　'**허물**'과 관련된 성구

백성의 **허물** - 레 4:3; 사 53:8; 히 9:7
야곱의 **허물** - 민 23:2; 미 1:5; 3:8
죄와 **허물** - 대하 28:13; 33:19; 시 25:7
허물과 죄 - 창 50:17; 욥 13:23; 겔 33:10;
　　　　　　엡 2:1
허물을 위하여 속죄하다 - 레 5:6, 13, 18

허물다(tear down)

왕하 11:18	그 신당을 **허물고** 그 제단들과 우상들
대하 34:7	제단들을 **허물며** 아세라 목상들과 아로
애 2:2	딸 유다의 견고한 성채들을 **허물어** 땅에
겔 13:14	회칠한 담을 내가 이렇게 **허물어서** 땅에

허물어지다(broken down)

느 1:3	예루살렘 성은 **허물어지고** 성문들은
느 4:7	예루살렘 성이 중수되어 그 **허물어진**
느 6:1	성벽을 건축하여 **허물어진** 틈을 남기지
사 24:10	약탈을 당한 성읍이 **허물어지고** 집마다
렘 50:15	그 성벽은 **허물어졌으니** 이는 여호와
암 9:11	**허물어진** 것을 일으켜서 옛적과 같이
행 15:16	**허물어진** 것을 다시 지어 일으키리니

허물없이(blameless)

빌 1:10	또 진실하여 **허물없이** 그리스도의 날

허물하다(slander, blame)

시 15:3	혀로 남을 **허물하지** 아니하고 그의 이웃
롬 9:19	하나님이 어찌하여 **허물하시느냐** 누가

허벅다리(hip)

창 32:31	해가 돋았고 그의 **허벅다리**로 말미암아

허벅지(thigh)
- 창 24:2 이르되 청하건대 내 **허벅지** 밑에 네
- 창 24:9 아브라함의 **허벅지** 아래에 손을 넣고
- 창 32:25 **허벅지** 관절을 치매 야곱의 **허벅지** 관절
- 창 32:32 야곱의 **허벅지** 관절에 … **허벅지** 관절
- 창 47:29 손을 내 **허벅지** 아래에 넣고 인애와
- 삿 3:16 칼을 만들어 그의 오른쪽 **허벅지** 옷 속
- 삿 3:21 오른쪽 **허벅지** 위에서 칼을 빼어 왕의

허비하다(虛費, waste)
- 마 26:8 이르되 무슨 의도로 이것을 **허비하느냐**
- 막 5:26 **허비하였으되** 아무 효험이 없고 도리어
- 막 14:4 말하되 어찌하여 이 향유를 **허비하는가**

허사(虛事, deception, delusion)
- 삼상 25:21 진실로 **허사**라 그가 악으로 나의 선을
- 시 39:5 서 있는 때에도 진실로 모두가 **허사**뿐
- 행 4:25 열방이 분노하며 족속들이 **허사**를 경영

허약하다(虛弱, fainthearted)
- 신 20:8 두려워서 마음이 **허약한** 자가 있느냐

허영(虛榮, vain conceit)
- 빌 2:3 아무 일에든지 다툼이나 **허영**으로 하지

허우적거리다(wander)
- 욥 38:41 먹을 것이 없어서 **허우적거릴** 때에 그것

허위(虛偽, falsehood)
- 욥 31:5 만일 내가 **허위**와 함께 동행하고 내 발
- 사 28:15 우리의 피난처로 삼았고 **허위** 아래에

허탄하다(虛誕, meaningless, worthless)
- 시 24:4 청결하며 뜻을 **허탄한** 데에 두지 아니
- 시 119:37 눈을 돌이켜 **허탄한** 것을 보지 말게
- 렘 48:30 노여워함의 **허탄함**을 아노니 그가 자랑
- 겔 13:6 말씀하셨다고 하는 자들이 **허탄한** 것
- 겔 13:8 너희가 **허탄한** 것을 말하며 거짓된 것
- 슥 10:2 드라빔들은 **허탄한** 것을 말하며 복술
- 눅 24:11 사도들은 그들의 말이 **허탄한** 듯이 들려

'허탄하다'와 관련된 성구
- 허탄한 거짓 – 시 31:6
- 허탄한 마음 – 사 44:20
- 허탄한 묵시 – 겔 12:24; 13:7, 9, 23
- 허탄한 신화 – 딤전 4:7
- 허탄한 사람 – 약 2:20
- 허탄한 이상 – 겔 22:28
- 허탄한 이야기 – 딤후 4:4; 딛 1:14
- 허탄한 자랑 – 약 4:16; 벧후 2:18

헌금/-하다(獻金, gift)
- 민 31:50 목걸이들을 여호와께 **헌금**으로 우리의
- 대하 34:9 하나님의 전에 **헌금**한 돈을 그에게 주니
- 대하 34:14 여호와의 전에 **헌금**한 돈을 꺼낼 때에
- 눅 21:4 그 풍족한 중에서 **헌금**을 넣었거니와

'헌금함'과 관련된 성구
- 막 12:41, 43; 눅 21:1; 요 8:20

헌데(sore)
- 눅 16:20 한 거지가 **헌데** 투성이로 그의 대문 앞
- 눅 16:21 심지어 개들이 와서 그 **헌데**를 핥더라

헌물(獻物, gift, offering)
- 레 23:38 안식일 외에, 너희의 **헌물** 외에, 너희
- 민 5:15 가루 십분의 일 에바를 **헌물**로 드리되
- 민 6:14 그는 여호와께 **헌물**을 드리되 번제물
- 민 6:21 여호와께 **헌물**을 드림과 행할 법이며
- 민 7:2 받은 자의 감독된 자들이 **헌물**을 드렸
- 민 7:3 그들이 여호와께 드린 **헌물**은 덮개 있는
- 민 7:10 **헌물**을 가져다가 그 **헌물**을 제단 앞에
- 민 7:12 **헌물**을 드린 자는 유다 지파 암미나답
- 민 7:13 그의 **헌물**은 성소의 세겔로 백삼십 세겔
- 민 7:17 이는 암미나답의 아들 나손의 **헌물**이
- 민 7:18 지휘관 수알의 아들 느다넬이 **헌물**을
- 민 7:19 그가 드린 **헌물**도 성소의 세겔로 백삼
- 민 7:23 수알의 아들 느다넬의 **헌물**이었더라
- 민 7:24 헬론의 아들 엘리압이 **헌물**을 드렸으니
- 민 7:25 그의 **헌물**도 성소의 세겔로 백삼십 세겔
- 민 7:29 헬론의 아들 엘리압의 **헌물**이었더라
- 민 7:30 스데울의 아들 엘리술이 **헌물**을 드렸
- 민 7:31 그의 **헌물**도 성소의 세겔로 백삼십 세겔
- 민 7:35 이는 스데울의 아들 엘리술의 **헌물**이

【 헌신하다 】 　　　　　　　　　　　　　　　　　　　　　【 헐다 】

민 7:36	수리삿대의 아들 슬루미엘이 헌물을		**헐다**(break down, tear down)
민 7:37	그 헌물도 성소의 세겔로 백삼십 세겔	레 14:45	그 집을 헐고 돌과 그 재목과 그 집의
민 7:41	수리삿대의 아들 슬루미엘의 헌물이	레 26:30	너희의 산당들을 헐며 너희의 분향단
민 7:42	드우엘의 아들 엘리아삽이 헌물을 드렸	민 33:52	만든 우상을 다 깨뜨리며 산당을 다 헐고
민 7:43	그의 헌물도 성소의 세겔로 백삼십 세겔	왕하 3:19	메우고 돌로 모든 좋은 밭을 헐리이다
민 7:47	이는 드우엘의 아들 엘리아삽의 헌물	왕하 3:25	성읍들을 쳐서 헐고 각기 돌을 던져
민 7:48	암미훗의 아들 엘리사마가 헌물을 드렸	왕하 10:27	바알의 목상을 헐며 바알의 신당을 헐어
민 7:49	그의 헌물도 성소의 세겔로 백삼십 세겔	왕하 14:13	성 모퉁이 문까지 사백 규빗을 헐고
민 7:53	이는 암미훗의 아들 엘리사마의 헌물	왕하 21:3	아버지 히스기야가 헐어 버린 산당들
민 7:54	브다술의 아들 가말리엘이 헌물을 드렸	왕하 23:7	성전 가운데 남창의 집을 헐었으니 그
민 7:55	그 헌물도 성소의 세겔로 백삼십 세겔	왕하 23:8	성문의 산당들을 헐어 버렸으니 이 산당
민 7:59	이는 브다술의 아들 가말리엘의 헌물	왕하 23:12	다 헐고 거기서 빻아 내려서 그것들의
민 7:60	기드오니의 아들 아비단이 헌물을 드렸	왕하 23:15	산당을 왕이 헐고 또 그 산당을 불사르
민 7:61	그의 헌물도 성소의 세겔로 백삼십 세겔	대하 25:23	성 모퉁이 문까지 사백 규빗을 헐고
민 7:65	이는 기드오니의 아들 아비단의 헌물	대하 33:3	아버지 히스기야가 헐어 버린 산당을
민 7:66	암미삿대의 아들 아히에셀이 헌물을	대하 34:11	유다 왕들이 헐어 버린 성전들을 위하여
민 7:67	그의 헌물도 성소의 세겔로 백삼십 세겔	욥 12:14	헐으신즉 다시 세울 수 없고 사람을
민 7:71	암미삿대의 아들 아히에셀의 헌물	욥 19:10	나를 헐으시니 나는 죽었구나 내 희망
민 7:72	지휘관 오그란의 아들 바기엘이 헌물	욥 30:13	내 길을 헐고 내 재앙을 재촉하는데도
민 7:73	그의 헌물도 성소의 세겔로 백삼십 세겔	시 137:7	그들의 말이 헐어 버리라 헐어 버리라
민 7:77	이는 오그란의 아들 바기엘의 헌물이		그 기초까지 헐어 버리라 하였나이다
민 7:78	지휘관 에난의 아들 아히라가 헌물을	잠 14:1	여인은 자기 손으로 그것을 허느니라
민 7:79	그의 헌물도 성소의 세겔로 백삼십 세겔	잠 15:25	교만한 자의 집을 허시며 과부의 지계
민 7:83	에난의 아들 아히라의 헌물이었더라	잠 21:22	그 성이 의지하는 방벽을 허느니라
민 9:7	여호와께 헌물을 드리지 못하게 하심	잠 24:15	말며 그가 쉬는 처소를 헐지 말지니라
민 9:13	기일에 여호와께 헌물을 드리지 아니	전 3:3	치료할 때가 있으며 헐 때가 있고 세울
민 15:4	그러한 헌물을 드리는 자는 고운 가루	아 2:15	곧 포도원을 허는 작은 여우를 잡으라
민 15:25	범죄함으로 말미암아 헌물 곧 화제와	사 22:10	계수하며 그 가옥을 헐어 성벽을 견고
민 16:15	주는 그들의 헌물을 돌아보지 마옵소서	사 23:13	망대를 세우고 궁전을 헐어 황무하게
민 18:8	거룩하게 한 모든 헌물을 네가 주관하게	사 25:12	네 성벽의 높은 요새를 헐어 땅에 내리
민 18:9	내게 드리는 모든 헌물의 모든 소제와	사 37:26	네가 견고한 성읍들을 헐어 돌무더기
민 18:29	모든 헌물 중에서 너희는 그 아름다운	사 49:17	빨리 걸으며 너를 헐며 너를 황폐하게
민 28:2	그들에게 이르라 내 헌물, 내 음식인	렘 6:5	우리가 밤에 올라가서 그 요새들을 헐자
눅 21:5	그 아름다운 돌과 헌물로 꾸민 것을	렘 9:19	그들이 우리 처소를 헐었음이로다 함
		렘 12:10	포도원을 헐며 내 몫을 짓밟아서 내가
헌신하다(獻身, offer, volunteer)		렘 24:6	땅으로 인도하여 세우고 헐지 아니하며
출 32:29	여호와께 헌신하게 되었느니라 그가	렘 33:4	유다 왕궁을 헐어서 갈대아인의 참호
삿 5:2	백성이 즐거이 헌신하였으니 여호와	렘 42:10	너희를 세우고 헐지 아니하며 너희를
삿 5:9	백성 중에서 즐거이 헌신하였음이니	렘 45:4	나는 내가 세운 것을 헐기도 하며 내가
시 110:3	거룩한 옷을 입고 즐거이 헌신하니	애 2:6	그의 초막을 동산처럼 헐어 버리시며
		겔 16:39	누각을 헐며 네 높은 대를 부수며 네
헐값(pittance)		겔 19:7	그의 궁궐들을 헐고 성읍들을 부수니
시 44:12	주께서 주의 백성을 헐값으로 파심이	겔 30:4	애굽의 무리가 잡혀 가며 그 터가 헐릴

【 헐떡거리다/헐떡이다 】　　　　　　　　　【 헛되다/헛되이 】

단 8:11　없애 버렸고 그의 성소를 **헐었으며**
호 10:2　쳐서 깨뜨리시며 그 주상을 **헐리라**
말 1:4　그들은 쌓을지라도 나는 **헐리라** 사람
막 14:58　내가 **헐고** 손으로 짓지 아니한 다른
눅 12:18　곳간을 **헐고** 더 크게 짓고 내 모든 곡식
행 6:14　나사렛 예수가 이 곳을 **헐고** 또 모세가
갈 2:18　만일 내가 **헐었던** 것을 다시 세우면
엡 2:14　중간에 막힌 담을 자기 육체로 **허시고**

　'**헐다**'와 관련된 성구

담을 헐다 – 시 80:12; 전 10:8; 사 5:5;
　겔 8:8
망대를 헐다 – 삿 8:9, 17; 겔 26:4
성벽을 헐다 – 신 28:52; 삼하 20:15; 왕하
　25:10; 대하 26:6; 36:19; 렘 39:8;
　52:14; 애 2:8
성을 헐다 – 삿 9:45; 사 26:5; 겔 26:12
성전을 헐다 – 스 5:12; 6:12; 마 26:61;
　27:40; 막 15:29; 요 2:19
제단을 헐다 – 출 34:13; 신 7:5; 12:3; 삿
　2:2; 6:25; 왕상 19:10, 14; 대하
　34:4; 롬 11:3

헐떡거리다/헐떡이다(pant)

시 119:131　하므로 내가 입을 열고 **헐떡였나이다**
사 42:14　부르짖으리니 숨이 차서 심히 **헐떡일**
렘 2:24　성욕이 일어나므로 **헐떡거림** 같았도다
렘 4:31　그가 **헐떡이며** 그의 손을 펴고 이르기
렘 14:6　승냥이같이 **헐떡이며** 풀이 없으므로
욥 1:20　주를 향하여 **헐떡거리오니** 시내가 다

헐뜯다(slander)

시 101:5　이웃을 은근히 **헐뜯는** 자를 내가 멸할

헐몬(Hermon) 헤르몬산

시 133:3　**헐몬**의 이슬이 시온의 산들에 내림

헐벗다(naked)

신 28:48　네가 주리고 목마르고 **헐벗고** 모든 것
욥 22:6　형제를 볼모로 잡으며 **헐벗은** 자의 의복
사 58:7　빈민을 집에 들이며 **헐벗은** 자를 보면
마 25:38　영접하였으며 **헐벗으신** 것을 보고 옷
마 25:43　영접하지 아니하였고 **헐벗었을** 때에

마 25:44　나그네 되신 것이나 **헐벗으신** 것이나
고전 4:11　주리고 목마르며 **헐벗고** 매 맞으며 정처
고후 11:27　목마르고 여러 번 굶고 춥고 **헐벗었노라**
약 2:15　형제나 자매가 **헐벗고** 일용할 양식이

　'**헐벗은 산**'과 관련된 성구

사 41:18; 49:9; 렘 3:2, 21; 4:11

험악하다(險惡, wretched)

창 47:9　연조에 미치지 못하나 **험악한** 세월을
잠 15:15　그 날이 다 **험악하나** 마음이 즐거운
사 2:21　**험악한** 바위틈에 들어가서 여호와께서

험준하다(險峻, stronghold)

욥 39:28　뾰족한 바위 끝이나 **험준한** 데 살며

험하다(險, hard, rugged)

삼상 14:4　저쪽에도 **험한** 바위가 있는데 하나의
잠 13:15　베푸나 사악한 자의 길은 **험하니라**
사 40:4　평탄하게 되며 **험한** 곳이 평지가 될 것
사 45:2　내가 너보다 앞서가서 **험한** 곳을 평탄
눅 3:5　굽은 것이 곧아지고 **험한** 길이 평탄하

헛것(no meaning, worthless)

대상 16:26　만국의 모든 신은 **헛것**이나 여호와께
욥 7:16　나를 놓으소서 내 날은 **헛것**이니이다
시 144:4　사람은 **헛것** 같고 그의 날은 지나가는
렘 10:15　그것들은 **헛것**이요 망령되이 만든 것
롬 4:14　믿음은 **헛것**이 되고 약속은 파기되었
고전 3:20　지혜 있는 자들의 생각을 **헛것**으로 아신
고전 15:14　**헛것**이요 또 너희 믿음도 **헛것**이며
약 1:26　마음을 속이면 이 사람의 경건은 **헛것**
약 2:20　행함이 없는 믿음이 **헛것**인 줄을 알고

　헛 맹세

마 5:33　옛 사람에게 말한 바 **헛 맹세**를 하지

헛되다/헛되이(in vain, nothing, useless)

　모세오경, 역사서

레 19:4　너희는 **헛된** 것들에게로 향하지 말며
레 26:16　너희가 파종한 것은 **헛되리니** 너희의
삼상 12:21　구원하지도 못하는 **헛된** 것을 따르지

[헛되다/헛되이]

삼하 1:22 칼이 **헛되이** 돌아오지 아니하였도다
왕상 16:13 그들의 **헛된** 것들로 이스라엘의 하나님
왕상 16:26 그들의 **헛된** 것들로 이스라엘의 하나님

시가서

욥 15:2 어찌 **헛된** 지식으로 대답하겠느냐 어찌
욥 24:25 지적하거나 내 말을 **헛되게** 만들 자
욥 35:13 **헛된** 것은 하나님이 결코 듣지 아니하
욥 35:16 욥이 **헛되이** 입을 열어 지식 없는 말을
욥 39:16 고생한 것이 **헛되게** 될지라도 두려워
욥 41:9 희망은 **헛된** 것이니라 그것의 모습을
시 33:17 군마는 **헛되며** 군대가 많다 하여도 능히
시 39:11 참으로 인생이란 모두 **헛될** 뿐이니이다
시 60:11 치게 하소서 사람의 구원은 **헛됨이니**
시 73:13 씻어 무죄하다 한 것이 실로 **헛되도다**
시 78:33 하나님이 그들의 날들을 **헛되이** 보내게
시 108:12 치게 하소서 사람의 구원은 **헛됨이니**
시 127:2 떡을 먹음이 **헛되도다** 그러므로 여호와
시 139:20 원수들이 주의 이름으로 **헛되이** 맹세
잠 23:8 토하겠고 네 아름다운 말도 **헛된** 데로
잠 25:27 자기의 영예를 구하는 것이 **헛되니라**
잠 30:8 곧 **헛된** 것과 거짓말을 내게서 멀리
잠 31:30 아름다운 것도 **헛되나** 오직 여호와를
전 1:2 전도자가 이르되 **헛되고 헛되며 헛되고 헛되니** 모든 것이 **헛되도다**
전 3:19 뛰어남이 없음은 모든 것이 **헛됨이로다**
전 4:7 내가 또 다시 해 아래에서 **헛된** 것을
전 6:4 낙태된 자는 **헛되이** 왔다가 어두운 중
전 6:11 **헛된** 것을 더하는 많은 일들이 있나
전 6:12 **헛된** 생명의 모든 날을 그림자같이 보내
전 9:9 네 **헛된** 평생의 모든 날 곧 하나님이 해 아래에서 네게 주신 모든 **헛된** 날에
전 11:8 생각할지로다 다가올 일은 다 **헛되도다**
전 11:10 때와 검은 머리의 시절이 다 **헛되니라**
전 12:8 **헛되고 헛되도다** 모든 것이 **헛되도다**

선지서

사 1:13 **헛된** 제물을 다시 가져오지 말라 분향
사 16:6 들었거니와 그의 자랑이 **헛되도다**
사 30:7 도움은 **헛되고** 무익하니라 그러므로
사 40:23 폐하시며 세상의 사사들을 **헛되게** 하시
사 41:29 그들은 다 **헛되며** 그들의 행사는 허무
사 55:11 이와 같이 **헛되이** 내게로 되돌아오지
사 57:10 멀어서 피곤할지라도 **헛되다** 말하지
렘 2:5 멀리 하고 가서 **헛된** 것을 따라 **헛되이**

[헛되다/헛되이]

렘 6:29 일이 **헛되게** 되느니라 이와 같이 악한
렘 8:19 신상과 이방의 **헛된** 것들로 나를 격노
렘 10:3 여러 나라의 풍습은 **헛된** 것이니 삼림
렘 14:14 점술과 **헛된** 것과 자기 마음의 거짓으
렘 15:19 **헛된** 것을 버리고 귀한 것을 말한다면
렘 18:12 그들이 말하기를 이는 **헛되니** 우리는
렘 23:16 너희에게 **헛된** 것을 가르치나니 그들
렘 23:32 거짓과 **헛된** 자만으로 내 백성을 미혹
렘 51:18 그것들은 **헛된** 것이요 조롱거리이니
애 2:14 네 선지자들이 네게 대하여 **헛되고**
애 4:17 우리가 **헛되이** 도움을 바라므로 우리
겔 6:10 내리겠다 한 말이 **헛되지** 아니하니라
겔 7:26 묵시를 구하나 **헛될** 것이며 제사장에
욘 2:8 거짓되고 **헛된** 것을 숭상하는 모든 자는
말 1:10 너희가 내 제단 위에 **헛되이** 불사르지
말 3:14 하나님을 섬기는 것이 **헛되니** 만군의

신약

고전 1:17 그리스도의 십자가가 **헛되지** 않게 하려
고전 9:15 내 자랑하는 것을 **헛된** 데로 돌리지
고전 15:2 말을 굳게 지키고 **헛되이** 믿지 아니하
고전 15:10 내게 주신 그의 은혜가 **헛되지** 아니하여

'헛되다'와 관련된 성구

수고가 헛되다 – 레 26:20; 시 127:1; 사 65:23; 렘 51:58; 고전 15:58; 갈 4:1; 빌 2:16; 살전 3:5

이것도 헛되다 – 전 2:1, 15, 19, 21, 23, 26; 4:4, 8, 16; 5:10; 6:2, 9; 7:6; 8:10, 14

헛된 말 – 욥 16:3; 사 44:25; 렘 2:25; 호 10:4; 엡 5:6; 딤전 1:6; 6:20; 딤후 2:16; 딛 1:10

헛(된) 일 – 신 32:47; 시 2:1; 4:2; 39:6; 잠 1:17; 전 5:7; 8:14; 사 29:21; 렘 3:23; 4:30; 합 2:13; 행 14:15

헛되이 경배하다 – 마 15:9; 막 7:7

헛되어 바람을 잡다 – 전 1:14; 2:11, 17, 26; 4:4, 16; 6:9

헛되이 수고하다 – 욥 9:29; 사 49:4

헛되이 위로하다/위로가 헛되다 – 욥 21:34; 슥 10:2

헛된 행실 – 벧전 1:18

| 헝겊 | 헤롯 |

고전 15:17 믿음도 **헛되고** 너희가 여전히 죄 가운데
고후 6:1 권하노니 하나님의 은혜를 **헛되이** 받지
고후 9:3 우리의 자랑이 **헛되지** 않고 내가 말한
갈 2:2 달음질한 것이 **헛되지** 않게 하려 함이
갈 2:21 그리스도께서 **헛되이** 죽으셨느니라
갈 3:4 괴로움을 **헛되이** 받았느냐 과연 **헛되냐**
갈 3:17 폐기하지 못하고 그 약속을 **헛되게** 하지
갈 5:26 **헛된** 영광을 구하여 서로 노엽게 하거나
골 2:8 철학과 **헛된** 속임수로 너희를 사로잡
골 2:18 그 육신의 생각을 따라 **헛되이** 과장하고
살전 2:1 너희 가운데 들어간 것이 **헛되지** 않은
딛 3:9 피하라 이것은 무익한 것이요 **헛된** 것
약 4:5 사모한다 하신 말씀을 **헛된** 줄로 생각

헝겊(old rag)
렘 38:11 거기에서 **헝겊**과 낡은 옷을 가져다가
렘 38:12 이 **헝겊**과 낡은 옷을 당신의 겨드랑이

헤개(Hegai) 아하수에로 왕의 궁녀를 주관하는 내시
에 2:3 내시 **헤개**의 손에 맡겨 그 몸을 정결하게
에 2:8 **헤개**의 수하에 나아갈 때에 … **헤개**의
에 2:9 **헤개**가 이 처녀를 좋게 보고 은혜를 베풀
에 2:15 궁녀를 주관하는 내시 **헤개**가 정한 것

헤나(Hena) 앗수르에게 점령된 이스라엘 성읍 중 하나
왕하 18:34 스발와임과 **헤나**와 아와의 신들이 어디
왕하 19:13 스발와임 성의 왕과 **헤나**와 아와의 왕
사 37:13 스발와임 성의 왕과 **헤나** 왕과 이와 왕

헤나닷(Henadad) 스룹바벨을 도운 레위 사람
스 3:9 유다 자손과 **헤나닷** 자손과 그의 형제
느 3:18 그일라 지방 절반을 다스리는 **헤나닷**
느 3:24 그 다음은 **헤나닷**의 아들 빈누이가 한
느 10:9 아사냐의 아들 예수아, **헤나닷**의 자손

헤들론(Hethlon) 두로와 시돈 사이에 위치한 성읍
겔 47:15 대해에서 **헤들론** 길을 거쳐 스닷 어귀
겔 48:1 북쪽 끝에서부터 **헤들론** 길을 거쳐 하맛

헤레스(Heres)

1. 지명 : 요단 강 동쪽 숙곳 근처에 있는 비탈
삿 1:35 결심하고 **헤레스** 산과 아얄론과 사알빔
삿 8:13 요아스의 아들 기드온이 **헤레스** 비탈
  2. 인명 : 미가의 아들
대상 9:15 또 박박갈과 **헤레스**와 갈랄과 맛다냐

헤렛 수풀(forest of Hereth) 다윗이 사울을 피한 곳으로 유다 남부 지역에 위치
삼상 22:5 들어가라 다윗이 떠나 **헤렛 수풀**에 이르

헤로디아(Herodias) 헤롯 대왕의 손녀
마 14:3 빌립의 아내 **헤로디아**의 일로 요한을

📖 헤로디아 - 기타 본문
마 14:6; 막 6:17, 19, 22; 눅 3:19

헤로디온(Herodion) 로마 교회의 신자
롬 16:11 내 친척 **헤로디온**에게 문안하라 나깃수

헤롯(Herod)
  1. 유대 왕으로 헤롯 왕가의 창시자
마 2:1 **헤롯** 왕 때에 예수께서 유대 베들레헴

📖 헤롯 1 - 기타 본문
마 2:3, 7, 12, 13, 15, 16, 19; 눅 1:5

  2. 헤롯 1의 아들로 헤롯 안디바
마 14:1 그 때에 분봉 왕 **헤롯**이 예수의 소문을
행 4:27 과연 **헤롯**과 본디오 빌라도는 이방인

📖 헤롯 2 - 기타 본문
마 14:3, 4, 5, 6, 7; 막 6:14, 16, 17, 18, 20, 21, 22;
8:15; 눅 3:1, 19; 8:3; 9:7, 9; 13:31; 23:7, 8, 11,
12, 15; 행 13:1

  3. 헤롯 1의 손자로 헤롯 아그립바 1세
행 12:1 그 때에 **헤롯** 왕이 손을 들어 교회 중

📖 헤롯 3 - 기타 본문
행 12:6, 11, 19, 20, 21, 23

  4. 헤롯 1의 아들로 아켈라오
마 2:22 그러나 아켈라오가 그의 아버지 **헤롯**

【 헤르몬 산 】　　　　　　　　　　　　　　　　　　　【 헤브론 】

'헤롯'과 관련된 성구

헤롯 궁 - 행 23:35
헤롯 당(원) - 마 22:16; 막 3:6

헤르몬 산 (Mount Hermon)

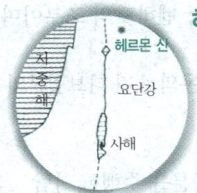

갈릴리 북동쪽 산
신 3:8　아르논 골짜기에서부터 헤르몬 산에

헤르몬 산 - 기타 본문

신 3:9; 4:48; 수 11:3, 17; 12:1, 5; 13:5, 11; 시 42:6; 89:12; 아 4:8

헤르메스(Hermes) 그리스의 신으로 웅변의 신
행 14:12　그 중에 말하는 자이므로 헤르메스라

헤만(Heman)
1. 유다 지파 마홀의 아들로 지혜로웠던 사람
왕상 4:31　마홀의 아들 헤만과 갈골과 다르다보다
대상 2:6　시므리와 에단과 헤만과 갈골과 다라나
2. 찬송과 놋제금 연주로 봉사한 사람
대상 6:33　그핫의 자손 중에 헤만은 찬송하는 자라

헤만 2 - 기타 본문
대상 6:39; 15:17, 19; 16:41, 42; 25:1, 4, 5, 6; 대하 5:12; 29:14; 35:15

헤맘(Homam-NIV, Hemam-KJV) 로단의 아들
창 36:22　로단의 자녀는 호리와 헤맘과 로단의

헤매다(roam, wander)
창 19:11　그들이 문을 찾느라고 헤매었더라
수 5:6　사십 년 동안을 광야에서 헤매었더니
욥 15:23　그는 헤매며 음식을 구하여 이르기를
사 8:21　이 땅으로 헤매며 곤고하며 굶주릴 것

헤버(Eber) 노아의 5대손
눅 3:35　벨렉이요 그 위는 헤버요 그 위는 살라

헤벨 1(Heber)
1. 아셀의 손자로 헤벨 가문의 조상

창 46:17　브리아의 아들은 헤벨과 말기엘이니
대상 7:31　브리아의 아들들은 헤벨과 말기엘이니
대상 7:32　헤벨은 야블렛과 소멜과 호담과 그들의
2. 겐 사람으로 시스라를 죽인 야엘의 남편
삿 4:11　겐 사람 헤벨이 떠나 게데스에 가까운
삿 4:17　겐 사람 헤벨의 아내 … 겐 사람 헤벨의
삿 4:21　잠드니 헤벨의 아내 야엘이 장막 말뚝
삿 5:24　겐 사람 헤벨의 아내 야엘은 다른 여인
3. 에스라의 자손이며 소고의 조상
대상 4:18　예렛과 소고의 조상 헤벨과 사노아의
4. 베냐민 사람으로 엘바알의 아들
대상 8:17　스바댜와 므술람과 히스기와 헤벨과

헤벨 2(Hepher)
1. 길르앗의 아들로 다른 헤벨 가문의 선조
민 26:32　스미다 종족과 헤벨에게서 난 헤벨 종족
민 26:45　브리아의 자손 중 헤벨에게서 난 헤벨
수 12:17　하나는 답부아 왕이요 하나는 헤벨 왕

'헤벨 2-1'과 관련된 성구
헤벨의 아들 - 민 26:33; 27:1; 수 17:3
헤벨의 자손 - 수 17:2

2. 아스훌과 나아라 사이에서 태어난 유다 자손
대상 4:6　아훗삼과 헤벨과 데므니와 하아하스
3. 므게랏 사람으로 다윗의 용사
대상 11:36　므게랏 사람 헤벨과 블론 사람 아히야
4. 유다의 성읍
왕상 4:10　소고와 헤벨 온 땅을 그가 주관하였으며

헤브론(Hebron)
1. 인명
(1) 레위의 손자로 고핫의 셋째 아들
출 6:18　아므람과 이스할과 헤브론과 웃시엘

헤브론 1-(1) - 기타 본문
민 3:19, 27; 대상 6:2, 18; 15:9; 23:12, 19; 24:23; 26:23, 30, 31

(2) 갈렙 자손으로 마레사의 아들
대상 2:42　그 아들은 마레사니 헤브론의 아버지
대상 2:43　헤브론의 아들들은 고라와 답부아와

【 헤스래/헤스로 】　　　　　　　　　　　　　　　　【 헤아리다 】

2. 지명 : 예루살렘 남서쪽 지역
창 13:18 장막을 옮겨 헤브론에 있는

📖 **헤브론 2 – 기타 본문**
창 23:2, 19; 35:27; 37:14; 민 13:22; 26:58; 수 10:3, 5, 23, 36, 39; 11:21; 12:10; 14:13, 14, 15; 15:13, 54; 20:7; 21:11, 13; 삿 1:10, 20; 16:3; 삼상 30:31; 삼하 2:1, 3, 11, 32; 3:2, 5, 19, 20, 22, 27, 32; 4:1, 8, 12; 5:1, 3, 5, 13; 15:7, 9, 10, 11; 왕상 2:11; 대상 3:1, 4; 6:55, 57; 11:1, 2; 12:23, 38; 29:27; 대하 11:10

헤스래/헤스로(Hezro) 갈멜 사람
삼하 23:35 갈멜 사람 **헤스래**와 아랍 사람 바아래
대상 11:37 갈멜 사람 **헤스로**와 에스배의 아들

헤스론(Hezron)
1. 인 명
(1) 야곱의 손자로 르우벤의 아들
창 46:9 르우벤의 아들 하녹과 발루와 **헤스론**
민 26:6 **헤스론**에게서 난 **헤스론** 종족과 갈미
대상 5:3 아들들은 하녹과 발루와 **헤스론**과 갈미
(2) 유다의 손자이며 베레스의 아들
창 46:12 베레스의 아들은 **헤스론**과 하물이요

📖 **헤스론 1–(2) – 기타 본문**
민 26:21; 룻 4:18, 19; 대상 2:5, 9, 18, 21, 24, 25; 대상 4:1; 마 1:3; 눅 3:33

3. 지명 : 유다 남부의 성읍
수 15:3 **헤스론**을 지나며 아달로 올라가서
수 15:25 하솔 하닷다와 그리욧 **헤스론** 곧 하솔

헤스몬(Heshmon) 유다 지파 성읍
수 15:27 하살갓다와 **헤스몬**과 벧 벨렛과

헤스본(Heshbon) 요단 강 하류 동쪽에 위치
민 21:25 성읍 **헤스본**과 그 모든 촌락에 거주하

📖 **헤스본 – 기타 본문**
민 21:26, 27, 28, 30, 34; 32:3, 37; 신 1:4; 2:24,

26, 30; 3:2, 6; 4:46; 29:7; 수 9:10; 12:2, 5; 13:10, 17, 21, 26, 27; 21:39; 삿 11:19, 26; 대상 6:81; 느 9:22; 아 7:4; 사 15:4; 16:8, 9; 렘 48:2, 34, 45; 49:3

헤시온(Hezion) 아람 왕 벤하닷의 조부이며 다브림몬의 아버지
왕상 15:18 아람의 왕 **헤시온**의 손자 다브림몬의

헤실(Hezir)
1. 제17반차를 맡아 직분을 수행한 사람
대상 24:15 열일곱째는 **헤실**이요 열여덟째는
2. 갱신된 율법서에 인친 사람
느 10:20 막비아스, 므술람, **헤실**,

헤아리다(understand, weigh)
신 16:10 복을 주신 대로 네 힘을 **헤아려** 자원
왕하 25:16 기구의 놋 무게를 **헤아릴** 수 없었으니
대하 12:3 구스 사람이 **헤아릴** 수 없이 많더라
욥 5:9   하나님은 **헤아릴** 수 없이 큰 일을 행하
욥 26:14 능력의 우렛소리를 누가 능히 **헤아리랴**
욥 28:19 순금으로도 그 값을 **헤아리지** 못하리라
욥 36:26 알 수 없고 그의 햇수를 **헤아릴** 수 없느
욥 37:5   놀라운 음성을 내시며 우리가 **헤아릴**
욥 42:3   스스로 알 수도 없고 **헤아리기도** 어려운
시 5:1   기울이사 나의 심정을 **헤아려** 주소서
잠 25:3   땅의 깊음같이 왕의 마음은 **헤아릴** 수
전 7:14   장래 일을 능히 **헤아려** 알지 못하게
사 40:12 손바닥으로 바닷물을 **헤아렸으며** 뼘
사 41:20 창조하신 바인 줄 알며 함께 **헤아리며**
사 53:12 범죄자 중 하나로 **헤아림**을 받았음이
사 65:7   먼저 그들의 행위를 **헤아리고** 그들의
렘 13:25 이는 네 몫이요 내가 **헤아려** 정하여
렘 52:20 이 모든 기구의 놋 무게는 **헤아릴** 수
겔 18:28 그가 스스로 **헤아리고** 그 행한 모든
호 1:10   바닷가의 모래같이 되어서 **헤아릴** 수
슥 11:13 이르시되 그들이 나를 **헤아린** 바 그
마 7:2   **헤아리는** 그 **헤아림**으로 너희가 **헤아림**
막 4:24   **헤아림**으로 너희가 **헤아림**을 받을 것
눅 6:38   **헤아리는** 그 **헤아림**으로 너희도 **헤아림**
눅 14:31 대적할 수 있을까 **헤아리지** 아니하겠
롬 11:33 그의 판단은 **헤아리지** 못할 것이며 그의
고후 10:12 자기를 **헤아리고** 자기로써 자기를 비교

살전 5:21 범사에 **헤아려** 좋은 것을 취하고

헤엄치다 (swim)
사 25:11 그가 헤엄치는 자가 헤엄치려고 손을
겔 32:6 네 피로 네 헤엄치는 땅에 물 대듯 하여
겔 47:5 그 물이 가득하여 헤엄칠 만한 물이요
행 27:42 군인들은 죄수가 헤엄쳐서 도망할까
행 27:43 뜻을 막고 헤엄칠 줄 아는 사람들을

헤치다 (destroy, scatter)
삼하 22:43 거리의 진흙같이 밟아 헤쳤나이다
겔 12:15 여러나라 가운데에 헤친 후에야 내가
겔 20:23 흩으며 여러 민족 가운데에 헤치리라
겔 22:15 각 나라에 헤치고 너의 더러운 것을
겔 29:12 흩으며 여러 민족 가운데로 헤치리라
겔 30:23 흩으며 뭇 백성 가운데로 헤칠지라
겔 30:26 가운데에 헤치리니 내가 여호와인 줄
겔 36:19 각국에 흩으며 여러 나라에 헤쳤더니
단 4:14 그 잎사귀를 떨고 그 열매를 헤치고
마 12:30 모으지 아니하는 자는 헤치는 자니라
마 25:24 심지 않은 데서 거두고 헤치지 않은
마 25:26 심지 않은 데서 거두고 헤치지 않은
눅 11:23 모으지 아니하는 자는 헤치는 자니라
요 10:12 이리가 양을 물어 가고 또 헤치느니라

헨 (Hen) 스바냐의 아들
슥 6:14 스바냐의 아들 헨을 기념하기 위하여

헬갓 (Helkath) 아셀 지파 성읍
수 19:25 그들의 지역은 헬갓과 할리와 베덴과
수 21:31 헬갓과 그 목초지와 르홉과 그 목초지

헬갓 핫수림 (Helkath Hazzurim) 기브온 못 부근에 있던 곳
삼하 2:16 헬갓 핫수림이라 일컬었으며 기브온

헬개 (Helkai) 느헤미야 때의 제사장
느 12:15 아드나요 므라욧 족속에는 헬개요

헬대 (Heldai)
1. 다윗 군대 12명의 군대 사령관 중 한 사람
대상 27:15 느도바 사람 헬대니 그 반에 이만 사천
2. 바벨론 포로지에서 귀환한 사람

슥 6:10 헬대와 도비야와 여다야가 스바냐의

헬라 1 (Helah) 드고아의 아비 아스훌의 아내
대상 4:5 아버지 아스훌의 두 아내는 헬라와
대상 4:7 헬라의 아들들은 세렛과 이소할과

헬라 2 (Greek) 로마가 패권을 장악하기 전까지 문화의 중심지
단 10:20 내가 나간 후에는 헬라의 군주가 이를
단 11:2 사람을 충동하여 헬라 왕국을 칠 것이며
욜 3:6 유다 자손과 예루살렘 자손들을 헬라
슥 9:13 내가 네 자식들을 일으켜 헬라 자식들
행 14:1 회당에 들어가 말하니 유대와 헬라의
행 17:12 믿는 사람이 많고 또 헬라의 귀부인
행 20:2 여러 말로 제자들에게 권하고 헬라

'헬라 2'와 관련된 성구
헬라 말 – 요 19:20; 행 21:37
헬라어 – 계 9:11
헬라 왕 – 단 8:21; 11:2
헬라인 – 막 7:26; 요 7:35; 12:20; 행 11:20, 16:1, 3; 17:4; 18:4; 19:10, 17, 20:21; 21:28; 롬 1:14, 16; 2:9
헬라파 유대인 – 행 6:1; 9:29

헬람 (Helam) 다윗이 하닷에셀을 물리친 장소
삼하 10:16 그들이 헬람에 이르니 하닷에셀의 군
삼하 10:17 요단을 건너 헬람에 이르매 아람 사람

헬레스 (Helez)
1. 블론 사람이며 다윗의 용사
삼하 23:26 발디 사람 헬레스와 드고아 사람 익게스
대상 11:27 하롤 사람 삼훗과 블론 사람 헬레스와
대상 27:10 발론 사람 헬레스이니 그의 반에 이만
2. 아사랴의 아들이며 엘르아사의 아버지
대상 2:39 헬레스를 낳고 헬레스는 엘르아사를

헬렉 (Helek) 므낫세 지파 길르앗 사람
민 26:30 이에셀 종족과 헬렉에게서 난 헬렉 종족
수 17:2 아비에셀의 자손과 헬렉의 자손과

헬렘 (Helem)
1. 아셀 자손의 족장 중 하나로 소멜의 형제

【 헬렙 1 】

대상 7:35 그의 아우 헬렘의 아들들은 소바와

2. 바벨론 포로에서 귀환한 사람
슥 6:14 면류관은 **헬렘**과 도비야와 여다야와

헬렙 1(Heled) 바아나의 아들로 다윗의 용사
삼하 23:29 느도바 사람 바아나의 아들 **헬렙**과

헬렙 2(Heleph) 납달리 지파의 성읍
수 19:33 **헬렙**과 사아난님의 상수리나무에서

헬렛(Heled) 바아나의 아들로 다윗의 용사
대상 11:30 느도바 사람 바아나의 아들 **헬렛**과

헬론(Helon) 엘리압의 아버지
민 1:9 스불론 지파에서는 **헬론**의 아들 엘리압

헬론 - 기타 본문
민 2:7; 7:24, 29; 10:16

헬리(Heli) 마리아의 남편 요셉의 아버지
눅 3:23 요셉의 아들이니 요셉의 위는 **헬리**요

헬바(Helbah) 아셀 지파의 경내에 있던 성읍
삿 1:31 알랍과 악십과 **헬바**와 아빅과 르홉

헬본(Helbon) 다메섹 근처의 성읍
겔 27:18 **헬본** 포도주와 흰 양털을 너와 거래하

헴단(Hemdan) 세일의 자손이며 디손의 아들
창 36:26 디손의 자녀는 **헴단**과 에스반과 이드란

헵시바(Hephzibah)
1. 히스기야 왕의 왕비로 므낫세의 어머니
왕하 21:1 그의 어머니의 이름은 **헵시바**더라
2. 예루살렘에 대한 상징적인 이름
사 62:4 부르지 아니하고 오직 너를 **헵시바**라

헷(Hittites) 가나안의 둘째 아들로 헷 족속의 조상
창 10:15 가나안은 장자 시돈과 **헷**을 낳고
민 13:29 아말렉인은 남방 땅에 거주하고 **헷**인과
왕상 11:1 모압과 암몬과 에돔과 시돈과 **헷** 여인
대상 1:13 가나안은 맏아들 시돈과 **헷**을 낳고

【 혀 】

'헷' 과 관련된 성구

헷 사람 - 창 27:46; 49:32; 출 13:5; 23:23; 33:2; 34:11; 수 9:1; 삿 1:26; 왕상 9:20; 10:29; 왕하 7:6; 대상 11:41; 대하 1:17; 스 9:1; 겔 16:3, 45

헷 사람 아히멜렉 - 삼상 26:6

헷 사람 에브론 - 창 49:29, 30

헷 사람 우리아 - 삼하 11:3, 6, 17, 21, 24; 12:9, 10; 23:39; 왕상 15:5; 대상 11:41

헷 족속 - 창 15:20; 23:3, 5, 7, 10, 16, 18, 20; 25:9, 10; 26:34; 36:2; 50:13; 출 3:8, 17; 23:28; 신 7:1; 20:17; 수 1:4; 3:10; 11:3; 12:8; 24:11; 삿 3:5; 대하 8:7; 느 9:8

혀(tongue)

모세오경, 역사서

출 4:10 나는 입이 뻣뻣하고 **혀**가 둔한 자이니이다
출 11:7 개 한 마리도 그 **혀**를 움직이지 아니하
수 10:21 여호수아에게 이르렀더니 **혀**를 놀려
삿 7:5 개가 핥는 것같이 **혀**로 물을 핥는 자
삼하 23:2 말씀하심이여 그의 말씀이 내 **혀**에 있

시가서

욥 5:21 네가 **혀**의 채찍을 피하여 숨을 수가 있
욥 6:30 내 **혀**에 어찌 불의한 것이 있으랴 내
욥 15:5 네가 간사한 자의 **혀**를 좋아하는구나
욥 20:12 비록 악을 달게 여겨 **혀** 밑에 감추며
욥 27:4 불의를 말하지 아니하며 내 **혀**가 거짓
욥 29:10 말소리를 낮추었으니 그들의 **혀**가 입
욥 33:2 내가 입을 여니 내 **혀**가 입에서 말하는
욥 41:1 끌어낼 수 있겠느냐 노끈으로 그 **혀**를
시 5:9 열린 무덤 같고 그들의 **혀**로는 아첨하
시 10:7 포악이 충만하며 그의 **혀** 밑에는 잔해
시 12:3 아첨하는 입술과 자랑하는 **혀**를 끊으
시 15:3 **혀**로 남을 허물하지 아니하고 그의 이웃
시 22:15 조각 같고 내 **혀**가 입천장에 붙었나이다
시 34:13 네 **혀**를 악에서 금하며 네 입술을 거짓
시 35:28 나의 **혀**가 주의 의를 말하며 종일토록
시 37:30 의인의 입은 지혜로우며 그의 **혀**는 정의
시 39:1 조심하여 내 **혀**로 범죄하지 아니하리니
시 45:1 내 **혀**는 글 솜씨가 뛰어난 서기관의 붓
시 50:19 입을 악에게 내어 주고 네 **혀**로 거짓을

[혀]   [현관]

시 51:14	내 혀가 주의 의를 높이 노래하리이다	겔 3:26	네 혀를 네 입천장에 붙게 하여 네가
시 52:2	혀가 심한 악을 꾀하여 날카로운 삭도	호 7:16	그들의 지도자들은 그 혀의 거친 말로
시 55:9	주여 그들을 멸하소서 그들의 혀를 잘라	미 6:12	거짓을 말하니 그 혀가 입에서 거짓되
시 57:4	창과 화살이요 그들의 혀는 날카로운	습 3:13	거짓된 혀가 없으며 먹고 누울지라도
시 64:3	칼같이 자기 혀를 연마하며 화살같이	슥 14:12	눈구멍 속에서 썩으며 그들의 혀가 입

신약

시 66:17	그에게 부르짖으며 나의 혀로 높이 찬송	막 7:33	양 귀에 넣고 침을 뱉어 그의 혀에 손
시 68:23	개의 혀로 네 원수들에게서 제 분깃을	눅 1:64	그 입이 곧 열리고 혀가 풀리며 말을
시 71:24	혀도 종일토록 주의 의를 작은 소리로	눅 16:24	혀를 서늘하게 하소서 내가 이 불꽃 가
시 73:9	하늘에 두고 그들의 혀는 땅에 두루 다니	행 2:3	불의 혀처럼 갈라지는 것들이 그들에
시 78:36	그에게 아첨하며 자기 혀로 그에게 거짓	롬 3:13	혀로는 속임을 일삼으며 그 입술에는
시 109:2	입을 열어 나를 치며 속이는 혀로 내게	롬 14:11	모든 혀가 하나님께 자백하리라 하였
시 119:172	계명들이 의로우므로 내 혀가 주의 말씀	고전 14:9	너희도 혀로써 알아듣기 쉬운 말을 하지
시 120:2	거짓된 입술과 속이는 혀에서 내 생명	약 1:26	자기 혀를 재갈 물리지 아니하고 자기
시 126:2	우리 혀에는 찬양이 찼었도다 그 때에	약 3:5	이와 같이 혀도 작은 지체로되 큰 것을
시 137:6	즐거워하지 아니할진대 내 혀가 내 입	벧전 3:10	좋은 날 보기를 원하는 자는 혀를 금하여
시 139:4	여호와여 내 혀의 말을 알지 못하시는	요일 3:18	우리가 말과 혀로만 사랑하지 말고 행함
시 140:3	뱀같이 그 혀를 날카롭게 하니 그 입술		

▶ 혀 - 기타 본문

욥 20:16; 시 12:4; 39:3; 52:4; 64:8; 120:3; 잠 6:24; 10:31; 12:19; 15:4; 17:20; 25:23; 렘 8:5, 8; 막 7:35; 행 2:26; 약 3:6, 8; 계 16:10

잠 6:17	교만한 눈과 거짓된 혀와 무죄한 자의
잠 10:20	의인의 혀는 순은과 같거니와 악인의
잠 12:18	지혜로운 자의 혀는 양약과 같으니라
잠 15:2	지혜 있는 자의 혀는 지식을 선히 베풀
잠 17:4	거짓말을 하는 자는 악한 혀가 하는 말
잠 18:21	죽고 사는 것이 혀의 힘에 달렸나니 혀를 쓰기 좋아하는 자는 혀의 열매를
잠 21:23	혀를 지키는 자는 자기의 영혼을 환난
잠 25:15	설득할 수 있나니 부드러운 혀는 뼈를
잠 28:23	사람을 경책하는 자는 혀로 아첨하는
잠 31:26	지혜를 베풀며 그의 혀로 인애의 법을
아 4:11	네 혀 밑에는 꿀과 젖이 있고 네 의복

혁혁하다(赫赫, great, rage)

에 1:4	부함과 위엄의 혁혁함을 나타내니라
사 10:33	만군의 여호와께서 혁혁한 위력으로
사 30:30	목소리를 듣게 하시며 혁혁한 진노로
사 66:15	회오리바람 같으리로다 그가 혁혁한

현관(玄關, porch, portico)

선지서

사 30:27	분노가 찼으며 그의 혀는 맹렬한 불	삿 3:23	에훗이 현관에 나와서 다락문들을 뒤
사 32:4	어눌한 자의 혀가 민첩하여 말을 분명히	겔 8:16	곧 현관과 제단 사이에서 약 스물다섯
사 35:6	말 못하는 자의 혀는 노래하리니 이는	겔 40:7	그 앞에 현관이 있고 그 앞에 안 문이
사 41:17	혀가 마를 때에 나 여호와가 그들에게	겔 40:8	그가 또 안 문의 현관을 측량하니 한 장
사 45:23	무릎이 꿇겠고 모든 혀가 맹세하리라	겔 40:9	문의 현관을 또 측량하니 여덟 척이요 그 문 벽은 두 척이라 그 문의 현관이
사 50:4	여호와께서 학자들의 혀를 내게 주사		
사 54:17	모든 혀는 네게 정죄를 당하리니 이는	겔 40:14	또 현관을 측량하니 … 현관 사방에
사 57:4	벌리며 혀를 내미느냐 너희는 패역한	겔 40:15	문 통로에서부터 안 문 현관 앞까지
사 59:3	입술은 거짓을 말하며 너희 혀는 악독	겔 40:16	그 현관도 그러하고 그 창은 안 좌우편
렘 9:3	그들의 혀를 놀려 거짓을 말하며 그들	겔 40:21	그 벽과 그 현관도 먼저 측량한 문간
렘 18:18	우리가 혀로 그를 치고 그의 어떤 말에	겔 40:22	그 창과 현관의 길이와 너비와 종려나 무가 … 층계가 있고 그 안에 현관이
렘 23:31	보라 그들이 혀를 놀려 여호와가 말씀		
애 4:4	목말라서 혀가 입천장에 붙음이여 어린	겔 40:24	그 벽과 현관을 측량하니 먼저 측량한

2533

【 현몽하다 】　　　　　　　　　　　　　　　　【 현저하다 】

겔 40:25	문간과 **현관** 좌우에 있는 창도 먼저		대상 9:4	이므리의 증손이요 바니의 **현손**이며
겔 40:26	그 안에 **현관**이 있으며 또 이쪽 저쪽		대상 9:11	사독의 증손이요 므라욧의 **현손**이요
겔 40:29	벽과 **현관**도 먼저 측량한 … 그 **현관**		대상 9:12	므실레밋의 **현손**이요 임멜의 오대손
겔 40:30	사방 **현관**의 길이는 스물다섯 척이요		대하 20:14	아삽 자손 맛다냐의 **현손**이요 여이엘
겔 40:31	**현관**이 바깥뜰로 향하였고 그 문 벽		스 7:2	살룸의 **현손**이요 사독의 오대 손이요
겔 40:33	벽과 **현관**이 먼저 측량한 것과 같으		느 11:4	스바댜의 **현손**이요 마할랄렐의 오대
	며 그 문간과 그 **현관** 좌우에도 창이 있으		느 11:5	아다야의 **현손**이요 요야립의 오대 손
겔 40:34	그 **현관**이 바깥뜰로 향하였고 그 이쪽,		느 11:7	골라야의 **현손**이요 마아세야의 오대
겔 40:36	방과 벽과 **현관**이 다 그러하여 그 좌우		느 11:11	사독의 증손이요 므라욧의 **현손**이요
겔 40:37	그 **현관**이 바깥뜰로 향하였고 그 이쪽,		느 11:12	암시의 증손이요 스가랴의 **현손**이요
겔 40:39	문의 **현관** 이쪽에 상 둘이 있고 저쪽		느 11:13	므실레못의 증손이요 임멜의 **현손**이며
겔 40:40	상 둘이 있고 문의 **현관** 저쪽에 상 둘이		느 11:15	하사뱌의 증손이요 분니의 **현손**이며
겔 40:43	**현관** 안에는 길이가 손바닥 넓이만한		느 11:22	아삽 자손 중 미가의 **현손** 맛다냐의
겔 40:48	나를 데리고 성전 문 **현관**에 이르러		느 12:35	미가야의 **현손** 삭굴의 오대 손 아삽의
겔 40:49	그 **현관**의 너비는 스무 척이요 길이는		습 1:1	스바냐는 히스기야의 **현손**이요 아마랴
겔 41:15	척이더라 내전과 외전과 그 뜰의 **현관**			
겔 41:25	벽에 있는 것과 같고 **현관** 앞에는 나무		**현숙하다**(賢淑, noble)	
겔 41:26	**현관** 좌우편에는 닫힌 창도 있고 종려		룻 3:11	네가 **현숙한** 여자인 줄을 나의 성읍
겔 44:3	왕인 까닭에 안 길로 이 문 **현관**으로		잠 31:10	누가 **현숙한** 여인을 찾아 얻겠느냐
겔 46:2	군주는 바깥 문 **현관**을 통하여 들어와			
겔 46:8	이 문 **현관**을 통하여 들어오고 나갈 때		**현악**(絃樂, string)	
			시 45:8	상아궁에서 나오는 **현악**은 왕을 즐겁게
현몽하다(現夢, appear in a dream)			시 150:4	춤추어 찬양하며 **현악**과 퉁소로 찬양
창 20:3	하나님이 아비멜렉에게 **현몽하시고**			
창 31:24	아람 사람 라반에게 **현몽하여** 이르시		**현인**(賢人, wise men)	
마 1:20	생각할 때에 주의 사자가 **현몽하여** 이르		창 41:8	애굽의 점술가와 **현인**들을 모두 불러
마 2:13	주의 사자가 요셉에게 **현몽하여** 이르되		출 7:11	바로도 **현인**들과 마술사들을 부르매
마 2:19	애굽에서 요셉에게 **현몽하여** 이르되			
			현자(賢者, expert)	
현상(現狀)			에 1:13	왕이 사례를 아는 **현자**들에게 묻되
사 64:5	이 **현상**이 이미 오래 되었사오니 우리			
			현장(現場, act)	
현세(現世, present age)			요 8:4	이 여자가 간음하다가 **현장**에서 잡혔
막 10:30	**현세**에 있어 집과 형제와 자매와 어머니			
눅 18:30	**현세**에 여러 배를 받고 내세에 영생을		**현재**(現在, present)	
			신 1:11	너희를 **현재**보다 천 배나 많게 하시며
현손(玄孫, son)			롬 8:18	생각하건대 **현재**의 고난은 장차 우리
민 27:1	므낫세의 **현손** 마길의 증손 길르앗의		롬 8:38	권세자들이나 **현재** 일이나 장래 일이나
수 17:3	마길의 증손 므낫세의 **현손** 슬로브핫		히 9:9	이 장막은 **현재**까지의 비유니 이에 따라
삼상 1:1	손자요 도후의 증손이요 숩의 **현손**이			
삼상 9:1	아비야의 **현손**이며 베냐민 사람이더라		**현저하다**(顯著, obvious, prominent)	
대상 4:37	시므리의 **현손** 여다야의 증손 알론의		단 8:5	그 염소의 두 눈 사이에는 **현저한** 뿔
대상 5:14	미가엘의 **현손**이요 여시새의 오대 손		단 8:8	그 대신에 **현저한** 뿔 넷이 하늘 사방

2534

【 혈 】   【 형/형님 】

혈(血, blood)
- 고전 15:50 이것을 말하노니 **혈**과 육은 하나님 나라
- 엡 6:12 우리의 씨름은 **혈**과 육을 상대하는
- 히 2:14 자녀들은 **혈**과 육에 속하였으매 그도

혈기(血氣, please-NIV, selfwill-KJV)
- 창 49:6 **혈기**대로 소의 발목 힘줄을 끊었음이
- 겔 20:48 **혈기** 있는 모든 자는 나 여호와가 그
- 요 5:3 맹인, 다리 저는 사람, **혈기** 마른 사람

혈루(血淚, bleeding)
- 막 5:29 이에 그의 **혈루** 근원이 곧 마르매 병이

혈루증(血漏症, bleeding)
- 마 9:20 열두 해 동안이나 **혈루증**으로 앓는 여자
- 막 5:25 열두 해를 **혈루증**으로 앓아 온 한 여자
- 눅 8:43 열두 해를 **혈루증**으로 앓는 중에 아무
- 눅 8:44 옷 가에 손을 대니 **혈루증**이 즉시 그쳤

혈육(血肉, flesh, mortal, man)
- 창 6:12 땅에서 모든 **혈육** 있는 자의 행위가
- 창 6:13 이르시되 모든 **혈육** 있는 자의 포악함
- 창 6:19 **혈육** 있는 모든 생물을 너는 각기 암수
- 창 8:17 너와 함께 한 모든 **혈육** 있는 생물 곧
- 창 29:14 너는 참으로 내 **혈육**이로다 하였더라
- 창 37:27 그는 우리의 동생이요 우리의 **혈육**이
- 시 56:4 두려워하지 아니하리니 **혈육**을 가진
- 사 66:16 여호와께서 불과 칼로 모든 **혈육**에게
- 사 66:23 초하루와 매 안식일에 모든 **혈육**이 내
- 사 66:24 모든 **혈육**에게 가증함이 되리라하매
- 마 16:17 알게 한 이는 **혈육**이 아니요 하늘에
- 갈 1:16 기뻐하셨을 때에 내가 곧 **혈육**과 의논

혈족(血族, flesh and blood)
- 대상 11:1 이르되 우리는 왕의 가까운 **혈족**이니

혈통(血統, descent)
- 요 1:13 이는 **혈통**으로나 육정으로나 하나님
- 행 17:26 한 **혈통**으로 만드사 온 땅에 살게 하시
- 롬 1:3 말하면 육신으로는 다윗의 **혈통**에서

혐오/-하다/-스럽다(嫌惡, detest)
- 레 11:12 비늘 없는 것은 너희가 **혐오**할 것이니라
- 레 11:20 기어 다니는 곤충은 너희가 **혐오**할 것
- 레 11:23 기어다니는 곤충은 다 너희가 **혐오**할
- 왕상 15:13 어머니 마아가가 **혐오**스러운 아세라
- 렘 51:37 승냥이의 거처와 **혐오**의 대상과 탄식

혐의(嫌疑, anything against)
- 막 11:25 서서 기도할 때에 아무에게나 **혐의**가
- 행 25:18 짐작하던 것 같은 악행의 **혐의**는 하나도

협력하다(協力, content)
- 빌 1:27 복음의 신앙을 위하여 **협력하는** 것과

협박(脅迫, threat)
- 잠 13:8 속전일 수 있으나 가난한 자는 **협박**을

협착하다(狹窄, narrow)
- 마 7:14 문은 좁고 길이 **협착하여** 찾는 자가

형/형님(兄, brother)
- 창 10:21 야벳의 **형**이라 그에게도 자녀가 출생
- 창 25:31 이르되 **형**의 장자의 명분을 오늘 내게
- 창 32:11 **형**의 손에서, 에서의 손에서 나를 건져
- 창 32:20 예물로 **형**의 감정을 푼 후에 … **형**이
- 창 33:10 내가 **형님**의 … 내가 **형님**의 얼굴을 …
  형님도 나를 기뻐하심이니이다
- 창 33:11 **형님**께 드리는 예물을 받으소서 하고
- 창 35:7 **형**의 낯을 피할 때에 하나님이 거기서
- 창 38:8 아우 된 본분을 행하여 네 **형**을 위하여
- 창 38:9 **형**에게 씨를 주지 아니하려고 땅에 설정
- 창 38:11 셀라도 그 **형들**같이죽을까 염려함이라
- 창 38:30 **형** 곧 손에 홍색 실 있는 자가 뒤에 나오
- 창 48:6 그들의 **형**의 이름으로 함께 받으리라
- 삼상 17:28 큰**형** 엘리압이 다윗이 사람들에게 하는
- 삼상 20:29 **형**이 내게 오기를 명령하였으니 내가
- 삼하 1:26 내 **형** 요나단이여 내가 그대를 애통함은
- 삼하 2:22 내가 어떻게 네 **형** 요압을 대면하겠느냐
- 삼하 13:26 내 **형** 암논이 우리와 함께 가게 하옵소서
- 삼하 20:9 **형**은 평안하냐 하며 오른손으로 아마사
- 왕상 2:7 네 **형** 압살롬의 낯을 피하여 도망할 때
- 왕상 2:22 그는 나의 **형**이오니 그를 위하여 왕권
- 대상 4:11 수하의 **형** 글룹이 므힐을 낳았으니
- 대상 27:18 유다의 지도자는 다윗의 **형** 엘리후요
- 대하 22:1 모든 **형들**을 죽였음이라 그러므로 유다

[형벌]　　　　　　　　　　　　　　　　　　　　　　　　　[형상]

겔 16:45	그 남편과 자녀를 싫어한 **형**의 동생이
겔 16:46	네 **형**은 그 딸들과 함께 네 왼쪽에 거주
겔 23:4	이름이 **형**은 오홀라요 아우는 오홀리바
겔 23:11	그의 **형**보다 음욕을 더하며 그의 **형**의 … 그의 **형**보다 더 부패하여졌느니라
겔 23:18	**형**을 싫어한 것같이 그를 싫어하였으니
겔 23:31	네 **형**의 길로 행하였은즉 내가 그의 잔
겔 23:32	네 **형**의 잔을 네가 마시고 코웃음과 조롱
겔 23:33	**형** 사마리아의 잔 곧 놀람과 패망의 잔
호 12:3	모태에서 그의 **형**의 발뒤꿈치를 잡았고
말 1:2	**형**이 아니냐 그러나 내가 야곱을 사랑
마 22:24	장가 들어 **형**을 위하여 상속자를 세울
막 12:19	어떤 사람의 **형**이 자식이 없이 아내를 두고 죽으면 … **형**을 위하여 상속자를
눅 12:13	내 **형**을 명하여 유산을 나와 나누게
눅 20:28	만일 어떤 사람의 **형**이 아내를 두고 … 그 아내를 취하여 **형**을 위하여 상속자

'형/형님'과 관련된 성구

- 그의 **형**은 죽다 – 창 42:38; 44:20
- 네 **형** 아론 – 출 4:14; 7:1, 2; 출 28:1, 2, 4, 41; 레 16:2; 민 20:8; 27:13; 신 32:50
- 네 **형**의 (분)노 – 창 27:44, 45
- 다윗의 **형** – 삼상 17:17, 18, 22
- 다윗의 **형** 삼마/시므아의 아들 요나답 – 삼하 13:3, 32; 21:21; 대상 20:7
- 요셉의 **형** – 창 37:2, 4, 8, 11, 12, 13, 14, 16, 17, 23, 28; 42:3, 4, 6, 7, 8; 45:3, 4, 15, 16, 17, 24; 46:31; 47:1, 2, 3, 5, 6, 11, 12; 50:17, 18
- 요셉이 꿈을 **형**들에게 말하다 – 창 37:5, 9, 10
- **형**과 아우 – 겔 16:51, 52, 61
- **형** 에서 – 창 27:6, 11, 23, 30, 42; 32:3, 6, 13, 17; 33:3; 35:1

형벌/-하다(刑罰, punish, punishment)

출 21:19	그를 친 자가 **형벌**은 면하되 그간의
출 21:20	쳐서 당장에 죽으면 반드시 **형벌**을
출 21:21	하루나 이틀을 연명하면 **형벌**을 면할
출 21:28	먹지 말 것이며 임자는 **형벌**을 면하려
레 22:16	성물을 먹으면 그 죄로 인하여 **형벌**을
레 26:41	마음이 낮아져서 그들의 죄악의 **형벌**을
레 26:43	자기 죄악의 **형벌**을 기쁘게 받으리라
민 14:18	**형벌** 받을 자는 결단코 사하지 아니하
스 9:13	하나님이 우리 죄악보다 **형벌**을 가볍게
욥 19:29	분노는 칼의 **형벌**을 부르나니 너희가
잠 17:5	사람의 재앙을 기뻐하는 자는 **형벌**을
잠 28:20	속히 부하고자 하는 자는 **형벌**을 면하지
사 24:22	옥에 갇혔다가 여러 날 후에 **형벌**을
사 53:8	땅에서 끊어짐은 마땅히 **형벌** 받을 내
렘 25:29	너희가 어찌 능히 **형벌**을 면할 수 있
렘 49:12	네가 **형벌**을 온전히 면하겠느냐 면하지
애 4:22	딸 시온아 네 죄악의 **형벌**이 다하였으니
호 9:7	**형벌**의 날이 이르렀고 보응의 날이 온
호 13:16	하나님을 배반하였으므로 **형벌**을 당하
미 7:4	그들 가운데에 **형벌**의 날이 임하였으니
습 3:7	**형벌**을 내리기로 정하기는 하였지만
습 3:15	여호와가 네 **형벌**을 제거하였고 네 원수
행 22:5	예루살렘으로 끌어다가 **형벌** 받게 하려
행 26:11	모든 회당에서 여러 번 **형벌**하여 강제
살후 1:8	복종하지 않는 자들에게 **형벌**을 내리
살후 1:9	영광을 떠나 영원한 멸망의 **형벌**을 받으
히 10:29	당연히 받을 **형벌**은 얼마나 더 무겁겠
벧후 2:9	불의한 자는 **형벌** 아래에 두어 심판
벧후 2:10	멸시하는 자들에게는 **형벌**할 줄 아시
요일 4:18	두려움에는 **형벌**이 있음이라 두려워
유 1:7	영원한 불의 **형벌**을 받음으로 거울이

형상(刑賞, likeness, image, form)

창 1:26	하나님이 이르시되 우리의 **형상**을 따라
창 1:27	하나님이 자기 **형상** 곧 하나님의 **형상**
창 5:3	자기의 **형상**과 같은 아들을 낳아 이름을
창 9:6	자기 **형상**대로 사람을 지으셨음이니라
출 20:4	땅 아래 물 속에 있는 것의 어떤 **형상**도
출 32:4	송아지 **형상**을 만드니 그들이 말하되
신 4:12	그 말소리만 듣고 **형상**은 보지 못하였
신 4:15	너희가 어떤 **형상**도 보지 못하였은즉
신 4:16	어떤 **형상**대로든지 우상을 … 남자의 **형상**이든지, 여자의 **형상**이든지
신 4:17	땅 위에 있는 어떤 짐승의 **형상**이든지, … 날개 가진 어떤 새의 **형상**이든지,
신 4:18	곤충의 **형상**이든지, 땅 아래 물 속에 있는 어떤 어족의 **형상**이든지 만들지
신 4:23	여호와께서 금하신 어떤 **형상**의 우상도

【 형상 】　　　　　　　　　　　　　　　　　　　　　　　　　　　　【 형제 】

신 4:25	스스로 부패하여 무슨 **형상**의 우상이	히 1:3	본체의 **형상**이시라 그의 능력의 말씀
신 5:8	땅밑 물 속에 있는 것의 어떤 **형상**도	히 10:1	참 **형상**이 아니므로 해마다 늘 드리는
삼상 6:5	독한 종기의 **형상**과 … 쥐의 **형상**과		
삼상 6:11	금 쥐와 그들의 독종의 **형상**을 담은		
왕상 6:29	모두 그룹들과 종려와 핀 꽃 **형상**을		
왕상 7:22	꼭대기에는 백합화 **형상**이 있더라 두		
왕하 17:16	송아지 **형상**을 부어 만들고 또 아세라		
대하 3:5	위에 종려나무와 사슬 **형상**을 새겼고		
대하 3:10	지성소 안에 두 그룹의 **형상**을 새겨		
대하 3:14	휘장문을 짓고 그 위에 그룹의 **형상**을		
대하 4:3	가장자리 아래에는 돌아가며 소 **형상**이		
대하 23:17	제단들과 **형상**들을 깨뜨리고 그 제단		
욥 4:16	나는 그 **형상**을 … 오직 한 **형상**이 내		

'**형상**' 과 관련된 성구

그리스도의 **형상** - 갈 4:19
사람의 **형상** - 겔 1:5; 23:14; 행 14:11
살구꽃 **형상** - 출 25:33, 34; 37:19, 20
여호와의 **형상** - 민 12:8
하나님의 **형상** - 창 1:27; 고전 11:7; 고후 4:4; 골 1:15; 약 3:9

시 17:15	얼굴을 뵈오리니 깰 때에 주의 **형상**으로		
시 73:20	깨신 후에는 그들의 **형상**을 멸시하시		
시 106:20	자기 영광을 풀 먹는 소의 **형상**으로		
사 40:18	누구와 같다 하겠으며 무슨 **형상**을		
렘 44:19	그의 **형상**과 같은 과자를 만들어 놓고		
겔 1:5	네 생물의 **형상**이 … 사람의 **형상**이		
겔 1:22	수정 같은 궁창의 **형상**이 있어 보기에		
겔 1:26	보좌의 **형상**이 있는데 … 남보석 같고 그 보좌의 **형상** 위에 한 **형상**이 있어		
겔 1:28	여호와의 영광의 **형상**의 모양이라 내가		
겔 8:2	불 같은 **형상**이 있더라 그 허리 아래		
겔 10:1	위에 보좌의 **형상**이 있는 것 같더라		
겔 10:21	날개 밑에는 사람의 손 **형상**이 있으니		
겔 10:22	그 얼굴의 **형상**은 내가 그발 강가에서		
겔 23:15	그 **형상**은 허리를 띠로 동이고 머리를		
겔 40:2	거기에서 남으로 향하여 성읍 **형상** 같은		
겔 43:10	죄악을 부끄러워하고 그 **형상**을 측량		
겔 43:11	모든 **형상**을 보이며 또 그 모든 규례		
암 5:26	너희를 위하여 만든 신들의 별 **형상**을		
마 22:20	말씀하시되 이 **형상**과 이 글이 누구의		
마 28:3	그 **형상**이 번개 같고 그 옷은 눈같이		
막 12:16	이 **형상**과 이 글이 누구의 것이냐 이르		
눅 20:24	누구의 **형상**과 글이 여기 있느냐 대답		
요 5:37	음성을 듣지 못하였고 그 **형상**도 보지		
행 7:43	너희가 절하고자 하여 만든 **형상**이로다		
롬 8:29	또한 그 아들의 **형상**을 본받게 하기		
고전 15:49	흙에 속한 자의 **형상**을 입은 것같이 또 한 하늘에 속한 이의 **형상**을 입으리라		
고후 3:18	그와 같은 **형상**으로 변화하여 영광에		
골 3:10	창조하신 이의 **형상**을 따라 지식에까지		

형수(兄嫂, brother's wife)

창 38:8	오난에게 이르되 네 **형수**에게로 들어
창 38:9	**형수**에게 들어갔을 때에 그의 형에게

형제(兄弟, brother)
모세오경

창 9:5	사람이나 사람의 **형제**면 그에게서 그의
창 9:22	보고 밖으로 나가서 그의 두 **형제**에게
창 9:25	가나안은 저주를 받아 그의 **형제**의 종
창 14:13	에스골의 **형제**요 또 아넬의 **형제**라
창 16:12	모든 **형제**와 대항해서 살리라 하니라
창 19:7	청하노니 내 **형제**들아 이런 악을 행하지
창 22:20	당신의 **형제** 나홀에게 자녀를 낳았다
창 22:21	우스요 우스의 **형제**는 부스와 아람의
창 22:23	아브라함의 **형제** 나홀의 아내 밀가의
창 25:18	술까지 이르러 그 모든 **형제**의 맞은편
창 27:29	네가 **형제**들의 주가 되고 네 어머니의
창 27:37	**형제**를 내가 그에게 종으로 주었으며
창 29:4	그들에게 이르되 내 **형제**여 어디서 왔느
창 31:23	**형제**를 거느리고 칠 일 길을 쫓아가
창 31:25	라반이 그 **형제**와 더불어 길르앗 산에
창 31:32	**형제**들 앞에서 무엇이든지 외삼촌의
창 31:37	내 **형제**와 외삼촌의 **형제** 앞에 그것을
창 31:46	또 그 **형제**들에게 돌을 모으라 하니
창 31:54	산에서 제사를 드리고 **형제**들을 불러
창 34:11	아버지와 그의 남자 **형제**들에게 이르되
창 37:26	**형제**에게 이르되 우리가 우리 동생을
창 37:27	혈육이니라 하매 그의 **형제**들이 청종
창 38:1	유다가 자기 **형제**들로부터 떠나 내려
창 42:13	열두 **형제**로서 가나안 땅 한 사람의
창 42:19	확실한 자들이면 너희 **형제** 중 한 사람

【 형제 】　　　　　　　　　　　　　　　　　　　　　　　　　【 형제 】

창 42:28	그 형제에게 말하되 내 돈을 도로 넣었	민 20:3	형제들이 여호와 앞에서 죽을 때에 우리
창 42:32	한 아버지의 아들 열두 형제로서 하나	민 20:14	당신의 형제 이스라엘의 말에 우리가
창 42:33	형제 중의 하나를 내게 두고 양식을	민 25:6	여인을 데리고 그의 형제에게로 온지라
창 42:34	내가 알고 너희 형제를 너희에게 돌리	민 27:4	우리 아버지의 형제 중에서 우리에게
창 43:14	사람으로 너희 다른 형제와 베냐민을	민 27:7	아버지의 형제 중에서 그들에게 기업
창 43:15	그 형제들이 예물을 마련하고 갑절의	민 27:9	딸도 없으면 그의 기업을 그의 형제에게
창 43:32	따로 차리고 그 형제들에게 따로 차리고	민 27:10	형제도 없으면 … 아버지의 형제에게
창 44:14	유다와 그의 형제들이 요셉의 집에 이르	민 27:11	아버지의 형제도 없으면 그의 기업을
창 44:33	그 아이는 그의 형제들과 함께 올려	민 32:6	너희 형제들은 싸우러 가거늘 너희는
창 45:1	그 형제들에게 자기를 알리니 그 때에	민 36:2	우리 형제 슬로브핫의 기업을 그의 딸
창 48:22	내가 네게 네 형제보다 세겜 땅을 더	신 1:16	너희의 형제 중에서 송사를 들을 때에
창 49:5	레위는 형제요 그들의 칼은 폭력의 도구	신 1:28	어디로 가랴 우리의 형제들이 우리가
창 49:8	네 형제의 찬송이 될지라 네 손이 네	신 3:18	너희의 형제 이스라엘 자손의 선봉이
창 49:26	그 형제 중 뛰어난 자의 정수리로 돌아	신 3:20	너희의 형제에게도 안식을 주시리니
창 50:8	요셉의 온 집과 그의 형제들과 그의	신 10:9	레위는 그의 형제 중에 분깃이 없으며
창 50:14	아버지를 장사한 후에 자기 형제와 호상	신 13:6	네 형제나 네 자녀나 네 품의 아내나
창 50:15	형제들이 그들의 아버지가 죽었음을	신 15:2	그 형제에게 독촉하지 말지니 이는
창 50:24	형제들에게 이르되 나는 죽을 것이나	신 15:3	네가 독촉하려니와 네 형제에게 꾸어
출 1:6	요셉과 그의 모든 형제와 그 시대의	신 15:7	가난한 형제가 너와 함께 거주하거든
출 2:11	한번은 자기 형제들에게 … 자기 형제	신 15:9	궁핍한 형제를 악한 눈으로 바라보며
출 4:18	애굽에 있는 내 형제들에게로 돌아가	신 15:11	네 형제 중 곤란한 자와 궁핍한 자에
출 32:27	그 형제를, 각 사람이 자기의 친구를,	신 17:15	네 형제 중에서 … 네 형제 아닌 타국
레 10:4	이르되 나아와 너희 형제들을 성소 앞	신 17:20	그의 형제 위에 교만하지 아니하고 이
레 10:6	너희 형제 이스라엘 온 족속은 여호와	신 18:2	그들의 형제 중에서 기업을 가지지 않을
레 18:14	너는 네 아버지 형제의 아내를 가까이	신 18:7	그의 모든 형제 레위인과 같이 그의
레 18:16	네 형제의 아내의 … 이는 네 형제의	신 18:15	가운데 네 형제 중에서 너를 위하여
레 19:17	너는 네 형제를 마음으로 미워하지 말며	신 18:18	내가 그들의 형제 중에서 너와 같은
레 20:21	그의 형제의 아내를 데리고 살면 더러	신 19:18	그 형제를 거짓으로 모함한 것이 판명
	운 일이라 그가 그의 형제의 하체를	신 19:19	그의 형제에게 행하려고 꾀한 그대로
레 21:2	그의 아들이나 그의 딸이나 그의 형제	신 20:8	형제들의 마음도 그의 마음과 같이 낙심
레 21:10	자기의 형제 중 관유로 부음을 받고	신 22:1	형제의 … 끌어다가 네 형제에게 돌릴
레 25:14	각 사람은 그의 형제를 속이지 말라	신 22:2	네 형제가 … 네 형제가 찾기까지 네게
레 25:25	네 형제가 가난하여 … 그의 형제가	신 22:3	그리하고 형제가 잃어버린 어떤 것이
레 25:35	네 형제가 가난하게 되어 빈 손으로	신 22:4	네 형제의 … 반드시 형제를 도와 그것
레 25:36	네 형제로 너와 함께 생활하게 할 것	신 23:7	네 형제임이니라 애굽 사람을 미워하지
레 25:39	너와 함께 있는 네 형제가 가난하게	신 23:19	네가 형제에게 꾸어주거든 이자를 받지
레 25:47	네 형제는 가난하게 되므로 그가 너와	신 23:20	형제에게 꾸어주거든 이자를 받지 말라
레 25:48	권리가 있나니 그의 형제 중 하나가	신 24:7	자기 형제 곧 이스라엘 자손 중 한 사람
민 6:7	그의 부모 형제 자매가 죽을 때에라도	신 24:14	너희 형제든지 네 땅 성문 안에 우거
민 8:26	그의 형제와 함께 회막에서 돕는 직무	신 25:3	네가 네 형제를 경히 여기는 것이 될까
민 16:10	하나님이 너와 네 모든 형제 레위 자손	신 25:5	형제들이 … 남편의 형제가 … 남편의
민 18:2	너는 네 형제 레위 지파 곧 네 조상의		형제 된 의무를 그에게 다 행할 것이요
민 18:6	너희 형제 레위인을 택하여 내게 돌려		

2538

【 형제 】　　　　　　　　　　　　　　　　　　　　　　　　　　　　【 형제 】

신 25:6	첫 아들이 그 죽은 **형제**의 이름을 잇게
신 25:7	만일 그 **형제**의 아내 맞이하기를 …
	그 **형제**의 … 남편의 **형제**가 그의 **형**
	제의 이름을 … 남편의 **형제** 된 의무를
신 25:9	그의 **형제**의 아내가 … 그의 **형제**의
신 28:54	그의 **형제**와 그의 품의 아내와 그의
신 33:9	그의 **형제**들을 인정하지 아니하며
신 33:16	그의 **형제** 중 구별한 자의 정수리에
신 33:24	그의 **형제**에게 기쁨이 되며 그의 발이

역사서

수 1:14	너희의 **형제**보다 앞서 건너가서 그들을
수 1:15	너희 **형제**도 안식하며 그들도 너희
수 2:13	나의 부모와 나의 남녀 **형제**와 그들에
수 2:18	부모와 **형제**와 네 아버지의 가족을 다
수 6:23	그의 **형제**와 그에게 속한 모든 것을
수 14:8	내 **형제**들은 백성의 간담을 녹게 하였
수 17:4	우리 **형제** 중에서 우리에게 기업을 주
	라 하셨다 … 아버지 **형제**들 중에서
수 22:3	오래도록 너희가 너희 **형제**를 떠나지
수 22:4	너희 **형제**에게 안식을 주셨으니 그런
수 22:7	그들의 **형제**들과 함께 기업을 준지라
수 22:8	탈취한 것을 너희의 **형제**와 나눌지니
삿 1:3	유다가 그 **형제** 시므온에게 이르되
삿 1:17	유다가 그 **형제** 시므온과 함께 가서
삿 8:19	내 **형제**들이며 내 어머니의 아들들이
삿 9:1	어머니의 **형제**에게 이르러 그들과 그
삿 9:3	어머니의 **형제**들이 … 그는 우리 **형제**라
삿 9:5	자기 **형제** 칠십 명을 한 바위 위에서
삿 9:18	너희 **형제**가 된다고 그를 세워 세겜
삿 9:21	요담이 그의 **형제** 아비멜렉 앞에서 도망
삿 9:24	그들의 **형제** 아비멜렉과 … 그의 **형제**
삿 9:26	가알이 그의 **형제**와 더불어 세겜에
삿 9:31	그의 **형제**들이 세겜에 이르러 그 성읍
삿 9:41	**형제**들을 쫓아내어 세겜에 거주하지
삿 9:56	그의 **형제** 칠십 명을 죽여 자기 아버지
삿 11:3	입다가 그의 **형제**들을 피하여 돕 땅에
삿 14:3	부모가 그에게 이르되 네 **형제**들의 딸
삿 16:31	**형제**와 아버지의 온 집이 다 내려가서
삿 18:8	그들의 **형제**들에게 이르매 **형제**들이
삿 18:14	그 **형제**들에게 말하여 이르되 이 집에
삿 19:23	내 **형제**들아 청하노니 이같은 악행을
삿 20:13	베냐민 자손이 그들의 **형제** 이스라엘
삿 20:23	**형제** 베냐민 자손과 싸우리이까 하니

삿 20:28	나아가 내 **형제** 베냐민 자손과 싸우리
삿 21:6	이스라엘 자손이 그들의 **형제** 베냐민
삿 21:22	아버지나 **형제**가 와서 우리에게 시비
룻 4:3	우리 **형제** 엘리멜렉의 소유지를 팔려
룻 4:10	그의 **형제** 중과 그 곳 성문에서 끊어
삼상 14:3	그는 이가봇의 **형제** 아히둡의 아들이
삼상 16:13	그의 **형제** 중에서 그에게 부었더니
삼상 22:1	그의 **형제**와 아버지의 온 집이 듣고
삼상 30:23	이르되 나의 **형제**들아 여호와께서 우리
삼하 2:26	그의 **형제** 쫓기를 그치라 명령하겠느냐
삼하 2:27	그의 **형제**를 쫓지 아니하였으리라 하고
삼하 3:8	사울의 집과 그의 **형제**와 그의 친구에
삼하 4:6	그의 **형제** 바아나가 밀을 가지러 온
삼하 4:9	그의 **형제** 바아나에게 대답하여 그들
삼하 19:12	너희는 내 **형제**요 내 골육이거늘 너희
삼하 19:41	**형제** 유다 사람들이 어찌 왕을 도둑하여
왕상 9:13	내 **형제**여 내게 준 이 성읍들이 이러
왕상 12:24	너희 **형제** 이스라엘 자손과 싸우지 말고
왕상 13:30	내 **형제**여 하며 그를 위하여 슬피우니
왕상 20:32	아직도 살아 있느냐 그는 내 **형제**이니
왕상 20:33	벤하닷은 왕의 **형제**니이다 왕이 이르
왕하 9:2	그의 **형제** 중에서 일어나게 하고 그를
왕하 10:13	아하시야의 **형제**들을 만나 묻되 너희
	는 누구냐 하니 … 아하시야의 **형제**라
왕하 23:9	그의 **형제** 중에서 무교병을 먹을 뿐이
대상 4:9	**형제**보다 귀중한 자라 그의 어머니가
대상 4:27	그의 **형제**에게는 자녀가 몇이 못 되니
대상 5:2	유다는 **형제**보다 뛰어나고 주권자가
대상 5:7	그의 **형제**가 종족과 계보대로 우두머리
대상 5:13	가문의 **형제**들은 미가엘과 므술람과
대상 6:39	헤만의 **형제** 아삽은 헤만의 오른쪽에
대상 6:44	그들의 **형제** 므라리의 자손 중 그의
대상 6:48	**형제** 레위 사람들은 하나님의 집 장막
대상 7:5	그의 **형제** 잇사갈의 모든 종족은 다
대상 7:22	슬퍼하므로 그의 **형제**가 가서 위로하
대상 9:6	세라 자손 중에서는 여우엘과 그 **형제**
대상 9:9	그의 **형제**들이라 그들의 계보대로 계수
대상 9:13	**형제**들이니 종족의 가문의 우두머리
대상 9:17	그의 **형제**들이니 살룸은 그 우두머리
대상 9:19	**형제** 곧 고라의 자손이 수종 드는 일
대상 9:25	마을에 있는 **형제**들은 이레마다 와서
대상 9:32	**형제** 그핫 자손 중에 어떤 자는 진설
대상 12:32	그들의 그 모든 **형제**를 통솔하는 자이며

2539

[형제]

대상 12:39 그들의 **형제**가 이미 식물을 준비하였
대상 13:2 땅에 남아 있는 우리 **형제**와 또 초원
대상 15:5 우리엘과 그의 **형제**가 백이십 명이요
대상 15:6 아사야와 그의 **형제**가 이백이십 명이요
대상 15:7 지도자 요엘과 그의 **형제**가 백삼십 명
대상 15:8 지도자 스마야와 그의 **형제**가 이백 명
대상 15:9 지도자 엘리엘과 그의 **형제**가 팔십 명
대상 15:10 암미나답과 그의 **형제**가 백십이 명이라
대상 15:12 너희 **형제**는 몸을 성결하게 하고 내가
대상 15:16 그의 **형제**들을 노래하는 자들로 세우고
대상 15:17 요엘의 아들 헤만과 그의 **형제** 중 베레
　　　　야의 아들 … 그의 **형제** 므라리 자손 중
대상 15:18 그들의 **형제** 스가랴와 벤과 야아시엘
대상 16:7 아삽과 그의 **형제**를 세워 먼저 여호와
대상 16:37 다윗이 아삽과 그의 **형제**를 여호와의
대상 16:38 오벧에돔과 그의 **형제** 육십팔 명과
대상 16:39 제사장 사독과 그의 **형제** 제사장들에
대상 23:22 그의 **형제** 기스의 아들이 그에게 장가
대상 23:32 그들의 **형제** 아론 자손의 직무를 지켜
대상 24:31 우두머리 앞에서 그들의 **형제** 아론 자손
대상 25:7 모든 **형제** 곧 여호와 찬송하기를 배워
대상 25:9 그달리야이니 그와 그의 **형제**들과 아들
대상 25:10 그의 아들들과 **형제**들과 십이 명이요
대상 25:11 이스리이니 그의 아들들과 **형제**들과
대상 25:12 그의 아들들과 **형제**들과 십이 명이요
대상 25:13 북기야니 그의 아들들과 **형제**들과 십이
대상 25:14 여사렐라니 그의 아들들과 **형제**들과
대상 25:15 여사야니 그의 아들들과 **형제**들과 십이
대상 25:16 그의 아들들과 **형제**들과 십이 명이요
대상 25:17 열째는 시므이니 그의 아들들과 **형제**
대상 25:18 아사렐이니 그의 아들들과 **형제**들과
대상 25:19 하사뱌니 그의 아들들과 **형제**들과 십이
대상 25:20 수바엘이니 그의 아들들과 **형제**들과
대상 25:21 맛디디야니 그의 아들들과 **형제**들과
대상 25:22 여레못이니 그의 아들들과 **형제**들과
대상 25:23 그의 아들들과 **형제**들과 십이 명이요
대상 25:24 요스브가사니 그의 아들들과 **형제**들
대상 25:25 그의 아들들과 **형제**들과 십이 명이요
대상 25:26 그의 아들들과 **형제**들과 십이 명이요
대상 25:27 그의 아들들과 **형제**들과 십이 명이요
대상 25:28 그의 아들들과 **형제**들과 십이 명이요
대상 25:29 그의 아들들과 **형제**들과 십이 명이요
대상 25:30 그의 아들들과 **형제**들과 십이 명이요

[형제]

대상 25:31 아들들과 **형제**들과 십이 명이었더라
대상 26:7 엘사밧의 **형제** 엘리후와 스마갸는 능력
대상 26:8 **형제**들은 다 능력이 있어 그 직무를
대상 26:9 므셀레먀의 아들과 **형제** 열여덟 명은
대상 26:11 호사의 아들들과 **형제**들이 열세 명이
대상 26:12 문지기의 반장으로서 그 **형제**처럼 직임
대상 26:25 그의 **형제** 곧 엘리에셀에게서 난 자는
대상 26:26 슬로못과 그의 **형제**는 성물의 모든 곳간
대상 26:28 다 슬로못과 그의 **형제**의 지휘를 받았
대상 26:32 그의 **형제** 중 이천칠백 명이 다 용사
대상 28:2 이르되 나의 **형제**들, 나의 백성들아
대하 5:12 아들들과 **형제**들이 다 세마포를 입고
대하 11:4 너희 **형제**와 싸우지 말고 각기 집으로
대하 11:22 그 **형제**들 가운데 지도자로 삼아 왕
대하 19:10 너희 **형제**가 혹 피를 흘림이나 … 너희
　　　　 형제에게 진노하심이 임하지 말게 하라
대하 22:8 유다 방백들과 아하시야의 **형제**들이
대하 28:8 이스라엘 자손이 그들의 **형제** 중에서
대하 28:11 너희의 **형제**들 중에서 사로잡아 온 포로
대하 28:15 **형제**에게 돌려준 후에 사마리아로 돌아
대하 29:15 **형제**들을 모아 성결하게 하고 들어가서
대하 29:34 **형제** 레위 사람들이 그 일을 마치기까지
대하 30:7 너희 조상들과 너희 **형제**같이 하지 말라
대하 30:9 **형제**들과 너희 자녀가 사로잡은 자들
대하 31:15 **형제**들에게 반열대로 대소를 막론하고
대하 35:5 너희 **형제** 모든 백성의 족속의 서열대로
대하 35:6 **형제**들을 위하여 준비하되 여호와께서
대하 35:9 **형제** 스마야와 느다넬과 또 하사뱌와
대하 35:15 그의 **형제** 레위 사람들이 그들을 위하여
대하 36:4 느고가 또 그의 **형제** 엘리아김을 세워
　　　　 … 그의 **형제** 여호아하스를 애굽으로
스 3:2 요사닥의 아들 예수아와 그의 **형제** 제
　　　　사장들과 … 스룹바벨과 그의 **형제**
스 3:8 다른 **형제** 제사장들과 레위 사람들과
스 3:9 그의 **형제**들과 갓미엘과 … 그의 **형제**
스 6:20 자기 **형제** 제사장들과 자기를 위하여
스 7:18 나머지 은금은 너와 너의 **형제**가 좋게
스 8:17 잇도와 그의 **형제** 곧 가시뱌 지방에
스 8:18 세레뱌와 그의 아들들과 **형제** 십팔 명
스 8:19 여사야와 그의 **형제**와 그의 아들들 이십
스 8:24 하사뱌와 그의 **형제** 열 명을 따로 세우
스 10:18 **형제** 마아세야와 엘리에셀과 야립과
느 1:2 내 **형제**들 가운데 하나인 하나니가

【 형제 】　　　　　　　　　　　　　　　　　　　　　　　　　　　　【 형제 】

느 3:1	대제사장 엘리아십이 그의 **형제** 제사장
느 3:18	다음은 그들의 **형제**들 가운데 그일라
느 4:2	자기 **형제**들과 사마리아 군대 앞에서
느 4:14	기억하고 너희 **형제**와 자녀와 아내와
느 4:23	나나 내 **형제**들이나 종자들이나 나를
느 5:1	부르짖어 그들의 **형제**인 유다 사람들
느 5:5	육체도 우리 **형제**의 육체와 같고 우리
느 5:7	각기 **형제**에게 높은 이자를 취하는도다
느 5:8	우리 **형제** 유다 사람들을 우리의 힘을 다하여 … 너희는 너희 **형제**를 팔고자
느 5:10	나와 내 **형제**와 종자들도 역시 돈과
느 5:14	내 **형제**들이 총독의 녹을 먹지 아니하
느 10:10	그의 **형제** 스바냐, 호디야, 그리다,
느 10:29	**형제** 귀족들을 따라 저주로 맹세하기
느 11:12	일하는 그들의 **형제**니 모두 팔백이십
느 11:13	**형제**의 족장 된 자이니 모두 이백사십
느 11:14	**형제**의 큰 용사들이니 모두 백이십팔
느 11:17	말씀을 인도하는 자가 되었고 **형제** 중
느 11:19	달몬과 그 **형제**이니 모두 백칠십이 명
느 12:7	제사장들과 그들의 **형제**의 지도자들
느 12:8	맞다냐는 그의 **형제**와 함께 찬송하는
느 12:9	또 그들의 **형제** 박부갸와 운노는 직무
느 12:24	그들의 **형제**의 맞은편에 있어 하나님
느 12:36	그의 **형제**들인 스마야와 아사렐과
느 13:13	그 직분은 **형제**들에게 분배하는 일이
에 10:3	허다한 **형제**에게 사랑을 받고 그의 백성

시가서

욥 6:15	내 **형제**들은 개울과 같이 변덕스럽고
욥 19:13	나의 **형제**들이 나를 멀리 떠나게 하시
욥 22:6	까닭 없이 **형제**를 볼모로 잡으며 헐벗은
욥 30:29	나는 이리의 **형제**요 타조의 벗이로구나
욥 42:11	이에 그의 모든 **형제**와 자매와 이전에
시 22:22	내가 주의 이름을 **형제**에게 선포하고
시 35:14	나의 친구와 **형제**에게 행함같이 그들
시 49:7	아무도 자기의 **형제**를 구원하지 못하며
시 50:20	네 **형제**를 공박하며 네 어머니의 아들
시 69:8	**형제**에게는 객이 되고 나의 어머니의
시 122:8	내가 내 **형제**와 친구를 위하여 이제
시 133:1	보라 **형제**가 연합하여 동거함이 어찌
잠 6:19	망령된 증인과 및 **형제** 사이를 이간하는
잠 17:2	또 **형제**들 중에서 유업을 나누어 얻으
잠 17:17	끊어지지 아니하고 **형제**는 위급한 때
잠 18:9	게을리 하는 자는 패가하는 자의 **형제**
잠 18:19	노엽게 한 **형제**와 화목하기가 견고한
잠 18:24	되거니와 어떤 친구는 **형제**보다 친밀
잠 19:7	가난한 자는 그의 **형제**들에게도 미움
잠 27:10	환난 날에 **형제**의 집에 들어가지 말지 어다 가까운 이웃이 먼 **형제**보다 나으
전 4:8	아들도 없고 **형제**도 없이 홀로 있으나

선지서

사 3:6	아버지 집에서 자기의 **형제**를 붙잡고
사 9:19	섶과 같을 것이라 사람이 자기의 **형제**
사 41:6	이웃을 도우며 그 **형제**에게 이르기를
사 66:5	너희 **형제**가 너희를 미워하며 내 이름
사 66:20	**형제**를 뭇 나라에서 나의 성산 예루살렘
렘 7:15	내가 너희 모든 **형제** 곧 에브라임 온
렘 9:4	**형제**든지 믿지 말라 **형제**마다 완전히
렘 12:6	**형제**와 아버지의 집이라도 너를 속이며
렘 22:18	내 **형제**여, 슬프다 내 자매여 하며 통곡
렘 23:35	서로 이웃과 **형제**에게 묻기를 여호와
렘 29:16	가지 아니한 너희 **형제**에게 여호와께
렘 31:34	각기 이웃과 **형제**를 가리켜 이르기를
렘 34:14	너희 **형제** 히브리 사람이 네게 팔려
렘 34:17	각기 **형제**와 이웃에게 자유를 선포한
렘 35:3	그의 **형제**와 그의 모든 아들과 모든
렘 41:8	그의 **형제**와 마찬가지로 죽이지 아니
렘 49:10	그 자손과 **형제**와 이웃이 멸망하였은
겔 11:15	예루살렘 주민이 네 **형제** 곧 네 **형제**
겔 33:30	각각 그 **형제**와 더불어 말하여 이르기
겔 44:25	자녀나 **형제**나 시집 가지 아니한 자매
호 2:1	너희 **형제**에게는 암미라 하고 너희 자매
호 13:15	**형제** 중에서 결실하나 동풍이 오리니
암 1:9	그 **형제**의 계약을 기억하지 아니하고
암 1:11	그의 **형제**를 쫓아가며 긍휼을 버리며
옵 1:10	네가 네 **형제** 야곱에게 행한 포학으로
옵 1:12	**형제**의 날 곧 그 재앙의 날에 방관할
미 5:3	**형제** 가운데에 남은 자가 이스라엘 자손
미 7:2	매복하며 각기 그물로 **형제**를 잡으려
슥 11:14	이스라엘 **형제**의 의리를 끊으려 함이
말 2:10	자기 **형제**에게 거짓을 행하여 우리 조상

복음서

마 1:2	야곱은 유다와 그의 **형제**들을 낳고
마 1:11	요시야는 여고냐와 그의 **형제**들을 낳고
마 4:18	**형제** 곧 베드로라 하는 … 그의 **형제**
마 4:21	두 **형제** 곧 세베대의 아들 야고보와 그의 **형제** 요한이 그의 아버지 세베대

【 형제 】　　　　　　　　　　　　　　　　　　　　【 형제 】

마 5:22	형제에게 노하는 자마다…형제를 대하	눅 22:32	너는 돌이킨 후에 네 형제를 굳게 하라
마 5:23	네 형제에게 원망들을 만한 일이 있는	요 1:40	사람 중의 하나는 시몬 베드로의 형제
마 5:24	먼저 가서 형제와 화목하고 그 후에	요 1:41	먼저 자기의 형제 시몬을 찾아 말하되
마 5:47	너희가 너희 형제에게만 문안하면 남	요 2:12	예수께서 그 어머니와 형제들과 제자
마 7:3	어찌하여 형제의 눈 속에 있는 티는	요 6:8	시몬 베드로의 형제 안드레가 예수께
마 7:4	어찌하여 형제에게 말하기를 나로 네	요 7:3	형제들이 예수께 이르되 당신이 행하는
마 7:5	그 후에야 밝히 보고 형제의 눈 속에	요 7:5	그 형제들까지도 예수를 믿지 아니함
마 10:2	시몬을 비롯하여 그의 형제 안드레와	요 7:10	형제들이 명절에 올라간 후에 자기도
	세베대의 아들 야고보와 그의 형제 요한	요 20:17	내 형제들에게 가서 이르되 내가 내
마 10:21	장차 형제가 형제를, 아버지가 자식을	요 21:23	이 말씀이 형제들에게 나가서 그 제자
마 12:50	내 형제요 자매요 어머니이니라 하시	**역사서**	
마 13:55	형제들은 야고보, 요셉, 시몬, 유다라	행 1:15	그 때에 베드로가 그 형제들 가운데
마 17:1	베드로와 야고보와 그 형제 요한을 데리	행 1:16	형제들아 성령이 다윗의 입을 통하여
마 18:15	네 형제가 죄를 범하거든 가서 너와 그	행 2:29	형제들아 내가 조상 다윗에 대하여 담대
	사람과만 상대하여 … 네 형제를 얻은	행 2:37	물어 이르되 형제들아 우리가 어찌할꼬
마 18:21	나아와 이르되 주여 형제가 내게 죄를	행 3:17	형제들아 너희가 알지 못하여서 그리
마 18:35	마음으로부터 형제를 용서하지 아니	행 3:22	너희 형제 가운데서 나 같은 선지자
마 19:29	내 이름을 위하여 집이나 형제나 자매	행 6:3	형제들아 너희 가운데서 성령과 지혜가
마 20:24	열 제자가 듣고 그 두 형제에 대하여	행 7:13	형제들에게 알려지게 되고 또 요셉의
마 22:25	우리 중에 칠 형제가 있었는데 맏이가	행 7:23	나이가 사십이 되매 그 형제 이스라엘
마 23:8	너희 선생은 하나요 너희는 다 형제니	행 7:25	그는 그의 형제들이 하나님께서 자기
마 25:40	내 형제 중에 지극히 작은 자 하나에	행 7:26	너희는 형제인데 어찌 서로 해치느냐
마 28:10	내 형제들에게 갈릴리로 가라 하라 거기	행 7:37	너희 형제 가운데서 나와 같은 선지자
막 1:16	시몬과 그 형제 안드레가 바다에 그물	행 9:17	이르되 형제 사울아 주 곧 네가 오는
막 1:19	그 형제 요한을 보시니 그들도 배에	행 9:30	형제들이 알고 가이사랴로 데리고 내려
막 3:17	야고보의 형제 요한이니 이 둘에게는	행 10:23	욥바에서 온 어떤 형제들도 함께 가니
막 3:35	하나님의 뜻대로 행하는 자가 내 형제요	행 11:1	유대에 있는 사도들과 형제들이 이방인
막 5:37	야고보와 야고보의 형제 요한 외에	행 11:12	여섯 형제도 나와 함께 가서 그 사람
막 6:3	시몬의 형제가 아니냐 그 누이들이	행 11:29	유대에 사는 형제들에게 부조를 보내
막 10:29	복음을 위하여 집이나 형제나 자매나	행 12:2	요한의 형제 야고보를 칼로 죽이니
막 10:30	현세에 있어 집과 형제와 자매와 어머니	행 12:17	야고보와 형제들에게 이 말을 전하라
막 12:20	칠 형제가 있었는데 맏이가 아내를 취	행 13:15	이르되 형제들아 만일 백성을 권할 말
막 13:12	형제가 형제를, 아버지가 자식을 죽는	행 13:26	형제들아 아브라함의 후손과 너희 중
눅 6:41	어찌하여 형제의 눈 속에 있는 티는	행 13:38	형제들아 너희가 알 것은 이 사람을
눅 6:42	어찌하여 형제에게 말하기를 형제여	행 14:2	이방인들의 마음을 선동하여 형제들
	나로 … 밝히 보고 형제의 눈 속에 있는	행 15:1	유대로부터 내려와서 형제들을 가르
눅 14:12	벗이나 형제나 친척이나 부한 이웃을	행 15:2	형제들이 이 문제에 대하여 바울과
눅 14:26	부모와 처자와 형제와 자매와 더욱이	행 15:3	돌아온 일을 말하여 형제들을 다 크게
눅 16:28	내 형제 다섯이 있으니 그들에게 증언	행 15:7	형제들아 너희도 알거니와 하나님이
눅 17:3	네 형제가 죄를 범하거든 경고하고 회개	행 15:13	야고보가 대답하여 이르되 형제들아
눅 18:29	집이나 아내나 형제나 부모나 자녀를	행 15:22	곧 형제 중에 인도자인 바사바라 하는
눅 20:29	칠 형제가 있었는데 맏이가 아내를 취	행 15:23	장로 된 형제들은 안디옥과 수리아와
눅 21:16	부모와 형제와 친척과 벗이 너희를 넘겨		길리기아에 있는 이방인 형제들에게

2542

【 형제 】　　　　　　　　　　　　　　　　　　　　　　　　　　　　　　　　　　　　　　【 형제 】

행 15:32	선지자라 여러 말로 **형제**를 권면하여
행 15:33	평안히 가라는 전송을 **형제**들에게 받고
행 15:36	다시 가서 **형제**들이 어떠한가 방문하자
행 15:40	실라를 택한 후에 **형제**들에게 주의 은혜
행 16:2	루스드라와 이고니온에 있는 **형제**
행 16:40	루디아의 집에 들어가서 **형제**들을 만나
행 17:6	야손과 몇 **형제**들을 끌고 읍장들 앞에
행 17:10	**형제**들이 곧 바울과 실라를 베뢰아로
행 17:14	**형제**들이 곧 바울을 내보내어 바다까지
행 18:18	머물다가 **형제**들과 작별하고 배 타고
행 18:27	아가야로 건너가고자 함으로 **형제**
행 21:7	돌레마이에 이르러 **형제**들에게 안부
행 21:17	예루살렘에 이르니 **형제**들이 우리를
행 21:20	이르되 **형제**여 그대도 보는 바에 유대
행 22:5	그들에게서 다메섹 **형제**들에게 가는
행 22:13	서서 말하되 **형제** 사울아 다시 보라
행 23:1	주목하여 이르되 여러분 **형제**들아 오늘
행 23:5	이르되 **형제**들아 나는 그가 대제사장
행 23:6	여러분 **형제**들아 나는 바리새인이요
행 28:14	거기서 **형제**들을 만나 그들의 청함을
행 28:15	**형제**들이 우리 소식을 듣고 압비오 광장
행 28:17	여러분 **형제**들아 내가 이스라엘 백성
행 28:21	**형제** 중 누가 와서 네게 대하여 좋지

서신서, 예언서

롬 1:13	**형제**들아 내가 여러 번 너희에게 가고
롬 7:1	**형제**들아 내가 법 아는 자들에게 말하
롬 7:4	내 **형제**들아 너희도 그리스도의 몸으로
롬 8:12	**형제**들아 우리가 빚진 자로되 육신에
롬 8:29	그로 많은 **형제** 중에서 맏아들이 되게
롬 9:3	나의 **형제** 곧 골육의 친척을 위하여
롬 10:1	**형제**들아 내 마음에 원하는 바와 하나님
롬 11:25	**형제**들아 너희가 스스로 지혜 있다 하
롬 12:1	**형제**들아 내가 하나님의 모든 자비하심
롬 14:10	네가 어찌하여 네 **형제**를 비판하느냐 어찌하여 네 **형제**를 업신여기느냐
롬 14:13	거칠 것을 **형제** 앞에 두지 아니하도록
롬 14:15	대신하여 죽으신 **형제**를 네 음식으로
롬 14:21	무엇이든지 네 **형제**로 거리끼게 하는
롬 15:14	**형제**들아 너희가 스스로 선함이 가득
롬 15:30	**형제**들아 내가 우리 주 예수 그리스도
롬 16:14	허마와 및 그들과 함께 있는 **형제**들에
롬 16:17	**형제**들아 내가 너희를 권하노니 너희
롬 16:23	에라스도와 **형제** 구아도도 너희에게

고전 1:1	부르심을 받은 바울과 **형제** 소스데네
고전 1:10	**형제**들아 내가 우리 주 예수 그리스도
고전 1:11	내 **형제**들아 글로에의 집 편으로 너희
고전 1:26	**형제**들아 너희를 부르심을 보라 육체
고전 2:1	**형제**들아 내가 너희에게 나아가 하나님
고전 3:1	**형제**들아 내가 신령한 자들을 대함과
고전 4:6	**형제**들아 내가 너희를 위하여 이 일에
고전 5:11	어떤 **형제**라 일컫는 자가 음행하거나
고전 6:5	너희 가운데 그 **형제**간의 일을 판단할
고전 6:6	**형제**가 **형제**와 더불어 고발할 뿐더러
고전 6:8	행하고 속이는구나 그는 너희 **형제**로다
고전 7:12	어떤 **형제**에게 믿지 아니하는 아내가
고전 7:15	**형제**나 자매나 이런 일에 구애될 것이
고전 7:24	**형제**들아 너희는 각각 부르심을 받은
고전 7:29	**형제**들아 내가 이 말을 하노니 그 때
고전 8:11	그리스도께서 위하여 죽으신 **형제**라
고전 8:12	이같이 너희가 **형제**에게 죄를 지어 그
고전 8:13	만일 음식이 내 **형제**를 실족하게 한다면 … 아니하여 내 **형제**를 실족하지 않게
고전 9:5	우리가 다른 사도들과 주의 **형제**들과
고전 10:1	**형제**들아 나는 너희가 알지 못하기를
고전 11:33	그런즉 내 **형제**들아 먹으러 모일 때에
고전 12:1	**형제**들아 신령한 것에 대하여 나는 너희
고전 14:6	그런즉 **형제**들아 내가 너희에게 나아
고전 14:20	**형제**들아 지혜에는 아이가 되지 말고
고전 14:26	**형제**들아 어찌할까 너희가 모일 때에
고전 14:39	그런즉 내 **형제**들아 예언하기를 사모
고전 15:1	**형제**들아 내가 너희에게 전한 복음을
고전 15:6	오백여 **형제**에게 일시에 보이셨나니
고전 15:31	**형제**들아 내가 그리스도 예수 우리 주
고전 15:50	**형제**들아 내가 이것을 말하노니 혈과
고전 16:11	그가 **형제**들과 함께 오기를 기다리노라
고전 16:12	**형제** 아볼로에 대하여는 그에게 **형제**
고전 16:15	**형제**들아 스데바나의 집은 곧 아가야
고전 16:20	모든 **형제**도 너희에게 문안하니 너희
고후 1:1	바울과 **형제** 디모데는 고린도에 있는
고후 1:8	**형제**들아 우리가 아시아에서 당한 환난
고후 2:13	내 **형제** 디도를 만나지 못하므로 내
고후 8:1	**형제**들아 하나님께서 마게도냐 교회
고후 8:18	그와 함께 그 **형제**를 보내었으니 이
고후 8:22	그들과 함께 우리의 한 **형제**를 보내었
고후 8:23	나의 동역자요 우리 **형제**들로 말하면
고후 9:3	이 **형제**들을 보낸 것은 이 일에 너희

【 형제 】　　　　　　　　　　　　　　　　　　　【 형제 】

고후 9:5	내가 이 **형제**들로 먼저 너희에게 가서	살전 4:10	마게도냐 모든 **형제**에 대하여 … **형제**
고후 11:9	마게도냐에서 온 **형제**들이 나의 부족		들아 권하노니 더욱 그렇게 행하고
고후 11:26	바다의 위험과 거짓 **형제** 중의 위험을	살전 4:13	**형제**들아 자는 자들에 관하여는 너희
고후 12:18	디도를 권하고 함께 한 **형제**를 보내었	살전 5:1	**형제**들아 때와 시기에 관하여는 너희
고후 13:11	**형제**들아 기뻐하라 온전하게 되며 위로	살전 5:4	**형제**들아 너희는 어둠에 있지 아니하매
갈 1:2	함께 있는 모든 **형제**와 더불어 갈라디아	살전 5:12	**형제**들아 우리가 너희에게 구하노니
갈 1:11	**형제**들아 내가 너희에게 알게 하노니	살전 5:14	**형제**들아 너희를 권면하노니 게으른
갈 1:19	주의 **형제** 야고보 외에 다른 사도들을	살전 5:25	**형제**들아 우리를 위하여 기도하라
갈 2:4	가만히 들어온 거짓 **형제**들 때문이라	살전 5:26	거룩하게 입맞춤으로 모든 **형제**에게
갈 3:15	**형제**들아 내가 사람의 예대로 말하노니	살전 5:27	너희를 명하노니 모든 **형제**에게 이 편지
갈 4:12	**형제**들아 내가 너희와 같이 되었은즉	살후 1:3	**형제**들아 우리가 너희를 위하여 항상
갈 4:28	**형제**들아 너희는 이삭과 같이 약속의	살후 2:1	**형제**들아 우리가 너희에게 구하는 것
갈 4:31	그런즉 **형제**들아 우리는 여종의 자녀가	살후 2:13	주께서 사랑하시는 **형제**들아 우리가
갈 5:11	**형제**들아 내가 지금까지 할례를 전한	살후 2:15	그러므로 **형제**들아 굳건하게 서서 말로
갈 5:13	**형제**들아 너희가 자유를 위하여 부르심	살후 3:1	**형제**들아 너희는 우리를 위하여 기도
갈 6:1	**형제**들아 사람이 만일 무슨 범죄한 일이	살후 3:6	**형제**들아 우리 주 예수 그리스도의 이
갈 6:18	**형제**들아 우리 주 예수 그리스도의 은혜		름으로 … 모든 **형제**에게서 떠나라
엡 6:21	사랑을 받은 **형제**요 주 안에서 진실한	살후 3:13	**형제**들아 너희는 선을 행하다가 낙심
엡 6:23	믿음을 겸한 사랑이 **형제**들에게 있을	살후 3:15	원수와 같이 생각하지 말고 **형제**같이
빌 1:12	**형제**들아 내가 당한 일이 도리어 복음	딤전 4:6	이것으로 **형제**를 깨우치면 그리스도
빌 1:14	**형제** 중 다수가 나의 매임으로 말미암아	딤전 5:1	하듯 하며 젊은이에게는 **형제**에게
빌 2:25	나의 **형제**요 함께 수고하고 함께 군사	딤전 6:2	상전을 **형제**라고 가볍게 여기지 말고
빌 3:1	끝으로 나의 **형제**들아 주 안에서 기뻐	딤후 4:21	리노와 글라우디아와 모든 **형제**가 다
빌 3:13	**형제**들아 나는 아직 내가 잡은 줄로	몬 1:1	바울과 및 **형제** 디모데는 우리의 사랑
빌 3:17	**형제**들아 너희는 함께 나를 본받으라	몬 1:7	**형제**여 성도들의 마음이 너로 말미암아
빌 4:1	나의 사랑하고 사모하는 **형제**들, 나의	몬 1:16	종 이상으로 곧 사랑 받는 **형제**로 둘 자
빌 4:8	끝으로 **형제**들아 무엇에든지 참되며	몬 1:20	**형제**여 나로 주 안에서 너로 말미암아
빌 4:21	함께 있는 **형제**들이 너희에게 문안하	히 2:11	그러므로 **형제**라 부르시기를 부끄러워
골 1:1	그리스도 예수의 사도 된 바울과 **형제**	히 2:12	주의 이름을 내 **형제**들에게 선포하고
골 1:2	신실한 **형제**들에게 편지하노니 우리	히 2:17	범사에 **형제**들과 같이 되심이 마땅하
골 4:7	사랑 받는 **형제**요 신실한 일꾼이요 주	히 3:1	거룩한 **형제**들아 우리가 믿는 도리의
골 4:9	신실하고 사랑을 받는 **형제** 오네시모	히 3:12	**형제**들아 너희는 삼가 혹 너희 중에
골 4:15	라오디게아에 있는 **형제**들과 눔바와	히 7:5	자기 **형제**인 백성에게서 십분의 일을
살전 1:4	하나님의 사랑하심을 받은 **형제**들아	히 8:11	자기 **형제**를 가르쳐 이르기를 주를 알라
살전 2:1	**형제**들아 우리가 너희 가운데 들어간	히 10:19	그러므로 **형제**들아 우리가 예수의 피를
살전 2:9	**형제**들아 우리의 수고와 애쓴 것을 너희	히 13:1	**형제** 사랑하기를 계속하고
살전 2:14	**형제**들아 너희가 그리스도 예수 안에	히 13:22	**형제**들아 내가 너희를 권하노니 권면
살전 2:17	**형제**들아 우리가 잠시 너희를 떠난 것	히 13:23	우리 **형제** 디모데가 놓인 것을 너희가
살전 3:2	우리 **형제** 곧 그리스도의 복음을 전하는	약 1:2	내 **형제**들아 너희가 여러 가지 시험을
살전 3:7	이러므로 **형제**들아 우리가 모든 궁핍	약 1:9	낮은 **형제**는 자기의 높음을 자랑하고
살전 4:1	**형제**들아 우리가 끝으로 주 예수 안에	약 2:1	내 **형제**들아 영광의 주 곧 우리 주 예수
살전 4:6	분수를 넘어서 **형제**를 해하지 말라	약 2:14	**형제**들아 만일 사람이 믿음이 있노라
살전 4:9	**형제** 사랑에 관하여는 너희에게 쓸 것	약 2:15	**형제**나 자매가 헐벗고 일용할 양식이

[형질]　　　　　　　　　　　　　　　　　　　　　　[형통하다]

약 3:1	내 **형제**들아 너희는 선생 된 우리가
약 3:10	내 **형제**들아 이것이 마땅하지 아니하
약 3:12	내 **형제**들아 어찌 무화과나무가 감람
약 4:11	**형제**들아 서로 비방하지 말라 **형제**를 비방하는 자나 **형제**를 판단하는 자는
약 5:7	그러므로 **형제**들아 주께서 강림하시기
약 5:9	**형제**들아 서로 원망하지 말라 그리하
약 5:10	**형제**들아 주의 이름으로 말한 선지자
약 5:12	**형제**들아 무엇보다도 맹세하지 말지니
약 5:19	내 **형제**들아 너희 중에 미혹되어 진리
벧전 5:9	세상에 있는 너희 **형제**들도 동일한 고난
벧전 5:12	**형제**로 아는 실루아노로 말미암아
벧후 1:7	경건에 **형제** 우애를, **형제** 우애에 사랑
벧후 1:10	**형제**들아 더욱 힘써 너희 부르심과
요일 3:10	또는 그 **형제**를 사랑하지 아니하는
요일 3:13	**형제**들아 세상이 너희를 미워하여도
요일 3:16	우리도 **형제**들을 위하여 목숨을 버리는
요일 3:17	세상의 재물을 가지고 **형제**의 궁핍함
요일 4:20	그 **형제**를 미워하면 이는 거짓말하는 자니 보는 바 그 **형제**를 사랑하지 아니
요일 5:16	누구든지 **형제**가 사망에 이르지 아니
요삼 1:3	**형제**들이 와서 네게 있는 진리를 증언
요삼 1:5	네가 무엇이든지 **형제** 곧 나그네 된
요삼 1:10	오히려 부족하여 **형제**들을 맞아들이
유 1:1	야고보의 **형제**인 유다는 부르심을 받은
계 1:9	나 요한은 너희 **형제**요 예수의 환난과
계 6:11	그들의 동무 종들과 **형제**들도 자기처럼
계 12:10	우리 **형제**들을 참소하던 자 곧 우리
계 12:11	우리 **형제**들이 어린 양의 피와 자기들
계 19:10	증언을 받은 네 **형제**들과 같이 된 종
계 22:9	네 **형제** 선지자들과 또 이 두루마리의

> **'형제'와 관련된 성구**
>
> 사랑하는 형제 – 고전 15:58; 약 1:16, 19;
> 　　　　　　　　2:5; 벧후 3:15
> 형제를 미워하다 – 요일 2:9, 11; 3:15; 4:20
> 형제를 사랑하다 – 롬 12:10; 벧전 1:22;
> 　　　　　　　　2:17; 3:8; 요일 2:10; 3:14; 4:21
> 형제를 치다 – 출 2:11; 32:29; 사 19:2;
> 　　　　　　　겔 38:21

형질(形質, body-NIV, substance-KJV)

시 139:16 내 **형질**이 이루어지기 전에 주의 눈이

형체(形體, body, nature)

시 139:15	나의 **형체**가 주의 앞에 숨겨지지 못하
눅 3:22	비둘기 같은 **형체**로 그의 위에 강림하
고전 15:37	네가 뿌리는 것은 장래의 **형체**를 뿌리
고전 15:38	뜻대로 그에게 **형체**를 주시되 각 종자
고전 15:40	땅에 속한 **형체**도 있으나 하늘에 속한
빌 2:7	자기를 비워 종의 **형체**를 가지사 사람
빌 3:21	낮은 몸을 자기 영광의 몸의 **형체**와 같이

형통하다(亨通, prosper, success)

모세오경, 역사서

창 24:42	내가 행하는 길에 **형통함**을 주실진대
창 24:56	내게 **형통한** 길을 주셨으니 나를 보내
창 39:2	**형통한** 자가 되어 그의 주인 애굽 사람
창 39:3	여호와께서 그의 범사에 **형통하게** 하심
창 39:23	여호와께서 그를 범사에 **형통하게** 하셨
민 14:41	명령을 범하느냐 이 일이 **형통하지** 못
신 23:6	평안함과 **형통함**을 영원히 구하지 말지
신 28:29	**형통하지** 못하여 항상 압제와 노략을
신 29:9	너희가 하는 모든 일이 **형통하리라**
수 1:7	그리하면 어디로 가든지 **형통하리니**
수 1:8	평탄하게 될 것이며 네가 **형통하리라**
삿 18:5	우리가 가는 길이 **형통할지** 우리에
왕상 2:3	하든지 어디로 가든지 **형통할지라**
왕하 18:7	어디로 가든지 **형통하였더라** 저가
대상 22:11	네가 **형통하여** 여호와께서 네게 대하
대상 22:13	법도를 삼가 행하면 **형통하리니** 강하
대상 29:23	왕이 되어 **형통하니** 온 이스라엘이 그의
대하 7:11	그가 이루고자 한 것을 다 **형통하게**
대하 13:12	싸우지 말라 너희가 **형통하지** 못하리라
대하 14:7	그들이 성읍을 **형통하게** 건축하였더라
대하 20:20	신뢰하라 그리하면 **형통하리라**
대하 24:20	명령을 거역하여 스스로 **형통하지** 못하
대하 26:5	동안에는 하나님이 **형통하게** 하셨더라
대하 31:21	찾고 한 마음으로 행하여 **형통하였더라**
대하 32:30	그의 모든 일에 **형통하였더라**
스 5:8	공사가 그 손에서 **형통하옵기에**
스 6:14	건축하는 일이 **형통한지라** 이스라엘
느 1:11	종이 **형통하여** 이 사람들 앞에서 은혜
느 2:20	우리를 **형통하게** 하시리니 그의 종들인

시가서, 선지서

욥 9:4	스스로 완악하게 행하고도 **형통할** 자
욥 12:6	장막은 **형통하고** 하나님을 진노하게

【 형통하다 】   【 호데스 】

욥 36:11 그들이 순종하여 섬기면 **형통**한 날을
시 1:3 그가 하는 모든 일이 다 **형통하리로다**
시 30:6 **형통**할 때에 말하기를 영원히 흔들리지
시 37:7 길이 **형통**하며 악한 꾀를 이루는 자
시 68:6 이끌어 내사 **형통**하게 하시느니라 오직
시 106:5 내가 주의 택하신 자가 **형통**함을 보고
시 118:25 구하옵나니 이제 **형통**하게 하소서
시 122:6 예루살렘을 사랑하는 자는 **형통하리로다**
시 122:7 평안이 있고 네 궁중에는 **형통**함이 있을
시 128:2 먹을 것이라 네가 복되고 **형통하리로다**
잠 17:8 어디로 향하든지 **형통**하게 하느니라
잠 28:13 죄를 숨기는 자는 **형통**하지 못하나 죄를
전 7:14 **형통**한 날에는 기뻐하고 곤고한 날에
사 48:15 그를 인도하였나니 그 길이 **형통하리라**
사 52:13 내 종이 **형통**하리니 받들어 높이 들려
사 55:11 뜻을 이루며 내가 보낸 일에 **형통**함이
렘 2:37 네가 그들로 말미암아 **형통**하지 못할
렘 10:21 여호와를 찾지 아니하므로 **형통**하지
렘 12:1 질문하옵나니 악한 자의 길이 **형통**하며
렘 22:15 그 때에 그가 **형통**하였었느니라
렘 22:16 궁핍한 자를 변호하고 **형통**하였나니
렘 22:30 평생 동안 **형통**하지 못할 자라 기록하
라 이는 그의 자손 중 **형통**하여 다윗의
애 1:5 그의 원수들이 **형통**함은 그의 죄가 많
겔 16:13 기름을 먹음으로 극히 곱고 **형통**하여
겔 17:15 왕을 배반하였으니 **형통**하겠느냐 이런
단 6:28 고레스 왕의 시대에 **형통**하였더라
단 8:12 던지며 자의로 행하여 **형통**하였더라
단 8:24 자의로 행하여 **형통**하며 강한 자들과
단 11:27 일이 **형통**하지 못하리니 이는 아직 때
단 11:36 신을 대적하며 **형통**하기를 분노하심이
슥 9:17 그의 **형통**함과 그의 아름다움이 어찌

┌─ '**형통**'과 관련된 성구 ─────────────
│ 악인/죄인의 형통 – 시 73:3; 잠 21:4;
│   23:17; 24:1, 19
│ 의인의 형통 – 잠 11:10
└────────────────────────

형편(形便, condition, situation)
레 27:8 값을 정하되 그 서원자의 **형편**대로 값
삼하 14:20 왕의 종 요압이 이 일의 **형편**을 바꾸려
왕상 19:3 그가 이 **형편**을 보고 일어나 자기

스 7:14 예루살렘의 **형편**을 살피기 위하여 왕
느 1:2 유다와 예루살렘 사람들의 **형편**을
잠 27:23 양 떼의 **형편**을 부지런히 살피며 네
호 2:7 그 때의 내 **형편**이 지금보다 나았음이
빌 4:11 어떠한 **형편**에든지 나는 자족하기를
히 10:33 혹은 이런 **형편**에 있는 자들과 사귀는

┌─ '나중 형편'과 관련된 성구 ─────────
│   마 12:45; 눅 11:26; 벧후 2:20
└────────────────────────

호각(號角, ram's horn)
시 98:6 나팔과 **호각** 소리로 왕이신 여호와 앞에

호글라(Hoglah) 므낫세 지파 슬로브핫의 다
섯 딸 가운데 한 명
민 26:33 딸의 이름은 말라와 노아와 **호글라**와
민 27:1 딸들의 이름은 말라와 노아와 **호글라**
민 36:11 딸 말라와 디르사와 **호글라**와 밀가와
수 17:3 딸들의 이름은 말라와 노아와 **호글라**

호다(seam)
요 19:23 이 속옷은 **호지** 아니하고 위에서부터

호다위아(Hodaviah) 핫스누아의 아들
대상 9:7 핫스누아의 증손 **호다위아**의 손자

호다위야(Hodaviah)
1. 므낫세 반 지파 족장 가운데 한 사람
대상 5:24 아스리엘과 예레미야와 **호다위야**와
2. 바벨론 포로지에서 귀환한 사람들의 조상
스 2:40 레위 사람은 **호다위야** 자손 곧 예수아
3. 유다 지파 다윗의 자손으로 에료에내의 아들
대상 3:24 에료에내의 아들들은 **호다위야**와

호담(Hotham)
1. 아셀 지파 사람이며 헤벨의 아들
대상 7:32 야블렛과 소멜과 **호담**과 그들의 매제
2. 다윗의 용사였던 사마와 여이엘의 아버지
대상 11:44 웃시야와 아로엘 사람 **호담**의 아들

호데스(Hodesh) 베냐민 사람 사하라임의 아내
대상 8:9 아내 **호데스**에게서 낳은 자는 요밥과

호도(nut)
아 6:11 꽃이 피었는가 알려고 내가 **호도** 동산

호드야(Hodaviah) 포로에서 귀환한 레위 가문의 선조
느 7:43 레위 사람들은 **호드야** 자손 곧 예수아

호디야(Hodiah)
1. 유다 지파 사람으로 나함의 매부
대상 4:19 나함의 누이인 **호디야**의 아내의 아들
2. 에스라를 도와 율법을 해석해 준 레위인
느 8:7 악굽과 사브대와 **호디야**와 마아세야
느 9:5 바니와 하삽느야와 세레뱌와 **호디야**
느 10:10 형제 스바냐, **호디야**, 그리다, 블라야
느 10:13 **호디야**, 바니, 브니누요
3. 바벨론 포로 귀환 후 언약에 인을 친 지도자
느 10:18 **호디야**, 하숨, 베새

호딜(Hothir) 다윗 때 성전에서 찬양한 사람
대상 25:4 요스브가사와 말로디와 **호딜**과
대상 25:28 스물한째는 **호딜**이니 그의 아들들과

호람(Horam) 게셀 왕
수 10:33 그 때에 게셀 왕 **호람**이 라기스를 도우

호렘(Horem) 납달리 지파가 분배받은 성읍
수 19:38 믹다렐과 **호렘**과 벧 아낫과 벧 세메스

호렙/-산(Mountain of the Horeb)
출 3:1 서쪽으로 인도하여 하나님의 산 **호렙**에
출 17:6 내가 **호렙** 산에 있는 그 반석 위 거기서

호렙/-산 – 기타 본문
출 33:6; 신 1:2, 6, 19; 4:10, 15; 5:2; 9:8; 18:16; 29:1; 왕상 8:9; 19:8; 대하 5:10; 시 106:19; 말 4:4

호령(號令, loud command, shout)
욥 39:25 싸움 냄새를 맡고 지휘관들의 **호령**과
전 9:17 우매한 자들을 다스리는 자의 **호령**보다
살전 4:16 주께서 **호령**과 천사장의 소리와 하나님

호로나임(Horonaim) 모압 남쪽의 성읍
사 15:5 루힛 비탈길로 올라가며 **호로나임** 길

렘 48:3 **호로나임**에서 부르짖는 소리여 황폐
렘 48:5 언덕으로 올라가면서 울고 **호로나임**
렘 48:34 야하스까지 소알에서 **호로나임**을

호론 사람(Horonite) 호론 출신의 사람
느 2:10 **호론 사람** 산발랏과 종이었던 암몬
느 2:19 **호론 사람** 산발랏과 종이었던 암몬
느 13:28 요야다의 아들 하나가 **호론 사람**

호르마(Hormah) 가데스 부근의 한 장소
민 14:45 그들을 무찌르고 **호르마**까지 이르렀

호르마 – 기타 본문
민 21:3; 신 1:44; 수 12:14; 19:4; 삿 1:17; 대상 4:30

호르 산(Mount Hor)
1. 에돔 국경에 있던 산
민 20:22 가데스를 떠나 **호르 산**에 이르렀더니

호르 산 1 – 기타 본문
민 20:23, 25, 27; 21:4; 33:37, 38, 39, 41; 신 32:50

2. 이스라엘의 북쪽 경계에 있던 산
민 34:7 이러하니 대해에서부터 **호르 산**까지
민 34:8 **호르 산**에서 그어 하맛 어귀에 이르러

호리(Hori)
1. 에서의 후손으로 로단의 아들
창 36:22 로단의 자녀는 **호리**와 헤맘과 로단
대상 1:39 로단의 아들은 **호리**와 호맘이요 로단

'호리 1'과 관련된 성구
호리 사람 – 신 2:12, 22
호리 족속 – 창 14:6; 36:20, 21, 29; 36:30

2. 가나안 정탐꾼으로 시므온 지파의 대표 사밧의 아버지
민 13:5 시므온 지파에서는 **호리**의 아들 사밧

호리다(lead a person astray, seduce)
잠 2:16 너를 음녀에게서, 말로 **호리는** 이방

【 호마노 】　　　　　　　　　　　　　　　　　【 호색/-하다 】

잠 6:24　이방 여인의 혀로 **호리는** 말에 빠지고
잠 7:5　음녀에게, 말로 **호리는** 이방 여인에게
잠 7:21　고운 말로 유혹하며 입술의 **호리는** 말

호마노(縞瑪瑙, onyx)
창 2:12　그곳에는 베델리엄과 **호마노**도 있으며
출 25:7　**호마노**며 에봇과 흉패에 물릴 보석이
출 28:9　**호마노** 두 개를 가져다가 그 위에
출 28:20　녹보석 **호마노** 벽옥으로 다 금 테에
출 35:9　**호마노**며 에봇과 흉패에 물릴 보석이
출 35:27　모든 족장은 **호마노**와 및 에봇과 흉패
출 39:6　그들은 또 **호마노**를 깎아 금테에 물려
출 39:13　넷째 줄은 녹보석 **호마노** 벽옥이라 다

호맘(Homam) 세일의 후손
대상 1:39　로단의 아들은 호리와 **호맘**이요 로단

호멜(homer) 히브리 사람들이 사용했던 고체 량의 최대 단위
민 11:32　적게 모은 자도 열 **호멜**이라 그들이
사 5:10　한 **호멜**의 종자를 뿌려도 간신히 한
겔 45:11　**호멜**의 용량을 따라 … **호멜**을 담게 하고 에바도 십분의 일 **호멜**을 담게 할
겔 45:13　밀 한 **호멜**에서는 육분의 일 에바를 드리고 보리 한 **호멜**에서도 육분의 일
겔 45:14　십 밧 곧 한 **호멜**이며 (십 밧은 한 **호멜**
호 3:2　은 열다섯 개와 보리 한 **호멜** 반으로

호멜지기(homer)
레 27:16　값을 정하되 보리 한 **호멜지기**에는

호바 1(Hobah) 아브라함이 롯을 구하러 간 곳
창 14:15　그들을 쳐부수고 다메섹 왼편 **호바**까지

호바 2(Hobbah) 아셀 지파 사람 소멜의 아들
대상 7:34　소멜의 아들들은 아히와 로가와 **호바**

호바야(Hobaiah) 바벨론 포로에서 귀환한 제사장 가문의 선조
느 7:63　제사장 중에는 **호바야** 자손과 학고스

호박(琥珀, jacinth)
출 28:19　셋째 줄은 **호박** 백마노 자수정이요

출 39:12　셋째 줄은 **호박** 백마노 자수정이요

호밥(Hobab) 모세의 장인이며 겐 사람
민 10:29　르우엘의 아들 **호밥**에게 이르되 여호와
민 10:30　**호밥**이 그에게 이르되 나는 가지 아니
삿 4:11　모세의 장인 **호밥**의 자손 중 겐 사람

호사(Hosah)
　1. 인명 : 므라리 자손이며 다윗 왕 때의 문지기
대상 16:38　여두둔의 아들 오벧에돔과 **호사**를
대상 26:10　므라리 자손 중 **호사**에게도 아들들이
대상 26:11　넷째는 스가랴이니 **호사**의 아들들과
대상 26:16　숩빔과 **호사**는 서쪽을 뽑아 큰 길로
　2. 지명 : 아셀 지파에 속한 성읍
수 19:29　두로에 이르고 돌아서 **호사**에 이르고

호사마(Hoshama) 유다 왕 여고냐의 한 아들
대상 3:18　브다야와 세낫살과 여가먀와 **호사마**

호사야(Hoshaiah) 예레미야에게 기도를 부탁한 여사냐의 아버지
렘 42:1　요하난과 **호사야**의 아들 여사냐와 백성
렘 43:2　**호사야**의 아들 아사랴와 가레아의 아들

호산나(Hosanna)
마 21:9　이르되 **호산나** 다윗의 자손이여 찬송하리로다 …가장 높은 곳에서 **호산나**
마 21:15　소리 질러 **호산나** 다윗의 자손이여 하는
막 11:9　소리 지르되 **호산나** 찬송하리로다 주의
막 11:10　다윗의 나라여 가장 높은 곳에서 **호산나**
요 12:13　**호산나** 찬송하리로다 주의 이름으로

호상꾼(好喪)
창 50:14　형제와 **호상꾼**과 함께 애굽으로 돌아

호새(Hozai) 이스라엘 열왕의 행적 사기의 저자
대하 33:19　우상을 세운 곳들이 다 **호새**의 사기에

호색/-하다(好色, debauchery)
롬 13:13　음란하거나 **호색하지** 말며 다투거나
고후 12:21　음란함과 **호색함**을 회개하지 아니함
갈 5:19　분명하니 곧 음행과 더러운 것과 **호색**과
벧후 2:2　여럿이 그들의 **호색하는** 것을 따르리니

호세아 1

호세아 1(Hosea) 북왕국 이스라엘의 예언자
호 1:1　브에리의 아들 **호세아**에게 임한 여호와

📖 호세아 1 – 기타 본문
　호 1:2, 4, 6; 롬 9:25

호세아 2(Hoshea)
　　1. 눈의 아들인 여호수아의 본명
민 13:8　에브라임 지파에서는 눈의 아들 **호세아**
민 13:16　모세가 눈의 아들 **호세아**를 여호수아
신 32:44　모세와 눈의 아들 **호세아**가 와서 이
　　2. 다윗 시대에 관장의 일을 맡았던 사람
대상 27:20 아사시야의 아들 **호세아**요 므낫세
　　3. 포로 귀환한 후 갱신된 언약에 인친 족장
느 10:23　**호세아**, 하나냐, 핫숩,
　　4. 이스라엘의 마지막 왕으로 엘라의 아들
왕하 15:30 엘라의 아들 **호세아**가 반역하여 르말랴

📖 호세아 4 – 기타 본문
　왕하 17:1, 3, 4, 6; 18:1, 9, 10

호세야(Hoshaiah) 느헤미야 당시 유다 방백
느 12:32　따르는 자는 **호세야**와 유다 지도자의

호소/–하다(呼訴, appeal, cry out)
창 4:10　핏소리가 땅에서부터 내게 **호소하느니**라
창 30:6　내 **호소**를 들으사 내게 아들을 주셨다
출 5:15　바로에게 **호소하여** 이르되 왕은 어찌
신 15:9　너를 여호와께 **호소하리니** 그것이 네게
신 24:15　여호와께 **호소하지** 않게 하라 그렇지
왕하 8:3　전토를 위하여 **호소하려** 하여 왕에게
왕하 8:5　전토를 위하여 왕에게 **호소하는지**라
욥 23:4　내가 **호소하며** 변론할 말을 내 입에
시 17:1　여호와여 의의 **호소**를 들으소서 나의
행 25:21　지켜 주기를 **호소하므로** 내가 그를

호송하다(護送, let go)
행 23:32　이튿날 기병으로 바울을 **호송하게** 하고

호수(湖水, lake, pond)
출 7:19　모든 **호수** 위에 내밀라 하라 그것들이
사 33:21　여러 강과 큰 **호수**가 있으나 노 젓는
막 7:31　지방을 통과하여 갈릴리 **호수**에 이르

호의

눅 8:22　이르시되 **호수** 저편으로 건너가자
눅 8:23　**호수**로 내리치매 배에 물이 가득하게
눅 8:33　비탈로 내리달아 **호수**에 들어가 몰사
요 21:1　예수께서 디베랴 **호수**에서 또 제자들

호숫가(along the sea, water's edge)
마 15:29　거기서 떠나사 갈릴리 **호숫가**에 이르러
눅 5:1　말씀을 들을새 예수는 게네사렛 **호숫가**
눅 5:2　**호숫가**에 배 두 척이 있는 것을 보시니

호신부(護身符, charm)
사 3:20　화관과 발목 사슬과 띠와 향합과 **호신부**

호심경(護心鏡, breastplate)
엡 6:14　너희 허리 띠를 띠고 의의 **호심경**을
살전 5:8　사랑의 **호심경**을 붙이고 구원의 소망
계 9:9　또 철 **호심경** 같은 **호심경**이 있고 그
계 9:17　자줏빛과 유황빛 **호심경**이 있고 또 말

호위하다(護衛, care for, protect)
신 32:10　광야에서 만나시고 **호위하시며** 보호
왕하 11:7　성전을 주의하여 지켜 왕을 **호위하되**
왕하 11:8　손에 무기를 잡고 왕을 **호위하며** 너희
왕하 11:11 왕을 **호위하되** 성전 오른쪽에서부터
대하 23:7　손에 무기를 잡고 왕을 **호위하며** 다른
대하 23:10 손에 무기를 잡고 왕을 **호위하되** 성전
시 5:12　같은 은혜로 그를 **호위하시리이다**
사 31:5　**호위하며** 건지며 뛰어넘어 구원하리라
사 52:12　뒤에서 **호위하시리니** 너희가 황급히
사 58:8　여호와의 영광이 네 뒤에 **호위하리니**
겔 12:14　**호위하는** 자와 부대들을 다 사방으로
단 12:1　네 민족을 **호위하는** 큰 군주 미가엘이
슥 9:15　여호와께서 그들을 **호위하시리니** 그들

> **'호위'와 관련된 성구**
> 호위대/호위병 – 삼상 22:17; 삼하 15:1; 왕
> 　　상 1:5; 왕하 10:25; 11:4, 6, 11, 13, 19
> 호위 대장 – 삼상 22:14
> 호위소 – 왕하 15:25

호의(好意, favor)
대상 19:2　내게 **호의**를 베풀었으니 이제 내가 그

【 호적/-하다 】　　　　　　　　　　　　　　　　　　　　　　　　　　　　　　【 혹 】

　　　의 아들 하눈에게 **호의**를 베풀리라　　　행 17:25　만민에게 생명과 **호흡**과 만물을 친히
행 25:3　베스도의 **호의**로 바울을 예루살렘으

혹(或, or, perhaps)
호적/-하다(戶籍, register)　　　　　　　　**구약**
겔 13:9　이스라엘 족속의 **호적**에도 기록되지　창 16:2　내가 **혹** 그로 말미암아 자녀를 얻을까
눅 2:1　영을 내려 천하로 다 **호적하라** 하였으니　창 24:39　내 주인에게 여쭈되 **혹** 여자가 나를
눅 2:2　**호적**은 구레뇨가 수리아 총독이 되었　창 43:12　그 돈을 다시 가지고 가라 **혹** 잘못이
눅 2:3　모든 사람이 **호적하러** 각각 고향으로　출 32:30　여호와께로 올라가노니 **혹** 너희를 위하
눅 2:5　마리아와 함께 **호적하러** 올라가니　레 13:48　털의 날에나 씨에나 **혹** 가죽에나 가죽
행 5:37　그 후 **호적**할 때에 갈릴리의 유다가　레 27:10　우열간 바꾸지 못할 것이요 **혹** 가축으로
　　　　　　　　　　　　　　　　　　　　　　민 22:6　백성을 저주하라 내가 **혹** 그들을 쳐서
호젓하다(ravine)　　　　　　　　　　　　　민 22:11　저주하라 내가 **혹** 그들을 쳐서 몰아내
삼상 25:20 아비가일이 나귀를 타고 산 **호젓한** 곳　신 13:7　사방을 둘러싸고 있는 민족 **혹** 네게서
　　　　　　　　　　　　　　　　　　　　　　삼상 6:5　그가 **혹** 그의 손을 너희와 너희의 신들
호통/-치다(shout)　　　　　　　　　　　　삼상 9:6　그가 **혹** 우리가 갈 길을 가르쳐 줄까
욥 3:18　평안히 있어 감독자의 **호통** 소리를 듣지　삼상 20:10 아버지께서 **혹** 엄하게 네게 대답하면
렘 25:38　**호통치시는** 분의 분노와 그의 극렬한　삼하 17:9　어느 곳에 숨어 있으리니 **혹** 무리 중에
　　　　　　　　　　　　　　　　　　　　　　왕상 8:38　한 사람이나 **혹** 주의 온 백성 이스라엘
호함(Hoham)　헤브론 왕으로 아모리 다섯 왕　왕하 20:9　십도를 나아갈 것이니이까 **혹** 십도를
　　　중 하나　　　　　　　　　　　　　　　　대상 21:12 **혹** 삼년 기근이든지 **혹** 네가 석 달을
수 10:3　헤브론 왕 **호함**과 야르뭇 왕 비람과　　　　　　　 적군에게 패하여 … 쫓길 일이든지 **혹**
　　　　　　　　　　　　　　　　　　　　　　대하 6:29　한 사람이나 **혹** 주의 온 백성 이스라엘
호화롭다(豪華, noble, luxury)　　　　　　大 7:13　**혹** 내가 하늘을 닫고 … **혹** 메뚜기들
사 5:14　그들의 **호화로움**과 그들의 많은 무리　　　　　 에게 토산을 먹게 하거나 **혹** 전염병이
눅 16:19　베옷을 입고 날마다 **호화롭게** 즐기더라　대하 19:10 성읍에 사는 너희 형제가 **혹** 피를 흘림
　　　　　　　　　　　　　　　　　　　　　　　　　　　　　이나 **혹** 율법이나 계명이나 율례나 규례
호흡(呼吸, breath)　　　　　　　　　　　　스 7:24　느디님 사람들이나 **혹** 하나님의 성전
신 20:16　민족들의 성읍에서는 **호흡** 있는 자를　스 7:26　죄를 정하여 **혹** 죽이거나 귀양 보내거나
수 10:40　하나도 남기지 아니하고 **호흡** 있는　　욥 13:22　내가 대답하리이다 **혹** 내가 말씀하게
수 11:11　진멸하여 **호흡** 있는 자는 하나도　　잠 30:9　**혹** 내가 배불러서 하나님을 모른다 …
수 11:14　칼날로 쳐서 멸하여 **호흡** 있는 자는　　　　　　할까 하오며 **혹** 내가 가난하여 도둑질
욥 27:3　나의 **호흡**이 아직 내 속에 완전히 있고　잠 30:32　높은 체하였거나 **혹** 악한 일을 도모하
시 104:29　그들의 **호흡**을 거두신즉 그들은 죽으　전 11:6　저것이 잘 되는지, **혹** 둘이 다 잘 되는
시 135:17　못하며 그들의 입에는 아무 **호흡**도　사 41:22　결말을 알아보리라 **혹** 앞으로 올 일을
시 146:4　그의 **호흡**이 끊어지면 흙으로 돌아가　렘 51:8　상처를 위하여 유향을 구하라 **혹** 나으
전 3:19　다 동일한 **호흡**이 있어서 짐승이 죽음　겔 12:3　비록 반역하는 족속이라도 **혹** 생각이
사 2:22　인생을 의지하지 말라 그의 **호흡**은 코에　호 9:12　**혹** 그들이 자식을 기를지라도 내가 그
사 30:28　그의 **호흡**은 마치 창일하여 목에까지　**신약**
사 30:33　많은 나무가 있은즉 여호와의 **호흡**이　마 6:24　**혹** 이를 미워하고 저를 사랑하거나 **혹**
사 33:11　해산할 것이며 너희의 **호흡**은 불이 되어　막 11:13　무화과나무를 보시고 **혹** 그 나무에
사 42:5　땅 위의 백성에게 **호흡**을 주시며 땅에　막 13:35　집 주인이 언제 올는지 **혹** 저물 때일는
단 5:23　도리어 왕의 **호흡**을 주장하시고 왕의　눅 3:15　모든 사람들이 요한을 **혹** 그리스도신
단 10:17　힘이 없어졌고 **호흡**이 남지 아니하였　눅 12:38　주인이 **혹** 이경에나 **혹** 삼경에 이르러

2550

【 혹독하다 】　　　　　　　　　　　　　　　　　【 혹은 】

눅 16:13	두 주인을 섬길 수 없나니 **혹** 이를 미	삼하 11:20	**혹시** 왕이 노하여 네게 말씀하기를 너희
	워하고 저를 사랑하거나 **혹** 이를 중히	삼하 12:22	금식하고 운 것은 **혹시** 여호와께서 나를
눅 20:13	아들을 보내리니 그들이 **혹** 그는 존대	삼하 14:15	왕께 여쭈오면 **혹시** 종이 청하는 것을
행 5:15	지날 때에 **혹** 그의 그림자라도 누구에	삼하 16:12	**혹시** 여호와께서 나의 원통함을 감찰
행 8:22	회개하고 주께 기도하라 **혹** 마음에 품은	삼하 17:16	**혹시** 왕과 그를 따르는 모든 백성이
행 17:27	사람으로 **혹** 하나님을 더듬어 찾아 발견	왕상 18:5	물 근원과 모든 내로 가자 **혹시** 꼴을
행 23:9	악한 것이 없도다 **혹** 영이나 **혹** 천사가	왕상 20:31	**혹시** 왕의 생명을 살리리이다 하고
롬 2:4	**혹** 네가 하나님의 인자하심이 너를 인도	왕하 19:4	여호와께서 **혹시** 그의 말을 들으셨을
롬 5:7	위하여 용감히 죽는 자가 **혹** 있거니와	느 10:31	**혹시** 이 땅 백성이 안식일에 물품이나
롬 9:19	**혹** 네가 내게 말하기를 그러면 하나님	욥 1:5	욥이 말하기를 **혹시** 내 아들들이 죄를
롬 11:14	이는 **혹** 내 골육을 아무쪼록 시기하게	욥 3:15	**혹시** 금을 가지며 은으로 집을 채운
롬 12:6	받은 은사가 각각 다르니 **혹** 예언이면	욥 7:13	**혹시** 내가 말하기를 내 잠자리가 나를
롬 12:7	**혹** 섬기는 일이면 섬기는 일로, **혹** 가르	욥 36:8	**혹시** 그들이 족쇄에 매이거나 환난의
롬 12:8	**혹** 위로하는 자면 위로하는 일로, 구제	시 139:11	내가 **혹시** 말하기를 흑암이 반드시 나
고전 7:15	**혹** 믿지 아니하는 자가 갈리거든 갈리	전 4:10	**혹시** 그들이 넘어지면 하나가 그 동무
고전 14:7	**혹** 피리나 거문고와 같이 생명 없는 것	사 3:6	**혹시** 사람이 자기 아버지 집에서 자기
고전 16:6	**혹** 너희와 함께 머물며 겨울을 지낼 듯	사 36:7	**혹시** 네가 내게 이르기를 우리는 우리
고후 1:17	어찌 경솔히 하였으리요 **혹** 계획하기	사 36:18	**혹시** 히스기야가 너희에게 이르기를
고후 9:4	**혹** 마게도냐인들이 나와 함께 가서	사 37:4	여호와께서 **혹시** 그 말로 말미암아 견책
살전 3:5	이는 **혹** 시험하는 자가 너희를 시험하여	사 47:12	주술을 가지고 맞서 보라 **혹시** 유익을
딤후 2:25	온유함으로 훈계할지니 **혹** 하나님이		얻을 수 있을는지, **혹시** 놀라게 할 수
히 3:12	삼가 **혹** 너희 중에 누가 믿지 아니하는	사 49:15	그들은 **혹시** 잊을지라도 나는 너를 잊지
히 4:1	너희 중에는 **혹** 이르지 못할 자가 있을까	렘 20:10	그가 **혹시** 유혹을 받게 되면 우리가
히 12:16	음행하는 자와 **혹** 한 그릇 음식을 위하	렘 21:2	간구하라 여호와께서 **혹시** 그의 모든
벧전 3:1	이는 **혹** 말씀을 순종하지 않는 자라도	렘 26:3	듣고 **혹시** 각각 그 악한 길에서 돌아
요일 3:20	마음이 **혹** 우리를 책망할 일이 있어도	애 3:29	티끌에 댈지어다 **혹시** 소망이 있을지
		겔 44:22	이스라엘 족속의 처녀나 **혹시** 제사장

혹독하다(酷毒, fierce)

		단 4:27	그리하시면 왕의 평안함이 **혹시** 장구
창 49:7	그 노여움이 **혹독하니** 저주를 받을 것	단 4:35	금하든지 **혹시** 이르기를 네가 무엇을
사 21:2	**혹독한** 묵시가 내게 보였도다 속이는	호 8:7	열매를 맺지 못할 것이요 **혹시** 맺을지
		욜 2:14	주께서 **혹시** 마음과 뜻을 돌이키시고
		암 5:15	만군의 하나님 여호와께서 **혹시** 요셉

혹시(或是, if, perhaps)

창 30:33	내게 **혹시** 염소 중 아롱지지 아니한	옵 1:5	**혹시** 도둑이 네게 이르렀으며 강도가
창 32:20	형이 **혹시** 나를 받아 주리라 함이었더		밤중에 … **혹시** 포도를 따는 자가 네
창 50:15	요셉이 **혹시** 우리를 미워하여 우리가	욘 1:6	하나님께 구하라 **혹시** 하나님이 우리
민 9:20	**혹시** 구름이 성막 위에 머무는 날이	습 2:3	너희가 **혹시** 여호와의 분노의 날에 숨김
민 9:21	**혹시** 구름이 저녁부터 아침까지 있다	약 5:15	그를 일으키시리라 **혹시** 죄를 범하였
민 23:3	여호와께서 **혹시** 오셔서 나를 만나시		
민 23:27	저주하기를 하나님이 **혹시** 기뻐하시		
민 30:6	또 **혹시** 남편을 맞을 때에 서원이나	**혹은**(or)	
민 30:10	부녀가 **혹시** 그의 남편의 집에서 서원	레 17:8	이스라엘 집 사람이나 **혹은** 그들 중에
신 7:17	네가 **혹시** 심중에 이르기를 이 민족들	레 18:26	너희의 동족이나 **혹은** 너희 중에 거류
신 32:27	**혹시** 내가 원수를 자극하여 그들의 원수	삼상 26:10	여호와께서 **혹은** 그를 치시리니 **혹은** 죽을
		삼하 24:13	**혹은** 왕의 땅에 사흘 동안 전염병이 있

【 혼 】　　【 혼미하다 】

왕상 18:27	묵상하고 있는지 **혹은** 그가 잠깐 나갔는지 **혹은** 그가 길을 행하는지 **혹은**		왕상 17:22	소리를 들으시므로 그 아이의 **혼이** 몸
느 8:16	**혹은** 지붕 위에, **혹은** 뜰 안에, **혹은** 하나님의 … **혹은** 수문 … **혹은** 에브라임		욥 33:18	사람의 **혼을** 구덩이에 빠지지 않게 하시
			전 3:21	인생들의 **혼은** 위로 … 짐승의 **혼은**
욥 33:19	**혹은** 사람이 병상의 고통과 뼈가 늘		아 5:6	내 **혼이** 나갔구나 내가 그를 찾아도 못
욥 37:13	**혹은** 징계를 위하여 **혹은** 땅을 위하여 **혹은** 긍휼을 위하여 그가 이런 일을		사 15:4	크게 부르짖으며 그들의 **혼이** 속에서
			사 57:16	영과 **혼이** 내 앞에서 피곤할까 함이라
겔 46:12	**혹은** 자원하여 감사제를 준비하여 나		애 2:12	품에서 **혼이** 떠날 때에 어머니들에게
암 5:19	곰을 만나거나 **혹은** 집에 들어가서 손을		행 5:5	이 말을 듣고 엎드러져 **혼이** 떠나니 이
마 24:23	그리스도가 여기 있다 **혹은** 저기 있다		행 5:10	베드로의 발 앞에 엎드러져 **혼이** 떠나
눅 2:24	산비둘기 한 쌍이나 **혹은** 어린 집비둘기		살전 5:23	영과 **혼과** 몸이 우리 주 예수 그리스도
눅 10:42	몇 가지만 하든지 **혹은** 한 가지만이라		히 4:12	예리하여 **혼과** 영과 및 관절과 골수를
요 13:29	물건을 사라 하시는지 **혹은** 가난한 자			
행 25:6	팔 일 **혹은** 십 일을 지낸 후 가이사랴		**혼기**(婚期, flower of one's age-KJV)	
행 27:44	널조각 **혹은** 배 물건에 의지하여 나가		고전 7:36	약혼녀의 **혼기도** 지나고 그같이 할 필요
행 28:6	그가 붓든지 **혹은** 갑자기 쓰러져 죽을		**혼돈/-하다**(混沌, formless)	
롬 2:15	서로 **혹은** 고발하며 **혹은** 변명하여 그		창 1:2	땅이 **혼돈하고** 공허하며 흑암이 깊은
롬 4:9	이 복이 할례자에게냐 **혹은** 무할례자		시 107:27	그들의 모든 지각이 **혼돈** 속에 빠지는
롬 6:16	너희가 알지 못하느냐 **혹은** 죄의 종으로 사망에 이르고 **혹은** 순종의 종으로		사 45:18	견고하게 하시되 **혼돈하게** 창조하지
			사 45:19	너희가 나를 **혼돈** 중에서 찾으라고
롬 10:7	**혹은** 누가 무저갱에 내려가겠느냐 하지		렘 4:23	땅을 본즉 **혼돈하고** 공허하며 하늘에
고전 14:37	선지자나 **혹은** 신령한 자로 생각하거			
고후 3:1	추천서를 너희에게 부치거나 **혹은** 너희		**혼란/-하다**(混亂, chaos, disorder)	
고후 11:4	예수를 전파하거나 **혹은** 너희가 받지 아니한 다른 영을 받게 하거나 **혹은**		신 7:23	네게 넘기시고 그들을 크게 **혼란하게**
			신 28:20	여호와께서 저주와 **혼란과** 책망을 내리
갈 1:8	우리나 **혹은** 하늘로부터 온 천사라도		삿 4:15	군대를 칼날로 **혼란에** 빠지게 하시매
갈 3:2	성령을 받은 것이 율법의 행위로냐 **혹은**		삼상 14:20	동무들을 치므로 크게 **혼란하였더라**
갈 3:5	일이 율법의 행위에서냐 **혹은** 듣고 믿음		사 22:5	밟힘과 **혼란의** 날이여 성벽의 무너뜨
골 1:16	보이지 않는 것들과 **혹은** 왕권들이나		사 34:11	여호와께서 그 위에 **혼란의** 줄과 공허
딤전 5:10	**혹은** 자녀를 양육하며 **혹은** 나그네를 대접하며 **혹은** 성도들의 발을 씻으며		눅 21:25	성난 소리로 인하여 **혼란한** 중에 곤고
			행 15:24	너희를 괴롭게 하고 마음을 **혼란하게**
	혹은 환난 당한 자들을 구제하며 **혹은**		고후 12:20	수군거림과 거만함과 **혼란이** 있을까
히 10:33	**혹은** 비방과 환난으로써 사람에게 구경거리가 되고 **혹은** 이런 형편에 있는		약 3:16	시기와 다툼이 있는 곳에는 **혼란과** 모든
벧전 2:13	주를 위하여 순종하되 **혹은** 위에 있는		**혼례**(婚禮, wedding)	
벧전 2:14	**혹은** 그가 악행하는 자를 징벌하고 선행		요 2:1	가나에 **혼례가** 있어 예수의 어머니도
			요 2:2	그 제자들도 **혼례에** 청함을 받았더니
혼(魂, soul)			**혼미하다**(昏迷, faint, wayward)	
창 35:18	그가 죽게 되어 그의 **혼이** 떠나려 할		잠 5:23	심히 미련함으로 말미암아 **혼미하게**
창 42:28	*그들이 혼이 나서 떨며 서로 돌아보며*		사 29:24	마음이 **혼미하던** 자들도 총명하게 되며
창 49:6	내 **혼아** 그들의 모의에 상관하지 말지		욘 4:8	요나가 **혼미하여** 스스로 죽기를 구하
삼하 11:11	왕의 살아 계심과 왕의 **혼의** 살아 계심		롬 11:8	오늘까지 그들에게 **혼미한** 심령과 보지
왕상 17:21	원하건대 이 아이의 **혼으로** 그의 몸에			

【 혼수 】   　　　　　　　　　　　　　　　　　　【 홀로 】

고후 4:4 　믿지 아니하는 자들의 마음을 **혼미**하게

혼수(婚需, price for the bride)
창 34:12 　큰 **혼수**와 예물을 청할지라도 너희가

혼인/-하다(婚姻, wedding)
신 7:3 　또 그들과 **혼인**하지도 말지니 네 딸을
수 23:12 　민족들을 가까이 하여 더불어 **혼인**하며
왕상 3:1 　애굽의 왕 바로와 더불어 **혼인** 관계를
대하 18:1 　아합 가문과 **혼인**함으로 인척 관계를
시 78:63 　불에 살라지고 그들의 처녀들은 **혼인**
아 3:11 　솔로몬 왕을 보라 **혼인** 날 마음이 기쁠
딤전 4:3 　**혼인**을 금하고 어떤 음식물은 먹지 말
계 19:7 　어린 양의 **혼인** 기약이 이르렀고 그의

'혼인'과 관련된 성구
혼인 잔치 – 마 22:2, 3, 4, 8, 9, 10; 25:10
혼인집 – 전 7:4; 마 9:15; 막 2:19; 눅 5:34; 12:36; 14:8; 계 19:9

혼자(alone)
창 2:18 　하나님이 이르시되 사람이 **혼자** 사는
출 18:18 　네게 너무 중함이라 네가 **혼자** 할 수
레 13:46 　부정할 것이라 그가 부정한즉 **혼자** 살되
민 11:14 　책임이 심히 중하여 나 **혼자**는 이 모든
민 11:17 　백성의 짐을 담당하고 너 **혼자** 담당하
삼하 18:25 　만일 **혼자**면 그의 입에 소식이 있으리
삼하 18:26 　이르되 보라 한 사람이 또 **혼자** 달려
욥 31:17 　**혼자** 내 떡덩이를 먹고 고아에게 그
잠 25:24 　큰 집에서 사는 것보다 움막에서 **혼자**
사 51:2 　아브라함이 **혼자** 있을 때에 내가 그를
애 3:28 　**혼자** 앉아서 잠잠할 것은 주께서 그것
마 14:23 　산에 올라가시니라 저물매 거기 **혼자**
막 4:34 　말씀하지 아니하시고 다만 **혼자** 계실
눅 10:40 　주여 내 동생이 나 **혼자** 일하게 두는
눅 24:18 　요즘 거기서 된 일을 **혼자**만 알지 못
요 6:15 　삼으려는 줄 아시고 다시 **혼자** 산으로
요 8:16 　**혼자** 있는 것이 아니요 나를 보내신
요 8:29 　기뻐하시는 일을 행하므로 나를 **혼자**
요 16:32 　나를 **혼자** 둘 때가 오나니 벌써 왔도다 그러나 내가 **혼자** 있는 것이 아니라

혼잡하다(混雜, confuse, mix)
창 11:7 　그들의 언어를 **혼잡**하게 하여 그들이
창 11:9 　땅의 언어를 **혼잡**하게 하셨음이니라

'말씀을 혼잡하게 하다'와 관련된 성구
고후 2:17; 4:2

혼잡물(混雜物, impurity)
사 1:25 　청결하게 하며 네 **혼잡물**을 다 제하여

혼합하다/혼합되다(混合, mix)
잠 9:2 　짐승을 잡으며 포도주를 **혼합**하여 상을
잠 9:5 　내 식물을 먹으며 내 **혼합**한 포도주를
잠 23:30 　술에 잠긴 자에게 있고 **혼합**한 술을
호 7:8 　여러 민족 가운데에 **혼합**되니 그는 곧

홀로(alone, only)
창 32:24 　야곱은 **홀로** 남았더니 어떤 사람이 날
출 18:14 　네가 **홀로** 앉아 있고 백성은 아침부터
민 23:9 　이 백성은 **홀로** 살 것이라 그를 여러
신 1:9 　이르기를 나는 **홀로** 너희의 짐을 질 수
신 1:12 　나 **홀로** 어찌 능히 너희의 괴로운 일
신 32:12 　여호와께서 **홀로** 그를 인도하셨고 그와
삿 3:20 　서늘한 다락방에 **홀로** 앉아 있는 중이
삼상 21:1 　이르되 어찌하여 네가 **홀로** 있고 함께
삼하 18:24 　눈을 들어 보니 어떤 사람이 **홀로** 달려
왕상 8:39 　주만 **홀로** 사람의 마음을 다 아심이니
왕하 19:15 　주는 천하만국에 **홀로** 하나님이시라
대하 6:30 　행위대로 갚으시옵소서 주만 **홀로** 사람
스 4:3 　여호와를 위하여 **홀로** 건축하리라 하였
에 4:13 　유다인 중에 **홀로** 목숨을 건지리라 생각
욥 1:15 　칼로 종들을 죽였나이다 나만 **홀로** 피
욥 9:8 　그가 **홀로** 하늘을 펴시며 바다 물결을
시 72:18 　**홀로** 기이한 일들을 행하시는 여호와
시 148:13 　그의 이름이 **홀로** 높으시며 그의 영광
잠 9:12 　네가 만일 거만하면 너 **홀로** 해를 당
전 4:8 　형제도 없이 **홀로** 있으나 그의 모든
사 2:11 　여호와께서 **홀로** 높임을 받으시리라
사 5:8 　이 땅 가운데에서 **홀로** 거주하려 하는
사 49:21 　누가 양육하였는고 나는 **홀로** 남았거
사 63:3 　내가 **홀로** 포도즙틀을 밟았는데 내가
렘 15:17 　주의 손에 붙들려 **홀로** 앉아 있사오니 이

[홀론]　　　　　　　　　　　　　　　　　　　　[홍색]

겔 9:8　　그들이 칠 때에 내가 **홀로** 있었는지라
단 10:7　　다니엘아 **홀로** 보았고 나와 함께 한
호 8:9　　**홀로** 떨어진 들나귀처럼 앗수르로 갔으
미 7:14　　갈멜 속 삼림에 **홀로** 거주하는 주의
슥 14:9　　그 날에는 여호와께서 **홀로** 한 분이실
　　　　　것이요 그의 이름이 **홀로** 하나이실 것
막 4:10　　예수께서 **홀로** 계실 때에 함께 한 사람
막 6:47　　있고 예수께서는 **홀로** 뭍에 계시다가
갈 4:27　　이는 **홀로** 사는 자의 자녀가 남편 있는
딤전 1:17　보이지 아니하고 **홀로** 하나이신 하나님
히 9:7　　둘째 장막은 대제사장이 **홀로** 일 년에
유 1:4　　방탕한 것으로 바꾸고 **홀로** 하나이신
유 1:25　　구주 **홀로** 하나이신 하나님께 우리 주

📖 **홀로 - 기타 본문**
신 33:28; 왕상 18:6, 22; 왕하 19:19; 욥 1:16, 17,
19; 14:6; 15:8; 시 136:4; 전 4:10; 사 2:17; 44:24;
54:1; 렘 49:31; 단 10:8

홀론(Holon)
　　1. 에돔 경계에 인접한 지역
수 15:51　고센과 **홀론**과 길로이니 열한 성읍과
수 21:15　**홀론**과 그 목초지와 드빌과 그 목초지
　　2. 모압 고원에 위치한 성읍
렘 48:21　심판이 평지에 이르렀나니 곧 **홀론**과

홀리다(captivate)
시 58:5　　술사의 **홀리는** 소리도 듣지 않고 능숙
잠 6:25　　탐하지 말며 그 눈꺼풀에 **홀리지** 말라

홀마(Hormah) 시므온 지파의 성읍
수 15:30　엘돌랏과 그실과 **홀마**와
삼상 30:30 **홀마**에 있는 자와 고라산에 있는 자와

홀아비(widower)
렘 51:5　　여호와에게 버림 받은 **홀아비**는 아니

홀연히(忽然, suddenly)
전 9:12　　재앙의 날이 그들에게 **홀연히** 임하면
사 47:11　파멸이 **홀연히** 네게 임하리라 그러나
사 48:3　　내가 **홀연히** 행하여 그 일들이 이루어
마 17:5　　말할 때에 **홀연히** 빛난 구름이 그들을
막 13:36　그가 **홀연히** 와서 너희가 자는 것을

눅 2:13　　**홀연히** 수많은 천군이 그 천사들과 함께
행 2:2　　**홀연히** 하늘로부터 급하고 강한 바람
행 9:3　　다메섹에 가까이 이르더니 **홀연히** 하늘
행 12:7　　**홀연히** 주의 사자가 나타나매 옥중에
행 22:6　　오정쯤 되어 **홀연히** 하늘로부터 큰 빛
고전 15:51 마지막 나팔에 순식간에 **홀연히** 다 변화

홀하깃갓(Hor Haggidgad) 이스라엘이 진
　　　　을 친 곳
민 33:32　브네야아간을 떠나 **홀하깃갓**에 진을
민 33:33　**홀하깃갓**을 떠나 욧바다에 진을 치고

홉니(Hophni) 엘리의 아들로 비느하스의 형
삼상 1:3　　두 아들 **홉니**와 비느하스가 여호와의

📖 **홉니 - 기타 본문**
삼상 2:34; 4:4, 11, 17

홋(Hod) 아셀 지파 사람으로 소바의 아들
대상 7:37　**홋**과 사마와 실사와 이드란과 브에라

홍마노(紅瑪瑙, sardonyx)
출 28:18　둘째 줄은 석류석 남보석 **홍마노**요
출 39:11　둘째 줄은 석류석 남보석 **홍마노**요
겔 28:13　금강석과 황옥과 **홍마노**와 창옥과 청
계 21:20　다섯째는 **홍마노**요 여섯째는 홍보석

홍보석(紅寶石, ruby)
출 28:17　보석을 물리되 첫 줄은 **홍보석** 황옥
출 39:10　보석을 물렸으니 곧 **홍보석** 황옥 녹주
사 54:12　**홍보석**으로 네 성벽을 지으며 석류석
겔 27:16　가는 베와 산호와 **홍보석**을 네 물품과
계 4:3　　모양이 벽옥과 **홍보석** 같고 또 무지개
계 21:20　여섯째는 **홍보석**이요 일곱째는 황옥

홍색(紅色, crimson, scarlet)
민 4:8　　**홍색** 보자기를 그 위에 펴고 그것을
잠 31:21　자기 집 사람들은 다 **홍색** 옷을 입었

홍색 실
창 38:28　먼저 나온 자라 하고 **홍색 실**을 가져
창 38:30　손에 **홍색 실** 있는 자가 뒤에 나오니
아 4:3　　입술은 **홍색 실** 같고 네 입은 어여쁘고

[홍수]　　　　　　　　　　　　　　　　　　　　　　　　　　　　[화 1]

> **'홍색 실'과 관련된 성구**
>
> 백향목과 우슬초와 **홍색 실** – 레 14:4, 6,
> 49, 51, 52; 민 19:6
>
> 청색 자색 **홍색 실** – 출 25:4; 26:1, 31,
> 36; 27:16; 28:5, 6, 8, 15, 33; 35:6,
> 23, 25, 35; 36:8, 35, 37; 38:18, 23;
> 39:1, 2, 3, 5, 8, 24, 29; 대하 2:7,
> 14; 3:14

홍수(洪水, flood, floodwater)
창 6:17　내가 **홍수**를 땅에 일으켜 무릇 생명의
창 7:6　**홍수**가 땅에 있을 때에 노아가 육백
창 7:7　아내와 며느리들과 함께 **홍수**를 피하
창 7:10　칠 일 후에 **홍수**가 땅에 덮이니
창 7:17　**홍수**가 땅에 사십 일 동안 계속되지라
창 9:11　모든 생물을 **홍수**로 멸하지 아니할 것
　　　이라 땅을 멸할 **홍수**가 다시 있지 아니
창 9:15　물이 모든 육체를 멸하는 **홍수**가 되지
창 9:28　**홍수** 후에 노아가 삼백오십 년을 살았
창 10:1　야벳의 족보는 이러하니라 **홍수** 후에
창 10:32　노아 자손의 족속들이요 **홍수** 후에 이들
창 11:10　셈은 백 세 곧 **홍수** 후 이 년에 아르박삿
욥 22:11　너로 하여금 보지 못하게 하고 **홍수**가
욥 38:25　누가 **홍수**를 위하여 물길을 터 주었으
시 29:10　여호와께서 **홍수** 때에 좌정하셨음이
시 32:6　진실로 **홍수**가 범람할지라도 그에게
시 90:5　주께서 그들을 **홍수**처럼 쓸어가시나
아 8:7　사랑을 끄지 못하겠고 **홍수**라도 삼키
사 54:9　이는 내게 노아의 **홍수**와 같도다 내가
　　　다시는 노아의 **홍수**로 땅 위에 범람하
단 9:26　마지막은 **홍수**에 휩쓸림 같을 것이며
마 24:38　**홍수** 전에 노아가 방주에 들어가던 날
마 24:39　**홍수**가 나서 그들을 다 멸하기까지
눅 17:27　장가 들고 시집 가더니 **홍수**가 나서
벧후 2:5　경건하지 아니한 자들의 세상에 **홍수**

홍옥(紅玉, ruby)
겔 28:13　남보석과 **홍옥**과 황금으로 단장하였

홍포(紅袍, scarlet robe)
마 27:28　그의 옷을 벗기고 **홍포**를 입히며
마 27:31　희롱을 다 한 후 **홍포**를 벗기고 도로

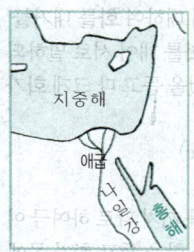

홍해(紅海, Red Sea)
출 10:19　메뚜기를 **홍해**에 몰아넣으시니 애굽
출 13:18　그러므로 하나님이 **홍해**의 광야 길로 돌려 백성을 인도하시
출 15:4　최고의 지휘관들이 **홍해**에 잠겼며
출 15:22　모세가 **홍해**에서 이스라엘을 인도하
출 23:31　네 경계를 **홍해**에서부터 블레셋 바다
민 14:25　돌이켜 **홍해** 길을 따라 광야로 들어갈
민 21:4　호르 산에서 출발하여 **홍해** 길을 따라
민 33:10　엘림을 떠나 **홍해** 가에 진을 치고
민 33:11　**홍해** 가를 떠나 신 광야에 진을 치고
신 1:40　방향을 돌려 **홍해** 길을 따라 광야로
신 2:1　명령하신 대로 **홍해** 길로 광야에 들어
신 11:4　너희를 뒤쫓을 때에 **홍해** 물로 그들을
수 2:10　너희 앞에서 **홍해** 물을 마르게 하신
수 4:23　여호와께서 우리 앞에 **홍해**를 말리시
수 24:6　거느리고 너희의 조상들을 **홍해**까지
삿 11:16　올라올 때에 광야로 행하여 **홍해**에
왕상 9:26　솔로몬 왕이 에돔 땅 **홍해** 물 가의 엘롯
느 9:9　고난 받는 것을 감찰하시며 **홍해**에서
시 106:7　기억하지 아니하고 바다 곧 **홍해**에서
시 106:9　**홍해**를 꾸짖으시니 곧 마르니 그들을
시 106:22　함의 땅에서 기사와 **홍해**에서 놀랄 만
시 136:13　**홍해**를 가르신 이에게 감사하라 그 인자
시 136:15　바로와 그의 군대를 **홍해**에 엎드러뜨
렘 49:21　그가 부르짖는 소리는 **홍해**에 들리리
행 7:36　애굽과 **홍해**와 광야에서 사십 년간 기사
히 11:29　믿음으로 그들은 **홍해**를 육지같이 건넜

홑이불(garment)
막 14:51　청년이 벗은 몸에 베 **홑이불**을 두르고
막 14:52　베 **홑이불**을 버리고 벗은 몸으로 도망

화 1(火, anger, furious)
삼상 20:30　사울이 요나단에게 **화**를 내며 그에게
대하 26:19　**화**를 내니 그가 제사장에게 **화**를 낼 때
욥 32:2　엘리후가 **화**를 내니 그가 욥에게 **화**를
욥 32:3　세 친구에게 **화**를 냄은 그들이 능히
욥 32:5　입에 대답이 없음을 보고 **화**를 내니라
암 1:11　맹렬히 **화**를 내며 분을 끝없이 품었음

【 화 2 】　　　【 화관 】

막 10:41	야고보와 요한에 대하여 화를 내거늘	렘 23:1	흩어지게 하는 목자에게 화 있으리라
막 14:4	어떤 사람들이 화를 내어 서로 말하되	렘 45:3	일찍이 말하기를 화로다 여호와께서
눅 4:28	있는 자들이 이것을 듣고 다 크게 화	렘 48:46	모압이여 네게 화 있도다 그모스의
		렘 50:27	도살하려 내려 보내라 그들에게 화 있도
		렘 51:9	고향으로 돌아가자 그 화가 하늘에 미쳤

화 2 (禍, disaster, trouble)

구약

창 34:30	너희가 내게 화를 끼쳐 나로 하여금 이	애 3:38	화와 복이 지존자의 입으로부터 나오지
출 5:19	감하지 못하리라 함을 듣고 화가 몸에	호 9:12	그들을 떠나는 때에는 그들에게 화가
출 32:12	뜻을 돌이키사 주의 백성에게 이 화를	암 9:4	내가 그들에게 주목하여 화를 내리고
출 32:14	뜻을 돌이키사 말씀하신 화를 그 백성	암 9:10	내 백성 중에서 말하기를 화가 우리에
민 21:29	모압아 네가 화를 당하였도다 그모스	습 1:12	화도 내리지 아니하시리라 하는 자를
신 29:21	모든 언약의 저주대로 그에게 화를 더	습 3:15	네가 다시는 화를 당할까 두려워하지
신 30:15	내가 오늘 생명과 복과 사망과 화를 네	말 3:15	하나님을 시험하는 자가 화를 면한다
삿 20:34	싸움이 치열하나 베냐민 사람은 화가		
삿 20:41	베냐민 사람들이 화가 자기들에게 미	**신약**	
삼상 4:7	또 이르되 우리에게 화로다 전날에는	마 18:7	세상에 화가 있도다 … 사람에게는 화
삼상 4:8	우리에게 화로다 누가 우리를 이 능한	마 24:19	젖 먹이는 자들에게 화가 있으리로다
삼하 16:8	피를 흘린 자이므로 화를 자초하였느	마 26:24	인자를 파는 그 사람에게는 화가 있으
삼하 17:14	여호와께서 압살롬에게 화를 내리려	막 13:17	젖먹이는 자들에게 화가 있으리로다
삼하 19:7	그리하면 그 화가 왕이 젊었을 때부터	막 14:21	사람에게는 화가 있으리로다 그 사람
	지금까지 당신이 모든 화보다 더욱 심하	눅 6:26	사람이 너희를 칭찬하면 화가 있도다
왕상 22:23	여호와께서 왕에 대하여 화를 말씀하	눅 17:1	그렇게 하게 하는 자에게는 화로다
왕하 14:10	어찌하여 화를 자취하여 너와 유다가	눅 21:23	젖먹이는 자들에게 화가 있으리니 이는
대하 25:19	어찌하여 화를 자초하여 너와 유다가	눅 22:22	파는 그 사람에게는 화가 있으리로다
스 4:22	게으지 말라 어찌하여 화를 더하여	고전 9:16	복음을 전하지 아니하면 내게 화가 있을
에 8:6	내가 어찌 내 민족이 화 당함을 차마	계 8:13	땅에 사는 자들에게 화, 화, 화가 있으
욥 2:10	하나님께 복을 받았은즉 화도 받지 아니	계 9:12	첫째 화는 지나갔으나 … 후에 화 둘이
욥 10:15	악하면 화가 있을 것이오며 내가 의로	계 11:14	둘째 화는 지나갔으나 보라 셋째 화가
욥 30:26	복을 바랐더니 화가 왔고 광명을 기다	계 18:10	서서 이르되 화 있도다 화 있도다 큰
시 90:15	화를 당한 연수대로 우리를 기쁘게	계 18:16	이르되 화 있도다 화 있도다 큰 성이
시 91:10	화가 네게 미치지 못하며 재앙이 네	계 18:19	이르되 화 있도다 화 있도다 이 큰 성
시 120:5	장막 중에 머무는 것이 내게 화로다		
전 4:10	일으킬 자가 없는 자에게는 화가 있으		
전 8:6	판단이 있으므로 사람에게 임하는 화가		

'화 2'와 관련된 성구

화(가) 있을진저 —사 3:9; 5:8, 11, 18, 20, 21, 22; 10:2, 5; 28:1; 29:15; 30:1; 31:1; 33:1; 45:9; 45:10; 렘 13:27; 22:13; 겔 13:3, 18; 16:23; 24:6, 9; 34:2; 호 7:13; 암 5:18; 6:1; 미 2:1; 나 3:1; 합 2:6, 9, 12, 15, 19; 습 2:5; 3:1; 슥 11:17; 마 11:21; 23:13, 15, 16, 23, 25, 27, 29; 눅 6:24, 25; 10:13; 11:42, 43, 44, 46, 47, 52; 유 1:11; 계 12:12

전 10:16	아침부터 잔치하는 나라여 네게 화가
사 3:11	악인에게는 화가 있으리니 이는 그
사 6:5	말하되 화로다 나여 망하게 되었도다
사 24:16	쇠잔하였으니 내게 화 있도다 배신
렘 4:13	우리에게 화 있도다 우리는 멸망하도
렘 4:31	내게 화가 있도다 죽이는 자로 말미암아
렘 7:6	신들 뒤를 따라 화를 자초하지 아니하면
렘 10:5	그들에게 화를 주거나 복을 주지 못하
렘 21:10	화를 내리기 위함이라 이 성읍이 바벨론

화관 (花冠, headdress, wreath)

사 3:20　화관과 발목 사슬과 띠와 향합과 호신부

【 화답하다 】　　　　　　　　　　　　　　　【 화목제 】

사 28:5　면류관이 되시며 아름다운 **화관**이 되실
사 61:3　시온에서 슬퍼하는 자에게 **화관**을 주어

화답하다(和答, praise, speak)
출 15:21　그들에게 **화답하여** 이르되 너희는
스 3:11　찬양으로 **화답하며** 여호와께 감사하여
사 6:4　이같이 **화답하는** 자의 소리로 말미암아
엡 5:19　노래들로 서로 **화답하며** 너희의 마음

화덕(furnace, oven)
출 8:3　신하의 집과 네 백성과 네 **화덕**과 네 떡
출 9:8　아론에게 이르시되 너희는 **화덕**의 재
출 9:10　그들이 **화덕**의 재를 가지고 바로 앞에
레 2:4　**화덕**에 구운 것으로 소제의 예물을 드리
레 7:9　**화덕**에 구운 소제물과 냄비에나 철판
레 11:35　모두 부정하여지리니 **화덕**이든지 화로
레 26:26　여인이 한 **화덕**에서 너희 떡을 구워 저울
느 3:11　아들 핫숩이 한 부분과 **화덕** 망대를
느 12:38　성벽 위로 가서 **화덕** 망대 윗 길로 성벽
호 7:4　**화덕**과 같도다 그가 반죽을 뭉침으로
호 7:6　마음은 간교하여 **화덕** 같으니 그들의
호 7:7　다 **화덕**같이 뜨거워져서 그 재판장들
계 9:2　무저갱을 여니 그 구멍에서 큰 **화덕**의

화려하다(華麗, beautiful, magnificent)
삼하 1:24　붉은 옷으로 너희에게 **화려하게** 입혔
대하 2:9　건축하려 하는 성전은 크고 **화려할** 것
대하 3:6　성전을 꾸며 **화려하게** 하였으니 그 금
사 3:24　베 옷이 **화려한** 옷을 대신하고 수치스
사 13:22　**화려하던** 궁전에는 들개가 울 것이라
사 63:1　그의 **화려한** 의복 큰 능력으로 걷는 이
렘 43:10　돌들 위에 놓고 또 그 **화려한** 큰 장막
겔 7:20　그들이 그 **화려한** 장식으로 말미암아
겔 16:12　귀고리를 귀에 달고 **화려한** 왕관을 머리
겔 16:14　네게 입힌 영화로 네 **화려함**이 온전함
겔 16:15　네가 네 **화려함**을 믿고 네 명성을 가지
겔 17:3　색깔이 **화려하고** 날개가 크고 깃이 길고
겔 23:12　**화려한** 의복을 입은 고관과 감독이요
겔 23:41　**화려한** 자리에 앉아 앞에 상을 차리고
눅 7:25　보라 **화려한** 옷을 입고 사치하게 지내

화로(火爐, firepot)
창 15:17　어두울 때에 연기 나는 **화로**가 보이며

레 11:35　화덕이든지 **화로**이든지 깨뜨려버리라
렘 36:22　궁전에 앉았고 그 앞에는 불 피운 **화로**
렘 36:23　**화로** 불에 던져서 두루마리를 모두 태웠
렘 52:19　사령관은 잔들과 **화로**들과 주발들과
슥 12:6　나무 가운데에 **화로** 같게 하며 곡식단

화목(火木, wood)
대상 21:23　곡식 떠는 기계는 **화목**으로, 밀은 소

화목/-하다(和睦, peace)
욥 5:23　언약을 맺겠고 들짐승이 너와 **화목하게**
시 55:20　손을 들어 자기와 **화목한** 자를 치고 그
잠 16:7　원수라도 그와 더불어 **화목하게** 하시
잠 17:1　마른 떡 한 조각만 있고도 **화목하는** 것
옵 1:7　너와 **화목하던** 자들이 너를 속여 이기며
막 9:50　너희 속에 소금을 두고 서로 **화목하라**
행 12:20　블라스도를 설득하여 **화목하기**를 청한
롬 5:11　그뿐 아니라 이제 우리로 **화목하게** 하신
롬 11:15　그들을 버리는 것이 세상의 **화목**이 되
롬 12:18　로서는 모든 사람과 더불어 **화목하라**
고후 5:18　우리를 자기와 **화목하게** 하시고 또 우
　　　　　리에게 **화목하게** 하는 직분을 주셨으
고후 5:19　자기와 **화목하게** 하시며 그들의 죄를
골 1:20　자기와 **화목하게** 되기를 기뻐하심이라
골 1:22　육체의 죽음으로 말미암아 **화목하게**
살전 5:13　가장 귀히 여기며 너희끼리 **화목하라**

> **'화목하다' 와 관련된 성구**
>
> 하나님과 화목하다 - 욥 22:21; 롬 5:10;
> 　　고후 5:20; 엡 2:16
> 형제와 화목하다 - 잠 18:19; 마 5:24

화목제(和睦祭, fellowship offerings)
출 32:6　번제를 드리며 **화목제**를 드리고 백성이
레 4:35　모든 기름을 **화목제** 어린 양의 기름을
레 7:13　유교병을 **화목제**의 감사제물과 함께
레 7:14　그것을 **화목제**의 피를 뿌린 제사장들
레 7:37　속죄제와 속건제와 위임식과 **화목제**
레 9:4　또 **화목제**를 위하여 여호와 앞에 드릴
레 17:5　제사장에게 주어 **화목제**로 여호와께
민 15:8　갚는 제사로나 **화목제**로 수송아지를
민 29:39　번제, 소제, 전제, **화목제** 외에 드릴 것

[화물] [화살]

신 27:7　또 **화목제**를 드리고 거기에서 먹으며
수 22:27　우리의 **화목제**로 섬기는 것을 우리와
삼상 11:15　길갈에서 여호와 앞에 **화목제**를 드리고
왕상 8:63　솔로몬이 **화목제**의 희생제물을 드렸
대하 30:22　무리가 먹으며 **화목제**를 드리고 그의
대하 33:16　제단을 보수하고 **화목제**와 감사제를
잠 7:14　내가 **화목제**를 드려 서원한 것을 오늘
암 5:22　살진 희생의 **화목제**도 내가 돌아보지

　'**화목제**'와 관련된 성구
　번제와 **화목제** – 출 20:24; 24:5; 레 9:22;
　　삿 20:26; 21:4; 삼상 10:8; 삼하
　　6:17, 18; 24:25; 대상 16:1, 2;
　　21:26; 대하 31:2
　화목제 (제)물 – 출 29:28; 레 3:1, 3, 6, 9;
　　4:10, 26, 31; 7:11, 15, 18, 20, 21,
　　29, 32, 33, 34; 9:18; 10:14; 19:5;
　　22:21; 23:19; 민 6:14, 17, 18; 7:17,
　　23, 29, 35, 41, 47, 53, 59, 65, 71,
　　77, 83, 88; 10:10; 수 8:31; 22:23;
　　삼상 13:9; 롬 3:25; 요일 2:2; 4:10
　화목제의 기름 – 레 6:12; 왕상 8:64; 대하
　　7:7; 29:35

화물(貨物, ware)
겔 27:25　배는 떼를 지어 네 **화물**을 나르니 네가

화반석(花斑石, marble)
에 1:6　금과 은으로 만든 걸상을 **화반석**, 백석
아 5:15　다리는 순금 받침에 세운 **화반석** 기둥

화살(arrow, bow)
창 21:16　차마 보지 못하겠다 하고 **화살** 한 바탕
출 19:13　돌로 쳐죽이거나 **화살**로 쏘아 죽여야
민 24:8　그들의 뼈를 꺾으며 **화살**로 쏘아 꿰뚫
신 32:23　그들 위에 쌓으며 내 **화살**이 다할 때까
신 32:42　**화살**이 피에 취하게 하고 내 칼이 그
삼상 20:20　과녁을 쏘려 함같이 **화살** 셋을 그 바위
삼상 20:21　가서 **화살**을 찾으라 하며 내가 짐짓
　　　아이에게 이르기를 보라 **화살**이 네 쪽
삼상 20:22　아이에게 이르기를 보라 **화살**이 네 앞
삼상 20:36　내가 쏘는 **화살**을 찾으라 하고 아이가
　　　달려갈 때에 요나단이 **화살**을 그의 위

삼상 20:37　쏜 **화살** 있는 곳에 이를 즈음에 요나
　　　단이 아이 뒤에서 외쳐 이르되 **화살**이
삼상 20:38　아이가 **화살**을 주워 가지고 주인에게
삼하 22:15　**화살**을 날려 그들을 흩으시며 번개로
왕하 9:24　두 팔 사이를 쏘니 **화살**이 그의 염통을
왕하 13:15　활과 **화살**들을 … 활과 **화살**들을 그에
왕하 13:17　**화살** 곧 아람에 대한 구원의 **화살**이니
왕하 13:18　이르되 **화살**들을 집으소서 곧 집으매
왕하 19:32　이리로 **화살**을 쏘지 못하며 방패를 성
대상 12:2　물매도 던지며 **화살**도 쏘는 자요 베냐민
대하 26:15　성곽 위에 두어 **화살**과 큰 돌을 쏘고
욥 6:4　전능자의 **화살**이 내게 박히매 나의 영
욥 16:13　**화살**들이 사방에서 날아와 사정 없이
욥 20:25　그의 **화살**을 빼낸즉 번쩍번쩍하는 촉
욥 29:20　새로워지고 내 손에서 내 **화살**이 끊이
욥 34:6　허물이 없으나 **화살**로 상처를 입었노라
욥 41:28　**화살**이라도 그것을 물리치지 못하겠고
시 7:13　예비하심이여 그가 만든 **화살**은 불 **화살**
시 11:2　활을 당기고 **화살**을 시위에 먹임이여
시 18:14　그의 **화살**을 날려 그들을 흩으심이여
시 45:5　**화살**은 날카로워 왕의 원수의 염통을
시 57:4　창과 **화살**이요 그들의 혀는 날카로운
시 58:7　물같이 사라지게 하시며 겨누는 **화살**
시 64:3　칼같이 자기 혀를 연마하며 **화살**같이
시 64:7　쏘시리니 그들이 갑자기 **화살**에 상하
시 76:3　거기에서 그가 **화살**과 방패와 칼과 전쟁
시 91:5　찾아오는 공포와 낮에 날아드는 **화살**
시 120:4　장사의 날카로운 **화살**과 로뎀 나무 숯불
시 127:4　젊은 자의 자식은 장사의 수중의 **화살**
잠 7:23　필경은 **화살**이 그 간을 뚫게 되리라 새가
잠 25:18　방망이요 칼이요 뾰족한 **화살**이니라
잠 26:18　횃불을 던지며 **화살**을 쏘아서 사람을
사 5:28　그들의 **화살**은 날카롭고 모든 활은 당겨
사 7:24　찔레와 가시가 있으므로 **화살**과 활을
사 37:33　성에 이르지 못하며 **화살** 하나도 이리로
사 49:2　갈고 닦은 **화살**로 만드사 그의 **화살**통
렘 9:8　그들의 혀는 죽이는 **화살**이라 거짓을
렘 50:9　그들의 **화살**은 노련한 용사의 **화살** 같
렘 50:14　모든 자여 **화살**을 아끼지 말고 쏘라 그가
렘 51:11　**화살**을 갈며 둥근 방패를 준비하라
애 3:12　활을 당겨 나를 **화살**의 과녁으로 삼으
애 3:13　**화살**통의 **화살**들로 내 허리를 맞추셨
겔 5:16　멸망하게 하는 기근의 독한 **화살**을 너희

【 화살촉 】   【 화제 】

겔 21:21 점을 치되 **화살**들을 흔들어 우상에게
겔 39:3 떨어뜨리고 네 **화살**을 네 오른손에서
겔 39:9 작은 방패와 활과 **화살**과 몽둥이와 창을
합 3:9 활을 꺼내시고 **화살**을 바로 쏘셨나이다
슥 9:13 에브라임을 끼운 **화살**로 삼았으니 시온
슥 9:14 위에 나타나서 그들의 **화살**을 번개같이

화장하다(化粧, adorn)
렘 4:30 네가 **화장**한 것이 헛된 일이라 연인들

화제(火祭, burnt offering)
출 29:18 냄새니 여호와께 드리는 **화제**니라
출 29:25 냄새니 곧 여호와께 드리는 **화제**니라
출 29:41 냄새가 되게 하여 여호와께 **화제**로 삼을
출 30:20 여호와 앞에 **화제**를 사를 때에도 그리
레 1:9 번제를 드릴지니 이는 **화제**라 여호와
레 1:13 이는 **화제**라 여호와께 향기로운 냄새
레 1:17 번제를 드릴지니 이는 **화제**라 여호와
레 2:2 제단 위에서 불사를지니 이는 **화제**라
레 2:9 제단 위에서 불사를지니 이는 **화제**라
레 2:11 너희가 누룩이나 꿀을 여호와께 **화제**
레 2:16 불사를지니 이는 여호와께 드리는 **화제**
레 3:3 여호와께 **화제**를 드릴지니 곧 내장에
레 3:5 번제물 위에서 사르라니 이는 **화제**라
레 3:9 여호와께 **화제**를 드릴지니 그 기름 곧
레 3:11 제단 위에서 불사를지니 이는 **화제**로
레 3:14 가져다가 여호와께 **화제**를 드릴지니
레 3:16 이는 **화제**로 드리는 음식이요 향기로운
레 7:5 **화제**로 드릴 것이니 이는 속건제니라
레 7:25 사람이 여호와께 **화제**로 드리는 제물
레 8:21 여호와께 드리는 **화제**라 여호와께서
레 8:28 위임식 제사로 여호와께 드리는 **화제**
레 21:6 그들은 여호와의 **화제** 곧 그들의 하나님
레 21:21 여호와께 **화제**를 드리지 못할지니 그는
레 22:27 여호와께 **화제**로 예물을 드리면 기쁘게
레 23:8 너희는 이레 동안 여호와께 **화제**를 드릴
레 23:13 여호와께 드려 **화제**로 삼아 향기로운
레 23:18 이는 **화제**라 여호와께 향기로운 냄새
레 23:25 하지 말고 여호와께 **화제**를 드릴지니라
레 23:27 스스로 괴롭게 하며 여호와께 **화제**를
레 23:36 여호와께 **화제**를 드릴 것이요 … 여호와
께 **화제**를 드릴지니 이는 거룩한 대회
레 23:37 여호와께 **화제**를 드릴지니 번제와 소제
레 24:7 줄 위에 두어 기념물로 여호와께 **화제**
레 24:9 이는 여호와의 **화제** 중 그에게 돌리는
민 15:3 여호와께 **화제**나 번제나 서원을 갚는
민 15:25 범죄함으로 말미암아 허물 곧 **화제**와
민 28:3 여호와께 드릴 **화제**는 이러하니 일 년
민 28:13 향기로운 번제로 여호와께 **화제**를 드릴
민 28:19 흠 없는 것으로 여호와께 **화제**를 드려

'**화살**' 과 관련된 성구

불 화살 - 시 7:13
주의 화살 - 시 38:2; 77:17; 144:6; 합 3:11
화살 통 - 창 27:3; 욥 39:23; 시 127:5;
사 22:6; 49:2; 렘 5:16; 애 3:13

화살촉(javelin)
욥 41:26 창이나 투창이나 **화살촉**도 꽂히지 못하

화상(火傷, burn)
레 13:25 이는 **화상**에서 생긴 나병인즉 제사장
레 13:28 엷으면 **화상**으로 부은 것이니 제사장

화석(火石, flint)
겔 3:9 네 이마를 **화석**보다 굳은 금강석같이

화석류/-나무(花席榴, myrtle)
느 8:15 들감람나무 가지와 **화석류**나무 가지
사 41:19 싯딤 나무와 **화석류**와 들감람나무를
사 55:13 가시나무를 대신하여 나며 **화석류**는
슥 1:8 골짜기 속 **화석류나무** 사이에 섰고 그
슥 1:10 **화석류나무** 사이에 선 자가 대답하여
슥 1:11 그들이 **화석류나무** 사이에 선 여호와

화염(火焰, blaze, fire)
민 21:28 시혼의 성에서 **화염**이 나와서 모압의
시 29:7 여호와의 소리가 **화염**을 가르시도다
시 105:32 우박을 내리시며 그들의 땅에 **화염**을
시 106:18 그들의 당에 붙음이여 **화염**이 악인들
사 4:5 밤이면 **화염**의 빛을 만드시고 그 모든
사 30:30 맹렬한 **화염**과 폭풍과 폭우와 우박으
사 66:15 노여움을 나타내시며 맹렬한 **화염**으로

화인(火印, hot iron)
딤전 4:2 양심이 **화인**을 맞아서 외식함으로 거짓

2559

【 화창하다 】　　　　　　　　　　　　　　　　　　　　　　　　　　　　　　　　　　　　　　　【 화평/-하다 】

민 29:6　규례를 따라 향기로운 냄새로 **화제**를
삼상 2:28　모든 **화제**를 내가 네 조상의 집에 주지
겔 20:26　그들이 장자를 다 **화제**로 드리는 그 예물
겔 20:31　또 너희 아들을 **화제**로 삼아 불 가운데
겔 23:37　자식들을 우상을 위하여 **화제**로 살랐

> '**화제**' 와 관련된 성구
>
> 향기로운 화제 – 민 15:10, 13, 14, 24;
> 　　　18:17; 28:6, 8, 24; 29:13, 36
> 화제물 – 레 2:3, 10; 4:35; 5:12; 6:17,
> 　　　18; 7:30, 35; 10:12, 13, 15; 22:22;
> 　　　민 28:2; 신 18:1; 수 13:14

화창하다(和暢, charm, please)
아 1:16　너는 어여쁘고 **화창하다** 우리의 침상
아 7:6　그리 아름다운지, 어찌 그리 **화창한지**
사 60:5　또 **화창하리니** 이는 바다의 부가 네게

화친/-하다(和親, treaty of peace)
수 9:15　곧 그들과 **화친하여** 그들을 살리리라
왕상 20:18　이르되 **화친하러** 나올지라도 사로잡
대상 19:19　다윗과 더불어 **화친하여** 섬기고 그 후
시 7:4　**화친한** 자를 악으로 갚았거나 내 대적
사 27:5　의지하고 나와 **화친하며** 나와 **화친할**
단 11:6　북방 왕에게 가서 **화친하리라** 그러나
단 11:17　**화친할** 것이요 또 여자의 딸을 그에게
눅 14:32　있을 때에 사신을 보내어 **화친**을 청할

> '이스라엘과 화친하다' 와 관련된 성구
>
> 수 10:1, 4; 11:19; 삼하 10:19

화평/-하다(和平, peaceful, sound)
모세오경, 역사서
신 20:10　치려 할 때에는 그 성읍에 먼저 **화평**을
신 20:11　성읍이 만일 **화평하기**로 회답하고 너를
신 20:12　너와 **화평하기**를 거부하고 너를 대적
삿 4:17　겐 사람 헤벨의 집 사이에는 **화평**이 있음
삼하 20:19　이스라엘의 **화평하고** 충성된 자 중 하나
왕상 2:13　네가 **화평한** 목적으로 … **화평한** 목적
왕상 22:44　이스라엘의 왕과 더불어 **화평하니라**
에 9:30　**화평하고** 진실한 말로 편지를 써서 아

시가서, 선지서
욥 25:2　위엄을 가지셨고 높은 곳에서 **화평**을
시 34:14　악을 버리고 선을 행하며 **화평**을 찾아
시 37:11　땅을 차지하며 풍성한 **화평**으로 즐거워
시 37:37　정직한 자를 볼지어다 모든 **화평한** 자
시 85:10　진리가 같이 만나고 의와 **화평**이 서로
시 120:6　내가 **화평**을 미워하는 자들과 함께 오래
시 120:7　나는 **화평**을 원할지라도 내가 말할 때
잠 12:20　속임이 있고 **화평**을 의논하는 자에게
아 8:10　나는 그가 보기에 **화평**을 얻은 자 같구나
사 32:17　공의의 열매는 **화평**이요 공의의 결과
사 32:18　내 백성이 **화평한** 집과 안전한 거처와
사 60:17　철로 돌을 대신하며 화평을 세워 관원
나 1:15　아름다운 소식을 알리고 **화평**을 전하
슥 8:16　너희 성문에서 진실하고 **화평한** 재판
슥 8:19　오직 너희는 진리와 **화평**을 사랑할지
슥 9:10　이방 사람에게 **화평**을 전할 것이요 그의
말 2:6　그가 **화평함**과 정직함으로 나와 동행

신약
마 5:9　**화평하게** 하는 자는 복이 있나니 그들
마 10:34　세상에 **화평**을 주러 온 줄로 생각하지
　　　말라 **화평**이 아니요 검을 주러 왔노라
눅 12:51　세상에 **화평**을 주려고 온 줄로 아느냐
행 10:36　예수 그리스도로 말미암아 **화평**의 복음
롬 5:1　그리스도로 말미암아 하나님과 **화평**
롬 14:19　우리가 **화평**의 일과 서로 덕을 세우는
고전 7:15　하나님은 **화평** 중에서 너희를 부르셨
갈 5:22　사랑과 희락과 **화평**과 오래 참음과 자비
엡 2:14　우리의 **화평**이신지라 둘로 하나를 만드
엡 2:15　안에서 한 새 사람을 지어 **화평하게** 하시
골 1:20　십자가의 피로 **화평**을 이루사 만물 곧
딤후 2:22　함께 의와 믿음과 사랑과 **화평**을 따르
히 12:14　모든 사람과 더불어 **화평함**과 거룩함
약 3:17　첫째 성결하고 다음에 **화평하고** 관용
약 3:18　**화평하게** 하는 자들은 **화평**으로 심어
벧전 3:11　행하고 **화평**을 구하며 그것을 따르라
계 6:4　허락을 받아 땅에서 **화평**을 제하여 버리

> '**화평**' 과 관련된 성구
>
> 화평을 말(씀)하다 – 시 28:3; 35:20; 85:8
> 화평의 언약 – 사 54:10; 겔 34:25; 37:26
> 화평의 하나님 – 고전 14:33

【 화합하다 】   　　　　　　　　　【 확실하다/확실히 】

화합하다 (和合, combine, reconcile)
삼상 29:4 주와 다시 화합하리이까 이 사람들의
에 9:27 자기들과 화합한 자들이 해마다 그 기록
고전 7:11 지내든지 다시 그 남편과 화합하든지

화해하다/화해시키다 (和解, be reconciled)
눅 12:58 법관에게 갈 때에 길에서 화해하기를
행 7:26 모세가 와서 화해시키려 하여 이르되

화환 (花環, wreath)

왕상 7:29 사자와 소 아래에는 화환 모양이 있으며
왕상 7:30 화환은 각각 그 옆에
왕상 7:36 아로새겼고 또 그 둘레에 화환 모양이
행 14:13 제우스 신당의 제사장이 소와 화환들

확신/-하다 (確信, convince, sure)
신 28:66 주야로 두려워하며 네 생명을 확신할
욥 24:22 일어나는 자는 있어도 살아남을 확신
롬 4:21 또한 능히 이루실 줄을 확신하였으니
롬 8:38 내가 확신하노니 사망이나 생명이나
롬 14:14 예수 안에서 알고 확신하노니 무엇이
롬 15:14 서로 권하는 자임을 나도 확신하노라
고후 1:15 내가 이 확신을 가지고 너희로 두 번
고후 2:3 기쁨이 너희 모두의 기쁨인 줄 확신함
고후 3:4 하나님을 향하여 이 같은 확신이 있으
갈 5:10 주 안에서 확신하노라 그러나 너희를
엡 3:12 믿음으로 말미암아 담대함과 확신을
빌 1:6 날까지 이루실 줄을 우리는 확신하노라
빌 2:24 가게 될 것을 주 안에서 확신하노라
골 4:12 모든 뜻 가운데서 완전하고 확신 있게
살전 1:5 능력과 성령과 큰 확신으로 된 것임이
살후 3:4 행할 줄을 우리가 주 안에서 확신하노니
딤후 1:5 있더니 네 속에도 있는 줄을 확신하노라
딤후 1:12 날까지 그가 능히 지키실 줄을 확신함
딤후 3:14 너는 배우고 확신한 일에 거하라 너는
몬 1:21 나는 네가 순종할 것을 확신하므로 네게
히 3:6 소망의 확신과 자랑을 끝까지 굳게 잡을
히 3:14 우리가 시작할 때에 확신한 것을 끝까지
히 6:9 구원에 속한 것이 있음을 확신하노라
히 13:18 선한 양심이 있는 줄을 확신하노니

확실하다/확실히 (確實, sure, trustworthy)
창 42:11 다 한 사람의 아들들로서 확실한 자들
창 42:19 너희가 확실한 자들이면 너희 형제 중
창 42:31 우리가 그에게 이르되 우리는 확실한
창 42:33 너희가 확실한 자들임을 알리니 너희
창 42:34 정탐꾼이 아니요 확실한 자들임을 내가
출 3:16 애굽에서 당한 일을 확실히 보았노라
레 13:44 제사장이 그를 확실히 부정하다고 할
신 13:14 가운데에 있다는 것이 확실한 사실로
신 17:4 일과 말이 확실하여 이스라엘 중에 이런
수 23:13 확실히 알라 너희의 하나님 여호와께
삼상 20:9 해치려 확실히 결심한 줄 알면 내가 네
왕상 2:4 아니하리라 하신 말씀을 확실히 이루
왕상 6:12 다윗에게 한 말을 네게 확실히 이룰 것
왕상 8:26 다윗에게 하신 말씀이 확실하게 하옵
대하 6:17 다윗에게 하신 말씀이 확실하게 하옵
시 19:7 증거는 확실하여 우둔한 자를 지혜롭게
시 27:13 여호와의 선하심을 보게 될 줄 확실히
시 89:37 궁창의 확실한 증인인 달같이 영원히
시 93:5 주의 증거들이 매우 확실하고 거룩함
시 111:7 정의이며 그의 법도는 다 확실하니
잠 11:18 공의를 뿌린 자의 상은 확실하니라
잠 21:28 확실히 들은 사람의 말은 힘이 있느니
잠 22:21 진리의 확실한 말씀을 깨닫게 하며
사 41:21 야곱의 왕이 말하노니 너희는 확실한
사 55:3 곧 다윗에게 허락한 확실한 은혜이니
렘 3:20 너희가 확실히 나를 속였느니라 여호와
렘 14:13 이 곳에서 너희에게 확실한 평강을 주리
겔 13:6 사람들에게 그 말이 확실히 이루어지
단 2:45 이 꿈은 참되고 이 해석은 확실하니이
단 6:12 이 일이 확실하니 메대와 바사의 고치
단 7:19 짐승에 관하여 확실히 알고자 하였으니
단 8:26 말한 바 주야에 대한 환상은 확실하니
막 16:20 따르는 표적으로 말씀을 확실히 증언
눅 1:4 각하가 알고 있는 바를 더 확실하게 하려
행 1:3 고난 받으신 후에 또한 그들에게 확실한
행 2:36 온 집은 확실히 알지니 너희가 십자가
행 7:34 괴로움 받음을 내가 확실히 보고 그 탄식
행 25:26 그에 대하여 황제께 확실한 사실을 아뢸
빌 1:25 너희 무리와 함께 거할 이것을 확실히
골 2:2 연합하여 확실한 이해의 모든 풍성함
히 2:16 확실히 천사들을 붙들어 주려 하심이
벧전 1:7 믿음의 확실함은 불로 연단하여도 없어
벧후 1:19 우리에게는 더 확실한 예언이 있어

2561

【 확언하다 】　　　　　　　　　　　　　　　　　　　　　　　　　　　　　　【 환난 】

확언하다(確言, promise)
신 26:18 모든 명령을 지키라 확언하셨느니라

확인하다(確認, confidence)
고후 8:22 여러 번 확인하였거니와 이제 그가

확장하다/확장되다(擴張, extend)
수 19:47 단 자손의 경계는 더욱 확장되었으니
사 26:15 이 땅의 모든 경계를 확장하셨나이다

확정/-하다/-되다(確定, establish, steadfast)
창 23:18 데서 아브라함의 소유로 확정된지라
창 23:20 매장할 소유지로 확정되었더라
레 25:30 가옥은 산 자의 소유로 확정되어 대대로
신 19:15 세 증인의 입으로 그 사건을 확정할 것
룻 4:7 교환하는 일을 확정하기 위하여 사람
시 57:7 하나님이여 내 마음이 확정되었고 내
롬 14:5 각각 자기 마음으로 확정할지니라
고후 13:1 두세 증인의 입으로 말마다 확정하리라
빌 1:7 복음을 변명함과 확정함에 너희가 다
히 6:16 그들이 다투는 모든 일의 최후 확정이

확증하다(確證, demonstrate, warn)
왕상 1:14 들어가서 당신의 말씀을 확증하리이다
마 18:16 두세 증인의 입으로 말마다 확증하게
행 2:40 말로 확증하며 권하여 이르되 너희가
롬 5:8 대한 자기의 사랑을 확증하셨느니라
롬 15:28 그들에게 확증한 후에 너희에게 들렀
고후 13:5 너희 자신을 확증하라 예수 그리스도
딤전 1:7 자기가 말하는 것이나 자기가 확증하는
히 2:3 바요 들은 자들이 우리에게 확증한 바니

환관(宦官, eunuch, official)
왕하 20:18 바벨론 왕궁의 환관이 되리라 하셨으
사 39:7 바벨론 왕궁의 환관이 되리라 하셨으

> '환관장'과 관련된 성구
> 단 1:3, 7, 8, 9, 10, 11, 18

환난(患難, difficulties, disaster, trouble)
모세오경, 역사서
창 48:16 모든 환난에서 건지신 여호와의 사자
신 4:30 모든 일이 네게 임하여 환난을 당하다
신 31:17 허다한 재앙과 환난이 그들에게 임할
신 31:21 그들이 수많은 재앙과 환난을 당할 때
삿 11:7 너희가 환난을 당하였다고 어찌하여
삼상 2:32 처소의 환난을 볼 것이요 네 집에 영원
삼상 5:9 여호와의 손이 심히 큰 환난을 그 성읍
삼상 5:11 성읍이 사망의 환난을 당함이라 거기
삼상 22:2 환난 당한 모든 자와 빚진 모든 자와
삼상 26:24 여기서서 모든 환난에서 나를 구하여
삼하 4:9 여러 환난 가운데서 건지신 여호와께
삼하 22:7 내가 환난 중에서 여호와께 아뢰며 나
왕상 1:29 이르되 내 생명을 모든 환난에서 구하
왕상 2:26 모든 환난을 받을 때에 너도 환난을 받았
왕상 11:25 일평생에 하닷이 끼친 환난 외에 르손
왕하 19:3 오늘은 환난과 징벌과 모욕의 날이라
대상 4:10 나를 도우사 나로 환난을 벗어나 내게
대상 22:14 내가 환난 중에 여호와의 성전을 위하여
대하 20:9 주 앞에 서서 이 환난 가운데에서 주께
대하 33:12 환난을 당하여 그의 하나님 여호와께
느 1:3 지방 거기에서 큰 환난을 당하고 능욕
느 9:27 그들이 환난을 당하여 주께 부르짖을
느 9:32 오늘까지 당한 모든 환난을 이제 작게

시가서, 선지서
욥 3:10 내 눈으로 환난을 보게 하였음이로구
욥 5:19 여섯 가지 환난에서 너를 구원하시며
일곱 가지 환난이라도 그 재앙이 네게
욥 10:15 부끄러움이 가득하고 내 환난을 내 눈
욥 11:16 곧 네 환난을 잊을 것이라 네가 기억할
욥 15:24 환난과 역경이 그를 두렵게 하며 싸움
욥 27:9 환난이 그에게 닥칠 때에 하나님이 어찌
욥 31:3 불의한 자에게는 환난이 아니겠느냐
욥 36:8 그들이 족쇄에 매이거나 환난의 줄로
욥 36:16 그러므로 하나님이 그대를 환난에서
욥 36:21 악으로 치우치지 말라 그대가 환난보다
시 10:6 흔들리지 아니하며 대대로 환난을 당하
시 18:6 내가 환난 중에서 여호와께 아뢰며 나의
시 22:11 멀리 하지 마옵소서 환난이 가까우나
시 25:18 곤고와 환난을 보시고 내 모든 죄를
시 25:22 이스라엘을 그 모든 환난에서 속량하
시 31:7 나의 고난을 보시고 환난 중에 있는 내
시 32:7 나의 은신처이오니 환난에서 나를 보호
시 34:6 들으시고 그의 모든 환난에서 구원하셨
시 34:17 여호와께서 들으시고 그들의 모든 환난

【 환난 】

시 46:1 우리의 피난처시요 힘이시니 **환난** 중
시 54:7 참으로 주께서는 모든 **환난**에서 나를
시 69:17 숨기지 마소서 내가 **환난** 중에 있사오
시 91:15 그들이 **환난** 당할 때에 내가 그와 함께
시 107:13 그들이 그 **환난** 중에 여호와께 부르짖
시 116:3 내게 이르므로 내가 **환난**과 슬픔을 만났
시 119:143 **환난**과 우환이 내게 미쳤으나 주의 계명
시 120:1 내가 **환난** 중에 여호와께 부르짖었더니
시 121:7 너를 지켜 모든 **환난**을 면하게 하시며
시 138:7 내가 **환난** 중에 다닐지라도 주께서 나를
시 143:11 의로 내 영혼을 **환난**에서 끌어내소서
잠 11:8 의인은 **환난**에서 구원을 얻으나 악인
잠 12:13 그물에 걸려도 의인은 **환난**에서 벗어
잠 14:32 악인은 그의 **환난**에 엎드러져도 의인
잠 21:12 집을 감찰하시고 악인을 **환난**에 던지
잠 21:23 지키는 자는 자기의 영혼을 **환난**에서
사 8:22 굽어보아도 **환난**과 흑암과 고통의 흑암
사 25:4 빈궁한 자의 요새이시며 **환난** 당한 가난
사 26:16 **환난** 중에 주를 앙모하였사오며 주의
사 30:20 너희에게 **환난**의 떡과 고생의 물을 주
사 37:3 오늘은 **환난**과 책벌과 능욕의 날이라
사 45:7 평안도 짓고 **환난**도 창조하나니 나는
사 63:9 그들의 모든 **환난**에 동참하사 자기 앞
사 65:16 이전 **환난**이 잊혀졌고 내 눈 앞에서 숨겨
렘 2:27 그들이 **환난**을 당할 때에는 이르기를
렘 2:28 네가 **환난**을 당할 때에 구원할 수 있으
렘 24:9 그들에게 **환난**을 당하게 할 것이며 또
렘 30:7 그가 **환난**에서 구하여 냄을 얻으리로다
렘 44:11 얼굴을 너희에게로 향하여 **환난**을 내리
애 1:3 **환난**과 많은 고난 가운데에 사로잡혀
애 1:7 예루살렘이 **환난**과 유리하는 고통을
애 1:9 스스로 큰 체하오니 나의 **환난**을 감찰
애 1:20 여호와여 보시옵소서 내가 **환난**을 당하
겔 7:26 **환난**에 **환난**이 더하고 소문에 소문이
겔 35:5 이스라엘 족속의 **환난** 때 곧 죄악의 마
단 12:1 또 **환난**이 있으리니 이는 개국 이래로
그 때까지 없던 **환난**일 것이며 그 때에
암 6:6 몸에 바르면서 요셉의 **환난**에 대하여
옵 1:13 백성이 **환난**을 당하는 날에 … 않을 것
이며 **환난**을 당하는 … **환난**을 당하는
미 4:6 모으며 쫓겨난 자와 내가 **환난** 받게
합 3:7 구산의 장막이 **환난**을 당하고 미디안
습 1:15 그날은 분노의 날이요 **환난**과 고통의

【 환난 】

신약

마 13:21 말미암아 **환난**이나 박해가 일어날 때
마 24:9 그 때에 사람들이 너희를 **환난**에 넘겨
마 24:21 이는 그 때에 큰 **환난**이 있겠음이라 창
세로부터 지금까지 이런 **환난**이 없었
마 24:29 그 날 **환난** 후에 즉시 해가 어두워지며
막 4:17 말씀으로 인하여 **환난**이나 박해가 일어
막 13:19 창조하신 시초부터 이런 **환난**이 없었
막 13:24 그 때에 그 **환난** 후 해가 어두워지며
눅 21:23 이는 땅에 큰 **환난**과 이 백성에게 진노
요 16:33 세상에서는 너희가 **환난**을 당하나 담대
행 7:10 모든 **환난**에서 건져내사 애굽 왕 바로
행 7:11 큰 **환난**이 있을새 우리 조상들이 양식
행 11:19 스데반의 일로 일어난 **환난**으로 말미
행 14:22 들어가려면 많은 **환난**을 겪어야 할 것
행 20:23 증언하여 결박과 **환난**이 나를 기다린다
롬 2:9 악을 행하는 각 사람의 영에는 **환난**과
롬 5:3 **환난** 중에도 즐거워하나니 이는 **환난**
롬 8:35 **환난**이나 곤고나 박해나 기근이나 적신
롬 12:12 소망 중에 즐거워하며 **환난** 중에 참으
고전 7:26 곧 임박한 **환난**으로 말미암아 사람이
고후 1:4 모든 **환난** 중에서…모든 **환난** 중에 있는
고후 1:6 우리가 **환난** 당하는 것도 너희가 위로
고후 1:8 아시아에서 당한 **환난**을 너희가 모르
고후 4:17 우리가 잠시 받는 **환난**의 경한 것이 지극
고후 6:4 자천하여 많이 견디는 것과 **환난**과 궁핍
고후 7:4 내가 우리의 모든 **환난** 가운데서도 위로
고후 7:5 사방으로 **환난**을 당하여 밖으로는 다툼
고후 8:2 **환난**의 많은 시련 가운데서 그들의 넘치
엡 3:13 **환난**에 대하여 낙심하지 말라 이는 너희
살전 1:6 많은 **환난** 가운데서 성령의 기쁨으로
살전 3:3 이 여러 **환난** 중에 흔들리지 않게 하려

'**환난**'과 관련된 성구

환난 날 – 창 35:3; 신 32:35; 욥 30:16,
27; 시 20:1; 27:5; 49:5; 50:15;
59:16; 77:2; 86:7; 94:13; 잠 24:10;
25:19; 27:10; 렘 16:19; 나 1:7; 합
3:16; 막 13:19

환난 때 – 삿 10:14; 대하 15:4; 욥 38:23;
시 9:9; 10:1; 37:19, 39; 66:14; 사
10:3; 33:2; 렘 15:11; 30:7

2563

【 환부 】 【 환상 】

살전 3:4	장차 받을 **환난**을 너희에게 미리 말하
살전 3:7	형제들아 우리가 모든 궁핍과 **환난** 가운
살후 1:4	박해와 **환난** 중에서 너희 인내와 믿음
살후 1:6	**환난**을 받게 하는 자들에게는 **환난**으로
살후 1:7	**환난**을 받는 너희에게는 우리와 함께
딤전 5:10	혹은 **환난** 당한 자들을 구제하며 혹은
히 10:33	혹은 비방과 **환난**으로써 사람에게 구경
히 11:37	유리하여 궁핍과 **환난**과 학대를 받았
약 1:27	고아와 과부를 그 **환난** 중에 돌보고 또
계 1:9	형제요 예수의 **환난**과 나라와 참음에
계 2:9	내가 네 **환난**과 궁핍을 알거니와 실상
계 2:10	십 일 동안 **환난**을 받으리라 네가 죽도록
계 2:22	회개하지 아니하면, 큰 **환난** 가운데에
계 7:14	큰 **환난**에서 나오는 자들인데 어린 양

환부(患部, sore)

레 13:3	**환부**의 털이 희어졌고 **환부**가 피부보다
레 13:5	**환부**가 변하지 아니하고 병색이 피부
레 13:6	제사장이 또 진찰할지니 그 **환부**가 엷
레 13:17	그를 진찰하여서 그 **환부**가 희어졌으
레 13:22	그를 부정하다 할지니 이는 **환부**임이
레 13:29	남자나 여자의 머리에나 수염에 **환부**
레 13:30	진찰할지니 **환부**가 피부보다 우묵하
레 13:31	제사장이 보기에 그 옴의 **환부**가 피부
레 13:32	이레 만에 제사장이 그 **환부**를 진찰할
레 13:33	그는 모발을 밀되 **환부**는 밀지 말 것이
레 13:44	부정하다고 할 것은 그 **환부**가 그 머리

'나병 환부'와 관련된 성구

레 13:3, 20, 25, 27; 14:3, 54

환상(幻想, vision)
구약

창 15:1	여호와의 말씀이 **환상** 중에 아브람에
민 12:6	여호와가 **환상**으로 나를 그에게 알리
민 24:4	전능자의 **환상**을 보는 자, 엎드려서 눈
민 24:16	전능자의 **환상**을 보는 자, 엎드려서 눈
욥 4:13	그 밤에 본 **환상**으로 말미암아 생각이
욥 7:14	꿈으로 나를 놀라게 하시고 **환상**으로
욥 20:8	밤에 보이는 **환상**처럼 사라지리라
욥 33:15	잠들 때에나 꿈에나 밤에 **환상**을 볼 때
시 89:19	그 때에 주께서 **환상** 중에 주의 성도들

사 28:7	비틀거리며 **환상**을 잘못 풀며 재판할
사 29:7	모든 자는 꿈같이, 밤의 **환상**같이 되
겔 8:3	천지 사이로 올리시고 하나님의 **환상**
겔 11:24	하나님의 영의 **환상** 중에 … 본 **환상**
겔 43:3	내가 본 **환상** 곧 전에 성읍을 … **환상** 과 같고 그발 강 가에서 보던 **환상**과도 같
단 1:17	다니엘은 또 모든 **환상**과 꿈을 깨달아
단 2:19	이 은밀한 것이 밤에 **환상**으로 다니엘
단 4:9	내가 아노니 내 꿈에 본 **환상**의 해석을
단 7:2	진술하여 이르되 내가 밤에 **환상**을 보았
단 7:7	내가 밤 **환상** 가운데에 그 다음에 본
단 7:13	내가 또 밤 **환상** 중에 보니 인자 같은
단 7:15	근심하며 내 머리 속의 **환상**이 나를 번민
단 8:1	다니엘에게 처음에 나타난 **환상** 후 벨 사살 왕 제삼년에 다시 한 **환상**이 나타
단 8:2	내가 **환상**을 … 내가 **환상**을 보기는
단 8:13	말하는 이에게 묻되 **환상**에 나타난 바
단 8:15	나 다니엘이 이 **환상**을 보고 그 뜻을
단 8:16	이 **환상**을 이 사람에게 깨닫게 하라
단 8:17	인자야 깨달아 알라 이 **환상**은 정한 때
단 8:19	이 **환상**은 정한 때 끝에 관한 것임이라
단 8:26	주야에 대한 **환상**은 … 그 **환상**을 간직
단 8:27	내가 그 **환상**으로 말미암아 놀랐고 그
단 9:21	기도할 때에 이전에 **환상** 중에 본 그
단 9:23	너는 이 일을 생각하고 그 **환상**을 깨달
단 9:24	영원한 의가 드러나며 **환상**과 예언이
단 10:1	일을 분명히 알았고 그 **환상**을 깨달으
단 10:7	이 **환상**을 나 다니엘이 홀로 보았고 나 와 함께 한 사람들은 이 **환상**은 보지
단 10:8	홀로 있어서 이 큰 **환상**을 볼 때에 내
단 10:14	이 **환상**이 오랜 후의 일임이라 하더라
단 10:16	내 주여 **환상**으로 말미암아 근심이
단 11:14	스스로 높아져서 **환상**을 이루려 할 것
슥 13:4	예언할 때에 그 **환상**을 각기 부끄러워

신약

눅 1:22	성전 안에서 **환상**을 본 줄 알았더라 그
행 2:17	젊은이들은 **환상**을 보고 너희의 늙은
행 9:10	**환상** 중에 불러 이르시되 아나니아야
행 10:3	제 구 시쯤 되어 **환상** 중에 밝히 보매
행 10:17	베드로가 본 바 **환상**이 무슨 뜻인지 속
행 10:19	베드로가 그 **환상**에 대하여 생각할 때
행 11:5	황홀한 중에 **환상**을 보니 큰 보자기 같
행 12:9	생시인 줄 알지 못하고 **환상**을 보는가

2564

【 환성 】

행 16:9 밤에 **환상**이 바울에게 보이니 마게도냐
행 16:10 **환상**을 보았을 때 우리가 곧 마게도냐
행 18:9 밤에 주께서 **환상** 가운데 바울에게 말씀
고후 12:1 자랑하노니 주의 **환상**과 계시를 말하
계 9:17 이 같은 **환상** 가운데 그 말들과 그 위

> **'환상'과 관련된 성구**
>
> 머리 속으로 받은 환상 – 단 2:28; 4:5,
> 10, 13; 7:1
> 환상의 골짜기 – 사 22:1, 5

환성(歡聲, shout)

렘 51:14 그들이 너를 향하여 **환성**을 높이리라

환영/-하다(歡迎, accept, welcome)

삼상 18:6 경쇠를 가지고 왕 사울을 **환영하는**데
눅 4:24 선지자가 고향에서는 **환영**을 받는 자
눅 8:40 무리가 **환영하니** 이는 다 기다렸음이
히 11:13 그것들을 멀리서 보고 **환영하며** 또 땅에

환자(患者, diseased person)

레 13:4 제사장은 그 **환자**를 이레 동안 가두어
레 13:12 피부에 크게 발생하였으되 그 **환자**
레 13:13 전신에 퍼졌으면 그 **환자**를 정하다
레 13:17 그 환부가 희어졌으면 **환자**를 정하다
레 14:3 진영에서 나가 진찰할지니 그 **환자**에게

> **'환자'와 관련된 성구**
>
> 나병 환자– 레 13:44, 45; 14:2, 32;
> 22:4; 민 5:2; 삼하 3:29; 왕하 5:1;
> 7:3, 8, 9; 15:5; 26:21, 23; 마 8:2;
> 10:8; 11:5; 26:6; 막 1:40; 14:3; 눅
> 4:27; 7:22; 17:12
> 옴 환자 – 레 13:31, 33

환하다(bright, illuminate)

잠 13:9 의인의 빛은 **환하게** 빛나고 악인의 등불
계 18:1 가졌는데 그의 영광으로 땅이 **환하여**

환호하다(歡呼, shout)

삼하 6:15 즐거이 **환호하며** 나팔을 불고 여호와

【 활 】

환희(歡喜, gladness)

렘 48:33 **환희**가 옥토와 모압 땅에서 빼앗겼도다

활(bow)

창 27:3 네 기구 곧 화살통과 **활**을 가지고 들에
창 48:22 칼과 **활**로 아모리 족속의 손에서 빼앗
창 49:24 요셉의 **활**은 도리어 굳세며 그의 팔은
수 24:12 너희의 칼이나 너희의 **활**로써 이같이
삼상 2:4 용사의 **활**은 꺾이고 넘어진 자는 힘으
삼상 18:4 자기의 군복과 칼과 **활**과 띠도 그리하
삼하 1:22 요나단의 **활**이 뒤로 물러가지 아니하
왕상 22:34 무심코 **활**을 당겨 이스라엘 왕의 갑옷
왕하 6:22 칼과 **활**로 사로잡은 자인들 어찌 치리
왕하 9:24 예후가 힘을 다하여 **활**을 당겨 요람의
왕하 13:15 엘리사가 그에게 이르되 **활**과 화살들
　　　　을 가져오소서 하는지라 **활**과 화살들
왕하 13:16 왕의 손에 **활**을 잡으소서 하매 그가
대상 5:18 능히 방패와 칼을 들며 **활**을 당겨 싸움
대상 8:40 **활**을 잘 쏘는 자라 아들과 손자가 많아
대상 12:2 그들은 **활**을 가지며 좌우 손을 놀려 물
대하 17:17 큰 용사 엘리아다는 **활**과 방패를 잡은
대하 18:33 한 사람이 무심코 **활**을 당겨 이스라엘
대하 26:14 투구와 갑옷과 **활**과 물매 돌을 준비하
느 4:13 종족을 따라 칼과 창과 **활**을 가지고 서
느 4:16 방패와 **활**을 가졌고 민장은 유다 온 족속
시 7:12 칼을 가심이여 그의 **활**을 이미 당기어
시 11:2 **활**을 당기고 화살을 시위에 먹임이여
시 37:14 악인이 칼을 빼고 **활**을 당겨 가난하고
시 37:15 양심을 찌르고 그들의 **활**은 부러지리
시 44:6 내 **활**을 의지하지 아니할 것이라 내 칼
시 78:9 무기를 갖추며 **활**을 가졌으나 전쟁의
시 78:57 거짓을 행하여 속이는 **활**같이 빗나가
사 5:28 화살은 날카롭고 모든 **활**은 당겨졌으며
사 7:24 가시가 있으므로 화살과 **활**을 가지고
사 13:18 메대 사람이 **활**로 청년을 쏘아 죽이며
사 21:17 게달 자손 중 **활** 가진 용사의 남은 수가
사 22:3 함께 도망하였다가 **활**을 버리고 결박
사 41:2 그들이 그의 칼에 티끌 같게, 그의 **활**
사 66:19 다시스와 뿔과 **활**을 당기는 룻과 및 두
렘 6:23 그들은 **활**과 창을 잡았고 잔인하여 사랑
렘 9:3 그들이 **활**을 당김같이 그들의 혀를 놀려
렘 46:9 붓 사람과 **활**을 당기는 루딤 사람이여
렘 50:42 그들은 **활**과 투창을 가진 자라 잔인하

【 활기차다 】　　　　　　　　　　　　　　　　　【 황무지 】

렘 51:3　일어선 자를 향하여 그의 **활**을 당길 것
렘 51:56　용사들이 사로잡히고 그들의 **활**이 꺾이
애 2:4　원수같이 그의 **활**을 당기고 대적처럼
애 3:12　**활**을 당겨 나를 화살의 과녁으로 삼으
겔 39:3　네 **활**을 쳐서 네 왼손에서 떨어뜨리고
겔 39:9　작은 방패와 **활**과 화살과 몽둥이와 창
호 1:7　여호와로 구원하겠고 **활**과 칼이나 전쟁
호 2:18　언약을 맺으며 또 이 땅에서 **활**과 칼을
호 7:16　속이는 **활**과 같으며 그들의 지도자들
암 2:15　**활**을 가진 자도 설 수 없으며 발이 빠른
합 3:9　**활**을 꺼내시고 화살을 바로 쏘셨나이다
슥 9:10　전쟁하는 **활**도 끊으리니 그가 이방 사람
슥 10:4　그에게서, 싸우는 **활**이 그에게서, 권세
계 6:2　그 탄 자가 **활**을 가졌고 면류관을 받고

┌─ '**활**' 과 관련된 성구 ─────────────┐
│ 놋 **활** – 삼하 22:35; 시 18:34
│ 당긴 **활** – 사 21:15; 슥 9:13
│ **활** 노래 – 삼하 1:18
│ **활**시위 – 욥 30:11; 시 21:12
│ **활** 쏘는 자 – 창 21:20; 49:23; 삿 5:11;
│　삼상 31:3; 삼하 11:24; 대상 10:3; 대
│　하 35:23; 렘 4:29; 50:29
│ **활**을 꺾다 – 시 46:9; 렘 49:35; 호 1:5
│ **활**을 당기는 자 – 대하 14:8; 렘 50:14,
│　29; 51:3
│ **활**줄 – 삿 16:7, 8
└─────────────────────────┘

활기차다(活氣, vigorous)
욥 18:7　그의 **활기찬** 걸음이 피곤하여지고 그가

활동/–하다(活動, work)
살후 2:7　불법의 비밀이 이미 **활동**하였으나 지금
살후 2:9　악한 자의 나타남은 사탄의 **활동**을 따라

활력(活力, active)
히 4:12　하나님의 말씀은 살아 있고 **활력**이 있어

활발하다(活潑, vigorous)
시 38:19　내 원수가 **활발하며** 강하고 부당하게

황금(黃金, gold)
욥 28:17　**황금**이나 수정이라도 비교할 수 없고

욥 37:22　북쪽에서는 **황금** 같은 빛이 나오고
시 68:13　은으로 입히고 그 깃을 **황금**으로 입힌
아 5:14　손은 황옥을 물린 **황금** 노리개 같고 몸은
겔 27:22　재료와 각종 보석과 **황금**으로 네 물품
겔 28:13　홍옥과 **황금**으로 단장하였음이여 네가
마 2:11　보배합을 열어 **황금**과 유향과 몰약을

황급히(遑急, haste)
사 52:12　너희가 **황급히** 나오지 아니하며 도망
렘 46:5　그들의 용사는 패하여 **황급히** 도망하

황량하다(荒凉, desolate)
겔 6:14　디블라까지 **황량하고** 황폐하게 하리니

황무하다(荒蕪, desolate, ruin)
레 26:32　땅을 **황무하게** 하리니 거기 거주하는
레 26:33　땅이 **황무하며** 너희의 성읍이 황폐하
레 26:34　너희의 본토가 **황무할** 것이므로 땅이
레 26:35　그 땅이 **황무할** 동안에는 쉬게 되리라
욥 38:27　**황무하고** 황폐한 토지를 흡족하게 하여
사 14:17　세계를 **황무하게** 하며 성읍을 파괴하
사 23:1　두로가 **황무하여** 집이 없고 들어갈 곳
사 23:13　망대를 세우고 궁전을 헐어 **황무하게**
사 24:3　온전히 **황무하게** 되리라 여호와께서
사 24:12　성읍이 **황무하고** 성문이 파괴되었느니
사 27:10　성읍은 적막하고 거처가 **황무하며** 버림
사 34:10　세세에 **황무하여** 그리로 지날 자가 영영
사 49:8　그 **황무하였던** 땅을 기업으로 상속하
렘 46:19　놉이 **황무하며** 불에 타서 주민이 없을
겔 5:14　또 너를 **황무하게** 하고 너를 둘러싸고
욜 1:10　밭이 **황무하고** 토지가 마르니 곡식이
욜 3:19　**황무지**가 되겠고 에돔은 **황무한** 들이

황무지(荒蕪地, desert land, Desolate)
신 32:10　여호와께서 그를 **황무지**에서, 짐승이
수 18:12　넘어서 또 올라가서 벤아웬 **황무지**에
삿 1:16　올라가서 아랏 남방의 유다 **황무지**에
삼상 23:25　마온 **황무지**에 있더니 … 마온 **황무지**
시 46:8　행적을 볼지어다 그가 땅을 **황무지**로
사 62:4　네 땅을 **황무지**라 부르지 아니하고 오직
렘 4:26　내가 본즉 좋은 땅이 **황무지**가 되었으며
렘 12:10　내가 기뻐하는 땅을 **황무지**로 만들었
렘 12:11　황폐하게 하였으므로 그 **황무지**가 나를

【 황보석 】　　　　　　　　　　　　　　【 황폐/-하다/-하여지다 】

렘 27:17　어찌하여 이 성을 **황무지**가 되게 하려
렘 34:22　성읍들을 주민이 없어 처참한 **황무지**
렘 44:2　오늘 그것들이 **황무지**가 되었고 사는
렘 44:6　오늘과 같이 폐허와 **황무지**가 되었느
렘 50:13　주민이 없어 완전히 **황무지**가 될 것이
렘 50:23　어찌 그리 나라들 가운데에 **황무지**가
렘 51:26　영원히 **황무지**가 될 것이니라 여호와
겔 13:4　너의 선지자들은 **황무지**에 있는 여우
겔 29:9　사막과 **황무지**가 되리니 내가 여호와
겔 29:10　구스 지경까지 황폐한 **황무지** 곧 사막
겔 33:27　나의 삶을 두고 맹세하노니 **황무지**에
겔 33:28　내가 그 땅이 **황무지**와 공포의 대상이
겔 33:29　그 땅을 **황무지**와 공포의 대상이 되게
겔 35:3　네가 **황무지**와 공포의 대상이 되게 할
겔 35:7　내가 세일 산이 **황무지**와 폐허가 되게
욜 3:19　애굽은 **황무지**가 되겠고 에돔은 황무한

황보석(黃寶石, topaz)
겔 28:13　홍보석과 **황보석**과 금강석과 황옥과

황새(heron)
레 11:19　**황새**와 백로 종류와 오디새와 박쥐니
신 14:18　학과 **황새** 종류와 대승과 박쥐며

황소(bull, ox)
창 32:15　암소가 사십이요 **황소**가 열이요 암나귀
대하 4:3　그 바다를 놋쇠 **황소** 열두 마리가 받쳤
시 22:12　많은 **황소**가 나를 에워싸며 바산의 힘
시 69:31　뿔과 굽이 있는 **황소**를 드림보다 여호
렘 50:27　그의 **황소**를 다 죽이라 그를 도살하려
히 9:13　염소와 **황소**의 피와 및 암송아지의 재
히 10:4　이는 **황소**와 염소의 피가 능히 죄를 없이

황야(荒野, desert)
시 107:40　쏟아 부으시고 길 없는 **황야**에서 유리

황양목(黃楊木, cypress wood)
사 41:19　잣나무와 소나무와 **황양목**을 함께 두
사 60:13　곧 잣나무와 소나무와 **황양목**과 함께
겔 27:6　노를 만들었음이여 깃딤 섬 **황양목**에

황옥(黃玉, chrysolite, topaz)
출 28:17　물리되 첫 줄은 홍보석 **황옥** 녹주옥이요

출 39:10　보석을 물렸으니 곧 홍보석 **황옥** 녹주
욥 28:19　구스의 **황옥**으로도 비교할 수 없고 순
아 5:14　손은 **황옥**을 물린 황금 노리개 같고 몸
겔 1:16　바퀴의 모양과 그 구조는 **황옥**같이 보
겔 10:9　한 바퀴가 있으며 그 바퀴 모양은 **황옥**
겔 28:13　금강석과 **황옥**과 홍마노와 창옥과 청
단 10:6　또 그의 몸은 **황옥** 같고 그의 얼굴은
계 21:20　일곱째는 **황옥**이요 여덟째는 녹옥이

황제(皇帝, emperor)
눅 3:1　디베료 **황제**가 통치한 지 열다섯 해 곧
행 25:21　바울은 **황제**의 판결을 받도록 자기를
행 25:25　그가 **황제**에게 상소한 고로 보내기로
행 25:26　그에 대하여 **황제**께 확실한 사실을 아뢸

황충(蝗蟲, grasshopper, locust)
왕상 8:37　메뚜기나 **황충**이 나거나 적군이 와서
대하 6:28　메뚜기나 **황충**이 나거나 적군이 와서
시 78:46　토산물을 **황충**에게 주셨고 그들이 수고
시 105:34　말씀하신즉 **황충**과 수많은 메뚜기가
사 33:4　**황충**의 떼같이 사람이 너희의 노략물
렘 46:23　여호와의 말씀이니라 그들이 **황충**보
욜 1:4　느치가 먹고 느치가 남긴 것을 **황충**이
욜 2:25　느치와 **황충**과 팥중이가 먹은 햇수대
계 9:3　또 **황충**이 연기 가운데로부터 땅 위에
계 9:7　**황충**들의 모양은 전쟁을 위하여 준비

황폐/-하다/-하여지다(荒廢, demolish)
`모세오경 - 시가서`
창 47:19　아니하며 토지도 **황폐**하게 되지 아니
레 26:22　줄이리니 너희의 길들이 **황폐**하리라
민 21:30　메드바에 가까운 노바까지 **황폐**하게
수 8:28　만들었더니 오늘까지 **황폐**하였으며
대하 36:21　이에 토지가 **황폐**하여 땅이 안식년을
느 2:3　이제까지 **황폐**하고 성문이 불탔사오니
느 2:17　예루살렘이 **황폐**하고 성문이 불탔으니
욥 38:27　황무하고 **황폐**한 토지를 흡족하게 하여
시 69:25　그들의 거처가 **황폐**하게 하시며 그들
시 73:19　갑자기 **황폐**되었는가 놀랄 정도로 그
시 79:7　야곱을 삼키고 그의 거처를 **황폐**하게
시 102:6　광야의 올빼미 같고 **황폐**한 곳의 부엉이
시 109:10　유리하며 구걸하고 그들의 **황폐**한 집
시 137:3　우리를 **황폐**하게 한 자가 기쁨을 청하고

【 황폐/-하다/-하여지다 】 　　　　　【 황폐/-하다/-하여지다 】

선지서

사 1:7	너희의 땅은 **황폐하였고** 너희의 성읍들은 불에 … 파괴됨같이 **황폐하였고**
사 3:26	슬퍼하며 곡할 것이요 시온은 **황폐하여**
사 5:6	내가 그것을 **황폐하게** 하리니 다시는
사 5:9	허다한 가옥이 **황폐하리니** 크고 아름
사 6:11	성읍들은 **황폐하여** … 토지는 **황폐하게**
사 6:12	이 땅 가운데에 **황폐한** 곳이 많을 때까
사 6:13	남아 있을지라도 이것도 **황폐하게** 될
사 15:1	하룻밤에 모압 알이 망하여 **황폐할** 것이며 … 모압 기르가 망하여 **황폐할** 것
사 17:9	산 꼭대기의 처소 같아서 **황폐하리니**
사 33:8	대로가 **황폐하여** 행인이 끊어지며 대적
사 42:15	산들과 언덕들을 **황폐하게** 하며 그 모든
사 44:26	내가 그 **황폐한** 곳들을 복구시키리라
사 49:17	너를 헐며 너를 **황폐하게** 하던 자들은
사 49:19	네 **황폐하고** 적막한 곳들과 네 파멸된
사 51:3	시온의 모든 **황폐한** 곳들을 위로하여
사 51:19	**황폐**와 멸망이요 기근과 칼이라 누가
사 52:9	예루살렘의 **황폐한** 곳들아 기쁜 소리
사 58:12	오래 **황폐된** 곳들을 다시 세울 것이며
사 59:7	생각은 악한 생각이라 **황폐**와 파멸이
사 60:18	들리지 않을 것이요 **황폐**와 파멸이 네
사 61:4	오래 **황폐하였던** 곳을 … **황폐한** 성읍
사 64:10	되었으며 예루살렘이 **황폐하였나이다**
사 64:11	즐거워하던 곳이 다 **황폐하였나이다**
렘 6:8	싫어하고 너를 **황폐하게** 하여 주민이
렘 10:25	멸하고 그의 거처를 **황폐하게** 하였나
렘 12:11	이를 **황폐하게** … 온 땅이 **황폐함은**
렘 25:36	여호와가 그들의 초장을 **황폐하게** 함
렘 26:9	성이 **황폐하여** 주민이 없으리라 하는
렘 32:43	너희가 말하기를 **황폐하여** 사람이나
렘 33:10-11	너희가 가리켜 말하기를 **황폐하여** … 짐승도 없다 하던 여기 곧 **황폐하여**
렘 33:12	말씀하시니라 **황폐하여** 사람도 없고
렘 48:3	부르짖는 소리여 **황폐**와 큰 파멸이로
렘 48:15	말하노라 모압이 **황폐하였도다** 그 성
렘 48:20	가에서 이르기를 모압이 **황폐하였다**
렘 48:34	부니므림의 물도 **황폐하였음이로다**
렘 49:3	울지어다 아이가 **황폐하였도다** 너희
렘 49:13	보스라가 놀램과 치욕 거리와 **황폐함**과
렘 49:20	괴롭히고 그 처소로 **황폐하게** 하지 않
렘 49:28	올라가서 동방 자손들을 **황폐하게** 하
렘 50:45	끌어가고 그들의 초장을 **황폐하게** 하리
렘 51:41	바벨론이 나라들 가운데에 **황폐하였도다**
렘 51:55	이는 여호와께서 바벨론을 **황폐하게**
애 1:13	종일토록 나를 피곤하게 하여 **황폐하게**
겔 6:4	제단들이 **황폐하고** 분향제단들이 깨뜨
겔 6:6	산당을 **황폐하게** 하리니 … **황폐하며**
겔 6:14	디블라까지 황량하고 **황폐하게** 하리
겔 12:19	말미암아 땅에 가득한 것이 **황폐하게**
겔 19:7	땅과 그 안에 가득한 것이 **황폐한지라**
겔 25:13	데만에서부터 **황폐하게** 하리니 드단
겔 26:2	**황폐하였으니** 내가 충만함을 얻으리
겔 26:20	예로부터 **황폐한** 곳에 살게 하리라 네
겔 29:10	구스 지경까지 **황폐한** 황무지 곧 사막
겔 29:12	애굽 땅을 **황폐한** 나라들같이 **황폐하게** 하며 애굽 … 사십 년 동안 **황폐하게**
겔 30:7	**황폐한** 나라들같이 그들도 **황폐할** 것
겔 30:12	모든 것을 **황폐하게** 하리라 나 여호와
겔 30:14	내가 바드로스를 **황폐하게** 하며 소안
겔 35:4	네가 **황폐하게** 되리니 네가 나를 여호
겔 35:14	즐거워할 때에 내가 너를 **황폐하게** 하되
겔 35:15	기업이 **황폐하므로** 네가 … **황폐하게**
겔 36:3	너희를 **황폐하게** 하고 너희 사방을 삼켜
겔 36:4	시내들과 골짜기들과 **황폐한** 사막들
겔 36:33	거주하게 하며 **황폐한** 것이 건축되게
겔 36:34	전에는 지나가는 자의 눈에 **황폐하게**
겔 36:36	무너진 곳을 건축하며 **황폐한** 자리에
겔 38:8	**황폐하였던** 이스라엘 산에 이르리니
겔 38:12	손을 들어서 **황폐하였다가** 지금 사람
단 9:2	곧 예루살렘의 **황폐함**이 칠십 년 만에
단 9:17	얼굴빛을 주의 **황폐한** 성소에 비추시
단 9:18	우리의 **황폐한** 상황과 주의 이름으로
단 9:26	전쟁이 있으리니 **황폐할** 것이 작정되
단 9:27	정한 종말까지 진노가 **황폐하게** 하는
호 5:9	벌하는 날에 에브라임이 **황폐할** 것이
암 7:9	산당들이 **황폐되며** 이스라엘의 성소
미 6:13	네 죄로 말미암아 너를 **황폐하게** 하였
미 6:16	내가 너희를 **황폐하게** 하며 그의 주민
미 7:13	행위의 열매로 말미암아 **황폐하리로다**
나 2:10	니느웨가 공허하였고 **황폐하였도다**
나 3:7	니느웨가 **황폐하였도다** 누가 그것을
습 1:15	환난과 고통의 날이요 **황폐**와 패망의
습 2:13	니느웨를 **황폐하게** 하여 사막같이 메마
습 2:15	이와 같이 **황폐하여** 들짐승이 엎드릴

황혼 | 회개/-하다

학 1:4 성전이 **황폐**하였거늘 너희가 이 때에
말 1:4 무너뜨림을 당하였으나 **황폐**된 곳을

신약

마 12:25 나라마다 **황폐**하여질 것이요 스스로
눅 11:17 나라마다 **황폐**하여지며 스스로 분쟁
행 1:20 그의 처소를 **황폐**하게 하시며 거기 거

'황폐하다'와 관련된 성구

땅이 황폐하다 – 창 47:13; 출 8:24; 23:29; 레 26:43; 왕하 19:17; 시 63:1; 사 7:16; 13:9; 24:1; 37:18; 렘 2:15; 4:7, 27; 7:34; 44:2; 50:3; 51:29; 겔 14:15, 16; 15:8; 25:3; 29:12; 32:15; 33:24; 35:15; 36:34, 35; 욜 2:3; 미 5:6; 슥 7:14

산이 황폐하다 – 애 5:18; 겔 33:28; 35:12; 말 1:3

성읍이 황폐하다 – 레 26:31, 33; 대하 34:6; 욥 15:28; 사 25:2; 54:3; 61:4; 렘 4:7; 9:11; 10:22; 48:9; 49:13; 51:43; 겔 12:20; 26:19; 36:38; 암 9:14; 습 3:6

영원히 황폐하다 – 렘 49:13, 33; 겔 35:9; 습 2:9

집이 황폐하다 – 렘 22:5; 습 1:13; 학 1:9; 마 23:38; 눅 13:35

황혼(黃昏, dusk)

잠 7:9 저물 때, **황혼** 때, 깊은 밤 흑암 중에라
사 59:10 낮에도 **황혼** 때같이 넘어지니 우리는

황홀하다(恍惚, overwhelm, trance)

대하 9:4 올라가는 층계를 보고 정신이 **황홀**하여
행 10:10 사람들이 준비할 때에 **황홀**한 중에
행 11:5 욥바 시에서 기도할 때에 **황홀**한 중에
행 22:17 돌아와서 성전에서 기도할 때에 **황홀**한

홰(lantern)

삿 15:4 **홰**를 가지고 그 두 꼬리 사이에 한 **홰**를
삿 15:5 **홰**에 불을 붙이고 그것을 블레셋 사람

횃불(torch)

창 15:17 타는 **횃불**이 쪼갠 고기 사이로 지나더라
삿 7:16 항아리를 들리고 항아리 안에는 **횃불**
삿 7:20 왼손에 **횃불**을 들고 오른손에 나팔을

욥 41:19 그것의 입에서는 **횃불**이 나오고 불꽃
잠 26:18 **횃불**을 던지며 화살을 쏘아서 사람을
사 50:11 불을 피우고 **횃불**을 … **횃불** 가운데로
사 62:1 예루살렘의 구원이 **횃불**같이 나타나
겔 1:13 타는 숯불과 **횃불** 모양 같은데 그 불이
단 10:6 그의 눈은 **횃불** 같고 그의 팔과 발은
나 2:4 모양이 **횃불** 같고 빠르기가 번개 같도다
슥 12:6 곡식단 사이에 **횃불** 같게 하리니 그들이
요 18:3 아랫사람들을 데리고 등과 **횃불**과 무기
계 8:10 셋째 천사가 나팔을 부니 **횃불**같이 타는

회 1(灰, whitewash)

겔 13:12 너희에게 말하기를 그것에 칠한 **회**가
겔 22:28 선지자들이 그들을 위하여 **회**를 칠하고

회 2(會, body)

딤전 4:14 네 속에 있는 은사 곧 장로의 **회**에서

회개/-하다(悔改, repent)

욥 42:6 티끌과 재 가운데에서 **회개**하나이다
시 7:12 사람이 **회개**하지 아니하면 그가 그의
겔 18:30 돌이켜 **회개**하고 모든 죄에서 떠날지
마 3:2 **회개**하라 천국이 가까이 왔느니라 하였
마 3:8 그러므로 **회개**에 합당한 열매를 맺고
마 3:11 나는 너희로 **회개**하게 하기 위하여 물로
마 4:17 비로소 전파하여 이르시되 **회개**하라
마 11:20 많이 행하신 고을들이 **회개**하지 아니
마 11:21 베옷을 입고 재에 앉아 **회개**하였으리라
마 12:41 전도를 듣고 **회개**하였음이거니와 요나
막 1:15 가까이 왔으니 **회개**하고 복음을 믿으라
막 6:12 제자들이 나가서 **회개**하라 전파하고
눅 3:8 그러므로 **회개**에 합당한 열매를 맺고
눅 5:32 온 것이 아니요 죄인을 불러 **회개**시키러
눅 10:13 베옷을 입고 재에 앉아 **회개**하였으리라
눅 11:32 듣고 **회개**하였음이거니와 요나보다
눅 13:3 너희도 만일 **회개**하지 아니하면 다 이와
눅 13:5 만일 **회개**하지 아니하면 다 이와 같이
눅 15:7 **회개**하면 하늘에서는 **회개**할 것 없는
눅 15:10 죄인 한 사람이 **회개**하면 하나님의 사자
눅 16:30 그들에게 가는 자가 있으면 **회개**하리이다
눅 17:3 죄를 범하거든 경고하고 **회개**하거든
눅 17:4 돌아와 내가 **회개**하노라 하거든 너는
눅 24:47 죄 사함을 받게 하는 **회개**가 예루살렘

[회계하다]   [회당]

행 2:38	너희가 **회개하여** 각각 예수 그리스도
행 3:19	너희가 **회개하고** 돌이켜 너희 죄 없이
행 5:31	이스라엘에게 **회개함**과 죄 사함을 주시
행 8:22	이 악함을 **회개하고** 주께 기도하라 혹
행 11:18	이방인에게도 생명 얻는 **회개**를 주셨
행 17:30	사람에게 다 명하사 **회개하라** 하셨으니
행 20:21	하나님께 대한 **회개**와 우리 주 예수
행 26:20	이방인에게까지 **회개하고** 하나님께로 돌아와서 **회개**에 합당한 일을 하라 전하
롬 2:4	너를 인도하여 **회개하게** 하심을 알지
롬 2:5	다만 네 고집과 **회개하지** 아니한 마음
고후 7:9	근심함으로 **회개함**에 이른 까닭이라
고후 7:10	구원에 이르게 하는 **회개**를 이루는 것
고후 12:21	음란함과 호색함을 **회개하지** 아니함
딤후 2:25	그들에게 **회개함**을 주사 진리를 알게
히 6:1	죽은 행실을 **회개함**과 하나님께 대한
히 6:6	다시 새롭게 하여 **회개하게** 할 수 없나
히 12:17	버린 바가 되어 **회개할** 기회를 얻지 못
벧후 3:9	멸망하지 아니하고 다 **회개하기**에 이르
계 2:5	생각하고 **회개하여** 처음 … **회개하지**
계 2:16	그러므로 **회개하라** 그리하지 아니하면
계 2:21	내가 그에게 **회개할** 기회를 주었으되 자기의 음행을 **회개하고자** 하지 아니
계 2:22	**회개하지** 아니하면 큰 환난 가운데에
계 3:3	생각하고 지켜 **회개하라** 만일 일깨지
계 3:19	그러므로 네가 열심을 내라 **회개하라**
계 9:20	손으로 행한 일을 **회개하지** 아니하고
계 9:21	음행과 도둑질을 **회개하지** 아니하더라
계 16:9	**회개하지** 아니하고 주께 영광을 돌리지
계 16:11	그들의 행위를 **회개하지** 아니하더라

'회개'와 관련된 성구

회개의 세례 – 막 1:4; 눅 3:3; 행 13:24; 19:4
회개할 기회 – 히 12:17; 계 2:21

회계하다(會計, accounting)
| 왕하 12:15 | 사람들과 **회계하지** 아니하였으니 이는 |
| 왕하 22:7 | 손에 맡긴 은을 **회계하지** 말지니 이는 |

회답하다(回答, give an answer to, send reply)
| 신 20:11 | 성읍이 만일 화평하기로 **회답하고** 너를 |
| 에 4:13 | 에스더에게 **회답하되** 너는 왕궁에 있으 |

| 에 4:15 | 에스더가 모르드개에게 **회답하여** 이르 |
| 잠 22:21 | 진리의 말씀으로 **회답하게** 하려 함이 |

회당(會堂, synagogue)
시 74:8	땅에 있는 하나님의 모든 **회당**을 불살
마 6:2	영광을 받으려고 **회당**과 거리에서 하는
마 6:5	사람에게 보이려고 **회당**과 큰 거리 어귀
마 10:17	넘겨주겠고 그들의 **회당**에서 채찍질
마 12:9	거기에서 떠나 그들의 **회당**에 들어가
마 23:34	그 중에서 더러는 너희 **회당**에서 채찍
막 1:23	마침 그들의 **회당**에 더러운 귀신 들린
막 1:29	**회당**에서 나와 곧 야고보와 요한과 함께
막 1:39	다니시며 그들의 여러 **회당**에서 전도
막 3:1	다시 **회당**에 들어가시니 한쪽 손 마른
막 13:9	너희를 **회당**에서 매질하겠으며 나로
눅 4:16	안식일에 늘 하시던 대로 **회당**에 들어
눅 4:20	앉으시니 **회당**에 있는 자들이 다 주목
눅 4:28	**회당**에 있는 자들이 이것을 듣고 다 크게
눅 4:33	**회당**에 더러운 귀신 들린 사람이 있어
눅 4:38	예수께서 일어나 **회당**에서 나가사 시몬
눅 4:44	갈릴리 여러 **회당**에서 전도하시더라
눅 6:6	다른 안식일에 예수께서 **회당**에 들어
눅 7:5	또한 우리를 위하여 **회당**을 지었나이다
눅 12:11	사람이 너희를 **회당**이나 위정자나 권세
눅 21:12	박해하며 **회당**과 옥에 넘겨 주며 임금
요 18:20	모든 유대인들이 모이는 **회당**과 성전
행 6:9	아시아에서 온 사람들의 **회당**에서 어떤
행 9:2	다메섹 여러 **회당**에 가져갈 공문을 청하
행 9:20	**회당**에서 예수가 하나님의 아들이심을
행 13:14	이르러 안식일에 **회당**에 들어가 앉으
행 13:43	**회당**의 모임이 끝난 후에 유대인과
행 15:21	안식일마다 **회당**에서 그 글을 읽음이

'회당'과 관련된 성구

사탄의 회당 – 계 2:9; 3:9
유대인의 회당 – 행 13:5; 14:1; 17:1, 10
회당에서 가르치다 – 마 4:23; 9:35; 13:54;
　　　　　　　　　막 1:21; 6:2; 눅 4:15; 13:10; 요 6:59
회당의 높은 자리 – 마 23:6; 막 12:39; 눅
　　　　　　　　　11:43; 20:46
회당장 – 막 5:22, 35, 36, 38; 눅 8:41,
　　　　 49; 13:14; 행 13:15; 18:8, 17

【 회랑 】

행 17:17 **회당**에서는 유대인과 경건한 사람들
행 18:4 안식일마다 바울이 **회당**에서 강론하고
행 18:7 사람의 집에 들어가니 그 집은 **회당** 옆
행 18:19 자기는 **회당**에 들어가서 유대인들과
행 18:26 **회당**에서 담대히 말하기 시작하거늘
행 19:8 바울이 **회당**에 들어가 석 달 동안 담대히
행 22:19 믿는 사람들을 가두고 또 각 **회당**에서
행 24:12 변론하는 것이나 **회당** 또는 시중에서
행 26:11 모든 **회당**에서 여러 번 형벌하여 강제로
약 2:2 너희 **회당**에 금 가락지를 끼고 아름다운

회랑(回廊, gallery)
겔 41:15 건물을 측량하니 그 좌우편 **회랑**까지
겔 41:16 삼면에 둘려 있는 **회랑**은 문 통로 안쪽
겔 42:3 방 삼층에 **회랑**들이 있는데 한 방의 **회랑**은 스무 척 … 다른 한 방의 **회랑**은
겔 42:5 위층의 방은 가장 좁으니 이는 **회랑**들

회막(會幕, tent of meeting)
모세오경
출 27:21 아론과 그의 아들들로 **회막** 안 증거궤
출 28:43 아론과 그의 아들들이 **회막**에 들어갈
출 29:10 너는 수송아지를 **회막** 앞으로 끌어오고
출 29:30 제사장이 되는 아들이 **회막**에 들어가
출 29:43 영광으로 말미암아 **회막**이 거룩하게
출 29:44 내가 그 **회막**과 제단을 거룩하게 하며
출 30:18 그것을 **회막**과 제단 사이에 두고 그 속
출 30:20 그들이 **회막**에 들어갈 때에 물로 씻어
출 30:26 너는 그것을 **회막**과 증거궤에 바르고
출 30:36 너와 만날 **회막** 안 증거궤 앞에 두라
출 31:7 **회막**과 증거궤와 … 속죄소와 **회막**의
출 33:7 떠나게 하고 **회막**이라 … **회막**으로 나아
출 33:8 모세가 **회막**으로 … 서서 모세가 **회막**
출 33:9 모세가 **회막**에 들어갈 때에 구름 기둥
출 33:11 여호수아는 **회막**을 떠나지 아니하니라
출 35:21 자원하는 모든 자가 와서 **회막**을 짓기
출 39:32 이와 같이 성막 곧 **회막**의 모든 역사를
출 39:40 그 말뚝들과 성막 곧 **회막**에서 사용할
출 40:2 너는 첫째 달 초하루에 성막 곧 **회막**을
출 40:6 또 번제단을 **회막**의 성막 문 앞에 놓고
출 40:7 물두멍을 **회막**과 제단 사이에 놓고 그
출 40:22 그는 또 **회막** 안 곧 성막 북쪽으로 휘장
출 40:24 또 **회막** 안 곧 성막 남쪽에 등잔대를

【 회막 】

출 40:26 그가 또 금 향단을 **회막** 안 휘장 앞에
출 40:29 또 **회막**의 성막 문 앞에 번제단을 두고
출 40:30 그는 또 물두멍을 **회막**과 제단 사이에
출 40:32 **회막**에 들어갈 때와 제단에 가까이 갈
출 40:34 구름이 **회막**에 덮이고 여호와의 영광이
출 40:35 모세가 **회막**에 … 구름이 **회막** 위에 덮이
레 1:1 여호와께서 **회막**에서 모세를 부르시고
레 3:8 그 예물의 머리에 안수하고 **회막** 앞으
레 3:13 머리에 안수하고 **회막** 앞에서 잡을 것
레 4:5 수송아지의 피를 가지고 **회막**에 들어
레 4:7 피를 여호와 앞 곧 **회막** 안 향단 뿔들
레 4:14 속죄제로 드릴지니 그것을 **회막** 앞으로
레 4:16 수송아지의 피를 가지고 **회막**에 들어
레 4:18 그 피로 **회막** 안 여호와 앞에 있는 제단
레 6:30 피를 가지고 **회막**에 들어가 성소에서
레 9:5 모세가 명령한 모든 것을 **회막** 앞으로
레 9:23 모세와 아론이 **회막**에 들어갔다가 나와
레 10:9 자손들이 **회막**에 들어갈 때에는 포도주
레 16:16 부정한 중에 있는 **회막**을 위하여 그같
레 16:17 나오기까지는 누구든지 **회막**에 있지
레 16:20 지성소와 **회막**과 제단을 위하여 속죄
레 16:23 **회막**에 들어가서 지성소에 들어갈 때
레 16:33 지성소를 속죄하며 **회막**과 제단을 속죄
레 24:3 아론은 **회막** 안 증거궤 휘장 밖에서 저녁
민 1:1 시내 광야 **회막**에서 모세에게 말씀하여
민 2:2 기호 곁에 진을 치되 **회막**을 향하여 사방
민 2:17 그 다음에 **회막**이 레위인의 진영과 함께
민 3:7 그들이 **회막** 앞에서 아론의 직무와 온
민 3:8 곧 **회막**의 모든 기구를 맡아 지키며
민 3:25 게르손 자손이 **회막**에서 … **회막** 휘장
민 3:38 성막 앞 동쪽 곧 **회막** 앞 해 돋는 쪽에
민 4:4 고핫 자손이 **회막** 안의 지성물에 대하여
민 4:15 죽으리라 **회막** 물건 중에서 이것들은
민 4:25 휘장들과 **회막**과 … 가죽 덮개와 **회막**
민 4:28 게르손 자손의 종족들이 **회막**에서 할
민 4:31 그들이 직무를 따라 **회막**에서 할 모든
민 4:33 그 모든 직무대로 **회막**에서 행할 일이
민 4:37 명령하신 대로 **회막**에서 종사하는 고핫
민 4:41 아론이 여호와의 명령대로 **회막**에서
민 7:89 모세가 **회막**에 들어가서 여호와께 말하
민 8:9 **회막** 앞에 나오게 하고 이스라엘 자손
민 8:15 그들이 **회막**에 들어가서 봉사할 것이
민 8:19 **회막**에서 이스라엘 자손을 대신하여

2571

【 회복하다/회복되다/회복시키다 】　　　　　　　　　　　　　　　　　　【 회생하다 】

민 8:22　후에 레위인이 **회막**에 들어가서 아론
민 8:24　이십오 세 이상으로는 **회막**에 들어가
민 8:26　형제와 함께 **회막**에서 돕는 직무를 지킬
민 11:16　내게 데리고 와 **회막**에 이르러 거기서
민 12:4　세 사람은 **회막**으로 나아오라 하시니
민 14:10　여호와의 영광이 **회막**에서 이스라엘
민 16:42　구름이 **회막**을 덮었고 여호와의 영광
민 16:43　모세와 아론이 **회막** 앞에 이르매
민 17:4　그 지팡이를 **회막** 안에서 내가 너희와
민 18:21　그들이 하는 일 곧 **회막**에서 하는 일을
민 18:22　이스라엘 자손이 **회막**에 가까이 하지
민 18:23　레위인은 **회막**에서 봉사하며 자기들
민 18:31　**회막**에서 일한 너희의 보수임이니라
민 19:4　그 피를 찍고 그 피를 **회막** 앞을 향하여
민 31:54　금을 취하여 **회막**에 드려 여호와 앞에
신 31:14　불러서 함께 **회막**으로 … **회막**에 서니

역사서

수 18:1　거기에 **회막**을 세웠으며 그 땅은 그들
왕상 8:4　여호와의 궤와 **회막**과 성막 안의 모든
대상 6:32　그들이 **회막** 앞에서 찬송하는 일을 행하
대상 9:21　므셀레먀의 아들 스가랴는 **회막** 문지기
대하 1:3　하나님의 **회막** 곧 여호와의 종 모세가
대하 1:6　여호와 앞 곧 **회막** 앞에 있는 놋 제단
대하 1:13　솔로몬이 기브온 산당 **회막** 앞에서 부터
대하 5:5　궤와 **회막**과 장막 안에 모든 거룩한 기구

'**회막**' 과 관련된 성구

회막 뜰 – 레 6:16, 26
회막문 – 출 29:4, 11, 32, 42; 33:9, 10;
　　38:8, 30; 40:12; 레 1:3, 5; 3:2; 4:4,
　　7, 18; 8:3, 4, 31, 33, 35; 10:7;
　　12:6; 14:11, 23; 15:14, 29; 16:7;
　　17:4, 5, 6, 19:21; 민 6:10, 13,
　　18; 10:3; 16:18, 19, 50; 20:6; 25:6;
　　27:2; 수 19:51; 삼상 2:22
회막 봉사 – 출 30:16; 민 4:39, 47; 7:5
회막에서 복무하고 봉사할 모든 자 – 민
　　4:23, 30, 35, 43
회막의 일 – 민 4:3; 18:6
회막의 직무 – 민 18:4; 대상 23:32

회복하다/회복되다/회복시키다(回復, renew)
창 40:13　당신의 전직을 **회복시키리니** 당신이

창 40:21　관원장은 전직을 **회복하매** 그가 잔을
출 14:27　바다의 힘이 **회복된지라** 애굽 사람들
삿 15:19　정신이 **회복되어** 소생하니 그러므로
삼상 7:14　가드까지 이스라엘에게 **회복되니**
삼하 8:3　하닷에셀이 자기 권세를 **회복하려고**
왕상 12:21　**회복하여** 솔로몬의 아들 르호보암에
왕하 5:10　일곱 번 씻으라 네 살이 **회복되어** 깨끗
왕하 5:14　어린 아이의 살같이 **회복되어** 깨끗하게
왕하 13:25　이스라엘 성읍들을 **회복하였더라**
왕하 14:25　이스라엘 영토를 **회복하되** 하맛 어귀
왕하 14:28　다메섹을 **회복한** 일과 이전에 유다에
왕하 16:6　엘랏을 **회복하여** 아람에 돌리고 유다
대하 11:1　나라를 **회복하여** 르호보암에게 돌리려
대하 36:16　미치게 하여 **회복할** 수 없게 하였으므
욥 33:25　부드러워지며 젊음을 **회복하리라**
욥 33:26　그의 공의를 **회복시키시느니라**
시 39:13　전에 나의 건강을 **회복시키소서**
시 51:12　주의 구원의 즐거움을 내게 **회복시켜**
시 60:1　지금은 우리를 **회복시키소서**
시 80:7　만군의 하나님이여 우리를 **회복하여**
사 1:26　네 모사들을 본래와 같이 **회복할** 것이
애 1:16　위로하여 내 생명을 **회복시켜** 줄 자가
애 1:19　목숨을 **회복시킬** 그들의 양식을 구하
겔 16:55　옛 지위를 **회복할** 것이요 사마리아와
　　　… **회복할** 것이며 … **회복할** 것이니라
나 2:2　야곱의 영광을 **회복하시되** 이스라엘
마 12:13　내밀매 다른 손과 같이 **회복되어** 성하
마 17:11　과연 먼저 와서 모든 일을 **회복하리라**
막 3:5　하시니 내밀매 그 손이 **회복되었더라**
막 9:12　모든 것을 **회복하거니와** 어찌 인자에
눅 6:10　그가 그리하매 그 손이 **회복된지라**
행 1:6　이스라엘 나라를 **회복하심**이 이 때니
행 3:21　만물을 **회복하실** 때까지는 하늘이 마땅

회복자(回復者, renew)
룻 4:15　네 생명의 **회복자**이며 네 노년의 봉양

회부하다(回附, punish)
욥 31:11　참으로 음란한 일이니 재판에 **회부할**
욥 31:28　재판에 **회부할** 죄악이니 내가 그리하

회생하다(回生, come to life)
왕하 13:21　엘리사의 뼈에 닿자 곧 **회생하여** 일어

회오리바람(whirlwind)

왕하 2:1	여호와께서 **회오리바람**으로 엘리야를
왕하 2:11	**회오리바람**으로 하늘로 올라가더라
시 77:18	**회오리바람** 중에 주의 우렛소리가 있으
잠 10:25	**회오리바람**이 지나가면 악인은 없어
사 5:28	부싯돌 같고 병거 바퀴는 **회오리바람**
사 21:1	두려운 땅에서 네겝 **회오리바람**같이
사 29:6	큰 소리와 **회오리바람**과 폭풍과 맹렬한
사 40:24	그들은 말라 **회오리바람**에 불려 가는
사 41:16	날리겠고 **회오리바람**이 그들을 흩어
사 66:15	수레들은 **회오리바람** 같으리로다 그가
렘 4:13	병거는 **회오리바람** 같고 그의 말들은
렘 23:19	일어나 폭풍과 **회오리바람**처럼 악인
렘 30:23	일어나 폭풍과 **회오리바람**처럼 악인
단 11:40	많은 배로 **회오리바람**처럼 그에게로
암 1:14	외침과 **회오리바람**의 날에 폭풍으로
나 1:3	여호와의 길은 **회오리바람**과 광풍에
합 3:14	그들이 **회오리바람**처럼 이르러 나를
슥 9:14	나팔을 불게 하시며 남방 **회오리바람**

회의(會議, council)

렘 23:18	누가 여호와의 **회의**에 참여하여 그 말
렘 23:22	그들이 만일 나의 **회의**에 참여하였더

회전하다(回轉, shift)

약 1:17	변함도 없으시고 **회전하는** 그림자도

회중(會衆, assembly, community)

모세오경

출 16:3	우리를 인도해 내어 이 온 **회중**이 주려
출 16:22	두 오멜씩 거둔지라 **회중**의 모든 지도
출 17:1	이스라엘 자손의 온 **회중**이 여호와의
출 34:31	그들을 부르매 아론과 **회중**의 모든 어른
출 38:25	계수된 **회중**이 드린 은은 성소의 세겔
레 4:14	깨달으면 **회중**은 수송아지를 속죄제로
레 4:15	**회중**의 장로들이 여호와 앞에서 그 수
레 4:20	제사장이 그것으로 **회중**을 위하여 속죄
레 4:21	불사르지니 이는 **회중**의 속죄제니라
레 8:3	온 **회중**을 회막 문에 모으라
레 8:4	명령하신 대로 하매 **회중**이 회막 문에
레 8:5	모세가 **회중**에게 이르되 여호와께서
레 9:5	가져오고 온 **회중**이 나아와 여호와 앞에
레 10:6	여호와의 진노가 온 **회중**에게 미침을
레 10:17	너희로 **회중**의 죄를 담당하여 그들을
레 16:17	온 **회중**을 위하여 속죄하고 나오기까지
레 16:33	제사장들과 백성의 **회중**을 위하여 속죄
레 24:14	그의 머리에 얹게 하고 온 **회중**이 돌로
레 24:16	**회중**이 돌로 그를 칠 것이니라 거류민
민 1:16	그들은 **회중**에서 부름을 받은 자요 그
민 1:18	둘째 달 첫째 날에 온 **회중**을 모으니
민 3:7	직무와 온 **회중**의 직무를 위하여 회막
민 4:34	아론과 **회중**의 지도자들이 고핫 자손
민 8:9	나오게 하고 이스라엘 자손의 온 **회중**
민 10:2	**회중**을 소집하며 진영을 출발하게 할
민 10:3	나팔 두 개를 불 때에는 온 **회중**이 회막
민 10:7	**회중**을 모을 때에도 나팔을 불 것이나
민 14:1	**회중**이 소리를 높여 부르짖으며 백성
민 14:10	온 **회중**이 그들을 돌로 치려 하는데 그
민 14:27	원망하는 이 악한 **회중**에게 내가 어느
민 14:35	악한 온 **회중**에게 내가 반드시 이같이
민 14:36	악평하여 온 **회중**이 모세를 원망하게
민 15:15	**회중** 곧 너희에게나 거류하는 타국인
민 15:24	**회중**이 … 범죄하였거든 온 **회중**은 수
민 15:25	제사장이 이스라엘 자손의 온 **회중**을
민 15:26	온 **회중**과 그들 중에 거류하는 타국인
민 15:33	모세와 아론과 온 **회중** 앞으로 끌어왔
민 15:35	반드시 죽일지니 온 **회중**이 진영 밖에
민 15:36	**회중**이 곧 그를 진영 밖으로 끌어내고
민 16:2	곧 **회중** 가운데에서 이름 있는 지휘관
민 16:3	분수에 지나도다 **회중**이 다 각각 거룩
민 16:19	고라가 온 **회중**을 … 온 **회중**에게 나타
민 16:21	이 **회중**에게서 떠나라 내가 순식간에
민 16:22	범죄하였거늘 온 **회중**에게 진노하시
민 16:24	**회중**에게 명령하여 이르기를 너희는
민 16:26	모세가 **회중**에게 말하여 이르되 이 악인
민 16:33	덮이니 그들이 **회중** 가운데서 망하니라
민 16:42	**회중**이 모여 모세와 아론을 칠 때에 회막
민 16:45	이 **회중**에게서 떠나라 내가 순식간에
민 16:46	급히 **회중**에게로 가서 그들을 위하여
민 16:47	향로를 가지고 **회중**에게로 달려간즉
민 19:20	그러므로 **회중** 가운데에서 끊어질 것
민 20:2	**회중**이 물이 없으므로 모세와 아론에
민 20:6	모세와 아론이 **회중** 앞을 떠나 회막 문
민 20:8	형 아론과 함께 **회중**을 모으고 그들의
	목전에서 … **회중**과 그들의 짐승에게
민 20:10	모세와 아론이 **회중**을 그 반석 앞에 모으

【 회중 】　　　　　　　　　　　　　　　　　　　　　　　　　　【 회중 】

민 20:11　물이 많이 솟아나오므로 회중과 그들의
민 20:12　너희는 이 회중을 내가 그들에게 준 땅
민 20:27　그들과 함께 회중의 목전에서 호르 산
민 25:7　비느하스가 보고 회중 가운데에서 일어
민 26:9　아비람은 회중 가운데서 부름을 받은
민 27:2　엘르아살과 지휘관들과 온 회중 앞에
민 27:14　이는 신 광야에서 회중이 분쟁할 때에
민 27:16　원하건대 한 사람을 이 회중 위에 세워
민 27:19　제사장 엘르아살과 온 회중 앞에 세우
민 27:22　제사장 엘르아살과 온 회중 앞에 세우
민 31:13　제사장 엘르아살과 회중의 지도자들이
민 31:26　제사장 엘르아살과 회중의 수령들과
민 31:27　군인들에게 주고 절반은 회중에게 주고
민 31:43　회중이 받은 절반은 양이 삼십삼만 칠
민 32:2　모세와 제사장 엘르아살과 회중 지휘
민 35:12　살인자가 회중 앞에 서서 판결을 받기
민 35:24　회중이 친 자와 피를 보복하는 자 간에
역사서
수 9:15　조약을 맺고 회중 족장들이 그들에게
수 9:18　그러나 회중 족장들이 이스라엘의 하
　　　　나님 … 그러므로 회중이 다 족장들을
수 9:19　온 회중에게 이르되 우리가 이스라엘
수 9:21　그들이 온 회중을 위하여 나무를 패며
수 9:27　택하신 곳에서 회중을 위하며 여호와
수 20:6　살인자는 회중 앞에 서서 재판을 받기
수 20:9　그가 회중 앞에 설 때까지 피의 보복자
수 22:12　온 회중이 실로에 모여서 그들과 싸우러
수 22:18　이스라엘 회중에게 진노하시리라
수 22:30　함께 한 회중의 지도자들 곧 이스라엘
삿 20:1　그 회중이 일제히 미스바에서 여호와
삿 21:10　회중이 큰 용사 만 이천 명을 그리로
삿 21:13　온 회중이 림몬 바위에 있는 베냐민 자손
삿 21:16　회중의 장로들이 이르되 베냐민의 여인
대상 13:4　이 일을 좋게 여기므로 온 회중이 그대로
대상 29:1　다윗 왕이 온 회중에게 이르되 내 아들
대상 29:10　다윗이 온 회중 앞에서 여호와를 송축
대상 29:20　회중에게 이르되 … 여호와를 송축하
　　　　　라 하매 회중이 그의 조상들의 하나님
대하 1:3　솔로몬이 온 회중과 함께 기브온 산당
대하 1:5　앞에 있더라 솔로몬이 회중과 더불어
대하 7:8　온 이스라엘의 심히 큰 회중이 모여 그
대하 20:5　유다와 예루살렘의 회중 가운데 서서
대하 20:14　여호와의 영이 회중 가운데에서 레위

대하 23:3　온 회중이 하나님의 전에서 왕과 언약
대하 24:6　모세와 이스라엘의 회중이 성막을 위하
대하 28:14　물건을 방백들과 온 회중 앞에 둔지라
대하 29:23　숫염소들을 왕과 회중 앞으로 끌어오
대하 29:28　온 회중이 경배하며 노래하는 자들은
대하 29:31　가져오라 하니 회중이 제물과 감사제물
대하 29:32　회중이 가져온 번제물의 수효는 수소
대하 30:2　방백들과 예루살렘 온 회중과 더불어
대하 30:4　왕과 온 회중이 이 일을 좋게 여기고
대하 30:17　회중 가운데 많은 사람이 자신들을 성결
대하 30:23　온 회중이 다시 칠 일을 지키기로 결의
대하 30:24　양 칠천 마리를 회중에게 주었고 …
　　　　　천 마리와 양 만 마리를 회중에게 주었
대하 30:25　유다 온 회중과 제사장들과 레위 사람
대하 31:18　온 회중의 어린 아이들 … 이 회중은
스 2:64　온 회중의 합계가 사만 이천삼백육십
스 10:12　모든 회중이 큰 소리로 대답하여 이르
스 10:14　이제 온 회중을 위하여 우리의 방백들
느 5:13　빈손이 될지로다 하매 회중이 다 아멘
느 7:66　온 회중의 합계는 사만 이천삼백육십
느 8:2　율법책을 가지고 회중 앞 곧 남자나 여자
느 8:17　사로잡혔다가 돌아온 회중이 다 초막
시가서, 선지서
욥 30:28　부를 가지고 걸으며 회중 가운데 서서
시 22:22　형제에게 선포하고 회중 가운데에서
시 22:25　큰 회중 가운데에서 나의 찬송은 주께
시 40:9　내가 많은 회중 가운데에서 의의 기쁜
시 40:10　인자와 진리를 많은 회중 가운데에서
시 111:1　정직한 자들의 모임과 회중 가운데에

'회중'과 관련된 성구

여호와의 회중 - 민 20:4; 27:17; 31:16;
수 22:16, 17; 대상 28:8; 미 2:5

이스라엘(자손) 온 회중 - 출 12:3, 6;
12:19, 47; 16:1, 2, 9, 10; 35:1, 4,
20; 레 4:13; 16:5; 19:2; 민 1:2, 53;
8:20; 13:26; 14:2, 5, 7; 16:9, 41;
19:9; 20:1, 22, 29; 25:6; 26:2;
27:20, 21; 31:12; 32:4; 수 8:35;
18:1; 22:20; 왕상 8:5, 14, 22, 55,
65; 12:3; 대상 13:2; 대하 5:6; 6:3,
12, 13; 30:25

주의 회중 - 시 68:10; 74:2, 4

【 회집하다 】　　　　　　　　　　　　　　　【 후 】

잠 21:16　길을 떠난 사람은 사망의 **회중**에 거하
잠 26:26　감출지라도 그의 악이 **회중** 앞에 드러
전 12:11　찌르는 채찍들 같고 **회중**의 스승들의
렘 26:17　몇 사람이 일어나 백성의 온 **회중**에게
렘 30:20　**회중**은 내 앞에 굳게 설 것이며 그를
호 7:12　새처럼 떨어뜨리고 전에 그 **회중**에 들려

회집하다(會集, gather)
사 43:9　민족들이 **회집하였는데** 그들 중에 누가

회초리(rod)
시 89:32　내가 **회초리**로 그들의 죄를 다스리며

회칠/~하다(whitewash)
겔 13:10　사람이 담을 쌓을 때에 그들이 **회칠**을
겔 13:11　그러므로 너는 **회칠하는** 자에게 이르
겔 13:14　**회칠한** 담을 내가 이렇게 허물어서 땅에
겔 13:15　내가 내 노를 담과 **회칠한** 자에게 모두
마 23:27　바리새인들이여 **회칠한** 무덤 같으니
행 23:3　바울이 이르되 **회칠한** 담이여 하나님

회향(茴香, dill)
마 23:23　박하와 **회향**과 근채의 십일조는 드리되

획(劃, pen)
마 5:18　일점 일 **획**도 결코 없어지지 아니하고
눅 16:17　그러나 율법의 한 **획**이 떨어짐보다 천지

횟돌(chalk stone)
사 27:9　부서진 **횟돌** 같게 하며 아세라와 태양
사 33:12　민족들은 불에 굽는 **횟돌** 같겠고 잘라

횡(橫, breadth)
창 13:17　너는 일어나 그 땅을 종과 **횡**으로 두루

효(孝, care for)
딤전 5:4　집에서 **효**를 행하여 부모에게 보답하기

효력(效力, effect, value)
창 4:12　다시는 그 **효력**을 네게 주지 아니할 것
렘 46:11　네가 치료를 많이 받아도 **효력**이 없어
갈 5:6　할례나 무할례나 **효력**이 없으되 사랑
히 9:17　유언한 자가 살아 있는 동안에는 **효력**

효험(效驗, get better)
막 5:26　아무 **효험**이 없고 도리어 더 중하여졌

후(後, after)
구약
창 4:3　세월이 지난 **후**에 가인은 땅의 소산으로
창 5:4　아담은 셋을 낳은 **후** 팔백 년을 지내며
출 2:11　모세가 장성한 **후**에 한번은 자기 형제
출 2:23　여러 해 **후**에 애굽 왕은 죽었고 이스라엘
레 13:7　제사장에게 보인 **후**에 병이 피부에 퍼지
레 13:35　깨끗한 **후**에라도 음이 크게 피부에 퍼지
민 1:1　애굽 땅에서 나온 **후** 둘째 해 둘째 달
민 3:28　계수된 자로서 출생 **후** 일 개월 이상 된
신 2:16　사망하여 백성 중에서 멸망한 **후**에
신 4:45　애굽에서 나온 **후**에 모세가 증언과 규례
수 1:1　여호와의 종 모세가 죽은 **후**에 여호와
수 2:16　뒤쫓는 자들이 돌아간 **후**에 너희의 길
삿 1:1　여호수아가 죽은 **후**에 이스라엘 자손
삿 1:9　그 **후**에 유다 자손이 내려가서 산지와
룻 2:11　남편이 죽은 **후**로 네가 시어머니에게
삼상 1:9　실로에서 먹고 마신 **후**에 한나가 일어
삼상 1:24　젖을 뗀 **후**에 그를 데리고 올라갈새 수소
삼하 1:1　사울이 죽은 **후**에 다윗이 아말렉 사람
삼하 1:10　그가 엎드러진 **후**에는 살 수 없는 줄을
왕상 2:19　일어나 영접하여 절한 **후**에 다시 왕좌
왕상 8:46　막론하고 적국의 땅으로 끌어간 **후**에
왕하 1:1　아합이 죽은 **후**에 모압이 이스라엘을
왕하 3:5　아합이 죽은 **후**에 모압 왕이 이스라엘
대상 2:19　아수바가 죽은 **후**에 갈렙이 또 에브랏
대상 2:21　그 **후**에 헤스론이 육십 세에 길르앗의
대하 1:12　이런 일이 없었거니와 네 **후**에도 이런
대하 6:36　땅의 원근을 막론하고 끌고 간 **후**에
스 3:5　그 **후**에는 항상 드리는 번제와 초하루
스 7:1　이 일 **후**에 바사 왕 아닥사스다가 왕위
느 2:15　성벽을 살펴본 **후**에 돌아서 골짜기 문
에 2:1　그 **후**에 아하수에로 왕의 노가 그치매
욥 3:1　그 **후**에 욥이 입을 열어 자기의 생일을
욥 8:19　기쁨이 이와 같고 그 **후**에 다른 것이 흙
시 37:10　잠시 **후**에는 악인이 없어지리니 네가
시 65:9　이같이 땅을 예비하신 **후**에 그들에게
잠 20:14　좋지 못하다 하다가 돌아간 **후**에는 자랑
전 1:9　**후**에 다시 있겠고 이미 한 일을 **후**에
사 1:26　그리한 **후**에야 네가 의의 성읍이라,

2575

[후]

사 9:1	땅이 멸시를 당하게 하셨더니 **후**에는
렘 3:7	이 모든 일들을 행한 **후**에 내가 말하기
렘 12:15	그들을 뽑아 낸 **후**에 내가 돌이켜 그들
겔 12:15	가운데에 헤친 **후**에야 내가 여호와인
겔 15:5	불에 살라지고 탄 **후**에 어찌 제조에 합당
단 1:5	삼 년을 기르게 하였으니 그 **후**에 그들
단 1:12	주어 먹게 하고 물을 주어 마시게 한 **후**
호 1:4	조금 **후**에 내가 이스르엘의 피를 예후
욜 2:28	**후**에 내가 내 영을 만민에게 부어 주리
암 7:1	왕이 풀을 벤 **후** 풀이 다시 움돋기 시작
미 5:3	그들을 붙여 두시겠고 그 **후**에는 그의

신약

마 1:12	사로잡혀 간 **후**에 여고냐는 스알디엘
마 1:17	사로잡혀 간 **후**부터 그리스도까지 열네
막 1:14	요한이 잡힌 **후** 예수께서 갈릴리에 오셔
막 2:1	수 일 **후**에 예수께서 다시 가버나움에
눅 1:24	이 **후**에 그의 아내 엘리사벳이 잉태하고
눅 1:48	이제 **후**로는 만세에 나를 복이 있다
요 2:10	포도주를 내고 취한 **후**에 낮은 것을
요 2:12	그 **후**에 예수께서 그 어머니와 형제들
행 1:3	그가 고난 받으신 **후**에 또한 그들에게
행 1:18	밭을 사고 **후**에 몸이 곤두박질하여 배가
롬 15:24	얼마간 기쁨을 가진 **후**에 너희가 그리로
고전 7:29	고로 이 **후**부터 아내 있는 자들은 없는
고후 1:10	**후**에도 건지시기를 그에게 바라노라
갈 1:18	그 **후** 삼 년 만에 내가 게바를 방문하려
엡 6:13	대적하고 모든 일을 행한 **후**에 서기 위함
골 4:16	너희에게서 읽은 **후**에 라오디게아인에
살전 4:17	그 **후**에 우리 살아남은 자들도 그들과
딤전 1:16	오래 참으심을 보이사 **후**에 주를 믿어

'후'와 관련된 성구

사흘/삼일 후 – 수 3:2; 왕상 12:5; 대하 10:5; 마 27:63; 눅 2:46; 행 25:1; 28:17

삼 년 후 – 왕상 2:39; 왕하 18:10

안식 후 – 마 28:1; 막 16:2, 9; 눅 24:1; 요 20:1, 19

애굽(땅)에서 나온 후 – 출 16:1; 민 1:1; 신 4:45, 46; 수 5:4, 5; 왕상 8:9; 대하 5:1

칠일 후 – 창 7:10; 겔 3:16

환난 후 – 마 24:29; 막 13:24

딤후 4:8	이제 **후**로는 나를 위하여 의의 면류관
딛 3:10	사람을 한두 번 훈계한 **후**에 멀리하라
몬 1:16	이 **후**로는 종과 같이 대하지 아니하고
히 4:7	오랜 **후**에 다윗의 글에 다시 어느 날을
벧전 1:11	그 받으실 고난과 **후**에 받으실 영광을
벧후 1:15	하여금 내가 떠난 **후**에라도 어느 때나
유 1:5	구원하여 내시고 **후**에 믿지 아니하는
계 4:1	이 일 **후**에 내가 보니 하늘에 열린 문이 있는데 … 이 **후**에 마땅히 일어날 일들

후 - 기타 본문

모세오경 창 5:7, 10, 13, 16, 19, 22, 26, 30, 32; 6:4; 8:3; 9:28; 10:1, 18, 32; 11:6, 10, 11, 13, 15, 17, 19, 21, 23, 25; 13:14; 15:1, 14; 17:5; 18:5; 19:17; 20:13; 22:1, 20; 23:19; 24:55, 67; 25:11, 26; 26:18, 31; 32:20; 33:7; 38:1, 12, 24; 39:7; 40:1; 41:1, 6, 23, 27, 30, 31; 44:25; 48:1; 50:14; 출 3:20; 4:10; 5:1, 23; 7:25; 10:14; 11:1, 8; 12:26, 44, 48; 13:17; 16:14; 22:3; 26:33; 29:29; 34:32; 레 13:56; 14:8, 19, 36, 43, 48; 15:13, 28; 16:1, 20, 26, 28; 17:15; 22:7; 25:2, 5, 48; 27:18; 민 4:6, 8; 5:26, 27; 6:19, 20; 7:88; 8:10, 15; 12:14, 16; 18:22; 19:7; 23:2; 26:1; 27:13; 30:15; 31:2, 24; 32:17; 35:28; 신 5:22; 9:4, 11; 11:10; 12:20; 13:9; 16:13; 17:7, 16; 20:9; 21:10, 13, 14; 22:13, 23; 23:8, 11; 24:1, 15, 20, 21; 26:2, 12; 27:3, 12; 31:20, 24, 29; 34:10 **역사서** 수 4:11; 8:34; 9:1, 16; 10:14, 26; 17:13; 20:6; 23:1; 24:5, 20, 29; 삿 1:28; 2:10, 19; 3:18, 24, 31; 6:29; 7:11; 8:7; 10:3; 11:4, 18; 14:8; 15:1; 6:4, 22; 19:5, 30; 삼상 2:16; 5:9; 6:6; 9:13; 10:5; 12:8; 14:47; 18:9; 20:41; 24:5, 8; 25:37, 38; 삼하 2:1; 3:28; 5:13; 8:1; 10:1; 11:19; 12:21; 13:1, 23; 15:1; 17:21; 21:14, 18; 24:10; 왕상 13:23, 31, 33; 17:7, 12, 13, 17; 18:12, 45; 19:11, 12, 20; 21:1, 9; 왕하 4:5; 6:24; 11:4; 14:17, 22; 23:25; 대상 2:24; 8:8; 19:1, 19; 20:4; 21:4; 대하 7:9; 11:20; 16:9, 13; 18:2; 20:1, 23; 21:4, 18, 19; 22:4; 24:4, 14, 17, 25; 25:25, 27; 26:2; 28:15; 32:1, 9, 23; 33:14; 35:14, 20, 24; 스 9:1, 10; 느 4:16; 6:10; 7:5; 9:28; 13:6; 에 2:7, 17; 3:1; 4:16 **시가서** 욥 18:2; 21:3; 23:10; 29:22; 37:4; 39:4; 42:7, 16; 시 73:20, 24; 잠 20:17, 25; 24:27; 27:25; 전 1: 11; 2:11; 4:16;

【 후견인 】　　【 후람 】

6:12; 8:10; 9:3; 11:1 **선지서** 사 10:12; 23:15, 17; 24:13, 22; 43:10; 53:9; 렘 13:6, 27; 16:16; 21:7; 24:1; 25:26; 27:22; 28:9, 12; 31:19, 33; 34:8, 11; 36:27; 40:1; 42:7; 44:18; 46:26; 49:6; 51:63; 겔 16:23, 63; 19:14; 20:39, 44; 23:17; 24:4, 5, 11; 34:27; 38:8; 39:14, 28; 40:1; 42:15; 43:1, 23, 27; 44:26; 46:2, 12, 17, 25; 47:3; 48:35; 단 1:15; 4:8, 26, 29; 7:6, 24; 8:1, 19; 9:26; 10:11, 20; 11:2, 6, 12, 13, 18, 23; 호 1:8; 3:5; 6:2; 미 7:1; 슥 7:14 **복음서** 마 2:13, 19; 4:2; 5:13, 24; 7:5; 9:25; 12:29; 13:6, 32, 44, 53; 14:23; 17:1; 20:11; 21:30, 37; 24:21; 25:11, 19; 26:32, 60, 64, 73; 27:7, 31, 35, 53; 막 3:27; 4:6, 32; 5:40; 6:46; 9:2; 12:34; 13:19; 14:28, 70; 15:20, 45; 16:9, 12, 14, 19; 눅 2:36, 44; 4:13; 5:10, 27; 6:42; 7:1, 11, 24; 8:1; 9:28; 10:1; 12:4, 5, 52; 13:9, 25; 15:13, 14; 16:4, 16; 17:8, 10; 18:4; 20:32; 22:20, 32, 45, 58; 23:46; 요 2:22; 3:22; 4:54; 5:1, 4, 14; 6:1, 11, 12, 23; 7:1, 10; 8:28; 10:4; 11:7, 11; 12:16; 13:7, 12, 27, 31, 36; 14:30; 19:28, 30, 38; 21:1, 7, 14, 15 **역사서 – 계시록** 행 4:17; 5:4, 37; 7:7, 21; 8:13, 25; 10:16, 41; 11:10; 12:4; 13:15, 20, 21, 29, 43; 15:7, 16, 30, 36, 40; 16:23; 18:1, 6, 22; 19:21; 20:1, 6, 29, 36; 21:5, 6, 15, 40; 22:17; 24:1, 24, 27; 25:1, 6, 13, 26; 28:1, 11, 13, 17; 롬 15:24, 28; 고전 7:29; 9:27; 11:28; 15:5, 6, 7, 24; 16:5; 고후 8:14; 갈 1:21; 2:1; 3:15, 17, 25; 4:17; 6:17; 딤전 3:10; 히 4:8; 7:28; 8:10; 9:17, 19, 27; 10:9, 16, 26, 13, 16, 32, 36; 12:11, 17; 벧전 4:2; 벧후 1:15; 2:20, 21; 3:4; 계 7:1, 9; 9:12; 10:10; 11:11; 15:5; 18:1; 19:1; 20:3

후견인(後見人, guardian)
갈 4:2 아버지가 정한 때까지 **후견인**과 청지기

후계자(後繼者, chief prince)
대하 11:22 마아가의 아들 아비야를 **후계자**로 세웠

후곡(Hukok) 레위 자손에게 준 아셀 지파 성읍
대상 6:75 **후곡**과 그 초원과 르홉과 그 초원을 주고

후군(後軍, rear guard)
수 6:9 제사장들 앞에서 행진하며 **후군**은 궤
수 6:13 앞에 행진하며 **후군**은 여호와의 궤 뒤

수 10:19 대적의 뒤를 따라가 그 **후군**을 쳐서 그

후궁(後宮, concubine)
삼하 15:16 다 따르게 하고 **후궁** 열 명을 왕이 남겨
삼하 16:21 왕궁을 지키게 한 **후궁**들과 더불어 동침
삼하 16:22 눈앞에서 그 아버지의 **후궁**들과 더불어
삼하 20:3 왕궁을 지키게 한 **후궁** 열 명을 잡아
왕상 11:3 왕은 **후궁**이 칠백 명이요 첩이 삼백 명
에 2:3 수산으로 모아 **후궁**으로 들여 궁녀를
에 2:9 궁녀들을 **후궁** 아름다운 처소로 옮기
에 2:11 모르드개가 날마다 **후궁** 뜰 앞으로 왕래
에 2:13 구하는 것을 다 주어 **후궁**에서 왕궁으로
에 2:14 갔다가 아침에는 둘째 **후궁**으로 돌아
아 6:8 왕비가 육십 명이요 **후궁**이 팔십 명이
아 6:9 복된 자라 하고 왕비와 **후궁**들도 그를
단 5:2 귀족들과 왕후들과 **후궁**들이 다 그것
단 5:3 귀족들과 왕후들과 **후궁**들과 더불어
단 5:23 귀족들과 왕후들과 **후궁**들이 다 그것

후대하다(厚待, good)
창 12:16 그로 말미암아 아브람을 **후대하므로**
창 21:23 내가 네게 **후대한** 대로 너도 나와 네가
삿 8:35 은혜를 따라 그의 집을 **후대하지도** 아니
삼상 25:31 내 주를 **후대하실** 때에 원하건대 내
삼하 16:17 이것이 네가 친구를 **후대하는** 것이냐
대하 10:7 왕이 만일 이 백성을 **후대하여** 기쁘게
시 116:7 여호와께서 너를 **후대하심이로다**
시 119:17 주의 종을 **후대하여** 살게 하소서 그리

후대(後隊, last)
민 2:31 그들은 기를 따라 **후대**로 행진할지니라

후대(後代, descendant, next generation)
수 22:27 우리의 **후대** 사이에 증거가 되게 할 뿐
수 22:28 우리 **후대**에게 이같이 말하면 우리가
시 48:13 보고 그의 궁전을 살펴서 **후대**에 전하라
시 71:18 주의 힘을 **후대**에 전하고 주의 능력을
시 78:4 행하신 기이한 사적을 **후대**에 전하리
시 78:6 이는 그들로 **후대** 곧 태어날 자손에게
시 109:13 자손이 끊어지게 하시며 **후대**에 그들의

후람(Huram)
1. 베냐민의 손자이며 벨라의 아들

【 후래 】

대상 8:5 게라와 스부반과 **후람**이라
  2. 두로 왕으로 히람이라고도 함
대하 2:3 솔로몬이 사절을 두로 왕 **후람**에게 보내

후람 2 - 기타 본문
대하 2:11, 12; 8:2, 18; 9:10, 21

  3. 두로 왕 후람이 솔로몬에게 보낸 세공인
대하 2:13 전에 내 아버지 **후람**에게 속하였던 자
대하 4:11 **후람**이 또 솥과 부삽과 대접을 만들었더
  라 이와 같이 **후람**이 솔로몬 왕을 위하여
대하 4:16 **후람**의 아버지가 솔로몬 왕을 위하여

후래(Hurai) 다윗의 용사
대상 11:32 가아스 시냇가에 사는 **후래**와 아르바

후르(Hur)
  1. 미디안의 왕으로 이스라엘에게 죽임 당함
민 31:8 수르와 **후르**와 레바이며 또 브올의 아들
  2. 느헤미야 시대에 르바야의 아버지
느 3:9 지방의 절반을 다스리는 **후르**의 아들

후리(Huri) 아비하일의 아버지
대상 5:14 아비하일은 **후리**의 아들이요 야로아의

후메내오(Hymenaeus) 믿음이 파선되어 사
  탄에게 내어준 바 된 사람
딤전 1:20 가운데 **후메내오**와 알렉산더가 있으니
딤후 2:17 그 중에 **후메내오**와 빌레도가 있느니라

후밤(Hupham) 출애굽 후 2차 인구조사 때
  계수된 베냐민 자손
민 26:39 스부밤 종족과 **후밤**에게서 난 **후밤** 종족

후사 1 (後嗣, children)
삼상 2:20 다른 **후사**를 주사 이가 여호와께 간구

후사 2 (Husah) 홀의 소생인 에셀의 아들
대상 4:4 그돌의 아버지 브누엘과 **후사**의 아버지

후사 3 (Hushathite) 유다 산지 지역
삼하 21:18 곱에서 전쟁할 때에 **후사** 사람 십브개
삼하 23:27 아나돗 사람 아비에셀과 **후사** 사람

【 후손 】

후사 3 - 기타 본문
대상 11:29; 20:4; 27:11

후삼(Husham) 에돔의 세 번째 왕
창 36:34 데만 족속의 땅의 **후삼**이 그를 대신하여
창 36:35 **후삼**이 죽고 브닷의 아들 곧 모압 들에
대상 1:45 데만 종족의 땅의 사람 **후삼**이 대신하여
대상 1:46 **후삼**이 죽으매 브닷의 아들 하닷이 대신

후새(Hushai)
1. 압살롬의 반역으로 도망치던 다윗을 마루턱
  에서 맞이했던 사람
삼하 15:32 아렉 사람 **후새**가 옷을 찢고 흙을 머리

후새 - 기타 본문
삼하 15:37; 16:16, 17, 18; 17:5, 6, 7, 8, 14, 15; 대
  상 27:33

  2. 솔로몬 왕의 관장이었던 바아나의 아버지
왕상 4:16 아셀과 아롯에는 **후새**의 아들 바아나

후세(後世, next generation)
사 30:8 서판에 기록하며 책에 써서 **후세**에 영원
욜 1:3 자녀에게 말하고 그 자녀는 **후세**에 말할
벧후 2:6 재가 되게 하사 **후세**에 경건하지 아니

후손(後孫, descendant, offspring)
모세오경, 역사서
창 3:15 네 **후손**도 여자의 **후손**과 원수가 되게
  하리니 여자의 **후손**은 네 머리를
창 9:9 내가 내 언약을 너희와 너희 **후손**과
창 17:7 **후손** 사이에 세워서 … 너와 네 **후손**의
창 17:8 내가 너와 네 **후손**에게 네가 거류하는
창 17:9 너는 내 언약을 지키고 네 **후손**도 대대
창 17:10 이것이 나와 너희와 너희 **후손** 사이에
창 17:19 언약을 세우리니 그의 **후손**에게 영원한
창 19:32 우리 아버지로 말미암아 **후손**을 이어
창 19:34 아버지로 말미암아 **후손**을 이어가자
창 35:12 네 **후손**에게도 그 땅을 주리라 하시고
창 45:7 생명을 보존하고 당신들의 **후손**을 세상
출 16:32 너희의 대대 **후손**을 위하여 간수하라
출 28:43 아니하리니 그와 그의 **후손**이 영원히
레 25:46 그들을 너희 **후손**에게 기업으로 주어

【 후손 】

레 25:47 동거인 또는 거류민의 가족의 **후손**에게
민 9:10 너희 **후손** 중에 시체로 말미암아 부정
민 13:33 네피림 **후손**인 아낙 자손의 거인들을
민 18:19 여호와 앞에 너와 네 **후손**에게 영원한
민 25:13 그의 **후손**에게 영원한 제사장 직분을
신 4:37 그 **후손**인 너를 택하시고 큰 권능으로
신 4:40 네 **후손**이 복을 받아 네 하나님 여호와
신 10:15 **후손**인 너희를 만민 중에서 택하셨음
신 12:25 일을 행하면 너와 네 **후손**이 복을 누리
신 12:28 의를 행하면 너와 네 **후손**에게 영구히
삿 9:28 아버지 하몰의 **후손**을 섬길 것이라 우리
삼상 24:21 그런즉 너는 내 **후손**을 끊지 아니하며
대상 16:12-13 이스라엘의 **후손** 곧 택하신 야곱
대상 28:8 너희 **후손**에게 끼쳐 영원한 기업이 되게
에 6:13 유다 사람의 **후손**이면 당신이 그 앞에
에 9:28 그들의 **후손**들이 계속해서 기념하게

시가서, 선지서
욥 5:25 네 **후손**이 땅의 풀과 같이 될 줄을 네가
욥 18:19 그의 백성 가운데 **후손**도 없고 후예도
욥 21:8 그들의 **후손**이 앞에서 그들과 함께 굳게
욥 27:14 칼을 위함이요 그의 **후손**은 음식물로
시 21:10 왕이 그들의 **후손**을 땅에서 멸함이여
시 22:30 **후손**이 그를 섬길 것이요 대대에 주를
시 69:36 그의 종들의 **후손**이 또한 이를 상속하고
시 89:29 그의 **후손**을 영구하게 하여 그의 왕위
시 89:36 **후손**이 장구하고 그의 왕위는 해같이
시 102:28 거주하고 그의 **후손**은 주 앞에 굳게
시 106:27 그들의 **후손**을 뭇 백성 중에 엎드러뜨
시 132:12 그들의 **후손**도 영원히 네 왕위에 앉을
잠 20:7 행하는 자가 의인이라 그의 **후손**에게
사 14:20 악을 행하는 자들의 **후손**은 영원히 이름
사 14:22 남은 자와 아들과 **후손**을 바벨론에서
사 22:24 걸리리니 그 **후손**과 족속 되는 각 작은
사 44:3 자손에게, 나의 복을 네 **후손**에게 부어
사 57:4 너희는 패역의 자식, 거짓의 **후손**이 아니
사 59:21 네 **후손**의 **후손**의 입에서 떠나지 아니
사 61:9 그들의 **후손**을 만민 가운데 알리리
사 65:23 복된 자의 자손이요 그들의 **후손**도
렘 32:18 그들의 **후손**의 품에 갚으시오니 크고 능력
렘 32:39 자기 **후손**의 복을 위하여 항상 나를 경외
렘 35:5 레갑 사람들의 **후손**들 앞에 포도주를
겔 40:46 이들은 레위의 **후손** 중 사독의 자손

신약
행 7:5 그와 그의 **후손**에게 소유로 주신다고
행 7:6 이같이 말씀하시되 그 **후손**이 다른 땅
행 13:23 이 사람의 **후손**에서 이스라엘을 위하
롬 4:13 그 **후손**에게 세상의 상속자가 되리라
롬 4:16 이는 그 약속을 그 모든 **후손**에게 굳게
롬 4:18 이는 네 **후손**이 이같으리라 하신 말씀
히 11:12 모래와 같이 많은 **후손**이 생육하였느

'후손'과 관련된 성구
다윗과 그 후손 – 삼하 22:51; 시 18:50
아브라함의 후손 – 시 105:5-6; 행 13:26;
　　고후 11:22
정직한 자들의 후손 – 시 112:2
후손에게 주다 – 창 48:4; 신 1:8; 11:9; 34:4

후심(Hushim)
1. 단의 아들
창 46:23 단의 아들 **후심**이요
2. 베냐민 자손 아헬의 아들
대상 7:12 숩빔과 훕빔이요 아헬의 아들은 **후심**
3. 베냐민 사람 사하라임의 아내
대상 8:8 두 아내 **후심**과 바아라를 내 보낸 후에
대상 8:11 아내 **후심**에게서 아비둡과 엘바알을

후예(後裔, descendant, offspring)
욥 18:19 **후손**도 없고 **후예**도 없을 것이며 그가
사 19:11 자손이라 나는 옛 왕들의 **후예**라 할 수
겔 20:5 이스라엘을 택하고 야곱 집의 **후예**를

후원(後園, palace garden)
에 1:5 왕궁 **후원** 뜰에서 칠 일 동안 잔치를
에 7:7 왕궁 **후원**으로 들어가니라 하만이 일어
에 7:8 **후원**으로부터 잔치 자리에 돌아오니

【 후일 】

후일(後日, end, future)
창 30:33 **후일**에 외삼촌께서 오셔서 내 품삯을
창 49:1 너희가 **후일**에 당할 일을 내가 너희에
출 13:14 **후일**에 네 아들이 네게 묻기를 이것이
민 24:14 백성이 **후일**에 당신의 백성에게 어떻게
신 6:20 **후일**에 네 아들이 네게 묻기를 우리
신 31:29 너희가 **후일**에 재앙을 당하리라 하니
수 4:6 표징이 되리라 **후일**에 너희의 자손들

[후처]　　　　　　　　　　　　　　　　　　　　　　　[훌 2]

수 4:21　자손들에게 말하여 이르되 **후일**에 너희
수 22:24　생각하기를 **후일**에 너희의 자손이 우리
수 22:27　자손들이 **후일**에 우리 자손들에게 이르
수 22:28　만일 그들이 **후일**에 우리에게나 우리
삼상 27:1　생각하기를 내가 **후일**에는 사울의 손
잠 31:25　능력과 존귀로 옷을 삼고 **후일**을 웃으
전 2:16　**후일**에는 모두 다 잊어버린 지 오랠 것
사 27:6　**후일**에는 야곱의 뿌리가 박히며
사 49:20　자녀가 **후일**에 네 귀에 말하기를 이곳
단 2:28　왕에게 **후일**에 될 일을 알게 하셨나이
딤전 4:1　밝히 말씀하시기를 **후일**에 어떤 사람

후처(後妻, another wife)
창 25:1　아브라함이 **후처**를 맞이하였으니 그의

후하다/후히(厚, abound, abundant)
창 30:20　하나님이 내게 **후한** 선물을 주시도다
신 15:14　**후히** 줄지니 곧 네 하나님 여호와께서
대하 11:23　살게 하고 양식을 **후히** 주고 아내를
대하 21:3　선물로 **후히** 주었고 여호람은 장자이
욥 12:6　평안하니 하나님이 그의 손에 **후히** 주심
시 86:5　부르짖는 자에게 인자함이 **후하심**이니
눅 6:38　곧 **후히** 되어 누르고 흔들어 넘치도록
행 28:10　**후한** 예로 우리를 대접하고 떠날 때에
고후 9:13　너희의 **후한** 연보로 말미암아 하나
딤전 6:17　우리에게 모든 것을 **후히** 주사 누리게
약 1:5　모든 사람에게 **후히** 주시고 꾸짖지 아니

후회/-하다(後悔, grieve)
민 23:19　인생이 아니시니 **후회**가 없으시도다
삼상 15:11　사울을 왕으로 세운 것을 **후회하노니**
삼상 15:35　왕으로 삼으신 것을 **후회하셨더라**
렘 4:28　이미 말하였으며 작정하였고 **후회하지**
렘 20:16　여호와께서 무너뜨리시고 **후회하지**
롬 11:29　하나님의 은사와 부르심에는 **후회하심**
고후 7:8　너희를 근심하게 한 것을 **후회하였으**
나 지금은 **후회하지** 아니함은 그 편지
고후 7:10　하나님의 뜻대로 하는 근심은 **후회할**

훅곡(Hukkok, 납달리의 성읍)
수 19:34　그 곳에서부터 **훅곡**으로 나아가 남쪽

훈계/-하다(訓戒, instruct)
신 28:46　자손에게 영원히 있어서 표징과 **훈계**가
욥 4:3　보라 전에 네가 여러 사람을 **훈계하였고**
시 16:7　나를 **훈계하신** 여호와를 송축할지라
잠 4:13　**훈계**를 굳게 잡아 놓치지 말고 지키라
잠 5:12　말하기를 내가 어찌하여 **훈계**를 싫어
잠 6:23　명령은 등불이요 법은 빛이요 **훈계**의
잠 10:17　**훈계**를 지키는 자는 생명 길로 행하여도
잠 12:1　**훈계**를 좋아하는 자는 지식을 좋아하
잠 13:18　**훈계**를 저버리는 자에게는 궁핍과 수욕
잠 15:32　**훈계** 받기를 싫어하는 자는 자기의 영혼
잠 15:33　여호와를 경외하는 것은 지혜의 **훈계**
잠 23:12　**훈계**에 착심하며 지식의 말씀에 귀를
잠 23:13　아이를 **훈계하지** 아니하려고 하지 말라
잠 31:1　그의 어머니가 그를 **훈계한** 잠언이라
행 20:31　쉬지 않고 눈물로 각 사람을 **훈계하던**
엡 6:4　노엽게 하지 말고 오직 주의 교훈과 **훈계**
딤후 2:25　거역하는 자를 온유함으로 **훈계할지니**
딛 3:10　이단에 속한 사람을 한두 번 **훈계한** 후

'훈계' 와 관련된 성구

아비의 훈계 - 잠 1:8; 4:1; 13:1
지혜와 훈계 - 잠 1:2, 7; 23:23
훈계를 듣다 - 잠 1:8; 4:1; 8:33; 13:1
훈계를 받다 - 잠 1:3; 5:23; 8:10; 19:20;
　　　　　　24:32; 렘 6:8; 딤전 1:20

훈련되다(訓練, train)
창 14:14　집에서 길리고 **훈련된** 자 삼백십팔 명

훈시(訓示, decision)
스 10:8　누구든지 방백들과 장로들의 **훈시**를

훌 1(Hul) 셈의 손자이며 아람의 아들
창 10:23　아람의 아들은 우스와 **훌**과 게델과 마스
대상 1:17　룻과 아람과 우스와 **훌**과 게델과 메섹

훌 2(Hur)

1. 모세의 동역자
출 17:10　아말렉과 싸우고 모세와 아론과 **훌**은

📖 훌 2-1 - 기타 본문
출 17:12; 24:14; 31:2; 35:30; 38:22

2580

【 훌다 】　　　　　　　　　　　　　　　　　　　　【 휘장 】

　　　2. 아모리 사람 시혼의 방백
수 13:21　미디안의 귀족 에위와 레겜과 술과 훌
　　　3. 갈렙이 에브랏에게서 낳은 아들
대상 2:19장가 들었더니 에브랏이 그에게 훌을
대상 2:20훌은 우리를 낳고 우리는 브살렐을 낳았

　훌 2-3 - 기타 본문
　　대상 2:50; 4:1, 4; 대하 1:5

훌다(Huldah) 요시야 왕 시대 여선지자
왕하 22:14아사야가 여선지 **훌다**에게로 나아가
왕하 22:15**훌다**가 그들에게 이르되 이스라엘
대하 34:22여선지자 **훌다**에게로 나아가니 그는
대하 34:23**훌다**가 그들에게 이르되 이스라엘의

훌륭하다(greatest)
욥 1:3　이 사람은 동방 사람 중에 가장 **훌륭**한
시 111:10그의 계명을 지키는 자는 다 **훌륭**한
눅 7:26　이르노니 선지자보다도 **훌륭**한 자니라
눅 12:27입은 것이 이 꽃 하나만큼 **훌륭**하지 못

훔다(Humtah) 여호수아가 유다 지파에게 분
　　배한 성읍
수 15:54**훔다**와 기럇 아르바 곧 헤브론과 시올

훔치다(steal)
레 6:4　죄를 범하였고 죄가 있는 자니 그 **훔친**
삼하 15:6사람의 마음을 압살롬이 **훔치니라**
옵 1:5　만족할 만큼 **훔치면** 그치지 아니하였
말 1:13번거로운고 하며 코웃음치고 **훔친** 물건
요 12:6돈궤를 맡고 거기 넣는 것을 **훔쳐** 감이
딛 2:10**훔치지** 말고 오히려 모든 참된 신실성

훕바(Huppah) 다윗 시대 제사장
대상 24:13열셋째는 **훕바**요 열넷째는 예세브압

훕빔(Huppim) 베냐민 자손 일의 아들
창 46:21나아만과 에히와 로스와 **뭅빔**과 **훕빔**
대상 7:12일의 아들은 **숩빔**과 **훕빔**이요 아헬의
대상 7:15마길은 **훕빔**과 **숩빔**의 누이 마아가라

훨씬(better, as much)
신 7:14네가 복을 받음이 만민보다 **훨씬** 더하여

빌 1:23그리스도와 함께 있는 것이 **훨씬** 더 좋은
히 1:4　그가 천사보다 **훨씬** 뛰어남은 그들보다

훼방하다(毁謗, ridicule)
사 37:4　살아 계시는 하나님을 **훼방하였은즉**
사 37:17살아 계시는 하나님을 **훼방한** 모든 말
사 37:23네가 **훼방하며** 능욕한 것은 누구에게냐
사 37:24네 종을 통해서 주를 **훼방하여** 이르기를

훼파되다(毁破, be leveled)
렘 51:58바벨론의 성벽은 **훼파되겠고** 그 높은

휘두르다(swing)
대상 11:20그가 창을 **휘둘러** 삼백 명을 죽이고
욥 31:21주먹을 들어 고아를 향해 **휘둘렀다면**
계 14:15당신의 낫을 **휘둘러** 거두소서 땅의 곡식
계 14:16낫을 땅에 **휘두르매** 땅의 곡식이 거두
계 14:18네 예리한 낫을 **휘둘러** 땅의 포도송이
계 14:19천사가 낫을 땅에 **휘둘러** 땅의 포도를

휘어잡다(bind)
욥 30:18나의 옷깃처럼 나를 **휘어잡으시는구나**

휘장(揮場, curtain)
출 26:1　그룹을 정교하게 수놓은 열 폭의 **휘장**
출 27:9　백 규빗의 세마포 **휘장**을 쳐서 그 한 쪽
출 27:16수놓아 짠 스무 규빗의 **휘장**이 있게 할
출 27:18세마포 **휘장**의 높이는 다섯 규빗이요
출 35:12그 채와 속죄소와 그 가리는 **휘장**과
출 35:15관유와 분향할 향품과 성막 문의 **휘장**
출 35:17그 기둥과 그 받침과 뜰 문의 **휘장**과
출 36:8　모든 사람이 열 폭 **휘장**으로 성막을 지었
출 39:34해달의 가죽 덮개와 가리는 **휘장**과
출 39:40뜰 문의 **휘장**과 그 줄들과 그 말뚝들과
출 40:3　증거궤를 들여놓고 또 **휘장**으로 그 궤
출 40:5　증거궤 앞에 두고 성막 문에 **휘장**을 달고
출 40:8　뜰 주위에 포장을 치고 뜰 문에 **휘장**을
민 3:26뜰의 **휘장**과 및 성막과 제단 사방에 있는
민 3:31봉사하는 데 쓰는 기구들과 **휘장**과 그
민 4:5　들어가서 칸 막는 **휘장**을 걷어 증거궤
민 4:25곧 그들이 성막의 **휘장**들과 회막과 그
민 4:26뜰의 **휘장**과 성막과 제단 사방에 있는
삼하 7:2궁에 살거늘 하나님의 궤는 **휘장** 가운데

【 휘젓다 】　　　　　　　　　　　　　　　　　　　　　　【 흉년 】

왕하 23:7　아세라를 위하여 **휘장**을 짜는 처소였더
대상 17:1　거주하거늘 여호와의 언약궤는 **휘장**
에 1:6　　백색, 녹색, 청색 **휘장**을 자색 가는 베
시 104:2　 빛을 입으시며 하늘을 **휘장**같이 치시며
아 1:5　　장막 같을지라도 솔로몬의 **휘장**과도
사 54:2　　네 장막터를 넓히며 네 처소의 **휘장**을
렘 4:20　　땅이 탈취를 당하니 나의 장막과 **휘장**은
렘 10:20　 내 장막을 세울 자와 내 **휘장**을 칠 자
렘 49:29　 양 떼를 빼앗으며 **휘장**과 모든 기구와
합 3:7　　 환난을 당하고 미디안 땅의 **휘장**이 흔들
히 9:3　　 둘째 **휘장** 뒤에 있는 장막을 지성소라
히 10:20　 그 길은 우리를 위하여 **휘장** 가운데로
　　　　　열어 놓으신 새로운 살 길이요 **휘장**은

　　　　'**휘장**' 과 관련된 성구
　휘장 문 – 출 26:37; 36:38; 38:18, 27,
　　31; 39:38; 민 3:25, 26; 4:25, 26; 대
　　하 3:14; 31:2
　휘장 밖 – 출 27:21; 30:6; 40:22; 레 24:3
　휘장 안 – 출 26:33; 레 16:2, 12, 15;
　　21:23; 민 18:7; 히 6:19
　휘장 앞 – 출 40:26; 레 4:6, 17

　　　　휘장 – 기타 본문
　출 26:3, 4, 5, 6, 7, 9, 10, 12, 13, 31, 33, 35;
　　36:13, 14, 16, 17, 18, 35, 37; 40:21, 28, 33

휘젓다(churn)
사 51:15　바다를 **휘저어서** 그 물결을 뒤흔들게
겔 32:2　　발로 물을 **휘저어** 그 강을 더럽혔도다

휘파람(signal)
슥 10:8　　그들을 향하여 **휘파람**을 불어 그들을

휘하(麾下, under the command)
삼하 18:2　요압의 **휘하**에, 삼분의 일은… 아비새의
　　　　　　휘하에 넘기고 … 잇대의 **휘하**에 넘기고
대하 26:11　왕의 지휘관 하나냐의 **휘하**에 속하여
대하 26:13　그의 **휘하**의 군대가 삼십만 칠천오백

휙휙(crack of whip)
나 3:2　　**휙휙** 하는 채찍 소리, 윙윙 하는 병거

휩싸다/휩싸이다(cover)
창 38:14　너울로 얼굴을 가리고 몸을 **휩싸고** 딤나
삿 13:20　제단 불꽃에 **휩싸여** 올라간지라 마노아
히 5:2　　것은 자기도 연약에 **휩싸여** 있음이라

휩쓸다/휩쓸리다(sweep)
시 42:7　　모든 파도와 물결이 나를 **휩쓸었나이다**
시 58:9　　나무든지 강한 바람으로 **휩쓸려** 가게
시 69:15　큰 물이 나를 **휩쓸거나** 깊음이 나를 삼키
시 124:4　그 때에 물이 우리를 **휩쓸며** 시내가 우리
렘 47:2　　성읍과 거기에 사는 자들을 **휩쓸리니**
단 9:26　　마지막에 홍수에 **휩쓸림** 같을 것이며

휴식(休息, quietness)
욥 3:26　　나에게는 평온도 없고 안일도 없고 **휴식**

휴일(休日, day of rest)
출 16:23　**휴일**이니 여호와께 거룩한 안식일이라

흉계(凶計, sly way)
마 26:4　　예수를 **흉계**로 잡아 죽이려고 의논하되
막 14:1　　예수를 **흉계**로 잡아 죽일 방도를 구하며

흉년(凶年, famine)
창 26:1　　아브라함 때에 첫 **흉년**이 들었더니 그
　　　　　땅에 또 **흉년**이 들매 이삭이 그랄로
창 41:27　속이 빈 일곱 이삭도 일곱 해 **흉년**이니
창 41:30　후에 일곱 해 **흉년**이 들므로 애굽 땅에
창 41:31　그 **흉년**이 너무 심하므로 이전 풍년을
창 41:36　**흉년**에 대비하시면 땅이 이 **흉년**으로
창 41:50　**흉년**이 들기 전에 요셉에게 두 아들이
창 41:54　일곱 해 **흉년**이 들기 시작하매 각국에
창 45:6　　이 땅에 이 년 동안 **흉년**이 들었으나
창 45:11　**흉년**이 아직 다섯 해가 있으니 내가 거기
룻 1:1　　 사사들이 치리하던 때에 그 땅에 **흉년**이
왕하 4:38　길갈에 이르니 그 땅에 **흉년**이 들었는데
느 5:3　　 포도원과 집이라도 저당 잡히고 이 **흉년**
눅 4:25　　온 땅에 큰 **흉년**이 들었을 때에 이스라엘
눅 15:14　그 나라에 크게 **흉년**이 들어 그가 비로소
행 7:11　　그 때에 애굽과 가나안 온 땅에 **흉년**이
행 11:28　성령으로 말하되 천하에 큰 **흉년**이 들
계 6:8　　 땅 사분의 일의 권세를 얻어 검과 **흉년**과
계 18:8　　사망과 애통함과 **흉년**이라 그가 또한

【흉벽】

흉벽(胸壁, siegework)
전 9:14 그것을 에워싸고 큰 **흉벽**을 쌓고 치고자
사 37:33 성에 가까이 오지도 못하며 **흉벽**을 쌓을
합 1:10 모든 견고한 성들을 비웃고 **흉벽**을 쌓아

흉악/-하다(凶惡, fierce)
신 28:50 용모가 **흉악**한 민족이라 노인을 보살피
시 71:4 불의한 자와 **흉악**한 자의 장중에서 피하
잠 13:5 악인은 행위가 **흉악**하여 부끄러운 데를
사 58:6 내가 기뻐하는 금식은 **흉악**의 결박을
마 15:22 나를 불쌍히 여기소서 내 딸이 **흉악**하게
요일 2:14 거하시며 너희가 **흉악**한 자를 이기었음
계 21:8 믿지 아니하는 자들과 **흉악**한 자들과 살인

흉용하다(洶湧, rough)
사 8:7 내가 **흉용**하고 창일한 큰 하수 곧 앗수르
욘 1:11 바다가 점점 **흉용**한지라 무리가 그에게
욘 1:13 그들을 향하여 점점 더 **흉용**하므로 능히

흉패(胸牌, breastpiece)
출 25:7 호마노며 에봇과 **흉패**에 물릴 보석이
출 28:4 그들이 지을 옷은 이러하니 곧 **흉패**와
출 28:15 너는 판결 **흉패**를 에봇 짜는 방법으로
출 28:22 순금으로 노끈처럼 땋은 사슬을 **흉패**
출 28:23 금 고리 둘을 만들어 **흉패** 위 곧 **흉패**
출 28:24 땋은 두 금 사슬로 **흉패** 두 끝 두 고리
출 28:26 금 고리 둘을 만들어 **흉패** 아래 양쪽
출 28:28 청색 끈으로 **흉패** 고리와 에봇 고리에
꿰어 **흉패**로 정교하게 짠 에봇 띠 위에
출 28:29 이름을 기록한 이 판결 **흉패**를 가슴에
출 28:30 너는 우림과 둠밈을 판결 **흉패** 안에 넣
어 … 이스라엘 자손의 **흉패**를 항상 그의
출 29:5 에봇 받침 겉옷과 에봇을 입히고 **흉패**
출 35:9 호마노며 에봇과 **흉패**에 물릴 보석이
출 35:27 족장은 호마노와 및 에봇과 **흉패**에 물릴
출 39:8 그가 또 **흉패**를 정교하게 짜되 에봇과
출 39:15 순금으로 노끈처럼 사슬을 땋아 **흉패**
출 39:16 금 고리 둘을 만들어 그 두 고리를 **흉패**
출 39:17 그 땋은 두 금 사슬을 **흉패** 끝 두 고리
출 39:19 금 고리 둘을 만들어 **흉패** 두 끝에 달았
출 39:21 청색 끈으로 **흉패** 고리와 에봇 고리에
꿰어 **흉패**로 정교하게 짠 에봇 띠 위에
레 8:8 **흉패**를 붙이고 **흉패**에 우림과 둠밈을

【흐르다】

흉하다(凶, ugly)
창 41:3 뒤에 또 **흉하**고 파리한 다른 일곱 암소
창 41:4 **흉하**고 파리한 소가 그 아름답고 살진
창 41:19 약하고 심히 **흉하**고 파리한 일곱 암소
가 올라오니 그같이 **흉**한 것들은 애굽
창 41:20 그 파리하고 **흉**한 소가 처음의 일곱 살진
창 41:21 먹은 듯 하지 아니하고 여전히 **흉하**더라
창 41:27 그 후에 올라온 파리하고 **흉**한 일곱 소
삼하 19:35 이제 팔십 세라 어떻게 좋고 **흉**한 것
왕상 14:6 명령을 받아 **흉**한 일을 네게 전하리니
왕상 22:8 길한 일은 예언하지 아니하고 **흉**한 일
왕상 22:18 길한 것을 예언하지 아니하고 **흉**한 것
시 112:7 **흉**한 소문을 두려워하지 아니함이여
렘 49:23 수치를 당하리니 이는 **흉**한 소문을 듣고
암 6:3 너희는 **흉**한 날이 멀다 하여 포악한 자리
마 6:16 사람에게 보이려고 얼굴을 **흉하**게 하느

흐르다(flow)
출 14:26 병거들과 마병들 위에 다시 **흐르**게 하라
출 14:28 물이 다시 **흘러** 병거들과 기병들을 덮었
출 15:19 바닷물을 그들 위에 되돌려 **흐르**게 하셨
레 14:5 또 명령하여 그 새 하나는 **흐르**는 물 위
레 14:6 우슬초와 함께 가져다가 **흐르**는 물 위
민 21:13 떠나 아모리인의 영토에서 **흘러** 나와
신 8:7 산지든지 시내와 분천과 샘이 **흐르**고
신 21:4 성읍의 장로들이 물이 항상 **흐르**고 갈
수 4:18 요단 물이 본 곳으로 도로 **흘러서** 전과
삼상 14:26 수풀로 들어갈 때에 꿀이 **흐르**는 것을
삼상 26:20 나의 피가 땅에 **흐르**지 말게 하옵소서
왕상 18:28 규례를 따라 피가 **흐르**기까지 칼과 창
왕상 18:35 물이 제단으로 두루 **흐르**고 도랑에도
왕상 22:35 상처의 피가 **흘러** 병거 바닥에 고였더
스 8:15 내가 무리를 아하와로 **흐르**는 강가에
시 46:4 한 시내가 있어 나뉘어 **흘러** 하나님의
시 69:1 물들이 내 영혼에까지 **흘러** 들어왔나
시 74:15 큰 물을 내시며 주께서 늘 **흐르**는 강들
시 78:16 시내를 내사 물이 강같이 **흐르**게 하셨
시 104:10 솟아나게 하시고 산 사이에 **흐르**게 하사
시 119:136 내 눈물이 시냇물같이 **흐르**나이다
시 133:2 기름이 수염 곧 아론의 수염에 **흘러서**
시 147:18 바람을 불게 하신즉 물이 **흐르**는도다
잠 18:4 물과 같고 지혜의 샘은 솟구쳐 **흐르**는
전 1:7 바다로 **흐르**되 … 강물은 어느 곳으로

2583

【 흐리다/흐려지다 】　　　　　　　　　　　　　　　　　　【 흑암 】

	흐르든지 그리로 연하여 **흐르느니라**
아 4:15	우물이요 레바논에서부터 **흐르는** 시내
사 8:6	이 백성이 천천히 **흐르는** 실로아 물을
사 8:8	**흘러** 유다에 들어와서 가득하여 목에
사 18:2	강들이 **흘러** 나누인 나라로 가되 장대
사 18:7	강들이 **흘러** 나누인 나라의 장대하고
사 30:25	그 뒤에 개울과 시냇물이 **흐를** 것이며
사 35:6	솟겠고 사막에서 시내가 **흐를** 것임이라
사 44:3	마른 땅에 시내가 **흐르게** 하며 나의 영
사 48:21	바위에서 물이 **흘러** 나게 하시며 바위
사 59:19	기운에 몰려 급히 **흐르는** 강물같이 오실
애 1:2	슬피 우니 눈물이 뺨에 **흐름이여** 사랑
렘 49:4	골짜기 곧 네 **흐르는** 골짜기를 자랑하
애 3:48	내 눈에는 눈물이 시내처럼 **흐르도다**
애 3:49	내 눈에 **흐르는** 눈물이 그치지 아니하고
겔 28:23	거리에 피가 **흐르게** 하리니 사방에서
겔 31:4	강들이 그 심어진 곳을 둘러 **흐르며** 둑
겔 32:14	물을 맑게 하여 그 강이 기름같이 **흐르게**
겔 47:1	나와 동쪽으로 **흐르다가** 성전 오른쪽
겔 47:8	물이 동쪽으로 향하여 **흘러** 아라바로
겔 47:9	물이 **흘러** 들어가므로 바닷물이 되살아
단 7:10	불이 강처럼 **흘러** 그 앞에서 나오며
욜 3:18	여호와의 성전에서 샘이 **흘러** 나와서
암 5:24	공의를 마르지 않는 강같이 **흐르게** 할
슥 14:8	절반은 동해로, 절반은 서해로 **흐를** 것
행 27:41	두 물이 합하여 **흐르는** 곳을 만나 배를
히 2:1	유념함으로 우리가 **흘러** 떠내려가지
계 22:2	길 가운데로 **흐르더라** 강 좌우에 생명

'흐르다' 와 관련된 성구

젖과 꿀이 흐르다 – 출 3:8, 17; 13:5;
33:3; 레 20:24; 민 13:27; 14:8;
16:13, 14; 신 6:3; 11:9; 26:9, 15;
27:3; 31:20; 수 5:6; 욥 20:17; 렘
11:5; 32:22; 겔 20:6, 15

흐르는 물 – 레 14:50, 51, 52; 15:13; 민
19:17; 시 58:7; 잠 5:15

흐리다/흐려지다(muddy)

잠 25:26	앞에 굴복하는 것은 우물이 **흐려짐**과
겔 32:13	짐승의 굽이 다시는 그 물을 **흐리지** 못
겔 34:12	내 양을 찾아서 **흐리고** 캄캄한 날에 그

마 16:3	아침에 하늘이 붉고 **흐리면** 오늘은 날이

'눈이 흐리다' 와 관련된 성구

신 34:7; 삼상 12:3; 렘 14:6; 롬 11:10

흐트러지다(divide)

고전 7:35	이치에 합당하게 하여 **흐트러짐**이 없이

흑석(黑石, costly stones–NIV, marble–KJV)

에 1:6	걸상을 화반석, 백석, 운모석, **흑석**을

흑암(黑暗, darkness)

창 1:2	땅이 혼돈하고 공허하며 **흑암**이 깊음
창 15:12	큰 **흑암**과 두려움이 그에게 임하였더
출 10:21	네 손을 내밀어 애굽 땅 위에 **흑암**이
	있게 하라 곧 더듬을 만한 **흑암**이리라
출 10:22	손을 내밀매 캄캄한 **흑암**이 삼 일 동안
출 14:20	저쪽에는 구름과 **흑암**이 있고 이쪽에
출 20:21	모세는 하나님이 계신 **흑암**으로 가까이
신 4:11	불길이 충천하고 어둠과 구름과 **흑암**
신 5:22	구름 가운데, **흑암** 가운데에서 큰 음성
수 24:7	애굽 사람들 사이에 **흑암**을 두고 바다
삼상 2:9	악인들을 **흑암** 중에서 잠잠하게 하시
삼하 22:12	그가 **흑암** 곧 모인 물과 공중의 빽빽
욥 3:5	구름이 그 위에 덮였더라면, **흑암**이 그
욥 10:22	어두워서 **흑암** 같고…광명도 **흑암** 같으
욥 15:23	어디 있느냐 하며 **흑암**의 날이 가까운
욥 17:13	집이 되기를 희망하여 내 침상을 **흑암**
욥 18:18	광명으로부터 **흑암**으로 쫓겨 들어가며
욥 22:13	하나님이 무엇을 아시며 **흑암** 중에서
욥 23:17	두려워하는 것이 어둠 때문이나 **흑암**
욥 30:26	화가 왔고 광명을 기다렸더니 **흑암**이
욥 34:22	행악자는 숨을 만한 **흑암**이나 사망의
욥 38:9	내가 구름으로 그 옷을 만들고 **흑암**으
욥 38:19	가는 길이나 어느 것이 **흑암**이 있는 곳
시 18:11	그가 **흑암**을 그의 숨는 곳으로 삼으사
	…두르게 하심이여 곧 물의 **흑암**과
시 18:28	내 하나님이 내 **흑암**을 밝히시리이다
시 82:5	깨닫지도 못하여 **흑암** 중에 왕래하니
시 88:12	**흑암** 중에서 주의 기적과 잊음의 땅에
시 88:18	내가 아는 자를 **흑암**에 두셨나이다

2584

【 흔들다 】　　　　　　　　　　　　　　【 흔들리다 】

시 97:2　구름과 **흑암**이 그를 둘렀고 공의와 정의
시 104:20　주께서 **흑암**을 지어 밤이 되게 하시니
시 105:28　여호와께서 **흑암**을 보내사 그곳을 어둡
시 107:10　사람이 **흑암**과 사망의 그늘에 앉으며
시 107:14　**흑암**과 사망의 그늘에서 인도하여 내시
시 112:4　정직한 자들에게는 **흑암** 중에 빛이 일어
시 139:11　내가 혹시 말하기를 **흑암**이 반드시 나를
시 139:12　주에게서는 **흑암**이 숨기지 … **흑암**과
잠 7:9　저물 때, 황혼 때, 깊은 밤 **흑암** 중에라
잠 20:20　저주하는 자는 그의 등불이 **흑암** 중에
사 5:20　선을 악하다 하며 **흑암**으로 광명을 삼
　　　　으며 광명으로 **흑암**을 삼으며 쓴 것으로
사 5:30　땅을 바라보면 **흑암**과 고난이 있고 빛은
사 8:22　환난과 **흑암**과 고통의 **흑암**뿐이리니
　　　　그들이 심한 **흑암** 가운데로 쫓겨 들어
사 9:1　고통 받던 자들에게는 **흑암**이 없으리
사 9:2　**흑암**에 행하던 백성이 큰 빛을 보고 사망
사 42:7　감옥에서 이끌어 내며 **흑암**에 앉은 자
사 45:3　네게 **흑암** 중의 보화와 은밀한 곳에 숨은
사 47:5　딸 갈대아여 잠잠히 앉으라 **흑암**으로
사 49:9　나오라 하며 **흑암**에 있는 자에게 나타
사 50:3　**흑암**으로 하늘을 입히며 굵은 베로 덮느
사 50:10　청종하는 자가 누구냐 **흑암** 중에 행하여
사 58:10　네 빛이 **흑암** 중에서 떠올라 네 어둠이
나 1:8　진멸하시고 자기 대적들을 **흑암**으로
습 1:15　캄캄하고 어두운 날이요 구름과 **흑암**
마 4:16　**흑암**에 앉은 백성이 큰 빛을 보았고 사망
골 1:13　그가 우리를 **흑암**의 권세에서 건져내사
히 12:18　불이 붙는 산과 침침함과 **흑암**과 폭풍
유 1:6　날의 심판까지 영원한 결박으로 **흑암**
유 1:13　예비된 캄캄한 **흑암**으로 돌아갈 유리

흔들다(shake, wave)
출 29:24　**흔들어** 여호와 앞에 요제를 삼을지며
출 29:27　**흔든** 요제물 곧 아론과 그의 아들들의
레 14:21　그의 힘이 미치지 못하면 그는 **흔들어**
레 23:11　**흔들되** 안식일 이튿날에 흔들 것이며
레 23:17　떡 두 개를 가져다가 **흔들지니** 이는 고운
왕하 5:11　그의 손을 그 부위 위에 **흔들어** 나병을
아 2:7　내 사랑이 원하기 전에는 **흔들지** 말고
아 3:5　사랑하는 자가 원하기 전에는 **흔들지**
아 8:4　사랑하는 자가 원하기 전에는 **흔들지**
사 11:15　하수 위에 **흔들어** 뜨거운 바람을 일으켜

사 13:13　하늘을 진동시키며 땅을 **흔들어** 그 자리
사 17:6　감람나무를 **흔들** 때에 가장 높은 가지
사 19:16　**흔드시는** 손이 그들 위에 흔들림으로
사 23:11　손을 펴사 열방을 **흔드시며** 여호와께서
사 24:13　감람나무를 **흔듦** 같고 포도를 거둔 후
겔 21:21　화살들을 **흔들어** 우상에게 묻고 희생
나 3:12　처음 익은 열매가 **흔들기만** 하면 먹는
눅 6:38　누르고 **흔들어** 넘치도록 하여 너희에게

> **'흔들다' 와 관련된 성구**
>
> 단을 **흔들다** – 레 23:12
> 레위인을 **흔들다** – 민 8:11
> 머리를 **흔들다** – 왕하 19:21; 욥 16:4; 시
> 　　22:7; 44:14; 64:8; 사 37:22; 렘
> 　　18:16; 애 2:15; 마 27:39; 막 15:29
> 손을 **흔들다** – 사 10:32; 13:2; 33:15; 습
> 　　2:15
> 여호와 앞에 **흔들다** – 출 29:26; 레 7:30;
> 　　8:27, 29; 10:15; 14:12, 24; 23:20
> 요제로 **흔들다** – 레 9:21; 민 6:20
> **흔든** 가슴 – 레 7:34; 10:14, 15; 민 6:20;
> 　　18:18

흔들리다(be moved)
삼하 22:8　하늘의 기초가 요동하고 **흔들렸으니**
왕상 14:15　이스라엘을 쳐서 물에서 **흔들리는** 갈대
대상 16:30　세계가 굳게 서고 **흔들리지** 아니하는
욥 4:14　이르러서 모든 뼈마디가 **흔들렸느니라**
욥 9:6　움직이시니 그 기둥들이 **흔들리도다**
욥 26:11　꾸짖으신즉 하늘 기둥이 **흔들리며** 놀라
욥 28:4　사람이 없는 곳에 매달려 **흔들리느니라**
욥 40:17　꼬리 치는 것은 백향목이 **흔들리는** 것
시 10:6　마음에 이르기를 나는 **흔들리지** 아니
시 13:4　**흔들릴** 때에 나의 대적들이 기뻐할까
시 15:5　일을 행하는 자는 영원히 **흔들리지** 아니
시 16:8　오른쪽에 계시므로 내가 **흔들리지** 아니
시 21:7　지존하신 이의 인자함으로 **흔들리지**
시 26:1　나의 완전함에 행하였사오며 **흔들리지**
시 30:6　형통할 때에 말하기를 영원히 **흔들리지**
시 46:5　그 성 중에 계시매 성이 **흔들리지** 아니
시 46:6　뭇 나라가 떠들며 왕국이 **흔들렸더니**
시 62:2　요새이시니 내가 크게 **흔들리지** 아니
시 62:3　넘어지는 담과 **흔들리는** 울타리같이

2585

【 흔적 】　　　　　　　　　　　　　　　　　　　　　　　　　　　　　　　　　　　　【 흘리다 】

시 62:6　나의 요새이시니 내가 **흔들리지** 아니
시 65:7　설렘과 물결의 **흔들림**과 만민의 소요
시 72:16　레바논같이 **흔들리며** 성에 있는 자가
시 77:18　세계를 비추며 땅이 **흔들리고** 움직였
시 82:5　왕래하니 땅의 모든 터가 **흔들리도다**
시 93:1　견고히 서서 **흔들리지** 아니하는도다
시 96:10　세계가 굳게 서고 **흔들리지** 않으리라
시 104:5　땅에 기초를 놓으사 영원히 **흔들리지**
시 109:24　금식하므로 내 무릎이 **흔들리고** 내 육체
시 112:6　영원히 **흔들리지** 아니함이여 의인은
사 19:16　손이 그들 위에 **흔들림**으로 말미암아
사 24:20　원두막같이 **흔들리며** 그 위의 죄악이
사 40:20　우상을 만들어 **흔들리지** 아니하도록
사 41:7　못을 단단히 박아 우상을 **흔들리지** 아니
사 54:10　화평의 언약은 **흔들리지** 아니하리라
렘 4:1　가증한 것을 버리고 네가 **흔들리지**
렘 10:4　장도리로 그것을 든든히 하여 **흔들리지**
겔 27:28　부르짖는 소리에 물결을 **흔들리리로다**
겔 29:7　그들의 모든 허리가 **흔들리게** 하였으
합 3:7　미디안 땅의 휘장이 **흔들리는도다**
합 3:10　산들이 주를 보고 **흔들리며** 창수가 넘치
합 3:16　창자가 **흔들렸고** 그 목소리로 말미암
마 24:29　떨어지며 하늘의 권능들이 **흔들리리라**
막 13:25　하늘에 있는 권능들이 **흔들리리라**
눅 21:26　이는 하늘의 권능들이 **흔들리겠음**이라
고전 15:58　형제들아 견실하며 **흔들리지** 말고 항상
골 1:23　복음의 소망에서 **흔들리지** 아니하면
살전 3:3　아무도 이 여러 환난 중에 **흔들리지** 않게
히 12:28　우리가 **흔들리지** 않는 나라를 받았은즉
계 6:13　별들이 무화과나무가 대풍에 **흔들려**

　　　'**흔들리다**' 와 관련된 성구
　　땅이 **흔들리다** – 시 60:2; 77:18; 99:1; 사
　　　　24:19
　　마음이 **흔들리다** – 살후 2:2; 욥 37:1; 사 7:2
　　바람에 **흔들리는** 갈대 – 마 11:7; 눅 7:24
　　산이 **흔들리다** – 민 5:25; 시 46:2, 3; 125:1

흔적(痕迹, scar)
레 13:23　종기 **흔적**이니 제사장은 그를 정하다
레 13:28　정하다 할 것은 이는 화상의 **흔적**이라
사 1:6　상한 것과 터진 것과 새로 맞은 **흔적뿐**

사 3:24　화려한 옷을 대신하고 수치스러운 **흔적**
갈 6:17　내 몸에 예수의 **흔적**을 지니고 있노라

흔하다/흔히(common, many)
삼상 3:1　말씀이 희귀하여 이상이 **흔히** 보이지
삼하 20:18　옛 사람들이 **흔히** 말하기를 아벨에게
왕상 10:27　예루살렘에서 은을 돌같이 **흔하게** 하고
대하 1:15　예루살렘에서 은금을 돌같이 **흔하게**
대하 9:27　예루살렘에서 은을 돌같이 **흔하게** 하고

흘겨보다(stare)
아 1:6　쬐어서 거무스름할지라도 **흘겨보지**

흘러가다(pass away)
대하 32:4물 근원과 땅으로 **흘러가**는 시내를 막고
욥 11:16　네가 기억할지라도 물이 **흘러감** 같을
욥 24:18　그들은 물 위에 빨리 **흘러가고** 그들의
시 104:8　정하여 주신 곳으로 **흘러갔고** 산은
잠 5:16　네 도랑물을 거리로 **흘러가게** 하겠느냐

흘러나오다(come out)
창 2:10　에덴에서 **흘러나** 동산을 적시고 거기
레 15:3　그의 몸에서 **흘러나오는** 것이 막혔든지
욥 16:13　그는 내 쓸개가 땅에 **흘러나오게** 하시
시 105:41　반석을 여신즉 물이 **흘러나와** 마른 땅
요 7:38　그 배에서 생수의 강이 **흘러나오리라**
행 1:18　배가 터져 창자가 다 **흘러나온지라**

흘러내리다(come down)
신 9:21　그 가루를 산에서 **흘러내리는** 시내
수 3:13　위에서부터 **흘러내리던** 물이 끊어지고
수 3:16　위에서부터 **흘러내리던** 물이 그쳐서
아 7:9　미끄럽게 **흘러내려서** 자는 자의 입을
렘 18:14　떠나겠으며 먼 곳에서 **흘러내리는** 찬물
애 1:16　눈물이 물같이 **흘러내림이여** 나를 위로
겔 47:1　오른쪽 제단 남쪽으로 **흘러내리더라**

흘러오다(come water)
왕하 3:20　에돔 쪽에서부터 **흘러와** 그 땅에 가득

흘리다(shed)
　모세오경, 역사서
창 9:6　사람의 피를 **흘리면** 그 사람의 피도 흘릴

【 흘리다 】   【 흘리다 】

창 37:22	그들에게 이르되 피를 흘리지 말라 그를
출 22:2	보고 그를 쳐죽이면 피 흘린 죄가 없으나
출 22:3	해 돋은 후에는 피 흘린 죄가 있으리라
레 1:15	위에서 불사르고 피는 제단 곁에 흘릴
레 5:9	피는 제단 밑에 흘릴지니 이는 속죄제요
레 17:4	예물로 드리지 아니하는 자는 피 흘린 자로 여길 것이라 그가 피를 흘렸은즉
레 17:13	사냥하여 잡거든 그것의 피를 흘리고
레 19:16	네 이웃의 피를 흘려 이익을 도모하지
민 35:27	살인자를 만나 죽일지라도 피 흘린 죄
민 35:33	피 흘림을 받은 땅은 그 피를 흘리게
신 17:8	네 성중에서 서로 피를 흘렸거나 다투
신 19:10	주시는 땅에서 무죄한 피를 흘리지 말라
신 19:13	무죄한 피를 흘린 죄를 이스라엘에서
신 21:7	우리의 손이 이 피를 흘리지 아니하였
신 21:8	마옵소서 하면 그 피 흘린 죄가 사함을
신 21:9	무죄한 자의 피 흘린 죄를 너희 중에서
삿 9:24	그들을 죽여 피 흘린 죄를 그들의 형제
삼상 19:5	다윗을 죽여 무죄한 피를 흘려 범죄하려
삼상 21:13	그적거리며 침을 수염에 흘리매
삼상 25:26	내 주의 손으로 피를 흘려 친히 보복
삼상 25:31	내 주께서 무죄한 피를 흘리셨다든지
삼상 25:33	내가 피를 흘릴 것과 친히 복수하는
삼하 4:11	내가 악인의 피 흘린 죄를 너희에게 갚아
삼하 16:7	피를 흘린 자여 사악한 자여 가거라
삼하 16:8	보라 너는 피를 흘린 자이므로 화를 자초
삼하 21:1	피를 흘린 그의 집으로 말미암음이니
왕상 2:5	태평 시대에 전쟁의 피를 흘리고 전쟁
왕상 2:31	까닭 없이 흘린 피를 나와 내 아버지의
왕상 22:35	상처의 피가 흘러 병거 바닥에 고였더라
왕하 21:16	피를 심히 많이 흘려 예루살렘 이 끝
왕하 24:4	그가 무죄한 자의 피를 흘려 그의 피가
대상 22:8	너는 피를 심히 많이 흘렸고 크게 전쟁 … 내 앞에서 땅에 피를 많이 흘렸은즉
대상 28:3	피를 많이 흘렸으니 내 이름을 위하여
대하 19:10	너희 형제가 혹 피를 흘림이나 혹 율법

시가서, 선지서

시 5:6	여호와께서는 피 흘리기를 즐기는 자와
시 9:12	피 흘림을 심문하시는 이가 그들을 기억
시 51:14	하나님이여 피 흘린 죄에서 나를 건지
시 55:23	피를 흘리게 하며 속이는 자들은 그들
시 59:2	피 흘리기를 즐기는 자에게서 나를 구원
시 79:3	피를 예루살렘 사방에 물같이 흘렸으나
시 79:10	주의 종들이 피 흘림에 대한 복수를 우리
시 94:21	무죄한 자를 정죄하여 피를 흘리려 하나
시 106:38	그들의 자녀의 피를 흘려 가나안의 우상
시 139:19	피 흘리기를 즐기는 자들아 나를 떠날
잠 1:11	사람의 피를 흘리자 죄 없는 자를 까닭
잠 1:16	발은 악으로 달려가며 피를 흘리는 데
잠 1:18	가만히 엎드림은 자기의 피를 흘릴 뿐
잠 6:17	거짓된 혀와 무죄한 자의 피를 흘리는
잠 12:6	사람을 엿보아 피를 흘리자 하는 것이
잠 28:17	사람의 피를 흘린 자는 함정으로 달려
잠 29:10	피 흘리기를 좋아하는 자는 온전한 자
사 33:15	귀를 막아 피 흘리려는 꾀를 듣지 아니
사 59:7	무죄한 피를 흘리기에 신속하며 그 생각
렘 7:6	무죄한 자의 피를 이 곳에서 흘리지 아니
렘 22:3	말며 이 곳에서 무죄한 피를 흘리지 말라
렘 22:17	무죄한 피를 흘림과 압박과 포악을 행하
렘 48:10	자기 칼을 금하여 피를 흘리지 아니하는
렘 51:35	내 피 흘린 죄가 갈대아 주민에게로 돌아
애 4:13	성읍 안에서 의인들의 피를 흘렸도다
겔 7:23	이는 피 흘리는 죄가 그 땅에 가득하고
겔 16:38	간음하고 사람의 피를 흘리는 여인을
겔 22:2	피 흘린 성읍을 심판하려느냐 그리하려
겔 22:3	자기 가운데에 피를 흘려 벌 받을 때가
겔 22:4	네가 흘린 피로 말미암아 죄가 있고 네가
겔 22:6	권세대로 피를 흘리려고 네 가운데에
겔 22:9	가운데에 피를 흘리려고 이간을 붙이는
겔 22:12	네 가운데에 피를 흘리려고 뇌물을 받는
겔 22:13	네 가운데에 피를 흘린 일로 말미암아 내가
겔 22:27	불의한 이익을 얻으려고 피를 흘려 영혼
겔 23:45	피를 흘린 여인을 재판함같이 재판하리
겔 24:6	피를 흘린 성읍, 녹슨 가마 곧 그 속의
겔 24:9	화 있을진저 피를 흘린 성읍이여 내가
겔 33:25	우상들에게 눈을 들며 피를 흘리니 그
욜 3:18	여호와의 성전에서 샘이 흘러 나와서
욜 3:19	행하여 무죄한 피를 그 땅에서 흘렸음
욜 3:21	전에는 그들의 피 흘림 당한 것을 갚아
암 9:13	뒤를 이으며 산들은 단 포도주를 흘리며
미 7:2	무리가 다 피를 흘리려고 매복하며 각기
합 2:8	네가 사람의 피를 흘렸음이요 또 땅과
합 2:17	사람의 피를 흘리며 땅과 성읍과 그 안
슥 4:12	금 기름을 흘리는 두 금관 옆에 있는

신약

마 23:30	그들이 선지자의 피를 흘리는 데 참여

[흙]   [흠]

마 23:35	사가랴의 피까지 땅 위에서 **흘린** 의로운
마 26:28	**흘리는** 바 나의 피 곧 언약의 피니라
막 9:18	그를 잡으면 거꾸러져 거품을 **흘리며**
막 9:20	땅에 엎드러져 구르며 거품을 **흘리더라**
막 14:24	많은 사람을 위하여 **흘리는** 나의 피 곧
눅 9:39	거품을 **흘리게** 하며 몹시 상하게 하고
눅 11:50	창세 이후로 **흘린** 모든 선지자의 피를
행 22:20	스데반이 피를 **흘릴** 때에 내가 곁에 서서
롬 3:15	그 발은 피 **흘리는** 데 빠른지라
히 9:22	피로써 정결하게 되나니 피 **흘림**이 없은
히 12:4	죄와 싸우되 아직 피 **흘리기**까지는 대항
계 16:6	선지자들의 피를 **흘렸으므로** 그들에

'흘리다'와 관련된 성구

눈물을 흘리다 – 왕하 13:14; 욥 16:20; 시 39:12; 126:5; 렘 13:17; 14:17; 애 2:18; 겔 24:16; 요 11:35; 빌 3:18; 히 12:17

땀을 흘리다 – 창 3:19

흙(clay, dust, earth)

창 2:7	여호와 하나님이 땅의 **흙**으로 사람을
창 2:19	하나님이 **흙**으로 각종 들짐승과 공중
창 3:14	배로 다니고 살아 있는 동안 **흙**을 먹을
창 3:19	네가 **흙**으로 돌아갈 때까지 … 그것에서 취함을 … 너는 **흙**이니 **흙**으로 돌아
창 26:15	판 모든 우물을 막고 **흙**으로 메웠더라
출 1:14	생활을 괴롭게 하니 곧 **흙** 이기기와 벽돌
레 14:41	사방을 긁게 하고 그 긁은 **흙**을 성 밖
레 14:42	돌을 대신하며 다른 **흙**으로 집에 바를
레 14:45	재목과 그 집의 모든 **흙**을 성 밖 부정한
레 17:13	잡거든 그것의 피를 **흘리고 흙**으로 덮을
삼하 1:2	머리에는 **흙**이 있더라 그가 다윗에게
삼하 15:32	후새가 옷을 찢고 **흙**을 머리에 덮어쓰고
왕상 7:46	사르단 사이의 차진 **흙**에 그것들을 부어
왕상 18:38	번제물과 나무와 돌과 **흙**을 태우고 또
왕하 5:17	노새 두 마리에 실을 **흙**을 당신의 종에게
느 4:2	불탄 돌을 **흙** 무더기에서 다시 일으키
느 4:10	유다 사람들은 이르기를 **흙** 무더기가
욥 4:19	**흙** 집에 살며 티끌로 터를 삼고 하루살이
욥 5:6	일어나는 것이 아니며 고생은 **흙**에서
욥 7:21	내가 이제 **흙**에 누우리니 주께서 나를
욥 8:19	같고 그 후에 다른 것이 **흙**에서 나리라
욥 10:9	주께서 내 몸 지으시기를 **흙**을 뭉치듯
욥 14:8	땅에서 늙고 줄기가 **흙**에서 죽을지라도
욥 17:16	우리가 **흙** 속에서 쉴 때에는 희망이 스올
욥 20:11	강장하나 그 기세가 그와 함께 **흙**에 누우
욥 21:26	이 둘이 매 한 가지로 **흙** 속에 눕고 그들
욥 28:2	철은 **흙**에서 캐내고 동은 돌에서 녹여
욥 30:3	캄캄하고 메마른 땅에서 마른 **흙**을 씹으
욥 30:6	침침한 골짜기와 **흙** 구덩이와 바위 굴
욥 33:6	하나님 앞에서 동일하니 나도 **흙**으로
욥 34:15	다 함께 죽으며 사람은 **흙**으로 돌아가
욥 39:14	알을 땅에 버려두어 **흙**에서 더워지게
시 12:6	여호와의 말씀은 순결함이여 **흙** 도가니
시 141:7	사람이 밭 갈아 **흙**을 부스러뜨림같이
시 146:4	그의 호흡이 끊어지면 **흙**으로 돌아가서
전 3:20	**흙**으로 말미암았으므로 다 **흙**으로 돌아
전 12:7	**흙**은 여전히 땅으로 돌아가고 영은
사 34:7	땅이 피에 취하며 **흙**이 기름으로 윤택
사 65:25	짚을 먹을 것이며 뱀은 **흙**을 양식으로
렘 17:13	여호와를 떠나는 자는 **흙**에 기록이 되오
겔 4:2	그것을 향하여 **흙**으로 언덕을 쌓고 그
겔 26:12	돌들과 네 재목과 네 **흙**을 다 물 가운데
암 2:13	곡식 단을 가득히 실은 수레가 **흙**을 누름
나 3:14	들어가서 **흙**을 밟아 벽물 가마를 수리
마 13:5	더러는 **흙**이 얕은 돌밭에 떨어지매 **흙**이
막 4:5	더러는 **흙**이 얕은 돌밭에 떨어지매 **흙**이
눅 6:49	행하지 아니하는 자는 주추 없이 **흙** 위
고전 15:47	땅에서 났으니 **흙**에 속한 자이거니와
고전 15:48	무릇 **흙**에 속한 자들은 저 **흙**에 속한
고전 15:49	우리가 **흙**에 속한 자의 형상을 입은 것

흙덩이(clod)

욥 7:5	내 살에는 구더기와 **흙덩이**가 의복처럼
욥 21:33	그는 골짜기의 **흙덩이**를 달게 여기리니
욥 38:38	티끌이 덩어리를 이루며 **흙덩이**가 서로
호 10:11	밭을 갈고 야곱이 **흙덩이**를 깨뜨리리라
욜 1:17	씨가 **흙덩이** 아래에서 썩어졌고 창고가

흠(欠, defect)

구약

출 12:5	너희 어린 양은 **흠** 없고 일 년 된 수컷
출 29:1	수소 하나와 **흠** 없는 숫양 둘을 택하고
레 3:1	수컷이나 암컷이나 **흠** 없는 것으로

【 흠 】   【 흠향하다 】

레 3:6	양이면 수컷이나 암컷이나 **흠** 없는 것	신 32:5	하나님의 자녀가 아니요 **흠** 있고 삐뚤
레 4:3	범한 죄로 말미암아 **흠** 없는 수송아지	삼하 14:25	발바닥부터 정수리까지 **흠** 이 없음이라
레 4:23	그에게 깨우쳐 주면 그는 **흠** 없는 숫염소	욥 11:15	네가 반드시 **흠** 없는 얼굴을 들게 되고
레 4:28	그에게 깨우쳐 주면 그는 **흠** 없는 암염소	시 17:3	나를 감찰하셨으나 **흠** 을 찾지 못하셨
레 4:32	속죄제물로 가져오려거든 **흠** 없는 암컷	잠 9:7	악인을 책망하는 자는 도리어 **흠** 이 잡히
레 5:15	몇 세겔 은에 상당한 **흠** 없는 숫양을 양	아 4:7	사랑 너는 어여쁘고 아무 **흠** 이 없구나
레 5:18	지정한 가치대로 양 떼 중 **흠** 없는 숫양	겔 43:22	**흠** 없는 숫염소 한 마리를 속죄제물로
레 6:6	지정한 가치대로 양 떼 중 **흠** 없는 숫양	겔 43:23	**흠** 없는 수송아지 … **흠** 없는 숫양 한
레 9:2	속죄제를 위하여 **흠** 없는 송아지를 가	겔 43:25	숫양 한 마리를 **흠** 없는 것으로 갖출 것
	져오고 번제를 위하여 **흠** 없는 숫양을	겔 45:18	첫째 달 초하룻날에 **흠** 없는 수송아지
레 9:3	번제를 위하여 일 년 되고 **흠** 없는 송아지	겔 45:23	이레 동안에 매일 **흠** 없는 수송아지 일곱
레 14:10	여덟째 날에 그는 **흠** 없는 어린 숫양 두	겔 46:4	여호와께 드릴 번제는 **흠** 없는 어린 양
	마리와 일 년 된 **흠** 없는 어린 암양 한		여섯 마리와 **흠** 없는 숫양 한 마리라
레 21:17	육체에 **흠** 이 있는 자는 그 하나님의 음식	겔 46:6	초하루에는 **흠** 없는 수송아지 … 한 마
레 21:18	**흠** 이 있는 자는 가까이 하지 못할지니		리를 드리되 모두 **흠** 없는 것으로 할 것
레 21:21	아론의 자손 중에 **흠** 이 … 그는 **흠** 이	겔 46:13	일년 되고 **흠** 없는 어린 양 한 마리를
레 21:23	이는 그가 **흠** 이 있음이니라 이와 같이	단 1:4	곧 **흠** 이 없고 용모가 아름다우며 모든
레 22:19	양이나 염소의 **흠** 없는 수컷으로 드릴	말 1:14	서원하는 일에 **흠** 있는 것으로 속여 내게
레 22:20	**흠** 있는 것은 무엇이나 너희가 드리지	**신약**	
레 22:21	기쁘게 받으심이 되도록 아무 **흠** 이 없는	눅 1:6	주의 모든 계명과 규례대로 **흠** 이 없이
레 22:25	결점이 있고 **흠** 이 있는 것인즉 너희를	엡 1:4	사랑 안에서 그 앞에 거룩하고 **흠** 이 없게
레 23:12	일 년 되고 **흠** 없는 숫양을 여호와께	엡 5:27	이런 것들이 없이 거룩하고 **흠** 이 없게
레 23:18	이 떡과 함께 일 년 된 **흠** 없는 어린 양	빌 2:15	너희가 **흠** 이 없고 … 하나님의 **흠** 없는
민 6:14	번제물로 일 년 된 **흠** 없는 … 일 년 된	빌 3:6	교회를 박해하고 율법의 의로는 **흠** 이
	흠 없는 어린 암양 한 마리와 … **흠** 없는	골 1:22	너희를 거룩하고 **흠** 없고 책망할 것이
민 19:2	온전하여 **흠** 이 없고 아직 멍에 메지	살전 2:10	거룩하고 옳고 **흠** 없이 행하였는지에
민 28:3	일 년 되고 **흠** 없는 숫양을 매일 두 마리	살전 3:13	아버지 앞에서 거룩함에 **흠** 이 없게
민 28:9	일 년 되고 **흠** 없는 숫양 두 마리와 고운	살전 5:23	강림하실 때에 **흠** 없게 보전되기를 원하
민 28:11	일 년 되고 **흠** 없는 숫양 일곱 마리로	딤전 6:14	그리스도께서 나타나실 때까지 **흠** 도
민 28:19	일곱 마리를 다 **흠** 없는 것으로 여호와	히 9:14	성령으로 말미암아 **흠** 없는 자기를
민 28:31	다 **흠** 없는 것으로 상번제와 그 소제와	벧전 1:19	**흠** 없고 점 없는 어린 양 같은 그리스도
민 29:2	일 년 되고 **흠** 없는 숫양 일곱 마리를	벧후 2:13	기쁘게 여기는 자들이니 점과 **흠** 이라
민 29:8	숫양 일곱 마리를 다 **흠** 없는 것으로	벧후 3:14	점도 없고 **흠** 도 없이 평강 가운데서
민 29:13	숫양 열네 마리를 다 **흠** 없는 것으로	유 1:24	영광 앞에 **흠** 이 없이 기쁨으로 서게
민 29:17	일 년 되고 **흠** 없는 숫양 열네 마리를	계 14:5	그 입에 거짓말이 없고 **흠** 이 없는 자들
민 29:20	일 년 되고 **흠** 없는 숫양 열네 마리를		
민 29:23	일 년 되고 **흠** 없는 숫양 열네 마리를	**흠모하다**(欽慕, desire)	
민 29:26	일 년 되고 **흠** 없는 숫양 열네 마리를	사 53:2	우리가 보기에 **흠모**할 만한 아름다운
민 29:29	일 년 되고 **흠** 없는 숫양 열네 마리를	단 11:37	여자들이 **흠모하는** 것을 돌아보지 아니
민 29:32	일 년 되고 **흠** 없는 숫양 열네 마리를		
민 29:36	일 년 되고 **흠** 없는 숫양 일곱 마리를	**흠향하다**(歆饗, take delight in the pleasing aroma)	
신 15:21	짐승이 **흠** 이 있어서 … 무슨 **흠** 이 있으면		
신 17:1	**흠** 이나 악질이 있는 소와 양은 아무것도	레 26:31	향기로운 냄새를 내가 **흠향하지** 아니하

【 흡수하다 】 　　　　　　　　　　　【 흩다 】

흡수하다(吸收, drink)
신 11:11 하늘에서 내리는 비를 **흡수하는** 땅을
신 33:19 모래에 감추어진 보배를 **흡수하리로다**
히 6:7 자주 내리는 비를 **흡수하여** 밭 가는 자

흡족하다(洽足, satisfy)
욥 38:27 황무하고 황폐한 토지를 **흡족하게** 하여
시 68:9 하나님이여 주께서 **흡족한** 비를 보내사
시 78:15 깊은 곳에서 나오는 물처럼 **흡족하게**
시 104:16 여호와의 나무에는 물이 **흡족함이여**
잠 7:18 우리가 아침까지 **흡족하게** 서로 사랑
사 43:24 희생의 기름으로 나를 **흡족하게** 하지
렘 31:14 기름으로 제사장들의 마음을 **흡족하게**
욜 2:19 이로 말미암아 **흡족하리라** 내가 다시
학 1:6 못하며 마실지라도 **흡족하지** 못하며
벧후 1:8 이런 것이 너희에게 있어 **흡족한즉** 너희

흥겹다(興, give a shout-KJV)
렘 25:30 주민에 대하여 포도 밟는 자같이 **흥겹게**

흥왕하다(興旺, exalt, spread widely)
출 1:21 하나님이 그들의 집안을 **흥왕하게** 하신
민 24:7 높으니 그의 나라가 **흥왕하리로다**
느 2:10 이스라엘 자손을 **흥왕하게** 하려는 사람
시 72:7 그의 날에 의인이 **흥왕하여** 평강의 풍성
시 92:7 악을 행하는 자들은 다 **흥왕할지라도**
행 12:24 하나님의 말씀은 **흥왕하여** 더하더라
행 19:20 주의 말씀이 힘이 있어 **흥왕하여** 세력

흥하다(興, flourish)
잠 14:11 망하겠고 정직한 자의 장막은 **흥하리라**
눅 2:34 사람을 패하거나 **흥하게** 하며 비방을
요 3:30 그는 **흥하여야** 하겠고 나는 쇠하여야

흩날리다(flow)
욥 39:19 목에 **흩날리는** 갈기를 네가 입혔느냐

흩다(scatter)
구약
창 49:7 나누며 이스라엘 중에서 **흩으리로다**
레 26:33 내가 너희를 여러 민족 중에 **흩을** 것이요
민 10:35 주의 대적들은 **흩으시고** 주를 미워하는
신 4:27 너희를 여러 민족 중에 **흩으실** 것이요
신 28:64 끝에서 저 끝까지 만민 중에 **흩으시리니**
신 30:3 여호와께서 **흩으신** 그 모든 백성 중에
신 32:26 내가 그들을 **흩어서** 사람들 사이에서
삼하 5:20 여호와께서 물을 **흩음같이** 내 앞에서
내 대적을 **흩으셨다** 하므로 그 곳 이름
삼하 22:15 그들을 **흩으시며** 번개로 무찌르셨도다
왕상 14:15 그들을 강 너머로 **흩으시리니** 그들이
대상 14:11 내 손으로 내 대적을 **흩으셨다** 하므로
대하 11:23 견고한 성읍에 **흩어** 살게 하고 양식을
느 1:8 너희를 여러 나라 가운데에 **흩을** 것이요
욥 34:25 밤 사이에 뒤집어엎어 **흩으시는도다**
시 18:14 그의 화살을 날려 그들을 **흩으심이여**
시 44:11 여러 민족 중에 우리를 **흩으셨나이다**
시 53:5 뼈를 하나님이 **흩으심이라** 하나님이
시 59:11 주의 능력으로 그들을 **흩으시고** 낮추
시 60:1 주께서 우리를 버려 **흩으셨고** 분노하셨
시 68:14 왕들을 그 중에서 **흩으실** 때에는 살몬
시 68:30 그가 전쟁을 즐기는 백성을 **흩으셨도다**
시 89:10 원수를 주의 능력의 팔로 **흩으셨나이다**
시 112:9 재물을 **흩어** 빈궁한 자들에게 주었으니
시 144:6 번개를 번쩍이사 원수들을 **흩으시며**
시 147:16 내리시며 서리를 재같이 **흩으시며**
잠 11:24 **흩어** 구제하여도 더욱 부하게 되는 일
사 24:1 뒤집어엎으시고 그 주민을 **흩으시리니**
사 41:16 회오리바람이 그들을 **흩어** 버릴 것이며
렘 9:16 그들을 **흩어** 버리고 진멸되기까지
렘 13:24 바람에 불려가는 검불같이 **흩으리로다**
렘 15:4 세계 여러 민족 가운데 **흩으리라**
렘 18:17 그들의 원수 앞에서 **흩어** 버리기를
렘 23:2 양 떼를 **흩으며** 그것을 몰아내고 돌보지
렘 24:9 나라 가운데 **흩어서** 그들에게 환난을
렘 25:34 이는 너희가 도살당할 날과 **흩음을** 당할
렘 29:18 여러 나라 가운데에 **흩어** 학대를 당하
렘 30:11 구원할 것이라 너를 **흩었던** 그 모든
렘 31:10 이스라엘을 **흩으신** 자가 그를 모으시고
렘 46:28 내가 너를 **흩었던** 그 나라들은 다 멸할
렘 49:32 사면에 **흩고** 그 재난을 여러 곳에서 오게
애 4:16 여호와께서 노하여 그들을 **흩으시고**
겔 4:13 나라들로 쫓아내어 **흩어** 버릴 이스라엘
겔 5:2 삼분의 일은 바람에 **흩으라** 내가 칼을
겔 5:10 너희 중에 남은 자를 다 사방에 **흩으리라**
겔 5:12 삼분의 일은 내가 사방에 **흩어** 버리고
겔 6:5 너희 해골을 너희 제단 사방에 **흩으리라**

{ 흩뜨리다 }　　　　　　　　　　　　　　　　　　　　{ 흩어지다 }

겔 10:2	가득히 움켜 가지고 성읍 위에 흩으라
겔 11:16	나라에 흩었으나 그들이 도달한 나라
겔 11:17	만민 가운데에서 모으며 너희를 흩은
겔 12:15	내가 그들을 이방인 가운데 흩으며
겔 20:23	이방인 중에 흩으며 여러 민족 가운데
겔 22:15	너를 뭇 나라 가운데 흩으며 각 나라
겔 29:12	애굽 사람들은 각국 가운데로 흩으며
겔 29:13	만민 중에 흩은 애굽 사람을 다시 모아
겔 30:23	애굽 사람을 뭇 나라 가운데로 흩으며
겔 30:26	애굽 사람을 나라들 가운데로 흩으며
겔 36:19	그 행위대로 심판하여 각국에 흩으며
단 11:24	재물을 무리에게 흩어 주며 계략을 세워
욜 3:2	나라들 가운데 흩어 버리고 나의
합 3:14	회오리바람처럼 이르러 나를 흩으려
습 3:10	내게 구하는 백성들 곧 내가 흩은 자를
슥 7:14	여러 나라에 흩었느니라 그 후에 이 땅
슥 10:9	그들을 여러 백성들 가운데 흩으려니와

신약

마 15:39	예수께서 무리를 흩어 보내시고 배에
마 21:44	그를 가루로 만들어 흩으리라 하시니
막 8:9	사천 명이었더라 예수께서 그들을 흩어
눅 1:51	마음의 생각이 교만한 자들을 흩으셨고
눅 20:18	떨어지면 그를 가루로 만들어 흩으리라
고후 9:9	그가 흩어 가난한 자들에게 주었으니

'흩다'와 관련된 성구

　대적을 흩다 – 민 10:35; 삼하 5:20; 대상 14:11
　사방에(으로) 흩다 – 렘 49:36; 겔 5:10, 12; 6:5; 12:14
　지면에 흩다 – 창 11:8, 9

흩뜨리다 (scatter)

슥 1:19	유다와 이스라엘과 예루살렘을 흩뜨린
슥 1:21	그 뿔들이 유다를 흩뜨려서 사람들이 능히 머리를…유다 땅을 흩뜨린 여러

흩어지다 (scatter)

모세오경, 역사서

창 10:18	가나안 자손의 족속이 흩어져 나아갔
창 11:4	이름을 내고 온 지면에 흩어짐을 면하자
출 5:12	애굽 온 땅에 흩어져 곡초 그루터기를

신 28:25	네가 또 땅의 모든 나라 중에 흩어지고
삼상 11:11	남은 자가 다 흩어져서 둘도 함께 한
삼상 13:8	아니하매 백성이 사울에게서 흩어지는
삼상 13:11	백성은 내게서 흩어지고 당신은 정한
삼상 14:16	사람들이 무너져 이리 저리 흩어지더라
삼상 14:34	너희는 백성 중에 흩어져 다니며 그들
삼하 20:22	나팔을 불매 무리가 흩어져 성읍에서
왕상 22:17	양같이 산에 흩어졌는데 여호와의 말씀
왕하 25:5	왕의 모든 군대가 그를 떠나 흩어진지라
대하 18:16	양같이 산에 흩어졌는데 여호와의 말씀
느 11:20	모든 성읍에 흩어져 각각 자기 기업에
에 3:8	백성 중에 흩어져 거하는데 그 법률이

시가서, 선지서

욥 4:11	가고 암사자의 새끼는 흩어지느니라
욥 14:18	무너지는 산은 반드시 흩어지고 바위
욥 37:11	번개로 구름을 흩어지게 하시느니라
욥 38:24	동풍이 어느 길로 땅에 흩어지느냐
시 68:1	하나님이 일어나시니 원수들은 흩어지며
시 92:9	죄악을 행하는 자들은 다 흩어지리이다
시 106:27	여러 나라에 흩어지게 하리라 하셨도다
시 141:7	우리의 해골이 스올 입구에 흩어졌도다
시 147:2	예루살렘을 세우시며 이스라엘의 흩어진
잠 20:8	눈으로 모든 악을 흩어지게 하느니라
사 11:12	땅 사방에서 유다의 흩어진 자들을 모으
사 16:2	새 같고 보금자리에서 흩어진 새 새끼
사 17:13	산에서 겨가 바람 앞에 흩어짐 같겠고
사 33:3	말미암아 나라들이 흩어졌나이다
사 47:15	장사하던 자들이 각기 제 길로 흩어지고
렘 10:21	못하며 그 모든 양 떼는 흩어졌도다
렘 23:1	목장의 양 떼를 멸하며 흩어지게 하는
렘 34:17	세계 여러 나라 가운데에 흩어지게
렘 40:15	유다 사람을 흩어지게 하며 유다의 남은
렘 50:17	이스라엘은 흩어진 양이라 사자들이
렘 52:8	왕의 모든 군대가 그를 떠나 흩어진지라
겔 6:8	너희가 여러 나라에 흩어질 때에 내가
겔 17:21	사방으로 흩어지리니 나 여호와가 이것
겔 20:34	나오게 하며 너희의 흩어진 여러 지방
겔 20:41	너희가 흩어진 여러 민족 가운데에서
겔 28:25	민족 가운데에 흩어져 있는 이스라엘
겔 34:5	그것들이 흩어지고 흩어져서 모든
겔 34:6	온 지면에 흩어졌으되 찾고 찾는 자가
겔 34:12	양이 흩어졌으면 그 떼를 … 그 흩어진
겔 34:21	뿔로 받아 무리를 밖으로 흩어지게 하는

[희귀하다] | [희다/희어지다]

겔 46:18 백성이 각각 그 산업을 떠나 **흩어지**
단 11:26 그의 군대가 **흩어질** 것이요 많은 사람
나 3:18 백성은 산들에 **흩어지나** 그들을 모을
슥 2:6 하늘 사방에 바람같이 **흩어지게** 하였
슥 11:16 마음에 두지 아니하며 **흩어진** 자를 찾지
슥 13:7 목자를 치면 양이 **흩어지려니와** 작은
신약
마 26:31 목자를 치리니 양의 떼가 **흩어지리라**
막 14:27 목자를 치리니 양들이 **흩어지리라** 하였
요 7:35 헬라인 중에 **흩어져** 사는 자들에게로
요 11:52 민족만 위할 뿐 아니라 **흩어진** 하나님
요 16:32 보라 너희가 다 각각 제 곳으로 **흩어지고**
행 5:36 따르던 모든 사람들이 **흩어져** 없어졌고
행 5:37 따르던 모든 사람들이 **흩어졌느니라**
행 8:1 사마리아 모든 땅으로 **흩어지니라**
행 8:4 **흩어진** 사람들이 두루 다니며 복음의
행 11:19 환난으로 말미암아 **흩어진** 자들이
행 19:41 이에 그 모임을 **흩어지게** 하니라
행 24:5 사람은 전염병 같은 자라 천하에 **흩어진**
행 28:25 서로 맞지 아니하여 **흩어질** 때에 바울
약 1:1 그리스도의 종 야고보는 **흩어져** 있는
벧전 1:1 아시아와 비두니아에 **흩어진** 나그네

희귀하다(稀貴, rare)
삼상 3:1 여호와의 말씀이 **희귀하여** 이상이 흔히
사 13:12 인생을 오빌의 금보다 **희귀하게** 하리

희년(稀年, jubilee)

레 25:10 너희에게 **희년**이니 너희는 각각 자기의
레 25:11 너희의 **희년**이니 너희는 파종하지 말며
레 25:12 이는 **희년**이니 너희에게 거룩함이니라
레 25:13 **희년**에는 너희가 각기 자기의 소유지로
레 25:15 그 **희년** 후의 연수를 따라서 너는 이웃
레 25:28 그 판 것이 **희년**에 이르기까지 산 자의 손에 있다가 **희년**에 이르러 돌아올지니
레 25:30 그에게 속하고 **희년**에라도 돌려보내지
레 25:31 할 것이요 **희년**에 돌려보내기도 할 것
*레 25:33 가옵은 **희년**에 돌려보낼지니 이는 레위*
레 25:40 함께 있게 하여 **희년**까지 너를 섬기게
레 25:50 팔린 해로부터 **희년**까지를 그 산 자와
레 25:52 **희년**까지 남은 해가 적으면 그 사람과
레 25:54 속량되지 못하면 **희년**에 이르러는 그와
레 27:17 만일 그가 그 밭을 **희년**부터 성별하여
레 27:18 그 밭을 **희년** 후에…다음 **희년**까지 남은
레 27:21 **희년**이 되어서 그 밭이 돌아오게 될 때
레 27:23 그를 위하여 **희년**까지 계산하고 그는
레 27:24 판 밭은 **희년**에 그 판 사람 곧 그 땅의
민 36:4 이스라엘 자손의 **희년**을 당하여 그 기업
겔 46:17 종에게 속하여 **희년**까지 이르고 그 후에

희다/희어지다(white, gray)
구약
창 30:35 암염소 중 **흰** 바탕에 아롱진 것과 점 있는
창 30:37 가져다가 그것들의 껍질을 벗겨 **흰** 무늬
창 40:16 나도 꿈에 보니 **흰** 떡 세 광주리가 내
창 42:38 너희가 내 **흰** 머리를 슬퍼하며 스올로
창 44:29 **흰** 머리를 슬퍼하며 스올로 내려가게
창 44:31 아버지가 **흰** 머리로 슬퍼하며 스올로
창 49:12 그의 이는 우유로 말미암아 **희리로다**
출 16:31 깟씨같이 **희고** 맛은 꿀 섞은 과자 같았
레 11:18 **흰** 올빼미와 사다새와 너새와
레 13:3 환부의 털이 **희어졌고** 환부가 피부보다
레 13:10 피부에 **흰** 점이 돋고 털이 **희어지고** 거기
레 13:13 정하다 할지니 다 **희어진** 자인즉 정하
레 13:16 생살이 변하여 다시 **희어지면** 제사장
레 13:17 그 환부가 **희어졌으면** 환자를 정하다
레 13:19 종처에 **흰** 점이 돋거나 **희고** 불그스름
레 13:21 제사장이 진찰하여 거기 **흰** 털이 없고
레 13:24 불그스름하고 **희거나** 순전히 **흰** 색점
레 13:25 그 색점의 털이 **희고** 그 자리가 피부보다
레 13:26 그 색점에 **흰** 털이 없으며 그 자리가 피부
레 13:38 여자의 피부에 색점 곧 **흰** 색점이 있으면
레 13:42 이마 대머리에 **희고** 불그스름한 색점
레 13:43 대머리에 돋은 색점이 **희고** 불그스름
신 14:5 불기와 **흰** 노루와 뿔이 긴 사슴과 산양
신 14:16 올빼미와 부엉이와 **흰** 올빼미와
삿 5:10 **흰** 나귀를 탄 자들, 양탄자에 앉은 자들
삼상 12:2 늙어 머리가 **희어졌고** 내 아들들도 너희
에 8:15 모르드개가 푸르고 **흰** 조복을 입고 큰
욥 15:10 우리 중에는 머리가 **흰** 사람도 있고
시 51:7 죄를 씻어 주소서 내가 눈보다 **희리이다**
전 9:8 네 의복을 항상 **희게** 하며 네 머리에 향
아 5:10 내 사랑하는 자는 **희고도** 붉어 많은 사람
사 1:18 눈과 같이 **희어질** … 양털같이 **희게**

| 희락/-하다 | | 희미하다 |

애 4:7	눈보다 깨끗하고 젖보다 **희며** 산호를
겔 27:18	헬본 포도주와 **흰** 양털을 너와 거래하였
단 7:9	그의 옷은 **희기**가 눈 같고 그의 머리털
단 11:35	정결하게 되며 **희게** 되어 마지막 때
단 12:10	정결하게 하며 **희게** 할 것이나 악한 사람
슥 6:3	셋째 병거는 **흰** 말들이, 넷째 병거는
슥 6:6	땅으로 나가고 **흰** 말은 그 뒤를 따르고

신약

마 5:36	이는 네가 한 터럭도 **희고** 검게 할 수
마 17:2	빛나며 옷이 빛과 같이 **희어졌더라**
마 28:3	형상이 번개 같고 그 옷은 눈같이 **희거늘**
막 9:3	**희게** 할 수 없을 만큼 매우 **희어졌더라**
눅 9:29	용모가 변화되고 그 옷이 **희어져** 광채
요 4:35	눈을 들어 밭을 보라 **희어져** 추수하게
계 1:14	머리와 털의 **희기**가 흰 양털 같고 눈
계 2:17	**흰** 돌을 줄 터인데 그 돌 위에 새 이름
계 6:2	내가 보니 **흰** 말이 있는데 그 탄 자가
계 6:11	각각 그들에게 **흰** 두루마기를 주시며
계 7:14	어린 양의 피에 그 옷을 씻어 **희게** 하였
계 14:14	내가 보니 **흰** 구름이 있고 구름 위에 인자
계 19:14	군대들이 **희고** 깨끗한 세마포 옷을 입고
계 20:11	내가 크고 **흰** 보좌와 그 위에 앉으신 이를

희락/-하다(喜樂, rejoicing, enjoy, pleasure)

민 10:10	너희의 **희락**의 날과 너희가 정한 절기와
잠 7:18	서로 사랑하며 사랑함으로 **희락하자**
잠 12:20	화평을 의논하는 자에게는 **희락**이 있느
전 2:2	미친 것이라 하였고 **희락**에 대하여 이르
전 2:26	지식과 **희락**을 주시나 죄인에게는 노고
전 8:15	내가 **희락**을 찬양하노니 이는 사람이
전 10:19	잔치는 **희락**을 위하여 베푸는 것이요
사 23:7	옛날에 건설된 너희 **희락**의 성 곧 그
사 23:12	네게 다시는 **희락**이 없으리니 일어나
사 32:13	가시와 찔레가 나며 **희락**의 성읍, 기뻐
사 35:10	머리 위에 영영한 **희락**을 띠고 기쁨과
호 2:11	내가 그의 모든 **희락**과 절기와 월삭과
슥 8:19	즐거움과 **희락**의 절기들이 되리니 오직
롬 14:17	성령 안에 있는 의와 평강과 **희락**이라
갈 5:22	성령의 열매는 사랑과 **희락**과 화평과

희롱/-하다(戲弄, make fool of, joking)

창 39:14	우리를 **희롱하게** 하는도다 그가 나와
창 39:17	종이 나를 **희롱하려고** 내게로 들어왔
삿 8:15	나를 **희롱하여** 이르기를 세바와 살문
삿 16:10	당신이 나를 **희롱하여** 내게 거짓말을
삿 16:13	나를 **희롱하여** 내게 거짓말을 하였도다
삿 16:15	세 번이나 나를 **희롱하고** 당신의 큰 힘이
잠 26:19	내가 **희롱하였노라** 하는 자도 그러하니
사 57:4	누구를 **희롱하느냐** 누구를 향하여 입을
마 27:29	무릎을 꿇고 **희롱하여** 이르되 유대인
마 27:31	**희롱**을 다 한 후 홍포를 벗기고 도로
마 27:41	서기관들과 장로들과 함께 **희롱하여**
막 15:20	**희롱**을 다 한 후 자색 옷을 벗기고 도로
막 15:31	서기관들과 함께 **희롱하며** 서로 말하되
눅 18:32	이방인들에게 넘겨져 **희롱**을 당하고
눅 22:63	지키는 사람들이 예수를 **희롱하고**
눅 23:11	예수를 업신여기며 **희롱하고** 빛난 옷
눅 23:36	군인들도 **희롱하면서** 나아와 신 포도주
엡 5:4	누추함과 어리석은 말이나 **희롱**의 말이

희망/-하다(希望, hope)

대상 29:15	있는 날이 그림자 같아서 **희망**이 없나
욥 5:16	가난한 자가 **희망**이 있고 악행이 스스로
욥 7:6	베틀의 북보다 빠르니 **희망** 없이 보내
욥 8:13	길은 다 이와 같고 저속한 자의 **희망**은
욥 11:18	네가 **희망**이 있으므로 안전할 것이며
욥 11:20	못하리니 그들의 **희망**은 숨을 거두는
욥 13:15	나를 죽이시리니 내가 **희망**이 없노라
욥 14:7	나무는 **희망**이 있나니 찍힐지라도 다시
욥 14:19	주께서는 사람의 **희망**을 끊으시나이다
욥 17:13	내 집이 되기를 **희망하여** 내 침상을 흑암
욥 17:15	나의 **희망**이 어디 있으며 나의 **희망**을
욥 17:16	흙 속에서 쉴 때에는 **희망**이 스올의 문
욥 19:10	나는 죽었구나 내 **희망**을 나무 뽑듯 뽑으
욥 27:8	그의 영혼을 거두실 때에는 무슨 **희망**이
욥 29:21	무리는 내 말을 듣고 **희망**을 걸었으며
욥 41:9	그의 **희망**은 헛된 것이니라 그것의 모습
잠 19:18	네가 네 아들에게 **희망**이 있은즉 그를
잠 26:12	그보다 미련한 자에게 오히려 **희망**이
잠 29:20	그보다 미련한 자에게 오히려 **희망**이
사 21:4	**희망**의 서광이 변하여 내게 떨림이 되도
렘 29:11	너희에게 미래와 **희망**을 주는 것이니라
행 2:26	혀도 즐거워하였으며 육체도 **희망**에

희미하다(稀微, poor reflection)

| 고전 13:12 | 거울로 보는 것같이 **희미하나** 그 때 |

【 희색 】   【 히브리 】

희색(喜色, brighten)
잠 16:15 왕의 희색은 생명을 뜻하나니 그의 은택

희생/-되다(犧牲, sacrifice)
신 12:11 너희의 희생과 너희의 십일조와 너희 손의 거제
대하 1:6 위에 천 마리 희생으로 번제를 드렸더라
대하 35:8 방백들도 즐거이 희생을 드려 백성과
사 34:6 여호와를 위한 희생이 보스라에 있고
사 43:24 향품을 사지 아니하며 희생의 기름으로
사 56:7 그들의 번제와 희생을 나의 제단에서
렘 7:22 번제나 희생에 대하여 말하지 아니하며
렘 17:26 번제와 희생과 소제와 유향과 감사제물
호 4:14 음부와 함께 희생을 드림이니라 깨닫지
암 4:4 아침마다 너희 희생을, 삼일마다 너희
암 5:22 살진 희생의 화목제도 내가 돌아보지
암 5:25 사십 년 동안 광야에서 희생과 소제물
습 1:7 여호와께서 희생을 준비하고 그가 청할
습 1:8 여호와의 희생의 날에 내가 방백들과
말 2:3 너희 절기의 희생의 똥을 너희 얼굴에
행 7:42 사십 년간 희생과 제물을 내게 드린 일
고전 5:7 양 곧 그리스도께서 희생되셨느니라

  '희생'과 관련된 성구
  희생(제)물 – 출 18:12; 레 23:37; 왕상
  8:62, 63; 시 106:37; 렘 6:20;
  7:21; 46:10; 겔 21:21; 40:39, 41,
  42, 43; 44:11; 45:19; 46:20; 말
  1:8; 엡 5:2
  희생제사 – 창 46:1; 왕하 5:17

희소하다(稀少, few)
사 10:19 나무의 수가 희소하여 아이라도 능히
사 13:12 사람을 순금보다 희소하게 하며 인생

흰옷(white robe)
막 16:5 무덤에 들어가서 흰옷을 입은 한 청년
요 20:12 흰옷 입은 두 천사가 예수의 시체 뉘었던
행 1:10 있는데 흰옷 입은 두 사람이 그들 곁에
계 3:4 네게 있어 흰옷을 입고 나와 함께 다니
계 3:5 이기는 자는 이와 같이 흰옷을 입을 것
계 3:18 흰옷을 사서 입어 벌거벗은 수치를 보이
계 4:4 이십사 장로들이 흰옷을 입고 머리에

계 7:9 큰 무리가 나와 흰옷을 입고 손에 종려
계 7:13 이 흰옷 입은 자들이 누구며 또 어디서

흰자위(white of an egg)
욥 6:6 소금 없이 먹히겠느냐 닭의 알 흰자위가

히라(Hirah) 아둘람 사람으로 유다의 친구
창 38:1 내려가서 아둘람 사람 히라와 가까이
창 38:12 아둘람 사람 히라와 함께 딤나로 올라

히람(Hiram)
1. 두로의 왕
삼하 5:11 두로 왕 히람이 다윗에게 사절들과
  히람 1 – 기타 본문
  왕상 5:1, 2, 11, 12, 18; 9:11, 12, 14, 27; 10:11,
  22; 대상 14:1

2. 두로의 세공 기술자
왕상 7:13 왕이 사람을 보내어 히람을 두로에서
  히람 2 – 기타 본문
  왕상 7:14, 40, 45

히브리(Hebrew)
창 39:17 데려온 히브리 종이 나를 희롱하려고
창 40:15 히브리 땅에서 끌려온 자요 여기서도
창 41:12 친위대장의 종 된 히브리 청년이 우리
출 1:15 애굽 왕이 히브리 산파 십브라라 하는
출 1:16 이르되 너희는 히브리 여인을 위하여
출 1:19 바로에게 대답하되 히브리 여인은 애굽
출 2:7 당신을 위하여 히브리 여인 중에서 유모
출 21:2 네가 히브리 종을 사면 그는 여섯 해

  '히브리'와 관련된 성구
  히브리 사람/히브리인 – 창 14:13; 39:14;
  43:32; 출 2:6, 11, 13; 3:18; 5:3;
  7:16; 9:1, 13; 10:3; 삼상 4:9; 13:3,
  7, 19; 14:11, 21; 29:3; 렘 34:14; 욘
  1:9; 고후 11:22; 빌 3:5
  히브리어/히브리 말 – 요 5:2; 19:13, 17;
  20:16; 행 21:40; 22:2; 26:14; 계
  9:11; 16:16

2594

【 히스기 】   【 힌놈 】

신 15:12 네 동족 **히브리** 남자나 **히브리** 여자가
삼상 4:6 이르되 **히브리** 진영에서 큰 소리로 외침
렘 34:9 그 계약은 사람마다 각기 **히브리** 남녀
렘 34:14 형제 **히브리** 사람이 네게 팔려 왔거든
요 19:20 이 패를 읽는데 **히브리**와 로마와 헬라

히브리파

행 6:1 매일의 구제에 빠지므로 **히브리파** 사람

히스기(Hizki) 베냐민 사람 엘바알의 아들

대상 8:17 스바댜와 므술람과 **히스기**와 헤벨과

히스기야(Hezekiah)

1. 남유다 13대 왕

왕하 16:20 그의 아들 **히스기야**가 대신하여 왕이

히스기야 1 – 기타 본문

왕하 18:1, 3, 5, 9, 10, 13, 14, 15, 16, 17, 19, 22, 29, 30, 31, 32, 37; 19:1, 3, 5, 9, 10, 14, 15, 20; 20:1, 2, 3, 5, 8, 10, 12, 13, 14, 15, 16, 19, 20, 21; 21:3; 대상 3:13; 4:41; 대하 28:27; 29:1, 2, 18, 20, 27, 31, 36; 30:1, 18, 20, 22, 24; 31:2, 8, 9, 11, 13, 20; 32:2, 5, 8, 9, 11, 12, 15, 16, 17, 20, 22, 23, 24, 26, 27, 30, 31, 32; 33:33; 잠 25:1; 사 1:1; 36:1, 2, 4, 7, 14, 15, 16, 18, 22; 37:3, 5, 9, 10, 14, 21; 38:1, 3, 5, 9, 22; 39:1, 2, 3, 4, 5; 렘 15:4; 26:18, 19; 호 1:1; 미 1:1; 마 1:9, 10

2. 스바냐의 증조부

대상 3:23 에료에내와 **히스기야**와 아스리감 세 사람
습 1:1 스바냐는 **히스기야**의 현손이요 아마랴

3. 바벨론에서 귀환한 사람으로 아델 자손의 선조

스 2:16 아델 자손 곧 **히스기야** 자손이 구십팔 명

히스기야 3 – 기타 본문

느 7:21; 10:17

히에라볼리(Hierapolis) 소아시아 브루기아의 한 도시

골 4:13 있는 자들과 **히에라볼리**에 있는 자들

히엘(Hiel) 여리고 성 재건 때 아들을 잃은 사람

왕상 16:34 벧엘 사람 **히엘**이 여리고를 건축하였

히위(Hittite) 가나안 원주민 중 하나

창 10:17 **히위** 족속과 알가 족속과 신 족속과

'히위'와 관련된 성구

히위 사람 – 출 13:5; 23:23; 33:2; 34:11; 수 9:1, 7; 삼하 24:7; 왕상 9:20

히위 – 기타 본문

창 34:2; 36:2; 출 3:8, 17; 23:28; 신 7:1; 20:17; 수 3:10; 11:3, 19; 12:8; 24:11; 삿 3:3, 5; 대상 1:15; 대하 8:7

힉가욘(Higgaion)

시 9:16 행한 일에 스스로 얽혔도다 **힉가욘**, 셀라

힌(hin)

레 19:36 에바와 공평한 **힌**을 사용하라 나는 너희
민 15:9 에바에 기름 반 **힌**을 섞어 그 소제물
민 15:10 전제로 포도주 반 **힌**을 드려 여호와 앞에
민 28:14 포도주 반 **힌**이요 … 삼분의 일 **힌**이요 어린 양 한 마리에 사분의 일 **힌**이니
겔 4:11 물도 육분의 일 **힌**씩 되어서 때를 따라

'힌'과 관련된 성구

기름 한 힌 – 출 30:24; 겔 45:24; 46:5, 7, 11
사분의 일 힌 – 출 29:40; 레 23:13; 민 15:4, 5; 28:5, 7, 14
삼분의 일 힌 – 민 15:6, 7; 28:14; 겔 46:14

힌놈(Hinnom) 예루살렘 남쪽의 골짜기

수 15:8 **힌놈**의 아들들 … **힌놈**의
수 18:16 **힌놈**의 아들 … 또 **힌놈**의
왕하 23:10 왕이 또 **힌놈**의 아들 골짜기의 도벳을
대하 28:3 **힌놈**의 아들 골짜기에서 분향하고
대하 33:6 **힌놈**의 아들 골짜기에서 그의 아들들
느 11:30 브엘세바에서부터 **힌놈**의 골짜기까지
렘 7:31 **힌놈**의 아들 골짜기에 도벳 사당을 건축
렘 7:32 도벳이라 하거나 **힌놈**의 아들의 골짜기
렘 19:2 문 어귀 곁에 있는 **힌놈**의 아들의 골짜기
렘 19:6 도벳이나 **힌놈**의 아들의 골짜기라 부르

【 힐기야 】　　　　　　　　　　　　　　　　　　　　　　　　　　　　　　　　　　　【 힘 】

렘 32:35　힌놈의 아들의 골짜기에 바알의 산당을

힐기야(Hilkiah)
1. 엘리야김의 아버지
왕하 18:18　왕을 부르매 힐기야의 아들로서 왕궁

📖 **힐기야 1 - 기타 본문**
왕하 18:26, 37; 사 22:20; 36:3, 22

2. 요시야 왕 시대의 대제사장
왕하 22:4　너는 대제사장 힐기야에게 올라가서

📖 **힐기야 2 - 기타 본문**
왕하 22:8, 10, 12, 14; 23:4, 24; 대상 6:13; 9:11;
대하 34:9, 14, 15, 18, 20, 22; 35:8; 스 7:1

3. 암시의 아들
대상 6:45　아마시야의 아들이요 아마시야는 힐기야
대상 6:46　힐기야는 암시의 아들이요 암시는 바니

4. 호사의 아들
대상 26:11　둘째는 힐기야요 셋째는 드발리야요

5. 율법책 낭독 시 에스라의 오른편에 선 사람
느 8:4　우리야와 힐기야와 마아세야요 그의
느 11:11　스라야이니 그는 힐기야의 아들이요

6. 힐기야 족속의 족장
느 12:7　아목과 힐기야와 여다야니 이상은
느 12:21　힐기야 족속에는 하사뱌요 여다야 족속

7. 예레미야의 아버지
렘 1:1　제사장들 중 힐기야의 아들 예레미야

8. 그마랴의 아버지
렘 29:3　엘라사와 힐기야의 아들 그마랴 편으로

힐난하다(詰難, begin to question)
막 8:11　예수를 힐난하며 그를 시험하여 하늘

힐렌(Hilen) 유다 지파의 성읍
대상 6:58　힐렌과 그 초원과 드빌과 그 초원과

힐렐(Hillel) 사사 압돈의 아버지
삿 12:13　비라돈 사람 힐렐의 아들 압돈이
삿 12:15　힐렐의 아들 압돈이 죽으매 에브라임

힘(strength, mighty)
🟩 모세오경
창 48:2　왔다 하매 이스라엘이 힘을 내어 침상에
창 49:24　팔은 힘이 있으니 이는 야곱의 전능자
출 14:27　새벽이 되어 바다의 힘이 회복된지라
출 15:2　여호와는 나의 힘이요 노래시며 나의
출 15:13　주의 힘으로 그들을 주의 거룩한 처소
레 5:7　만일 그의 힘이 어린 양을 바치는 데에
레 12:8　어린 양을 바치기에 힘이 미치지 못하면
레 14:21　만일 그가 가난하여 그의 힘이 미치지
레 14:22　그의 힘이 미치는 대로 산비둘기 둘이
레 14:30　힘이 미치는 대로 산비둘기 한 마리나
레 14:31　그의 힘이 미치는 대로 한 마리는 속죄제
레 14:32　그의 힘이 미치지 못한 자의 규례가 그러
레 25:26　자기가 부유하게 되어 무를 힘이 있으면
레 25:28　자기가 무를 힘이 없으면 그 판 것이
레 26:37　넘어지리니 너희가 원수들을 맞설 힘이
민 6:21　이외에도 힘이 미치는 대로 하려니와
민 23:22　인도하여 내셨으니 그의 힘이 들소와
민 24:8　힘이 들소와 같도다 그의 적국을 삼키고
신 7:1　너보다 많고 힘이 센 일곱 족속을 쫓아
신 8:17　내 손의 힘으로 내가 이 재물을 얻었다
신 16:10　복을 주신 대로 네 힘을 헤아려 자원하는
신 28:32　눈이 피곤하여지나 네 손에 힘이 없을

🟩 역사서
수 14:11　내 힘이 그 때나 지금이나 같아서 싸움
삿 1:35　가문의 힘이 강성하매 아모리 족속이
삿 5:21　내 영혼아 너는 힘 있는 자를 밟았도다
삿 5:31　힘 있게 돋음 같게 하시옵소서 하니라
삿 6:14　너의 힘으로 이스라엘을 미디안의 손
삿 8:21　그의 힘도 그러하니라 하니 기드온이
삿 16:5　큰 힘이 생기는지 그리고 우리가 어떻게
삿 16:6　당신의 큰 힘이 무엇으로 말미암아
삿 16:9　같이 하였고 그의 힘의 근원은 알아내지
삿 16:15　큰 힘이 무엇으로 말미암아 생기는지
삿 16:17　내 머리가 밀리면 내 힘이 내게서 떠나고
삿 16:19　밀고 괴롭게 하여 본즉 그의 힘이 없어
삼상 2:4　활은 꺾이고 넘어진 자는 힘으로 띠를
삼상 2:9　잠잠하게 하시리니 힘으로는 이길 사람
삼상 2:10　자기 왕에게 힘을 주시며 자기의 기름
삼상 18:10　사울에게 힘 있게 내리매 그가 집 안에
삼상 23:16　하나님을 힘 있게 의지하게 하였는데
삼하 13:14　다말보다 힘이 세므로 억지로 그와 동침
삼하 16:21　모든 사람의 힘이 더욱 강하여지리이다
삼하 17:2　그가 곤하고 힘이 빠졌을 때에 기습하여

[힘]   [힘]

왕상 19:8	음식물의 **힘**을 의지하여 사십 주 사십 야
왕상 20:22	왕은 가서 **힘**을 기르고 왕께서 행할 일
왕하 19:3	낳을 때가 되었으나 해산할 **힘**이 없도다
왕하 19:26	거주하는 백성의 **힘**이 약하여 두려워
대상 9:13	수행하는 **힘** 있는 자는 모두 천칠백육십
대상 15:28	비파와 수금을 **힘** 있게 타며 여호와의
대상 16:5	수금을 타고 아삽은 제금을 **힘** 있게 치고
대상 19:13	너는 **힘**을 내라 우리가 우리 백성과 우리 하나님의 성읍들을 위하여 **힘**을 내자
대상 29:14	마음으로 드릴 **힘**이 있었나이까 모든
대하 14:11	여호와여 **힘**이 강한 자와 약한 자 사이
대하 22:9	약하여 왕위를 **힘**으로 지키지 못하게
대하 32:5	히스기야가 **힘**을 내어 무너진 모든 성벽
스 6:22	건축하는 손을 **힘** 있게 하도록 하셨음
스 7:28	내가 **힘**을 얻어 이스라엘 중에 우두머리
느 2:18	하고 모두 **힘**을 내어 이 선한 일을 하려
느 4:10	짐을 나르는 자의 **힘**이 다 빠졌으니 우리
느 5:5	우리에게는 아무런 **힘**이 없도다 하더라
느 5:16	성벽 공사에 **힘**을 다하며 땅을 사지 아니
느 6:9	함이라 이제 내 손을 **힘** 있게 하옵소서
느 8:10	기뻐하는 것이 너희의 **힘**이니라 하고

시가서

욥 9:4	마음이 지혜로우시고 **힘**이 강하시니
욥 15:25	교만하여 전능자에게 **힘**을 과시하였음
욥 17:9	손이 깨끗한 자는 점점 **힘**을 얻느니라
욥 18:12	그의 **힘**은 기근으로 말미암아 쇠하고
욥 30:2	그들의 손의 **힘**이 내게 무슨 소용이 있으
욥 30:21	**힘** 있는 손으로 나를 대적하시나이다
욥 30:22	무서운 **힘**으로 나를 던져 버리시나이다
욥 35:9	많으므로 부르짖으며 군주들의 **힘**에
욥 39:11	그것이 **힘**이 세다고 네가 그것을 의지
욥 39:19	말의 **힘**을 네가 주었느냐 그 목에 흩날
욥 39:21	골짜기에서 발굽질하고 **힘** 있음을 기뻐
욥 40:16	**힘**은 허리에 있고 그 뚝심은 배의 힘줄
욥 41:22	그것의 **힘**은 그 목덜미에 있으니 그
시 18:1	나의 **힘**이신 여호와여 내가 주를 사랑
시 18:17	건지셨음이여 그들은 나보다 **힘**이 세기
시 18:32	이 하나님이 **힘**으로 내게 띠 띠우시며
시 20:6	구원하는 **힘**으로 그의 거룩한 하늘에
시 21:1	여호와여 왕이 주의 **힘**으로 말미암아
시 22:15	내 **힘**이 말라 질그릇 조각 같고 내 혀가
시 22:19	나의 **힘**이시여 속히 나를 도우소서
시 28:7	여호와는 나의 **힘**과 나의 방패이시니
시 28:8	여호와는 그들의 **힘**이시요 그의 기름
시 29:4	여호와의 소리가 **힘** 있음이여 여호와
시 29:11	자기 백성에게 **힘**을 주심이여 여호와
시 33:16	용사가 **힘**이 세어도 스스로 구원하지
시 43:2	주는 나의 **힘**이 되신 하나님이시거늘
시 46:1	하나님은 우리의 피난처시요 **힘**이시니
시 52:7	이 사람은 하나님을 자기 **힘**으로 삼지
시 54:1	나를 구원하시고 주의 **힘**으로 나를 변호
시 59:9	그의 **힘**으로 말미암아 내가 주를 바라
시 59:16	나는 주의 **힘**을 노래하며 아침에 주의
시 59:17	나의 **힘**이시여 내가 주께 찬송하오리니
시 62:7	내 **힘**의 반석과 피난처도 하나님께
시 65:6	주의 **힘**으로 산을 세우시며 권능으로
시 68:28	네 하나님이 너의 **힘**을 명령하셨도다
시 68:35	백성에게 **힘**과 능력을 주시나니 하나님
시 71:9	버리지 마시며 내 **힘**이 쇠약할 때에 나를
시 71:18	주의 **힘**을 후대에 전하고 주의 능력을
시 73:4	죽을 때에도 고통이 없고 그 **힘**이 강건
시 80:15	주를 위하여 **힘** 있게 하신 가지니이다
시 80:17	주를 위하여 **힘** 있게 하신 인자에게 주의
시 84:5	주께 **힘**을 얻고 그 마음에 시온의 대로
시 84:7	그들은 **힘**을 얻고 더 얻어 나아가 시온
시 86:16	주의 종에게 **힘**을 주시고 주의 여종의
시 89:17	주는 그들의 **힘**의 영광이심이라 우리
시 89:19	용사에게는 돕는 **힘**을 더하며 백성 중
시 89:21	견고하게 하고 내 팔이 그를 **힘** 있게
시 102:23	그가 내 **힘**을 중도에 쇠약하게 하시며
시 104:15	기름과 사람의 마음을 **힘** 있게 하는 양식
시 138:3	내 영혼에 **힘**을 주어 나를 강하게 하셨
시 146:3	의지하지 말며 도울 **힘**이 없는 인생도
시 147:10	여호와는 말의 **힘**이 세다 하여 기뻐하지
잠 3:27	네 손이 선을 베풀 **힘**이 있거든 마땅히
잠 8:28	견고하게 하시며 바다의 샘들을 **힘** 있게
잠 14:4	구유는 깨끗하려니와 소의 **힘**으로 얻는
잠 18:21	죽고 사는 것이 혀의 **힘**에 달렸나니 혀를
잠 20:29	젊은 자의 영화는 그의 **힘**이요 늙은 자
잠 21:28	확실히 들은 사람의 말은 **힘**이 있느니라
잠 24:5	강하고 지식 있는 자는 **힘**을 더하나니
잠 24:10	환난 날에 낙담하면 네 **힘**이 미약함을
잠 30:25	곧 **힘**이 없는 종류로되 먹을 것을 여름
잠 31:3	네 **힘**을 여자들에게 쓰지 말며 왕들을
전 9:16	내가 이르기를 지혜가 **힘**보다 나으나
전 10:10	날을 갈지 아니하면 **힘**이 더 드느니라

[힘] [힘]

| 전 12:3 | 지키는 자들이 떨 것이며 **힘** 있는 자들 |
| 아 2:5 | 건포도로 내 **힘**을 돕고 사과로 나를 시원 |

선지서

사 10:13	나는 내 손의 **힘**과 내 지혜로 이 일을
사 12:2	여호와는 나의 **힘**이시며 나의 노래시며
사 13:7	모든 손의 **힘**이 풀리고 각 사람의 마음
사 22:21	그에게 띠워 **힘** 있게 하고 네 정권을 그의
사 27:5	내 **힘**을 의지하고 나와 화친하며 나와
사 28:2	주께 있는 강하고 **힘** 있는 자가 쏟아지는
사 28:6	물리치는 자에게는 **힘**이 되시리로다
사 30:15	신뢰하여야 **힘**을 얻을 것이거늘 너희
사 37:3	아이를 낳으려 하나 해산할 **힘**이 없음
사 37:27	주민들이 **힘**이 약하여 놀라며 수치를
사 40:29	능력을 주시며 무능한 자에게는 **힘**을
사 40:31	앙망하는 자는 새 **힘**을 얻으리니 독수리
사 41:1	잠잠하라 민족들아 **힘**을 새롭게 하라
사 41:6	그 형제에게 이르기를 너는 **힘**을 내라
사 45:24	공의와 **힘**은 여호와께만 있나니 사람
사 49:4	공연히 내 **힘**을 다하였다 하였도다
사 49:5	나의 하나님은 나의 **힘**이 되셨도다
사 52:1	깰지어다 네 **힘**을 낼지어다 거룩한 성
사 57:10	네 **힘**이 살아났으므로 쇠약하여지지
렘 16:19	여호와 나의 **힘**, 나의 요새, 환난 날의
렘 17:5	그의 **힘**을 삼고 마음이 여호와에게서
렘 49:35	내가 엘람의 **힘**의 으뜸가는 활을 꺾을
애 1:14	목에 올리사 내 **힘**을 피곤하게 하셨음
애 3:18	이르기를 나의 **힘**과 여호와께 대한 내
겔 3:14	여호와의 권능이 **힘** 있게 나를 감동시키
겔 22:14	네 손이 **힘**이 있겠느냐 나 여호와가 말
겔 24:25	인자야 내가 그 **힘**과 그 즐거워하는 영광
겔 30:21	칼을 잡을 **힘**이 있도록 그것을 아주 싸매
단 6:14	그를 건져내려 **힘**을 다하다가 해가
단 8:6	나아가되 분노한 **힘**으로 그것에게로
단 8:7	그것을 대적할 **힘**이 없으므로 그것이
단 8:24	자기의 **힘**으로 말미암은 것이 아니며
단 10:8	환상을 볼 때에 내 몸에 **힘**이 빠졌고 나
	의 아름다운 빛이 변하여 … 나의 **힘**이
단 10:16	근심이 내게 더하므로 내가 **힘**이 없어
단 10:17	몸에 **힘**이 없어졌고 호흡이 남지 아니
단 10:19	내가 곧 **힘**이 나서 이르되 내 주께서 나를
단 11:6	공주의 **힘**이 쇠하고 그 왕은 서지도 못하
단 11:15	택한 군대라도 그를 당할 **힘**이 없을 것
단 11:25	**힘**을 떨치며 용기를 다하여 큰 군대를

단 11:40	남방 왕이 그와 **힘**을 겨룰 것이나 북방
호 7:9	이방인들이 그의 **힘**을 삼켰으나 알지
호 7:15	그들 팔을 연습시켜 **힘** 있게 하였으나
호 12:3	발뒤꿈치를 잡았고 또 **힘**으로는 하나님
욜 2:22	무화과나무와 포도나무가 다 **힘**을 내는
암 2:14	자기 **힘**을 낼 수 없으며 용사도 자기 목숨
암 3:11	네 **힘**을 쇠하게 하며 네 궁궐을 약탈하리
암 6:13	**힘**으로 뿔들을 취하지 아니하였느냐
미 2:1	손에 **힘**이 있으므로 그것을 행하는 자는
나 2:1	허리를 견고히 묶고 네 **힘**을 크게 굳게
나 3:9	구스와 애굽은 그의 **힘**이 강하여 끝이
합 1:11	그들은 자기들의 **힘**을 자기들의 신으로
합 3:19	주 여호와는 나의 **힘**이시라 나의 발을
슥 1:15	노하였거늘 그들은 **힘**을 내어 고난을
슥 4:6	말씀하시되 이는 **힘**으로 되지 아니하며
슥 12:5	만군의 여호와로 말미암아 **힘**을 얻었다

신약

막 5:4	그리하여 아무도 그를 제어할 **힘**이 없는
막 14:31	베드로가 힘 있게 말하되 내가 주와 함께
눅 1:51	그의 팔로 **힘**을 보이사 마음의 생각이
눅 10:27	목숨을 다하며 **힘**을 다하며 뜻을 다하여
눅 16:3	땅을 파자니 **힘**이 없고 빌어먹자니 부끄
눅 22:43	하늘로부터 예수께 나타나 **힘**을 더하
행 3:7	잡아 일으키니 발과 발목이 곧 **힘**을
행 9:22	사울은 **힘**을 더 얻어 예수를 그리스도라
행 18:28	공중 앞에서 **힘** 있게 유대인의 말을 이김
행 19:20	주의 말씀이 **힘**이 있어 흥왕하여 세력을
롬 15:30	**힘**을 같이하여 나를 위하여 하나님께
고후 1:8	**힘**에 겹도록 심한 고난을 당하여 살 소망
고후 8:3	그들이 **힘**대로 할 뿐 아니라 **힘**에 지나
고후 10:10	편지들은 무게가 있고 **힘**이 있으나 그가
엡 1:19	그의 **힘**의 위력으로 역사하심을 따라
엡 6:10	너희가 주 안에서 그 **힘**의 능력으로
골 1:11	그의 영광의 **힘**을 따라 모든 능력으로

'힘'과 관련된 성구

힘대로 – 신 16:17, 왕하 23:35, 겔 46:5, 7, 11, 마 27:65, 행 11:29, 고후 8:3

힘을 다하여 – 창 31:6, 신 6:5, 삿 16:30, 삼하 6:14, 왕하 9:24, 23:25, 대상 13:8, 29:2, 느 5:8, 전 9:10, 단 11:17, 막 12:30, 33, 14:8, 골 1:29

2598

【 힘겹다 】　　　　　　　　　　　　　　　　　【 힘쓰다 】

살전 5:14 힘이 없는 자들을 붙들어 주며 모든 사람
살후 1:9 얼굴과 그의 힘의 영광을 떠나 영원한
딤후 4:17 나에게 힘을 주심은 나로 말미암아 선포
히 11:11 잉태할 수 있는 힘을 얻었으니 이는 약속
약 5:16 기도하라 의인의 간구는 역사하는 힘이
벧전 4:11 하나님이 공급하시는 힘으로 하는 것
벧후 2:11 더 큰 힘과 능력을 가진 천사들도 주 앞
계 1:16 그 얼굴은 해가 힘 있게 비치는 것 같더라
계 5:2 힘 있는 천사가 큰 음성으로 외치기를
계 5:12 지혜와 힘과 존귀와 영광과 찬송을 받으
계 7:12 권능과 힘이 우리 하나님께 세세토록
계 9:19 말들의 힘은 입과 꼬리에 있으니 꼬리는

힘겹다(straining)
신 1:12 괴로운 일과 너희의 힘겨운 일과 너희
막 6:48 바람이 거스르므로 제자들이 힘겹게

힘껏(strong)
대상 11:10 다윗을 힘껏 도와 나라를 얻게 하고

힘들다/힘들이다(be discouraged-NIV, labour-KJV)
욥 4:5 네가 힘들어 하고 이 일이 네게 닥치매
욥 7:1 땅에 사는 인생에게 힘든 노동이 있지
미 4:10 여인처럼 힘들여 낳을지어다 이제 네가

힘세다(mighty, strong)
삼상 14:52 사울이 힘센 사람이나 용감한 사람을
시 22:12 나를 에워싸며 바산의 힘센 소들이 나를
시 78:25 사람이 힘센 자의 떡을 먹었으며 그가
사 44:12 그의 힘센 팔로 그 일을 하나 배가 고프면
계 10:1 내가 또 보니 힘센 다른 천사가 구름을
계 18:21 이에 한 힘센 천사가 큰 맷돌 같은 돌을

힘쓰다(try hard, eager, make effort)
출 20:9 엿새 동안은 힘써 네 모든 일을 행할 것
신 4:9 네 마음을 힘써 지키라 그리하여 네가
신 5:13 엿새 동안은 힘써 네 모든 일을 행할 것
신 24:8 네가 힘써 다 지켜 행하되 너희는 내가
수 23:6 너희는 크게 힘써 모세의 율법 책에 기록
삼하 11:25 성을 향하여 더욱 힘써 싸워 함락시키라
왕상 2:2 길로 가게 되었노니 너는 힘써 대장부
대상 28:7 나의 계명과 법도를 힘써 준행하기를

대상 28:10 건축하게 하셨으니 힘써 행할지니라
대하 19:11 너희는 힘써 행하라 여호와께서 선한
대하 25:8 만일 가시거든 힘써 싸우소서 하나님
대하 31:4 그들에게 여호와의 율법을 힘쓰게 하라
스 10:4 일어나소서 우리가 도우리니 힘써 행하
느 3:20 바룩이 한 부분을 힘써 중수하여 성 굽이
느 12:45 결례의 일을 힘썼으며 노래하는 자들
욥 27:22 그의 손에서 도망치려고 힘쓰리라
시 131:1 놀라운 일을 하려고 힘쓰지 아니하며
잠 17:11 악한 자는 반역만 힘쓰나니 그러므로
전 12:10 전도자는 힘써 아름다운 말들을 구하였
사 22:4 나를 위로하려고 힘쓰지 말지니라
사 40:9 너는 힘써 소리를 높이라 두려워하지
사 47:12 너는 젊어서부터 힘쓰던 주문과 많은
사 47:15 같이 힘쓰던 자들이 네게 이같이 되리니
렘 23:10 행위가 악하고 힘쓰는 것이 정직하지
호 6:3 우리가 여호와를 알자 힘써 여호와를
욘 1:13 사람들이 힘써 노를 저어 배를 육지로
욘 3:8 힘써 하나님께 부르짖을 것이며 각기
슥 12:9 그 날에 내가 멸하기를 힘쓰리라
눅 6:19 무리가 예수를 만지려고 힘쓰니 이는
눅 12:58 길에서 화해하기를 힘쓰라 그가 너를
눅 13:24 좁은 문으로 들어가기를 힘쓰라 내가
눅 22:44 예수께서 힘쓰고 애써 더욱 간절히 기도
눅 23:10 대제사장들과 서기관들이 서서 힘써
행 2:46 성전에 모이기를 힘쓰고 집에서 떡을
행 6:4 기도하는 일과 말씀 사역에 힘쓰리라
행 9:29 그 사람들이 죽이려고 힘쓰거늘
행 12:15 여자 아이는 힘써 말하되 참말이라 하니
행 13:8 대적하여 총독으로 믿지 못하게 힘쓰니
행 16:10 마게도냐로 떠나기를 힘쓰니 이는
행 24:16 양심에 거리낌이 없기를 힘쓰나이다
롬 10:3 힘써 하나님의 의에 복종하지 아니하였
롬 12:13 쓸 것을 공급하며 손 대접하기를 힘쓰라
롬 13:5 일꾼이 되어 바로 … 항상 힘쓰느니라
롬 14:19 일과 서로 덕을 세우는 일을 힘쓰나니
고전 15:58 항상 주의 일에 더욱 힘쓰는 자들이
고전 16:10 그도 나와 같이 주의 일을 힘쓰는 자
고후 5:9 기쁘시게 하는 자가 되기를 힘쓰노라
갈 2:10 나도 본래부터 힘써 행하여 왔노라
엡 4:3 성령이 하나되게 하신 것을 힘써 지키라
엡 6:18 깨어 구하기를 항상 힘쓰며 여러 성도를
빌 4:3 복음에 나와 함께 힘쓰던 저 여인들을

2599

【 힘없다 】 【 힛데겔 】

골 2:1 얼마나 **힘쓰는지**를 너희가 알기를 원하
살전 4:1 너희가 행하는 바라 더욱 많이 **힘쓰라**
살전 4:11 일을 하고 너희 손으로 일하기를 **힘쓰라**
딤전 4:10 우리가 수고하고 **힘쓰는** 것은 우리 소망
딤후 2:15 자신을 하나님 앞에 드리기를 **힘쓰라**
딤후 4:2 항상 **힘쓰라** 범사에 오래 참음과 가르침
딛 3:8 조심하여 선한 일을 **힘쓰게** 하려 함이라
딛 3:14 준비하는 좋은 일에 **힘쓰기**를 배우게
히 4:11 안식에 들어가기를 **힘쓸지니** 이는 누구
벧후 1:5 너희가 더욱 **힘써** 너희 믿음에 덕을,
벧후 1:10 형제들아 더욱 **힘써** 너희 부르심과 택함
벧후 1:15 내가 **힘써** 너희로 하여금 내가 떠난 후
벧후 3:14 평강 가운데서 나타나기를 **힘쓰라**
유 1:3 믿음의 도를 위하여 **힘써** 싸우라는 편지

> '기도에 (항상) **힘쓰다**'와 관련된 성구
> 행 1:14; 2:42; 롬 12:12

힘없다 (powerless, poor)
욥 26:2 네가 **힘없는** 자를 참 잘도 도와주는구나
시 88:4 내려가는 자같이 인정되고 **힘없는** 용사
잠 26:7 저는 자의 다리는 **힘없이** 달렸나니 미련
애 1:6 뒤쫓는 자 앞에서 **힘없이** 달아났도다
암 2:7 **힘없는** 자의 머리를 티끌 먼지 속에 발로
암 4:1 너희는 **힘없는** 자를 학대하며 가난한
암 5:11 너희가 **힘없는** 자를 밟고 그에게서 밀
암 8:4 가난한 자를 삼키며 땅의 **힘없는** 자를
암 8:6 은으로 **힘없는** 자를 사며 신 한 켤레로

힘입다 (strength in, with the helf of)
창 49:24 반석인 목자의 손을 **힘입음이라**
삼상 30:6 하나님 여호와를 **힘입고** 용기를 얻었
욥 29:3 그의 빛을 **힘입어** 암흑에서도 걸어다녔
시 5:7 오직 나는 주의 풍성한 사랑을 **힘입어**
단 11:39 이방신을 **힘입어** 크게 견고한 산성들을
합 1:16 그것을 **힘입어** 소득이 풍부하고 먹을
마 12:24 귀신의 왕 바알세불을 **힘입지** 않고는
마 12:27 바알세불을 **힘입어** 귀신을 쫓아내면
*마 12:28 내가 하나님의 성령을 **힘입어** 귀신을*
막 3:22 귀신의 왕을 **힘입어** 귀신을 쫓아낸다
눅 11:15 귀신의 왕 바알세불을 **힘입어** 귀신을
눅 11:18 바알세불을 **힘입어** 귀신을 쫓아낸다
눅 11:19 내가 바알세불을 **힘입어** 귀신을 쫓아
　　　　 내면 너희 아들들은 누구를 **힘입어** 쫓나
눅 11:20 내가 만일 하나님의 손을 **힘입어** 귀신을
요 20:31 이름을 **힘입어** 생명을 얻게 하려 함이
행 10:43 그의 이름을 **힘입어** 죄 사함을 받는다
행 13:38 이 사람을 **힘입어** 죄 사함을 너희에게
행 13:39 이 사람을 **힘입어** 믿는 자마다 의롭다
행 14:3 두 사도가 오래 있어 주를 **힘입어** 담대히
행 17:28 그를 **힘입어** 살며 기동하며 존재하느
행 24:3 벨릭스 각하여 우리가 당신을 **힘입어**
골 3:17 예수의 이름으로 하고 그를 **힘입어**
살전 2:2 하나님을 **힘입어** 많은 싸움 중에 하나님
살전 5:27 내가 주를 **힘입어** 너희를 명하노니 모든
딛 3:7 우리로 그의 은혜를 **힘입어** 의롭다 하심
히 7:25 자기를 **힘입어** 하나님께 나아가는 자들
히 10:19 우리가 예수의 피를 **힘입어** 성소에 들어
벧전 1:12 성령을 **힘입어** 복음을 전하는 자들로
벧후 1:1 그리스도의 의를 **힘입어** 동일하게 보배

힘줄 (hamstring)
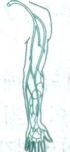
창 32:32 둔부의 **힘줄**을 쳤으므로 …
　　　　 허벅지 관절에 있는 둔부의 **힘줄**을
창 49:6 소의 발목 **힘줄**을 끊음이로다
수 11:6 말 뒷발의 **힘줄**을 끊고 그들의
수 11:9 그들의 말 뒷발의 **힘줄**을 끊고 그들의
삼하 8:4 병거의 말은 다 발의 **힘줄**을 끊었더니
대상 18:4 병거의 말은 다 발의 **힘줄**을 끊었더니
욥 10:11 입히시며 뼈와 **힘줄**로 나를 엮으시고
욥 40:16 허리에 있고 그 뚝심은 배의 **힘줄**에 있고
욥 40:17 흔들리는 것 같고 그 넓적다리 **힘줄**은
사 48:4 너는 완고하며 네 목은 쇠의 **힘줄**이요
겔 37:6 너희 위에 **힘줄**을 두고 살을 입히고 가죽
겔 37:8 그 뼈에 **힘줄**이 생기고 살이 오르며 그
골 2:19 머리로 말미암아 마디와 **힘줄**로 공급

힛대 (Hiddai) 다윗의 30 용사 가운데 한 사람
삼하 23:30 브나야와 가아스 시냇가에 사는 **힛대**와

힛데겔 (Tigris) 에덴동산의 강 중 하나
창 2:14 셋째 강의 이름은 **힛데겔**이라 앗수르
단 10:4 **힛데겔**이라 하는 큰 강 가에 있었는데

부록

주제 성구

BIBLICAL REFERENCES

차 례

- 하나님이 주신 약속의 근거
  (The Basis for God's Promises)

- 구원에 관한 약속의 말씀
  (Promises of Salvation)

- 영적 성장을 위한 약속의 말씀
  (Promises for Spiritual Growth)

- 개인적인 필요를 채우실 것을 약속하신 말씀
  (Promises for Your Personal Needs)

- 가족을 위한 약속의 말씀
  (Promises for Your Family)

- 관계에 대한 약속의 말씀
  (Promises for Various Relationships)

- 선의 승리에 대한 약속의 말씀
  (Promises of the Triumph of Good)

- 영원한 미래에 관한 약속의 말씀
  (Promises of an Eternal Future)

하나님이 주신 약속의 근거 (The Basis for God's Promises)

우리의 원천이 되시는 말씀
- 왕상 8:56
- 시 33:6, 8-9
- 시 138:2
- 잠 4:20-22
- 잠 30:5-6
- 사 55:10-11
- 마 7:24-25
- 막 13:31
- 요 5:24, 39
- 요 12:48-50
- 행 20:32
- 딤후 3:16-17
- 히 4:12
- 벧후 1:20-21
- 계 22:18-19

우리를 위로하시는 말씀
- 시 19:7-8
- 시 46:1
- 시 119:50
- 시 119:92-23
- 시 119:165
- 잠 3:1-2
- 잠 4:20-22
- 잠 30:5
- 사 55:10-11
- 마 25:34
- 요 14:2-3
- 요 15:10-11
- 롬 10:17
- 롬 15:4
- 고전 2:9
- 갈 3:29
- 약 1:21, 25
- 요일 1:4
- 유 1:24-25

우리를 인도하시는 말씀
- 수 1:8
- 삼하 22:29
- 시 19:7, 10-11
- 시 31:3
- 시 32:8
- 시 37:23-24, 34
- 시 73:23-24
- 시 119:9, 11
- 시 119:24, 105
- 잠 3:5-6
- 잠 6:22-23
- 사 30:21
- 눅 1:70, 79
- 요 8:31-32
- 딤후 3:16-17
- 약 1:5

우리의 능력이 되시는 말씀
- 신 33:27
- 왕상 8:56
- 시 18:30
- 시 33:11
- 시 111:7-8
- 시 119:28
- 시 119:89
- 사 30:15
- 사 40:31
- 마 5:18
- 막 13:31
- 눅 16:17
- 행 20:32
- 고후 1:21-22
- 엡 1:13-14
- 벧전 1:23-25

구원에 관한 약속의 말씀 (Promises of Salvation)

구원이 필요한 이유
- 잠 14:12
- 마 13:14-15
- 요 3:3
- 행 17:30-31
- 롬 1:18, 21
- 롬 2:5
- 롬 3:9-12
- 롬 3:23
- 롬 6:23
- 롬 7:24-25
- 롬 8:6-8
- 엡 5:6
- 빌 3:18-19
- 골 3:5-6
- 벧후 3:9

구원을 약속하신 말씀
- 마 1:21
- 눅 4:8
- 눅 19:10
- 요 3:16-17
- 행 5:31
- 행 13:33, 38
- 롬 3:21-22
- 롬 3:24-25
- 롬 5:6-8
- 롬 5:10
- 고전 15:3
- 고후 4:6
- 엡 1:7
- 요일 5:20

구원은 하나님의 은혜임
- 시 84:11
- 사 60:10
- 렘 24:7
- 겔 11:19-20
- 행 15:11
- 롬 3:24-25
- 롬 5:15
- 롬 6:14
- 엡 1:6
- 엡 2:8
- 딤후 1:9
- 딛 3:5
- 히 4:16

죄를 깨달음
- 창 3:7-8
- 창 42:21-22
- 욥 13:22-23
- 욥 40:4-5
- 시 31:10
- 시 51:3-4
- 시 51:17
- 사 6:5

애 1:20
눅 5:8
눅 18:13
요 16:7-11
행 2:37
행 16:29-30
롬 2:15
고전 14:24-25

믿음으로 받는 구원
마 8:8-10
마 9:20-22
막 16:16
눅 7:50
눅 23:42-43
요 10:41-42
요 11:25
요 14:11-12
행 8:12, 37
행 10:43
행 13:48
행 16:31
롬 10:9-10
롬 10:17
엡 2:8
빌 1:29
히 11:6
요일 5:4-5

구원을 위한 회개
렘 7:3-7
암 5:14
마 3:2
마 12:41
눅 5:32
눅 10:13
행 2:21
행 2:38-39
행 3:19
롬 2:4
고후 7:9
벧전 2:25
벧후 3:9
히 12:17
약 4:8-10
요일 1:8-9

죄를 고백함
시 4:7
시 32:5
시 51:14-15
시 118:15
사 51:11
사 61:10
합 3:18
마 10:32
막 1:5
눅 12:8
롬 10:9-10
고전 12:3
고후 9:13
빌 2:11
히 10:23
약 5:16
요일 1:9
계 12:10-11

죄인을 맞아 주심
시 103:1-5
시 103:12-13
사 1:18
사 43:25
렘 33:8
겔 33:19
미 7:18-19
눅 7:47-48
요 6:37
롬 5:9-10
롬 10:11
롬 10:13
고후 5:18-19
엡 2:13-16
골 1:21-23
살전 5:9-10
벧전 2:4-5

믿음으로 의롭다 하심
시 32:1-2
사 33:24
사 45:25
행 13:39
롬 5:1
롬 5:18-19

롬 8:1, 33-34
롬 8:30
갈 2:16
갈 3:24
골 2:13-14
딛 3:7
히 8:12
히 10:17-18
히 11:4
약 2:24-26

의인은 믿음으로 삶
창 15:6
시 89:16
사 1:18
사 45:24
사 46:12-13
마 6:33
롬 1:16-17
롬 9:30-31
롬 10:9-10
고후 5:21
엡 6:14
빌 3:8-9
골 3:4-5
딤후 2:21-22
딛 2:11-13
히 11:7
약 2:21-23
벧전 1:14-16

모든 상황에서 구원하심
스 8:22
욥 5:19
시 4:3
시 5:12
시 27:14
시 34:7
시 37:28
사 51:11
요 3:18
요 8:32
롬 6:6, 14
롬 7:24-25
롬 8:1-2
롬 8:3-4

고전 10:13
고후 12:9
갈 1:3-4
살후 3:3
히 2:18
벧전 3:12-13
벧후 2:9
요일 4:4

하나님의 아들이 됨
사 63:16
마 12:50
요 1:12
롬 8:14-15
롬 8:29
롬 9:26
고후 6:18
갈 3:26
갈 4:4-7
엡 1:5
엡 2:12-13
엡 2:19, 22
히 2:11
히 12:6-7
요일 3:1-2

오래 참음
시 31:24
사 35:3-4
사 40:29-31
슥 10:12
슥 12:8
눅 22:31-32
요 17:15
골 1:22-23
골 2:6-7
딤후 1:7
히 6:11-12
히 10:23-24
히 10:26-27
히 10:35-36
약 4:7
벧후 1:9-10
벧후 2:9
요일 5:4-5
계 3:5

주께서 인도하심
욥 36:16
시 37:23
시 48:14
시 73:24
시 91:11-12
시 107:19
잠 3:6
잠 11:8
잠 16:9
잠 24:16
사 28:26
사 42:16
사 57:18
요 14:16, 18
요 16:13
갈 5:16
요일 2:7

영적 성장을 위한 약속의 말씀
(Promises for Spiritual Growth)

신앙과 믿음으로 성장
삼상 2:9
대하 16:9
욥 17:9
사 43:2
롬 1:17
롬 10:17
롬 12:3
고후 5:7
엡 4:11-13
살후 3:3
히 11:1
히 11:6
히 12:2
약 1:3
약 1:12
벧전 1:7-9
벧전 3:12-13
요일 5:4

하나님의 사랑으로 성장
출 20:6

신 7:9
삿 5:31
느 1:5
시 145:20
롬 8:28
막 12:30, 33
요 14:21
요 15:10, 14
요 16:27
고전 2:9
고전 8:3
약 1:12
약 2:5
요일 4:10, 16, 19

이웃을 사랑함으로 성장
시 133:1-2
마 5:44
요 13:35
요 15:12-13
막 12:30-31
롬 12:19-21
롬 13:10
고전 13:1-8
고후 13:11
히 6:10
히 13:16
벧전 1:22
벧전 3:8-9
요일 2:10
요일 3:14, 18-19
요일 4:7-8
요일 4:11-12, 21

평화로 성장
시 37:37
시 85:8
시 119:165
사 26:3
사 26:12
사 32:17
사 54:13
사 55:12
요 14:27
롬 5:1
롬 8:6

롬 14:17-19
롬 15:13
고후 13:11
엡 2:13-14
빌 4:6-7
골 3:15
살후 3:16

성숙으로 성장
욥 12:13
시 1:3
시 32:8
시 111:10
잠 2:4-7
잠 28:5
사 42:16
요 8:12
요 15:2, 5
요 16:13
눅 21:15
고전 1:30
고전 2:12
갈 5:16
빌 1:6
살전 5:23-24
히 5:12
히 6:1-2
약 1:5
벧후 1:8
벧후 3:18

이웃을 용서함으로 성장
잠 20:22
마 5:10-12
마 5:44-45
마 6:14-15
마 18:21-22
막 11:25
눅 6:35, 37
롬 12:20-21
엡 4:31-32
골 3:13
히 10:30
벧전 2:19-23
벧전 4:14

친교/교제로 성장
시 55:14
잠 18:24
잠 27:17
전 4:9-10
말 3:16
마 10:40-41
요 13:34-35
요 17:21-23
행 2:42, 46-47
행 20:35
롬 15:2, 5
고전 1:9
엡 5:2
골 2:2
골 3:16
요일 1:3, 7

거룩함으로 성장
시 18:26
시 24:3-4
사 35:8
겔 11:19-20
마 5:8
눅 1:74-75
요 17:19
롬 8:10
고전 1:30
고전 6:11
골 1:21-22
살전 5:23
살후 2:13
딤후 2:21
딛 1:15
딛 2:14

죄와 싸워 이김으로 성장
시 119:11
잠 28:13
전 7:18
롬 6:14
롬 7:24-25
롬 8:2-4
롬 8:37
고전 10:12-13
갈 5:16

엡 6:10-11, 16
히 2:18
히 4:14-16
약 1:12-14
약 4:7
벧전 1:6-7
벧전 5:8-9
벧후 2:9
요일 1:9
요일 4:4

하나님의 뜻을 발견함으로 성장
욥 12:13
시 32:8
시 55:22
시 62:5
시 119:130
시 138:8
잠 1:23
잠 2:4-7
잠 3:5-6
잠 16:3
잠 28:5
전 2:26
사 2:3
사 42:16
호 6:5
마 11:25
눅 21:15
요 7:17
요 16:13
고전 2:14-15
고후 4:6
약 1:5
요일 5:20

안전으로 성장
시 23:6
시 42:5
시 94:18
사 25:9
사 40:26
사 43:2
합 3:19
요 10:29
롬 8:37-39

빌 1:6
빌 4:13
히 10:35-36
히 13:6
벧전 3:13
벧후 1:10
요일 4:4
요일 5:14-15
요일 5:18
유 1:24-25

기도가 응답됨으로 성장
욥 33:26
시 4:3
시 18:3
시 34:15, 17
시 65:2
시 91:15
시 145:18
잠 15:29
사 65:24
렘 29:12
렘 33:3
슥 13:9
마 7:7-8, 11
마 21:22
요 14:13-14
요 15:7
요 16:23-24
약 5:15-16
요일 3:22
요일 5:14-16

찬양으로 성장
삼하 22:4
시 34:1
시 48:1
시 63:3
시 68:32
시 69:30-31
시 92:1-2
시 107:8
시 117:1-2
시 135:3
시 147:1
시 149:5-6

시 150:1-2
사 12:1
사 25:1
사 43:21
욘 2:9
고전 15:57
딤전 1:17
히 13:15
벧전 2:9
벧전 5:11

헌신으로 성장
시 11:7
시 119:80
사 43:10
마 5:13-14
마 5:16
마 10:42
마 25:35-40
막 16:15
고후 5:18
고후 5:20
갈 6:4
엡 2:10
히 6:10
약 1:27
약 2:15-17
벧전 2:9
요일 3:16-17
요일 3:18

직분에 충실함으로 성장
신 29:9
수 1:8
욥 36:11
잠 3:9-10
잠 11:24-25, 27
말 3:10-12
마 6:20-21
마 6:33
마 10:42
마 19:29
막 10:29-30
눅 6:38
고전 16:1-2
고후 9:6-8

골 3:23-24
딤전 6:17-19
히 6:10

선행으로 성장
민 15:10
시 37:25-26
시 41:1-3
시 112:9
잠 11:24-25, 27
잠 14:21
잠 19:17
잠 22:9
잠 28:27
마 6:3-4
마 25:34-36, 40
막 10:21
눅 6:38
눅 11:41
눅 12:33
눅 14:13-14
고후 9:8
딤전 6:17-19
히 6:10
히 13:16
요일 3:18-19

순종으로 성장
출 19:5
레 25:18-19
신 5:29
신 11:26-28
신 29:9
삼상 12:14
왕상 2:3
시 119:1-2
잠 19:16
사 1:19
마 5:19
마 7:21
마 12:50
요 13:17
요 14:21
요 15:10
약 1:25
요일 2:3-6

요일 2:17
요일 3:22

기도로 성장
신 4:7
욥 33:26
시 37:4
시 55:17
시 86:5, 7
시 145:18–19
잠 15:29
렘 33:3
마 6:6
마 18:19–20
막 11:24
눅 18:1, 8
롬 8:26
살전 5:17–18
히 4:14–16
히 11:6
약 4:8

복음을 증거함으로 성장
시 2:8
시 51:12–13
사 2:2–3
사 40:3–5
사 55:4–5
단 12:3
마 24:14
마 28:18–20
막 16:15
눅 24:46–48
요 12:32
요 20:30–31
요 21:24–25
행 1:7–8
고후 4:13
살전 1:6–8
살전 5:14
딤후 2:1–2
벧전 3:1
벧전 3:15–16

퇴보로부터 성장
잠 14:14

잠 27:1
잠 28:13
사 59:1–2
호 14:4
롬 7:24–25
고전 10:13
고후 12:20–21
갈 5:16
빌 1:6
히 4:14–15
히 4:16
히 10:35–36
약 1:12–14
약 4:4–6
약 4:7–10
벧후 1:9–10
벧후 2:9
요일 1:9
요일 5:4–5

개인적인 필요를 채우실 것을 약속하신 말씀
(Promises for Your Personal Needs)

외로울 때 주시는 말씀
신 31:6
시 9:9–10
시 31:7
시 46:1
시 55:22
시 103:13
시 112:4
사 30:19
사 41:10
사 63:9
나 1:7
마 28:20
요 14:1
요 14:18
요 16:22
롬 8:35–37
롬 8:38–39
히 13:5
벧전 5:7

두려울 때 주시는 말씀
시 23:4–5
시 27:1
시 31:19–20
시 32:7
시 46:1
시 91:1
시 91:4–7
시 91:10–11
사 59:1
잠 3:25–26
잠 29:25
사 43:2
사 51:12–13
사 54:14
사 54:17
요 14:27
롬 8:15
딤후 1:7
히 13:6
요일 4:18

화가 날 때 주시는 권면과 말씀
시 37:8
잠 12:16
잠 14:16–17
잠 14:29
잠 15:1
잠 15:18
잠 16:32
잠 19:11
잠 21:4
잠 29:8
잠 29:22
잠 30:33
전 7:9
마 5:22–24
마 6:14
롬 12:19–21
엡 4:26
엡 4:31–32
골 3:8
골 3:21
히 10:30
약 1:19–20

좌절감을 느낄 때 주시는 말씀
시 32:8
시 37:5
시 37:7
시 37:23
시 55:22
시 119:165
시 138:8
잠 3:5-6
사 26:3
사 30:21
사 40:29-31
사 43:2
사 50:7
롬 8:32
고전 14:33
빌 1:6
빌 4:6-7
딤후 1:7
약 1:5
약 3:16-18
벧전 4:12-13
요일 5:14-15

죄의식을 느낄 때 주시는 말씀
대하 30:9
시 32:1, 5
시 103:9-12
사 43:25
사 44:22
사 55:7
렘 31:34
렘 33:8
미 7:18-19
눅 7:47-48
눅 7:50
요 3:17-18
요 5:24
롬 8:1
고후 5:17
히 8:12
히 10:17, 22
요일 1:9
요일 3:20
계 12:10-11

거역할 때 주시는 권면과 말씀
삼상 15:22-23
잠 12:21
사 1:19-20
렘 3:12, 22
롬 6:12-13
고후 10:4-5
엡 4:17-18
엡 5:8, 21
엡 5:22-25
빌 2:5-8
히 10:25
히 13:17
약 4:7
벧전 1:13-14
벧전 2:13-15
벧전 5:5-6
계 22:14

고난당할 때 주시는 말씀
출 3:7
시 18:27-28
시 22:24
시 27:14
시 30:5
시 34:19
시 42:11
시 55:22
시 71:20
시 73:26
시 126:5-6
시 145:14
잠 12:21
잠 24:16
렘 16:19
애 3:31-33
요 16:33
롬 8:16-18
고후 1:5, 7
고후 5:8-10
약 5:13
벧전 2:19-21
벧전 4:12-14

낙심될 때 주시는 말씀
신 33:27

왕하 6:16
욥 8:20
시 4:3
시 5:12
시 27:13-14
시 31:24
시 37:28, 34
시 103:13-14
시 138:7
사 43:1
사 51:11
호 6:3
막 10:29-30
요 14:1, 27
고후 4:8-9
갈 6:9
빌 1:6
빌 4:6-7
히 10:35-36
벧전 1:6-9

의기소침할 때 주시는 말씀
시 30:5
시 34:15, 17
시 147:3
사 41:10
사 43:2
사 49:15-16
사 51:11
사 61:3
렘 17:7-8
눅 18:1
요 14:18
롬 8:26-27
롬 8:38-39
고후 11:3-4
빌 4:8
벧전 4:12-13
벧전 5:6-7
계 21:4

환난당할 때 주시는 말씀
욥 5:19
시 9:9
시 32:6-7
시 37:24, 39

시 41:1
시 46:1-3
시 107:19
시 138:7
잠 12:13, 21
나 1:7
마 6:25-34
요 14:1, 27
롬 8:28
고후 1:3-4
고후 4:8-9
빌 4:6-7

궁핍할 때 주시는 말씀
욥 5:15-16
시 9:18
시 23:1
시 33:18-19
시 37:19
시 68:10
시 102:17
시 107:9
시 113:7
사 14:30
사 41:17
렘 20:13
겔 36:29-30
합 3:17-18
슥 10:1
마 4:4
마 6:31-33
눅 16:25
약 2:5

유혹받을 때 주시는 권면과 말씀
창 3:15
눅 22:31-32
요 16:33
요 17:15
롬 6:6, 14
롬 7:24-25
롬 8:37
롬 16:20
고전 10:13
갈 1:4
갈 5:16

갈 6:14
엡 6:10-11, 16
히 2:18
약 1:2-3
약 1:12-14
약 4:7
벧전 1:6-7
벧전 5:8-9
벧후 2:9
요일 4:4
요일 5:4-5

조급할 때 주시는 권면과 말씀
시 37:7-9
시 40:1
사 25:9
사 26:3-4
사 49:23
애 3:26
눅 8:15
눅 21:19
롬 2:7
롬 5:3-5
롬 8:25
롬 15:4-5
갈 5:22
히 6:12
히 10:35-37
히 12:1
약 1:3-4
약 5:7-8

병들었을 때 주시는 말씀
출 15:26
출 23:25
시 30:2
시 41:3
시 91:3, 5-6, 10
시 103:3-5
시 107:20
잠 4:20-22
사 53:5
렘 17:14
렘 30:17
렘 33:6
호 6:1

마 9:35
눅 6:19
약 5:14-15
벧전 2:24
요삼 1:2

슬플 때 주시는 말씀
시 9:10
시 27:10
시 37:25
시 91:14-15
시 119:50
사 41:17
사 43:2
사 51:11
사 61:1-3
사 62:4
마 5:4
요 16:20-22
고전 2:9
고후 1:3-4
고후 4:9
살후 2:16-17
히 4:15-16

사별할 때 주시는 말씀
삼상 2:6
삼하 12:21-23
욥 33:28
시 23:4
시 68:20
시 116:15
사 49:13
사 51:11
마 5:4
눅 14:14
요 11:25
고전 2:9
고전 15:21-22
고전 15:55-57
고후 1:3-4
고후 5:1-4
고후 5:5-8
살전 4:13-14
계 21:4

가족을 위한 약속의 말씀
(Promises for Your Family)

아내들에게 주시는 말씀
- 시 128:3
- 잠 5:18-19
- 잠 12:4
- 잠 14:1
- 잠 18:22
- 잠 19:14
- 잠 31:10-31
- 고전 7:3
- 엡 5:22-24
- 골 3:18
- 벧전 3:1-6

남편들에게 주시는 말씀
- 창 18:19
- 신 6:6-9
- 시 103:13
- 시 127:3-5
- 시 128:3-4
- 잠 5:18-19
- 잠 13:22, 24
- 잠 15:20
- 잠 17:6
- 잠 23:24
- 전 9:9
- 고전 7:3
- 고전 11:3
- 엡 5:25-33
- 골 3:19-20
- 골 3:21
- 딤전 5:8
- 벧전 3:7

부모들에게 주시는 말씀
- 창 18:19
- 출 20:12
- 신 6:6-9
- 신 7:13
- 신 30:9
- 수 24:15
- 시 115:14
- 시 127:3-5

- 시 128:1-4
- 시 128:3-6
- 잠 22:6
- 잠 22:15
- 잠 23:13-14
- 잠 29:15, 17
- 말 4:6
- 눅 15:20-24
- 고후 12:14
- 엡 5:22-28
- 엡 6:4
- 골 3:21

자녀들에게 주시는 말씀
- 신 5:16
- 시 119:9
- 잠 1:8-9
- 잠 3:1-4
- 잠 6:20-22
- 잠 22:15
- 잠 23:13-14
- 잠 23:22, 24-25
- 잠 29:3
- 잠 29:15
- 전 12:1
- 사 54:13
- 애 3:27
- 마 19:14
- 엡 6:1-3
- 골 3:20
- 딤전 5:4

부부 사이에 문제가 있을 때 주시는 말씀
- 창 2:18, 24
- 수 24:15
- 잠 10:12
- 롬 13:10
- 고후 7:2-4
- 엡 4:31-32
- 엡 5:22-33
- 딤전 3:4-5
- 벧전 1:22
- 벧전 3:1-7
- 벧전 3:8-9, 12

이혼에 관한 말씀
- 신 24:1-4
- 렘 3:1
- 말 2:14-16
- 마 5:31-32
- 마 19:3-9
- 막 10:2-12
- 눅 16:18
- 고전 7:10-16
- 고후 7:39-40

버림받았다고 느낄 때 주시는 말씀
- 신 4:31
- 신 10:18
- 신 31:6
- 삼상 12:22
- 시 27:10
- 시 37:25
- 시 43:5
- 시 68:5
- 잠 23:10-11
- 사 41:17
- 사 49:15-16
- 사 62:4
- 렘 33:3
- 렘 49:11
- 호 14:3
- 롬 8:31
- 벧전 5:7

재정 압박을 받을 때 주시는 말씀
- 신 28:2-8
- 신 28:11-13
- 수 1:8
- 시 23:1, 5
- 시 23:6
- 시 34:9-10
- 시 34:12, 14
- 시 84:11
- 시 132:15
- 잠 13:22
- 전 8:12
- 사 3:10
- 말 3:10-12
- 마 6:31-33
- 마 19:29

2611

눅 6:38
롬 8:32
고전 3:21-22
고후 9:6-8
빌 4:19
딤전 6:6, 17

관계에 대한 약속의 말씀
(Promises for Various Relationships)

결혼에 관해 주시는 말씀
창 2:18, 24
신 11:19-21
시 128:3-6
잠 10:12
잠 12:4
잠 18:22
잠 31:10-12
잠 31:30-31
렘 29:6
마 19:5-6
막 10:6-9
고전 7:1-5
고전 7:11-12
엡 5:31-33
살전 4:3-6
딤전 5:14
히 13:4
벧전 3:1, 7

사업에 관해 주시는 말씀
신 8:18
신 11:14-15
신 28:1-6, 8
신 28:11-13
왕상 2:2-3
대상 22:13
욥 22:24-25
욥 36:11
시 1:1-3
시 107:38
시 112:3
시 128:2
잠 3:5-10
잠 8:18-19

잠 16:3
잠 24:3-4
사 30:23
사 65:21-23
마 6:33
골 4:1
요삼 1:2

사회 생활에 관해 주시는 말씀
레 19:13
렘 22:13
마 5:13
마 5:14-16
마 25:33-40
마 28:19-20
요 13:34-35
롬 12:9-15
롬 12:16-21
롬 13:8-10
롬 14:7-8
롬 14:16-21
롬 15:1-6
엡 6:9
골 3:12-15

교회 생활에 관해 주시는 말씀
마 16:16-19
마 20:25-26
요 13:34
요 15:15-16
행 1:14; 2:1
행 2:46-47
행 4:32-35
행 9:31
엡 1:10, 22-23
엡 3:20-21
엡 4:11-16
엡 5:23-27
엡 5:29-30
골 3:16-17
딤후 2:24-26

정부 기관에 관해 주시는 말씀
삼상 10:17-19
삼상 12:13-15
잠 16:12

잠 20:28
잠 29:14
단 2:20-21
단 4:17
요 19:10-11
롬 13:1-7
딛 3:1-2
벧전 2:13-15

아직 믿지 않는 사랑하는 사람들에게 주시는 말씀
잠 22:6
사 44:3
마 5:13, 14-16
마 18:14
요 13:35
요 16:7-8
행 11:14
행 16:31
고전 7:13-16
벧전 2:12-15
벧전 3:1-2
벧전 3:14-16
벧전 4:11
벧전 4:14
벧후 3:9

노인들에게 주시는 말씀
신 5:33
신 6:2
신 33:12
욥 5:26
시 16:8
시 23:6
시 34:12, 14
시 37:25
시 71:17-18
시 91:16
시 92:14
시 121:7-8
시 145:20
잠 3:2, 16
잠 9:11
잠 10:27
잠 16:31
잠 20:29

사 46:4
히 13:5

사탄에 대한 말씀
사 14:12–15
사 59:19
마 12:28–29
막 16:17–18
눅 10:17–19
롬 16:20
고후 10:3–5
엡 6:10–12
엡 6:13–18
골 1:13
골 2:10, 15
살후 2:8
히 2:9, 14–15
약 4:7
벧전 5:8–9
요일 3:8
요일 4:1–4
계 12:11

선의 승리에 대한 약속의 말씀
(Promises of the Triumph of Good)

하나님의 신실하심
창 9:16
창 28:15
신 7:8–9
신 31:8
수 23:14
왕상 8:56
시 36:5
시 48:14
시 73:26
시 89:1–2
시 *121:3–4*
사 41:10
사 54:9
사 59:9–10
욜 2:27
고전 1:9
고전 10:13
살전 5:24

딤후 2:13, 19
벧후 3:9

교회의 승리
시 2:8–9
시 72:17
시 86:9
시 102:15–16
사 2:2–3
사 11:10
사 19:19, 24–25
사 40:3–5
사 42:1, 4
사 42:6–7
사 62:2–3
마 16:15–18
엡 1:10, 22–23
엡 2:20–22
엡 3:15, 21
엡 5:23–27
골 1:13, 18
골 2:9–10, 19
계 21:22–26

심판에 나타난 하나님의 자비
렘 30:9–10
렘 33:6–9
렘 33:10–11
렘 33:16–17
겔 36:24–26
호 1:10–11
호 3:4–5
욜 3:1–2
욜 3:17, 20
암 9:14–15
옵 1:17, 21
미 2:12–13
슥 10:6, 8–9
롬 11:25–27
롬 11:28–32

그리스도의 재림
욥 19:25
슥 12:10
슥 14:4
마 16:27

마 24:27
마 24:30, 42
막 14:62
요 14:3, 28
행 1:11
행 3:20–21
고전 4:5
고전 11:26
골 3:4
살전 1:10
살전 4:16–17
살후 1:7
딤후 4:8
딛 2:13
히 9:28
벧전 5:4
요일 3:2
계 1:7
계 22:12, 20

여호와를 아는 지식과 빛의 충만
시 98:1–3
사 11:9
사 25:6–7
사 29:18
사 29:24
사 35:6–10
사 52:7–8, 10
사 54:13
사 60:19–21
사 66:18–19
단 12:4
합 2:13–14

최후 평화
시 72:1–3
시 72:4–6
시 72:8, 11, 13–14
사 2:4
사 4:5–6
사 11:6–9
사 49:7, 23
사 60:15–18
사 65:18–19
렘 33:16

악의 멸망
시 110:2, 5–6
사 11:4
사 27:1
사 41:11–12
사 49:24–26
사 59:19
사 60:14
겔 26:19, 21
겔 38:22–23
단 7:24–26
살후 2:8
계 14:9–10
계 18:2, 8, 20
계 19:19–20
계 20:7–9

영원한 미래에 관한 약속의 말씀
(Promises of an Eternal Future)

영광스러운 부활을 약속하심
욥 19:26–27
시 16:9–10
사 26:19
단 12:2
눅 20:35–36
요 5:28–29
요 11:25
롬 8:11
고전 15:21
고전 15:42–44
고전 15:49–54
고후 4:14
고후 5:1–4
빌 3:21
살전 4:14–17

영생을 약속하심
마 25:46
눅 20:36
요 3:16
요 4:14
요 5:24
요 6:27
요 6:47

요 6:51, 54
요 10:27–28
요 11:25–26
요 17:2
롬 6:22–23
갈 6:8
딛 1:2
딛 3:7
요일 2:25
요일 5:11, 13
요일 5:20

영원한 유업을 약속하심
사 60:20–21
마 6:20
마 25:21, 34
눅 12:32
눅 22:29–30
요 14:2–3
롬 8:17–18
고전 2:9
엡 1:18
딤후 4:18
히 9:15
벧전 1:3–4
벧전 1:9, 13
벧후 1:11
요일 3:2
계 21:7

천국에 이르기까지 동행하실 것을 약속하심
시 23:6
눅 23:43
요 14:2–4
고후 5:1–4
빌 1:21, 23
히 4:9
히 11:9–10, 16
벧후 3:13
계 21:1–2
계 21:22

영원한 행복을 약속하심
시 16:11
시 49:14–15

사 60:19
사 60:20
롬 5:10, 17
고전 2:9
살후 1:5, 7
히 4:9
벧전 4:13
벧후 3:13
요일 3:2
유 1:24
계 2:10
계 3:4
계 7:15–17
계 21:4
계 21:22–23
계 22:3
계 22:5

영원한 영광을 약속하심
시 24:7
사 6:3
사 62:2–3
사 66:18–19
단 12:3
마 13:43
요 17:1
요 17:5
요 17:22–24
롬 2:6–7
롬 8:17–18
고후 4:4
고후 4:17–18
빌 3:20–21
골 3:4

구원의 계획에 대한 말씀
마 9:13
눅 13:3
요 3:16
롬 3:10
롬 3:23
롬 5:8
롬 6:23
롬 10:9–10
롬 10:13
요일 5:10–13

New Korean Revised Version

비전성구사전

발행일	2005년 12월 16일 초판 1쇄
	2022년 6월 30일 2판 1쇄
등록번호	제1988-000080호
등록된 곳	서울특별시 용산구 서빙고로65길 38
발행인	이형기
발행처	(사)두란노서원
영업부	02-2078-3333
팩 스	080-749-3705
편집부	02-2078-3331

독자의 의견을 기다립니다.
bibleteam@duranno.com
http://www.duranno.com

ⓒ사단법인 두란노서원 2005, 2022

편 찬 | 하용조 목사

약력 장로회신학대학원 졸업, 바이올라 대학교 명예문학박사, 시카고 트리니티 신학교 명예신학박사, 명지대학교 명예철학박사, 숭실대학교 명예기독교학박사. 두란노서원 원장, 온누리교회 담임목사, 횃불트리니티신학대학원대학교 총장 역임.

저서 「감사의 저녁」, 「행복의 시작 예수 그리스도」, 「행복한 아침」, 「예수님의 7터치」, 「예수님은 사랑입니다」, 「사도행전적 교회를 꿈꾼다」, 「큐티하면 행복해집니다」, 「나는 선교에 목숨을 걸었다」 외 다수.